大同煤業股份有限公司
Datong Coal Industry Co.,Ltd.

驰骋大市场
运营大资本 成就大事业

大同煤业股份有限公司（简称大同煤业）是由大同煤矿集团有限责任公司控股，7家公司参股，发起设立的一个集煤炭生产、洗选、加工和销售于一体的股份有限公司。2001年7月25日，公司取得由中国山西省工商行政管理局核发的企业法人营业执照。2006年6月1日，经中国证监会核准，公司公开发行人民币普通股股票28000万股，每股面值1元，每股发行价格6. 76元。公司股票于2006年6月23日在中国上海交易所上市交易，股票简称大同煤业，股票代码601001。

董事长：吴永平先生

副董事长、总经理：李泽民先生

证券简称：大同煤业　证券代码：601001

公司总体发展目标是：深入贯彻落实科学发展观，抓住煤炭行业整合带来的历史性发展机遇，利用自身资源、品牌、技术、人才、管理等方面的优势，依托或借助同煤集团强大资源平台和其在我国能源开发战略中的特殊地位，加速推进资源储备、产业整合、规模化经营及产业深化战略，致力于巩固并不断加强在煤炭采选领域的竞争优势和整体实力，三到五年内将公司建设成为国内一流的煤炭采选及深加工企业和具有国际竞争优势的大型现代化煤炭企业。

www.dtmy.com.cn

系出名门 实力领先
建银国际成立内地首支
医疗保健股权投资基金

建银国际
CCB International

◆ 主要业务和产品

投资银行业务

以保荐人、承销商或财务顾问身份协助各类公司在全球资本市场融资累计超过4,000亿港币，同时协助中国核工业总公司、信达资产管理有限公司等中央级企业开展海外资本运作并成功买壳上市。

直接投资及资产管理业务

直接投资规模与回报位居同业前列，为企业提供产业运营增值和资本运营增值服务，帮助企业成长，为投资者创造价值，实现多方共赢。2009年初市场低迷之际在港率先发行“国策主导公募基金”，基金业绩名列前茅。

机构证券销售与研究业务

机构销售能力卓越，协助多家上市公司增发配售并取得良好市场表现。依托强大的研究能力，2008年底精准预测内地经济刺激政策并率先发出市场见底信号。

内地业务

在北京、上海、深圳、天津等地设有机构并进行直接投资、财务顾问、金融创新产品和研究等业务，开创性拓展各项人民币股权业务。

人民币股权投资基金业务

创设中国首家医疗保健股权投资基金、航空基金、绿色产业投资基金、新能源基金、文化产业基金等，大力支持内地经济建设及绿色经济转型。

建银国际
CCB International

◆ 我们的优势

全功能的投资银行平台

建银国际（控股）有限公司（“建银国际”）是中国建设银行在香港全资设立的投资银行机构，围绕Pre-IPO，IPO与Post-IPO三大环节形成涵盖几十种产品的完整投行产业链，包括企业融资及结构性融资安排、兼并收购、直接投资、资产管理、证券承销及经纪和投资谘询等全方位多元化业务。

业绩持续高速增长

08年面对全球金融危机及时开展业务转型，利润比07年增长26%，资本回报率近30%；09年上半年利润比08年同期增长1.7倍，各项财务指标在业内名列前茅，近四年利润年复合增长率376%。

出众的项目发掘能力

凭藉建设银行丰富而优质的客户资源，更迅速地了解企业各类融资需求，发展战略和具有潜在高回报的股权投资项目。

积极捕捉市场良机

精准预测并逆市成功抄底，投资一批优质企业，并在全球资本市场恢复中实现与客户共赢。

同业与客户的广泛认可

获得国际权威期刊颁发“中国最佳投资银行”、“中国区最佳私募股权投资机构”等奖项。

公司始终以回报股东为宗旨，截至2007年12月31日，公司股东总投入为3,193.5亿元，期末权益和累计分配股利之和为10,412.1元，增值额为7,218.6亿元，增值率为226%。中国石油强大的经济实力、良好的经营业绩、管理层优秀的决策能力得到了社会和相关投资机构的认可和高度评价。2009年，公司共计获得境内外知名财经媒体和专业机构评出的21项大奖，其中包括《亚洲金融》杂志 “亚洲100指数最佳公司第一名”、“亚洲最佳管理公司”、“亚洲最佳企业管治公司”和“亚洲最致力维持优厚派息政策”三项第一名；《投资者关系杂志》 “最佳投资者关系大奖—国有企业”、“公司交易最佳投资者关系” “最佳投资者关系公司首席执行官—周吉平”、“最佳投资者会议（一对一）”四项第一名；《福布斯》杂志“2000大上市公司企业排名第14”；《资本杂志》 “资本中国杰出企业成就奖”

证券简称：中国石油

证券代码：601857

中国石油的国际业务稳健发展，已拓展到南北美洲、非洲、亚太、中东、中亚11个国家，形成了集油气勘探开发、管道运营和炼油销售一体化的较为完整的产业链。国际贸易业务范围现已涉及40多个国家和地区，发展到原油、成品油、石化产品和天然气国际贸易，技术装备引进，海路和陆路运输，仓储油库及码头设施建设，油品零售等多个领域。

中国石油致力于科技创新，合理利用全球资源，为社会、顾客提供安全清洁的石油、天然气及其产品。中国石油广泛运用先进的技术和工艺发展主营业务，持续提高生产和管理水平，不断扩展各项业务中的科技含量和服务内容。上游勘探开发业务的科技水平已经与国际大石油公司相当，并形成了一系列具有自己特点的成熟配套技术，技术成果达到了世界领先水平。下游炼化业务的科技创新步伐不断加快，取得了显著成效，开发了一批具有较高科技含量和较强特色的产品。同时，中国石油已经成为国内石油化工产品种类最多的生产商之一，产品在国内外市场享有盛誉，有多种产品为国内独有。

中国石油以“奉献能源、创造和谐”为企业宗旨，把“以人为本、关注安全、关爱生命”的理念和“环保优先、安全第一”的理念贯穿于生产经营全过程，全面执行环境保护的法律法规和国际通行的HSE规范，大力推行清洁生产的长期技术政策和发展低污染、低消耗的工艺技术，把“零事故、零污染、零损失”作为安全环保追求的最终目标，积极向社会奉献清洁产品，并承诺在世界任何地方和任何业务领域对环境保护态度如一。

奉献能源 创造和谐

董事长：朱继民先生

温总理在炼铁厂视察

冷轧全景

Beijing Shougang Co.,Ltd.

抓住机遇 把握未来 加快发展 再创辉煌

股票代码：000959　股票简称：首钢股份

企业文化
corporate culture
>>>

www.sggf.com.cn

企业信念：

抓住机遇，把握未来，加快发展，再创辉煌

公司发展战略：

公司坚持面向未来，以发展为主题，以实施产业结构调整，构筑新的竞争优势为目标，加快用高新技术改造钢铁业的步伐，实现工艺升级、产品换代，全面提高公司的运营水平与核心竞争力，建设高科技的首钢股份。

经营理念：

诚信是企业赖以生存、立于不败之地的根基；创新是企业发展的不懈动力。

企业信用宣言：

以人为本，诚信经营，高效发展，互利共赢，奉献社会。

企业理念：

发展理念：没有发展就没有首钢的一切
机遇理念：把握时机就能获得发展
共存理念：人人为企业，企业为人人
责任理念：我就是首钢形象
人才理念：有什么不如有人才
环保理念：人、技术、环境高度和谐一致
质量理念：以顾客满意为宗旨，以持续改进为手段
生产理念：安全、顺行、清洁、高效
营销理念：诚信、高效、共赢、发展
服务理念：一切为用户着想

接轨世界 牵引未来

中国北车抓住铁路技术引进历史性机遇，坚持技术引进消化吸收再创新与自主创新相结合，探索出了一条具有中国北车特色的创新、赶超、发展之路。成功搭建了200-250km/h和350km/h两个具有国际一流水平的高速动车组设计制造平台和4个国际一流的大功率交流传动机车设计制造平台。城轨和地铁车辆研制达到国际先进水平。货车持续领跑行业技术发展方向。

中国北车制造HXD3大功率电力机车

成为轨道交通装备行业世界级企业

中国北车的使命是：接轨世界，牵引未来。愿景是：成为轨道交通装备行业世界级企业。“三步走”发展战略是：第一步，三年再造一个北车，到2011年实现销售收入700亿元；第二步，四年时间再翻一番，到2015年实现销售收入1400亿元；第三步，2020年前进入世界500强。

China CNR Corporation Limited

深圳市燃气集团股份有限公司
SHENZHEN GAS CORPORATION LTD.

董事长：包德元先生

总经理：欧大江先生

深圳市燃气集团股份有限公司（以下简称“深圳燃气”）是国家统计局服务业调查中心和中国行业企业信息发布中心共同评选的“中国企业500强”之一，全国城市燃气行业排名前三位。连续五年被中华全国总工会、国家安全生产监督管理总局授予“全国安康杯竞赛优胜企业”；连续四年被国家信息化测评中心评为“中国企业信息化500强”；连续四年被广东省企业联合会、广东省企业家协会评为“广东省企业100强”；“深圳燃气”被中国企业联合会评为“中国影响力品牌”；2006年被中国质量协会、全国用户委员会评为“全国用户满意企业”；2006年被中央组织部、国务院国资委评为“全国国有企业创建‘四好’领导班子先进集体”；2007年被广东省企业联合会、广东省企业家协会评为“2007年度广东省最佳诚信企业”；2009年4月被中华全国总工会授予“全国五一劳动奖状”。

深圳燃气前身为深圳市燃气集团有限公司，成立于1996年4月30日，由原深圳市液化石油气管理公司和原深圳市煤气公司合并重组而成，之后经过股权转让及增资，公司由国有独资企业改制为中外合资企业，注册资本由12,000万元增至77,200万元。2007年1月30日，深圳市燃气集团有限公司整体变更为深圳市燃气集团股份有限公司，注册资本为110,000万元。

深圳燃气属于城市燃气行业，主营城市管道燃气供应、液化石油气批发、瓶装液化石油气零售和燃气投资业务。目前拥有深圳市及江西、安徽、广西三省区共12个城市的管道燃气30年特许经营权（独家经营权），燃气供气管网2,000多公里，气化站、门站、调压站、调峰站、储配站等管道供气设施20多座，用于运输液化天然气及液化石油气的汽车槽车32辆，管道燃气居民用户及工商业用户160多万户，管道供气量达到27万吨/年。深圳燃气具有完善及稳定的天然气供应保障能力，与广东大鹏公司签订了25年天然气照付不议采购合同，已于2006年9月开始供气，稳产期年供气量为27.1万吨；2007年12月，与中石油签订了西气东输二线工程25年天然气照付不议采购框架协议并经国家发改委核准，从2011年起向本公司供气，稳产期年供气量为40亿立方米（约合320万吨），在较长时间内能够保障公司天然气的稳定供应。

深圳燃气从1982年起一直是深圳市燃气供应的主导企业和最大供应商。深圳燃气控股子公司华安公司是我国最大的进口液化石油气批发商之一，是国内首家低温常压液化石油气经营企业。华安公司拥有年设计生产加工能力96万吨、占地面积10万平方米低温常压液化石油气生产中转基地，内有5万吨级泊位1个及5千吨级泊位2个的油气海港码头、2×80,000立方米的液化气冷冻库及制冷机组、8×100立方米常温压力卧罐及10个汽车槽车装卸台等生产设施，安全监控系统达到国际水平。华安公司自1998年投产以来已累计向市场供应进口液化石油气超过1,000万吨，液化石油气批发业务连续七年进口量和销售量全国第一，约占每年国内进口液化石油气总量的20%，约占广东省进口量的28%。

深圳燃气间接控股的深燃石油气公司是深圳市最大的瓶装液化石油气零售企业，拥有国家技术监督局批准的国内唯一12公斤专用钢瓶，液化石油气储罐容量5,800立方米，居民及工商业用户达54万户，市场占有率为25%。

深圳燃气对外投资的天然气项目达16个。自2004年起已投资3个城市天然气上游项目，分别为已于2006年8月投产运行的广东大鹏公司，已于2007年11月投产运行的深圳大鹏公司，已于2008年3月投产运行的泰安深燃公司；自2005年起在江西、安徽及广西等省区以全资或控股方式投资了11个城市管道天然气项目；2006年7月，与中海油在深圳投资成立了中海深燃公司，并获得政府授权在深圳市投资建设60个天然气加气站；2008年10月，以控股方式投资设立肇庆深燃公司，为肇庆市亚铝工业城供应天然气。

深圳燃气成功登陆资本市场，为公司的未来发展开辟了更加广阔的空间，本次募集资金将全部用于深圳市天然气利用工程。　深圳市天然气利用工程是广东天然气试点工程总体项目一期工程的配套工程之一，是广东省及深圳市的重大建设项目。广东天然气试点工程总体项目一期工程通过兴建位于深圳市大鹏镇秤头角的液化天然气码头及接收站，接收来自澳大利亚、通过液化天然气运输船运来的液化天然气，在接收站进行装卸、储存、气化。气化后的天然气通过300余公里输气干线，送至深圳、东莞、广州、佛山、香港五座城市和惠州、前湾、珠江、美视、东部五座电厂。项目于2006年建成投入商业运行，稳产期向本公司年供气量为27.1万吨。深圳市天然气利用工程通过新建门站、高中压调压站、高中压管道、及其它天然气设施，接收来自广东液化天然气项目的天然气及其它补充气源，将天然气通过管道供应千家万户。

深圳市作为下游工程中首批供气城市之一，深圳市2006年8月开始接收来自广东天然气试点工程总体项目的天然气，预计2010年深圳市天然气利用工程全部完工。公司将以此为契机，做强做大天然气核心业务，进一步提高公司的核心竞争力和盈利能力，以优异的业绩回报广大投资者的支持和厚爱。为国家优化能源结构，改善城市投资环境，提高人民生活素质，建设和谐社会做出新的更大的贡献。

展望未来，深圳燃气将继续牢记：“为客户提供安全、可靠、清洁的燃气产品和专业、快捷、温馨的服务，致力于改善城市居住环境，提高人类生活质量，并以此为股东创造稳定、持续增长的投资回报”的使命，致力成为主业鲜明、管理出色、中国乃至全球一流的清洁能源运营商！

中国兵器工业集团 中兵光电科技股份有限公司

CHINA NORTH OPTICAL-ELECTRICAL TECHNOLOGY CO.,LTD

董事长：李保平先生

中兵光电科技股份有限公司是中国兵器集团重点保军企业，以“信息化与精确打击”为核心业务。其前身“华北光学”，始建于1960年。2007年5月，企业由崇文区珠市口东大街东346号整体搬迁至亦庄开发区科创15街2号，法定代表人李保平，总资产三十多亿，建筑面积8万平方米。四十多年来，企业的发展主要经历了以下几个历史阶段：

第一阶段为1960年至1980年的计划经济时期，完全按照国家下达的军品任务组织生产；第二阶段为1981年至2000年的军民结合期，支柱民品电脑绣花机实现工业总产值19.8亿；2000年以后，公司发展进入第三阶段——重大调整期，2000年9月，按兵器工业集团要求，以电脑刺绣机相关优质资产作为出资，成立了北京北方天鸟智能科技股份有限公司，2003年7月在上交所上市。2004年公司在李保平董事长的带领下紧紧抓住高新工程专项生产的发展机遇严格按照C2F管理要求，解放思想，开拓创新，使企业实现裂变式发展，创造了2年间经营规模扩大50倍的奇迹，成为兵器集团中发展最快的企业之一。

2007年8月，华北光学在国防科工委和中国兵器工业集团的支持下，开始了将华北光学所有优质军工资产注入北方天鸟实现军工企业整体上市的重大调整工作。经过一年的努力，华北光学的军品业务和资产，以认购控股上市公司“北方天鸟”非公开发行股票的方式，实现军工资产整体上市，“北方天鸟”更名为“中兵光电”，2008年12月，中兵光电成为首家整体上市的军工企业，并成为兵器工业集团“信息化与精确打击”资源整合与能力整合的有效平台。

股票简称：中兵光电 股票代码：600435

中兵光电作为第一家军工资产证券化的实现者，在整体上市时就对2008、2009、2010年三年的业绩做出了承诺，2008年当年业绩就超出了预期。在完成整体上市后，公司一方面加强科研和管理创新，另一方面借助资本市场的平台以非公开发行股份的方式为企业的跨越式发展抢得先机。2009年6月，中国证监会审核通过了公司非公开发行股份的方案，这就意味着，公司将以更强的实力快速实现中兵光电的发展及战略平台层级的提升，并努力成为军工股的领跑者。

目前，公司的主业涉及三大领域，即军品、非战争军事行动装备和民品。而经过多年的自主创新，已形成了远程压制控制系统；光电稳瞄平台；火控系统；空中无人机动平台；地面无人机动平台；环境温度控制系统；现代城市反恐解决方案；安防、消防无人车系统；光电信息化系统；遥感测绘；人工影响天气无人机系统十大产研能力。

与传统军工企业相比，中兵光电所涉及的军品均是基于满足打赢高技术战争的产品，尤其是无人作战平台及其组网应用更具有前景。公司的产品已呈现“正在批产+即将批产+正在研发”的梯次布局，足以克服单一领域的周期性；而军民互动、研产结合的产业布局将支撑中兵光电走的更远。

未来，公司将成为“大光电”格局的核心，站得更高、看得更远，以资本市场为推动力，向着成为国家部分军事战略能力平台的方向迈进。

CHINA NORTH OPTICAL-ELECTRICAL TECHNOLOGY CO.,LTD

大秦铁路

DAQIN RAILWAY CO., LTD.

董事长：武汛先生

总经理：关柏林先生

股票简称：大秦铁路　股票代码：601006

大秦铁路股份有限公司是由太原铁路局控股，以西煤东运为主要业务的铁路运输公司。2004年10月28日在国家工商总局注册。2006年8月1日，公司股票在上海证券交易所正式挂牌交易，是一家以路网干线为公司资产主体在国内资本市场上市的股份公司。

公司管辖大秦、京包（大同-郭磊庄段）、北同蒲（大同-宁武段）三条铁路干线，口泉、宁岢、平朔三条支线。衔接神朔、大准、宁静、蓟港、迁曹、岢瓦等地方铁路，区跨山西、河北、北京、天津两省两市。线路总营业里程1170.7KM，总延展长度3185.9KM。公司下设车务、机务、车辆、供电、电务、工务等基层单位，员工总数约4万人。

www.daqintielu.com

二重重装

ERZHONG HEAVY

二重集团（德阳）重型装备股份有限公司

CHINA ERZHONG GROUP （DEYANG） HEAVY INDUSTRIES CO.,LTD.

董事长：石柯先生

总经理：孙德润先生

股票简称：二重重装

股票代码：601268

二重集团（德阳）重型装备股份有限公司是经国家经济贸易委员会批准，2001年出资设立。2007年9月整体变更为股份公司。经中国证监会批准，于2010年2月2日在上海证券交易所上市。公司总股本16.9亿股，注册地为四川省德阳市。

公司战略

建设“世界知名成套装备基地和世界著名铸锻钢基地”，支撑国家工业现代化，对外代表国家装备水平，对内在关系国家安全、国民经济命脉的产业中发挥不可替代的重要作用。

四川省副省长李成云和二重重装董事长石柯鸣锣开市

二重重装生产制造的国内首支1100MW核电半速转子

二重重装生产制造的全球首支AP1000核电主管道

公司主要服务于国民经济的基础产业，为发电设备制造企业、石油化工企业、钢铁企业、造船企业、汽车企业等提供重大技术装备和重型铸锻钢产品，其中清洁能源装备已成为公司最重要的产品领域。公司的主要产品包括：(1)火电、水电、核电、风电类发电设备大型铸锻件、风电增速箱、主轴；(2)重型石油化工容器，如加氢反应器；(3)大型热连轧机、中厚板轧机、支承辊、工作辊等冶金设备类的重大技术装备产品和重型、大型铸锻件；(4)大型船用铸锻件；（5）大型锻压设备等。

二重重装生产制造水轮机组关键配套件

二重重装生产制造的风力发电增速机

二重重装生产制造的加氢精制反应器

公司拥有专利权97件、非专利技术153件，累计47项产品成为当时国内同类产品的“第一”，填补了国内空白。具备一次性提供900吨级优质钢液、浇铸600吨级真空钢锭、铸造500吨级铸件、锻制400吨级锻件的能力。可同时支撑清洁能源设备、石化设备、锻造设备、冶金设备十余条产品专业生产线的在线制造能力。

二重重装生产制造的
出口波兰的2250mm热连轧机

二重重装生产制造的
5M轧机支承辊

二重重装生产制造的
热模锻曲轴前梁自动生产线

公司主导产品在国内市场拥有较高的市场占有率，如中厚板轧机和大型热连轧机国内市场占有率在50%以上，大型电站铸锻件占国内产量的40%以上，大型船用锻件中船机类产品占国内产量的65%左右，大型船用轴系（曲轴除外）产品占国内产量的50%左右，居于行业龙头地位；部分产品已打破了国外厂商对国内市场的垄断。

发展绿色食品
维护生命健康
振兴海洋经济

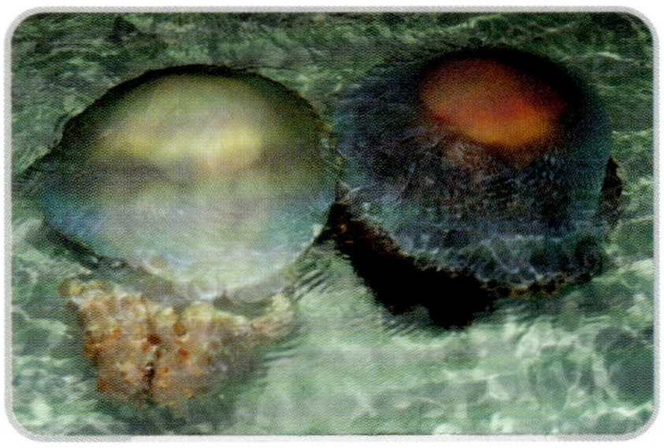

在养殖结构上，海参、海蜇、鲍鱼、对虾等名优海珍品是公司的主要养殖品种。公司水产养殖基地引用潮汐原理进行水体交换，养殖结构科学合理、投放苗种疏密有度，养殖品种全部利用水中的浮游生物及底栖硅藻等天然饵料自然生长，是真正的绿色无公害养殖基地。其所产刺参，已被评为“中国名牌农产品”，好当家水产养殖区被列为全国水产养殖标准化示范区。目前，公司共拥有养殖面积24万多亩，并且已形成了育苗、养成一体化，建成了6000立方米水体的育苗场，繁育着海参、鲍鱼、扇贝、牙鲆鱼、美国红鱼、海藻等苗种，实现了公司养殖业苗种的自给自足，降低了养殖风险和生产成本，提高了整体经济效益。公司主导产品的海参、海蜇、鲍鱼、文蛤、泥蚶、牙鲆鱼等海珍品均属于中高档海产品，产品品质优良，营养价值高，具备海珍品所特有的防病治病、益智健美、软化血管、滋补保健、排毒养颜、提高免疫力等一系列特殊功效。

好当家
HOMEY

公司以“发展绿色食品，维护生命健康，振兴海洋经济”为使命，按照“建一流企业，做一流产品，创一流效益”的发展思路，坚持以海洋资源优势为依托，以产业和产品结构调整为突破口，以两大市场为导向，以科技创新为动力，以强化管理为保障，大力发展营养价值高，科技含量高，附加值高，市场占有率高的绿色海珍品养殖和冷冻食品加工，积极为社会提供质优价廉的海珍品和冷冻方便食品。

随着中国经济发展所带来的挑战和机遇，山东好当家海洋发展股份有限公司将进一步调整产业结构，与时代同步，与世界同步！

共赢共享 直到永远

核心价值观

公司以持续发展及优良的业绩为基础，兼顾股东的当前利益和长远利益,不断回报股东，努力实现股东利益的最大化，同时公司积极倡导股东意识，营造股权文化氛围。自1997年上市以来，除上市当年实施10送3转增2的分配方案和1999年、2005年未分配外，其余8年分配方案全部为现金分红，截至2008年度，公司累计实施现金分红26.07亿元（含税），与此同时，莱钢股份自首发募集5.216亿元资金后，加上1999年和2002年两次配股，累计从资本市场筹资资金11.176亿元。

鉴于公司良好的经营业绩和优良的投资回报，2001年11月被香港《资本》杂志评为中国大陆AB证券市场二十个好孩子之一；2002年莱钢股份入选上证180指数；2004年入选上证50红利指数；2004年10月在中国上市公司百强高峰论坛上，公司被评为2003年度中国上市公司百强企业；在2005年举办的首届“中国上市公司竞争力公信力TOP10调查”活动中，公司当选“十佳最重分红回报上市公司”；在由世界经理人周刊和世界金融实验室联合主办的2005年中国上市公司治理结构评选活动中，公司获得“中国25家最受尊敬上市公司”称号；被中国企业改革与发展研究会、华顿经济研究院评为2005、2006年度“中国上市公司百强”称号；在《中国证券报》与亚商咨询联合主办的2007上市公司百强论坛评选中，公司荣获“2006中证上市公司主营百强”称号；在2007年举办的第六届“金百强”中国上市公司董事会治理排名评选中，公司荣获“董事会治理金百强”称号；2007年，公司被世界金融实验室、《蒙代尔》杂志、《世界经理人》周刊评选为第三届“中国100最受尊敬上市公司”；2007年底公司成功入选上海证券交易所“上证公司治理板块样本公司”。公司连续5年列上海证券交易所和《人民日报》华东分社联合评选的沪市50强；2008年，公司荣获由世界经理人周刊、世界企业家杂志和世界金融实验室共同评选的2008年（第四届）“中国50家最受尊敬上市公司”荣誉称号。

LAI WU STEEL CORPORATION

公司先后被评为中国大中型工业企业竞争力百强企业、中国工业技术开发实力百强企业、全国名优产品售后服务优秀企业、全国质量管理先进企业、全国质量效益型先进单位、全国“AAA”级信用企业、山东省质量管理奖、山东省管理创新优秀企业、山东省重合同守信用企业、山东省“AAA”级信誉企业、山东省质量百强企业、2006年度冶金管理现代化工作先进单位、2006年山东省管理创新十佳企业、2007年山东省认证有效性示范企业、2007年全国质量工作先进集体、2008年山东省质量管理小组活动优秀企业等。

日照港

RIZHAO PORT

股票简称：日照港

股票代码：600017

董事长、党委书记：杜传志先生

总经理：王建波先生

日照港股份有限公司是经山东省人民政府批准，由日照港（集团）有限公司（原日照港务局）为主发起人，联合兖矿集团有限公司、中国中煤能源集团公司（原中国煤炭工业进出口集团公司）、淄博矿业集团有限责任公司、山西潞安矿业（集团）有限责任公司、山西晋城无烟煤矿业集团有限责任公司等五家法人单位共同以发起设立方式设立，并于2002年7月15日取得山东省工商行政管理局颁发的注册号为3700001807650企业法人营业执照。公司注册资本1,510,102,040元人民币。

日照港位于中国海岸线中部、山东半岛南翼，隔海与日本、韩国、朝鲜相望。港区湾阔水深，陆域宽广，不冻不淤，全年作业天数在300天以上，是我国不可多得的天然深水良港，为全国沿海20个主枢纽港之一。被国家确定为“新亚欧大陆桥东方桥头堡”。

公司完整继承了资产最优良、盈利能力最强日照港（集团）有限公司的矿石、煤炭、水泥等散杂货的中转、装卸、搬运、堆放、仓储等港口资产和业务。目前公司主要经营煤炭、矿石、水泥、镍矿、钢材、焦炭等大宗散杂货装卸、堆存业务。公司现有万吨级以上深水泊位19个（其中万吨级以上深水泊位15个），其中拥有20万吨级、30万吨级的矿石专用泊位各1个、10万吨级煤炭专用泊位2个。创造并保持了8016吨/小时的世界矿石卸船效率和9486吨/小时的全国装船记录，靠泊能力和作业效率属国内领先水平。公司煤炭现有通过能力达到4500万吨，铁矿石年吞吐量超亿吨。

阳光港口 装卸真诚

SUNSHINING PORT SINGERE SERVICE

公司股票于2006年首发上市，发行股份23000万股，募集资金10.81亿元。随后于2007年10月又成功发行了880万份分离交易可转换公司债券，募集资金8.8亿元。经中国证监会证监许可【2009】665号《关于核准日照港股份有限公司非公开发行股票的批复》文件核准，公司于2009年8月成功采用非公开发行方式发行新股24951万股，募集资金12.8亿元，公司股本由首发上市时的63000万股增加至151,010.204万股。

展望未来，公司将坚持以矿石、煤炭、水泥等大宗散杂货装卸为重点，加快大型化、深水化、专业化码头建设，不断提升企业核心竞争优势，把日照港建设为规模效益显著、现代物流业发达，多功能、国际化、现代化的中国沿海主枢纽港。

1、自然条件优越

日照港自然条件优越，港区湾阔水深,为天然深水良港，是沿黄河流域、沿大陆桥中西部地区最为理想的出海口岸之一。港区水深达到-13米，气候温和，全年不冻不淤，具有建设深水泊位的良好条件，适合建设包括20～30万吨级大型深水码头在内的各类专业性深水泊位100余个；港区处于环渤海湾内侧，有天然掩护，港区水流不急，易于靠泊；港区后方陆域宽广平坦，适合建设大型堆场，可有效保证港口的堆存能力。

2、腹地优势

日照港腹地广阔。日照港直接经济腹地包括山东南部、河南北部、河北南部、山西南部及陕西关中等地区，覆盖人口约8,000多万，面积约18万平方公里。间接经济腹地包括甘肃、宁夏、新疆等中原、西北广大地区，覆盖人口2亿多，面积约占全国的1/5。日照港腹地内煤炭、矿建材料等资源丰富，钢铁企业众多，基础工业实力雄厚。随着国家发展中西部战略的实施，工业、产业结构的调整、升级，现代化大城市的发展，渤海湾地区的港口发展面临良好机遇。山东省人民政府2008年2月16日公布的《鲁南经济带区域发展规划》指出，山东省拟在日照规划建设大型临港精品钢铁基地，生产规模将达到2,000万吨。

3、集疏运优势

日照港货物集疏运便利，现已形成较完备的铁路、公路、海路交通网络。铁路主要通过兖石铁路与腹地相连，连接港口的兖石铁路与南北铁路干线京沪、京九、京广交汇，构成了日照港腹地内的铁路运输网；公路通过204国道、同三高速、日东高速等通往全国各地，形成了“一纵三横”的公路运输网；水路可通达国内、国际各个港口。根据山东省《综合交通网中长期发展规划》和《中长期铁路网规划》，未来山东将形成“四纵四横”的铁路网，新的铁路网建成后，新增泰安—莱芜—沂水—日照铁路线以及枣庄—临沂两条铁路线。到2010年，直通日照的铁路运力将由现在的7,000万吨上升至2亿多吨。除山东外，河南、山西、陕西甚至新疆等省区的进出口货物都可以通过日照港对接国际市场。另外，黄岛至日照至江苏连云港、盐城铁路也已经列入规划，建成后将形成一条沿海南北大通道，是对接长三角地区最便捷的一条铁路通道。目前，日照市正在规划建设巨峰铁路枢纽站，将一纵两横三条铁路线交汇。铁路与港口互动，日照港将会形成一个辐射内陆腹地、连通国际市场的区域性交通中心。

4、生产技术和装卸效率优势

日照港重视生产技术水平的提高，引进、培养了一批多年从事港口生产作业的生产人员与具有丰富实践经验的技术工人，生产组织严密，装卸效率较高。日照港装卸效率在国内名列前茅，具备高效接卸大型矿石船舶的能力。

5、营销优势

日照港积极适应经济发展需求，大力开拓市场，调整货源结构，扩大内陆口岸直通，加强市场对接，将港口服务延伸到腹地，增强港口对腹地的辐射力和影响力。2007年，日照港先后在新疆、陕西、河南、山西等地开展了业务推介，探索建立“无水港、旱码头”，实行跟进服务。同时，加强海外市场开拓，加大国际中转辐射。日照港控股子公司昱桥公司与上海瑞拓国际贸易有限公司（澳大利亚力拓有限公司的下属公司）合作建设了日照港铁矿石分拨中心，成为我国重要的原材料进口港。

北京银行 BANK OF BEIJING 真诚 所以信赖

股票简称：北京银行
股票代码：601169

北京银行成立于1996年1月，秉承“为客户创造价值，为股东创造收益，为员工创造未来，为社会创造财富”的神圣使命，倡导“真诚所以信赖”的服务理念，不断实现发展重大跨越，成为知名银行品牌。2004年成功更名为北京银行；2005年引入国际知名的ING集团和国际金融公司作为境外投资者；2006年实现跨区域经营，目前已在天津、上海、西安、深圳、杭州、长沙等地设立分行，成立香港代表处；2007年在上海证券交易所挂牌上市，成为一家公众持股银行。

截至2009年9月末，北京银行资产总额5017亿元；资本充足率14.52%，年化资本收益率（ROE）16.67%，均处于上市银行领先水平；不良贷款率1.01%，持续实现“双降”；拨备覆盖率达212.45%，在上市银行中居于前列，风险抵补能力显著增强；前三季度实现净利润43.93亿元；成本收入比22.79%，经营管理绩效在上市银行中处于最好水平。

www.bankofbeijing.com.cn

总行地址：北京市西城区金融大街丙17号　邮编：100140

在英国《银行家》杂志2009年最新公布的全球1000家大银行排名中，北京银行按一级资本排名第158位，按资产规模排名第169位，在城市商业银行名列第一；在亚洲银行竞争力排名中，北京银行综合竞争力排名第62位；在2009年最具价值品牌排行榜上，北京银行品牌价值达57.54亿元人民币，且北京银行股票已进入沪深300指数，成为北京第一家市值超过千亿元的上市公司。

为客户创造价值
为股东创造收益
为员工创造未来
为社会创造财富

凭借优异的经营业绩和的优质的产品服务，北京银行赢得了社会的高度赞誉，2005年荣获“北京十大商业品牌”称号；2006年荣获“十佳成长金融机构”称号；2007年被评为“城市商业银行十大影响力品牌”；2008年荣获“十佳最具成长前景上市公司”奖、“全球华商企业500强”；2009年被国家授予“全国文明单位”，荣获“最佳城市商业零售银行”等称号。

GUOYANGNEWENERGY

山西国阳新能股份有限公司

地址：山西省阳泉市北大街5号 邮编：045000 电话：0353-7078728 传真：0353-7078718
网址：http://www.gyne.com.cn 电子信箱：ligj@vip.sina.com

董事长：白英先生

股票简称：国阳新能
股票代码：600348

山西国阳新能股份有限公司是阳煤集团作为主发起人，联合其它四家法人单位共同发起设立，于1999年12月30日在山西省工商局登记注册。主营业务为煤炭生产、洗选加工、销售；电力生产、销售；热力生产、销售；道路普通货物运输和通勤运输；设备租赁；经销汽车及施工机械配件及材料；汽车修理。截止2008年年末，公司总资产1,066,292万元，净资产462,372万元。国阳新能基本面和发展前景被众多投资者一致看好。由于经营业绩较好、流动性好、行业代表性强，国阳新能先后入选上证180指数，沪深300指数股。

从严、务实、进取、奉献、求知、创新、严谨、忠诚

国阳新能煤炭地质储量21.04亿吨，可采储量10.14亿吨，开采年限可达百年以上，资源保有量处于煤炭类上市公司前列。公司收购阳煤集团洗选煤分公司后，成为全国最大的无烟煤生产企业、最大的冶金喷吹煤生产基地和无烟煤出口基地。主要煤种无烟煤，具有低灰、低硫、低磷、发热量高、固定碳含量高、可磨性好、反应性好的优点，具备了生产电煤、冶金喷粉煤、烧结煤、块煤的天然优势。“阳优”品牌是我国首家注册的煤炭产品商标，荣获“山西省知名品牌”称号。有块煤、喷粉煤、选末煤、副产品4大系列12个主导品种，其中多个品种获国家、部、省级优质产品称号。国阳新能采用了当今世界上最先进的采煤设备，采煤机械化程度为100%。一矿、二矿多年来致力技术进步，在全国率先实验成功并推广使用了综采放顶煤技术，实现了采煤工艺的重大变革，连续多年被评为“高产高效矿井”和“特级质量标准化、现代化矿井”；瓦斯治理全部实现了“先抽后采”和自动监控，连续25年杜绝了瓦斯、煤尘事故。国阳新能管理基础扎实、科学严谨。先后获得首届中国煤炭工业优秀企业奖”、“煤炭工业优秀奖——金石奖”等荣誉，连续多年被评为“重合同守信用企业”、“AAA级信用度企业”。

国阳新能是我国股票发行方式由额度制变为核准制以后报批的第一批上市公司。2003年8月6日在上海证券交易所公开发行社会公众股，8月21日挂牌交易。国阳新能首次向社会公开发行人民币普通股15000万股，每股发行价8.20元，实际募集资金118900万元。公司于2005年11月16日正式启动股权分置改革，经与流通股股东的充分协商后，由每10股送2.5股提高至每10股送3股，于2005年12月19日股权分置改革相关股东会议上高票通过。实施股权分置改革之后，原非流通股转变为有限售条件的流通股，数量由33100万股减少为28600万股，无限售条件的流通股数量由15000万股增加为19500万股。根据中国证监会的规定和非流通股股东的承诺，除阳煤集团外的其他四家非流通股股东持有的有限售条件的流通股已于2006年12月29日上市流通。阳煤集团所持股份已于2008年12月29日起上市流通。公司2007年度实行利润分配方案以总股本481,00万股为基数，向全体股东按每10股送5股转增5股，公司总股本增加至96200万股。

公司生产过程中所采用的主要技术：

A、综采放顶煤技术

综采放顶煤技术是目前国内外厚煤层开采的最先进的生产技术，具有生产效率高、成本低的特点。该技术是在厚煤层开采过程中，将工作面布置在煤层下部，采煤机采下部煤层，而同时将上部煤层从支架后放下来一并运出。工作面落煤、运输、支护全过程机械化一次采全高，实现连续生产。目前，股份公司采用该技术生产的煤量占总产量的70%以上。

B、锚杆、锚索巷道支护技术

传统的巷道支护技术是支设木棚、金属棚等，巷道经常容易被压垮或出现损坏。本公司近年来致力于推广应用国内先进的锚杆、锚索支护技术，即通过对锚杆、锚索施加预应力，增加其抗变形的能力，减小巷道围岩的破坏，提高岩石的自承能力，最终实现可靠而又有效的支护。该项技术已应用于公司90%以上的新掘巷道中。

C、层巷道综合机械化掘进技术

综合机械化掘进技术是国内、外最先进的煤巷掘进技术，通过该项技术的使用，落煤、转载、运输全部实现机械化，大大提高了生产效率。公司采用该项技术施工的煤巷占煤巷总量的75%以上。

D、瓦斯治理技术

针对公司所属各矿瓦斯涌出量较大的情况，通过建立瓦斯监测系统，对采掘作业场所和瓦斯巷等地点进行不间断监测，一旦瓦斯浓度超限，系统将自动切断工作区电源，停止生产。同时对涌出的瓦斯通过增加瓦斯排放巷、通风稀释、抽放系统等使之符合《煤矿安全规程》要求并可加以利用。

GUOYANGNEWENERGY

目前公司的产品包括无烟煤产品和电力产品两大类，其中无烟煤产品又主要分为洗粉煤、洗块煤和选末煤。洗粉煤主要用于冶金行业高炉喷吹；块煤中的中块用于化肥行业造气，小块则用于冶金、机械、化工行业造气；末煤则是电厂、水泥厂的主要燃料。公司第二热电厂生产的电力主要供一矿的生产、生活使用，热力主要用于工业加热和居民取暖等。

公司对传统的“从严、务实、进取、奉献、求知、创新、严谨、忠诚”的企业文化，进行整合提升，确立了“诚信创新”的企业精神，“驰骋大市场，运营大资本，成就大事业”的企业目标，“路在脚下，事在人为”的企业经营理念。以此为精髓，形成公司员工奉行的价值观：“利润是客户给企业的报酬，美誉是社会给企业的奖赏，竞争是同行共存共荣的激励，岗位是实现自我价值的舞台”。

维维
畅饮谷营养
谷动我健康
■素蛋白
■粗纤维
■香浓纯
■五谷营养
维维
WEIWEI
红豆浓浆
营养谷动红豆浓浆
VV Energy Cereal Drink
素蛋白·粗纤维·香浓纯
净含量：250ML
优质谷物
谷动力
维维健康品
产地：江苏徐州
维维营养谷动
■维维营养谷动，甄选红豆、燕麦等优质天然谷物，经浸泡、精磨、熬煮、杀菌等工艺，科学配方，将谷物中的不饱和脂肪酸、膳食纤维、维生素和矿物质等多种营养成分充分利用，入口爽口滑顺，香甜浓郁。
■维维营养谷动，谷物素营养，平衡饮食，是您居家生活的良好饮品。

猎豹汽车
LIEBAO MOTOR

湖南长丰汽车制造股份有限公司

HUNAN CHANGFENG MOTOR CO.,LTD

注册地址：湖南省长沙经济技术开发区漓湘路1号
联系地址：湖南省长沙市芙蓉中路2段111号华菱大厦8层　邮政编码：410011
联系电话：0731-2881959　传真：0731-2881957
网址：www.cfmotors.com　信箱：cfa@cfmotors.com

世界一流技术　中国越野先锋

First-Class Technologies　Forerunners of China's Jeep-Drivers

湖南长丰汽车制造股份有限公司是由长丰（集团）有限责任公司与日本三菱自动车工业株式会社等企业于1996年11月共同发起设立的企业，主要从事轻型越野汽车及其零部件的制造与销售及提供与上述产品相关的技术咨询服务，是目前国内最大的轻型越野汽车专业制造商，为国家和军队定点的轻型越野汽车制造商。

公司引进日本三菱PAJERO系列轻型越野汽车制造技术，成功开发出“猎豹”系列中高档轻型越野汽车，具备了年产10万辆轻型越野汽车的生产能力。公司已在湖南长沙、永州、衡阳、广东惠州构建起2大整车制造基地和4个零部件生产基地，拥有长沙、北京两个汽车研发中心，具备较强的技术开发能力。在国内越野汽车行业中，公司已具备明显的规模优势、市场优势、专业优势、品牌优势，主要经济指标已连续多年居行业领先地位。其中长沙生产基地地处国家级湖南省长沙经济技术开发区，年生产能力5万辆，该基地的四大工艺生产线大量采用了国际最先进的设备，整个生产工艺设计施工按柔性化生产布置，可同时生产完全不同系列的四种车型。永州生产基地通过对原有生产线进行技术改造，使原3万辆年生产能力扩大到5万辆年生产能力，公司已成为国内最大的最具市场竞争能力的轻型越野汽车生产企业。

公司是湖南省十大标志性企业，湖南省重点扶植的年销售收入过100亿的大型企业集团，先后获“全国五一劳动奖状”、“湖南省优秀企业”、“湖南省产品质量奖”、“湖南省高新技术企业”、“湖南省质量管理奖”、“消费者信的过绿色产品”、“环境保护先进单位”、“湖南省清洁文明工厂”等70多项省级以上荣誉称号，公司董事长李建新先生先后获“全国优秀经营管理者”、“2003年度最受关注企业家”、“全国劳动模范”等多项荣誉称号，并连续当选为第十届和第十一届全国人大代表。2004年5月28日公司向社会公众成功发行人民币普通股7800万股，并于2004年6月14日在上海证券交易所挂牌上市交易，此次发行后公司总股本为40067.03万股。2009年5月，公司实施了2008年度资本公积金转增股本方案，本次实施资本公积金转增股本后，公司总股本由原来的400,670,300股增加至目前的520,871,390股。

广深铁路股份有限公司
GUANGSHEN RAILWAY COMPANY LIMITED

地址：广东省深圳市和平路1052号 邮编：518010
电话：0755-2556 5424 / 2589 4117 传真：0755-2559 1480

董事长：何玉华先生

总经理：申毅先生

股票简称：广深铁路 股票代码：601333

广深铁路股份有限公司（本公司）于一九九六年三月六日按照《中华人民共和国公司法》在中国深圳市注册成立。

一九九六年五月，本公司发行的H股(股票代码：0525)和美国存托股份（ADSs）(股票代码：GSH)分别在香港联合交易所有限公司（香港联交所）和纽约股票交易所（纽约交易所）上市；二零零六年十二月，本公司发行的A股（股票代码：601333）在上海证券交易所上市。本公司是目前中国唯一一家在上海、香港和纽约三地上市的铁路运输企业。

本公司主要经营深圳—广州—坪石段铁路客货运输业务及长途旅客列车运输业务，并与香港铁路有限公司合作经营广九直通车旅客列车及过港直通货运列车运输业务。本公司亦经营铁路设施技术综合服务、商业贸易及兴办各种实业等与公司宗旨相符的其他业务。

本公司独立经营的深圳—广州—坪石段铁路，营业里程481.2公里，纵向贯通广东省全境。其中广坪段为中国铁路南北大动脉——京广线南段；广深段是中国内陆通往香港的唯一铁路通道，连接京广、京九、三茂、平南、平盐和香港九广铁路，是中国铁路交通网络的重要组成部分。广深段铁路是目前中国现代化程度最高的铁路之一，是国内第一条全程封闭、四线并行的铁路，也是第一条实现客货分线运行的铁路。

客运业务是本公司最主要的运输业务。截止二零零八年十二月三十一日，本公司每日开行旅客列车239.5对，其中广深城际高速列车120对（含备用线34对），广九直通车13对，长途旅客列车106.5对。本公司致力于推动高速旅客列车发展计划，广深间旅客运输主要由时速200公里的新型国产“和谐号”电动车组担当，在客流高峰期平均每10分钟就有1对“和谐号”高速列车开行，初步实现了城际铁路“公交化”运营。

团结务实
奋发向上
开拓创新
与时俱进

货运业务是本公司重要的运输业务。公司经营的铁路线路与周边港口、物流基地、建材市场及大型厂矿连接紧密并建立业务合作。公司拥有完善配套的货运设施，能有效地进行整车、零担、集装箱、笨重货物、危险货物、鲜活货物、超限货物的运输，在中国内陆中长远距离运输方面具有竞争优势。

在二零零七年公司完成收购广坪段铁路运营资产后，公司经营范围从区域铁路进入全国重要骨干网络，客货运输服务的吸引范围、经营规模和客货运输的发展空间均显著扩大，综合竞争能力和整体经营效益得到大幅提升。随着中国经济持续稳定增长，铁路改革发展的逐步深入，“泛珠三角”区域经济合作的加强，以及内地与香港、澳门经贸往来的日益频繁，广深铁路未来发展的前景将更加广阔。

广深铁路股份有限公司

GUANGSHEN RAILWAY COMPANY LIMITED

地址：广东省深圳市和平路1052号　邮编：518010
电话：0755-2556 5424 / 2589 4117　传真：0755-2559 1480

董事长：何玉华先生

总经理：申毅先生

广深铁路股份有限公司（本公司）于一九九六年三月六日按照《中华人民共和国公司法》在中国深圳市注册成立。

一九九六年五月，本公司发行的H股(股票代码：0525)和美国存托股份（ADSs）(股票代码：GSH)分别在香港联合交易所有限公司（香港联交所）和纽约股票交易所（纽约交易所）上市；二零零六年十二月，本公司发行的A股（股票代码：601333）在上海证券交易所上市。本公司是目前中国唯一一家在上海、香港和纽约三地上市的铁路运输企业。

本公司主要经营深圳—广州—坪石段铁路客货运输业务及长途旅客列车运输业务，并与香港铁路有限公司合作经营广九直通车旅客列车及过港直通货运列车运输业务。本公司亦经营铁路设施技术综合服务、商业贸易及兴办各种实业等与公司宗旨相符的其他业务。

本公司独立经营的深圳—广州—坪石段铁路，营业里程481.2公里，纵向贯通广东省全境。其中广坪段为中国铁路南北大动脉——京广线南段；广深段是中国内陆通往香港的唯一铁路通道，连接京广、京九、三茂、平南、平盐和香港九广铁路，是中国铁路交通网络的重要组成部分。广深段铁路是目前中国现代化程度最高的铁路之一，是国内第一条全程封闭、四线并行的铁路，也是第一条实现客货分线运行的铁路。

客运业务是本公司最主要的运输业务。截止二零零八年十二月三十一日，本公司每日开行旅客列车239.5对，其中广深城际高速列车120对（含备用线34对），广九直通车13对，长途旅客列车106.5对。本公司致力于推动高速旅客列车发展计划，广深间旅客运输主要由时速200公里的新型国产“和谐号”电动车组担当，在客流高峰期平均每10分钟就有1对“和谐号”高速列车开行，初步实现了城际铁路“公交化”运营。

货运业务是本公司重要的运输业务。公司经营的铁路线路与周边港口、物流基地、建材市场及大型厂矿连接紧密并建立业务合作。公司拥有完善配套的货运设施，能有效地进行整车、零担、集装箱、笨重货物、危险货物、鲜活货物、超限货物的运输，在中国内陆中长远距离运输方面具有竞争优势。

在二零零七年公司完成收购广坪段铁路运营资产后，公司经营范围从区域铁路进入全国重要骨干网络，客货运输服务的吸引范围、经营规模和客货运输的发展空间均显著扩大，综合竞争能力和整体经营效益得到大幅提升。随着中国经济持续稳定增长，铁路改革发展的逐步深入，“泛珠三角”区域经济合作的加强，以及内地与香港、澳门经贸往来的日益频繁，广深铁路未来发展的前景将更加广阔。

2009
中國證券業年鑒
CHINA SECURITIES YEAR BOOK

总第十七期 ㊤

建银国际
CCB International

建银国际（控股）有限公司是中国建设银行在香港全资设立的投资银行机构，围绕Pre-IPO,IPO与Post-IPO三大环节形成涵盖几十种产品的完整投行产业链，涉及企业融资及结构性融资安排、兼并收购、直接投资、资产管理、证券经纪、投资咨询等全方位多元化业务。

协办单位

大同煤业股份有限公司

北京首钢股份有限公司

北京北辰实业股份有限公司

建银国际（控股）有限公司

摩根大通银行（中国）有限公司

图书在版编目(CIP)数据

中国证券业年鉴. 2009/《中国证券业年鉴》编辑委员会编.
—深圳:深圳报业集团出版社, 2010.3
ISBN 978-7-80709-302-2

Ⅰ.中… Ⅱ.中… Ⅲ.资本市场—中国—2009—年鉴 Ⅳ.F832.51-54

中国版本图书馆 CIP 数据核字(2010)第013939号

中国证券业年鉴(2009·总第十七期)
《中国证券业年鉴》编辑委员会　编

责任编辑　陈　曦
封面设计　上海中证鉴文化传播有限公司
出版发行　深圳报业集团出版社
　　　　　深圳市深南大道6008号　电话0755-83518301　邮编518009
经　　销　新华书店
印　　刷　北京嘉彩印刷有限公司
开　　本　850mm×1168mm　1/16
印　　张　160
插　　页　260
字　　数　8500千字
版　　次　2010年3月第1版　2010年3月第1次印刷

定　　价　人民币1980元　港币2680元　美元400元(共三册)

编辑说明

《中国证券业年鉴》以客观、公正、全面、权威的历史使命，忠实记录了我国证券市场的发展轨迹，向海内外各界人士宣传、展现我国证券市场的发展成就，做出了应有的贡献；并给后人查阅、研究我国证券市场历史年度的动态，提供了权威资料。做好中国证券业历史的编辑整理工作，保证中国证券业历史记录的有序延续，是我们的责任。自1993年创刊以来，《中国证券业年鉴》已经逐渐成长为一个展示公司业绩、总结市场成就、记录中国证券业历史、向海内外各界人士展现和推介中国证券市场形象的权威窗口。《中国证券业年鉴》每年出版一次，分上、中、下三册向国内外公开发行。

《中国证券业年鉴》(2009. 总第十七期)主要反映本年度中国金融、证券、基金、期货、保险、债券市场及企业制度建设和发展方面的情况和最新动态，供海内外有关机关、社团、学校、研究部门、企事业单位及社会各界人士做进一步研究参考使用。为推动中国证券业的规范化和国际化、建设有中国特色的社会主义市场经济服务。

《中国证券业年鉴(2009)》内容设置专论、中国金融市场、中国证券市场、中国基金市场、中国期货市场、中国保险市场、企业形象、中国证券业年度人物等部分，另有彩色图片1260幅。

《中国证券业年鉴(2009)》的资料直接来源于公司的公告和报告、国务院有关部委及各省、市相关单位提供的材料，保证了《年鉴》的权威性和准确性。《中国证券业年鉴(2009)》基本保持上一期的内容和体例，充实了原有的编章，同时重点充实了香港证券市场及各省、市、自治区证券市场的详细资料，突出反映了2009年我国证券市场的整体发展状况。但由于中国证券业仍处于快速发展阶段，加上各地区的发展不平衡以及我们的水平有限，难免出现一些疏漏，敬请读者谅解和指正。

《中国证券业年鉴》由上海、深圳证券交易所和中国证券业年鉴编辑委员会共同主办，由中国证监会主席尚福林先生担任顾问委员会主任，由庄心一、朱从玖、耿亮、陈东征、金颖担任顾问委员会副主任，总编辑由张育军、宋丽萍、林晨担任。在编辑出版过程中得到了国务院有关部门、中国证券监督管理委员会及各省、直辖市、自治区证监局、上海证券交易所、深圳证券交易所、香港联合证券交易所、中国证券报社、中国证券登记结算有限责任公司、建银国际(控股)有限公司、大同煤业股份有限公司及证券界有关领导、专家的指导和支持，在此我们表示最诚挚的感谢。

中国证券业年鉴编辑部

中国证券业年鉴顾问委员会

中国证券业年鉴理事会

（以下排名不分先后）

石保上	中原证券股份有限公司	董事长、党委书记
陆　涛	金元证券股份有限公司	总裁
吴承根	浙商证券有限责任公司	董事、总裁
刘　军	中信金通证券有限责任公司	执行董事
李晓安	华龙证券有限责任公司	董事长
张广慧	山西证券股份有限公司	党委书记、董事长
李舫金	万联证券有限责任公司	董事长
王文学	华鑫证券有限责任公司	董事长
刘晓亚	和兴证券经纪有限责任公司	董事长
高　庆	南方联合产权交易中心有限责任公司	董事长、党委书记
潘卫东	上海国际信托有限公司	党委书记、董事长
侯福宁	上海农村商业银行股份有限公司	党委副书记、副董事长、行长
陈兴汉	南京栖霞建设股份有限公司	董事长
唐　军	首创置业股份有限公司	总裁
袁小宁	陕西省天然气股份有限公司	董事长
袁　泽	新疆新鑫矿业股份有限公司	董事局主席
尚书志	辽宁成大股份有限公司	董事长
王文京	用友软件股份有限公司	董事长、总裁
任志强	华远地产股份有限公司	董事长
多吉罗布	西藏天路股份有限公司	董事长
孙　云	四川路桥建设股份有限公司	董事长
张跃文	湖南新五丰股份有限公司	董事长
郭本恒	光明乳业股份有限公司	总裁
闫希军	天津天士力制药股份有限公司	董事长
王德贤	安徽山鹰纸业股份有限公司	董事长
奚河滨	黑龙江北大荒农业股份有限公司	董事长
张　勇	天津市房地产发展(集团)股份有限公司	董事长
陈　平	马应龙药业集团股份有限公司	董事长
沈长全	江苏宁沪高速公路股份有限公司	董事长
白　英	山西国阳新能股份有限公司	董事长
王良彦	太原煤气化股份有限公司	董事长
蔡永龙	晋亿实业股份有限公司	董事长
毛　勇	泰豪科技股份有限公司	董事长、总裁
马宝平	金堆城钼业股份有限公司	董事长
张光臣	大连圣亚旅游控股股份有限公司	董事长
陈卫东	中海油田服务股份有限公司	董秘、执行副总裁
张永年	四川成渝高速公路股份有限公司	董事会秘书
石维国	中天城投集团股份有限公司	副董事长
朱大成	北京双鹤药业股份有限公司	董事会秘书兼副总裁
何　勇	平安信托投资有限责任公司	副总经理
蒋纬球	江苏法尔胜股份有限公司	董事、总经理
李国璋	湖北兴发化工集团股份有限公司	董事长
闫　飞	云南西仪工业股份有限公司	董事长

中国证券业年鉴编辑委员会

地　址： 上海市浦东南路 1550 弄 5 号楼 1002 室
邮　编： 200122
电　话： 021－22819146
传　真： 021－22819145
邮　箱： shcwq@163.com

目　录

第一编　专　论

第二编 中国金融市场

第三编　中国证券市场

第四章　证券经营机构 ······ 1937

第四编　中国基金市场

第一章　中国基金市场概况 ······ 2017

第五编　中国期货市场

第三章　期货经纪机构 …………………… 2207

第六编　中国保险市场

第七编　企业形象

第八编　2009 年中国证券业人物访谈

插页目录

上 册

中 册

下 册

中国证券业年度人物

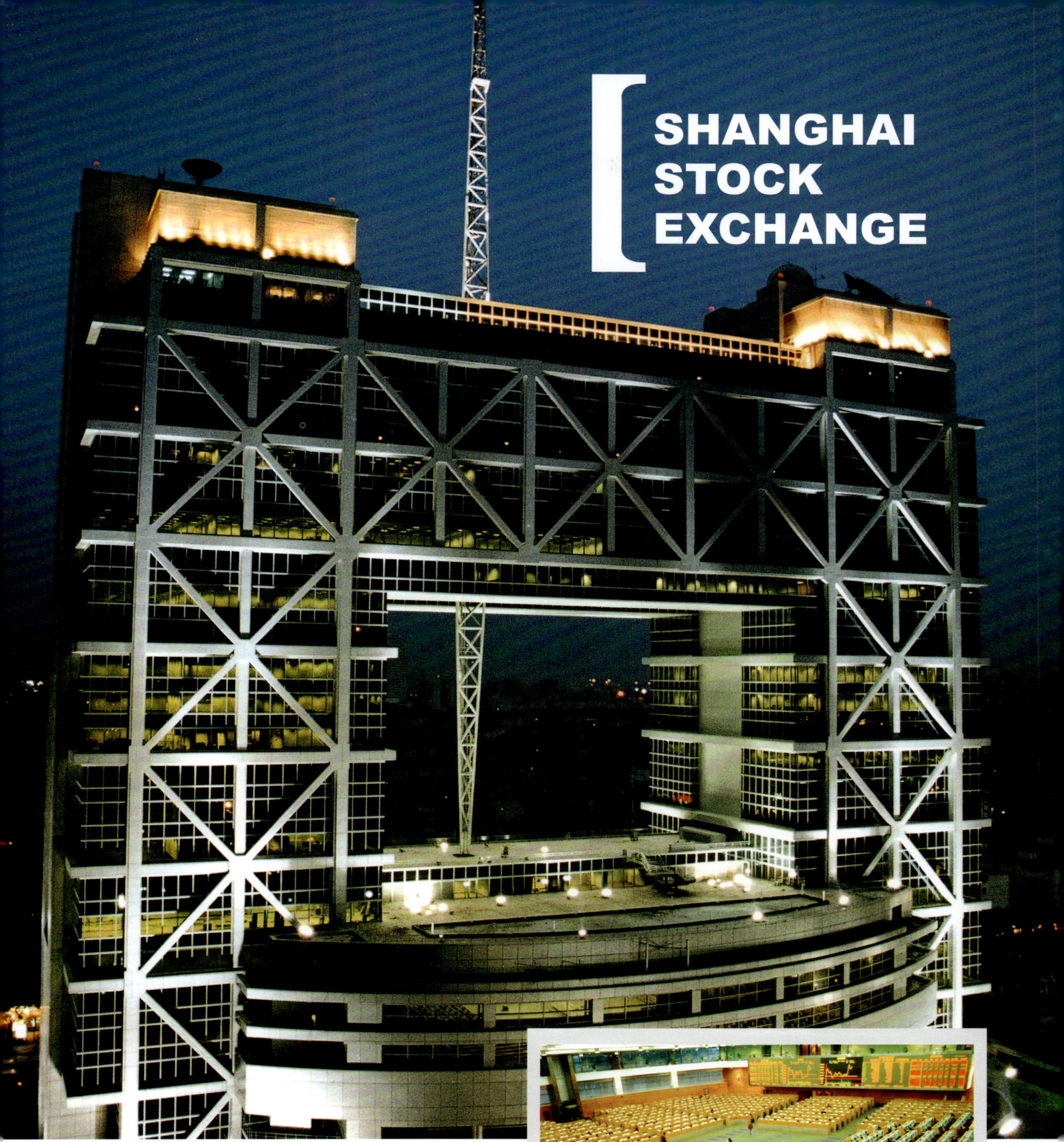

SHANGHAI STOCK EXCHANGE

迈入新世纪后，上证所肩负着规范发展市场的艰巨任务，也面临着进一步推进市场各项建设的良好机遇。凭借一流的硬件设施和浦东优越的区位优势与强大辐射力，凭借上海经济良好发展势头和特有的龙头效应，凭借国企改革和金融中心建设对上海资本市场的积极推动，上证所将按照坚定信心、加强监管、保持稳定、规范发展的思路，在技术、监管、人才、服务等方面多管齐下，为建设一个规范透明、高效开放、充满生机活力的世界一流交易所开启新的篇章。

Hong Kong Exchanges and Clearing Limited
香港交易及結算所有限公司

主席夏佳理

公司简介

香港交易及结算所有限公司（香港交易所）是香港证券及衍生产品市场营运机构以及有关结算所的控股公司。香港交易所于2000年6月27日在其属下的证券市场上市。

香港交易所的主要职能包括监管及营运上市集资市场，所有在香港交易所属下香港联合交易所（联交所）主板或创业板上市的上市申请，均须由联交所的上市委员会审批，而联交所亦是监管上市公司的前线机构，负责执行上市规则。香港交易所亦提供广泛的交易前及交易后投资服务，以及市场信息服务。

香港位处亚洲为全球投资者及发行人提供最佳机会的国际市场，亦是中国的国际金融中心；香港交易所致力成为一个专注香港、中国内地以至亚洲其它地区的证券及衍生产品的主要国际市场，提供符合国际标准及常规的交易所服务。

在香港交易所买卖的产品

过去六年，香港交易所致力在证券及衍生产品市场推出多元化产品组合，以巩固香港作为国际金融中心的地位，并为公众提供更多的投资选择，以配合他们在不同市况的投资策略及风险管理需要。

1. 证券市场方面，除了股本证券、股本权证及衍生权证外，香港交易所还推出可收回牛熊证（牛熊证）、交易所买卖基金、房地产投资信托基金及债券等。

2. 衍生产品市场方面，香港交易所推出了股市指数产品（包括恒生指数期货及期权、小型恒生指数期货及期权、H股指数期货及期权、小型H股指数期货等）；同时拓展股票期货及期权的种类，并提供外汇基金债券期货、港元利率期货、黄金期货等产品。

香港交易所2009年截至12月15日证券市场表现

上市公司数目	1313	市值（亿港元）	177,982.73
新上市公司数目	64*	总成交金额（亿港元）	149,944.71
股份集资总额（亿港元）	5,955.33^	－股份（亿港元）	112,378.21
－首次上市集资额（亿港元）	2,139.32	－衍生权证（亿港元）	16,050.31
－上市后集资额（亿港元）	3,743.64	－牛熊证（亿港元）	16,269.15
平均每日成交金额（亿港元）	630.02	－交易所买卖基金（亿港元）	4,813.49

* 包括4家从创业板转到主板上市的公司

^ 截至2009年12月18日的暂计数字

注册地址
地址：香港中环港景街1号国际金融中心一期12楼
电话：+852 2522 1122
传真：+852 2595 3106
电邮：info@hkex.com.hk
网址：www.hkex.com.hk

北京代表处
地址：北京东方广场西二办公室1002室
电话：+8610 8518 3088
传真：+8610 8518 3288
电邮：bjo@hkex.com.hk

香港首次公开招股集资总额全球居冠

★ 截至2009年12月15日，共有60家新上市公司在香港上市（不计4家从创业板转板至主板的公司），集资金额达2,139亿港元。据国际证券交易所联会2009年首11个月的统计，香港证券市场的首次公开招股集资金额名列世界首位。

★ 期内交易市场的集资活动亦频繁。截至2009年12月18日，计入首次公开招股及上市后再融资的集资总额达5,955亿港元，已超越2007年创下的香港证券市场最高集资金额记录。据国际证券交易所联会2009年首11个月的统计，香港证券市场的集资总额全球排名第四。

★ 截至2009年12月15日，共有519家内地企业(包括：H股公司、红筹股公司及非H股内地民营企业)在香港的主板及创业板上市，占香港市场总值58%，整体股份总成交金额72%。

★ 现时香港证券市场已吸引了120多家其它地区企业来港上市，它们分别来自英国、美国、加拿大、德国、台湾、新加坡、马来西亚、以及印尼和泰国等多个地区。

★ 在集资市场以外，香港证券市场的产品发展亦取得良好成绩。截至2009年12月15日，共有43只ETF在香港挂牌交易，其中包括8只内地A股指数ETF、8只香港股票指数ETF、22只其它地区及国际股票指数ETF、2只商品ETF，以及3只债券及货币市场ETF，而香港交易所更是首家有内地A股行业指数ETF挂牌交易的交易所。此外，香港与台湾监管机构已于2009年5月达成互相认可两地ETF的协议，预料有更多台湾ETF可以在香港上市。

★ 香港交易所的牛熊证市场亦正在迅速增长。截至2009年12月15日，牛熊证的平均每日成交金额为68亿港元，较上年同期上升61%。截至2009年12月15日已有7,697只牛熊证上市，连同3,873只新上市的衍生权证，新上市的结构性产品首次超逾一万只，刷新了历年纪录。

中国民生银行股份有限公司(1988)的H股于2009年11月26日在香港上市，集资额超过300亿港元。

香港交易所2009年截至12月15日衍生产品市场表现（合约张数）

期货及期权合约总成交量	93,886,186
期货合约成交量	41,840,267
期权合约成交量	52,045,919
期货及期权平均每日成交量	395,310
期货平均每日成交量	176,169
期权平均每日成交量	219,141
未平仓期权及期货合约张数(截至12月15日)	6,266,164

中国国旅股份有限公司

CHINA INTERNATIONAL TRAVEL SERVICE CORPORATION LIMITED

董事长：盖志新先生

中国国旅股份有限公司（股票简称“中国国旅”，股票代码“601888”，以下简称“公司”或“本公司”）是经国务院批准，由中国国旅集团有限公司以旅行社和免税业务相关资产整体重组改制，联合华侨城集团公司共同发起设立的股份有限公司。

本公司于2008年3月28日正式成立，主营业务为旅行社和免税业务。2009年10月15日，公司股票在上海证券交易所上市交易，公司上市后注册资本为88,000万元。

本公司是国内惟一一家同时经营旅行社业务和免税业务的公司，也是国内资本市场惟一一家免税运营商。“中国国旅（CITS）”的品牌享誉海内外，在世界品牌实验室评选的2009年“中国500最具价值品牌”中，“中国国旅（CITS）”以136.92亿元的品牌价值，排名第51位，连续六次蝉联旅游服务类企业品牌价值第一名。

股票简称：中国国旅　股票代码：601888

国旅总社
办公楼

中免公司
免税店面

公司的旅行社业务主要包括入境游、出境游、国内游等传统业务以及旅游电子商务、商务会奖旅游等新兴业务，经营主体是中国国际旅行社总社有限公司（以下简称“国旅总社”）。

国旅总社成立于1954年，是我国旅行社业务种类最为齐全的大型综合旅行社运营商，连续多年荣膺国家旅游局评比的“中国国际旅行社百强”第一名。国旅总社的服务网络遍布于全国主要中心城市和旅游热点城市，并且在美国、日本、澳大利亚、德国、法国、丹麦、香港和澳门等国家和地区设立了多家海外子公司，形成了稳定的销售网络和完善的接待网络。国旅总社已经与世界上100多个国家和地区的1,400多家旅行社建立了稳定而有效的业务合作关系，在世界范围内形成了一个广阔的旅游销售网络，为国旅总社的客源提供了重要保证。

凭借强大的综合实力以及高质量的服务水平，2008年国旅总社成为“唯一进驻奥运村提供旅游服务的供应商”、“北京奥组委邀请的宾客（配偶）接待的唯一旅游服务商”，并出色地完成了北京奥运会火炬接力的境内外后勤保障工作。

近年来，国旅总社根据“三游并重”和“两网并进”的发展战略，一方面积极拓展旅行社实体网络，另一方面加快构建以B2B资源系统、B2C多语种网站和双语呼叫中心“三位一体”的旅游交易平台，实现了咨询、预订一体化与一站式服务。同时国旅总社也在含金量最高的商务会奖旅游这一新兴业务取得骄人业绩。

公司的免税业务主要包括烟酒、香化等免税品的批发、零售业务和品牌代理业务，经营主体为中国免税品（集团）有限责任公司（以下简称“中免公司”）。

中免公司成立于1984年，是我国惟一一家经国务院授权在全国范围内经营免税业务的运营商，按照国家赋予的“统一经营、统一组织进货、统一制定零售价格、统一制定管理规定”的“四统一”政策，对全国口岸免税业务实行统一管理，是中国免税业的代表和旗舰企业，其免税品销售的国内市场份额始终排名第一位。

中国国旅路演团队

中免公司经营的免税店涵盖了机场、机上、火车站、客运站、供船、陆路口岸、外交人员和市内等八大类型，已发展成为世界上免税店类型最全、零售网点最多的免税运营商之一。在全球各主要免税品供货商集中的香港地区，中免公司设立了业务代理机构，实现了大规模集中采购。在上海、青岛、大连、深圳，中免公司设立了4家海关监管物流配送中心，高效快捷的物流配送体系已成为中免公司在全国范围内经营免税业务的可靠保证。中免公司目前经营超过300个国际顶级奢侈品牌的上万种商品，其中98%为原产地采购。

WWW.CITSGROUP.NET

2009年10月15日“中国国旅”在上海证券交易所隆重上市

中国国旅成立揭牌仪式

近年来，中免公司根据“免税、有税并举”的发展战略，在传统免税业务之外，已逐步培养起了一个新兴的有税业务板块——特许经营业务、自有品牌产品开发业务以及有税商品的品牌代理业务。

本公司的发展目标是成为一家掌控多项关键要素资源的综合性旅游服务运营商，一家具有国际竞争力的跨国旅游服务集成商和免税运营商。受惠于广阔的行业发展前景，中国国旅必将大有作为，公司将努力保持持续快速的发展势头，创造优良的经营业绩，回馈广大投资者。

诚信社会为本 客戶满意为荣
创新提升 做强做大 持续发展 长富久安

本公司是从事境外资源开发的大型中国企业之一，拥有许多资源开发项目的采矿权益，开发铁矿石、铜、镍、钴、铅、锌和其它金属矿产资源，并具备锌、铅、铜的冶炼加工能力。此外，本公司还从事多晶硅生产。

本公司是中国大型冶金设备制造企业之一，能够生产具有自主知识产权的核心冶金设备并进行设备成套；同时，本公司是中国最大的钢结构制造商，在钢结构的研发、设计、制造和安装方面处于中国领先地位，本公司相当数量的制造和安装技术已经达到国际水平。

本公司是国资委批准的主业包含房地产开发的中央企业之一，营业范围包括北京、上海、天津、重庆、南京等多个城市，本公司的房地产开发品牌「中冶置业」已享有良好的声誉与较高的知名度。

作为跨国经营的特大型企业集团，本公司自上世纪八十年代初以来即积极拓展海外业务。尤其是中国加入世贸组织之后，本公司更是加快了拓展海外工程承包业务和资源开发业务的速度。迄今为止，本公司已在全球许多国家和地区经营这些业务。

中国远洋控股股份有限公司
China COSCO Holdings Company Limited

CHINA COSCO

中国远洋控股股份有限公司（“中国远洋”或“本公司”，与其子公司合称“本集团”）于2005年3月3日在中华人民共和国（“中国”）成立。本公司通过下属各子公司为国际和国内客户提供涵盖整个航运价值链的集装箱航运、干散货航运、物流、码头及集装箱租赁。

本集团透过全资子公司中远集装箱运输有限公司（“中远集运”）经营集装箱航运及相关业务。截至2008年12月31日，中远集运的船队共经营141艘船舶，总运力达496,317标准箱。在全球超过53个国家和地区的150多个港口挂靠，经营67条国际航线、11条国际支线、21条中国沿海航线及59条珠江三角洲和长江支线。中远集运在全球范围内拥有广泛的销售和服务网络，截至2008年12月31日，中远集运共拥有400多个境内境外销售和服务网点。这些全球性的航线网络和销售、服务网络，使得本集团可以为客户提供优质的“门到门”服务。

上海电力股份有限公司
SHANGHAI ELECTRIC POWER CO., LTD.

董事长：周世平先生

股票简称：上海电力　股票代码：600021

1887年第一盏弧光灯在上海外白渡桥上点亮，孕育着上海电力的雏形。1897年南市电灯厂（南市发电厂的前身）成立。江边电站（杨树浦发电厂的前身）1913年建成，并成为当时远东最大的火力发电厂。这标志上海电力第一代电力工人应运诞生，同时也标志我国电力工人的摇篮产生。一百多年来，上海电力打造了一支技术雄厚的机组运行、设备检修、工程建设、企业管理等方面的职工队伍，并源源不断地向全国电力体系输送了大量的技术和管理人才，公司还参加了国外电厂的管理，参加孟加拉国巴库、菲律宾那嘎等电厂的建设和运行管理。

1998年6月4日，随着国家“厂网分开”电力体制改革，上海电力股份有限公司设立，并于2003年10月14日在境内成功发行人民币普通股股票，同年10月29日在上海证券交易所正式挂牌交易。公司是由中国电力投资集团公司（以下简称“中电投集团”）控股的大型发电公司。2005年11月，公司顺利完成股权分置改革。公司目前股权结构为：中电投集团公司持股比例为42.84%；中国电力国际发展有限公司持股比例为21.92%；中国长江电力股份有限公司持股比例为8.77%；社会公众股东持股比例为26.47%。

SHANGHAI ELECTRIC POWER

www.shanghaipower.com

总体战略思路： 立足上海，面向华东，做强做优

总体战略目标： 发展成为经营型、控股型，以发电为主的大型能源企业

总体战略部署： 以电为主，兼顾多元。

优化发展煤电，合理发展气电，适时参与核电，积极发展新能源。

截至2009年6月30日，公司总股本21.40亿元，总资产306.26亿元，股东权益58.27亿元，公司全资拥有吴泾热电厂、闵行发电厂、杨树浦发电厂、上海上电漕泾发电有限公司；控股经营上海外高桥发电有限责任公司、上海漕泾热电有限责任公司、江苏上电贾汪发电有限公司、江苏阚山发电有限公司、江苏上电八菱集团有限公司、浙江上电天台山风电有限公司、上海上电电力工程有限公司、上海上电电力运营有限公司；合作经营上海吴泾发电有限责任公司、淮沪煤电有限公司、上海外高桥第二发电有限责任公司、上海外高桥第三发电有限责任公司；联合经营上海吴泾第二发电有限责任公司、江苏华电望亭天然气发电有限责任公司、浙江浙能镇海天然气发电有限责任公司等。目前公司权益装机容量为656.97万千瓦。

上海电力股份有限公司

陕西延长石油化建股份有限公司
Shaanxi yanchang petroleum chemical engineering Co.,Ltd.

1905 延长石油

股票简称：延长化建
股票代码：600248

注册地址：陕西省杨凌农业高新技术产业示范区西农路6号
办公地址：陕西省杨凌农业高新技术产业示范区新桥北路2号
邮政编码：712100
电话：029-87033019　传真：029-87033019

陕西延长石油化建股份有限公司成立于1998年11月30日，原名为："杨凌秦丰农业科技股份有限公司"。公司4800万股A股股票于2000年首发上市。

公司唯一的控股子公司陕西化建工程有限责任公司是国家化工石油工程施工总承包一级资质企业，是陕西省唯一从事石油化工建设的大型股份制企业。公司组建于1951年，先后隶属重工业部、冶金工业部、化学工业部，陕西省石化厅，陕西省国资委，2001年企业改制成立了陕西化建工程有限责任公司，为国有相对控股公司，2006年划归陕西延长石油集团有限责任公司。2008年，延长集团用其持有的陕西化建全部股权重组秦丰农业，认购其发行的6115万股。目前成为延长化建唯一的全资子公司。

公司现有职工3500多名，各类专业技术人员700多名，各种持证上岗人员700多名，持证项目经理104名。公司拥有19个从事主业、专业、辅助生产的分公司，自有大中型施工机械设备890台。2004年以来，公司投资3千余万元购置了250T、130T、50T吊车等设备，增强了公司机械装备力量，使公司施工能力大大提高。

公司具有完整的技术经济质量管理体系，通过了GB/T19001-2000质量管理体系、GB/T28001-2001职业健康安全管理体系、GB/T24001-2004环境管理体系"三证合一"认证。公司具有D1、D2类压力容器制作和球型贮罐现场组焊许可证，具有一级锅炉安装许可证、压力管道安装许可证。同时公司还具备钢结构工程、房屋建筑工程、机电设备安装工程、土石方工程、防腐保温工程、消防工程等多项资质。

西部矿业 矿业报国　我们的追求！我们的梦想……

据安泰科的数据统计，公司为我国2007年、2008年第一大铅精矿生产商、第四大锌精矿生产商和2007年第八大铜精矿生产商。公司累计拥有已探明铅、锌、铜、磷等资源储量超过千万吨，主要经营八座矿山和四家冶炼厂。其中，青海锡铁山铅锌矿是我国年采选规模最大的独立铅锌矿山，内蒙古获各琦铜矿是位居国内资源储量第六位的大型铜矿，四川呷村银多金属矿以银铅锌铜富集于一体而著称，西藏玉龙铜矿将极有潜力发展成为我国资源储量最大的铜矿。

企业哲学
无限探索　追求发展

企业精神
信念　忍耐　奋进　成功
忠诚　包容　立业　报国

企业形象
安定团结　科学管理
自强自立　勤俭立业　讲求信誉

企业道德
利人利己

企业准则
无功就是过

西部矿业
WESTERN MINING

主要矿山和冶炼业务地理分布图

股票简称：西部矿业
股票代码：601168

近年来，公司先后获得“全国五一劳动奖状”、“国家A级守信企业”、“中国工业行业排头兵企业”、“全国文明诚信（窗口）单位”、“中国矿业十佳企业”、“中国工业经济先进集体示范单位”等荣誉，连续四年被青海省人民政府授予“青海省财政支柱企业”称号。2009年10月，公司连续第六次获得国家统计局“铅锌矿采选行业全国效益十佳企业”第一名，并连续四年荣列“铜矿采选行业全国效益十佳企业”榜首。同时，公司被国家科技部认定为“国家级技术中心、科研中心和研发中心”，在坚持企业自身创新的同时，还承担了多项国家科技攻关项目，建有青海省首家国家级博士后科研工作站。

湖南新五丰

HUNAN NEW

新五丰

地址：湖南省长沙市五一西路2号“第一大道”19-20楼　邮编：410005　电话：(0731)84449588
传真：(0731)84449586　网址：http://www.newwf.com　电子信箱：nwf_123456@126.com

董事长：张跃文先生

湖南新五丰股份有限公司是以湖南省粮油食品进出口集团有限公司为主发起人，联合香港五丰行有限公司、澳门南光粮油食品有限公司、中国农业大学、中国农科院饲料研究所组建的股份制上市公司。公司于2004年6月9日正式在上海证券交易所挂牌交易，股票代码为600975，是农业产业化国家重点龙头企业十二家典型企业之一。

公司总部位于湖南省长沙市五一西路2号第一大道大楼19-20楼，下辖12家分公司9家全资或控股子公司。

公司的战略发展思路为：立足现有资源优势，突出主业和区域特色，依托出口猪的品质、品牌优势，实现生产与贸易并重、资本和产业并举、高科技与传统产业相结合、国内市场与国外市场一体化，向生猪的品种改良、肉类食品深加工两头延伸，建立“安全优质猪产业化体系”，逐步形成有市场竞争力的产业链和产业群。在此发展思路的指导下，公司确立了“以客户为中心、以业务为导向”的经营模式，并形成“公司+适当规模农场”的农业产业化生产模式和“科技＋市场＋外向”的市场开发模式。

从农场到餐桌 全过程无公害控制体系

养殖农场　屠宰厂　气调包装　冷链配送　超市专柜

新五丰 股票代码：600975　U鲜肉品 U-FRESH MEAT

公司以供港澳活猪（“浏阳河”、“湘宝”牌商品猪）、鲜肉（“晨丰”、“U鲜”）等品牌出口业务及产业经营为主，涵盖活猪养殖出口、种猪、饲料（鼎丰、曦丰牌）、兽药及生物制品、肉食加工等项目。公司自有猪场年出栏规模42万头，五十多年来一直是最主要的内地供港澳主供口岸之一。

公司是最早参照国际标准进行生产的传统行业里的现代企业，采用国际化产品标准体系、从农场到餐桌的全程无公害控制体系、产品质量全程可追溯体系、标准注册猪场体系，实行“一张碟”的管理模式，遵循动物福利，实行“自检+公检”相结合的方式，执行“8+37” 高标准药物残留检测标准，确保所有出栏生猪安全。

为拉升产业链，实现持续快速发展，推进公司内外贸一体化战略的实施，经认真调研和精心筹划，2009年，公司成立了湖南优鲜食品有限公司，推出U鲜肉品，正式进军内地冷鲜肉市场。新五丰U鲜依托供港澳50年的源头品质优势，秉承“为人类健康生活多做实事”的企业使命，以“鲜天下之优而优”的品牌情怀，立足打造成为“菜篮子”高端品牌。

U鲜冷鲜肉全面引进纯天然气调包装（简称MAP）保鲜技术，通过改变包装内的空气成分比例（不添加任何防腐剂和添加剂），便可到达持久保鲜的目的。气调包装可使冷鲜肉在0—4℃的环境下保鲜最长达10天。

气调包装是当今世界食品保鲜包装的一项成熟技术，其生产加工都是在低温、洁净的环境下完成，完全与外界环境隔绝，大大减少肉品生产、销售过程中的二次污染。

公司在引进先进成熟的保鲜技术保证鲜肉品质的同时创新销售渠道，开创电话网络订购虚拟渠道，开冷鲜肉电话订购宅配之先河。详情可登陆www.ux96516.com。

鲜天下之优而优

股份有限公司

WELLFUL CO., LTD.

为人类健康生活多做实事

公司主要成绩

1、公司连续五十年供港澳活猪，多年来，占据内地口岸供港澳活猪的五分之一强的市场份额。作为国内最大供港澳活畜供应商，公司的出口猪养殖规模在逐年递增，2009年公司自有基地的出栏猪规模将有望达到约42万头，在稳定港澳市场的猪肉价格及坚持打造食品卫生安全工作方面作出了巨大的社会贡献。

2、公司是深圳市政府食品安全五大工程承担企业之一，“晨丰”牌无公害鲜肉成为深圳市政府最早期推荐的三大安全品牌肉之一。东莞市政府食品安全工程第一批首家定点供应企业。

3、2002年以来，公司一直系湖南省最大外向型生猪产业化龙头企业。并辐射并带动全省十四个地州市的近百家生猪养殖户，为约近万名农民工提供就业机会。

4、2003年，经过国家九部委的联合评审，公司被评为国家级农业产业化重点龙头企业。国家以及相关部委和省市级领导多次到公司视察指导工作，得到了各级领导亲切关怀。

5、公司成立八年以来，按照欧盟标准通过三个环节：生产资料投入管理（原材料管理环节）、生产全过程标准化控制（生产管理环节）、供港澳活猪安全优质管理（客户管理环节）；一套关键控制点：全过程各个环节明确关键控制点；四个体系：制度化管理体系、操作规程体系、标准质量体系、完备的记录体系，全面打造从农场到餐桌安全优质生猪产业链。

同业领先 人文百年 创造经典

股票名称：新五丰

股票代码：600975

WWW.NEWWF.COM

CHINT 正泰

董事长：南存辉先生

浙江正泰电器股份有限公司于2010年1月21日在上海证券交易所上市，股票简称正泰电器，股票代码601877。

公司是中国最大的低压电器生产企业，主要从事配电电器、终端电器、控制电器、电源电器、电子电器等低压电器产品的研发、生产和销售，“正泰”品牌低压电器在国内外低压电器市场享有盛誉。

本公司就其渊源可追溯至公司创始人南存辉先生于上世纪八十年代与友人创办的乐清县求精开关厂，在低压电器行业已有近25年的经营积淀，历经由小及大的发展，建立了经验丰富的管理、研发、生产及营销团队，使“CHINT”、“正泰”成为了中国著名的低压电器品牌，2008年销售收入达44.42亿元。在充分参与全球竞争的中国低压电器行业，公司已连续六年产销量第一，以销售收入计，2008年公司市场份额约为10%。

1999年12月29日，“CHINT”、“正泰”商标被国家工商行政管理总局认定为中国驰名商标。2003年9月1日，“正泰”牌塑料外壳式断路器、万能式断路器获得“中国名牌产品”称号。2004年5月本公司获质量管理领域最高奖——全国质量奖，是中国低压电器行业中首家获此荣誉的企业。

公司重视科研创新和自主知识产权的保护，已经研发出一系列达到了国际先进水平的低压电器产品，促进了国内低压电器行业的发展，达到或超过了世界先进水平。公司先后承担国家“八五”、“九五”、“十五”等重点科技攻关项目，2004年NM8系列塑料外壳式断路器获得机械工业科技进步二等奖，2006年NA8-1600智能型万能式断路器获得机械工业科技进步一等奖。公司已开发100多个系列，200多个基型的具有自主知识产权的新产品，三大系列产品——可通讯智能型万能式断路器、电子式过载继电器、智能型模块式塑壳断路器列入了国家科技部火炬计划项目，并已通过国家验收。

2010年1月21日，“正泰电器”在上海证券交易所隆重上市

2002年，公司引进了国际上最为先进的SAP/R3企业管理软件与系统，以信息化管理为纽带，实施流程再造，进行精益生产，打造“数字正泰”。公司逐步建立了行业内领先和完善的销售网络。目前，公司拥有华东一、华东二、东北、华北、山东、中原、中南、华南、西南、西北、新疆、上海、云贵、甘宁、广西等十五个区域办事处，并形成了各区域办事处以省城和重要城市为中心，以地级城市为重点，以县级市为辐射点的三级营销网络，基本覆盖了全国，为广大客户提供快捷周到的服务，同时公司也建立了遍布世界的营销网络。公司产品在国内20多个省（市）被列为“免检”产品，并销往西班牙、挪威、俄罗斯、土耳其、英国、乌克兰、保加利亚、意大利、德国、巴西、美国、古巴、沙特、以色列、印度、南非、摩洛哥和澳大利亚等90多个国家和地区。

董事长南存辉先生与总裁程南征先生合影

作为植根于中国这一全球增长最为迅速、规模庞大的低压电器市场的龙头企业，公司将继续努力巩固和扩大领先地位，并力求在成本和后发优势的支持下进一步开拓国际市场，以期成为“世界一流的低压电器全面解决方案提供商”。

诺雅克产品技术应用研讨会

股票简称：正泰电器
股票代码：601877

出席上市仪式的领导嘉宾

四川路桥建设股份有限公司

SICHUAN ROAD&BRIDGE CO.,LTD

股票简称：四川路桥　股票代码：600039

董事长：孙云先生

四川路桥建设股份有限公司系1999年12月17日经四川省人民政府以川府函[1999]341号文批准，由四川公路桥梁建设集团有限公司以主要生产经营资产投入，并联合其他4家公司共同发起设立的股份有限公司。公司经中国证券监督管理委员会证监发(2003)16号文批准于2003年3月向社会公开发行人民币普通股(A股)10,000万股(股票简称“四川路桥”，股票代码：600039)，随后在上海证券交易所正式挂牌。公司在历经资本公积金转增股本和股权分置改革后，现注册资本为3.04亿元。法定代表人为孙云。四川公路桥梁建设集团有限公司为公司第一大股东，占有股权35.79%。2008年底，经四川省人民政府决定四川公路桥梁建设集团有限公司所持有本公司35.79%的全部国有股权划转到四川省铁路产业投资集团有限责任公司。目前，公司已取得国务院国资委申请股权划转的批准和中国证监会要约收购豁免申请的批准。股权划转后，四川省铁路产业投资集团有限责任公司将成为本公司的第一大股东。

国家副主席习近平在抢险第一线接见董事长孙云，并充分肯定四川路桥在抗震救灾中发挥的重要作用

重庆巫山长江大桥

四川路桥青年突击队清除坍方，打通道路

成都白家立交桥

公司目前的主要经营范围为：公路工程施工（壹级）及相关技术咨询服务；交通及附属设施、高新技术及产品的投资、开发、经营（不含国家限制经营内容）；工程机械的租赁、销售、维修；建筑材料的生产、销售（不含危险化学品）；销售金属材料（不含稀贵金属）、汽车配件、五金、交电、机械电子设备；能源、环保基础设施项目开发、建设、投资及经营（涉及法律、行政法规的项目凭许可证经营）；房地产开发经营、物业管理（不含前置许可项目，后置许可项目凭许可证或审批文件经营）。

公司现有4个专业分公司以及9个控股或全资子公司，从业人员3000余人，专业技术人员2000人，专业工程机械设备2000余台（套）。2008年度公司总资产52.81亿元，净资产8.33亿元，主营业务收入为21.91亿元，净利润1410.31万元。近年来，公司坚持“一业为主，两翼并举，多元发展”发展战略，在巩固路桥施工主业优势的同时，积极推进基础建设投资和资本运营，大力实施产业结构调整，先后投资建设了宜宾三座收费公路大桥和泸州绕城公路等BOT公路项目，2008年度，公司路桥收费共实现收入9321.66万元。公司投资开发了投资总额达6.2亿元，装机容量为6.58万千瓦的的四川巴河流域水电开发项目，2008年，巴河电站全面竣工并投产，公司电力销售实现收入3414.72万元。总投资为12.1亿元，总装机16.8万千瓦的甘孜州巴朗河流域水电开发项目也在顺利建设中。同时，公司还成功介入土地一级开发和整理业务领域。

2008年“5.12”汶川大地震发生后，公司在集团公司的统一布署下，立即成立了抗震救灾抢险突击队，第一时间开赴抗震救灾最前沿。股份公司与集团公司先后共投入一线人员3000多人，投入资金3亿多元，设备500多台，打通交通生命线400多公里，为灾区捐款捐物400多万元。公司为全省抗震救灾工作做出了突出的、巨大的贡献，受到党和政府以及人民群众的高度肯定和赞扬。温总理高度评价四川路桥作为都汶公路抢通保通的主力军，在3个多月抢险中取得的业绩是史无前例的，表现出的伟大抗震救灾精神也是史无前例的；习近平副主席高度评价说：四川路桥是一个能打硬仗的队伍，在抗震救灾中不怕牺牲、不怕困难，为四川灾区尽快恢复交通做出了突出贡献；四川省委书记刘奇葆两次视察都汶公路抢险现场，他称赞四川路桥是“攻坚克难能手，抢通保通先锋”。其他各级领导也对公司在这次抗震救灾工作中所做出的突出成绩给予了充分肯定。

四川省铁路产业投资集团有限责任公司是四川省人民政府批准组建的特大型国有投资集团，注册资本90亿元，主要负责四川省内外地方铁路项目的投融资、建设、运营和管理。公司在大股东的支持下将进一步优化产业结构，拓展产业链，转换经营管理机制，逐步将公司建成集路桥收费、基础设施建设和能源等产业为一体具有长期稳定发展的基础设施型上市公司，努力为广大投资者做出更好的回报。

但是，晋亿实业根据自身发展战略规划，以市场为导向、管理为保障、技术为依托，充分利用公司现有的品牌、技术、管理、营销物流网络等方面的领先优势，立足紧固件产业，结合公司股票发行上市，以实施募集资金投资项目为契机，通过加大技术改造、技术开发投入、调整生产布局、优化产品结构等措施，全面进入以高铁扣件为主的高强度异型紧固件领域。自2006年以来已先后投资约4亿元人民币，建成了目前国内最大的高速铁路扣件系统生产基地之一，其中拥有11条弹条生产线、18组全自动抽真空橡胶垫板硫化机、6台全自动注射式不锈钢板与橡胶一体硫化的复合橡胶垫板硫化成型机、36台全自动中央供料的注塑成型机、4条弹性垫板生产线、2台意大利ORT公司进口的自动三轮滚丝机(专门生产高速铁路木螺纹道钉)、4套丹麦进口的迪砂铸造生产线，新增70多台套高速铁路扣件专用检测设备；成立了一个扣件系统研发中心和金属、化学两个专业扣件系统实验室，具备了年产1000万套各种高速铁路扣件系统的成套生产能力。

以股票发行上市为契机
加快公司转型升级步伐　促进企业又好又快发展

自2006年开始参与中国高速铁路建设以来，晋亿实业多次参与我国高速铁路扣件系统采购项目竞标，至今已累计中标合同金额约人民币25亿元。高铁扣件产品已广泛使用在新建宜昌至万州客运专线、武广客运专线、郑西客运专线、温福客运专线以及京津城际铁路。

2007年12月8日，晋亿实业第一家取得了铁道部工程管理中心颁发的满足客运专线自主研发要求的《自主研发考核合格证》。2009年11月3日，铁道部运输局向各铁路局、各铁路公司、各客运专线公司发出了《关于印发晋亿实业股份有限公司弹条Ⅳ型、弹条Ⅴ型、WJ-7型和WJ-8型扣件系统上道技术审查意见的通知》，同意晋亿实业生产的弹条Ⅳ型、Ⅴ型、WJ-7型、WJ-8型扣件系统通过上道技术审查，可上道使用。这是铁道部主管部门对我国扣运专线扣件生产厂家第一次进行上道认可。

展望未来，为满足国内日益增长的高速铁路客运服务的需要，晋亿实业专业生产的、以高铁扣件为主的高强度异型紧固件在铁路领域的发展前景十分广阔。

股票简称：晋亿实业

股票代码：601002

www.gem-year.com

世界一流紧固件制造企业

国家免检产品　浙江省知名商号　浙江省著名商标　浙江名牌产品

整体节能方案，为您节能节资

泰豪BEMS建筑电气系统节能整体解决方案针对当前新建建筑和既有建筑智能化、节能的需求，以整体设计为核心，以能量监测和管理为手段，融合楼宇自控系统（BA）、中央空调变频节能控制系统、FULL-2WAY照明节能控制系统等单项节能技术，将各子系统集成到统一的管理平台，实现楼宇电气设备集成控制，为建筑提供“安全、舒适、节能、高效”的环境。

- **全面调研分析：** 建立在对楼宇生命周期深入了解的基础上，以能耗使用状况调研为依据
- **完整解决方案：** 以整体设计为核心，以能量监管为手段，可提供完整的楼宇维护及建筑电气系统节能解决方案
- **降低运行成本：** 通过子系统传递的数据进行能耗分析、诊断，建立相应的能耗模型，实现节省能源，降低楼宇运行成本
- **实现全面节能：** 将泰豪建筑能耗计量系统集成到统一的管理平台，实现各子系统及运行设备的能耗实时监测，全面了解建筑能耗状况，并通过能源管理平台实现管理层面的节能

EXPO 2010 SHANGHAI CHINA

泰豪 TELLHOW 世博会建设服务及参展企业

泰豪科技股份有限公司

泰豪科技股份有限公司是在江西省和清华大学“省校合作”推动下在南昌国家高新开发区设立并发展起来的股份制高科技企业。公司经国家科技部认定为“国家火炬计划重点高新技术企业”。并被国家工商总局评定为全国首批公布的520家“重合同、守信用”企业。2002年7月3日，公司股票在上海证券交易所挂牌上市，成为国内智能建筑电气产业领域首家上市公司。2003年8月31日，胡锦涛总书记亲临泰豪视察，对公司发展给予了亲切关怀和热切鼓励。

公司致力信息技术应用，积极发展自主知识产权技术产品，同时重视引进跨国公司先进的工艺技术和发挥军工企业完备的生产能力，建成了具有国际水准的“泰豪（南昌）高新工业园”。在智能建筑领域，公司拥有设计、制造和安装节能型中央空调、静音型发电机组、安全型配电设备等楼宇智能化电气产品的综合实力，成功承办了“第三届和第五届全国智能建筑技术交流会”，引领国内智能建筑电气产业的发展。在军工电源领域，公司将清华科技融入三波电机数十年的制造技术中，创造了行业内唯一荣获国家发明奖的产品，服务我国国防现代化建设。2006年9月，泰豪发电机产品被国家质量检验检疫局认定为“中国名牌产品”。2006年10月，“泰豪”商标被国家工商总局认定并公布为“中国驰名商标”。

地址：江西 南昌高新开发区 泰豪信息大厦　　电话：0791-8105588　　网址：http://www.tellhow.com

邮编：330096　　传真：0791-8106688　　邮箱：Stock@tellhow.com

安徽山鹰纸业股份有限公司

AN HUI SHAN YING PAPER INDUSTRY CO., LTD.

董事长：王德贤先生

安徽山鹰纸业股份有限公司前身为马鞍山市造纸厂，始建于1957年，1994年改制为马鞍山市山鹰造纸有限责任公司，1999年变更为安徽山鹰纸业股份有限公司。2001年，公司成功在上海证券交易所上市，股票简称“山鹰纸业”，股票代码“600567”。

公司现为国家大型一档企业、国家火炬计划重点高新技术企业、全国30家重点造纸企业、安徽省50强企业，生产规模和经济效益连续多年位居安徽省造纸行业首位和全国同行业前列。

股票简称：山鹰纸业　股票代码：600567

公司主导产品为箱纸板、瓦楞纸、瓦楞箱板纸箱、新闻纸和胶印书刊纸。箱纸板、瓦楞纸和瓦楞箱板纸箱被广泛用于家电、纺织、医药、电子、水果、饮料等多种商品的外包装，满足商品的贮运要求；新闻纸、胶印书刊纸则主要用于报纸书刊的印制，满足人们的阅读需要。

地址：安徽省马鞍山市勤俭路3号　电话：0555-2826275　传真：0555-2826369
网址：http://www.shanyingpaper.com　信箱：stock@shanyingpaper.com

团结、拼搏、创新、卓越
振兴民族生态纸业

回顾过去，公司始终秉承外延扩张和内涵提高并重的发展方针，不断加大技术改造投入，辅以自备电站和港口码头的造纸综合配套项目建设，公司主业持续做大做强。目前，公司造纸年生产能力已接近100万吨，瓦楞箱板纸箱年生产能力已达6亿平方米。在马鞍山、扬州、苏州、杭州、常州、嘉善等地，公司合计拥有9家控股子公司，其中：6家全资纸制品公司，专门从事瓦楞箱板纸箱的生产和销售；1家房地产控股公司，专门从事房地产开发业务。公司投资兴建的自备电站，年发电能力4亿度以上，年供热能力200万吨以上。公司还拥有铁路专用线以及废纸专用码头，并与有关单位合资兴建了集装箱专用港口，年吞吐量达145万吨。公司已拥有较为完善的造纸综合配套能力，已形成包装纸、新闻纸和瓦楞箱板纸箱三大产品系列互动发展格局。

展望未来，公司将继续坚持走发展生态纸业和循环经济之路，进一步做大、做强、做优，把公司打造成为产品一流、装备先进、管理规范、环境友好的百年企业。山鹰纸业将不只是一只不畏风雨雷电、搏击长空的"山鹰"，还将成为扶摇直上、展翅九万里、背负青天、雄视天下的"鲲鹏"。山鹰的明天一定会飞得更快更高，愿与各界朋友携手共进、共谋发展、再创辉煌。

西藏天路股份有限公司

TIBET TIANLU CO., LTD.

董事长：多吉罗布先生

股票简称：西藏天路
股票代码：600326

西藏天路股份有限公司（以下简称“天路”或“公司”） 成立于1999年3月29日，公司股票于2001年1月16日在上海证券交易所成功上市，募集资金26252.08万元；2007年通过非公开发行股票4800万股，募集资金42432万元；2008年实施公积金转增股本后，注册资本为45600万元。

十年来，天路经济效益稳步增长。公司资产总额从1999年成立之初的19,888万元达到2009年9月30日的213366万元，净资产从1999年成立之初的7,121万元达到2009年9月30日的96860万元。资产总额增长972.84%，净资产增长1260.20%，共分配给股东现金股利1.04亿元，其中分配给五家发起人股东现金红利6931.40万元，向社会流通股股东派发现金股利3481.60万元，实现利润总额3.96亿元，上缴税金1.79亿元。荣膺“全国五一劳动奖状”、“全国优秀施工单位”、“全国守合同重信用企业”之列，并多次荣获全区诚信、纳税先进、安全生产先进单位等多项自治区荣誉称号，取得了经济和社会效益的双丰收。

巩固建筑业 配套建材业 大力发展矿产业

公司具有建设部批准的公路路面工程专业承包一级资质、西藏自治区建设厅核准的公路工程施工总承包二级资质，公路路基、桥梁工程专业承包二级资质和市政公用工程施工总承包二级资质，房屋建筑工程施工总承包二级资质，铁路工程施工总承包三级资质。

在取得了良好经济效益的同时也创造了良好的社会效益，荣膺全国“五一”劳动奖状、1999—2001年全国优秀施工单位、全国守合同重信用企业之列、2002年度全国上市公司综合绩效百强之列（综合排名第97位、成长性排名第38位），荣获自治区建设银行“AAA”企业、自治区国税局“A级最佳信用度纳税人”、2006年度2007年度全区国有企业纳税25强、2003年、2004年、2006年全区诚信企业、2003年全区纳税先进企业、2004年区直“青年文明号”、2005年全区优秀建筑企业、2005年安全防范先进单位、中国工程建设协会“工程质量安全先进单位”、2006年度全区安全生产先进企业、2008年度全国公路建设施工企业重点工程劳动竞赛优胜奖、2009年5月授予自治区创建园林城市先进集体、2009年7月授予全国国有企业典型等多项国家、自治区级荣誉称号。

地址：西藏拉萨市夺底路14号　邮编：850000

电话：(0891)6902701 / 6902702 / 6903006　传真：(0891)6903003

网址：www.xztianlu.com　电子邮箱：xztl@xztianlu.com / xztlgf@263.net

发展企业　服务社会　造福西藏

西藏天路建筑工业集团公司、西藏天路股份有限公司
主要领导合影

媒体见面会会场

作为区内唯一一家以基础设施建设为主业的上市公司，公司将继续完善法人治理结构和新的管理体制，不断规范相应的运行机制，并继续以市场为导向，加大投资力度。努力实现公司“一个突破，两个转变，三个提升”——“通过股权单一模式的突破，实现由粗放的经验管理向规范化的制度管理转变；由劳动密集型的施工企业向技术密集型的管理公司转变；达到市场占有率的提升、管理机制的提升、企业文化的提升”的二次创业目标，努力把西藏天路建成为主业突出、资产优良、股权多元、技术创新、管理科学、文化独特，具有强大市场竞争力的集公路、桥梁、房屋建筑、水利水电、铁路建设为一体的以特色资源为依托的现代化企业。

“十一五”期间，公司将按照“巩固建筑业、配套建材业、科学发展矿产业”的发展战略，进一步增强国有资产的控制力，提高国有企业的竞争力，确保国有资产保值增值，为股东创造更好的收益，不断发展成为以特色资源为依托的大型国有控股上市公司，实现“发展企业，服务社会，造福西藏”的夙愿，为西藏经济社会的跨越式发展做出应有的贡献。

股票代码：600317 股票名称：营口港

营口港务股份有限公司

地址：辽宁省营口市鲅鱼圈区新港大路1号 邮编：115007 网址：www.ykplc.com

电话：0417-6268506 传真：0417-6268506

主业为先 效益为主 管理为重 发展为本

本公司是2000年3月6日经辽宁省人民政府辽政[2000]46号文批复，由港务集团作为主发起人，联合大连吉粮海运有限公司、辽宁省五金矿产进出口公司、吉林省利达经济贸易中心、中粮辽宁粮油进出口公司四家发起人共同发起设立的股份有限公司。公司于2000年3月22日在辽宁省工商行政管理局登记注册成立，注册资本为15,000万元，总股本15,000万股。

【公司设立以来历次股本沿革情况如下】

1、公司成立后，严格按照《公司法》和现代企业制度的要求规范运作，通过采取一系列措施避免与大股东之间的同业竞争、减少关联交易。2002年1月，经中国证监会证监发行字[2001]102号文批准，公司公开发行人民币普通股10,000万股，发行价格为5.9元/股，公开发行后公司总股本为25,000 万股。公司于2002年3月完成收购营口港鲅鱼圈港区二期工程、一期工程309米深水岸线泊位和散粮中转设施工程，并设立一、二两个分公司。收购完成后，公司资产规模由2001年底的3.86亿扩大到2002年底的12.12亿，泊位由成立时的6个增加到13个，泊位的吞吐能力进一步提高。

2、为进一步扩大公司规模，增强公司的核心竞争力，在比较各种融资方式后，公司最终确定以发行可转债的方式进行二次融资。2004年5月，经中国证监会证监发[2004]53号文件批准，公司发行了70,000万元可转换公司债券，期限五年。可转债发行后，公司用募集资金收购了三期工程多用途泊位和成品油及液体化工品码头。截至2007年3月23日，共计69,366.10万元可转换债券转股，折合人民币普通股9,878.58万股普通股，公司总股本增加至34,878.58万股；余下的633.90万元可转换债券未转股，公司已根据《上市公司证券发行管理办法》、《上海证券交易所上市规则》等有关规定以及公司《可转换公司债券募集说明书》的约定赎回。

3、按照国家关于股权分置改革的要求，公司于2005年9月份制订了股权分置改革草案，开始进入申报程序，11月末取得辽宁省及吉林省国资委的原则同意。12月29日，股改方案经公司2005年第二次临时股东大会暨相关股东会议以98.93%的比例通过。2009年1月17日，公司完成股权分置改革。

4、为扩大公司生产规模，提高公司综合竞争力，进一步避免与大股东之间的同业竞争、减少关联交易。2008年，公司采用定向发行股份和支付现金相结合的方式，收购了营口港务集团有限公司鲅鱼圈港区16＃、17＃、22＃、46＃、47＃、52＃、53＃共计7个泊位的资产和业务，总价约57亿元。其中公司向港务集团定向发行2亿股，支付29.1亿元；剩余以现金支付。资产购买于2008年5月31日完成交割。通过本次资产购买，不仅减少了公司与大股东的关联交易，有效避免同业竞争，提高了公司独立经营能力，而且随着公司资产规模的扩张，对泊位资源的整合，公司吞吐能力得到进一步提高。公司的主要货种铁矿石业务将得到巩固和发展，集装箱和油品业务将得到快速发展，公司的持续经营能力将得到进一步增强。

【合营公司基本情况】

1、营口集装箱码头有限公司

营口集装箱码头有限公司（以下简称“集装箱码头公司”）（即原营口中远国际集装箱码头有限责任公司）1996年10月由中远（集团）总公司与港务集团合资成立，注册资本800万元。2004年5月，本公司向港务集团收购了其所持集装箱码头公司50%的股权；2004年7月,中远香港太平洋公司向中远（集团）总公司收购了所持集装箱码头公司50%的股权。收购完成后，更名为营口集装箱码头有限公司，本公司和中远香港太平洋公司成为集装箱码头公司的股东，双方各持50%的股权。集装箱码头公司主要经营集装箱船舶的装卸作业、国际集装箱中转、堆放、拆装箱、修洗箱揽货及其他相关业务。

2、营口中储粮储运有限公司

营口中储粮储运有限公司（以下简称“中储粮公司”）成立于2004年5月,是由中央储备粮营口直属库与港务集团共同投资成立的，注册资本19,296万元,其中中央储备粮营口直属库持股比例为51.7%,港务集团持股比例为48.3%。该公司主要经营粮油产品的储运、收购、中转、加工、贸易等业务。

2005年，为更好的开展粮食储运、中转、购销以及进出口等业务，本公司收购了港务集团持有的中储粮公司48.3%的股权。收购完成后，双方股东——本公司与中央储备粮营口直属库于2005年共同追加投资各4,420万元和4,731万元，注册资本增加为28,447万元，股权比例保持不变。

3、营口新世纪集装箱码头有限公司

2008年7月，为了避免与港务集团之间的同业竞争，公司收购了港务集团所持营口新世纪集装箱码头有限公司（以下简称“新世纪公司”）60%的股权。

新世纪公司于2007年12月成立，港务集团以现金2,400万元出资，占新世纪公司60%的股份；中海码头发展有限公司以现金1,600万元出资，占新世纪公司40%的股份。

股权转让的价格为港务集团对新世纪公司的初始投资，即2,400万元。双方确定以2008年6月30日为收购基准日,公司成立日起至收购基准日期间形成的利润由港务集团按60%的投资比例享有，收购基准日后起形成的利润由股份公司按60%的投资比例享有。

【公司未来发展前景】

随着振兴东北老工业基地、辽宁沿海经济带发展为国家战略等政策的大力推动，营口港面临历史性的发展机遇。公司的规模将进一步扩大，效益也将进一步提高。公司将利用自有资金、银行贷款和向资本市场的融资能力，不断改造现有生产泊位的吞吐能力。同时，根据公司的发展方向和经营情况，加快鲅鱼圈港区四期工程、大型矿石码头、原油码头等项目的建设，进一步提高公司的吞吐能力。针对激烈的市场竞争形式，公司在充分发挥港口区位优势、自然条件优势等优势的基础上，健全港口主体功能，向专业化、大型化、集装箱化的现代化港口方向发展，生产经营泊位由通用型向大型化、深水化、专业化泊位转化，以满足新时期发展的需要；坚持以生产经营为中心，对内坚持优质服务，将优质服务作为巩固货源、开发货源的主要手段；对外分析市场定位，全力加强货源组织和钢铁、金属矿和非金属矿等货源的重点开发；市场开发战略上，广泛收集货源、航线信息，开发新货种，开发新航线；努力降低客户的货物运输综合成本，努力打造物流成本最低、速度最快、服务最好的口岸形象，提高公司的综合竞争力。

YINGKOU PORT LIABILITY CO.,LTD

用友软件股份有限公司2008年年度股东大会

10多年来，在江苏省住房与城乡建设厅组织的“江苏省房地产50强企业”评比中，公司一直稳居前列。公司地税缴纳额多年来一直位居江苏省所有行业企业前20名。公司被国家工商行政管理总局评比为“全国重合同守信用企业”，被住建部评为“全国建设系统企业文化建设先进单位”，被全国总工会授予“全国模范职工之家”荣誉称号，并连续10多年被江苏省委、省政府评为“江苏省文明单位”和“江苏省文明单位标兵”。

诚信、专业、创新、完美

在今后的发展中，栖霞建设将继续秉承“诚信、专业、创新、完美”的企业宗旨，坚持“企业管理现代化+住宅产业现代化+资本运作现代化”的发展战略和“区域化、专业化、信息化、产业化、国际化”的主业拓展模式，积极响应国家的产业政策，继续实施并努力创新维护消费者权益的各项措施，不断提高管理效率，持续创新住宅产品，切实履行社会责任，为加快我国的住宅产业现代化进程，为提高人们的居住水平和生活质量，为建立诚信、和谐的小康社会，不断做出新的更大贡献。

专业化、产业化、信息化、区域化、国际化

马应龙药业

MAYINGLONG PHARM

股票简称：马应龙　股票代码：600993

地址：武汉武昌南湖周家湾100号　邮编：430064

电话：027-87291519　传真：027-87291724

E-mail：maynlon@public.wh.hb.cn

企业精神：龙马精神

"龙"代表"天"，经行于天，潜入水，显从云，属乾卦，所谓"天行健，君子以自强不息"。"马"代表"地"，驰骋于地，动如风，柔顺而勤劳，属坤卦，所谓"地势坤，君子以厚德载物"。"应"代表"天、地、人合一"，所谓"同声相应，同气相求"。

马应龙奉行"龙马精神"的企业精神，即是追求龙的精神与马的德范相呼应，追求行为与理念、务实与务虚相统一，追求天地人合一的境界。

www.mayinglong.cn

概况

马应龙是一家经商务部首批认定的中华老字号企业，创始于公元1582年。长久以来，马应龙致力于医药产业的专业化发展，坚持以肛肠治痔领域为核心定位，经过多年持续快速健康发展，如今已成长为一家涉足于药品制造、药品研发、药品批发零售、连锁医院等多个领域的专业化多功能国际化的上市公司。

企业实力

公司生产功能齐全，可生产剂型超过30种，拥有马应龙麝香痔疮膏、麝香痔疮栓、龙珠软膏等20多个品种的独家药品，可供生产的国药准字号药品超过300种，其中马应龙麝香痔疮膏等18个品种已入选国家基本药物目录。生产设施先进，主要品种生产流水线及配套设施的技术水平已处于国内领先水平。

公司被国家认定为高新技术企业，研发中心被省市两级授予"企业技术中心"、"湖北省肛肠药物工程技术研究中心"等荣誉称号，同时与北京大学药学院、中国药科大学等多家科研机构建立了长期的战略合作关系。经国家人事部核准公司与北京大学共同组建了博士后工作站，药品研发的技术实力和整合能力稳步提高。

公司围绕核心定位，开展系列化药品研发。目前，在销治痔系列产品达到6个品种，涵盖膏剂、栓剂、西药口服片剂、中药口服片剂、洗剂等多种剂型。

公司建立了较为完善的营销管理体系和覆盖全国的营销网络平台，与国内医药流通领域位居前列的300多家企业均建立了长期合作关系，产品远销东南亚及欧美大陆。治痔类产品年销售额过亿元，同时根据国家药监局南方医药经济研究所统计数据，马应龙在痔疮药品零售市场的份额超过40%，成为治痔领域的第一品牌。

龙马精神 健康人生

哲学观：以真修心，以勤修为

价值观：资源增值

经营观：稳健经营，协调发展

经营宗旨：“四个创造”—为顾客创造健康，为股东创造财富，为员工创造机会，为社会创造效益。

经营理念：市场定位一元化，服务功能多元化。

荣誉资质

马应龙及旗下子公司分别通过了国家药监局GMP、GSP质量管理规范体系认证，获得国际权威机构SGS颁发的环境管理体系ISO14000和职业安全与健康管理体系OHSAS18000的认证，在医药行业内率先实现了“三认证”。在世界品牌实验室、世界经理人周刊联合评估的2008年度“中国最具价值品牌500强”排行榜中，马应龙名列第213位，品牌价值达到了40.01亿元。2005年底，马应龙在人民日报、中国企业文化促进会、中国质量与品牌杂志社等六家公共传媒的联合评选中荣获“中国痔疮药物最具影响力品牌”。2006年6月，马应龙荣获国家工商总局认定的“中国驰名商标”，成为中国治痔领域唯一的“中国驰名商标”。

公司股票于2004年5月17日在上海证券交易所上市，由此获得了持续融资的通道和规范营运的平台。在世界金融实验室、华尔街电讯、世界经理人周刊联合评估的2005年度“中国上市公司治理100强”排行榜中，马应龙荣登中国最受尊敬上市公司第18名。在全球竞争力组织评估的“2005年度中国上市公司竞争力100强”中，马应龙名列第39位，在医药类上市公司中名列前茅。

为顾客创造健康 为股东创造财富
为员工创造机会 为社会创造效益

企业文化

传承四百多年的历史文化，公司逐步形成了具有马应龙特色的企业文化体系。公司秉承“为顾客创造健康，为股东创造财富，为员工创造机会，为社会创造效益”的经营宗旨，倡导“以真修心，以勤修为”的哲学观，倡导“稳健经营、协调发展”的经营观，倡导“资源增值”的价值观，弘扬“龙马精神”的企业精神。马应龙将以实现中药现代化为己任，在品牌经营战略的指引下与时俱进，继往开来。

全国免费服务热线 800-820-6789

光明育儿热线 800-820-5552

光明服务热线 021-62171717

创新发展 务实合作

2000年，“光明”系列产品获第27届中国奥运代表团唯一指定乳制品称号

2001年，入围“中国最受尊敬企业50强”

2002年至今，历年入选“上海100强企业”，排名逐年上升；连续入围由中国企业联合会、中国企业家协会组织评选的“中国500强企业”

2004年，在著名媒体《财富中国》发布的《2004年中国证券市场领导力报告》中，光明乳业入选“2004年全国最具领导力的20家上市公司”

2005年，被商务部国际贸易经济合作研究院评定为全国诚信等级AAA1企业

2006年，在中国社会科学院和中国经营报组织的竞争力年会上获得“卓越自主创新新产品”称号

2007年1月，被国家商务部评为06年度中国最具市场竞争力品牌

9月，被卫生部、农业部、公安部、国家工商总局、国家食品药品监督管理局等联合授予“中国食品安全十强企业”称号，是中国液态奶企业中唯一获得此称号的企业

10月，通过上海市质量金奖评审组的复评，再次荣获“上海市质量金奖”

2008年，农业部农业产业化国家龙头企业

上海市著名商标

08年度上海市节能先进单位

08年度上海市外商投资先进技术企业

国家出口信用保险公司认定为AAA企业信用证书

中国乳制品工业协会AAA企业信用证书

《消费日报》百姓喜爱的优秀企业500强

作为新中国的同龄人，光明品牌已经走过了她50多年的发展历程。为消费者提供安全、新鲜、营养、健康的乳制品是全体光明人的责任和追求。目前，光明新鲜牛奶、新鲜酸奶、新鲜奶酪的市场份额均位居全国首位。

广西五洲交通股份有限公司

Guangxi Wuzhou Communications Co.,Ltd.

董事长：何国纯先生

广西五洲交通股份有限公司是广西唯一一家经营收费公路的上市公司，股票简称：五洲交通，股票代码：600368。公司于1992年12月成立，2000年12月股票在上海证券交易所上市。公司于2008年3月发行5.4亿元可转债，2009年7月，其中538,596,000元按4.71元每股转为公司股票。目前公司总股本555,867,688股，全部为无限售条件的流通股。公司主要股东为广西交通投资集团有限公司、华建交通经济开发中心、广西国宏经济发展集团有限公司。

本公司主营业务为经营收费公路，经营范围为：经营收费公路、桥梁；对公路、桥梁、站场、港口、码头等交通基础设施投资、经营；房地产开发；建材、建筑设备、施工机械设备、五金交电、百货购销。

本公司目前直接经营的三条收费公路为平王路、金宜路和南梧路部分路段。平王路是广西南宁至柳州高速公路小平阳至王灵段，全长29.44公里；金宜路起于广西宜州市城西收费站，终于广西河池市东面的百旺村，全长为67.73公里；南梧路全长384公里，公司拥有南梧路的五塘至新桥路段、黎塘绕城路、贵港绕城路。

截止2009年6月末，公司资产总额达35.01亿元，净资产达20.90亿元。2008年公司营业总收入为2.09亿元，利润总额为1.02亿元，净利润为8765.15万元，加权平均净资产收益率为5.72%，基本每股收益0.20元。

公司董事长何国纯陪同中共中央政治局常委、中央政法委书记周永康，中央军委委员、解放军总政治部主任李继耐，广西区党委书记郭声琨，广西区人民政府主席马飚视察广西凭祥物流园

公司总经理饶东平先生在五洲交通可转债发行网上路演致词

本公司积极开拓进取，充分利用资金优势，发挥资本市场的融资作用，加强主营业务，拓展多元经营，激活新的利润增长点，采取合资合作的形式，当前对高速公路、物流和房地产进行投资：

[参股投资广西南宁（坛洛）至百色高速公路]：该公路全长187.62公里，总投资51.53亿元（其中资本金18.04亿元），由公司与广西高速公路管理局共同出资建设和经营管理；公司出资5.82亿元，占32%，广西高速公路管理局出资12.22亿元，占68%。该公路已于2007年12月28日建成通车。2008年9月，广西自治区人民政府批复同意公司收购广西高速公路管理局持有的广西坛百高速公路有限公司股份，目前收购工作正在进行中。

股票简称：五洲交通　股票代码：600368

[控股广西筋竹至岑溪高速公路]：经中国证监会批准，公司于2008年3月发行5.4亿元的可转换公司债券，所募集的资金扣除发行费用后全部投资建设筋竹（粤桂界）至岑溪公路项目。该项目总投资18.5亿元，其中项目资本金82,019.36万元，由广西高速公路管理局出资29.26%，公司出资70.74%。项目于2007年10月动工建设，计划于2009年末建成通车。

[控股中国-东盟自由贸易区凭祥国际物流园]：公司与广西道路运输管理局合资成立广西万通国际物流有限公司，公司占70%的股份，广西道路运输管理局占30%的股份。依照双方所占的股份比例，公司投入1.75亿元建设经营中国-东盟自由贸易区凭祥国际物流园项目，目前该项目一期工程已投入运营。

公司管理层在2009年度工作会议上

[开发现代国际和五洲国际等房地产项目]：公司投资5,000万元与广西龙基置业有限公司合作建设的现代国际项目，于2007年末已竣工交付使用，目前结算工作基本完成。五洲国际项目由公司独资开发，已投资8,256万元购买了南宁市中国-东盟国际商务区33.399亩土地使用权，项目预计投资额2.5亿元，并于2008年12月28日举行了项目动工仪式，进入全面建设阶段。

[控股南宁市金桥农产品批发市场]：该项目由公司与南宁威宁资产经营有限责任公司联合投资，项目公司注册资本金30,000万元，公司出资21,000万元，占项目公司注册资本总额的70%；南宁威宁资产经营有限责任公司出资9,000万元，占项目公司注册资本总额的30%。

公司总部部分员工
出席广西坛百高速公路有限公司揭牌仪式

公司总部部分员工
出席南宁金桥农产品批发市场奠基仪式庆典

随着这些新项目的陆续建成投产，公司的营业收入和利润总额将有较大幅度的增长，从而为公司全体股东带来可观的投资回报。

广西五洲交通股份有限公司
Guangxi Wuzhou Communications Co.,Ltd.

江苏宁沪高速公路股份有限公司

Jiangsu Expressway Company Limited

董事长：沈长全先生

总经理：钱永祥先生

致力于提供优质的高速公路服务
不断提升企业价值，为社会的和谐与发展做出贡献

江苏宁沪高速公路股份有限公司成立于1992年8月，是国家首批大型基本建设项目社会筹集股份制试点企业。公司核心资产为沪宁高速公路江苏段，于1996年9月建成通车。1997年6月，公司12.22亿股H股在香港成功发行并上市，募集资金40.69亿元人民币，公司利用募集资金收购了312国道沪宁段（宁沪二级公路）15年收费经营权，并投资建设了江阴长江大桥南北接线广靖、锡澄高速公路，拥有其85%的权益。2001年1月，公司再次成功发行1.5亿股A股，并在上海交易所成功挂牌交易，公司利用募集资金6.3亿元，收购了江苏扬子大桥股份有限公司26.66%的股权。2002年12月，公司成功建立一级美国存托凭证（ADR）。由此，公司成为目前江苏省唯一在沪、港、美两地上市三地交易的交通基础设施行业公司。

1999年12月和2002年6月公司分别收购了宁连公路南京段100%经营权以及苏嘉杭高速公路江苏段33.33%权益。公司在积极围绕主业实现滚动发展的同时，也在探索非主业的发展，1996年参股了江苏快鹿汽车运输股份有限公司，拥有其33.2%股权；2002年设立了江苏宁沪投资发展有限责任公司，占95%股权；2008年全资设立了江苏宁沪置业有限公司。为提高道路通行能力、提升服务水平，2003-2005年公司对沪宁高速公路和312国道沪宁段进行了扩建。

通过一系列的资本运作，公司从经营一条高速公路发展到控股或参股六路一桥项目，并涉足交通运输服务和房地产等领域，成为国内公路行业境内上市公司中资产规模最大的公司。目前公司注册资本50.38亿元，公司主要股东：江苏交通控股公司持有54.44%股权，华建交通经济开发中心持有11.69%股权；A股股东持有8.35%股权，H股股东持有24.26%股权，其他境内法人股东持有1.25%股权。2008年集团（含宁沪公司及其控股子公司）实现营业总收入52.77亿元，实现总利润21.02亿元，归属于母公司股东的税后净利润15.54亿元（每股盈利0.308元）。截至2008年12月31日，集团总资产为247.75亿元，归属于母公司股东权益为159.69亿元。

股票简称：宁沪高速　股票代码：600377

地址：中国江苏省南京市马群大道6号　电话：025-84469332　传真：025-84466643

网址：http://www.jsexpressway.com　信箱：nhgs@public1.ptt.js.cn

在江苏交通控股公司的领导下，宁沪公司实行董事会下的总经理负责制，实行三级管理模式，即公司本部、管理处、收费站和服务区。公司本部机构设置包括董事会秘书室、办公室、党委办公室、投资发展部、人力资源部、财务会计部、企业管理部、营运管理部、工程技术部、工会、路政支队等11个部门。沪宁路沿线设立宁镇管理处、常州管理处、无锡管理处、苏州管理处4个管理处，下辖20个收费站。312国道沪宁段管理处下辖6个收费站。江苏宁沪高速公路经营发展公司管理沪宁路沿线黄栗墅、仙人山、窦庄、芳茂山、梅村、阳澄湖6个服务区。

宁沪公司作为两地上市公司，长期以来按照现代企业制度及两地上市规则要求，规范运作。2003年10月，公司建立的ISO9001:2000质量管理体系、ISO14001:1996环境管理体系和GB/T28001—2001职业健康安全管理体系一次性通过中国质量认证中心认证。公司始终把服务全省经济社会发展大局，作为企业首要任务，把落实控股公司提出的“保畅通、保安全、保供给、保服务”的要求作为工作中心，建立起符合沪宁高速公路大交通流量下的养护、排障管理体系，通过不断完善收费营运管理，保障道路的营运秩序。在日常工作中，牢固树立安全责任意识，落实安全生产长效措施，确保安全生产，同时增强员工的服务意识和岗位创优意识，确保优质文明服务。公司在内部管理方面，财务管理以推行全面预算管理为重点，项目及招投标管理以流程控制为核心，资产管理以健全制度为抓手，人力资源管理以改革为动力，这些都为公司管理水平的提升及业绩增长奠定了基础。此外，公司早在2003年即启动了综合管理信息化系统的建设工作。目前公司办公自动化、计划与合同管理、工程管理、营运管理、路政管理、人力资源管理、资产管理及财务管理等8个子系统已分别投入使用，综管系统已延伸到各收费站、服务区等三级单位，全公司范围初步实现了网上公文流转及履行审批流程、各类管理信息资源的共享，为科学管理和决策提供了一个坚实的平台。

宁沪公司经过长期的实践，提炼出属于公司的企业文化：

企业宗旨：致力于提供优质的高速公路服务，不断提升企业价值，为社会的和谐与发展做出贡献。

管理原则：规范诚信　职责严明　关爱员工　持续改进

宁沪人精神：真心实意地服务精神；同心协力的团队精神；尽心守职的敬业精神

核心价值观：顾客至上　持续增长　社会责任

冀东水泥

JIDONG CEMENT

联系地址：唐山市丰润区林荫路　邮政编码：063031
电话：0315—3083382　传真：0315—3244005
电子信箱：zqb@jdsn.com.cn
互联网网址：http://www.jdsn.com.cn

董事长：张增光先生

管理团队

唐山冀东水泥股份有限公司，是在原河北省冀东水泥厂的基础上，1994年5月由河北省冀东水泥集团公司独家发起、以定向募集方式正式设立、组建的股份制企业。1996年冀东水泥A股股票在深圳证券交易所正式挂牌上市，是中国北方最大的水泥生产商和供应商。公司前身河北省冀东水泥厂于1981年开工建设，1983年12月建成，经过国家验收和中日双方交接，于1985年1月1日正式投入生产，是中国新型干法水泥工艺的摇篮。

企业先后荣获"全国环境优美工厂"、"全国五一劳动奖状"、"全国优秀企业（金马奖）"、"全国文明单位"、"全国企业文化建设先进单位"等荣誉称号。被誉为"中国水泥工业排头兵"。公司"盾石"商标于2005年被国家工商总局评定为中国驰名商标。2008年9月，集团（股份）公司董事长张增光获得河北省国资委、中小企业局、企业联合会联合评出的"河北省最受关注企业家"；2008年9月股份公司获得国家统计局颁布的"中国工业行业杰出贡献企业"奖；2009年3月股份公司被国家信息化测评中心评为中国企业信息化500强；2008年6月，集团公司获得河北省国资委、中小企业局、企业联合会联合评出的"二星级河北省最有影响力企业"（连续二年）；2008年9月股份公司被评为"河北省诚信企业"。

截止2009年10月公司拥有42家控股子公司、4家合营公司，三家联营公司。在职职工11173人，总资产200余亿元，水泥产能6000万吨，是一个以水泥生产为主业，集干粉砂浆、水泥外加剂、商品混凝土、水泥助磨剂等新型建筑材料为一体的大型绿色环保型建材企业集团。

近年来，公司深入实施水泥板块"巩固华北、挺进东北、开拓西北"的"三北"战略基础上，稳健推进区域领先的发展战略。积极投身东北老工业基地振兴、西部大开发之中，以唐山为大本营，不断向东北、西北、京津、内蒙古、重庆、湖南等区域发展，致力于打造大型水泥企业集团。相继建成了12条100－180万吨水泥熟料生产线、5条年产100-200万吨水泥粉磨生产线。2008年新建成了6条日产5,000吨新型干法水泥熟料生产线。第一条日产4000吨水泥熟料生产线为是国家"六五"重点工程，全套设备从日本引进，是国内第一条现代化新型干法水泥生产线；第二条生产线为国家"八五"十二条龙科技攻关项目，是我国自己设计、制造、安装的第一条日产4000吨国产化示范线，1996年7月26日，原国家主席江泽民视察公司时水泥窑点火一次成功。

与社会、自然实现共赢，达致和谐境界，是冀东水泥的终极目标。

创造，是生存之道；创新，是活力之源；创优，是发展之本。

公司以著名的"盾石"牌硅酸盐水泥为主导产品，其中包括：中标、英标、美标等通用硅酸盐水泥，道路、油井、博格板超早强等专用水泥，中热/低热、抗硫酸盐等特种水泥。三个系列几十个品种，产品响誉中国华北、东北、西北地区以及亚洲、北美、中东、非洲等国家和地区，"盾石"商标被中国工商总局认定为"中国驰名商标"，也是中国建材行业最著名的品牌之一。首都国际机场、秦沈客运专线、京沪高速铁路、京津铁路客运专线、曹妃甸港口、北京奥林匹克中心等国家重点工程均应用了"盾石"水泥。

公司以"共创、共赢"为核心价值观，以"让生活的基础更坚实"为宗旨，以"团结、创新、诚信、敬业"的企业精神，以"紧扣市场，追求高效"的经营理念，力求"为你做的多一点、细一点"。

在　"十一五"期间，公司将坚持科学发展观，坚持存量优化与增量发展互动，以国家产业结构调整升级政策为导向，抓住开发西北、振兴东北以及环渤海经济区建设的历史机遇，以一流的产品、一流的质量、一流的服务回报用户，回报社会。

第一编
专论

陕西延长石油化建股份有限公司
Shaanxi yanchang petroleum chemical engineering Co.,Ltd.

陕西延长石油化建股份有限公司成立于1998年11月30日，原名为："杨凌秦丰农业科技股份有限公司"。公司4800万股A股股票于2000年首发上市。

2008年11月13日，经陕西省工商行政管理局核准，公司全称由"杨凌秦丰农业科技股份有限公司"变更为"陕西延长石油化建股份有限公司"。

2008年11月28日，延长集团完成了其无偿划拨和收购股权的变更登记手续。

公司成为延长集团控股的上市公司，主营业务从农作物、农产品的生产销售转变成为化工石油工程施工。化建公司石油化工建设经营性资产将进入公司。化建公司是国家化工石油工程施工总承包一级资质企业，是陕西省从事石油化工建设的大型企业，业务竞争优势突出，能够确保公司具备持续经营能力。

专　论

2008 年国民经济和社会发展统计公报

中华人民共和国国家统计局　2009 年 2 月 26 日

2008 年，全国各族人民在党中央、国务院的领导下，以邓小平理论和“三个代表”重要思想为指导，深入贯彻落实科学发展观，万众一心，顽强拼搏，努力克服历史罕见的特大自然灾害和国际金融危机冲击的不利影响，国民经济保持较快发展，各项社会事业取得新的进步。

一、综合

初步核算，全年国内生产总值 300670 亿元，比上年增长 9.0%。分产业看，第一产业增加值 34000 亿元，增长 5.5%；第二产业增加值 146183 亿元，增长 9.3%；第三产业增加值 120487 亿元，增长 9.5%。第一产业增加值占国内生产总值的比重为 11.3%，比上年上升 0.2 个百分点；第二产业增加值比重为 48.6%，上升 0.1 个百分点；第三产业增加值比重为 40.1%，下降 0.3 个百分点。

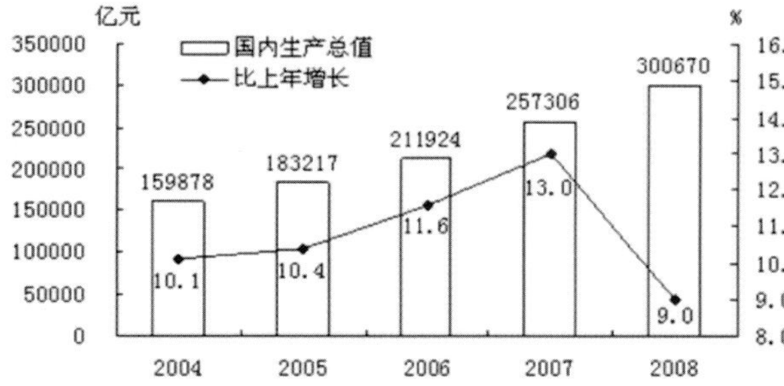

图 1　2004 - 2008 年国内生产总值及其增长速度

居民消费价格比上年上涨 5.9%，其中食品价格上涨 14.3%。固定资产投资价格上涨 8.9%。工业品出厂价格上涨 6.9%，其中生产资料价格上涨 7.7%，生活资料价格上涨 4.1%。原材料、燃料、动力购进价格上涨 10.5%。农产品生产价格上涨 14.1%。农业生产资料价格上涨 20.3%。70 个大中城市房屋销售价格上涨 6.5%，其中新建住宅价格上涨 7.1%，二手住宅价格上涨 6.2%；房屋租赁价格上涨 1.4%。

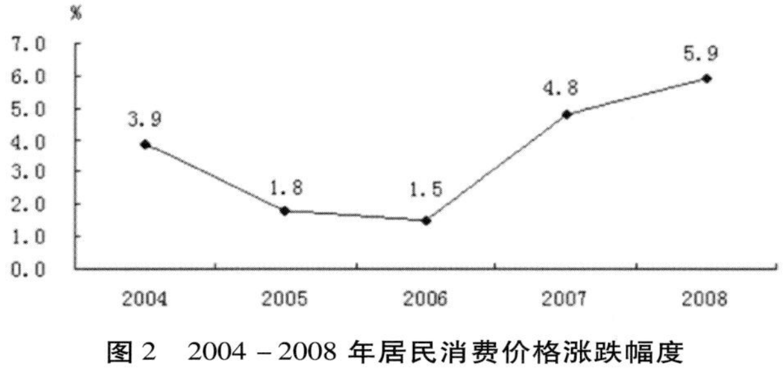

图 2　2004 - 2008 年居民消费价格涨跌幅度

表 1　2008 年居民消费价格比上年涨跌幅度

单位：%

指　　标	全国	城市	农村
居民消费价格	5.9	5.6	6.5
食　品	14.3	14.5	14.0
其中：粮食	7.0	7.2	6.7
肉禽及其制品	21.7	22.6	20.0
油脂	25.4	24.9	25.9
鲜蛋	3.7	3.8	3.6
鲜菜	10.7	10.5	11.3
鲜果	9.0	8.9	9.3
烟酒及用品	2.9	3.1	2.6
衣　着	-1.5	-1.8	-0.6
家庭设备用品及服务	2.8	3.0	2.4
医疗保健及个人用品	2.9	2.8	3.2
交通和通信	-0.9	-1.6	0.7
娱乐教育文化用品及服务	-0.7	-0.9	-0.1
居　住	5.5	4.3	8.2

年末全国就业人员 77480 万人，比上年末增加 490 万人。其中城镇就业人员 30210 万人，净增加 860 万人，新增加 1113 万人。年末城镇登记失业率为 4.2%，比上年末上升 0.2 个百分点。

年末国家外汇储备 19460 亿美元，比上年末增加 4178 亿美元。年末人民币汇率为 1 美元兑 6.8346 元人民币，比上年末升值 6.9%。

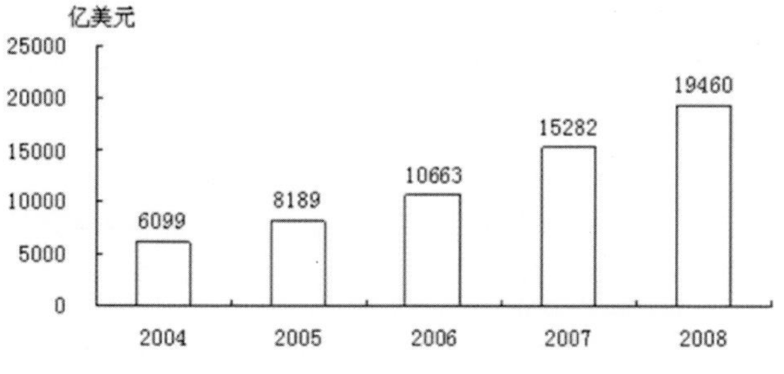

图 3　2004 - 2008 年年末国家外汇储备

全年税收收入 57862 亿元（不包括关税、耕地占用税和契税），比上年增加 8413 亿元，增长 17.0%。

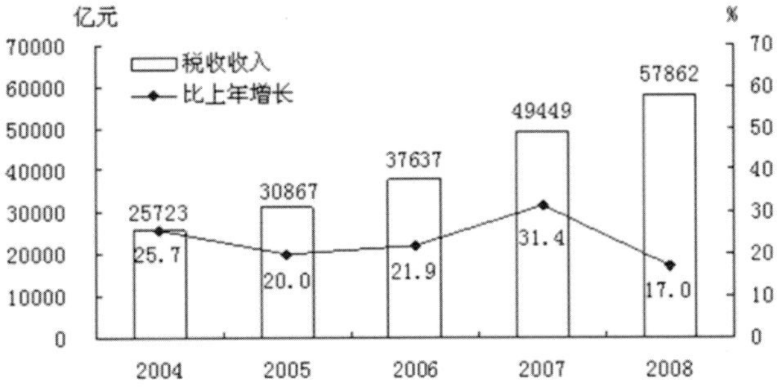

图 4　2004－2007 年税收收入及其增长速度

二、农业

全年粮食种植面积 10670 万公顷，比上年增加 106 万公顷；棉花种植面积 576 万公顷，减少 17 万公顷；油料种植面积 1271 万公顷，增加 139 万公顷；糖料种植面积 193 万公顷，增加 13 万公顷。

全年粮食产量 52850 万吨，比上年增加 2690 万吨，增产 5.4%。其中，夏粮产量 12041 万吨，增产 2.6%；早稻产量 3158 万吨，与上年基本持平；秋粮产量 37651 万吨，增产 6.7%。

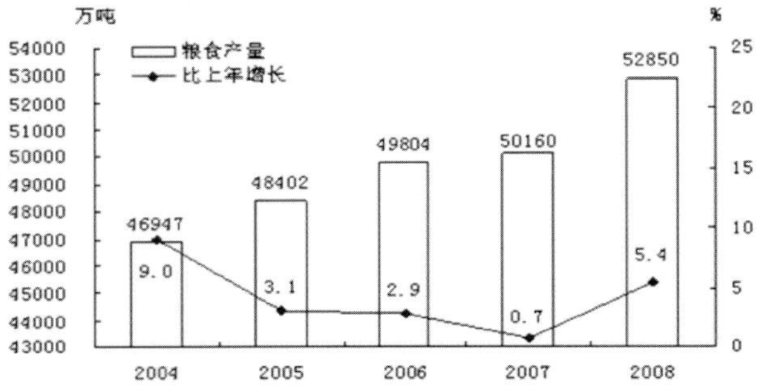

图 5　2004－2008 年粮食产量及其增长速度

全年棉花产量 750 万吨，比上年减产 1.6%。油料产量 2950 万吨，增产 14.8%。糖料产量 13000 万吨，增产 6.7%。烤烟产量 260 万吨，增产 19.6%。茶叶产量 124 万吨，增产 6.4%。

全年肉类总产量 7269 万吨，比上年增长 5.9%。其中，猪肉产量 4615 万吨，增长 7.6%；牛肉产量 610 万吨，下降 0.5%；羊肉产量 376 万吨，下降 1.8%。生猪年末存栏 46264 万头，增长 5.2%；生猪出栏 60960 万头，增长 7.9%。牛奶产量 3651 万吨，增长 3.6%；禽蛋产量 2638 万吨，增长 4.3%。

全年水产品产量 4895 万吨，增长 3.1%。其中，养殖水产品产量 3426 万吨，增长 4.5%；捕捞水产品产量 1469 万吨，与上年持平。

全年木材产量 7894 万立方米，增长 13.2%。

全年新增有效灌溉面积 117.9 万公顷，新增节水灌溉面积 139.0 万公顷。

三、工业和建筑业

全年全部工业增加值 129112 亿元，比上年增长 9.5%。规模以上工业增加值增长 12.9%，其中国有及国有控股企业增长 9.1%；集体企业增长 8.1%，股份制企业增长 15.0%，外商及港澳台商投资企业增长 9.9%；私营企业增长 20.4%。分轻重工业看，轻工业增长 12.3%，重工业增长 13.2%。

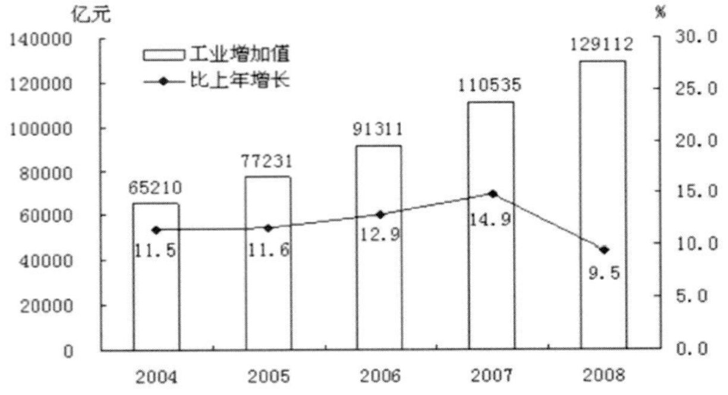

图 6　2004－2008 年工业增加值及其增长速度

全年规模以上工业中，煤炭开采和洗选业增加值比上年增长 19.1%，石油和天然气开采业增长 6.1%，文教体育用品制造业增长 18.2%，燃气生产和供应业增长 26.8%，农副食品加工业增长 15.0%，通用设备制造业增长 16.9%，交通运输设备制造业增长 15.2%，通信设备、计算机及其他电子设备制造业增长 12.0%，电气机械及器材制造业增长 18.1%，化学纤维制造业增长 2.2%。6 大高耗能行业比上年增长 10.0%，其中，非金属矿物制品业增长 16.9%，黑色金属冶炼及压延加工业增长 8.2%，化学原料及化学制品制造业增长 10.0%，有色金属冶炼及压延加工业增长 12.3%，电力热力的生产和供应业增长 8.6%，石油加工炼焦及核燃料加工业增长 4.3%。高技术制造业增加值比上年增长 14.0%。

表 2　2008 年主要工业产品产量及其增长速度

产品名称	单　位	产　量	比上年增长%
纱	万吨	2148.9	3.9
布	亿米	710.0	5.1
化学纤维	万吨	2415.0	0.1
成品糖	万吨	1449.5	14.0
卷　烟	亿支	22198.8	3.5
彩色电视机	万台	9033.1	6.5
家用电冰箱	万台	4756.9	8.2
房间空气调节器	万台	8230.9	2.7
一次能源生产总量	亿吨标准煤	26.0	5.2
原　煤	亿吨	27.93	4.1
原　油	亿吨	1.90	2.2
天然气	亿立方米	760.8	9.9
发电量	亿千瓦小时	34668.8	5.6
其中：火电	亿千瓦小时	27900.8	2.5
水电	亿千瓦小时	5851.9	20.6
粗　钢	万吨	50091.5	2.4
钢　材	万吨	58488.1	3.4
十种有色金属	万吨	2520.3	5.9
其中：精炼铜（铜）	万吨	378.9	10.1
电解铝	万吨	1317.6	6.8
氧化铝	万吨	2278.2	17.0
水　泥	亿吨	14.0	2.9
硫　酸	万吨	5132.7	－5.2
纯　碱	万吨	1881.3	6.6
烧　碱	万吨	1852.1	5.3
乙　烯	万吨	998.3	－2.9
化　肥（折 100%）	万吨	6012.7	3.2
发电设备	万千瓦	13319.4	2.5

产品名称	单　位	产　量	比上年增长%
汽　车	万辆	934.55	5.1
其中:轿车	万辆	503.7	5.0
大中型拖拉机	万台	21.7	6.9
集成电路	亿块	417.1	1.3
程控交换机	万线	4584.0	-14.9
移动通信手持机	万台	55964.0	2.0
微型电子计算机	万台	13666.6	13.2

1-11月全国规模以上工业企业累计实现利润24066亿元,比上年同期增长4.9%。

表3　2008年1-11月规模以上工业企业实现利润及其增长速度

单位:亿元

指　标	利润总额	比上年同期增长%
规模以上工业	24066	4.9
其中:国有及国有控股企业	7985	-14.5
其中:集体企业	687	29.5
股份制企业	13467	11.4
外商及港澳台商投资企业	6374	-3.1
其中:私营企业	5495	36.6

全年全社会建筑业实现增加值17071亿元,比上年增长7.1%。全国具有资质等级的总承包和专业承包建筑业企业实现利润1756亿元,增长12.5%,其中国有及国有控股企业509亿元,增长21.8%;上缴税金2058亿元,增长20.0%,其中国有及国有控股企业771亿元,增长24.7%。

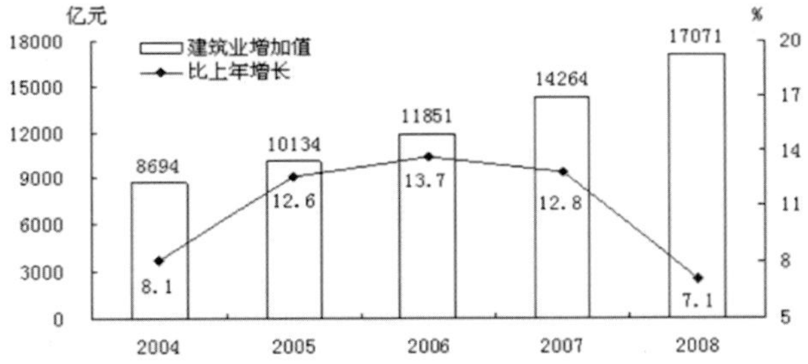

图7　2004-2008年建筑业增加值及其增长速度

四、固定资产投资

全年全社会固定资产投资172291亿元,比上年增长25.5%。分城乡看,城镇投资148167亿元,增长26.1%;农村投资24124亿元,增长21.5%。分地区看,东部地区投资87412亿元,比上年增长20.9%;中部地区投资45384亿元,增长32.6%;西部地区投资35839亿元,增长26.9%。

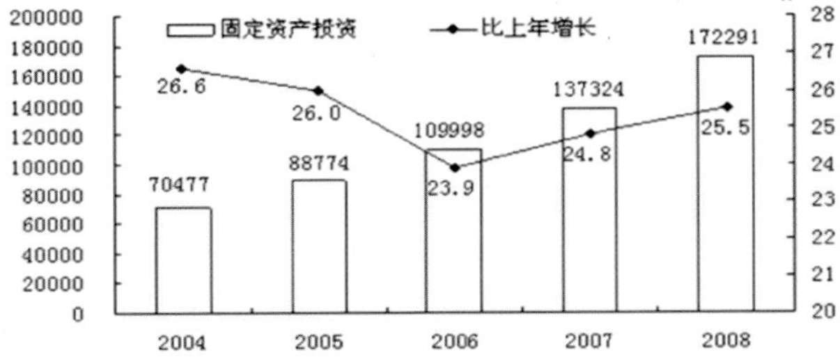

图8　2004-2008年固定资产投资及其增长速度

在城镇投资中,第一产业投资2256亿元,比上年增长54.5%;第二产业投资65036亿元,增长28.0%;第三产业投资80875亿元,增长24.1%。

表4　2008年分行业城镇固定资产投资及其增长速度

单位:亿元

行　业	投资额	比上年增长%
总计	148167	26.1
农、林、牧、渔业	2256	54.5
采矿业	6913	31.5
其中:煤炭开采及洗选业	2411	33.6
石油和天然气开采业	2715	22.0
制造业	46345	30.6
其中:农副食品加工业	2058	25.7
食品制造业	1137	17.8
纺织业	1534	1.3
纺织服装、鞋、帽制造业	896	19.0
石油加工、炼焦及核燃料加工业	1832	29.4
化学原料及化学制品制造业	4787	35.5
非金属矿物制品业	4113	46.6
黑色金属冶炼及压延加工业	3240	23.8
有色金属冶炼及压延加工业	1854	43.1
金属制品业	2189	38.5
通用设备制造业	3224	38.3
专用设备制造业	2265	34.1
交通运输设备制造业	3787	39.1
电气机械及器材制造业	2334	45.1
通信设备、计算机及其他电子设备制造业	2463	17.6
电力、燃气及水的生产和供应业	10484	15.4
其中:电力、热力的生产与供应业	9045	14.4
建筑业	1294	30.4
交通运输、仓储和邮政业	15552	19.7
信息传输、计算机服务和软件业	2130	17.1
批发和零售业	3166	29.2
住宿和餐饮业	1735	30.5
金融业	247	62.6
房地产业	35215	23.0
租赁和商务服务业	1296	50.6
科学研究、技术服务和地质勘查业	708	35.9
水利、环境和公共设施管理业	12262	32.2
居民服务和其他服务业	316	34.2
教育	2355	6.0
卫生、社会保障和社会福利业	1057	30.6
文化、体育和娱乐业	1423	26.0
公共管理和社会组织	3411	23.2

表5　2008年固定资产投资新增主要生产能力

指　标	单　位	绝对数
新增发电机组容量	万千瓦	9051
22万伏及以上变电设备	万千伏安	23222
新建铁路投产里程	公里	1719
增建铁路复线投产里程	公里	1935

指　　标	单　位	绝对数
电气化铁路投产里程	公里	1955
新建公路	公里	99851
其中：高速公路	公里	6433
港口万吨级码头泊位新增吞吐能力	万吨	33099
新增光缆线路长度	万公里	99
新增数字蜂窝移动电话交换机容量	万户	28855

全年房地产开发投资 30580 亿元，比上年增长 20.9%。其中，东部地区 18325 亿元，增长 17.1%；中部地区 6287 亿元，增长 31.7%；西部地区 5967 亿元，增长 22.7%。按工程用途分，商品住宅投资 22081 亿元，增长 22.6%；办公楼投资 1112 亿元，增长 7.4%；商业营业用房投资 3200 亿元，增长 14.9%。

表 6　2008 年房地产开发和销售主要指标完成情况

指　　标	单　位	绝对数	比上年增长%
投资完成额	亿元	30580	20.9
其中：住宅	亿元	22081	22.6
其中：90 平方米以下住宅	亿元	6416	50.7
其中：经济适用房	亿元	983	19.7
房屋施工面积	万平方米	274149	16.0
其中：住宅	万平方米	216671	16.0
房屋新开工面积	万平方米	97574	2.3
其中：住宅	万平方米	79889	1.4
房屋竣工面积	万平方米	58502	-3.5
其中：住宅	万平方米	47750	-4.2
商品房销售面积	万平方米	62089	-19.7
其中：住宅	万平方米	55886	-20.3
本年资金来源	亿元	38146	1.8
其中：国内贷款	亿元	7257	3.4
其中：个人按揭贷款	亿元	3573	-29.7
本年购置土地面积	万平方米	36785	-8.6
完成开发土地面积	万平方米	26033	-5.6
土地购置费	亿元	5795	10.9

五、国内贸易

全年社会消费品零售总额 108488 亿元，比上年增长 21.6%。分地域看，城市消费品零售额 73735 亿元，增长 22.1%；县及县以下消费品零售额 34753 亿元，增长 20.7%。分行业看，批发和零售业零售额 91199 亿元，增长 21.5%；住宿和餐饮业零售额 15404 亿元，增长 24.7%；其他行业零售额 1885 亿元，增长 3.7%。

在限额以上批发和零售业零售额中，粮油类零售额比上年增长 22.7%，肉禽蛋类增长 22.3%，服装类增长 25.9%，汽车类增长 25.3%，石油及制品类增长 39.9%，日用品类增长 17.1%，文化办公用品类增长 17.9%，通讯器材类增长 1.4%，家用电器和音像器材类增长 14.2%，建筑及装潢材料类下降 12.0%，家具类增长 22.6%，化妆品类增长 22.1%，金银珠宝类增长 38.6%，中西药品类增长 14.8%。

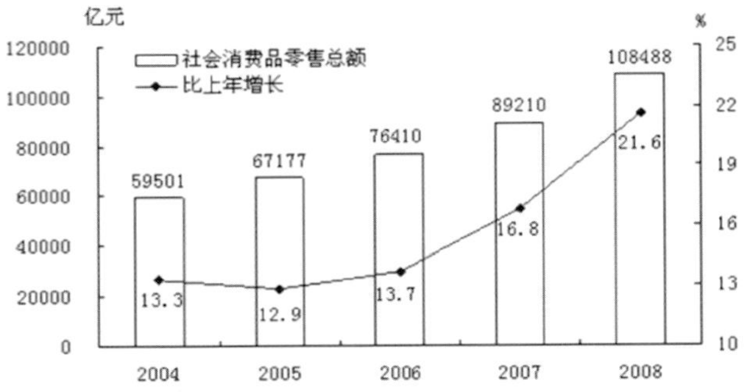

图 9　2004－2008 年社会消费品零售总额及其增长速度

六、对外经济

全年货物进出口总额 25616 亿美元，比上年增长 17.8%。其中，货物出口 14285 亿美元，增长 17.2%；货物进口 11331 亿美元，增长 18.5%。进出口差额（出口减进口）2955 亿美元，比上年增加 328 亿美元。

表 7　2008 年货物进出口总额及其增长速度

单位：亿美元

指　　标	绝对数	比上年增长%
货物进出口总额	25616	17.8
货物出口额	14285	17.2
其中：一般贸易	6626	22.9
加工贸易	6752	9.3
其中：机电产品	8229	17.3
高新技术产品	4156	13.1
其中：国有企业	2572	14.4
外商投资企业	7906	13.6
其他企业	3807	27.9
货物进口额	11331	18.5
其中：一般贸易	5727	33.6
加工贸易	3784	2.7
其中：机电产品	5387	7.9
高新技术产品	3419	4.3
其中：国有企业	3538	31.1
外商投资企业	6200	10.8
其他企业	1593	25.7
进出口差额（出口减进口）	2955	—

表 8　2008 年主要商品出口数量、金额及其增长速度

商品名称	单位	数量	比上年增长%	金额（亿美元）	比上年增长%
煤	万吨	4543	-14.6	52	58.9
钢　材	万吨	5923	-5.5	634	43.8
纺织纱线、织物及制品	——	—	—	654	16.6
服装及衣着附件	——	—	—	1198	4.1
鞋　类	——	—	—	297	17.2
家具及其零件	——	—	—	269	21.5
自动数据处理设备及其部件	万台	143236	-1.2	1350	9.1
手持或车载无线电话	万台	53284	10.2	385	8.2
集装箱	万个	303	-3.3	91	3.6
集成电路	百万个	48477	19.1	243	3.3
液晶显示板	万个	202666	7.8	224	13.9
汽车（包括整套散件）	万辆	64	9.4	89	32.5

表 9　2008 年主要商品进口数量、金额及其增长速度

商品名称	数量（万吨）	比上年增长%	金额（亿美元）	比上年增长%
谷物及谷物粉	154	-1.0	7	37.0
大豆	3744	21.5	218	90.1
食用植物油	816	-2.6	90	44.0
天然橡胶（包括胶乳）	168	2.0	43	32.0
合成橡胶（包括胶乳）	120	-15.0	33	17.5
铁矿砂及其精矿	44356	15.9	605	79.1
氧化铝	459	-10.5	18	-9.7
原油	17888	9.6	1293	62.0
成品油	3885	15.0	300	82.7
初级形状的塑料	1771	-6.7	341	5.3
纸浆	952	12.4	67	20.9
钢材	1543	-8.6	234	14.0
未锻造的铜及铜材	264	-5.1	192	-2.3

表 10　2008 年对主要国家和地区货物进出口额及其增长速度

单位：亿美元

国家和地区	货物出口额	比上年增长%	货物进口额	比上年增长%
欧盟	2929	19.5	1327	19.6
美国	2523	8.4	814	17.4
中国香港	1907	3.4	129	0.9
日本	1161	13.8	1507	12.5
东盟	1141	20.7	1170	7.9
韩国	740	31.0	1122	8.1
俄罗斯	330	15.9	238	21.0
印度	315	31.2	203	38.7
中国台湾	259	10.3	1033	2.3

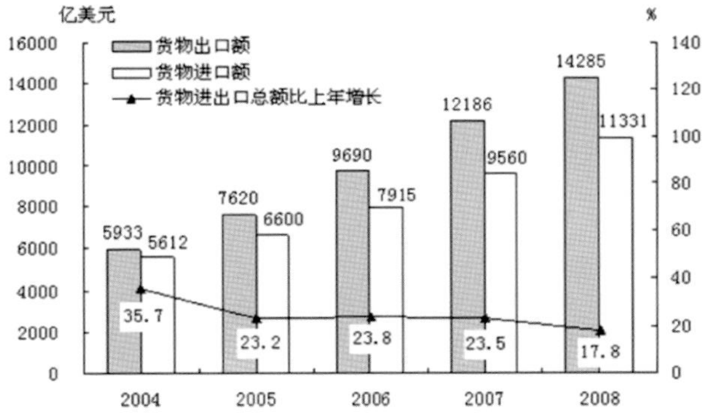

图 10　2004－2008 年货物进出口总额及其增长速度

全年非金融领域新批外商直接投资企业 27514 家，比上年减少 27.3%。实际使用外商直接投资金额 924 亿美元，增长 23.6%。其中，制造业占 54.0%；房地产业占 20.1%；租赁和商务服务业占 5.5%；批发和零售业占 4.8%；交通运输、仓储和邮政业占 3.1%。

表 11　2008 年分行业外商直接投资及其增长速度

行　业	企业数（家）	比上年增长%	实际使用金额（亿美元）	比上年增长%
总计		-27.3	924.0	23.6
农、林、牧、渔业	917	-12.5	11.9	28.9
采矿业	149	-36.3	5.7	17.0
制造业	11568	-39.7	498.9	22.1
电力、燃气及水的生产和供应业	320	-9.1	17.0	58.1
建筑业	262	-14.9	10.9	151.6
交通运输、仓储和邮政业	523	-20.5	28.5	42.1
信息传输、计算机服务和软件业	1286	-7.6	27.7	86.8
批发和零售业	5854	-7.6	44.3	65.6
住宿和餐饮业	633	-32.5	9.4	-9.9
金融业	25	-51.0	5.7	122.5
房地产业	452	-68.7	185.9	8.8
租赁和商务服务业	3138	-11.3	50.6	25.9
科学研究、技术服务和地质勘查业	1839	7.2	15.1	64.2
水利、环境和公共设施管理业	138	-10.4	3.4	24.7
居民服务和其他服务业	205	-24.1	5.7	-21.1
教　育	24	60.0	0.4	12.2
卫生、社会保障和社会福利业	10	-23.1	0.2	63.1
文化、体育和娱乐业	170	-17.9	2.6	-42.8
公共管理和社会组织	1	—	0.0	—
国际组织	—	—	6.0	—

全年非金融领域对外直接投资额 407 亿美元，比上年增长 63.6%。

全年对外承包工程完成营业额 566 亿美元，比上年增长 39.4%；对外劳务合作完成营业额 81 亿美元，增长 19.1%。

七、交通、邮电和旅游

全年交通运输、仓储和邮政业增加值 16590 亿元，比上年增长 7.6%。

表 12　2008 年各种运输方式完成货物运输量及其增长速度

指　标	单　位	绝对数	比上年增长%
货物运输总量	亿吨	249.0	9.4
铁路	亿吨	33.1	4.7
公路	亿吨	181.7	10.9
水运	亿吨	29.7	5.7
民航	万吨	407.6	1.4
管道	亿吨	4.5	15.4
货物运输周转量	亿吨公里	105512.9	3.8
铁路	亿吨公里	25111.8	3.7
公路	亿吨公里	12998.5	14.5
水运	亿吨公里	65218.2	1.5
民航	亿吨公里	119.6	2.8
管道	亿吨公里	2064.7	19.5

表 13　2008 年各种运输方式完成旅客运输量及其增长速度

指　标	单　位	绝对数	比上年增长%
旅客运输总量	亿人	239.7	7.8
铁路	亿人	14.6	11.0
公路	亿人	220.7	7.6
水运	亿人	2.4	6.0
民航	亿人	1.9	3.6
旅客运输周转量	亿人公里	23372.2	8.2
铁路	亿人公里	7778.6	7.8
公路	亿人公里	12636.0	9.8
水运	亿人公里	74.8	-3.8
民航	亿人公里	2882.8	3.3

全年规模以上港口完成货物吞吐量 58.7 亿吨，比上年增长 11.5%，其中外贸货物吞吐量 19.2 亿吨，增长 7.0%。港口集装箱吞吐量 12835 万标准箱，增长 12.2%。

年末全国民用汽车保有量达到 6467 万辆（包括三轮汽车和低速货车 1492 万辆），比上年末增长 13.5%，其中私人汽车保有量 4173 万辆，增长 18.1%。民用轿车保有量 2438 万辆，增长 24.5%，其中私人轿车 1947 万辆，增长 28.0%。

全年完成邮电业务总量 23841 亿元，比上年增长20.7%。其中，邮政业务总量 1402 亿元，增长 15.5%；电信业务总量 22440 亿元，增长 21.0%。全年减少局用交换机 156 万门，总容量 5.1 亿门。固定电话年末用户 34081 万户。其中，城市电话用户 23200 万户，农村电话用户 10881 万户。新增移动电话用户 9392 万户，年末达到 64123 万户。年末全国固定及移动电话用户总数达到 98204 万户，比上年末增加 6909 万户。电话普及率达到 74.3 部/百人。互联网上网人数 3.0 亿人，其中宽带上网人数 2.7 亿人。

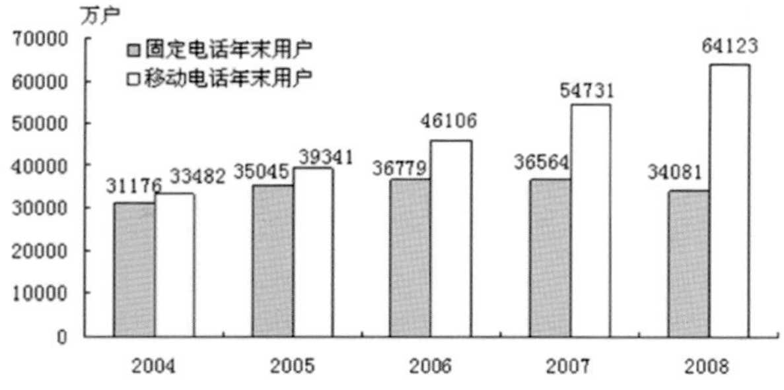

图 11　2004－2008 年年末电话用户数

全年入境旅游人数 13003 万人次，比上年下降 1.4%。其中，外国人 2433 万人次，下降 6.8%；香港、澳门和台湾同胞 10570 万人次，下降 0.1%。在入境旅游者中，过夜旅游者 5305 万人次，下降 3.1%。国际旅游外汇收入 408 亿美元，下降 2.6%。国内居民出境人数达 4584 万人次，增长 11.9%。其中因私出境 4013 万人次，增长 14.9%，占出境人数的 87.5%。国内出游人数达 17.1 亿人次，增长6.3%；国内旅游收入 8749 亿元，增长 12.6%。

八、金融

年末广义货币供应量（M2）余额为 47.5 万亿元，比上年末增长 17.8%；狭义货币供应量（M1）余额为 16.6 万亿元，增长 9.1%；流通中现金（M0）余额为 3.4 万亿元，增长 12.7%。年末全部金融机构本外币各项存款余额 47.8 万亿元，增长 19.3%；全部金融机构本外币各项贷款余额 32.0 万亿元，增长 17.9%。

表 14　2008 年全部金融机构本外币存贷款及其增长速度

单位：亿元

指　　标	年末数	比上年末增长%
各项存款余额	478444	19.3
其中：企业存款	164386	13.5
城乡居民储蓄存款	221503	25.7
其中：人民币	217885	26.3
各项贷款余额	320049	17.9
其中：短期贷款	128571	12.3
中长期贷款	164160	20.2

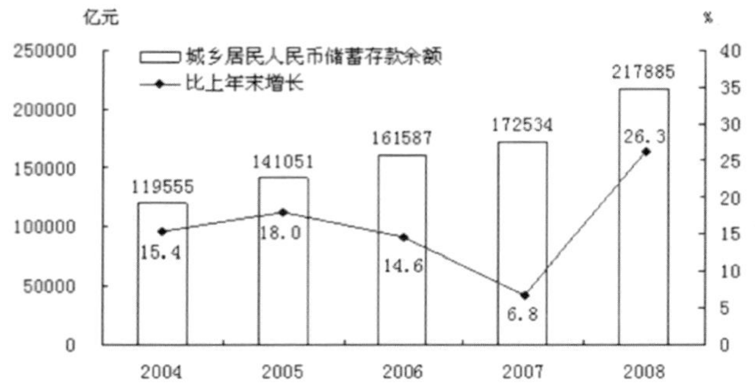

图 12　2004－2008 年城乡居民人民币储蓄存款余额及其增长速度

全年农村金融合作机构（农村信用社、农村合作银行、农村商业银行）人民币贷款余额 3.7 万亿元，比年初增加 5908 亿元。全部金融机构人民币消费贷款余额 3.7 万亿元，增加 4609 亿元。其中个人短期消费贷款余额 0.4 万亿元，增加 1035 亿元；个人中长期消费贷款余额 3.3 万亿元，增加 3575 亿元。

全年上市公司通过境内市场累计筹资 3396 亿元，比上年减少 3947 亿元。其中，首次公开发行 A 股 75 只，筹资 1066 亿元，减少 3487 亿元；A 股再筹资（包括配股、公开增发、非公开增发、认股权证）筹资 1332 亿元，减少 1046 亿元；上市公司通过发行可转债、可分离债、公司债筹资 998 亿元，增加 587 亿元。

全年企业共发行债券 20520 亿元，比上年增加 3437 亿元。其中，金融债券 11797 亿元，减少 116 亿元；企业（公司）债券 2655 亿元，增加 834 亿元；短期融资券 4332 亿元，增加 982 亿元；中期票据 1737 亿元，增加 1737 亿元。

全年保险公司原保险保费收入 9784 亿元，比上年增长 39.1%，其中寿险业务原保险保费收入 6658 亿元；健康险和意外伤害险业务原保险保费收入 789 亿元；财产险业务原保险保费收入 2337 亿元。支付各类赔款及给付 2971 亿元，其中寿险业务给付 1315 亿元；健康险和意外伤害险赔款及给付 238 亿元；财产险业务赔款 1418 亿元。

九、教育和科学技术

全年研究生教育招生 44.6 万人，在学研究生 128.3 万人，毕业生 34.5 万人。普通高等教育招生 607.7 万人，在校生 2021.0 万人，毕业生 512.0 万人。各类中等职业教育招生 810.0 万人，在校生 2056.3 万人，毕业生 570.6 万人。全国普通高中招生 837.0 万人，在校生 2476.3 万人，毕业生 836.1 万人。全国初中招生 1856.2 万人，在校生 5574.2 万人，毕业生 1862.9 万人。普通小学招生 1695.7 万人，在校生 10331.5 万人，毕业生 1865.0 万人。特殊教育招生 6.2 万人，在校生 41.7 万人。幼儿园在园幼儿 2475.0 万人。

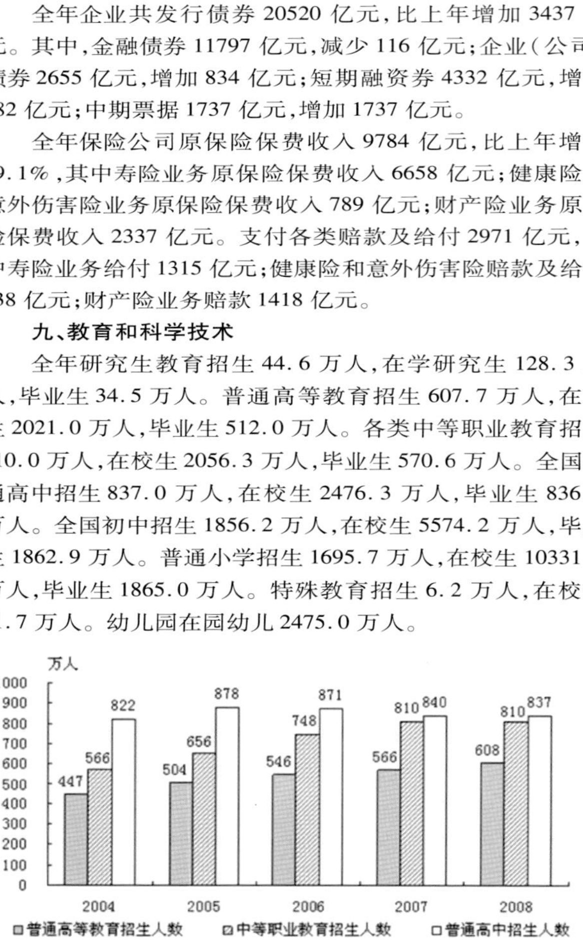

图 13　2004－2008 年各类教育招生人数

全年研究与试验发展(R&D)经费支出4570亿元,比上年增长23.2%,占国内生产总值的1.52%,其中基础研究经费200亿元。全年国家安排了922项科技支撑计划课题,1205项“863”计划课题。新建国家工程研究中心7个,国家工程实验室51个。国家认定企业技术中心达到575家。省级企业技术中心达到4886家。全年受理国内外专利申请82.8万件,其中国内申请71.7万件,占86.6%。受理国内外发明专利申请29.0万件,其中国内申请19.5万件,占67.1%。全年授予专利权41.2万件,其中国内授权35.2万件,占85.5%。授予发明专利权9.4万件,其中国内授权4.7万件,占49.7%。截至2008年底,有效专利119.5万件,其中国内有效专利92.5万件,占77.4%;有效发明专利33.7万件,其中国内有效发明专利12.8万件,占37.9%。全年共签订技术合同22.6万项,技术合同成交金额2665亿元,比上年增长19.7%。全年成功发射卫星11次,“神舟七号”载人航天飞行圆满成功。

年末全国共有产品检测实验室24300个,其中国家检测中心376个。全国现有产品质量、体系认证机构170个,已累计完成对3.8万个企业的产品认证。全国共有法定计量技术机构3701个,全年强制检定计量器具4190万台(件)。全年制定、修订国家标准6373项,其中新制定2714项。全国共有地震台站1314个,地震遥测台网31个。全国共有海洋观测站67个、海洋监测站位9200多个。测绘部门公开出版地图1834种,测绘图书309种。

十、文化、卫生和体育

年末全国共有艺术表演团体2575个,文化馆3171个,公共图书馆2825个,博物馆1798个。广播电台257座,电视台277座,广播电视台2069座,教育台45个。有线电视用户16342万户,有线数字电视用户4503万户。年末广播节目综合人口覆盖率为96.0%;电视节目综合人口覆盖率为97.0%。全年生产故事影片406部,科教、纪录、动画和特种影片73部。出版各类报纸445亿份,各类期刊30亿册,图书69亿册(张)。年末全国共有档案馆3987个,已开放各类档案7267万卷(件)。

年末全国共有卫生机构30.0万个,其中医院、卫生院6.0万个,社区卫生服务中心(站)2.8万个,妇幼保健院(所、站)3020个,专科疾病防治院(所、站)1344个,疾病预防控制中心(防疫站)3560个,卫生监督所(中心)2591个。卫生技术人员492万人,其中执业医师和执业助理医师205万人,注册护士162万人。医院和卫生院床位369万张。乡镇卫生院3.9万个,床位82万张,卫生技术人员87.4万人。全年甲、乙类法定报告传染病发病人数354.1万例,报告死亡12433人;报告传染病发病率268.01/10万,死亡率0.94/10万。

全年运动健儿在24个项目中共获得了120个世界冠军,11人2队16次创16项世界纪录。在北京奥运会上,我国运动员共获得51枚金牌,21枚银牌,28枚铜牌,奖牌总数100枚,位列奥运会金牌榜第一,奖牌榜第二。在北京残奥会上,我国运动员共获得89枚金牌,70枚银牌,52枚铜牌,蝉联金牌榜和奖牌榜的第一位。群众体育运动蓬勃开展。

十一、人口、人民生活和社会保障

年末全国总人口为132802万人,比上年末增加673万人。全年出生人口1608万人,出生率为12.14‰;死亡人口935万人,死亡率为7.06‰;自然增长率为5.08‰。出生人口性别比为120.56。

表15 2008年人口数及其构成

单位:万人

指 标	年末数	比重%
全国总人口	132802	100.0
其中:城镇	60667	45.7
乡村	72135	54.3
其中:男性	68357	51.5
女性	64445	48.5
其中:0-14岁	25166	19.0
15-59岁	91647	69.0
60岁及以上	15989	12.0
其中:65岁及以上	10956	8.3

全年农村居民人均纯收入4761元,扣除价格上涨因素,比上年实际增长8.0%;城镇居民人均可支配收入15781元,实际增长8.4%。农村居民家庭食品消费支出占家庭消费总支出的比重为43.7%,城镇居民家庭为37.9%。按2008年农村贫困标准1196元测算,年末农村贫困人口为4007万人。

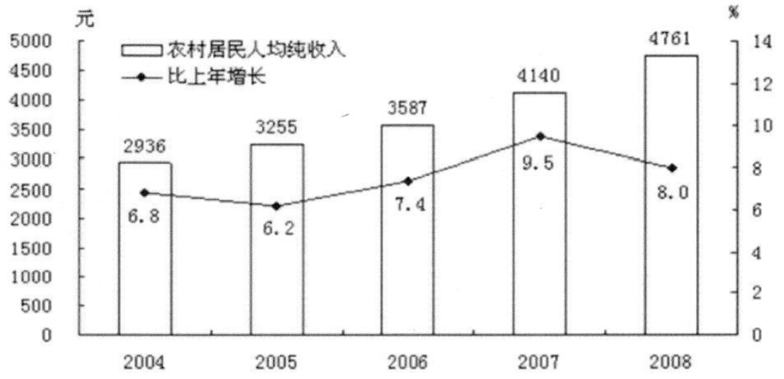

图14 2004-2008年农村居民人均纯收入及其增长速度

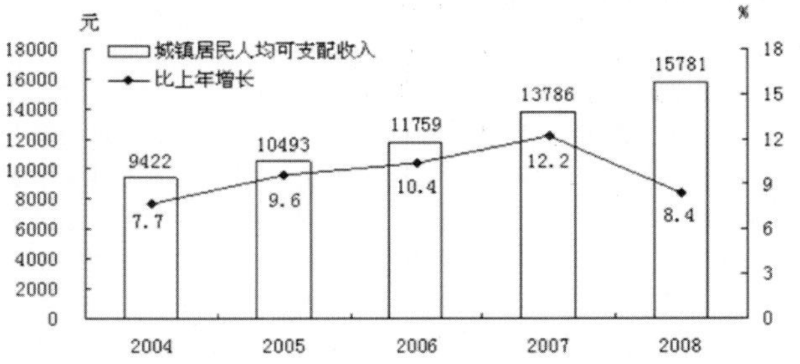

图15 2004-2008年城镇居民人均可支配收入及其增长速度

年末全国参加城镇基本养老保险人数为21890万人,比上年末增加1753万人。其中参保职工16597万人,参保离退休人员5293万人。参加城镇基本医疗保险的人数31698万人,增加9387万人。其中,参加城镇职工基本医疗保险人数20048万人,参加城镇居民基本医疗保险人数11650万人。参加城镇医疗保险的农民工4249万人,增加1118万人。参加失业保险的人数12400万人,增加755万人。参加工伤保险的人数13810万人,增加1637万人。其中参加工伤保险农民工4976万人,增加996万人。参加生育保险的人数9181万人,增加1406万人。2729个县(市、区)开展了新型农村合作医疗工作,新型农村合作医疗参合率91.5%。新型农村合作医疗基金累计支出总额为429亿元,累积受益3.7亿人次。全年城市医疗救助513万人次,比上年增长16.0%。农村医疗救助936万人次,增长148.0%。民政部门资助农村合作医疗的人数达2780万人次。

年末全国领取失业保险金人数为261万人。全年2334万城市居民得到政府最低生活保障,比上年增加62万人;4291万农村居民得到政府最低生活保障,增加725万人。

年末全国各类收养性社会福利单位床位235万张,收养各类人员189万人。城镇建立各种社区服务设施10.9万个,社区服务中心9871个。全年销售社会福利彩票604亿元,筹集福利彩票公益金211亿元,直接接收社会捐赠款482亿元。

十二、资源、环境和安全生产

全年建设占用耕地19.16万公顷。灾毁耕地2.48万公顷。生态退耕0.76万公顷。因农业结构调整减少耕地2.49万公顷。土地整理复垦开发补充耕地22.96万公顷。当年净减少耕地1.93万公顷。

全年水资源总量27127亿立方米,比上年增加7.4%;人均水资源2048立方米,增加6.9%。全年平均降水量659毫米,增加8.0%。年末全国大型水库蓄水总量1962亿立方米,比上年末多蓄水93亿立方米。全年总用水量5840亿立方米,比上年增长0.4%。其中,生活用水增长0.6%,工业用水增长1.8%,农业用水减少0.2%,生态补水减少0.7%。万元国内生产总值用水量231.8立方米,比上年下降7.9%。万元工业增加值用水量130.3立方米,下降7.0%。人均用水量440.9立方米,下降0.1%。

国土资源调查及地质勘查新发现大中型矿产地209处,其中,能源矿产地38处,金属矿产地90处,非金属矿产地79处,水气矿产地2处。有57种矿产新增查明资源储量,其中,石油13.4亿吨,天然气6472亿立方米,原煤231.1亿吨。

全年完成造林面积477万公顷,其中人工造林329万公顷。林业重点工程完成造林面积312万公顷,占全部造林面积的65.4%。全民义务植树23.1亿株。截至2008年底,自然保护区达到2538个,其中国家级自然保护区303个。新增综合治理水土流失面积4.7万平方公里,新增实施水土流失地区封育保护面积2.6万平方公里。

初步测算,全年能源消费总量28.5亿吨标准煤,比上年增长4.0%。煤炭消费量27.4亿吨,增长3.0%;原油消费量3.6亿吨,增长5.1%;天然气消费量807亿立方米,增长10.1%;电力消费量34502亿千瓦小时,增长5.6%。全国万元国内生产总值能耗下降4.59%。主要原材料消费中,钢材消费量5.4亿吨,增长4.2%;精炼铜消费量538万吨,增长6.9%;电解铝消费量1260万吨,增长4.3%;乙烯消费量998万吨,下降2.9%;水泥消费量13.7亿吨,增长3.5%。

七大水系的409个水质监测断面中,Ⅰ~Ⅲ类水质断面比例占55.0%,比上年提高5.1个百分点;劣Ⅴ类水质断面比例占20.8%,比上年下降2.8个百分点。七大水系水质总体上持续好转,部分流域污染仍然严重。

近岸海域301个海水水质监测点中,达到国家一、二类海水水质标准的监测点占70.4%,比上年上升7.6个百分点;三类海水占11.3%,下降0.5个百分点;四类、劣四类海水占18.3%,下降7.0个百分点。全国海域未达到清洁海域水质标准的海域面积13.7万平方公里,比上年减少0.8万平方公里,其中,严重污染海域面积为2.5万平方公里。渤海严重污染海域面积0.3万平方公里。

在监测的519个城市中,有399个城市空气质量达到二级以上(含二级)标准,占监测城市数的76.9%;有113个城市为三级,占21.8%;有7个城市为劣三级,占1.3%。在监测的392个城市中,城市区域声环境质量好的城市占7.9%,较好的占63.8%,轻度污染的占27.0%,中度污染的占1.3%。

全年平均气温为9.6℃,比上年低0.5℃。全年共有10个台风在我国登陆,增加2个。

年末城市污水处理厂日处理能力达8295万立方米,比上年末增长16.1%;城市污水处理率达到65.3%,提高2.4个百分点;集中供热面积32.1亿平方米,增长6.6%;建成区绿地率达到31.6%,提高0.3个百分点。

全年各类自然灾害造成直接经济损失11752亿元,比上年增加4.0倍。全年农作物受灾面积3999万公顷,下降18.4%。其中,绝收403万公顷,下降29.8%。全年共发生森林火灾1.3万起,上升45.2%。全年因洪涝灾害造成直接经济损失635亿元,下降23.1%;死亡686人,下降41.3%。全年因旱灾造成直接经济损失307亿元,下降60.9%。全年因海洋灾害造成直接经济损失206亿元,增加1.3倍。全年累计发生赤潮面积13738平方公里,增加18.3%。全年低温冷冻和雪灾造成直接经济损失1595亿元,死亡162人。全年实际发生各类地质灾害2.7万起,直接经济损失183.7亿元,死亡656人。全年大陆地区共发生5级以上地震87次,成灾17次,造成直接经济损失8523亿元,死亡近7万人。其中,四川汶川地震震级达8.0级,造成直接经济损失8451亿元。

全年生产安全事故死亡91172人,比上年下降10.2%。亿元国内生产总值生产安全事故死亡人数为0.312人,下降24.5%;工矿商贸企业就业人员10万人生产安全事故死亡人数为2.82人,下降7.5%;煤矿百万吨死亡人数为1.182人,下降20.4%。全年共发生道路交通事故26.5万起,造成7.3万人死亡,30.5万人受伤,直接财产损失10.1亿元;道路交通万车死亡人数为4.3人,减少0.8人。

注:

1.本公报中数据均为初步统计数。

2.各项统计数据均未包括香港特别行政区、澳门特别行政区和台湾省。

3.部分数据因四舍五入的原因,存在着与分项合计不等的情况。

4.国内生产总值、各产业增加值绝对数按现价计算,增长速度按不变价格计算。

5.6大高耗能行业分别为:化学原料及化学制品制造业、非金属矿物制品业、黑色金属冶炼及压延加工业、有色金属冶炼及压延加工业、石油加工炼焦及核燃料加工业、电力热力的生产和供应业。

6.钢材产量及消费量数据中均含部分使用钢材加工成其他钢材的重复计算因素。

7.固定资产投资按东部、中部、西部地区计算的合计数据小于全国数据,是因为有部分跨地区的投资未计算在地区数据中。

8.房地产业投资除房地产开发投资外,还包括建设单位自建房屋以及物业管理、中介服务和其他房地产投资。

9.原保险保费收入是指保险企业确认的原保险合同保费收入。

10.城镇职工基本医疗保险人数包括参保职工和参保退休人员。城镇居民基本医疗保险的参保对象是不属于城镇职工基本医疗保险覆盖范围的城镇非从业人员。

11.农村贫困人口是根据新修订的农村贫困标准统计的,与历史数据不完全可比。

12.万元国内生产总值用水量按2005年不变价格计算,邮电业务总量按2000年不变价格计算。

在创业板首批公司上市仪式上的致辞

中国人民银行行长 周小川

（2009 年 10 月 30 日）

各位来宾、各位朋友，女士们、先生们：

大家上午好！

非常高兴受深交所和 28 家公司之邀，参加本次盛会。今天，首批 28 家公司将在创业板市场正式上市交易，这是金融界、科技界和企业界期盼已久的时刻，在这里，我代表中国人民银行、并以我本人名义，对创业板正式“开市”表示最热烈的祝贺！

20 世纪 70 年代以来，世界科技创新和创业企业蓬勃发展，创业板应运而生。经过 30 多年的风风雨雨，特别是经过这次金融危机的洗礼，创业板市场再次焕发出勃勃生机。

我国创业板市场从最初酝酿到正式推出，屈指算来，已经历多年。期间，大家做了大量的工作，进行了广泛的国际经验比较分析，深入的政策体系系统研究，经过了反复的论证，今天的创业板 28 家上市企业的上市交易，成果来之不易。这里，要感谢有关部门、社会各界所做的艰辛工作。

人民银行和整个金融系统多年来一直关注和积极支持资本市场的发展壮大，支持筹备和创建创业板。我们一贯主张推动直接融资加快发展，显著改变我国直接融资和间接融资的比例关系。我们历来支持市场健康发展，支持不断改革和完善资本市场的发行机制和定价机制。整个金融体系都十分重视发挥资本市场在中小企业和创新型企业融资，特别是在促进科技企业和成长型企业加快发展中发挥的作用。应该说，创业板的发展也是金融系统全面贯彻落实科学发展观的重要体现。我相信，人民银行以及整个金融系统今后将一如既往地关注和支持创业板市场的发展。

当前，正值我国经济企稳回升的关键时期。我们将按照党中央、国务院的统一部署，正确处理好保持经济平稳较快发展、调整经济结构和管理好通胀预期的关系，保持宏观经济政策的连续性、稳定性，继续实施适度宽松的货币政策，把握好政策的力度和节奏，增强货币政策的灵活性和可持续性。

春华秋实。我们在期盼中迎来了创业板的诞生，我们衷心期望，新生的创业板市场在规范有序、健康发展的轨道上，不断成长壮大！

谢谢大家。

在“2009 陆家嘴论坛”上的主题演讲

中国人民银行行长 周小川

（2009 年 5 月 15 日）

各位与会代表，女士们、先生们：

早上好！很荣幸又参加陆家嘴论坛，同时，也想借这个机会和大家共同讨论、学习、研究如何把上海建设成一个有生机、有活力的国际金融中心。就这个方面谈几点看法，供大家参考。

2009 年 4 月 2 日，胡锦涛主席率领中国代表团赴伦敦参加了 G20 峰会，此次峰会是 2008 年 11 月 15 日华盛顿 G20 峰会的后续。在这次峰会上，胡锦涛主席代表中国发表了重要讲话。这两场 G20 峰会表明，当今世界上的问题，特别是如何克服金融危机的问题，在过去传统的框架下已经无法妥善解决，应该有更多的新兴市场国家参与其中才能够更好应对。伦敦 G20 峰会显示了一种系统性的变化：发展中国家和新兴国家代表的声音有了明显扩大，大家就国际经济、金融一致行动以及国际金融规则制定中要有新兴市场国家、发展中国家的参与达成一致意见。我认为这是一个很重要的进展。

作为新兴市场国家的代表，中国的作用会逐渐得到提高。中国在国际货币基金组织中，之前只有 2% 多的份额，经过 2006 年增资，占比提高到近 4%，按规定 2011 年之前还应该有一个更明确的调整。中国在其他国际组织中地位也逐渐提高，特别是在伦敦 G20 峰会中，将国际金融稳定论坛改名为国际金融稳定委员会，中国等 G20 成员中的新兴市场国家都正式加入，这个委员会将在制定规则方面起到比较重要的作用。

这种情况下，中国同时也面临着挑战。随着代表性以及在某些方面话语权的提升，中国对于国际重要议题及其主张还需继续深入探讨。国内很多学者都提出了自己的意见，但这些意见还未能真正归拢起来形成一个作为国家层面上的统一意志，也还未形成一个确定的、需要逐渐争取的目标。

但有一点是取得共识的，那就是随着经济、金融的发展，中国需要培育自己的国际金融中心。近期，《国务院关于推进上海加快发展现代服务业和先进制造业建设国际金融中心和国际航运中心的意见》正式明确，要把上海建设成国际金融中心和国际航运中心。这不仅为我国经济、金融发展确立了中长期战略目标，也体现了改革开放历史进程中形成的一个共识。

有学者提出，建立国际金融中心也有令人担心的方面。在出现金融危机的时候，金融中心受到的打击会比较大。这次全球金融危机中，华尔街、伦敦金融城等就受到了重创。但从历史的、全面的观点来看，金融中心使得经济发展、资源配置、金融创新、经济全球化以及科技金融的迅速发展受益极大。所以我们应该坚定不移地推进国际金融中心的建设。

建设国际金融中心过程中，需要关注几个问题。

首先要抓住国际金融中心发展的特征。世界上有些金融中心是历史上多年形成的，有的已经有一二百年的历史；也有发展稍晚的，如海湾国家和其他一些地区，实际上他们的金融中心是最近这些年开始发展的。与此相伴生的是金融业务的网络化。当前，金融业务存在两种发展趋势：一方面，一部分金融业务在聚集，最主要的是围绕资本市场的金融业务是聚集型的，要把很多人才很多业务向金融中心的地点聚集；另一方面，随着计算机网络化发展，一些金融业务不必人与人见面就能办业务，这些业务寻求向网络基础设施好且成本低的地方转移。应该说，这两种发展趋势并存。因此，我国金融中心建设不仅仅需要研究传统金融中心形成的特点，也要充分重视计算机网络化发展给金融中心发展带来的影响，从而明确金融中心应该聚集哪些真正需要集中的金融业务、金融机构和金融市场。

其次，中国金融中心建设必须要注重国际化发展，要形成国际性的金融中心。金融中心建设就像企业发展，企业发展到一定程度，即使是名牌企业，如果不走向国际，就可能会停滞下来。尽管会遇到一些挫折，但国际化发展不仅使企业拥有国际化的舞台，而且也能够在全球化中汲取营养，借此巩固其在国内的声誉以及市场地位。因此在建设上海国际金融中心的时候，国际化、对外开放非常重要。如果不能在这方面迈出重要的步伐，金融中心发展会有重大欠缺，会走更多弯路，可能花费的时间会更长。

第三，全球化发展使世界显得越来越小，所以某一地区的国际性金融中心的优势是有限的。中国在国际金融中心的建设上有两个重要优势。一是香港作为特别行政区，其金融市场有着长期的发展历史，在亚洲乃至国际上都享有一定的地位。二是上海金融市场特别是资本市场取得较快发展。两个金融市场如果能够实现更好地配合、取长补短、共同促进、共同发展，国际性金融中心可以发展得更加顺利，步伐也可以迈得更大。

第四，中国是一个储蓄率比较高的国家。虽然我国国内经济政策是要逐渐扩大内需，要通过各项改革使国内的消费得到增长，但是在相当长一段时间内，中国与全球比较，储蓄率还是比较高的。加上中国人口多，虽然人均 GDP 不算太高，但总量上看，中国可投资的资金数量是相当大的。同时中国政府实施鼓励企业“走出去”的政策，包括对外投资在内。因此，我们有条件加快发展各类投资基金。在资本市场融资活动的地域选择上，往往会选择金融中心所在地，另外也会选择投资资金集中的地方，特别是投资基金比较多的地方。上海是一个投资者相对集聚的地方，这对上海形成国际金融中心非常有利。

第五，金融中心建设中，要在承担风险和风险控制方面达到更好的平衡点。这次金融危机中，我们看到有些机构、个人由于承担过大的风险而造成损失，甚至带来系统性的风险。但是，也可能很多机构慢慢地转向于风险厌恶型，很少愿意去承担风险。从中国的情况来讲，因为过去是人均收入比较低的国家，从投资的总体特征来看，中国不是非常乐于承担高风险的。我们的机构也是这种特性。所以，如果中国今后向全球化发展，更加鼓励创新型社会、鼓励自主创新，在投资的取向方面，我们需要适当鼓励在一定程度上要有承担风险的取向。

第六，在发展国际金融中心时需要不断明确和完善我们的游戏规则。这个游戏规则是多种不同的规则的集合。规则制定中，需要充分考虑参与者的态度，也就是参与者接受的程度。这个规则主要包括以下几个内容：

一是法律体系。规则对这方面的要求比较高，应该不断地健全，不断地改进。如果有个别不适用于金融中心发展的法律，应该考虑局部变通。

二是会计准则。我们这些年已经大步地向国际会计准则方向发展，但也还有一些存在争议之处。会计体系本质上就像一把尺子，是用来衡量企业的资产负债表、损益表的工具，应该有一个客观公允的标准，而不应有太大的差别。在某些新的领域，比如说衍生产品的会计规则上，各国的做法不一，统一起来存在一些困难，但我相信也能在实践中逐渐统一。

三是公司治理准则。公司治理准则包含国际和国内两方面的内容，每个国家的公司治理都有自己的特点，我们应该考虑国际上能够接受的交集，即各种不同的治理模式所具有的共同规则。

最后，正像《国务院关于推进上海加快发展现代服务业和先进制造业 建设国际金融中心和国际航运中心的意见》中提出的，两个中心的建设，还需要我们创造许多条件。中国人民银行和有关监管机构以及业界都非常愿意大力支持上海市委、市政府推进这些方面的工作。金融中心的建设中，在吸引人才、税收、市场准入、基础设施、信息环境方面，都需要做出或多或少的改进，有些方面的改进还是实质性的。这些改进对于上海真正建成国际金融中心将发挥重大作用，具有重要意义。

交流以上几点想法，目的是和大家共同努力，共同探讨，再付诸行动，推进上海以比较快的速度，在比较短的时间内，切实完成党中央、国务院交给大家的任务，把上海建设成为一个国际金融中心。

谢谢大家！

履行监督职责　促进国有资产保值增值

——国有企业外派监事会制度十年回顾

国资委主任　李荣融

（2009 年 8 月 17 日）

国有企业实行外派监事会制度，是党中央、国务院的一项重大决策，也是在新形势下探索中国特色国有资产监督体制的成功实践。从 1998 年至今，国有企业外派监事会已经走过了十年历程，为维护出资人权益，防止国有资产流失，确保国有资产保值增值，促进企业改革发展发挥了重要作用，做出了突出贡献。

国有企业监事会工作取得重要成效

国有企业监事会在党中央和国务院的正确领导下，始终认真履行法律法规赋予的职责，在客观报告企业情况、维护出资人权益、促进企业改善经营管理等方面取得了重要成效。同时，监事会队伍也逐渐发展壮大，成为维护国有资产安全的一支重要力量。

建立了一条独立于企业的信息渠道，为领导正确决策提供了重要参考。监事会始终把企业执行法律法规情况、财务信息真实性、国有资产保值增值情况、企业负责人的经营行为等作为监督检查重点，通过“查、看、听、询”等方式深入开展实地检查，检查结果直接向国务院和国资委报告，客观公正、实事求是地反映企业情况，形成了具有自身特点、区别于其他监督机构的工作方式方法。

据统计，十年来，监事会监督检查涉及资产 70.32 万亿元，占履行出资人职责企业资产总额的 75.8%；向国务院以及国资委报送监督检查报告（稽查报告）和专项报告 1622 份，揭示重大事项 2684 件，突出反映了企业经营管理和改革发展中的主要矛盾和深层次问题，揭示了涉及国有资产流失的违法违纪违规事件，客观评价了企业领导班子及主要负责人履职情况，对 3239 位企业主要负责人提出奖惩任免建议。监事会监督检查报告已成为党中央国务院以及有关部门了解企业真实情况的重要渠道和进行决策的重要参考。2004 年以来，国务院常务会议每年听取监事会工作汇报，对外派监事会制度和监事会工作给予充分肯定和高度评价。

强化了企业负责人自律意识，维护了国有资产的安全完整。十年来，监事会检查发现涉及国有资产流失的违法、违纪案件线索合计 320 件，涉及金额 977 亿元，依照程序移交司法、纪检、审计机关，使犯罪分子受到了法律的制裁，使违纪人员受到了纪律处分，挽回经济损失数亿元。

促进企业改善经营管理，推动了企业的改革发展。据不完全统计，十年来，监事会在监督检查报告中累计提出改进企业经营管理、规范企业经营行为等方面的建议 6824 条，为促进国有企业改善经营管理，推动国有企业改革发展起到了重要作用。会计信息质量不断提高，管理水平稳步提升，持续发展能力不断增强。监事会监督检查表明，十年来，特别是国资委成立以来，中央企业财务信息日趋准确客观，内控机制建设逐步完善，风险意识普遍增强，集团管控能力明显加强，兼并重组和资源整合步伐不断加快，自主创新和持续发展能力得到提升，有力推动了中央企业改革发展。

完善了企业国有资产监督管理体制，促进了监督与管理的协同配合。监事会监督作为出资人监督的重要组成部分，有效纳入国有资产监督管理体系，是企业国有资产监督制度的自我完善，也是我国国有资产监督管理体制的重要发展。2003 年以来，根据国有资产监管需要，监事会始终将出资人关心关注的企业投资决策、重组改制、产权转（受）让、清产核资、业绩考核、薪酬分配及高风险业务情况纳入监督检查重点，对企业执行国资委相关政策规定情况进行有效监督。

建立了一支高素质的队伍，为履行监督职责打下了良好基础。监事会队伍由十年前的 112 人发展到目前的 312 人，增长 179%。多数专职监事具有会计、审计、法律和企业管理等专业背景，部分专职监事还是某些行业的专家，形成了一支懂企业、会查账、作风硬、可信赖的监督检查队伍。

外派监事会制度十年收获宝贵经验

国有企业外派监事会制度走过的十年，是一个不断探索、实践、创新和完善的过程。总结十年历程，以下宝贵经验需要我们继续坚持。

一是始终坚持走中国特色国有资产监督的路子，不断完善监督体制。根据我国社会主义初级阶段基本国情，适应中国特色社会主义建设的发展需要，始终把握国有企业监督体制改革发展的正确方向，不断坚持和完善国有企业外派监事会制度，确保监事会工作持续健康发展；按照基本经济制度内在要求，适应国有经济发展壮大的客观需要，始终维护外派监事会的权威性，坚持监事会由国务院或国资委代表国务院向国有企业派出，对国务院负责，监事会主席由副部长级国家工作人员担任，检查结果直接向国务院或国资委报告，有效发挥监事会监督的威慑作用；依照国有资产监管要求，适应国有企业的改革需要，始终保持外派监事会的独立性和客观性，坚持不参与、不干预企业经营决策和经营管理活动，做到监督准确到位，反应灵敏及时，权责明确规范，保证监督检查有效运行。

二是始终坚持与国有企业改革发展相结合，不断强化出资人监督。紧密结合国有企业公司制股份制改革的不断深化和现代企业制度的不断完善，始终把握出资人监督职责，按照企业国有产权结构的变化有序调整监督制衡机制，积极探索实践外派监事会监督的有效实现形式，逐步从监督国有企业向监督国有资产和国有资本转变，切实维护出资人权益，使出资人监督日趋到位。同时，加强与国资委职能部门的有机融合，建立有效协同工作机制，发挥出资人监管职能的体制优势，提高出资人监督效率。

三是始终坚持遵循企业发展规律，不断增强监督的有效性。监事会常年深入企业，深入一线，注重建立实时动态监督机制，加强对企业重大决策和重要经营管理活动的监督，对重大异常变化作出敏捷反应，增强监督的灵敏性；注重建立快速反应机制，及时向出资人报告企业重大决策、重大事项和风险预警等信息，提出相关处理意见和政策建议，不断增强监督的时效性；注重建立监督成果运用机制，对需要企业自行纠正的问题或需要提醒企业关注的事项，按照有关程序与企业交换意见，督促整改，跟踪落实，促进企业加强管理，完善治理，不断增强监督的实效性。

四是始终坚持"六要六不"行为规范，不断提高队伍素质。始终把"六要六不"行为规范贯彻落实到监督检查的每个环节，坚持学习，坚持原则，坚持纪律。

进一步完善国有企业外派监事会制度

适应新形势发展需要，监事会工作要与时俱进，强化国有资产出资人监督意识，提高监督质量，积极开拓创新，进一步探索实践国有企业外派监事会制度的有效实现形式。

首先，积极探索监事会监督与国资委监督管理的协同配合，充分发挥监事会监督作用。要牢牢把握出资人监督定位，以全局工作的视野、协同作战的思维，进一步探索监事会监督与国资委监督管理工作的协同配合，统筹协调监督与管理的关系，加强与国资委机关各业务厅局的沟通，通过建章立制，明确工作流程和工作规范，建立经常化、权责化、制度化的工作机制，使外派监事会工作与整个国资委工作更好地融合起来，形成工作"一盘棋"，实现优势互补，资源共享，真正形成监管合力，更好地发挥出资人监管职能协同的体制优势。紧紧围绕国资委中心工作开展监督检查，提高监督质量，掌握第一手真实情况，及时报告信息，提供决策参考，甘当参谋助手，增强监督的时效性和灵敏性，充分发挥监事会监督的重要作用，不断提高国有资产监督管理水平。

其次，积极探索监事会监督与现代企业制度结合的有效途径，有效履行出资人监督职责。在坚持和完善外派监事会制度基础上，进一步探索建立与《公司法》、《企业国有资产法》等法律法规相衔接、与企业股权结构相适应的监督制衡机制，逐步形成中国特色的新型监事会监督体制。深入研究公司制股份制企业的特点和规律，研究监督对象以及法律环境变化对监事会监督的影响，积极探索国有独资、国有控股或参股企业，特别是整体改制或整体上市企业出资人监督有效途径。探索研究履行监督职责与体现出资人监督意志的关系，与不参与不干预企业日常生产经营活动的关系，与维护治理结构有效制衡的关系，始终坚持依法监督、出资人监督和独立监督，做到监督有章、服务有方，发挥监事会在公司治理中的独特作用和影响。

第三，积极探索监事会有效监督的新办法，提高监事会工作的有效性。尤其要进一步研究探索如何加快推进由事后监督向过程监督转变，探索当期监督的有效实现形式。不断改进和完善监事会监督工作体制和工作机制，形成与有关法律法规相衔接的良好法律环境；不断提高队伍素质，打造思想过硬、业务精湛、作风优良、清正廉洁的监督队伍，形成监事会监督的坚强组织保证；不断推进日常监督、专项检查和年度集中检查的有机结合，优化配置资源，提高当期监督质量；不断推进监事会监督、政府以及社会监督机构监督和企业内部监督的有机结合，抓好合力监督，提高监督效率；不断健全快速反应机制和通道，建立企业重大事项报告制度，确保第一时间掌握真实情况；不断推进监督、服务和促进企业发展的有机结合，监促并举，共谋发展。

更清醒　更稳健　更扎实
为保持经济平稳较快发展做出新的贡献

——在中央企业负责人会议上的讲话

国资委主任　李荣融

(2009 年 7 月 21 日)

同志们：

这次会议的主要任务是，总结上半年各项工作，公布 2008 年度业绩考核结果，分析当前经济形势，部署下半年工作。会前，我们班子的同志分别带队，分片对中央企业今年以来的经济运行情况、应对金融危机的举措以及面临的困难等问题进行了调研。会议采取视频形式召开，就是希望与中央企业领导班子一起沟通情况，研究问题，进一步统一思想，认清形势，振奋精神，明确任务，齐心协力把今年的各项工作抓好。下面，我代表国资委和国资委党委，讲四个问题。

一、上半年中央企业各项工作进展情况

今年上半年，在国家一系列宏观调控政策的作用下，经济增速较快下滑的势头得到初步遏制，经济运行中的积极因素不断增多，企稳回升的势头日趋明显。上半年，国内生产总值同比增长 7.1%，增幅比一季度提高 1 个百分点；社会消费品零售总额增长 15%，扣除价格因素后，实际增长 16.6%；全社会固定资产投资增长 33.5%；规模以上工业增加值增长 7%，其中二季度增长 9.1%，6 月份当月增幅达到 10.7%；用电、运输等指标向好，6 月份全国用电量增长 3.8%，扭转了连续 8 个月下滑的局面。从目前情况看，宏观调控措施初见成效，内需增长势头看好，一些领域下行趋势有所遏制，市场信心有所恢复，社会预期有所改善。

上半年，中央企业认真贯彻落实中央宏观调控政策和应对金融危机的一揽子计划，克服重重困难，扎实开展工作，生产经营总体保持平稳运行态势。

——营业收入下滑趋势得到遏制。6月份当月实现营业收入11725.9亿元，环比增长23.2%，同比增长2.4%。1－6月，中央企业累计实现营业收入53611.7亿元，同比下降6.3%，降幅比一季度缩小2.8个百分点；在全部中央企业中，累计实现营业收入同比增长的企业有74家，占54.8%。

——经济效益降幅减缓。6月份当月实现利润751.9亿元，环比增长29.5%。1－6月，中央企业累计实现利润3160.3亿元，同比减少1122.8亿元，下降26.2%，降幅比一季度缩小15.6个百分点；在全部中央企业中，累计实现利润同比增长的有67家，占49.6%，比一季度增加17家。

——成本费用利润率环比稳步回升。1－6月，中央企业平均成本费用利润率6.2%，比1－5月提高0.2个百分点，比一季度提高0.9个百分点。其中，成本费用利润率同比上升的有56家，占41.5%。

上半年，中央企业以深入学习实践科学发展观活动为契机，围绕科学发展上水平，紧密结合实际，沉着应对危机，各项工作取得积极进展。

（一）积极应对金融危机，发挥了国有经济的中坚作用。

面对金融危机的冲击，中央企业积极采取“捂紧钱袋子”“过紧日子”等“过冬”措施，加强预测预警预案，开拓市场，降本增效，严控风险，做了大量艰苦扎实的工作，为“保增长、保民生、保稳定”做出了积极贡献，发挥了国有经济的中坚作用。

一是紧贴市场，开拓市场，努力保持生产经营正常运行。面对国内外市场大幅度下滑的局面，中央企业主要负责人带头调查市场，走访客户，捕捉商机，开拓市场，并根据市场情况及时调整生产经营策略。中国石化提出从“坐商”向“行商”转变，从“卖产品”向“卖服务”转变，总公司领导分别带队深入18个省市的市场一线，走访重点用户，了解用户需求，促进战略合作。武钢主要领导带队走访省内主要用户，举办供需对接大会，促进钢材销量增长。兵器装备集团编发《开拓市场二十二招》，指导企业努力挖掘新的增长点，汽车、输变电及新能源产业营业收入对集团的贡献度达到69.6%。国机集团积极推广“区域滚动发展”与“梯度式开发”的市场开拓策略，新签多个境外大型建设项目。华侨城集团深化“旅游＋地产”模式，加快旅游市场新产品开发，东部华侨城上半年接待游客110万人次，同比增长15%。宝钢积极开拓非洲冷轧薄板市场，一季度出口非洲订单量同比上升36%。中交集团、中国北车、中国南车、中国水电集团、中国建筑等企业创新市场运作方式，积极开拓国际市场，新签1亿美元以上的海外项目达几十个。许多中央企业相互签订战略合作协议，增强了共同抵御危机的能力。

二是精细管理，降本增效，努力提升盈利水平。在外部经营环境十分困难、企业利润大幅下滑的情况下，中央企业普遍强化了精益管理，通过集中采购、压缩可控费用、挖潜增收节支等一系列措施，精心细抠管理的每一个环节，一点一滴降低成本费用，一点一滴挤出利润。

通过集中采购招标降低采购成本。国家电网集中招标金额达到842亿元，节约资金68.9亿元。中国移动搭建B2B电子商务平台，上半年集中采购金额272亿元，与上年合同比直接降低采购成本97亿元。兵器工业集团组织全公司生产资料大宗物资集中采购，上半年为子企业采购供应大宗物资38亿元。中船重工主要生产资料钢材的集中采购率达到96%。

通过强化资金管理降低财务费用。中核集团加强资金集成管理，集团日均资金集成额126亿元，资金集成率达88.6%。中航工业清理“内部三角债”近60亿元，节约财务费用3亿元。中国石化、保利集团、南航集团等企业主动调整融资策略，充分利用发行债券、中期票据等融资渠道，优化融资结构，降低资金成本。中国五矿转变经营模式，调减资金支出预算，严控库存和预付款规模，年末存货、预付款同比减少52亿元。

通过精益管理压缩可控费用。神华集团采取5700多项措施落实双增双节，上半年增收节支49亿元。中国国电借鉴大型商业连锁企业运营经验，对发电企业日常消耗的通用性物资实现超市化运营，使企业通用性物资为“零库存”。中国华电推进全面预算管理，加强成本控制，上半年可控费用比预算进度减少4.8亿元。兵器装备集团本部带头压缩费用，经费预算压缩10%，实际降低30%。中船集团大力推进成本工程，细化分解成本考核指标，以现金流为主线加强精细化管理，仅提高钢材利用率一项，节约成本1亿多元。中铝公司实施保生存，压库存、压缩管理费用，投资项目从紧、成本费用从紧、资金管理从紧的“一保二压三从紧”措施，做好过两三年苦日子、紧日子的准备。

通过技术创新、节能降耗降低生产费用。鞍钢通过加强能源管理、深度挖潜，落实各项节能降耗措施，上半年有13项主要技术经济指标创历史最好水平。中国化工实施“零排放”管理，从源头上加强节能减排，上半年万元产值耗标煤同比下降7.55%，废水排放量同比下降15.8%。中国建材大力推进水泥生产线余热配套发电，已有49个项目投入运营，总装机容量318兆瓦，年发电量21亿度，年节约标煤70万吨，减排二氧化碳176万吨；下属中国玻纤通过技术创新开发新配方，使成本降低20%，大大提高了产品竞争力。

三是谨慎投资，严控风险，努力保持稳健发展。中央企业对已有投资项目和实施建设项目进行分析评估和清理调减，集中发展核心业务，有效降低了投资风险。中国石油按照建设项目压减投资10%以上的要求，优化工程方案设计，重新核定投资标准，大力推行集约化采购，累计审减投资513亿元。中煤集团加强项目管理，对拟建和在建项目优化设计，核减投资20.5亿元。招商局集团严控投资与债务风险，规定2009年度有息债务比例不得超过35%，利息保障倍数不能低于5，上半年资本性支出同比减少89亿元，手持货币资金比年初增加31.3%。中国三峡总公司加强风险管控，规定不允许任何子企业进入二级市场，不盲目对外投资、对外担保，不参与金融衍生品等高风险业务。中国水电集团制订“三控三强一确保”的综合性风险防范措施，严控资产负债率，严控规模无效增长，严控现金流量异常现象。中国建筑健全风险控制体系，通过风险信息收集、评估等工作，识别出经营管理中17项重大风险、16项重要风险和29项一般风险。中远集团调整船队结构，减少新船运力，取消10艘新造船计划，延迟交船53艘。一批企业启动全面风险管理工作，及时清理高风险业务，建立健全内控体系。国投对重大风险实施“台账式”管理。中航集团运用财务信息系统对下属企业159个账户进行实时监控。中国外运制定了经济责任追究暂行办法，初步建立起投资决策的责任追究体系和制度。这里需要特别提到的是，在应对金融危机中，中央企业普遍建立的法律风险防范机制发挥了很好的作用，众多经济合同未发生重大法律纠纷，有效降低了各类法律风险。

四是稳定队伍，促进就业，积极履行社会责任。中央企业认真贯彻落实中央以及我委维稳工作的各项决策部署，克服困难，采取切实有效措施，千方百计稳定队伍，促进就业，减轻社会负担。面对前所未有的困难，中央企业按照“减薪不裁员、歇岗不失业”的要求，采取多种灵活有效措施，保证了队伍的稳定。许多企业领导和中层干部带头减薪，身先士卒共度难关。许多中央企业服从稳定大局，采取有力措施，解决遗留难题，化解突出矛盾。中国石油27万有偿解除劳动就业合同人员再就业率达到92%，协助地方政府为5.5万名大集体人员落实了基本生活保障。一汽集团建立了不稳定因素舆情报告制度和信访问题排查报告制度，尽早掌握动态信息，对可能出现的集体上访苗头，提前介入，主动做好排解工作。南方电网明确了公司系统信访维稳工作总体思路和目标，开展“信访积案化解年”活动，上半年已成功化解了26件信访积案，确保维稳工作预控、可控、在控。乌鲁木齐“7·5”事件发生后，国家电网、中粮集团、宝钢、保利集团等有关中央企业迅速反应，快速行动，采取有力措施，为维护稳定做出积极贡献。

中央企业在自身积极应对金融危机的同时，主动承担社会责任，为经济社会发展做出了积极贡献。上半年，中央企业在营业收入和效益较大幅度下滑的情况下，累计交纳税费5236.8亿元，同比仅下降1.5%，其中营业税及附加同比增长17%。面对全社会就业压力加大的形势，中央企业主动分忧，引进优秀人才，调整员工结构，统计的99家企业今年计划招录大学毕业生20.3万人，比上年增长7.08%。招商局集团、华润集团、港中旅集团等在港中央企业从维稳大局出发，按照国资委、中联办和香港特区政府的要求，为香港高校毕业生提供了数百个内地实习职位。一些中央企业通过发挥科技创新能力较强的优势，主动牵手中小企业，帮助中小企业在金融危机中度难关。中钢集团、国机集团、中国建材等通过科技帮扶中小企业，使近500家中小企业摆脱了困境，预计为中小企业带来间接经济效益超过100亿元。

在应对金融危机的挑战和冲击中，中央企业表现出强烈的责任感和使命感，以实际行动展现了共和国长子的风采。

（二）着力调整优化，各项工作迈出新的步伐。

按照去年底中央企业负责人会议上提出的“调整优化上水平”总体要求，中央企业变“熬冬”为“冬训”，加大改革力度，加快结构调整，加强自主创新，综合素质和竞争能力进一步提高。

一是改革进一步深化。董事会试点工作迈出新的步伐，试点企业户数扩大到24家，陆续制定出台了12个董事会试点的规范性文件。新兴铸管集团等中央企业积极将董事会试点制度引入子企业的改革，取得了积极成效。许多中央企业为有效应对金融危机，加快了内部管理体制和管理架构的改革调整。宝钢实行大部制改革，实现扁平化管理，总部职能部门从20个缩减到10个，职能从45项缩减到38项，管理岗位从60个缩减到33个。中铝公司大力推进管理扁平化改革，下属中州铝业经过合并减少处级机构18个，减少管理人员296人，分别精简了40%和22.1%。中国华能积极推进“集团公司－区域公司－基层企业”三级管理体系建设，调整和新组建了8个区域分公司，使管理层级压缩到三级以内。中国电信通过减少企业数量、缩短法人链条和精简管理层级等多种措施，注销关闭了近3000家辅业企业。航天科工加大压缩管理层级的力度，在去年清理223家公司的基础上，计划再清理整顿80－100家。中化集团持续推进管理变革，坚持每年对规章制度进行全面梳理和修订，不断提高管理的适应性和有效性。中国石化认真学习台塑管理经验和模式，研究建立统一的标准化制度体系，大力推进信息化的深化应用，把ERP更好地融入各项经营管理活动。

二是结构调整力度加大。今年以来，共有11家中央企业进行合并重组，中央企业户数从年初的142家调整到136家。一些中央企业加快推进联合重组，优化资源配置，延伸产业链。中粮集团打造全产业链，加强各产业链之间的战略有机协同，形成整体竞争力。三家电信企业在做好重组整合工作的同时，大力推进基础设施共建共享，其中中国移动已建成共建共享铁塔3072座、管道12385公里。一些中央企业加快了内部资源的整合，神华集团将内蒙古鄂尔多斯地区4家公司整合为神东煤炭集团，实现资源共享、集约化管理、低成本运作。许多企业根据市场要求和产业发展趋势，大力调整产品结构。东方电气集团、哈电集团进一步加大核电、风电、潮汐发电、太阳能光伏产业等领域的投资，不断进行技术升级和产品结构优化。中国北车、中国南车根据市场需求变化，发挥核心技术优势，进一步提高高速动车组、大功率机车等产能。中电投集团提高水电装机比例，推进“上大压小”，大力发展循环经济。中国一重、中国二重积极研发试制风电、核电等方面高精尖产品，推进产品结构转型。中化集团围绕农业、能源、化工主业价值链进行上下游和国内外延伸，弥补资源短板，强化主营业务产业链。

三是技术创新步伐加快。中央企业坚定不移地推进科技进步，普遍加大自主创新力度，提升可持续发展能力。截至2008年底，累计拥有有效专利60171项，同比增长32.1%；其中有效发明专利20330项，增长29.6%，占总量的33.8%。中央企业的一大批科技成果获国家奖励，2项国家技术发明一等奖和3项国家科技进步特等奖均为中央企业所获得，40家中央企业获得91项“企业技术创新工程项目”奖，占全部奖项的60%。国家电网具有自主知识产权、代表国际输电技术最高水平的1000千伏特高压交流试验示范工程建成投运，保持安全稳定运行。南方电网投资的世界上第一个±800千伏特高压直流输电工程——云广直流工程实现了单极部分投产。中国商飞公司全面开展技术攻关，总装制造中心22项关键技术攻关项目，已有13项通过内部评审，进入实施阶段。航天科技每年自筹8亿元用于自主研发，成立卫星应用研究院，探索产学研结合创新模式。中国中铁加快建设高速铁路建造技术国家工程实验室，自主研发设计关键设备和核心技术，上半年有6项科技成果达到国际先进水平。电信科研院依托自主核心技术，掌握TD－SCDMA后续技术TD－LTE核心技术专利，并积极参与4G国际标准的竞争。中国联通投资约600亿元建设世界上规模最大的WCDMA网络，已在100个城市成功试商用。一汽集团、东风公司、兵器装备集团长安公司等中央汽车企业加强自主创新与产品研发，自主品牌建设取得积极进展。华录集团研发的中国数字音频编解码标准DRA，已成为国际蓝光光盘协会组织发布的新标准，这是我国自主研发技术首次纳入国际音视频基础标准。

四是“走出去”取得新的进展。一些企业抓住机遇，积极实施“走出去”战略，参与海外并购，在更大范围内实现资源优化配置。中国五矿成功全资收购世界第二大锌矿开采商、澳大利亚第三大矿业公司OZ公司的主要资产。中国石油通过收购日本大阪炼厂49%的股权和新加坡石油公司45.5%的股权，成功进入海外成熟市场下游分销领域。中国海油联合中国石化收购美国马拉松石油公司持有的安哥拉石油区块部分权益取得积极进展，将和国际石油公司建立更紧密的战略合作关系。鞍钢增持澳大利亚金达必公司股票，成为第一大股东，完善了资源供应链。中核集团、中广核集团抓住矿产资源价格下降的机遇，加大了海外铀资源开发力度。中国有色集团在积极推进海外并购重组的同时，高度重视社会责任，在全球有色金属行业低迷的情况下，赞比亚、蒙古的各国矿业公司纷纷减产停产，中国有色的企业没有一家停产，没有一名员工被裁员，得到所在国政府的高度评价和民众的拥护，树立了中国企业的良好形象。

（三）学习实践活动扎实推进，为中央企业科学发展打下坚实基础。

按照中央部署，中央企业全面开展了深入学习实践科学发展观活动。中央企业党委（党组）高度重视，把学习实践活动作为应对金融危机、推动企业科学发展上水平的重要推动力，严格按照中央要求，精心组织，周密安排，认真做好学习调研、分析检查和整改落实各阶段的工作，学习实践活动扎实有序稳步推进，取得了积极成效。

一是进一步坚定了信心。中央企业紧紧围绕科学发展上水平这个核心目标，结合实际加强学习，认真调研，总结经验，不断深化对科学发展观的认识，进一步加深了对科学发展规律、企业发展的一般规律、企业所在行业的发展规律和企业自身的发展规律的认识和理解，增强了贯彻落实科学发展观的自觉性和坚定性，进一步坚定了搞好中央企业、发展壮大中央企业的信心。不少中央企业虽然生产经营比较困难，但通过深入学习实践科学发展观，领导班子和广大党员干部统一了思想，理清了思路，达成了共识，进一步坚定了带领广大职工群众共同战胜困难、推动企业调整优化上水平、促进企业平稳较快发展的信心和决心。

二是进一步明确了方向。中央企业积极把应对国际金融危机的思考和谋划细化为具体措施和办法，转化为企业平稳较快发展的具体成果，进一步增强了在保持经济平稳较快发展中担当大任、多做贡献的责任感和使命感。中央企业在学习实践活动中带头解放思想、更新观念，带头解决影响制约科学发展的突出问题，带头创新体制机制，带头把握科学发展规律、增强科学发展意识、提高科学发展能力，带头促进科学发展上水平，带头承担起应尽的政治责任和社会责任，勇于当好推动国家经济社会科学发展的排头兵。中央企业坚决执行中央关于应对国际金融危机，保持经济平稳较快发展的一系列政策措施，带头落实产业调整和振兴规划，进一步调整完善发展战略，着重在转变发展方式，推进结构调整，加强自主创新，提高核心竞争力，打造参与国际竞争新优势上下功夫。许多中央企业以学习实践活动为契机，进一步梳理完善战略发展规划，使发展的思路更清晰，目标更明确。

三是进一步完善了措施。中央企业普遍把解决几个影响和制约企业科学发展的突出问题，办成几件职工群众迫切希望的实事作为这次学习实践活动的一项重要成果来抓，集中力量，真抓实干，分步推进。通过深入调研和广泛征求意见，进一步明确了整改落实项目、目标、时限、措施和责任。重点解决了一批突出问题，修改完善了一批重要制度，制定细化了一批有针对性的措施。截至 7 月 15 日，参加学习实践活动的 132 家中央企业共新建 3631 项制度，修订 5223 项制度，废止 1915 项制度；查找出 9297 个突出问题，其中已解决 2339 个，切实为群众办了 2513 件实事好事。广大职工群众深切地感受到学习实践活动带来的新变化。

通过深入开展学习实践活动，中央企业责任感、使命感进一步增强，改革发展的动力更加充足，思路更加清晰，措施更加扎实，各项工作有了新的提高，为实现科学发展上水平打下了坚实的基础。中央领导同志和社会各界对中央企业学习实践活动给予了较高评价。

上半年，中央企业改革发展的成绩，是在外部经营环境极其困难的情况下取得的，广大干部职工付出了艰苦努力，成绩来之不易。但我们也要看到，中央企业生产经营中还存在一些不可忽视的问题：经济效益增长基础还不牢固，部分企业收入或效益仍处于深度下滑状态，有些还处于亏损状态；部分企业存货占用资金和应收账款增加，资金占用压力继续加大；一些企业管理层级过多，链条过长，对市场反应不够灵敏；一些企业对形势发展趋势缺乏跟踪研究，未能及时调整战略发展思路；少数企业战略管理薄弱，存在盲目投资和重复建设现象，资产负债率持续上升，债务风险加大。这些问题必须引起我们的高度重视，在今后的工作中切实采取措施加以解决。

二、2008 年度中央企业经营业绩考核情况

2008 年，中央企业经营环境变化大，严重自然灾害、重大政策性减利、国际金融危机等因素加大了生产经营难度。中央企业克服困难，扎实工作，大部分企业都完成了业绩考核指标。2008 年实际纳入国资委考核（或测试评价）的中央企业 145 家。考核结果为：A 级企业 32 家，占 22.07%，一汽集团、国机集团、中国建材、中国铁建和中煤科工首次进入 A 级。B 级企业 74 家，占 51.03%，有 8 户企业由 C 级进入 B 级。C 级企业 34 家，占 23.45%。D 级企业 5 家，占 3.45%。

在考核中，我们严格遵循依法依规考核、实事求是、客观公正、突出主业、认真核准“两头”和业绩对标等六项原则，综合考虑重大自然灾害、重大政策性亏损、金融危机、奥运安保影响等因素，核清数据，严格考核评级，除地震灾害和重大政策性因素外，因其他因素调整考核目标或完成值的，原则上不能进入 A 级。

在 2008 年考核中，我们依据有关办法和规定，对钢铁和运输企业进行了业绩对标，合理确定业绩考核结果。对利润总额完成值超过目标值 50% 以上、净资产收益率完成值超过目标值 5 个百分点的企业，进行了扣分处理。对安全生产事故数量较多、性质比较严重或损失较大的企业，认定为责任事故且达到扣分标准的，进行了扣分处理。对部分企业发生国有资产重大损失的，进行了扣分处理。对 5 家承担托管任务的企业，分别给予了加分。

对董事会试点企业（除并入中国移动的中国铁通外），按照审核工作原则和政策，进行了测试评价。4 家企业为 A 级，比上年增加 1 家；6 家企业为 B 级，比上年减少 4 家；6 家企业为 C 级，比上年增加 4 家；1 家企业为 D 级。

2008 年的考核结果，A 级、B 级企业总户数是业绩考核制度建立以来除 2004 年外最少的一年，从总体上看，考核结果与企业效益变化趋势是一致的。一些原来 A 级的企业这次没有进入 A 级，职工可能会有一些反映也是正常的。我希望大家能正确看待考核结果，并做好干部和职工的工作。考核结果的排序，不是企业领导班子和负责人综合考核的排序，是其中经营业绩的排序。考核是手段不是目的，企业主要负责同志要善于借助这个考核结果，引导广大干部职工在努力改进企业各项工作上下功夫，加强与国内外同行业标杆企业的对标，查找自身的薄弱环节和差距，切实提高本企业的经营管理水平，创造更加良好的经营业绩。

三、当前经济形势和需要更加关注的几个问题

今年以来，我国经济总体形势企稳向好。但当前国内外不确定、不稳定因素仍然很多。世界经济衰退的格局尚未改变，可能会在较低水平震荡较长时间，也不排除出现反复的可能，对我国的冲击还会继续显现。国内一些长期积累的矛盾仍很突出，经济回升的基础还不够稳固，实现经济稳定回升任务相当艰巨。

从国际来看，全球经济形势错综复杂，走势还不明朗。一是世界经济增速明显放缓。一季度，美国、欧元区和日本GDP同比分别下降2.5%、4.8%和8.8%，降幅还在扩大。俄罗斯、南非和墨西哥等新兴市场经济体增速也都出现大幅下滑。世界银行最新预测，2009年全球GDP增长将为-2.9%，比四月份预计的-1.7%，降幅进一步加大。主要经济体的情况更为悲观，世界银行将美国经济今年的增速从原来的-2.4%调整到-3%，预测明年增长率为0.8%；将日本今年的增速从原来的-5.3%调整到-6.8%，预测明年增长率为1.7%。国际货币基金组织的最新报告也做出今年世界经济将收缩1.4%的预测。二是国际金融市场波动较大。今年以来全球主要股市出现了一波较为强劲的上涨，道琼斯工业指数、英国金融时报100指数、日经225指数、香港恒生指数都有了很大幅度的上涨。全球股市的普遍上涨说明投资者信心有所回升，但国际金融体系恢复正常运转还需较长时间。近期美国信用卡贷款和商业房地产信贷违约率明显上升，次优级贷款和私募基金也存在较大隐患，加上部分新兴经济体国际收支状况恶化，有可能出现新一轮动荡。三是就业形势仍在恶化。6月份美国失业率升至9.5%，是1983年8月以来最高水平，预计年底将达到10%。欧元区和日本失业率也创多年来的新高。据国际劳工组织5月份估计，2009年全球失业率可能高达6.8%，为1991年以来的最高水平。四是美国消费信贷连续下降，消费需求不足。美国联邦储备局7月8日公布的报告显示，美国消费信贷已连续4个月下降，这是1991年年底以来出现的最长连续下降期。消费信贷反映个人消费开支情况，个人消费开支约占美国国内生产总值三分之二，是经济增长的主要动力。有经济学家分析，鉴于美国经济衰退和失业率攀升，消费信贷短期内强劲反弹的可能性不大。美国公布的5月份贸易逆差为259.6亿美元，为1999年11月以来最低水平，进口不振显示美国市场消费需求不足。五是全球初级产品价格明显上涨。在国际主要期货市场上，石油、有色金属等初级产品和大宗商品价格出现了较大幅度的上涨，这种过快上涨将带来通货膨胀的压力，加大经济复苏难度。

从国内看，当前经济运行中出现一些积极变化，采购经理指数、经济景气指数、企业家信心指数和汽车销售量、住房成交量、铁路运量、港口吞吐量以及投资（包括新开工项目）、消费的数据都是向好的。中央实施扩大内需政策的积极效果已经初步显露，经济下滑的趋势得到初步控制。但经济回升的基础还不够稳固，保增长的任务仍然艰巨。一是出口下降幅度较大。今年以来，我国主要出口市场萎缩普遍加剧，上半年进出口总值同比下降23.5%，其中出口下降21.8%。受国际贸易保护主义重新抬头的影响，从2008年下半年到2009年3月，我国已遭遇40多起反倾销、反补贴和保障性措施的限制，涉及20多亿美元的出口额。我国企业"走出去"特别是海外并购遇到重重阻力。二是部分行业产能过剩情况比较严重。由于各方面机制尚不健全，一些本该退出市场的落后产能难以淘汰，兼并重组特别是跨省市兼并重组难度较大、进展缓慢。由于自主创新能力不强和技术储备不足，在新上项目的过程中也存在领域集中、技术和产品趋同等问题，有可能进一步加剧产能过剩。三是实际吸引外资下降。上半年，我国吸收外商投资的实际金额累计为430亿美元，同比下降17.9%，这是2008年10月以来连续9个月下降。这表明，当前吸收外资仍面临较大困难。四是经济回升的质量不够理想。一些地区行业和企业生产经营还比较困难，前5个月工业企业利润同比降幅达22.9%，企业亏损面也处于较高水平。在当前生产能力较大、对外依存度较高的情况下，许多以出口为主的企业订单减少，开工严重不足，生产增长乏力，企业特别是中小企业效益下滑状况短期内难以扭转。

对当前的经济形势，我们必须始终保持清醒头脑。要把困难可能持续的时间估计得更长一些，把面临困难的严重程度考虑得更充分一些，把应对困难与挑战的措施准备得更扎实一些。要以应对金融危机为契机，及时调整企业发展战略、组织结构和产品结构，提升技术水平和管理能力，使企业竞争力提到一个更高水平，迎接未来更高层次、更高水平、更加激烈的竞争。要高度重视以下几个问题。

一是公司治理要有新进展。完善的公司治理结构，是建立现代企业制度的必要环节，是企业可持续发展的重要保证。经过多年的不懈努力，特别是开展中央企业建立规范董事会试点工作以来，我们初步探索出具有中国特色的国有企业公司治理模式，较好地提升了中央企业公司治理水平。但距现代企业制度的要求，我们的公司治理水平还有很大的差距。美国的安然、雷曼兄弟等著名企业的破产案例，给我们留下深刻的教训，董事会必须真正发挥作用，重要决策不能一个人说了算。目前董事会试点企业已经扩大到24家，董事会试点中央企业的董事会规范运作、外部董事履职行为规范、职工董事履职管理、高管人员薪酬管理等一系列文件已先后制订发布，中央企业要认真贯彻落实，在具备条件的子企业也要建立规范的董事会，以实现出资人代表层层到位。通过董事会试点工作的逐步深入，促进中央企业公司治理提升到新水平，确保决策更加科学，不出大的失误。

二是企业组织构架要做新调整。在这次金融危机中，许多企业产品积压、亏损严重的一个重要原因，是组织构架层次太多，对市场信息反应太慢。丰田、索尼、松下等日本公司都是管理非常优秀的公司，但在这次金融危机中也受到了重创，一个重要原因就是组织构架不适应新时期市场变化的需要，目前他们都在痛下决心推进改革。全球化和网络社会对公司架构提出了更高的要求，信息技术的发展也为企业管理变革提供了有利的条件。中央企业必须重新审视现有的组织架构和工作流程，对决策程序、信息传递和执行效率等进行全面检讨和改进，增强高层、中层和基层各级快速反应能力，确保决策层面对市场变化及时做出反应，决策指令能够准确高效执行。

三是企业信息系统要有新升级。当今社会，信息化、网络化正在飞速发展，对企业的信息系统提出了新的更高要求。美国奥巴马政府提出要对政府、机构和家庭的宽带网络进行更新，提升整个社会的信息化水平。国际大公司都是采用统一的财务软件，通过企业信息化系统提高对子企业的控制力和资源的配置能力。台塑年营业收入2万亿新台币，约合4000亿元人民币，财务人员只有300多人。每年采购额约900亿元人民币，采购部只有123人。这是由于他们实行全面计算机化，对ERP持续完善和升级，统一的管理信息系统已经成为台塑合理化管理的重要手段和平台。中央企业必须深刻认识信息化对提高管理水平、实现科学发展的重要作用，加快企业信息系统的升级。要大力推进信息化的深化应用，推动各类信息资源的有效集成和高效利用，使 ERP 真正成为企业管理的“神经系统”。要通过信息系统的升级，优化管理流程，实现企业物流、资金流、信息流的集成和统一，进一步提高管理效率和管理水平。

四是员工队伍素质要有新提高。员工队伍是企业核心竞争力的一个重要方面。没有一流的员工队伍，难有一流的企业。适应未来更高水平的竞争，关键是要有一支良好素质的员工队伍。这几年，中央企业在这方面下了很大功夫，分行业举办职工技能大赛，培养出一大批岗位能手和高技能人才，自编教材对班组长进行轮训，效果明显。下一步要坚持两手抓，一手抓四好班子建设，提高企业负责人综合素质和管理能力；一手抓班组长培训和班组建设，提高一线员工的职业素质和岗位技能。要根据适应更高水平竞争的要求，合理规划培训内容，进一步加大培训力度，要和国际知名企业对标，将对将，兵对兵，缺什么补什么，真正把员工队伍素质提高到国际水平。要抓住金融危机给中央企业吸引各类高素质人才带来的难得机遇，充分利用中央制订的海外人才引进“千人计划”的重大政策优势，抓紧建设一批人才创新创业基地，吸引和储备一批优秀人才，不断改善人才结构，不断提升员工队伍整体素质，不断增强中央企业的核心竞争力。

四、对做好下半年工作的几点要求

当前，我国经济发展正处在企稳回升的关键时期。中央要求，做好下半年经济工作，必须全面贯彻党的十七大精神，以邓小平理论和“三个代表”重要思想为指导，深入贯彻落实科学发展观，进一步统一思想、坚定信心，继续把促进经济平稳较快发展作为经济工作的首要任务，保持政策的连续性和稳定性，着力巩固经济回升势头，着力提高经济发展效益和质量，着力提升长期稳定的发展能力，着力推进以改善民生为重点的社会建设，促进经济社会又好又快发展。

中央企业要认真贯彻落实中央、国务院关于做好下半年经济工作的总体部署和要求，深入分析和把握形势变化，谨慎经营，以更加稳健的措施、更加扎实的工作，保持好平稳的发展势头，努力完成全年生产经营各项任务。这里，我强调几点。

一是牢牢把握市场动向，加大市场开拓力度。目前，市场不确定因素仍然较多，把握市场动向，在激烈的竞争中增加市场份额，是当前企业生产经营的首要任务。中央企业负责人要继续深入市场调研，加强市场分析研判，号准市场脉搏，及时调整经营策略。要针对上下游行业和企业的变化情况，稳定重要市场和重要客户，进一步细分市场，挖掘潜在客户，拓展新市场。要创新市场营销模式，改善营销策略，通过提供周到的服务，增加产品价值，满足客户需要。要通过技术创新，开发适销对路的新产品，降低制造成本，扩大市场份额。中央企业之间要进一步建立互惠互利的战略合作关系，共谋发展，共克时艰。

二是切实加强管理，提升盈利水平。客观说，中央企业的管理水平和世界先进企业比，还有很大差距。这既是我们的不足，也是我们潜力所在。中央企业要采取切实有效的措施，强化管理，向管理要效益。要进一步加大降本增效工作力度，厉行节约，严格控制非生产性开支；层层分解落实成本控制责任，降低采购成本，压缩库存，挖潜增收。要强化资金集中管控，细化资金预算安排，合理安排生产经营活动的资金需求，坚持量力而行，留足资金头寸。创新融资方式，拓展融资渠道，优化融资结构，降低财务成本。充分利用目前相对宽松的资金面，加强应收账款催收，加快现金回流。要严管投资项目，严控投资成本，根据生产资料价格下降情况调减预算，通过强化投资管理节约投资费用。合理控制负债规模，防范债务风险。要以技术进步、技术改造和加强管理为抓手，继续扎实推进节能减排。

三是坚持突出主业，严控投资方向。突出主业，做强主业，是企业持续发展的关键。这几年中央企业坚持突出主业，围绕主业加快调整，保持了较好的发展态势。突出主业的核心是要按照党中央、国务院确定的方向，把结构调整好，把资金、技术、人才等各类资源向主业集中。要按照确定的主业严控投资方向，防止盲目扩张、盲目做大。要加快清理非主业和低效资产，巩固和提升主业的竞争优势。国资委对企业经营业绩的考核，主要是考核主业利润，这一导向不会动摇。

四是强化资源整合，提升竞争能力。我们提倡中央企业间要“手拉手，度难关；肩并肩，上水平”。要加快推进中央企业联合重组，优化资源配置，完善企业价值链和产业链，提升综合竞争能力。加快中央企业行业板块的整合，淘汰落后产能，清理亏损企业和非主业板块，进一步将优质资源向主业集中。要加大内部资源整合力度，调整组织架构，进一步压缩管理层级，缩短管理链条。要调整产品结构，提高产品的附加值和技术含量，确保产品适销对路。

五是加强组织领导，维护企业稳定。今年是新中国成立六十周年，创造和谐稳定的环境是一项重大政治任务。当前，中央企业维稳工作面临的形势还相当严峻，任务十分繁重。要充分认识维护企业和社会稳定的重大意义，高度重视，切实加强维稳工作的领导和组织。对企业存在的不稳定隐患要底数清、情况明，最大限度地把各种不和谐不稳定因素消除在萌芽状态，把各种矛盾和问题解决在基层，做到“小事不出厂区、大事不出集团、矛盾不上交”。要积极预防和妥善处置群体性事件，做到“发现要早、化解要快、处置得当、防止蔓延”。一旦发生群体性事件，主要负责人要切实履行好第一责任，亲临一线，亲自研究、亲自部署、亲自指挥、亲自协调。要紧紧依靠地方党委政府，坚决防止大规模集体进京赴省上访，坚决将有过激言行的上访人员稳控在当地，努力创造稳定和谐的企业和社会环境。要进一步落实安全生产责任制，强化安全隐患治理，坚决遏制重特大安全事故发生。

同志们，下半年应对国际金融危机、保持经济平稳较快发展的任务相当繁重。中央企业要认真贯彻落实党中央、国务院的战略部署，巩固和扩大学习实践活动的成果，坚定信心，团结奋进，努力保持平稳较快发展，为“保增长、保民生、保稳定”作出新的贡献，以实际行动迎接新中国成立六十周年。

贯彻落实党的依靠方针　充分发挥广大职工的创造活力

——在坚定不移走中国特色社会主义工会发展道路理论研讨会上的发言

国资委主任　李荣融

（2009 年 9 月 28 日）

国有企业是国民经济的重要支柱，是建设中国特色社会主义和全面建设小康社会的重要力量，是党执政的重要基础。国有企业职工队伍，接受党的教育最多、政治觉悟最高、组织纪律性最强，是我国工人阶级的核心力量，是我们党保持中国工人阶级先锋队性质的重要根基。坚定不移地走中国特色社会主义工会发展道路，全心全意依靠工人阶级，充分发挥广大职工的创造活力，对于搞好国有企业，发展壮大国有经济，增强党的阶级基础，提高党的执政能力，都具有十分重大的意义。

国资委成立以来，在党中央、国务院的正确领导下，国资委党委和中央企业各级党组织，认真贯彻落实党中央关于全心全意依靠工人阶级搞好国有企业的一系列方针政策，坚持以科学发展观为指导，紧密结合企业生产经营实际，积极探索党的群众工作基本规律，领导和带领各级工会组织积极开展工作，进一步调动广大职工的积极性和主动性，激发广大职工的创造活力。

一、不断提高职工队伍素质，为发挥职工创造活力夯实基础

没有一流的职工队伍，难有一流的企业。培养造就高素质的劳动者队伍，关系到职工全面发展，关系到企业竞争力的提升，是保持和发展工人阶级先进性的关键所在，也是发挥职工创造活力的重要基础。多年来，我们始终把加强职工队伍建设，造就一支爱岗敬业、技术精湛、作风过硬的高素质队伍作为一项重要的战略任务。

中央企业普遍开展了以“报效祖国、振兴企业”为内容的核心价值观教育，以“向国家负责、向社会负责、向企业负责”的职业道德教育，积极探索用社会主义核心价值体系引领广大职工。深入开展“十一五建功立业杯”、“创先争优”、技术革新、科技攻关、节能减排等多种形式的劳动竞赛，积极引导广大职工始终站在国家改革发展的前列。在这次应对国际金融危机中，广泛开展了以降低成本、提高效益为主题的“降本增效”劳动竞赛活动，动员和组织广大职工与企业共克时艰，迎难而上，化“危”为“机”，推动中央企业持续稳定发展。

我们把评比选树各行各业的先进人物作为引导广大职工的重要手段。国资委与国家人力资源社会保障部联合组织开展中央企业劳动模范先进集体评选表彰活动，2004 年和 2009 年两次表彰了 1398 名中央企业劳动模范和 700 个先进集体。2005 年，中央企业单独组团参加了全国劳动模范和先进工作者表彰大会，共有 397 名职工被授予全国劳动模范和先进工作者荣誉称号。我们还会同有关部门开展了各种类型的先进典型评选表彰活动。

班组建设是企业管理的基础，也是建设一流职工队伍的重要载体。我们明确提出了班组建设的具体目标，在中央企业中广泛开展了“创建学习型红旗班组，争做知识型先进职工”活动。组织编写了《现代企业班组建设与管理》，作为中央企业班组建设的培训教材，中央企业班组长平均培训面已达 80%。从 2007 年开始，每年选派中央企业优秀班组长赴国外知名企业学习考察。最近，又结合中央企业班组建设的实际，制定了《关于加强中央企业班组建设的指导意见》，全面部署加强班组建设工作。

培育高技能人才，是培养一流职工队伍的重要抓手，也是职工自我价值实现的重要途径。我们组织开展职工技能竞赛、岗位练兵活动，加快高技能人才培养。五年来，举办了 26 个工种的决赛，120 万名员工参加了各个层面的技术竞赛，有 56702 人晋升职业资格，220 人获得“全国技术能手”称号，技师、高级技师占技能人才比例由 2003 年的 3.07% 提升到 2008 年的 5.41%，高出全国平均水平 1.4 个百分点。

二、深入推进职工民主管理，为发挥职工创造活力搭建平台

坚持实行职工民主管理制度，是全心全意依靠工人阶级的重要体现，也是发挥广大职工创造活力的重要平台。几年来，我们高度重视中央企业职工民主管理工作，不断探索现代企业制度条件下职工民主管理的主要途径和方法。

在总结多年实践的基础上，我们制定颁布了《关于建立和完善中央企业职工代表大会制度的指导意见》，强调要在中央企业集团建立健全职工代表大会制度。中央企业已有半数以上在集团建立了职代会制度，所属二级及以下单位基本上都实行了职代会制度。在制定出台的各类文件中明确规定，企业重大决策必须向职工代表通报，企业重大改革措施出台前必须广泛征求职工意见，涉及职工切身利益的重大事项必须提请职工代表大会审议通过，企业领导班子和主要负责人必须向职工代表大会报告履行职责和廉洁自律的情况，并由职工代表进行民主评议。我们坚持推进厂务公开制度，在推进重大改革进程中，对涉及国企改制重组、主辅分离、辅业改制、破产兼并、产权转让、股权激励、领导年薪、绩效考核、企业年金、职工培训、廉政建设等方面问题提出了要经职代会审议、通过或听取职工意见的明确要求。

我们积极探索在实行董事会试点的中央企业建立职工董事制度，颁布实施了《国有独资公司董事会试点企业职工董事管理办法（试行）》，制定了《职工董事履职管理办法》，在实行董事会试点的中央企业全部配备了职工董事，职工董事坚持每年向出资人和公司职代会报告工作，推动了职工群众从参与管理到参与治理的转变。

三、依法维护职工合法权益，为发挥职工创造活力提供保障

我们始终把依法维护职工的合法权益，作为中央企业改革发展的基本要求，积极推进以完善平等协商和集体合同制

度为主体的职工合法权益维护体系，在发展企业的同时，使广大职工充分享受改革发展的成果。

目前，中央企业实施劳动合同制度总体比较规范，劳动关系处于比较稳定的状态，应签劳动合同职工的合同签订率接近100%。“五大类基本保险”基本实现了全员覆盖，并能按时足额向当地社保经办机构缴纳社会保险费。在企业发展、经济效益提高的基础上，职工收入稳步提高，2003－2007年，中央企业职工人均年收入年均增长15.8%。在推进中央企业改制、资产重组和整体上市的过程中，我们提出“四变四不变”的要求，即企业的组织形式发生了变化，但国有控股企业的性质不变；企业的股权结构发生了变化，但广大职工的主体地位不变；企业的治理结构发生了变化，但推行厂务公开民主管理的原则不变；企业的经营机制发生了变化，但建立规范有序、公正合理、互利共赢、和谐稳定的劳动关系的目标不变。面对国际金融危机冲击，我们明确要求中央企业要做到“歇岗不失业，减薪不裁员”，最大限度地减轻金融危机对广大职工生产生活的负面影响，有力地维护了广大职工的合法权益和切身利益。

多年来，我们认真贯彻落实党中央路线方针政策，按照全国总工会有关工会工作的要求，全面加强和改进党对工会工作的领导，大力支持工会组织创造性地开展工作，把更多资源和手段赋予工会组织，更好地发挥工会在组织职工、引导职工、服务职工、维护职工合法权益等方面的重要作用。我们将继续坚持以科学发展观为指导，进一步落实党的依靠方针，不断加强和改善党对工会工作的领导，一如既往地支持工会坚定不移地走中国特色社会主义工会发展道路，不断增强广大职工发展企业的创造活力，团结带领广大职工，为实现中央企业又好又快发展做出新的更大贡献。

民族振兴的壮丽诗篇　举世瞩目的辉煌成就

发改委主任　张　平

（2009年9月16日）

1949年中华人民共和国成立以来，已经走过了整整一个甲子。60年间，在古老的中华大地上，中国共产党带领全国人民自强不息，奋发图强，把一个贫穷落后的旧中国建设成为拥有比较完整的工业体系和国民经济体系的社会主义新中国，实现了一个又一个令世人瞩目的伟大壮举。60年间，我们全面建立了社会主义制度，并在实践中不断巩固和发展；我们成功找到了符合中国国情的中国特色社会主义道路，走上了实现中华民族伟大复兴的康庄大道；我们积极推进社会主义现代化建设，正在全面建设小康社会的伟大征程中奋勇前进。60年来，我国经济社会发展取得了巨大成就，突出表现在：

经济不断迈上新台阶，综合国力显著增强。新中国的成立，极大地解放了社会生产力，经济发展不断实现大的飞跃。1952—2008年，我国国内生产总值由679亿元增加到30多万亿元，实际增长76.8倍，年均增长8.1%。特别是改革开放30年来，GDP年均增长9.8%，是同期世界经济年均增速的3倍多。目前，我国粮食、棉花、肉类、禽蛋等主要农产品，以及钢、煤、水泥、化肥等210种工业产品产量位居世界第一，并成为电脑、移动电话等新兴电子产品和彩电、冰箱、汽车等现代耐用消费品的生产大国。国家财政收入大幅增加，1950年只有62亿元，2008年突破了6万亿元大关。外汇储备迅猛增长，2008年底达到19460亿美元，成为世界第一大外汇储备国。

现代产业体系逐步完善，国际竞争力明显提升。农业综合生产能力和机械化水平显著提高。近年来，粮食总产量稳定在1万亿斤的水平，人均粮食占有量达800斤左右，在人口比1949年增长1.5倍的基础上，实现了人均占有量的翻番。我们依靠自己的力量，用占世界不到10%的耕地，养活了世界20%的人口，创造了世界农业发展史上的奇迹，也为世界粮食安全做出了重大贡献。工业生产快速增长，现代化水平不断提高，已成为世界制造业大国。2008年，工业增加值达到12.9万亿元，按可比价格计算，比1978年增长25.6倍，比新中国初期更是增长了上百倍。以信息、航空航天、生物医药、新材料为代表的高新技术产业规模已跃居世界第三位。服务业发展迅猛、规模扩大，2008年，我国第三产业增加值超过12万亿元，扣除价格因素，是1952年的84倍。铁路、公路、机场、港口等基础设施和能源、原材料等基础产业的发展日新月异。截至2008年底，全国铁路营业里程达到8.01万公里，比1949年增长2.67倍，铁路时速也实现了从43公里到350公里的跨越；高速公路从无到有，总长度已超过6万公里，仅次于美国，位居世界第二；一次能源生产总量达到26亿吨标准煤，比1949年增长108.5倍，成为世界第一大能源生产国。

经济结构战略性调整成效显著，区域协调发展迈出重要步伐。经过60年的大规模建设和调整，我国产业层次不断升级，结构不断优化，关系趋向合理。1952年，我国三次产业比重分别为51%、20.8%、28.2%，2008年调整为11.3%、48.6%和40.1%，产业结构的现代化特征越来越明显。为了促进区域协调发展，中央提出了符合国情的区域发展总体战略，西部大开发迈出实质性步伐，东北振兴呈现良好态势，中部崛起战略付诸实施，东部率先积极推进，生产力布局趋向协调，地区之间经济增速差距趋向缩小。

社会主义市场经济体制初步建立，经济发展的动力活力充沛。公有制为主体、多种所有制经济共同发展的基本经济制度已经确立。国有经济布局和结构的战略性调整积极推进，控制力、影响力和带动力不断增强。非公有制经济快速发展，目前创造的国内生产总值已占GDP的60%左右，吸纳的就业人数占全国城镇就业的70%以上。市场机制的基础性作用显著增强。绝大多数商品和服务价格已由市场决定，目前在社会商品零售总额和生产资料销售总额中，市场调节价所占比重已分别达到95.6%和92.4%。宏观调控体系逐步健全，部门间协调机制逐步形成，计划规划、财政、金融、产业政策等方面的协同作用明显增强，调控方式实现了由直接调控向间接调控的转变，调控手段实现了由主要依靠行政手段向主要依靠经济和法律手段的转变。

全方位对外开放格局基本形成，开放型经济水平显著提高。对外贸易快速发展，贸易结构不断优化，1950年，我国进出口总额仅为11.3亿美元，2008年达到2.56万亿美元，从2004年开始稳居世界第三位，工业制成品特别是机电产品和高新技术产品成为出口商品的主导力量。利用外资规模与质量不断提高，1979—2008年，全国实际使用外资额超过1万亿美元，从1993年起已连续17年成为吸收外商直接投资最多的发展中国家，全球500强已有480多家在华投资。境外投资合作跨越式发展，2000—2008年，我国累计境外投资1310.4亿美元，年均增长64%。

资源节约型环境友好型社会建设扎实推进，节能减排成效明显。"十一五"前三年，全国单位GDP能耗累计下降10.1%，节约能源约2.9亿吨标准煤。按照2005年的可比价计算，全国单位GDP能耗已由1978年的每万元3.745吨标准煤，减少到2008年的1.102吨标准煤，年均下降4%。生态建设积极推进，森林覆盖率不断提高，沙化土地扩张趋势得到初步遏制。环境保护不断加强，主要污染物排放总量初步得到控制，"十一五"前三年，全国二氧化硫、化学需氧量排放总量分别累计下降8.95%和6.61%。应对气候变化工作积极扎实推进。

人民生活水平显著提高，实现从温饱不足到总体小康的历史性跨越。1949年，城镇居民人均现金收入不足100元，2008年达到15781元，扣除价格因素，实际增长18.5倍；1949年，农村居民人均收入不足50元，2008年达到4761元。消费结构不断升级，城乡居民家庭的恩格尔系数分别由1978年的57.5%和67.7%下降到2008年的37.9%和43.7%，城镇居民消费结构已属于富裕型，农村居民也达到了小康水平。扶贫开发取得历史性成就，2007年，我国农村绝对贫困人口已从1978年的2.5亿人下降到1479万人，占农村总人口的比重从30.7%下降到1.6%。

科技教育快速发展，各项社会事业全面进步。科学技术突飞猛进，新中国成立之初，我国只有30多个专门科研机构，全国自然科学研究者不足500人，到2008年，科技人员已达4200万人，整体科技实力已居发展中国家前列，部分领域已接近或达到世界先进水平。教育事业长足发展，新中国成立前，全国文盲、半文盲人口占总人口的80%，15岁以上人口平均受教育年限仅为1.6年。2008年，平均受教育年限已达到8.7年；全国中小学生全面享受免费义务教育；高中阶段教育毛入学率由1949年的1.5%左右上升为74%；高等教育毛入学率达23.3%，超过国际公认的高等教育大众化标准8.3个百分点。医疗卫生事业长足进步，初步建成了覆盖城乡的医疗卫生服务体系，城乡医疗卫生条件明显改善。国民健康水平得到全面提高，主要健康指标已位居发展中国家前列，达到了中高收入国家的平均水平。与新中国成立初期相比，2008年，我国孕产妇死亡率由1500人/10万人下降到34.2人/10万人；婴儿死亡率由200‰下降到14.9‰；人均期望寿命从35岁提高到73岁。文化、体育、广播影视等社会事业成就巨大。

回顾新中国成立60年来的发展历程，我们取得的成就举世瞩目，积累的经验也弥足珍贵。坚持走中国特色社会主义道路，是我们国家富强、民族振兴的必由之路；坚持把发展作为党执政兴国的第一要务，是我们取得前所未有历史性进步的重要保障；坚持社会主义市场经济的改革方向和对外开放的基本国策，是我国经济社会充满生机和活力的动力源泉；坚持以人为本、实现好维护好发展好最广大人民的根本利益，是我们一切工作的出发点和落脚点；坚持中国共产党的领导，是我国现代化建设不断取得新成就的根本保证。这些经验，都是我们今后要更好地继承和大力弘扬的。

加强和改进招投标工作　促进经济社会又好又快发展

——在第二届中国招标投标高层论坛上的讲话

发改委主任　张　平

(2009年10月10日)

由国家发展改革委、工业和信息化部、财政部、住房城乡建设部、交通运输部、铁道部、水利部、商务部，以及世界银行、亚洲开发银行共同举办的第二届中国招标投标高层论坛今天在这里隆重召开。在此，我代表国家发展改革委向论坛的召开表示热烈的祝贺！对多年来为推动中国招投标事业发展做出积极努力和贡献的各部门、各单位以及各界人士表示诚挚的谢意！刚才，中共中央政治局常委、国务院副总理李克强同志作了重要讲话，指出招投标作为社会主义市场经济体制的重要组成部分，有利于提高工程质量、改善投资效益，有利于促进经济长期平稳较快发展和社会全面进步。李克强副总理强调，在新的形势下，要按照完善社会主义市场经济体制的要求，做好招投标工作，为投资建设和经济社会发展把好关、服好务。我们一定要认真学习领会，坚决贯彻落实。

今年是《招标投标法》颁布十周年。十年来，伴随着我国改革开放和社会主义现代化建设的伟大历程，招投标制度在国民经济和社会发展各个领域得到广泛应用，对发挥市场配置资源基础性作用，深化投资体制改革，促进经济发展方式转变，完善社会主义市场经济体制发挥了不可替代的重要作用。

按照国务院部署和要求，国家发展改革委会同有关部门认真贯彻落实《招标投标法》，加强协作配合，在培育和发展招投标市场方面做了一些工作，取得了积极成效。一是法规制度趋于完备。颁布实施了一部行政法规、二十多部地方性法规和四十余部规章，编制完成标准施工招标文件等系列操作规程，形成了较为完备的法律法规体系和标准规范。组织开展全国招投标法规文件集中清理，维护和促进了法制统一。二是监督体系逐步健全。通过招投标部际协调机制平台，统一部署工作，统一研究重大政策，统一开展执法检查，提高了行政监督的权威性和有效性。组建了全国性招投标行业自律组织，积极倡导诚信自律，促进市场主体行为规范，切实发挥了桥梁纽带作用。三是工作机制不断创新。建立招投标违法行为记录公告制度，促进信用体系建设。健全了投诉举报处理机制，建立案件线索移交和查处协作机制，及时惩治违法违规行为。实施职业水平评价制度，提高人员素质。通过全面推行和不断完善招投标制度，全社会依法招标意识显著增强，招投标效益大幅度提高。据有关部门统计，全国建筑工程招标率已经由2000年的63%提高到目前的95%，进口机电设备节资率从17.8%提高到21.7%，为国家经济建设节约了大量资金，保证了工程质量。

在看到招投标市场快速发展的同时，也要清醒地认识到，招投标领域仍然存在一些亟待解决的突出问题：市场主体不规范，围标串标、弄虚作假、转包和违法分包；部分招标代理机构恶性竞争，与招标人或业主串通；少数评标专家不独立、不公正履行职责；违法违纪案件时有发生。产生这些问题的原因是多方面的，既有管理体制不健全，国有投资主体缺位，利益约束机制不完善的问题；也有市场发育不够成熟，信用体系有待完善的问题；还有法制不尽完备，执法力度不够的问题。今年7月，中央决定，用两年左右的时间，集中开展工程建设领域突出问题专项治理工作，进一步规范招投标活动是此次专项治理的一项重要任务。我们将认真贯彻落实中央部署和李克强副总理重要讲话精神，立足为科学发展服务，立足为促进经济平稳较快发展服务，以统一完善的法规政策为基础，以体制改革和制度创新为动力，以开展工程建设领域突出问题专项治理为契机，深入贯彻《招标投标法》，努力构建统一开放、竞争有序的招投标市场。重点做好以下几项工作：

一是推进体制改革。按照深化投资体制改革要求，通过招投标引入竞争机制，进一步落实鼓励支持引导非公有制经济发展的政策措施。健全基础设施特许经营招标制，推动公益事业和公共基础设施项目建设模式改革。在总结推行项目代建制经验基础上，研究制定代建制招标管理办法，促进政府投资项目建设实施方式创新。完善行政监督体制，有效解决职能交叉重叠、权责不清等问题。

二是健全法规制度。推动《招标投标法实施条例》尽早颁布实施，增强法律制度的针对性、可操作性和规则的统一性。全面实施标准施工招标文件，加快形成完整的招标文件体系，增强招投标活动标准化和规范化。按照突出重点、分类管理原则，适时调整、合理确定依法必须招标的范围和规模标准。抓紧制定电子招投标办法和技术标准，加快推进电子招投标。建立从业人员执业准入制度，规范和加强机构和人员管理。

三是构筑公共平台。按照推进政府职能转变和建设服务型政府的要求，加快招投标公共平台建设，为市场主体和社会公众提供服务。完善招标公告发布平台，建立健全监管信息平台，推进招投标全过程信息公开，增强透明度。加快违法行为记录公告平台建设，加大违法失信行为披露力度，逐步形成互联互通的招投标信用体系。统一评标专家专业分类标准和管理办法，组建综合性评标专家库，打造人才高地，实现资源共享，为投资管理和重大项目建设提供高质量专家资源服务，切实提高评标公正性。

四是加强监督执法。落实中央专项治理工作部署，以政府投资和使用国有资金项目为重点，规范招标方式确定、招标文件编制、资格审查、标段划分、评标定标、招标代理等行为，强化全过程监管。维护公平竞争的市场秩序，进一步打破地区封锁和行业垄断，依法惩处设置歧视性条件排斥潜在投标人、限制竞争的行为，保障所有市场主体平等参与市场竞争的权利。充分发挥招投标部际协调机制作用，加强行业组织自律监督和社会监督，提高监督执法效能。

培育和发展招投标市场是一项长期而艰巨的任务，需要我们做出不懈的努力。在党中央、国务院的领导下，在社会各界的关心和支持下，国家发展改革委将与各有关方面通力合作，扎实工作，进一步推动招投标事业健康发展，为完善社会主义市场经济体制，促进经济社会又好又快发展做出新的更大的贡献！

稳步推进资本市场发展

——访中国证监会主席尚福林

（2009年10月29日）

《人民日报》2009年10月26日刊登了题为《稳步推进资本市场发展——访中国证监会主席尚福林》的文章。全文如下：

资本市场的发展壮大，促进经济发展和社会进步

与共和国60年的发展历程相比，中国资本市场显得更为年轻。上世纪80年代初，随着股份制改革的探索和试点，资本市场应运而生。1990年，上海和深圳证券交易所相继建立，标志着全国性证券市场开始形成。

尚福林说，纵观我国资本市场近20年的发展历程，可以清晰地看到，我国社会主义市场经济体制改革的内生需求催生了资本市场，而资本市场的发展壮大，也对推动经济体制变革，优化资源配置，促进经济发展和社会进步发挥了不可替代的作用。

第一，促进了社会主义市场经济体制改革的深化。资本市场的创建和发展，丰富了公有制的实现形式，为转换企业治理结构，转变国有资产管理模式，加快投融资体制改革提供了重要平台。

第二，支持了实体经济又好又快发展。至 2009 年 8 月底，境内资本市场累计为企业股票融资约 2.5 万亿元，债券融资 2.9 万亿元。

资本市场加速了社会资源向优质企业集中，为国民经济平稳较快发展提供了重要动力。

第三，提高了我国在国际资产定价中的影响力。随着股权分置改革基本完成，我国资产的市场化估值定价机制逐步形成，上市公司市值开始成为并购、出资、交易的基础，改变了此前的净资产定价交易方式，有效维护了我国企业在对外合作中的权益。期货市场上，铜、铝、大豆等期货价格日益成为国际贸易谈判的重要定价基准。

第四，增强了我国经济金融体系的整体抗风险能力。近 20 年来，共有 14 家商业银行、3 家保险公司、10 家证券公司通过境内资本市场改制上市，大幅改善了资产质量和公司治理，显著提高了金融行业整体素质，为应对国际金融危机提供了有力支撑。

第五，资本市场的快速发展，丰富了我国居民的投资理财渠道，传播了社会投资、风险管理等市场经济观念，推动了股权文化、公平正义、诚实信用等社会主义市场经济基本观念的普及。

坚持不懈地走符合我国市场实际的改革发展道路

谈及多年来我国资本市场的市场化改革时，尚福林深有体会地说，建立市场化的资本市场运行机制，是建立社会主义市场经济体制的必然要求，也是适应资本市场规模日益扩大、参与主体更加多元的客观需要。

近 20 年来，我国证券发行体制从额度管理、指标管理，发展到核准制、保荐制，再到今年以来稳妥有序推进新股发行制度改革，既坚持了市场化导向，又有效提高了发行效率；按照“统一组织，分散决策”的思路，上市公司股权分置改革基本完成，解决了影响市场发展的重大历史遗留问题；上市公司并购重组稳步推进，上市公司并购交易金额已占我国全部并购交易金额的 2/3；2002 年以来，先后分四批取消和调整行政审批项目 105 项，超过原有行政审批项目的 2/3。我国资本市场运行机制逐步优化，市场化的资源配置、价格发现、资本约束机制逐步加强，市场自我调节能力有所增强。

然而，尚福林也特别强调，与成熟市场“自然演进型”的发展模式不同，我国资本市场改革发展的每一步，都留下了我国经济改革不断深化和社会主义市场经济体系逐步完善的阶段性烙印。同时，推动市场发展的信用基础、认识基础、法律基础和外部环境都与成熟市场有较大的差异。必须从经济体制改革的内在需要出发，从我国资本市场所处的基本国情和市情出发，一方面，坚持不懈地加强市场基础性制度建设，进一步培育和发挥市场机制，不断推动市场在资源配置中发挥更大的作用；另一方面，坚持改革的力度、发展的速度和市场可承受程度相平衡、相协调，统筹兼顾市场各方利益，逐步推动解决市场深层次体制性、机制性问题，坚持不懈地走符合我国市场实际的改革发展道路。

更好地服务于国民经济和社会发展全局

国际金融危机发生后，我国资本市场内外部环境发生巨大变化。尚福林说，当前及今后一段时期，是贯彻落实中央应对国际金融危机、促进经济增长战略部署的关键时期，也是转危为安、深化改革的关键时期。我们将坚持继续加强和改善体制机制建设，深入推进改革创新，坚持不懈地抓好市场监管，稳步拓展和完善资本市场功能，更好地服务于国民经济和社会发展全局。

一要继续加强基础性制度建设。进一步夯实市场基础，培育和发挥市场机制作用，积极探索强化资本约束和价格约束的制度安排，加强市场主体自我约束和相互制衡，不断完善有利于市场健康发展的体制机制。

二要积极稳妥推进市场改革创新。稳步推进创业板建设、新股发行制度、公司债券市场发展等重点领域和重要环节的改革步伐，有序推出符合经济发展需要的证券期货新品种，不断提高市场运行的活力和效率。

三要强化市场整体功能的发挥。拓展资本市场资产定价、资源配置等功能，促进经济结构调整升级，支持创新型企业发展壮大，促进社会资源向优质企业集中。更好地发挥期货市场发现价格和对冲风险的功能，不断提高期货市场与现货市场、实体产业的融合度。

四要进一步加强和改进市场监管。根据市场改革和发展的新情况、新特点，进一步改进监管理念、监管模式，提高监管效能，依法严惩内幕交易、利益输送、操纵市场等证券违法犯罪行为。

“我们有信心，也有能力，同市场参与各方共同努力，通过持之以恒地深化改革，以改革促发展，不断夯实市场内在基础，促进资本市场稳定健康发展。”尚福林强调。

从严监管创业板　后备资源丰富

中国证监会主席　尚福林

（2009 年 10 月 26 日）

中国证监会主席尚福林 10 月 23 日在创业板启动仪式上表示，创业板开板后，证监会坚持从严监管的原则，重点加大对内幕交易、利益输送、操纵市场、侵占上市公司财产等违法违规行为的惩治力度，维护创业板市场的有效秩序，不断提高创业板市场监管的有效性。

中共中央政治局委员、广东省委书记汪洋出席创业板启动仪式，并和尚福林共同为创业板开板。

证监会副主席姚刚宣读了《中国证监会关于批准深圳证

券交易所设立创业板市场的批复》。

尚福林介绍说，目前，已有北京、广东、浙江、江苏、上海、湖北等26个省、自治区、直辖市的188家企业向证监会提出了发行申请。对上市资源的调查摸底、培训、教育等工作也在开展之中，符合上市条件并希望到创业板上市的企业较多，后备资源丰富。

建立和发展创业板市场是我国经济社会发展的内在要求。尚福林说，我国创业板市场从最初酝酿到筹备建设历经整整十年，可以说是厚积薄发，水到渠成。推出创业板，是党中央、国务院从经济社会发展全局做出的战略决策，适应了国际国内经济金融形势发展变化的要求，对我国资本市场乃至经济社会持续健康发展都具有重要的意义。

尚福林要求，坚持从实际出发，规划和构建我国的创业板市场。

一是重视将服务经济发展与推动创新型国家建设结合起来。在创业板筹建过程中，证监会始终把支持高科技、高成长企业的发展摆在突出位置，服务技术创新和新兴产业。已经受理的企业近七成属于电子信息、新材料、新能源、生物医药、现代服务等行业，新兴产业和服务业占主导地位，符合创业板的基本定位。

二是注重和借鉴海外创业板市场的建设和经验教训与把握我国资本市场的实际结合起来。我国创业板市场在制度设计上吸取境外创业板市场建设经验教训的同时，进行了一系列有益的探索。例如规定了相对较高的发行上市标准，实行更加严格的退市制度，强化中介机构责任，突出对风险的充分揭示和引导。

三是注重深化改革创新与促进市场平稳运行结合起来。坚持风险可控、可测、可承受，稳固、有序地深化市场改革创新。

四是注重将防范创业板市场风险与创新投资者保护途径结合起来。

五是注重将改进舆论引导与稳定市场预期结合起来。

尚福林指出，要加强监管，全力推动创业板市场稳定健康发展。创业板市场的正式启动，标志着创业板发展新的开始，作为新生事物，创业板的稳定健康发展任重道远。

第一，证监会要坚持从严监管的原则，证监会有关部门和各派出机构必须深化监管创新和制度创新，针对创业板市场的特点，逐步完善创业板市场配套法律法规、信用体系和监管规则，继续做好创业板发行监察工作，严把创业板市场准入关，强化信息披露监管，切实提高创业板公司信息披露的真实性、准确性、完整性和及时性。重点加大对内幕交易、利益输送、操纵市场、侵占上市公司财产等违法违规行为的惩治力度，维护创业板市场的有效秩序，创新和强化监管手段，完善综合监管体系，不断提高创业板市场监管的有效性。

第二，深圳证券交易所要全面强化自律监管，加强对募集资金，尤其是超募资金的监管，督促创业板公司做好募集资金的规划和安排，确保全部募集资金实现专户存储，明确资金用途，强化保荐机构的持续督导责任，严密监控创业板股票上市首日交易，防止过度炒作，坚决打击操纵股价和内幕交易等违法违规行为，全力维护正常的市场交易秩序，加强和改进市场服务工作，促进各方公平合理地利用创业板市场。

第三，创业板公司要努力提高规范运作水平。创业板上市公司的质量是创业板市场的希望所在，各公司要牢固树立尊重和维护股东权益的理念，着力完善公司治理结构，健全内部控制，严防大股东侵占上市公司利益和内幕交易等违法违规行为，要依法严格履行上市公司应尽的责任和义务，确保信息披露真实、准确、完整、及时，管好用好募集资金，以良好的业绩回报股东，不辜负广大投资者的信任。

第四，各类中介机构要确实勤勉尽责。保荐机构、会计师事务所、律师事务所等各类市场间接机构要勤勉尽责，独立、客观、公正地履行创业板企业发行保荐责任和对创业板上市公司的持续督导责任。各证券公司要全面落实投资者适当性管理各项规定，持续做好创业板投资者的风险提示和教育工作，不断提高投资者的风险防范意识和防范能力。

第五，新闻媒体要继续做好宣传引导工作，共同创造创业板市场良好的发展环境。

第六，投资者要理性参与创业板市场。广大投资者，特别是中小投资者要充分了解创业板企业和创业板市场的特点，积极参与投资者教育活动，配合落实投资者适当管理制度，认真分析、研判创业板市场的风险因素，尤其是大幅度波动的风险，审慎评估自身的风险承受能力，在信守“买者自负、风险自担”原则的基础上，正确地认识和理性参与创业板市场。

支持企业利用资本市场开展兼并重组

中国证监会主席　尚福林

（2009年9月29日）

中国证监会主席尚福林日前在证监会新一届上市公司并购重组审核委员会成立大会上表示，有效发挥资本市场功能，支持促进有条件的企业并购重组，是资本市场服务于国家宏观经济政策目标的重要组成部分。他向新一届上市公司并购重组审核委提出了维护市场公信，恪尽职守等四点要求。

尚福林表示，中国证监会贯彻落实党中央、国务院的重大部署，按照年初全国监管工作会议确定的工作思路和任务，有序推进改革，深化创新，在一些事关市场长远发展的基础性制度建设方面取得了新的进展，基础性制度建设的累积效应逐步显现，我国资本市场发展的内外部环境总体上好转。资本市场“晴雨表”的作用进一步发挥，市场化运行机制逐步健全，市场运行的基础不断改善，资本市场服务于国民经济全局的功能日益突出。

尚福林指出，经过二十年的发展，我国上市公司已成为推动国民经济增长的中流砥柱。随着上市公司占国民经济比重的不断提高，上市公司通过并购重组进行结构调整、产业升级，将成为促进我国经济结构调整、经济发展方式转变的重要途径。有效发挥资本市场功能，支持促进有条件的企业并购重组，是资本市场服务于国家宏观经济政策目标的重要组成部分。

近年来，中国证监会坚决贯彻落实国务院的工作部署，大力推动资本市场基础制度建设，支持有条件的企业利用资本市场开展兼并重组，促进上市公司行业整合和产业升级取得了积极成效。据统计，从 2006 至 2009 年上半年，共有 123 家上市公司进行了以促进产业整合、行业升级为目标的并购重组，交易金额达到 8334 亿元，完成并购重组后上市公司净利润、总收入和总资产平均增长了 1 – 3 倍。通过并购重组孵化出中国铝业、中国船舶、中国远洋、长江电力、海螺水泥、青岛海尔等一批具有国际竞争力的企业，东方电气、武钢股份、葛洲坝、上海汽车、攀钢钢钒等一批上市公司实现了整体上市。

尚福林强调，随着股权分置改革的基本完成，全流通制度下资本市场配置资源的功能进一步健全，上市公司并购重组总体数量增多、交易规模加大、方式创新丰富，以"调结构、兴产业"为目标的并购重组绩效显著，资本市场在促进经济结构调整、经济发展方式转变、产业技术进步等方面发挥了积极的作用。并购重组委工作，关系到资本市场的健康发展和并购重组功能的正常发挥，要严格要求，严格管理，树立良好的公信。并购重组委委员是并购重组质量的"把关人"，肩负重任，不但需要有过硬的专业能力，还要有强烈的社会责任感和历史使命感，不负社会所望，市场所托。

尚福林对新一届并购重组委委员提出了四点要求：一是要坚持原则，独立审核。坚持"公"字当头，以投资者利益为重，从维护资本市场稳定健康发展的高度认识并购重组审核工作，本着"公开、公平、公正"的原则对待所有企业，严肃、谨慎行使手中权力，秉公办事，保证审核工作的专业性，保持并购重组委的独立性；二是要维护市场公信，恪尽职守。要努力以保护投资者合法权益为己任，本着对投资者负责、对上市公司负责、对资本市场负责的精神，客观、公正、独立的出具并购重组审核意见，投出经得起检验的一票；三是要坚持学习，业精技良。并购重组审核工作具有非常强的专业性，加之市场创新快，变化多，各位委员虽是专家，但不能自满，要注意学习，不断提高自己的专业水平，更好地适应不断变化的市场环境；四是要自重自爱，廉洁自律。要本着对法律负责，对自己人生、事业、家庭负责的态度，抵制住诱惑，经得起考验，时刻保持职业操守，不要因个人的不当言行给并购重组委制度抹黑，自觉维护并购重组委的良好社会形象。

新一届上市公司并购重组审核委员会是中国证监会发布《关于在发行审核委员会中设立上市公司并购重组审核委员会的决定》以来成立的第二届并购重组审核委员会。尚福林出席会议并讲话，证监会副主席庄心一在会上宣读了中国证监会聘任新一届并购重组委委员的决定。

在组建新一届并购重组委的同时，证监会有关部门围绕促进重点产业调整和振兴，更好地服务于宏观经济政策目标，更好地适应市场客观需求，正在研究完善推进资本市场并购重组的工作安排。作为提高上市公司监管透明度的具体措施之一，近期中国证监会网站开通了上市公司业务咨询平台，针对市场各有关主体对上市公司监管工作提出的政策性问题和各类咨询事项，提供"信息直通车"服务，进一步增强并购重组监管政策的透明度和一致性，同时提高对实践中不断出现的新情况、新问题的应对能力。

中国言行一致反对保护主义

中国商务部部长　陈德铭

（2009 年 7 月 7 日）

开放的贸易和投资体系是促进世界经济增长的重要动力。当前世界经济出现企稳迹象，但前景仍然有很大不确定性。继续坚定不移地反对保护主义，推进市场开放，保持贸易和投资渠道畅通，对世界经济能否巩固复苏势头至关重要。

中国是经济全球化重要参与者和受益者。反对保护主义，中国绝不是空喊口号、徒作姿态。目前，中国关税总水平为 9.8%，其中农产品平均税率为 15.2%，仅为世界平均水平的 1/4。2002—2008 年，中国累计从世界进口了 4.8 万亿美元商品，年均增速达到 25.1%，进口增量占世界同期的近 9%。中国已成为世界第三大进口国。截至 2008 年底，中国实际利用外资超过 8500 亿美元，现存运营外资企业约 28 万家，绝大多数实现盈利。在汽车、手机、化妆品、家电等重要消费品领域，外国品牌和进口产品分别占据了中国市场 70%、75%、75% 和 50% 的份额。

在应对金融危机过程中，中国政府始终奉行互利共赢的开放战略，积极主动加强与世界各国的经贸合作，维护多边贸易体制，同舟共济、共克时艰。在已经实施的刺激经济计划中，中国遵守 WTO 相关规定，平等对待国内外产品，为外国企业提供了大量商机。今年以来，中国还先后组织多个投资贸易促进团赴欧美，扩大对相关国家的进口和投资贸易合作，以实际行动表明中国反对保护主义的鲜明立场。

近期，一些西方媒体报道中国将在经济刺激计划中实行所谓"购买中国货"的政策，认为中国转向保护主义。这是一种误解。前不久，中国政府有关部门为了规范政府采购行为，依据中国的《政府采购法》，重申了财政性资金的政府采购应优先购买本国产品的原有规定，针对的主要是部分地方在招标采购中歧视本国产品的做法。规定所指的本国产品也包括依法在中国设立的外商投资企业产品。事实上，中国经济刺激计划中的大量投资是社会投资,许多外国企业正在从中国实行的积极扩大内需的宏观经济政策中受益。例如,为了扩大农村消费,中国政府以财政补贴的方式鼓励农民购买家电,不少外资品牌的产品就在这项被称为“家电下乡”的政策中中标入围,享受了中国政府的支持政策。中国目前尚非WTO《政府采购协议》成员,上述相关规定没有违背国际义务。中国政府也愿意进一步对外开放政府采购市场,希望有关成员能够本着灵活务实的态度,降低要价,为中国早日加入《政府采购协议》创造条件。

我要特别指出的是,并不是中国在搞贸易保护主义,中国恰恰是贸易保护主义的最大受害者。据WTO统计,2008年中国遭遇反倾销调查73起、反补贴调查10起,分别占全球案件总数的35%和71%,是全球遭遇贸易救济调查最多的成员。今年上半年,中国遭受的反倾销、反补贴、保障措施和特殊保障措施等贸易救济调查多达58起,涉案金额超过80亿美元。中国不会以贸易保护对抗贸易保护,但我们强烈呼吁世界各国恪守各国领导人多次做出的共同反对贸易保护主义的郑重承诺,不要让于事无补的贸易保护主义延缓世界经济复苏的步伐。

意大利是中国在欧盟的重要经贸伙伴之一,2008年双边贸易达383亿美元。中意两国经济有很强的互补性,意大利工业设计、创意产业、时尚产业世界领先,拥有众多著名品牌。中国基础制造成本低,配套体系完整,正加速推进传统产业升级改造。两国合作潜力巨大。在金融危机影响仍在继续、世界经济复苏前景还不确定的形势下,凝聚共识,携手合作,以实际行动抵制贸易和投资保护主义,这对双方和全世界都是十分有益的。我们应当以胡锦涛主席对意大利的成功访问为契机,推动两国业界积极行动起来,把机遇变成实实在在的合作成果,促进中意经贸合作再上新台阶。

光辉历程 显著成就

财政部部长 谢旭人

(2009年9月10日)

新中国成立60年来,财政事业取得了巨大成就,财政面貌发生了翻天覆地的变化。财政为促进各个时期经济发展和社会进步,做出了重大贡献。

财政实力的不断壮大,为经济发展和社会进步提供了坚实的财力保障

财政收入不断壮大,财政实力显著增强。在经济快速发展的基础上,通过持续推进财税改革,形成了良性、健康、可持续的财政收入稳定增长机制,财政收入规模不断迈上新台阶。1950年全国财政收入62亿元,2008年达到61330亿元,2009年预算安排66230亿元,60年间增长1000倍。全国财政收入从1950年62亿元开始,到突破1000亿元,用了28年时间;从1000亿元到1万亿元,用了21年时间;从1万亿元到6万亿元,用了9年时间。财政实力的不断壮大,是我国综合国力持续增强的重要体现,为促进经济发展和社会进步提供了坚实的财力保障。

财政支出结构不断调整优化,保障了改善民生等重点支出需要。随着国家财政实力的不断增强,财政对国家政权建设、经济和社会事业发展的保障能力不断提高。全国财政支出从1950年的68亿元,扩大到2008年的62593亿元,2009年预算安排达到76235亿元,60年间增长了1120倍。同时,根据党和国家不同时期的工作重点,财政支出结构相应调整,从计划经济时期以经济建设为主的建设财政,逐步向适应社会主义市场经济发展要求的公共财政转变。不断加大对公共服务领域的投入,大幅增加教育等社会事业、农业、科技、环境保护以及基础设施建设等重点支出,优先保障和改善民生。2008年,全国财政仅用在与人民群众生活直接相关的教育、医疗卫生、社会保障和就业、文化方面的民生支出,就达到19959亿元,占全国财政支出的31.9%。2009年全国财政预算安排上述民生支出24610亿元,同比增长23.3%。

加大“三农”投入力度,推动城乡协调发展。改革开放后,各级财政部门不断加大财政支持力度,2003—2008年,中央财政“三农”支出分别为2144亿元、2626亿元、2975亿元、3517亿元、4318亿元和5956亿元,年均增长率达到20.9%。2009年预算安排7161亿元,增长20.2%。

财政宏观调控能力不断增强,公共财政体系不断健全

财政调控能力不断增强,努力促进国民经济又好又快发展。60年来,财政部门始终注重加强和改善财政调控经济的职能。特别是20世纪90年代初至今,相机实施了适度从紧的财政政策、积极的财政政策和稳健的财政政策,有力地促进了国民经济平稳较快发展。

去年四季度以来,为应对国际金融危机冲击,党中央、国务院果断出台促进经济平稳较快发展的一揽子计划,实施积极的财政政策和适度宽松的货币政策。财政部门认真研究实施积极财政政策的各项具体措施,对经济企稳回升发挥了重要作用。与此同时,财政宏观调控方式也相应发生了重大改变,实现了由被动调控向主动调控转变,由直接调控向间接调控转变,由单一手段调控向综合运用工具调控转变。这些转变标志着我国已建立起社会主义市场经济条件下,适应不同经济运行形态需要的,包括目标定位、政策取向、工具组合、时机选择、组织实施等一系列要素在内的财政宏观调控体系。

财税改革取得重大突破,公共财政体系不断健全。60年来,特别是改革开放以来,通过不断深化财税改革,财政体制、税收制度和预算管理制度逐步完善。

不断深化财政体制改革。计划经济时期,我国建立了高度集中的“统收统支”财政体制。改革开放以来,在探索实行划分收支、收支包干等财政体制的基础上,1994年实施了具有里程碑意义的分税制财政体制改革。以后又通过实施所得税收入分享改革、出口退税分担机制改革、缓解县乡财政困难的"三奖一补"激励约束机制等，进一步规范了政府间财政分配关系。中央对地方的转移支付由 1994 年的 590 亿元，增加到 2008 年的 18709 亿元，年均增长 28%。2009 年预算安排 23955 亿元，增长 28%。

税制改革稳步推进。改革开放后，我国加快了税收制度建设。1994 年以公平税负和简化税制为核心，实施了工商税制改革。其后，不断深化税制改革。全面取消农业税，实施消费型增值税，统一内、外资企业所得税，顺利推进成品油税费改革，完善个人所得税、消费税、关税等制度。基本建立了适应社会主义市场经济发展需要的税政统一、结构优化、税负合理、政策透明、调控有力的税制体系，政府与企业、个人之间的分配关系进一步规范，税收的收入功能和调节功能逐渐增强。

预算制度改革逐步深入。新中国成立初期，为规范预算管理，初步建立了我国政府预算制度。改革开放特别是党的十四大以来，部门预算、国库集中收付、政府采购、政府收支分类等改革不断深化，预算的完整性、规范性、透明度明显提高。通过改革，初步构建了适应社会主义市场经济发展需要的公共财政体系，保障了财政职能作用的发挥，较好地服务了改革发展稳定大局。

不断提高财政管理水平，扩大财经对外交流与合作

财政管理水平不断提高，财政运行日趋科学规范。60 年来特别是改革开放以来，财政部门顺应形势发展变化，着力把握财政管理规律，创新管理理念，转变管理方式，不断提高财政管理水平。从 1958 年《农业税条例》颁布实施至 2008 年底，由财政部门组织实施的现行法律和法律问题的决定 9 件，行政法规和法规性文件 90 件，规章 107 件，规范性文件 2000 多件，涵盖财政工作各个方面，财政法律体系框架基本建立。预算编制和预算执行管理进一步强化，预算编制内容更加完整，预算执行的均衡性稳步提高，预算编制与执行互动机制基本建立。

财经对外交流与合作不断拓展，财政国际地位和影响力不断提升。以 1980 年中国恢复在世界银行的合法席位和中国与美国建立中美经济联合委员会为标志，财经对外交流与合作翻开了崭新的一页。近 30 年来，财政部门顺应我国对外开放的新形势，坚持互利共赢的开放战略，各项财经对外交流与合作工作深入开展。同世界主要国家和经济体、周边国家、国际及地区金融组织的财经交流与合作广泛加强，在国际财经事务中发挥着重要的建设性作用，为我国经济社会发展争取了良好国际财经环境。

深入贯彻落实科学发展观，坚持科学理财、民主理财、依法理财

60 年来，财政工作在积极推进财政发展与改革的实践过程中，逐步探索和积累了十分宝贵的经验。

坚持解放思想、与时俱进。适应形势发展变化要求，切实转变不适应不符合时代发展要求的理财观念，努力解决影响和制约财政发展的突出问题，促进建立健全适应社会主义市场经济发展和公共财政要求的财政体制、运行机制和管理制度。

坚持把握指针、明确方向。在党中央、国务院的领导下，以邓小平理论和"三个代表"重要思想为指导，自觉把科学发展观贯穿于财政工作的始终，把握财政工作的方向，不断提高运用科学发展观指导和推动财政工作的能力和水平，促进财政事业科学发展。

坚持服务大局、促进发展。从服务党和国家事业发展全局的实际需要出发，牢牢扭住经济建设这个中心，积极发挥财政宏观调控等职能作用，促进经济社会又好又快发展，更好地为促进科学发展和推动社会和谐服务，为全面建设小康社会服务。

坚持以人为本、保障民生。不断调整优化财政支出结构，大力支持解决人民群众最关心、最直接、最现实的利益问题，切实保障和改善民生，并正确处理当前利益和长远利益的关系，做到财政工作为了人民，财政工作依靠人民，财政工作成果由人民共享，促进人的全面发展。

坚持统筹兼顾、科学管理。注重"做大蛋糕"与"分好蛋糕"的有机结合，妥善处理各方面的利益分配关系；注重财政改革、财政发展与财政管理的有机结合，在财政改革与发展的过程中，切实推进财政科学化精细化管理，不断提高财政管理绩效和资金使用效益。

回顾过去，成就显著；展望未来，任重道远。在新的历史起点上，广大财政干部职工将继续全面贯彻党的十七大精神，高举中国特色社会主义伟大旗帜，以邓小平理论和"三个代表"重要思想为指导，深入贯彻落实科学发展观，认真落实党中央、国务院对财政工作的各项要求，坚持统筹兼顾的方针，科学理财、民主理财、依法理财，加强和改善财政宏观调控，着力推进经济结构调整和发展方式转变；优化财政支出结构，着力保障和改善民生；深化财税改革，着力完善公共财政体系；加强财政科学管理，努力增收节支，着力提高财政管理绩效；强化干部队伍建设，着力增强财政干部综合素质。积极发挥财政职能作用，促进科学发展和社会和谐，为全面建设小康社会、开创中国特色社会主义事业新局面做出更大贡献。

加大投入　改革机制　大力支持深化医药卫生体制改革

财政部部长　谢旭人

（2009 年 4 月 21 日）

支持深化医药卫生体制改革，加快医药卫生事业发展，不断提高人民群众健康水平，是财政部门义不容辞的责任。各级财政部门要充分认识深化医药卫生体制改革的重要性、艰巨性和长期性，努力调整支出结构，切实加大医疗卫生投入，积极支持深化医药卫生体制改革。

一、加大投入，及时安排拨付资金

落实医改意见及实施方案明确提出的要求，建立政府主导的多元化的投入机制，要加大政府投入力度，逐步提高政府卫生投入占卫生总费用的比重，逐步提高政府卫生投入占经常性财政支出的比重。未来三年落实五项重点改革工作，各级财政需新增投入8500亿元，其中中央政府需新增财政投入3318亿元。尽管当前财政收支紧张的矛盾十分突出，各级财政部门要千方百计调整支出结构，加大医疗卫生投入，同时要带动社会资金投入，调动各方面积极性，确保党中央、国务院提出的未来三年五项重点改革投入能够及时足额到位，确保医疗卫生事业其他方面改革发展的资金需要。今年，中央财政安排医疗卫生支出1181亿元，将根据医改工作进展陆续下拨，地方各级财政部门也要尽快安排并及时拨付资金。

二、转变机制，提高资金使用效益

各级财政部门在加大投入的同时，要着力在改革投入机制上下功夫，努力提高财政资金使用的安全性、规范性和有效性。一是对政府举办的基层医疗卫生机构，要实行核定任务、核定收支、绩效考核补助的财务管理办法，保障其正常运行。核定经常性收支时要充分考虑基层医疗卫生机构取消药品加成后减少的收入等合理的收支增减因素。二要积极探索实行购买服务等多种有效形式，推动医疗卫生机构收入分配等运行机制改革，让有限的财政资金发挥更好的社会效益。三要密切跟踪新情况，稳妥解决改革过程中可能出现的新问题，不断总结和推广机制改革的经验，加强绩效考评，并将核定任务与绩效考评的结果作为资金分配的重要因素，提高财政资金使用效益，把政府卫生投入转化为人民群众看得见、摸得着、感受得到、实实在在的实惠。

三、强化监管，确保资金使用到位

要加强财政资金的科学化、精细化管理，不断提高资金使用效益。要多措并举，强化监管，采取行政监督、财政监督、审计监督等多种方式对资金分配、使用情况开展全过程监管，努力保障资金使用的安全性、规范性和有效性。要加强政府卫生投入资金分配和医疗卫生机构收支活动的事前审核、事中控制和事后监督，充分发挥会计师事务所等社会中介机构在财务管理监督中的作用，提高医疗卫生机构财务收支和资金使用情况的透明度。要自觉接受各方面的监督，确保资金投入到位、监管到位、使用到位。

深化医药卫生体制改革涉及到方方面面，各级财政部门在大力投入、推进改革的过程中，要进一步增强主动性，积极配合，与有关部门一道，齐心协力做好相关工作，形成推进改革的强大合力。

在2009北京国际金融论坛第六届全球年会开幕式上的致辞

银监会主席　刘明康

（2009年11月15日）

尊敬的各位领导、各位来宾，女士们、先生们：

早上好！

本次金融危机后，加强监管已经成为国际社会的共识。

这次危机造成了系统重要性的机构倒闭或走向破产的边缘，完全是由很强的负外部效应和很强的负内部原因造成的。这两个方面，其实都需要官方的适度干预，包括加强科学有效的监管以达到两个目的。第一个目的是降低这类风险事件再发生的可能性。第二个目的是减少风险事件发生所产生的巨大负外部效应，营造一个公平的竞争环境。

女士们、先生们，现在的形势并不乐观。我个人的看法是形势仍然非常严峻，因为全世界表现出来的经济企稳和复苏主要是靠各个国家政府的保护和刺激政策来实现的。另外，也是由于一些企业经过18个月的痛苦挣扎进行必要补仓而出现的一些迹象。因此我认为，要从根本上解决三大问题：

一个是金融去功能化的问题。这个问题还不小，并不是像大家所想象的，金融已经稳定了。在全球来讲，金融去功能化的问题十分严重，而且还会更严重。什么原因？因为损失很大，很多的问题正在不断暴露，而现在全球的金融机构绝大部分留存的收益非常少，因此要提高资本充足率就必须靠融资，必须靠增大杠杆。

第二个大的问题是我们必须在防范系统性风险和提高效率（特别是小企业效率）之间要找到一个合适的平衡点。现在找到这个平衡点不容易。矫枉当然必须过正，但是过正都有代价，有时这个代价还很大。

第三个很迫切、很现实的大问题是我们还必须应对新的系统性风险连续性因素。现在老的系统性风险有所控制，但没有解决，新的系统性风险的连续性因素已经出现。比如美元的持续贬值和美国政府为了恢复经济增长保持公众信心所表示的在未来12－18个月内，美元的利率基本不上调，这样的一个状况其实已经孕育了巨大的美元套期投机的行为，严重地冲击了全球的资产价格，对股市和楼市的投机行为推波助澜，对全球经济的复苏尤其是新兴市场体的复苏形成了新的、现实的、不可逾越的风险。

女士们、先生们，所有这些大问题和各种紧迫而现实的问题需要我们认真研究，深入讨论，交换看法，交流经验。办论坛不是注满一桶水，而是点燃一把火，我希望大家努力，并预祝大会成功，祝大家不虚此行。

证券资信评级面临良好机遇

中国证监会副主席　庄心一

（2009 年 9 月 29 日）

《证券资信评级行业自律公约》（下称《自律公约》）签约仪式昨日在京举行，中国证监会副主席庄心一在签约仪式上表示，本土证券资信评级行业目前刚刚起步，《自律公约》的签订是一个标志性事件，表明了评级业自身的目标、要求和姿态，在全球评级业面临重大变革背景下，我国证券评级业将迎来良好的发展机遇。

在《自律公约》签约仪式上，包括中诚信证券评估有限公司、上海新世纪资信评估投资服务有限公司、鹏元资信评估有限公司、大公国际资信评估有限公司、联合信用评级有限公司在内的 5 家取得中国证监会证券市场资信评级业务许可并加入中国证券业协会的资信评级机构，在《自律公约》上签字，并承诺遵守《自律公约》规范开展证券市场资信评级业务。

庄心一指出，本土证券资信评级行业尚处于刚刚起步的阶段，树立何种形象、观念、自我要求不仅对当前，且对今后的行业发展也具有很重要的现实意义，《自律公约》的签订，表明了新兴行业自身的目标、要求、姿态，是一个起点阶段的重要标志性事件。

他表示，目前全球评级行业正面临重大变革，这给中国证券评级业带来了良好机遇，“使我们有条件观察、认识国际评级业的经验教训，对产生的问题进行反思和全面考量。”庄心一说，在整个全球评级业遭受重大质疑、重新寻求改革之道的过程中，我国跟全球评级业的差距缩短了，“虽然经验、基础都不及成熟国际评级机构，但至少本土评级机构在认识、探寻，在改革中重新起步的这方面，跟他们站在了同一起跑线上。”

庄心一进一步表示，《自律公约》既不是监管部门强加给评级机构的要求，也不是证券业协会强加给会员的要求，而是资信评级机构在协会平台上自主产生的产物，代表了从业者的意愿，是对该行业共同遵循的规则的共识。

他表示，未来证券资信评级机构“肯定不止这 5 家”，目前已经获得业务许可的这些机构应该开好路、起好头，在形成良好行业风气的同时奠定一个大致清楚的发展路线。

“《自律公约》具备操作基础，相信行业会努力、自觉执行好公约内容，而公约的执行，也体现了我国评级业作为新兴行业在起步阶段的素质；体现了这个行业自律、自我管理里的要求；体现了对市场、客户、社会的责任。”庄心一说。

庄心一还提到，监管部门有责任科学、适当、有效地制定监管规则，使评级业在合理、有效的外部监管的环境下，既能防范和解决系统性风险和外部问题，又能有效利用与行业发展要求相适应的空间和环境。“我们有理由相信，处于起步阶段的我国证券资信评级行业会充分发挥各方面有利因素、优势，走一条更平稳、更规范、发展更健康的路。”

中国银行业监管的选择
——在《亚洲银行家》杂志第十届峰会上的讲话

银监会主席　刘明康

（2009 年 5 月 11 日　北京）

女士们，先生们：

上午好！我想借此机会与大家分享中国银行业监管的体会和经验。

面对危害深重的国际经济和金融危机，中国银行业的表现可谓独树一帜，令人刮目相看。让我们一起来看看以下几组数据，就能对近年来中国银行业翻天覆地的变化有更加清晰和直观的认识。截至 2008 年底，中国银行业金融机构总资产为 62.4 万亿，比 2003 年底增加 34.7 万亿，实现税后利润 5834 亿元，比 2003 年底增加 4145 亿元，ROE 这个概念从无到有，达到 17.1%；主要商业银行不良贷款率从五年前的 17.9% 下降到 2.4%；资本充足率达标银行从 8 家增加到 204 家，达标银行资产占商业银行总资产的比例由 0.6% 上升到 99.9%。去年底，工商银行、建设银行、中国银行的市值在全球银行业市值排名前三位；按一级资本排名，也进入全球最大 15 家银行的行列。中国银行业已经站在了一个崭新的起点上。

这一结果并不是偶然的，它集中体现了在中国政府的领导下，中国改革开放 30 年，特别是近年来银行业改革发展所取得的丰硕成果。同时，这一结果与我国宏观经济持续稳健增长、微观企业和银行内部治理机制进步以及市场经济体制机制建设与进步等各个方面有着密切的关系。更令人值得思考的是：在中国经济飞速增长的30年中，特别是在近十多年当中，全球各主要经济体也同样经历了所谓“低风险、高增长”的时代，但相同经济繁荣下所孕育的金融风险判若云泥，这足以说明仅仅是繁荣的经济增长并不一定能带来金融体系的稳健。如何在繁荣的宏观经济增长背景下，推进银行业监管改革和发展的进步，从而避免风险的积聚和传递，是我们非常重要的任务之一，这也正是我今天重点阐述的内容。

在今天全球金融监管者都纷纷检讨和分析全球金融危机下的金融监管的教训的时候，虽然中国银行业面对的金融市场和全球金融市场环境还有比较大的差距，但就风险监管的一些基本元素和原则而言，任何金融市场里都是一样的。对照中国银行业监管过去几年的实践，正是我们始终坚持和选择了一些基本的风险监管的理念和最佳实践，并认真结合和运用于中国银行业的实际，才赢得了今天中国银行业难得的稳健运行与局面，这对于中国应对全球金融危机的影响，推动宏观经济的增长，发挥了重要的支撑作用。

第一，始终坚持将国际最佳实践运用于中国的实际。国际主流监管理念认为，金融监管的根本目的就是要不断强化市场纪律的约束、加强银行业金融机构公司治理和内部控制建设，提高银行业金融机构的风险管理水平。银监会成立伊始，根据我国银行业发展的实际情况，将这种理念准确吸收到我们的监管准则之中，提出了“管法人、管风险、管内控、提高透明度”的重要监管理念，坚持通过一切监管行动和措施来强化审慎风险监管和促进被监管对象的进步，依靠银行业金融机构内因的积极变化来构建防范金融风险的第一防线。实践证明，我们确立和坚持的四个监管目标和六条良好监管标准，已成为中国银行业监管的基本原则和行动指南，对于推动中国形成符合现代银行业体系要求的审慎风险监管框架具有纲举目张的重要作用。

第二，完善监管规制和不断探索科学监管原则并举，努力提高及时发现和防范金融风险的能力。实践表明，监管者及时发现金融市场发展和变化中的风险是非常重要的，也是非常困难的，因为市场的变化往往领先于监管者的应对举措。银监会从成立初期开始，逐步完善了信用风险、市场风险、操作风险和IT风险等各个方面的监管规章和制度，初步形成了比较系统的风险监管规制体系。同时，我们也在监管实践中摸索和归纳了一些科学和客观的监管原则。比如，对于信用风险，我们确立了“准确分类—充足拨备—做实利润—资本充足率达标”的持续监管思路；针对金融创新的风险，我们提出了“风险可控，成本可算和信息充分披露”，以及“管产品、管业务、管机构和管行为”的监管原则等等，这些重要原则的确立使得监管理念真正成为规范和指导商业银行行为的准则。

第三，重视微观单体机构风险监管与宏观审慎监管并举，提高风险监管的有效性。金融危机爆发以来，国际上公认的一个重要的教训就是银行业监管机构往往在强化资本充足率要求的同时，忽略了宏观审慎监管能力和框架的建设。银监会在过去几年的实践中，始终将防范单体机构金融风险和系统性金融风险都作为重要的工作目标。银监会在致力强化单体银行业金融机构资本充足率约束、提高呆账拨备水平，控制大额风险集中度、管理和回收不良贷款、完善公司治理和内控建设的同时，也始终关注银行业宏观审慎监管：银监会成立初期确立的“抓两头，带中间”改革发展战略就充分体现了我们对于系统性风险的高度重视和把握；我们注意向广大银行业金融机构集中系统地通报宏观经济金融形势、提示产业重大调整和相关银行业风险状况；指导银行业做好各种行业，特别是一些过热行业和高风险领域的信贷风险和市场风险的压力测试；系统开展银行业风险同质同类分析和监管评级；注重防范和有效隔离风险跨境和跨市场传递等等，这些实践对于构建中国银行业的宏观审慎监管体系，防范系统性风险具有重要意义。

第四，始终注重逆周期监管能力的建设。银监会逆周期监管措施主要包括以下一些措施：1.针对一些审慎监管指标，如资本充足率、按照公允价值估算的押品价值的亲周期性特征，我们始终强调在提高资本水平的同时，要注意提高资本构成的质量，特别是要求银行股东的主业要有持续稳定现金流，以确保其持续增补资本金和远离破产的能力；对于公允价值在信用风险防范中的使用，我们也始终强调要科学考量由于市场短期波动或极端情况下可能给我们判别风险带来的影响。2.针对一些投机活跃的领域可能给商业银行稳健运行带来的风险，我们始终注意从源头控制信贷的杠杆率和集中度。比如，对于极易形成金融风险的房地产市场，坚持严格控制开发商贷款成数，严格实施二套房和多套房房贷政策，有效防范风险的聚集和扩散；始终坚持银行业体系与波动性较强的资本市场的风险有效隔离；加强资产证券化业务监管，引导银行业金融机构审慎开展资产证券化，防止房地产信贷风险通过证券化被放大。3.针对商业银行经营管理的短期行为的亲周期性，我们始终重视高管薪酬制度的科学性和合理性。4.针对理财产品开发和销售过程中的行为特点，提出“买者自负”和“卖者有责”的风险提示，坚持要求各家商业银行必须在售前、售中和售后实现持续披露风险信息，在发售理财产品时，要求投资者在产品风险提示单上双签或多签，避免误导性销售，防范理财业务风险等等。今年以来，我们继续实践逆周期的监管理念，针对全球金融危机对实体经济影响的不断蔓延，督促银行业金融机构加大计提拨备力度，增强风险抵御能力，要求银行正确处理好业务发展和风险防范的关系，坚守风险管理底线，扎实做好“三查”工作，严密防范票据风险，加强对贷款风险集中度的管理，严格执行项目贷款资本金要求等等。

第五，不断扩大监管覆盖面，确保不留监管真空。国际金融危机的教训表明，清晰的监管边界和监管范围的全覆盖至关重要。危机爆发的原因之一就是投资银行、对冲基金、商业银行以及一些没有任何监管的金融中介机构通过结构性投资工具和衍生产品，逃避监管，最终造成了系统性危害。银监会对监管边界问题和覆盖面问题十分关注。我们通过设立功能监管部门，实现机构监管和功能监管的矩阵式管理和信息沟通；我们坚持银行系统和资本市场、房地产市场的适当风险隔离；我们不断完善对不同种类风险的监管，从重视传统的信用风险、市场风险和操作风险，到推动商业银行加强信息科技风险和声誉风险的管理，在防范每一种风险方面，更是不断深化和细化；我们不但完善对机构、业务、产品等条线的审慎监管，同时还更加注重对行为的监管。

第六，坚持审慎有效的传统监管指标。这次全球金融危机表明，发达国家监管当局在对金融市场整体风险程度和一些复杂的结构化产品的风险判断上出现了较大的失误，因而过于乐观地放弃了一些基本的审慎风险监管指标及要求。银监会面对金融市场的不断深化，始终坚持审慎有效的传统监管要求和原则，密切关注银行业金融机构的公司治理、资本充足率、大额风险暴露、传统的流动性、不良资产、拨备覆盖率和透明度等传统指标，强调“三查”到位和内控严密，从而夯实了风险管理和监管的基础，我们也注意到，全世界很多国家的监管当局正在选择这样一种基本的回归。

当然，我们也清醒地认识到，我们还有很多问题和挑战需要关注。

第一，中国银行业体制机制的改变还需要深化。中国银行业的改革已经走过了三十年，但是对比现代银行业的发展来看，还是很短暂的，银行业的体制机制改革仍然任重而道远。一些体制性问题有其复杂性，改革还需要假以时日。

第二，中国经济增长模式还需要科学的转变。中国还处在工业化和城镇化的历史发展过程之中，资源的禀赋决定了劳动密集型行业还是我们重要的经济增长点，是我们参与国际竞争的产业链定位和比较竞争优势，而这些就决定了中国银行业在相当长的时间内将主要应对城镇化建设、大型基础设施项目的信贷投放可能带来的潜在的长期信用风险。在相当长的时间内，我们的银行业在经营行为与风险管理方式上还具有趋同性，由此将产生风险的集中度，这是中国银行业监管者面临的最大挑战。

第三，金融市场基础设施建设还需要完善。目前我国金融市场金融基础设施还不健全，例如，衍生产品柜台交易标准化合同和非标准化合同的清算支付使用不同的结算系统，没有法律法规加以规范；缺乏明确的存款保险机制与安排，缺乏专门的金融机构破产法和破产法庭；缺少高资质的信用评级机构、审计师事务所、评估师事务所和律师事务所等等。

第四，银行业客户至上的现代化服务文化还需要熏陶。当前，我国银行业客户服务的文化和理念还需要进一步熏陶，真正在每个银行工作人员心中根深蒂固地树立客户至上的服务意识。这种文化和意识的建立不仅仅体现在微笑服务或热忱服务，还应充分掌握每个客户的具体需求，对客户类别进行细分，了解客户详细信息并增加服务的附加值。此外，银行柜台服务人员还需要进一步完善服务理念，一是做到“问题到我为至”，无论客户提出的问题是否与我有关，都应当尽力帮助客户，彻底解决问题；二是做到持续服务和跟踪服务，及时向客户通告市场变化情况，产品盈亏情况以及整体投资策略的评估结果等等。

女士们、先生们，今天我们站在一个新的历史起点，中国的银行业完成了一个阶段的改革，又开始了新的征程。危机带给我们很大的挑战，同时也是重要的机遇，我们将在科学发展观的指引下，进一步遵循客观规律，认真研究金融市场和实体经济，进一步深化改革和开放，努力提升有效监管能力，为推动中国银行业的健康发展做出我们应有的贡献。沉舟侧畔千帆过，病树前头万木春。我深信，经过这场风雨的中国银行业，一定会拥有更加辉煌的明天。

谢谢大家！

建立健全投资者保护长效机制

中国证监会副主席　姚　刚

（2009 年 11 月 4 日）

中国证监会副主席姚刚 2 日表示，要进一步强化投资者教育和服务工作，改进投资者保护制度，逐步完善投资者权益保护的途径和方式，建立健全适应我国资本市场发展要求的投资者保护长效机制，促进资本市场稳定健康发展。

姚刚在“金融危机背景下的证券投资者保护”国际研讨会上指出，近年来，中国证监会在着力强化市场基础性制度建设的同时，始终将投资者合法权益保护作为监管工作的重中之重，在培育市场股权文化理念、强化股东对上市公司的约束、引导上市公司增加投资者回报、有效打击证券违法犯罪等方面做了大量的工作。在中国证监会领导下，中国证券投资者保护基金公司创新投资者保护工作机制，致力于构建多层次、全方位的投资者服务体系，积极建设证券公司客户资金监控系统，开展了对上市公司、证券公司等市场参与主体投资者合法权益保护状况的评价工作，加强投资者保护的国际交流合作，继去年与加拿大投资者保护基金签署《证券投资者保护合作谅解备忘录》，今年又与美国证券投资者保护基金签署合作备忘录，这些努力对于提高中国资本市场的投资者保护水平具有积极意义。

姚刚强调，中国资本市场仍然是一个“新兴加转轨”的市场，市场体制机制还不完善，股权结构特殊，投资者结构以中小投资者为主，市场股权文化尚不成熟，不少投资者缺少系统的证券投资知识和经验，风险意识不强，承受风险能力相对较弱。要进一步强化投资者教育和服务工作，改进投资者保护制度，逐步完善投资者权益保护的途径和方式，建立健全适应我国资本市场发展要求的投资者保护长效机制，促进资本市场稳定健康发展。

本次研讨会由中国证券投资者保护基金公司主办，来自证监会系统、财政部、人民银行等境内外监管机构、自律组织的代表约 80 人参加了研讨。

金融危机对中国资本市场影响有限

中国证监会副主席 姚 刚

（2009 年 4 月 18 日）

中国证监会副主席姚刚昨日晚间在“博鳌亚洲论坛 2009 年年会”上表示，总体来看金融危机对中国资本市场的影响是短期的、有限度的，长期的影响估计不大，我国资本市场面临的风险还处于一个可控的范围。

姚刚表示，继修改后的《中国证券监督管理委员会发行审核委员会办法》和《证券发行上市保荐业务管理办法》向社会公开征求意见之后，创业板其他配套细则也将于近期陆续公布。

他透露，深交所将于近期公布创业板上市规则并公开征求社会意见，创业板股份限售、退市等市场关注的问题也将得到制度性的明确。

在回答创业板推出能在多大程度上解决中小企业融资难的问题时，姚刚表示，相对中小企业群体，上市公司毕竟是少数，创业板市场推出，将使得中小企业能够通过资本市场平台优化资源配置，促进产业链的完善，同时带动 VC 和 PE 进入市场，从这方面来说，创业板推出的意义十分重大。

针对市场关注的 IPO 重启与发行体制改革孰先孰后的问题，姚刚说：“一个没有融资的市场不是一个常态的市场，市场的融资功能肯定要恢复，至于何时恢复，将深入研究发行体制改革，并就相关方案征求社会意见，改革之后会慎重考虑用新方式推动 IPO 重启。”

“中国经济基本面长期向好趋势没有改变，资本市场作为国民经济的晴雨表对此也做出了比较合理的反映。”姚刚表示，此次金融危机对全球经济造成了非常重大的影响，目前欧美经济已经进入衰退，而且衰退程度可能进一步加深，国内经济也正面临着发展方式的转变和经济结构的调整，处于关键时期。但总体来看，金融危机对国内证券市场、资本市场的影响是短期的、有限度的，长期的影响估计不大。

“总体来看，我国证券、期货金融机构受到的危机直接的影响也比较小。QDII 产品由于主要投资于股票或者股票型基金，其风险也主要是市场整体下跌的系统性风险。”姚刚表示。

姚刚同时谈到了亚洲地区资本市场合作的问题。他介绍，到 2009 年 2 月底，亚洲上市公司数量为 20788 家，占全球上市公司总数的 45% 左右；总市值 9 万多亿美元，占全球总市值 31.48%。目前亚洲主要市场之间联系正在增加，合作也日益密切。

“金融风险在国际金融市场之间的传导大大加强，任何国家都不能独善其身，因此必须通过加强国际合作，共同应对危机，包括加强亚洲证券监管部门和资本市场的合作来共克时艰。”姚刚表示，中国证监会一贯重视与亚洲地区的联系与合作，目前已经与新加坡、日本等签订了 14 个证券市场备忘录。

他指出，本次危机对亚洲资本市场带来显著负面影响，相关国家和地区也都采取了稳定市场的一系列积极措施，中国证监会愿意继续加强中国市场与其他市场的联系，加强区域监管合作，共同维护亚洲资本市场的稳定。

四方面推进资本市场稳定健康发展

中国证监会副主席 刘新华

（2009 年 9 月 3 日）

中国证监会副主席刘新华 2 日表示，目前国内外经济金融不确定性仍可能直接或间接影响中国的资本市场。证监会将努力推动国内证券市场持续稳定健康发展，深化改革创新，做好创业板推出前的各项准备工作。

刘新华在第十届中国金融发展论坛上表示，当前及今后一段时间，将紧紧围绕中央“保增长、扩内需、调结构、惠民生”的主线，积极稳妥推进改革创新，坚持不懈地抓好市场监管，不断提高市场整体运行效率，稳步拓展资本市场集聚各类要素的功能，更好地服务于经济社会发展全局。

首先，证监会将着力强化基础制度建设，积极培育市场机制。以保护投资者合法权益为出发点，充分发挥市场机制作用，不断完善市场主体自我约束和相互制衡机制。强化资本约束和价格约束，提高上市公司规范运作水平。健全市场优胜劣汰机制，引导社会资源向优质企业集中。

其次，证监会将着力完善市场体系，不断提高市场运行效率。做好创业板推出前的各项准备工作，完善配套制度，认真做好审核和监管工作，确保创业板顺利推出、平稳运行。进一步完善中关村代办股份转让系统试点，择机扩大试点范围。积极扩大公司债券市场规模，促进交易所和银行间债券市场统一互联。

再次，证监会将着力推进改革创新，充分发挥市场功能。进一步完善上市公司并购重组制度规则，支持符合国家产业政策的并购重组。在风险可测、可控、可承受的前提下，支持证券期货经营机构有序创新。稳步推进期货市场监管机制建设，深化期货品种创新，有效满足实体经济发展需求。

此外，证监会还着力加强市场监管，切实防范化解市场风险。继续加强对国际金融危机的监测、预警和应对处置，完善监管协调。强化对上市公司、证券公司、基金公司、期货公司的常规监管，保持对市场违法违规行为的高压态势，坚决遏制各类非法证券活动蔓延势头，积极营造稳定和谐的资本市场发展环境。

创业板适用新发行制度

中国证监会主席助理　朱从玖

（2009 年 3 月 11 日）

全国政协委员、中国证监会主席助理朱从玖 9 日对中国证券报记者表示，创业板或先适用新发行制度。新的发行机制将加大在报价环节约束的力量，杜绝询价机构乱报价。

更多考虑小投资人利益

朱从玖说，发行体制的改革是资本市场发展改革的重头戏。社会各界提出了不少意见和建议，可谓观点纷呈、建议多样，各方的利益差异很大，但总体积极。

他介绍说，目前监管部门对于股票发行体制改革的思路有三个方面：

一是股票定价要进一步市场化。以往发行体制改进和完善当中，已经建立了市场化的机制，如询价制、保荐制等，这是发行体制市场化的重要进步，但这样的进步随着市场发展又显得不足，需要进一步对定价机制进行市场化改革。定价的进一步市场化会对这些市场主体产生更加严厉的约束，让市场主体真正担负起责任，形成市场主体之间的博弈。

二是强化买方对卖方的约束力。买方约束力的强弱决定市场运行的质量。有很强约束力的买方会对发行人形成严厉的约束，会使发行人更加慎重。增强买方约束力，还可以抑制市场上一些大家所不太喜欢的行为和现象，比如圈钱和发行价格过高。买方约束力增强，发行价就会受到限制，如果买方不接受发行人或承销商给定的价格，发行人只能降低发行价格，或者停止发行。

三是在风险明晰的情况下，兼顾各方面的利益，尤其是小投资人的利益。国际上看，新股上市之后跌破发行价的例子很多，并非“新股不败”，但总体上来说，新股发行价格会低于二级市场的价格。另一方面，我国小投资人参与一级市场的意愿很强烈。在风险明晰的情况下，如果小投资人仍然有很强烈参与发行市场的意愿，监管部门应当重视这种意愿，在新股发行时兼顾市场参与各方的利益，尤其是小投资人的利益。

“任何一个报价人要对报价负责任，你报的价格是你准备承受的价格。”他提出，发行体制改革后，还将增加对询价机构报价的约束力，加大在报价环节约束的力量，杜绝乱报价。

创业板或先“尝新”

对于重启 IPO 和新股发行制度改革之间的关系，朱从玖说，要先完善体制，再实施启动 IPO。什么时候重启 IPO，一要综合各方看法，判断市场的信心；二要考虑发行人和投资人的意愿，发行人是不是希望发股票，希望上市，投资人是不是希望买到更有价值的股票。

对于新股发行制度改革是否会在创业板率先试验的问题，他表示，创业板将适用新的发行体制，两者谁先谁后公布，并不是特别重要，都有可能。

朱从玖说，要依靠机制的力量，筛选出优秀的企业上市，充分发挥保荐机构、会计师事务所、律师事务所、资产评估机构等中介机构的力量，让这些“经济警察”把好关。监管部门则会督促中介机构夯实工作的质量，进一步加大处罚力度。

对于公司债下一步的发展，朱从玖表示，积极扩大公司债券试点工作，在时机合适的时候，对试点工作进行总结。公司债券总体上看前景广阔，但是发展的步伐必须适应市场对信用风险的适应程度，来稳妥地向前推进。

鼓励基金参与上市公司治理

谈到公司治理时，朱从玖说，上市公司普遍存在的问题是股东没有到位，证监会将想办法并采取相应措施，一方面促使所有股东积极行使权利，另一方面也要创造条件来让股东行使权利。如股权分置改革时采取分类表决的方法、H 股中类别股东表决机制，就让非控股股东或小股东可以充分行使自己的权利。

“可以在基金产品章程里面写进去，要求基金发挥这样一些作用。”他表示，倡导和鼓励基金公司等专业理财机构，作为积极的股东，参与到所投资上市公司的公司治理中。如果基金完全是被动的话，就难以形成对上市公司管理层的约束力，所以要鼓励它。因为基金有专业知识、有管理经验、信息量充沛，能说会道，还有社会影响力。他认为，基金应该从小股东利益角度出发，对上市公司产生制约。基金行使股东权利有很多方式，如可以参加会议，对一些议案发表意见，支持或否决等。

股票发行制度改革的思路有三个方面：一是股票定价要进一步市场化，形成市场主体之间的博弈；二是强化买方对卖方的约束力，抑制圈钱和发行价格过高等行为；三是在风险明晰的情况下，兼顾各方面的利益，尤其是小投资人的利益。

要先完善体制，再启动 IPO。什么时候重启 IPO，一要综合各方看法，判断市场的信心；二要考虑发行人和投资人的意愿，发行人是不是希望发股票，希望上市，投资人是不是希望买到更有价值的股票。创业板将适用新的发行体制。

倡导和鼓励基金公司等专业理财机构，作为积极的股东，参与到所投资上市公司的公司治理中。基金应该从小股东利益角度出发，对上市公司产生制约。

坚定不移地落实好适度宽松的货币政策

中国人民银行副行长　易　纲

（2009 年 4 月 23 日）

2008 年 9 月以来，世界经济遭受了上世纪大萧条以来最为严峻的挑战。为应对国际金融危机的严重冲击，促进经济平稳较快发展，我国及时调整宏观经济政策取向，实施积极的财政政策和适度宽松的货币政策，迅速出台促进经济平稳较快发展的一揽子计划，对缓解经济运行中的突出矛盾、增强信心、稳定预期，发挥了重要作用。

按照国务院统一部署，人民银行深入贯彻科学发展观，紧密围绕保增长、扩内需、调结构大局，认真执行适度宽松的货币政策。

一是保持银行体系流动性合理充裕。2008 年 9 月以来四次有区别地下调存款准备金率，适当调减公开市场操作力度，有效避免春节前后的流动性波动，保持操作利率基本平稳，合理引导和稳定市场预期。

二是引导金融机构扩大信贷投放，调整优化信贷结构。取消商业银行信贷规划约束，引导金融机构认真贯彻落实中央十项措施和《国务院办公厅关于当前金融促进经济发展的若干意见》（国办发〔2008〕126 号）。人民银行、银监会于 2009 年 3 月份还联合下发《中国人民银行 中国银行业监督管理委员会关于进一步加强信贷结构调整促进国民经济平稳较快发展的指导意见》（银发〔2009〕92 号），加强对信贷投向的指导。

三是充分发挥利率杠杆调控作用。2008 年 9 月份以来五次下调存贷款基准利率，有利于降低企业财务成本，刺激需求。为推动房地产市场健康发展，提高对居民购买普通自住房的金融服务水平，将商业性个人住房贷款利率下限扩大为贷款基准利率的 0.7 倍，最低首付款比例调整为 20%。

四是完善支农再贷款管理，落实农村信用社改革资金支持政策。2009 年春耕旺季，增加西部地区和粮食主产区支农再贷款额度 100 亿元，适当拓宽支农再贷款对象和用途范围，简化办理手续。农信社改革资金支持政策继续推进，截至 2009 年 3 月末，采取发行专项票据及发放专项借款的形式，共计对全国农村信用社安排资金支持 1706 亿元，兑付专项票据 1569 亿元，兑付进度达到 90% 以上，有效增强农信社支农信贷投放能力。一季度农信社贷款同比多增 1041 亿元。

五是完善人民币汇率形成机制，稳妥开展并推进双边本币互换。保持人民币汇率基本稳定。经过多轮谈判，分别与韩国、香港、马来西亚、白俄罗斯、印尼和阿根廷等六个经济体货币当局签署了双边本币互换协议，总金额 6500 亿元人民币。货币互换有利于支持双边贸易和直接投资，共同克服金融危机的不利影响，还有助于维护区域金融稳定。

六是加大金融创新力度，扩大企业直接债务融资。运用市场化方式支持地方政府筹集中央投资项目配套资金。发挥现有地方融资平台作用，拓宽中期票据发行主体范围。3 月初，上海、北京、广东三省市地方融资平台首期中期票据试点发行顺利完成，募集资金共计 310 亿元，发行利率远低于同期贷款利率。扩大企业债务融资工具发行规模，发展多层次直接融资体系。2009 年一季度，短期融资券和中期票据分别发行 925 亿元和 1701 亿元，有力支持了企业和项目建设资金需求。

中国实施的一揽子计划已初见成效，经济运行出现积极变化，形势比预料的好。

一是投资增速加快，消费较快增长，国内需求持续提高。一季度国内生产总值增长 6.1%。从趋势看，经过季节调整的 GDP 环比增速最低点出现在 2008 年四季度，2009 年一季度开始回升，这和社会对经济的实际感受是比较一致的。人民银行 2009 年第一季度企业家问卷调查显示，企业家对宏观经济偏冷的担忧有所减弱，宏观经济热度预期指数比上季回升 1 个百分点。全社会固定资产投资增长 28.8%，比去年同期和四季度分别提高 4.2 和 6.4 个百分点；城镇新开工项目计划总投资增长 87.7%。社会消费品零售总额实际增长 15.9%，增幅同比提高 3.6 个百分点。在“家电下乡”和小排量汽车减税等政策带动下，家电、农机等行业产销大幅增长，汽车销售创历史新高。商品房销售面积增长 8.2%，初步扭转一年多来的下降局面。

二是工业生产增长企稳，制造业景气指数连续回升，农业形势总体稳定。一季度，规模以上工业增加值同比增长 5.1%，其中，1－2 月份增长 3.8%，3 月份增长 8.3%。工业产销衔接状况良好。一季度，工业产品销售率为 97.07%。3 月份，制造业采购经理指数（PMI）为 52.4%，比上月上升 3.4 个百分点，订单指数回升迅速。PMI 指数连续四个月回升并重返 50% 以上，表明中国制造业经营状况开始重新扩张。人民银行监测的 5000 户工业企业数据显示，2009 年二季度企业景气预期指数为 12.8%，出现四个季度以来的首次回升变化。农业形势总体稳定，粮食播种面积增加，夏粮长势较好；农资供应充足，春耕备耕进展顺利。

三是结构调整积极推进，区域发展协调性增强，产业升级较快。中西部地区固定资产投资、工业增加值、社会消费品零售总额增长，都明显高于全国平均水平。沿海地区工业总体增速虽然较低，但恢复加快。高新技术产业增势较强，生物生化制品、通信交换设备、医疗设备及器械制造业等增速明显超过工业平均增速。

四是城镇就业增加，居民收入提高。一季度城镇新增就业 268 万人，城镇居民人均可支配收入和农民人均现金收入同比实际分别增长 11.2% 和 8.6%。居民存款增长较快，一季度居民户人民币存款增加 2.56 万亿元，同比多增 1.06 万亿元。

五是银行体系流动性充裕，金融市场平稳运行，社会信心提振，市场预期改善。货币信贷投放持续加快，再创新高。2009 年 3 月末，M2 同比增长 25.5%，为 1996 年 11 月以来最高水平。M1 增长 17%，恢复到 2008 年 6 月前的水平。贷款余额增长 29.8%，为 1994 年以来最高水平。3 月份新增贷款 1.89 万亿元，继 1 月之后再创历史新高，同比多增 1.61 万亿元。一季度新增贷款 4.58 万亿元，同比多增 3.25 万亿元。从贷款结构看，票据融资增长迅猛，一季度票据融资增加 1.48 万亿元，同比多增 1.56 万亿元，占各项贷款的比重为 32.3%。票据融资业务的发展对弥补中小企业和民营经济融资不足具有特殊重要意义，有助于这些企业以低于贷款利率的成本获得资金。项目投资类中长期贷款增长快，有利于投资较快增长。一季度，中长期贷款增加 1.86万亿元，同比多增 1.07 万亿元。主要投向交通运输、仓储和邮政业，水利、环境和公共设施管理业等行业。一季度，主要用于住房的个人中长期消费贷款增加 1574 亿元，同比多增 434 亿元。从企业支付能力看，企业存款增长较快，企业资金状况进一步好转。一季度企业存款增加 2.8 万亿元，同比多增 2.2 万亿元，其中，企业活期存款增加 9441 亿元，同比多增 1.05 万亿元，企业支付能力明显增强。从流动性环境看，银行体系流动性充裕，市场利率较低。3 月末，金融机构超额准备金率为 2.28%，比上年同期高 0.27 个百分点。货币市场利率保持低位。3 月份同业拆借和债券回购加权平均利率均为 0.84%。

总体而言，金融危机情况下的货币信贷较快增长利大于弊。有利的方面，一是基本打掉了通货紧缩预期。二是有利于稳定资产市场，近期股指涨幅较大，房地产市场上房价、交易量、交易额也出现回稳迹象。三是加速了企业存货周期的调整。如果企业尽快结束去库存化行为，使存货进入正常状态，将有利于恢复生产，促进经济周期的调整。四是增强了公众对于中国经济保持平稳较快增长的信心。与此同时，也要考虑信贷快速增长的可持续性问题和可能带来的负面影响。

应该看到，国际金融危机还在扩散蔓延，全球经济复苏可能经历较长和曲折的过程，国际金融危机对新兴市场的冲击可能持续较长时间。受国际金融危机的影响，我国经济社会发展面临的困难很大，主要是：外部需求持续萎缩，出口下降幅度较大；农业稳定生产、农民持续增收难度加大；一些行业产能过剩，工业增长回升乏力，经济效益继续下滑，财政收入减少，就业形势十分严峻。

从基本面和发展优势看，我国经济持续增长仍有较大潜力。我国正处在工业化和城镇化快速推进阶段，蕴藏着巨大需求和增长潜力，有改革开放 30 年建立的物质、科技和体制基础，有充裕的资金、丰富的劳动力等要素支撑，有集中力量办大事的制度优势、和谐安定的社会环境。我国经济彻底摆脱危机影响，迎来下一轮持续快速增长，根本上取决于创新和改革，以增强经济内在活力，实现扩内需、调结构、抓改革和惠民生的有机结合。

下一阶段，人民银行将按照国务院统一部署，坚定不移地落实好适度宽松的货币政策，保持政策的连续性、稳定性，引导货币信贷总量适度增长和信贷结构优化，促进经济平稳较快发展。

一是继续保持银行体系流动性合理充裕，引导金融机构合理增加信贷投放。合理安排公开市场工具组合、期限结构和操作力度，继续保持我国银行体系流动性充裕，维持货币市场利率平稳运行。进一步观察经济金融形势发展和政策效应，灵活运用多种货币政策工具，引导货币信贷总量适度增长，满足经济发展需要。

二是引导金融机构优化信贷结构，提高信贷支持经济发展的质量。保证符合条件的中央投资项目的配套贷款及时落实到位，认真做好“三农”、中小企业、就业、助学、灾后重建等改善民生类信贷支持工作，大力发展消费信贷，落实好房地产信贷政策，加大对产业转移、自主创新、区域经济协调发展的融资支持。严格控制对高耗能、高污染和产能过剩行业企业的贷款。引导金融机构创新和改进金融服务，加大金融支持经济发展的力度，同时有效防范信贷风险。

三是引导商业银行优化绩效考核机制，促进信贷均衡投放。稳定市场预期，积极引导商业银行树立正确经营理念，科学制定绩效考核体系，防止过分追求短期利润而影响长期稳健经营。支持业务创新，改变过分追求份额扩张的粗放管理模式。改进激励约束机制，真正做到责权利对等。在支持国家项目建设的同时，也要建立起对有发展前景中小企业信贷投入的激励机制。

四是研究推进利率市场化改革，完善人民币汇率形成机制。加快货币市场基准利率体系建设，努力提高金融机构风险定价能力和水平。密切关注国际主要货币汇率变化，继续按照主动、可控和渐进原则，完善人民币汇率形成机制，增强汇率弹性，保持人民币汇率在合理均衡水平上的基本稳定。积极推动外汇市场发展，丰富汇率风险管理工具。

五是推进金融体制改革，提高金融机构竞争力和金融市场资源配置效率。深化国有金融机构改革。大力发展村镇银行、小额贷款公司、贷款公司和农村资金互助社等新型金融机构。鼓励创新中小企业信用担保工具和金融产品。发展多层次直接融资体系，扩大债券发行规模，大力发展短期融资券、中期票据等债务融资工具，稳步推进和创新资产证券化。引导民间融资健康发展。

认真学习实践科学发展观
做好新形势下企业国有产权管理工作
——在企业国有产权管理工作暨产权交易机构工作会议上的讲话

国务院国资委副主任　李　伟

（2009 年 3 月 24 日）

今天，我们召开一年一度的企业国有产权管理暨产权交易机构工作会议。会议的主要任务是，深入学习实践科学发展观，贯彻落实全国国有资产监督管理工作会议精神，总结 2008 年工作，分析当前经济形势，研究 2009 年工作。

2008 年，是极不平凡的一年。我国经历了历史罕见的南方雨雪冰冻、汶川特大地震等自然灾害，面临着国际金融危机带来的严峻挑战；成功举办了无以伦比的奥运盛会，顺利完成了航天员的首次太空行走。过去的一年，必将因为发生了一系列重大事件而在历史上留下重重的一笔。2008 年也是我们各级国资委认真学习实践科学发展观，扎实推进国有产权管理工作的一年，产权管理制度体系进一步完善，各项基础管理工作进一步加强，国有产权流转更加规范有序，产权管理的信息化水平稳步提高，产权管理工作的有效开展为国家经济的稳定与复苏起到了积极作用。在外部环境十分困难的情况下，我们能够取得上述成绩是非常不容易的，借此机会，我代表国务院国资委、代表荣融同志向全国各级国资委从事国有产权管理和产权交易的同志表示衷心的感谢和诚挚的问候！下面，我结合当前经济形势，就如何开展 2009 年产权管理工作，谈三点意见。

一、正确分析和认识当前经济形势，及时调整产权管理工作思路

产权管理工作与经济形势息息相关。要做好产权管理工作，必须对国际国内经济形势进行正确的分析和把握。

从国际经济形势看，目前已步入全球性经济衰退阶段。此次美国次贷危机先转为国际金融海啸，再转为全球性经济衰退，至今已演变为全球性的经济危机。这次金融危机的蔓延速度之快，冲击力之强，波及范围之广，影响程度之深，为历史所罕见，可以说是真正的波及世界的全球性经济危机。1929 年暴发的美国大萧条，虽然持续了 7 年之久，但主要是对美欧等西方国家的经济产生了冲击，总的说当时也还是区域性问题，对很多不发达国家并没产生太大影响。1997 年、1998 年的亚洲金融危机及 2000 年的网络经济泡沫的破灭，对世界经济的发展也带来了一定的破坏，但其影响也是局部的。从历史上看，没有哪次冲击波像此次金融危机这样对整个世界经济冲击如此之大、如此之广。究其原因，主要是此次金融危机发生在近 10 年来经济全球化加快发展的大背景之下。

这场金融危机起源于美国。2007 年 6 月次贷问题暴露以后，西方一些经济学家对此还很乐观。美联储前主席格林斯潘在 2007 年 12 月曾说过，次贷危机影响越来越小，到 2008 年一季度就差不多了。美国前财政部长鲍尔森 2008 年 2 月访华时也讲过，次贷危机二季度见底，三季度经济见光明。直到 2008 年 9 月前，西方主要经济人士持乐观态度的还是占上风。但 2008 年 10 月以后，波罗的海干散货运费指数（BDI）大幅下挫，石油、铜铁等能源、资源价格大幅下滑，由此标志着全球进入经济大衰退时期。受其影响，国际制造业大幅萎缩。美国 2008 年 12 月制造业指数降至 28 年来的最低点，通用、福特、克莱斯勒 3 大汽车公司面临倒闭风险。英国制造业出现 27 年来的最大跌幅。日本制造业的销售额大幅缩水，丰田汽车预计 2008 年亏损 3500 亿日元（约 39 亿美元）。欧美主要国家的就业形势十分严峻，失业率不断攀升。美国 2008 年就业人数减少了 300 万人，2009 年 1 月的失业率达 7.6%，为 1992 年以来的最高水平。其中美国有 30 个州因无力支付失业救济金，向联邦政府求助 1400 亿美元。英、法等国还发生了因不满公司雇佣外国工人的职工罢工事件。主要经济体国家的增长速度大幅下降。美国 2008 年 GDP 的增长率为 1.1%，虽然好于世界银行此前预测的 -0.5%，但相比前三年 2.77% 的平均增长水平则出现了大幅回落。日本 2008 年 GDP 的增长率为 -1.6%，为最近 9 年的首次负增长。最近，从来访的日本客人得知，日本一季度 GDP 连续负增长基本已成定局，这就成为战后日本第一次年度 4 个季度负增长。欧盟地区的经济也是困难重重。东欧地区的经济，在历史巨额负债及金融危机的双重打击下，举步维艰，其糟糕程度远超过日本。目前，东欧国家对西方的负债达 4 万多亿美元，今年到期 4 千亿美元，一些国家政府面临着财政崩溃的风险。2008 年 4 季度以来，国际经济形势更为严峻。据标准普尔透露，2008 年 4 季度，美国主要上市公司遭遇了自 1935 年以来的首次整体季度亏损。另有资料显示，美欧主要国家 2008 年 4 季度的经济萎缩幅度创 30 年之最，其中美国经济萎缩环比达 3.3%，扣除库存量影响因素，经营萎缩将高达 5.1%。美联储主席伯南克认为美国金融危机对经济的冲击程度仍是未知数。目前，比较一致的意见是，西方主要国家的经济衰退还未见底。但对于何时能够见底则意见不一，有人预测要到今年底，有人预测要到明年，也有人预测说美国可能步日本 20 世纪 90 年代的后尘，陷入缓慢的较长的衰退期。对于真正意义上的复苏会出现在哪个时间点上，现在政界、理论界、实业界都难以定论，较多的、介于乐观与悲观之间的观点认为 2-3 年后会复苏。然而，2-3 年的时间跨度对世界及我国经济的影响却非同一般，会给我们带来许多难以想象的困难和问题。最近两天新闻报道，美联储声称要收购 3000 亿国债，还包括其他债券，这等于央行发钞票，实际上是向全世界转嫁危机，无疑会引发美元贬值，并为世界性通货膨胀埋下隐患，由此可以看出美国经济形势的严峻性。

从国内经济形势看，受国际金融危机以及自身结构性矛盾的叠加影响，我国经济的发展将面临着本世纪以来的最大困难与挑战。长期以来我国经济增长对出口的依赖度较高，净出口对拉动经济增长的贡献度已达 2 个百分点，出口依存度达 36%。随着此次金融危机的不断加深，我国出口企业首先遭到了严重打击。从 2008 年 11 月出口开始下降到今年 2 月，连续 4 个月负增长，分别为 -2.2%、-2.8%、-17.5% 和 -25.7%，降幅不断扩大。国民经济的主要行业如电力、煤炭、石化、钢铁、有色金属、轻工、纺织、建材、房地产等行业的生产经营也越来越难，有的行业已经出现了整体亏损。在此背景下，2008 年我国 GDP 增速加速放缓，第一、二、三、四季度 GDP 增速分别为 10.6%、10.1%、9% 和 6.8%，全年 GDP 增速为 9%，比上年回落 2.3 个百分点。今年 1 月份 CPI 有所反弹，同比上涨 1%，但进入 2 月份，CPI 再次下降，同比下降 1.6%；1-2 月的 PPI 则双双下降，1 月份同比下降 1.6%，2 月份同比下降 4.5%。

从国有企业的生产经营看，国有企业的经营利润大幅下降。2008 年，中央企业实现销售收入 11.9 万亿元，同比增长 17.9%；实现利润总额 6652.9 亿元，下降 34.1%。省级监管企业实现销售收入 6.1 万亿元，同比增长 18.9%；实现利润总额 2766.8 亿元，下降 24%。今年 1-2 月，国有企业的经营形势更为严峻。据财务快报统计，中央企业 1-2 月实现销售收入 14265 亿元，同比下降 11.3%；实现利润总额 565 亿元，同比下降 52.9%。另据统计，今年 1-2 月，全国工业增加值增长 3.8%，但国有企业工业增加值下降 1%。

面对急转直下的国际国内经济形势，党中央、国务院采取了一系列促进经济平稳较快发展的政策措施，迅速推出进一步扩大内需、促进经济增长的 10 项措施，确定了拉动内需的 4 万亿投资计划，制订了 10 大行业调整和振兴规划方案。1-2 月社会消费品零售额同比增长 15.2%，投资增长26.5%，2 月份工业增加值回升至 11%；1-2 月制造业采购经理指数（PMI）数据分别为 45.3%、49%，已连续 3 个月反弹；3 月 13 日，BDI 指数升至 2201 点，比最低点 663 点上涨了 232%。从以上数据分析，我国经济已初步显现出止跌的迹象，但从总体上看，形势依旧不容乐观，总的判断是，2009 年可以说是新世纪以来我国经济发展最为困难的一年，困难大、难题多、形势复杂，可变因素多。我们要把困难估计得更充分一些，把应对措施考虑得更周密一些，做好全球经济低持续时间较长的充分准备，并在正确认识当前严峻经济形势的前提下调整国有产权管理的思路和措施。

新的经济形势给我们产权管理工作也带来了挑战和困难，对此我们要坚定信心，积极应对。但我们也应看到，新形势也为我们产权管理上水平、上台阶提供了新机会，我们要化“危”为“机”，进一步提升产权管理工作的整体水平。可以预见，这场危机是中国经济实施“两个转变”的历史机遇，也是国有经济深化改革、调整结构的历史机遇。我们要抓住这一难得的历史机遇，加快国有企业重组，深化国有企业改革，强化国有企业管理，加快国有企业走出去步伐。由此会带来大量的产权管理事务和挑战。在新的形势下，做好产权管理工作，积极应对产权管理工作中的上述挑战，需要正确处理好以下几个关系：一是巩固与调整的关系。国务院国资委成立 6 年来，我们建立了一整套的产权管理制度体系，探索出行之有效的产权管理的相关做法，我们要珍惜来之不易的成果，继续巩固和加强产权管理的各项工作。但也应看到，在新的形势下，我们有些制度和做法已不能适应经济形势和企业发展的需要，不能适应中国社会市场经济运行的需要，有些甚至还是空白，对此也要根据形势的变化，按照科学发展观的要求积极进行调整，思路、做法、制度、监管方式都要有所调整。二是发展与规范的关系。规范是产权管理工作的前提和基础，规范是为了更好的发展，过去我们在产权管理规范性方面做了很多工作，有效地维护了国有资产合法权益。但规范只是前提、基础、手段，不是目的，产权管理工作的最终目的是要在规范中促进国有企业改革，发展壮大国有经济。在新形势下，我们更要千方百计地努力实现好这一根本目的，为国有企业更好应对经济危机提供强有力的支持。三是创新与风险防范的关系。创新是做好国有资产监管工作的必然要求，也是产权工作不断适应新形势、上水平、上台阶的重要保证。我们要在监管制度和监管方式上不断创新，实现“两轮驱动”，努力促进产权管理工作进一步上台阶。产权交易机构要在交易规则、交易方式、交易品种等方面不断创新，实现产权交易机构可持续健康发展。同时，我们也要注意在创新中汲取此次金融危机的教训，准确把握好出资人定位，加强风险防范，要在依法合规的前提下创新，切实防范在创新过程中可能遇到的法律风险、市场风险以及舆论风险。四要监管与服务的关系。产权管理工作是国有资产监管工作的重要基础和关键环节，在实际工作中我们必须加强监管、规范操作、依法办事。但也应牢固树立服务意识，提高服务水平，真心诚意为企业服务。目前的经济形势给国有企业的改革与发展带来了严重困难，我们要积极主动地为企业想办法、出主意，帮助企业解决涉及产权管理的各种难题，要提高工作效率，不能只讲监管，不讲服务。我们要在服务中不断提升工作质量，在服务中探索产权管理的新思路、新模式、新方法。

二、2009 年企业国有产权管理工作的主要任务

2009 年企业国有产权管理工作的基本思路是，以学习实践科学发展观为主线，以支持国有企业改革与发展、促进国有经济布局与结构调整为重点，全面贯彻落实《企业国有资产法》，调整产权管理思路，完善产权管理制度，坚持依法合规，遵循市场机制，推动企业国有产权管理工作不断上水平、上台阶。

（一）认真学习实践科学发展观，用科学发展观的精神实质指导国有产权管理工作。

学习实践科学发展观活动已全面铺开，各级国资委在这次学习实践活动中，一定要按照科学发展观的本质要求，结合各地的实际情况，对国有产权管理工作进行一次全面深刻的分析、思考和研究，努力探索产权管理中带有规律性的内容，以使产权管理工作更加符合客观规律的要求。国务院国资委产权局在学习实践科学发展观活动中，按照实事求是、与时俱进的本质要求，先后多次围绕产权管理工作进行专题讨论，对委成立以来的国有产权管理工作进行了全面反思和梳理，最后归纳形成了牢牢把握“依法合规、市场机制”原则、认真贯彻落实《企业国有资产法》、与时俱进，及时调整、监管重心向上市公司国有股权转移、深入研究混合所有制经济下国有产权管理、积极探索境外国有产权管理、认真研究中央企业投资金融领域等 7 个方面的专题，并初步形成了工作思路。我想这 7 个专题在产权管理工作中具有一定普遍性，并对今后的产权管理工作有明显的指导作用。请各地国资委也要利用这次学习实践活动的机会，用科学发展观的精神实质，对当地的国有产权管理工作进行全面的分析和思考，归纳出几条带有普遍性和指导意义的意见，以推动产权管理工作尽快提升到新的水平上。

（二）继续加强信息化建设，不断创新产权监管方式。

信息化对人类社会影响巨大，改变了人类的生活和思维的方式，作用于人类活动的各个领域，尤其为提高生产力起到了难以估量的作用。信息化可以说是现代科学技术发展的核心要素。同样，政府、社会、企业等领域管理水平、效率、效益的提高也依赖于信息化水平的提高。2009 年，我们要进一步推进产权管理各项信息系统的建设和完善，努力建立起适应市场发展的信息化监管机制，全面提升企业国有产权的监管水平。国务院国资委将在年内继续推进和完善以下几项工作：一是进一步完善国有产权交易监测系统，推进国有产权交易的公开、规范、透明。二是完成产权登记网络版系统试点，投入运行。三是完成上市公司国有股权转让动态监测系统和国有控股上市公司季度运行情况信息采集系统的开发工作，争取年底前投入试运行，真正做好上市公司国有股权的实时动态监管。四是开展国有资产评估信息系统的前期论证工作。地方国资委也要高度重视信息化监管的作用，要根据本地的实际情况抓好地方信息系统的建设。国务院国资委要支持地方国资委信息系统及其相关信息系统的联网，全面发挥信息化监管的功能与作用。

（三）继续加强产权交易监管，推动产权交易市场统一。

2009 年，各级国资委要进一步加强对国有产权交易行为的监管，推进产权交易市场的统一，发挥产权交易市场的功能。京、津、沪、渝等 4 家机构统一交易规则要尽快出台，统一的交易信息系统要尽早投入使用。已与国务院国资委产权交易监测系统联网的地方，要积极利用该套系统，及时发现并纠正存在的问题；尚未纳入监测范围的地方要积极创造条件，尽快实现与之对接，争取从事国有产权交易的机构尽快纳入监测系统的监测范围，接受国资委的监督检查。还没有完成本地区市场整合的地方，要积极借鉴其他省份的成功经验，加大工作力度，尽快完成市场整合，促进产权交易市场的健康发展。

关于企业国有产权交易，这里我想对各地国资委和产权交易机构再强调以下几点：一是坚持应进必进。凡是属于按规定应当进场转让的企业国有产权，都应当坚持在产权交易市场披露信息，挂牌交易，杜绝场外交易。二是扩大能进则进。对于未明确规定必须进场交易的实物资产转让、债权转让、主辅分离中的产权转让、增资扩股等，也要积极鼓励通过产权交易市场，以市场化的方式来完成。产权交易机构要通过不断创新业务以适应企业的不同需求。三是注重进则规范。对于进场公开转让的项目，要通过严格的内部管理和有效的技术手段来保障公开、公平、公正，避免走过场，防止通过受让条件设置等方式有意排斥其他意向受让方，特别是要注意避免随意挂牌、撤牌引起的市场风险。四是保障操作透明。产权交易机构要树立使命感和责任意识，加强自我约束，加强对会员、分支机构的管理，真正做到交易过程的公开透明，维护市场诚信，努力将产权交易市场建设成为高效、诚信、规范、透明的资本市场。

（四）坚持开拓创新，力争在重大产权管理问题的研究上取得突破。

过去几年，我们在一些重大国有产权管理问题上进行了初步 研究，有了一些进展。2009 年，对于这些问题，我们要以科学发展观为指导，坚持开拓创新，积极组织力量，认真开展调查研究，广泛听取各方意见，力争实现新的突破。

——关于混合所有制经济下国有产权监管问题。随着产权的流动和重组，以股份制为主要形式的混合所有制经济迅速发展起来。在这种情况下，我们面对纯粹的国有产权将越来越少，而是将更多地面对混合产权。对混合所有制经济下国有产权监管的难点主要在于：一是在混合所有制企业中，各类产权经过多次融合，已难以确定产权的边界与性质。二是采用传统的先界定产权性质、再套用国有产权制度进行管理的模式，容易侵害其他出资人的合法权益，并因此给国有资产监管机构自身带来法律风险。而放任不管又会出现监管漏洞，容易造成国有资产流失。从初步研究看，我们要实现对混合所有制经济下国有产权的有效监管，必须重点解决以下几个问题：一是产权管理链条不能太长，级次不能太多，特别是不宜多次反复混合。二是必须完善法人治理结构，建立出资人代表制度，落实国有资产保值增值责任。三是国资委的监管行为必须符合法律法规的要求。2009 年，国务院国资委要进一步加大这方面的研究力度，地方国资委也要积极进行研究，并注意保持双方的沟通与联系，互通研究成果，互相学习和借鉴，争取尽早破解这一难题。

——关于境外国有产权管理问题。近些年来，随着我国经济的持续快速发展及全球经济一体化的逐步加深，国有企业"走出去"步伐逐步加快，形成了规模不小的境外国有产权。由于历史原因及境外国家或地区的法律制度和国情上的差异，国有企业到境外投资采取的方式也较多，有的还采取了委托个人进行投资的情况。因此，境外企业存在产权关系复杂、变通操作多、管理不规范、监管不到位等问题，容易形成国有资产的"出血点"。2008 年，国务院国资委组织了境外国有产权管理课题研究，对部分中央企业开展了境外投资及产权管理状况调查，对境外国有产权管理有了基本思路。一些地方国资委也积极探讨，研究解决办法，并取得了阶段性成果。山东、河北等地出台了有关境外国有资产的管理办法。2009 年，各级国资委还要加大这方面的研究力度，国务院国资委争取年内出台境外企业国有产权管理的指导意见，落实境外国有产权管理的责任制，及时掌握境外国有产权的动态情况。

——关于监管重心向上市公司国有股权转移问题。随着越来越多的国有企业改制上市，中央企业的优质资产大部分已进入上市公司，国有资产的运营模式将逐步从国有企业向公司制企业尤其是上市公司演变。2009 年，我们要顺应这一趋势变化，开阔思路，强化认识，逐步将监管重心转移到上市公司国有股权上来。这次会议征求意见的 3 个文件要争取尽快出台。地方国资委也要加强对上市公司国有股东行为的监管，也可以根据国务院国资委的有关办法出台相关细则。

（五）加强对国有企业投资金融衍生品的监管，防范国有企业投资金融领域的风险。

前段时间，几家国有企业进行汇率掉期、结构性存款、期权投资出现巨额浮亏接连曝光，使得金融衍生工具成为社会普遍关注的热点话题，也引起了我们对中央企业投资金融衍生品的高度关注。金融衍生工具从 20 世纪 70 年代逐步发展起来，对繁荣世界经济起到了一定的积极作用，但同时也给企业乃至世界经济的发展增加了巨大的风险性。美国这次金融危机就是由金融衍生品引发的，我曾经讲过此次美国金融危机的根本原因是欺诈性的金融衍生产品、缺位的金融监管和疯狂的投资者。金融衍生品不是不能做，而是要正确认识金融衍生品的功能，发挥其套期保值作用。要明确国有企业从事金融衍生业务的目的为了避险，是为了套期保值，而不是作为盈利的手段，更不能抱有侥幸的心理进行投机。国有企业应该是金融衍生品的使用者，而不是做市商。可以说，在经济全球化迅速发展、投资经营日益国际化的今天，如果不利用衍生品的规避风险、发现价格的功能，不对未来难以预料的经营成本风险予以对冲，就很可能在激烈的国际竞争中处于劣势。但是，国有企业要从事衍生品业务，还得必须具备以下几个条件：

一是要严格合规。国家对从事境外衍生品业务实行审批制，得到批准的才可以做，没有得到批准的就不能去做。据初步了解，有些企业从事衍生品交易并未得到批准，对此要坚决纠正。

二是要目的明确。国有企业做衍生品业务，目的只有一个，就是为了规避风险，锁定成本，绝不是为了投机。做金融衍生品的目的很重要，一定不要越过红线，严格遵守期货套期保值中“期货盈（亏），现货亏（盈）”的原则，业务量要与企业的需求及规模相适应。期货与现货是套期保值产品的统一体，要统一考核，不以单一方面盈亏为考核依据。

三是要确实弄懂。所谓弄懂，就是要聘请财务顾问机构把全部风险罗列出来，不能风险敞口，所有可能存在的风险都要有止险措施，并要财务顾问承担未告知风险的责任，以合同形式落实。否则就坚决不能做。此外，要尽量做场内交易，都是标准合同，监管相对容易，尽量不要做场外交易，尤其是不要做那些复合式的复杂的衍生品业务，做简单的套期保值业务不会出现大的问题。

四是要控制风险。金融衍生品是一项高风险业务，企业一旦从事就必须加强风险控制，强化内部管理，建立风险管控制度。要培养专业的人才从事衍生品交易，要对主要操作人员进行实时实地监控，前中后台一定要严格分开，相互制约。要建立起有效的风险评估及预警机制，严格执行风险监控部门的独立报告制度，定期进行外部审计。

地方国资委要对地方国有企业投资金融衍生品问题高度重视，此次会议后，地方国资委要对所出资企业进行摸底调查，掌握投资金融衍生品的情况，如果发现不规范不合规的做法要坚决予以纠正，切实防范国有企业投资金融衍生品的风险。

在防范国有企业投资金融衍生品风险的同时，我们也注意到，近年来国有企业投资其他金融领域的情况不断发生，如对银行、保险、信托、证券、基金等金融领域的投资等。从发达国家的发展经验看，产业资本发展到一定程度，必然会产生参与金融资本融合的内在需要，但其中的风险必须引起我们的高度重视。国有企业主要从事生产经营，对金融领域并不熟悉，缺乏专业的金融管理人才，很可能对其中的风险估计不足，再加上信息不对称、内部人控制等原因，很可能导致违规操作、经营不善等问题。在此次国际金融危机中，国外一些著名的金融机构如雷曼兄弟、AIG 等相继破产或被政府接管，著名的 GE 公司也在重大金融运作中产生巨额亏损，这些都给我们带来了深刻的教训和强烈的警示，必须加强国有企业投资金融领域的研究，防止国有企业投资金融领域的风险。另一方面，我们也应看到，金融领域是关系国计民生的特殊行业，不仅直接影响着国民经济的健康有序发展，也关系到国家社会稳定的大局，因此我们同样要防止国有企业的经营风险转嫁给金融机构，避免给经济发展和社会稳定造成不良影响。2009 年，国务院国资委要对中央企业投资金融领域的总体情况进行一次摸底调查，并在此基础上提出相关政策建议。地方国资委也要根据本地国有企业投资金融领域的实际情况进行调查研究，制定相关办法。

（六）继续巩固和加强产权基础管理工作，进一步提高产权管理干部队伍的整体素质。

2009 年，我们要继续巩固和加强产权管理基础工作，扎扎实实地推进产权登记、产权转让及划转、资产评估、上市公司国有股权管理等项工作，积极支持国有企业改革与发展，尽最大努力帮助国有企业“过冬”。要继续加强产权管理队伍建设，努力建立起政治素质强、业务水平高、适应形势快、清正廉洁、遵纪守法的干部队伍。要善于调动大家学习新知识，培养起学习型的产权队伍。要加大对信息量的涉取，及时发现新信息，通过对各种信息的分析和研究提高我们的工作水平和业务能力。我们要继续加强产权管理培训工作。国务院国资委要进一步加大对地方国资委及中央企业的培训力度，省级国资委也要强化对地市级国资委及地方企业的培训力度，通过不断学习培训、经验交流，全方位提高产权管理工作水平。

三、全面贯彻落实《企业国有资产法》，依法合规推进国有产权管理工作再上新台阶

《企业国有资产法》将于 5 月 1 日起正式实施，这是我国国有资产监督管理体制发展中的一件大事。《企业国有资产法》明确了要建立健全基础管理制度，并且用两节的篇幅对资产评估和国有资产转让作出专门规定，这将对产权管理工作产生重要的积极作用。《企业国有资产法》是行使国有资产监管职责法律依据，我们要认真学习、认识、理解、把握、贯彻、落实好《企业国有资产法》，更好地做好国有资产监管工作。贯彻落实《企业国有资产法》主要应把握好以下几个问题：

（一）准确把握国资委的出资人定位。

国务院国资委成立以来，荣融同志反复强调，国资委要牢牢把握出资人职责定位，不当“婆婆加老板”，做到不缺位、不越位、不错位。6 年来，我们按照“三统一、三结合、三分开”的原则，努力实现由行政管理向出资人监管的转变。我们开展董事会试点，成功探索出完善国有独资公司法人治理结构的有效途径；向社会公开招聘国有企业高管人员，市场化的选人聘人机制正在形成；利用证券市场和产权交易市场，充分发挥市场配置资源的基础作用，实现了企业国有产权流转市场化。这些成绩的取得正是因为我们在这些事项上准确把握了出资人定位。但同时也看到，在有的问题上我们对出资人定位把握的还不够准确：一是一些应该由出资人监管的事项，没有监管或者监管不力，有“缺位”问题。二是一些属于企业自主经营权范围或公共管理范围内的事项，我们仍然纳入了监管范围，有“越位”问题。三是还存在采用行政管理方式履行出资人职责的行为，尚没有完全适应出资人的监管要求，有“错位”问题。上述问题的存在，有国有资产监管体制改革的历史客观原因，这种体制的转换、理念的转变不是一朝一夕就能完成的事情，但也有我们主动转换角色不够的主观原因。这里我想强调几点：一是要严格按照《公司法》、《企业国有资产法》履行我们的职责，重点是行使好法律赋予我们作为出资人享有的收益权、重大事项决策权和选择管理者的权利，对于其他不属于出资人权责的，一定要严格按照政府授权履行相应职责。二是转变监管方式、监管理念，要从日常的审核事项中摆脱出来，集中精力抓建章立制、抓监督检查、抓产权整合，更好地适应出资人监管的要求。三是牢固树立服务意识，为推进国有企业改革与发展，促进国有经济布局与结构调整服务。

（二）坚持依法合规，遵循市场机制。

我经常对产权局的同志讲，做好产权管理工作，关键是要坚持依法合规，遵循市场机制，这对产权管理工作极为重要。《企业国有资产法》出台后，在新的法律环境下，坚持依法合规、市场机制就显得尤为必要和紧迫了。坚持依法合规是我们一切工作的前提，也是对我们自身的一种切实保护。坚持依法合规就是要求一定要牢固树立法制意识，严格按照法律法规及规章制度的要求办事，规范操作规则，规范监管流程，规范审核标准，确保国有产权监管的公开、公平、公正和透明。唯有如此，我们的产权管理工作才会在法律法规的保障下健康发展。遵循市场机制是我国社会主义市场经济体制对产权管理工作的必然要求，也是产权管理不断适应市场变化、形势变化的重要保证。遵循市场机制就是要求我们遵循市场经济的规律制订相关制度，履行相关职责。要充分重视并发挥市场的功能，把市场比政府、出资人做得好的事明智地交给市场去做，能够由市场完成的行为，彻底果断地交由市场完成。要建立反应市场经济规律、适应市场变化发展的产权管理机制和体制。唯有如此，我们的产权管理工作才会随着市场经济的不断发展而发展。过去，我们建立和完善产权管理制度体系，推进产权交易市场建设，取得了很大成绩，正是因为在工作中坚持了依法合规，遵循市场机制。今后，更要自觉、主动地牢牢把握这一原则，推动国有产权管理工作提升到新水平上。

（三）密切注意防范工作中的法律风险。

近些年来，国资委作为出资人代表在工作中面临的法律风险越来越大，已发生多起涉及各级国资委的法律案件，其中产权管理的案件占较大比重，是目前案件发生最多的领域。且案件逐年增长的趋势比较明显。究其原因，主要有以下几个方面：一是超越了国资委的出资人职责范围，如对包含非国有经济成分的企业产权进行产权界定。二是国资委履行职责的程序欠缺，如有的地方国资委直接中止不符合规定的产权转让合同，从而引起法律纠纷。三是有关方面特别是一些司法机关对国有资产监管机构的定位，认识还不统一，如有的地方法院认为上级国资委无权对下一级企业的产权进行界定，有的地方法院则认为如上级国资委拒绝下一级企业的产权界定申请，则是行政不作为。随着国有资产管理体制改革和国有企业改革的逐步深入，特别是《企业国有资产法》实施后，我们在产权管理工作中还会面临更多的法律风险。为此，我们要坚持依法办事，牢牢把握出资人职责定位，同时严格规范工作程序，树立防范法律风险的意识。请各地国资委抓紧时间对产权管理中涉及审批、界定等工作内容进行一次全面清理，按照《企业国有资产法》、《国公司法》、《证券法》、《物权法》等法律法规的要求，找出容易出现法律风险的关键点，研究制定应对措施。

2009 年是充满挑战的一年，也是蕴含机遇的一年，让我们以科学发展观为指导，坚持实事求是，与时俱进，坚持依法合规，遵循市场机制，锐意进取，不断创新，深化改革，努力谱写企业国有产权管理事业的新篇章，以优异的成绩迎接新中国成立 60 周年！

做优做强蓝筹股市场

上海证券交易所理事长　耿　亮

（2009 年 3 月 9 日）

全国政协委员、上海证券交易所理事长耿亮上周六在接受记者采访时表示，上交所对资本市场的发展充满信心，今年上交所将积极发展蓝筹股市场。为推动上市公司兼并重组，他透露，在必要的时候，上交所不惜自掏腰包聘请专业机构帮助上市公司制订重组方案。而在产品创新方面，他表示，今年深沪交易所正共同研究推出沪深 300ETF，上交所还准备开发行业 ETF。

三大举措推动兼并重组

耿亮说，今年上交所发展蓝筹股市场的目标不动摇，上交所将积极保证市场安全运行，确保证券交易所的交易者安全。据他介绍，上交所刚刚成立时“老八股”市值还不足百亿，而截至 3 月 3 日，市值过百亿元的企业已经有 131 家，其中在千亿元以上的就有 16 家，“可以说从 2007 年以来，上交所作为世界前列的蓝筹股市场的框架基本确立”。最新统计显示，在全世界主要证券交易所排名中，上交所的市值和交易量指标，分别位列第六、七位。

为进一步发展上交所蓝筹股市场，耿亮表示，已着手采取三大主要措施，进一步推动上市公司重组兼并、做优做强。

一是从去年第四季度开始，组织九个小组，由总经理、副总经理带队，分别前往全国 18 个省的 53 家有重组、兼并意向的上市公司调查研究、上门服务，帮助企业出主意，推动上市公司兼并重组。

二是专门成立“发行上市部”和“上交所北京中心”两个新部门，重点做好推动上市公司的重组兼并工作。

三是在必要的时候，上交所还准备自掏腰包聘请财务、法律等专业机构，到准备进行重组兼并的上市公司，帮助它们研究制订方案进行重组兼并，力争取得实效。

债市积极引入上市银行

在积极发展交易所债券市场方面，耿亮坦言，上交所债券市场的发展相对比较薄弱，债券市场的托管量只有 3000 多亿元，日均交易量 121 亿元，其中现货交易日均仅 20 亿元，回购交易日均成交 100 亿元，品种上也只有国债、企业债、公司债、可转债四类。为此，上交所已经将进一步发展债券市场列为今年的重点工作之一。

针对不久前出台的准许上市商业银行进入交易所债市的政策，耿亮表示非常欢迎上市银行尽快进入交易所债市。他介绍说，上交所已经开始对 14 家上市银行逐一走访，让商业银行进一步重温、熟悉上交所的债券交易规则和交易方式，同时对交易所自身的债券交易规则进行修订，使其更加方便快捷，进一步适应商业银行的交易习惯，同时也对交易所的固定收益率平台进行全面检查，保证商业银行进入交易所市场以后的交易安全。

他透露，上交所正在积极推动债券市场的后台建设，力争在有关部门的支持下，逐步形成统一互联的债券市场。

筹建大宗交易信息平台

耿亮说，大宗交易平台的推出是上交所交易方式的一项改革。上交所在2003年就建立了大宗交易制度，但从这几年的情况看，大宗交易市场真正发挥作用是在去年证监会鼓励“大小非”进大宗交易市场减持之后，而且投资者经过几年的实践也认识了大宗交易的优越性。

据耿亮介绍，去年上交所大宗交易量比上一年增长了10倍，交易笔数比上一年增长12倍。由于为盘后交易，且只计入当日交易量而不计入指数，大宗交易可以有效减少对二级市场的冲击。因此，大宗交易仍然有广阔的发展空间，但现在“大宗交易的困难在于难以找到交易对手”，为此，耿亮称，上交所今年准备建立大宗交易信息平台，为交易双方进一步提供及时信息，同时进一步开辟大宗交易专场，为机构投资者提供更简单、便利的交易条件。

研究推出沪深300ETF

在今年的新产品创新方面，耿亮表示，在全球金融危机的形势下，推进产品创新要坚持稳定的原则，要把产品创新的力度、产品开发的深度同市场可以接受的程度结合起来。

他透露，今年上交所将主要在ETF产品的深度上进行开发，目前正在和深交所共同研究推出沪深300ETF指数基金。“这将是一个跨市场的产品，覆盖了中国市场最主要的股票，覆盖面强、交易简便、交易手续费很低”，他说，而沪深300指数同时又是指数期货的标的物，推出沪深300ETF也有利于股指期货推出以后投资者的套期保值和套利交易。

他透露，在重点研究沪深300ETF的同时，上交所还准备开发行业ETF，并研究开发债券ETF。

资本市场发展基础牢固

耿亮表示，学习总理政府工作报告，结合中国资本市场的实际发展的情况，上交所有信心、也有决心，规范稳定地推进资本市场的建设。在他看来，信心来源于四个方面。

首先，中国经济的基本面和长期向好的发展趋势没有变，这也是中国资本市场平稳发展基础的信心来源。

第二，中国资本市场的总体框架是健康的。几年来中国证监会推动了股权分置改革、实施了证券公司的综合治理、解决了大股东长期占用上市公司资金的问题，这三项改革为中国资本市场的发展奠定了坚实的基础。

第三，证监会也推出了鼓励大小非到大宗市场交易、鼓励上市公司回购股份、鼓励大股东增持股份等一系列具体措施。这些政策有的已经开始发挥作用，有些作用正在开始发挥。

最后，虽然2008年市场经历了最困难的一年，但是广大投资者对于资本市场的投资热情并没有降低。

从这四个方面来看，中国经济的基本面和长期发展趋势依然向好，资本市场结构是健康的。因此，耿亮表示，他个人和上交所对中国资本市场的发展都是充满信心的。

投资者对资本市场信心增强

上海证券交易所理事长　耿　亮

（2009年4月7日）

日前，上海证券交易所举行2009年度新闻宣传座谈会。这是上交所连续第六年召开新闻宣传座谈会，上交所理事长耿亮、总经理张育军介绍了上交所2009年的主要工作。证券时报等15家主要媒体的负责人参加座谈会，并就上交所市场的稳定与发展进行了积极与深入的讨论。

耿亮表示，上交所始终与新闻媒体保持着良好的工作关系，他感谢媒体在中国证券市场发展中所做出的贡献。他说，2009年对中国经济和资本市场是机遇和挑战并存的一年，面对挑战，我们要坚定信心，保持稳定，迎难而上，努力把上交所的工作做得更好，努力为国民经济的发展、为上海国际金融中心的建设、为中国资本市场的发展做出更大努力。

耿亮认为，坚定信心来自于以下方面：首先，我国国民经济总体向好的趋势没有改变；第二，中国资本市场的基础是健康的，这得益于证券市场前几年推进的一系列改革，包括股权分置改革，以及证券公司综合治理和提高上市公司治理水平的不懈努力；第三，信心来自于政府保增长、扩内需的宏观经济政策，以及监管部门正在不断推出的支持证券市场发展的政策；第四，广大投资者对中国资本市场的信心增强，这种信心突出表现在交易量的增长上。

耿亮强调，今年上交所的首要任务就是保持市场的稳定发展，首先是保证交易安全和市场的平稳运行；第二，要坚定不移地推进蓝筹股市场建设。今年上交所将积极采取措施支持上市公司兼并重组，进一步帮助上市公司做优做强；第三，上交所要迎难而上，以完善大宗交易市场为重点，推出大宗交易市场的信息平台，进一步完善市场交易机制；第四，在产品创新方面，今年上交所将进一步发展ETF，适时开发推出沪深300指数ETF；第五，利用上市商业银行重返交易所债券市场的契机，进一步加强债券市场建设。

全力以赴迎创业板

深圳证券交易所理事长　陈东征

（2009 年 3 月 9 日）

全国政协委员、深圳证券交易所理事长陈东征昨日在接受媒体采访时透露，创业板正式推出之后，首批上市企业规模将不会少于 8 家。他表示，深交所对于推出创业板的准备工作将“持之以恒、痴心不悔、最终有成”。同时，陈东征表示，扩大股份代办系统试点已经时不我待。现在代办股份转让系统仅供机构投资者参与，但今后随着市场的成熟，交易门槛会越来越低。

推进改革，创业板是应有之义

温家宝总理政府工作报告在关于金融改革的论述上言简意赅，提出要推进资本市场的改革，保持资本市场的稳定。陈东征认为，而对总理报告权威、完整的解读应该以发改委“关于 2008 年国民经济和社会发展计划执行情况与 2009 年国民经济和社会发展计划草案的报告”为标准。报告提出，推进资本市场改革的内容包括，发展多层次的资本市场、积极稳妥推出创业板，进一步完善创业投资、股权投资、债权融资的市场制度和环境，健全市场化发行机制和发债主体自我约束机制。

“总理政府工作报告体现了中央对资本市场的信心，再把发改委报告的内容加在一起，就可以看到一个比较完整清楚的资本市场发展趋势。”陈东征说。

制度设计防范创业板风险

创业板的风险肯定要高于主板，那么怎么看待创业板、看待多层次市场发展中的风险呢？对此，陈东征表示，资本市场的风险是客观存在的，我们不能期望在改革过程中回避任何风险就可以推进改革前进。作为深交所，就要在证监会领导下，在建设多层次资本市场的进程中，及时防范化解，力争不出现系统性风险隐患和防止爆发重大恶性事件，这是深交所在多层次市场建设中力争达到的目标。

“实际上，对中小企业的风险要一分为二地看，小企业也有其自身的优势。”陈东征进一步说。根据对深圳中小板 270 多家上市公司业绩快报的统计，六成的企业 2008 年盈利，比 2007 年还有所增长，三成多公司盈利比 2007 年下降，真正亏损的只有 18 家，不足 10%。“可以肯定地说，中小企业去年的状况比主板状况要好。”他表示，有了中小板的成功实践，深交所有信心让多层次资本市场健康发展。

不过，未来的创业板也将以高门槛、合格投资者等一些制度设计来防范风险。对此，他形容是“用心良苦”的设计，并特别希望投资者能够理解，保持一个平和的心态，况且合格投资者制度也不是一成不变的。他特别提醒投资者，创业板风险高于主板，决不能再迷信过去所谓的“炒新”，不要把“买菜钱”都拿来炒股。

首批创业板企业不少于 8 家

“现在多层次市场就是深交所最大的创新。”在被问到如何创新时，陈东征如是答道。深交所要在今后若干年内全力以赴支持中小企业的发展，为中小企业的成长发展打造一个公平高效的资本市场平台。

那么创业板推出之后，首批上市规模成为市场关心的重点问题。陈东征表示，首批中小板上市企业是 8 家，预计创业板首批上市的企业数量不会低于这个规模。他同时表示，创业板后备资源很多，中国不缺企业资源，目前的情况是资本市场发展远远不能适应企业的需求。他介绍说，由于受到金融危机的影响，一些原来准备到创业板上市的企业经营业绩受到影响，不再符合创业板的标准，但是仍然有很多企业符合条件。

关于创业板何时推出的问题，陈东征说，中国的改革是一个渐进式的过程，虽然创业板迟迟未能推出，但深交所一直在全力以赴地筹备，并将根据市场情况不断修改和完善，根本原则是要保护广大中小投资者的利益。

“从深交所的角度来讲，第一是持之以恒，第二是痴心不悔，第三是最终有成。”陈东征颇为诗意地回答。他希望，各界能进一步看到中小企业在中国经济发展的重要地位，国有大企业代表中国的经济实力，而中小企业则代表着中国经济的活力，是中国经济的明天。

加快多层次资本市场建设

陈东征今年提交的提案即名为《积极应对金融危机挑战，加快多层次资本市场体系建设》。他认为，在金融危机的背景下，应该加快多层次资本市场体系建设，让中小企业的发展获得资本市场的支持，这一方面可以起到示范效应，也可以撬动民间投资，使更多资金流入中小企业。

他表示，当前加快推进多层次资本市场体系建设非常必要和紧迫。在这次金融危机中受影响最大的就是中小企业，中小企业的融资难进一步加剧。为支持中小企业发展，近期党中央有关政策已经明确，要采取更加有力的措施扶持中小企业的发展，抓紧落实金融支持政策。为此，资本市场也要不断推进多层次市场建设，发挥对中小企业发展的支持作用。

陈东征表示，我国中小企业数目庞大，资本市场对中小企业发展所起的作用，更多的是引导、示范效应，是对中小企业信心的支撑。中小企业特别是科技型、高成长性中小企业，如果想在中国市场乃至世界市场占有一席之地，就必须借助资本市场的平台。为了实现这个目标，就会有一大批企业进行股份制改造，这一趋势和示范效应非常明显。银行扩大贷款规模、加强担保力度等措施非常必要，但它所解决的是中小企业生存的燃眉之急，不能解决发展的根本之需。应该看到有一批高成长性、高科技自主知识产权的企业，他们更需要的是能够促进其长期稳定发展的资本金。中关村园区上万家企业中，已经进行改制的约 300 家，正在进行改制的有 200 多家。如果中国的资本市场体系能够健全起来，能够为更多中小企业提供支持，那么这个示范效应非常大。

此外，在陈东征看来，发展多层次市场还可以有效启动民间投资。改革开放 30 年来让一部分人先富起来，这些富人的钱一定要找出路。如果多层次资本市场健康发展起来，能够为创业成长的中小企业提供融资舞台，而且不花政府花一分钱。

"应该说，应对危机，中小企业应该是保持经济平稳快速发展的主力军，是吸纳就业的主要力量。"他表示。而中小企业同时也是国家自主创新战略实施的主体。我们国家战略是到 2020 年实现完成国家自主创新的转型，那么就需要有一大批中小企业，特别高科技的中小企业来承担这个历史使命。因此现在就要按照党中央国务院的要求推进多层次资本市场建设。

在"沪港交易所更紧密合作协议"签约仪式上发言

上海证券交易所总经理　张育军

（2009 年 1 月 21 日）

2009 年 1 月 21 日，上证所与港交所签订"沪港交易所更紧密合作协议"，进一步加强彼此之间的合作。在其后的 2009 年工作策略发布会上，上海证券交易所总经理张育军总结了 2008 年工作，并介绍了 2009 年上证所主要计划。

以下为上海证券交易所总经理张育军在签约仪式上发言全文：

尊敬的屠光绍副市长，夏佳里主席，耿亮理事长，周文耀总裁，各位同仁及媒体的朋友们：

下午好。

今天，很高兴各位领导和朋友光临上海证券交易所，共同见证沪、港交易所签署更紧密合作协议。在这里，我就上交所过去一年的发展情况和今年的工作重点向大家做扼要介绍。

刚刚过去的 2008 年是极其不平凡的一年。中国各族人民同心同德、顽强拼搏，成功抗击南方部分地区严重低温雨雪冰冻灾害和四川汶川特大地震灾害，成功举办北京奥运会、残奥会，圆了中华民族百年奥运之梦。去年初以来，急剧恶化的国际金融危机又使中国经济发展蒙受较大影响，给中国资本市场的安全运行和健康发展带来了重大困难。截止 08 年底，上证综指 1820 点，股票市价总值 9.79 万亿元，全年股票基金总成交金额为 18 万亿元。

面对严峻的国际国内经济形势和持续低迷的市场行情，上交所按照中国证监会的工作部署，始终把维护市场健康稳定发展放在中心位置，坚持稳中求进、稳中求好、稳中求新，各项工作取得了显著成绩。我们主要做了以下八方面工作：一是全面部署、落实安全维稳，确保市场平稳运行；二是大力推动蓝筹股市场建设，着力开展并购重组服务；三是加快推进债券市场发展，完善固定收益电子平台；四是加大市场监管力度，强化一线监管职责；五是加强投资者教育，发展合格投资者队伍；六是勤俭办所、厉行节约，加强内部管理；七是重视发展战略，夯实基础建设；八是深入学习实践科学发展观，加强党建纪检工作。其中尤为突出的重点工作有：

一是全面部署、落实安全维稳，确保市场安全平稳运行。2008 年安全维稳任务相当繁重，上交所顶住各种压力，确保了各项业务平稳运行。首先，在市场行情剧烈震荡的情况下，上交所核心交易系统、通信、信息、网络等实现了全年安全运行，未发生任何严重影响市场交易的事故和故障。其次，基本妥善解决了南航权证到期、大庆联谊退市等引发的矛盾纠纷，有效化解了风险。信访接待工作有序进行，稳妥处置投资者群访等问题。第三，及时启动应急预案，成功应对南方特大雪灾和四川汶川大地震等突发情况，积极实施技术、业务等援助，确保灾备、通信系统正常运行。圆满完成"两会"和奥运会、残奥会期间特别保障任务。其四是成立了保卫部，完善安全维稳长效机制，切实维护了交易所办公场地安全。

二是大力推动蓝筹股市场建设，着力开展并购重组服务。大力发展蓝筹股市场是上海证券交易所坚定不移的战略目标，虽然 2008 年市场持续低迷，但上交所在推动并购重组、提升上市公司治理水平以及培育上市资源、研究国际板建设等诸多方面作了较大努力。首先，2008 年上交所成立了管理层带队、全所各部门参与的"重组服务行动小组"，全面开展并购重组服务行动，支持上市公司通过重组做优做强做大，全年证监会重组审核通过的沪市上市公司达四十余家。其次，上交所 08 年累计完成董事、监事、董秘等高管人员培训以及其他上市公司专题培训 16 批，人员 5000 余人，提高了上交所的服务水平。推出了上市公司社会责任披露指引和内控报告披露指引，进一步提高了上市公司公司治理水平。第三，积极发掘和培育境内外优质上市资源以及支持上市公司再融资，全年共有中煤能源等 5 家大型优质企业完成 IPO 上市，再融资公司达 84 家，共募集资金 2146 亿元。全年走访拟上市公司近 200 家，拜访部委、地方领导三十多次，提升了上交所的服务形象。第四，推动 H 股回归 A 股。上海电气等 H 股公司通过重组回归 A 股市场。

三是完善固定收益电子平台，加快推进债券市场发展。为完善市场结构、促进市场协调发展，上交所把加强加快债券市场建设作为 2008 年的工作重点，在规则修订、流程梳理、业务拓展、平台建设、市场推介等方面作了全面推进。首先加强了债券市场发展的基础性工作，修订《债券交易实施细则》，全面梳理业务流程，完成存量企业债记入账户，实现分离债新质押回购交易，更好地满足了市场的需求。其次，制订《固定收益证券综合电子平台交易暂行规定》，完善合格投资者准入制度和平台交易规则，组织一级交易商开展场外协议交易试点。第三，上交所专门成立了债券市场发展工作小组，着手债券远期及相关产品研究、方案设计、规则制定和技术准备工作。第四，强化市场推介，全年多次走访债券市场各类参与主体、为债券发行人上市提供咨询服务，全面减免债券市场交易费用，更好地促进了市场发展。2008 年上交所新增国债品种 26 只、公司债 14 只、企业债 8 只，与 07 年相比，各类债券交易量增长了 40%，托管量增长了 20%。

四是强化一线监管职责，加强投资者教育工作。作为自律组织，强化一线监管和加强投资者教育是上交所的重要职责。首先，通过创新监管手段，有效提高监管威慑和实效。针对异常交易行为，通过实施盘中临时停牌、限制违规账户交易等手段，有力维护市场秩序和“三公”原则。其次，进一步强化了上市公司监管和会员监管力度。第三，按照投资者教育、服务、监管、保护“四位一体”的思路，不断优化完善投资者教育工作的组织、方式、制度和理念，全方位加强投资者教育工作的规划和组织建设。出台了《个人投资者行为指引》，推出了上交所投资者教育网站。第四，规划出台合格投资者建设计划，大力推进合格投资者队伍建设，目前除证券公司、基金管理公司外，其他各类合格投资者队伍已达 300 余家。

五是重视发展战略，夯实制度基础。上交所一贯强调长期、可持续发展理念，2008 年在战略规划、产品创新、研发管理、国际交流等方面成效显著。首先，集全所智慧完成了上交所 2008－2020 年战略规划，为上交所未来 10 年发展指明了方向、目标和任务。其次，产品创新也有了新的发展。目前已在规则制定、系统开发、技术测试等方面做好了融资融券的推出准备。沪深 300(3734.622，99.80，2.75%)ETF 已经做好了发行上市的准备工作。第三，2008 年上交所设立了博士后工作站，目前首批博士后已经进站并开始证券市场专题研究。建成金融创新实验室并投入试运行，创新研发基地初步形成。第四，国际化步伐明显加快，2008 年上交所再次当选世界交易所联合会的董事会成员，与海外交易所签订合作谅解备忘录总数已达 33 家，上交所与其他交易所的合作由原来的单纯人员培训、高层互访发展到今天的信息互换、产品合作等更深更高层面的合作。

上交所 08 年的工作有四个主要特征，即一是把落实安全维稳工作放在首要位置；二是有效化解矛盾，注重风险处置；三是进一步提升了上交所的内部管理水平；四是夯实了市场发展的基础制度建设。

2009 年，上交所的发展面临着难得的战略机遇，即中央“保增长、扩内需、调结构”的政策措施将为上交所市场的发展提供有力支撑。国民经济战略性调整、产业升级需要上交所加快蓝筹股市场建设。“金融 30 条”的颁布将极大地促进交易所债券市场的发展。全球金融危机给上交所在产品、制度、技术、基础设施的建设和创新工作带来了机遇。已经成立 18 年的上交所在市场规模、管理水平、技术水平、经济实力、团队建设等方面积累了丰富的经验。我们对 2009 年保持市场健康平稳运行、资本市场长期稳定健康发展充满信心。

2009 年上交所工作的指导思想和总体要求是：全面贯彻党的十七大和十七届三中全会精神，以邓小平理论和“三个代表”重要思想为指导，深入学习贯彻落实科学发展观，在中国证监会的领导下，按照中央经济工作会议及刚刚落幕的全国监管工作会议的部署，扎扎实实落实“金融 30 条”提出的各项要求，解放思想，实事求是，振奋精神，抓住机遇，充分发挥资本市场应有的功能，更好地服务于国民经济平稳较快发展。2009 年上交所工作的基本主题是保稳定、促增长。主要工作有九项，分别涉及保持安全稳定运行、推动蓝筹股市场建设、发展债券市场、加强市场监管、强化投资者教育、推动市场创新、完善内部管理、加快基础建设和加强党建纪检工作。其中重点要抓好以下工作：

第一，确保市场安全稳定运行是 2009 年工作的首要任务。目前判断，2009 年安全维稳的形势比 08 年更为严峻，我们将面临更为复杂的国内外金融经济形势，上交所将坚决采取各种有效措施，确保市场安全稳定运行。首先是进一步提高现有交易、通信、信息系统运行的水平，完善应急处理机制，适时发布交易异常情况应急处置细则，建立及时有效的事前、事中、事后应急处理机制。其次，上交所准备了数年的新一代交易系统将于今年上线，所以我们将从技术、操作、组织协调等方面全面做好新一代交易系统上线各项准备工作，确保新老交易系统的平稳安全切换。第三，我们将构建以新一代交易系统为核心的技术体系架构和运行支持格局，提高安全运行管理的整体水平和处理突发事件的能力，做好技术管理和技术服务工作。第四，要通过完善信访工作规章制度、接待流程，利用公众服务热线、互联网监控等手段，不断加强信访维稳和办公场所的安全保卫工作。

第二，大力推进蓝筹股市场建设，发挥资本市场资源配置功能。真正落实国务院“金融 30 条”要求，服务于国民经济战略性调整和产业升级的整体部署。首先，上交所要进一步深化重组服务行动。上交所刚刚成立了发行上市部，一个重要任务就是要为有并购重组意愿的上市公司提供专业辅导和上门服务，推动上市公司并购重组，促进上市公司的行业整合和产业升级。其次，上交所将进一步深化与各地政府、行业主管部门、中介机构等的合作，充分挖掘优质上市资源，进一步优化我所发行上市工作。第三，2009 年上交所将推出上市公司社会责任指数、社会责任评级制度，进一步完善公司治理指数，提高上市公司治理水平。

第三，着力发展债券市场，服务国民经济建设。上交所将在技术系统、产品开发、市场推介、风险控制等各个方面全力推进交易所债券市场，进一步优化投融资结构，更好地服务国民经济建设。首先，我们将抓住证监会和银监会刚刚颁布的上市商业银行在证券交易所参与债券交易试点的有利时机，进一步完善交易所债券市场相关制度和服务措施，增强市场的吸引力。其次，我们将扩大债券发行规模，支持与基础设施、民生工程、灾后重建等相关的债券发行上市，稳步提高交易所债券市场的交易和托管规模。第三，上交所将加快债券市场技术系统建设，支持交易和结算模式的优化，促进债券市场的市场化发展。同时将加大债券市场创新力度，丰富债券市场品种，满足市场需求。第四，上交所将进一步完善债券市场发行规则与监管标准，建立健全公司债券市场规则体系，推动培育市场信用和评级体系，把上交所债券市场建设成为定位清晰、特色鲜明、优势明显、风险可控的市场。

第四，完善大宗交易市场，推进合格投资者队伍建设。目前内地市场投资者数量众多，风险认知水平和承受能力差异巨大，加快合格投资者制度建设是一种现实选择。而大宗交易市场功能的进一步完善，对于活跃市场，壮大合格投资者队伍，促进市场创新具有重大意义。首先要探索建立投资者资格准入制度，建立基于合格投资者的场内市场。其次，要充分评估近几年大小非减持和限售股流通的压力，进一步完善大宗交易的交易机制和方式，延长交易时间，降低申报门槛，争取大幅度提高大宗交易平台全年的交易量。第三，要探索在大宗交易平台上引入更多功能，使大宗交易市场能够有效地服务于大宗股份的定价和交易效率提升。

第五，加大创新力度，推动市场持续发展。创新是市场能够持续发展的动力，也是上交所近年来一直坚持的重要市场战略。2009 年上交所的创新工作重点仍然是放在推动产品创新和交易机制创新方面。首先，我们将大力发展 ETF 市场。力争年内推出沪深 300（3734.622，99.80，2.75%）ETF，同时将推出行业 ETF、债券 ETF 等，丰富 ETF 系列产品。其次，积极推出其他新产品。争取年内推出 REITs 产品。进一步修订完善上交所权证管理办法，规范和强化权证市场管理。第三，根据证监会的统一部署，在规则制定、业务办理、操作流程、技术系统、日常监管等方面全面做好融资融券交易试点工作的准备工作，争取尽早出台。第四，我们将以新一代交易系统上线为契机，根据市场情况和实际需求，逐步、有序释放新一代交易系统丰富的业务功能。

第六，继续加强基础建设，全面提升上交所核心竞争力。交易所的基础建设，涉及交易所的软、硬件环境，是交易所发展的重要保证，也是交易所核心竞争力的重要组成部分。首先，2009 年上交所将择机成立理事会下属的战略发展委员会和风险管理委员会，推进交易所治理机构的进一步完善。同时还将完善交易所项目审核和稽核制度，推进部门预算制度，持续提高交易所内部控制水平。其次，上交所将坚持人才强所战略，继续吸引国内外优秀人才加盟上交所，推进人才队伍建设和交易所文化建设。第三，年内完成上交所新办公大楼国际方案征集，完成项目设计工作，目标是努力建设成为上海国际金融中心的标志性建筑。年内还将加快上交所技术开发、创新研发和教育培训三大基地建设。第四，进一步加快上交所的国际化步伐。持续扩大上交所在国际行业组织和国际市场的影响力，深化与境内外其它交易所的深层次合作，推动国际金融机构参与中国资本市场，加快上交所国际化进程。

此外，继续深化市场监管、加强投资者教育、提高上交所市场服务水平以及继续加强内部管理和全面推进党建纪检工作都是上海证券交易所 2009 年的重要工作，囿于时间关系，我在这里就不再一一叙述了。在新的一年里，上交所全体员工，将齐心协力，坚定信心，努力工作，开拓进取，全力维护资本市场健康稳定发展，更好地服务于国民经济平稳较快增长。

再过几天就是中国 2009 年的新春佳节了，值此牛年来临之际，我谨代表上海证券交易所祝福大家新年快乐，万事如意！

谢谢大家。

创业板开设完善资本市场基本功能

深圳证券交易所总经理　宋丽萍

（2009 年 10 月 26 日）

深交所总经理宋丽萍 23 日接受了中央电视台专访。在谈及创业板开通心情时，她用“感慨万千”四字形容。

她说，筹备了十年的创业板终于推出，但深交所更多考虑的是挑战，感觉到压力还是蛮大。10 月 30 日，首批创业板公司就要挂牌，要做的工作也很多，分享喜悦的时间很短。创业板开设不论对我国建立创新型国家，还是资本市场功能完善，意义都非常重大。

创业板开设意义重大

她表示，创业板的开设意义重大，价值很高。不仅对我国建立创新型国家很有价值，就资本市场而言创业板的价值也很高。第一，创业板完善了资本市场的基本功能。在推出创业板这一过程中长时间的准备，实际上达到了全面提升资本市场质量的目的。资本市场的基本功能有两方面，一是要满足处于不同发展阶段公司的融资需求，二是要满足风险偏好不同的投资者对多元化投资产品的需求。从这两方面说，创业板推出进一步完善了资本市场的功能。

第二，创业板建设当中引进投资者适当性管理这一措施意义深远。不同于成熟市场，我国资本市场最大的特点是投资者结构以中小散户为主。风险承受能力较低的投资者占多数，成为市场创新的瓶颈，也是创业板、股指期货等产品这么多年没有推出来的原因之一。风险大的金融衍生产品推出的前提是必须把投资者分类管理，对应不同投资者推出不同产品。

没有这个前提新产品推不出来，即使推出之后系统性风险也很大。结果就是导致市场停滞不前。她还指出，创业板投资者适当性管理此时推出可谓水到渠成。证券公司经过多年综合治理，经营模式已经有了根本转变，不仅由买方市场向卖方市场转变，经营能力也比较强。去年结束的账户清理行动，使账户管理得到规范，也为推出投资者适当性管理打下一定基础。

创业板定价是世界难题

访谈中，央视记者提出，28 家创业板上市公司发行市盈率平均超过五十倍，最高达到 82.2 倍，是否存在发行价过高的问题。宋丽萍表示，创业板的定价是全世界难题。比如全球最成熟的美国市场，知名公司亚马逊 1997 年股价才 23 美元，1998 年达到 100 多美元。后来有投行根据模型测算认为其价值为 400 美元，到当年年底该公司股价达到 361 美元，现在则为 95 美元。在 2001 年股价最低时才五六美元。她认为，从技术角度来讲，创业板上市公司定价高是正常的，但也要看到我国创业板和成熟市场相比还有很大差距。如首批 28 家创业板上市公司定价整体都很高，确实有一些不成熟的表现。

有专家学者提出，创业板需要快速上规模，否则很容易被边缘化。宋丽萍认为，创业板需要有一批质量比较好的上市公司，而且要有一定规模。上市公司越多越好，但也有个过程。目前中小板公司数量刚达到300家，也是很活跃的市场，没有被边缘化，最重要的还是公司质量。

宋丽萍还指出，后备上市资源的质量对创业板成败至关重要。深交所过去六年，举全所之力做的一项重要工作就是上市公司培育。不仅在全国各省市都建立了联合培育机制，全国54个高科技园区也都推出了具体培育项目。几年的培育取得重大社会效益，即促使中小企业经营"阳光化"，通过补缴税款、推动环保等方面客观上起到给中小企业规范化运作"补课"的效果。

公司规范管理超募不是问题

首批上市的28家创业板公司计划募集70.78亿元，实际募资154.78亿元，超募比例为119%。因此，创业板公司资金超募成为投资者非常关注的问题。宋丽萍表示，为规范管理超募资金，深交所在制度设计上借鉴了中小板募集资金专户存储制度。从中小板过去五年实践经验来看，深交所对该项制度有信心。现在中小板上市公司达300家，大多数公司只要规范使用募集资金，现在看还没有大的风险。

她认为，超募资金是否会出现问题关键还是看上市公司管理团队是否规范运作、稳健经营。2001年，用友软件是核准制下第一家市场化发行的上市公司，当时募集资金将近9亿元，市盈率64倍，股价达到36元，也出现超募现象。现在来看，因为管理团队有效利用了这些资金，从上市时单纯的财务软件公司，发展成财务软件和企业管理软件并举的综合性软件公司，并对上下游公司实行了一些收购兼并，显示出它们对超募资金用得很好。前几年，也有发行20多倍市盈率的公司，筹集资金就一两个亿，但由于不规范运作，也不坚持稳健经营的理念，导致资金使用效果非常差。

距离30日创业板挂牌还有不到一周时间，宋丽萍表示，目前考虑最多的问题之一是防爆炒。她说，新股首日上市确实是一个非常特殊的时期，因为它是一级市场和二级市场的结合部。市场有时候是失灵的，一级市场的失灵，跟二级市场的失灵，在上市首日很可能产生共振。市场的核心功能是定价，市场成熟的重要标准之一就是价格水平。如果价格炒得过高，远离上市公司价值，市场风险肯定很大。为防止爆炒，深交所可谓"全力以赴，绞尽脑汁"。首先，自中小板恢复新股发行以来，就在媒体上连篇累牍地发表投资者教育文章，提示新股上市首日交易风险，用数据说明上市首日投资者亏损率非常高，有的甚至亏损百分之九十多；其次，在制度设计上，创业板在中小企业板现有新股上市首日开盘价±20%、±50%临时停牌阀值的基础上，新增±80%停牌阀值且直接停牌至14:57，旨在给市场冷静思考的时间。

国务院常务会议通过汽车和钢铁产业调整振兴规划

（中国网 2009年1月14日）

国务院总理温家宝14日主持召开国务院常务会议，审议并原则通过汽车产业和钢铁产业调整振兴规划。

会议认为，汽车、钢铁产业是国民经济重要支柱产业，涉及面广、关联度高、消费拉动大。制定实施汽车和钢铁产业调整振兴规划，对于推进汽车、钢铁产业结构优化升级，增强企业素质和国际竞争力，促进相关产业和国民经济平稳较快发展，都具有重要意义。

会议强调，加快汽车产业调整和振兴，必须实施积极的消费政策，稳定和扩大汽车消费需求，以结构调整为主线，推进企业联合重组，以新能源汽车为突破口，加强自主创新，形成新的竞争优势。一要培育汽车消费市场。从2009年1月20日至12月31日，对1.6升及以下排量乘用车减按5%征收车辆购置税。从2009年3月1日至12月31日，国家安排50亿元，对农民报废三轮汽车和低速货车换购轻型载货车以及购买1.3升以下排量的微型客车，给予一次性财政补贴。增加老旧汽车报废更新补贴资金，并清理取消限购汽车的不合理规定。二要推进汽车产业重组。支持大型汽车企业集团进行兼并重组，支持汽车零部件骨干企业通过兼并重组扩大规模。三要支持企业自主创新和技术改造。今后三年中央安排100亿元专项资金，重点支持企业技术创新、技术改造和新能源汽车及零部件发展。四要实施新能源汽车战略。推动电动汽车及其关键零部件产业化。中央财政安排补贴资金，支持节能和新能源汽车在大中城市示范推广。五要支持汽车生产企业发展自主品牌，加快汽车及零部件出口基地建设，发展现代汽车服务业，完善汽车消费信贷。

会议指出，加快钢铁产业调整和振兴，必须以控制总量、淘汰落后、联合重组、技术改造、优化布局为重点，推动钢铁产业由大变强。一要统筹国内外两个市场。落实扩大内需措施，拉动国内钢材消费。实施适度灵活的出口税收政策，稳定国际市场份额。二要严格控制钢铁总量，淘汰落实产能，不得再上单纯扩大产能的钢铁项目。三要发挥大集团的带动作用，推进企业联合重组，培育具有国际竞争力的大型和特大型钢铁集团，优化产业布局，提高集中度。四要加大技术改造、研发和引进力度，在中央预算内基建投资中列支专项资金，推动钢铁产业技术进步，调整品种结构，提升钢材质量。五要整顿铁矿石进口市场秩序，规范钢材销售制度，建立产销风险共担机制。

会议审议并原则通过了《国务院关于修改＜特种设备安全监察条例＞的决定（草案）》，决定该草案经进一步修改后，由国务院公布施行。

国务院常务会通过轻工业和石化产业调整振兴规划

（中国网　2009 年 2 月 19 日）

国务院总理温家宝 19 日主持召开国务院常务会议，审议并原则通过轻工业和石化产业调整振兴规划，决定进一步加大"家电下乡"政策实施力度。

会议认为，轻工业是丰富人民物质文化生活的重要产业，承担着繁荣市场、扩大就业、服务"三农"的重要任务。振兴轻工业，必须采取综合措施，努力扩大城乡市场需求，巩固和开拓国际市场；加快自主创新，推动结构调整和产业升级，走绿色生态、质量安全和循环经济的新型发展之路。一要积极扩大城乡消费，增加国内有效供给。改善外贸服务，保持出口市场份额。二要加快技术进步。重点推进装备自主化和关键技术产业化，加快造纸、家电、塑料等行业的技术改造。建立产业退出机制，推进节能减排和环境保护。三要强化食品安全。整顿食品加工行业，提高准入门槛，健全召回和退市制度，加大对制售假冒伪劣产品违法行为的惩处力度。四要加强自主品牌建设，支持优势品牌企业跨地区兼并重组，提高产业集中度。五要加强产业政策引导，推动产业转移，培育发展轻工业特色区域和产业集群。六要加强企业管理，全面提高轻工产品质量。会议决定，对部分劳动密集型和技术含量高、节能环保的产品取消加工贸易限制。进一步提高部分轻工产品出口退税率。加大对中小轻工企业的财税和信贷支持。进一步扩大"家电下乡"补贴品种，将微波炉、电磁炉两类产品纳入补贴范围，并将每类产品每户只能购买一台的限制放宽到两台，中央财政加大对民族地区和地震重灾区的支持力度。

会议指出，石化产业资源资金技术密集，产业关联度高，经济总量大，对促进相关产业升级和拉动经济增长具有举足轻重的作用。振兴石化产业，必须在稳定石化产品市场的同时，加快结构调整，优化产业布局，着力提高创新能力和管理水平，不断增强产业竞争力。一要保持产业平稳运行。落实国家扩大内需、振兴重点产业和粮食增产等综合措施，拉动石化产品消费。加强进出口监管，完善能源产品价格形成机制。二要提高农资保障能力。调整化肥农药生产结构，优化资源配置，降低成本，增加供给。完善化肥淡储制度，加强农用柴油供应网络建设。三要统筹重大项目布局，大力推进技术改造。抓紧组织实施在建炼油、乙烯重大项目，增强产业发展后劲。推广资源综合利用和废弃物资源化技术，发展循环经济。四要控制总量、淘汰落后产能。停止审批单纯扩大产能的焦炭、电石等煤化工项目，坚决遏制煤化工盲目发展势头。五要加大政策扶持。抓紧落实成品油储备，完善税收政策，增加技改投入，加大对石化企业的信贷支持。六要完善公司治理结构，加强科学决策，增强风险防控能力，提高石化企业管理水平。

会议审议通过了部分国务院组成部门、直属机构、办事机构和部委管理国家局的主要职责、内设机构和人员编制规定。

国务院原则通过船舶工业调整振兴规划

（中新网　2009 年 2 月 12 日）

中新网 2 月 11 日电，国务院总理温家宝 11 日主持召开国务院常务会议，审议并原则通过了船舶工业调整振兴规划。

会议认为，船舶工业是为水上交通、海洋开发及国防建设提供技术装备的现代综合性产业，对钢铁、化工、轻纺、装备制造、电子信息等重点产业发展具有较强的带动作用。当前，我国船舶工业正处在由大到强转变的关键时期，制定和实施船舶工业调整和振兴规划，对于巩固和提升我国船舶工业的国际地位，促进国民经济平稳较快发展，具有重要战略意义。

会议强调，加快船舶工业调整和振兴，必须采取积极的支持措施，稳定造船订单，化解经营风险，确保产业平稳较快发展；控制新增造船能力，推进产业结构调整，提高大型企业综合实力，形成新的竞争优势；加快自主创新，开发高技术高附加值船舶，发展海洋工程装备，培育新的经济增长点。一要稳定船舶企业生产；二要扩大船舶市场需求；三要发展海洋工程装备；四要积极发展修船业务；五要支持企业兼并重组；六要加强技术改造，提高自主创新能力。

会议决定，鼓励金融机构加大船舶出口买方信贷资金投放；将现行内销远洋船财政金融支持政策延长到 2012 年；抓紧研究出台鼓励老旧船舶报废更新和单壳油轮强制淘汰政策；今后 3 年暂停现有船舶生产企业新上船坞、船台扩建项目；在新增中央投资中安排产业振兴和技术改造专项，支持高技术新型船舶、海洋工程装备及重点配套设备研发。

物流业调整振兴规划获原则通过

（中国网 2009年2月26日）

国务院总理温家宝25号主持召开国务院常务会议，审议并原则通过物流业调整振兴规划。

国务院常务会议认为，物流业是融合运输、仓储、货运代理和信息等行业的复合型服务产业，涉及领域广，吸纳就业人数多，促进生产、拉动消费作用大。但是我国物流业总体水平落后，严重制约国民经济效益的提高。必须加快发展现代物流，建立现代物流服务体系，以物流服务促进其他产业发展。

一要积极扩大物流市场需求，促进物流企业与生产、商贸企业互动发展，推进物流服务社会化和专业化。

二要加快企业兼并重组，培育一批服务水平高、国际竞争力强的大型现代物流企业。

三要推动能源、矿产、汽车、农产品、医药等重点领域物流发展，加快发展国际物流和保税物流。

四要加强物流基础设施建设，提高物流标准化程度和信息化水平。会议确定了振兴物流业的九大重点工程，包括多式联运和转运设施、物流园区、城市配送、大宗商品和农村物流、制造业和物流业联动发展、物流标准和技术推广、物流公共信息平台、物流科技攻关及应急物流等。

会议要求，各地区、各有关部门要加强组织协调，深化物流管理体制改革，完善政策法规体系，多渠道增加投入，加快物流人才培养，促进我国物流业平稳较快发展。

有色金属产业调整振兴规划获国务院原则通过

（中国网 2009年2月26日）

国务院总理温家宝25号主持召开国务院常务会议，审议并原则通过有色金属产业调整振兴规划。

国务院常务会议认为，有色金属产品种类多，应用领域广，关联度大，在经济社会发展中发挥着重要作用。推进有色金属产业调整和振兴，要以控制总量、淘汰落后、技术改造、企业重组为重点，推动产业结构调整和优化升级。

一要稳定和扩大国内市场，改善出口环境。调整产品结构，满足电力、交通、建筑、机械、轻工等行业需求。支持技术含量和附加值高的深加工产品出口。

二要严格控制总量，加快淘汰落后产能。

三要加大技术改造和研发力度，推动技术进步。开发前沿共性技术，提高装备工艺水平和关键材料加工能力。

四要促进企业重组，优化产业布局，加强企业管理和安全监管，提高产业竞争力。

五要充分利用国内外两种资源，增强资源保障能力。

六要加快建设覆盖全社会的有色金属再生利用体系，发展循环经济，提高资源综合利用水平。会议决定，国家安排贷款贴息支持企业技术改造，抓紧建立国家收储机制，调整产品出口退税率结构。

国务院通过纺织业和装备制造业振兴规划

（中国网 2009年2月4日）

中广网北京2月4日消息，国务院总理温家宝今天（4日）主持召开国务院常务会议，审议并原则通过纺织工业和装备制造业调整振兴规划。

会议认为，纺织工业是我国国民经济传统支柱产业和重要的民生产业，也是国际竞争优势明显的产业，在繁荣市场、扩大出口、吸纳就业、增加农民收入、促进城镇化发展等方面发挥着重要作用。加快振兴纺织工业，必须以自主创新、技术改造、淘汰落后、优化布局为重点，推进结构调整和产业升级，巩固和加强对就业和惠农的支撑地位，推进我国纺织工业由大到强的转变。

一要统筹国际国内两个市场。积极扩大国内消费，开发新产品，开拓农村市场，促进产业用纺织品的应用。拓展多元化出口市场，稳定国际市场份额。

二要加强技术改造和自主品牌建设。在新增中央投资中设立专项，重点支持纺纱织造、印染、化纤等行业技术进步，推进高新技术纤维产业化，提高纺织装备自主化水平，培育具有国际影响力的自主知名品牌。

三要加快淘汰落后产能。制定和完善准入条件，淘汰能耗高、污染重等落后生产工艺和设备。对优势骨干企业、兼并重组困难企业给予优惠支持。

四要优化区域布局。东部沿海地区要重点发展技术含量高、附加值高、资源消耗低的纺织产品。推动和引导纺织服装加工企业向中西部转移，建设新疆优质棉纱、棉布和棉纺织品生产基地。

五要加大财税金融支持。将纺织品服装出口退税率由14%提高至15%，对基本面较好但暂时出现经营和财务困难的企业给予信贷支持。加大中小纺织企业扶持力度，鼓励担保机构提供信用担保和融资服务，减轻纺织企业负担。中央、地方和企业都要加大棉花和厂丝收购力度。

会议指出，装备制造业是为国民经济各行业提供技术装备的战略性产业，关联度高、吸纳就业能力强、技术资金密集，是产业升级、技术进步的重要保障和国家综合实力的集中体现。加快振兴装备制造业，必须依托国家重点建设工程，大规模开展重大技术装备自主化工作；通过加大技术改造投入，增强企业自主创新能力，大幅度提高基础配套件和基础工艺水平；加快企业兼并重组和产品更新换代，促进产业结构优化升级，全面提升产业竞争力。

一要依托高效清洁发电、特高压变电、煤矿与金属矿采掘、天然气管道输送和液化储运、高速铁路、城市轨道交通等领域的重点工程，有针对性地实现重点产品国内制造。

二要结合钢铁、汽车、纺织等大产业的重点项目，推进装备自动化。

三要提升大型铸锻件、基础部件、加工辅具、特种原材料等配套产品的技术水平，夯实产业发展基础。

四要推进结构调整，转变产业增长方式。支持装备制造骨干企业进行联合重组，发展具有工程总承包、系统集成、国际贸易和融资能力的大型企业集团。加快完善产品标准体系，发展现代制造服务业。会议要求，充分利用增值税转型政策，推动企业技术进步；在新增中央投资中安排产业振兴和技术改造专项；建立使用国产首台（套）装备风险补偿机制；增加出口信贷额度，支持装备产品出口；鼓励开展引进消化吸收再创新，对部分确有必要进口的关键部件及原材料，免征关税和进口环节增值税；加强企业管理和职工培训，改进生产组织方式，提高生产效率和产品质量；推进以企业为主体的产学研结合，鼓励科研院所走进企业，支持企业培养壮大研发队伍。

国务院通过电子信息产业调整振兴规划

（中国网　2009年2月19日）

国务院总理温家宝18日主持召开国务院常务会议，审议并原则通过电子信息产业调整振兴规划和西藏生态安全屏障保护与建设规划。

会议认为，电子信息产业是国民经济战略性、基础性和先导性支柱产业。在当前国际市场需求急剧下降、全球电子信息产业深度调整的形势下，振兴我国电子信息产业，必须强化自主创新，完善产业发展环境，加快信息化与工业化融合，着力以重大工程带动技术突破，以新的应用推动产业发展。

会议确定了今后3年电子信息产业的三大重点任务：一是完善产业体系，确保骨干产业稳定增长，着重增强计算机产业竞争力，加快电子元器件产品升级，推进视听产业数字化转型。

二是立足自主创新，突破关键技术，着重建立自主可控的集成电路产业体系，突破新型显示产业发展瓶颈，提高软件产业自主发展能力。

三是以应用带发展，大力推动业务创新和服务模式创新，强化信息技术在经济社会各领域的运用，着重在通信设备、信息服务和信息技术应用等领域培育新的增长点。

为此，一要落实内需带动，拓展电子信息产品应用和产业发展空间。

二要加大投入，集中力量实施集成电路升级、新型显示和彩电工业转型、第三代移动通信产业新跨越、数字电视推广、计算机提升和下一代互联网应用、软件及信息服务培育六大工程，鼓励引导社会资金投向电子信息产业。

三要强化自主创新能力建设。加快实施相关国家科技重大专项，支持优势企业兼并重组，完善公共技术服务平台。

四要促进发展服务外包，支持企业“走出去”建立研发、生产基地和营销网络。

五要加强政策扶持。加大鼓励软件和集成电路产业发展政策实施力度。落实数字电视产业政策，推进“三网融合”。调整高新技术企业认定目录和标准。继续保持电子信息产品出口退税力度，进一步发挥出口信贷和信用保险的支持作用。扩大中小企业集合发债试点。

会议指出，西藏是青藏高原的主体，是众多河流的发源地，生态系统独特多样，生态地位十分重要。中央和西藏自治区政府高度重视高原生态环境保护和建设，生态保护取得积极进展。但是，由于全球气候变化的影响，生态环境保护和建设任务繁重。要坚持生态环境保护优先，重视自然恢复，通过必要的保护和建设措施，实现西藏生态系统的良性循环，保障国家生态安全，改善农牧区生产生活条件，促进农牧民增收。会议强调，推进西藏生态环境保护和建设要科学规划，合理布局，突出重点，分步实施。继续开展退牧还草工程，加大防沙治沙工作力度，促进天然草地恢复；加强自然保护区、湿地和防护林体系建设，强化森林防火、有害生物防治和野生动植物保护，提高森林覆盖率；推进小流域综合治理，改善重点治理区生态系统；推进农牧区传统能源替代工程，积极实施小水电代燃料、农村沼气和太阳能建设;积极推广先进适用技术,加强监测体系和能力建设,提高生态治理的科学性。会议要求,西藏自治区政府要加强领导,做好规划组织实施,国务院有关部门要加强指导协调,共同推进西藏生态环境建设。

2008 年中国经济运行状况及 2009 年展望

(李晓超、王文波、刘国宁、刘爱华)

摘要:本文从 2008 年前三季度的各项经济指标的统计结果出发,对 2008 年经济发展的形势作出相应的判断,认为我国当前的宏观形势表现为经济运行平稳较快,价格涨幅持续回落。在此基础上提出要把握当前经济发展的主要矛盾,应对复杂多变形势,即需要密切关注经济增速的回落、密切关注居民消费价格涨幅的回落、密切关注社会资金流向的变化。本文对 2009 年经济发展的各种不利条件与有利条件进行了充分的阐述,提出要努力促进经济平稳快速发展,并提出通过财政政策促进经济增长、调整出口政策、扩大内需、理顺粮食价格等政策建议。

关键词:指标　消费价格　稳步增长

2008 年以来,面对国内接连不断发生的严重自然灾害的冲击和世界经济金融形势振荡多变的不利影响,党中央和国务院审时度势,果断决策,采取了一系列宏观调控应对措施,国民经济继续保持平稳较快发展,总体经济运行良好。展望 2009 年,尽管我国本轮经济周期调整与全球经济周期调整相重叠,将压缩国内外需求;金融危机对世界金融体系和实体经济的冲击仍在发展中,但前进中也存在很多有利条件和积极因素,只要统一思想,坚定信心,积极应对困难和挑战,国民经济仍可继续保持平稳较快发展。

一、经济运行平稳较快价格涨幅持续回落

初步测算,前三季度,国内生产总值 201631 亿元,同比增长 9.9%,比上年同期回落 2.3 个百分点。分产业看,第一产业增加值 21800 亿元,增长 4.5%,加快 0.2 个百分点;第二产业增加值 101117 亿元,增长 10.5%,回落 3 个百分点;第三产业增加值 78714 亿元,增长 10.3%,回落 2.4 个百分点。

1. 农业生产形势良好,工业生产增长放缓

初步统计,夏粮产量 1204 亿公斤,比上年增产 30.5 亿公斤,增长 2.6%;早稻产量 316 亿公斤,比上年略增 0.6 亿公斤;秋粮在面积扩大和单产提高的共同推动下,再获丰收已成定局。粮食总产预计将创造新的历史纪录,连续 5 年增产。棉花和糖料产量基本持平,油料产量恢复性增加。肉类产量继续增加,生猪生产恢复较快,前三季度,生猪出栏增长 5.8%,生猪存栏增长 6.6%,其中能繁母猪增长 12.4%。

前三季度,规模以上工业增加值同比增长 15.2%,比上年同期回落 3.3 个百分点。其中,第一季度增长 16.4%,第二季度增长 15.9%,第三季度增长 12.9%。重工业增长 16.0%,回落 3.6 个百分点;轻工业增长 13.1%,回落 3.0 个百分点。在 39 个大类行业中,有 4 个行业同比增速加快,分别是煤炭开采和洗选业、石油和天然气开采业、文教体育用品制造业和燃气生产供应业。

2. 投资稳定较快增长,消费增速继续加快

前三季度,全社会固定资产投资 116246 亿元,同比增长 27.0%,比上年同期加快 1.3 个百分点(扣除价格因素,实际增长 15.1%,回落 6.5 个百分点);城镇固定资产投资 99871 亿元,增长 27.6%,加快 1.2 个百分点。前三季度,房地产开发投资 21278 亿元,同比增长 26.5%,比上年同期回落 3.8 个百分点。

前三季度,社会消费品零售总额 77886 亿元,同比增长 22.0%,比上年同期加快 6.1 个百分点(扣除价格因素,增长 14.1%,加快 1.8 个百分点)。其中,第一季度增长 20.6%,第二季度增长 22.2%,第三季度增长 23.2%。

3. 出口增速有所回落,外商直接投资大幅增加

前三季度,进出口总额 19671 亿美元,同比增长 25.2%,比上年同期加快 1.7 个百分点。其中,第一季度增长24.6%,第二季度增长 26.9%,第三季度增长 24.3%。出口额 10741 亿美元,增长 22.3%,回落 4.8 个百分点。其中,第一季度增长 21.4%,第二季度增长 22.4%,第三季度增长 22.9%。进口额 8931 亿美元,增长 29.0%,加快 9.9 个百分点。其中,第一季度增长 28.6%,第二季度增长 32.6%,第三季度增长 26.0%。前三季度,贸易顺差 1810 亿美元,同比减少 47 亿美元。

前三季度,全国新批设立外商投资企业 20801 家,同比下降 26.3%;实际使用外资金额 744 亿美元,增长 39.9%,比上年同期加快 29.0 个百分点。

4. 居民消费价格涨势放缓,生产价格涨幅出现回落

前三季度,居民消费价格同比上涨 7.0%,比上年同期上升 2.9 个百分点,但比上半年回落 0.9 个百分点。其中,翘尾因素影响 4.3 个百分点,比上半年减少 0.8 个百分点;新涨价因素影响 2.7 个百分点,比上半年减少 0.1 个百分点。分类别看,食品价格同比上涨 17.3%,占价格总水平上涨的80.4%,比上年全年减少 5.0 个百分点;居住价格上涨7.0%,占价格总水平上涨的 14.9%,比上年全年减少 2.5 个百分点。

前三季度,工业品出厂价格同比上涨 8.3%,比上年同期上升 5.6 个百分点,比上半年上升 0.7 个百分点(9 月份同比上涨 9.1%,涨幅比上月回落 1.0 个百分点)。原材料、燃料、动力购进价格上涨 12.4%,比上年同期上升 8.6 个百分点,比上半年上升 1.3 个百分点(9 月份同比上涨 14.0%,涨幅比上月回落 1.3 个百分点)。

前三季度,全国 70 个大中城市房屋销售价格同比上涨 8.5%,涨幅比上年同期上升 1.8 个百分点。其中,第一季度上涨 11.0%,第二季度上涨 9.2%,第三季度上涨 5.3%。

前三季度,固定资产投资价格同比上涨 10.3%,比上年同期上升 7 个百分点,比上半年上升 0.3 个百分点。其中,第一季度上涨 8.6%,第二季度上涨 11.3%,第三季度上涨 11.1%。

5. 财政收入增速回落,企业实现利润稳定增长

前三季度,全国财政收入 48947 亿元,同比增长 25.8%,比上年同期回落 5.6 个百分点。其中,第一季度增长 35.5%,第二季度增长 31.4%,第三季度增长 10.5%。全国财政支出 36428 亿元,同比增长 25.5%,比上年同期加快 0.2 个百分点。财政收支相抵,收大于支 12519 亿元,同比增加 2618 亿元。

1~8 月份,全国规模以上工业企业实现利润 18685 亿元,同比增长 19.4%,虽比上年同期回落 17.6 个百分点,但考虑到 2006~2007 年连续两年高速增长的基数因素,仍属比较快的速度。在 39 个工业大类中,34 个行业利润同比增长,4 个行业利润同比下降,1 个行业亏损。

6. 货币信贷增速回落,新增存款大幅增加

9 月末,广义货币(M2)45.3 万亿元,同比增长 15.3%,比上年 9 月末回落 3.2 个百分点;狭义货币(M1)15.6 万亿元,增长 9.4%,回落 12.6 个百分点;流通中现金(M0)31725 亿元,增长 9.3%,回落 3.7 个百分点。9 月末,金融机构各项贷款余额 296477 亿元,比年初增加 34803 亿元,同比多增 1201 亿元。各项存款余额 454942 亿元,比年初增加 65601 亿元,同比多增 18113 亿元。前三季度,货币净投放 1350 亿元,同比少投放 608 亿元。

9 月末,国家外汇储备余额 19056 亿美元,比年初增加 3773 亿美元,同比多增 100 亿美元。

7. 城镇新增就业继续增加,城乡居民收入继续增长

前三季度,全国城镇新增就业人员 936 万人,完成全年目标任务的 94%,下岗失业人员实现再就业 409 万人,为全年目标任务的 82%,就业困难人员实现就业 119 万人,为全年目标任务的 119%。

前三季度,城镇居民人均可支配收入 11865 元,比上年同期增长 14.7%,扣除价格因素,实际增长 7.5%,比上年同期回落 5.7 个百分点。农村居民人均现金收入 3971 元,增长 19.6%,扣除价格因素,实际增长 11.0%,回落 3.8 个百分点。

以上情况表明,尽管国民经济发展遇到了多年少见的错综复杂的困难局面,但党中央、国务院审时度势,从容应对。面对国内接连不断发生的自然灾害,作出了"一手抓抗灾救灾,一手抓经济社会发展"的总体部署;面对国民经济运行出现的新情况,将"双防"的调控方针及时调整为"一保一控";面对国际金融市场动荡的日趋加剧,冷静观察,多管齐下,有效缓解了外部冲击的不利影响。随着这些措施的贯彻落实,国民经济总体上继续保持平稳较快发展,通货膨胀得到有效控制,金融体系稳健运行,总体形势是好的。

一是经济仍然保持平稳较快增长。尽管从动态看,第三季度国内生产总值增长 9%,比第二季度回落 1.1 个百分点,但前三季度国内生产总值增速仍达到 9.9%。这个增速高于改革开放以来 9.8% 的年平均增速,而且与世界经济特别是美国、欧盟、日本等主要经济体的普遍低迷形成鲜明对比。

二是消费价格涨幅回落趋势明显。尽管前三季度居民消费价格同比涨幅高于 2007 年,但回落之势明显。居民消费价格涨幅自 5 月份以来已经连续 5 个月回落,9 月份同比涨幅已回落到 4.6%,控制通货膨胀取得明显成效。

三是结构调整取得积极进展,工业结构有所改善。前三季度,高耗能行业生产同比增长 13.2%,比上年同期回落 6.4 个百分点,低于规模以上工业增速 2 个百分点;高技术制造业增加值增长 16.5%,只回落 1.5 个百分点,比全部规模以上工业增速高 1.3 个百分点。农业生产获得较好收成,全国粮食连续 5 年增产,生猪生产在多项政策的作用下已经恢复,猪肉供应趋于稳定。中西部地区生产和投资增长明显快于东部。前三季度中西部地区规模以上工业增加值同比增长 18.4%,比东部高 4.8 个百分点;中西部地区投资同比增长 32.6%,比东部高 9.9 个百分点。

四是经济运行质量继续提高。前三季度财政收入同比增长 25.8%,增速虽然回落,但与过去 5 年比,增速比较快;1~8 月份规模以上工业企业利润增长 19.4%,增速虽然回落较多,但扣除石油加工、电力行业,增速在 36.3%,接近高增长的 2007 年增幅;城乡居民收入继续较快增长。

二、把握主要矛盾应对复杂多变形势

综合 2008 年的经济运行状况,国民经济正处在一个紧要关口。国际金融发生了急剧的重大变化,世界经济急剧减速的风险增大;国内经济增速减缓已经显现,有些矛盾和问题还比较突出。在国内和国际联系日益紧密的形势下,要对国际金融、经济走势冷静观察,准确把握经济运行中的主要矛盾,密切关注经济运行中的主要问题。

1. 密切关注经济增速的回落

2007 年下半年以来,经济增速已连续 5 个季度呈现逐步回落的态势。2008 年第一季度经济增长 10.6%,第二季度增长 10.1%,第三季度增长 9.0%。经济增速的回落,符合宏观调控的方向,是我们所期望的,有利于缓解因连续多年快速增长带来的生产要素和生产环节绷得太紧的矛盾,有利于避免经济出现过热,有利于控制通货膨胀。经济增速的回落,既有经济运行的周期性变化,也受到一些特殊因素的影响。

一是世界经济的减速和金融的剧烈振荡,影响了我国国外需求的增长。前三季度,出口同比增长 22.3%,比上年同期回落 4.8 个百分点。贸易顺差 1810 亿美元,同比减少 2.5%,其中一般贸易顺差下降 47.1%。沿海地区所受的影响更为明显,1~8 月,广东出口增速同比回落 12.1 个百分点,浙江回落 5.6 个百分点,江苏回落 4.3 个百分点。

二是雨雪冰冻灾害、特大地震灾害等自然灾害对部分地区经济增速造成不利影响。2 月份,湖南规模以上工业增加值同比仅增长 3.4%,贵州下降 20.7%。5 月份,受特大地震灾害影响,四川规模以上工业增加值同比增长 3.6%,比 1~4 月回落 21.5 个百分点。上半年,四川地区生产总值增速 9.1%,比上年同期回落 4.6 个百分点。

三是为落实奥运会环保措施,部分地区经济增速明显回落。北京 7 月份规模以上工业增加值同比仅增长 2.8%,8 月份下降 9.1%,9 月份下降 6.4%;河北 7 月份增长 13.3%,8 月份增长 7.3%,9 月份增长 7.9%。

当然,对经济增速继续下行的周期性因素不能掉以轻心,要妥当应对。一是世界经济的继续减速。尽管近期美国等发达国家采取了若干救市措施,对阻止金融危机向实体经济蔓延发挥了一定作用,但 2008 年经济继续下行几乎已成定局;欧元区经济第二季度首次出现负增长,环比下降 0.2%;日本经济第二季度出现负增长,是日本经济近 7 年来最差的表现。近期 IMF 再次调低 2008 年和 2009 年世界经济增长预测,由之前的 4.1% 和 3.9% 下调至 3.9% 和 3.0%。世界经济下行将会进一步影响我国出口。二是消费和投资等内需有减速苗头。前三季度,受居民收入实际增幅下降和股票市场熊市财富效应的影响,住房销售面积同比下降 14.9%,汽车销售增速同比回落 9.0 个百分点。尽管房地产投资目前增长还比较快,可以预计随着住房销售的持续下降,房地产投资也会减弱。前三季度,城镇新开工项目计划总投资 61310 亿元,比上年同期增长 1.7%,占施工项目计划总投资的比重为 23.3%,较上年同期下降了 3.8 个百分点,对投资的稳定增长形成较

大压力。1~8月份规模以上工业企业产成品资金同比增长28.5%,比上年同期上升8.4个百分点,预示出需求的减弱。

2.密切关注居民消费价格涨幅的回落

2008年以来,居民消费价格涨幅由2月份的8.7%逐步回落到9月份的4.6%,使2007年5月份以来不断升高的通胀压力明显缓解。物价涨幅下降首先是国家采取了扩大生产、保障供应、增加补贴和调控需求的措施,也与国际大宗商品价格涨幅回落有不小的关系。从当前情况看,上述因素将继续发挥作用,未来居民消费价格继续适度回落是有基础的。一是总供需关系改善有利于控制居民消费价格的过快上涨。随着经济增速的减缓,总供给与总需求的矛盾得以缓解,特别是农业生产形势较好,粮食生产再度丰收,畜牧业呈现恢复性增长,生猪供应大量增加。二是来自国外的价格传导压力减弱。面对全球性的通胀局面,世界各国普遍采取了抑制通胀的措施,国际大宗商品价格涨幅出现明显回落,主要经济体居民消费价格涨幅也开始减缓。9月份,国际原油平均价格环比下降13%,铜下降8.4%,铝下降8.6%,小麦下降7.9%。8月份,美国通胀率环比下降0.1%,是2008年以来首次月环比下降;欧元区通胀率7月份环比下降0.2%,8月份环比下降0.1%,是2008年以来首次连续两个月环比下降。三是上游产品价格上涨的传导受到一定的限制。2008年以来上游产品价格上涨确实比较快,但上游产品价格对下游产品价格的传导存在着一定的限制。前三季度工业品出厂价格上涨8.3%,其中生产资料价格上涨9.5%,生活资料上涨4.7%。而在生产资料中,采掘价格上涨28.5%,原料价格上涨11.3%,加工价格上涨6.2%,呈现出由上游到下游逐渐减弱的趋势。四是翘尾因素的减弱有助于降低价格的涨幅。初步测算,2008年第四季度居民消费价格翘尾因素仅为0.9个百分点,比上半年的5.1个百分点明显回落。

3.密切关注社会资金流向的变化

2008年以来,社会资金的流向发生了较大变化,这既有宏观调控导向的因素,又有市场形势变化的原因。一是财政和企业收入继续较快增长。前三季度国家财政收入增长25.8%,1~8月份规模以上工业企业实现利润增长19.4%,增速均快于国内生产总值现价增长速度。二是企业内部是虚拟经济行业收入快于实体经济行业收入、上游行业收入快于下游行业收入。1~8月份,金融机构实现利润增长50%以上,高于规模以上工业企业19.4%的利润增长率。1~8月份,煤炭开采和洗选业实现利润同比增长142.8%,石油和天然气开采业增长54.7%,黑色金属矿采选业增长195.2%,均高于全部规模以上工业企业19.4%的利润增长率。三是资金回流到存款机构较多,信贷资金少增。9月末,金融机构各项存款比年初增加65601亿元,同比多增18113亿元,其中居民储蓄存款增加32155亿元,同比多增24749亿元。中长期贷款增加19811亿元,同比少增943亿元,短期贷款增加13167亿元,同比少增1082亿元。四是注入房地产行业资金减少。前三季度,全国房地产开发企业实现到位资金同比增长10.7%,比上年同期回落27.2个百分点。其中定金及预收款同比下降2.0%,上年同期为增长31.7%,个人按揭贷款下降14.9%,上年同期为增长71.5%。房地产债务负担较大,前三季度,各项应付款同比增长27.3%。

面对社会资金流向的这一变化,应努力从收入分配环节和融资环节加大对资金流向的调控力度,保证资金向实体经济的有序正常流动,促进经济增长。

三、努力促进经济平稳快速发展

根据前三季度国民经济主要指标的增长情况,并考虑到第四季度可能影响经济增长的因素,预计全年经济将继续保持平稳较快增长。

从2009年情况看,经济运行面临诸多挑战:一是国际金融危机的波及面之广、影响度之深超出预期。主要经济体单方面或联手采取的措施并没有使危机出现转机,金融危机对实体经济的影响还在继续。国际经济金融形势的恶化已经并将继续影响我国的实体经济。二是经济周期性下行的惯性的影响。2007年下半年以来,我国经济增速已连续5个季度呈现逐步回落的态势,可以说我国经济已进入周期性调整阶段,受金融危机的影响,经济周期性下行惯性还将持续,需要防止下行的周期因素与其他不利因素相叠加。三是投资、消费信心不足。面对国际国内的不利环境,各方面的信心降到近几年的低点。外需减弱、国内资本市场大幅下挫导致投资者信心受到伤害;城乡居民收入增速减缓、房地产业不景气则影响了消费信心。

但中国经济发展也具有很多有利条件:从长期看,国内经济发展的基础牢固、活力强劲、潜力巨大,具有抵御国际金融危机冲击、克服国内矛盾和问题的能力。从短期看,经济运行的基本面依然良好。国内投资需求依然比较旺盛,长期的投资增长动力并没有因为短期调整而出现明显衰弱,灾后重建、东部劳动密集型产业向中西部的陆续转移将给投资带来持续增长的动力。消费和出口需求短期内受到的负面影响较大,但由于党中央和国务院将把"保增长"作为宏观调控的重点,未来政策面将倾向于进一步稳定和扩大国内需求特别是消费需求,消费需求将保持平稳较快增长,外需的减弱会得到一定的弥补。综合起来看,2009年我国经济仍将继续保持平稳较快增长。

因此,既要看到我国国民经济继续保持平稳快速发展的有利条件和巨大潜力,也要充分认识到国内外经济环境的复杂性和严峻性,对外部经济环境作出更为严峻的估计,对经济增长的回落作出最坏的打算,对宏观经济政策作出更为积极的调整,为此,宏观调控应在"一促一保"上做文章。一要努力扩大国内需求促进经济平稳快速增长。考虑到通货膨胀已得到初步控制,促进经济的平稳快速增长显得更为迫切,而面对世界经济增长全面放慢、外需减弱的情况,应采取必要措施努力扩大国内需求。二要积极应对国际动荡,保持国内经济金融稳定。面对异常复杂多变的国际经济金融形势,既要防止对我国实体经济的影响,又要努力化解对我国虚拟经济的冲击,着力保持国内经济金融的稳定,防止大的起落。

(1)财政政策要更积极地促进经济增长、结构调整和保障民生。实施结构性减税,推进增值税转型,减轻企业负担。适当扩大财政赤字,增加财政支出,扩大中央政府投资规模,进一步加强国民经济的薄弱环节。要增强货币政策的灵活性和针对性,区别对待,有保有压,继续适当调整存款准备金率,不对称下调利率,重点解决劳动密集型中小企业融资难问题,着力优化贷款结构,进一步加大对中小企业、"三农"、节能减排、灾区和中西部落后地区的金融支持。

(2)在外部环境持续恶化、外需下降、经济持续5个季度下滑的情况下,要保持经济持续稳定增长,除积极应对外需回落、适当调整出口政策外,必须在合理扩大投资和大力促进消费上下工夫,增强内需对经济发展的拉动力。在扩大投资需求方面,以基础设施投资为重点,加快项目的备案、核准和审批,更大力度地支持技术改造特别是有助于节能减排的技术改造，加大经济适用住房、廉租房投资，加快发展城市农村教育、医疗、文化、卫生等社会事业和公共服务。在扩大消费需求方面，建立工资增长的动态机制，加快完善社会保障，着力提高中低收入阶层收入，提高个人收入调节税起征点，完善对住房和汽车等有关消费信贷政策，破解影响即期消费的因素，提高居民的消费能力。

（3）面对经济增长压力较大的困难形势，要积极推进结构调整和产业升级。通过市场压力促进企业特别是中小企业调整产业结构和产品结构。加快发展高技术产业和装备制造业，促进科技创新。推动产业转移，促进区域经济协调发展。

（4）针对通货膨胀已得到初步控制的形势，要加快粮食流通体制改革，逐步理顺国内粮食价格和国外粮食价格“倒挂”，适当提高粮食收购最低保护价。完善成品油价格形成机制。加快推进资源税费和环境税制改革。积极稳妥地推进农村金融改革和创新，稳步发展小型、微型和社区金融机构，完善资本市场基础制度。

转型后的复苏才是真正的复苏

厉以宁

（2009 年 8 月 5 日）

去年四季度以来，国际金融危机的蔓延对中国经济产生了较大影响。去年三季度经济增长 9%，四季度增长 6.8%，今年一季度更是下滑到了 6.1%。

当前，中国经济处于什么阶段，什么时候才能复苏，复苏的关键靠什么，未来的增长点在哪？经济学家、全国政协经济委员会副主任厉以宁日前接受新华社记者专访，谈了他的观点和建议。

经济回升的基础还不巩固

去年四季度以来，国际金融危机的蔓延对中国经济产生了较大影响。去年三季度经济增长 9%，四季度增长 6.8%，今年一季度更是下滑到了 6.1%。针对这一情况，中国政府正在实施扩大内需、促进经济平稳较快发展的一揽子计划。

“对于现在的经济形势，总的来说可以用三句话来讲：触底了，会缓慢回升，但基础还不巩固。”厉以宁认为，上半年经济可以说已经见底，但是否回升还要再进一步分析，它会缓慢回升，绝不会那么快，而且稳住的基础还不够。

对于未来世界经济的走势，厉以宁认为，所谓的第二波金融海啸的冲击现在看不一定会来，但世界经济触底比中国要慢，而回升可能比中国更慢。对于中国来说，出口需求因此会受到严重影响，对外贸易的下降率仍会比较高。

“中国经济的回升有三个阻力。”厉以宁说，受到国际经济的影响，出口还在下降，仍没有稳住，这是第一个阻力；消费增长并没有原来设想的那么快，因为民生问题的改善也是个缓慢过程，它对经济的影响比较大，这是第二个阻力；经济转型相对比较缓慢，这是第三个阻力。

经济是否复苏看四个先行指标

在政府一揽子计划的作用下，当前中国经济已经趋于稳定，但目前仍受到国际金融危机的冲击，出口形势没有扭转，经济尚谈不上复苏。那么，经济复苏的主要标志究竟是什么？

厉以宁认为，现在看经济复苏，主要看四个先行指标：第一是用电量，第二是港口集装箱吞吐量，第三是公路上货运车通行量，第四是厂房闲置率。

厉以宁分析说，四个指标中最容易起来的是用电量，因为除生产用电外，还有社会用电，看这个指标主要看一段时间内工业用电量是不是上去。第二和第三个指标都与流通有关，外贸下降的话，港口的集装箱吞吐量不可能大；消费不足的情况下，公路上货车的通行量当然就少。厂房闲置率取决于投资的愿望，中国这个市场好，外资进来后，新建厂房不如买旧厂房。可见，四个指标各有可说明的问题。

对于 8% 左右的经济增长预期目标，厉以宁认为，经过努力是可以达到的。下半年的经济走势，取决于农产品是不是丰收，农民购买力是不是增强，国际形势是不是稍微有所好转，出口下降率是不是减少一点，还要看就业问题的解决程度。目前来看，这些都是有可能实现的。

自主创新是经济转型的关键

“我希望的经济复苏是转型后的复苏。只有转型后的复苏才是真正的复苏，只有自主创新基础上的复苏才是持续的、稳定的复苏。”厉以宁最近特别强调这一观点。

厉以宁认为，中国经济不可能也不应该出现“V”形复苏。首先，国际市场存在不确定性，出口仍在下降。同时，经济下去后又很快上来并不一定好。

1998 年，中国经济遭遇亚洲金融风暴。通过扩大投资和加大基础设施建设，在经过三年左右时间的调整后，2002 年经济增长速度恢复到了 9.1%，随后经济连续 5 年实现 10% 以上的快速增长。

“经济很快上来，有好处但也有坏处。坏处是什么呢？就是繁荣掩盖了矛盾，没有想到经济转型这么重要，因为日子很好过，没有人愿意去搞经济转型，认为没必要，所以就耽误了。”应对亚洲金融危机时错失经济转型，厉以宁对此感到遗憾。

厉以宁认为，完全靠基础设施的投资带动经济会带来两个问题：一是银行信贷放宽，投资增加，但价格也可能随之反弹，银行就需要考虑紧缩信贷，但一紧缩信贷，正在恢复的经济就会再次下来。二是投资结构问题，如果投资结构不合理，会导致一些行业又出现产能过剩、库存积压，这也会使得银行开始收缩信贷，经济也会下来。

“像以前那样不转型经济也可以快上，但快上后就下来了，需要再次刺激经济，V 形就变成 W 形，我不希望是这种走势，宁可是 U 形。U 形是底部稍微大一点，触底后慢慢起来，这个阶段进行经济的转型，今后就可以可持续增长。”厉以宁说。

四个经济增长点有待突破

为应对金融危机，美国奥巴马政府将开发绿色能源作为经济刺激计划的重要内容，欧盟也宣布投资1050亿欧元支持“绿色经济”，以促进就业和经济增长。主要发达国家正在努力寻找能够推动下一轮经济增长的新引擎。

厉以宁认为，世界各国都在推动绿色产业、绿色经济，这对中国是个压力，实际上也是中国所必要的。当前，水土流失、沙漠化、石漠化、酸雨、水污染等等问题，都在影响中国人的生活。既然要以人为本，既然要可持续发展，就一定要发展绿色经济、循环经济，不管世界怎么样，我们该怎么做就去做。

“对于中国来讲，有四个增长点将来有待突破。”厉以宁说，一是发展新能源，然后带动汽车业的全行业改造；二是发展新材料，加上现代的信息技术、智能技术，然后带动建筑业、装备制造业等；三是把最新的科技用在生物工程、医药卫生包括农业的改造；四是推动社会的信息化进一步发展，在社会生活方式上引起革命。

厉以宁说，中国现在正着手的主要是新能源、新材料、生物科技、信息化这些方面，其中影响最有效的还是新能源。另外，还有一些力图解决资源短缺问题的新技术，比如海水淡化成本降低后，整个沿渤海缺水问题就解决了，这也是大的突破。

“为了迎接未来的挑战，人才的培训是非常重要的。”厉以宁认为，科技是第一生产力，而人才是第一资源。中国的高技术人才、熟练技工都不足，管理人才的水平也不够，教育事业需要有一个大的改革来适应将来的形势。

就业问题一定要妥善解决

在接受采访过程中，厉以宁谈论最多的是就业问题。“一定要贯彻积极的就业政策，一定要把就业放在当前宏观政策的第一要位，因为就业不仅影响到人们的购买意愿，而且还影响社会的稳定。”厉以宁说。

厉以宁认为，中国与发达国家情况不一样，经过了200年的工业化，他们的农村劳动力都释放完了，城乡的社会保障也是一样。中国是城乡二元结构，农民进城不仅是为了增加收入，还想要改变自己的社会地位和各方面待遇。一旦经济增长速度降低了，就吸收不了新增就业。

“要扩大消费，就业问题一定要妥善解决，因为就业是影响人们消费的最重要因素。”厉以宁分析说，经济形势不好，就业前景不好，人们有下岗的后顾之忧，可买可不买的东西就不买了，就会继续加大储蓄，消费就会一直起不来。现在强调通过扩大消费来带动内需，但如果就业问题没有很好解决，消费的比重就不可能明显上升。

厉以宁认为，现代服务业的发展是没有止境的，有些传统行业可能会消失，但新的行业又会出现，而且会发展得越来越大。发展新兴产业不仅不会影响就业，而且会增加就业，网上购物就是一个典型的例子，在柜台卖货的人少了，配货、送货的人却多了。

经济已经企稳　复苏还需“加固”

（每日经济新闻　2009年7月17日）

2009年上半年GDP增长7.1%，其中二季度增长7.9%

在离“保八”目标越来越近的同时，上半年投资对GDP近九成的拉动“让人欢喜让人忧”。

昨日，备受关注的中国经济“半年报”终于出炉，中国2009年上半年国内生产总值（GDP）同比增长7.1%，其中二季度增长7.9%，较今年一季度6.1%的增速明显加快，显示中国经济运行中积极因素不断增多，国民经济企稳回升。

同时公布的上半年规模以上工业增加值同比增7.0%，二季度增9.1%；城镇固定资产投资78098亿，增33.6%；社会消费品零售总额同比增15%，扣除价格因素，实际增长16.6%，增速比上年同期加快3.7个百分点。

对于“半年报”的成绩，相关专家在表示经济已经企稳回升、今年“保八”没问题的同时，也强调复苏基础尚需巩固。

投资拉动近九成外　需越发拖后腿

统计局数据显示，上半年国内生产总值139862亿元，按可比价格计算，同比增长7.1%，比一季度加快1.0个百分点，二季度增长7.9%。值得注意的是，这是中国经济自2007年三季度以来同比增速连续七个季度回落后的首次加速。分行业看，第一产业增加值12025亿元，增长3.8%；第二产业增加值70070亿元，增长6.6%；第三产业增加值57767亿元，增长8.3%。

国家统计局新闻发言人、综合司司长李晓超在新闻发布会上透露，在三大需求中，上半年最终消费对经济增长的贡献率为53.4%，拉动GDP增长3.8个百分点；投资对经济增长的贡献率最高，为87.6%，拉动GDP增长6.2个百分点。与一季度相比，投资取代消费，成为对GDP贡献率最大的因素；在一季度时，消费对GDP增长的贡献率约为70%。

外需则继续呈现负拉动力，并且下拉幅度增加。上半年，外需对经济增长的贡献率为负41%，下拉GDP增长负2.9个百分点，一季度时，外需下拉GDP负增长0.2个百分点。

中国社科院世界经济研究所金融室副主任张斌对记者表示，半年数据与市场预期普遍一致，经济明显复苏。这主要是由工业部门的复苏推动形成的恢复。财政政策和货币政策刺激总需求形成的带动作用也将延续一段时间。

“总体看来，经济回升明显，其中政策效应和投资拉动对经济恢复所起的作用显著。”银河证券首席经济学家左小蕾说。她还坚定地表示，今年“保八”没问题。

经济明显在回升　复苏基础尚需固

李晓超在总结中国上半年经济运行状况时称，随着一揽子计划的贯彻落实，中国经济朝不断向好的方向运行，总体形势企稳向好，突出表现为“四个一”：即“一个回升”，生产增速稳步回升；“一个加快”，国内需求增长加快；“一个推进”，经济结构调整积极推进；“一个改善”，民生继续得到改善。

"但也必须清醒地看到,我们经济企稳回升的基础还不稳固,回升的态势还不稳定,回升格局还不平衡。"李晓超说。他认为,这也是一些企业、一些地区和一些群体还没感受到回升的原因。

李晓超在进一步分析回升过程中的不确定因素时指出,外需明显不足,严重萎缩,上半年中国出口下降21.8%;一些企业、一些行业生产经营比较困难,企业实现利润还在继续下降。此外,财政增收增支的压力还很大,产能过剩还较突出,就业压力还比较大。

对于李晓超的这一表态,兴业银行首席经济学家鲁政委认为,从推动经济增长的因素看,经济回升的结构的确不平衡:投资是绝对主导力量,而消费和净出口的贡献有所下滑。而未来继续保持消费稳定增长和促使出口企稳回升的压力很大,暗示了回升基础依然脆弱。

左小蕾也提出,对消费的扶持还应加大力度,民间投资目前也还未有明显启动,就业形势仍然严峻,对将来复苏趋势的持续都造成影响。

同时,在信贷推动的基础设施建设高速增长的过程中,张斌指出,需要注意相关配套设施建设和服务业改革的问题,以保证基建的效率和产出;建设投资规模总量也应有所控制,必须防止一哄而上,造成泡沫。

对此,李晓超昨日也强调:"对这些问题我们不能有丝毫的懈怠,巩固和发展经济企稳回升的好形势的任务还相当艰巨。"

价格持续负增长　通胀问题成远虑

GDP"保八"在望的同时,上半年的价格水平却仍处于"负增长"区间,居民消费价格继续下降,生产价格同比降幅较大。

上半年,居民消费(CPI)同比下降1.1%;工业品出厂价格(PPI)同比下降5.9%。其中6月份单月,CPI和PPI的同比降幅都较5月份扩大,超出此前市场的普遍预期。6月份CPI同比下降1.7%,环比下降0.5%。其中,城市下降1.3%,农村下降0.6%。6月份PPI同比下降7.8%。

对于在记者会上有媒体提出中国下半年到底防通胀重要还是防通缩重要的问题,李晓超没有直接回应,但他指出,通货紧缩和通货膨胀都会伤害经济健康发展,"我们所希望的是保持在合理水平上的价格。"李晓超提到了应该关注的几个因素,一是最近几个月中国一直处于下降区间的CPI和PPI,其次是今年以来出现的信贷激增;三是中国今年夏粮丰收和国际初级产品价格波动。

"短期内对物价运行更多只能是'关注',毕竟同比仍为负增长,还不具备采取直接手段的条件;但对于信贷,则未来调控必将加强。"鲁政委表示。

"当前显然应该更注意通货膨胀的问题。"张斌明确表示,粮食增产,和劳动力成本低、劳动力市场不景气也可能使物价上涨不明显,但是应重点关注资产价格,"当前缓解总需求的不足和通胀之间的关系在弱化。"另外,货币信贷的快速增长推高通货膨胀的压力,"我认为目前不应该推适当宽松的货币政策,而应采取中性的货币政策。"这不仅是预防通货膨胀,也有防止实体经济过热的目的。

他认为,尽管短期内通胀压力不大,但应小心一年之后,甚至半年多之后,出现通货膨胀的局面。左小蕾也预计今年内不会出现通胀预期,不过,她指出当前货币政策的基调已是超宽松的,应当转为适度宽松,"货币信贷供应量太大,已经超过了经济增长的实际需求。"

对此,鲁政委认为国家对物价问题已进入观察期,政策可能微调,但短期宏观调控基调和货币政策的基本取向还不会发生改变。

2009 上半年经济企稳向好

(中国金融网　2009年7月16日)

2009年7月16日,统计局发布今年上半年经济情况。中华人民共和国国家统计局新闻发言人李晓超指出,今年以来,各地区、各部门认真贯彻落实中央关于应对国际金融危机、保持经济平稳较快发展的一揽子计划,努力克服前进中的各种困难,经济运行中积极因素不断增多,国民经济企稳回升。

李晓超表示,初步核算,上半年国内生产总值139862亿元,按可比价格计算,同比增长7.1%,比一季度加快1.0个百分点。分季度看,一季度增长6.1%,二季度增长7.9%。分产业看,第一产业增加值12025亿元,增长3.8%;第二产业增加值70070亿元,增长6.6%;第三产业增加值57767亿元,增长8.3%。

一、夏粮实现连续六年增产,畜牧业生产增势平稳。全国夏粮产量12335万吨,比上年增产260万吨,增长2.2%,连续六年增产。其中,因面积扩大增产粮食250万吨,占夏粮增产总量的96%以上。上半年,猪牛羊禽肉产量3580万吨,增长6.3%。其中,猪肉产量2363万吨,增长8.1%。生猪出栏增长7.9%;生猪存栏增长3.9%。

二、工业生产加快回升,工业利润降幅减缓。上半年,规模以上工业增加值同比增长7.0%(6月份增长10.7%),增速比上年同期回落9.3个百分点。其中,一季度增长5.1%,二季度增长9.1%。分经济类型看,国有及国有控股企业增长1.7%,集体企业增长5.9%,股份制企业增长9.4%,外商及港澳台投资企业增长1.2%。分轻重工业看,重工业增长6.6%,轻工业增长8.2%。分行业看,39个大类行业中,36个行业保持同比增长。分地区看,东部地区增长5.9%,中部地区增长6.8%,西部地区增长13.2%。工业产销衔接状况良好,上半年工业产品销售率为97.2%。

三、固定资产投资快速增长,投资结构有所改善。上半年,全社会固定资产投资91321亿元,同比增长33.5%,增速比上年同期加快7.2个百分点。其中,城镇固定资产投资78098亿元,增长33.6%(6月份增长35.3%),加快6.8个百分点；农村固定资产投资13223亿元，增长32.7%，加快9.5个百分点。在城镇固定资产投资中，第一产业投资增长68.9%，第二产业增长29.0%，第三产业增长36.6%。分地区看，东部地区城镇投资增长26.7%，中部地区增长38.1%，西部地区增长42.1%。基础设施投资（不包括电力）增长57.4%，其中铁路运输业增长126.5%，道路运输业增长54.7%，水利、环境和公共设施管理业增长54.5%；卫生、社会保障和社会福利业增长71.3%；文化、体育和娱乐业增长57.1%。

四、国内市场销售平稳较快增长，县及县以下增长快于城市。上半年，社会消费品零售总额58711亿元，同比增长15.0%（6月份增长15.0%），扣除价格因素，实际增长16.6%，同比加快3.7个百分点。其中，城市消费品零售额39833亿元，增长14.4%；县及县以下消费品零售额18878亿元，增长16.4%。分行业看，批发和零售业增长14.7%，住宿和餐饮业增长18.1%。限额以上批发和零售业中，家具类零售额同比增长28.3%，汽车类增长18.1%。

五、居民消费价格继续下降，生产价格同比降幅较大。上半年，居民消费价格同比下降1.1%（6月份同比下降1.7%，环比下降0.5%）。其中，城市下降1.3%，农村下降0.6%。分类别看，烟酒及用品上涨1.7%，家庭设备用品及维修服务上涨1.3%，医疗保健和个人用品上涨1.1%；食品下降0.3%，衣着下降2.4%，交通和通信下降2.5%，娱乐教育文化用品及服务下降0.7%，居住下降3.9%。上半年，商品零售价格同比下降1.4%（6月份同比下降2.3%）；工业品出厂价格同比下降5.9%（6月份同比下降7.8%）；原材料、燃料、动力购进价格同比下降8.7%（6月份同比下降11.2%）；70个大中城市房屋销售价格同比下降0.8%（6月份同比上涨0.2%）。

六、对外贸易持续大幅下降，贸易顺差略有减少。上半年，进出口总额9461亿美元，同比下降23.5%。其中，出口5215亿美元，下降21.8%；进口4246亿美元，下降25.4%。贸易顺差969亿美元，同比减少21亿美元。

七、城乡居民收入继续增长，转移性收入增幅较大。上半年，城镇居民家庭人均总收入9667元。其中，人均可支配收入8856元，同比增长9.8%，扣除价格因素，实际增长11.2%。在城镇居民家庭人均总收入中，工资性收入6394元，增长11.1%；转移性收入2273元，增长16.0%；经营净收入778元，增长3.9%；财产性收入222元，增长9.1%。农村居民人均现金收入2733元，增长8.1%，扣除价格因素，实际增长8.1%。其中，工资性收入954元，增长8.4%；家庭经营收入1512元，增长5.5%；财产性收入78元，增长9.9%；转移性收入189元，增长31.4%。

八、货币供应量快速增长，金融机构贷款大幅增加。6月末，广义货币供应量（M2）余额56.9万亿元，同比增长28.5%，比上年末加快10.6个百分点；狭义货币供应量（M1）余额19.3万亿元，增长24.8%，加快15.7个百分点；市场货币流通量（M0）余额3.4万亿元，增长11.5%，回落1.2个百分点。金融机构各项人民币贷款余额37.7万亿元，比年初增加7.4万亿元，同比多增4.9万亿元；各项人民币存款余额56.6万亿元，比年初增加10.0万亿元，同比多增5.0万亿元。

李晓超认为，当前经济发展面临的困难和挑战仍然很多，国民经济回升基础尚不稳固，回升态势还不稳定，回升格局还不平衡，回升过程中还存在不确定、不稳定的因素。下阶段要继续贯彻落实科学发展观，按照中央关于经济工作的决策部署，坚持积极的财政政策和适度宽松的货币政策，全面落实应对国际金融危机的一揽子计划，不断提高政策的针对性、有效性和可持续性，着力巩固和发展经济回升势头，更加注重保障和改善民生，大力推进结构调整和自主创新，加快培育新的增长点，提高经济回升的质量，努力实现国民经济平稳较快发展。

2009年上半年银行体系流动性充裕

（中国金融网　2009年7月15日）

2009年上半年，中国人民银行按照党中央、国务院的统一部署，实行适度宽松的货币政策，加大金融对经济增长的支持力度，货币信贷快速增长，银行体系流动性充裕。

一、货币供应量增长28.46%

2009年6月末，广义货币供应量（M2）余额为56.89万亿元，同比增长28.46%，增幅比上年末高10.64个百分点，比上月末高2.72个百分点；狭义货币供应量（M1）余额为19.32万亿元，同比增长24.79%，增幅比上年末高15.73个百分点，比上月末高6.09个百分点；市场货币流通量（M0）余额为3.36万亿元，同比增长11.46%。上半年净回笼现金578亿元，同比多回笼639亿元（去年同期净投放61亿元）。

二、金融机构人民币各项贷款增长34.44%

6月末，金融机构人民币各项贷款余额37.74万亿元，同比增长34.44%，增幅比上年末高15.71个百分点，比上月末高3.83个百分点。上半年人民币各项贷款增加7.37万亿元，同比多增4.92万亿元。从分部门情况看：居民户贷款增加10607亿元，同比多增5990亿元，其中，短期贷款增加4652亿元；中长期贷款增加5955亿元。非金融性公司及其他部门贷款增加63096亿元，同比多增43189亿元，其中，短期贷款增加13193亿元；中长期贷款增加31771亿元；票据融资增加17065亿元。6月份当月人民币各项贷款增加1.53万亿元，同比多增1.20万亿元。

6月末金融机构外汇贷款余额为2954亿美元，同比增长8.08%，上半年外汇各项贷款增加517亿美元，同比少增36亿美元。其中，6月份外汇各项贷款增加372亿美元，同比多增358亿美元。

本外币并表后，6月末金融机构本外币各项贷款余额为

39.76 万亿元，同比增长 32.78%。上半年新增本外币各项贷款 7.72 万亿元，同比多增 4.99 万亿元。

三、金融机构人民币各项存款增长 29.02%

6 月末，金融机构人民币各项存款余额为 56.63 万亿元，同比增长 29.02%，增幅比上年末高 9.29 个百分点，比上月末高 2.34 个百分点。上半年人民币各项存款增加 9.99 万亿元，同比多增 5.02 万亿元。从分部门情况看：居民户存款增加 31719 亿元，同比多增 9754 亿元；非金融性公司存款增加 58723 亿元，同比多增 42403 亿元；财政存款增加 6883 亿元，同比少增 3351 亿元。非金融性公司存款中，企业存款增加 52934 亿元，同比多增 37665 亿元。6 月份当月人民币各项存款增加 2.00 万亿元，同比多增 1.23 万亿元。

6 月末外汇各项存款余额 2081 亿美元，同比增长 16.01%，上半年外汇各项存款增加 154 亿美元，同比少增 33 亿美元。其中，6 月份外汇各项存款增加 21 亿美元，同比少增 30 亿美元。

本外币并表后，金融机构本外币各项存款余额为 58.05 万亿元，同比增长 28.65%。上半年新增本外币各项存款 10.09万亿元，同比多增 5.07 万亿元。

四、银行间市场利率保持较低水平

6 月份银行间市场人民币交易累计成交 13.72 万亿元，日均成交 6236 亿元，日均成交同比增长 50.2%，同比多成交 2083 亿元。

6 月份银行间市场同业拆借月加权平均利率 0.91%，比上月高 0.06 个百分点，比去年同期低 2.16 个百分点；质押式债券回购月加权平均利率 0.91%，比上月高 0.06 个百分点，比去年同期低 2.17 个百分点。

五、国家外汇储备增长 17.84%

2009 年 6 月末，国家外汇储备余额为 21316 亿美元，同比增长 17.84%。上半年国家外汇储备增加 1856 亿美元，同比少增 950 亿美元。6 月份外汇储备增加 421 亿美元，同比多增 302 亿美元。6 月末人民币汇率为 1 美元兑 6.8319 元人民币。

2009 年上半年中国消费交出亮丽答卷

（新华网　2009 年 7 月 17 日）

国家统计局 2009 年 7 月 16 日发布的数据显示，上半年社会消费品零售总额同比增长 15.0%，扣除价格因素，实际增长 16.6%，增速比上年同期加快 3.7 个百分点。

“说明国家出台的一系列扩大内需、刺激消费的政策措施见到了成效。”国务院发展研究中心研究员张立群表示。

小排量汽车购置税减半、房贷利率打折等政策的推出，给一度低迷的楼市和车市注入“强心针”，与之相关的住行消费也水涨船高。上半年限额以上批发和零售业中，家具类零售额同比增长 28.3%，汽车类增长 18.1%。

农村消费增速快于城市也成为上半年消费生活中的一大亮点。由于家电、汽车、摩托车下乡等政策促进了农民消费的扩大和升级，上半年农村社会消费品零售总额增长 16.4%，快于城市 2 个百分点。

据国家统计局测算，上半年最终消费对经济增长的贡献率为 53.4%，拉动 GDP 增长 3.8 个百分点。消费在保增长这道考题中交出亮丽答卷。

不过，由于受国际金融危机冲击的程度不一，我国消费也呈现出区域差异，中西部地区消费增幅要高于东部，二三线城市消费增长要好于一线城市。

在谈到下半年消费走势时，专家们普遍表达了乐观情绪。

中国人民大学教授黄国雄说，鉴于去年底开始实施的 4 万亿元投资需要 6 至 8 个月才能转化为消费，所以下半年消费应该能实现稳定增长，预计全年消费的实际增幅会高于去年。

目前来看，中国消费顶住了国际金融危机的第一轮冲击，消费总额稳步增长，居民消费信心有所恢复，但这是否意味着消费“马车”今后面临的是一路坦途？扩大消费还有哪些政策空间？

“居民的消费预期刚刚开始恢复，远没有达到高涨的状态。经济运行中还存在着许多抑制消费进一步扩大的不利因素。”商务部贸易研究院消费经济部副主任赵萍说。

虽然中国经济已经企稳回升，但回升基础尚不稳固，出口仍然大幅下降，农民工和大学生就业仍面临较大压力，居民收入增长受到影响，储蓄和投资意愿增强。

居民消费价格总水平（CPI）呈现负增长，对消费总额的增长产生影响。

此外，在楼市部分刚性需求得到释放后，由于开发商和二手房业主见势提价，一些城市出现了价涨量跌现象，楼市走势再添变数。

不过，专家也指出，我国最终消费占 GDP 的比重与发达国家仍相差 20 多个百分点，扩大消费空间广阔：我国拥有 13 亿人口的广阔市场，人均 GDP 已超过 3000 美元，有高达 20 多万亿元的城乡居民储蓄存款余额，实物和服务领域消费转型和升级方兴未艾。

中国社会科学院财贸所研究员宋则表示，扩大消费从根本上说就是要进一步完善社会保障体系，调整国民收入分配格局，让城乡居民有钱花、放心花。

张立群表示，扩大消费最大的潜力是加快城市化进程，要稳步推进户籍制度改革，扩大公共服务覆盖范围，稳定城市非户籍人口消费预期。

此外，有专家认为，要研究不同税种在刺激消费需求方面的差异，如要增加中低收入者的消费可考虑减征个人所得税，而要促进高收入群体的消费，则可采取降低消费税的方法。

2009年上半年PPI同比下降5.9% 6月同比下降7.8%

（中国金融网　2009年7月16日）

国务院新闻办公室2009年7月16日上午10时举行新闻发布会，邀请国家统计局新闻发言人、国民经济综合统计司司长李晓超介绍2009年上半年国民经济运行情况。

上半年，商品零售价格同比下降1.4%（6月份同比下降2.3%）；工业品出厂价格同比下降5.9%（6月份同比下降7.8%）；原材料、燃料、动力购进价格同比下降8.7%（6月份同比下降11.2%）；70个大中城市房屋销售价格同比下降0.8%（6月份同比上涨0.2%）。

2009年上半年国有企业利润同比下降27% 环比呈现增长态势

（新华网　2009年7月17日）

财政部2009年7月16日公布的数据显示，今年1到6月，全国国有企业累计实现营业收入97941.8亿元，同比下降5.9%，降幅比1到5月减小1.5个百分点，6月比5月环比增长19.7%。上半年国有及国有控股企业主要经济效益指标降幅继续收窄，环比呈现增长态势。

财政部统计中的国有及国有控股企业，包括中央企业和36个省（直辖市、自治区）、计划单列市国有及国有控股企业，不含国有金融类企业。

数据显示，1到6月全国国有企业累计实现利润5534亿元，同比下降27%，降幅比1到5月减小3.3个百分点，6月比5月环比增长29.4%。自今年3月以来，全国国有企业累计实现利润降幅连续4个月减缓，1到6月（－27%）分别比1到5月（－30.3%），1到4月（－32.3%），1到3月（－36.8%），1到2月（－43.7%）减少3.3、5.3、9.8、16.7个百分点。

1到6月全国国有企业应交税金8851.6亿元，同比下降2.3%，降幅比1到5月减小1.1个百分点，6月比5月环比增长10.4%；已交税金9434.3亿元，同比下降0.7%，降幅比1到5月减小3.8个百分点，6月比5月环比增长6.4%。分税种看，1到6月全国国有企业应交增值税下降7.3%，降幅比1到5月减小2.6个百分点；应交消费税增长94.3%，增幅比1到5月加大6.3个百分点；应交营业税增长8.4%，增幅比1到5月加大2.2个百分点；应交所得税下降23.6%，降幅比1到5月加大0.8个百分点。

1到6月全国国有企业成本费用总额为92571.8亿元，同比下降4.3%。销售利润率为5.7%，同比下降1.6个百分点；成本费用利润率为6%，同比下降1.9个百分点；净资产利润率为3.7%，同比下降1.9个百分点。1到6月国有企业存货同比增长9.5%，增幅比1到5月下降2.2个百分点。平均总资产周转率为0.3次，与去年同期基本持平。存货周转率为2.2次，比去年同期减慢0.4次。应收账款周转率为4.9次，比去年同期减慢1.0次。

分行业看，1到6月石化、建材、施工房地产等行业盈利继续保持增长；煤炭、烟草等行业效益相对稳定；机械、汽车、化工等行业利润降幅继续趋缓；电力行业扭亏为盈；钢铁、有色、海运等行业明显减亏。

2009年上半年宏观经济企稳回升 亟待培育新的经济增长点

（新华网　2009年7月17日）

2009年7月16日，国家统计局公布的数据显示，二季度中国国内生产总值同比增长7.9%，增速比一季度加快1.8个百分点。这是中国经济自2007年三季度以来同比增速连续七个季度回落后的首次加速。上半年国内生产总值

139862 亿元，按可比价格计算，同比增长 7.1%，比一季度加快 1.0 个百分点。

虽然宏观经济企稳回升的势头明显，但专家普遍表示，中国经济复苏的基础还并不牢固，需谨防经济复苏过程中面临的风险与挑战，并抓住经济企稳回升的关键时期，培育新的经济增长点。

全面复苏仍面临挑战

国际金融危机爆发以来，国家有针对性地出台了 4 万亿投资刺激计划、十大产业振兴规划、加大科技投入、改善民生、稳定出口等多项政策，一揽子计划已经对遏制经济快速下滑、稳定投资者和消费者信心发挥了积极作用。但同时，外需疲弱，总需求不足，产能利用率仍处于低位的现实依旧存在。

根据国家统计局 16 日公布的数据，上半年消费拉动 GDP 增长 3.8 个百分点，投资拉动 6.2 个百分点，而净出口下拉 2.9个百分点。从 GDP 增长的构成上可以看出，尽管目前的宏观经济积极面逐渐增多，但是反弹的基础并不牢固。

中国人民大学经济学院副院长刘元春表示，目前中国宏观经济在结构上呈现出"两面性"，即"政策性反弹"与"市场性下滑"两种力量并行，导致中国宏观经济开始呈现"底部振荡"的特点。中国宏观经济向"全面市场启动"阶段过渡的基础依然薄弱。

发展改革委宏观经济研究院常务副院长王一鸣表示，外需持续下滑，内需的拉动作用在增强。值得注意的是，内需的拉动主要依靠了政府投资的拉动，民间投资还没有及时跟进。虽然市场预期也在回升，并且会在经济刺激下逐季回升，但是在经济复苏的过程中仍有不少的挑战和风险值得关注。

保持增长需要培育带动新增长点

国家信息中心在其日前发布的经济形势分析中指出，经济成功触底回升，基础主要是库存调整短周期反弹，并不等同于趋势性经济复苏。下一阶段应将工作重点放在落实和完善已出台的政策上，同时要进一步完善结构调整、科技支撑和改善民生的政策，培育带动新一轮经济复苏的新增长点。

王一鸣表示，目前中国正处在止跌回稳的关键时期，中国经济要靠自身力量维持 GDP7% 到 8% 的增速水平，就涉及到政策和结构调整。全球过度投资、过度消费的模式调整不会在短期内完成，在这个前提下，培育新的经济增长点显得十分重要。

刘元春指出，经济结构改革应成为中国在"止跌到复苏"进程中的政策核心。结构改革不仅应当关注传统产业的技术改造，更重要的是要落实到新产业的促进上。同时，对于产能过剩的治理应当是目前结构调整的一个重点。

稳定政策节奏、启动社会投资是关键

对于如何培育新的经济增长点，国家信息中心的专家指出，首先还是要稳定政策节奏，落实完善好已出台的政策。

国家信息中心经济预测部高级经济师张永军指出，未来一段时间内，必须继续坚持积极的财政政策和适度宽松的货币政策，要把落实好已出台政策和加快经济结构调整放在更加突出的位置。既要加快政府公共投资预算下达和项目实施进度，尽早形成有效实物投资，充分发挥财政资金引导带动社会资金的乘数作用，又要防止经济刺激政策的过度使用。

王一鸣建议，要从供给方面培育新的经济增长点。中国的制造业附加值低，国内的工厂大多只埋头管生产，而在研发、设计、物流、供应、品牌等等环节的链条参与度都很低，这些环节大部分都已经被国际垄断巨头控制，未来我们要在这些产业链的点上进行突破，形成新的增长点。此外，我们要加快在绿色能源、生物医药、纳米技术等高科技领域的进展，尽快扩大市场份额。

张永军表示，培育带动新一轮经济复苏的新增长点，必须大力启动社会投资，逐步切换经济增长主要动力。一是进一步拓宽社会投资的领域和渠道，对社会资本投资给予国民待遇；二是通过财税、财政贴息、政府采购等政策扶持中小企业。

国家信息中心在其最近一期的经济形势分析中建议，培育经济复苏的新增长点要鼓励和支持企业加大研发投资，加大对十大振兴规划中科技研发投资的支持力度，加大对新能源、节能汽车、医药和生物工程领域的投资，形成新的投资热点，对企业技术改造项目、技术创新活动给予信贷支持和财税补贴；以资源要素价格改革为突破口，加快经济结构调整；同时，着力保障和改善民生。

2009 年上半年全国社保基金投资收益率为 9.99%

（新华网　2009 年 7 月 17 日）

2009 年 7 月 16 日从全国社会保障基金理事会获悉，2009 年 6 月 30 日，全国社保基金资产总额超过 6600 亿元，基金权益投资收益率为 9.99%。

全国社保基金理事会理事长戴相龙近日在全国社保基金理事会 2009 年理事座谈会上向与会理事介绍了全国社保基金上半年的投资管理和投资收益情况。

"今年 1 至 6 月，全国社保基金权益投资收益为 512 亿元。"戴相龙说，截至今年 6 月 30 日，基金累计投资收益 2110 亿元，年均投资收益率为 9.63%。

在座谈会上，与会理事还听取了《全国社会保障基金条例》起草工作的汇报，并提出了意见和建议。

2009年上半年消费增长喜人 下半年财政政策如何再发力？

（新华网 2009年7月17日）

国家统计局2009年7月16日发布的数据显示，今年上半年，我国全社会消费品零售总额同比增长15%，农村消费增长快于城市成为一大亮点。

“消费的快速增长有力促进了‘扩内需、保增长、调结构’的战略目标。”针对这一数据，财政部副部长张少春16日在全国财政经建工作会上说。

分析人士认为，为有效应对国际金融危机，党中央、国务院果断出台了促进经济平稳较快增长的一揽子计划，并着力扩大内需。在一系列举措中，财政直接补贴消费者的“家电下乡”、“汽车摩托车下乡”政策对农村消费的拉动作用成效显著。

财政部经济建设司司长王保安告诉记者，今年上半年，全国“家电下乡”产品销量达到961万台，销售额162亿元，农村消费增长快于城市，实现了历史性突破。

“家电与汽车摩托车下乡政策平台的建立不仅为应对危机、扩大消费提供了有效的政策机制，而且为我国经济增长方式的转变提供了动力模式。”王保安说。

记者在山东采访中了解到，家电与汽车摩托车下乡已经成为当地促进消费的重要途径。山东省财政厅数据显示，截止到今年6月底，山东省共销售家电下乡产品约240万件，汽车摩托车下乡产品4.13万辆，实现销售金额45亿元，预计拉动农村消费需求200多亿元。

济南TCL电器销售有限公司市场部经理邱海告诉记者，实施“家电下乡”后，农村地区的家电消费明显增加，尤其是近期政府提高了下乡彩电的限价，增加了液晶电视型号，农民购机热情进一步高涨，公司乡镇经销点的液晶电视销量直线上升。

此外，邱海说，即将拉开序幕的“家电以旧换新”政策也将进一步拉动城市中低收入者消费意愿，有利于扩大城市消费，同时对于加快电视产业的转型升级也会起到促进作用。

不过，尽管在金融危机背景下我国城乡消费增长喜人，但应该清醒意识到，我国最终消费需求仍不足，经济增长仍过多依靠投资与出口，我国消费率仍低于世界平均水平20个百分点。

“扩大内需特别是增强消费需求对经济增长的拉动作用，是我国长期战略方针，在当前应对危机的背景下，更具有相当的紧迫性。”张少春表示，今后财政将采取更直接、更有力的政策措施，坚定不移地促进扩大消费。下一步财政部门将以“下乡”机制为平台，着力构建与完善促进扩大消费的五大政策体系。

一是完善“家电下乡”、“汽车摩托车下乡”政策，并积极研究进一步补贴范围，放大政策效应。

二是积极推进汽车、家电以旧换新，切实抓好补贴的审核、兑付、监管等重点工作，确保“以旧换新”顺利实施，进一步挖掘消费潜力。

三是实施“节能产品惠民工程”，努力扩大节能环保产品使用和消费，引导消费升级，扩大城市消费。

四是支持促进搞活流通扩大消费，将切实加大投入，支持城乡流通体系建设，实施“万村千乡市场工程”、支持“农超对接”，加快农村物流体系建设等，方便城乡居民消费。

此外，加快发展服务业，加大对服务业关键领域与薄弱环节的支持，大力支持发展再生资源回收利用以及就业吸纳能力强的家政服务业等，努力提高服务业在国民经济中的比重。

2009年中国宏观经济金融形势展望

交通银行研究部

核心观点

* 2009年的世界经济仍然存在巨大的不确定性。

* 从经济增长的趋动因素分析，我国经济增长的前景仍不容乐观，但近期一些经济的先行指标显示，经济最困难的时期正在过去，增速有望回升。

* 在当前国际金融危机的大环境下，物价下行的趋势可能由于一系列综合因素的影响而增强。

* 预计2009年我国进出口月度负增长将成为常态。

* 在适度宽松的货币金融政策的有利影响下，特别是在积极财政政策的有效带动下，2009年信贷余额有望实现较快增长。但货币供应加速扩张将会因外汇占款增长放缓、货币乘数下降而面临一定压力。

* 2009年，适度宽松的货币政策将更加注重统筹兼顾。

* 在财政政策方面，积极财政政策虽面临国家财力考验，但能助经济成功保增长。

一、世界经济面临严峻考验

2009 年的世界经济仍然存在巨大的不确定性。总体上看，在 2009 年，主要发达国家将整体陷入衰退；新兴市场国家和发展中国家的经济将出现分化，少数新兴国家的经济将出现较明显的反弹，而一些新兴市场国家和发展中国家可能会陷入更深的衰退。初步估计，2009 年全球 GDP（名义）增长率为 0.4% 左右，其中，发达国家 GDP 增长率为 -2% 左右，新兴市场和发展中国家约为 3.2%。而世界经济增速的进一步大幅入缓，将使我国经济面临的外部环境进一步恶化。

二、中国经济数据显暖意增速望回升

（一）出口和投资实际增速下降，导致 2008 年经济增速持续放缓

2008 我国 GDP 增速出现持续下滑，初步核算，全年 GDP 按可比价格计算，同比增长 9%，比上年同期回落 4 个百分点。其中四季度经济增速已经创下 1999 年第四季度以来的新低（6.1%）。2008 年全年 GDP 增速已经低于 30 年来的平均水平（10.2%）。从拉动经济增长的三驾马车来看，导致前三季度我国经济增长放缓的主要原因是出口和投资的实际增速下滑。

（二）经济增长的趋动因素显示未来经济增长前景仍不容乐观

1. 未来出口增长面临严峻考验

全球经济增速放缓使我国出口的外部需求萎缩。由于全球性的金融危机正在向纵深发展，已经影响到实体经济的增长。IMF 在 2009 年 1 月份的最新预测中大幅调低 2009 年全球经济增速至 0.5%（08 年 11 月份预测 2.2%），其预计发达国家经济将全面陷入衰退。受此影响，我国出口的外部需求将严重萎缩。

2. 工业生产下降和房地产市场低迷将拉低投资增速

首先，投资将受到工业生产存货调整的影响。工业增加值的急剧下跌主要受存货调整的影响。一般认为存货调整的周期不会很长，比如在 2～3 个季度之间。以这样的周期来考虑，2009 年一季度经济增速还会继续下降，这一过程甚至可能持续到 2009 年二季度。但是随着存货调整的结束，投资和经济增长率应该会出现明显的恢复性反弹。

其次，房地产市场低迷对投资增长形成压力。2008 年 1～12 月份，房地产开发投资同比增速为 20.9%，增幅比上年同期回落 9.3 个百分点。而一直以来，房地产投资都是我国经济增长的一大拉动力量。房地产投资对 GDP 增长的贡献率在 5% 左右。因此，如果房地产投资下降 20 个百分点，则将导致我国 GDP 增速下降 1 个百分点左右。

3. 消费持续增长动力不足

首先，改革开放三十多年的经济实践显示，消费对我国经济增长的贡献率是在逐步下降的，从最高时期的将近 90%（1979 年的 87.3%）下降到近年来的不足 40%（2007 年为 39.4%）；其次，在国民收入分配中，劳动者报酬占比在下降，从上世纪 90 年代初的 50% 以上下降到目前的不足 40%；最后，消费品零售额增长虽然强劲，但却似乎与今年以来汽车、家具以及建筑装潢材料等产品销售的疲软等现象矛盾。预计随着经济增速的进一步放缓、居民收入增速的下降以及股票和房地产市场负财富效应的显现等因素影响下，未来国内消费持续强劲增长的动力不足。

（三）近期一些经济先行指标显示，中国经济最困难的时期正在过去

一是制造业采购经理人指数（PMI）连续三个月回升。二是企业存货的调整正在顺利进行。三是金融数据开始显示出一些积极信号。首先，从信贷数据来看，配合国家刺激经济政策的出台，商业银行的信贷投放持续放大。在 2008 年 12 月份新增 7718 亿元的基础上，2009 年 1 月份新增信贷达到 1.62 万亿元的天量水平；其次，信贷的加速也开始转化为广义货币供应量的上升。从 2008 年 12 月份开始，M2 的增速有所回升，说明适度宽松的货币政策已经开始为经济的逐步恢复和扩张性政策的执行提供良好的流动性支持；最后，资本市场近期的表现开始释放出一些积极信息。反映出随着市场流动性状况的改善和扩张性政策的持续推出，市场对中国经济增长的信心开始有所恢复，预示经济最困难的时期正在过去。

（四）中国经济增长弹性仍然较大，对长期内中国经济增长仍应保持信心

1. 中国经济的二元结构为中国经济在较长时期内保持高速增长提供了较大空间

首先，二元结构为我国经济提供了承受危机冲击的缓冲空间；其次，二元结构也为我国政策拉动经济增长提供了空间，未来城市化和中西部地区的发展仍有较大空间。

2. 从政策层面看，未来政府通过政策来刺激内需的增长仍有较大的潜力和弹性

一是积极财政政策促进经济增长的潜力较大。截至 2007 年 12 月，我国国债余额为 52074.65 亿元，国债负担率为 20.9%，赤字率为 0.8%，离国际警戒线国债负担率 60% 及赤字率 3% 都还有很大距离，表明我国财政状况良好。因而，财政扩张促进经济增长的空间很大。二是适度宽松货币政策将为经济增长提供充足的流动性支持。目前银行业的基本面良好，有能力为保增长出力。如果未来几个月信贷还能保持较高增速，经济增长将获得强有力的支撑。

3. 政府对基础设施的投资将催生增长拐点

基础设施投资在我国固定资产投资中大约占到 20% 左右，基础设施投资占 GDP 的比率大约为 8%，因此，如果 2009 年基础设施投资在各级政府的推动下能够增长 30% 的话，将拉动我国 GDP 增长 2.4 个百分点，成为我国经济实现“保增长”目标的关键力量。

（五）中国经济增速将在近期回升

我们经过简单的实证分析证明，国内信贷增长对固定资产投资的影响大约有一至三个季度的滞后期，而信贷增长对 GDP 的影响也有大约三个季度的滞后期。信贷增长在 2008 年上半年下降，下半年开始回升，特别是从 11 月份开始大幅度回升，已经连续三个月保持高速增长，这将对投资提供强大的资金支持，预计投资的高增长将催生中国经济增长复苏的“拐点”，使中国经济增速在近期回升。

按照信贷增长对固定资产投资和 GDP 的影响分别有一至三和三个季度的滞后期估算，信贷增长对固定资产投资的显著促进作用将从 2009 年一季度中期开始，下半年投资增长将进一步加速；而 GDP 增长率将在信贷的推动作用下从 2009 年第二季度开始有所回升，第三、第四季度有望实现较大幅度反弹。

综合以上分析，预计由于出口将继续下行，存货的调整导致工业生产还将有一到两个季度的调整期，而信贷高增长对投资的推动可能在 2009 年一季度后才会显现，因此，预计中国经济增长将在 2009 年一季度末和二季度初开始回升。但在增速回升之后，经济能否持续增长取决于国内信贷高速增长能否保持、后续刺激经济的政策能否跟上以及世界经济是否开始复苏等因素，预计全年信贷较难保持目前这样的高速

增长、世界经济的前景仍不明朗,因此,经济增长可能会出现一定的反复。预计2009年全年的GDP增速在8%左右。

三、综合因素形成较大通货紧缩压力

(一)2008年物价经历大起大落

1. CPI高位回落

2008年CPI呈高开低走格局,虽然全年CPI同比增幅仍达5.9%,超出政府全年4.8%的调控目标,但在短期内,通货膨胀威胁已经基本消除。

2. PPI大起大落

工业品出厂价格指数(PPI)从2007年10月份以来开始不断上升,2008年8月份PPI同比上涨10.1%,为13年来新高。此后PPI大幅度下降,2008年12月份PPI下降至-1.1%。

(二)2009年物价下降趋势在短期内难以逆转

1. CPI翘尾因素主导物价下行

2009年只有1月份的翘尾因素是正的(即翘尾因素高于100),全年平均的翘尾影响是-1.3%,比2008年全年平均的3.7%已经大幅放缓。因此,全年翘尾因素对物价将产生下行压力,如果没有其他突发新增因素,CPI将逐步下降并且出现通货紧缩问题。

2. 全球经济疲软导致的需求下降将促使物价下行

目前国际金融危机继续蔓延,全球经济呈放缓态势,我国经济也开始回落,2008年我国国内生产总值同比增长9%,比上年同期回落4个百分点。国内外经济增长放缓将导致需求下降,对物价将产生下降压力。

3. 我国粮食产量增产明显,猪肉供给也日益充足,食品价格稳步回落,促使物价水平继续下降

虽然近期北方干旱会对下一季的粮食供应产生不利影响,但其对当前粮价不会产生影响。由于2008年我国粮食产量已经连续五年增产,国家粮食储备充足,即使干旱造成粮食一定程度减产,其对未来粮食价格的影响也相对有限,食品价格回落的基础仍然稳固。

4. 国家成品油价税费改革成为影响CPI回落的新增因素

自2009年1月1日起,国家成品油价税费改革方案开始实施,而且近期国家油价定价机制改革也稳步推进,汽油、柴油价格继续下调,这些都将影响国内物价水平,特别是目前国际油价受到金融危机的影响而显著下滑,对我国国内油价水平产生下行压力,这种影响最终将引起社会物价水平的下降。

5. 出口增幅大幅度回落,哈罗德—巴拉萨—萨缪尔森(HBS)效应下降,促使物价增幅放缓

出口下降意味着我国贸易部门份额降低,贸易部门竞争力下降,导致贸易部门平均生产率上升放缓,根据HBS理论,贸易品部门的生产率增幅下降将促使工资收入上升放缓,对非贸易部门形成的工资成本压力减少,从而对国内整个商品价格指数影响程度下降,物价增幅上升速度将减小。因而,出口增幅回落,哈罗德—巴拉萨—萨缪尔森效应下降,促使物价下行。

6. 近期国际大宗商品价格保持低位震荡,国内原材料、燃料等价格显著下降,加大国内物价水平下行压力

当前受国际金融危机的影响,原油、铁矿石、铜精矿、大豆等大宗商品价格全线大幅度回落,国际大宗商品价格保持低位震荡,国内原材料、燃料等价格显著下降,加大物价水平下行压力。不过,如果未来国际大宗商品价格再次走高的话,不排除国内物价水平也将受此推动而再次出现上涨。

7. 积极财政政策推行,增大未来物价波动幅度

为抑制经济下滑,保增长、促就业,政府实施积极财政政策,本次基础设施建设投入仍然成为扩大内需的重点。随着这些投资逐步落实,将拉动钢铁、石材、电力、交通等方面的需求大幅度上升,由此可能增大物价上涨压力,但投资具有明显的阶段性,因而可能加剧物价波动反复。

(三)2009年全年物价或将呈前低后高走势

综合上述因素,由于2009年主导物价下行的因素远多于推动物价上涨的因素,因此,全年物价继续下行的可能性较大。上半年可能会出现物价的底部,而下半年物价将在经济复苏的带动下有所回升,全年物价或将呈前低后高的走势。

四、危机影响虽已凸显国际收支继续顺差

(一)2008年外贸增长前高后低,人民币汇率继续升值

前三季度我国进口、出口基本延续了往年20%以上的增速,2008年9月份金融海啸爆发第二波,10月份我国进出口增速双双下滑,年底连续两个月负增长。2008年实际利用外资总体平稳,但年末也出现负增长。

人民币汇率方面,上半年,受美元降息、资本流入、美元指数下跌的影响,人民币对美元加速升值;下半年,跨境资金流入减缓甚至净流出、美元指数触底反弹均减轻了人民币升值压力,同时,物价涨幅逐步回落和出口形势不断恶化使人民币对美元升值速度显著放缓。

(二)2009年外贸增长前低后高,人民币汇率将稳中有升

1. 外贸月度负增长将成为常态2009年外贸面临着诸多挑战:一是发达经济体将全面衰退。二是贸易保护主义可能再一次抬头。三是我国倒闭企业产能短期内难以恢复。因此,2009年我国出口、进口月度负增长可能成为常态。尽管如此,我国对外贸易仍存在五大积极因素。其一,外贸多元化策略有助于缓解我国出口对发达国家过度依赖;其二,我国出口产品在发达国家市场所占份额有所回升;其三,政府稳定外贸而采取的金融政策、财政政策、产业政策等效果将逐渐显现;其四,随着企业去库存化过程逐渐接近尾声,进口增速将有所回升;其五,大宗商品价格经过大幅调整,未来将以稳中趋升为主。

预计,随着拉动内需政策作用的显现、进口可能在上半年逐步回稳,而出口回暖更多依赖于我国主要贸易伙伴三大发达经济体的恢复情况。考虑到2008年四季度基数已经下降,今年末进出口增幅将逐步回升,全年出口增速大约-2%,进口增速-10%。

2. 短期内国际资本以流出为主,长期内我国依然是吸引国际资本的洼地

短期内,发达国家金融市场将延续上年流动性短缺和信贷紧缩的态势,导致其金融机构不得不从海外抽回资金。中长期来看,中国依然是吸引国际资本的洼地。首先,中国居民高储蓄、政府低负债、庞大的外汇储备和国内潜在的巨大消费市场为国际资本提供了良好的“避风港”。其次,人民币对美元汇率预期稳中有升,有助于国际资本锁定风险。最后,中国资本市场泡沫得到充分的释放,市场普遍认为当前股市已经进入价值投资区间。

3. “双顺差”将推高外汇储备,但增幅将趋缓

虽然2009年外部经济环境的恶化和不可测因素将使得中国的国际资本流动更加动荡,但国际收支“双顺差”仍将维持,只是顺差增速将趋缓。预计2009年我国外汇储备将继续增加,余额有望达2.3万亿美元。

4. 2009年人民币对美元汇率基本保持稳定

从政策角度来看，在外部需求大幅度放缓的背景下，人民币贬值并不能有效改善我国出口形势，反而会招来贸易摩擦和导致资金大规模出逃；从国际收支来看，“双顺差”仍将延续，因此，人民币大幅度贬值的可能性不大。尽管从中长期来看人民币仍有升值空间，但2009年在贸易顺差减少、FDI和国际游资大规模流入的可能性降低的情况下，人民币加速升值的基础不够牢固。

五、信贷余额增长较快货币快增面临压力

（一）2008年货币信贷运行前后迥异，并出现了新特征、新问题

2008年货币信贷运行出现了三个新的结构性特征：一是受企业活期存款增速快速下降的影响，M2和M1“倒剪刀差口”逆转。二是受房地产市场低迷、银行力保大企业客户借款需求的影响，居民户贷款持续低迷，企业贷款增长较快。三是在资本市场低位震荡、企业盈利预期下降的情况下，定期存款占比上升，活期存款占比下降。

同时，2008年货币信贷运行有三个问题需要重点关注：首先，从名义GDP与信贷的关系来看，2008年信贷高增长基本符合实体经济需求；其次，若加上农行核销的不良贷款，四季度银行业不良贷款余额和占比均微升；第三，跨境资金流动对货币供给的影响不容忽视。

（二）2009年信贷余额有望实现较快增长，货币供应增长加速面临一定压力

1. 扩张性宏观政策下银行信贷增长较快

2009年，在积极财政政策和适度宽松货币政策的带动下，信贷增长有望加快。预计全年新增人民币贷款4.8万亿~5万亿元，余额增长16%左右。

首先，历史经验表明扩张性宏观政策有助于信贷稳定增长。1998年开始实行的积极财政政策和稳健货币政策，对信贷的平稳增长提供了强有力支撑，确保了我国经济平稳增长。信贷增长从2000年开始逐步回升，2000年末回升到13.4%，2002年末则上升到15.8%。

其次，适度宽松的货币、金融政策有利于银行信贷扩张。一是降低贷款利率有利于企业降低资金成本，促进企业增加投资和贷款需求。二是准备金率下调、公开市场净投放将有利于商业银行保持充足的流动性。三是信贷规模控制取消为银行增加信贷投放“松开了手脚”。此外，“金融九条”、“金融30条”以及银监会“信贷新政”等政策措施在改善银行信贷环境、适当放松不良贷款核销标准、允许中小银行突破存贷比限制等方面均有所涉及，这些都有利于促进银行信贷增长。

最为重要的是，积极财政政策对贷款增长的拉动作用十分显著。按照4万亿元投资中的一半左右为新增投资、平均分两年进行计算，2009年中央新增投资约2500亿元，中央总投资约为1万亿元，中央投资将拉动整个社会总投资20万亿元左右。20万亿元的固定资产投资将需要4万亿元左右的新增贷款。再合理预计明年固定资产投资贷款占银行总新增贷款的比例为80%左右，则2009年银行人民币贷款增幅将达到16%左右，增量将达到4.8万亿~5万亿元。

2. 货币供应加速增长面临一定压力

尽管信贷较快增长将对M2增长形成强有力的支撑，但也必须看到，2009年货币供应增长还面临一定压力。综合考虑外汇占款和货币乘数变化，我们认为2009年末M2增长16%左右的可能性最大。

第一，外汇储备增长放缓将对货币供应扩张构成制约。外汇占款变化对M2增长具有显著的影响，2009年外汇储备增长将由于以下三方面原因可能显著放缓，一是贸易顺差将因出口增速大幅下降、进口增长难以持续降低而减少。二是FDI增长受我国经济增速放缓、投资收益率有所下降多方面的影响而有所减缓。三是跨境资金净流出的趋势在短期内尚难以改变。

第二，较低的货币乘数限制了货币扩张能力。我国货币乘数在2005年达到阶段性高点后就一直呈总体下降趋势。2009年，尽管法定准备金率还将继续下调，但在经济下行周期，商业银行倾向于有大量超额准备金，从而导致总的准备金率难以降低，预计货币乘数仍将趋于下降，从而对货币扩张构成制约。

3. 2009年信贷增长“前高后低”，货币流通速度趋于下降

近几个月信贷增长主要是因为商业银行出于“早放贷，早收益”的考虑，积极“争抢”4万亿元投资计划中首先推出的优质项目。因此，这种爆发式的信贷高增长恐难持续，预计在2009年上半年、特别是一季度将是贷款快速增长时期，下半年贷款增速将有所放缓，2009年信贷增长将“前高后低”。

此外，在经济下行周期，由于经济活动减弱，货币周转速度将趋于下降。由于货币流通速度下降在一定程度上抵消了货币供应扩张的效果，不能仅仅追求存量货币增长速度，还应重点关注如何有效增加实体经济的货币需求、提高货币流转速度。

六、2009年宏观调控全力“保增长”

（一）适度宽松的货币政策在保增长方面仍有操作空间，未来将注重统筹兼顾

1. 2008年货币政策先紧后松，并取得了较为明显的成效

2008年上半年，央行综合采取提高法定存款准备金率、公开市场操作、信贷额度控制等措施，贯彻落实从紧的货币政策，为有效避免经济过热和通货膨胀作出了重要贡献。

下半年以来，随着我国经济下行风险不断加大，“保增长”成为宏观调控的首要任务，货币政策随之进行了及时调整。在不到100天的时间里，央行先后五次下调利率、四次下调存款准备金率，信贷规模控制也逐步放松直至完全取消。目前，适度宽松货币政策的效果正逐步显现。贷款余额增长自2008年9月开始持续加速，M2增速在在持续几个月的回落后也从12月份开始回升。

2. 2009年适度宽松的货币金融政策在操作上将更加注重统筹兼顾

第一，利率和准备金率政策的使用将综合考虑各方面情况。首先，尽管物价涨幅回落为降息提供了空间，但综合考虑到历史、跨境资金流动状况、未来通胀风险并兼顾各方利益，在经过近期的高密度、连续降息后，进一步大幅降息的空间已经不大。2009年法定存款准备金率下调将视存贷款情况、流动性状况、跨境资金流动状况等因素而定。最后，利率和准备金率政策的具体使用还将统筹兼顾银行业盈利、不同金融机构的流动性状况。

第二，信贷政策更加注重解决结构性矛盾。2009年，预计在促进小企业贷款担保公司发展、创新质押贷款形式、完善农村信贷运行环境等方面有进一步的信贷政策出台。

第三，人民币汇率将保持稳定。综合考虑两方面情况，预计2009年汇率政策将以保持人民币对美元汇率的基本稳定为主。同时，为避免资金大规模撤出对境内金融体系造成较大冲击，预计有关部门将进一步加强对短期跨境资金流动的管理。

第四，政策可能集中在上半年出台。预计此次积极财政政策的效果在今年二季度开始显现，再综合考虑到物价水平在今年初会出现负增长，相关政策可能集中在上半年出台。

（二）积极财政政策虽面临国家财力考验，但能助经济成功保增长

1. 前 20 年财政仅一年出现盈余，积极财政政策考验国家财力

改革开放以来，我国财政收支仅仅出现四次微小盈余，特别是从 1986 年至 2007 年，我国财政收支只有 2007 年出现盈余。历年财政赤字导致财政增支空间不大，单纯依赖财政自身积累的结余资金，难以实现超万亿元的财政扩张的支出压力，积极财政政策必须借助其他资金来源。

2. 国家发债空间较大，积极财政政策资金将参照 1998 年采取的"借款"经验

判断一个国家的发债空间，一般通过以下几个指标：赤字率（赤字/GDP）及债务负担率（债务/GDP）。我国中央财政赤字率在 2002 年曾达到 3.01%，高于欧盟《马斯特里赫特条约》规定的 3% 警戒线水平，而 2007 年赤字率下降到 0.81%，与 1997 年的状况相当。而国债负担率由于 2007 年政府增发 1.5 万亿元特别国债，从而使 2007 年国债负担率快速上升到 21.64%，但离 60% 国际警戒线还有很大的空间。若按照国际警戒线 3% 赤字率及 60% 国债负担率计算，2009 年国债增发空间在 5000 亿元左右，2010 年可以再增发 6000 亿元左右，这也说明了中央财政投资 1.18 万亿元的说法值得信赖。

3. 财政国库现金存量巨大，国债发行应较为顺利

历年来财政专项资金结余、财政已安排项目但尚未完成的项目资金沉淀及财政超收资金共同构成了财政国库现金。2001 年我国开始逐步推行国库集中收付管理制度改革，由传统财政预算收支的分散管理转向集中收付，尚未实现支付的财政预算资金沉淀在国库，国库现金余额出现急剧上升的现象，由 2000 年 12 月的 3100.4 亿元上升到 2008 年 6 月的 27414.37 亿元。而且随着当前积极财政政策的推行，国库现金呈现出继续上升趋势。由于 2009 年国债发行总量估计在 5000 亿元以下，这仅占目前国库现金余额的 17% 左右，因而，财政国债发行不愁没有买家，为积极财政政策顺利实施创造了必要的条件。

4. 积极财政政策奠定保增长促发展基调，充分调动中央和地方两方面积极性，经济有望实现平稳增长

按照 2006 年及 2007 年的数据测算投资乘数分别为 1.27 和 1.31，在此基础上，我们保守预计 2009 年投资乘数在 1.3，4 万亿元如果在两年内平均投资，那么，每年将拉动经济增长 2.6 万亿元左右，2009 年投资拉动经济增长 2.6 万亿元相当于 2008 年 GDP 总额的 8.6%。而根据近期国家发改委相关领导的判断，国家两年 4 万亿元的投资可以在未来两年每年拉动经济增长 1 个百分点左右，这对保持经济平稳增长是有积极作用的。

（三）宏观政策在"保增长"的同时要兼顾"结构调整"

要全面落实"保增长、扩内需、调结构"的战略部署，将"调结构"融入"保增长"措施之中，重点是推进以下领域的改革：首先，推进劳动力、土地、资源、环境等方面的要素价格改革，以加快粗放型经济增长方式的转变。其次，改革国民收入分配结构，提升居民在国民收入分配中的比例，为扩大消费打下坚实基础。第三，加快城市化进程，以提高农民收入、扩大农村消费需求。第四，应该继续推进财政体制改革以减轻企业和个人的负担，提高资金使用的效率。第五，要推进垄断行业准入方面的改革，拓宽投融资渠道，吸引民营企业进入基础设施和服务业领域。（报告指导：连平、周昆平；执笔：吴建环、唐建伟、刘能华、张信琼、鄂永健）

2009 年中国经济发展趋势分析和调控对策建议

国家信息中心经济预测部主任 范剑平

摘要：2008 年我国经济在发展中调整，基本保持了平稳较快发展的局面。2009 年，国际经济环境更趋严峻，我国经济面临着周期性调整和结构性调整双重压力。本文充分预估 2009 年国内外经济环境的严峻性，提出不同政策和环境组合下的三种情景预测。建议宏观调控将"保持经济平稳较快发展、促进经济结构转型升级"作为基本取向，实行积极的财政政策和稳健的货币政策，加快生产要素价格形成机制的市场化改革，加大对企业技术进步、创业创新的政策支持力度，促进经济又好又快发展。

关键词：次贷危机 经济环境 预测

2008 年我国经济经受了国内外诸多不利因素的冲击，通过精心有效的宏观调控，基本保持了平稳较快发展的局面。2009 年，国际经济环境更趋严峻，我国经济面临着周期性调整和结构性调整双重压力。建议宏观调控将"保持经济平稳较快发展、促进经济结构转型升级"作为基本取向，实行积极的财政政策和稳健的货币政策，加快生产要素价格形成机制的市场化改革，加大对企业技术进步、创业创新的政策支持力度，促进经济又好又快发展。

一、2008 年中国经济在发展中调整

2008 年，次贷危机对世界经济的冲击超出预期，国内出现突如其来的重特大自然灾害。面对国内外一系列不利因素，党中央、国务院沉着应对，果断决策，适时调整宏观调控政策的方向、重点和力度，在严峻的国际国内环境中保持了中国经济平稳较快发展的基本面。

1. 控制物价过快上涨的政策措施取得初步成效

无论是年初确定的"双防"方针还是年中调整的"一保一控"方针，我国始终将控制物价过快上涨作为 2008 年宏观调控主要目标之一，采取综合措施全面控防通货膨胀。支农惠农政策力度加强，使夏粮连续第五年增产，秋粮丰收在望，肉禽蛋等生产稳定发展，食品价格同比涨幅已经从 2 月份最高时的 23.3% 回落到 8 月份的 10.3%，其中猪肉价格从 2 月份

上涨63.4%回落到8月份上涨1.0%。食品价格过快上涨势头的扭转成为我国居民消费价格涨幅明显回落的主要原因。8月份,居民消费价格总水平同比上涨4.9%,涨幅比2月份高点8.7%回落了3.8个百分点,年内有望继续小幅走低,预计2008年全年居民消费价格累计上涨6.3%,物价过快上涨的趋势初步得到扭转。

2. 及时调整调控政策取向,促进三大需求积极变化

在国内外不利因素影响下,我国经济连续减速,经营困难的企业和行业不断增多。党中央、国务院及时将"防止经济由偏快转向过热"的政策取向调整为"保持经济平稳较快发展"的新目标,及时出台了多项微调措施,促进下半年三大需求出现积极变化。社会消费品零售总额增长更加强劲,1~8月累计社会消费品零售总额同比增长21.9%,增幅同比加快6.2个百分点;扣除价格因素,实际增长13.8%,增幅同比加快1.5个百分点。固定资产投资基本保持稳定增长,前8个月城镇固定资产投资84920亿元,同比增长27.4%,增幅同比加快0.7个百分点。在出口退税率提高和汇率上升放缓等多项政策利好刺激下,7、8月份当月贸易顺差同比增长3.8%和14.9%。总需求的积极变化有利于稳定经济走势,初步预计2008年国内生产总值实际增长10%左右。

3. 经济结构优化升级步伐加快

在宏观调控政策引力和市场压力的共同作用下,经济结构调整步伐明显加快。外贸结构进一步优化,"两高一资"产品和粮食出口受到政策限制,高新技术产品和机电产品出口比重上升。从工业生产看,高能耗产品产量增速明显放缓。1~8月,生铁、粗钢、钢材、十种有色金属和水泥产量分别增长6.5%、8.3%、10.1%、13.3%和7.4%,增幅同比下降9.8个、9.4个、10.8个、11个和7.6个百分点。大规模集成电路的产量同比增幅由上年的10.2%提高到31.6%;大气污染防治设备产量同比增幅由上年的5.2%提高到50.3%。工业结构的改善有利于减少资源消耗和污染排放,预计2008年节能减排完成情况好于上年。

当前我国经济运行中也出现许多新矛盾和新问题。价格上涨压力尚未根本缓解,企业成本上升和外需明显收缩使部分行业和企业生产经营困难加大;证券市场股指调整幅度过大和成交低迷,房地产市场观望气氛浓厚;能源资源价格形成机制改革不到位,煤电油气运短期供求矛盾十分突出;资本跨境流动使我国货币流动性过剩压力不减,但中小企业生产经营资金又十分紧张;制约农民持续增收的不利因素较多,服务业发展仍然面临诸多体制性障碍;在周期性和结构性调整双重压力下,经济下行风险加大。

二、充分估计2009年国内外经济环境严峻性

国际经济环境更趋严峻对我国形成较大的周期性调整压力,我国企业还面临生产要素价格上升、市场需求结构变化和节能减排等政策性导向所形成的结构性调整压力,2009年国内外经济环境中不利因素和不确定因素增多。

1. 次贷危机的恶化使世界经济复苏艰难

次贷危机继续向纵深发展,正在严重破坏国际金融体系的运行秩序。这场金融危机到底会发展到什么程度和什么时候充满不确定性。次贷危机对实体经济的影响继续扩散,由于发达国家金融领域普遍出现信用和信心危机,企业从资本市场直接融资规模缩水,商业银行普遍的惜贷行为使工商业实体经济活动失去金融支持。美国、欧盟和日本三大经济体经济增长前景黯淡,经济全球化造成的世界各国经济周期同步性将放大次贷危机对全世界实体经济的拖累。资本市场和房地产市场资产价格大调整严重打击经济信心,使世界经济的复苏可能进一步推迟。世界经济复苏缺乏新的增长点,2009年世界经济增长率和贸易增长率将低于2008年。2008年8月份以来,全球经济降温使国际油价跌幅超过30%,带动其他国际大宗商品价格不同程度下降,近期各国通货膨胀率纷纷呈现见顶回落迹象,预计2009年随着世界经济进一步降温,通货膨胀压力较2008年减弱。

2. 国际经济低迷将进一步收缩我国外部需求

2008年,美国经济陷入次贷危机后的低迷状态,美元对人民币大幅贬值,我国对美国出口增速大幅放缓,1~8月份仅增长10.6%。但由于人民币对欧元汇率相对稳定,1~8月份对欧盟出口仍然增长26.3%。次贷危机的负面影响已经从美国向欧洲、日本和新兴国家传导,欧盟和日本第二季度经济负增长;同时,8月份以后美元汇率反弹使人民币对欧元、日元升值加快,2009年我国对美、欧、日等主要经济体出口可能全面放缓,外贸顺差规模进一步缩小,净出口对经济增长的下拉影响可能比2008年更加严重,使我国2009年产能过剩矛盾更加突出。

3. 房地产开发投资降温,带动相关产业固定资产投资减速

2008年1~8月份,房地产开发投资增长29.1%,占固定资产投资总额的21.4%。但房地产成交量大幅萎缩,房价调整迹象明显,房地产开发商资金链紧张,市场可能由"量跌价滞"进一步发展为"量价齐跌"。初步预计,在2008年高基数的台阶上,2009年房地产开发投资增速将下滑到10%以下,房地产投资增量从6800亿元减少为3200亿元,这将导致固定资产投资明显减速。由于房地产是产业链较长的支柱产业,也是这一轮经济扩张的龙头产业,它的周期性调整将拖累一连串行业景气度下降,钢铁、建材等相关产业固定资产投资可能随之减速。地方政府基础设施投资资金主要来自土地出让金收入,2008年以来各地土地出让金收入增幅明显下降将影响2009年的基础设施建设规模。

4. 城乡居民收入增幅下降,保持消费需求快速增长难度加大

2008年支撑我国经济平稳较快增长的重要支柱是居民消费的快速增长。但农民进一步增收面临许多制约因素,股市和房市调整使城镇居民财产性收入缩水,扣除物价因素后城乡居民实际收入增幅比前几年下降。"奥运景气"消失后,社会消费品零售总额增长速度可能逐步放缓。汽车、住房两大消费热点开始降温。1~7月份,商品房销售面积同比下降10.8%,增幅下降37.2个百分点。上半年汽车销量增幅回落11.4个百分点,8月份全国汽车销售环比下降5.53%,同比下降6.34%。房地产和汽车两大消费热点退潮后在短期内很难由其他消费热点替代,2009年社会消费品零售额的名义增长和实际增长都可能低于2008年。

5. 成本上升与产能过剩"两碰头",企业效益不容乐观

2008年不得已对成品油、电力、公用事业等价格实行行政管制的负面作用越来越大,经济运行正常秩序受到较大影响。8月份火力发电仅增长1.8%,从供给方面约束了工业生产正常增长,如不及时解决这一突出矛盾,工业急剧减速将会威胁到我国经济平稳较快发展的基本面。2009年我国能源资源等要素价格形成机制改革势在必行,但在产能过剩背景下企业将面临成本上升而销售价格难以提高的重压,企业效益将大幅滑坡,财政收入形势严峻。

三、2009年不同政策和环境组合下的经济增长三种情景预测

2009年,国际经济环境复杂多变,不确定因素增多,我国宏观调控必须采取灵活有效的应对之策。我们将2009年国际经济环境分为轻微衰退、低速增长和轻微复苏三种情景,相对应地设计了三种不同力度的宏观调控政策组合,模拟预测了三种可能情景下的中国经济走势。

1.中方案:平稳增长情景(GDP增长9%左右)

美国、欧洲、日本三大经济体低速增长但没有陷入衰退,国际石油、粮食价格虽有波动但年均价水平比2008年有所下降。国内外没有比雷曼破产、汶川地震更强烈的突发事件发生。宏观调控以"保持经济平稳较快发展、促进经济结构转型升级"为首要政策目标。实行积极的财政政策和稳健的货币政策,在全国范围全面实施增值税转型,并根据实际运行变化,围绕"保增长、促转型"出台一系列政策措施。发行长期建设国债2000亿元。广义货币供应量增长16%~17%,保证对普通住宅、经济适用房等房地产项目的正常贷款。

在上述条件下,经初步测算,预计2009年国内生产总值将增长9%左右。分产业看,第一产业增速小幅回落到3%左右。第二产业受出口和投资减速影响较大,规模以上工业增加值增速由2008年的15%减速为13.5%,第二产业增速也由2008年的11.1%减速为10.2%。受金融、交通运输和房地产等服务业减速影响,预计第三产业增速比2008年低0.5个百分点。预计房地产投资增速从2008年的27%骤然下降到10%左右,多数制造业投资降温。虽然有积极财政政策和灾后重建等加速因素支撑,全社会固定资产投资名义增长仍然回落7.5个百分点,预计名义增长率达到19%,城镇固定资产投资名义增长20%。社会消费品零售总额名义增幅预计达到16%左右,同比下降5个百分点。世界贸易增长放缓使我国进出口同时减速,预计全年出口和进口将分别增长14.5%和19.5%,增幅同比下降6.5个和7.5个百分点,贸易顺差约2369亿美元,同比减少9%左右。理顺资源能源和公用事业价格成为影响居民消费价格的主要因素,预计居民消费价格上涨4%左右。城镇登记失业率由4%上升到4.3%左右。

这一情景的特点是考虑国内外不利因素增多,国内宏观调控明确"保增长、促转型"的政策,财政政策和货币政策同时作出重大调整,给社会强烈的政策预期引导,防止了经济景气连续惯性下滑,为缓解产能过剩压力、加快结构调整、深化体制改革提供较为宽松的景气环境。从现在掌握的信息资源分析,2009年出现这一情景的概率预计达到60%左右。

2.高方案:快速增长情景(GDP增长9.5%以上)

如果美国、欧盟和日本经济在2009年出现复苏,世界经济实际情况好于预期,国际石油价格水平低于2008年,国内外没有影响经济发展的重大突发事件发生;同时,宏观调控政策以"保增长"为首要目标,实行"双扩张"的财政政策和货币政策,在全国范围内全面实施增值税转型,中央财政发行建设国债3000亿元,广义货币供应量增长18%左右,向在建和新开工投资项目(包括房地产)提供充足的贷款。

在上述条件下,虽然房地产投资增速由2008年的27%下降到15%左右,但新开工的基础设施、保障性住房和灾后重建投资规模较大,固定资产投资增长仍然较快,全社会固定资产投资名义增长达到24.5%。由于就业和收入状况较好,社会消费品零售总额增幅达到18%。国际经济形势好于预期使出口增长17.5%,国内保持高增长使资源性产品的进口需求保持旺盛,进口增幅也达22.5%,对外贸易顺差达到2447亿美元左右,同比减少6%。初步预计经济增长率将保持在9.5%以上,但居民消费价格水平也继续保持在5%左右,理顺资源能源和公用事业价格成为影响居民消费价格的主要因素。城镇登记失业率保持在4%左右。

这一情景的特点是国际经济表现好于预期和宏观调控全面扩张政策的力量重合,较好地维持了经济景气,继续保持就业扩大的局面,但可能进一步加剧能源、环境压力,使控制通货膨胀的成效前功尽弃,不利于保持经济长期平稳较快发展。出现这一情景的概率预计在20%左右。

3.低方案:大幅下滑情景(GDP增长8.5%以下)

如果我国继续实行稳健的财政政策和从紧的货币政策,同时美国、欧洲和日本经济轻微衰退。国内房地产投资增速下滑到5%以下,投资新开工项目明显减少,虽有灾后重建等政策性投资支撑,但全社会固定资产投资名义增长14.5%左右,增幅比上年下降12个百分点;社会消费品零售总额名义增长14%,也比上年下降8个百分点。由于国内景气下滑,进口增幅下降,出口和进口分别增长11.5%和16.5%;贸易顺差2291亿美元,同比减少12%。经济增长率可能下滑到8.5%以下。由于经济景气明显回落,物价上涨压力减弱,居民消费价格上涨3%左右。城镇登记失业率由4%上升到4.5%左右。

这一情景的特点是国际环境剧烈变化与国内政策变化的紧缩效果叠加,使经济降温过快,就业压力更加突出,金融坏账快速浮出水面。我们认为,我国宏观调控的前瞻性、有效性在实践中不断提高,必然会根据经济运行变化适时调整政策力度,这一情景发生的概率仅为20%左右。

四、对2009年宏观调控的对策建议

我国仍然处于工业化、城市化双加速的发展战略机遇期,国内储蓄率较高,外汇储备充裕,基础设施投资空间充分,国内消费市场潜力较大,在科学发展观指导下进一步完善社会主义市场经济体制将激发国内各方面发展积极性。因此,我国经济具有应对各种困难和挑战的活力和潜力,通过适时有效的调控,我国经济定能继续保持平稳较快发展的基本面。对2009年宏观调控的政策建议主要有以下几个方面。

1.以"保增长、促转型"为宏观调控的基本取向

当前,价格上涨压力尚未根本缓解,但从国内农产品价格走势、国际大宗商品价格走势、次贷危机后国际货币流动性变化趋势和美元汇率走势等因素看,我国控制物价过快上涨有了更加有利的国内外环境,控制物价的政策效果2009年将进一步显现。与此同时,次贷危机对世界各国实体经济的破坏作用不断加剧,国内一些地区和行业增长速度回落过快,经济过快下滑的风险在逐步增大。建议2009年将"保持经济平稳较快发展、促进经济结构转型升级"作为宏观调控首要政策目标。之所以要将"保增长"和"促转型"并列为首要政策目标,是因为我国当前经济运行中总量矛盾和结构矛盾同样突出,解决当前经济困难不仅需要总量政策的适度放松,更重要的是只有通过经济结构转型升级才能重构中国经济增长新活力,重获中国经济新的国际竞争力。将"保增长"和"促转型"并列为首要政策目标有利于进一步统一全党全国应对复杂形势的思想和行动,将各级政府和企业的发展积极性更好地引导到落实科学发展观

上来，防止为保增长重走粗放型发展老路。

2. 实行积极的财政政策，更多地发挥市场配置资源的作用

建议 2009 年实行积极的财政政策。不同于应对亚洲金融危机时所实行的积极财政政策，这次不仅要扩大政府建设投资，由政府配置资源来集中力量办大事，更要强调通过市场配置资源来促进经济结构转型升级。通过减税费降低企业成本和居民负担，增强企业投资和居民消费的积极性。加大对结构转型的财政支持力度，在全国全面实施增值税转型改革，以促进企业设备装备更新；建立财政科技投入稳定增长机制，加大对公益性科研机构和公益性行业科研的支持力度，支持国内重大装备制造业振兴和国家战略性产业发展。开展企业创新风险投资试点，为企业技术创新营造良好的政策环境。

建议 2009 年中央长期建设国债发行规模扩大到 2000 亿元，重点用于灾后重建、国家重点基础设施建设、节能减排和结构升级等产业发展项目，以及支持"三农"项目，采用银行配套贷款、吸收民间资金入股等办法，扩大国债投资的带动作用。

3. 实行稳健的货币政策

2009 年我国货币流动性局面存在较大不确定性。既可能因为次贷危机进一步恶化使国内金融机构对国内经济形势和企业盈利前景预期转坏，普遍出现惜贷现象，同时国际热钱大量撤出，造成我国信贷市场、资本市场和货币市场交易量大幅萎缩，突然由流动性过剩转变为流动性不足，企业生产经营活动的资金严重短缺；也可能因为中国经济表现明显好于其他国家从而国际热钱继续大量流入我国，延续我国这几年一直存在的货币被动投放局面，银行体系流动性过剩。面对不确定性，实行紧缩或扩张的货币政策都不适宜，因此建议 2009 年实行稳健的货币政策，货币当局要根据货币流动性变化实际情况，灵活调整法定存款准备金率和存贷款利率，广义货币供应量增长率控制在 16% ~17%，取消信贷额度管理，重点加强信贷结构引导，在重视中小企业贷款的同时，引导资金向结构调整、自主创新、节能环保和国债项目配套倾斜，更好地发挥货币政策在促转型中的独特作用。

4. 加大政府对保障性住房投资，稳定房地产市场

前几年房地产价格上涨过快，超出了城镇居民的承受能力，出现调整实属必然。对房地产市场的调控要以改善供给结构和满足自住需求为导向，既要促进房价的理性回归，也要防范多重不利因素叠加导致市场过度调整。改善供给结构，增加廉租房、经济适用房、普通住宅的土地供应，加大保障性住房和普通住宅供给，大中型城市要扩大政府对保障性住房的投资，完善住房保障体系。金融机构应对在施房地产投资项目进行风险评估，保证对普通住宅和经济适用房等房地产项目的正常贷款，稳定房地产投资规模，保证在施房地产投资项目正常施工和竣工，防止因资金链断裂而出现大面积"烂尾楼"现象。要允许房地产上市公司和其他优质房地产公司通过企业债券市场筹集资金，鼓励房地产行业的兼并重组。前期出台的住宅交易环节税反而增加了购房人负担，应当及时取消。适当降低居民首套自住房贷款利率，取消对"第二套住房"特别贷款限制政策，吸引居民在房价回落到合理水平时踊跃入市。

5. 完善消费政策，进一步挖掘消费增长潜力

要深化全党对扩大消费重要性的认识，未来中国经济的新增长点必然在 13 亿人民的消费需求上，经济结构转型最重要的方面是需求结构从主要依靠外需转向主要依靠城乡居民消费升级。要从宏观收入分配环节千方百计增加城乡居民收入，建议把居民储蓄存款利息个人所得税税率降为零，提高工薪所得费用扣除标准到 3000 元，增加居民实际可支配收入，减轻低收入者税负。实行积极就业政策，扩大城乡就业，落实好《〈劳动合同法〉实施条例》相关政策，根据物价水平变动提高各地最低工资标准。加大对农村商贸流通体系和文化服务设施建设的投入力度，改善农村消费环境。完善消费税制度，引导居民合理消费。大力发展旅游、文化、体育等服务性消费，培育新的消费热点。

6. 完善外贸政策，帮助外向型企业渡过难关

建议稳定人民币汇率，减弱人民币升值预期，消除次贷危机对我国出口的汇率传导机制，避免汇率成为美国转嫁危机的政策工具。次贷危机恶化后，发达国家未来的贸易壁垒会更多，贸易保护措施会更加频繁使用，中外贸易摩擦也会进一步增加。为此，中国政府和企业应有预见性地做好应对措施，务实、有效化解中外贸易可能出现的纠纷。如有必要，还可联合其他相关国家，在 WTO 框架下联合抵制发达国家可能出现的通过贸易保护向国际社会转嫁危机的做法。可细化劳动密集型产品的不同技术含量和附加值含量，对纺织轻工行业的鼓励类产品进一步提高出口退税率。重点支持自主品牌产品与高技术附加值产品出口，加快建立和完善自主性国际营销网络和售后服务体系。要对中小型外贸企业在资金、技术上予以一定支持，帮助企业通过技术升级渡过难关。继续严格控制粮食、化肥、钢材、煤炭和焦炭等"两高一资"产品出口。努力扩大重要资源、先进技术装备和关键零部件进口。

7. 抓住有利时机，理顺资源能源价格

当前，国内农产品价格上涨压力逐步减轻，国际石油等大宗商品价格全面回落，为我国理顺资源能源价格、改革资源能源价格形成机制提供了有利时机。要标本兼治，以治本为主，下决心适时推出成品油价格形成机制改革，加快电价改革步伐，促进合理电价机制的形成。主要采用经济手段解决当前电煤、成品油、供热等由价格引发的供需矛盾，做好电力、煤炭、成品油、供热等供给保障工作，从供给面保障生产生活正常秩序。要进一步强化电力需求侧管理，抑制不合理需求。改革资源税费制度，完善资源有偿使用制度和生态环境补偿机制。

第二编
中国金融市场

第一章　中国金融市场概况

2008年我国金融市场运行平稳

（《中国经济导报》　2009－2－23）

中国人民银行发布2008年金融市场运行情况报告。报告表明，2008年金融市场总体运行平稳，为我国经济社会健康发展发挥了重要作用。银行间市场继续保持健康的发展势头，债券品种更加丰富，中短期债券发行比重较大；市场交易活跃，成交量同比大幅增加；市场流动性充裕，货币市场利率总体下行且阶段性变化显著，收益率曲线整体呈现下移趋势；机构投资者类型更加多元化。2008年，股票市场低迷，股指震荡下跌，市场交易量大幅萎缩。

债券发行品种与信用层次进一步丰富，中短期债券发行比重较大

2008年，银行间债券市场累计发行人民币债券25625.8亿元，同比增加16.9%，短期融资券、次级债券以及资产支持证券的发行量较上年均有较大幅度增加，此外2008年4月份推出的中期票据也保持了较大的发行量。2008年年末，债券市场债券托管总额达10.3万亿元，其中，银行间市场托管额为10万亿元，同比增加19.7%。

2008年，银行间债券市场债券品种和信用层次更加丰富。在继续稳步推动金融债券、资产支持证券、短期融资券发行的同时，允许非金融企业在银行间市场注册发行中期票据，直接融资渠道进一步拓宽。

2008年，债券发行期限结构中，中短期债券发行比重较大，期限5年以内的债券发行量占比47.2%，主要原因是：非金融企业债务融资工具快速发展，短期融资券和中期票据的发行量较大，且期限均在7年以下。

银行间市场交易更加活跃，债券价格水平大幅上升

2008年，银行间市场累计成交110.29万亿元，市场运行主要有以下特点：

一是成交量继续大幅增长。2008年，银行间市场成交量突破110万亿元，同比增长55.3%，其中，现券成交量37.12万亿元，同比增长137.9%；同业拆借成交量15.05万亿元，同比增长41.3%；回购成交量58.12万亿元，较上年增加13.33万亿元，同比增长29.8%。

二是短期交易占比高。2008年银行间市场交易中，隔夜拆借品种成交10.65万亿元，占拆借成交总量的70.8%；1天回购品种成交37.03万亿元，占回购成交总量的63.7%。

2008年，债券指数总体呈现上行走势。银行间市场债券指数由年初的114.84点升至年末的132.05点，上升17.21点，升幅14.99%；交易所市场国债指数由年初的110.78点升至年末的121.30点，上升10.52点，升幅9.50%。

货币市场利率与债券收益率曲线总体下行，且阶段性变化显著

2008年，货币市场利率大致可分为两个阶段：第一阶段为年初至9月份，货币市场利率阶段性宽幅波动，这一阶段基本是2007年市场利率走势的延续。货币市场利率相对高位运行，第二阶段为10月份至年底，货币市场利率持续下行。

2008年，债券市场收益率曲线整体大幅下移，以银行间市场国债收益率曲线为例，大致可分为三个阶段：第一阶段为1～3月份，收益率曲线平行下移。3月末，国债各关键期限收益率较年初下降幅度均在30个基点以上。第二阶段为4～6月份，收益率曲线陡峭化上移。各期限国债收益率增加幅度在30～60个基点之间，其中30年期国债收益率增加最多，为60个基点。第三阶段为7月份至年末，收益率曲线整体大幅下移。

投资者类型更加多元化

2008年，资产管理公司和汽车金融公司作为新型成员机构进入同业拆借市场，截至2008年末，银行间同业拆借市场参与者包括银行、证券公司、财务公司等多种类型机构投资者788家，比2007年末增加71家。2008年末，银行间债券市场参与者达8299家，形成了以做市商为核心、金融机构为主体、其他机构投资者共同参与的多层市场结构，银行间债券市场已成为各类市场主体进行投融资活动的重要平台。

2008年，银行间债券市场参与主体类型进一步丰富，非金融企业与资金集合型投资主体增加较多，其中，企业新增741家，基金新增365家，信用社新增39家，银行新增33家，保险机构新增15家，非银行金融机构新增12家，证券公司新增5家。

商业银行柜台业务运行平稳

2008年，商业银行柜台业务运行平稳。除工、农、中、建4家商业银行外，招商银行、民生银行、北京银行、南京银行等四家新增试点银行开始全面开展记账式国债柜台交易业务。

柜台交易的债券品种增加，所有关键期限的国债全部纳入柜台交易品种。柜台交易的券种包含1年、3年、7年、10年和15年期5个品种，柜台交易的国债数量达到46只，较2007年增加13只。国债柜台交易量有所下降，全年累计成交30.43亿元，同比减少14.7%。

股票市场指数震荡下跌，交易量大幅萎缩

2008年，股票市场呈现震荡下跌走势，市场交易量大幅萎缩。2008年末上证指数收于1820.81点，比2007年底下跌3440.75点，跌幅达65.39%。2008年，为了保持股市平稳健康发展，管理部门先后出台了一系列政策措施，股票市场短暂反弹后仍然呈现下跌走势。23个行业呈现不同程度下跌的态势，有色金属、黑色金属和汽车汽配3个行业跌幅均在65%以上，电气设备、医药保健、农林牧渔跌幅相对较小。

2008年，股票市场成交量大幅萎缩。以上证A股市场为例，全年累计成交18.03万亿元，日均交易量732.94亿元，较2007年分别下降41.48%和42.43%。

2008年我国金融市场发展回顾及2009年展望

（中国人民银行上海总部　周荣芳）

2009年要进一步强化金融市场基础性制度建设，完善市场监管，积极稳妥推动金融市场创新，防范金融风险，确保金融市场安全运行，促进金融市场持续稳定健康发展。

2008 年我国金融市场运行的基本情况

2008 年，我国金融市场总体上保持了平稳发展的态势，除股票市场交易规模下降外，其他各子市场规模呈上升趋势。

货币市场成交量继续增长，市场利率有所下降

同业拆借市场成交量保持增长，市场利率平稳下降。截至 2008 年 11 月底银行间同业拆借累计成交 13.7 万亿元，日均成交 600 亿元，较 2007 年同期增长 54%。年初同业拆借日加权利率为 2.69%，期间最高为 3.9%，进入 10 月份随着中央银行降息，市场利率开始逐步下降，最低收于 11 月底的 1.69%，较年初下降 37%。

银行间债券回购市场成交放量，利率波动平缓。截至 2008 年 11 月底银行间债券回购成交 51.58 万亿元，较 2007 年同期增长 29%，其中质押式回购共成交 50 万亿元，较 2007 年同期增长 27.5%。买断式回购累计成交 1.5 万亿元，较 2007 年同期增长 126%。年初质押式回购日加权平均利率为 2.76%，期间最高 4.12%，受中央银行降息影响，市场利率最低为 1.66%，期末收于 1.73%，较年初下降 37%。

从货币市场的资金融出入情况看，截至 2008 年 11 月底，银行间市场（含银行间信用拆借、质押式回购和现券交易）主要的资金融出方为政策性银行、国有商业银行和股份制商业银行，成交净额占净融出总额的比重分别为 38.72%、31.15% 和 27.45%。与 2007 年同期相比，政策性银行资金融出占比大幅提升；主要的资金融入方是城市商业银行、农信社联社、外资金融机构，成交净额占净融入总额的比重分别为 41.03%、27.72% 和 10.75%，与 2007 年同期相比各机构资金融入占比基本不变。

银行间债券市场发行总量略减，债券指数走势强劲

政府债券发行总量下降，企业债发行大幅增加。截至 2008 年 11 月底，银行间债券市场累计发行 6.6 万亿元，较 2007 年同期减少 2.02%。其中国债发行 6494.49 亿元，较 2007 年同期减少 52.11%；央行票据发行 42350 亿元，较 2007 年同期增加 8.75%；政策性金融债发行 9188.1 亿元，较 2007 年同期减少 1.01%；商业银行债发行 832 亿元，较 2007 同期增加 10.1%；企业债券发行 2286.9 亿元，较 2007 年同期增加 53.59%；短期融资券发行 3469.5 亿元，较 2007 年同期增加 23.69%，资产支持证券发行 254 亿元，较 2007 年同期减少 44.29%；中期票据发行 1175 亿元。

银行间现券市场成交活跃，债券指数大幅上扬。截至 2008 年 11 月底，银行间现券累计成交 33.25 万亿元，较 2007 年同期增长 143.9%；交易所国债市场（含现货和回购）成交 23.4 万亿元，较 2007 年同期增长 34%。银行间债券总指数（净价）年初为 110.561，期间最高为 120.906，最低为109.921，11 月底收于 119.947，较年初上升 8%，较 2007 年同期上升 9%。上半年债券指数走出冲高回落行情之后，进入 8 月份债券价格大幅上扬，各券种收益率呈现大幅陡峭化下行态势。

股票市场成交明显萎缩，股票指数大幅回落

股票市场成交大幅减少，指数大幅下跌。截至 2008 年 11 月底，沪深两市股票、基金和权证分别成交 24.35 万亿元、0.53 万亿元和 6.54 万亿元，较 2007 年同期分别减少 43.56%、33.67% 和 11.97%。上证综指年初开盘 5265，期间最高 5522.78，最低 1664.93，11 月末收于 1871.16，较年初下跌 65%。深圳成指年初开盘 17731.84，期间最高 19219.89，最低 5577.23，11 月末收于 5668.81，较年初下跌 68%。市场指数整体呈现持续震荡回落态势。

人民币兑美元汇率企稳，兑其他主要货币下跌

2008 年，人民币兑各主要货币除日元上行外均呈现下跌走势，人民币兑欧元、英镑跌幅最大。人民币兑美元和港元走势基本一致，前 7 个月持续上行，进入 7 月份人民币兑美元企稳，呈现小幅波动态势；欧元对人民币走势进入 8 月份下跌速度加快；日元对人民币起伏较大，3 月中旬冲高后大幅回落，进入 9 月份之后呈现震荡走高行情；英镑对人民币走势平稳下跌，进入 9 月中旬英镑对人民币中间价在双向波动中快速下行。其中美元兑人民币中间价 11 月底收于 6.8349，较年初下降 6.37%，人民币兑美元较年初升值 14.33%，较人民币汇率形成机制改革前升值 21.09%。

黄金市场成交量呈现大幅跃升，黄金价格微幅下降

上海黄金交易所各品种交易十分活跃。截至 2008 年 11 月底黄金累计成交 3991.67 吨，合计 7833.05 亿元，同比分别增长 145.07% 和 181.24%。白银交易量成倍增长，截至 11 月底累计成交 3816.42 吨，合计 133.6 亿元，同比分别增长 309.33% 和 308.69%。铂金成交保持平稳，累计成交 39.69 吨，合计 143.22 亿元，同比分别增长 14.98% 和 27.98%。黄金价格整体呈现高位震荡走势，Au99.95 品种年初以 196.4 元/克开盘，期间最高 234.5 元/克，最低 157.1 元/克，11 月底收于 179.17 元/克，较年初微幅下跌 8.73%，较 2007 年同期下降 5.38%。

商品期货市场成交快速增长，期货价格震荡下挫

期货市场成交大幅放大，各类期货产品价格大幅下挫。截至 2008 年 11 月底全国期货市场累计成交 12.09 亿手，成交金额 65.7 万亿元，分别较 2007 年同期增长 88.02% 和 83.78%。从价格看，铜、铝、燃料油等资源类期货价格较年初跌幅超过 40%，农产品类价格整体下行，其中三大植物油跌幅最大，下跌超过 40%，玉米、小麦走势相对平稳。期货价格在经历大幅下跌后，在 11 月份走势有所企稳。

2008 年我国金融市场发展的主要特点

金融市场规模持续增长，达到历史最高水平

2008 年，尽管面临国内外经济金融形势复杂多变等诸多不利因素的挑战，我国金融市场仍然保持了迅猛的发展势头，在 2007 年快速扩张的基础上，2008 年的金融市场规模得到继续拓展和壮大。除股票市场以外，其他各子市场成交量同比均有较大增长。截至 11 月底，我国金融市场累计成交 198.99 万亿元（含同业拆借市场、回购市场、债券市场、黄金市场、股票市场和期货市场），较 2007 年同期增长 31%，达到了历史最高水平。其中，黄金市场和银行间债券市场的增长最为迅猛，分别比 2007 年同期增长 181.24% 和 143.9%。金融市场规模的迅速壮大和拓展，推动了金融市场在我国经济金融体系中的地位进一步提升。

金融市场价格波动剧烈，总体呈现震荡下跌走势

与年初相比，2008 年各市场价格总体呈现震荡下跌走势，且波动明显加剧。其中，货币市场利率下降较多，主要是因为随着国内经济金融形势的变化，货币信贷政策从"紧缩"调整为"适度宽松"，中央银行多次下调银行存贷款利率，带动利率水平整体下移，9 月份以后货币市场利率持续走低；股票市场出现了 64.15% 的跌幅和 71.9% 的振幅；受次贷危机蔓延影响，全球商品期货市场剧烈动荡，国内期货市场随之出现大幅下跌。

投资者避险需求强烈，金融市场功能得到充分发掘

2008 年，沪深股票市场指数深度下跌，股市与债市的"跷

跷板效应”充分显现，股票市场的大幅下挫和风险的加大也促使保险、基金等机构加大了对债券市场的投资力度，推动了债券市场指数持续走高，债券市场对股票市场起到了很好的替代性作用，为投资者提供了多样化选择，也对企业融资开辟了另一条有效途径；期货市场上，投资者利用期货对冲机制进行套期保值和风险管理，期货市场功能得到逐步发挥；在国际经济、金融形势发生动荡的背景下，黄金市场的避险功能进一步凸显，黄金得到众多投资者的青睐，黄金市场交易量大幅跃升；在金融市场不确定性增加、市场对未来预期判断分化的情况下，衍生产品交易空前活跃，2008 年 1 ~ 11 月，债券远期累计成交 4827 亿元，增长同比 110. 9%，利率互换累计成交 3970 亿元，同比增长 90. 1%，人民币外汇掉期累计达成交易 4021 亿美元，同比增长 40. 4%；受股票市场持续低迷影响，社会资金对票据类理财产品需求也较大，票据理财产品市场呈现供销两旺的格局。

金融市场监管力度加大，制度建设稳步推进

2008 年，市场监管部门采取多项措施加强市场监管，防范和处置市场风险，金融市场制度建设稳步推进。债券市场上，为进一步完善银行间债券市场管理，促进非金融企业直接债务融资发展，中国人民银行发布《银行间债券市场非金融企业债务融资工具管理办法》，该办法突出了市场在金融资源配置中的基础性作用，标志着银行间债券市场管理方式上的重大转变。股票市场上，进一步完善对证券公司的监管体系，发布《证券公司监督管理条例》和《证券公司风险处置条例》。完善创业板管理制度，推动多层次资本市场体系建设。针对股票市场的深度下跌，管理层不断出台维稳措施，包括完善分红制度、提高再融资标准、发行可交换公司债券、暂缓新股发行、银行间市场重新恢复中期票据发行、研究适时推出融资融券等，为控制市场风险、减缓市场下跌、增强市场信心起到了较大作用。期货市场上，为控制商品期货价格大幅波动所带来的市场风险和防范风险的扩散，管理层对异常市场行为给予了积极干预，市场风险得到及时化解。中国证监会出台了《关于进一步加强商品期货实物交割监管工作的通知》，禁止任何境外期货交易所及其他机构在境内指定或设立商品期货交割仓库以及从事其他与商品期货交割业务相关的活动，以确保我国商品期货市场的平稳运行。

2009 年金融市场发展展望

当前，金融市场发展正处于最重要的机遇期，同时面临国际金融危机向实体经济逐渐蔓延、国内经济增长趋缓等外部环境变化带来的挑战。2009 年，应进一步强化金融市场基础性制度建设，完善市场监管，积极稳妥推动金融市场创新，防范金融风险，确保金融市场安全运行，促进金融市场持续稳定健康发展。

金融市场规模将继续保持平衡快速增长

近几年来，伴随着金融市场交易量和市场规模的不断壮大，金融市场已经成为各个市场主体进行资金余缺管理，投资融资以及财富管理的重要平台，在经济发展和金融体系中的地位和作用日益增强。在外部需求下降、经济增长趋缓、金融风险加大的情况下，同业拆借市场、债券市场、黄金市场、期货市场等交易量都保持了持续增长，市场注重了安全运行的理念，防范风险意识和抵御风险能力逐步提高。目前，金融市场已经步入了新的发展阶段，2009 年在积极的财政政策和适度宽松的货币政策的作用下，债券市场尤其是信用债券发行将大幅增加，债券市场融资功能将得到极大拓展，期货市场在促进现货市场流动秩序建立，推动农业结构调整以及粮食流通体制改革等方面也将发挥更积极的作用。各个金融子市场交易量仍将保持稳定增长，金融市场主体的参与度和活跃度将不断增强。

金融市场创新继续成为市场发展的原动力

我国的金融创新不足，在某种程度上影响了金融体系的运作效率。一方面实体经济有大量的资金需求难以满足，另一方面却有大量的资金低效运转。目前既有的金融衍生品也处于初级阶段，难以满足国内投资者多层次的投资需求。我们要通过金融创新来提升传统产业的竞争力，在信用与杠杆放大风险可控的状态下，大力发展多种类金融产品，形成多种产品并存与结构合理的布局，丰富金融市场的选择。但未来我国的金融创新仍应该以传统及基础金融产品为主，那些组合过于复杂、销售链条过长、定价过于困难的衍生产品则应该审慎推出，避免过度创新和沦为投机的工具。推动金融创新必须注重加强风险管控机制的配套建设，在制定各种政策时，严格控制杠杆交易的上限，避免利用杠杆效应过度，避免单一市场风险向其他市场传染。未来，金融市场产品体系将进一步丰富，继续推动货币市场工具创新，积极推动风险与收益匹配的债券品种创新。进一步优化融资结构，为非金融企业融资提供更多工具。逐步引入更多的利率、汇率和信用衍生产品，为市场参与者管理风险提供便利。

跨部门金融市场监管和合作日益加强

在金融市场全球化、金融创新和金融衍生产品日益复杂的今天，传统金融市场之间的界限日益模糊，跨部门的监管协调和监管合作显得日趋重要。审慎有效的市场监管显然成为我国金融市场增强抗风险能力、有效抵御外部冲击的重要保障。当前，我们要从防范风险的角度出发，加强金融市场基础性制度建设，完善市场监管，努力维护金融市场稳定和国家金融安全。借鉴国际经验与教训，确立新的监管理念、方式、目标及评价标准，逐步建立起统一、高效、全方位的市场监管体制，不断完善金融监管措施和手段，更好地体现金融监管的动态效率和灵活性；加强监管协调，防止出现监管重叠、监管遗漏或空缺现象，确保金融体系和金融市场安全稳定运行。同时，努力营造金融创新的良好环境，使金融市场的制度建设和监管水平适应金融创新的步伐，使创新产品的收益和风险保障得到保证；要注重培育和发展能够承担特定风险的机构投资者；要加强对信用评级机构等中介机构的监管，增强信用评级机构的透明度和评级水平，为提供金融衍生品的公允价格创造条件。

金融市场开放领域会有所拓宽

当前，我国已深深地融入国际化进程，对世界市场依存度较高，国际金融危机势必会对我国对外开放产生一定的冲击，但我国金融市场对外开放的战略仍然没有改变。而且从这场金融危机中，我们可以更进一步了解海外金融市场的监管与创新，为我国的金融市场建设和对外开放积累经验、吸取教训。可以在全面开展对外开放政策成效的分析和评估的基础上，在加大短期跨境资本流动监测力度的基础上，完善并有效实施金融市场对外开放战略，有序、审慎推进市场对外开放。逐步拓宽境外金融机构在境内金融市场的融资渠道和投资准入，并支持有条件的境内机构“走出去”参与国际金融市场的活动，但对外投资必须审慎，监管必须强化，制度必须完备。资本市场也应该有次序、渐进地引进长期资本，而非短期投机资本。随着对外开放程度的加深，我国金融市场将进一步国际化。

2008 年汇率

项　目	2008.01	2008.02	2008.03	2008.04	2008.05	2008.06	2008.07	2008.08	2008.09	2008.10	2008.11	2008.12
一特别提款权单位折合人民币元(期末数)	11.4625	11.4442	11.5427	11.3668	11.2593	11.2052	11.0849	10.7293	10.7100	10.1588	10.1701	10.5271
一美元折合人民币(期末数)	7.1853	7.1058	7.0190	7.0002	6.9472	6.8591	6.8388	6.8345	6.8183	6.8258	6.8349	6.8346
一美元折合人民币(平均数)	7.2478	7.1601	7.0752	7.0007	6.9724	6.8971	6.8376	6.8515	6.8307	6.8316	6.8286	6.8424

2008 年货币供应量

单位:人民币亿元

项目	2008.01	2008.02	2008.03	2008.04	2008.05	2008.06	2008.07	2008.08	2008.09	2008.10	2008.11	2008.12
货币和准货币(M2)	417846.17	421037.84	423054.53	429313.72	436221.60	443141.02	446362.17	448846.68	452898.71	453133.32	458644.66	475166.60
货币(M1)	154872.59	150177.88	150867.47	151694.91	153344.75	154820.15	154992.44	156889.92	155748.97	157194.36	157826.63	166217.13
流通中现金(M0)	36673.15	32454.47	30433.07	30789.61	30169.30	30181.32	30687.19	30851.62	31724.88	31317.84	31607.36	34218.96

2008 年中国外汇储备

单位:亿美元

月　份	数　额
1	15898.10
2	16471.34
3	16821.77
4	17566.55
5	17969.61
6	18088.28
7	18451.64
8	18841.53
9	19055.85
10	18796.88
11	18847.17
12	19460.30

2008 年中国国际收支平衡表

单位:千美元

项　目	行次	差额	贷方	借方
一、经常项目	1	426,107,395	1,725,893,261	1,299,785,866
A. 货物和服务	2	348,870,456	1,581,713,188	1,232,842,732
a. 货物	3	360,682,094	1,434,601,241	1,073,919,146
b. 服务	4	-11,811,638	147,111,948	158,923,586
1. 运输	5	-11,911,179	38,417,556	50,328,735
2. 旅游	6	4,686,000	40,843,000	36,157,000
3. 通讯服务	7	59,585	1,569,663	1,510,079
4. 建筑服务	8	5,965,493	10,328,506	4,363,013
5. 保险服务	9	-11,360,128	1,382,716	12,742,844
6. 金融服务	10	-250,884	314,731	565,615
7. 计算机和信息服务	11	3,086,931	6,252,062	3,165,131
8. 专有权利使用费和特许费	12	-9,748,930	570,536	10,319,466
9. 咨询	13	4,605,315	18,140,866	13,535,551
10. 广告、宣传	14	261,668	2,202,324	1,940,656
11. 电影、音像	15	163,322	417,943	254,622
12. 其它商业服务	16	2,885,059	26,005,857	23,120,798
13. 别处未提及的政府服务	17	-253,890	666,187	920,076
B. 收益	18	31,437,960	91,614,872	60,176,912
1. 职工报酬	19	6,400,156	9,136,547	2,736,391
2. 投资收益	20	25,037,804	82,478,325	57,440,521
C. 经常转移	21	45,798,979	52,565,201	6,766,222
1. 各级政府	22	-181,611	49,205	230,816
2. 其它部门	23	45,980,590	52,515,996	6,535,406
二、资本和金融项目	24	18,964,877	769,876,094	750,911,218
A. 资本项目	25	3,051,448	3,319,886	268,439
B. 金融项目	26	15,913,429	766,556,208	750,642,779
1. 直接投资	27	94,320,092	163,053,964	68,733,872
1.1 我国在外直接投资	28	-53,470,972	2,175,785	55,646,757
1.2 外国在华直接投资	29	147,791,064	160,878,179	13,087,115
2. 证券投资	30	42,660,063	67,708,045	25,047,982
2.1 资产	31	32,749,936	57,672,404	24,922,468
2.1.1 股本证券	32	-1,117,368	3,844,800	4,962,168
2.1.2 债务证券	33	33,867,304	53,827,604	19,960,300
2.1.2.1(中)长期债券	34	37,563,103	53,827,604	16,264,501
2.1.2.2 货币市场工具	35	-3,695,799	0	3,695,799
2.2 负债	36	9,910,127	10,035,641	125,514
2.2.1 股本证券	37	8,721,011	8,721,011	0
2.2.2 债务证券	38	1,189,116	1,314,630	125,514
2.2.2.1(中)长期债券	39	1,189,116	1,314,630	125,514
2.2.2.2 货币市场工具	40	0	0	0
3. 其它投资	41	-121,066,726	535,794,199	656,860,925
3.1 资产	42	-106,074,263	32,563,248	138,637,510
3.1.1 贸易信贷	43	5,866,953	5,866,953	0
长期	44	410,687	410,687	0
短期	45	5,456,266	5,456,266	0
3.1.2 贷款	46	-18,501,123	478,305	18,979,428
长期	47	-6,569,000	0	6,569,000
短期	48	-11,932,123	478,305	12,410,428
3.1.3 货币和存款	49	-33,528,165	17,715,954	51,244,120
3.1.4 其它资产	50	-59,911,928	8,502,035	68,413,963
长期	51	0	0	0
短期	52	-59,911,928	8,502,035	68,413,963
3.2 负债	53	-14,992,463	503,230,952	518,223,415
3.2.1 贸易信贷	54	-19,049,071	0	19,049,071
长期	55	-1,333,435	0	1,333,435
短期	56	-17,715,636	0	17,715,636
3.2.2 贷款	57	3,620,979	442,835,925	439,214,946
长期	58	6,724,078	20,129,387	13,405,309
短期	59	-3,103,099	422,706,538	425,809,637
3.2.3 货币和存款	60	2,702,297	59,226,206	56,523,909
3.2.4 其它负债	61	-2,266,668	1,168,821	3,435,489
长期	62	-2,236,180	34,976	2,271,156
短期	63	-30,488	1,133,845	1,164,333
三、储备资产	64	-418,978,429	0	418,978,429
3.1 货币黄金	65	0	0	0
3.2 特别提款权	66	-7,114	0	7,114
3.3 在基金组织的储备头寸	67	-1,190,315	0	1,190,315
3.4 外汇	68	-417,781,000	0	417,781,000
3.5 其它债权	69	0	0	0
四、净误差与遗漏	70	-26,093,843	0	26,093,843

2008 年存款性公司概览

单位:亿元人民币

报表项目	2008.01	2008.02	2008.03	2008.04	2008.05	2008.06	2008.07	2008.08	2008.09	2008.10	2008.11	2008.12
国外净资产	142530.70	145926.71	150967.47	156560.99	160945.21	163271.60	166973.85	168636.60	171633.02	174732.73	176483.81	178970.61
国内信贷	345162.34	347539.53	348375.80	350397.88	351180.28	353970.67	356557.18	357818.20	362950.53	363180.17	362521.42	379378.67
对政府债权(净)	25375.76	25030.23	24267.45	21416.40	19644.31	18903.12	17386.39	17580.09	18578.28	16785.57	18930.13	29434.59
对非金融部门债权	295076.82	298453.12	300399.64	305426.13	307733.34	310871.96	314278.57	316531.56	320022.51	321771.56	318856.02	325640.89
对其他金融部门债权	24709.76	24056.18	23708.71	23555.35	23802.63	24195.59	24892.22	23706.55	24349.74	24623.04	24735.27	24303.19
货币和准货币	417818.67	421037.84	423054.53	429313.72	436221.60	443141.02	446362.17	448846.68	452898.70	453133.32	458644.65	475166.60
货币	154870.16	150177.88	150867.47	151694.91	153344.75	154820.15	154992.44	156889.92	155748.97	157194.36	157826.61	166217.13
流通中现金	36673.15	32454.47	30433.07	30789.61	30169.30	30181.32	30687.19	30851.62	31724.88	31317.84	31607.34	34218.96
活期存款	118197.01	117723.41	120434.40	120905.30	123175.45	124638.83	124305.25	126038.30	124024.09	125876.52	126219.27	131998.17
准货币	262948.51	270859.96	272187.06	277618.81	282876.85	288320.87	291369.73	291956.76	297149.73	295938.96	300818.04	308949.47
定期存款	65537.40	67324.48	71599.33	73767.12	75420.16	77981.31	78247.74	80111.39	84045.11	80139.05	81146.82	82339.85
储蓄存款	174347.88	183960.15	187414.88	188389.12	190674.38	194269.47	196671.47	199988.93	204424.17	207469.89	211188.49	217801.36
其他存款	23063.23	19575.33	13172.85	15462.58	16782.31	16070.09	16450.52	11856.44	8680.45	8330.02	8482.73	8808.26
不纳入广义货币的存款	9827.14	9840.92	9816.33	10414.05	10276.66	10377.30	10670.58	10968.35	10929.06	11071.15	10815.72	11210.92
债券	34732.68	35799.82	36737.70	37549.47	37902.65	38220.29	38144.63	38530.90	39816.65	40498.62	41081.03	42335.28
实收资本	18630.06	18643.41	18700.56	18743.24	18782.53	18885.76	18943.30	18986.61	19121.49	20480.06	20537.00	21970.83
其他(净)	6684.49	8144.25	11033.96	10938.39	8942.05	6617.90	9410.36	9122.26	11817.65	12729.75	7926.83	7665.65

2008 年黄金和外汇储备

项目 Item	2008.01	2008.02	2008.03	2008.04	2008.05	2008.06	2008.07	2008.08	2008.09	2008.10	2008.11	2008.12
黄金储备(万盎司)	1929	1929	1929	1929	1929	1929	1929	1929	1929	1929	1929	1929
国家外汇储备(亿美元)	15898.10	16471.34	16821.77	17566.55	17969.61	18088.28	18451.64	18841.53	19055.85	18796.88	18847.17	19460.30

2008 年货币当局资产负债表

单位:亿元人民币

报表项目	2008.01	2008.02	2008.03	2008.04	2008.05	2008.06	2008.07	2008.08	2008.09	2008.10	2008.11	2008.12
国外资产	130850.14	133799.27	137436.82	142795.91	146340.75	149580.16	152623.49	154339.66	157908.88	159574.64	159941.35	162543.52
外汇	120743.12	124427.70	127126.09	131217.94	133518.98	134249.44	137690.05	139521.46	143122.88	146602.17	147032.37	149624.26
货币黄金	337.24	337.24	337.24	337.24	337.24	337.24	337.24	337.24	337.24	337.24	337.24	337.24
其他国外资产	9769.78	9034.33	9973.49	11240.73	12484.53	14993.48	14596.20	14480.96	14448.76	12635.23	12571.74	12582.02
对政府债权	16317.71	16317.71	16317.71	16317.71	16317.71	16279.77	16279.77	16279.77	16233.94	16233.94	16233.94	16195.99
其中:中央政府	16317.71	16317.71	16317.71	16317.71	16317.71	16279.77	16279.77	16279.77	16233.94	16233.94	16233.94	16195.99
对其他存款性公司债权	7075.11	7698.33	8037.30	8049.58	8078.35	8097.51	8433.95	8554.10	8544.44	8477.19	8442.71	8432.50
对其他金融性公司债权	12291.84	12291.94	12291.74	12289.82	12249.24	12190.11	12104.98	12103.24	12103.44	12103.26	12083.47	11852.66
对非金融性公司债权	44.12	44.12	44.12	44.12	44.12	44.12	44.12	44.12	44.12	44.12	44.12	44.12
其他资产	7883.95	7910.52	7920.10	7944.52	8018.29	7913.27	7986.61	7943.98	8089.58	8019.45	8054.98	8027.20
总资产	174462.87	178061.89	182047.79	187441.66	191048.46	194104.94	197472.92	199264.87	202924.40	204452.60	204800.57	207095.99
储备货币	109477.69	107042.77	104224.18	106467.04	108619.45	115353.05	116446.80	117589.81	117336.06	115715.30	119332.71	129222.33
货币发行	40052.01	35548.12	33437.62	33424.51	32826.87	33075.73	33285.24	33698.35	34876.09	34043.37	34456.46	37115.76
金融性公司存款	69425.68	71494.65	70786.56	73042.53	75792.58	82277.32	83161.56	83891.46	82459.97	81671.93	84876.25	92106.57
其他存款性公司	69329.71	71422.44	70608.43	72957.62	75704.17	82177.06	83056.50	83777.96	82378.54	81571.20	84774.86	91894.72
其他金融性公司	95.97	72.21	178.13	84.91	88.41	100.26	105.06	113.50	81.43	100.73	101.39	211.85
不计入储备货币的金融性公司存款	526.08	493.60	492.29	496.74	516.64	528.78	556.86	571.99	584.96	578.24	578.03	591.20
发行债券	32306.69	36877.58	39530.84	43018.07	43920.33	41801.74	41717.56	42278.96	45911.46	47429.35	46527.10	45779.83
国外负债	946.86	946.58	948.55	925.58	904.16	904.88	892.35	892.33	892.28	894.36	733.27	732.59
政府存款	20056.58	20893.44	21557.65	24753.77	27254.80	27414.37	29130.80	28735.76	27228.46	29322.40	27409.31	16963.84
自有资金	219.75	219.75	219.75	219.75	219.75	219.75	219.75	219.75	219.75	219.75	219.75	219.75
其他负债	10929.22	11588.17	15074.53	11560.71	9613.33	7882.37	8508.80	8976.27	10751.43	10293.20	10000.40	13586.45
总负债	174462.87	178061.89	182047.79	187441.66	191048.46	194104.94	197472.92	199264.87	202924.40	204452.60	204800.57	207095.99

注:自 2008 年起,本表增设报表项目"不计入储备货币的金融性公司存款",删除原报表项目"非金融性公司存款"及其子项"活期存款"。

2008 年企业商品价格指数

以上年同月为 100

年　月	总指数	农产品	矿产品	煤油电	加工业产品
2008.01	108.4	112.8	119.6	112.5	106.1
2008.02	109.2	113.4	120.7	114.1	106.9
2008.03	110.2	114.1	123.5	115.3	107.9
2008.04	110.3	113.9	122.1	117.2	108.0

年　月	总指数	农产品	矿产品	煤油电	加工业产品
2008.05	109.6	111.6	117.6	116.9	107.9
2008.06	109.5	109.1	116.7	121.2	108.0
2008.07	109.4	106.8	118.3	126.7	108.0
2008.08	108.2	104.7	115.5	126.8	107.0
2008.09	107.0	105.0	112.3	124.2	105.6
2008.10	104.0	104.3	103.8	119.1	102.2
2008.11	99.6	100.2	93.6	107.8	98.6
2008.12	96.9	98.6	89.2	96.2	96.7

2008 年全国股票交易统计表

时期	发行总股本(亿股)		市价总值(亿元)		成交金额(亿元)		成交量(百万股)	
	上海	深圳	上海	深圳	上海	深圳	上海	深圳
2007 年累计	14173.10	2781.72	269838.87	57302.02	305434.30	155121.93	2432538.12	1207836.76
2008.01	14198.16	2818.71	225354.97	52499.84	30759.73	15770.72	177183.03	87406.17
2008.02	14300.84	2853.43	225846.35	55786.66	14230.33	6881.35	86133.80	39675.23
2008.03	14476.47	2902.62	181350.15	45438.99	19418.53	9113.89	129120.76	57496.07
2008.04	14785.95	3006.04	194727.31	45516.94	18648.58	8252.82	136885.41	60064.64
2008.05	14980.19	3138.25	181247.11	43619.60	19792.87	9674.00	142573.48	69043.48
2008.06	15033.03	3244.17	144508.33	33526.77	11322.15	5540.49	102022.60	49576.54
2008.07	15094.87	3307.17	146667.15	35217.45	15315.04	7945.24	145153.11	76446.52
2008.08	15222.59	3340.58	127029.73	28405.57	7894.27	3914.54	91742.81	43834.24
2008.09	15267.87	3385.50	121615.05	26548.93	8116.64	3425.05	106243.34	45687.02
2008.10	15284.61	3415.34	91719.66	20348.14	7324.39	3071.59	102139.91	47803.04
2008.11	15286.51	3420.26	99152.56	23331.68	11882.06	5230.23	183211.60	87414.70
2008.12	15410.39	3441.86	97251.91	24114.53	15725.37	7862.78	228750.18	117531.81
2008 年累计					180429.96	86682.70	1631160.03	781979.46

时期	最高综合股价指数				最低综合股价指数			
	上海		深圳		上海		深圳	
	A 股	B 股	A 股	B 股	A 股	B 股	A 股	B 股
2007 年累计	5600.45	369.00	1531.54	735.90	5034.41	341.41	1286.64	662.25
2008.01	5796.72	373.77	1667.91	730.95	4544.46	301.53	1378.10	606.18
2008.02	4928.03	323.45	1527.08	681.14	4326.01	287.17	1294.93	605.37
2008.03	4692.41	324.40	1498.65	642.16	3522.06	237.63	1113.77	492.40
2008.04	3887.80	263.99	1159.82	583.00	3138.15	212.60	912.62	501.49
2008.05	3972.95	267.01	1215.08	582.92	3498.25	235.68	1066.20	526.09
2008.06	3655.45	251.16	1099.05	564.03	2825.16	196.56	789.63	458.44
2008.07	3096.66	222.76	938.88	487.28	2691.53	203.82	801.78	442.56
2008.08	2969.50	212.85	882.93	457.61	2398.15	140.09	661.81	361.44
2008.09	2498.99	152.16	686.08	383.95	1892.75	104.46	548.95	270.43
2008.10	2381.34	129.60	633.99	310.17	1749.02	86.44	485.91	215.82
2008.11	2154.39	114.69	599.16	262.46	1763.90	86.71	475.37	220.68
2008.12	2206.15	123.02	661.00	296.21	1905.45	105.66	560.68	249.99
2008 年累计								

2008 年商业银行不良贷款情况表

单位：亿元、%

	第一季度		第二季度		第三季度		第四季度	
	余额	占全部贷款比例	余额	占全部贷款比例	余额	占全部贷款比例	余额	占全部贷款比例
不良贷款	12456.5	5.78%	12425.1	5.58%	12654.3	5.49%	5602.5	2.42%
其中：次级类贷款	2108.3	0.98%	2154.2	0.97%	2301.5	1.00%	2625.9	1.13%
可疑类贷款	4430.8	2.06%	4294.9	1.93%	4294.4	1.86%	2406.9	1.04%
损失类贷款	5917.4	2.75%	5975.9	2.68%	6058.4	2.63%	569.8	0.25%
不良贷款分机构								
主要商业银行	11782.2	6.30%	11762.8	6.10%	11905.4	6.01%	4865.3	2.45%
国有商业银行	10933.6	7.55%	11031.7	7.43%	11173.8	7.35%	4208.2	2.81%
股份制商业银行	848.6	2.01%	731.1	1.65%	731.6	1.59%	657.1	1.35%
城市商业银行	508.8	2.90%	501.9	2.72%	500.8	2.54%	484.8	2.33%
农村商业银行	129.5	3.68%	122	3.26%	208.8	4.44%	191.5	3.94%
外资银行	36	0.49%	38.4	0.50%	39.2	0.50%	61	0.83%

注：商业银行包括国有商业银行、股份制商业银行、城市商业银行、农村商业银行和外资银行；主要商业银行包括国有商业银行和股份制商业银行；国有商业银行包括中国工商银行、中国农业银行、中国银行、中国建设银行、交通银行；股份制商业银行包括中信银行、光大银行、华夏银行、广东发展银行、深圳发展银行、招商银行、上海浦东发展银行、兴业银行、中国民生银行、恒丰银行、浙商银行、渤海银行。

2008 年银行业金融机构总资产、总负债(境内本外币合计)

单位:亿元、%

1. 银行业金融机构季末主要指标

2008 年	第一季度	第二季度	第三季度	第四季度
总资产	555022.1	577419.6	? 593473.8	623912.9
比上年同期增长率	20.80%	19.00%	? 17.2%	18.60%
总负债	522418.1	544001	? 557918.8	586015.6
比上年同期增长率	20.00%	18.40%	? 16.6%	18.20%

注:银行业金融机构包括政策性银行、国有商业银行、股份制商业银行、城市商业银行、农村商业银行、农村合作银行、城市信用社、农村信用社、邮政储蓄银行、外资银行和非银行金融机构。

2. 国有商业银行季末主要指标

2008 年	第一季度	第二季度	第三季度	第四季度
总资产	291928.6	301219.9	305202.7	318358
比上年同期增长率	15.20%	13.90%	11.10%	13.70%
占银行业金融机构比例	52.60%	52.20%	51.40%	51.00%
总负债	274826.1	284094.3	287098.4	298783.6
比上年同期增长率	14.80%	13.70%	10.90%	13.00%
占银行业金融机构比例	52.60%	52.20%	51.50%	51.00%

注:国有商业银行包括中国工商银行、中国农业银行、中国银行、中国建设银行和交通银行。

3. 股份制商业银行季末主要指标

2008 年	第一季度	第二季度	第三季度	第四季度
总资产	76818	80775.7	83604.6	88130.6
比上年同期增长率	35.00%	25.70%	21.50%	21.60%
占银行业金融机构比例	13.80%	14.00%	14.10%	14.10%
总负债	73111.1	76825.4	79419.7	83683.9
比上年同期增长率	33.50%	25.20%	? 20.7%	21.10%
占银行业金融机构比例	14.00%	14.10%	14.20%	14.30%

注:股份制商业银行包括中信银行、光大银行、华夏银行、广东发展银行 、深圳发展银行、招商银行、上海浦东发展银行、兴业银行、民生银行、恒丰银行、浙商银行、渤海银行。

4. 城市商业银行季末主要指标

2008 年	第一季度	第二季度	第三季度	第四季度
总资产	33953.7	35921.6	38868.8	41319.7
比上年同期增长率	26.70%	23.10%	25.80%	23.70%
占银行业金融机构比例	6.10%	6.20%	6.50%	6.60%
总负债	31915.1	33801.8	36542	38650.9
比上年同期增长率	25.20%	21.60%	25.20%	22.60%
占银行业金融机构比例	6.10%	6.20%	6.50%	6.60%

5. 其他类金融机构季末主要指标

2008 年	第一季度	第二季度	第三季度	第四季度
总资产	152321.8	159502.4	165797.7	176104.7
比上年同期增长率	24.70%	25.30%	25.80%	25.80%
占银行业金融机构比例	27.40%	27.60%	27.90%	28.20%
总负债	142565.8	149279.5	154858.7	164897.2
比上年同期增长率	23.00%	24.00%	24.40%	26.10%
占银行业金融机构比例	27.30%	27.40%	27.80%	28.10%

注:其他类金融机构包括政策性银行、农村商业银行、农村合作银行、外资金融机构、城市信用社、农村信用社、企业集团财务公司、信托投资公司、金融租赁公司、汽车金融公司、货币经纪公司和邮政储蓄银行。

2008 年金融机构外汇信贷收支表

单位:亿美元

项　目	2008.01	2008.02	2008.03	2008.04	2008.05	2008.06	2008.07	2008.08	2008.09	2008.10	2008.11	2008.12
来源方项目												
一、各项存款	1522.23	1538.43	1553.48	1643.20	1621.77	1638.43	1693.98	1743.40	1741.65	1777.20	1741.55	1791.03
1. 企业存款	787.79	818.95	843.33	943.05	920.45	952.58	982.30	1012.22	1003.16	985.66	952.24	988.16
2. 储蓄存款	489.78	480.84	466.44	456.21	462.88	467.06	471.92	482.72	485.58	497.51	503.46	529.37
3. 委托及信托存款	8.00	8.56	8.44	8.79	9.14	8.45	8.09	8.03	7.29	38.31	35.22	32.51
4. 境外存款	101.33	103.44	105.16	108.39	107.98	109.99	112.72	115.71	114.64	115.01	119.67	126.79
5. 其他类存款	135.33	126.64	130.11	126.76	121.32	100.35	118.95	124.72	130.98	140.71	130.96	114.20
二、境外筹资	181.36	186.18	203.65	180.05	177.33	188.32	186.15	206.43	192.09	164.02	170.87	164.15
三、外汇买卖	1931.64	1870.15	2099.91	2271.37	2523.56	2754.20	2753.13	2777.24	2814.72	2606.23	2711.88	2714.83
四、境外同业往来	230.83	234.93	237.45	249.76	247.18	241.13	246.68	248.15	245.22	236.45	226.34	215.33
五、其他	861.34	1097.40	954.49	740.51	583.81	216.43	253.18	134.59	-45.57	29.95	38.50	-43.70

项　目	2008.01	2008.02	2008.03	2008.04	2008.05	2008.06	2008.07	2008.08	2008.09	2008.10	2008.11	2008.12
资金来源总计	4727.40	4927.09	5048.98	5084.89	5153.65	5038.51	5133.12	5109.81	4948.11	4813.85	4889.14	4841.64
运用方项目												
一、各项贷款	2367.31	2584.33	2687.95	2709.30	2739.34	2753.36	2747.01	2717.31	2692.21	2583.56	2483.64	2436.71
1.短期贷款	662.61	695.72	732.48	719.66	717.29	711.07	711.96	693.29	661.10	608.85	561.81	497.61
2.中长期贷款	1041.97	1227.36	1256.16	1275.14	1295.12	1304.40	1312.66	1308.94	1314.40	1307.83	1298.67	1340.33
3.委托及信托贷款	6.07	6.07	6.07	6.07	6.29	6.01	5.79	5.89	5.89	5.41	3.42	1.25
4.境外筹资转贷款	132.11	133.10	134.73	133.34	131.12	130.97	128.01	125.49	123.71	118.09	115.23	117.82
5.票据融资	6.36	11.56	11.76	5.68	5.37	4.60	3.85	4.34	5.42	5.49	5.48	5.11
6.其他类贷款	518.19	510.52	546.75	569.41	584.15	596.31	584.74	579.36	581.69	537.89	499.03	474.59
二、有价证券及投资	1642.92	1584.43	1539.12	1566.57	1557.73	1439.82	1429.57	1328.73	1167.24	1159.90	1253.05	1310.28
三、境外同业往来	717.17	758.33	821.91	809.02	856.58	845.33	956.54	1063.77	1088.66	1070.39	1152.45	1094.65
资金运用总计	4727.40	4927.09	5048.98	5084.89	5153.65	5038.51	5133.12	5109.81	4948.11	4813.85	4889.14	4841.64

2008 年其他存款性公司资产负债表

单位:亿美元

报表项目	2008.01	2008.02	2008.03	2008.04	2008.05	2008.06	2008.07	2008.08	2008.09	2008.10	2008.11	2008.12
国外资产	18855.54	18816.32	20325.16	20375.92	21110.25	20155.05	20813.40	20953.39	20180.47	21430.31	22631.93	22303.06
储备资产	72379.52	73991.72	72927.87	74595.54	77340.03	83884.50	84667.52	85636.37	84806.01	83538.38	86937.05	93915.32
准备金存款	69000.91	70898.27	69923.50	71960.81	74682.64	80990.23	82069.65	82789.77	81654.80	80812.85	84087.93	91018.52
库存现金	3378.61	3093.45	3004.37	2634.73	2657.39	2894.27	2597.87	2846.60	3151.21	2725.53	2849.12	2896.80
对政府债权	29114.63	29605.96	29507.39	29852.46	30581.40	30037.72	30237.42	30036.08	29572.80	29874.03	30105.50	30202.44
其中:中央政府	29114.63	29605.96	29507.39	29852.46	30581.40	30037.72	30237.42	30036.08	29572.80	29874.03	30105.50	30202.44
对中央银行债权	33583.47	37692.79	41969.95	41061.47	39801.28	38101.05	38671.51	38540.13	40419.02	41151.18	40261.63	42682.96
对其他存款性公司债权	58900.90	61843.52	64907.30	66665.99	66691.73	68746.26	67253.53	67889.38	71614.81	73103.47	72514.63	75741.12
对其他金融机构债权	12417.92	11764.24	11416.97	11265.53	11553.39	12005.48	12787.24	11603.31	12246.30	12519.78	12651.80	12450.53
对非金融机构债权	242978.21	246240.79	247252.87	251548.01	253180.38	255526.98	258451.16	260204.61	263080.86	264806.11	262236.34	268459.83
对其他居民部门债权	52054.49	52168.21	53102.65	53834.00	54508.84	55300.86	55783.29	56282.83	56897.53	56921.33	56575.56	57136.94
其他资产	29647.39	32980.62	32975.66	34124.92	33798.99	32547.17	32898.04	33440.37	32399.50	34530.16	41010.48	38609.49
总资产	549932.07	565104.17	574385.82	583323.84	588566.29	596305.07	601563.11	604586.47	611217.30	617874.75	624924.92	641501.69
对非金融机构及住户负债	371727.90	382375.52	393139.25	397071.37	402831.77	410464.81	413230.63	420281.87	426503.21	428065.36	432722.56	447253.45
纳入广义货币的存款	358082.29	369008.04	379448.61	383061.54	389269.99	396889.61	399224.46	406138.62	412493.37	413485.46	418554.58	432139.38
企业活期存款	118197.01	117723.41	120434.40	120905.30	123175.45	124638.83	124305.25	126038.30	124024.09	125876.52	126219.27	131998.17
企业定期存款	65537.40	67324.48	71599.33	73767.12	75420.16	77981.31	78247.74	80111.39	84045.11	80139.05	81146.82	82339.85
居民储蓄存款	174347.88	183960.15	187414.88	188389.12	190674.38	194269.47	196671.47	199988.93	204424.17	207469.89	211188.49	217801.36
不纳入广义货币的存款	9827.14	9840.92	9816.33	10414.05	10276.66	10377.30	10670.58	10968.35	10929.06	11071.15	10815.72	11210.92
可转让存款	3489.02	3675.75	3457.15	3269.88	3579.00	3660.75	3846.18	3968.64	3738.91	3912.41	4068.10	4339.16
其他存款	6338.12	6165.17	6359.18	7144.17	6697.66	6716.55	6824.40	6999.71	7190.15	7158.74	6747.62	6871.76
其他负债	3818.47	3526.56	3874.31	3595.78	3285.12	3197.90	3335.59	3174.90	3080.78	3508.75	3352.26	3903.15
对中央银行负债	6152.46	6969.84	6237.30	6239.65	6258.90	6255.21	6216.98	6193.66	6260.52	6163.71	6096.55	4610.03
对其他存款性公司负债	22888.83	24386.19	26770.64	27142.05	26354.01	27699.33	27605.72	27767.67	29202.67	30181.90	30723.68	32580.25
对其他金融性公司负债	43898.59	43229.28	37867.21	40430.97	40318.91	38239.49	41043.35	35084.10	31551.41	30884.64	31294.72	32029.82
其中:计入广义货币的存款	23063.23	19575.33	13172.85	15462.58	16782.31	16070.09	16450.52	11856.44	8680.45	8330.02	8482.73	8808.26
国外负债	6228.12	5742.30	5845.96	5685.26	5601.63	5558.73	5570.69	5764.12	5564.05	5377.86	5356.20	5143.38
债券发行	34732.68	35799.82	36737.70	37549.47	37902.65	38220.29	38144.63	38530.90	39816.65	40498.62	41081.03	42335.28
实收资本	18410.31	18423.66	18480.81	18523.49	18562.78	18666.01	18723.55	18766.86	18901.74	20260.31	20317.25	21751.08
其他负债	45893.18	48177.57	49306.95	50681.58	50735.64	51201.20	51027.56	52197.29	53417.05	56442.35	57332.93	55798.40
总负债	549932.07	565104.18	574385.82	583323.84	588566.29	596305.07	601563.11	604586.47	611217.30	617874.75	624924.92	641501.69

注:从 2008 年 1 月开始,本表项目中原“央行债券”更名为“对中央银行债权”

2008 年交易所政府债券交易统计表

时期	总　计					
	国债交易合计		现货		回购	
	成交金额(亿元)	成交量(万手)	成交金额(亿元)	成交量(万手)	成交金额(亿元)	成交量(万手)
2007 年累计	19545.67	195985.43	1200.59	12534.67	18345.08	183450.76
2008.01	2113.12	21274.37	78.46	927.71	2034.67	20346.66
2008.02	1458.27	14622.11	83.22	871.67	1375.04	13750.44
2008.03	1143.08	11615.15	154.31	1727.50	988.77	9887.65
2008.04	2198.55	22097.97	261.50	2727.46	1937.05	19370.51
2008.05	1784.75	18245.77	93.84	1336.67	1690.91	16909.10
2008.06	1696.30	18137.08	92.06	2094.71	1604.24	16042.37
2008.07	2052.30	20949.77	106.24	1489.19	1946.06	19460.58
2008.08	2088.04	21428.40	171.45	2262.48	1916.59	19165.92
2008.09	2601.28	26847.06	198.42	2818.44	2402.86	24028.62
2008.10	3022.20	30305.52	234.66	2430.11	2787.54	27875.41
2008.11	3253.49	32546.93	315.93	3171.35	2937.56	29375.58
2008.12	2979.79	30096.81	332.42	3623.14	2647.37	26473.67
2008 年累计	26391.17	268166.94	2122.51	25480.43	24268.66	242686.51

时期	上交所				深交所			
	现货		回购		现货		回购	
	成交金额(亿元)	成交量(万手)	成交金额(亿元)	成交量(万手)	成交金额(亿元)	成交量(万手)	成交金额(亿元)	成交量(万手)
2007 年累计	1195.49	12009.05	18345.08	183450.76	5.10	525.62		
2008.01	77.04	781.77	2034.67	20346.66	1.42	145.94		
2008.02	82.91	837.94	1375.04	13750.44	0.31	33.73		
2008.03	152.54	1547.27	988.77	9887.65	1.77	180.23		
2008.04	260.67	2641.94	1937.05	19370.51	0.83	85.52		
2008.05	89.55	907.27	1690.91	16909.10	4.29	429.40		
2008.06	79.18	802.00	1604.24	16042.37	12.88	1292.71		
2008.07	101.72	1034.67	1946.06	19460.58	4.52	454.52		
2008.08	165.77	1688.97	1916.59	19165.92	5.68	573.51		
2008.09	189.37	1906.20	2402.86	24028.62	9.05	912.24		
2008.10	233.57	2319.87	2787.54	27875.41	1.09	110.24		
2008.11	315.34	3113.00	2937.56	29375.58	0.59	58.35		
2008.12	328.23	3211.13	2647.37	26473.67	4.19	412.01		
2008 年累计	2075.89	20792.03	24268.66	242686.51	46.62	4688.40		

2008 年金融机构本外币信贷收支表

单位:亿元人民币

项　目	2008.01	2008.02	2008.03	2008.04	2008.05	2008.06	2008.07	2008.08	2008.09	2008.10	2008.11	2008.12
来源方项目												
一、各项存款	402489.07	415859.25	426596.93	433777.74	442540.86	450227.49	455256.45	462087.48	466816.61	470462.35	474272.44	478444.21
1. 企业存款	141717.31	144009.11	149400.19	151323.87	153543.01	155955.53	155506.84	157715.54	158691.62	157024.77	158618.84	164385.79
(1)活期存款	91944.43	92452.17	93969.64	94175.70	96111.10	96891.71	96567.25	97268.55	94308.12	95940.21	97071.09	101790.78
(2)定期存款	49772.88	51556.94	55430.55	57148.17	57431.91	59063.82	58939.59	60446.99	64383.50	61084.56	61547.75	62595.01
2. 储蓄存款	177823.47	187304.29	190821.85	191683.32	193907.48	197603.72	200155.92	203567.01	207998.47	211139.68	214819.42	221503.47
(1)活期储蓄	69180.85	71620.29	71700.06	70961.18	71581.07	72659.87	73341.02	74194.09	74863.95	75201.36	75840.79	79776.53
(2)定期储蓄	108642.62	115684.00	119121.79	120722.14	122326.41	124943.85	126814.90	129372.92	133134.52	135938.32	138978.63	141726.94
3. 委托及信托存款	3191.24	3424.32	2668.40	2927.73	2934.61	2804.35	3096.89	3117.40	3287.22	3569.35	3769.19	3955.43
4. 其他存款	79757.05	81121.53	83706.49	87842.82	92155.76	93863.89	96496.80	97687.53	96839.30	98728.55	97064.99	88599.52
二、对国际金融机构负债	946.86	946.58	948.55	925.58	904.15	904.88	892.36	892.33	892.28	894.37	733.27	732.59
三、其他	-40418.54	-49917.99	-58038.64	-59219.71	-64402.54	-69971.25	-71825.48	-76967.88	-79373.73	-81256.96	-86542.14	-83592.94
资金来源总计	363017.39	366887.84	369506.84	375483.61	379042.47	381161.12	384323.33	386011.93	388335.16	390099.76	388463.57	395583.86
运用方项目												
一、各项贷款	286705.45	290529.81	293866.91	298655.76	301906.07	305085.20	308803.60	311304.13	314833.34	315930.49	312725.13	320048.68
1. 短期贷款	122487.99	123898.26	125219.23	126489.96	127308.20	128748.37	129707.39	130208.69	131504.33	131352.92	126795.12	128571.47
2. 中长期贷款	143484.42	146649.57	148921.13	151447.41	153494.38	155562.84	157626.21	159099.44	160930.74	161747.79	161062.11	164160.42
3. 委托及信托贷款	2478.20	2480.39	2303.41	2351.88	2356.60	2317.76	2341.74	2356.68	2459.11	2561.99	2813.26	3034.96
4. 票据融资	13048.11	12402.10	12105.77	12898.83	13214.64	12900.33	13660.73	14192.11	14456.58	15064.86	17169.75	19314.15
5. 其它类贷款	5206.73	5099.49	5317.37	5467.68	5532.25	5555.90	5467.53	5447.21	5482.58	5202.93	4884.89	4967.68
二、有价证券及投资	74903.29	74949.05	74229.65	75442.90	75761.57	74703.85	74161.70	73353.96	72148.26	72823.10	74471.27	74257.21
三、金银占款	337.24	337.24	337.24	337.24	337.24	337.24	337.24	337.24	337.24	337.24	337.24	337.24
四、在国际金融机构资产	1071.41	1071.74	1073.04	1047.71	1037.59	1034.83	1020.79	1016.60	1016.32	1008.93	929.93	940.73
资金运用总计	363017.39	366887.84	369506.84	375483.61	379042.47	381161.12	384323.33	386011.93	388335.16	390099.76	388463.57	395583.86

2008 年金融机构人民币信贷收支表

单位:亿元

项　目	2008.01	2008.02	2008.03	2008.04	2008.05	2008.06	2008.07	2008.08	2008.09	2008.10	2008.11	2008.12
资金来源总计	469120.65	475751.11	482327.74	493294.01	500592.41	505968.25	512668.28	517093.04	524535.76	528720.38	528220.03	538405.59
一、各项存款	391551.46	404927.55	415693.11	422275.01	431273.96	438989.25	443671.51	450172.32	454941.54	458331.49	462369.22	466203.32
1. 企业存款	136056.85	138189.88	143480.91	144722.40	147148.43	149421.66	148788.98	150797.44	151851.81	150296.84	152110.48	157632.21
2. 财政存款	20656.04	22286.49	22779.98	25468.75	28165.79	28005.35	29853.22	29457.83	27781.46	29846.61	28443.25	18040.04
3. 机关团体存款	18421.69	18385.45	18801.44	18755.03	19210.24	19645.58	19738.77	20645.75	21148.91	21353.33	20983.76	21962.77
4. 储蓄存款	174304.23	183887.54	187547.89	188489.72	190691.72	194400.13	196928.57	200267.97	204687.62	207743.76	211378.30	217885.35
(1)活期储蓄	67966.58	70467.14	70626.46	69925.38	70547.41	71640.80	72295.03	73097.38	73783.38	74056.52	74712.09	78585.19
(2)定期储蓄	106337.65	113420.40	116921.43	118564.34	120144.31	122759.33	124633.54	127170.59	130904.24	133687.24	136666.21	139300.16
5. 农业存款	9301.24	8725.25	9180.79	9184.65	9363.36	9504.77	9496.97	9612.68	9808.79	9810.86	9744.36	10074.51
6. 信托类存款	3133.80	3363.53	2609.17	2866.15	2871.12	2746.38	3041.55	3062.49	3237.56	3307.90	3528.47	3733.24
7. 其他存款	29677.61	30089.41	31292.93	32788.31	33823.30	35265.38	35823.45	36328.16	36425.39	35972.19	36180.60	36875.20
二、金融债券	11228.51	12245.62	15693.84	15716.52	16495.94	16379.66	16815.60	18322.81	20320.25	20751.49	21209.81	20852.48
三、流通中现金	36673.15	32454.47	30433.07	30789.61	30169.30	30181.32	30687.19	30851.62	31724.88	31317.84	31607.36	34218.96
四、对国际金融机构负债	946.86	946.58	948.55	925.58	904.15	904.88	892.36	892.33	892.28	894.37	733.27	732.59
五、其他	28720.67	25176.89	19559.17	23587.29	21749.05	19513.14	20601.62	16853.96	16656.81	17425.19	12300.37	16398.24
资金运用总计	469120.65	475751.11	482327.74	493294.01	500592.41	505968.25	512668.28	517093.04	524535.76	528720.38	528220.03	538405.59
一、各项贷款	269695.58	272165.99	275000.21	279690.16	282875.17	286199.38	290016.98	292732.36	296477.09	298295.65	295749.55	303394.64
1. 短期贷款	117743.67	118963.48	120086.35	121461.09	122331.96	123879.61	124851.20	125481.48	127008.96	127208.39	122965.23	125181.65

项　目	2008.01	2008.02	2008.03	2008.04	2008.05	2008.06	2008.07	2008.08	2008.09	2008.10	2008.11	2008.12
(1) 工业贷款	34832.75	35286.41	35367.19	35782.52	36034.09	36253.49	36692.14	36917.43	37255.25	37451.08	35594.42	36142.89
(2)商业贷款	18110.01	18210.68	18261.07	18104.66	17913.91	18298.99	18331.79	18228.78	18373.92	18488.80	17254.06	17732.22
(3)建筑业贷款	3781.52	3809.23	3747.35	3765.13	3758.21	3768.61	3752.21	3750.65	3767.86	3736.59	3671.50	3684.56
(4)农业贷款	15947.67	16120.58	16709.94	17210.68	17444.20	17642.27	17800.69	17980.75	18197.93	18197.50	17576.91	17628.82
(5) 其他短期贷款	45071.72	45536.58	46000.80	46598.10	47181.55	47916.25	48274.37	48603.87	49414.00	49334.42	48868.34	49993.16
2.中长期贷款	135997.62	137928.16	140104.23	142521.16	144496.76	146615.71	148649.02	150153.41	151968.84	152820.96	152185.74	154999.79
3.信托类贷款	2434.59	2437.27	2260.79	2309.38	2312.89	2276.52	2302.13	2316.41	2419.24	2525.04	2789.88	3026.43
4.其他类贷款	13519.70	12837.08	12548.84	13398.53	13733.56	13427.54	14214.63	14781.06	15080.05	15741.26	17808.70	20186.77
二、有价证券及投资	63098.46	63690.31	63426.52	64476.73	64939.75	64827.99	64385.11	64272.64	64189.68	64905.85	65906.79	65301.87
三、金银占款	337.24	337.24	337.24	337.24	337.24	337.24	337.24	337.24	337.24	337.24	337.24	337.24
四、外汇占款	134917.96	138485.83	142490.73	147742.17	151402.66	153568.81	156908.16	158734.20	162515.43	164172.71	165296.52	168431.11
五、在国际金融机构资产	1071.41	1071.74	1073.04	1047.71	1037.59	1034.83	1020.79	1016.60	1016.32	1008.93	929.93	940.73

2008 年其他商业银行人民币信贷收支表

单位:亿元

项　目	2008.01	2008.02	2008.03	2008.04	2008.05	2008.06	2008.07	2008.08	2008.09	2008.10	2008.11	2008.12
来源方项目												
一、各项存款 Total Deposits	64936.42	67249.32	70355.01	71006.31	71794.38	74411.20	73092.23	74969.74	76804.63	74510.03	75677.18	79752.16
1. 企业存款	36453.75	37620.67	39812.82	39868.83	40069.22	41177.89	40064.31	41051.00	41416.41	40503.87	41088.87	43419.92
(1) 活期存款	21840.98	22395.89	23102.57	23155.43	23452.23	23679.72	22760.38	23314.22	22295.88	22630.86	22726.83	24535.40
(2) 定期存款	14612.77	15224.78	16710.25	16713.40	16616.99	17498.17	17303.93	17736.78	19120.53	17873.01	18362.04	18884.52
2. 储蓄存款	13085.93	13965.48	14570.81	14638.45	14719.70	15434.20	15284.18	15689.48	16515.70	16646.25	17127.81	18445.74
(1) 活期储蓄	6047.98	6270.94	6299.90	6121.63	6108.89	6409.16	6201.47	6228.01	6355.25	6328.50	6306.61	6926.29
(2) 定期储蓄	7037.95	7694.54	8270.91	8516.82	8610.81	9025.04	9082.71	9461.47	10160.45	10317.75	10821.20	11519.45
3. 农业存款	31.10	36.55	40.34	38.05	34.41	37.50	33.52	38.70	32.60	32.19	29.73	35.66
4. 其他类存款	15365.64	15626.62	15931.04	16423.48	16971.05	17761.61	17710.22	18190.56	16041.91	17327.72	17430.77	15182.27
二、发行金融债券	1860.78	1803.60	1906.45	1899.49	1901.11	1930.61	1963.91	2043.12	2318.41	2349.58	2122.02	2240.02
三、向中央银行借款	1.43	1.11	0.51	0.00	0.00	0.00	0.00	0.00	0.00	0.00	0.00	0.00
四、同业往来	11556.37	12557.51	10372.35	10993.23	11118.65	10036.94	11573.64	9572.50	7494.59	9472.58	9930.40	10482.90
五、其他	-2353.77	-2141.74	-4668.25	-3513.73	-3328.50	-3923.98	-3174.81	-2695.95	-1927.89	-1599.74	-135.60	-1160.00
资金来源总计	76001.23	79469.80	77966.07	80385.30	81485.64	82454.77	83454.97	83889.41	84689.74	84732.45	87594.00	91315.08
运用方项目												
一、各项贷款	50094.95	50425.88	50888.20	52118.40	52847.92	53444.06	54541.34	55062.17	55672.46	56197.76	57741.46	59595.05
1. 短期贷款	25776.82	26084.33	26124.80	26456.41	26736.21	27107.83	27390.24	27462.17	27809.96	28049.11	28320.36	29123.82
(1) 工业贷款	8433.66	8579.17	8583.02	8763.55	8904.05	9041.56	9250.68	9344.69	9408.23	9604.77	9740.86	9948.45
(2) 商业贷款	2900.59	2922.91	2930.78	2913.17	2910.96	2924.28	2927.57	2917.59	2918.02	2912.83	2944.04	2990.56
(3) 建筑业贷款	1578.92	1579.25	1516.16	1518.72	1505.66	1476.04	1403.42	1393.92	1388.55	1352.21	1373.84	1415.97
(4) 农业贷款	47.55	54.21	56.36	48.82	51.11	52.38	50.57	51.06	54.58	54.99	53.48	55.31
(5) 乡镇企业贷款	13.68	14.33	14.07	14.64	14.06	13.55	13.69	12.88	12.13	11.56	10.98	11.43
(6) 三资企业贷款	1089.30	1095.55	1076.35	1090.12	1081.64	1093.64	1119.98	1155.36	1148.47	1177.73	1173.11	1187.74
(7) 私营企业及个体贷款	1199.09	1213.82	1275.42	1311.27	1319.91	1369.50	1396.23	1395.86	1417.90	1418.48	1388.38	1418.44
(8) 其他短期贷款	10514.03	10625.09	10672.64	10796.12	10948.82	11136.88	11228.10	11190.81	11462.08	11516.54	11635.67	12095.92
2. 中长期贷款	21819.65	22062.06	22413.51	22744.87	23123.29	23500.00	23908.23	24166.68	24471.14	24547.87	24778.35	25394.51
3. 其他类贷款	2498.48	2279.49	2349.89	2917.12	2988.42	2836.23	3242.87	3433.32	3391.36	3600.78	4642.75	5076.72
二、有价证券及投资	14746.50	15542.45	15714.32	16475.45	16974.13	16619.83	16473.16	16253.99	16605.62	17049.69	17084.60	17537.61
三、缴存准备金存款	9763.88	11721.88	9564.16	10063.44	9856.76	10937.47	10974.40	10873.42	10859.46	10149.15	10919.57	12176.70
四、同业往来	1395.90	1779.59	1799.39	1728.01	1806.83	1453.41	1466.07	1699.83	1552.20	1335.85	1848.37	2005.72
资金运用总计	76001.23	79469.80	77966.07	80385.30	81485.64	82454.77	83454.97	83889.41	84689.74	84732.45	87594.00	91315.08

注:本表机构包括交通银行、中信银行、中国光大银行、华夏银行、中国民生银行、广东发展银行、深圳发展银行、招商银行、上海浦东发展银行、兴业银行、恒丰银行、浙商银行、渤海银行。

2008 年金融机构人民币信贷收支表(按部门分类)

单位:亿元

项　目	2008.01	2008.02	2008.03	2008.04	2008.05	2008.06	2008.07	2008.08	2008.09	2008.10	2008.11	2008.12
来源方项目												
一、各项存款	391551.47	404927.55	415693.10	422275.02	431273.97	438989.28	443671.53	450172.34	454941.53	458331.49	462369.19	466203.32
1.居民户存款	177412.47	187141.61	190723.66	191756.43	194125.91	197814.75	200279.96	203684.37	208245.59	211400.26	215227.68	222005.63
(1)活期存款	67770.80	70302.60	70253.17	69588.88	70314.63	71306.82	71839.47	72634.69	73338.90	73605.25	74352.13	78336.79
(2)定期存款	109641.67	116839.01	120470.49	122167.55	123811.28	126507.93	128440.49	131049.68	134906.69	137795.01	140875.55	143668.84
2.非金融性公司存款	186032.91	187286.47	194073.21	196729.42	200628.18	204594.45	204539.54	208140.18	210159.93	208218.75	209835.05	217062.46
(1)企事业单位存款	167611.22	168901.02	175271.77	177974.39	181417.94	184948.87	184800.77	187494.43	189011.02	186865.42	188851.29	195099.69
其中:企业存款	152517.80	154354.70	160725.50	163056.20	166442.57	169634.18	169046.38	171471.81	172612.33	170178.55	172081.83	178201.62
活期存款	88497.66	88815.88	90549.81	90943.07	92571.43	93271.84	92760.75	93336.64	90606.16	92061.28	93038.98	97499.04
定期存款	64020.14	65538.82	70175.69	72113.13	73871.14	76362.34	76285.63	78135.17	82006.17	78117.27	79042.85	80702.58
(2)机关团体存款	18421.69	18385.45	18801.44	18755.03	19210.24	19645.58	19738.77	20645.75	21148.91	21353.33	20983.76	21962.77
3.财政存款	20656.04	22286.49	22779.98	25468.75	28165.79	28005.35	29853.22	29457.83	27781.46	29846.61	28443.25	18040.04

项　目	2008.01	2008.02	2008.03	2008.04	2008.05	2008.06	2008.07	2008.08	2008.09	2008.10	2008.11	2008.12
4.其他存款	7450.05	8212.98	8116.25	8320.42	8354.09	8574.73	8998.81	8889.96	8754.55	8865.84	8863.21	9095.19
二、金融债券	11228.51	12245.62	15693.84	15716.52	16495.94	16379.66	16815.60	18322.81	20320.25	20751.49	21209.81	20852.48
三、流通中现金	36673.15	32454.47	30433.07	30789.61	30169.30	30181.32	30687.19	30851.62	31724.88	31317.84	31607.36	34218.96
四、对国际金融机构负债	946.86	946.58	948.55	925.58	904.15	904.88	892.36	892.33	892.28	894.37	733.27	732.59
五、其他	28720.67	25176.89	19559.17	23587.28	21749.04	19513.10	20601.60	17746.27	16656.82	17425.19	12300.40	16398.25
资金来源总计	469120.66	475751.11	482327.73	493294.01	500592.41	505968.24	512668.28	517093.04	524535.76	528720.38	528220.03	538405.60
运用方项目												
一、各项贷款	269695.59	272165.99	275000.20	279690.16	282875.17	286199.37	290016.98	292732.36	296477.09	298295.65	295749.55	303394.65
1.居民户贷款	51948.65	52057.46	52990.01	53718.38	54411.26	55198.94	55688.50	56192.54	56806.57	56846.35	56492.42	57057.92
(1)消费性贷款	33590.86	33587.80	33962.14	34268.33	34723.89	35309.33	35670.48	35996.43	36410.29	36535.82	36681.27	37210.29
短期消费性贷款	3199.08	3117.76	3192.90	3255.64	3326.97	3465.55	3522.16	3612.36	3771.47	3864.52	3964.79	4136.86
中长期消费性贷款	30391.78	30470.04	30769.24	31012.69	31396.92	31843.78	32148.32	32384.07	32638.82	32671.30	32716.48	33073.43
(2)经营性贷款	18357.79	18469.66	19027.87	19450.05	19687.37	19889.61	20018.02	20196.11	20396.28	20310.53	19811.15	19847.63
短期经营性贷款	13100.38	13195.24	13687.70	14070.08	14269.07	14402.15	14460.59	14601.40	14755.34	14681.03	14582.91	14554.56
其中:农户贷款	10928.22	11018.68	11481.23	11842.83	12016.80	12098.24	12125.32	12216.73	12279.44	12220.21	12086.14	11971.73
中长期经营性贷款	5257.41	5274.42	5340.17	5379.97	5418.29	5487.46	5557.43	5594.71	5640.94	5629.50	5228.24	5293.07
2.非金融性公司及其他部门贷款	217746.94	220108.53	222010.19	225971.78	228463.91	231000.43	234328.48	236539.82	239670.52	241449.30	239257.13	246336.73
(1)短期贷款及票据融资	114289.02	114816.10	115068.46	116825.89	117747.83	118691.74	120314.49	121236.24	122696.35	123480.64	121353.19	125587.12
短期贷款	101286.58	102496.12	103045.29	103966.78	104570.48	105823.02	106680.08	107073.75	108276.74	108453.30	104220.93	106307.88
票据融资	13002.44	12319.98	12023.17	12859.11	13177.35	12868.72	13634.41	14162.49	14419.61	15027.34	17132.26	19279.24
(2)中长期贷款	100302.13	102137.96	103949.04	106082.92	107635.72	109238.11	110897.39	112128.02	113640.91	114470.87	114192.25	116584.00
(3)其他贷款	3155.79	3154.47	2992.69	3062.97	3080.36	3070.58	3116.60	3175.56	3333.26	3497.79	3711.69	4165.61
二、有价证券及投资	63098.46	63690.31	63426.52	64476.73	64939.75	64827.99	64385.11	64272.64	64189.68	64905.85	65906.79	65301.87
三、金银占款	337.24	337.24	337.24	337.24	337.24	337.24	337.24	337.24	337.24	337.24	337.24	337.24
四、外汇占款	134917.96	138485.83	142490.73	147742.17	151402.66	153568.81	156908.16	158734.20	162515.43	164172.71	165296.52	168431.11
五、在国际金融机构资产	1071.41	1071.74	1073.04	1047.71	1037.59	1034.83	1020.79	1016.60	1016.32	1008.93	929.93	940.73
资金运用总计	469120.66	475751.11	482327.73	493294.01	500592.41	505968.24	512668.28	517093.04	524535.76	528720.38	528220.03	538405.60

注：

1、本表机构包括中国人民银行、政策性银行、国有商业银行、其他商业银行、城市商业银行、农村商业银行、农村合作银行、城市信用社、农村信用社、财务公司、信托投资公司、租赁公司、邮政储蓄银行、外资金融机构。

2、"居民户存款"主要为居民储蓄存款；"非金融性公司存款"主要包括企事业单位存款和机关团体存款；"其他存款"包括保险公司在银行业的存款和境外非居民存款；居民户贷款"包括居民消费性贷款和经营性贷款；"非金融公司及其他部门贷款"包括对我国国民经济体系中的非金融企业、为居民服务的非盈利机构、广义政府部门和非居民部门的贷款；"其他贷款"包括除以贷款、票据融资方式外对企业和对其他部门的融资。

2008年金融机构本外币信贷收支表(按部门分类)

单位:亿元人民币

项　目	2008.01	2008.02	2008.03	2008.04	2008.05	2008.06	2008.07	2008.08	2008.09	2008.10	2008.11	2008.12
来源方项目												
一、各项存款	402489.08	415859.25	426596.93	433777.74	442540.84	450227.52	455256.48	462087.50	466816.62	470462.31	474272.40	478444.21
1.居民户存款	180997.82	190612.68	194061.16	195008.72	197376.11	201047.63	203536.08	207010.61	211577.30	214817.96	218688.93	225640.74
活期存款	68991.99	71462.81	71338.17	70637.02	71359.22	72333.94	72894.34	73741.77	74425.37	74759.49	75489.37	79533.45
定期存款	112005.83	119149.87	122722.99	124371.70	126016.89	128713.69	130641.74	133268.84	137151.93	140058.47	143199.56	146107.29
2.非金融性公司存款	192205.20	193583.91	200462.89	203799.49	207561.43	211640.82	211838.27	215666.79	217620.37	215752.01	217057.05	224488.54
企事业单位存款	173783.51	175198.46	181661.45	185044.46	188351.19	191995.24	192099.50	195021.04	196471.46	194398.68	196073.29	202525.77
机关团体存款	18421.69	18385.45	18801.44	18755.03	19210.24	19645.58	19738.77	20645.75	21148.91	21353.33	20983.76	21962.77
3.财政存款	20656.04	22286.49	22779.98	25468.75	28165.79	28005.35	29853.22	29457.83	27781.46	29846.61	28443.25	18040.04
4.其他存款	8630.02	9376.17	9292.90	9500.78	-587767.97	9533.72	10028.91	9952.27	9837.49	10045.73	10083.17	10274.89
二、对国际金融机构负债	946.86	946.58	948.55	925.58	904.15	904.88	892.36	892.33	892.28	894.37	733.27	732.59
三、其他	0.00	0.00	-58038.64	0.00	0.00	-69971.27	-71825.50	-76967.86	-79373.74	-81256.95	-86542.08	-83592.92
资金来源总计	363017.39	366887.82	369506.84	1047.71	1037.59	381161.13	384323.34	386011.97	388335.16	390099.73	388463.59	395583.88
运用方项目												
一、各项贷款	286705.45	290529.79	293866.91	298655.73	301906.04	305085.21	308803.61	311304.17	314833.34	315930.46	312725.15	320048.70
1.居民户贷款	51970.42	52081.60	53012.70	53741.70	54434.65	55221.61	55712.15	56216.40	56830.93	56871.32	56516.47	57082.48
(1)消费性贷款	33612.63	33611.94	33984.83	34291.65	34747.29	35332.00	35694.13	36020.29	36434.65	36560.79	36705.32	37234.85
短期消费性贷款	3212.58	3133.52	3207.19	3270.47	3341.84	3479.81	3537.44	3628.19	3788.01	3881.70	3981.11	4153.79
中长期消费性贷款	30400.05	30478.42	30777.64	31021.18	31405.45	31852.19	32156.69	32392.10	32646.64	32679.09	32724.21	33081.06
(2)经营性贷款	18357.79	18469.66	19027.87	19450.05	19687.37	19889.61	20018.02	20196.11	20396.28	20310.53	19811.15	19847.63
短期经营性贷款	13100.38	13195.24	13687.70	14070.08	14269.07	14402.15	14460.59	14601.40	14755.34	14681.03	14582.91	14554.56
其中:农户贷款	10928.22	11018.68	11481.23	11842.83	12016.80	12098.24	12125.32	12216.73	12279.44	12220.21	12086.14	11971.73
中长期经营性贷款	5257.41	5274.42	5340.17	5379.97	5418.29	5487.46	5557.43	5594.71	5640.94	5629.50	5228.24	5293.07
2.非金融性公司及其他部门贷款	234735.03	238448.19	240854.21	244914.03	247471.38	249863.60	253091.46	255087.77	258002.41	259059.14	256208.68	262966.22
(1)短期贷款及票据融资	118941.93	119657.80	119992.15	121675.08	122552.25	123385.66	125028.55	125690.62	126971.04	127437.15	125000.42	128858.60
短期贷款	105893.82	107255.70	107886.38	108776.25	109337.62	110485.33	111367.82	111498.51	112514.46	112372.29	107830.67	109544.45
票据融资	13048.11	12402.10	12105.77	12898.83	13214.64	12900.33	13660.73	14192.11	14456.58	15064.86	17169.75	19314.15
(2)中长期贷款	106633.01	109391.22	109736.84	111886.32	113078.71	114628.55	116216.61	117426.75	118920.12	119702.70	119351.89	121879.95
(3)其他贷款	9160.09	9399.17	11125.22	11352.63	11840.42	11849.39	11846.30	11970.40	12111.25	11919.29	11856.37	12227.67
二、有价证券及投资	74903.29	74949.05	74229.65	75442.90	75761.57	74703.85	74161.70	73353.96	72148.26	72823.10	74471.27	74257.21

项　目	2008.01	2008.02	2008.03	2008.04	2008.05	2008.06	2008.07	2008.08	2008.09	2008.10	2008.11	2008.12
三、金银占款	337.24	337.24	337.24	337.24	337.24	337.24	337.24	337.24	337.24	337.24	337.24	337.24
四、在国际金融机构资产	1071.41	1071.74	1073.04	1047.71	1037.59	1034.83	1020.79	1016.60	1016.32	1008.93	929.93	940.73
资金运用总计	84400.62	84685.46	369506.84	87132.77	87939.23	381161.13	384323.34	386011.97	388335.16	390099.73	388463.59	395583.88

注：

1、本表机构包括中国人民银行、政策性银行、国有商业银行、其他商业银行、城市商业银行、农村商业银行、农村合作银行、城市信用社、农村信用社、财务公司、信托投资公司、租赁公司、邮政储蓄银行、外资金融机构。

2、"居民户存款"主要为居民储蓄存款；"非金融性公司存款"主要包括企事业单位存款和机关团体存款；"其他存款"包括保险公司在银行业的存款和境外非居民存款；"居民户贷款"包括居民消费性贷款和经营性贷款；"非金融公司及 其他部门贷款"包括对我国国民经济体系中的非金融企业、为居民服务的非盈利机构、广义政府部门和非居民部门的贷款；"其他贷款"包括除以贷款、票据融资方式外对企业和对其他部门的融资。

2008 年全国银行间同业拆借市场交易期限分类统计表

单位：亿元

	1 天		7 天		14 天		20 天	
	交易量	加权平均利率%	交易量	加权平均利率%	交易量	加权平均利率%	交易量	加权平均利率%
2007 年累计	80304.69		21780.10		2735.86		501.62	
2008.01	8718.63	1.98	1940.06	3.45	415.70	3.26	52.14	3.68
2008.02	6410.41	2.29	2502.86	3.28	569.50	3.17	59.60	3.18
2008.03	8897.16	2.07	4407.61	2.53	501.49	2.70	24.59	2.67
2008.04	9197.46	2.31	3055.93	3.20	475.99	3.20	23.20	3.14
2008.05	8733.74	2.53	3805.3	3.37	335.74	3.40	251.90	3.74
2008.06	8679.00	2.85	3130.62	3.44	629.06	3.55	163.91	4.08
2008.07	8841.14	2.49	3621.57	3.03	285.87	3.21	244.80	3.05
2008.08	10882.60	2.66	2278.93	3.26	108.33	3.19	27.20	3.35
2008.09	8737.41	2.72	2302.98	3.16	786.81	3.45	67.90	3.18
2008.10	8471.62	2.50	2750.47	3.08	178.61	3.21	0.30	3.46
2008.11	8544.13	2.14	2884.47	2.68	134.54	2.59	3.16	2.74
2008.12	10400.34	1.14	2323.86	1.56	322.53	1.31	188.35	1.72
2008 年累计	106513.64		35004.66		4744.17		1107.05	

	30 天		60 天		90 天		120 天	
	交易量	加权平均利率%	交易量	加权平均利率%	交易量	加权平均利率%	交易量	加权平均利率%
2007 年累计	341.56		345.81		315.88		71.81	
2008.01	64.75	3.59	28.94	4.21	27.85	4.63	5.24	4.71
2008.02	112.90	3.24	26.78	4.30	75.66	4.58	34.15	5.04
2008.03	136.93	3.16	1.61	4.07	37.65	4.51	6.38	4.57
2008.04	63.14	3.35	8.38	4.01	94.09	4.50	4.97	4.53
2008.05	77.73	3.40	4.07	4.25	29.07	4.59	6.15	4.61
2008.06	65.42	3.80	59.30	4.02	78.17	4.52	6.89	4.51
2008.07	104.80	3.37	12.65	4.23	71.52	4.46	22.20	4.52
2008.08	132.78	3.45	11.50	3.43	43.00	4.39	31.75	4.45
2008.09	83.52	3.47	22.65	3.98	58.24	4.38	30.60	4.43
2008.10	76.25	3.38	36.45	3.73	87.63	4.31	28.10	4.35
2008.11	120.35	2.99	62.70	2.65	46.35	3.87	8.60	3.94
2008.12	96.90	1.42	170.21	1.27	16.82	2.81		
2008 年累计	1135.47		445.24		666.05		185.03	

	6 个月		9 个月		1 年			
	交易量	加权平均利率%	交易量	加权平均利率%	交易量	加权平均利率%		
2007 年累计	50.45		2.70		15.20			
2008.01	14.80	5.41	0.00		0.00			
2008.02	19.35	4.94	16.99	4.69	0.39	4.68		
2008.03	24.12	4.65	9.35	4.68	10.45	4.70		
2008.04	22.56	4.62	8.20	4.70	7.51	4.70		
2008.05	13.25	4.59	6.23	4.76	5.82	4.78		
2008.06	26.94	4.59	2.18	4.63	5.93	4.78		
2008.07	25.20	4.57	13.80	4.63	4.70	4.71		
2008.08	55.98	4.54	51.54	4.65	18.69	4.77		
2008.09	28.60	4.56	22.30	4.61	26.65	4.70		
2008.10	30.50	4.44	62.40	4.50	79.40	4.61		
2008.11	24.10	4.11	20.50	4.25	15.80	4.32		
2008.12	6.30	3.34			10.00	4.19		
2008 年累计	291.70		213.49		185.34			

2008 年全国银行间市场质押式债券回购交易期限分类统计表

单位：亿元

时期	1 天		7 天		14 天		21 天	
	成交金额	加权平均利率%	成交金额	加权平均利率%	成交金额	加权平均利率%	成交金额	加权平均利率%
2007 年累计	229985.07		158416.28		38464.15		5913.21	
2008.01	18754.72	1.97	16044.10	3.33	4412.49	4.04	1299.19	3.45
2008.02	18111.66	2.30	11153.55	3.21	7295.31	3.55	426.10	3.16
2008.03	26027.80	2.08	9901.55	2.51	2218.27	2.73	446.16	2.70
2008.04	26935.22	2.28	16669.56	3.15	3516.53	3.46	209.81	3.22
2008.05	23915.83	2.51	15356.95	3.35	1776.02	3.51	235.41	3.57

2008.06	24791.60	2.81	13921.53	3.38	2794.40	3.54	960.38	3.42
2008.07	27343.85	2.50	10410.10	3.08	3165.33	3.55	532.07	3.15
2008.08	35665.43	2.66	12698.46	3.39	782.46	3.19	95.79	3.33
2008.09	33511.19	2.71	10308.89	3.18	4163.11	3.45	1158.99	3.40
2008.10	32536.61	2.49	11262.98	3.12	1605.22	3.16	411.88	3.20
2008.11	44375.71	2.15	11700.21	2.66	1886.27	2.71	546.18	2.74
2008.12	48081.13	1.14	10835.13	1.51	2797.58	1.35	850.97	1.46
2008 年累计	360050.75		150263.01		36412.99		7172.93	

时期	1 个月		2 个月		3 个月		4 个月	
	成交金额	加权平均利率%	成交金额	加权平均利率%	成交金额	加权平均利率%	成交金额	加权平均利率%
2007 年累计	4932.00		1513.32		906.67		143.18	
2008.01	1023.31	3.84	124.04	3.84	64.16	4.27	0.00	0.00
2008.02	116.83	3.41	157.17	3.41	120.85	4.26	11.53	4.22
2008.03	991.03	3.15	57.89	3.46	68.89	4.39	15.90	4.45
2008.04	531.30	3.23	175.54	3.38	188.16	4.51	10.18	4.54
2008.05	558.55	3.29	77.12	4.04	7.08	4.38	6.41	4.47
2008.06	784.23	3.69	35.09	4.05	32.56	4.20	1.90	4.50
2008.07	1211.54	3.24	36.99	4.06	220.14	4.47	8.50	4.44
2008.08	749.73	3.25	49.97	3.84	14.60	4.08	6.25	4.46
2008.09	554.30	3.23	87.66	3.40	87.12	4.14	53.34	4.48
2008.10	338.40	3.16	36.89	3.35	134.19	4.25	15.60	4.36
2008.11	229.92	2.94	175.18	3.05	27.34	3.55	3.60	3.91
2008.12	261.16	1.57	72.37	2.22	80.65	1.90		
2008 年累计	7350.30		1085.91		1045.74		133.21	

时期	6 个月		9 个月		1 年			
	成交金额	加权平均利率%	成交金额	加权平均利率%	成交金额	加权平均利率%	成交金额合计	加权平均利率%
2007 年累计	138.03		21.02		239.43		440672.36	
2008.01	3.10	4.00	0.00		0.00		41725.11	2.81
2008.02	11.39	4.54	14.49	4.70	8.40	4.48	37427.28	2.84
2008.03	23.15	4.60	7.26	4.71	6.10	5.12	39763.61	2.27
2008.04	11.89	4.49	4.40	4.70	6.92	5.15	48259.50	2.70
2008.05	8.78	3.37	1.10	4.70	5.50	4.76	41948.75	2.88
2008.06	34.45	4.59			10.40	4.79	43366.53	3.08
2008.07	4.11	4.57	3.32	4.71	1.60	4.73	42937.53	2.76
2008.08	23.95	4.43	10.20	4.62	7.61	4.72	50104.46	2.86
2008.09	12.96	4.38	10.40	4.66	3.80	4.74	49951.76	2.90
2008.10	11.10	4.52	17.00	4.59	21.40	4.66	46391.27	2.68
2008.11	10.60	3.87	9.20	4.31	10.50	4.59	58974.72	2.28
2008.12							62978.98	1.22
2008 年累计	155.48		77.37		82.23		563829.50	

2009 年上半年 M2 增长 28.46% 创 97 年以来新高

央行发布的月度数据显示，6 月末，金融机构人民币贷款增长 34.4%，增幅比上年末高 15.7 个百分点。这是 1998 年 4 月发布此项数据以来的新高。截至 2009 年 6 月末 M2 为人民币 56.89 万亿元，较上年同期增长 28.46%，增幅比上年末高 10.6 个百分点，比上月末高 2.7 个百分点，也是 1997 年 3 月央行公布此项数据以来的最高增速。

2009 年上半年金融业工资最高 月均 5100 元仍看涨

统计局昨发布数据显示，上半年在岗职工平均工资为 14638 元，同比增长 12.9%。

上半年，全国城镇单位在岗职工平均工资为 14638 元，与上年同期相比，增加了 1674 元，增长 12.9%，同比回落 5.1 个百分点。由此推算，上半年在岗职工月平均税前工资约为 2500 元。

昨日，国家统计局发布全国城镇单位在岗职工平均工资数据，各行业月平均工资都有不同程度上涨。不过，有网友却称自己的工资是‘被增长’了。与今年 4 月份统计局公布一季度在岗职工平均工资时一样，不少人对工资统计数据再次提出质疑。同时，金融业仍然是平均工资最高的行业，且专家认为，金融业从业人员工资的上涨空间仍很大。

统计不全致工资“被增长”统计局发布的工资统计数据屡遭坊间质疑，原因之一就是实际感受与数据不符。一条“我的工资”被增长“了”的帖子异常火爆。也有网友认为数据的统计口径存在问题。

在发布数据的同时，统计局声明：根据现行统计制度，城镇单位在岗职工工资统计范围包括国有单位、城镇集体单位、联营经济、股份制经济、外商投资经济和港澳台投资经济单位，尚未包括城镇的私营企业和个体工商户。并且，工资总额统计的是个人税前工资，并且包括个人交纳的养老、医疗、住房等个人账户的基金。

人社部劳动工资研究所研究员狄煌告诉记者，城乡职工总共 4.1 亿，而纳入上述统计范围的职工只有 1.1 亿。不仅是私营企业和个体工商户，农民工也没有统计在内。“这种统计方法已经不能反映真正的社会平均工资。”

“原来我是未纳入统计的那 3/4，我终于明白工资增长的原因了。”一位私企工作人员对记者这样感慨道。

不过也有专家认为，数据和感受的“不符”，很大程度上缘于高低收入差异大和不同地区职工的收入差距。

今年上半年最高收入和最低收入行业差距继续扩大为3.1:1。狄煌认为，工资差距一直没有有效的措施来稳定。有的行业在资源和政策上具有先天优势，这种优势必然传导到工资上。"不能简单地看成工资差距，这是工资背后的资源占有、准入制度和行业结构的问题。"

金融业工资最高　上涨空间仍大

记者根据统计局的数据估算，金融业上半年月平均工资约为5100元，是全国平均水平的2.1倍，约为平均工资最低的住宿和餐饮业的3倍。与去年前三季度相比，金融业月平均工资约上涨500元，住宿和餐饮业约上涨150元。

"我们的绩效工资今年平均降了30%。"广东发展银行北京一家支行的工作人员告诉记者。虽然如此，该行今年普通柜员的收入仍维持在7000元上下。

科锐国际人力资源公司金融行业负责人胡柏龄也告诉记者，今年金融行业高端从业人员收入和去年相比并无大的波动。比如上海某银行支行主管贷款的副行长全年收入税后可达100万人民币。而一般的基金经理的年固定薪水也可达70万~150万。他表示，与国外同行相比，我国金融行业薪水上升的空间还很大。

排名第二的是信息传输、计算机服务和软件业，平均工资为27730元，是全国平均水平的1.9倍；科学研究、技术服务和地质勘查业居第三位，平均工资为23248元，是全国平均水平的1.6倍。上述行业与去年前三季度月平均工资比较，均有约400元的上涨。

而某些行业内部的收入差距也相当大。来自科锐国际的调查数据显示，IT行业最高级别岗位平均月薪约为25000元，而最低级别岗位平均月薪仅为3000元。不同行业IT技术人员中，金融服务业中的技术人员月薪可达20000元。

2009年上半年中国外储激增首破2万亿

中国央行周三公布6月金融运行数据，令人咋舌的巨额信贷及货币供应量增长速度，均达到数据发布以来的最高点。外汇储备余额亦首次超过2万亿美元，同比增长17.84%。其中二季度外汇储备增长1,779亿美元，创下2008年以来单季最大增量纪录。

央行发布的月度数据显示，6月末，金融机构人民币贷款增长34.4%，增幅比上年末高15.7个百分点。这是1998年4月发布此项数据以来的新高。6月末，广义货币供应量(M2)同比增长28.5%，增幅比上年末高10.6个百分点，比上月末高2.7个百分点，也是1997年3月央行公布此项数据以来的最高增速。

极度宽松的货币政策带动中国经济恢复增长，反映经济活跃程度的狭义货币供应量M1增速则明显加快至24.79%，增幅比上年末高15.7个百分点，比上月末高6.1个百分点。但越来越多的经济学家认为，天量货币供应和信贷投放导致通胀预期抬头，已大大超过"适度宽松"货币政策的基调。

与年初央行设置的目标相比，6月末，M2增长超过年初17%目标11.5个百分点；上半年新增人民币贷款7.37万亿元，同比多增4.92万亿元，远超过年初预期的全年新增贷款5万亿元以上的目标，即使下半年每月新增贷款保持在5,000亿元左右的平均水平，全年新增贷款规模也将超过10万亿元。

与此同时，中国外汇储备在第二季度实现了全球金融危机以来的最大涨幅，增长1778.7亿美元，大大超过第一季度的77.1亿美元和去年第四季度的405.5亿美元的增幅，到6月底外汇储备余额总计21,316亿美元。从单月数据来看，二季度外储平均每月增长近600亿美元，这一增速较金融危机以前的外储增长有增无减。其中，5月份外储增长高达806亿美元，创下外储单月增长历史新高。外汇占款增长也开始加速，5月份新增外汇占款为2425.65亿元，创今年以来的新高。

2009年上半年中国银行业金融机构总资产73.7万亿元同比增长27.7%

银监会初步统计，截至2009年6月末，中国银行业金融机构境内本外币资产总额为73.7万亿元，比2008年同期增长27.7%；银行业金融机构境内本外币负债总额为69.8万亿元，比2008年年同期增长28.2%。

中国银监会网站7月17日消息，据中国银监会初步统计，截至2009年6月末，中国银行业金融机构境内本外币资产总额为73.7万亿元，比2008年同期增长27.7%。分机构类型看，国有商业银行资产总额38.5万亿元，增长27.7%；股份制商业银行资产总额10.8万亿元，增长34.3%；城市商业银行资产总额5.0万亿元，增长37.9%；其他类金融机构资产总额19.5万亿元，增长22.0%。

银行业金融机构境内本外币负债总额为69.8万亿元，比2008年年同期增长28.2%。其中，国有商业银行负债总额36.5万亿元，增长28.3%；股份制商业银行负债总额10.4万亿元，增长35.2%；城市商业银行负债总额4.7万亿元，增长37.9%；其他类金融机构负债总额18.3万亿元，增长22.3%。

2009年上半年信贷扩张过猛上市银行酝酿发4300亿次级债

上半年，银行在投放"天量"贷款规模的同时，也提交了规模前所未有的次级债融资计划。

据不完全统计，14家上市银行中已有11家提出了次级债发行计划，上市银行发行次级债的计划已经达到了4300亿元。

多位分析师均认为，次级债发行与上半年的"天量"信贷投放有关。"上半年快速的信贷投放导致资本充足率下降，是商业银行集中发行次级债的决定性原因。"海通证券银行业分析师佘闵华表示。上半年商业银行新增信贷达到了7.36万亿，这使得商业银行的资本吃紧。

资本压力

根据中国银行2009年一季报，其核心资本充足率为9.88%，比上年度末下降0.93个百分点；资本充足率12.34%，比上年度末下降1.09个百分点。

不仅仅是中行，工行的资本充足率也呈现逐年下降的趋势。数据显示，工行的核心资本充足率从2006年的12.23%下降到2009年3月的9.97%，资本充足率也从2006年的14.05%下降到今年3月的12.11%。

对于相当一部分银行来说，虽然资本充足率有所降低，但仍保持在较高水平之上。佘闵华认为，相当一部分银行发行次级债是出于调整资产负债结构的考虑。

余闵华分析，这些项目的贷款主要是中长期贷款，而商业银行的负债主要来自存款，以中短期为主。因此，中长期贷款与商业银行目前的负债结构存在某种程度上的错配，发行长期的次级债也有调整资产负债结构的考虑。

一季报显示，浦发银行核心资本充足率为4.84%，资本充足率8.72%；深发展核心资本充足率为5.27%，资本充足率为8.53%；民生银行核心资本充足率6.6%，资本充足率9.22%。这三家银行的资本充足率已低于10%的监管要求。而招商银行一季度末的核心资本充足率6.54%，资本充足率为10.95%，刚在监管线之上。

国泰君安证券首席银行业研究员伍永刚表示，增发和IPO需要得到证监会的批准，而这一过程往往缓慢。由于今年市场环境不佳，很多融资计划都搁置了，相比而言发行次级债就更显便捷。

事实上，一直受到核心资本约束的民生银行已经提出了H股上市的股权融资计划。

目前市场上充裕的流动性以及较低的利率，也为银行大规模发行次级债提供了市场条件。伍永刚表示，利率较低使得银行发行次级债的成本比较小。

据统计，上半年，中资银行累计发行次级债已达1600亿元。国有商业银行中，中、建、农已经完成了次级债发行计划，工行的次级债发行将于本月20日完成。除此之外，华夏、浦发等股份制银行2009年－2010年的次级债计划已经获董事会通过。

已公布的发债计划更是规模庞大。据不完全统计，14家上市银行中11家提出了次债计划，2012年底之前商业银行次级债的发行总额至少超过4300亿元。

工行、建行、中行三大银行2012年底前拟发行3000亿次级债。其中工行1000亿、中行1200亿、建行800亿，加上建行2月26日发行的300亿，总共是1100亿次级债。

目前已经获得股东大会发行次债的上市银行包括：华夏银行100亿、交通银行1100亿、浦发银行150亿。兴业银行、民生银行、招商银行等都有发债计划。

上半年7.36万亿的新增信贷引起了分析人士对于信贷风险爆发的担心。资本约束能否为如脱缰野马的信贷套上缰绳呢？

伍永刚认为，目前大部分银行基本上都达到了资本充足率的要求，因此不会对下半年的银行信贷造成明显影响。

事实上，主要银行的资本充足率都保持在10%以上，三大国有上市银行核心资本充足率更是保持在9%的水平以上，完全可以满足信贷投放对资本金的需求。

余闵华认为，能成为信贷缰绳的有可能是贷款需求，在上半年投放了7.36万亿贷款后，实体经济是否还有那么多的贷款需求值得观察。

余闵华介绍，在这一波的信贷潮中，首先支持的是有政府背景的项目，包括四万亿投资计划、地方政府基建项目以及这些项目上下游的客户。在放松对房地产企业投资自有资本金要求后，房地产贷款也成为银行信贷投放的主要方向之一。

2009年上半年我国银行业金融机构总资产73.7万亿元

中国银监会7月17日公布数据统计，截至6月末，境内商业银行不良贷款率降至1.77%，拨备覆盖率为134.3%，银行业金融机构总资产达73.7万亿元。

据中国银监会初步统计，截至2009年6月末，我国银行业金融机构境内本外币资产总额为73.7万亿元，比上年同期增长27.7%。分机构类型看，国有商业银行资产总额38.5万亿元，增长27.7%；股份制商业银行资产总额10.8万亿元，增长34.3%；城市商业银行资产总额5万亿元，增长37.9%；其他类金融机构资产总额19.5万亿元，增长22%。

6月末，主要商业银行（国有商业银行和股份制商业银行）不良贷款余额4435.8亿元，比年初减少429.5亿元，不良贷款率1.74%，比年初下降0.7个百分点。除外资银行不良贷款率比年初略升外，其他类型的商业银行不良贷款率均呈下降之势。

2009年上半年商业银行不良贷款减421.8亿 不良贷款率1.77%

据中国银监会初步统计，截至2009年6月末，我国境内商业银行（包括国有商业银行、股份制商业银行、城市商业银行、农村商业银行和外资银行）不良贷款余额5181.3亿元，比年初减少421.8亿元；不良贷款率1.77%，比年初下降0.65个百分点。商业银行拨备覆盖率134.3%，比年初上升17.9个百分点。

分机构类型看，主要商业银行（国有商业银行和股份制商业银行）不良贷款余额4435.8亿元，比年初减少429.5亿元，不良贷款率1.74%，比年初下降0.70个百分点。其中，国有商业银行不良贷款余额3763.5亿元，比年初减少444.8亿元，不良贷款率1.99%，比年初下降0.81个百分点；股份制商业银行不良贷款余额672.3亿元，比年初增加15.2亿元，不良贷款率1.03%，比年初下降0.32个百分点。城市商业银行不良贷款余额485.1亿元，比年初减少0.3亿元，不良贷款率1.85%，比年初下降0.48个百分点。农村商业银行不良贷款余额192.8亿元，比年初增加1.4亿元，不良贷款率3.20%，比年初下降0.74个百分点。外资银行不良贷款余额67.7亿元，比年初增加6.7亿元，不良贷款率1.03%，比年初上升0.19个百分点。

2009年上半年商业银行拨备覆盖率134.3% 比年初上升17.9%

中国银监会7月17日公布初步统计数据，其中截至6月末，商业银行拨备覆盖率为134.3%，比年初的116.4%上升17.9个百分点，也较今年一季度末的123.9%上升10.4个百分点。

拨备覆盖率主要反映商业银行对贷款损失的弥补能力和对贷款风险的防范能力。一般而言，这一比例的状态应为100%。

"拨备覆盖率提高，会对银行当期的利润造成影响。"一位上市股份制银行高管认为，但若下半年银行信贷质量并未出现大的波动，释放的拨备会抵补息差缩窄对银行利润的挤压，也就是说，可以通过提高拨备，将当期利润留存到下个报告期释放出来。

今年一季度末的数据显示，17家主要商业银行中，有14家拨备覆盖率达到130%的水平，其中股份制银行中，兴业银行、浦发银行等拨备覆盖率均超过了 200%。仅有三家商业银行未能达到这一水平，分别是工商银行的 129.2%、中国银行的 124.8%和农业银行的 74.8%。

一位业内人士评价说，不断提高的银行拨备覆盖率，表明银行和监管者担忧贷款扩张可能会引发贷款质量下降。今年二季度，银行业新增贷款总额为 2.79 万亿元，虽较一季度 4.58 万亿元新增贷款环比下降，但信贷扩张的势头并未减缓。而在六个月的时间内集中投放 7.37 万亿元的贷款量，对于尚处经济复苏环境中的银行业而言，暗藏风险不容小觑。

值得注意的是，银监会最新披露的不良贷款余额和不良贷款率也均呈现了“双降”态势。数据显示，截至二季度末，境内商业银行不良贷款余额为 5181.3 亿元，比年初减少 421.8 亿元；不良贷款率为 1.77%，比年初下降 0.65 个百分点。

由于上半年银行信贷扩张迅猛，因此不良贷款率下降在市场预期之中。相比之下不良贷款余额环比下降殊为不易。

分机构类型来看，国有商业银行不良贷款余额较年初减少较多，达 444.8 亿元。而股份制银行、农商行和外资银行不良贷款余额，较一季度末数据有所降低，但较年初数据仍有所增加，分别为 15.2 亿元、1.4 亿元和 6.7 亿元。

2009 年上半年中国外汇储备

单位：亿美元

月 份	数 额
1	19134.56
2	19120.66
3	19537.41
4	20088.8
5	20894.91
6	21316.06

2009 年上半年全国股票交易统计表

时期	发行总股本(亿股)		市价总值(亿元)		成交金额(亿元)		成交量(百万股)	
	上海	深圳	上海	深圳	上海	深圳	上海	深圳
2008 年累计	15410.39	3441.86	97251.91	24114.53	180429.96	86682.70	1631160.03	781979.46
2009.01	15424.75	3444.06	106478.69	26616.80	9763.30	5153.50	135237.60	68971.10
2009.02	15448.42	3445.31	111624.52	28764.68	26363.90	14026.10	324675.10	171353.40
2009.03	15453.10	3446.68	127267.07	34207.17	25066.13	12488.62	287628.72	142542.07
2009.04	15518.04	3507.83	132959.05	36294.26	30107.17	15632.95	318099.26	163736.28
2009.05	15604.61	3554.88	141337.38	38449.26	24211.02	12864.78	247407.62	130219.61
2009.06	15724.15	3674.68	159107.69	42340.37	30859.29	15319.54	298210.42	147206.77
2009 年累计					146370.81	75485.49	1611258.72	824029.23
时期	最高综合股价指数				最低综合股价指数			
	上海		深圳		上海		深圳	
	A 股	B 股	A 股	B 股	A 股	B 股	A 股	B 股
2008 年累计	2206.15	123.02	661.00	296.21	1905.45	105.66	560.68	249.99
2009.01	2119.42	125.60	648.60	288.51	1936.24	112.21	586.09	272.31
2009.02	2522.74	151.58	813.18	333.63	2086.19	124.51	643.66	282.01
2009.03	2511.55	161.45	827.17	352.81	2138.44	129.51	682.40	296.00
2009.04	2707.34	169.10	911.81	382.11	2447.66	153.21	813.77	343.24
2009.05	2821.73	176.97	954.35	423.60	2609.69	162.69	876.37	365.47
2009.06	3146.61	190.61	1020.09	500.70	2800.85	176.03	935.75	423.53
2009 年累计								

2009 年上半年企业商品价格指数

以上年同月为 100

年 月	总指数	农产品	矿产品	煤油电	加工业产品
2009.01	95.8	98.0	88.0	90.6	96.0
2009.02	94.0	94.4	87.4	88.3	94.8
2009.03	93.4	96.5	85.0	88.1	93.4
2009.04	92.9	96.1	86.0	87.4	92.7
2009.05	92.4	95.8	85.1	87.1	92.1
2009.06	92.0	95.5	85.2	85.7	91.8

2009 年上半年汇率

项 目	2009.01	2009.02	2009.03	2009.04	2009.05	2009.06
一特别提款权单位折合人民币元(期末数)	10.2017	10.0337	10.2201	10.2227	10.5769	10.6047
一美元折合人民币(期末数)	6.8380	6.8379	6.8359	6.8250	6.8324	6.8319
一美元折合人民币(平均数)	6.8382	6.8357	6.8341	6.8312	6.8245	6.8332

2009年上半年货币供应量

单位：人民币亿元

项　目	2009.01	2009.02	2009.03	2009.04	2009.05	2009.06
货币和准货币(M2)	496135.31	506708.07	530626.71	540481.21	548263.51	568916.20
货币(M1)	165214.34	166149.60	176541.13	178213.57	182025.58	193138.15
流通中现金(M0)	41082.37	35141.64	33746.42	34257.27	33559.52	33640.98

注：本表数据为正式数据。

2009年上半年黄金和外汇储备

项　目	2009.01	2009.02	2009.03	2009.04	2009.05	2009.06
黄金储备(万盎司)	1929	1929	1929	3389	3389	3389
国家外汇储备(亿美元)	19134.56	19120.66	19537.41	20088.80	20894.91	21316.06

注：自2003年以来，逐步通过国内杂金提纯以及国内市场交易等方式，黄金储备增加了454吨，至2009年4月末达1054吨，合3389万盎司。

2009年上半年存款性公司概览

单位：亿元人民币

报表项目	2009.01	2009.02	2009.03	2009.04	2009.05	2009.06
国外净资产	179453.17	180935.30	182053.86	183697.03	185365.60	185839.30
国内信贷	395264.38	406021.93	427576.65	433929.61	440462.11	457598.38
对政府债权(净)	28744.97	29298.12	30642.58	29555.22	27168.08	26684.95
对非金融部门债权	342173.11	351939.29	371399.47	379114.54	387092.81	404604.85
对其他金融部门债权	24346.31	24784.51	25534.59	25259.86	26201.21	26308.58
货币和准货币	496136.64	506708.08	530626.71	540481.21	548263.51	568916.20
货币	165214.97	166149.60	176541.13	178213.57	182025.58	193138.15
流通中现金	41082.37	35141.64	33746.42	34257.27	33559.52	33640.98
活期存款	124132.60	131007.96	142794.71	143956.30	148466.06	159497.17
准货币	330921.66	340558.48	354085.58	362267.65	366237.93	375778.05
定期存款	89008.30	92513.40	100344.77	106430.69	108461.25	112491.19
储蓄存款	233148.52	237424.52	243054.91	244221.74	246150.61	249223.66
其他存款	8764.85	10620.57	10685.90	11615.21	11626.06	14063.21
不纳入广义货币的存款	10484.83	10607.89	10791.47	10952.28	11025.15	11134.71
债券	42591.06	43090.90	43597.14	44007.75	44127.98	45256.76
实收资本	22006.29	22023.69	22053.86	22127.10	22170.92	22267.62
其他(净)	3498.74	4526.66	2561.33	58.29	240.15	-4137.63

2009年上半年国有商业银行人民币信贷收支表

单位：亿元人民币

项　目	2009.01	2009.02	2009.03	2009.04	2009.05	2009.06
来源方项目						
一、各项存款	248785.87	258112.36	273449.69	275920.14	279846.86	287676.46
1. 企业定活期存款	78412.37	83229.14	91921.20	93055.00	94735.75	99373.13
(1) 活期存款	48769.48	52650.82	58862.78	57772.88	59503.87	63103.38
(2) 定期存款	29642.89	30578.32	33058.41	35282.13	35231.88	36269.76
2. 储蓄存款	135395.85	137603.53	141282.47	141715.24	142739.62	144398.76
(1) 活期储蓄	51524.94	51033.02	52314.04	52135.30	52385.72	53667.99
(2) 定期储蓄	83870.91	86570.51	88968.43	89579.94	90353.90	90730.77
3. 农业存款	68.71	78.58	122.85	121.60	135.32	139.29
4. 其他类存款	34908.95	37201.10	40123.17	41028.30	42236.17	43765.28
二、发行金融债券	1154.20	1490.77	1490.25	1490.04	1414.75	1866.60
三、向中央银行借款	5.19	5.19	4.10	3.50	3.50	3.50
四、同业往来	14749.44	19162.02	20933.48	20656.51	20807.88	21715.59
五、其他	-16449.58	-19371.44	-25106.96	-23572.65	-22021.96	-25483.96
资金来源总计	248245.13	259398.90	270770.56	274497.54	280051.04	285778.20
运用方项目						
一、各项贷款	139871.53	145381.40	155324.11	157543.06	159797.79	164765.01
1. 短期贷款	41050.57	41738.80	44188.34	42996.05	42969.57	44159.32
(1) 工业贷款	23005.87	23278.34	24201.05	23414.37	23007.17	23242.76
(2) 商业贷款	3583.19	3639.65	3783.27	3644.38	3723.15	3831.84
(3) 建筑业贷款	1515.64	1555.94	1621.52	1585.86	1548.00	1555.88
(4) 农业贷款	436.81	438.51	468.55	444.40	420.26	443.14
(5) 三资企业贷款	955.35	966.77	976.68	934.89	909.51	898.40
(6) 私营企业及个体贷款	895.56	937.55	1175.71	1198.31	1353.57	1533.28

项　目	2009.01	2009.02	2009.03	2009.04	2009.05	2009.06
（7）其他短期贷款	10658.14	10922.05	11961.56	11773.84	12007.91	12654.03
2. 中长期贷款	87178.24	89477.61	94909.29	97467.26	99704.91	104176.01
3. 其他类贷款	11642.72	14164.99	16226.48	17079.76	17123.31	16429.67
二、有价证券及投资	74779.84	75291.69	76764.91	79473.17	81746.61	82822.93
三、缴存准备金存款	32119.36	37216.78	36713.40	35144.66	35550.46	35298.05
四、同业往来	1474.40	1509.03	1968.13	2336.65	2956.19	2892.21
资金运用总计	248245.13	259398.90	270770.56	274497.54	280051.04	285778.20

注：1、本表机构包括工商银行、农业银行、中国银行、建设银行；
2、本表数据为正式数据。

2009 年上半年金融机构本外币信贷收支表

单位：亿元人民币

项　目	2009.01	2009.02	2009.03	2009.04	2009.05	2009.06
来源方项目						
一、各项存款	494719.07	511570.92	536309.48	546877.47	560376.04	580507.15
1. 企事业单位定活期存款	160853.00	167438.30	181713.04	186185.54	190687.85	202320.97
（1）活期存款	95089.26	101471.30	111198.02	111691.83	115715.03	124690.38
（2）定期存款	65763.74	65967.00	70515.02	74493.71	74972.82	77630.58
2. 储蓄存款	236872.25	241237.43	246920.53	248150.18	250032.88	253355.54
（1）活期储蓄	86632.15	86023.36	88111.81	88077.48	88545.81	90910.35
（2）定期储蓄	150240.11	155214.07	158808.72	160072.69	161487.07	162445.19
3. 委托及信托存款	3688.80	3817.64	3927.17	4293.92	4589.95	4613.02
4. 其他存款	93305.01	99077.54	103748.75	108247.83	115065.36	120217.63
二、对国际金融机构负债	771.49	771.49	750.32	756.17	724.80	723.32
三、其他	-83557.49	-89979.06	-94762.96	-95856.96	-98967.72	-98644.40
资金来源总计	411933.07	422363.35	442296.85	451776.68	462133.12	482586.07
运用方项目						
一、各项贷款	336000.97	346428.75	365632.58	372040.54	379782.76	397627.57
1. 短期贷款	132137.31	133869.56	139995.13	139766.93	141000.48	146413.86
2. 中长期贷款	170420.13	174215.46	183331.66	188315.46	193171.39	204198.74
3. 委托及信托贷款	3063.02	3238.10	3305.35	3436.51	3603.22	3805.60
4. 票据融资	25559.12	30436.29	34138.04	35396.77	36261.00	36385.28
5. 其它类贷款	4821.38	4669.34	4862.40	5124.87	5746.66	6824.09
二、有价证券及投资	74632.64	74638.11	75387.43	78120.60	80733.09	83338.42
三、黄金占款	337.24	337.24	337.24	669.84	669.84	669.84
四、在国际金融机构资产	962.22	959.25	939.59	945.70	947.43	950.24
资金运用总计	411933.07	422363.35	442296.85	451776.68	462133.12	482586.07

注：1、本表项目中原“企业存款”更名为“企事业单位定活期存款”、原“金银占款”更名为“黄金占款”；
2、本表数据为正式数据。

2009 年上半年货币当局资产负债表

单位：亿元人民币

报表项目	2009.01	2009.02	2009.03	2009.04	2009.05	2009.06
国外资产	163731.49	165100.00	166051.13	168009.60	170893.08	171854.69
外汇	150784.95	152156.59	153130.79	154769.11	157638.26	159281.11
货币黄金	337.24	337.24	337.24	669.84	669.84	669.84
其他国外资产	12609.31	12606.17	12583.10	12570.64	12584.98	11903.75
对政府债权	16195.99	16195.99	16195.99	16195.99	16195.99	16073.80
其中：中央政府	16195.99	16195.99	16195.99	16195.99	16195.99	16073.80
对其他存款性公司债权	8378.06	8384.18	8457.45	8479.29	8512.79	7483.52
对其他金融性公司债权	11852.75	11852.74	11832.51	11832.29	11820.89	11775.80
对非金融性公司债权	44.12	44.12	44.12	44.12	43.96	43.96
其他资产	8052.70	8039.51	8061.47	7713.29	8556.07	8553.62
总资产	208255.12	209616.55	210642.67	212274.58	216022.78	215785.39
储备货币	129653.44	125446.91	124276.66	124266.38	122777.91	123929.74
货币发行	47672.66	38285.28	36853.77	37096.03	36661.56	36720.53
金融性公司存款	81980.78	87161.62	87422.89	87170.35	86116.35	87209.21
其他存款性公司	81837.89	87038.56	87318.77	87072.80	86018.85	87121.11
其他金融性公司	142.90	123.06	104.13	97.55	97.50	88.09
不计入储备货币的金融性公司存款	580.49	580.93	596.49	605.80	627.96	629.38
发行债券	43521.21	42238.11	41295.83	40795.63	41415.23	41208.84
国外负债	771.49	771.49	750.32	756.17	724.80	723.32
政府存款	17618.11	17099.31	15953.96	17815.49	22178.18	24012.97
自有资金	219.75	219.75	219.75	219.75	219.75	219.75
其他负债	15890.62	23260.04	27549.65	27815.35	28078.94	25061.40
总负债	208255.12	209616.55	210642.67	212274.58	216022.78	215785.39

2009年上半年金融机构人民币信贷收支表

单位:亿元人民币

项　目	2009.01	2009.02	2009.03	2009.04	2009.05	2009.06
资金来源总计	557331.16	569657.70	590692.88	601298.61	613188.47	632463.30
一、各项存款	481592.11	498100.30	522618.72	532941.05	546300.02	566288.11
1.企业定活期存款	154824.87	161308.29	175520.04	179892.27	184323.19	195921.49
2.财政存款	18531.46	18900.66	17162.27	18687.04	23161.16	24924.78
3.机关团体存款	20786.72	21376.70	22392.96	22938.27	23354.25	24458.77
4.储蓄存款	233224.99	237488.46	243069.94	244235.04	246146.76	249379.39
(1)活期储蓄	85487.61	84842.05	86884.11	86813.76	87319.88	89614.28
(2)定期储蓄	147737.38	152646.41	156185.83	157421.28	158826.88	159765.11
5.农业存款	9805.01	10061.86	10892.21	11243.29	11455.82	12293.58
6.信托类存款	3503.28	3646.58	3776.61	4132.00	4420.99	4457.00
7.其他存款	40915.79	45317.75	49804.69	51813.15	53437.84	54853.10
二、金融债券	18904.69	17243.25	16054.13	14561.07	13301.79	12852.60
三、流通中现金	41082.37	35141.64	33746.42	34257.27	33559.52	33640.98
四、对国际金融机构负债	771.49	771.49	750.32	756.17	724.80	723.32
五、其他	14980.50	18401.02	17523.28	18783.05	19302.35	18958.28
资金运用总计	557331.16	569657.70	590692.88	601298.61	613188.47	632463.30
一、各项贷款	319921.84	330637.71	349554.82	355472.82	362141.69	377446.12
1.短期贷款	129127.50	130996.58	137150.16	136864.89	137956.76	142994.35
(1)工业贷款	37613.95	38024.69	39529.51	38732.53	38483.67	39333.24
(2)商业贷款	18155.19	18415.45	18726.55	18412.06	18400.20	19204.88
(3)建筑业贷款	3868.62	3969.29	4092.75	4016.80	3919.42	3984.89
(4)农业贷款	18216.01	18597.83	19603.58	20149.69	20481.19	20967.42
(5)其他短期贷款	51273.72	51989.32	55197.77	55553.82	56672.28	59503.92
2.中长期贷款	161255.96	165070.72	174056.55	178782.87	183289.26	193128.85
3.信托类贷款	3054.50	3229.58	3296.83	3428.00	3594.70	3797.09
4.其他类贷款	26483.88	31340.84	35051.28	36397.05	37300.96	37525.83
二、有价证券及投资	66264.75	66304.31	67230.70	70048.38	72842.01	75482.44
三、黄金占款	337.24	337.24	337.24	669.84	669.84	669.84
四、外汇占款	169845.11	171419.19	172630.53	174161.86	176587.51	177914.67
五、在国际金融机构资产	962.22	959.25	939.59	945.70	947.43	950.24

注:1、本表项目中原“金银占款”更名为“黄金占款”;
2、本表数据为正式数据。

2009年上半年金融机构外汇信贷收支表

单位:亿美元

项　目	2009.01	2009.02	2009.03	2009.04	2009.05	2009.06
来源方项目						
一、各项存款	1919.71	1969.99	2002.77	2041.97	2060.19	2081.27
1.企业存款	881.56	896.00	905.95	922.09	931.54	936.71
2.储蓄存款	533.38	548.26	563.29	573.65	568.78	582.00
3.委托及信托存款	27.13	25.02	22.02	23.72	24.73	22.84
4.境外存款	125.30	126.14	129.63	134.08	138.93	132.51
5.其他类存款	352.34	374.57	381.88	388.43	396.21	407.22
二、境外筹资	161.29	159.98	158.61	158.84	154.72	156.49
三、外汇买卖	2777.72	2789.04	2794.19	2796.28	2745.13	2752.03
四、境外同业往来	215.47	188.23	184.63	189.71	190.07	173.26
五、其他	-514.01	-554.77	-602.45	-626.95	-612.35	-295.81
资金来源总计	4560.18	4552.48	4537.75	4559.85	4537.75	4867.24
运用方项目						
一、各项贷款	2351.44	2309.34	2351.96	2427.51	2581.97	2954.00
1.短期贷款	441.85	421.97	417.34	426.34	446.64	501.68
2.中长期贷款	1340.18	1337.36	1356.82	1396.72	1446.36	1620.32
3.委托及信托贷款	1.25	1.25	1.25	1.25	1.25	1.25
4.境外筹资转贷款	114.05	112.07	112.61	112.72	108.18	107.62
5.票据融资	4.79	3.85	4.97	5.21	5.41	4.85
6.其他类贷款	449.32	432.85	458.96	485.27	574.14	718.28
二、有价证券及投资	1223.73	1218.76	1193.22	1182.74	1154.95	1149.90
三、境外同业往来	985.01	1024.37	992.57	949.60	800.83	763.34
资金运用总计	4560.18	4552.48	4537.75	4559.85	4537.75	4867.24

注:本表数据为正式数据。

2009 年上半年商业银行不良贷款情况表

单位:亿元、%

2009 年	一季度末		二季度末	
	余额	占全部贷款比例	余额	占全部贷款比例
不良贷款	5495.4	2.04%	5181.3	1.77%
其中:次级类贷款	2560.9	0.95%	2300	0.78%
可疑类贷款	2363	0.88%	2302.2	0.79%
损失类贷款	571.5	0.21%	579.2	0.20%
不良贷款分机构				
主要商业银行	4714.4	2.02%	4435.8	1.74%
国有商业银行	4040.1	2.30%	3763.5	1.99%
股份制商业银行	674.3	1.17%	672.3	1.03%
城市商业银行	509.2	2.17%	485.1	1.85%
农村商业银行	197.4	3.59%	192.8	3.20%
外资银行	74.3	1.09%	67.7	1.03%

注:商业银行包括国有商业银行、股份制商业银行、城市商业银行、农村商业银行和外资银行;主要商业银行包括国有商业银行和股份制商业银行;国有商业银行包括中国工商银行、中国农业银行、中国银行、中国建设银行、交通银行;股份制商业银行包括中信银行、光大银行、华夏银行、广东发展银行、深圳发展银行、招商银行、上海浦东发展银行、兴业银行、中国民生银行、恒丰银行、浙商银行、渤海银行。

2009 年上半年银行业金融机构资产负债情况表

单位:亿元、%

1. 银行业金融机构季末主要指标

2009 年	第一季度	第二季度	第三季度	第四季度
总资产	694394.2	737438.1	-	-
比上年同期增长率	25.10%	27.70%	-	-
总负债	654973.5	697612.3	-	-
比上年同期增长率	25.40%	28.20%	-	-

注:银行业金融机构包括政策性银行、国有商业银行、股份制商业银行、城市商业银行、农村商业银行、农村合作银行、城市信用社、农村信用社、邮政储蓄银行、外资银行和非银行金融机构。

2. 国有商业银行季末主要指标

2009 年	第一季度	第二季度	第三季度	第四季度
总资产	365138.9	384808.3	-	-
比上年同期增长率	25.10%	27.70%	-	-
占银行业金融机构比例	52.60%	52.20%	-	-
总负债?	344687.8	364564	-	-
比上年同期增长率	25.40%	28.30%	-	-
占银行业金融机构比例	52.60%	52.30%	-	-

注:国有商业银行包括中国工商银行、中国农业银行、中国银行、中国建设银行和交通银行。

3. 股份制商业银行季末主要指标

2009 年	第一季度	第二季度	第三季度	第四季度
总资产	98380.4	108492.4	-	-
比上年同期增长率	28.10%	34.30%	-	-
占银行业金融机构比例	14.20%	14.70%	-	-
总负债?	93820.6	103840.3	-	-
比上年同期增长率	28.30%	35.20%	-	-
占银行业金融机构比例	14.30%	14.90%	-	-

注:股份制商业银行包括中信银行、光大银行、华夏银行、广东发展银行 、深圳发展银行、招商银行、上海浦东发展银行、兴业银行、民生银行、恒丰银行、浙商银行、渤海银行。

4. 城市商业银行季末主要指标

2009 年	第一季度	第二季度	第三季度	第四季度
总资产	44888.6	49547	-	-
比上年同期增长率	32.20%	37.90%	-	-
占银行业金融机构比例	6.50%	6.70%	-	-
总负债?	42116.5	46609.3	-	-
比上年同期增长率	32.00%	37.90%	-	-
占银行业金融机构比例	6.40%	6.70%	-	-

5.其他类金融机构季末主要指标

2009年	第一季度	第二季度	第三季度	第四季度
总资产	185986.3	194590.4	–	–
比上年同期增长率	22.10%	22.00%	–	–
占银行业金融机构比例	26.80%	26.40%	–	–
总负债	174348.6	182598.8	–	–
比上年同期增长率	22.30%	22.30%	–	–
占银行业金融机构比例	26.60%	26.20%	–	–

注:其他类金融机构包括政策性银行、农村商业银行、农村合作银行、外资金融机构、城市信用社、农村信用社、企业集团财务公司、信托投资公司、金融租赁公司、汽车金融公司、货币经纪公司和邮政储蓄银行。

2009年上半年其他存款性公司资产负债表

单位:亿元人民币

报表项目	2009.01	2009.02	2009.03	2009.04	2009.05	2009.06
国外资产	21569.81	21524.67	21607.56	21215.11	19999.66	19477.24
储备资产	87720.04	89521.67	89606.90	89068.76	88385.10	89480.62
准备金存款	81129.76	86378.04	86499.55	86230.00	85283.05	86401.08
库存现金	6590.29	3143.64	3107.35	2838.76	3102.05	3079.54
对政府债权	30167.08	30201.44	30400.55	31174.72	33150.27	34624.11
其中:中央政府	30167.08	30201.44	30400.55	31174.72	33150.27	34624.11
对中央银行债权	49417.44	56411.06	62440.15	63883.59	65299.69	63923.70
对其他存款性公司债权	74328.50	79364.47	84039.76	84988.98	87643.20	90116.57
对其他金融机构债权	12493.56	12931.77	13702.09	13427.57	14380.32	14532.78
对非金融机构债权	283838.53	293160.82	310058.10	316300.87	322397.35	336876.55
对其他居民部门债权	58290.46	58734.35	61297.25	62769.54	64651.51	67684.34
其他资产	44365.26	44081.03	41661.51	42207.57	42471.08	42091.86
总资产	662190.68	685931.28	714813.86	725036.71	738378.18	758807.79
对非金融机构及住户负债	460619.73	474095.02	499296.45	507680.87	516047.23	534415.70
纳入广义货币的存款	446289.42	460945.87	486194.39	494608.74	503077.93	521212.01
企业活期存款	124132.60	131007.96	142794.71	143956.30	148466.06	159497.17
企业定期存款	89008.30	92513.40	100344.77	106430.69	108461.25	112491.19
居民储蓄存款	233148.52	237424.52	243054.91	244221.74	246150.61	249223.66
不纳入广义货币的存款	10484.83	10607.89	10791.47	10952.28	11025.15	11134.71
可转让存款	3920.89	4263.52	4256.54	4312.54	4564.56	4644.33
其他存款	6563.94	6344.38	6534.93	6639.74	6460.59	6490.39
其他负债	3845.48	2541.26	2310.59	2119.86	1944.16	2068.97
对中央银行负债	4537.59	4572.08	4676.18	4680.68	4716.55	4778.02
对其他存款性公司负债	35870.16	39774.11	42876.53	42674.02	45043.78	44351.85
对其他金融性公司负债	33252.14	37688.40	38685.68	40437.76	41158.02	43247.13
其中:计入广义货币的存款	8764.85	10620.57	10685.90	11615.21	11626.06	14063.21
国外负债	5076.63	4917.88	4854.51	4771.51	4802.34	4769.32
债券发行	42591.06	43090.90	43597.14	44007.75	44127.98	45256.76
实收资本	21786.54	21803.94	21834.11	21907.35	21951.17	22047.87
其他负债	58456.82	59988.96	58993.26	58876.76	60531.11	59941.13
总负债	662190.68	685931.28	714813.86	725036.71	738378.18	758807.79

2009年上半年其他商业银行人民币信贷收支表

单位:亿元

项　目	2009.01	2009.02	2009.03	2009.04	2009.05	2009.06
来源方项目						
一、各项存款	84715.40	88222.34	94479.88	96597.34	98847.86	104554.61
1. 企业定活期存款	42750.84	43572.39	47193.28	48112.92	49745.60	54128.95
(1) 活期存款	22596.99	23695.89	25956.06	26061.92	27260.50	30674.12
(2) 定期存款	20153.84	19876.50	21237.22	22051.00	22485.10	23454.83
2. 储蓄存款	19968.55	20569.42	21375.34	21598.00	21902.01	22436.61
(1) 活期储蓄	7286.59	7300.51	7569.74	7521.20	7594.17	7939.79
(2) 定期储蓄	12681.95	13268.92	13805.60	14076.81	14307.85	14496.82
3. 农业存款	30.54	29.45	34.52	64.16	33.62	34.05
4. 其他类存款	21965.47	24051.07	25876.74	26822.25	27166.63	27955.01
二、发行金融债券	2445.03	2430.70	2427.36	2458.45	2369.24	2374.91
三、向中央银行借款	0.59	0.23	0.90	1.01	0.60	0.68
四、同业往来	8608.83	9113.25	8962.25	9963.12	10022.07	10683.75
五、其他	-533.79	-1219.65	-2333.02	-3771.59	-3399.45	-2914.19
资金来源总计	95236.05	98546.87	103537.37	105248.34	107840.32	114699.76
运用方项目						

项　目	2009.01	2009.02	2009.03	2009.04	2009.05	2009.06
一、各项贷款	64579.55	67311.28	71372.66	72313.91	74453.45	79806.94
1. 短期贷款	29926.28	30172.72	31728.49	31299.51	31629.29	33212.55
（1）工业贷款	10298.39	10442.11	10892.84	10690.15	10768.20	11207.75
（2）商业贷款	3006.16	3038.98	3144.43	3082.33	3147.03	3337.67
（3）建筑业贷款	1495.76	1526.49	1571.92	1547.50	1499.55	1526.36
（4）农业贷款	55.32	54.61	59.43	53.12	56.59	58.75
（5）乡镇企业贷款	10.86	10.24	9.56	9.65	9.40	9.00
（6）三资企业贷款	1210.10	1174.47	1188.27	1180.64	1176.29	1246.85
（7）私营企业及个体贷款	1408.32	1410.56	1514.73	1552.32	1595.34	1739.33
（8）其他短期贷款	12441.39	12515.28	13347.32	13183.80	13376.89	14086.84
2. 中长期贷款	26477.64	27010.60	28778.57	29685.19	30923.64	34352.41
3. 其他类贷款	8175.63	10127.96	10865.60	11329.21	11900.52	12241.98
二、有价证券及投资	18539.70	18319.72	18398.09	18749.70	19719.06	20092.28
三、缴存准备金存款	9545.73	9837.81	10154.89	10891.19	10486.30	12076.20
四、同业往来	2571.07	3078.06	3611.73	3293.54	3181.51	2724.34
资金运用总计	95236.05	98546.87	103537.37	105248.34	107840.32	114699.76

注：

1、本表机构包括交通银行、中信银行、中国光大银行、华夏银行、中国民生银行、广东发展银行、深圳发展银行、招商银行、上海浦东发展银行、兴业银行、恒丰银行、浙商银行、渤海银行。

2、本表数据为正式数据。

2009 年上半年交易所政府债券交易统计表

时期	总　计					
	国债交易合计		现货		回购	
	成交金额（亿元）	成交量（万手）	成交金额（亿元）	成交量（万手）	成交金额（亿元）	成交量（万手）
2008 年累计	26391.17	268166.94	2122.51	25480.43	24268.66	242686.51
2009.01	2005.62	20033.33	156.20	1539.22	1849.41	18494.11
2009.02	2317.17	23170.32	216.80	2166.62	2100.37	21003.70
2009.03	2288.19	23017.61	209.13	2227.01	2079.06	20790.60
2009.04	2394.99	23968.80	199.56	2014.58	2195.42	21954.22
2009.05	2171.75	22079.86	148.55	1847.88	2023.20	20231.98
2009.06	3108.72	31318.95	177.03	2002.04	2931.69	29316.91
2009 年累计	14286.44	143588.87	1107.27	11797.35	13179.15	131791.52

时期	上交所				深交所			
	现货		回购		现货		回购	
	成交金额（亿元）	成交量（万手）	成交金额（亿元）	成交量（万手）	成交金额（亿元）	成交量（万手）	成交金额（亿元）	成交量（万手）
2008 年累计	2075.89	20792.03	24268.66	242686.51	46.62	4688.40	–	–
2009.01	155.99	1519.05	1849.41	18494.11	0.21	20.17	–	–
2009.02	216.31	2117.70	2100.37	21003.70	0.49	48.92	–	–
2009.03	207.12	2030.21	2079.06	20790.60	2.01	196.80	–	–
2009.04	198.96	1954.76	2195.42	21954.22	0.60	59.82	–	–
2009.05	144.25	1417.07	2023.20	20231.98	4.30	430.81	–	–
2009.06	174.19	1716.67	2931.69	29316.91	2.84	285.37	–	–
2009 年累计	1096.82	10755.46	13179.15	131791.52	10.45	1041.89	–	–

2009 年上半年金融机构本外币信贷收支表（按部门分类）

单位：亿元人民币

项　目	2009.01	2009.02	2009.03	2009.04	2009.05	2009.06
来源方项目						
一、各项存款	494719.07	511570.92	536309.48	546877.47	560376.04	580507.15
1. 居民户存款	240889.45	245551.10	251354.65	252532.88	254406.48	257590.30
活期存款	86387.60	85775.88	87933.35	87920.97	88428.62	90649.91
定期存款	154501.85	159775.22	163421.30	164611.91	165977.86	166940.39
2. 非金融性公司存款	222619.41	233191.24	252948.20	260419.11	267232.26	282519.50
企事业单位存款	201832.69	211814.54	230555.25	237480.84	243878.00	258060.73
机关团体存款	20786.72	21376.70	22392.96	22938.27	23354.25	24458.77
3. 财政存款	18531.46	18900.66	17162.27	18687.04	23161.16	24924.78
4. 其他存款	12678.75	13927.92	14844.36	15238.44	15576.15	15472.58
二、对国际金融机构负债	771.49	771.49	750.32	756.17	724.80	723.32
三、其他	0.00	-89979.06	-94762.96	-95856.96	-98967.72	-98644.40
资金来源总计	962.22	422363.35	442296.85	451776.68	462133.12	482586.07
运用方项目						
一、各项贷款	336000.97	346428.75	365632.58	372040.54	379782.76	397627.57
1. 居民户贷款	58439.72	58880.31	61446.79	62919.31	64801.06	67830.72
（1）消费性贷款	37959.74	38026.11	39416.15	40265.41	41658.46	43891.64
短期消费性贷款	4013.37	3962.58	4382.61	4354.64	4754.79	5109.24
中长期消费性贷款	33946.37	34063.53	35033.55	35910.77	36903.67	38782.40
（2）经营性贷款	20479.98	20854.19	22030.63	22653.90	23142.60	23939.08

项　目	2009.01	2009.02	2009.03	2009.04	2009.05	2009.06
短期经营性贷款	14982.40	15337.16	16340.44	16858.49	17327.91	17921.49
其中:农户贷款	12377.29	12680.76	13361.04	13794.34	14038.22	14308.27
中长期经营性贷款	5497.58	5517.04	5690.19	5795.41	5814.68	6017.59
2.非金融性公司及其他部门贷款	277561.25	287548.44	304185.80	309121.23	314981.71	329796.85
(1)短期贷款及票据融资	138396.25	144717.94	153121.39	153664.05	154876.37	159415.37
短期贷款	112837.13	114281.65	118983.35	118267.28	118615.36	123030.10
票据融资	25559.12	30436.29	34138.04	35396.77	36261.00	36385.28
(2)中长期贷款	127135.72	130768.96	138695.59	142380.40	146122.45	154110.61
(3)其他贷款	12029.28	12061.54	12368.82	13076.78	13982.89	16270.87
二、有价证券及投资	74632.64	74638.11	75387.43	78120.60	80733.09	83338.42
三、黄金占款	337.24	337.24	337.24	669.84	669.84	669.84
四、在国际金融机构资产	962.22	959.25	939.59	945.70	947.43	950.24
资金运用总计	86999.16	422363.35	442296.85	451776.68	462133.12	482586.07

注：

1、本表机构包括中国人民银行、政策性银行、国有商业银行、其他商业银行、城市商业银行、农村商业银行、农村合作银行、城市信用社、农村信用社、财务公司、信托投资公司、租赁公司、邮政储蓄银行、外资金融机构、村镇银行、汽车金融公司；

2、"居民户存款"主要为居民储蓄存款；"非金融性公司存款"主要包括企事业单位存款和机关团体存款；"其他存款"包括保险公司在银行业的存款和境外非居民存款；"居民户贷款"包括居民消费性贷款和经营性贷款；"非金融公司及 其他部门贷款"包括对我国国民经济体系中的非金融企业、为居民服务的非盈利机构、广义政府部门和非居民部门的贷款；"其他贷款"包括除以贷款、票据融资方式外对企业和对其他部门的融资；

3、本表项目中原"金银占款"更名为"黄金占款"；

4、本表数据为正式数据。

2009 年上半年金融机构人民币贷款余额 37.7 万亿元

统计局 16 日公布今年上半年民经济运行情况。统计局称，今年上半年货币供应量快速增长，金融机构贷款大幅增加。6 月末，广义货币供应量(M2)余额 56.9 万亿元，同比增长 28.5%，比上年末加快 10.6 个百分点；狭义货币供应量(M1)余额 19.3 万亿元，增长 24.8%，加快 15.7 个百分点；市场货币流通量(M0)余额 3.4 万亿元，增长 11.5%，回落 1.2 个百分点。金融机构各项人民币贷款余额 37.7 万亿元，比年初增加 7.4 万亿元，同比多增 4.9 万亿元；各项人民币存款余额 56.6 万亿元，比年初增加 10.0 万亿元，同比多增 5.0 万亿元。

2009 年上半年金融机构人民币信贷收支表(按部门分类)

单位：亿元人民币

项　目	2009.01	2009.02	2009.03	2009.04	2009.05	2009.06
来源方项目						
一、各项存款	481592.11	498100.30	522618.72	532941.05	546300.02	566288.11
1.居民户存款	237230.59	241792.81	247492.08	248608.59	250511.24	253603.15
(1)活期存款	85238.43	84592.19	86700.43	86653.05	87198.21	89347.48
(2)定期存款	151992.16	157200.62	160791.65	161955.54	163313.04	164255.67
2.非金融性公司存款	215930.63	226483.93	246171.45	253546.03	260260.09	275529.48
(1)企事业单位存款	195143.91	205107.22	223778.49	230607.77	236905.84	251070.71
其中:企业存款	178781.42	188376.89	205984.39	212289.76	218013.10	230913.72
活期存款	91208.86	97252.94	106990.37	107430.14	111206.09	120099.90
定期存款	87572.56	91123.95	98994.02	104859.62	106807.01	110813.82
(2) 机关团体存款	20786.72	21376.70	22392.96	22938.27	23354.25	24458.77
3.财政存款	18531.46	18900.66	17162.27	18687.04	23161.16	24924.78
4.其他存款	9899.43	10922.91	11792.92	12099.39	12367.52	12230.70
二、金融债券	18904.69	17243.25	16054.13	14561.07	13301.79	12852.60
三、流通中现金	41082.37	35141.64	33746.42	34257.27	33559.52	33640.98
四、对国际金融机构负债	771.49	771.49	750.32	756.17	724.80	723.32
五、其他	14980.50	18401.02	17523.28	18783.05	19302.35	18958.28
资金来源总计 Total Funds Sources	557331.16	569657.70	590692.88	601298.61	613188.47	632463.30
运用方项目						
一、各项贷款	319921.84	330637.71	349554.82	355472.82	362141.69	377446.12
1.居民户贷款	58415.34	58855.71	61423.56	62895.12	64776.11	67806.96
(1)消费性贷款	37935.36	38001.52	39392.92	40241.22	41633.51	43867.87
短期消费性贷款	3996.58	3945.49	4366.85	4337.43	4736.95	5092.64
中长期消费性贷款	33938.78	34056.02	35026.07	35903.80	36896.56	38775.23
(2)经营性贷款	20479.98	20854.19	22030.63	22653.90	23142.60	23939.08
短期经营性贷款	14982.40	15337.16	16340.44	16858.49	17327.91	17921.49
其中:农户贷款	12377.29	12680.76	13361.04	13794.34	14038.22	14308.27
中长期经营性贷款	5497.58	5517.04	5690.19	5795.41	5814.68	6017.59
2.非金融性公司及其他部门贷款	261506.50	271782.00	288131.26	292577.69	297365.58	309639.16
(1)短期贷款及票据融资	135485.74	141951.25	150373.41	150844.23	151928.65	156127.15

项　目	2009.01	2009.02	2009.03	2009.04	2009.05	2009.06
短期贷款	109959.35	111541.29	116269.34	115483.02	115704.60	119775.01
票据融资	25526.39	30409.96	34104.07	35361.21	36224.05	36352.14
(2)中长期贷款	121770.55	125448.56	133290.79	137034.73	140528.30	148284.42
(3)其他贷款	4250.21	4382.19	4467.06	4698.74	4908.63	5227.59
二、有价证券及投资	66264.75	66304.31	67230.70	70048.38	72842.01	75482.44
三、黄金占款	337.24	337.24	337.24	669.84	669.84	669.84
四、外汇占款	169845.11	171419.19	172630.53	174161.86	176587.51	177914.67
五、在国际金融机构资产	962.22	959.25	939.59	945.70	947.43	950.24
资金运用总计	557331.16	569657.70	590692.88	601298.61	613188.47	632463.30

注：

1、本表机构包括中国人民银行、政策性银行、国有商业银行、其他商业银行、城市商业银行、农村商业银行、农村合作银行、城市信用社、农村信用社、财务公司、信托投资公司、租赁公司、邮政储蓄银行、外资金融机构、村镇银行、汽车金融公司。

2、"居民户存款"主要为居民储蓄存款；"非金融性公司存款"主要包括企事业单位存款和机关团体存款；"其他存款"包括保险公司在银行业的存款和境外非居民存款；居民户贷款"包括居民消费性贷款和经营性贷款；"非金融公司及其他部门贷款"包括对我国国民经济体系中的非金融企业、为居民服务的非盈利机构、广义政府部门和非居民部门的贷款；"其他贷款"包括除以贷款、票据融资方式外对企业和对其他部门的融资。

3、本表项目中原"金银占款"更名为"黄金占款"；

4、本表数据为正式数据。

2009 年上半年金融机构外汇信贷收支表(按部门分类)

]单位:亿美元

项　目	2009.01	2009.02	2009.03	2009.04	2009.05	2009.06
来源方项目						
一、各项存款	1919.71	1969.99	2002.77	2041.97	2060.19	2081.27
1.居民户存款	535.08	549.63	565.04	574.99	570.11	583.61
(1)活期存款	168.06	173.11	180.36	185.78	180.08	190.64
(2)定期存款	367.02	376.52	384.68	389.21	390.03	392.97
2.非金融性公司存款	978.18	980.90	991.35	1007.04	1020.46	1023.14
(1)活期存款	593.83	641.48	636.69	647.44	683.91	693.73
(2)定期存款	384.35	339.42	354.66	359.61	336.54	329.42
3.其他存款	406.45	439.46	446.38	459.93	469.62	474.52
二、境外筹资	161.29	159.98	158.61	158.84	154.72	156.49
三、外汇买卖	2777.72	2789.04	2794.19	2796.28	2745.13	2752.03
四、境外同业往来	215.47	188.23	184.63	189.71	190.07	173.26
五、其他	-514.01	-554.77	-602.45	-626.95	-612.35	0.00
资金来源总计	4560.18	4552.48	4537.75	4559.85	4537.75	763.34
运用方项目						
一、各项贷款	2351.44	2309.34	2351.96	2427.51	2581.97	2954.00
1.居民户贷款	3.56	3.60	3.40	3.54	3.65	3.48
短期消费性贷款	2.45	2.50	2.30	2.52	2.61	2.43
中长期消费性贷款	1.11	1.10	1.09	1.02	1.04	1.05
2.非金融性公司及其他部门贷款	2347.87	2305.74	2348.56	2423.96	2578.32	2950.52
(1)短期贷款及票据融资	425.64	404.61	401.99	413.16	431.43	481.30
短期贷款	420.85	400.76	397.02	407.95	426.02	476.45
票据融资	4.79	3.85	4.97	5.21	5.41	4.85
(2)中长期贷款	784.61	778.07	790.65	783.25	818.77	852.79
(3)其他贷款	1137.62	1123.06	1155.92	1227.55	1328.12	1616.43
二、有价证券及投资	1223.73	1218.76	1193.22	1182.74	1154.95	1149.90
三、境外同业往来	985.01	1024.37	992.57	949.60	800.83	763.34
资金运用总计	4560.18	4552.48	4537.75	2410.29	4537.75	2766.33

注：

1、"居民户存款"主要包括居民储蓄存款和境内个人存款；"非金融性公司存款"主要包括企事业单位存款和机关团体存款；"其他存款"包括保险公司在银行业的存款和境外非居民存款；"居民户贷款"包括居民消费性贷款和经营性贷款；"非金融公司及其他部门贷款"包括对我国国民经济体系中的非金融企业、为居民服务的非盈利机构、广义政府部门和非居民部门的贷款；"其他贷款"包括除以贷款、票据融资方式外对企业和对其他部门的融资。

2、本表数据为正式数据。

2009 年上半年全国银行间市场债券质押式回购交易期限分类统计表

单位:亿元、%

时期	1天		7天		14天		21天	
	成交金额	加权平均利率	成交金额	加权平均利率	成交金额	加权平均利率	成交金额	加权平均利率
2008 年累计	360050.75		150263.01		36412.99		7172.93	
2009.01	23524.96	0.85	6121.08	0.96	4671.86	0.97	1265.30	0.99
2009.02	43629.12	0.83	8322.52	0.95	2221.17	0.95	398.38	0.98
2009.03	56295.76	0.81	7630.05	0.95	3205.76	0.94	436.70	0.96
2009.04	41258.84	0.81	7181.96	0.94	3013.34	0.95	590.09	0.95
2009.05	44837.48	0.82	6897.28	0.95	2829.32	0.95	448.07	0.97
2009.06	56364.78	0.87	12060.28	1.04	3261.03	1.05	432.28	1.04
2009 年累计	265910.94		48213.17		19202.48		3570.82	

时期	1个月		2个月		3个月		4个月	
	成交金额	加权平均利率	成交金额	加权平均利率	成交金额	加权平均利率	成交金额	加权平均利率
2008年累计	7350.30		1085.91		1045.74		133.21	
2009.01	180.25	1.12	11.00	1.26	142.73	2.30		
2009.02	483.13	0.99	140.11	1.00	30.20	1.09	159.37	1.04
2009.03	446.07	0.97	123.52	1.10	124.37	1.27	5.00	1.15
2009.04	330.41	0.97	68.06	1.04	84.74	1.12	0.00	0.00
2009.05	444.22	0.96	64.93	1.00	112.81	1.14	6.51	1.11
2009.06	415.55	1.04	153.74	1.12	171.93	1.20	12.44	1.32
2009年累计	2299.63		561.36		666.78		183.32	

时期	6个月		9个月		1年		成交金额合计	加权平均利率
	成交金额	加权平均利率	成交金额	加权平均利率	成交金额	加权平均利率		
2008年累计	155.48		77.37		82.23		563829.50	
2009.01							35917.17	0.90
2009.02	26.67	1.46	5.00	1.40	10.00	1.58	55425.67	0.86
2009.03	10.00	1.48			13.04	1.66	68290.27	0.84
2009.04	6.00	1.45					52533.44	0.84
2009.05	6.00	1.42					55646.61	0.85
2009.06	10.44	1.56	5.30	1.71	26.53	1.91	72914.29	0.91
2009年累计	59.11		10.30		49.57		340727.45	

2009年上半年全国银行间同业拆借市场交易期限分类统计表

单位：亿元

	1天		7天		14天		20天	
	交易量	加权平均利率(%)	交易量	加权平均利率(%)	交易量	加权平均利率(%)	交易量	加权平均利率(%)
2008年累计	106513.64		35004.66		4744.17		1107.05	
2009.01	4867.03	0.86	782.90	1.03	384.45	1.00	145.00	1.02
2009.02	7694.47	0.83	1231.83	1.01	209.55	0.96	4.15	1.10
2009.03	14434.98	0.81	1613.81	0.99	458.71	0.96	2.40	1.21
2009.04	9461.76	0.82	1928.64	1.00	492.62	0.96	12.00	0.97
2009.05	12880.36	0.81	2072.45	1.00	598.53	0.96	21.60	0.99
2009.06	15721.64	0.87	2912.51	1.06	377.26	1.06	22.95	0.99
2009年累计	65060.24		10542.14		2521.12		208.10	

	30天		60天		90天		120天	
	交易量	加权平均利率(%)	交易量	加权平均利率(%)	交易量	加权平均利率(%)	交易量	加权平均利率(%)
2008年累计	1135.47		445.24		666.05		185.03	
2009.01	55.40	1.25	4.40	1.71	30.45	1.82	1.00	2.45
2009.02	69.58	1.12	25.10	1.31	24.43	1.55	7.55	1.60
2009.03	152.68	1.04	29.20	1.12	21.78	1.54	0.90	1.31
2009.04	134.41	1.06	22.00	1.13	33.00	1.65	3.70	1.62
2009.05	100.50	1.08	11.20	1.06	31.75	1.38	1.10	1.29
2009.06	114.70	1.10	29.00	1.33	45.01	1.38	1.20	1.38
2009年累计	627.27		120.90		186.42		15.45	

	6个月		9个月		1年			
	交易量	加权平均利率(%)	交易量	加权平均利率(%)	交易量	加权平均利率(%)		
2008年累计	291.70		213.49		185.34			
2009.01								
2009.02	8.50	1.54	1.20	2.23	2.00	1.83		
2009.03	17.05	1.52			1.00	1.65		
2009.04	10.80	1.71	1.05	1.63				
2009.05	15.00	1.53			0.30	2.16		
2009.06	2.00	2.20	2.00	2.26	1.00	1.85		
2009年累计	53.35		4.25		4.30			

第二章　金融机构

第一节　银行业金融机构

中国工商银行

2008年，复杂多变的国际国内宏观经济金融形势，不断蔓延的金融危机以及突如其来的特大自然灾害等，给金融行业带来了前所未有的困难和挑战。面临这种严峻形势，中国工商银行股份有限公司（以下简称“工商银行”）积极稳妥应对，持续推进经营转型，加快业务创新，优化收益结构，严格成本控制，有效降低了全球金融危机及中国经济增长放缓对经营管理带来的负面影响，实现了良好的盈利增长，显著提升了公司治理水平。

［业务概况］

截至2008年末，工商银行拥有385609名员工，16386家境内外机构，为1.9亿个人客户与310万公司客户提供广泛而优质的金融产品和服务。

工商银行坚持用科学发展理念获取新的成长动力，着力通过改善经营结构、加强内部管理、推进创新发展，在严峻复杂的经营环境下保持了健康发展的良好势头，实现了较高的盈利增长。截至年末，工商银行总资产达97576.54亿元，比上年末增长12.4%；总负债91505.16亿元，增长12.4%。截至2008年末，总市值1739.18亿美元，居全球上市银行之首。全年实现税后利润1111.51亿元，较上年增长35.6%，成为全球最盈利的银行。当年营业收入较上年增加542.02亿元，增长21.2%，其中非利息收入增加156.30亿元，增长50.3%；每股收益0.33元，增长37.5%。自2003年引入国际审计以来，税后利润年复合增长率达37.6%；成本收入比为29.54%，继续保持合理水平。

工商银行积极推进国际化、综合化经营发展战略，2008年顺利完成收购南非标准银行20%股权和诚兴银行79.9333%股权的交割工作，以及购买工银亚洲普通股和认股权证的交割及行权工作；悉尼分行、纽约分行、工银中东和多哈分行相继成立；在香港注册成立“工银国际控股有限公司”，获得香港证监会颁发的投行业务牌照，成为工行境外独资的投资银行平台。截至2008年末，工商银行已在境外15个国家和地区设有21家营业性机构，分支机构134家，与122个国家和地区的1358家境外银行建立了代理行关系，境外网络已具规模。

［公司金融业务］

2008年工商银行继续巩固中国第一信贷银行的地位。截至年末，工商银行公司类贷款和公司存款余额均列同业首位，市场份额分别为12.7%和15.3%。其中境内公司类贷款余额32321.02亿元，增长10.9%；境内公司存款余额39389.67亿元，增长15.8%，荣获《环球金融》杂志2008“中国最佳公司贷款银行”称号。

工商银行积极推进“绿色信贷”建设，加强融资产品创新，完善金融产品联动营销机制，为中小企业提供综合化金融服务。2008年末，境内有融资余额的小企业客户36267户，发放贷款3572.29亿元。荣获中国银监会“全国小企业金融服务先进单位”称号。

以大型高端企业客户资金管理和中小企业客户结算服务为重点，完善现金管理与支付结算产品线。2008年末，对公结算账户376万户，比上年末增加55万户。全年对公人民币结算业务量520万亿元，增长30.0%，继续保持市场领先地位。2008年末，工商银行现金管理客户118751户，比上年末增加60188户，增长102.8%。先后被《财资》、《金融亚洲》杂志评为“中国最佳现金管理银行”，被《亚洲货币》杂志评为“中国最佳人民币现金管理银行”。

与国内42家保险公司开展代理合作，银保代理业务规模继续扩大；第三方存管业务合作券商达101家；推广集中式银期转账业务，与126家期货公司签订集中式银期转账业务合作协议，正式投产110家；国内代理行增至85家；积极营销各类预算单位公务卡业务，发卡总量接近60万张；推出“网上银税服务平台”系统，为纳税人构建一站式服务平台。

工商银行投资银行业务快速发展。把握行业并购重组热点，为国内钢铁龙头企业进行产业整合提供顾问服务；支持区域经济发展和金融创新，担任地方政府产业投资基金财务顾问；推出股权私募主理银行业务，拓展股权融资业务领域。债券承销业务保持快速发展势头，2008年，承销短期融资券896亿元、中期票据634亿元、金融债券116亿元，承销量均居同业第一。投资银行业务收入80.28亿元，比上年增长78.2%。

为客户提供覆盖国际、国内贸易融资全过程的金融服务，2008年境内分行贸易融资累计发放3623亿元，增长62.0%；国际结算单证业务集约化经营取得新进展，完成25家境内分行及2家境外分行的国际结算单证业务集中工作，全年累计办理国际结算业务7566亿美元，同比增长27.5%。

2008年，在全球金融危机蔓延、国内股指震荡下跌等不利市场环境下，工商银行资产托管业务稳中有升。拓宽与优秀基金公司合作范围，成为国内首家托管证券投资基金突破100只的银行。企业年金基金托管的行业领先优势明显，保险资产托管客户稳步增加，QFII客户数、QDII组合数快速增加，全球托管业务领跑同业。开办了国内首笔基金公司特定客户资产托管业务。2008年末，托管资产总净值11438亿元。被《财资》、《全球托管人》、《环球金融》和《证券时报》等多家国内外财经媒体评为“中国最佳托管银行”。

发挥业务资格齐备、服务网络健全的优势，推动企业年金受托管理、账户管理、基金托管等各项业务协调发展。2008年末，工商银行共为15534家企业提供年金服务，受托管理年金基金40亿元；管理年金个人账户505万个，托管年金基金540亿元。

贵金属业务快速发展。2008 年，贵金属代理、自营业务交易量 1063 吨，比上年增长 2.7 倍。其中，“如意金”销售量 18 吨，增长 3.9 倍；账户金交易量 796 吨，增长 3.4 倍。代理上海黄金交易所清算量 1455 亿元，继续保持同业领先。

紧密结合资本市场形势，对公理财业务实现跨越式发展。推出无固定期限和 28 天滚动型超短期理财产品及票据投资型理财产品等，满足客户不同收益、风险、流动性搭配需求。2008 年，累计销售本外币对公理财产品 7873 亿元，比上年增长 5.8 倍。

[个人金融业务]

工商银行坚持以客户为中心、以市场为导向，加快业务创新，改进客户服务，着力打造中国“第一零售银行”。

注重储蓄存款对个人金融业务发展的基础性作用，增加代发工资客户，加强理财产品与储蓄存款协同发展，储蓄存款快速增长，2008 年末境内储蓄存款余额 40102.48 亿元，增长 23.6%。

2008 年，工商银行加大居民普通自住房购买支持力度，加强与大型优质房地产中介机构合作，推动个人住房贷款业务。截至年末，境内个人贷款余额 8293.42 亿元，增长 10.3%。

随着个人理财产品市场加速发展，工商银行在保有投资于票据、债券、信托贷款等工具的低风险、收益稳定型理财产品的同时，加大产品创新力度，适时推出“灵通快线”超短期理财产品，为中高端客户提供“理财金账户”、“工银财富”和“私人银行”专属理财产品。全年个人银行类理财产品销售额首次突破万亿元大关，达 13424 亿元，比上年增长 7.7 倍。基金代销额、基金存量、客户数量等多项指标、国债销售额均稳居同业第一。2008 年，境内销售各类个人理财产品 19373 亿元，增长 73.2%。

理财金账户是工商银行定位中高端客户的个人金融品牌。2008 年，工商银行继续推进理财金账户的客户服务升级，推出 15 款预期收益率较高的理财金账户专属理财产品。推出贵宾版个人网上银行和电话银行贵宾专线。拥有金融理财师（AFP）7275 人，国际金融理财师（CFP）1086 人，保持国内同业领先。2008 年末，理财金账户客户为 455 万户，同比增长 50.7%。

2008 年 3 月，工商银行私人银行部正式成立，为个人金融资产在 800 万元人民币以上的高净值客户，提供以资产管理为核心、顾问咨询服务为重点的差异化服务，开发了财务管理服务、资产管理服务、顾问咨询服务、私人增值服务、海外金融服务等五大系列服务内容。先后在北京、上海、广州、深圳建立分部，凭借高素质的服务团队、领先的产品体系及顶级的服务渠道持续快速发展。

[银行卡业务]

工商银行以建设支付便利、服务优质、安全高效的服务环境为目标，完善银行卡受理环境和支付体系建设，银行卡发卡量及业务收入保持较快增长。2008 年末，银行卡发卡量 2.4 亿张，增加 2820 万张。全年实现银行卡业务收入 71.99 亿元，增长 34.0%；其中信用卡发卡量 3905 万张，增长 67.0%；实现年消费额 2551 亿元，增长 57.6%，发卡量及消费额继续保持同业领先地位。推出多种主题卡、功能卡、联名卡，形成双币贷记卡、人民币贷记卡、准贷记卡等层次清晰的产品线；设立 76 家 VIP 客户服务中心，拓展特约和特惠商户圈，获 VISA 国际组织“信用卡技术领先奖”及万事达卡国际组织“最佳产品创新奖”。

发挥牡丹灵通卡“综合交易账户”作用，与代发工资、结算汇款、理财产品、网上银行等金融产品联合销售，推出多款联名灵通卡，开展形式多样的刷卡消费促销活动。2008 年末，借记卡发卡量 1.99 亿张，实现年消费额 5413 亿元。

[资金业务]

2008 年工商银行积极研究分析市场变化及经济走势，准确把握宏观调控基调，审慎评估并寻求资金业务收益风险的恰当配置，在流动性趋紧时期合理控制融资成本，实现资金流动性与效益性的统一，短期支付安全与长期持续发展的协调。2008 年，境内分行累计人民币融入融出量 76183 亿元，增长 25.0%。全年外币货币市场交易量 12104 亿美元，增长 39.4%。

人民币债券交易业务快速发展，收益大幅提高。全年银行间市场完成交易量 2.43 万亿元，增长 16.8%。扩展柜台记账式国债交易品种，报价品种增加至 43 只。实现人民币利率衍生产品交易电子化系统管理，完成人民币利率互换交易量 333 亿元。全年完成外币债券交易量 517 亿美元。

结合不同时期债券市场收益率曲线特点，及时调整投资重点，增持中长期债券，延长组合久期，合理搭配国债、金融债及央行票据比例，扩大企业债、短期融资券、中期票据等信用债规模，提高投资组合收益率。2008 年末，人民币银行账户债券投资余额 28867.05 亿元。针对美国次级房贷危机加剧、信用市场持续恶化的状况，工商银行大幅减持外币抵押债券，降低投资组合信用风险。增加非美元外币债券投资规模，推进投资币种多元化。

提高代客资金交易产品定价和服务能力，稳步推进代客资金业务、代客人民币利率掉期业务发展。完成代客结售汇及外汇买卖量 3717 亿美元，代客结构性衍生产品交易量 122 亿美元。

积极开展资产证券化业务，成功发行工元 2008 年第一期信贷资产证券化产品 80 亿元，创国内单支资产支持证券发行规模之最。截至 2008 年末，工商银行作为发起人共完成两期信贷资产证券化项目，资产支持证券余额 83 亿元。基础资产未出现逾期、违约情况，所有贷款均为正常类贷款。

[实体分销渠道]

2008 年，工商银行以财富管理中心、贵宾理财中心、理财网点和金融便利店为主体的分层分类网点功能服务体系基本形成，网点经营转型不断深入。在保持总量基本稳定的前提下，对省会城市、重点大中城市及经济发达县域予以适度网点资源倾斜，在重点城市实施网点布局优化和战略转型，不断优化机构网络布局，加速网点升级改造。年内完成 100 家财富管理中心和 2,000 家左右贵宾理财中心建设，增强网点客户服务能力、市场竞争力和盈利能力。完成西藏分行和私人银行部机构申设工作，完善全国机构网络服务体系。

[电子银行业务]

电子银行业务保持国内同业领先地位。2008 年电子银行交易额 145.29 万亿元，比上年增长 41.2%。电子银行业务笔数占全行业务笔数 43.1%，提高 5.9 个百分点。推出二代 U 盾、电话银行口令卡等产品，提高电子银行客户安全保障系数；推出手机银行（WAP）、贵宾版个人网上银行等新产品，优化多项原有产品功能，满足差异化个性化服务需求。

年末企业网上银行客户 144 万户，个人网上银行客户 5672 万户。企业网上银行实现交易额 110.50 万亿元，增长 28.9%；个人网上银行实现交易额 9.77 万亿元，增长 135.4%。获《环球金融》杂志“亚洲最佳个人网上银行”、“中国最佳个人网上银行”、“中国最佳企业网上银行”等奖项。

推出电话银行预约、电话银行个性化菜单定制等服务项目，开通电话银行贵宾服务专线 4006695588，完成山西、河北等六家分行人工服务集中，推动电话银行一体化进程。在第五届亚太最佳呼叫中心评选中，获“亚太最佳呼叫中心”、“中国最佳呼叫中心”、“中国最佳呼叫中心管理人”三项大奖。

新推出通过 WAP 方式接入手机银行业务，降低手机银行客户门槛，提高手机银行(WAP)安全性。手机银行(WAP)市场知名度不断提高，客户数量快速增加至 55 万户。

持续加大自助设备投入，优化自动柜员机功能，简化操作流程，提高交易效率和便捷度，分流柜面业务。2008 年末，拥有自助银行 7085 家，增长 44.9%；自动柜员机 28656 台，增长 22.4%。自动柜员机交易额 15557 亿元，增长 45.4%。

[科技先进]

加快实施信息科技发展规划，确保全行信息系统安全平稳运行。入选 2008 年度“中国企业信息化 500 强”并位列首位，被英国《银行家》杂志评为“最佳业务连续性管理奖”。

全年共研发新项目 420 个，优化原有项目 488 个。获得国家知识产权局专利授权 9 项，拥有的专利数量达到 72 项，同业占比 55%。投产银银通平台等新产品，优化基金平台、理财平台等现有产品，优化和推广境外机构综合业务处理系统(FOVA)功能；投产市场风险管理系统(一期)，完善非零售信用风险内部评级法系统，完成零售信用风险内部评级法系统个人贷款部分的开发，构建数据仓库基础数据平台。

圆满完成奥运安全保障工作，实现奥运期间“生产运行零事故”的目标；应急灾备体系进一步完善，经受住了地震、雪灾等自然灾害的考验，各项业务服务未受影响。信息系统保持安全平稳运行态势，为全行经营发展创造了良好的技术环境。

[管理规范]

公司治理不断改进。围绕建设最盈利、最优秀和最受尊重的国际一流金融企业的目标，完善公司治理结构，强化制度建设，提高信息披露质量，深化投资者关系管理，加快经营模式和增长方式的转型，取得明显成效。

风险管理水平明显提升。工商银行密切关注国际金融危机的演变发展及对全行各项业务的影响，采取了有效的风险防范措施，初步经受住了严峻风险的考验。通过借鉴国际经验和自主创新，信用风险、市场风险、流动性风险和操作风险管理得到全面加强。资本管理也取得新进展，资本配置更加规范和注重效益，资本充足率与核心资本充足率在业务快速发展中仍保持在 13.06% 和 10.75% 的较高水平。

2008 年，工商银行实施全面的资本管理，制定资本管理制度及配套的经济资本管理办法和资本充足率管理办法，投产资本管理系统(CAPV1.0)，实现经济资本自动计算和报表展现功能。工商银行自 2005 年开始应用经济资本管理工具，包括计量、配置和评价三个主要环节，经济资本指标包括经济资本占用(EC)、经济资本回报率(RAROC)、经济增加值(EVA)等三类指标，应用领域包括信贷资源配置、经营计划、费用分配、绩效考核、限额管理、产品定价等；2008 年经济资本应用力度进一步增强：(1)绩效考核方面，将 RAROC 纳入分行绩效考核体系；(2)利率定价方面，依据本行经济资本计量标准，制定人民币贷款利率定价指导标准；(3)风险管理方面，将经济资本数据用于全行风险管理评价；通过加大经济资本管理力度，各分行普遍增强了资本回报意识，在规模增长的同时控制风险总量的扩张，在承担风险的同时要求足额收益，持续稳定地实现股东回报最大化。

与高盛集团、美国运通和安联集团保持密切合作，在公司治理、风险管理、员工培训与资金交易、银行卡等各项业务领域取得显著成效。

[社会责任]

工商银行良好的社会表现赢得了国内外各界的广泛认可。先后获得“人民社会责任奖”、“最佳企业公民”、“中国企业社会责任榜：杰出企业奖”、“最具社会责任十佳上市公司”等奖项，荣居 2008 年“中国 50 家最受尊敬上市公司”榜首和“国有上市企业社会责任榜”百强第三名。

工商银行积极支持国家区域发展政策，积极贯彻执行国家产业发展政策，积极支持“三农”建设和中小企业发展。加快绿色信贷制度建设，加大绿色产品供给力度，2008 年末，由国家环保部门认定的环保合格以及环境友好企业数量约占境内分行法人客户数量的 99.87%，贷款余额约占境内分行法人客户贷款余额的 99.92%。

2008 年，在南方雨雪冰冻灾害和汶川地震等特大自然灾害面前，工商银行以实际行动诠释了“您身边的银行，可信赖的银行”的承诺，荣获中国红十字总会颁发的“中国红十字勋章”。5 月汶川特大地震发生后，工商银行累计发放抗震救灾及灾后恢复生产相关贷款 288 亿元；捐款 14191 万元(其中境内外员工捐款 8869 万元)，捐助物资价值约 50 万元；通过组织“流动银行”，搭建“帐篷银行”、“板房银行”，开辟免费捐款“绿色通道”等多种方式参与救灾，成为抗震救灾中捐款最多的金融机构、灾区最早开门营业和发放抗震救灾贷款最多的银行机构。

积极开展扶贫工作，捐赠 500 余万元用于四川、贵州等地扶贫救助项目，被中国扶贫基金会授予“2008 中国民生行动先锋”称号，被国务院扶贫办评为“中央国家机关等单位定点扶贫先进单位”；继续向北京大学捐赠 100 万元教育基金；在奥运期间实现“生产运行零事故”和“奥运服务零投诉”，为奥运会的成功举办做出了积极贡献；坚持回馈社会的理念，不定期组织员工走进社区，开展一系列以“中国工商银行青年爱心行动”统一命名的青年志愿者活动。

[国际荣誉]

工商银行的良好经营表现赢得了国内外各界的广泛认可，2008 年《环球金融》、《银行家》、《亚洲银行家》、《财资》、香港上市公司商会等知名媒体及中介机构将“亚洲最佳银行”、“中国最佳银行”、“香港公司管治卓越奖”等 131 个奖项颁给了工商银行。国际专业评级机构给予工商银行较高评价，其中穆迪公司将工商银行长期信用等级评为“A1”，标准普尔公司评为“A－”。

中国农业银行

中国农业银行是新中国设立的第一家商业银行，也是改革开放后第一家恢复成立的国家专业银行。中国农业银行最初成立于 1951 年，1979 年 2 月再次恢复成立后，成为在农村经济领域占主导地位的国有专业银行。1994 年中国农业发展银行分设，1996 年农村信用社与农行脱离行政隶属关系，中国农业银行开始向国有独资商业银行转变。2009 年 1 月 15 日，中国农业银行完成工商变更登记手续，由国有独资商业银行整体改制为股份有限公司，并更名为“中国农业银行股份有限公司”。

2008 年，农业银行各项业务快速发展，经营效益明显提升，资产质量显著改善。年末总资产达到 70,143.51 亿元，各项存款 60,974.28 亿元，各项贷款 31,001.59 亿元，资本充足率 9.41%，不良贷款率为 4.32%，全年净利润 514.53 亿元。中国农业银行通过全国 24,064 家分支机构、30,089 台自动柜员机和遍布全球的1,171家境外代理行，以覆盖面最广的网点网络体系和领先的信息科技优势，向超过3.5亿客户提供便利、高效、优质的金融服务。

2008年，在《财富》杂志全球500强排名中，中国农业银行位列第223位，穆迪信用评级为A1/稳定。

作为一家面向“三农”、城乡联动、融入国际、综合经营的大型商业银行，中国农业银行秉承“大行德广 伴您成长”的服务理念，坚持审慎稳健经营、可持续发展，立足城市和县域两大市场，充分发挥城乡联动优势，实施差异化竞争策略，依托庞大的分支机构、电子化网络和多元化的金融产品，不断朝着为最广大客户群体提供优质金融服务的现代化全能型银行的目标迈进。

中国建设银行

中国建设银行是一家以中长期信贷业务为特色的国有商业银行，总部设在北京，在中国境内及各主要国际金融中心开展业务。2001年7月，建设银行在《银行家》杂志全球1000家大银行排名中位居第29位。

中国建设银行成立于1954年10月1日。建设银行成立的基本背景是，随着中华人民共和国开始执行发展国民经济的第一个五年计划，以建设156项重点工程为中心的大规模经济建设在全国陆续展开，为管理好巨额建设资金，建设银行应运而生，开始了艰苦而光荣的历程。

从1954年到1978年的二十多年间，建设银行主要承担了集中办理国家基本建设预算拨款和企业自筹资金拨付，监督资金合理使用，对施工企业发放短期贷款，办理基本业务结算业务的职责。建设银行的服务追随着共和国建设的脚步，遍及祖国的每一片建设热土，为提高国家投资效益，支持国家财政平衡，为中国经济快速发展做出了卓越贡献。

从70年代末、80年代初开始，建设银行在承继原有职能的同时，不断拓展银行职能，先后开办了信贷资金贷款、居民储蓄存款、外汇业务、信用卡业务，以及政策性房改金融和个人住房抵押贷款等多种业务。经过十多年的改革发展，建设银行各项业务快速发展，信贷资产和负债取得了数以十倍的增长，从单一管理财政资金、办理基建拨款监督的银行，发展成为既管财政投资，又经营信贷业务，既办理固定资产投资信贷，又发放配套流动资金贷款，既办理国内金融业务，又办理国际金融业务，以办理中长期信用为主的国家专业银行。

1994年是建设银行重要的转折发展的一年。按照政府对投资体制和金融体制改革的要求，建设银行将长期承担代理财政职能和政策性贷款职能分别移交财政部和新成立的国家开发银行，开始按照商业银行的要求，对经营管理体制进行全面改革。

1994年末，建设银行先后对资金管理体制、信贷管理体制、财务管理体制和会计核算体制进行或正在进行一系列重大改革，总行和一级分行集中调度、统一调度和经营资金的能力增强，财务会计制度进一步向国际准则靠近。同时建设银行还对客户经营战略和区域经营战略进行重新定位。建设银行因此取得了更快的发展和更好的经营效益。建设银行步入了改革发展的新阶段。

从1996年3月起，建设银行启用现名，并同时导入企业识别系统，几乎在一夜之间，全行数万个办事机构和营业网点都开始使用了新的形象识别标志。这湛蓝的行徽、黑色立体的行名，透露出这家改革中的商业银行稳健经营，兼收并蓄，不断发展的经营风格；表达着一个不变的理念，那就是：根植中华大地，建设现代生活。

从1994年起，建设银行对遍布全国的分支机构和储蓄网点进行了调整，在撤并部分县支行的同时，增加了在全国中心城市的网点设置数量，与相应信贷政策的调整相配合，进一步加强了在中心城市的经营力度。

中国建设银行非常重视海外业务的发展。目前，建设银行已在海外设有法兰克福、新加坡三个分行和四个代表处。建设银行已与世界上600家银行建立了代理行关系，其业务往来遍及五大洲的近80个国家。通过发行债券，组织银行贷款等方式在国际金融市场筹集资金，是建设银行的一项优势业务，并以成为国际金融资本与中国经济建设结合的重要桥梁。

建设银行在香港地区的业务，在香港回归前已初具规模。香港回归后，其业务更获快速发展。目前，建设银行在香港已参股多家银行和金融公司，并已成为建新银行的最大股权持有者。

建设银行注重当代科学技术在银行业务中的运用，从90年代初开始，在不到5年的时间内，基本完成了从单机操作向已开发应用的全行性网络包括电子资金清算系统、龙卡网络网络化交易的过渡。建设银行系统、会计总帐传输系统和电子邮箱系统，还实现了与SWIFT系统的联网。除全行性网络外，还以大中城市为中心建立了众多区域性交易网络，至1997年已有210个城市行完成了“城市综合网络系统”的建设，并实现了与全行网络系统的连接。

在计算机技术广泛应用的支持下，建设银行的服务水平不断提高，服务品种不断创新。于1996年建成的资金清算系统，可以为客户提供快捷、安全、高效的电子汇划服务，实现了异地系统内资金清算24小时内到帐。在此基础上，还为许多企业建立了全国销售资金结算网，并为诸多政券商提供交易资金清算支持。

近年来，建设银行继续发挥长期形成的业务优势与特长，保持了对公路、铁路、电信、电网和城市建设等国民经济基础设施、基础产业的较大量信贷投入，和对效益良好的大型企业的信贷投入，同时适时增加了对发展前景良好的中小企业的信贷投入。目前建设银行已与近500家大中型企业建立了全面金融服务关系，并与10余家特大型企业共同建立了全国销售结算协作网络。对信息产品制造业、信息服务业、高等级公路建设的金融服务进行了成功的拓展。对高增长经济部门信贷投入的增加，对建设银行资产结构的调整起到了明显作用，为进一步提高经营效益创造了条件。

建设银行对个人金融服务也在不断创新，取得了良好的业绩。继“龙卡”信用卡之后，陆续推出了储蓄卡、转帐卡、智能卡和诸多联名卡，形成了以“龙卡”为标志的银行卡系列；个人住房抵押贷款保持了70%以上的市场占有率；率先开办的汽车消费贷款在很短的时间里已经吸引了众多的客户。此外，在个人帐户管理和支付结算方面的创新，也使个人转帐收支更为方便、快捷。

1994年来，建设银行非利差业务取得了长足发展。在承继传统业务，继续代理国家财政资金拨付的同时，作为国家开发银行的最大代理行，承担该行资金的拨付和部分管理职能。四年来代理开发银行业务量已逾3420亿元，占开行业务总量的79.8%。除为特大型企业建立销售结算网络外，还凭借结算手段优势，为诸多生产企业、商业企业、金融企业提供多种结算服务，特别是成功的为一汽大众、春兰等企业开发了资金结算程序，提供了快捷安全的结算服务。

建设银行以服务经济发展，支持社会进步为己任。积极支持教育、科技进步，支持环境保护事业。每年都为高雅文化活动和重大体育赛事提供赞助。1996 年，建设银行全体职工捐款设立"爱心基金"，用于在贫困地区建设"希望小学"，帮助贫困大学生完成学业和奖励见义勇为的勇士，以弘扬尊师重教、扶危济困的中华民族传统美德。目前，通过"爱心基金"已使千余名学生得以顺利完成了学业。

2000 年以后"不断创新，追求卓越"是建行人理念与追求的浓缩。跨入 21 世纪，建设银行将以优良的业绩和不断的创新寻求更为广阔的服务领域和发展空间。

截至 2008 年，建行资产总额达人民币 70,577.06 亿元（以下数据除特别注明外，均按照国际会计准则计算，币种为人民币），突破 7 万亿元，较上年末增长 6.96%；实现税前利润 756.55亿元，同比增加 251.13 亿元，增长 49.69%；受益于业务发展、内地企业所得税税率调整，实现净利润 586.92 亿元，同比增加 244.37 亿元，增长 71.34%；实现经营收入 1,357.36 亿元，同比增长 36.04 %，其中利息净收入达 1,110.80 亿元，手续费及佣金净收入达 201.68 亿元，同比分别增长 24.51%、59.30%；综合盈利能力继续保持内地同业领先地位，年化平均资产回报率为 1.72%，年化平均股东权益回报率为 26.36%，净利息收益率为 3.29%，分别较上年同期提高 0.54、6.56 和 0.18个百分点；资本充足率为 12.06%，核心资本充足率为 10.08%；资产质量稳步提升，不良贷款额、不良贷款率继续双降，不良贷款率降至 2.21%，较上年末下降 0.39 个百分点；抗风险能力进一步增强，减值准备对不良贷款比率为 117.23%，比上年末提高 12.82 个百分点。

中国银行

中国银行，全称中国银行股份有限公司，是中国大型国有控股商业银行之一。中国银行的业务范围涵盖商业银行、投资银行和保险领域，旗下有中银香港、中银国际、中银保险等控股金融机构，在全球范围内为个人和公司客户提供全面和优质的金融服务。按核心资本计算，2008 年中国银行在英国《银行家》杂志"世界 1000 家大银行"排名中列第 10 位。

中国银行主营传统商业银行业务，包括公司金融业务、个人金融业务和金融市场业务。公司金融业务基于银行的核心信贷产品，为客户提供个性化、创新的金融服务。个人金融业务主要针对个人客户的金融需求，提供基于银行卡之上的系统服务。金融市场业务主要是为全球其他银行、证券公司和保险公司提供国际汇兑、资金清算、同业拆借和托管等全面服务。

中国银行全资附属投资银行机构——中银国际控股有限公司（下称"中银国际"）是中国银行开展投资银行业务的运行平台。中银国际在中国内地、香港及纽约、伦敦、新加坡设有分支机构，拥有高水准的专业人才队伍、强大的机构销售和零售网络。中银国际全球性的管理运作，可为海内外客户提供包括企业融资、收购兼并、财务顾问、定息收益、证券销售、投资研究、直接投资、资产管理等在内的全方位投资银行服务。

中国银行通过全资子公司中银集团保险有限公司及其附属和联营公司经营保险业务。其中，在香港拥有中银集团保险有限公司及其六家分公司、中银集团人寿保险有限公司、东亮保险专业有限公司和堡宜投资有限公司，在内地拥有中银保险有限公司，澳门地区有联丰亨保险有限公司。成立于 1992 年 7 月的中银集团保险有限公司在香港保险市场经营一般保险业务，业务品种齐全繁多，业务量多年位居当地同业前列。

中国银行是中国国际化程度最高的商业银行。1929 年，中国银行在伦敦设立了中国金融业第一家海外分行。此后，中国银行在世界各大金融中心相继开设分支机构。目前，中国银行拥有遍布全球 29 个国家和地区的机构网络，其中境内机构超过 10,000 家，境外机构 600 多家。1994 年和 1995 年，中国银行先后成为香港、澳门的发钞银行。

中国银行所属的中国银行（香港）有限公司（简称"中国银行（香港）"或"中银香港"），于 2001 年 10 月 1 日正式成立，是一家在香港注册的持牌银行。中国银行（香港）合并了原中银集团香港十二行中十家银行的业务，并同时持有香港注册的南洋商业银行、集友银行和中银信用卡（国际）有限公司的股份权益，使之成为中银香港的附属机构。中银香港是香港地区三家发钞银行之一，也是香港银行公会轮任主席银行之一。重组后的中银香港于 2002 年 7 月在香港挂牌上市。

作为中国金融行业的百年品牌，中国银行在稳健经营的同时，积极进取，不断创新，创造了国内银行业的许多第一，在国际结算、外汇资金和贸易融资等领域得到业界和客户的广泛认可和赞誉。

在近百年辉煌的发展历史中，中国银行在中国金融史上扮演了十分重要的角色。中国银行于 1912 年由孙中山先生批准成立，至 1949 年中华人民共和国成立的 37 年间，中国银行先后是当时的国家中央银行、国际汇兑银行和外贸专业银行。中国银行以诚信为本，以振兴民族金融业为己任，在艰难和战乱的环境中拓展市场，稳健经营，锐意改革，表现出了顽强的创业精神。银行业务和经营业绩长期处于同业领先地位，并将分支机构一直拓展到海外，在中国近现代银行史上留下了光辉的篇章。

1949 年，中国银行成为国家指定的外汇外贸专业银行，为国家经济建设和社会发展做出了巨大贡献。1994 年，随着金融体制改革的深化，中国银行成为国有独资商业银行，与其它三家国有独资商业银行一道成为国家金融业的支柱。

2003 年，中国银行被国务院确定为国有独资商业银行股份制改造试点银行之一。围绕"资本充足、内控严密、运营安全、服务和效益良好、建设具有国际竞争力的现代股份制商业银行"的目标，中国银行进一步完善公司治理机制，加强风险管理和内控体系建设，整合管理流程和业务流程，推进人力资源管理改革，加快产品创新和服务创新，稳步推进股份制改造工作。2004 年 8 月 26 日，中国银行股份有限公司挂牌成立，标志着中国银行的历史翻开了崭新的篇章，启动了新的航程。

2006 年 6 月 1 日、7 月 5 日，中国银行先后在香港证券交易所和上海证券交易所成功挂牌上市，成为首家 A + H 发行上市的国有商业银行。按截至 2007 年 12 月 31 日的市值计算，中国银行为全球第四大银行。

2004 年 7 月 14 日，中国银行在激烈竞争中脱颖而出，成为北京奥运会唯一的银行合作伙伴。中国银行将为国内外客户提供高效优质的金融服务，宣传和普及奥运精神，促进本次体育盛会圆满成功，提升中国银行的品牌形象。

中国银行多年来的信誉和业绩，得到了银行同业、国内外客户和权威媒体的广泛认可。目前，中国银行曾先后 8 次被《欧洲货币》评选为"中国最佳银行"和"中国最佳国内银行"，连续 19 年入选美国《财富》杂志"世界 500 强"企业，多次被《财资》评为"中国最佳国内银行"，被美国《环球金融》杂志评为"中国最佳贸易融资银行"及"中国最佳外汇银行"，被《远东经济评论》评为"中国地区产品服务 10 强企业"，被《亚洲风险》杂志评为 2006 年度"中国最佳银行"。在美国知名财经杂志《财富》与世界知名的管理咨询公司 Hay(合益)集团合作评选的 25 家“最受赞赏的中国公司”中，中国银行榜上有名。在 A + H 资本市场整体上市后，中国银行荣获《投资者关系》“最佳 IPO 投资者关系奖”等多个重要奖项。

在近百年岁月里，中国银行以其稳健的经营、雄厚的实力、成熟的产品和丰富的经验，深得广大客户信赖，并与客户建立了长期稳固的合作关系。中国银行将秉承“以客户为中心，以市场为导向，强化公司治理，追求卓越效益，创建国际一流大银行”的宗旨，依托其雄厚的实力、遍布全球的分支机构、成熟的产品和丰富的经验，为客户提供全方位、高品质的银行服务，与广大客户携手共创美好未来。

交通银行

交通银行成立于 1908 年，是清末为“收回轮、路、电、邮经营权，振兴民族经济”而设立的民族金融企业，也是我国存续至今第一家超过百年历史的民族银行品牌。作为中国早期大型银行和发钞行，交通银行在中国近现代金融史上具有重要地位。1987 年，为适应改革开放和上海金融发展的需要，交通银行重新组建，成为中国第一家全国性的国有股份制商业银行，总行设在上海。交通银行的重组，打破了专业银行的行业垄断，在中国银行业引入综合经营的市场竞争机制，为中国金融改革进行了有益的探索。

交通银行认真落实国务院批准的深化股份制改革方案，于 2004 年 6 月在国有商业银行中率先完成了财务重组，引进汇丰作为境外战略投资者；2005 年 6 月在香港上市，成为第一家在境外公开上市的中国内地商业银行；2007 年 5 月又顺利回归 A 股，圆满完成了深化股份制改革的阶段性任务。通过深化股份制改革，交通银行开辟了境内外两条融资渠道，资本充足水平大大提高，为打造一流金融企业、参与全球竞争奠定了坚实基础。

深化股份制改革以来，交通银行深入学习实践科学发展观，大力推进改革发展创新，使这几年时间成为交行历史上改革成果最多、发展速度最快、经营业绩最好的时期，向“走国际化、综合化道路，建设以财富管理为特色的一流公众持股银行集团”的战略目标迈出了坚定步伐。

截至 2008 年 12 月 31 日，交通银行资产总额达 26,829 亿元，较年初增加 5,725.03 亿元，增幅为 27.13%；存款余额为 18,658 亿元，比年初增加 3,102.16 亿元，增幅 19.94%；贷款余额为 13,285.90 亿元，较年初增加 2,240.09 亿元，增幅为 20.29%；全年实现净利润 283.93 亿元，同比增长 40.05%；资本充足率和核心资本充足率继续保持在 13.47% 和 9.54% 的较高水平。平均资产回报率(ROAA)为 1.19%，平均股东权益报酬率(ROAE)为 20.10%。每股盈利 0.58 元，每股净资产 3.05 元，均处于中资商业银行的先进水平。

交通银行分支机构集中在国内经济发达地区、中心城市和部分国际金融中心。截至 2008 年 12 月 31 日，除西藏、青海外，在内地各省、自治区、直辖市设有省级分行 29 家，在计划单列市设有直属分行 7 家，在全国 166 个地级以上城市拥有营业网点 2636 个。在香港、纽约、东京、新加坡、首尔、澳门、法兰克福设有分行，在伦敦设有代表处。目前旗下拥有交银施罗德基金、交银信托、交银金融租赁、交银保险、交银国际等多家子公司。全行员工 7.7 万人。根据英国《银行家》杂志公布的 2008 年全球 1000 家银行排名，交行总资产排名位列第 66 位，一级资本排名位列第 54 位。

北京银行

北京银行成立于 1996 年，是一家由境外投资者、首都众多知名企业和广大投资者参股的新型股份制商业银行。成立以来，北京银行依托首都经济持续快速发展的大好形势，2004 年成功更名；2005 年引入国际知名的 ING 集团和国际金融公司作为境外投资者，在公司治理、风险管理、业务合作、技术援助、人员培训等诸多方面展开全方位合作，极大地加快了北京银行国际化进程，提升了整体竞争能力；2006 年实现跨区域经营，目前已在天津、上海、西安、深圳及杭州设立了分行，香港代表处正式设立；2007 年 A 股在上海证券交易所挂牌上市，成为一家公众持股银行，重大发展战略相继实现。

截至 2008 年 9 月末，北京银行总资产突破 4000 亿元，资本实力不断壮大，风险控制能力、盈利能力、资产质量与规模和管理素质大幅提升，走出了一条又好又快的科学发展道路。在《银行家》杂志公布的最新全球 1000 家大银行排名中，北京银行按一级资本排名第 178 位，在中国银行业排名第 11 位，位居城市商业银行之首；按资产规模计算，北京银行排名第 207 位，在中国银行业排名第 14 位。在世界品牌实验室《中国 500 最具价值品牌》排行榜中，北京银行以 48.57 亿元人民币的品牌价值在中国银行业中排名第 7 位。

面向未来，北京银行将继续秉承“为客户创造价值，为股东创造收益，为员工创造未来，为社会创造财富”的神圣使命，加快实施品牌化经营、区域化布局、综合化发展战略，全力打造信誉卓著、管理先进、服务领先的具有国际竞争力的现代化商业银行，塑造一流现代商业银行的优质品牌。

南京银行

南京银行创立于 1996 年 2 月，是一家由国有股份、中资法人股份、外资股份及众多个人股份共同组成的新型股份制商业银行。2006 年 12 月，原南京市商业银行正式更名为南京银行。2001 年 11 月，南京银行接受了世界银行组织成员——国际金融公司的投资入股。

2005 年 10 月，南京银行引入法国巴黎银行作为该行的战略投资人，并与其签署了战略联盟协议和业务合作协议，建立了战略合作关系，目前巴黎银行是该行第二大股东。2006 年，南京银行进入《亚洲周刊》发布的年度亚洲银行 300 强排行榜和英国《银行家》杂志发布的全球 1000 家大银行排名名单，被中国《银行家》杂志评为“十佳城市商业银行”之一。

2007 年 7 月 19 日，南京银行成为国内首家上交所挂牌上市银行。在资本市场上，南京银行一直以稳健经营、高成长性、市净率低、投资价值高而备受关注。在英国《银行家》杂志 2008 年度评选中，南京银行在全球 1000 家大银行排行榜中排名第 384 位(列中国大陆银行第 18 位)。

截至目前，全行注册资本 18.37 亿，从业人员 2100 多人。现在全国分设 60 家支行和泰州分行、无锡分行、上海分行、北京分行，以及营业部、国际业务部、金融市场部和特殊资产经营中心 4 个直属经营单位。

恒丰银行

恒丰银行(前身为烟台住房储蓄银行)成立于 1987 年 10 月，并于 2003 年在烟台住房储蓄银行基础上经过整体股份制改造，改制变更为恒丰银行股份有限公司（简称恒丰银行），英文名称为 EVERGROWING BANK CO.，LTD.，是经中国人民银行批准的全国11家股份制商业银行之一，是“企业短期融资债券主承销商”、“上海黄金交易所会员”、“中央银行公开市场业务一级交易商”、“国家财政部国债承销团成员”、“全国银行间债券市场双边报价商”、“国家政策性金融债券一级承销商”、“全国银联卡会员、股东单位”、“全国银行间债券市场首批双边报价商”、“全国凭证式国债承销商”、“全国银行间债券市场结算代理行”、“全国国债协会理事级会员单位”。先后获得山东省诚信纳税企业、山东省文明单位、山东省思想政治工作优秀企业、山东省安全保卫先进单位、山东省服务业先进单位和烟台市创建全国文明城市先进单位等100多项荣誉称号。荣膺中国企业联合会、中国企业家协会联合评选的“2005 中国服务业企业 500 强”和“2005 中国服务业企业 商业银行第十六位”。

恒丰银行具有独立法人资格，按照《中华人民共和国公司法》、《中华人民共和国商业银行法》、《股份制商业银行公司治理指引》、《股份制商业银行独立董事和外部监事制度指引》和《恒丰银行股份有限公司章程》的要求和规定建立了完善的法人治理结构，实行一级法人体制和董事会领导下的行长负责制。经营范围为吸收人民币存款；发放短期、中期和长期贷款；办理结算；办理票据贴现；发行金融债券；代理发行、代理兑付、承销政府债券；买卖政府债券；同业拆借；提供信用证服务及担保；代理收付款项；提供保管箱服务；外汇存款；外汇贷款；外汇汇款；外币兑换；国际结算；同业外汇拆借；外汇票据的承兑和贴现；外汇借款；外汇担保；结汇、售汇；发行和代理发行股票以外的外币有价证券；买卖和代理买卖股票以外的外币有价证券；自营外汇买卖；代客外汇买卖；资信调查、咨询、见证业务；以及经国务院银行监管部门批准的其他业务。

20年来，在全行员工的共同努力下，恒丰银行发展成为了一家具有一定规模与实力的全国性股份制商业银行，初步形成了“立足烟台、辐射山东、走向全国”的机构体系和业务网络。恒丰银行作为一家全国性股份制商业银行，存在与发展的价值和使命是“在金融领域为客户提供优质全面的服务，为社会创造高价值的财富，为员工创造广阔的发展空间，为股东提供长期最大化的投资回报”。为此，我们始终坚持深化改革、加快发展，不断健全和完善法人治理结构，建立了以股东大会、董事会、监事会、高级管理层等机构为主体的组织架构和保证各机构独立运作、有效制衡的制度安排，以及建立科学、高效的决策、激励和约束机制，确立了以“不求最大、但求最好，努力打造一流现代银行”为经营管理境界，坚持“以卓越的服务创卓越的品牌”，按照现代商业银行人力资源管理要求，不断提升全行的整体素质；按照市场发展需求，不断推出新的金融服务产品；按照追求利润最大化原则，充分借鉴先进商业银行的成功经验，进行有效的业务重组，再造银行的业务流程和运作方式，进一步完善银行的服务功能，提高市场竞争力，实现银行的永恒发展。我们一直致力于现代金融企业的制度创新、机制创新、产品创新和技术创新，以不断满足客户需求为己任，以追求股东长期利益最大化为目标，不断扩大经营规模，提高盈利能力，保持了持续、稳定、健康发展的良好态势，在深化改革、强化管理、加快发展等诸多方面取得了新的成绩。

恒丰银行秉承“客户至上、质量至上”的经营理念，构建起了以“网上银行”、“恒裕理财”、“恒丰银行信用卡”为主体的具有恒丰银行特色的产品体系，形成了“恒久发展、丰裕社会”、“拼搏、奉献、灵活、创新”等为主要内涵的“恒丰文化”，先后探索和积累了不少成功的管理办法，在坚持稳健经营的前提下，努力追求效益最大化，注重加强资产负债比例管理和风险管理，建立起一套以效益为中心的较为完整的考核评价指标管理体系，是国内最早推行目标责任制考核的银行。在稳健快速的发展中，恒丰银行坚持科学的发展观，以资本、规模、质量和效益协调发展为指导思想，注重防范风险，恒丰银行的资产质量得以不断优化，按照五级分类口径，不良贷款率为1.21%，综合经营管理水平居国内银行前列，资产质量在全国同期开办商业信贷业务的银行中位居第一。

加强电子化建设，实施科技兴行战略。按照“统一规划、统一标准、统一开发”的原则，紧跟IT业发展趋势，瞄准现代商业银行逐步从传统存、贷款业务向综合服务型转化的经营方向，采用较为先进成熟的技术，已经建立完成了起点较高、功能较强、具有较高金融电子化水准的计算机处理中心，并通过了中国人民银行总行科技司技改项目专家组评审。整个计算机系统实行集中式管理模式，以DDN数据网络连接所辖各经营网点，开通了以会计核算通存通兑为中心、集中管理的综合业务服务平台，全行网点电子化覆盖率达到了100%，业务操作100%实现了电算化。在结算手段方面已达到国内先进商业银行电子化结算同步水平，可以支持银行开办所有的商业银行业务，推动了我行追求“一流现代银行、服务大网络”战略目标的实现。银行现有的“数据大集中”电子化业务处理平台，将保证全天候24小时支持ATM站点、特约客户、电话银行、自助银行、网上银行等系统服务类型，保证总行对异地分支机构业务运营进行实时、远程监控和业务指导。

面对经济金融全球化带来的机遇与挑战，恒丰银行将以“坚持科学发展观 打造中国最佳管理、最高回报和适中规模的一流现代银行”为目标，坚定不移地在“三个代表”重要思想指引下，与时俱进，致力于建立规范的法人治理结构、形成高效管理机制、采用先进的技术手段和培育不断创新的企业文化，形成自己的核心竞争力，以客户需求为导向，通过为客户提供全面的和个性化的银行服务，突出市场定位，不断满足客户的多层次需求，增加市场份额，提高市场竞争力，提高盈利能力，实现客户、社会、股东、员工长期利益的最大化。

招商银行

招商银行成立于1987年4月8日，总行设在深圳，业务以中国市场为主。招商银行于2002年4月9日在上海证券交易所上市，A股股票代码600036。自A股上市起，招商银行一直同时采用中国公认会计准则和国际财务报告准则编制年度经审计财务报告。2006年9月22日，招商银行在香港联合交易所上市，H股股份代号3968。

截至2008年12月31日，招商银行在中国境内设有44家分行及623家支行（含分理处），一个代表处（北京），一个信用卡中心，一个小企业信贷中心，1,567家自助银行，离行式单台设备1,400多台（ATM和CDM），一家全资子公司——招银金融租赁有限公司。招商银行在香港拥有永隆银行有限公司和招银国际金融有限公司这两家子公司，及一家分行。在纽约有一家分行和一个代表处。招商银行还与93个国家及地区的1,756家海外金融机构保持着业务往来。

招商银行向客户提供各种公司及零售银行产品和服务，同时开展自营及代客资金业务。作为中国领先的零售银行，招商银行拥有庞大的客户基础、广为人知的品牌、品种繁多的产品和优质的服务。在公司银行业务方面，招商银行为企业提供贷款、结算、托管等各类服务，并在现金管理方面具有明显竞争优势。依托先进的信息技术实力，招商银行得以不断拓宽服务渠道，开发和不断升级招行的网上银行服务、电话银行、手机银行和掌上电脑银行，令客户能够更快捷、方便地获取招行的服务。

凭借出色的业绩表现、管理能力和公司文化，招商银行获得了国内外诸多奖项，如于2008年，被《欧洲货币》评为"中国区最佳银行金融公司"第一位、"亚洲区最佳银行金融公司"第三位，以及被《亚洲货币》评为"2008年度中国最佳本土银行"；2006年、2007年、2008年三度被《亚洲银行家》评为"中国最佳零售银行"；2008年获《金融亚洲》授予"最佳管理公司"、"最佳公司治理"和"最佳投资者关系"三项殊荣；从2002年至2007年，在北京大学管理案例研究中心以及《经济观察报》联合举办的年度评选中，连续六年被评为"中国最受尊敬企业"之一。

招商银行以客户为中心，并朝着"力创股市蓝筹、打造百年招银"的目标不断前进。

国家开发银行

2008年，中国站在了新的历史起点上，30年的改革开放取得了举世瞩目的成就。

2008年，国家开发银行也掀开了改革发展的新篇章。14年的探索与实践，引领开行成功地走出了一条有特色的开发性金融之路。在以市场化方式服务国家发展战略和目标的同时，开行以优良的业绩跻身于国际先进的金融机构行列，为商业化改革转型做好了准备。

2008年12月16日，国家开发银行股份有限公司挂牌成立，标志着开行改革发展进入了新阶段，也是中国银行业改革开放30年迈出的重要一步。

笃行求发展，创新铸辉煌

开行成立14年来，不断探索和深化开发性金融实践，取得了丰硕成果，在我国经济社会发展中的作用日益突出。

开行是中国中长期投融资领域的主力银行。14年前，作为一家新成立的政策性银行，开行担当起了基础设施、基础产业和支柱产业领域的拓荒者，筹措资金支持国家重大项目建设，弥补经济社会发展的瓶颈制约。1998年以来，开行贯彻国家扩大内需、投资拉动政策，支持的领域由国家重大项目拓展到城市基础设施。通过融资推动市场建设和规划先行，开行逐渐把城市公共设施领域培育成为成熟的商业领域，并不断从大城市向中小城市、县域延伸，使经济增长由重大项目的单一拉动向城市化的全面拉动转变，配合了国家投资拉动的政策效果，成为我国中长期投融资领域的主力银行。2003年以来，开行把基础设施领域的经验，逐渐拓展到社会瓶颈和民生领域，"三农"和新农村建设、中小企业、低收入家庭住房、节能环保、教育、医疗卫生等，这些与人民生活息息相关的领域，越来越多地获得开行的支持。2008年，面对国际金融危机的扩散和蔓延、国内遭遇罕见的自然灾害、经济下行以及自身商业化转型的复杂形势，开行深入贯彻科学发展观，认真落实中央各项方针政策，积极应对挑战，再次体现了中长期投融资平抑经济周期波动的作用。

开行是国际化的银行。近年来，面对全球化浪潮，开行审时度势，大步走向国际舞台。一方面，以"国际先进水平"为标杆，照镜子，找差距，通过国际顾问委员会等方式，不断提升经营管理水平和市场业绩；另一方面，加快国际化步伐，服务国家"走出去"战略，把国内成功实践的丰富经验拓展到海外市场，在控制风险的前提下实现互利共赢。目前，开行已发展成为中国最大的对外投融资合作银行。

开行是创新的银行。1997年亚洲金融危机后，开行立足中国国情，努力探索有中国特色的办行路子，提出"在市场环境下、银行框架内"办银行，摆脱传统政策性银行的观念束缚，主动推行市场化改革，积极探索融资服务的方法和模式，化解发展中的矛盾和约束。开行把中国国情与国际先进金融原理相结合、把政府的组织协调优势与开行的中长期投融资优势相结合、把服务国家战略与市场化商业化运作相结合，加强与政府、企业、社会各方合作，形成"支持发展、防范风险"的共识与合力，探索了一套行之有效的"市场建设、规划先行、社会共建、融资推动"的开发性金融方法。

开行是勇于承担社会责任的银行。近年来，开行不断加大对社会瓶颈和民生领域的支持力度，让金融发展的成果最大限度地回馈社会。截至2008年末，开行中小企业贷款创造的就业岗位达160多万个；发放的中低收入住房建设贷款可帮助550万居民解决住房困难；在全国大部分省市开展高校助学贷款和生源地助学贷款，使近100万名贫困大学生从中受益。四川汶川地震发生后，开行向成都市提供260亿元灾后重建专项贷款，向川甘陕滇渝等受灾省市发放救灾贷款142亿元，捐款捐物3,531万元，人均捐款额在金融系统名列前茅。2006年至2008年连续三年荣获人民网"人民社会责任奖"，并被金融时报和社科院金融所联合评为2008"年度最具社会责任银行"。2008年，开行发布了首份社会责任报告。

开行是拥有优秀、精干、专业团队的银行。开行秉承"专家银行"的理念，拥有本科以上学历的员工占员工总数的91.9%，在实践中培养了一大批行业、工程、金融、法律等方面的专业人才。到2008年底，开行以6,000名员工管理着3.8万亿元的金融资产，人均管理资产额、人均创利等指标，均在国内外居于领先地位。

开行是业绩优良的银行。在支持经济社会发展的过程中，开行的各项主要业务指标从1998年开始显著改善：

- 资产总额：从1997年底的3,811亿元增长到2008年底的38,212亿元，增长10倍以上；
- 贷款总余额：从1997年底的3,656亿元增长到2008年底的28,986亿元，增长近8倍，其中外汇贷款余额645亿美元，跃居国内银行业第一；
- 发行金融债券余额：从1997年底的3,002亿元增长到2008年底的27,837亿元，增长9倍以上；
- 股东权益：从1997年底的457亿元增长到2008年底的3,485亿元，增长近8倍；
- 净利润：从1997年的8.2亿元增长到2008年的208亿元，增长25倍以上；
- 不良贷款率：从1997年底的42.7%下降到2008年底的0.96%，近4年连续保持在1%以内。

开行取得的成绩，凝聚着全体开行人的智慧与辛劳，我衷心感谢每一位尽职敬业、为开行事业默默奉献的同事！衷心感谢关心和信任开行的各级政府、广大客户、同业和社会各界朋友！

任重知未来，砥砺有信心

2009年是开行改革发展承前启后的一年，继往开来，开行将迎来新挑战和新机遇。

当前国际金融危机不断蔓延，全球经济普遍低迷，中国经济同样受到国际金融危机的显著影响。中国政府出台了一系列促进经济增长计划，通过扩内需、调结构、保增长、惠民生等措施，全力保持经济平稳较快发展。作为一个负责任的银行，开行将继续发挥开发性金融和中长期投融资的优势和作用，服务于经济社会发展，并将联合国全球契约的原则纳入战略发展愿景，全方位履行社会责任，将“金融社会化、社会金融化”的理念融入企业文化和日常经营实践中。同时，开行将按照建立现代金融企业制度的要求，完善公司治理，使股东大会、董事会、监事会和高级管理层各司其职、各就其位、形成合力，共同开创开行改革发展的新局面。

14 年的实践探索引领着我们走到了新的起点上。面对过去的成绩，我们倍感欣慰和自豪；面对未来的发展，我们深知任重而道远。开行人要继续保持雄心壮志，从过去的实践探索中总结经验和规律，汲取智慧和力量，并不断在形势变化中再认识，再实践，再探索，把握机遇，迎接挑战，谱写支持经济社会发展的新篇章！

中国进出口银行

中国进出口银行成立于 1994 年，是直属国务院领导的、政府全资拥有的国家政策性银行，其国际信用评级与国家主权评级一致。中国进出口银行总部设在北京。目前，在国内设有 10 余家营业性分支机构和代表处；在境外设有东南非代表处、巴黎代表处和圣彼得堡代表处；与 500 多家银行建立了代理行关系。

中国进出口银行是我国外经贸支持体系的重要力量和金融体系的重要组成部分，是我国机电产品、成套设备和高新技术产品进出口和对外承包工程及各类境外投资的政策性融资主渠道，外国政府贷款的主要转贷行和中国政府对外优惠贷款的承贷行，为促进我国开放型经济的发展发挥着越来越重要的作用。

主要职责

中国进出口银行的主要职责是贯彻执行国家产业政策、外经贸政策、金融政策和外交政策，为扩大我国机电产品、成套设备和高新技术产品进出口，推动有比较优势的企业开展对外承包工程和境外投资，促进对外关系发展和国际经贸合作，提供政策性金融支持。

主要业务范围

办理出口信贷和进口信贷；

办理对外承包工程和境外投资贷款；

办理中国政府对外优惠贷款；

提供对外担保；

转贷外国政府和金融机构提供的贷款；

办理本行贷款项下的国际国内结算业务和企业存款业务；

在境内外资本市场、货币市场筹集资金；

办理国际银行间的贷款，组织或参加国际、国内银团贷款；

从事人民币同业拆借和债券回购；

从事自营外汇资金交易和经批准的代客外汇资金交易；

办理与本行业务相关的资信调查、咨询、评估和见证业务；

经批准或受委托的其他业务。

中国农业发展银行

中国农业发展银行是直属国务院领导的我国唯一的一家农业政策性银行。1994 年 11 月挂牌成立。主要职责是按照国家的法律、法规和方针、政策，以国家信用为基础，筹集资金，承担国家规定的农业政策性金融业务，代理财政支农资金的拨付，为农业和农村经济发展服务。经过 10 多年的发展，到 2007 年末，全行总资产达 10676.4 亿元，各项贷款余额 10224.4 亿元，与 1994 年相比，分别增长 162% 和 187%；实现经营利润 148.8 亿元，是 1995 年的 86 倍，人均利润达 30.3 万元；现注册资本 200 亿元，在岗职工 49116 名，全系统共有 30 个省级分行、330 个二级分行和 1811 个县级支行，服务网络遍布除西藏自治区外的中国大陆地区。

建行以来，中国农业发展银行在探索中前进，在改革中发展，走过了不平凡的历程。特别是近三年来，中国农业发展银行以科学发展观为指导，认真贯彻国务院第 57 次常务会议精神，坚决服从和服务于国家宏观调控，全面落实国家各项强农惠农政策，把实现良好的社会效益作为最重要的价值追求。2004 - 2007 年，累计发放粮棉油收购贷款 8963 亿元，有效解决了农民“卖难”问题，保护了农民利益。积极参加各种社会公益活动，1994 - 2007 年总行累计派遣扶贫、援疆干部 17 名，参加博士服务团 4 人次，支持贫困大学生 210 名，援助希望小学 3 所，捐助各类款项 800 余万元。2007 年，全行员工捐资建立中国农业发展银行特困救助金，员工参与率达到了 98.8%，捐款总额达 240 余万元。

在追求社会效益的同时，中国农业发展银行按照打造现代银行的要求，谋战略、定规划，抓改革、求发展，强管理、促和谐，一年一大步，三年三大步，基本形成“一体两翼”的业务发展格局，初步建立现代银行框架，经营业绩实现重大跨越，有效发挥了在农村金融中的骨干和支柱作用。全行改革发展站在了新的历史起点上。

随着社会主义新农村建设的全面推进和农村金融体制改革的不断深化，中国农业发展银行进入重要发展机遇期。站在新起点，面对新机遇，中国农业发展银行将一如既往地把贯彻执行党和国家政策放在首位，进一步发挥政策性银行在服务国家宏观调控、促进“三农”发展中的职能作用，努力做政府的银行；将一如既往地坚持改革创新，积极配合中国农业发展银行外部配套改革，按照发展空间合理、治理结构科学、体制机制健全、经营管理规范、操作手段先进、具有可持续发展能力的要求，完善体制机制，强化经营管理，努力打造现代农业政策性银行；将一如既往地以支持国家粮棉购销储业务为主体，以支持农业产业化经营、农业农村基础设施建设和生态农业建设为重点，努力培育“建设新农村的银行”的品牌形象，做支持新农村建设的银行。

中信银行

中信银行（601998.SH、0998.HK）成立于 1987 年，原名中信实业银行，是中国改革开放中最早成立的新兴商业银行之一，是中国最早参与国内外金融市场融资的商业银行，并以屡创中国现代金融史上多个第一而蜚声海内外。伴随中国经济的快速发展，中信实业银行在中国金融市场改革的大潮中逐渐成长壮大，于 2005 年 8 月，正式更名“中信银行”。2006 年 12 月，以中国中信集团和中信国际金融控股有限公司为股东，正式成立中信银行股份有限公司。同年，成功引进战略投资者，与欧洲领先的西班牙对外银行（BBVA）建立了优势互补的战略合作关系。2007 年 4 月 27 日，中信银行在上海交易所和香港联合交易所成功同步上市。经过二十年的发展，中信银行已成为国内资本实力最雄厚的商业银行之一，是一家快速增长并具有强大综合竞争力的全国性商业银行。

中信银行拥有一支业绩卓越、经验丰富的管理团队，他们在金融领域平均拥有超过二十年的从业及管理经验，均为业内知名专家，具有创新的管理理念及全面的操作经验。近年来，在这支优秀管理团队的带领下，中信银行秉承“坚持效益、质量、规模协调发展”、“追求滤掉风险的利润”、“追求稳定增长的市值”和“努力走在中外银行竞争前列”经营管理理念，积极发展公司银行业务、零售银行业务、国际业务、资金资本市场业务、投资银行业务、汽车金融业务、托管业务、信用卡业务和私人银行业务等，并拥有一流的对公客户服务能力，领先同业的国际贸易结算业务、物流融资业务和资金资本市场业务，极具创新能力的投资银行业务以及特色鲜明的零售银行发展战略享誉业界。

中信银行的业务辐射全球70多个国家和地区，全国540余家分支机构战略性地分布在经济发展迅速的中国东部、沿海地区以及内陆的经济中心城市。16000多名员工为客户提供最佳、高效、综合的金融解决方案，以及优质、便捷的网上银行、电话银行以及信用卡客户服务中心等电子银行服务。享誉海内外的中信品牌及独具优势的综合金融服务平台推动着中信银行的发展。与欧洲领先的西班牙对外银行的战略合作将使中信银行在零售银行、风险管理等多个领域如虎添翼。

中信银行已经建立了独立、全面、垂直、专业的风险管理体系，追求滤掉风险的效益，不断提升量化风险的技术能力，以全面实施《巴塞尔协议Ⅱ》风险管理要求为目标，不断提升资产管理水平。近几年来，中信银行信贷资产不良率大大低于上市银行的平均水平，资产质量显著提高。

凭借业务的快速发展，优秀的管理能力、出色的财务表现和审慎的风险控制，中信银行近年来的成就广获业界认同，并深受国内外权威机构的肯定。在英国《金融时报》公布的2008年全球市值500强企业排行榜中，中信银行首次入榜即排名第260位。在英国《银行家》杂志公布的2008年度“世界1000家银行”排行榜中，中信银行一级资本排名位居第77位。在英国《银行家》杂志评出“全球2008年金融品牌价值500强”排行中，中信银行的品牌价值排在第99位，傲然迈入百强行列。在中国《银行家》杂志推出的《2007中国商业银行竞争力评价报告》中显示，中信银行在2007年全国性商业银行核心竞争力排名和2007年全国性商业银行财务评价排名中均获得第五名。同时，中信银行整体品牌形象获得“年度最佳股份制银行”、“年度最受尊敬银行”、“中国金融营销奖”之“最佳企业社会责任奖”和“北京奥运会、残奥会运行保障突出贡献单位”等荣誉称号。不仅如此，中信银行在专业领域还获有“亚洲十佳商业银行最佳公司业务奖”、“2007年度中国最佳现金管理银行”、“2008年度中国CFO最信赖银行大奖”、“最佳财富管理奖”、“最佳理财品牌塑造奖”、“年度最佳人民币理财银行”、“2008读者最关注的零售银行”、“交易量最大做市商”、“做市交易量最大做市商”、“年度最佳风险控制银行”、“中国股票组合管理最佳私人银行奖”、“2008年度最具投资能力私人银行”、“最佳发卡银行奖”、“中国最佳呼叫中心”、“金融行业十大最佳雇主”等奖项和称号。

中信银行仍将继续努力，不断提升业务拓展能力和经营管理水平，努力走在中外商业银行竞争前列。

中国邮政储蓄银行

中国邮政储蓄银行有限责任公司承继原国家邮政局、中国邮政集团公司经营的邮政金融业务及因此而形成的资产和负债，并将继续从事原经营范围和业务许可文件批准/核准的业务，继续使用原商标和咨询服务电话，各项业务照常进行，客户毋需办理任何变更手续。

邮政储蓄自1986年恢复开办以来，经过21年的长足发展，已成为我国金融领域的一支重要力量，为支持国家经济建设、服务城乡居民生活做出了重大贡献。

去年12月31日，经国务院同意，中国银监会正式批准中国邮政储蓄银行开业。中国邮政储蓄银行的成立，是我国邮政体制改革取得的又一重大阶段性成果，也是在国家金融监管部门的指导下，金融体制改革取得的又一项新的重要成就。中国邮政储蓄银行的成立，必将进一步促进我国银行业的发展和银行体系的完善，必将加快推进我国社会主义新农村的建设，也必将有利地支持我国国民经济建设和社会各项事业的发展。

成立后的中国邮政储蓄银行将继续依托邮政网络，按照公司治理架构和商业银行管理要求，不断丰富业务品种，不断拓宽营销渠道，不断完善服务功能，将进一步致力于建设沟通城乡、覆盖全国的金融服务网络；致力于建设资本充足、内控严密、营运安全、竞争力强的现代银行，为构建社会主义和谐社会做出新的贡献！

邮政金融业务，是综合利用邮政网点的基础设施、人员等资源的基础上，面向城乡居民提供的零售金融业务。

一、组织机构的设置

邮政储汇局直属于国家邮政局，是其二级单位。各省（区、市）设邮政储汇局，隶属于本地区邮政局。国家邮政局邮政储汇局设八个职能处室：综合管理处、储蓄业务处、汇兑业务处、代理业务处、国际业务处、经营发展处、稽核检查处、资金清算中心等。

二、业务发展情况

1. 邮政储蓄业务。

始办于1919年，1986年邮政储蓄业务恢复开办，十四年来保持快速、健康发展。2001年4月底，邮政储蓄存款余额达5136亿元，储蓄余额市场占有率 为7.5%，居四大国有商业银行之后，列第五位。目前邮政储蓄业务种类有：活期储蓄、定期储蓄、定活两便储蓄等。截至1999年底，全国邮政储蓄结存户数 共11092万户；邮政储蓄网点31477处；邮政储蓄从业人员达17万人。

2. 邮政汇兑业务。

我国于1898年1月开办了邮政汇兑业务。近年来邮政汇兑业务发展平稳，每年开发汇票2.2亿张左右，收汇款额2700多亿元。国内邮政汇兑业务品种 主要有普通汇款、电报汇款、入账汇款、礼仪汇款等。目前正在积极依托信息技术开发电子汇款、网上汇款等业务。开通了与美国、日本、芬兰、瑞士、意大利、比 利时、巴西、韩国、泰国、新加坡、马来西亚、西班牙、法国、奥地利、丹麦、南斯拉夫、秘鲁、罗马尼亚、越南、哈萨克斯坦、香港、国宝银行、巴基斯坦等23个国家、地区或机构的汇票互换业务。全国31个省（市、区）的236个通汇局都开办了此项业务。1999年国际汇兑收汇款额4030万美元，出口款额25.81万美元。

3. 代理业务。

邮 政部门于80年代末开始发展代理业务。近两年代理业务发展力度加大。目前代理业务品种主要有代理保险、代理国债、代收代付（如代发工资、代发养老金、代收 电话费）等。1999年，全国31各省（市、区）均签订了保险兼业代理协议。到2000年10月，开办代理保险业务的局所达到1.6万处。目前开办的其他 中间业务还有如下几类，代理业务：彩票、长城卡；代收业务：移动电话费、固定电话费、寻呼费、发行费、学费、书费、交通罚款、菜金、牛奶费、农电费、旅游 费、水费、电费、煤气费、有线电视费、Internet 通讯费、物业费、卫生费；代发业务：养老金、工资、下岗职工解困金、失业救济金、医疗保险金；其他 业务：邮政储蓄 IC 卡，消费卡、电话卡；与中国联通合办营业点；代付电话亭酬金；代售：寻呼机、Internet 上网卡、企业债券；代缴税金。

4. 邮政金融计算机网络建设。

1993 年底开始实施全国邮政储蓄计算机联网技术改造工程（又称“绿卡工程”）。到 2000 年 11 月底，全国 31 个省（区、市）的 1294 个县、市实 现联网，全国联网网点 9046 个，区域性邮政储蓄联网县市 8695 个，联网 ATM3642 台，POS 机 3666 台，发卡 1100 万张。2001 年 1 – 4 月，全国异地存取业务交易量达 362 万笔，交易金额为 239 亿元。

邮政金融部门目前正在努力推动业务的多元化发展，力争在加入 WTO 之后的零售金融市场上占据一定的主导地位。

中国光大银行

一、各项业务保持稳定增长，已成为有一定竞争力的健康的商业银行。2008 年是光大银行完成财务重组后第一个完整的经营年度，面对复杂多变的国际国内经济金融形势和宏观调控政策，光大银行着力增强科学发展意识，推进发展战略，巩固经营优势，加强风险管理，改善资产质量，提高盈利能力，全行各项业务增长态势良好，年末资产总额 8518 亿元，其中贷款余额 4685 亿元。负债总额 8186 亿元，其中一般存款余额 6259 亿元。实现净利润 73.2 亿元。资本充足率 9.1%，取得了历史上最好的经营业绩。

1. 公、私存贷款业务。2008 年，光大银行对公条线按照“重存款、调结构、增效益、保安全”的经营策略，加强存贷款基础工作。年末，对公存款余额 5144 亿元，比年初增加 507 亿元；对公贷款余额 3740 亿元，比年初增加 282 亿元。贷款重点投向长三角、珠三角和西部地震受灾地区的交通、电力、石化、钢铁和城市公共基础设施等行业，信贷结构得到进一步调整。依靠借记卡、代发工资基础业务和公私交叉销售，实现了对私存款较快增长。年末，对私存款余额 1115 亿元，比年初增加 145 亿元；对私贷款 945 亿元，比年初增加 230 亿元。其中住房和工程机械按揭贷款增势良好。

2. 贸易融资业务。年末，贸易融资余额 343 亿元，比年初增加 118 亿元；日均余额 364 亿元，比年初增加 206 亿元；累计发生额 958 亿元，比上年增加 479 亿元；其中进口押汇累计发生额 263 亿元，保理融资 246 亿元，买方融资 198 亿元，国内信用证融资 155 亿元。实现贸易融资项下中间业务手续费净收入 8.64 亿元。累计收付汇 453 亿等值美元，其中完成结售汇 246 亿等值美元，完成单证结算 117 亿等值美元。

3. 理财业务。在国际金融危机和资本市场低迷动荡的冲击下，光大银行坚持开发创新与审慎经营并重，及时调整产品结构，加强销售渠道和投资管理能力建设，继续保持了平稳发展。全年阳光理财发行量 2459 亿元，其中个人理财产品发行量 1833 亿元；年末理财产品余额 994 亿元，其中个人理财产品余额 879 亿元，巩固了阳光理财品牌形象。

4. 代理财政业务。光大银行具有全面代理财政业务资格，年末代理中央财政支付业务 87413 笔，代理金额 1434.34 亿元。其中代理直接支付 17394 笔，代理金额 1239 亿元；代理授权支付 70019 笔，代理金额 196 亿元。代理非税收入收缴业务亦取得进展，当年新取得 9 个部委非税收入收缴资格，另有 10 家分行取得财政专员办五项基金业务代理资格以及山西省财政厅中央与地方分成收入账户，全年代理中央财政非税收入金额 303 亿元，其中代理部委非税收入 148 亿元，代理财政专员办政府性基金 155 亿元。

5. 企业年金业务。2008 年，光大银行顺利通过人力资源和社会保障部对第一批企业年金服务管理机构的资格重审工作，更换了企业年金基金托管和账户管理资格证书。重点营销钢铁、电力、能源、铁路、银行等行业，先后中标北京电力、中国国网能源、唐钢股份、北京首创集团、广东机场集团、柳州商业银行、天津滨海新区农村商业银行等一批大型中央和地方企业，年末托管资金 54.28 亿元，管理个人账户 42.24 万个，账户管理服务对应企业数 2279 家。

6. 基金业务。努力开拓基金代销和托管业务新市场。新增网银、手机、ATM 三大电子基金代销交易渠道；创新开发企业债应收账款托管业务和非证券投资类托管业务；新取得中国保监会核发的保险资金托管业务资格。年末开展业务合作的基金公司达 31 家，代销各类基金 260 余只，基本涵盖了市场主流基金公司和优质基金产品。全年共托管 197 个资产组合，成为国内银行同业中托管资格最全和托管领域最广的商业银行之一。

7. 信用卡业务。建立了以直销渠道和分支行渠道为主，代理渠道和电话销售渠道为辅的立体渠道销售体系，利用数据分析和挖掘技术，开展以“客户生命周期管理计划”、“卡到福到、送福到家”等一系列宣传营销活动，提高了精准化营销、品牌化推广和差异化服务水准。年末累计发行各类信用卡 473.1 万张，本年累计交易金额 173.32 亿元。发展分期付款业务，实现营业收入 2.98 亿元。

8. 资金业务。在复杂的市场变化中加强了资金预测和调度，加强全行流动性管理，在力保备付金账户安全基础上提高货币组合投资收益和利差收入。对人民币流动性推行缺口管理，平衡资金运作的收益与安全性，坚持“拆长借短”的期限与机构套利策略，提高流动性管理效益，全年货币组合收益率达到 3.3%。把握人民币债券利率波动特点，人民币债券投资收益高于同业平均水平，进一步提高了我行债券投资市场影响力。

9. 同业业务。年末，同业存款余额 1217 亿元，日均余额 1445 亿元，同业存款规模逐步扩大，成为重要的负债来源和全行流动性管理的重要手段，并在 9 月份首次出现同业定期存款超过活期存款现象。大力推进第三方存管业务，年末，第三方存管个人客户达 694783 户，机构客户 4713 户。加强与政策性银行和股份制商业银行的合作力度，以此减少资本市场变化对同业存款的不利影响，为稳定全行资金来源、降低波动性、改善流动性、提高收益作出了积极贡献。

10. 投资银行业务。全年承销发行短期融资券 38 家企业、49 期，发行总量 617.5 亿元。承销中期票据 3 家企业、6 期，发行总量 168 亿元。参与同业短期融资券分销 158 期，参与同业中期票据分销 26 期，承销量继续保持较高的市场份额。顺利完成发行本行 130 亿元次级债工作，较同业融资成本显著降低。

11. 电子银行业务。年末，光大银行电子银行客户总数 94.4 万户，其中对私客户 91.2 万户，对公客户 3.2 万户。电子银行总交易笔数和交易金额分别达到 4653.34 万笔和 4.89 万亿元。大力优化电子交易业务流程，提高网上银行、电话银行、自助银行等电子渠道的易用性，开发的账户变动短信通知成为服务客户、防范风险的重要手段，得到广大客户的认可和欢迎，提高了电子银行E路阳光品牌影响力。

二、加强风险防范与化解工作，积极应对全球金融危机和国内经济下行潜在风险。加强市场风险管理。针对国际金融危机蔓延趋势，成立危机应对工作小组，制定流动性应急预案，改进资金业务风险管理组织架构，调整外币投资、理财业务策略，强化境外同业交易对手风险预警机制，清理境外分账户，进一步集中外汇资金清算。加强利率管理，先后62次调整本外币各项存贷款价格。各类市场风险指标及限额均控制在监管要求之内。完成汇金注资外币资本金结汇，减少汇率变动引起的巨额损失。

及时调整信贷政策，加强风险排查和问题整改。按照国家宏观调控政策和监管政策要求及时调整信贷政策，对房地产、工程机械、电力、石化、钢铁、纺织、金融同业、特定中小企业、贸易融资等热点行业和产品进行深入梳理检查。按照银监会关于防范操作风险的"十三条"管理要求，围绕审计署、中央巡视组检查发现的严重问题以及经营管理中的突出问题，在全行范围内开展全面、系统的风险排查和问题整改工作。全行各项风险指标均控制在董事会批准的风险容忍度之内。

优化授信管理流程，提高专业化管理能力。进一步调整授信审批运行架构，减少审批层次。推进审批专业化建设，动态调整对公一般授信审批转授权。进一步推进个贷标准化业务流程，建立零售风险管理报告制度，加强抵押品登记管理。调整对公授信后管理职能。推行总行条线风险总监派驻制，强化业务条线风险管理。

通过批量处置和自身清收两个途径全力以赴压缩不良资产总量。集中打包处置2007年12月31日账面1492笔，涉及未清偿本金总计约142亿元的不良资产。清收处置不良资产42.39亿元。年末不良贷款率2.00%，信贷拨备覆盖率150.11%。银行的资产质量和整体形象得到根本改善。

加强合规管理。通过合规预警、合规检查、合规报告等多种措施及时发现和揭示潜在违规风险和操作风险，加强反洗钱报送和管理、法律审查和诉讼案件管理工作，开展合规培训和合规教育，完善和落实柜台经理派驻制、重要岗位轮岗制度，加强银企对账，强化内控体系，确保了全年无重大案件发生。

加快风险管理技术开发进度。启动了风险管理项目三期、新资本协议合规体系、对私风险分析体系、市场风险模型验证体系、IT风险管理体系建设工作，完成了反洗钱信息系统，提高了全面风险管理技术水平。

三、以推进银行上市为契机，全面加强基础管理工作。下力气集中解决了一些久拖不决的历史遗留问题，包括不良资产打包集中处置、清理关联交易、清理自办实体、自有及租赁房产确权等，切实维护了银行权益。

加强战略管理，滚动修订了银行发展战略规划，全面评估战略执行情况，努力完善战略工具，注意战略执行与评估的内部沟通，加强了战略管理相关基础设施建设。

加强财务管理，继续坚持以经济利润为核心，以产品为基础，分产品和业务条线的预算管理模式，重点推进全面成本管理与交叉销售机制，进一步完善了直接成本的准确核算、间接成本的合理分摊和零售条线的费用管理。完善按季"滚动预算"管理模式，推进和落实费用分配体制、绩效分配体制、资本收费制度等，进一步强化了资本收费及风险资产控制工作。

加强重大基建项目与重大采购项目管理，加大分支机构办公营业网点基建投资。成立重点基建项目管理办公室，对全行重点基建项目实行统一规范管理，确保工程质量和合规操作。在大额项目审批上，严格执行财务授权制度和审批流程，坚持招投标制度，所有重大项目支出集体研究、集体决策，2008年共办理137个集中采购项目，严格控制成本支出。2008年签订了购置总行本部、上海、宁波、合肥、太原、无锡等分行办公楼项目，合同金额42亿元，这些项目对于改善分行营业办公条件、提升光大银行在当地的形象和声誉、推动银行长远稳定发展将起到积极作用。

加强电子化建设与信息技术管理。进一步优化、改造了核心业务系统、管理会计系统、信用管理系统、基金托管与代销系统、综合前置系统、国际结算系统、人民银行现代化支付系统和外汇清算系统、网银系统、客服系统等；开发、投产了外币清算系统、银保通系统、实体渠道管理系统等；完成了核心主机、网络系统等大量设备的更新、改造、扩容、升级，完成了加密机综合管理系统的推广应用，规范密钥管理，加强对各类系统运行的监控，完善监管报告制度，进一步提高了系统的安全性、可靠性和先进性。利用北京奥运会契机，对各类信息网络系统、机房基础设施进行应急演练和切换演练，保障了平安奥运的实现。完成了全行数据标准一期开发工作，颁布了全行数据标准管理体系和管理办法；加强和规范IT固定资产的集中管理；充实和完善了信息科技制度体系建设，加强技术人员专业培训，进一步提高了电子化系统运营维护管理水平。

加强机构网点建设。2008年烟台支行升格为分行，新设柳州、佛山、余姚、长乐、常熟、绍兴、阳泉7家二级异地分支行；新开业网点31家；迁址25家；装修改造网点45家。年末，光大银行在全国23个省（市、自治区）45个主要经济中心城市设有30个一级分行426个营业网点，在香港设有1家代表处。加强了人员调配和员工培训，年末全行在岗员工16987人，员工综合素质有所提高。

中国光大银行股份有限公司2008年机构名录

董事长：唐双宁
行　长：郭　友
监事长：南京明

地址：北京市西城区复兴门外大街6号光大大厦
邮编：100045
总机：（010）68098000
客服电话：95595
网址：www.cebbank.com

《中国证券业年鉴》光大银行联系方式

一、《中国证券业年鉴》理事会成员单位领导：中国光大银行行长郭友

二、《中国证券业年鉴》光大银行材料撰稿人：光大银行办公室：林后春

三、《中国证券业年鉴》光大银行材料联系人：林后春
电话：010－68098056
传真：010－65861260
电子邮箱：linhouchun@cebbank.com
联系地址：北京市西城区复兴门外大街6号光大大厦
　　光大银行办公室
邮政编码：100045

华夏银行

沐浴着改革开放的春风，在总设计师邓小平的亲切关怀和指导下，1992 年华夏银行在首都北京诞生了。1995 年 3 月，华夏银行率先实行了股份制改造，成为一家全国性股份制商业银行，2003 年 9 月，华夏银行公开发行股票，并在上海证券交易所挂牌上市交易（股票代码 600015），成为全国第五家上市银行。2005 年 10 月，华夏银行引进战略投资者，与德意志银行签署了全面长期战略合作协议及其他相关协议，为提高经营管理能力和国际化水平带来了新的契机。2008 年 10 月，华夏银行顺利完成定向增发，提升了资本实力，为促进又好又快发展提供了有效的资本支持。

截止 2008 年 12 月 31 日，华夏银行已在北京、南京、杭州、上海、济南、昆明、深圳、沈阳、广州、武汉、重庆、成都、西安、乌鲁木齐、太原、大连、青岛、温州、石家庄、天津、呼和浩特、福州、宁波、绍兴、南宁、常州、苏州、无锡设立了分行，在烟台、聊城、玉溪设立了异地支行，营业机构达到 313 家，员工 1 万多名，“立足经济发达城市，辐射全国”的机构体系已经形成。此外，华夏银行还与境外近 1290 家银行建立了代理业务关系，建成了覆盖全球主要贸易区的结算网络。

华夏银行秉承高质量发展的办行思想，坚持质量、效益、速度、结构协调发展，不断扩大经营规模，不断提高盈利能力，保持了持续稳定、健康发展的良好态势。截至 2008 年 12 月 31 日，银行资产总额达到 7316. 37 亿元，2008 年实现净利润 30. 71 亿元，比上年同期增长 46. 15%。

华夏银行的高速发展受到公众和业界的关注和认同。在 2009 年 7 月出版的英国《银行家》杂志世界 1000 家大银行评选中，华夏银行排名第 177 名；在 2008 中国企业 500 强中排名第 320 名、中国服务业企业 500 强第 100 名、中国企业纳税 200 佳第 102 名、中国企业效益 200 佳第 115 名、银行业第 8 名。2008 年，华夏银行被中国社科院金融研究所等机构评为“年度最佳成长性银行”。

先进的经营管理理念。华夏银行秉承“始终坚持质量、效益、速度、结构协调发展”的经营理念，稳步实施国际化改造战略，在信贷、资金、营销、稽核、风险管理和人力资源等方面加大了改革力度，坚持科技创新与产品创新一体化的方针，加强信息系统管理、信息技术运用以及新产品开发管理，加强全行创新工作的统筹规划管理。不断加大科技投入，综合业务系统、自助银行和网上银行的开发推广，成为本行电子化的重要支撑，形成了较强的竞争优势。

严密的风险管理体系。华夏银行不断完善信用风险内控机制，实施了信用风险垂直集中管理体制改革，成立了总行信用风险管理部及地区信用风险管理部，建立了信用风险垂直集中管理组织架构；实行授信审批、资产保全、信贷支持等业务垂直、独立和集中管理，授信业务全过程管理不断强化，逐步实现了信贷分析、贷后检查、风险预警、资产保全等环节的专业化管理，信用风险管理水平不断提高。在市场风险与操作风险管理方面，不断推动实施市场风险与操作风险管理体系建设，逐步实现在全行建立市场与操作风险独立、垂直、集中的矩阵式管理架构。华夏银行一贯坚持依法合规经营，建立了较为完善的内控组织构架；近年来进一步完善内控和合规管理体系，不断制定和修订各项规章制度和操作规程，落实岗位操作规程，各项制度的完整性、合规性和可操作性得到进一步提高；实施稽核垂直体制改革，构建了“总部、分部、稽核办公室三级体制模式”，强化稽核工作的独立性；成立了合规部，加强合规管理，加大对操作风险和业务合规性的检查、整改和问责力度。依靠较为完善的全面风险管理体系，华夏银行资产质量不断得以优化内控管理水平不断提升。

专业化、个性化的金融服务。华夏银行近年来坚持以客户为中心、以市场为导向，积极推动发展方式的转变。制定并实施营销策略，认真分析市场，统筹组织推动全行营销工作的开展。积极推动经营方式由粗放营销逐步向产品营销转变，强力推动银行优质产品的营销，不断使公司业务产品线切入目标客户市场，进一步提高服务质量、服务档次和产品的组合能力；加强产品开发和产品品牌的打造；完善集中营销体制，通过在营销管理部门建立专业体系，发挥系统管理、市场拓展、产品开发和风险控制的专业职能。推动个人业务发展，细分客户群体，通过推介慧盈、创盈、基金、黄金买卖等优势产品，提供差异化、特色化服务，实施分类营销。加快同业业务发展，通过银银、银保、银信、银证、银财等多种合作方式，以产品为纽带，加大与同业客户合作的深度和广度。通过对公、对私、同业三个市场的联动，加强全行营销工作的组织推动力。华夏银行拥有“华夏丽人卡”、“现金新干线”、“融资共赢链”等为代表的一批品牌产品，在市场上享有盛誉，市场份额在业内名列前茅。

以人为本的企业文化。坚持以人为本的企业核心价值观，努力通过企业文化建设凝聚企业精神，塑造企业形象，提高员工职业道德，培育造就优秀人才。实施以人为中心的企业管理模式，提倡为了人、关心人、理解人、重视人、依靠人、尊重人、培养人的企业文化。进一步发挥全体员工的积极性，不断完善各项民主管理制度，努力创造和谐的工作环境和氛围，为员工的职业发展创造平台，让每一名员工在华夏银行事业发展的大舞台上充分施展才干，展现自我价值，与银行共同成长。

历史赋予我们的光荣职责，是把华夏银行的事业不断推向前进，为客户提供优质的服务，为股东提供更高的回报，为促进我国金融改革发展做出更大贡献。面对新的发展机遇和挑战，华夏银行将以“三个代表”重要思想为指导，坚持科学发展观，与时俱进，开拓创新，稳健经营，规范管理，坚定不移地走高质量发展之路，努力建设资本充足、内控严密、运营安全、服务优质、效益良好、创新能力和国际竞争力强的现代中型银行。

中国民生银行

中国民生银行于 1996 年 1 月 12 日在北京正式成立，是我国首家主要由非公有制企业入股的全国性股份制商业银行，同时又是严格按照《公司法》和《商业银行法》建立的规范的股份制金融企业。多种经济成份在中国金融业的涉足和实现规范的现代企业制度，使中国民生银行有别于国有银行和其他商业银行，而为国内外经济界、金融界所关注。中国民生银行成立 13 年来，业务不断地拓展，规模不断地扩大，效益逐年递增，并保持了良好的资产质量。

2000 年 12 月 19 日，中国民生银行 A 股股票（600016）在上海证券交易所挂牌上市。2003 年 3 月 18 日，中国民生银行 40 亿可转换公司债券在上交所正式挂牌交易。2004 年 11 月 8 日，中国民生银行通过银行间债券市场成功发行了 58 亿元人民币次级债券，成为中国第一家在全国银行间债券市场成功私募发行次级债券的商业银行。2005 年 10 月 26 日，民生银行成功完成股权分置改革，成为国内首家完成股权分置改革的商业银行，为中国资本市场股权分置改革提供了成功范例。

中国民生银行自上市以来，按照“团结奋进，开拓创新，培育人才；严格管理，规范行为，敬业守法；讲究质量，提高效益，健康发展”的经营发展方针，在改革发展与管理等方面进行了有益探索，先后推出了“大集中”科技平台、“两率”考核机制、“三卡”工程、独立评审制度、八大基础管理系统、集中处理商业模式及事业部改革等制度创新，实现了低风险、快增长、高效益的战略目标，树立了充满生机与活力的崭新的商业银行形象。

截至2008年12月31日，中国民生银行总资产规模达10544亿元，存款总额7858亿元，贷款总额（含贴现）6584亿元，实现净利润78.85亿元，不良贷款率1.20%，保持国内领先水平。

截至2008年12月31日，中国民生银行在北京、上海、广州、深圳、武汉、大连、南京、杭州、太原、石家庄、重庆、西安、福州、济南、宁波、成都、天津、昆明、苏州、青岛、温州、厦门、泉州、郑州、长沙设立了25家分行，在汕头设立了1家直属支行，在香港设立了1家代表处，机构总数量达到374家。

民生银行的高速发展在国内受到公众和业界的高度关注和认同。2004年在“中国最具生命力企业”评选中，民生银行排名第十八位，获得了“2004年中国最具生命力百强企业”称号；2005年度中国企业信息化500强中，民生银行排名第22位；在“2005年度财经风云榜”评选活动中，民生银行荣获“2005年度最佳网上银行”称号；在“2006民营上市公司100强”中位列第一名，并在市值、社会贡献两项分榜单中名列第一；2007年11月，民生银行获得2007第一财经金融品牌价值榜十佳中资银行称号，同时荣获《21世纪经济报道》等机构评选的“最佳贸易融资银行奖”；2007年12月，民生银行“非凡理财”业务获得“中国银行业卓越创新奖”和“中国银行业最佳个人理财品牌”；2008年4月，民生银行荣获第四届中国上市公司董事会“金圆桌奖”；2008年7月，民生银行荣获“2008年中国最具生命力百强企业”第三名。

此外，中国民生银行在国际上也正享受着越来越高的知名度。2005年，世界权威金融杂志——英国《银行家》杂志公布，在亚洲200家银行中按总资产排名，民生银行位列第28位。在美国著名财经杂志《福布斯》评选的“2006中国顶尖企业十强榜”上，民生银行位列第七名。2007年12月，民生银行荣获《福布斯》颁发的第三届“亚太地区最大规模上市企业50强”奖项。在《2008中国商业银行竞争力评价报告》中民生银行核心竞争力排名第6位，在公司治理和流程银行两个单项评价中位列第一。

10多年来，中国民生银行全体员工怀揣着感恩之心，不断回报社会。尤其是近几年来，民生人更是加大了积极参与社会公益事业和承担社会责任的工作力度，获得了公众和媒体的广泛关注和高度赞誉。2005年10月，民生银行参加了中国扶贫基金会举办的“扶贫中国行大型公益活动”，同时捐助3100万元设立“民生教育扶贫基金”，这笔捐赠成为迄今为止民营企业中最大的一笔公益捐赠；2006年，民生银行出资1450万元，为全国贫困县在中央电视台免费播放电视广告，向全国观众展示其土特产品、自然及人文景观。2006年，民生银行荣获“扶贫中国行2005年度贡献奖”、“中国最受尊敬企业”称号和中国企业社会责任调查百家优秀企业奖；2007年3月，民生银行荣获2006年度“中华慈善奖”提名奖；2008年，民生银行先后荣获中国扶贫基金会颁发的“2007扶贫中国行年度特别奖”、“年度公益企业”及“最具社会责任感企业”奖。2007年10月，民生银行通过了SAI国际组织颁布的SA8000体系认证（即企业社会责任管理体系），成为中国金融界第一家通过该项认证的商业银行。

2007年2月，中国民生银行董事会审议通过了《中国民生银行五年发展纲要》。发展纲要的出台是民生银行经过10多年快速发展后，重新进行市场定位和战略转型的重要标志，第一次系统、全面地规划未来3到5年的发展愿景、业务指标和实施方式。2008年，在复杂严峻的外部形势和市场环境下，民生银行认真贯彻执行董事会的发展战略，继续深化经营体制改革，不断提升专业化经营能力，全面加强风险管理，强化资源合理配置，成功克服了不利形势的影响，共实现净利润79亿元，比上年增长25%。2009年，民生银行将继续在董事会的正确领导和《五年发展纲要》的指引下，统一思想，坚定信心，主动适应外部形势变化，充分把握宏观政策导向，继续深化流程银行建设，有效发挥体制机制优势，着力强化风险防范，促进各项业务全面健康协调发展。

深圳发展银行

深圳发展银行股份有限公司（简称：深圳发展银行，股票简称：深发展A，股票代码：000001）是中国第一家面向社会公众公开发行股票并上市的商业银行。深发展于1987年5月10日以自由认购形式首次向社会公开发售人民币普通股，并于1987年12月22日正式宣告成立。

经过二十多年的快速发展，深圳发展银行综合实力日益增强，自身规模不断扩大，已在北京、上海、广州、深圳、杭州等18个经济发达城市设立了近300家分支机构，并在北京、香港设立代表处，与境外众多国家和地区的600多家银行建立了代理行关系。

2004年，深发展成功引进了国际战略投资者——美国新桥投资集团（Newbridge Asia AIV III, L. P.），从而成为国内首家外资作为第一大股东的中资股份制商业银行。战略投资者的引入，将国际先进的管理技术与本土经验有效结合，在经营理念、风险管理、财务管理、市场开拓等各个领域为深发展注入了新的活力。

2008年，深圳发展银行业务继续健康增长，业绩表现良好，银行准备前和税前营业利润实现41%的强劲增长。截至2008年底资产总额4,744亿元，较年初增长35%；贷款总额2,837亿元，较年初增长28%；存款总额3,605亿元，较年初增长28%。

同时，深发展及时应对环境变化，扎实推进各项改革，稳步实施发展战略，经营业绩大幅提升。2008年底，根据监管机构要求，银行进行了一次特别的大额拨备及核销，解决了历史遗留不良贷款问题。截至2008年底，不良贷款余额仅为19亿元，不良贷款率降至0.68%，一举跻身于国内外不良率最低的商业银行之列。2008年，银行通过自身积累、认股权证行权、发行次级债等方式成功筹集资本，核心资本充足率和资本充足率在2008年底分别为5.27%和8.58%，均超过监管要求。

近年来，深圳发展银行确立了“面向中小企业，面向贸易融资”的发展战略，在全国率先推出围绕核心企业、开发上下游企业的全方位授信模式——“供应链金融”，并保持在国内同业间的领先优势，品牌价值持续提升。同时，国际业务、离岸业务稳健发展，作为国内首家获得离岸网银业务资格的商业银行，深发展已为公司客户搭建起跨时空、全方位的银行服务体系。

深发展自2005年将零售业务作为战略转型的方向以来，坚持客户为中心、不断创新产品和服务，构建起了零售银行的产品和服务体系，“天玑财富”品牌效益不断提升，获得客户认可。“沃尔玛畅享卡”首创超值刷卡回馈功能；消费信贷业务继续朝着专业化、智能化方向发展，在国内率先推出了双周供、气球贷等一系列按揭产品，为客户提供度身定制的产品与服务。

资金同业业务在多领域展开与中小金融机构合作，获得黄金现货和延期交收等多项业务资格。在2008年成功规避了金融风暴带来的损失，并把握国内市场阶段性盈利机会，取得快速发展，同业市场份额稳步提升。

深发展在国内率先建立了财会、信贷、稽核垂直管理体系，积极引进现代企业人力资源管理方法。在系列改革措施的推进下，深发展不断完善公司治理结构，提升科学决策能力，全面加强风险控制，资产质量明显提高，资本实力显著增强。

深发展通过业务和管理的发展不断提升企业品牌形象，并积极履行社会责任。多年来深发展积极履行和实践企业社会责任的价值标准和行为准则，坚持诚信合规经营，维护客户利益，为社会提供优质金融产品和服务，保障员工合法权益，注重环保、热衷公益、回馈社会。2008年荣获“30年中国品牌创新奖”、“中国优秀企业十佳单位”等荣誉称号，支持“中国首届极地科普展”、“探索南极之巅”等多项环保事业，多种举措降低办公能耗与排放，在业务层面开展绿色信贷并推出环保信用卡。四川汶川特大地震后，深发展向灾区捐款1500多万元，捐建都江堰玉堂小学。2007年、2008年连续两年获得“中国企业社会责任突出贡献企业”奖，2008年荣获首届“鹏城慈善奖——慈善企业奖”。

未来的深圳发展银行，将继续遵循“诚信、专业、服务、效率”的理念，秉承为股东创造回报、为客户增添价值、为员工带来发展的宗旨，努力提高盈利能力和服务水平，锐意进取，不断创新，进一步打造核心竞争力，为全面建设国际标准的现代商业银行而不懈努力。

兴业银行

兴业银行成立于1988年8月，是经国务院、中国人民银行批准成立的首批股份制商业银行之一，总行设在福建省福州市，2007年2月5日正式在上海证券交易所挂牌上市（股票代码：601166），注册资本50亿元。

兴业银行主要业务经营范围包括：吸收公众存款；发放短期、中期和长期贷款；办理国内外结算；办理票据承兑与贴现；发行金融债券；代理发行、代理兑付、承销政府债券；买卖政府债券、金融债券；办理金融机构衍生产品交易业务（与股票和商品有关的衍生产品交易除外）；从事证券投资基金托管、全国社会保障基金托管业务；从事同业拆借；买卖、代理买卖外汇；结汇、售汇业务；从事银行卡业务；提供信用证服务及担保；代理收付款项；提供保管箱服务；经国务院银行业监督管理机构批准的其他业务。

开业二十多年来，兴业银行始终坚持与客户“同发展、共成长”和“服务源自真诚”的经营理念，致力于为客户提供全面、优质、高效的金融服务。截至2008年末，兴业银行资产总额为10208.99亿元，股东权益为490.22亿元，不良贷款比率为0.83%；全年累计实现税后利润113.85亿元。根据英国《银行家》杂志2008年7月发布的全球银行1000强排名，兴业银行按总资产排名列第124位，按一级资本排名147位。根据美国《福布斯》发布的2009全球上市公司2000强排名，兴业银行综合排名第389位，在307家上榜的全球银行中排名第62位。

截至2008年末，兴业银行已在北京、上海、广州、深圳、南京、杭州、天津、沈阳、郑州、济南、重庆、武汉、成都、西安、福州、厦门、太原、昆明、长沙、宁波、温州、义乌、台州、东莞、佛山、无锡、南昌、合肥、乌鲁木齐、大连、青岛、南宁、哈尔滨等全国主要城市设立了40家分行、441家分支机构；在上海、北京设有资金营运中心、信用卡中心、零售银行管理总部、资产托管部、银行合作服务中心、大型客户业务部和投资银行部等总行经营性机构，建立了网上银行“在线兴业”（www.cib.com.cn）、电话银行“95561”和手机银行“无线兴业”（wap.cib.com.cn），与全球1000多家银行建立了代理行关系。

截至2008年末，兴业银行前十大股东依次为：福建省财政厅、恒生银行有限公司、新政泰达投资有限公司、中粮集团有限公司、福建烟草海晟投资管理有限公司、国际金融公司、中国电子信息产业集团公司、上海上实（集团）有限公司、内蒙古西水创业股份有限公司、福建七匹狼集团有限公司。

哈尔滨银行

哈尔滨银行是一家新型的全国性股份制商业银行，总部位于中国哈尔滨市，设有天津、大连、成都、沈阳、双鸭山、鸡西、鹤岗、绥化8家分行，甘肃会宁会师、黑龙江巴彦、北京怀柔3家村镇银行，13家城区管辖行，4家县域管辖行，140个营业网点。截至2009年末，资产总额846亿元，存款余额749亿元，贷款余额434亿元，不良率0.99%，实现利润总额10.23亿元。2006年，被评为全国30家最具竞争力的金融机构；在2008年英国《银行家》公布的中国银行100强排名中，综合实力排名第26位，进入全国120家城商行第二梯队行列。郭志文董事长荣获2005全国城商行年度人物称号，多名员工被评为全国劳动模范，荣获全国“五一”劳动奖章。

【队伍建设】

坚持以“四个一批和两个人才库”建设为主线，抓好“四个计划”的实施，即“地平线计划”、“接班人计划”、“学院培养计划”，以及为适应我行未来发展需要的“职业经理人培养计划”，打造了一支高素质的员工队伍。截至2009年末，全行共有员工3271人。平均年龄31.43岁，其中，25岁以下员工占比29.10%。全行员工皆为大专及以上学历，本科学历占比56%，硕士及以上学历占比6%，整体素质在全国城商行中位居前列。

通过与国内外小额信贷组织合作，培养了一支属于我行自己的小额信贷团队，已初步建立了一只近400人的小额信贷队伍，培养了5名研发型专家，20名管理专家，19名培训师，5名双语国际交流人才，搭建了我行小额信贷管理团队的框架，形成了农贷、微贷小额信贷专家团队。我行计划在未来3年内，建设一支800人左右的小额信贷队伍，其中农贷队伍达到500人以上，微贷骨干200人以上，小企业信贷人员50人以上，培养100名具有国际水平的小额信贷专家，把我行打造成为国内小额信贷人才的摇篮。

【小额信贷】

2004年以来，哈尔滨银行认真贯彻落实党中央、国务院和监管部门关于支持中小的方针政策，树立“普惠金融，和谐共富”的发展理念，积极调整经营策略，大力发展小额信贷业务，解决中小企业融资难题。在产品创新、制度建设、风险控制、管理技术等方面进行了卓有成效的探索和实践,取得了显著成绩。

目前,已经建立了覆盖城市和农村市场,产品系列化、服务专业化、经营规模化、形象品牌化、技术国际化的小额信贷体系,形成了以哈尔滨为中心,向黑龙江省、东北地区和全国延伸的小额信贷发展格局。小额信贷业务已经成功拓展到大连、天津、成都、北京等经济发达地区,有效弥补了当地金融市场的空白。据亚洲开发银行统计,我行小额信贷规模已经位居世界前10位,走出了一条独具特色的小额信贷发展之路。同时,广泛开展国际交流与合作,引进国际先进技术和理念,并与我国实际相结合,形成了本土化加国际化的小额信贷模式,形成了强大的核心竞争力。

截至2009年末,我行小额贷款余额189亿元,占信贷资产总额的60%。累计投放小企业贷款1.6万笔56亿元,农户贷款63万笔163亿元,微小企业贷款1.4万笔21亿元,个人消费类贷款8万笔85亿元。小额信贷从业人员380人,占我行信贷队伍人数的64%。

经过几年来的努力,哈尔滨银行小额信贷品牌知名度逐渐扩大,受到社会各界的广泛关注。中央电视台《新闻联播》节目、新华社《国内动态清样》多次报道我行农户贷款、微小企业贷款开展情况,2006年和2007年我行连续两年被中国银监会评为全国银行业金融机构小企业贷款工作先进单位,并荣获联合国全球微型创业奖,小额信贷扶持的多名客户获得花旗集团微型创业奖、沛丰全球微型企业家技术创新奖等国际大奖,"智赢"系列小额信贷产品荣获首届中国地方金融十佳特色产品奖。2008年在美国纽约举行的"全球小额信贷投资会议"、蒙古国哈斯银行承办的"第11届微型金融机构会议"、在瑞士日内瓦举行的"世界小额信贷论坛"以及中央电视台"破解中小企业融资难"大型国际论坛,我行都受邀参会并发表演讲,开始具有世界话语权,推动中国小额信贷业务迈上了国际化发展平台。通过与法国沛丰、国际金融公司(IFC)、行动国际、花旗集团、孟加拉乡村银行及中国社科院农村发展研究所等国内外专业机构的合作交流,总结提炼出了"微贷七法"、"小企业贷款一重三看"等具有自主知识产权的核心技术,提高了小额信贷服务水平。

【国际业务】

哈尔滨银行于2002年在东北地区城商行中率先开办外汇业务,凭借SWIFT会员行优势、决策效率优势、产品优势及代理行优势,以优质高效、方便快捷的服务赢得了广大客户的青睐,实现了跨越发展。截至2009年末,实现国际结算量8.2亿美元,在全省16家金融机构中排名第5位。

为积极支持东北老工业基地振兴,推动对俄边贸快速发展,加快推进人民币国际化进程,全力发展对俄本币结算业务。在卢布汇率机制建设、银行运作模式、产品创新、人民币跨境贸易流通等多方面取得了全面的发展和历史的突破,得到人总行、外汇管理局以及同业的广泛认可。

2007年12月末,哈尔滨银行作为全国首家成立的卢布官方兑换机构正式挂牌。经过2年的迅速发展,目前已形成了卢布兑换业务量最大、辐射面最广的绝对优势。2009年末卢布兑换量突破1.8亿卢布,占全国兑换量的90%以上,位居全国第一。

2008年初,创新推出真正意义的对俄本币结算业务。资金清算可直接通过本币进行,实现了首次在俄罗斯银行帐户保留卢布头寸,开通了人民币和卢布汇款"点对点"直通。截至2009年末,实现对俄本币结算量3.9亿美元,占全国对俄本币结算量的50%以上。

【资金运营】

哈尔滨银行1997年加入银行间债券市场,经过十几年的发展,债券业务从无到有,从小到大,树立了较好的品牌形象,在同业尤其是城市商业银行中保持着领先优势。

目前,哈尔滨银行拥有多项债券市场业务资格,是中国人民银行公开市场业务一级交易商,国家开发银行、中国农业发展银行政策性金融债券承销商、财政部凭证式国债承销商,是中央国债登记结算公司甲类成员,具备开办债券结算代理业务资格、商业银行国库定期存款业务资格,是中国国债协会理事会员、中国债券交易商协会会员,取得了全国同业拆借中心场外SHIBOR报价行和全国同业拆借中心尝试双边报价商资格。参与承销了开元、建元、东元资产支持证券,承销交行、建行等多家次级债,具有较强的承销能力和广泛的销售渠道。

近几年来,哈尔滨银行的债券交易规模不断壮大,一支年轻团结、蓬勃向上的交易员团队活跃在中国银行间债券市场。截至2009年末,成交总量33151亿元,在全国市场排名第13名,在城商行中排名第3名;现券交易量排名第8名,在城商行中排名第2名;远期交易在全国市场排名第2名,在城商行中排名第1名。2002年至2008年连续七年被评为全国银行间市场优秀交易成员、交易量100强、交易活跃前100名;多次被评为全国银行间债券市场优秀自营结算成员;中国农业发展银行金融债券优秀承销商;优秀公开市场业务一级交易商。多名交易员被评为全国银行间债券市场优秀交易员。

【票据贴现】

哈尔滨银行票据贴现中心成立于2000年9月,是经中国人民银行批准的哈尔滨市唯一一家具有"票据贴现市场"称号的专业票据贴现机构,是"中国票据网"的高级会员。经过9年的发展,现已成为哈尔滨银行三大支柱产业之一。

业务范围涵盖商业汇票贴现、转贴现、再贴现及银行承兑汇票。已形成一个立足冰城、面向全国的客户群体,与300多家金融机构建立了业务合作关系,为1200多户企业办理了票据贴现业务。截至2009年末,累计办理贴现量1300亿元,业务量46379笔,利息收入按权责发生制核算18.62亿元,贴现余额102亿元,贴现余额在黑龙江省排名第二,约占省内20%的市场份额。

【个人理财】

作为黑龙江唯一一家具有法人地位的全国性股份制商业银行,哈尔滨银行在本地区理财业务领域一直走在同业前列,经过多年的积淀与磨砺,打造了独具特色的零售业务品牌——"丁香花理财",不断为广大市民提供优质的投资理财服务。

2004年,哈尔滨银行成立第一家个人财富管理中心,大力发展"丁香花理财"业务。经过品牌定位、产品设计、增值服务、整合营销传播以及风险管理等方面的努力,产品结构日趋合理,渠道盈利能力不断增强,品牌的知名度和竞争力不断提升,获得了客户的一致认可。目前,"丁香花理财"已涵盖9大系列、30余款产品,包括新股、债券、票据、信贷资产、基础设施建设等多个类型,产品体系日趋丰富,发行频率逐步加快。截至2009年末,"丁香花理财"系列产品共计发行30.8亿元,共兑付理财产品15期,兑付理财资金合计22.8亿元,成为全国范围内具有竞争力和影响力的理财品牌之一。

2009年,哈尔滨银行"丁香花理财"品牌屡获殊荣,在由国内银行业权威杂志《银行家》主办的2008年度"中国金融营销奖"的评选中,荣获2008年度中国金融营销奖"金融产品十佳奖”,在城市商业银行中名列第三;在《生活报》举办的“2008 年中国(哈尔滨)理财总评榜”评选中,获得“最佳理财团队”称号。截至目前,“丁香花理财”业务已经荣获金融界专业评价机构的多个奖项,获得业界的广泛认可,“丁香花理财”香飘万家。

【回馈社会】

在自身发展的同期,哈尔滨银行积极承担并履行企业社会责任,支持社会公益事业。2006 年,全行开展了“回报社会、真情助学”公益活动,资助 25 名农村孩子走进了大学校园;2007 年,出资捐助尚志市长寿乡抗联希望学校,与市文物站共同建立了哈尔滨市钱币博物馆;2008 年,全行上下心系四川地震灾区同胞,累计捐款 157.9 万元,表达了对灾区人民的一片深情;2009 年,成立了哈尔滨银行“弘毅”助学基金会,专门用于资助会宁地区家庭困难的学生完成学业,实现上大学的梦想,改变自身命运,为革命老区建设培养更多的人才。

【规范管理】

在扩大经营规模、实现各项指标成倍翻番增长的同时,哈尔滨银行狠抓管理基础建设,使发展的基础更牢固更健康,逐步步入规范化、标准化、科学化发展的轨道。全面开展 ISO9000 认证工作,完善规章制度,建立了系统、全面的管理制度和操作规程,搭建了科学的管理框架。

聘请国际著名咨询公司德勤、安信永、新鸿基公司进行会计尽职调查、资产评估及引进战略投资者评估,提高了财务资产管理能力,实现与国际接轨,在全国城商行处于领先水平。

树立“科技兴行”理念,加大科技投入,进行网络环境、硬件更新、软件开发、异地冗灾建设,更新改造了核心业务系统,开发并升级了信贷管理、资金交易、资产管理、国际业务、网上银行、行政办公、人力资源、稽核管理等 20 个信息管理系统,其中微贷管理系统获得了自主知识产权。聘请国际著名咨询公司普华永道、毕博公司进行了 IT 信息安全评价和科技发展规划,引进科技人才,充实加强了科技队伍,科技支撑能力不断加强。

引入经济资本和经济增加值理念,构建以经济资本为核心的风险和效益约束机制,将信用风险、操作风险和资本性占用纳入绩效考核范围。建立了以经济增加值为核心的考核体系,以风险调整后的健康利润考核经营单位经营成果,建立了资本对风险的约束机制,强化了风险管理导向,使我行发展更加健康。为促进外埠分行、以及小额信贷等新兴业务的发展,完善了绩效考核体系和激励机制,提高了员工积极性和创造性。

九江银行

2000 年 11 月 18 日,九江银行诞生在悠悠长江之滨,巍巍匡庐之麓,仅以资产总额 7 亿元的弱小身躯闯入了中国金融改革的大潮中。自成立以来,始终坚持规章制度和企业文化“两手抓”,致力提升全行核心竞争力,实现了“低风险、快增长、高效益”的发展目标,在九江市、江西省乃至全国银行业金融机构中具有良好的品牌形象和竞争优势。

九江银行 2009 年末股本总额 71534.4 万股,其中:地方财政持股 14420 万股,占股份总数的 20.16%;法人持股 54463 万股,占股份总数的 76.13%;自然人持股 2651 万股,占股份总数 3.71%。董事会由十一名董事构成,其中:独立董事 4 名,执行董事 3 名。现有高级管理层 8 人,全行在岗员工 547 人,平均年龄 29 岁,大专以上文化程度占 92.3%。目前下设南昌分行、吉安分行及抚州分行 3 家异地分行、1 家异地支行、19 家九江城区支行、12 家九江县域支行,九江辖内网点覆盖率达 100%。主发起设立 2 家村镇银行——修水九银村镇银行、广东中山小榄村镇银行。目前正在筹建合肥分行、北京大兴九银村镇银行、井冈山九银村镇银行。

截止 2009 年末全行资产总额 219.21 亿元、各项存款 191.92 亿元、各项贷款 104.99 亿元,分别比上年末增长 67.58%、85.56%、47.86%,不良贷款率由开业时的27.8%降至 2009 年末的 0.23%,已连续九年实现不良贷款“双降”,已连续九年实现盈利,已连续九年股东分红。九江银行 2007 年被中国银监会评为“全国银行业金融机构小企业贷款先进单位”;2007 年被第三届中国金融专家年会评为“中国最具竞争力 30 家金融机构”;2008 年、2009 年连续两年被中国银监会评级为二级行;在 2009 年 8 月中国《银行家》“2009 中国商业银行竞争力评价”中,荣获“全国城市商业银行综合排名第十七名”、“最佳中小型城商行排名第八名”、“中部地区城市商业银行综合排名第二名”。九江银行正朝着建设一家特色鲜明、资本充足、内控严密、运营安全、服务卓越、效益良好、具有一流品牌的区域性上市股份制商业银行奋进。

深圳农村商业银行

深圳农村商业银行成立于 2005 年 12 月 9 日,是经中国银监会批准,在深圳市农村信用社基础上改制组建而成的地方性股份制农村商业银行。该行继承了深圳农村信用社 50 多年的发展历史、服务特色和文化传统,在改革发展和经营管理的各个方面都取得了比较理想的成绩。截至 2009 年末,该行总资产达到 763.28 亿元,净资产 53.06 亿元,本外币存款余额 699.69 亿元,贷款余额 355.86 亿元,税后净利润 9.58 亿元,资本充足率 11.70%,核心资本充足率 11.92%,每股净资产 2.71 元,全面摊薄每股收益 0.49 元,全面摊薄总资产收益率为 1.26%,全面摊薄净资产收益率为 18.06%,五级分类不良贷款率 2.39%,拨备覆盖率 162.14%,主要财务指标达到国内中小商业银行领先水平。自成立以来,该行连续三年获得银行监管机构“二级银行”的监管评级,2008 年入选英国《银行家》杂志“全球最大 1000 家银行”第 666 位。

该行拥有 198 个营业网点遍布深圳各街道社区,网点数量居深圳银行同业首位。现已发行“信通卡”1000 万张,安装 ATM、现金存取款机、自助终端等自助银行设备 1500 多台,拥有电话银行和网上银行等远程金融服务系统,初步形成了 24 小时自助银行、电话银行、网上银行“三位一体”的自助服务体系,成为深圳本地服务网络和销售渠道最为广泛的银行之一。

深圳农村商业银行坚持“质量优先、适度规模、专注服务、保证效益”的零售银行发展观,秉承“合法经营、稳健成长”的经营理念,坚持“社区零售银行”的市场定位,以中小企业和社区居民为主要服务对象,追求质量、效益、规模全面协调可持续发展,努力打造成为资本充足、服务优良、内控严密、效益良好、特色鲜明的的精品社区零售银行。

历年大事记

1. 2005 年 12 月 9 日,深圳农村商业银行正式成立。

2. 2006 年度,深圳农村商业银行入围国际权威金融杂志《银行家》推出的世界银行 1000 强,排名第 927 位。

3. 2006 年 12 月 18 日,深圳农村商业银行“信通卡”荣获深圳知名品牌称号。

4. 2006 年度。深圳农村商业银行荣获由中国银联颁发的“2006 年度区域性成员机构推广标准借记卡最佳成果奖”

和"2006 年度区域性成员机构跨行交易贡献奖"。

5.2008 年 4 月 18 日,深圳农村商业银行"961200 - 交互式客户语音综合业务处理系统"荣获深圳知名品牌称号。

6.2008 年 5 月 14 日,深圳农村商业银行组织向四川地震灾区捐款。

7.2008 年 7 月,深圳农村商业银行荣获由中国银联颁发的"2007 年度区域性银行业机构 ATM 市场拓展最佳成长奖"、"2007 年度区域性银行业机构银联标准卡突出贡献奖"、"2007 年度区域性银行业机构跨行交易突出贡献奖"和"2007 年度区域性银行业机构业务处理系统稳定支行奖"。

8.2008 年 10 月 31 日,深圳农村商业银行信通卡累计发卡总量突破 1000 万张,在全国区域性商业银行(含农村信用社)中位居前列。

9.2008 年 11 月 25 日,深圳农村商业银行南园支行荣获中国银行业协会"2008 年度中国银行业文明规范服务示范单位"称号;深圳农村商业银行水径支行荣获"2008 年度深圳银行业文明规范服务示范单位"称号。

10.2009 年 5 月,深圳农村商业银行对口支援甘肃省农村信用社灾后重建。

深圳农村商业银行
地址:深圳市罗湖区深南东路 3038 号合作金融大厦
邮编:518001
客服电话:961200
网址:http://www.961200.net

上海农村商业银行

上海农商银行(SRCB),即上海农村商业银行,是在上海市 234 家农村信用合作社基础上改制而成的,2005 年 8 月 25 日开业,注册资本:3,745,685,776.00 元,是一家以地方国有资产、外资银行、民营企业法人、自然人等共同参股的、致力于发展零售银行业务的区域性商业银行,总部位于上海,营业网点 321 家,网点遍布上海市城乡区域。

根据英国《银行家》杂志公布的数据显示,按一级资本排序,2008 年上海农商银行在全球 1000 家大银行中,排名第 414 位,较上年度提高 64 位,在国内所有商业银行中,排名列第 18 位。

成立以来,上海农商银行扎实推进零售银行建设并着实进行业务结构调整,盈利水平不断提升,资产规模不断扩大,风险内控管理水平明显增强,资产质量进一步提高,各项业务取得了长足的发展。

2008 年末,上海农商银行各项资产总计 1737.89 亿,负债总额达到 1617.04 亿元;全年实现拨备前利润 31.72 亿元,税前利润 10.80 亿元;各项存款(不含同业)1470.43 亿元,各项贷款余额 927.32 亿元;不良贷款(五级分类后三类贷款)余额 21.50 亿元,不良贷款率 2.32%;一逾两呆贷款余额 17.28亿元,不良贷款比例为 1.86%;呆帐准备金余额 14.76 亿元,贷款拨备充足率为 138%。

(注:上述数据未经审计)

上海浦东发展银行

上海浦东发展银行是 1992 年 8 月 28 日经中国人民银行批准设立、于 1993 年 1 月 9 日正式开业的股份制商业银行,总行设在上海。

经中国人民银行、中国证监会正式批准,上海浦东发展银行于 1999 年获准公开发行 A 股股票,并在上海证券交易所正式挂牌上市(股票交易代码:600000),这是中国银行业改革的一项重大举措。截至 2009 年 6 月底,注册资本金达 79.3 亿元,良好的业绩和诚信经营的声誉使浦发银行业已成为中国证券市场中一家备受关注和尊敬的上市公司。

建行以来,秉承"笃守诚信、创造卓越"的经营理念,上海浦东发展银行积极探索和推进金融改革与创新,为把上海尽早建成国际经济、金融、贸易中心之一服务,促进和支持中国国民经济发展和社会进步,业务发展迅速,资产规模持续扩大,经营实力不断增强,在海内外已具备一定的影响。

根据 2007 年核心资本排名,公司 2008 年 7 月获评英国《银行家》杂志全球 1000 强银行排名第 176 位,比前年提前了 15 位排名;2008 年 6 月公司被英国《金融时报》评为全球市值 500 强企业第 422 位。公司还被国际评级研究机构 RepuTex(崇德)评为"中国十佳可持续发展企业",被中国扶贫基金会评选为"2008 中国民生行动先锋"。在中国信息协会、中国服务贸易协会联合主办的 2007 - 2008 中国最佳客户服务评选中,公司 95528 客户服务中心荣获"2007 - 2008 中国最佳客户服务中心奖"。公司在《经济观察报》主办的"2007 年度中国最佳银行评选"中荣膺"2007 最佳企业伙伴银行"奖项。由中国《金融时报》主办的"2008 中国最佳金融机构排行榜"中荣膺"最佳风险控制银行"和"最具成长性银行";由《首席财务官》杂志社主办"2008 年度中国 CFO 最信赖的银行评选"中荣获"最佳公司金融品牌奖"、"最佳投行业务奖"和"最佳贸易金融奖"。2008 年 12 月,我行被《21 世纪经济报道》的"2008 年亚洲银行竞争力排名"中名列综合竞争力 15 强。

我行主营业务主要包括:吸收公众存款、发放短期、中期和长期贷款、办理结算、办理票据贴现、发行金融债券、代理发行、代理兑付、承销政府债券、买卖政府债券、同业拆借、提供信用证服务及担保;代理收付款项及代理保险业务;提供保管箱服务;外汇存款;外汇贷款;外汇汇款;外汇兑换;国际结算;同业外汇拆借;外汇票据的承兑和贴现;外汇借款;外汇担保;结汇、售汇;买卖和代理买卖股票以外的外币有价证券;自营外汇买卖;代客外汇买卖;资信调查、咨询、见证业务;离岸银行业务;证券投资基金托管业务;全国社会保障基金托管业务;经中国人民银行和中国银行业监督管理委员会批准经营的其他业务。

截止到 2008 年底,全行总资产规模已达 13094.25 亿元人民币、各项存款余额 9472.94 亿元人民币,本外币贷款余额 6975.65 亿元人民币,实现税后利润 125.16 亿元人民币,并在上海、杭州、宁波、南京、北京、温州、苏州、重庆、广州、深圳、昆明、芜湖、天津、郑州、大连、济南、成都、西安、沈阳、武汉、青岛、太原、长沙、哈尔滨、南昌、南宁、乌鲁木齐、长春、呼和浩特、合肥、兰州、石家庄等地设立了开设了 32 家分行,机构网点总数增至 491 家,并在香港设立了代表处。

广东发展银行

广东发展银行是经国务院和中国人民银行批准组建、于 1988 年 9 月成立的股份制商业银行。目前注册资本为人民币 114.08 亿元,总部设在中国广州市,在北京、上海、杭州、南京等中国经济发达城市设立了 27 家分行、511 家营业网点,在香港设有代表处,并与全球九十多个国家和地区的 1000 多家银行建立了代理行关系。根据英国《银行家》杂志对全球 1000 家大银行排定的位次,广东发展银行连续六年入选全球银行 500 强。

广东发展银行的经营范围是《商业银行法》规定的所有银行业务和监管部门批准的其他业务。截止 2008 年 12 月末，广东发展银行总资产人民币 5464 亿元，本外币各项存款余额 4204 亿元，各项贷款余额 3110 亿元，资本充足率 11.6%。

2006 年，广东发展银行成功完成改革重组工作，引入了花旗集团、IBM 信贷等世界一流的国外企业和中国人寿、国家电网、中信信托等实力雄厚的国内知名企业。广东发展银行将以引进境内外投资者为契机，完善公司治理和内控机制，学习和借鉴先进的银行服务理念、管理经验以及产品研发和维护技术，切实提高创新能力和经营管理水平，为社会公众和中国经济发展提供优质金融服务，致力于打造成为具有强劲的创利能力、雄厚的资本实力、卓越的品牌形象、领先的科技、先进的内部控制，令股东、客户和员工满意的现代化商业银行。

浙商银行

“浙商银行”是经中国银监会批准设立的第 12 家全国性股份制商业银行，全称为“浙商银行股份有限公司”，英文全称为“CHINA ZHESHANG BANK CO., LTD.”，英文简称“CZB”。浙商银行于 2004 年 8 月 18 日正式开业，总行设在杭州，办公地点位于美丽的西子湖畔（杭州市庆春路 288 号）。现有注册资本 52.16 亿元，监管资本超过 100 亿元，共有股东 19 家，其中 18 家民营股东占 85.71%。

浙商银行前身为“浙江商业银行”，是一家于 1993 年在宁波成立的中外合资银行，2004 年 6 月 30 日，经中国银监会批准，重组、更名、迁址，改制为现在的浙商银行。

浙商银行以服务优质中小企业为市场定位，按照“扬长避短，创造优势，虚实并举，有效管理，先进技术，优秀文化”的经营战略，“以公司业务为主体，小企业银行和投资银行业务为两翼”的“一体两翼”经营思路，沿着“在学习中发展，在发展中创新，在创新中领先，在领先中逐步做强做大”的路径，分步推进，逐步实现资本、规模、特色、质量和效益的协调与快速发展，逐步成为经营有方、富有特色、业绩优良、具有一定国际影响的国内一流商业银行。

浙商银行按照现代企业制度和金融监管的要求，建立了规范而有特色的公司治理结构；按照“统一法人，授权经营，集约化管理”的管理原则，统一文化理念，统一形象标识，统一规章制度，统一业务系统，统一服务标准，统一财会核算；按照“沿着浙商投资路径布局”的机构发展思路，目前已在北京、天津、上海、南京、成都、西安和浙江省内的杭州、宁波、温州、绍兴、义乌等地设立了 34 家分支行；按照“一体两翼”经营思路和“专业化经营、近距离设点、高效率审批、多方式服务”的小企业银行业务经营方针，致力探索和培育小企业业务，连续荣获 2006、2007 年度全国小企业金融服务先进单位；成功发行了全国第一单中小企业信贷资产支持证券，同时也是国内第一单基础资产池完全由抵押企业贷款构成的资产支持证券，成功投放了第一单中小企业并购贷款，丰富中小企业金融服务方式；重视发展电子银行业务，荣获“2008 中国网上银行功能创新奖”；建立了全面、统一、垂直的风险管理体系，实行了富有特色的风险监控官委派制度，资产质量持续保持上乘；在 2006 年率先全面实施了经济资本管理，建立了以经济增加值和经济资本回报率为核心的绩效考核体系；坚持“以工作业绩为本、以职业素养为先”的用人理念，积极培育特色企业文化。

截止 2009 年 7 月末，浙商银行总资产 1208 亿元（未经审计，下同），各项存款 1060 亿元，各项贷款 795 亿元，资本充足率、不良贷款率和资本利润率等主要相对经营指标和监管评级均居全国性商业银行中上水平。

浙商银行十分重视和积极履行社会责任，2004 年成立时，即以资助“雏鹰起飞——浙商银行千名贫困学子助学计划”替代开业仪式；建立了浙商银行慈善基金，热心公益事业；“5·12”汶川大地震后，浙商银行以多种方式开展赈灾活动，专项援建了浙商银行（陕西）接官亭镇中心小学；积极支持体育事业，组建浙商银行乒乓球俱乐部征战全国乒超联赛并蝉联联赛亚军；2008 年岁末，开展了“金融送温暖、银企度时艰”活动，为中小企业客户出台积极提供授信支持、多方式提供金融服务等两大类共十条帮扶措施，银企携手共度时艰……

宁波银行

宁波银行股份有限公司（以下简称“宁波银行”）成立于 1997 年 4 月 10 日，是一家具有独立法人资格的股份制商业银行。2006 年 5 月，宁波银行引进境外战略投资者——新加坡华桥银行。2007 年 7 月 19 日，宁波银行在深圳证券交易所挂牌上市（股票代码：002142），成为国内首批上市的城市商业银行之一。2007 年 5 月 18 日，上海分行正式开业。到此宁波银顺利实现引进战略投资者、公开上市和跨区域经营三大发展战略。到 2009 年 3 月末，宁波银行已拥有 82 个营业机构，其中 5 家分行，分别为上海、杭州、南京、深圳、苏州分行，1 个总行营业部，76 家支行。

近年来，宁波银行积极推进管理创新和金融技术创新，努力打造公司银行、零售公司、个人银行、信用卡、金融市场五大利润中心，实现利润来源多元化。到 2009 年 3 月末，全行总资产 1188.52 亿元，本外币存款 851.99 亿元，各项贷款 536.90 亿元；资本充足率 14.78%，核心资本充足率 13.44%；不良贷款率 0.91%，拨备覆盖率 154.92%。2009 年一季度实现净利润 3.54 亿元，同比增加 4.82%，净资产收益率 3.87%；每股净资产 3.44 元，每股收益 0.142 元。宁波银行为中国银行业资产质量好、盈利能力强、资本充足率高、不良贷款率低的银行之一。在英国《银行家》杂志评选的 2009 年度全球 1000 强银行中排名 432 位；2009 年中国银行业百强排名第 22 位。

完善的公司治理架构

建立了以股东大会、懂事会、监事会、高级管理层组成的公司治理结构，形成了良好的经营机制。作为公司治理的核心，宁波银行董事会是最高决策机构，下设六个专门委员会，并实质性参与宁波银行战略和业务决策，由此提高了公司治理的质量和效率。这是宁波银行过去几年取得快速发展的重要制度保证，也将从管理体制上确保未来几年长治久安和高效运行，是核心竞争力的重要体现。全行在董事会的领导下，价值取向明确，以客户为中心，为股东创造最大的价值。

高效的业务管理流程

近年来，宁波银行实施了业务和管理流程的改革，不断致力于建立扁平化的管理体系和垂直条线管理模式，以加强管理、提高运营效率。而战略投资者新加坡华侨银行的引入，使宁波银行有了学习国外先进银行管理经验的直通窗口和交流平台。进一步整合业务和管理的运行体系，完善组织架构，加强条线管理，不断提升管理水平和市场竞争力。

明确的目标市场定位。

多年的经营实践，使宁波银行在市场上逐步形成了自身的经营特色和竞争优势。以“了解的市场,熟悉的客户”为基本市场准入原则,坚持“门当户对”的经营策略,强化以中小企业为主体的公司业务市场定位,同时积极拓展中高端个人业务,着力推动中间业务、资金业务的发展。

缜密的风险控制体系

通过风险管理和内部控制流程再造,运用较为先进的风险控制工具,进一步完善风险管理的架构,建立了较全为全面、独立和集中的风险管理和内部控制体系。从而确保宁波银行风险管理和内部控制的有效性。

专业的人力资源团队

贯彻以人为本的理念,通过制度建设和环境塑造,吸引、培养、留住优秀人才,实现银行与员工的目标协调和工同发展,为银行创造价值。形成了一支具有较高综合素质、专业门类齐全、有较强竞争能力的员工队伍,以及良好的人力资源管理文化和机制。不断拓宽招聘渠道,完善招聘程序,建立了招聘高端人才的特殊渠道。与新加坡华侨银行合作,实施了“五年百人计划”。与台湾金融研修院全作创办宁波银行大学,为银行发展目标的顺利实现提供人才保障和智力支持。健全的考核激励机制和薪酬体系,有效激发了员工艺的积极性与创造性。

先进的 IT 技术支撑

多年来,宁波银行牢固树立科技就是第一生产力的理念,在 IT 管理、应用架构、系统开发、生产运行、风险与管理安全管理等方面积累了宝贵的经验,形成了自己的核心科技优势。IT 体系架构不断优化,总体上划分为渠道应用层、客户信息与关系管理层、处理流程层、产品层、管理与风险控制层等五个层次。在渠道、产品、流程、风险管理和财务等业务领域建立了关键业务系统,为业务运营、对外服务和业务管理提供了有力的支撑。

以人为本的企业文化

宁波银行一直以来十分注重企业文化建设,在不断的经营管理实践中逐步确立了“诚诚敬业、合规高效、融合创新”的企业文化,塑造全行统一的价值观和经营理念,规范全行的经营行业。作为一家中外合资银行,要保持良好的开放性,营造宽容的、和谐的、奋发进取的环境,善于调动各级员工的积极性和创造性,善于融合吸收各类优秀人才、先进文化和经营理念、管理技术,不断地进行变革和创新,努力提升自身的竞争力。

“雄关漫道真如铁,而今迈步从头越。”面对新的竞争形势,自强不息的宁波银行人将一如既往地秉承“诚信敬业、合规高效、融合创新”的理念,以改革的精神、开放的心态、坚定的信念,努力把宁波银行打造成一家财务业绩出色、员工成长较快、核心竞争力较强的股份制商业银行。

联系方式

地址:中国浙江宁波市中山东路 294 号

电话:086-574-87050028

网址:www.nbcb.com.cn

邮编:315040

渤海银行

概况

渤海银行是 1996 年以来获中国政府批准设立的第一家全国性股份制商业银行,是第一家在发起设立阶段就引入境外战略投资者的中资商业银行,也是第一家总行设在天津市的全国性股份制商业银行。2005 年 9 月 6 日,在中国国务院总理温家宝和英国首相布莱尔两位国家领导人的见证下,渤海银行全体股东在北京正式签署协议,宣布渤海银行筹建工作进入开业准备阶段。2005 年 12 月 31 日,渤海银行股份有限公司在天津举行了隆重的成立大会暨揭牌仪式。中共中央政治局委员、天津市委书记张立昌同志出席了成立大会暨揭牌仪式,并为渤海银行股份有限公司揭牌,天津市委副书记、市长戴相龙同志发表了讲话。2006 年 2 月 16 日,渤海银行股份有限公司正式对外营业。

渤海银行采取发起方式设立,注册资本金 50 亿元人民币,由发起人认购全部股份,并全部以货币资金注入。已经签署的发起人协议确定,天津泰达投资控股有限公司拥有 25%的股权,是第一大股东;渣打银行(香港)有限公司拥有 19.99%的股权,是第二大股东;中国远洋运输(集团)总公司拥 13.67%的股权,是第三大股东;宝钢集团股份有限公司和国家开发投资公司分别拥有 11.67%的股权,并列为第四大股东;天津信托投资有限责任公司通过集合资金信托方式吸收自然人资金参股 10%;天津商汇投资(控股)有限公司以吸收民营企业入股方式参股 8%。由此,渤海银行也成为中国第一家在发起设立阶段就引进境外战略投资者并以集合资金信托方式吸收自然人参股的股份制商业银行。

发展思路

渤海银行在开业初期,将把业务活动的重点放在环渤海地区,着力打好基础;此后,将会陆续在天津以外的长江三角洲地区和珠江三角洲地区等全国主要经济区域开设分支机构。

经营宗旨

适应我国社会主义市场经济发展的要求,自觉遵守国家各项法律、法规,以安全性、流动性、效益性、社会性为经营原则,自主经营、自担风险、自负盈亏、自我约束,在追求最大经济效益的同时,努力促进经济、社会发展,将本行建设成为具有国际竞争力的现代股份制商业银行。

领导人

2005 年 12 月 22 日,在渤海银行股份有限公司的创立大会上,股东代表审议通过了《渤海银行股份有限公司章程》,选举产生了渤海银行股份有限公司第一届董事会和监事会。在第一届董事会第一次会议上,羊子林先生当选为董事会主席,马腾先生被聘任为行政总裁。

徽商银行

基本情况

全国首家由城市商业银行和城市信用社联合重组的股份制商业银行;

成立时间:2005 年 12 月 28 日;

总行座落在合肥市的商业中心——市府广场;

25 层楼高的标志性建筑——徽商银行大厦 ;

十四家分行,四家直属支行,163 个机构网点;

4100 多名员工;

资本金 81.75 亿元;

管理体系:一级法人、二级管理、三级营销;

市场定位:服务市民生活,服务城市企业,服务市政建设;

使命与愿景

使命:传承徽商文化,打造现代银行;

愿景:铸造国际知名的民族品牌银行;

以科学发展观为指导，注重发展速度与风险控制、近期目标与长远战略、员工利益与股东利益之间的平衡，通过组织架构、业务流程、风险管理、信息技术、绩效考核和企业文化等和新元素的建设，实现从传统模式向现代商业银行的转变。

发展中的徽商银行

成立三年多来，徽商银行各项业务取得快速发展，截至 2009 年 6 月末，徽商银行总资产突破 1600 亿元：

资产总额 1659.63 亿元，较年初增加 375.48 亿元，增长 29.2%；

各项存款余额 1343.35 亿元，较年初增加 287.10 亿元，增长 27.2%；

各项贷款余额 899.83 亿元，较年初增加 182.97 亿元，增长 25.52%；

上半年累计实现经营利润 15.02 亿元，较上年同期净增 2.18 亿元，同比增长 17%；

按五级分类，不良贷款率 0.87%，较年初下降 0.43%。

获得荣誉

安徽省人民政府：2006 年“金融工作先进单位一等奖”；

安徽省人民政府：2006 年“支持小企业贷款先进单位”；

中国银监会：“全国银行业金融机构小企业贷款工作先进单位”；

安徽省人民政府：2007 年金融工作“突出贡献奖”；

第五届中国金融（专家）年会：“2008 中国最具影响力中小银行”；

安徽省人民政府：2008 年金融工作“最佳贡献奖”；

经济观察报：“2008 年度中国最佳中小企业银行”。

上海银行

银行概况

上海银行成立于 1995 年 12 月 29 日，是一家由上海市国有股份、中资法人股份、外资股份及众多个人股份共同组成的新型的股份制商业银行，总行位于上海。

上海银行以服务地方经济、服务中小企业、服务市民为特色，以“点滴用心、相伴成长”为服务理念，稳健经营，规范管理，获得了良好的社会效益和经济效益，成为我国银行体系中最具生机和活力的商业银行之一。

1999 年 9 月和 2001 年 12 月，上海银行分别吸收国际金融公司和香港上海汇丰银行、上海商业银行等外资银行的参股投资，不仅对自身快速、稳健、开放式发展起到了积极的促进作用，同时也为我国商业银行及其他金融机构实现吸引外资投资多元化树立了成功的范例。2005 年 11 月，上海银行获准在城市商业银行系统中率先实现跨区域发展，目前已在宁波、南京、杭州、天津、成都、深圳等地设立了分行，各分行保持良好发展态势。

近年来，上海银行充分发挥自身特点和优势，市场竞争力和影响力不断提高，目前在英国《银行家》公布的“全球前 1000 家银行”中，位居全球银行业第 288 位；在“亚洲商业银行综合竞争力排名”中，位列第 62 位；多次被《亚洲银行家》杂志授予中国地区“中国最佳城市零售银行”。此外，上海银行还先后荣获“上海市著名商标”、“最具价值的上海服务商标”、“全国小企业贷款工作先进单位”、“小企业优秀客户服务银行”“全国再就业先进单位”“全国银行间市场优秀交易成员”等称号。

目前，上海银行拥有营业网点 200 余个，设立了上百家自助银行，拥有各类自助服务类终端设备（ATM、CDM、ASM、XDM 等）900 余台；与世界 70 个国家及地区近 500 家境内外银行的总行建立了代理行关系，开展业务往来，代理行网络已遍及世界各地。截至 2008 年底，上海银行总资产已达 3600 亿元，存、贷款总额分别达 2664、1780 亿元。

经营特色

1. 大力支持地方经济建设

上海银行自成立以来，依托并服务于地方经济，不断提升金融服务功能，着力投入城市经济建设，大力支持各地市政重点工程项目和区属经济建设，先后参与深水港开发、世博会动拆迁、城市旧区改造、轨道交通、中低价住房开发、市容环保项目等多项城市经济建设项目，已成为地方经济建设的一支生力军。近年来，根据自身发展规划，上海银行在全国范围内有步骤设立分行，合理布局网点，并结合网点所在地城市功能定位和产业发展重点，积极参与城市基础设施和公用事业等建设，支持民生工程，为相关项目提供融资、咨询、项目监管等各项服务；通过加强与各地政府部门沟通、建立银政合作关系等途径，积极有效地推进区域经济发展。此外，除提供传统的融资和结算服务外，上海银行相继推出了应收账款融资、法人账户透支、中信保单质押融资、中国电子口岸网上支付、大通关网上支付、现金管理平台、支票直通车、公务卡等特色服务品种，形成了服务手段多元化，服务品种多样化的特点。

2. 积极扶持小企业发展

以“融智成金，相伴成长”为经营理念，以致力于成为最好的小企业金融服务特色银行为目标，上海银行通过打造小企业“成长金规划”品牌系列，为不同行业和成长阶段的小企业提供包括开户结算、资金周转、购置房产、贸易融资、理财增值等在内的金融解决方案服务，特别针对具有高成长性、行业地位显著的优质小企业客户提供“小巨人”培育服务，满足高端小企业的差异化服务需求。

上海银行深入研究各类细分客户群特征，开发批量营销方案，搭建批量营销平台，推进小企业营销方式革新。近年来，除了巩固已有的市区两级政策性担保平台和科技型企业融资平台外，上海银行还积极对接长三角现代服务业发展商机，探索搭建供应链融资平台、节能融资平台和文化产业融资平台等。

此外，依托国家综合经济部门和上海银行的优势，上海银行把对中小企业的金融服务延伸到多元的社会化服务领域，通过与国家发展改革委中国中小企业对外合作协调中心共同成立的上海中小企业服务中心，整合小企业金融服务和社会化服务，在理财融资、人才开发、信息咨询、技术支持、市场开拓、对外合作交流等方面为中小企业提供专业服务。

3. 着力扶持港台资企业发展

由于天然的渊源关系，早在 2000 年，上海银行与上海商业银行（香港）和上海商业储蓄银行（台湾）建立了密切的同业合作关系。在三地经济愈加紧密联动发展的大背景下，沪港台业务已经成为上海银行突出的竞争优势之一。

目前，沪港台三地“上海银行”通过加强互通两岸政策信息，通过正确解读各类资讯，确保业务合作合法合规地开展。三行在推动客户资源共享、共同形象三地推广、对港台客户实现联动营销优势互补、进行产品开发和创新合作等方面勇于探索、不懈努力、持续合作，业务合作范围已从品牌建设、客户推荐、信息查询等初级阶段发展到利益共享合作机制、账户监管等更多业务合作阶段。上海银行承诺为三地台资企业推出专项授信措施，并在审批流程、产品价格和服务响应速度等方面提供差异化服务。

4. 充分发挥市民银行特色

上海银行以“来自于民，服务于民”为宗旨，不断开拓业务新品，完善服务渠道，提高服务质量和科技含量，努力打造金融服务品牌。在提供更多大众金融服务，不断完善财富管理的同时，上海银行推出了包括个人购房、购车融资及配套服务、个人开业、助业贷款等多种配套服务以及多种个人质押贷款融资服务等在内的“好当家”个人信贷业务；持续推出信用卡、借记卡等多种系列银行卡产品；以各项自动转账业务整合而成的“付费宝”产品。目前，上海银行已开通了个人网上银行，实现了网上转账、查询等功能；推出了962888客户服务热线，为客户提供安全便捷、全天候、一站式现代金融服务。

作为市民银行，上海银行积极支持政府亲民实事项目，同时，与多家保险、证券、基金公司建立代理合作关系，开办代理证券业务、基金产品，人民币、外币理财产品不断推出，为个人客户提供全面服务。

针对百姓财富增长对理财需求的提高，秉承“尽心尽智，唯您专享”的服务理念，上海银行推出了“慧通理财”品牌服务，为中高端客户提供专属理财团队服务、专属渠道服务、专享投融资理财产品服务、专享利率、费率优惠服务、专属综合资讯服务、专属贵宾礼遇及关怀服务。目前，上海银行设立了22家慧通理财中心，提供全方位财富管理服务。其中包括，坚持稳健原则创新产品线，循环推出8大系列12款“慧财”家族系列理财产品，从而满足了客户不同期限、不同币种、不同风险层次的资产配置需要；拥有一支持金融理财师（AFP）、国际金融理财师（CFP）、注册财务策划师（RFP）等资质的专业理财队伍，为客户量身定制提供全面的投资需求分析与理财规划方案建议；持续丰富“慧通理财”服务内涵及品质，沪港台三地“上海银行”携手推出共享“贵宾通道”服务等。

5. 做大做强新兴金融市场

上海银行本着“诚实守信、平等互利”的原则，广泛涉足于银行间债券市场、拆借市场、票据市场、外汇市场和黄金市场等新兴金融市场领域，并以强大的资金实力、稳健的经营理念和科学的运作管理赢得了市场的认可。作为银行间债券市场的首批成员之一、公开市场一级交易商和财政部、国家开发银行等主要债券发行机构的承销团成员，上海银行债券交易量与交易笔数排名连续多年位居全国前十位，并首批获得银行间债券市场做市商资格、上海银行间同业拆放利率（SHIBOR）报价团成员资格和全国银行间债券市场债券借贷业务资格。上海银行还具有企业短期融资券承销资格和人民币利率互换业务资格，并在城商行中首家获得衍生产品业务资格。同时，上海银行还开办了包括代理黄（铂）金交易、债券结算代理、投资理财方案设计和资产管理咨询等形式多样的理财服务，与客户分享市场信息和管理经验。此外，上海银行还拥有新股验资行资格、证券交易结算资金存管银行资格（包括主办存管银行、结算银行、法人存管银行、营业部存管银行），是全国城市商业银行系统中唯一一家获得四类资格的存管银行。

汉口银行

经中国银行业监督管理委员会批准，武汉市工商行政管理局工商核准，武汉市商业银行股份有限公司于2008年5月23日起更名为汉口银行股份有限公司。

武汉市商业银行是武汉市唯一具有独立法人资格的股份制商业银行。自1997年12月16日成立以来，各项业务获得了持续稳定增长。

截至2007年末，全行资产总额369.8亿元人民币，负债总额339.56亿元人民币，资本充足率12.17%，核心资本充足率13.56%；不良贷款率2.74%。全行有支行分支机构88家，自助银行23家，ATM、CDM和自助查询机160台。各支行均具有办理对公、对私等综合业务经营资格。

武汉市商业银行培育和形成了较为广泛的基础客户群体。中间代理业务量在武汉市同业中处于领先地位，品种包括水、电、天然气、通讯等与市民生活息息相关的代收业务以及公务员工资、养老金代发业务。自主研发的银行卡——九通卡，具有综合服务和理财功能，通过中国银联网络实现了在全国和国际上多个国家和地区的使用，并实现了与省内荆州、孝感、黄石等城市商业银行的联合发行。2006年，九通贷记卡获准发行。

武汉市商业银行业务经营资格不断扩充。在城市商业银行中，较早取得了国际业务资格。同时，作为法人银行，我行还是全国银行间同业拆借市场成员，人民银行公开市场业务一级交易商、银行间债券市场做市商，财政部记账式国债承销团成员，凭证式国债承销团成员，国家开发银行、中国进出口银行等金融债券承销团成员，具备在银行间债券市场为其他机构开展债券结算代理业务资格。

2008年武汉市商业银行将坚持科学发展观，遵循银行监管指标体系要求，抓住武汉城市圈发展机遇，探索又好又快发展模式，完善各项考核机制，努力提高创新能力，积极扩大经营规模，加强风险管理与内部控制，提高经营效益和管理水平，逐步打造成为一家立足武汉、服务中部、面向全国、接轨国际的现代商业银行。

经营范围：吸收公众存款；发放短期、中期和长期贷款；办理国内结算；办理票据贴现；发行金融债券；代理发行、代理兑付、承销政府债券；买卖政府债券；从事同业拆借；提供担保；代理收付款项及代理保险业务；提供保管箱业务；代理地方财政信用周转使用资金的委托存贷款业务；外汇存款；外汇贷款；外汇汇款；外币兑换；外汇担保；资信调查、咨询、见证业务；国际结算；同业外汇拆借；结汇、售汇、自营外汇买卖或者代客外汇买卖；外汇借款、买卖或代理买卖股票以外的外币有价证券；经中国人民银行批准的其他业务。

盛京银行

盛京银行是沈阳市第一家总部银行，是东北地区成立最早、规模最大、实力雄厚的城市商业银行，其前身是由沈阳市城市信用社、沈阳合作银行、沈阳城市合作银行逐步发展起来的沈阳市商业银行。沈阳市商业银行在经历了整合发展、改革创新、改造重组后，于2007年成功更名为盛京银行。2007年8月盛京银行天津分行开业，成为继上海银行、北京银行之后全国第三家实现跨省设立分支机构的城市商业银行。

盛京银行现已发展成为业务功能齐全、内控管理严密、公司治理结构完善的优良商业银行。截至2008年12月末，盛京银行总资产已达1134.8亿元，各项存款余额873.5亿元，不良贷款率1.57%，资本充足率13.98%，当期实现利润20.06亿元。综合经营实力居东北城商行首位，全国城商行前列。

盛京银行紧紧抓住国家实施东北振兴的战略机遇，于2003年着手改造重组。通过大胆改革和开拓创新，完成了改造重组，激发了企业活力，增强了发展后劲。同时，创立了“诚信、亲合、进取、敬业、奉献”十字企业文化，提出了“市民银行、地方银行"的市场定位，明确了为中小企业服务，支持地方经济的发展道路。盛京银行将企业的发展与百姓的日常生活紧密联系在一起，借助高科技力量，相继推出了一系列代收代付、代客理财等业务品种，发展成为辽沈地区代收费项目最全的银行，盛京银行发行的"玫瑰卡"和信用卡已成为辽宁省内银行卡的后起之秀，"玫瑰卡"发行10年来，发卡量、卡内余额均居省内城商行首位，截至2008年12月末，银联卡境外受理业务开通的国家和地区已达29个，另外还包括花旗全球37个国家和地区的ATM网络。盛京银行始终以支持地方经济发展为己任，5年来累计投放信贷资金1400亿元，支持地方基础设施建设、国有企业重组改制、装备制造业发展等重要项目，并且积极有效地开展面向中小企业的金融服务，努力创造支持其发展的长效机制，为振兴东北老工业基地做出了突出贡献。

盛京银行在改革发展中初步形成了"立足沈阳、辐射辽宁、走向全国"的机构体系和业务网络。近百家的营业网点遍布沈阳市区及周边郊县；与省内城商行在资本和业务上的成功联合，有效整合了省内的金融资源；首家外埠分行－天津分行的成功运营，为盛京银行向国内经济发达地区铺设服务网络积累了经验。

面对未来，盛京银行将努力为广大客户提供优质高效的全方位金融服务，不断增加市场份额，提高核心竞争力，向着构建资金实力雄厚、业务结构多元、经营效益出色、内部控制严密、公司治理完善、服务质量一流的现代化股份制商业银行努力迈进。

江苏银行

江苏银行是江苏省内最大的地方性股份制商业银行。

江苏银行由江苏省内无锡、苏州、南通、常州、淮安、徐州、扬州、盐城、镇江、连云港等10家城市商业银行根据"新设合并统一法人，综合处置不良资产，募集新股充实资本，构建现代银行体制"的总体思路组建而成，于2007年1月24日正式挂牌开业。总部设在江苏省省会城市南京，注册资本78.5亿元。截至2009年5月末，江苏银行资产总额达3098亿元，不良贷款率、拨备覆盖率、资本充足率等各项指标均符合监管部门良好银行的标准。

江苏银行始终坚持以科学发展观为指导，确立了"立足江苏，服务社会，大力支持地方经济发展，为构建和谐社会做贡献"的根本宗旨，明确了"以支持地方中小企业、民营经济为重点，同时参与地方重大项目、重点企业的建设和发展"的市场定位，以"服务中小企业、服务地方经济、服务城市居民"为基本客户定位。

江苏银行现有营业网点420多家，覆盖江苏省内所有地级市，未来将实现经营机构在江苏地区县域的全覆盖。目前，江苏银行已在上海、深圳设立分行，迈出了跨区域经营步伐。今后，江苏银行将继续调整和优化网点布局，在省外经济发达城市开设分行，全面发展各项业务，不断推出新业务、新产品、新服务，形成可持续发展的核心竞争力，择机上市，服务江苏，走向全国。

杭州银行

杭州银行成立于1996年9月26日，经过十三年的努力，现已发展成为一家初具规模、资产质量良好、盈利能力较强、综合实力跻身全国城市商业银行前列的具有良好投资价值的股份制商业银行。

本行共有70多家分支机构，在北京、上海、深圳、宁波、舟山都设立了分行。今后几年，本行将在新发展战略指导下，继续稳步推进跨区经营，为发展成为一家立足浙江、在长三角地区具有竞争优势、在长三角以外的其他城市具有经营特色的区域性银行而努力。

截至2008年年末，全行资产总额996.17亿元、存款余额820.43亿元、贷款余额581.06亿元，不良贷款率0.84％，资本充足率为10.70%，核心资本充足率为7.10％。

本行立足于"地方银行、市民银行、中小企业主办银行"的市场定位，在支持城市基础建设、中小企业发展、国企改制、实施再就业工程以及满足广大市民金融需求等方面做出了应有的努力。

2003年，本行制定了"三步走"发展战略：第一步，吸收国内民营资本入股，优化产权结构，在股权多元化基础上逐步完善公司治理结构和市场化经营机制；第二步，引进境外优秀战略投资者参股，以"引资"促"引智"，提高核心竞争力；第三步，实现跨区域经营，力争成为公众上市银行，成为一家总部位于杭州、具有竞争优势和价值领先的股份制商业银行。

本行于2002年一季度在全国城市商业银行中率先成功实施不良资产置换，从根本上改善了全行的资产质量状况，达到了全国先进水平。2003年，通过增资扩股，吸收民营资本，实现了产权多元化。2005年4月与2006年8月，先后与澳洲联邦银行、亚洲开发银行签署战略合作协议，从而成为全省第一家拥有外资股份的城市商业银行。本行已建立了比较完善的以股东大会、董事会、监事会、高级管理层组成的公司治理架构，形成了以权力机构、决策机构、监督机构和管理层为主体的治理机制。

目前，本行正通过"引资"实现"引智"，借鉴和引进吸收先进经营理念，致力于增强核心竞争力，打造成为中国价值领先银行。

公司愿景：致力于为中小企业与城乡家庭提供专业、便捷、亲和的金融服务，成为中国价值领先银行。

价值领先：客户价值领先、员工价值领先、股东价值领先、社会价值领先。

核心价值观：诚信、创新、效率、尊重、责任。

形象定位：钻石银行、绿色银行。

对外口号："信我，信未来。"

市场定位：地方银行、中小企业主办银行、市民银行。

发展策略：

推行业务专业化管理，培育核心竞争力，做大做强中小企业业务，做大做响零售客户业务，巩固发展传统客户业务；

实施"走出杭州"的跨区域经营战略，在浙江省内乃至长三角地区设立分支机构，建设具有经营特色和竞争优势的区域性银行；

以上市为契机，提升管理水平、经营业绩和信息透明度，打造中国价值领先银行。

市场地位：

2008年，在由金融时报社主办、中国社会科学院金融研究所联合主办的"中国改革开放最具影响力50件大事"的评比中，获得年度最佳大型城市商业银行的称誉。

2007年，在英国《银行家》杂志"全球银行1000强"排行榜上按一级资本排名第765位，较2006年排名提高56位；在"中国银行业100强"排行榜中，按资产回报率排名第1位。

2007年，在中国《银行家》杂志公布的"大型城市商业银行竞争力"排名中居第2位，并被该杂志评为"中国十佳城市商业银行”。

2007 年，在第二届全国中小企业家年会上获“全国支持中小企业发展十佳商业银行”称号。

2007 年，在“第一财经”发起、面向全国金融业的“2007 第一财经金融品牌价值榜”大型年度评选中获“商业银行发展潜力奖”。

2006 年，被穆迪公司评为中国盈利能力较强、资产质量优异的城市商业银行。

2006 年，在中国《银行家》杂志公布的“大型城市商业银行财务竞争力”排名中居第 2 位。

2005 年，在国际著名评级机构标准普尔评选的“中国银行 50 强”排行榜中居第 20 位。

2005 年，在中国《银行家》杂志公布的“城市商业银行综合竞争力”排名中居第 3 位。

齐鲁银行

★ 山东省成立的首家城市商业银行

★ 山东省首家、全国第四家实现与外资银行战略合作的城市商业银行

★ 山东省首家跨省经营的城市商业银行

发展历程

1996 年 6 月 6 日，在济南市 16 家城市信用社和 1 家城信社联社的基础上组建济南城市合作银行；1998 年 6 月 6 日，更名为济南市商业银行股份有限公司，简称济南市商业银行；2004 年 9 月 8 日，成功与澳洲联邦银行（CBA）实现战略合作；2008 年 3 月 19 日，首家异地分行——聊城分行开业；2008 年 11 月 30 日，首家省外异地分行——天津分行开业。截至 2008 年 12 月 31 日，拥有 69 家分、支行（部），在岗员工 1641 人；全行总资产达到 495.45 亿元，是成立时的 15 倍；各项存款余额 444.42 亿元，是成立时的 16.5 倍；各项贷款余额为 281.56 亿元，是成立时的 15.7 倍；按照新会计准则口径统计，2008 年累计实现经营利润 11.87 亿元，同比增长 44.8%（以上数字尚未审计）。成立以来累计实现经营利润 40 亿元，累计上缴税金 15 亿元，综合经营实力获得长足发展。

成立以来，先后进行了管理体制、运营机制、考核机制、用人机制等重大改革，经营绩效持续提升，主要业务指标年均增长 30% 以上；公司治理持续完善，各治理主体组织健全，职责明确，运作有效；中外合作健康发展，开创了“引资引智引技、合心合力合作”的成功模式；创新和服务能力持续提升，“银企家园”产品品牌荣获中国银行业协会评选的首届“中国地方金融十佳特色产品”奖，总行营业部荣获“2008 年度中国银行业文明规范服务示范单位”的称号；风控能力持续增强，对风险管理组织、流程、技术进行了再植、再造，实现全覆盖；科技建设突破发展，历时两年开发的具有国内一流水准的综合业务系统即将全面上线；队伍素质发生质的变化，后备人才充足，核心竞争能力大幅提升。

主要荣誉

两度入选《金融时报》“中国最大的 50 家商业银行排行榜”；两度入选中国服务业企业 500 强；两度在《银行家》杂志大型城市商业银行竞争力排行中名列第 6 位；2007 年首次入选英国《银行家》杂志评选的“世界 1000 家大银行”；被中国银监会、山东银监局授予“中小企业贷款先进单位”；被山东银监局评为“2007 年度良好银行”；相继获得“山东省金融创新奖”、“山东省富民兴鲁劳动奖状”、“山东省先进基层党组织”等荣誉称号。

未来展望

以全国优秀银行为标杆，深化中外合作，推进战略转型，强化资本运作，加大区域扩张，优化结构，提升质量，快速发展，提高盈利，逐步成为信誉良好、管理规范、经营稳健、服务一流的区域性公众持股银行。

愿景：成为中小企业、城镇居民的首选银行。

使命：为客户提供满意服务；为股东创造理想价值；为员工提供发展平台；为社会创造更多财富。

核心价值观：忠诚、责任、创新、效率。

法定代表人：邱云章（董事长）

主要负责人：郭涛（行长）

总部地址：中国山东省济南市顺河街 176 号

邮政编码：250001

电话银行：4006096588

福州市商业银行

福州市商业银行成立于 1996 年 12 月 27 日，是经福州市政府同意，由中国人民银行总行批准，在福州市原 14 家城市信用社和城市信用社联社的基础上，由地方财政、企业法人和个人共同参股组建，具有独立法人资格的福州市第一家地方性股份制商业银行，下辖漳州、龙岩两家分行、32 个支行和一家营业部，实行“总行—支行”扁平式经营管理模式。

2008 年是我国经济金融发展很不寻常、很不平凡的一年，是我行实施 2006—2008 年三年发展规划的最后一年，也是全行上下团结一致、经受考验的一年。面对国内外经济金融形势的急剧变化，在国家加强宏观调控、加大货币政策调整力度、强化金融监管的背景下，我行全面落实科学发展观，扎实推进经营战略转型，在适度增长、结构调整、业务创新和风险控制等方面取得明显成效，跨区域经营实现新的进展，盈利能力较上年同期进一步提升，抵御风险能力进一步增强，各项业务保持平稳发展，主要各项指标均超额完成了三年发展规划目标。

至 2008 年末，我行资产总额为 308.2 亿元，完成三年规划的 134%，超 78.2 亿元；存款余额为 246.2 亿元，完成三年规划的 128%，超 53.2 亿元；贷款余额为 159.1 亿元，完成三年规划的 131%，超 38.1 亿元；贷款损失拨备覆盖率为 139.52%，比年初提高 7.23 个百分点；全年累计实现拨备前利润 62,055.8 万元，同比增加 14,137.6 万元，增长 29.50%，其中累计账面利润 48,177.7 万元，同比增加 10,103.1 万元，增长 26.54%；实现净利润 43820.6 万元，完成三年规划的 274%，超 27820.6 万元，三年累计实现净利润 98422.9 万元，完成三年规划的 289%，超 64422.9 万元。

面对经济金融发展的新形势，福州市商业银行将坚持用科学发展观指导和规范各项经营管理活动，扎实推进经营战略转型，全面提升核心竞争力，努力实现和谐发展，打造现代精品银行！

广州市商业银行

基本情况

广州地区唯一由市政府控股的股份制商业银行

总行座落在广州市商业中心天河北

81 个机构网点
1800 名员工
资本金 83 亿元

历史沿革

成立于 1996 年 9 月 17 日，在 46 家城市信用合作社的基础上组建广州城市合作银行；

1998 年 7 月，更名为广州市商业银行股份有限公司；

2001 年 12 月，新增资本金 7 亿元；

2005 年 12 月，增资扩股 10 亿元；

2007 年 5 月，定向增资 23 亿元；

2008 年 9 月，增资扩股 30 亿元，总资本金达到 83 亿元。

发展业绩

近年来，广州市商业银行各项业务发展速度远高于广州地区同业平均水平，2008 年各项业务指标再创历史新高：

资产总额 1110 亿元，同比增加 223 亿元，增长 27%；

各项存款余额 1015 亿元，同比增加 171 亿元，增长 21%；

人均存款 5600 万元，同比增加 1000 万元，增长 22%；

各项贷款余额 413 亿元，同比增加 105 亿元，增长 34%；

全年实现经营利润 8.15 亿元，同比增加 3.95 亿元，增长 94%。

市场定位

政府的银行：

支持市政重点工程：为广州开发区、科学城、大学城、天河软件园、广州地铁、新电视塔、内环路、广园快速路、新光快速路、南沙港快速路等项目提供资金支持；

支持地方经济：为城投集团、交投集团、广钢集团、广药集团、珠啤集团、发展集团、岭南集团、建筑集团、南方航空、省交通集团、广晟资产经营有限公司、广弘国际贸易集团等提供信贷支持；

扶持民营企业：支持美晨集团、珍宝巴士、宏佳伟业、明和实业、恒鑫实业、华美教育集团、天天洗衣等民营企业的发展。

市民的银行：

医保卡三家发卡行之一，代理发行集多种功能于一体的社会保障市民卡；

代发广州市财政统发人员工资；

定期推出种类齐全、内容丰富、期限灵活的红棉理财系列产品，为广大市民投资理财提供帮助；

开办物业专项维修资金业务和存量房交易资金托管业务；

提供形式多样、办理便捷的个人贷款业务。

获得荣誉

“改革开放 30 年广州企业管理十大成就奖”；

“广州十大最具竞争力服务品牌”；

“广州十大最具竞争力国有企业”；

“广州市文明单位”；

“中国银行业文明规范服务示范单位”。

贵阳市商业银行

贵阳市商业银行成立于 1997 年 4 月 18 日，是贵州省第一家具有独立法人资格的地方性股份制商业银行，西南地区首家通过 ISO9001:2000 国际质量管理体系认证的城市商业银行及贵州省首家通过认证的金融机构。

贵阳市商业银行现有 2000 多名员工，91 个营业网点。截止 2006 年末，全行总资产达 302.7 亿元，各项存款余额达 263.3 亿元，各项贷款余额 180.1 亿元，累计实现利润 10.83 亿元，存贷款规模和市场份额在贵阳市商业银行业中位居前三甲。

贵阳市商业银行始终坚持“市民银行”的市场定位，积极致力于管理、产品和服务创新，推出了一系列独具特色的服务品牌：“365 天 ×24 小时”全天候服务；96033—空中银行；缴费品种多，覆盖面广、服务功能全的“缴费通”；西南地区首张智能化银行卡—甲秀卡；为个体工商户和小企业量身定做的“及时雨”；与国家开发银行、IPC 公司合作开展的微小企业贷款业务等等。同时，还开办了外币兑换，外汇存款、贷款、汇款，结汇、售汇、付汇，进出口结算，同业外汇拆借，福费廷，国际保理，资信查询、咨询和见证等外汇业务，与美国、日本、德国等 45 个国家（地区）的 186 家金融机构建立了代理行关系。

贵阳市商业银行将继续植根于贵阳这一方沃土，坚持精品银行发展战略，大力推进改革创新和规范管理，坚定不移地向实现跨区域发展、引进战略投资伙伴和公开上市的三大目标迈进。

富滇银行

富滇银行股份有限公司（以下简称“富滇银行”）成立于 2007 年 12 月 30 日，是经中国银监会批准的，在对昆明市商业银行进行增资扩股和处置不良资产的基础上成立的云南省第一家省级地方性股份制商业银行。

近年来，在云南省委、省政府和昆明市委、市政府的充分重视和正确领导下，在云南省金融办、中国人民银行昆明中心支行、云南银监局等上级监管部门的指导下，富滇银行全面贯彻“发展兴行”的经营理念，秉承“客户至上、守法经营，追求效率、积极进取，服务大众、造福社会”的经营宗旨，坚持以“支持当地经济建设、支持当地中小企业发展、服务当地民众、发展当地经济”为目标，内抓管理、外拓市场，在发展理念、规划思路、制度体系、管理方法、市场手段、流程再造、风险控制、金融创新、科技支撑、人才团队建设等方面做出了系统的规划。为支持云南省和昆明市地方经济建设发展做出了应有的贡献，也使自身在市场中占据了重要位置，获得了长足的进步。

截至 2008 年末，富滇银行本外币资产总额达 405.28 亿元，全口径各项存款余额 324.54 亿元，各项贷款余额 221.08 亿元，实现利润 1 亿元，不良贷款率 2.99%。全行业务发展逐年稳步、积极推进，资产总量及存、贷款总量持续稳健增长，盈利水平显著提高，资金运行总体平稳，不良贷款及不良贷款率实现“双降”。

富滇银行作为历史上在我国西南和东南亚各国具有强大影响力的地方银行，具有较高的历史文化品牌价值。昆明市商业银行成功更名为富滇银行，赋予了这一历史知名品牌新的内涵和生命力。

“心致远，富泽滇”。富滇银行将以加快发展地方金融业、促进云南经济发展为己任，按云南省委、省政府组建富滇银行的要求和战略部署，认真贯彻落实中国银监会的各项监管规定，以“做好、做强”为基本发展目标，树立“以战略规划为先导，风险控制为基础，市场营销为中心，规范管理为手段，金融创新为动力”的企业经营理念，实现从传统经营模式向现代商业银行转型，努力把富滇银行建设成为“发展战略明晰，公司治理完善，内控机制严密，经营管理科学，服务效益优良”的现代金融企业。同时借助富滇银行品牌在云南及周边国家的影响力，充分发挥其对东南亚、南亚的辐射功能，拓展银行业务，发挥云南区位优势，加快外向型经济发展，为云南企业实施“走出去”战略提供有力的金融保障，促进云南对外经济又好又快发展。

长沙银行

长沙银行成立于1997年5月，是湖南省首家区域性股份制商业银行。现有实收资本9.78亿元，控股祁阳村镇银行，下辖33家支行61个营业网点，其中包括1家异地支行株洲支行，在职正式员工1507人。截止2008年末，全行资产总额达到572亿元；各项存款余额达到433亿元；贷款余额达到230亿元；经营利润超过10亿元，报表利润达到6.69亿元；不良贷款率为1.98%，拨备覆盖率达到186%；资产收益率达到1%。综合实力在长沙市内同业和全国120多家城商行中排名前列，发展素质全面达到银监会确定的“优秀银行”标准，各项结构性指标基本达到上市银行水平。2008年荣膺中国“最具成长力中小银行”。

成立12年来，长沙银行取得了喜人的发展成绩。一是特色经营凸显优势，竞争能力日益增强。紧紧围绕“政务银行、中小企业银行、市民银行”的特色定位，以及“四个三”的客户发展计划，初步形成了自身的经营特色和核心竞争能力。二是新兴业务异军突起，金融创新活力展现。投资银行业务、国际业务、电子银行业务等从无到有，从小到大，成为新的增长源。三是治理结构日臻完善，从严治行确保稳健。在公司治理上，形成了以董事会为中心的决策系统、以监事会为中心的监督系统和以经营班子为中心的经营系统的三位一体的运行管理模式，保证了稳健高效的运行。四是和谐长行纵深推进，“千心团队”彰显活力。不断深化“人才强行”和“人本关怀”，完善机制，落实措施，努力打造专业化、职业化的“千心团队”，人才优势初步显现。

站在新的历史起点，长沙银行将牢牢把握湖南“一化三基“、长株潭“两型社会建设”、长沙“率先发展”等重大战略机遇，全面贯彻科学发展观，继续深化特色定位，着力打造核心竞争力，重点推进区域化、股权多元化、上市的发展步伐，全面进军“区域性精品上市银行”的战略目标。

郑州市商业银行

郑州市商业银行成立于2000年2月，是郑州市唯一一家具有独立法人资格的股份制商业银行，现有62家营业网点，在职员工1312人。

成立9年来，在省市政府、市国资委、银监局、人民银行和社会各界的关心支持下，郑州市商业银行以科学发展观为指导，坚持“服务地方经济、服务中小企业、服务城市居民”的市场定位，以“关注民生、了解民意、解决民需”为己任，植根中原沃土，胸怀信托责任，运用现代银行管理手段，强化内控机制建设，加快资本重组和战略引资步伐，积极引进ISO9001：2000质量管理体系，建立薪酬绩效考核体系、经济资本管理体系、特色业务体系和企业文化体系，全方位塑造核心竞争力，增强稳健协调可持续发展能力，为区域经济繁荣做出了突出贡献，获评中原地区最佳市民银行和最具社会责任感银行。

2008年，是郑州市商业银行的“重组改制攻坚年、依法合规执行年，内控机制完善年、小额贷款发展年”。通过强力攻坚，郑州商行圆满完成资产重组工作，彻底解决了历史遗留包袱；深入开展解放思想大讨论活动，积极推进体制、机制改革，优化目标考核与激励约束机制，引导、鼓励支行稳健快速发展；强化执行力，注重落实成效，建立匹配的绩效和责任追究体系；突出风险文化、合规文化建设，以“监管评级上台阶”为抓手，持续改善各项经营管理指标，全面完善风险防控体系，增强自身持续防范风险能力；着力打造中小企业绿色融资通道，满足中小企业需求，创新贷款品种，商户联保、法人按揭、“五个一”贷款等一批产品在服装、建材、物流、信息科技等多个领域叫响了品牌，进一步确立小额贷款业务在全省的优势地位；拉内需、保增长，携手企业共渡难关，落实国家“有保有压”政策，科学进行信贷投放，大力支持地方经济建设；创新营销手段，强调客户回馈，组织开展“白云之约”、“浪漫海滨”、“草原之夜”、“迎中秋”等贵宾联谊活动，培育高端客户感情和忠诚度；强化科技支撑，携手IBM打造适应现代管理和业务发展要求的全新信息系统；走社区、进市场，创特色，建精品，大力宣传核心产品和企业文化，通过社区宣传系列活动，走近市民、靠近商户、贴近企业，传导特色经营理念，树立健康企业形象，推动商行品牌建设与覆盖。通过一系列大刀阔斧的改革和扎实细致的工作，成效逐步显现，郑州商行正稳步向“好银行”的目标迈进。

截至2008年底，郑州市商业银行资产总额达340亿元；存款余额达284亿元；贷款余额达162亿元；累计发行银行卡106万张；全年实现盈利7.08亿元；资本充足率10.65%，拨备覆盖率123.95%，不良贷款率2.25%，监管评级级别达到三级水平。

郑州商行的蓬勃发展吸引了外界关注的目光，国内外多家战略投资机构和银行积极进行深度接触，表达合作愿望。同时，郑州商行还先后荣获全国最具成长力金融机构、中国银行业文明规范服务示范单位、全国模范职工之家、省市两级“五好”党组织、全省改革开放30年卓越贡献国有企业、全省诚信纳税100强企业、中原地区最佳小企业贷款银行等荣誉称号。一个政府满意、企业信赖、市民亲近、股东信任、员工拥护的好银行，正在中原大地崛起。

2009年，是推进郑州市商业银行持续发展的关键一年，也是郑州市商业银行更名迁址、跨区域发展的一年。面对严峻的金融形势，团结奋进的商行人将进一步统一思想、认清形势，增强发展的责任感、使命感，坚持内控优先、审慎经营，加大信贷投放力度，危中求机、稳中求进，和企业同舟共济、共渡难关。到2009年底，郑州市商业银行资产规模预计将达到380亿元；存款余额达到310亿元；贷款余额达到182亿元；实现利润6.6亿元以上。在改革发展的大潮中，坚守社会承诺，履行信托责任，促进地方经济平稳较快发展，创造郑州市商业银行新的飞跃和辉煌！

石家庄市商业银行

石家庄市商业银行于1996年5月28日经中国人民银行批准设立，是全国最早5家试点城市合作银行之一。建行13年来，本行始终坚持“服务地方经济、服务中小企业、服务城市居民”的市场定位，秉承“发展、创新、管理、效益”的经营理念，在地方政府、金融监管部门和社会各界的大力支持下，不断完善经营机制，提高经营管理水平，各项业务快速健康发展，在促进地方经济发展、支持中小企业成长壮大、为城市居民提供金融服务等方面发挥了积极作用。

截至2008年12月31日，本行总资产426亿元，各项存款余额345亿元，各项贷款余额197亿元，所有者权益18.3亿元。存款、贷款市场份额在石家庄市区域金融市场11家银行业金融机构中均排名第4位，总资产、存款余额、贷款余额等主要经营指标在全省10家城市商业银行中均列第一位。由中国金融研究院、中国金融网、中国金融专家年会领导小组等多家金融权威机构联合发布的“中国2008金融机构年度总评榜”中，我行在全国136家金融机构中脱颖而出，被评选为“中国2008最具成长力金融机构”。按2007年《银行家》杂志中国商业银行竞争力年度排名，本行市场规模在全国122家城市商业银行中排名21位，已跨入国内大型城市商业银行序列。

经过13年的发展，本行业务范围不断扩大，产品种类日益丰富，综合金融服务能力持续提高，已成为河北省资本实力最雄厚、资产规模最大、综合实力最强，在环渤海地区具有重要市场影响力的城市商业银行。

基本情况：

财政部记账式国债承销团成员

凭证式国债承销团成员

债券结算代理银行

国家开发银行金融债券承销商

银行间市场优秀交易成员、交易量100强

中央国库现金管理存款业务参与银行

同全球116家知名银行建立了国际业务代理行关系

环球银行间金融通信协会SWIFT系统成员行

河北省银行业金融机构小企业授信工作先进单位

河北省城市商业银行合作组织发起行

西安市商业银行

西安市商业银行是西安市人民政府控股的地方性股份制商业银行。1997年5月，在中国人民银行和西安市人民政府的支持下，42家城市信用社合并组建西安城市合作银行，1998年更名为西安市商业银行，从此走上了集约化经营的道路。开业10年来，在市委、市政府和人民银行以及陕西银监局的正确领导和关怀下，在广大股东及社会各界的大力支持下，围绕“服务地方经济、服务中小企业、服务广大市民”的市场定位，西安商行不断深化改革，按照现代企业制度完善法人治理结构，规范内部管理，增强服务功能，优化资本结构，实现了跨越式发展，并于2004年成功引进国际金融公司和加拿大丰业银行两家国外战略投资者，成为西部地区第一家引进外资的城市商业银行，也是全国115家城市商业银行中继上海银行和南京银行后第三家引进外资的城市商业银行。截至2006年末，各项存款余额324亿元，贷款余额239亿元，总资产383亿元，实现拨备前利润4.5亿元。目前西安市商业银行已成为中国西部地区经营规模和盈利能力居前的商业银行。

经过十年努力，西安市商业银行外塑形象，内提品质，企业形象和综合竞争力得到了大幅提升。西安商行113家支行遍布西安主要街区，2000余名员工服务于千家万户，着力打造“市民银行；积极支持市政基础设施及曲江新区、大唐芙蓉园等建设，扶植地方中小、民营科技企业发展，致力于西安地方经济建设与发展；不断完善金融电子化建设，推出电话银行“96779”和“福瑞卡”，开展中间业务惠及市民、拓展利润空间，为西安金融插上了腾飞的翅膀；成功引进国际金融公司和加拿大丰业银行两家境外战略投资者，增强了参与国际金融市场竞争的实力；制定未来发展战略，确立在条件成熟时实施跨区域经营的战略思想。

2007年5月13日，西安市商业银行迎来了十年华诞。回顾创业岁月和改革发展历程，西安商行深信，有市委、市政府的正确领导，有监管部门的科学引导，有十年发展的坚实基础，有全行员工拼搏进取、自强不息的精神和勇气，一定能够再创新的辉煌，为西安经济社会建设和发展再建新的功勋！

重庆银行

基本情况

座落在重庆市的商业中心——解放碑

20层楼高的圆柱形标志性建筑

77个营业机构

近1600名员工

超过830,000个私人客户

超过30,000个公司客户

资本金20.07亿元

2008年末各项存款余额422.4亿元

2008年末各项贷款余额287.1亿元

2008年末实现利润总额8.47亿元

历史沿革

成立于1996年9月18日——长江上游和西南地区最早的地方性股份制商业银行；

由37家城市信用社及城市信用联社改组，连同重庆市财政、部分区县财政、有入股资格的企业共同发起成立的股份有限公司；

1998年5月更名为重庆市商业银行股份有限公司；

2003年实现增资扩股，资本金由3亿元扩充至15.18亿元。

2005年、2006年两次定向增资，资本金由15.18亿元至20亿元。

2007年9月19日更名为重庆银行股份有限公司。

经营范围

重庆地区唯一的全国同业拆借一级网络会员行

人总行公开市场首批交易商

中国外汇交易中心会员行

国家开发银行金融债券承销商和国债一级承销商

中国证监会证券营业部存管银行

中国进出口银行国外项目代理行

经营范围包括各类存贷款业务、结算业务、担保业务、代理业务、资产业务和财务顾问业务等

市场定位

1. 地方的银行

积极发挥地方银行的功能与作用

大力支持市政重点工程建设和地方经济建设

先后为地铁二号线、黄花园大桥、滨江路、石桥铺立交桥、奥体中心、上清寺大循环道、一号桥改造、地铁广场等一批重点项目建设提供了有力的资金支持。

2. 市民的银行

个人业务产品包括长江银联卡、储蓄、个人消费贷款、个人经营贷款和各类代理业务；

以长江卡为载体，开发了长江卡循环贷款、长江星座卡、长江卡聚财通、长江卡银信通等特色产品；

2002年联合有关部门推出“心连心下岗职工再就业小额贷款”。

3. 中小企业的银行

小巨人金融服务计划目标

实施“三个一”工程，即三年对中小企业的融资净增量达到100亿，新扶持1000家中小企业，培育100个小巨人；

已经与市中小企业发展局签订合作协议，将充分利用市中小企业发展局和其他主管部门、行业协会提供的信息平台；

与市经委建立“3+3”合作模式：在三个园区（茶园和空港、九龙）、三个行业（轻纺和机电、化医）展开广泛合作；

已经与市乡镇企业担保公司建立了担保体系，正努力扩大担保机构合作范围，为中小企业担保提供更多选择；

针对中小企业生产经营特点，提供短期流动资金贷款、法人帐户额度透支、有追索权国内保理业务等金融产品满足中小企业短期融资需求；

在风险防范、信贷操作流程方面制定了相应措施。

成都银行

作为四川省首家城市商业银行，自成立以来，成都银行始终坚持“立足地方经济，立足中小企业，立足广大居民”的市场定位，依法稳健经营，严格规范管理，已逐步发展成为一家规模初具、运行稳健的股份制商业银行。截至2008年12月31日，存款余额由成立时的39.7亿元增长为629.1亿元，增长16倍；贷款余额由成立时的26.3亿元增长为404亿元，增长15倍；总资产由成立时的48.2亿元增长为724.7亿元，增长15倍。经营规模和综合实力稳居西部城市商业银行首位。目前，该行总部下辖115家支行网点，正式员工2114名。

近年来，在“二次创业”、“五年规划”发展新思路的指引下，成都银行努力开拓创新，不断深化改革，各项业务实现了年均30%以上的增长，经营利润连年翻番。2007年，成都银行成功实施增资扩股，引进境内外投资者，一次性募集资金60亿元，为该行未来长足发展奠定了坚实的基础。2008年10月28日，经中国银监会批准，成都银行由“成都市商业银行”正式更名，标志该行开始由地方性银行向区域性银行、全国性银行发展。与此同时，成都银行连续晋身“2007年度全球商业银行1000强”、“2007年度亚洲银行300强”、“2007年度中国银行业100强”等国际权威商业银行综合实力排行榜。

通过实现自身快速、健康发展，成都银行不断加大对地方经济的服务力度，走出了一条与城市共同发展、共同成长的特色之路。为助推地方经济建设，成都银行先后支持了三环路、人民南路南延线、府南河综合治理、东大街拆迁改造、新津旧城改造、双流新城建设等市政重大建设项目，并与市土地储备中心、工投公司、兴东公司、兴南公司、兴蓉公司等重点市属企业加强了业务合作，重点支持了沙河整治、金沙遗址、宽窄巷子历史文化保护区开发、凤凰山片区改造、彭州石化基地建设、都江堰青城山景区改造等重大项目。为支持城乡统筹综合配套改革，成都银行进一步加大对县域经济及“三农”的支持力度，先后与现代农业发展投资有限公司等签订贷款合同，并积极在郊区县市开设支行。为解决本地中小企业融资难的问题，成都银行开辟了中小企业贷款“绿色通道”，努力探索解决中小企业贷款“担保难”的新路子，并先后推出“工业园整体授信”模式、“知识产权质押”贷款等创新型中小企业特色信贷产品，逐步探索出了一套具有自身特色的中小企业金融服务体系。为关怀市民福祉，成都银行不断优化便民服务，在全市率先推出储蓄延时服务，始终坚持现金代收水、电、气费以及固定电话费，免收小额账户管理费用，开办再就业个人小额担保贷款业务等，有力地支持了成都地方经济和社会的发展。

在改革发展的新阶段，成都银行将牢固树立科学发展观，与境内外投资者一道，走开放式发展道路，充分借鉴国际先进经验，全面提升银行的综合竞争能力，并积极推进实施跨区域经营和公开上市等多个战略，努力把将自身打造成为资本充足、内控严密、营运安全、服务和效益良好的国内一流精品银行，为地方经济发展做出新贡献。

乌鲁木齐市商业银行

乌鲁木齐市商业银行是经中国人民银行批准，由自治区、乌鲁木齐市两级财政、企业、个人共同入股组建的地方性股份制商业银行，于1997年12月20日挂牌开业。现辖71家支行，有员工1027人。截止到2008年末，市商行的总资产已达到283.56亿元，各项存款余额258.49亿元，各项贷款余额129.01亿元，实现了又好又快的发展。

自成立以来，乌鲁木齐市商业银行始终坚持“立足地方经济，立足中小企业，立足城市市民”的经营宗旨，积极深化改革，开拓创新，不断推出新的金融服务产品，努力满足广大市民多样化的金融服务需求。除做好传统的存、贷、汇银行业务以外，先后推出了国际业务、票据贴现、小企业及个体商户贷款、银行承兑汇票、买卖金融债券、个人金融资产质押贷款、住房按揭贷款以及国库代理、银税一体、燃气费代收等代收代付业务，使“新疆人自己的银行”的特色日益凸现。与此同时，乌鲁木齐市商业银行还加大了电子化建设的力度，现已建成覆盖全行的计算机综合网络系统和能够开发各种金融产品的业务平台。依托人民银行现代化支付系统，使结算手段更加快捷、方便、安全。此外，自2001年4月乌鲁木齐市商业银行发行首张“雪莲储蓄卡”以来，经过八年的发展现已形成了以雪莲储蓄卡、雪莲泊车卡、雪莲燃气卡、雪莲欣文卡、好E家雪莲卡、雪莲贷记卡为代表的多种类体系。目前发卡量已达100万张。先后荣获2006年度银联标准信用卡开拓奖”、“2006年度区域性成员机构境外ATM业务最佳成长奖”。2009年1月19日，乌鲁木齐市商业银行昌吉分行正式开业，标志着乌鲁木齐市商业银行投身乌昌经济建设，实施跨区域的序幕已经拉开。

面对我国金融业的全面开放，金融领域面临着前所未有的机遇和挑战，乌鲁木齐市商业银行将按照未来3至5年战略发展目标，通过加快发展和深化改革，努力把乌鲁木齐市商业银行发展成为法人治理结构完善、企业运行机制健全、资产质量大幅提高、经营效益显著改观、竞争实力日益增强的地方性跨区域经营的现代化股份制商业银行。

北京农村商业银行

北京农村商业银行的前身是始建于1951年、至今已有五十多年发展历史的北京市农村信用合作社。多年来，它立足京郊大地，秉持服务“三农”的宗旨，为促进首都农民增收、农业发展、农村社会的稳定和城乡经济建设做出了重要贡献。

2005年2月，国务院批准组建全国首家省级股份制农村商业银行—北京农村商业银行。10月19日，北京农村商业银行成立庆典在人民大会堂隆重举行。

2007年，北京农商行全方位开展业务和管理的系统性创新，经营业绩大幅提升，资产质量和监管指标全面改善，品牌形象和市场竞争力显著增强，体制机制建设和管理提升取得全面突破，实现了整体业务又好又快发展。截至2007年末，北京农商行资产总额1829亿元，存款余额1694亿元，贷款余额974亿元,较上年末分别增长20.4%、27.2%和34.4%;五级和四级分类口径的不良贷款率分别为6.83%和7.10%,较上年末分别下降了4.24和3.50个百分点;实现经营利润19.77亿元,较上年增长23.1%。目前拥有近700个营业网点,居全市金融机构网点数第一,大多都分布在北京十个郊区县,存贷款总额占郊区及农村市场份额的三分之一,是北京社会主义新农村建设的金融主力军。

北京农村商业银行多年来始终坚持服务"三农",支持新农村建设的信贷方针,重点扶持了特色林果、绿色养殖、休闲旅游三大主导农业产业的发展,以及涉农的相关企业,并培养出一批农业及涉农的龙头企业,支农主力军作用充分体现。同时,加大对中小企业的信贷投入,积极服务市民百姓,加大个人金融业务的科技投入,中间业务品种日趋丰富,推出了带有银联标识的具有农商行特色的凤凰卡,大大提升了北京农商行市场竞争力。

按照三年发展规划的初步设想,到2008年,北京农村商业银行将基本实现存贷款规模三年翻一番的目标,并在郊区和农村的存贷款市场份额达到50%以上;经营效益处于北京同业平均水平,资产质量在同业中处于中等水平;从经营和管理等方面基本达到全国性股份制商业银行的标准,具备在异地设立分支机构的基本条件,从而实现跨区域发展;争取基本达到银行上市的条件,做好引进境内、外战略投资者的准备工作。

2008年是北京农商行的"快速发展年",北京农村商业银行将完全按照现代股份制商业银行的标准,坚持"立足城乡、服务三农、服务中小企业、服务市民百姓"的市场定位,突出"农"字名牌,以市场为导向,健全法人治理结构,不断完善内控机制,提高经营管理水平,增强市场竞争能力和抵御风险的能力,进一步加大支持"三农"服务力度,更好地为中小企业和市民百姓服务,为促进首都社会主义新农村建设和首都经济社会发展做出更大贡献。

平安银行

平安银行为中国平安集团旗下重要成员,是中国平安集团综合金融服务平台的重要组成部分。作为一家跨区域经营的股份制商业银行,平安银行注册资本为人民币54.61亿元,总资产近1500亿元,总行设在深圳,营业网点目前分布于深圳、上海、福州、泉州、厦门、杭州和广州等地。

平安银行的前身深圳市商业银行成立于1995年6月22日,是中国第一家城市商业银行。2006年11月,经中国银监会正式批准,中国平安集团持有深圳市商业银行89.36%的股份,成为该行最大股东。2007年6月16日,中国银监会批准深圳市商业银行吸收合并原中国平安集团旗下子公司平安银行并更名为深圳平安银行。2009年1月,深圳平安银行经批准更名为平安银行。

作为中国平安集团三大业务支柱之一,平安银行依托中国平安集团强大的综合金融服务优势,将成为一家在零售业务、信用卡以及中小企业等主要目标市场业绩骄人、整体管理上具有国际先进水平的全国性一流银行。

吉林银行

吉林银行股份有限公司(BANK OF JILIN CO.,LTD,简称吉林银行)是经中国银行业监督管理委员会于2007年10月10日批准,由长春市商业银行更名为吉林银行,吸收合并吉林市商业银行、辽源市城市信用社而设立的股份有限公司。2008年11月、12月和2009年4月,吉林银行通过吸收合并四个地区的城信社成立了白山、通化、四平、松原分行,新设立了延边分行、白城分行。

吉林银行总行设在长春市,在长春、吉林、辽源、白山、通化、四平、松原、延边、白城开展业务,有营业网点366个,在岗员工6400多人。

2008年,吉林银行通过增资扩股,增强了资本实力;吸收合并通化、四平、白山、松原等四个地区城市信用社和设立延边、白城分行等工作稳步推进,2009年4月完成了省内机构设置,初步形成在全省的跨区域经营。

吉林银行成立后,积极推进流程银行、新一代IT综合业务系统、培训"三大工程"建设,夯实经营基础。把整合资源和管理作为提升核心竞争力和可持续发展能力的首要工作,率先在国内同类银行中开展了流程银行建设,努力打造前台营销服务职能完善、中台风险控制严密、后台保障支持有力的现代商业银行运营模式;强力推进人力资源改革和薪酬制度改革,实行行员制和差别薪酬,建立专业技术序列晋升通道。开展多角度、多层次、多种形式的培训,努力把吉林银行办成学习型企业;积极进行IT业务系统的升级改造,着力提升科技支撑能力和核心竞争能力,实行科技系统建设、软件开发、售后服务外包,建立高起点、先进的新一代综合业务系统;结合民生工程建设,以社区"一卡通"为纽带,实施金融服务进社区工程,大力发展零售业务,打造社区银行品牌,走特色银行之路。

一年来,吉林银行紧密围绕吉林省委、省政府确立的跨区域发展和上市经营的战略目标,经营规模不断扩大,服务明显改善,效益显著提升。截至2009年3月末,全行总资产突破1000亿元大关,达1095.25亿元,比2007年10月成立时增长了112.94%;各项存款余额807.15亿元,比成立时增长了79.66%;各项贷款余额592.79亿元,比成立时增长了86.11%,资产规模和盈利能力已跻身全国城商行前列。

吉林银行以股东利益最大化为根本任务,坚持依法、合规、稳健经营,努力构建专业化、集约化、科学化的运营模式和经营机制,实现效益、质量、规模协调发展。吉林银行将严格按照吉林省委、省政府和金融监管部门的要求,继续完善治理结构,改革运营模式,调整业务结构,加强风险控制,努力实现跨区域发展和上市经营,把吉林银行建设成为资本充足、内控严密、运营安全、服务优质、效益良好、创新能力和竞争能力强的现代金融企业。

大连银行

大连银行前身大连市商业银行成立于1998年3月28日,是一家由大连市国有股份、中资法人股份及个人股份共同组成的地方性股份制商业银行。经中国银行业监督管理委员会批准,大连市商业银行于2007年2月17日更名为大连银行。2007年7月19日,大连银行在天津设立了第一家异地分行,迈出了从地方银行向全国性银行转型的第一步。2008年7月18日,大连银行第二家异地分行——北京分行正式开门纳客,标志着大连银行实现了自身发展的又一次重大跨越。2009年1月18日沈阳分行开门纳客,为大连银行东北地区战略布局落下了一颗重要的棋子。

大连银行秉承"稳健经营、科学发展"的经营理念,以完善法人治理结构、增强风险控制能力和建立资本约束机制为手段，以支持东北老工业基地振兴和地方经济发展为己任，进一步明确了"服务地方、服务中小、服务市民"的市场定位，先后为大连市基础设施改造、区域经济发展提供了一揽子金融支持，实现了中小企业融资的一站式服务。

截至2009年3月末，全行员工2500人。总行下设21个管理部门，三家分行，99个营业网点，分布在大连市内各区及北三市，三家分行为天津分行、北京分行和沈阳分行。

近年来，大连银行资产质量不断提高，盈利能力持续增强，各项经营指标实现了历史性突破。截至2008年底，大连银行资产规模达到851亿元；各项存款余额778亿元；各项贷款余额445亿元；资本充足率达到11.23%，拨备覆盖率131%。在2008年7月出版的英国《银行家》杂志全球前一千家大银行排名中，大连银行位列第605位，在中国的银行中排名第25位。

为实现"打造百年老店，建设精品银行"的终极目标，大连银行制定了十年发展战略：自2009年至2011年，要用3年时间在经营管理水平上进入全国城商行第一集团的行列；到2013年，达到全国性股份制商业银行的一流水平；到2018年，在内在品质上接近或达到国际上好银行的标准。

作为一家志存高远的银行，未来的大连银行将实施积极稳妥的异地分支机构发展战略，争取用五年左右的时间，完成在沿海发达省份、东北地区中心城市、内陆省份中心城市分支机构布局，成为名副其实的全国性股份制商业银行。

未来几年，大连银行将立足大连、放眼全国，牢牢把握风险管理这一行业本质，稳健经营、规范管理，转变经营模式和管理模式，推进流程再造，向零售银行转型，把大连银行建设成为公司治理完善、内部控制严密、经营特色明显、资产质量良好、业绩表现优秀、服务质量一流的现代化全国性股份制商业银行。

宁夏银行

宁夏银行（原银川市商业银行）成立于1998年10月28日，是经中国人民银行批准，由自治区、银川市两级政府及企业入股组建的宁夏回族自治区一家股份制商业银行。

成立十年来，在各级党委、政府的支持下，在社会各界的关心下，宁夏银行始终坚持"服务地方经济，服务中小企业，服务城乡居民"的市场定位，以支持地方经济建设为己任，为 促进地方经济社会发展做出了突出贡献 。连续两年被自治区政府授予"支持地方经济发展贡献奖"，2008 年荣获"宁夏改革开放30年行业功勋奖"。

2008年10月16日，宁夏银行固原支行开业，使全辖支行达到34家，营业网点遍布宁夏经济比较发达的县市，业务经营覆盖宁夏全境。公司业务推陈出新，个人业务系列化、特色化，推出了"24小时银行"、"存取款免填单"、"96558"电话银行、"金如意理财包"、"账户信息通"、"如意白领通"和"如意农金宝"等金融产品和服务品牌，得到了客户的高度认同；国际业务品种齐全，如意借、贷记卡功能齐全，国际业务各项指标和贷记卡业务发展名列西北城商行第一；已加入全国银行现代支付系统，综合业务网络系统能支持100家支行的运营，先进的科技支撑力为业务发展提供了可靠的技术支持和保障；全行目前拥有员工1500余人，其中大学本科及以上学历人员占比54%，具有中高级技术职称人员占比25.5%，员工平均年龄32岁，年轻而充满朝气的员工队伍为可持续发展奠定了人才基础。

十年来，通过不断完善法人治理结构，加大市场开发力度，强化基础管理，提高资产质量，各项业务取得了长足发展。截至2008年年末，全行资产总额296.7亿元，各项存款余额246.9亿元，各项贷款余额165亿元，分别比成立之初增加38倍、56倍和52倍；资本充足率达到13.92%，核心资本充足率12.36%；不良贷款占比2.65%；实现税前利润2.8亿元。2007年12月28日，经中国银监会批准，宁夏银行正式挂牌，掀开了历史发展的新篇章。

回首往昔，感慨万千；展望未来，信心满怀。在今后的发展中，宁夏银行将按照"资本充足、治理完善、内控严密、运营安全、服务优良、效益良好"的标准，加强管理，从严治行，及时防范和有效控制各种风险，为把宁夏银行办成一家"好银行"，实现又好又快发展而努力。

厦门市商业银行

厦门市商业银行成立于1996年11月30日，是一家具有独立法人资格的股份制商业银行。总行位于厦门市湖滨北路101号，全行拥有32个现代化经营网点，员工668人。

建行以来，厦门市商业银行按照立足地方经济、服务中小企业、面向城市居民的市场定位，秉承发展、创新、管理、效益的经营理念，励精图治，与时俱进，实现了质量、规模、效益协调发展。截至2008年12月，厦门市商业银行全行资产规模达171.25亿元，存款余额为148.69亿元，各项贷款余额84.92亿元，分别是成立之初的6.46倍、6.98倍、7.33倍。

2008年12月，厦门市商业银行引进境外战略投资者富邦银行（香港）有限公司。引进战略投资者后，厦门商行的资本净额10.5亿元，资本充足率为10.57%，基本满足异地设立分支机构的要求。重组后的厦门市商业银行将在坚持原有市场定位的基础上，充分发挥连接港台业务等优势，积极构建两岸三地金融服务平台，努力发展成为辐射海峡两岸三地的区域性精品银行。

全力支持地方经济发展

我行充分发挥地方股份制商业银行的特点和优势，集中资金积极支持厦门市、区经济建设中的基础产业和支柱产业，支持了环岛路建设、旧城改造、西海域整治、杏林湾改造、厦大学生公寓等大型市政工程建设，为厦门特区经济的发展作出了贡献。积极扶持中小企业。

结合厦门市商业银行的发展定位，我行将中小企业确定为重要服务对象。为全力支持中小企业发展，本行与各类担保公司、各区中小企业服务中心等合作，为在厦投资的中小企业搭建金融服务平台。现全行80%以上的开户企业为中小企业，对中小企业贷款的余额占总贷款余额的75%以上，有力地支持了科技、物流、电子、机械、贸易等各行业中小企业的发展。

形成了品种丰富的个人金融服务体系

在个人金融传统业务的基础上，先后推出了以房贷、车贷、消费贷款为主的"银鹭个贷宝典"的个人金融服务品牌、"钱生钱"理财业务、个人按揭贷款再融资业务、下岗再就业小额担保贷款以及包括借记卡、小额支付"银鹭？E通卡"联名卡等"银鹭卡"系列产品。同时不断完善个人金融服务基础平台。至2007年末，我行拥有营业网点32家，24小时自助银行6家，累计安装ATM总数达100台，金融通总数达79台。在加入"中国银联"后，可实现在厦门3000多台POS机上和2300多家特约商户进行支付结算，并可跨区域、跨行进行取款、消费、转帐。此外还开发了 96319 电话银行客服系统，并通过加入银联的网上支付系统为客户提供各类安全便捷、全天候的、一站式现代金融服务。

国际业务迅速发展

我行国际业务开办于2000年，历经数载努力并借鉴国内外各大银行成功经验，市场份额逐年增加，能够为客户尤其是中小企业提供完善的国际结算和贸易融资等一系列、全方位的服务。目前我行已经加入 SWIFT 系统，在通讯的安全、便利、快速方面，与世界一流银行同步。我行已与境外 30 多个国家的近千家银行及分支机构建立了代理行关系，网络遍及世界各地。我行美元、欧元、港币及日圆等主要币种清算行均是排名世界前列的清算行。已开发的产品有——国际结算方面包括汇款、托收、信用证等；贸易融资方面包括进口贸易融资产品和出口贸易融资产品；出口贸易融资产品包括打包贷款、出口押汇、出口贴现、福费廷、出口商票融资、出口信用保险项下融资、进出口银行卖方信贷代理业务等；进口贸易融资产品包括授信开证、进口押汇、提货担保和进口代付等。

证券投资业务成为新的利润增长点。作为全国公开市场一级交易商、财政部、国家开发银行等主要债券发行机构的承销团成员，我行积极参与同业资金拆借、票据贴现和债券交易等货币市场和资本市场业务，取得了较好的经济效益和社会效益。2000 年、2002—2007 年被评为全国银行间同业拆借中心优秀交易成员，并于 2004—2007 年度分别获“全国银行间债券市场交易量 100 强”的荣誉称号。

推进和谐企业建设

积极开展精神文明创建活动，有 1 家支行获得全国银行业“文明规范服务示范单位”称号，总行和 1 家支行获得市委市政府颁发的“文明单位”荣誉称号，2 家支行荣获厦门市发改委系统文明单位称号，3 家支行获得厦门市银行业“文明规范服务示范单位”称号。5 家支行获得省级“青年文明号”，8 家支行获得市级“青年文明号”。1 家支行荣获厦门市行业“窗口”示范点先进单位称号，2 家支行获得“厦门市金融机构最佳服务网点”荣誉称号。

积极组织员工参加世界合唱比赛、厦门国际马拉松赛、举办职工运动会等活动，我行合唱团参加第四届世界合唱比赛获得了复赛银牌的佳绩。

浙江稠州商业银行

浙江稠州商业银行是一家具有独立法人资格的股份制商业银行，成立于 1987 年 6 月。1998 年以来连续获得义乌市“经济发展贡献奖”、“综合实力奖”。总行及各分支行多次被省、地、市等各级主管部门评为“AAA 级纳税信誉企业”、“慈善事业突出贡献奖”、“文明单位”、“巾帼文明示范岗”、“治安先进单位”等荣誉称号，2007 年被评选为“中国城商行十大最具竞争力品牌”、“全国支持中小企业发展十佳商业银行”。2008 年揭晓的《银行家》杂志“2007 - 2008 中国商业银行竞争力排名”中，本行获得“2008 全国城市商业银行综合排名第五名”，并获“全国中型城市商业银行竞争力第三名”。

20 多年来，本行始终坚持“支持中小、服务个私”的市场定位，把自身发展与区域经济紧密结合，致力于向地方中小企业和个体工商户提供优质的各项金融服务，实现了自身业务的快速、持续、健康发展，优良的业绩和规范化管理获得了地方政府、监管部门和同业的良好评价。

本行拥有分支机构 22 家。目前，本行已构建起完善的公司治理结构，按照现代股份制商业银行的模式建立健全了一整套规范的规章制度和考核机制体系，并在内控制度建设、企业文化建设、人力资源等各方面进行了卓有成效的改革，已初步构建成为一家法人治理结构完善、管理科学规范、风险内控严密、人员素质较高、服务水平一流、资产质量优良、企业形象良好、盈利能力较强的现代股份制商业银行。

南昌银行

南昌银行是在原南昌市 40 家城市信用社基础上，由南昌市地方财政发起设立，1997 年 12 月经中国人民银行批准成立，2008 年 8 月 6 日经中国银行业监督管理委员会批准，更名为南昌银行股份有限公司，注册资本 23. 82 亿元，南昌市财政局为第一大股东。现有异地分行一家，一级支行 19 个，营业网点 77 个，员工 1500 余人，具有大专以上学历人员占 68%。截止 2008 年底，全行总资产 356. 16 亿元，人民币各项存款余额 301 亿元，人民币各项贷款余额 174. 60 亿元，实现利润 6. 3 亿元。

南昌银行自成立以来，全面深化各项改革，以提高盈利水平和市场份额为目标，以提高服务质量为手段，以优化资产结构为中心，依托科技创新，狠抓内部管理，走上了一条有质量、有效益、可持续发展之路。10 多年来，始终坚持“服务地方经济、服务中小企、服务城市居民”的市场定位，秉承着“安全、贴心、方便、现代”的服务宗旨，重点支持南昌市中小企业和个私民营企业，全力支持南昌市政基础设施和重大重点项目、招商引资项目的建设，成为推动南昌快速崛起的重要支撑力量；竭力为市民提供优质金融服务，在全省最先推出储蓄免填单服务，成为全市代收代付业务量最大的银行之一；积极响应政府号召，扶持下岗失业人员再就业，在全省银行业中最早成立“下岗失业人员小额担保贷款服务中心”，为社会的和谐、稳定作出了积极的贡献。先后荣获“2008 年中国最佳零售（财富管理）银行”、“2008 年度中国最佳中型城市商业银行”、“全国支持中小企业发展十佳商业银行”、“江西省最具社会责任感杰出企业”称号。

晋商银行

晋商，肇始于虞舜，鼎盛于明清，称雄商界，纵横亚欧，创无数金融第一，领中国商业与金融革命，成山西为中国金融发源地。晋商所创造的账局、票号等金融机构被西方人称为“山西银行”。

组建晋商银行，是山西省委、省政府振兴山西经济，实现科学发展，重振晋商雄风，再创晋商辉煌的一项战略举措，是社会各界多年的愿望，也是历史上晋商的银行的传承和发展。2008 年 8 月 6 日，山西省政府成立晋商银行组建领导小组，全面启动组建工作；同年 12 月 30 日中国银监会批复同意；2009 年 2 月 5 日，晋商银行股份有限公司股东大会成功召开；2009 年 2 月 28 日正式挂牌。晋商银行是一家总行设在山西的股份制商业银行，为省属大型金融企业。

战略愿景：积极完成省内网点布局，逐步向省外拓展辐射，择机在境内外公开上市。把晋商银行打造成：资本充足、内控严密、运营安全、服务和效益良好的，根植三晋、服务山西、面向全国、走向世界的，具有较强竞争力和影响力的民族品牌银行。

市场定位：扶持中小企业，支持优势企业，参与重大项目，服务城乡居民。

企业文化：传承晋商金融文化，弘扬现代经营理念，敬业、守纪、和谐、创新、发展。晋商银行从历史中走来，在改革中诞生，并必将在传承和创新中不断走向成熟和强大！

厚德永续，源远流长；

融汇天下，共铸伟业！

黄石市商业银行

黄石市商业银行是经中国人民银行批准，在原 13 家城市信用社基础上组建的地方性股份制金融企业，1997 年 9 月 30 日正式成立，注册资本为 1 亿元，本行是实行自主经营、自担风险、自负盈亏、自我约束的独立法人，实行一级法人体制。

按照现代股份制企业的要求，黄石市商业银行最高权力机构是股东大会，实行董事会领导下的行长负责制经营体系和以监事会为中心的监督体系。总部设有办公室、稽核监控办公室、党群人事部、个私业务部、公司业务部、风险管理部、资产保全部、计划财务部、科技发展部 9 个部室，下设 9 个支行和一个营业部，现有在职员工 200 余人，具有初级职称 42 人，中级职称 43 人；本专科以上学历 165 人，高中和中专学历 35 人。本行的董事、监事、高级管理人员均具备银监会规定的任职资格。随着金融科技的不断发展，对银行从业人员的素质要求也不断提高，我行坚持培养、选拔和引进相结合的人才兴行战略，着力提高员工队伍综合素质。

黄石市商业银行拥有一支充满活力、素质较高、积极向上的员工队伍，他们努力工作，积极开拓，热忱、周到、快捷地为黄石市市民提供一流的金融服务。本行自成立以来，在市委、市政府的正确领导下，在股东的鼎力相助下，在监管部门的有效监管和大力支持下，组织和带领全行员工改革创新，开拓进取，使本行综合竞争实力明显增强，实现了跨越式发展。截止 2006 年 12 月末，主要指标与组建前相比，资产总额从 3 亿元增长到 29.2 亿元，增长 9.7 倍；各项存款余额从 2.8 亿元增长到 27.3 亿元，增长 9.75 倍；各项贷款余额从 2 亿元增长到 17.8 亿元，增长 8.9 倍；全行经营效益大幅增长，资本充足率达到 9.45%，拨备覆盖率达到了 74%，贷款不良率下降到 2.7%，不良贷款余额 4994 万元，进入了全国一类行行列，连续两年被评为“十佳银行”。

为了保证黄石市商业银行的持续、健康发展，本行严格按照现代企业制度的要求规范运作，坚持依法合规、稳健经营，始终遵循“立足中小、服务市民、为地方经济发展和社会进步提供全方位金融服务”的办行宗旨，以“团结奉献、依法经营、优质高效、开拓创新”的企业精神，持续在推行优质服务，健全内控机制，拓展营销业务和建立健全激励约束机制等方面加大创新、改革力度，使全行的各项工作逐步走上健康、快速、高效发展的运行轨道。

为了提高和稳定金融服务质量，防范各类金融风险，提供舒适的金融服务环境，持续满足客户的要求，努力把黄石市商业银行建设成为精品银行，使黄石市商业银行的经营管理水平尽快与国际接轨，决定建立、实施和保持内部控制体系。要争取抓住金融全面开放前的有利时机，以科学的发展观统揽全局，把“防风险、严内控、快发展”作为全行的根本任务，通过夯实基础、改革创新，实现质量、效益、规模、结构协调统一，可持续发展，创造良好的经营业绩，提供优质的金融服务，以回报社会和广大投资者，为黄石市的跨越式发展做出积极的贡献！

本行是最具生机和活力的地方性股份制金融企业。面对“中部崛起、建设武汉经济圈”、地方经济快速发展和国家进一步加快中部地区发展的历史性机遇，本行未来的战略发展目标是抓住我国“十一五”规划的实施及中部崛起战略进程的加快的有利时机，根据我市国民经济持续发展实际情况，立足于“三个服务”的市场定位，以科学的法人治理结构和先进的经营机制为根本，以经济资本管理为理念，以质量效益为核心，以业务创新为动力，大力拓展经营规模，积极调整资产负债结构，努力处置不良资产，提高经营效益，实现各项业务的协调、稳健、快速发展。将我行建成经营具有特色、资产规模适度、资本约束达标、决策程序科学、激励机制健全、内控制度完善、风险防范有力、科技手段先进、成本控制合理、经营效益良好、服务品牌一流，具有明显区域特点的地方性股份制商业银行。

广西北部湾银行

广西北部湾银行是经中国银监会批准成立，广西壮族自治区人民政府直接领导下唯一的区域性、国际化、股份制优质特色银行。在重组南宁市商业银行的基础上，吸收合并柳州市商业银行和桂林市商业银行，并在钦州市、北海市、防城港市和区内其他城市设立分支机构，形成广西北部湾银行的初步框架。然后实现在资本市场上市，并在中国其他地区、东南亚国家和地区增设分支机构、业务网点，逐步发展成为具有较强竞争力和在中国—东盟自由贸易区具有国际水平的现代商业银行。

广西北部湾银行所在区域处于中国—东盟自由贸易区、泛北部湾经济合作区、大湄公河次区域以及泛珠三角经济合作区、西南六省区和中南五省区等多区域合作的中心结合部，具有沿海开放、沿江开放、沿边开放等优势，同时地处中国—东盟自由贸易区的中心地带，连接中国和东盟两个市场，具有双向沟通中国与东盟的区位优势，是促进中国与东盟全面合作的重要基地和“桥头堡”。为服务广西经济和广西北部湾经济区开放开发以及中国—东盟自由贸易区建设，作为广西北部湾经济区开放开发十大重点之一的“广西北部湾银行”应运而生。

广西北部湾银行是一家区域性、国际化、股份制优质特色银行。

发展宗旨：广西北部湾银行以服务广西经济、服务北部湾开放开发、服务中国—东盟自由贸易区建设为宗旨，进一步完善产权组织形式和经营机制，改革管理体制，整合金融资源，加强风险控制，提高资产质量，成为具有良好公司治理和风险管理机制的现代商业银行，为广西经济发展和北部湾经济区开放开发、中国—东盟自由贸易区的建设提供强有力的金融支持。

功能定位：区域金融的重要支柱，地方经济的有力支撑，企业的合作伙伴，服务大众的优质特色银行。

战略重点：广西北部湾银行坚持差异化发展战略，打造核心竞争力，为广西经济加油，为北部湾经济区开放开发加油，为中国—东盟自由贸易区的建设加油，为企业发展加油，为个人客户发展加油。

经营理念：广西北部湾银行以“好银行”标准为要求，确立“一流的经营业绩、健全的公司治理结构、良好的内控机制和管理水平、令客户满意的服务”的经营目标，树立“以客户为中心、以效益为核心、以风险控制为重心”的经营理念。

业务创新：广西北部湾银行将大力开拓国际业务，加强与境内外金融机构的合作，建立为中国—东盟自由贸易区服务的现代金融体系。

第二节　非银行金融机构

上海国际信托有限公司

上海国际信托有限公司(简称“上海信托”)是上海国际集团有限公司控股的非银行金融机构。1981 年由上海市财政局出资发起成立,1983 年取得“经营金融业务许可证”。曾被国务院指定为全国对外融资十大窗口之一,海外筹资约 45 亿美元,赢得了良好的国际声誉,于 1995 年获地方金融机构最高信用评级(穆迪 Baa2、标普 BBB -)。1992 年公司实行股权结构多元化改制,此后历经四次增资扩股,现有股东共计 13 家,注册资本金达到人民币 25 亿元。2007 年 7 月,按照信托新规的要求,经中国银监会批准由“上海国际信托投资有限公司”更名为“上海国际信托有限公司”,并换发了新的金融许可证。

公司以江泽民同志的亲笔题词“勇于开拓、善于经营、严于管理,发展上海国际信托投资事业”为指导,规范经营,稳健发展,多年来取得了良好的经营业绩,在金融方面创下多个“第一”。1988 年发起成立我国第一家股份制证券公司——上海万国证券公司;1993 年发起并管理了上海第一个在境外注册和上市的共同基金——上海发展基金;1993 年发起并管理了上海第一批人民币共同基金之一——金龙基金(现合并为安瑞基金);1998 年发起和控股了国内首批基金管理公司之一——华安基金管理有限公司;1995 年首创信托公司财务顾问业务,获得秦山核电三期项目的独家财务顾问委托业务;2004 年合资组建了上投摩根富林明基金管理有限公司,全力打造中国基金业的旗舰品牌;2005 年合资成立了全国首家货币经纪公司——上海国利货币经纪有限公司,创造了货币经纪业的先河。这些国际化的合作,使公司具备了先进的资产管理理念,能够提供国际化的投资管理服务。

公司的经营管理水平始终在行业中名列前茅,连续三年被评为全国 A 类信托公司,成为少数连续三年获得监管部门充分肯定的信托公司之一,并被指定为非银行业金融机构中首家合规试点单位;作为主要筹备单位,发起设立中国第一家信托登记机构——上海信托登记中心,并被推选为理事长单位;被推举为中国会计学会信托投资分会会长单位;在上海证券报主办的信托机构评选中,两次荣获最佳信托公司奖;在证券时报主办的首届信托机构评比中,荣获最知名品牌、最佳单一信托计划、最佳证券信托计划以及最佳信托经理称号。

自公司开展信托业务以来,在业内首创了多种创新产品,在市场中打响了品牌,如“红宝石”、“蓝宝石”、“白金”、“现金丰利”、“国瑞”等系列化产品,以及股权受益权、黄金投资等,为不同风险偏好和理财需求的投资者提供产品选择和服务,深受投资者青睐。

公司目前的主要业务包括:证券投资信托业务、融资租赁债权信托业务、贷款债权类信托业务、股权信托业务、财产权和受益权信托业务、房地产类信托业务、基础设施信托业务、黄金投资信托业务、资产证券化业务、代客境外理财业务(QDII)、企业年金业务等等。

2007 年,公司围绕上海国际金融中心建设蓝图和上海国际集团金融资源整合步伐,认真落实“新两规”,认清形势,迎难而上,积极转变经营理念,抓紧实施业务转型,加速实现资产调整,为公司转型奠定良好开端,为公司稳定持续发展打下坚实基础。公司全年实现净利润 14.24 亿元,较上年同期增加 265.4%。

信托业务取得新进展。2007 年,公司根据新两规的要求,明确市场定位,突出信托主业,坚持以自主创新为动力,加速推进业务转型。针对市场热点,公司加大了对证券投资领域的运作力度,加强了对股权投资方式的运用广度,加深了与银行之间的合作程度,全年实现信托及中间业务收入 1.87 亿元,较上年同期增加 99.46%;年底受托规模达到 203.93 亿元,较上年年末增加 118.87%。新增信托计划 84 个,新增信托资金 174.03 亿元。到期或提前结束的集合资金信托计划中,优先受益人平均实际收益率达 12.13%,一般受益人的平均实际收益率 224.47%,均明显高于去年的 6.41% 和 122.96%,为投资者带来了更为满意的回报。

业务创新实现新突破。公司积极开拓创新业务,努力探索新的业务模式和盈利增长点,既提高了公司知名度,又开辟了新的投资理财渠道和产品。2007 年,公司获得 QDII 业务资格,成为国内首批代客境外理财业务试点单位;获得企业年金受托人业务资格,成为第二批申报机构中唯一获批的信托公司。根据新规要求和市场环境变化,公司不断完善创新产品,推出了国内首只信托、银行、担保公司三方合作的优先受益结构信托理财产品——交通银行得利宝“宝蓝”系列人民币理财产品、以资产信用和上市公司信用为基础发行的银信合作产品——上投国瑞 o 万科资产支持信托、“上信 - 黄金 1 号”黄金信托理财产品和申购新股银信合作产品。

自营业务再上新台阶。2007 年,公司积极推进清理退出实业投资股权,优化自有资金配置,将投资集中于金融类公司股权投资和金融产品投资,提高投资收益。公司的短期投资盈利能力和资金运用效率不断提高,全年收益率达 141.93%;及时做好长期投资红利收缴工作;有选择地开展优质贷款、租赁项目,平均收益率达 9.01%,为公司贡献了可观的利润。

经营管理提升新水平。2007 年,公司根据新两规及《信托公司治理指引》,对公司章程进行全面修订,获得中国银监会正式批准。公司加强合规制度建设,制订并颁布了十项规章制度,并对《资金信托业务管理办法》、《关联交易管理办法》等公司规章制度进行修订和完善,全面梳理各类信托合同文本,体现合规要求,规范业务管理。公司强化内控风险管理,对项目严格把关,加强风险事中监控,并对多类业务和项目的档案预立卷情况进行审计调查。公司还不断推进信息技术开发管理,黄金投资交易管理系统已正式上线运行,QDII 业务系统完成整体开发测试,企业年金系统完成第一阶段开发,为公司开展创新业务提供了有力支持。

华宝信托有限责任公司

华宝信托有限责任公司(以下简称“华宝信托”)成立于1998年,是宝钢集团有限公司旗下的金融公司,注册资本金10亿元人民币(含1500万美元)。

2007年3月,华宝信托第一家正式向中国银监会申请重新登记,2007年4月3日获得中国银监会批准,成为首家获准换发金融牌照的信托公司。

华宝信托位于上海市浦东新区陆家嘴金融贸易区。

股东单位

宝钢集团有限公司(2008年居世界500强259位) 持股98%

浙江省舟山市财政局 持股2%

华宝信托始终秉承“受益人利益最大化”的经营理念,以专业化和差异化发展为基本战略,重点以资产管理与信托服务为两大主业。

现有七个主要业务部门:投资基金信托部、信托营销部、信托投资银行部、养老金与员工福利中心、信托资产管理部、投资管理部和发展研究中心。另外,华宝信托还设有完整的后台支持部门以及信息技术和风险控制系统。同时,旗下控股华宝兴业基金管理有限公司(中法合资)和华宝证券经纪有限责任公司。

独特的优势

雄厚的股东背景

宝钢集团有限公司信誉卓著,实力雄厚,从2004年开始连续五年进入《财富》世界500强。2007年,实现销售收入2,277.16亿元,利润总额356.47亿元,资产规模3,564.04亿元,净资产2,269.59亿元。2007年10月,标准普尔评级公司宣布将宝钢集团长期信用等级从“A-”,“展望稳定”调升至“A-”,“展望正面”。

卓越的品牌形象

连续两年被中国银行业监督管理委员会评为A类信托公司(最高评级)。

2006年起在沪深两地媒体《上海证券报》和《证券时报》分别举办的优秀信托公司评选中先后荣获“最佳知名品牌”、“中国最佳信托公司”、“最优秀信托公司”、“最值得尊敬的信托业领袖”和“最佳创新公司”、“最佳信托经理”等奖项。

突出的创新能力

一直以来,华宝信托围绕资产管理和信托服务两个核心领域,努力推动业务创新,始终处于行业前列。

在资产管理方面,联合工商银行推出国有大型商业银行发行的第一支基金优选(FOF)产品,与兴业银行合作发行适合低风险偏好投资者的保本策略股票投资型信托产品,与交通银行合作发行随心打新股申购产品。

在信托服务方面,通过竞标做成外企企业年金第一单,开创了外企企业年金计划在国家劳动和社会保障部联合备案的先河,并在业内首推“写意人生”员工福利管理集合信托计划;成功发行了我国资产证券化扩大试点后的首单资产证券化产品? D? D“浦发2007年第一期信贷资产证券化信托”;结构化证券投资业务创新品种“千足金”、“大臧金”为市场瞩目,并开始为高端客户提供差异化的私募基金资产管理服务。

全面的业务资格

2005年1月,获得新股发行询价对象资格,是国内首批获得该资格的专业机构之一。

2005年,在由国家劳动和社会保障部联合银监会、证监会、保监会进行的首批企业年金基金管理人资格评审中,获得企业年金基金法人受托机构业务资格和账户管理人业务资格。

2006年,获得特定目的受托机构资格,能够担任资产证券化业务中特定目的的信托受托机构、负责管理特定目的的信托财产并发行资产支持证券。

2007年3月,第一家正式向中国银监会申请重新登记,2007年4月3日获得中国银监会批准,成为首家获准换发金融牌照的信托公司。

完备的风险控制体系

华宝信托形成了由董事会及管理层直接领导,以风险管理部门为依托,相关职能部门配合,与各个业务部门全面联系的三级风险管理组织体系。在2005年成立了合规和风险管理部,是最早引入合规机制的信托机构之一,同时引入国内先进风险管理系统,对风险进行实时监控。

高素质的专业人才

华宝信托成立10年来,积聚了一大批投资、信托业务、会计、法律等方面的高学历专业人才。在资产管理方面,投研团队由22人组成,其中资深投资经理6名,具备平均8年证券从业经历,业绩卓著;在信托服务方面,拥有信托业务专业人员31人;另有法务、风险控制、交易人员12人。现有员工中研究生以上学历占50%以上,骨干员工具有特许金融分析师(CFA)、注册会计师(CPA)、金融风险管理师(FRM)、律师从业资格等,知识结构合理,具有创新、务实和开拓能力;整个团队充满活力、激情,富有创造力和进取心。

发展和成就

秉承宝钢集团一贯的严谨规范风格,华宝信托始终以受益人利益最大化为原则,谨慎经营,努力创造,业绩持续良好,在行业中处于领先地位。

截至2007年末,华宝信托合并实现收入总额21.92亿元,合并实现利润总额15.18亿元,合并管理的总资产规模达到1,250亿元,总资产利润率为35.46%,资本利润率为60.58%,主营业务收益率为77.90%,稳居行业前列。

自1998年成立以来,连续10年盈利,所兑付的信托计划从未低于预期收益率,累计营业收入及利润总额分别为30.03亿元和23.25亿元,累计实现信托收入134亿元,累计为各类客户实现收益127亿元。

在资产管理方面,先后与工行、农行、交行、兴业、深发展等大型国有银行及股份制银行共同发行了FOF基金优选型信托计划、保本策略股票投资型信托计划以及多期新股申购型信托计划,产品类型基本覆盖了目前投资于国内资本市场的银行人民币理财产品的全部类型。其中,与工行合作的FOF产品及与交行合作的新股随心打产品分别获得年度“十大银行理财产品”奖项。

在信托服务方面,通过竞标做成外企企业年金第一单,开创了外企企业年金计划在国家劳动和社会保障部联合备案的先河,在2006年11月举办的全国社会保障基金监督工作培训班上,此案例作为唯一的企业年金计划成功典范进行宣传;着力发展员工福利管理集合信托计划,积累了如厦门国际银行、中化国际、中金投资、赫克力士集团、美联信金融租赁、拉法基等一批有价值的客户;资产证券化业务方面,成功发行“浦发2007年第一期信贷资产证券化信托”、“中国工商银行2007年工元一期信贷资产证券化信托”,占2007年市场份额的47%以上;结构化证券投资业务创新品种“千足金”、“大臧金”为市场瞩目，并开始为高端客户提供差异化的私募基金资产管理服务。

2007 年信托行业新政策为信托公司确立了新的功能定位，经过一年的适应性、探索性调整，整个行业的前景和发展路径日趋明朗，信托公司独特的功能优势奠定了华宝信托长远发展的基础，华宝信托将在保持证券市场核心竞争力的同时，树立自身品牌信誉、积累客户、培育市场，力争成为信誉度高、专业水准一流、能够提供综合财富管理的金融机构。

安信信托投资股份有限公司

安信信托投资股份有限公司(简称:“安信信托”)是全国第一批股份制金融机构。公司成立于 1987 年，1992 年转制为股份制有限公司，1994 年在上海证券交易所上市（股票代码：600816），成为最早一批金融类上市公司，是目前我国仅有的两家上市信托投资公司之一。公司受银监会和中国证监会监管。

安信信托作为信托类金融投资机构，经历了艰难的创业和发展历程。在历次升华嬗变，凤凰涅盘重生历程中，安信信托始终坚持规范运作、稳健发展的经营方针，不仅保存自己，而且充分利用政策转型的时机，不断完善自己，发展自己，壮大自己。公司上市以来，通过四次送股和两次配股，总股本已经达到 45410.98 万股，扩大了 29 倍。

公司目前登记注册及办公地点设在中国改革开放最前沿、经济金融中心 - 上海市。《信托法》颁布后，安信信托按照中国银监会的统一部署，及时调整业务结构，努力开拓，合理创新，秉承“受人之托，代人理财”的经营理念，回归信托本源业务，旨在把公司打造成为第一流的受托理财金融机构，为社会提供特有的中长期金融服务。

在新的历史时期，安信信托与时俱进，已经制定了全新的发展战略、经营模式、管理机制和运营方式。公司将秉承忠诚、专业、服务、稳健的企业理念，在不动产基金、产业基金、资产支持信托、工具型投资银行及理财服务等业务领域，进一步加强同国内外各界的合作，谋求共同繁荣，以一流的质量、上乘的服务、良好的信誉、丰厚的利润回报广大的股东和各界朋友的帮助。

中投信托有限责任公司

中投信托有限责任公司(“中投信托”)的前身是原浙江省国际信托投资公司。浙江省国际信托投资公司创建于 1979 年 8 月，1983 年 12 月经中国人民银行批准成为非银行金融机构，是国内最早经营信托投资业务的公司之一。在信托业第五次清理整顿中，公司更名为浙江省国际信托投资有限责任公司(“浙江国信”)，成为浙江省首家获准重新登记的信托公司。

浙江国信自 2002 年 9 月起正式开展信托业务以来，共发行了融资租赁、贷款、股权投资、证券投资、经营权信托、银行债权转让等集合资金信托计划共 7 大类 37 个项目，信托资金规模近 33 亿元。2002 年、2003 年，浙江国信分别获得国债一级自营商资格和国债承购包销团甲类成员。截至 2004 年底，三年累计承销国债 49 亿元。

中国信托业协会“2006 年度中国信托产品排名榜”中，浙江国信有三个信托产品位列 2006 年度到期信托产品实际盈利能力前十名。

2007 年 3 月，中国建银投资有限责任公司(“中国建投”)收购浙江国信原股东持有的全部股权。2007 年 4 月，浙江国信获得一人有限责任公司营业执照，成为中国建投的全资子公司。经中国银监会批准，2007 年 11 月，浙江国信更名为“中投信托有限责任公司”。中投信托注册资本为人民币 5 亿元。

中信信托有限责任公司

中信信托有限责任公司(简称“中信信托”或者“公司”)是经国家金融监管部门批准设立的全国性金融机构。其前身中信兴业信托投资公司是中国中信集团公司的全资子公司，成立于 1988 年 3 月 5 日。2002 年中信信托完成了重组、更名、改制和重新登记。2007 年根据《信托公司管理办法》的有关规定，和中国银行业监督管理委员会《关于中信信托投资有限责任公司变更公司名称和业务范围的批复》，“中信信托投资有限责任公司”更名为“中信信托有限责任公司”；英文名称变更为“CITIC TRUST CO.，LTD.”。2005 年、2006 年公司曾二次增资扩股，目前公司注册资本为人民币 12 亿元(其中，外汇 2,300 万美元)。公司股东有两家，分别是中国中信集团公司和中信华东(集团)有限公司。

中国中信集团公司是经邓小平亲自倡导和批准、由前国家副主席荣毅仁于 1979 年 10 月 4 日创办的。经过 27 年的发展，中国中信集团公司已成为一家国际化大型企业集团，成为一家国家授权投资机构，业务主要集中在金融、实业和其他服务性领域，拥有 40 多家一级子公司，2006 年末的资产总额已达 9292 亿元。

中国中信集团公司的发展一直荣蒙国家领导人的关爱和教诲，邓小平曾为中国中信集团公司题词“勇于创新 多作贡献”，江泽民曾为中国中信集团公司题词“开拓创新 勤勉奋发 办好中信”。

中国中信集团公司的权力机构是董事会，孔丹任董事长，常振明任总经理。

公司地址：中国北京市朝阳区新源南路 6 号京城大厦 13 层和 9 层

邮编：100004

电话：8610 – 84861324

传真：8610 – 84861385

E-mail：citict@ citic. com

中国对外经济贸易信托投资有限公司

中国对外经济贸易信托投资有限公司(以下简称“外贸信托”)经中国人民银行批准，于 1987 年 9 月 30 日在北京成立，同年 12 月 18 日正式开业。1994 年 12 月 31 日，国务院批准外贸信托加入中国化工进出口总公司(2003 年 11 月更名为中国中化集团公司)，与原中化财务公司合并。

2002 年 9 月，外贸信托经中国人民银行批准重新登记，并获颁《信托机构法人许可证》，成为受中国银行业监督管理委员会直接监管的信托投资公司。重新登记后的外贸信托股东为中国中化集团公司(持股比例 90%)和中化化肥公司(持股比例 10%)。公司注册资本 8.32 亿元人民币(含 3,400 万美元)。

2005 年 6 月 1 日，根据中国银行业监督管理委员会(银监复【2005】141 号文)批复，远东国际租赁有限公司获准受让中化化肥公司所持外贸信托10%的股权。本次股东变更后，公司股东为中国中化集团公司（持股比例90%）和远东国际租赁有限公司（持股比例10%）。

2007年9月，《中国银监会关于中国对外经济贸易信托投资有限公司变更公司名称和业务范围的批复》（银监复【2007】391号）同意外贸信托变更业务范围，依据新办法开展业务，并同意外贸信托将公司名称变更为"中国对外经济贸易信托有限公司"。外贸信托换领了新的金融许可证。根据中国银行业监督管理委员会（银监复【2008】8号文）批复，公司注册资本金增至12亿元人民币（含3,400万美元）。本次注册资本金变更后，公司股东中国中化集团公司持股比例为93.07%，远东国际租赁有限公司持股比例为6.93%。

安徽国元信托有限责任公司

安徽国元信托有限责任公司（以下简称"国元信托"）是经中国银行业监督管理委员会批准设立的非银行金融机构，是安徽省唯一一家省级信托公司。公司注册资本为人民币12亿元，注册地为安徽省合肥市宿州路20号。

国元信托前身为安徽国元信托投资有限责任公司，创立于2001年12月20日，是在原安徽省省级信托公司合并重组基础上，由安徽国元控股（集团）有限责任公司作为主发起人，联合其他有资格的法人单位共同发起设立的。2003年12月21日，经中国银监会批准重新登记。2008年1月30日，经中国银监会批准，公司适应监管要求进行了存续分立并变更公司名称。

国元信托现有7家股东，分别为：安徽国元控股（集团）有限责任公司（实际控制人）、深圳市中海投资管理有限公司、首都机场集团公司、安徽皖维高新材料股份有限公司、安徽巢东水泥股份有限公司、安徽国生电器有限公司和安徽省信用担保集团有限公司。股东资格均符合有关法律法规和监管要求，并经中国银监会核准。

国元信托经营范围为以下本外币业务：资金信托；动产信托；不动产信托；有价证券信托；其他财产或财产权信托；作为投资基金或者基金管理公司的发起人从事投资基金业务；经营企业资产的重组、购并及项目融资、公司理财、财务顾问等业务；受托经营国务院有关部门批准的证券承销业务；办理居间、咨询、资信调查等业务；代保管及保管箱业务；以存放同业、拆放同业、贷款、租赁、投资方式运用固有财产；以固有财产为他人提供担保；从事同业拆借；法律法规规定或中国银行业监督管理委员会批准的其他业务。

国元信托构建了完善的内部组织架构和制度体系，确立了"依法合规，稳健经营"的经营方针，坚持"诚信为本，值得信赖"的服务宗旨，业务规模、效益和社会影响稳步提升。2008年，公司实现各项业务收入2.31亿元，实现利润1.37亿元，净利润1.34亿元。2008年末，公司管理的资产规模达139.65亿元，较上年增长71.74亿元，增长105.64%，其中公司固有财产规模16.21亿元；信托财产规模123.44亿元，较上年增长164.5。资产规模突破百亿元，标志着公司的资产管理能力达到新的更高水平。

国元信托秉承"诚信、高效、规范、创新"的企业精神，充分发挥"受人之托，代人理财"的业务功能，以为客户谋取最大利益为目标，以种类齐全、布局合理、发展协调的业务体系为支撑，以强化业务创新、提高服务质量为手段，为客户提供多元化、个性化、系统化、专业化的高效服务，不断增强公司核心竞争力和可持续发展能力，努力将公司建设成为资产规模大、赢利能力强、产品丰富、机制完善，让广大投资者和监管部门信任和放心的一流专业理财机构。

中海信托股份有限公司

中海信托股份有限公司是由中国海洋石油总公司和中国中信集团公司共同投资设立的国有非银行金融机构。其前身为中海信托投资有限责任公司，2007年6月18日按照信托业"新两规"规定成为较早完成换牌的信托公司之一，公司更名为中海信托有限责任公司；2007年12月26日，公司完成股份制改造，中海信托股份有限公司正式成立。公司注册资本为12亿元人民币，中国海洋石油总公司和中国中信集团公司各占95%和5%。

中海信托秉承"诚信稳健、忠人所托"的经营理念，坚持风控优先、坚持战略结盟、坚持"大项目、大客户"的双大策略，走"低风险、差异化"发展道路，为客户提供结构化融资业务、低风险理财业务、资产证券化业务、资本市场投资业务等金融服务，探索出了一条适合自身发展的道路，形成了以信托本源业务为主的阶段性盈利模式，实现了"将公司打造成国内一流能源、交通、基础设施行业专业化信托公司"的阶段性战略目标。

2008年，在国际经济金融形势动荡的情况下，得益于合规稳健的经营策略、有力的应对措施、良好的风险控制和全体员工的团结拼搏，中海信托有效抵御了金融危机的冲击，继续保持稳健增长的态势。

2008年，实现利润总额75,186万元，净利润59,277万元，同比增长20.07%，净资产收益率达到34.12%；2008年，公司管理信托资产余额758.98亿元，同比增长22.96%，全年累计管理信托资产达到2,811.69亿元。实现信托营业收入68.44亿元，较2007年增长19.47亿元，增长39.76%，为委托人创造收益53.92亿元，较2007年增长12.89亿元，增幅31.42%。

业务保持逆势增长的同时，公司不断优化风险控制体系。2008年末，按照资产五级分类，公司不良资产继续保持为零。公司的风险控制得到监管部门和社会的高度认可。2008年，中海信托在中国银监会监管评级中获得唯一最高评级。在《金融时报》举办的"2008中国最佳金融机构排行榜"评选中，荣膺"2008年中国最佳信托公司"。

2009年，公司将认真贯彻落实科学发展观，继续秉承"诚信稳健、忠人所托"的理念，迎接挑战、化"危"为"机"，为股东提供丰厚的回报，为客户创造更多的价值，为员工搭建广阔的舞台，努力把公司打造成"专注于能源、交通、基础设施行业的国内一流、国际知名的信托公司。"

中诚信托投资有限责任公司

中诚信托有限责任公司（原中煤信托），成立于1995年11月，2004年2月完成增资扩股，注册资本金增加到121亿元人民币，是中国银行业监督管理委员会直接监管的信托公司。自成立以来，公司始终以市场为导向，公司资产的安全性、流动性和盈利性指标一直名列行业前茅。

1995年11月，完成登记注册，注册资本金4亿元人民币，其中外汇资本金1500万美元。

1999年02月，参与发起成立嘉实基金管理有限公司。

2001年09月，完成清产核资、业务清理整顿工作，成为全国第一家获准重新登记的信托投资公司。

2001 年 12 月，发起成立国都证券有限责任公司，标志着信证分离工作的顺利完成。

2004 年 02 月，完成增资扩股和名称变更，注册资本增加到 12 亿元人民币，现有股东 14 家。

2004 年 06 月，收购龙电期货公司，更名设立中诚期货经纪有限责任公司。

2005 年 06 月，实现对嘉实基金管理有限公司的控股，并将其重组为国内规模最大的中外（德）合资基金管理公司。

2005 年 08 月，获得首批企业年金基金法人受托机构。

2005 年 12 月，经银监会审批，成为国内首家获得特定目的信托受托机构资格的信托公司。

2007 年 07 月，经银监会批准，成为国内首批换发金融许可证的信托公司，同年 12 月完成工商注册和公司名称变更。

2008 年 11 月，经银监会批准（银监复[2008]480 号），获得受托境外理财业务资格。

2008 年是一个让国人印记深刻的特殊年份。肇端于美国的金融危机在全球范围内愈演愈烈，世界经济受到严重冲击。反观国内，从年初的南方冰冻雪灾、5.12 汶川大地震，到 8 月成功举办奥运盛会，从年初不断收紧货币政策、防止通货膨胀恶化到下半年实行宽松的调控政策、防止经济快速下滑，宏观政策调整的节奏、市场波动剧烈程度前所未有。

面对复杂多变的经营环境，公司上下一心，在严格风险控制的前提下保持平稳经营：固有业务不断加大金融股权投资力度，参与完成了国都证券的增资扩股，获准进行筹建货币经纪公司；信托业务继续深化银信理财合作，不断丰富信托产品类型，信托财产规模和信托收入实现快速增长；资产证券化创新业务继续保持市场领先，债券承销业务取得新突破，外汇资本金境外开户和受托境外理财（QDII）资格的获取，进一步拓宽了业务空间；2008 年公司实现各项业务收入 11.08 亿元，净利润 6.68 亿元，受托管理信托财产规模达 925.62 亿元，为《三年规划》目标的圆满实现划上了句号。

展望 2009 年，全球金融危机仍在蔓延，国际经济环境继续恶化，我国经济增长也面临较大不确定性，信托公司面临十分严峻的客观形势。公司将在监管部门的正确领导和股东会、董事会的全力支持下，审时度势，强化管理，锐意创新，着力推动公司由融资服务为主向财富管理服务的转型，为客户提供更好的理财产品，为股东创造更丰厚的回报，为信托市场的繁荣做出贡献。

平安信托投资有限责任公司

平安信托投资有限责任公司成立于 1996 年 4 月 9 日，是中国平安保险（集团）股份有限公司的主要成员之一，中国平安保险（集团）股份有限公司在香港联交所整体上市（2318.HK）的重要组成部分。

2002 年 2 月，平安信托经中国人民银行批准重新注册登记，成为全国第一批获准重新登记的信托投资公司之一。2005 年，经中国银行业监督管理部门批准，本公司的注册资本增加至人民币 42 亿元，继续保持着业内注册资本金最大的信托公司地位。平安信托以优良的资产质量、积极的创新精神和优秀的管理水平被中国银行业监督管理委员会评为“A 类/优秀”级别，成为全国最优秀的九家信托公司之一。

平安信托是一家在物业投资、基建投资、股权投资等主要投资领域有成熟经验的专业投资机构，不仅为平安集团提供战略性投资服务，而且也为外部高价值客户提供专业理财产品；

作为平安集团实施战略部署的股权投资平台，平安信托通过雄厚自有资本金进行股权投资，实现对平安证券、平安银行、平安置业、平安物业的绝对控股，从而实现了平安集团“建立统一完整的金融服务平台”（涵盖产险、寿险、银行、证券、信托等）这一战略目标。

平安信托可以为客户提供基于下列本外币信托业务的产品：资金信托业务、动产、不动产及其他财产的信托业务、投资基金业务；公益信托业务；租赁信托业务；企业资产的重组、购并及项目融资、公司理财、财务顾问等中介业务等。平安信托代管理资产存量规模超过 413 亿元（截止 2007 年 11 月）。

平安信托本着稳健、进取、发展、价值的经营理念，致力于为客户提供全方位、综合性金融服务，以资产管理业务为核心，力争成为国内一流的信托投资公司。

中融国际信托有限公司

中融国际信托有限公司是经中国银监会批准设立的黑龙江省唯一一家信托公司。在近两年中国银监会对全国信托公司进行监管评级中，中融国际信托被评为 A 类公司，已成为 2007 年信托“新两规”颁布后首批提前终止过渡期的信托公司之一。

中融信托自 1987 年成立以来，凭借良好的信誉和专业化的理财能力，积极创新金融产品，综合运用各种金融工具，在信托理财方面进行了有益的探索，不断为国家及地方经济发展和企业改革提供综合性的金融服务，累计投融资规模超 1700 亿元，取得良好的经济效益和社会效益。同时，中融信托以健全的法人治理结构，形成了科学高效的决策、激励与约束机制，以专业的学识、创新的意识、严谨的态度和不断创新的金融产品及日益完善的服务，不仅满足了客户的需求，更获得了广泛的客户资源。

中融信托秉承“受人之托、代客理财”的信托宗旨，积极开拓信托业务，形成了一套安全、有效的管理机制，建立了业务综合管理信息系统，拥有一支具有成熟投资理念和丰富经验的专业团队，公司骨干业务团队具有在国内金融市场从事证券、期货等金融产品的具体操作经验，在有价证券、金融衍生产品、房地产投资、风险投资等领域均有丰富经验，形成了公司发展的中坚力量。管理的专业化和服务的个性化，使得中融信托的资产管理能力获得了客户的高度认可，赢得了良好的市场声誉。截止到 2008 年 3 月底，累计发行资金信托项目已超过 700 个，受托管理规模 810 余亿元，各项经营指标名列行业前茅。

展望未来，中融信托将利用自身独特的制度优势、金融专业服务优势和广泛的投资范围，紧紧围绕信托本源业务，突出和着重拓展优势业务，努力打造“金融专业公司”，为社会提供更加优质和高效的金融服务。

新华信托股份有限公司

新华信托股份有限公司（NEW CHINA TRUST CO., LTD.）成立于 1979 年，是我国最早的信托公司之一，公司注册资本为人民币 5 亿元。公司自成立以来，经历了银信分离、证信分业、增资扩股、战略重组等历程，在公司治理、制度建设、人才结构和业务开拓等方面不断完善，发展成为一个资产质量较高、经营理念先进和风格稳健的全新金融服务机构。2001 年 10 月，公司完成重新登记，2007 年 9 月，经中国银行业监督管理委员会核准，公司重新换发金融许可证。

公司秉承“珍视所托，专业理财”的经营理念，积极进行金融服务创新，稳步实现管理机制更新，业务逐年稳定增长，形成了以信托业务为主的业务格局。截止 2008 年底，公司信托服务费收入及占比在信托行业内位列前茅，管理资产约 230 亿元人民币。迄今，公司累计实现融资约 800 亿元、外汇 5 亿美元，承销发行债券约 86 亿元，代理发行国债数亿元。

公司主动探索信托业务发展模式，建立了综合投行业务、资产管理业务、功能信托业务等三大业务架构。公司综合投行业务在债券承销及发行财务顾问业务领域具有核心竞争力，近年来参与了大部分企业债券的承销，在国内信托公司中位居前茅；公司资产管理业务逐步形成了基础设施建设项目融资、银信合作的房地产项目融资、银行信贷资产回购型转让等业务为主的核心业务模式，2003 年以来累计发行集合资金信托计划近 100 亿元，累计兑付集合资金信托计划近 60 亿元；公司功能信托业务在员工持股等领域为客户提供了多元化、个性化的金融服务。

公司积极实施大客户战略及渠道战略，致力于与国内金融机构合作构建金融服务联盟。分别与中国农业银行、国家开发银行等金融机构建立了战略合作关系，在房地产信托、资产证券化试点等领域全面合作，并拥有一批稳定的、在行业处于领先地位的客户群和战略合作伙伴。

新华信托立志成为以资产管理为核心业务的、在行业内位居前茅的资本市场综合服务机构。凭借专业化的管理队伍以及高素质的职业信托经理人的不懈努力，公司以灵活的管理机制、稳健的经营运作和优质的产品服务走出了一条追求卓越、不断进步的成长之路，树立了充满生机与活力的企业形象。良好的经营业绩和诚信为本的经营声誉已使其成为一家备受关注的金融服务机构。

厦门国际信托有限公司

厦门国际信托有限公司（简称厦门信托）是 2002 年 2 月由原厦门国际信托投资公司和原厦门建发信托投资公司合并设立具有法人资格的非银行金融机构。2007 年 8 月 7 日经中国银行业监督管理委员会厦门监管局核准换发新的金融许可证，注册资本金 10 亿元人民币（含 1500 万美元）。公司股东为厦门建发集团有限公司（占股 51%）和厦门港务控股集团有限公司（占股 49%），两家股东均是厦门市属并授权经营的国有独资集团公司。

厦门信托拥有一支专业化的信托投资从业团队，建立了规范的现代企业法人治理结构、风险控制机制及内部管理制度。厦门信托秉持“诚实、信用、谨慎、有效”的信托理念，依照“受人之托、代人理财”的信托本质，以稳健经营回报股东、诚实信用面对客户为基本经营原则，致力于市政基础设施建设、优质工商企业的筹融资服务，努力培育公司在产品开发、创新、营销、投资、资产管理和风险控制等方面的能力，控制风险，稳健经营，为广大投资者、机构和企业提供了多种投融资手段和理财服务。

经中国银行业监督管理委员会批准，公司的本外币业务经营范围为：

1. 资金信托；
2. 动产信托；
3. 不动产信托；
4. 有价证券信托；
5. 其他财产或财产权信托；
6. 作为投资基金或者基金管理公司的发起人从事投资基金业务；
7. 经营企业资产的重组、购并及项目融资、公司理财、财务顾问等业务；
8. 受托经营国务院有关部门批准的证券承销业务；
9. 办理居间、咨询、资信调查等业务；
10. 代保管及保管箱业务；以存放同业、拆放同业、贷款、租赁、投资方式运用固有财产；
11. 以固有财产为他人提供担保；
12. 从事同业拆借；
13. 法律法规规定或中国银行业监督管理委员会批准的其他业务。

百瑞信托有限责任公司

百瑞信托有限责任公司是经中国银行业监督管理委员会批准设立的非银行金融机构。百瑞的前身，原百瑞信托投资有限责任公司由郑州信托投资公司改制而来，始建于 1986 年 4 月，2002 年 5 月改制，同年 9 月完成重新登记，并更名为百瑞信托投资有限责任公司，2007 年 11 月换发新的金融许可证后更名为百瑞信托有限责任公司。公司注册资本人民币 60500 万元，注册地河南省郑州市。

百瑞信托有限责任公司自 1993 年重组开业以来，公司始终围绕“规范经营、稳步发展、强化管理、防范风险”的经营原则，对内强化管理，对外规范发展，逐步形成了稳健的经营风格，连续 15 年保持赢利，业务发展呈平稳增长趋势，并拥有一支素质高、能力强、实践经验丰富的专业理财队伍。

目前，公司凭借完善的法人治理结构、精明强干的经营团队和务实高效的经营风格，在信托和资产管理等核心业务领域不断取得创新与突破，资产规模稳步增长。

依法经营，科学管理，维护信托当事人、债权人、股东和公司的合法权益，服务社会公众，是新经济形势下百瑞人的神圣职责和不懈追求。作为目前国内唯一可同时涉足资本市场、货币市场和产业市场的金融机构，秉承“诚信、创新、务实、高效”的理念，百瑞将立足中原，面向全国，融入国际，用专业化的理财方式为投资者创造最大价值。

中铁信托有限责任公司

中铁信托有限责任公司（简称中铁信托，原名为衡平信托有限责任公司）是经中国银行业监督管理委员会批准，以金融信托为主营业务的非银行金融机构，也是四川地区唯一一家获准从事信托新业务的金融机构。2007 年 7 月，公司按照中国银监会《信托公司管理办法》换发了新的金融许可证，公司名称由“衡平信托投资有限责任公司”正式变更为“衡平信托有限责任公司”，成为全国首批换发金融许可证的信托公司之一。2008 年 12 月，经四川银监局批准，公司正式更名为“中铁信托有限责任公司”。

中铁信托的控股股东——中国中铁股份有限公司是由中国铁路工程总公司以整体重组、独家发起方式设立的股份有限公司，是集基建建设、勘察设计与咨询服务、工程设备和零部件制造、房地产开发和其它业务于一体的多功能、特大型中央企业集团。其年营业额连续三年位居中国建筑业第一位，2005、2006 年分别位列全球第四及第三大建筑工程承包商，2006、2007、2008 年连续入选“世界企业 500 强”和“世界品牌 500 强”，在亚洲建筑企业中排名第一。

公司业务范围涵盖资金信托、动产信托、不动产信托、有价证券信托、投资基金、证券承销、投资银行业务等；办理居间、咨询、资信调查等业务；以存放同业、拆放同业、贷款、租赁、投资方式运用固有财产；以固有财产为他人提供担保，从事同业拆借以及法律法规规定或中国银行业监督管理委员会批准的其他业务。2008 年 9 月，中国银监会核准我公司特定目的信托受托机构资格，成为目前业内为数不多的获得该业务资格的信托公司。

公司从 2002 年 12 月重组成立以来，按照现代金融企业的要求，着力进行管理创新和业务创新，不断提高专业管理水平和综合理财能力。公司积极发挥信托优势，在支持地方经济建设、活跃地方金融市场、促进民间资金向民间资本转化等方面发挥了积极而独特的作用，共为 100 余家企业提供了全面金融服务，在信托业界享有良好声誉。

公司于 2004 年通过 ISO9001 国际质量管理体系认证，并荣幸入选中国信托业协会第一届理事会，成为西部地区唯一的理事单位；2006 年公司被权威财经媒体《证券时报》评选为“最佳区域理财机构”；公司在 2008 年度“中国（成都）金融总评榜”蝉联“年度行业推动力大奖”；公司在 2008 年底最新的“信托公司理财能力综合排名”中位居第六位。2009 年 4 月，中铁信托在第二届“金贝奖”评选活动中，从全国 50 多家信托公司中脱颖而出，荣获“年度优秀信托公司”、“年度优秀信托品牌”两项大奖。

截至 2009 年 6 月底，中铁信托累计发行信托产品 411 个、管理信托财产规模 592 亿元，共为 5 多万名机构和个人投资者实现信托投资收益 20 亿元，通过有效发挥自身专业理财能力和经营优势，让老百姓能够分享到改革开放和经济发展的成果。

中铁信托将始终铭记使命，珍惜托付，竭诚为广大投资者提供专业的理财服务。

通讯地址：成都市航空路 1 号国航世纪中心 B 座
23、25、26 层
邮编：610041
电话：86－28－87789999 86－28－86277999（理财热线）
传真：86－28－86029198
网址：www. crtrust. com
E-mail：crtc@ crtrust. com

湖南省信托有限责任公司

湖南省信托有限责任公司（简称“湖南信托”）1985 年经湖南省人民政府批准、中国人民银行总行批复正式成立，2002 年经中国人民银行总行核准重新登记，2008 年获得了中国银监会颁发的新的金融许可证，是目前湖南省唯一保留的信托机构，也是湖南省内唯一能够同时涉足资本市场、货币市场和产业市场的非银行金融机构。公司的注册资本为 5 亿元人民币。

湖南信托成立 24 年以来，在省委、省政府、省财政厅、省银监局的大力支持和关怀下，以灵活的经营机制，稳健的经营作风和优质高效的服务，树立了良好的资信形象。2005 年被评选为“中国十大房地产金融创新机构”；公司设计的“存贷宝”产品荣获“湖南最值得投资的人民币理财产品奖”；2006 年发行的封闭式基金投资集合资金信托计划在首届优秀信托公司评选中被评为“最佳信托计划”；2006 年被评定为第四届“中国信托行业客户满意最具影响力品牌”；2009 被授予“最具影响力湘商企业”等多项荣誉。

伴随着中国经济的快速增长，湖南信托不断创新产品与服务，始终保持着强劲的增长态势。自重新登记后，充分结合市场需求，发挥“受人之托，代人理财”的专业优势，秉承“风控优先、合规经营、专业专注、创新发展”的经营理念，积极开拓具有自身特色的信托业务，基本上形成了以市政基础设施、信贷资产转让、证券投资、房地产投资、风险投资等为主的信托产品格局，为省内大批企业和项目提供了信托贷款、信托投资、融资租赁、信用担保、财务顾问等优质金融服务。迄今已成功推出了长沙经开区、湘潭步步高、浏阳工业园、怀化工业园、株洲化工、阳光 100、二十三冶集团等 300 多个信托项目，累计发行和受托管理信托资产 150 多亿元，重点支持了省内园区经济、市政基础建设和新型工业的发展。同时还在国有股减持、职工持股和管理层收购等方面进行了积极有益的尝试。在基础设施建设、私募股权投资、证券投资、银信合作、房地产信托业务等方面积累了丰富的经验。

作为市场化经营的金融机构，湖南信托高度重视风险防范，在全球金融危机蔓延的形势下，资产质量依然保持良好水平。截至 2008 年末，所有到期兑付的信托计划产品均实现了预期收益。

面对全面开放的金融市场和日趋激烈的竞争局面，湖南信托将立足湖南、面向全国、放眼世界，愿意为各界朋友和广大客户提供更好的金融服务，为将湖南信托打造成为具有国际竞争力的、中国最好的信托机构而不懈努力。

华宸信托有限责任公司

华宸信托有限责任公司（原内蒙古信托投资有限责任公司）始创于 1988 年 4 月。2005 年 11 月，公司实施增资扩股，成功引进湖南省最大国有企业——湖南华菱钢铁集团有限责任公司等作为战略投资者。2007 年 9 月获得中国银行业监督管理委员会正式批准，成为全国第 20 家获准转型的信托公司，目前公司注册资本为 5. 72 亿元人民币。

公司自创立以来，充分发挥非银行金融机构的投融资功能，积极为企业提供资金支持和多种金融服务。特别是实施增资扩股以来，公司不断开发新产品，拓展新领域，经营业绩保持快速增长，开启了跨越式发展的新纪元。2006 年，公司各项主要经济指标均创历史最好水平，净利润增幅居全国信托行业第一，并荣获地方政府颁发的年度“金融创新奖”。2007 年，公司继续保持良好的发展态势，净利润增幅达到 37%，管理信托资产规模近 74 亿元，信托业务已向区外发展，延伸到北京、上海和湖南等地。

华宸信托将坚持“受人之托，代人理财”的信托业务本源，着力培养和形成矿业资源、钢铁、私人股权投资、基础设施、区域性房地产、证券投资等方面的投资管理能力，切实增强公司核心竞争力，向着国内一流、专业化和特色化方向发展。

福建联华国际信托投资有限公司

福建联华国际信托投资有限公司，是经中国人民银行总行批准于 2003 年 3 月组建成立并规范运营的股份制金融机构。由于公司组建过程中与福建省原有信托机构的业务和负债进行了彻底的隔离，重新组建的联华信托是一个没有任何历史包袱的崭新的信托机构，被誉为中国“最干净”的信托公司。2005 年 8 月 18 日公司正式更名为“联华国际信托投资有限公司”。

公司注册资本 5.1 亿元，其中外汇资本 1500 万美元。股东包括：福建华侨投资（控股）公司、四川南方希望实业有限公司、澳大利亚国民银行、新希望集团有限公司、永安资产管理有限公司、南平市投资担保中心。福建省政府全资拥有的华侨投资控股公司是公司第一大股东，享誉海内外的著名民营企业新希望集团、澳大利亚最大的商业银行——澳洲国民银行等实力强大、信誉卓著的企业是公司的主要股东。优秀国有、民营、外资股东，以打造一流、专业的金融机构为目标，为公司发展提供了丰富的管理经验和经营资源，为公司业务创新和国际化发展奠定了良好的基础。

作为股份制金融企业，公司自成立起就积极推进现代企业制度建设，按照有关法规建立了完善的法人治理结构，并建立健全了业务经营、内部管理、风险控制等一整套经营管理制度，形成了完整、科学、务实的内部管理制度和风险控制制度。这一切为在新的市场环境下，激发企业活力，规避市场风险起到了积极的作用。

公司拥有一支由高级管理人才带领、高起点建设起来的经营团队，员工队伍中具有本科以上学历的占 70% 以上，公司员工来自银行、证券、信托、房地产、法律、会计等行业，具备多年金融理财、风险管控、房地产开发等方面的专业知识技能和丰富的从业经验，高素质的队伍为公司业务发展、客户服务奠定了良好的基础。

公司坚守“因为专注，所以专业”的经营理念，以房地产信托、银信合作以及基础设施建设为核心业务，兼顾其他信托业务，对行业和项目风险的认识和控制能力处于同行业领先水平，并同国内外相关的行业领先者建立了密切的长期合作关系。

展望未来，公司将以一流的服务、一流的管理、一流的团队、一流的效益严格要求自身，不断开拓，积极进取，努力把公司打造成为全国优秀的信托公司，为社会经济做出积极的贡献！

青岛海协信托投资有限公司

青岛海协信托投资有限公司，注册资本 3.15 亿元，住所为山东省青岛市香港中路 59 号青岛国际金融中心 30 层。前身为喀什信托投资有限公司，2003 年 10 月经中国银监会批准落户于青岛，成为全国第 55 家重新登记注册的信托投资公司。

海协信托立志成为真正的信托投资公司，倾力发展资金信托、财产信托、股权信托、公益信托等本源业务，根据客户的需求，开发安全、优质、个性化的信托产品，严格执行安全性、流动性和收益性的原则，以提升客户价值为一切经营活动的目标和宗旨，以实现投资者利益最大化。

海协信托设立的业务部门有七个，分别为信托业务总部、信托财务部、投资银行部、金融同业部、理财服务中心、投资总部以及发展研究中心。在海协信托的业务体系中，以资产信托业务为主体，以投资银行业务和投资管理业务为两翼，在金融研发的导向作用下，朝着高效率、现代化的目标奋进。

在海协信托的组织架构中，设置了服务和监督业务的管理部门三个，即合规管理部、公司财务部和综合管理部。这些部门分别在人力资源、财务、后勤服务以及行政、合规、审计管理方面发挥各自的职能，努力为业务之鹰的腾飞保驾护航。

向管理要效益，以管理促发展。海协信托摒弃部门分割、各自为战的管理老办法，实行以项目为利润中心的管理新模式。不仅事后算账，而且事先预算，真正实现项目管理的全过程控制。力图以同样的成本，提供更好的金融服务，让利益于客户，享成功与员工和股东。

山东省国际信托有限公司

山东省国际信托有限公司是于 1988 年 2 月经中国人民银行和山东省人民政府批准设立的非银行金融机构。自成立以来，公司充分发挥金融与投资双重职能，在诸多业务领域进行了卓有成效的探索，现已发展成为以管理省基建基金、资金信托、财产信托、投资银行、融资租赁、资产管理、证券投资基金为主要业务的金融公司。截至 2008 年 12 月底，公司总资产 323.18 亿元，自有资产 18.22 亿元，信托委托资产 305.01 亿元，净资产 16.90 亿元，利润总额 25450 万元（未经审计）。

一、基本情况

公司成立之初为省政府出资的国有独资公司。2002 年 8 月进行了增资改制，变更为有限责任公司，注册资本由 11 亿元增至 12.8 亿元（其中美元 1500 万元）。2007 年 8 月，经中国银监会批准，公司名称变更为“山东省国际信托有限公司”。公司股东包括山东省鲁信投资控股集团有限公司、山东省高新技术投资有限公司、山东黄金集团有限公司、济南市能源投资有限责任公司、潍坊市投资公司等 5 家单位。在 2004 年 11 月召开的中国信托业协会首届会员大会上，公司当选为协会理事单位。

二、主要业务开展情况

（一）信托业务

公司成立以来，受省政府和省发展改革委员会委托，精心管理省基建基金，有力地支持了全省重点项目建设。公司积极实践“受人之托，代人理财”的理念，大力开拓房地产信托、融资租赁信托、股权投资信托（含职工持股信托）、实业投资信托、证券投资信托等业务。先后发行了山东省第一个集合资金信托计划，推出了中国第一个外汇资金信托计划，发行了国内第一只结构保障型证券投资资金信托计划，在国内率先设计出了以股权收益权为载体的信托产品，涵盖产业市场、货币市场、资本市场等领域，为委托人提供了优质高效的专家理财服务和丰富的投资渠道。2008 年公司受托管理信托资产 304.9 亿元，全年实现信托业务利润总额 14.74 亿元。支持了一批社会影响大、盈利能力强的重点工程项目，树立了良好的市场形象。

1. 省基建基金业务

省基本建设基金是山东省人民政府为支持全省重点工程建设而设立的专项基金。截至 2008 年年底，公司受托管理的省基建基金总资产 132.5 亿元，当年实现增值 4.13 亿元；受省发展投资公司委托管理的资产合计 9.19 亿元，支持全省重点工程项目 1000 多个，吸引了大量的国家和地方政府的资金投入，涉及能源、交通、电子、通讯、原材料、轻纺、化工等领域，为山东省经济建设做出了重要贡献。发起设立的华电国际电力股份有限公司是山东省装机规模最大的独立发电公司，已分别在香港联交所、上交所上市；参与投资的山东航空、山东机场、山东核电、邯济铁路、胶济铁路、青岛大炼油等项目，在行业内有良好的知名度和社会影响力。

2. 产业投资信托业务

结合公司在基础产业领域的投资管理优势，公司重点开展产业投资信托、私人股权投资信托业务，充分利用信托公司在募集资金投资非上市企业灵活便利的制度优势，培植具有成长潜力的项目，通过专业技能加强资本运营，帮助企业提升内在价值，为投资者实现高额回报。

3. 房地产信托业务

根据国家产业政策，公司大力开展合作建房、房地产投资信托基金、房地产股权信托、房地产信托贷款等业务，通过财产权信托、过桥融资、资产收购等方式，为投资者提供满意的投资回报。

4. 证券投资信托业务

公司充分发挥信托功能优势，积极开展新股申购、结构保障型证券投资等低风险收益型的证券投资业务，系统地推出各种收益型信托品种。

公司积极拓展企业年金、公益性资金等业务，通过证券市场新股申购、债券及货币市场投资，提高资金收益率，形成独具特色的信托产品体系，逐步树立品牌和信誉。

5. 不良资产处置业务

多年来，公司大力开拓不良资产受托管理业务，受委托人委托管理的信托项目 100 多个，处置的不良资产达上百亿元，积累了丰富的管理经验和业务技能，建立了较成熟的资产处置业务模式，采用调查、保全、诉讼、执行、和解、重组等一系列行之有效的手段最大限度地挖掘项目价值，资产变现率达 20% 以上，有力地维护了委托人利益。

6. 投资银行业务

公司是我国最早开展证券业务的券商之一，在山东省第一家获得 A 股主承销资格，先后担任过济南百货、南山实业、青岛啤酒等多家上市公司的主承销商或副主承销商。

公司在项目管理、财务顾问、资产重组、资本运作、风险管理等方面积累了丰富的专业化知识，充分利用信托投资功能在投资银行业务中的独特优势，向客户提供了全方位的金融服务，获得了客户的高度评价。公司采取项目融资、并购策划和受托持股等方式，大力开展企业职工持股改制业务，为企业的产权改革提供科学有效的解决方案；积极开展融资租赁业务、企业债券承销业务；开展资产证券化业务，实现各类企业的结构性融资，盘活企业存量资产，改善资产结构，丰富金融产品市场；充分利用金融产品市场，为企业提供较高收益的资金管理服务。

（二）自营业务

多年来，山东信托自有资本主要投资于电力、金融等基础产业和国民经济重要支柱行业，给公司带来了较为稳定的收益。随着《信托公司管理办法》的实施，按照中国银监会倡导的方向，公司将对包括电力企业股权在内的固有项下实业投资进行清理，同时积极开展金融类公司股权投资、金融产品投资等。

泰信基金管理有限公司成立于 2003 年，注册资本金 2 亿元人民币，我公司拥有其 45% 的股权，是实施“好人举手”承诺自律制度后，第一家由信托公司发起设立并控股的证券投资基金管理公司。

泰信基金管理有限公司经过多年的发展，共管理运作五只基金，基金类型涵盖了货币型基金、股票型基金、债券型基金、混合型基金等基金产品。截止到 2008 年底，管理的基金份额达 188.62 亿份，资产规模达 126 亿元。

富国基金管理有限公司成立于 1999 年，是经中国证监会批准设立的首批十家基金管理公司之一，注册资本金 1.8 亿元人民币，我公司拥有其 16.68% 的股权。2003 年，富国基金管理有限公司成为国内首批成立的十家基金公司中第一家外资参股的基金管理公司。

经过多年的发展，公司共管理运作十三只基金，基金类型涵盖了封闭式证券投资基金、创新型封闭式债券基金、开放式证券投资基金等基金产品，截至 2008 年底，管理的基金份额达 566 亿份，资产规模达 402 亿元。

山东中华发电有限公司（以下简称“山华电”）成立于 1997 年 5 月，注册资本金 47.5 亿元人民币，我公司拥有其 14.4% 的股权，是采用合作方式组建的中外合作经营企业。

山东中华发电项目的经营范围是在山东境内建设、经营、管理合作电厂。山华电自投产运营以来，收入稳定，作为股东，公司从该项目获得了良好投资收益。

目前，山东省人民政府提出“做大做强山东国托”，充分发挥金融在经济发展中的助推器作用。公司将以此为契机，积极实施增资扩股，加强金融领域投资，在新的历史使命和发展机遇面前，立足信托业务，积极探索专业化的核心盈利模式，通过优质的专家理财、诚信的职业道德打造一流的金融品牌，创造一流的信托公司，为广大客户分享经济发展的成果做出更大的贡献。

公司地址：济南市解放路 166 号

电话：0531－86566888

传真：0531－86968708

邮编：250013

网址：www.sitic.com.cn

山西信托有限责任公司

山西信托是由山西省信托投资公司改制而成，于 2002 年 4 月 1 日正式获准重新登记，是经中国人民银行和山西省人民政府批准保留的山西唯一一家信托机构。公司注册资本金人民币 10 亿元，其中美元 2414 万元。2007 年 8 月公司经中国银行业监督管理委员会批复，公司名称由“山西信托投资有限责任公司”变更为“山西信托有限责任公司”。有 3 家股东单位组成，分别为：山西省国信投资（集团）公司、太原市海信资产管理有限公司、山西国际电力集团有限公司。

为了适应不断变化的市场环境，保持公司的良好发展态势，公司将坚持以科学发展观统领公司发展全过程，紧紧围绕公司战略发展目标，规范经营，稳健发展，执着追求，勇于创新，努力提高核心竞争力，加快业务调整步伐，实现合理盈利模式，构建学习型、效益型、和谐型公司，充分实现股东权益、社会效益和员工利益的最大化，逐步将公司发展成为全国一流的信托机构，成为具有一定影响力的专业理财机构。

上海爱建信托投资有限责任公司

上海爱建信托投资有限责任公司（以下简称爱建信托）是由上海爱建股份有限公司投资组建，于 1986 年 8 月经中国人民银行及国家外汇管理局批准成立，系全国首家民营非银行金融机构，公司注册资本金 10 亿元。2001 年 12 月获中国人民银行批准重新登记。

爱建信托发扬“爱国建设”精神，坚持“稳中求进”理念，诚信经营，开拓创新，为国家尤其是为上海的许多重大项目提供了大量的金融支持，取得了较好的社会效益和经营效益。连续多年被评为全国500家最大的服务性企业。1997年到2003年，连续三次被评为上海市级文明单位。被上海市外经贸委评为1998—2000年度上海市外经贸委系统先进集体。2000年被上海市财政局、税务局授予“纳税信用A类企业”。2003年被中共上海市委宣传部等10家单位联合授予第五届上海市“学知识、学科学、学技术”先进集体；被中国人民银行上海市分行评为银行信贷登记咨询系统建设先进集体。2000年1月，爱建信托顺利获得了香港品质保证局的认证，成为通过ISO9002质量保证体系认证的首家国内信托投资公司。2001年，爱建信托将原实行的ISO9002：1994提升为ISO9001：2000。2001年11月，通过了香港品质保证局升级转版的审查，这是国内金融行业中第一家通过ISO升级转版的公司。爱建信托总结出的企业流程管理模式，在2000年上海企业管理现代化创新成果评审中获得一等奖。2002年7月18日，成功推出了全国第一个规范的资金信托计划——上海外环隧道项目资金信托计划，被誉为“信托业立春”的标志性事件。

爱建信托以其丰富、全面、独特的金融服务在推动经济发展中发挥着积极作用。一是爱建信托利用理财功能，可充分发挥为财产所有者经营、管理、运作、处理各种资产的作用。如动产信托、不动产信托等；二是爱建信托利用融资功能，可受托有资金节余的中小企业的资金，由爱建信托研究分析各产业、行业的发展情况，为委托者提供投资方便，同时资金紧缺而得不到银行信贷支持的企业，可以从爱建信托获得融资支持，为资金余缺的企业提供服务；三是爱建信托利用投资功能，可通过信托投资的方式将信托资金加以运用，将其转化为资本市场上稳定的投资资金，还可通过设立集合资金信托，将吸收的企业、居民节余资金投资国家各项重大工程和基础设施建设项目，实现投资的社会化、全民化，不仅仅可以拓宽投资来源，发挥国家财政投资的引导作用，还可以将项目投资的风险向社会分散，减少政府、企业、银行信托和个人所负担的风险；四是爱建信托利用服务功能，可以为国有企业的改制提供经济咨询、财务顾问、资信调查、投资咨询等咨询服务，具有贷款、股权投资、产业基金投资、贷款担保、信用见证、融资租赁等融资便利，可以为国有企业的改革提供充足的资金支持。另外，为社会公益事业服务，可设立各项公益信托，支持我国的文化教育、科技体育、慈善、环保等事业。

爱建信托坚持合规运作，积极开拓信托本源业务，资金信托业务、投资银行业务、资产信托业务取得了快速的发展。爱建信托坚持以人为本，注重人才价值与公司发展的良好结合，凝聚了一大批优秀人才，为信托业的持续发展奠定了坚实的基础。

随着全球经济一体化的加快，爱建信托正以全新的机制、全新的理念、全新的经营战略以及现代化的管理方式走向信托市场。将努力使自己成为资产质量一流、赢利能力一流、服务质量一流的国内外著名信托投资公司。

陕西省国际信托投资股份有限公司

陕西省国际信托投资股份有限公司（简称陕国投）是国内首家上市的非银行金融企业，也是国内目前仅有的两家整体上市信托投资公司之一。公司设立于1985年元月，1992年增资扩股向社会发行股票，1994年元月“陕国投A”（股票代码“000563”）在深交所挂牌交易。2001年，公司在全国首批、西北首家完成重新登记。2006年7月完成股权分置改革，迈入全流通新时代。

陕国投系国有控股的金融企业，经营发展过程中一直得到省委、省政府、省国资委、监管部门和控股股东等的大力支持。22年来，公司积极发挥信托投资功能支持地方经济建设，为大批企业和项目提供了信托贷款、信托投资、融资租赁、信用担保、财务顾问、风险投资等优质金融服务，同时推动公司自身得到快速发展，诚信铸就了良好的“陕国投”品牌。

公司完成信托重新登记以来，潜心打造全新信托品牌，继在全国率先开办信托新业务后，已经和正在开展债券投资资金信托、央行票据信托、银行优质信贷资产（收购）资金信托、房地产资金信托、高速公路建设项目资金信托、高速公路大修项目资金信托、机场建设资金信托、旅游项目资金信托、MBO信托、外汇资金信托、企业财务顾问等业务，有效拓展了信托市场，赢得了客户的信赖。与此同时，公司不断发挥房地产开发业务优势，大力支持下属陕西省鸿业房地产开发公司继成功销售金桥美丽园、金桥四季花园后，以“市场化、规范化、专业化、精益化”理念，精心铸造金桥太阳岛、金桥国际广场两个极富美誉度和竞争力的品牌项目；倾心倾力支持上海佳信房地产开发公司建设好上海市政府配套商品房大型项目，力求实现预期良好的经济效益和社会效益。

公司20余年来虽历经坎坷，但始终在不断求索中谋发展，在不断发展中尽力回馈各方。截止2006年9月底，公司经营管理的各类资产达30多亿元。1992年至今累计实现净利润4亿多元，上缴各类税金约2亿元，历年分红累计1亿多元。

当前，陕国投新一届领导班子审时度势，以“十一五”发展为新起点，着眼公司持续发展和股东利益最大化目标，研究确定了发展思路。总体目标是：优化人力资源配置，激活内部运行机制，坚持产融结合方向，牢固树立风险控制意识，强化风险控制体系，紧紧围绕我省经济建设这一中心，发挥金融在经济发展中的核心作用，为省内交通、城市基础设施、能源、重化工、装备制造、房地产等优势产业提供金融服务，大力挖掘金融信托业务潜力，逐步强化信托业务的主营地位，发挥信托业务质量、规模和效益的联动效应，提升主营业务品质和效益。坚持科学发展观，以人为本，大力实施管理创新和业务创新，促进经营管理协调发展。“十一五”末，力争把陕国投打造成在西部乃至全国有较大影响力的专业理财金融机构。为此，公司将继续大力深化内部改革，利用信托投资的广阔空间，发挥专业管理和理财专家之团队精神，秉持在长期金融服务中积淀、凝聚而成的“诚信、务实、创新、奉献”精神，积极投身资本市场、货币市场和产业市场拓展信托业务和自有资金投资业务，竭诚为广大客户提供全方位、多层面的金融信托服务，诚心谋求与客户共成长，竭力谋求全体股东权益最大化。

苏州信托有限公司

苏州信托有限公司（以下简称“苏州信托”）是经中国银行业监督管理委员会批准设立的具有独立法人资格的非银行金融机构。其前身是苏州市信托投资公司，最早于1991年4月经中国人民银行批准设立。2002年重新注册登记，回归信托本源业务。

苏州信托秉承“受人之托，代人理财”的宗旨，紧紧抓住苏州经济高平台快速发展的良好机遇，立足于服务地方经济建设，开拓创新不断进取，创造了江苏乃至全国诸多“首次”

和"第一",探索出一条适合苏州区域经济环境的特色发展道路,获得了社会各界的认可。

2008 年 5 月 20 日,苏州信托有限公司获中国银行业监督管理委员会批复,引进联想控股和苏格兰皇家银行(RBS)为其战略投资人,公司注册资本金增至 5.9 亿元人民币。此次增资扩股完成后,新的苏州信托股权结构为:苏州国际发展集团有限公司占股比例 70.01%,苏格兰皇家银行公众有限公司占股比例 19.99%,联想控股有限公司占股比例 10%。

展望未来,苏州信托立志成为联系投资需求和资金需求的桥梁,为投资需求方提供一个综合型的资产管理平台,为资金需求方提供创新的资金来源渠道;用 5 - 10 年左右的时间,将苏州信托建设成为拥有国际先进水平的、在中国信托业首屈一指的企业。

天津信托有限责任公司

天津信托有限责任公司(原名天津信托投资有限责任公司)成立于 1980 年,是国内最早成立的信托投资机构之一。公司注册资本金 15 亿元,自有资产和受托管理的资产总规模为 170 亿元。

在中国银行业监督管理委员会天津监管局的监督管理下,公司秉承"诚实、信用、谨慎、有效"的经营理念,发挥"受人之托,代人理财"的基本职能,立足金融信托本业,积极开展金融创新,努力拓展信托理财业务。多年来,发展并完善了集合资金信托、单一资金信托、股权投资、权益收购、租赁业务、指定项目信托等业务品种。充分发挥信托优势,围绕重点工程项目、基础设施建设、能源交通运输、城市房地产开发、大型企业产品更新换代、教育和高新技术等产业发展,推出一系列信托产品,将民间资金转变为投资资本,在满足投资者资金保值增值需求的同时,服务城市经济发展。

经过二十多年的不断创新与发展,公司与数百家企业机构建立了稳定的业务合作关系,形成了科学的经营管理机制,为投资者提供了高效的理财服务,树立了良好的公司形象。今后,公司严格按照《信托法》、《信托公司管理办法》和《信托公司集合资金信托计划管理办法》开展各项业务,继续秉承"对社会负责,对客户负责,对股东负责、对员工负责"的企业精神,始终如一地为投资者提供专业化的高水平信托理财服务。

网址:www. tjtrust. com

西安国际信托有限公司

信托业与银行业、证券业、保险业一起构成现代金融四大支柱。信托以"受人之托,代人理财"为核心,遵循诚实、信用、谨慎、有效的管理原则,在货币市场与资本市场、金融资本与产业资本、投资者与融资者之间发挥着重要的桥梁作用。

西安国际信托有限公司于 1986 年经中国人民银行批准成立。1999 年 12 月公司增资改制为有限责任公司,更名为"西安国际信托投资有限公司"。2002 年 4 月,中国人民银行总行批准重新登记申请,公司获准单独保留。2008 年 2 月经中国银行业监督管理委员会批准,公司换领新的金融许可证,同时更名为"西安国际信托有限公司",公司注册资本金为人民币 3.6 亿元。公司主要从事资金信托业务、投资银行业务、融资租赁业务和其他金融业务。随着信托业新"两规"的颁布实施,公司业务涉及货币市场、资本市场和金融衍生品市场等领域。

公司致力于成为卓越的专业资产管理和投资管理机构,成立 20 多年来已为省内外数百家企业和机构以及数万余名自然人投资者提供了专业的信托金融服务。公司已建立了完善的法人治理机制,拥有健全的风险控制体系,有一支在金融、投资、资本运作等领域具有丰富经验和突出能力的专业团队,可以为委托人和投资客户提供全面的信托金融和理财服务。

华润深国投信托有限公司

1982 年 8 月 24 日成立。原名为深圳市信托投资公司,注册资本人民币 5813 万元;

1984 年经中国人民银行批准更名为深圳国际信托投资总公司,注册资本人民币 1 亿元,正式成为非银行金融机构,并同时取得经营外汇金融业务的资格;

1991 年经中国人民银行批准更名为深圳国际信托投资公司,注册资本人民币 2.8 亿元,其中外汇资本金 1200 万美元;

2002 年 2 月经中国人民银行批准重新登记,领取了《信托机构法人许可证》,注册资本人民币 20 亿元,其中外汇资本金 5000 万美元。公司同时更名为深圳国际信托投资有限责任公司。

2005 年 3 月 14 日,深圳市国有资产监督管理委员会变更登记为深国投的控股股东。

2006 年 10 月 17 日,公司引进战略投资者协议签署。华润股份有限公司成为公司控股股东,持有公司 51% 股权。公司注册资本由人民币 20 亿元增加到人民币 26.3 亿元。

2008 年 10 月,经中国银行业监督管理委员会批准,公司变更名称及业务范围,换领新的金融许可证。公司更名为华润深国投信托有限公司。

经营业绩

2008 年公司实现净利润 8.23 亿元,人均利润 875 万元。截至 2008 年底,公司总资产为 53.54 亿元人民币,净资产达 50.28 亿元人民币,各项经济指标在中国信托行业中名列前茅。

公司股东

华润股份有限公司

深圳市人民政府国有产资督管理委员会

主要投资控股、参股企业

国信证券有限责任公司

深圳市长园新材料股份有限公司

红塔创新投资股份有限公司

在深圳市人民政府、中国银监会深圳监管局的正确领导、实际帮助和亲切关怀下,在公司股东华润集团和深圳市国资委的大力支持下,公司全体员工励精图治、奋发有为,2008 年主要经营指标取得了比较令人满意的成绩。更为重要的是,在这一年中,公司完成了实业分离,领取了新的金融许可证,实现了业务转型,提升了管理水平,加强了风险防范,进一步提高了公司的社会影响力和市场竞争力。

2008 年,华润信托进一步聚焦信托业务,加强资金管理。同时,在集团的支持下我们持续倡导成本效益管理理念,提升组织效率和管理水平;我们还在发展和加强领导力建设、深化客户导向、营造阳光文化等方面取得了新的进展。在不利的宏观经济环境下,华润信托的整体业务依然稳健,市场地位得以巩固,企业的核心竞争能力进一步加强。

2008年宏观环境分析

2008年是中国金融政策变化最快的一年。为达到“防过热、防通胀”的“双防”宏观调控目标,2008年上半年实施了从紧的货币政策。随着国际和国内经济金融形势的变化,中央将宏观调控的目标由上半年的“双防”调整为“保增长、控通胀”的“一保一控”,因此2008年下半年金融调控出现了较大松动。

2008年是宏观经济环境危机四伏的一年。首先,美国次贷危机引发了全球金融市场的剧烈动荡,最终导致国际金融危机。其次,国内资本市场持续单边下跌的走势,各主要指数距高点跌幅近70%,证券投资信托业务遇到前所未有的压力,投资者的信心受到极大打击,投资意愿(特别是中长期、风险性投资)显著下降。再次,国内外金融机构各类理财产品层出不穷,金融机构之间对客户资源的争夺日趋激烈。商业银行、保险公司、证券公司、基金公司等金融机构利用其渠道、网点、人员、产品开发能力等优势,大量推出各种各样的金融理财产品,对信托公司开展理财业务造成更大的竞争压力。

2008年也是信托公司重组的关键一年。商业银行、保险公司、外资金融机构等收购信托公司的步伐在2008年明显加快,随着信托公司股东结构的变化,各信托公司将利用股东平台,借助股东优势重新出发,信托公司竞争加剧,市场地位也将出现新的变化。

2008年经营业绩回顾

一、2008年总体经营情况

截至2008年12月31日,公司总资产53.54亿元,净资产50.28亿元。2008年实现净利润8.23亿元,人均利润875万元,净资产收益率13.85%,资产收益率12.91%,拨备后的不良资产率为0.38%。

二、信托业务情况

截至2008年12月31日,公司信托规模493亿元,比2007年增长146%;实现信托业务收入2亿元,比2007年增长40%。各项信托业务均取得较好成绩。

1.证券投资信托业务

证券投资信托是公司2004年开发的信托产品,也是国内首创的信托产品。经过几年的发展,目前公司证券信托业务已初步建立了不同类型业务的标准化程序,制定了整体业务流程和分岗位业务流程及管理制度,业务模式更加市场化。除开放业务模式外,又创造了封闭转开放的业务模式、以银信对接方式开展开放式证券投资信托业务等新型模式。

2008年,公司证券信托总体算术平均值跌幅42%,跑赢深沪指数和公募基金,部分信托计划取得正收益。公司继续坚持扩张策略,全年新增信托产品个数、新增信托规模、投资顾问家数等均保持增加。

截至2008年12月31日,公司证券投资信托产品88支,信托规模约55亿元,合作的投资顾问公司超过50家。

2.融资类信托业务

融资类信托计划是公司2008年信托规模迅速增加的主要产品。该类业务主要为票据资产类、信贷资产买卖类信托产品。此类业务中信托参与资产买卖业务的灵活性、高效及低成本等优势得以充分展现。

公司在开展融资类信托业务时,确立了“以客户为中心”的业务导向;及时根据客户的需求进行产品调整或创新;主动走向客户,准确及时地提供优质的咨询及销售服务,不断提高客户的满意度和忠诚度。

截至2008年12月31日,公司融资类信托计划存续数量共62只,存续规模为401亿。

3.股权投资信托业务

股权投资信托是公司正在致力发展的信托品种,除与外部专业投资机构合作外,公司正努力实现股权投资信托业务自主与平台相结合。

根据PE基金投资业务的实践,针对新的外界相关条件的变化,结合公司多年来积累的丰富投资经验,公司正在推行自主管理型PE基金和合作型PE基金“两条腿”发展的形式。

截至2008年12月31日,公司股权投资信托计划存续数量共6只,存续规模约8亿(不含合伙形式设立的项目)。

4.市场拓展与客户维护

2008年公司对营销渠道进行了有效整合,建立了标准化的营销流程,实现营销工作标准化、制度化,实现了“主力银行代理为主,分销为辅”的自主销售模式。

2008年,公司潜在客户数量继续保持高速增长,核心客户比2007年增长40%左右;在硬件建设方面,开设了呼叫中心系统的主要功能,并试运行了客户网上查询系统;在客户关系维护方面,建立和完善了客户投诉及回访制度,有效地解决了大部分客户关注的问题。

三、固有业务情况

2008年,公司固有业务收入达到74,840万元。

公司按照新办法的规定大力清理实业投资,2008年10月获得中国银行业监督管理委员会的批准,公司实施分立,并正式更名为“华润深国投信托有限公司”(简称“华润信托”)。

2009年经营目标展望

2009年,公司将通过提供差异化、跨市场的信托产品和服务,做强做大信托业务。实现中间业务收入、管理费收入和投资收益的最大化,为客户和股东持续创造价值。

产品创新:在不同的宏观经济与政策组合背景下,寻找、捕捉具有可复制性业务的市场机会,率先研发、及时设计推出信托产品。

服务创新:为合作商业银行提供产品集成管理服务,为合作投资顾问提供基金设计、管理、信息、募集资金等增值服务。

风控提升:确保品牌(包括与我司合作机构的)与产品质量的稳定及持续性。推行全面风险管理,不断完善风险控制体系和风险控制流程,实现风险识别、风险量化、风险可测、风险可控、风险可承受。

市场营销和客户维护:2009年初步构建起公司的营销体系,满足业务发展的基本需求;维护并拓展渠道资源,逐步实现信托产品部分额度的直销;开展营销宣传,提升客户对公司的认知度;提升VIP服务质量;探索创新型的营销模式,改善业务流程,提高客户办理业务的便捷性;跟踪同期市场竞争性产品信息,形成市场信息反馈制度,并协助业务部门设计适合市场需求的新产品。

集团协同:与集团现有资源协同,为华润金融体系的建立与发展提供支持。

人力资源:通过实施人力资源战略,提高公司人力资源的专业化、规范化管理能力,为公司业务转型和开拓进行合理的人才储备。

信息系统建设:完成证券投资、银信对接IT系统、客户服务系统等信息系统建设，充分满足公司业务对信息技术的需求。

公司品牌建设：通过建立和完善品牌规划、品牌传播、品牌管理体系等，加强公司品牌在深圳、珠三角地区的影响力。

昆仑信托有限责任公司

昆仑信托（原金港信托）成立于1986年11月，原为中国工商银行下属信托投资公司。2008年，公司成功换发新的金融许可证。2009年6月，公司进行增资扩股并更名为昆仑信托，注册资本增至30亿元人民币，中国石油天然气集团公司的全资子公司中油资产管理有限公司为昆仑信托的控股股东。

昆仑信托具有完善的公司治理结构，经营合规、操作稳健、资产优良、业绩突出，成功投资于基础设施、开发区建设、房地产开发和证券市场，累计发行信托计划（基金）过百支，累计管理资产超过1400亿元。

昆仑信托设目前有股权投资、房地产信托、机构融资和证券投资信托四个业务版块。公司拥有一批优秀的金融人才，一支富有朝气、勇于开拓、善于创新、投资管理能力强的信托基金经理人队伍，为投资者创造了良好收益。

公司地址：宁波市江东区江东北路138号宁波金融大厦19楼、10楼

公司电话：0574－87033100

公司传真：0574－87031700

财富热线：4008－99－9988

客服热线：0574－87031727

江西国际信托股份有限公司

江西国际信托股份有限公司（简称"江信国际"）是经中国银监会批准、直属江西省人民政府的非银行金融机构，具有政府背景的独特竞争优势和卓越的品牌信誉。公司注册资本4.751亿元，依法经营资金信托、动产信托、不动产信托、有价证券信托、其他财产或财产权信托、投资基金、企业资产的重组、购并及项目融资、公司理财、财务顾问、证券承销、代保管及保管箱、存放同业、拆放同业、贷款、租赁、投资方式运用固有财产、以固有财产为他人提供担保、同业拆借及法律法规规定或中国银行业监督管理委员会批准的其他业务。

江信国际治理规范，建立了"五个两、十环节"的内部控制和风险决策体系，拥有一支具有商业银行、投资银行、信托、基金等资深从业背景的专业团队和以北京、上海、中部、西部、南部、东北、西北等金融研发中心为依托的资源网络。江信国际可以根据客户的资产状况、风险偏好，利用信托制度及其独特的功能，为客户提供跨越多个金融市场、多个行业、多个地域的专业化信托服务。至2008年末，江信国际累计发行信托计划400余个，管理信托资产946亿元，开发了政府公用事业、银信合作、证券投资等多类信托产品，业务遍及全国20多个省市。到期信托财产全部如期足额交付。

江信国际作为"受人之托、代人理财"的专业化理财机构，以"共同利益观"（即国家、企业、客户、员工利益一体，互利共赢）为核心价值观，以"忠诚拼搏、艰苦创业"为核心理念，以优质高效的服务为核心竞争力，在支持政府融资、企业发展，不断满足投资者理财需求的过程中，获得快乐，获得成长。

江苏省国际信托投资有限责任公司

江苏省国际信托投资有限责任公司是经江苏省人民政府和中国人民银行总行批准的大型金融机构，成立于1981年，2002年8月完成重新登记工作。公司注册资本24.8亿元人民币（其中美元6000万元），资产规模和质量在全国同行业中名列前茅。江苏省国信集团对其控股。

公司自成立以来，在国家经济政策的指导下，坚持稳健经营，立足金融信托本业，为江苏经济发展和广大客户，合作伙伴提供优质服务，树立了良好的企业形象，在全国同行业中享有较高声誉。目前，已成为我国信托业中资产质量较好、管理制度健全，初具业务网络和规模的信托公司。

公司经营范围为受托经营资金信托业务受托经营动产，不动产及其它财产的信托业务；受托经营投资基金业务经营企业资产的重组，购并及项目融资，公司理财、财务顾问等中介业务受托经营国债、银行债券、企业债券承销业务、代理财产的管理、运用与处分；代保管业务，信用见证、资信调查及经济咨询业务；以固有资产为他人提供担保等业务。

公司在长期的经营运作过程中，培养了一批综合素质精良、业务经验丰富的理财专家，保证了公司良好的经营业绩和信用声誉。在"受人之托，代人理财"的专业化的服务中，将给客户以满意的回报。

世界经济一体化，金融业务全球化对金融信托业提供了良好的发展机遇。展望未来，公司将坚持"发展、创新、高效、稳健"的原则，努力开拓，稳健发展，学习借鉴发达国家信托业的先进经营理念和管理经验，发挥"集团化经营、集团化管理、集团化发展"的优势，全面提升综合金融服务能力和企业的核心竞争力，做大做强信托业务，为实现江苏国信集团建设金融控股公司的宏伟目标做出贡献，以崭新的姿态在中国信托行业发展史上书写灿烂的新篇章。

吉林省信托有限责任公司

吉林省信托有限责任公司成立于1985年，是吉林省内经中国人民银行批准设立的唯一一家信托公司，也是东北成立早、规模大、实力强、效益好的非银行金融机构。截至2008年末，公司注册资本15.97亿元（含1,815万美元），所有者权益17.07亿元，总资产18.24亿元，管理的信托资产规模达到136亿元。

公司现有天治基金和天富期货两个子公司，参股东北证券、吉林亚泰、吉电股份、辽源得亨4家上市公司以及吉林银行、长春农商行和九台农商行等地方金融机构。

公司在经营和管理中，遵循"面向市场、规模适度、资本充足、风险最小、效益最大、回报最高"的宗旨和"恪尽职守、诚信为本、客户至尊"的经营理念，以"一流的信誉、一流的水平、一流的技术、一流的管理"，铸就诚信，珍视所托，专业服务。吉林信托努力将自身打造成为一流的具有核心竞争力的金融信托机构，通过各种金融创新，力求在政府层面理财、企业资产管理、个人财物保值增值等各方面达到业内最优，为社会和公众提供值得信赖的高质量的信托理财和财富管理服务。

合肥兴泰信托有限责任公司

合肥兴泰信托有限责任公司（以下简称"兴泰信托"）是经中国银行业监督管理委员会批准设立的非银行金融机构。前身为

合肥市信托投资公司,成立于1986年11月。2003年12月,经批准分立重组为独立法人信托机构——合肥兴泰信托投资有限责任公司。2004年1月7日公司揭牌营业,是安徽省首家获准重新登记并揭牌营业的信托机构。2007年6月20日,经中国银监会核准,公司获准变更名称和业务范围,成为全国第二批、安徽第一家获批信托机构,标志着公司进入新的发展阶段。公司目前注册资本为5.04亿元,并已取得国家工商行政管理部门颁发的《企业法人营业执照》(注册号:3401001006787)和中国银行业监督管理委员会安徽监管局颁发的《中华人民共和国金融许可证》(机构编码:K0034H234010001)。

自2003年重新登记揭牌开业以来,公司依托地方经济发展大环境,提出了"一年打基础、两年上台阶、三年求发展"的发展思路和"资产管理规模化、经营领域多元化、区域地位领先化"的发展战略,通过三年多的努力,公司初步形成了一个以信托业务、投行业务、固有业务为主体的业务框架,找到了一条适合公司自身经营实际的发展道路。目前,公司资产质量优良,没有历史遗留问题,资产状况和流动性均良好。

按照信托行业新办法的规定,公司变更名称和业务范围后,积极谋划业务转型,大力拓展债券承销、股权投资、房地产信托投资基金等业务新品种,力争发展成为风险可控、守法合规、不断创新、具有核心竞争力的专业化理财机构。

作为地方金融体系的主力军,公司将在新办法的指引下,全力迎接信托业面临的巨大挑战,为地方经济建设和信托行业的发展而不懈努力。

杭州工商信托股份有限公司

杭州工商信托股份有限公司是杭州市首家股份制金融企业,公司前身成立于1986年。公司历来秉承"诚实、信用、谨慎"的经营方针,以强大的业务创新能力和内控机制为依托,在激烈的市场竞争中树立了合规、信誉至上的良好形象。

2003年3月经中国人民银行核准,增资扩股后公司完成重新登记,目前注册资本为40608万元。

公司具备完善的法人治理结构,拥有一批实力雄厚的股东,其控股股东为杭州市投资控股公司,另有浙江新安化工集团股份有限公司、杭州市财开投资集团公司、浙江大学、西子电梯集团有限公司等优秀法人股东。2008年,公司引入国际战略投资者——摩根士丹利,成为合资信托机构,在合规风险管理、风险管理技术和项目资源等方面获得全球性资源支持。

公司建立了优秀的管理团队和完备的管理体制,通过切实有效的激励机制和富有弹性的制度安排推动业务创新,促进人才的竞争和流动,以创新来占据中国信托业的制高点。

根据《信托法》以及《信托公司管理办法》等有关法律法规,目前公司的本外币经营范围包括:

1. 资金信托;
2. 动产信托;
3. 不动产信托;
4. 有价证券信托;
5. 其他财产或财产权信托;
6. 作为投资基金或者基金管理公司的发起人从事投资基金业务;
7. 经营企业资产的重组、购并及项目融资、公司理财、财务顾问等业务;
8. 受托经营国务院有关部门批准的证券承销业务;
9. 办理居间、咨询、资信调查等业务;
10. 代保管及保管箱业务;
11. 以存放同业、拆放同业、贷款、租赁、投资方式运用固有资产;
12. 以固有财产为他人提供担保;
13. 从事同业拆借;
14. 法律法规规定或中国银行业监督管理委员会批准的其他业务。

公司的主要业务领域为:

个性化的专业购并金融服务;金融市场边缘衍生产品服务。

公司将在这两大领域向市场提供系列化的产品,为客户的金融服务需求提供全面的解决方案。通过制度化的业务推进流程,打造具有专业特色的综合性金融服务平台。

国投信托有限公司

国投信托有限公司是经中国人民银行总行批准设立的非银行金融机构,注册资本金12.048亿元人民币,国家开发投资公司、国投电力公司分别持有95.45%和4.55%的股份。控股股东国家开发投资公司是我国目前最大的国有投资控股公司和中央直接管理的大型国有独资企业,成立于1995年5月,注册资本金162亿元人民币。

公司目前主要开展信托、公司理财、固有财产投资等业务。截至2007年底,公司管理资产规模近150亿元。公司以高端理财业务为核心,不断研发和创新信托产品,已建立起证券投资类信托、银行信贷资产类信托、黄金投资类信托等成熟产品体系,并成功尝试红酒投资信托,艺术品投资信托也在积极研发之中。截至2008年10月,公司累计开发信托项目43个,累计管理信托资产规模约165亿元。公司已成为业内创新能力突出、品牌鲜明的信托公司。

公司于2007年10月推出的国内首只黄金信托产品—"国投信托·金满堂1号"黄金投资集合资金信托计划,被中国信托业协会列为最具创新能力产品,并连续获得第二届"诚信托－中国最佳信托公司"评选活动之"最佳信托产品"奖、2007年度"金融理财金贝奖"评选活动之"年度最佳设计创新信托产品奖"等殊荣。截至目前,公司已成功发行五只各具特色的黄金信托产品。

自成立后,公司除与瑞银集团共同组建国投瑞银基金管理有限公司外,还参股了红塔证券、国投财务公司等金融机构,并积极寻找其他金融领域的投资机会。

公司拥有先进的管理经验和专业的投资团队,核心管理团队均具有十年以上金融投资经验,博士和硕士研究生占员工比例超过50%。经过多年努力,公司拥有众多高端个人投资者和机构投资者。

公司秉承"有道而正、信则人任"的核心价值观,坚持"以人为本"的基本理念,不断打造高信用级别的信托产品,为客户提供专业化、多元化、个性化的金融服务,以务实的精神、稳健的作风以及细致的服务树立良好的企业形象。

国民信托有限公司

国民信托有限公司成立于1987年1月,并于2004年1月经中国银行业监督管理委员会批准迁址北京并获重新登记。

国民信托是诚信可靠和专业稳健的金融机构。主要业务范围如下:

资金信托；

动产信托；

不动产信托；

有价证券信托；

其他财产或财产权信托；

作为投资基金或者基金管理公司的发起人从事投资基金业务；

经营企业资产的重组、购并及项目融资、公司理财、财务顾问等业务；

受托经营国务院有关部门批准的证券承销业务；

办理居间、咨询、资信调查等业务；

代保管及保管箱业务；

以存放同业、拆放同业、贷款、租赁、投资方式运用固有财产；

以固有财产为他人提供担保；

从事同业拆借；

法律法规规定或中国银行业监督管理委员会批准的其他业务。

国民信托立足北京、面向全国、开拓创新、稳健发展。我们凭着优秀的研究分析、投资管理和客户服务队伍，加上现代化的金融基建系统，为客户提供最优质、最专业的金融服务和投融资产品。

经营方针：以人为本 诚信敬业 专业稳健 创新共赢

为客户创造价值是我们的基本目标。要达到这个目标，有赖于优秀的员工。我们尊重和关爱每一位员工，重视员工培训，激励员工自发学习，在专业素养方面精益求精，在技术操作方面保持最高水准。

我们深信诚信是经营信托之源。我们以诚信作为立业之本，真诚服务客户，及时详尽地披露信托资讯和投资风险，以最高的诚意和诚信来经营国民信托的品牌。

我们坚持创新。因为创新是发展之道。只有锐意进取，不断创新，才能提供最符合客户需求的产品和服务。

我们的专业投资管理团队经验丰富、勤勉敬业和稳健尽责。我们以国际化的管理制度和系统，严格控制风险，保持稳健经营的作风。

经营策略

优化品牌：国民信托的品牌，代表着诚信、专业和稳健。无论在风险管理、创造价值或客户服务方面都要求员工最卓越的表现。

优质服务：我们以客为尊，提供最优质的专业技巧和服务态度。我们以客户需求为导向提供差异化、个性化和多样化的金融产品，为客户提供保值、增值的优质金融服务。

严格治理：我们实施严格而现代化的公司治理，透过不同的内部监察委员会，以及独立非执行董事，监察公司管理层的决策及员工的运作。确保客户和投资者的利益得到合法合规的应有保障。

创意进取：在不断转变的金融市场中，要保值，要创富，必须依赖创意。我们的专业投资人才，细心观察市场，谨慎分析数据，以富创意的思考方式，不断推出更新颖、更卓越的投资模式和产品。

合作共赢：我们积极开展国内外的交流与合作，引进和吸收国际间不断发展的先进金融企业管理系统和管理手法。在资产管理和投资银行方面开展国际化的业务合作，建立长期战略合作伙伴关系，以求公司整体业务水平时刻保持国际标准。

国联信托股份有限公司

国联信托股份有限公司的前身是无锡市投资信托公司，初创于1987年2月。2003年1月，无锡市信托投资公司获准重新登记，并更名为国联信托投资有限责任公司。2007年7月，更名为国联信托有限责任公司。2008年7月，国联信托有限责任公司变更为国联信托股份有限公司。公司目前注册资本为12.3亿元人民币，控股股东为无锡市国联发展（集团）有限公司。

国联信托以“诚信、稳健、规范、创新”为企业的经营宗旨，遵循“受人之托，代人理财”的信托理念，凭借“诚信为道”的价值观赢得了广大投资人的关注与信任；凭借创新与发展并重的业务拓展逐步成为具有竞争力的现代金融服务公司。

重新登记以来，国联信托不断开发新产品，拓展新领域，经营业绩保持快速发展，至2007年末，净资产达到207483万元，公司受托信托资产规模达到47亿元，2007年度共实现利润59494万元人民币。继2006年公司在《证券时报》举办的“优秀信托公司评选活动中”荣获最优秀理财机构奖和最佳房地产信托计划奖之后，2007年在《证券时报》举办的“第二届优秀信托公司评选活动”中，再获区域最佳理财机构奖。

2008年7月，国联信托有限责任公司整体变更设立股份有限公司，标志着公司迈入了一个新的发展阶段。国联信托将以此为契机，加快发展高端业务领域，提高公司核心竞争力和风险管理能力，最终发展成为在国内具有竞争力的资产管理型金融服务公司。

大连华信信托股份有限公司

大连华信信托股份有限公司（以下简称“华信信托”）是经中国银监会批准开展营业性信托业务的非银行金融机构，是目前辽宁省唯一一家信托公司。注册资本金12.1亿元。

成立20多年来，华信信托依法合规，恪守诚信，稳健经营，在服务经济的同时，自身也取得了长足发展。固有业务方面，积极投资金融领域，目前为大通证券第一大股东、百年人寿并列第一大股东，参股了大连银行、良运期货等金融机构。截至2008年末，华信信托固有资产总额达到17亿元，2008年度实现利润总额3.6亿元，主要经营管理指标列地区和全国同业前列。

信托业务方面，以提升资产管理能力为核心，先后发起设立基础设施建设项目投资类、银行资产受让类、证券投资类、房地产投资类、工商企业投资类、私人股权投资等多种类型的信托计划。2008年，受托管理信托资产674亿元。

重庆国际信托有限公司

重庆国际信托有限公司成立于1984年，注册资本16.3373亿元，资本实力位居全国信托公司前列，是中西部最大的信托公司。2007年，公司按照银监会新“两规”要求，剥离非金融资产，成功实现业务转型，换发了新的金融许可证。被评为重庆市“金融贡献一等奖”和“重庆市贡献突出的国有企业”。

重庆信托成立以来，本着“受人之托，诚信第一；代人理财，赢利为本”的经营策略，坚持“以金融和基础设施投资为重点，壮大发展信托主业”，科学管理，严控风险，合规经营，成效显著。改制6年来，信托业务快速增长，利润指标连创新高。管理信托项目348个，管理信托资产总额达385.22亿元，为信托客户创造收益21.98亿元。公司资本、年利润、信托规模、信托财产收益率等指标综合排名跻身全国第九位，中西部第一，被评为“最具发展潜力”的信托公司。

截至2007年末，公司实现总收入23.77亿元，实现净利润5.09亿元，人均创利605万元，公司总资产284亿元，自有净资产19.71亿元，资产负债率仅为10.19%，不良资产率接近于0，资本充足率高达48.8%。已发展成为资本充足、资产优良、结构合理、盈利能力和抗风险能力较强的信托公司。

公司作为专业理财的金融机构，经营范围广，经营手段灵活，可通过投资、贷款、担保、租赁、买入返售、信托、基金、财务顾问、承销等多种手段为客户提供金融服务。近年来，成功推出众多创新型信托产品，诸如“教育信托”、“渝涪高速公路股权信托”、“龙湖·西城天街集合资金股权信托”、“渝信网下新股申购系列产品”、“润丰系列产品”、“私人股权投资信托”等深受客户喜爱和业界好评。

公司现有员工86人，其中拥有大学本科以上学历70人，占员工总数的81%。硕士、博士、博士后20人。公司业务人员来自全国各地，集中了诸多行业的专家。

历经风雨，已步入健康发展轨道的重庆信托，将严格按照新“两规”的要求，坚持合规经营，强化内控制度，防范经营风险，加大产品创新力度，不断增强企业核心竞争力。借重庆城乡统筹和西部大开发的大好时机，乘风破浪，大步迈向企业发展新高峰。

北京国际信托有限公司

北京国际信托有限公司（简称北京信托，原名北京国际信托投资有限公司）是中国改革开放之初首批成立的信托公司之一。

1979年，北京市人民政府组建了北京市经济建设总公司，为从事投资、贸易的综合性企业。1984年10月，北京市人民政府决定撤销北京经济建设总公司，成立北京国际信托投资公司，成为专门从事投资和信托业务的非银行金融机构、国有独资的全民所有制企业，资本金为2亿元人民币。2000年3月，在全国第五次信托公司清理整顿中，北京国际信托投资公司按照建立现代企业制度的要求，率先改制成为北京市人民政府控股、多家企业参股的股份制金融企业，公司更名为北京国际信托投资有限公司，资本金增至12亿元人民币。2002年3月，经中国人民银行批准，北京信托首批完成重新登记，获得市场准入资格。2004年中国石油化工股份有限公司加盟北京国际信托投资有限公司，公司资本金增至14亿元人民币。2007年，北京信托实施股权重组，引进了境外战略投资人——英国安石投资管理公司，并更名为北京国际信托有限公司。

北京信托成立近三十年来，在金融领域不断创新，始终处于行业领先地位：建立了北京第一家证券营业部；在金融机构中第一家为民营企业发行企业债券；参与投资组建了国内第一批风险投资公司；在信托业清理整顿中率先完成增资改制；首批完成信托公司重新登记；推出了国内第一个大型土地开发集合资金信托计划、第一个规范的财产权信托、第一个房地产投资信托等。近年来，北京信托通过开展规范的金融信托业务，不断完善法人治理结构，坚持防范风险、合规经营、持续创新、稳健发展的方针，积极参与经济建设，为社会提供了灵活多样的金融服务，赢得了各界的高度认同，确立了北京信托在行业内的领先地位。

据2008年末上海证券报公布的“信托公司理财能力年终大排名”，在六个单项排名中，公司在信托产品规模、风险控制、专业能力、信息透明度四项排列行业前十名之内，理财能力综合排名第二。

公司从增资改制到完成战略重组，依赖于科学的公司治理制度，严谨而顺畅的业务操作流程，坚持发展是硬道理的信念，遵循创新是企业的生命线的真谛，恪守股东、受益人利益最大化的承诺，抓信托创新，促业务发展，使公司不断壮大发展并连年取得新突破。特别是2006年以来，不断扩大的受托管理财产规模、投资项目无一例失误的业绩，为股东带来的丰厚收益，为委托人增加了60亿元的财富收益，为国家做出3亿多元税收贡献等等，无一不展示着公司的巨大活力和财产管理实力，更是北京信托对受托人神圣职责内涵的深刻理解和倾力实践的结果。

北京信托作为金融企业，存在的核心价值就是要为投资人理好财，科学运筹信托财产，努力促进财富增值。北京信托将永远恪守“受人之托、代人理财”承诺，通过清晰的战略规划，着眼于建成实力雄厚、管理严谨、人才济济、风控和融资能力卓越的一流信托公司，以强大的投资管理能力塑造盈利模式和核心竞争力，利用区域优势和充分发挥公司团队在财产管理方面的才智，尽责管理运用好受托财产，为股东和受益人的利益最大化服务，为国家经济建设发展做出更多更大的贡献。

北方国际信托股份有限公司

北方国际信托股份有限公司前身为天津经济技术开发区信托投资公司，于1987年10月经中国人民银行天津分行批准成立，注册资本为2000万元。1994年更名为天津北方国际信托投资公司，其间经公积金转增股本、增资扩股各一次，使注册资本达到50,679万元。2002年6月，完成与天津滨海信托投资有限公司合并，同时增资扩股67,818万元，公司注册资本达到150,251万元，并改制为股份有限公司，公司名称变更为天津北方国际信托投资股份有限公司。2002年9月经中国人民银行批准重新登记。2003年10月，更名为北方国际信托投资股份有限公司。2005年12月，经天津市政府批准，完成公司分立，注册资本变更为1,000,998,873元。2008年10月，经中国银监会批准公司名称变更为北方国际信托股份有限公司。

东莞信托有限公司

东莞信托有限公司是经中国人民银行批准成立的非银行金融机构，前身为东莞市财务发展公司，成立于1987年3月13日，1990年更名为东莞市信托公司。凭借稳健的经营、良好的资产质量，东莞市信托投资公司历经信托业五次整顿而获得保留，成为少数获得保留的地市级信托投资公司之一。2002年4月取得人民银行广州分行颁发的《信托机构法人许可证》，东莞市信托公司重新登记为有限责任公司，更名为东莞信托有限公司，注册资本5亿元。

东莞信托致力于培育诚信、务实、谨慎的企业精神，以区域经济发展为依托，以促进区域发展、服务区域需要为目标，充分发挥信托行业优势和职能，构筑联结资本市场、货币市场和产业市场的金融理财平台，以效益为中心，建立科学的经营管理体系和风险控制体系，打造一支高素质的经理人团队，成为一流的、富有时代特色的金融信托企业。

东莞信托拥有雄厚的资金实力、良好的市场信誉、专业的理财团队，是值得信赖和托付的合作伙伴、理财专家！

广东粤财投资控股有限公司

广东粤财投资控股有限公司是广东省人民政府授权经营单位，主要经营国有资产，从事信托理财、信用担保、资产处置、股权投资、实业经营、资本运作、资产受托、企业重组和并购咨询等业务。公司法定代表人梁棠。

公司前身是原广东财务发展公司，于 1984 年 12 月经广东省人民政府批准成立，并先后获中国人民银行和国家外汇管理局核准，领取了《经营金融业务许可证》和《经营外汇业务许可证》；1990 年更名为广东粤财信托投资公司；2001 年按照中国人民银行的要求对自身及下属企业进行清理规范，并在此基础上成立了广东粤财投资控股有限公司，持有获准重新登记后的广东粤财信托有限公司 98.14% 的股权。

公司下属 14 家全资和控股企业：广东粤财信托有限公司、广东省中小企业信用再担保有限公司、广东粤财资产管理有限公司、广东粤财投资有限公司、珠海粤财实业有限公司、广东粤财实业发展有限公司、广州润华置业有限公司、广东粤财物业发展有限公司、广东润达资产经营有限公司、飞龙国际投资有限公司、粤信（香港）投资有限公司、新飞龙国际投资有限公司、粤信（澳门）投资有限公司、香港粤财大厦有限公司。目前，集团的资产总规模达 574.32 亿元人民币。

公司具有二十多年金融经营服务和重大项目投资管理经验。除拥有广东省唯一的省级信托企业——广东粤财信托有限公司外，公司还发起设立易方达基金管理有限公司，参股广东发展银行、万达期货经纪有限公司等金融企业。公司奉行“诚信为本、稳健经营”的经营理念，先后参与清理规范南方基金和华信基金、接收处置广发行不良资产、受托管理广东省直行政事业单位经营性资产、受托运营国家农业综合开发投资参股项目、建设广东省级信用担保体系以及地方政府融资类信托计划等一系列重大项目，为化解地方金融风险，发展地方金融产业，促进广东经济社会发展和建设金融强省做出了积极贡献。

公司经营目标是，以科学发展观为指导，按照广东省经济改革发展的总体目标，以资本为纽带、市场为导向，实现资金、资产、人才等要素的优化配置，逐步发展成为以金融为主线，以信托理财、资产管理、信用担保、股权投资、实业经营为支柱产业的地方金融控股龙头企业，在广东经济社会发展中发挥地方金融主力军的主导作用，实现经济效益和社会效益的“双赢”。在经营方式上，走差异化、集约化、国际化之路，通过国有资本与社会资本、金融资本与产业资本、国内资本与海外资本的有效结合，进行跨地区、跨行业、跨所有制乃至跨国界运作，逐步融入世界经济大潮。

新时代信托投资股份有限公司

新时代信托投资股份有限公司的前身是包头市信托投资公司，1987 年经中国人民银行批准正式成立，2003 年 12 月经中国银监会核准重新登记并更名，是全国保留的 59 家信托投资公司之一，注册资本金人民币 3 亿元。

公司自成立以来致力于支持地方经济建设和发展，充分发挥信托业的投融资优势，先后为政府城市基础设施建设和国有大中型企业建设项目筹融资达 60 多亿元人民币。核准重新登记后，公司跨入了快速发展的轨道，相继成功发行了聚财牛、聚财宝、聚财鑫、富贵花等系列品牌项目和呼和浩特市、包头市、山东潍坊市等城市基础设施建设项目以及商业银行信贷资产转让项目等信托计划，多层次、多形式的理财和投融资产品正在形成。公司分别与中国工商银行、中国农业银行、国家开发银行、北京银行、新时代证券等金融机构建立了业务或战略合作关系，拥有一批稳定的、在行业处于领先地位的客户群和战略合作伙伴，金融集成服务能力和创新能力不断提升。

“重信守托，花开富贵”，新时代信托将凭借严谨、有效的风险管理体系，秉承以“守诚、抱拙、专业、敏行”为核心价值观的企业文化，倡扬受益人利益主义，为客户创造卓越价值。

中原信托有限公司

中原信托成立于 1985 年，是中国银行业监督管理委员会核准的专业信托金融机构，注册资本 12.02 亿元。近年来，中原信托依托专业财富管理团队，成功开展了城市基础设施建设信托、交通能源建设信托、股权投资信托、银信合作信托、住宅和商业地产信托等系列信托理财产品，为高端机构和个人客户提供了安全、高收益的财富增值服务。中原信托 2007 年被《证券时报》评为最佳区域理财机构；2008 年被《大河报》评为中原地区最具价值信托金融机构。

截至 2008 年末，中原信托累计管理信托财产 169.75 亿元，按时足额交付到期信托财产 88.81 亿元，累计向客户交付信托收益 13.75 亿元，实现信托本金、收益足额交付率 100%，全部到期信托项目均实现了信托目的。

中原信托将以高效的专业团队、超前的研发视野和完备的风险控制手段为客户打造优质金融产品，实现与客户的共同成长，为中国信托事业的发展做出新的贡献。

云南国际信托有限公司

云南国际信托有限公司（YUNNAN INTERNATIONAL TRUST CO.，LTD. 以下简称“云南信托”）是 2003 年经中国人民银行“银复［2003］33 号文”批准，由原云南省国际信托投资公司增资改制后重新登记的非银行金融机构。2007 年，根据《信托公司管理办法》的有关规定，公司经中国银行业监督管理委员会批准同意，首批换领《中华人民共和国金融许可证》并变更公司名称和业务范围。公司注册资本为 4 亿元人民币，目前所管理的各类资产规模近 200 亿元人民币。

云南信托的股东与战略伙伴包含了各行业龙头企业，涵盖了上市公司、金融机构、高科技企业、国内外咨询中介机构中的卓越企业。公司吸引了一大批谙熟中国资本市场发展和运营的一流专业人才，培育了一支高素质、高学历、年轻化、专业化的人才队伍。公司员工中本科、研究生（硕士、博士）学历和中级职称以上人员占 90% 以上。

改制后的云南信托借鉴国外先进的信托管理经验，致力于开展以现代信托业为中枢的多元化金融服务，充分发挥公司在资本市场的专业优势，以不断创新的产品设计理念为高端客户量身定制专业理财方案，已经形成以中国龙资本市场集合资金信托计划、云信成长新股申购信托计划、云信领先私人股权投资(PE)信托计划为代表的全系列信托理财产品线，为高端客户提供一揽子金融理财服务，在业内获得了较高声誉。目前公司业务覆盖云南、北京、上海、重庆、深圳等省、市，基本形成了“立足云南、面向全国”的发展格局。

兵器财务有限责任公司

1997年5月18日，兵器财务有限责任公司(原北方工业集团财务有限责任公司)正式成立，做为一家新型的金融机构，承担着为隶属的企业集团及其成员单位提供资金管理和金融服务的使命和责任。到今年的5月18日，兵器财务公司已走过不平凡的十年，十年足迹印证梦想，十年发展赢得信赖，伴随着企业集团的改革、发展、壮大，从初涉金融领域，成长为现在具有一定规模和影响的企业集团信赖的重要的金融平台。十年来，在社会各界的关心、支持和帮助下，在党组、公司董事会的正确领导下，兵器财务公司始终坚持“立足集团、依托集团、服务集团”的宗旨和“安全第一、服务第一、稳健经营”的方针，倡导“忠诚、高效、求实、开拓”的精神，严格执行国家各项监管规定，规范运行和管理，创新完善金融工具和服务手段，充分发挥企业集团金融机构作用，既支持了企业集团的改革和发展，又取得了较好的经济效益和社会效益，已累计为企业集团及其成员单位提供金融服务总额逾500亿元，实现利润超过10亿元，资产规模也从开业之初的4.31亿元发展到现在的60亿元，资产质量保持良好，不良资产率长期保持在1%以下。经过十年的运营，兵器财务公司已锻炼和培养了一支忠诚于企业集团、忠诚于兵器财务公司的具备较高综合素质的专业化经营团队，员工队伍已从开业时的二十多人发展到现在的大部分具有金融、财务、法律、管理等专业和一定从业经验的八十多人的规模；不断建设和扩大服务于企业集团及其成员单位的结算网络，网络覆盖范围已达70%以上；建立和完善了一套具有兵器金融特点的、完整的业务体系，特别是在“雪中送炭”式的贷款业务、票据业务、证券投资、国际国内结算业务等方面逐步形成了兵器财务公司的特色，为企业集团及其成员单位提供配套金融服务的手段不断丰富和完善，服务质量和水平也在稳步提高。

兵器财务公司提供的金融服务在企业集团发展中起着越来越重要的支撑和促进作用，而企业集团的持续较快发展更为兵器财务公司的经营壮大提供了重要的基础和条件，同时也对兵器财务公司提出了更高的要求和期望，赋予了新的使命和责任。十年是基础，十年是里程碑，十年更是新的起点。兵器财务公司将秉承经实践总结提炼的企业理念，继续同社会各界加强交流与合作，按照公司股东会、董事会提出的构建金融服务和资金管理“两个平台”，建设内部结算、资金融通和金融理财“三个中心”的发展模式，加快网络建设，加强金融创新，推进专业化团队建设，在确保安全的前提下，努力扩大经营规模，为企业集团实现具有国际竞争力大公司的长远战略和又好又快发展提供坚强有力的金融支撑，为国防事业、和谐社会建设做出更大的贡献！

大亚湾核电财务有限责任公司

大亚湾核电财务有限责任公司(以下简称“公司”)隶属中国广东核电集团(以下简称“集团”)，于1997年6月成立，注册资本为5亿元人民币(含2720万美元)。公司在经营上遵循《企业集团财务公司管理办法》及其他金融法规和政策并接受中国银行业监督管理委员会及其派出机构的监管。根据《企业集团财务公司管理办法》，财务公司是以加强企业集团资金集中管理和提高企业集团资金使用效率为目的，为企业集团成员单位(以下简称“成员单位”)提供财务管理服务的非银行金融机构。

自成立以来，根据核准的业务范围，公司开办了集团成员单位之间的转账结算业务；通过吸收成员单位的本、外币存款，发挥融资中介功能，从银行间资金市场融入资金，为成员单位提供贷款、票据贴现、担保等资金融通服务；接受成员单位的委托，利用公司在国内资金市场和国内、外资本市场进行本、外币有价证券投资的专业许可(公司是全国银行间拆借市场、全国银行间债券市场和中国外汇交易中心的会员，并在上海证券交易所拥有债券交易专用席位)，为成员单位的金融资产进行理财；为集团成员单位提供债券承销、财务顾问等投资银行服务。

公司依据《公司法》建立了较为健全的法人治理结构，股东会是公司的最高权力机构；董事会是股东会的执行机构，是公司经营的决策机构；董事会执委会根据董事会授权，在董事会休会期间行使董事会有关职权；监事会是公司的监督机构，向股东会负责；总经理按照董事会的授权主持公司的日常经营及管理工作。根据法规要求和业务开展的需要，公司成立了独立于经营班子的资产风险管理委员会(向董事会负责)、贷款审查委员会和投资决策委员会，设置了资金计划部、信贷部、投资部、投资银行部(与投资部合署办公)、结算部、会计部、稽核部(对董事会负责)、监察室和办公室等部门。

2002年以来，集团确定了主辅分离做大做强核电主业的发展战略，进行了强化核电主业，退出辅业的投资结构与产业结构调整，在国家核电发展政策的支持下，积极推进核电新项目的发展工作。公司在经营方向上实行由投资收益型向金融服务型管理转变，以适应集团在核电主业发展过程中的财务管理模式由资金积累向融资需求特点的转变。同时，在管理措施上，公司加大了对资产风险的管理力度，以适应金融市场体制改革与开放不断深入中日益提高的风险防范要求。

华联财务有限责任公司

华联财务有限责任公司是由北京华联投资控股集团控股，为北京华联投资控股集团成员单位提供财务管理服务的非银行金融机构，公司注册资本金为5亿元人民币。

华联财务有限责任公司本着“稳健求实、改革创新、规范管理、优质服务”的经营理念，紧紧依托于规模宏大、实力雄厚、成员单位众多的北京华联投资控股集团，在监管部门的指导下规范经营，不断提升自身服务功能和实力，稳步健康地发展。

公司注册中文名称：华联财务有限责任公司

公司英文名称：HuaLian Finance Co. ,Ltd.

公司法定代表人：郭丽荣

公司法定地址：北京市西城区金融大街33号通泰大厦B座4层

公司邮政编码：100140

中国华电集团财务有限公司

中国华电集团财务有限公司是经中国银行业监督管理委员会银监复[2004]7号文批准，根据《企业集团财务公司管理办法》在原北方有色金属工业财务公司基础上重组设立的财务公司，总部设在北京。公司在业务上接受中国银行业监督管理委员会的监督指导，依法自主经营，自担风险，自我约束，自负盈亏，具有独立企业法人资格。中国华电集团财务有限公司是由中国华电集团公司控股，华电集团系统内 11 家企业共同参股组建的一家全国性非银行金融机构，注册资本金 13 亿元，截止 2007 年末，总资产达到 96 亿元，当年实现利润 4.06 亿元。

中国华电集团财务有限公司以“整合内部资源、强化奖金管理、发挥金融优势、服务集团发展”为公司指导思想，以“诚信、和谐、勤奋、务实、创新、高效”为经营理念，坚持科学发展观，全面贯彻落实集团公司发展战略，矢志不移地追求“管理优秀，运作规范，持续发展，规模和效益与华电集团相适应，公司发展与员工发展相协调的财务公司”的经营目标。中国华电集团财务有限公司作为中国华电集团公司金融产业的核心机构，是集团公司金融资源管理运作的核心平台，金融产业人才培养的重要基地和经济效益持续增长的重要来源，为集团公司安全、效益、发展三大业绩的提升和做强做精华电金融产业发挥重要作用。

中国华电集团财务有限公司按照国家的金融方针、政策及有关法律法规，以“加强企业集团资金集中管理和提高企业集团资金使用效率为目的，为企业集团成员单位提供财务管理服务”为目标，立足于集团、服务于集团。公司经营范围包括以下业务：

对成员单位办理财务和融资顾问、信用鉴证及相关的咨询、代理业务；

协助成员单位实现交易款项的收付；

经批准的保险代理业务；

对成员单位提供担保；

办理成员单位之间的委托贷款及委托投资；

对成员单位办理票据承兑与贴现；

办理成员单位之间的内部转账结算及相应的结算、清算方案设计；

吸收成员单位的存款；

对成员单位办理贷款及融资租赁；

从事同业拆借；

经批准发行财务公司债券；

承销成员单位的企业债券；

对金融机构的股权投资；

有价证券投资；

成员单位产品的消费信贷、买方信贷及融资租赁；

中国银行业监督管理委员会批准的其他业务。

中国华能财务有限责任公司

一、历史沿革

财务公司的前身是华能金融公司，成立于 1987 年 10 月，是中国人民银行批准成立的首批财务公司之一，属非银行金融机构，成立时注册资本 3 亿元。2000 年 7 月，经中国人民银行批准，公司实施增资扩股，注册资本增加至 5.1 亿元，同时改组为规范的有限责任公司。2004 年 7 月，经中国银行业监督管理委员会批准，公司再次增资扩股，注册资本增加至 10 亿元。2005 年 12 月，经国务院国有资产监督管理委员会和中国银行业监督管理委员会批准，公司实施增资及股权调整，注册资本增加至 12 亿元。2008 年，公司又一次实施增资，注册资本金由 12 亿元人民币增至 20 亿元人民币。

二、股东构成

财务公司目前的股东分别为中国华能集团公司，持股 51%；华能国际电力股份公司，持股 20%；北方联合电力有限公司，持股 10%；华能国际电力开发公司，持股 5.58%；华能资本服务有限公司，持股 4.42%；云南华能澜沧江水电有限公司，持股 3.33%；华能能源交通产业控股有限公司，持股 2%；西安热工研究院有限公司，持股 1.67%；华能综合产业公司，持股 1%；华能新能源产业控股有限公司，持股 1%。

三、人员构成和组织机构

财务公司现有员工 62 人。其中，党员 31 人；研究生及以上学历 25 人，本科学历 22 人，专科学历 12 人，中专及以下学历 3 人；具有高级专业技术职称 26 人，中级专业技术职称 15 人，初级专业技术职称 10 人。财务公司最高权力机构是股东会，下设董事会、监事会。现任党组书记、董事长杨美茹；党组副书记、总经理龚卫中；副总经理肖健、孙丽英、何青；党组纪检组长林立清。财务公司按职能划分为总经理工作部、综合计划部、客户服务部、结算业务部、财务会计部、监察审计与稽核部、人力资源部、资产管理部、ERP 办公室等九个部门和一个分公司、一个异地结算部。

航天科工财务有限责任公司

航天科工财务有限责任公司是由中国航天科工集团公司及成员单位共 19 家股东共同组建，为集团成员单位提供金融服务的全国性非银行金融机构。公司于 2001 年 10 月在国家工商行政管理总局注册登记，注册资本金人民币 12 亿元。公司秉承“作为连接金融与集团的纽带与桥梁，充分发挥专家理财优势，为集团和股东创造更大的经济效益”的经营宗旨和“稳健经营、诚信服务、严格管理、追求效益”的十六字经营方针，以服务集团、追求效益为己任，特别是 2002 年以来，集团公司开展资金集中统一管理，作为集团公司资金集中运行的金融平台，财务公司利用内部结算、内部贷款等多种金融产品、投资工具，在集团公司及成员单位发展中发挥着越来越重要的作用。

江铃汽车集团财务有限公司

江铃汽车集团财务有限公司是于 1993 年 10 月 27 日经中国人民银行批准成立、由江铃汽车集团公司及其所属的四家成员单位共同出资组建，为江铃汽车集团成员单位提供金融服务的非银行金融机构。是江西省第一家设立的企业集团财务公司，拥有结算、贷款、票据、委托、代理、咨询、投资、承销企业债、发行财务公司债券等综合金融业务功能。公司注册资本 5 亿元人民币，现任董事长罗军先生、总经理陈东红女士。

江铃财务公司现有员工 70 人，拥有一批精通金融业务、熟悉金融政策法规及金融市场、资本市场的高素质专业人才。公司秉承合规守信、稳健务实、开拓创新、顾客至上的理念，依托集团、服务集团，发挥自身在金融和资本市场的专业优势，以实现资金安全、提高集团资金使用效率为目的，运用现代化金融手段，适应市场经济的要求，开展各项金融业务，为集团公司和成员单位提供优质服务。历经 10 多年的发展，公司明确了“合规、守信、稳健、创新、客户至上”的经营方针，坚持了“服务江铃，发展财务公司”的经营理念，为江铃集团产业发展提供了良好的金融运作平台，有效地加强了集团资金集中管理，提高了集团整体资金使用效率，促进了集团的产品销售，带动零部件企业的发展，为集团整体效益最大化的实现，发挥了不可替代的重要作用。并在 2001 年 9 月率先在全国财务公司中全面通过 ISO9001 – 2000 质量管理体系认证。建立了以岗位责任制为核心，实行全面质量管理；风险业务，制度先行；全面内审，确保持续改进的严谨、高效的管理机制。

公司经营目标是成为江铃集团的“资金结算中心、信贷融资中心、汽车金融服务中心、票据融通中心”。为实现目标，江铃财务公司在未来的业务发展中，将坚持以“服务集团、追求集团效益最大化”的观点统揽全局，围绕集团产品价值链构建财务公司业务链，作为集团“蓄水池”保证了成员企业及代理商持续性的融资需求。强化风险管理和内部控制，实施有效的成本管理，以服务为突破口，围绕客户需求不断进行金融创新，努力为客户提供高质量的金融增值服务！在帮助客户实现价值提升的同时，伴随客户的成长而共同成长！为实现“大江铃”战略的宏伟目标贡献全部力量！

江西铜业集团财务有限公司

江西铜业集团财务有限公司位于江西省贵溪市，是 2006 年 11 月 27 日经中国银行业监督管理委员会批准设立并经鹰潭工商行政管理局登记注册的非银行金融机构。注册资本金人民币 3 亿元，其中外汇 750 万美元。

公司实行独立核算，自主经营，自负盈亏，是具有独立法人地位的有限责任公司。公司行政上隶属于江铜集团，业务上接受中国银行业监督管理委员会的指导、监督和稽核。公司设立董事会、监事会，实行董事会领导下的总经理负责制。公司现有股东七家：江西铜业集团公司、江西铜业股份有限公司、江西铜业集团（贵溪）新材料有限公司、江西铜业集团（德兴）矿山新技术开发有限公司、江西铜业铜材有限公司、深圳江铜南方总公司和中银集团投资有限公司。其中江西铜业集团公司持股比例为 40％。

公司现设五个部门：信贷部、营业部、计财部、综合部、稽核部。员工 26 人，其中硕士 3 人，本科 16 人。主要经营范围为对成员单位办理财务和融资顾问、信用鉴证及相关的咨询、代理业务，协助成员单位实现交易款项的收付，经批准的保险代理业务，对成员单位提供担保，对成员单位办理票据承兑与贴现，办理成员单位之间的内部转账结算及相应的结算、清算方案设计，吸收成员单位的存款，对成员单位办理贷款及融资租赁，同业拆借等中国银监会批准的其他业务。

江西铜业集团财务有限公司将始终贯彻“立足集团、服务集团、规范经营、稳健发展”的经营方针，坚持“安全第一，服务第一，信誉第一”的经营思想，发扬“勤勉、务实、诚信、效率”的工作作风。努力把江西铜业集团财务有限公司建成江铜集团的“资金结算中心、资金管理信息中心和资金运作的有效平台”，实现加强江铜集团资金集中管理，提高江铜集团整体资金使用效率的目标。

上海浦东发展集团财务有限责任公司

上海浦东发展集团财务有限责任公司（以下简称公司）成立于 1998 年，系以上海浦东发展（集团）有限公司为主投资组建的金融企业。截止 2009 年 1 月底公司注册资本 10 亿元人民币，员工 42 人，本科以上比例约占 80％。2008 年公司实现利润总额 29，121 万元，净利润 22，421 万元，日均存款 67.45 亿元；日均贷款 19.78 亿元。

作为浦东新区唯一一家非银行金融机构，公司充分发挥自身投融资平台功能，先后参与了中环线浦东南段、机场北通道等项目融资和项目银团的组建，极大的支持了项目的顺利建设，缓解了项目公司融资压力。08 年公司积极推进金融创新，创新集团的项目融资模式，采用“信托公司发放信托贷款 + 商业银行即期购买信贷资产 + 财务公司承诺远期买断信贷资产”的融资模式，为成员企业融入信托贷款资金，在信贷业务中引入“循环贷款”融资模式，帮助集团成员企业降低融资成本和改善公司对集团成员企业的金融服务方式，取得了良好的金融创新效益。同时，公司作为浦发集团成员单位资金结算中心，紧紧依托集团，强化资金集中管理功能，资金归集率达到 90％以上，全力为集团及各成员单位提供优质、高效、全面的金融服务。

随着金融风暴的侵袭、经济形势的恶化，金融业的发展须直面更多的挑战。公司将全力贯彻新区和集团新一轮的总体发展战略，勇于实践、大胆创新、优化服务，努力将浦发财务建成全国一流的财务公司。

地址：上海市浦东南路 256 号华夏银行大厦 34 – 35 楼

电话：021 – 58889596

传真：021 – 58889332

邮编：200120

万向财务有限公司

万向财务有限公司是由中国人民银行批准成立、中国银行业监督管理委员会监管的非银行金融机构，中国万向控股有限公司、万向集团公司、万向钱潮股份有限公司、浙江省远洋渔业集团股份有限公司、黑龙江万向德农股份有限公司共同出资组建，注册资本金 10 亿元人民币。

万向财务公司按照现代企业制度的要求以及金融机构内部控制的基本原则，建立了完善的公司治理结构和内部控制体系。股东会、董事会、监事会以及公司经营管理层各行其职，在法律和公司章程规定的职权范围内充分发挥作用。集团总裁鲁伟鼎先生亲自担任董事长，沈长寿先生任副董事长，倪频、管大源、沈志军出任董事，傅志芳出任总裁。

公司还拥有一支具备良好业务素质和职业道德的金融人才队伍。通过公司治理结构、业务流程、内部控制与风险管理体系的合理制衡，公司具备了良好的抗风险能力。

2002 年成立以来，万向财务公司取得了良好的发展业绩。2004 年，在中国财务公司协会对全国 74 家财务公司的综合评比中，万向财务公司跻身前 25 位；至 2006 年末，总资产近 50 亿。公司具备的良好赢利能力为可持续发展提供了坚实的保障。

根据中国银行业监督管理委员会颁布的《企业集团财务公司管理办法》的规定，万向财务公司定位于“加强企业集团资金集中管理和提高企业集团资金使用效率，为企业集团成员单位提供财务管理服务”。

借助良好的政策空间和雄厚的集团实力，万向财务公司综合利用各项业务功能，以“专业、高效、一流”的服务为客户的发展提供综合性、全方位、量身定制的金融支持。

在多年的运营实践中，公司积累了丰富的资金集中管理和客户服务经验。根据授权，公司组织对万向集团的资金进行集中管理，为此开发应用的“网上资金结算系统”，依托商业银行结算网络和先进的信息技术，为客户提供高效、安全、便捷的资金结算服务，同时提高了集团资金使用效率。按照集团总裁鲁伟鼎先生“一网打尽”的要求，公司正在积极努力，提高“网上资金结算系统”的覆盖面和使用率。

万向财务公司沿着“专业化、综合化、国际化”的发展道路，以集团董事局主席鲁冠球先生提出的“建设一流财务公司”作为奋斗目标，长期目标是成长为万向国际化经营的全球金融运作中心。实现上述目标，有赖于围绕客户需求不断进行金融创新，努力为客户提供高质量的金融增值服务！在帮助客户实现价值提升的同时，伴随客户的成长而共同成长！

一汽财务有限公司

一汽财务有限公司是中国第一汽车集团公司（以下简称一汽集团）的控股子公司，是一汽集团内唯一一家非银行金融机构，公司成立 19 年来，依托一汽集团强大的销售网络，联合一汽集团各品牌经销商，致力于为购买一汽集团各品牌汽车的客户提供快捷、便利的专业化汽车金融服务。公司近几年来得到迅速发展，截止 2007 年 6 月末，公司总资产已超过 100 亿元，累计实现利润达 13.5 亿元。

一汽财务有限公司在发展中积极应对挑战，不断强化自己的核心竞争力，积极完善自身组织机构，不断提升公司管理水平。目前，公司设有汽车金融服务中心、集团金融服务中心、资金运营中心三大业务部门，同时设有人力资源部、规划管理部、计划财务部、内审部、信息技术中心五个职能部门，并成立了一家控股子公司—吉林亿安保险经纪股份有限公司。

“锻造金融精品，培育百年名企”是我们的企业价值观，“搭建客户服务平台，承载员工发展梦想”是我们的经营理念，公司各部门员工秉承诚信、稳健、高效、创新的企业精神，扎实工作、敞开沟通，为客户提供最优质的服务。

中国一拖集团财务有限责任公司

中国一拖集团财务有限责任公司是经中国人民银行批准设立，为集团成员单位提供金融服务的非银行金融机构。公司行政上隶属中国一拖集团有限公司，业务上接受中国银行业监督管理委员会的管理、协调、监督、稽核。公司于 1992 年 8 月 4 日成立，并于同年 12 月 28 日正式开业。公司目前注册资本金 5 亿元人民币。

中国一拖集团财务有限责任公司为有限责任公司，现有 6 家股东单位，其中最大的股东为在香港上市的第一拖拉机股份有限公司。截至 2007 年末，公司资产总额 11.64 亿元，负债总额 6.06 亿元，所有者权益 5.58 亿元。公司实行董事会领导下的总经理负责制，下设综合管理部、资金信贷部、营业部、投资部、稽核部、财务会计部。

中国一拖集团财务有限责任公司在为成员单位全方位提供金融服务的过程中，始终坚持“立足集团、服务集团”的经营宗旨和“让客户满意、让客户感动、为客户创造价值”的经营理念，将金融管理的准则落实在严谨、有效的具体业务之中，经营业绩不断攀高，2007 年公司实现利润 6177 万元。

中国电力财务有限公司

中国电力财务有限公司（以下简称中国电财）成立于 1993 年，是经中国银行业监督管理委员会批准的一家全国性非银行金融机构。中国电财注册资本金 50 亿元，由国家电网公司控股、各省（市、区）电力公司等 50 家电力企、事业单位共同参股组建。经银监会批准，中国电财拥有东北、西北、华中和华东等多家区域性分公司，注册资本金、资产规模、利润总额等多项指标在国内财务公司行业中均名列前茅，在电力和金融行业树立了良好的企业形象，当选为中国财务公司协会理事长单位。

经中国银行业监督管理委员会核准，中国电财经营业务包括：对成员单位办理财务和融资顾问、信用鉴证及相关的咨询、代理业务；协助成员单位实现交易款项的收付；经批准的保险代理业务；对成员单位提供担保；办理成员单位之间的委托贷款及委托投资；对成员单位办理票据承兑与贴现；办理成员单位之间的内部转账结算及相应的结算、清算方案设计；吸收成员单位的存款；对成员单位办理贷款及融资租赁；从事同业拆借；经批准发行财务公司债券；承销成员单位的企业债券；对金融机构的股权投资；有价证券投资；成员单位产品的消费信贷、买方信贷及融资租赁。

目前，中国电财正在公司董事会的领导下，紧紧围绕国家电网公司“一强三优”现代公司发展目标的要求，用科学发展观总揽公司工作的大局，努力做到服务优质、资产优良、业绩优秀，把公司总部建成战略决策中心、资金调度中心、信息管理中心和风险控制中心，把分公司建成业务结算中心、利润实现中心和成本控制中心，使公司成为“国网党组靠得住，电网发展离不开，合作伙伴信得过”的现代金融企业。

中核财务有限责任公司

中核财务公司成立于 1997 年，是由中国核工业集团公司等 32 家股东单位共同出资成立的非银行金融机构。截至 2008 年底，公司注册资本 12.56 亿元，资产规模 159.37 亿元，2008 年实现利润总额 5.45 亿元。

2007 年，公司制定了 6C6S 战略，6C 即财务公司要发展成为集团的六个中心：

结算服务中心（Settlement Service Center）

融资服务中心（Financing Service Center）

资本运作服务中心（Capital Operating Service Center）

咨询服务中心（Consulting Service Center）

理财服务中心（Financial Plan Center）

资金安全服务中心（Capital Security Service Center）

6S 即通过发挥财务公司的金融功能与作用，实现：

加快集团产业发展速度（Speed）

扩张集团产业发展规模（Scale）

调控集团运营范围（Scope）

优化集团产品与服务结构（Structure）

发挥集团产融协同效应（Synergy）

构筑集团竞争优势（Strength）

公司在 6C6S 战略指引下，深入贯彻“集团化运作、专业化经营、集成式管理”的理念，以“肩负产融结合、助推集团发展”为使命，为集团及成员单位提供资金集成与结算服务、融资、财务咨询顾问、理财等全方位的金融服务。

2008 年，财务公司继续深入贯彻集团公司“集团化运作，专业化经营，集成式管理”的理念，将集团化理念向纵深方向推进，充分发挥了财务公司的金融功能，体现了财务公司的价值与作用，在资金集成管理、集团化融资等各领域都取得了卓有成效的进步。

2008 年，在外部金融环境经历异常复杂变化的情况下，财务公司开展集团化融资，保障了集团和成员单位发展资金的需求，降低了集团整体资金成本，成绩令人瞩目；财务公司承担的福清核电保险代理服务工作为集团核电保险的集团化运作开创了先河；财务公司资金集成管理工作成绩显著，从跟随者成为了军工企业集团的领跑者，实现了资金集成管理上水平的重大转变。

在2008年底召开的中央企业负责人会议上，国资委李荣融主任对中核集团在财务管理领域取得的成果予以了高度评价："中核集团强化资金集中管控，多方式多渠道筹集资金，抵御风险的能力进一步增强，"财务管理工作"收到了明显的成效"。

这一切都与财务公司的努力工作和辛勤付出密不可分，而财务公司的进步和成长也离不开集团公司和成员单位的大力支持和政府监管方的有效督导。

2009年是财务公司实现6C6S战略既定目标的关键一年，希望财务公司在集团的统一部署下，在董事会的领导下，继续秉承开拓进取的精神，使公司的发展再上台阶！

中油财务有限责任公司

中油财务有限责任公司（以下简称"公司"）是由中国石油天然气集团公司发起，部分油田和炼化企业参股，经中国人民银行批准，在国家工商管理总局注册的一家非银行金融机构。

截止2008年12月末，公司共有股东单位34家，注册资本金30亿元人民币（含壹亿贰仟万美元）。公司的最高权力机构是股东会，公司实行董事会领导下的总经理负责制。公司总部设有八部一所一室，即财务部、营业部、信贷部、证券部、国际业务部、管理稽核部、信息发展部、人事劳资部、金融与会计研究所和总经理办公室。公司在集团公司部分成员单位所在地分别设立了大庆分公司、沈阳分公司、吉林分公司、西安分公司和61个业务受理处，在香港设立了中国石油财务（香港）有限公司。

截止到2008年末，公司资产总额2843.09亿元（含委托资产），公司实现营业收入68.30亿元，税前利润26.33亿元。是全国最大的财务公司之一。

公司主要经营以下本外币金融业务：

对成员单位办理财务和融资顾问、信用鉴证及相关的咨询、代理业务；协助成员单位实现交易款项的收付；经批准的保险代理业务；对成员单位提供担保；办理成员单位之间的委托贷款及委托投资；对成员单位办理票据承兑与贴现；办理成员单位之间的内部转账结算及相应的结算、清算方案设计；吸收成员单位的存款；对成员单位办理贷款及融资租赁；从事同业拆借；经批准发行财务公司债券；承销成员单位的企业债券；对金融机构的股权投资；有价证券投资；成员单位产品的消费信贷、买方信贷及融资租赁。

同时，公司经中国银行业监督管理委员会批准，实施对中国石油天然气集团公司境外资金的集中管理；经国家外汇管理局批准，对成员单位办理结汇、售汇及外币兑换业务。

公司注册中文名称：中油财务有限责任公司

公司英文名称：China Petroleum Finance Company Limited

公司法定代表人：贡华章

公司总经理：兰云升

公司法定地址：北京东城区东直门北大街9号

公司邮政编码：100007

华融金融租赁股份有限公司

华融金融租赁股份有限公司，是经中国银行业监督管理委员会批准主营融资租赁业务的非银行金融机构。公司原名浙江金融租赁股份有限公司，前身为成立于1984年的浙江省租赁公司，是国内最早成立的融资租赁公司之一。公司总部位于浙江省杭州市，设有宁波、金华分公司。

公司成立20多年来，在各级政府和监管部门的大力支持下，立足浙江，面向全国，充分发挥融资租赁这一独特金融工具融资融物、加速技术进步、促进产业升级等显著优势，已在企业技术改造、公共交通、工程机械、环保能源、医疗、印刷、船舶等领域为3000多家企业提供融资租赁服务，累计租赁投资额达600亿元，业务覆盖全国29个省、自治区和直辖市，为促进经济发展作出了积极贡献。

2006年3月，大型国有独资金融企业中国华融资产管理公司成为公司控股股东，股权占比99.9%，公司进入了稳健快速发展的新阶段。截至2008年12月，公司注册资本14.74亿元人民币，资产总额156.29亿元，净资产18.57亿元，是我国金融租赁行业领先企业之一。

公司将深入贯彻落实科学发展观，不断增强经营能力、市场竞争力和可持续发展的盈利能力，构建良好的公司治理和内部控制、风险管理机制，培育高素质的员工队伍，打造华融品牌和文化，为推动中国融资租赁业的发展作出新的更大的贡献！

中国外贸金融租赁有限公司

成立于1985年，1986年经中国人民银行批准成为全国性非银行金融机构。现由中国银行业监督管理 委员会监管。2007年12月，经中国银行业监督管理委员会批准改制为有限责任公司。公司目前注册资本为50766.26万元，中国五矿集团公司和中国东方资产管理公司各持股权50%。

经过二十多年的经营，公司与电信、钢铁、有色、医疗等行业的多家企业建立了稳定的合作关系，公司业绩增长迅速。

2008年1月，公司重组改制圆满完成，中国东方资产管理公司成为公司新股东，为公司持续、稳健、快速发展注入了新的活力，提升了公司的形象与实力，为公司的发展翻开了新的一页。公司将充分依托中国五矿集团公司和中国东方资产管理公司的品牌、资金。机构网络等资源，发挥自身的专业优势，开拓创新，以优质的服务与诚信的品牌为保障，坚持对客户与伙伴的承诺，将公司打造成为具有一定影响力的中型非银行金融机构。

新世纪金融租赁有限责任公司

新世纪金融租赁有限责任公司是上海唯一一家专业从事国内外金融租赁业务的全国性金融租赁公司。

新世纪租赁面向大众，服务对象包括个人、企业（含私营、民营、国营等各类型企业）、事业、机关团体等的服务运营商、生产加工商、设备制造商及高科技中小企业，服务区域覆盖全国及世界各地，为您提供畅通的融资途径。

我们的主要金融产品是租赁业务，租赁业务可以分为七个大的品种：

直接融资租赁：

按照中国人民银行《金融租赁公司管理办法》，定义为："是指出租人根据承租人对出卖人、租赁物的选择，向出卖人购买租赁物件，提供给承租人使用，向承租人收取租金的交易。它以出租人保留租赁物的所有权和收取租金为条件，使承租人在租赁合同期内对租赁物取得占有、使用和受益的权利。"这是一种最典型的融资租赁方式。

经营租赁：

是一种与"融资租赁"相对应的租赁形式。准确地说是由出租人承担与租赁物相关的风险与收益的租赁形式。使用这种租赁方式的企业不以最终拥有租赁物为目的，在其财务报表中也不反映为固定资产。企业为了规避设备风险，或者需要表外融资，或需要利用一些税收政策，愿意采用经营租赁方式。

出售回租：

回租业务是指承租人将自有物件出卖给出租人，同时与出租人签订一份租赁合同，再将该物件从出租人处租回的租赁形式。回租业务是承租人和出卖人为同一人的特殊租赁方式。这种方式有利于企业将现有资产变现，还可以用来筹措股本金、并购等用途的资金。

委托租赁：

委托租赁业务是指出租人接受委托人的资金或租赁标的物，根据委托人的书面委托，向委托人指定的承租人办理租赁业务。在租赁期内租赁标的物的所有权归委托人，出租人只收取手续费，不承担风险。作为受托人和名义出租人的租赁公司主要承担承租人的调查与推荐、租赁项目的具体操作和租赁项目的长期跟踪管理等工作。这种投资方式为有钱或有闲置设备的客户提供了一种新的投资方式。

转租赁：

转租赁业务是指以同一物件为标的物的多次融资租赁业务。在转租赁业务中，上一租赁合同的承租人同时又是下一租赁合同的出租人，称为转租人。转租人向其他出租人租入租赁物件再转租给第三人，转租人以收取租金差为目的。租赁物品的所有权归第一出租人。

转租赁可以发挥不同出租人的优势，分散风险，或利用不同地域和行业的税收政策。

杠杆租赁：

杠杆租赁基本上是减税租赁的一种形式。出租人投资租赁物总购买价 20% －40% 的资金，其余大部分资金以出租人的名义向银行借贷，购买租赁物并出租给承租人使用。出租人必需以租赁物作抵押并将有关权益转让给贷款人。

这种租赁方式结构比较复杂，但好处是出租人既可拥有租赁物所有权，又可享有如同租赁物完全投资的同等税收待遇，并将一部分减税优惠以降低租金的方式转让给承租人，从而使承租人可以获得比其他方式更低的融资成本。

杠杆租赁借喻于物理学上的杠杆原理，即通过一个支点，借助一个较长的力臂，只需用较小的力量就可举起较大的重物。杠杆租赁中，借贷部分即为杠杆，通过这一财务杠杆的作用，并充分利用出租人所在国的税收好处，可以使交易各方特别是出租人、承租人和贷款人获得比一般租赁更多的经济效益。杠杆租赁一般适合飞机租赁等金额较大的租赁项目。

分成租赁：

分成租赁是一种新的租赁形式，结合了投资的某些特点。租赁公司与承租人之间在确定租金水平时，不是以固定或者浮动的利率作为确定租金的依据，而是以租赁设备的生产量或企业与租赁设备相关的收益来确定租金。设备使用量大或企业与租赁设备相关的收益高，租金就高，反之则少。这种租赁方式的租金称为"或有租金"。

建信金融租赁股份有限公司

建信金融租赁股份有限公司成立于 2007 年 12 月 27 日，是经中国银行业监督管理委员会批准成立的非银行金融机构，由中国建设银行股份有限公司和美国银行股份有限公司共同出资成立。公司注册资本 45 亿元人民币，注册地北京市。

公司承继发起人股东在国内外市场上的品牌优势、渠道优势、资金优势和人才优势，为境内外客户提供专业化的金融租赁服务，其经营范围包括：融资租赁业务、接受承租人的租赁保证金、向商业银行转让应收租赁款、发行金融债券、同业拆借、向金融机构借款、境外外汇借款、租赁物残值变卖及处理业务、经济咨询和经监管部门批准的其他业务。

公司将在整合自身优势的基础上，不断开拓市场，创新产品，加强与其他租赁公司和金融机构的合作，发展成为一家实力雄厚、管理规范、富于创新、充满活力的国际化金融租赁公司。

山西金融租赁有限公司

山西金融租赁有限公司（原山西省融资租赁有限公司）成立于 1993 年 3 月，是经中国银行业监督管理委员会批准成立的非银行金融机构。2002 年，按照《金融租赁公司管理办法》的有关规定，公司实施了增资扩股，注册资本金增加至人民币 5 亿元，为全国完成重组的十家金融租赁公司之一。公司新的股东为山西国际电力集团有限公司、山西金通投资管理有限公司及山西柳林电力有限责任公司。

公司成立十年来，秉承"诚信、勤勉、稳健、创新"的经营方针，立足融资租赁主业，建立健全内控机制、优化资产管理、推进企业文化建设，适应市场发展需要，提供金融租赁服务，稳健经营，开拓创新，精心打造一个管理高效、服务一流、信誉卓越的金融租赁品牌。

重庆银海融资租赁有限公司

重庆银海融资租赁有限公司（CQL）于 2006 年 4 月 21 日经商务部、国家税务总局批准，成为全国 26 家融资租赁试点企业之一，是西南地区唯一一家取得资格的融资租赁公司。

公司注册资本金 3.0 亿元。股东分别为重庆渝富公司、重庆公交控股集团、重庆机电控股集团、重庆东源。

公司经营范围：融资租赁、租赁、租赁信息咨询和财务顾问业务。

地址：重庆市江北区红石路 12 号
邮编：400020
电话：(023)67678250 67678251 67678252 67678257
传真：(023)67678255
网址：www. cqleasing. com
E-mail：cqleasing@ 163. com

第三编
中国证券市场

西南证券

SOUTHWEST SECURITIES

专业、稳健、创新、求精

西南证券股份有限公司是唯一一家注册地在重庆的证券公司，注册资本19.03亿元，2009年2月26日，公司在上海证券交易所挂牌上市，股票简称“西南证券”，股票代码“600369”，是中国第9家上市证券公司，是重庆第1家金融类上市公司。公司在全国16个主要经济中心城市设有35家证券经营机构，在重庆、北京、上海、深圳、成都设有投行业务部。目前，西南证券总资产过百亿、客户资产过千亿，市值300亿左右，约占重庆上市公司总市值的五分之一，是目前中国西部市值最大的证券公司、重庆市值最大的上市公司。

本栏目由西南证券股份有限公司独家协办

第一章　中国证券市场概况

第一节　中国证券市场

香港证券市场

香港证券市场主板上市公司一览

代码	简称	概念板块	所属行业	主营业务
000001	长江实业	恒生指数成分股	地产	物业发展及投资、物业及项目管理、酒店及证券投资。
000002	中电控股	恒生指数成分股	公用事业	发电及供电，投资国内以及亚洲其它地区电力项目，物业发展。
000003	香港中华煤气	恒生指数成分股	公用事业	生产、输送与销售煤气及经营与煤气有关之业务。
000004	九龙仓集团	恒生指数成分股	综合企业	物业、码头、运输、酒店及通讯经营。
000005	汇丰控股	恒生指数成分股	银行	提供全面之银行及有关之金融服务。国际网络遍布亚太区、欧洲、美洲、中东及非洲。
000006	香港电灯	恒生指数成分股	公用事业	发电及电力供应。
000007	高信集团		其他金融	提供证券买卖、期货与期权买卖、互惠基金、保险挂□投资计划及产品买卖、证券保证金融资及企业融资顾问服务。
000008	电讯盈科	恒生指数成分股	电讯业	提供电讯服务、互联网及多媒体服务、销售及租赁器材，及其它技术服务。投资及发展基建、物业及科技相关业务。
000009	东方娱乐控股		传媒印刷	电影发行及授权使用、电影菲林冲印、广告及宣传服务。
000010	恒隆集团		地产	物业发展以供销售、投资物业以供收租之用、拥有和管理酒店、停车场管理及物业管理，以及经营饮食及干洗服务。
000011	恒生银行	恒生指数成分股	银行	从事银行业及有关之金融服务。
000012	恒基地产	恒生指数成分股	地产	物业发展及投资、物业管理、建筑、发展计划管理、酒店业务、百货业务、财务、投资控股及基建项目。
000013	和记黄埔	恒生指数成分股	综合企业	港口及有关服务，电讯及电子商贸，地产及酒店，零售及制造，能源、基建、财务及投资。
000014	希慎兴业		地产	物业投资、管理及发展。
000015	盈信控股		建筑	承办各类公营及私营机构之建筑工程。
000016	新鸿基地产	恒生指数成分股	地产	发展及投资地产物业以供出售及租赁之用。
000017	新世界发展	恒生指数成分股	综合企业	投资控股及地产投资。
000018	东方报业集团		传媒印刷	出版报章及杂志，物业投资及楼宇管理。
000019	太古股份公司 A	恒生指数成分股	综合企业	集团从事航空服务及航空饮食、飞机工程、物业投资及发展、酒店、工业、贸易、船务及保险。
000020	会德丰		地产	零售及贸易、融资及商业服务、物业租赁及管理、物业出售、酒店经营及库存管理及投资。
000021	宝福集团		其他金融	资金及投资，以及物业。
000022	茂盛控股	中资民营股	地产	物业投资、酒店业务、投资控股及收费道路项目。
000023	东亚银行	恒生指数成分股	银行	提供银行及有关的金融服务，以及商务、企业及投资者服务。
000024	宝威控股		金属	金属贸易、金属加工制造、金属电子交易所营运、房地产开发及投资。
000025	CHEVALIER INT'L		建筑	建筑、机械工程、保险、投资、物业、酒店营运以及信息科技。
000026	中华汽车		地产	物业发展及投资。
000027	银河娱乐		酒店娱乐	从事娱乐场幸运博彩或其它形式的博彩，以及生产及分销建筑材料。
000028	天安		地产	物业发展、商品贸易及代理服务，酒店及物业管理。
000029	达力集团		地产	物业投资及发展。
000030	佳讯控股		软件服务	提供财经报价、证券交易系统特许使用权以及销售相关产品、无线应用，以及企业活动及企业活动及投资控股。
000031	航天科技	红筹股	工业制品业	制造注塑、液晶体、视听产品、线路板、电讯产品、智能充电及保安系统；物业经营、贸易及金融。
000032	港通控股		运输	经营驾驶学校、隧道、道路电子收费设施，以及财务。

代码	简称	概念板块	所属行业	主营业务
000034	九龙建业		地产	物业投资及发展、财资及投资、及其它业务。
000035	FE CONSORT INTL		地产	物业投资及发展、投资控股、股票买卖、经营酒店及生产锅炉产品。
000036	远东控股国际		综合企业	证券投资及买卖,物业发展及投资,成衣制造及销售及商用混凝土制造。
000037	远东酒店实业		酒店娱乐	酒店经营、物业收益、证券买卖、贷款融资及投资控股。
000038	第一拖拉机股份	H股	工业制品业	农务拖拉机生产及销售。
000039	和宝国际		纺织制衣	制造及销售手袋产品及有关配件;提供分包服务;及买卖制造手袋及有关产品所用的原料。于中国生产及销售奶制品。
000040	金山工业		家庭电器及用品	发展、产制及分销电池、电器装置产品、汽车电子产品、专用电子产品零部件、汽车配线及电缆、扬声器及LED显示屏。
000041	GREAT EAGLE H		地产	地产发展、物业投资、酒店及酒楼经营、建筑材料贸易、股份投资、管理及保养服务、物业管理、保险代理及经营健身中心。
000042	东北电气	H股	工业制品业	生产传输机器和其它类型服务。
000043	卜蜂国际		农业产品	农业产品贸易、经营饲料厂及禽畜业务、产销摩托车与汽车零部件、及物业与投资控股。
000044	香港飞机工程		运输	在香港进行商用飞机之大修及维修业务。
000045	大酒店		酒店娱乐	酒店投资管理服务、物业投资及发展、经营餐厅、会所管理、经营山顶缆车、干洗服务。
000046	科联系统		软件服务	提供系统及网络集成服务,以及特定行业信息科技应用实施服务,信息科技软件实施服务及应用开发服务,企业电子应用服务及信息科技营运外判服务,人力资源管理相关之应用软件,以及分销数码媒体产品。
000047	合兴集团		食物饮品	榨制、提炼、混制及分销食油以及有关业务。
000048	联洲国际		家庭电器及用品	钟表及珠宝首饰设计、装嵌制造与分销;皮具产品制造及分销;时计零件、珠宝及电子消费产品之贸易。
000049	会德丰地产		地产	物业拥有及贸易、经营酒店、财务管理及投资。
000050	香港小轮(集团)		地产	地产及投资、渡轮及相关业务、旅游及酒店业务。
000051	海港企业		酒店娱乐	酒店及餐厅、投资物业及投资控股。
000052	FAIRWOOD HOLD		酒店娱乐	于香港及中国大陆经营连锁快餐店、分租食品摊位及物业投资。
000053	国浩集团		其他金融	物业发展及投资、证券及期货经纪业务、保险及基金管理服务,以及投资及财资管理。
000054	合和实业		综合企业	基建项目投资,物业租赁、代理及管理,酒店营运及管理,餐馆营运及食品经营,建筑及项目管理。
000055	中大印刷		传媒印刷	印刷卷标、胶片及广告物料。
000056	联合地产(香港)		地产	投资,经纪及金融,物业租赁及管理服务,出售物业及与物业有关投资,以及酒店业务。
000057	震雄集团		工业制品业	制造及销售塑料注塑机及有关产品。
000058	新威国际		家庭电器及用品	设计、开发、制造及销售:电子及相关零部件、电子消费品;买卖以俄制集成电路为主之电子部件。
000059	天誉置业		地产	提供互联网、电讯服务及产品、一般买卖、提供金融顾问及服务、证券及物业投资。
000060	四洲食品		食物饮品	冻肉、海鲜及蔬菜贸易。
000061	宏昌投资		软件服务	提供系统集成、软件发展、工程、保养及外判服务及软件解决方案。
000062	载通		运输	专营及非专营公共运输服务、物业持有及发展,以及媒体销售服务。
000063	荣丰国际		地产	物业发展及投资;物业管理服务;及园艺服务。
000064	结好控股		其他金融	在香港提供种类广泛之金融服务,包括证券、期货与期权及保证金融资之经纪服务,兼及提供企业融资顾问服务。
000066	地铁公司	恒生指数成分股	运输	在香港拥有及经营地下铁路及八达通聪明卡系统;物业发展及销售;在地下铁路出租商业设施及提供其它服务。
000068	利兴发展		其他金融	投资控股、买卖长期及短期上市投资。
000069	香格里拉(亚洲)		酒店娱乐	拥有及经营酒店,提供酒店管理及相关服务,出租写字楼、商业、住宅大厦及展览场地。
000070	海王集团		工业制品业	制造及买卖电器设备、提供电机工程及承包服务、买卖上市证券、物业发展、艺人管理及分销娱乐及/或相关产品。
000071	美丽华酒店		综合企业	物业出租、物业销售、酒店拥有及管理、饮食业务、旅游业务。
000074	长城科技股份	H股	资讯科技器材	PC及PC周边产品、硬盘驱动器及其相关产品、网络终端和光电子产品、宽带网络服务及其它电信增值产品业务、软件及系统集成业务等相关产品和服务的开发研制、生产及销售服务

代码	简称	概念板块	所属行业	主营业务
000075	渝太地产		地产	物业投资、物业买卖及提供物业管理服务。
000076	南海石油		石油及天然气	在印尼南苏门答腊开发、勘探及生产原油,并于英国提供电子产品制造服务。
000077	进智公共交通		运输	在香港经营绿色小型巴士路线及提供公共小巴相关服务。
000078	REGAL INT'L		酒店娱乐	酒店东主与管理、物业发展及投资,及其它投资(包括金融票据及有价证券之投资及买卖)。
000079	世纪建业		综合企业	旅行及博彩相关业务,健康及美容服务,借贷,股票经纪及贸易。
000080	邵氏		传媒印刷	电影制作及发行、投资控股、经营有关传媒及娱乐工业。
000081	蚬壳电器工业		家庭电器及用品	制造及销售电风扇,吸尘机及其它家庭电器、电缆及不锈钢焊管、钢材加工、物业租赁、物业发展、证券买卖、公路经营、出租汽车及直接投资。
000082	第一视频		家庭电器及用品	制造及买卖影视音响及有关产品、和非音响产品包括个人办公室用品及医疗装置。
000083	信和置业	恒生指数成分股	地产	物业租赁,物业销售,酒店经营,管理服务,股票投资及买卖,与财务。
000084	宝光实业		零售	物业投资、发展及管理;计划顾问;钟表零售,分销及装嵌;眼镜及有关配件零售;婴儿时装市场推广及零售。
000085	中国电子	红筹股	软件服务	在中国从事移动电话制造及销售。
000086	新鸿基公司		其他金融	证券、外汇、黄金、商品及期货经纪、网上金融服务及财经信息、借贷、证券放款、企业融资、基金管理、地产投资及保险顾问。
000087	太古股份公司 B		综合企业	集团从事航空服务及航空饮食、飞机工程、物业投资及发展、酒店、工业、贸易、船务及保险。
000088	TAI CHEUNG HOLD		地产	物业发展、租赁及管理;投资及提供有关财务服务。
000089	大生地产		地产	投资控股、物业投资、物业租赁、物业发展、房地产管理及代理。
000091	骏新能源		石油及天然气	物业投资及发展及科技相关业务。
000092	CHAMPION TECH		软件服务	销售一般系统产品、提供服务及软件持许权、租赁系统产品与及投资电子商贸及电讯项目。
000093	TERMBRAY IND		地产	物业发展及投资及财务活动。
000094	两仪控股		工业制品业	制造及销售电子组件及产品、智能卡解读器及相关产品、家用家俬、买卖建筑材料及杂项产品、物业持有及投资控股。
000095	新泽控股	中资民营股	地产	在中国从事物业发展及物业投资。
000096	永隆银行		银行	银行及有关之财务服务。
000097	恒基发展		地产	物业发展及投资、百货业务、酒店业务、保安项目、基建项目、投资控股、信息科技发展及其它服务。
000099	王氏国际		资讯科技器材	为 OEM 客户制造电子产品,包括微型计算机、传讯设备及其它电子产品。
000100	白马户外媒体	中资民营股	传媒印刷	户外广告,主要在中国从事公共汽车候车亭广告业务。
000101	恒隆地产	恒生指数成分股	地产	投资物业以供收租,发展物业以供出售,以及停车场管理与物业管理。
000102	安利控股		建筑	建筑产品及工程设备之销售、供应及安装以及分销代理业务。
000103	首长宝佳	红筹股	工业制品业	铜及黄铜材料之加工及贸易、制造钢帘线、物业发展及投资、提供管理及信息科技管理服务
000104	ASIA COMM HOLD		零售	钟表贸易及零售、物业投资、投资证券、合约软件销售及设计。
000105	凯联国际酒店		酒店娱乐	持有和经营酒店、物业投资及投资控股。
000106	深圳科技		资讯科技器材	制造及销售高科技计算机及服务器、物业投资及发展及买卖、证券买卖及投资控股。
000107	四川成渝高速公路	H 股	运输	高速公路之建设、经营及管理,及收取高速公路之通行费;及油品贸易业务。
000108	建懋国际		地产	投资控股及物业投资。
000109	荣德丰		其他金融	分销及贸易业务;提供娱乐服务,互联网、广告及设计服务,电讯服务、以及投资及金融服务及提供旅游代理服务。
000110	长远电信	中资民营股	资讯科技器材	在中国分销移动电话产品,以及透过其特许分销商于中国发展市场推广及售后服务网络。
000111	亨达国际控股		其他金融	提供杠杆式外汇买卖、证券经纪、商品及期货经纪、企业融资顾问、资产管理及个人财务计划。
000112	至祥置业		地产	物业发展及投资。
000113	迪生创建		零售	销售名贵商品。
000114	HERALD HOLD		家庭电器及用品	制造、销售及分销玩具、礼品、家庭用品,钟表及电子产品,制造及销售计算机磁头及出租物业。
000115	钧濠集团		地产	物业发展及投资。
000116	周生生		零售	制造及零售珠宝、贵金属批发及证券期货经纪。
000118	大同机械		工业制品业	买卖工业消耗品贸易、制造塑料加工/产品、工业机械、电子产品及线路板。

代码	简称	概念板块	所属行业	主营业务
000119	保利香港	红筹股	地产	酒店营运及相关服务;物业发展、投资及管理;电力及热气供应;证券投资及金融服务。
000120	COSMOPOL INT'L		其他金融	投资在环球各地股市上市之股票证券,投资在住宅及商业楼面以期取得租金收入,提供高速无线互联网接入技术及物业管理系统解决方案。
000121	正大企业		地产	经营现卖现带商店、百货公司及消费产品零售业务。
000122	鳄鱼恤		零售	制造及销售成衣; 物业投资。
000123	GUANGZHOU INV	红筹股	地产	物业投资及发展;经营收费公路及桥梁;制造及买卖新闻纸及瓦楞纸。
000124	金威啤酒	红筹股	食物饮品	投资控股;生产、分销及销售啤酒
000125	新兴光学		保健护理用品	设计、制造及销售视光产品。
000126	TAK SING ALLI		纺织制衣	成衣制造、贸易及分销、经营酒楼及食品事业及物业投资及发展。
000127	华人置业		地产	物业投资及发展、经纪服务、证券投资及放债。
000128	安宁控股		综合企业	批发及零售时装及饰物、提供电讯服务、经营渡假中心及俱乐部以及投资控股。
000129	泛海集团		地产	物业投资及发展、酒店经营、旅游及饮食业务。
000130	慕诗国际		零售	设计、开发、制造、零售及批发时尚独特的女装系列。
000131	卓能(集团)		地产	物业发展及投资、提供物业管理及有关服务。
000132	中国兴业控股		地产	制造和买卖纤维板及胶合板,酒店拥有权及管理,物业投资及发展。
000133	招商局中国基金		其他金融	投资于中国之非上市公司及企业。
000135	CNPC(HONG KONG)	红筹股	石油及天然气	在中国、南美、中亚及东南亚开采及生产原油及天然气
000136	马斯葛集团		家庭电器及用品	制造及销售照相、电器及多媒体产品配件及物业控股。
000137	金辉集团		运输	船舶租赁、拥有船舶及贸易业务。
000138	CCT TELECOM		资讯科技器材	制造及销售电讯产品及配件、制造及销售幼儿及健康护理产品。
000139	139 HOLDINGS		家庭电器及用品	生产、买卖及经销汽车音响设备及其它产品。买卖证券,以及提供互联网及互联网相关业务。
000140	三元集团		保健护理用品	物业投资及制药/保健等业务。
000141	大中华集团		食物饮品	一般贸易、物业投资及物业代理服务。
000142	第一太平		食物饮品	电讯、消费食品产品、地产及运输。
000143	GLOBAL TECH		资讯科技器材	买卖电讯产品,及提供电讯产品之维修服务。
000144	招商局国际	红筹股,恒生指数成分股	运输	港口业务、制造油漆及集装箱,收费公路业务,油轮业务,物业发展及投资,以及证券买卖。
000145	香港建屋贷款		其他金融	投资控股、提供按揭贷款及其它有关服务及财务投资。
000146	TAI PING CARPET		家庭电器及用品	制造、进出口及本销地毡、制造及销售毛纱、买卖室内陈设品、投资及持有物业。
000147	鹰驰实业		纺织制衣	制造及买卖成衣。
000148	KINGBOARD CHEM		原材料	制造覆铜面板、铜箔、玻璃纤维布、玻璃纱、漂白木桨纸、印刷线路板、化学产品、液晶体显示屏及磁电产品。
000149	中国高速		地产	物业投资及经营酒楼。
000152	深圳国际	红筹股	运输	提供全程物流及运输配套服务,以及相关资产及项目之投资、经营及管理。
000154	北京发展(香港)	红筹股	软件服务	提供资料科技服务、酒楼营运及物业投资。
000155	华基光电		资讯科技器材	提供投资顾问服务、参与主要及次要证券市场活动及借贷业务。
000156	力宝华润		综合企业	物业投资及发展、财务投资、企业财务、证券经纪、提供银行、金融、保险、按揭财务及其它有关服务,食品业务,包销及基金管理。
000157	自然美		保健护理用品	制造及销售护肤、美容及香熏产品及提供肌肤护理、美容及 spa 服务以及肌肤护理顾问服务及美容培训。
000158	万邦投资		地产	在香港进行控股投资及房地产投资。
000159	华南投资		运输	在中国管理及经营收费公路。
000160	汉国置业		地产	物业发展及投资。
000161	深圳中航实业股份	H 股	工业制品业	设计、制造及销售若干消费电子产品,产品主要包括印刷线路板、液晶显示器以及机械及石英手表
000162	中国金展	中资民营股	零售	在中国东南部地区提供载客邮轮服务。
000163	英皇国际		综合企业	物业租赁、销售物业、证券经纪服务、家私批发及零售、经营酒店、印刷及出版、销售水产及咨询与顾问服务。
000164	上海策略置地		综合企业	物业发展及销售、物业租赁、证券买卖及投资、建筑材料贸易及装修服务以及收费公路营运。
000165	中国光大控股	红筹股	其他金融	提供金融服务及投资控股
000166	新时代集团		其他金融	物业投资及提供财务服务。
000167	IDT INT'L		家庭电器及用品	制造及销售多种电子消费产品。

代码	简称	概念板块	所属行业	主营业务
000168	青岛啤酒股份	H股	食物饮品	啤酒生产及销售
000169	正辉中国		地产	在中国从事物业发展。
000170	中国资本		其他金融	证券及非证券投资;投资于中国大陆中小型公司或主要经营业务在中国大陆的其它企业。
000171	银建国际	红筹股	地产	物业及其它投资
000172	金榜集团		地产	在中国及香港经营物业发展及投资和提供金融服务。
000173	嘉华国际		地产	制造及销售混凝土管筒、物业发展及投资及投资控股。
000174	奇盛(集团)		工业制品业	经销化工及金属原料、物业及证券投资。
000175	吉利汽车	中资民营股	汽车	制造及贸易汽车部件及相关汽车零件,以及投资控股。
000176	联太工业		工业制品业	制造及买卖变压器及线圈及充电式电池产品。
000177	江苏宁沪高速公路	H股	运输	在中国经营收费公路。
000178	莎莎国际		零售	从事多种名牌化妆品之零售及批发,及提供美容及健美中心服务。
000179	德昌电机控股		工业制品业	设计、制造及经销微型马达产品。
000180	KADER HOLDINGS		家庭电器及用品	制造及销售塑料电子及填充式玩具、模型火车,物业投资、投资控股及贸易。
000181	闽港控股	红筹股	酒店娱乐	物业投资及发展、酒店业务及投资控股。
000182	香港药业		保健护理用品	零售及批发中药及其它药物、健康产品及海味、物业投资及提供中医诊疗服务,生产及销售生物科技产品。
000183	中信国际金融	红筹股	银行	提供一般的银行及相关的金融服务。
000184	激成投资		地产	物业发展,投资及管理,酒店及会所业务。
000185	特速集团		其他金融	信用卡营运、证券买卖及投资、库存债券投资、物业投资、医疗健康护理及旅游相关业务。
000186	GRANDE HOLDINGS		资讯科技器材	设计、发展、制造及分销电子产品及组件。
000187	北人印刷机械股份	H股	工业制品业	制造与销售印刷机及备件,买卖原材料及其它业务
000188	汇富金融		其他金融	证券投资、股票及期货经纪、提供财务顾问服务、资产及基金管理。
000190	香港建设(控股)		地产	承建工程及物业发展与投资
000191	丽新国际		纺织制衣	成衣制造及销售、供出租用途之物业投资以及投资控股。
000193	冠中地产		地产	物业租赁、金融投资、物业销售、地产代理及其它投资。
000194	廖创兴企业		地产	地产投资,地产发展,物业管理,财务投资,银行及保险。
000197	亨泰		零售	向中国市场分销包装食品、饮料、家庭消费品及食品材料。
000198	星美国际		传媒印刷	制作及发行电影、电视剧及记录片及授出有关特许权;投资物业;提供融资;特许经营综合娱乐中心及主题餐厅;证券投资及音乐制作 。
000199	澳门祥泰地产		工业制品业	地产投资及发展,买卖摩托车及配件,以及零售及制造医药。
000200	新濠国际发展		酒店娱乐	经营消闲及娱乐业务、及科技业务,并提供投资银行与金融服务。
000201	华大地产		其他金融	经营酒店、物业投资及发展、证券买卖、财务经营及投资控股。
000202	国中控股	中资民营股	地产	发展环保水务业务,市政、城市建设投资业务、物业投资、证券及及金融业务。
000203	骏威汽车	红筹股	汽车	在中国内地从事制造、装配及销售汽车、汽车电器及部件等综合业务,并在香港制造及买卖音响器材。
000204	首富国际		其他金融	持有投资,以获得中期至长期资本增值。
000205	财讯传媒		家庭电器及用品	提供广告服务。
000207	侨福企业		地产	装修合约及建筑材料贸易、物业投资、管理及顾问服务、和投资及融资。
000208	保利达资产		地产	物业投资、买卖及发展及制冰及提供冷藏。
000209	崇高国际		家庭电器及用品	以原设备制造形式制造及销售各类硬胶及毛绒玩具。
000210	永恩国际		纺织制衣	制造及销售鞋类产品、鞋类组件及物料。
000211	STYLAND HOLD		纺织制衣	投资控股、物业发展及投资、一般出入口贸易、融资业务及证券交易。
000212	NANYANG HOLD		纺织制衣	纺织贸易、物业投资、投资控股。
000213	NATIONAL ELEC H		工业制品业	制造、装配及销售电子表、表肉及手表零件、物业发展、买卖及投资。
000214	汇汉控股		地产	物业发展及投资、酒店经营、旅游及管理服务。
000216	建业实业		综合企业	成衣制造与贸易、楼宇建筑及地基建筑、物业发展及投资,投资控股及提供管理服务。
000217	中国诚通发展集团	红筹股	地产	物业投资及发展。
000218	申银万国	红筹股	其他金融	证券买卖及投资控股、证券经纪及交易、孖展融资及直接贷款业务及提供投资顾问服务
000219	顺豪科技		地产	物业投资、物业发展及买卖、物业租赁、酒店投资及营运及投资控股。
000221	利来控股		零售	以集团品牌 LeRoi 设计及于中国市场分销及销售女士服装。
000222	闽信集团	红筹股	其他金融	物业投资、发展及销售;金融服务;收费公路投资;工业仪表生产及投资控股

代码	简称	概念板块	所属行业	主营业务
000223	建发国际		支援服务	筹办贸易展览会及相关活动，藉以推动及促进世界各地买家与制造商达成贸易。
000224	建生国际		地产	物业租赁及管理、电讯基建及信息科技服务、及投资。
000225	博富临置业		地产	物业投资、提供管理及代理服务、视听器材买卖及控股投资。
000226	力宝		综合企业	投资控股、物业投资及发展、物业管理、食品业务、包销、企业财务、基金管理、证券经纪、证券交易及财务投资与提供银行、金融、保险、按揭财务及其它有关服务。
000227	第一上海		综合企业	证券买卖及投资、集装箱储运服务、儿童用品销售、软件销售及 ASP 顾问服务、企业融资及股票经纪、投资控股、物业持有及管理。
000228	中能控股		综合企业	于香港经营连锁式中式酒楼及食品制造。
000229	利民实业		家庭电器及用品	制造及在北美、日本、澳洲、欧洲及中国销售家用电器；及在中国制造及销售烟纸及在香港进行物业租赁。
000230	五矿建设	红筹股	综合企业	物业发展及投资、基建投资、专业建筑工程及有色金属工业产品
000231	环球动力		地产	于中国从事物业发展及销售，高科技项目投资，经营度假村酒店，以及销售农产品。
000232	中国航空技术国际	红筹股	建筑	设计、制造及安装主要用于大厦之铝制及不锈钢产品，生产及销售电力及蒸气，开发、制造及分销直升机。
000233	铭源医疗	中资民营股	保健护理用品	蛋白芯片业务，信息科技产品与服务业务，及物业投资。
000234	新世纪集团		酒店娱乐	提供邮轮租赁服务、酒店经营及物业投资。
000235	中策集团		工业制品业	生产及销售电池产品及相关配件，以及证券投资。
000236	香港生力啤		食物饮品	制造及分销樽装、罐装及桶装生力啤酒。
000237	安全货仓		地产	经营公共货仓，物业投资及股份控股。
000238	利星行		汽车	汽车、零件及重型机械贸易、物业发展及投资、金融服务及一般贸易与服务。
000239	白花油		保健护理用品	生产及销售「和兴」品牌产品、财资及物业投资、分销保健及家居产品。
000240	利基控股		地产	从事土木工程。
000241	中信 21 世纪	红筹股	软件服务	投资电讯与互联网相关业务、多媒体业务，物业及乳类产品业务
000242	信德集团		综合企业	物业发展、投资及管理、运输、酒店及消闲和投资控股。
000243	QPL INT'L		资讯科技器材	制造及销售集成电路引线框、散热器与加强杆、物业投资及投资控股。
000244	先施		零售	经营百货、物业租赁、物业发展、证券投资及经营餐厅业务。
000245	中国七星购物		地产	持有、投資及重新發展物業，製造、銷售及分銷健康產品。
000247	TST PROPERTIES		地产	物业租赁，物业销售，酒店经营，管理服务，股票投资及买卖，与财务。
000248	香港通讯国际控股		资讯科技器材	销售流动电话、销售商业解决方案及物业投资。
000250	中国数码信息		综合企业	信息科技、提供财经信息、酒店业务、网上教育及应用软件服务、物业投资及发展、消费包装电子制品之设计、生产及市场推广。
000251	爪哇控股		地产	物业发展与投资、成衣制造及贸易，及证券投资。
000252	华信地产财务		工业制品业	物业发展及投资、生产及销售塑料包装材料、证券经纪及财务、证券投资业务。
000253	顺豪资源集团		地产	酒店及备有家具单位投资及经营；物业投资、发展及买卖；证券投资及买卖。
000254	光讯控股		地产	控股投资、物业投资、生产及销售宽频有线电视设备及配件。
000255	龙记集团		工业制品业	模胚之制造及销售，以及金属与配件之买卖。
000256	中国海淀		地产	制造及销售钟表，物业投资及发展，制造及分销木材产品。
000257	中国光大国际	红筹股	工业制品业	收费桥梁营运、物业投资及管理、环保项目管理及顾问、证券买卖及投资控股。
000258	汤臣集团		地产	物业发展及投资、款客及消闲业务、胶管及建筑材料及证券买卖。
000259	亿都(国际控股)		资讯科技器材	发展、制造及销售液晶体显示屏及液晶体显示模块。
000260	中油洁能		石油及天然气	燃气相关销售、证券交易及库务活动。
000261	中建科技国际		资讯科技器材	制造及销售电讯产品。
000262	迪臣发展国际		建筑	建筑承包及有关业务，物业发展及投资，健身中心及相关业务。
000263	保兴投资控股		工业制品业	发电、货品贸易、提供金融、物业投资及管理，以及经纪及证券投资。
000264	卓高国际		纺织制衣	设计及生产著名品牌男女装皮革配饰品，此包括皮带和小皮具、钱包、钥匙环及记事簿等。
000265	南华集团		综合企业	贸易、制造、证券及金融服务、信息科技、地产发展、传媒出版、农业，旅游相关服务及投资控股。
000266	天德地产		酒店娱乐	酒店经营、物业租赁、高尔夫球康乐会经营。
000267	中信泰富	红筹股，恒生指数成分股	综合企业	发电、航空、基础设施及信息业、特钢制造、物业投资及发展和汽车及消费品的批发及分销。

代码	简称	概念板块	所属行业	主营业务
000268	金蝶国际	中资民营股	软件服务	开发及销售企业应用软件及基于Java的中间件软件、提供软件相关的客户服务及销售硬件。
000269	中国木业		运输	冷藏仓库、物流管理及有关服务。
000270	粤海投资	红筹股	公用事业	投资控股及经营核心业务—包括供水、发电、收费道路及桥梁、物业投资及发展、酒店经营及管理和零售。
000271	丹枫控股		地产	物业投资及发展、物业管理及投资控股。
000272	瑞安房地产		地产	于中国从事开发、销售、租赁、管理及长期持有优质住宅、办公楼、零售、娱乐及化物业。
000273	威利国际		其他金融	投资买卖证券、经纪及金融服务、物业投资以及投资控股。
000274	高宝绿色		保健护理用品	生产及经销家居及个人护理产品，工业用产品，化妆品及护肤用品与具医疗及美容用途之生物科技产品。
000275	锦兴集团		资讯科技器材	生产、销售及分销资料储存媒体，以及销售及分销计算机配件与储存媒体驱动器、扫描仪、影音产品、微型唱碟、家庭电子产品及电讯设备配件。
000276	蒙古能源		地产	物业投资及提供科技相关服务。
000277	太兴置业		地产	物业投资及发展及股票投资。
000278	华厦置业		地产	物业出售、租赁、建筑工程、物业管理及投资。
000279	民丰控股		综合企业	提供融资、证券买卖、物业持有及投资以及投资业务。
000280	景福集团		零售	经营黄金首饰、珠宝、钟表及礼品零售、金条买卖、证券经纪及钻石批发。
000281	川河集团	红筹股	地产	投资控股、物业发展及投资。
000282	壹传媒		传媒印刷	印刷及分色制版服务，杂志出版及刊登广告、提供互联网内容及在互联网刊登广告。
000283	松日控股		家庭电器及用品	设计、制造及买卖数码及通讯科技产品。
000286	金匡企业		地产	投资及财务业务，以及物业投资。
000287	永发置业		地产	证券投资，物业租赁及物业发展。
000288	成功控股		地产	物业投资、发展及投资控股。
000289	WING ON CO		零售	经营百货业务及物业投资。
000290	中国环保电力		建筑	电气工程承造，电气产品销售，证券经纪及融资业务，以及海运服务。
000291	华润创业	红筹股，恒生指数成分股	综合企业	物业发展及投资、饮品、食品加工及经销、石油及化学品经销、纺织、零售及投资
000292	泛海酒店		酒店娱乐	酒店及饮食、旅游代理及管理服务。
000293	国泰航空	恒生指数成分股	运输	经营定期航空业务、航空饮食、航机处理及飞机工程。
000294	长江制衣		纺织制衣	成衣制造及销售及物业投资。
000295	江山控股		地产	地产投资及发展、证券经纪服务及投资、提供贷款融资及企业融资顾问服务、提供信息科技培训及软件开发服务、计算机产品贸易。
000296	英皇娱乐酒店		酒店娱乐	物业投资与发展、邮轮旅游及相关活动、以及酒店及博彩业务。
000297	中化化肥	红筹股	工业制品业	采购、生产及销售化肥及其它相关农产品。
000298	庄士中国		地产	制造及销售手表和手表零件及商业，书版，杂志及包装印刷，另物业投资及发展，证券买卖，以及电子商贸解决方案供货商。
000299	中讯软件		软件服务	为日本信息科技行业的客户提供外包软件开发服务。
000300	交大科技	H股	工业制品业	设计、开发、生产和销售机床系列产品及配件，计算器信息产品，高效节能产品，光机电一体化产品，开发高科技产品，自有技术转让、服务及咨询业务。
000302	永亨银行		银行	经营银行及有关之财务服务。
000303	VTECH HOLDINGS		资讯科技器材	设计、生产及分销电子消费品。
000304	宜进利(集团)		家庭电器及用品	时计制造及有关贸易。
000305	俊山集团		其他金融	证券买卖及经纪业务、贷款及物业投资。
000306	冠忠巴士集团		运输	在中港经营专利巴士服务及非专利及其它巴士服务。
000307	泰德阳光		传媒印刷	传媒相关业务包括电视节目及多媒体内容制作及分销及广告服务。
000308	香港中旅	红筹股	酒店娱乐	客运服务，景区业务，货运及运输业务，酒店业务，旅游及相关业务，高尔夫球会所业务，发电业务，投资控股及其它。
000309	劳氏环保		支援服务	在香港提供清洁及相关服务。
000310	嘉进投资国际		其他金融	持有股份或与股份有关之投资，并向该等所投资的公司提供管理服务。
000311	联泰控股		纺织制衣	制造及买卖成衣及纺织品、提供货运物流及系统顾问服务。
000313	DICKSON GROUP		建筑	建筑及维修保养。
000315	数码通电讯		电讯业	在香港提供流动通讯服务及销售流动手提电话。
000316	东方海外国际		运输	国际运输及物流、经营货柜码头、投资物业及中国业务及证券投资。
000317	广州广船国际股份	H股	工业制品业	造船、修船、钢结构建造及集装箱与陆用机械制造。

代码	简称	概念板块	所属行业	主营业务
000318	黄河实业		酒店娱乐	经营中式酒家,生产、销售及分销面包糕饼及其它食品。
000319	勤美达国际		工业制品业	设计、开发、制造及销售订制金属铸件,以供各行业之用。
000320	金宝通		家庭电器及用品	设计、制造及销售电子控制及自动装置以及提供解决方案。
000321	德永佳集团		纺织制衣	针织布及棉纱之产销及整染、便服及饰物之销售、提供汽车及发电机之维修及保养服务、销售发电机及提供特许经营服务。
000322	康师傅控股		食物饮品	在中华人民共和国制造及销售方便面、糕饼及饮料。
000323	马鞍山钢铁股份	H股	金属	生产及销售钢铁产品:及其它产品如焦炭、生铁及煤焦化土产品等
000326	中国星集团		传媒印刷	发行电影、电视连续剧及录像带。
000328	ALCO HOLDINGS		家庭电器及用品	设计、制造及销售消费者影音产品、电讯产品及塑料制品。
000329	金龙集团(控股)		保健护理用品	生产及销售保健、医药产品和电子烟配件。
000330	思捷环球	恒生指数成分股	纺织制衣	设计、批授经营权、采购、制造、批发及零售 ESPRIT 品牌高级成衣及相关用品及 Red Earth 化妆品及美容护肤用品。
000332	NGAI LIK IND		家庭电器及用品	制造及销售电子产品。
000333	TOP FORM INT'L		纺织制衣	女装内衣之设计、制造、分销、批发及零售。
000334	唯冠国际		资讯科技器材	设计、制造及销售计算机显示器、制造及买卖计算机显示器零件及配件。
000335	美建集团		其他金融	提供广泛金融服务、包括证券买卖、孖展融资、企业融资顾问、期货买卖及资产管理。
000336	华宝国际		原材料	为烟草、食品及日化相关产品生产及供应香精及香料。亦为客户提供产品研发及推广服务。
000337	盛高置地	中资民营股	地产	在中国上海发展及销售优质私人住宅物业。
000338	上海石油化工股份	H股	原材料	石油化工业务:把原油加工以制成多种合成纤维,树脂和塑料,中间石化产品及石油产品
000339	安利时投资		其他金融	投资于香港及中国之上市及非上市公司。
000340	中国矿业		保健护理用品	物业投资、处理及冷藏脐带血。
000341	大家乐集团		酒店娱乐	经营连锁式快餐餐饮业务、快餐厅、机构饮食业务、特式餐厅及食品制造业务。
000342	新海能源		石油及天然气	销售及分销液化石油气,以及物业、机器及设备之租赁业务。
000343	文化传信		传媒印刷	出版漫画及相关业务、销售中文计算机操作系统、处理器、电子书及应用软件,以及投资控股。
000345	VITASOY INT'L		食物饮品	制造及分销食品及饮品。
000346	中联石油化工	中资民营股	工业制品业	制造及销售石化燃料产品以及销售及分销聚氨酯物料、聚氨酯发泡及聚氨酯发泡产品。
000347	鞍钢股份	H股	金属	生产及销售钢坯、线材、厚板、冷轧薄板、大型材等产品
000348	龙昌		家庭电器及用品	玩具及模具的开发、工程、制造及销售。
000349	工银亚洲	红筹股	银行	提供银行、财务及其它相关服务
000350	经纬纺织机械股份	H股	工业制品业	生产、销售纺织机械及其配套件
000351	中科环保		资讯科技器材	提供软件设计及开发、销售计算机硬件及维修支持服务、发电厂及汽车零件业务。
000352	富阳		地产	为中国一手房地产市场提供房地产谘询及代理服务.
000353	旭日环球		家庭电器及用品	以其本身品牌「美吉利」设计、制造及销售各款地毯,以及经销知名品牌 Interface、Bentley 及 Toli 等地毯。
000355	世纪城市国际		综合企业	物业发展及投资、物业管理、建筑及与建筑有关之业务、酒店东主与管理以及投资及买卖有价证券。
000356	INCUTECH INVEST		其他金融	透过多元化之投资组合投资于香港及/或中国之上市及非上市公司。
000357	美兰机场	H股	运输	在美兰机场从事航空及非航空业务
000358	江西铜业股份	H股	金属	采矿、选矿、熔炼与精炼,生产阴铜及副产品,包括硫精矿、硫酸及电解金和银
000359	海升果汁	中资民营股	食物饮品	制造及分销浓缩果汁产品及浓缩果汁相关产品。
000360	新焦点	中资民营股	汽车	制造及销售供休闲及安全用途的电子及电源相关汽车零部件及配件。
000361	顺龙控股		家庭电器及用品	制造及买卖高尔夫球设备、球袋及其它配件。
000362	中国天化工	中资民营股	工业制品业	制造及销售润滑油、防腐涂料、添加剂及醋酸乙烯。
000363	上海实业控股	红筹股	综合企业	从事基建设施、医药、消费品及信息技术业务。
000364	华丰纺织		纺织制衣	提供布料加工服务、布料制造及销售以及纺纱制造及销售。
000365	日东科技		工业制品业	设计、制造及经销供电子消费品、家庭电器及电讯产品之制造商使用之生产线,以及经销电子产品制造商使用之品牌生产设备。

代码	简称	概念板块	所属行业	主营业务
000366	陆氏集团(越南)		建筑	制造及销售水泥产品、保健护理产品、电子产品、夹板及木制产品,物业投资及投资控股。
000367	CHUANGS INT'L		地产	物业投资及发展、证券投资及买卖、制造及销售手表配件、喷胶棉布料及床上用品,以及提供信息科技服务。
000369	USI (U SUCCESS)		纺织制衣	成衣制造及贸易、品牌产品分销、物业租赁及管理、物业管理,以及投资活动。
000370	国华		运输	国际航空及海上货运,证券投资,与生产及销售焦炭。
000371	上华控股		资讯科技器材	制造及销售电话及计算机产品。
000372	德祥企业		综合企业	楼宇建筑工程、土木工程、专项工程、建筑材料、工程及基建服务、物业租赁、投资及财务。
000373	联合集团		其他金融	投资经纪及金融、私人财务,物业发展及投资,企业及其它业务。
000374	四洲集团		食物饮品	贸易及分销小食、糖果、饮料、及冷冻食品,制造及销售火腿、火腿类产品及小食。
000375	YGM TRADING		纺织制衣	在香港从事成衣销售、物业出租及买卖、印刷及有关业务及专利费收入。
000376	亚洲电信媒体		其他金融	证券经纪、包销、资产管理、证券保证金融资及投资控股。
000377	新洲印刷集团		传媒印刷	印刷及制造高质彩色包装产品、瓦通盒、印刷图书、小册子及各项纸制品。
000378	金汇投资		其他金融	提供金融服务、直接投资、工业及管理经营服务、数码消费产品及物业发展。
000379	必美宜		工业制品业	在中国从事生产本身品牌「Pme」之抛光腊及抛光轮,以及在香港及中国经销各类工业研磨产品。
000380	世贸彬记		建筑	在香港进口及销售不同物料、用途及品牌之各类型喉管、管件及其它相关配件。亦经营仓储业务,储存多类产品。
000381	侨雄国际	中资民营股	家庭电器及用品	设计、制造及销售各类型毛绒玩具及装饰礼品,有关业务乃以原设备制造及原设计制造基准进行,并以集团本身之品牌 KCARE 及 KMATES 进行。
000382	华凌集团	红筹股	家庭电器及用品	生产及销售「华凌牌」商标的家庭电器,包括冰箱、空调机及小型冰箱
000383	中国网络资本		其他金融	流动电话分销、证券买卖及投资、财务服务和物业投资。
000384	中国燃气		公用事业	物业投资、金融及证券投资、燃气管道建设及销售管道燃气。
000385	建联集团		原材料	塑料原料及化工原料产品贸易,分销及安装建材、机电及电机产品,电器及空调业务,物业持有及投资控股。
000386	中国石油化工股份	H股,恒生指数成分股	石油及天然气	在中国勘探、开发和开采原油和天然气,炼油、分销和营销汽油、柴油、航煤和大部份其它主要石油产品,生产和分销石化产品。
000387	力丰(集团)		工业制品业	买卖及安装机床及相关产品。
000388	香港交易所	恒生指数成分股	其他金融	拥有及经营本港唯一的股票交易所与期货交易所,以及其有关的结算所。
000391	美亚娱乐资讯		酒店娱乐	发行电影及节目影音产品、电影放映及转授电影版权、提供网络科技及相关服务、网站设计及管理服务。
000392	北京控股	红筹股	综合企业	业务包括啤酒、零售、奶制品、高速公路、自来水处理、酒店、旅游、物业建造及发展、电讯及信息科技相关服务及产品、以及企业及其它
000393	旭日企业		纺织制衣	经营日常便服之零售、出口及制造。
000395	中国锆业	中资民营股	金属	研究、开发、生产及销售一系列锆化合物,加锆电子材料、电子陶瓷、新能源材料及二次充电电池。
000397	香港体检		保健护理用品	制造及销售成衣及提供医疗保健及体检服务。
000398	东方表行集团		零售	手表经销。
000399	远东生物制药科技		保健护理用品	在中国生产、推广及分销药品。
000402	明兴水务		建筑	在香港从事土木工程合约之保养及建造工程业务,包括水务工程、道路工程、渠务及斜坡加固工程。
000403	星光集团		传媒印刷	印刷及制造包装材料、儿童图书、纸类制品及卷标、环保产品,以及提供设计及分色服务。
000404	新昌营造		建筑	楼宇建筑、土木工程、打桩及地基工程、修葺及装修工程、楼宇维修及保养、建筑管理、物业投资、物业租赁、物业发展及建筑商融资。
000405	越秀房产信托基金		地产	为房地产投资信托基金,主要投资于中国广东省物业。主要作办公楼、零售及其它商业用途物业。
000406	有利集团		建筑	在香港从事楼宇承建、维修及装修工程;水喉合约、物业投资并生产及供应建筑材料。
000408	叶氏化工集团		工业制品业	高份子化工产品及混合溶剂、漆油、单体溶剂、润滑油、油墨及散装溶剂仓储业务。

代码	简称	概念板块	所属行业	主营业务
000409	四通控股	红筹股	工业制品业	生产、分销及销售电子及电工产品、办公室设备及提供技术增值服务
000411	南顺(香港)		食物饮品	制造及销售食油、面粉、食品、清洁剂及一般商品,及包装用品。
000412	汉基控股		综合企业	物业发展及投资,以及投资控股。
000413	南华工业		零售	制造和买卖、从事玩具、压缩机、鞋类、金属工具、皮革产品、微电机、机械设备、电容器及成衣;物业发展、信息科技相关业务与及提供旅游有关业务。
000416	海湾控股		支援服务	生产及分销火灾报警系统及火灾报警网络产品和相关产品,其中包括安全系统、楼宇自动化系统以及电子式电能表。
000417	谢瑞麟		零售	制造和销售珠宝首饰。
000418	方正控股	红筹股	软件服务	软件开发及系统集成、以及销售信息产品
000419	华亿新媒体		软件服务	买卖数码广播系统平台及相关产品,销售及经销家用影音设备、提供国际金融市场信息、消费者数据及互联网电话。
000420	福田实业		纺织制衣	制造及销售针织成品布、缝纫线及色沙;提供针织、染色、印花及布匹整理服务;胚纱买卖及销售成衣。
000423	经济日报集团		传媒印刷	出版香港经济日报,杂志(e - zone)、出版书籍、刊登招聘广告及培训行政人员,以及提供实时财经信息。
000425	敏实集团		汽车	设计、制造及销售乘用车的车身结构件、汽车装饰件及汽车装饰条。
000426	万华媒体		传媒印刷	出版、推广及发行中文消闲生活杂志,并销售该等杂志的广告版面。
000428	亨亚		其他金融	投资于在香港联合交易所有限公司上市之证券及具盈利增长与资本增值潜力之非上市投资项目。
000430	东方网库		工业制品业	钢铁产品及电子产品之制造及贸易。
000431	大中华实业		地产	地产投资,以及投资控股。
000432	盈大地产		地产	地产发展及投资。
000433	SUN MAN TAI		地产	投资控股、物业投资及证券买卖。
000435	阳光房地产基金		地产	为房地产投资信托基金,主要投资于香港之甲级及乙级写字楼与零售物业。
000438	彩虹电子	H股	工业制品业	在中国制造彩色显像管及有关配件。
000439	英发国际		原材料	制造与买卖原件装配纸品及本身品牌及代理商产品。
000440	大新金融		银行	银行、投资控股、投资买卖、人寿保险及保险服务。
000444	SINCEREWATCH HK		零售	在香港、澳门及中国从事手表的品牌管理及批发分销业务。
000448	汉登控股		零售	设计、市场推广、零售及批发「汉登」品牌服装及配饰,以及「汉登」商标授权。
000450	鸿兴印刷集团		家庭电器及用品	彩盒印制、纸张贸易及瓦通纸箱制造。
000451	森泰集团		工业制品业	制造及销售电子消费品及印刷线路版,半导体销售。
000455	云南实业控股	红筹股	保健护理用品	从事烟草及其它相关产品之贸易、提供管理及咨询服务
000456	新城市(中国)		地产	发展及投资于中国北京的办公室大楼及酒店物业。
000457	凹凸科技		资讯科技器材	设计、开发及推销用于电源控制及保安用途的高效能集成电路
000458	联亚集团		纺织制衣	成衣及纺织制造、贸易及投资控股、物业投资及管理服务。
000462	福茂		工业制品业	提供工程系统承包及相关的支持服务,并销售相关零部件及消耗品。
000464	建福集团		家庭电器及用品	设计、制造及销售一系列电子美发及保健产品,及其它小型家庭电器。
000467	东润拓展集团	中资民营股	地产	物业投资,制造及销售健康食品。
000469	凯普松国际		工业制品业	制造铝质电解电容器,并主力开发高质量阳极箔。
000471	佳邦环球		工业制品业	提供柔性印刷线路板(FPC)解决方案,包括设计、制造及销售 FPC,以及销售组装 FPC。
000472	新华联国际	中资民营股	工业制品业	制造及销售电子与保健产品及物业投资。
000474	永保时国际		家庭电器及用品	设计、制造及销售包装产品及陈列装置。
000475	亿钻珠宝		家庭电器及用品	设计及制造真品珠宝及提供综合配套服务,客户包括美国及中东、欧洲和亚太地区珠宝零售商及批发商。
000476	CHINA ELEGANCE		金属	投资控股、制造、买卖及分销消费品;物业买卖;及铁矿石及钢铁买卖。
000477	奥普集团控股	中资民营股	家庭电器及用品	设计、制造和经销浴霸、排气扇及其它家用电器。
000479	华建控股		软件服务	多媒体及通讯产品贸易。
000480	香港兴业国际		地产	物业发展、物业投资、提供服务、酒店、建筑、证券投资及制造。
000482	圣马丁国际		资讯科技器材	设计、制造和经销卫星电视接收产品以及通讯相关产品。
000483	包浩斯国际		零售	设计、制造、分销及零售服装、提包、背囊及配饰。
000485	STARLIGHT INTL		家庭电器及用品	设计、制造及销售范围广泛之电子产品及证券买卖。
000487	澳门实德		酒店娱乐	零售以游客为对象之消费品以及提供建筑和相关服务。
000488	丽新发展		地产	供出售用途之物业发展、供出租用途之物业投资,投资与经营酒店及餐厅。
000489	东风集团股份	H股	汽车	制造及销售商用车、乘用车、发动机和汽车零部件。制造及销售商用车、乘用车、发动机和汽车零部件。

代码	简称	概念板块	所属行业	主营业务
000491	汉传媒		家庭电器及用品	生产及销售多媒体电子产品、玩具及游戏机产品。
000493	国美电器	中资民营股	零售	电器及消费电子产品零售。
000494	利丰	恒生指数成分股	纺织制衣	消费产品之出口贸易，消费产品包括成衣、时尚饰物、玩具与游戏、运动用品、家具、手工艺品、鞋类与餐具等。
000495	PALADIN		地产	投资控股、物业发展及一般贸易业务。
000496	卡森国际	中资民营股	家庭电器及用品	在中国制造软件家俱及皮革产品。
000497	资本策略		地产	物业投资及证券投资。
000498	保华集团		建筑	楼宇建筑工程、土木工程、专项工程、建筑材料、工程及基建服务、物业租赁及销售物业。
000499	华脉无线通信		地产	发展物业以供销售、租赁投资物业、提供物业管理服务、建筑及装修服务、物业代理服务及通讯产品贸易。
000500	天地数码(控股)		传媒印刷	提供数码广播服务，系统集成、研发、装设及相关软及产品的开发，以及提供国际金融市场信息及精选消费者数据服务。
000502	环新国际		食物饮品	可可豆之贸易。
000506	中国食品	红筹股	食物饮品	食品加工及有关业务，包括食用油、豆粕及相关产品、酒类、糖果、贸易和面粉制造
000508	其士泛亚		资讯科技器材	提供计算机及商业机器，网络技术及计算机系统，技术及保养服务，证券投资及其它。
000511	电视广播		传媒印刷	电视广播、节目发行及制作、动画制作、出版杂志及其它与广播相关之业务。
000512	曼盛生物科技		保健护理用品	于中国从事口服液及保健品之研究发展、制造及销售业务及药物开发和对生物科技相关项目的研究及开发。
000513	恒和集团		家庭电器及用品	珠宝首饰及钻石之设计、制造、市场推广及买卖，以及物业投资及发展
000515	达进精电	中资民营股	工业制品业	在中国制造印刷电路版(PCB)。
000516	瀚智集团		支援服务	于中国、香港及台湾从事通讯、传媒及金融服务行业。
000517	中远国际控股	红筹股	运输	房地产投资和发展、船舶服务、楼宇建造和土木工程、基础建设投资和高科技业务
000518	同得仕(集团)		纺织制衣	成衣制造及销售。
000519	实力建业		地产	设计、制造、市场推广及分销电子消费产品，物业投资控股及物业发展。
000521	首长科技	红筹股	工业制品业	制造及销售电话线及配件、电源线、变压器及电子产品、高度精密计算机部件、印刷电路板和提供货运代理及运输服务
000522	ASM PACIFIC		半导体	设计、制造及销售半导体工业所用之器材、工具及物料。
000524	E－KONG GROUP		电讯业	提供电讯服务、互联网保安解决方案服务保险及管顾问服务，以及企业活动管理服务。
000525	广深铁路股份	H股	运输	经营铁路客货运输业务，并提供铁路设施及技术服务，以及在列车上和车站内销售食品、饮料及商品等。
000526	通达工业		家庭电器及用品	制造及买卖塑料及五金家居产品。
000527	银河半导体	中资民营股	半导体	设计、开发、制造及销售二极管及晶圆。
000528	金达控股	中资民营股	纺织制衣	生产及销售亚麻纱。
000529	SIS INT'L		零售	分销计算机及相关硬件、软件产品。
000530	广益国际		食物饮品	物业投资、护肤及保健、经营日本餐厅、珠宝贸易、钢铁贸易、酒类贸易、美术设计、买卖鳗鱼鱼苗，以及其它产品贸易。
000531	顺诚		家庭电器及用品	生产及买卖木制家俬。
000532	WKK INTL (HOLD)		工业制品业	贸易及分销用以制造印刷电路板及电子产品之化学品、物料及设备及为原产品客户制造电器及电子消费产品。
000533	金利来集团		零售	分销及生产服装、皮具及配饰，物业投资和经营饮食及商务中心业务。
000535	星狮地产		地产	物业投资及管理、商业园开发及管理、信息科技投资。
000536	贸易通		软件服务	为香港以及国际商界提供贸易相关电子服务。
000538	味千(中国)		酒店娱乐	于香港及中国销售日本拉面和日本菜式的主要快速便利餐厅连锁经营商，亦制造及分销包装面条及其它相关食品。
000539	冠华国际控股		纺织制衣	提供布料针织、漂染、定型服务及生产与售卖成品针织布匹业务。
000542	星晨集团		酒店娱乐	提供旅游及与旅游有关之服务、物业发展、物业代理服务、酒店投资及酒店管理，财务服务及证券买卖业务。
000544	大同集团		工业制品业	建筑工程合约及销售混凝土产品以及物业投资。
000546	阜丰集团	中资民营股	食物饮品	于中国采用发酵技术的纵向整合玉米生化产品制造。
000547	奥亮集团		电讯业	物业投资；提供电讯、媒体及内容服务。
000548	深圳高速公路股份	H股	运输	在中国深圳开发、经营和管理收费公路及高速公路。

代码	简称	概念板块	所属行业	主营业务
000549	奇峰化纤	H股	原材料	生产及销售不同种类的纶纤维,分别为纶毛条、纶丝束及纶短纤。
000550	才库		支援服务	广告、印刷及投资。
000551	裕元集团	恒生指数成分股	纺织制衣	制造及销售运动鞋、运动型休闲鞋及便服鞋。
000552	中国通信服务	H股	资讯科技器材	提供电信基建服务、业务流程外判服务及应用、内容及其它服务。
000553	南京熊猫电子股份	H股	家庭电器及用品	开发、生产与销售移动通信系统、卫星通讯系统、IT、机电仪及电子信息产品等。
000554	汉思能源		运输	石化产品贸易、提供转输及贮存设施,以及港口业务。
000555	御泰金融		其他金融	提供一系列多种金融服务,包括证券买卖 、保证金融资、期货及期权买卖、企业财务、研究和资产管理。
000557	CITY E-SOLUTION		软件服务	投资控股,电子贸易平台、提供酒店业之解决方案、酒店管理服务,订房服务、保险销售及风险管理服务、会计及工资服务及采购服务。
000558	力劲科技		工业制品业	设计、制造及销售热室和冷室压铸机及注塑机。
000559	华艺矿业		家庭电器及用品	设计、制造及销售仿真植物;制作,购买及发行电视节目;销售节日性产品;提供汽车防盗及追踪服务。
000560	珠江船务	红筹股	运输	船舶代理、内河货物直接装运及转运、码头货物处理、货物并装及仓贮及货运拖运。
000562	保昌控股		运输	提供货运代理服务。
000563	中新集团		地产	物业发展及投资。
000565	锦艺纺织		纺织制衣	生产及销售纺织制品,产品以中国的中高文件市场为目标。
000566	红发集团		家庭电器及用品	制造、设计及销售儿童玩具。
000567	大昌微线集团		工业制品业	投资控股、制造及销售线路板。
000568	山东墨龙	H股,中资民营股	工业制品业	设计、制造和销售采油机械及相关部件的业务。
000569	中国自动化		支援服务	提供安全及紧急控制系统及相关工程及保养服务,销售石油化工仪器及火车制造设备。
000570	荣山国际	红筹股	公用事业	在中华人民共和国广东省佛山市区从事发电及电力销售业务。
000571	丰德丽控股		传媒印刷	开展、经营及投资在传媒、娱乐、互联网及以科技为主导的业务及卫星电视业务,提供广告代理服务及化妆品销售业务。
000572	展鸿控股	中资民营股	工业制品业	在中国制造和销售包装食品及饮料的马口铁罐;亦提供马口铁的涂黄及印刷服务。
000573	稻香控股		酒店娱乐	经营中式食肆,提供迎合不同顾客的各种中式菜式。
000575	励晶太平洋		其他金融	资产管理、提供投资顾问服务、企业融资及顾问服务及企业投资。
000576	浙江沪杭甬	H股	运输	设计、建设、经营与管理高级公路,以及开发经营某些配 套服务,如汽车维修和加油设施。
000577	保华建业		建筑	楼宇建筑、土木工程及专项工程。
000578	恒发能源		公用事业	透过经营位于中国福建省一间燃煤发电厂生产及出售电力。
000581	中国东方集团	中资民营股	金属	生产及销售钢坯和带钢。
000582	嘉辉化工		工业制品业	生产及分销液体涂料、粉末涂料以及溶剂。
000583	SCMP集团		传媒印刷	出版、印刷及分销南华早报、星期日南华早报及其它印刷及网上刊物、零售业务、音乐出版、录像及影片后期制作、康乐会所、教育服务及持有物业作租赁用途。
000585	意马国际		传媒印刷	制作及发行计算机动画及提供管理顾问服务。
000586	科维控股	中资民营股	工业制品业	酒店业务、电子产品有关物料的贸易、国内房地产投资及策略性投资。
000587	华瀚生物制药		保健护理用品	研究、开发、生产及销售天然来源抗肿瘤药物及西药产品。
000588	北京北辰实业股份	H股	地产	在北京从事物业出租、土地和物业开发、物业投资、餐饮业、经营酒店及百货业。
000589	宝姿		纺织制衣	设计、制造及零售分销 PORTS INTERNATIONAL 品牌的男女时装;及于中国和香港销售其配饰。
000590	六福集团		零售	金饰与黄金装饰品、镶石首饰与宝石及其它配饰之零售及批发。
000592	BOSSINI INT'L		零售	零售及分销成衣,以及提供与成衣相关之服务。
000593	卓健亚洲		保健护理用品	提供种类广泛的综合保健服务。
000595	AV CONCEPT HOLD		半导体	市场推广及分销电子组件,以及设计、制造及原设备制造电子产品分互联网用品。
000597	华润上华	红筹股	半导体	在中国拥有及经营半导体开放式晶圆代工厂,提供 CMOS 逻辑、数模混合信号、高压及非易失存记忆的集成电路制造服务。
000598	中国外运	H股	运输	货运代理、快递服务、船务代理、仓储和码头服务、海运和汽车运输。
000599	怡邦行控股		建筑	进口及销售建筑五金及卫浴设备。

代码	简称	概念板块	所属行业	主营业务
000600	信宝国际		纺织制衣	皮革产品之制造、分销及零售，保健及医疗相关业务，与酒店及房地产投资。
000601	权智(国际)		家庭电器及用品	设计、制造及销售各种掌上电子信息产品，主要为个人数码助理、电子辞典及翻译机、电讯产品及原件设计生产之电子产品。
000602	佳华百货控股		零售	于中国深圳经营连锁零售店。
000603	中油燃气		石油及天然气	投资于互联网及信息科技，天然气业务，以及制造及分销硅橡胶产品。
000604	深圳控股	红筹股	地产	物业发展、投资及管理服务，交通运输、基建投资及信息科技。
000605	港佳控股		零售	化肥贸易、农产品贸易、物业投资及其它。
000606	中国粮油控股	红筹股	食物饮品	在中国生产和供应农产品加工品。
000607	汇多利		家庭电器及用品	设计、制造及销售家居电器用品及其它电动产品。
000608	达利国际		纺织制衣	成衣制造、贸易及零售。
000609	天德化工	中资民营股	原材料	从事精细化学产品的生产、买卖及销售。
000610	WAI KEE HOLD		建筑	土木工程、经营石矿场、生产及贸易建筑材料、公路管理及物业投资。
000611	TACK HSIN HOLD		酒店娱乐	酒楼业务及物业投资。
000612	中国投资基金公司		其他金融	投资中国及香港上市及非上市证券。
000613	YUGANG INTL		家庭电器及用品	买卖工业设备、汽车部件、金属及塑料材料等货品；物业投资；及制造及销售礼物盒、手表盒及眼镜盒。
000615	东强电子集团		家庭电器及用品	开发、制造推广家居及汽车信息及娱乐产品。开发网络技术及销售有线电视业务适合之综合解决方案及服务之业务。
000616	永义实业		纺织制衣	提供宽频无线数据服务、通讯解决方案顾问服务及互联网业务。
000617	百利保控股		酒店娱乐	物业投资及管理、物业发展、发展顾问及策划管理、建筑及其有关之业务、酒店东主及管理。
000618	方正数码	红筹股	软件服务	分销信息产品及计算机硬件。
000619	南华金融		其他金融	证券、金银、杠杆式外汇与期货经纪及买卖、贷款融资、投资物业、投资控股。提供公司财务顾问及股票包销服务。
000620	UDL HOLDINGS		建筑	海事工程、工程承建、钢结构工程及机电工程。
000621	永兴国际		建筑	在香港从事上盖建筑、地基打桩、基层建筑工程、斜坡修护工程及室内装修工程。
000622	威华达控股	中资民营股	公用事业	电力供应及投资控股。
000625	睿富房地产基金		地产	为房地产投资信托基金，主要投资于中国、香港及澳门之办公楼。
000626	大众金融控股		银行	接受客户存款、提供个人与商业贷款、信用咭业务、按揭贷款、证券经纪服务、投资物业租赁、向的士及公共小型巴士之买家提供融资及买卖的士车辆与的士牌照及出租的士。
000627	佑威国际		零售	设计、制造、分销及销售以中港两地市场为主之男女便服。
000628	浩基集团		建筑	提供与安装防火级数木门组合，以及提供室内装修与翻新服务及其它木工工程。
000629	悦达控股	红筹股	采矿	管理及营运中国204国道江苏省新阜路段及106国道河北省文安路段。
000630	辉影国际		资讯科技器材	制造及买卖媒体产品、计算机配备，全套软件服务，以及分销媒体品。
000632	东方明珠创业		运输	提供物流及有关服务。
000635	彩星集团		家庭电器及用品	设计、发展、市场推广及分销玩具及家庭娱乐产品，以及物业投资与管理业务。
000636	富邦银行(香港)		银行	银行、金融财务及有关之服务。
000637	利记		金属	采购及分销有色金属，主要包括特高级纯锌及锌合金、镍及镍相关产品、铝及铝合金以及其它电镀化工原料。
000638	建溢集团		家庭电器及用品	设计、生产及销售玩具，以及生产与销售家庭电器用品及马达。
000639	福山能源		家庭电器及用品	生产和销售焦炭产品及有关副产品，煤炭业务代理以及销售珠宝首饰。
000641	立信工业		工业制品业	制造及销售染整机械、不锈钢材贸易、及制造及销售不锈钢铸造产品。
000643	恒富控股		纺织制衣	制造、出口及买卖针织上衣衫，梭织衬衫以及毛衫。
000645	港台集团		纺织制衣	制造运动鞋类产品。
000646	启帆		零售	销售和分销大部份重要运输行业的车辆和设备，包括铁路维修保养及机场地勤设备、旅游车和货车。亦为旅游车和货车提供工程服务。
000647	JOYCE BOUTIQUE		零售	从事名牌时装、化妆品、家居物品及饰物销售。
000648	中国仁济医疗		纺织制衣	提供投资控股、私人股本及创业资本投资管理、物业持有、顾问、市场推广及科技服务以及成衣制造及其它业务。
000650	顺昌集团		建筑	承办多项楼宇设施工程及项目管理，买卖电力及电机工程物料和设备。

代码	简称	概念板块	所属行业	主营业务
000651	和成国际		金属	金属贸易、销售通讯产品、投资证券。
000653	卓悦控股		零售	在香港及澳门从事美容保健产品之零售及批发与经营纤体美容及保健中心等业务。
000655	香港华人有限公司		其他金融	投资控股、基金管理、包销、保险、企业融资、证券经纪、证券投资、财务投资、放款、银行及其它金融服务。
000656	复星国际		综合企业	钢铁业务、房地产开发业务、医药业务、零售业务投资、金融服务及其它策略性投资。
000657	环科国际		酒店娱乐	在香港经营专门提供潮州菜之中式酒楼，以及制造与销售环保餐具。
000658	中国高速传动		工业制品业	研究、设计、开发、制造和分销广泛应用于工业用途上的各种机械传动设备。
000659	新创建集团		建筑	设施、建筑机电、运输、金融及环境服务业务；收费公路、高速公路、桥梁及隧道、发电厂、水务及废物处理厂；货柜装卸、物流及仓储。
000660	NORITY INT'L		纺织制衣	制造及出口运动鞋、运动型消闲鞋类及高尔夫球鞋。
000661	中国资源开发		其他金融	企业投资、买卖证券、物业投资及管理顾问。
000662	亚洲金融		保险	提供银行、保险及投资服务。
000663	恒光实业		保健护理用品	制造及销售视光产品及视光仪器及配件之贸易和物业控股。
000665	大福证券		其他金融	证券及期货合约经纪及买卖、提供企业咨询服务、配售及包销服务、基金管理、提供代理人及保管服务、提供孖展借贷、经营黄金买卖及经纪活动。
000666	禹铭投资		其他金融	持有香港之上市及非上市证券。
000667	瀚宇博德		资讯科技器材	制造全球笔记本计算机业印刷电路板。
000668	香港饮食管理		酒店娱乐	经营及管理食肆及饱饼店。
000669	创科实业		家庭电器及用品	制造及贸易再充电电动工具、地板护理产品、太阳能及电子产品、个人健康护理产品及厨房洁具。
000670	中国东方航空股份	H股	运输	提供民航运输业务，包括客运、货运、邮运及其它延伸运输业务。
000673	中国卫生控股		工业制品业	生产及买卖生物科技产品，以及提供医疗顾问及代理服务。
000674	友力投资		酒店娱乐	酒楼业务、物业投资及婚礼服务业务。
000675	坚宝国际		工业制品业	制造及销售按键、合成橡胶及塑料零部件、及液晶体显示器、及设计、制造及销售电子计算器、闹钟及液晶体显示器产品。
000676	创信国际		纺织制衣	制造及销售鞋类产品。
000677	金源米业		食物饮品	搜购、入口、批发、精细加工、包装、市场推广及销售食米、经营货仓、持有物业投资、证券投资及投资控股。
000678	丽星邮轮		酒店娱乐	经营邮轮及邮轮旅游。
000679	亚洲联网科技		工业制品业	设计、生产及销售因应客户需求之电镀设备，以及木材贸易。
000680	南海控股		软件服务	物业发展、设计及推广电子消费产品。
000681	中民燃气		公用事业	配发、供应及安装管道天然气以及持有及投资物业。
000682	超大现代	中资民营股	农业产品	农产品种植及销售，牧畜繁殖及销售及副食品销售，出口贸易及经营连锁超级市场业务。
000683	嘉里建设		地产	物业发展及投资、经营及拥有物流及货仓业务、进行与基建有关之投资、及拥有及经营酒店业务。
000684	亚伦国际		家庭电器及用品	设计、制造及销售各类家庭电器，个人护理产品。
000685	明报企业		传媒印刷	出版中文报章、期刊与书籍、提供旅游及旅游有关服务及物业投资。
000686	GAY GIANO INT'L		零售	制造、零售及分销时装及配饰，物业投资及管理服务业务。
000687	泰升集团		建筑	地基打桩、机械租赁及买卖、物业投资及管理、机电及建筑工程。
000688	中国海外发展	红筹股	地产	物业发展及投资、楼宇及土木建筑、基础工程及项目管理、房地产代理及管理，以及基建项目投资。
000689	长盈集团(控股)		家庭电器及用品	制造过程中向客户提供产品设计，规格及解决方案。
000690	联康生物科技集团		传媒印刷	按照客户之设计及规格，制造及销售包装产品及纸制礼品，以及印刷纸制宣传物料。
000692	正兴		纺织制衣	提供布料加工服务，销售布料、成衣及配饰。
000693	陈唱国际		零售	在新加坡及香港代理汽车及物业投资、在新加坡销售工业机械和在中华人民共和国制造汽车、货车及汽车零件。
000694	北京首都机场股份	H股	运输	于北京机场从事航空性及非航空性业务。
000696	中国民航信息网络	H股	软件服务	供应中国航空及旅游行业信息技术解决方案。拥有并经营中国民航行业大型的实时数据网络。
000697	SHOUGANG INT'L	红筹股	金属	钢材产品制造、销售及贸易，制造及装置厨房及洗衣房设备，航运及发电业务。
000698	通达集团		工业制品业	制造及销售电子产品、电器附件、五金产品、光缆及数码光缆产品及电器。

代码	简称	概念板块	所属行业	主营业务
000699	嘉新水泥中国		建筑	生产及销售水泥及其它水泥产品。
000700	腾讯控股		软件服务	在中国提供互联网服务及移动增值服务。
000701	CNT GROUP		建筑	制造及销售油漆产品、钢铁产品贸易、加工及销售云石及花岗岩、物业投资及发展、策略投资、燃油生产及贸易。
000702	创新能源	中资民营股	石油及天然气	经营原油运输及储存设施，以及经营天然气管道网络及供应汽车用天然气及液化石油气之补给站。
000703	泽新游乐		酒店娱乐	经营嘉年华会。
000704	嘉利美商		家庭电器及用品	设计、制造及销售多类型家庭消费品。。
000706	银创控股		软件服务	提供软件开发及系统集成服务、制造及销售计算机有关产品、开发及销售通用软件产品。
000707	协盛协丰		纺织制衣	加工及销售成品布料及提供布料加工分包服务。
000709	佐丹奴国际		纺织制衣	零售及分销「佐丹奴」、「GIORDANO LADIES」、「GIORDANO JUNIOR」及「BLUESTAR EXCHANGE」等品牌物有所值便服及配衬用品，以及经营成衣制造业务。
000710	精电		工业制品业	设计、制造及销售液晶显示器及有关产品。
000711	CHUN WO HOLD		建筑	土木工程、机电工程、地基及楼宇建筑工程与物业发展。
000713	世界(集团)		家庭电器及用品	PVC 及布制家用产品与 PVC 管材及管件之设计、制造及销售。
000715	和记港陆		家庭电器及用品	销售计算机硬件及软件、玩具及配件，以及物业投资。
000716	SINGAMAS CONT		工业制品业	货柜制造、货柜场、码头及中流作业等。
000717	英皇证券		其他金融	提供广泛之金融服务，包括买卖之证券、期货及期权之经纪服务。亦向客户提供孖展及首次公开招股融资以及贷款及垫款。
000718	百威国际		工业制品业	塑料产品之制造及贸易，包括胶布及胶地板。
000719	山东新华制药股份	H 股	保健护理用品	开发、制造及销售化学原料药、制剂(如针剂与片剂)及化工产品。
000720	和记行(集团)		家庭电器及用品	主要在香港、新加坡及马来西亚经营入口、推广及代理经销视听器材、空调器材、汽车音响及电子产品、其它电子及电器产品。
000721	PRIME INVEST		其他金融	为一家投资公司，主要投资目标为在香港及中国成立及/或营商之上市及非上市公司，组成多元化投资组合，以取得高盈利及中期资本增值。
000722	达创		资讯科技器材	设计及制造广泛之网络产品，包括以太网络交换器、宽带接入产品、无线适配器及路由器。
000723	安历士		家庭电器及用品	设计及生产电器用品及商品买卖。
000724	泰丰国际		家庭电器及用品	设计、制造及分销各款打火机，包括用完即弃打火机及可充气打火机两类。
000725	恒都集团		工业制品业	制造及买卖电线及导线产品业务。
000726	东南国际集团		资讯科技器材	制造、买卖磁讯媒体产品及有关设备、于澳洲及中国投资及发展物业、于中国生产葡萄酒及投资新加坡及美国上市证券。
000727	卓越金融		其他金融	证券及期货经纪，孖展融资服务、企业顾问服务、配售与包销服务及代理与托管服务。
000728	中国电信	H 股	电讯业	在中国上海市、广东省、江苏省及浙江省提供全面之固定电信服务，包括本地电话、长途电话、数据、互联网及网元出租服务。
000729	中汽资源		汽车	汽车零件制造及贸易、汽车导航服务、电子零件贸易。
000730	SHOUGANG GRAND	红筹股	传媒印刷	物业投资、物业管理及投资控股。
000731	森信纸业集团		工业制品业	纸品贸易及经销。
000732	信利国际		工业制品业	制造及销售液晶体显示器，电子消费产品，包括计算器、传呼机、MP3 播放机及电子零件。
000733	合富辉煌	中资民营股	地产	向物业开发商提供综合服务包括：房地产代理服务，开发、市拓及规划顾问服务，及转让服务。
000735	中国电力新能源		食物饮品	物业投资及出租、电子产品贸易及环保行业之技术开发。
000736	北方兴业		地产	制造及销售塑料分段使用界刀及电子消费产品，包括玩具及家庭用品。
000737	合和公路基建		运输	于中国倡议、推动、发展及经营策略性重点高速公路、隧道、桥梁及相关基建项目。
000738	利信达集团		零售	皮鞋制造、销售、贸易及零售，物业投资。
000739	浙江玻璃	H 股，中资民营股	工业制品业	制造各种级别的无色浮法玻璃产品及有色浮法玻璃，主要用于国内建筑行业。
000745	荣康控股		建筑	在香港从事各类公营及私营界别建筑工程。
000746	理文集团		纺织制衣	制造及销售手袋。
000747	沈阳公用发展股份	H 股	地产	房产开发及教育投资。
000751	创维数码	中资民营股	家庭电器及用品	从事彩色电视机、数码视听产品之设计、制造及销售业务。

代码	简称	概念板块	所属行业	主营业务
000752	PICO FAR EAST		支援服务	设计及建造展览场地,提供与展览有关的服务及室内装修,及安排推广活动。
000753	中国国航	H 股	运输	提供航空客运、航空货运及航空相关服务。
000754	合生创展集团	中资民营股	地产	投资控股、物业发展、物业投资及物业管理业务。
000755	上海证大	中资民营股	地产	于上海及中国其它城市从事房地产开发及物业投资。
000758	JUNEFIELD GROUP	中资民营股	建筑	提供一般建筑服务包括装饰及机电工程;物业发展、物业投资、提供物业管理与物业代理服务。
000759	CEC INT'L HOLD		工业制品业	设计、开发、生产及销售各种线圈、电容器、铁氧体粉料及其它电子组件。
000760	明日国际		工业制品业	设计、发展、制造及销售电子产品、印刷线路板、光学产品,以及买卖及分销电子配件及部件、买卖上市证券及提供贷款融资。
000761	北京时装		纺织制衣	制造及销售皮革成衣及裘皮成衣;销售制成革及毛皮。
000762	中国联通	红筹股,恒生指数成分股	电讯业	在中国提供移动通信、长途电话、数据、互联网及寻呼服务。
000763	中兴通讯	H 股	资讯科技器材	设计、开发、生产、分销、安装和维护各种先进的电信系统和设备。
000764	豐采多媒体		酒店娱乐	发行电影、转授电影发行权、销售金融资产及物业投资。
000765	PERFECTECH INTL		家庭电器及用品	制造及销售奇趣精品,节日装饰品及包装产品,以及 PVC 胶片及塑料原料贸易。
000766	中盈控股		石油及天然气	投资能源及资源相关项目、原料生产于国内作发电及建设高速公路之用途。
000767	PACIFIC PLYWOOD		工业制品业	制造、分销及销售合板、单板、线板、结构胶合板、地板及有关之木制品。
000768	开明投资		其他金融	投资于香港及中国之上市及非上市公司。
000769	中国稀土	中资民营股	工业制品业	制造及销售稀土产品及耐火材料产品。
000770	SHANGHAI GROWTH		其他金融	投资公司以协助非中华人民共和国(｛中国｝)国籍人士投资于已在中国设立或在中国有重要业务之公司、或与中国有业务往来之公司及其它机构。
000771	自动系统		软件服务	在香港、澳门及台湾从事系统综合及供应计算机及相关产品,设置国际网络/内联网及提供工程服务及软件服务。
000808	泓富产业信托		地产	为房地产投资信托基金,主要投资于香港之商用物业组合。
000809	大成生化科技	中资民营股	食物饮品	在中国研究、开发及制造玉米提炼产品及以玉米为原料的生化产品。
000810	华保亚洲		其他金融	为一家投资公司,主要投资于在中国拥有庞大业务之大中华上市及非上市公司。
000811	新华文轩	H 股	传媒印刷	经营图书及影音产品零售门市,发行教材及教辅,及向图书出版商提供辅助支持及服务。
000812	敦沛金融		其他金融	于香港提供各类型金融服务。
000813	世茂房地产	中资民营股	地产	在中国从事物业发展、物业投资及酒店经营业务.
000817	方兴地产		地产	开发大型优质房地产项目,并专注开发商用房地产。
000818	高阳科技		建筑	买卖信息科技产品及提供定制信息系统咨询及集成服务。
000819	天能动力	中资民营股	工业制品业	制造及销售铅酸动力电池产品、充电器、控制器及驱动电机。
000820	汇丰中国翔龙基金		其它	为封闭式单位信托基金,主要投资于在中国成立或经营的上市公司,包括(但不限于)A 股、B 股、H 股和红筹公司及其它在中国进行业务活动的公司,以取得长期资本增长。
000822	嘉瑞国际		工业制品业	生产及销售锌、镁及铝合金压铸件。
000823	领汇房产基金		地产	为房地产投资信托基金,主要投资于香港公共屋村内之零售及停车场房地产。
000825	新世界百货中国		零售	于中国及香港经营及管理百货店。
000826	天工国际		金属	生产及销售高速钢、高速钢切削工具及模具钢。
000828	王朝酒业	红筹股	食物饮品	葡萄酒产品产销
000833	华讯		工业制品业	生产及销售塑料模、塑料及电子产品及组件。
000835	汇宝集团	中资民营股	保健护理用品	销售医疗设备及供应品及保健及美容产品。
000836	华润电力	红筹股	公用事业	在中国比较富裕的地区投资、开发、拥有和经营大型燃煤发电厂。
000838	亿和控股		工业制品业	在中国设计及制造精密金属冲压模具,以及提供制造及组装金属冲压组件服务。
000850	永成国际		工业制品业	制造及销售油漆、混合溶剂及塑料着色剂;化工原料贸易。
000851	建美集团		工业制品业	生产及销售换能器、环型变压器、EI 变压器及有关配件塑料模具及电器产品。
000855	中国水务	中资民营股	公用事业	提供承包服务、制造及销售电子产品及电子零件;供水及污水处理服务。
000856	伟仕控股		资讯科技器材	分销多种信息科技产品,包括数据储存装置、中央处理器、多媒体产品、个人计算机及服务器主机板。并向供货商提供增值服务,以及向客户提供支持及售后服务。

代码	简称	概念板块	所属行业	主营业务
000857	中国石油股份	H股	石油及天然气	原油和天然气的勘探、开发和生产；原油和石油气产品的炼制、运输、储存和营销；化工产品的生产和销售；天然气的输送、经营和销售。
000858	精优药业		保健护理用品	在中国推广及经销医疗产品，开发、制造及销售医疗药产品，开发基因发明权之商业价值，研究与基因相关之科技，和制造基因芯片。
000859	镇科集团		资讯科技器材	设计、开发、制造及销售其名下品牌「TOMATOBOARD」的个人计算机主机板及个人计算机系统；优质个人计算机配件之贸易。
000860	明丰珠宝		家庭电器及用品	设计、制造及销售各式各样之镶嵌宝石珠宝产品。
000861	神州数码	红筹股	资讯科技器材	分销通用信息科技及系统产品及提供系统成集服务。
000862	新移动		软件服务	经营与科技相关之业务，包括发展国内之流动互联网服务及其它在流动通讯业务之策略性投资。
000868	信义玻璃	中资民营股	工业制品业	生产及销售汽车、建筑及家居用玻璃产品及不同类型之相关产品。
000870	恒丰金业		零售	设计、制造及分销各种金饰、其它贵重金属产品及珠宝首饰。
000874	广州药业股份	H股	保健护理用品	中成药的制造和销售；西药、中成药、中药材和医疗器械仪器的贸易。
000875	连发国际		农业产品	培植、出售及买卖林木种苗与种籽。
000876	永利控股		工业制品业	设计、制造及销售直流电源开关、交流电源开关、插座、交流电源连接器及扬声器端子。
000878	金朝阳集团		地产	在香港经营物业的发展、投资、买卖及管理。
000882	天津发展	红筹股	综合企业	酿制及销售洋酒产品、提供港口服务、经营天津收费公路、物业之销售以及供应公用设施。
000883	中国海洋石油	红筹股，恒生指数成分股	石油及天然气	勘探、开发和生产中国海上原油和天然气。
000885	福方集团		汽车	买卖货车、旅游巴士及车辆零配件，提供车辆维修保养服务、提供其它汽车相关服务，汽车融资业务、开发「智能卡」系统及投资控股业务。
000888	路讯通		传媒印刷	透过客运车辆车身及车上提供宣传广告位的户外媒体销售，以及销售纪念品的商业销售业务。
000889	连达科技控股		工业制品业	制造及买卖电子组件。
000894	万裕国际		工业制品业	电子组件制造及买卖、买卖电器产品、原材料及生产机械。
000896	兴胜创建		建筑	装饰及维修、建筑材料、健康产品、物业投资、物业代理及管理、以及物业发展。
000897	位元堂		工业制品业	生产及销售中西药品。
000898	万事昌国际		地产	物业投资、提供服务式住宅与物业管理、钢铁买卖及电子产品。
000899	亚洲资源		保健护理用品	制造及销售药品。
000900	AEON CREDIT		其他金融	提供消费信贷融资服务：包括签发信用咭、提供汽车贷款、租购融资及私人贷款融资。
000901	莱福资本		其他金融	投资香港上市证券。
000902	华能国际电力股份	H股	公用事业	在中国各地开发、建设、拥有和经营大型燃煤电厂。
000903	冠捷科技	红筹股	资讯科技器材	各式各样计算机监视器及彩色扫描仪之制造、设计及销售业务。
000904	中国绿色食品	中资民营股	农业产品	蔬果种植及加工。
000905	鼎洋投资		其他金融	投资于香港及中国其它地区之上市及非上市公司。
000906	中国网通	红筹股，恒生指数成分股	电讯业	提供全面的固网电信业务服务，包括固定电话服务、宽频和其他互联网相关服务、商务与数据通信服务、以及国际电信服务。
000907	高雅国际		保健护理用品	制造及销售眼镜架、太阳眼镜及眼镜盒。
000908	九洲发展	红筹股	酒店娱乐	投资控股及物业持有、管理度假村、主题公园及游乐场，以及在中国珠海提供港口设施及订票服务。
000909	中大国际	中资民营股	工业制品业	开发、生产及销售汽车装置及提供工业涂装处理工程设备。
000910	中国林大	中资民营股	纺织制衣	制造及销售成衣。
000912	信佳国际		家庭电器及用品	提供电子制造服务，制造及销售电子产品。
000913	合一投资		其他金融	投资于香港及中国之上市及非上市公司。
000914	安徽海螺水泥股份	H股	建筑	生产和销售各种高标号水泥和生产各种高标号水泥所需的商品熟料。
000915	林麦集团		支援服务	采购和提供供应链管理解决方案，客户包括多个国家之连锁式零售营运商、品牌、批发商、邮购公司及百货公司。
000917	新世界中国		地产	在中国经营地产发展及投资。
000918	第一德胜控股		纺织制衣	外衣采购、加工、市场推广及销售业务。
000919	现代美容		保健护理用品	提供全面美容及保健服务。
000921	海信科龙	H股	家庭电器及用品	制造及销售冰箱与空调器。
000922	金科数码		家庭电器及用品	家庭电器之装配经销业务。
000925	元升国际		家庭电器及用品	设计、生产及销售装饰礼品、实用家居产品及庭园产品。

代码	简称	概念板块	所属行业	主营业务
000927	富士高实业		家庭电器及用品	设计、制造、推广及销售电声产品及配件以及其它电子产品。
000928	德发集团		纺织制衣	以OEM及ODM方式设计及制造各款男、女及童装牛仔裤、长裤、短裤、泳装及运动服装。
000929	IPE集团		工业制品业	制造及销售适用于多种用途的精密金属零件。
000931	宏通集团		资讯科技器材	分销计算机组件及信息科技产品，以及提供综合电子启动方案。
000933	先来国际		纺织制衣	设计、生产（通过分包商）及批发成衣、皮革制品及配衬品及证券买卖及交易。
000934	中石化冠德	红筹股	石油及天然气	在中国发展及经营原油卸载、储存及输送设施，在广州市经营加油站；原油和石油产品之贸易。
000938	民生国际		家庭电器及用品	购买、加工、镶嵌、采购、批发及零售分销珍珠及珍珠首饰产品。
000939	建设银行	H股，恒生指数成分股，恒生中国金融股指数成分股	银行	提供全面的商业银行产品与服务。
000941	中国移动	红筹股，恒生指数成分股	电讯业	在中国提供蜂窝移动通信及有关服务。
000943	意科控股		家庭电器及用品	制造及销售保健及家庭用品、提供互联网相关服务及开发与销售企业应用软件。
000945	宏利金融		其他金融	提供范围广泛的金融产品和服务包括个人人寿保险、团体人寿及医疗保险、团体退休金计划、再保险服务，以及投资管理服务。
000952	华富国际		软件服务	提供金融服务，包括财务顾问、证券经纪及按金融资服务，并透过互联网提供财务资料及服务。
000959	奥玛仕		家庭电器及用品	设计、制造及销售便携式电子消费产品，主要为电子手帐，液晶体显示模件、显示屏，及电讯产品。
000966	中保国际	红筹股	保险	承接各类一般人寿及非人寿再保险业务及直接人寿保险业务，资产管理及保险中介业务，持有各类货币，固定收入证券、股票及物业投资。
000969	华联国际		纺织制衣	将生皮加工处理制成皮革，主要售予鞋类和手袋等皮革产品制造商及皮革贸易商。亦销售蓝湿皮及半硝革等半制成品。
000970	玉皇朝集团		酒店娱乐	在香港经营餐厅业务及漫画出版业务。
000978	东力实业控股		家庭电器及用品	设计、制造及销售消费影音产品及家庭电器产品。
000979	绿色能源科技集团		建筑	承造建筑工程。
000980	联华超市	H股	零售	经营连锁店，包括超级市场、大型综合超市和便利店。
000981	中芯国际		半导体	根据客户本身或第三者的集成电路设计为客户制造半导体。
000983	瑞安建业		建筑	建筑及承建、楼宇翻新及装修、建筑材料制造及销售；物业投资及发展和投资控股。
000984	永旺		零售	经营综合购物百货公司。
000985	中国科技		综合企业	策略性投资控股。
000986	NAM HING		工业制品业	制造及销售积层板、印刷线路版及铜箔。
000987	J. I. C. TECH		工业制品业	设计、制造及销售液晶体显示显示屏及液晶体显示模块。
000988	新银集团		地产	物业管理、物业投资及开发。
000989	润迅通信国际		电讯业	提供国际电信服务、移动通信服务、分销及零售服务。
000990	荣晖国际		零售	成衣制造、零售及贸易。
000991	大唐发电	H股	公用事业	收购、拥有及经营现有燃煤发电厂、开发、兴建、拥有及经营新发电厂。
000992	联想集团	红筹股	资讯科技器材	提供高科技IT产品及服务。
000993	天行国际		其他金融	金属及废金属付运销售、黄金、期货及证券经纪及买卖、提供孖展及贷款融资、持有香港投资物业，以及于中国之采矿业务。
000995	安徽皖通高速公路	H股	运输	持有、经营及开发中国安徽省内的收费高速公路及公路。
000996	时惠环球		零售	家俬及家居用品零售。
000997	达艺控股		家庭电器及用品	销售家俬及装置，以及室内装饰工程。
000998	中信银行	H股	银行	提供广泛的商业银行产品和服务。
000999	I.T		零售	销售时装及配饰。
001000	北青传媒	H股	传媒印刷	在中国销售广告版面、报章制作、印刷相关物料贸易及筹办赛事。
001001	VAN SHUNG CHONG		工业制品业	买卖与存销建筑材料、制造及买卖工业产品、投资物业及财务业务。
001002	威铖国际		工业制品业	生产及销售塑料注塑产品及零件、装配电子产品、模具设计及制模等。
001003	真乐发控股		家庭电器及用品	消费品之采购、分销及零售，以及有市场价值之证券买卖投资。
001004	丽盛集团控股		纺织制衣	制造及销售皮革成衣，以及毛皮销售。
001005	MATRIX HOLDINGS		家庭电器及用品	制造及分销礼品、精品、婴儿及学前儿童玩具。
001010	弘茂科技		资讯科技器材	设计、销售及分销集成电路产品、持有物业及其它投资。

代码	简称	概念板块	所属行业	主营业务
001013	普纳		家庭电器及用品	计算机及通讯系统之综合服务;信息系统软件之设计、顾问及制造;通讯系统设备之销售及安装。
001031	黄金集团		酒店娱乐	经营酒店,制造及销售手表及手表组件、以及投资上市证券。
001033	仪征化纤股份	H股	工业制品业	生产及销售聚酯切片及涤纶纤维。
001036	南联地产控股		地产	于香港、中华人民共和国、新加坡及美国从事物业投资及发展、仓库经营及物业管理。
001037	DAIWA ASSOCIATE		工业制品业	设计、发展、生产及经销电子元器件和制造电子消费产品。
001038	长江基建集团	恒生指数成分股	综合企业	在香港、中国内地及澳洲发展、投资及经营基建业务。
001041	福邦控股		工业制品业	制造木类产品,包括有木芯板,刨花板,家具及胶合板产品。
001043	光宇国际集团科技	中资民营股	工业制品业	制造及销售密封铅酸蓄电子及相关配件、锂离子电池、以及电力控制设备。
001044	恒安国际	中资民营股	保健护理用品	在中华人民共和国生产,分销及销售个人□生用品包括□生巾及一次性纸尿裤,纸巾及洁肤护肤产品。
001045	亚太卫星	红筹股	电讯业	持有、经营、提供卫星转发器容量及卫星电讯服务及其它相关服务。
001046	寰宇国际		家庭电器及用品	以不同录像产品制式发行电影,授出及转授电影版权,电影放映、出租投资物业及光盘复制机器。
001047	毅兴行		工业制品业	制造及销售□色剂及□色合成树脂,买卖塑料原料。
001049	CELESTIAL ASIA		其他金融	提供经纪、融资、企业融资服务、财富管理及策略性投资。
001050	嘉利国际		资讯科技器材	制造及销售计算机及服务器外壳、录像带外壳、办公室文仪产品和模具及其它塑料及金属部件。
001051	智富能源		资讯科技器材	提供金融信息服务,信用卡防盗器材及数码网络授权服务。
001052	越秀交通	红筹股	运输	投资与发展、经营及管理主要位于中国广东省之收费公路、高速公路及桥梁。
001053	重庆钢铁股份	H股	金属	制造及销售中厚钢板、型材、线材等各类钢材。
001055	中国南方航空股份	H股	运输	航空运输业务、飞机维修和航空配餐服务。
001058	粤海制革	红筹股	工业制品业	加工与销售皮革半制成品及制成品。
001059	看通集团		软件服务	销售一般系统产品、提供服务及软件特许权、系统产品租赁、投资电子商贸项目、以及于高科技产品开发公司持有策略性投资。
001060	上联水泥		建筑	制造、分销及买卖建筑材料(包括水泥、瓷砖及云石),以及基建发展与房地产业之相关产品。
001062	新资本		其他金融	持有公司或其它机构之股权及可换股贷款,而该等公司或机构于中国或香港拥有重大业务权益或参与经营。
001063	新确科技		资讯科技器材	设计、制造及销售电话及相关器材。
001064	中华国际		地产	在中国从事物业发展及投资、销售网上英语学习课程、租赁设备、提供电讯及其它相关服务。
001065	天津创业环保股份	H股	支援服务	环保产业和城市基础设施业务。
001068	雨润食品	中资民营股	食物饮品	提供多种生肉及以猪肉制品为主的深加工肉制品。
001070	TCL多媒体	红筹股	家庭电器及用品	设计、生产和销售各类多媒体消费电子、信息科技和移动通信产品。
001071	华电国际电力股份	H股	公用事业	发电及供热,所生产的电力全部供应电厂所在的省电网公司。
001072	东方电机股份	H股	工业制品业	制造发电设备包括水力发电设备、汽轮发电机、交直流电机、控制设备。
001073	浩伦农科		工业制品业	在中国生产及销售植物生长剂产品、化学农药及生物农药,买卖农药、肥料及其它农资产品。
001076	第一天然食品	中资民营股	食物饮品	急冻天然食品及营养食品加工。
001083	港华燃气	中资民营股	公用事业	在中国销售液化石油气予批量与零售客户、兴建燃气管道、供应管道燃气及销售家居燃气产品。
001088	中国神华	H股	煤炭	在中国以煤炭为主、并以煤炭及发电业务为主要业务的一体化能源公司。
001093	CHINA PHARMA	红筹股	保健护理用品	生产及销售制药品。
001094	新怡环球		软件服务	设设计、制造及销售各式各样的休闲鞋及运动鞋。
001097	I-CABLE COMM		传媒印刷	提供收费电视服务、互联网及多媒体服务。
001098	ROAD KING INFRA		运输	投资、开发、经营及管理在中国之收费道路及高速公路。
001100	飞达控股		纺织制衣	设计、制造及销售以布料制成的休闲帽产品。
001104	亚太资源		综合企业	基本金属贸易及布匹贸易。
001105	星岛		传媒印刷	提供媒体出版及服务,人力资本管理,宽频内容及发行,贸易。
001108	洛阳玻璃股份	H股	工业制品业	制造及销售浮法平板玻璃。
001109	华润置地	红筹股	地产	销售已发展物业、物业投资及管理、买卖建筑材料与设备及有关服务。
001111	创兴银行		银行	银行业及有关金融服务。
001114	BRILLIANCE CHI	红筹股	汽车	在中国制造及销售轻型客车、汽车零部件及轿车。
001116	MAYER HOLDINGS		工业制品业	加工及制造各种钢板及钢管。

代码	简称	概念板块	所属行业	主营业务
001118	高力集团		工业制品业	制造及销售钢材、金属产品及建筑材料。
001120	雅视光学		保健护理用品	设计、制造及销售光学产品。
001122	庆铃汽车股份	H股	汽车	生产及销售五十铃轻型商用车、皮卡车、多功能汽车及重型车、其它汽车和汽车零件及部件。
001123	中港照相		酒店娱乐	推广与经销照相冲印产品，以及开设照相冲印零售门市。
001124	沿海家园		地产	物业发展、物业投资、以及提供物业管理服务。
001125	丽丰控股		地产	物业发展及作租赁用途之物业投资。
001126	德林国际		家庭电器及用品	设计、发展、生产及销售各类毛绒玩具以及投资控股。
001129	中国水业集团		公用事业	生产及经销中、高文件个人计算机接口设备、网络产品及计算机配件。
001130	奋发国际		纺织制衣	制造、零售及经销服装和物业发展。
001131	广兴国际控股		纺织制衣	制造及销售针织布匹及染纱，提供漂染定型及加工整理服务及成衣产品。
001132	嘉禾娱乐		传媒印刷	全球性电影发行，经营戏院，电影冲印，制作电影及电视剧集，及影碟发行。
001133	哈尔滨动力股份	H股	工业制品业	在中国大陆制造电力主机设备、电站工程服务、电话补机及配套产品、交直流电机及其它产品服务。
001135	ASIA SATELLITE	红筹股	电讯业	为广播及电讯行业提供卫星通讯系统之营运、维修和服务。
001136	台泥国际集团		建筑	经营水泥制造，进口及分销业务；生产及分销预拌混凝土；并提供流动电话服务。
001137	城市电讯		电讯业	向香港及加拿大用户提供固定电讯网络服务及国际电讯服务。
001138	中海发展股份	H股	运输	投资控股、中国沿海和国际石油及货物运输。
001139	华多利集团		汽车	推广及分销左軚汽车及持有物业以收取租金。
001140	正奇投资		其他金融	投资于大中华之上市和非上市公司，从而获得中期至长期资本增值。
001141	新创		工业制品业	设计、制造及销售广泛种类之玩具。
001142	朗迪国际		纺织制衣	采购、制造及销售成衣往南美洲国家。亦在南美洲及加拿大从事多种礼品贸易。
001149	博智国际药业	中资民营股	保健护理用品	生产、销售、研究及开发南少林品牌针剂类注射液产品。
001155	星辰通信		软件服务	制造和销售无线电信覆盖系统设备，及相关工程服务的供应。
001159	泰盛实业集团		工业制品业	制造及经销电子商品、导电硅橡胶按键、印制电路板及电讯产品。
001160	大唐投资国际		其他金融	投资在香港及中国注册成立或成立及/或经营业务之上市或非上市企业之多元化投资组合。
001161	奥思集团		零售	于香港、澳门、台湾及中国分销品牌护肤品及经营零售专门店、水疗美颜中心及入门网站。
001163	莹辉集团		家庭电器及用品	设计、制造及销售照明产品。
001164	维奥生物科技	中资民营股	保健护理用品	从事生物药品及传统药品之研究、开发、制造、销售及分销。
001166	荣盛科技国际		工业制品业	制造及买卖电缆与电线、铜杆及接插件。
001168	百仕达控股	中资民营股	地产	房地产发展及物业管理。
001169	海尔电器		家庭电器及用品	制造及销售移动电话及洗衣机，以及原材料贸易。
001170	信星集团		纺织制衣	制造、买卖及经销豪迈型户外鞋、便服鞋、婴儿及小童鞋，买卖及经销运动服及运动鞋。
001171	兖州煤业股份	H股	煤炭	地下煤炭开采、筛选加工、销售和煤炭铁路运输。
001172	勤达集团国际		传媒印刷	印刷与物业投资及发展。
001173	威高国际		零售	以集团旗下Wanko、Veeko及i-MIIX品牌设计、生产及零售女装。
001174	太平洋恩利		食物饮品	从事全球采购、岸上加工及国际分销冷冻海产食品、海上燃料买卖、提供船务与代理服务及贸易有关之融资。
001175	福记食品服务	中资民营股	酒店娱乐	在中国提供大型食品及送餐服务。
001176	南方国际		地产	在中华人民共和国从事物业发展、物业投资及物业租务活动。
001177	中国生物制药		保健护理用品	研究及开发、生产及销售一系列生物药品、中药现代制剂、西药及现代保健产品。
001178	天年生物		保健护理用品	在中国生产及销售保健床上用品、内衣及其它健康产品。
001179	美丽宝国际		零售	鞋类产品零售、批发及制造。
001180	汇彩控股	中资民营股	保健护理用品	研究、开放、生产及分销生化科技药品及一般贸易。
001182	中青基业		酒店娱乐	经营互动媒体娱乐业务及策略性投资。
001184	S. A. S. DRAGON		工业制品业	经销电子产品及运动产品。
001185	航科通信	红筹股	资讯科技器材	制造及销售电讯产品、智能交通系统、视讯会议系统以及宽带无线接入。
001187	珠江轮胎		汽车	以(珠江 Pearl River)注册商标从事设计、制造及销售斜纹轮胎。
001188	圆通控股		酒店娱乐	在中华人民共和国经营户内家庭娱乐游戏机中心及生产和销售汽车。
001189	永安旅游		酒店娱乐	组办旅行团、旅游、客运及其它有关服务。

代码	简称	概念板块	所属行业	主营业务
001191	中富控股		保健护理用品	在中国提供医疗保健服务,高尔夫球会所及渡假村服务,以及物业发展。
001192	泰山石化	中资民营股	石油及天然气	供应石油产品、提供物流及船舶加油服务。
001193	华润励致	红筹股	工业制品业	制造空调压缩机,设计及制造消费集成电路及特别半导体设备,生产和销售办公室家具。
001194	中盛粮油	中资民营股	食物饮品	在中国从事食用油产品的分提、精炼、销售及贸贸易
001195	华翔微电	中资民营股	工业制品业	在中国之电子制造服务供货商,为电子原设计制造商及合约制造商提供有关印制线路板使用过程之全面解决方案。
001196	昌明投资		传媒印刷	制造及销售瓦通纸盒、包装纸盒、儿童趣味性图书、签条、卷标、恤衫衬底纸板、胶袋及商业印刷。
001198	中意控股有限公司		家庭电器及用品	设计、制造及销售种类繁多之家居家具。
001199	中远太平洋	红筹股,恒生指数成分股	运输	集装箱租赁、处理及储存集装箱、集装箱码头业务。
001200	美联集团		地产	住宅物业代理服务、工商物业代理服务、物业项目推广服务。
001201	侨威集团		家庭电器及用品	印刷及生产包装产品、分销电子零件及分销其它产品。
001202	成都普天电缆股份	H股	资讯科技器材	生产及销售各类通讯电缆、光纤、电缆套管、制造电缆使用的设备、生产配件及材料等。
001203	广南(集团)	红筹股	工业制品业	代理鲜活商品、食品贸易、制造及出售马口铁及物业租赁。
001205	中信资源	红筹股	金属	制造及销售电解铝、煤、原油、胶合板,以及进出口不同商品产品。
001207	上置集团	中资民营股	地产	在上海从事房地产开发及科技投资经营。
001208	五矿资源	红筹股	金属	有色金属国际贸易及与有色金属有关之工业投资。
001211	比亚迪股份	H股,中资民营股	工业制品业	研究、开发、制造和销售锂离子电池,镍镉电池及镍氢电池
001212	利福国际		零售	经营生活时尚百货店及其它零售店,并拥有物业。
001213	万保刚集团		零售	买卖及分销电子零件、组件及仪器以及计算机产品及配件。
001215	国新集团	中资民营股	地产	旅游有关业务及物业投资。
001217	中国创新投资		其他金融	投资在位于香港及中国之上市及非上市公司,争取中期(即三至五年)资本增值。
001218	永义国际		纺织制衣	采购及成衣出口、物业投资、证券投资以及贷款融资。
001220	海域集团		工业制品业	铝型材产品及电镀化学品之制造及批发。
001221	SINO HOTELS		酒店娱乐	酒店、酒楼及会所经营;股票投资及投资控股。
001222	WANG ON GROUP		综合企业	街市、购物中心及停车场之管理及分租、零售业务、物业发展及投资、制药业务投资。
001223	新沣集团		纺织制衣	鞋业产品之制造及贸易、持有物业及投资控股。
001224	中渝置地		家庭电器及用品	销售手表盒、礼品盒、眼镜盒、包装袋及小袋、陈列用品、轻便行李袋、旅行袋、背囊及公文袋。
001225	隆成集团		家庭电器及用品	设计制造及销售儿童产品:婴儿车、婴儿床、软类制品及其它产品。
001226	嘉禹国际		其他金融	投资于中国、香港及台湾之上市及非上市公司。
001227	国盛投资		其他金融	投资于香港和中国的上市以及非上市公司为主的多元化投资组合。
001228	德信科技集团		家庭电器及用品	设计、生产及销售自有品牌KADIO及TAKSUN为主之计算器以及其它电子产品。
001229	ARTFIELD GROUP		家庭电器及用品	制造及推销时钟及照明产品、金属贸易及提供电镀服务。
001382	互太纺织		纺织制衣	生产订制针织布,专注生产复杂的增值布料。
001383	鸿隆控股	中资民营股	地产	在中国广东省经营中档住宅及商业物业开发及租赁。
001386	盈进集团		零售	设计及销售多种鞋类产品,主要包括休闲鞋、商务休闲鞋及运动休闲鞋产品。
001388	安莉芳控股		纺织制衣	设计、制造、零售及分销女性内衣。
001389	民安控股	红筹股	保险	为中港两地各阶层客户提供不同种类的一般保险产品。
001398	工商银行	H股,恒生指数成分股,恒生中国金融股指数成分股	银行	主要在中国运营,提供广泛的商业银行产品和服务。
001399	SCUD GROUP	中资民营股	工业制品业	制造及销售移动电话二次充电电池组。
001800	中国交通建设	H股	运输	从事基建建设、基建设计、疏浚及港口机械制造业务。
001808	台一国际		工业制品业	于中国生产和销售裸铜线和电磁线。
001813	合景泰富		地产	开发中高档的优质精品住宅物业、商用物业及酒店,以及物业管理。
001818	招金矿业	H股	采矿	在中国开采、选炼、冶炼及销售黄金以及其它金属产品。
001832	时代零售		零售	在中国经营大卖场和综合超市。
001833	银泰百货	中资民营股	零售	在中国浙江省经营连锁百货店。
001836	九兴控股		纺织制衣	开发及生产休闲及时装鞋类产品,以及零售分销女性时装鞋。
001838	CHINAPROPERTIES		地产	专注于在中国策略性地点发展和创建优质大型住宅和商业项目的物业发展。

代码	简称	概念板块	所属行业	主营业务
001862	澳华黄金		采矿	于中国勘探、评估、开发及营运金矿。
001868	真明丽		家庭电器及用品	研究及开发、制造及分销白炽灯饰灯具产品、LED 灯饰灯具产品及舞台灯产品。
001880	百丽国际		零售	零售及批发鞋类及运动服饰。
001881	富豪产业信托		酒店娱乐	为房地产投资信托基金,主要投资于香港之酒店物业。
001882	海天国际	中资民营股	工业制品业	制造及销售注塑机及相关部件。
001883	中信 1616 集团	红筹股	电讯业	为电信运营商提供连接及增值服务的供货商,主攻中港电信市场。
001886	汇源果汁	中资民营股	食物饮品	生产果汁、蔬菜汁、混合果蔬汁及其它饮料。
001888	建滔积层板		原材料	制造垂直整合电子材料尤其生产及销售铜面板及有关产品。
001889	武夷药业	中资民营股	保健护理用品	为中国市场制造、营销和销售西药和中成药产品,包括中成药注射液。
001898	中煤能源	H 股	煤炭	生产、销售和贸易煤炭、焦炭和煤化工产品,以及制造煤矿机械装备。
001899	兴达国际	中资民营股	工业制品业	于中国制造及分销子午轮胎钢丝帘线及胎圈钢丝。
001919	中国远洋	H 股	运输	提供集装箱航运价值链内广泛系列的集装箱航运、集装箱码头、集装箱租赁以及货运代理及船务代理服务。
001991	大洋集团		工业制品业	设计及制造硅胶输入装置,主要用于电子消费品、计算机与笔记型计算机按键、手机及汽车外围产品。
001997	峻凌国际		工业制品业	向 TFT-LCD 面板及不同电子产品的制造商提供综合 SMT 生产解决方案。
002000	晨讯科技	中资民营股	资讯科技器材	设计、开发、生产、推广及销售移动手机及无线通信模块及液晶显示模块。
002005	利君国际	中资民营股	保健护理用品	研究、开发、制造及销售药品。
002006	锦江酒店	H 股	酒店娱乐	星级酒店营运与管理、经济型酒店营运与特许经营、餐厅营运以及其它业务。
002007	碧桂园	中资民营股	地产	物业发展、建筑及装饰、物业管理及酒店业务。
002018	AAC ACOUSTIC		资讯科技器材	设计及生产微声学器件,产品用于手机、MP3 机及其它消费性手提设备。
002020	安踏体育		纺织制衣	设计、开发、制造及营销运动服饰,包括为专业运动员及大众设计的安踏品牌的运动鞋类及服装,及配饰产品。
002028	映美控股		工业制品业	在中国设计、制造及销售商业设备及税控设备,以及分销爱普生牌序列点矩阵打印机。
002038	富士康国际	恒生指数成分股	资讯科技器材	为全球手机行业提供垂直整合制造服务。
002088	西王糖业		食物饮品	生产应用于食品及饮品、制药、动物饲料及生化行业的玉米提炼产品及玉米生化产品。
002300	澳科控股		家庭电器及用品	印刷及制造卷烟包装及制造复合纸。
002301	NEW ERA PRC F		其它	
002302	UNITED METALS		工业制品业	制造、加工及销售铝、锌及镁压铸部件;加工及销售螺丝机械黄铜部件及其它铸部件。
002307	锦兴国际控股		纺织制衣	制造及销售针织布料制成品
002309	泓锋国际		支援服务	提供服装采购服务、销售支持服务及服饰贸易。
002310	光星电子		工业制品业	制造及供应供电器及通讯设备使用之多种电子组件。
002312	金丰 21		其他金融	投资于区内上市及非上市公司之分散投资组合,以取得短期至中期之资本增值。
002313	申洲国际	中资民营股	纺织制衣	制造及销售针织服装产品。
002314	理文造纸		原材料	生产牛皮箱板纸及瓦楞芯纸。
002317	味丹国际		食物饮品	制造及销售发酵食品添加剂、生化产品及木薯淀粉产品,包括化工淀粉、葡萄糖糖浆、味精、梳打、酸及饮料。
002318	中国平安	H 股,恒生指数成分股,恒生中国金融股指数成分股	保险	提供多元化金融服务及产品,并以保险业务为核心。
002319	蒙牛乳业	中资民营股	食物饮品	制造液体奶、冰淇淋和其它乳制品。
002320	合丰集团		工业制品业	透过加工安排从事制造及销售瓦楞纸产品(包括瓦楞纸板及瓦楞纸箱)业务。
002322	三和集团		建筑	地基工程相关业务,专营打桩工程。亦买卖二手地基工程相关机械设备及租赁地基工程相关机械设备。
002323	至卓国际		工业制品业	制造及销售各种双面及多层印刷线路板。
002324	德泰中华投资		其他金融	通过投资于香港和中国之上市及非上市公司,以中短线(即少于五年)资本增值以及赚取利息及股息收入达致收益。
002326	百灵达国际控股		家庭电器及用品	设计、制造及销售家庭电器,产品包括热水壶、熨斗、电暖炉及磨咖啡豆机等。
002327	积华生物医药		保健护理用品	研究、开发、制造及销售,包括新药及仿配方药品,以及保健产品。

代码	简称	概念板块	所属行业	主营业务
002328	中国财险	H股，恒生中国金融股指数成分股	保险	为中国各界客户提供多种财险产品。
002330	纪翰集团	中资民营股	软件服务	提供多个主要行业及楼宇自动化有关的自动化及控制系统、组件、软件应用、产品及服务的研究、设计、整合及供应。
002331	李宁	中资民营股	纺织制衣	以本身及获授权之品牌，研究、设计、制造、经销及零售运动及休闲用途之运动鞋、服装及配件。
002332	和记电讯		电讯业	分别在八个国家及地区提供流动及固网电讯服务
002333	长城汽车	H股，中资民营股	汽车	制造及销售汽车以及汽车零部件。
002336	科浪国际		半导体	在香港及中国为客户分销半导体、开发提供电子整套装置方案。
002337	上海复地	H股，中资民营股	地产	在上海从事开发及销售优质私人住宅物业
002338	潍柴动力	H股	工业制品业	生产及销售柴油机。
002339	北泰		汽车	制造及销售汽车零部件及建筑装饰五金产品。
002340	新昌管理集团		支援服务	在香港及中国提供物业及设施管理服务。
002341	中怡精细化工	中资民营股	原材料	研发、生产及销售精细化工产品，用于芳香化学品及药品。
002342	京信通信	中资民营股	软件服务	透过其遍布在中国各地之销售及服务网络，向客户提供综合无线覆盖解决方案。
002343	太平洋航运		运输	透过经营货船船队，从事提供干散货运服务。
002345	上海集优	H股	工业制品业	设计、制造及销售机械零件及部件及提供有关服务。
002348	东瑞制药		保健护理用品	开发、制造及销售非专利药物包括以无菌原料药及粉针剂形式头孢菌素，以及头孢菌素的药物中间体产品及系统专科药物。
002349	华园控股		食物饮品	在香港及中国生产及分销零食及便利冷藏食品。
002355	宝业集团	H股，中资民营股	建筑	建筑施工、建材生产销售及房产开发销售。
002356	大新银行集团		银行	在香港提供个人银行、商业银行及财资业务。
002357	中航科工	H股	汽车	研究、开发、制造和销售汽车及民用飞机。
002358	三丸控股		家庭电器及用品	设计、开发及销售电视机机芯、采购以及组装。
002362	烽火传媒	中资民营股	综合企业	开发及分销农药溶剂以及物业投资。
002366	勤+缘媒体服务		传媒印刷	在中国提供电视节目类服务、市场推广类服务及公关服务。
002368	鹰美国际		纺织制衣	以原设备制造方式来设计及制造男士、女士及儿童的运动服。
002369	中国无线	中资民营股	软件服务	在中国供应无线方案与设备。
002371	直真科技	中资民营股	软件服务	在中国从事开发及提供电信运营支撑系统(OSS)产品及解决方案。
002379	中天国际	中资民营股	软件服务	提供综合商业解决方案，包括研发及销售专有软件产品；销售软硬件产品；及提供售后信息科技维護服务。
002380	中国电力	红筹股	公用事业	在中国开发、建设、拥有、管理及经营大型发电厂。
002382	舜宇光学科技		工业制品业	设计、研究、开发、制造与销售光学及光学相关产品。
002383	TOM 集团		传媒印刷	在大中华地区提供互联网、媒体、出版、体育、电视及娱乐服务。
002387	利和经销		支援服务	提供物流服务、消费品及保健产品的营运及分销以及制造。
002388	中银香港	红筹股，恒生指数成分股	银行	提供银行及相关之金融服务。
002389	旺城国际		家庭电器及用品	制造及分销电动工具、气动工具及手动工具。
002398	友佳国际		工业制品业	设计及生产 CNC 工具机、设计及建造立体停车设备，以及设计及组装叉车。
002600	中国铝业	H股	金属	生产与销售氧化铝及原铝。
002618	TCL 通讯	红筹股	资讯科技器材	设计、开发、制造和营销移动手机产品。
002626	湖南有色金属公司	H股	金属	在中国生产有色金属(不包括铝)。主要产品为钨、锌、锑及铅，以及其他合物、合金及该等金属衍生的其他产品。
002628	中国人寿	H股，恒生指数成分股，恒生中国金融股指数成分股	保险	提供人寿保险及年金产品。
002633	NAM TAI EEP		资讯科技器材	为若干世界知名顶尖消费类电子及通讯产品名牌公司提供垂直整合制造方案。
002662	奕达		工业制品业	为中国印刷线路板装配业提供电子制造服务，以及为客户提供从原料采购以至售后服务的一站式生产解决方案。
002668	百德国际		纺织制衣	制造及出口按 OEM 基准之针织成衣，出口对象主要为美国及欧洲；为国际航空公司生产非针织成衣，并为美国零售连锁店生产服装。
002678	天虹纺织	中资民营股	纺织制衣	主要业务为制造及销售纱线及坯布。
002688	新奥燃气	中资民营股	公用事业	投资、经营及管理燃气管道基础设施；销售管道燃气、燃气器具及设备；及提供维修、保养及其它与燃气供应有关之服务。

代码	简称	概念板块	所属行业	主营业务
002689	玖龙纸业	中资民营股	原材料	生产卡纸(包括牛卡纸、环保牛卡纸及白面牛卡纸)、高强瓦楞芯纸及涂布灰底白板纸
002698	魏桥纺织	H股	纺织制衣	生产、销售及分销棉纱、坯布及牛仔布。
002700	合俊集团	中资民营股	家庭电器及用品	制造及买卖玩具及消闲产品。
002727	上海电气	H股	工业制品业	从事设计、制造及销售多种电力设备、机电一体化设备、交通设备及环保系统等产品和相关服务。
002728	成谦声汇		家庭电器及用品	提供耳机、扬声器、塑料零件及其它产品的制造服务。
002777	富力地产	H股,中资民营股	地产	在中国广州开发房地产。
002778	冠君产业信托		地产	为房地产投资信托基金,主要投资于香港写字楼及零售物业。
002788	精熙国际		工业制品业	生产及销售光学及光电产品的塑料及金属零部件。
002800	盈富基金		其它	
002801	i股中国		其它	
002809	领先商品ETF		其它	
002810	领先印度ETF		其它	
002812	领先环球ETF		其它	
002813	领先韩国ETF		其它	
002815	领先亚太区ETF		其它	
002819	ABF港债券指数		其它	
002821	沛富基金		其它	
002823	A50中国基金		其它	
002826	领先纳指ETF		其它	
002827	标智沪深300		其它	
002828	恒生H股ETF		其它	
002831	领先俄罗斯ETF		其它	
002833	恒生指数ETF		其它	
002836	I股印度		其它	
002838	恒生新华富时25		其它	
002866	中海集运	H股	运输	拥有、租赁及营运集装箱船舶,以提供国际、国内集装箱运输服务。
002868	首创置业	H股	地产	物业开发投资、酒店营运以及房地产策画咨询服务。
002877	神威药业	中资民营股	保健护理用品	研发、制造及买卖中药产品。
002878	SOLOMON SYSTECH		半导体	设计、开发及销售专有IC解决方案,能够生产精密的显示器应用方案,如手机和掌上显示器。
002880	大连港	H股	运输	提供油品及液体化工品码头及相关物流业务;提供集装箱码头及相关物流业务;提供港口增值服务,包括拖轮、引航、理货及信息科技服务。
002882	海域化工		工业制品业	在中国和香港从事电镀化学品之加工、生产及贸易。
002883	中海油田服务	H股	石油及天然气	提供中国近海油田服务,包括钻井服务、油气井技术服务、近海工作船服务和运输业务及物探勘查服务。
002888	渣打集团		银行	国际银行及金融服务;特别专注于亚太、中东及南亚及非洲市场。
002889	中国镍资源	中资民营股	工业制品业	在中国生产及销售以轴承钢及弹簧钢为主的特殊钢。
002898	龙发制药		保健护理用品	市场推广及经销业务,并研发集团品牌「龙发制药」下之中成药。
002899	紫金矿业	H股	采矿	勘探、采矿、生产、冶炼及销售黄金及其他矿产资源。
003300	中国玻璃	红筹股	工业制品业	生产、销售及分销玻璃及玻璃产品。
003303	巨涛海洋石油服务	中资民营股	工业制品业	提供海洋石油及天然气开发和生产的技术支持服务,以及设计、制造和销售石油及天然气处理设备。
003308	金鹰商贸	中资民营股	零售	从事开发及经营时尚高级连锁百货店
003311	中国建筑	红筹股	建筑	在香港从事楼宇建筑及土木工程。
003313	美维控股		工业制品业	制造印刷电路版。
003318	中国香精香料	中资民营股	原材料	研发、制造和销售香精及香料,供其客户的烟草、食品及各种日用消费产品增添或改善味道或香气。
003322	永嘉集团		纺织制衣	生产运动服与活动及户外服装及分销国际体育品牌。
003323	中国建材	H股	建筑	制造水泥、轻质建材、玻璃纤维、玻璃钢以及工程服务。
003328	交通银行	H股,恒生中国金融股指数成分股	银行	企业银行业务、零售银行业务和资金业务。
003330	灵宝黄金	H股	采矿	在中国开采、选炼、冶炼及销售黄金以及其它金属产品。
003331	维达国际		保健护理用品	在中国生产卫生纸产品。
003335	DBA电讯	中资民营股	电讯业	设计、制造及销售电信设备及相关产品。

代码	简称	概念板块	所属行业	主营业务
003336	巨腾国际		资讯科技器材	制造及销售笔记本型计算机、LCD个人计算机、数码相机及游戏机的外壳。
003339	中国龙工	中资民营股	工业制品业	在中国设计、制造及销售轮式装载机及基建机械。
003344	互益集团		纺织制衣	生产及销售色纱、针织毛衫、棉纱，提供毛纱漂染及毛衫织造服务，以及买卖棉花及各类毛纱。
003355	先进半导体	H股	半导体	制造模拟半导体及双极型内容较高的混合讯号半导体。
003366	华力控股	红筹股	家庭电器及用品	在中国设计及制造优质纸制包装容器及材料。
003368	百盛集团		零售	在中国经营及管理百货公司。
003378	厦门港务	H股	运输	集装箱装卸及储存业务；散货/件杂货装卸业务；港口配套增值服务；及制造及销售建材。
003382	天津港发展	红筹股	运输	在中国经营集装箱码头。
003383	雅居乐地产	中资民营股	地产	物业发展、物业管理及室内装饰工程。
003389	新宇亨得利	中资民营股	家庭电器及用品	在中国从事手表批发及零售。
003393	威胜仪表	中资民营股	工业制品业	开发、制造及销售电子电度表及数据采集终端，以及提供软件开发服务。
003398	华鼎控股		纺织制衣	在中国提供以女装为主的中高档时装的纵向整合制衣解决方案，以及制造和零售以女装为主的品牌时装。
003399	南粤物流	H股	运输	提供综合物流服务和高速公路相关服务。
003898	南车时代电气	H股	工业制品业	开发、制造及销售供车轨系统使用的列车牵引变流器、辅助供电设备与控制系统及电气组件。
003899	安瑞科控股	中资民营股	工业制品业	在中国设计、制造及销售专用的燃气装备，并且为燃气能源业的集成业务供货商。
003900	绿城中国	中资民营股	地产	在中国从事优质住宅物业的开发，目标客户为国内中、高收入人士。
003918	金界控股		酒店娱乐	管理及经营柬埔寨首都金边唯一持牌赌场。
003928	郑州燃气	H股	石油及天然气	向住宅用户、商业用户和工业用户销售管道天然气，以及提供燃气管道建设服务和燃气设备销售。
003933	联邦制药		保健护理用品	生产及销售抗生素制剂产品以及用于生产该等产品的原料药及中间产品，止咳药、抗过敏药物以及空心胶囊。
003938	三林环球		原材料	于马来西亚及盖亚那之木材砍伐及管理天然森林特许地区及于新西兰及马来西亚之人工林，以及制造、市场推广及分销木制品。
003968	招商银行	H股，恒生中国金融股指数成分股	银行	提供各种公司及零售银行产品及服务，及进行资金业务。
003983	中海石油化学	H股	农业产品	生产氮肥及甲醇。
003988	中国银行	H股，恒生指数成分股，恒生中国金融股指数成分股	银行	从事商业银行业务，主要包括公司业务、个人银行业务及资金业务，亦从事投资银行及保险业务。
003989	恒宝利国际控股		纺织制衣	提供供应链服务的形式，向国际品牌成衣生产商供应的成衣及服饰，以及分销及零售成衣及鞋类。
003993	洛阳钼业	H股	金属	在中国开采、浮选、焙烧及冶炼钼，以及下游加工。
004331	戴尔 - T			Design, develop, manufacture, market, service and support high - performance computer systems and related equipment.
004332	AMGEN - T			Develops, manufactures and markets human therapeutic products used in the areas of neurobiology, hematology, infectious disease and inflamations to fight infection and stimulate the production of blood cells.
004333	思科 - T			Develops, manufactures, markets and supports high performance multiprotocol internetworking systems which link geographically dispersed LAN and WAN; produces internet software and network management software.
004335	英特尔 - T			Designs, develops, manufactures and markets advanced microcomputer components and related products at various levels of integration.
004336	应用材料 - T			Develops, manufactures, sells and services semiconductor wafer fabrication equipment and related spare parts.
004337	星巴克 - T			Purchases, roasts and sells high - quality whole bean coffees and coffee - related accessories and equipment; produces and sells bottled frappuccino, a line of premium ice - creams and innovative premium teas.
004338	微软 - T			Designs, develops, manufactures, licenses, sells and supports a wide range of software products; offers internet and other related on - line services.

香港证券市场创业板上市公司一览

代码	简称	概念板块	所属行业	主营业务
008002	凤凰卫视	中资民营股	传媒印刷	购买、制作及为亚太区及欧洲的观众广播华语电视节目。
008003	大诚电讯科技		资讯科技器材	从事组装、分销及集成电讯产品、燃气涡轮发电机组业务以及生物技术产品。
008005	裕兴科技	中资民营股	家庭电器及用品	在中国研发、设计、推广及销售信息家电产品,并销售及分销电子关键组件。
008006	中华网		软件服务	提供短讯服务及其它流动增值服务,销售网上横额广告、赞助及网下广告活动,以及直接邮件及网上销售业务。
008007	数码香港		软件服务	提供安全电子付款程序平台,以及软件特许服务。
008008	新意网集团		资讯科技器材	设计、安装及维修于住宅楼宇之网络基建;发展光纤及其它宽带网络。
008009	菱控有限公司		其他金融	主要从事科技创投项目、投资于证券以及各类金融及投资产品、和提供信息科技服务。
008010	星美出版集团		传媒印刷	出版及分销业务,出版产品包括但不限于书籍、影音产品、电子出版产品、报纸及杂志。
008011	建星环保纸品	中资民营股	工业制品业	研究与开发造纸填料;制造与销售浆板及纸品业务。
008013	松景科技		家庭电器及用品	设计、开发、制造及分销优质计算机部件、计算机通讯产品及计算机消费电子产品。
008015	乾隆科技		软件服务	开发及买卖计算机软件、提供相关维修服务和顾问服务,及投资于信息科技公司。
008016	中华数据广播		资讯科技器材	销售消费电子产品及相关零部件。
008017	百龄国际		软件服务	买卖软件套装及提供顾问及技术支持服务。
008019	中远威生物制药	中资民营股	保健护理用品	投资控股以及药品制造和销售。
008021	汇隆控股		建筑	在香港为各类建筑及楼宇工程供应棚架。
008022	雅高企业		传媒印刷	在中国提供公车运输及有关服务。
008025	亚洲资产		软件服务	提供网上信息及有关技术服务,信息科技服务及顾问服务,教育内容服务及物流服务。
008026	长达科技		软件服务	提供宽频数据网络兼互联网主干线解决方案、应用软件、电子商贸解决方案及与信息科技有关之咨询服务,以及控资控股。
008028	天时软件		软件服务	软件开发、提供计算机顾问及软件维护服务及销售计算机硬件及软件。
008029	嘉利福		支援服务	提供商业中介人,筹集资金服务及商务咨询服务。
008032	大中华科技		保健护理用品	中草药产品贸易,提供入门网站发展及信息科技咨询服务及顾问服务,制造及销售西药。
008033	爱达利网络		软件服务	提供网络设备以至企划、设计、安装与调试网络及售后保养与技术支持。
008035	华燊燃气	中资民营股	石油及天然气	在国内供应燃气燃料,燃气管道网络的兴建;提供管道燃气批发和零售液化石油气(以储气罐形式)及销售液化石油气设备。
008037	朗力福集团	中资民营股	保健护理用品	在中国制造、研究、开发及分销保健相关产品,大部分含天然材料或其部分。
008039	楼兰控股	中资民营股	食物饮品	主要于中国以集团之商标酿制、销售及分销葡萄酒产品。
008041	大陶精密科技		工业制品业	制造及销售陶瓷素材及套圈。
008042	玖源集团	中资民营股	工业制品业	在中国从事研究与开发、生产、推广及分销化学肥料与化学制品。
008043	年代资讯影视		酒店娱乐	发行家庭影视产品、影院及电视播映权发行、外判电影版权;并发行计算机、电视及网上游戏。
008045	南大苏富特	H股	软件服务	开发生产及销售网络安全软件、互联网应用软件、教育软件及商业应用软件,以及提供系统集成服务。
008046	老虎科技		软件服务	研究、开发、销售及实施企业瘦客户机解决方案、有线网络瘦客户机解决方案及定制瘦客户应用程序机解决方案
008047	联侨集团控股		软件服务	研究、开发及提供一按即知信息系统解决方案及提供相关产品及服务。
008048	志鸿科技		软件服务	销售企业软件产品及提供保养服务、系统集成服务及转售配套软硬件产品,提供顾问服务,以及在应用软件服务供货商业务上提供服务。
008049	吉林长龙药业	H股,中资民营股	保健护理用品	在中国制造及分销「长龙」和「神」品牌生化药。
008050	FLEXSYSTEM		软件服务	开发及销售软件产品及提供应用软件服务。
008051	千里眼控股		软件服务	视听监察系统之研发及开发,销售及市场推广。
008052	利亚零售		零售	以 Circle K 便利店品牌在香港及中国经营连锁便利店业务。
008053	A&K 教育	中资民营股	软件服务	在中国提供、开发及分销教育软件。
008055	乾坤烛国际		软件服务	在香港开发、生产及分销金融软件产品。
008057	迪斯科技		软件服务	提供信息科技承包服务及系统开发与集成。
008058	罗欣药业	H股,中资民营股	保健护理用品	开发、制造及销售化学药物。

代码	简称	概念板块	所属行业	主营业务
008060	国联通信	中资民营股	软件服务	研发新兴电信服务及增值电信服务及提供电信软件解决方案，以及提供其它通信网络解决方案。
008061	光亚		软件服务	提供有线电视及宽频互联网及网络服务，无线电话网络服务、信息科技系统集成方案服务以及硬件销售，透过百货公司及超级市场提供零售服务。
008063	卓施金网		其他金融	透过「实时」专用电子交易系统「卓施」，提供现有国际市场买卖金属之服务。
008065	中国海景		软件服务	提供广泛系列服务之智能大厦系统方案，有系统设计、供应、安装、保养及咨询。
008066	锴联科技		资讯科技器材	制造及销售智能卡及塑料卡，以及供应订制智能卡应用系统。
008067	长春达兴药业股份	H股	保健护理用品	在中国生产及销售中药及西药，并从事中药、西药及生化药物研发。
008068	新宇国际		工业制品业	设计、起草和制造注塑模具及注塑产品；及提供机械支持服务。
008069	同仁堂科技	H股	保健护理用品	生产及销售中成药，类型包括：冲剂、水密丸剂、片剂及软胶囊剂
008070	中裕燃气		公用事业	设计及兴建天然气管道网络及辅助设施和销售天然气及天然气用具；开发及销售人力资源管理软件和提供有关顾问服务。
008071	光彩未来集团		软件服务	提供基于互联网及窗口系统的应用程序及网页设计服务，提供网站维持及技术支持服务。
008075	ROJAM		酒店娱乐	制作及发行唱片与影音产品，音乐制作，制作及透过多媒体平台提供数码娱乐内容及经营娱乐宫。
008076	新利软件		软件服务	发展及供应中国金融业信息、网络科技及服务。
008078	英皇娱乐		传媒印刷	在大中华地区（主要为香港）制作及经销音乐、管理艺人以及制作节目；并制作与经销影片及电视节目。
008079	变靓D控股		零售	于香港及澳门从事直销正牌美容产品及提供美容服务。
008080	北亚策略		工业制品业	钢材产品贸易，提供采购服务及经营电子商贸纵向入门网站以提供网上钢材贸易服务及辅助服务，及投资控股。
008081	骏科网络讯息		软件服务	研究、开发及销售套装软件产品，提供信息科技服务及供应链解方案。
008082	讯通控股		支援服务	在香港筹办一站式展览，提供增值宣传及市场推广服务及出版各种行业杂志。
008083	硅感科技		资讯科技器材	设计、研究、开发、制造及分销光学影像器材及相关部件。
008085	新医药		保健护理用品	研究、开发、制造、市场推广与分销中成药。
008086	易宝		软件服务	提供专业信息科技合约服务。
008088	亚科资本		支援服务	透过『Toolbox』服务、M立方计划及企业融资咨询服务等来促进亚洲之初创及尚未发展成熟之科技公司之发展并安排融资。
008089	中国铁路货运		软件服务	设计、开发及销售侧重于商业应用之增值电讯产品及计算机电话产品。
008090	美联工商铺		地产	提供在香港提供工商业物业（办公室及商铺）代理服务，以及从事网上教育业务。
008091	环球实业科技		软件服务	为国内企业提供以网上付款及物流为重点之企业解决方案。
008092	ITE HOLDINGS		软件服务	设计、提供及实施智能卡及射频识别应用方案，相关项目管理、硬件及软件开发及供应，系统集成及售后服务与保养。
008095	北大青鸟环宇	H股	资讯科技器材	务研究、开发、制造、市场推广及销售嵌入式系统产品，相关产品及集成电路，以及透过应用现有嵌入式系统产品，为客户提供全面解决方案。
008096	博软		软件服务	研发、销售及推销瘦客户机解决方案产品及提供有关工程服务。
008100	联梦活力世界		软件服务	经营系统解决方案供货商的业务。
008101	汇盈控股		软件服务	通过传统和网上渠道，提供股票经纪及买卖、期货经纪和买卖及企业融资。
008102	上海复旦	H股，中资民营股	半导体	以中国为基地的应用专门集成电路〔或ASIC〕设计及系统集成公司，主要从事设计及销售工业应用IC。
008103	泰盛国际控股		软件服务	提供系统开发、软硬件产品、专业服务及培训。
008106	浙大兰德	H股，中资民营股	软件服务	开发及销售软件及网络系统，提供技术支援服务及销售硬件。
008108	名家国际		家庭电器及用品	提供电话机加工服务以及家居用品销售。
008109	科瑞控股	中资民营股	工业制品业	提供多种全面之环保节能服务（ESCO），其中包括设计、实施能源效率管理系统解决方案（EPC）及推行具合同能源管理机制之项目改造。
008110	第一电讯		资讯科技器材	从事流动电话及配件买卖和分销及透过VOIP技术提供跨市/国际电讯服务。
008111	一创科技		资讯科技器材	推行和改良自动ATM系统和电子邮务自动化系统，并向客户提供有关之技术支持和顾问服务。
008112	弘海有限公司		软件服务	提供交通运输技术方案，涉及中国公路及高速公路之收费、交通监察、光纤公路网络通讯及供电系统。

代码	简称	概念板块	所属行业	主营业务
008115	上海青浦消防	H股,中资民营股	支援服务	在中国从事研发、制造及销售消防器材。
008116	优能数码		软件服务	于中国提供与电话信息服务有关之技术服务;于中国从事无线电集群系统集成;及于中国提供互联网方案及有关之技术服务。
008117	中国基础资源		工业制品业	销售复合物料及制造及销售聚乙烯/纤维玻璃强化胶管。
008118	国际娱乐		资讯科技器材	向营办商及企业提供促成服务以建立宽带网络,为制造商、电讯商及企业提供项目推行服务,各类题材电影之制作及权限批授。
008119	即时科研		软件服务	开发及提供一系列 Linux 解决方案,包括作业及应用系统及相关服务。亦运作互联网门站、电子商贸平台及提供网络设计、网站开发及网络存置等服务。
008120	CHINA MEDICAL		保健护理用品	生产、销售及分销动物用药及动物疫苗的业务。
008122	时富金融服务集团		其他金融	网上及传统之证券、期货、商品、期权及互惠基金及有关保险投资产品之经纪业务及交易服务,保证金融资,及企业融资。
008123	国际金融社		软件服务	提供交易平台与经纪及证券保证金融资。
008126	G. A. 控股		汽车	汽车分销、汽车服务、汽车零件销售、提供技术服务及向汽车租赁分特许商提供管理服务。
008128	国讯国际	中资民营股	软件服务	销售及分销电讯设备,销售网络管理软件,制造及销售电缆及光缆。
008129	九方科技		软件服务	开发软件及内置式系统。
008130	采艺多媒体		传媒印刷	向香港电影公司提供电影制作服务及制作电视电影。
008131	辰罡科技		软件服务	设计及销售计算机软件及为该等产品提供专业及维修服务。
008136	全美国际		零售	零售 FX CREATIONS 品牌皮袋及配饰。
008137	JESSICA		传媒印刷	出版两份专为女性读者而设名为 Jessica 及味道 Lisa 杂志的中文月刊。
008138	康健国际		保健护理用品	提供医疗保健及牙科服务,出售保健产品、药品、心脏科及周边血管相关外科手术仪器。
008139	昌兴国际		工业制品业	水泥熟料买卖。
008141	浪潮国际	红筹股	资讯科技器材	分销计算机组件。
008143	华夏医疗		支援服务	生产、入口、销售及市场推广环保产品及提供配套服务,以解决水及空气污染及能源浪费所产生之问题。
008148	交大铭泰		软件服务	在中国研究、开发和销售用于翻译、讯息安全、互联网应用及娱乐的软件。
008149	埃谟国际		工业制品业	设计、安装及销售电动钻机用电控设备;制造及提供钻机用消耗性部件及配件;以及提供顾问及市场推广服务。
008150	东光集团		工业制品业	制造及销售合成蓝石水晶表片,电子光学产品及手表分销。
008151	亿胜生物科技		保健护理用品	生产及销售治疗体表创伤和器官损伤的生物药品。
008153	中国3C集团		工业制品业	提供母版前期制作及母版制作服务,包括剪接、编辑及数码处理影音数据,及生产压模。
008155	南华置地		传媒印刷	出版及向市场推广一本名为资本杂志的中文财经月刊杂志,对象是香港商人及专业人士。
008156	众彩股份		食物饮品	制造及分销天然生命产品,提供彩票相关硬件及软件系统,食油分销及新强油田开采业务。
008157	首都信息	H股	软件服务	网络系统安装、网络设计、顾问及相关技术服务,以及电脑、相关配件及设备销售业务。
008158	邦盟汇骏		支援服务	提供以业务、会计及公司发展顾问服务,公司秘书服务、翻译服务、信息科技服务,以及财富管理服务。
008159	辉煌科技		资讯科技器材	设计、开发、制造及销售供给计算机通讯及计算机周边产品为主之接驳产品。
008161	华彩控股		酒店娱乐	参与公益彩票业及相关行业的投资及项目开发,以及提供技术、设备及顾问服务。
008163	易贸通		软件服务	提供网上及离线一站式综合市场推广解决方案及管理自动化服务,协助中小型企业取得贸易线索及转为交易。
008165	华普智通	中资民营股	软件服务	开发与运行一种后台电子收付及数据纪录与处理的软件系统,以及相关商业应用的制造与营销。
008166	蓝帆科技		软件服务	从事知识管理系统的销售、开发与实施,以及提供系统整合和信息科技相关的服务。
008167	天下媒体		传媒印刷	制作及销售录像带及电影,以及授出录像带及版权与电影版权。
008169	环康集团		工业制品业	市场推广、销售、服务及研发环保相关产品及服务。
008171	思拓通讯		软件服务	提供切合客户需要之无线电话解决方案。
008172	GOLIFE CONCEPTS		纺织制衣	在香港从事设计、开发及销售定位科技装置及应用技术。

代码	简称	概念板块	所属行业	主营业务
008173	智库媒体		传媒印刷	在香港及其它亚洲国家发行及分授VCD及DVD家居娱乐制式影像节目之发行权。
008175	看汉科技		软件服务	开发及销售供集团之实时在线中国语言通讯软件平台使用之专利服务器字体科技。
008176	富丽花谱		保健护理用品	开发、分销及推销个人护理产品。
008178	冲浪平台软件	红筹股	软件服务	向中国用户提供配备重写核心的中文Linux操作系统,与Linux作业平台式软件;及向客户提供技术支持及售后服务。
008180	金卫医疗科技	中资民营股	保健护理用品	在中国研发、生产及销售医疗设备并提供贮存造血干细胞之服务。
008182	环能国际		软件服务	提供网络基础设施解决方案及服务。
008186	神州医疗	中资民营股	保健护理用品	在中国提供医疗设备服务及有关配套,提供医疗研究及开发服务以及销售医疗配件及测试仪器。
008188	牡丹汽车	H股	汽车	在中国以其品牌及商标生产及销售客车。
008189	泰达生物	H股	保健护理用品	在中国从事研究、开发及产业化采用生物医学工程规范技术的医疗及保健产品。
008190	金鼎软件	中资民营股	软件服务	在中国国内提供ODM软件、专利套装商业应用软件及提供系统解决方案。
008192	环球工程		软件服务	提供图像设计服务、信息科技顾问服务以及信息管理方案服务及在线广告方案服务。
008196	元征科技	H股,中资民营股	汽车	向中国及若干海外国家的汽车后市场及汽车业提供产品及服务。
008197	东北虎药业	H股,中资民营股	保健护理用品	在中国生产及销售其品牌中药,并进行医药研究及开发。
008198	威发系统		资讯科技器材	提供网络基建解决方案,包括网络基建、网络管理服务及网络软件。
008199	威高股份	H股	保健护理用品	研究、开发、生产和销售一次性使用医疗器械。
008200	修身堂		保健护理用品	销售多种保健及美容产品及提供多类健康及美容服务,主要在纤体中心提供控制体重服务。
008201	中国消防	中资民营股	支援服务	消防系统施工安装、生产及销售消防设备及提供维护保养服务。
008202	汇创控股		软件服务	设计住户内联网,及提供电子物业管理应用软件咨询服务。
008203	欧美集团		家庭电器及用品	设计、生产及销售办公室家俬。
008205	交大慧谷	H股	资讯科技器材	研究及开发网络保安系统及提供商业解决方案;分销笔记簿型电脑、电脑相关品及闭路电视系统产品。
008206	神州奥美网络		传媒印刷	提供财经信息服务,包括透过多媒体提供实时财经新闻和最新的金融市场评论及推介,财经节目及录像制作服务,以及提供有关香港金融市场的投资者教育。
008208	常茂生物化学工程	H股	食物饮品	生产和销售有机酸。主要用作药品中间体及/或食品添加剂。
008210	龙杰智能卡		资讯科技器材	智能卡产品、软件及硬件之开发和经销,并为客户提供智能卡相关服务。
008211	浙江永隆实业	H股,中资民营股	纺织制衣	研究、开发、制造及销售梭织布。
008212	问博控股		食物饮品	分销食油。
008213	万达资讯科技		软件服务	提供信息解决方案,销售集团开发之专利应用软件及第三方应用软件。
008216	中国软件国际		软件服务	在中国提供解决方案、信息科技外包、信息科技咨询及培训服务及销售可独立销售软件及硬件产品。
008217	长安民生物流	H股	运输	为中国汽车制造商及汽车原材料供货商提供多样化的物流服务。
008220	中国丰达		家庭电器及用品	为中档市场开发、设计及销售数码视听产品。
008221	李氏大药厂		保健护理用品	开发、制造和销售以对抗心血管疾病及病毒性性病为主的优质生物制药产品。
008222	长江生命科技		保健护理用品	环境及人类健康产品之研究与开发、制造、商品化、市务推广及销售。
008225	万全科技药业	中资民营股	保健护理用品	药品的研究、开发及商业化。
008226	上声国际		家庭电器及用品	以原设备制造及原设计制造之方式设计、制造销售汽车用及家庭影院之扬声器系统。
008227	海天天线	H股,中资民营股	资讯科技器材	研究、开发、制造及销售移动通信基站天及相关产品。
008228	慧峰集团		电讯业	提供通讯基建服务、内容传送技术应用及开发、以及内容制作、采购及传送。
008229	东大照明		家庭电器及用品	在欧洲、香港及中国从事其它制造商所制造的节能照明光源产品的贸易业务。
008230	东江环保	H股,中资民营股	工业制品业	工业废料的收集、无害化处理及资源化利用销售资源化利用产品;提供及实行环保建设工程服务及环保相关谘询服务;及开发环保相关产品。
008231	复旦张江	H股	保健护理用品	研究及开发第一及第二类生物医疗药物及相关技术。
008233	中国基建港口		运输	投资、发展、营运及管理位于中国长江中游流域武汉之武汉集装箱码头第一期。

代码	简称	概念板块	所属行业	主营业务
008235	赛迪顾问	H 股	支援服务	在中国经营与信息产业相关的谘询顾问服务，包括市场谘询、数据信息管理、以及管理谘询。
008236	宝德科技	H 股，中资民营股	资讯科技器材	在中国设计、制造、集成及销售英特尔架构之服务器及相关产品，以及提供相关之售后服务。亦为各行业提供行业特定服务器方案。
008239	MP 物流		运输	协调各种物流服务，包括水路、陆路及航空货运、清关报关、代客投购保险、货物重新包装及存仓等。
008241	天大石油管材	H 股，中资民营股	工业制品业	制造、采购及分销专用无缝管。
008243	大贺传媒	H 股，中资民营股	传媒印刷	在中国为客户提供全面和专业的户外广告服务。
008245	北京京客隆	H 股	零售	以直营店零售及批发方式销售商品及食品。
008247	中生北控生物科技	H 股	保健护理用品	研究、开发、生产和销售基于蛋白质的体外诊断试剂及生化药物
008249	屹东电子	H 股，中资民营股	软件服务	设计、制造及销售可用于多种消费电器及电子用品的智能控制器系统。
008250	确思医药		保健护理用品	研究与开发，并将开发自第三方技术的有关癌症、先天性及其它主要疾病诊断的测试服务商业化。
008251	上海栋华	H 股	工业制品业	在中国从事沥青贸易业务。
008253	天元铝业	H 股	工业制品业	从事制造及销售重熔铝锭。
008256	金利通		电讯业	提供长途电话服务。
008258	西北实业	H 股，中资民营股	工业制品业	在中国供应环保、能源新材料产品。
008259	安德利果汁	H 股	食物饮品	生产和销售浓缩苹果汁。
008262	A－S CHINA		家庭电器及用品	在中国制造及分销一系列以 American Standard Inc. 洁具品牌的浴室及厨房固定装置及洁具龙头产品。
008266	流动电讯		软件服务	开发及提供流动数据解决方案，使流动电讯营办商、硬件制造商、信息科技相关公司（包括软件/应用开发商及企业）可传送数据予无线终端机。
008270	中国联盛	中资民营股	软件服务	计算机软件开发、硬件转售、提供系统集成及维修服务。
008271	环球数码创意	红筹股	传媒印刷	创作及制作计算机图像，发行及展示数码内容，以及提供计算机图像培训课程。
008272	百富国际		零售	采购、销售及分销以 Byford 品牌之男装内衣裤及织袜。
008273	浙江展望	H 股，中资民营股	汽车	生产和销售汽车万向节。
008276	世纪阳光	中资民营股	工业制品业	生产和经销农用有机肥料及生物农药予中国客户。
008277	物美商业	H 股，中资民营股	零售	在中国北京、天津及河北经营及管理综合超市、便利超市及大卖场。
008279	亚博科技控股		软件服务	于中国及澳门提供数码影像处理管理解决方案。
008280	天业节水	H 股	农业产品	在中国开发、制造、安装及出售灌溉系统及设备以及相关业务。
008282	TOM 在线		软件服务	在中国提供增值多媒体产品及服务。
008285	研祥智能	H 股，中资民营股	软件服务	在中国从事 EIP 产品之研究、开发、制造及经销。
008286	长城微光	H 股，中资民营股	资讯科技器材	在中国设计、研究、开发、生产及销售传像光纤产品
008287	三宝科技	H 股，中资民营股	软件服务	在中国开发及供应视频安防系统解决方案，以政府机构为服务对象。
008290	天津天联公用	H 股，中资民营股	石油及天然气	在中国经营和管理管道燃气基础设施、管道燃气的销售和分销、销售安装燃气器具、供气项目投资、提供其他供气相关服务。
008292	慧聪网	中资民营股	软件服务	透过各种通讯渠道提供商业信息及广告平台，以及提供增值商业信息服务及产品。
008293	锦恒汽车安全	中资民营股	汽车	设计、研究及开发、制造及销售汽车安全系统。主要产品为用于汽车之安全气袋系统。
008298	安捷利实业	红筹股	工业制品业	在中国制造及销售应用于通讯、消费电器及消费电子器具，例如移动电话、便携式计算机及照相机之柔性电路板。
008299	易盈科技		资讯科技器材	设计、制造、分销及买卖桌面个人计算机零部件，包括 VGA 显示卡及高度集成底板。
008301	明华科技	H 股，中资民营股	资讯科技器材	主要从事研发、生产、销售及推广主要两种卡，即非 IC 卡及 IC 卡，以及卡外围设备。
008306	绿阳国际	中资民营股	工业制品业	在中国从事研发、制造、销售及分销肥料。
008310	捷丰家居		家庭电器及用品	以原设备制造方式制造及销售主要用于厨房及浴室的家居用品及配件。
008317	财华社集团		软件服务	为企业客户及散户投资者开发、制作及提供财经信息服及技术解决方案。
008319	YUSEI		工业制品业	在中国从事设计、开发和制造精密注塑模具，及生产塑料配件。亦提供若干塑料配件的装嵌和再加工服务。
008329	海王英特龙	H 股，中资民营股	保健护理用品	研究与开发现代生物技术、生产及销售细胞因子类之蛋白治疗性药物及用以预防疾病的生物制品。
008331	浙江世宝	H 股，中资民营股	汽车	在中国设计、制造及销售汽车转向器及相关元件。

香港证券市场H股上市公司一览

代码	简称	概念板块	所属行业	主营业务
000038	第一拖拉机股份	H股	工业制品业	农务拖拉机生产及销售。
000042	东北电气	H股	工业制品业	生产传输机器和其它类型服务。
000074	长城科技股份	H股	资讯科技器材	PC及PC周边产品、硬盘驱动器及其相关产品、网络终端和光电子产品、宽带网络服务及其它电信增值产品业务、软件及系统集成业务等相关产品和服务的开发研制、生产及销售服务
000107	四川成渝高速公路	H股	运输	高速公路之建设、经营及管理，及收取高速公路之通行费；及油品贸易业务。
000161	深圳中航实业股份	H股	工业制品业	设计、制造及销售若干消费电子产品，产品主要包括印刷线路板、液晶显示器以及机械及石英手表
000168	青岛啤酒股份	H股	食物饮品	啤酒生产及销售
000177	江苏宁沪高速公路	H股	运输	在中国经营收费公路。
000187	北人印刷机械股份	H股	工业制品业	制造与销售印刷机及备件，买卖原材料及其它业务
000300	交大科技	H股	工业制品业	设计、开发、生产和销售机床系列产品及配件，计算器信息产品，高效节能产品，光机电一体化产品，开发高科技产品，自有技术转让、服务及咨询业务。
000317	广州广船国际股份	H股	工业制品业	造船、修船、钢结构建造及集装箱与陆用机械制造。
000323	马鞍山钢铁股份	H股	金属	生产及销售钢铁产品；及其它产品如焦炭、生铁及煤焦化土产品等
000338	上海石油化工股份	H股	原材料	石油化工业务：把原油加工以制成多种合成纤维，树脂和塑料，中间石化产品及石油产品
000347	鞍钢股份	H股	金属	生产及销售钢坯、线材、厚板、冷轧薄板、大型材等产品
000350	经纬纺织机械股份	H股	工业制品业	生产、销售纺织机械及其配套件
000357	美兰机场	H股	运输	在美兰机场从事航空及非航空业务
000358	江西铜业股份	H股	金属	采矿、选矿、熔炼与精炼，生产阴铜及副产品，包括硫精矿、硫酸及电解金和银
000386	中国石油化工股份	H股， 恒生指数成分股	石油及天然气	在中国勘探、开发和开采原油和天然气，炼油、分销和营销汽油、柴油、航煤和大部份其它主要石油产品，生产和分销石化产品。
000438	彩虹电子	H股	工业制品业	在中国制造彩色显像管及有关配件。
000489	东风集团股份	H股	汽车	制造及销售商用车、乘用车、发动机和汽车零部件。制造及销售商用车、乘用车、发动机和汽车零部件。
000525	广深铁路股份	H股	运输	经营铁路客货运输业务，并提供铁路设施及技术服务，以及在列车上和车站内销售食品、饮料及商品等。
000548	深圳高速公路股份	H股	运输	在中国深圳开发、经营和管理收费公路及高速公路。
000549	奇峰化纤	H股	原材料	生产及销售不同种类的纶纤维，分别为纶毛条、纶丝束及纶短纤。
000552	中国通信服务	H股	资讯科技器材	提供电信基建服务、业务流程外判服务及应用、内容及其它服务。
000553	南京熊猫电子股份	H股	家庭电器及用品	开发、生产与销售移动通信系统、卫星通讯系统、IT、机电仪及电子信息产品等。
000568	山东墨龙	H股，中资民营股	工业制品业	设计、制造和销售采油机械及相关部件的业务。
000576	浙江沪杭甬	H股	运输	设计、建设、经营与管理高级公路，以及开发经营某些配 套服务，如汽车维修和加油设施。
000588	北京北辰实业股份	H股	地产	在北京从事物业出租、土地和物业开发、物业投资、餐饮业、经营酒店及百货业。
000598	中国外运	H股	运输	货运代理、快递服务、船务代理、仓储和码头服务、海运和汽车运输。
000670	中国东方航空股份	H股	运输	提供民航运输业务，包括客运、货运、邮运及其它延伸运输业务。
000694	北京首都机场股份	H股	运输	于北京机场从事航空性及非航空性业务。
000696	中国民航信息网络	H股	软件服务	供应中国航空及旅游行业信息技术解决方案。拥有并经营中国民航行业大型的实时数据网络。
000719	山东新华制药股份	H股	保健护理用品	开发、制造及销售化学原料药、制剂（如针剂与片剂）及化工产品。
000728	中国电信	H股	电讯业	在中国上海市、广东省、江苏省及浙江省提供全面之固定电信服务，包括本地电话、长途电话、数据、互联网及网元出租服务。
000739	浙江玻璃	H股，中资民营股	工业制品业	制造各种级别的无色浮法玻璃产品及有色浮法玻璃，主要用于国内建筑行业。
000747	沈阳公用发展股份	H股	地产	房产开发及教育投资。
000753	中国国航	H股	运输	提供航空客运、航空货运及航空相关服务。
000763	中兴通讯	H股	资讯科技器材	设计、开发、生产、分销、安装和维护各种先进的电信系统和设备。
000811	新华文轩	H股	传媒印刷	经营图书及影音产品零售门市，发行教材及教辅，及向图书出版商提供辅助支持及服务。

代码	简称	概念板块	所属行业	主营业务
000857	中国石油股份	H股	石油及天然气	原油和天然气的勘探、开发和生产;原油和石油气产品的炼制、运输、储存和营销;化工产品的生产和销售;天然气的输送、经营和销售。
000874	广州药业股份	H股	保健护理用品	中成药的制造和销售;西药、中成药、中药材和医疗器械仪器的贸易。
000902	华能国际电力股份	H股	公用事业	在中国各地开发、建设、拥有和经营大型燃煤电厂。
000914	安徽海螺水泥股份	H股	建筑	生产和销售各种高标号水泥和生产各种高标号水泥所需的商品熟料。
000921	海信科龙	H股	家庭电器及用品	制造及销售冰箱与空调器。
000939	建设银行	H股,恒生指数成分股,恒生中国金融股指数成分股	银行	提供全面的商业银行产品与服务。
000980	联华超市	H股	零售	经营连锁店,包括超级市场、大型综合超市和便利店。
000991	大唐发电	H股	公用事业	收购、拥有及经营现有燃煤发电厂、开发、兴建、拥有及经营新发电厂。
000995	安徽皖通高速公路	H股	运输	持有、经营及开发中国安徽省内的收费高速公路及公路。
000998	中信银行	H股	银行	提供广泛的商业银行产品和服务。
001000	北青传媒	H股	传媒印刷	在中国销售广告版面、报章制作、印刷相关物料贸易及筹办赛事。
001033	仪征化纤股份	H股	工业制品业	生产及销售聚酯切片及涤纶纤维。
001053	重庆钢铁股份	H股	金属	制造及销售中厚钢板、型材、线材等各类钢材。
001055	中国南方航空股份	H股	运输	航空运输业务、飞机维修和航空配餐服务。
001065	天津创业环保股份	H股	支援服务	环保产业和城市基础设施业务。
001071	华电国际电力股份	H股	公用事业	发电及供热,所生产的电力全部供应电厂所在的省电网公司。
001072	东方电机股份	H股	工业制品业	制造发电设备包括水力发电设备、汽轮发电机、交直流电机、控制设备。
001088	中国神华	H股	煤炭	在中国以煤炭为主、并以煤炭及发电业务为主要业务的一体化能源公司。
001108	洛阳玻璃股份	H股	工业制品业	制造及销售浮法平板玻璃。
001122	庆铃汽车股份	H股	汽车	生产及销售五十铃轻型商用车、皮卡车、多功能汽车及重型车、其它汽车和汽车零件及部件。
001133	哈尔滨动力股份	H股	工业制品业	在中国大陆制造电力主机设备、电站工程服务、电话补机及配套产品、交直流电机及其它产品服务。
001138	中海发展股份	H股	运输	投资控股、中国沿海和国际石油及货物运输。
001171	兖州煤业股份	H股	煤炭	地下煤炭开采、筛选加工、销售和煤炭铁路运输。
001202	成都普天电缆股份	H股	资讯科技器材	生产及销售各类通讯电缆、光纤、电缆套管、制造电缆使用的设备、生产配件及材料等。
001211	比亚迪股份	H股,中资民营股	工业制品业	研究、开发、制造和销售锂离子电池、镍镉电池及镍氢电池
001398	工商银行	H股,恒生指数成分股,恒生中国金融股指数成分股	银行	主要在中国运营,提供广泛的商业银行产品和服务。
001800	中国交通建设	H股	运输	从事基建建设、基建设计、疏浚及港口机械制造业务。
001818	招金矿业	H股	采矿	在中国开采、选炼、冶炼及销售黄金以及其它金属产品。
001898	中煤能源	H股	煤炭	生产、销售和贸易煤炭、焦炭和煤化工产品,以及制造煤矿机械装备。
001919	中国远洋	H股	运输	提供集装箱航运价值链内广泛系列的集装箱航运、集装箱码头、集装箱租赁以及货运代理及船务代理服务。
002006	锦江酒店	H股	酒店娱乐	星级酒店营运与管理、经济型酒店营运与特许经营、餐厅营运以及其它业务。
002318	中国平安	H股,恒生指数成分股,恒生中国金融股指数成分股	保险	提供多元化金融服务及产品,并以保险业务为核心。
002328	中国财险	H股,恒生中国金融股指数成分股	保险	为中国各界客户提供多种财险产品。
002333	长城汽车	H股,中资民营股	汽车	制造及销售汽车以及汽车零部件。
002337	上海复地	H股,中资民营股	地产	在上海从事开发及销售优质私人住宅物业
002338	潍柴动力	H股	工业制品业	生产及销售柴油机。
002345	上海集优	H股	工业制品业	设计、制造及销售机械零件及部件及提供有关服务。
002355	宝业集团	H股,中资民营股	建筑	建筑施工、建材生产销售及房产开发销售。
002357	中航科工	H股	汽车	研究、开发、制造和销售汽车及民用飞机。
002600	中国铝业	H股	金属	生产与销售氧化铝及原铝。
002626	湖南有色金属公司	H股	金属	在中国生产有色金属(不包括铝)。主要产品为钨、锌、锑及铅,以及其他合物、合金及该等金属衍生的其他产品。
002628	中国人寿	H股,恒生指数成分股,恒生中国金融股指数成分股	保险	提供人寿保险及年金产品。

代码	简称	概念板块	所属行业	主营业务
002698	魏桥纺织	H股	纺织制衣	生产、销售及分销棉纱、坯布及牛仔布。
002727	上海电气	H股	工业制品业	从事设计、制造及销售多种电力设备、机电一体化设备、交通设备及环保系统等产品和相关服务。
002777	富力地产	H股,中资民营股	地产	在中国广州开发房地产。
002866	中海集运	H股	运输	拥有、租赁及营运集装箱船舶,以提供国际、国内集装箱运输服务。
002868	首创置业	H股	地产	物业开发投资、酒店营运以及房地产策画咨询服务。
002880	大连港	H股	运输	提供油品及液体化工品码头及相关物流业务;提供集装箱码头及相关物流业务;提供港口增值服务,包括拖轮、引航、理货及信息科技服务。
002883	中海油田服务	H股	石油及天然气	提供中国近海油田服务,包括钻井服务、油气井技术服务、近海工作船服务和运输业务及物探勘查服务。
002899	紫金矿业	H股	采矿	勘探、采矿、生产、冶炼及销售黄金及其他矿产资源。
003323	中国建材	H股	建筑	制造水泥、轻质建材、玻璃纤维、玻璃钢以及工程服务。
003328	交通银行	H股,恒生中国金融股指数成分股	银行	企业银行业务、零售银行业务和资金业务。
003330	灵宝黄金	H股	采矿	在中国开采、选炼、冶炼及销售黄金以及其它金属产品。
003355	先进半导体	H股	半导体	制造模拟半导体及双极型内容较高的混合讯号半导体。
003378	厦门港务	H股	运输	集装箱装卸及储存业务;散货/件杂货装卸业务;港口配套增值服务;及制造及销售建材。
003399	南粤物流	H股	运输	提供综合物流服务和高速公路相关服务。
003898	南车时代电气	H股	工业制品业	开发、制造及销售供车轨系统使用的列车牵引变流器、辅助供电设备与控制系统及电气组件。
003928	郑州燃气	H股	石油及天然气	向住宅用户、商业用户和工业用户销售管道天然气,以及提供燃气管道建设服务和燃气设备销售。
003968	招商银行	H股,恒生中国金融股指数成分股	银行	提供各种公司及零售银行产品及服务,及进行资金业务。
003983	中海石油化学	H股	农业产品	生产氮肥及甲醇。
003988	中国银行	H股,恒生指数成分股,恒生中国金融股指数成分股	银行	从事商业银行业务,主要包括公司业务、个人银行业务及资金业务,亦从事投资银行及保险业务。
003993	洛阳钼业	H股	金属	在中国开采、浮选、焙烧及冶炼钼,以及下游加工。
008045	南大苏富特	H股	软件服务	开发生产及销售网络安全软件、互联网应用软件、教育软件及商业应用软件,以及提供系统集成服务。
008049	吉林长龙药业	H股,中资民营股	保健护理用品	在中国制造及分销「长龙」和「神」品牌生化药。
008058	罗欣药业	H股,中资民营股	保健护理用品	开发、制造及销售化学药物。
008067	长春达兴药业股份	H股	保健护理用品	在中国生产及销售中药及西药,并从事中药、西药及生化药物研发。
008069	同仁堂科技	H股	保健护理用品	生产及销售中成药,类型包括:冲剂、水密丸剂、片剂及软胶囊剂
008095	北大青鸟环宇	H股	资讯科技器材	务 研究、开发、制造、市场推广及销售嵌入式系统产品,相关产品及集成电路,以及透过应用现有嵌入式系统产品,为客户提供全面解决方案。
008102	上海复旦	H股,中资民营股	半导体	以中国为基地的应用专门集成电路〔或 ASIC〕设计及系统集成公司,主要从事设计及销售工业应用 IC。
008106	浙大兰德	H股,中资民营股	软件服务	开发及销售软件及网络系统,提供技术支援服务及销售硬件。
008115	上海青浦消防	H股,中资民营股	支援服务	在中国从事研发、制造及销售消防器材。
008157	首都信息	H股	软件服务	网络系统安装、网络设计、顾问及相关技术服务,以及电脑、相关配件及设备销售业务。
008188	牡丹汽车	H股	汽车	在中国以其品牌及商标生产及销售客车。
008189	泰达生物	H股	保健护理用品	在中国从事研究、开发及产业化采用生物医学工程规范技术的医疗及保健产品。
008196	元征科技	H股,中资民营股	汽车	向中国及若干海外国家的汽车后市场及汽车业提供产品及服务。
008197	东北虎药业	H股,中资民营股	保健护理用品	在中国生产及销售其品牌中药,并进行医药研究及开发。
008199	威高股份	H股	保健护理用品	研究、开发、生产和销售一次性使用医疗器械。
008205	交大慧谷	H股	资讯科技器材	研究及开发网络保安系统及提供商业解决方案;分销笔记簿型电脑、电脑相关品及闭路电视系统产品。
008208	常茂生物化学工程	H股	食物饮品	生产和销售有机酸。主要用作药品中间体及/或食品添加剂。
008211	浙江永隆实业	H股,中资民营股	纺织制衣	研究、开发、制造及销售梭织布。
008217	长安民生物流	H股	运输	为中国汽车制造商及汽车原材料供货商提供多样化的物流服务。
008227	海天天线	H股,中资民营股	资讯科技器材	研究、开发、制造及销售移动通信基站天及相关产品。

代码	简称	概念板块	所属行业	主营业务
008230	东江环保	H股,中资民营股	工业制品业	工业废料的收集、无害化处理及资源化利用销售资源化利用产品;提供及实行环保建设工程服务及环保相关谘询服务;及开发环保相关产品。
008231	复旦张江	H股	保健护理用品	研究及开发第一及第二类生物医疗药物及相关技术。
008235	赛迪顾问	H股	支援服务	在中国经营与信息产业相关的谘询顾问服务,包括市场谘询、数据信息管理、以及管理谘询。
008236	宝德科技	H股,中资民营股	资讯科技器材	在中国设计、制造、集成及销售英特尔架构之服务器及相关产品,以及提供相关之售后服务。亦为各行业提供行业特定服务器方案。
008241	天大石油管材	H股,中资民营股	工业制品业	制造、采购及分销专用无缝管。
008243	大贺传媒	H股,中资民营股	传媒印刷	在中国为客户提供全面和专业的户外广告服务。
008245	北京京客隆	H股	零售	以直营店零售及批发方式销售商品及食品。
008247	中生北控生物科技	H股	保健护理用品	研究、开发、生产和销售基于蛋白质的体外诊断试剂及生化药物
008249	屹东电子	H股,中资民营股	软件服务	设计、制造及销售可用于多种消费电器及电子用品的智能控制器系统。
008251	上海栋华	H股	工业制品业	在中国从事沥青贸易业务。
008253	天元铝业	H股	工业制品业	从事制造及销售重熔铝锭。
008258	西北实业	H股,中资民营股	工业制品业	在中国供应环保、能源新材料产品。
008259	安德利果汁	H股	食物饮品	生产和销售浓缩苹果汁。
008273	浙江展望	H股,中资民营股	汽车	生产和销售汽车万向节。
008277	物美商业	H股,中资民营股	零售	在中国北京、天津及河北经营及管理综合超市、便利超市及大卖场。
008280	天业节水	H股	农业产品	在中国开发、制造、安装及出售灌溉系统及设备以及相关业务。
008285	研祥智能	H股,中资民营股	软件服务	在中国从事EIP产品之研究、开发、制造及经销。
008286	长城微光	H股,中资民营股	资讯科技器材	在中国设计、研究、开发、生产及销售传像光纤产品
008287	三宝科技	H股,中资民营股	软件服务	在中国开发及供应视频安防系统解决方案,以政府机构为服务对象。
008290	天津天联公用	H股,中资民营股	石油及天然气	在中国经营和管理管道燃气基础设施、管道燃气的销售和分销、销售安装燃气器具、供气项目投资、提供其他供气相关服务。
008301	明华科技	H股,中资民营股	资讯科技器材	主要从事研发、生产、销售及推广主要两种卡,即非IC卡及IC卡,以及卡外围设备。
008329	海王英特龙	H股,中资民营股	保健护理用品	研究与开发现代生物技术、生产及销售细胞因子类之蛋白治疗性药物及用以预防疾病的生物制品。
008331	浙江世宝	H股,中资民营股	汽车	在中国设计、制造及销售汽车转向器及相关元件。

香港证券市场红筹股上市公司一览

代码	简称	概念板块	所属行业	主营业务
000031	航天科技	红筹股	工业制品业	制造注塑、液晶体、视听产品、线路板、电讯产品、智能充电及保安系统;物业经营、贸易及金融。
000085	中国电子	红筹股	软件服务	在中国从事移动电话制造及销售。
000103	首长宝佳	红筹股	工业制品业	铜及黄铜材料之加工及贸易、制造钢帘线、物业发展及投资、提供管理及信息科技管理服务
000119	保利香港	红筹股	地产	酒店营运及相关服务;物业发展、投资及管理;电力及热气供应;证券投资及金融服务。
000123	GUANGZHOU INV	红筹股	地产	物业投资及发展;经营收费公路及桥梁;制造及买卖新闻纸及瓦楞纸。
000124	金威啤酒	红筹股	食物饮品	投资控股;生产、分销及销售啤酒
000135	CNPC(HONG KONG)	红筹股	石油及天然气	在中国、南美、中亚及东南亚开采及生产原油及天然气
000144	招商局国际	红筹股,恒生指数成分股	运输	港口业务、制造油漆及集装箱,收费公路业务,油轮业务,物业发展及投资,以及证券买卖。
000152	深圳国际	红筹股	运输	提供全程物流及运输配套服务,以及相关资产及项目之投资、经营及管理。
000154	北京发展(香港)	红筹股	软件服务	提供资料科技服务、酒楼营运及物业投资。
000165	中国光大控股	红筹股	其他金融	提供金融服务及投资控股
000171	银建国际	红筹股	地产	物业及其它投资
000181	闽港控股	红筹股	酒店娱乐	物业投资及发展、酒店业务及投资控股。
000183	中信国际金融	红筹股	银行	提供一般的银行及相关的金融服务。
000203	骏威汽车	红筹股	汽车	在中国内地从事制造、装配及销售汽车、汽车电器及部件等综合业务,并在香港制造及买卖音响器材。
000217	中国诚通发展集团	红筹股	地产	物业投资及发展。
000218	申银万国	红筹股	其他金融	证券买卖及投资控股、证券经纪及交易、孖展融资及直接贷款业务及提供投资顾问服务

代码	简称	概念板块	所属行业	主营业务
000222	闽信集团	红筹股	其他金融	物业投资、发展及销售；金融服务；收费公路投资；工业仪表生产及投资控股
000230	五矿建设	红筹股	综合企业	物业发展及投资、基建投资、专业建筑工程及有色金属工业产品
000232	中国航空技术国际	红筹股	建筑	设计、制造及安装主要用于大厦之铝制及不锈钢产品，生产及销售电力及蒸气，开发、制造及分销直升机。
000241	中信21世纪	红筹股	软件服务	投资电讯与互联网相关业务、多媒体业务，物业及乳类产品业务
000257	中国光大国际	红筹股	工业制品业	收费桥梁营运、物业投资及管理、环保项目管理及顾问、证券买卖及投资控股。
000267	中信泰富	红筹股，恒生指数成分股	综合企业	发电、航空、基础设施及信息业、特钢制造、物业投资及发展和汽车及消费品的批发及分销。
000270	粤海投资	红筹股	公用事业	投资控股及经营核心业务—包括供水、发电、收费道路及桥梁、物业投资及发展、酒店经营及管理和零售。
000281	川河集团	红筹股	地产	投资控股、物业发展及投资。
000291	华润创业	红筹股，恒生指数成分股	综合企业	物业发展及投资、饮品、食品加工及经销、石油及化学品经销、纺织、零售及投资
000297	中化化肥	红筹股	工业制品业	采购、生产及销售化肥及其它相关农产品。
000308	香港中旅	红筹股	酒店娱乐	客运服务，景区业务，货运及运输业务，酒店业务，旅游及相关业务，高尔夫球会所业务，发电业务，投资控股及其它。
000349	工银亚洲	红筹股	银行	提供银行、财务及其它相关服务
000363	上海实业控股	红筹股	综合企业	从事基建设施、医药、消费品及信息技术业务。
000382	华凌集团	红筹股	家庭电器及用品	生产及销售「华凌牌」商标的家庭电器，包括冰箱、空调机及小型冰箱
000392	北京控股	红筹股	综合企业	业务包括啤酒、零售、奶制品、高速公路、自来水处理、酒店、旅游、物业建造及发展、电讯及信息科技相关服务及产品、以及企业及其它
000409	四通控股	红筹股	工业制品业	生产、分销及销售电子及电工产品、办公室设备及提供技术增值服务
000418	方正控股	红筹股	软件服务	软件开发及系统集成、以及销售信息产品
000455	云南实业控股	红筹股	保健护理用品	从事烟草及其它相关产品之贸易、提供管理及咨询服务
000506	中国食品	红筹股	食物饮品	食品加工及有关业务，包括食用油、豆粕及相关产品、酒类、糖果、贸易和面粉制造
000517	中远国际控股	红筹股	运输	房地产投资和发展、船舶服务、楼宇建造和土木工程、基础建设投资和高科技业务
000521	首长科技	红筹股	工业制品业	制造及销售电话线及配件、电源线、变压器及电子产品、高度精密计算机部件、印刷电路板和提供货运代理及运输服务
000560	珠江船务	红筹股	运输	船舶代理、内河货物直接装运及转运、码头货物处理、货物并装及仓贮及货运拖运。
000570	荣山国际	红筹股	公用事业	在中华人民共和国广东省佛山市区从事发电及电力销售业务。
000597	华润上华	红筹股	半导体	在中国拥有及经营半导体开放式晶圆代工厂，提供CMOS逻辑、数模混合信号、高压及非易失存记忆的集成电路制造服务。
000604	深圳控股	红筹股	地产	物业发展、投资及管理服务，交通运输、基建投资及信息科技。
000606	中国粮油控股	红筹股	食物饮品	在中国生产和供应农产品加工品。
000618	方正数码	红筹股	软件服务	分销信息产品及计算机硬件。
000629	悦达控股	红筹股	采矿	管理及营运中国204国道江苏省新阜路段及106国道河北省文安路段。
000688	中国海外发展	红筹股	地产	物业发展及投资、楼宇及土木建筑、基础工程及项目管理、房地产代理及管理，以及基建项目投资。
000697	SHOUGANG INT'L	红筹股	金属	钢材产品制造、销售及贸易，制造及装置厨房及洗衣房设备，航运及发电业务。
000730	SHOUGANG GRAND	红筹股	传媒印刷	物业投资、物业管理及投资控股。
000762	中国联通	红筹股，恒生指数成分股	电讯业	在中国提供移动通信、长途电话、数据、互联网及寻呼服务。
000828	王朝酒业	红筹股	食物饮品	葡萄酒产品产销
000836	华润电力	红筹股	公用事业	在中国比较富裕的地区投资、开发、拥有和经营大型燃煤发电厂。
000861	神州数码	红筹股	资讯科技器材	分销通用信息科技及系统产品及提供系统成集服务。
000882	天津发展	红筹股	综合企业	酿制及销售洋酒产品、提供港口服务、经营天津收费公路、物业之销售以及供应公用设施。
000883	中国海洋石油	红筹股，恒生指数成分股	石油及天然气	勘探、开发和生产中国海上原油和天然气。
000903	冠捷科技	红筹股	资讯科技器材	各式各样计算机监视器及彩色扫描仪之制造、设计及销售业务。
000906	中国网通	红筹股，恒生指数成分股	电讯业	提供全面的固网电信业务服务，包括固定电话服务、宽频和其他互联网相关服务、商务与数据通信服务、以及国际电信服务。
000908	九洲发展	红筹股	酒店娱乐	投资控股及物业持有、管理度假村、主题公园及游乐场，以及在中国珠海提供港口设施及订票服务。

代码	简称	概念板块	所属行业	主营业务
000934	中石化冠德	红筹股	石油及天然气	在中国发展及经营原油卸载、储存及输送设施,在广州市经营加油站;原油和石油产品之贸易。
000941	中国移动	红筹股,恒生指数成分股	电讯业	在中国提供蜂窝移动通信及有关服务。
000966	中保国际	红筹股	保险	承接各类一般人寿及非人寿再保险业务及直接人寿保险业务,资产管理及保险中介业务,持有各类货币,固定收入证券、股票及物业投资。
000992	联想集团	红筹股	资讯科技器材	提供高科技 IT 产品及服务。
001045	亚太卫星	红筹股	电讯业	持有、经营、提供卫星转发器容量及卫星电讯服务及其它相关服务。
001052	越秀交通	红筹股	运输	投资与发展、经营及管理主要位于中国广东省之收费公路、高速公路及桥梁。
001058	粤海制革	红筹股	工业制品业	加工与销售皮革半制成品及制成品。
001070	TCL 多媒体	红筹股	家庭电器及用品	设计、生产和销售各类多媒体消费电子、信息科技和移动通信产品。
001093	CHINA PHARMA	红筹股	保健护理用品	生产及销售制药品。
001109	华润置地	红筹股	地产	销售已发展物业、物业投资及管理、买卖建筑材料与设备及有关服务。
001114	BRILLIANCE CHI	红筹股	汽车	在中国制造及销售轻型客车、汽车零部件及轿车。
001135	ASIA SATELLITE	红筹股	电讯业	为广播及电讯行业提供卫星通讯系统之营运、维修和服务。
001185	航科通信	红筹股	资讯科技器材	制造及销售电讯产品、智能交通系统、视讯会议系统以及宽带无线接入。
001193	华润励致	红筹股	工业制品业	制造空调压缩机,设计及制造消费集成电路及特别半导体设备,生产和销售办公室家具。
001199	中远太平洋	红筹股,恒生指数成分股	运输	集装箱租赁、处理及储存集装箱、集装箱码头业务。
001203	广南(集团)	红筹股	工业制品业	代理鲜活商品、食品贸易、制造及出售马口铁及物业租赁。
001205	中信资源	红筹股	金属	制造及销售电解铝、煤、原油、胶合板,以及进出口不同商品产品。
001208	五矿资源	红筹股	金属	有色金属国际贸易及与有色金属有关之工业投资。
001389	民安控股	红筹股	保险	为中港两地各阶层客户提供不同种类的一般保险产品。
001883	中信 1616 集团	红筹股	电讯业	为电信运营商提供连接及增值服务的供货商,主攻中港电信市场。
002380	中国电力	红筹股	公用事业	在中国开发、建设、拥有、管理及经营大型发电厂。
002388	中银香港	红筹股,恒生指数成分股	银行	提供银行及相关之金融服务。
002618	TCL 通讯	红筹股	资讯科技器材	设计、开发、制造和营销移动手机产品。
003300	中国玻璃	红筹股	工业制品业	生产、销售及分销玻璃及玻璃产品。
003311	中国建筑	红筹股	建筑	在香港从事楼宇建筑及土木工程。
003366	华力控股	红筹股	家庭电器及用品	在中国设计及制造优质纸制包装容器及材料。
003382	天津港发展	红筹股	运输	在中国经营集装箱码头。
008141	浪潮国际	红筹股	资讯科技器材	分销计算机组件。
008178	冲浪平台软件	红筹股	软件服务	向中国用户提供配备重写核心的中文 Linux 操作系统,与 Linux 作业平台式软件;及向客户提供技术支持及售后服务。
008271	环球数码创意	红筹股	传媒印刷	创作及制作计算机图像,发行及展示数码内容,以及提供计算机图像培训课程。
008298	安捷利实业	红筹股	工业制品业	在中国制造及销售应用于通讯、消费电器及消费电子器具,例如移动电话、便携式计算机及照相机之柔性电路板。

香港证券市场恒生指数成分股一览

代码	简称	概念板块	所属行业	主营业务
000001	长江实业	恒生指数成分股	地产	物业发展及投资、物业及项目管理、酒店及证券投资。
000002	中电控股	恒生指数成分股	公用事业	发电及供电,投资国内以及亚洲其它地区电力项目,物业发展。
000003	香港中华煤气	恒生指数成分股	公用事业	生产、输送与销售煤气及经营与煤气有关之业务。
000004	九龙仓集团	恒生指数成分股	综合企业	物业、码头、运输、酒店及通讯经营。
000005	汇丰控股	恒生指数成分股	银行	提供全面之银行及有关之金融服务。国际网络遍布亚太区、欧洲、美洲、中东及非洲。
000006	香港电灯	恒生指数成分股	公用事业	发电及电力供应。
000008	电讯盈科	恒生指数成分股	电讯业	提供电讯服务、互联网及多媒体服务、销售及租赁器材,及其它技术服务。投资及发展基建、物业及科技相关业务。
000011	恒生银行	恒生指数成分股	银行	从事银行业及有关之金融服务。
000012	恒基地产	恒生指数成分股	地产	物业发展及投资、物业管理、建筑、发展计划管理、酒店业务、百货业务、财务、投资控股及基建项目。
000013	和记黄埔	恒生指数成分股	综合企业	港口及有关服务,电讯及电子商贸,地产及酒店,零售及制造,能源、基建、财务及投资。
000016	新鸿基地产	恒生指数成分股	地产	发展及投资地产物业以供出售及租赁之用。

代码	简称	概念板块	所属行业	主营业务
000017	新世界发展	恒生指数成分股	综合企业	投资控股及地产投资。
000019	太古股份公司 A	恒生指数成分股	综合企业	集团从事航空服务及航空饮食、飞机工程、物业投资及发展、酒店、工业、贸易、船务及保险。
000023	东亚银行	恒生指数成分股	银行	提供银行及有关的金融服务，以及商务、企业及投资者服务。
000066	地铁公司	恒生指数成分股	运输	在香港拥有及经营地下铁路及八达通聪明卡系统；物业发展及销售；在地下铁路出租商业设施及提供其它服务。
000083	信和置业	恒生指数成分股	地产	物业租赁，物业销售，酒店经营，管理服务，股票投资及买卖，与财务。
000101	恒隆地产	恒生指数成分股	地产	投资物业以供收租，发展物业以供出售，以及停车场管理与物业管理。
000144	招商局国际	红筹股，恒生指数成分股	运输	港口业务、制造油漆及集装箱，收费公路业务，油轮业务，物业发展及投资，以及证券买卖。
000267	中信泰富	红筹股，恒生指数成分股	综合企业	发电、航空、基础设施及信息业、特钢制造、物业投资及发展和汽车及消费品的批发及分销。
000291	华润创业	红筹股，恒生指数成分股	综合企业	物业发展及投资、饮品、食品加工及经销、石油及化学品经销、纺织、零售及投资
000293	国泰航空	恒生指数成分股	运输	经营定期航空业务、航空饮食、航机处理及飞机工程。
000330	思捷环球	恒生指数成分股	纺织制衣	设计、批授经营权、采购、制造、批发及零售 ESPRIT 品牌高级成衣及相关用品及 Red Earth 化妆品及美容护肤用品。
000386	中国石油化工股份	H 股，恒生指数成分股	石油及天然气	在中国勘探、开发和开采原油和天然气，炼油、分销和营销汽油、柴油、航煤和大部份其它主要石油产品，生产和分销石化产品。
000388	香港交易所	恒生指数成分股	其他金融	拥有及经营本港唯一的股票交易所与期货交易所，以及其有关的结算所。
000494	利丰	恒生指数成分股	纺织制衣	消费产品之出口贸易，消费产品包括成衣、时尚饰物、玩具与游戏、运动用品、家具、手工艺品、鞋类与餐具等。
000551	裕元集团	恒生指数成分股	纺织制衣	制造及销售运动鞋、运动型休闲鞋及便服鞋。
000762	中国联通	红筹股，恒生指数成分股	电讯业	在中国提供移动通信、长途电话、数据、互联网及寻呼服务。
000883	中国海洋石油	红筹股，恒生指数成分股	石油及天然气	勘探、开发和生产中国海上原油和天然气。
000906	中国网通	红筹股，恒生指数成分股	电讯业	提供全面的固网电信业务服务，包括固定电话服务、宽频和其他互联网相关服务、商务与数据通信服务、以及国际电信服务。
000939	建设银行	H 股，恒生指数成分股，恒生中国金融股指数成分股	银行	提供全面的商业银行产品与服务。
000941	中国移动	红筹股，恒生指数成分股	电讯业	在中国提供蜂窝移动通信及有关服务。
001038	长江基建集团	恒生指数成分股	综合企业	在香港、中国内地及澳洲发展、投资及经营基建业务。
001199	中远太平洋	红筹股，恒生指数成分股	运输	集装箱租赁、处理及储存集装箱、集装箱码头业务。
001398	工商银行	H 股，恒生指数成分股，恒生中国金融股指数成分股	银行	主要在中国运营，提供广泛的商业银行产品和服务。
002038	富士康国际	恒生指数成分股	资讯科技器材	为全球手机行业提供垂直整合制造服务。
002318	中国平安	H 股，恒生指数成分股，恒生中国金融股指数成分股	保险	提供多元化金融服务及产品，并以保险业务为核心。
002388	中银香港	红筹股，恒生指数成分股	银行	提供银行及相关之金融服务。
002628	中国人寿	H 股，恒生指数成分股，恒生中国金融股指数成分股	保险	提供人寿保险及年金产品。
003988	中国银行	H 股，恒生指数成分股，恒生中国金融股指数成分股	银行	从事商业银行业务，主要包括公司业务、个人银行业务及资金业务，亦从事投资银行及保险业务。

香港证券市场中资民营股上市公司一览

代码	简称	概念板块	所属行业	主营业务
000022	茂盛控股	中资民营股	地产	物业投资、酒店业务、投资控股及收费道路项目。
000095	新泽控股	中资民营股	地产	在中国从事物业发展及物业投资。
000100	白马户外媒体	中资民营股	传媒印刷	户外广告，主要在中国从事公共汽车候车亭广告业务。
000110	长远电信	中资民营股	资讯科技器材	在中国分销移动电话产品，以及透过其特许分销商于中国发展市场推广及售后服务网络。

代码	简称	概念板块	所属行业	主营业务
000162	中国金展	中资民营股	零售	在中国东南部地区提供载客邮轮服务。
000175	吉利汽车	中资民营股	汽车	制造及贸易汽车部件及相关汽车零件，以及投资控股。
000202	国中控股	中资民营股	地产	发展环保水务业务，市政、城市建设投资业务、物业投资、证券及及金融业务。
000233	铭源医疗	中资民营股	保健护理用品	蛋白芯片业务，信息科技产品与服务业务，及物业投资。
000268	金蝶国际	中资民营股	软件服务	开发及销售企业应用软件及基于Java的中间件软件、提供软件相关的客户服务及销售硬件。
000337	盛高置地	中资民营股	地产	在中国上海发展及销售优质私人住宅物业。
000346	中联石油化工	中资民营股	工业制品业	制造及销售石化燃料产品以及销售及分销聚氨酯物料、聚氨酯发泡及聚氨酯发泡产品。
000359	海升果汁	中资民营股	食物饮品	制造及分销浓缩果汁产品及浓缩果汁相关产品。
000360	新焦点	中资民营股	汽车	制造及销售供休闲及安全用途的电子及电源相关汽车零部件及配件。
000362	中国天化工	中资民营股	工业制品业	制造及销售润滑油，防腐涂料、添加剂及醋酸乙烯。
000381	侨雄国际	中资民营股	家庭电器及用品	设计、制造及销售各类型毛绒玩具及装饰礼品，有关业务乃以原设备制造及原设计制造基准进行，并以集团本身之品牌KCARE及KMATES进行。
000395	中国锆业	中资民营股	金属	研究、开发、生产及销售一系列锆化合物，加锆电子材料、电子陶瓷、新能源材料及二次充电电池。
000467	东润拓展集团	中资民营股	地产	物业投资，制造及销售健康食品。
000472	新华联国际	中资民营股	工业制品业	制造及销售电子与保健产品及物业投资。
000477	奥普集团控股	中资民营股	家庭电器及用品	设计、制造和经销浴霸、排气扇及其它家用电器。
000493	国美电器	中资民营股	零售	电器及消费电子产品零售。
000496	卡森国际	中资民营股	家庭电器及用品	在中国制造软件家俱及皮革产品。
000515	达进精电	中资民营股	工业制品业	在中国制造印刷电路版(PCB)。
000527	银河半导体	中资民营股	半导体	设计、开发、制造及销售二极管及晶圆。
000528	金达控股	中资民营股	纺织制衣	生产及销售亚麻纱。
000546	阜丰集团	中资民营股	食物饮品	于中国采用发酵技术的纵向整合玉米生化产品制造。
000568	山东墨龙	H股，中资民营股	工业制品业	设计、制造和销售采油机械及相关部件的业务。
000572	展鸿控股	中资民营股	工业制品业	在中国制造和销售包装食品及饮料的马口铁罐；亦提供马口铁的涂黄及印刷服务。
000581	中国东方集团	中资民营股	金属	生产及销售钢坯和带钢。
000586	科维控股	中资民营股	工业制品业	酒店业务、电子产品有关物料的贸易、国内房地产投资及策略性投资。
000609	天德化工	中资民营股	原材料	从事精细化学产品的生产、买卖及销售。
000622	威华达控股	中资民营股	公用事业	电力供应及投资控股。
000682	超大现代	中资民营股	农业产品	农产品种植及销售，牧畜繁殖及销售及副食品销售，出口贸易及经营连锁超级市场业务。
000702	创新能源	中资民营股	石油及天然气	经营原油运输及储存设施，以及经营天然气管道网络及供应汽车用天然气及液化石油气之补给站。
000733	合富辉煌	中资民营股	地产	向物业开发商提供综合服务包括：房地产代理服务，开发、市拓及规划顾问服务，及转让服务。
000739	浙江玻璃	H股，中资民营股	工业制品业	制造各种级别的无色浮法玻璃产品及有色浮法玻璃，主要用于国内建筑行业。
000751	创维数码	中资民营股	家庭电器及用品	从事彩色电视机、数码视听产品之设计、制造及销售业务。
000754	合生创展集团	中资民营股	地产	投资控股、物业发展、物业投资及物业管理业务。
000755	上海证大	中资民营股	地产	于上海及中国其它城市从事房地产开发及物业投资。
000758	JUNEFIELD GROUP	中资民营股	建筑	提供一般建筑服务包括装饰及机电工程；物业发展、物业投资、提供物业管理与物业代理服务。
000769	中国稀土	中资民营股	工业制品业	制造及销售稀土产品及耐火材料产品。
000809	大成生化科技	中资民营股	食物饮品	在中国研究、开发及制造玉米提炼产品及以玉米为原料的生化产品。
000813	世茂房地产	中资民营股	地产	在中国从事物业发展、物业投资及酒店经营业务.
000819	天能动力	中资民营股	工业制品业	制造及销售铅酸动力电池产品、充电器、控制器及驱动电机。
000835	汇宝集团	中资民营股	保健护理用品	销售医疗设备及供应品及保健及美容产品。
000855	中国水务	中资民营股	公用事业	提供承包服务、制造及销售电子产品及电子零件；供水及污水处理服务。
000868	信义玻璃	中资民营股	工业制品业	生产及销售汽车、建筑及家居用玻璃产品及不同类型之相关产品。
000904	中国绿色食品	中资民营股	农业产品	蔬果种植及加工。
000909	中大国际	中资民营股	工业制品业	开发、生产及销售汽车装置及提供工业涂装处理工程设备。
000910	中国林大	中资民营股	纺织制衣	制造及销售成衣。
001043	光宇国际集团科技	中资民营股	工业制品业	制造及销售密封铅酸蓄电子及相关配件、锂离子电池、以及电力控制设备。

代码	简称	概念板块	所属行业	主营业务
001044	恒安国际	中资民营股	保健护理用品	在中华人民共和国生产，分销及销售个人□生用品包括□生巾及一次性纸尿裤，纸巾及洁肤护肤产品。
001068	雨润食品	中资民营股	食物饮品	提供多种生肉及以猪肉制品为主的深加工肉制品。
001076	第一天然食品	中资民营股	食物饮品	急冻天然食品及营养食品加工。
001083	港华燃气	中资民营股	公用事业	在中国销售液化石油气予批量与零售客户、兴建燃气管道、供应管道燃气及销售家居燃气产品。
001149	博智国际药业	中资民营股	保健护理用品	生产、销售、研究及开发南少林品牌针剂类注射液产品。
001164	维奥生物科技	中资民营股	保健护理用品	从事生物药品及传统药品之研究、开发、制造、销售及分销。
001168	百仕达控股	中资民营股	地产	房地产发展及物业管理。
001175	福记食品服务	中资民营股	酒店娱乐	在中国提供大型食品及送餐服务。
001180	汇彩控股	中资民营股	保健护理用品	研究、开放、生产及分销生化科技药品及一般贸易。
001192	泰山石化	中资民营股	石油及天然气	供应石油产品、提供物流及船舶加油服务。
001194	中盛粮油	中资民营股	食物饮品	在中国从事食用油产品的分提、精炼、销售及贸贸易
001195	华翔微电	中资民营股	工业制品业	在中国之电子制造服务供货商，为电子原设计制造商及合约制造商提供有关印制线路板使用过程之全面解决方案。
001207	上置集团	中资民营股	地产	在上海从事房地产开发及科技投资经营。
001211	比亚迪股份	H股，中资民营股	工业制品业	研究、开发、制造和销售锂离子电池、镍镉电池及镍氢电池
001215	国新集团	中资民营股	地产	旅游有关业务及物业投资。
001383	鸿隆控股	中资民营股	地产	在中国广东省经营中档住宅及商业物业开发及租赁。
001399	SCUD GROUP	中资民营股	工业制品业	制造及销售移动电话二次充电电池组。
001833	银泰百货	中资民营股	零售	在中国浙江省经营连锁百货店。
001882	海天国际	中资民营股	工业制品业	制造及销售注塑机及相关部件。
001886	汇源果汁	中资民营股	食物饮品	生产果汁、蔬菜汁、混合果蔬汁及其它饮料。
001889	武夷药业	中资民营股	保健护理用品	为中国市场制造、营销和销售西药和中成药产品，包括中成药注射液。
001899	兴达国际	中资民营股	工业制品业	于中国制造及分销子午轮胎钢丝帘线及胎圈钢丝。
002000	晨讯科技	中资民营股	资讯科技器材	设计、开发、生产、推广及销售移动手机及无线通信模块及液晶显示模块。
002005	利君国际	中资民营股	保健护理用品	研究、开发、制造及销售药品。
002007	碧桂园	中资民营股	地产	物业发展、建筑及装饰、物业管理及酒店业务。
002313	申洲国际	中资民营股	纺织制衣	制造及销售针织服装产品。
002319	蒙牛乳业	中资民营股	食物饮品	制造液体奶、冰淇淋和其它乳制品。
002330	纪翰集团	中资民营股	软件服务	提供多个主要行业及楼宇自动化有关的自动化及控制系统、组件、软件应用、产品及服务的研究、设计、整合及供应。
002331	李宁	中资民营股	纺织制衣	以本身及获授权之品牌，研究、设计、制造、经销及零售运动及休闲用途之运动鞋、服装及配件。
002333	长城汽车	H股，中资民营股	汽车	制造及销售汽车以及汽车零部件。
002337	上海复地	H股，中资民营股	地产	在上海从事开发及销售优质私人住宅物业
002341	中怡精细化工	中资民营股	原材料	研发、生产及销售精细化工产品，用于芳香化学品及药品。
002342	京信通信	中资民营股	软件服务	透过其遍布在中国各地之销售及服务网络，向客户提供综合无线覆盖解决方案。
002355	宝业集团	H股，中资民营股	建筑	建筑施工、建材生产销售及房产开发销售。
002362	烽火传媒	中资民营股	综合企业	开发及分销农药溶剂以及物业投资。
002369	中国无线	中资民营股	软件服务	在中国供应无线方案与设备。
002371	直真科技	中资民营股	软件服务	在中国从事开发及提供电信运营支撑系统（OSS）产品及解决方案。
002379	中天国际	中资民营股	软件服务	提供综合商业解决方案，包括研发及销售专有软件产品；销售软硬件产品；及提供售后信息科技维護服务。
002678	天虹纺织	中资民营股	纺织制衣	主要业务为制造及销售纱线及坯布。
002688	新奥燃气	中资民营股	公用事业	投资、经营及管理燃气管道基础设施；销售管道燃气、燃气器具及设备；及提供维修、保养及其它与燃气供应有关之服务。
002689	玖龙纸业	中资民营股	原材料	生产卡纸（包括牛卡纸、环保牛卡纸及白面牛卡纸）、高强瓦楞芯纸及涂布灰底白板纸
002700	合俊集团	中资民营股	家庭电器及用品	制造及买卖玩具及消闲产品。
002777	富力地产	H股，中资民营股	地产	在中国广州开发房地产。
002877	神威药业	中资民营股	保健护理用品	研发、制造及买卖中药产品。
002889	中国镍资源	中资民营股	工业制品业	在中国生产及销售以轴承钢及弹簧钢为主的特殊钢。
003303	巨涛海洋石油服务	中资民营股	工业制品业	提供海洋石油及天然气开发和生产的技术支持服务，以及设计、制造和销售石油及天然气处理设备。

代码	简称	概念板块	所属行业	主营业务
003308	金鹰商贸	中资民营股	零售	从事开发及经营时尚高级连锁百货店
003318	中国香精香料	中资民营股	原材料	研发、制造和销售香精及香料,供其客户的烟草、食品及各种日用消费产品增添或改善味道或香气。
003335	DBA 电讯	中资民营股	电讯业	设计、制造及销售电信设备及相关产品。
003339	中国龙工	中资民营股	工业制品业	在中国设计、制造及销售轮式装载机及基建机械。
003383	雅居乐地产	中资民营股	地产	物业发展、物业管理及室内装饰工程。
003389	新宇亨得利	中资民营股	家庭电器及用品	在中国从事手表批发及零售。
003393	威胜仪表	中资民营股	工业制品业	开发、制造及销售电子电度表及数据采集终端,以及提供软件开发服务。
003899	安瑞科控股	中资民营股	工业制品业	在中国设计、制造及销售专用的燃气装备,并且为燃气能源业的集成业务供货商。
003900	绿城中国	中资民营股	地产	在中国从事优质住宅物业的开发,目标客户为国内中、高收入人士。
008002	凤凰卫视	中资民营股	传媒印刷	购买、制作及为亚太区及欧洲的观众广播华语电视节目。
008005	裕兴科技	中资民营股	家庭电器及用品	在中国研发、设计、推广及销售信息家电产品,并销售及分销电子关键组件。
008011	建星环保纸品	中资民营股	工业制品业	研究与开发造纸填料;制造与销售浆板及纸品业务。
008019	中远威生物制药	中资民营股	保健护理用品	投资控股以及药品制造和销售。
008035	华燊燃气	中资民营股	石油及天然气	在国内供应燃气燃料,燃气管道网络的兴建;提供管道燃气批发和零售液化石油气(以储气罐形式)及销售液化石油气设备。
008037	朗力福集团	中资民营股	保健护理用品	在中国制造、研究、开发及分销保健相关产品,大部分含天然材料或其部分。
008039	楼兰控股	中资民营股	食物饮品	主要于中国以集团之商标酿制、销售及分销葡萄酒产品。
008042	玖源集团	中资民营股	工业制品业	在中国从事研究与开发、生产、推广及分销化学肥料与化学制品。
008049	吉林长龙药业	H 股,中资民营股	保健护理用品	在中国制造及分销「长龙」和「神」品牌生化药。
008053	A&K 教育	中资民营股	软件服务	在中国提供、开发及分销教育软件。
008058	罗欣药业	H 股,中资民营股	保健护理用品	开发、制造及销售化学药物。
008060	国联通信	中资民营股	软件服务	研发新兴电信服务及增值电信服务及提供电信软件解决方案,以及提供其它通信网络解决方案。
008102	上海复旦	H 股,中资民营股	半导体	以中国为基地的应用专门集成电路〔或 ASIC〕设计及系统集成公司,主要从事设计及销售工业应用 IC。
008106	浙大兰德	H 股,中资民营股	软件服务	开发及销售软件及网络系统,提供技术支援服务及销售硬件。
008109	科瑞控股	中资民营股	工业制品业	提供多种全面之环保节能服务(ESCO),其中包括设计、实施能源效率管理系统解决方案(EPC)及推行具合同能源管理机制之项目改造。
008115	上海青浦消防	H 股,中资民营股	支援服务	在中国从事研发、制造及销售消防器材。
008128	国讯国际	中资民营股	软件服务	销售及分销电讯设备,销售网络管理软件,制造及销售电缆及光缆。
008165	华普智通	中资民营股	软件服务	开发与运行一种后台电子收付及数据纪录与处理的软件系统,以及相关商业应用的制造与营销。
008180	金卫医疗科技	中资民营股	保健护理用品	在中国研发、生产及销售医疗设备并提供贮存造血干细胞之服务。
008186	神州医疗	中资民营股	保健护理用品	在中国提供医疗设备服务及有关配套,提供医疗研究及开发服务以及销售医疗配件及测试仪器。
008190	金鼎软件	中资民营股	软件服务	在中国国内提供 ODM 软件、专利套装商业应用软件及提供系统解决方案。
008196	元征科技	H 股,中资民营股	汽车	向中国及若干海外国家的汽车后市场及汽车业提供产品及服务。
008197	东北虎药业	H 股,中资民营股	保健护理用品	在中国生产及销售其品牌中药,并进行医药研究及开发。
008201	中国消防	中资民营股	支援服务	消防系统施工安装、生产及销售消防设备及提供维护保养服务。
008211	浙江永隆实业	H 股,中资民营股	纺织制衣	研究、开发、制造及销售梭织布。
008225	万全科技药业	中资民营股	保健护理用品	药品的研究、开发及商业化。
008227	海天天线	H 股,中资民营股	资讯科技器材	研究、开发、制造及销售移动通信基站天及相关产品。
008230	东江环保	H 股,中资民营股	工业制品业	工业废料的收集、无害化处理及资源化利用销售资源化利用产品;提供及实行环保建设工程服务及环保相关谘询服务;及开发环保相关产品。
008236	宝德科技	H 股,中资民营股	资讯科技器材	在中国设计、制造、集成及销售英特尔架构之服务器及相关产品,以及提供相关之售后服务。亦为各行业提供行业特定服务器方案。
008241	天大石油管材	H 股,中资民营股	工业制品业	制造、采购及分销专用无缝管。
008243	大贺传媒	H 股,中资民营股	传媒印刷	在中国为客户提供全面和专业的户外广告服务。
008249	屹东电子	H 股,中资民营股	软件服务	设计、制造及销售可用于多种消费电器及电子用品的智能控制器系统。
008258	西北实业	H 股,中资民营股	工业制品业	在中国供应环保、能源新材料产品。
008270	中国联盛	中资民营股	软件服务	计算机软件开发、硬件转售、提供系统集成及维修服务。
008273	浙江展望	H 股,中资民营股	汽车	生产和销售汽车万向节。
008276	世纪阳光	中资民营股	工业制品业	生产和经销农用有机肥料及生物农药予中国客户。
008277	物美商业	H 股,中资民营股	零售	在中国北京、天津及河北经营及管理综合超市、便利超市及大卖场。

代码	简称	概念板块	所属行业	主营业务
008285	研祥智能	H股,中资民营股	软件服务	在中国从事EIP产品之研究、开发、制造及经销。
008286	长城微光	H股,中资民营股	资讯科技器材	在中国设计、研究、开发、生产及销售传像光纤产品
008287	三宝科技	H股,中资民营股	软件服务	在中国开发及供应视频安防系统解决方案,以政府机构为服务对象。
008290	天津天联公用	H股,中资民营股	石油及天然气	在中国经营和管理管道燃气基础设施、管道燃气的销售和分销、销售安装燃气器具、供气项目投资、提供其他供气相关服务。
008292	慧聪网	中资民营股	软件服务	透过各种通讯渠道提供商业信息及广告平台,以及提供增值商业信息服务及产品。
008293	锦恒汽车安全	中资民营股	汽车	设计、研究及开发、制造及销售汽车安全系统。主要产品为用于汽车之安全气袋系统。
008301	明华科技	H股,中资民营股	资讯科技器材	主要从事研发、生产、销售及推广主要两种卡,即非IC卡及IC卡,以及卡外围设备。
008306	绿阳国际	中资民营股	工业制品业	在中国从事研发、制造、销售及分销肥料。
008329	海王英特龙	H股,中资民营股	保健护理用品	研究与开发现代生物技术、生产及销售细胞因子类之蛋白治疗性药物及用以预防疾病的生物制品。
008331	浙江世宝	H股,中资民营股	汽车	在中国设计、制造及销售汽车转向器及相关元件。

香港证券市场上市公司分红派息一览

代码	简称	除净日	派息日	每股派息	单位	分红类型
000912	信佳国际	2009-8-19	2009-9-11	0.035	港币	年度分红
000861	神州数码	2009-8-19	2009-9-2	0.1455	港币	年度分红
000677	金源米业	2009-8-19	2009-9-3	0.01	港币	年度分红
000628	多金控股	2009-8-19	2009-8-31	0.02	港币	年度分红
000518	同得仕(集团)	2009-8-19	2009-9-2	0.0775	港币	年度分红
000417	谢瑞麟	2009-8-19	2009-9-11	0.03	港币	年度分红
000398	东方表行集团	2009-8-19	2009-9-26	0.035	港币	年度分红
000104	ASIA COMM HOLD	2009-8-19	2009-9-9	0.01	港币	年度分红
000005	汇丰控股	2009-8-19	2009-10-7	0.08	美元	中期分红
008052	利亚零售	2009-8-20	2009-8-31	0.017	港币	中期分红
001222	WANG ON GROUP	2009-8-20	2009-9-4	0.005	港币	年度分红
001213	万保刚集团	2009-8-20	2009-9-2	0.01	港币	年度分红
001170	信星集团	2009-8-20	2009-10-6	0.025	港币	年度分红
001050	嘉利国际	2009-8-20	2009-9-16	0.015	港币	年度分红
000907	高雅国际	2009-8-20	2009-9-25	0.03	港币	年度分红
000771	自动系统	2009-8-20	2009-9-10	0.92	港币	特别分红
000497	资本策略	2009-8-20	2009-9-18	0.0022	港币	年度分红
000384	中国燃气	2009-8-20	2009-9-30	0.014	港币	年度分红
000335	美建集团	2009-8-20	2009-11-3	0.015	港币	特别分红
000335	美建集团	2009-8-20	2009-11-3	0.02	港币	年度分红
000178	莎莎国际	2009-8-20	2009-9-1	0.12	港币	特别分红
000178	莎莎国际	2009-8-20	2009-9-1	0.05	港币	年度分红
000125	新兴光学	2009-8-20	2009-9-18	0.015	港币	特别分红
000125	新兴光学	2009-8-20	2009-9-18	0.1	港币	年度分红
000077	进智公共交通	2009-8-20	2009-9-4	0.1	港币	年度分红
000064	结好控股	2009-8-20	2009-9-7	0.01	港币	年度分红
000052	FAIRWOOD HOLD	2009-8-20	2009-9-4	0.28	港币	年度分红
008006	中华网	2009-8-21	2009-9-9	1	港币	中期分红
002327	积华生物医药	2009-8-21	2009-9-24	0.01	港币	年度分红
001382	互太纺织	2009-8-21	--	0.12	港币	年度分红
000483	包浩斯国际	2009-8-21	2009-9-18	0.03	港币	特别分红
000483	包浩斯国际	2009-8-21	2009-9-18	0.055	港币	年度分红
000377	新洲印刷集团	2009-8-21	2009-9-9	0.03	港币	年度分红
000367	CHUANGS INT'L	2009-8-21	2009-10-23	0.005	港币	年度分红
000328	ALCO HOLDINGS	2009-8-21	2009-9-15	0.14	港币	年度分红
000252	华信地产财务	2009-8-21	2009-9-4	0.03	港币	年度分红
000239	白花油	2009-8-21	2009-9-30	0.03	港币	一季度分红

代码	简称	除净日	派息日	每股派息	单位	分红类型
000126	TAK SING ALLI	2009－8－21	2009－10－15	0.01	港币	年度分红
000057	震雄集团	2009－8－21	2009－9－17	0.05	港币	年度分红
000035	FE CONSORT INTL	2009－8－21	2009－10－5	0.02	港币	年度分红
000014	希慎兴业	2009－8－21	2009－9－22	0.14	港币	中期分红
002343	太平洋航运	2009－8－24	2009－9－7	0.08	港币	中期分红
000590	六福集团	2009－8－24	2009－9－11	0.12	港币	年度分红
000287	永发置业	2009－8－24	2009－9－18	0.1	港币	年度分红
000130	慕诗国际	2009－8－24	2009－9－4	0.02	港币	年度分红
001688	阿里巴巴	2009－8－25	2009－9－9	0.2	港币	特别分红
000693	陈唱国际	2009－8－25	2009－9－9	0.01	港币	中期分红
000088	TAI CHEUNG HOLD	2009－8－25	2009－9－8	0.14	港币	年度分红
000388	香港交易所	2009－8－26	2009－9－9	1.84	港币	中期分红
000306	冠忠巴士集团	2009－8－26	2009－9－10	0.03	港币	特别分红
000306	冠忠巴士集团	2009－8－26	2009－9－10	0.05	港币	年度分红
000215	和记电讯香港	2009－8－26	2009－9－10	0.0112	港币	中期分红
000157	自然美	2009－8－26	2009－9－18	0.035	港币	中期分红
001037	DAIWA ASSOCIATE	2009－8－27	2009－9－29	0.005	港币	年度分红
000855	中国水务	2009－8－27	2009－9－11	0.03	港币	年度分红
000725	恒都集团	2009－8－27	2009－9－9	0.02	港币	中期分红
000576	浙江沪杭甬	2009－8－27	－－	0.06	人民币元	中期分红
000428	亨亚	2009－8－27	2009－9－28	0.1	港币	中期分红
000368	中外运航运	2009－8－27	2009－9－11	0.02	港币	中期分红
000345	VITASOY INTL	2009－8－27	2009－9－17	0.1	港币	特别分红
000345	VITASOY INTL	2009－8－27	2009－9－17	0.09	港币	年度分红
000234	新世纪集团	2009－8－27	2009－9－18	0.0035	港币	年度分红
000066	港铁公司	2009－8－27	2009－10－23	0.14	港币	中期分红
002778	冠君产业信托	2009－8－28	2009－10－13	0.1314	港币	中期分红
002322	三和集团	2009－8－28	2009－9－29	0.001	港币	年度分红
002318	中国平安	2009－8－28	2009－9－9	0.1701	港币	中期分红
002020	安踏体育	2009－8－28	2009－9－11	0.12	港币	中期分红
000625	睿富房地产基金	2009－8－28	2009－9－18	0.1465	港币	中期分红
000611	TACK HSIN HOLD	2009－8－28	2009－9－18	0.015	港币	年度分红
000296	英皇娱乐酒店	2009－8－28	2009－9－29	0.018	港币	年度分红
000084	宝光实业	2009－8－28	2009－10－5	0.01	港币	年度分红
001212	利福国际	2009－8－31	2009－9－11	0.11	港币	中期分红
000403	星光集团	2009－8－31	2009－9－18	0.015	港币	年度分红
000374	四洲集团	2009－8－31	2009－9－23	0.05	港币	年度分红
000071	美丽华酒店	2009－8－31	2009－9－23	0.17	港币	年度分红
000060	四洲食品	2009－8－31	2009－9－23	0.03	港币	年度分红
001173	威高国际	2009－9－1	2009－10－8	0.002	港币	年度分红
000599	怡邦行控股	2009－9－1	2009－10－8	0.025	港币	年度分红
000375	YGM TRADING	2009－9－1	2009－9－15	0.28	港币	年度分红
000320	金宝通	2009－9－1	2009－10－8	0.01	港币	年度分红
000294	长江制衣	2009－9－1	2009－9－15	0.09	港币	年度分红
001883	中信1616集团	2009－9－2	2009－9－15	0.024	港币	中期分红
001174	太平洋恩利	2009－9－2	2009－10－27	0.059	港币	年度分红
000349	工银亚洲	2009－9－2	2009－10－9	0.28	港币	中期分红
000248	香港通讯国际控股	2009－9－2	2009－9－15	0.01	港币	年度分红
008221	李氏大药厂	2009－9－3	2009－9－24	0.008	港币	中期分红
000448	汉登控股	2009－9－3	2009－9－25	0.0052	美元	年度分红
000302	永亨银行	2009－9－3	2009－9－21	0.2	港币	中期分红
000264	卓高国际	2009－9－3	2009－10－6	0.01	港币	年度分红
000259	亿都(国际控股)	2009－9－3	2009－10－8	0.01	港币	年度分红
000216	建业实业	2009－9－3	2009－10－9	0.04	港币	年度分红
000160	汉国置业	2009－9－3	2009－10－6	0.125	港币	年度分红
000044	香港飞机工程	2009－9－3	2009－9－22	0.5	港币	中期分红
000006	香港电灯	2009－9－3	2009－9－15	0.62	港币	中期分红

代码	简称	除净日	派息日	每股派息	单位	分红类型
000002	中电控股	2009－9－3	2009－9－15	0.52	港币	中期分红
000751	创维数码	2009－9－4	2009－10－15	0.07	港币	年度分红
008199	威高股份	2009－9－7	2009－11－3	0.072	人民币元	中期分红
001098	ROAD KING INFRA	2009－9－7	2009－9－30	0.2	港币	中期分红
000915	林麦集团	2009－9－7	2009－9－17	0.022	港币	年度分红
000546	阜丰集团	2009－9－7	2009－9－30	0.1	港币	中期分红
000224	建生国际	2009－9－7	2009－9－17	0.015	港币	年度分红
002387	利和经销	2009－9－8	2009－9－17	0.14	港币	中期分红
001038	长江基建集团	2009－9－8	2009－9－18	0.321	港币	中期分红
000494	利丰	2009－9－8	2009－9－17	0.26	港币	中期分红
000464	建福集团	2009－9－8	2009－9－25	0.01	港币	特别分红
000464	建福集团	2009－9－8	2009－9－25	0.013	港币	年度分红
000341	大家乐集团	2009－9－9	2009－10－2	0.38	港币	年度分红
003998	波司登	2009－9－10	2009－9－30	0.0907	港币	年度分红
003313	美维控股	2009－9－11	2009－10－6	0.015	港币	中期分红
000577	保华建业	2009－9－14	2009－10－16	0.015	港币	年度分红
000280	景福集团	2009－9－14	2009－10－2	0.01	港币	年度分红
000114	HERALD HOLD	2009－9－14	2009－9－30	0.05	港币	年度分红
000049	会德丰地产	2009－9－14	2009－9－25	0.02	港币	中期分红
003311	中国建筑	2009－9－15	2009－9－28	0.036	港币	中期分红
001997	峻凌国际	2009－9－15	2009－9－29	0.07	港币	中期分红
000688	中国海外发展	2009－9－15	2009－9－28	0.07	港币	中期分红
000087	太古股份公司 B	2009－9－15	2009－10－5	0.12	港币	中期分红
000019	太古股份公司 A	2009－9－15	2009－10－5	0.6	港币	中期分红
000013	和记黄埔	2009－9－15	2009－9－25	0.51	港币	中期分红
000989	润迅通信国际	2009－9－16	2009－10－16	0.0071	港币	年度分红
000841	木薯资源	2009－9－16	2009－9－30	0.03	港币	特别分红
000841	木薯资源	2009－9－16	2009－9－30	0.02	港币	年度分红
000934	中石化冠德	2009－9－17	2009－10－16	0.015	港币	中期分红
000710	精电	2009－9－17	2009－10－2	0.01	港币	中期分红
000508	其士泛亚	2009－9－17	2009－10－8	0.01	港币	年度分红
000025	CHEVALIER INT'L	2009－9－17	2009－10－8	0.2	港币	特别分红
000025	CHEVALIER INT'L	2009－9－17	2009－10－8	0.2	港币	年度分红
000794	锦胜集团(控股)	2009－9－18	2009－10－9	0.046	港币	年度分红
000040	金山工业	2009－9－18	2009－10－9	0.015	港币	年度分红
001111	创兴银行	2009－9－21	2009－9－30	0.08	港币	中期分红
000194	廖创兴企业	2009－9－21	2009－9－30	0.08	港币	中期分红
000001	长江实业	2009－9－24	2009－10－6	0.5	港币	中期分红
000636	富邦银行(香港)	2009－10－5	2009－10－23	0.015	港币	中期分红
000026	中华汽车	2009－10－9	2009－11－9	0.3	港币	第二次中期分红
000668	香港饮食管理	2009－10－14	2009－11－6	0.52	港币	特别分红

香港证券市场上市公司 AH 股价格对比

1 港元＝0.8817 人民币　　截至:2009－08－17 收盘

排名	H 股代码	H 股简称	H 股价格(港元)	AH 股价格比▼	A 股价格	A 股简称	A 股代码
1	001033	仪征化纤股份	1.89	4.25	7.09	S 仪化	600871
2	000553	南京熊猫电子股份	1.84	4.15	6.73	南京熊猫	600775
3	000187	北人印刷机械股份	1.96	3.59	6.2	北人股份	600860
4	001065	天津创业环保股份	2.02	3.4	6.06	创业环保	600874
5	000338	上海石油化工股份	3.75	3.33	11.01	S 上石化	600688
6	000921	海信科龙	1.84	3.33	5.41	ST 科龙	000921
7	000719	山东新华制药股份	2.23	3.18	6.26	新华制药	000756
8	000350	经纬纺织机械股份	1.69	3.05	4.54	经纬纺机	000666
9	002727	上海电气	3.43	3.02	9.14	上海电气	601727
10	001108	洛阳玻璃股份	2	2.77	4.89	ST 洛玻	600876
11	000358	江西铜业股份	16.24	2.61	37.37	江西铜业	600362

排名	H 股代码	H 股简称	H 股价格(港元)	AH 股价格比▼	A 股价格	A 股简称	A 股代码
12	000670	中国东方航空股份	2.39	2.58	5.44	ST 东航	600115
13	000107	四川成渝高速公路	3.1	2.57	7.03	四川成渝	601107
14	001055	中国南方航空股份	2.44	2.48	5.34	南方航空	600029
15	000991	大唐发电	4.7	2.34	9.71	大唐发电	601991
16	001071	华电国际电力股份	2.6	2.29	5.24	华电国际	600027
17	000874	广州药业股份	3.62	2.27	7.25	广州药业	600332
18	002883	中海油田服务	7.38	2.27	14.8	中海油服	601808
19	000588	北京北辰实业股份	2.89	2.25	5.73	北辰实业	601588
20	000300	昆明机床	6.18	2.2	12.01	昆明机床	600806
21	000042	东北电气	1.87	2.18	3.59	*ST 东电	000585
22	000386	中国石油化工股份	6.47	2.14	12.18	中国石化	600028
23	000753	中国国航	4.57	1.95	7.85	中国国航	601111
24	001053	重庆钢铁股份	3.15	1.95	5.42	重庆钢铁	601005
25	002600	中国铝业	8.95	1.9	15.03	中国铝业	601600
26	000317	广州广船国际股份	15.7	1.83	25.35	广船国际	600685
27	001171	兖州煤业股份	11.7	1.81	18.65	兖州煤业	600188
28	000857	中国石油股份	8.5	1.75	13.09	中国石油	601857
29	002866	中海集运	3.16	1.74	4.85	中海集运	601866
30	001812	晨鸣纸业	5.49	1.64	7.93	晨鸣纸业	000488
31	001919	中国远洋	10.4	1.59	14.58	中国远洋	601919
32	000902	华能国际电力股份	5.73	1.56	7.9	华能国际	600011
33	000548	深圳高速公路股份	4.04	1.54	5.48	深高速	600548
34	001138	中海发展股份	10.38	1.52	13.91	中海发展	600026
35	002899	紫金矿业	6.53	1.52	8.76	紫金矿业	601899
36	001898	中煤能源	9.95	1.39	12.19	中煤能源	601898
37	000525	广深铁路股份	3.72	1.38	4.52	广深铁路	601333
38	000998	中信银行	4.71	1.31	5.42	中信银行	601998
39	000995	安徽皖通高速公路	4.48	1.29	5.09	皖通高速	600012
40	002338	潍柴动力	38	1.22	41.02	潍柴动力	000338
41	001766	中国南车	4.23	1.21	4.52	中国南车	601766
42	003988	中国银行	3.72	1.2	3.95	中国银行	601988
43	001072	东方电气	35.3	1.19	37.14	东方电气	600875
44	001088	中国神华	30.55	1.19	32	中国神华	601088
45	000168	青岛啤酒股份	25.9	1.16	26.45	青岛啤酒	600600
46	000323	马鞍山钢铁股份	5.05	1.13	5.05	马钢股份	600808
47	003328	交通银行	9.11	1.11	8.91	交通银行	601328
48	000939	建设银行	5.94	1.09	5.7	建设银行	601939
49	000177	江苏宁沪高速公路	6.05	1.07	5.73	宁沪高速	600377
50	000763	中兴通讯	34.15	1.07	32.1	中兴通讯	000063
51	000347	鞍钢股份	15.26	1.03	13.9	鞍钢股份	000898
52	003968	招商银行	18	1.02	16.16	招商银行	600036
53	001398	工商银行	5.3	1	4.69	工商银行	601398
54	000914	安徽海螺水泥股份	48.75	0.98	42.23	海螺水泥	600585
55	000390	中国中铁	7.08	0.97	6.04	中国中铁	601390
56	002628	中国人寿	32.1	0.95	27.01	中国人寿	601628
57	002318	中国平安	61.2	0.94	50.56	中国平安	601318
58	001186	中国铁建	11.5	0.92	9.28	中国铁建	601186

香港证券市场主板上市公司2008年12月31日收盘情况

次序	名称	代码	开盘	成交	涨跌	总量	最高	最低	幅度%	市净率	振幅%	成交金额	流通市值	总市值
1	长江实业	00001	71.5	73.3	2.3	3330900	73.35	71.3	3.23943662	0.73443433	2.887323944	241068000	16977484.87	16977484.87
2	中电控股	00002	52.9	52.6	-0.1	1803100	52.9	51.8	-0.189753321	2.008400112	2.087286528	94513000	12656314.48	12656314.48
3	香港中华煤气	00003	11.66	11.7	0.14	5612700	11.88	11.66	1.211072664	2.544308051	1.903114187	65817000	7667597.194	7667597.194
4	九龙仓集团	00004	20.8	21.25	0.65	1091300	21.3	20.7	3.155339806	0.58820107	2.912621359	22868000	5852250	5852250
5	汇丰控股	00005	0	0	0	0	0	0	0	0	0	0	0	0
6	香港电灯	00006	43	43.5	0.5	2555400	43.5	42.15	1.162790698	1.935630201	3.139534884	109368000	9284038.477	9284038.477
7	高信集团	00007	0.39	0.425	0.03	228000	0.425	0.39	7.594936709	0.560686004	8.860759494	94000	25226.38467	25226.38467
8	电讯盈科	00008	3.75	3.7	0.25	81414000	3.76	3.57	7.246376812	14.44184311	5.507246377	299516992	2505749.15	2505749.15

次序	名称	代码	开盘	成交	涨跌	总量	最高	最低	幅度%	市净率	振幅%	成交金额	流通市值	总市值
9	中国东方实业	00009	0.125	0.125	0	0	0.125	0.125	0	1.721763095	0	0	27223.75	27223.75
10	恒隆集团	00010	23.9	23.45	0.15	438000	23.9	23.1	0.643776824	0.809938914	3.433476395	10271000	3128959.881	3128959.881
11	恒生银行	00011	102.9	101.7	-1.2	631600	104.4	101.6	-1.166180758	3.650591443	2.721088435	64979000	19443439.81	19443439.81
12	恒基地产	00012	28.1	28.7	0.6	2112100	28.9	28.1	2.135231317	0.5125302	2.846975089	60183000	6161890	6161890
13	和记黄埔	00013	38.3	38.85	0.45	3249400	38.9	38.3	1.171875	0.609892038	1.5625	125474000	16563196.09	16563196.09
14	希慎兴业	00014	12.4	12.52	0.12	1064500	12.52	12.2	0.967741935	0.414208828	2.580645161	13209000	1314332.776	1314332.776
15	盈信控股	00015	0.45	0.45	0	0	0.45	0.45	0	1.600853761	0	0	66935.86172	66935.86172
16	新鸿基地产	00016	65.4	64.6	0.1	3844600	66	64.6	0.15503876	0.773710169	2.170542636	250152000	16563440	16563440
17	新世界发展	00017	7.45	7.86	0.41	12427600	7.91	7.43	5.503355705	0.417179752	6.44295302	96526000	3039712.046	3039712.046
18	东方报业集团	00018	0.72	0.73	0.01	1041000	0.73	0.72	1.388888889	0.631925205	1.388888889	749000	175048.0117	175048.0117
19	太古股份公司A	00019	52.95	53.35	1.35	1095000	54.05	52.3	2.596153846	0.354470926	3.365384615	58540000	4831261.381	4831261.381
20	会德丰	00020	16.88	17	0.3	281000	17.1	16.76	1.796407186	0.588153902	2.035928144	4751000	3454400	3454400
21	宝福集团	00021	0	0	0	0	0	0	0	0	0	0	0	0
22	茂盛控股	00022	0.057	0.057	0.002	230000	0.06	0.057	3.636363636	0.325342465	5.454545455	12000	7472.273391	7472.273391
23	东亚银行	00023	16.42	16.2	-0.06	1991300	16.42	16.1	-0.36900369	0.843108903	1.96801968	32315000	2983739.794	2983739.794
24	宝威控股	00024	0.147	0.148	0	120000	0.148	0.147	0	0.337591241	0.675675676	17000	46061.744	46061.744
25	其士国际	00025	3.8	3.9	0.1	0	3.9	3.8	2.631578947	0.335657101	2.631578947	0	108249.9996	108249.9996
26	中华汽车	00026	39.8	39.8	0	0	39.8	39.8	0	0.387673151	0	0	181466.9146	181466.9146
27	银河娱乐	00027	1.08	1.06	0	4422000	1.1	1.05	0	0.595405262	4.716981132	4738000	417445.9538	417445.9538
28	天安	00028	1.99	1.85	-0.1	5611000	1.99	1.85	-5.128205128	0.283078063	7.179487179	10713000	278748.9813	278748.9813
29	达力集团	00029	1.1	1.1	0	6100	1.1	1.1	0	0.164648473	0	6000	24101.40605	24101.40605
30	佳讯控股	00030	0.3	0.3	0	60000	0.3	0.3	0	19.23076975	0	18000	14006.58047	14006.58047
31	航天控股	00031	0.46	0.47	0.005	4986200	0.475	0.46	1.075268817	0.561999272	3.225806452	2327000	120832.4909	120832.4909
32	港通控股	00032	6.3	6.4	0.1	10000	6.4	6.25	1.587301587	0.928842023	2.380952381	63000	226232.325	226232.325
33	十友控股	00033	0.93	0.93	0	0	0.93	0.93	0	1.784001474	0	0	18600	18600
34	九龙建业	00034	3	2.92	-0.09	1514000	3.02	2.92	-2.990033223	0.209806293	3.322259136	4507000	335998.9478	335998.9478
35	远东发展	00035	1.11	1.06	-0.05	4349000	1.14	1.06	-4.504504505	0.362455122	7.207207207	4776000	190949.5263	190949.5263
36	远东控股国际	00036	0.43	0.43	0	0	0.43	0.43	0	0.431250629	0	0	13022.0293	13022.0293
37	远东酒店实业	00037	0.12	0.12	0	0	0.12	0.12	0	0.204953031	0	0	5866.112344	5866.112344
38	第一拖拉机股份	00038	1.86	1.84	0.02	3254000	1.87	1.83	1.098901099	0.535226027	2.197802198	6008000	73966.16	155645.6
39	生物动力	00039	0.22	0.22	0	0	0.22	0.22	0	0.5844846	0	0	12639.15383	12639.15383
40	金山工业	00040	0.48	0.48	0	60000	0.48	0.48	0	0.226191025	0	28000	26365.68	26365.68
41	鹰君	00041	8.79	8.61	0.01	504000	8.82	8.6	0.11627907	0.292032699	2.558139535	4371000	535392.603	535392.603
42	东北电气	00042	0.62	0.63	0.01	1504000	0.64	0.62	1.612903226	1.560178265	3.225806452	949000	16250.85	55022.31
43	卜蜂国际	00043	0.165	0.17	0.005	250000	0.17	0.165	3.03030303	0.589868166	3.03030303	41000	49125.42594	49125.42594
44	香港飞机工程	00044	62.6	63.7	1.1	13200	63.8	62.6	1.757188498	2.116018916	1.916932907	835000	1059489.628	1059489.628
45	大酒店	00045	5.8	5.86	0.1	97000	5.99	5.76	1.736111111	0.41024637	3.993055556	570000	859633.5241	859633.5241
46	科联系统	00046	0.62	0.65	0.03	0	0.65	0.62	4.838709677	0.490417989	4.838709677	0	16370.9127	16370.9127
47	合兴集团	00047	0.43	0.43	0	0	0.43	0.43	0	0.471387867	0	0	21968.6748	21968.6748
48	联洲国际	00048	0	0	0	0	0	0	0	0	0	0	0	0
49	会德丰地产	00049	3.22	3.02	-0.07	105000	3.23	3.02	-2.265372168	0.308771364	6.796116505	326000	625140	625140
50	香港小轮(集团)	00050	4.1	4.1	-0.07	10000	4.1	4.1	-1.678657074	0.496079756	0	41000	146072.3016	146072.3016
51	海港企业	00051	6.12	6.12	0	0	6.12	6.12	0	0.4091839	0	0	433755	433755
52	大快活集团	00052	5.37	5.45	0.1	180000	5.45	5.37	1.869158879	1.825734462	1.495327103	970000	68499.3043	68499.3043
53	国浩集团	00053	44.8	45.45	0.25	153000	45.5	44.8	0.553097345	0.420988485	1.548672566	6885000	1495536.866	1495536.866
54	合和实业	00054	24.65	25.5	0.65	600000	25.5	24.5	2.615694165	1.171562701	4.024144869	15109000	2241319.91	2241319.91
55	中大印刷	00055	0.056	0.05	-0.008	240000	0.056	0.05	-13.79310345	0.675675667	10.34482759	12000	50967.72813	50967.72813
56	联合地产(香港)	00056	0.78	0.77	0.01	3638200	0.82	0.77	1.315789474	0.422821372	6.578947368	2891000	468840.1025	468840.1025
57	震雄集团	00057	1.39	1.39	0	34000	1.39	1.39	0	0.373786545	0	47000	87407.86953	87407.86953
58	新威国际	00058	0.112	0.112	0	0	0.112	0.112	0	0.124749383	0	0	11379.21488	11379.21488
59	天誉置业	00059	0.25	0.295	-0.035	180000	0.3	0.25	-10.60606061	0.172939378	15.15151515	48000	43591.76742	43591.76742
60	四洲食品	00060	0.83	0.82	-0.01	0	0.83	0.82	-1.204819277	0.474427218	1.204819277	0	21286.05168	21286.05168
61	绿色环球资源	00061	0	0	0	0	0	0	0	0	0	0	0	0
62	载通	00062	19.2	19.3	0.18	8400	19.4	19.2	0.941422594	1.169562313	1.046025105	161000	779024.0691	779024.0691
63	荣丰国际	00063	0.06	0.065	0.002	8000	0.065	0.06	3.174603175	0.486163058	7.936507937	0	15550.67109	15550.67109
64	结好控股	00064	0.221	0.226	0.006	678000	0.226	0.221	2.727272727	0.250332293	2.272727273	152000	85935.95619	85935.95619
65	弘海有限公司	00065	0.33	0.32	-0.01	144000	0.33	0.32	-3.03030303	0.340570459	3.03030303	46000	16264.39625	16264.39625
66	港铁公司	00066	18	17.96	0.04	1622900	18.02	17.66	0.223214286	1.039604491	2.008928571	29043000	10258315.35	10258315.35
67	旭光	00067	0	0	0	0	0	0	0	0	0	0	0	0
68	利兴发展	00068	2.35	2.35	0	0	2.35	2.35	0	0.432725077	0	0	35990.7916	35990.7916
69	香格里拉(亚洲)	00069	8.8	8.91	0.39	1295400	9.05	8.74	4.577464789	0.839125252	3.638497653	11557000	2571280.099	2571280.099
70	海王集团	00070	0.06	0.055	0.001	340000	0.06	0.055	1.851851852	0.248643757	9.259259259	20000	21159.8475	21159.8475
71	美丽华酒店	00071	5.2	5.25	0.01	49000	5.36	5.2	0.190839695	0.432711324	3.053435115	259000	303046.4268	303046.4268
72	长城科技股份	00074	0.63	0.67	0.04	1780000	0.67	0.63	6.349206349	0.186380327	6.349206349	1177000	30409.42348	80248.71609
73	渝太地产	00075	1.22	1.22	0	0	1.22	1.22	0	0.326683632	0	0	97546.00547	97546.00547
74	南海石油	00076	0.035	0.036	0	6330100	0.036	0.034	0	0.280811244	5.555555556	222000	39500.064	39500.064
75	进智公共交通	00077	1.04	1.02	-0.06	50000	1.04	1.02	-5.555555556	0.995024883	1.851851852	51000	23205	23205
76	富豪国际	00078	2.04	2.15	0.07	430300	2.15	2.04	3.365384615	0.527245109	5.288461538	897000	217309.5871	217309.5871
77	世纪建业	00079	0.29	0.29	0	0	0.29	0.29	0	0.28893095	0	0	8632.418672	8632.418672
78	蚬壳电器工业	00081	2.38	2.4	0.1	147000	2.4	2.3	4.347826087	0.406304496	4.347826087	350000	125636.3063	125636.3063
79	第一视频	00082	0.155	0.161	0.006	15460000	0.167	0.155	3.870967742	0.472556501	7.741935484	2505000	33223.29588	33223.29588
80	信和置业	00083	7.99	8.02	0.22	12029800	8.09	7.83	2.820512821	0.661312378	3.333333333	95865000	3869176.319	3869176.319
81	宝光实业	00084	0.41	0.4	-0.005	10000	0.41	0.4	-1.234567901	0.482101969	2.469135802	4000	38053.6	38053.6
82	中国电子	00085	0.51	0.5	-0.05	40000	0.51	0.5	-9.090909091	2.063557541	1.818181818	20000	54178	54178
83	新鸿基公司	00086	3.95	3.88	-0.07	1230000	4.15	3.86	-1.772151899	0.586847366	7.341772152	4840000	682096.1794	682096.1794
84	太古股份公司B	00087	10.2	10.28	0.14	255000	10.3	10.18	1.380670611	0.227428596	1.183431953	2610000	3079086.16	3079086.16
85	大昌集团	00088	2.87	2.9	0.05	258000	2.91	2.86	1.754385965	0.481511628	1.754385965	745000	179084.1078	179084.1078

次序	名称	代码	开盘	成交	涨跌	总量	最高	最低	幅度%	市净率	振幅%	成交金额	流通市值	总市值
86	大生地产	00089	2.34	2.34	0	20000	2.34	2.34	0	0.286813919	0	46000	67314.71145	67314.71145
87	琥珀能源	00090	0	0	0	0	0	0	0	0	0	0	0	0
88	骏新能源	00091	0.044	0.045	0.001	150000	0.045	0.044	2.272727273	0.179856113	2.272727273	6000	24033.44813	24033.44813
89	冠军科技	00092	0.265	0.265	0.01	6488000	0.265	0.255	3.921568627	0.076909681	3.921568627	1687000	106146.5533	106146.5533
90	添利	00093	0.9	0.92	0.01	102000	0.92	0.9	1.098901099	1.602229259	2.197802198	92000	180103.1531	180103.1531
91	两仪控股	00094	0.48	0.5	-0.01	2000	0.5	0.48	-1.960784314	0.620655422	3.921568627	0	15704.45996	15704.45996
92	新泽控股	00095	0.185	0.181	0.003	24000	0.185	0.181	1.685393258	0.274867116	2.247191011	4000	21162.65999	21162.65999
93	恒基发展	00097	0.485	0.49	0.01	96658000	0.52	0.47	2.083333333	0.938517576	10.41666667	48108000	149319.0475	149319.0475
94	兴发铝业	00098	1	1.2	0	13000	1.2	1	0	0.666518545	16.66666667	14000	50160	50160
95	王氏国际	00099	0.42	0.42	0	0	0.42	0.42	0	0.188628408	0	0	19610.71547	19610.71547
96	白马户外媒体	00100	1	1	0.01	7611000	1.05	0.99	1.01010101	0.212965328	6.060606061	7628000	52436.85156	52436.85156
97	恒隆地产	00101	17.48	16.84	-0.38	7488000	17.48	16.6	-2.206736353	1.062990377	5.110336818	126222000	6981272.495	6981272.495
98	安利控股	00102	0	0	0	0	0	0	0	0	0	0	0	0
99	首长宝佳	00103	0.355	0.345	-0.005	234000	0.355	0.345	-1.428571429	0.351002128	2.857142857	81000	66038.12648	66038.12648
100	冠亚商业集团	00104	0.48	0.48	0	0	0.48	0.48	0	0.80672265	0	0	28833.36	28833.36
101	凯联国际酒店	00105	10.1	10.1	0	0	10.1	10.1	0	0.704554469	0	0	363600	363600
102	深圳科技	00106	0.188	0.19	0.005	102000	0.19	0.186	2.702702703	0.198786358	2.162162162	19000	35465.51578	35465.51578
103	四川成渝高速公路	00107	1.48	1.47	0	854000	1.48	1.45	0	0.57147301	2.040816327	1254000	131612.04	449534.82
104	建懋国际	00108	1.36	1.36	0	0	1.36	1.36	0	1.303805964	0	0	14548.41008	14548.41008
105	荣德丰(新)	00109	0	0	0	0	0	0	0	0	0	0	0	0
106	中国长远	00110	0.155	0.155	0	0	0.155	0.155	0	0.304938025	0	0	5778.245	5778.245
107	信达国际控股	00111	0	0	0	0	0	0	0	0	0	0	0	0
108	至祥置业	00112	1.08	1.06	0.13	2000	1.08	1.06	13.97849462	0.364662167	2.150537634	2000	35909.19766	35909.19766
109	迪生创建	00113	2.13	2.1	-0.04	671500	2.18	2.09	-1.869158879	0.421644394	4.205607477	1422000	78185.31328	78185.31328
110	兴利集团	00114	0.62	0.62	-0.01	60000	0.62	0.62	-1.587301587	0.498672902	0	37000	37354.42844	37354.42844
111	钧濠集团	00115	0.084	0.09	-0.004	540000	0.09	0.084	-4.255319149	0.564971753	6.382978723	45000	22651.29	22651.29
112	周生生	00116	4.04	4.01	-0.04	40000	4.08	4.01	-0.987654321	0.752669988	1.728395062	161000	241369.92	241369.92
113	宇阳控股	00117	0.5	0.5	0	60000	0.5	0.5	0	0.460108601	0	30000	20275	20275
114	大同机械	00118	0.35	0.335	-0.015	0	0.35	0.335	-4.285714286	0.241982084	4.285714286	0	23782.67855	23782.67855
115	保利香港	00119	1.87	1.83	0.07	55000	1.87	1.78	3.977272727	0.575200385	5.113636364	100000	391866.5067	391866.5067
116	四海国际	00120	0.4	0.42	-0.025	940000	0.45	0.365	-5.617977528	7.155025675	19.1011236	399000	94644.60469	94644.60469
117	正大企业	00121	0.091	0.092	-0.002	300000	0.092	0.091	-2.127659574	1.924686162	1.063829787	27000	84496.6065	84496.6065
118	鳄鱼恤	00122	0.22	0.22	0	0	0.22	0.22	0	0.233050846	0	0	13576.79641	13576.79641
119	越秀投资	00123	0.77	0.75	-0.01	48286000	0.78	0.74	-1.315789474	0.369167159	5.263157895	36841000	534563.6719	534563.6719
120	金威啤酒	00124	0.72	0.68	-0.03	200000	0.72	0.67	-4.225352113	0.391299344	7.042253521	137000	116384.5075	116384.5075
121	新兴光学	00125	1.6	1.6	0	348000	1.62	1.6	0	0.522687922	1.25	561000	42044.52813	42044.52813
122	达成集团	00126	0.375	0.39	0.015	1626000	0.4	0.375	4	0.161631234	6.666666667	631000	44620.76836	44620.76836
123	华人置业	00127	8.88	8.8	-0.05	1955000	8.89	8.5	-0.564971751	0.527672841	4.406779661	17044000	1724676.938	1724676.938
124	安宁控股	00128	0.148	0.148	0	0	0.148	0.135	0	0.271659333	8.783783784	0	24429.7495	24429.7495
125	泛海集团	00129	0.064	0.064	0	1271100	0.065	0.064	0	0.15575566	1.5625	81000	72768.296	72768.296
126	慕诗国际	00130	0.8	0.8	0	0	0.8	0.8	0	0.587630377	0	0	22562.4	22562.4
127	卓能(集团)	00131	1.27	1.27	0	0	1.27	1.27	0	0.125139183	0	0	34483.1665	34483.1665
128	中国兴业控股	00132	0.125	0.125	0	0	0.125	0.125	0	0.255990172	0	0	14854.11328	14854.11328
129	招商局中国基金	00133	8.9	8.9	0.01	112000	8.9	8.84	0.112485939	1.7977E+308	0.674915636	996000	132739.5802	132739.5802
130	中国(香港)石油	00135	2.43	2.41	-0.02	3420000	2.48	2.41	-0.823045267	1.004166627	2.880658436	8365000	1074624.648	1074624.648
131	马斯葛集团	00136	0	0	0	0	0	0	0	0	0	0	0	0
132	金辉集团	00137	0.97	1.02	0.02	670000	1.02	0.97	2	0.218973395	5	677000	53219.265	53219.265
133	中建电讯	00138	0.345	0.345	0	116000	0.345	0.345	0	0.133076183	0	40000	22599.43928	22599.43928
134	越南控股	00139	0.068	0.068	0.003	10000	0.068	0.068	4.615384615	0.894736871	0	0	19207.57325	19207.57325
135	三元集团	00140	0	0	0	0	0	0	0	0	0	0	0	0
136	大中华集团	00141	0.35	0.35	0	0	0.35	0.35	0	0.131258199	0	0	9158.971582	9158.971582
137	第一太平	00142	2.7	2.69	-0.01	2280200	2.7	2.63	-0.37037037	0.986974828	2.592592593	6112000	865356.0194	865356.0194
138	耀科国际	00143	0.02	0.02	0	0	0.02	0.02	0	1.142857138	0	0	10331.9475	10331.9475
139	招商局国际	00144	15.3	14.98	0.06	2344800	15.3	14.92	0.402144772	1.198908296	2.54691689	35381000	3638099.209	3638099.209
140	香港建屋贷款	00145	0.47	0.47	0	40000	0.47	0.47	0	0.462643954	0	18000	10575	10575
141	太平地毯	00146	1.26	1.4	0	127000	1.4	1.23	0	0.307395049	12.14285714	161000	29706.25	29706.25
142	超越集团(新)	00147	0	0	0	0	0	0	0	0	0	0	0	0
143	建滔化工	00148	13.9	13.9	0.22	650400	13.9	13.3	1.608187135	0.602754443	4.385964912	8940000	1174187.188	1174187.188
144	中国农产品交易	00149	0.205	0.205	-0.004	75000	0.205	0.205	-1.913875598	0.399454415	0	15000	59832.50438	59832.50438
145	中国旺旺	00151	3.14	3.21	0.09	6823800	3.21	3.1	2.884615385	5.873741702	3.525641026	21748000	4239944.55	4239944.55
146	深圳国际	00152	0.335	0.335	0.005	56275000	0.345	0.33	1.515151515	0.957142873	4.545454545	18984000	469945.37	469945.37
147	北京发展(香港)	00154	1.01	1.04	0.03	236000	1.05	0.99	2.97029703	0.917593112	5.940594059	240000	70455.86438	70455.86438
148	华基光电	00155	0.056	0.057	-0.001	4370000	0.059	0.056	-1.724137931	0.994764374	5.172413793	250000	37380.61425	37380.61425
149	力宝华润	00156	0.095	0.097	0.002	4088000	0.097	0.094	2.105263158	0.281485787	3.157894737	388000	89155.14925	89155.14925
150	自然美	00157	1.2	1.21	0.01	320000	1.21	1.18	0.833333333	2.848399189	2.5	384000	242191.1989	242191.1989
151	万邦投资	00158	49.1	49	-0.8	2000	49.1	49	-1.606425703	0.561679927	0.200803213	98000	122500	122500
152	华南投资	00159	0.68	0.84	0.13	2172000	0.87	0.66	18.30985915	1.671309145	29.57746479	1750000	229509.6825	229509.6825
153	汉国置业	00160	1.28	1.28	0	0	1.28	1.28	0	0.1951517	0	0	61476.635	61476.635
154	深圳中航集团股份	00161	1.88	1.95	-0.01	124000	1.96	1.88	-0.510204082	0.674133983	4.081632653	241000	54143.31152	131306.5863
155	中国金展	00162	0.21	0.21	0	0	0.21	0.21	0	-2.953586641	0	0	24323.06133	24323.06133
156	英皇国际	00163	0.69	0.67	-0.02	872000	0.7	0.67	-2.898550725	0.248194102	4.347826087	602000	118941.4883	118941.4883
157	上海策略置地	00164	0.405	0.4	-0.005	0	0.405	0.4	-1.234567901	1.639344244	1.234567901	0	21824.65156	21824.65156
158	中国光大控股	00165	9.37	9.52	0.32	1649000	9.56	9.37	3.47826087	1.147541049	2.065217391	15654000	1515527.029	1515527.029
159	新时代能源	00166	0	0	0	0	0	0	0	0	0	0	0	0
160	万威国际	00167	0.165	0.169	0.004	4514000	0.175	0.165	2.424242424	0.56597457	6.060606061	767000	42288.38148	42288.38148
161	青岛啤酒股份	00168	15.9	16.18	0.38	530600	16.2	15.82	2.405063291	2.904951756	2.405063291	8513000	1059901.996	2116698.696
162	恒力房地产	00169	0.146	0.146	0	0	0.146	0.146	0	1.173633466	0	0	16330.20266	16330.20266

次序	名称	代码	开盘	成交	涨跌	总量	最高	最低	幅度%	市净率	振幅%	成交金额	流通市值	总市值
163	中国资本	00170	2.6	2.65	-0.1	15000	2.65	2.6	-3.636363636	0.187694334	1.818181818	39000	20287.92253	20287.92253
164	银建国际	00171	0.71	0.71	0.01	1242000	0.73	0.7	1.428571429	0.265460267	4.285714286	890000	129270.41	129270.41
165	金榜集团	00172	0.33	0.345	0.015	1380000	0.345	0.33	4.545454545	0.07289246	4.545454545	461000	92099.92781	9209.992646
166	嘉华国际	00173	1.29	1.26	0	854000	1.29	1.24	0	0.403949732	3.968253968	1077000	311268.2738	311268.2738
167	奇盛(集团)	00174	0.53	0.53	0	0	0.53	0.53	0	0.425156415	0	0	23611.5	23611.5
168	吉利汽车	00175	0.63	0.63	0.01	740000	0.63	0.62	1.612903226	0.859012832	1.612903226	460000	458523.8044	458523.8044
169	联太工业	00176	0.151	0.151	0	0	0.151	0.151	0	0.52576601	0	0	14858.4	14858.4
170	江苏宁沪高速公路	00177	5.48	5.7	0.23	2976600	5.74	5.46	4.204753199	1.730523954	5.118829982	16784000	696540	2871516.075
171	莎莎国际	00178	1.85	1.9	0.03	434000	1.92	1.85	1.604278075	2.337598453	3.743315508	820000	262569.1938	262569.1938
172	德昌电机控股	00179	1.35	1.31	-0.02	1598000	1.35	1.31	-1.503759398	0.642125355	3.007518797	2134000	479931.4772	479931.4772
173	开达集团	00180	0.305	0.305	0	0	0.305	0.305	0	0.289676144	0	0	20295.06695	20295.06695
174	闽港控股	00181	0.34	0.355	0.01	880000	0.385	0.34	2.898550725	1.545494129	13.04347826	327000	18913.69	18913.69
175	中国风电	00182	0.204	0.207	0.005	22925200	0.212	0.202	2.475247525	0.523917999	4.95049505	4734000	150657.498	150657.498
176	激成投资	00184	2.3	2.35	0.05	202000	2.4	2.3	2.173913043	0.394414422	4.347826087	479000	79947	79947
177	特速集团	00185	0.051	0.051	0	0	0.051	0.051	0	0.219072158	0	0	11336.94938	11336.94938
178	嘉域集团	00186	1.02	1.06	0.04	98000	1.06	0.92	3.921568627	0.359504843	13.7254902	99000	48784.0943	48784.0943
179	北人印刷机械股份	00187	0.7	0.7	0	10000	0.7	0.7	0	0.295283896	0	7000	7000	29540
180	汇富金融	00188	0.08	0.08	0	0	0.08	0.08	0	0.545330626	0	0	25985.79	25985.79
181	东岳集团	00189	0.32	0.325	0.005	7088000	0.335	0.32	1.5625	0.314526262	4.6875	2300000	67717.74648	67717.74648
182	香港建设(控股)	00190	0.66	0.64	0	6248900	0.66	0.64	0	0.487433372	3.125	4064000	529791.08	529791.08
183	丽新国际	00191	0.25	0.25	-0.005	250000	0.25	0.25	-1.960784314	0.117343342	0	62000	40435.58594	40435.58594
184	冠中地产	00193	0.027	0.028	0.001	1940000	0.028	0.026	3.703703704	1.7977E+308	7.407407407	52000	59681.713	59681.713
185	廖创兴企业	00194	3.3	3.27	-0.03	228000	3.32	3.22	-0.909090909	0.202626088	3.03030303	750000	123796.6436	123796.6436
186	威达国际	00195	2.3	2.3	0	0	2.3	2.3	0	1.333101525	0	0	23000	23000
187	宏华集团	00196	0.95	0.92	0	7573000	0.96	0.91	0	0.335950323	5.434782609	7086000	296487.3075	296487.3075
188	亨泰	00197	0.6	0.6	-0.01	3035000	0.61	0.6	-1.639344262	0.485201342	1.639344262	1826000	154661.7	154661.7
189	星美国际	00198	0	0	0	0	0	0	0	0	0	0	0	0
190	德祥地产	00199	0	0	0	0	0	0	0	0	0	0	0	0
191	新濠国际发展	00200	2.7	2.57	-0.07	5123000	2.72	2.57	-2.651515152	0.399943978	5.681818182	13530000	316136.9248	316136.9248
192	华大地产	00201	0.079	0.082	0.003	3908000	0.083	0.077	3.797468354	0.172922814	7.594936709	316000	48910.55025	48910.55025
193	国中控股	00202	0.018	0.017	0	39660000	0.018	0.017	0	0.200471704	5.882352941	710000	37726.72725	37726.72725
194	骏威汽车	00203	2.46	2.41	-0.06	1774000	2.5	2.39	-2.429149798	1.263168945	4.453441296	4351000	1812006.399	1812006.399
195	泰润国际	00204	1.1	1.01	0	74000	1.1	1.01	0	4.504906426	8.910891089	77000	2550.330879	2550.330879
196	财讯传媒	00205	0.185	0.19	-0.01	100000	0.19	0.185	-5	1.013333333	2.5	19000	33051.75281	33051.75281
197	TSC 海洋集团	00206	0.58	0.56	0.01	481000	0.58	0.51	1.818181818	0.562814068	12.72727273	268000	42206.61375	42206.61375
198	侨福企业	00207	0.31	0.31	0.01	6000	0.31	0.31	3.333333333	1.970756574	0	1000	16596.1382	16596.1382
199	保利达资产	00208	0.49	0.5	-0.01	1780000	0.51	0.49	-1.960784314	0.21548009	3.921568627	889000	221948.3906	221948.3906
200	崇高国际	00209	0.13	0.13	0	0	0.13	0.13	0	0.346205066	0	0	5790.59	5790.59
201	达芙妮国际	00210	1.26	1.26	0.02	3348000	1.34	1.26	1.612903226	1.11277928	6.451612903	4226000	206374.4353	206374.4353
202	大凌集团	00211	0	0	0	0	0	0	0	0	0	0	0	0
203	南洋集团	00212	7.8	7.8	0	0	7.8	7.8	0	0.205734191	0	0	32779.73232	32779.73232
204	乐声电子	00213	0.3	0.3	0	0	0.3	0.3	0	0.403388448	0	0	29177.57813	29177.57813
205	汇汉控股	00214	0.58	0.58	0	500	0.58	0.58	0	0.161191703	0	0	37785.68367	37785.68367
206	和记电讯香港	00215	0	0	0	0	0	0	0	0	0	0	0	0
207	建业实业	00216	0.56	0.56	0	0	0.56	0.56	0	0.168944405	0	0	30876.61938	30876.61938
208	中国诚通发展集团	00217	0.5	0.5	-0.01	2104000	0.51	0.49	-1.960784314	2.018570805	3.921568627	1044000	133945.25	133945.25
209	申银万国	00218	2.83	2.82	0.04	751000	2.85	2.81	1.438848921	1.575594996	1.438848921	2126000	149674.0666	149674.0666
210	顺豪科技	00219	0.51	0.56	0.075	232200	0.56	0.51	15.46391753	0.153504568	10.30927835	120000	30076.31156	30076.31156
211	统一企业中国	00220	1.93	2.01	0.08	1566000	2.02	1.93	4.14507772	1.111233978	4.663212435	3114000	723488.445	723488.445
212	利来控股	00221	0.126	0.129	-0.004	352000	0.129	0.125	-3.007518797	2.037914736	3.007518797	45000	99220.35	99220.35
213	闽信集团	00222	2.15	2.2	0.09	4926000	2.38	2.15	4.265402844	0.449585138	10.90047393	11178000	101074.3164	101074.3164
214	神州资源	00223	0.27	0.255	0	314000	0.28	0.255	0	0.463552057	9.803921569	85000	28401.09516	28401.09516
215	建生国际	00224	0.362	0.362	0	0	0.362	0.362	0	0.220234836	0	0	27850.79806	27850.79806
216	博富临置业	00225	3.68	3.68	0	0	3.68	3.68	0	0.234642996	0	0	40546.02078	40546.02078
217	力宝	00226	1.55	1.53	-0.04	108000	1.57	1.52	-2.547770701	0.173859676	3.184713376	168000	76566.30996	76566.30996
218	第一上海	00227	0.74	0.73	0	1744000	0.75	0.73	0	0.439494277	2.739726027	1288000	102084.1467	102084.1467
219	中能控股	00228	0.09	0.095	0.01	188000	0.095	0.09	11.76470588	0.682961897	5.882352941	17000	28727.05	28727.05
220	利民实业	00229	0.55	0.55	-0.03	50000	0.55	0.55	-5.172413793	0.442157751	0	27000	21662.56855	21662.56855
221	五矿建设	00230	0.68	0.69	0	128000	0.69	0.67	0	0.485778646	2.898550725	87000	115281.5883	115281.5883
222	环球动力	00231	0.057	0.057	0	0	0.057	0.057	0	0.848214316	0	0	22419.97744	22419.97744
223	中国航空工业国际	00232	0.133	0.134	0.003	3098000	0.137	0.131	2.290076336	0.693222991	4.580152672	413000	63708.91813	63708.91813
224	铭源医疗	00233	0.46	0.455	0	9377400	0.46	0.45	0	1.315789427	2.197802198	4278000	140964.7586	140964.7586
225	新世纪集团	00234	0.088	0.088	0.002	168000	0.088	0.088	2.325581395	0.516431944	0	14000	50734.541	50734.541
226	中策集团	00235	0.103	0.104	0.004	705000	0.107	0.103	4	0.605002894	4	73000	24219.494	24219.494
227	香港生力啤	00236	1	1	-0.02	8000	1	1	-1.960784314	0.257506311	0	8000	37357.05859	37357.05859
228	安全货仓	00237	2.71	2.71	0	0	2.71	2.71	0	0.285871003	0	0	36585	36585
229	白花油	00239	0.91	0.9	-0.02	52500	0.91	0.89	-2.173913043	1.113310276	2.173913043	47000	23373	23373
230	利基控股	00240	0.185	0.171	-0.009	1310000	0.185	0.164	-5	1.830835088	11.66666667	224000	15927.08562	15927.08562
231	中信21世纪	00241	0.15	0.15	0	730000	0.15	0.145	0	1.181102325	3.333333333	109000	55768.04531	55768.04531
232	信德集团	00242	2.2	2.13	-0.04	6424000	2.2	2.11	-1.843317972	0.406837944	4.147465438	13840000	431050.3964	431050.3964
233	品质国际	00243	0.115	0.116	0.006	220000	0.116	0.11	5.454545455	0.71782181	5.454545455	25000	8901.300781	8901.300781
234	先施	00244	0.216	0.21	-0.006	0	0.216	0.203	-2.777777778	0.193138978	6.018518519	0	12060.46816	12060.46816
235	中国七星购物	00245	0.041	0.039	-0.001	1830000	0.04	0.039	-2.5	0.902777754	2.5	73000	28564.69688	28564.69688
236	瑞金矿业	00246	0	0	0	0	0	0	0	0	0	0	0	0
237	尖沙咀置业	00247	25	25	0	0	25	25	0	1.456104297	0	0	3665250.391	3665250.391
238	香港通讯国际控股	00248	0.14	0.14	0	0	0.14	0.14	0	0.303030295	0	0	6861.583203	6861.583203
239	中国数码信息	00250	0.04	0.043	0.003	1690000	0.043	0.04	7.5	0.379523379	7.5	71000	85632.3715	85632.3715

次序	名称	代码	开盘	成交	涨跌	总量	最高	最低	幅度%	市净率	振幅%	成交金额	流通市值	总市值
240	爪哇控股	00251	2.26	2.26	0.01	10000	2.26	2.25	0.444444444	0.234768604	0	22000	145253.9255	145253.9255
241	华信地产财务	00252	1.9	1.9	0	0	1.9	1.9	0	0.754657041	0	0	37554.16426	37554.16426
242	顺豪资源集团	00253	0.99	1.25	0.32	230000	1.3	0.93	34.40860215	0.364059992	33.33333333	255000	38046.12549	38046.12549
243	中国户外媒体集团	00254	0.087	0.087	0.001	300000	0.087	0.087	1.162790698	0.784490534	0	26000	9128.7795	9128.7795
244	龙记集团	00255	2.15	2.15	0.02	30000	2.15	2.15	0.938967136	0.731168163	0	64000	133302.8555	133302.8555
245	中国海淀	00256	0.37	0.39	0.02	1750000	0.39	0.37	5.405405405	0.832266317	5.405405405	670000	138139.1944	138139.1944
246	中国光大国际	00257	1.42	1.43	0	3894000	1.45	1.42	0	1.594380648	2.097902098	5566000	450553.6303	450553.6303
247	汤臣集团	00258	1.45	1.45	0	40000	1.45	1.45	0	0.24435869	0	58000	195137.8055	195137.8055
248	亿都(国际控股)	00259	0.32	0.325	0.005	0	0.325	0.32	1.5625	0.569376308	1.5625	0	32862.57051	32862.57051
249	中油洁能	00260	0.118	0.118	-0.004	210000	0.118	0.113	-3.278688525	0.46843988	0	24000	21326.789	21326.789
250	中建科技国际	00261	0.01	0.01	0	400000	0.01	0.01	0	0.892857175	0	4000	20536.89	20536.89
251	迪臣发展国际	00262	0.13	0.13	0	0	0.13	0.13	0	0.155483797	0	0	7370.649102	7370.649102
252	中国云锡矿业	00263	0.129	0.128	-0.001	1336000	0.129	0.123	-0.775193798	0.360157573	4.651162791	168000	52493.86	52493.86
253	卓高国际	00264	0.5	0.5	0	0	0.5	0.5	0	0.645327824	0	0	15940.2002	15940.2002
254	南华集团	00265	0.73	0.73	0	0	0.73	0.73	0	0.965736176	0	0	133108.3027	133108.3027
255	天德地产	00266	4	4	-0.09	20000	4	4	-2.200488998	0.696233358	0	80000	189892.7188	189892.7188
256	中信泰富	00267	8.44	8.38	0.11	9701500	8.53	8.29	1.330108827	0.611469037	2.902055623	81461000	3055619.564	3055619.564
257	金蝶国际	00268	0.79	0.8	0.02	2273600	0.81	0.78	2.564102564	1.511715748	3.846153846	1813000	162723.2375	162723.2375
258	中国木业	00269	0.042	0.044	0.001	1000000	0.044	0.042	2.325581395	0.42430088	4.651162791	43000	44603.086	44603.086
259	粤海投资	00270	3.16	3.11	0	3789900	3.16	3.09	0	1.244647265	2.250803859	11839000	1932379.257	1932379.257
260	丹枫控股	00271	0.285	0.305	0.005	225000	0.31	0.285	1.666666667	0.159937078	8.333333333	69000	38042.61664	38042.61664
261	瑞安房地产	00272	2.37	2.45	0.1	4456500	2.48	2.37	4.255319149	0.507898328	4.680851064	10909000	1230550.934	1230550.934
262	威利国际	00273	0.53	0.53	0.01	370500	0.58	0.53	1.923076923	0.134163625	9.615384615	201000	56601.40383	56601.40383
263	高宝绿色	00274	0.39	0.395	0.005	2280000	0.395	0.385	1.282051282	0.20098713	2.564102564	889000	84197.40383	84197.40383
264	锦兴集团	00275	1.2	1.2	-0.01	64300	1.21	1.15	-0.826446281	0.240072028	4.132231405	75000	67372.40625	67372.40625
265	蒙古能源	00276	2.42	2.38	-0.01	4194000	2.45	2.35	-0.418410042	1.085617804	4.184100418	10098000	1452465.805	1452465.805
266	太兴置业	00277	2.8	2.8	0	0	2.8	2.8	0	0.61421018	0	0	86173.5	86173.5
267	华厦置业	00278	1.63	1.63	0	0	1.63	1.63	0	0.298130735	0	0	19716.48	19716.48
268	民丰控股(新)	00279	0	0	0	0	0	0	0	0	0	0	0	0
269	景福集团	00280	0.43	0.43	0.03	12000	0.43	0.43	7.5	0.235011205	0	5000	18708.08391	18708.08391
270	川河集团	00281	0.163	0.189	0.029	234000	0.19	0.163	18.125	0.428863178	16.875	38000	49301.53003	49301.53003
271	壹传媒	00282	0.89	0.9	0.03	560000	0.9	0.87	3.448275862	0.696486629	3.448275862	499000	217124.7188	217124.7188
272	高银地产	00283	4.29	4.7	0.6	668000	4.7	4.29	14.63414634	1.191260709	10	3023000	574613.6648	574613.6648
273	比亚迪电子	00285	2.64	2.73	0.1	888500	2.73	2.64	3.802281369	0.929741499	3.422053232	2397000	615344.4741	615344.4741
274	金匡企业	00286	0.204	0.18	-0.02	49936000	0.205	0.173	-10	1.22783089	13.5	9508000	43708.59	43708.59
275	永发置业	00287	3	3	0	0	3	3	0	0.403263745	0	0	12000	12000
276	成功控股	00288	0.066	0.067	0.001	0	0.067	0.065	1.515151515	2.815125986	1.515151515	0	3960.021652	3960.021652
277	永安	00289	8.2	8.2	0.16	40000	8.2	8.17	1.990049751	0.358047325	0.373134328	327000	242141.9	242141.9
278	中国富强集团	00290	0	0	0	0	0	0	0	0	0	0	0	0
279	华润创业	00291	13.18	13.52	0.34	1008700	13.52	13.13	2.579666161	1.283804265	2.579666161	13480000	3230590.691	3230590.691
280	泛海酒店	00292	0.033	0.033	0.001	201100	0.033	0.033	3.125	0.243183489	0	6000	43160.03588	43160.03588
281	国泰航空	00293	8.58	8.72	0.19	2309500	8.9	8.55	2.227432591	0.908569955	4.103165299	20210000	3430312.568	3430312.568
282	长江制衣	00294	1.04	1.04	-0.1	12000	1.04	1.04	-8.771929825	0.247619059	0	12000	21878.37641	21878.37641
283	江山控股	00295	0.019	0.02	0	7798000	0.02	0.013	0	2.127659605	10	145000	12084.33375	12084.33375
284	英皇娱乐酒店	00296	0.41	0.41	-0.005	90000	0.41	0.41	-1.204819277	0.24148898	0	36000	41460.14813	41460.14813
285	中化化肥	00297	3.69	3.75	0.1	7006800	3.77	3.67	2.739726027	1.661129617	2.739726027	26216000	2630711.953	2630711.953
286	庄士中国	00298	0.183	0.176	-0.004	7433000	0.183	0.174	-2.222222222	0.150363088	5	1310000	26810.586	26810.586
287	中讯软件	00299	0.52	0.54	0	24000	0.54	0.52	0	1.001855335	3.703703704	12000	60174.95906	60174.95906
288	昆明机床	00300	3.02	3.05	0.04	185300	3.09	3.02	1.328903654	1.108325174	2.325581395	566000	34378.34902	129583.7893
289	永亨银行	00302	46.25	44.65	0.15	146500	46.25	43.05	0.337078652	1.244342613	7.191011236	6545000	1317373.222	1317373.222
290	伟易达集团	00303	32.85	32.8	0.85	102000	34	32.75	2.660406886	2.363708406	3.912363067	3339000	809668.3203	809668.3203
291	宜进利(集团)	00304	0	0	0	0	0	0	0	0	0	0	0	0
292	俊山五菱汽车	00305	0.485	0.52	0.045	1750000	0.54	0.475	9.473684211	2.866593148	13.68421053	875000	47698.97438	47698.97438
293	冠忠巴士集团	00306	0.8	0.8	0.03	14000	0.8	0.8	3.896103896	0.332088014	0	11000	31592.48125	31592.48125
294	泰德阳光	00307	0.07	0.07	0	0	0.07	0.07	0	1.498929312	0	0	7006.032031	7006.032031
295	香港中旅	00308	1.51	1.51	0.02	8898000	1.53	1.47	1.342281879	0.746859219	4.026845638	13347000	859998.6994	859998.6994
296	劳氏环保	00309	0.19	0.19	0.008	391000	0.19	0.182	4.395604396	0.89034674	4.395604396	73000	14439.7343	14439.7343
297	嘉进投资国际	00310	0.43	0.43	0	0	0.43	0.43	0	0.144416459	0	0	5516.435566	5516.435566
298	联泰控股	00311	0.57	0.57	0	0	0.57	0.57	0	0.329479765	0	0	56572.5	56572.5
299	裕田中国	00313	0.07	0.08	0.011	8380000	0.08	0.065	15.94202899	2.325581316	20.28985507	620000	64646.99	64646.99
300	数码通电讯	00315	5.73	5.75	0	29800	5.75	5.73	0	1.159788637	0.347826087	171000	309198.9951	309198.9951
301	东方海外国际	00316	16.74	17.22	0.38	216500	17.3	16.74	2.256532067	0.337774217	3.325415677	3684000	1077615.559	1077615.559
302	广州广船国际股份	00317	7.1	7.11	0.01	238000	7.25	7.[illegible]	0.14084507	1.129127067	2.112676056	1707000	111909.9766	351715.7858
303	黄河实业	00318	0.06	0.06	0	0	0.06	0.06	0	0.961538488	0	0	35159.16375	35159.16375
304	勤美达国际	00319	0.88	0.87	0	236000	0.88	0.85	0	0.519558081	3.448275862	203000	87530.87672	87530.87672
305	金宝通	00320	0.4	0.45	0.05	10000	0.45	0.4	12.5	0.400355889	12.5	4000	37350	37350
306	德永佳集团	00321	3.25	3.3	0.07	1280000	3.35	3.2	2.167182663	1.058438644	4.643962848	4224000	437979.6609	437979.6609
307	康师傅控股	00322	8.95	8.98	0.01	1100000	9	8.9	0.11148272	5.362474604	4.459308807	9756000	5016940.226	5016940.226
308	马鞍山钢铁股份	00323	2.79	2.76	0.02	12262200	2.82	2.75	0.729927007	0.72079603	2.554744526	34102000	478288.68	2125388.025
309	中国星集团	00326	0	0	0	0	0	0	0	0	0	0	0	0
310	爱高集团	00328	1.29	1.3	0.03	134000	1.35	1.27	2.362204724	0.451828184	4.724409449	176000	72366.05898	72366.05898
311	如集团	00329	0.148	0.148	0	0	0.148	0.148	0	0.463513943	0	0	22397.728	22397.728
312	思捷环球	00330	41.6	43.9	1.9	2069000	44.3	41.6	4.523809524	4.075191445	6.428571429	89860000	5470079.931	5470079.931
313	毅力工业	00332	0	0	0	0	0	0	0	0	0	0	0	0
314	黛丽斯国际	00333	0.26	0.26	0.01	48000	0.26	0.26	4	0.512416264	0	12000	27954.89125	27954.89125
315	唯冠国际	00334	0.15	0.16	0.008	16276000	0.169	0.15	5.263157895	2.996254755	12.5	2464000	12352.14375	12352.14375
316	美建集团	00335	0.67	0.68	0.01	46000	0.68	0.67	1.492537313	0.903294382	1.492537313	30000	91198.74188	91198.74188

次序	名称	代码	开盘	成交	涨跌	总量	最高	最低	幅度%	市净率	振幅%	成交金额	流通市值	总市值
317	华宝国际	00336	5	5.08	0.03	978600	5.08	4.99	0.594059406	5.516941966	1.782178218	4904000	1569258.196	1569258.196
318	盛高置地	00337	1.01	0.99	0	3687000	1.04	0.99	0	0.270610098	5.050505051	3731000	101523.6105	101523.6105
319	上海石油化工股份	00338	1.97	1.99	0.02	5871100	2.02	1.97	1.015228426	0.936294315	2.538071066	11780000	463670	1432800
320	安利时投资	00339	0.22	0.28	0.055	150000	0.28	0.22	24.44444444	0.90938613	26.66666667	36000	2268	2268
321	中国矿业	00340	0	0	0	0	0	0	0	0	0	0	0	0
322	大家乐集团	00341	15.9	15.7	-0.2	156000	16	15.7	-1.257861635	3.672514538	1.886792453	2469000	873343.9	873343.9
323	新海能源	00342	0.265	0.265	0	0	0.35	0.265	0	0.35651822	32.0754717	0	25528.86609	25528.86609
324	文化传信	00343	0.295	0.295	-0.005	267600	0.295	0.29	-1.666666667	0.324675334	1.666666667	78000	20333.05246	20333.05246
325	维他奶国际	00345	3.36	3.45	0.16	286000	3.45	3.36	4.863221884	2.721464161	2.73556231	971000	350524.6629	350524.6629
326	中联石油化工	00346	0.66	0.73	0.08	59460000	0.74	0.66	12.30769231	0.516119916	12.30769231	41707000	439639.8538	439639.8538
327	鞍钢股份	00347	8.62	8.67	0.11	9003100	8.75	8.57	1.285046729	1.106474209	2.102803738	78041000	941388.6	6272578.103
328	龙昌	00348	0.061	0.063	0.002	170000	0.063	0.061	3.278688525	0.517241388	3.278688525	10000	15692.04	15692.04
329	工银亚洲	00349	8.33	8.3	0.11	262000	8.39	8.2	1.343101343	0.765379028	2.31990232	2175000	1078367.773	1078367.773
330	经纬纺织机械股份	00350	0.79	0.82	0.03	1270000	0.82	0.77	3.797468354	0.153179408	6.329113924	1001000	14825.6	49511.6
331	中科环保	00351	0.081	0.08	0.001	610000	0.081	0.08	1.265822785	1.847575097	1.265822785	49000	74856.215	74856.215
332	富阳	00352	0.38	0.36	-0.035	970000	0.48	0.35	-8.860759494	0.603015072	32.91139241	369000	7216.92	7216.92
333	森源钛矿控股	00353	0.03	0.034	0	16174000	0.035	0.03	0	0.176531675	14.70588235	502000	13908.448	13908.448
334	中国软件国际	00354	0.58	0.58	-0.02	60000	0.58	0.58	-3.333333333	0.648406919	0	34000	58587.89797	58587.89797
335	世纪城市国际	00355	0.37	0.39	0.035	17031000	0.405	0.37	9.85915493	0.290567716	9.85915493	6631000	90109.5	90109.5
336	INCUTECH INVEST	00356	0	0	0	0	0	0	0	0	0	0	0	0
337	美兰机场	00357	2.94	2.96	-0.01	17500	2.96	2.94	-0.336700337	0.670092556	0.673400673	51000	67166.25031	140071.0503
338	江西铜业股份	00358	5.85	5.68	-0.01	13398500	5.85	5.66	-0.175746924	0.729730078	3.339191564	77182000	788089.7938	1716969.57
339	海升果汁	00359	0.5	0.485	-0.005	620000	0.51	0.485	-1.020408163	0.6660258	5.102040816	308000	59276.7	59276.7
340	新焦点	00360	0.88	0.9	0	8000	0.9	0.88	0	1.417099654	2.222222222	7000	40390.27031	40390.27031
341	顺龙控股	00361	0.3	0.3	-0.025	40000	0.3	0.3	-7.692307692	0.357015342	0	12000	9066	9066
342	中国天化工	00362	0.19	0.19	0	0	0.19	0.19	0	0.336461834	0	0	106615.3056	106615.3056
343	上海实业控股	00363	16.82	17.7	1.04	1103700	17.9	16.76	6.242496999	0.814178657	6.842737095	19160000	1911069	1911069
344	华丰集团	00364	0.13	0.13	-0.005	266000	0.13	0.13	-3.703703704	0.12705238	0	34000	16113.54672	16113.54672
345	日东科技	00365	0.15	0.15	0	0	0.15	0.15	0	0.320239111	0	0	7875	7875
346	陆氏集团(越南)	00366	2.01	2.1	0.1	160000	2.1	2.01	5	0.48960181	4.5	332000	107392.6137	107392.6137
347	庄士机构国际	00367	0.39	0.395	0	3516000	0.4	0.385	0	0.174408331	3.797468354	1376000	59668.29266	59668.29266
348	中外运航运	00368	1.9	1.97	0.1	5646500	2.09	1.9	5.347593583	0.507679628	10.16042781	11114000	786443.7	786443.7
349	富联国际	00369	1.24	1.23	-0.03	126000	1.24	1.2	-2.380952381	0.168518541	3.174603175	153000	121701.1104	121701.1104
350	国华	00370	0.038	0.034	-0.001	3894000	0.038	0.034	-2.857142857	0.985507271	11.42857143	137000	35866.52775	35866.52775
351	北控水务集团	00371	0.92	0.9	0.03	22000	0.93	0.9	3.448275862	1.23102171	3.448275862	20000	311921.4094	311921.4094
352	德祥企业	00372	0	0	0	0	0	0	0	0	0	0	0	0
353	联合集团	00373	13.06	13.18	0.38	42000	13.3	12.94	2.96875	0.385757978	2.8125	551000	321489.7263	321489.7263
354	四洲集团	00374	2.7	2.7	0	0	2.7	2.7	0	1.105877558	0	0	107882.7082	107882.7082
355	YGM 贸易	00375	2.95	2.95	0.03	7000	3.08	2.95	1.02739726	0.582324974	4.452054795	20000	45380.44058	45380.44058
356	亚洲电信媒体	00376	0	0	0	0	0	0	0	0	0	0	0	0
357	新洲印刷集团	00377	0.4	0.4	0	0	0.4	0.4	0	0.27864855	0	0	8901.160156	8901.160156
358	事安集团	00378	0	0	0	0	0	0	0	0	0	0	0	0
359	必美宜	00379	0.155	0.171	0.018	3320000	0.18	0.155	11.76470588	0.476588637	16.33986928	562000	30114.81	30114.81
360	中国管业	00380	0.022	0.023	0	840000	0.023	0.021	0	0.712074322	8.695652174	18000	28825.21	28825.21
361	侨雄能源	00381	0.238	0.235	-0.003	0	0.238	0.21	-1.260504202	2.144160582	11.76470588	0	96720.35266	96720.35266
362	威灵控股	00382	0.16	0.163	0.004	1094000	0.163	0.16	2.51572327	2.849650365	1.886792453	175000	219712.8141	219712.8141
363	中国网络资本	00383	0.68	0.59	-0.09	4158000	0.69	0.59	-13.23529412	0.20839221	14.70588235	2546000	32530.55805	32530.55805
364	中国燃气	00384	1.15	1.14	0.02	7644000	1.18	1.13	1.785714286	1.179025763	4.464285714	8825000	380073.0431	380073.0431
365	建联集团	00385	0.162	0.162	0	0	0.162	0.162	0	0.250851659	0	0	9637.367344	9637.367344
366	中国石油化工股份	00386	4.71	4.69	0.02	47130400	4.73	4.65	0.428265525	1.09123055	1.713062099	221387008	7870048.638	40663444.36
367	力丰(集团)	00387	0.53	0.53	0	0	0.53	0.53	0	0.411650478	0	0	11418.53738	11418.53738
368	香港交易所	00388	74	73.6	-0.2	3545900	74	73	-0.27100271	10.83468241	1.35501355	261144000	7918983.375	7918983.375
369	中国中铁	00390	5.39	5.37	0.14	7599200	5.39	5.3	2.676864245	1.801650603	1.7208413	40770000	2259368.43	11438046.3
370	美亚娱乐资讯	00391	0.17	0.17	0	0	0.175	0.17	0	0.494761343	2.941176471	0	16695.54727	16695.54727
371	北京控股	00392	31.25	31.6	0.3	1332400	31.6	30.5	0.958466454	1.212516522	3.514376997	41881000	3593808.009	3593808.009
372	旭日企业	00393	1.95	1.91	0.02	2000	1.95	1.91	1.058201058	1.098142923	2.116402116	3000	202348.071	202348.071
373	中国锆业	00395	3	3	-0.03	6800	3	3	-0.99009901	0.247477786	0	20000	21485.10059	21485.10059
374	兴利(香港)控股	00396	0	0	0	0	0	0	0	0	0	0	0	0
375	香港体检	00397	0	0	0	0	0	0	0	0	0	0	0	0
376	东方表行集团	00398	1.01	1	-0.01	352000	1.03	1	-0.99009901	0.259740266	2.97029703	357000	32325.32031	32325.32031
377	联合基因集团	00399	0.4	0.41	0.01	3180000	0.415	0.4	2.5	22.90502871	3.75	1300000	249372.4038	249372.4038
378	明兴水务	00402	0.123	0.13	-0.002	160000	0.13	0.123	-1.515151515	0.271966536	5.303030303	20000	10432.24	10432.24
379	星光集团	00403	0.315	0.305	-0.01	408000	0.33	0.3	-3.174603175	0.313786007	9.523809524	126000	15748.8275	15748.8275
380	新昌营造	00404	0.58	0.59	0.01	70000	0.59	0.58	1.724137931	0.975529123	1.724137931	40000	39599.24664	39599.24664
381	有利集团	00406	0.71	0.68	0	1010000	0.71	0.66	0	0.238772436	7.352941176	682000	29787.64438	29787.64438
382	叶氏化工集团	00408	2.08	2.08	0.01	74000	2.09	2.07	0.483091787	0.608828014	0.966183575	153000	111662.7444	111662.7444
383	四通控股	00409	0.29	0.29	-0.005	350000	0.29	0.29	-1.694915254	0.218917491	0	101000	58207.29109	58207.29109
384	SOHO 中国	00410	3.15	3.33	0.21	5451000	3.33	3.08	6.730769231	1.089231993	8.012820513	17752000	1727489.739	1727489.739
385	南顺(香港)	00411	3.2	3.2	0	0	3.2	3.2	0	0.629091557	0	0	77873.28125	77873.28125
386	汉基控股	00412	0.5	0.5	0.01	105400	0.5	0.47	2.040816327	0.141715326	6.12244898	52000	15338.43457	15338.43457
387	南华中国	00413	0.38	0.38	0	0	0.38	0.38	0	0.56877713	0	0	110559.2425	110559.2425
388	海湾控股	00416	2.81	2.84	0.05	90000	2.84	2.81	1.792114695	1.791346049	1.075268817	254000	227200	227200
389	谢瑞麟	00417	0	0	0	0	0	0	0	0	0	0	0	0
390	方正控股	00418	0.16	0.17	0	182000	0.17	0.16	0	0.474860322	5.882352941	30000	19215.09867	19215.09867
391	华亿传媒	00419	0.039	0.04	0	36800000	0.041	0.039	0	0.917431183	5	1472000	74790.585	74790.585
392	福田实业	00420	0.31	0.3	0	194000	0.31	0.3	0	0.104957493	3.333333333	59000	23820.33047	23820.33047
393	中国资源优先股	00421	0	0	0	0	0	0	0	0	0	0	0	0

次序	名称	代码	开盘	成交	涨跌	总量	最高	最低	幅度%	市净率	振幅%	成交金额	流通市值	总市值
394	越南制造加工出口	00422	0.57	0.57	0	35000	0.57	0.57	0	0.388124735	0	19000	51737.76	51737.76
395	经济日报集团	00423	1.25	1.25	0.04	230000	1.25	1.2	3.305785124	0.864453677	4.132231405	281000	53950	53950
396	敏实集团	00425	3.1	3.1	-0.05	908000	3.2	3.1	-1.587301587	0.797509715	3.174603175	2856000	296069.8352	296069.8352
397	万华媒体	00426	0.244	0.244	0	0	0.244	0.244	0	0.586679502	0	0	9760	9760
398	亨亚	00428	4.8	4.8	0	0	4.8	4.8	0	0.675266922	0	0	13948.12852	13948.12852
399	东方网库	00430	0.052	0.08	0.003	168000	0.08	0.052	3.896103896	0.503778319	36.36363636	9000	14400	14400
400	大中华实业	00431	0.19	0.19	0	0	0.19	0.19	0	0.220417636	0	0	5697.092852	5697.092852
401	盈大地产	00432	1.74	1.76	0	4700000	1.77	1.72	0	0.502211455	2.840909091	8207000	423712.9325	423712.9325
402	北方矿业	00433	0.062	0.063	0.003	2450000	0.066	0.058	5	0.467706012	13.33333333	147000	61082.1855	61082.1855
403	彩虹电子	00438	0.3	0.305	0.005	6538000	0.32	0.3	1.666666667	0.227918104	6.666666667	1973000	14801.46652	59205.80891
404	英发国际	00439	0	0	0	0	0	0	0	0	0	0	0	0
405	大新金融	00440	19.72	19.88	0.12	72000	19.9	19.4	0.607287449	0.523056029	2.530364372	1421000	517418.1578	517418.1578
406	SINCEREWATCH HK	00444	0.3	0.3	0	0	0.3	0.3	0	0.506414572	0	0	12240	12240
407	中国消防	00445	0.255	0.25	0	1620000	0.26	0.25	0	0.443655733	4	413000	71375	71375
408	汉登控股	00448	0.3	0.3	0.005	80000	0.3	0.3	1.694915254	0.497677495	0	24000	29467.5	29467.5
409	志高控股	00449	0	0	0	0	0	0	0	0	0	0	0	0
410	鸿兴印刷集团	00450	1.38	1.41	0.07	338000	1.44	1.38	5.223880597	0.453887024	4.47761194	480000	129999.885	129999.885
411	森泰集团	00451	1.05	1.05	0	0	1.05	1.05	0	0.139155792	0	0	5976.442603	5976.442603
412	云南实业控股	00455	0.41	0.41	0	0	0.41	0.41	0	0.988428186	0	0	38337.42156	38337.42156
413	新城市(中国)	00456	0	0	0	0	0	0	0	0	0	0	0	0
414	四凸科技	00457	0.35	0.35	0	0	0.35	0.35	0	0.467726838	0	0	64785.15859	64785.15859
415	联亚集团	00458	0.99	1	0.01	0	1	0.99	1.01010101	0.255793729	1.01010101	0	26873.5293	26873.5293
416	美联工商铺	00459	0.022	0.022	0	3710000	0.022	0.021	0	1.042654051	4.545454545	80000	18260	18260
417	中国金汇矿业	00462	0.395	0.395	0	1820000	0.4	0.375	0	43.88889078	6.329113924	719000	18331.71238	18331.71238
418	建福集团	00464	0.29	0.285	-0.01	1392000	0.29	0.28	-3.389830508	0.527582382	3.389830508	394000	12350.07645	12350.07645
419	联合能源集团	00467	0.4	0.355	-0.04	5952000	0.41	0.355	-10.12658228	1.816786083	13.92405063	2309000	453586.7394	453586.7394
420	凯普松国际	00469	0.09	0.091	-0.004	336000	0.091	0.09	-4.210526316	0.092819255	1.052631579	30000	7685.493867	7685.493867
421	佳邦环球	00471	0.032	0.036	0.008	85792496	0.039	0.03	28.57142857	0.2538787	32.14285714	2639000	6587.01	6587.01
422	金六福投资	00472	0.28	0.285	0.005	760000	0.285	0.28	1.785714286	1.105508091	1.785714286	214000	39627.62461	39627.62461
423	永保时国际	00474	0.4	0.4	0	0	0.4	0.4	0	0.929368	0	0	16760.87656	16760.87656
424	亿钻珠宝	00475	0.44	0.44	0	0	0.44	0.44	0	0.47003525	0	0	11954.8	11954.8
425	中铜资源	00476	0.185	0.183	-0.007	300700	0.185	0.183	-3.684210526	1.817279075	1.052631579	55000	23026.83138	23026.83138
426	奥普集团控股	00477	0.48	0.48	0	36000	0.48	0.48	0	0.750469068	0	17000	34032	34032
427	华建控股	00479	0	0	0	0	0	0	0	0	0	0	0	0
428	香港兴业国际	00480	1.75	1.69	0	284000	1.75	1.68	0	0.235294121	4.142011834	485000	228196.3694	228196.3694
429	圣马丁国际	00482	1.25	1.25	-0.01	42000	1.25	1.25	-0.793650794	1.252630513	0	52000	69590.24902	69590.24902
430	包浩斯国际	00483	0.88	0.88	0	0	0.88	0.88	0	0.83602506	0	0	31631.6	31631.6
431	升冈国际	00485	0.23	0.23	0	0	0.23	0.23	0	0.271482538	0	0	18057.04305	18057.04305
432	实德环球	00487	0.53	0.53	0.01	688000	0.53	0.5	1.923076923	1.46085997	5.769230769	357000	129265.0953	129265.0953
433	丽新发展	00488	0.065	0.064	0	23205000	0.066	0.064	0	0.130081297	3.125	1506000	90637.072	90637.072
434	东风集团股份	00489	2.45	2.5	0.13	5185100	2.5	2.36	5.485232068	0.889236699	5.907172996	12644000	713932.9688	2154030
435	汉传媒	00491	0.02	0.02	-0.003	106000	0.02	0.019	-13.04347826	0.498753107	4.347826087	2000	3877.604063	3877.604063
436	国美电器	00493	0	0	0	0	0	0	0	0	0	0	0	0
437	利丰	00494	13.3	13.28	-0.22	7218900	13.44	13.26	-1.62962963	3.598330974	1.333333333	96224000	4998458.785	4998458.785
438	百利大	00495	0.1	0.1	0	0	0.1	0.1	0	-4.219409155	0	0	5336.039844	5336.039844
439	卡森国际	00496	0.88	0.87	-0.01	82000	0.88	0.85	-1.136363636	0.481594254	3.409090909	71000	101238.1617	101238.1617
440	资本策略	00497	0.089	0.089	0	0	0.09	0.089	0	0.178178176	1.123595506	0	63757.97019	63757.97019
441	保华集团	00498	0.345	0.355	0.015	26439600	0.375	0.345	4.411764706	0.146845914	8.823529412	9479000	160780.3986	160780.3986
442	华脉无线通信	00499	0	0	0	0	0	0	0	0	0	0	0	0
443	天地数码(控股)	00500	0.23	0.23	0.007	984000	0.235	0.22	3.139013453	0.249647239	6.726457399	226000	26175.87234	26175.87234
444	环新国际	00502	0	0	0	0	0	0	0	0	0	0	0	0
445	兴业铜业	00505	0.76	0.75	0.01	133000	0.76	0.75	1.351351351	0.95932467	1.351351351	100000	47012.25	47012.25
446	中国食品	00506	2.9	2.89	0.02	5714000	2.99	2.81	0.696864111	1.584169226	6.271777003	16502000	806709.8134	806709.8134
447	其士泛亚	00508	0.79	0.79	0	0	0.79	0.79	0	0.419967027	0	0	17027.66	17027.66
448	世纪阳光	00509	0.165	0.169	0.002	2200000	0.17	0.165	1.19760479	0.370939426	2.994011976	368000	38076.883	38076.883
449	时富金融服务集团	00510	0.84	0.84	0	0	0.84	0.84	0	0.501342872	0	0	51837.07922	51837.07922
450	电视广播	00511	25	25.25	0.35	972800	25.3	24.8	1.40562249	1.971993736	2.008032129	24359000	1105950	1105950
451	远大医药	00512	0.2	0.2	0	0	0.2	0.2	0	46.51162633	0	0	21478.67969	21478.67969
452	恒和集团	00513	0.71	0.71	0	0	0.71	0.71	0	0.253101374	0	0	22210.9508	22210.9508
453	达进精电	00515	0.241	0.243	-0.007	1324000	0.26	0.241	-2.8	0.17372033	7.6	331000	5832	5832
454	瀚智集团	00516	0	0	0	0	0	0	0	0	0	0	0	0
455	中远国际控股	00517	1.64	1.65	0.01	2744000	1.68	1.64	0.609756098	0.443214783	2.43902439	4558000	249248.5617	249248.5617
456	同得仕(集团)	00518	1.03	1.04	0.002	28000	1.04	1.03	0.192678227	0.692041528	0.963391137	29000	36580.05406	36580.05406
457	实力建业	00519	0.192	0.192	0	0	0.192	0.192	0	0.318672188	0	0	16765.782	16765.782
458	首长科技	00521	0.34	0.34	0	0	0.34	0.34	0	0.641751607	0	0	72832.8025	72832.8025
459	ASM PACIFIC	00522	25	25.4	0.15	88100	25.4	24.95	0.594059406	3.6139608	1.782178218	2216000	996586.7602	996586.7602
460	E-KONG GROUP	00524	0.36	0.355	-0.005	0	0.36	0.355	-1.388888889	1.033178099	1.388888889	0	18562.74477	18562.74477
461	广深铁路股份	00525	2.86	2.86	-0.02	1514100	2.92	2.83	-0.694444444	0.820283389	3.125	4348000	409351.8	2025891.546
462	通达工业	00526	0.16	0.16	0	0	0.16	0.16	0	3.54767186	0	0	24631.42	24631.42
463	银河半导体	00527	0.275	0.275	0	0	0.275	0.275	0	0.36155668	0	0	11000	11000
464	金达控股	00528	0.34	0.34	0	0	0.34	0.34	0	0.29401592	0	0	21165	21165
465	新龙国际	00529	1.05	1.12	-0.05	12000	1.12	1.05	-4.273504274	0.366013079	5.982905983	12000	30353.90313	30353.90313
466	高银金融	00530	0	0	0	0	0	0	0	0	0	0	0	0
467	顺诚	00531	0.87	1	0.1	5726000	1	0.83	11.11111111	0.760745546	18.88888889	5231000	304821.9688	304821.9688
468	王氏港建国际	00532	0.57	0.57	0	0	0.57	0.57	0	0.351483001	0	0	42140.32711	42140.32711
469	金利来集团	00533	1.04	1.03	0.01	155000	1.04	1.02	0.980392157	0.449899517	1.960784314	159000	101157.7404	101157.7404
470	星狮地产	00535	0.074	0.073	-0.001	280000	0.074	0.073	-1.351351351	0.285156236	1.351351351	20000	49956.61469	49956.61469

次序	名称	代码	开盘	成交	涨跌	总量	最高	最低	幅度%	市净率	振幅%	成交金额	流通市值	总市值
471	贸易通	00536	0.53	0.53	0	378000	0.54	0.53	0	1.226000459	1.886792453	200000	41250.21883	41250.21883
472	味千(中国)	00538	3.72	3.61	-0.11	296900	3.77	3.61	-2.956989247	1.767009315	4.301075269	1105000	385435.0465	385435.0465
473	冠华国际控股	00539	0.56	0.51	-0.05	1432000	0.56	0.5	-8.928571429	0.191585278	10.71428571	766000	52300.245	52300.245
474	星晨集团	00542	0.035	0.035	0	0	0.035	0.035	0	0.381679379	0	0	8450.916797	8450.916797
475	太平洋网络	00543	0.99	1	0	144000	1	0.99	0	1.242853591	1	143000	92371	92371
476	大同集团	00544	0.024	0.024	-0.001	500000	0.024	0.024	-4	0.299251864	0	12000	10003.2	10003.2
477	阜丰集团	00546	0.49	0.495	0.005	836000	0.5	0.485	1.020408163	0.416141245	3.06122449	414000	82170	82170
478	奥亮集团	00547	0.036	0.036	0	0	0.036	0.036	0	1.172638436	0	0	6350.81175	6350.81175
479	深圳高速公路股份	00548	2.69	2.71	0.09	846500	2.76	2.66	3.435114504	0.739608649	3.816793893	2294000	202572.5	590969.7
480	奇峰化纤	00549	0.16	0.16	0.01	90000	0.16	0.16	6.666666667	0.171765966	0	14000	4158	13860
481	才库	00550	0.59	0.59	0	0	0.65	0.59	0	0.615866386	10.16949153	0	18280.91377	18280.91377
482	裕元集团	00551	15.8	15.32	-0.14	1791100	15.8	15.22	-0.905562743	1.144710213	3.751617076	27649000	2526158.366	2526158.366
483	中国通信服务	00552	4.9	4.86	0.06	4652500	4.9	4.8	1.25	2.063256224	2.083333333	22549000	968525.1759	2805037.391
484	南京熊猫电子股份	00553	1	1.02	0.02	226000	1.05	1	2	0.39461467	5	228000	24684	66811.53
485	汉思能源	00554	0.201	0.201	-0.019	26000	0.201	0.201	-8.636363636	1.505618035	0	5000	75026.02631	75026.02631
486	御泰中彩控股	00555	0.185	0.186	-0.001	5565300	0.19	0.182	-0.534759358	0.461882287	4.278074866	1033000	140619.255	140619.255
487	泛亚环保	00556	1.01	1	0	56000	1.05	1	0	0.662866235	5	58000	80000	80000
488	CITY E-SOLUTION	00557	0.5	0.5	-0.03	38000	0.5	0.5	-5.660377358	1.7977E+308	0	19000	19122.47461	19122.47461
489	力劲科技	00558	0.24	0.24	0	122500	0.24	0.225	0	0.28490028	6.25	29000	24308.04	24308.04
490	华艺矿业	00559	0	0	0	0	0	0	0	0	0	0	0	0
491	珠江船务	00560	0.78	0.78	0	82000	0.78	0.77	0	0.402082573	1.282051282	63000	70200	70200
492	中新地产集团	00563	0	0	0	0	0	0	0	0	0	0	0	0
493	锦艺纺织	00565	0.19	0.19	0	0	0.19	0.19	0	0.240232649	0	0	19771.44898	19771.44898
494	红发集团	00566	0	0	0	0	0	0	0	0	0	0	0	0
495	大昌微线集团	00567	0.28	0.3	0	14000	0.3	0.28	0	0.321577871	6.666666667	4000	14407.31367	14407.31367
496	山东墨龙	00568	0.41	0.41	-0.005	5460000	0.43	0.41	-1.204819277	1.133222821	4.819277108	2295000	134858.9169	134858.9169
497	中国自动化	00569	1.58	1.68	0.08	644000	1.68	1.54	5	1.490418727	8.75	1053000	167188.9013	167188.9013
498	荣山国际	00570	0.38	0.38	0	0	0.38	0.38	0	0.878815935	0	0	61879.60969	61879.60969
499	丰德丽控股	00571	1.08	1.04	0	6217000	1.1	0.99	0	0.242492086	10.57692308	6395000	129036.1313	129036.1313
500	中国包装集团	00572	0.395	0.4	0	88000	0.4	0.395	0	0.25485824	1.25	34000	26284.84375	26284.84375
501	稻香控股	00573	1.6	1.63	0.1	122000	1.63	1.6	6.535947712	1.605594927	1.960784314	196000	165630.9855	165630.9855
502	励晶太平洋	00575	0.135	0.149	0.019	180932992	0.158	0.135	14.61538462	0.351497988	17.69230769	27360000	58835.49031	58835.49031
503	浙江沪杭甬	00576	4.44	4.55	0.05	3431500	4.59	4.44	1.111111111	1.273796183	3.333333333	15548000	652403.8117	1976117.041
504	保华建业	00577	0.38	0.39	0.01	0	0.39	0.38	2.631578947	0.437857873	2.631578947	0	23504.40727	23504.40727
505	合动能源	00578	0.48	0.48	-0.015	20000	0.48	0.48	-3.03030303	0.460210938	0	9000	67780.1775	67780.1775
506	中国东方集团	00581	1.28	1.28	0.01	1276000	1.3	1.27	0.787401575	0.527835062	2.362204724	1638000	374937.6	374937.6
507	嘉辉化工	00582	0.85	0.85	0	0	0.85	0.85	0	0.651890481	0	0	23193.1	23193.1
508	SCMP集团	00583	0	0	0	0	0	0	0	0	0	0	0	0
509	意马国际	00585	0.44	0.44	0	264000	0.45	0.44	0	1.341872553	2.272727273	116000	139402.12	139402.12
510	华瀚生物制药	00587	0.51	0.63	0.12	7820000	0.63	0.5	23.52941176	0.40147845	25.49019608	4344000	83229.39844	83229.39844
511	北京北辰实业股份	00588	1.31	1.3	-0.03	2254000	1.36	1.3	-2.255639098	0.371779101	4.511278195	2981000	91912.6	437712.6
512	宝姿	00589	8.89	9.4	0.54	832900	9.55	8.89	6.094808126	4.182425023	7.449209932	7777000	528378.0391	528378.0391
513	六福集团	00590	2	2.02	0.02	184000	2.02	2	1	0.792374391	1	369000	99486.59391	99486.59391
514	中国高精密	00591	0	0	0	0	0	0	0	0	0	0	0	0
515	堡狮龙国际	00592	0.18	0.18	0.002	100000	0.18	0.18	1.123595506	0.414460045	0	18000	28588.48875	28588.48875
516	卓健亚洲	00593	2.1	2.1	0.1	96000	2.2	2	5	1.587181654	10	201000	47655.59531	47655.59531
517	AV CONCEPT HOLD	00595	0.2	0.2	0	0	0.2	0.2	0	0.298195909	0	0	8250.488281	8250.488281
518	浪潮国际	00596	0.74	0.8	0.1	7440000	0.81	0.74	14.28571429	3.132341401	10	5602000	296809.675	296809.675
519	华润微电子	00597	0.11	0.111	0.001	540000	0.114	0.11	0.909090909	0.217689754	3.636363636	60000	97550.59481	97550.59481
520	中国外运	00598	1.46	1.5	0.05	3799000	1.52	1.46	3.448275862	0.703630756	4.137931034	5719000	268110.8906	637350.2813
521	怡邦行控股	00599	0.4	0.4	0	100000	0.4	0.4	0	0.464954083	0	40000	9240	9240
522	中国基建投资	00600	0.159	0.18	0.021	6986000	0.18	0.159	13.20754717	6.405693792	13.20754717	1211000	72426.79125	72426.79125
523	权智(国际)	00601	0.1	0.108	0.016	26000	0.108	0.1	17.39130435	0.246631647	8.695652174	2000	12934.76006	12934.76006
524	佳华百货控股	00602	0.31	0.31	0	0	0.31	0.31	0	0.694444465	0	0	32162.5	32162.5
525	中油燃气	00603	0.191	0.196	0.006	1580000	0.199	0.19	3.157894737	0.58298632	4.736842105	307000	87373.9825	87373.9825
526	深圳控股	00604	1.39	1.38	0.01	10640000	1.42	1.38	0.729927007	0.414738238	2.919708029	14924000	486656.31	486656.31
527	港佳控股	00605	0.2	0.3	0.105	918000	0.3	0.2	53.84615385	0.745897539	51.28205128	246000	51777.07031	51777.07031
528	中国粮油控股	00606	3.97	3.85	-0.08	1795000	3.97	3.8	-2.03562341	1.017199939	4.325699746	7012000	1485150.133	1485150.133
529	汇多利	00607	0	0	0	0	0	0	0	0	0	0	0	0
530	达利国际	00608	1.5	1.5	0	0	1.5	1.5	0	0.310661908	0	0	47582.34082	47582.34082
531	天德化工	00609	0.25	0.25	0	0	0.255	0.25	0	0.252780581	2	0	10000	10000
532	惠记集团	00610	0.95	0.9	-0.03	48000	0.95	0.9	-3.225806452	0.190989545	5.376344086	43000	71381.15859	71381.15859
533	德兴集团	00611	0.31	0.31	0	440000	0.31	0.31	0	1.273100646	0	136000	11169.96965	11169.96965
534	中国投资基金公司	00612	0.057	0.054	-0.003	120000	0.057	0.054	-5.263157895	0.642857152	5.263157895	6000	5806.08	5806.08
535	渝港国际	00613	0.058	0.058	0	7786000	0.059	0.056	0	0.2776448	5.172413793	449000	53970.60588	53970.60588
536	永义实业	00616	0.45	0.31	-0.065	3751500	0.45	0.28	-17.33333333	0.638385509	45.33333333	1167000	22761.71609	22761.71609
537	百利保控股	00617	1.08	1.24	0.12	1384200	1.24	1.08	10.71428571	0.262467189	14.28571429	1596000	126400.5431	126400.5431
538	方正数码	00618	0.1	0.1	0	0	0.1	0.1	0	0.388651396	0	0	11060.62031	11060.62031
539	南华金融	00619	0.038	0.042	0	500000	0.042	0.038	0	0.645161297	9.523809524	19000	21121.10438	21121.10438
540	太元集团	00620	0.018	0.018	0	800000	0.018	0.018	0	0.569620281	0	14000	18162.1215	18162.1215
541	永兴国际	00621	1.07	1.07	0	0	1.07	1.07	0	0.632163531	0	0	9615.02	9615.02
542	威华达控股	00622	0.09	0.115	0.025	152371904	0.134	0.09	27.77777778	0.158708249	48.88888889	15290000	82681.03969	82681.03969
543	中视金桥	00623	0.83	0.81	-0.02	361000	0.83	0.79	-2.409638554	0.601157808	4.819277108	291000	45709.14164	45709.14164
544	大众金融控股	00626	3.05	2.9	-0.11	264000	3.1	2.9	-3.65448505	0.547324708	6.644518272	801000	318396.0977	318396.0977
545	佑威国际	00627	0	0	0	0	0	0	0	0	0	0	0	0
546	多金控股	00628	0	0	0	0	0	0	0	0	0	0	0	0
547	悦达矿业	00629	0.64	0.62	-0.03	200000	0.64	0.62	-4.615384615	0.315634062	3.076923077	125000	20185.29641	20185.29641

次序	名称	代码	开盘	成交	涨跌	总量	最高	最低	幅度%	市净率	振幅%	成交金额	流通市值	总市值
548	辉影国际	00630	0.17	0.17	0	108000	0.175	0.17	0	0.760966887	2.941176471	18000	17391.62555	17391.62555
549	东方明珠创业	00632	0.38	0.38	0	0	0.38	0.38	0	0.344047063	0	0	28870.00719	28870.00719
550	彩星集团	00635	0.96	0.97	-0.03	26000	0.97	0.96	-3	0.12228021	1	24000	21275.41732	21275.41732
551	富邦银行(香港)	00636	2.38	2.5	0.23	20140000	2.58	2.37	10.13215859	0.621117998	9.251101322	50539000	293040	293040
552	利记	00637	0.355	0.34	0.01	12000	0.355	0.34	3.03030303	0.239369188	4.545454545	4000	28177.5	28177.5
553	建溢集团	00638	1.3	1.45	0.15	746000	1.45	1.3	11.53846154	0.732471224	11.53846154	1036000	59278.32227	59278.32227
554	福山能源	00639	1.92	1.94	0.07	3041700	1.95	1.9	3.743315508	0.818289179	2.673796791	5876000	968051.3306	968051.3306
555	立信工业	00641	1.25	1.25	0	226000	1.25	1.25	0	0.765790593	0	282000	68930.78613	68930.78613
556	PALADIN PREF	00642	0	0	0	0	0	0	0	0	0	0	0	0
557	恒富控股	00643	0.295	0.295	0	0	0.295	0.295	0	0.433441089	0	0	10970.28254	10970.28254
558	港台集团	00645	0.42	0.42	0	0	0.42	0.42	0	0.395071026	0	0	14305.91039	14305.91039
559	启帆	00646	0	0	0	0	0	0	0	0	0	0	0	0
560	JOYCE BOUTIQUE	00647	0.098	0.095	0	280000	0.098	0.095	0	0.331819765	3.157894737	26000	15428	15428
561	中国仁济医疗	00648	0.036	0.036	0.001	49260000	0.039	0.035	2.857142857	0.290791595	11.42857143	1793000	48762.405	48762.405
562	顺昌集团	00650	0.28	0.28	0	0	0.28	0.28	0	0.495137028	0	0	9725.128438	9725.128438
563	和成国际	00651	0	0	0	0	0	0	0	0	0	0	0	0
564	卓悦控股	00653	2.16	2.18	0.09	65000	2.19	2.16	4.306220096	2.806023965	1.435406699	141000	48862.30285	48862.30285
565	香港华人有限公司	00655	0.69	0.71	0	22200	0.71	0.69	0	0.276447455	2.816901408	15000	128982.2831	128982.2831
566	复星国际	00656	2.5	2.54	0.05	2445500	2.58	2.49	2.008032129	0.723997364	3.614457831	6222000	1631084.971	1631084.971
567	环科国际	00657	0.16	0.16	0	0	0.16	0.16	0	4.692082137	0	0	7757.65625	7757.65625
568	中国高速传动	00658	9.8	9.38	-0.22	2953900	9.81	9.38	-2.291666667	2.760609832	4.479166667	28411000	1167810	1167810
569	新创建集团	00659	9.6	11.54	1.87	245400	11.54	9.6	19.33815926	1.126843062	20.06204757	2574000	2390289.396	2390289.396
570	伟俊矿业集团	00660	0.37	0.42	0.055	6380000	0.425	0.37	15.06849315	-59.15492919	15.06849315	2604000	450866.01	450866.01
571	中国资源开发	00661	0.219	0.218	0.009	2272000	0.219	0.213	4.306220096	1.213132985	2.870813397	488000	112306.6172	112306.6172
572	亚洲金融	00662	2.1	2.11	0.02	60000	2.11	2.1	0.956937799	0.478740286	0.4784689	126000	215051.2	215051.2
573	南岭化工	00663	0.098	0.104	-0.001	6762700	0.113	0.096	-0.952380952	6.22754507	16.19047619	658000	33381.33175	33381.33175
574	大福证券	00665	1.25	1.22	0	282000	1.25	1.22	0	0.468420032	2.459016393	345000	86186.68078	86186.68078
575	新工投资	00666	0.119	0.12	0.006	742000	0.135	0.119	5.263157895	0.375000008	14.03508772	90000	44860.245	44860.245
576	瀚宇博德	00667	0.45	0.445	-0.005	552000	0.45	0.445	-1.111111111	0.26273839	1.111111111	247000	58573.125	58573.125
577	香港饮食管理	00668	0.42	0.425	0.005	0	0.425	0.42	1.19047619	0.638042312	1.19047619	0	14681.14023	14681.14023
578	创科实业	00669	1.55	1.54	-0.01	7030000	1.61	1.53	-0.64516129	0.33804547	5.161290323	10983000	245052.8369	245052.8369
579	中国东方航空股份	00670	1.2	1.17	-0.01	25150000	1.2	1.15	-0.847457627	-0.383468255	4.237288136	29572000	351506.025	905778.9
580	众安房产	00672	1.3	1.33	0.01	285000	1.35	1.24	0.757575758	0.579596485	8.333333333	374000	258375.3802	258375.3802
581	中国卫生控股	00673	0.168	0.18	0.012	0	0.18	0.168	7.142857143	-0.972447304	7.142857143	0	4218.616758	4218.616758
582	友力投资	00674	0.1	0.1	-0.01	32000	0.1	0.1	-9.090909091	0.442869811	0	3000	99218.3125	99218.3125
583	坚宝国际	00675	0.17	0.17	0	0	0.17	0.17	0	0.292750139	0	0	4513.58168	4513.58168
584	创信国际	00676	1.38	1.4	0.02	62000	1.4	1.38	1.449275362	1.10619472	1.449275362	85000	102298	102298
585	金源米业	00677	0.23	0.24	0	192000	0.24	0.23	0	0.430338909	4.166666667	44000	34688.83125	34688.83125
586	丽星邮轮	00678	0.6	0.6	0.01	113000	0.6	0.59	1.694915254	0.304769637	1.694915254	67000	445574.7375	445574.7375
587	亚洲联网科技	00679	0.163	0.163	0.006	99000	0.163	0.163	3.821656051	0.214135572	0	16000	6951.353395	6951.353395
588	南海控股	00680	0.049	0.049	0.001	3600000	0.049	0.048	2.083333333	0.894160583	2.083333333	174000	336360.6715	336360.6715
589	中民控股	00681	0.116	0.115	0	1346000	0.116	0.115	0	0.741457111	0.869565217	155000	46945.58391	46945.58391
590	超大现代	00682	4.95	4.95	0.04	4119900	5.12	4.9	0.814663951	0.857855914	4.480651731	20725000	1499331.333	1499331.333
591	嘉里建设	00683	18.5	20.65	2.25	6056200	21.4	18.5	12.22826087	0.633272439	15.76086957	123398000	2948200.177	2948200.177
592	亚伦国际	00684	0.83	0.83	0	0	0.83	0.83	0	0.447922277	0	0	27840.8975	27840.8975
593	世界华文媒体	00685	1.16	1.16	0	0	1.16	1.16	0	0.90076102	0	0	195332.1825	195332.1825
594	太益控股	00686	0.495	0.495	0	0	0.495	0.495	0	2.053941937	0	0	12317.58	12317.58
595	泰升集团	00687	0.5	0.5	0	236000	0.5	0.495	0	0.346068655	1	117000	41960.79688	41960.79688
596	中国海外发展	00688	10.9	10.78	-0.1	9329100	11.1	10.76	-0.919117647	2.547620165	3.125	101684000	8804457.2	8804457.2
597	长盈集团(控股)	00689	0.078	0.076	0	6240000	0.079	0.075	0	0.406417098	5.263157895	476000	31398.2505	31398.2505
598	联康生物科技集团	00690	0.052	0.05	-0.001	55262000	0.052	0.046	-1.960784314	0.337381904	11.76470588	2709000	65242.3125	65242.3125
599	山水水泥	00691	1.76	1.8	0.04	1357000	1.8	1.74	2.272727273	0.940242383	3.409090909	2395000	504594.7313	504594.7313
600	正兴	00692	0.17	0.17	0	0	0.17	0.17	0	1.0712035	0	0	6533.941367	6533.941367
601	陈唱国际	00693	1.1	1.1	0	0	1.1	1.1	0	0.371132618	0	0	221463.9969	221463.9969
602	北京首都机场股份	00694	3.78	3.89	0.13	6010100	3.89	3.7	3.457446809	1.207099864	5.053191489	22824000	731072.6203	1684716.21
603	中国民航信息网络	00696	3.34	3.4	0.06	962000	3.48	3.28	1.796407186	1.143087665	5.988023952	3294000	211380.7227	663274.1781
604	首长国际	00697	0.87	0.86	0	17106000	0.88	0.86	0	0.815861844	2.325581395	14880000	664382.7875	664382.7875
605	通达集团	00698	0.06	0.06	0	2370000	0.062	0.06	0	0.202565829	3.333333333	145000	23938.8	23938.8
606	腾讯控股(一百)	00700	50.5	50	0.5	1929700	50.8	49.05	1.01010101	11.28438893	3.535353535	96342000	9070385.156	9070385.156
607	北海集团	00701	0.11	0.11	0	0	0.11	0.11	0	0.277637556	0	0	17310.38547	17310.38547
608	创新能源	00702	0.09	0.098	0.008	2000000	0.099	0.086	8.888888889	3.130990331	14.44444444	188000	42984.24856	42984.24856
609	FUTURE BRIGHT	00703	0.285	0.285	0	0	0.285	0.285	0	1.105937152	0	0	13155.65678	13155.65678
610	和嘉资源	00704	0.56	0.57	0.01	192000	0.57	0.56	1.785714286	0.607352166	1.785714286	108000	103621.7963	103621.7963
611	南亚矿业	00705	0.88	0.86	-0.05	1234000	0.9	0.84	-5.494505495	2.93015326	6.593406593	1062000	38786	38786
612	银创控股	00706	0.08	0.08	0	0	0.08	0.08	0	0.482218184	0	0	14738.27875	14738.27875
613	协盛协丰	00707	0.153	0.153	0	0	0.153	0.153	0	0.143097638	0	0	14764.5	14764.5
614	新传媒	00708	0.24	0.24	0	0	0.24	0.24	0	0.836236932	0	0	14400	14400
615	佐丹奴国际	00709	1.91	1.95	0.03	30000	1.95	1.91	1.5625	1.568028291	2.083333333	58000	290871.0797	290871.0797
616	精电	00710	2.03	2.07	0.05	1278000	2.09	1.99	2.475247525	0.480222696	4.95049505	2611000	66948.35238	66948.35238
617	俊和发展集团	00711	0.335	0.35	0.02	556000	0.35	0.335	6.060606061	0.233644856	4.545454545	192000	30059.41094	30059.41094
618	世界(集团)	00713	0.094	0.094	0	0	0.094	0.094	0	0.074455443	0	0	6358.323766	6358.323766
619	和记港陆	00715	0.51	0.54	0.03	5754000	0.54	0.51	5.882352941	0.781702361	5.882352941	3054000	483335.235	483335.235
620	胜狮货柜	00716	0.46	0.475	0.02	4064000	0.48	0.455	4.395604396	0.139973475	5.494505495	1906000	100165.0684	100165.0684
621	英皇证券	00717	0.216	0.22	-0.005	1344000	0.22	0.215	-2.222222222	0.353016688	2.222222222	293000	15873.24922	15873.24922
622	百威国际	00718	0.22	0.22	0	0	0.22	0.22	0	1.039206388	0	0	11371.70117	11371.70117
623	山东新华制药股份	00719	1.21	1.19	-0.03	178000	1.22	1.19	-2.459016393	0.306125073	2.459016393	214000	17850	54420.24793
624	和记行(集团)	00720	0.26	0.29	0.005	245000	0.29	0.26	1.754385965	0.279491122	10.52631579	64000	8526.803164	8526.803164

次序	名称	代码	开盘	成交	涨跌	总量	最高	最低	幅度%	市净率	振幅%	成交金额	流通市值	总市值
625	PRIME INVEST	00721	0.046	0.052	-0.008	2970000	0.059	0.045	-13.33333333	0.63492063	23.33333333	151000	12915.93713	12915.93713
626	达创	00722	1.17	1.21	0.04	1639000	1.26	1.17	3.418803419	0.62217194	7.692307692	2022000	144823.2079	144823.2079
627	晋盈控股	00723	0.053	0.054	0	780000	0.054	0.053	0	0.698576998	1.851851852	41000	43711.03913	43711.03913
628	泰丰国际	00724	0.095	0.098	-0.007	580000	0.098	0.086	-6.666666667	0.890909096	11.42857143	52000	37215.5	37215.5
629	恒都集团	00725	0.44	0.44	0	0	0.44	0.44	0	0.37030803	0	0	8754.152344	8754.152344
630	东南国际集团	00726	0.235	0.255	0	56000	0.255	0.235	0	1.59574475	7.843137255	14000	8780.31041	8780.31041
631	卓越金融	00727	0.475	0.48	0.005	150000	0.48	0.475	1.052631579	4.199475151	1.052631579	71000	73420.8075	73420.8075
632	中国电信	00728	2.84	2.89	0.06	61775000	2.89	2.84	2.120141343	0.96836884	1.766784452	176626000	4010571.49	23389454.93
633	嘉盛控股	00729	0.033	0.036	0.003	5700000	0.036	0.033	9.090909091	0.937499955	9.090909091	188000	6589.515375	6589.515375
634	首长四方	00730	0	0	0	0	0	0	0	0	0	0	0	0
635	森信纸业集团	00731	0.43	0.43	0.01	170000	0.43	0.43	2.380952381	0.220467597	0	73000	21619.50137	21619.50137
636	信利国际	00732	4.19	4.14	0	42000	4.19	4.14	0	0.603111715	1.207729469	175000	195772.1098	195772.1098
637	合富辉煌	00733	1.12	1.22	0.14	9394000	1.34	1.1	12.96296296	0.765994849	22.22222222	11547000	36112	36112
638	中国电力新能源	00735	0.223	0.229	0.006	4702300	0.231	0.222	2.69058296	0.352253503	4.035874439	1062000	160760.29	160760.29
639	中国置业投资	00736	0.086	0.091	0	337000	0.091	0.086	0	1.202113607	5.494505495	29000	27576.91584	27576.91584
640	合和公路基建	00737	4.29	4.31	0.05	632600	4.33	4.27	1.17370892	1.10851061	1.408450704	2729000	1276488.525	1276488.525
641	利信达集团	00738	0.53	0.53	0	0	0.54	0.53	0	0.406722434	1.886792453	0	33870.47605	33870.47605
642	浙江玻璃	00739	1.37	1.38	0.05	7972000	1.4	1.34	3.759398496	0.372791604	4.511278195	10890000	53129.85984	108329.8598
643	亚洲水泥(中国)	00743	3.6	3.9	0.22	1632000	3.9	3.6	5.97826087	0.82718251	8.152173913	6241000	606937.5	606937.5
644	中国铁联传媒	00745	0.106	0.12	0	230000	0.125	0.106	0	2.197802182	15.83333333	25000	18645.96	18645.96
645	理文集团	00746	0.5	0.5	0	0	0.5	0.5	0	0.574316573	0	0	41250	41250
646	沛阳公用发展股份	00747	0	0	0	0	0	0	0	0	0	0	0	0
647	兴业太阳能	00750	0	0	0	0	0	0	0	0	0	0	0	0
648	创维数码	00751	0.445	0.435	0	1416000	0.45	0.435	0	0.228095018	3.448275862	624000	102070.3031	102070.3031
649	笔克远东	00752	0.415	0.415	0.005	1399500	0.42	0.41	1.219512195	0.547421204	2.43902439	580000	49642.13789	49642.13789
650	中国国航	00753	2.35	2.4	0.07	6478500	2.4	2.34	3.004291845	1.300390111	2.575107296	15410000	1057364.025	2940327
651	合生创展集团	00754	5.35	5.6	0.3	12143000	5.6	5.2	5.660377358	0.40858913	7.547169811	66365000	891726.2375	891726.2375
652	上海证大	00755	0.113	0.116	0.003	9680000	0.118	0.11	2.654867257	0.381077533	7.079646018	1109000	119202.4483	119202.4483
653	天溢果业	00756	0.68	0.68	0	0	0.68	0.68	0	1.398313822	0	0	68000	68000
654	阳光能源	00757	1.91	1.96	0.1	5848000	1.97	1.88	5.376344086	2.31323028	4.838709677	11196000	334277.1119	334277.1119
655	庄胜百货集团	00758	0.104	0.1	-0.004	0	0.104	0.1	-3.846153846	0.464037129	3.846153846	0	9995.679688	9995.679688
656	CEC 国际控股	00759	0.13	0.13	0	50000	0.13	0.13	0	0.229115271	0	6000	9315.940156	9315.940156
657	明日国际	00760	0.096	0.096	-0.003	15000	0.096	0.096	-3.03030303	0.291793316	0	1000	21577.7475	21577.7475
658	百营环球资源	00761	0.125	0.125	0.005	840000	0.125	0.116	4.166666667	0.215517248	7.5	102000	33170.84375	33170.84375
659	中国联通	00762	9.34	9.3	0.11	13216400	9.36	9.22	1.19695321	0.943157009	1.523394995	122514000	22104240	22104240
660	中兴通讯	00763	20.2	20.3	0.15	1394400	20.95	20.2	0.744416873	1.687897008	3.722084367	28770000	591694.0518	3717612.588
661	中国星投资	00764	0	0	0	0	0	0	0	0	0	0	0	0
662	威发国际	00765	0.31	0.31	0.01	172000	0.315	0.31	3.333333333	0.451960945	1.666666667	53000	8906.597891	8906.597891
663	中盈控股	00766	0.035	0.037	0.002	1640000	0.038	0.035	5.714285714	0.212277682	8.571428571	60000	5976.954563	5976.954563
664	太平洋实业	00767	0.04	0.04	0	0	0.04	0.04	0	-6.896551812	0	0	5311.11625	5311.11625
665	开明投资	00768	0.02	0.034	0.001	162000	0.034	0.02	3.03030303	0.409145615	42.42424242	3000	3603.245891	3603.245891
666	中国稀土	00769	0.87	0.86	0.01	1134000	0.88	0.85	1.176470588	0.499999992	3.529411765	974000	133398.3088	133398.3088
667	SHANGHAI GROWTH	00770	0	0	0	0	0	0	0	0	0	0	0	0
668	自动系统	00771	1.85	1.81	-0.05	12000	1.85	1.81	-2.688172043	1.012870767	2.150537634	22000	56358.51441	56358.51441
669	中国金属再生资源	00773	0	0	0	0	0	0	0	0	0	0	0	0
670	长江生命科技	00775	0.24	0.242	0.001	416000	0.245	0.24	0.414937759	0.490573696	2.074688797	100000	232587.9696	232587.9696
671	捷丰家居	00776	0.69	0.8	0.11	50000	0.8	0.69	15.94202899	0.981113559	15.94202899	36000	13923.6	13923.6
672	网龙	00777	2.99	2.9	-0.09	46000	2.99	2.88	-3.010033445	0.929964055	3.678929766	134000	153285.5605	153285.5605
673	雅天妮	00789	0.61	0.6	-0.02	2735000	0.62	0.55	-3.225806452	1.290045178	11.29032258	1584000	59828.27813	59828.27813
674	锦胜集团(控股)	00794	0	0	0	0	0	0	0	0	0	0	0	0
675	A8 电媒音乐	00800	0.82	0.78	-0.02	314000	0.82	0.78	-2.5	0.840789063	5	249000	35524.42969	35524.42969
676	金卫医疗	00801	1.01	1.05	0.02	2511100	1.05	0.98	1.941747573	0.526236642	6.796116505	2545000	167361.8133	167361.8133
677	宏霸数蔓	00802	0	0	0	0	0	0	0	0	0	0	0	0
678	昌兴国际	00803	0.135	0.141	0.006	0	0.141	0.135	4.444444444	1.907983781	4.444444444	0	31301.73342	31301.73342
679	惠理集团	00806	2.31	2.48	0.17	240700	2.5	2.28	7.359307359	5.347132234	9.523809524	583000	396800	396800
680	大成生化科技	00809	1.12	1.24	0.12	26762000	1.25	1.12	10.71428571	0.389214982	11.60714286	32402000	287537.3225	287537.3225
681	华保亚洲	00810	0.085	0.085	0	0	0.085	0.085	0	2.328767158	0	0	13839.7	13839.7
682	新华文轩	00811	1.69	1.73	0.02	160000	1.74	1.69	1.169590643	0.471441028	2.923976608	275000	76455.11992	196377.6657
683	敦沛金融	00812	0.22	0.22	0	0	0.22	0.22	0	1.7977E+308	0	0	12377.90383	12377.90383
684	世茂房地产	00813	5.5	5.38	-0.07	9165000	5.72	5.21	-1.28440367	0.824407376	9.357798165	50603000	1903666.766	1903666.766
685	北京京客隆	00814	2.7	2.7	-0.05	20000	2.7	2.7	-1.818181818	0.740862718	0	54000	49183.2	111299.4
686	方兴地产	00817	2.06	2.1	0.06	5530000	2.12	2.06	2.941176471	1.235221497	2.941176471	11575000	1923912.769	1923912.769
687	高阳科技	00818	0.67	0.68	0.01	627000	0.68	0.59	1.492537313	1.106950978	13.43283582	396000	178974.1513	178974.1513
688	天能动力	00819	0.95	0.94	-0.04	506000	0.95	0.94	-4.081632653	0.670614245	1.020408163	478000	94000	94000
689	汇盈控股	00821	0.4	0.42	0.02	84000	0.42	0.4	5	0.254668936	5	33000	15589.1318	15589.1318
690	嘉瑞国际	00822	0.212	0.211	0.002	490000	0.212	0.201	0.956937799	0.344096538	5.263157895	102000	18568	18568
691	新世界百货中国	00825	4.27	4.24	-0.02	76700	4.3	4.22	-0.469483568	1.687763634	1.877934272	325000	714925.48	714925.48
692	天工国际	00826	1.78	1.7	0	17000	1.78	1.5	0	0.425531927	16.47058824	29000	71315	71315
693	玖源集团	00827	0.07	0.07	0	60000	0.07	0.07	0	0.463269374	0	4000	49310.8	49310.8
694	王朝酒业	00828	1.1	1.16	0.08	1834000	1.2	1.1	7.407407407	0.835313598	9.259259259	2106000	144420	144420
695	建业地产	00832	0.71	0.71	0	1735000	0.72	0.7	0	0.425991479	2.816901408	1237000	142000	142000
696	华讯	00833	0.242	0.24	0.005	50000	0.242	0.24	2.127659574	0.432666293	0.85106383	12000	7543.68	7543.68
697	康大食品	00834	1.42	1.36	0.03	168000	1.42	1.36	2.255639098	0.845298055	4.511278195	232000	58880.92906	58880.92906
698	汇宝集团	00835	0.144	0.144	0.004	10000	0.144	0.144	2.857142857	0.652765203	0	1000	23796.6165	23796.6165
699	华润电力	00836	14.6	14.9	0.28	2491700	14.98	14.6	1.915184679	2.306465782	2.599179207	36718000	6960849.763	6960849.763
700	亿和控股	00838	0.61	0.61	0.02	240000	0.63	0.61	3.389830508	0.440369614	3.389830508	147000	39560.94	39560.94
701	天大石油管材	00839	1.26	1.27	0.07	45000	1.28	1.2	5.833333333	0.678273857	6.666666667	55000	31922.085	96692.085

次序	名称	代码	开盘	成交	涨跌	总量	最高	最低	幅度%	市净率	振幅%	成交金额	流通市值	总市值
702	天业节水	00840	0.6	0.62	0.03	1424000	0.62	0.59	5.084745763	0.430077702	5.084745763	864000	12548.8	32210.36352
703	木薯资源	00841	0	0	0	0	0	0	0	0	0	0	0	0
704	茂业国际	00848	0.77	0.76	0.01	6823000	0.77	0.75	1.333333333	1.21173468	2.666666667	5172000	390629.0513	390629.0513
705	中亚能源	00850	0.112	0.114	0.004	1880000	0.114	0.111	3.636363636	0.154012433	2.727272727	210000	30212.53294	30212.53294
706	盛源控股	00851	0.155	0.155	0	0	0.155	0.155	0	-0.959158453	0	0	8396.604297	8396.604297
707	海峡石油化工－新	00852	0	0	0	0	0	0	0	0	0	0	0	0
708	中国水务	00855	0.92	0.95	0.03	5484000	0.95	0.91	3.260869565	0.611089669	4.347826087	5096000	126052.8578	126052.8578
709	伟仕控股	00856	0.54	0.53	0.01	16446000	0.63	0.53	1.923076923	0.508783716	19.23076923	8931000	63759.28156	63759.28156
710	中国石油股份	00857	6.78	6.79	0.1	55905300	6.89	6.71	1.494768311	1.3859689	2.69058296	378827008	14326153.1	124271245.4
711	精优药业	00858	0	0	0	0	0	0	0	0	0	0	0	0
712	镇科集团	00859	0.4	0.4	0.1	74000	0.4	0.4	33.33333333	0.390892192	0	18000	25455.07969	25455.07969
713	明丰珠宝	00860	0.265	0.295	0.015	260000	0.295	0.265	5.357142857	0.407289782	10.71428571	71000	28253.6273	28253.6273
714	神州数码	00861	2.15	2.24	-0.05	297000	2.25	2.15	-2.183406114	0.686569006	4.366812227	666000	215575.5	215575.5
715	新移动	00862	2.3	2.3	0	12000	2.3	2.3	0	5.366308747	0	26000	22515.18291	22515.18291
716	第一电讯	00865	0.094	0.089	0.008	32000	0.095	0.089	9.87654321	0.177964401	7.407407407	2000	17316.69941	17316.69941
717	中国秦发	00866	0	0	0	0	0	0	0	0	0	0	0	0
718	信义玻璃	00868	1.88	2.08	0.22	13310200	2.22	1.88	11.82795699	0.803585261	18.27956989	27342000	368794.4975	368794.4975
719	彩星玩具	00869	0.068	0.068	0	0	0.068	0.068	0	0.365591389	0	0	3366	3366
720	恒丰金业	00870	0	0	0	0	0	0	0	0	0	0	0	0
721	锦恒汽车安全	00872	0.4	0.43	0.03	172000	0.43	0.38	7.5	0.443664871	12.5	66000	19070.5	19070.5
722	广州药业股份	00874	2.56	2.62	0.02	594000	2.65	2.56	0.769230769	0.57741048	3.461538462	1547000	57613.8	212455.8
723	连发国际	00875	0	0	0	0	0	0	0	0	0	0	0	0
724	永利控股	00876	0.42	0.42	0	0	0.42	0.42	0	0.271475673	0	0	14986.60406	14986.60406
725	金朝阳集团	00878	1.83	1.83	0	30000	1.83	1.83	0	0.113999514	0	54000	43909.77059	43909.77059
726	澳博控股	00880	1.69	1.69	0.04	1125000	1.7	1.66	2.424242424	1.159599315	2.424242424	1895000	845000	845000
727	天津发展	00882	2.56	2.59	0.06	1080000	2.59	2.51	2.371541502	0.298734705	3.162055336	2758000	276474.73	276474.73
728	中国海洋石油	00883	7.25	7.24	0.04	39270800	7.35	7.17	0.555555556	1.780138161	2.5	284812000	32340500.8	32340500.8
729	福方集团	00885	0.198	0.199	0	2670500	0.199	0.197	0	0.827098903	1.005025126	528000	33629.87752	33629.87752
730	银基集团	00886	0	0	0	0	0	0	0	0	0	0	0	0
731	英皇钟表珠宝	00887	0.26	0.255	0.005	1530000	0.26	0.245	2	0.820991596	6	388000	114750	114750
732	路讯通	00888	0.5	0.5	0.015	388000	0.5	0.495	3.092783505	0.592206581	1.030927835	193000	49868.25	49868.25
733	连达科技控股	00889	0.68	0.68	0	0	0.68	0.68	0	0.551634628	0	0	21760	21760
734	万裕国际	00894	0.59	0.59	0	18000	0.59	0.59	0	0.295635616	0	10000	28216.13004	28216.13004
735	兴胜创建	00896	0.32	0.32	0.015	10000	0.32	0.32	4.918032787	0.217539096	0	3000	14183.555	14183.555
736	位元堂	00897	0.137	0.143	0.003	418000	0.144	0.137	2.142857143	0.485074605	5	57000	34496.62958	34496.62958
737	万事昌国际	00898	0.102	0.102	0	0	0.102	0.102	0	0.227729405	0	0	42639.78675	42639.78675
738	亚洲资源	00899	0	0	0	0	0	0	0	0	0	0	0	0
739	AEON 信贷财务	00900	3.59	3.59	0	0	3.59	3.59	0	0.869502052	0	0	150336.9996	150336.9996
740	莱福资本	00901	0.107	0.113	0.004	450000	0.113	0.107	3.669724771	0.816473969	5.504587156	49000	11057.1321	11057.1321
741	华能国际电力股份	00902	5.54	5.6	0.18	9086700	5.6	5.44	3.32103321	1.61676817	2.95202952	50085000	1711014.725	6751014.9
742	冠捷科技	00903	2.45	2.5	0	20144900	2.5	2.36	0	0.495098526	5.6	49529000	527813.125	527813.125
743	中国绿色食品	00904	6.01	6.17	0.22	1429300	6.2	6.01	3.697478992	2.018714788	3.193277311	8747000	544533.35	544533.35
744	慧德投资	00905	0.03	0.03	0	0	0.03	0.03	0	1.546391707	0	0	4464	4464
745	高雅国际	00907	0.55	0.55	0	0	0.55	0.55	0	0.344914093	0	0	17800.70059	17800.70059
746	九洲发展	00908	0.3	0.305	0.01	408000	0.305	0.295	3.389830508	0.269220584	3.389830508	123000	34117.3	34117.3
747	中大国际	00909	0.14	0.14	-0.001	100000	0.14	0.14	-0.709219858	0.205128204	0	14000	12838.16078	12838.16078
748	中国林大	00910	0.335	0.325	0	27344000	0.335	0.325	0	0.270247796	3.076923077	8978000	177830.7375	177830.7375
749	信佳国际	00912	0.42	0.42	0	0	0.42	0.42	0	0.34099214	0	0	9779.28	9779.28
750	合一投资(新)	00913	0	0	0	0	0	0	0	0	0	0	0	0
751	安徽海螺水泥股份	00914	35.2	35.65	0.95	746700	36	35.05	2.737752161	2.27433667	2.737752161	26442000	1544358	6297337.433
752	林麦集团	00915	0.151	0.151	0	0	0.151	0.151	0	0.337204101	0	0	10192.4186	10192.4186
753	新世界中国	00917	2.37	2.36	0	1134800	2.42	2.23	0	0.301925407	8.050847458	2649000	905501.615	905501.615
754	第一德胜控股	00918	0.118	0.108	-0.01	0	0.118	0.108	-8.474576271	2.776349678	8.474576271	0	7801.92	7801.92
755	现代美容	00919	0.59	0.58	0	598500	0.59	0.58	0	1.404018383	1.724137931	352000	41964.16	41964.16
756	海信科龙	00921	0	0	0	0	0	0	0	0	0	0	0	0
757	金科数蔓	00922	0.084	0.084	0	0	0.084	0.084	0	1.850220219	0	0	14075.23031	14075.23031
758	元升国际	00925	0.12	0.12	0	0	0.12	0.12	0	1.796407232	0	0	32390.35125	32390.35125
759	富士高实业	00927	1.24	1.27	0.01	18000	1.27	1.23	0.793650794	0.705398793	3.174603175	22000	50697.00102	50697.00102
760	德发集团	00928	0	0	0	0	0	0	0	0	0	0	0	0
761	IPE 集团	00929	0.405	0.41	0.005	60000	0.41	0.405	1.234567901	0.303052695	1.234567901	24000	30044.595	30044.595
762	宏通集团	00931	0.082	0.083	0.001	0	0.083	0.082	1.219512195	7.545454586	1.219512195	0	38457.37044	38457.37044
763	光汇石油	00933	0.79	0.81	0	72000	0.81	0.79	0	1.117241343	2.469135802	57000	116305.508	116305.508
764	中石化冠德	00934	1.04	1.04	0	0	1.04	1	0	0.486253996	3.846153846	0	107830.32	107830.32
765	民生国际	00938	0.29	0.295	0.005	0	0.295	0.29	1.724137931	0.324389712	1.724137931	0	36129.83	36129.83
766	建设银行	00939	4.23	4.25	0.08	202767696	4.37	4.2	1.918465228	1.879948699	4.076738609	870412032	95492825	99317825
767	中国移动	00941	77.35	77.8	1.6	11494000	78.75	76.55	2.099737533	3.111440011	2.887139108	895985024	156066362.4	156066362.4
768	意科控股	00943	0.24	0.27	0.023	1700000	0.27	0.239	9.311740891	11.73913041	12.55060729	422000	71764.02563	71764.02563
769	宏利金融	00945	126	127.7	1.7	10200	128	126	1.349206349	1.7977E+308	1.587301587	1301000	20611745.73	20611745.73
770	华富国际	00952	0.3	0.3	0	0	0.3	0.3	0	0.81855391	0	0	23604.04453	23604.04453
771	奥玛仕控股	00959	0.218	0.213	0.001	10048000	0.218	0.212	0.471698113	0.212003595	2.830188679	2152000	81067.58034	81067.58034
772	华熙生物科技	00963	0.8	0.8	0	0	0.8	0.8	0	1.726370283	0	0	24960	24960
773	中国太平	00966	12.16	11.92	-0.02	543000	12.16	11.88	-0.167504188	3.686864072	2.345058626	6482000	1860290.33	1860290.33
774	小肥羊	00968	2.13	2.06	-0.04	79000	2.13	2.05	-1.904761905	1.98286646	3.80952381	163000	211695.8839	211695.8839
775	华联国际	00969	0.64	0.63	0.02	350000	0.64	0.63	3.278688525	2.859736672	1.639344262	221000	77091.84	77091.84
776	耀莱集团	00970	0.375	0.375	0	0	0.375	0.375	0	1.16387337	0	0	66980.73633	66980.73633
777	东力实业控股	00978	0.07	0.079	0.004	152000	0.079	0.07	5.333333333	0.216142269	12	10000	8357.331	8357.331
778	绿色能源科技集团	00979	0.46	0.69	0.23	578000	0.7	0.385	50	3.168043986	68.47826087	301000	23754.02355	23754.02355

次序	名称	代码	开盘	成交	涨跌	总量	最高	最低	幅度%	市净率	振幅%	成交金额	流通市值	总市值
779	联华超市	00980	9.5	9.62	-0.06	16000	9.62	9.36	-0.619834711	2.119129488	2.685950413	152000	199134	598364
780	中芯国际	00981	0.345	0.325	-0.01	106330496	0.345	0.315	-2.985074627	0.340921011	8.955223881	34611000	726591.6938	726591.6938
781	卓智控股	00982	0.81	0.81	0	0	0.81	0.81	0	1.662220369	0	0	18630	18630
782	瑞安建业	00983	5.98	6.04	0.06	448000	6.15	5.9	1.003344482	0.388919653	4.180602007	2721000	294620.2053	294620.2053
783	永旺	00984	9	9	0	0	9	9	0	2.021926668	0	0	234000	234000
784	中国科技	00985	0	0	0	0	0	0	0	0	0	0	0	0
785	南兴	00986	0.25	0.25	0	0	0.25	0.25	0	0.970496859	0	0	10450.96973	10450.96973
786	香港新能源控股	00987	0.35	0.35	0	0	0.35	0.35	0	0.865479742	0	0	26813.69961	26813.69961
787	楼东俊安资源	00988	0.75	0.75	0	255000	0.8	0.75	0	1.517297164	6.666666667	199000	55977.11133	55977.11133
788	润迅通信国际	00989	0.076	0.082	0.005	171000	0.082	0.076	6.493506494	0.601614097	7.792207792	13000	23128.1	23128.1
789	荣晖国际	00990	0.08	0.076	-0.004	7500	0.08	0.076	-5	0.384032345	5	0	6813.058	6813.058
790	大唐发电	00991	4.03	4.1	0.1	8522600	4.13	4.01	2.5	1.639082118	3	34696000	1359427.775	4829815.375
791	联想集团	00992	2.1	2.11	0.05	13711100	2.12	2.08	2.427184466	1.91331155	1.941747573	28754000	1943897.767	1943897.767
792	天行国际	00993	0.09	0.09	0	0	0.09	0.09	0	0.362318837	0	0	9747.395859	9747.395859
793	安徽皖通高速公路	00995	2.85	2.8	-0.05	643000	2.85	2.8	-1.754385965	0.237270029	1.754385965	1812000	138042.8	138042.8
794	东方银座	00996	1.31	1.34	0.02	358000	1.34	1.26	1.515151515	0.847136183	6.060606061	468000	129382.7473	129382.7473
795	达艺控股	00997	1.8	2	0.22	30000	2	1.8	12.35955056	1.031565929	11.23595506	56000	40000	40000
796	中信银行	00998	2.64	2.65	0.06	18852400	2.68	2.61	2.316602317	0.953751997	2.702702703	49833000	3286477.663	10343836.43
797	I.T	00999	0.48	0.485	0.005	266000	0.49	0.48	1.041666667	0.462301002	2.083333333	127000	56019.29602	56019.29602
798	北青传媒	01000	2.31	2.56	0.1	53000	2.56	2.31	4.06504065	0.350848347	10.16260163	123000	14054.65625	50511.36
799	万顺昌	01001	0.39	0.39	0	0	0.39	0.39	0	0.276340973	0	0	16108.10297	16108.10297
800	威铖国际	01002	0.08	0.08	0	0	0.08	0.08	0	0.13529511	0	0	6935.808125	6935.808125
801	21控股	01003	0	0	0	0	0	0	0	0	0	0	0	0
802	丽盛集团控股	01004	0	0	0	0	0	0	0	0	0	0	0	0
803	美力时集团	01005	0.27	0.27	-0.02	10000	0.27	0.27	-6.896551724	0.460436584	0	2000	19231.93758	19231.93758
804	诗天控股	01008	0	0	0	0	0	0	0	0	0	0	0	0
805	弘茂科技	01010	0	0	0	0	0	0	0	0	0	0	0	0
806	伟俊集团控股	01013	0.051	0.057	0.002	1734000	0.057	0.05	3.636363636	3.677419415	12.72727273	94000	30729.62981	30729.62981
807	黄金集团	01031	0.12	0.128	0.01	176000	0.129	0.111	8.474576271	0.334990852	15.25423729	20000	113450.544	113450.544
808	仪征化纤股份	01033	0.88	0.88	0.01	7418000	0.88	0.86	1.149425287	0.475701387	2.298850575	6501000	123200	352000
809	南联地产控股	01036	6.99	6.99	0	0	6.99	6.99	0	0.315882234	0	0	181520.0198	181520.0198
810	台和商事	01037	0.26	0.26	0	0	0.26	0.26	0	0.205533599	0	0	7894.104258	7894.104258
811	长江基建集团	01038	29.2	29.15	0.25	1524100	29.9	28.55	0.865051903	1.639353419	4.671280277	44164000	6571021.695	6571021.695
812	福邦控股	01041	0.016	0.016	0	5070000	0.016	0.015	0	-2.077922089	6.25	79000	20727.392	20727.392
813	光宇国际集团科技	01043	3.4	3.41	0.01	482000	3.46	3.36	0.294117647	0.904605284	2.941176471	1637000	127595.38	127595.38
814	恒安国际	01044	24.7	24.9	0.7	507800	24.9	23.6	2.892561983	4.416459729	5.371900826	12435000	3036091.043	3036091.043
815	亚太卫星	01045	0.64	0.64	0	3683000	0.64	0.62	0	0.129615008	3.125	2356000	26448.96	26448.96
816	寰宇国际	01046	0.045	0.045	-0.003	5430000	0.045	0.045	-6.25	0.239489081	0	244000	7310.724609	7310.724609
817	毅兴行	01047	0.215	0.215	0	0	0.215	0.215	0	0.212829138	0	0	7937.8	7937.8
818	时富投资	01049	0.86	0.86	0	0	0.86	0.86	0	0.600768442	0	0	17673.4384	17673.4384
819	嘉利国际	01050	0.41	0.41	0.095	2000	0.41	0.41	30.15873016	0.33889899	0	0	23661.01832	23661.01832
820	国际资源	01051	0	0	0	0	0	0	0	0	0	0	0	0
821	越秀交通	01052	2.28	2.3	-0.02	134000	2.36	2.28	-0.862068966	0.45813996	3.448275862	308000	384827.3391	384827.3391
822	重庆钢铁股份	01053	1.97	1.97	0.03	2996000	2.02	1.95	1.546391753	0.535137055	3.608247423	5975000	106011.0175	341426.0252
823	中国南方航空股份	01055	1.33	1.29	-0.02	17871000	1.33	1.28	-1.526717557	1.063303683	3.816793893	23172000	227203.447	846403.4269
824	粤海制革	01058	0.31	0.31	0.015	2000	0.31	0.31	5.084745763	0.623491537	0	0	16662.62352	16662.62352
825	看通集团	01059	0.178	0.182	0.004	0	0.182	0.178	2.247191011	0.22065955	2.247191011	0	93586.60106	93586.60106
826	上联水泥	01060	0.305	0.29	-0.01	6384000	0.31	0.29	-3.333333333	0.675675686	6.666666667	1879000	42966.18703	42966.18703
827	新资本	01062	0.08	0.09	0.014	7310000	0.091	0.072	18.42105263	0.328707103	25	609000	6138.845859	6138.845859
828	新确科技	01063	0.053	0.053	0.007	128000	0.053	0.053	15.2173913	-0.639324467	0	6000	8974.431203	8974.431203
829	中华国际	01064	0.7	0.7	0	0	0.7	0.7	0	0.14667365	0	0	10598.28711	10598.28711
830	天津创业环保股份	01065	1.31	1.32	0.01	508000	1.33	1.31	0.763358779	0.534672701	1.526717557	672000	44880	188394.0919
831	雨润食品	01068	9.05	9.11	0.11	677200	9.16	8.99	1.222222222	2.674613167	1.888888889	6168000	1520578.996	1520578.996
832	TCL多媒体	01070	0	0	0	0	0	0	0	0	0	0	0	0
833	华电国际电力股份	01071	1.81	1.85	0.06	2862000	1.88	1.81	3.351955307	0.859825293	3.910614525	5268000	264740.1742	1113900.609
834	东方电气	01072	18.28	19.4	1.52	2624500	19.8	18.28	8.501118568	7.256948265	8.501118568	50406000	329800	1711080
835	浩伦农科	01073	0.71	0.71	-0.01	50000	0.71	0.71	-1.388888889	1.7977E+308	0	35000	37819.22887	37819.22887
836	第一天然食品	01076	0	0	0	0	0	0	0	0	0	0	0	0
837	港华燃气	01083	1.56	1.53	-0.03	1547000	1.57	1.53	-1.923076923	0.484806236	2.564102564	2401000	299506.1063	299506.1063
838	中国神华	01088	16.16	16.4	0.5	17367300	16.78	16.1	3.144654088	1.951405343	4.27672956	286193984	5573675.3	32618976.8
839	中国制药	01093	2.78	2.72	0	374000	2.78	2.69	0	0.928327624	3.308823529	1013000	417509.29	417509.29
840	中国公共采购	01094	0.5	0.49	0.01	8048000	0.5	0.48	2.083333333	7.40181235	4.166666667	3940000	157756.6025	157756.6025
841	有线宽频通讯	01097	0.59	0.58	-0.02	190600	0.59	0.58	-3.333333333	0.569409	1.666666667	112000	116667.7159	116667.7159
842	路劲基建	01098	2.86	2.89	0.02	400000	2.89	2.84	0.696864111	0.227921575	1.742160279	1144000	213549.7766	213549.7766
843	飞达控股	01100	0.8	0.8	0	0	0.98	0.8	0	0.537959786	22.5	0	26812.825	26812.825
844	亚太资源	01104	0.37	0.34	-0.03	20370000	0.375	0.335	-8.108108108	1.264880997	10.81081081	7068000	193468.9675	193468.9675
845	星岛	01105	0.365	0.365	0	0	0.365	0.365	0	0.207989062	0	0	30873.06875	30873.06875
846	洛阳玻璃股份	01108	0	0	0	0	0	0	0	0	0	0	0	0
847	华润置地	01109	9.6	9.5	-0.1	7626500	9.67	9.3	-1.041666667	1.325112994	3.854166667	71979000	4775140.563	4775140.563
848	创兴银行	01111	9.25	9.25	0	17000	9.25	9.25	0	0.67550789	0	157000	402375	402375
849	华晨中国	01114	0.42	0.405	-0.015	5842000	0.425	0.405	-3.571428571	0.216542794	4.761904762	2413000	201850.7597	201850.7597
850	美亚控股	01116	0.55	0.55	0	0	0.55	0.55	0	0.941297308	0	0	31680	31680
851	高力集团	01118	0.204	0.204	0.009	70000	0.204	0.204	4.615384615	0.215918709	0	14000	11574.195	11574.195
852	雅视光学	01120	1.56	1.56	0	0	1.56	1.56	0	0.600253935	0	0	59849.4	59849.4
853	庆铃汽车股份	01122	0.78	0.77	0.01	1500000	0.78	0.76	1.315789474	0.24332438	2.631578947	1145000	95376.20641	191134.6336
854	中港照相	01123	0.365	0.365	0	0	0.365	0.365	0	0.455623509	0	0	42479.73797	42479.73797
855	沿海家园	01124	0.32	0.32	0	738000	0.33	0.315	0	0.285510345	4.6875	239000	89298.65	89298.65

次序	名称	代码	开盘	成交	涨跌	总量	最高	最低	幅度%	市净率	振幅%	成交金额	流通市值	总市值
856	丽丰控股	01125	0.113	0.113	0	950000	0.114	0.113	0	0.131075281	0.884955752	107000	90941.90563	90941.90563
857	德林国际	01126	0.1	0.1	0	0	0.1	0.1	0	0.178699072	0	0	6685.289844	6685.289844
858	中国水业集团	01129	0.097	0.099	0.002	4480000	0.1	0.097	2.06185567	0.362770265	3.092783505	443000	26793.15272	26793.15272
859	奋发国际	01130	0.084	0.085	0	12340000	0.085	0.083	0	1.416666698	2.352941176	1036000	53043.21938	53043.21938
860	广兴国际控股	01131	0.45	0.45	0	0	0.45	0.45	0	0.576405769	0	0	17269.34414	17269.34414
861	嘉禾娱乐	01132	0	0	0	0	0	0	0	0	0	0	0	0
862	哈尔滨动力股份	01133	6.31	6.41	0.27	8854000	6.56	6.23	4.397394137	0.956716445	5.374592834	56914000	433041.021	882532.6059
863	亚洲卫星	01135	7.6	7.6	0	11000	7.65	7.6	0	0.579714546	0.657894737	83000	297308.9719	297308.9719
864	台泥国际集团	01136	1.92	1.83	-0.04	918000	1.92	1.83	-2.139037433	0.635946632	4.812834225	1719000	234916.185	234916.185
865	城市电讯	01137	0.9	0.95	0	120000	0.95	0.9	0	0.568726046	5.263157895	110000	63049.94141	63049.94141
866	中海发展股份	01138	7.74	7.7	0.08	3563800	7.79	7.62	1.049868766	1.073006262	2.230971129	27431000	997920	2621505.184
867	华多利集团	01139	0	0	0	0	0	0	0	0	0	0	0	0
868	东英金融投资	01140	0.7	0.7	0	0	0.7	0.7	0	0.619249855	0	0	54915	54915
869	保兴发展控股	01141	0.1	0.09	-0.008	104000	0.1	0.09	-8.163265306	0.550795613	10.20408163	10000	14880.23859	14880.23859
870	西伯利亚矿业	01142	0.094	0.089	-0.006	13140000	0.094	0.086	-6.315789474	2.079439165	8.421052632	1151000	91532.06113	91532.06113
871	博智国际药业	01149	0.5	0.52	0	160000	0.52	0.5	0	0.369685767	3.846153846	81000	24122.74719	24122.74719
872	星辰通信	01155	0.86	0.86	0.02	1404000	0.91	0.84	2.380952381	0.5140159	8.333333333	1233000	60060.50531	60060.50531
873	泰盛实业集团	01159	0.145	0.155	0.015	136000	0.155	0.145	10.71428571	0.399278707	7.142857143	20000	10886.51824	10886.51824
874	大唐投资国际	01160	0.35	0.35	0	0	0.35	0.35	0	1.121794849	0	0	6048	6048
875	奥思集团	01161	1.85	1.85	0.02	300000	1.85	1.85	1.092896175	3.739640076	0	555000	68367.86289	68367.86289
876	莹辉集团	01163	0.32	0.34	0.02	1510000	0.35	0.32	6.25	0.365120264	9.375	517000	25871.07547	25871.07547
877	维奥医药	01164	0.166	0.165	-0.001	820000	0.17	0.165	-0.602409639	0.428682771	3.012048193	137000	25592.44102	25592.44102
878	荣盛科技国际	01166	0	0	0	0	0	0	0	0	0	0	0	0
879	百仕达控股	01168	0.62	0.63	0.01	1266000	0.65	0.62	1.612903226	0.470922401	4.838709677	814000	207017.8622	207017.8622
880	海尔电器	01169	0.92	0.93	0	506000	0.93	0.91	0	1.563550785	2.150537634	464000	188480.6733	188480.6733
881	信星集团	01170	0.5	0.5	0	0	0.5	0.5	0	0.417222957	0	0	31948.82031	31948.82031
882	兖州煤业股份	01171	5.67	5.69	0.22	13264700	5.78	5.57	4.021937843	0.922563048	3.839122486	75499000	1114329.6	2798569.6
883	勤达集团国际	01172	0.105	0.105	0	0	0.105	0.105	0	0.197331321	0	0	10873.84266	10873.84266
884	威高国际	01173	0.1	0.1	0	0	0.1	0.1	0	0.477099233	0	0	18448.87031	18448.87031
885	太平洋恩利	01174	0.63	0.64	0.01	497300	0.65	0.63	1.587301587	0.30583961	3.174603175	317000	181253.34	181253.34
886	福记食品服务	01175	4.1	4.12	0.08	1393200	4.12	4.04	1.98019802	0.675155251	1.98019802	5701000	223014.2803	223014.2803
887	南方国际	01176	0.2	0.201	0.001	516000	0.201	0.2	0.5	0.725631743	0.5	103000	32803.2	32803.2
888	中国生物制药	01177	1.05	1.05	0.02	120000	1.08	1.05	1.941747573	1.066531244	2.912621359	126000	316955.625	316955.625
889	天年生物	01178	0.073	0.073	0	0	0.073	0.073	0	0.819304123	0	0	5370.507914	5370.507914
890	汇彩控股	01180	0.033	0.034	0.003	22000	0.034	0.033	9.677419355	0.660194174	3.225806452	0	16650.30256	16650.30256
891	中青基业	01182	0.11	0.124	0.03	8415000	0.13	0.11	31.91489362	1.001615492	21.27659574	1017000	78810.804	78810.804
892	时捷	01184	0.84	0.8	-0.04	30000	0.84	0.8	-4.761904762	0.538068351	4.761904762	24000	20759.25625	20759.25625
893	中国航天万源	01185	0.27	0.29	0.015	896800	0.29	0.26	5.454545455	0.876662644	10.90909091	248000	105095.8731	105095.8731
894	中国铁建	01186	11.5	11.54	0.16	2395500	11.6	11.4	1.405975395	2.62852209	1.757469244	27646000	2396045.512	14237522.6
895	珠江轮胎	01187	0.77	0.77	0	0	0.77	0.77	0	0.26942861	0	0	8093.95501	8093.95501
896	远东金源集团	01188	0.081	0.081	0	0	0.081	0.081	0	1.923990447	0	0	45044.54044	45044.54044
897	永安旅游	01189	0.033	0.03	-0.002	29480000	0.034	0.03	-6.25	0.148957301	12.5	925000	32759.535	32759.535
898	粤首环保	01191	0.093	0.093	0.01	4000	0.093	0.093	12.04819277	0.269799819	0	0	22338.6	22338.6
899	泰山石化	01192	0.107	0.106	0	3140000	0.107	0.105	0	0.319277121	1.886792453	334000	68622.90275	68622.90275
900	华润燃气	01193	2.62	2.79	0.2	557700	2.79	2.62	7.722007722	3.593971342	6.563706564	1520000	394622.2645	394622.2645
901	中国贵金属	01194	0.26	0.26	0	0	0.26	0.26	0	3.508771805	0	0	26528.58	26528.58
902	华翔微电	01195	0.31	0.31	0	0	0.31	0.31	0	0.219189711	0	0	17327.915	17327.915
903	昌明投资	01196	0.213	0.213	0	0	0.213	0.213	0	0.296946885	0	0	12975.18871	12975.18871
904	皇朝家	01198	0.37	0.385	0.015	1008000	0.385	0.37	4.054054054	0.266380685	4.054054054	380000	17970.2991	17970.2991
905	中远太平洋	01199	7.8	7.91	0.11	1922700	7.97	7.63	1.41025641	0.897945282	4.358974359	15153000	1789641.949	1789641.949
906	美联集团	01200	2.7	2.76	0.1	1677000	2.79	2.64	3.759398496	1.511417782	5.639097744	4576000	199887.8681	199887.8681
907	侨威集团	01201	2.59	2.58	-0.01	610000	2.6	2.58	-0.386100386	1.433333371	0.772200772	1581000	67455.02719	67455.02719
908	成都普天电缆股份	01202	0.72	0.72	0	0	0.75	0.72	0	0.235086686	4.166666667	0	11520	28800
909	广南(集团)	01203	0.74	0.79	0.05	120000	0.81	0.74	6.756756757	0.497731841	9.459459459	94000	71542.63453	71542.63453
910	中信资源	01205	0.93	0.91	-0.01	10793100	0.94	0.9	-1.086956522	0.697211166	4.347826087	9885000	550601.5856	550601.5856
911	上置集团	01207	0.51	0.52	0.01	13155000	0.53	0.5	1.960784314	0.223655909	5.882352941	6791000	187401.825	187401.825
912	五矿资源	01208	1.1	1.13	0.01	832000	1.14	1.1	0.892857143	0.376378107	3.571428571	942000	228962.5069	228962.5069
913	比亚迪股份	01211	12.7	12.7	0.2	2326600	12.84	12.48	1.6	2.034799961	2.88	29544000	1007237	2889377
914	利福国际	01212	7.75	7.85	0.3	294500	8	7.75	3.973509934	2.537906896	3.311258278	2316000	1305502.836	1305502.836
915	万保刚集团	01213	0.45	0.45	0	0	0.45	0.45	0	0.563768471	0	0	9000	9000
916	开源控股	01215	0.148	0.148	0.001	28840000	0.152	0.144	0.680272109	1.739130382	5.442176871	4290000	138192.5303	138192.5303
917	中国创新投资	01217	0.027	0.029	0.002	1184000	0.029	0.027	7.407407407	0.595482533	7.407407407	34000	14995.51122	14995.51122
918	永义国际	01218	0.103	0.108	-0.009	255000	0.113	0.099	-7.692307692	0.062830881	11.96581197	26000	8577.403031	8577.403031
919	海域集团	01220	0	0	0	0	0	0	0	0	0	0	0	0
920	信和酒店	01221	2.8	2.8	0	600	2.8	2.8	0	0.934205254	0	1000	242280.8938	242280.8938
921	宏安集团	01222	0	0	0	0	0	0	0	0	0	0	0	0
922	新沣集团	01223	0.22	0.22	0	0	0.22	0.22	0	0.301783276	0	0	38368.98656	38368.98656
923	中渝置地	01224	1.97	1.95	0.01	15518000	2.01	1.92	0.515463918	0.450867072	4.639175258	30615000	501663.4898	501663.4898
924	隆成集团	01225	0.405	0.405	0	0	0.405	0.405	0	0.338458978	0	0	29435.99484	29435.99484
925	嘉禹国际	01226	0.3	0.3	-0.05	4000	0.3	0.3	-14.28571429	18.29268284	0	1000	2119.5	2119.5
926	国盛投资	01227	0.028	0.033	0	112000	0.033	0.028	0	1.336032341	15.15151515	3000	10873.5	10873.5
927	奇峰国际	01228	0.048	0.047	-0.001	435480000	0.048	0.046	-2.083333333	0.434380781	4.166666667	18333000	129856.1355	129856.1355
928	雅域集团	01229	1.05	1.04	-0.02	164000	1.06	1	-1.886792453	3.728935136	5.660377358	165000	79598.85375	79598.85375
929	精英国际	01328	0.24	0.24	0	8000	0.24	0.24	0	0.450365943	0	1000	22708.8	22708.8
930	中国忠旺	01333	0	0	0	0	0	0	0	0	0	0	0	0
931	霸王集团	01338	0	0	0	0	0	0	0	0	0	0	0	0
932	361度	01361	0	0	0	0	0	0	0	0	0	0	0	0

次序	名称	代码	开盘	成交	涨跌	总量	最高	最低	幅度%	市净率	振幅%	成交金额	流通市值	总市值
933	特步国际	01368	1.7	1.79	0.04	2958000	1.8	1.7	2.285714286	1.300966612	5.714285714	5243000	389082.455	389082.455
934	互太纺织	01382	0.69	0.68	-0.01	845000	0.69	0.68	-1.449275362	0.313219714	1.449275362	577000	97439.64375	97439.64375
935	鸿隆控股	01383	0.38	0.375	-0.005	550000	0.38	0.375	-1.315789474	0.208936924	1.315789474	208000	39009.375	39009.375
936	盈进集团	01386	0.49	0.48	0.005	81000	0.49	0.46	1.052631579	0.43301759	6.315789474	37000	29880	29880
937	人和商业	01387	1.14	1.18	0.04	1916000	1.19	1.14	3.50877193	3.270509996	4.385964912	2220000	2596000	2596000
938	安莉芳控股	01388	1.55	1.55	0	0	1.75	1.55	0	0.684417381	12.90322581	0	62258.4625	62258.4625
939	民安控股	01389	0.8	0.78	-0.01	1008000	0.8	0.77	-1.265822785	0.674740474	3.797468354	796000	226697.9569	226697.9569
940	恒鼎实业	01393	2.45	2.44	0.04	19606600	2.5	2.42	1.666666667	0.759273108	3.333333333	48261000	502640	502640
941	工商银行	01398	4.11	4.08	0	177577408	4.24	4.08	0	1.994427264	3.921568627	737763008	33887052	136279686.7
942	飞毛腿集团	01399	0.59	0.6	0.01	1198000	0.6	0.58	1.694915254	0.475322818	3.389830508	708000	61920.07031	61920.07031
943	阿里巴巴	01688	5.45	5.58	0.21	2841100	5.58	5.31	3.910614525	5.001792803	5.027932961	15531000	2811939.165	2811939.165
944	中国南车	01766	4.2	4.21	0.04	3723400	4.24	4.12	0.959232614	2.744101244	2.877697842	15612000	852104	4984640
945	中国交通建设	01800	9.5	9.56	0.27	13777100	9.7	9.44	2.906350915	3.03617366	2.798708288	132195000	4232690	14172700
946	台一国际	01808	0.33	0.33	-0.005	54000	0.33	0.33	-1.492537313	0.311526496	0	17000	19673.21426	19673.21426
947	晨鸣纸业	01812	2.62	2.7	0.1	1358000	2.7	2.62	3.846153846	0.412226333	3.076923077	3630000	105642.9	556752.4031
948	合景泰富	01813	2.31	2.3	0.04	9902000	2.38	2.27	1.769911504	0.621302573	4.867256637	23161000	665562.5	665562.5
949	招金矿业	01818	6.07	6	-0.02	2896500	6.19	5.87	-0.332225914	1.901863864	5.315614618	17553000	262304.3906	874458
950	大昌行集团	01828	1.07	1.06	-0.01	609600	1.08	1.04	-0.934579439	0.391751045	3.738317757	639000	190588	190588
951	时代零售	01832	2.05	2.05	0	35000	2.05	2.05	0	1.242650144	0	71000	179167.95	179167.95
952	银泰百货	01833	2.11	2.09	-0.02	620000	2.15	2.08	-0.947867299	7.372134405	3.317535545	1307000	365791.8	365791.8
953	九兴控股	01836	6.4	6.3	0.01	129000	6.4	6.3	0.158982512	0.857726369	1.589825119	816000	500459.1047	500459.1047
954	CHINAPROPERTIES	01838	1.29	1.31	0.04	3023000	1.32	1.28	3.149606299	0.125687203	3.149606299	3961000	236989.0911	236989.0911
955	澳华黄金	01862	24.5	24.6	0.1	13600	25.3	24.5	0.408163265	1.747643125	3.265306122	338000	719519.4902	719519.4902
956	真明丽	01868	1.55	1.51	-0.03	226500	1.55	1.51	-1.948051948	0.458576295	2.597402597	348000	114940.8225	114940.8225
957	百丽国际	01880	3.49	3.4	-0.03	3753000	3.55	3.4	-0.874635569	1.891095207	4.373177843	13021000	2867639.263	2867639.263
958	海天国际	01882	0.9	1.04	0.15	3329400	1.04	0.9	16.85393258	0.495757456	15.73033708	3198000	165984	165984
959	中信1616集团	01883	0.98	1	0.04	1970100	1.03	0.97	4.166666667	1.303101337	6.25	1972000	197773.125	197773.125
960	汇源果汁	01886	9.64	9.69	-0.04	150500	9.71	9.63	-0.411099692	2.736128688	0.822199383	1457000	1423283.703	1423283.703
961	建滔积层板	01888	1.85	1.81	0	992500	1.85	1.79	0	0.747007812	3.314917127	1809000	543000	543000
962	武夷药业	01889	0.76	0.71	-0.05	20837400	0.77	0.7	-6.578947368	0.719424481	9.210526316	15667000	121393.8475	121393.8475
963	中材股份	01893	4.6	4.65	0.11	15888400	4.72	4.51	2.422907489	2.15607188	4.625550661	73868000	541328.8781	1660730.789
964	中煤能源	01898	6	6.17	0.3	14104600	6.19	5.98	5.110732538	1.232496311	3.577512777	86322000	2533811.148	8180595.534
965	兴达国际	01899	0.74	0.74	0	1033000	0.75	0.73	0	0.313532761	2.702702703	763000	102577.0772	102577.0772
966	中国远洋	01919	5.3	5.39	0.14	21744300	5.48	5.3	2.666666667	0.925258371	3.428571429	117553000	1390943.4	5506571.551
967	大洋集团	01991	0.52	0.52	0	50000	0.52	0.52	0	0.367309469	0	26000	41600	41600
968	峻凌国际	01997	0.61	0.63	0.01	130000	0.63	0.61	1.612903226	0.453596358	3.225806452	81000	63000	63000
969	晨讯科技	02000	0.68	0.66	-0.01	4016000	0.69	0.65	-1.492537313	0.750000004	5.970149254	2685000	100424.1459	100424.1459
970	阳光纸业	02002	1.02	1.06	0.02	371000	1.07	1.02	1.923076923	0.311343485	4.807692308	392000	42510.66234	42510.66234
971	利君国际	02005	0.55	0.57	0.02	830000	0.57	0.55	3.636363636	0.8440693	3.636363636	461000	115539.1692	115539.1692
972	锦江酒店	02006	0.89	0.9	0.01	3020000	0.92	0.89	1.123595506	0.52062242	3.370786517	2745000	125235	410850
973	碧桂园	02007	1.92	1.9	0	11411000	1.92	1.86	0	1.430292064	3.157894737	21709000	3125769.8	3125769.8
974	凤凰卫视	02008	0.68	0.71	0	666000	0.71	0.68	0	2.190681971	4.225352113	470000	351853.7016	351853.7016
975	金隅股份	02009	0	0	0	0	0	0	0	0	0	0	0	0
976	AAC ACOUSTIC	02018	3.5	3.48	-0.03	966000	3.51	3.48	-0.854700855	1.212839416	0.854700855	3379000	427344	427344
977	安踏体育	02020	3.51	3.53	0.03	685300	3.56	3.51	0.857142857	1.730137816	1.428571429	2424000	879296.525	879296.525
978	映美控股	02028	0.2	0.2	0	0	0.2	0.2	0	0.226963228	0	0	11358.12031	11358.12031
979	富士康国际	02038	2.45	2.57	0.19	9947400	2.6	2.39	7.983193277	0.684457213	8.823529412	25029000	1814798.754	1814798.754
980	西王糖业	02088	1.2	1.2	0.01	4524000	1.21	1.18	0.840336134	0.642570299	2.521008403	5398000	101685.1688	101685.1688
981	承达国际	02288	0	0	0	0	0	0	0	0	0	0	0	0
982	澳科控股	02300	3.5	3.5	0.01	349200	3.54	3.47	0.286532951	0.723140473	2.005730659	1222000	381486.3555	381486.3555
983	中核国际	02302	2.9	3	0.1	0	3	2.9	3.448275862	2.422089425	3.448275862	0	128750.4844	128750.4844
984	锦兴国际控股	02307	0.38	0.375	0.025	120000	0.38	0.335	7.142857143	0.210532219	12.85714286	42000	24171.86279	24171.86279
985	泓锋国际	02309	0.079	0.083	0.005	4576000	0.09	0.078	6.41025641	-1.253776378	15.38461538	369000	10176.28957	10176.28957
986	光星电子	02310	0	0	0	0	0	0	0	0	0	0	0	0
987	中国金融租赁	02312	0	0	0	0	0	0	0	0	0	0	0	0
988	申洲国际	02313	1.47	1.4	0	75000	1.48	1.4	0	0.537448679	5.714285714	109000	174300	174300
989	理文造纸	02314	3.59	3.81	0.24	3840400	3.93	3.59	6.722689076	0.511807848	9.523809524	14650000	433341.9288	433341.9288
990	味丹国际	02317	0.42	0.42	0	80000	0.42	0.42	0	0.323599671	0	33000	63955.16531	63955.16531
991	中国平安	02318	36.8	37.5	1.25	5030900	38.4	36.55	3.448275862	2.928680664	5.103448276	189220992	9594914.063	27543949.22
992	蒙牛乳业	02319	10.06	10.08	0.08	2460000	10.3	10	0.8	3.109767381	3	25050000	1749588.908	1749588.908
993	合丰集团	02320	0.5	0.5	0	0	0.5	0.5	0	0.312734562	0	0	24146.19922	24146.19922
994	三和集团	02322	0.084	0.09	0.005	660000	0.091	0.084	5.882352941	1.435406621	8.235294118	57000	27180	27180
995	至卓国际	02323	0.206	0.206	0.002	200000	0.206	0.206	0.980392157	0.175603104	0	41000	20600	20600
996	德泰中华投资	02324	0	0	0	0	0	0	0	0	0	0	0	0
997	百灵达国际控股	02326	0	0	0	0	0	0	0	0	0	0	0	0
998	积华生物医药	02327	0.127	0.126	0.006	84000	0.127	0.126	5	0.601145034	0.833333333	10000	20223	20223
999	中国财险	02328	4.2	4.18	0.03	23760500	4.24	4.16	0.722891566	1.883476745	1.927710843	99615000	1444599.64	4657272.4
1000	纪翰集团	02330	0.25	0.25	0	0	0.25	0.25	0	7.002800959	0	0	15104.5	15104.5
1001	李宁	02331	12	12.1	0.08	3625100	12.28	11.84	0.665557404	5.833855599	3.660565724	43705000	1263724.378	1263724.378
1002	和记电讯国际	02332	2	2.08	0.09	3420000	2.08	2	4.522613065	0.523929467	4.020100503	6981000	1001384.02	1001384.02
1003	长城汽车	02333	2.78	2.7	0.05	1916000	2.78	2.61	1.886792453	0.387307781	6.41509434	5163000	111583.4379	295723.4484
1004	科浪国际	02336	0	0	0	0	0	0	0	0	0	0	0	0
1005	上海复地	02337	1.33	1.24	-0.05	2258000	1.33	1.24	-3.875968992	0.523449689	6.976744186	2899000	130886.7081	313633.9363
1006	潍柴动力	02338	14.46	14.6	0.44	978600	14.9	14.28	3.107344633	1.341282993	4.378531073	14389000	295504	1216247.183
1007	北泰	02339	0.91	0.95	0.04	120000	0.96	0.91	4.395604396	0.029962405	5.494505495	111000	11964.86963	11964.86963
1008	新昌管理集团	02340	0.56	0.55	-0.01	18200	0.56	0.54	-1.785714286	1.580459816	3.571428571	9000	18260	18260
1009	中怡精细化工	02341	1.12	1.15	0.03	82000	1.16	1.12	2.678571429	0.632806925	3.571428571	93000	53499.15	53499.15

次序	名称	代码	开盘	成交	涨跌	总量	最高	最低	幅度%	市净率	振幅%	成交金额	流通市值	总市值
1010	京信通信	02342	1.5	1.51	0.04	6296000	1.54	1.49	2.721088435	0.648013058	3.401360544	9578000	143998.2716	143998.2716
1011	太平洋航运	02343	3.62	3.52	-0.02	7336000	3.62	3.48	-0.564971751	0.651152482	3.95480226	25945000	678953.825	678953.825
1012	上海集优	02345	0.87	0.88	0.02	1332000	0.9	0.86	2.325581395	0.411522619	4.651162791	1173000	66854.48	126569.19
1013	东瑞制药	02348	0.69	0.7	0	104000	0.7	0.69	0	0.764860144	1.428571429	71000	54908.27891	54908.27891
1014	中国植物开发	02349	0.1	0.099	-0.006	1544000	0.102	0.098	-5.714285714	1.089108953	3.80952381	153000	10935.27162	10935.27162
1015	宝业集团	02355	1.64	1.63	-0.02	500000	1.7	1.63	-1.212121212	0.32339985	4.242424242	834000	50892.18473	108063.1295
1016	大新银行集团	02356	5.45	5.57	-0.01	10400	5.57	5.45	-0.17921147	0.635670616	2.150537634	57000	549624.7108	549624.7108
1017	中航科工	02357	0.99	1.05	0.08	12908000	1.09	0.98	8.24742268	1.843722469	11.34020619	13186000	176379.0984	487578.9516
1018	三九控股	02358	0	0	0	0	0	0	0	0	0	0	0	0
1019	澳门投资控股	02362	0.25	0.3	0.02	250000	0.3	0.25	7.142857143	0.250752247	17.85714286	74000	14574.90586	14574.90586
1020	勤+缘媒体服务	02366	1.73	1.73	0	568000	1.76	1.71	0	1.462136577	2.89017341	986000	124295.9723	124295.9723
1021	鹰美	02368	1.12	1.2	0.08	514000	1.23	1.12	7.142857143	0.687245882	9.821428571	609000	59961.6	59961.6
1022	中国无线	02369	0.35	0.35	0	7104000	0.365	0.345	0	1.113940116	5.714285714	2508000	71703.8	71703.8
1023	直真科技	02371	0.44	0.56	0.125	18556000	0.57	0.44	28.73563218	2.359882069	29.88505747	9759000	22680	22680
1024	中天国际	02379	0	0	0	0	0	0	0	0	0	0	0	0
1025	中国电力	02380	1.61	1.6	0.01	876000	1.62	1.59	0.628930818	0.6302438	1.886792453	1401000	576897.75	576897.75
1026	舜宇光学科技	02382	0.49	0.5	0.005	1590000	0.51	0.49	1.01010101	0.328428792	4.04040404	795000	50000	50000
1027	TOM 集团	02383	0.33	0.325	0.005	228000	0.33	0.325	1.5625	0.747642031	1.5625	74000	126531.2953	126531.2953
1028	利和经销	02387	8.38	8.5	-0.58	10000	8.54	8.38	-6.387665198	2.578023059	1.762114537	84000	271856.3467	271856.3467
1029	中银香港	02388	8.75	8.78	0.19	9654400	8.78	8.61	2.211874272	1.122216813	1.979045402	83826000	9282900.84	9282900.84
1030	旺城国际	02389	0.25	0.25	0	0	0.25	0.25	0	5.154639023	0	0	39747.75	39747.75
1031	友佳国际	02398	0.86	0.86	0	0	0.86	0.85	0	0.77442595	0	0	28896	28896
1032	HENGAN B1105	02561	0	0	0	0	0	0	0	0	0	0	0	0
1033	中国铝业	02600	4.13	4.08	0.07	23559000	4.23	4.08	1.74563591	0.884917365	3.740648379	98032000	1609138.103	5517990.9
1034	TCL 通讯	02618	0	0	0	0	0	0	0	0	0	0	0	0
1035	湖南有色金属公司	02626	1.09	1.1	0.03	7984000	1.11	1.06	2.803738318	0.787570688	4.672897196	8718000	179600.0766	403486.3938
1036	中国人寿	02628	23.9	23.55	0.15	37633500	24.05	23.45	0.641025641	3.249889654	2.564102564	892497984	17523967.13	66563380.28
1037	NAM TAI EEP	02633	0.6	0.6	0	0	0.6	0.6	0	1.654259785	0	0	52900.2375	52900.2375
1038	奕达	02662	0.179	0.179	0	0	0.179	0.179	0	162.7272736	0	0	17334.25232	17334.25232
1039	百德国际	02668	0.2	0.2	0	0	0.2	0.2	0	0.306044367	0	0	4728.039844	4728.039844
1040	天虹纺织	02678	0.39	0.39	0	0	0.39	0.39	0	0.247729141	0	0	34502.55961	34502.55961
1041	新奥燃气	02688	7.7	8.17	0.17	767000	8.24	7.7	2.125	1.709813182	6.75	6060000	857972.0394	857972.0394
1042	玖龙纸业	02689	2.12	2.21	0.1	11290400	2.25	2.1	4.739336493	0.629952695	7.109004739	24809000	958324.1647	958324.1647
1043	魏桥纺织	02698	2.63	2.68	0.03	831800	2.75	2.61	1.132075472	0.211178271	5.283018868	2257000	110849.8878	320096.2478
1044	合俊集团	02700	0	0	0	0	0	0	0	0	0	0	0	0
1045	重庆机电	02722	0.56	0.56	0	5312000	0.57	0.55	0	0.532420606	3.571428571	2979000	61610.5	206339.8575
1046	上海电气	02727	3.13	3.14	0.08	15533300	3.17	3.09	2.614379085	1.603759091	2.614379085	48463000	933494.3288	3927413.483
1047	成谦声汇	02728	0.61	0.61	0	0	0.61	0.61	0	0.588121881	0	0	19659.90922	19659.90922
1048	富力地产	02777	9.1	8.55	-0.16	14684700	9.17	8.4	-1.836969001	1.633893208	8.840413318	129354000	868046.4316	2755123.678
1049	精熙国际	02788	0.9	0.92	0.07	180000	0.92	0.87	8.235294118	0.555086276	5.882352941	160000	76155.57313	76155.57313
1050	中海集运	02866	1.18	1.17	0	18974100	1.2	1.16	0	0.379870139	3.418803419	22503000	438867	1366925.625
1051	首创置业	02868	1.27	1.24	-0.01	1276000	1.27	1.22	-0.8	0.522083303	4	1599000	126573.7459	251467.04
1052	神威药业	02877	4.36	4.36	0	0	4.36	4.36	0	1.488359408	0	0	360572	360572
1053	SOLOMON SYSTECH	02878	0.176	0.179	0	4400000	0.184	0.176	0	0.393406582	4.469273743	795000	43806.71195	43806.71195
1054	大连港	02880	1.98	1.95	0.05	1718000	2.04	1.95	2.631578947	0.791171345	4.736842105	3424000	207207	570570
1055	香港资源控股	02882	0	0	0	0	0	0	0	0	0	0	0	0
1056	中海油田服务	02883	6.1	6.25	0.14	6738500	6.32	6.05	2.291325696	1.251677257	4.41898527	42068000	959282.5195	2809575
1057	渣打集团	02888	93	92.1	0.8	151400	93.1	92	0.876232202	0.985681434	1.204819277	14029000	18514887.46	18514887.46
1058	中国镍资源	02889	0.71	0.68	0	399400	0.71	0.68	0	0.30956934	4.411764706	275000	142332.1919	142332.1919
1059	龙发制药	02898	0.43	0.42	-0.01	0	0.43	0.42	-2.325581395	5.084745915	2.325581395	0	46326.42	46326.42
1060	紫金矿业	02899	4.75	4.7	0.01	21772100	4.82	4.68	0.213219616	3.736088982	2.985074627	103584000	1882556.8	6834415.113
1061	中国玻璃	03300	0.475	0.46	0	1280000	0.475	0.455	0	0.427469569	4.347826087	591000	19136	19136
1062	巨涛海洋石油服务	03303	0.42	0.42	0	56000	0.42	0.41	0	0.350994496	2.380952381	23000	20916	20916
1063	金鹰商贸集团	03308	5.1	5.44	0.09	221200	5.49	5.1	1.682242991	5.029586028	7.289719626	1190000	1000403.165	1000403.165
1064	中国建筑	03311	1.35	1.35	0.02	7892500	1.37	1.33	1.503759398	1.308012837	3.007518797	10655000	330687.7313	330687.7313
1065	美维控股	03313	0.78	0.8	0.01	324000	0.81	0.78	1.265822785	0.565411005	3.797468354	258000	157120	157120
1066	中国香精香料	03318	1.16	1.16	0	0	1.16	1.16	0	0.717688554	0	0	56189.12219	56189.12219
1067	永嘉集团	03322	0.395	0.39	0.005	58000	0.395	0.39	1.298701299	0.277126413	1.298701299	22000	49467.6	49467.6
1068	中国建材	03323	9.47	9.31	0.01	20969000	9.62	9.26	0.107526882	2.053691606	3.870967742	198763008	1117794.167	2310011.456
1069	交通银行	03328	5.56	5.59	0.1	24642400	5.74	5.49	1.821493625	1.614020957	4.553734062	138858000	12893037.33	27387861.22
1070	灵宝黄金	03330	2	1.98	-0.02	1316000	2.01	1.98	-1	0.789662587	1.5	2629000	58860.25277	152509.3144
1071	维达国际	03331	2.14	2.1	0	188000	2.14	2.06	0	1.110582253	3.80952381	396000	189890.7609	189890.7609
1072	DBA 电讯	03335	0.54	0.54	0.02	1736000	0.55	0.53	3.846153846	0.450939461	3.846153846	937000	56025	56025
1073	巨腾国际	03336	1.63	1.62	0	344500	1.67	1.6	0	0.574406957	4.320987654	560000	178653.6	178653.6
1074	安东油田服务	03337	0.58	0.58	-0.01	224000	0.58	0.57	-1.694915254	0.704653166	1.694915254	129000	121397.1356	121397.1356
1075	中国龙工	03339	4	3.97	0.02	2971400	4.03	3.93	0.506329114	1.185995118	2.53164557	11862000	849778.5	849778.5
1076	互益集团	03344	0.98	0.98	0	0	0.98	0.98	0	0.533565645	0	0	39200	39200
1077	先进半导体	03355	0.103	0.105	0.001	8092000	0.107	0.101	0.961538462	0.192660545	5.769230769	846000	11879.00684	16109.38383
1078	华侨城(亚洲)	03366	1	0.98	-0.02	0	1	0.98	-2	0.46379557	2	0	28363.16	28363.16
1079	百盛集团	03368	8.77	8.8	0.03	1539900	8.86	8.77	0.342075257	6.300565508	1.02622577	13570000	2468680.5	2468680.5
1080	远洋地产	03377	3.58	3.5	0.01	15825000	3.6	3.48	0.286532951	0.82836312	3.438395415	56031000	1645124.031	1645124.031
1081	厦门港务	03378	0.88	0.89	0.01	5730000	0.94	0.88	1.136363636	0.571612059	6.818181818	5198000	87816.3	242631.8
1082	天津港发展	03382	1.76	1.83	0.08	2946000	1.87	1.76	4.571428571	0.904820749	6.285714286	5422000	327039.3	327039.3
1083	雅居乐地产	03383	4.2	4.04	-0.13	7675900	4.29	4.03	-3.117505995	1.017965598	6.23501199	31922000	1452924.643	1452924.643
1084	新宇亨得利	03389	1.13	1.2	0.1	5740000	1.26	1.12	9.090909091	1.251956145	12.72727273	6975000	325522.0875	325522.0875
1085	威胜集团	03393	1.6	1.7	0.11	4002100	1.81	1.59	6.918238994	0.87996272	13.83647799	6711000	154792.5969	154792.5969
1086	华鼎控股	03398	0.52	0.53	0.03	870000	0.53	0.52	6	0.497746044	2	456000	110888.6123	110888.6123

次序	名称	代码	开盘	成交	涨跌	总量	最高	最低	幅度%	市净率	振幅%	成交金额	流通市值	总市值
1087	南粤物流	03399	1.52	1.52	0	6222100	1.52	1.52	0	0.413999731	0	9457000	63481.57094	63481.57094
1088	保利协鑫能源	03800	0.61	0.61	-0.01	839000	0.61	0.6	-1.612903226	0.216573167	1.612903226	510000	754139.7213	754139.7213
1089	中国重汽	03808	5.47	5.22	-0.25	3964500	5.47	5.22	-4.570383912	0.926550458	4.570383912	21068000	1128527.705	1128527.705
1090	宝胜国际	03813	0.85	0.83	-0.01	1928000	0.85	0.82	-1.19047619	0.584013495	3.571428571	1592000	356111.1109	356111.1109
1091	中国动向	03818	1.91	1.88	-0.01	24369000	1.93	1.87	-0.529100529	1.398185373	3.174603175	46112000	1065261.815	1065261.815
1092	德普科技	03823	0.149	0.148	0.012	50000	0.149	0.148	8.823529412	0.307756297	0.735294118	7000	8880	8880
1093	明辉国际	03828	0.76	0.76	-0.04	2000	0.76	0.76	-5	0.599274544	0	1000	45600	45600
1094	新疆新鑫矿业	03833	1.94	2	0.08	2611000	2.02	1.93	4.166666667	0.747999105	4.6875	5151000	151800	442000
1095	中国淀粉	03838	0.56	0.58	0.03	12409000	0.61	0.56	5.454545455	1.531555369	9.090909091	7251000	151525	151525
1096	群星纸业	03868	1.59	1.59	0.03	291400	1.59	1.56	1.923076923	0.64797458	1.923076923	462000	164215.2	164215.2
1097	中国奥园	03883	1.04	1.03	0	5188000	1.07	1.02	0	0.419364035	4.854368932	5438000	269087.5	269087.5
1098	康健国际	03886	0	0	0	0	0	0	0	0	0	0	0	0
1099	金山软件	03888	2.48	2.58	0.08	795200	2.61	2.44	3.2	1.856649344	6.8	2013000	281000.9822	281000.9822
1100	大成糖业	03889	0.59	0.59	0.04	26000	0.59	0.59	7.272727273	0.404164953	0	15000	61655	61655
1101	南车时代电气	03898	6.2	6.25	0.05	438100	6.29	6.16	0.806451613	1.753204897	2.096774194	2730000	285067.749	677659.7656
1102	中集安瑞科	03899	1.5	1.52	-0.23	240000	1.6	1.5	-13.14285714	0.788668095	5.714285714	366000	130332.7325	130332.7325
1103	绿城中国	03900	3.5	3.24	-0.09	837500	3.5	3.1	-2.702702703	0.535147994	12.01201201	2823000	530767.1306	530767.1306
1104	金界控股	03918	1.07	1.07	0.01	662000	1.07	1.04	0.943396226	1.056894476	2.830188679	703000	222782.443	222782.443
1105	郑州燃气	03928	0	0	0	0	0	0	0	0	0	0	0	0
1106	联邦制药	03933	2.04	2.05	0.02	158000	2.1	2.04	0.985221675	0.873418254	2.955665025	327000	246000	246000
1107	三林环球	03938	0.41	0.39	-0.02	1308000	0.42	0.39	-4.87804878	0.409233994	7.317073171	522000	167767.7381	167767.7381
1108	招商银行	03968	14.12	14.36	0.48	17088000	14.54	14.12	3.458213256	2.342615712	3.025936599	245624992	4969421.6	27455444.04
1109	中海石油化学	03983	3.18	3.18	0.04	2022600	3.21	3.17	1.27388535	1.371872257	1.27388535	6450000	563178	1465980
1110	中国银行	03988	2.19	2.12	-0.07	815383488	2.19	2.12	-3.196347032	1.022376517	3.196347032	1751542016	16116293	53813901.92
1111	恒宝利国际控股	03989	0.405	0.39	0.005	4838000	0.405	0.37	1.298701299	0.186727959	9.090909091	1882000	16679.94961	16679.94961
1112	洛阳钼业	03993	3.46	3.52	0.08	3870900	3.54	3.44	2.325581395	1.347213777	2.906976744	13524000	461526.89	1716412.06
1113	波司登	03998	0.74	0.73	0	3078000	0.74	0.73	0	0.758520351	1.369863014	2255000	567381.55	567381.55
1114	大成食品	03999	1.05	1.13	0.1	4049000	1.14	1.05	9.708737864	0.679372317	8.737864078	4483000	114204.8095	114204.8095

香港证券市场创业板上市公司2008年12月31日收盘情况

次序	名称	代码	开盘	成交	涨跌	总量	最高	最低	幅度%	市净率	振幅%	成交金额	流通市值	总市值
1	世大控股	08003	0.196	0.196	0	0	0.196	0.196	0	4.839506159	0	0	9531.754094	9531.754094
2	裕兴科技	08005	0.21	0.21	0.01	32000	0.21	0.21	5	0.252070573	0	6000	34209.16734	34209.16734
3	中华网	08006	5	5.33	0.63	198200	5.5	5	13.40425532	0.755546094	10.63829787	1057000	57123.53067	57123.53067
4	数码香港	08007	0.2	0.2	0	0	0.2	0.2	0	1.860465085	0	0	3000	3000
5	新意网集团	08008	0.51	0.5	-0.01	133000	0.51	0.495	-1.960784314	0.455124692	2.941176471	66000	101574.1875	101574.1875
6	菱控有限公司	08009	0.18	0.18	0	0	0.18	0.18	0	0.574162703	0	0	10192.59	10192.59
7	星美出版集团	08010	0	0	0	0	0	0	0	0	0	0	0	0
8	百田石油	08011	0.057	0.049	-0.004	1450000	0.057	0.049	-7.547169811	0.469348652	15.09433962	74000	26499.2	26499.2
9	松景科技	08013	0.105	0.105	-0.009	300000	0.105	0.105	-7.894736842	0.168	0	31000	9774.815039	9774.815039
10	乾隆科技	08015	0.4	0.4	0	0	0.4	0.4	0	0.771753815	0	0	10104	10104
11	中华数据广播	08016	0	0	0	0	0	0	0	0	0	0	0	0
12	百龄国际(新)	08017	0	0	0	0	0	0	0	0	0	0	0	0
13	中远威生物制药	08019	0.065	0.055	0	510000	0.065	0.055	0	3.160919496	18.18181818	28000	3960	3960
14	汇隆控股	08021	0.078	0.077	-0.001	0	0.078	0.077	-1.282051282	0.521680234	1.282051282	0	6037.899055	6037.899055
15	彩娱集团	08022	0.52	0.52	0	0	0.52	0.52	0	7.558139278	0	0	28427.45344	28427.45344
16	亚洲资产	08025	0.1	0.1	0.02	10000	0.1	0.1	25	-4.54545457	0	1000	9634.179688	9634.179688
17	长达科技	08026	0.215	0.215	0	0	0.215	0.215	0	2.152152157	0	0	12850.0125	12850.0125
18	天时软件	08028	0.04	0.041	0	506000	0.041	0.04	0	0.440386698	2.43902439	20000	4646.372086	4646.372086
19	太阳国际	08029	0.75	0.75	0	70000	0.75	0.75	0	0.875145864	0	52000	62408.25	62408.25
20	大中华科技	08032	0.024	0.024	0	0	0.024	0.024	0	0.76190475	0	0	7926.4695	7926.4695
21	爱达利网络	08033	0.1	0.1	0	0	0.1	0.1	0	0.444839847	0	0	6138.189844	6138.189844
22	滨海投资	08035	0	0	0	0	0	0	0	0	0	0	0	0
23	朗力福集团	08037	0.24	0.24	0	0	0.24	0.24	0	1.061946921	0	0	12801.6	12801.6
24	中邮电贸(控股)	08041	0	0	0	0	0	0	0	0	0	0	0	0
25	年代国际控股	08043	0.1	0.1	0	80000	0.115	0.1	0	3.546099225	15	9000	3991.119922	3991.119922
26	南大苏富特	08045	0.15	0.15	0	0	0.17	0.15	0	0.000690133	13.33333333	0	3510	14010
27	恒芯中国	08046	0.3	0.32	0.015	4952000	0.345	0.29	4.918032787	1.219977058	18.03278689	1606000	45266.655	45266.655
28	中国掌付	08047	0.113	0.13	0.005	2000000	0.13	0.113	4	0.817610092	13.6	228000	26973.79141	26973.79141
29	志鸿科技	08048	0.028	0.028	0	0	0.028	0.028	0	0.298189555	0	0	2758.14	2758.14
30	吉林长龙药业	08049	0.2	0.2	0	0	0.2	0.2	0	0.42256496	0	0	3450	11205
31	FLEXSYSTEM	08050	0.145	0.145	0	0	0.145	0.145	0	1.48413511	0	0	8700	8700
32	千里眼控股	08051	0.18	0.175	-0.005	0	0.18	0.175	-2.777777778	0.947995689	2.777777778	0	3155.25	3155.25
33	利亚零售	08052	1.8	1.89	0	22000	1.89	1.8	0	1.806365195	4.761904762	39000	137954.127	137954.127
34	中国电力科技	08053	0.51	0.54	0.03	120000	0.54	0.51	5.882352941	1.357466068	5.882352941	64000	36126.945	36126.945
35	中国网络教育	08055	0.425	0.5	0.09	23464000	0.5	0.395	21.95121951	11.26126149	25.6097561	10708000	111340.9766	111340.9766
36	罗欣药业	08058	2.22	2.22	0.02	2000	2.22	2.22	0.909090909	2.005420066	0	4000	36532.32	135331.2
37	国联通信	08060	0.07	0.07	0	0	0.07	0.07	0	1.794871758	0	0	5442.314609	5442.314609
38	光亚	08061	0.04	0.04	0	0	0.04	0.04	0	0.483091782	0	0	20258.46125	20258.46125
39	卓施金网	08063	0.28	0.28	0	10000	0.28	0.28	0	0.096309291	0	2000	3355.304531	3355.304531
40	中国海景	08065	0.225	0.225	0	0	0.225	0.225	0	0.253235798	0	0	5449.268408	5449.268408
41	锴联科技	08066	0.8	0.74	0.03	300000	0.81	0.69	4.225352113	2.987484791	16.90140845	234000	35305.4	35305.4
42	新宇国际	08068	0.11	0.109	-0.001	0	0.11	0.109	-0.909090909	0.752242957	0.909090909	0	19902.22314	19902.22314
43	同仁堂科技	08069	6.19	6.3	0.05	158000	6.3	6.08	0.8	0.779240078	3.52	974000	55011.6	123480

次序	名称	代码	开盘	成交	涨跌	总量	最高	最低	幅度%	市净率	振幅%	成交金额	流通市值	总市值
44	中裕燃气	08070	0.425	0.41	0.015	124000	0.425	0.355	3.797468354	1.209082855	17.72151899	50000	79267.41406	79267.41406
45	中国金属资源	08071	0.058	0.058	0.001	180000	0.058	0.058	1.754385965	0.147133436	0	10000	20177.79581	20177.79581
46	ROJAM	08075	0.025	0.025	0	0	0.025	0.025	0	1.488095291	0	0	4815.285938	4815.285938
47	新利软件	08076	0.149	0.13	0	200000	0.169	0.13	0	185.7142923	30	33000	8621.6	8621.6
48	英皇娱乐	08078	0.6	0.6	0.02	80000	0.6	0.57	3.448275862	-7.380073994	5.172413793	47000	15600	15600
49	变靓 D 控股	08079	0	0	0	0	0	0	0	0	0	0	0	0
50	北亚策略	08080	0.43	0.43	0	0	0.43	0.43	0	0.021375276	0	0	4119.185	4119.185
51	骏科网络讯息	08081	0.35	0.35	0	0	0.35	0.35	0	3.593429078	0	0	5502.104932	5502.104932
52	讯通控股	08082	0.048	0.051	0.003	0	0.051	0.048	6.25	1.688741674	6.25	0	4975.764	4975.764
53	矽感科技	08083	0.042	0.042	0	0	0.042	0.042	0	0.746003561	0	0	8598.603563	8598.603563
54	中民安园	08085	0.189	0.2	0.011	0	0.2	0.189	5.82010582	1.328903659	5.82010582	0	24075.72031	24075.72031
55	易宝	08086	0.094	0.093	0	160000	0.094	0.093	0	1.288088638	1.075268817	14000	3126.362473	3126.362473
56	高诚资本	08088	0.15	0.18	0	16000	0.18	0.15	0	3.599999946	16.66666667	2000	5424.264141	5424.264141
57	中国铁路货运	08089	0.7	0.69	0.01	3350000	0.72	0.68	1.470588235	0.42934478	5.882352941	2346000	38903.16492	38903.16492
58	环球实业科技	08091	0.153	0.14	0.015	250000	0.153	0.14	12	0.90614891	10.4	38000	21055.00469	21055.00469
59	ITE HOLDINGS	08092	0.042	0.042	0	0	0.042	0.042	0	3.230769164	0	0	3803.385469	3803.385469
60	北大青鸟环宇	08095	0.206	0.201	-0.005	0	0.22	0.191	-2.427184466	0.292746856	14.0776699	0	9744.48	23814.48
61	博软	08096	0.55	0.57	0.01	250000	0.57	0.53	1.785714286	8.796296068	7.142857143	137000	28571.535	28571.535
62	联梦活力世界	08100	0.11	0.11	0	0	0.11	0.11	0	3.492063436	0	0	12024.2968	12024.2968
63	上海复旦	08102	0.33	0.33	0	0	0.33	0.33	0	0.596313719	0	0	7996.89	20371.89
64	泰盛国际控股	08103	0.14	0.14	0	0	0.14	0.14	0	0.546234876	0	0	1528.66	1528.66
65	浙大兰德	08106	0.1	0.1	0	0	0.1	0.1	0	0.364697311	0	0	1121.25	3565.460156
66	名家国际	08108	0.098	0.094	0	248000	0.098	0.094	0	0.385088072	4.255319149	23000	13017.12	13017.12
67	科瑞控股	08109	0	0	0	0	0	0	0	0	0	0	0	0
68	一创科技	08111	0.069	0.069	0	0	0.069	0.069	0	0.850801459	0	0	3752.165555	3752.165555
69	上海青浦消防	08115	0	0	0	0	0	0	0	0	0	0	0	0
70	大地资源发展	08116	0.031	0.031	-0.006	10000	0.031	0.031	-16.21621622	0.175637401	0	0	21092.896	21092.896
71	中国基础资源	08117	0.05	0.05	-0.001	400000	0.05	0.05	-1.960784314	0.36284472	0	20000	61480.1625	61480.1625
72	国际娱乐	08118	0.71	0.76	-0.01	30000	0.77	0.71	-1.298701299	0.450690851	7.792207792	21000	89615.94625	89615.94625
73	即时科研	08119	0.03	0.03	0	300000	0.03	0.03	0	-1.785714349	0	9000	4688.212031	4688.212031
74	中华药业	08120	0	0	0	0	0	0	0	0	0	0	0	0
75	首华金融	08123	0.2	0.22	0.024	1992000	0.224	0.2	12.24489796	3.949730674	12.24489796	419000	64990.70875	64990.70875
76	G.A.控股	08126	0.25	0.25	0	0	0.25	0.25	0	0.557537924	0	0	10825	10825
77	中国地能	08128	0.051	0.05	0	10056000	0.051	0.046	0	0.319693105	10	479000	33765.5625	33765.5625
78	中国生物资源	08129	0.022	0.022	0	0	0.022	0.022	0	6.875000174	0	0	18047.26	18047.26
79	采艺多媒体	08130	0	0	0	0	0	0	0	0	0	0	0	0
80	辰罡科技	08131	0.16	0.16	0	0	0.16	0.16	0	-0.638722571	0	0	2569.455938	2569.455938
81	田生集团	08136	0.06	0.06	0	0	0.06	0.06	0	0.231302998	0	0	17571	17571
82	洪桥集团	08137	0.48	0.51	0.03	656000	0.51	0.48	6.25	364.2857273	6.25	322000	231168.7041	231168.7041
83	华夏医疗	08143	0.055	0.053	-0.001	1140000	0.055	0.05	-1.851851852	0.727023347	9.259259259	60000	23824.09294	23824.09294
84	奥柏中国	08148	0	0	0	0	0	0	0	0	0	0	0	0
85	无缝绿色	08150	0.6	0.61	0.01	1880000	0.61	0.6	1.666666667	254.1666546	1.666666667	1133000	258640	258640
86	亿胜生物科技	08151	0.22	0.22	0	0	0.22	0.22	0	1.200218199	0	0	12248.5	12248.5
87	中国 3C 集团	08153	0.102	0.12	-0.002	72000	0.12	0.102	-1.639344262	0.78431374	14.75409836	7000	22011.5775	22011.5775
88	南华置地	08155	0.3	0.3	0	0	0.3	0.3	0	1.140250863	0	0	335254.95	335254.95
89	众彩股份	08156	0	0	0	0	0	0	0	0	0	0	0	0
90	首都信息	08157	0.149	0.149	0	48000	0.149	0.149	0	0.609656315	0	7000	11540.01973	43181.48513
91	中国生物医学	08158	0.14	0.14	0	0	0.14	0.14	0	1.624129952	0	0	34732.32	34732.32
92	辉煌科技	08159	0.194	0.194	0	0	0.194	0.194	0	0.389949747	0	0	6208	6208
93	华彩控股	08161	0.12	0.125	-0.016	992000	0.135	0.12	-11.34751773	1.062022062	10.63829787	122000	92527.04688	92527.04688
94	中建资源	08163	0.106	0.106	0	0	0.106	0.106	0	1.027131748	0	0	44553.38006	44553.38006
95	华普智通	08165	0.25	0.25	0	0	0.25	0.25	0	-13.66120175	0	0	22425	22425
96	蓝帆科技	08166	1	1	0	0	1	1	0	-11.12347029	0	0	7726	7726
97	天下媒体	08167	0.167	0.189	0.006	26660000	0.189	0.15	3.278688525	42.95454569	21.31147541	4499000	236250	236250
98	环康集团	08169	0.14	0.15	0.01	0	0.15	0.14	7.142857143	0.755667478	7.142857143	0	9743.1	9743.1
99	中国趋势	08171	0.077	0.077	0	0	0.077	0.077	0	0.565760494	0	0	5418.794391	5418.794391
100	宝利福	08172	0	0	0	0	0	0	0	0	0	0	0	0
101	智库媒体	08173	0.109	0.105	-0.003	9200000	0.112	0.103	-2.777777778	0.087368947	8.333333333	984000	54616.10766	54616.10766
102	中国数蔓版权	08175	0.075	0.09	0	5100200	0.09	0.075	0	3.04054054	16.66666667	388000	12863.47641	12863.47641
103	富丽花谱	08176	0.25	0.25	0	0	0.25	0.25	0	1.661129573	0	0	11810	11810
104	中国信息科技	08178	0.119	0.12	0	5584000	0.12	0.111	0	0.571156605	7.5	645000	77938.875	77938.875
105	环能国际	08182	0.082	0.086	0.005	9166000	0.091	0.081	6.172839506	0.318518506	12.34567901	797000	20097.86272	20097.86272
106	神州东盟资源	08186	0.068	0.068	0	50000	0.068	0.068	0	0.223170341	0	3000	12954	12954
107	牡丹汽车	08188	0	0	0	0	0	0	0	0	0	0	0	0
108	泰达生物	08189	0.225	0.225	0	0	0.225	0.225	0	2.317198833	0	0	15862.5	21375
109	金望控股	08190	0.029	0.029	0.001	190000	0.029	0.029	3.571428571	0.193979936	0	5000	7007.85	7007.85
110	环球集团	08192	0.164	0.165	0.006	6160000	0.165	0.16	3.773584906	97.05882224	3.144654088	997000	91872	91872
111	元征科技	08196	0.31	0.31	0	0	0.31	0.27	0	0.316714344	12.90322581	0	8481.6	18711.6
112	东北虎药业	08197	0.072	0.072	0	0	0.072	0.072	0	0.559006191	0	0	1490.4	5375.910375
113	新濠环彩	08198	0.28	0.28	0	0	0.28	0.28	0	1.406328459	0	0	14022.49516	14022.49516
114	威高股份	08199	11.92	11.76	-0.16	317000	11.92	11.76	-1.342281879	4.224896779	1.342281879	3758000	503470.4063	1265706.566
115	修身堂	08200	0.03	0.031	0.004	1360000	0.032	0.03	14.81481481	0.956790099	7.407407407	42000	2975.628	2975.628
116	汇创控股	08202	0.065	0.063	0	9700000	0.065	0.06	0	0.260761582	7.936507937	598000	14563.30444	14563.30444
117	凯顺能源	08203	0.385	0.385	0	0	0.385	0.385	0	1.060606045	0	0	46200	46200
118	交大慧谷	08205	0.22	0.22	0	0	0.22	0.22	0	0.980392162	0	0	2904	10560
119	神州奥美网络	08206	0.82	0.77	-0.06	624000	0.84	0.76	-7.228915663	-3.417665348	9.638554217	484000	61776.08336	61776.08336
120	常茂生物化学工程	08208	0.73	0.75	0.02	4000	0.8	0.73	2.739726027	1.144863401	9.589041096	3000	13777.5	51277.5

次序	名称	代码	开盘	成交	涨跌	总量	最高	最低	幅度%	市净率	振幅%	成交金额	流通市值	总市值
121	龙杰智能卡	08210	0.27	0.27	0	0	0.27	0.27	0	1.660516649	0	0	7608.6	7608.6
122	浙江永隆实业	08211	0	0	0	0	0	0	0	0	0	0	0	0
123	问博控股	08212	0	0	0	0	0	0	0	0	0	0	0	0
124	万达资讯科技	08213	0.031	0.031	0	0	0.031	0.031	0	0.890804585	0	0	2325	2325
125	长安民生物流	08217	1.49	1.49	0	0	1.49	1.49	0	0.385960358	0	0	8195	24147.53658
126	帝通国际(新)	08220	0	0	0	0	0	0	0	0	0	0	0	0
127	李氏大药厂	08221	0.445	0.445	0	0	0.445	0.445	0	2.165450051	0	0	18586.0473	18586.0473
128	万全科技药业	08225	0.375	0.375	0	0	0.375	0.375	0	1.145737813	0	0	13605.25195	13605.25195
129	上声国际	08226	0.17	0.17	0	0	0.17	0.17	0	0.634802083	0	0	5526.53	5526.53
130	海天天线	08227	0.09	0.09	0	0	0.09	0.09	0	0.372825181	0	0	1455.882275	5823.529102
131	慧峰集团	08228	0.085	0.085	0	0	0.085	0.085	0	-1.008303719	0	0	9066.400156	9066.400156
132	东大照明	08229	0	0	0	0	0	0	0	0	0	0	0	0
133	东江环保	08230	2.28	2.28	0	0	2.3	2.28	0	2.464864833	0.877192982	0	40561.2	143042.64
134	复旦张江	08231	0.245	0.28	0.035	0	0.28	0.245	14.28571429	2.65906928	14.28571429	0	19880	19880
135	中国基建港口	08233	0.112	0.112	0	0	0.112	0.112	0	0.526315799	0	0	13105.6415	13105.6415
136	赛迪顾问	08235	0.128	0.128	0	0	0.128	0.128	0	0.966767327	0	0	2675.2	8960
137	宝德科技集团	08236	0.1	0.1	0	0	0.1	0.1	0	0.551267913	0	0	6075	22575
138	明基能源	08239	0.225	0.225	0	0	0.225	0.225	0	3.223495845	0	0	59400	59400
139	大贺传媒	08243	0.19	0.19	-0.01	50000	0.19	0.19	-5	0.471815239	0	9000	15770	15770
140	中生北控生物科技	08247	1.5	1.61	0.11	0	1.61	1.5	7.333333333	0.724442061	7.333333333	0	5313	16102.8175
141	屹东电子	08249	0.047	0.045	-0.002	0	0.047	0.045	-4.255319149	-0.131386861	4.255319149	0	585	2250
142	确思医药(新)	08250	0	0	0	0	0	0	0	0	0	0	0	0
143	上海栋华	08251	0.44	0.44	0	0	0.45	0.44	0	0.711513609	2.272727273	0	41192.36	41192.36
144	天元铝业	08253	0.27	0.3	0.03	80000	0.3	0.27	11.11111111	1.221001212	11.11111111	22000	10500.6	35046
145	金利通	08256	0	0	0	0	0	0	0	0	0	0	0	0
146	西北实业	08258	0.1	0.1	0	0	0.1	0.1	0	0.577367218	0	0	9100	9100
147	安德利果汁	08259	0.3	0.3	0	822000	0.3	0.295	0	1.015228391	1.666666667	246000	52805.27813	127966.0781
148	A-S CHINA	08262	0.74	0.74	0	0	0.74	0.74	0	0.183259034	0	0	11176.51629	11176.51629
149	流动电讯	08266	0.095	0.095	0.005	200000	0.095	0.095	5.555555556	1.64644712	0	19000	4497.408359	4497.408359
150	中国联盛	08270	0.33	0.33	0	0	0.33	0.33	0	1.503416821	0	0	28590.75398	28590.75398
151	环球数码创意	08271	0	0	0	0	0	0	0	0	0	0	0	0
152	百富国际	08272	0.28	0.38	-0.02	46425000	0.38	0.28	-5	55.0724644	25	18335000	91276	91276
153	浙江展望	08273	0.29	0.4	0.015	4000	0.4	0.29	3.896103896	0.234783126	28.57142857	1000	920	3064
154	物美商业	08277	5.85	5.76	-0.14	386000	5.85	5.68	-2.372881356	2.486187719	2.881355932	2240000	291783.1725	702920.43
155	亚博科技控股	08279	0.103	0.1	-0.003	1500000	0.103	0.1	-2.912621359	0.335457906	2.912621359	153000	35813.35	35813.35
156	研祥智能	08285	1.3	1.35	0.05	1072000	1.35	1.27	3.846153846	1.901944196	6.153846154	1400000	166474.4379	166474.4379
157	长城微光	08286	0.3	0.3	0	0	0.3	0.3	0	0.815660691	0	0	3300	9265.8
158	三宝科技	08287	2.85	3.6	-0.2	67000	3.96	2.85	-5.263157895	1.423262372	29.21052632	238000	33048	80676
159	天津天联公用	08290	0.41	0.41	0.005	10000	0.41	0.41	1.234567901	0.697397537	0	4000	20502.46	47133.6
160	慧聪网	08292	0.345	0.345	0	0	0.345	0.345	0	0.722361797	0	0	16842.17496	16842.17496
161	安捷利实业	08298	0.15	0.15	0	0	0.15	0.15	0	0.493421068	0	0	8100	8100
162	大唐潼金	08299	0	0	0	0	0	0	0	0	0	0	0	0
163	明华科技	08301	0.068	0.07	0.002	0	0.07	0.068	2.941176471	11.86440633	2.941176471	0	140.14	3640
164	中国有色金属	08306	0.385	0.385	0.005	80000	0.385	0.385	1.315789474	0.326631042	0	30000	102458.125	102458.125
165	财华社集团	08317	0.133	0.125	-0.008	0	0.133	0.083	-6.015037594	1.822157462	37.59398496	0	11238.1875	11238.1875
166	友成控股	08319	1.9	1.9	0	0	1.9	1.9	0	1.637507518	0	0	30400	30400
167	海王英特龙	08329	0.7	0.7	0	1370000	0.7	0.7	0	10.44776093	0	959000	16566.9	66266.9
168	浙江世宝	08331	0.6	0.6	0	0	0.6	0.6	0	0.327653997	0	0	5202.840234	15759.47344
169	域高金融	08340	0.091	0.11	0	620000	0.11	0.091	0	2.340425612	17.27272727	62000	7040	7040
170	滨海泰达物流	08348	0.71	0.74	0.04	380000	0.74	0.71	5.714285714	0.456283157	4.285714286	276000	7269.981855	26219.08742
171	确思医药(旧)	08378	0	0	0	0	0	0	0	0	0	0	0	0
172	帝通国际(旧)	08379	0	0	0	0	0	0	0	0	0	0	0	0
173	百龄国际	08380	0	0	0	0	0	0	0	0	0	0	0	0
174	中国有色金属	08381	0	0	0	0	0	0	0	0	0	0	0	0

香港证券市场H股上市公司2008年12月31日收盘情况

次序	名称	代码	开盘	成交	涨跌	总量	最高	最低	幅度%	市净率	振幅%	成交金额	流通市值	总市值
1	第一拖拉机股份	00038	1.86	1.84	0.02	3254000	1.87	1.83	1.098901099	0.535226027	2.197802198	6008000	73966.16	155645.6
2	东北电气	00042	0.62	0.63	0.01	1504000	0.64	0.62	1.612903226	1.560178265	3.225806452	949000	16250.85	55022.31
3	长城科技股份	00074	0.63	0.67	0.04	1780000	0.67	0.63	6.349206349	0.186380327	6.349206349	1177000	30409.42348	80248.71609
4	四川成渝高速公路	00107	1.48	1.47	0	854000	1.48	1.45	0	0.57147301	2.040816327	1254000	131612.04	449534.82
5	深圳中航集团股份	00161	1.88	1.95	-0.01	124000	1.96	1.88	-0.510204082	0.674133983	4.081632653	241000	54143.31152	131306.5863
6	青岛啤酒股份	00168	15.9	16.18	0.38	530600	16.2	15.82	2.405063291	2.904951756	2.405063291	8513000	1059901.996	2116698.696
7	江苏宁沪高速公路	00177	5.48	5.7	0.23	2976600	5.74	5.46	4.204753199	1.730523954	5.118829982	16784000	696540	2871516.075
8	北人印刷机械股份	00187	0.7	0.7	0	10000	0.7	0.7	0	0.295283896	0	7000	7000	29540
9	昆明机床	00300	3.02	3.05	0.04	185300	3.09	3.02	1.328903654	1.108325174	2.325581395	566000	34378.34902	129583.7893
10	广州广船国际股份	00317	7.1	7.11	0.01	238000	7.25	7.1	0.14084507	1.129127067	2.112676056	1707000	111909.9766	351715.7858
11	马鞍山钢铁股份	00323	2.79	2.76	0.02	12262200	2.82	2.75	0.729927007	0.72079603	2.554744526	34102000	478288.68	2125388.025
12	上海石油化工股份	00338	1.97	1.99	0.02	5871100	2.02	1.97	1.015228426	0.936294315	2.538071066	11780000	463670	1432800
13	鞍钢股份	00347	8.62	8.67	0.11	9003100	8.75	8.57	1.285046729	1.106474209	2.102803738	78041000	941388.6	6272578.103
14	经纬纺织机械股份	00350	0.79	0.82	0.03	1270000	0.82	0.77	3.797468354	0.153179408	6.329113924	1001000	14825.6	49511.6
15	美兰机场	00357	2.94	2.96	-0.01	17500	2.96	2.94	-0.336700337	0.670092556	0.673400673	51000	67166.25031	140071.0503
16	江西铜业股份	00358	5.85	5.68	-0.01	13398500	5.85	5.66	-0.175746924	0.729730078	3.339191564	77182000	788089.7938	1716969.57
17	中国石油化工股份	00386	4.71	4.69	0.02	47130400	4.73	4.65	0.428265525	1.09123055	1.713062099	221387008	7870048.638	40663444.36

次序	名称	代码	开盘	成交	涨跌	总量	最高	最低	幅度%	市净率	振幅%	成交金额	流通市值	总市值
18	中国中铁	00390	5.39	5.37	0.14	7599200	5.39	5.3	2.676864245	1.801650603	1.7208413	40770000	2259368.43	11438046.3
19	彩虹电子	00438	0.3	0.305	0.005	6538000	0.32	0.3	1.666666667	0.227918104	6.666666667	1973000	14801.46652	59205.80891
20	东风集团股份	00489	2.45	2.5	0.13	5185100	2.5	2.35	5.485232068	0.889236699	5.907172996	12644000	713932.9688	2154030
21	广深铁路股份	00525	2.86	2.86	-0.02	1514100	2.92	2.83	-0.694444444	0.820283389	3.125	4348000	409351.8	2025891.546
22	深圳高速公路股份	00548	2.69	2.71	0.09	846500	2.76	2.65	3.435114504	0.739608649	3.816793893	2294000	202572.5	590969.7
23	奇峰化纤	00549	0.16	0.16	0.01	90000	0.16	0.15	6.666666667	0.171765966	0	14000	4158	13860
24	中国通信服务	00552	4.9	4.86	0.06	4652500	4.9	4.3	1.25	2.063256224	2.083333333	22549000	968525.1759	2805037.391
25	南京熊猫电子股份	00553	1	1.02	0.02	226000	1.05	1	2	0.39461467	5	228000	24684	66811.53
26	山东墨龙	00568	0.41	0.41	-0.005	5460000	0.43	0.41	-1.204819277	1.133222821	4.819277108	2295000	134858.9169	134858.9169
27	浙江沪杭甬	00576	4.44	4.55	0.05	3431500	4.59	4.44	1.111111111	1.273796183	3.333333333	15548000	652403.8117	1976117.041
28	北京北辰实业股份	00588	1.31	1.3	-0.03	2254000	1.36	1.3	-2.255639098	0.371779101	4.511278195	2981000	91912.6	437712.6
29	中国外运	00598	1.46	1.5	0.05	3799000	1.52	1.4	3.448275862	0.703630756	4.137931034	5719000	268110.8906	637350.2813
30	中国东方航空股份	00670	1.2	1.17	-0.01	25150000	1.2	1.15	-0.847457627	-0.383468255	4.237288136	29572000	351506.025	905778.9
31	北京首都机场股份	00694	3.78	3.89	0.13	6010100	3.89	3.7	3.457446809	1.207099864	5.053191489	22824000	731072.6203	1684716.21
32	中国民航信息网络	00696	3.34	3.4	0.06	962000	3.48	3.2	1.796407186	1.143087665	5.988023952	3294000	211380.7227	663274.1781
33	山东新华制药股份	00719	1.21	1.19	-0.03	178000	1.22	1.1	-2.459016393	0.306125073	2.459016393	214000	17850	54420.24793
34	中国电信	00728	2.84	2.89	0.06	61775000	2.89	2.8	2.120141343	0.96836884	1.766784452	176626000	4010571.49	23389454.93
35	浙江玻璃	00739	1.37	1.38	0.05	7972000	1.4	1.3	3.759398496	0.372791604	4.511278195	10890000	53129.85984	108329.8598
36	沛阳公用发展股份	00747	0	0	0	0	0	0	0	0	0	0	0	0
37	中国国航	00753	2.35	2.4	0.07	6478500	2.4	2.3	3.004291845	1.300390111	2.575107296	15410000	1057364.025	2940327
38	中兴通讯	00763	20.2	20.3	0.15	1394400	20.95	20.2	0.744416873	1.687897008	3.722084367	28770000	591694.0518	3717612.588
39	新华文轩	00811	1.69	1.73	0.02	160000	1.74	1.69	1.169590643	0.471441028	2.923976608	275000	76455.11992	196377.6657
40	北京京客隆	00814	2.7	2.7	-0.05	20000	2.7	2.7	-1.818181818	0.740862718	0	54000	49183.2	111299.4
41	天大石油管材	00839	1.26	1.27	0.07	45000	1.28	1.2	5.833333333	0.678273857	6.666666667	55000	31922.085	96692.085
42	天业节水	00840	0.6	0.62	0.03	1424000	0.62	0.59	5.084745763	0.430077702	5.084745763	864000	12548.8	32210.36352
43	中国石油股份	00857	6.78	6.79	0.1	55905300	6.89	6.71	1.494768311	1.3859689	2.69058296	378827008	14326153.1	124271245.4
44	广州药业股份	00874	2.56	2.62	0.02	594000	2.65	2.56	0.769230769	0.57741048	3.461538462	1547000	57613.8	212455.8
45	华能国际电力股份	00902	5.54	5.6	0.18	9086700	5.6	5.44	3.32103321	1.61676817	2.95202952	50085000	1711014.725	6751014.9
46	安徽海螺水泥股份	00914	35.2	35.65	0.95	746700	36	35.05	2.737752161	2.27433667	2.737752161	26442000	1544358	6297337.433
47	海信科龙	00921	0	0	0	0	0	0	0	0	0	0	0	0
48	建设银行	00939	4.23	4.25	0.08	202767696	4.37	4.2	1.918465228	1.879948699	4.076738609	870412032	95492825	99317825
49	联华超市	00980	9.5	9.62	-0.06	16000	9.62	9.36	-0.619834711	2.119129488	2.685950413	152000	199134	598364
50	大唐发电	00991	4.03	4.1	0.1	8522600	4.13	4.01	2.5	1.639082118	3	34696000	1359427.775	4829815.375
51	安徽皖通高速公路	00995	2.85	2.8	-0.05	643000	2.85	2.8	-1.754385965	0.237270029	1.754385965	1812000	138042.8	138042.8
52	中信银行	00998	2.64	2.65	0.06	18852400	2.68	2.61	2.316602317	0.953751997	2.702702703	49833000	3286477.663	10343836.43
53	北青传媒	01000	2.31	2.56	0.1	53000	2.56	2.31	4.06504065	0.350848347	10.16260163	123000	14054.65625	50511.36
54	仪征化纤股份	01033	0.88	0.88	0.01	7418000	0.88	0.86	1.149425287	0.475701387	2.298850575	6501000	123200	352000
55	重庆钢铁股份	01053	1.97	1.97	0.03	2996000	2.02	1.95	1.546391753	0.535137055	3.608247423	5975000	106011.0175	341426.0252
56	中国南方航空股份	01055	1.33	1.29	-0.02	17871000	1.33	1.28	-1.526717557	1.063303683	3.816793893	23172000	227203.447	846403.4269
57	天津创业环保股份	01065	1.31	1.32	0.01	508000	1.33	1.31	0.763358779	0.534672701	1.526717557	672000	44880	188394.0919
58	华电国际电力股份	01071	1.81	1.85	0.06	2862000	1.88	1.81	3.351955307	0.859825293	3.910614525	5268000	264740.1742	1113900.609
59	东方电气	01072	18.28	19.4	1.52	2624500	19.8	18.28	8.501118568	7.256948265	8.501118568	50406000	329800	1711080
60	中国神华	01088	16.16	16.4	0.5	17367300	16.78	16.1	3.144654088	1.951405343	4.27672956	286193984	5573675.3	32618976.8
61	洛阳玻璃股份	01108	0	0	0	0	0	0	0	0	0	0	0	0
62	庆铃汽车股份	01122	0.78	0.77	0.01	1500000	0.78	0.76	1.315789474	0.24332438	2.631578947	1145000	95376.20641	191134.6336
63	哈尔滨动力股份	01133	6.31	6.41	0.27	8854000	6.56	6.23	4.397394137	0.956716445	5.374592834	56914000	433041.021	882532.6059
64	中海发展股份	01138	7.74	7.7	0.08	3563800	7.79	7.62	1.049868766	1.073006262	2.230971129	27431000	997920	2621505.184
65	兖州煤业股份	01171	5.67	5.69	0.22	13264700	5.78	5.57	4.021937843	0.922563048	3.839122486	75499000	1114329.6	2798569.6
66	中国铁建	01186	11.5	11.54	0.16	2395500	11.6	11.4	1.405975395	2.62852209	1.757469244	27646000	2396045.512	14237522.6
67	成都普天电缆股份	01202	0.72	0.72	0	0	0.75	0.72	0	0.235086686	4.166666667	0	11520	28800
68	比亚迪股份	01211	12.7	12.7	0.2	2326600	12.84	12.48	1.6	2.034799961	2.88	29544000	1007237	2889377
69	工商银行	01398	4.11	4.08	0	177577408	4.24	4.08	0	1.994427264	3.921568627	737763008	33887052	136279686.7
70	中国南车	01766	4.2	4.21	0.04	3723400	4.24	4.12	0.959232614	2.744101244	2.877697842	15612000	852104	4984640
71	中国交通建设	01800	9.5	9.56	0.27	13777100	9.7	9.44	2.906350915	3.03617366	2.798708288	132195000	4232690	14172700
72	晨鸣纸业	01812	2.62	2.7	0.1	1358000	2.7	2.62	3.846153846	0.412226333	3.076923077	3630000	105642.9	556752.4031
73	招金矿业	01818	6.07	6	-0.02	2896500	6.19	5.87	-0.332225914	1.901863864	5.315614618	17553000	262304.3906	874458
74	中材股份	01893	4.6	4.65	0.11	15888400	4.72	4.51	2.422907489	2.15607188	4.625550661	73868000	541328.8781	1660730.789
75	中煤能源	01898	6	6.17	0.3	14104600	6.19	5.98	5.110732538	1.232496311	3.577512777	86322000	2533811.148	8180595.534
76	中国远洋	01919	5.3	5.39	0.14	21744300	5.48	5.3	2.666666667	0.925258371	3.428571429	117553000	1390943.4	5506571.551
77	锦江酒店	02006	0.89	0.9	0.01	3020000	0.92	0.89	1.123595506	0.52062242	3.370786517	2745000	125235	410850
78	中国平安	02318	36.8	37.5	1.25	5030900	38.4	36.55	3.448275862	2.928680664	5.103448276	189220992	9594914.063	27543949.22
79	中国财险	02328	4.2	4.18	0.03	23760500	4.24	4.16	0.722891566	1.883476745	1.927710843	99615000	1444599.64	4657272.4
80	长城汽车	02333	2.78	2.7	0.05	1916000	2.78	2.61	1.886792453	0.387307781	6.41509434	5163000	111583.4379	295723.4484
81	上海复地	02337	1.33	1.24	-0.05	2258000	1.33	1.24	-3.875968992	0.523449689	6.976744186	2899000	130886.7081	313633.9363
82	潍柴动力	02338	14.46	14.6	0.44	978600	14.9	14.28	3.107344633	1.341282993	4.378531073	14389000	295504	1216247.183
83	上海集优	02345	0.87	0.88	0.02	1332000	0.9	0.86	2.325581395	0.411522619	4.651162791	1173000	66854.48	126569.19
84	宝业集团	02355	1.64	1.63	-0.02	500000	1.7	1.63	-1.212121212	0.32339985	4.242424242	834000	50892.18473	108063.1295
85	中航科工	02357	0.99	1.05	0.08	12908000	1.09	0.98	8.24742268	1.843722469	11.34020619	13186000	176379.0984	487578.9516
86	中国铝业	02600	4.13	4.08	0.07	23559000	4.23	4.08	1.74563591	0.884917365	3.740648379	98032000	1609138.103	5517990.9
87	湖南有色金属公司	02626	1.09	1.1	0.03	7984000	1.11	1.06	2.803738318	0.787570688	4.672897196	8718000	179600.0766	403486.3938
88	中国人寿	02628	23.9	23.55	0.15	37633500	24.05	23.45	0.641025641	3.249889654	2.564102564	892497984	17523967.13	66563380.28
89	魏桥纺织	02698	2.63	2.68	0.03	831800	2.75	2.61	1.132075472	0.211178271	5.283018868	2257000	110849.8878	320096.2478
90	重庆机电	02722	0.56	0.56	0	5312000	0.57	0.55	0	0.532420606	3.571428571	2979000	61610.5	206339.8575
91	上海电气	02727	3.13	3.14	0.08	15533300	3.17	3.09	2.614379085	1.603759091	2.614379085	48463000	933494.3288	3927413.483
92	富力地产	02777	9.1	8.55	-0.16	14684700	9.17	8.4	-1.836969001	1.633893208	8.840413318	129354000	868046.4316	2755123.678
93	中海集运	02866	1.18	1.17	0	18974100	1.2	1.16	0	0.379870139	3.418803419	22503000	438867	1366925.625
94	首创置业	02868	1.27	1.24	-0.01	1276000	1.27	1.22	-0.8	0.522083303	4	1599000	126573.7459	251467.04

次序	名称	代码	开盘	成交	涨跌	总量	最高	最低	幅度%	市净率	振幅%	成交金额	流通市值	总市值
95	大连港	02880	1.98	1.95	0.05	1718000	2.04	1.95	2.631578947	0.791171345	4.736842105	3424000	207207	570570
96	中海油田服务	02883	6.1	6.25	0.14	6738500	6.32	6.05	2.291325696	1.251677257	4.41898527	42068000	959282.5195	2809575
97	紫金矿业	02899	4.75	4.7	0.01	21772100	4.82	4.68	0.213219616	3.736088982	2.985074627	103584000	1882556.8	6834415.113
98	中国建材	03323	9.47	9.31	0.01	20969000	9.62	9.26	0.107526882	2.053691606	3.870967742	198763008	1117794.167	2310011.456
99	交通银行	03328	5.56	5.59	0.1	24642400	5.74	5.49	1.821493625	1.614020957	4.553734062	138858000	12893037.33	27387861.22
100	灵宝黄金	03330	2	1.98	-0.02	1316000	2.01	1.98	-1	0.789662587	1.5	2629000	58860.25277	152509.3144
101	先进半导体	03355	0.103	0.105	0.001	8092000	0.107	0.101	0.961538462	0.192660545	5.769230769	846000	11879.00684	16109.38383
102	厦门港务	03378	0.88	0.89	0.01	5730000	0.94	0.88	1.136363636	0.571612059	6.818181818	5198000	87816.3	242631.8
103	南粤物流	03399	1.52	1.52	0	6222100	1.52	1.52	0	0.413999731	0	9457000	63481.57094	63481.57094
104	新疆新鑫矿业	03833	1.94	2	0.08	2611000	2.02	1.93	4.166666667	0.747999105	4.6875	5151000	151800	442000
105	南车时代电气	03898	6.2	6.25	0.05	438100	6.29	6.16	0.806451613	1.753204897	2.096774194	2730000	285067.749	677659.7656
106	郑州燃气	03928	0	0	0	0	0	0	0	0	0	0	0	0
107	招商银行	03968	14.12	14.36	0.48	17088000	14.54	14.12	3.458213256	2.342615712	3.025936599	245624992	4969421.6	27455444.04
108	中海石油化学	03983	3.18	3.18	0.04	2022600	3.21	3.17	1.27388535	1.371872257	1.27388535	6450000	563178	1465980
109	中国银行	03988	2.19	2.12	-0.07	815383488	2.19	2.12	-3.196347032	1.022376517	3.196347032	1751542016	16116293	53813901.92
110	洛阳钼业	03993	3.46	3.52	0.08	3870900	3.54	3.44	2.325581395	1.347213777	2.906976744	13524000	461526.89	1716412.06
111	南大苏富特	08045	0.15	0.15	0	0	0.17	0.15	0	0.000690133	13.33333333	0	3510	14010
112	吉林长龙药业	08049	0.2	0.2	0	0	0.2	0.2	0	0.42256496	0	0	3450	11205
113	罗欣药业	08058	2.22	2.22	0.02	2000	2.22	2.22	0.909090909	2.005420066	0	4000	36532.32	135331.2
114	同仁堂科技	08069	6.19	6.3	0.05	158000	6.3	6.08	0.8	0.779240078	3.52	974000	55011.6	123480
115	北大青鸟环宇	08095	0.206	0.201	-0.005	0	0.22	0.191	-2.427184466	0.292746856	14.0776699	0	9744.48	23814.48
116	上海复旦	08102	0.33	0.33	0	0	0.33	0.33	0	0.596313719	0	0	7996.89	20371.89
117	浙大兰德	08106	0.1	0.1	0	0	0.1	0.1	0	0.364697311	0	0	1121.25	3565.460156
118	上海青浦消防	08115	0	0	0	0	0	0	0	0	0	0	0	0
119	首都信息	08157	0.149	0.149	0	48000	0.149	0.149	0	0.609656315	0	7000	11540.01973	43181.48513
120	牡丹汽车	08188	0	0	0	0	0	0	0	0	0	0	0	0
121	泰达生物	08189	0.225	0.225	0	0	0.225	0.225	0	2.317198833	0	0	15862.5	21375
122	元征科技	08196	0.31	0.31	0	0	0.31	0.27	0	0.316714344	12.90322581	0	8481.6	18711.6
123	东北虎药业	08197	0.072	0.072	0	0	0.072	0.072	0	0.559006191	0	0	1490.4	5375.910375
124	威高股份	08199	11.92	11.76	-0.16	317000	11.92	11.76	-1.342281879	4.224896779	1.342281879	3758000	503470.4063	1265706.566
125	交大慧谷	08205	0.22	0.22	0	0	0.22	0.22	0	0.980392162	0	0	2904	10560
126	常茂生物化学工程	08208	0.73	0.75	0.02	4000	0.8	0.73	2.739726027	1.144863401	9.589041096	3000	13777.5	51277.5
127	浙江永隆实业	08211	0	0	0	0	0	0	0	0	0	0	0	0
128	长安民生物流	08217	1.49	1.49	0	0	1.49	1.49	0	0.385960358	0	0	8195	24147.53658
129	海天天线	08227	0.09	0.09	0	0	0.09	0.09	0	0.372825181	0	0	1455.882275	5823.529102
130	东江环保	08230	2.28	2.28	0	0	2.3	2.28	0	2.464864833	0.877192982	0	40561.2	143042.64
131	复旦张江	08231	0.245	0.28	0.035	0	0.28	0.245	14.28571429	2.65906928	14.28571429	0	19880	19880
132	赛迪顾问	08235	0.128	0.128	0	0	0.128	0.128	0	0.966767327	0	0	2675.2	8960
133	宝德科技集团	08236	0.1	0.1	0	0	0.1	0.1	0	0.551267913	0	0	6075	22575
134	大贺传媒	08243	0.19	0.19	-0.01	50000	0.19	0.19	-5	0.471815239	0	9000	15770	15770
135	中生北控生物科技	08247	1.5	1.61	0.11	0	1.61	1.5	7.333333333	0.724442061	7.333333333	0	5313	16102.8175
136	屹东电子	08249	0.047	0.045	-0.002	0	0.047	0.045	-4.255319149	-0.131386861	4.255319149	0	585	2250
137	上海栋华	08251	0.44	0.44	0	0	0.45	0.44	0	0.711513609	2.272727273	0	41192.36	41192.36
138	天元铝业	08253	0.27	0.3	0.03	80000	0.3	0.27	11.11111111	1.221001212	11.11111111	22000	10500.6	35046
139	西北实业	08258	0.1	0.1	0	0	0.1	0.1	0	0.577367218	0	0	9100	9100
140	安德利果汁	08259	0.3	0.3	0	822000	0.3	0.295	0	1.015228391	1.666666667	246000	52805.27813	127966.0781
141	浙江展望	08273	0.29	0.4	0.015	4000	0.4	0.29	3.896103896	0.234783126	28.57142857	1000	920	3064
142	物美商业	08277	5.85	5.76	-0.14	386000	5.85	5.68	-2.372881356	2.486187719	2.881355932	2240000	291783.1725	702920.43
143	研祥智能	08285	1.3	1.35	0.05	1072000	1.35	1.27	3.846153846	1.901944196	6.153846154	1400000	166474.4379	166474.4379
144	长城微光	08286	0.3	0.3	0	0	0.3	0.3	0	0.815660691	0	0	3300	9265.8
145	三宝科技	08287	2.85	3.6	-0.2	67000	3.96	2.85	-5.263157895	1.423262372	29.21052632	238000	33048	80676
146	天津天联公用	08290	0.41	0.41	0.005	10000	0.41	0.41	1.234567901	0.697397537	0	4000	20502.46	47133.6
147	明华科技	08301	0.068	0.07	0.002	0	0.07	0.068	2.941176471	11.86440633	2.941176471	0	140.14	3640
148	海王英特龙	08329	0.7	0.7	0	1370000	0.7	0.7	0	10.44776093	0	959000	16566.9	66266.9
149	浙江世宝	08331	0.6	0.6	0	0	0.6	0.6	0	0.327653997	0	0	5202.840234	15759.47344
150	滨海泰达物流	08348	0.71	0.74	0.04	380000	0.74	0.71	5.714285714	0.456283157	4.285714286	276000	7269.981855	26219.08742

香港证券市场恒指成分股上市公司2008年12月31日收盘情况

次序	名称	代码	开盘	成交	涨跌	总量	最高	最低	幅度%	市净率	振幅%	成交金额	流通市值	总市值
1	长江实业	00001	71.5	73.3	2.3	3330900	73.35	71.3	3.23943662	0.73443433	2.887323944	241068000	16977484.87	16977484.87
2	中电控股	00002	52.9	52.6	-0.1	1803100	52.9	51.8	-0.189753321	2.008400112	2.087286528	94513000	12656314.48	12656314.48
3	香港中华煤气	00003	11.66	11.7	0.14	5612700	11.88	11.66	1.211072664	2.544308051	1.903114187	65817000	7667597.194	7667597.194
4	九龙仓集团	00004	20.8	21.25	0.65	1091300	21.3	20.7	3.155339806	0.58820107	2.912621359	22868000	5852250	5852250
5	汇丰控股	00005	0	0	0	0	0	0	0	0	0	0	0	0
6	香港电灯	00006	43	43.5	0.5	2555400	43.5	42.15	1.162790698	1.935630201	3.139534884	109368000	9284038.477	9284038.477
7	恒生银行	00011	102.9	101.7	-1.2	631600	104.4	101.6	-1.166180758	3.650591443	2.721088435	64979000	19443439.81	19443439.81
8	恒基地产	00012	28.1	28.7	0.6	2112100	28.9	28.1	2.135231317	0.5125302	2.846975089	60183000	6161890	6161890
9	和记黄埔	00013	38.3	38.85	0.45	3249400	38.9	38.3	1.171875	0.609892038	1.5625	125474000	16563196.09	16563196.09
10	新鸿基地产	00016	65.4	64.6	0.1	3844600	66	64.6	0.15503876	0.773710169	2.170542636	250152000	16563440	16563440
11	新世界发展	00017	7.45	7.86	0.41	12427600	7.91	7.43	5.503355705	0.417179752	6.44295302	96526000	3039712.046	3039712.046
12	太古股份公司A	00019	52.95	53.35	1.35	1095000	54.05	52.3	2.596153846	0.354470926	3.365384615	58540000	4831261.381	4831261.381
13	东亚银行	00023	16.42	16.2	-0.06	1991300	16.42	16.1	-0.36900369	0.843108903	1.96801968	32315000	2983739.794	2983739.794
14	港铁公司	00066	18	17.96	0.04	1622900	18.02	17.66	0.223214286	1.039604491	2.008928571	29043000	10258315.35	10258315.35
15	信和置业	00083	7.99	8.02	0.22	12029800	8.09	7.83	2.820512821	0.661312378	3.333333333	95865000	3869176.319	3869176.319

次序	名称	代码	开盘	成交	涨跌	总量	最高	最低	幅度%	市净率	振幅%	成交金额	流通市值	总市值
16	恒隆地产	00101	17.48	16.84	-0.38	7488000	17.48	16.6	-2.206736353	1.062990377	5.110336818	126222000	6981272.495	6981272.495
17	招商局国际	00144	15.3	14.98	0.06	2344800	15.3	14.92	0.402144772	1.198908296	2.54691689	35381000	3638099.209	3638099.209
18	中信泰富	00267	8.44	8.38	0.11	9701500	8.53	8.29	1.330108827	0.611469037	2.902055623	81461000	3055619.564	3055619.564
19	华润创业	00291	13.18	13.52	0.34	1008700	13.52	13.[illegible]8	2.579666161	1.283804265	2.579666161	13480000	3230590.691	3230590.691
20	国泰航空	00293	8.58	8.72	0.19	2309500	8.9	8.55	2.227432591	0.908569955	4.103165299	20210000	3430312.568	3430312.568
21	思捷环球	00330	41.6	43.9	1.9	2069000	44.3	41.[illegible]6	4.523809524	4.075191445	6.428571429	89860000	5470079.931	5470079.931
22	中国石油化工股份	00386	4.71	4.69	0.02	47130400	4.73	4.65	0.428265525	1.09123055	1.713062099	221387008	7870048.638	40663444.36
23	香港交易所	00388	74	73.6	-0.2	3545900	74	73	-0.27100271	10.83468241	1.35501355	261144000	7918983.375	7918983.375
24	利丰	00494	13.3	13.28	-0.22	7218900	13.44	13.25	-1.62962963	3.598330974	1.333333333	96224000	4998458.785	4998458.785
25	裕元集团	00551	15.8	15.32	-0.14	1791100	15.8	15.22	-0.905562743	1.144710213	3.751617076	27649000	2526158.366	2526158.366
26	中国海外发展	00688	10.9	10.78	-0.1	9329100	11.1	10.75	-0.919117647	2.547620165	3.125	101684000	8804457.2	8804457.2
27	腾讯控股(一百)	00700	50.5	50	0.5	1929700	50.8	49.05	1.01010101	11.28438893	3.535353535	96342000	9070385.156	9070385.156
28	中国联通	00762	9.34	9.3	0.11	13216400	9.36	9.22	1.19695321	0.943157009	1.523394995	122514000	22104240	22104240
29	中国石油股份	00857	6.78	6.79	0.1	55905300	6.89	6.71	1.494768311	1.3859689	2.69058296	378827008	14326153.1	124271245.4
30	中国海洋石油	00883	7.25	7.24	0.04	39270800	7.35	7.1[illegible]	0.555555556	1.780138161	2.5	284812000	32340500.8	32340500.8
31	建设银行	00939	4.23	4.25	0.08	202767696	4.37	4.[illegible]	1.918465228	1.879948699	4.076738609	870412032	95492825	99317825
32	中国移动	00941	77.35	77.8	1.6	11494000	78.75	76.5[illegible]	2.099737533	3.111440011	2.887139108	895985024	156066362.4	156066362.4
33	中国神华	01088	16.16	16.4	0.5	17367300	16.78	16.	3.144654088	1.951405343	4.27672956	286193984	5573675.3	32618976.8
34	中远太平洋	01199	7.8	7.91	0.11	1922700	7.97	7.6[illegible]	1.41025641	0.897945282	4.358974359	15153000	1789641.949	1789641.949
35	工商银行	01398	4.11	4.08	0	177577408	4.24	4.0[illegible]	0	1.994427264	3.921568627	737763008	33887052	136279686.7
36	富士康国际	02038	2.45	2.57	0.19	9947400	2.6	2.3[illegible]	7.983193277	0.684457213	8.823529412	25029000	1814798.754	1814798.754
37	中国平安	02318	36.8	37.5	1.25	5030900	38.4	36.5[illegible]	3.448275862	2.928680664	5.103448276	189220992	9594914.063	27543949.22
38	中银香港	02388	8.75	8.78	0.19	9654400	8.78	8.6[illegible]	2.211874272	1.122216813	1.979045402	83826000	9282900.84	9282900.84
39	中国铝业	02600	4.13	4.08	0.07	23559000	4.23	4.08	1.74563591	0.884917365	3.740648379	98032000	1609138.103	5517990.9
40	中国人寿	02628	23.9	23.55	0.15	37633500	24.05	23.45	0.641025641	3.249889654	2.564102564	892497984	17523967.13	66563380.28
41	交通银行	03328	5.56	5.59	0.1	24642400	5.74	5.49	1.821493625	1.614020957	4.553734062	138858000	12893037.33	27387861.22
42	中国银行	03988	2.19	2.12	-0.07	815383488	2.19	2.12	-3.196347032	1.022376517	3.196347032	1751542016	16116293	53813901.92

香港证券市场主板上市公司 2009 年 6 月 30 日收盘情况

次序	名称	代码	开盘	成交	涨跌	总量	最高	最低	幅度%	市净率	振幅%	成交金额	流通市值	总市值
1	长江实业	00001	94.5	89.1	-3.25	5924600	94.5	88.8	-3.519220357	0.892743503	6.172171088	541006016	20637024.58	20637024.58
2	中电控股	00002	51.75	51.4	-0.1	4916700	51.8	51.35	-0.194174757	1.962581098	0.873786408	253356000	12367577.27	12367577.27
3	香港中华煤气	00003	16.64	16.3	-0.16	6754800	16.8	16.18	-0.972053463	3.544634293	3.766707169	111818000	10682208.06	10682208.06
4	九龙仓集团	00004	33	32.85	0.55	5599700	33.2	32.45	1.702786378	0.909289654	2.321981424	184134000	9046890	9046890
5	汇丰控股	00005	0	0	0	0	0	0	0	0	0	0	0	0
6	香港电灯	00006	43.65	43.1	-0.25	1905000	43.7	43.1	-0.576701269	1.917831302	1.384083045	82697000	9198668.008	9198668.008
7	高信集团	00007	0.72	0.7	-0.02	1588000	0.75	0.7	-2.777777778	0.92348283	6.944444444	1125000	41549.33945	41549.33945
8	电讯盈科	00008	2.03	2.02	-0.03	20180600	2.05	2.02	-1.463414634	7.8844657	1.463414634	40975000	1368003.59	1368003.59
9	中国东方实业	00009	0.265	0.265	0	0	0.265	0.265	0	3.650137761	0	0	57714.35	57714.35
10	恒隆集团	00010	38	36.5	-1.4	1502800	39	35.6	-3.693931398	1.26067251	8.970976253	56594000	4870236.063	4870236.063
11	恒生银行	00011	112	109	-1.8	2209400	112	108.5	-1.624548736	3.912629964	3.158844765	244184000	20839084.95	20839084.95
12	恒基地产	00012	44.95	44.45	-0.45	4502400	46.3	44.1	-1.002227171	0.793796773	4.899777283	203236992	9543415	9543415
13	和记黄埔	00013	52.35	50.65	-1.2	8841100	52.8	50.45	-2.31436837	0.795135952	4.532304725	458252992	21593973.8	21593973.8
14	希慎兴业	00014	20.05	19.9	0	2597200	20.15	19.7	0	0.658367067	2.261306533	51802000	2089075.259	2089075.259
15	盈信控股	00015	0.71	0.7	-0.01	3060000	0.72	0.68	-1.408450704	2.490216961	5.633802817	2144000	104122.4516	104122.4516
16	新鸿基地产	00016	99.9	96.8	-2.25	9986800	101	96.5	-2.27158001	1.159367559	4.54316002	990312000	24819520	24819520
17	新世界发展	00017	14.26	14.02	-0.1	18779700	14.44	13.92	-0.708215297	0.744129787	3.682719547	268298000	5421980.011	5421980.011
18	东方报业集团	00018	0.92	0.91	0	3844000	0.93	0.91	0	0.787742379	2.197802198	3517000	218210.5352	218210.5352
19	太古股份公司 A	00019	79.9	78.2	0.5	2760600	80	77.35	0.643500644	0.519580626	3.410553411	218584992	7081623.992	7081623.992
20	会德丰	00020	20.8	19.98	-0.82	1363700	21.4	19.82	-3.942307692	0.691253822	7.596153846	28289000	4059936	4059936
21	宝福集团	00021	0	0	0	0	0	0	0	0	0	0	0	0
22	茂盛控股	00022	0.098	0.099	0.001	160000	0.099	0.099	1.020408163	0.565068492	0	15000	12978.15905	12978.15905
23	东亚银行	00023	24.7	23.65	-0.25	8236300	24.7	23.1	-1.046025105	1.230834911	6.694560669	195216000	4355891.736	4355891.736
24	宝威控股	00024	0.228	0.217	-0.011	5234000	0.23	0.215	-4.824561404	0.494981751	6.578947368	1162000	67536.476	67536.476
25	其士国际	00025	4.6	4.57	-0.03	122000	4.6	4.22	-0.652173913	0.393321269	8.260869565	553000	126846.7944	126846.7944
26	中华汽车	00026	49.8	49.75	0.8	4000	49.75	49.5	1.634320735	0.484591438	0.51072523	198000	226833.6432	226833.6432
27	银河娱乐	00027	2.2	2.04	-0.15	6041000	2.21	2	-6.849315068	1.145874277	9.589041096	12784000	803386.5525	803386.5525
28	天安	00028	3.96	3.9	-0.07	1846200	3.97	3.71	-1.763224181	0.596759159	6.549118388	7149000	587632.9875	587632.9875
29	达力集团	00029	1.46	1.44	-0.01	149300	1.5	1.38	-0.689655172	0.215539819	8.275862069	220000	31550.93156	31550.93156
30	佳讯控股	00030	3.22	3.01	-0.13	13705000	3.65	2.85	-4.140127389	192.9487232	25.47770701	45343000	140532.6907	140532.6907
31	航天控股	00031	0.76	0.74	-0.02	8341900	0.78	0.73	-2.631578947	0.884849918	6.578947368	6246000	190246.9006	190246.9006
32	港通控股	00032	5.65	5.64	-0.01	35000	5.64	5.63	-0.17699115	0.818542032	0.17699115	197000	199367.2364	199367.2364
33	十友控股	00033	1.09	1.07	-0.02	162000	1.09	1.01	-1.834862385	2.052560835	7.339449541	166000	21400	21400
34	九龙建业	00034	7.1	6.85	-0.16	1927000	7.15	6.81	-2.282453638	0.492182572	4.85021398	13419000	788216.7098	788216.7098
35	远东发展	00035	1.67	1.65	-0.02	22450100	1.69	1.65	-1.19760479	0.564199011	2.395209581	37638000	297232.7531	297232.7531
36	远东控股国际	00036	0.52	0.52	0	30000	0.52	0.52	0	0.521512388	0	15000	15747.57031	15747.57031
37	远东酒店实业	00037	0.225	0.215	-0.01	556000	0.23	0.215	-4.444444444	0.367207514	6.666666667	125000	10510.11795	10510.11795
38	第一拖拉机股份	00038	2.28	2.22	0.02	6180000	2.31	2.2	0.909090909	0.645761837	5	13869000	89241.78	187789.8
39	生物动力	00039	0.38	0.35	-0.03	90000	0.35	0.35	-7.894736842	0.929861864	0	31000	20107.74473	20107.74473
40	金山工业	00040	0	0	0	0	0	0	0	0	0	0	0	0
41	鹰君	00041	16.5	16.26	-0.1	1208000	16.7	16.02	-0.611246944	0.55150426	4.156479218	19720000	1011089.864	1011089.864
42	东北电气	00042	1.85	1.71	-0.1	3040000	1.85	1.71	-5.524861878	4.234769576	7.73480663	5328000	44109.45	149346.27
43	卜蜂国际	00043	0.265	0.245	-0.02	1312000	0.255	0.233	-7.547169811	0.850104121	8.301886792	313000	70798.40797	70798.40797
44	香港飞机工程	00044	92.95	90.3	-1.2	136200	92.95	90	-1.31147541	2.999631211	3.224043716	12388000	1501913.868	1501913.868

次序	名称	代码	开盘	成交	涨跌	总量	最高	最低	幅度%	市净率	振幅%	成交金额	流通市值	总市值
45	大酒店	00045	7.86	7.78	-0.08	587200	7.95	7.5	-1.017811705	0.544661563	5.72519084	4609000	1141288.194	1141288.194
46	科联系统	00046	1.25	1.23	-0.02	90000	1.24	1.17	-1.6	0.928021733	5.6	108000	30978.80402	30978.80402
47	合兴集团	00047	0.375	0.375	0	0	0.375	0.375	0	0.41109407	0	0	19158.72803	19158.72803
48	联洲国际	00048	0	0	0	0	0	0	0	0	0	0	0	0
49	会德丰地产	00049	4.5	4.47	-0.03	337800	4.48	4.45	-0.666666667	0.457022516	0.666666667	1510000	925290	925290
50	香港小轮(集团)	00050	4.95	4.96	0.01	637200	5.05	4.96	0.202020202	0.600135509	1.818181818	3175000	176711.8575	176711.8575
51	海港企业	00051	5.74	5.63	-0.11	72000	5.75	5.55	-1.916376307	0.376422444	3.484320557	406000	399026.25	399026.25
52	大快活集团	00052	7.5	7.49	-0.01	180000	7.5	7.4	-0.133333333	2.509128646	1.333333333	1343000	94139.41086	94139.41086
53	国浩集团	00053	67.9	66.8	-1.1	134600	67.9	66	-1.620029455	0.618746553	2.798232695	9045000	2198060.784	2198060.784
54	合和实业	00054	24.5	24.3	0.3	1762200	24.55	24.2	1.25	1.116430339	1.458333333	42869000	2135846.032	2135846.032
55	中大印刷	00055	0.315	0.27	-0.045	100840000	0.315	0.255	-14.28571429	3.648648602	19.04761905	27761000	275225.7319	275225.7319
56	联合地产(香港)	00056	1.02	1.02	0	2434000	1.04	1.01	0	0.560101039	2.941176471	2501000	621060.915	621060.915
57	震雄集团	00057	1.96	1.94	-0.01	206000	1.98	1.9	-0.512820513	0.521687696	4.102564103	400000	121993.7172	121993.7172
58	新威国际	00058	0.18	0.199	0.019	100000	0.2	0.198	10.55555556	0.221652922	1.111111111	19000	20218.42643	20218.42643
59	天誉置业	00059	0.57	0.56	-0.01	2696000	0.6	0.55	-1.754385965	0.3282917	8.771929825	1557000	82750.47375	82750.47375
60	四洲食品	00060	0.82	0.82	0	0	0.82	0.82	0	0.474427218	0	0	21286.05168	21286.05168
61	绿色环球资源	00061	0	0	0	0	0	0	0	0	0	0	0	0
62	载通	00062	21.1	20.7	-0.4	238600	21.4	20.7	-1.895734597	1.25440103	3.317535545	4998000	835533.5871	835533.5871
63	荣丰国际	00063	0.135	0.129	-0.006	1474000	0.141	0.127	-4.444444444	0.964846684	10.37037037	197000	30862.10109	30862.10109
64	结好控股	00064	0.59	0.59	0	14308000	0.6	0.56	0	0.653522358	6.779661017	8211000	224346.0803	224346.0803
65	弘海有限公司	00065	0.73	0.7	-0.02	2322400	0.74	0.7	-2.777777778	0.744997879	5.555555556	1673000	35578.3668	35578.3668
66	港铁公司	00066	24.2	23.25	-0.55	5299100	24.2	23.1	-2.31092437	1.345813164	4.621848739	125288000	13279834.73	13279834.73
67	旭光	00067	2.45	2.3	-0.09	57719000	2.47	2.28	-3.765690377	3.926254747	7.949790795	135412000	446503.6	446503.6
68	利兴发展	00068	3.03	3	-0.03	10000	3.03	3	-0.99009901	0.552414992	0.99009901	30000	45945.69141	45945.69141
69	香格里拉(亚洲)	00069	11.82	11.5	-0.2	3243000	11.96	11.4	-1.709401709	1.08304606	4.786324786	38264000	3318711.688	3318711.688
70	海王集团	00070	0.174	0.166	-0.008	2870000	0.167	0.163	-4.597701149	0.750452065	2.298850575	475000	63864.267	63864.267
71	美丽华酒店	00071	7.52	7.45	-0.07	25000	7.45	7.42	-0.930851064	0.614037975	0.39893617	185000	430037.3104	430037.3104
72	长城科技股份	00074	2.11	2.09	0.04	5318000	2.15	2.04	1.951219512	0.58139535	5.365853659	11117000	94859.24637	250328.0845
73	渝太地产	00075	1.3	1.33	0.03	6000	1.38	1.29	2.307692308	0.356138713	6.923076923	8000	106341.1371	106341.1371
74	南海石油	00076	0.05	0.047	-0.003	95774000	0.05	0.047	-6	0.36661468	6	4685000	51569.528	51569.528
75	进智公共交通	00077	1.12	1.1	-0.02	562000	1.12	1.1	-1.785714286	1.07306605	1.785714286	626000	25025	25025
76	富豪国际	00078	2.06	2.04	0	1316000	2.1	2	0	0.500269778	4.901960784	2684000	206191.4222	206191.4222
77	世纪建业	00079	0.395	0.345	-0.05	108000	0.36	0.34	-12.65822785	0.343728199	5.063291139	37000	10269.60152	10269.60152
78	蚬壳电器工业	00081	3.6	3.5	-0.1	139000	3.75	3.5	-2.777777778	0.59252739	6.944444444	506000	183219.6133	183219.6133
79	第一视频	00082	0.65	0.68	0.03	36110000	0.68	0.64	4.615384615	1.99589081	6.153846154	23678000	140321.995	140321.995
80	信和置业	00083	13.3	12.84	-0.32	10617500	13.36	12.72	-2.431610942	1.058759469	4.863221884	138707008	6194541.638	6194541.638
81	宝光实业	00084	0.51	0.51	0	0	0.51	0.51	0	0.61468001	0	0	48518.34	48518.34
82	中国电子	00085	0.78	0.77	-0.01	1538000	0.79	0.77	-1.282051282	3.177878613	2.564102564	1197000	83434.12	83434.12
83	新鸿基公司	00086	5.03	4.93	-0.09	205200	5.14	4.92	-1.792828685	0.745659153	4.38247012	1021000	866684.063	866684.063
84	太古股份公司B	00087	14.42	14.84	0.42	611100	14.98	14.5	2.912621359	0.328311319	3.328710125	9052000	4444906.48	4444906.48
85	大昌集团	00088	4.39	4.38	-0.01	151000	4.39	4.34	-0.227790433	0.727248596	1.138952164	659000	270478.7559	270478.7559
86	大生地产	00089	2.5	2.5	0	110000	2.5	2.5	0	0.306425127	0	275000	71917.42676	71917.42676
87	琥珀能源	00090	0	0	0	0	0	0	0	0	0	0	0	0
88	骏新能源	00091	0.11	0.105	-0.003	74340000	0.112	0.104	-2.777777778	0.419664263	7.407407407	7960000	56078.04563	56078.04563
89	冠军科技	00092	0.3	0.27	-0.025	31923200	0.3	0.27	-8.474576271	0.078360807	10.16949153	9023000	108149.3184	108149.3184
90	添利	00093	1	0.99	-0.01	128000	1	0.97	-1	1.724138007	3	126000	193806.6539	193806.6539
91	两仪控股	00094	1.36	1.12	-0.24	10254000	1.44	1.12	-17.64705882	1.390268145	23.52941176	13208000	35177.99031	35177.99031
92	新泽控股	00095	0.285	0.295	0.015	444000	0.305	0.285	5.357142857	0.44798784	7.142857143	128000	34491.62816	34491.62816
93	恒基发展	00097	0.59	0.58	-0.01	7097000	0.61	0.57	-1.694915254	1.110898355	6.779661017	4178000	176744.995	176744.995
94	兴发铝业	00098	1.66	1.68	0.02	90000	1.72	1.63	1.204819277	0.933125962	5.421686747	151000	70224	70224
95	王氏国际	00099	0.78	0.76	-0.02	100000	0.76	0.76	-2.564102564	0.341327595	0	76000	35486.05656	35486.05656
96	白马户外媒体	00100	3.12	3.14	0.02	76000	3.15	3.04	0.641025641	0.668711129	3.525641026	233000	164651.7139	164651.7139
97	恒隆地产	00101	27.2	25.65	-1.25	9827100	27.2	25.15	-4.646840149	1.619103513	7.620817844	258740992	10633589.04	10633589.04
98	安利控股	00102	1.3	1.3	0	30000	1.3	1.26	0	1.275385088	3.076923077	37000	29314.47949	29314.47949
99	首长宝佳	00103	0.66	0.62	-0.05	8266000	0.67	0.62	-7.462686567	0.630786433	7.462686567	5257000	118677.2128	118677.2128
100	冠亚商业集团	00104	0.69	0.69	0	0	0.69	0.69	0	1.15966381	0	0	41447.955	41447.955
101	凯联国际酒店	00105	15.6	15.5	-0.1	6000	15.5	15.5	-0.641025641	1.081246958	0	93000	558000	558000
102	深圳科技	00106	0.27	0.26	-0.01	2635000	0.265	0.26	-3.703703704	0.272023437	1.851851852	690000	48531.75844	48531.75844
103	四川成渝高速公路	00107	3.35	3.2	-0.1	6768000	3.35	3.17	-3.03030303	1.24402288	5.454545455	21903000	286502.4	978579.2
104	建懋国际	00108	2.25	2.05	-0.2	408000	2.38	2	-8.888888889	1.965295754	16.88888889	887000	21929.58872	21929.58872
105	荣德丰(新)	00109	0	0	0	0	0	0	0	0	0	0	0	0
106	中国长远	00110	0.345	0.395	0.075	1018000	0.4	0.325	23.4375	0.777100128	23.4375	384000	14725.205	14725.205
107	信达国际控股	00111	2.09	2.2	0.11	682000	2.2	2	5.263157895	4.086181321	9.56937799	1398000	111487.8617	111487.8617
108	至祥置业	00112	1.45	1.45	0	50000	1.45	1.45	0	0.498830323	0	72000	49121.07227	49121.07227
109	迪生创建	00113	3.31	3.3	-0.01	841200	3.33	3.24	-0.302114804	0.662584048	2.719033233	2767000	122862.6352	122862.6352
110	兴利集团	00114	0.64	0.65	0.01	1470000	0.65	0.64	1.5625	0.522802236	1.5625	952000	39161.90078	39161.90078
111	钧濠集团	00115	0	0	0	0	0	0	0	0	0	0	0	0
112	周生生	00116	5.86	5.89	-0.19	92000	6.08	5.86	-3.125	1.105542701	3.618421053	545000	354530.88	354530.88
113	宇阳控股	00117	0.58	0.63	0.05	6000	0.63	0.62	8.620689655	0.579736838	1.724137931	3000	25546.5	25546.5
114	大同机械	00118	0.45	0.445	-0.005	456000	0.445	0.44	-1.111111111	0.321438888	1.111111111	200000	31591.91629	31591.91629
115	保利香港	00119	5.05	4.9	-0.08	19696000	5.09	4.84	-1.606425703	1.540154036	5.020080321	96776000	1049260.045	1049260.045
116	四海国际	00120	0.345	0.355	0.01	800000	0.355	0.33	2.898550725	6.047700273	7.246376812	270000	79997.22539	79997.22539
117	正大企业	00121	0.134	0.134	0	2010000	0.134	0.133	0	2.803347236	0.746268657	268000	123071.1443	123071.1443
118	鳄鱼恤	00122	0.355	0.35	-0.005	714000	0.36	0.35	-1.408450704	0.37076271	2.816901408	252000	21599.44883	21599.44883
119	越秀投资	00123	1.81	1.72	-0.07	52982000	1.82	1.72	-3.910614525	0.846623352	5.586592179	92817000	1225932.688	1225932.688
120	金威啤酒	00124	1.45	1.38	-0.07	1690000	1.48	1.37	-4.827586207	0.794107491	7.586206897	2380000	236192.0888	236192.0888
121	新兴光学	00125	2.42	2.38	-0.04	568000	2.45	2.28	-1.652892562	0.777498283	7.024793388	1363000	62541.23559	62541.23559

次序	名称	代码	开盘	成交	涨跌	总量	最高	最低	幅度%	市净率	振幅%	成交金额	流通市值	总市值
122	达成集团	00126	0.99	0.95	-0.04	110000	0.95	0.95	-4.04040404	0.393717109	0	104000	108691.6152	108691.6152
123	华人置业	00127	14.18	14.2	0.12	18499900	14.8	14	0.852272727	0.851472085	5.681818182	268711008	2783001.422	2783001.422
124	安宁控股	00128	0.34	0.34	0	2192000	0.355	0.33	0	0.624082251	7.352941176	740000	56122.3975	56122.3975
125	泛海集团	00129	0.103	0.101	-0.002	6960000	0.104	0.1	-1.941747573	0.2458019	3.883495146	707000	114837.4671	114837.4671
126	慕诗国际	00130	1.09	1	-0.09	20000	1	1	-8.256880734	0.734537971	0	20000	28203	28203
127	卓能(集团)	00131	1.81	1.75	-0.06	674000	1.84	1.75	-3.314917127	0.172435883	4.972375691	1205000	47516.17432	47516.17432
128	中国兴业控股	00132	0.23	0.24	0.01	568800	0.24	0.23	4.347826087	0.491501131	4.347826087	133000	28519.8975	28519.8975
129	招商局中国基金	00133	13.88	14.1	0.22	990000	14.3	13.88	1.585014409	1.7977E+308	3.025936599	13981000	210295.2899	210295.2899
130	中国(香港)石油	00135	6.55	6.4	-0.05	15152400	6.6	6.35	-0.775193798	2.666666561	3.875968992	98558000	2853775	2853775
131	马斯葛集团	00136	1.79	1.67	-0.11	10673000	1.8	1.58	-6.179775281	1.340181421	12.35955056	18032000	87829.30539	87829.30539
132	金辉集团	00137	2.32	2.25	-0.06	587000	2.36	2.25	-2.597402597	0.483029548	4.761904762	1358000	117395.4375	117395.4375
133	中建电讯	00138	0.62	0.67	0.05	255000	0.68	0.64	8.064516129	0.258437804	6.451612903	170000	43888.76613	43888.76613
134	越南控股	00139	0.17	0.163	-0.007	3700000	0.171	0.163	-4.117647059	2.144736911	4.705882353	616000	46041.68294	46041.68294
135	三元集团	00140	0	0	0	0	0	0	0	0	0	0	0	0
136	大中华集团	00141	0.62	0.65	0.03	0	0.65	0.62	4.838709677	0.243765227	4.838709677	0	17009.51865	17009.51865
137	第一太平	00142	4.49	4.45	0	2386700	4.52	4.4	0	1.632727876	2.696629213	10655000	1431536.909	1431536.909
138	耀科国际	00143	0.083	0.076	-0.007	23218000	0.085	0.075	-8.43373494	4.342857124	12.04819277	1830000	39261.4005	39261.4005
139	招商局国际	00144	22.7	22.35	0.3	8984700	22.8	22.2	1.360544218	1.788758372	2.721088435	202627008	5428005.162	5428005.162
140	香港建屋贷款	00145	0.85	0.85	0	0	0.85	0.85	0	0.836696512	0	0	19125	19125
141	太平地毯	00146	1.65	1.61	-0.04	76000	1.65	1.61	-2.424242424	0.353504306	2.424242424	123000	34162.1875	34162.1875
142	超越集团(新)	00147	0	0	0	0	0	0	0	0	0	0	0	0
143	建滔化工	00148	19.58	19.1	-0.32	1344400	19.66	18.72	-1.647785788	0.828245314	4.840370752	25887000	1613451.46	1613451.46
144	中国农产品交易	00149	0.248	0.239	-0.009	62810000	0.25	0.235	-3.629032258	0.465705392	6.048387097	15264000	69755.94413	69755.94413
145	中国旺旺	00151	4.5	4.38	-0.06	10051900	4.5	4.3	-1.351351351	8.014638211	4.504504505	44473000	5785344.9	5785344.9
146	深圳国际	00152	0.54	0.52	-0.01	57497500	0.54	0.51	-1.886792453	1.485714311	5.660377358	30128000	729467.44	729467.44
147	北京发展(香港)	00154	1.11	1.06	-0.05	3187000	1.13	1.06	-4.504504505	0.935239134	6.306306306	3470000	71810.78484	71810.78484
148	华基光电	00155	0.144	0.14	-0.004	22394000	0.148	0.139	-2.777777778	2.443280918	6.25	3173000	91812.035	91812.035
149	力宝华润	00156	0.158	0.154	-0.003	24362000	0.162	0.153	-1.910828025	0.446894961	5.732484076	3855000	141545.2885	141545.2885
150	自然美	00157	1.29	1.29	-0.01	2900000	1.32	1.29	-0.769230769	3.036723103	2.307692308	3773000	258203.8402	258203.8402
151	万邦投资	00158	60.5	60.1	-0.4	1000	60.1	60.1	-0.661157025	0.688917625	0	60000	150250	150250
152	华南投资	00159	1.13	1.09	-0.04	1877800	1.15	1.08	-3.539823009	2.168722581	6.194690265	2098000	297816.1356	297816.1356
153	汉国置业	00160	2	1.98	-0.02	569100	2	1.97	-1	0.301875285	1.5	1132000	95096.66977	95096.66977
154	深圳中航集团股份	00161	2.5	2.5	0	264000	2.51	2.45	0	0.864274337	2.4	654000	69414.50195	168341.7773
155	中国金展	00162	0.28	0.27	-0.01	1710000	0.275	0.27	-3.571428571	-3.797468538	1.785714286	461000	31272.50742	31272.50742
156	英皇国际	00163	1.04	0.94	-0.1	2838000	1.05	0.94	-9.615384615	0.348212621	10.57692308	2909000	166873.1328	166873.1328
157	上海策略置地	00164	0.45	0.425	-0.005	240000	0.48	0.41	-1.162790698	1.741803259	16.27906977	102000	23188.69229	23188.69229
158	中国光大控股	00165	19.8	19.08	-0.32	5376100	19.98	18.88	-1.649484536	2.299903699	5.670103093	104350000	3037421.818	3037421.818
159	新时代能源	00166	0.55	0.54	-0.01	148262000	0.57	0.53	-1.818181818	1.354741555	7.272727273	81654000	217890.1181	217890.1181
160	万威国际	00167	0.193	0.187	-0.006	3606000	0.195	0.185	-3.10880829	0.626255885	5.18134715	684000	46792.46945	46792.46945
161	青岛啤酒股份	00168	24.35	24.6	0.25	1642400	24.8	24.25	1.026694045	4.416675723	2.258726899	40277000	1611470.278	3218219.278
162	恒力房地产	00169	0.385	0.375	-0.01	250000	0.39	0.34	-2.597402597	3.014469519	12.98701299	95000	41944.01367	41944.01367
163	中国资本	00170	4	4	0	0	4	4	0	0.283312202	0	0	30623.2793	30623.2793
164	银建国际	00171	1.18	1.15	-0.04	2338000	1.2	1.14	-3.361344538	0.429970855	5.042016807	2720000	209381.65	209381.65
165	金榜集团	00172	0.53	0.51	-0.02	1550400	0.55	0.51	-3.773584906	0.107754072	7.547169811	817000	136147.7194	13614.77174
166	嘉华国际	00173	2.9	2.83	0.04	26056000	3.01	2.82	1.433691756	0.907283922	6.810035842	75953000	699118.4244	699118.4244
167	奇盛(集团)	00174	0.51	0.51	0	0	0.51	0.51	0	0.409112776	0	0	22720.5	22720.5
168	吉利汽车	00175	1.42	1.4	-0.02	11997300	1.43	1.39	-1.408450704	1.908917404	2.816901408	16919000	1018941.788	1018941.788
169	联太工业	00176	0.235	0.225	-0.01	586000	0.23	0.224	-4.255319149	0.783426173	2.553191489	133000	22140	22140
170	江苏宁沪高速公路	00177	5.79	5.69	0.05	14569900	5.82	5.64	0.886524823	1.727487947	3.191489362	83796000	695318	2866478.328
171	莎莎国际	00178	2.95	2.91	-0.01	3328000	2.98	2.9	-0.342465753	3.580216579	2.739726027	9809000	402145.4494	402145.4494
172	德昌电机控股	00179	2.13	2.09	-0.02	3917500	2.16	2.08	-0.947867299	1.024459536	3.791469194	8279000	765692.2041	765692.2041
173	开达集团	00180	0.31	0.31	0	0	0.31	0.31	0	0.294424934	0	0	20627.77297	20627.77297
174	闽港控股	00181	0.66	0.65	-0.01	340000	0.65	0.64	-1.515151515	2.829777982	1.515151515	220000	34630.7	34630.7
175	中国风电	00182	0.92	0.85	-0.05	80976496	0.92	0.84	-5.555555556	2.151354101	8.888888889	69973000	618641.9	618641.9
176	激成投资	00184	3.21	3.18	-0.03	12000	3.24	3.18	-0.934579439	0.533718239	1.869158879	38000	108183.6	108183.6
177	特速集团	00185	0.086	0.08	-0.006	8490000	0.091	0.08	-6.976744186	0.343642602	12.79069767	722000	17783.45	17783.45
178	嘉域集团	00186	0.81	0.77	-0.04	108000	0.83	0.77	-4.938271605	0.261149744	7.407407407	84000	35437.50246	35437.50246
179	北人印刷机械股份	00187	1.45	1.45	0	102000	1.46	1.45	0	0.611659499	0.689655172	148000	14500	61190
180	汇富金融	00188	0.162	0.162	0	0	0.162	0.162	0	1.104294518	0	0	52621.22475	52621.22475
181	东岳集团	00189	0.72	0.69	-0.01	600000	0.72	0.68	-1.428571429	0.667763449	5.714285714	413000	143769.9848	143769.9848
182	香港建设(控股)	00190	0.67	0.66	0	23593100	0.69	0.65	0	0.502665665	6.060606061	15825000	546347.0513	546347.0513
183	丽新国际	00191	0.42	0.415	-0.005	1770000	0.43	0.415	-1.19047619	0.194789948	3.571428571	749000	67123.07266	67123.07266
184	冠中地产	00193	0.059	0.058	-0.001	21415000	0.059	0.058	-1.694915254	1.7977E+308	1.694915254	1255000	123626.4055	123626.4055
185	廖创兴企业	00194	5.49	5.41	-0.08	342200	5.59	5.41	-1.4571949	0.33523154	3.278688525	1873000	204813.4072	204813.4072
186	威达国际	00195	2.35	2.35	0	0	2.35	2.35	0	1.362081993	0	0	23500	23500
187	宏华集团	00196	1.85	1.76	-0.04	5562900	1.85	1.74	-2.222222222	0.642687575	6.111111111	9860000	567193.11	567193.11
188	亨泰	00197	0.38	0.355	-0.02	22862500	0.38	0.355	-5.333333333	0.287077461	6.666666667	8338000	91508.1725	91508.1725
189	星美国际	00198	0	0	0	0	0	0	0	0	0	0	0	0
190	德祥地产	00199	1.23	1.19	-0.04	363400	1.22	1	-3.25203252	0.279907795	17.88617886	415000	56039.1825	56039.1825
191	新濠国际发展	00200	4.42	4.26	-0.16	11612700	4.44	4.24	-3.619909502	0.662942158	4.524886878	50092000	524024.6302	524024.6302
192	华大地产	00201	0.118	0.114	-0.004	1018000	0.118	0.113	-3.389830508	0.240404887	4.237288136	117000	67997.59425	67997.59425
193	国中控股	00202	0.055	0.054	-0.001	58240000	0.056	0.053	-1.818181818	0.636792472	5.454545455	3139000	119837.8395	119837.8395
194	骏威汽车	00203	3.22	3.1	-0.07	32895600	3.23	3.09	-2.208201893	1.624823125	4.416403785	103599000	2330796.613	2330796.613
195	泰润国际	00204	2.07	2.08	0.01	814000	2.08	2.05	0.483091787	9.277431056	1.449275362	1683000	5252.166563	5252.166563
196	财讯传媒	00205	0.173	0.165	-0.002	10162000	0.173	0.164	-1.19760479	0.88	5.389221557	1705000	28702.83797	28702.83797
197	TSC 海洋集团	00206	1.45	1.45	0	0	1.45	1.45	0	1.457286425	0	0	109284.982	109284.982
198	侨福企业	00207	0.65	0.65	0	0	0.65	0.65	0	4.132231525	0	0	34798.3543	34798.3543

次序	名称	代码	开盘	成交	涨跌	总量	最高	最低	幅度%	市净率	振幅%	成交金额	流通市值	总市值
199	保利达资产	00208	0.83	0.81	-0.01	6865000	0.85	0.8	-1.219512195	0.349077745	6.097560976	5683000	359556.3928	359556.3928
200	崇高国际	00209	0.33	0.33	0	0	0.33	0.33	0	0.878828244	0	0	14699.19	14699.19
201	达芙妮国际	00210	4.06	4.08	0.02	1726000	4.15	4.05	0.492610837	3.603285287	2.463054187	7097000	668260.0763	668260.0763
202	大凌集团	00211	0	0	0	0	0	0	0	0	0	0	0	0
203	南洋集团	00212	9.8	9.8	0	0	9.8	9.8	0	0.258486547	0	0	41184.79189	41184.79189
204	乐声电子	00213	0.365	0.375	0.01	640000	0.375	0.36	2.739726027	0.50423556	4.109589041	231000	36471.97266	36471.97266
205	汇汉控股	00214	0.84	0.83	-0.01	40000	0.83	0.83	-1.19047619	0.230670886	0	33000	54072.61629	54072.61629
206	和记电讯香港	00215	1.08	1.06	0	7026000	1.08	1.05	0	1.7977E+308	2.830188679	7511000	510320.7025	510320.7025
207	建业实业	00216	0.82	0.82	0	0	0.82	0.82	0	0.247382879	0	0	45212.19266	45212.19266
208	中国诚通发展集团	00217	0.58	0.55	-0.03	2114000	0.59	0.55	-5.172413793	2.220427885	6.896551724	1186000	147339.775	147339.775
209	申银万国	00218	4.23	4.1	-0.11	1525000	4.27	4.1	-2.612826603	2.290758683	4.038004751	6382000	217611.2316	217611.2316
210	顺豪科技	00219	0.64	0.61	-0.03	100000	0.63	0.61	-4.6875	0.167210333	3.125	61000	32761.69652	32761.69652
211	统一企业中国	00220	4.32	4.26	-0.06	2974200	4.38	4.2	-1.388888889	2.355152611	4.166666667	12746000	1533363.57	1533363.57
212	利来控股	00221	0.405	0.36	-0.04	39152000	0.41	0.35	-10	5.687203914	15	14741000	276894	276894
213	闽信集团	00222	3.75	3.69	-0.06	2134000	3.77	3.66	-1.6	0.75407689	2.933333333	7913000	169529.1943	169529.1943
214	神州资源	00223	0.395	0.38	-0.015	1772000	0.4	0.38	-3.797468354	0.690783458	5.063291139	682000	42323.20063	42323.20063
215	建生国际	00224	0.58	0.58	0	0	0.58	0.58	0	0.352862444	0	0	44622.82563	44622.82563
216	博富临置业	00225	3.9	4	0.1	36200	4.1	4	2.564102564	0.255046735	2.564102564	147000	44071.76172	44071.76172
217	力宝	00226	2.7	2.66	0.02	13514000	2.87	2.57	0.757575758	0.302265842	11.36363636	37242000	133115.284	133115.284
218	第一上海	00227	1.07	1.03	-0.03	4045300	1.08	1.02	-2.830188679	0.620108363	5.660377358	4210000	144036.5358	144036.5358
219	中能控股	00228	0.81	0.75	-0.05	64138000	0.82	0.75	-6.25	5.391804447	8.75	49786000	226792.5	226792.5
220	利民实业	00229	0.59	0.58	-0.01	187000	0.58	0.58	-1.694915254	0.466275446	0	108000	22844.1632	22844.1632
221	五矿建设	00230	1.19	1.16	-0.07	11390000	1.24	1.16	-5.691056911	0.816671347	6.504065041	13711000	193806.7281	193806.7281
222	环球动力	00231	0.106	0.105	-0.001	4780000	0.106	0.102	-0.943396226	1.562500056	3.773584906	494000	41299.95844	41299.95844
223	中国航空工业国际	00232	0.27	0.248	-0.022	17266000	0.265	0.245	-8.148148148	1.282979865	7.407407407	4365000	117909.0425	117909.0425
224	铭源医疗	00233	0.9	0.86	-0.04	5375900	0.9	0.86	-4.444444444	2.486986609	4.444444444	4716000	266438.8844	266438.8844
225	新世纪集团	00234	0.133	0.13	-0.003	316500	0.135	0.13	-2.255639098	0.762910827	3.759398496	42000	74948.75375	74948.75375
226	中策集团	00235	0.305	0.28	-0.025	40775000	0.3	0.275	-8.196721311	1.628853946	8.196721311	11618000	65206.33	65206.33
227	香港生力啤	00236	1.12	1.12	0	0	1.12	1.12	0	0.288407069	0	0	41839.90563	41839.90563
228	安全货仓	00237	3.73	3.73	0	0	3.75	3.73	0	0.393468207	0.536193029	0	50355	50355
229	白花油	00239	1.29	1.26	-0.03	80000	1.26	1.25	-2.325581395	1.558634387	0.775193798	100000	32722.2	32722.2
230	利基控股	00240	0.305	0.28	-0.025	3890000	0.3	0.275	-8.196721311	2.997858623	8.196721311	1122000	26079.43844	26079.43844
231	中信21世纪	00241	0.27	0.255	-0.015	1396000	0.27	0.255	-5.555555556	2.007873952	5.555555556	362000	94805.67703	94805.67703
232	信德集团	00242	5.06	4.87	-0.11	6805700	5.06	4.84	-2.208835341	0.930188164	4.417670683	33606000	985547.1505	985547.1505
233	品质国际	00243	0.32	0.32	0	890000	0.325	0.315	0	1.980198097	3.125	281000	24555.3125	24555.3125
234	先施	00244	0.275	0.27	-0.005	641000	0.37	0.25	-1.818181818	0.248321543	43.63636364	166000	15506.31621	15506.31621
235	中国七星购物	00245	0.099	0.092	-0.007	93710000	0.099	0.086	-7.070707071	2.129629574	13.13131313	8594000	67383.3875	67383.3875
236	瑞金矿业	00246	6.62	6.54	-0.08	1583900	6.72	6.54	-1.208459215	5.130618786	2.719033233	10500000	431640	431640
237	尖沙咀置业	00247	23.75	23.75	0	0	23.75	23.75	0	1.383299082	0	0	3481987.871	3481987.871
238	香港通讯国际控股	00248	0.229	0.24	0.01	292000	0.24	0.22	4.347826087	0.519480506	8.695652174	65000	11762.71406	11762.71406
239	中国数码信息	00250	0.059	0.058	-0.001	1320000	0.058	0.056	-1.694915254	0.511915255	3.389830508	73000	115504.129	115504.129
240	爪哇控股	00251	3.25	3.25	0.08	0	3.25	3.25	2.523659306	0.337609719	0	0	208882.8574	208882.8574
241	华信地产财务	00252	1.5	1.5	0	0	1.5	1.5	0	0.595781875	0	0	29648.02441	29648.02441
242	顺豪资源集团	00253	0.9	0.94	0.04	50000	0.95	0.85	4.444444444	0.273773114	11.11111111	46000	28610.68637	28610.68637
243	中国户外媒体集团	00254	0.27	0.25	-0.015	4750000	0.27	0.25	-5.660377358	2.254283143	7.547169811	1212000	26232.125	26232.125
244	龙记集团	00255	2.55	2.6	0.05	582000	2.66	2.6	1.960784314	0.88420336	2.352941176	1531000	161203.4531	161203.4531
245	中国海淀	00256	0.71	0.72	0.01	6458000	0.74	0.71	1.408450704	1.536491661	4.225352113	4673000	255026.205	255026.205
246	中国光大国际	00257	2.26	2.19	-0.02	4706600	2.27	2.17	-0.904977376	2.441743789	4.524886878	10356000	690008.7066	690008.7066
247	汤臣集团	00258	3.6	3.51	-0.08	3472000	3.74	3.48	-2.228412256	0.591516553	7.242339833	12548000	472368.067	472368.067
248	亿都(国际控股)	00259	0.41	0.41	0.015	48000	0.41	0.41	3.797468354	0.718290111	0	19000	41457.39664	41457.39664
249	中油洁能	00260	0.255	0.255	-0.005	1680000	0.26	0.245	-1.923076923	1.012306521	5.769230769	419000	46087.5525	46087.5525
250	中建科技国际	00261	0.01	0.01	0	102584000	0.011	0.01	0	0.892857175	10	1061000	20536.89	20536.89
251	迪臣发展国际	00262	0.305	0.275	-0.03	555000	0.305	0.275	-9.836065574	0.328908032	9.836065574	155000	15591.75771	15591.75771
252	中国云锡矿业	00263	0.247	0.237	-0.01	31962000	0.248	0.235	-4.048582996	0.666854256	5.263157895	7703000	97195.66266	97195.66266
253	卓高国际	00264	0.54	0.54	0	0	0.54	0.54	0	0.69695405	0	0	17215.41621	17215.41621
254	南华集团	00265	0.58	0.58	0.04	295000	0.65	0.58	7.407407407	0.767297236	12.96296296	180000	105757.2816	105757.2816
255	天德地产	00266	5.9	5.9	0	0	5.9	5.9	0	1.026944204	0	0	280091.7602	280091.7602
256	中信泰富	00267	16.5	16.02	-0.26	10761700	16.76	15.92	-1.597051597	1.168942002	5.15970516	175143008	5841411.148	5841411.148
257	金蝶国际	00268	1.3	1.34	0.05	9148500	1.36	1.3	3.875968992	2.532123877	4.651162791	12190000	272561.4228	272561.4228
258	中国木业	00269	0.102	0.096	-0.004	30800000	0.102	0.093	-4	0.925747374	9	3024000	97315.824	97315.824
259	粤海投资	00270	3.98	3.82	-0.17	11637700	4.1	3.61	-4.260651629	1.528795032	12.28070175	46317000	2373533.364	2373533.364
260	丹枫控股	00271	0.71	0.72	0.02	629100	0.72	0.67	2.857142857	0.377556382	7.142857143	425000	89805.52125	89805.52125
261	瑞安房地产	00272	5.53	5.31	-0.15	58511100	5.56	5.18	-2.747252747	1.100791887	6.95970696	312660000	2667030.801	2667030.801
262	威利国际	00273	1.3	1.28	-0.02	5287800	1.31	1.28	-1.538461538	0.324017812	2.307692308	6829000	136697.73	136697.73
263	高宝绿色	00274	0.425	0.43	0.005	12488000	0.45	0.425	1.176470588	0.218796117	5.882352941	5467000	91657.93328	91657.93328
264	锦兴集团	00275	0.74	0.7	-0.04	3764900	0.75	0.7	-5.405405405	0.140042016	6.756756757	2691000	39300.57031	39300.57031
265	蒙古能源	00276	3.01	2.86	-0.1	14700300	3.04	2.85	-3.378378378	1.304565933	6.418918919	42983000	1745400.085	1745400.085
266	太兴置业	00277	3	3	0	0	3	3	0	0.658082336	0	0	92328.75	92328.75
267	华厦置业	00278	2	2	0	0	2	2	0	0.365804582	0	0	24192	24192
268	民丰控股(新)	00279	0	0	0	0	0	0	0	0	0	0	0	0
269	景福集团	00280	0.85	0.86	0.01	466000	0.87	0.85	1.176470588	0.47002241	2.352941176	402000	37416.16781	37416.16781
270	川河集团	00281	0.32	0.3	-0.02	3082000	0.325	0.3	-6.25	0.680735202	7.8125	962000	78256.39688	78256.39688
271	壹传媒	00282	1.05	1.05	0	2210000	1.07	1.04	0	0.812567733	2.857142857	2329000	253312.1719	253312.1719
272	高银地产	00283	3.09	3.02	-0.07	142000	3.15	3.02	-2.265372168	0.76544837	4.207119741	436000	369219.8442	369219.8442
273	比亚迪电子	00285	4.93	4.76	-0.16	3791000	5.04	4.75	-3.25203252	1.621087742	5.894308943	18400000	1072908.314	1072908.314
274	金匡企业	00286	0.41	0.39	-0.02	4524000	0.41	0.385	-4.87804878	2.660300261	6.097560976	1780000	94701.945	94701.945
275	永发置业	00287	3.6	3.58	-0.02	0	3.6	3.58	-0.555555556	0.481228069	0.555555556	0	14320	14320

次序	名称	代码	开盘	成交	涨跌	总量	最高	最低	幅度%	市净率	振幅%	成交金额	流通市值	总市值
276	成功控股	00288	0.222	0.218	-0.004	215000	0.218	0.218	-1.801801802	9.159663655	0	46000	12884.84657	12884.84657
277	永安	00289	8.98	9	0.01	37000	9.06	8.98	0.111234705	0.392978772	0.889877642	334000	265765.5	265765.5
278	中国富强集团	00290	0.465	0.44	-0.025	6228000	0.49	0.425	-5.376344086	3.170028928	13.97849462	2840000	42947.08	42947.08
279	华润创业	00291	15.98	15.54	-0.22	2177500	15.98	15.38	-1.395939086	1.475615257	3.807106599	34027000	3713267.703	3713267.703
280	泛海酒店	00292	0.047	0.047	0	4255900	0.048	0.047	0	0.346352242	2.127659574	200000	61470.35413	61470.35413
281	国泰航空	00293	10.4	10.68	0.4	16169200	10.86	10.4	3.891050584	1.112789807	4.474708171	172416992	4201346.126	4201346.126
282	长江制衣	00294	1.31	1.31	0	50000	1.31	1.27	0	0.311904776	3.053435115	64000	27558.33951	27558.33951
283	江山控股	00295	0.139	0.119	-0.011	131294000	0.142	0.117	-8.461538462	12.65957465	19.23076923	16990000	71901.78581	71901.78581
284	英皇娱乐酒店	00296	0.69	0.69	0	75000	0.72	0.69	0	0.406408283	4.347826087	52000	69774.39563	69774.39563
285	中化化肥	00297	4.04	3.92	-0.06	22991700	4.06	3.89	-1.507537688	1.73643416	4.271356784	90898000	2749970.895	2749970.895
286	庄士中国	00298	0.39	0.38	-0.005	5550100	0.39	0.37	-1.298701299	0.324647575	5.194805195	2114000	57886.4925	57886.4925
287	中讯软件	00299	0.86	0.82	-0.02	3850000	0.86	0.8	-2.380952381	1.521335878	7.142857143	3199000	91376.78969	91376.78969
288	昆明机床	00300	4.58	4.5	-0.08	350400	4.58	4.45	-1.746724891	1.635233864	2.838427948	1582000	50722.1543	191189.1973
289	永亨银行	00302	75.1	67.9	-5	1409200	75.7	67.2	-6.858710562	1.892292573	11.65980796	97480000	2003351.439	2003351.439
290	伟易达集团	00303	52.65	52.9	0.25	802100	53.4	52.3	0.474833808	3.812200447	2.089268756	42285000	1305837.017	1305837.017
291	宜进利(集团)	00304	0	0	0	0	0	0	0	0	0	0	0	0
292	俊山五菱汽车	00305	0.9	1.09	0.19	1210000	1.1	0.9	21.11111111	6.008820252	22.22222222	1256000	99984.38859	99984.38859
293	冠忠巴士集团	00306	0.86	0.86	0	6000	0.86	0.86	0	0.356994615	0	5000	33961.91734	33961.91734
294	泰德阳光	00307	0.091	0.091	-0.002	2336000	0.094	0.085	-2.150537634	1.948608105	9.677419355	208000	9107.841641	9107.841641
295	香港中旅	00308	1.75	1.71	-0.02	7823200	1.77	1.7	-1.156069364	0.84578097	4.046242775	13524000	973905.8119	973905.8119
296	劳氏环保	00309	0.285	0.3	0.01	2933000	0.31	0.295	3.448275862	1.405810643	5.172413793	879000	22799.58047	22799.58047
297	嘉进投资国际	00310	1.82	1.83	0.01	60000	1.83	1.82	0.549450549	0.61460958	0.549450549	109000	23476.92346	23476.92346
298	联泰控股	00311	0.5	0.5	0	920000	0.51	0.495	0	0.289017338	3	459000	49625	49625
299	裕田中国	00313	0.26	0.26	0	38238800	0.265	0.255	0	7.558139278	3.846153846	9892000	210102.7175	210102.7175
300	数码通电讯	00315	4.84	4.77	-0.07	338000	4.83	4.73	-1.446280992	0.962120312	2.066115702	1619000	256500.7316	256500.7316
301	东方海外国际	00316	33	33.05	1.05	3158200	33.5	32.2	3.28125	0.648283267	4.0625	104359000	2068245.891	2068245.891
302	广州广船国际股份	00317	14.5	13.92	-0.38	1630800	14.7	13.83	-2.657342657	2.210611643	5.734265734	23026000	219098.0133	688591.2431
303	黄河实业	00318	0.246	0.237	-0.009	32905000	0.25	0.23	-3.658536585	3.798077026	7.723577236	7870000	138878.6968	138878.6968
304	勤美达国际	00319	1.02	1.01	-0.01	672000	1.03	0.93	-0.980392157	0.603165128	4.901960784	671000	101616.3052	101616.3052
305	金宝通	00320	0.5	0.7	0.02	4000	0.7	0.5	2.941176471	0.622775827	29.41176471	2000	58100	58100
306	德永佳集团	00321	5.84	6.19	0.35	3644600	6.58	5.83	5.993150685	1.985374304	11.98630137	22236000	821543.667	821543.667
307	康师傅控股	00322	12.76	12.78	-0.02	1883400	13	12.[illegible]	-0.15625	7.631673212	3.125	24059000	7139921.614	7139921.614
308	马鞍山钢铁股份	00323	5.08	4.88	-0.17	25162800	5.08	4.85	-3.366336634	1.274450951	4.554455446	123748000	845669.84	3757932.45
309	中国星集团	00326	0.265	0.246	-0.014	22199200	0.265	0.244	-5.384615385	0.09229038	8.076923077	5620000	31893.81159	31893.81159
310	爱高集团	00328	1.92	1.92	0	140000	1.94	1.92	0	0.667315471	1.041666667	269000	106879.1025	106879.1025
311	如 集团	00329	0.4	0.41	0.01	768000	0.41	0.4	2.5	1.284058895	2.5	308000	62047.76	62047.76
312	思捷环球	00330	44.6	43.25	-0.7	3302900	44.6	43.1	-1.592718999	4.01485262	3.412969283	144696992	5389087.859	5389087.859
313	毅力工业	00332	0.148	0.149	0.001	1688000	0.152	0.144	0.675675676	6.71171185	5.405405405	249000	11815.94911	11815.94911
314	黛丽斯国际	00333	0.34	0.345	-0.005	814000	0.35	0.335	-1.428571429	0.679936965	4.285714286	279000	37093.99031	37093.99031
315	唯冠国际	00334	0.186	0.185	-0.001	1846000	0.199	0.17	-0.537634409	3.46441956	15.59139785	337000	14282.16621	14282.16621
316	美建集团	00335	0.78	0.77	-0.01	40000	0.79	0.77	-1.282051282	1.022848051	2.564102564	31000	103269.1636	103269.1636
317	华宝国际	00336	7.5	7.5	0.07	8423600	7.6	7.41	0.942126514	8.145091485	2.557200538	63191000	2316818.203	2316818.203
318	盛高置地	00337	2.93	3.01	0.07	5688000	3.06	2.9	2.380952381	0.822764037	5.442176871	17103000	308672.7957	308672.7957
319	上海石油化工股份	00338	2.77	2.67	0.02	33862100	2.78	2.67	0.754716981	1.256234081	4.150943396	92077000	622110	1922400
320	安利时投资	00339	0.42	0.42	0	0	0.42	0.42	0	1.364079195	0	0	3402	3402
321	中国矿业	00340	0.465	0.44	-0.025	44050000	0.47	0.44	-5.376344086	2.341671017	6.451612903	19897000	269754.54	269754.54
322	大家乐集团	00341	15.78	15.46	-0.34	438200	15.78	15.22	-2.151898734	3.616374188	3.544303797	6792000	859993.42	859993.42
323	新海能源	00342	0.48	0.48	0	616000	0.48	0.465	0	0.645768851	3.125	294000	46240.965	46240.965
324	文化传信	00343	0.57	0.55	-0.02	1844400	0.62	0.55	-3.50877193	0.605326895	12.28070175	1058000	37909.08086	37909.08086
325	维他奶国际	00345	4.23	4.08	0.04	1417000	4.29	4.05	0.99009901	3.218427182	5.940594059	5839000	414533.5144	414533.5144
326	中联石油化工	00346	0.94	0.9	-0.04	25360000	0.96	0.9	-4.255319149	0.636312226	6.382978723	23471000	542021.7375	542021.7375
327	鞍钢股份	00347	13.48	12.86	-0.34	13347600	13.6	12.82	-2.575757576	1.641206266	5.909090909	174390000	1396338.8	9303962.445
328	龙昌	00348	0.16	0.154	-0.006	1518000	0.158	0.15	-3.75	1.264367837	5	238000	38358.32	38358.32
329	工银亚洲	00349	14.8	14.06	-0.34	1037600	14.8	13.98	-2.361111111	1.296533631	5.694444444	14870000	1826729.023	1826729.023
330	经纬纺织机械股份	00350	1.48	1.42	-0.06	1104000	1.47	1.4	-4.054054054	0.265261901	4.72972973	1587000	25673.6	85739.6
331	中科环保	00351	0.153	0.142	-0.009	64110000	0.155	0.141	-5.960264901	3.279445797	9.271523179	9360000	132869.7816	132869.7816
332	富阳	00352	0.385	0.38	-0.005	30000	0.385	0.38	-1.298701299	0.63651591	1.298701299	10000	7617.86	7617.86
333	森源钛矿控股	00353	0.129	0.128	0.002	55598000	0.13	0.125	1.587301587	0.664589834	3.968253968	7119000	52361.216	52361.216
334	中国软件国际	00354	0.95	0.93	-0.02	5750000	0.97	0.9	-2.105263158	1.039686956	7.368421053	5354000	93942.66398	93942.66398
335	世纪城市国际	00355	0.4	0.385	-0.015	1519200	0.41	0.385	-3.75	0.286842489	6.25	595000	88954.25	88954.25
336	INCUTECH INVEST	00356	0	0	0	0	0	0	0	0	0	0	0	0
337	美兰机场	00357	4.78	4.79	0.06	437000	4.8	4.7	1.268498943	1.084372752	2.114164905	2068000	108691.3307	226669.0307
338	江西铜业股份	00358	13.4	12.7	-0.46	36878000	13.42	12.6	-3.495440729	1.631614787	6.23100304	476808992	1762102.18	3838998.863
339	海升果汁	00359	0.64	0.64	-0.02	2284000	0.67	0.63	-3.03030303	0.878879407	6.060606061	1468000	78220.8	78220.8
340	新焦点	00360	1.05	1.01	-0.04	120500	1.03	1.01	-3.80952381	1.590300722	1.904761905	123000	45326.85891	45326.85891
341	顺龙控股	00361	0.42	0.46	0.04	930000	0.47	0.43	9.523809524	0.547423524	9.523809524	426000	13901.2	13901.2
342	中国天化工	00362	0.208	0.21	0.002	8580000	0.219	0.21	0.961538462	0.371878869	4.326923077	1839000	117837.9694	117837.9694
343	上海实业控股	00363	32	31.2	-0.55	1363100	32.1	31	-1.732283465	1.435162378	3.464566929	42769000	3368664	3368664
344	华丰集团	00364	0.325	0.32	-0.01	4645600	0.33	0.32	-3.03030303	0.312744321	3.03030303	1510000	39664.115	39664.115
345	日东科技	00365	0.17	0.17	0	0	0.17	0.17	0	0.362937659	0	0	8925	8925
346	陆氏集团(越南)	00366	4.57	4.22	-0.18	160000	4.57	4.09	-4.090909091	0.983866494	10.90909091	686000	215808.0141	215808.0141
347	庄士机构国际	00367	0.6	0.58	-0.02	844000	0.6	0.58	-3.333333333	0.256093245	3.333333333	499000	87614.20188	87614.20188
348	中外运航运	00368	3.45	3.38	-0.04	8704900	3.5	3.31	-1.169590643	0.871044235	5.555555556	29655000	1349329.8	1349329.8
349	富联国际	00369	2.28	2.25	-0.03	30000	2.25	2.25	-1.315789474	0.308265624	0	67000	222623.9824	222623.9824
350	国华	00370	0.059	0.055	-0.004	36824000	0.059	0.055	-6.779661017	1.594202938	6.779661017	2097000	58019.38313	58019.38313
351	北控水务集团	00371	1.62	1.6	0.02	24430000	1.64	1.55	1.265822785	2.188483039	5.696202532	39023000	554526.95	554526.95
352	德祥企业	00372	0.61	0.56	-0.05	5792400	0.61	0.56	-8.196721311	0.562814068	8.196721311	3365000	42206.61375	42206.61375

次序	名称	代码	开盘	成交	涨跌	总量	最高	最低	幅度%	市净率	振幅%	成交金额	流通市值	总市值
353	联合集团	00373	17.42	18.24	0.82	58000	18.3	17.08	4.707233065	0.533856261	7.003444317	1049000	444914.4619	444914.4619
354	四洲集团	00374	2.1	2.1	0	0	2.1	2.1	0	0.860126989	0	0	83908.77305	83908.77305
355	YGM 贸易	00375	3.68	3.59	-0.09	178000	3.66	3.52	-2.445652174	0.708659884	3.804347826	638000	55225.6887	55225.6887
356	亚洲电信媒体	00376	0	0	0	0	0	0	0	0	0	0	0	0
357	新洲印刷集团	00377	0.395	0.395	0	0	0.395	0.395	0	0.275165443	0	0	8789.895654	8789.895654
358	事安集团	00378	1.75	1.71	-0.04	20000	1.78	1.71	-2.285714286	1.427736467	4	34000	76032.27773	76032.27773
359	必美宜	00379	0.34	0.32	-0.025	3510000	0.34	0.32	-7.246376812	0.891861776	5.797101449	1155000	56355.2	56355.2
360	中国管业	00380	0.074	0.076	0.002	91580000	0.079	0.072	2.702702703	2.352941239	9.459459459	7034000	95248.52	95248.52
361	侨雄能源	00381	0.27	0.265	-0.005	2990000	0.28	0.26	-1.851851852	2.41788321	7.407407407	825000	109067.6317	109067.6317
362	威灵控股	00382	0.265	0.27	0	9914000	0.275	0.265	0	4.720279746	3.703703704	2698000	363941.4713	363941.4713
363	中国网络资本	00383	0.8	0.78	-0.02	219200	0.8	0.7	-2.5	0.275501565	12.5	166000	43006.50047	43006.50047
364	中国燃气	00384	2.02	1.93	-0.06	6849000	2.02	1.91	-3.015075377	1.996069933	5.527638191	13515000	643456.9941	643456.9941
365	建联集团	00385	0.325	0.325	0	0	0.325	0.325	0	0.503251785	0	0	19334.22461	19334.22461
366	中国石油化工股份	00386	6.05	5.91	0.19	452683008	6.06	5.89	3.321678322	1.375090096	2.972027972	2709616128	9917268.113	51241142.04
367	力丰(集团)	00387	0.52	0.48	-0.04	240000	0.5	0.48	-7.692307692	0.372815527	3.846153846	116000	10341.31688	10341.31688
368	香港交易所	00388	126.2	120.7	-4.5	7220400	127	120.5	-3.594249201	17.76829031	5.191693291	889036992	12986702.36	12986702.36
369	中国中铁	00390	6.5	6.23	-0.16	33677300	6.5	6.19	-2.503912363	2.090183101	4.851330203	212632992	2621203.97	13269837.7
370	美亚娱乐资讯	00391	0.5	0.5	0	159700	0.5	0.485	0	1.455180422	3	78000	49104.55078	49104.55078
371	北京控股	00392	38.3	38.7	0	976400	39.4	38.3	0	1.484949031	2.842377261	37861000	4401277.53	4401277.53
372	旭日企业	00393	2.04	2.04	0	248000	2.07	2.03	0	1.172885635	1.960784314	512000	216120.4528	216120.4528
373	中国锆业	00395	4.28	4.13	-0.15	61600	4.28	4.11	-3.504672897	0.340694419	3.971962617	256000	29577.82181	29577.82181
374	兴利(香港)控股	00396	1.3	1.2	-0.1	1114000	1.33	1.2	-7.692307692	1.7977E+308	10	1410000	24000	24000
375	香港体检	00397	0.59	0.56	-0.03	1728000	0.58	0.53	-5.084745763	29.01554293	8.474576271	966000	20700.54	20700.54
376	东方表行集团	00398	1.54	1.54	0	1106000	1.57	1.51	0	0.40000001	3.896103896	1707000	49780.99328	49780.99328
377	联合基因集团	00399	0.43	0.4	-0.03	43770000	0.445	0.39	-6.976744186	22.34636947	12.79069767	17880000	243290.15	243290.15
378	明兴水务	00402	0.35	0.335	-0.015	550000	0.355	0.335	-4.285714286	0.700836842	5.714285714	191000	26883.08	26883.08
379	星光集团	00403	0.415	0.415	0	66000	0.425	0.415	0	0.426954731	2.409638554	27000	21428.7325	21428.7325
380	新昌营造	00404	0.79	0.79	0	544000	0.8	0.79	0	1.306216962	1.265822785	430000	53022.72008	53022.72008
381	有利集团	00406	1.07	1.07	0	843200	1.08	1.06	0	0.375715451	1.869158879	901000	46871.73453	46871.73453
382	叶氏化工集团	00408	3.63	3.95	0.19	564000	3.96	3.63	5.053191489	1.156187815	8.776595745	2184000	212051.8463	212051.8463
383	四通控股	00409	0.4	0.4	0	2258000	0.405	0.395	0	0.30195516	2.5	904000	80285.91875	80285.91875
384	SOHO 中国	00410	4.97	4.8	-0.13	13921700	5.01	4.7	-2.636916836	1.570064134	6.288032454	67293000	2490075.3	2490075.3
385	南顺(香港)	00411	3.1	3.25	0.15	2400	3.25	3.25	4.838709677	0.638921113	0	7000	79090.05127	79090.05127
386	汉基控股	00412	1.28	1.27	-0.01	4030800	1.29	1.26	-0.78125	0.359956928	2.34375	5139000	38959.62381	38959.62381
387	南华中国	00413	0.65	0.65	0.02	522000	0.72	0.65	3.174603175	0.972908248	11.11111111	351000	189114.4938	189114.4938
388	海湾控股	00416	3.32	3.32	0	450000	3.32	3.31	0	2.094108762	0.301204819	1493000	265600	265600
389	谢瑞麟	00417	2.02	1.99	-0.03	835400	2.03	1.96	-1.485148515	0.811516211	3.465346535	1666000	41856.90209	41856.90209
390	方正控股	00418	0.365	0.35	-0.015	2074000	0.37	0.35	-4.109589041	0.977653603	5.479452055	748000	39560.49727	39560.49727
391	华亿传媒	00419	0.061	0.059	-0.002	56210000	0.061	0.057	-3.278688525	1.353210995	6.557377049	3276000	110316.1129	110316.1129
392	福田实业	00420	0.71	0.69	-0.02	1582000	0.72	0.69	-2.816901408	0.241402235	4.225352113	1117000	54786.76008	54786.76008
393	中国资源优先股	00421	0	0	0	0	0	0	0	0	0	0	0	0
394	越南制造加工出口	00422	1.03	1.01	-0.02	966000	1.04	1.01	-1.941747573	0.687729794	2.912621359	994000	91675.68	91675.68
395	经济日报集团	00423	1.62	1.59	-0.03	810000	1.62	1.59	-1.851851852	1.099585077	1.851851852	1300000	68624.4	68624.4
396	敏实集团	00425	6.55	6.41	-0.14	348500	6.66	6.4	-2.13740458	1.649044283	3.969465649	2283000	612196.014	612196.014
397	万华媒体	00426	0.265	0.25	-0.015	204000	0.25	0.24	-5.660377358	0.601106047	3.773584906	49000	10000	10000
398	亨亚	00428	3.8	3.8	0	0	3.8	3.8	0	0.534586313	0	0	11042.26841	11042.26841
399	东方网库	00430	0.139	0.111	-0.027	26930000	0.147	0.11	-19.56521739	0.698992417	26.8115942	3321000	19980	19980
400	大中华实业	00431	0.4	0.39	0.01	20000	0.4	0.39	2.631578947	0.452436201	2.631578947	8000	11694.0327	11694.0327
401	盈大地产	00432	1.86	1.82	-0.04	586000	1.88	1.82	-2.150537634	0.5193323	3.225806452	1080000	438157.6916	438157.6916
402	北方矿业	00433	0.66	0.63	-0.02	69661800	0.66	0.61	-3.076923077	4.677060124	7.692307692	43792000	610821.855	610821.855
403	彩虹电子	00438	0.51	0.5	-0.01	2292000	0.52	0.5	-1.960784314	0.373636235	3.921568627	1164000	24264.69922	97058.70313
404	英发国际	00439	0	0	0	0	0	0	0	0	0	0	0	0
405	大新金融	00440	31.35	31.6	0.25	328000	32.4	31	0.797448166	0.831417029	4.465709729	10397000	822455.4219	822455.4219
406	SINCEREWATCH HK	00444	0.53	0.53	0.01	0	0.53	0.53	1.923076923	0.894665745	0	0	21624	21624
407	中国消防	00445	0.41	0.4	-0.01	6630000	0.41	0.39	-2.43902439	0.709849173	4.87804878	2658000	114200	114200
408	汉登控股	00448	0.5	0.49	-0.01	1444000	0.53	0.48	-2	0.812873242	10	713000	48130.25	48130.25
409	志高控股	00449	0	0	0	0	0	0	0	0	0	0	0	0
410	鸿兴印刷集团	00450	0	0	0	0	0	0	0	0	0	0	0	0
411	森泰集团	00451	1.9	1.9	0	0	1.9	1.9	0	0.251805719	0	0	10814.51519	10814.51519
412	云南实业控股	00455	0.52	0.52	0	30000	0.52	0.52	0	1.253616236	0	15000	48623.07125	48623.07125
413	新城市(中国)	00456	0	0	0	0	0	0	0	0	0	0	0	0
414	凹凸科技	00457	0.72	0.82	0.1	1900000	0.84	0.75	13.88888889	1.095817162	12.5	1531000	151782.3716	151782.3716
415	联亚集团	00458	1.65	1.65	0	0	1.65	1.65	0	0.422059653	0	0	44341.32334	44341.32334
416	美联工商铺	00459	0.042	0.04	-0.002	21360000	0.042	0.04	-4.761904762	1.895734638	4.761904762	862000	33200	33200
417	中国金汇矿业	00462	0.95	0.88	-0.07	10368000	0.97	0.87	-7.368421053	97.77778199	10.52631579	9441000	40840.27063	40840.27063
418	建福集团	00464	0.5	0.51	0.01	612000	0.51	0.495	2	0.944094788	3	306000	22100.1368	22100.1368
419	联合能源集团	00467	0.65	0.58	-0.06	6082000	0.67	0.58	-9.375	2.968270221	14.0625	3761000	741071.2925	741071.2925
420	凯普松国际	00469	0.185	0.185	0	0	0.185	0.182	0	0.188698485	1.621621622	0	15624.35566	15624.35566
421	佳邦环球	00471	0.169	0.149	-0.011	19985000	0.169	0.142	-6.875	1.050775731	16.875	2966000	27262.9025	27262.9025
422	金六福投资	00472	0.65	0.69	0.04	8411000	0.73	0.59	6.153846154	2.676493273	21.53846154	5560000	95940.56484	95940.56484
423	永保时国际	00474	0.78	0.78	0	0	0.78	0.78	0	1.812267599	0	0	32683.7093	32683.7093
424	亿钻珠宝	00475	0.55	0.55	0	20000	0.55	0.55	0	0.587544062	0	10000	14943.5	14943.5
425	中铜资源	00476	0.65	0.61	-0.04	1933700	0.65	0.61	-6.153846154	6.057596916	6.153846154	1205000	76756.10461	76756.10461
426	奥普集团控股	00477	0.78	0.77	-0.01	236000	0.77	0.76	-1.282051282	1.203877463	1.282051282	179000	54593	54593
427	华建控股	00479	0	0	0	0	0	0	0	0	0	0	0	0
428	香港兴业国际	00480	3.25	3.2	-0.05	1252800	3.33	3.2	-1.538461538	0.44552733	4	4096000	432087.8	432087.8
429	圣马丁国际	00482	0.89	0.87	-0.02	118000	0.9	0.87	-2.247191011	0.871830837	3.370786517	104000	48434.81332	48434.81332

次序	名称	代码	开盘	成交	涨跌	总量	最高	最低	幅度%	市净率	振幅%	成交金额	流通市值	总市值
430	包浩斯国际	00483	1	1	0	0	1	1	0	0.950028477	0	0	35945	35945
431	升冈国际	00485	0.3	0.295	-0.005	975000	0.3	0.285	-1.666666667	0.348205864	5	284000	23160.12043	23160.12043
432	实德环球	00487	0.365	0.355	-0.01	5236000	0.365	0.35	-2.739726027	0.978500546	4.109589041	1886000	86583.22422	86583.22422
433	丽新发展	00488	0.128	0.127	-0.001	19741000	0.131	0.126	-0.78125	0.258130074	3.90625	2511000	179857.9398	179857.9398
434	东风集团股份	00489	6.8	6.54	-0.19	26036900	6.95	6.44	-2.823179792	2.326243205	7.578008915	175908000	1867648.646	5634942.48
435	汉传媒	00491	0.05	0.05	0	2836100	0.051	0.049	0	1.246882768	4	140000	9694.010156	9694.010156
436	国美电器	00493	1.94	1.93	0.01	292780896	2.01	1.91	0.520833333	2.53713689	5.208333333	574924992	2905678.931	2905678.931
437	利丰	00494	22.15	20.8	-1.05	4410200	22.15	20.65	-4.805491991	5.63594008	6.864988558	94751000	7828911.35	7828911.35
438	百利大	00495	0.185	0.185	0	0	0.185	0.185	0	-7.805906936	0	0	9871.673711	9871.673711
439	卡森国际	00496	0.76	0.76	0	452000	0.8	0.75	0	0.420703027	6.578947368	352000	88437.93438	88437.93438
440	资本策略	00497	0.178	0.175	-0.002	3390000	0.179	0.173	-1.129943503	0.350350346	3.389830508	596000	125366.7953	125366.7953
441	保华集团	00498	0.365	0.335	-0.03	8495800	0.37	0.335	-8.219178082	0.138572905	9.589041096	2984000	151722.348	151722.348
442	华脉无线通信	00499	0.72	0.72	0	0	0.72	0.72	0	1.511335051	0	0	35947.94344	35947.94344
443	天地数码(控股)	00500	0.51	0.52	0.01	5148000	0.53	0.51	1.960784314	0.564419845	3.921568627	2670000	59180.23313	59180.23313
444	环新国际	00502	0	0	0	0	0	0	0	0	0	0	0	0
445	兴业铜业	00505	1.21	1.17	-0.02	1710000	1.21	1.16	-1.680672269	1.496546485	4.201680672	2020000	73339.11	73339.11
446	中国食品	00506	4.65	4.66	0.01	1756000	4.7	4.64	0.215053763	2.554404358	1.290322581	8190000	1300784.682	1300784.682
447	其士泛亚	00508	1.05	1.05	0.02	68000	1.07	1.05	1.941747573	0.558184024	1.941747573	72000	22631.7	22631.7
448	世纪阳光	00509	0.26	0.26	0	920000	0.26	0.255	0	0.57067604	1.923076923	238000	58579.82	58579.82
449	时富金融服务集团	00510	0.69	0.69	0	990700	0.7	0.67	0	0.411817359	4.347826087	677000	42580.45793	42580.45793
450	电视广播	00511	32.55	31.15	-1.25	739000	32.6	30	-3.858024691	2.432776431	8.024691358	23582000	1364370	1364370
451	远大医药	00512	0.375	0.375	0	210000	0.38	0.375	0	87.20929936	1.333333333	79000	40272.52441	40272.52441
452	恒和集团	00513	0.92	0.88	-0.04	338000	0.9	0.88	-4.347826087	0.313703112	2.173913043	300000	27529.06578	27529.06578
453	达进精电	00515	0.73	0.92	0.19	590000	0.93	0.75	26.02739726	0.657706598	24.65753425	500000	22080	22080
454	瀚智集团	00516	0.25	0.248	-0.002	262000	0.255	0.248	-0.8	3.955342689	2.8	65000	59520.05038	59520.05038
455	中远国际控股	00517	4.12	3.89	-0.1	2718000	4.12	3.8	-2.506265664	1.044912427	8.020050125	10815000	587622.3667	587622.3667
456	同得仕(集团)	00518	1.66	1.66	0.02	344000	1.7	1.65	1.219512195	1.104604747	3.048780488	576000	58387.39398	58387.39398
457	实力建业	00519	0.21	0.201	-0.009	555000	0.22	0.201	-4.285714286	0.333609947	9.047619048	112000	17551.67803	17551.67803
458	首长科技	00521	0.53	0.51	-0.03	262000	0.53	0.51	-5.555555556	0.962627411	3.703703704	135000	109249.2038	109249.2038
459	ASM PACIFIC	00522	41.5	39.85	-1.9	1046700	42.4	39.4	-4.550898204	5.669934563	7.185628743	42992000	1563542.614	1563542.614
460	E-KONG GROUP	00524	0.405	0.405	0	3400	0.405	0.405	0	1.178696141	0	1000	21177.21586	21177.21586
461	广深铁路股份	00525	3.72	3.64	-0.08	11348700	3.74	3.59	-2.150537634	1.04399704	4.032258065	41274000	520993.2	2578407.423
462	通达工业	00526	0.27	0.275	0.005	472000	0.29	0.275	1.851851852	6.097561009	5.555555556	132000	42335.25313	42335.25313
463	银河半导体	00527	0.43	0.395	-0.035	1590000	0.425	0.39	-8.139534884	0.519326867	8.139534884	656000	15800	15800
464	金达控股	00528	0.385	0.365	-0.02	20000	0.365	0.365	-5.194805195	0.315634738	0	7000	22721.25	22721.25
465	新龙国际	00529	1.14	1.15	0.01	114000	1.15	1.14	0.877192982	0.375817	0.877192982	131000	31166.9541	31166.9541
466	高银金融	00530	0.63	0.63	0	8624300	0.63	0.59	0	26.92307765	6.349206349	5330000	59763.23227	59763.23227
467	顺诚	00531	1.26	1.21	-0.05	1434000	1.26	1.17	-3.968253968	0.92050211	7.142857143	1753000	368834.5822	368834.5822
468	王氏港建国际	00532	0.64	0.62	0.02	4544000	0.64	0.6	3.333333333	0.382314843	6.666666667	2811000	45836.84703	45836.84703
469	金利来集团	00533	1.84	1.75	-0.05	564000	1.84	1.75	-2.777777778	0.764392384	5	998000	171869.9473	171869.9473
470	星狮地产	00535	0.152	0.144	-0.008	2880000	0.155	0.142	-5.263157895	0.562499973	8.552631579	425000	98544.555	98544.555
471	贸易通	00536	0.82	0.84	0.02	272000	0.84	0.83	2.43902439	1.943095067	1.219512195	225000	65377.70531	65377.70531
472	味千(中国)	00538	5	4.91	-0.04	644400	5	4.85	-0.808080808	2.403328459	3.03030303	3159000	524234.3707	524234.3707
473	冠华国际控股	00539	0.99	0.97	-0.02	5442000	0.99	0.96	-2.02020202	0.364387687	3.03030303	5320000	99473.015	99473.015
474	星晨集团	00542	0.077	0.07	-0.007	4722000	0.074	0.07	-9.090909091	0.763358757	5.194805195	343000	16901.83359	16901.83359
475	太平洋网络	00543	1.84	1.78	-0.06	750600	1.84	1.76	-3.260869565	2.212279392	4.347826087	1341000	164420.38	164420.38
476	大同集团	00544	0.075	0.065	-0.008	36520000	0.075	0.064	-10.95890411	0.810473799	15.06849315	2510000	27092	27092
477	阜丰集团	00546	2.72	2.91	0.18	10418000	2.95	2.7	6.593406593	2.446406106	9.157509158	29670000	483060	483060
478	奥亮集团	00547	0.149	0.165	0.024	236120992	0.18	0.143	17.0212766	5.374592833	26.24113475	39750000	29107.88719	29107.88719
479	深圳高速公路股份	00548	3.74	3.69	0.01	2102800	3.74	3.61	0.27173913	1.007068603	3.532608696	7666000	275827.5	804678.3
480	奇峰化纤	00549	0.39	0.38	-0.01	112000	0.395	0.375	-2.564102564	0.407944168	5.128205128	43000	9875.25	32917.5
481	才库	00550	0.81	0.79	-0.02	186000	0.81	0.79	-2.469135802	0.824634652	2.469135802	148000	24477.83369	24477.83369
482	裕元集团	00551	18.6	18.26	-0.26	2531900	19	17.1	-1.403887689	1.364386977	10.25917927	47403000	3010943.327	3010943.327
483	中国通信服务	00552	4.86	4.79	-0.1	11899400	4.98	4.76	-2.044989775	2.033538542	4.498977505	57405000	954575.2248	2764635.618
484	南京熊猫电子股份	00553	1.66	1.67	0.01	358000	1.67	1.64	0.602409639	0.646084802	1.807228916	591000	40414	109387.505
485	汉思能源	00554	0.395	0.4	0.005	828000	0.405	0.395	1.265822785	2.996254797	2.53164557	331000	149305.525	149305.525
486	御泰中彩控股	00555	0.63	0.6	-0.02	46576900	0.63	0.6	-3.225806452	1.48994286	4.838709677	28376000	453610.5	453610.5
487	泛亚环保	00556	1.29	1.21	-0.08	62000	1.26	1.21	-6.201550388	0.802068144	3.875968992	76000	96800	96800
488	CITY E-SOLUTION	00557	0.52	0.52	0	0	0.52	0.52	0	1.7977E+308	0	0	19887.37359	19887.37359
489	力劲科技	00558	0.63	0.63	0	0	0.63	0.63	0	0.747863235	0	0	63808.605	63808.605
490	华艺矿业	00559	0.51	0.47	-0.03	8130000	0.52	0.465	-6	0.210989396	11	3949000	30580.14059	30580.14059
491	珠江船务	00560	1.15	1.14	-0.01	1150000	1.19	1.13	-0.869565217	0.587659145	5.217391304	1327000	102600	102600
492	中新地产集团	00563	0	0	0	0	0	0	0	0	0	0	0	0
493	锦艺纺织	00565	0.238	0.22	-0.02	535000	0.23	0.22	-8.333333333	0.27816412	4.166666667	118000	22893.25672	22893.25672
494	红发集团	00566	0.71	0.59	-0.13	2816800	0.7	0.58	-18.05555556	1.225083091	16.66666667	1742000	46876.30203	46876.30203
495	大昌微线集团	00567	0.425	0.425	0	30000	0.425	0.425	0	0.455568651	0	12000	20410.36104	20410.36104
496	山东墨龙	00568	1.14	1.11	-0.04	3660500	1.17	1.11	-3.47826087	3.067993492	5.217391304	4167000	365105.8481	365105.8481
497	中国自动化	00569	3.1	3.01	-0.09	472000	3.13	3.01	-2.903225806	2.670333552	3.870967742	1454000	299546.7814	299546.7814
498	荣山国际	00570	0.66	0.69	-0.01	542000	0.72	0.66	-1.428571429	1.595744724	8.571428571	379000	112360.3439	112360.3439
499	丰德丽控股	00571	1.06	1	-0.06	4728000	1.06	1	-5.660377358	0.233165467	5.660377358	4816000	124073.2031	124073.2031
500	中国包装集团	00572	0	0	0	0	0	0	0	0	0	0	0	0
501	稻香控股	00573	2.11	2.16	0.05	94000	2.2	2.11	2.369668246	2.127659535	4.265402844	203000	219486.4594	219486.4594
502	励晶太平洋	00575	0.265	0.255	-0.01	18935000	0.275	0.255	-3.773584906	0.601556959	7.547169811	5006000	100691.6109	100691.6109
503	浙江沪杭甬	00576	6.33	6.12	-0.24	8394200	6.43	6.12	-3.773584906	1.713325855	4.874213836	52497000	877518.9731	2657985.998
504	保华建业	00577	0.58	0.58	0	0	0.58	0.58	0	0.651173247	0	0	34955.27234	34955.27234
505	合动能源	00578	1.06	1.07	0.02	8400000	1.09	1	1.904761905	1.025886882	8.571428571	8716000	151093.3123	151093.3123
506	中国东方集团	00581	2	1.97	-0.03	738000	2.01	1.96	-1.5	0.81237115	2.5	1466000	577052.4	577052.4

次序	名称	代码	开盘	成交	涨跌	总量	最高	最低	幅度%	市净率	振幅%	成交金额	流通市值	总市值
507	嘉辉化工	00582	1.78	1.75	-0.03	10000	1.75	1.75	-1.685393258	1.34212746	0	17000	47750.5	47750.5
508	SCMP 集团	00583	1.28	1.25	-0.03	352000	1.28	1.25	-2.34375	1.021408774	2.34375	449000	195118.2031	195118.2031
509	意马国际	00585	0.67	0.62	-0.05	8314000	0.69	0.61	-7.462686567	1.890820416	11.94029851	5374000	196430.26	196430.26
510	华瀚生物制药	00587	0.86	0.9	0.04	6674000	0.9	0.82	4.651162791	0.573540643	9.302325581	5743000	118899.1406	118899.1406
511	北京北辰实业股份	00588	2.81	2.59	-0.2	14756000	2.83	2.58	-7.168458781	0.740698362	8.960573477	39167000	183118.18	872058.18
512	宝姿	00589	18.82	18.24	-0.72	1113300	19	18	-3.797468354	8.1156843	5.274261603	20385000	1025278.238	1025278.238
513	六福集团	00590	3.45	3.45	-0.07	942000	3.6	3.43	-1.988636364	1.353312698	4.829545455	3318000	169915.2223	169915.2223
514	中国高精密	00591	0	0	0	0	0	0	0	0	0	0	0	0
515	堡狮龙国际	00592	0.33	0.33	0	870000	0.33	0.33	0	0.759843417	0	287000	52412.22938	52412.22938
516	卓健亚洲	00593	2.75	2.7	-0.05	10000	2.7	2.7	-1.818181818	2.040662126	0	27000	61271.47969	61271.47969
517	AV CONCEPT HOLD	00595	0.3	0.3	0	0	0.3	0.3	0	0.447293863	0	0	12375.73242	12375.73242
518	浪潮国际	00596	1.39	1.33	-0.02	38845000	1.4	1.28	-1.481481481	5.207517579	8.888888889	52044000	493446.0847	493446.0847
519	华润微电子	00597	0.188	0.187	0	15710400	0.192	0.186	0	0.366738595	3.20855615	2962000	164341.9931	164341.9931
520	中国外运	00598	1.84	1.76	-0.07	6840000	1.88	1.75	-3.825136612	0.82559342	7.103825137	12358000	314583.445	747824.33
521	怡邦行控股	00599	0.75	0.75	0	2000	0.75	0.75	0	0.871788906	0	1000	17325	17325
522	中国基建投资	00600	0.178	0.17	-0.006	2974000	0.178	0.17	-3.409090909	6.049821915	4.545454545	510000	68403.08063	68403.08063
523	权智(国际)	00601	0.167	0.156	-0.011	2914000	0.156	0.148	-6.586826347	0.356245713	4.790419162	432000	18683.54231	18683.54231
524	佳华百货控股	00602	0.37	0.36	-0.01	1022500	0.38	0.36	-2.702702703	0.806451637	5.405405405	377000	37350	37350
525	中油燃气	00603	0.38	0.365	-0.015	10192000	0.39	0.365	-3.947368421	1.085663299	6.578947368	3874000	162711.7531	162711.7531
526	深圳控股	00604	3.49	3.23	-0.11	15322600	3.49	3.23	-3.293413174	0.970727905	7.784431138	50840000	1139057.885	1139057.885
527	港佳控股	00605	0.355	0.34	-0.015	9286000	0.355	0.33	-4.225352113	0.845350544	7.042253521	3171000	58680.67969	58680.67969
528	中国粮油控股	00606	4.91	4.83	-0.04	10330800	5.09	4.82	-0.821355236	1.27612356	5.544147844	51083000	1863188.348	1863188.348
529	汇多利	00607	0	0	0	0	0	0	0	0	0	0	0	0
530	达利国际	00608	1.42	1.42	0	54000	1.42	1.42	0	0.294093273	0	76000	45044.61598	45044.61598
531	天德化工	00609	0.45	0.45	0	100000	0.45	0.44	0	0.455005045	2.222222222	44000	18000	18000
532	惠记集团	00610	1.29	1.34	0.05	16000	1.34	1.28	3.875968992	0.284362212	4.651162791	20000	106278.6139	106278.6139
533	德兴集团	00611	0.355	0.35	-0.005	1100000	0.365	0.35	-1.408450704	1.437371697	4.225352113	388000	12611.25605	12611.25605
534	中国投资基金公司	00612	0.118	0.114	-0.004	2904000	0.117	0.113	-3.389830508	1.357142875	3.389830508	333000	12257.28	12257.28
535	渝港国际	00613	0.102	0.094	-0.005	26016000	0.102	0.093	-5.050505051	0.449976055	9.090909091	2502000	87469.60263	87469.60263
536	永义实业	00616	0	0	0	0	0	0	0	0	0	0	0	0
537	百利保控股	00617	1.4	1.29	-0.09	429000	1.42	1.1	-6.52173913	0.273050544	23.1884058	581000	131497.3392	131497.3392
538	方正数码	00618	0.25	0.248	-0.002	1092000	0.25	0.247	-0.8	0.963855461	1.2	271000	27430.33838	27430.33838
539	南华金融	00619	0.073	0.068	-0.005	750000	0.07	0.068	-6.849315068	1.044546862	2.739726027	51000	34196.07375	34196.07375
540	太元集团	00620	0.049	0.045	-0.003	54260000	0.049	0.045	-6.25	1.424050702	8.333333333	2487000	45405.30375	45405.30375
541	永兴国际	00621	1.32	1.3	-0.02	91400	1.3	1.3	-1.515151515	0.76804915	0	118000	11681.8	11681.8
542	威华达控股	00622	0.189	0.173	-0.014	45729400	0.192	0.17	-7.486631016	0.23875241	11.76470588	8270000	124381.0423	124381.0423
543	中视金桥	00623	1.79	1.81	0.02	902200	1.84	1.76	1.117318436	1.343327941	4.469273743	1626000	102140.1807	102140.1807
544	大众金融控股	00626	3.52	3.5	0	1442000	3.57	3.47	0	0.660564303	2.857142857	5050000	384271.1523	384271.1523
545	佑威国际	00627	0	0	0	0	0	0	0	0	0	0	0	0
546	多金控股	00628	0.45	0.42	-0.03	6115200	0.47	0.41	-6.666666667	0.164081728	13.33333333	2651000	39003.64453	39003.64453
547	悦达矿业	00629	1.25	1.17	-0.08	459000	1.25	1.17	-6.4	0.595632021	6.4	551000	38091.60773	38091.60773
548	辉影国际	00630	0.165	0.16	-0.005	510000	0.166	0.16	-3.03030303	0.716204129	3.636363636	83000	16368.58875	16368.58875
549	东方明珠创业	00632	0.5	0.5	0	111000	0.5	0.45	0	0.452693504	10	51000	37986.85156	37986.85156
550	彩星集团	00635	1.83	1.81	-0.02	135000	1.83	1.81	-1.092896175	0.228172351	1.092896175	244000	39699.49006	39699.49006
551	富邦银行(香港)	00636	3.76	3.69	-0.04	2366000	3.81	3.68	-1.072386059	0.916770165	3.485254692	8849000	432527.04	432527.04
552	利记	00637	0.71	0.71	0	596000	0.72	0.7	0	0.499859186	2.816901408	422000	58841.25	58841.25
553	建溢集团	00638	1.3	1.27	-0.03	120000	1.27	1.26	-2.307692308	0.641543762	0.769230769	152000	51919.63398	51919.63398
554	福山能源	00639	4.5	4.28	-0.12	21693000	4.53	4.24	-2.727272727	1.805297776	6.590909091	93886000	2135700.874	2135700.874
555	立信工业	00641	1.95	1.88	-0.04	4898000	1.95	1.8	-2.083333333	1.151749052	7.8125	9235000	103671.9023	103671.9023
556	PALADIN PREF	00642	0	0	0	0	0	0	0	0	0	0	0	0
557	恒富控股	00643	0.275	0.26	-0.015	0	0.275	0.26	-5.454545455	0.382015875	5.454545455	0	9668.723594	9668.723594
558	港台集团	00645	0.58	0.6	0.02	2214000	0.6	0.58	3.448275862	0.56438718	3.448275862	1324000	20437.01484	20437.01484
559	启帆	00646	0	0	0	0	0	0	0	0	0	0	0	0
560	JOYCE BOUTIQUE	00647	0.155	0.153	-0.002	1306000	0.155	0.15	-1.290322581	0.534404464	3.225806452	197000	24847.2	24847.2
561	中国仁济医疗	00648	0.07	0.068	-0.002	62440000	0.073	0.068	-2.857142857	0.549273012	7.142857143	4404000	92106.765	92106.765
562	顺昌集团	00650	0.46	0.48	0.02	70000	0.49	0.48	4.347826087	0.848806335	2.173913043	34000	16671.64875	16671.64875
563	和成国际	00651	0	0	0	0	0	0	0	0	0	0	0	0
564	卓悦控股	00653	3.82	3.8	-0.02	728000	3.85	3.78	-0.523560209	4.891234435	1.832460733	2780000	85172.82148	85172.82148
565	香港华人有限公司	00655	0.73	0.73	0	1936000	0.74	0.72	0	0.284234707	2.739726027	1422000	132615.5869	132615.5869
566	复星国际	00656	5.05	4.82	-0.18	5895300	5.05	4.8	-3.6	1.373884762	5	28931000	3095208.489	3095208.489
567	环科国际	00657	0.34	0.34	0	0	0.34	0.34	0	9.970674541	0	0	16485.01953	16485.01953
568	中国高速传动	00658	16.16	15.44	-0.38	5296100	16.3	15.38	-2.402022756	4.544116823	5.815423515	84133000	1922280	1922280
569	新创建集团	00659	16.18	14.02	-2.16	968000	16.58	14	-13.34981459	1.369006909	15.94561187	14649000	2903973.772	2903973.772
570	伟俊矿业集团	00660	0.27	0.27	0.005	9390000	0.28	0.255	1.886792453	-38.02816877	9.433962264	2516000	289842.435	289842.435
571	中国资源开发	00661	0.65	0.62	-0.03	35586500	0.65	0.61	-4.615384615	3.450194729	6.153846154	22188000	319404.1406	319404.1406
572	亚洲金融	00662	2.37	2.37	0	50000	2.42	2.35	0	0.53773198	2.953586498	118000	241550.4	241550.4
573	南岭化工	00663	0.158	0.154	-0.004	1460000	0.158	0.149	-2.53164557	9.221557123	5.696202532	226000	49430.04894	49430.04894
574	大福证券	00665	2.1	2.09	-0.02	1438000	2.13	2.08	-0.947867299	0.802457268	2.369668246	3023000	147647.6745	147647.6745
575	新工投资	00666	0.145	0.145	0	2392000	0.148	0.14	0	0.45312501	5.517241379	340000	54206.12938	54206.12938
576	瀚宇博德	00667	0.9	0.91	0.01	464000	0.93	0.91	1.111111111	0.537285247	2.222222222	428000	119778.75	119778.75
577	香港饮食管理	00668	1.69	1.51	-0.15	2763000	1.69	1.48	-9.036144578	2.266926802	12.65060241	4280000	52161.22766	52161.22766
578	创科实业	00669	5.51	5.37	-0.19	2872500	5.55	5.36	-3.417266187	1.178768945	3.417266187	15587000	854502.4247	854502.4247
579	中国东方航空股份	00670	0	0	0	0	0	0	0	0	0	0	0	0
580	众安房产	00672	3.3	3.12	-0.13	12583000	3.54	3.09	-4	1.359654912	13.84615385	41903000	606113.6738	606113.6738
581	中国卫生控股	00673	0.238	0.19	-0.048	120000	0.19	0.175	-20.16806723	-1.026472155	6.302521008	21000	4452.984355	4452.984355
582	友力投资	00674	0.405	0.405	0	133388000	0.42	0.395	0	1.793622733	6.172839506	54019000	401834.1656	401834.1656
583	坚宝国际	00675	0.33	0.33	0	0	0.33	0.33	0	0.568279682	0	0	8761.658555	8761.658555

次序	名称	代码	开盘	成交	涨跌	总量	最高	最低	幅度%	市净率	振幅%	成交金额	流通市值	总市值
584	创信国际	00676	1.37	1.37	0	0	1.37	1.37	0	1.082490547	0	0	100105.9	100105.9
585	金源米业	00677	0.395	0.395	0	4114000	0.415	0.39	0	0.70826612	6.329113924	1642000	57092.03477	57092.03477
586	丽星邮轮	00678	1.05	1.05	0	67000	1.05	1.05	0	0.533346865	0	70000	779755.7906	779755.7906
587	亚洲联网科技	00679	0.31	0.3	-0.01	65000	0.3	0.3	-3.225806452	0.39411455	0	19000	12793.90195	12793.90195
588	南海控股	00680	0.076	0.074	-0.002	20765700	0.079	0.073	-2.631578947	1.350364962	7.894736842	1564000	507973.259	507973.259
589	中民控股	00681	0.33	0.335	0.01	11912000	0.345	0.325	3.076923077	2.159896801	6.153846154	3995000	136754.527	136754.527
590	超大现代	00682	4.68	4.55	-0.05	15700200	4.68	4.49	-1.086956522	0.788534224	4.130434783	71640000	1378173.245	1378173.245
591	嘉里建设	00683	34.3	34	-0.15	5117500	35.2	33.65	-0.439238653	1.04267617	4.538799414	174935008	4854179.469	4854179.469
592	亚伦国际	00684	1.02	1.02	0	0	1.02	1.02	0	0.550458702	0	0	34214.115	34214.115
593	世界华文媒体	00685	1.1	1.05	-0.06	5000	1.05	1.05	-5.405405405	0.815344026	0	5000	176809.3031	176809.3031
594	太益控股	00686	0.7	0.7	0	28000	0.7	0.7	0	2.904564356	0	19000	17418.8	17418.8
595	泰升集团	00687	0.91	0.85	-0.06	3912000	0.93	0.85	-6.593406593	0.588316714	8.791208791	3394000	71333.35469	71333.35469
596	中国海外发展	00688	19.5	18	-1	23194100	19.5	17.82	-5.263157895	4.253911222	8.842105263	428492992	14701320	14701320
597	长盈集团(控股)	00689	0.185	0.177	-0.008	9380000	0.189	0.175	-4.324324324	0.946524032	7.567567568	1688000	73124.87288	73124.87288
598	联康生物科技集团	00690	0.106	0.099	-0.005	691621888	0.113	0.096	-4.807692308	0.66801617	16.34615385	71710000	129179.7788	129179.7788
599	山水水泥	00691	5.4	5.37	0.04	3737600	5.5	5.3	0.750469043	2.805056442	3.752345216	20174000	1505374.282	1505374.282
600	正兴	00692	0.24	0.24	0	14000	0.24	0.22	0	1.512287294	8.333333333	3000	9224.387813	9224.387813
601	陈唱国际	00693	1.5	1.5	0	0	1.5	1.5	0	0.506089934	0	0	301996.3594	301996.3594
602	北京首都机场股份	00694	5.5	5.43	-0.06	12663600	5.57	5.4	-1.092896175	1.684974874	3.096539162	69700000	1020494.686	2351673.27
603	中国民航信息网络	00696	4.21	4.3	0.04	512500	4.33	4.21	0.938967136	1.445669694	2.816901408	2205000	267334.4434	838846.7547
604	首长国际	00697	1.37	1.3	-0.04	47032000	1.37	1.29	-2.985074627	1.233279532	5.970149254	61855000	1004299.563	1004299.563
605	通达集团	00698	0.13	0.126	-0.003	4210000	0.132	0.126	-2.325581395	0.425388241	4.651162791	536000	50271.48	50271.48
606	腾讯控股(一百)	00700	94.45	90.45	-4.1	5755400	94.45	89.35	-4.336329984	20.41345957	5.393971444	522860000	16408326.75	16408326.75
607	北海集团	00701	0.192	0.183	-0.009	867400	0.188	0.183	-4.6875	0.461887934	2.604166667	160000	28798.18673	28798.18673
608	创新能源	00702	0.295	0.285	-0.005	23550000	0.3	0.28	-1.724137931	9.105431064	6.896551724	6740000	125005.2127	125005.2127
609	FUTURE BRIGHT	00703	0.41	0.405	-0.005	402000	0.415	0.395	-1.219512195	1.571594901	4.87804878	163000	18694.88068	18694.88068
610	和嘉资源	00704	0.51	0.49	-0.02	298000	0.49	0.485	-3.921568627	0.522109757	0.980392157	145000	89078.38625	89078.38625
611	南亚矿业	00705	1.6	1.51	-0.09	222000	1.6	1.48	-5.625	5.14480398	7.5	337000	68101	68101
612	银创控股	00706	0.305	0.285	-0.02	3130000	0.315	0.28	-6.557377049	1.717902279	11.47540984	918000	52505.11805	52505.11805
613	协盛协丰	00707	0.3	0.285	-0.015	886000	0.305	0.285	-5	0.266554424	6.666666667	262000	27502.5	27502.5
614	新传媒	00708	0.25	0.25	0	1140000	0.26	0.248	0	0.871080138	4.8	288000	15000	15000
615	佐丹奴国际	00709	1.66	1.63	-0.02	2766000	1.68	1.62	-1.212121212	1.310710828	3.636363636	4548000	243138.3897	243138.3897
616	精电	00710	1.97	1.97	-0.03	907000	2	1.95	-1.5	0.457023532	2.5	1797000	63714.13246	63714.13246
617	俊和发展集团	00711	0.56	0.55	-0.01	1352000	0.57	0.55	-1.785714286	0.367156202	3.571428571	755000	47236.21719	47236.21719
618	世界(集团)	00713	0.163	0.153	-0.01	291600	0.154	0.143	-6.134969325	0.121188114	6.748466258	42000	10349.18655	10349.18655
619	和记港陆	00715	0.59	0.58	-0.01	4060000	0.59	0.58	-1.694915254	0.83960624	1.694915254	2382000	519137.845	519137.845
620	胜狮货柜	00716	0.93	0.88	-0.03	14790000	0.93	0.86	-3.296703297	0.25931928	7.692307692	13173000	185568.9688	185568.9688
621	英皇证券	00717	0.41	0.405	-0.005	3342000	0.415	0.4	-1.219512195	0.649871631	3.658536585	1345000	29221.20879	29221.20879
622	百威国际	00718	0.34	0.34	0	0	0.34	0.34	0	1.606046236	0	0	17574.44727	17574.44727
623	山东新华制药股份	00719	2.02	1.98	-0.04	696000	2.02	1.98	-1.98019802	0.509350961	1.98019802	1389000	29700	90547.97555
624	和记行(集团)	00720	0.37	0.335	-0.035	6686000	0.38	0.33	-9.459459459	0.322860435	13.51351351	2394000	9849.927793	9849.927793
625	PRIME INVEST	00721	0.1	0.1	0	2570000	0.1	0.096	0	1.221001212	4	247000	24838.34063	24838.34063
626	达创	00722	2.01	2.02	0.01	157000	2.04	2.01	0.497512438	1.038667205	1.492537313	317000	241770.9752	241770.9752
627	晋盈控股	00723	0.125	0.117	-0.008	69372000	0.127	0.114	-6.4	1.513583496	10.4	8285000	94707.25144	94707.25144
628	泰丰国际	00724	0.31	0.275	-0.035	17930000	0.32	0.265	-11.29032258	2.500000014	17.74193548	5028000	104431.25	104431.25
629	恒都集团	00725	0.6	0.6	0	0	0.6	0.6	0	0.504965495	0	0	11937.48047	11937.48047
630	东南国际集团	00726	0.35	0.36	0.01	10000	0.36	0.36	2.857142857	2.252816118	0	3000	12395.73234	12395.73234
631	卓越金融	00727	0.5	0.5	0	1150000	0.51	0.495	0	4.374453282	3	574000	76480.00781	76480.00781
632	中国电信	00728	3.95	3.87	0	94824496	3.98	3.83	0	1.296743049	3.875968992	371449984	5370557.67	31320827.19
633	嘉盛控股	00729	0.114	0.112	-0.002	6140000	0.118	0.108	-1.754385965	2.916666528	8.771929825	683000	20500.7145	20500.7145
634	首长四方	00730	0.475	0.475	0	246000	0.475	0.47	0	0.902184258	1.052631579	116000	54691.14375	54691.14375
635	森信纸业集团	00731	0.7	0.67	-0.03	152000	0.7	0.67	-4.285714286	0.343519279	4.285714286	104000	33686.1998	33686.1998
636	信利国际	00732	5.71	5.87	0.16	227000	5.9	5.8	2.802101576	0.855136658	1.751313485	1333000	277580.2619	277580.2619
637	合富辉煌	00733	2.51	2.45	-0.06	2944000	2.64	2.45	-2.390438247	1.538268345	7.569721116	7477000	72520	72520
638	中国电力新能源	00735	0.6	0.56	-0.03	29267500	0.6	0.56	-5.084745763	0.861405947	6.779661017	16883000	393125.6	393125.6
639	中国置业投资	00736	0.129	0.109	-0.02	40550000	0.13	0.108	-15.50387597	1.439894321	17.05426357	4680000	33031.69041	33031.69041
640	合和公路基建	00737	4.4	4.34	-0.06	3259900	4.47	4.3	-1.363636364	1.116226461	3.863636364	14390000	1285373.596	1285373.596
641	利信达集团	00738	0.97	0.95	-0.01	1074000	0.98	0.94	-1.041666667	0.729030778	4.166666667	1026000	60711.23066	60711.23066
642	浙江玻璃	00739	2.19	2.11	-0.06	4832000	2.22	2.1	-2.764976959	0.56999296	5.529953917	10453000	81234.7857	165634.7857
643	亚洲水泥(中国)	00743	5.67	5.66	-0.01	4236200	5.78	5.66	-0.176366843	1.20047513	2.116402116	24124000	880837.5	880837.5
644	中国铁联传媒	00745	0.315	0.29	-0.025	3392000	0.31	0.29	-7.936507937	5.311355274	6.349206349	1002000	45061.07	45061.07
645	理文集团	00746	1.43	1.41	-0.02	108000	1.5	1.41	-1.398601399	1.619572736	6.293706294	153000	116325	116325
646	沪阳公用发展股份	00747	0	0	0	0	0	0	0	0	0	0	0	0
647	兴业太阳能	00750	4.28	4.03	-0.27	6484000	4.4	4.02	-6.279069767	1.7977E+308	8.837209302	26820000	197873	197873
648	创维数码	00751	1.61	1.78	0.19	39427100	1.82	1.61	11.94968553	0.933354326	13.20754717	68548000	417666.9875	417666.9875
649	笔克远东	00752	0.9	0.92	0	3680000	0.94	0.9	0	1.213560259	4.347826087	3399000	110050.0406	110050.0406
650	中国国航	00753	3.9	3.8	-0.05	17311200	3.95	3.78	-1.298701299	2.058951009	4.415584416	66806000	1674159.706	4655517.75
651	合生创展集团	00754	13.24	12	-0.88	16775400	13.26	11.92	-6.832298137	0.875548135	10.40372671	206416992	1910841.938	1910841.938
652	上海证大	00755	0.255	0.25	-0.005	6180000	0.26	0.25	-1.960784314	0.821287787	3.921568627	1560000	256901.8281	256901.8281
653	天溢果业	00756	0.9	0.87	-0.03	0	0.9	0.87	-3.333333333	1.789019155	3.333333333	0	87000	87000
654	阳光能源	00757	2.89	2.73	-0.1	4589000	2.89	2.69	-3.533568905	3.221999318	7.067137809	12664000	465600.263	465600.263
655	庄胜百货集团	00758	0.145	0.2	0.055	42111000	0.205	0.148	37.93103448	0.928074258	39.31034483	7609000	19991.35938	19991.35938
656	CEC 国际控股	00759	0.175	0.175	0	0	0.175	0.175	0	0.308424404	0	0	12540.68867	12540.68867
657	明日国际	00760	0.6	0.55	-0.05	93210000	0.62	0.495	-8.333333333	1.671732542	20.83333333	52159000	123622.5117	123622.5117
658	百营环球资源	00761	0	0	0	0	0	0	0	0	0	0	0	0
659	中国联通	00762	10.82	10.26	-0.26	24135400	10.84	10.18	-2.47148289	1.040515151	6.273764259	251408000	24385968	24385968
660	中兴通讯	00763	27.8	26.9	-0.7	1211700	27.8	26.7	-2.536231884	2.236671405	3.985507246	32700000	784067.4873	4926294.513

次序	名称	代码	开盘	成交	涨跌	总量	最高	最低	幅度%	市净率	振幅%	成交金额	流通市值	总市值
661	中国星投资	00764	0.61	0.55	-0.06	364500	0.61	0.55	-9.836065574	0.120024445	9.836065574	210000	6057.039893	6057.039893
662	威发国际	00765	0.35	0.35	0	406000	0.37	0.345	0	0.510278486	7.142857143	145000	10055.83633	10055.83633
663	中盈控股	00766	0.247	0.214	-0.033	54930000	0.25	0.207	-13.36032389	1.227768215	17.40890688	12257000	34569.41288	34569.41288
664	太平洋实业	00767	0.067	0.067	0	0	0.067	0.067	0	-11.55172428	0	0	8896.119719	8896.119719
665	开明投资	00768	0.074	0.074	0	868000	0.074	0.065	0	0.890493397	12.16216216	59000	7842.358703	7842.358703
666	中国稀土	00769	1.62	1.52	-0.07	10148000	1.65	1.51	-4.402515723	0.883720916	8.805031447	15840000	235773.755	235773.755
667	SHANGHAI GROWTH	00770	1.43	1.43	0	0	1.43	1.43	0	0.075999959	0	0	1273.415	1273.415
668	自动系统	00771	2.47	2.44	-0.03	822000	2.51	2.44	-1.214574899	1.365416945	2.834008097	2030000	75975.01391	75975.01391
669	中国金属再生资源	00773	6.88	6.56	-0.25	44095200	6.9	6.46	-3.671071953	1.7977E+308	6.461086637	292212000	685520	685520
670	长江生命科技	00775	0.395	0.355	-0.04	5350700	0.405	0.355	-10.12658228	0.719643232	12.65822785	2023000	341193.0959	341193.0959
671	捷丰家居	00776	0.79	0.79	0	0	0.79	0.79	0	0.968849639	0	0	13749.555	13749.555
672	网龙	00777	5.03	5.06	0.03	478000	5.11	4.93	0.596421471	1.622626938	3.578528827	2411000	267456.8746	267456.8746
673	雅天妮	00789	1.14	1.07	-0.07	8221000	1.15	1.03	-6.140350877	2.300580568	10.52631579	9130000	106693.7627	106693.7627
674	锦胜集团(控股)	00794	1.18	1.18	0	204000	1.18	1.13	0	0.951229363	4.237288136	234000	33040	33040
675	A8 电媒音乐	00800	3.58	3.27	-0.18	9079900	3.6	3.22	-5.217391304	3.524846458	11.01449275	30991000	148929.3398	148929.3398
676	金卫医疗	00801	1.41	1.34	-0.06	29666100	1.44	1.26	-4.285714286	0.67157819	12.85714286	38966000	213585.5522	213585.5522
677	宏霸数蔓	00802	8.85	8.35	-0.5	836300	8.9	8.15	-5.649717514	0.72331322	8.474576271	7053000	211725.6008	211725.6008
678	昌兴国际	00803	0.64	0.6	-0.03	103460000	0.64	0.57	-4.761904762	8.119079919	11.11111111	61176000	133198.8656	133198.8656
679	惠理集团	00806	3.39	3.37	-0.03	916000	3.42	3.35	-0.882352941	7.266062753	2.058823529	3111000	539200	539200
680	大成生化科技	00809	1.51	1.4	-0.11	16686000	1.54	1.39	-7.284768212	0.43943627	9.933774834	24093000	324638.9125	324638.9125
681	华保亚洲	00810	0.31	0.29	-0.02	46910000	0.31	0.285	-6.451612903	7.945205596	8.064516129	13848000	47217.8	47217.8
682	新华文轩	00811	2.77	2.81	0.04	2582000	2.83	2.74	1.444043321	0.765751033	3.249097473	7176000	124184.3277	318971.8154
683	敦沛金融	00812	0.295	0.28	-0.015	80000	0.28	0.28	-5.084745763	1.7977E+308	0	22000	15753.69578	15753.69578
684	世茂房地产	00813	16	15.06	-0.76	22321100	16	14.86	-4.804045512	2.30772771	7.206068268	343204000	5328851.578	5328851.578
685	北京京客隆	00814	4.06	4	-0.05	900800	4.1	3.98	-1.234567901	1.097574396	2.962962963	3628000	72864	164888
686	方兴地产	00817	2.77	2.65	-0.07	19754000	2.78	2.6	-2.573529412	1.55873189	6.617647059	52341000	2427794.684	2427794.684
687	高阳科技	00818	1.24	1.29	0.05	4178000	1.38	1.26	4.032258065	2.099951121	9.677419355	5498000	339524.4928	339524.4928
688	天能动力	00819	2.4	2.34	-0.01	7268000	2.4	2.22	-0.425531915	1.669401417	7.659574468	16643000	234000	234000
689	汇盈控股	00821	0.8	0.79	-0.01	620000	0.86	0.79	-1.25	0.479020142	8.75	525000	29322.41457	29322.41457
690	嘉瑞国际	00822	0.285	0.285	0	992000	0.295	0.285	0	0.464774944	3.50877193	286000	25080	25080
691	新世界百货中国	00825	6.1	5.85	-0.39	1307000	6.2	5.83	-6.25	2.328636147	5.929487179	7860000	986394.825	986394.825
692	天工国际	00826	2.55	2.59	0.04	335000	2.64	2.55	1.568627451	0.648310407	3.529411765	859000	108650.5	108650.5
693	玖源集团	00827	0.178	0.175	-0.003	3680000	0.18	0.175	-1.685393258	1.158173435	2.808988764	653000	123277	123277
694	王朝酒业	00828	1.78	1.78	0	2326000	1.8	1.76	0	1.281774314	2.247191011	4141000	221610	221610
695	建业地产	00832	2.51	2.56	0.05	9125000	2.7	2.55	1.992031873	1.535969276	5.976095618	23746000	512000	512000
696	华讯	00833	0.44	0.415	-0.025	323000	0.44	0.41	-5.681818182	0.748152131	6.818181818	142000	13044.28	13044.28
697	康大食品	00834	1.1	1.08	-0.01	300000	1.12	1.08	-0.917431193	0.671266103	3.669724771	330000	46758.38484	46758.38484
698	汇宝集团	00835	0.31	0.305	-0.01	7562000	0.315	0.3	-3.174603175	1.382592966	4.761904762	2323000	50402.55578	50402.55578
699	华润电力	00836	17.82	17.24	-0.54	6407800	17.86	17.2	-3.03712036	2.668689267	3.712035996	112405000	8054030.195	8054030.195
700	亿和控股	00838	0.68	0.66	-0.02	138000	0.7	0.66	-2.941176471	0.476465484	5.882352941	93000	42803.64	42803.64
701	天大石油管材	00839	3.36	3.32	-0.06	571000	3.46	3.3	-1.775147929	1.773125358	4.733727811	1936000	83449.86	252769.86
702	天业节水	00840	0.82	0.79	-0.03	882000	0.82	0.77	-3.658536585	0.548002233	6.097560976	690000	15989.6	41042.23738
703	木薯资源	00841	1.33	1.33	0	436000	1.36	1.32	0	2.17818541	3.007518797	581000	39900	39900
704	茂业国际	00848	1.84	1.87	0.03	7381000	1.91	1.83	1.630434783	2.981505067	4.347826087	13822000	961153.0603	961153.0603
705	中亚能源	00850	0.475	0.43	-0.035	70358000	0.475	0.41	-7.52688172	0.580924088	13.97849462	30951000	113959.5541	113959.5541
706	盛源控股	00851	0.93	0.9	-0.03	180000	0.93	0.87	-3.225806452	-5.569307148	6.451612903	163000	48754.47656	48754.47656
707	海峡石油化工-新	00852	4.1	4.07	-0.03	207000	4.1	4.06	-0.731707317	2.835644131	0.975609756	843000	651200	651200
708	中国水务	00855	2	1.96	-0.09	134976000	2.18	1.95	-4.390243902	1.260774475	11.2195122	258843008	260066.9488	260066.9488
709	伟仕控股	00856	1.23	1.21	-0.01	8080000	1.24	1.18	-0.819672131	1.161562824	4.918032787	9771000	145563.6428	145563.6428
710	中国石油股份	00857	8.88	8.6	-0.03	145169904	8.9	8.59	-0.347624565	1.755424528	3.59212051	1270945024	18145054	157398042.8
711	精优药业	00858	0	0	0	0	0	0	0	0	0	0	0	0
712	镇科集团	00859	0.65	0.57	-0.08	474000	0.62	0.57	-12.30769231	0.557021373	7.692307692	270000	36273.48855	36273.48855
713	明丰珠宝	00860	0.57	0.57	0	8903000	0.6	0.55	0	0.786966697	8.771929825	5114000	54591.75445	54591.75445
714	神州数码	00861	5.53	5.4	-0.08	1401200	5.6	5.4	-1.459854015	1.65512171	3.649635036	7755000	519690.9375	519690.9375
715	新移动	00862	3.42	3.28	-0.14	0	3.42	3.28	-4.093567251	7.652822908	4.093567251	0	32108.60867	32108.60867
716	第一电讯	00865	0.139	0.142	0.003	6664000	0.145	0.136	2.158273381	0.283943202	6.474820144	933000	27628.89119	27628.89119
717	中国秦发	00866	0	0	0	0	0	0	0	0	0	0	0	0
718	信义玻璃	00868	6.8	6.68	0.02	7762700	7	6.68	0.3003003	2.580744974	4.804804805	53080000	1184397.713	1184397.713
719	彩星玩具	00869	0.154	0.151	-0.003	63000	0.154	0.151	-1.948051948	0.811827938	1.948051948	9000	7474.5	7474.5
720	恒丰金业	00870	0	0	0	0	0	0	0	0	0	0	0	0
721	锦恒汽车安全	00872	0.63	0.64	0.01	184000	0.65	0.64	1.587301587	0.660338413	1.587301587	118000	28384	28384
722	广州药业股份	00874	4.15	4.16	0.03	5071900	4.23	4.05	0.726392252	0.916804427	4.358353511	21154000	91478.4	337334.4
723	连发国际	00875	0	0	0	0	0	0	0	0	0	0	0	0
724	永利控股	00876	0.52	0.49	-0.03	34000	0.49	0.49	-5.769230769	0.316721619	0	16000	17484.37141	17484.37141
725	金朝阳集团	00878	3.56	3.55	-0.01	292000	3.65	3.53	-0.280898876	0.221146598	3.370786517	1043000	85180.15605	85180.15605
726	澳博控股	00880	2.96	2.86	-0.1	9857300	3	2.85	-3.378378378	1.96239884	5.067567568	28515000	1430000	1430000
727	天津发展	00882	5.2	4.9	-0.15	3194000	5.2	4.9	-2.97029703	0.565173766	5.940594059	16138000	523060.3	523060.3
728	中国海洋石油	00883	9.95	9.61	-0.07	104767296	9.96	9.56	-0.723140496	2.362862946	4.132231405	1018288000	42927101.2	42927101.2
729	福方集团	00885	0.255	0.241	-0.014	39102500	0.26	0.24	-5.490196078	1.00166249	7.843137255	9670000	40727.64061	40727.64061
730	银基集团	00886	3.15	3.04	-0.07	8995000	3.16	2.96	-2.250803859	0.045086397	6.430868167	27292000	364800	364800
731	英皇钟表珠宝	00887	0.285	0.285	0	3930000	0.29	0.28	0	0.917578843	3.50877193	1129000	128250	128250
732	路讯通	00888	0.61	0.61	0	0	0.61	0.61	0	0.722492029	0	0	60839.265	60839.265
733	连达科技控股	00889	0.99	1.02	0.03	2000	1.02	1.02	3.03030303	0.827451941	0	2000	32640	32640
734	万裕国际	00894	1.61	1.55	0.02	2832000	1.61	1.52	1.307189542	0.776669839	5.882352941	4398000	74127.12129	74127.12129
735	兴胜创建	00896	0.62	0.62	0	296500	0.62	0.6	0	0.421481998	3.225806452	183000	27480.63781	27480.63781
736	位元堂	00897	0.109	0.106	-0.003	26706000	0.11	0.106	-2.752293578	0.359565791	3.669724771	2864000	25570.92822	25570.92822
737	万事昌国际	00898	0.157	0.155	-0.002	0	0.157	0.154	-1.27388535	0.34605939	1.910828025	0	64795.75438	64795.75438

次序	名称	代码	开盘	成交	涨跌	总量	最高	最低	幅度%	市净率	振幅%	成交金额	流通市值	总市值
738	亚洲资源	00899	0.335	0.305	-0.03	14910000	0.345	0.3	-8.955223881	1.22440787	13.43283582	4700000	49153.81906	49153.81906
739	AEON 信贷财务	00900	4.79	4.77	-0.02	3152000	4.79	4.77	-0.417536534	1.155299384	0.417536534	15069000	199751.3895	199751.3895
740	莱福资本	00901	0.12	0.12	0	1779300	0.13	0.11	0	0.867052002	16.66666667	211000	11742.08719	11742.08719
741	华能国际电力股份	00902	5.55	5.44	-0.06	22439400	5.63	5.35	-1.090909091	1.570574793	5.090909091	123779000	1662128.59	6558128.76
742	冠捷科技	00903	3.45	3.47	-0.03	5325200	3.54	3.45	-0.857142857	0.687196754	2.571428571	18596000	732604.6175	732604.6175
743	中国绿色食品	00904	8.48	8.06	-0.41	1519400	8.56	8.01	-4.840613932	2.637089334	6.493506494	12389000	711335.3	711335.3
744	慧德投资	00905	0.16	0.16	0	0	0.16	0.16	0	8.247422437	0	0	23808	23808
745	高雅国际	00907	0.75	0.75	0	0	0.75	0.75	0	0.4703374	0	0	24273.68262	24273.68262
746	九洲发展	00908	0.63	0.61	-0.02	10020000	0.69	0.6	-3.174603175	0.538441169	14.28571429	6489000	68234.6	68234.6
747	中大国际	00909	1.15	1.12	-0.03	17116000	1.3	1.07	-2.608695652	1.64102563	20	20054000	102705.2863	102705.2863
748	中国林大	00910	0.435	0.405	-0.025	94302000	0.435	0.4	-5.813953488	0.33677033	8.139534884	39006000	221604.4575	221604.4575
749	信佳国际	00912	0.59	0.58	-0.01	0	0.59	0.58	-1.694915254	0.470893908	1.694915254	0	13504.72	13504.72
750	合一投资(新)	00913	0	0	0	0	0	0	0	0	0	0	0	0
751	安徽海螺水泥股份	00914	50.85	48.5	-1.05	1946500	50.85	48.45	-2.119071645	3.094118612	4.843592331	96434000	2101020	8567205.203
752	林麦集团	00915	0.345	0.33	-0.015	2516000	0.355	0.33	-4.347826087	0.736936115	7.246376812	840000	22274.82211	22274.82211
753	新世界中国	00917	4.51	4.31	-0.19	6570800	4.54	4.28	-4.222222222	0.551397671	5.777777778	28562000	1653691.509	1653691.509
754	第一德胜控股	00918	0.167	0.167	0	8000	0.167	0.167	0	4.293059224	0	1000	12064.08	12064.08
755	现代美容	00919	0.96	0.96	0	524000	0.99	0.96	0	2.323892496	3.125	504000	69457.92	69457.92
756	海信科龙	00921	0	0	0	0	0	0	0	0	0	0	0	0
757	金科数蔓	00922	0.475	0.46	-0.015	18300000	0.485	0.45	-3.157894737	10.13215834	7.368421053	8521000	77078.64219	77078.64219
758	元升国际	00925	0.81	0.79	-0.02	2464000	0.8	0.77	-2.469135802	11.82634761	3.703703704	1931000	213236.4791	213236.4791
759	富士高实业	00927	1.6	1.59	-0.01	290000	1.61	1.59	-0.625	0.883137071	1.25	464000	63471.04852	63471.04852
760	德发集团	00928	0	0	0	0	0	0	0	0	0	0	0	0
761	IPE 集团	00929	0.46	0.46	0.005	2855000	0.48	0.455	1.098901099	0.340010341	5.494505495	1328000	33708.57	33708.57
762	宏通集团	00931	0.6	0.55	-0.04	73360000	0.61	0.53	-6.779661017	50.00000027	13.55932203	41728000	254837.9969	254837.9969
763	光汇石油	00933	2.17	2.31	0.14	5912000	2.42	2.22	6.451612903	3.186206792	9.216589862	13667000	331686.0783	331686.0783
764	中石化冠德	00934	1.35	1.38	0.03	1236000	1.39	1.36	2.222222222	0.645221648	2.222222222	1694000	143082.54	143082.54
765	民生国际	00938	0.395	0.38	0	1048000	0.39	0.38	0	0.417857935	2.631578947	401000	46540.12	46540.12
766	建设银行	00939	6.14	6.01	-0.03	368973312	6.18	6	-0.496688742	2.658468631	2.98013245	2247628032	135038089	140447089
767	中国移动	00941	81.15	77.6	-1.4	20951500	81.15	77.35	-1.772151899	3.103441451	4.810126582	1659801984	155665163.5	155665163.5
768	意科控股	00943	0.3	0.305	0.005	11490000	0.335	0.3	1.666666667	13.26086954	11.66666667	3653000	81066.76969	81066.76969
769	宏利金融	00945	142.7	140.8	-1.8	220600	144	140.1	-1.26227209	1.7977E+308	2.734922861	31278000	22726184.8	22726184.8
770	华富国际	00952	0.33	0.34	0.01	100000	0.34	0.335	3.03030303	0.927694431	1.515151515	33000	26751.25047	26751.25047
771	奥玛仕控股	00959	0.255	0.245	-0.005	9154500	0.26	0.245	-2	0.2438539	6	2285000	93246.74734	93246.74734
772	华熙生物科技	00963	1.23	1.28	0.05	17500	1.28	1.28	4.06504065	2.762192453	0	22000	39936	39936
773	中国太平	00966	16.7	16.4	-0.1	1843600	16.88	16.32	-0.606060606	5.072531106	3.393939394	30701000	2559459.85	2559459.85
774	小肥羊	00968	3.22	3.14	-0.08	720800	3.25	3.1	-2.48447205	3.022427516	4.658385093	2281000	322682.0755	322682.0755
775	华联国际	00969	0.93	0.97	0.04	1796000	0.98	0.89	4.301075269	4.403086622	9.677419355	1674000	118696.96	118696.96
776	耀莱集团	00970	0.35	0.345	-0.005	928000	0.36	0.34	-1.428571429	1.0707635	5.714285714	319000	61622.27742	61622.27742
777	东力实业控股	00978	0.102	0.098	-0.004	1220000	0.102	0.095	-3.921568627	0.268125853	6.862745098	119000	10367.322	10367.322
778	绿色能源科技集团	00979	0.52	0.45	-0.06	2470000	0.52	0.45	-11.76470588	2.066115643	13.7254902	1152000	15491.75449	15491.75449
779	联华超市	00980	13.22	12.56	-0.42	2531200	13.64	12.4	-3.235747304	2.766763655	9.553158706	32702000	259992	781232
780	中芯国际	00981	0.395	0.39	0.015	249481600	0.42	0.39	4	0.409105214	8	100550000	871910.0325	871910.0325
781	卓智控股	00982	1.95	1.97	0.02	26000	1.98	1.95	1.025641026	4.042684107	1.538461538	51000	45310	45310
782	瑞安建业	00983	10.72	10.72	0	2116000	10.82	10.24	0	0.690267994	5.410447761	22435000	522902.0863	522902.0863
783	永旺	00984	12.96	12.9	-0.06	14000	12.98	12.9	-0.462962963	2.89809489	0.617283951	180000	335400	335400
784	中国科技	00985	0.27	0.25	-0.01	16930900	0.27	0.25	-3.846153846	1.561524066	7.692307692	4329000	79602.75	79602.75
785	南兴	00986	0.66	0.64	-0.02	300000	0.67	0.64	-3.03030303	2.484471959	4.545454545	192000	26754.4825	26754.4825
786	香港新能源控股	00987	0.68	0.66	-0.02	238000	0.68	0.66	-2.941176471	1.632047514	2.941176471	158000	50562.97641	50562.97641
787	楼东俊安资源	00988	1.02	0.98	-0.04	3882300	1.02	0.97	-3.921568627	1.982601628	4.901960784	3830000	73143.42547	73143.42547
788	润迅通信国际	00989	0.129	0.134	0.005	350000	0.134	0.131	3.875968992	0.983125476	2.325581395	46000	37794.7	37794.7
789	荣晖国际	00990	0.17	0.158	-0.012	1160000	0.166	0.158	-7.058823529	0.798383033	4.705882353	189000	14163.989	14163.989
790	大唐发电	00991	4.89	4.72	-0.03	19448400	4.89	4.68	-0.631578947	1.886943316	4.421052632	92869000	1564999.78	5560177.7
791	联想集团	00992	3.08	2.91	-0.12	24382500	3.11	2.9	-3.96039604	2.638737731	6.930693069	73146000	2680920.617	2680920.617
792	天行国际	00993	0.207	0.2	-0.007	2254000	0.206	0.188	-3.381642512	0.80515297	8.695652174	435000	21660.87969	21660.87969
793	安徽皖通高速公路	00995	4.35	4.39	0.01	966000	4.39	4.35	0.228310502	0.372005511	0.913242009	4227000	216431.39	216431.39
794	东方银座	00996	2.24	2.12	-0.12	15014000	2.28	2.1	-5.357142857	1.340245304	8.035714286	33298000	204695.0928	204695.0928
795	达艺控股	00997	1.55	1.55	0	0	1.55	1.55	0	0.799463595	0	0	31000	31000
796	中信银行	00998	5.04	5.03	0.08	90656400	5.13	4.99	1.616161616	1.810329262	2.828282828	456889984	6238106.658	19633772.54
797	I.T	00999	0.76	0.74	-0.02	1214000	0.78	0.74	-2.631578947	0.705366477	5.263157895	915000	85472.74031	85472.74031
798	北青传媒	01000	4.24	4.14	-0.01	181500	4.31	4.1	-0.240963855	0.567387561	5.060240964	761000	22729.0144	81686.34
799	万顺昌	01001	0.57	0.52	-0.05	274000	0.57	0.52	-8.771929825	0.368454631	8.771929825	152000	21477.47063	21477.47063
800	威铖国际	01002	0.1	0.092	-0.008	396000	0.092	0.092	-8	0.155589377	0	36000	7976.179344	7976.179344
801	21 控股	01003	1.6	1.74	0.14	4538500	1.75	1.5	8.75	38.58093147	15.625	7187000	55311.52102	55311.52102
802	丽盛集团控股	01004	1.63	1.72	0.09	812000	1.74	1.63	5.521472393	13.97238045	6.748466258	1396000	25018.0198	25018.0198
803	美力时集团	01005	0.44	0.44	-0.01	120000	0.46	0.44	-2.222222222	0.750341099	4.444444444	53000	31340.93531	31340.93531
804	诗天控股	01008	1.35	1.32	-0.03	2324000	1.36	1.26	-2.222222222	1.7977E+308	7.407407407	3015000	26400	26400
805	弘茂科技	01010	0.199	0.199	0	0	0.199	0.199	0	0.792828726	0	0	6698.081145	6698.081145
806	伟俊集团控股	01013	0.121	0.12	0	2824000	0.12	0.115	0	7.74193561	4.166666667	332000	64693.9575	64693.9575
807	黄金集团	01031	0.185	0.172	-0.013	22030000	0.184	0.17	-7.027027027	0.450143958	7.567567568	3879000	152449.1685	152449.1685
808	仪征化纤股份	01033	1.71	1.61	-0.04	19830000	1.72	1.61	-2.424242424	0.870317311	6.666666667	33013000	225400	644000
809	南联地产控股	01036	7.69	7.69	0	1000	7.69	7.69	0	0.347515647	0	7000	199697.9903	199697.9903
810	台和商事	01037	0.305	0.3	-0.005	50000	0.3	0.3	-1.639344262	0.237154153	0	15000	9108.581836	9108.581836
811	长江基建集团	01038	28.3	27.2	-0.8	2153400	28.3	27	-2.857142857	1.529688267	4.642857143	59781000	6131450.775	6131450.775
812	福邦控股	01041	0.026	0.026	0	128074000	0.027	0.026	0	-3.376623395	3.846153846	3337000	33682.012	33682.012
813	光宇国际集团科技	01043	5.1	5	-0.02	1610000	5.12	4.96	-0.398406375	1.326400709	3.187250996	8099000	187090	187090
814	恒安国际	01044	37.4	36.3	-0.5	2402100	37.95	36	-1.358695652	6.438453339	5.298913043	89060000	4426108.629	4426108.629

次序	名称	代码	开盘	成交	涨跌	总量	最高	最低	幅度%	市净率	振幅%	成交金额	流通市值	总市值
815	亚太卫星	01045	1.27	1.27	0	0	1.27	1.27	0	0.257204782	0	0	52484.655	52484.655
816	寰宇国际	01046	0.111	0.102	0	4950000	0.112	0.1	0	0.542841918	11.76470588	525000	16570.97578	16570.97578
817	毅兴行	01047	0.36	0.36	0	0	0.36	0.36	0	0.356365068	0	0	13291.2	13291.2
818	时富投资	01049	1.72	1.85	0.13	145400	1.85	1.7	7.558139535	1.292350719	8.720930233	253000	38018.44307	38018.44307
819	嘉利国际	01050	0.44	0.43	-0.01	0	0.44	0.43	-2.272727273	0.355430648	2.272727273	0	24815.21434	24815.21434
820	国际资源	01051	0.64	0.54	-1.04	1130476032	0.67	0.5	-65.82278481	6.235565951	10.75949367	661731968	759608.955	759608.955
821	越秀交通	01052	3	2.96	-0.04	396100	3.02	2.95	-1.333333333	0.589606209	2.333333333	1184000	495256.0538	495256.0538
822	重庆钢铁股份	01053	3.08	3.01	-0.05	4805000	3.12	2.98	-1.633986928	0.817645957	4.575163399	14585000	161976.2246	521671.2364
823	中国南方航空股份	01055	2.21	2.15	-0.06	17904000	2.21	2.1	-2.714932127	1.772172806	4.977375566	38425000	378672.4117	1410672.378
824	粤海制革	01058	0.32	0.32	0	0	0.32	0.32	0	0.643604168	0	0	17200.1275	17200.1275
825	看通集团	01059	0.217	0.196	-0.011	7170000	0.217	0.196	-5.314009662	0.237633361	10.14492754	1460000	100785.5704	100785.5704
826	上联水泥	01060	0.59	0.54	-0.07	50940900	0.59	0.52	-11.47540984	1.258154725	11.47540984	28412000	80006.00344	80006.00344
827	新资本	01062	0.145	0.145	0	0	0.145	0.145	0	0.529583665	0	0	9890.362773	9890.362773
828	新确科技	01063	0.255	0.25	-0.005	12118000	0.26	0.238	-1.960784314	-3.015681449	8.62745098	2989000	42332.22266	42332.22266
829	中华国际	01064	0.72	0.72	0	0	0.72	0.72	0	0.150864326	0	0	10901.09531	10901.09531
830	天津创业环保股份	01065	2	1.94	-0.07	2052000	2.05	1.94	-3.482587065	0.785806848	5.472636816	4067000	65960	276882.2259
831	雨润食品	01068	11.9	11.7	-0.8	97693296	11.92	11.54	-6.4	3.435013617	3.04	1145976960	1952884.111	1952884.111
832	TCL 多媒体	01070	3.12	2.98	-0.08	891100	3.12	2.98	-2.614379085	9.260410379	4.575163399	2716000	298695.1083	298695.1083
833	华电国际电力股份	01071	2.47	2.44	-0.03	16372000	2.51	2.41	-1.214574899	1.134039845	4.048582996	40095000	349170.8244	1469144.588
834	东方电气	01072	29	27.7	-1.05	839200	29	27.35	-3.652173913	10.3617251	5.739130435	23478000	470900	2443140
835	浩伦农科	01073	0.75	0.72	-0.03	339000	0.74	0.72	-4	1.7977E+308	2.666666667	246000	38351.89406	38351.89406
836	第一天然食品	01076	0	0	0	0	0	0	0	0	0	0	0	0
837	港华燃气	01083	2.68	2.62	-0.08	224000	2.68	2.62	-2.962962963	0.83019107	2.222222222	591000	512879.7375	512879.7375
838	中国神华	01088	28.9	28.55	0.05	32185200	29.75	28.35	0.175438596	3.39711113	4.912280702	936336000	9702953.038	56784865.1
839	中国制药	01093	4.06	3.99	-0.06	8274000	4.12	3.97	-1.481481481	1.361774713	3.703703704	33245000	612449.2894	612449.2894
840	中国公共采购	01094	1.03	1	-0.03	17148000	1.05	0.99	-2.912621359	15.10573949	5.825242718	17211000	321952.25	321952.25
841	有线宽频通讯	01097	0.77	0.72	-0.05	94200	0.73	0.72	-6.493506494	0.706852552	1.298701299	68000	144828.8888	144828.8888
842	路劲基建	01098	5.96	5.78	-0.22	364000	6.05	5.76	-3.666666667	0.455843151	4.833333333	2157000	427099.5531	427099.5531
843	飞达控股	01100	0.91	1	0.09	126000	1	0.92	9.89010989	0.672449732	8.791208791	117000	33516.03125	33516.03125
844	亚太资源	01104	0.69	0.68	-0.01	14220000	0.72	0.68	-1.449275362	2.529761995	5.797101449	9921000	386937.935	386937.935
845	星岛	01105	0.395	0.41	0.015	1148000	0.425	0.4	3.797468354	0.233631549	6.329113924	478000	34679.3375	34679.3375
846	洛阳玻璃股份	01108	0	0	0	0	0	0	0	0	0	0	0	0
847	华润置地	01109	18.26	17.18	-0.66	15488000	18.26	17.1	-3.69955157	2.396362235	6.502242152	273115008	8635464.723	8635464.723
848	创兴银行	01111	13.82	13.26	-0.56	108000	13.82	13.1	-4.052098408	0.968349689	5.20984081	1454000	576810	576810
849	华晨中国	01114	0.95	0.9	-0.04	40806000	0.96	0.89	-4.255319149	0.48120621	7.446808511	37822000	448557.2438	448557.2438
850	美亚控股	01116	1.1	1.15	0.05	6084000	1.19	1.11	4.545454545	1.968167099	7.272727273	6941000	66240	66240
851	高力集团	01118	0.32	0.29	-0.03	200000	0.3	0.29	-9.375	0.306943262	3.125	58000	16453.5125	16453.5125
852	雅视光学	01120	2.31	2.31	0	0	2.31	2.31	0	0.888837558	0	0	88623.15	88623.15
853	庆铃汽车股份	01122	1.49	1.44	-0.06	2922000	1.52	1.42	-4	0.455048191	6.666666667	4297000	178365.8925	357446.5875
854	中港照相	01123	0.47	0.47	0	20000	0.47	0.47	0	0.586693285	0	9000	54699.93656	54699.93656
855	沿海家园	01124	0.72	0.69	-0.03	9112000	0.73	0.67	-4.166666667	0.615631682	8.333333333	6332000	192550.2141	192550.2141
856	丽丰控股	01125	0.27	0.265	-0.005	12719000	0.27	0.26	-1.851851852	0.307388932	3.703703704	3367000	213270.8406	213270.8406
857	德林国际	01126	0.27	0.27	0	0	0.27	0.27	0	0.482487495	0	0	18050.28258	18050.28258
858	中国水业集团	01129	0.33	0.31	-0.01	25168000	0.33	0.305	-3.125	1.135947295	7.8125	7941000	83897.75094	83897.75094
859	奋发国际	01130	0.102	0.095	-0.005	14641000	0.103	0.091	-5	1.583333369	12	1398000	59283.59813	59283.59813
860	广兴国际控股	01131	0.51	0.53	0.02	840000	0.53	0.51	3.921568627	0.678877906	3.921568627	433000	20339.44977	20339.44977
861	嘉禾娱乐	01132	3.1	3.1	0	0	3.1	3.1	0	0.724282165	0	0	52587.65527	52587.65527
862	哈尔滨动力股份	01133	7.7	7.31	-0.29	4903700	7.79	7.3	-3.815789474	1.091044807	6.447368421	36751000	493842.4124	1006445.14
863	亚洲卫星	01135	8.85	8.85	0	722000	8.85	8.75	0	0.675062333	1.129943503	6318000	346208.4738	346208.4738
864	台泥国际集团	01136	3.1	2.93	-0.17	2006500	3.15	2.85	-5.483870968	1.018209635	9.677419355	6015000	376122.635	376122.635
865	城市电讯	01137	1.64	1.66	0.02	561700	1.66	1.6	1.219512195	0.993773932	3.658536585	920000	110171.4766	110171.4766
866	中海发展股份	01138	10.64	10	-0.34	8796400	10.64	9.98	-3.288201161	1.393514626	6.382978723	89980000	1296000	3404552.188
867	华多利集团	01139	0	0	0	0	0	0	0	0	0	0	0	0
868	东英金融投资	01140	0.97	0.97	0	260000	0.99	0.97	0	0.85810337	2.06185567	256000	76096.5	76096.5
869	保兴发展控股	01141	1.1	1.13	0.05	24976000	1.13	0.99	4.62962963	6.915544914	12.96296296	26735000	186829.6623	186829.6623
870	西伯利亚矿业	01142	0.094	0.084	-0.009	230180000	0.094	0.084	-9.677419355	1.96261674	10.75268817	20488000	86389.8105	86389.8105
871	博智国际药业	01149	0.43	0.425	0.005	160000	0.44	0.425	1.19047619	0.302147022	3.571428571	68000	19715.70684	19715.70684
872	星辰通信	01155	1.8	1.8	0	4411000	1.81	1.75	0	1.075847233	3.333333333	7905000	125708.0344	125708.0344
873	泰盛实业集团	01159	0.126	0.125	-0.007	664000	0.125	0.121	-5.303030303	0.321998957	3.03030303	82000	8779.450195	8779.450195
874	大唐投资国际	01160	0.36	0.36	0	0	0.36	0.36	0	1.15384613	0	0	6220.8	6220.8
875	奥思集团	01161	2.32	2.28	-0.03	886000	2.36	2.28	-1.298701299	4.608853715	3.463203463	2058000	84258.77156	84258.77156
876	莹辉集团	01163	0.3	0.29	-0.01	2346000	0.3	0.285	-3.333333333	0.311426108	5	688000	22066.50555	22066.50555
877	维奥医药	01164	0.23	0.235	0.012	27120000	0.26	0.23	5.381165919	0.610548189	13.4529148	6633000	36449.84023	36449.84023
878	荣盛科技国际	01166	0	0	0	0	0	0	0	0	0	0	0	0
879	百仕达控股	01168	1.24	1.23	-0.01	10484200	1.28	1.23	-0.806451613	0.919419925	4.032258065	13086000	404177.7309	404177.7309
880	海尔电器	01169	1.14	1.1	-0.04	4420300	1.15	1.09	-3.50877193	1.849361144	5.263157895	4915000	222934.1297	222934.1297
881	信星集团	01170	0.75	0.75	0	0	0.75	0.75	0	0.625834435	0	0	47923.23047	47923.23047
882	兖州煤业股份	01171	11	10.66	-0.1	20174900	11.04	10.6	-0.92936803	1.728387012	4.089219331	218480992	2087654.4	5243014.4
883	勤达集团国际	01172	0.209	0.184	-0.024	10604000	0.203	0.182	-11.53846154	0.345799648	10.09615385	1999000	19055.11475	19055.11475
884	威高国际	01173	0.135	0.132	0.003	660000	0.133	0.128	2.325581395	0.629770988	3.875968992	85000	24352.50881	24352.50881
885	太平洋恩利	01174	0.81	0.76	-0.03	6179100	0.81	0.76	-3.797468354	0.363184536	6.329113924	4815000	215238.3413	215238.3413
886	福记食品服务	01175	6.7	6.45	-0.01	1923000	6.72	6.41	-0.154798762	1.056978487	4.79876161	12614000	349136.434	349136.434
887	南方国际	01176	0.79	0.8	0.01	8228000	0.81	0.79	1.265822785	2.888086538	2.53164557	6562000	130560	130560
888	中国生物制药	01177	1.32	1.32	0	5301600	1.33	1.28	0	1.340782135	3.787878788	6963000	398458.5	398458.5
889	天年生物	01178	0.111	0.111	-0.001	10000	0.111	0.11	-0.892857143	1.2457912	0.892857143	1000	8166.114773	8166.114773
890	汇彩控股	01180	0.04	0.036	-0.004	135870000	0.04	0.035	-10	0.699029125	12.5	5033000	17629.73213	17629.73213
891	中青基业	01182	0.145	0.14	-0.005	5882500	0.149	0.137	-3.448275862	1.130856201	8.275862069	821000	88979.94	88979.94

次序	名称	代码	开盘	成交	涨跌	总量	最高	最低	幅度%	市净率	振幅%	成交金额	流通市值	总市值
892	时捷	01184	0.75	0.91	0.16	239000	0.95	0.7	21.33333333	0.612052749	33.33333333	183000	23613.65398	23613.65398
893	中国航天万源	01185	0.63	0.59	-0.03	5924000	0.63	0.58	-4.838709677	1.783555035	8.064516129	3541000	213815.7419	213815.7419
894	中国铁建	01186	12	11.96	-0.06	19113500	12.12	11.9	-0.499168053	2.724187539	1.830282862	229682000	2483249.941	14755699.34
895	珠江轮胎	01187	0.93	0.93	0	0	0.93	0.93	0	0.325413776	0	0	9775.815791	9775.815791
896	远东金源集团	01188	0.199	0.185	-0.014	10250000	0.21	0.168	-7.035175879	4.39429917	21.10552764	1841000	102879.5059	102879.5059
897	永安旅游	01189	0.036	0.034	-0.002	55570000	0.038	0.034	-5.555555556	0.168818275	11.11111111	1985000	37127.473	37127.473
898	粤首环保	01191	0.18	0.173	-0.007	1298000	0.178	0.173	-3.888888889	0.501885685	2.777777778	228000	41554.6	41554.6
899	泰山石化	01192	0.175	0.176	0.001	18420000	0.19	0.175	0.571428571	0.530120502	8.571428571	3305000	113939.914	113939.914
900	华润燃气	01193	5.59	5.3	-0.1	2170400	5.59	5.29	-1.851851852	6.827257389	5.555555556	11620000	749640.8609	749640.8609
901	中国贵金属	01194	0	0	0	0	0	0	0	0	0	0	0	0
902	华翔微电	01195	0.37	0.365	-0.005	1416000	0.37	0.365	-1.351351351	0.258078208	1.351351351	523000	20402.2225	20402.2225
903	昌明投资	01196	0.27	0.3	0.03	122000	0.3	0.27	11.11111111	0.418235049	11.11111111	34000	18274.91367	18274.91367
904	皇朝家	01198	0.395	0.395	0	808000	0.41	0.39	0	0.273299664	5.063291139	323000	18437.06012	18437.06012
905	中远太平洋	01199	9.02	8.73	-0.09	10746800	9.06	8.7	-1.020408163	0.991031897	4.081632653	95579000	1975167.411	1975167.411
906	美联集团	01200	4.92	4.72	-0.14	4736000	4.98	4.7	-2.880658436	2.584743454	5.761316872	22609000	341837.2238	341837.2238
907	侨威集团	01201	1.98	1.95	-0.03	180000	2.05	1.95	-1.515151515	1.083333362	5.050505051	360000	50983.45078	50983.45078
908	成都普天电缆股份	01202	1.62	1.55	-0.07	308000	1.65	1.55	-4.320987654	0.506089393	6.172839506	486000	24800	62000
909	广南(集团)	01203	0.95	0.94	-0.01	481600	0.97	0.93	-1.052631579	0.592237886	4.210526316	453000	85126.67906	85126.67906
910	中信资源	01205	2.24	2.16	-0.02	19209000	2.24	2.12	-0.917431193	1.654918811	5.504587156	41778000	1306922.445	1306922.445
911	上置集团	01207	1.01	0.99	-0.08	869590016	1.09	0.95	-7.476635514	0.425806443	13.08411215	854004992	356784.2438	356784.2438
912	五矿资源	01208	2.03	1.96	-0.06	5004000	2.06	1.96	-2.97029703	0.652832823	4.95049505	10020000	397138.5075	397138.5075
913	比亚迪股份	01211	33	30.7	-1.6	3092400	33	30.55	-4.953560372	4.91876841	7.585139319	98278000	2434817	6984557
914	利福国际	01212	11.3	10.76	-0.4	2838500	11.56	9.05	-3.584229391	3.478710599	22.49103943	31607000	1789453.569	1789453.569
915	万保刚集团	01213	0.49	0.49	0	0	0.49	0.49	0	0.613881224	0	0	9800	9800
916	开源控股	01215	0.247	0.247	0	26080000	0.25	0.242	0	2.902467597	3.238866397	6409000	230632.1282	230632.1282
917	中国创新投资	01217	0.097	0.092	-0.004	5360100	0.097	0.092	-4.166666667	1.889117001	5.208333333	504000	47571.96663	47571.96663
918	永义国际	01218	0.197	0.197	0	0	0.197	0.197	0	0.114608182	0	0	15645.81849	15645.81849
919	海域集团	01220	0	0	0	0	0	0	0	0	0	0	0	0
920	信和酒店	01221	2.55	2.53	-0.02	1200	2.55	2.53	-0.784313725	0.844121176	0.784313725	3000	218918.0933	218918.0933
921	宏安集团	01222	0.166	0.156	-0.01	55818400	0.168	0.155	-6.024096386	0.043579071	7.831325301	9004000	35345.28319	35345.28319
922	新洋集团	01223	0.24	0.24	0	300000	0.24	0.24	0	0.329218119	0	72000	41857.07625	41857.07625
923	中渝置地	01224	5.45	5.04	-0.37	21790000	5.47	4.98	-6.839186691	1.16531797	9.057301294	111658000	1296607.174	1296607.174
924	隆成集团	01225	0.61	0.59	-0.02	400000	0.61	0.59	-3.278688525	0.493063697	3.278688525	239000	42882.06656	42882.06656
925	嘉禹国际	01226	0.44	0.435	-0.005	0	0.44	0.4	-1.136363636	26.52439011	9.090909091	0	3073.275	3073.275
926	国盛投资	01227	0.164	0.164	0	1700000	0.167	0.16	0	6.639675876	4.268292683	275000	54038	54038
927	奇峰国际	01228	0.068	0.064	-0.002	320913984	0.07	0.062	-3.03030303	0.591497234	12.12121212	21277000	176825.376	176825.376
928	雅域集团	01229	1.1	1.1	0	54000	1.1	1.1	0	3.944066009	0	59000	84191.09531	84191.09531
929	精英国际	01328	0.46	0.45	0.005	1010000	0.45	0.445	1.123595506	0.844436143	1.123595506	454000	42579	42579
930	中国忠旺	01333	11	10.66	0.06	45769700	11.3	10.5	0.566037736	11.73362665	7.547169811	500767008	5763122.463	5763122.463
931	霸王集团	01338	0	0	0	0	0	0	0	0	0	0	0	0
932	361度	01361	4.13	3.9	0	330636000	4.28	3.85	0	1.7977E+308	0	1363801984	805510.6922	805510.6922
933	特步国际	01368	3.9	3.86	-0.07	20361300	3.92	3.8	-1.781170483	2.80543638	3.053435115	78773000	839026.97	839026.97
934	互太纺织	01382	2.08	2.15	0.11	2960000	2.2	2.03	5.392156863	0.990327036	8.333333333	6290000	308081.2266	308081.2266
935	鸿隆控股	01383	0.81	0.82	0.01	1164000	0.82	0.8	1.234567901	0.456875407	2.469135802	943000	85300.5	85300.5
936	盈进集团	01386	0.59	0.6	0.02	1160000	0.61	0.58	3.448275862	0.541271987	5.172413793	688000	37350	37350
937	人和商业	01387	1.64	1.6	-0.03	117555200	1.65	1.55	-1.840490798	4.434589824	6.134969325	189599008	3520000	3520000
938	安莉芳控股	01388	2.3	2.27	-0.03	100000	2.28	2.27	-1.304347826	1.002340294	0.434782609	227000	91178.5225	91178.5225
939	民安控股	01389	1.51	1.51	0	2502000	1.55	1.5	0	1.306228353	3.311258278	3830000	438863.9934	438863.9934
940	恒鼎实业	01393	6.46	6.09	-0.22	16028100	6.48	6.01	-3.486529319	1.895070995	7.448494453	99144000	1254540	1254540
941	工商银行	01398	5.46	5.4	0.03	351582496	5.54	5.37	0.558659218	2.639683144	3.165735568	1919069056	44850510	180370173.6
942	飞毛腿集团	01399	1.03	1.01	-0.02	3931200	1.07	1.01	-1.941747573	0.800126744	5.825242718	4073000	104232.1184	104232.1184
943	阿里巴巴	01688	14.2	13.74	-0.34	4739300	14.22	13.66	-2.414772727	12.31624249	3.977272727	65654000	6924022.245	6924022.245
944	中国南车	01766	4.56	4.54	0.02	17889200	4.59	4.51	0.442477876	2.959197066	1.769911504	81289000	918896	5375360
945	中国交通建设	01800	9.31	9.06	-0.16	32188400	9.41	9.04	-1.735357918	2.877377967	4.013015184	296315008	4011315	13431450
946	台一国际	01808	0.285	0.28	-0.005	1198000	0.29	0.28	-1.754385965	0.264325511	3.50877193	346000	16692.42422	16692.42422
947	晨鸣纸业	01812	5.88	5.55	-0.27	1313000	5.89	5.51	-4.639175258	0.847354128	6.529209622	7416000	217154.85	1144435.495
948	合景泰富	01813	5.58	5.58	0	0	5.7	5.5	0	1.50733407	3.584229391	0	1614712.5	1614712.5
949	招金矿业	01818	12.66	12.58	-0.04	3056000	12.9	12.54	-0.316957211	3.987574568	2.852614897	38900000	549964.8723	1833446.94
950	大昌行集团	01828	2.2	2.17	-0.01	2433200	2.26	2.15	-0.458715596	0.801980913	5.04587156	5353000	390166	390166
951	时代零售	01832	2.4	2.47	0.07	31000	2.5	2.4	2.916666667	1.497241881	4.166666667	77000	215875.53	215875.53
952	银泰百货	01833	3.59	3.4	-0.09	2716000	3.59	3.33	-2.578796562	11.99294592	7.449856734	9221000	595068	595068
953	九兴控股	01836	13	12.5	-0.5	341000	13.3	12.46	-3.846153846	1.701838034	6.461538462	4402000	992974.4141	992974.4141
954	CHINAPROPERTIES	01838	2.44	2.27	-0.13	8940000	2.44	2.24	-5.416666667	0.217793855	8.333333333	20593000	410660.4861	410660.4861
955	澳华黄金	01862	32.5	33.65	1.15	16600	33.65	31.8	3.538461538	2.390576876	5.692307692	540000	984220.7661	984220.7661
956	真明丽	01868	2.36	2.3	-0.04	4266500	2.43	2.28	-1.709401709	0.698493694	6.41025641	10128000	175075.425	175075.425
957	百丽国际	01880	7.1	6.82	-0.24	7366000	7.1	6.73	-3.399433428	3.793314504	5.240793201	51084000	5752146.991	5752146.991
958	海天国际	01882	2	1.98	-0.04	1615000	2.01	1.97	-1.98019802	0.943845926	1.98019802	3212000	316008	316008
959	中信1616集团	01883	1.78	1.73	0	828200	1.78	1.73	0	2.254365312	2.89017341	1447000	342147.5063	342147.5063
960	汇源果汁	01886	5.62	5.49	-0.12	4744900	5.65	5.46	-2.139037433	1.550190557	3.386809269	26277000	806380.5502	806380.5502
961	建滔积层板	01888	4.02	3.92	-0.09	1544000	4.02	3.87	-2.244389027	1.617829072	3.740648379	6026000	1176000	1176000
962	武夷药业	01889	0.83	0.83	0	2464000	0.85	0.82	0	0.841017351	3.614457831	2053000	141911.1175	141911.1175
963	中材股份	01893	6.62	6.39	-0.12	4499400	6.64	6.35	-1.843317972	2.962860068	4.4546851	29202000	743890.6519	2282165.536
964	中煤能源	01898	9.49	9.18	-0.11	27058400	9.54	9.12	-1.184068891	1.833762744	4.520990312	253468992	3769916.749	12171453.32
965	兴达国际	01899	2.3	2.48	0.17	5839000	2.53	2.3	7.359307359	1.050758442	9.956709957	14371000	343771.8263	343771.8263
966	中国远洋	01919	9.75	9.23	-0.3	45383000	9.8	9.16	-3.14795383	1.584440587	6.715634837	425800992	2381893.8	9429620.671
967	大洋集团	01991	0.7	0.72	0.02	1644000	0.73	0.65	2.857142857	0.508582342	11.42857143	1132000	57600	57600
968	峻凌国际	01997	1.75	1.74	-0.01	384000	1.75	1.71	-0.571428571	1.25278994	2.285714286	659000	174000	174000

次序	名称	代码	开盘	成交	涨跌	总量	最高	最低	幅度%	市净率	振幅%	成交金额	流通市值	总市值
969	晨讯科技	02000	1.03	0.98	-0.03	4252000	1.03	0.98	-2.97029703	1.11363637	4.95049505	4254000	149114.6409	149114.6409
970	阳光纸业	02002	2.16	2.1	-0.06	229000	2.16	2.1	-2.777777778	0.616812565	2.777777778	483000	84219.23672	84219.23672
971	利君国际	02005	0.92	0.96	0.04	9715000	0.96	0.88	4.347826087	1.4215904	8.695652174	8727000	194592.285	194592.285
972	锦江酒店	02006	1.52	1.56	0.04	12878000	1.6	1.53	2.631578947	0.902412195	4.605263158	20154000	217074	712140
973	碧桂园	02007	3.73	3.61	-0.07	29963300	3.74	3.59	-1.902173913	2.717554921	4.076086957	109083000	5938962.62	5938962.62
974	凤凰卫视	02008	1.06	1.04	-0.02	2268000	1.09	1.04	-1.886792453	3.208886268	4.716981132	2396000	515391.3375	515391.3375
975	金隅股份	02009	0	0	0	0	0	0	0	0	0	0	0	0
976	AAC ACOUSTIC	02018	6.2	6.17	0.01	296000	6.35	6.16	0.162337662	2.150350343	3.084415584	1844000	757676	757676
977	安踏体育	02020	9.8	9.69	-0.3	4521600	10	9.6	-3.003003003	4.749301824	4.004004004	44305000	2413706.325	2413706.325
978	映美控股	02028	0.38	0.38	0	0	0.38	0.38	0	0.431230133	0	0	21580.42859	21580.42859
979	富士康国际	02038	5.38	5.08	-0.26	17510900	5.39	5.04	-4.868913858	1.352934881	6.554307116	90410000	3587228.665	3587228.665
980	西王糖业	02088	1.56	1.5	-0.06	1046000	1.57	1.49	-3.846153846	0.803212874	5.128205128	1585000	127106.4609	127106.4609
981	承达国际	02288	0	0	0	0	0	0	0	0	0	0	0	0
982	澳科控股	02300	5.07	5	-0.04	871200	5.07	4.95	-0.793650794	1.033057819	2.380952381	4369000	544980.5078	544980.5078
983	中核国际	02302	12.6	11.1	-0.6	1660000	12.6	10.9	-5.128205128	8.961730873	14.52991453	19163000	476376.7922	476376.7922
984	锦兴国际控股	02307	0.68	0.66	-0.02	886000	0.68	0.64	-2.941176471	0.370536706	5.882352941	579000	42542.47852	42542.47852
985	泓锋国际	02309	0.5	0.54	0.045	163100000	0.57	0.495	9.090909091	-8.157099325	15.15151515	87726000	66207.18516	66207.18516
986	光星电子	02310	0.49	0.475	-0.015	524000	0.5	0.47	-3.06122449	0.417105716	6.12244898	258000	15385.10249	15385.10249
987	中国金融租赁	02312	0.166	0.159	-0.007	2300000	0.166	0.159	-4.21686747	4.676470334	4.21686747	375000	5363.769352	5363.769352
988	申洲国际	02313	3.38	3.49	0	991000	3.52	3.38	0	1.339782777	4.011461318	3447000	434505	434505
989	理文造纸	02314	7.87	7.6	-0.27	1643800	8	7.56	-3.430749682	1.02092904	5.590851334	12720000	864409.0969	864409.0969
990	味丹国际	02317	0.61	0.57	-0.04	1024000	0.61	0.57	-6.557377049	0.439170982	6.557377049	596000	86796.29578	86796.29578
991	中国平安	02318	54.2	52.45	-0.9	10727200	54.3	52.15	-1.686972821	4.096248023	4.029990628	571478976	13420086.47	38524803.64
992	蒙牛乳业	02319	18.62	18.06	-0.54	9580100	18.62	17.82	-2.903225806	5.571666558	4.301075269	174184992	3134680.126	3134680.126
993	合丰集团	02320	0.76	0.76	0	160000	0.76	0.76	0	0.475356534	0	122000	36702.22281	36702.22281
994	三和集团	02322	0.166	0.166	0	160000	0.166	0.15	0	2.647527768	9.638554217	24000	50132	50132
995	至卓国际	02323	0.188	0.179	-0.009	468000	0.184	0.175	-4.787234043	0.152587163	4.787234043	83000	17900	17900
996	德泰中华投资	02324	0.29	0.28	-0.01	1600000	0.29	0.28	-3.448275862	1.437371631	3.448275862	453000	7219.021797	7219.021797
997	百灵达国际控股	02326	0	0	0	0	0	0	0	0	0	0	0	0
998	积华生物医药	02327	0.207	0.2	-0.007	2940000	0.207	0.2	-3.381642512	0.954198466	3.381642512	598000	32100	32100
999	中国财险	02328	5.7	5.35	-0.32	54798200	5.75	5.32	-5.643738977	2.410669997	7.58377425	299972992	1848949.3	5960863
1000	纪翰集团	02330	0.68	0.65	-0.03	924000	0.68	0.65	-4.411764706	18.20728249	4.411764706	612000	39271.7	39271.7
1001	李宁	02331	22	22.85	0.85	3957500	23	21.8	3.863636364	11.01682648	5.454545455	89134000	2386454.714	2386454.714
1002	和记电讯国际	02332	1.87	1.82	-0.05	6506000	1.87	1.8	-2.673796791	0.458438284	3.743315508	11906000	876211.0175	876211.0175
1003	长城汽车	02333	6.23	6.15	-0.04	872000	6.3	6.12	-0.646203554	0.882201057	2.907915994	5419000	254162.2752	673592.2992
1004	科浪国际	02336	0	0	0	0	0	0	0	0	0	0	0	0
1005	上海复地	02337	2.55	2.37	-0.14	9106000	2.55	2.35	-5.577689243	1.000464325	7.96812749	22090000	250162.4986	599445.5072
1006	潍柴动力	02338	25.9	25.7	0.1	1376100	26	24.35	0.390625	2.361025543	6.4453125	34690000	520168	2140928.26
1007	北泰	02339	0	0	0	0	0	0	0	0	0	0	0	0
1008	新昌管理集团	02340	0.86	0.84	-0.02	110300	0.85	0.84	-2.325581395	2.413793173	1.162790698	92000	27888	27888
1009	中怡精细化工	02341	1.51	1.48	-0.03	310000	1.57	1.48	-1.986754967	0.814394999	5.960264901	469000	68851.08	68851.08
1010	京信通信	02342	4.06	4.33	0.33	8836500	4.38	4.02	8.25	1.85820963	9	37406000	412922.1959	412922.1959
1011	太平洋航运	02343	5.23	4.95	-0.12	15706000	5.24	4.88	-2.366863905	0.915683178	7.100591716	78412000	954778.8164	954778.8164
1012	上海集优	02345	1.48	1.42	-0.02	12698100	1.5	1.38	-1.388888889	0.664047862	8.333333333	18305000	107878.82	204236.6475
1013	东瑞制药	02348	0.9	0.9	0	2276000	0.9	0.88	0	0.983391614	2.222222222	2028000	70596.35859	70596.35859
1014	中国植物开发	02349	0.3	0.295	-0.005	32030000	0.315	0.275	-1.666666667	3.245324659	13.33333333	9342000	32584.90027	32584.90027
1015	宝业集团	02355	4.42	4.47	0.05	1216000	4.62	4.4	1.131221719	0.886869528	4.977375566	5480000	139563.2305	296344.901
1016	大新银行集团	02356	7.65	7.66	0.03	1272400	7.94	7.64	0.393184797	0.874189752	3.931847969	9842000	755857.3222	755857.3222
1017	中航科工	02357	1.88	1.87	-0.01	2416000	1.89	1.85	-0.531914894	3.283581922	2.127659574	4520000	314122.7753	868354.8947
1018	三九控股	02358	0	0	0	0	0	0	0	0	0	0	0	0
1019	澳门投资控股	02362	0.26	0.26	0	800000	0.26	0.25	0	0.217318614	3.846153846	201000	12631.58508	12631.58508
1020	勤+缘媒体服务	02366	1.535	1.49	-0.05	1868600	1.54	1.49	-3.246753247	1.25929682	3.246753247	2821000	107052.6004	107052.6004
1021	鹰美	02368	2.02	2.05	0.04	2654000	2.09	2	1.990049751	1.174045049	4.47761194	5419000	102434.4	102434.4
1022	中国无线	02369	0.51	0.5	-0.01	10688000	0.52	0.495	-1.960784314	1.591343023	4.901960784	5417000	102434	102434
1023	直真科技	02371	1.58	1.56	-0.02	2741000	1.64	1.54	-1.265822785	6.573957193	6.329113924	4317000	63180	63180
1024	中天国际	02379	0	0	0	0	0	0	0	0	0	0	0	0
1025	中国电力	02380	2.49	2.49	0	6726000	2.52	2.39	0	0.980816913	5.220883534	16458000	897797.1234	897797.1234
1026	舜宇光学科技	02382	0.92	0.89	-0.03	1007000	0.93	0.87	-3.260869565	0.58460325	6.52173913	890000	89000	89000
1027	TOM 集团	02383	0.46	0.445	-0.015	1436000	0.46	0.445	-3.260869565	1.023694473	3.260869565	642000	173250.5428	173250.5428
1028	利和经销	02387	10.06	10.4	0.34	416000	10.4	10	3.37972167	3.154287037	3.976143141	4227000	332624.2359	332624.2359
1029	中银香港	02388	13.8	13.58	0.32	35904900	13.96	13.5	2.413273002	1.735729422	3.46907994	494095008	14357835.24	14357835.24
1030	旺城国际	02389	0.3	0.27	-0.03	1052000	0.31	0.26	-10	5.567010145	16.66666667	297000	42927.57	42927.57
1031	友佳国际	02398	1.07	1.03	-0.04	184000	1.08	1.03	-3.738317757	0.927510149	4.672897196	193000	34608	34608
1032	HENGAN B1105	02561	0	0	0	0	0	0	0	0	0	0	0	0
1033	中国铝业	02600	7.73	7.34	-0.22	45648700	7.75	7.3	-2.91005291	1.591983692	5.952380952	341411008	2894870.998	9926973.825
1034	TCL 通讯	02618	0.68	0.71	0.03	585000	0.74	0.68	4.411764706	4.768300801	8.823529412	413000	50768.54445	50768.54445
1035	湖南有色金属公司	02626	2	1.91	-0.06	9738000	2.01	1.9	-3.045685279	1.367509105	5.583756345	18915000	311851.042	700599.1019
1036	中国人寿	02628	29.15	28.5	-0.25	48966300	29.2	28.3	-0.869565217	3.93298748	3.130434783	1412568064	21207348.75	80554409.25
1037	NAM TAI EEP	02633	1.46	1.47	0.01	714000	1.48	1.44	0.684931507	4.052936473	2.739726027	1035000	129605.5819	129605.5819
1038	奕达	02662	0.29	0.27	-0.02	712800	0.275	0.26	-6.896551724	245.4545468	5.172413793	191000	26146.63758	26146.63758
1039	百德国际	02668	0.25	0.25	0	0	0.25	0.25	0	0.382555459	0	0	5910.049805	5910.049805
1040	天虹纺织	02678	0.77	0.77	0	82000	0.78	0.77	0	0.489106254	1.298701299	63000	68120.4382	68120.4382
1041	新奥燃气	02688	13.16	13.24	-0.46	40002000	13.38	13.02	-3.357664234	2.77086004	2.627737226	469227008	1390397.773	1390397.773
1042	玖龙纸业	02689	5.25	5.12	-0.07	7723000	5.25	5.1	-1.348747592	1.459437917	2.89017341	39747000	2220189.92	2220189.92
1043	魏桥纺织	02698	4.03	4.01	-0.01	2687100	4.08	3.96	-0.248756219	0.315979429	2.985074627	10742000	165861.2127	478949.9827
1044	合俊集团	02700	0	0	0	0	0	0	0	0	0	0	0	0
1045	重庆机电	02722	1.32	1.25	-0.06	11148000	1.32	1.24	-4.580152672	1.188438852	6.106870229	14244000	137523.4375	460580.0391

次序	名称	代码	开盘	成交	涨跌	总量	最高	最低	幅度%	市净率	振幅%	成交金额	流通市值	总市值
1046	上海电气	02727	3.5	3.32	-0.11	20251100	3.5	3.3	-3.206997085	1.695694325	5.83090379	68414000	987006.7425	4152551.835
1047	成谦声汇	02728	0.62	0.6	-0.02	96000	0.61	0.6	-3.225806452	0.578480539	1.612903226	58000	19337.61563	19337.61563
1048	富力地产	02777	18.46	17.42	-0.88	20874100	18.5	17.3	-4.808743169	3.328937974	6.557377049	367823008	1768581.151	5613363.096
1049	精熙国际	02788	1.37	1.39	0.02	338000	1.4	1.37	1.459854015	0.83866296	2.189781022	468000	115061.1377	115061.1377
1050	中海集运	02866	2.2	2.07	-0.08	91528704	2.21	2.05	-3.720930233	0.672077939	7.441860465	192667008	776457	2418406.875
1051	首创置业	02868	3.41	3.36	-0.05	6928000	3.5	3.28	-1.46627566	1.414677338	6.451612903	23310000	342974.0213	681394.56
1052	神威药业	02877	8.06	7.83	-0.03	754000	8.06	7.75	-0.381679389	2.672902331	3.944020356	5881000	647541	647541
1053	SOLOMON SYSTECH	02878	0.61	0.6	-0.01	28166000	0.62	0.58	-1.639344262	1.318681281	6.557377049	16984000	146838.1406	146838.1406
1054	大连港	02880	3.21	3.14	0	10734000	3.25	3.09	0	1.273988729	5.095541401	33808000	333656.4	918764
1055	香港资源控股	02882	1.57	1.48	-0.05	3601200	1.58	1.47	-3.267973856	4.292343444	7.189542484	5414000	84626.79891	84626.79891
1056	中海油田服务	02883	8.8	8.41	-0.23	9666400	8.89	8.38	-2.662037037	1.684256917	5.902777778	83088000	1290810.558	3780564.12
1057	渣打集团	02888	149.1	150	3	668300	151	148.1	2.040816327	1.605344354	1.972789116	99872000	30154539.84	30154539.84
1058	中国镍资源	02889	1.44	1.32	-0.08	2746000	1.45	1.32	-5.714285714	0.600928719	9.285714286	3841000	276291.9019	276291.9019
1059	龙发制药	02898	1.55	1.47	-0.07	2350000	1.55	1.45	-4.545454545	17.7966107	6.493506494	3510000	162142.47	162142.47
1060	紫金矿业	02899	7	7.01	0.14	27320700	7.15	6.91	2.037845706	5.572336971	3.493449782	192276992	2807813.44	10193457.43
1061	中国玻璃	03300	1.05	1.04	-0.01	576000	1.05	1.03	-0.952380952	0.966452939	1.904761905	596000	43264	43264
1062	巨涛海洋石油服务	03303	0.84	0.83	-0.01	128000	0.83	0.81	-1.19047619	0.69363198	2.380952381	104000	41334	41334
1063	金鹰商贸集团	03308	9.04	9	0.09	2510400	9.05	8.76	1.01010101	8.321006296	3.254769921	22414000	1655078.766	1655078.766
1064	中国建筑	03311	2.82	2.68	-0.13	10776900	2.85	2.63	-4.62633452	2.596647707	7.829181495	29291000	656476.385	656476.385
1065	美维控股	03313	1.56	1.57	0.01	4610000	1.6	1.52	0.641025641	1.109619097	5.128205128	7232000	308348	308348
1066	中国香精香料	03318	1.4	1.31	-0.09	428000	1.5	1.3	-6.428571429	0.810493108	14.28571429	567000	63454.95695	63454.95695
1067	永嘉集团	03322	0.71	0.69	-0.02	2270000	0.71	0.68	-2.816901408	0.490300577	4.225352113	1579000	87519.6	87519.6
1068	中国建材	03323	15.6	15.02	-0.24	9537800	15.6	14.9	-1.572739187	3.313259713	4.587155963	144060992	1803358.581	3726785.399
1069	交通银行	03328	8.65	8.69	0.29	106479904	8.86	8.57	3.452380952	2.509095191	3.452380952	931620992	20043022.26	42576120.57
1070	灵宝黄金	03330	2.85	2.82	0	1708000	2.88	2.82	0	1.124670958	2.127659574	4855000	83831.2691	217210.2356
1071	维达国际	03331	4.35	4.33	0.02	678600	4.38	4.3	0.464037123	2.289914836	1.856148492	2941000	391536.6642	391536.6642
1072	DBA 电讯	03335	0.8	0.77	-0.03	1132000	0.79	0.77	-3.75	0.643006268	2.5	879000	79887.5	79887.5
1073	巨腾国际	03336	4.13	4.18	0.06	2976000	4.22	4.08	1.45631068	1.482111778	3.398058252	12400000	460970.4	460970.4
1074	安东油田服务	03337	0.98	0.95	-0.03	2286000	0.99	0.93	-3.06122449	1.154173288	6.12244898	2191000	198840.1359	198840.1359
1075	中国龙工	03339	3.86	3.76	-0.1	6365700	3.94	3.73	-2.590673575	1.12325986	5.440414508	24198000	804828	804828
1076	互益集团	03344	1	0.91	-0.09	280000	0.95	0.82	-9	0.495453813	13	237000	36400	36400
1077	先进半导体	03355	0.22	0.229	0.012	234000	0.23	0.215	5.529953917	0.420183473	6.912442396	51000	25907.54824	35133.79902
1078	华侨城(亚洲)	03366	2.02	1.96	-0.06	214000	2	1.9	-2.97029703	0.92759114	4.95049505	422000	56726.32	56726.32
1079	百盛集团	03368	11.2	11.08	-0.1	3046500	11.42	10.84	-0.894454383	7.932984753	5.18783542	34016000	3108293.175	3108293.175
1080	远洋地产	03377	9.33	8.87	-0.31	26933200	9.45	8.8	-3.376906318	2.099308821	7.080610022	247564000	4169214.331	4169214.331
1081	厦门港务	03378	1.58	1.51	-0.03	13340000	1.59	1.5	-1.948051948	0.969813719	5.844155844	20423000	148991.7	411656.2
1082	天津港发展	03382	3.48	3.39	-0.09	2050000	3.5	3.33	-2.586206897	1.676143355	4.885057471	7023000	605826.9	605826.9
1083	雅居乐地产	03383	11.78	11.14	-0.42	22808600	11.82	11.04	-3.633217993	2.806964545	6.747404844	256148992	4006331.811	4006331.811
1084	新宇亨得利	03389	2.32	2.28	0	13736000	2.39	2.27	0	2.378716676	5.263157895	31774000	618491.9663	618491.9663
1085	威胜集团	03393	5.9	5.78	-0.03	2289100	5.9	5.68	-0.516351119	2.991873248	3.786574871	13217000	526294.8294	526294.8294
1086	华鼎控股	03398	0.9	0.9	0.01	932000	0.91	0.89	1.123595506	0.845229132	2.247191011	838000	188301.4172	188301.4172
1087	南粤物流	03399	2.1	2.05	0.01	176000	2.1	2.04	0.490196078	0.558354901	2.941176471	363000	85616.59238	85616.59238
1088	保利协鑫能源	03800	2.79	2.62	-0.1	10594000	2.85	2.58	-3.676470588	0.930199504	9.926470588	28615000	3239091.918	3239091.918
1089	中国重汽	03808	0	0	0	0	0	0	0	0	0	0	0	0
1090	宝胜国际	03813	1.16	1.16	0	6368500	1.21	1.13	0	0.816211631	6.896551724	7378000	497697.4563	497697.4563
1091	中国动向	03818	5.24	5.2	-0.04	11823300	5.33	5.01	-0.763358779	3.867321245	6.106870229	62001000	2946468.85	2946468.85
1092	德普科技	03823	0.205	0.205	0	140000	0.205	0.198	0	0.42628406	3.414634146	27000	12300	12300
1093	明辉国际	03828	1.2	1.19	-0.01	1000	1.19	1.19	-0.833333333	0.938337772	0	1000	71400	71400
1094	新疆新鑫矿业	03833	4.4	4.42	0.04	2836000	4.54	4.35	0.913242009	1.653078021	4.337899543	12507000	335478	976820
1095	中国淀粉	03838	0.6	0.58	-0.02	10656000	0.6	0.57	-3.333333333	1.531555369	5	6200000	151525	151525
1096	群星纸业	03868	3.69	3.73	0.04	965000	3.75	3.67	1.08401084	1.52009131	2.16802168	3572000	385234.4	385234.4
1097	中国奥园	03883	1.95	1.87	-0.07	14815000	1.97	1.85	-3.608247423	0.761369655	6.18556701	28204000	488537.5	488537.5
1098	康健国际	03886	1.39	1.35	-0.04	1081900	1.38	1.33	-2.877697842	44.85049959	3.597122302	1462000	41734.77803	41734.77803
1099	金山软件	03888	5.72	5.41	-0.28	4268000	5.75	5.4	-4.920913884	3.89320657	6.151142355	23544000	589230.7417	589230.7417
1100	大成糖业	03889	0.93	0.9	-0.03	720000	0.96	0.88	-3.225806452	0.616522809	8.602150538	648000	94050	94050
1101	南车时代电气	03898	11.72	10.98	-0.5	3377600	11.72	10.88	-4.355400697	3.080030363	7.317073171	37208000	500807.0215	1190512.676
1102	中集安瑞科	03899	3.84	3.8	-0.04	1192000	4	3.75	-1.041666667	1.971670236	6.510416667	4548000	325831.8313	325831.8313
1103	绿城中国	03900	11.82	11.44	-0.38	5904000	11.9	11.22	-3.214890017	1.889534894	5.752961083	68190000	1874066.659	1874066.659
1104	金界控股	03918	1.01	1.03	0.01	805000	1.03	1	0.980392157	1.017384402	2.941176471	811000	214454.1273	214454.1273
1105	郑州燃气	03928	9.36	9.38	0.02	52000	9.45	9.35	0.213675214	13.25795089	1.068376068	487000	51651.90892	117390.7
1106	联邦制药	03933	3	3.07	0.11	7770800	3.13	2.99	3.716216216	1.307997092	4.72972973	23869000	368400	368400
1107	三林环球	03938	0.57	0.53	-0.03	9638000	0.57	0.52	-5.357142857	0.556138505	8.928571429	5209000	227992.0544	227992.0544
1108	招商银行	03968	18.1	17.74	0.02	33523500	18.26	17.68	0.112866817	2.894011332	3.273137698	603548992	6139104.4	33917797.86
1109	中海石油化学	03983	4.19	4.07	-0.09	21475400	4.2	4	-2.163461538	1.755823927	4.807692308	87523000	720797	1876270
1110	中国银行	03988	3.79	3.69	0.01	424232800	3.79	3.68	0.27173913	1.779513843	2.989130435	1585526016	28051472.25	93666650.04
1111	恒宝利国际控股	03989	0.6	0.58	-0.02	1736000	0.62	0.58	-3.333333333	0.27769799	6.666666667	1034000	24806.07891	24806.07891
1112	洛阳钼业	03993	5.6	5.59	0.16	26536000	5.67	5.53	2.946593002	2.139467334	2.578268877	148399008	732936.1691	2725779.379
1113	波司登	03998	0.86	0.84	-0.01	6010000	0.86	0.83	-1.176470588	0.872817938	3.529411765	5056000	652877.4	652877.4
1114	大成食品	03999	1.56	1.59	0.03	270000	1.6	1.56	1.923076923	0.955930959	2.564102564	427000	160695.263	160695.263

香港证券市场创业板上市公司2009年6月30日收盘情况

次序	名称	代码	开盘	成交	涨跌	总量	最高	最低	幅度%	市净率	振幅%	成交金额	流通市值	总市值
1	世大控股	08003	0.275	0.275	0	1526000	0.275	0.265	0	6.790123437	3.636363636	411000	13373.63457	13373.63457
2	裕兴科技	08005	0.415	0.42	0.005	64000	0.42	0.42	1.204819277	0.504141147	0	26000	68418.33469	68418.33469

次序	名称	代码	开盘	成交	涨跌	总量	最高	最低	幅度%	市净率	振幅%	成交金额	流通市值	总市值
3	中华网	08006	4.39	4.2	-0.19	46600	4.2	4.2	-4.328018223	0.595364652	0	195000	45012.91348	45012.91348
4	数码香港	08007	0.61	0.61	0	0	0.61	0.61	0	5.67441851	0	0	9150	9150
5	新意网集团	08008	0.83	0.79	-0.04	689000	0.81	0.79	-4.819277108	0.719097013	2.409638554	554000	160487.2163	160487.2163
6	菱控有限公司	08009	0.8	0.76	-0.04	665000	0.82	0.75	-5	2.424242524	8.75	512000	43035.38	43035.38
7	星美出版集团	08010	0	0	0	0	0	0	0	0	0	0	0	0
8	百田石油	08011	0.084	0.08	-0.004	3930000	0.082	0.08	-4.761904762	0.766283514	2.380952381	318000	43264	43264
9	松景科技	08013	0.14	0.15	0.01	318000	0.16	0.15	7.142857143	0.24	7.142857143	49000	13964.02148	13964.02148
10	乾隆科技	08015	0.68	0.68	0	0	0.68	0.68	0	1.311981486	0	0	17176.8	17176.8
11	中华数据广播	08016	0	0	0	0	0	0	0	0	0	0	0	0
12	百龄国际(新)	08017	0	0	0	0	0	0	0	0	0	0	0	0
13	中远威生物制药	08019	0.116	0.109	-0.007	415000	0.122	0.109	-6.034482759	6.264367728	11.20689655	46000	7848	7848
14	汇隆控股	08021	0.248	0.237	-0.011	5210000	0.25	0.235	-4.435483871	1.60569111	6.048387097	1261000	18584.1828	18584.1828
15	彩娱集团	08022	0.61	0.59	-0.02	1548000	0.61	0.58	-3.278688525	8.575581104	4.918032787	919000	32254.22602	32254.22602
16	亚洲资产	08025	0.15	0.167	0.017	1968000	0.176	0.165	11.33333333	-7.590909132	7.333333333	338000	16089.08008	16089.08008
17	长达科技	08026	0.27	0.285	0.015	312000	0.29	0.275	5.555555556	2.852852859	5.555555556	89000	17033.7375	17033.7375
18	天时软件	08028	0.08	0.085	0.005	2000	0.085	0.085	6.25	0.912996812	0	0	9632.722617	9632.722617
19	太阳国际	08029	0.75	0.65	-0.1	185000	0.74	0.65	-13.33333333	0.758459749	12	124000	54087.15	54087.15
20	大中华科技	08032	0	0	0	0	0	0	0	0	0	0	0	0
21	爱达利网络	08033	0.137	0.137	0	4000	0.137	0.12	0	0.60943059	12.40875912	0	8409.320086	8409.320086
22	滨海投资	08035	0.315	0.305	-0.01	17843300	0.32	0.3	-3.174603175	-0.742092433	6.349206349	5481000	182780.7622	182780.7622
23	朗力福集团	08037	0.24	0.24	0	0	0.24	0.24	0	1.061946921	0	0	12801.6	12801.6
24	中邮电贸(控股)	08041	0.4	0.4	0	44492300	0.415	0.39	0	3.460207692	6.25	17960000	67409.39375	67409.39375
25	年代国际控股	08043	0.209	0.2	-0.009	108000	0.205	0.2	-4.306220096	7.09219845	2.392344498	22000	7982.239844	7982.239844
26	南大苏富特	08045	0.25	0.255	0.005	12000	0.255	0.25	2	0.001173227	2	3000	5967	23817
27	恒芯中国	08046	0.68	0.65	-0.03	18462000	0.68	0.64	-4.411764706	2.478078399	5.882352941	11981000	91947.89297	91947.89297
28	中国掌付	08047	0.178	0.17	-0.008	1875000	0.182	0.17	-4.494382022	1.069182428	6.741573034	330000	35273.41953	35273.41953
29	志鸿科技	08048	0.063	0.063	0	0	0.064	0.063	0	0.670926499	1.587301587	0	6205.815	6205.815
30	吉林长龙药业	08049	0.275	0.28	0.005	4000	0.28	0.28	1.818181818	0.591590945	0	1000	4830	15687
31	FLEXSYSTEM	08050	0.244	0.244	0	0	0.244	0.244	0	2.497441151	0	0	14640	14640
32	千里眼控股	08051	0.245	0.245	0	0	0.245	0.231	0	1.327193964	5.714285714	0	4417.35	4417.35
33	利亚零售	08052	1.95	2	0.05	10000	2	1.91	2.564102564	1.91149756	4.615384615	19000	145983.2031	145983.2031
34	中国电力科技	08053	0.335	0.305	-0.03	1250000	0.335	0.3	-8.955223881	0.766716946	10.44776119	405000	20405.03375	20405.03375
35	中国网络教育	08055	0.231	0.232	0.001	2592000	0.232	0.226	0.432900433	5.225225333	2.597402597	594000	51662.21313	51662.21313
36	罗欣药业	08058	2.98	3.06	0.08	210800	3.13	3	2.684563758	2.764227659	4.362416107	649000	50355.36	186537.6
37	国联通信	08060	0.13	0.118	-0.012	3570000	0.118	0.1	-9.230769231	3.025640963	13.84615385	374000	9174.187484	9174.187484
38	光亚	08061	0.09	0.082	-0.008	444000	0.09	0.082	-8.888888889	0.990338153	8.888888889	39000	41529.84556	41529.84556
39	卓施金网	08063	0.84	0.8	-0.04	242400	0.85	0.76	-4.761904762	0.275169402	10.71428571	190000	9586.584375	9586.584375
40	中国海景	08065	0.445	0.445	0	0	0.445	0.445	0	0.500844133	0	0	10777.44196	10777.44196
41	镨联科技	08066	1.49	1.45	-0.04	1845000	1.5	1.43	-2.684563758	5.853855334	4.697986577	2684000	69179.5	69179.5
42	新宇国际	08068	0.11	0.11	0	0	0.11	0.11	0	0.759144268	0	0	20084.81234	20084.81234
43	同仁堂科技	08069	11.16	11	-0.16	128000	11.26	10.7	-1.433691756	1.360577914	5.017921147	1393000	96052	215600
44	中裕燃气	08070	0.435	0.45	0.015	2586000	0.47	0.43	3.448275862	1.327042158	9.195402299	1159000	87000.82031	87000.82031
45	中国金属资源	08071	0.249	0.226	-0.016	161782496	0.255	0.205	-6.611570248	0.573313043	20.66115702	35054000	78623.82506	78623.82506
46	ROJAM	08075	0.13	0.122	-0.015	2096000	0.126	0.118	-10.94890511	7.261905021	5.839416058	255000	23498.59538	23498.59538
47	新利软件	08076	0.27	0.265	-0.005	165000	0.27	0.255	-1.851851852	378.5714421	5.555555556	43000	17574.8	17574.8
48	英皇娱乐	08078	0.67	0.67	0	20000	0.67	0.67	0	-8.241082627	0	13000	17420	17420
49	变靓D控股	08079	0.22	0.205	-0.015	222400	0.22	0.205	-6.818181818	0.112242661	6.818181818	47000	3568.810166	3568.810166
50	北亚策略	08080	0.97	0.96	-0.01	0	0.97	0.96	-1.030927835	0.047721547	1.030927835	0	9196.32	9196.32
51	骏科网络讯息	08081	0.485	0.49	0.005	150000	0.495	0.49	1.030927835	5.030800709	1.030927835	74000	7702.946904	7702.946904
52	讯通控股	08082	0	0	0	0	0	0	0	0	0	0	0	0
53	矽感科技	08083	0.06	0.058	-0.002	200000	0.058	0.058	-3.333333333	1.030195394	0	11000	11874.26206	11874.26206
54	中民安园	08085	0.385	0.355	-0.03	0	0.385	0.355	-7.792207792	2.358803994	7.792207792	0	42734.40355	42734.40355
55	易宝	08086	0.11	0.115	-0.012	80000	0.115	0.11	-9.448818898	1.592797778	3.937007874	8000	3865.93209	3865.93209
56	高诚资本	08088	0.221	0.218	-0.003	410000	0.223	0.215	-1.357466063	4.359999935	3.619909502	90000	6569.38657	6569.38657
57	中国铁路货运	08089	1.09	1.02	-0.07	4450000	1.12	1.01	-6.422018349	0.634683588	10.09174312	4709000	57509.02641	57509.02641
58	环球实业科技	08091	0.227	0.219	-0.008	6310000	0.22	0.2	-3.524229075	1.417475795	8.810572687	1337000	32936.04305	32936.04305
59	ITE HOLDINGS	08092	0.061	0.064	0.003	120000	0.064	0.061	4.918032787	4.923076822	4.918032787	7000	5795.635	5795.635
60	北大青鸟环宇	08095	0.35	0.35	0	200000	0.35	0.33	0	0.509758207	5.714285714	66000	16968	41468
61	博软	08096	0.79	0.78	-0.01	210000	0.8	0.78	-1.265822785	12.03703672	2.53164557	165000	39097.89	39097.89
62	联梦活力世界	08100	0.17	0.22	0.05	3192200	0.22	0.17	29.41176471	6.984126872	29.41176471	573000	24048.59359	24048.59359
63	上海复旦	08102	0.59	0.58	-0.01	20000	0.58	0.58	-1.694915254	1.048066536	0	11000	14055.14	35805.14
64	泰盛国际控股	08103	0.28	0.44	-0.18	2245000	0.44	0.3	-29.03225806	1.716738182	22.58064516	816000	4804.36	4804.36
65	浙大兰德	08106	0.205	0.205	0	0	0.205	0.205	0	0.747629488	0	0	2298.5625	7309.19332
66	名家国际	08108	0.154	0.15	-0.002	9592000	0.157	0.148	-1.315789474	0.614502242	5.921052632	1470000	20772	20772
67	科瑞控股	08109	0	0	0	0	0	0	0	0	0	0	0	0
68	一创科技	08111	0.77	0.75	-0.02	21715000	0.8	0.73	-2.597402597	9.24784195	9.090909091	16756000	40784.4082	40784.4082
69	上海青浦消防	08115	0	0	0	0	0	0	0	0	0	0	0	0
70	大地资源发展	08116	0.205	0.2	-0.005	68010000	0.208	0.199	-2.43902439	1.133144523	4.390243902	13906000	136083.2	136083.2
71	中国基础资源	08117	0.062	0.055	-0.005	175790000	0.062	0.053	-8.333333333	0.399129193	15	9899000	67628.17875	67628.17875
72	国际娱乐	08118	1.68	1.66	-0.02	106000	1.68	1.65	-1.19047619	0.984403701	1.785714286	176000	195740.0931	195740.0931
73	即时科研	08119	0.14	0.145	0.004	4900000	0.16	0.14	2.836879433	-8.630952689	14.18439716	703000	22659.69148	22659.69148
74	中华药业	08120	0	0	0	0	0	0	0	0	0	0	0	0
75	首华金融	08123	0.395	0.385	-0.01	6198000	0.4	0.38	-2.53164557	6.912028679	5.063291139	2397000	113733.7403	113733.7403
76	G.A.控股	08126	0.235	0.235	0	0	0.235	0.235	0	0.524085649	0	0	10175.5	10175.5
77	中国地能	08128	0.08	0.074	-0.004	36112000	0.08	0.072	-5.128205128	0.473145795	10.25641026	2720000	49973.0325	49973.0325
78	中国生物资源	08129	0.086	0.082	-0.004	11820000	0.087	0.082	-4.651162791	25.62500065	5.813953488	999000	67267.06	67267.06
79	采艺多媒体	08130	0	0	0	0	0	0	0	0	0	0	0	0

次序	名称	代码	开盘	成交	涨跌	总量	最高	最低	幅度%	市净率	振幅%	成交金额	流通市值	总市值
80	辰罡科技	08131	0.26	0.25	-0.01	384000	0.25	0.212	-3.846153846	-0.998004018	14.61538462	82000	4014.774902	4014.774902
81	田生集团	08136	0.229	0.203	-0.026	17648000	0.234	0.202	-11.35371179	0.782575143	13.97379913	3776000	59448.55	59448.55
82	洪桥集团	08137	0.49	0.51	0.02	248000	0.54	0.49	4.081632653	364.2857273	10.20408163	122000	231168.7041	231168.7041
83	华夏医疗	08143	0.063	0.054	-0.009	10125000	0.062	0.052	-14.28571429	0.740740769	15.87301587	578000	24273.60413	24273.60413
84	奥柏中国	08148	0	0	0	0	0	0	0	0	0	0	0	0
85	无缝绿色	08150	0.69	0.64	-0.05	24960000	0.69	0.58	-7.246376812	266.666654	15.94202899	15764000	271360	271360
86	亿胜生物科技	08151	0.305	0.285	-0.02	1128000	0.31	0.265	-6.557377049	1.554828122	14.75409836	329000	15867.375	15867.375
87	中国3C集团	08153	0.32	0.315	-0.005	4164000	0.325	0.315	-1.5625	2.058823568	3.125	1339000	57780.39094	57780.39094
88	南华置地	08155	0.6	0.62	0.04	16000	0.62	0.62	6.896551724	2.35651845	0	9000	692860.23	692860.23
89	众彩股份	08156	0.3	0.305	0.005	1245000	0.305	0.28	1.666666667	0.450849948	8.333333333	358000	97962.75938	97962.75938
90	首都信息	08157	0.255	0.23	-0.025	4578000	0.241	0.228	-9.803921569	0.941080217	5.098039216	1070000	17813.45328	66655.98375
91	中国生物医学	08158	0.285	0.275	-0.01	8640000	0.285	0.275	-3.50877193	3.190255263	3.50877193	2433000	68224.2	68224.2
92	辉煌科技	08159	0.246	0.239	-0.007	0	0.246	0.235	-2.845528455	0.480402008	4.471544715	0	7648	7648
93	华彩控股	08161	0.305	0.315	0.015	15772000	0.335	0.305	5	2.676295597	10	5063000	233168.1581	233168.1581
94	中建资源	08163	0.182	0.156	-0.026	5212000	0.183	0.15	-14.28571429	1.511627856	18.13186813	851000	65569.12538	65569.12538
95	华普智通	08165	0.24	0.24	0	0	0.24	0.24	0	-13.11475368	0	0	21528	21528
96	蓝帆科技	08166	2	1.92	-0.08	281000	1.95	1.8	-4	-21.35706296	7.5	532000	14833.92	14833.92
97	天下媒体	08167	0.147	0.14	-0.007	21040000	0.15	0.138	-4.761904762	31.81818199	8.163265306	2983000	175000	175000
98	环康集团	08169	0.16	0.16	0	0	0.16	0.16	0	0.80604531	0	0	10392.64	10392.64
99	中国趋势	08171	0	0	0	0	0	0	0	0	0	0	0	0
100	宝利福	08172	0.12	0.098	-0.022	11571200	0.111	0.095	-18.33333333	-0.762645917	13.33333333	1147000	6119.221063	6119.221063
101	智库媒体	08173	0.129	0.119	-0.01	51600000	0.129	0.117	-7.751937984	0.09901814	9.302325581	6201000	61898.25534	61898.25534
102	中国数蔓版权	08175	0.091	0.091	0	1000000	0.091	0.091	0	3.074324323	0	91000	13006.40392	13006.40392
103	富丽花谱	08176	0.475	0.475	-0.005	0	0.475	0.475	-1.041666667	3.156146189	0	0	22439	22439
104	中国信息科技	08178	0	0	0	0	0	0	0	0	0	0	0	0
105	环能国际	08182	0.85	0.79	-0.04	20282000	0.86	0.78	-4.819277108	2.92592581	9.638554217	16502000	184619.9017	184619.9017
106	神州东盟资源	08186	0.182	0.175	-0.006	8390000	0.186	0.171	-3.314917127	0.574335436	8.287292818	1490000	33337.5	33337.5
107	牡丹汽车	08188	0	0	0	0	0	0	0	0	0	0	0	0
108	泰达生物	08189	0.25	0.25	0	180000	0.25	0.25	0	2.57466537	0	45000	17625	23750
109	金望控股	08190	0.075	0.09	0.015	1290000	0.09	0.07	20	0.602006699	26.66666667	102000	21748.5	21748.5
110	环球集团	08192	0.12	0.112	-0.008	736000	0.121	0.112	-6.666666667	65.88235207	7.5	83000	62361.6	62361.6
111	元征科技	08196	0.44	0.44	0	195000	0.44	0.4	0	0.449530037	9.090909091	78000	12038.4	26558.4
112	东北虎药业	08197	0.113	0.112	-0.001	330000	0.112	0.111	-0.884955752	0.869565186	0.884955752	36000	2318.4	8362.52725
113	新濠环彩	08198	0.335	0.4	0.065	212000	0.4	0.33	19.40298507	2.009040656	20.89552239	73000	20032.13594	20032.13594
114	威高股份	08199	20.1	19.9	-0.2	1316500	20.25	19.88	-0.995024876	7.149272611	1.84079602	26294000	851960.9766	2141799.377
115	修身堂	08200	0.07	0.061	-0.009	1450000	0.068	0.055	-12.85714286	1.882716001	18.57142857	83000	5855.268	5855.268
116	汇创控股	08202	0.102	0.089	-0.012	73870000	0.104	0.089	-11.88118812	0.368377473	14.85148515	6948000	20573.55706	20573.55706
117	凯顺能源	08203	0	0	0	0	0	0	0	0	0	0	0	0
118	交大慧谷	08205	0.3	0.3	0	0	0.3	0.3	0	1.336898403	0	0	3960	14400
119	神州奥美网络	08206	0.68	0.68	0	213000	0.69	0.66	0	-3.01819797	4.411764706	143000	54555.50219	54555.50219
120	常茂生物化学工程	08208	1.1	1.06	-0.04	84000	1.09	1.03	-3.636363636	1.618073606	5.454545455	88000	19472.2	72472.2
121	龙杰智能卡	08210	0.3	0.31	0.005	212000	0.31	0.3	1.639344262	1.906519115	3.278688525	64000	8735.8	8735.8
122	浙江永隆实业	08211	0	0	0	0	0	0	0	0	0	0	0	0
123	问博控股	08212	0.29	0.29	0	0	0.29	0.29	0	-9.09090914	0	0	51122.40078	51122.40078
124	万达资讯科技	08213	0.09	0.089	-0.001	250000	0.098	0.081	-1.111111111	2.557471228	18.88888889	22000	6675	6675
125	长安民生物流	08217	2.85	2.89	0.04	70000	2.89	2.88	1.403508772	0.748607674	0.350877193	202000	15895	46836.49713
126	帝通国际(新)	08220	0	0	0	0	0	0	0	0	0	0	0	0
127	李氏大药厂	08221	0.63	0.6	-0.03	605000	0.64	0.6	-4.761904762	2.919707934	6.349206349	365000	25059.83906	25059.83906
128	万全科技药业	08225	0.55	0.55	0	0	0.55	0.55	0	1.680415459	0	0	19954.36953	19954.36953
129	上声国际	08226	0.225	0.225	0	0	0.225	0.225	0	0.840179228	0	0	7314.525	7314.525
130	海天天线	08227	0.29	0.29	0	92000	0.29	0.29	0	1.201325584	0	26000	4691.176221	18764.70488
131	慧峰集团	08228	0.128	0.1	-0.028	265000	0.13	0.1	-21.875	-1.18623967	23.4375	30000	10666.35313	10666.35313
132	东大照明	08229	0	0	0	0	0	0	0	0	0	0	0	0
133	东江环保	08230	2.15	2.15	0	200000	2.2	2.12	0	2.324324294	3.720930233	432000	38248.5	134886.7
134	复旦张江	08231	0.62	0.62	0	0	0.62	0.62	0	5.887939121	0	0	44020	44020
135	中国基建港口	08233	0.48	0.42	-0.04	2175100	0.48	0.415	-8.695652174	1.973684246	14.13043478	944000	49146.15563	49146.15563
136	赛迪顾问	08235	0.17	0.16	-0.01	200000	0.16	0.16	-5.882352941	1.208459159	0	32000	3344	11200
137	宝德科技集团	08236	0.2	0.2	0	0	0.2	0.2	0	1.102535826	0	0	12150	45150
138	明基能源	08239	0.195	0.19	-0.005	3115000	0.203	0.19	-2.564102564	2.722063158	6.666666667	606000	50160	50160
139	大贺传媒	08243	0.219	0.215	-0.004	0	0.219	0.215	-1.826484018	0.533896191	1.826484018	0	17845	17845
140	中生北控生物科技	08247	2.81	2.61	-0.2	40000	2.62	2.61	-7.117437722	1.174406074	0.355871886	104000	8613	26104.5675
141	屹东电子	08249	0.104	0.099	-0.005	200000	0.099	0.092	-4.807692308	-0.289051094	6.730769231	18000	1287	4950
142	确思医药(新)	08250	0	0	0	0	0	0	0	0	0	0	0	0
143	上海栋华	08251	0.54	0.54	0	23600	0.54	0.54	0	0.873221248	0	12000	50554.26	50554.26
144	天元铝业	08253	0.31	0.31	0	350000	0.31	0.31	0	1.261701253	0	108000	10850.62	36214.2
145	金利通	08256	0	0	0	0	0	0	0	0	0	0	0	0
146	西北实业	08258	0.159	0.151	-0.008	720000	0.179	0.15	-5.031446541	0.871824499	18.23899371	120000	13741	13741
147	安德利果汁	08259	0.38	0.38	0.005	17680000	0.39	0.375	1.333333333	1.285955962	4	6730000	66886.68563	162090.3656
148	A-S CHINA	08262	2.55	2.45	-0.07	202000	2.56	2.45	-2.777777778	0.606735992	4.365079365	509000	37003.33096	37003.33096
149	流动电讯	08266	0.17	0.16	-0.01	472000	0.165	0.16	-5.882352941	2.772963571	2.941176471	76000	7574.5825	7574.5825
150	中国联盛	08270	0.63	0.6	-0.03	50000	0.63	0.6	-4.761904762	2.733485128	4.761904762	30000	51983.18906	51983.18906
151	环球数码创意	08271	0.29	0.285	0	1400000	0.29	0.26	0	1.18601748	10.52631579	390000	36914.49586	36914.49586
152	百富国际	08272	0.53	0.53	0	190000	0.53	0.495	0	76.81159509	6.603773585	100000	127306	127306
153	浙江展望	08273	0.93	0.93	0	0	0.93	0.93	0	0.545870769	0	0	2139	7123.8
154	物美商业	08277	10.18	9.66	-0.52	3322000	10.3	9.5	-5.10805501	4.169543987	7.858546169	32517000	489344.6955	1178856.138
155	亚博科技控股	08279	0.32	0.305	-0.015	10564000	0.315	0.295	-4.6875	1.023146613	6.25	3267000	109230.7175	109230.7175
156	研祥智能	08285	1.52	1.48	-0.04	4936000	1.54	1.47	-2.631578947	2.085094378	4.605263158	7430000	182505.3097	182505.3097

次序	名称	代码	开盘	成交	涨跌	总量	最高	最低	幅度%	市净率	振幅%	成交金额	流通市值	总市值
157	长城微光	08286	0.65	0.65	0	0	0.65	0.65	0	1.767264831	0	0	7150	20075.9
158	三宝科技	08287	4.84	4.79	-0.05	347000	4.8	4.16	-1.033057851	1.893729656	13.2231405	1525000	43972.2	107343.9
159	天津天联公用	08290	0.86	0.86	0	200000	0.87	0.86	0	1.462833858	1.162790698	172000	43005.16	98865.6
160	慧聪网	08292	0.405	0.4	-0.005	518000	0.41	0.395	-1.234567901	0.837520924	3.703703704	210000	19527.15938	19527.15938
161	安捷利实业	08298	0.285	0.285	0	0	0.285	0.285	0	0.93750003	0	0	15390	15390
162	大唐潼金	08299	0.135	0.13	-0.005	47412000	0.138	0.129	-3.703703704	1.14840988	6.666666667	6246000	35456.15531	35456.15531
163	明华科技	08301	0.31	0.31	0	0	0.31	0.31	0	52.5423709	0	0	620.62	16120
164	中国有色金属	08306	1.35	1.34	-0.01	3935000	1.4	1.3	-0.740740741	1.136845706	7.407407407	5311000	356607.5	356607.5
165	财华社集团	08317	0.094	0.092	-0.002	2860000	0.097	0.089	-2.127659574	1.341107892	8.510638298	260000	8271.306	8271.306
166	友成控股	08319	1.75	1.75	0	0	1.75	1.75	0	1.508230609	0	0	28000	28000
167	海王英特龙	08329	1.31	1.4	0.09	5530000	1.51	1.31	6.870229008	20.89552187	15.26717557	7855000	33133.8	132533.8
168	浙江世宝	08331	1.03	1.03	0	0	1.03	1.03	0	0.562472694	0	0	8931.542402	27053.76273
169	域高金融	08340	0.22	0.22	0	0	0.22	0.22	0	4.680851224	0	0	14080	14080
170	滨海泰达物流	08348	1.2	1.2	0	92000	1.2	1.2	0	0.739918634	0	110000	11789.15977	42517.43906
171	确思医药(旧)	08378	0	0	0	0	0	0	0	0	0	0	0	0
172	帝通国际(旧)	08379	0	0	0	0	0	0	0	0	0	0	0	0
173	百龄国际	08380	0	0	0	0	0	0	0	0	0	0	0	0
174	中国有色金属	08381	0	0	0	0	0	0	0	0	0	0	0	0

香港证券市场H股上市公司2009年6月30日收盘情况

次序	名称	代码	开盘	成交	涨跌	总量	最高	最低	幅度%	市净率	振幅%	成交金额	流通市值	总市值
1	第一拖拉机股份	00038	2.28	2.22	0.02	6180000	2.31	2.2	0.909090909	0.645761837	5	13869000	89241.78	187789.8
2	东北电气	00042	1.85	1.71	-0.1	3040000	1.85	1.71	-5.524861878	4.234769576	7.73480663	5328000	44109.45	149346.27
3	长城科技股份	00074	2.11	2.09	0.04	5318000	2.15	2.04	1.951219512	0.58139535	5.365853659	11117000	94859.24637	250328.0845
4	四川成渝高速公路	00107	3.35	3.2	-0.1	6768000	3.35	3.17	-3.03030303	1.24402288	5.454545455	21903000	286502.4	978579.2
5	深圳中航集团股份	00161	2.5	2.5	0	264000	2.51	2.45	0	0.864274337	2.4	654000	69414.50195	168341.7773
6	青岛啤酒股份	00168	24.35	24.6	0.25	1642400	24.8	24.25	1.026694045	4.416675723	2.258726899	40277000	1611470.278	3218219.278
7	江苏宁沪高速公路	00177	5.79	5.69	0.05	14569900	5.82	5.64	0.886524823	1.727487947	3.191489362	83796000	695318	2866478.328
8	北人印刷机械股份	00187	1.45	1.45	0	102000	1.46	1.45	0	0.611659499	0.689655172	148000	14500	61190
9	昆明机床	00300	4.58	4.5	-0.08	350400	4.58	4.45	-1.746724891	1.635233864	2.838427948	1582000	50722.1543	191189.1973
10	广州广船国际股份	00317	14.5	13.92	-0.38	1630800	14.7	13.88	-2.657342657	2.210611643	5.734265734	23026000	219098.0133	688591.2431
11	马鞍山钢铁股份	00323	5.08	4.88	-0.17	25162800	5.08	4.85	-3.366336634	1.274450951	4.554455446	123748000	845669.84	3757932.45
12	上海石油化工股份	00338	2.77	2.67	0.02	33862100	2.78	2.67	0.754716981	1.256234081	4.150943396	92077000	622110	1922400
13	鞍钢股份	00347	13.48	12.86	-0.34	13347600	13.6	12.82	-2.575757576	1.641206266	5.909090909	174390000	1396338.8	9303962.445
14	经纬纺织机械股份	00350	1.48	1.42	-0.06	1104000	1.47	1.4	-4.054054054	0.265261901	4.72972973	1587000	25673.6	85739.6
15	美兰机场	00357	4.78	4.79	0.06	437000	4.8	4.7	1.268498943	1.084372752	2.114164905	2068000	108691.3307	226669.0307
16	江西铜业股份	00358	13.4	12.7	-0.46	36878000	13.42	12.6	-3.495440729	1.631614787	6.23100304	476808992	1762102.18	3838998.863
17	中国石油化工股份	00386	6.05	5.91	0.19	452683008	6.06	5.89	3.321678322	1.375090096	2.972027972	2709616128	9917268.113	51241142.04
18	中国中铁	00390	6.5	6.23	-0.16	33677300	6.5	6.19	-2.503912363	2.090183101	4.851330203	212632992	2621203.97	13269837.7
19	彩虹电子	00438	0.51	0.5	-0.01	2292000	0.52	0.5	-1.960784314	0.373636235	3.921568627	1164000	24264.69922	97058.70313
20	东风集团股份	00489	6.8	6.54	-0.19	26036900	6.95	6.44	-2.823179792	2.326243205	7.578008915	175908000	1867648.646	5634942.48
21	广深铁路股份	00525	3.72	3.64	-0.08	11348700	3.74	3.59	-2.150537634	1.04399704	4.032258065	41274000	520993.2	2578407.423
22	深圳高速公路股份	00548	3.74	3.69	0.01	2102800	3.74	3.61	0.27173913	1.007068603	3.532608696	7666000	275827.5	804678.3
23	奇峰化纤	00549	0.39	0.38	-0.01	112000	0.395	0.375	-2.564102564	0.407944168	5.128205128	43000	9875.25	32917.5
24	中国通信服务	00552	4.86	4.79	-0.1	11899400	4.98	4.76	-2.044989775	2.033538542	4.498977505	57405000	954575.2248	2764635.618
25	南京熊猫电子股份	00553	1.66	1.67	0.01	358000	1.67	1.64	0.602409639	0.646084802	1.807228916	591000	40414	109387.505
26	山东墨龙	00568	1.14	1.11	-0.04	3660500	1.17	1.11	-3.47826087	3.067993492	5.217391304	4167000	365105.8481	365105.8481
27	浙江沪杭甬	00576	6.33	6.12	-0.24	8394200	6.43	6.12	-3.773584906	1.713325855	4.874213836	52497000	877518.9731	2657985.998
28	北京北辰实业股份	00588	2.81	2.59	-0.2	14756000	2.83	2.58	-7.168458781	0.740698362	8.960573477	39167000	183118.18	872058.18
29	中国外运	00598	1.84	1.76	-0.07	6840000	1.88	1.75	-3.825136612	0.82559342	7.103825137	12358000	314583.445	747824.33
30	中国东方航空股份	00670	0	0	0	0	0	0	0	0	0	0	0	0
31	北京首都机场股份	00694	5.5	5.43	-0.06	12663600	5.57	5.4	-1.092896175	1.684974874	3.096539162	69700000	1020494.686	2351673.27
32	中国民航信息网络	00696	4.21	4.3	0.04	512500	4.33	4.21	0.938967136	1.445669694	2.816901408	2205000	267334.4434	838846.7547
33	山东新华制药股份	00719	2.02	1.98	-0.04	696000	2.02	1.98	-1.98019802	0.509350961	1.98019802	1389000	29700	90547.97555
34	中国电信	00728	3.95	3.87	0	94824496	3.98	3.83	0	1.296743049	3.875968992	371449984	5370557.67	31320827.19
35	浙江玻璃	00739	2.19	2.11	-0.06	4832000	2.22	2.1	-2.764976959	0.56999296	5.529953917	10453000	81234.7857	165634.7857
36	渖阳公用发展股份	00747	0	0	0	0	0	0	0	0	0	0	0	0
37	中国国航	00753	3.9	3.8	-0.05	17311200	3.95	3.78	-1.298701299	2.058951009	4.415584416	66806000	1674159.706	4655517.75
38	中兴通讯	00763	27.8	26.9	-0.7	1211700	27.8	26.7	-2.536231884	2.236671405	3.985507246	32700000	784067.4873	4926294.513
39	新华文轩	00811	2.77	2.81	0.04	2582000	2.83	2.74	1.444043321	0.765751033	3.249097473	7176000	124184.3277	318971.8154
40	北京京客隆	00814	4.06	4	-0.05	900800	4.1	3.98	-1.234567901	1.097574396	2.962962963	3628000	72864	164888
41	天大石油管材	00839	3.36	3.32	-0.06	571000	3.46	3.3	-1.775147929	1.773125358	4.733727811	1936000	83449.86	252769.86
42	天业节水	00840	0.82	0.79	-0.03	882000	0.82	0.77	-3.658536585	0.548002233	6.097560976	690000	15989.6	41042.23738
43	中国石油股份	00857	8.88	8.6	-0.03	145169904	8.9	8.59	-0.347624565	1.755424528	3.59212051	1270945024	18145054	157398042.8
44	广州药业股份	00874	4.15	4.16	0.03	5071900	4.23	4.05	0.726392252	0.916804427	4.358353511	21154000	91478.4	337334.4
45	华能国际电力股份	00902	5.55	5.44	-0.06	22439400	5.63	5.35	-1.090909091	1.570574793	5.090909091	123779000	1662128.59	6558128.76
46	安徽海螺水泥股份	00914	50.85	48.5	-1.05	1946500	50.85	48.45	-2.119071645	3.094118612	4.843592331	96434000	2101020	8567205.203
47	海信科龙	00921	0	0	0	0	0	0	0	0	0	0	0	0
48	建设银行	00939	6.14	6.01	-0.03	368973312	6.18	6	-0.496688742	2.658468631	2.98013245	2247628032	135038089	140447089
49	联华超市	00980	13.22	12.56	-0.42	2531200	13.64	12.4	-3.235747304	2.766763655	9.553158706	32702000	259992	781232
50	大唐发电	00991	4.89	4.72	-0.03	19448400	4.89	4.68	-0.631578947	1.886943316	4.421052632	92869000	1564999.78	5560177.7
51	安徽皖通高速公路	00995	4.35	4.39	0.01	966000	4.39	4.35	0.228310502	0.372005511	0.913242009	4227000	216431.39	216431.39
52	中信银行	00998	5.04	5.03	0.08	90656400	5.13	4.99	1.616161616	1.810329262	2.828282828	456889984	6238106.658	19633772.54
53	北青传媒	01000	4.24	4.14	-0.01	181500	4.31	4.1	-0.240963855	0.567387561	5.060240964	761000	22729.0144	81686.34

次序	名称	代码	开盘	成交	涨跌	总量	最高	最低	幅度%	市净率	振幅%	成交金额	流通市值	总市值
54	仪征化纤股份	01033	1.71	1.61	-0.04	19830000	1.72	1.61	-2.424242424	0.870317311	6.666666667	33013000	225400	644000
55	重庆钢铁股份	01053	3.08	3.01	-0.05	4805000	3.12	2.98	-1.633986928	0.817645957	4.575163399	14585000	161976.2246	521671.2364
56	中国南方航空股份	01055	2.21	2.15	-0.06	17904000	2.21	2.1	-2.714932127	1.772172806	4.977375566	38425000	378672.4117	1410672.378
57	天津创业环保股份	01065	2	1.94	-0.07	2052000	2.05	1.94	-3.482587065	0.785806848	5.472636816	4067000	65960	276882.2259
58	华电国际电力股份	01071	2.47	2.44	-0.03	16372000	2.51	2.41	-1.214574899	1.134039845	4.048582996	40095000	349170.8244	1469144.588
59	东方电气	01072	29	27.7	-1.05	839200	29	27.35	-3.652173913	10.3617251	5.739130435	23478000	470900	2443140
60	中国神华	01088	28.9	28.55	0.05	32185200	29.75	28.35	0.175438596	3.39711113	4.912280702	936336000	9702953.038	56784865.1
61	洛阳玻璃股份	01108	0	0	0	0	0	0	0	0	0	0	0	0
62	庆铃汽车股份	01122	1.49	1.44	-0.06	2922000	1.52	1.42	-4	0.455048191	6.666666667	4297000	178365.8925	357446.5875
63	哈尔滨动力股份	01133	7.7	7.31	-0.29	4903700	7.79	7.3	-3.815789474	1.091044807	6.447368421	36751000	493842.4124	1006445.14
64	中海发展股份	01138	10.64	10	-0.34	8796400	10.64	9.98	-3.288201161	1.393514626	6.382978723	89980000	1296000	3404552.188
65	兖州煤业股份	01171	11	10.66	-0.1	20174900	11.04	10.6	-0.92936803	1.728387012	4.089219331	218480992	2087654.4	5243014.4
66	中国铁建	01186	12	11.96	-0.06	19113500	12.12	11.9	-0.499168053	2.724187539	1.830282862	229682000	2483249.941	14755699.34
67	成都普天电缆股份	01202	1.62	1.55	-0.07	308000	1.65	1.55	-4.320987654	0.506089393	6.172839506	486000	24800	62000
68	比亚迪股份	01211	33	30.7	-1.6	3092400	33	30.55	-4.953560372	4.91876841	7.585139319	98278000	2434817	6984557
69	工商银行	01398	5.46	5.4	0.03	351582496	5.54	5.37	0.558659218	2.639683144	3.165735568	1919069056	44850510	180370173.6
70	中国南车	01766	4.56	4.54	0.02	17889200	4.59	4.51	0.442477876	2.959197066	1.769911504	81289000	918896	5375360
71	中国交通建设	01800	9.31	9.06	-0.16	32188400	9.41	9.04	-1.735357918	2.877377967	4.013015184	296315008	4011315	13431450
72	晨鸣纸业	01812	5.88	5.55	-0.27	1313000	5.89	5.51	-4.639175258	0.847354128	6.529209622	7416000	217154.85	1144435.495
73	招金矿业	01818	12.66	12.58	-0.04	3056000	12.9	12.54	-0.316957211	3.987574568	2.852614897	38900000	549964.8723	1833446.94
74	中材股份	01893	6.62	6.39	-0.12	4499400	6.64	6.35	-1.843317972	2.962860068	4.4546851	29202000	743890.6519	2282165.536
75	中煤能源	01898	9.49	9.18	-0.11	27058400	9.54	9.12	-1.184068891	1.833762744	4.520990312	253468992	3769916.749	12171453.32
76	中国远洋	01919	9.75	9.23	-0.3	45383000	9.8	9.16	-3.14795383	1.584440587	6.715634837	425800992	2381893.8	9429620.671
77	锦江酒店	02006	1.52	1.56	0.04	12878000	1.6	1.53	2.631578947	0.902412195	4.605263158	20154000	217074	712140
78	中国平安	02318	54.2	52.45	-0.9	10727200	54.3	52.15	-1.686972821	4.096248023	4.029990628	571478976	13420086.47	38524803.64
79	中国财险	02328	5.7	5.35	-0.32	54798200	5.75	5.32	-5.643738977	2.410669997	7.58377425	299972992	1848949.3	5960863
80	长城汽车	02333	6.23	6.15	-0.04	872000	6.3	6.12	-0.646203554	0.882201057	2.907915994	5419000	254162.2752	673592.2992
81	上海复地	02337	2.55	2.37	-0.14	9106000	2.55	2.35	-5.577689243	1.000464325	7.96812749	22090000	250162.4986	599445.5072
82	潍柴动力	02338	25.9	25.7	0.1	1376100	26	24.35	0.390625	2.361025543	6.4453125	34690000	520168	2140928.26
83	上海集优	02345	1.48	1.42	-0.02	12698100	1.5	1.38	-1.388888889	0.664047862	8.333333333	18305000	107878.82	204236.6475
84	宝业集团	02355	4.42	4.47	0.05	1216000	4.62	4.4	1.131221719	0.886869528	4.977375566	5480000	139563.2305	296344.901
85	中航科工	02357	1.88	1.87	-0.01	2416000	1.89	1.85	-0.531914894	3.283581922	2.127659574	4520000	314122.7753	868354.8947
86	中国铝业	02600	7.73	7.34	-0.22	45648700	7.75	7.3	-2.91005291	1.591983692	5.952380952	341411008	2894870.998	9926973.825
87	湖南有色金属公司	02626	2	1.91	-0.06	9738000	2.01	1.9	-3.045685279	1.367509105	5.583756345	18915000	311851.042	700599.1019
88	中国人寿	02628	29.15	28.5	-0.25	48966300	29.2	28.3	-0.869565217	3.93298748	3.130434783	1412568064	21207348.75	80554409.25
89	魏桥纺织	02698	4.03	4.01	-0.01	2687100	4.08	3.96	-0.248756219	0.315979429	2.985074627	10742000	165861.2127	478949.9827
90	重庆机电	02722	1.32	1.25	-0.06	11148000	1.32	1.24	-4.580152672	1.188438852	6.106870229	14244000	137523.4375	460580.0391
91	上海电气	02727	3.5	3.32	-0.11	20251100	3.5	3.3	-3.206997085	1.695694325	5.83090379	68414000	987006.7425	4152551.835
92	富力地产	02777	18.46	17.42	-0.88	20874100	18.5	17.3	-4.808743169	3.328937974	6.557377049	367823008	1768581.151	5613363.096
93	中海集运	02866	2.2	2.07	-0.08	91528704	2.21	2.05	-3.720930233	0.672077939	7.441860465	192667008	776457	2418406.875
94	首创置业	02868	3.41	3.36	-0.05	6928000	3.5	3.28	-1.46627566	1.414677338	6.451612903	23310000	342974.0213	681394.56
95	大连港	02880	3.21	3.14	0	10734000	3.25	3.09	0	1.273988729	5.095541401	33808000	333656.4	918764
96	中海油田服务	02883	8.8	8.41	-0.23	9666400	8.89	8.38	-2.662037037	1.684256917	5.902777778	83088000	1290810.558	3780564.12
97	紫金矿业	02899	7	7.01	0.14	27320700	7.15	6.91	2.037845706	5.572336971	3.493449782	192276992	2807813.44	10193457.43
98	中国建材	03323	15.6	15.02	-0.24	9537800	15.6	14.9	-1.572739187	3.313259713	4.587155963	144060992	1803358.581	3726785.399
99	交通银行	03328	8.65	8.69	0.29	106479904	8.86	8.57	3.452380952	2.509095191	3.452380952	931620992	20043022.26	42576120.57
100	灵宝黄金	03330	2.85	2.82	0	1708000	2.88	2.82	0	1.124670958	2.127659574	4855000	83831.2691	217210.2356
101	先进半导体	03355	0.22	0.229	0.012	234000	0.23	0.215	5.529953917	0.420183473	6.912442396	51000	25907.54824	35133.79902
102	厦门港务	03378	1.58	1.51	-0.03	13340000	1.59	1.5	-1.948051948	0.969813719	5.844155844	20423000	148991.7	411656.2
103	南粤物流	03399	2.1	2.05	0.01	176000	2.1	2.04	0.490196078	0.558354901	2.941176471	363000	85616.59238	85616.59238
104	新疆新鑫矿业	03833	4.4	4.42	0.04	2836000	4.54	4.35	0.913242009	1.653078021	4.337899543	12507000	335478	976820
105	南车时代电气	03898	11.72	10.98	-0.5	3377600	11.72	10.88	-4.355400697	3.080030363	7.317073171	37208000	500807.0215	1190512.676
106	郑州燃气	03928	9.36	9.38	0.02	52000	9.45	9.35	0.213675214	13.25795089	1.068376068	487000	51651.90892	117390.7
107	招商银行	03968	18.1	17.74	0.02	33523500	18.26	17.68	0.112866817	2.894011332	3.273137698	603548992	6139104.4	33917797.86
108	中海石油化学	03983	4.19	4.07	-0.09	21475400	4.2	4	-2.163461538	1.755823927	4.807692308	87523000	720797	1876270
109	中国银行	03988	3.79	3.69	0.01	424232800	3.79	3.68	0.27173913	1.779513843	2.989130435	1585526016	28051472.25	93666650.04
110	洛阳钼业	03993	5.6	5.59	0.16	26536000	5.67	5.53	2.946593002	2.139467334	2.578268877	148399008	732936.1691	2725779.379
111	南大苏富特	08045	0.25	0.255	0.005	12000	0.255	0.25	2	0.001173227	2	3000	5967	23817
112	吉林长龙药业	08049	0.275	0.28	0.005	4000	0.28	0.28	1.818181818	0.591590945	0	1000	4830	15687
113	罗欣药业	08058	2.98	3.06	0.08	210800	3.13	3	2.684563758	2.764227659	4.362416107	649000	50355.36	186537.6
114	同仁堂科技	08069	11.16	11	-0.16	128000	11.26	10.7	-1.433691756	1.360577914	5.017921147	1393000	96052	215600
115	北大青鸟环宇	08095	0.35	0.35	0	200000	0.35	0.33	0	0.509758207	5.714285714	66000	16968	41468
116	上海复旦	08102	0.59	0.58	-0.01	20000	0.58	0.58	-1.694915254	1.048066536	0	11000	14055.14	35805.14
117	浙大兰德	08106	0.205	0.205	0	0	0.205	0.205	0	0.747629488	0	0	2298.5625	7309.19332
118	上海青浦消防	08115	0	0	0	0	0	0	0	0	0	0	0	0
119	首都信息	08157	0.255	0.23	-0.025	4578000	0.241	0.228	-9.803921569	0.941080217	5.098039216	1070000	17813.45328	66655.98375
120	牡丹汽车	08188	0	0	0	0	0	0	0	0	0	0	0	0
121	泰达生物	08189	0.25	0.25	0	180000	0.25	0.25	0	2.57466537	0	45000	17625	23750
122	元征科技	08196	0.44	0.44	0	195000	0.44	0.4	0	0.449530037	9.090909091	78000	12038.4	26558.4
123	东北虎药业	08197	0.113	0.112	-0.001	330000	0.112	0.111	-0.884955752	0.869565186	0.884955752	36000	2318.4	8362.52725
124	威高股份	08199	20.1	19.9	-0.2	1316500	20.25	19.88	-0.995024876	7.149272611	1.84079602	26294000	851960.9766	2141799.377
125	交大慧谷	08205	0.3	0.3	0	0	0.3	0.3	0	1.336898403	0	0	3960	14400
126	常茂生物化学工程	08208	1.1	1.06	-0.04	84000	1.09	1.03	-3.636363636	1.618073606	5.454545455	88000	19472.2	72472.2
127	浙江永隆实业	08211	0	0	0	0	0	0	0	0	0	0	0	0
128	长安民生物流	08217	2.85	2.89	0.04	70000	2.89	2.88	1.403508772	0.748607674	0.350877193	202000	15895	46836.49713
129	海天天线	08227	0.29	0.29	0	92000	0.29	0.29	0	1.201325584	0	26000	4691.176221	18764.70488
130	东江环保	08230	2.15	2.15	0	200000	2.2	2.12	0	2.324324294	3.720930233	432000	38248.5	134886.7

次序	名称	代码	开盘	成交	涨跌	总量	最高	最低	幅度%	市净率	振幅%	成交金额	流通市值	总市值
131	复旦张江	08231	0.62	0.62	0	0	0.62	0.62	0	5.887939121	0	0	44020	44020
132	赛迪顾问	08235	0.17	0.16	-0.01	200000	0.16	0.16	-5.882352941	1.208459159	0	32000	3344	11200
133	宝德科技集团	08236	0.2	0.2	0	0	0.2	0.2	0	1.102535826	0	0	12150	45150
134	大贺传媒	08243	0.219	0.215	-0.004	0	0.219	0.215	-1.826484018	0.533896191	1.826484018	0	17845	17845
135	中生北控生物科技	08247	2.81	2.61	-0.2	40000	2.62	2.61	-7.117437722	1.174406074	0.355871886	104000	8613	26104.5675
136	屹东电子	08249	0.104	0.099	-0.005	200000	0.099	0.092	-4.807692308	-0.289051094	6.730769231	18000	1287	4950
137	上海栋华	08251	0.54	0.54	0	23600	0.54	0.54	0	0.873221248	0	12000	50554.26	50554.26
138	天元铝业	08253	0.31	0.31	0	350000	0.31	0.31	0	1.261701253	0	108000	10850.62	36214.2
139	西北实业	08258	0.159	0.151	-0.008	720000	0.179	0.15	-5.031446541	0.871824499	18.23899371	120000	13741	13741
140	安德利果汁	08259	0.38	0.38	0.005	17680000	0.39	0.375	1.333333333	1.285955962	4	6730000	66886.68563	162090.3656
141	浙江展望	08273	0.93	0.93	0	0	0.93	0.93	0	0.545870769	0	0	2139	7123.8
142	物美商业	08277	10.18	9.66	-0.52	3322000	10.3	9.5	-5.10805501	4.169543987	7.858546169	32517000	489344.6955	1178856.138
143	研祥智能	08285	1.52	1.48	-0.04	4936000	1.54	1.47	-2.631578947	2.085094378	4.605263158	7430000	182505.3097	182505.3097
144	长城微光	08286	0.65	0.65	0	0	0.65	0.65	0	1.767264831	0	0	7150	20075.9
145	三宝科技	08287	4.84	4.79	-0.05	347000	4.8	4.16	-1.033057851	1.893729656	13.2231405	1525000	43972.2	107343.9
146	天津天联公用	08290	0.86	0.86	0	200000	0.87	0.86	0	1.462833858	1.162790698	172000	43005.16	98865.6
147	明华科技	08301	0.31	0.31	0	0	0.31	0.31	0	52.5423709	0	0	620.62	16120
148	海王英特龙	08329	1.31	1.4	0.09	5530000	1.51	1.31	6.870229008	20.89552187	15.26717557	7855000	33133.8	132533.8
149	浙江世宝	08331	1.03	1.03	0	0	1.03	1.03	0	0.562472694	0	0	8931.542402	27053.76273
150	滨海泰达物流	08348	1.2	1.2	0	92000	1.2	1.2	0	0.739918634	0	110000	11789.15977	42517.43906

香港证券市场恒指成分股上市公司2009年6月30日收盘情况

次序	名称	代码	开盘	成交	涨跌	总量	最高	最低	幅度%	市净率	振幅%	成交金额	流通市值	总市值
1	长江实业	00001	94.5	89.1	-3.25	5924600	94.5	88.8	-3.519220357	0.892743503	6.172171088	541006016	20637024.58	20637024.58
2	中电控股	00002	51.75	51.4	-0.1	4916700	51.8	51.35	-0.194174757	1.962581098	0.873786408	253356000	12367577.27	12367577.27
3	香港中华煤气	00003	16.64	16.3	-0.16	6754800	16.8	16.18	-0.972053463	3.544634293	3.766707169	111818000	10682208.06	10682208.06
4	九龙仓集团	00004	33	32.85	0.55	5599700	33.2	32.45	1.702786378	0.909289654	2.321981424	184134000	9046890	9046890
5	汇丰控股	00005	0	0	0	0	0	0	0	0	0	0	0	0
6	香港电灯	00006	43.65	43.1	-0.25	1905000	43.7	43.1	-0.576701269	1.917831302	1.384083045	82697000	9198668.008	9198668.008
7	恒生银行	00011	112	109	-1.8	2209400	112	108.5	-1.624548736	3.912629964	3.158844765	244184000	20839084.95	20839084.95
8	恒基地产	00012	44.95	44.45	-0.45	4502400	46.3	44.1	-1.002227171	0.793796773	4.899777283	203236992	9543415	9543415
9	和记黄埔	00013	52.35	50.65	-1.2	8841100	52.8	50.45	-2.31436837	0.795135952	4.532304725	458252992	21593973.8	21593973.8
10	新鸿基地产	00016	99.9	96.8	-2.25	9986800	101	96.5	-2.27158001	1.159367559	4.54316002	990312000	24819520	24819520
11	新世界发展	00017	14.26	14.02	-0.1	18779700	14.44	13.92	-0.708215297	0.744129787	3.682719547	268298000	5421980.011	5421980.011
12	太古股份公司A	00019	79.9	78.2	0.5	2760600	80	77.35	0.643500644	0.519580626	3.410553411	218584992	7081623.992	7081623.992
13	东亚银行	00023	24.7	23.65	-0.25	8236300	24.7	23.1	-1.046025105	1.230834911	6.694560669	195216000	4355891.736	4355891.736
14	港铁公司	00066	24.2	23.25	-0.55	5299100	24.2	23.1	-2.31092437	1.345813164	4.621848739	125288000	13279834.73	13279834.73
15	信和置业	00083	13.3	12.84	-0.32	10617500	13.36	12.72	-2.431610942	1.058759469	4.863221884	138707008	6194541.638	6194541.638
16	恒隆地产	00101	27.2	25.65	-1.25	9827100	27.2	25.15	-4.646840149	1.619103513	7.620817844	258740992	10633589.04	10633589.04
17	招商局国际	00144	22.7	22.35	0.3	8984700	22.8	22.2	1.360544218	1.788758372	2.721088435	202627008	5428005.162	5428005.162
18	中信泰富	00267	16.5	16.02	-0.26	10761700	16.76	15.92	-1.597051597	1.168942002	5.15970516	175143008	5841411.148	5841411.148
19	华润创业	00291	15.98	15.54	-0.22	2177500	15.98	15.38	-1.395939086	1.475615257	3.807106599	34027000	3713267.703	3713267.703
20	国泰航空	00293	10.4	10.68	0.4	16169200	10.86	10.4	3.891050584	1.112789807	4.474708171	172416992	4201346.126	4201346.126
21	思捷环球	00330	44.6	43.25	-0.7	3302900	44.6	43.1	-1.592718999	4.01485262	3.412969283	144696992	5389087.859	5389087.859
22	中国石油化工股份	00386	6.05	5.91	0.19	452683008	6.06	5.89	3.321678322	1.375090096	2.972027972	2709616128	9917268.113	51241142.04
23	香港交易所	00388	126.2	120.7	-4.5	7220400	127	120.5	-3.594249201	17.76829031	5.191693291	889036992	12986702.36	12986702.36
24	利丰	00494	22.15	20.8	-1.05	4410200	22.15	20.65	-4.805491991	5.63594008	6.864988558	94751000	7828911.35	7828911.35
25	裕元集团	00551	18.6	18.26	-0.26	2531900	19	17.1	-1.403887689	1.364386977	10.25917927	47403000	3010943.327	3010943.327
26	中国海外发展	00688	19.5	18	-1	23194100	19.5	17.82	-5.263157895	4.253911222	8.842105263	428492992	14701320	14701320
27	腾讯控股(一百)	00700	94.45	90.45	-4.1	5755400	94.45	89.35	-4.336329984	20.41345957	5.393971444	522860000	16408326.75	16408326.75
28	中国联通	00762	10.82	10.26	-0.26	24135400	10.84	10.18	-2.47148289	1.040515151	6.273764259	251408000	24385968	24385968
29	中国石油股份	00857	8.88	8.6	-0.03	145169904	8.9	8.59	-0.347624565	1.755424528	3.59212051	1270945024	18145054	157398042.8
30	中国海洋石油	00883	9.95	9.61	-0.07	104767296	9.96	9.56	-0.723140496	2.362862946	4.132231405	1018288000	42927101.2	42927101.2
31	建设银行	00939	6.14	6.01	-0.03	368973312	6.18	6	-0.496688742	2.658468631	2.98013245	2247628032	135038089	140447089
32	中国移动	00941	81.15	77.6	-1.4	20951500	81.15	77.35	-1.772151899	3.103441451	4.810126582	1659801984	155665163.5	155665163.5
33	中国神华	01088	28.9	28.55	0.05	32185200	29.75	28.35	0.175438596	3.39711113	4.912280702	936336000	9702953.038	56784865.1
34	中远太平洋	01199	9.02	8.73	-0.09	10746800	9.06	8.7	-1.020408163	0.991031897	4.081632653	95579000	1975167.411	1975167.411
35	工商银行	01398	5.46	5.4	0.03	351582496	5.54	5.37	0.558659218	2.639683144	3.165735568	1919069056	44850510	180370173.6
36	富士康国际	02038	5.38	5.08	-0.26	17510900	5.39	5.04	-4.868913858	1.352934881	6.554307116	90410000	3587228.665	3587228.665
37	中国平安	02318	54.2	52.45	-0.9	10727200	54.3	52.15	-1.686972821	4.096248023	4.029990628	571478976	13420086.47	38524803.64
38	中银香港	02388	13.8	13.58	0.32	35904900	13.96	13.5	2.413273002	1.735729422	3.46907994	494095008	14357835.24	14357835.24
39	中国铝业	02600	7.73	7.34	-0.22	45648700	7.75	7.3	-2.91005291	1.591983692	5.952380952	341411008	2894870.998	9926973.825
40	中国人寿	02628	29.15	28.5	-0.25	48966300	29.2	28.3	-0.869565217	3.93298748	3.130434783	1412568064	21207348.75	80554409.25
41	交通银行	03328	8.65	8.69	0.29	106479904	8.86	8.57	3.452380952	2.509095191	3.452380952	931620992	20043022.26	42576120.57
42	中国银行	03988	3.79	3.69	0.01	424232800	3.79	3.68	0.27173913	1.779513843	2.989130435	1585526016	28051472.25	93666650.04

长江实业(集团)有限公司(代号:0001)

公司简介

长江实业(集团)有限公司(「长实」)为长江集团的旗舰。长江集团是一家建基香港的跨国企业,集团在香港的成员包括四家同为恒生指数成份股的上市公司:长实(股份代号:0001)、和记黄埔有限公司(股份代号:0013)、长江基建集团有限公司(股份代号:1038)及香港电灯集团有限公司(股份代号:0006);在香港联合交易所主板上市的和记电讯国际有限公司(股份代号:2332)、和记港陆有限公司(股份代号:0715)及TOM集团有限公司(股份代号:2383);以及在创业板上市的长江生命科技集团有限公司(股份代号:8222)。截至二零零七年九月三日,长江集团旗下在香港上市之公司的联合市值为八千零五十亿港元。长实是一间地产发展及策略性投资公司。长实为香港规模最大的地产发展商之一,在本港拥有一系列的住宅及工商物业。在香港的每十二个私人住宅单位中,便有一个由长实发展。为了达致为客户提供优质生活的目标,长实一贯的政策在于不断提升质素及推陈出新,以迎合地产市场上日新月异的需求及潮流。长实为和记黄埔有限公司(「和黄」)的主要股东,占其百分之四十九点九七权益。和黄建基于十九世纪,是一家业务遍布全球的大型跨国企业,在全球五十五个国家经营五项核心业务,包括:港口及相关服务,地产及酒店,零售,能源、基建、投资及其它,与电讯等业务。

基本资料

公司名称	长江实业(集团)有限公司	证券面值	0.5000(HKD)
所属行业	地产	交易单位	1000(股)
法定股本	1,900,000,000(HKD)	上市日期	1972-11-01
普通股	2,316,164,338股	港股数量	2,316,164,338股
优先股	--	港股市值	253,619,995,011(HKD)
所属概念	不适用	所属板块	主板

最近派息

本次派息	0.5000(HKD)/股	上次派息	1.7400(HKD)/股
除净日期	2007-10-02	除净日期	2007-05-08
派发日期	2007-10-12	派发日期	2007-05-22
盈利区间	2007-01-01 ~2007-06-30	盈利区间	2006-01-01 ~2006-12-31

财务指标

(货币单位:HKD/元)

	2006-12-31	2005-12-31	增长率(%)	2004-12-31
每股收益	7.8000	6.0400	29.14	5.3500
每股派息	2.2000	2.0000	10.00	1.8000
每股净资产	86.5319	79.9434	8.24	77.7859
经营利润率(%)	--	29.77	--	21.73
股东权益回报率(%)	9.38	7.66	22.37	6.97
总资产回报率(%)	7.76	6.57	18.16	6.04
负债/股东权益(%)	--	--	--	--
流动比率(倍)	4.97	5.40	-7.85	5.21
派息率(%)	28.21	33.11	-14.82	33.64

注:"增长率"是指最近一期年报相对上年同期的同比增长率

报表摘要

(货币单位:HKD/千元)

	2006-12-31	2005-12-31	增长率(%)	2004-12-31
销售收入	15,346,000	14,358,000	6.88	18,431,000
营运溢利	--	4,275,000	--	4,005,000
非营运溢利	--	10,189,000	--	8,360,000
股东应占溢利	18,075,000	13,995,000	29.15	12,380,000
资产总计	249,801,000	216,227,000	15.53	210,120,000
负债合计	44,120,000	26,304,000	67.73	24,723,000
股东权益	200,422,000	185,162,000	8.24	180,165,000

注:"增长率"是指最近一期年报相对上年同期的同比增长率

中电控股有限公司(代码:0002)

公司简介

中电控股为亚洲规模最大之私营电力公用公司之一,亦为香港最大之电力公用公司,在香港经营发电、输电及供电之纵向式综合业务。除为香港220万名客户(约占人口总数80%)供应电力外,集团亦在中国及亚太地区投资电力相关业务,以及在香港及中国内地拓展特定之非电力业务。展望未来,集团将抓紧合适之投资商机,尤其在华西地区作出投资,以配合内地「西电东输项目」政策。集团更将为香港引进液化天然气,包括兴建接受站与储存库等必须的基建设施,以及为天然气供应协议作出长期承担。此外,集团更将进行庞大投资,添置减少气体排放量的设备,以提升环境管理表现。

主要股东

Guardian Limited	16.69%
Harneys Trustees Limited	9.99%
Mikado Holding Inc.	9.93%
Lawrencium Holdings Limited	9.81%
New Boron Holding Corporation	8.33%
Merlin Investments No. 2 Limited	8.24%
Oak CLP Limited	8.16%
Lakshmi Company Limited	8.16%
韦志滔	0.09%
利约翰	0.00%

基本资料

公司名称	中电控股有限公司	证券面值	5.0000(HKD)
所属行业	公用事业	交易单位	500(股)
法定股本	15,000,000,000(HKD)	上市日期	--
普通股	2,408,245,900股	港股数量	2,408,245,900股
优先股	--	港股市值	151,358,254,815(HKD)
所属概念	不适用	所属板块	主板

最近派息

本次派息	0.9200(HKD)/股	上次派息	0.5200(HKD)/股
除净日期	2008-04-17	除净日期	2007-11-30
派发日期	2008-04-30	派发日期	2007-12-14
盈利区间	2007-01-01 ~2007-12-31	盈利区间	2007-01-01 ~2007-09-30

财务指标

(货币单位:HKD/元)

	2007-12-31	2006-12-31	增长率(%)	2005-12-31
每股收益	4.4000	4.1100	7.06	4.7200
每股派息	2.4800	2.4100	2.90	2.3800
每股净资产	26.5343	23.1862	14.44	20.8280
经营利润率(%)	26.16	26.62	-1.73	22.54
股东权益回报率(%)	17.72	18.68	-5.15	24.10
总资产回报率(%)	7.94	8.50	-6.62	12.44
负债/股东权益(%)	--	--	--	--
流动比率(倍)	0.73	0.72	0.99	0.66
派息率(%)	56.36	58.64	-3.88	50.42

注:"增长率"是指最近一期年报相对上年同期的同比增长率

报表摘要

(货币单位:HKD/千元)

	2007-12-31	2006-12-31	增长率(%)	2005-12-31
销售收入	50,789,000	45,702,000	11.13	38,584,000
营运溢利	13,287,000	12,167,000	9.21	8,695,000
非营运溢利	-1,839,000	-1,574,000	-16.84	1,750,000
股东应占溢利	10,608,000	9,900,000	7.15	11,368,000
资产总计	136,277,000	131,091,000	3.96	101,905,000
负债合计	72,281,000	75,175,000	-3.85	51,635,000
股东权益	63,901,000	55,838,000	14.44	50,159,000

注:"增长率"是指最近一期年报相对上年同期的同比增长率

香港中华煤气有限公司(代码:0003)

公司简介

香港中华煤气有限公司于一八六二年成立,是本港第一家公用事业机构。现时,公司在香港的输气管网超逾三千公里,覆盖全港八十五巴仙家庭,为超过一百五十万住户及工商业客户供应煤气。公司的核心业务是生产、输配及销售煤气,销售煤气炉具,及提供全面售后服务。近年并致力发展多元化环保业务,包括开设易高石油气加气站,及利用堆填区沼气生产煤气。为配合长远策略性发展,过去10年,公司积极在内地拓展城市管道燃气业务。现时,已在内地30个城市成立合资项目,分布于广东、华东、山东、华中、华北及东北等地区。

主要股东

迪斯利置业有限公司	21.04%
Medley Investment Limited	8.79%
Macrostar Investment Limited	8.72%
Hopkins (Cayman) Limited	1.46%
恒基兆业有限公司	0.07%
李兆基	0.06%

基本资料

公司名称	香港中华煤气有限公司	证券面值	0.2500(HKD)
所属行业	公用事业	交易单位	1000(股)
法定股本	2,500,000,000(HKD)	上市日期	--
普通股	6,059,635,986股	港股数量	6,059,635,986股
优先股	--	港股市值	138,159,700,481(HKD)
所属概念	不适用	所属板块	主板

最近派息

本次派息	0.1200(HKD)/股	上次派息	0.2300(HKD)/股
除净日期	2007-10-09	除净日期	2007-05-08
派发日期	2007-10-22	派发日期	2007-05-22
盈利区间	2007-01-01 ~2007-06-30	盈利区间	2006-01-01 ~2006-12-31

财务指标

(货币单位:HKD/元)

	2006-12-31	2005-12-31	增长率(%)	2004-12-31
每股收益	1.0640	0.9490	12.12	0.5420
每股派息	0.3500	0.3500	0.00	0.3500
每股净资产	3.7565	2.9800	26.06	3.0979
经营利润率(%)	38.39	35.45	8.29	41.17
股东权益回报率(%)	31.60	31.24	1.13	18.02
总资产回报率(%)	17.83	19.89	-10.36	13.48
负债/股东权益(%)	--	--	--	--
流动比率(倍)	1.82	1.28	42.74	1.73
派息率(%)	32.89	36.88	-10.81	64.58

注:"增长率"是指最近一期年报相对上年同期的同比增长率

报表摘要

(货币单位:HKD/千元)

	2006-12-31	2005-12-31	增长率(%)	2004-12-31
销售收入	13,465,300	9,350,900	44.00	8,154,000
营运溢利	5,169,100	3,314,800	55.94	3,356,700
非营运溢利	1,635,100	2,605,600	-37.25	361,200
股东应占溢利	5,862,600	5,281,400	11.00	3,051,700
资产总计	36,162,700	29,596,900	22.18	23,504,100
负债合计	14,944,500	12,752,600	17.19	5,770,800
股东权益	20,693,700	16,415,900	26.06	17,394,100

注:"增长率"是指最近一期年报相对上年同期的同比增长率

九龙仓集团有限公司(代码:0004)

公司简介

九龙仓集团有限公司(股票代号:0004)为会德丰有限公司(股票代号:0020)的附属公司,于香港联合交易所上市,是本港最具规模的地产投资公司之一。集团的旗舰投资物业海港城及时代广场,为集团提供了稳健的经常性收益和创优增值机会。除此以外,集团亦重点投资在通讯、媒体及娱乐(CME)和中国业务等方面。集团拥有五大核心品牌,除两大旗舰物业外,还包括通讯、媒体及娱乐(CME)业务旗下的有线宽带和九仓电讯,以及隶属中国业务的现代货箱码头。放眼未来,集团在香港和中国的投资,将以该等核心品牌的发展为主导。

主要股东

迪斯利置业有限公司	21.04%
WF Investment Partners Limited	35.88%
Lynchpin Limited	7.03%
会德丰有限公司	6.99%
JPMorgan Chase & Co.	5.98%
会德丰地产有限公司	0.07%

基本资料

公司名称	九龙仓集团有限公司	证券面值	1.0000(HKD)
所属行业	综合企业	交易单位	1000(股)
法定股本	3,600,000,000(HKD)	上市日期	--
普通股	2,753,861,207股	港股数量	2,753,861,207股
优先股	--	港股市值	101,479,785,478(HKD)
所属概念	不适用	所属板块	主板

最近派息

本次派息	0.3600(HKD)/股	上次派息	0.4400(HKD)/股
除净日期	2007-10-03	除净日期	2007-05-16
派发日期	2007-10-18	派发日期	2007-06-01
盈利区间	2007-01-01 ~2007-06-30	盈利区间	2006-01-01 ~2006-12-31

财务指标

(货币单位:HKD/元)

	2006-12-31	2005-12-31	增长率(%)	2004-12-31
每股收益	4.3900	5.6700	-22.57	1.5400
每股派息	0.8000	0.8000	0.00	0.6900
每股净资产	30.7034	26.6801	15.08	26.6318
经营利润率(%)	108.04	140.02	-22.84	43.94
股东权益回报率(%)	15.32	21.29	-28.06	6.45
总资产回报率(%)	9.62	14.03	-31.43	4.31
负债/股东权益(%)	--	--	--	--
流动比率(倍)	1.11	0.82	34.86	0.75
派息率(%)	18.22	14.11	29.16	44.64

注:"增长率"是指最近一期年报相对上年同期的同比增长率

报表摘要

(货币单位:HKD/千元)

	2006-12-31	2005-12-31	增长率(%)	2004-12-31
销售收入	13,364,000	12,543,000	6.55	11,953,000
营运溢利	14,439,000	17,563,000	-17.79	5,252,000
非营运溢利	-616,000	-150,000	-310.67	317,000
股东应占溢利	10,757,000	13,888,000	-22.54	3,767,000
资产总计	119,277,000	104,395,000	14.26	93,609,000
负债合计	39,359,000	35,966,000	9.43	24,086,000
股东权益	75,162,000	65,313,000	15.08	65,168,000

注:"增长率"是指最近一期年报相对上年同期的同比增长率

汇丰控股有限公司(代码:0005)

公司简介

汇丰控股为全球最大之银行及金融服务机构之一。汇控现时在欧洲、香港、其它亚太区(包括中东及非洲)、北美洲及南美洲等 80 个国家及地区设有逾 8,000 办事处之国际网络。透过其全球网络及发展迅速之电子商贸技能,汇控为个人、商业、企业、机构与投资及私人银行客户提供全面之金融服务。

基本资料

公司名称	汇丰控股有限公司	证券面值	0.5000(USD)
所属行业	银行	交易单位	400(股)
法定股本	7,500,000,000(USD)	上市日期	- -
普通股	11,830,000,000 股	港股数量	11,830,000,000 股
优先股	1,450,000 股	港股市值	1,453,907,000,000(HKD)
所属概念	不适用	所属板块	主板

最近派息

本次派息	0.3900(USD)/股	上次派息	0.1700(USD)/股
除净日期	2008-03-19	除净日期	2007-11-21
派发日期	2008-05-07	派发日期	2008-01-16
盈利区间	2007-01-01 ~2007-12-31	盈利区间	2007-01-01 ~2007-09-30

财务指标

(货币单位:HKD/元)

	2007-12-31	2006-12-31	增长率(%)	2005-12-31
每股收益	1.6500	1.4000	17.86	1.3600
每股派息	0.9000	0.8100	11.11	0.7300
每股净资产	10.8335	9.3631	15.70	8.1556
经营利润率(%)	24.59	27.99	-12.16	33.82
股东权益回报率(%)	16.18	15.73	2.87	16.85
总资产回报率(%)	0.91	0.94	-3.33	1.09
负债/股东权益(%)	- -	- -	- -	- -
流动比率(倍)	- -	- -	- -	- -
派息率(%)	54.55	57.86	-5.72	53.68

注:"增长率"是指最近一期年报相对上年同期的同比增长率

报表摘要

(货币单位:HKD/千元)

	2007-12-31	2006-12-31	增长率(%)	2005-12-31
销售收入	92,359,000	75,879,000	21.72	60,094,000
营运溢利	22,709,000	21,240,000	6.92	20,322,000
非营运溢利	1,503,000	846,000	77.66	644,000
股东应占溢利	19,133,000	15,789,000	21.18	15,081,000
资产总计	2,354,266,000	1,860,758,000	26.52	1,501,970,000
负债合计	2,218,850,000	1,745,830,000	27.09	1,403,744,000
股东权益	128,160,000	108,352,000	18.28	92,432,000

注:"增长率"是指最近一期年报相对上年同期的同比增长率

香港电灯集团有限公司(代码:0006)

公司简介

集团是长江基建有限公司主要公用事业组合中之一,现时主要在香港岛、鸭利洲及南丫岛从事发电、输电及配电业务。除香港市场外,集团亦透过与母公司「长江基建」组成之合营企业在澳洲持有优质公用资产。该等投资包括位于南澳洲省之配电资产 - ETSA Utilities(拥有二百年之专营权),以及在邻近维多利亚省之类似投资 - Powercor Australia。集团最近新增之海外投资项目为表现杰出之澳洲配电公司 CitiPower,业务范围为墨尔本地区。连同 Powercor 及 ETSA Utilities,集团与长江基建在澳洲各占同样权益之联合投资已接近 70 亿澳元,使集团及长江基建成为澳洲最大之配电商(以客户总数计算)。

主要股东

Univest Equity S. A.	13.07%
Venniton Development Inc.	9.26%
Interman Development Inc.	8.75%
Hyford Limited	7.40%
Silchester International Investors Limited	6.02%
Monitor Equities S. A.	0.38%
李泽钜	0.01%

基本资料

公司名称	香港电灯集团有限公司	证券面值	1.0000(HKD)
所属行业	公用事业	交易单位	500(股)
法定股本	3,300,000,000(HKD)	上市日期	- -
普通股	2,134,261,654 股	港股数量	2,134,261,654 股
优先股	- -	港股市值	99,990,158,490(HKD)
所属概念	不适用	所属板块	主板

最近派息

本次派息	1.4300(HKD)/股	上次派息	0.5800(HKD)/股
除净日期	2008-05-06	除净日期	2007-09-11
派发日期		派发日期	2007-09-21
盈利区间	2007-01-01 ~2007-12-31	盈利区间	2007-01-01 ~2007-06-30

财务指标

(货币单位:HKD/元)

	2007-12-31	2006-12-31	增长率(%)	2005-12-31
每股收益	3.4900	3.2100	8.72	4.0100
每股派息	2.0100	1.8500	8.65	2.3200
每股净资产	22.5389	20.6559	9.12	19.5313
经营利润率(%)	65.75	64.97	1.21	66.73
股东权益回报率(%)	16.16	15.95	1.28	21.53
总资产回报率(%)	10.76	10.62	1.33	14.26
负债/股东权益(%)	- -	- -	- -	- -
流动比率(倍)	3.87	4.61	-16.16	4.35
派息率(%)	57.59	57.63	-0.07	57.86

注:"增长率"是指最近一期年报相对上年同期的同比增长率

报表摘要

(货币单位:HKD/千元)

	2007-12-31	2006-12-31	增长率(%)	2005-12-31
销售收入	12,524,000	12,181,000	2.82	11,622,000
营运溢利	8,235,000	7,914,000	4.06	7,755,000
非营运溢利	524,000	229,000	128.82	2,022,000
股东应占溢利	7,448,000	6,842,000	8.86	8,562,000
资产总计	70,675,000	67,779,000	4.27	61,108,000
负债合计	22,556,000	23,694,000	-4.80	19,423,000
股东权益	48,104,000	44,085,000	9.12	41,685,000

注:"增长率"是指最近一期年报相对上年同期的同比增长率

电讯盈科有限公司(代码:0008)

公司简介

公司是全港最大最全面的通讯服务商,也是亚洲领先的信息及通讯科技公司之一。电讯盈科凭借其屡获称誉的创新服务,尤其是IP商业服务、「新世代」固网服务、宽带收费电视及互联网、媒体内容、大型信息科技方案、流动及无线通讯等服务,进一步提升香港作为卓越科技及商业中心的形象。在国际市场,电讯盈科协助各业机构打开亚洲市场,将业务运作扩展至区内各个地方,也能协助亚洲客户的业务打进国际市场。电讯盈科正不断发展在内地及英国,以至世界各地的项目,服务的网络营运商与日俱增。

主要股东

盈科亚洲拓展有限公司	22.54%
中国网络通信集团公司	19.84%
李泽楷	3.69%
盈科拓展集團控股有限公司	1.29%

基本资料

公司名称	电讯盈科有限公司	证券面值	0.2500(HKD)
所属行业	电讯业	交易单位	1000(股)
法定股本	2,500,000,000(HKD)	上市日期	1994-10-18
普通股	6,780,000,000股	港股数量	6,780,000,000股
优先股	--	港股市值	32,950,800,000(HKD)
所属概念	不适用	所属板块	主板

最近派息

本次派息	0.1350(HKD)/股	上次派息	0.0650(HKD)/股
除净日期	2008-05-22	除净日期	2007-09-20
派发日期	2008-06-06	派发日期	2007-10-08
盈利区间	2007-01-01 ~2007-12-31	盈利区间	2007-01-01 ~2007-06-30

财务指标

(货币单位:HKD/元)

	2007-12-31	2006-12-31	增长率(%)	2005-12-31
每股收益	0.2221	0.1859	19.47	0.2497
每股派息	0.2000	0.1900	5.26	0.1900
每股净资产	0.2289	0.0637	259.34	0.0907
经营利润率(%)	--	--	--	22.61
股东权益回报率(%)	151.67	240.77	-37.01	-52.24
总资产回报率(%)	2.98	2.44	22.34	3.25
负债/股东权益(%)	--	--	--	--
流动比率(倍)	0.82	0.77	7.31	1.15
派息率(%)	90.05	99.52	-9.51	74.09

注:"增长率"是指最近一期年报相对上年同期的同比增长率

报表摘要

(货币单位:HKD/千元)

	2007-12-31	2006-12-31	增长率(%)	2005-12-31
销售收入	23,715,000	25,637,000	-7.50	22,499,000
营运溢利	--	--	--	5,087,000
非营运溢利	--	--	--	-2,117,000
股东应占溢利	1,503,000	1,252,000	20.05	1,595,000
资产总计	51,357,000	49,426,000	3.91	53,283,000
负债合计	47,006,000	46,527,000	1.03	50,551,000
股东权益	1,552,000	430,000	260.93	610,000

注:"增长率"是指最近一期年报相对上年同期的同比增长率

恒生银行有限公司(代码:0011)

公司简介

为一间世界级的金融机构,以市值计为香港最大本地注册上市公司之一。透过约一百五十间本地分行及自助理财中心,为超逾三分之一的香港市民服务。于中国内地设有十六个业务据点,包括七间分行(位于北京、东莞、福州、广州、南京、上海及深圳)、八间支行(一间在深圳、两间在广州及五间在上海),以及一间位于厦门之代表处。同时,本行于澳门亦设有一间分行及于台北设有一间办事处。本行为恒丰集团主要成员之一,该集团乃是全球最大的金融服务机构之一。

主要股东

香港上海汇丰银行有限公司	62.14%

基本资料

公司名称	恒生银行有限公司	证券面值	5.0000(HKD)
所属行业	银行	交易单位	100(股)
法定股本	11,000,000,000(HKD)	上市日期	1972-06-20
普通股	1,911,842,736股	港股数量	1,911,842,736股
优先股	--	港股市值	269,569,825,776(HKD)
所属概念	不适用	所属板块	主板

最近派息

本次派息	3.0000(HKD)/股	上次派息	1.1000(HKD)/股
除净日期	2008-03-14	除净日期	2007-11-23
派发日期	2008-03-28	派发日期	2007-12-11
盈利区间	2007-01-01 ~2007-12-31	盈利区间	2007-01-01 ~2007-09-30

财务指标

(货币单位:HKD/元)

	2007-12-31	2006-12-31	增长率(%)	2005-12-31
每股收益	9.5400	6.3000	51.43	5.9300
每股派息	6.3000	5.2000	21.15	5.2000
每股净资产	29.5296	24.5737	20.17	22.2670
经营利润率(%)	51.70	42.98	20.30	58.16
股东权益回报率(%)	35.27	26.88	31.20	26.45
总资产回报率(%)	--	1.93	--	2.01
负债/股东权益(%)	--	--	--	--
流动比率(倍)	--	--	--	--
派息率(%)	66.04	82.54	-19.99	87.69

注:"增长率"是指最近一期年报相对上年同期的同比增长率

报表摘要

(货币单位:HKD/千元)

	2007-12-31	2006-12-31	增长率(%)	2005-12-31
销售收入	34,406,000	29,262,000	17.58	19,029,000
营运溢利	17,789,000	12,576,000	41.45	11,068,000
非营运溢利	3,682,000	1,819,000	102.42	2,290,000
股东应占溢利	18,242,000	12,038,000	51.54	11,342,000
资产总计	745,999,000	669,064,000	11.50	580,820,000
负债合计	689,543,000	620,366,000	11.15	537,090,000
股东权益	56,456,000	46,981,000	20.17	42,571,000

注:"增长率"是指最近一期年报相对上年同期的同比增长率

恒基兆业地产有限公司(代码:0012)

公司简介

恒基兆业地产有限公司(「该公司」)为恒基兆业地产集团之母公司,亦是本港主要地产发展商之一。现时,该公司及其附属公司(「集团」)主要从事物业发展及投资、物业管理、建筑、酒店及百货业务、基建项目(如能源、收费桥梁/公路等)、保安护卫服务、信息科技发展及投资控股等。

主要股东

Yamina Investment Limited	27.72%
Third Avenue Management LLC	12.34%
Believegood Limited	11.43%
恒基兆业有限公司	11.18%
Cameron Enterprise Inc.	7.47%

基本资料

公司名称	恒基兆业地产有限公司	证券面值	2.0000(HKD)
所属行业	地产	交易单位	1000(股)
法定股本	5,200,000,000(HKD)	上市日期	1981-07-23
普通股	1,942,580,000 股	港股数量	1,942,580,000 股
优先股	--	港股市值	108,590,222,000(HKD)
所属概念	不适用	所属板块	主板

最近派息

本次派息	0.7000(HKD)/股	上次派息	0.4000(HKD)/股
除净日期	2007-11-23	除净日期	2007-04-19
派发日期	2007-12-05	派发日期	2007-04-27
盈利区间	2006-07-01 ~2007-06-30	盈利区间	2006-07-01 ~2006-12-31

财务指标

(货币单位:HKD/元)

	2007-06-30	2006-06-30	增长率(%)	2005-06-30
每股收益	5.1900	7.4700	-30.52	5.9800
每股派息	1.1000	1.0500	4.76	1.0000
每股净资产	47.4725	42.9654	10.49	36.7573
经营利润率(%)	65.44	167.61	-60.96	30.24
股东权益回报率(%)	11.54	18.73	-38.40	16.97
总资产回报率(%)	7.59	11.68	-35.04	10.82
负债/股东权益(%)	--	--	--	--
流动比率(倍)	5.52	3.22	71.31	4.75
派息率(%)	21.19	14.06	50.78	16.72

注:"增长率"是指最近一期年报相对上年同期的同比增长率

报表摘要

(货币单位:HKD/千元)

	2007-06-30	2006-06-30	增长率(%)	2005-06-30
销售收入	8,355,900	6,773,000	23.37	5,833,261
营运溢利	5,468,300	11,352,100	-51.83	1,763,834
非营运溢利	7,203,400	5,843,900	23.26	12,968,580
股东应占溢利	9,817,700	13,548,700	-27.54	10,853,521
资产总计	132,896,500	125,923,300	5.54	106,094,952
负债合计	32,152,900	32,140,400	0.04	24,931,057
股东权益	92,219,100	77,964,100	18.28	66,698,980

注:"增长率"是指最近一期年报相对上年同期的同比增长率

和记黄埔有限公司(代码:0013)

公司简介

和黄是业务遍布全球的大型跨国企业,一向锐意创新,并勇于采用新科技,经营多元化业务,包括全球多个市场最大的货柜码头经营商、零售连锁集团、地产发展与基建业务,以至技术最先进的电讯服务。和黄在全球五十五个国家经营五项核心业务,雇员超过二十二万人,核心业务计有港口及相关服务,地产及酒店,零售,能源、基建、投资及其它,与电讯等业务。

主要股东

长江实业(集团)有限公司	39.06%
Continental Realty Limited	10.91%
李嘉诚	1.14%
李泽钜	0.03%

基本资料

公司名称	和记黄埔有限公司	证券面值	0.2500(HKD)
所属行业	综合企业	交易单位	1000(股)
法定股本	1,375,000,000(HKD)	上市日期	1978-01-03
普通股	4,263,370,780 股	港股数量	4,263,370,780 股
优先股	--	港股市值	310,799,729,862(HKD)
所属概念	不适用	所属板块	主板

最近派息

本次派息	0.5100(HKD)/股	上次派息	1.2200(HKD)/股
除净日期	2007-09-24	除净日期	2007-05-08
派发日期	2007-10-05	派发日期	2007-05-18
盈利区间	2007-01-01 ~2007-06-30	盈利区间	2006-01-01 ~2006-12-31

财务指标

(货币单位:HKD/元)

	2006-12-31	2005-12-31	增长率(%)	2004-12-31
每股收益	4.7000	3.3600	39.88	3.7800
每股派息	1.7300	1.7300	0.00	1.7300
每股净资产	64.2201	57.1271	12.42	61.1819
经营利润率(%)	15.05	8.18	83.91	6.04
股东权益回报率(%)	7.74	5.69	36.15	6.35
总资产回报率(%)	3.14	2.29	37.10	2.52
负债/股东权益(%)	--	--	--	--
流动比率(倍)	1.45	1.25	16.14	1.57
派息率(%)	36.81	51.49	-28.51	45.77

注:"增长率"是指最近一期年报相对上年同期的同比增长率

报表摘要

(货币单位:HKD/千元)

	2006-12-31	2005-12-31	增长率(%)	2004-12-31
销售收入	183,812,000	182,584,000	0.67	134,595,000
营运溢利	27,657,000	14,938,000	85.15	8,123,000
非营运溢利	-2,054,000	-3,411,000	39.78	-1,468,000
股东应占溢利	20,030,000	14,343,000	39.65	16,128,000
资产总计	677,516,000	597,039,000	13.48	654,235,000
负债合计	386,951,000	343,410,000	12.68	356,341,000
股东权益	273,794,000	243,554,000	12.42	260,841,000

注:"增长率"是指最近一期年报相对上年同期的同比增长率

新鸿基地产发展有限公司(代码:0016)

公司简介

新鸿基地产发展有限公司(「新地」)为本港主要之优质地产发展商,亦为本港拥有最大之土地储备公司之一。以发展物业供销售及投资之核心业务作支柱,新地亦从事其它辅助性业务,包括酒店投资及管理、建筑、物业管理、保险及金融服务、信息科技及电讯、运输、基建及物流项目,以及其它投资项目。

主要股东

Vantage Captain Limited	42.42%
HSBC International Trustee Limited	1.24%
郭炳江	0.09%
郭炳联	0.00%
郭炳湘	0.00%

基本资料

公司名称	新鸿基地产发展有限公司	证券面值	0.5000(HKD)
所属行业	地产	交易单位	1000(股)
法定股本	1,450,000,000(HKD)	上市日期	1972-09-08
普通股	2,564,333,362 股	港股数量	2,564,333,362 股
优先股	--	港股市值	307,207,136,768(HKD)
所属概念	不适用	所属板块	主板

最近派息

本次派息	0.8000(HKD)/股	上次派息	1.6000(HKD)/股
除净日期	2008-03-19	除净日期	2007-11-27
派发日期	2008-04-07	派发日期	2007-12-10
盈利区间	2007-07-01 ~2007-12-31	盈利区间	2006-07-01 ~2007-06-30

财务指标

(货币单位:HKD/元)

	2007-06-30	2006-06-30	增长率(%)	2005-06-30
每股收益	8.5200	8.2300	3.52	4.3200
每股派息	2.3000	2.2000	4.55	2.2000
每股净资产	74.4335	67.2243	10.72	62.5373
经营利润率(%)	66.03	83.69	-21.10	38.46
股东权益回报率(%)	12.03	12.50	-3.77	7.27
总资产回报率(%)	8.70	9.39	-7.38	5.70
负债/股东权益(%)	--	--	--	--
流动比率(倍)	3.69	3.63	1.59	2.23
派息率(%)	27.00	26.73	0.99	50.93

注:"增长率"是指最近一期年报相对上年同期的同比增长率

报表摘要

(货币单位:HKD/千元)

	2007-06-30	2006-06-30	增长率(%)	2005-06-30
销售收入	30,994,000	25,598,000	21.08	22,945,000
营运溢利	20,466,000	21,424,000	-4.47	8,825,000
非营运溢利	5,401,000	2,269,000	138.03	3,636,000
股东应占溢利	21,226,000	19,850,000	6.93	10,371,000
资产总计	257,294,000	230,798,000	11.48	191,946,000
负债合计	68,799,000	60,251,000	14.19	38,181,000
股东权益	185,476,000	167,529,000	10.71	150,152,000

注:"增长率"是指最近一期年报相对上年同期的同比增长率

新世界发展有限公司(代码:0017)

公司简介

新世界发展有限公司(「新世界发展」)主要从事物业投资及发展、合约工程、服务提供(包括物业及设施管理;交通运输服务及其它业务)、基建项目经营(包括道路及桥梁经营、货柜处理、物流及仓库服务)、电讯服务、百货经营、酒店及餐厅经营;及电讯、媒体及科技业务。

主要股东

周大福企业有限公司	36.53%
摩根士丹利	5.87%
Marathon Asset Management Ltd	5.64%

基本资料

公司名称	新世界发展有限公司	证券面值	1.0000(HKD)
所属行业	综合企业	交易单位	1000(股)
法定股本	10,000,000,000(HKD)	上市日期	1972-11-23
普通股	3,692,100,000 股	港股数量	3,692,100,000 股
优先股	--	港股市值	68,451,534,000(HKD)
所属概念	不适用	所属板块	主板

最近派息

本次派息	0.2500(HKD)/股	上次派息	0.1500(HKD)/股
除净日期	2007-11-16	除净日期	2007-04-02
派发日期	2008-01-22	派发日期	2007-05-11
盈利区间	2006-07-01 ~2007-06-30	盈利区间	2006-07-01 ~2006-12-31

财务指标

(货币单位:HKD/元)

	2007-06-30	2006-06-30	增长率(%)	2005-06-30
每股收益	1.1700	0.3000	290.00	0.8600
每股派息	0.4000	0.3300	21.21	0.3000
每股净资产	16.3830	14.6397	11.91	17.6591
经营利润率(%)	17.33	7.47	131.96	15.87
股东权益回报率(%)	7.58	1.84	311.14	5.15
总资产回报率(%)	3.34	0.90	270.58	2.57
负债/股东权益(%)	--	--	--	--
流动比率(倍)	1.77	1.49	18.73	1.82
派息率(%)	34.19	110.00	-68.92	34.88

注:"增长率"是指最近一期年报相对上年同期的同比增长率

报表摘要

(货币单位:HKD/千元)

	2007-06-30	2006-06-30	增长率(%)	2005-06-30
销售收入	23,284,500	23,910,200	-2.62	22,270,800
营运溢利	4,035,600	1,786,500	125.89	3,535,300
非营运溢利	2,634,400	1,719,200	53.23	1,730,200
股东应占溢利	4,312,900	1,059,800	306.95	2,988,100
资产总计	144,099,100	114,160,600	26.22	121,013,800
负债合计	65,615,300	44,796,100	46.48	42,435,500
股东权益	60,487,600	53,275,500	13.54	61,657,800

注:"增长率"是指最近一期年报相对上年同期的同比增长率

太古股份有限公司(代码:0019)

公司简介

太古公司乃香港主要上市公司之一,业务多元化,分属五个营业部门:地产、航空、饮料、海洋服务以及贸易及实业部门。本司之业务主要在大中华地区经营,而太古集团在此地区有逾一百三十年历史。公司在稳健之财政根基上,透过积极之管理,务求达致长远及可持续之发展。

主要股东

英国太古集团有限公司	12.37%
Franklin Resources,Inc.	11.10%
J. P. Morgan Chase & Company	7.98%
The Capital Group Companies,Inc.	7.00%
Capital Research and Management Company	5.86%

基本资料

公司名称	太古股份有限公司	证券面值	0.6000(HKD)
所属行业	综合企业	交易单位	500(股)
法定股本	684,000,000(HKD)	上市日期	- -
普通股	915,564,500 股	港股数量	915,564,500 股
优先股	- -	港股市值	83,453,704,175(HKD)
所属概念	不适用	所属板块	主板

最近派息

本次派息	2.3300(HKD)/股	上次派息	0.9000(HKD)/股
除净日期	2008-04-30	除净日期	2007-09-13
派发日期	2008-06-03	派发日期	2007-10-03
盈利区间	2007-01-01 ~2007-12-31	盈利区间	2007-01-01 ~2007-06-30

财务指标

(货币单位:HKD/元)

	2007-12-31	2006-12-31	增长率(%)	2005-12-31
每股收益	17.2600	14.7400	17.10	12.2500
每股派息	3.2300	2.8300	14.13	2.0600
每股净资产	89.3757	74.7718	19.53	61.9455
经营利润率(%)	123.32	123.03	0.23	104.78
股东权益回报率(%)	21.01	19.71	6.58	19.78
总资产回报率(%)	15.53	15.16	2.39	15.05
负债/股东权益(%)	- -	- -	- -	- -
流动比率(倍)	0.92	1.01	-8.37	0.94
派息率(%)	18.71	19.20	-2.53	16.82

注:"增长率"是指最近一期年报相对上年同期的同比增长率

报表摘要

(货币单位:HKD/千元)

	2007-12-31	2006-12-31	增长率(%)	2005-12-31
销售收入	21,553,000	19,111,000	12.78	18,937,000
营运溢利	26,579,000	23,513,000	13.04	19,842,000
非营运溢利	3,812,000	2,836,000	34.41	2,480,000
股东应占溢利	26,260,000	22,566,000	16.37	18,757,000
资产总计	189,431,000	148,804,000	27.30	124,658,000
负债合计	52,753,000	33,713,000	56.48	23,886,000
股东权益	135,517,000	114,481,000	18.38	94,843,000

注:"增长率"是指最近一期年报相对上年同期的同比增长率

东亚银行有限公司(代码:0023)

公司简介

东亚银行为全港最大的独立本地银行,主要提供全面之批发及零售面银行服务,包括企业银行、个人银行、投资银行及中国业务。该行目前在全球设有逾 130 间分行及代表处,包括遍布全港之 100 间分行、中国内地之 20 个营业据点,以及遍及美国、加拿大、英国、英属处女群岛及东南亚国家等之国际网络。

主要股东

Deutsche Bank Aktiengesellschaft	9.06%
Silchester International Investors Limited	5.89%

基本资料

公司名称	东亚银行有限公司	证券面值	2.5000(HKD)
所属行业	银行	交易单位	200(股)
法定股本	6,500,000,000(HKD)	上市日期	- -
普通股	1,653,027,205 股	港股数量	1,653,027,205 股
优先股	- -	港股市值	69,592,445,331(HKD)
所属概念	不适用	所属板块	主板

最近派息

本次派息	1.1800(HKD)/股	上次派息	0.4800(HKD)/股
除净日期	2008-03-19	除净日期	2007-08-16
派发日期	2008-04-18	派发日期	2007-09-13
盈利区间	2007-01-01 ~2007-12-31	盈利区间	2007-01-01 ~2007-06-30

财务指标

(货币单位:HKD/元)

	2007-12-31	2006-12-31	增长率(%)	2005-12-31
每股收益	2.6500	2.2400	18.30	1.8300
每股派息	1.6600	1.4600	13.70	1.2600
每股净资产	19.1180	17.5874	8.70	16.0223
经营利润率(%)	- -	- -	- -	40.72
股东权益回报率(%)	14.45	13.35	8.23	11.97
总资产回报率(%)	1.20	1.29	-6.56	1.22
负债/股东权益(%)	- -	- -	- -	- -
流动比率(倍)	- -	- -	- -	- -
派息率(%)	62.64	65.18	-3.89	68.85

注:"增长率"是指最近一期年报相对上年同期的同比增长率

报表摘要

(货币单位:HKD/千元)

	2007-12-31	2006-12-31	增长率(%)	2005-12-31
销售收入	18,309,312	12,865,593	42.31	7,806,534
营运溢利	- -	- -	- -	3,179,112
非营运溢利	- -	- -	- -	33,731
股东应占溢利	4,143,604	3,434,511	20.65	2,748,725
资产总计	393,978,660	294,202,317	33.91	238,799,482
负债合计	363,532,748	266,557,588	36.38	214,394,954
股东权益	30,098,768	27,262,954	10.40	24,197,365

注:"增长率"是指最近一期年报相对上年同期的同比增长率

香港铁路有限公司(代码:0066)

公司简介

地铁有限公司的使命是发展和管理达世界级水平的铁路、物业和其它相关业务,提升香港市民的生活质素。地铁每日平均载客量超过二百五十万人次。在最近多项国际铁路系统的标准借鉴表现报告中,香港地铁被誉为全球最卓越的铁路系统之一;尤其在可靠程度、服务质素及成本效益方面,更见出色。除此之外,地铁有限公司更致力兴建新支,以及参与多项沿物业的发展计划。将军澳支是地铁系统最新的支,已于二零零二年八月竣工及启用。另外,公司于二零零二年七月获批竹篙湾铁路项目及东涌吊车项目。公司正继续就南港岛□及西港岛□与政府磋商。让港岛南区及西区的居民可以选择使用铁路服务。

主要股东

财政司司长法团(代表政府之受托人)	76.68%

基本资料

公司名称	香港铁路有限公司	证券面值	1.0000(HKD)
所属行业	运输	交易单位	500(股)
法定股本	6,500,000,000(HKD)	上市日期	2000-10-05
普通股	5,611,192,035股	港股数量	5,611,192,035股
优先股	--	港股市值	161,229,364,719(HKD)
所属概念	不适用	所属板块	主板

最近派息

本次派息	0.3100(HKD)/股	上次派息	0.1400(HKD)/股
除净日期	2008-04-03	除净日期	2007-08-29
派发日期	2008-06-18	派发日期	2007-10-26
盈利区间	2007-01-01 ~2007-12-31	盈利区间	2007-01-01 ~2007-06-30

财务指标

(货币单位:HKD/元)

	2007-12-31	2006-12-31	增长率(%)	2005-12-31
每股收益	2.7200	1.4100	92.91	1.5500
每股派息	0.4500	0.4200	7.14	0.4200
每股净资产	16.2201	13.8353	17.24	12.7466
经营利润率(%)	105.56	87.45	20.70	93.57
股东权益回报率(%)	18.10	10.58	70.99	12.67
总资产回报率(%)	--	6.63	--	7.67
负债/股东权益(%)	--	--	--	--
流动比率(倍)	--	--	--	--
派息率(%)	16.54	29.79	-44.46	27.10

注:"增长率"是指最近一期年报相对上年同期的同比增长率

报表摘要

(货币单位:HKD/千元)

	2007-12-31	2006-12-31	增长率(%)	2005-12-31
销售收入	10,690,000	9,541,000	12.04	9,153,000
营运溢利	11,284,000	8,344,000	35.23	8,564,000
非营运溢利	6,981,000	825,000	746.18	1,448,000
股东应占溢利	15,180,000	7,759,000	95.64	8,450,000
资产总计	155,668,000	120,421,000	29.27	113,666,000
负债合计	64,631,000	43,635,000	48.12	43,770,000
股东权益	91,014,000	76,767,000	18.56	69,875,000

注:"增长率"是指最近一期年报相对上年同期的同比增长率

信和置业有限公司(代码:0083)

公司简介

信和集团是香港主要地产发展商之一,业务性质广泛,由三家香港上市公司及黄氏家族数家私人控股公司组成。集团核心业务是发展住宅、写字楼、工业及商场物业作销售和投资。集团也从事酒店投资、酒店管理和会所管理等业务。信和集团雇用逾九千名员工,全力实践「为您建设更美好香港」的目标。员工们和高瞻远瞩、积极干练的管理层共同努力,为信和集团在建设优质项目、严格质量标准及高度满足顾客需求等方面赢得国际美誉。

主要股东

尖沙咀置业集团有限公司	40.56%
兴智投资有限公司	7.18%
坚固资本控股有限公司	6.89%
Spangle Investment Limited	6.48%
AllianceBernstein L. P.	5.97%
嘉辉地产发展有限公司	5.68%
黄廷方	2.02%

基本资料

公司名称	信和置业有限公司	证券面值	1.0000(HKD)
所属行业	地产	交易单位	2000(股)
法定股本	6,000,000,000(HKD)	上市日期	1981-04-08
普通股	4,823,806,667股	港股数量	4,823,806,667股
优先股	--	港股市值	90,687,565,340(HKD)
所属概念	不适用	所属板块	主板

最近派息

本次派息	0.3000(HKD)/股	上次派息	0.0850(HKD)/股
除净日期	2007-11-08	除净日期	2007-04-12
派发日期	2007-12-13	派发日期	2007-05-16
盈利区间	2006-07-01 ~2007-06-30	盈利区间	2006-07-01 ~2006-12-31

财务指标

(货币单位:HKD/元)

	2007-06-30	2006-06-30	增长率(%)	2005-06-30
每股收益	1.3961	1.3961	0.00	1.2087
每股派息	0.3900	0.3900	0.00	0.2000
每股净资产	10.3204	9.2353	11.75	7.9641
经营利润率(%)	--	74.18	--	91.66
股东权益回报率(%)	14.15	16.18	-11.29	15.76
总资产回报率(%)	8.96	10.16	-11.81	10.72
负债/股东权益(%)	--	--	--	--
流动比率(倍)	3.35	3.73	-10.20	7.04
派息率(%)	27.58	27.58	0.00	16.55

注:"增长率"是指最近一期年报相对上年同期的同比增长率

报表摘要

(货币单位:HKD/千元)

	2007-06-30	2006-06-30	增长率(%)	2005-06-30
销售收入	7,532,060	8,328,334	-9.56	4,150,742
营运溢利	--	6,178,191	--	3,804,564
非营运溢利	--	835,789	--	2,418,600
股东应占溢利	6,267,285	6,017,327	4.15	5,225,030
资产总计	72,717,251	67,195,226	8.22	51,277,434
负债合计	24,951,524	27,409,662	-8.97	16,608,237
股东权益	47,580,876	39,745,853	19.71	34,628,540

注:"增长率"是指最近一期年报相对上年同期的同比增长率

恒隆地产有限公司(代码:0101)

公司简介

公司是一家重视质量的顶级地产发展商,在中国内地和香港备受尊崇。是一家真正多元化的物业发展公司,这反映于旗下物业组合之多范畴,包括商场及商铺、写字楼、住宅、服务式寓所、工业/写字楼物业以及停车场等。基本重点是在营运地的城市购入最佳的土地,并雇用顶级建筑师行设计和打造出最高质量的物业。公司在香港和中国内地之政策,均涉及不断地审阅及在有需要时更新租户组合,并且定期翻新现有项目,藉此争取最大的投资回报。亦重视各项增值服务和促销策略,从而加强旗下物业的吸引力和市场优势。长远目光是扩展中国内地业务,并同时在香港本土继续投资,目标是成为两地市场内最优质的地产发展商。

主要股东

恒旺有限公司	30.60%
恒隆集团有限公司	11.72%
Purotat Limited	8.55%
Merssion Limited	0.69%

基本资料

公司名称	恒隆地产有限公司	证券面值	1.0000(HKD)
所属行业	地产	交易单位	1000(股)
法定股本	5,400,000,000(HKD)	上市日期	- -
普通股	4,144,300,000股	港股数量	4,144,300,000股
优先股	- -	港股市值	105,472,435,000(HKD)
所属概念	不适用	所属板块	主板

最近派息

本次派息	0.1500(HKD)/股	上次派息	0.4300(HKD)/股
除净日期	2008-03-28	除净日期	2007-10-29
派发日期	2008-04-18	派发日期	2007-11-23
盈利区间	2007-07-01 ~2007-12-31	盈利区间	2006-07-01 ~2007-06-30

财务指标

(货币单位:HKD/元)

	2007-06-30	2006-06-30	增长率(%)	2005-06-30
每股收益	1.5950	1.1920	33.81	1.9480
每股派息	0.5600	0.5100	9.80	0.5000
每股净资产	13.1010	11.5888	13.05	11.0349
经营利润率(%)	62.94	65.87	-4.45	49.38
股东权益回报率(%)	13.06	10.50	24.47	18.85
总资产回报率(%)	9.83	7.77	26.58	13.67
负债/股东权益(%)	- -	- -	- -	- -
流动比率(倍)	9.52	9.26	2.82	6.32
派息率(%)	35.11	42.79	-17.94	25.67

注:"增长率"是指最近一期年报相对上年同期的同比增长率

报表摘要

(货币单位:HKD/千元)

	2007-06-30	2006-06-30	增长率(%)	2005-06-30
销售收入	4,389,400	3,740,600	17.34	6,955,300
营运溢利	2,762,700	2,463,900	12.13	3,434,200
非营运溢利	5,743,300	3,112,700	84.11	5,317,800
股东应占溢利	6,370,600	4,402,600	44.70	6,845,400
资产总计	69,244,000	60,366,200	14.71	53,010,200
负债合计	13,406,500	16,077,100	-16.61	11,400,300
股东权益	54,276,700	43,246,200	25.51	40,643,300

注:"增长率"是指最近一期年报相对上年同期的同比增长率

招商局国际有限公司(代码:0144)

公司简介

招商局是国家大型企业集团,总部设于香港。主要经营活动分布于香港、内地、东南亚等地区。招商局集团业务主要集中于交通基建(港口与公路)、金融(银行、证券、基金及保险经纪)、房地产及公用设施(房地产开发、成片开发区建设)、能源运输及物流(大型油轮、液化气运输及第三方物流)。

主要股东

China Merchants Union Limited	48.74%
Super Talent Group Limited	5.20%
Orienture Holdings Company Limited	0.85%

基本资料

公司名称	招商局国际有限公司	证券面值	0.1000(HKD)
所属行业	运输	交易单位	2000(股)
法定股本	500,000,000(HKD)	上市日期	1992-07-15
普通股	2,389,097,168股	港股数量	2,389,097,168股
优先股	- -	港股市值	93,174,789,552(HKD)
所属概念	红筹股	所属板块	主板

最近派息

本次派息	0.2000(HKD)/股	上次派息	0.3600(HKD)/股
除净日期	2007-10-04	除净日期	2007-05-17
派发日期	2007-11-28	派发日期	2007-07-04
盈利区间	2007-01-01 ~2007-06-30	盈利区间	2006-01-01 ~2006-12-31

财务指标

(货币单位:HKD/元)

	2006-12-31	2005-12-31	增长率(%)	2004-12-31
每股收益	1.0943	1.0794	1.38	0.9609
每股派息	0.5300	0.5000	6.00	0.4500
每股净资产	8.9663	7.3632	21.77	6.5094
经营利润率(%)	16.75	22.27	-24.82	25.18
股东权益回报率(%)	13.70	15.71	-12.77	15.38
总资产回报率(%)	8.13	10.37	-21.60	12.58
负债/股东权益(%)	- -	- -	- -	- -
流动比率(倍)	0.61	1.61	-62.46	3.28
派息率(%)	48.43	46.32	4.56	46.83

注:"增长率"是指最近一期年报相对上年同期的同比增长率

报表摘要

(货币单位:HKD/千元)

	2006-12-31	2005-12-31	增长率(%)	2004-12-31
销售收入	4,365,000	2,972,000	46.87	2,409,338
营运溢利	731,000	662,000	10.42	606,710
非营运溢利	2,261,000	1,925,000	17.45	1,738,771
股东应占溢利	2,540,000	2,364,000	7.45	2,057,459
资产总计	35,086,000	27,419,000	27.96	18,189,019
负债合计	11,643,000	9,792,000	18.90	3,014,025
股东权益	20,921,000	16,159,000	29.47	13,944,396

注:"增长率"是指最近一期年报相对上年同期的同比增长率

中信泰富有限公司(代码:0267)

公司简介

中信泰富为本港一家红筹综合企业公司,其核心业务为基础建设(包括航空、基建设施、信息业及发电),并以贸易与分销汽车与消费品及物业投资与管理作支持业务。其它发展中业务包括特种钢材、研发生物制药、金融服务及遥距学习业务。集团之业务主要在香港及中国大陆进行。

主要股东

Honpville Corporation	14.08%
Heedon Corporation	8.39%
中信(香港集团)有限公司	6.32%
Power Corporation of Canada	6.01%

基本资料

公司名称	中信泰富有限公司	证券面值	0.4000(HKD)
所属行业	综合企业	交易单位	1000(股)
法定股本	1,200,000,000(HKD)	上市日期	1986-02-26
普通股	2,210,000,000股	港股数量	2,210,000,000股
优先股	--	港股市值	87,737,000,000(HKD)
所属概念	红筹股	所属板块	主板

最近派息

本次派息	0.4000(HKD)/股	上次派息	0.2000(HKD)/股
除净日期	2007-09-05	除净日期	2007-09-05
派发日期	2007-09-18	派发日期	2007-09-18
盈利区间	2007-01-01~2007-06-30	盈利区间	2007-01-01~2007-06-30

财务指标

(货币单位:HKD/元)

	2006-12-31	2005-12-31	增长率(%)	2004-12-31
每股收益	3.7700	1.8200	107.14	1.6300
每股派息	1.7000	1.1000	54.55	1.1000
每股净资产	21.1832	17.8315	18.80	17.2862
经营利润率(%)	14.72	10.68	37.77	10.01
股东权益回报率(%)	19.32	10.36	86.50	9.34
总资产回报率(%)	11.23	6.13	83.18	6.22
负债/股东权益(%)	--	--	--	--
流动比率(倍)	1.44	1.38	4.28	1.67
派息率(%)	45.09	60.44	-25.39	67.48

注:"增长率"是指最近一期年报相对上年同期的同比增长率

报表摘要

(货币单位:HKD/千元)

	2006-12-31	2005-12-31	增长率(%)	2004-12-31
销售收入	47,049,000	26,564,000	77.12	22,912,000
营运溢利	6,925,000	2,838,000	144.01	2,293,000
非营运溢利	2,434,000	1,804,000	34.92	2,304,000
股东应占溢利	8,272,000	3,989,000	107.37	3,581,000
资产总计	76,660,000	70,668,000	8.48	59,473,000
负债合计	28,651,000	29,472,000	-2.79	19,904,000
股东权益	46,510,000	39,103,000	18.94	37,892,000

注:"增长率"是指最近一期年报相对上年同期的同比增长率

华润创业有限公司(代码:0291)

公司简介

集团专注于消费品业务,遍及香港及中国大陆,并主要从事零售、饮品、食品加工及经销、纺织及物业投资业务。华润创业有限公司(「华润创业」或「集团」)为「华润(集团)有限公司」在香港上市之企业。在过去数年,华润创业进行一连串业务重组,并转型为一间综合企业,专注于香港及中国大陆发展以零售为主导之分销业务。现时,集团之核心业务包括零售、饮品、食品加工及经销、纺织、石油及化学品分销。华润创业之策略目标是将其消费有关业务融合于其零售业务内,以形成一个综向整合之经销网络,而集团暂时计划将新鲜食品及成衣产品与零售业务融合。集团已确立中国大陆零售市场为其分销业务增长及营业额之推动源头。据披露,华润创业已锁定目标,于五年内透过内部增长及收购活动,令集团国内零售营业额达到500亿元人民币。

主要股东

华润(集团)有限公司	51.88%
澳洲联邦银行	7.92%
J. P. Morgan Chase & Co.	5.91%

基本资料

公司名称	华润创业有限公司	证券面值	1.0000(HKD)
所属行业	综合企业	交易单位	2000(股)
法定股本	3,000,000,000(HKD)	上市日期	--
普通股	2,376,000,000股	港股数量	2,376,000,000股
优先股	--	港股市值	62,845,200,000(HKD)
所属概念	红筹股	所属板块	主板

最近派息

本次派息	0.1500(HKD)/股	上次派息	0.6000(HKD)/股
除净日期	2007-09-27	除净日期	2007-07-30
派发日期	2007-10-15	派发日期	2007-08-15
盈利区间	2007-01-01~2007-06-30	盈利区间	2006-01-01~2006-12-31

财务指标

(货币单位:HKD/元)

	2006-12-31	2005-12-31	增长率(%)	2004-12-31
每股收益	1.1900	1.0200	16.67	0.7600
每股派息	2.0000	0.3800	426.32	0.2700
每股净资产	8.1175	8.1473	-0.37	7.4336
经营利润率(%)	--	6.08	--	4.49
股东权益回报率(%)	14.87	13.07	13.77	10.97
总资产回报率(%)	5.96	5.24	13.74	4.54
负债/股东权益(%)	--	--	--	--
流动比率(倍)	1.08	1.12	-3.51	1.26
派息率(%)	168.07	37.25	351.13	35.53

注:"增长率"是指最近一期年报相对上年同期的同比增长率

报表摘要

(货币单位:HKD/千元)

	2006-12-31	2005-12-31	增长率(%)	2004-12-31
销售收入	65,437,000	53,583,919	22.12	47,078,103
营运溢利	--	3,255,372	--	2,112,172
非营运溢利	--	-80,208	--	200,567
股东应占溢利	2,776,000	2,220,403	25.02	1,603,249
资产总计	47,754,000	45,460,962	5.04	39,342,328
负债合计	22,789,000	22,517,626	1.21	18,749,107
股东权益	19,141,000	18,196,448	5.19	15,781,568

注:"增长率"是指最近一期年报相对上年同期的同比增长率

国泰航空有限公司(代码:0293)

公司简介

集团为一家以港为基之国际航空公司,提供定期客机及货机服务往全球92个城市。此外,集团亦经营其它航空有关业务,例如航空饮食、飞机维修及工程,以及地勤服务。

主要股东

太古股份有限公司	39.92%
中信泰富有限公司	17.46%
中国国际航空股份有限公司	17.46%

基本资料

公司名称	国泰航空有限公司	证券面值	0.2000(HKD)
所属行业	运输	交易单位	1000(股)
法定股本	1,000,000,000(HKD)	上市日期	1986-05-15
普通股	3,940,025,072股	港股数量	3,940,025,072股
优先股	--	港股市值	61,227,989,619(HKD)
所属概念	不适用	所属板块	主板

最近派息

本次派息	0.5900(HKD)/股	上次派息	0.2500(HKD)/股
除净日期	2008-04-29	除净日期	2007-08-30
派发日期	2008-06-02	派发日期	2007-10-02
盈利区间	2007-01-01 ~2007-12-31	盈利区间	2007-01-01 ~2007-06-30

财务指标

(货币单位:HKD/元)

	2007-12-31	2006-12-31	增长率(%)	2005-12-31
每股收益	1.7830	1.1590	53.84	0.9770
每股派息	0.8400	0.8400	0.00	0.4800
每股净资产	12.8296	11.5746	10.84	10.3436
经营利润率(%)	10.27	8.58	19.63	8.14
股东权益回报率(%)	14.62	10.15	43.94	9.73
总资产回报率(%)	6.36	4.51	41.13	4.30
负债/股东权益(%)	--	--	--	--
流动比率(倍)	1.24	1.01	22.12	1.17
派息率(%)	47.11	72.48	-35.00	49.13

注:"增长率"是指最近一期年报相对上年同期的同比增长率

报表摘要

(货币单位:HKD/千元)

	2007-12-31	2006-12-31	增长率(%)	2005-12-31
销售收入	75,358,000	60,783,000	23.98	50,909,000
营运溢利	7,739,000	5,218,000	48.31	4,143,000
非营运溢利	270,000	-164,000	264.63	-175,000
股东应占溢利	7,023,000	4,088,000	71.80	3,298,000
资产总计	117,650,000	103,090,000	14.12	78,254,000
负债合计	66,923,000	57,384,000	16.62	43,003,000
股东权益	50,549,000	45,554,000	10.97	34,968,000

注:"增长率"是指最近一期年报相对上年同期的同比增长率

思捷环球控股有限公司(代码:0330)

公司简介

思捷环球控股有限公司及其附属公司(「集团」)主要在欧洲、亚太区及北美从事国际知名之ESPRIT品牌优质时尚产品(包括男女装及童装、鞋具、配饰用品、贴身衣物、手表、眼镜及首饰等)及RED EARTH品牌化妆品及美容护肤产品之设计、批发及零售分销、采购及批授经营权业务,以及在亚太区经营Salon ESPRIT业务。

主要股东

Capital Research and Management Company	10.93%
JPMorgan Chase & Co.	9.89%
HSBC International Trustee Limited	8.59%
Jürgen Alfred Rudolf FRIEDRICH	6.49%

基本资料

公司名称	思捷环球控股有限公司	证券面值	0.1000(HKD)
所属行业	零售	交易单位	100(股)
法定股本	200,000,000(HKD)	上市日期	1993-12-09
普通股	1,242,675,434股	港股数量	1,242,675,434股
优先股	--	港股市值	119,234,707,892(HKD)
所属概念	不适用	所属板块	主板

最近派息

本次派息	0.9500(HKD)/股	上次派息	1.4800(HKD)/股
除净日期	2008-03-25	除净日期	2007-11-26
派发日期	2008-04-03	派发日期	2007-12-07
盈利区间	2007-07-01 ~2007-12-31	盈利区间	2006-07-01 ~2007-06-30

财务指标

(货币单位:HKD/元)

	2007-06-30	2006-06-30	增长率(%)	2005-06-30
每股收益	4.2200	3.0900	36.57	2.7900
每股派息	3.1800	2.3100	37.66	1.9500
每股净资产	9.8113	7.4626	31.47	5.8688
经营利润率(%)	21.12	20.41	3.47	20.36
股东权益回报率(%)	48.90	46.29	5.62	53.60
总资产回报率(%)	34.67	32.66	6.15	36.21
负债/股东权益(%)	--	--	--	--
流动比率(倍)	2.51	2.25	11.42	2.02
派息率(%)	75.36	74.76	0.80	69.89

注:"增长率"是指最近一期年报相对上年同期的同比增长率

报表摘要

(货币单位:HKD/千元)

	2007-06-30	2006-06-30	增长率(%)	2005-06-30
销售收入	29,640,000	23,348,888	26.94	20,631,815
营运溢利	6,259,000	4,765,011	31.35	4,201,525
非营运溢利	279,000	120,497	131.54	92,568
股东应占溢利	5,180,000	3,737,354	38.60	3,337,577
资产总计	17,029,000	12,851,889	32.50	10,033,837
负债合计	4,948,000	3,744,630	32.14	2,994,685
股东权益	12,081,000	9,107,259	32.65	7,039,152

注:"增长率"是指最近一期年报相对上年同期的同比增长率

中国石油化工股份有限公司(代码:0386)

公司简介

中国石化是一家上中下游一体化、石油石化主业突出、拥有比较完备销售网络、境内外上市的股份制企业。中国石化是中国最大的一体化能源化工公司之一,主要从事石油与天然气勘探开发、开采、管道运输、销售;石油炼制、石油化工、化纤、化肥及其它化工生产与产品销售、储运;石油、天然气、石油产品、石油化工及其它化工产品和其它商品、技术的进出口、代理进出口业务;技术、信息的研究、开发、应用。中国石化是中国最大的石油产品(包括汽油、柴油、航空煤油等)和主要石化产品(包括合成树脂、合成纤维单体及聚合物、合成纤维、合成橡胶、化肥和中间石化产品)生产商和供货商,也是中国第二大原油生产商。中国石化建立了规范的法人治理结构,实行集中决策、分级管理和专业化经营的事业部制管理体制。中国石化现有全资子公司、控股和参股子公司、分公司等共 80 余家,包括油气勘探开发、炼油、化工、产品销售以及科研、外贸等企业和单位,经营资产和主要市场集中在中国经济最发达、最活跃的东部、南部和中部地区。中国石化的最大股东——中国石油化工集团公司是国家在原中国石化总公司的基础上于 1998 年重组成立的特大型石油石化企业集团,是国家出资设立的国有公司、国家授权投资的机构和国家控股公司。

基本资料

公司名称	中国石油化工股份有限公司	证券面值	1.0000(CNY)
所属行业	石油及天然气	交易单位	2000(股)
法定股本	86,702,439,000(CNY)	上市日期	2000-10-19
普通股	86,702,439,000 股	港股数量	16,780,488,000 股
优先股	--	港股市值	126,189,269,760(HKD)
所属概念	H股	所属板块	主板

最近派息

本次派息	0.0500(CNY)/股	上次派息	0.1100(CNY)/股
除净日期	2007-09-10	除净日期	2007-06-07
派发日期	2007-09-28	派发日期	2007-06-29
盈利区间	2007-01-01 ~2007-06-30	盈利区间	2006-01-01 ~2006-12-31

财务指标

(货币单位:HKD/元)

	2006-12-31	2005-12-31	增长率(%)	2004-12-31
每股收益	0.6200	0.4700	31.91	0.4200
每股派息	0.1500	0.1300	15.38	0.1200
每股净资产	3.0316	2.5784	17.57	2.2265
经营利润率(%)	8.02	8.36	-4.03	10.56
股东权益回报率(%)	22.17	19.64	12.84	19.96
总资产回报率(%)	9.38	8.09	16.02	8.23
负债/股东权益(%)	--	--	--	--
流动比率(倍)	0.69	0.85	-18.95	0.82
派息率(%)	24.19	27.66	-12.53	28.57

注:"增长率"是指最近一期年报相对上年同期的同比增长率

报表摘要

(货币单位:HKD/千元)

	2006-12-31	2005-12-31	增长率(%)	2004-12-31
销售收入	1,044,652,000	799,115,000	30.73	597,197,000
营运溢利	83,820,000	66,814,000	25.45	63,069,000
非营运溢利	-4,897,000	-3,586,000	-36.56	-3,463,000
股东应占溢利	53,912,000	40,920,000	31.75	36,019,000
资产总计	611,790,000	537,321,000	13.86	474,594,000
负债合计	327,001,000	284,325,000	15.01	250,508,000
股东权益	262,845,000	223,556,000	17.57	193,040,000

注:"增长率"是指最近一期年报相对上年同期的同比增长率

香港交易及结算所有限公司(代码:0388)

公司简介

港交所拥有及经营香港唯一之股票交易所及期货交易所,以及其它相关之结算所。集团期望成为环球证券及期货市场在亚洲时区之枢纽,并且是主要证券及衍生产品交易所在亚洲物色国际联盟伙伴时之首选。

主要股东

香港中央结算(代理人)有限公司	88.65%
汇丰代理人(香港)有限公司	0.53%
新鸿基(代理人)有限公司	0.38%
同德证券(香港)有限公司	0.30%
宏高有限公司	0.26%
辉立商品(香港)有限公司	0.26%
辉立证券(香港)有限公司	0.23%
协联证券有限公司	0.15%
周文耀	0.15%

基本资料

公司名称	香港交易及结算所有限公司	证券面值	1.0000(HKD)
所属行业	其他金融	交易单位	100(股)
法定股本	2,000,000,000(HKD)	上市日期	2000-06-27
普通股	1,070,285,000 股	港股数量	1,070,285,000 股
优先股	--	港股市值	151,124,242,000(HKD)
所属概念	不适用	所属板块	主板

最近派息

本次派息	3.4000(HKD)/股	上次派息	1.7900(HKD)/股
除净日期	2008-04-17	除净日期	2007-09-05
派发日期	2008-05-09	派发日期	2007-09-18
盈利区间	2007-01-01 ~2007-12-31	盈利区间	2007-01-01 ~2007-06-30

财务指标

(货币单位:HKD/元)

	2007-12-31	2006-12-31	增长率(%)	2005-12-31
每股收益	5.7800	2.3700	143.88	1.2600
每股派息	5.1900	2.1300	143.66	1.1300
每股净资产	7.8272	4.9346	58.62	4.1096
经营利润率(%)	83.18	70.81	17.47	57.48
股东权益回报率(%)	90.49	52.33	72.91	31.82
总资产回报率(%)	9.61	7.94	20.98	6.03
负债/股东权益(%)	--	--	--	--
流动比率(倍)	1.10	1.13	-2.89	1.19
派息率(%)	89.79	89.87	-0.09	89.68

注:"增长率"是指最近一期年报相对上年同期的同比增长率

报表摘要

(货币单位:HKD/千元)

	2007-12-31	2006-12-31	增长率(%)	2005-12-31
销售收入	8,390,470	4,146,916	102.33	2,694,057
营运溢利	6,978,905	2,936,343	137.67	1,548,575
非营运溢利	211,904	27,124	681.24	18,433
股东应占溢利	6,169,278	2,518,569	144.95	1,339,548
资产总计	87,944,189	40,453,298	117.40	22,960,933
负债合计	79,566,841	35,195,712	126.07	18,593,444
股东权益	8,377,348	5,257,586	59.34	4,367,489

注:"增长率"是指最近一期年报相对上年同期的同比增长率

利丰有限公司(代码:0494)

公司简介

利丰为从事消费产品贸易业务之主要跨国企业集团,擅长运用供应链管理于付货期短且大量生产之消费产品。业务范围以成衣为主,其它产品包括时尚饰物、礼品、手工艺品、家具用品、宣传商品、玩具、运动用品、鞋类及旅行用品。集团透过遍布全球38个国家合共65个办事处之市场网络从事采购活动,而美国及欧洲分别为集团之两大主要市场。集团并没有自置生产设施,但透过管理众多以优质为本、且具成本效益之制造商,为客户提供快捷且准确之采购服务。

主要股东

King Lun Holdings Limited	33.66%
Janus Capital Management LLC	5.01%
冯国纶	2.34%
J. P. Morgan Trust Company (Jersey) Limited	1.63%

基本资料

公司名称	利丰有限公司	证券面值	0.0250(HKD)
所属行业	纺织制衣	交易单位	2000(股)
法定股本	100,000,000(HKD)	上市日期	1992-07-01
普通股	3,422,800,000股	港股数量	3,422,800,000股
优先股	--	港股市值	96,522,960,000(HKD)
所属概念	不适用	所属板块	主板

最近派息

本次派息	0.2100(HKD)/股	上次派息	0.3900(HKD)/股
除净日期	2007-09-07	除净日期	2007-05-04
派发日期	2007-09-19	派发日期	
盈利区间	2007-01-01 ~2007-06-30	盈利区间	2006-01-01 ~2006-12-31

财务指标

(货币单位:HKD/元)

	2006-12-31	2005-12-31	增长率(%)	2004-12-31
每股收益	0.6710	0.6120	9.64	0.5260
每股派息	0.5500	0.5000	10.00	0.6700
每股净资产	2.4341	1.5904	53.05	1.6608
经营利润率(%)	3.55	3.39	4.68	3.38
股东权益回报率(%)	33.99	37.68	-9.81	33.76
总资产回报率(%)	11.80	13.44	-12.19	14.84
负债/股东权益(%)	--	--	--	--
流动比率(倍)	1.19	1.07	11.04	1.37
派息率(%)	81.97	81.70	0.33	127.38

注:"增长率"是指最近一期年报相对上年同期的同比增长率

报表摘要

(货币单位:HKD/千元)

	2006-12-31	2005-12-31	增长率(%)	2004-12-31
销售收入	68,010,257	55,617,374	22.28	47,170,601
营运溢利	2,412,320	1,884,600	28.00	1,595,041
非营运溢利	-38,976	57,225	-168.11	67,225
股东应占溢利	2,201,819	1,790,279	22.99	1,530,228
资产总计	22,045,082	15,268,015	44.39	11,373,156
负债合计	13,778,237	10,643,214	29.46	6,522,090
股东权益	8,299,208	4,656,859	78.21	4,844,673

注:"增长率"是指最近一期年报相对上年同期的同比增长率

裕元工业(集团)有限公司(代码:0551)

公司简介

集团为全球最大主要国际品牌运动鞋及便服鞋制造商,在品牌运动鞋及便服鞋国际市场约有17% 市场占有率。集团之全球鞋类品牌客户包括 Nike、adidas、Reebok、New Balance、Asics、Timberland、Rockport 等。为了进一步渗透中国市场并受惠于消费者对运动鞋及服饰产品需求之增加,集团于中国持有 Converse、Asics、Coleman 及 Hush Puppies 四个国际品牌之独家特许权,并拥有超过600名分销商,及于主要城市如北京、广州及上海等均设有200间店铺及专柜。

主要股东

Wealthplus Holdings Limited	46.15%
Quicksilver Profits Limited	8.98%
Max Creation Industrial Limited	3.84%
宝成工业股份有限公司	3.39%
蔡其瑞	0.02%

基本资料

公司名称	裕元工业(集团)有限公司	证券面值	0.2500(HKD)
所属行业	纺织制衣	交易单位	500(股)
法定股本	500,000,000(HKD)	上市日期	1992-07-02
普通股	1,663,628,986股	港股数量	1,663,628,986股
优先股	--	港股市值	38,596,192,475(HKD)
所属概念	不适用	所属板块	主板

最近派息

本次派息	0.5300(HKD)/股	上次派息	0.3100(HKD)/股
除净日期	2008-02-27	除净日期	2007-07-05
派发日期	2008-03-13	派发日期	2007-07-19
盈利区间	2006-10-01 ~2007-09-30	盈利区间	2006-10-01 ~2007-03-31

财务指标

(货币单位:USD/元)

	2007-09-30	2006-09-30	增长率(%)	2005-09-30
每股收益	0.2160	0.2180	-0.92	0.1910
每股派息	0.8400	0.8000	5.00	0.7500
每股净资产	1.4543	1.2911	12.64	1.1880
经营利润率(%)	--	--	--	9.56
股东权益回报率(%)	15.94	17.61	-9.51	16.80
总资产回报率(%)	9.59	10.86	-11.74	10.24
负债/股东权益(%)	--	--	--	--
流动比率(倍)	2.09	1.82	14.62	2.33
派息率(%)	--	--	--	--

注:"增长率"是指最近一期年报相对上年同期的同比增长率

报表摘要

(货币单位:USD/千元)

	2007-09-30	2006-09-30	增长率(%)	2005-09-30
销售收入	4,114,090	3,657,379	12.49	3,154,835
营运溢利	--	--	--	301,576
非营运溢利	--	--	--	19,345
股东应占溢利	359,432	353,591	1.65	310,126
资产总计	4,120,772	3,378,792	21.96	3,132,608
负债合计	1,626,968	1,242,223	30.97	1,190,354
股东权益	2,419,378	2,091,320	15.69	1,924,267

注:"增长率"是指最近一期年报相对上年同期的同比增长率

中国联通股份有限公司(代码:0762)

公司简介

公司于二零零零年二月在香港特别行政区注册成立。公司于二零零零年六月二十一日和二十二日分别在纽约证券交易所和香港联合交易所挂牌上市。二零零一年六月一日,公司股份被纳入恒生指数成份股。公司的主要股东是中国联合通信有限公司。截至二零零六年十二月三十一日止,联通集团通过中国联通(BVI)有限公司和中国联合通信股份有限公司共间接持有本公司52.60%的股份;上海A股市场公众人士间接持有本公司24.09%的股份;本公司余下的23.31%股份则由香港、纽约股票市场公众人士持有。目前,本公司通过中国联通有限公司经营中国三十省、市、自治区的移动通信(GSM及CDMA)业务、全国范围的国际国内长途通信、数据通信和互联网业务,以及其它相关电信增值业务。在移动通信方面,公司是中国内地两家移动通信运营商之一。截至二零零六年十二月三十一日止,公司的GSM和CDMA移动电话用户已达到14,236.6万户,按用户数计,为全球第三大移动运营商;本公司的CDMA移动电话用户已达到3,649.3万户,按用户数计,为全球第二大CDMA运营商。

主要股东

中国联通(BVI)有限公司	76.53%

基本资料

公司名称	中国联通股份有限公司	证券面值	0.1000(HKD)
所属行业	电讯业	交易单位	2000(股)
法定股本	3,000,000,000(HKD)	上市日期	2000-06-22
普通股	12,707,789,000股	港股数量	12,707,789,000股
优先股	--	港股市值	225,436,176,860(HKD)
所属概念	红筹股	所属板块	主板

最近派息

本次派息	0.1800(CNY)/股	上次派息	0.1100(CNY)/股
除净日期	2007-05-07	除净日期	2006-05-08
派发日期	2007-06-08	派发日期	2006-06-08
盈利区间	2006-01-01 ~2006-12-31	盈利区间	2005-01-01 ~2005-12-31

财务指标

(货币单位:CNY/元)

	2006-12-31	2005-12-31	增长率(%)	2004-12-31
每股收益	0.2960	0.3920	-24.49	0.3490
每股派息	0.1800	0.1100	63.64	0.1000
每股净资产	6.2620	6.0667	3.22	5.7954
经营利润率(%)	9.43	9.42	0.10	10.03
股东权益回报率(%)	4.79	6.61	-27.53	6.16
总资产回报率(%)	2.58	3.42	-24.53	2.97
负债/股东权益(%)	--	--	--	--
流动比率(倍)	0.41	0.30	35.23	0.39
派息率(%)	60.81	28.06	116.71	28.65

注:"增长率"是指最近一期年报相对上年同期的同比增长率

报表摘要

(货币单位:CNY/千元)

	2006-12-31	2005-12-31	增长率(%)	2004-12-31
销售收入	94,294,493	87,048,831	8.32	79,331,611
营运溢利	8,892,408	8,201,018	8.43	7,956,145
非营运溢利	-2,396,592	-1,099,321	-118.01	-1,489,521
股东应占溢利	3,731,824	4,931,052	-24.32	4,386,999
资产总计	146,437,986	142,629,989	2.67	145,629,193
负债合计	67,026,328	66,342,910	1.03	72,818,739
股东权益	79,408,817	76,284,345	4.10	72,810,454

注:"增长率"是指最近一期年报相对上年同期的同比增长率

中国海洋石油有限公司(代码:0883)

公司简介

中海油为中国最大之海上石油及天然气生产商,亦为全球最大之独立油气勘探及生产公司之一。中海油之主要业务为从事勘探、开发、生产及销售海上石油及天然气。

主要股东

CNOOC (BVI) Limited	66.40%

基本资料

公司名称	中国海洋石油有限公司	证券面值	0.0200(HKD)
所属行业	石油及天然气	交易单位	1000(股)
法定股本	1,500,000,000(HKD)	上市日期	2001-02-28
普通股	43,347,722,671股	港股数量	43,347,722,671股
优先股	--	港股市值	554,850,850,189(HKD)
所属概念	红筹股	所属板块	主板

最近派息

本次派息	0.1300(HKD)/股	上次派息	0.1400(CNY)/股
除净日期	2007-09-12	除净日期	2007-05-16
派发日期	2007-09-28	派发日期	2007-06-07
盈利区间	2007-01-01 ~2007-06-30	盈利区间	2006-01-01 ~2006-12-31

财务指标

(货币单位:CNY/元)

	2006-12-31	2005-12-31	增长率(%)	2004-12-31
每股收益	0.7300	0.6200	17.74	0.3900
每股派息	0.2600	0.2000	30.00	0.1600
每股净资产	2.4873	1.7928	38.74	1.3816
经营利润率(%)	48.40	52.18	-7.24	40.65
股东权益回报率(%)	34.10	38.86	-12.25	31.29
总资产回报率(%)	22.91	24.25	-5.55	19.32
负债/股东权益(%)	--	--	--	--
流动比率(倍)	3.31	3.26	1.37	3.39
派息率(%)	35.62	16.13	120.82	20.51

注:"增长率"是指最近一期年报相对上年同期的同比增长率

报表摘要

(货币单位:CNY/千元)

	2006-12-31	2005-12-31	增长率(%)	2004-12-31
销售收入	88,947,284	69,318,994	28.32	55,077,372
营运溢利	43,054,341	36,171,598	19.03	22,386,175
非营运溢利	1,068,915	129,336	726.46	730,429
股东应占溢利	30,926,943	25,323,122	22.13	16,185,778
资产总计	155,268,016	114,765,064	35.29	94,076,531
负债合计	47,454,143	41,161,967	15.29	37,359,070
股东权益	107,771,928	73,603,097	46.42	56,717,461

注:"增长率"是指最近一期年报相对上年同期的同比增长率

中国建设银行股份有限公司(代码:0939)

公司简介

集团是一家中国领先的商业银行,为客户提供全面的商业银行产品与服务。根据人民银行的资料,截至2005年6月30日止本行贷款总额的市场份额约为12.0%,存款总额的市场份额约为13.2%。集团主要经营以下三个业务领域:(1)公司银行业务:向公司、政府机关和金融机构提供包括公司类贷款、贸易融资、存款服务、代理服务,以及顾问与咨询服务、现金管理服务、汇款及结算服务、托管服务及担保服务等多种金融产品和服务;(2)个人银行业务:向个人客户提供包括个人贷款、存款服务、银行卡、个人理财,以及汇款和证券代理服务等金融产品和服务;及(3)资金业务:管理货币市场活动,包括银行间交易及回购交易;管理投资组合,包括持有证券作买卖及投资用途;以及代客进行某些交易,包括外汇及衍生工具交易。此外,集团已与美国银行及淡马锡控股(私人)有限公司(或淡马锡)建立战略性关系,以加快其转型成为具国际竞争力的现代化商业银行的步伐。美国银行向汇金公司购入174.82亿股集团股份,占于2005年8月29日全球发售前集团在外流通股份约9.0%,并获赋予期权于2011年3月1日前向汇金公司购入总数相等于截至全球发售结束日期止集团在外流通股份19.9%的集团股份(已扣减美国银行截至当日止已拥有的任何股份),总对价为25亿美元。美国银行亦与集团协议在全球发售中按照发售价购入可以5亿美元购入的集团H股数目。

基本资料

公司名称	中国建设银行股份有限公司	证券面值	1.0000(CNY)
所属行业	银行	交易单位	1000(股)
法定股本	233,689,084,000(CNY)	上市日期	2005-10-27
普通股	233,689,084,000股	港股数量	224,689,084,000股
优先股	--	港股市值	1,262,752,652,080(HKD)
所属概念	H股	所属板块	主板

最近派息

本次派息	0.0727(CNY)/股	上次派息	0.0670(CNY)/股
除净日期	2007-09-25	除净日期	2007-09-25
派发日期	2007-10-10	派发日期	2007-10-10
盈利区间	2007-01-01 ~2007-06-30	盈利区间	2007-01-01 ~2007-06-30

财务指标

(货币单位:CNY/元)

	2006-12-31	2005-12-31	增长率(%)	2004-12-31
每股收益	0.2100	0.2400	-12.50	--
每股派息	0.0900	0.0200	350.00	--
每股净资产	1.4692	1.2799	14.79	1.0100
经营利润率(%)	--	74.14	--	--
股东权益回报率(%)	15.00	19.50	-23.09	25.63
总资产回报率(%)	0.92	1.11	-16.74	1.31
负债/股东权益(%)	--	--	--	--
流动比率(倍)	--	--	--	--
派息率(%)	43.81	6.25	600.95	--

注:"增长率"是指最近一期年报相对上年同期的同比增长率

报表摘要

(货币单位:CNY/千元)

	2006-12-31	2005-12-31	增长率(%)	2004-12-31
销售收入	215,189,000	173,601,000	23.96	147,196,000
营运溢利	--	128,714,000	--	--
非营运溢利	--	-73,350,000	--	--
股东应占溢利	46,322,000	47,103,000	-1.66	49,042,000
资产总计	5,448,511,000	4,585,742,000	18.81	3,909,920,000
负债合计	5,118,307,000	4,298,065,000	19.08	3,714,369,000
股东权益	330,109,000	287,579,000	14.79	195,516,000

注:"增长率"是指最近一期年报相对上年同期的同比增长率

中国移动有限公司(代码:0941)

公司简介

是中国内地最大的移动通信服务供货商,拥有全球最大的移动通信用户基础和全球最大的一体化连续覆盖全数字网络。主要业务是在中国三十一省、自治区及直辖市提供移动电信及有关服务。

主要股东

中国移动香港(BVI)有限公司	74.44%

基本资料

公司名称	中国移动有限公司	证券面值	0.1000(HKD)
所属行业	电讯业	交易单位	500(股)
法定股本	3,000,000,000(HKD)	上市日期	1997-10-23
普通股	20,003,122,050股	港股数量	20,003,122,050股
优先股	--	港股市值	2,212,345,298,730(HKD)
所属概念	红筹股	所属板块	主板

最近派息

本次派息	0.0830(CNY)/股	上次派息	0.8160(CNY)/股
除净日期	2007-09-03	除净日期	2007-09-03
派发日期	2007-09-14	派发日期	2007-09-14
盈利区间	2007-01-01 ~2007-06-30	盈利区间	2007-01-01 ~2007-06-30

财务指标

(货币单位:CNY/元)

	2006-12-31	2005-12-31	增长率(%)	2004-12-31
每股收益	3.3200	2.7100	22.51	2.1400
每股派息	1.5700	1.0600	48.11	0.6900
每股净资产	15.9758	13.7546	16.15	11.8352
经营利润率(%)	31.19	30.32	2.88	31.05
股东权益回报率(%)	22.31	21.17	5.42	19.45
总资产回报率(%)	14.42	13.56	6.34	12.43
负债/股东权益(%)	--	--	--	--
流动比率(倍)	1.22	1.10	10.77	0.82
派息率(%)	47.17	39.11	20.59	32.24

注:"增长率"是指最近一期年报相对上年同期的同比增长率

报表摘要

(货币单位:CNY/千元)

	2006-12-31	2005-12-31	增长率(%)	2004-12-31
销售收入	295,358,000	243,041,000	21.53	192,381,000
营运溢利	92,128,000	73,686,000	25.03	59,734,000
非营运溢利	4,780,000	4,578,000	4.41	1,472,000
股东应占溢利	66,026,000	53,549,000	23.30	42,004,000
资产总计	494,676,000	421,027,000	17.49	368,752,000
负债合计	175,303,000	147,920,000	18.51	135,348,000
股东权益	319,002,000	272,824,000	16.93	233,161,000

注:"增长率"是指最近一期年报相对上年同期的同比增长率

长江基建集团有限公司(代码:1038)

公司简介

该集团是香港最具规模及多元化的上市基建公司,并在国际基建业稳据重要地位。核心业务包括:能源基建、交通基建、水处理基建及基建有关业务。集团的营运范围遍及香港、内地、澳洲、英国、加拿大及菲律宾。

主要股东

Hutchison Infrastructure Holdings Limited	84.58%
Li Ka - Shing Unity Trustee Company Limited	0.24%

基本资料

公司名称	长江基建集团有限公司	证券面值	1.0000(HKD)
所属行业	综合企业	交易单位	1000(股)
法定股本	4,000,000,000(HKD)	上市日期	1996 - 07 - 17
普通股	2,254,209,945 股	港股数量	2,254,209,945 股
优先股	- -	港股市值	68,978,824,317(HKD)
所属概念	不适用	所属板块	主板

最近派息

本次派息	0.2700(HKD)/股	上次派息	0.7500(HKD)/股
除净日期	2007 - 09 - 18	除净日期	2007 - 04 - 30
派发日期	2007 - 09 - 28	派发日期	2007 - 05 - 15
盈利区间	2007 - 01 - 01 ~2007 - 06 - 30	盈利区间	2006 - 01 - 01 ~2006 - 12 - 31

财务指标

(货币单位:HKD/元)

	2006 - 12 - 31	2005 - 12 - 31	增长率(%)	2004 - 12 - 31
每股收益	1.6300	2.6600	-38.72	1.5800
每股派息	1.0000	0.9500	5.26	0.7900
每股净资产	15.8920	14.8602	6.94	13.8275
经营利润率(%)	- -	49.40	- -	29.68
股东权益回报率(%)	10.59	18.58	-43.01	11.81
总资产回报率(%)	7.96	13.25	-39.92	8.03
负债/股东权益(%)	- -	- -	- -	- -
流动比率(倍)	1.55	7.13	-78.21	7.66
派息率(%)	61.35	35.64	72.14	50.00

注:"增长率"是指最近一期年报相对上年同期的同比增长率

报表摘要

(货币单位:HKD/千元)

	2006 - 12 - 31	2005 - 12 - 31	增长率(%)	2004 - 12 - 31
销售收入	1,822,000	2,247,000	-18.91	2,507,000
营运溢利	- -	1,110,000	- -	744,000
非营运溢利	- -	4,798,000	- -	3,136,000
股东应占溢利	3,670,000	6,007,000	-38.90	3,556,000
资产总计	47,622,000	44,555,000	6.88	46,089,000
负债合计	11,757,000	11,019,000	6.70	14,713,000
股东权益	35,824,000	33,498,000	6.94	31,170,000

注:"增长率"是指最近一期年报相对上年同期的同比增长率

中远太平洋有限公司(代码:1199)

公司简介

该集团为世界集装箱运输市场之领先企业,主要从事多元化集装箱租赁;集装箱码头及集装箱相关业务。集团为全球第五大集装箱租赁箱队。

主要股东

中远太平洋投资控股有限公司	42.13%
中远(香港)投资有限公司	8.93%
J. P. Morgan Chase & Co.	4.99%

基本资料

公司名称	中远太平洋有限公司	证券面值	0.1000(HKD)
所属行业	运输	交易单位	2000(股)
法定股本	38,462,000(HKD)	上市日期	1994 - 12 - 19
普通股	2,240,669,298 股	港股数量	2,240,669,298 股
优先股	- -	港股市值	34,685,560,733(HKD)
所属概念	红筹股	所属板块	主板

最近派息

本次派息	0.0318(USD)/股	上次派息	0.0414(USD)/股
除净日期	2007 - 09 - 06	除净日期	2007 - 05 - 10
派发日期	2007 - 09 - 21	派发日期	2007 - 05 - 31
盈利区间	2007 - 01 - 01 ~2007 - 06 - 30	盈利区间	2006 - 01 - 01 ~2006 - 12 - 31

财务指标

(货币单位:USD/元)

	2006 - 12 - 31	2005 - 12 - 31	增长率(%)	2004 - 12 - 31
每股收益	0.1314	0.1528	-14.00	0.0955
每股派息	0.0900	0.0900	0.00	0.0500
每股净资产	0.9749	0.8549	14.03	0.6745
经营利润率(%)	79.20	81.67	-3.03	56.83
股东权益回报率(%)	14.37	19.98	-28.10	14.77
总资产回报率(%)	9.96	13.15	-24.21	9.97
负债/股东权益(%)	- -	- -	- -	- -
流动比率(倍)	1.46	1.73	-15.62	1.82
派息率(%)	67.35	23.43	187.46	56.54

注:"增长率"是指最近一期年报相对上年同期的同比增长率

报表摘要

(货币单位:USD/千元)

	2006 - 12 - 31	2005 - 12 - 31	增长率(%)	2004 - 12 - 31
销售收入	253,960	295,648	-14.10	275,296
营运溢利	201,124	241,454	-16.70	156,438
非营运溢利	142,530	118,927	19.85	88,082
股东应占溢利	291,082	334,937	-13.09	206,292
资产总计	2,987,155	2,855,150	4.62	2,239,692
负债合计	778,954	964,807	-19.26	757,444
股东权益	2,172,634	1,879,948	15.57	1,472,807

注:"增长率"是指最近一期年报相对上年同期的同比增长率

中国工商银行股份有限公司(代码:1398)

公司简介

2006 年是中国工商银行发展史上具有里程碑意义的一年。10 月 27 日,中国工商银行股份有限公司(简称中国工商银行)首开先河,A + H 同步发行上市成功,创下了全球资本市场有史以来发行规模最大等多项纪录,被国际媒体和金融业誉为“世纪招股”。公开发行上市标志着中国工商银行完成了从国有独资商业银行到股份制商业银行,再到国际公众持股公司的历史性跨越。本次 A + H 首次公开发行的总规模为 556.5 亿股(包括代财政部和汇金公司出售国有股权 81.4 亿股),占扩大后总股本的 16.7%;募集资金总额达到人民币 1,732.3 亿元(包括代收财政部和汇金公司出售国有股权的应得资金净额人民币 246.7 亿元),是全球有史以来融资规模最大的首次公开发行,其中 H 股发行规模 1,249.5 亿港币,A 股发行规模 466.4 亿元人民币,分别是迄今为止规模最大的 H 股和 A 股发行项目。公开发行上市后,中国工商银行共有 A 股 250,962,348,064 股,H 股 83,056,501,962 股,总股本 334,018,850,026 股。通过发行上市,中国工商银行的资本实力和国际市场形象得到了明显提升,至 2006 年末,资本净额达到 5,308.05 亿元,核心资本净额达到 4,620.19 亿元,资本充足率和核心资本充足率分别达到 14.05% 和 12.23%;总市值超过2500 亿美元,成为 A 股市值最大的上市公司与亚洲最大的上市银行,并跻身全球排名前三位的上市银行。

基本资料

公司名称	中国工商银行股份有限公司	证券面值	1.0000(CNY)
所属行业	银行	交易单位	1000(股)
法定股本	334,018,850,026(CNY)	上市日期	2006 - 10 - 27
普通股	334,018,850,026 股	港股数量	83,056,501,962 股
优先股	- -	港股市值	426,910,420,085(HKD)
所属概念	H 股	所属板块	主板

最近派息

本次派息	0.0160(CNY)/股	上次派息	- - ()/股
除净日期	2007 - 06 - 13	除净日期	- -
派发日期	2007 - 06 - 28	派发日期	- -
盈利区间	2006 - 01 - 01 ~ 2006 - 12 - 31	盈利区间	- -

财务指标

(货币单位:CNY/元)

	2006 - 12 - 31	2005 - 12 - 31	增长率(%)	2004 - 12 - 31
每股收益	0.1800	0.1500	20.00	0.1200
每股派息	0.0200	- -	- -	- -
每股净资产	1.3965	1.0300	35.58	- 3.1800
经营利润率(%)	26.40	26.24	0.62	26.58
股东权益回报率(%)	13.64	- 29.35	146.47	- 5.86
总资产回报率(%)	0.71	0.65	8.26	0.64
负债/股东权益(%)	- -	- -	- -	- -
流动比率(倍)	- -	- -	- -	- -
派息率(%)	8.89	- -	- -	- -

注:“增长率”是指最近一期年报相对上年同期的同比增长率

报表摘要

(货币单位:CNY/千元)

	2006 - 12 - 31	2005 - 12 - 31	增长率(%)	2004 - 12 - 31
销售收入	272,941,000	240,202,000	13.63	204,889,000
营运溢利	72,052,000	63,021,000	14.33	54,461,000
非营运溢利	13,000	5,000	160.00	- 50,000
股东应占溢利	49,263,000	37,555,000	31.18	30,863,000
资产总计	7,508,751,000	6,456,131,000	16.30	5,069,324,000
负债合计	7,037,750,000	6,196,255,000	13.58	5,577,369,000
股东权益	466,464,000	255,839,000	82.33	- 511,713,000

注:“增长率”是指最近一期年报相对上年同期的同比增长率

富士康国际控股有限公司(代码:2038)

公司简介

集团是全球手机行业中首屈一指的垂直整合制造服务供货商。集团向客户提供有关手机生产的全线制造服务。集团主要客户包括首屈一指的国际品牌手机委托设备制造商。集团在中国、欧洲及美洲设有生产、研究和开发及其它设施。集团的制造服务包括设计及制造精密治具及模具;产品开发;制造组件、模块及系统组装及集成;及售后服务。集团并无为本身的产品建立品牌。

主要股东

Foxconn (Far East) Limited	72.41%

基本资料

公司名称	富士康国际控股有限公司	证券面值	0.0400(USD)
所属行业	资讯科技器材	交易单位	1000(股)
法定股本	800,000,000(USD)	上市日期	2005 - 02 - 03
普通股	7,017,099,690 股	港股数量	7,017,099,690 股
优先股	- -	港股市值	80,696,646,435(HKD)
所属概念	不适用	所属板块	主板

最近派息

本次派息	- - ()/股	上次派息	- - ()/股
除净日期	- -	除净日期	- -
派发日期	- -	派发日期	- -
盈利区间	- -	盈利区间	- -

财务指标

(货币单位:USD/元)

	2006 - 12 - 31	2005 - 12 - 31	增长率(%)	2004 - 12 - 31
每股收益	0.1031	0.0564	82.80	0.0344
每股派息	- -	- -	- -	- -
每股净资产	0.3389	0.2179	55.55	- -
经营利润率(%)	- -	6.85	- -	5.90
股东权益回报率(%)	36.97	35.95	2.85	43.70
总资产回报率(%)	18.75	14.62	28.26	11.36
负债/股东权益(%)	- -	- -	- -	- -
流动比率(倍)	1.55	1.47	5.52	1.13
派息率(%)	- -	- -	- -	- -

注:“增长率”是指最近一期年报相对上年同期的同比增长率

报表摘要

(货币单位:USD/千元)

	2006 - 12 - 31	2005 - 12 - 31	增长率(%)	2004 - 12 - 31
销售收入	10,381,236	6,364,497	63.11	3,308,270
营运溢利	- -	435,924	- -	195,101
非营运溢利	- -	- 16,666	- -	- 7,970
股东应占溢利	718,038	385,699	86.17	181,319
资产总计	4,502,408	3,158,547	42.55	2,119,564
负债合计	2,121,406	1,631,530	30.03	1,488,755
股东权益	2,368,982	1,514,970	56.37	630,809

注:“增长率”是指最近一期年报相对上年同期的同比增长率

中国平安保险(集团)股份有限公司(代码:2318)

公司简介

中国平安保险(集团)股份有限公司(以下简称"中国平安")是中国第一家以保险为核心的,融证券、信托、银行、资产管理、企业年金等多元金融业务为一体的紧密、高效、多元的综合金融服务集团。公司成立于1988年,总部位于深圳。集团控股设立中国平安人寿保险股份有限公司("平安人寿")、中国平安财产保险股份有限公司("平安产险")、平安养老保险股份有限公司、平安资产管理有限责任公司、平安健康保险股份有限公司,并控股中国平安保险海外(控股)有限公司、平安信托投资有限责任公司("平安信托")、深圳平安银行。平安信托依法控股平安证券有限责任公司,平安海外依法控股中国平安保险(香港)有限公司,及中国平安资产管理(香港)有限公司。截至2007年6月30日,按照国际财务报告准则(IFRS),集团总资产为人民币6,177.72亿元,权益总额为人民币975.73亿元。按中国会计准则,集团总资产为人民币5,831.43亿元,股东权益为人民币949.11亿元。2007年8月9日,集团市值超过6000亿元人民币。

基本资料

公司名称	中国平安保险(集团)股份有限公司	证券面值	1.0000(CNY)
所属行业	保险	交易单位	500(股)
法定股本	7,345,053,334(CNY)	上市日期	2004-06-24
普通股	7,345,053,334股	港股数量	2,558,643,698股
优先股	--	港股市值	149,040,995,409(HKD)
所属概念	H股	所属板块	主板

最近派息

本次派息	0.2000(CNY)/股	上次派息	0.2200(CNY)/股
除净日期	2007-08-28	除净日期	2007-05-04
派发日期	2007-09-07	派发日期	2007-06-27
盈利区间	2007-01-01~2007-06-30	盈利区间	2006-01-01~2006-12-31

财务指标

(货币单位:CNY/元)

	2006-12-31	2005-12-31	增长率(%)	2004-12-31
每股收益	1.2700	0.6800	86.76	0.5600
每股派息	0.5400	--	--	0.1400
每股净资产	7.4858	5.3262	40.55	4.5606
经营利润率(%)	--	7.45	--	5.99
股东权益回报率(%)	19.75	13.80	43.12	15.12
总资产回报率(%)	1.93	1.45	33.11	1.33
负债/股东权益(%)	--	--	--	--
流动比率(倍)	--	--	--	--
派息率(%)	42.52	--	--	25.00

注:"增长率"是指最近一期年报相对上年同期的同比增长率

报表摘要

(货币单位:CNY/千元)

	2006-12-31	2005-12-31	增长率(%)	2004-12-31
销售收入	87,943,000	64,590,000	36.16	63,251,000
营运溢利	--	4,812,000	--	3,789,000
非营运溢利	--	--	--	-42,000
股东应占溢利	7,838,000	4,226,000	85.47	3,116,000
资产总计	494,309,000	319,706,000	54.61	264,496,000
负债合计	446,559,000	286,184,000	56.04	235,812,000
股东权益	46,375,000	32,996,000	40.55	28,253,000

注:"增长率"是指最近一期年报相对上年同期的同比增长率

中银香港(控股)有限公司(代码:2388)

公司简介

中银香港拥有香港最大的销售网络,具有近300家分行和450多部自动柜员机。其三大主要业务为(1)零售银行、(2)企业银行,及(3)财资业务。中银香港亦为本港三大发钞银行之一。

主要股东

中银(BVI)	65.73%
中国银行	0.04%

基本资料

公司名称	中银香港(控股)有限公司	证券面值	5.0000(HKD)
所属行业	银行	交易单位	500(股)
法定股本	100,000,000,000(HKD)	上市日期	2002-07-25
普通股	10,572,780,266股	港股数量	10,572,780,266股
优先股	--	港股市值	193,058,967,657(HKD)
所属概念	红筹股	所属板块	主板

最近派息

本次派息	0.4280(HKD)/股	上次派息	0.4470(HKD)/股
除净日期	2007-09-06	除净日期	2007-05-15
派发日期	2007-09-20	派发日期	2007-05-30
盈利区间	2007-01-01~2007-06-30	盈利区间	2006-01-01~2006-12-31

财务指标

(货币单位:HKD/元)

	2006-12-31	2005-12-31	增长率(%)	2004-12-31
每股收益	1.3248	1.2763	3.80	1.1315
每股派息	0.8500	0.8100	4.94	0.7200
每股净资产	8.0069	7.5132	6.57	6.4809
经营利润率(%)	41.07	57.24	-28.24	91.01
股东权益回报率(%)	17.07	18.24	-6.40	18.58
总资产回报率(%)	1.60	1.67	-4.04	1.53
负债/股东权益(%)	--	--	--	--
流动比率(倍)	--	--	--	--
派息率(%)	64.01	63.31	1.11	63.19

注:"增长率"是指最近一期年报相对上年同期的同比增长率

报表摘要

(货币单位:HKD/千元)

	2006-12-31	2005-12-31	增长率(%)	2004-12-31
销售收入	40,271,000	25,875,000	55.64	15,678,000
营运溢利	16,541,000	14,811,000	11.68	14,268,000
非营运溢利	598,000	1,557,000	-61.59	-16,000
股东应占溢利	14,007,000	13,494,000	3.80	11,963,000
资产总计	928,953,000	822,105,000	13.00	796,776,000
负债合计	842,313,000	741,372,000	13.62	727,016,000
股东权益	84,655,000	79,435,000	6.57	68,521,000

注:"增长率"是指最近一期年报相对上年同期的同比增长率

中国人寿保险股份有限公司(代码:2628)

公司简介

集团是根据《中华人民共和国公司法》于2003年6月30日在北京注册成立,并于2003年12月17日、18日及2007年1月9日分别在美国纽约、香港和上海三地上市的人寿保险公司,在中国保险市场居领先地位。集团从事人寿保险业务,于中国境内提供人寿保险、年金保险、意外保险与健康保险产品。公司是:(1)领先的个人人寿保险与年金产品供货商;(2)领先的团体人寿保险与年金产品供货商;(3)领先的意外保险供货商;(4)领先的健康保险供货商;及(4)最大的资产管理者与最大的机构投资者之一。

主要股东

中国人寿保险(集团)公司	68.40%
Deutsche Bank Aktiengesellschaft	2.76%
KBC Group N. V.	2.37%
JPMorgan Chase & Co.	1.93%
UBS AG	1.59%
Societe Generale	1.57%
Richbo Investment Limited	1.52%
Citigroup Inc.	1.34%

基本资料

公司名称	中国人寿保险股份有限公司	证券面值	1.0000(CNY)
所属行业	保险	交易单位	1000(股)
法定股本	28,264,705,000(CNY)	上市日期	2003-12-18
普通股	28,264,705,000股	港股数量	7,441,175,000股
优先股	--	港股市值	212,073,487,500(HKD)
所属概念	H股	所属板块	主板

最近派息

本次派息	0.1400(CNY)/股	上次派息	0.0500(CNY)/股
除净日期	2007-06-26	除净日期	2006-05-15
派发日期	2007-07-27	派发日期	2006-07-25
盈利区间	2006-01-01 ~2006-12-31	盈利区间	2005-01-01 ~2005-12-31

财务指标

(货币单位:CNY/元)

	2006-12-31	2005-12-31	增长率(%)	2004-12-31
每股收益	0.7500	0.3500	114.29	0.2700
每股派息	0.1400	0.0500	180.00	--
每股净资产	4.9413	3.0031	64.54	2.4857
经营利润率(%)	--	11.72	--	12.37
股东权益回报率(%)	18.14	12.67	43.17	11.12
总资产回报率(%)	3.02	1.87	60.86	1.88
负债/股东权益(%)	--	--	--	--
流动比率(倍)	--	--	--	--
派息率(%)	18.67	14.29	30.67	--

注:"增长率"是指最近一期年报相对上年同期的同比增长率

报表摘要

(货币单位:CNY/千元)

	2006-12-31	2005-12-31	增长率(%)	2004-12-31
销售收入	147,311,000	98,212,000	49.99	76,806,000
营运溢利	--	11,510,000	--	9,503,000
非营运溢利	--	--	--	--
股东应占溢利	19,956,000	9,306,000	114.44	7,171,000
资产总计	764,395,000	559,219,000	36.69	433,671,000
负债合计	624,190,000	478,410,000	30.47	366,769,000
股东权益	139,665,000	80,378,000	73.76	66,530,000

注:"增长率"是指最近一期年报相对上年同期的同比增长率

中国银行股份有限公司(代码:3988)

公司简介

中国银行是中国大型国有控股商业银行之一。中国银行的业务范围涵盖商业银行、投资银行和保险领域,旗下有中银香港、中银国际、中银保险等控股金融机构,在全球范围内为个人和公司客户提供全面和优质的金融服务。按核心资本计算,2007年中国银行在英国《银行家》杂志"世界1000家大银行"排名中列第9位。中国银行主营传统商业银行业务,包括公司金融业务、个人金融业务和金融市场业务。公司金融业务基于银行的核心信贷产品,为客户提供个性化、创新的金融服务。个人金融业务主要针对个人客户的金融需求,提供基于银行卡之上的系统服务。金融市场业务主要是为全球其他银行、证券公司和保险公司提供国际汇兑、资金清算、同业拆借和托管等全面服务。中国银行是中国国际化程度最高的商业银行。作为中国金融行业的百年品牌,中国银行在稳健经营的同时,积极进取,不断创新,创造了国内银行业的许多第一,在国际结算、外汇资金和贸易融资等领域得到业界和客户的广泛认可和赞誉。中国银行多年来的信誉和业绩,得到了银行同业、国内外客户和权威媒体的广泛认可。

基本资料

公司名称	中国银行股份有限公司	证券面值	1.0000(CNY)
所属行业	银行	交易单位	1000(股)
法定股本	253,839,162,009(CNY)	上市日期	2006-06-01
普通股	253,839,162,009股	港股数量	76,020,251,269股
优先股	--	港股市值	240,223,994,010(HKD)
所属概念	H股	所属板块	主板

最近派息

本次派息	0.0400(CNY)/股	上次派息	--()/股
除净日期	2007-07-03	除净日期	--
派发日期	2007-07-20	派发日期	--
盈利区间	2006-01-01 ~2006-12-31	盈利区间	--

财务指标

(货币单位:CNY/元)

	2006-12-31	2005-12-31	增长率(%)	2004-12-31
每股收益	0.1800	--	--	--
每股派息	0.0400	--	--	--
每股净资产	1.5085	1.0800	39.68	1.0800
经营利润率(%)	31.26	31.94	-2.13	28.05
股东权益回报率(%)	14.06	12.14	15.84	11.22
总资产回报率(%)	0.85	0.58	47.79	0.54
负债/股东权益(%)	--	--	--	--
流动比率(倍)	--	--	--	--
派息率(%)	22.22	--	--	--

注:"增长率"是指最近一期年报相对上年同期的同比增长率

报表摘要

(货币单位:CNY/千元)

	2006-12-31	2005-12-31	增长率(%)	2004-12-31
销售收入	215,334,000	167,948,000	28.21	132,353,000
营运溢利	67,305,000	53,636,000	25.48	37,122,000
非营运溢利	632,000	175,000	261.14	141,000
股东应占溢利	42,830,000	25,921,000	65.23	22,301,000
资产总计	5,327,653,000	4,740,048,000	12.40	4,265,221,000
负债合计	4,914,697,000	4,484,529,000	9.59	4,037,314,000
股东权益	382,917,000	226,419,000	69.12	200,755,000

注:"增长率"是指最近一期年报相对上年同期的同比增长率

中国航天国际控股有限公司(代码:0031)

公司简介

该集团之主要业务为从事制造及买卖高科技工业产品,包括印刷线路板、液晶显示器、智能充电器及保安系统、视听产品(如彩色电视机)、通信产品,以及其它电子配件/电子消费品等。

主要股东

Burhill Company Limited	19.04%
新琼企业有限公司	18.36%
Montpelier Global Funds Limited	5.35%
Jetcote Investments Limited	5.13%
Montpelier Asset Management Limited	1.88%

基本资料

公司名称	中国航天国际控股有限公司	证券面值	0.1000(HKD)
所属行业	工业制品业	交易单位	2000(股)
法定股本	10,000,000,000(HKD)	上市日期	1981-08-25
普通股	2,570,903,882股	港股数量	2,570,903,882股
优先股	--	港股市值	2,416,649,649(HKD)
所属概念	红筹股	所属板块	主板

最近派息

本次派息	--()/股	上次派息	--()/股
除净日期	--	除净日期	--
派发日期	--	派发日期	--
盈利区间	--	盈利区间	--

财务指标

(货币单位:HKD/元)

	2006-12-31	2005-12-31	增长率(%)	2004-12-31
每股收益	0.0520	0.1340	-61.19	0.0260
每股派息	--	--	--	--
每股净资产	0.5696	0.4953	15.00	0.4440
经营利润率(%)	--	27.35	--	4.64
股东权益回报率(%)	9.73	28.46	-65.83	6.08
总资产回报率(%)	5.06	12.34	-59.00	2.12
负债/股东权益(%)	--	--	--	--
流动比率(倍)	1.40	1.40	-0.11	1.35
派息率(%)	--	--	--	--

注:"增长率"是指最近一期年报相对上年同期的同比增长率

报表摘要

(货币单位:HKD/千元)

	2006-12-31	2005-12-31	增长率(%)	2004-12-31
销售收入	1,528,101	1,610,175	-5.10	1,410,240
营运溢利	--	440,461	--	65,396
非营运溢利	--	-121,828	--	-9,786
股东应占溢利	110,966	286,403	-61.26	55,780
资产总计	2,286,478	2,098,405	8.96	2,541,678
负债合计	1,013,479	1,018,081	-0.45	1,570,944
股东权益	1,220,412	1,061,187	15.00	951,300

注:"增长率"是指最近一期年报相对上年同期的同比增长率

中国电子集团控股有限公司(代码:0085)

公司简介

该集团之主要业务为从事制造及分销手提电子产品。截至2005年12月31日止年度下半年,集团推出新产品系列,亦为飞利浦集团及其它OEM客户提供MP3机及其它手提电子产品等新产品。新产品系列为集团带来319.6百万港元之销售收入贡献。

主要股东

China Electronics Corporation (BVI) Holdings Company Limited	74.98%
Devon Fortune Limited	7.66%
陈泽盛	0.38%

基本资料

公司名称	中国电子集团控股有限公司	证券面值	0.0100(HKD)
所属行业	软件服务	交易单位	2000(股)
法定股本	300,000,000(HKD)	上市日期	1997-07-25
普通股	1,083,560,000股	港股数量	1,083,560,000股
优先股	--	港股市值	2,383,832,000(HKD)
所属概念	红筹股	所属板块	主板

最近派息

本次派息	0.0160(HKD)/股	上次派息	0.0200(HKD)/股
除净日期	2007-04-23	除净日期	2006-05-15
派发日期		派发日期	2006-06-02
盈利区间	2006-01-01~2006-12-31	盈利区间	2005-01-01~2005-12-31

财务指标

(货币单位:HKD/元)

	2006-12-31	2005-12-31	增长率(%)	2004-12-31
每股收益	0.0399	0.0461	-13.45	-0.0027
每股派息	0.0200	0.0200	0.00	--
每股净资产	0.4286	0.3969	7.99	0.0426
经营利润率(%)	1.97	2.13	-7.49	2.13
股东权益回报率(%)	9.68	12.49	-22.50	-12.76
总资产回报率(%)	2.65	2.78	-4.67	-2.31
负债/股东权益(%)	--	--	--	--
流动比率(倍)	1.70	1.34	26.83	1.32
派息率(%)	40.10	43.38	-7.57	--

注:"增长率"是指最近一期年报相对上年同期的同比增长率

报表摘要

(货币单位:HKD/千元)

	2006-12-31	2005-12-31	增长率(%)	2004-12-31
销售收入	3,549,329	4,768,526	-25.57	4,590,123
营运溢利	69,852	101,447	-31.14	97,637
非营运溢利	1,665	-11,501	114.48	-82,678
股东应占溢利	43,276	49,899	-13.27	-19,263
资产总计	1,335,642	1,936,037	-31.01	1,660,344
负债合计	732,504	1,367,642	-46.44	1,166,219
股东权益	464,363	430,016	7.99	369,241

注:"增长率"是指最近一期年报相对上年同期的同比增长率

首长宝佳集团有限公司(代码:0103)

公司简介

该集团之主要业务为从事(1)制造钢帘线;(2)铜及黄铜材料加工及贸易;(3)透过共同控制企业及联营公司在国内从事制造预应力钢绞线及钢丝;以及(4)房地产发展及投资。于二零零五年,集团的核心产品,子午线轮胎用钢帘线之市场需求持续增长,加上集团扩大了钢帘线生产能力,因此集团之营业额对比去年录得38.6%增幅。但原材料价格飞涨及市场竞争加剧,使集团从事钢帘线生产之主要附属公司嘉兴东方钢帘线有限公司(「嘉兴东方」)之毛利率受到严重削弱。另外,于本年度回顾期间,铜及黄铜材料加工及贸易业务亦受到铜价上涨影响集团客户对铜产品之需求。

主要股东

Bekaert Holding B. V.	19.48%
Richson Limited	11.57%
Fair Union Holdings Limited	10.76%
Able Legend Investments Limited	9.89%
曹忠	5.06%
首钢控股(香港)有限公司	3.30%

基本资料

公司名称	首长宝佳集团有限公司	证券面值	0.1000(HKD)
所属行业	金属	交易单位	2000(股)
法定股本	500,000,000(HKD)	上市日期	1992-04-09
普通股	1,784,346,556股	港股数量	1,784,346,556股
优先股	--	港股市值	1,391,790,314(HKD)
所属概念	红筹股	所属板块	主板

最近派息

本次派息	0.0100(HKD)/股	上次派息	0.0150(HKD)/股
除净日期	2007-05-30	除净日期	2005-06-06
派发日期	2007-06-29	派发日期	2005-07-04
盈利区间	2006-01-01 ~2006-12-31	盈利区间	2004-01-01 ~2004-12-31

财务指标

(货币单位:HKD/元)

	2006-12-31	2005-12-31	增长率(%)	2004-12-31
每股收益	0.0733	0.0606	20.96	0.1453
每股派息	0.0100	--	--	0.0400
每股净资产	0.7502	0.6761	10.96	0.6258
经营利润率(%)	--	11.60	--	18.86
股东权益回报率(%)	9.21	9.32	-1.14	23.97
总资产回报率(%)	6.46	6.49	-0.46	17.68
负债/股东权益(%)	--	--	--	--
流动比率(倍)	2.57	1.54	67.07	1.54
派息率(%)	13.64	--	--	24.09

注:"增长率"是指最近一期年报相对上年同期的同比增长率

报表摘要

(货币单位:HKD/千元)

	2006-12-31	2005-12-31	增长率(%)	2004-12-31
销售收入	678,923	592,889	14.51	427,864
营运溢利	--	68,772	--	80,703
非营运溢利	--	-554	--	75,173
股东应占溢利	76,031	62,228	22.18	148,114
资产总计	1,385,083	967,215	43.20	949,121
负债合计	427,729	273,462	56.41	306,964
股东权益	957,354	693,753	38.00	642,157

注:"增长率"是指最近一期年报相对上年同期的同比增长率

保利(香港)投资有限公司(代码:0119)

公司简介

集团主要从事物业发展及投资、热电能源业务、航运、酒店经营、文化传媒及软件增值业务、保险、金融服务及证券投资等业务。集团在过去几年大力重整和优化资产结构的基础上,进一步确立和落实了以房地产投资和物业收租经营为主业的发展方向。

主要股东

Congratulations Company Ltd.	25.73%
Source Holdings Limited	20.22%
Rich Champ Investments Ltd.	16.55%
嵘高贸易有限公司	6.35%

基本资料

公司名称	保利(香港)投资有限公司	证券面值	0.5000(HKD)
所属行业	地产	交易单位	1000(股)
法定股本	2,000,000,000(HKD)	上市日期	1973-08-30
普通股	1,624,548,800股	港股数量	1,624,548,800股
优先股	--	港股市值	8,772,563,520(HKD)
所属概念	红筹股	所属板块	主板

最近派息

本次派息	0.0200(HKD)/股	上次派息	0.0300(HKD)/股
除净日期	2007-05-18	除净日期	2006-06-19
派发日期	2007-06-14	派发日期	2006-06-30
盈利区间	2006-01-01 ~2006-12-31	盈利区间	2005-01-01 ~2005-12-31

财务指标

(货币单位:HKD/元)

	2006-12-31	2005-12-31	增长率(%)	2004-12-31
每股收益	0.1788	0.1839	-2.77	0.1861
每股派息	0.0200	0.0500	-60.00	0.0500
每股净资产	2.7229	3.1037	-12.27	2.8704
经营利润率(%)	--	31.53	--	32.24
股东权益回报率(%)	5.88	6.16	-4.49	6.74
总资产回报率(%)	2.64	3.44	-23.31	4.44
负债/股东权益(%)	--	--	--	--
流动比率(倍)	1.48	0.78	89.51	1.29
派息率(%)	11.19	27.19	-58.86	26.87

注:"增长率"是指最近一期年报相对上年同期的同比增长率

报表摘要

(货币单位:HKD/千元)

	2006-12-31	2005-12-31	增长率(%)	2004-12-31
销售收入	946,736	714,092	32.58	567,190
营运溢利	--	225,131	--	182,837
非营运溢利	--	-89,092	--	15,765
股东应占溢利	189,387	164,601	15.06	164,997
资产总计	8,742,179	5,597,430	56.18	3,960,545
负债合计	4,209,547	2,132,675	97.38	1,168,883
股东权益	3,664,592	2,776,497	31.99	2,570,157

注:"增长率"是指最近一期年报相对上年同期的同比增长率

越秀投资有限公司(代码:0123)

公司简介

该集团主要从事收费公路营运、物业发展及投资,以及制造及销售制浆、纸张、水泥及预拌混凝土。此等业务在华南地区均有庞大之市场占有率。在房地产业务方面,集团在广州之房地产项目及土地储备,应占总楼面面积为519万平方米,主要为住宅地盘。收费公路业务则透过集团之上市附属公司「越秀交通有限公司」(「越秀交通」)经营,越秀交通现时在广东及中国个别之其它省份经营应占约304.1公里之收费公路及桥梁项目。至于新闻纸业务方面,该业务透过集团另一家附属公司「广州造纸有限公司」,该新闻纸厂之年产力为30万吨。展望将来,集团将握紧机遇,以房地产开发和经营投资物业并重,同时加强物业管理及增加物业配套超市的综合型商业地产经营策略。在确保现有中高文件住宅项目开发量的前提下,适当市场需要,适度加大商场、写字楼及酒店等在内产品组合的开发业务,形成一个中高端产品的均衡开发结构;收费公路业务以优质高速公路为扩张重点;新闻纸业务则通过内部资源整合,提高产能,增加市场份额。

主要股东

越秀企业(集团)有限公司	45.12%

基本资料

公司名称	越秀投资有限公司	证券面值	0.1000(HKD)
所属行业	地产	交易单位	2000(股)
法定股本	1,000,000,000(HKD)	上市日期	1992-12-15
普通股	7,077,985,914股	港股数量	7,077,985,914股
优先股	--	港股市值	12,032,576,054(HKD)
所属概念	红筹股	所属板块	主板

最近派息

本次派息	0.0230(HKD)/股	上次派息	0.0230(HKD)/股
除净日期	2007-10-17	除净日期	2007-06-12
派发日期	2007-11-08	派发日期	2007-06-28
盈利区间	2007-01-01 ~2007-06-30	盈利区间	2006-01-01 ~2006-12-311

财务指标

(货币单位:HKD/元)

	2006-12-31	2005-12-31	增长率(%)	2004-12-31
每股收益	0.1064	0.3954	-73.09	0.0524
每股派息	0.0400	0.0800	-50.00	0.0200
每股净资产	1.6369	1.5936	2.72	1.1390
经营利润率(%)	22.26	79.99	-72.17	16.42
股东权益回报率(%)	6.62	28.69	-76.92	4.66
总资产回报率(%)	2.51	9.67	-74.01	1.30
负债/股东权益(%)	--	--	--	--
流动比率(倍)	1.22	1.65	-25.84	2.16
派息率(%)	39.38	20.23	94.63	33.02

注:"增长率"是指最近一期年报相对上年同期的同比增长率

报表摘要

(货币单位:HKD/千元)

	2006-12-31	2005-12-31	增长率(%)	2004-12-31
销售收入	4,657,922	3,954,998	17.77	4,526,679
营运溢利	1,036,764	3,163,517	-67.23	743,486
非营运溢利	338,396	-9,367	3,712.64	78,849
股东应占溢利	712,615	2,527,765	-71.81	330,823
资产总计	29,621,544	27,095,641	9.32	25,201,023
负债合计	14,645,386	13,156,154	11.32	14,498,915
股东权益	11,136,887	10,388,761	7.20	7,234,301

注:"增长率"是指最近一期年报相对上年同期的同比增长率

金威啤酒集团有限公司(代码:0124)

公司简介

该集团主要从事投资控股、生产、分销及销售金威啤酒,销售地区主要是中国广东省。二零零五年是金威啤酒集团顺利推进战略目标,实现快速发展的一年,啤酒销售量及业绩均再创新高,反映本集团以「业绩至上,效益至上」为经营理念,并透过一系列活动及宣传推广,突出金威啤酒与其它啤酒品牌的差异的销售策略取得成功。

主要股东

喜力亚太酿酒(中国)私人有限公司	74.03%
Genesis Fund Managers, LLP	7.83%

基本资料

公司名称	金威啤酒集团有限公司	证券面值	0.1000(HKD)
所属行业	食物饮品	交易单位	2000(股)
法定股本	200,000,000(HKD)	上市日期	1997-08-08
普通股	1,706,672,000股	港股数量	1,706,672,000股
优先股	--	港股市值	3,089,076,320(HKD)
所属概念	红筹股	所属板块	主板

最近派息

本次派息	0.0150(HKD)/股	上次派息	0.0150(HKD)/股
除净日期	2007-06-11	除净日期	2006-10-24
派发日期	2007-07-13	派发日期	2006-11-28
盈利区间	2006-01-01 ~2006-12-31	盈利区间	2006-01-01 ~2006-06-30

财务指标

(货币单位:HKD/元)

	2006-12-31	2005-12-31	增长率(%)	2004-12-31
每股收益	0.0790	0.1420	-44.37	0.1210
每股派息	0.0300	0.0400	-25.00	0.0400
每股净资产	1.3961	1.3134	6.29	1.1745
经营利润率(%)	--	17.26	--	20.40
股东权益回报率(%)	5.83	11.42	-48.98	11.44
总资产回报率(%)	3.95	9.13	-56.72	9.94
负债/股东权益(%)	--	--	--	--
流动比率(倍)	1.10	1.77	-38.11	3.34
派息率(%)	37.97	28.17	34.81	28.93

注:"增长率"是指最近一期年报相对上年同期的同比增长率

报表摘要

(货币单位:HKD/千元)

	2006-12-31	2005-12-31	增长率(%)	2004-12-31
销售收入	1,408,436	1,200,046	17.37	924,528
营运溢利	--	207,099	--	188,632
非营运溢利	--	--	--	--
股东应占溢利	110,200	198,279	-44.42	166,162
资产总计	3,098,818	2,477,988	25.05	1,865,225
负债合计	1,149,401	624,549	84.04	204,873
股东权益	1,949,417	1,832,962	6.35	1,639,095

注:"增长率"是指最近一期年报相对上年同期的同比增长率

中国（香港）石油有限公司（代码:0135）

公司简介

该集团主要业务为于中国、哈萨克斯坦共和国、阿曼苏丹国、秘鲁、阿塞拜疆共和国、泰国及缅甸勘探及生产原油及天然气。截至2005年12月31日止年度该集团于二零零五年十月向独立第三方购入Caspian之20%权益，间接拥有Aktobe的权益增加至15.072%。并于同年十二月与秘鲁政府签订协议对Madre de Dios 111区及113区块进行勘探。该集团现拥有十一个勘探及生产油田项目，分布于七个不同国家，各地油田现正全面展开勘探及开发工作。

主要股东

Sun World Limited	51.90%

基本资料

公司名称	中国（香港）石油有限公司	证券面值	0.0100（HKD）
所属行业	石油及天然气	交易单位	10000（股）
法定股本	80,000,000（HKD）	上市日期	1973-03-13
普通股	4,844,094,000股	港股数量	4,844,094,000股
优先股	--	港股市值	19,570,139,760（HKD）
所属概念	红筹股	所属板块	主板

最近派息

本次派息	0.1000（HKD）/股	上次派息	0.0800（HKD）/股
除净日期	2007-06-01	除净日期	2006-05-12
派发日期	2007-06-25	派发日期	2006-06-15
盈利区间	2006-01-01 ~2006-12-31	盈利区间	2005-01-01 ~2005-12-31

财务指标

（货币单位:HKD/元）

	2006-12-31	2005-12-31	增长率（%）	2004-12-31
每股收益	0.3584	0.7616	-52.94	0.1635
每股派息	0.1000	0.0800	25.00	0.0400
每股净资产	2.8964	2.6134	10.83	0.8572
经营利润率（%）	--	99.38	--	40.65
股东权益回报率（%）	13.01	43.74	-70.27	20.80
总资产回报率（%）	9.34	34.20	-72.69	15.95
负债/股东权益（%）	--	--	--	--
流动比率（倍）	4.91	1.80	173.19	2.01
派息率（%）	27.90	10.50	165.63	21.41

注:"增长率"是指最近一期年报相对上年同期的同比增长率

报表摘要

（货币单位:HKD/千元）

	2006-12-31	2005-12-31	增长率（%）	2004-12-31
销售收入	3,893,732	3,378,323	15.26	2,533,450
营运溢利	--	3,357,232	--	1,029,760
非营运溢利	--	893,900	--	56,832
股东应占溢利	1,731,441	3,644,514	-52.49	775,244
资产总计	21,017,455	16,065,930	30.82	5,249,261
负债合计	1,597,564	2,489,382	-35.82	1,057,238
股东权益	14,019,033	12,607,072	11.20	4,057,996

注:"增长率"是指最近一期年报相对上年同期的同比增长率

招商局国际有限公司（代码:0144）

公司简介

招商局是国家大型企业集团，总部设于香港。主要经营活动分布于香港、内地、东南亚等地区。招商局集团业务主要集中于交通基建（港口与公路）、金融（银行、证券、基金及保险经纪）、房地产及公用设施（房地产开发、成片开发区建设）、能源运输及物流（大型油轮、液化气运输及第三方物流）。

主要股东

China Merchants Union Limited	48.74%
Super Talent Group Limited	5.20%
Orienture Holdings Company Limited	0.85%

基本资料

公司名称	招商局国际有限公司	证券面值	0.1000（HKD）
所属行业	运输	交易单位	2000（股）
法定股本	500,000,000（HKD）	上市日期	1992-07-15
普通股	2,389,097,168股	港股数量	2,389,097,168股
优先股	--	港股市值	93,174,789,552（HKD）
所属概念	红筹股	所属板块	主板

最近派息

本次派息	0.2000（HKD）/股	上次派息	0.3600（HKD）/股
除净日期	2007-10-04	除净日期	2007-05-17
派发日期	2007-11-28	派发日期	2007-07-04
盈利区间	2007-01-01 ~2007-06-30	盈利区间	2006-01-01 ~2006-12-31

财务指标

（货币单位:HKD/元）

	2006-12-31	2005-12-31	增长率（%）	2004-12-31
每股收益	1.0943	1.0794	1.38	0.9609
每股派息	0.5300	0.5000	6.00	0.4500
每股净资产	8.9663	7.3632	21.77	6.5094
经营利润率（%）	16.75	22.27	-24.82	25.18
股东权益回报率（%）	13.70	15.71	-12.77	15.38
总资产回报率（%）	8.13	10.37	-21.60	12.58
负债/股东权益（%）	--	--	--	--
流动比率（倍）	0.61	1.61	-62.46	3.28
派息率（%）	48.43	46.32	4.56	46.83

注:"增长率"是指最近一期年报相对上年同期的同比增长率

报表摘要

（货币单位:HKD/千元）

	2006-12-31	2005-12-31	增长率（%）	2004-12-31
销售收入	4,365,000	2,972,000	46.87	2,409,338
营运溢利	731,000	662,000	10.42	606,710
非营运溢利	2,261,000	1,925,000	17.45	1,738,771
股东应占溢利	2,540,000	2,364,000	7.45	2,057,459
资产总计	35,086,000	27,419,000	27.96	18,189,019
负债合计	11,643,000	9,792,000	18.90	3,014,025
股东权益	20,921,000	16,159,000	29.47	13,944,396

注:"增长率"是指最近一期年报相对上年同期的同比增长率

深圳国际控股有限公司(代码:0152)

公司简介

公司为一家于百慕达注册成立的有限公司,并在香港联合交易所主板上市。集团,包括公司、其附属公司、联营公司及共同控制实体公司,主要从事物流基建及配套服务,以及相关资产及项目的投资、经营及管理。集团将秉承已确立的长期发展策略,通过重组、购并及业务拓展,积极介入物流业的四个重大部份,包括基础设施、运力体系、物流和配套服务以及物流信息服务,完善物流网络的构建和设施的建设,逐步与客户及其供应链伙伴形成长期战略合作伙伴关系,建立集团的核心竞争能力。

主要股东

Ultrarich International Limited	34.32%
深圳市投资管理公司	6.41%

基本资料

公司名称	深圳国际控股有限公司	证券面值	0.1000(HKD)
所属行业	运输	交易单位	2500(股)
法定股本	2,000,000,000(HKD)	上市日期	1972-09-25
普通股	14,093,041,000股	港股数量	14,093,041,000股
优先股	--	港股市值	11,415,363,210(HKD)
所属概念	红筹股	所属板块	主板

最近派息

本次派息	0.0060(HKD)/股	上次派息	0.0055(HKD)/股
除净日期	2007-05-07	除净日期	2006-05-04
派发日期	2007-06-01	派发日期	2006-06-02
盈利区间	2006-01-01 ~2006-12-31	盈利区间	2005-01-01 ~2005-12-31

财务指标

(货币单位:HKD/元)

	2006-12-31	2005-12-31	增长率(%)	2004-12-31
每股收益	0.0191	0.0316	-39.56	0.0277
每股派息	0.0100	0.0100	0.00	0.0100
每股净资产	0.2989	0.2730	9.49	0.2331
经营利润率(%)	86.51	42.85	101.87	50.77
股东权益回报率(%)	6.55	12.50	-47.57	12.65
总资产回报率(%)	4.47	9.12	-51.00	9.66
负债/股东权益(%)	--	--	--	--
流动比率(倍)	1.38	1.03	33.41	3.63
派息率(%)	31.41	17.41	80.49	18.05

注:"增长率"是指最近一期年报相对上年同期的同比增长率

报表摘要

(货币单位:HKD/千元)

	2006-12-31	2005-12-31	增长率(%)	2004-12-31
销售收入	425,567	316,959	34.27	231,011
营运溢利	368,144	135,826	171.04	117,292
非营运溢利	-135,485	228,390	-159.32	233,591
股东应占溢利	219,936	360,253	-38.95	315,364
资产总计	5,379,589	4,468,494	20.39	3,436,100
负债合计	1,689,555	1,296,648	30.30	700,229
股东权益	3,612,598	3,099,577	16.55	2,664,707

注:"增长率"是指最近一期年报相对上年同期的同比增长率

北京发展(香港)有限公司(代码:0154)

公司简介

公司确立向信息科技转型之战略目标。公司透过积极稳健的拓展信息科技业务,旗下形成一卡通、信息科技和冲浪三大业务平台,业务领域涉及轨道交通、一卡通、教育等多个行业,亦成功实现向信息业务之战略转型。目前,公司承担之北京市政交通一卡通项目;公司承建之北京地铁之自动售检票系统和清算管理系统等项目亦将投入使用。公司将发展目标定位为以基础设施、公用事业领域为核心之电子支付结算平台之提供商和运营商。

主要股东

Idata Finance Trading Limited	40.48%
Citigroup Inc.	10.99%
Trophy Fund	10.70%
Trophy Asset Management Limited	1.02%
永菱通金融有限公司	0.03%

基本资料

公司名称	北京发展(香港)有限公司	证券面值	1.0000(HKD)
所属行业	软件服务	交易单位	1000(股)
法定股本	1,000,000,000(HKD)	上市日期	--
普通股	680,981,150股	港股数量	680,981,150股
优先股	--	港股市值	2,138,280,811(HKD)
所属概念	红筹股	所属板块	主板

最近派息

本次派息	--()/股	上次派息	--()/股
除净日期	--	除净日期	--
派发日期	--	派发日期	--
盈利区间	--	盈利区间	--

财务指标

(货币单位:HKD/元)

	2006-12-31	2005-12-31	增长率(%)	2004-12-31
每股收益	0.0242	-0.0709	134.13	0.0300
每股派息	--	--	--	--
每股净资产	0.9550	0.8827	8.19	0.9717
经营利润率(%)	--	-2.69	--	8.09
股东权益回报率(%)	2.41	-7.65	131.53	3.16
总资产回报率(%)	1.28	-3.89	133.06	1.66
负债/股东权益(%)	--	--	--	--
流动比率(倍)	1.90	1.41	34.71	1.29
派息率(%)	--	--	--	--

注:"增长率"是指最近一期年报相对上年同期的同比增长率

报表摘要

(货币单位:HKD/千元)

	2006-12-31	2005-12-31	增长率(%)	2004-12-31
销售收入	584,832	531,298	10.08	531,848
营运溢利	--	-14,298	--	43,019
非营运溢利	--	-11,152	--	-11,300
股东应占溢利	12,080	-35,042	134.47	14,886
资产总计	1,025,319	855,033	19.92	948,473
负债合计	360,279	338,473	6.44	397,395
股东权益	565,335	436,017	29.66	480,011

注:"增长率"是指最近一期年报相对上年同期的同比增长率

中国光大控股有限公司(代码:0165)

公司简介

中国光大控股有限公司为「光大集团」在香港之旗舰公司,主要从事金融服务业务。集团之核心业务为（1）商业银行业务 – 透过其持有 21.39% 权益之「中国光大银行股份有限公司」(「光大银行」）及持有 20% 权益之「港基国际银行有限公司」(「港基国际银行」）经营;以及（2）投资银行业务 – 透过全资拥有之「中国光大金融控股有限公司」及持有 49% 权益之「光大证券有限责任公司」(「光大证券」）经营。二零零五年,该集团香港业务和收入结构改善,盈利模式进一步巩固。投资银行、经纪、资产管理和直接投资等主要业务都实现了盈利增长。该集团香港业务实现税后盈利港币 2.66 亿元(撇除物业重估等非经营性因素后),同比去年相同基数增加 7 %,除策略投资外的营运业务盈利港币 0.94 亿元,为去年同比的 310% 以上。

主要股东

Honorich Holdings Limited	54.93%
Owl Creek GP,LCC	5.09%

基本资料

公司名称	中国光大控股有限公司	证券面值	1.0000(HKD)
所属行业	其他金融	交易单位	2000(股)
法定股本	2,000,000,000(HKD)	上市日期	1973 – 02 – 26
普通股	1,578,506,000 股	港股数量	1,578,506,000 股
优先股	– –	港股市值	26,045,349,000(HKD)
所属概念	红筹股	所属板块	主板

最近派息

本次派息	0.0150(HKD)/股	上次派息	0.0330(HKD)/股
除净日期	2004 – 09 – 09	除净日期	2004 – 05 – 19
派发日期	2004 – 09 – 23	派发日期	2004 – 06 – 07
盈利区间	2004 – 01 – 01 ~2004 – 06 – 30	盈利区间	2003 – 01 – 01 ~2003 – 12 – 31

财务指标

(货币单位:HKD/元)

	2006 – 12 – 31	2005 – 12 – 31	增长率(%)	2004 – 12 – 31
每股收益	0.5613	0.1891	196.83	– 0.1376
每股派息	– –	– –	– –	0.0200
每股净资产	4.0633	3.0846	31.73	2.8581
经营利润率(%)	19.27	16.50	16.83	154.22
股东权益回报率(%)	15.69	6.36	146.63	– 4.67
总资产回报率(%)	12.29	5.22	135.22	– 3.83
负债/股东权益(%)	– –	– –	– –	– –
流动比率(倍)	2.99	3.89	– 23.17	3.72
派息率(%)	– –	– –	– –	– 10.90

注:"增长率"是指最近一期年报相对上年同期的同比增长率

报表摘要

(货币单位:HKD/千元)

	2006 – 12 – 31	2005 – 12 – 31	增长率(%)	2004 – 12 – 31
销售收入	2,772,433	2,014,112	37.65	223,952
营运溢利	534,315	332,247	60.82	345,368
非营运溢利	475,977	6,118	7,679.94	– 539,166
股东应占溢利	878,976	295,746	197.21	– 215,192
资产总计	8,367,377	5,940,441	40.85	5,382,988
负债合计	1,737,210	944,341	83.96	897,252
股东权益	6,375,320	4,827,081	32.07	4,468,908

注:"增长率"是指最近一期年报相对上年同期的同比增长率

银建国际实业有限公司(代码:0171)

公司简介

公司乃一间投资控股公司,并从事物业投资及证券买卖业务。公司及其附属公司主要从事物业投资、其他投资及不良资产业务 。

主要股东

中国信达资产管理公司	22.90%
Silver Grant International Holdings Limited	7.95%
Citigroup Inc.	2.37%

基本资料

公司名称	银建国际实业有限公司	证券面值	0.2000(HKD)
所属行业	地产	交易单位	2000(股)
法定股本	800,000,000(HKD)	上市日期	– –
普通股	1,820,710,000 股	港股数量	1,820,710,000 股
优先股	– –	港股市值	2,203,059,100(HKD)
所属概念	红筹股	所属板块	主板

最近派息

本次派息	0.0700(HKD)/股	上次派息	0.0600(HKD)/股
除净日期	2007 – 05 – 21	除净日期	2006 – 05 – 18
派发日期	2007 – 06 – 12	派发日期	2006 – 06 – 06
盈利区间	2006 – 01 – 01 ~2006 – 12 – 31	盈利区间	2005 – 01 – 01 ~2005 – 12 – 31

财务指标

(货币单位:HKD/元)

	2006 – 12 – 31	2005 – 12 – 31	增长率(%)	2004 – 12 – 31
每股收益	0.2780	0.4150	– 33.01	0.2610
每股派息	0.0700	0.0600	16.67	0.0500
每股净资产	2.5213	2.2757	10.79	1.9759
经营利润率(%)	– –	144.27	– –	42.86
股东权益回报率(%)	11.73	19.79	– 40.71	14.17
总资产回报率(%)	7.43	11.75	– 36.78	8.34
负债/股东权益(%)	– –	– –	– –	– –
流动比率(倍)	1.76	1.12	56.48	1.94
派息率(%)	25.18	14.46	74.16	19.16

注:"增长率"是指最近一期年报相对上年同期的同比增长率

报表摘要

(货币单位:HKD/千元)

	2006 – 12 – 31	2005 – 12 – 31	增长率(%)	2004 – 12 – 31
销售收入	1,487,212	551,778	169.53	685,223
营运溢利	– –	796,049	– –	293,716
非营运溢利	– –	22,396	– –	158,921
股东应占溢利	494,757	724,054	– 31.67	404,975
资产总计	6,868,520	6,448,378	6.52	5,871,533
负债合计	2,261,618	2,549,687	– 11.30	2,260,393
股东权益	4,590,641	3,843,022	19.45	3,474,960

注:"增长率"是指最近一期年报相对上年同期的同比增长率

闽港控股有限公司(代码:0181)

公司简介

集团主要从事物业投资及发展,集团主要从事投资控股、位于香港之物业投资及位于中国之酒店业务。集团于二零零五年六月三十日透过完成收购福州和声钢琴有限公司25%股权而扩展业务至钢琴制造业。此业务权益预期将于未来数年为本集团带来合理之盈利。

主要股东

华晶科技投资有限公司	52.40%
华鑫(香港)控股有限公司	13.60%

基本资料

公司名称	闽港控股有限公司	证券面值	0.1250(HKD)
所属行业	酒店娱乐	交易单位	20000(股)
法定股本	380,000,000(HKD)	上市日期	1973-02-22
普通股	532,780,000股	港股数量	532,780,000股
优先股	--	港股市值	309,012,400(HKD)
所属概念	红筹股	所属板块	主板

最近派息

本次派息	--()/股	上次派息	--()/股
除净日期	--	除净日期	--
派发日期	--	派发日期	--
盈利区间	--	盈利区间	--

财务指标

(货币单位:HKD/元)

	2006-12-31	2005-12-31	增长率(%)	2005-03-31
每股收益	0.0194	0.0217	-10.60	0.0081
每股派息	--	--	--	--
每股净资产	0.1781	0.1690	5.39	0.1473
经营利润率(%)	--	144.14	--	35.77
股东权益回报率(%)	11.17	13.72	-18.62	5.77
总资产回报率(%)	6.87	8.06	-14.85	3.18
负债/股东权益(%)	--	--	--	--
流动比率(倍)	0.81	1.09	-25.45	0.93
派息率(%)	--	--	--	--

注:"增长率"是指最近一期年报相对上年同期的同比增长率

报表摘要

(货币单位:HKD/千元)

	2006-12-31	2005-12-31	增长率(%)	2005-03-31
销售收入	13,753	11,415	20.48	16,542
营运溢利	--	16,454	--	5,917
非营运溢利	--	-2,510	--	-2,501
股东应占溢利	10,076	11,283	-10.70	4,232
资产总计	148,578	144,965	2.49	134,924
负债合计	55,982	57,102	-1.96	58,344
股东权益	92,596	87,863	5.39	76,580

注:"增长率"是指最近一期年报相对上年同期的同比增长率

骏威汽车有限公司(代码:0203)

公司简介

集团主要在中国从事制造、装配及销售汽车、汽车相关设备、零件及其它功能配置之制造及贸易等综合业务,并在香港制造及买卖音响器材。在经过二零零五年本公司完成收购广州骏威企业发展有限公司之5%股本权益、收购广州汽车集团零部件有限公司之49%实益股本权益后,并于二零零六年三月二十三日股东特别大会批准通过本公司出售广州骏威客车有限公司50%股本权益,这一系列的交易使集团资产结构得到优化和改善,使集团利润来源多元化并增加盈利基础,同时也更符合集团的长远发展。

主要股东

中隆投资有限公司	37.91%
邓普顿资产管理有限公司	12.07%

基本资料

公司名称	骏威汽车有限公司	证券面值	0.1000(HKD)
所属行业	汽车	交易单位	2000(股)
法定股本	1,000,000,000(HKD)	上市日期	1993-02-22
普通股	7,517,358,534股	港股数量	7,517,358,534股
优先股	--	港股市值	28,039,747,332(HKD)
所属概念	红筹股	所属板块	主板

最近派息

本次派息	0.0500(HKD)/股	上次派息	0.0600(HKD)/股
除净日期	2007-10-04	除净日期	2007-05-29
派发日期	2007-10-24	派发日期	2007-06-13
盈利区间	2007-01-01 ~2007-06-30	盈利区间	2006-01-01 ~2006-12-31

财务指标

(货币单位:HKD/元)

	2006-12-31	2005-12-31	增长率(%)	2004-12-31
每股收益	0.3010	0.2540	18.50	0.2880
每股派息	0.1100	0.1300	-15.38	0.0800
每股净资产	1.3487	1.1534	16.93	0.9403
经营利润率(%)	7.20	6.29	14.49	-1.05
股东权益回报率(%)	24.04	24.37	-1.32	34.02
总资产回报率(%)	23.14	22.77	1.65	30.75
负债/股东权益(%)	--	--	--	--
流动比率(倍)	17.01	5.31	220.27	6.59
派息率(%)	36.54	51.18	-28.60	27.78

注:"增长率"是指最近一期年报相对上年同期的同比增长率

报表摘要

(货币单位:HKD/千元)

	2006-12-31	2005-12-31	增长率(%)	2004-12-31
销售收入	807,557	850,483	-5.05	1,314,705
营运溢利	58,157	53,496	8.71	-13,855
非营运溢利	2,228,150	1,927,428	15.60	2,272,977
股东应占溢利	2,261,218	1,905,529	18.67	2,062,447
资产总计	10,385,405	9,155,311	13.44	7,584,109
负债合计	176,488	400,653	-55.95	456,178
股东权益	10,138,476	8,670,196	16.93	6,970,367

注:"增长率"是指最近一期年报相对上年同期的同比增长率

中国诚通发展集团有限公司(代码:0217)

公司简介

集团之主要业务为水泥贸易及制造、货品贸易、物业投资、物业发展及投资控股。集团从中国诚通控股公司(「诚通控股」)收购了北京一住宅开发项目之70%权益,成为本集团二零零五年的重点业务。集团于二零零六年开始暂时停止一般性贸易业务,以集中资源发展核心业务。

主要股东

中国诚通控股集团有限公司	29.85%

基本资料

公司名称	中国诚通发展集团有限公司	证券面值	0.1000(HKD)
所属行业	地产	交易单位	2000(股)
法定股本	500,000,000(HKD)	上市日期	- -
普通股	2,634,056,000股	港股数量	2,634,056,000股
优先股	- -	港股市值	3,213,548,320(HKD)
所属概念	红筹股	所属板块	主板

最近派息

本次派息	0.0040(HKD)/股	上次派息	- - ()/股
除净日期	2000-09-21	除净日期	- -
派发日期	2000-09-29	派发日期	- -
盈利区间	1999-04-01 ~2000-03-31	盈利区间	- -

财务指标

(货币单位:HKD/元)

	2006-12-31	2005-12-31	增长率(%)	2004-12-31
每股收益	0.0088	-0.0273	132.23	0.0620
每股派息	- -	- -	- -	- -
每股净资产	0.1842	0.1500	22.83	0.1737
经营利润率(%)	- -	-19.27	- -	-31.72
股东权益回报率(%)	5.10	-16.85	130.26	43.05
总资产回报率(%)	2.61	-6.96	137.48	17.86
负债/股东权益(%)	- -	- -	- -	- -
流动比率(倍)	1.88	1.37	37.45	1.52
派息率(%)	- -	- -	- -	- -

注:"增长率"是指最近一期年报相对上年同期的同比增长率

报表摘要

(货币单位:HKD/千元)

	2006-12-31	2005-12-31	增长率(%)	2004-12-31
销售收入	247,263	253,772	-2.56	210,992
营运溢利	- -	-48,906	- -	-66,920
非营运溢利	- -	-1,408	- -	160,941
股东应占溢利	15,953	-45,997	134.68	103,799
资产总计	529,759	694,132	-23.68	628,506
负债合计	128,704	408,800	-68.52	296,125
股东权益	372,812	253,066	47.32	293,019

注:"增长率"是指最近一期年报相对上年同期的同比增长率

申银万国(香港)有限公司(代码:0218)

公司简介

集团之主要业务为证券买卖及投资控股;证券经纪及交易;证券融资及直接贷款;投资顾问服务;及经营高速公路之业务。于二零零五年,公司之全资附属公司申银万国证券(香港)有限公司(「申银万国证券」)继续专注证券买卖及经纪业务,主要买卖在香港联交所上市之股票及在上海及深圳交易所上市之B股。证券经纪业务因香港经济复苏步伐明显由二零零五年第二季伸延至二零零五年下半年而有所改善。因此,申银万国证券作为香港买卖国内股票最具领导地位之证券商之一,于二零零五年下半年通过其于中国之专才及资源,把握买卖中国相关股票意欲回升之机遇。截至二零零五年十二月三十一日止年度之经纪业务为集团二零零五年带来约为4,650万港元之营业额,而客户数目则增加约13.6%。

主要股东

Shenyin Wanguo Holdings (B.V.I.) Limited	50.56%
申银万国证券股份有限公司	0.38%

基本资料

公司名称	申银万国(香港)有限公司	证券面值	0.5000(HKD)
所属行业	其他金融	交易单位	5000(股)
法定股本	1,000,000,000(HKD)	上市日期	- -
普通股	530,759,126股	港股数量	530,759,126股
优先股	- -	港股市值	3,402,165,998(HKD)
所属概念	红筹股	所属板块	主板

最近派息

本次派息	0.0300(HKD)/股	上次派息	0.0200(HKD)/股
除净日期	2007-08-24	除净日期	2007-05-03
派发日期	2007-09-07	派发日期	2007-05-18
盈利区间	2007-01-01 ~2007-06-30	盈利区间	2006-01-01 ~2006-12-31

财务指标

(货币单位:HKD/元)

	2006-12-31	2005-12-31	增长率(%)	2004-12-31
每股收益	0.2447	0.0506	383.60	0.0171
每股派息	0.0600	0.0100	500.00	0.0100
每股净资产	1.5025	1.2997	15.61	1.2277
经营利润率(%)	- -	10.56	- -	-0.14
股东权益回报率(%)	17.47	4.01	336.11	1.35
总资产回报率(%)	6.68	1.82	265.92	0.45
负债/股东权益(%)	- -	- -	- -	- -
流动比率(倍)	1.26	1.48	-14.90	1.30
派息率(%)	24.52	19.76	24.07	58.48

注:"增长率"是指最近一期年报相对上年同期的同比增长率

报表摘要

(货币单位:HKD/千元)

	2006-12-31	2005-12-31	增长率(%)	2004-12-31
销售收入	324,551	182,550	77.79	1,067,193
营运溢利	- -	19,281	- -	-1,544
非营运溢利	- -	8,636	- -	12,997
股东应占溢利	129,889	26,863	383.52	9,056
资产总计	2,582,896	1,308,192	97.44	1,636,546
负债合计	1,785,431	618,373	188.73	984,917
股东权益	797,465	689,818	15.61	651,629

注:"增长率"是指最近一期年报相对上年同期的同比增长率

闽信集团有限公司(代码:0222)

公司简介

该集团之主要业务为从事（1）银行及保险业务;（2）物业投资及发展;（3）基建投资（如收费公路）;以及（4）投资控股等。银行业务截至二零零五年十二月三十一日止年度的业绩继续保持良好的增长势头,按香港财务报告准则调整之厦门国际银行综合净利润达港币18,972万元,比较二零零四年十二月三十一日止年度的综合净利润港币12,390万元增长53.1%。

主要股东

Samba Limited	31.54%
赍信有限公司	10.42%
BNP Paribas Asset Management	7.17%
Papilio Inc.	5.27%

基本资料

公司名称	闽信集团有限公司	证券面值	1.0000(HKD)
所属行业	其他金融	交易单位	2000(股)
法定股本	800,000,000(HKD)	上市日期	1982-06-28
普通股	459,428,656股	港股数量	459,428,656股
优先股	--	港股市值	1,529,897,424(HKD)
所属概念	红筹股	所属板块	主板

最近派息

本次派息	0.0400(HKD)/股	上次派息	0.0300(HKD)/股
除净日期	2007-06-12	除净日期	2006-06-09
派发日期	2007-07-11	派发日期	2006-07-03
盈利区间	2006-01-01 ~2006-12-31	盈利区间	2005-01-01 ~2005-12-31

财务指标

（货币单位:HKD/元）

	2006-12-31	2005-12-31	增长率(%)	2004-12-31
每股收益	0.2282	0.1303	75.13	0.1270
每股派息	0.0400	0.0300	33.33	--
每股净资产	3.6887	2.8837	27.92	2.7482
经营利润率(%)	13.07	-13.92	193.85	10.81
股东权益回报率(%)	6.94	4.63	50.09	4.70
总资产回报率(%)	5.85	3.92	49.26	4.14
负债/股东权益(%)	--	--	--	--
流动比率(倍)	2.31	2.57	-10.29	4.30
派息率(%)	17.53	23.02	-23.87	--

注:“增长率”是指最近一期年报相对上年同期的同比增长率

报表摘要

（货币单位:HKD/千元）

	2006-12-31	2005-12-31	增长率(%)	2004-12-31
销售收入	86,586	71,361	21.34	135,829
营运溢利	11,316	-9,937	213.88	14,682
非营运溢利	95,102	66,589	42.82	69,037
股东应占溢利	104,825	59,849	75.15	58,350
资产总计	1,957,976	1,624,519	20.53	1,428,529
负债合计	263,305	285,321	-7.72	149,434
股东权益	1,694,672	1,324,835	27.92	1,262,613

注:“增长率”是指最近一期年报相对上年同期的同比增长率

五矿建设有限公司(代码:0230)

公司简介

公司主要从事房地产发展、物业租赁、专业建筑、制造及贸易,以及证券投资及买卖业务。集团的房地产发展业务包括发展住宅及商用物业及提供建筑项目管理服务。本集团积极投入资源持续研究国内房地产市场,并寻找房地产项目之投资机会。于2005年12月31日止年度内,集团已就若干项目进行可行性研究。

主要股东

June Glory International Limited	53.83%

基本资料

公司名称	五矿建设有限公司	证券面值	0.1000(HKD)
所属行业	综合企业	交易单位	2000(股)
法定股本	200,000,000(HKD)	上市日期	1991-12-20
普通股	773,832,000股	港股数量	773,832,000股
优先股	--	港股市值	1,269,084,480(HKD)
所属概念	红筹股	所属板块	主板

最近派息

本次派息	--()/股	上次派息	--()/股
除净日期	--	除净日期	--
派发日期	--	派发日期	--
盈利区间	--	盈利区间	--

财务指标

（货币单位:HKD/元）

	2006-12-31	2005-12-31	增长率(%)	2004-12-31
每股收益	0.1371	0.0365	275.62	0.1096
每股派息	--	--	--	--
每股净资产	1.0591	0.7771	36.30	0.7267
经营利润率(%)	35.71	10.85	229.24	100.43
股东权益回报率(%)	14.93	4.85	207.95	16.34
总资产回报率(%)	10.02	3.58	180.00	11.19
负债/股东权益(%)	--	--	--	--
流动比率(倍)	2.66	2.29	16.37	2.68
派息率(%)	--	--	--	--

注:“增长率”是指最近一期年报相对上年同期的同比增长率

报表摘要

（货币单位:HKD/千元）

	2006-12-31	2005-12-31	增长率(%)	2004-12-31
销售收入	303,085	231,322	31.02	86,605
营运溢利	108,233	25,090	331.38	86,976
非营运溢利	-948	-583	-62.61	-1,385
股东应占溢利	105,845	28,149	276.02	84,614
资产总计	1,275,166	838,435	52.09	735,453
负债合计	457,337	238,401	91.84	170,671
股东权益	817,829	600,034	36.30	561,165

注:“增长率”是指最近一期年报相对上年同期的同比增长率

中国航空技术国际控股有限公司(代码:0232)

公司简介

该集团主要从事设计、制造及安装用于大厦之铝制及不锈钢产品,如玻璃幕墙及铝墙面板系统、窗、门、采光棚及其它有关产品;生产及销售电力及蒸汽;及分享开发、制造及分销EC120 直升机之溢利。

主要股东

Tacko International Limited	27.98%
凯得利国际有限公司	10.65%

基本资料

公司名称	中国航空技术国际控股有限公司	证券面值	0.1000(HKD)
所属行业	建筑	交易单位	2000(股)
法定股本	600,000,000(HKD)	上市日期	1991-12-12
普通股	4,773,303,000股	港股数量	4,773,303,000股
优先股	--	港股市值	1,384,257,870(HKD)
所属概念	红筹股	所属板块	主板

最近派息

本次派息	--()/股	上次派息	--()/股
除净日期	--	除净日期	--
派发日期	--	派发日期	--
盈利区间	--	盈利区间	--

财务指标

(货币单位:HKD/元)

	2006-12-31	2005-12-31	增长率(%)	2004-12-31
每股收益	0.0122	0.0070	74.29	0.0036
每股派息	--	--	--	--
每股净资产	0.1485	0.1261	17.73	0.1182
经营利润率(%)	--	6.32	--	4.27
股东权益回报率(%)	9.02	5.70	58.19	3.12
总资产回报率(%)	4.66	2.93	59.23	1.63
负债/股东权益(%)	--	--	--	--
流动比率(倍)	1.36	1.20	13.64	1.25
派息率(%)	--	--	--	--

注:"增长率"是指最近一期年报相对上年同期的同比增长率

报表摘要

(货币单位:HKD/千元)

	2006-12-31	2005-12-31	增长率(%)	2004-12-31
销售收入	1,057,154	608,145	73.83	645,024
营运溢利	--	38,437	--	27,536
非营运溢利	--	-1,806	--	-6,083
股东应占溢利	47,950	26,054	84.04	13,564
资产总计	1,108,772	948,227	16.93	831,458
负债合计	483,975	442,305	9.42	358,658
股东权益	591,724	471,851	25.40	442,335

注:"增长率"是指最近一期年报相对上年同期的同比增长率

中信21世纪有限公司(代码:0241)

公司简介

中信21世纪有限公司为投资控股公司。集团为一间综合信息及内容服务供货商,集团之主要业务包括电讯及信息增值服务、提供产品识别、鉴定及追纵系统(「PIATS」)、系统集成及软件开发。

主要股东

中国中信集团公司	21.73%
Uni-Tech International Group Limited	21.11%

基本资料

公司名称	中信21世纪有限公司	证券面值	0.0100(HKD)
所属行业	软件服务	交易单位	2000(股)
法定股本	100,000,000(HKD)	上市日期	1972-07-06
普通股	3,717,869,631股	港股数量	3,717,869,631股
优先股	--	港股市值	2,379,436,564(HKD)
所属概念	红筹股	所属板块	主板

最近派息

本次派息	--()/股	上次派息	--()/股
除净日期	--	除净日期	--
派发日期	--	派发日期	--
盈利区间	--	盈利区间	--

财务指标

(货币单位:HKD/元)

	2007-03-31	2006-03-31	增长率(%)	2005-03-31
每股收益	-0.0184	0.0028	-757.14	0.0077
每股派息	--	--	--	--
每股净资产	0.0954	0.1021	-6.58	0.0934
经营利润率(%)	--	2.42	--	13.94
股东权益回报率(%)	-18.60	2.83	-756.83	9.65
总资产回报率(%)	-6.25	1.26	-597.47	6.72
负债/股东权益(%)	--	--	--	--
流动比率(倍)	8.30	6.91	20.08	2.30
派息率(%)	--	--	--	--

注:"增长率"是指最近一期年报相对上年同期的同比增长率

报表摘要

(货币单位:HKD/千元)

	2007-03-31	2006-03-31	增长率(%)	2005-03-31
销售收入	286,057	403,545	-29.11	249,058
营运溢利	--	9,785	--	34,711
非营运溢利	--	9,602	--	-1,221
股东应占溢利	-60,998	9,153	-766.43	25,420
资产总计	943,737	1,007,208	-6.30	449,146
负债合计	624,830	665,770	-6.15	133,065
股东权益	318,240	337,765	-5.78	308,787

注:"增长率"是指最近一期年报相对上年同期的同比增长率

中国光大国际有限公司(代码:0257)

公司简介

公司为一家发展迅速及主要从事环保项目营运、管理及咨询、收费桥梁营运及物业投资的综合企业。集团投资及营运福州青洲大桥;并投资物业于深圳的中山花园及中心商务大厦。近年来,集团积极拓展环保领域,并在垃圾焚烧发电以及污水处理项目方面取得了长足进展,业务遍布中国多个城市包括苏州、宜兴、江阴、常州、青岛、淄博及济南。在洞悉市场、经验丰富以及灵活务实的管理层带领下,凭借母公司中国光大集团有限公司的全力支持,集团将蓄势待发,进一步在环保领域作全国性拓展,致力成为国内环保产业的翘楚。

主要股东

中国光大集团有限公司	56.80%

基本资料

公司名称	中国光大国际有限公司	证券面值	0.1000(HKD)
所属行业	工业制品业	交易单位	1000(股)
法定股本	500,000,000(HKD)	上市日期	- -
普通股	3,094,512,000股	港股数量	3,094,512,000股
优先股	- -	港股市值	11,944,816,320(HKD)
所属概念	红筹股	所属板块	主板

最近派息

本次派息	0.0100(HKD)/股	上次派息	0.0060(HKD)/股
除净日期	2008-04-18	除净日期	2007-10-15
派发日期	2008-05-09	派发日期	2007-10-31
盈利区间	2007-01-01 ~2007-12-31	盈利区间	2007-01-01 ~2007-06-30

财务指标

(货币单位:HKD/元)

	2007-12-31	2006-12-31	增长率(%)	2005-12-31
每股收益	0.1089	0.1415	-23.04	0.0413
每股派息	0.0200	0.0200	0.00	0.0100
每股净资产	0.7921	0.6311	25.50	0.4612
经营利润率(%)	32.64	194.15	-83.19	54.57
股东权益回报率(%)	15.39	26.26	-41.39	9.34
总资产回报率(%)	8.30	13.02	-36.23	4.46
负债/股东权益(%)	- -	- -	- -	- -
流动比率(倍)	2.21	1.60	37.76	2.20
派息率(%)	14.69	11.31	29.94	29.06

注:"增长率"是指最近一期年报相对上年同期的同比增长率

报表摘要

(货币单位:HKD/千元)

	2007-12-31	2006-12-31	增长率(%)	2005-12-31
销售收入	1,347,852	235,859	471.47	133,823
营运溢利	439,871	457,922	-3.94	73,021
非营运溢利	-72,985	-19,973	-265.42	35,955
股东应占溢利	337,932	409,347	-17.45	105,330
资产总计	4,525,683	3,614,975	25.19	2,673,720
负债合计	1,922,257	1,556,682	23.48	1,404,535
股东权益	2,451,091	1,941,338	26.26	1,176,857

注:"增长率"是指最近一期年报相对上年同期的同比增长率

中信泰富有限公司(代码:0267)

公司简介

中信泰富为本港一家红筹综合企业公司,其核心业务为基础建设(包括航空、基建设施、信息业及发电),并以贸易与分销汽车与消费品及物业投资与管理作支持业务。其它发展中业务包括特种钢材、研发生物制药、金融服务及遥距学习业务。集团之业务主要在香港及中国大陆进行。

主要股东

Honpville Corporation	14.08%
Heedon Corporation	8.39%
中信(香港集团)有限公司	6.32%
Power Corporation of Canada	6.01%

基本资料

公司名称	中信泰富有限公司	证券面值	0.4000(HKD)
所属行业	综合企业	交易单位	1000(股)
法定股本	1,200,000,000(HKD)	上市日期	1986-02-26
普通股	2,210,000,000股	港股数量	2,210,000,000股
优先股	- -	港股市值	87,737,000,000(HKD)
所属概念	红筹股	所属板块	主板

最近派息

本次派息	0.4000(HKD)/股	上次派息	0.2000(HKD)/股
除净日期	2007-09-05	除净日期	2007-09-05
派发日期	2007-09-18	派发日期	2007-09-18
盈利区间	2007-01-01 ~2007-06-30	盈利区间	2007-01-01 ~2007-06-30

财务指标

(货币单位:HKD/元)

	2006-12-31	2005-12-31	增长率(%)	2004-12-31
每股收益	3.7700	1.8200	107.14	1.6300
每股派息	1.7000	1.1000	54.55	1.1000
每股净资产	21.1832	17.8315	18.80	17.2862
经营利润率(%)	14.72	10.68	37.77	10.01
股东权益回报率(%)	19.32	10.36	86.50	9.34
总资产回报率(%)	11.23	6.13	83.18	6.22
负债/股东权益(%)	- -	- -	- -	- -
流动比率(倍)	1.44	1.38	4.28	1.67
派息率(%)	45.09	60.44	-25.39	67.48

注:"增长率"是指最近一期年报相对上年同期的同比增长率

报表摘要

(货币单位:HKD/千元)

	2006-12-31	2005-12-31	增长率(%)	2004-12-31
销售收入	47,049,000	26,564,000	77.12	22,912,000
营运溢利	6,925,000	2,838,000	144.01	2,293,000
非营运溢利	2,434,000	1,804,000	34.92	2,304,000
股东应占溢利	8,272,000	3,989,000	107.37	3,581,000
资产总计	76,660,000	70,668,000	8.48	59,473,000
负债合计	28,651,000	29,472,000	-2.79	19,904,000
股东权益	46,510,000	39,103,000	18.94	37,892,000

注:"增长率"是指最近一期年报相对上年同期的同比增长率

粤海投资有限公司(代码:0270)

公司简介

集团之主要业务为投资控股、物业持有及投资、发展供出售物业、基建及能源项目投资、供水至香港及位于中华人民共和国内地之深圳及东莞之业务,酒店持有及营运、酒店管理及百货营运。集团截至2007年6月30日止六个月未经审核综合收入为32.87亿港元(2006年:30.82亿港元),比去年同期上升6.6%。综观集团六类业务:供水、发电、收费道路及桥梁、物业投资和发展、百货营运以及酒店经营及管理均录得理想增长。

主要股东

粤海控股集团有限公司	52.33%
Guangdong Trust Ltd.	9.46%

基本资料

公司名称	粤海投资有限公司	证券面值	0.5000(HKD)
所属行业	公用事业	交易单位	2000(股)
法定股本	4,000,000,000(HKD)	上市日期	- -
普通股	6,094,448,071 股	港股数量	6,094,448,071 股
优先股	- -	港股市值	24,194,958,842(HKD)
所属概念	红筹股	所属板块	主板

最近派息

本次派息	0.0500(HKD)/股	上次派息	0.0500(HKD)/股
除净日期	2007-10-04	除净日期	2007-06-05
派发日期	2007-10-23	派发日期	2007-06-21
盈利区间	2007-01-01 ~2007-06-30	盈利区间	2006-01-01 ~2006-12-31

财务指标 (货币单位:HKD/元)

	2006-12-31	2005-12-31	增长率(%)	2004-12-31
每股收益	0.2500	0.2269	10.18	0.2053
每股派息	0.1000	0.0900	11.11	0.0600
每股净资产	2.0724	1.9075	8.64	1.7983
经营利润率(%)	- -	45.30	- -	39.34
股东权益回报率(%)	12.51	12.14	3.03	12.14
总资产回报率(%)	4.96	4.27	16.23	3.71
负债/股东权益(%)	- -	- -	- -	- -
流动比率(倍)	1.43	1.45	-1.42	1.67
派息率(%)	40.00	39.67	0.84	29.23

注:"增长率"是指最近一期年报相对上年同期的同比增长率

报表摘要 (货币单位:HKD/千元)

	2006-12-31	2005-12-31	增长率(%)	2004-12-31
销售收入	6,056,331	5,249,158	15.38	5,109,127
营运溢利	- -	2,377,808	- -	2,010,079
非营运溢利	- -	-649,633	- -	-695,802
股东应占溢利	1,506,903	1,303,495	15.60	1,149,699
资产总计	30,173,862	30,549,119	-1.23	30,502,786
负债合计	15,761,872	17,468,129	-9.77	18,654,427
股东权益	12,622,587	11,478,289	9.97	10,001,220

注:"增长率"是指最近一期年报相对上年同期的同比增长率

川河集团有限公司(代码:0281)

公司简介

该集团之主要业务为位于上海及澳门之物业发展及投资,以及在香港之证券买卖及投资业务。上海大道置业有限公司为集团的主要附属公司及于中国上海浦东张江高科技园区内从事发展一项住宅项目,名为汤臣豪庭。

主要股东

上海张江高科技园区开发股份有限公司	29.90%
汤臣集团有限公司	9.80%
徐枫	2.06%

基本资料

公司名称	川河集团有限公司	证券面值	0.0500(HKD)
所属行业	地产	交易单位	2000(股)
法定股本	1,000,000,000(HKD)	上市日期	1973-01-23
普通股	2,608,546,511 股	港股数量	2,608,546,511 股
优先股	- -	港股市值	756,478,488(HKD)
所属概念	红筹股	所属板块	主板

最近派息

本次派息	0.0200(HKD)/股	上次派息	- -()/股
除净日期	2007-05-22	除净日期	- -
派发日期		派发日期	- -
盈利区间	2006-01-01 ~2006-12-31	盈利区间	- -

财务指标 (货币单位:HKD/元)

	2006-12-31	2005-12-31	增长率(%)	2004-12-31
每股收益	0.0613	0.0072	751.39	0.0626
每股派息	0.0200	- -	- -	- -
每股净资产	0.3898	0.3255	19.74	0.2870
经营利润率(%)	- -	682.67	- -	58.01
股东权益回报率(%)	17.13	2.35	629.62	24.51
总资产回报率(%)	14.35	2.05	598.75	20.36
负债/股东权益(%)	- -	- -	- -	- -
流动比率(倍)	3.09	2.74	13.00	4.91
派息率(%)	32.63	- -	- -	- -

注:"增长率"是指最近一期年报相对上年同期的同比增长率

报表摘要 (货币单位:HKD/千元)

	2006-12-31	2005-12-31	增长率(%)	2004-12-31
销售收入	372,954	1,702	21,812.69	328,786
营运溢利	- -	11,619	- -	190,717
非营运溢利	- -	7,085	- -	-4,298
股东应占溢利	159,849	18,760	752.07	163,300
资产总计	1,203,068	1,024,982	17.37	802,157
负债合计	172,176	160,802	7.07	38,821
股东权益	1,016,794	849,194	19.74	748,6570

注:"增长率"是指最近一期年报相对上年同期的同比增长率

华润创业有限公司(代码:0291)

公司简介

集团专注于消费品业务,遍及香港及中国大陆,并主要从事零售、饮品、食品加工及经销、纺织及物业投资业务。华润创业有限公司(「华润创业」或「集团」)为「华润(集团)有限公司」在香港上市之企业。在过去数年,华润创业进行一连串业务重组,并转型为一间综合企业,专注于香港及中国大陆发展以零售为主导之分销业务。现时,集团之核心业务包括零售、饮品、食品加工及经销、纺织、石油及化学品分销。华润创业之策略目标是将其消费有关业务融合于其零售业务内,以形成一个综向整合之经销网络,而集团暂时计划将新鲜食品及成衣产品与零售业务融合。集团已确立中国大陆零售市场为其分销业务增长及营业额之推动源头。据披露,华润创业已锁定目标,于五年内透过内部增长及收购活动,令集团国内零售营业额达到500亿元人民币。

主要股东

华润(集团)有限公司	51.88%
澳洲联邦银行	7.92%
J. P. Morgan Chase & Co.	5.91%

基本资料

公司名称	华润创业有限公司	证券面值	1.0000(HKD)
所属行业	综合企业	交易单位	2000(股)
法定股本	3,000,000,000(HKD)	上市日期	- -
普通股	2,376,000,000股	港股数量	2,376,000,000股
优先股	- -	港股市值	62,845,200,000(HKD)
所属概念	红筹股	所属板块	主板

最近派息

本次派息	0.1500(HKD)/股	上次派息	0.6000(HKD)/股
除净日期	2007-09-27	除净日期	2007-07-30
派发日期	2007-10-15	派发日期	2007-08-15
盈利区间	2007-01-01 ~2007-06-30	盈利区间	2006-01-01 ~2006-12-31

财务指标

(货币单位:HKD/元)

	2006-12-31	2005-12-31	增长率(%)	2004-12-31
每股收益	1.1900	1.0200	16.67	0.7600
每股派息	2.0000	0.3800	426.32	0.2700
每股净资产	8.1175	8.1473	-0.37	7.4336
经营利润率(%)	- -	6.08	- -	4.49
股东权益回报率(%)	14.87	13.07	13.77	10.97
总资产回报率(%)	5.96	5.24	13.74	4.54
负债/股东权益(%)	- -	- -	- -	- -
流动比率(倍)	1.08	1.12	-3.51	1.26
派息率(%)	168.07	37.25	351.13	35.53

注:"增长率"是指最近一期年报相对上年同期的同比增长率

报表摘要

(货币单位:HKD/千元)

	2006-12-31	2005-12-31	增长率(%)	2004-12-31
销售收入	65,437,000	53,583,919	22.12	47,078,103
营运溢利	- -	3,255,372	- -	2,112,172
非营运溢利	- -	-80,208	- -	200,567
股东应占溢利	2,776,000	2,220,403	25.02	1,603,249
资产总计	47,754,000	45,460,962	5.04	39,342,328
负债合计	22,789,000	22,517,626	1.21	18,749,107
股东权益	19,141,000	18,196,448	5.19	15,781,568

注:"增长率"是指最近一期年报相对上年同期的同比增长率

中化化肥控股有限公司(代码:0297)

公司简介

中化化肥专注于化肥等农业相关产品业务,经营领域贯穿于产品研发生产、进出口、分销零售及农化服务等整个化肥产业链,是中国最大的产供销一体化的化肥企业。集团的使命是立足于中国,从全球市场配置优质资源,为中国粮食安全和农业生产服务。中化化肥实行"以分销为龙头,向产业链上下游延伸"的发展战略,业务分为生产、采购及分销三大部分,形成了上下游一体化协同发展的营运模式。

主要股东

中化香港(集团)有限公司	73.51%

基本资料

公司名称	中化化肥控股有限公司	证券面值	0.1000(HKD)
所属行业	工业制品业	交易单位	2000(股)
法定股本	8,000,000,000(HKD)	上市日期	1996-09-30
普通股	6,209,286,726股	港股数量	6,209,286,726股
优先股	- -	港股市值	43,154,542,746(HKD)
所属概念	红筹股	所属板块	主板

最近派息

本次派息	0.0231(HKD)/股	上次派息	0.0201(HKD)/股
除净日期	2007-06-20	除净日期	2006-06-01
派发日期	2007-07-12	派发日期	2006-06-16
盈利区间	2006-01-01 ~2006-12-31	盈利区间	2005-01-01 ~2005-12-31

财务指标

(货币单位:HKD/元)

	2006-12-31	2005-12-31	增长率(%)	2005-03-31
每股收益	0.1543	0.1449	6.49	0.1076
每股派息	0.0200	0.0200	0.00	- -
每股净资产	0.7487	0.5983	25.14	-0.0147
经营利润率(%)	- -	5.16	- -	447.39
股东权益回报率(%)	22.91	22.43	2.15	-177.51
总资产回报率(%)	9.06	8.40	7.82	26.21
负债/股东权益(%)	- -	- -	- -	- -
流动比率(倍)	1.93	1.42	36.73	0.68
派息率(%)	14.97	13.87	7.92	- -

注:"增长率"是指最近一期年报相对上年同期的同比增长率

报表摘要

(货币单位:HKD/千元)

	2006-12-31	2005-12-31	增长率(%)	2005-03-31
销售收入	21,126,571	19,248,665	9.76	9,951
营运溢利	- -	992,392	- -	44,520
非营运溢利	- -	-62,435	- -	-4,000
股东应占溢利	896,246	779,421	14.99	40,520
资产总计	10,509,075	9,275,335	13.30	158,144
负债合计	5,965,104	5,614,622	6.24	212,245
股东权益	4,348,352	3,474,658	25.14	-54,101

注:"增长率"是指最近一期年报相对上年同期的同比增长率

香港中旅国际投资有限公司(代码:0308)

公司简介

该集团之主要业务为:旅游及旅游相关业务;酒店业务;景区业务;客运服务;高尔夫球会所业务;货运及运输业务;温泉渡假城业务;发电业务及投资控股。二零零五年,集团的旅游主业继续得以发展。在内地增加了港中旅国际(杭州)旅行社和港中旅国际(大同)旅行社等网点,位于东北的沈阳旅行社的组建工作正在洽谈和组建之中。属下的各主要旅行社均成立会议会展业务部门,向高端客户市场迈进。港中旅设于香港、内地及海外旅行社的资源重组、资源共享得到落实,各旅行社联合推广新的旅游线路和迪斯尼乐园旅游产品,取得了良好成效。集团属下的香港四家酒店仍保持较高的盈利水平;重点投资项目-珠海海泉湾度假城和芒果网顺利建成,提高了集团旅游主业的核心竞争力。

主要股东

香港中旅(集团)有限公司	52.20%
Foden International Limited	0.36%

基本资料

公司名称	香港中旅国际投资有限公司	证券面值	0.1000(HKD)
所属行业	酒店娱乐	交易单位	2000(股)
法定股本	700,000,000(HKD)	上市日期	1992-11-11
普通股	5,695,355,525股	港股数量	5,695,355,525股
优先股	--	港股市值	21,300,629,664(HKD)
所属概念	红筹股	所属板块	主板

最近派息

本次派息	0.0300(HKD)/股	上次派息	0.0100(HKD)/股
除净日期	2007-09-18	除净日期	2007-06-08
派发日期	2007-10-04	派发日期	2007-06-28
盈利区间	2007-01-01 ~2007-06-30	盈利区间	2006-01-01 ~2006-12-31

财务指标

(货币单位:HKD/元)

	2006-12-31	2005-12-31	增长率(%)	2004-12-31
每股收益	0.0686	0.1259	-45.51	0.2121
每股派息	0.0300	0.0600	-50.00	0.1000
每股净资产	1.8699	1.8769	-0.37	1.8686
经营利润率(%)	--	11.02	--	17.11
股东权益回报率(%)	3.73	6.88	-45.80	11.56
总资产回报率(%)	2.69	4.77	-43.56	7.86
负债/股东权益(%)	--	--	--	--
流动比率(倍)	1.83	1.99	-7.98	2.46
派息率(%)	43.73	47.66	-8.24	47.15

注:"增长率"是指最近一期年报相对上年同期的同比增长率

报表摘要

(货币单位:HKD/千元)

	2006-12-31	2005-12-31	增长率(%)	2004-12-31
销售收入	6,979,546	5,646,620	23.61	4,802,021
营运溢利	--	621,995	--	821,486
非营运溢利	--	165,896	--	322,895
股东应占溢利	375,004	612,660	-38.79	901,654
资产总计	13,892,454	13,989,656	-0.69	11,720,136
负债合计	2,799,047	4,126,637	-32.17	2,985,493
股东权益	10,649,925	9,457,499	12.61	8,348,330

注:"增长率"是指最近一期年报相对上年同期的同比增长率

中国工商银行(亚洲)有限公司(代码:0349)

公司简介

公司是一家在香港成立的持牌银行,并在香港联交所上市。中国工商银行(亚洲)在港设有41间分行、8间「理财金账户」中心、5间商务中心及1间投资服务中心;其主要的业务为银行、财务及与其它财务相关的服务,经营重点为零售银行、商业银行及企业银行业务。中国工商银行(亚洲)现为中国最大商业银行(以资产总值计)-中国工商银行股份有限公司在香港银行业务的旗舰。至2007年6月6日,中国工商银行(亚洲)获穆迪投资给予A2/Prime-1长期/短期存款评级及C-级银行财务实力评级。

主要股东

中国工商银行股份有限公司	60.29%
Fortis Bank SA/NV	8.85%

基本资料

公司名称	中国工商银行(亚洲)有限公司	证券面值	2.0000(HKD)
所属行业	银行	交易单位	1000(股)
法定股本	4,000,000,000(HKD)	上市日期	1973-03-14
普通股	1,139,627,500股	港股数量	1,139,627,500股
优先股	--	港股市值	17,367,923,100(HKD)
所属概念	红筹股	所属板块	主板

最近派息

本次派息	0.2300(HKD)/股	上次派息	0.4600(HKD)/股
除净日期	2007-08-31	除净日期	2007-04-30
派发日期	2007-10-12	派发日期	2007-06-08
盈利区间	2007-01-01 ~2007-06-30	盈利区间	2006-01-01 ~2006-12-31

财务指标

(货币单位:HKD/元)

	2006-12-31	2005-12-31	增长率(%)	2004-12-31
每股收益	1.1100	0.9100	21.98	0.8000
每股派息	0.6600	0.5300	24.53	0.4500
每股净资产	9.8865	13.5639	-27.11	13.2539
经营利润率(%)	23.06	28.89	-20.18	39.91
股东权益回报率(%)	9.47	6.74	40.57	6.34
总资产回报率(%)	0.95	0.91	4.19	0.87
负债/股东权益(%)	--	--	--	--
流动比率(倍)	--	--	--	--
派息率(%)	59.46	58.24	2.09	56.25

注:"增长率"是指最近一期年报相对上年同期的同比增长率

报表摘要

(货币单位:HKD/千元)

	2006-12-31	2005-12-31	增长率(%)	2004-12-31
销售收入	6,926,521	4,180,031	65.71	2,311,367
营运溢利	1,597,222	1,207,593	32.26	922,513
非营运溢利	5,739	260	2,107.31	14,166
股东应占溢利	1,245,592	980,601	27.02	760,391
资产总计	146,391,759	115,399,323	26.86	99,343,650
负债合计	135,306,456	100,190,694	35.05	85,454,003
股东权益	11,085,303	15,208,629	-27.11	13,889,647

注:"增长率"是指最近一期年报相对上年同期的同比增长率

上海实业控股有限公司(代码:0363)

公司简介

上实控股的控股股东是上海实业(集团)有限公司(简称"上实集团"),持股比例约56%。上实集团是上海市政府于1981年在香港注册成立之商营企业,也是上海市在海外建立规模最大、实力最强的综合性企业集团。上实控股作为上实集团的旗舰企业,通过收购兼并、投资新产业等方式,取得海内外优质资产,形成在各行业拥有占领导地位企业之投资组合,投资业务迅速扩展,成为香港和国际资本市场上具代表性的红筹股。上实控股于上海及长江三角洲地区投资及经营多项业务,分享中国经济持续增长的成果;近年来更扩阔版图,旗下企业经营业务遍及全国各地。现时主要业务包括基建设施、医药、消费品及信息技术。

主要股东

上海实业(集团)有限公司	56.53%
邓普顿资产管理有限公司	5.94%

基本资料

公司名称	上海实业控股有限公司	证券面值	0.1000(HKD)
所属行业	综合企业	交易单位	1000(股)
法定股本	200,000,000(HKD)	上市日期	1996-05-30
普通股	1,066,609,000股	港股数量	1,066,609,000股
优先股	--	港股市值	32,744,896,300(HKD)
所属概念	红筹股	所属板块	主板

最近派息

本次派息	0.3700(HKD)/股	上次派息	0.3000(HKD)/股
除净日期	2007-09-17	除净日期	2007-05-23
派发日期	2007-10-03	派发日期	2007-06-08
盈利区间	2007-01-01~2007-06-30	盈利区间	2006-01-01~2006-12-31

财务指标

(货币单位:HKD/元)

	2006-12-31	2005-12-31	增长率(%)	2004-12-31
每股收益	1.3000	1.0700	21.50	1.4500
每股派息	0.5200	0.4200	23.81	0.5500
每股净资产	18.0747	16.9254	6.79	16.2913
经营利润率(%)	--	21.59	--	26.34
股东权益回报率(%)	7.42	6.43	15.54	9.19
总资产回报率(%)	5.51	4.83	14.19	7.34
负债/股东权益(%)	--	--	--	--
流动比率(倍)	4.98	3.84	29.72	3.68
派息率(%)	40.00	39.25	1.90	37.93

注:"增长率"是指最近一期年报相对上年同期的同比增长率

报表摘要

(货币单位:HKD/千元)

	2006-12-31	2005-12-31	增长率(%)	2004-12-31
销售收入	6,851,023	6,025,285	13.70	3,428,939
营运溢利	--	1,300,703	--	903,270
非营运溢利	--	148,900	--	833,778
股东应占溢利	1,257,778	1,027,940	22.36	1,383,060
资产总计	23,658,128	21,972,155	7.67	20,609,881
负债合计	3,927,133	3,764,126	4.33	3,515,634
股东权益	17,505,381	16,375,892	6.90	15,617,461

注:"增长率"是指最近一期年报相对上年同期的同比增长率

华凌集团有限公司(代码:0382)

公司简介

集团是一家以生产和销售电冰箱、家用空调、中央空调、小家电为主的中国著名家电企业集团,也是中国家电行业第一家在香港成功上市的公司。集团创建初始,即与世界制冷权威--日本三菱电机进行技术合作,采用国际先进的制冷技术和设备,先后研制和生产出风冷、无霜、无氟、维他命生态保鲜冰箱及空调、"克菌王"、"冷静王"、"炫康王"健康空调系列等具有国际先进品质的华凌电器。华凌电器凭借其造型新颖、功效显著、品质卓越,售后服务周到而深受国内外用户的厚爱和社会各界的好评。

主要股东

美的国际控股有限公司	36.98%

基本资料

公司名称	华凌集团有限公司	证券面值	0.1000(HKD)
所属行业	家庭电器及用品	交易单位	2000(股)
法定股本	1,000,000,000(HKD)	上市日期	1993-12-20
普通股	4,725,991,000股	港股数量	4,725,991,000股
优先股	--	港股市值	2,268,475,680(HKD)
所属概念	不适用	所属板块	主板

最近派息

本次派息	--()/股	上次派息	--()/股
除净日期	--	除净日期	--
派发日期	--	派发日期	--
盈利区间	--	盈利区间	--

财务指标

(货币单位:HKD/元)

	2006-12-31	2005-12-31	增长率(%)	2004-12-31
每股收益	-0.0268	-0.1060	74.72	-0.4030
每股派息	--	--	--	--
每股净资产	-0.0641	-0.0659	2.71	-0.1272
经营利润率(%)	-3.30	-12.30	73.16	-30.93
股东权益回报率(%)	40.08	122.31	-67.23	-829.91
总资产回报率(%)	-5.89	-16.74	64.79	-35.70
负债/股东权益(%)	--	--	--	--
流动比率(倍)	0.68	0.66	3.01	0.60
派息率(%)	--	--	--	--

注:"增长率"是指最近一期年报相对上年同期的同比增长率

报表摘要

(货币单位:HKD/千元)

	2006-12-31	2005-12-31	增长率(%)	2004-12-31
销售收入	2,286,387	1,959,921	16.66	1,891,483
营运溢利	-75,517	-241,156	68.69	-585,033
非营运溢利	-27,871	-48,138	42.10	-31,196
股东应占溢利	-112,647	-283,540	60.27	-628,755
资产总计	1,943,900	1,878,395	3.49	1,508,763
负债合计	2,194,143	2,096,675	4.65	1,657,614
股东权益	-300,490	-261,616	-14.86	-202,014

注:"增长率"是指最近一期年报相对上年同期的同比增长率

北京控股有限公司(代码:0392)

公司简介

北京控股恪守股东利益最大化宗旨,充分发挥首都背景和京港两地双重资源优势,坚持积极稳健的经营方针及审慎专注的投资策略,业务和资产规模逐步扩大,经营业绩稳步上升,综合实力大幅度提高。2004 年以来,北京控股积极跟进市场导向的变化,以及国有资产管理体制改革和公用事业市场化进程,确立了"以城市能源服务为核心的综合性公用事业公司"的市场定位和将自身打造成为"北京市政府对基础设施及公用事业从事经营管理的主导企业及海外资本市场投、融资平台"的总体战略目标,启动与北京市燃气集团的联合重组,大规模退出非主营业务。经过三年多的不懈努力,初步实现了从综合性多元化企业向专业化公用事业公司的战略转型。

主要股东

北京控股集团(BVI)有限公司	39.62%
北京企业投资有限公司	21.58%
Modern Orient Limited	9.64%
Deutsche Bank Aktiengesellschaft	6.56%

基本资料

公司名称	北京控股有限公司	证券面值	0.1000(HKD)
所属行业	综合企业	交易单位	500(股)
法定股本	200,000,000(HKD)	上市日期	1997-05-29
普通股	1,138,390,000 股	港股数量	1,138,390,000 股
优先股	--	港股市值	33,240,988,000(HKD)
所属概念	红筹股	所属板块	主板

最近派息

本次派息	0.1000(HKD)/股	上次派息	0.1000(HKD)/股
除净日期	2007-10-03	除净日期	2007-10-03
派发日期	2007-11-09	派发日期	2007-11-09
盈利区间	2007-01-01 ~2007-06-30	盈利区间	2007-01-01 ~2007-06-30

财务指标

(货币单位:HKD/元)

	2006-12-31	2005-12-31	增长率(%)	2004-12-31
每股收益	0.5400	0.9200	-41.30	0.8100
每股派息	0.3000	0.3000	0.00	0.3000
每股净资产	14.2501	13.5630	5.07	12.6604
经营利润率(%)	6.38	9.56	-33.20	9.57
股东权益回报率(%)	3.91	6.99	-44.02	6.52
总资产回报率(%)	1.83	2.92	-37.31	2.68
负债/股东权益(%)	--	--	--	--
流动比率(倍)	1.80	1.26	42.10	1.60
派息率(%)	55.56	32.61	70.37	37.04

注:"增长率"是指最近一期年报相对上年同期的同比增长率

报表摘要

(货币单位:HKD/千元)

	2006-12-31	2005-12-31	增长率(%)	2004-12-31
销售收入	7,246,920	11,000,613	-34.12	9,665,640
营运溢利	462,577	1,051,214	-56.00	924,649
非营运溢利	-38,379	-161,319	76.21	-30,420
股东应占溢利	338,668	570,422	-40.63	503,188
资产总计	17,324,152	19,630,268	-11.75	19,389,590
负债合计	4,264,347	7,123,275	-40.14	7,788,393
股东权益	8,870,705	8,442,941	5.07	7,881,098

注:"增长率"是指最近一期年报相对上年同期的同比增长率

四通控股有限公司(代码:0409)

公司简介

四通控股有限公司前身为四通电子技术有限公司。公司于 1993 年成功重组,并于 1993 年 8 月于香港联合交易所上市,成为香港第一家大陆非国有经济控股之上市公司。现时主要业务为基于中国大陆的 IT 电子及网络服务业务、健康保健品业务及投资业务。四通之 IT 电子及网络服务业务包括传统的电子产品制造、分销及经营连锁网吧。电子产品包括自主知识产权的打印机、增值税税控机及代理和分销工业控制器、电源、图文、半导体、计算器等产品。

主要股东

北京四通投资有限公司	22.13%
深圳发展银行深圳人民桥支行	16.85%
段永基	5.59%
拓益发展有限公司	5.02%
Ready Finance Limited	3.01%
四通集团公司	0.06%

基本资料

公司名称	四通控股有限公司	证券面值	0.1000(HKD)
所属行业	工业制品业	交易单位	2000(股)
法定股本	500,000,000(HKD)	上市日期	1993-08-16
普通股	1,839,230,000 股	港股数量	1,839,230,000 股
优先股	--	港股市值	1,121,930,300(HKD)
所属概念	红筹股	所属板块	主板

最近派息

本次派息	0.0130(HKD)/股	上次派息	0.0080(HKD)/股
除净日期	2007-08-16	除净日期	2006-08-22
派发日期	2007-09-14	派发日期	2006-09-15
盈利区间	2006-04-01 ~2007-03-31	盈利区间	2005-04-01 ~2006-03-31

财务指标

(货币单位:HKD/元)

	2007-03-31	2006-03-31	增长率(%)	2005-03-31
每股收益	0.0862	0.0424	103.30	0.1110
每股派息	0.0100	0.0100	0.00	0.0100
每股净资产	1.5338	1.4602	5.04	1.3771
经营利润率(%)	--	5.68	--	6.24
股东权益回报率(%)	5.85	3.02	93.52	8.44
总资产回报率(%)	3.57	1.77	101.52	4.72
负债/股东权益(%)	--	--	--	--
流动比率(倍)	4.00	3.83	4.47	5.58
派息率(%)	15.08	18.87	-20.07	11.71

注:"增长率"是指最近一期年报相对上年同期的同比增长率

报表摘要

(货币单位:HKD/千元)

	2007-03-31	2006-03-31	增长率(%)	2005-03-31
销售收入	2,375,541	2,035,467	16.71	2,361,507
营运溢利	--	115,569	--	147,284
非营运溢利	--	-37,030	--	93,945
股东应占溢利	134,333	63,908	110.20	160,426
资产总计	3,926,886	3,597,471	9.16	3,616,610
负债合计	1,085,136	1,041,617	4.18	1,165,690
股东权益	2,392,553	2,203,354	8.59	2,027,793

注:"增长率"是指最近一期年报相对上年同期的同比增长率

方正控股有限公司(代码:0418)

公司简介

公司是中国领先的专业化行业应用软件系统解决方案以及软件产品供货商,业务范围涵盖媒体传播、银行、证券、保险、税务、邮政、政府、军队、公安等诸多行业。是全球最大的新闻出版系统开发商和供货商,在中国大陆及海外的华文报刊出版市场的市场占有率已达80%以上。目前,方正控股的业务已涵盖媒体行业、非媒体行业、分销服务业务等三大领域。

主要股东

北大方正集团有限公司	32.67%

基本资料

公司名称	方正控股有限公司	证券面值	0.1000(HKD)
所属行业	软件服务	交易单位	2000(股)
法定股本	210,000,000(HKD)	上市日期	1995-12-21
普通股	1,123,799,893股	港股数量	1,123,799,893股
优先股	--	港股市值	460,757,956(HKD)
所属概念	红筹股	所属板块	主板

最近派息

本次派息	--()/股	上次派息	--()/股
除净日期	--	除净日期	--
派发日期	--	派发日期	--
盈利区间	--	盈利区间	--

财务指标

(货币单位:HKD/元)

	2006-12-31	2005-12-31	增长率(%)	2004-12-31
每股收益	0.0230	0.0430	-46.51	-0.0240
每股派息	--	--	--	--
每股净资产	0.3589	0.3277	9.52	0.2808
经营利润率(%)	--	2.20	--	-1.04
股东权益回报率(%)	6.72	14.02	-52.08	-8.27
总资产回报率(%)	2.45	3.98	-38.41	-2.66
负债/股东权益(%)	--	--	--	--
流动比率(倍)	1.58	1.39	13.20	1.41
派息率(%)	--	--	--	--

注:"增长率"是指最近一期年报相对上年同期的同比增长率

报表摘要

(货币单位:HKD/千元)

	2006-12-31	2005-12-31	增长率(%)	2004-12-31
销售收入	2,115,920	2,593,915	-18.43	2,013,831
营运溢利	--	57,188	--	-21,018
非营运溢利	--	9,108	--	2,458
股东应占溢利	25,911	47,929	-45.94	-27,183
资产总计	792,016	1,322,509	-40.11	1,086,496
负债合计	383,135	851,615	-55.01	677,105
股东权益	403,293	368,253	9.52	315,595

注:"增长率"是指最近一期年报相对上年同期的同比增长率

云南实业控股有限公司(代码:0455)

公司简介

集团为「玉溪红塔烟草」之进口代理之一,并获授权进口与卷烟生产有关之卷烟辅料、卷烟纸及其它相关物料至中国。集团之产品如「红塔山」、「玉溪」、「阿诗玛」及「红梅」等牌号已评为优质产品。集团亦透过其持有12.5%权益之「玉溪环球彩印纸盒有限公司」从事印刷及销售香烟包装纸袋及纸盒,以及透过附属公司「云南云玉经济技术咨询有限公司」在中国为企业提供经济及科技咨询服务。此外,集团透过收购「云南盟生药业有限公司」之55%权益、「深圳新鹏生物工程有限公司」之48%权益及「上海松力生物技术有限公司」之25%权益,将业务扩展至生物科技范畴。

主要股东

香港南浩投资有限公司	51.78%
天大集团有限公司	9.35%

基本资料

公司名称	云南实业控股有限公司	证券面值	0.1000(HKD)
所属行业	保健护理用品	交易单位	2000(股)
法定股本	200,000,000(HKD)	上市日期	1992-03-30
普通股	935,059,080股	港股数量	935,059,080股
优先股	--	港股市值	701,294,310(HKD)
所属概念	红筹股	所属板块	主板

最近派息

本次派息	--()/股	上次派息	--()/股
除净日期	--	除净日期	--
派发日期	--	派发日期	--
盈利区间	--	盈利区间	--

财务指标

(货币单位:HKD/元)

	2007-03-31	2006-03-31	增长率(%)	2005-03-31
每股收益	-0.0786	0.0086	-1,015.02	-0.0013
每股派息	--	--	--	--
每股净资产	0.3489	0.4190	-16.72	0.4005
经营利润率(%)	--	31.11	--	-3.91
股东权益回报率(%)	-20.46	2.10	-1,075.48	-0.32
总资产回报率(%)	-18.26	1.92	-1,051.76	-0.30
负债/股东权益(%)	--	--	--	--
流动比率(倍)	13.34	13.18	1.28	20.65
派息率(%)	--	--	--	--

注:"增长率"是指最近一期年报相对上年同期的同比增长率

报表摘要

(货币单位:HKD/千元)

	2007-03-31	2006-03-31	增长率(%)	2005-03-31
销售收入	19,970	15,208	31.31	10,113
营运溢利	--	4,731	--	-396
非营运溢利	--	1,805	--	555
股东应占溢利	-39,811	4,355	-1,014.14	-654
资产总计	202,350	233,618	-13.38	220,309
负债合计	8,240	7,541	9.27	4,565
股东权益	176,855	212,352	-16.72	202,993

注:"增长率"是指最近一期年报相对上年同期的同比增长率

中国食品有限公司(代码:0506)

公司简介

集团为「中国粮油食品进出口(集团)有限公司」(「中粮集团」)在食品业务方面之上市旗舰。集团为中国最具领导地位之粮油食品加工生产商,其主要业务包括五项核心食品相关业务:(1)榨取、提炼及买卖食用油、豆粕及相关产品;(2)酒类 - 制造、销售及买卖葡萄酒及其它相关饮料;(3)糖果 - 生产及分销巧克力及其它相关产品;(4)食品、动物饲料、农产品及水生产品之贸易;以及(5)面粉制造。

主要股东

Wide Smart Holdings Limited	68.87%
COFCO (BVI) No. 108 Limited	5.02%
中国粮油食品集团(香港)有限公司	0.36%

基本资料

公司名称	中国食品有限公司	证券面值	0.1000(HKD)
所属行业	食物饮品	交易单位	2000(股)
法定股本	400,000,000(HKD)	上市日期	1988-10-07
普通股	2,791,383,356股	港股数量	2,791,383,356股
优先股	--	港股市值	12,421,655,934(HKD)
所属概念	红筹股	所属板块	主板

最近派息

本次派息	0.0450(HKD)/股	上次派息	0.0435(HKD)/股
除净日期	2006-09-07	除净日期	2006-05-17
派发日期	2006-09-29	派发日期	2006-06-30
盈利区间	2006-01-01 ~2006-06-30	盈利区间	2005-01-01 ~2005-12-31

财务指标

(货币单位:HKD/元)

	2006-12-31	2005-12-31	增长率(%)	2004-12-31
每股收益	0.3728	0.2440	52.79	0.1710
每股派息	0.0500	0.0900	-44.44	0.0700
每股净资产	3.4945	2.6650	31.13	2.4546
经营利润率(%)	--	3.89	--	3.04
股东权益回报率(%)	13.71	9.54	43.77	7.12
总资产回报率(%)	5.98	4.20	42.29	3.20
负债/股东权益(%)	--	--	--	--
流动比率(倍)	1.39	1.16	19.74	1.29
派息率(%)	12.07	35.66	-66.15	38.01

注:"增长率"是指最近一期年报相对上年同期的同比增长率

报表摘要

(货币单位:HKD/千元)

	2006-12-31	2005-12-31	增长率(%)	2004-12-31
销售收入	24,392,113	17,587,574	38.69	16,792,623
营运溢利	--	684,087	--	509,675
非营运溢利	--	-56,581	--	-55,464
股东应占溢利	990,064	429,166	130.69	300,702
资产总计	21,798,297	11,299,108	92.92	9,115,556
负债合计	10,236,168	5,668,746	80.57	3,862,611
股东权益	9,754,408	4,686,228	108.15	4,312,985

注:"增长率"是指最近一期年报相对上年同期的同比增长率

中远国际控股有限公司(代码:0517)

公司简介

公司及其附属公司的核心业务是船舶服务业,包括船舶贸易代理、船舶保险顾问、船舶设备、备件及通导设备销售,以及涂料生产及销售,其它业务包括物业投资等。公司及其附属公司(「中远集团」)是以航运和物流为主业的多元化经营跨国企业集团,致力为全球客户提供航运、物流及其它与船舶有关的优质服务。过去数年来,中远国际在中远(集团)总公司的支持下,以船舶服务业作为核心业务的策略定位,取得了飞跃式的发展。目前,本公司已构建起包括船舶贸易代理、船舶保险顾问、船舶设备及备件、通讯导航设备销售,以及涂料生产及销售等服务的供应平台,作为日后发展的重要基础。

主要股东

True Smart International Limited	56.86%

基本资料

公司名称	中远国际控股有限公司	证券面值	0.1000(HKD)
所属行业	运输	交易单位	2000(股)
法定股本	300,000,000(HKD)	上市日期	1992-02-11
普通股	1,458,480,000股	港股数量	1,458,480,000股
优先股	--	港股市值	7,292,400,000(HKD)
所属概念	红筹股	所属板块	主板

最近派息

本次派息	0.0100(HKD)/股	上次派息	0.0430(HKD)/股
除净日期	2007-10-17	除净日期	2007-05-21
派发日期	2007-11-02	派发日期	2007-06-12
盈利区间	2007-01-01 ~2007-06-30	盈利区间	2006-01-01 ~2006-12-31

财务指标

(货币单位:HKD/元)

	2006-12-31	2005-12-31	增长率(%)	2004-12-31
每股收益	0.4290	0.3504	22.43	0.1554
每股派息	0.0500	0.0500	0.00	0.0300
每股净资产	1.5176	1.1234	35.10	0.7899
经营利润率(%)	25.71	33.54	-23.34	18.72
股东权益回报率(%)	32.50	36.63	-11.28	21.87
总资产回报率(%)	19.25	17.44	10.41	8.21
负债/股东权益(%)	--	--	--	--
流动比率(倍)	1.86	2.57	-27.70	1.77
派息率(%)	12.35	12.84	-3.80	16.09

注:"增长率"是指最近一期年报相对上年同期的同比增长率

报表摘要

(货币单位:HKD/千元)

	2006-12-31	2005-12-31	增长率(%)	2004-12-31
销售收入	1,866,465	1,510,676	23.55	1,688,374
营运溢利	479,927	506,677	-5.28	316,041
非营运溢利	197,228	44,364	344.57	15,225
股东应占溢利	616,589	496,463	24.20	219,158
资产总计	3,693,025	2,711,687	36.19	2,982,076
负债合计	1,245,025	924,650	34.65	1,675,862
股东权益	2,201,300	1,593,184	38.17	1,117,319

注:"增长率"是指最近一期年报相对上年同期的同比增长率

首长科技集团有限公司(代码:0521)

公司简介

公司经过二十多年的拓展,现已成为由三大核心业务组成的高科技实业集团:以 IC 设计、光掩膜生产制造为主的集成电路业务;以数字电视机顶盒、数码相机等电子产品生产制造为主的科技产品制造业务;以数字电视运营、智能楼宇、智能交通系统集成等为主的高科技增值服务业务。首长科技是首长系在香港的上市公司,主要股东为首钢控股(香港)有限公司及长江实业(集团)有限公司,均为香港的大型投资企业,实力雄厚,闻名于世界各地。集团拥有 9 家实力雄厚的附属公司及共同控制公司,在各自所处的行业内誉冠同侪。集团在香港拥有 10 万平方呎的光掩膜生产基地,在中国大陆拥有占地 100 多亩、80 多万平方呎的综合工业城。集团员工总数逾四千人,连同共同控制公司总资产达港币 15 亿元,年销售额逾 20 亿元。

主要股东

Mega Start Limited	17.17%
Asset Resort Holdings Limited	13.20%
Wheeling Holdings Limited	9.69%
Max Same Investment Limited	6.14%
长江实业(集团)有限公司	0.93%

基本资料

公司名称	首长科技集团有限公司	证券面值	0.2500(HKD)
所属行业	工业制品业	交易单位	2000(股)
法定股本	1,000,000,000(HKD)	上市日期	1988-12-23
普通股	1,887,786,989 股	港股数量	1,887,786,989 股
优先股	--	港股市值	1,831,153,379(HKD)
所属概念	红筹股	所属板块	主板

最近派息

本次派息	--()/股	上次派息	--()/股
除净日期	--	除净日期	--
派发日期	--	派发日期	--
盈利区间	--	盈利区间	--

财务指标

(货币单位:HKD/元)

	2006-12-31	2005-12-31	增长率(%)	2004-12-31
每股收益	-0.0512	-0.2161	76.31	-0.0784
每股派息	--	--	--	--
每股净资产	0.3606	0.3906	-7.67	0.5922
经营利润率(%)	--	-62.58	--	-28.60
股东权益回报率(%)	-15.00	-43.97	65.89	-12.44
总资产回报率(%)	-7.57	-26.33	71.24	-8.37
负债/股东权益(%)	--	--	--	--
流动比率(倍)	1.05	0.96	9.41	1.20
派息率(%)	--	--	--	--

注:"增长率"是指最近一期年报相对上年同期的同比增长率

报表摘要

(货币单位:HKD/千元)

	2006-12-31	2005-12-31	增长率(%)	2004-12-31
销售收入	624,388	426,676	46.34	436,532
营运溢利	--	-267,026	--	-124,852
非营运溢利	--	11,156	--	32,980
股东应占溢利	-81,509	-259,075	68.54	-94,019
资产总计	1,268,438	884,047	43.48	1,083,578
负债合计	591,046	405,163	45.88	364,180
股东权益	618,650	468,329	32.10	710,023

注:"增长率"是指最近一期年报相对上年同期的同比增长率

珠江船务发展有限公司(代码:0560)

公司简介

该集团提供珠江三角洲港口与香港之间多类型之内河货物运输服务,为内河货物运输业内最具优势之企业。集团之核心业务包括(1)船舶代理、内河货物直接装运及转运;(2)码头货物处理、货物并装及仓贮服务;(3)货柜拖运;及(4)收费公路之策略性投资。

主要股东

珠江船务企业	62.50%

基本资料

公司名称	珠江船务发展有限公司	证券面值	0.1000(HKD)
所属行业	运输	交易单位	2000(股)
法定股本	200,000,000(HKD)	上市日期	1997-05-23
普通股	900,000,000 股	港股数量	900,000,000 股
优先股	--	港股市值	1,350,000,000(HKD)
所属概念	红筹股	所属板块	主板

最近派息

本次派息	0.0100(HKD)/股	上次派息	0.0100(HKD)/股
除净日期	2007-10-12	除净日期	2007-10-12
派发日期	2007-10-30	派发日期	2007-10-30
盈利区间	2007-01-01 ~2007-06-30	盈利区间	2007-01-01 ~2007-06-30

财务指标

(货币单位:HKD/元)

	2006-12-31	2005-12-31	增长率(%)	2004-12-31
每股收益	0.1615	0.1201	34.47	0.1120
每股派息	0.0600	0.0500	20.00	0.0300
每股净资产	1.6158	1.4807	9.12	1.3588
经营利润率(%)	5.94	7.29	-18.53	8.08
股东权益回报率(%)	10.43	8.46	23.34	8.49
总资产回报率(%)	8.85	7.11	24.51	7.13
负债/股东权益(%)	--	--	--	--
流动比率(倍)	2.50	2.62	-4.68	1.91
派息率(%)	37.15	41.63	-10.76	26.79

注:"增长率"是指最近一期年报相对上年同期的同比增长率

报表摘要

(货币单位:HKD/千元)

	2006-12-31	2005-12-31	增长率(%)	2004-12-31
销售收入	780,590	625,421	24.81	614,022
营运溢利	46,369	45,601	1.68	49,582
非营运溢利	82,355	51,284	60.59	52,127
股东应占溢利	121,148	90,072	34.50	83,670
资产总计	1,434,832	1,301,447	10.25	1,231,581
负债合计	220,796	188,681	17.02	209,206
股东权益	1,211,834	1,110,502	9.12	1,019,074

注:"增长率"是指最近一期年报相对上年同期的同比增长率

荣山国际有限公司(代码:0570)

公司简介

公司之主要业务为投资控股。由于公司于二零零六年十月收购佛山德众药业有限公司及佛山冯了性药业有限公司各自之51%股本权益并于二零零六年十二月出售佛山市沙口发电厂有限公司之80%股本权益后,公司之附属公司的主要业务则由在中华人民共和国(「中国」)发电及电力销售转为于中国生产中药和药品及其销售。

主要股东

兴兆投资集团有限公司	37.92%
叶少珍	34.93%

基本资料

公司名称	荣山国际有限公司	证券面值	0.1000(HKD)
所属行业	公用事业	交易单位	2000(股)
法定股本	300,000,000(HKD)	上市日期	1993-04-07
普通股	830,674,000 股	港股数量	830,674,000 股
优先股	--	港股市值	315,656,120(HKD)
所属概念	红筹股	所属板块	主板

最近派息

本次派息	0.0150(HKD)/股	上次派息	0.0180(HKD)/股
除净日期	2004-05-14	除净日期	2003-05-19
派发日期	2004-06-11	派发日期	2003-06-27
盈利区间	2003-01-01 ~2003-12-31	盈利区间	2002-01-01 ~2002-12-31

财务指标

(货币单位:HKD/元)

	2006-12-31	2005-12-31	增长率(%)	2004-12-31
每股收益	-0.4064	-0.9186	55.76	-0.0673
每股派息	--	--	--	--
每股净资产	0.3533	0.7838	-54.93	1.6775
经营利润率(%)	0.44	-97.91	100.44	-6.35
股东权益回报率(%)	-71.49	-74.64	4.23	-3.92
总资产回报率(%)	-34.03	-43.41	21.61	-2.54
负债/股东权益(%)	--	--	--	--
流动比率(倍)	1.71	1.58	8.40	1.64
派息率(%)	--	--	--	--

注:"增长率"是指最近一期年报相对上年同期的同比增长率

报表摘要

(货币单位:HKD/千元)

	2006-12-31	2005-12-31	增长率(%)	2004-12-31
销售收入	109,627	824,038	-86.70	740,724
营运溢利	477	-806,803	100.06	-47,032
非营运溢利	-6,358	-18,555	65.73	-20,892
股东应占溢利	-337,401	-762,579	55.76	-55,857
资产总计	611,476	1,371,327	-55.41	2,141,858
负债合计	160,706	561,668	-71.39	547,773
股东权益	293,258	650,685	-54.93	1,392,535

注:"增长率"是指最近一期年报相对上年同期的同比增长率

华润微电子有限公司(代码:0597)

公司简介

华润微电子有限公司是注册成立于开曼群岛的有限公司。华润上华于二零零四年八月在香港联合交易所主板上市。华润上华及其附属公司("集团")于一九九七年在中国开创开放式晶圆代工模式之先河,目前在中国拥有并经营国内首家开放式晶圆代工厂,该厂以营运能力计为国内最大型开放式晶圆代工厂之一。集团晶圆厂位于江苏省无锡市及北京市。集团目前针对采用3.0至0.35微米制程技术的6英吋晶圆市场,为集成电路设计公司提供消费类电子产品、通讯及计算机等应用程序的晶圆制造服务。同时,集团以自身的产能配合国际集成设备制造商(IDM),为其提供晶圆制造服务。集团的制程技术包括CMOS逻辑、数模混合信号、高压、非易失存内存、电可擦除可编程只读存储器及DMOS。数模混合信号IC及DMOS被广泛应用于电源管理应用程序及分立器件。集团亦协助客户安排上游IC设计服务,以及下游测试及封装服务。

主要股东

华润励致有限公司	47.34%
Faithway Resources Limited	25.31%

基本资料

公司名称	华润微电子有限公司	证券面值	0.1000(HKD)
所属行业	半导体	交易单位	5000(股)
法定股本	1,000,000,000(HKD)	上市日期	2004-08-13
普通股	2,732,264,000 股	港股数量	2,732,264,000 股
优先股	--	港股市值	983,615,040(HKD)
所属概念	红筹股	所属板块	主板

最近派息

本次派息	0.0006(USD)/股	上次派息	--()/股
除净日期	2005-04-18	除净日期	--
派发日期	2005-06-15	派发日期	--
盈利区间	2004-01-01 ~2004-12-31	盈利区间	--

财务指标

(货币单位:USD/元)

	2006-12-31	2005-12-31	增长率(%)	2004-12-31
每股收益	0.0024	-0.0026	192.31	0.0056
每股派息	--	--	--	--
每股净资产	0.0628	0.0586	7.07	0.0613
经营利润率(%)	9.34	-7.16	230.48	17.19
股东权益回报率(%)	3.88	-4.31	190.00	8.87
总资产回报率(%)	2.67	-3.23	182.45	6.75
负债/股东权益(%)	--	--	--	--
流动比率(倍)	1.05	1.09	-3.63	1.54
派息率(%)	--	--	--	10.71

注:"增长率"是指最近一期年报相对上年同期的同比增长率

报表摘要

(货币单位:USD/千元)

	2006-12-31	2005-12-31	增长率(%)	2004-12-31
销售收入	114,302	78,099	46.36	79,860
营运溢利	10,679	-5,592	290.97	13,729
非营运溢利	-3,192	-1,616	-97.52	-992
股东应占溢利	6,366	-6,842	193.04	11,342
资产总计	253,280	224,150	13.00	198,944
负债合计	82,145	67,146	22.34	38,531
股东权益	171,135	157,004	9.00	160,413

注:"增长率"是指最近一期年报相对上年同期的同比增长率

深圳控股有限公司(代码:0604)

公司简介

集团之主要业务包括:(1)主要在深圳物业发展及投资;(2)主要在深圳及广东省提供运输服务;(3)基建投资;(4)信息科技 - 包括提供有线电视服务、于深圳投资开发深圳城市生活电子便利站及其它电子商贸业务(例如:深圳风采福利彩票投注和网上机票订购);(5)于深圳的物流业务;及(6)投资于深圳雷天动力电池股份有限公司的新型环保锂离子动力电池之高科技项目。

主要股东

深业(集团)有限公司	48.89%
JPMorgan Chase & Co.	5.75%

基本资料

公司名称	深圳控股有限公司	证券面值	0.0500(HKD)
所属行业	地产	交易单位	2000(股)
法定股本	250,000,000(HKD)	上市日期	1997-03-07
普通股	3,184,988,090股	港股数量	3,184,988,090股
优先股	--	港股市值	10,733,409,863(HKD)
所属概念	红筹股	所属板块	主板

最近派息

本次派息	0.0800(HKD)/股	上次派息	0.0854(HKD)/股
除净日期	2007-10-11	除净日期	2007-05-11
派发日期	2007-10-25	派发日期	2007-07-04
盈利区间	2007-01-01 ~2007-06-30	盈利区间	2006-01-01 ~2006-12-31

财务指标

(货币单位:HKD/元)

	2006-12-31	2005-12-31	增长率(%)	2004-12-31
每股收益	0.3159	0.2152	46.79	0.1429
每股派息	0.2300	0.1300	76.92	0.0500
每股净资产	2.2834	1.9306	18.28	1.4956
经营利润率(%)	--	31.04	--	18.68
股东权益回报率(%)	14.31	12.57	13.85	10.02
总资产回报率(%)	5.32	4.57	16.52	3.36
负债/股东权益(%)	--	--	--	--
流动比率(倍)	1.39	1.31	5.72	1.43
派息率(%)	72.78	60.41	20.47	34.99

注:"增长率"是指最近一期年报相对上年同期的同比增长率

报表摘要

(货币单位:HKD/千元)

	2006-12-31	2005-12-31	增长率(%)	2004-12-31
销售收入	2,301,854	3,003,435	-23.36	2,000,131
营运溢利	--	932,162	--	373,537
非营运溢利	--	65,367	--	282,558
股东应占溢利	803,606	534,339	50.39	354,779
资产总计	18,133,942	12,069,375	50.25	11,331,771
负债合计	10,337,166	5,767,477	79.23	6,243,590
股东权益	6,442,516	4,792,516	34.43	3,712,591

注:"增长率"是指最近一期年报相对上年同期的同比增长率

中国粮油控股有限公司(代码:0606)

公司简介

公司是中国一家领先的农产品加工品生产商和供货商。通过五个业务分部,向国内外客户提供多样化的产品,而且大部分业务均处于市场领先地位。公司主要产品和服务类别如下:1.生物燃料和生化 - 生产和销售主要由玉米制成的产品,包括生物燃料产品燃料乙醇;淀粉、甜味剂(主要为麦芽糊精、果葡糖浆和麦芽糖浆)、氨基酸、乳酸和聚乳酸等生化产品及食用酒精、无水乙醇、玉米干酒糟(DDGS)、动物饲料和玉米毛油等副产品;2. 油籽加工 - 生产和销售食用油脂和油籽粕;3.大米贸易及加工 - 国际大米产品贸易和将稻谷加工为蒸谷米、白米及其它大米产品;4.啤酒原料 - 生产和销售酿制啤酒所用的麦芽,以及在中国进行啤酒大麦进口和分销;及5.小麦加工 - 加工小麦及销售小麦面粉和面粉产品。

主要股东

Wide Smart Holdings Limited	53.49%
COFCO (BVI) No. 108 Limited	3.90%
中国粮油食品集团(香港)有限公司	0.28%

基本资料

公司名称	中国粮油控股有限公司	证券面值	0.1000(HKD)
所属行业	食物饮品	交易单位	1000(股)
法定股本	400,000,000(HKD)	上市日期	2007-03-21
普通股	3,593,906,356股	港股数量	3,593,906,356股
优先股	--	港股市值	18,796,130,242(HKD)
所属概念	红筹股	所属板块	主板

最近派息

本次派息	--()/股	上次派息	--()/股
除净日期	--	除净日期	--
派发日期	--	派发日期	--
盈利区间	--	盈利区间	--

财务指标

(货币单位:HKD/元)

	2006-12-31	2005-12-31	增长率(%)	2004-12-31
每股收益	0.2710	0.0910	197.80	0.0470
每股派息	--	--	--	--
每股净资产	--	--	--	--
经营利润率(%)	--	--	--	--
股东权益回报率(%)	18.98	13.35	42.16	7.22
总资产回报率(%)	5.89	2.78	111.70	1.57
负债/股东权益(%)	--	--	--	--
流动比率(倍)	1.26	0.84	50.27	0.84
派息率(%)	--	--	--	--

注:"增长率"是指最近一期年报相对上年同期的同比增长率

报表摘要

(货币单位:HKD/千元)

	2006-12-31	2005-12-31	增长率(%)	2004-12-31
销售收入	17,899,323	16,300,431	9.81	16,050,070
营运溢利	--	--	--	--
非营运溢利	--	--	--	--
股东应占溢利	755,416	254,879	196.38	130,724
资产总计	15,461,037	10,200,516	51.57	8,129,718
负债合计	8,371,870	7,304,786	14.61	5,444,394
股东权益	5,968,927	1,992,097	199.63	1,826,276

注:"增长率"是指最近一期年报相对上年同期的同比增长率

方正数码(控股)有限公司(代码:0618)

公司简介

方正数码(控股)有限公司(「方正数码」)(香港联交所编码:618)主要业务为分销信息产品业务及软件业务。分销业务主要为分销信息产品,包括惠普、华为三康、苹果计算机、国际商业机器、美国网件(Netgear)、康普(CommScope)及美国视算计算机(SGI)等多个国际知名品牌的切换器、网络产品、服务器、储存装置、工作站、手提电脑及屏幕投映机。本集团一直努力不懈深入丰富和开拓分销业务之产品,致力与卖方发展更紧密业务关系,加强认识市场状况。本集团相信成功运作主要有赖与上游供货商及下游客户(如第二层分销商及系统集成商)之间的密切联系。分销业务曾获惠普、华为三康等多家上游供货商嘉许,表扬其于中国的分销渠道、覆盖、销售增长及整体优秀表现。

主要股东

方正控股有限公司	33.00%
亮智	20.99%
北京大学教育基金会	8.47%
Ricwinco Investment Limited	6.94%
F2 Consultant Limited	5.51%
Well Drive Holdings Limited	5.50%

基本资料

公司名称	方正数码(控股)有限公司	证券面值	0.1000(HKD)
所属行业	软件服务	交易单位	2000(股)
法定股本	300,000,000(HKD)	上市日期	1991-10-07
普通股	1,100,562,040 股	港股数量	1,100,562,040 股
优先股	--	港股市值	253,129,269(HKD)
所属概念	红筹股	所属板块	主板

最近派息

本次派息	--()/股	上次派息	--()/股
除净日期	--	除净日期	--
派发日期	--	派发日期	--
盈利区间	--	盈利区间	--

财务指标

(货币单位:HKD/元)

	2006-12-31	2005-12-31	增长率(%)	2004-12-31
每股收益	0.0140	0.0240	-41.67	0.0080
每股派息	--	--	--	--
每股净资产	0.2151	0.1952	10.21	0.1684
经营利润率(%)	--	0.93	--	0.42
股东权益回报率(%)	6.61	13.27	-50.18	5.08
总资产回报率(%)	1.76	3.92	-55.02	1.80
负债/股东权益(%)	--	--	--	--
流动比率(倍)	1.30	1.30	-0.59	1.41
派息率(%)	--	--	--	--

注:"增长率"是指最近一期年报相对上年同期的同比增长率

报表摘要

(货币单位:HKD/千元)

	2006-12-31	2005-12-31	增长率(%)	2004-12-31
销售收入	2,314,811	1,900,652	21.79	1,257,550
营运溢利	--	17,582	--	5,293
非营运溢利	--	10,807	--	6,375
股东应占溢利	14,932	26,556	-43.77	9,185
资产总计	899,959	792,139	13.61	561,342
负债合计	663,179	577,291	14.88	376,027
股东权益	236,780	214,848	10.21	185,315

注:"增长率"是指最近一期年报相对上年同期的同比增长率

悦达矿业控股有限公司(代码:0629)

公司简介

公司乃一家投资控股公司,而其附属公司的主要业务为( )提炼、勘探、开采及加工处理锌、铅和铁;及( )管理及营运在中国的公路。主要从事管理及营运中国 204 国道江苏省新阜路段及 106 国道河北省文安路段。204 国道新阜路段为非分隔 4 车道之一级公路,全长约 47.4 公里,而 106 国道文安路段则为分隔 2 车道之一级公路,全长约 28.9 公里。204 国道新阜路段及 106 国道文安路段分别由「盐城通达」及「廊坊通达」管理及营运,「盐城通达」及「廊坊通达」均为集团与当地交通局成立之合营企业,集团分别拥有「盐城通达」及「廊坊通达」之 66.67% 及 51% 权益。

主要股东

悦达集团(香港)有限公司	47.61%
飞龙控股有限公司	11.75%
Keywise Capital Management (HK) Limited	9.09%
Keywise Greater China Opportunities Master Fund	5.90%
瑞士银行	5.79%

基本资料

公司名称	悦达矿业控股有限公司	证券面值	0.1000(HKD)
所属行业	采矿	交易单位	1000(股)
法定股本	200,000,000(HKD)	上市日期	2001-11-29
普通股	303,991,333 股	港股数量	303,991,333 股
优先股	--	港股市值	1,562,515,452(HKD)
所属概念	红筹股	所属板块	主板

最近派息

本次派息	0.0200(HKD)/股	上次派息	0.0200(HKD)/股
除净日期	2005-05-19	除净日期	2004-05-07
派发日期	2005-06-30	派发日期	2004-06-30
盈利区间	2004-01-01 ~2004-12-31	盈利区间	2003-01-01 ~2003-12-31

财务指标

(货币单位:CNY/元)

	2006-12-31	2005-12-31	增长率(%)	2004-12-31
每股收益	0.0490	0.0970	-49.48	0.0690
每股派息	--	--	--	0.0200
每股净资产	1.9300	1.6273	18.60	1.5068
经营利润率(%)	--	34.48	--	25.98
股东权益回报率(%)	2.56	6.21	-58.79	4.66
总资产回报率(%)	1.16	3.92	-70.46	2.80
负债/股东权益(%)	--	--	--	--
流动比率(倍)	1.02	7.04	-85.55	3.51
派息率(%)	--	--	--	--

注:"增长率"是指最近一期年报相对上年同期的同比增长率

报表摘要

(货币单位:CNY/千元)

	2006-12-31	2005-12-31	增长率(%)	2004-12-31
销售收入	184,628	102,392	80.31	98,092
营运溢利	--	35,305	--	25,480
非营运溢利	--	-3,399	--	-2,580
股东应占溢利	10,332	19,464	-46.92	13,805
资产总计	1,288,631	493,638	161.05	498,189
负债合计	446,598	66,958	566.98	102,778
股东权益	482,031	325,466	48.10	301,352

注:"增长率"是指最近一期年报相对上年同期的同比增长率

中国海外发展有限公司(代码:0688)

公司简介

中国海外发展是中国最大建筑联合企业－中国建筑工程总公司在香港的控股子公司。自成立以来,凭借锐意进取的精神和科学严谨的管理,一直致力于专业化与规模化发展。核心业务为房地产开发和销售,在北京、上海、广州、深圳、成都、长春、南京、西安、中山、佛山、苏州、宁波、重庆、杭州、香港、澳门等16个城市和地区成功投资开发了众多畅销的精品楼盘。此外,本公司还涉及与地产有关的物业投资、物业管理、建筑设计业务,及以管理、发展路桥为主的基建业务等。截至2006年12月31日,本公司实现109亿港元营业额及股东摊占溢利23.7亿港元。至2006年年底,中国海外在内地、香港和澳门共16个城市或地区拥有土地储备超过1,500万平方米,可满足未来四至五年保持盈利每年20%以上增长的开发需要。

主要股东

中国海外集团有限公司	50.71%
J. P. Morgan Chase & Co.	6.69%

基本资料

公司名称	中国海外发展有限公司	证券面值	0.1000(HKD)
所属行业	地产	交易单位	2000(股)
法定股本	1,000,000,000(HKD)	上市日期	1992－08－20
普通股	7,289,720,000股	港股数量	7,289,720,000股
优先股	－－	港股市值	98,702,808,800(HKD)
所属概念	红筹股	所属板块	主板

最近派息

本次派息	0.0500(HKD)/股	上次派息	0.0600(HKD)/股
除净日期	2007－09－17	除净日期	2007－05－28
派发日期	2007－10－03	派发日期	
盈利区间	2007－01－01 ～2007－06－30	盈利区间	2006－01－01 ～2006－12－31

财务指标

(货币单位:HKD/元)

	2006－12－31	2005－12－31	增长率(%)	2004－12－31
每股收益	0.3550	0.2400	47.92	0.1711
每股派息	0.1000	0.0700	42.86	0.0600
每股净资产	2.2052	1.7322	27.30	1.6374
经营利润率(%)	28.52	32.40	－12.00	17.68
股东权益回报率(%)	17.87	14.27	25.26	11.61
总资产回报率(%)	7.77	6.24	24.51	5.30
负债/股东权益(%)	－－	－－	－－	－－
流动比率(倍)	2.60	2.55	2.20	1.41
派息率(%)	28.17	29.17	－3.42	35.07

注:"增长率"是指最近一期年报相对上年同期的同比增长率

报表摘要

(货币单位:HKD/千元)

	2006－12－31	2005－12－31	增长率(%)	2004－12－31
销售收入	10,910,234	6,971,346	56.50	8,624,475
营运溢利	3,111,364	2,259,048	37.73	1,524,896
非营运溢利	65,255	－210,790	130.96	－150,714
股东应占溢利	2,370,750	1,534,684	54.48	1,075,070
资产总计	35,853,621	25,141,940	42.60	24,021,353
负债合计	20,964,212	14,361,694	45.97	13,589,621
股东权益	15,449,445	11,082,625	39.40	10,431,732

注:"增长率"是指最近一期年报相对上年同期的同比增长率

首长国际企业有限公司(代码:0697)

公司简介

集团之主要业务为从事(1)钢材产品贸易以及制造及安装厨房及洗衣房设备 － 透过「首长钢铁集团」经营;(2)制造及销售钢材产品以及发电业务 － 透过「超群集团」经营;(3)制造及销售金属产品以及销售、铜与黄铜材料加工及贸易 － 透过在香港上市之「首长宝佳集团有限公司」经营;以及(4)船务及运输业务 － 透过「首长航运集团」经营。公司二零零七年首六个月之股东应占溢利净额为港币464.7百万元1,对比去年同期增长约4.5倍,其中钢材产品制造及销售上半年业绩优异,盈利增长达5.1倍。每股基本盈利为港币7.9仙,去年同期为港币1.5仙。集团二零零七年上半年录得营业额港币4,882.6百万元1,则较去年同期增长约1.2倍。

主要股东

China Gate Investments Limited	25.21%
Grand Invest International Limited	14.31%
Carlo Tassara International S. A.	9.38%
Max Same Investment Limited	6.97%
Argepa S. A.	5.93%
长江实业(集团)有限公司	0.53%

基本资料

公司名称	首长国际企业有限公司	证券面值	0.2000(HKD)
所属行业	金属	交易单位	2000(股)
法定股本	2,000,000,000(HKD)	上市日期	1991－04－30
普通股	6,875,857,214股	港股数量	6,875,857,214股
优先股	－－	港股市值	13,407,921,567(HKD)
所属概念	红筹股	所属板块	主板

最近派息

本次派息	0.0210(HKD)/股	上次派息	0.0060(HKD)/股
除净日期	2007－06－01	除净日期	2006－05－23
派发日期	2007－06－15	派发日期	2006－06－23
盈利区间	2006－01－01 ～2006－12－31	盈利区间	2005－01－01 ～2005－12－31

财务指标

(货币单位:HKD/元)

	2006－12－31	2005－12－31	增长率(%)	2004－12－31
每股收益	0.0390	0.0650	－40.00	0.0750
每股派息	0.0200	0.0100	100.00	－－
每股净资产	0.5020	0.4512	11.25	0.3616
经营利润率(%)	－－	5.68	－－	10.08
股东权益回报率(%)	8.57	15.63	－45.15	25.40
总资产回报率(%)	2.37	6.00	－60.51	11.87
负债/股东权益(%)	－－	－－	－－	－－
流动比率(倍)	0.57	0.50	13.00	1.65
派息率(%)	53.85	9.23	483.33	－－

注:"增长率"是指最近一期年报相对上年同期的同比增长率

报表摘要

(货币单位:HKD/千元)

	2006－12－31	2005－12－31	增长率(%)	2004－12－31
销售收入	6,467,487	4,569,979	41.52	3,289,551
营运溢利	－－	259,664	－－	331,640
非营运溢利	－－	94,649	－－	50,322
股东应占溢利	221,618	305,032	－27.35	279,235
资产总计	11,259,460	7,448,001	51.17	2,720,379
负债合计	7,997,432	4,963,760	61.12	847,439
股东权益	2,943,594	2,226,334	32.22	1,676,673

注:"增长率"是指最近一期年报相对上年同期的同比增长率

首长四方(集团)有限公司(代码:0730)

公司简介

集团之主要业务为于香港从事物业投资及管理;透过合营公司「北京东直门国际公寓有限公司」在中国从事物业发展及投资;以及透过上市联营公司「首长科技集团有限公司」从事制造及销售电话配件、电源线、变压器、电子产品、印刷电路版及高度精密金属部件。

主要股东

Wheeling Holdings Limited	37.53%
Max Same Investment Limited	7.98%
长江实业(集团)有限公司	3.62%
首钢控股(香港)有限公司	3.07%

基本资料

公司名称	首长四方(集团)有限公司	证券面值	0.0100(HKD)
所属行业	传媒印刷	交易单位	1000(股)
法定股本	20,000,000(HKD)	上市日期	1991-08-08
普通股	1,147,062,469 股	港股数量	1,147,062,469 股
优先股	--	港股市值	825,884,978(HKD)
所属概念	红筹股	所属板块	主板

最近派息

本次派息	--()/股	上次派息	--()/股
除净日期	--	除净日期	--
派发日期	--	派发日期	--
盈利区间	--	盈利区间	--

财务指标

(货币单位:HKD/元)

	2006-12-31	2005-12-31	增长率(%)	2004-12-31
每股收益	-0.0134	-0.2857	95.31	0.0892
每股派息	--	--	--	--
每股净资产	0.1865	0.1852	0.70	0.3645
经营利润率(%)	--	-234.93	--	-59.03
股东权益回报率(%)	-7.20	-114.60	93.72	16.95
总资产回报率(%)	-3.31	-68.92	95.20	13.63
负债/股东权益(%)	--	--	--	--
流动比率(倍)	1.85	0.72	155.89	10.27
派息率(%)	--	--	--	--

注:"增长率"是指最近一期年报相对上年同期的同比增长率

报表摘要

(货币单位:HKD/千元)

	2006-12-31	2005-12-31	增长率(%)	2004-12-31
销售收入	76,991	45,811	68.06	14,386
营运溢利	--	-107,626	--	-8,492
非营运溢利	--	-210,629	--	86,570
股东应占溢利	-15,204	-316,796	95.20	82,583
资产总计	457,164	461,840	-1.01	457,516
负债合计	235,601	247,289	-4.73	113,738
股东权益	212,010	210,543	0.70	342,344

注:"增长率"是指最近一期年报相对上年同期的同比增长率

中国联通股份有限公司(代码:0762)

公司简介

公司于二零零零年二月在香港特别行政区注册成立。公司于二零零零年六月二十一日和二十二日分别在纽约证券交易所和香港联合交易所挂牌上市。二零零一年六月一日,公司股份被纳入恒生指数成份股。公司的主要股东是中国联合通信有限公司。截至二零零六年十二月三十一日止,联通集团通过中国联通(BVI)有限公司和中国联合通信股份有限公司共间接持有本公司52.60%的股份;上海A股市场公众人士间接持有本公司24.09%的股份;本公司余下的23.31%股份则由香港、纽约股票市场公众人士持有。目前,本公司通过中国联通有限公司经营中国三十省、市、自治区的移动通信(GSM及CDMA)业务、全国范围的国际国内长途通信、数据通信和互联网业务,以及其它相关电信增值业务。在移动通信方面,公司是中国内地两家移动通信运营商之一。截至二零零六年十二月三十一日止,公司的GSM和CDMA移动电话用户已达到14,236.6万户,按用户数计,为全球第三大移动运营商;本公司的CDMA移动电话用户已达到3,649.3万户,按用户数计,为全球第二大CDMA运营商。

主要股东

中国联通(BVI)有限公司	76.53%

基本资料

公司名称	中国联通股份有限公司	证券面值	0.1000(HKD)
所属行业	电讯业	交易单位	2000(股)
法定股本	3,000,000,000(HKD)	上市日期	2000-06-22
普通股	12,707,789,000 股	港股数量	12,707,789,000 股
优先股	--	港股市值	225,436,176,860(HKD)
所属概念	红筹股	所属板块	主板

最近派息

本次派息	0.1800(CNY)/股	上次派息	0.1100(CNY)/股
除净日期	2007-05-07	除净日期	2006-05-08
派发日期	2007-06-08	派发日期	2006-06-08
盈利区间	2006-01-01 ~2006-12-31	盈利区间	2005-01-01 ~2005-12-31

财务指标

(货币单位:CNY/元)

	2006-12-31	2005-12-31	增长率(%)	2004-12-31
每股收益	0.2960	0.3920	-24.49	0.3490
每股派息	0.1800	0.1100	63.64	0.1000
每股净资产	6.2620	6.0667	3.22	5.7954
经营利润率(%)	9.43	9.42	0.10	10.03
股东权益回报率(%)	4.79	6.61	-27.53	6.16
总资产回报率(%)	2.58	3.42	-24.53	2.97
负债/股东权益(%)	--	--	--	--
流动比率(倍)	0.41	0.30	35.23	0.39
派息率(%)	60.81	28.06	116.71	28.65

注:"增长率"是指最近一期年报相对上年同期的同比增长率

报表摘要

(货币单位:CNY/千元)

	2006-12-31	2005-12-31	增长率(%)	2004-12-31
销售收入	94,294,493	87,048,831	8.32	79,331,611
营运溢利	8,892,408	8,201,018	8.43	7,956,145
非营运溢利	-2,396,592	-1,099,321	-118.01	-1,489,521
股东应占溢利	3,731,824	4,931,052	-24.32	4,386,999
资产总计	146,437,986	142,629,989	2.67	145,629,193
负债合计	67,026,328	66,342,910	1.03	72,818,739
股东权益	79,408,817	76,284,345	4.10	72,810,454

注:"增长率"是指最近一期年报相对上年同期的同比增长率

王朝酒业集团有限公司(代码:0828)

公司简介

王朝是优质葡萄酒生产商,在中国葡萄酒市场具有举足轻重的地位。公司品牌「王朝」获中国国家工商行政管理局定为中国驰名商标。自一九九七年至二零零六年十年内,王朝有九年获得中国行业企业讯息发布中心颁发中国「葡萄酒销量第一证书」。全球首届一指的葡萄酒及烈酒营运商 Remy Cointreau,乃自王朝成立以来的第二大股东,王朝秉承了 Remy Cointreau 的优良酿酒传统及先进技术,由种植葡萄、采收以至每一个酿酒步骤,均以质量为先,对整个生产过程实施严谨的质量控制,以确保公司产品保持高水平的产品质量。公司分别于一九九六年、二零零零年、二零零二年及二零零六年获颁 ISO 9002、ISO 14001、ISO 9001:2000 证书及 HACCP 验证证书,足证公司对产品质量的坚持,得到外界充分的认同。

主要股东

Famous Ever Group Limited	44.82%
人头马亚太有限公司	27.03%
Matthews International Capital Management, LLC	7.01%
The Hamon Investment Group Pte Limited	6.03%

基本资料

公司名称	王朝酒业集团有限公司	证券面值	0.1000(HKD)
所属行业	食物饮品	交易单位	2000(股)
法定股本	300,000,000(HKD)	上市日期	2005-01-26
普通股	1,245,000,000 股	港股数量	1,245,000,000 股
优先股	--	港股市值	2,303,250,000(HKD)
所属概念	红筹股	所属板块	主板

最近派息

本次派息	0.0360(HKD)/股	上次派息	0.0120(HKD)/股
除净日期	2007-10-12	除净日期	2007-05-18
派发日期	2007-11-01	派发日期	2007-06-14
盈利区间	2007-01-01 ~2007-06-30	盈利区间	2006-01-01 ~2006-12-31

财务指标

(货币单位:HKD/元)

	2006-12-31	2005-12-31	增长率(%)	2004-12-31
每股收益	0.0920	0.1470	-37.41	0.2000
每股派息	0.0400	0.0600	-33.33	--
每股净资产	1.1243	1.0491	7.17	--
经营利润率(%)	13.59	24.21	-43.86	27.89
股东权益回报率(%)	8.49	13.70	-38.08	37.46
总资产回报率(%)	7.03	11.24	-37.45	21.58
负债/股东权益(%)	--	--	--	--
流动比率(倍)	5.30	4.98	6.42	1.57
派息率(%)	45.65	38.78	17.73	--

注:"增长率"是指最近一期年报相对上年同期的同比增长率

报表摘要

(货币单位:HKD/千元)

	2006-12-31	2005-12-31	增长率(%)	2004-12-31
销售收入	1,114,145	947,489	17.59	852,907
营运溢利	151,413	229,358	-33.98	237,834
非营运溢利	--	-346	--	-750
股东应占溢利	114,803	178,991	-35.86	175,913
资产总计	1,673,454	1,592,372	5.09	848,728
负债合计	243,556	255,121	-4.53	399,971
股东权益	1,399,800	1,306,144	7.17	445,501

注:"增长率"是指最近一期年报相对上年同期的同比增长率

华润电力控股有限公司(代码:0836)

公司简介

华润电力控股有限公司(CHINA RESOURCES POWER HOLDINGS COMPANY LIMITED)(「华润电力」)成立于二零零一年八月二十七日,法定股本 100 亿港币,是华润(集团)有限公司(「华润集团」)的旗舰附属公司,从事电力投资、建设、经营与管理。华润电力于二零零三年十一月十二日在香港联合交易所有限公司主板上市(股份编号:0836. HK)。

主要股东

华润(集团)有限公司	71.30%

基本资料

公司名称	华润电力控股有限公司	证券面值	1.0000(HKD)
所属行业	公用事业	交易单位	2000(股)
法定股本	10,000,000,000(HKD)	上市日期	2003-11-12
普通股	4,174,926,178 股	港股数量	4,174,926,178 股
优先股	--	港股市值	65,128,848,377(HKD)
所属概念	红筹股	所属板块	主板

最近派息

本次派息	0.0500(HKD)/股	上次派息	0.1400(HKD)/股
除净日期	2007-09-13	除净日期	2007-05-22
派发日期	2007-10-02	派发日期	2007-06-11
盈利区间	2007-01-01 ~2007-06-30	盈利区间	2006-01-01 ~2006-12-31

财务指标

(货币单位:HKD/元)

	2006-12-31	2005-12-31	增长率(%)	2004-12-31
每股收益	0.6199	0.7504	-17.39	0.3434
每股派息	0.1800	0.1900	-5.26	0.0900
每股净资产	3.9896	3.4364	16.10	2.6675
经营利润率(%)	26.21	22.65	15.71	28.62
股东权益回报率(%)	16.67	24.59	-32.21	13.69
总资产回报率(%)	7.11	11.46	-37.96	7.19
负债/股东权益(%)	--	--	--	--
流动比率(倍)	0.67	1.18	-42.96	1.15
派息率(%)	29.04	25.32	14.68	25.04

注:"增长率"是指最近一期年报相对上年同期的同比增长率

报表摘要

(货币单位:HKD/千元)

	2006-12-31	2005-12-31	增长率(%)	2004-12-31
销售收入	9,740,371	5,927,328	64.33	1,898,317
营运溢利	2,552,649	1,342,445	90.15	543,387
非营运溢利	192,449	1,739,669	-88.94	1,328,931
股东应占溢利	2,364,856	2,858,225	-17.26	1,307,856
资产总计	38,038,481	28,456,171	33.67	21,405,810
负债合计	20,903,919	14,541,625	43.75	10,263,749
股东权益	15,284,859	13,092,899	16.74	10,158,173

注:"增长率"是指最近一期年报相对上年同期的同比增长率

神州数码控股有限公司(代码:0861)

公司简介

公司拥有丰富的全球 IT 资源,分销 89 个国际顶尖 IT 厂商的上万种产品,覆盖从个人应用到企业应用的所有领域,拥有遍布全国的渠道网络,渠道数量达到近 10000 余家。连续九年在全国 IT 分销行业市场排名第一, 2005 年神州数码整体分销业务占全国前四家综合分销商的份额超过 50% 。神州数码拥有中国最具影响力的 IT 服务品牌。从 80 年代开始,神州数码 IT 服务业务的前身联想集成就开始为金融、电信、税务等行业用户提供信息技术应用服务。二十多年的实践, 已成为中国政府、金融、电信、制造及教育等许多重要业务领域中的 IT 服务提供商,神州数码的客户遍及中国经济的各条战线。

主要股东

联想控股有限公司	45.94%
Sparkling Investment (BVI) Limited	19.52%
Kosalaki Investments Limited	9.88%
Charmway Trading Limited	8.54%
Fine Elite Management Limited	3.66%

基本资料

公司名称	神州数码控股有限公司	证券面值	0.1000(HKD)
所属行业	资讯科技器材	交易单位	1000(股)
法定股本	200,000,000(HKD)	上市日期	2001-06-01
普通股	963,620,000 股	港股数量	963,620,000 股
优先股	--	港股市值	5,482,997,800(HKD)
所属概念	红筹股	所属板块	主板

最近派息

本次派息	0.0828(HKD)/股	上次派息	0.1000(HKD)/股
除净日期	2007-08-13	除净日期	2006-08-14
派发日期	2007-09-05	派发日期	2006-09-05
盈利区间	2006-04-01 ~2007-03-31	盈利区间	2005-04-01 ~2006-03-31

财务指标

(货币单位:HKD/元)

	2007-03-31	2006-03-31	增长率(%)	2005-03-31
每股收益	0.2392	0.2919	-18.05	0.2444
每股派息	0.0800	0.1000	-20.00	0.0900
每股净资产	2.2440	2.0611	8.87	1.8328
经营利润率(%)	--	1.89	--	1.59
股东权益回报率(%)	11.12	14.97	-25.71	14.29
总资产回报率(%)	3.28	4.70	-30.27	4.71
负债/股东权益(%)	--	--	--	--
流动比率(倍)	1.44	1.25	15.80	1.40
派息率(%)	34.62	34.26	1.04	34.90

注:“增长率”是指最近一期年报相对上年同期的同比增长率

报表摘要

(货币单位:HKD/千元)

	2007-03-31	2006-03-31	增长率(%)	2005-03-31
销售收入	25,418,398	19,864,897	27.96	15,456,902
营运溢利	--	374,986	--	245,578
非营运溢利	--	-105,405	--	-45,526
股东应占溢利	208,429	251,917	-17.26	210,305
资产总计	6,885,060	5,827,364	18.15	4,887,373
负债合计	4,911,814	4,021,496	22.14	3,298,869
股东权益	1,961,353	1,786,859	9.77	1,578,532

注:“增长率”是指最近一期年报相对上年同期的同比增长率

天津发展控股有限公司(代码:0882)

公司简介

天津发展控股有限公司为天津市市政府通过在香港的窗口公司——津联集团有限公司控股的、唯一的综合性海外上市公司。公司于 1997 年 12 月在香港联合交易所上市。公司经营与投资业务有:(1)生产、分销及销售消费品如葡萄酒等饮料;(2)投资、经营基础设施建设包括港口码头、收费公路及燃气供应;(3)生产、分销及销售工业机械包括升降机及扶手电梯;(4)开发房地产;(5)投资、经营生物医药、资讯技术及现代物流;(6)国际性贸易等。

主要股东

天津投资控股有限公司	51.77%
津联创业投资有限公司	0.20%

基本资料

公司名称	天津发展控股有限公司	证券面值	0.1000(HKD)
所属行业	综合企业	交易单位	2000(股)
法定股本	300,000,000(HKD)	上市日期	1997-12-10
普通股	1,067,470,125 股	港股数量	1,067,470,125 股
优先股	--	港股市值	6,746,411,190(HKD)
所属概念	红筹股	所属板块	主板

最近派息

本次派息	0.0540(HKD)/股	上次派息	0.0460(HKD)/股
除净日期	2007-10-11	除净日期	2007-05-18
派发日期	2007-11-09	派发日期	
盈利区间	2007-01-01 ~2007-06-30	盈利区间	2006-01-01 ~2006-12-31

财务指标

(货币单位:HKD/元)

	2006-12-31	2005-12-31	增长率(%)	2004-12-31
每股收益	0.5792	0.6290	-7.92	0.8020
每股派息	0.0900	0.0900	0.00	0.0800
每股净资产	7.0293	6.4144	9.59	5.7402
经营利润率(%)	27.78	29.62	-6.20	46.63
股东权益回报率(%)	8.67	10.36	-16.27	12.24
总资产回报率(%)	4.68	5.71	-17.93	6.13
负债/股东权益(%)	--	--	--	--
流动比率(倍)	2.11	2.83	-25.38	2.60
派息率(%)	15.88	13.67	16.17	9.98

注:“增长率”是指最近一期年报相对上年同期的同比增长率

报表摘要

(货币单位:HKD/千元)

	2006-12-31	2005-12-31	增长率(%)	2004-12-31
销售收入	2,688,457	2,239,102	20.07	2,102,473
营运溢利	746,938	663,193	12.63	980,420
非营运溢利	-43,704	34,702	-225.94	41,505
股东应占溢利	552,751	573,169	-3.56	563,803
资产总计	13,231,526	10,379,680	27.48	9,713,426
负债合计	3,861,097	3,261,043	18.40	3,051,783
股东权益	6,905,889	5,841,310	18.23	5,226,236

注:“增长率”是指最近一期年报相对上年同期的同比增长率

中国海洋石油有限公司(代码:0883)

公司简介

中海油为中国最大之海上石油及天然气生产商,亦为全球最大之独立油气勘探及生产公司之一。中海油之主要业务为从事勘探、开发、生产及销售海上石油及天然气。

主要股东

CNOOC (BVI) Limited	66.40%

基本资料

公司名称	中国海洋石油有限公司	证券面值	0.0200(HKD)
所属行业	石油及天然气	交易单位	1000(股)
法定股本	1,500,000,000(HKD)	上市日期	2001-02-28
普通股	43,347,722,671 股	港股数量	43,347,722,671 股
优先股	--	港股市值	554,850,850,189(HKD)
所属概念	红筹股	所属板块	主板

最近派息

本次派息	0.1300(HKD)/股	上次派息	0.1400(CNY)/股
除净日期	2007-09-12	除净日期	2007-05-16
派发日期	2007-09-28	派发日期	2007-06-07
盈利区间	2007-01-01 ~2007-06-30	盈利区间	2006-01-01 ~2006-12-31

财务指标

(货币单位:CNY/元)

	2006-12-31	2005-12-31	增长率(%)	2004-12-31
每股收益	0.7300	0.6200	17.74	0.3900
每股派息	0.2600	0.2000	30.00	0.1600
每股净资产	2.4873	1.7928	38.74	1.3816
经营利润率(%)	48.40	52.18	-7.24	40.65
股东权益回报率(%)	34.10	38.86	-12.25	31.29
总资产回报率(%)	22.91	24.25	-5.55	19.32
负债/股东权益(%)	--	--	--	--
流动比率(倍)	3.31	3.26	1.37	3.39
派息率(%)	35.62	16.13	120.82	20.51

注:"增长率"是指最近一期年报相对上年同期的同比增长率

报表摘要

(货币单位:CNY/千元)

	2006-12-31	2005-12-31	增长率(%)	2004-12-31
销售收入	88,947,284	69,318,994	28.32	55,077,372
营运溢利	43,054,341	36,171,598	19.03	22,386,175
非营运溢利	1,068,915	129,336	726.46	730,429
股东应占溢利	30,926,943	25,323,122	22.13	16,185,778
资产总计	155,268,016	114,765,064	35.29	94,076,531
负债合计	47,454,143	41,161,967	15.29	37,359,070
股东权益	107,771,928	73,603,097	46.42	56,717,461

注:"增长率"是指最近一期年报相对上年同期的同比增长率

冠捷科技有限公司(代码:0903)

公司简介

公司专注设计及生产多款映像管监视器、液晶显示器及平面电视,在全球显示器市场占领导地位。冠捷于一九九九年十月在香港及新加坡两地同步上市,至今成为全球最大的监视器制造商,在中国市场占有重要地位。以卓越的产品及服务,赢得各大个人计算机品牌的信赖,建立了紧密的合作关系。除原设计制造业务外,集团并推出自家品牌 AOC 及 Envision 。二零零五年九月,收购了 Koninklijike Philips Electronics N. V. (「飞利浦」) 部份显示器及平面电视业务,进一步巩固在业内的领先地位,加快集团的业务发展。在信息科技新世代中,计算机是不可或缺的重要部份。冠捷已准备就绪,为客户设计、发展及生产新颖的显示器。

主要股东

Philips Electronics Hong Kong Limited	13.47%
中国长城计算器深圳股份有限公司	10.23%
Brilliant Way Investment Limited	5.11%

基本资料

公司名称	冠捷科技有限公司	证券面值	0.0100(USD)
所属行业	资讯科技器材	交易单位	2000(股)
法定股本	40,000,000(USD)	上市日期	1999-10-08
普通股	1,954,092,525 股	港股数量	1,954,092,525 股
优先股	--	港股市值	8,930,202,839(HKD)
所属概念	红筹股	所属板块	主板

最近派息

本次派息	0.0080(USD)/股	上次派息	0.0168(USD)/股
除净日期	2007-10-08	除净日期	2007-05-14
派发日期	2007-10-22	派发日期	2007-05-30
盈利区间	2007-01-01 ~2007-06-30	盈利区间	2006-01-01 ~2006-12-31

财务指标

(货币单位:USD/元)

	2006-12-31	2005-12-31	增长率(%)	2004-12-31
每股收益	0.0798	0.0990	-19.39	0.0782
每股派息	0.0200	0.0300	-33.33	0.0200
每股净资产	0.5659	0.4768	18.68	0.2904
经营利润率(%)	2.90	3.32	-12.57	3.31
股东权益回报率(%)	15.53	23.68	-34.44	30.26
总资产回报率(%)	4.96	6.59	-24.69	8.29
负债/股东权益(%)	--	--	--	--
流动比率(倍)	1.42	1.32	7.37	1.44
派息率(%)	31.08	27.47	13.11	26.73

注:"增长率"是指最近一期年报相对上年同期的同比增长率

报表摘要

(货币单位:USD/千元)

	2006-12-31	2005-12-31	增长率(%)	2004-12-31
销售收入	7,176,294	5,053,953	41.99	3,738,182
营运溢利	208,261	167,757	24.14	123,709
非营运溢利	-32,591	-10,294	-216.60	-1,179
股东应占溢利	151,760	149,583	1.46	108,337
资产总计	3,060,856	3,054,224	0.22	1,484,825
负债合计	1,949,483	2,188,659	-10.93	1,077,335
股东权益	1,099,065	855,856	28.42	407,478

注:"增长率"是指最近一期年报相对上年同期的同比增长率

九洲发展有限公司(代码:0908)

公司简介

集团为得到珠海市政府支持而又在香港联合交易所上市之唯一综合企业,主要业务为从事管理度假村、主题公园及一个游乐场,以及在珠海提供港口设施及订票服务。

主要股东

Pioneer Investment Ventures Limited	30.13%
珠海九洲港务集团公司	21.03%

基本资料

公司名称	九洲发展有限公司	证券面值	0.1000(HKD)
所属行业	酒店娱乐	交易单位	2000(股)
法定股本	200,000,000(HKD)	上市日期	1998-05-26
普通股	1,118,600,000 股	港股数量	1,118,600,000 股
优先股	--	港股市值	749,462,000(HKD)
所属概念	红筹股	所属板块	主板

最近派息

本次派息	0.0100(HKD)/股	上次派息	0.0200(HKD)/股
除净日期	2007-05-18	除净日期	2006-10-20
派发日期	2007-06-08	派发日期	2006-11-08
盈利区间	2006-05-01 ~2006-12-31	盈利区间	2005-05-01 ~2006-04-30

财务指标

(货币单位:HKD/元)

	2006-12-31	2006-04-30	增长率(%)	2005-04-30
每股收益	0.0443	0.0435	1.84	0.0241
每股派息	0.0100	0.0500	-80.00	--
每股净资产	0.9942	1.1914	-16.55	1.1808
经营利润率(%)	--	4.98	--	2.37
股东权益回报率(%)	4.24	3.60	17.76	2.04
总资产回报率(%)	3.86	3.27	17.90	1.85
负债/股东权益(%)	--	--	--	--
流动比率(倍)	4.01	5.12	-21.79	3.99
派息率(%)	22.57	114.94	-80.36	--

注:"增长率"是指最近一期年报相对上年同期的同比增长率

报表摘要

(货币单位:HKD/千元)

	2006-12-31	2006-04-30	增长率(%)	2005-04-30
销售收入	189,691	230,707	-17.78	214,689
营运溢利	--	11,484	--	5,090
非营运溢利	--	29,171	--	23,471
股东应占溢利	44,145	34,805	26.84	19,260
资产总计	1,200,153	1,088,171	10.29	1,038,929
负债合计	99,983	84,133	18.84	85,259
股东权益	1,092,625	991,916	10.15	943,436

注:"增长率"是指最近一期年报相对上年同期的同比增长率

中石化冠德控股有限公司(代码:0934)

公司简介

中石化冠德控股有限公司(以下简称"冠德控股公司")于1998年3月在百幕大成立,于1999年6月25日在香港股票联合交易所成功挂牌上市。目前,冠德控股公司总股本为10.3683亿股,其中,冠德国际公司持有7.5亿股,占72.34%,公众持2.8683亿股,占27.66%。冠德国际公司的100%股权由中国石油化工股份有限公司持有。冠德控股公司是一家能源化工公司,下设2个全资子公司:经贸冠德发展有限公司,冠德国际投资有限公司。主要业务有:在中国发展及经营原油接卸、储存及输送设施;石油及石油产品贸易。

主要股东

中石化冠德国际有限公司	72.34%

基本资料

公司名称	中石化冠德控股有限公司	证券面值	0.1000(HKD)
所属行业	石油及天然气	交易单位	2000(股)
法定股本	300,000,000(HKD)	上市日期	1999-06-25
普通股	1,036,830,000 股	港股数量	1,036,830,000 股
优先股	--	港股市值	1,461,930,300(HKD)
所属概念	红筹股	所属板块	主板

最近派息

本次派息	0.0150(HKD)/股	上次派息	0.0200(HKD)/股
除净日期	2007-09-13	除净日期	2007-05-08
派发日期	2007-09-28	派发日期	2007-06-08
盈利区间	2007-01-01 ~2007-06-30	盈利区间	2006-01-01 ~2006-12-31

财务指标

(货币单位:HKD/元)

	2006-12-31	2005-12-31	增长率(%)	2004-12-31
每股收益	0.1513	0.1308	15.67	0.1486
每股派息	0.0400	0.0300	33.33	0.0300
每股净资产	1.6317	1.5964	2.21	1.4570
经营利润率(%)	1.63	1.84	-11.45	3.10
股东权益回报率(%)	9.37	8.56	9.43	10.63
总资产回报率(%)	4.47	5.05	-11.44	6.34
负债/股东权益(%)	--	--	--	--
流动比率(倍)	0.92	1.65	-44.13	1.46
派息率(%)	23.13	22.94	0.86	20.19

注:"增长率"是指最近一期年报相对上年同期的同比增长率

报表摘要

(货币单位:HKD/千元)

	2006-12-31	2005-12-31	增长率(%)	2004-12-31
销售收入	17,038,351	12,150,603	40.23	8,448,877
营运溢利	277,826	223,757	24.16	261,721
非营运溢利	-46,937	-20,601	-127.84	-20,170
股东应占溢利	156,856	135,578	15.69	154,083
资产总计	4,170,818	2,844,389	46.63	2,525,748
负债合计	2,479,015	719,912	244.35	593,274
股东权益	1,691,803	1,655,202	2.21	1,510,687

注:"增长率"是指最近一期年报相对上年同期的同比增长率

中国移动有限公司(代码:0941)

公司简介

中国移动有限公司是中国内地最大的移动通信服务供货商,拥有全球最大的移动通信用户基础和全球最大的一体化连续覆盖全数字网络。主要业务是在中国三十一省、自治区及直辖市提供移动电信及有关服务。

主要股东

中国移动香港(BVI)有限公司	74.44%

基本资料

公司名称	中国移动有限公司	证券面值	0.1000(HKD)
所属行业	电讯业	交易单位	500(股)
法定股本	3,000,000,000(HKD)	上市日期	1997-10-23
普通股	20,003,122,050 股	港股数量	20,003,122,050 股
优先股	--	港股市值	2,212,345,298,730(HKD)
所属概念	红筹股	所属板块	主板

最近派息

本次派息	0.0830(CNY)/股	上次派息	0.8160(CNY)/股
除净日期	2007-09-03	除净日期	2007-09-03
派发日期	2007-09-14	派发日期	2007-09-14
盈利区间	2007-01-01 ~2007-06-30	盈利区间	2007-01-01 ~2007-06-30

财务指标

(货币单位:CNY/元)

	2006-12-31	2005-12-31	增长率(%)	2004-12-31
每股收益	3.3200	2.7100	22.51	2.1400
每股派息	1.5700	1.0600	48.11	0.6900
每股净资产	15.9758	13.7546	16.15	11.8352
经营利润率(%)	31.19	30.32	2.88	31.05
股东权益回报率(%)	22.31	21.17	5.42	19.45
总资产回报率(%)	14.42	13.56	6.34	12.43
负债/股东权益(%)	--	--	--	--
流动比率(倍)	1.22	1.10	10.77	0.82
派息率(%)	47.17	39.11	20.59	32.24

注:"增长率"是指最近一期年报相对上年同期的同比增长率

报表摘要

(货币单位:CNY/千元)

	2006-12-31	2005-12-31	增长率(%)	2004-12-31
销售收入	295,358,000	243,041,000	21.53	192,381,000
营运溢利	92,128,000	73,686,000	25.03	59,734,000
非营运溢利	4,780,000	4,578,000	4.41	1,472,000
股东应占溢利	66,026,000	53,549,000	23.30	42,004,000
资产总计	494,676,000	421,027,000	17.49	368,752,000
负债合计	175,303,000	147,920,000	18.51	135,348,000
股东权益	319,002,000	272,824,000	16.93	233,161,000

注:"增长率"是指最近一期年报相对上年同期的同比增长率

中保国际控股有限公司(代码:0966)

公司简介

控股公司主要负责集团的整体策略计划、整体资本管理及开发以支持各营运公司、投资者关系、信贷评级及分析员关系及遵循在香港上市及其它法律法规之规定。业务范围:再保险业务:主要从事承保各类全球性再保险业务,惟不包括亚洲以外的责任保险业务。人寿保险业务:太平人寿主要从事中国内地的直接人寿保险保单的承保。太平人寿之产品通过个人代理、自 身市场营销团队、经纪行及银行保险进行分销。财产保险业务:财产保险业务由中保国际拥有 40.025% 权益之太平保险有限公司(「太平保险」)经营。太平保 险主要从事中国内地之车险、水险及非水险保单的承保。其它业务:资产管理业务 - 资产管理业务由中保国际全资拥有及于香港注册成立的中保集团资产管理有限公司(「中保 资产管理」)运营。主要集中管理中保国际及中保控股之非人民币基金。保险中介业务 - 保险中介业务由中保国际全资拥有及于香港注册成立的华夏再保险顾问有限公司(「华夏」)运营。华夏主要从事为再保险及保险公司提供经纪服务。华夏之主要市场为香港、澳门、新加坡及 中国内地。

基本资料

公司名称	中保国际控股有限公司	证券面值	0.0500(HKD)
所属行业	保险	交易单位	1000(股)
法定股本	100,000,000(HKD)	上市日期	2000-06-29
普通股	1,412,626,592 股	港股数量	1,412,626,592 股
优先股	--	港股市值	25,201,258,401(HKD)
所属概念	红筹股	所属板块	主板

最近派息

本次派息	0.0120(HKD)/股	上次派息	0.0120(HKD)/股
除净日期	2004-05-06	除净日期	2003-10-14
派发日期	2004-05-21	派发日期	2003-10-24
盈利区间	2003-01-01 ~2003-12-31	盈利区间	2003-01-01 ~2003-06-30

财务指标

(货币单位:HKD/元)

	2006-12-31	2005-12-31	增长率(%)	2004-12-31
每股收益	0.3810	-0.3250	217.23	-0.0170
每股派息	--	--	--	--
每股净资产	2.9712	1.8760	58.38	1.9843
经营利润率(%)	7.82	-5.05	254.86	-1.65
股东权益回报率(%)	15.28	-16.85	190.70	-0.86
总资产回报率(%)	1.52	-1.96	177.21	-0.17
负债/股东权益(%)	--	--	--	--
流动比率(倍)	--	--	--	--
派息率(%)	--	--	--	--

注:"增长率"是指最近一期年报相对上年同期的同比增长率

报表摘要

(货币单位:HKD/千元)

	2006-12-31	2005-12-31	增长率(%)	2004-12-31
销售收入	14,380,284	8,992,981	59.91	7,345,181
营运溢利	1,124,711	-454,199	347.63	-121,545
非营运溢利	-140,114	-177,237	20.95	-119,520
股东应占溢利	510,765	-433,763	217.75	-22,935
资产总计	40,053,667	27,333,781	46.54	16,853,860
负债合计	34,471,026	23,910,536	44.17	13,430,553
股东权益	4,178,319	2,507,158	66.66	2,642,460

注:"增长率"是指最近一期年报相对上年同期的同比增长率

联想集团有限公司(代码:0992)

公司简介

联想集团(「集团」)为全球第三大个人计算机公司,在一百六十多个国家销售计算机产品。集团由联想及其在2005年收购的原IBM个人计算机事业部所组成,在全球开发、制造及销售具创意、可靠、优质和安全易用的科技产品和提供服务。

主要股东

联想控股有限公司	49.21%
International Business Machines Corporation	9.21%

基本资料

公司名称	联想集团有限公司	证券面值	0.0250(HKD)
所属行业	资讯科技器材	交易单位	2000(股)
法定股本	500,000,000(HKD)	上市日期	1994-02-14
普通股	9,328,245,406股	港股数量	9,328,245,406股
优先股	1,774,999股	港股市值	45,615,120,035(HKD)
所属概念	红筹股	所属板块	主板

最近派息

本次派息	0.0300(HKD)/股	上次派息	0.0280(HKD)/股
除净日期	2007-11-15	除净日期	2007-07-12
派发日期	2007-11-30	派发日期	2007-07-27
盈利区间	2007-04-01 ~2007-09-30	盈利区间	2006-04-01 ~2007-03-31

财务指标

(货币单位:USD/元)

	2007-03-31	2006-03-31	增长率(%)	2005-03-31
每股收益	0.0187	0.0197	-5.08	0.1499
每股派息	0.0500	0.0500	0.00	0.0500
每股净资产	0.1275	0.9156	-86.08	0.6963
经营利润率(%)	1.33	1.06	26.42	5.06
股东权益回报率(%)	14.22	2.60	447.62	23.11
总资产回报率(%)	2.96	0.72	312.66	12.89
负债/股东权益(%)	--	--	--	--
流动比率(倍)	0.87	0.86	0.99	1.86
派息率(%)	--	263.96	--	34.69

注:"增长率"是指最近一期年报相对上年同期的同比增长率

报表摘要

(货币单位:USD/千元)

	2007-03-31	2006-03-31	增长率(%)	2005-03-31
销售收入	14,590,204	103,550,857	-85.91	22,554,678
营运溢利	194,664	1,092,905	-82.19	1,142,319
非营运溢利	-6,935	-433,426	98.40	-14,812
股东应占溢利	161,138	173,236	-6.98	1,120,146
资产总计	5,449,116	39,316,356	-86.14	9,031,954
负债合计	4,314,840	31,168,114	-86.16	3,803,947
股东权益	1,133,532	8,142,439	-86.08	5,204,398

注:"增长率"是指最近一期年报相对上年同期的同比增长率

亚太卫星控股有限公司(代码:1045)

公司简介

亚太卫星控股有限公司(「集团」)为综合卫星服务供货商,主要为亚太地区以至欧、美等地之广播及电讯商提供卫星转发器租赁、卫星通讯及卫星电视广播服务。亚太卫星集团的管理成员均为卫星业的精英和专业人士,拥有发展、发射、遥测及控制卫星的丰富经验。在卫星转发器租赁业务方面,集团现时透过本身位于大埔之卫星测控中心对亚太Ⅰ、亚太ⅠA及亚太ⅡR三枚在轨卫星进行操作。

主要股东

APT Satellite International Company Limited	51.83%
航天科技国际集团有限公司	7.55%
新加坡卫星私人有限公司	5.52%
中国航天科技集团公司	1.45%

基本资料

公司名称	亚太卫星控股有限公司	证券面值	0.1000(HKD)
所属行业	电讯业	交易单位	500(股)
法定股本	100,000,000(HKD)	上市日期	1996-12-18
普通股	413,265,000股	港股数量	413,265,000股
优先股	--	港股市值	661,224,000(HKD)
所属概念	红筹股	所属板块	主板

最近派息

本次派息	0.0500(HKD)/股	上次派息	0.1500(HKD)/股
除净日期	2002-05-14	除净日期	2001-05-15
派发日期	2002-06-26	派发日期	2001-06-22
盈利区间	2001-01-01 ~2001-12-31	盈利区间	2000-01-01 ~2000-12-31

财务指标

(货币单位:HKD/元)

	2006-12-31	2005-12-31	增长率(%)	2004-12-31
每股收益	-0.1923	-0.3280	41.37	-0.1398
每股派息	--	--	--	--
每股净资产	4.7922	4.9814	-3.80	5.3069
经营利润率(%)	8.78	-23.32	137.64	-13.91
股东权益回报率(%)	-3.94	-6.38	38.28	-2.60
总资产回报率(%)	-2.26	-3.74	39.54	-1.67
负债/股东权益(%)	--	--	--	--
流动比率(倍)	1.60	1.63	-2.13	3.28
派息率(%)	--	--	--	--

注:"增长率"是指最近一期年报相对上年同期的同比增长率

报表摘要

(货币单位:HKD/千元)

	2006-12-31	2005-12-31	增长率(%)	2004-12-31
销售收入	426,988	336,512	26.89	277,260
营运溢利	37,470	-78,465	147.75	-38,565
非营运溢利	-61,958	-44,937	-37.88	-4,626
股东应占溢利	-79,480	-135,564	41.37	-57,757
资产总计	3,407,562	3,614,289	-5.72	3,627,032
负债合计	1,425,329	1,552,737	-8.21	1,430,023
股东权益	1,980,442	2,058,625	-3.80	2,193,153

注:"增长率"是指最近一期年报相对上年同期的同比增长率

越秀交通有限公司(代码:1052)

公司简介

越秀交通为中国广东省主要收费公路经营商,主要从事投资及发展、营运及管理收费公路、高速公路及桥梁。集团持有多元化投资组合,该等收费公路及桥梁项目主要位于广东省珠江三角洲及国内其它某些省份,应占长度约为 304.1 公里。集团之收费公路及桥梁项目主要连接广东省省内交通,以及广东与湖南及江西等华东省份之省际交通。该等项目大多与地方交通部门合作,以发挥其当地关系及竞争优势。

主要股东

越秀投资	32.27%
Housemaster Holdings Limited	21.96%
汇丰控股有限公司	9.85%
Power Head Limited	9.41%
Value Partners Limited	8.43%
Lawson Enterprises Limited	6.72%
Delta Force Holdings Limited	6.72%
越秀企业(集团)有限公司	3.21%

基本资料

公司名称	越秀交通有限公司	证券面值	0.1000(HKD)
所属行业	运输	交易单位	2000(股)
法定股本	200,000,000(HKD)	上市日期	1997-01-30
普通股	1,673,162,295 股	港股数量	1,673,162,295 股
优先股	--	港股市值	6,408,211,590(HKD)
所属概念	红筹股	所属板块	主板

最近派息

本次派息	0.0575(HKD)/股	上次派息	0.0700(HKD)/股
除净日期	2007-09-28	除净日期	2007-05-18
派发日期	2007-10-18	派发日期	2007-06-08
盈利区间	2007-01-01 ~2007-06-30	盈利区间	2006-01-01 ~2006-12-31

财务指标

(货币单位:HKD/元)

	2006-12-31	2005-12-31	增长率(%)	2004-12-31
每股收益	0.4130	0.2740	50.73	0.2480
每股派息	0.1400	0.1000	40.00	0.1000
每股净资产	3.7528	3.3642	11.55	3.1254
经营利润率(%)	41.21	31.47	30.95	38.05
股东权益回报率(%)	11.62	8.45	37.42	8.14
总资产回报率(%)	9.63	6.71	43.50	6.11
负债/股东权益(%)	--	--	--	--
流动比率(倍)	5.24	1.90	176.08	1.05
派息率(%)	32.69	36.50	-10.44	39.31

注:"增长率"是指最近一期年报相对上年同期的同比增长率

报表摘要

(货币单位:HKD/千元)

	2006-12-31	2005-12-31	增长率(%)	2004-12-31
销售收入	448,531	424,845	5.58	400,212
营运溢利	184,819	133,688	38.25	152,297
非营运溢利	338,785	238,638	41.97	213,208
股东应占溢利	461,157	305,898	50.76	276,443
资产总计	4,947,235	4,631,092	6.83	4,486,074
负债合计	526,100	633,422	-16.94	753,797
股东权益	4,185,989	3,752,559	11.55	3,483,722

注:"增长率"是指最近一期年报相对上年同期的同比增长率

粤海制革有限公司(代码:1058)

公司简介

粤海制革有限公司主要于中国江苏省徐州市全资拥有两间生产规模较大的现代化制革厂房,即徐州南海皮厂有限公司和徐州港威皮革有限公司。去年集团开展的产品开发工作已初见成效,目前已形成了国产皮、进口皮两大系列包括纳帕、休闲王、自然摔、平面、修面、压花等 6 大品种的完整产品结构,提高了市场知名度、加强应对市场风格变化的能力及产品市场竞争力,帮助集团在营销方面取得更大的突破。集团营销策略进一步以" 区域均衡化、客户高端化" 为目标,通过开拓市场,平衡市场布局,并吸纳有实力、有潜质的客户,使集团销售市场进一步扩大。此外,集团继续致力市场调查和产品开发,通过分析市场调查结果及流行趋势反馈,对集团的产品风格加以调整及研发,避免与市场脱节,产品开发和生产销售主导型基本实现。

主要股东

粤海控股集团有限公司	75.89%

基本资料

公司名称	粤海制革有限公司	证券面值	0.1000(HKD)
所属行业	工业制品业	交易单位	2000(股)
法定股本	70,000,000(HKD)	上市日期	1996-12-16
普通股	536,904,000 股	港股数量	536,904,000 股
优先股	--	港股市值	359,725,680(HKD)
所属概念	红筹股	所属板块	主板

最近派息

本次派息	--()/股	上次派息	--()/股
除净日期	--	除净日期	--
派发日期	--	派发日期	--
盈利区间	--	盈利区间	--

财务指标

(货币单位:HKD/元)

	2006-12-31	2005-12-31	增长率(%)	2004-12-31
每股收益	0.0394	0.0103	282.52	0.0089
每股派息	--	--	--	--
每股净资产	0.3810	0.3290	15.82	0.3264
经营利润率(%)	--	3.33	--	4.12
股东权益回报率(%)	11.10	3.15	252.89	2.74
总资产回报率(%)	5.41	1.36	297.95	1.05
负债/股东权益(%)	--	--	--	--
流动比率(倍)	2.30	1.42	61.44	1.30
派息率(%)	--	--	--	--

注:"增长率"是指最近一期年报相对上年同期的同比增长率

报表摘要

(货币单位:HKD/千元)

	2006-12-31	2005-12-31	增长率(%)	2004-12-31
销售收入	419,975	258,543	62.44	281,951
营运溢利	--	8,604	--	11,605
非营运溢利	--	-3,734	--	-5,734
股东应占溢利	20,657	5,403	282.32	4,668
资产总计	381,862	382,297	-0.11	413,086
负债合计	182,141	209,863	-13.21	242,014
股东权益	199,721	172,434	15.82	171,072

注:"增长率"是指最近一期年报相对上年同期的同比增长率

TCL 多媒体科技控股有限公司(代码:1070)

公司简介

TCL 国际控股有限公司(「TCL 国际」或「该公司」)及其附属公司(「该集团」)主要从事设计、制造、装嵌及销售各类多媒体消费电子、信息科技及移动通信产品,主要产品包括彩色电视机、手机及个人计算机等。目前,TCL 已形成以多媒体电子、移动通讯、数码电子为支柱,横跨家用电器、核心部品(模组、芯片、显示器件、能源)、照明电器和音像文化等多个产业在内的产业集群。现时,TCL 为中国大陆彩电市场之王者,以销量计占有国内彩电业 19% 市场份额。此外,TCL 手机亦深受市场欢迎,成为中国最畅销之手机品牌之一。

主要股东

TCL 集团公司	38.74%

基本资料

公司名称	TCL 多媒体科技控股有限公司	证券面值	0.1000(HKD)
所属行业	家庭电器及用品	交易单位	2000(股)
法定股本	2,200,000,000(HKD)	上市日期	1999-11-26
普通股	5,836,343,590 股	港股数量	5,836,343,590 股
优先股	--	港股市值	2,684,718,051(HKD)
所属概念	红筹股	所属板块	主板

最近派息

本次派息	0.0400(HKD)/股	上次派息	0.0400(HKD)/股
除净日期	2005-05-03	除净日期	2004-09-21
派发日期	2005-07-08	派发日期	2004-10-04
盈利区间	2004-01-01 ~2004-12-31	盈利区间	2004-01-01 ~2004-06-30

财务指标 (货币单位:HKD/元)

	2006-12-31	2005-12-31	增长率(%)	2004-12-31
每股收益	-0.6399	-0.1866	-242.93	0.1157
每股派息	--	--	--	0.0800
每股净资产	0.4102	1.0224	-59.88	1.0627
经营利润率(%)	-4.92	-0.97	-408.25	1.94
股东权益回报率(%)	-89.32	-17.31	-416.15	8.98
总资产回报率(%)	-16.35	-3.42	-378.49	2.48
负债/股东权益(%)	--	--	--	--
流动比率(倍)	0.91	1.01	-10.01	1.34
派息率(%)	--	--	--	69.14

注:"增长率"是指最近一期年报相对上年同期的同比增长率

报表摘要 (货币单位:HKD/千元)

	2006-12-31	2005-12-31	增长率(%)	2004-12-31
销售收入	29,186,823	34,556,330	-15.54	25,599,840
营运溢利	-1,436,687	-334,681	-329.27	496,782
非营运溢利	-974,624	-249,417	-290.76	-57,546
股东应占溢利	-2,497,314	-598,893	-316.99	316,714
资产总计	12,397,004	18,151,136	-31.70	16,902,901
负债合计	10,706,962	14,052,144	-23.81	12,549,943
股东权益	1,601,166	3,990,516	-59.88	2,930,876

注:"增长率"是指最近一期年报相对上年同期的同比增长率

中国制药集团有限公司(代码:1093)

公司简介

集团从事制造及销售原料药产品(三大系列包括青霉素抗生素、头孢菌素抗生素及维生素 C),成药及其它。专利药丁苯太于国内的临床试验经已完成,并已推出市场,市场初步反应良好。惟市场建设工作仍处于起步阶段,故预期本业务于短期内不会带来重大的盈利贡献。

主要股东

石家庄制药集团有限公司	50.93%

基本资料

公司名称	中国制药集团有限公司	证券面值	0.1000(HKD)
所属行业	保健护理用品	交易单位	2000(股)
法定股本	300,000,000(HKD)	上市日期	1994-06-21
普通股	1,538,124,661 股	港股数量	1,538,124,661 股
优先股	--	港股市值	3,952,980,379(HKD)
所属概念	红筹股	所属板块	主板

最近派息

本次派息	0.0700(HKD)/股	上次派息	0.0700(HKD)/股
除净日期	2004-05-06	除净日期	2003-08-28
派发日期	2004-05-28	派发日期	2003-09-26
盈利区间	2003-01-01 ~2003-12-31	盈利区间	2003-01-01 ~2003-06-30

财务指标 (货币单位:HKD/元)

	2006-12-31	2005-12-31	增长率(%)	2004-12-31
每股收益	0.0102	0.1018	-89.98	0.1593
每股派息	--	--	--	--
每股净资产	1.7174	1.6155	6.31	1.4687
经营利润率(%)	--	6.84	--	11.14
股东权益回报率(%)	0.61	6.60	-90.74	11.19
总资产回报率(%)	0.29	3.10	-90.52	6.07
负债/股东权益(%)	--	--	--	--
流动比率(倍)	1.00	1.10	-8.68	0.95
派息率(%)	--	--	--	--

注:"增长率"是指最近一期年报相对上年同期的同比增长率

报表摘要 (货币单位:HKD/千元)

	2006-12-31	2005-12-31	增长率(%)	2004-12-31
销售收入	3,538,754	3,192,065	10.86	2,450,649
营运溢利	--	218,230	--	273,117
非营运溢利	--	-69,238	--	-23,951
股东应占溢利	15,664	156,518	-89.99	245,011
资产总计	5,273,408	5,379,779	-1.98	4,707,246
负债合计	2,622,574	2,884,251	-9.07	2,438,149
股东权益	2,641,641	2,484,832	6.31	2,259,039

注:"增长率"是指最近一期年报相对上年同期的同比增长率

华润置地有限公司(代码:1109)

公司简介

该集团主要在中国从事物业发展及投资业务,旗下大部份物业发展项目及投资物业皆位于北京市。集团1996年于香港联合交易所上市,股票代码1109,被列为香港恒生指数100种成分股和恒生中企指数成分股。截至2006年12月31日,市值为310亿港元。截至2006年12月31日,集团的总资产达267亿港元,股东权益115亿港元,06年销售收入超过39亿港币。

主要股东

Gain Ahead Group Limited	33.50%
Finetex International Limited	22.62%
华润(集团)有限公司	3.34%

基本资料

公司名称	华润置地有限公司	证券面值	0.1000(HKD)
所属行业	地产	交易单位	2000(股)
法定股本	500,000,000(HKD)	上市日期	1996-11-08
普通股	4,023,551,318股	港股数量	4,023,551,318股
优先股	--	港股市值	48,684,970,948(HKD)
所属概念	红筹股	所属板块	主板

最近派息

本次派息	0.0240(HKD)/股	上次派息	0.0510(HKD)/股
除净日期	2007-10-10	除净日期	2007-05-25
派发日期	2007-10-23	派发日期	2007-07-03
盈利区间	2007-01-01 ~2007-06-30	盈利区间	2006-01-01 ~2006-12-31

财务指标

(货币单位:HKD/元)

	2006-12-31	2005-12-31	增长率(%)	2004-12-31
每股收益	0.2760	0.2480	11.29	0.1000
每股派息	0.0700	0.0300	133.33	0.0300
每股净资产	3.4649	2.9226	18.56	2.7210
经营利润率(%)	--	19.83	--	8.16
股东权益回报率(%)	8.75	6.31	38.81	3.72
总资产回报率(%)	3.86	2.81	37.37	1.59
负债/股东权益(%)	--	--	--	--
流动比率(倍)	2.07	1.79	15.57	2.71
派息率(%)	25.72	13.31	93.32	30.00

注:"增长率"是指最近一期年报相对上年同期的同比增长率

报表摘要

(货币单位:HKD/千元)

	2006-12-31	2005-12-31	增长率(%)	2004-12-31
销售收入	3,936,730	2,706,886	45.43	2,408,793
营运溢利	--	536,658	--	196,521
非营运溢利	--	-51,398	--	-8,647
股东应占溢利	858,675	384,512	123.32	150,150
资产总计	26,739,315	17,774,703	50.43	9,608,283
负债合计	15,006,141	9,444,860	58.88	4,621,951
股东权益	11,513,357	8,106,286	42.03	4,088,703

注:"增长率"是指最近一期年报相对上年同期的同比增长率

华晨中国汽车控股有限公司(代码:1114)

公司简介

该集团为中国首屈一指之小型客车制造商及分销商。以产量、销售量及市场占有率计,集团为国内中国轻型客车制造商之最,其主要产品包括豪华小型客车及中价小型客车。集团更成功进军国内轿车市场,轻型客车方面,集团将继续扩大产品种类,以维持集团于中国市场的领先地位。集团的高档优质轻型客车「阁瑞斯」的增长令人鼓舞。集团亦会利用本公司种类繁多的轻型客车产品,在中国的内陆城市及乡郊地区以及海外市场,开拓新市场商机。

主要股东

华晨汽车集团控股有限公司	39.42%
Deutsche Bank Aktiengesellschaft	9.16%
Templeton Asset Management Ltd.	6.06%

基本资料

公司名称	华晨中国汽车控股有限公司	证券面值	0.0100(USD)
所属行业	汽车	交易单位	2000(股)
法定股本	50,000,000(USD)	上市日期	1999-10-22
普通股	3,668,391,000股	港股数量	3,668,391,000股
优先股	--	港股市值	5,649,322,140(HKD)
所属概念	红筹股	所属板块	主板

最近派息

本次派息	0.0050(HKD)/股	上次派息	0.0050(HKD)/股
除净日期	2005-06-16	除净日期	2004-10-11
派发日期	2005-07-04	派发日期	2004-10-21
盈利区间	2004-01-01 ~2004-12-31	盈利区间	2004-01-01 ~2004-06-30

财务指标

(货币单位:CNY/元)

	2006-12-31	2005-12-31	增长率(%)	2004-12-31
每股收益	-0.1086	-0.1771	38.68	0.0132
每股派息	--	--	--	0.0100
每股净资产	1.6042	1.7095	-6.16	1.8760
经营利润率(%)	-4.91	-15.57	68.47	-6.69
股东权益回报率(%)	-6.56	-9.88	33.64	0.71
总资产回报率(%)	-2.69	-3.98	32.59	0.27
负债/股东权益(%)	--	--	--	--
流动比率(倍)	1.08	0.89	21.92	1.15
派息率(%)	--	--	--	--

注:"增长率"是指最近一期年报相对上年同期的同比增长率

报表摘要

(货币单位:CNY/千元)

	2006-12-31	2005-12-31	增长率(%)	2004-12-31
销售收入	10,484,754	5,468,990	91.71	6,541,998
营运溢利	-514,859	-851,750	39.55	-437,423
非营运溢利	-141,905	-304,695	53.43	-12,146
股东应占溢利	-398,422	-649,608	38.67	48,569
资产总计	14,863,191	14,806,946	0.38	17,803,782
负债合计	8,838,051	8,089,496	9.25	9,855,546
股东权益	5,884,993	6,271,082	-6.16	6,881,886

注:"增长率"是指最近一期年报相对上年同期的同比增长率

亚洲卫星控股有限公司(代码:1135)

公司简介

亚洲卫星公司(AsiaSat)成立于1988年2月24日,总部设在香港,是亚洲地区第一家区域性的商业卫星运营组织。作为亚洲地区卫星通信的先驱,亚洲卫星公司率先于1990年4月7日成功发射了亚洲地区第一颗商用通信卫星——亚洲一号卫星,从此揭开了亚洲地区卫星通信历史的新篇章。此后,亚洲卫星公司相继成功发射了亚洲二号和亚洲3S卫星,并于2003年4月11日从美国佛罗里达州卡纳维拉尔角空军基地,成功发射了亚洲四号卫星。目前,亚洲一号卫星已经退役,三颗在轨卫星,即亚洲二号、亚洲3S和亚洲四号卫星覆盖了东起关岛,西至埃及,南达澳大利亚、新西兰,北抵俄罗斯的广大地域。

主要股东

Bowenvale Limited	68.74%
AsiaCo Acquisition Limited	5.69%

基本资料

公司名称	亚洲卫星控股有限公司	证券面值	0.1000(HKD)
所属行业	电讯业	交易单位	500(股)
法定股本	550,000,000(HKD)	上市日期	1996-06-19
普通股	391,196,000股	港股数量	391,196,000股
优先股	--	港股市值	5,867,940,000(HKD)
所属概念	红筹股	所属板块	主板

最近派息

本次派息	0.0800(HKD)/股	上次派息	0.2700(HKD)/股
除净日期	2007-10-02	除净日期	2007-05-09
派发日期	2007-11-13	派发日期	2007-05-22
盈利区间	2007-01-01 ~2007-06-30	盈利区间	2006-01-01 ~2006-12-31

财务指标

(货币单位:HKD/元)

	2006-12-31	2005-12-31	增长率(%)	2004-12-31
每股收益	1.1600	0.9400	23.40	1.1000
每股派息	0.3500	0.3500	0.00	0.3500
每股净资产	11.3297	1.0516	977.34	0.9928
经营利润率(%)	55.65	47.80	16.42	50.15
股东权益回报率(%)	10.65	9.18	16.03	11.59
总资产回报率(%)	9.29	7.93	17.11	9.91
负债/股东权益(%)	--	--	--	--
流动比率(倍)	6.39	5.98	6.89	3.91
派息率(%)	30.17	37.23	-18.97	31.82

注:"增长率"是指最近一期年报相对上年同期的同比增长率

报表摘要

(货币单位:HKD/千元)

	2006-12-31	2005-12-31	增长率(%)	2004-12-31
销售收入	929,902	879,705	5.71	1,004,982
营运溢利	517,470	420,507	23.06	503,997
非营运溢利	-8,543	-3,872	-120.64	-12,381
股东应占溢利	454,009	366,184	23.98	431,216
资产总计	5,091,212	4,683,530	8.70	4,549,247
负债合计	664,675	573,805	15.84	668,294
股东权益	4,421,604	4,104,188	7.73	3,874,597

注:"增长率"是指最近一期年报相对上年同期的同比增长率

航天科技通信有限公司(代码:1185)

公司简介

公司是一间有着悠久历史的从事电子和通信产品设计、开发、生产、销售、系统集成和专业系统服务的控股集团。中国航天科技集团公司是航通集团的最终控股公司。航通集团以香港为基地,致力拓展中国内地、以及亚洲和欧美的电信设备市场。航通集团历经二十多年的发展,于1997年在香港联合交易所上市,成为亚太地区重要的电子和通信设备供货商和运营商。

主要股东

Astrotech Group Limited	44.17%

基本资料

公司名称	航天科技通信有限公司	证券面值	0.1000(HKD)
所属行业	资讯科技器材	交易单位	2000(股)
法定股本	1,000,000,000(HKD)	上市日期	1997-08-11
普通股	3,623,995,668股	港股数量	3,623,995,668股
优先股	--	港股市值	2,645,516,838(HKD)
所属概念	红筹股	所属板块	主板

最近派息

本次派息	--()/股	上次派息	--()/股
除净日期	--	除净日期	--
派发日期	--	派发日期	--
盈利区间	--	盈利区间	--

财务指标

(货币单位:HKD/元)

	2006-12-31	2005-12-31	增长率(%)	2004-12-31
每股收益	-0.0653	-0.0293	-122.87	0.0054
每股派息	--	--	--	--
每股净资产	0.0888	0.1494	-40.61	0.1775
经营利润率(%)	--	2.10	--	8.22
股东权益回报率(%)	-53.30	-17.91	-197.57	3.40
总资产回报率(%)	-16.77	-8.39	-99.81	1.59
负债/股东权益(%)	--	--	--	--
流动比率(倍)	1.78	1.35	32.60	2.36
派息率(%)	--	--	--	--

注:"增长率"是指最近一期年报相对上年同期的同比增长率

报表摘要

(货币单位:HKD/千元)

	2006-12-31	2005-12-31	增长率(%)	2004-12-31
销售收入	141,275	185,784	-23.96	148,126
营运溢利	--	3,907	--	12,181
非营运溢利	--	-33,781	--	-5,459
股东应占溢利	-64,562	-29,781	-116.79	5,368
资产总计	417,642	352,356	18.53	357,333
负债合计	325,356	197,726	64.55	175,991
股东权益	90,274	151,997	-40.61	180,546

注:"增长率"是指最近一期年报相对上年同期的同比增长率

华润励致有限公司(代码:1193)

公司简介

集团之主要业务为设计,制造及封装消费类集成电路及特别半导体器件;及制造空调压缩机。集团现时为中国半导体行业最大开发商兼生产商之一,其半导体业务包括:(a)设计、制造、封装及测试可用于家用电器、通讯设备、精密仪器、绿色照明、液晶显示等领域电子消费产品的双极集成电路和分立器件(b)测试及封装消费类合成电路(c)国内数一数二的集成电路设计公司之一,设计以数字和数模混合信号处理技术为主导的中高档MOS集成电路和SOC集成系统,可广泛应用于电视、音响、DVD及MP3播放机、家用电器、通讯设备、计算器、电子玩具、语音合成器等电子消费产品。(d)于香港主板上市的中国领先合资晶圆代工厂商。

主要股东

Splendid Time Investments Inc.	39.90%
Waterside Holdings Limited	19.25%
Gold Touch Enterprises Inc.	10.69%
华润(集团)有限公司	0.17%

基本资料

公司名称	华润励致有限公司	证券面值	0.1000(HKD)
所属行业	工业制品业	交易单位	2000(股)
法定股本	1,000,000,000(HKD)	上市日期	1994-11-07
普通股	282,883,342股	港股数量	282,883,342股
优先股	--	港股市值	353,604,178(HKD)
所属概念	红筹股	所属板块	主板

最近派息

本次派息	0.0100(HKD)/股	上次派息	0.0100(HKD)/股
除净日期	2007-09-19	除净日期	2007-05-04
派发日期	2007-10-09	派发日期	2007-06-05
盈利区间	2007-01-01 ~2007-06-30	盈利区间	2006-01-01 ~2006-12-31

财务指标

(货币单位:HKD/元)

	2006-12-31	2005-12-31	增长率(%)	2004-12-31
每股收益	0.0857	0.1190	-27.98	0.1207
每股派息	0.0200	0.0300	-33.33	0.0300
每股净资产	0.9961	0.8993	10.76	0.7357
经营利润率(%)	10.41	13.99	-25.59	14.93
股东权益回报率(%)	9.02	14.58	-38.13	17.67
总资产回报率(%)	3.44	6.22	-44.64	7.63
负债/股东权益(%)	--	--	--	--
流动比率(倍)	0.92	1.41	-34.68	1.51
派息率(%)	23.34	25.21	-7.43	20.71

注:"增长率"是指最近一期年报相对上年同期的同比增长率

报表摘要

(货币单位:HKD/千元)

	2006-12-31	2005-12-31	增长率(%)	2004-12-31
销售收入	3,450,659	3,064,447	12.60	2,672,843
营运溢利	359,207	428,684	-16.21	399,061
非营运溢利	-45,612	7,890	-678.10	28,267
股东应占溢利	232,417	316,781	-26.63	318,364
资产总计	7,923,129	5,571,435	42.21	4,610,606
负债合计	4,113,506	2,547,647	61.46	2,127,443
股东权益	2,755,091	2,396,669	14.96	1,947,652

注:"增长率"是指最近一期年报相对上年同期的同比增长率

中远太平洋有限公司(代码:1199)

公司简介

该集团为世界集装箱运输市场之领先企业,主要从事多元化集装箱租赁;集装箱码头及集装箱相关业务。集团为全球第五大集装箱租赁箱队。

主要股东

中远太平洋投资控股有限公司	42.13%
中远(香港)投资有限公司	8.93%
J. P. Morgan Chase & Co.	4.99%

基本资料

公司名称	中远太平洋有限公司	证券面值	0.1000(HKD)
所属行业	运输	交易单位	2000(股)
法定股本	38,462,000(HKD)	上市日期	1994-12-19
普通股	2,240,669,298股	港股数量	2,240,669,298股
优先股	--	港股市值	34,685,560,733(HKD)
所属概念	红筹股	所属板块	主板

最近派息

本次派息	0.0318(USD)/股	上次派息	0.0414(USD)/股
除净日期	2007-09-06	除净日期	2007-05-10
派发日期	2007-09-21	派发日期	2007-05-31
盈利区间	2007-01-01 ~2007-06-30	盈利区间	2006-01-01 ~2006-12-31

财务指标

(货币单位:USD/元)

	2006-12-31	2005-12-31	增长率(%)	2004-12-31
每股收益	0.1314	0.1528	-14.00	0.0955
每股派息	0.0900	0.0900	0.00	0.0500
每股净资产	0.9749	0.8549	14.03	0.6745
经营利润率(%)	79.20	81.67	-3.03	56.83
股东权益回报率(%)	14.37	19.98	-28.10	14.77
总资产回报率(%)	9.96	13.15	-24.21	9.97
负债/股东权益(%)	--	--	--	--
流动比率(倍)	1.46	1.73	-15.62	1.82
派息率(%)	67.35	23.43	187.46	56.54

注:"增长率"是指最近一期年报相对上年同期的同比增长率

报表摘要

(货币单位:USD/千元)

	2006-12-31	2005-12-31	增长率(%)	2004-12-31
销售收入	253,960	295,648	-14.10	275,296
营运溢利	201,124	241,454	-16.70	156,438
非营运溢利	142,530	118,927	19.85	88,082
股东应占溢利	291,082	334,937	-13.09	206,292
资产总计	2,987,155	2,855,150	4.62	2,239,692
负债合计	778,954	964,807	-19.26	757,444
股东权益	2,172,634	1,879,948	15.57	1,472,807

注:"增长率"是指最近一期年报相对上年同期的同比增长率

广南(集团)有限公司(代码:1203)

公司简介

集团主要从制造及销售马口铁及相关产品、工业物业的发展及租赁、饲料生产、鲜活商品之代理、食品贸易及牲畜饲养。集团主要于香港及中国广东省经营业务。

主要股东

粤海控股集团有限公司	59.34%

基本资料

公司名称	广南(集团)有限公司	证券面值	0.5000(HKD)
所属行业	工业制品业	交易单位	2000(股)
法定股本	1,500,000,000(HKD)	上市日期	1994-12-09
普通股	903,903,286股	港股数量	903,903,286股
优先股	--	港股市值	1,220,269,436(HKD)
所属概念	红筹股	所属板块	主板

最近派息

本次派息	0.0200(HKD)/股	上次派息	0.0200(HKD)/股
除净日期	2007-10-12	除净日期	2007-06-01
派发日期	2007-10-31	派发日期	2007-06-29
盈利区间	2007-01-01~2007-06-30	盈利区间	2006-01-01~2006-12-31

财务指标

(货币单位:HKD/元)

	2006-12-31	2005-12-31	增长率(%)	2004-12-31
每股收益	0.1350	0.1950	-30.77	0.0147
每股派息	0.0400	0.0200	100.00	--
每股净资产	1.1904	1.0536	12.99	0.0851
经营利润率(%)	9.07	10.95	-17.14	9.48
股东权益回报率(%)	11.99	20.47	-41.42	19.32
总资产回报率(%)	8.73	15.73	-44.45	13.54
负债/股东权益(%)	--	--	--	--
流动比率(倍)	1.36	2.54	-46.68	2.32
派息率(%)	25.93	7.69	237.04	--

注:"增长率"是指最近一期年报相对上年同期的同比增长率

报表摘要

(货币单位:HKD/千元)

	2006-12-31	2005-12-31	增长率(%)	2004-12-31
销售收入	1,221,254	921,217	32.57	828,349
营运溢利	110,794	100,866	9.84	78,511
非营运溢利	39,476	79,665	-50.45	91,068
股东应占溢利	121,320	175,759	-30.97	132,248
资产总计	1,539,289	1,238,630	24.27	996,768
负债合计	428,378	259,414	65.13	204,651
股东权益	1,073,269	949,882	12.99	767,010

注:"增长率"是指最近一期年报相对上年同期的同比增长率

中信资源控股有限公司(代码:1205)

公司简介

集团主要在中国从事制造及销售胶合板、装饰用胶合板及切锯木材,以及买卖木材及木材产品业务。经营Portland Aluminium Smelter,其于澳洲从事采购氧化铝及生产铝锭;于澳洲营运煤矿及销售煤;于澳洲出口不同之商品产品,例如氧化铝、铝锭和铁矿及进口其它商品及制成品例如车辆及工业用电池、轮胎、合金轮子及各种金属包括钢、铝模压品;及销售取自中国大港油田之原油及石油。

主要股东

Keentech Group Limited	39.57%
CITIC Australia Pty Limited	14.92%
United Star International Inc.	9.39%
Baytree Investments (Mauritius) Pte. Ltd.	7.27%
Ellington Investments Pte. Ltd.	4.02%
马廷雄	0.99%
郭炎	0.99%

基本资料

公司名称	中信资源控股有限公司	证券面值	0.0500(HKD)
所属行业	金属	交易单位	2000(股)
法定股本	500,000,000(HKD)	上市日期	1997-09-08
普通股	5,124,684,381股	港股数量	5,124,684,381股
优先股	--	港股市值	16,142,755,800(HKD)
所属概念	红筹股	所属板块	主板

最近派息

本次派息	--()/股	上次派息	--()/股
除净日期	--	除净日期	--
派发日期	--	派发日期	--
盈利区间	--	盈利区间	--

财务指标

(货币单位:HKD/元)

	2006-12-31	2005-12-31	增长率(%)	2004-12-31
每股收益	0.0465	0.0514	-9.53	0.0122
每股派息	--	--	--	--
每股净资产	0.7469	0.6815	9.61	0.6215
经营利润率(%)	--	7.53	--	4.63
股东权益回报率(%)	6.51	7.88	-17.39	2.59
总资产回报率(%)	2.62	3.89	-32.75	1.51
负债/股东权益(%)	--	--	--	--
流动比率(倍)	1.74	2.04	-15.12	2.19
派息率(%)	--	--	--	--

注:"增长率"是指最近一期年报相对上年同期的同比增长率

报表摘要

(货币单位:HKD/千元)

	2006-12-31	2005-12-31	增长率(%)	2004-12-31
销售收入	7,503,428	5,786,386	29.67	3,610,791
营运溢利	--	435,887	--	167,088
非营运溢利	--	-93,730	--	-50,169
股东应占溢利	200,815	221,703	-9.42	49,862
资产总计	9,328,361	6,020,027	54.96	5,375,208
负债合计	5,823,272	3,052,620	90.76	2,672,590
股东权益	3,225,343	2,941,773	9.64	2,682,925

注:"增长率"是指最近一期年报相对上年同期的同比增长率

五矿资源有限公司(代码:1208)

公司简介

五矿资源及其附属公司主要从事有色金属经销、制造及铝、铜制品分销。公司之最终控股股东为中国五矿集团公司(「中国五矿」)。中国五矿是为一家国有大型综合性企业集团,具有超过五十多年金属及矿产贸易历史。中国五矿乃中国有色金属及制品主要供货商之一,并为中国最大钢铁经销商及中国钢铁制造业原材料之最大供货商。中国五矿亦从事金融、房地产、航运、内贸及投资。五矿资源(前称「东方鑫源(集团)有限公司」)于一九八八年七月二十九日在香港注册成立,其股份自一九九四年十二月十五日起一直于联交所主板上市。自注册成立以来,集团从事有色金属、矿石及半制成产品贸易。公司于二零零四年一月十二日完成债务及资本重组,中国五矿成为本公司之最终控股股东。重组完成后,中国五矿对集团之业务及经营进行检讨,以整固及改善其表现。于二零零五年十月六日,本集团完成收购中国五矿的氧化铝和铝相关业务(「该收购」)。集团之战略定位将会以氧化铝及铝贸易为基础,进一步整合铝产业链,并适时拓展至其它有色金属及资源业务,使五矿资源成为中国五矿有色业务的海外平台。该收购为集团提供一个良机,借着扩大其规模,以拓展其氧化铝及铝业务,并且于日后成为五矿集团氧化铝及铝业务之上市旗舰。

基本资料

公司名称	五矿资源有限公司	证券面值	0.0500(HKD)
所属行业	金属	交易单位	4000(股)
法定股本	300,000,000(HKD)	上市日期	1994-12-15
普通股	1,819,214,000 股	港股数量	1,819,214,000 股
优先股	--	港股市值	5,985,214,060(HKD)
所属概念	红筹股	所属板块	主板

最近派息

本次派息	0.0050(HKD)/股	上次派息	--()/股
除净日期	2007-09-25	除净日期	--
派发日期	2007-10-15	派发日期	--
盈利区间	2007-01-01 ~2007-06-30	盈利区间	--

财务指标

(货币单位:HKD/元)

	2006-12-31	2005-12-31	增长率(%)	2004-12-31
每股收益	0.5050	0.2100	140.48	0.3700
每股派息	--	--	--	--
每股净资产	2.4646	1.7971	37.14	0.6948
经营利润率(%)	4.17	6.87	-39.36	19.58
股东权益回报率(%)	23.69	10.38	128.27	271.82
总资产回报率(%)	11.06	4.13	167.69	18.27
负债/股东权益(%)	--	--	--	--
流动比率(倍)	1.76	1.03	71.00	1.28
派息率(%)	--	--	--	--

注:"增长率"是指最近一期年报相对上年同期的同比增长率

报表摘要

(货币单位:HKD/千元)

	2006-12-31	2005-12-31	增长率(%)	2004-12-31
销售收入	12,829,280	3,332,765	284.94	1,288,485
营运溢利	534,822	229,122	133.42	252,239
非营运溢利	720	-1,509	147.71	-6,131
股东应占溢利	865,320	181,746	376.12	217,726
资产总计	8,124,749	7,524,509	7.98	1,274,027
负债合计	3,679,162	4,240,467	-13.24	673,059
股东权益	4,225,381	3,081,023	37.14	422,005

注:"增长率"是指最近一期年报相对上年同期的同比增长率

民安(控股)有限公司(代码:1389)

公司简介

集团之发展随着香港民安在香港注册成立而展开。当时,香港民安之主要业务为洋面及火灾保险。自其注册成立以来,香港民安透过多元化发展各种一般保险产品增长及扩展其业务。现时,本集团提供多元化之保险产品,包括汽车、财产、责任、洋面、意外及健康保险。

主要股东

香港中国保险(集团)有限公司	47.78%
Marvel Bonus International Limited	20.96%
中国保险(控股)有限公司	3.55%

基本资料

公司名称	民安(控股)有限公司	证券面值	0.1000(HKD)
所属行业	保险	交易单位	2000(股)
法定股本	500,000,000(HKD)	上市日期	2006-12-22
普通股	2,906,384,000 股	港股数量	2,906,384,000 股
优先股	--	港股市值	5,173,363,520(HKD)
所属概念	红筹股	所属板块	主板

最近派息

本次派息	0.0200(HKD)/股	上次派息	--()/股
除净日期	2007-09-20	除净日期	--
派发日期	2007-10-08	派发日期	--
盈利区间	2007-01-01 ~2007-06-30	盈利区间	--

财务指标

(货币单位:HKD/元)

	2006-12-31	2005-12-31	增长率(%)	2004-12-31
每股收益	0.1380	0.2600	-46.92	0.0800
每股派息	--	--	--	--
每股净资产	1.1159	--	--	--
经营利润率(%)	28.94	48.30	-40.07	14.68
股东权益回报率(%)	12.94	42.24	-69.37	18.42
总资产回报率(%)	5.00	10.80	-53.69	3.34
负债/股东权益(%)	--	--	--	--
流动比率(倍)	--	--	--	--
派息率(%)	--	--	--	--

注:"增长率"是指最近一期年报相对上年同期的同比增长率

报表摘要

(货币单位:HKD/千元)

	2006-12-31	2005-12-31	增长率(%)	2004-12-31
销售收入	1,076,161	1,099,507	-2.12	1,132,662
营运溢利	311,449	531,006	-41.35	166,289
非营运溢利	700	3,025	-76.86	709
股东应占溢利	306,410	570,011	-46.24	184,939
资产总计	6,982,280	5,265,142	32.61	5,286,075
负债合计	3,856,177	3,654,807	5.51	4,197,658
股东权益	3,126,104	1,610,305	94.13	1,088,389

注:"增长率"是指最近一期年报相对上年同期的同比增长率

中信 1616 集团有限公司(代码:1883)

公司简介

中信 1616 为全球各地电信运营商提供连接及增值服务,是亚太地区主要供应商之一。目前在香港联合交易所主版上市,在香港联合交易所主版上市,中信 1616 在亚太地区提供语音服务、移动短信服务和其它增值电信服务(信令转接、预付费漫游等)、数据服务和为电信运营商、移动运营商以及互联网服务商提供电信业务解决方案。母公司中信泰富集团(www.citicpacific.com)为香港联合交易所上市公司,在香港和大陆地区拥有广泛的业务。中信泰富的核心国际业务包括:特钢冶炼、公共基础建设、航空、物业、电力、批发和分销以及电讯等。中信泰富同时也拥有中信集团的大力支持。拥有电信运营商级的平台、智能网络的管理和高质量的客户服务和技术,中信 1616 致力于为电信运营商和移动运营商提供最高质量的服务。中信 1616 已经覆盖全世界 50 个国家和地区,透过我们的网络向全世界提供包括语音、移动信令和短信、数据业务以及 IP 通信在内的服务。

主要股东

Ease Action Investments Corp.	50.09%
新加坡政府投资有限公司	6.01%

基本资料

公司名称	中信 1616 集团有限公司	证券面值	0.1000(HKD)
所属行业	电讯业	交易单位	1000(股)
法定股本	500,000,000(HKD)	上市日期	2007-04-03
普通股	1,978,066,283 股	港股数量	1,978,066,283 股
优先股	--	港股市值	3,362,712,681(HKD)
所属概念	红筹股	所属板块	主板

最近派息

本次派息	0.0310(HKD)/股	上次派息	0.0100(HKD)/股
除净日期	2008-04-24	除净日期	2007-08-16
派发日期	2008-05-08	派发日期	2007-08-28
盈利区间	2007-01-01 ~2007-12-31	盈利区间	2007-01-01 ~2007-06-30

财务指标

(货币单位:HKD/元)

	2007-12-31	2006-12-31	增长率(%)	2005-12-31
每股收益	0.1430	0.1190	20.17	0.0580
每股派息	0.0400	--	--	--
每股净资产	0.6511	--	--	--
经营利润率(%)	--	--	--	11.45
股东权益回报率(%)	31.64	38.78	-18.42	15.84
总资产回报率(%)	19.87	20.60	-3.53	8.45
负债/股东权益(%)	--	--	--	--
流动比率(倍)	2.78	1.21	130.21	1.83
派息率(%)	28.67	--	--	--

注:"增长率"是指最近一期年报相对上年同期的同比增长率

报表摘要

(货币单位:HKD/千元)

	2007-12-31	2006-12-31	增长率(%)	2005-12-31
销售收入	1,486,071	1,364,209	8.93	980,046
营运溢利	--	--	--	112,167
非营运溢利	--	--	--	--
股东应占溢利	262,699	201,518	30.36	97,806
资产总计	1,817,436	826,852	119.80	1,129,978
负债合计	529,586	453,935	16.67	463,579
股东权益	1,287,850	372,917	245.34	666,399

注:"增长率"是指最近一期年报相对上年同期的同比增长率

中国电力国际发展有限公司(代码:2380)

公司简介

"中国电力"是目前五家全国性发电集团中唯一一家红筹股上市的公司,主要从事电源项目的开发、建设、管理及经营。"中国电力"的全称为中国电力国际发展有限公司,其投资控股公司在香港注册成立的中国电力国际有限公司(简称中电国际),最终控股公司为全国五大发电集团之一的中国电力投资集团公司(简称中电投集团)。目前,"中国电力"拥有三座已投入商业运营的大型燃煤电厂,即平圩电厂、姚孟电厂及常熟电厂,总装机容量为 3,610 兆瓦,其中拥有的权益应占的装机容量为 3,010 兆瓦。同时,还受托管理中电投集团及中电国际(统称母公司)旗下的六座发电厂,分别是清河电厂、神头一厂、贵溪电厂、沙溪口电厂、芜湖电厂及洪泽电厂,总装机容量为 3,465 兆瓦。此外,还持有对上海电力 25% 股权的购买期权。

主要股东

China Power Development Limited	55.37%
Merrill Lynch & Co Inc.	5.10%

基本资料

公司名称	中国电力国际发展有限公司	证券面值	1.0000(HKD)
所属行业	公用事业	交易单位	1000(股)
法定股本	10,000,000,000(HKD)	上市日期	2004-10-15
普通股	3,605,610,850 股	港股数量	3,605,610,850 股
优先股	--	港股市值	9,843,317,621(HKD)
所属概念	红筹股	所属板块	主板

最近派息

本次派息	0.0800(CNY)/股	上次派息	0.0790(CNY)/股
除净日期	2007-04-19	除净日期	2006-04-20
派发日期	2007-05-30	派发日期	2006-05-26
盈利区间	2006-01-01 ~2006-12-31	盈利区间	2005-01-01 ~2005-12-31

财务指标

(货币单位:CNY/元)

	2006-12-31	2005-12-31	增长率(%)	2004-12-31
每股收益	0.2200	0.2100	4.76	0.2800
每股派息	0.0800	0.0800	0.00	0.0300
每股净资产	2.5184	2.1717	15.96	1.9857
经营利润率(%)	16.10	16.01	0.58	18.36
股东权益回报率(%)	8.85	10.16	-12.90	13.36
总资产回报率(%)	4.87	6.38	-23.58	9.00
负债/股东权益(%)	--	--	--	--
流动比率(倍)	0.78	1.98	-60.71	2.42
派息率(%)	36.36	37.62	-3.34	9.46

注:"增长率"是指最近一期年报相对上年同期的同比增长率

报表摘要

(货币单位:CNY/千元)

	2006-12-31	2005-12-31	增长率(%)	2004-12-31
销售收入	5,202,934	4,361,718	19.29	3,352,001
营运溢利	837,589	698,094	19.98	615,522
非营运溢利	-31,436	45,563	-168.99	86,319
股东应占溢利	702,767	661,904	6.17	643,203
资产总计	17,130,047	11,708,549	46.30	9,049,621
负债合计	8,025,006	4,889,116	64.14	2,821,617
股东权益	9,079,215	6,808,389	33.35	6,225,278

注:"增长率"是指最近一期年报相对上年同期的同比增长率

中银香港(控股)有限公司(代码:2388)

公司简介

中银香港拥有香港最大的销售网络,具有近300家分行和450多部自动柜员机。其三大主要业务为(1)零售银行、(2)企业银行,及(3)财资业务。中银香港亦为本港三大发钞银行之一。

主要股东

中银(BVI)	65.73%
中国银行	0.04%

基本资料

公司名称	中银香港(控股)有限公司	证券面值	5.0000(HKD)
所属行业	银行	交易单位	500(股)
法定股本	100,000,000,000(HKD)	上市日期	2002-07-25
普通股	10,572,780,266股	港股数量	10,572,780,266股
优先股	--	港股市值	193,058,967,657(HKD)
所属概念	红筹股	所属板块	主板

最近派息

本次派息	0.4280(HKD)/股	上次派息	0.4470(HKD)/股
除净日期	2007-09-06	除净日期	2007-05-15
派发日期	2007-09-20	派发日期	2007-05-30
盈利区间	2007-01-01 ~2007-06-30	盈利区间	2006-01-01 ~2006-12-31

财务指标

(货币单位:HKD/元)

	2006-12-31	2005-12-31	增长率(%)	2004-12-31
每股收益	1.3248	1.2763	3.80	1.1315
每股派息	0.8500	0.8100	4.94	0.7200
每股净资产	8.0069	7.5132	6.57	6.4809
经营利润率(%)	41.07	57.24	-28.24	91.01
股东权益回报率(%)	17.07	18.24	-6.40	18.58
总资产回报率(%)	1.60	1.67	-4.04	1.53
负债/股东权益(%)	--	--	--	--
流动比率(倍)	--	--	--	--
派息率(%)	64.01	63.31	1.11	63.19

注:“增长率”是指最近一期年报相对上年同期的同比增长率

报表摘要

(货币单位:HKD/千元)

	2006-12-31	2005-12-31	增长率(%)	2004-12-31
销售收入	40,271,000	25,875,000	55.64	15,678,000
营运溢利	16,541,000	14,811,000	11.68	14,268,000
非营运溢利	598,000	1,557,000	-61.59	-16,000
股东应占溢利	14,007,000	13,494,000	3.80	11,963,000
资产总计	928,953,000	822,105,000	13.00	796,776,000
负债合计	842,313,000	741,372,000	13.62	727,016,000
股东权益	84,655,000	79,435,000	6.57	68,521,000

注:“增长率”是指最近一期年报相对上年同期的同比增长率

TCL通讯科技控股有限公司(代码:2618)

公司简介

集团是中国的移动手机供货商,主要设计、开发、制造和营销具有各种增值功能的多种移动手机产品,其提供之产品包括使用两大无线技术平台GSM/GPRS和CDMA的手机。

主要股东

TCL集团公司	54.42%
Norrell Overseas Invest Ltd.	9.21%
Nomura Holdings. Inc.	7.41%

基本资料

公司名称	TCL通讯科技控股有限公司	证券面值	0.1000(HKD)
所属行业	资讯科技器材	交易单位	2000(股)
法定股本	800,000,000(HKD)	上市日期	2004-09-27
普通股	7,186,890,000股	港股数量	7,186,890,000股
优先股	--	港股市值	2,371,673,700(HKD)
所属概念	红筹股	所属板块	主板

最近派息

本次派息	--()/股	上次派息	--()/股
除净日期	--	除净日期	--
派发日期	--	派发日期	--
盈利区间	--	盈利区间	--

财务指标

(货币单位:HKD/元)

	2007-12-31	2006-12-31	增长率(%)	2005-12-31
每股收益	0.0050	0.0030	66.67	-0.5560
每股派息	--	--	--	--
每股净资产	0.1464	0.1131	29.44	0.0138
经营利润率(%)	--	--	--	-32.67
股东权益回报率(%)	3.83	4.33	-11.37	-205.66
总资产回报率(%)	0.83	0.40	108.12	-33.62
负债/股东权益(%)	--	--	--	--
流动比率(倍)	1.32	1.14	15.59	0.95
派息率(%)	--	--	--	--

注:“增长率”是指最近一期年报相对上年同期的同比增长率

报表摘要

(货币单位:HKD/千元)

	2007-12-31	2006-12-31	增长率(%)	2005-12-31
销售收入	4,971,081	5,501,627	-9.64	5,663,696
营运溢利	--	--	--	-1,850,579
非营运溢利	--	--	--	-20,867
股东应占溢利	33,063	15,423	114.37	-1,608,204
资产总计	4,316,821	3,670,357	17.61	4,083,768
负债合计	3,264,398	2,998,370	8.87	4,042,823
股东权益	1,052,423	671,987	56.61	40,945

注:“增长率”是指最近一期年报相对上年同期的同比增长率

中国玻璃控股有限公司(代码:3300)

公司简介

集团是中国历史最悠久、效率最高的浮法玻璃生产商之一。集团目前共经营三条平板玻璃生产线,其中一条为截至二零零五年十二月三十一日止年度新建造的生产线,已于二零零五年九月二十五日竣工,并于二零零五年十月一日点火投产。集团相对产能亦由日熔化量约900吨提升至1500吨,集团生产能力扩大三分之二。

主要股东

First Fortune	33.81%
Pilkington Italy Limited	28.89%
International Finance Corporation	8.38%
Swift Glory Investments Limited	6.40%

基本资料

公司名称	中国玻璃控股有限公司	证券面值	0.1000(HKD)
所属行业	工业制品业	交易单位	2000(股)
法定股本	70,000,000(HKD)	上市日期	2005-06-23
普通股	416,000,000股	港股数量	416,000,000股
优先股	--	港股市值	1,472,640,000(HKD)
所属概念	红筹股	所属板块	主板

最近派息

本次派息	0.0134(CNY)/股	上次派息	--()/股
除净日期	2006-05-22	除净日期	--
派发日期	2006-06-02	派发日期	--
盈利区间	2005-01-01 ~2005-12-31	盈利区间	--

财务指标

(货币单位:CNY/元)

	2006-12-31	2005-12-31	增长率(%)	2004-12-31
每股收益	0.0160	0.0500	-68.00	0.2400
每股派息	--	0.0100	--	--
每股净资产	1.1064	1.0685	3.55	--
经营利润率(%)	0.27	6.38	-95.71	21.30
股东权益回报率(%)	1.44	6.04	-76.22	--
总资产回报率(%)	0.53	2.68	-80.27	--
负债/股东权益(%)	--	--	--	--
流动比率(倍)	0.62	0.63	-0.16	--
派息率(%)	--	26.80	--	--

注:"增长率"是指最近一期年报相对上年同期的同比增长率

报表摘要

(货币单位:CNY/千元)

	2006-12-31	2005-12-31	增长率(%)	2004-12-31
销售收入	573,136	386,494	48.29	429,738
营运溢利	1,571	24,669	-93.63	91,538
非营运溢利	8,777	-7,739	213.41	-5,524
股东应占溢利	5,623	16,103	-65.08	64,816
资产总计	1,361,234	764,272	78.11	436,851
负债合计	838,510	366,209	128.97	288,268
股东权益	398,316	384,674	3.55	148,583

注:"增长率"是指最近一期年报相对上年同期的同比增长率

中国建筑国际集团有限公司(代码:3311)

公司简介

中国建筑国际集团有限公司(下称"中国建筑")于一九七九年开始于香港从事建筑业务,为一间采用纵向综合业务模式的建筑企业,主要从事楼宇建筑及土木工程,同时包括地基工程、地盘勘测、机电工程、高速公路及桥梁工程、混凝土生产、混凝土预制件等周边业务。二零零五年七月,公司于香港联合交易所主板上市(股票编号:3311)。中国建筑是香港大型建筑商之一,持有五个由工务局发出的最高等级的C牌建造执照,可竞投标额不受限制的公共楼宇建筑、海港工程、道路与渠务、地盘开拓及水务工程。公司亦被纳入第二组打桩类别专业承建商名册,是香港房屋委员会最大NW2承建商之一。

主要股东

中国海外集团有限公司	62.92%

基本资料

公司名称	中国建筑国际集团有限公司	证券面值	0.1000(HKD)
所属行业	建筑	交易单位	2000(股)
法定股本	1,500,000,000(HKD)	上市日期	2005-07-08
普通股	601,910,802股	港股数量	601,910,802股
优先股	--	港股市值	8,113,757,611(HKD)
所属概念	红筹股	所属板块	主板

最近派息

本次派息	0.0900(HKD)/股	上次派息	0.1000(HKD)/股
除净日期	2007-09-12	除净日期	2007-05-28
派发日期	2007-09-28	派发日期	2007-06-13
盈利区间	2007-01-01 ~2007-06-30	盈利区间	2006-01-01 ~2006-12-31

财务指标

(货币单位:HKD/元)

	2006-12-31	2005-12-31	增长率(%)	2004-12-31
每股收益	0.4505	0.3226	39.65	0.1230
每股派息	0.1900	0.0900	111.11	--
每股净资产	1.9525	1.7016	14.74	--
经营利润率(%)	--	2.66	--	3.75
股东权益回报率(%)	24.53	14.29	71.62	--
总资产回报率(%)	4.55	3.40	33.62	--
负债/股东权益(%)	--	--	--	--
流动比率(倍)	1.18	1.21	-2.73	--
派息率(%)	42.18	27.90	51.18	--

注:"增长率"是指最近一期年报相对上年同期的同比增长率

报表摘要

(货币单位:HKD/千元)

	2006-12-31	2005-12-31	增长率(%)	2004-12-31
销售收入	10,294,826	6,862,530	50.02	4,101,472
营运溢利	--	182,626	--	153,713
非营运溢利	--	-5,775	--	-76,480
股东应占溢利	222,182	130,666	70.04	60,619
资产总计	5,408,140	4,364,365	23.92	3,315,098
负债合计	4,433,939	3,526,987	25.71	2,324,036
股东权益	974,201	837,378	16.34	991,062

注:"增长率"是指最近一期年报相对上年同期的同比增长率

华侨城(亚洲)控股有限公司(代码:3366)

公司简介

华侨城(亚洲)控股有限公司是一家综合的纸包装产品制造商,主要为客户设计、制造高品质的瓦楞纸板、纸箱、彩盒等及提供一体化包装方案。于二零零五年十一月二日在香港联合交易所有限公司主板上市,股票代码3366。集团的第一家工厂于一九八五年在深圳成立。其后分别成立了上海华励、中山华力、安徽华力等,实现全国性战略布局,客户网络覆盖珠江三角洲、长江三角洲以及中国东北地区。成立二十年来,集团的销售额及利润始终保持稳定增长,在市场上建立了良好的声誉和稳固的地位。

主要股东

Pacific Climax Limited	67.19%
Polyfairz Group Limited	7.82%

基本资料

公司名称	华侨城(亚洲)控股有限公司	证券面值	0.1000(HKD)
所属行业	家庭电器及用品	交易单位	2000(股)
法定股本	200,000,000(HKD)	上市日期	2005-11-02
普通股	220,000,000股	港股数量	220,000,000股
优先股	--	港股市值	543,400,000(HKD)
所属概念	红筹股	所属板块	主板

最近派息

本次派息	0.0633(CNY)/股	上次派息	0.0811(CNY)/股
除净日期	2007-04-20	除净日期	2006-05-04
派发日期	2007-06-07	派发日期	2006-06-08
盈利区间	2006-01-01 ~2006-12-31	盈利区间	2005-01-01 ~2005-12-31

财务指标

(货币单位:CNY/元)

	2006-12-31	2005-12-31	增长率(%)	2004-12-31
每股收益	0.1600	0.2600	-38.46	0.1900
每股派息	0.0600	0.0800	-25.00	--
每股净资产	1.6808	1.5769	6.59	--
经营利润率(%)	6.16	7.42	-16.96	6.89
股东权益回报率(%)	10.13	15.16	-33.16	--
总资产回报率(%)	5.70	7.67	-25.72	--
负债/股东权益(%)	--	--	--	--
流动比率(倍)	1.45	1.40	3.77	--
派息率(%)	39.63	31.19	27.03	--

注:"增长率"是指最近一期年报相对上年同期的同比增长率

报表摘要

(货币单位:CNY/千元)

	2006-12-31	2005-12-31	增长率(%)	2004-12-31
销售收入	695,503	662,243	5.02	605,533
营运溢利	42,829	49,108	-12.79	41,717
非营运溢利	-3,552	-2,480	-43.23	-3,633
股东应占溢利	32,999	40,903	-19.32	28,651
资产总计	619,940	538,908	15.04	528,103
负债合计	282,079	221,833	27.16	302,311
股东权益	336,162	315,384	6.59	224,386

注:"增长率"是指最近一期年报相对上年同期的同比增长率

天津港发展控股有限公司(代码:3382)

公司简介

公司经营中国历史最悠久的集装箱码头,按截至二零零五年十二月三十一日止年度TEU吞吐量计算,该码头是天津港单一最大集装箱码头。公司是天津港唯一可处理所有类型的一般非集装箱固体货物的码头营运商,也是唯一拥有指定粮食处理码头及专用蔬果冷藏仓库的营运商。

主要股东

Leadport Holdings Limited	62.80%

基本资料

所属行业	运输	交易单位	2000(股)
法定股本	500,000,000(HKD)	上市日期	2006-05-24
普通股	1,787,100,000股	港股数量	1,787,100,000股
优先股	--	港股市值	5,325,558,000(HKD)
所属概念	红筹股	所属板块	主板

最近派息

本次派息	0.0270(HKD)/股	上次派息	0.0230(HKD)/股
除净日期	2007-10-11	除净日期	2007-05-18
派发日期	2007-11-01	派发日期	2007-06-18
盈利区间	2007-01-01 ~2007-06-30	盈利区间	2006-01-01 ~2006-12-31

财务指标

(货币单位:HKD/元)

	2006-12-31	2005-12-31	增长率(%)	2004-12-31
每股收益	0.2000	--	--	--
每股派息	0.0200	--	--	--
每股净资产	1.6781	--	--	--
经营利润率(%)	33.62	19.36	73.62	12.50
股东权益回报率(%)	13.74	--	--	--
总资产回报率(%)	11.44	--	--	--
负债/股东权益(%)	--	--	--	--
流动比率(倍)	1.92	--	--	--
派息率(%)	11.50	--	--	--

注:"增长率"是指最近一期年报相对上年同期的同比增长率

报表摘要

(货币单位:HKD/千元)

	2006-12-31	2005-12-31	增长率(%)	2004-12-31
销售收入	1,036,495	898,223	15.39	799,837
营运溢利	348,427	173,910	100.35	99,952
非营运溢利	-7,216	-1,089	-562.63	-6,686
股东应占溢利	304,037	147,275	106.44	77,465
资产总计	3,527,189	1,786,061	97.48	1,555,133
负债合计	525,181	356,101	47.48	249,961
股东权益	2,998,220	1,426,325	110.21	1,301,846

注:"增长率"是指最近一期年报相对上年同期的同比增长率

冲浪平台软件国际有限公司(代码:8178)

公司简介

冲浪平台软件国际有限公司于二零零一年五月二十四日根据开曼群岛公司法(二零零一年第二次修订)在开曼群岛注册成立为获豁免有限公司。本公司的股份已由二零零一年十二月十一日起在香港联合交易所有限公司(「联交所」)创业板(「创业板」)上市。前身是中国最早的 Linux 公司,目前下属公司包括北京北控伟仕软件工程技术有限公司、北京北控三兴信息技术有限公司、上海鹏达计算机系统开发有限公司、冲浪平台(北京)网络技术有限公司。公司的定位是基于自有核心技术的面向政府及行业的应用软件供应商及信息化服务运营商,业务目前涉及到的领域有教育、劳动和社会保障、电子政务、税务以及面向中小企业的互联网服务。

主要股东

北京发展	40.61%

基本资料

公司名称	冲浪平台软件国际有限公司	证券面值	0.0100(HKD)
所属行业	软件服务	交易单位	8000(股)
法定股本	100,000,000(HKD)	上市日期	2001-12-11
普通股	6,364,406,368 股	港股数量	6,364,406,368 股
优先股	--	港股市值	2,863,982,866(HKD)
所属概念	红筹股	所属板块	创业板

最近派息

本次派息	--()/股	上次派息	--()/股
除净日期	--	除净日期	--
派发日期	--	派发日期	--
盈利区间	--	盈利区间	--

财务指标

(货币单位:HKD/元)

	2006-12-31	2005-12-31	增长率(%)	2004-12-31
每股收益	-0.0573	0.0027	-2,222.22	0.0051
每股派息	--	--	--	--
每股净资产	0.0338	0.0905	-62.63	0.0882
经营利润率(%)	--	63.31	--	24.33
股东权益回报率(%)	-92.16	2.96	-3,211.11	6.30
总资产回报率(%)	-79.34	2.72	-3,020.54	5.75
负债/股东权益(%)	--	--	--	--
流动比率(倍)	2.95	3.48	-15.28	3.61
派息率(%)	--	--	--	--

注:"增长率"是指最近一期年报相对上年同期的同比增长率

报表摘要

(货币单位:HKD/千元)

	2006-12-31	2005-12-31	增长率(%)	2004-12-31
销售收入	42,075	66,891	-37.10	51,739
营运溢利	--	42,351	--	12,589
非营运溢利	--	-26,405	--	-198
股东应占溢利	-220,247	10,065	-2,288.25	11,297
资产总计	168,004	387,178	-56.61	353,787
负债合计	27,611	26,288	5.03	18,953
股东权益	130,027	347,921	-62.63	331,601

注:"增长率"是指最近一期年报相对上年同期的同比增长率

环球数码创意控股有限公司(代码:8271)

公司简介

集团以引领亚太地区数码内容产业发展为主旨。集团主要提供一系列以数码内容为主的业务,包括计算机图像创作及制作、数码内容发行及展示,以及计算机图像的培训课程。在中国深圳市建立了一条制作数码计算机图像内容的生产线,以制作动画电影、电视连续剧和其它数码产品。集团是中国乃至全亚洲最大的计算机图像制作公司之一。

主要股东

Upper Nice Assets Ltd.	54.53%
Keywise Capital Management (HK) Limited	8.13%
Keywise Greater China Opportunities Master Fund	5.77%
首长四方(集团)有限公司	0.04%

基本资料

公司名称	环球数码创意控股有限公司	证券面值	0.0100(HKD)
所属行业	传媒印刷	交易单位	2000(股)
法定股本	24,000,000(HKD)	上市日期	2003-08-04
普通股	1,295,245,540 股	港股数量	1,295,245,540 股
优先股	--	港股市值	751,242,413(HKD)
所属概念	红筹股	所属板块	创业板

最近派息

本次派息	--()/股	上次派息	--()/股
除净日期	--	除净日期	--
派发日期	--	派发日期	--
盈利区间	--	盈利区间	--

财务指标

(货币单位:HKD/元)

	2006-12-31	2005-12-31	增长率(%)	2004-12-31
每股收益	-0.0378	-0.0953	60.34	-0.1643
每股派息	--	--	--	--
每股净资产	-0.1932	-0.1601	-20.67	-0.0669
经营利润率(%)	--	-212.86	--	-260.00
股东权益回报率(%)	21.38	84.01	-74.55	-1,751.71
总资产回报率(%)	-99.46	-147.72	32.67	-121.21
负债/股东权益(%)	--	--	--	--
流动比率(倍)	0.25	0.18	39.47	0.54
派息率(%)	--	--	--	--

注:"增长率"是指最近一期年报相对上年同期的同比增长率

报表摘要

(货币单位:HKD/千元)

	2006-12-31	2005-12-31	增长率(%)	2004-12-31
销售收入	54,920	32,195	70.59	47,987
营运溢利	--	-68,530	--	-124,766
非营运溢利	--	-7,675	--	-5,545
股东应占溢利	-30,245	-76,356	60.39	-130,336
资产总计	26,501	34,319	-22.78	69,060
负债合计	181,210	162,531	11.49	122,621
股东权益	-154,709	-128,212	-20.67	-53,561

注:"增长率"是指最近一期年报相对上年同期的同比增长率

安捷利实业有限公司(代码:8298)

公司简介

安捷利实业有限公司是一家香港上市公司,专业从事软性电路板(简称 FPC)设计、制造、销售及软性电路板的 SMT 装配服务。产品广泛销往美国、日本、韩国及大中华地区。安捷利公司于 1997 年在香港创建,经过 10 多年的发展,现总投资已超过 3000 万美元,拥有员工近 1500 人,厂房占地面积 25,000 平方米,年产能超过 480,000 平方米,现已成为中国最具实力的 FPC 生产厂家之一。

主要股东

安利实业有限公司	66.67%
Dalmary International Corporation	7.41%

基本资料

公司名称	安捷利实业有限公司	证券面值	0.1000(HKD)
所属行业	工业制品业	交易单位	10000(股)
法定股本	200,000,000(HKD)	上市日期	2004-08-18
普通股	540,000,000 股	港股数量	540,000,000 股
优先股	--	港股市值	156,600,000(HKD)
所属概念	红筹股	所属板块	创业板

最近派息

本次派息	0.0075(HKD)/股	上次派息	0.0050(HKD)/股
除净日期	2006-04-04	除净日期	2005-04-01
派发日期	2006-04-26	派发日期	2005-04-27
盈利区间	2005-01-01 ~2005-12-31	盈利区间	2004-01-01 ~2004-12-31

财务指标

(货币单位:HKD/元)

	2006-12-31	2005-12-31	增长率(%)	2004-12-31
每股收益	-0.0147	0.0431	-134.11	0.0916
每股派息	--	0.0100	--	0.0100
每股净资产	0.3439	0.3536	-2.74	0.3094
经营利润率(%)	--	13.38	--	20.24
股东权益回报率(%)	-4.21	13.01	-132.37	44.92
总资产回报率(%)	-3.03	9.42	-132.12	22.28
负债/股东权益(%)	--	--	--	--
流动比率(倍)	2.19	2.58	-15.24	2.93
派息率(%)	--	17.40	--	5.46

注:"增长率"是指最近一期年报相对上年同期的同比增长率

报表摘要

(货币单位:HKD/千元)

	2006-12-31	2005-12-31	增长率(%)	2004-12-31
销售收入	159,879	202,402	-21.01	243,975
营运溢利	--	27,083	--	49,384
非营运溢利	--	-657	--	-925
股东应占溢利	-7,929	23,282	-134.06	41,398
资产总计	258,409	265,782	-2.77	228,662
负债合计	72,701	74,836	-2.85	61,595
股东权益	185,694	190,932	-2.74	167,067

注:"增长率"是指最近一期年报相对上年同期的同比增长率

北京证券市场

中国证券监督管理委员会北京监管局

中国证监会北京监管局(以下简称北京证监局)前身是北京市证监会,成立于 1995 年 1 月。1999 年 7 月成为中国证监会派出机构。现设局长 1 人,副局长 2 人,局长助理 2 人。北京证监局下设:办公室(党办、纪检办)、上市公司监管一处、上市公司监管二处、机构监管一处、机构监管二处、期货监管处、稽查处、风险处置处。现有职工 82 人,平均年龄 33 岁,其中本科学历 49 人,占 59.76%;硕士学历 29 人,占 35.37%。

北京证监局职责是:贯彻执行国家的有关法律法规和方针政策,按照中国证监会的规定对辖区内的上市公司,证券、期货经营机构,证券、期货投资咨询机构及从事证券期货业务的律师事务所、会计师事务所、资产评估机构等中介机构的证券期货业务活动进行监督管理;依法查处辖区内监管范围的违法、违规案件,调解证券期货业务纠纷和争议;中国证监会授予的其它职责。

机构设置

办公室(党办、纪检办)职责

办公室负责公文运转、人事、财务、行政许可受理、信息统计、信息发布、保密、档案管理、外事管理、会务、行政后勤、安全保卫等工作,并负责联络、协调市委、市政府等部门、中国证监会等相关部门和单位。

党办负责按照党委、纪委要求进行思想政治教育、精神文明建设、组织建设、纪律检查及群团等工作。党办与办公室合署办公。

上市公司监管一处职责

负责对辖区内上市公司进行现场监管;负责对辖区内上市公司的定期报告、临时报告等信息披露文件进行事后审阅;负责对辖区内上市公司治理结构的规范情况进行监管;负责协助上市公司监管部对辖区上市公司重大资产重组、吸收合并、上市公司收购及股东持股变动等涉及上市公司并购重组事宜的申报文件进行审核,并及时上报审核意见;建立上市公司退市风险防范工作制度;建立和完善上市公司风险分类管理机制;负责对辖区内上市公司融资情况进行监管;建立健全上市公司监管协作工作机制;建立辖区内上市公司各类监管档案,保证档案资料的准确、完整。负责监管辖区内拟发行公司的辅导备案工作。

上市公司监管二处职责

负责对辖区内上市公司进行现场监管;负责对辖区内上市公司的定期报告、临时报告等信息披露文件进行事后审阅;负责对辖区内上市公司治理结构的规范情况进行监管;负责协助上市公司监管部对辖区上市公司重大资产重组、吸收合并、上市公司收购及股东持股变动等涉及上市公司并购重组事宜的申报文件进行审核,并及时上报审核意见;建立上市公司退市风险防范工作制度;建立和完善上市公司风险分类管理机制;负责对辖区内上市公司融资情况进行监管;建立健全上市公司监管协作工作机制;建立辖区内上市公司各类监管档案,保证档案资料的准确、完整。负责监管辖区内拟发行公司的辅导备案工作。

机构监管一处职责

机构监管二处职责

机构监管二处负责对辖区内的基金管理公司、基金代销机构、证券投资咨询机构、境外证券类机构驻华北京代表处的日常监管。

基金管理公司监管职责:负责对辖区内的基金管理公司、分支机构进行日常监管,主要包括:基金管理公司的公司治理和内部控制、高级管理人员、基金销售行为、基金信息披露的日常监管等。

日常监管事项:对辖区内的基金管理公司和在本辖区内开展业务的基金管理公司分支机构实施日常监管;审查公司的监察稽核报告,汇总分析后报基金部;建立基金管理公司、分支机构、高级管理人员、基金经理、董事日常监管档案;定期做好数据统计分析工作。

行政许可事项:对基金管理公司境内分支机构设立、变更名称、章程修改(涉及变更股东、注册资本、股东出资比例、住所等重大事项的除外)出具初审意见。

报告审核事项:对基金管理公司在境内设立办事处、变更和撤消分支机构和办事处、除董事长、总经理之外的高级管理人员离职、董事任免、基金经理任免进行审核并将审查结果报告基金部;

现场检查:对基金公司内控和治理情况、辖区内新开业的公司准备设立情况、对辖区内拟任基金管理公司股东的基本情况进行现场核查等并将检查结果报告基金部。

信息披露:对基金的定期报告的合规性进行检查并出具意见;对基金和基金管理公司的临时报告等信息披露文件进行事后审阅;负责基金更新招募说明书的备案审核等。

基金代销机构监管职责:负责对辖区内的基金代销机构进行日常监管。主要包括:

日常监管事项:对基金代销机构销售行为进行日常监管;对代销机构基金宣传推介材料进行审核;对基金宣传推介材料进行媒体监控;建立基金代销机构监管档案。

现场检查:对基金代销机构的基金销售情况、申请基金代销资格的证券公司进行现场检查;协助基金部对辖区内申请基金代销资格的商业银行进行现场核查等并将检查结果报告基金部。

以及证监会基金部交办的其他监管事项。

证券投资咨询机构监管工作:对辖区内的证券投资咨询机构和在本辖区内开展业务的证券投资咨询机构分支机构实施日常监管;对咨询机构进行年度检查并向机构部出具初审意见;审核咨询机构和分支机构的迁址、股权变更等备案事项。其他日常监管事项和证监会交办的其他监管事项。

境外证券类机构驻华北京代表处的监管工作:

1、行政许可事项:辖区内外资证券类机构驻华代表处地址变更;

2、向机构部或基金部出具意见的行政许可事项:

(1)外国证券类机构设立北京代表处

(2)外国证券类机构拟任、变更首席代表

(3) 外国证券类机构北京代表机构名称变更

3、审阅境外证券类机构北京代表处年度报告;

4、其他日常监管事项和证监会交办的其他监管事项。

期货监管处职责

期货监管处负责对北京辖区期货公司、期货营业部的日常监管,负责从事境内外期货套期保值业务的国有企业的日常监管工作。具体包括负责期货公司的日常风险监测和控制,现场和非现场检查工作,保证金安全和资本金监管,治理结构和内部控制的监管,根据中国证监会的授权审核辖区期货机构的有关行政许可事项；负责辖区期货营业部的设立、变更和终止，以及日常监管；负责期货机构高管人员日常监管及根据中国证监会的授权负责相关人员的资格核准；负责辖区期货机构的合规性监管、投诉处理；负责境外期货持证企业的报表分析、风险监控、合规监管及年检。

稽查处

风险处置处职责

风险处置处在中国证监会风险处置办公室工作。

联系我们

值班电话：010－88088060

投诉电话：010－88088086

地址：北京市西城区金融街33号通泰大厦B座10层

邮编：100032

北京证券市场证券公司信息

公司名称	地址	邮编	公司电话	公司传真
北京高华证券有限责任公司	北京市西城区金融大街7号北京英蓝国际金融中心十八层1801－1806，1826－1832室	100140	86－10－66273000	86－10－66273001
东兴证券股份有限公司	北京市西城区金融大街5号新盛大厦B座12－15层	100140	010－66555383	010－66555393
高盛高华证券有限责任公司	北京市西城区金融大街7号北京英蓝国际金融中心十八层1807－1819室	100140	86（10）6627 3333	86（10）6627 3300
航空证券有限责任公司	北京市朝阳区安华里外馆斜街甲一号泰利明苑A座二区4层	100011	010－85285210	010－85285251
华融证券股份有限公司	北京市西城区月坛北街26号恒华国际商务中心9层	100045	010－58568162	010－58568064
民生证券有限责任公司	北京市朝阳区朝阳门外大街16号中国人寿大厦1901室	100020	010－85252626	010－85252629
瑞信方正证券有限责任公司	北京市昌平区回龙观镇金燕龙大厦19层1903、1905号	100069	1088657816	1088657871
瑞银证券有限责任公司	北京市西城区金融大街7号英蓝国际金融中心15层	100140	8.60106E＋12	8.60106E＋12
首创证券有限责任公司	北京市西城区德胜门外大街115号德胜尚城E座	100088	010－59366000	010－59366281
新时代证券有限责任公司	北京西城区金融大街1号A座8层	100140	010－83561000	010－83561001
信达证券股份有限公司	北京市西城区三里河东路5号中商大厦10层	100045	010－88656100	010－88656150
中国国际金融有限公司	中国北京建国门外大街1号国贸大厦2座28层	100004	010－65051166	010－65051156
中国民族证券有限责任公司	北京市朝阳区西坝河南里22号	100032	010－59355588	010－66553216
中国银河证券股份有限公司	北京市西城区金融大街35号2－6层	100032	010－66568888	010－66568532
中信建投证券有限责任公司	北京市东城区朝内大街188号	100010	010－85130588	010－65186588

北京辖区央属上市公司名录

序号	股票代码	公司简称	电话	邮编	地址
1	600007	中国国贸	65053206	100004	北京市朝阳区建外大街1号
2	600011	华能国际	66491016	100031	北京市西城区复兴门南大街丙2号（天银大厦C段西区）
3	600028	中国石化	59962208	100728	北京市朝阳区朝阳门北大街22号
4	600056	中国医药	67121157	100061	北京西三环北路21号久凌大厦　北京市崇文区光明中路18号美康大厦
5	600058	五矿发展	68494205	100044	北京海淀区三里河路5号B座
6	600100	同方股份	82399978	100083	北京清华同方科技广场A座30层
7	600118	中国卫星	68197793	100037	北京海淀区中关村南大街31号神州大厦12漏
8	600138	中青旅	58158777	100007	北京市东城区东直门南大街5号中青旅大厦
9	600161	天坛生物	65724045　65762911－2723	100024	北京朝阳区三间房南里4号院
10	600176	中国玻纤	88028660	100044	北京市海淀区紫竹院南路2号
11	600195	中牧股份	83672399	100070	北京市丰台区南四环西路188号总部基地八区16号楼
12	600198	大唐电信	62303061	100083	北京市海淀区学院路40号
13	600206	有研硅股	62355380	100088	北京市新街口外大街2号
14	600263	路桥建设	64181913	100027	北京东城区东中街9号东环广场A座写字楼8层
15	600270	外运发展	80418268	101312	北京市顺义区天竺空港工业区A区天柱路20天竺物流园
16	600271	航天信息	88439766	100086	北京市海淀区杏石口路甲十八号航天信息园
17	600299	蓝星新材	64428859	100029	北京朝阳区北三环东路19号蓝星大厦七楼
18	600313	中农资源	83607371	100037	北京市西城区阜外大街甲28号京润大厦西楼12层
19	600435	中兵光电	83682722	100070	北京市丰台区科学城星火路7号
20	600489	中金黄金	84121198	100011	北京市安外青年湖北街1号中国黄金大厦
21	600511	国药股份	67262920　13801315431	100077	北京市崇文区永外三元西巷甲12号
22	600536	中国软件	51508519	102200	北京市昌平区昌盛路18号
23	600560	金自天正	63713213	100071	北京市丰台区科学城富丰路6号
24	600582	天地科技	84262803	100013	北京和平里青年沟5号
25	600657	信达地产	62157272	100081	北京市海淀区中关村南大街甲18号　北京·国际C座16层

序号	股票代码	公司简称	电 话	邮 编	地 址
26	600764	中电广通	88578820　88578860－209	100081	海淀区中关村南大街17号韦伯时代中心C座21层
27	600855	航天长峰	88219815	100854	北京市142信箱39分箱(海淀区永定路51号航天数控大楼8层)
28	600890	中房股份	82610018－858	100080	北京市海淀区苏州街18号院长远天地大厦C座二层
29	600900	长江电力	58688890	100032	北京市西城区金融街19号富凯大厦B座23层
30	600962	国投中鲁	68095003	100037	北京市阜成门外大街7号国投大厦15楼
31	600980	北矿磁材	63703379	100067	北京市丰台区右外草桥28号
32	601088	中国神华	58133348	100011	北京市东城区安德路16号洲际大厦1105室
33	601111	中国国航	61461959	101312	北京顺义天竺经济开发区天柱路30号国航总部大楼
34	601186	中国铁建	52688019	100855	北京市复兴路40号
35	601390	中国中铁	51843037	100070	北京市丰台区星火路1号
36	601398	工商银行	66106637	100032	北京西城区复兴门内大街55号
37	601600	中国铝业	82298130	100082	北京市西直门北大街62号
38	601628	中国人寿	64468946	100020	北京市朝阳区朝外大街16号中国人寿大厦
39	601776	中国南车	51862296	100036	北京市海淀区西四环中路16号
40	601857	中国石油	59986868	100007	北京东城区东直门北大街9号
41	601898	中煤能源	82256618	100011	北京市黄寺大街1号
42	601939	建设银行	66215533	100032	北京金融大街25号
43	601988	中国银行	66592581	100818	北京市复兴门内大街1号
44	601991	大唐发电	88008996	100140	北京西城区广宁伯街9号
45	601998	中信银行	65558000	100027	北京东城区朝阳门北大街8号富华大厦C座
46	000065	北方国际	83916909	100053	北京广安门内大街338号港中旅大厦11层
47	000151	中成股份	83676100	100070	北京市丰台区南四环西路188号二区8号楼
48	000504	赛迪传媒	88559066	100044	北京市海淀区紫竹院路66号赛迪大厦17层
49	000666	经纬纺机	84534132	100016	亮马桥路39号第一上海中心7层
50	000758	中色股份	84427898	100029	北京市朝阳区安定路10号中国有色大厦南楼
51	000786	北新建材	82981786 82982787	100096	北京市海淀区西三旗建材城西路16号
52	000798	中水渔业	88067448	100032	北京西城区民丰胡同31号中水大厦613室
53	000839	中信国安	65082288－808	100020	北京朝阳区关东店街1号国安大厦
54	000916	华北高速	58021203	100176	北京经济技术开发区东环北路9号
55	000938	紫光股份	62770938	100084	清华大学紫光大楼
56	000969	安泰科技	62188178	100081	北京市海淀区学院南路76号
57	000970	中科三环	82649988－307	100080	北京市海淀区中关村东路66号甲1号楼27层(世纪科贸大厦A座)
58	002051	中工国际	82688606	100080	北京市海淀区丹棱街3号
59	002066	瑞泰科技	51167282	100024	北京市朝阳区管庄中国建材院主楼四楼

北京辖区市属上市公司名录

序号	股票代码	公司简称	电 话	邮 编	地 址
1	600008	首创股份	64689035	100028	北京市北三环东路8号静安中心7层
2	600015	华夏银行	85238888　85239999	100005	北京市东城区建国门内大街22号华夏银行大厦
3	600037	歌华有线	62368674	100083	北京市海淀区花园北路35号东门
4	600055	万东医疗	84569688	100015	北京市朝阳区酒仙桥东路9号A3
5	600062	双鹤药业	64399089	100102	北京市朝阳区望京利泽东路1号
6	600085	同仁堂	67020018	100062	北京市崇文区东兴隆街52号
7	600159	大龙地产	69446339	101300	北京市顺义区府前东街甲2号411
8	600166	福田汽车	80710479	102206	北京市昌平区沙河镇沙阳路
9	600258	首旅股份	66014466－2376	100031	北京复兴门内大街51号
10	600266	北京城建	82275538	100029	北京市朝阳区北土城西路11号城建开发大厦
11	600361	华联综超	68365027	100037	北京市西城区阜外大街1号四川经贸大厦负2层3号
12	600376	天鸿宝业	66428156	100011	北京市东城区安定门外大街183号京宝花园二层
13	600386	北巴传媒	68423163	100044	北京市海淀区紫竹院路32号
14	600429	三元股份	62848020	100085	北京市海淀区西二旗中路29号
15	600463	空港股份	80489306	101312	北京市顺义区天竺空港工业区A区天柱路28号蓝天大厦三层
16	600578	京能热电	88992758	100041	北京市石景山区广宁路10号
17	600658	兆维科技	84563682	100016	北京市朝阳区酒仙桥路14号
18	600723	西单商场	66024984	100031	北京市西城区西单北大街120号
19	600791	京能置业	62698639	100080	北京市海淀区彩和坊路8号天创科技大厦12层

序号	股票代码	公司简称	电 话	邮 编	地 址
20	600859	王 府 井	85291046　65125960	100006	北京市东城区王府井大街255号
21	600860	北人股份	67802690	100176	北京经济技术开发区荣昌东街6号
22	600861	北京城乡	68296673	100036	北京市海淀区复兴路甲23号
23	601169	北京银行	66223826　66223811	100032	北京西城区金融大街丙17号北京银行大厦
24	601588	北辰实业	64991277	100101	北京朝阳区北辰东路8号汇欣大厦A座707
25	000402	金 融 街	66573088	100140	北京市西城区金融大街19号富凯大厦北楼5层
26	000725	京 东 方	84563454	100016	北京市朝阳区酒仙桥10号
27	000729	燕京啤酒	89490729	101300	北京市顺义区双河路9号
28	000802	北京旅游	60805556	102308	北京市门头沟区石龙工业区泰安路9号
29	000860	顺鑫农业	69427100	101300	北京市顺义区石园西路
30	000959	首钢股份	68875155	100041	北京市石景山区石景山路
31	002186	全聚德	63048992	100051	北京市宣武区前门西河沿街217号

北京辖区民营上市公司名录

序号	股票代码	公司简称	电 话	邮 编	地 址
1	600016	民生银行	68946790	100873	北京市中关村南大街1号友谊宾馆嘉宾楼
2	600240	华业地产	85710735	100025	北京市朝阳区东四环中路39号A座16层
3	600246	万通地产	59070788	100020	北京市朝阳区朝外大街甲6号万通中心写字楼D座4层
4	600405	动 力 源	83681321	100070	北京市丰台区科技园区星火路8号
5	600410	华盛天成	82733615	100085	北京市海淀区学清路8号科技财富中心A座10－11层
6	600485	中创信测	62100109	100081	北京市海淀区中关村南大街甲18号北京国际C座12－14层
7	600588	用友软件	62436838	100085	北京市海淀区北清路68号
8	600288	大恒科技	82827855	100080	北京市海淀区苏州街3号大恒科技大厦15层
9	000605	四环药业	68003377	100037	北京市西城区阜外大街3号东润时代大厦6层
10	000609	绵世股份	65271790	100005	北京市建国门大街19号中纺大厦三层
11	000882	华联股份	88337939	100037	北京市西城区阜成门外大街1号四川大厦东塔17层
12	000902	中国服装	65817498	100029	北京市朝阳区安贞西里三区26号浙江大厦17层
13	000931	中关村	62140037	100081	北京市海淀区白石桥路44号中关村科技发展大厦A座
14	000996	中国中期	82335682	100191	北京市海淀区学院路35号世宁大厦1203室
15	002038	双鹭药业	88792181	100041	北京市石景山区八大处高科技园区中原路9号
16	002065	东华合创	62662188	100086	北京市海淀区中关村紫金数码园3号楼东华合创大厦16层
17	002148	北纬通信	88355725	100044	北京市海淀区首体南路22号国兴大厦五层
18	002151	北斗星通	62965495	100085	北京市上地信息产业基地三街9号金隅嘉华大厦A座10层
19	002153	石基信息	68249356	100039	北京市海淀区复兴路甲65号－A 14层
20	002271	东方雨虹	85762629	101309	北京市顺义区杨镇曾庄顺平南路

北京辖区基金公司名录（截至2009年4月30日）

序号	公司名称	办公地址	联系电话
1	华夏基金管理有限公司	北京市西城区金融大街33号通泰大厦B座8层	88066688
2	嘉实基金管理有限公司	北京市建国门北大街8号华润大厦8层	65188866
3	长盛基金管理有限公司	北京市海淀区北太平庄路18号北京城建大厦A座20－22层	82255818
4	银华基金管理有限公司	北京市东方广场东方经贸城中2办公楼15层	58163000
5	泰达荷银基金管理有限公司	北京市西城区金融大街8号英蓝国际中心2－3层	66577777
6	工银瑞信基金管理有限公司	北京市西城区金融大街丙17号北京银行大厦8层	66583333
7	建信基金管理有限责任公司	北京市西城区金融大街7号英蓝国际中心16层	66228888
8	东方基金管理有限责任公司	北京市西城区金融街28号盈泰商务中心2号楼16层	66295888
9	益民基金管理有限公司	北京市宣武区宣外大街6号庄胜广场中央办公楼南翼13A	63105556
10	中邮创业基金管理有限公司	北京市海淀区西直门北大街60号首钢国际大厦10层	82295160
11	华商基金管理有限公司	北京市西城区阜成门北大街6号国际投资大厦c座15层	58553099

基金公司北京分公司名录（截至2009年4月30日）

序号	公司名称	办公地址	联系电话
1	嘉实基金管理有限公司北京分公司	北京市建国门北大街8号华润大厦8层（东城区）	010－65188866
2	华夏基金管理有限公司北京分公司	北京市西城区金融大街33号通泰大厦B座8层	010－88066855

序号	公司名称	办公地址	联系电话
3	金鹰基金管理有限公司北京分公司	北京市西城区复兴门外大街国家海洋局东配楼4层	010-68525795/3608
4	易方达基金管理有限公司北京分公司	北京市西城区金融大街19号富凯大厦B1703室(100032)	010-66574368
5	广发基金管理有限公司北京分公司	北京市西城区月坛北街2号月坛大厦17楼	010-68083726/3709
6	富国基金管理有限公司北京分公司	北京海淀区西直门北大街60号首钢国际大厦9009	010-58810028
7	华宝兴业基金管理有限公司北京分公司	北京市朝阳区建国门外大街乙12号双子座大厦西塔602室	010-65661580
8	上投摩根基金管理有限公司北京分公司	北京西城区金融街7号英蓝国际金融中心19层1925室	010-58369199
9	华安基金管理有限公司北京分公司	北京西城区金融街23号平安大厦106室	010-66219999
10	天治基金管理有限公司北京分公司	北京市西城区金融大街19号富凯大厦B703A室	010-66578008
11	国泰基金管理有限公司北京分公司	中国北京市西城区金融大街7号英蓝国际金融中心第6层,627-628单元	010-66553055
12	银河基金管理有限公司北京分公司	北京市西城区月坛西街6号A—F座3楼	010-68012633
13	新世纪基金管理有限公司北京分公司	北京市西三环北路11号海通时代商务中心c座	010-68726666
14	南方基金管理有限公司北京分公司	北京市西城区金融大街19号富凯大厦B-1702	010-66573399-3356
15	博时基金管理有限公司北京分公司	北京市建国门内大街18号恒基中心1座23层	010-65171166
16	鹏华基金管理有限公司北京分公司	北京市海淀区三里河路13号中国建筑文化中心北塔楼10层	010-51292260
17	银华基金管理有限公司北京分公司	北京市东方广场东方经贸城C2办公楼10层2-8室	010-58163000
18	大成基金管理有限公司北京分公司	北京市朝阳区朝阳门外大街16号中国人寿大厦1201室	010-85633388
19	融通基金管理有限公司北京分公司	北京金融大街35号国企大厦C座1241-1243室	010-66190999
20	摩根士丹利华鑫基金管理有限公司北京分公司	北京市海淀区中关村南大街1号友谊宾馆雅园64841房间	010-68719599/68498880
21	天弘基金管理有限公司北京分公司	北京市海淀区中关村南大街2号数码大厦A座23层2301-2306	010-82515252
22	长信基金管理有限公司北京分公司	北京市西城区月坛南街甲一号东方亿通大厦3层	010-68042292
23	景顺长城基金管理有限公司北京分公司	北京市西城区金融街A区7号的英蓝国际金融中心9层916-917室	010-66555001
24	益民基金管理有限公司北京分公司	北京市宣武区宣武门外大街6号庄胜广场中央办公楼南翼13A	010-63105556-519
25	长盛基金管理有限公司北京分公司	北京市海淀区北三环中路18号城建大厦A座9层	010-82255818-213
26	友邦华泰基金管理有限公司北京分公司	北京市金融街中国人寿大厦17层1704室	010-66220358/0340
27	国投瑞银基金管理有限公司北京分公司	北京市金融街7号英蓝国际大厦915	010-68095805
28	汇添富基金管理有限公司北京分公司	北京市金融街19号富凯大厦B座709室	010-66575118
29	信达澳银基金管理有限公司北京分公司	北京市西城区月坛北街26号恒华国际大厦写字楼606室	010-58569988
30	海富通基金管理有限公司北京分公司	北京西城区金融大街7号北京英蓝国际金融中心六层F621—622单元	010-58569192
31	申万巴黎基金管理有限公司北京分公司	北京西城区金融大街19号富凯大厦B座1006室	010-66574332
32	中海基金管理有限公司北京分公司	北京西城区复兴门内大街158号远洋大厦F211B	010-66425032
33	长城基金管理有限公司北京管理总部	北京市西城区金融街35号国际企业大厦C1738	010-88091157
34	光大保德信基金管理有限公司北京分公司	北京市东城区建国门外大街7号光华大厦1座802室	010-59111287/288
35	交银施罗德基金管理有限公司北京分公司	北京市西城区金融大街35号国际企业大厦B座1120室	010-88091355
36	泰达荷银基金管理有限公司北京分公司	北京市西城区金融大街7号英蓝国际金融中心南楼三层	010-66577777
37	诺安基金管理有限公司北京分公司	北京市朝阳区光华路甲14号901室	010-65863688
38	泰信基金管理有限公司北京分公司	北京市西城区广成街区号金宸国际公寓1号楼305、306室	010-66215978

基金公司北京投资理财中心名录(截至2009年4月30日)

序号	公司名称	办公地址	联系电话
1	华夏基金管理有限公司北京海淀投资理财中心	北京市海淀区中关村南大街11号光大国信大厦一层(100081)	010-68458998/8698/8718
2	华夏基金管理有限公司北京朝阳投资理财中心	北京市朝阳区东三环中路39号建外SOHO B座0104(100022)	010-58693528/16/26
3	华夏基金管理有限公司北京东中街投资理财中心	北京市东城区东中街29号东环广场B座一层(100027)	010-64185181/82/83
4	华夏基金管理有限公司北京科学院南路投资理财中心	海淀区中关村科学院南路新科祥园甲3号(100080)	010-82523197/98/99
5	华夏基金管理有限公司北京崇文投资理财中心	北京市崇文区安化寺幸福家园一层(100062)	010-67146300/400
6	华夏基金管理有限公司北京西三环投资理财中心	北京市海淀区西三环北路甲35号(100089)	010-68463773/0370
7	华夏基金管理有限公司北京世纪城投资理财中心	北京市海淀区蓝靛厂时雨园甲2-4号(100089)	010-88892832/35
8	华夏基金管理有限公司北京望京投资理财中心	北京市朝阳区望京南湖东园122楼博泰国际商业广场一层F-36号	010-64743055/2505
9	华夏基金管理有限公司北京亚运村投资理财中心	北京市朝阳区惠忠里103号洛克时代中心一层(100101)	010-84871039/1036

北京辖区期货公司名录(2009年4月30日)

序号	期货公司名称	地址	联系电话
1	北京中期期货经纪有限公司	北京市朝阳区东三环北路38号院1号楼泰康金融大厦22层	010-64630966
2	格林期货有限公司	北京市西城区金融街投资广场B座20层	010-66219100
3	冠通期货经纪有限公司	北京市北三环中路2号北京医疗器械研究所六层	010-62361470
4	宏源期货有限公司	北京市海淀区北四环西路67号大地科技大厦1615室	010-82887366

序号	期货公司名称	地址	联系电话
5	中晟期货经纪有限公司	北京市海淀区花园路2号院3号楼	010-62388810
6	天汇期货有限公司(停业)	北京市朝阳区建国路甲92号世贸大厦C座七层	010-85809106
7	金鹏期货经纪有限公司	西城区金融大街27号投资广场B座九层	010-66211412
8	经易期货经纪有限公司	北京市西城区百万庄北街6号	010-68331566
9	北京首创期货经纪有限责任公司	北京市西城区闹市口大街1号长安兴融中心4号楼11层	010-58379300
10	安信期货有限责任公司	北京市东城区北三环东路36号环球贸易中心A座26层	010-59113606
11	五矿海勤期货经纪有限公司	北京市海淀区西三环北路89号中国外文大厦A座907、908、909室	88820508-831
12	银建期货经纪有限责任公司	北京市丰台区方庄芳古园一区29号楼	010-87681330
13	国都期货有限公司	北京市东城区东直门南大街3号国华投资大厦10层	010-64007557
14	中钢期货有限公司	北京市海淀区海淀大街8号A座19层	010-62685676
15	中粮期货经纪有限公司	北京市东城区东直门南大街5号中青旅大厦1201-1208室	010-51230882
16	银河期货经纪有限公司	北京市复兴门外大街A2号中化大厦8层	010-58363212
17	第一创业期货有限责任公司	北京市西城区月坛南街甲1号东方亿通大厦530室	010-68015109
18	中期期货有限公司	北京市朝阳区麦子店西路3号15层1318-1329	010-82337399
19	京都期货经纪有限公司(停业)	北京西城区德胜门外大街115号德胜尚城E座1层	010-59366019
20	北京天星期货经纪有限公司(停业)	北京朝阳区阳光广场写字楼	010-64968369

北京辖区期货营业部名录(截至2009年4月30日)

序号	营业部名称	地址	联系电话
1	海口万汇经纪有限公司北京营业部(已停业)	北京市朝阳区光华路甲8号和乔大厦中庭1层	----
2	黑龙江北亚期货经纪有限公司北京营业部(已停业)	北京市朝阳区安定路39号长新大厦805室	----
3	中谷期货经纪有限公司北京营业部	海淀区西三环中路5号中谷粮油集团209室	010-88514806
4	科信期货经纪有限公司北京营业部	北京市朝阳区马甸裕民路12号元辰鑫大厦8层	010-82253905
5	上海良茂期货经纪有限公司北京营业部	北京市亚运村汇园公寓K座1216-1217室	010-84976985
6	浙江永安期货经纪有限公司北京营业部	北京市东城区金宝街58号华丽大厦6层	010-65120600
7	广发期货经纪有限公司北京营业部	北京市朝阳区安慧里4区15号楼中国五矿大厦9层	010-64923652
8	长城伟业期货经纪有限公司北京营业部	北京市朝阳区北三环东路28号易亨大厦12层1209号	010-64405199
9	华闻期货期货经纪有限公司北京营业部	北京市朝阳区惠忠里A区220	010-59230808-6113
10	上海大陆期货经纪有限公司北京营业部	北京市朝外吉祥里103号中国工艺大厦七层	010-65528153
11	辽宁汇鑫期货经纪有限公司北京营业部	北京市朝阳区北苑路108号A08号	010-82025360
12	浙江中大期货经纪有限公司北京营业部	北京市朝阳区工体东路215号展华商务楼三楼	010-65083298
13	渤海期货经纪有限公司北京营业部	北京市朝外大街乙6号朝外SOHO-23层2306室	010-59002542
14	神华期货经纪有限公司北京营业部	北京市海淀区苏州街18号院D4座3A-01	010-82610292
15	黑龙江天琪期货经纪有限公司北京营业部	北京市朝阳区朝阳门外大街18号丰联广场B座12层1217室	010-65880636
16	大通期货经纪有限公司北京营业部	北京市朝阳区光华路14号嘉都大厦A座605室	010-63356550
17	万杰鼎鑫期货经纪有限公司北京营业部	北京市东三环北路15号恒安大厦M17	010-65069233
18	浙江南华期货经纪有限公司北京营业部	北京市宣武区宣武门外大街28号B座8楼	010-63153363
19	北方期货经纪有限公司北京营业部	北京市朝阳区安贞西里三区26号浙江大厦503、504、505	010-64426088
20	光大期货有限公司北京营业部	北京市西城区月坛北街2号月坛大厦东配楼三层	010-82259796
21	江苏弘业期货经纪有限公司北京营业部	北京市西城区月坛南街甲12号北京万丰怡和商务会馆3层	010-68014881
22	江苏新纪元期货经纪有限公司北京营业部	北京市东城区东直门外大街48号东方银座5层	010-84263892
23	浙江新世纪期货经纪有限公司北京营业部	北京市西城区黄寺大街23号北广大厦1111号	010-82232518
24	道通期货经纪有限公司北京营业部	北京市海淀区板井路79号三层北区	010-88599975
25	东银期货经纪有限公司北京营业部	东三环京广中心商务楼1001室	010-65974689
26	银河期货经纪有限公司北京营业部	北京市朝阳区东三环北路38号北京国际中心4号楼405	010-85879509-618
27	华海期货经纪有限公司北京营业部	北京市海淀区西直门北大街甲43号金运大厦b座1416	010-82211170
28	中信建投期货经纪有限公司北京营业部	北京市东城区朝阳门北大街6号首创大厦207室	010-85282788
29	天富期货经纪有限公司北京营业部	北京市东城区东中街40号元嘉国际A座301	010-64178233
30	万达期货经纪有限公司北京营业部	北京市西城区德外大街123号德胜尚城G座2层	010-59323366
31	鲁证期货经纪有限公司北京营业部	北京市朝阳区西坝河南路1号金泰大厦28层01单元	010-58672060
32	一德期货经纪有限公司北京营业部	北京市西城区车公庄大街9号院1号楼2单元1层1001-1004	88312828-8818
33	国信期货经纪有限公司北京营业部	北京市朝阳区北辰东路8号亚运村汇欣大厦B座705室	010-84981046
34	成都倍特期货经纪有限公司北京营业部	北京市东城区北三环东路36号环球贸易中心A座506	010-58257599
35	迈科期货经纪有限公司北京朝阳门北大街营业部	北京市东城区朝阳门北大街1号新保利大厦11层C	010-64082007
36	中钢期货有限公司北京安外大街营业部	北京市东城区安外大街蒋宅口中联大厦七层701室	010-64252298
37	北京中期期货有限公司北京金融街营业部	北京市西城区金融街7号百盛写字楼7019号	010-66058401

序号	营业部名称	地址	联系电话
38	长江期货经纪有限公司北京新源里营业部	北京市朝阳区新源里16号琨莎中心11层2#2510、2511房	010－84682178
39	中国国际期货经纪有限公司北京朝外大街营业部	北京市朝阳区朝外大街甲六号万通中心B901	010－59071283
40	经易期货经纪有限公司北京樱花西街营业部	北京市朝阳区和平西桥樱花西街18号贵州大厦9层909室	010－64451485
41	乾坤期货经纪有限公司月坛北街营业部	北京市西城区月坛北街2号月坛大厦A座七层A706－A707号	010－68083230
42	北京首创期货经纪有限责任公司北京北辰东路营业部	北京市朝阳区北辰东路8号亚运村1号门	010－84973079
43	金瑞期货经纪有限公司北京金融街营业部	北京市西城区金融街5号新盛大厦1102房	010－66555677
44	宏源期货有限公司北京海淀北一街营业部	北京市海淀区北一街2号首创拓展大厦406室	010－62699689
45	国泰君安期货有限公司北京建国门外大街营业部	北京市朝阳区建国门外大街乙12号双子座大厦东塔29层2901－2902	010－58795766
46	冠通期货经纪有限公司北京知春路营业部	北京市海淀区知春路118号知春大厦A座1001室	010－62576919
47	中粮期货经纪有限公司北京北辰东路营业部	北京市朝阳区北辰东路8号汇欣大厦A401	010－84986951
48	海通期货有限公司南礼士路营业部	北京市西城区南礼士路66号1号楼建威大厦812－815室	010－68086819
49	申银万国期货有限公司北京营业部	北京市朝阳区劲松九区909号楼4楼	010－81523251

北京地区投资咨询机构名录(截至2009年4月30日)

序号	公司名称	地址	联系电话
1	北京海问咨询有限公司	北京市尚都国际中心A座1101	010－58700055
2	北京首证投资顾问有限公司	北京市东城区东四十条甲22号南新仓商务大厦B座1021室	010－51690109
3	和讯信息科技有限公司	北京市朝阳门大街22号泛利大厦10层	010－85650802 010－85650803
4	北京金美林投资顾问有限公司	北京市海淀区苏州街12号西屋国际D座16层	010－82871056
5	北京京放投资管理顾问有限责任公司	北京市西直门外大街135号冠威写字楼北展院内	010－64920429
6	北京清华紫光投资顾问有限责任公司	北京市朝阳区西坝河南路芳馨园东2203	010－84497361
7	北京和君创业投资咨询有限公司	北京市朝阳区慧忠路5号远大中心B座10层	010－84891053
8	北京盛世华商投资顾问有限公司	北京市海淀区中关村南大街6号中电信息大厦15层1509	010－62501530
9	北京金昌投资咨询有限公司	北京市东城区朝阳门北大街8号富华大厦F座18层	010－65541326－511
10	天相投资顾问有限公司	北京市西城区新盛大厦B座4层	010－66045566
11	北京中咨北方投资顾问有限公司	北京市北四环中路华严北里8号北京外国专家大厦1204	010－82846645
12	北京新兰德证券投资咨询有限公司	北京市西城区月坛南街32号银岛商务楼410室	010－68575862
13	北京中和应泰管理顾问有限公司	北京市海淀区大柳树北路17号富海国际港1601室	010－88354297
14	北京东方高圣投资顾问有限公司	北京市朝阳公园南路19号郡王府饭店四宜书屋	010－65024913
15	北京博星投资顾问有限公司	北京市西城区西直门内南小街国英1号大厦1012	010－58561100
16	北京中方信富投资管理咨询有限公司	北京市朝阳区安立路60号润枫德尚大厦B座1702	010－64820553
17	北京君之创证券投资咨询有限责任公司	北京市华严北里甲1号健翔山庄C8座	010－62078002－814
18	北京禧达丰证券投资咨询有限公司	北京市朝阳区朝外大街乙12号昆泰国际大厦写字楼1002室	010－59051107
19	黑龙江荣维投资顾问有限责任公司北京分公司	北京市朝阳区东三环东路9号建外SOHO9号楼12层	010－59001599

上海证券市场

中国证券监督管理委员会上海监管局

上海证监局是中国证监会派驻上海的派出机构，前身为上海市证券管理办公室（隶属于上海市人民政府）。国务院决定建立集中统一的证券监管体制后，1999年7月中国证监会上海证券监管办公室（简称上海证管办）作为中国证监会派出机构正式挂牌。2000年9月，中国证监会决定成立中国证监会上海稽查局。2004年3月，中国证监会上海证管办更名为中国证券监督管理委员会上海监管局，简称中国证监会上海监管局或上海证监局。

根据《证券法》和中国证监会的授权，上海证监局的主要职责是：贯彻执行国家有关法律、法规和方针政策，对辖区内的上市公司，证券期货经营机构、证券投资咨询机构及从事证券期货业务的律师事务所、会计师事务所、资产评估机构等中介机构的证券期货业务活动进行监督管理，依法调查辖区内监管范围的违法、违规案件，调解证券期货业务纠纷和争议，履行中国证监会授予的其他职责。

截止2007年12月，上海证监局在编人员113人，平均年龄约32岁。全局大学本科及以上学历94%，其中硕士研究生学历65%、博士研究生学历5%。具有注册会计师资格的有42人，具有律师资格的有31人，其中同时具有注册会计师及律师资格的5人。

目前，上海证监局内设10个处室，分别为：办公室、党委（纪检监察）办公室、信息调研处、上市公司监管一处、上市公司监管二处、机构监管一处、机构监管二处、期货监管处、稽查一处、稽查二处。各处室主要职责是：

办公室：负责全局公文审核与秘书管理、机要与保密管理、文书与档案管理；信息系统管理；行政许可受理；接待、处理涉及证券期货的来电、来信、来访和举报受理；机关行政事务管理；督办以及全局综合协调工作。

党委（纪检）办公室：按照党委、纪委要求负责思想政治教育、机关党建、群众组织、纪律检查和廉政监察等工作；干部人事管理。

信息调研处：负责证券期货市场相关信息和我局监管工作信息的统计、分析和报送；组织、协调和落实本局课题调研及市政府、证监会相关部门的课题调研；对本局工作中遇到的重要法律问题进行研究，提出处理建议；负责对律师相关证券业务进行监管。

上市公司监管一处：负负责对控股股东在本地的上市公司的日常监管及拟上市公司的备案和辅导监管，牵头负责与证监会上市公司部、会计部协调与沟通；对上海上市公司董秘协会进行业务指导。

上市公司监管二处：负责对控股股东在异地的上市公司的日常监管，牵头负责与发行部的协调、沟通；协助其他派出机构做好协作监管工作；协助对会计师事务所和资产评估机构进行相关业务监管。

机构监管一处：负责对上海注册的证券公司及其所属营业部、各类证券投资咨询公司以及证券类外资代表处进行监管；对上海市证券同业公会进行业务指导。

机构监管二处：负责对辖区内基金管理公司、异地基金管理公司在沪分公司、基金类外资代表处以及异地证券公司在沪的分公司、营业部进行监管。

期货监管处：负责对辖区内期货经纪机构、期货投资咨询机构进行监管以及证监会授权的相关审批事项；对上海市期货同业公会进行业务指导。

稽查一处：负责对辖区内的上市公司、期货机构违法违规案件进行调查；协助证监会市场监管部、稽查二局及我局上市公司监管一处、上市公司监管二处、期货监管处对有关违法违规案件进行调查；协助处理期货市场突发事件。

稽查二处：负责对辖区内证券机构违法违规案件进行调查；协助证监会稽查一局、法律部（限于案件有关的业务）及我局机构监管一处、机构监管二处及其他相关部门对有关违法违规案件进行调查；执行有关送达事项；协助处理证券市场突发事件。

证监局领导

张宁：女，汉族，中国证监会上海监管局党委书记、局长，上海稽查局局长

韩康：男，汉族，中国证监会上海监管局党委委员、纪委书记、副局长

颜旭若：男，汉族，中国证监会上海监管局党委委员、副局长

朱健：男，汉族，中国证监会上海监管局党委委员、局长助理

杨小松：男，汉族，中国证监会上海监管局党委委员、局长助理

唐华铭：男，汉族，中国证监会上海监管局副巡视员

周泽洪：男，汉族，中国证监会上海监管局副巡视员

联系方式

电话总机：021－50121111

热线电话：021－50121047

E－mail：csrcsh@ online. sh. cn

地 址：上海市浦东新区迎春路555号

邮 编：200135

上海证券市场证券公司名录

序号	机构名称	地址	邮编	网址	电话
1	爱建证券有限责任公司	复兴东路673号三楼	200010	www. ajzq. com	63341333
2	长江证券承销保荐有限公司	浦东新区世纪大道88号金茂大厦4901室	200121	www. cjfinancing. com. cn	38784899
3	德邦证券有限责任公司	浦东新区福山路500号建国国际中心26楼	200122	www. Tebon. com. cn	68761616
4	东方证券股份有限公司	中山南路318号新源广场2号楼	200010	www. dfzq. com. cn	63325888
5	光大证券股份有限公司	浦东南路528号证券大厦南塔15.16楼	200120	www. ebscn. com	68816000
6	国泰君安证券股份有限公司	上海银城中路168号上海银行大厦29层	200042	www. gtja. com	38676666
7	海际大和证券有限责任公司	浦东新区富城路99号	200120	www. dssc2004. com	68598000

序号	机构名称	地址	邮编	网址	电话
8	海通证券股份有限公司	广东路689号海通证券大厦	200001	www. htsec. com	23219000
9	航天证券经纪有限责任公司	曹杨路430号	200063	www. casstock. com	62446112
10	华宝证券经纪有限公司	浦东新区世纪大道1600号浦项商务广场12A	200122	www. cnhbstock. com	58311199
11	华欧国际证券有限责任公司	浦东福山路500号城建国际中心15楼	200122	www. cesl. com. cn	38784818
12	上海证券有限责任公司	九江路111号	200002	www. 962518. com	65076608
13	申银万国证券股份有限公司	常熟路171号	200031	www. sywg. com. cn	54033888
14	中银国际证券有限责任公司	浦东银城中路200号中银大厦39楼	200120	www. bocichina. com	68604866

上海证券市场证券类外资代表处

序号	机构名称	地址
1	DBS唯高达香港有限公司上海代表处	上海市浦东陆家嘴环路1233号汇亚大厦2804a室
2	巴克莱证券有限公司上海代表处	浦东新区陆家嘴环路1233号汇亚大厦3102A室
3	宝来证券股份有限公司上海代表处	本市浦东大道138号永华大厦12楼
4	贝尔斯登公司上海代表处	湖滨路202号企业天地大厦1号楼2009室
5	大福证券有限公司上海代表处	陆家嘴东路166号2905室
6	大华证券(香港)有限公司上海代表处	长宁区虹桥开发区兴义路8号507-508室
7	德意志银行股份有限公司(证券业务)上海代表处	浦东新区陆家嘴环路1233号汇亚大厦1801单位
8	法国巴黎百富勤有限公司上海代表处	南京西路1266号5606,07,08室
9	法国兴业证券(香港)有限公司上海代表处	上海市浦东新区世纪大道88号金茂大厦4107室
10	富邦综合证券股份有限公司上海代表处	遵义路100号虹桥上海城A座2111-12室
11	冈三证券股份有限公司	上海市浦东新区浦东南路528号上海证券大厦南塔2007室
12	高盛(中国)有限责任公司上海代表处	上海市长乐路989号世纪商贸广场43楼
13	工商东亚融资有限公司上海代表处	淮海中路300号香港新世界大厦1406(A)室
14	韩国现代证券公司上海代表处	浦东南路528号证券大厦北塔1405室
15	韩华证券股份有限公司上海代表处	浦东世纪大道88号金茂大厦2007室
16	荷银证券亚洲有限公司上海代表处	陆家嘴环路1233号汇亚大厦25楼2503单元
17	花旗环球金融亚洲有限公司上海代表处	浦东新区花园石桥路33号花旗集团大厦34楼
18	嘉诚亚洲有限公司上海代表处	延安东路222号外滩中心3702室
19	建华证券(亚洲)有限公司上海代表处	浦东南路256号华夏银行大厦2405B座
20	杰富瑞投资银行上海代表处	上海市南京西路1168号中信泰富广场1909室
21	金鼎综合证券(维京)股份有限公司上海代表处	娄山关路83号新虹桥中心大厦608室
22	凯基证券亚洲有限公司上海代表处	长宁区仙霞路317号远东国际广场2502-2504
23	里昂证券有限公司上海代表处	上海市湖滨路222号企业天地商业中心1号楼305-310室
24	洛希尔中国控股有限公司上海代表处	上海市南京西路1366号恒隆广场2期3207-3209室
25	麦格理证券(澳大利亚)股份有限公司	徐汇区长乐路989号世纪商贸广场3楼309-311单元。
26	美国雷曼兄弟亚洲投资有限公司	南京西路1168号中信泰富广场3548室
27	美国罗仕证券上海代表处	卢湾区太仓路233号2007室
28	美林国际有限公司上海代表处	长乐路989号世纪商贸广场3609-11室
29	摩根大通证券(亚太)有限公司上海代表处 工商登记名称:香港摩根大通证券(亚太)有限公司上海代表处	浦东陆家嘴金融贸易区陆家嘴环路1000号汇丰大厦31楼
30	摩根士坦利添惠亚洲有限公司上海代表处	南京西路1376号　上海商城西峰700B
31	内藤证券公司上海代表处	茂名南路205号瑞金大厦1101室
32	派杰公司上海代表处	太昌路233号兴茂大厦907-908
33	群益国际控股有限公司上海代表处	浦东南路360号新上海国际大厦18楼
34	日盛嘉富证券国际有限公司上海代表处	浦东南路360号新上海国际大厦19楼E室
35	日兴科迪证券股份有限公司	上海南京西路1515号嘉里中心2202室
36	瑞士信贷(香港)有限公司上海代表处	浦东南路528号上证券大厦南塔17楼
37	瑞穗证券股份有限公司上海代表处	浦东新区陆家嘴环路1000号汇丰大厦24层
38	瑞银证券亚洲有限公司上海代表处	浦东新区花园石桥路33号花旗集团大厦37楼3708室
39	三星证券公司上海代表处	延安西路2201号上海国际贸易中心2601室
40	台证综合证券股份有限公司上海代表处	浦东南路588号浦发大厦11层B单元
41	统一证券(香港)有限公司上海代表处	浦东南路360号新上海国际大厦17楼
42	威廉-博莱	马当路159号416室
43	香港上海汇丰银行有限公司(证券业务)上海代表处	上海市浦东陆家嘴环路1000号汇丰大厦37楼
44	香港致富证券上海代表处	上海陆家嘴东路161号招商局大厦1913室
45	新鸿基投资服务有限公司上海代表处	上海市南京西路338号天安中心1902-1903室

序号	机构名称	地址
46	新加坡大华亚洲(香港)有限公司上海代表处	上海市南京西路1468号中欣大厦3306室
47	星展亚洲融资有限公司上海代表处	上海浦东陆家嘴环路1233号汇亚大厦2804B室
48	野村证券上海代表处	淮海中路381号中环广场725室
49	友利投资证券公司(与友利证券公司上海代表处合并)	世纪大道1600号浦项商务广场2301室
50	元大证券(香港)有限公司上海代表处	江苏路369号24楼C座
51	元富证券(香港)有限公司上海代表处	淮海中路918号久事复兴大厦16楼C座
52	兆丰资本(亚洲)有限公司上海代表处	浦东大道138号永华大厦23楼C座
53	卓亚(企业融资)有限公司上海代表处	浦东东方路710号1504室

上海证券市场证券投资咨询公司名录

序号	名称	地址	邮编	电话
1	上海金汇信息系统有限公司	延平路121号三和大厦23楼	200042	021－62462255
2	上海金信证券研究所有限责任公司	浦东南路500号国家开发银行大厦16楼	200120	021－58400138
3	上海荣正投资咨询有限公司	新华路639号	200030	021－52588686
4	上海森洋投资咨询有限公司	中山北路2911号701室	200061	021－61491270
5	上海申银万国证券研究所有限公司	南京东路99号三楼	200002	021－63295888
6	上海世基投资顾问有限公司	浦东南路528号证券大厦北塔1006室	200120	021－68800198
7	上海天力投资顾问有限公司(暂停业务)	陆家嘴东路166号中国保险大厦32层	200120	021－68419200
8	上海万国股市测评咨询有限公司	张杨路88号7楼	200122	021－58769999
9	上海万盛投资咨询有限公司	延安东路45号20楼	200002	021－63367000
10	上海新兰德证券投资咨询顾问公司	浦东大道2000号阳光世界15楼	200135	021－58607969
11	上海新世纪投资服务有限公司	汉口路398号华盛大厦14楼	200001	021－63500064
12	上海新资源证券咨询有限公司	桃林路18号B座2608室	200135	021－51302888
13	上海亚洲商务投资咨询有限公司	镇宁路200号欣安大厦西峰21A室	200040	021－62958053
14	上海益邦投资咨询有限公司	徐家汇路550号24楼	200120	021－51575678
15	上海涌金理财顾问有限公司	虹桥路2272号虹桥商务大厦6楼M座	200336	021－62376718
16	上海证联投资咨询服务有限责任公司	岳州路58号11楼	200086	021－55958101
17	上海证券综合研究有限公司	浦东大道720号国际航运金融大厦7楼	200120	021－50366166
18	上海中广信息传播咨询有限公司	仙霞路317号B座2505室	200051	021－52579319

上海证券市场基金公司名录

序号	名称	地址	邮编	电话
1	农银汇理基金管理有限公司	上海市浦东新区世纪大道1600号浦项商务广场7楼	200122	021－61095588
2	友邦华泰基金管理有限公司	上海市浦东新区世纪大道88号金茂大厦40层4001室	200121	021－38601657
3	金元比联基金管理有限公司	上海市浦东新区花园石桥路33号花旗集团大厦3608	200120	021－68885823
4	华富基金管理有限公司	上海市浦东南路588号浦发大厦14楼	200120	021－68886996
5	万家基金管理有限公司	上海浦东福山路450号23楼	200122	021－38619999
6	国联安基金管理有限公司	上海市浦东新区世纪大道88号金茂大厦46楼	200121	021－50478080
7	华安基金管理有限公司	上海市浦东南路360号新上海国际大厦38楼	200120	021－38969999
8	浦银安盛基金管理有限公司	上海市淮海中路381号中环广场38楼	200020	021－23212888
9	申万巴黎基金管理有限公司	上海市淮海中路300号香港新世界大厦40楼	200021	021－63353535
10	泰信基金管理有限公司	上海市浦东新区银城中路200号中银大厦42楼	200120	021－50372168
11	诺德基金管理有限公司	上海浦东陆家嘴环路1233号汇亚大厦1201室	200120	021－68879999
12	光大保德信基金管理有限公司	上海延安东路222号外滩中心46层	200002	021－33074700
13	汇添富基金管理有限公司	上海市富城路99号震旦国际大楼21层	200120	021－28932888
14	海富通基金管理有限公司	浦东世纪大道88号金茂大厦3701室	200121	021－38650999
15	信诚基金管理有限公司	上海市浦东陆家嘴东路166号中国保险大厦8楼	200120	021－68649788
16	富国基金管理有限公司	上海市浦东新区花园石桥路33号花旗集团大厦5、6楼	200120	021－68597788
17	天治基金管理有限公司	上海市复兴西路159号	200031	021－64371155
18	中海基金管理有限公司	上海市陆家嘴东路166号34楼	200120	021－38429808
19	中银基金管理有限公司	上海市浦东新区银城中路200号中银大厦45楼	200120	021－38834999
20	中欧基金管理有限公司	上海市浦东新区世纪大道88号金茂大厦47层	200121	021－68609600
21	东吴基金管理有限公司	上海市浦东新区源深路279号	200135	021－50509888
22	银河基金管理有限公司	上海市东大名路908号三楼	200135	021－65956688

序号	名称	地址	邮编	电话
23	长信基金管理有限责任公司	上海市浦东新区银城中路68号时代金融中心9楼	200120	021－61009999
24	交银施罗德基金管理有限公司	上海市浦东新区世纪大道201号10楼	200120	021－61055050
25	兴业全球人寿基金管理有限公司	上海市浦东新区张杨路500号20楼	200122	021－58368998
26	上投摩根基金管理有限公司	上海市浦东新区富城路99号震旦大楼20楼	200120	021－38794999
27	华宝兴业基金管理有限公司	上海市浦东新区世纪大道88号金茂大厦48楼	200121	021－38505888
28	国泰基金管理有限公司	上海市延安东路700号23楼	200001	021－23060288
29	国海富兰克林基金管理有限公司	上海市浦东新区富城路99号震旦大厦18楼	200120	021－68880980
30	汇丰晋信基金管理有限公司	上海市浦东富城路99号震旦大厦35楼	200120	021－38789898

上海证券市场基金类外资代表处

机构名称	办公地址
比利时富通基金管理公司上海代表处	浦东世纪大道88号金茂大厦3705室
荷银投资管理(亚洲)有限公司上海代表处	浦东新区陆家嘴环路1233号汇亚大厦2506室
富达基金(香港)有限公司上海代表处	湖滨路222号企业天地大厦1号楼1503室
大和投资管理(香港)有限公司上海代表处	浦东富城路99号震旦国际大楼1504－c
比利时联合资产管理有限公司上海代表处	陆家嘴花园石桥路33号花旗大厦3616室
联博有限公司上海代表处	陆家嘴环路1233号汇亚大厦26楼2601、2602室
三井住友资产管理股份有限公司上海代表处	南京西路1168号中信泰富1002室
马丁可利投资管理有限公司上海代表处	陆家嘴花园石桥路33号花旗大厦1601－1602室
英国施罗德集团上海代表处	上海浦东新区陆家嘴环路1000号汇丰大厦18楼041室
英国摩利基金管理有限公司上海代表处	花园石桥路33号花旗集团大厦23楼
荷宝基金管理公司上海代表处	陆家嘴环路1000号汇丰大厦18楼142室
未来资产迈普斯资产运用株式会社上海代表处	浦东新区花园石桥路33号花旗大厦2302室

上海证券市场期货公司名录

序号	单位名称	详细地址	邮编	联系电话
1	上海永大期货经纪有限公司	上海市中山北路2550号4楼B座	200063	021－62578155
2	申银万国期货有限公司	上海市新昌路180号2楼	200003	021－63276699
3	上海中期期货经纪有限公司	上海浦东浦电路500号期货大厦11楼	200122	021－61090799
4	上海普民期货经纪有限公司	上海市中山北路2550号820－824	200063	021－62570000
5	光大期货有限公司	上海市福山路458号同盛大厦13楼A座	200122	021－50588058
6	华闻期货经纪有限公司	上海市浦东大道720号国际航运金融大厦22楼	200120	021－50368918
7	上海东亚期货经纪有限公司	上海市浦电路500号2203室	200122	021－68400499
8	上海东证期货有限公司	上海市浦电路500号上海期货大厦14层	200122	021－63325888
9	海证期货有限公司	上海市威海路48号7楼	200003	021－53857272
10	上海浙石期货经纪有限公司	上海浦东新区浦电路438号双鸽大厦10G	200122	021－50586902
11	中信东方汇理期货有限公司	上海市浦东大道1085号C座401室	200135	021－61051166
12	上海通联期货经纪有限公司	上海市陆家嘴环路958号7楼	200120	021－68866986
13	海通期货有限公司	上海市世纪大道1589号长泰国际金融大厦17楼	200122	021－61649910
14	上海东方期货有限责任公司	上海市浦东新区松林路300号1603室	200122	021－68401477
15	东吴期货有限公司	上海市黄浦区陆家浜路1332号4楼	200011	021－61378783
16	上海久恒期货经纪有限公司	上海市浦东新区世纪大道1500号12楼北座	200122	021－68416686
17	上海良茂期货经纪有限公司	上海市打浦路198号	200023	021－63027929
18	上海金城期货经纪有限公司	上海市浦东南路379号金穗大厦8楼C、D座	200120	021－58871741
19	上海金源期货有限责任公司	上海市浦东新区源深路273号(1、2楼)	200135	021－68559999
20	中谷期货经纪有限公司	上海市浦东新区浦电路500号1804层	200122	010－88514802
21	上海中财期货经纪有限公司	上海市浦东新区陆家嘴环路958号23楼	200120	021－68866688
22	上海大陆期货有限公司	上海市凯旋路3131号明申中心大厦25楼	200030	021－54071695
23	国泰君安期货有限公司	上海市延平路121号三和大厦26层	200042	021－52138857
24	上海金鹏期货经纪有限公司	上海市浦电路500号12楼	200122	021－68402805
25	东航期货经纪有限责任公司	上海市吴中路686弄3号D幢16楼	200233	021－64068796

上海证券市场上市公司名录

公司名称	联系地址	联系电话	网址
上海浦东发展银行股份有限公司	中国上海市中山东一路12号	021-63611226	www.spdb.com.cn
上海国际机场股份有限公司	上海市浦东新区启航路900号	021-68341609	www.shairport.com
上海国际港务(集团)股份有限公司	上海市杨树浦路18号(港运大厦)	021-63290660	www.portshanghai.com.cn
上海梅林正广和股份有限公司	上海市通北路400号	021-65419725	www.shanghaimaling.com
上海汽车集团股份有限公司	中国上海市威海路489号	021-50803757	www.saicmotor.com
长发集团长江投资实业股份有限公司	上海市浦东世纪大道1500号9楼	021-68407007	www.cjtz.cn
上海建工股份有限公司	上海市福山路33号	021-68872178	www.shconstruction.cn
上海复星医药(集团)股份有限公司	上海市复兴东路2号	021-63321165	www.fosun.com.cn
上海紫江企业集团股份有限公司	虹桥路2272号虹桥商务大厦7楼C座	021-62377118-805	www.zijiangqy.com
上海开开实业股份有限公司	上海市江宁路565号4楼	021-52138586	www.chinesekk.com
东方国际创业股份有限公司	上海市娄山关路85号A座	021-62789999	www.oie.com.cn
上海浦东路桥建设股份有限公司	上海浦东东方路971号钱江大厦24楼	021-58206677-244	www.pdjs.com.cn
上海家化联合股份有限公司	上海市保定路527号	021-65456400-3725	www.jahwa.com.cn
上海置信电气股份有限公司	上海虹桥路2239号	021-62623388	www.zhixindianqi.com.cn
上海航空股份有限公司	上海市江宁路212号	021-62552072	www.shanghai-air.com
光明乳业股份有限公司	上海市吴中路578号	021-54584520	www.brightdairy.com
上海广电电子股份有限公司	上海市长寿路97号世纪商务大厦26楼	021-62980202-646	www.sva-e.com
上海兴业房产股份有限公司	上海市中山南路1088号18楼	021-63187549	www.sse.com.cn
上海二纺机股份有限公司	上海市场中路687号	021-65318888-2673	www.shefj.com
上海汇通能源股份有限公司	上海南京西路1576号	021-62560000-147	www.china-slimc.com
上海金丰投资股份有限公司	上海市南京西路338号天安中心29楼	021-62496858	www.ehousee.com
上海实业医药投资股份有限公司	淮海中路98号金钟广场16楼	021-53858898	www.siph.com.cn
大众交通(集团)股份有限公司	上海市中山西路1515号大众大厦11楼	021-64289129	www.96822.com
中国第一铅笔股份有限公司	上海浦东金桥出口加工区川桥路1295号	021-58549624	www.chinafirstpencil.com
上海市第一食品股份有限公司	上海市浦东新区张杨路579号(三鑫大厦内)	021-58352625	www.firstfood-cn.com
上海氯碱化工股份有限公司	上海市龙吴路4747号	021-64342640	www.scacc.com
上海海立(集团)股份有限公司	上海浦东金桥出口加工区宁桥路888号	021-58547777	www.highly.com
上海市天宸股份有限公司	上海市长宁区仙霞路8号仲盛金融中心大厦29楼	021-62782233	www.shstc.com
上海金陵股份有限公司	上海市福州路666号26F	021-63222658	www.jin-ling.com
上海嘉宝实业(集团)股份有限公司	上海市嘉定区清河路55号6-7F	021-59529711	www.jbjt.com
上海申达股份有限公司	上海市武宁南路488号智慧广场18楼	021-62328282	www.cnshenda.com.cn
上海输配电股份有限公司	上海市愚园路1395号五楼	021-62102651	www.sptd.com.cn
上海新世界股份有限公司	上海市南京西路2-88号	021-63588888-3322	www.newworld-china.com
上海龙头(集团)股份有限公司	上海市制造局路584号A幢4楼	021-34061116	www.shanghaidragon.com.cn
上海百联集团股份有限公司	上海市南京东路800号新一百大厦18楼	021-63229537	www.bailiangufen.com
上海新华传媒股份有限公司	上海市黄浦区九江路60号五楼	021-61371390	www.xhmedia.com
上海海鸟企业发展股份有限公司	上海市虹桥路2451号2楼	021-62696296	www.600634.com
上海大众公用事业(集团)股份有限公司	上海市中山西路1515号8楼	021-64288888-5609	www.dzug.cn
上海三爱富新材料股份有限公司	上海市漕溪路250号银海大楼A805室	021-64823549	www.sh3f.com
上海广电信息产业股份有限公司	上海市金都路3800号	021-64189198-3522	www.svainfo.com
上海金桥出口加工区开发股份有限公司	上海浦东新金桥路27号1号楼	021-50307702	www.58991818.com
申能股份有限公司	上海市复兴中路1号22楼	021-63900303	www.shenergy.net.cn
上海爱建股份有限公司	上海市零陵路599号	021-64396600	www.aj.com.cn
上海外高桥保税区开发股份有限公司	外高桥保税区富特北路458号3楼	021-50580088	www.shwgq.com
上海城投控股股份有限公司	上海市浦东南路500号国家开发银行大厦39楼	021-58770135	www.rawwater.com.cn
上海飞乐音响股份有限公司	上海市丽园路478号5楼	021-53020606	www.facs.com.cn
上海飞乐股份有限公司	上海市昭化路68号	021-62523309	www.feilo.com.cn
上海豫园旅游商城股份有限公司	中国上海市方浜中路269号	021-63559999	www.yuyuantm.com.cn
上海强生控股股份有限公司	上海市南京西路920号18楼	021-62151181	www.62580000.com.cn
上海陆家嘴金融贸易区开发股份有限公司	中国上海市浦东大道981号	021-58764039	www.shld.com
中华企业股份有限公司	上海市华山路2号中华企业大厦	021-62170088	www.cecl.com.cn
上海交运股份有限公司	上海市平武路38号仁达商务楼三楼	021-62520140-8027	www.jygf.cn

公司名称	联系地址	联系电话	网址
金山开发建设股份有限公司	中国上海市控江路 1690 号	021 - 65021787	www. phoenix. com. cn
上海亚通股份有限公司	上海市崇明县南门路 281 号	021 - 69692714	www. china yatong. com
上海海博股份有限公司	上海市徐汇区宜山路 829 号	021 - 61333275	www. hb600708. com
上海新梅置业股份有限公司	上海市天目中路 585 号新梅大厦 20 楼	021 - 51002068	www. shxinmei. com
上海巴士实业(集团)股份有限公司	上海市淮海中路 398 号世纪巴士大厦	021 - 63848484	www. 84000. com. cn
上海实业发展股份有限公司	上海市淮海中路 98 号金钟广场 19 层	021 - 53858859	www. sidlgroup. com
中路股份有限公司	上海市南汇区南六公路 818 号	021 - 65136974	www. cnforever. com
上海耀华皮尔金顿玻璃股份有限公司	上海市浦东新区济阳路 100 号	021 - 58839305	www. sypglass. com
上海隧道工程股份有限公司	上海市大连路 118 号	021 - 65869999 - 5072	www. stec. net
上海物资贸易股份有限公司	上海市南苏州路 325 号	021 - 63231818 - 4021	www. shwmzx. com
上海益民商业股份有限公司	上海市淮海中路 809 号甲	021 - 64339888	www. yimingroup. com
上海兰生股份有限公司	上海市中山北一路 1230 号	021 - 65445880 - 2041	www. lansheng. com
上海友谊集团股份有限公司	上海市浦东新区商城路 518 号 10 楼	021 - 58792123	www. shfriendship. com. cn
上海东方明珠(集团)股份有限公司	上海浦东世纪大道 1 号	021 - 58791888	www. opg. cn
上海第一医药股份有限公司	上海市黄浦区南京东路 616 号	021 - 63514171	www. dyyy. com. cn
上海申通地铁股份有限公司	上海市桂林路 909 号 3 楼	021 - 63189188	www. shtmetro. com
上海机电股份有限公司	上海市浦东新区民生路 1286 号汇商大厦 9 楼	021 - 68547168	www. chinasec. cn
上海界龙实业股份有限公司	上海市浦东新区川周路 7111 号	021 - 63746888	www. jielong - printing. com
海通证券股份有限公司	上海市广东路 689 号海通证券大厦	021 - 62560000	www. htsec. com
上海九百股份有限公司	上海市常德路 940 号	021 - 62729898 - 838	www. sh9buy. com
上海柴油机股份有限公司	上海市军工路 2636 号	021 - 65745656 - 2207	www. sdec. com. cn
上工申贝(集团)股份有限公司	上海市浦东新区世纪大道 1500 号东方大厦 12 楼	021 - 68407515	www. sgsbgroup. com
上海宝信软件股份有限公司	上海市浦东新区张江高科技园区郭守敬路 515 号	021 - 50801155	www. baosight. com
上海自动化仪表股份有限公司	上海市虹漕路 41 号	021 - 54260980	www. saic. sh. cn
上海海欣集团股份有限公司	上海市福州路 666 号金陵海欣大厦 18 楼	021 - 63917000	www. haixin. com. cn
上海张江高科技园区开发股份有限公司	上海市浦东新区松涛路 560 号张江大厦 A 座 9 - 10 楼	021 - 50800018	www. 600895. com
上海锦江国际旅游股份有限公司	上海市延安东路 100 号联谊大厦 27 楼	021 - 63296636	www. jjtravel. com
上海锦江国际实业投资股份有限公司	上海市延安东路 100 号联谊大厦 28 楼	021 - 63218800	www. jjtz. com
上海锦江国际酒店发展股份有限公司	上海市延安东路 100 号联谊大厦 25 楼	021 - 63217132	www. jinjianghotels. sh. cn
上海阳晨投资股份有限公司	上海市徐家汇路 555 号 10 楼 C 座	021 - 63901001	www. sse. com. cn
双钱集团股份有限公司	上海市四川中路 63 号	021 - 33024666 - 6378	www. cstarc. com
中国太平洋保险(集团)股份有限公司	上海市浦东新区银城中路 190 号交银金融大厦南楼	021 - 58776688	www. cpic. com. cn
上海棱光实业股份有限公司	上海市龙吴路 4900 号	021 - 51161618	
上海美特斯邦威服饰股份有限公司	上海市南汇区康桥镇康桥东路 800 号	021 - 38119999	www. metersbonwe. com
上海市医药股份有限公司	上海市延安西路 1566 号龙峰大厦	021 - 52588888	www. shaphar. com. cn
上海中西药业股份有限公司	上海市嘉定区外青松公路 446	021 - 51653688	www. zhongxi. com. cn
华丽家族股份有限公司	虹桥路 2272 号虹桥商务中心 3 楼 L 座	021 - 62376199	www. wholewise. com
上海海得控制系统股份有限公司	上海市徐汇区宜山路 900 号科技开发大楼 B 区 17 楼	021 - 54235333	www. hite. com. cn/
华夏建通科技开发股份有限公司	上海市打浦路 1 号金玉兰广场 605 室	021 - 53960935	
上海科华生物工程股份有限公司	上海市钦州北路 1189 号	021 - 64850088	www. skhb. com
上海联华合纤股份有限公司	上海市浦东新区浦电路 480 号浦项商务广场 12 楼	021 - 61103869	www. lh - fibre. com
丹化化工科技股份有限公司	上海市闵行区虹许路 788 号 61 室	021 - 64016422	
上海威尔泰工业自动化股份有限公司	上海市虹中路 263 号	021 - 64656465	www. welltech. com. cn
宝山钢铁股份有限公司	上海市宝山区牡丹江路 1813 号宝山宾馆南楼	021 - 26647000	www. baosteel. com
上海电力股份有限公司	上海市中山南路 268 号 36 层	021 - 51171016	www. shanghaipower. com
中海发展股份有限公司	上海市东大名路 700 号海运大楼	021 - 65967160	www. cnshippingdev. com
中国联合通信股份有限公司	上海市长宁区长宁路 1033 号 29 楼	021 - 52732228	www. chinaunicom - a. com
中纺投资发展股份有限公司	上海市延安西路 1228 号嘉利大厦 33 层	021 - 62818687	www. sinotex - ctrc. com. cn
中船江南重工股份有限公司	上海市鲁班路 600 号江南造船大厦 11 楼江南重工董事会办公室	021 - 53023456 * 672	www. jnhi. com
东风电子科技股份有限公司	上海市中山北路 2000 号中期大厦 22 楼	021 - 62033003 * 52	www. detc. com. cn
中视传媒股份有限公司	上海市浦东新区福山路 450 号新天国际大厦 17 层 A 座	021 - 68765168	www. ctv - media. com. cn
上海华源股份有限公司	上海市浦东陆家嘴东路 161 号招商局大厦 31 楼	021 - 58799888	www. worldbest. sh. cn
中国东方航空股份有限公司	上海市虹桥路 2550 号	021 - 62686268	www. ce - air. com
中国船舶工业股份有限公司	上海市浦东大道 1 号中国船舶大厦 12B 层	021 - 58461891	www. hhm. com. cn

公司名称	联系地址	联系电话	网址
上海航天汽车机电股份有限公司	上海市漕溪路 222 号航天大厦南楼 8 楼	021－64827176	www.saae－ch.com
上海振华港口机械(集团)股份有限公司	上海市浦东南路 3470 号	021－58396666	www.zpmc.com
上海现代制药股份有限公司	上海市愚园路 858 号 201 室	021－62510990－806	www.smpharm.com
上海中科合臣股份有限公司	上海市法华镇路 455－3 号	021－62811555	www.synica.com.cn
中化国际(控股)股份有限公司	上海市浦东新区世纪大道 88 号金茂大厦三区 18 层	021－50475048	www.sinochemintl.com
上海大屯能源股份有限公司	上海浦东新区浦东南路 256 号(华夏银行大厦 12 层)	021－68865597	www.sdtny.com
上海交大昂立股份有限公司	上海市宜山路 700 号	021－54271688	www.onlly.com.cn
上海九龙山股份有限公司	上海市淮海中路 1045 号淮海国际广场 43 楼	021－64675252＊6566	www.ninedragon.com.cn
方正科技集团股份有限公司	上海市浦东南路 360 号新上海国际大厦 36 层	021－58407668＊654	www.foundertech.com
上海宽频科技股份有限公司	上海市浦东新区东方路 989 号中达广场 20 楼	021－68865700	www.i600608.com
中国纺织机械股份有限公司	上海市长阳路 1687 号	021－65432970＊512	www.ctmco.com.cn
上海永生数据科技股份有限公司	上海市威海路 128 号长发大厦 613 室	021－53750009	www.613904.com
上海鼎立科技发展(集团)股份有限公司	上海市浦东新区王桥路 999 号中邦商务园 1037 号	021－58383188＊203	www.600614.com
上海丰华(集团)股份有限公司	上海市浦东新区浦建路 76 号自由国际广场 9 层	021－50903399	www.fenghwa.com.cn
上海复旦复华科技股份有限公司	上海市国权路 525 号	021－63872288	www.forwardgroup.com
中卫国脉通信股份有限公司	上海市江宁路 1207 号国脉大厦	021－62762171	www.chinasatcomgm.com
上海万业企业股份有限公司	上海市浦东大道 720 号上海国际航运金融大厦 9 层	021－50367718	www.600641.com.cn
上海望春花(集团)股份有限公司	天津市和平区大理道 106 号	022－23318350－8007	www.met－china.com
上海同达创业投资股份有限公司	上海市浦东新区金新路 58 号银桥大厦 2 楼	021－58545898	
上海爱使股份有限公司	上海市肇嘉浜路 666 号	021－64710022＊8818	www.sh－ace.com
上海申华控股股份有限公司	上海市宁波路 1 号	021－63372010	www.600653.com.cn
上海华源制药股份有限公司	上海市中山北路 1715 号浦发广场 E 座 2306 室	021－61398656	www.600656.com
上海交大南洋股份有限公司	上海市番禺路 667 号六楼	021－62814035＊67	www.jd－ny.com
天地源股份有限公司	陕西省西安市高新技术产业开发区科技路 33 号高新国际商务中心数码大厦 27 层	029－88337081	www.tande.cn
上海普天邮通科技股份有限公司	上海市宜山路 700 号	021－64832699	www.shpte.com.cn
中国石化上海石油化工股份有限公司	上海市金山区金一路 48 号	021－57943143	www.spc.com.cn
上海多伦实业股份有限公司	上海市虹口区溧阳路 1300 号	021－56715833	www.linca－sh.com
中国高科集团股份有限公司	上海市浦东新区新金桥路 1122 号方正大厦 9、10 层。	021－50326011	www.chinahitech.com.cn
上海华源企业发展股份有限公司	上海市浦东新区商城路 660 号乐凯大厦 20－21 层	021－68875566＊2022	www.shworldbest.com
运盛(上海)实业股份有限公司	上海市银城中路 168 号上海银行大厦 22 层 2201－2205 室	021－68590767	www.winsan.cc
上海辅仁实业(集团)股份有限公司	上海市建国西路 285 号(科投大厦)13 楼	021－51573876	www.shfuren.com
安信信托投资股份有限公司	上海市广东路 689 号海通证券大厦 29 层	021－63410710	www.anxintrust.com
上海宏盛科技发展股份有限公司	上海市浦东新区商城路 618 号良友大厦 15 楼	021－58765800	www.norcent.com.cn
上海世茂股份有限公司	上海市浦东新区银城中路 68 号时代金融中心 36 楼	021－38611566	www.shimao.com.cn
上海同济科技实业股份有限公司	上海市中山北二路 1121 号(同济科技大厦)17 楼	021－65985860	www.tjkjsy.com.cn
上海华东电脑股份有限公司	上海市桂林路 418 号	021－64362789	www.shecc.com
上海汇丽建材股份有限公司	上海市南汇区康桥工业区康桥东路 299 号	021－58138718	www.huili.com
华源凯马股份有限公司	上海市中山北路 1958 号华源世界广场 10 楼	021－62034925	www.kama.com.cn
招商局能源运输股份有限公司	上海市中山东一路 9 号	021－63234803	www.omenergyshipping.com
上海凌云实业发展股份有限公司	上海市松林路 300 号期货大厦 14 楼	021－68400880	www.elingyun.com
交通银行股份有限公司	上海市浦东新区银城中路 188 号	021－58766688	www.bankcomm.com
中国海诚工程科技股份有限公司	上海市宝庆路 21 号	021－64314018	www.haisum.com
上海大江(集团)股份有限公司	上海闵行区莲花路 1555 号华一大厦 7 楼	021－34225027	www.dajiang.com
三毛企业(集团)股份有限公司	上海斜土路 791 号	021－63059496	www.600689.com
上海斯米克建筑陶瓷股份有限公司	上海市闵行区浦江镇三鲁公路 2121 号	021－64110567	www.cimic.com
上海延华智能科技股份有限公司	上海市西康路 1255 号普陀科技大厦 6 楼	021－61818686	www.chinaforwards.com
上海白猫股份有限公司	上海市金沙江路 1829 号	021－32023251	www.stof.com.cn
上海汉钟精机股份有限公司	上海市金山区枫泾镇亭枫公路 8289 号	021－57350280	www.hanbell.com.cn/
思源电气股份有限公司	上海市闵行区金都路 4399 号	021－54833010	www.syec.com.cn/
上海新黄浦置业股份有限公司	上海市北京东路 668 号东楼 32 层	021－53086681	www.600638.com
上海贝岭股份有限公司	上海市漕河泾开发区宜山路 810 号	021－64853333	www.belling.com
上海莱士血液制品股份有限公司	上海市闵行经济技术开发区北斗路 55 号	64303911－278	www.raas－corp.com
上海海隆软件股份有限公司	上海市徐汇区肇嘉浜路 1033 号徐家汇国际大厦 5 楼	021－64689626	www.hyron.com
中海集装箱运输股份有限公司	浦东新区福山路 450 号	021－65966857	www.cscl.com.cn

2008 年 6 月份沪市股票市场情况

本月股指大幅回落，成交量大幅萎缩，总市值减少。上证综指开盘 3426.2 点，最高 3483.61 点，最低 2693.4 点，收盘 2736.1 点，较上月底下跌 20.3%，今年以来累计跌幅达 48%。

本月，沪市股票成交额 11241.5 亿元，同比减少 68%；沪深两市成交总额为 16738.3 亿元，同比减少 59%。

1－6 月，沪市累计股票成交额 113655 亿元，同比减少 26.5%。沪深两市累计成交总额 168544.8 亿元，同比减少 28.4%。截至 6 月底，沪市总市值 14.5 万亿元，今年以来累计减少 12.5 亿元。

2008 年 7 月份沪市股票市场情况

本月股指小幅上涨，成交额同比下降，总市值较上月略增。上证综指开盘 2743.16 点，最高 2952.04 点，最低 2566.53 点，收盘 2775.72 点，较上月底上涨 1.5%，今年以来累计跌幅达 47%。本月，沪市股票成交额 15,262 亿元，同比减少 28%；沪深两市成交总额为 23,163 亿元，同比减少 29%。

1－7 月，沪市累计股票成交额 128,917 亿元，同比减少 27%。沪深两市累计成交总额 191,708 亿元，同比减少 28%。截至 7 月底，沪市总市值 14.7 万亿元，今年以来累计减少 12.3万亿元。

2008 年 8 月份沪市股票市场情况

本月股市下跌，成交量大幅萎缩创年内新低，总市值大幅减少。

上证综指开盘 2751.02 点，最高 2830.76 点，最低 2284.58点，收盘 2397.37 点，较上月末收盘下跌 13.6%。本月，沪市股票成交额 7842.3 亿元，较上月减少 48.6%，同比减少 77.8%；沪深两市成交总额为 11,719.4 元，较上月减少 49.4%，同比减少 78.5%。

1－8 月，沪市累计股票成交额 136,759.3 亿元，同比减少 35.3%。沪深两市累计成交总额 203,427.5 亿元，同比减少 36.9%。截至 8 月底，沪市总市值 12.7 万亿元，今年以来累计减少 14.3 万亿元。

2008 年 9 月份沪市股票市场情况

本月股市在创出新低后出现反弹，9 月 19 日两市 A 股全线涨停。成交额较上月有所回升，总市值减少。

上证综指开盘 2380.47 点，最高 2380.47 点，最低 1802.33点，收盘 2293.78 点，较上月末收盘下跌 4.3%。本月，沪市股票成交额 8735.8 亿元，较上月增加 11.4%，同比减少 71.1%；沪深两市成交总额为 12086.9 亿元，较上月增加 3.1%，同比减少 73.8%。截至 9 月底，沪市总市值 12.2 万亿元，较上月底减少 0.5 万亿元；沪深两市总市值 14.8 万亿元，较上月底减少 0.7 万亿元。

1－9 月，沪市累计股票成交额 145495.1 亿元，同比减少 39.8%。沪深两市累计成交总额 173109.1 亿元，同比减少 53%。

2008 年 10 月份沪市股票市场情况

本月股指大幅下跌，成交额较上月萎缩，总市值大幅减少。

上证综指开盘 2267.39 点，最高 2267.39 点，最低 1664.93点，收盘 1728.79 点，较上月末收盘下跌 24.6%。本月，沪市股票成交额 7,296 亿元，较上月减少 16.5%，同比减少 69.4%；沪深两市成交总额为 10,363.9 亿元，较上月减少 14.3%，同比减少 70.3%。截至 10 月底，沪市总市值 9.2 万亿元，较上月底减少 3 万亿元。

1－10 月，沪市累计股票成交额 152,181.6 亿元，同比减少 42.5%。沪深两市累计成交总额 225,754.5 亿元，同比减少 44%。

2008 年 11 月份沪市股票市场情况

本月股指反弹，成交额较上月放大，总市值增加。

上证综指开盘 1713.76 点，最高 2050.88 点，最低 1678.96点，收盘 1871.16 点，较上月末收盘上涨 8.2%。本月，沪市股票成交额 11,795.2 亿元，较上月增加 61.7%，同比减少 31.3%；沪深两市成交总额为 17,014.9 亿元，较上月增加 64.2%，同比减少 31.8%。截至 11 月底，沪市总市值 9.9 万亿元，较上月底增加 0.7 万亿元。

1－11 月，沪市累计股票成交额 163,901.6 亿元，同比减少 41.8%。沪深两市累计成交总额 242,694.3 亿元，同比减少 43.2%。

2008 年 12 月份沪市股票市场情况

1、股指全年跌幅近 2/3，总市值大幅缩水

12 月份，上证综指震荡走低，开盘 1865.74 点，收盘 1820.81 点，下跌 2.7%，全年累计跌幅 65.4%。截至 12 月底，沪市总市值 9.7 万亿元，较年初缩水 64.1%；沪深两市总市值 12.1 万亿元，缩水 63%。

2、沪市全年成交额约 18 万亿，同比减少约四成

12 月份，沪市股票成交额 15,585.5 亿元，同比减少 21%。沪深两市成交总额 23,388.9 亿元，同比减少 19.5%。

全年，沪市累计股票成交额 179,425.6 亿元，比上年减少 41.3%。沪深两市累计成交总额 265,510.5 亿元，比上年减少 42.3%。

2009 年 1 月份沪市股票市场情况

本月股指反弹，成交额减少，总市值增加。

上证综指开盘 1849.02 点，最高 2018.51 点，最低 1844.09点，收盘 1990.66 点，较上月末收盘上涨 9.3%。

本月，沪市股票累计成交额 9,721.5 亿元，较上月减少 37.6%，同比减少 68.2%；日均成交额 648 亿元，较上月减少 4.4%，同比减少 53.5%。沪深两市累计成交总额 14,855.7 亿元，较上月减少 36.5%，同比减少 67.9%；日均成交额 990 亿元，较上月减少 2.7%。

截至 1 月底，沪市总市值 10.6 万亿元，较上月底增加 0.9 万亿元；沪深两市总市值 13.3 万亿元，较上月底增加 1.2 万亿元。

2009 年 2 月份沪市股票市场情况

本月股指先扬后抑,成交额大幅放大,总市值增加。

上证综指开盘 2008.13 点,最高 2402.81 点,最低 1987.13点,收盘 2082.85 点,较上月末收盘上涨 4.6%。

本月,沪市股票累计成交额 26,268.9 亿元,较上月增加 1.7 倍,同比增加 85.3%;日均成交额 1313.4 亿元,较上月增加 1 倍,同比增加 48%。沪深两市累计成交总额 40,288.7 亿元,较上月增加 1.7 倍,同比增加 91.3%。

截至 2 月底,沪市总市值 11.2 万亿元,较上月底增加 0.6 万亿元。

1-2 月,沪市累计股票成交额 35,993.2 亿元,同比减少 19.6%。沪深两市累计成交总额 55,165.1 亿元,同比减少 18.2%。

2009 年 3 月份沪市股票市场情况

本月股指上扬,成交额环比减少、同比增加,总市值增加。

上证综指开盘 2066.23 点,最高 2392.77 点,最低 2037.02点,收盘 2373.21 点,较上月底上涨 13.9%,为一季度最大月度涨幅。一季度股指累计上涨 30.3%。

本月,沪市股票累计成交额 24,963.8 亿元,较上月减少 5%,同比增加 29%;日均成交额 1154.6 亿元,较上月减少 12.1%,同比增加 22%。沪深两市累计成交总额 37,386.1 亿元,较上月减少 7.2%,同比增加 31.6%。截至 3 月底,沪市总市值 12.7 万亿元,较上月底增加 1.5 万亿元。

一季度,沪市累计股票成交额 60,946.2 亿元,同比减少 5%。沪深两市累计成交总额 92,465 亿元,同比减少 3.4%。

2009 年 4 月份沪市股票市场情况

本月股指上扬,成交额增加,总市值增加。

上证综指开盘 2380.98 点,最高 2579.22 点,最低 2331.88点,收盘 2477.57 点,较上月底上涨 4.4%。

本月,沪市股票累计成交额 29,995.3 亿元,较上月增加 20%,同比增加 61.6%;日均成交额 1468.7 亿元,较上月增加 27.2%,同比增加 51.5%。沪深两市合计成交总额 45,616.5 亿元,较上月增加 22%,同比增加 70%。截至 4 月底,沪市总市值 13.3 万亿元,较上月底增加 0.6 万亿元。

1-4 月,沪市累计股票成交额 90,959.2 亿元,同比增加 10%。沪深两市累计成交总额 138,233.8 亿元,同比增加12.6%。

2009 年 5 月份沪市股票市场情况

本月股指上扬,成交额同比增加,总市值增加。

上证综指开盘 2486.69 点,最高 2688.11 点,最低 2486.23点,收盘 2632.93 点,较上月底上涨 6.27%。

本月,沪市股票累计成交额 24,126.5 亿元,较上月减少 19.6%,同比增加 22.4%;日均成交额 1402.8 亿元,较上月减少 4.5%,同比增加 33.7%。沪深两市合计成交总额 36,990 亿元,较上月减少 18.9%,同比增加 26%。截至 5 月底,沪市总市值 14.1 万亿元,较上月底增加 0.8 万亿元。

1-5 月,沪市累计股票成交额 115,066 亿元,同比增加 12.3%。沪深两市累计成交总额 175,127 亿元,同比增加 15.2%。

2009 年 6 月份沪市股票市场情况

1、上半年沪指涨幅 62.5%,总市值约 16 万亿

6 月份,上证综指开盘 2668.4 点,收盘 2959.36 点,上涨 12.4%,上半年累计涨幅 62.5%。截至 6 月底,沪市总市值 15.9 万亿元,较年初增加 63.9%;沪深两市总市值 20.2 万亿元,较年初增加 66.6%。

2、沪市上半年成交额 14.6 万亿,同比增加近 3 成

6 月份,沪市股票成交额 30,749 亿元,环比增加 27.4%,同比增加 1.7 倍;日均成交额 1441 亿元,环比增加 2.8%,同比增加 1.5 倍。沪深两市合计成交总额 46,056 亿元,环比增加 24.5%,同比增加 1.7 倍。

上半年,沪市累计股票成交额 145,834 亿元,同比增加 28.3%。沪深两市累计成交总额 221,203 亿元,同比增加 31.1%。

2008 年 6 月份沪市基金交易情况

本月基金指数大幅下跌,成交量萎缩。上证基金指数开盘 4164.77 点,收盘 3502.69 点,较上月底下跌 16.2%。本月,沪市基金成交额 258.8 亿元,较上月减少 28.6%。沪深两市成交总额 380 亿元,较上月减少 34.2%。

1-6 月,沪市累计基金成交额 2170.7 亿元,同比减少 2.8%。沪深两市累计成交总额 3527.8 亿元,同比减少 15%。

2008 年 7 月份沪市基金交易情况

本月基金指数小幅下跌,成交量有所回升。上证基金指数开盘 3502.79 点,收盘 3424.38 点,较上月底下跌 2.2%。本月,沪市基金成交额 319 亿元,较上月增加 23%。沪深两市成交总额 438 亿元,较上月增加 15%。

1-7 月,沪市累计基金成交额 2329 亿元,同比减少 9.4%。沪深两市累计成交总额 3970 亿元,同比减少 17%。

2008 年 8 月份沪市基金交易情况

本月基金指数下跌,成交量减少。上证基金指数开盘 3406.27 点,收盘 3152.82 点,较上月底下跌 7.9%。本月,沪市基金成交额 213.3 亿元,较上月减少 33.1%。沪深两市成交总额 283.1 亿元,较上月减少 35.3%。

1-8 月,沪市累计基金成交额 2542.3 亿元,同比减少 15.6%。沪深两市累计成交总额 4252.8 亿元,同比减少 25.2%。

2008 年 9 月份沪市基金交易情况

本月基金指数下跌,成交量增加。上证基金指数开盘 3123.81 点,收盘 2939.88 点,较上月底下跌 6.8%。本月,沪市基金成交额 282.8 亿元,较上月增加 35.6%。沪深两市成交总额 373.3 亿元,较上月增加 31.9%。

1-9 月,沪市累计基金成交额 2825.1 亿元,同比减少 11.1%。沪深两市累计成交总额 4626.1 亿元,同比减少 26.2%。

2008 年 10 月份沪市基金交易情况

本月基金指数下跌，成交额减少。上证基金指数开盘2870.55 点，收盘 2281.48 点，较上月底下跌 22.4%。本月，沪市基金成交额 243.9 亿元，较上月减少 13.8%。沪深两市成交总额 309.8 亿元，较上月减少 17%。

1－10 月，沪市累计基金成交额 3069 亿元，同比减少14.6%。沪深两市累计成交总额 4935.9 亿元，同比减少28%。

2008 年 11 月份沪市基金交易情况

本月基金指数上涨，成交额增加。上证基金指数开盘2270.79 点，收盘 2408.42 点，较上月底上涨 5.6%。本月，沪市基金成交额 306.5 亿元，较上月增加 25.7%。沪深两市成交总额 409.8 亿元，较上月增加 32.3%。

1－11 月，沪市累计基金成交额 3337 亿元，同比减少12.46%。沪深两市累计成交总额 5345.7 亿元，同比减少29.8%。

2008 年 12 月份沪市基金交易情况

12 月份，沪市基金成交额 340.9 亿元，同比增加 5.2%，主要是上证 50ETF 成交比较活跃。沪深两市成交总额 479 亿元，同比减少 12.9%。

全年，沪市累计基金成交额 3,677.9 亿元，同比减少12.5%。沪深两市累计成交总额 5,740.8 亿元，同比减少27.4%。

2009 年 1 月份沪市基金交易及规模情况

1、基金交易情况

基金指数上扬，成交额减少。上证基金指数开盘2541.64 点，收盘 2788.51 点，较上月底上涨 11%。本月，沪市基金成交额 178 亿元，同比减少 48.4%。沪深两市成交总额 238.4 亿元，同比减少 65.7%。

2、基金规模情况

本月，上海的基金管理公司共发行 2 只开放式基金，总规模 57.8 亿元，占全国的 57.2%。截至 1 月底，上海基金公司共管理基金份额 8410 亿份，占全国的 32.6%；基金净值 6479 亿元，占全国的 32%

2009 年 2 月份沪市基金交易及规模情况

1、基金交易情况

基金指数上涨，成交额增加。上证基金指数收盘2844.56 点，较上月底上涨 2%。本月，沪市基金成交额 453.9 亿元，同比增加 1.7 倍。沪深两市成交总额 682 亿元，同比增加 1.1 倍。

1－2 月，沪市累计基金成交额 632 亿元，同比增加23.5%。沪深两市累计成交总额 938.2 亿元，同比增加 15%。

2、基金规模情况

本月，上海的基金管理公司共发行 1 只开放式基金，总规模 22.6 亿元。截至 2 月底，上海基金公司共管理基金份额 8468 亿份，占全国的 32.7%，与年初基本持平；基金净值 6676 亿元，占全国的 32.1%。

2009 年 3 月份沪市基金交易及规模情况

1、基金交易情况

基金指数上涨，成交额同比增加。上证基金指数收盘3177.7 点，较上月底上涨 14%。本月，沪市基金成交额 435.2 亿元，环比减少 4.1%，同比增加 29.7%。沪深两市成交总额701.3 亿元，环比增加 2.8%，同比增加 35%。

一季度，沪市累计基金成交额 1067.2 亿元，同比增加10.1%。沪深两市累计成交总额 1639.4 亿元，同比基本持平。

2、基金规模情况

本月，上海的基金管理公司共发行 8 只开放式基金，总规模 134.1 亿元，占全国的 44.2%。截至 3 月底，上海基金公司共管理基金份额 8,550 亿份，占全国的 32.6%；基金净值7,297亿元，占全国的 32%。

2009 年 4 月份沪市基金交易及规模情况

1、基金交易情况

基金指数上涨。上证基金指数收盘 3322.8 点，较上月底上涨 4.6%。本月，沪市基金成交额 492.7 亿元，环比增加13%，同比减少 14%。沪深两市成交总额 628.3 亿元，环比减少 10.4%，同比减少 26.8%。

1－4 月，沪市累计基金成交额 1559.8 亿元，同比基本持平。沪深两市累计成交总额 2267.7 亿元，同比减少 11.8%。

2、基金规模情况

本月，上海的基金管理公司共发行 7 只开放式基金，总规模 196 亿元，占全国的三分之二。根据最新季报，截止 3 月底，上海基金公司共管理基金份额 7844 亿份，较年初减少6%；基金净值 7269.5 亿元，较年初增加 17%。

2009 年 5 月份沪市基金交易及规模情况

1、基金交易情况

基金指数上涨。上证基金指数收盘 3621.6 点，较上月底上涨 9%。本月，沪市基金成交额 375.8 亿元，环比减少23.7%，同比增加 4.1%。沪深两市成交总额 513.5 亿元，环比减少 18.3%，同比减少 1.6%。

1－5 月，沪市累计基金成交额 1935.6 亿元，同比增加11.4%。沪深两市累计成交总额 3039.1 亿元，同比减少 2%。

2、基金规模情况

本月，上海的基金管理公司共发行 3 只开放式基金，总规模 50.3 亿元，占全国的 26%。截止 5 月底，上海基金公司共管理基金份额 8132 亿份，占全国的 33.8%；基金净值 7268 亿元，占全国的 33.1%。

2009 年 6 月份沪市基金交易及规模情况

1、基金交易情况

基金指数上涨。上证基金指数收盘 4044.2 点，较上月底上涨 11.7%。本月，沪市基金成交额 516 亿元，环比增加37%，同比增加 1 倍。沪深两市成交总额 807 亿元，环比增加

57%，同比增加1.2倍。

上半年，沪市累计基金成交额2,451.7亿元，同比增加23%。沪深两市累计成交总额3,828亿元，同比增加11%。

2、基金规模情况

6月份，上海的基金管理公司共发行6只开放式基金，总规模144.5亿元。上半年，累计发行新基金30只，总规模526亿元，占全国的48%。截止6月底，上海基金公司共管理基金份额8,296亿份，占全国的33.9%，较年初提高1.3个百分点；基金净值8,060亿元，占全国的32.9%，较年初提高0.9个百分点。

2008年6月份沪市期货市场情况

本月，上海期货市场交投活跃，成交额同比有所增加。上海期货交易所成交额26637.6亿元，同比增加18.8%，在全国市场总额中占48%；成交量2117.2万手，同比增加28.7%，在全国市场总额中占24%。

1－6月，上海期货交易所累计成交额140189.4亿元，同比增加35.8%，在全国市场总额中占40%；累计成交量9854.2万手，同比增加22.6%，在全国市场总额中占17%。

2008年7月份沪市期货市场情况

本月，上海期货市场交投活跃，成交额同比增加。上海期货交易所成交额27,025亿元，同比增加10%，在全国市场总额中占42%；成交量2252万手，同比增加38%，在全国市场总额中占20%。

1－7月，上海期货交易所累计成交额167,214亿元，同比增加31%，在全国市场总额中占40%；累计成交量12,106万手，同比增加25%，在全国市场总额中占18%。

2008年8月份沪市期货市场情况

本月，上海期货市场交投活跃，成交额同比增加。上海期货交易所成交额24,518.3亿元，同比增加24.4%，在全国市场总额中占37%；成交量1994.6万手，同比增加50.6%，在全国市场总额中占16%。

1－8月，上海期货交易所累计成交额191,732.6亿元，同比增加29.9%，在全国市场总额中占39.8%；累计成交量14,100.8万手，同比增加28.2%，在全国市场总额中占17.3%。

2008年9月份沪市期货市场情况

本月，上海期货市场交投活跃，成交额同比大幅增加。上海期货交易所成交额24738.9亿元，同比增加82.7%；成交量2149.5万手，同比增加124.7%。

1－9月，上海期货交易所累计成交额216471.5亿元，同比增加34.3%；累计成交量16250.2万手，同比增加35.9%。

2008年10月份沪市期货市场情况

本月，上海期货市场成交额同比增加。上海期货交易所成交额19,703.2亿元，同比增加43.9%；成交量2638.3万手，同比增加144%。

1－10月，上海期货交易所累计成交额236,174.7亿元，同比增加35.1%，在全国市场总额中占39.2%；累计成交量18,888.6万手，同比增加44.9%，在全国市场总额中占17.6%。

2008年11月份沪市期货市场情况

本月，上海期货市场运行平稳，成交额同比有所减少。上海期货交易所成交额21,527.2亿元，同比减少24.6%，在全国市场总额中占25.5%；成交量3400.2万手，同比增加55.7%，在全国市场总额中占39%。

1－11月，上海期货交易所累计成交额257,701.9亿元，同比增加26.7%，在全国市场总额中占39.2%；累计成交量22,288.7万手，同比增加46.5%，在全国市场总额中占18.4%。

2008年12月份沪市期货市场情况

上海期货市场全年成交额28.9万亿，同比增加约1/4。

12月份，上海期货交易所成交额31,018亿元，同比增加11%；成交量5,763.9万手，同比增加约2倍。

全年，上海期货交易所累计成交额288,720亿元，同比增加24.8%；累计成交量28,052.6万手，同比增加63.9%。

2009年1月份沪市期货市场情况

本月主要期货品种价格反弹，成交额有所减少。

受国际市场价格有所企稳和国内经济刺激措施效应的带动，上海期货市场主要品种价格反弹。其中，天胶、燃料油、铜期货涨幅较大，分别达到15%、10%和9%。

本月，上海期货交易所成交额23,850.2亿元，环比减少23.1%，同比减少21%，在全国市场总额中占56.4%；成交量3583.4万手，环比减少37.8%，同比增加91.4%，在全国市场总额中占40.1%。

2009年2月份沪市期货市场情况

本月主要期货品种价格反弹，成交额增加。

受国际市场黄金等大宗商品价格反弹带动，上海期货市场主要品种价格继续反弹。其中，黄金、铜期货主力合约涨幅分别达到10%和8%。

本月，上海期货交易所成交额31,542.1亿元，同比增加53%，在全国市场总额中占51.2%；成交量3583.4万手，同比增加91.4%，在全国市场总额中占40.1%。

1－2月，上海期货交易所累计成交额55,392.3亿元，同比增加9%，在全国市场总额中占53%；成交量7985.8万手，同比增加1.5倍，在全国市场总额中占37%。

2009年3月份沪市期货市场情况

3月27日，线材和螺纹钢期货在上海期货交易所正式上市交易。

本月，受国际市场大宗商品价格反弹带动，上海期货市场主要品种价格继续上涨。其中，铜、锌主力合约涨幅分别达到21%和16%。上海期货交易所成交额40,140.6亿元，环比增加 27%，同比增加 61%，占全国的 52%；成交量 5,035.6 万手，环比增加 14%，同比增加 1.9 倍，占全国的 34%。

一季度，上海期货交易所累计成交额 95,532.9 亿元，同比增加 26.1%，占全国的 52.8%；成交量 13,021.3 万手，同比增加 1.6 倍，占全国的 36%。

2009 年 4 月份沪市期货市场情况

上海期货市场主要品种价格涨跌互现。其中，期铜、期锌主力合约分别上涨 5.6% 和 4.6%，期金主力合约下跌 2.6%。

本月，上海期货交易所成交额 61,450.8 亿元，环比增加 53%，同比增加 2.6 倍，占全国的 57.2%；成交量 6,479.2 万手，环比增加 29%，同比增加 4.2 倍，占全国的 37.5%。

1－4 月，上海期货交易所累计成交额 156,983.7 亿元，同比增加 69%，占全国的 54.3%；成交量 19,500.6 万手，同比增加 2.1 倍，占全国的 36.2%。

2009 年 5 月份沪市期货市场情况

本月，上海期货市场主要品种价格全线上涨。其中，燃料油、黄金、铜期货主力合约涨幅分别达 5.7%、4.9% 和 2.7%。上海期货交易所成交额 52,437 亿元，环比减少 14.7%，同比增加 1.6 倍，占全国的 56%；成交量 5118 万手，环比减少 21%，同比增加 2.3 倍，占全国的 37%。

1－5 月，上海期货交易所累计成交额 209,421.1 亿元，同比增加 84.4%，占全国的 54.7%；成交量 24,618.6 万手，同比增加 2.2 倍，占全国的 36.4%。

2009 年 6 月份沪市期货市场情况

上海期货市场上半年成交额 27.3 万亿，同比增加近 1 倍

6 月份，上海期货市场主要品种价格全线上涨。其中，铜、铝、线材期货主力合约涨幅分别达 9.6%、5.9% 和 6.4%。上海期货交易所成交额 63,714.7 亿元，环比增加 21.5%，同比增加 1.4 倍，占全国的 58%；成交量 5,690 万手，环比增加 11%，同比增加 1.7 倍，占全国的 35%。

上半年，上海期货交易所累计成交额 273,136 亿元，同比增加 94.8%，占全国的 55.4%；成交量 30,309 万手，同比增加 2.1 倍，占全国的 36.1%。

2008 年 6 月份沪市债券交易情况

本月债券指数小幅下跌，成交量萎缩。上证国债指数开盘 113.55 点，收盘 113.41 点，较上月底下跌 0.1%。本月，沪市债券成交额 1600.4 亿元，较上月减少 10.1%。

1－6 月，沪市累计债券成交额 8629.4 亿元，同比增加 1.7%。

2008 年 7 月份沪市债券交易情况

本月债券指数基本持平，成交量有所增加。上证国债指数开盘 113.42 点，收盘 113.40 点，与上月基本持平。本月，沪市债券成交额 2052 亿元，较上月增加 28%。

1－7 月，沪市累计债券成交额 12,415 亿元，同比增加 18%。

2008 年 8 月份沪市债券交易情况

本月债券指数上扬，成交量略增。上证国债指数开盘 113.41 点，收盘 113.97 点，较上月底上涨 0.5%。本月，沪市债券成交额 2094.1 亿元，较上月增加 2.1%。

1－8 月，沪市累计债券成交额 14509.3 亿元，同比增加 23.5%。

2008 年 9 月份沪市债券交易情况

本月债券指数大幅上扬，成交量略增。上证国债指数开盘 114.01 点，收盘 116.32 点，较上月底上涨 2.1%。本月，沪市债券成交额 2476 亿元，较上月增加 18.2%。

1－9 月，沪市累计债券成交额 16985.3 亿元，同比增加 17.1%。

2008 年 10 月份沪市债券交易情况

本月债券指数大幅上扬，成交额增加。上证国债指数开盘 116.43 点，收盘 118.95 点，较上月底上涨 2.26%。本月，沪市债券成交额 3051.2 亿元，较上月增加 23.2%。

1－10 月，沪市累计债券成交额 20,175.8 亿元，同比增加 25.8%。

2008 年 11 月份沪市债券交易情况

本月债券指数上扬，成交额增加。上证国债指数开盘 118.99 点，收盘 119.39 点，较上月底上涨 0.37%。本月，沪市债券成交额 3229.1 亿元，较上月增加 5.8%。

1－11 月，沪市累计债券成交额 23,404.9 亿元，同比增加 32.3%。

2008 年 12 月份沪市债券交易情况

12 月份，沪市债券成交额 2,960.6 亿元，同比增加 38.2%。

全年，沪市累计债券成交额 26,365.2 亿元，同比增加 32.9%。

2009 年 1 月份沪市债券交易情况

债券指数涨跌互现，成交额减少。

上证国债指数开盘 121.35 点，收盘 120.71 点，较上月底下跌 0.49%；上证企债指数开盘 132.6 点，收盘 132.82 点，较上月底上涨 0.17%。本月，沪市债券成交额 2012.6 亿元，同比减少 5.1%。

2009 年 2 月份沪市债券交易情况

债券指数上涨，成交额增加。

上证国债指数收盘 120.84 点，较上月底上涨 0.11%；上证企债指数收盘 133.38 点，较上月底上涨 0.75%。本月，沪市债券成交额 2325.18 亿元，同比增加 60.2%。

1－2 月，沪市累计债券成交额 4337.8 亿元，同比增加 21.4%。

2009年3月份沪市债券交易情况

债券指数小幅上涨,成交额同比增加。上证国债指数收盘120.95点,较上月底上涨0.09%;上证企债指数收盘134.2点,较上月底上涨0.59%。本月,沪市债券成交额2,306.6亿元,环比基本持平,同比增加1.04倍。

一季度,沪市累计债券成交额6,644.4亿元,同比增加41.3%。

2009年4月份沪市债券交易情况

债券指数涨跌互现,成交额增加。上证国债指数收盘121.13点,较上月底上涨0.15%;上证企债指数收盘134点,较上月底下跌0.15%。本月,沪市债券成交额2376.6亿元,环比增加3%,同比增加8%。

1-4月,沪市累计债券成交额9021.2亿元,同比增加31.5%。

2009年5月份沪市债券交易情况

债券指数上涨。上证国债指数收盘121.44点,较上月底上涨0.35%;上证企债指数收盘134.4点,较上月底上涨0.48%。本月,沪市债券成交额2150.1亿元,环比减少9.5%,同比增加20.7%。

1-5月,沪市累计债券成交额11171亿元,同比增加28.6%。

2009年6月份沪市债券交易情况

债券指数下跌,成交额增加。上证国债指数收盘121.33点,较上月底下跌0.18%;上证企债指数收盘134.04点,较上月底下跌0.45%。本月,沪市债券成交额3,097.2亿元,环比增加44%,同比增加84.9%。上半年,沪市累计债券成交额14,268.6亿元,同比增加38%。

2009年5月份上海上市公司资本市场筹资情况

本月,上海辖区上市公司通过资本市场直接融资共99.36亿元。其中,同济科技、丹化科技定向增发分别募集现金4.95亿元和11亿元,世茂股份定向增发募集资金83.41亿元(含资产注入75.91亿元)。

2009年6月份上海上市公司资本市场筹资情况

6月份,上海航空股份有限公司定向增发募集现金10亿元。

上半年,上海辖区上市公司通过资本市场直接融资共226.6亿元,其中,现金筹资35.3亿元,资产注入191.3亿元。

天津证券市场

中国证券监督管理委员会天津监管局

天津证监局是按照党中央、国务院关于建立全国集中统一的证券监管体制的要求，经中央编制委员会办公室批准设立的中国证监会派出机构，归中国证监会垂直领导。全称为中国证券监督管理委员会天津监管局，简称天津证监局。

依据中国证监会授权，本局的主要职责是：负责对辖区内的上市公司、证券期货经营机构、证券期货投资咨询机构和从事证券业务的律师事务所、会计师事务所、资产评估机构等中介机构的证券期货业务活动进行监督管理，依法查处辖区范围内的证券期货违法、违规案件。

本局内设7个处室，分别是办公室、上市公司监管处、机构监管处、期货监管处、稽查一处、稽查二处、党委办公室。

各处职责如下：

主要职责

办公室：承担办公文秘、内勤、财务、行政管理、对外联络与宣传、外事、人事管理工作；

负责本局信息工作，对辖区证券期货市场有关问题进行调研。

上市公司监管处：对辖区上市公司依法实施日常监管；进行现场和非现场检查；依权限对有关变更事项进行审核；对辖区拟发行公司的辅导改制工作进行监管；对公司上市后有关中介机构履行持续义务进行监管。

机构监管处：对辖区证券经营机构、证券投资咨询机构、基金管理机构及相关从业人员依法实施日常监管，进行现场和非现场监督检查；依权限对有关事项进行初审、审核或年检。

期货监管处：对期货经营机构、期货投资咨询机构及相关从业人员依法实施日常监管，进行现场和非现场监督检查；依权限对有关事项进行初审、审核或年检。

稽查一处：依权限立案调查辖区内证券期货违法违规事项；办理证监会稽查部门交办的案件或调查事项；办理派出机构之间请求协助案件调查的事项；根据规定协助公安、司法等部门的工作，提供专业技术支持。

稽查二处：负责辖区内证券期货违法违规案件的调查工作；负责接待处理群众来信来访工作；负责行政处罚决定的执行、送达工作；负责协调辖区内证券期货法律的实施和执行，开展普法活动，对辖区内有关单位提出的与派出机构监管职责有关的法律问题提供咨询。

党委办公：负责党务、纪检、监察和精神文明建设工作；指导工会、共青团等群众组织按规定开展活动。

证监局领导：

刘能元 男，汉族，中国证监会天津监管局党委书记、局长兼稽查局局长

初乃祯 男，汉族，中国证监会天津监管局党委委员、纪委书记、兼副局长

程合红 男，汉族，中国证监会天津监管局党委委员、局长助理

赵宗良 男，汉族，中国证监会天津监管局助理巡视员

联系方式：

投诉电话：022－23136873

投诉信箱：tsrb@ csrc. gov. cn

办公电话：022－23132235

传　　真：022－23132232

通讯地址：天津市和平区大理道98号

邮政编码：300050

天津证券市场上市公司名录

序号	代码	名称	地址	联系方式	邮编
1	000537	天津广宇发展股份有限公司	天津市经济技术开发区第三大街16号(泰达中心)	27500420	300100
2	000594	天津国恒铁路控股股份有限公司	天津空港物流加工区外环北路1号2－B130室	58396826	300384
3	000652	天津泰达股份有限公司	天津开发区第三大街16号	24138796	300171
4	000695	天津滨海能源发展股份有限公司	天津开发区第十一大街27号	66202230	300457
5	000836	天津鑫茂科技股份有限公司	天津新技术产业园榕苑路1号	83710888	300384
6	000897	天津津滨发展股份有限公司	天津经济技术开发区第二大街42号滨海发展大厦	66223226	300457
7	000927	天津一汽夏利汽车股份有限公司	天津市西青区中北斜乡李楼南	87915000＊3074	300380
8	000965	天津天保基建股份有限公司	天津港保税区海滨九路131号	25762656	300461
9	002129	天津中环半导体股份有限公司	天津新技术产业园区华苑产业区(环外)海泰东路12号	23789787	300384
10	002134	天津普林电路股份有限公司	天津空港物流加工区工业04－20号地块(天津空港物流加工区航海路53号)	24893466	300308
11	600082	天津海泰科技发展股份有限公司	天津新技术产业园区华苑产业区	85689999＊8104	300384
12	600158	中体产业集团股份有限公司	天津新技术产业园区武清开发区三号路	65536158	100020
13	600225	华通天香集团股份有限公司	天津华苑产业区海泰发展六道6号海泰绿色产业基地A座4－061室	0591－87514146	350001
14	600322	天津市房地产发展(集团)股份有限公司	天津市和平区常德道80号	23317185	300050
15	600329	天津中新药业集团股份有限公司	天津市南开区白堤路17号	27020892	300193
16	600335	鼎盛天工工程机械股份有限公司	天津新技术产业园华苑产业区(环外)海泰南北大街5号	58396201	300384
17	600468	天津百利特精电气股份有限公司	天津市南开区南泥湾路8号	83962538	300385
18	600488	天津天药药业股份有限公司	天津华苑产业区物华道2号A座	24160910	300171
19	600535	天津天士力制药股份有限公司	天津市北辰科技园区	26736999	300410
20	600583	海洋石油工程股份有限公司	天津市塘沽区丹江路1078号	66908808	300451

序号	代码	名称	地址	联系方式	邮编
21	600717	天津港股份有限公司	天津市塘沽区新港二号路卡子门内	25706615	300461
22	600751	天津市海运股份有限公司	天津港保税区京门大道188号	23281780	300204
23	600787	中储发展股份有限公司	天津市北辰经济开发区开发大厦	83673292	100070
24	600800	天津环球磁卡股份有限公司	天津港保税区空港物流加工区北环路1号2－A001室	58585858＊2191	300202
25	600821	天津劝业场(集团)股份有限公司	天津市和平区和平路290号	27304989	300022
26	600874	天津创业环保集团股份有限公司	天津市和平区贵州路45号	23930128	300381
27	601808	中海油田服务股份有限公司	天津市塘沽区海洋高新技术开发区河北路3－1516号	84522800	300451
28	601919	中国远洋控股股份有限公司	天津市天津港保税区通达广场1号3层	66270898	300461

天津证券市场期货经营机构名录

序号	名称	地址	联系方式	邮编
1	和融期货经纪有限责任公司	河西区气象台路100号	23330060	300074
2	天津金谷期货经纪有限公司	和平区卫津路73号嘉利大厦27层	27835660－728	300070
3	津投期货经纪有限公司	河西区马场道59号国际贸易中心大厦A座9层	85589868	300203
4	科信期货经纪有限公司	河西区大沽路与下瓦房交口恒华大厦2号楼1709室	82253732	300020
5	一德期货经纪有限公司	和平区解放路188号信达广场16层	88312828－8568	300042
6	鑫国联期货经纪有限公司	经济技术开发区广场东路20号E7号楼103室	23525315	300457
7	格林期货有限公司天津营业部	和平区贵州路4号龙通大厦210号	23046199	300151
8	鲁证期货有限公司天津营业部	经济技术开发区南海路12号新天地A1－501	66283471	300457
9	北京中期期货经纪有限公司天津营业部	和平区西康路35号出版大厦302	23523115	300051
10	银建期货经纪有限公司天津营业部	和平区新华路228号	23305863	300050
11	国泰君安期货有限公司天津营业部	和平区郑州道18号港澳大厦6层	23304929	300050
12	民生期货有限公司天津营业部	河西区徐州道5号外代大厦701室	23130749	300042
13	光大期货有限公司天津营业部	河西区围堤道53号丽晶大厦1003室	58780707	300201
14	一德期货经纪有限公司天津友谊路营业部	河西区友谊路6号国投大厦605	28372290	300074
15	一德期货经纪有限公司天津滨海新区营业部	开发区广场东路20号滨海金融街E4－C－208室	59820930	300457
16	海航东银期货有限公司天津营业部	和平区张自忠路240号港湾中心写字楼12B02	23393518	300041
17	大陆期货有限公司天津营业部	和平区张自忠路240号港湾中心1－1－903	23193260	300341
18	鑫国联期货经纪有限公司天津营业部	河西区卫津南路21号新金龙大厦四层	23525320	300060
19	南华期货经纪有限公司天津营业部	河西区卫友谊路与平江道交口东南侧大安大厦A座802	88371079	300074

天津证券市场证券、基金、咨询公司法人机构名录

序号	名称	地址	联系方式	公司网址	邮编
1	渤海证券股份有限公司	天津市河西区宾水道3号	400－651－5988	www.ewww.com.cn	300061
2	天弘基金管理有限公司	天津市河西区马场道59号天津国际经济贸易中心A座16楼	022－83310988 022－83310208	www.thfund.com.cn	300203
3	天津市中融投资咨询有限公司	天津市河西区解放南路256号　泰达大厦12层B座	022－23201879	www.lianhezr.com	300042
4	天津证券投资咨询有限公司	天津市河西区友谊路41号　大安大厦A座17层B	022－58378001 022－58378002	www.tsic.net.cn	300210

重庆证券市场

中国证券监督管理委员会重庆监管局

重庆证监局是中国证监会派驻重庆的派出机构。其前身为成立于 1997 年 10 月的重庆市证券监督管理办公室。1998 年 9 月,根据国务院调整证券市场监管体系精神和国发[1998]29 号文,重庆市证券监督管理办公室改由中国证券监督管理委员会垂直管理,改称中国证券监督管理委员会重庆证券监管办事处,为中国证监会直属正局级驻渝机构(简称中国证监会重庆直属办),1999 年 7 月 1 日正式挂牌。2004 年 3 月 1 日,根据《关于中国证券监督管理委员会派出机构设置和人员编制的批复》(中央编办复字[2004]11 号)规定,中国证券监督管理委员会重庆直属办更名为中国证券监督管理委员会重庆监管局(简称重庆证监局),为正局级派出机构。内设办公室、党务工作办公室(纪检监察室)、上市公司监管处、机构监管处、期货监管处、稽查处、信息调研处。

根据《证券法》和中国证监会的授权,重庆证监局的主要职责是:贯彻执行国家的有关法律法规和方针政策,依法对辖区内上市公司、证券期货经营机构、证券投资基金管理公司、证券期货投资咨询机构,以及具有证券期货相关业务资格的会计师事务所、律师事务所、资产评估机构等中介机构的证券期货业务活动进行监督管理,依法对辖区内违反证券期货市场监督管理法律、行政法规的行为进行调查处理,调解证券期货业务纠纷和争议,履行中国证监会授予的其他职责。

重庆证监局内设处室及处室职能如下:

办公室:承担办公文秘、内勤、财务、行政管理、对外联络与宣传、外事工作,负责计算机信息系统建设,受理来信来访,负责组织、协调辖区打击非法证券活动等工作。

党务工作办公室(纪检监察室):承担党务、纪检监察及干部人事管理工作;指导工会、共青团等群众组织按规定开展工作。

上市公司监管处:对辖区上市公司依法实施日常监管,进行现场和非现场检查;对辖区拟上市公司的股份制改造及辅导情况进行调查、评估;对辖区内从事证券业务的会计师事务所、律师事务所、资产评估机构等中介机构的证券业务活动进行监管;对涉及上市公司的投诉举报事项进行核查处理;中国证监会安排的其他任务。

机构监管处:对辖区证券经营机构依法实施日常监管,进行现场和非现场检查;办理证券经营机构有关行政许可事项,包括对证券公司股东及股权变更进行初审,对证券机构设立、关闭、迁址及证券公司董事、监事等高级管理人员任职资格进行审核等;对辖区基金管理公司、基金代销机构实施日常监管,进行现场和非现场检查;对证券投资咨询机构等中介机构的证券业务活动实施监管;对涉及证券经营机构的投诉举报事项进行核查处理;中国证监会安排的其他任务。

期货监管处:对辖区期货经营机构依法实施日常监管,进行现场和非现场检查;办理期货经营机构有关的行政许可事项,包括对期货经营机构设立、变更、终止等事项进行初步审核或审核,对期货公司高级管理人员任职资格进行审核等;对涉及期货经营机构的投诉举报事项进行核查处理;中国证监会安排的其他任务。

稽查处:承担自行立案及证监会交予独立承办或牵头承办案件的调查取证工作;承担证监会有关部门及其他派出机构请求协助的案件调查工作;承担与上述案件有关的立案签报、会商、报备、复核、听证、复议、诉讼、送达工作;与案件办理相关的其他工作。

信息调研处:开展辖区证券期货市场有关信息收集、统计、分析与发布,组织、协调开展证券期货市场调查研究;其他与信息统计、调研相关的工作。

证监局领导

叶春和:党委书记、局长

阮路:党委委员、副局长

沈天佑:党委委员、副巡视员

朱晓俊:党委委员、局长助理

唐昌放:巡视员。

联系方式

信访举报电话:8623 - 89031960

信访举报传真:8623 - 89031990

E_mail:chongqing@ csrc. gov. cn

地址:重庆市渝中区临江支路 2 号合景国际大厦 27 层

邮编:400010

重庆证券市场证券公司信息

公司名称	地址	邮编	公司电话	公司传真
西南证券股份有限公司	重庆市渝中区临江支路 2 号合景大厦 22 - 25 层	400010	023 - 63786633	023 - 63786001

重庆证券市场证券营业部信息

会员名称	营业部名称	唯一码	地址	邮编	负责人	营业电话	公司传真	通信网络评定等级	评定序列号	评定日期
爱建证券有限责任公司	重庆璧山证券营业部	3514	重庆璧山县文星路 229 号	402760	陆涛	023 - 85287660	023 - 85287665	A	A0009	2003 - 12 - 1
安信证券股份有限公司	重庆上清寺证券营业部	3064	重庆市渝中区上清寺路 20 号太平洋广场 B 座四楼	400015	肖静晟	023 - 63897945	023 - 63897946	B	B1236	2003 - 12 - 1
安信证券股份有限公司	重庆中华路证券营业部	3873	重庆市渝中区中华路 178 号三楼	400010	沈斌	023 - 63783160	023 - 63783200	A	A0232	2003 - 12 - 1
渤海证券股份有限公司	重庆建新东路证券营业部	3951	重庆市江北区建新东路 13 号光宇锦鑫大厦二楼	400020	刘钊	023 89072600	023 89072600	–	–	–
长城证券有限责任公司	重庆前进路证券营业部	3045	重庆市杨家坪前进路 39 号西郊大厦 3 楼	400020	郑海涛	023 - 68400059	023 - 89077933	A	A0046	2003 - 12 - 1
长江证券股份有限公司	重庆建新北路证券营业部	2868	重庆市江北区建新北路 66 号中行大厦	400020	郑蔚	023 - 67738888	023 - 67732551	A	A0058	2003 - 12 - 1
长江证券股份有限公司	重庆打铜街证券营业部	3645	重庆市渝中区打铜街 4 - 12 号长海大厦 4 楼	400011	肖凡	023 - 63723399	2363723451	–	–	–
东北证券股份有限公司	重庆小新街证券营业部	3923	重庆市沙坪坝区小新街 86 号	400039	申兵	023 - 65355777	023 - 65344838	A	A0139	2003 - 12 - 1
东北证券股份有限公司	重庆铜梁证券营业部	3452	重庆市铜梁县巴川镇营盘路 1 号	402560	阳明福	023 - 45675638	023 - 45675628	–	–	–
东北证券股份有限公司	重庆科园一路证券营业部	3467	重庆市高新区科园一路 6 号渝高未来大厦 8 楼	400039	孙亚民	023 - 68630172	023 - 68632101	–	–	–

会员名称	营业部名称	唯一码	地址	邮编	负责人	营业电话	公司传真	通信网络评定等级	评定序列号	评定日期
东海证券有限责任公司	重庆新华路证券营业部	4204	重庆市渝中区新华路142号A栋正四层	400010	陈堂	023-63803079	023-63803087	-	-	2003-12-1
方正证券有限责任公司	重庆邹容路证券营业部	2793	重庆市渝中区邹容路120号都市广场6楼	400020	胡生杰	023-63782388	023-63782066	B	B0946	2003-12-1
光大证券股份有限公司	重庆新华路证券营业部	2637	重庆市渝中区新华路333号长城大厦三楼	400010	樊卫	023-63711965	023-63711935	B	B0233	2003-12-1
光大证券股份有限公司	重庆大坪正街证券营业部	2638	重庆市渝中区大坪正街108号	400042	杨辉	023-68895866	023-68895869	A	A0199	2003-12-1
光大证券股份有限公司	重庆永川营业部	2639	重庆市永川区渝西大道中段818号2楼	402160	邱平	023-49828747	023-49804757	-	-	2003-12-1
光大证券股份有限公司	重庆李家沱证券营业部	4072	重庆市巴南区李家沱马王坪正街5号	400054	郑尚明	023-62860520	023-63711935	-	-	2003-12-1
广发证券股份有限公司	重庆科园一路证券营业部	3249	重庆市石桥铺科园一路3号渝高大厦3-4楼	400039	严勇	023-86186495	023-68636225	A	A0293	2003-12-1
广发证券股份有限公司	重庆凤天大道证券营业部	3880	重庆沙坪坝区凤天大道1号升伟精品建材城6楼	400030	任雪涛	023-65331829	023-65352995	B	B0461	2003-12-1
国泰君安证券股份有限公司	重庆棉花街证券营业部	1742	重庆市渝中区棉花街18号	400001	方西	4008888666	023-63819302	A	A0420	2003-12-1
国泰君安证券股份有限公司	重庆中山三路证券营业部	3353	渝中区中山三路168号	400015	何勇	4008888666	023-63860890	A	A0422	2003-12-1
国泰君安证券股份有限公司	重庆民生路证券营业部	3168	重庆渝中区民生路181号民生大厦5楼	400010	毛宏	4008888666	023-63708611	A	A0419	2003-12-1
国信证券股份有限公司	重庆红锦大道证券营业部	4342	重庆市江北区红锦大道1号理想大厦A栋4层	400020	高莉	023-86826688	023-67521368	-	-	-
国元证券股份有限公司	重庆观音桥步行街证券营业部	3261	重庆市江北区观音桥步行街6号未来国际5-3	400020	张晓阳	023-67873678	023-86792888	-	-	-
海通证券股份有限公司	重庆中山三路证券营业部	2553	重庆市渝中区上清寺中山三路158号	400015	曹小林	023-63636628	023-63612746	A	A0527	2003-12-1
海通证券股份有限公司	重庆加州花园营业部	2555	重庆市渝北区加州花园A幢附一层	401147	苑登峰	023-67625826	023-67625826	A	A0526	2003-12-1
华龙证券有限责任公司	重庆公园路证券营业部	4002	重庆市渝中区公园路19号德艺大厦二层	400010	倪小华	023-63845538	023-63763535	A	A0588	2003-12-1
华融证券股份有限公司	重庆中山三路证券营业部	3765	重庆市渝中区中山三路161号五楼	400015	曾永利	023-86059906	023-86059902	A	A0114	2003-12-1
华融证券股份有限公司	重庆中山支路证券营业部	1371	重庆市渝中区中山二路196号港天大厦五、六楼	400015	陈宇	023-63539921	023-63535163	A	A0115	2003-12-1
华融证券股份有限公司	重庆新南路证券营业部	4738	重庆市渝北区龙溪街道新南路38号	400014	苏庆华	023-67507970	023-86886433	-	-	-
华融证券股份有限公司	重庆天星桥正街证券营业部	4739	重庆市沙坪坝区天星桥正街46号附73号帛金大厦二楼	400015	李坚	023-86266702	023-65420001	-	-	-
华泰证券股份有限公司	重庆春晖路证券营业部	3052	重庆市大渡口区春晖路89号附2号2楼	400084	蒋捷	68831664	68901816	B	B1167	2003-12-1
华西证券有限责任公司	重庆万州鸽子沟证券营业部	2101	重庆市万州区鸽子沟12号	404000	李蜀川	023-58250750	023-58224473	B	B0576	2003-12-1
华西证券有限责任公司	重庆上清寺路证券营业部	2089	重庆市渝中区上清寺路110号国投大厦一楼	400015	严靖华	023-89031234	023-89035677	B	B0568	2003-12-1
江南证券有限责任公司	重庆南坪西路证券营业部	4032	重庆市南岸区南坪西路27号福天大厦4楼	400060	官兵	023-62986807	023-62986806	A	A0661	2003-12-1
南京证券有限责任公司	重庆较场口营业部	1008	重庆市较场口得意世界A区5层	400010	瞿建	023-63798302	023-63798777	B	B1295	2003-12-1
平安证券有限责任公司	重庆邹容路证券营业部	1812	重庆市渝中区邹容路50号半岛国际大厦13楼	400010	龙涛	023-63737031 023-63737004	023-63736440	A	A0822	2003-12-1
齐鲁证券有限公司	重庆西郊路证券营业部	4352	重庆市九龙坡区杨家坪西郊路19号	400050	赵远	023-68781212	023-68780303	-	-	2003-12-1
山西证券股份有限公司	重庆红黄路证券营业部	3559	重庆市渝北区红黄路52号	401123	贯秉慧	023-86812622	023-86812622	-	-	-
申银万国证券股份有限公司	重庆中山一路营业部	2768	重庆市渝中区中山一路181号抗建大厦2楼	400013	覃一知	023-86558018	023-63508733	A	A0941	2003-12-1
申银万国证券股份有限公司	重庆小新街营业部	2769	重庆市沙坪坝区小新街85号恒鑫大厦四楼	400030	夏其劼	023-65478918	023-65478998	A	A0939	2003-12-1
申银万国证券股份有限公司	重庆杨家坪营业部	2770	重庆市九龙坡区杨家坪正街11号五环大厦5楼	400050	贯小鑫	023-68400313	023-68400281	A	A0940	2003-12-1
西南证券股份有限公司	重庆沧白路证券营业部	3295	重庆市渝中区沧白路19号	400011	陈明文	023-63834222	023-63834222	A	A1038	2003-12-1
西南证券股份有限公司	重庆渝碚路证券营业部	3300	重庆市沙坪坝区渝碚路172附2号	400030	邵春	023-65301611	023-65335744	B	B1076	2003-12-1
西南证券股份有限公司	重庆珠江路证券营业部	3301	重庆市九龙坡区珠江路18号	400050	陈国才	023-68411800	023-68427438	B	B1077	2003-12-1
西南证券股份有限公司	重庆建新北路证券营业部	3299	重庆市江北区建新北路65号	400020	王艳	023-67743569	023-67746384	B	B1073	2003-12-1
西南证券股份有限公司	重庆胜利路证券营业部	3303	重庆市北碚区胜利路29号	400700	蒋山洪	023-68861809	023-68861807	B	B1075	2003-12-1
西南证券股份有限公司	重庆惠工路证券营业部	3302	重庆市南岸区惠工路1号4楼	400060	徐勤建	023-62983838	023-62983746	B	B1071	2003-12-1
西南证券股份有限公司	重庆嘉陵桥西村证券营业部	3298	重庆市渝中区上清寺嘉陵桥西村83号	400015	陈林	023-63860007	023-63624312	B	B1072	2003-12-1
西南证券股份有限公司	重庆兴隆路证券营业部	1372	重庆市江北区兴隆路26号数码大厦B2区4楼	400020	李星光	023-67711236	023-67711200	A	A1035	2003-12-1
西南证券股份有限公司	重庆临江支路证券营业部	1370	重庆渝中区临江支路2号	400010	陈鹏	023-63786008	023-63786518	A	A1040	2003-12-1
西南证券股份有限公司	重庆荣昌证券营业部	3767	重庆荣昌县元镇胜成街230号	402460	张庆	023-46742734	023-46739232	B	B1074	2003-12-1
西南证券股份有限公司	重庆长江二路证券营业部	3822	重庆渝中区长江二路47号	400042	许利民	023-68891398	023-68895533	B	B1069	2003-12-1
西南证券股份有限公司	重庆涪陵兴华中路证券营业部	2991	重庆市涪陵区体育馆附二楼	408000	李涛	023-72227441	023-72239522	A	A1039	2003-12-1
西南证券股份有限公司	重庆涪陵人民西路证券营业部	2992	重庆市涪陵区人民西路7号关庙市场C座3楼	408000	任经凤	023-72227441	023-63786312	B	B1070	2003-12-1
新华证券有限公司	重庆渝州路证券营业部	3394	重庆市九龙坡区渝州路50号	400039	黄树成	023-68632103	023-68632101	B	B1086	2003-12-1
新华证券有限公司	重庆民权路证券营业部	3395	重庆渝中区民权路107号	430010	黄树成	023-63740034	023-63848501	A	A1079	2003-12-1
新华证券有限公司	重庆铜梁证券营业部	3677	重庆市铜梁县巴川镇营盘路1号	402560	阳明福	023-45675698	023-45692115	B	B1085	2003-12-1
新时代证券有限责任公司	重庆上清寺路证券营业部	3065	重庆市渝中区上清寺路9号环球广场4楼	400015	郭嵘	023-89031328	023-89031329	-	-	-
英大证券有限责任公司	重庆渝鲁大道证券营业部	3135	重庆市渝北区渝鲁大道777号鲁能星城18号楼4、5层	400023	谢远锋	023-67989157	023-67989111	B	B1029	2003-12-1
招商证券股份有限公司	重庆临江支路证券营业部	1106	重庆市渝中区临江支路2号合景大厦9楼	400010	卿先飞	023-63786018	023-63786280	B	B0047	2003-12-1
浙商证券有限责任公司	重庆中山一路证券营业部	3601	重庆渝中区中山一路148号	400013	傅星浩	023-63512368	023-63530835	B	B0691	2003-12-1
中国建银投资证券有限责任公司	重庆民族路证券营业部	1525	重庆市渝中区民族路173商社电器大厦7-8楼	400010	唐燕	023-66032748	023-63718907	A	A0803	2003-12-1
中国银河证券股份有限公司	重庆南坪东路证券营业部	1097	重庆市南岸区南坪东路15号新洲大厦2楼	400060	罗灿	023-62915902	023-62913752	A	A1311	2003-12-1
中国银河证券股份有限公司	重庆民族路证券营业部	1054	重庆市渝中区民族路168号光大银行重庆分行大楼4、5、6楼	400010	杨家祥	023-63717886	023-63837811	A	A1310	2003-12-1
中国银河证券股份有限公司	重庆临江路证券营业部	2939	重庆市渝中区临江路37号邹容广场三楼	400010	陈健	023-63799058	023-63792136	A	A1309	2003-12-1
中国银河证券股份有限公司	重庆团结路证券营业部	1055	重庆市九龙坡区杨家坪团结路4号附13号	400050	何亚玲	023-68406394	023-68428388	A	A1308	2003-12-1
中国银河证券股份有限公司	重庆江津证券营业部	3312	重庆市江津时代广场B区-1栋三楼	402260	刘恒燕	023-47541282	023-47541281	A	A1306	2003-12-1
中国银河证券股份有限公司	重庆建新东路证券营业部	1098	重庆市江北区建新东路3号附1号百业兴大厦二、三层	400020	刘竽	023-67868191	023-67707703	A	A1307	2003-12-1
中信建投证券有限责任公司	重庆市临江支路证券营业部	1912	重庆市渝中区临江支路28号	400010	王丰	023-63806781	023-89033266	A	A0651	2003-12-1
中信建投证券有限责任公司	重庆市汉渝路证券营业部	1913	重庆市沙坪坝汉渝路16号	400030	张晓辉	023-65305648	023-65305036	A	A0650	2003-12-1
中信建投证券有限责任公司	重庆市南坪西路证券营业部	1911	重庆市南岸区南坪西路1号	400060	祝？建	023-89023877	023-89023897	A	A0652	2003-12-1
中信建投证券有限责任公司	重庆市万州证券营业部	1887	重庆市万州区白岩路81号	404000	徐东旭	023-58101189	023-58101200	A	A0653	2003-12-1
中银国际证券有限责任公司	重庆江北证券营业部	1354	重庆江北区观音桥金岗大厦	400020	傅小彬	023-67733081	023-67733086	B	B1314	2003-12-1

2009年1月份重庆证券期货市场统计报表

一、基本情况					
	本月底	比上月底(+)	比上月底(%)	年初	比年初(%)
境内上市公司数(A、B股)(家)	31	0	0	31	0
其中:仅发A股公司数(家)	29	0	0	29	0
仅发B股公司数(家)	1	0	0	1	0

同时发 A、B 股公司数(家)	1	0	0	1	0
拟上市公司数(家)	15	0	0	15	0
累计筹资额(亿元)	195.76	0	0	195.76	0
市价总值(亿元)	676.94	68	11.17	608.94	11.17
其中:流通市值(亿元)	382.74	58.42	18.01	324.32	18.01
总股本(亿股)	131.12	0	0	131.12	0
其中:流通股本(亿股)	72.15	3.87	5.67	68.28	5.67
证券公司数(家)	1	0	0	1	0
证券营业部(家)	68	0	0	68	0
证券服务部(家)	25	0	0	25	0
证券投资者开户数(万户)	144.5	0.11	0.08	144.5	0
客户资产(亿元)	501.17	49	10.84	501.17	0
其中:托管市值(亿元)	420.97	29	7.4	420.97	0
交易结算资金(亿元)	80.2	0.5	0.63	80.2	0
期货公司数(家)	5	0	0	5	0
期货营业部(家)	8	0	0	8	0
期货投资者开户数(万户)	1.9	0.03	1.6	1.87	1.6
期货交易保证金余额(亿元)	7.34	0.01	0.14	7.33	0.14
基金管理公司数(家)	1	0	0	1	0
基金只数(只)	2	0	0	2	0
基金管理规模(亿元)	10.85	0.67	6.58	10.85	0
				3.3	
证券投资咨询公司数(家)	2	0	0	2	0
二、市场交易					
	本月	比上月(+)	比上月(%)	本年累计	比去年同期累计(%)
代理证券交易额(亿元)	378.42	-326.67	-46.33	378.42	-64.01
代理商品期货交易额(亿元)	1145.26	-355.06	-23.67	1145.26	24.34
代理商品期货交易量(手)	1968321	-1034801	-34.46	1968321	86.96

2009 年 2 月份重庆证券期货市场统计报表

一、基本情况					
	本月底	比上月底(+)	比上月底(%)	年初	比年初(%)
境内上市公司数(A、B 股)(家)	31	0	0	31	0
其中:仅发 A 股公司数(家)	29	0	0	29	0
仅发 B 股公司数(家)	1	0	0	1	0
同时发 A、B 股公司数(家)	1	0	0	1	0
拟上市公司数(家)	15	0	0	15	0
累计筹资额(亿元)	195.76	0	0	195.76	0
市价总值(亿元)	967.44	290.5	42.91	608.94	58.87
其中:流通市值(亿元)	456.59	73.85	19.29	324.32	40.78
总股本(亿股)	147.71	16.59	12.65	131.12	12.65
其中:流通股本(亿股)	77.79	5.64	7.82	68.28	13.93
证券公司数(家)	1	0	0	1	0
证券营业部(家)	68	0	0	68	0
证券服务部(家)	25	0	0	25	0
证券投资者开户数(万户)	153.18	8.68	6	151.88	1
客户资产(亿元)	584.72	83.55	17	452.17	29
其中:托管市值(亿元)	484.38	63.41	15	391.97	24
交易结算资金(亿元)	100	19.8	25	79.7	25
期货公司数(家)	5	0	0	5	0
期货营业部(家)	8	0	0	8	0
期货投资者开户数(万户)	2.05	0.15	7.89	1.87	9.63
期货交易保证金余额(亿元)	8.24	0.9	12.26	7.33	12.41
基金管理公司数(家)	1	0	0	1	0
基金只数(只)	2	0	0	2	0
基金管理规模(亿元)	11.64	0.79	7	10.18	8
证券投资咨询公司数(家)	2	0	0	2	0

二、市场交易					
	本月	比上月(+)	比上月(%)	本年累计	比去年同期累计(%)
代理证券交易额(亿元)	1090.5	712.08	188	1468.92	-10
代理商品期货交易额(亿元)	1292.92	147.66	12.89	2438.18	46.07
代理商品期货交易量(手)	2169167	200846	10.2	4137488	111.26

2009年3月份重庆证券期货市场统计报表

一、基本情况					
	本月底	比上月底(+)	比上月底(%)	年初	比年初(%)
境内上市公司数(A、B股)(家)	31	0	0	31	0
其中:仅发A股公司数(家)	29	0	0	29	0
仅发B股公司数(家)	1	0	0	1	0
同时发A、B股公司数(家)	1	0	0	1	0
拟上市公司数(家)	15	0	0	15	0
累计筹资额(亿元)	195.76	0	0	195.76	0
市价总值(亿元)	1216.15	248.71	25.71	608.94	99.71
其中:流通市值(亿元)	564.38	107.79	23.61	324.32	74.02
总股本(亿股)	147.71	0	0	131.12	12.65
其中:流通股本(亿股)	78.74	0.95	1.22	68.28	15.32
证券公司数(家)	1	0	0	1	0
证券营业部(家)	68	0	0	68	0
证券服务部(家)	25	0	0	25	0
证券投资者开户数(万户)	154.25	1.07	0.7	151.88	1.6
客户资产(亿元)	708.8	124.08	21.2	452.17	56.8
其中:托管市值(亿元)	609.6	125.22	25.9	391.97	55.5
交易结算资金(亿元)	99.2	-0.8	-0.8	79.7	24.5
期货公司数(家)	5	0	0	5	0
期货营业部(家)	8	0	0	8	0
期货投资者开户数(万户)	2.11	0.06	2.87	1.87	12.83
期货交易保证金余额(亿元)	8.99	0.75	9.08	7.33	22.65
基金管理公司数(家)	1	0	0	1	0
基金只数(只)	2	0	0	2	0
基金管理规模(亿元)	13.71	2.07	18	10.18	34.7
证券投资咨询公司数(家)	2	0	0	2	0
二、市场交易					
	本月	比上月(+)	比上月(%)	本年累计	比去年同期累计(%)
代理证券交易额(亿元)	1056.19	-34.31	-3.1	2815.7	15.4
代理商品期货交易额(亿元)	1665	372.08	28.08	4103.17	47.04
代理商品期货交易量(手)	2516472	347305	16.01	6653960	84.21

2009年4月份重庆证券期货市场统计报表

一、基本情况					
	本月底	比上月底(+)	比上月底(%)	年初	比年初(%)
境内上市公司数(A、B股)(家)	31	0	0	31	0
其中:仅发A股公司数(家)	29	0	0	29	0
仅发B股公司数(家)	1	0	0	1	0
同时发A、B股公司数(家)	1	0	0	1	0
拟上市公司数(家)	17	2	13.33	15	0
累计直接筹资额(亿元)	198.06	2.30	1.17	195.76	1.17
市价总值(亿元)	1231.43	15.28	1.26	608.94	102.23
其中:流通市值(亿元)	584.16	19.78	3.50	324.32	80.11
总股本(亿股)	149.47	1.76	1.19	131.12	13.99
其中:流通股本(亿股)	80.42	1.68	2.13	68.28	17.78
证券公司数(家)	1	0	0	1	0
证券营业部(家)	68	0	0	68	0

证券服务部(家)	25	0	0	25	0
证券投资者开户数(万户)	155.44	1.19	0.8	151.88	2.3
客户资产(亿元)	714.78	5.98	0.8	452.17	58.1
其中:托管市值(亿元)	602.89	-6.71	-1.1	391.97	53.8
交易结算资金(亿元)	111.89	12.69	12.8	79.7	40.4
期货公司数(家)	5	0	0	5	0
期货营业部(家)	8	0	0	8	0
期货投资者开户数(万户)	2.17	0.06	3.09	1.87	16.04
期货交易保证金余额(亿元)	11.82	2.83	31.44	7.33	61.26
基金管理公司数(家)	1	0	0	1	0
基金只数(只)	2	0	0	2	0
基金管理规模(亿元)	15.28	1.57	11.5	10.18	50.1
证券投资咨询公司数(家)	2	0	0	2	0
二、市场交易					
	本月	比上月(+)	比上月(%)	本年累计	比去年同期累计(%)
代理证券交易额(亿元)	1125.05	68.86	6.5	3650.16	21.7
其中:A股交易额(亿元)	1004.76	152.59	17.9	3038.85	20.0
B股交易额(亿元)	1.07	0.15	16.3	3.37	-12.0
基金交易额(亿元)	3.58	-0.11	-3.0	14.54	-52.9
国债交易额(亿元)	0.0006	-0.0003	-33.3	0.005	-80.0
权证(亿元)	114.47	-83.43	-42.2	585.7	37.9
代理商品期货交易额(亿元)	2453.18	788.18	47.34	6556.36	73.55
代理商品期货交易量(手)	3067774	551302	21.91	9721734	92.72

2009年5月份重庆证券期货市场统计报表

一、基本情况					
	本月底	比上月底(+)	比上月底(%)	年初	比年初(%)
境内上市公司数(A、B股)(家)	30	-1	-3.22	31	-3.22
其中:仅发A股公司数(家)	28	-1	-3.22	29	-3.22
仅发B股公司数(家)	1	0	0	1	0
同时发A、B股公司数(家)	1	0	0	1	0
拟上市公司数(家)	16	0	0	15	6.67
累计直接筹资额(亿元)	198.06	0	0	195.76	1.17
市价总值(亿元)	1261.26	29.83	2.42	608.94	107.12
其中:流通市值(亿元)	595.30	11.14	1.91	324.32	83.55
总股本(亿股)	150.79	1.32	0.88	131.12	15.00
其中:流通股本(亿股)	81.85	1.43	1.78	68.28	19.87
证券公司数(家)	1	0	0	1	0
证券营业部(家)	70	2	2.9	68	2.9
证券服务部(家)	23	-2	-8.0	25	-8.0
证券投资者开户数(万户)	156.43	0.99	0.6	151.88	3.0
客户资产(亿元)	752.18	37.4	5.2	452.17	66.3
其中:托管市值(亿元)	641.32	38.43	6.4	391.97	63.6
交易结算资金(亿元)	110.86	-1.03	-0.9	79.7	39.1
期货公司数(家)	5	0	0	5	0
期货营业部(家)	8	0	0	8	0
期货投资者开户数(万户)	2.25	0.08	3.53	1.87	20.32
期货交易保证金余额(亿元)	12.29	0.47	4.02	7.33	67.67
基金管理公司数(家)	1	0	0	1	0
基金只数(只)	2	0	0	2	0
基金管理规模(亿元)	16.43	1.15	7.5	10.18	61.4
证券投资咨询公司数(家)	2	0	0	2	0
二、市场交易					
	本月	比上月(+)	比上月(%)	本年累计	比去年同期累计(%)
代理证券交易额(亿元)	930.66	-194.39	-17.3	4580.82	17.6
其中:A股交易额(亿元)	824.24	-180.52	-18.0	3863.09	20.0
B股交易额(亿元)	0.98	-0.09	-8.4	4.35	-7.4

基金交易额(亿元)	4	0.42	11.7	18.54	-51.7
国债交易额(亿元)	0.0015	0.0009	150.0	0.0065	-78.2
权证(亿元)	100.14	-14.33	-12.5	685.84	9.6
代理商品期货交易额(亿元)	1988.52	-464.66	-18.94	8544.88	85.40
代理商品期货交易量(手)	2354414	-713360	-23.25	12076148	96.30

2009年6月份重庆证券期货市场统计报表

一、基本情况					
	本月底	比上月底(+)	比上月底(%)	年初	比年初(%)
境内上市公司数(A、B股)(家)	30	0	0	31	-3.22
其中:仅发A股公司数(家)	28	0	0	29	-3.22
仅发B股公司数(家)	1	0	0	1	0
同时发A、B股公司数(家)	1	0	0	1	0
拟上市公司数(家)	16	0	0	15	6.67
累计直接筹资额(亿元)*	198.06	0	0	195.76	1.17
市价总值(亿元)	1412.69	151.43	12	608.94	131.99
其中:流通市值(亿元)	676.82	81.52	14	324.32	108.69
总股本(亿股)	150.79	0	0	131.12	15.00
其中:流通股本(亿股)	84.09	2.24	3	68.28	23.15
证券公司数(家)	1	0	0	1	0
证券营业部(家)	75	5	7.1	68	10.3
证券服务部(家)	17	-6	-21	25	-28
证券投资者开户数(万户)	157.64	1.21	0.8	151.88	3.8
客户资产(亿元)	816.54	64.36	8.6	452.17	80.6
其中:托管市值(亿元)	721.7	80.38	12.5	391.97	84.1
交易结算资金(亿元)	94.84	-16.02	-14.5	79.7	19.0
期货公司数(家)	5	0	0	5	0
期货营业部(家)	8	0	0	8	0
期货投资者开户数(万户)	2.33	0.08	3.58	1.87	24.60
期货交易保证金余额(亿元)	12.70	0.41	3.27	7.33	73.26
基金管理公司数(家)	1	0	0	1	0
基金只数(只)	2	0	0	2	0
基金管理规模(亿元)	17.62	1.19	7.2	10.18	73.1
证券投资咨询公司数(家)	2	0	0	2	0
二、市场交易					
	本月	比上月(+)	比上月(%)	本年累计	比去年同期累计(%)
代理证券交易额(亿元)	1119.56	188.9	20.3	5700.38	31.0
其中:A股交易额(亿元)	1020.15	195.91	23.8	4883.24	34.3
B股交易额(亿元)	1.51	0.53	54.1	5.86	10.8
基金交易额(亿元)	4.44	0.44	11.0	22.98	-44.9
国债交易额(亿元)	0.0007	-0.0008	-53.3	0.0072	14.3
权证(亿元)	91.97	-8.17	-8.2	777.81	4.5
代理商品期货交易额(亿元)	2264.57	276.05	13.88	10809.45	92.67
代理商品期货交易量(手)	2586411	231997	9.85	14662559	98.48

广东证券市场

中国证券监督管理委员会广东监管局

广东证监局是中国证监会派驻广东的派出机构。前身为成立于1996年8月的广东省证券监督管理委员会。1999年，根据建立垂直统一证券监管体制的改革要求，省证监会划归中国证监会垂直管理，并更名为中国证监会广州证管办。2000年9月，中国证监会决定成立中国证监会广州稽查局，广州稽查局与广州证管办为一套机构、两块牌子。2004年3月，中国证监会广州证管办更名为中国证券监督管理委员会广东监管局。

根据《证券法》和中国证监会的授权，我局的主要职责是：贯彻执行国家有关法律、法规和方针政策，对辖区内的上市公司、证券期货经营机构、证券投资咨询机构及具有证券期货相关业务许可证、会计师事务所、资产评估机构等中介机构的证券期货业务活动进行监督管理，依法查处辖区内监管范围的违法、违规案件，调解证券期货业务纠纷和争议，履行中国证监会授予的其他职责。

截至2009年4月30日，我局共有正式在编工作人员113人，下设办公室、党务工作办公室（纪检监察室）、信息调研处、上市公司监管一处、上市公司监管二处、机构监管一处、机构监管二处、基金监管处、期货监管处、稽查一处、稽查二处、法制工作处等12个处室。

办公室

职能：负责局机关综合性行政事务。具体职责包括：文件审核和跟踪督办；负责文电、机要、保密、档案管理、印章管理、安全保卫及办公自动化工作；负责本局财务工作；负责与地方各级政府及有关部门进行日常联络、接待和车辆管理等机关内勤事务管理。

负责人：

杨宗儒，主任，电话：020－37853868

乔吉飞，副主任，电话：020－37853871

党务工作办公室（纪检监察室）

职能：负责局机关的党务、纪检监察工作；负责人事管理、劳动工资、计划生育、因公因私出国（境）报批等工作；指导工会、共青团、妇女组织的工作。

负责人：

张朝东，主任，电话：020－37853870

信息调研处

职能：负责辖区证券期货市场信息的收集、统计、分析与发布；组织协调本局证券期货市场的调查研究；规划、组织和实施本局证券监管信息系统建设；编辑《广东证券市场动态》和《监管实践与思考》；协调新闻机构，负责向新闻机构发送新闻稿件。

负责人：

李延振，处长，电话：020－37853839

上市公司监管一处

职能：负责上海证券交易所、深圳证券交易所中小板的辖区上市公司的监管。主要职责包括：负责与证监会上市部监管一处和三处、上海证券交易所、深圳证券交易所发审部的对口业务联系；上市公司治理结构规范情况的监管；上市公司再融资、并购重组、股权激励等报备材料的审核；有关信息披露事项的事后审核、现场检查；涉及上市公司投诉举报事项的核查处理；上市公司重大风险的监控、通报及处置。

负责人：

陈骞，处长，电话：020－37853747

上市公司监管二处

职能：负责深圳证券交易所主板的辖区上市公司和拟上市公司的监管。主要职责包括：负责与证监会上市部监管二处、深圳证券交易所公司部的对口业务联系；上市公司治理结构规范情况的监管；上市公司再融资、并购重组、股权激励等报备材料的审核；有关信息披露事项的事后审核、现场检查；涉及上市公司投诉举报事项的核查处理；上市公司重大风险的监控、通报及处置。

负责人：

吴霞，处长，电话：020－37853766

刘杰，副处长，电话：020－37853827

机构监管一处

职能：负责在辖区注册的证券公司及其在辖区设立的分支机构的日常监管。主要职责包括：证券公司股东及股权变更初审，证券经营机构设立、关闭、迁址和证券公司董事、监事高级管理人员任职资格等事项的审核；进行现场和非现场检查；对涉及本处监管的证券经营机构投诉举报事项的核查处理；证券经营机构重大风险的监控、通报及处置。

负责人：

王文胜，处　长，电话：020－37853768

王　伟，副处长，电话：020－37853739

钟丽娟，副处长，电话：020－37853795

机构监管二处

职能：负责异地证券公司在辖区设立的分支机构、证券投资咨询机构、外资证券类机构驻华代表机构的日常监管。主要职责包括：异地证券公司分支机构、证券投资咨询机构、外资证券类机构驻华代表机构行政许可事项的审核；进行现场和非现场检查；对涉及本处监管的机构投诉举报事项进行核查处理；异地证券公司在辖区设立的分支机构、证券投资咨询机构重大风险的监控、通报及处置。

负责人：

姚松涛，处长，电话：020－37853796

基金监管处

职能：负责辖区基金管理公司、基金代销机构的日常监管；对辖区会计师事务所、资产评估机构从事证券期货相关业务活动进行监管；进行现场和非现场检查；对基金管理公司及会计师事务所、资产评估机构重大风险进行监控、通报及处置；负责监督、指导、协调辖区投资者教育工作；负责组织、协调辖区打击非法证券活动工作。

负责人：

陈秀玲，处　长，电话：020－37853829

张　联，副处长，电话：020－37853767

期货监管处

职能：负责辖区期货公司、分公司及营业部、期货投资咨询公司的日常监管。主要职责包括：有关机构设立、变更、终止等事项的初步审核或审核；期货公司高级管理人员任职资格的审核；涉及期货经营机构投诉举报事项的核查处理；期货经营机构重大风险的监控、通报及处置。

负责人：

戴文慧，处　长，电话：020－37853737

吴　明，副处长，电话：020－37853783

陈海波，副处长，电话：020－37853860

稽查一处

职能：承担我局自行立案及证监会交由我局独立承办或牵头承办的上市公司案件的调查取证工作；承担稽查局交办的案件协助调查工作；承担证监会其他派出机构请求协助的上市公司案件调查工作；承担与上述案件有关的立案签报、会商、报备、复核、听证、复议、诉讼、送达工作；承担我局案件管理系统的日常管理和维护工作；与办理案件相关的其他工作。

负责人：

李立红，处　长，电话：020－37853855

曾　怡，副处长，电话：020－37853853

稽查二处

职能：承担我局自行立案及证监会稽查局交由我局独立承办或牵头承办的证券公司、期货公司、基金管理公司、证券期货投资咨询机构的案件的调查取证工作；承担稽查局交办的案件协助调查工作；承担其他派出机构请求我局协助证券公司、期货公司、基金公司、证券期货投资咨询机构的案件调查工作；承担与上述案件有关的立案签报、会商、报备、复核、听证、复议、诉讼、送达工作；与办理案件相关的其他工作。

负责人：

王文哲，处　长，电话：020－37853809

钟清萍，副处长，电话：020－37853746

法制工作处

职能：负责对我局作出的行政处罚案件组织审理、听证并提出行政处罚建议；归口管理、处理我局证券期货信访和投诉举报事项；协助证监会做好证券期货市场立法工作；负责辖内行政处罚送达和执行工作；处理涉及本局诉讼案件的相关工作；负责与有关政府部门、司法机关的执法协调；负责协调监督辖内证券期货法律实施和执行；做好行政复议所涉及的相关工作；负责对辖区律师事务所从事证券法律业务活动进行监管；负责我局日常监管工作中有关法律咨询；开展辖内证券期货法制宣传、普法教育及其他法律工作事宜。

负责人：

聂旺标，主　任，电话：020－37853765

林月芳，副主任，电话：020－37853808

证监局领导

侯外林，男，汉族，中国证监会广东监管局党委书记、局长兼广州稽查局局长

胡伏云，男，汉族，中国证监会广东监管局党委委员、副局长

周贵华，男，汉族，中国证监会广东监管局党委委员、纪委书记、副局长

邱　勇，男，汉族，中国证监会广东监管局党委委员、副局长

程才良，男，汉族，中国证监会广东监管局党委委员、副局长

杨宗儒，男，汉族，中国证监会广东监管局党委委员、局长助理

联系方式

办公地址：广州市天河区临江大道3号发展中心大厦15楼

邮政编码：510623

值班电话：（020）37853800

传真电话：（020）37853878

举报投诉电话：（020）37853900

举报投诉电子邮件地址：gzjcj@ csrc. gov. cn

中国证券监督管理委员会深圳监管局

深圳证监局成立于1993年4月，其前身是“深圳市证券管理办公室”（以下简称深圳证管办），隶属于深圳市人民政府。1999年7月成为中国证监会派出机构。2000年9月，中国证监会深圳稽查局成立，与深圳证管办合署办公。2004年3月1日，深圳证管办更名为“中国证券监督管理委员会深圳监管局”，简称深圳证监局。

职责：

作为中国证监会的派出机构，深圳证监局担负着深圳证券期货市场一线监管的重要使命，主要职责是：贯彻执行国家有关法律、法规和方针政策，严格按照证监会《派出机构监管工作职责》，做好辖区内的一线监管工作，完成证监会系统的协作监管任务。按照中国证监会的规定对辖区内的上市公司、证券期货经营机构、证券投资基金、证券期货投资咨询机构及从事证券期货业务的律师事务所、会计师事务所、资产评估机构等中介机构的证券期货业务活动进行监督管理，依法查处辖区证券期货市场违法、违规案件，调解证券期货业务纠纷和争议，以及中国证监会赋予的其它职责。

人员编制：

截至2008年9底，深圳证监局在编人员119人，其中工人9人。干部平均年龄33岁，其中硕士研究生学历80人，大学本科学历29人，大专学历1人；财经专业50人，法律专业24人，会计专业26人，计算机专业7人，其他专业3人；有21人具有注册会计师资格，23人具有律师资格，3人同时具有注册会计师及律师资格；有6人具有海外留学经历。

根据监管职能要求，深圳证监局内设12个处室，分别是办公室、上市公司监管一处、上市公司监管二处、机构监管一处、机构监管二处、基金监管处、稽查一处、稽查二处、期货监管处、信息调研处、法制工作处、党务工作办公室。主要职责如下：

（一）办公室：负责承担公文管理、档案管理、财务管理、保密、外事、行政许可、诚信档案建设、政府信息公开和受理、内部制度建设、全局内部管理制度的编写和修订等工作。

（二）上市公司监管一处：负责对辖区内制造、信息技术等各类上市公司进行监管；负责对拟发行公司辅导工作的监管；负责对辖区内非上市公众公司、创业板上市公司进行监管。

（三）上市公司监管二处：负责对辖区内房地产类、交通运输、批发零售贸易、金融保险、综合等各类上市公司进行监管；负责对拟发行公司辅导工作的监管；负责对辖区内会计师事务所、资产评估事务所的证券业务进行监管；负责对在辖区执业的保荐机构和财务顾问进行监管。

（四）机构监管一处：负责在深注册的证券公司及其分支机构、从业人员的监管；负责对从事辖区证券公司审计、评估等的会计师事务所的相关业务活动进行监管；负责对深圳辖区具有证券业务资格的资信评估机构进行监管；负责协调、指导、督促辖区证券自律组织的行为。

（五）机构监管二处：负责对异地证券公司深圳 分公司、异地证券公司在深证券营业部、外国证券机构驻华代表处、在深注册的证券咨询机构以及上述各机构的从业人员的业务活动依法进行监管。

（六）基金监管处：负责对辖区内证券投资基金的投资、销售、信息披露等业务活动进行监管，负责对辖区证券投资基金管理公司、异地证券投资基金管理公司分支机构、基金销售机构及其相关人员进行日常监管。

（七）稽查一处：负责对辖区内证券期货违法违规案件进行调查，承担证监会交办的案件调查工作；协助有关单位、部

门调查涉及证券期货违法违规案件;承担信访工作;配合工商、公安等部门打击辖区内非法证券期货交易;负责组织辖区内维护证券期货市场稳定工作;负责深圳稽查局综合类事务。

(八)稽查二处:负责对辖区内证券期货违法违规案件进行调查,承担证监会稽查部门交办的案件调查任务;协助有关单位、部门调查涉及证券期货的违法违规案件。

(九)期货监管处:负责对辖区内期货经纪公司、期货经纪公司分公司及营业部、期货投资咨询公司的业务活动进行日常监管。

(十)信息调研处:负责辖区内证券期货行业信息的收集、整理和统计分析工作;负责本局证券期货监管信息系统建设和管理、国际互联网站的信息管理,以及本局计算机网络设备的管理、更新和维护工作;负责与辖区其他金融监管部门及地方政府的金融监管协作;负责本局宣传工作;负责协调管理辖区一线监管的调查研究工作。

(十一)法制工作处:负责协助做好证券、期货市场法制工作;负责本局法律事务工作,为日常监管业务提供法律服务;负责辖区内各类法律文书送达及监督行政处罚执行工作;负责处理本辖区诉讼、复议相关工作。

(十二)党务工作办公室:负责本局的党建、纪检监察工作;负责人事工作。

1993 年 3 月 5 日,中共深圳市委、深圳市人民政府以深发[1993]1 号文决定成立深圳市证券管理委员会,下设证券管理办公室,按市属局级事业单位管理,于 1993 年 4 月 1 日正式挂牌办公。1997 年 7 月 10 日,深圳市证券管理办公室和深圳市期货管理办公室正式合并,合并后的证券管理办公室设立期货监管处,履行深圳期货市场监管职能。1998 年 9 月,人民银行深圳分行对深圳辖区证券经营机构的监管职能划转至深圳证管办。1998 年,根据国务院《批转证监会证券监管机构体制改革方案的通知》(国发[1998]29 号)和中央编办《关于中国证券监督管理委员会派出机构职能配置及人员编制的批复》(中编办[1999]11 号),中国证监会设立“中国证券监督管理委员会深圳证券监管办公室”,作为中国证监会的派出机构,下辖海口证券监管特派员办事处。1999 年 7 月 1 日,“中国证券监督管理委员会深圳证券监管办公室”正式挂牌。2000 年 9 月 6 日,根据中国证监会《关于成立中国证监会大区稽查局的通知》,成立中国证监会深圳稽查局,与深圳证券监管办公室一套机构、两块牌子。2004 年 3 月 1 日,根据《关于中国证券监督管理委员会派出机构设置和人员编制批复》(中央编办复字[2004]11 号)和《关于中国证券监督管理委员会派出机构更名的通知》(证监发[2004]17 号),深圳证管办正式更名为“中国证券监督管理委员会深圳监管局”。

证监局领导

张云东:男,汉族,中国证监会深圳监管局党委书记、局长,深圳稽查局局长

曹汝明:男,汉族,中国证监会深圳监管局党委委员、副局长

袁晓德:男,汉族,中国证监会深圳监管局副巡视员

熊国森:男,汉族,中国证监会深圳监管局党委委员、纪委书记、副局长

万钧:男,汉族,中国证监会深圳监管局副局长

霍达:男,汉族,中国证监会深圳监管局党委委员、局长助理

朱文彬:男,汉族,中国证监会深圳监管局党委委员、局长助理

联系方式

办公地址:深圳市福田区笋岗西路体育大厦东座

邮政编码:518028

总机电话:83260011

值班电话:83268222

传真电话:83260010

举报投诉电话:83263315

举报投诉信箱:shenzhen@ csrc. gov. cn

广东证监局辖区上市公司历年筹资统计表

序号	年度	IPO 家数	IPO 筹资	配股家数	配股筹资	增发家数	增发筹资	可转债家数	可转债筹资	家数合计	筹资合计	其中 H 股家数	其中 H 股筹资
1	2008	4	14.27	0		0		0		4	14.27	0	
2	2007	23	460.9	1	13.64	17	575.54	3	32.38	44	1082.46	0	
3	2006	13	367.58	0		7	131.97	2	19.4	22	518.95	1	211.24
4	2005	2	7.63	0		0		0		2	7.63	0	
5	2004	14	214.29	3	12.9	3	50.26	2	84.9	22	362.35	2	183.56
6	2003	4	55.64	5	12.2	3	31.47	1	4	13	103.32	0	
7	2002	5	141.85	0		2	7.38	1	15	8	164.23	0	
8	2001	7	49.04	5	21.16	4	44.72	0		16	114.92	0	
9	2000	11	48.21	17	92.15	3	25.61	0		31	165.96	0	
10	1999	3	32.52	9	25.37	1	12.4	0		13	70.29	0	
11	1998	7	20.08	21	49.9	2	5.96	0		30	75.95	0	
12	1997	20	158.38	27	52.32	1	2.73	0		48	213.43	4	88.7
13	1996	17	75.74	13	16.01	1	2.12	0		31	93.86	2	52.41
14	1995	11	21.82	16	13.77	0		0		27	35.6	0	
15	1994	19	21.18	10	13.05	0		0		29	34.23	0	
16	1993	41	75.77	12	21.18	0		1	5	54	101.95	1	4.19
17	1992	11	5.33	0		0		0		11	5.33	0	
18	1991	10	9.44	0		0		0		10	9.44	0	
19	1990	1	0.25	0		0		0		1	0.25	0	
20	1989	8	0.86	0		0		0		8	0.86	0	
21	1988	2	0.41	0		0		0		2	0.41	0	

广东证监局辖区上市公司名录

序号	代码	名称	公司中文名称	城市	办公地址	公司电话
1	000100.SZ	TCL 集团	TCL 集团股份有限公司	惠州市	广东省惠州市鹅岭南路6号TCL工业大厦九楼	0755-33313811,33313801
2	000150.SZ	宜华地产	宜华地产股份有限公司	汕头市	广东省汕头市澄海区文冠路口右侧宜都花园	0754-85899788
3	000429.SZ	粤高速 A	广东省高速公路发展股份有限公司	广州市	广东省广州市白云路85号	020-83731365
4	000502.SZ	绿景地产	绿景地产股份有限公司	广州市	广东省广州市天河区林和中路8号天誉大厦35楼	020-22082999,22082969
5	000507.SZ	粤富华	珠海经济特区富华集团股份有限公司	珠海市	广东省珠海市九洲大道中1146号5楼	0756-3838066,3838088
6	000513.SZ	丽珠集团	丽珠医药集团股份有限公司	珠海市	广东省珠海市拱北桂花北路132号丽珠大厦	0756-8135888,8135839
7	000522.SZ	白云山 A	广州白云山制药股份有限公司	广州市	广东省广州市白云区同和街云祥路88号	020-87062599
8	000523.SZ	广州浪奇	广州市浪奇实业股份有限公司	广州市	广东省广州市天河区黄埔大道东128号	020-82161128*6228, 020-82162933
9	000524.SZ	东方宾馆	广州市东方宾馆股份有限公司	广州市	广东省广州市流花路120号	020-86662791,86669900
10	000527.SZ	美的电器	广东美的电器股份有限公司	佛山市	广东省佛山市顺德区美的工业城	0757-26338779,26334559
11	000529.SZ	S*ST 美雅	广东美雅集团股份有限公司	鹤山市	广东省鹤山市人民西路40号	0750-8888888
12	000531.SZ	穗恒运 A	广州恒运企业集团股份有限公司	广州市	广东省广州开发区开发大道235号恒运大厦6~6M层	020-82068252
13	000532.SZ	力合股份	力合股份有限公司	珠海市	广东省珠海市唐家大学路101号清华科技园创业大楼东六楼	0756-3612810,3612833
14	000533.SZ	万家乐	广东万家乐股份有限公司	佛山市	广东省佛山市顺德大良顺峰山工业区	0757-22321232,22321218
15	000534.SZ	汕电力 A	汕头电力发展股份有限公司	汕头市	广东省汕头市珠池路23号光明大厦B幢8楼	0754-88857191,88857382
16	000539.SZ	粤电力 A	广东电力发展股份有限公司	广州市	广东省广州市天河东路2号粤电广场南塔23-26楼	020-87570276,87570251
17	000541.SZ	佛山照明	佛山电器照明股份有限公司	佛山市	广东省佛山市禅城区汾江北路64号	0757-82966098,82810239
18	000573.SZ	粤宏远 A	东莞宏远工业区股份有限公司	东莞市	广东省东莞市宏远工业区宏远大厦16层	0769-22412655
19	000576.SZ	广东甘化	江门甘蔗化工厂(集团)股份有限公司	江门市	广东省江门市甘化路62号	0750-3277650,3277651
20	000601.SZ	韶能股份	广东韶能集团股份有限公司	韶关市	广东省韶关市惠民南路148号	0751-8153162
21	000602.SZ	金马集团	广东金马旅游集团股份有限公司	潮州市	广东省潮州市潮枫路旅游大厦四层	0768-2268969,2262628
22	000636.SZ	风华高科	广东风华高新科技股份有限公司	肇庆市	广东省肇庆市风华路18号风华电子工业城	0758-2844724
23	000637.SZ	茂化实华	茂名石化实华股份有限公司	茂名市	广东省茂名市官渡路162号	0668-2276176
24	000651.SZ	格力电器	珠海格力电器股份有限公司	珠海市	广东省珠海市前山金鸡西路6号	0756-8668416,8669232
25	000659.SZ	珠海中富	珠海中富实业股份有限公司	珠海市	广东省珠海市香洲区湾仔南湾南路6002号	0756-8821350,3837333
26	000685.SZ	中山公用	中山公用事业集团股份有限公司	中山市	广东省中山市兴中道18号财兴大厦三楼	0760-88380018
27	000690.SZ	宝新能源	广东宝丽华新能源股份有限公司	梅州市	广东省梅州市梅县华侨城香港花园香港大道宝丽华综合大楼	0753-2511298,38773338
28	000712.SZ	锦龙股份	广东锦龙发展股份有限公司	清远市	广东省清远市方正二街1号锦龙大厦	0763-3369393
29	000717.SZ	韶钢松山	广东韶钢松山股份有限公司	韶关市	广东省韶关市曲江区	0751-8787265
30	000782.SZ	美达股份	广东新会美达锦纶股份有限公司	新会市	广东省新会市会城镇江会路上浅口	0750-6107981
31	000823.SZ	超声电子	广东汕头超声电子股份有限公司	汕头市	广东省汕头市兴业路21号	0754-88245666*4379, 88245666*4344,88610992
32	000828.SZ	东莞控股	东莞发展控股股份有限公司	东莞市	广东省东莞市东城区莞樟大道55号	0769-22083320
33	000861.SZ	海印股份	广东海印永业(集团)股份有限公司	茂名市	广东省茂名市环市西路61号	0668-2111000
34	000893.SZ	广州冷机	广州冷机股份有限公司	广州市	广东省广州市白云区人和镇人和大街68号	020-86451188
35	000921.SZ	ST 科龙	海信科龙电器股份有限公司	佛山市	广东省佛山市顺德区容桂区容港路8号	0757-28362570
36	000973.SZ	佛塑股份	佛山塑料集团股份有限公司	佛山市	广东省佛山市禅城区汾江中路85号	0757-83988189
37	000975.SZ	科学城	南方科学城发展股份有限公司	广州市	广东省广州市科学城彩频路广东软件科学园综合楼5楼	020-61397318
38	000976.SZ	春晖股份	广东开平春晖股份有限公司	开平市	广东省开平市长沙港口路10号	0750-2276949,2228111*286
39	000987.SZ	广州友谊	广州友谊集团股份有限公司	广州市	广东省广州市越秀区环市东路369号	020-83577980,83483216
40	002005.SZ	德豪润达	广东德豪润达电气股份有限公司	珠海市	广东省珠海市香洲区唐家湾镇金凤路1号	0756-3390188
41	002016.SZ	世荣兆业	广东世荣兆业股份有限公司	珠海市	广东省珠海市昌盛路155号	0756-8681601
42	002017.SZ	东信和平	东信和平智能卡股份有限公司	珠海市	广东省珠海市南屏科技工业园屏工中路8号	0756-8682893
43	002027.SZ	七喜控股	七喜控股股份有限公司	广州市	广东省广州市黄埔区埔南路63号一号厂房	020-82250627,82058139
44	002030.SZ	达安基因	中山大学达安基因股份有限公司	广州市	广东省广州市高新区科学城香山路19号	020-32290420
45	002031.SZ	巨轮股份	广东巨轮模具股份有限公司	揭阳市	广东省揭阳市揭东经济开发试验区5号路	0663-3271838
46	002035.SZ	华帝股份	中山华帝燃具股份有限公司	中山市	广东省中山市小榄镇小榄工业基地工业大道南华园路1号	0760-2139888*8613, 2139888*8611
47	002045.SZ	广州国光	国光电器股份有限公司	广州市	广东省广州市花都区新华镇镜湖大道8号	020-28609688
48	002054.SZ	德美化工	广东德美精细化工股份有限公司	佛山市	广东省佛山市顺德区容桂广珠公路海尾路段	0757-28399088
49	002060.SZ	粤水电	广东水电二局股份有限公司	广州市	广东省广州市经济技术开发区科学城彩频路11号A栋601	020-61776666
50	002063.SZ	远光软件	远光软件股份有限公司	珠海市	广东省珠海市港湾大道科技一路3号	0756-3399888
51	002076.SZ	雪莱特	广东雪莱特光电科技股份有限公司	佛山市	广东省佛山市南海区狮山工业科技工业园A区	0757-86695640
52	002084.SZ	海鸥卫浴	广州海鸥卫浴用品股份有限公司	广州市	广东省广州市番禺区市桥镇禺山西路联邦工业城内	020-34808178, 84896096*8809
53	002101.SZ	广东鸿图	广东鸿图科技股份有限公司	肇庆市	广东省肇庆市高要市金渡世纪大道168号	0758-8512963,8512658
54	002141.SZ	蓉胜超微	广东蓉胜超微线材股份有限公司	珠海市	广东省珠海市三灶科技工业园机场西路681号	0756-7512120
55	002152.SZ	广电运通	广州广电运通金融电子股份有限公司	广州市	广东省广州市天河区黄埔大道西平云路163号	020-38696517,38698900
56	002167.SZ	东方锆业	广东东方锆业科技股份有限公司	汕头市	广东省汕头市澄海区莱美路宇田科技园	0754-5506186,5505181
57	002169.SZ	智光电气	广州智光电气股份有限公司	广州市	广东省广州市黄埔区云埔工业区埔南路51号	020-32113288
58	002177.SZ	御银股份	广州御银科技股份有限公司	广州市	广东省广州市天河区五山路248号金山大厦26楼	020-38468722
59	002180.SZ	万力达	珠海万力达电气股份有限公司	珠海市	广东省珠海市高新区科技创新海岸科技一路万力达继保科技园	0756-3395968
60	002181.SZ	粤传媒	广东九州阳光传媒股份有限公司	广州市	广东省广州市环市东路362号好世界广场19楼1902室	020-83752128
61	002187.SZ	广百股份	广州市广百股份有限公司	广州市	广东省广州市越秀区西湖路12号11楼	020-83322348
62	002192.SZ	路翔股份	广州路翔股份有限公司	广州市	广东省广州市天河北路890号9楼	020-38289069
63	002198.SZ	嘉应制药	广东嘉应制药股份有限公司	梅州市	广东省梅州市东升工业园B区	0753-2321916
64	002209.SZ	达意隆	广州达意隆包装机械股份有限公司	广州市	广东省广州市萝岗区云埔一路23号	020-62956877,82266151
65	002212.SZ	南洋股份	广东南洋电缆集团股份有限公司	汕头市	广东省汕头市珠津工业区珠津二街1号	0754-86332188, 86332188*847

序号	代码	名称	公司中文名称	城市	办公地址	公司电话
66	002233.SZ	塔牌集团	广东塔牌集团股份有限公司	梅州市	广东省梅州市蕉岭县蕉城镇(塔牌大厦)	0753－7887036
67	002240.SZ	威华股份	广东威华股份有限公司	梅州市	广东省广州市天河北路183号大都会广场17楼	020－87551736,87551761
68	002249.SZ	大洋电机	中山大洋电机股份有限公司	中山市	广东省中山市西区沙朗第三工业区	0760－8555306
69	002260.SZ	伊立浦	广东伊立浦电器股份有限公司	佛山市	广东省佛山市南海区松岗松夏工业园工业大道西	0757－88374384
70	200168.SZ	雷伊B	广东雷伊(集团)股份有限公司	普宁市	广东省深圳市东门中路东方大厦12楼	0755－82231226,82251309
71	200986.SZ	粤华包B	佛山华新包装股份有限公司	佛山市	广东省佛山市季华五路经华大厦18楼	0757－83981729,83992076
72	600004.SH	白云机场	广州白云国际机场股份有限公司	广州市	广东省广州市白云国际机场南工作区机场综合办公楼南楼	020－36063593
73	600029.SH	南方航空	中国南方航空股份有限公司	广州市	广东省广州市机场路278号	020－86124736,86124462
74	600048.SH	保利地产	保利房地产(集团)股份有限公司	广州市	广东省广州市海珠区阅江中路688号保利国际广场北塔29－33层	020－89898833
75	600083.SH	ST博信	广东博信投资控股股份有限公司	东莞市	广东省深圳市南山区科技园北区科苑北3号路博讯科技大楼	0755－86278080,86278086
76	600098.SH	广州控股	广州发展实业控股集团股份有限公司	广州市	广东省广州市珠江新城临江大道3号发展中心28－30楼	020－37850968,37850978
77	600143.SH	金发科技	金发科技股份有限公司	广州市	广东省广州市天河区柯木塱高唐工业区	020－87011288,87037333
78	600183.SH	生益科技	广东生益科技股份有限公司	东莞市	广东省东莞市万江区莞穗大道411号	0769－22271828＊8225
79	600242.SH	S＊ST华龙	广东华龙集团股份有限公司	阳江市	广东省阳江市江城区安宁路A7号金达商贸大厦7－8楼	0662－3229088
80	600323.SH	南海发展	南海发展股份有限公司	佛山市	广东省佛山市南海区桂城南海大道建行大厦	0757－86280996
81	600325.SH	华发股份	珠海华发实业股份有限公司	珠海市	广东省珠海市拱北丽景花园华发大楼	0756－8282111,8131632
82	600332.SH	广州药业	广州药业股份有限公司	广州市	广东省广州市沙面北街45号	020－81218103,81218084
83	600382.SH	广东明珠	广东明珠集团股份有限公司	兴宁市	广东省兴宁市兴城镇赤巷口	0753－3337589
84	600393.SH	东华实业	广州东华实业股份有限公司	广州市	广东省广州市寺右新马路170号四楼	020－87393888,87379702
85	600428.SH	中远航运	中远航运股份有限公司	广州市	广东省广州市五羊新城江月路颐景轩2－3楼	020－62621288,62621398
86	600433.SH	冠豪高新	广东冠豪高新技术股份有限公司	湛江市	广东省湛江市经济技术开发区高新技术区区乐怡路6号	0759－2820938,2820858
87	600499.SH	科达机电	广东科达机电股份有限公司	佛山市	广东省佛山市顺德区陈村镇广隆工业园环镇西路1号	0757－23833869
88	600518.SH	康美药业	广东康美药业股份有限公司	普宁市	广东省普宁市流沙镇长春路中段	0663－2917777＊8009 2917777＊8006
89	600589.SH	广东榕泰	广东榕泰实业股份有限公司	揭阳市	广东省揭阳市榕城区新兴东二路1号	0663－8676616
90	600656.SH	ST方源	东莞市方达再生资源产业股份有限公司	东莞市	广东省东莞市长安镇乌沙李屋第六经济开发区兴发南路西四街1号	0769－89998656＊606 89998656＊8888
91	600673.SH	东阳光铝	广东东阳光铝业股份有限公司	韶关市	广东省东莞市长安镇上沙村第五工业区	0769－85370225
92	600684.SH	珠江实业	广州珠江实业开发股份有限公司	广州市	广东省广州市环市东路362－366号好世界广场30楼	020－83752828＊808,83752439
93	600685.SH	广船国际	广州广船国际股份有限公司	广州市	广东省广州市荔湾区芳村大道南40号	020－81891712＊2962, 81891712＊2995
94	600728.SH	SST新太	新太科技股份有限公司	广州市	广东省广州市天河高新技术产业开发区工业园建工路4号	020－85550260
95	600866.SH	星湖科技	广东肇庆星湖生物科技股份有限公司	肇庆市	广东省肇庆市工农北路67号	0758－2237526,2291130
96	600868.SH	＊ST梅雁	广东梅雁水电股份有限公司	梅州市	广东省梅州市湾水塘梅雁大楼	0753－2218286
97	600872.SH	中炬高新	中炬高新技术实业(集团)股份有限公司	中山市	广东省中山市中山火炬高技术产业开发区火炬大厦	0760－85596818＊2033 85596818＊2083
98	600894.SH	广钢股份	广州钢铁股份有限公司	广州市	广东省广州市荔湾区白鹤洞广州钢铁股份有限公司科技大楼501房	020－81809182
99	600978.SH	宜华木业	广东省宜华木业股份有限公司	汕头市	广东省汕头市澄海区莲下槐东工业区	0754－85100989
100	600988.SH	ST宝龙	广州东方宝龙汽车工业股份有限公司	增城市	广东省广州增城市新塘镇宝龙路1号	020－82601663

广东证监局辖区期货公司及分支机构名录

序号	单位名称	详细地址	邮编	办公电话
1	广发期货有限公司	广东省广州市越秀区寺右新马路111－115号18楼、22楼	510600	020－38456888
2	广发期货有限公司广州营业部	广州市越秀区寺右新马路111－115号19楼1918房	510600	020－87372388
3	广发期货有限公司珠海营业部	珠海市吉大园林路景乐路口海洲大厦901号单元	519015	0756－3332178
4	广发期货有限公司东莞营业部	东莞市东城南路联和商业大厦首层101号	523129	0769－23036111
5	广发期货有限公司中山营业部	中山市中山四路35号财富大厦2楼201房	528403	0760－88367378
6	广发期货有限公司佛山营业部	佛山市南海区南海大道北路51号财汇大厦1014、1015室	528200	0757－88599898
7	广发期货有限公司江门营业部	江门市蓬江区迎宾大道中118号2幢808－809房	529000	0750－3928728
8	广发期货有限公司肇庆营业部	肇庆市天宁北路75号之一发展广场17层03、04、05房	526040	0758－2313903
9	长城伟业期货有限公司	广州市越秀区先烈中路65号东山广场东楼11层	510095	020－87320789
10	长城伟业期货有限公司番禺营业部	广州市番禺区市桥繁华路1号友谊中心1603房	511400	020－84701499
11	长城伟业期货有限公司韶关营业部	广东省韶关市浈江区北江路湾景中心8A	521000	0751－8221949
12	长城伟业期货有限公司惠州营业部	广东省惠州市惠城区新岸路1号世贸中心16层F房	516001	0752－2055276
13	长城伟业期货有限公司东莞营业部	广东省东莞市南城区胜和路华凯大厦802B	523000	0769－22806930
14	长城伟业期货有限公司中山营业部	中山市石岐区兴中道6号假日广场1栋510	528403?	0760－88863108
15	长城伟业期货有限公司佛山营业部	佛山市祖庙路33号百花广场24楼2408室	528000	0757－83809098
16	长城伟业期货有限公司茂名营业部	茂名市光华南路118号润威商厦1002室	525000	0668－2707198
17	长城伟业期货有限公司湛江营业部	广东省湛江市霞山海昌北横路1号第二幢	524005	0759－2106944
18	珠江期货有限公司	广东省广州市天河区黄埔大道西76号盈隆广场1201－1203室	510623	020－38390083
19	珠江期货有限公司番禺营业部	广州市番禺区市桥街清河东路239号13楼1305室	511400	020－84612728
20	珠江期货有限公司惠州营业部	广东省惠州市惠城区下埔路23号金融大厦1905、1906房	516000	0752－2086536
21	珠江期货有限公司梅州营业部	广东省梅州市彬芳大道88号第12层	514021	0753－2242888
22	珠江期货有限公司佛山营业部	广东省佛山市南海区桂城南海大道北61号经委大厦3楼	528200	0757－81210162
23	珠江期货有限公司清远营业部	广东省清远市银泉南路3号聚龙大厦3楼	511518	0763－3384518
24	珠江期货有限公司江门营业部	广东省江门市蓬江区港口一路105号301室	529000	0750－3087381
25	珠江期货有限公司湛江营业部	广东省湛江市霞山区人民大道南18号华侨大厦五楼南面	524000	0759－2381686
26	珠江期货有限公司肇庆营业部	广东省肇庆市天宁北路75号之一18E07－08号	526040	0758－6810886
27	广东集成利期货经纪有限公司	广东省佛山市禅城区季华五路29号广发大厦15楼	528000	0757－83309180
28	广东集成利期货经纪有限公司顺德营业部	广东省佛山市顺德区大良街道办事处升平居委会清辉路148号诚信大厦13楼	528300	0757－22602030
29	广东集成利期货经纪有限公司南海营业部	广东省佛山市南海区大沥镇广云路1号通发大厦四楼2号场地	528231	0757－85580800

序号	单位名称	详细地址	邮编	办公电话
30	广东集成利期货经纪有限公司清远营业部	广东省清远市新城4号区16座富华大厦B幢三楼南边302	511515	0763-3862622
31	中天期货经纪有限公司	广州市解放南路123号金汇大厦601	510120	020-83271198
32	中天期货经纪有限公司珠海营业部	珠海市吉大景山路188号粤财大厦2501室	519000	0756-3883302
33	广永期货经纪有限公司	广州市天河区体育西路57号第10层	510620	020-85598116
34	广永期货经纪有限公司佛山营业部	广东省佛山市季华五路18号经华大厦15楼C/D	528000	0757-88352282
35	广永期货经纪有限公司中山营业部	广东省中山市东区起湾道宝利大厦9楼F座	528400	0760-88367718
36	江南期货经纪有限公司	广东省东莞市南城区体育路2号鸿禧中心六层B11、B12室	523009	0769-22806989
37	东莞市华联期货经纪有限公司	广东省东莞市莞城区可园南路1号金源中心16楼	523000	0769-22113100
38	东莞市华联期货经纪有限公司东城营业部	东莞市东城区红荔路花园商贸广场7楼	523107	0769-22116989
39	华南期货经纪有限公司	广州市体育西路111号建和中心15楼	510620	020-38791234
40	广东鸿海期货经纪有限公司	广东省佛山市南海区南海大道67-12号	528200	0757-86231218
41	广东鸿海期货经纪有限公司顺德营业部	广东省佛山市顺德区大良沿江北路121号建设大厦五楼	528300	0757-22382268
42	南粤期货经纪有限公司	广东省佛山市南海区黄岐广佛路34号	528248	0757-85923088
43	南粤期货经纪有限公司汕头营业部	汕头市长平路93号华乾大厦五楼	515041	0754-88643888
44	南粤期货经纪有限公司番禺营业部	广州市番禺区市桥镇光明北路233号绿茵庭园办公楼7楼	530021	020-39990389
45	摩根大通期货有限公司	广东省中山市竹苑路102号	528403	0760-88880999
46	瑞达期货经纪有限公司广州营业部	广州市越秀区先烈中路69号1007-1008室	515000	020-87353995
47	中国国际期货经纪有限公司广州营业部	广州市天河区体育东路140-148号南方证券大厦2101、2102、2111、2112	510620	020-38878482
48	乾坤期货经纪有限公司广州营业部	广州大道北193号新达城广场南塔2501-2506	510075	020-37587133
49	上海大陆期货有限公司广州营业部	广州市越秀北路222号越良大厦15层	510050	020-83642392
50	东海期货有限责任公司广州营业部	广州市海珠区宝岗大道268号中新大厦1913、1914、1915单元	510240	020-34370188
51	万达期货有限公司广州营业部	广州市天河区天河北路189号中国市长大厦1606室	510620	020-87550211
52	瑞达期货经纪有限公司汕头营业部	广东省汕头市金砂中路86号友谊国际大厦2305室	515041	0754-88647899
53	中航期货经纪有限公司汕头营业部	广东省汕头市金砂东路124号华美大厦西梯302室	515041	0754-88883636

广东证监局辖区基金公司及分支机构名录

序号	单位名称	详细地址	邮编	办公电话
1	易方达基金管理有限公司	广东省广州市天河区体育西路189号城建大厦28楼	510620	020-38797888
2	易方达基金管理有限公司广州分公司	广州市天河区体育西路189号城建大厦25楼	510620	020-38796920
3	广发基金管理有限公司	广州市海珠区琶洲大道东1号保利国际广场南塔31-33层	510308	020-83936666
4	广发基金管理有限公司广州分公司	广州市海珠区琶洲大道东1号保利国际广场南塔32层	510308	020-83936666-6201
5	金鹰基金管理有限公司	广东省珠海市吉大九州大道东段商业银行大厦7楼	519015	0756-3373810
6	金鹰基金管理有限公司广州分公司	广州市沿江中路298号江湾商业中心22层	510100	020-83282855
7	华夏基金管理有限公司广州天河投资理财中心	广东省广州市天河区天河北路569号自编首层2号	510630	020-38460001
8	银河基金管理有限公司广州分公司	广东省广州市越秀区水荫路2号华信大厦东座912室	510075	020-37602205
9	泰达荷银基金管理有限公司华南办事处	广州市天河北路233号中信广场1512室	510613	020-38773628
10	诺安基金管理有限公司广州分公司	广州市天河区黄埔大道西路76号富力盈隆广场3908室	510623	020-38393680
11	汇添富基金管理有限公司南方分公司	广州市天河区黄埔大道西路76号富力盈隆广场4011室	510623	020-22031790
12	申万巴黎基金管理有限公司广州分公司	广州市天河区黄埔大道西路76号富力盈隆广场41层4106室	510623	020-38392527

广东证监局辖区证券投资咨询公司及分支机构名录

序号	单位名称	详细地址	邮编	办公电话
1	广东百灵信投资管理有限公司	广州市天河区金穗路933号君怡大厦君子阁16C	510627	020-38681236
2	广州汇正财经顾问有限公司	广州天河区工业园新太大厦6楼	510665	020-85550199
3	广州博信投资咨询有限公司	广州市天河区金穗路935号君怡大厦君子阁5D	510627	020-38681359
4	广东科德投资顾问有限公司	广州市天河北路898号信源大厦3301室	510630	020-38182098
5	广州越声理财咨询有限公司	广东省广州人民北路686号708室	510012	020-26185268
6	广州新升咨询顾问有限公司	广州市环市东路371-375号世界贸易中心大厦南塔2703房	510095	020-87766448
7	广州市万隆证券咨询顾问有限公司	广州市越秀区中山一路21号天兴大厦东塔20楼	510600	020-87328333
8	广州运财行理财投资有限公司	广州市越秀区较场路金鹰大厦西座909房	510080	020-83804336
9	珠海博众证券投资咨询有限公司	珠海市香洲区吉大海滨南路47号光大国际贸易中心2110室	519015	0756-3366022
10	福建天信投资咨询顾问有限公司广州分公司	广州市寺右新马路五羊新城广场1710室	510600	020-37596772
11	黑龙江省容维投资顾问有限责任公司广州分公司	广州市海珠区江南大道中82号新疆证券大厦7楼A室	510220	020-84251322
12	哈尔滨新思路投资咨询有限公司广州分公司	广州市越秀区农林下路81号之一32楼H房	510080	020-87678500

广东证监局辖区会计师事务所、资产评估公司名录

序号	单位名称	详细地址	邮编	办公电话
1	立信羊城会计师事务所有限公司	广州市林和西路3-15号耀中广场B座11楼	510630	020-38396228
2	立信羊城会计师事务所有限公司惠州分所	惠州市江北云山西路18号双子星国际商务大厦A座9楼	516003	0752-2168189
3	立信羊城会计师事务所有限公司佛山分公司	佛山市禅城区季华五路10号金融广场6楼	528000	0752-2168190
4	广东正中珠江会计师事务所有限公司	广州市东风东路555号粤海集团大厦10楼	510050	020-83859808
5	广东恒信德律会计师事务所有限公司	珠海市香洲康宁路16、18号	519000	0756-2114788
6	万隆会计师事务所有限公司广东分所	广州市天河体育西路57号13楼	510620	020-85591700
7	广州立信羊城资产评估与土地房地产估价有限公司	广东省广州市天河区林和西路3-15号耀中广场中南翼11楼1116号房	510610	020-38010306

序号	单位名称	详细地址	邮编	办公电话
8	广东中广信资产评估有限公司	广州市越秀区东风中路300号之一金安大厦17楼L/K	510030	020-83637841,83637842
9	广东中广信资产评估有限公司珠海分公司	珠海市吉大景山路188号粤财假日酒店20楼14-15单元	519015	0756-3228772
10	广东联信资产评土地房地产估价有限公司	广州市越秀北路222号越良大厦16楼	510050	020-83642087,83642125
11	广州中天衡资产评估有限公司	广州市越秀区府前路2号府前大厦8楼	510030	020-83379998

广东证监局辖区2008年1季度上市公司概况

地区	上市公司家数		股票数(只)		总股本(亿股)	总市值(亿元)	总市值较年初增长(%)	本年筹资	
	期末	本年增减	A股	B股				公司家数	筹资额(亿元)
广州	35	1	35	2	224.96	3331.31	-27.77	2	11.73
珠海	12		12	1	38.69	866.76	-6.72	1	17.58
汕头	5	1	5		15.66	193.34	-14.64	2	9.51
韶关	2		2		25.95	196.75	-24.04		
河源	0								
梅州	4		4		34.49	292.55	-20.78		
惠州	2		2		29.10	185.31	-0.01		
汕尾	0								
东莞	4		4		28.49	282.42	-19.73		
中山	3		3		11.21	105.31	-18.45		
江门	4		4		17.11	81.84	-20.15		
佛山	10		9	2	50.88	712.28	-18.41		
阳江	1		1		1.74	7.62	0.00		
湛江	1		1		1.60	13.82	-20.44		
茂名	2		2		5.63	61.49	-30.29		
肇庆	3		3		12.59	134.56	-2.44		
清远	1		1		3.05	47.22	-24.39		
潮州	1		1		1.51	66.33	42.58		
揭阳	4		3	1	16.82	145.08	-18.16		
云浮	0								
辖区合计	94	2	92	6	519.50	6723.98	-21.58	5	38.82
其中:中小企业板	26	2	26		37.21	699.92	-14.00	2	6.96

注:上市公司总市值不含H股

广东证监局辖区2008年2季度上市公司概况

地区	上市公司家数		股票数(只)		总股本(亿股)	总市值			本年筹资	
	期末	本年增减	A股	B股		本期末(亿元)	比年初增长(%)	环比增长(%)	公司家数	筹资额(亿元)
广州	35	1	35	2	228.39	1801.42	-60.94	-45.92	3	31.73
珠海	12		12	1	42.79	509.62	-45.15	-41.20	2	43.46
汕头	5	1	5		19.01	111.58	-50.74	-42.29	2	9.51
韶关	3	1	3		34.23	178.72	-31.00	-9.16		
河源	0									
梅州	6	2	6		41.56	272.67	-26.16	-6.80	2	22.07
惠州	2		2		29.10	119.91	-35.30	-35.29		
汕尾	0									
东莞	4		4		28.49	150.87	-57.12	-46.58		
中山	4	1	4		12.47	109.65	-15.09	4.12	1	8.19
江门	4		4		17.11	57.27	-44.12	-30.02		
佛山	10		9	2	60.37	385.03	-55.89	-45.94	1	3.47
阳江	1		1		1.74	7.62	0.00	0.00		
湛江	1		1		1.60	11.18	-35.64	-19.10		
茂名	2		2		6.19	39.83	-54.84	-35.23		
肇庆	3		3		12.59	62.95	-54.36	-53.22		
清远	1		1		3.05	20.23	-67.61	-57.16		
潮州	1		1		1.51	19.12	-58.91	-71.17		
揭阳	4		3	1	18.60	102.16	-42.37	-29.58	1	9.00
云浮	0									
辖区合计	98	6	96	6	558.80	3959.83	-53.82	-41.11	12	127.43
其中:中小企业板	29	5	29		37.21	551.03	-32.30	-21.27	6	54.82

广东证监局辖区 2008 年 3 季度上市公司概况

地区	上市公司家数		股票数(只)		总股本(亿股)	总市值			本年筹资	
	期末	本年增减	A股	B股		本期末(亿元)	比年初增长(%)	环比增长(%)	公司家数	筹资额(亿元)
广州	35	1	35	2	266.74	1745.81	-62.14	-3.09	6	88.81
珠海	12		12	1	48.89	472.78	-49.12	-7.23	2	43.46
汕头	6	1	5		19.01	85.97	-62.04	-22.95	2	9.51
韶关	3	1	3		34.23	135.12	-47.83	-24.40		
河源	0									
梅州	6	2	6		41.56	188.80	-48.88	-30.76	2	22.07
惠州	1		1		29.10	86.28	-53.44	-28.05		
汕尾	0									
东莞	5	1	5		30.40	125.98	-64.19	-16.50		
中山	4	1	4		16.21	134.79	4.37	22.93	2	43.92
江门	4		4		17.11	39.40	-61.56	-31.20		
佛山	11	1	10	2	63.29	387.34	-55.63	0.60	2	5.47
阳江	1		1		1.74	7.62	0.00	0.00		
湛江	1		1		1.60	8.90	-48.80	-20.39		
茂名	2		2		6.19	32.10	-63.60	-19.41		
肇庆	3		3		12.59	44.13	-68.00	-29.90		
清远	1		1		3.05	17.39	-72.15	-14.04		
潮州	1		1		1.51	9.03	-80.59	-52.77		
揭阳	4		3	1	18.60	96.61	-45.50	-5.43	1	9.00
云浮	0									
辖区合计	100	8	98	6	611.82	3618.05	-57.89	-8.81	17	222.24
其中:中小企业板	30	6	30		55.71	437.54	-46.24	-20.60	8	60.89

广东证监局辖区 2008 年 4 季度上市公司概况

地区	上市公司家数		股票数(只)		总股本(亿股)	总市值			本年筹资	
	期末	本年增减	A股	B股		本期末(亿元)	比年初增长(%)	环比增长(%)	公司家数	筹资额(亿元)
广州	35	1	35	2	266.74	1538.21	-66.65	-11.89	6	88.81
珠海	12	0	12	1	48.89	489.59	-47.31	3.56	2	43.46
汕头	6	2	6	0	22.25	93.73	-58.62	-4.13	2	9.51
韶关	3	1	3	0	34.23	104.61	-59.61	-22.58		
河源	0									
梅州	6	2	6	0	41.56	178.56	-51.65	-5.42	2	22.07
惠州	1	-1	1	0	25.86	67.76	-63.44	-9.03		
汕尾	0									
东莞	5	1	5	0	30.40	111.10	-68.42	-11.81		
中山	4	1	4	0	16.21	129.65	0.39	-3.81	2	43.92
江门	4	0	4	0	17.11	35.53	-65.34	-9.82		
佛山	11	1	10	2	63.29	325.27	-62.74	-16.02	2	5.47
阳江	1	0	1	0	1.74	7.62	0.00	0.00		
湛江	1	0	1	0	1.60	6.13	-64.73	-31.12		
茂名	2	0	2	0	8.62	46.84	-46.90	45.92	1	19.66
肇庆	3	0	3	0	12.59	42.08	-69.49	-4.65		
清远	1	0	1	0	3.05	17.73	-71.61	1.96		
潮州	1	0	1	0	1.51	7.76	-83.31	-14.06		
揭阳	4	0	3	1	18.60	102.89	-41.96	6.50	1	9.00
云浮	0									
辖区合计	100	8	98	6	614.24	3305.04	-61.46	-8.65	18	241.90
其中:中小企业板	30	6	30		55.71	470.73	-42.16	7.59	8	60.89

注:上市公司总市值不含H股

广东证监局辖区2009年1季度上市公司概况

地区	上市公司家数		股票数(只)		总股本(亿股)	总市值			本年筹资	
	期末	本年增减	A股	B股		本期末(亿元)	比年初增长(%)	环比增长(%)	公司家数	筹资额(亿元)
广州	35	0	35	2	266.74	2191.41	42.46	42.46		
珠海	12	0	12	1	48.89	715.96	46.24	46.24		
汕头	6	0	6	0	22.25	151.38	61.50	61.50		
韶关	3	0	3	0	34.23	149.64	43.04	43.04		
河源	0									
梅州	6	0	6	0	41.56	277.59	55.46	55.46		
惠州	1	0	1	0	25.86	93.11	37.40	37.40		
汕尾	0									
东莞	5	0	5	0	30.40	159.59	43.65	43.65		
中山	4	0	4	0	16.21	222.86	71.89	71.89		
江门	4	0	4	0	17.11	48.80	37.35	37.35		
佛山	11	0	10	2	63.29	467.22	43.64	43.64		
阳江	1	0	1	0	1.74	8.37	9.82	9.82		
湛江	1	0	1	0	1.60	11.58	89.03	89.03		
茂名	2	0	2	0	8.62	63.23	34.99	34.99		
肇庆	3	0	3	0	12.59	68.35	62.44	62.44		
清远	1	0	1	0	3.05	34.27	93.30	93.30		
潮州	1	0	1	0	1.51	14.31	84.27	84.27		
揭阳	4	0	3	1	18.60	146.18	42.08	42.08		
云浮	0									
辖区合计	100	0	98	6	614.24	4823.84	45.95	45.95	0	0.00
其中:中小企业板	30	0	30	0	55.71	674.27	43.24	43.24	0	0.00

注:上市公司总市值不含H股

广东证监局辖区2009年2季度上市公司概况

地区	上市公司家数		股票数(只)		总股本(亿股)	总市值			本年筹资	
	期末	本年增减	A股	B股		本期末(亿元)	比年初增长(%)	环比增长(%)	公司家数	筹资额(亿元)
广州	35	0	35	2	278.06	2914.52	89.48	33.00		
珠海	12	0	12	1	57.13	907.88	85.44	26.81		
汕头	6	0	6	0	23.20	178.64	90.59	18.01	1	3.06
韶关	3	0	3	0	34.23	199.32	90.53	33.20		
河源	0									
梅州	6	0	6	0	41.80	288.73	61.70	4.01		
惠州	1	0	1	0	29.37	112.48	66.00	20.81	1	9.05
汕尾	0									
东莞	5	0	5	0	30.40	179.70	61.74	12.60		
中山	4	0	4	0	17.47	311.39	140.17	39.72		
江门	4	0	4	0	17.11	65.01	82.99	33.23	1	4.03
佛山	11	0	10	2	67.48	616.29	89.47	31.91		
阳江	1	0	1	0	1.74	11.89	55.99	42.01		
湛江	1	0	1	0	1.60	12.22	99.41	5.56		
茂名	2	0	2	0	9.44	84.56	80.53	33.73		
肇庆	3	0	3	0	12.59	83.62	98.71	22.34		
清远	1	0	1	0	3.05	52.88	198.27	54.31		
潮州	1	0	1	0	1.51	19.78	154.88	38.21		
揭阳	4	0	3	1	27.90	197.28	91.74	34.95		
云浮	0									
辖区合计	100	0	98	6	654.05	6236.19	88.69	29.28	3	16.14
其中:中小企业板	30	0	30	0	64.21	820.35	74.27	21.66	1	3.06

注:上市公司总市值不含H股

广东证监局辖区 2008 年 1 季度证券公司概况

项目	上年末	本期末	增长率
公司家数	6	6	0.00%
下属营业部家数	207	207	0.00%
股票基金交易额(万元)	90710121.06 *	123790219.89	36.47%
其中:网上交易额(万元)	46050150.28 *	87994428.90	91.08%
股东开户数(万户)	754.82	713.22	-5.51%
托管股票总市值(万元)	47343696.24	39233749.16	-17.13%

注:* 股票基金交易额及网上交易额为上年同期数

广东证监局辖区 2008 年 2 季度证券公司概况

项目	上年末	本期末	增长率
公司家数	6	6	0.00%
下属营业部家数	207	207	0.00%
股票基金交易额(万元)	315150904.82 *	223995459.52	-28.92%
其中:网上交易额(万元)	165945735.95 *	160723947.14	-3.15%
股东开户数(万户)	754.82	749.83	-0.66%
托管股票总市值(万元)	47343696.24	30116706.47	-36.39%

注:* 股票基金交易额及网上交易额为上年同期数

广东证监局辖区 2008 年 3 季度证券公司概况

项目	上年末	本期末	增长率
公司家数	6	6	0.00%
下属营业部家数	207	207	0.00%
股票基金交易额(万元)	433413357.08	245879711.37	-43.27%
股东开户数(万户)	754.82	762.00	0.95%
托管股票总市值(万元)	47343696.24	22642148.71	-52.17%

广东证监局辖区 2008 年 4 季度证券公司概况

项目	上年末	本期末	增长率
公司家数	6	6	0.00%
下属营业部家数	207	212	2.42%
股票基金交易额(万元)	564996770.04	303539253.30	-43.27%
股东开户数(万户)	754.82	783.02	3.74%
托管证券总市值(万元)	47343696.24	20758490.55	-56.15%
其中:个人账户(万元)	39839548.69	15498155.97	-61.10%

广东证监局辖区 2009 年 1 季度证券公司概况

项目	上年末	本期末	增长率
公司家数	6	6	0.00%
下属营业部家数	212	217	2.36%
股票基金交易额(万元)	101250676.05	109843594.00	8.49%
股东开户数(万户)	783.02	801.71	2.39%
托管证券总市值(万元)	20758490.55	33456795.73	61.17%
其中:个人账户(万元)	15498155.97	23149093.40	49.37%

广东证监局辖区 2009 年 2 季度证券公司概况

项目	上年末	本期末	增长率
公司家数	6	5	-16.67%
下属营业部家数	212	212	0.00%
股票基金交易额(万元)	*223995459.52	233661202.66	4.32%
股东开户数(万户)	783.02	701.66	-10.39%
托管证券总市值(万元)	20758490.55	44038814.66	112.15%
其中:个人账户(万元)	15498155.97	28252118.76	82.29%

*注:股票基金交易额为上年同期数。

广东证监局辖区 2008 年 1 季度基金管理公司概况

项目	年初数	本期末	较年初增长	季度环比增长
公司家数	3	3	0.00%	0.00%
基金数量(只)	23	25	8.70%	8.70%
其中:封闭式	4	3	-25.00%	-25.00%
开放式	19	22	15.79%	15.79%

广东证监局辖区 2008 年 2 季度基金管理公司概况

项目	年初数	本期末	较年初增长	季度环比增长
公司家数	3	3	0.00%	0.00%
基金数量(只)	23	26	13.04%	4.00%
其中:封闭式	4	3	-25.00%	0.00%
开放式	19	23	21.05%	4.55%

广东证监局辖区 2008 年 3 季度基金管理公司概况

项目	年初数	本期末	较年初增长	季度环比增长
公司家数	3	3	0.00%	0.00%
基金数量(只)	23	27	17.39%	3.85%
其中:封闭式	4	3	-25.00%	0.00%
开放式	19	24	26.32%	4.35%

广东证监局辖区 2008 年 4 季度基金管理公司概况

项目	年初数	本期末	较年初增长	季度环比增长
公司家数	3	3	0.00%	0.00%
基金数量(只)	23	29	26.09%	7.41%
其中:封闭式	4	1	-75.00%	-66.67%
开放式	19	28	47.37%	16.67%

广东证监局辖区 2009 年 1 季度基金管理公司概况

项目	年初数	本期末	较年初增长	季度环比增长
公司家数	3	3	0.00%	0.00%
基金数量(只)	29	30	3.45%	3.45%
其中:封闭式	1	1	0.00%	0.00%
开放式	28	29	3.57%	3.57%

广东证监局辖区 2009 年 2 季度基金管理公司概况

项目	年初数	本期末	较年初增长	季度环比增长
公司家数	3	3	0.00%	0.00%
基金数量(只)	29	31	6.90%	3.33%
其中:封闭式	1	1	0.00%	0.00%
开放式	28	30	7.14%	3.45%

广东证监局辖区 2008 年 1 季度期货公司概况

项目	上年末	本期末	增长率
公司家数	12	12	0.00%
从业人员数	740	811	9.59%
下属营业部家数	36	48	33.33%
代理交易额(亿元)	4051.50 *	14616.43	260.77%
代理交易量(万手)	654.64 *	2345.71	258.32%
投资者开户数(人)	25203	30449	20.81%
客户权益(万元)	337928.08	434425.02	28.56%

注:代理交易额及代理交易量为上年同期数

广东证监局辖区 2008 年 2 季度期货公司概况

项目	上年末	本期末	增长率
公司家数	12	12	0.00%
从业人员数	740	899	21.49%
下属营业部家数	36	62	72.22%
代理交易额(亿元)	10918.66 *	28909.90	164.78%
代理交易量(万手)	1574.94 *	4806.57	205.19%
投资者开户数(人)	25203	31474	24.88%
客户权益(万元)	345247.38	398252.92	15.35%

广东证监局辖区 2008 年 3 季度期货公司概况

项目	上年末	本期末	增长率
公司家数	12	12	0.00%
从业人员数	740	989	33.65%
下属营业部家数	36	62	72.22%
代理交易额(亿元)	19481.88 *	44124.94	126.49%
代理交易量(万手)	3078.69 *	7584.79	146.36%
投资者开户数(人)	25203	35298	40.05%
客户权益(万元)	345247.38	387161.08	12.14%

广东证监局辖区 2008 年 4 季度期货公司概况

项目	上年末	本期末	增长率
公司家数	12	12	0.00%
从业人员数	740	1157	56.35%
下属营业部家数	36	74	105.56%
代理交易额(亿元)	30319.37	59239.27	95.38%
代理交易量(万手)	4960.08	11278.40	127.38%
投资者开户数(人)	25203	45555	80.75%
客户权益(万元)	345247.38	384018.86	11.23%

广东证监局辖区 2009 年 1 季度期货公司概况

项目	上年末	本期末	增长率
公司家数	12	12	0.00%
从业人员数	1157	1190	2.85%
下属营业部家数	74	74	0.00%
代理交易额(亿元)	14616.43	16200.92	10.84%
代理交易量(万手)	2345.71	3333.17	42.10%
投资者开户数(人)	45555	48920	7.39%
客户权益(万元)	380789.08	518756.77	36.23%

广东证监局辖区 2009 年 2 季度期货公司概况

项目	上年末	本期末	增长率
公司家数	12	12	0.00%
从业人员数	1157	1195	3.28%
下属营业部家数	74	75	1.35%
代理交易额(亿元)	* 28909.9	43665.45	51.04%
代理交易量(万手)	* 4806.57	7586.03	57.83%
投资者开户数(人)	45555	57035	25.20%
客户权益(万元)	384018.89	598734.36	55.91%

深圳证监局辖区上市公司一览表

证券代码	证券简称	公司中文名称	公司英文名称	注册地址	公司电话	公司传真	公司电子邮件地址
600030.SH	中信证券	中信证券股份有限公司	CITIC SECURITIES COMPANY LIMITED	广东省深圳市福田区深南大道 7088 号招商银行大厦第 A 层	010 - 84588581 84868336	010 - 84588151	zxzq@citics.com
600036.SH	招商银行	招商银行股份有限公司	CHINA MERCHANTS BANK CO.,LIMITED	广东省深圳市福田区深南大道 7088 号	0755 - 83198888	0755 - 83195109	cmb@cmbchina.com
600162.SH	香江控股	深圳香江控股股份有限公司	SHENZHEN HEUNGKONG HOLDING CO.,LTD	广东省深圳市罗湖区宝安北路笋岗十号四楼 4106 室	020 - 34821006	020 - 34821008	hkhc@hkhc.com.cn
600380.SH	健康元	健康元药业集团股份有限公司	JOINCARE PHARMACEUTICAL GROUP INDUSTRY CO.,LTD	广东省深圳市南山区高新区北区郎山路 17 号健康元药业集团大厦	0755 - 86252311 86252388	0755 - 86252398	joincare@joincare.com
600383.SH	金地集团	金地(集团)股份有限公司	GEMDALE CORPORATION.	广东省深圳市福田区福强路金地商业大楼	0755 - 83844828 82039803	0755 - 82039900 83844555	ir@gemdale.com
600446.SH	金证股份	深圳市金证科技股份有限公司	SHENZHEN KINGDOM TECHNOLOGY CO.,LTD.	广东省深圳市福田区福华路 322 号文蔚大厦 20 - 22 楼	0755 - 82955524	0755 - 82955534	jzkj@mail.szkingdom.com
600525.SH	长园集团	深圳市长园集团股份有限公司	SHENZHENSHI CHANGYUAN GROUP CO.,LTD.	广东省深圳市南山区高新区科苑中路长园新材料港 A 栋 6 楼	0755 - 26717828 26719476	0755 - 26739900	szChangy@public.szptt.net.cn
600548.SH	深高速	深圳高速公路股份有限公司	SHENZHEN EXPRESSWAY COMPANY LIMITED	广东省深圳市滨河路北 5022 号联合广场 A 座 19 楼 1901 - 1913 号	0755 - 82853300 82853330 82853332	0755 - 82853400	szew@sz - expressway.com
601318.SH	中国平安	中国平安保险(集团)股份有限公司	PING AN INSURANCE (GROUP) COMPANY OF CHINA, LTD.	广东省深圳市八卦岭三路平安大厦	0755 - 400 - 8866338 82262888	0755 - 82431029	ir@pingan.com.cn pr@pingan.com.cn
601333.SH	广深铁路	广深铁路股份有限公司	GUANGSHEN RAILWAY COMPANY LIMITED	广东省深圳市和平路 1052 号	0755 - 25587920 25588146	0755 - 25591480	ir@gsrc.com
000001.SZ	深发展 A	深圳发展银行股份有限公司	SHENZHEN DEVELOPMENT BANK CO.,LTD.	广东省深圳市深南中路 5047 号深圳发展银行大厦	0755 - 82080387	0755 - 82080386	dsh@sdb.com.cn
000002.SZ	万科 A	万科企业股份有限公司	CHINA VANKE CO.,LTD.	广东省深圳市盐田区大梅沙万科东海岸裙楼 C02	0755 - 25606666	0755 - 25531696	IR@vanke.com
000004.SZ	ST 国农	深圳中国农大科技股份有限公司	SHENZHEN CAU TECHNOLOGY CO.,LTD.	广东省深圳市蛇口新时代广场 27 楼 A - D	0755 - 83521596	0755 - 83521727	gnkj@cau - tech.com
000005.SZ	世纪星源	深圳世纪星源股份有限公司	SHENZHEN FOUNTAIN CORPORATION	广东省深圳市人民南路发展中心大厦 13 楼	0755 - 82208888	0755 - 82207055	fountain@sfc.com.cn
000006.SZ	深振业 A	深圳市振业(集团)股份有限公司	SHENZHEN ZHENYE(GROUP) CO.,LTD.	广东省深圳市罗湖区宝安南路 2014 号振业大厦 B 座 11 - 17 层	0755 - 25863061	0755 - 25863012	szzygp@126.com
000007.SZ	ST 达声	深圳市赛格达声股份有限公司	SHENZHEN SEG. DASHENG CO.,LTD.	广东省深圳市福田区华强北路现代之窗大厦 A 座 25 楼	0755 - 83280053	0755 - 83280089	stock0007@126.com
000008.SZ	ST 宝利来	广东宝利来投资股份有限公司	BAOLILAI INVESTMENT CO.,LTD, GUANGDONG	广东省深圳市南山区内环路 5 号锦兴工业小区管理楼二楼	0755 - 26433212	0755 - 26433485	sqdq@163.com
000009.SZ	中国宝安	中国宝安集团股份有限公司	CHINA BAOAN GROUP CO.,LTD.	广东省深圳市笋岗东路宝安广场 A 座 28 - 29 层	0755 - 25170336 25170382	0755 - 25170300 25170367	kdl2000@tom.com; loubing@chinabaoan.com bianyijun@chinabaoan.com zgbajt@163.net
000010.SZ	SST 华新	深圳市华新股份有限公司	SHENZHEN HUAXIN CO., LTD.	广东省深圳市福田区振兴路华美大厦西座 530 室	0755 - 83276308	0755 - 83256104	szhuaxin@21cn.net
000011.SZ	S*ST 物业	深圳市物业发展(集团)股份有限公司	SHENZHEN PROPERTIES & RESOURCES DEVELOPMENT (GROUP) LTD.	广东省深圳市人民南路国贸大厦 39、42 层	0755 - 82211020	0755 - 82210610 82212043	0011@szwuye.com.cn
000012.SZ	南玻 A	中国南玻集团股份有限公司	CSG HOLDING CO.,LTD.	广东省深圳市蛇口工业区工业六路一号南玻大厦	0755 - 26860666	0755 - 26692755	csg@csgholding.com
000014.SZ	沙河股份	沙河实业股份有限公司	SHAHE INDUSTRY CO.,LTD	广东省深圳市沙河白石洲沙河商城七楼	0755 - 86091298 86090259	0755 - 86090688	wf3721@21cn.com liruimr@21cn.com wf000014@163.com
000016.SZ	深康佳 A	康佳集团股份有限公司	KONKA GROUP CO.,LTD	广东省深圳市南山区华侨城	0755 - 26608866	0755 - 26601139	szkonka@konka.com
000017.SZ	SST 中华 A	深圳中华自行车(集团)股份有限公司	SHENZHEN CHINA BICYCLE COMPANY (HOLDINGS) LIMITED	广东省深圳市布心路 3008 号	0755 - 25516998 28181666	0755 - 25516620 28181009	cbc@szcbc.com

证券代码	证券简称	公司中文名称	公司英文名称	注册地址	公司电话	公司传真	公司电子邮件地址
000018. SZ	ST 中冠 A	深圳中冠纺织印染股份有限公司	SHENZHEN VICTOR ONWARD TEXTILE INDUSTRIAL CO. ,LTD.	广东省深圳市龙岗区葵涌镇葵鹏路 26 号	0755-83668254	0755-83668427	szvo@ chinaszvo. com
000019. SZ	深深宝 A	深圳市深宝实业股份有限公司	SHENZHEN SHENBAO INDUSTRIAL CO. , LTD	广东省深圳市罗湖区笋岗路 1002 号宝安广场 BC 座 28 楼	0755-25507480	0755-25507480	sbsy@ sbsy. com. cn
000020. SZ	ST 华发 A	深圳中恒华发股份有限公司	SHENZHEN ZHONGHENG HUAFA CO. ,LTD.	广东省深圳市福田区华发北路 411 栋	0755-83352206	0755-83323160	sz000020@ 163. net hwafainvestor@ 126. com
000021. SZ	长城开发	深圳长城开发科技股份有限公司	SHENZHEN CHANGCHENG KAIFA TECHNOLOGY CO. ,LTD.	广东省深圳市福田区彩田路 7006 号	0755-83200095 83205285	0755-83275075	stock@ kaifa. cn
000022. SZ	深赤湾 A	深圳赤湾港航股份有限公司	SHENZHEN CHIWAN WHARF HOLDINGS LIMITED	广东省深圳市赤湾港	0755-26694222	0755-26684117	cwh@ cndi. com
000023. SZ	深天地 A	深圳市天地(集团)股份有限公司	SHENZHEN UNIVERSE (GROUP) CO. ,LTD	广东省深圳市南山区高新技术产业园(北区)朗山路东物商业大楼 10 楼	0755-86154212	0755-86154040	std000023@ vip. 163. com
000024. SZ	招商地产	招商局地产控股股份有限公司	CHINA MERCHANTS PROPERTY DEVELOPMENT CO. , LTD.	广东省深圳市南山区蛇口工业区新时代广场 9 楼	0755-26819600	0755-26819680	investor@ cmpd. cn
000025. SZ	特力 A	深圳市特力(集团)股份有限公司	SHENZHEN TELLUS HOLDING CO. ,LTD	广东省深圳市罗湖区水贝二路 56 号特力大厦三楼	0755-83989338	0755-83989399	shuedeng@ tellus. cn ryj@ tellus. cn
000026. SZ	飞亚达 A	深圳市飞亚达(集团)股份有限公司	SHENZHEN FIYTA HOLDINGS LTD.	广东省深圳市南山区高新南一道飞亚达科技大厦	0755-86013669 86013992	0755-83348369	investor@ fiyta. com. cn
000027. SZ	深圳能源	深圳能源集团股份有限公司	SHENZHEN ENERGY GROUP CO. , LTD.	广东省深圳市福田区深南中路 2068 号 5,33,35-36,38-41 层	0755-83684138	0755-83684128	ir@ sec. com. cn
000028. SZ	一致药业	深圳一致药业股份有限公司	SHENZHEN ACCORD PHARMACEUTICAL CO. ,LTD.	广东省深圳市福田区八卦四路 15 号一致药业大厦	0755-25875195 25875222	0755-25875147	0028@ szaccord. com. cn
000029. SZ	深深房 A	深圳经济特区房地产(集团)股份有限公司	SHENZHEN SPECIAL ECONOMIC ZONE REAL ESTATE & PROPERTIES (GROUP). CO. , LTD.	广东省深圳市人民南路深房广场 47 楼	0755-82293000 ＊4718 82293000＊4715	0755-82294024	spg@ 163. net
000030. SZ	ST 盛润 A	广东盛润集团股份有限公司	GUANGDONG SUNRISE HOLDINGS CO. , LTD.	广东省深圳市福田区车公庙泰然工业区 203 栋 4 楼东	0755-83877511 83875531	0755-83875212	lionda@ mailcenter. com. cn
000031. SZ	中粮地产	中粮地产(集团)股份有限公司	COFCO PROPERTY (GROUP) CO. ,LTD.	广东省深圳市宝安区湖滨路 5 号	0755-27754517	0755-27789701 27780713	cofco-property@ cofco-property. cn
000032. SZ	深桑达 A	深圳市桑达实业股份有限公司	SHENZHEN SED INDUSTRY CO. ,LTD.	广东省深圳市福田区振华路 78 号西二层	0755-86316073	0755-86316006	sed@ sedind. com
000033. SZ	新都酒店	深圳新都酒店股份有限公司	SHENZHEN CENTURY PLAZA HOTEL CO. , LTD	广东省深圳市春风路 1 号新都酒店 3 楼	0755-82320888 ＊543 82320888＊7382	0755-82344699	szxdjd@ public. szptt. net. cn cphoffice@ szcphotel. com szcph@ szcphhotel. com
000034. SZ	ST 深泰	深圳市深信泰丰(集团)股份有限公司	SHENZHEN SHENXIN TAIFENG GROUP CO. ,LTD	广东省深圳市宝安区宝城宝民一路 102 号	0755-27596453	0755-27596456	xlzh1123@ 126. com
000035. SZ	ST 科健	中国科健股份有限公司	CHINA KEJIAN CO. , LTD	广东省深圳市蛇口工业六路科健大厦	0755-26692595	0755-26888210	cnkj@ public. szptt. net. cn
000036. SZ	华联控股	华联控股股份有限公司	CHINA UNION HOLDINGS LTD.	广东省深圳市深南中路 2008 号华联大厦 11 层(1103-1109 室)	0755-83667450 83667257	0755-83667583	hlkg000036@ udcgroup. com
000037. SZ	深南电 A	深圳南山热电股份有限公司	SHENZHEN NANSHAN POWER STATION CO. , LTD.	广东省深圳市南山区月亮湾大道 18 号	0755-26003684 26948888	0755-26003684	public@ nspower. com. cn
000038. SZ	S＊ST 大通	深圳大通实业股份有限公司	SHENZHEN CAPSTONE INDUSTRIAL CO. , LTD.	广东省深圳市华侨城东部工业区	0755-26921699	0755-26910599	coolg002@ 126. com
000039. SZ	中集集团	中国国际海运集装箱(集团)股份有限公司	CHINA INTERNATIONAL MARINE CONTAINERS (GROUP) CO. ,LTD	广东省深圳市南山区蛇口港湾大道 2 号中集集团研发中心	0755-26691130 26802706	0755-26826579 26813950	shareholder@ cimc. com
000040. SZ	深鸿基	深圳市鸿基(集团)股份有限公司	SHENZHEN HONGKAI(GROUP) CO. , LTD.	广东省深圳市罗湖区东门中路 1011 号鸿基大厦 25-27 楼	0755-82367726	0755-82367753	szhkdb@ yahoo. com. cn
000042. SZ	深长城	深圳市长城投资控股股份有限公司	SHENZHEN CHANGCHENG INVESTMENT HOLDING CO. ,LTD	广东省深圳市福田区百花五路长源楼	0755-88393669	0755-88393600	ccdc@ cctzkg. com
000043. SZ	中航地产	深圳中航地产股份有限公司	SHENZHEN CATIC REAL ESTATE CO. ,LTD.	广东省深圳市深南中路 68 号航空大厦 32 层	0755-83689888 ＊13253	0755-83688903	sng@ carec. com. cn
000045. SZ	深纺织 A	深圳市纺织(集团)股份有限公司	SHENZHEN TEXTILE (HOLDINGS) CO. , LTD.	广东省深圳市福田区华强北路 3 号深纺大厦 6 楼	0755-83776043	0755-83776139	sztext@ szonline. net
000046. SZ	泛海建设	泛海建设集团股份有限公司	OCEANWIDE CONSTRUCTION GROUP CO. , LTD.	广东省深圳市福田区福华一路深圳国际商会大厦 A 座十六楼	010-85110892	010-65239086	dsh@ fhjs. cn
000048. SZ	ST 康达尔	深圳市康达尔(集团)股份有限公司	SHENZHEN KONDARL (GROUP) CO. ,LTD.	广东省深圳市罗湖区深南东路 1086 号集浩大厦二、三楼	0755-25425020＊330 25425020＊348 25428210	0755-25420155	china000048@ 126. com
000049. SZ	德赛电池	深圳市德赛电池科技股份有限公司	SHENZHEN DESAY BATTERY TECHNOLOGY CO. , LTD.	广东省深圳市红荔西路 7002 号第壹世界广场 A 座 18 楼 B	0755-86022882	0755-86022924	master@ desaybattery. com
000050. SZ	深天马 A	天马微电子股份有限公司	TIANMA MICROELECTRONICS CO. ,LTD.	广东省深圳市深南中路中航苑航都大厦 22 层	0755-86225886	0755-86225774 86225772	sztmzq@ sz. gd. cninfo. net
000055. SZ	方大 A	方大集团股份有限公司	CHINA FANGDA GROUP CO. ,LTD.	广东省深圳市高新区科技南十二路方大大厦	0755-26788571 ＊6622	0755-26788353	fd@ fangda. com
000056. SZ	深国商	深圳市国际企业股份有限公司	SHENZHEN INTERNATIONAL ENTERPRISE CO. ,LTD	广东省深圳市人民南路发展中心大厦二十三层	0755-82281888 82285565	0755-82285573	sgs000056@ 163. net
000058. SZ	ST 赛格	深圳赛格股份有限公司	SHENZHEN SEG CO. ,LTD.	广东省深圳市福田区华强北路群星广场 A 座 31 层	0755-83747939 83747872	0755-83975237	seggf@ segcl. com. cn
000060. SZ	中金岭南	深圳市中金岭南有色金属股份有限公司	SHENZHEN ZHONGJIN LINGNAN NONFEMET COMPANY LIMITED	广东省深圳市福田区车公庙深南大道 6013 号中国有色大厦 24 楼	0755-83474800＊236 82839363	0755-83474889	zjln@ nonfemet. com. cn
000061. SZ	农产品	深圳市农产品股份有限公司	SHENZHEN AGRICULTURAL PRODUCTS CO. , LTD	广东省深圳市罗湖区布吉路 1021 号天乐大厦 22 楼	0755-25250050 25850688＊2203	0755-25250050	a0061@ 163. com czzgb@ 163. com
000062. SZ	深圳华强	深圳华强实业股份有限公司	SHENZHEN HUAQIANG INDUSTRY CO. ,LTD	广东省深圳市深南中路华强路口	0755-83216296 83030063	0755-83365392	szhqsygf@ public. szptt. net. cn hzmin@ szhq. com
000063. SZ	中兴通讯	中兴通讯股份有限公司	ZTE CORPORATION	广东省深圳市南山区高新技术产业园科技南路中兴通讯大厦	0755-26770282	0755-26770286	fengjianxiong@ zte. com. cn
000066. SZ	长城电脑	中国长城计算机深圳股份有限公司	CHINA GREATWALL COMPUTER SHENZHEN CO. , LTD.	广东省深圳市南山区科技工业园长城计算机大厦	0755-26634759	0755-26631106	stock@ greatwall. com. cn
000068. SZ	赛格三星	深圳赛格三星股份有限公司	SHENZHEN SEG SAMSUNG GLASS CO. ,LTD	广东省深圳市大工业区兰竹大道以北 CH3 主厂房	0755-89938789 89938888＊1862	0755-89938787	szsgsx@ 163. net
000069. SZ	华侨城 A	深圳华侨城控股股份有限公司	SHENZHEN OVERSEAS CHINESE TOWN HOLDING COMPANY	广东省深圳市南山区华侨城办公大楼	0755-26909069 26936078 26936076	0755-26600517	000069IR@ vip. 163. com

证券代码	证券简称	公司中文名称	公司英文名称	注册地址	公司电话	公司传真	公司电子邮件地址
000070.SZ	特发信息	深圳市特发信息股份有限公司	SHENZHEN SDG INFORMATION CO., LTD.	广东省深圳市南山区科技园科丰路2号通讯大厦4楼	0755－26506649 26506648	0755－26506800	zhangdj@sdgi.com.cn
000078.SZ	海王生物	深圳市海王生物工程股份有限公司	SHENZHEN NEPTUNUS BIOENGINEERING CO., LTD	广东省深圳市南山区郎山二路北海王技术中心科研大楼1栋	0755－26968666 26980336	0755－26980892 26968995	sz000078@vip.sina.com
000088.SZ	盐田港	深圳市盐田港股份有限公司	SHENZHEN YAN TIAN PORT HOLDINGS CO., LTD	广东省深圳市盐田区盐田港海港大厦17－19层	0755－25290180	0755－25290932	szytp@yantian－port.com
000089.SZ	深圳机场	深圳市机场股份有限公司	SHENZHEN AIRPORT CO., LTD.	广东省深圳市宝安区宝安机场第一办公楼三、四层	0755－23456331	0755－23456331	szjc@szairport.com
000090.SZ	深天健	深圳市天健（集团）股份有限公司	SHENZHEN TONGE（GROUP）CO., LTD	广东省深圳市福田区红荔西路7058号市政大厦	0755－83928130	0755－83915736	sztonge@public.szptt.net.cn
000096.SZ	广聚能源	深圳市广聚能源股份有限公司	SHENZHEN GUANGJU ENERGY CO., LTD.	广东省深圳市南山区海德三道天利中央商务广场22楼	0755－86000096	0755－86331111	gjnygf@126.com
000099.SZ	中信海直	中信海洋直升机股份有限公司	CITIC OFFSHORE HELICOPTER CO., LTD.	广东省深圳市罗湖区解放西路188号农业银行大厦19楼	0755－26723692 26971630	0755－26723684 26971630	cohc@china－cohc.com
000409.SZ	*ST泰格	泰格生物技术股份有限公司	TAIGE BIO－TECH CO. LTD.	广东省深圳市福田区福华一路国际商会大厦B座2202－2206室	0755－83023002	0755－83023007	stock000409@163.com
000555.SZ	ST太光	深圳市太光电信股份有限公司	SHENZHEN TECHO TELECOM CO., LTD.	广东省深圳市福田区滨河路北与彩田路东联合广场A座3608室	0755－82910290	0755－82910304	techo@techo.cn
000999.SZ	三九医药	三九医药股份有限公司	SANJIU MEDICAL & PHARMACEUTICAL CO., LTD.	广东省深圳市罗湖区银湖路口（北环大道1028号）	0755－83360999	0755－82118858	000999@999.com.cn lihao@999.com.cn
002008.SZ	大族激光	深圳市大族激光科技股份有限公司	HAN'S LASER TECHNOLOGY CO., LTD.	广东省深圳市南山区高新技术园新西路9号	0755－86161340	0755－86161327	bsd@hanslaser.com
002047.SZ	成霖股份	深圳成霖洁具股份有限公司	SHENZHEN GLOBE UNION INDUSTRIAL CORP.	广东省深圳市宝安区观澜街道办	0755－86022812	0755－86022813	investors@globeunion.com.cn
002052.SZ	同洲电子	深圳市同洲电子股份有限公司	SHENZHEN COSHIP ELECTRONICS CO., LTD.	广东省深圳市南山区深南大道高新科技园W2－A7楼	0755－26525099	0755－26722666	coship@coship.com
002055.SZ	得润电子	深圳市得润电子股份有限公司	SHENZHEN DEREN ELECTRONIC CO., LTD.	广东省深圳市宝安区西乡镇铁岗村蚝业工业区	0755－83476333	0755－83476633	002055@deren.com.cn
002105.SZ	信隆实业	深圳信隆实业股份有限公司	HL CORP.（SHENZHEN）	广东省深圳市宝安区龙华镇第四工业区	0755－27749423*105 27749423*182	0755－27746236	cmo@hlcorp.com.cn
002106.SZ	莱宝高科	深圳莱宝高科技股份有限公司	SHENZHEN LAIBAO HI－TECH CO., LTD.	广东省深圳市南山区高新技术产业园区朗山二路	0755－26983383	0755－26980212	lbgk@laibao.com.cn
002121.SZ	科陆电子	深圳市科陆电子科技股份有限公司	SHENZHEN CLOU ELECTRONICS CO., LTD.	广东省深圳市南山区高新技术产业园南区T2栋A、B区五楼	0755－26719673 26719528	0755－26719679	sz－clou@szclou.com
002130.SZ	沃尔核材	深圳市沃尔核材股份有限公司	SHENZHEN WOER HEAT－SHRINKABLE MATERIAL CO., LTD.	广东省深圳市南山区西丽新围工业区沃尔工业园	0755－26622027 26586765	0755－26622027 26586765	fz@woer.com
002137.SZ	实益达	深圳市实益达科技股份有限公司	SHENZHEN SEA STAR TECHNOLOGY CO., LTD.	广东省深圳市高新区北区清华信息港研发楼B栋501	0755－29672878 21177085	0755－29672878	dmb@sz－seastar.com
002138.SZ	顺络电子	深圳顺络电子股份有限公司	SHENZHEN SUNLORD ELECTRONICS CO., LTD.	广东省深圳市宝安区观澜街道大富苑工业区顺络观澜工业园	0755－29832586	0755－29832339 82269029	info@sunlordinc.com
002139.SZ	拓邦电子	深圳市拓邦电子科技股份有限公司	SHENZHEN TOPBAND ELECTRONICS & TECHNOLOGY CO., LTD.	广东省深圳市南山区高新科技园清华大学研究院B区401－414房	0755－26957035 27651888*8193	0755－26957440	lir@topband.com.cn
002161.SZ	远望谷	深圳市远望谷信息技术股份有限公司	SHENZHEN YUANWANGGU INFORMATION TECHNOLOGY JOINT STOCK CO., LTD	广东省深圳市南山区高新技术产业园区南区T2栋B座3层	0755－26711633	0755－26711693	stock@invengo.cn
002163.SZ	中航三鑫	中航三鑫股份有限公司	CHINA AVIATION SANXIN CO., LTD.	广东省深圳市南山区南油大道2061号新保辉大厦17楼	0755－26063692	0755－26067916	sgt@sanxinglass.com
002168.SZ	深圳惠程	深圳市惠程电气股份有限公司	SHENZHEN HIFUTURE ELECTRIC CO., LTD.	广东省深圳市龙岗区大工业区兰景路以东、锦绣路以南惠程科技工业厂区	0755－89921086	0755－89921082	stock@hifuture.com zgg@hifuture.com
002170.SZ	芭田股份	深圳市芭田生态工程股份有限公司	SHENZHEN BATIAN ECOLOGICAL TECHNIQUE CO., LTD.	广东省深圳市南山区科技园科苑路3号4楼6楼	0755－26951598	0755－26584355	bt@batian.sina.net
002183.SZ	怡亚通	深圳市怡亚通供应链股份有限公司	ETERNAL ASIA SUPPLY CHAIN MANAGEMENT LTD	广东省深圳市福田区深南中路3039号国际文化大厦2701B，2703号	0755－88393198	0755－83290403	002183@eascs.com
002191.SZ	劲嘉股份	深圳劲嘉彩印集团股份有限公司	SHENZHEN JINJIA COLOR PRINTING GROUP CO., LTD	广东省深圳市宝安区福永镇怀德南路怀德工业区1栋	0755－26609999 1061 26609999*1073	0755－26498899	jjcp@szjcp.com
002197.SZ	证通电子	深圳市证通电子股份有限公司	SHENZHEN ZHENGTONG ELECTRONICS CO., LTD.	广东省深圳市南山区南油天安工业村8座3A单元	0755－26490118	0755－26490099	ztbank@szzt.com.cn
002210.SZ	飞马国际	深圳市飞马国际供应链股份有限公司	SHENZHEN FEIMA INTERNATIONAL SUPPLY CHAIN CO., LTD.	广东省深圳市福田区深南大道7008号阳光高尔夫大厦26楼2601室	0755－33356368	0755－33356399	fmscm@fmscm.com
002213.SZ	特尔佳	深圳市特尔佳科技股份有限公司	SHENZHEN TERCA TECHNOLOGY CO., LTD	广东省深圳市南山区科技中二路深圳软件园12#楼301	0755－26513588	0755－26519166	terca@terca.cn
002215.SZ	诺普信	深圳诺普信农化股份有限公司	SHENZHEN NOPOSION AGROCHEMICALS CO., LTD	广东省深圳市宝安区西乡水库路113号	0755－29977586	0755－29977556	npx002215@126.com
002218.SZ	拓日新能	深圳市拓日新能源科技股份有限公司	SHENZHEN TOPRAYSOLAR CO., LTD.	广东省深圳市宝安区石岩镇塘头南岗第三工业园三栋三楼	0755－29680031	0755－29680300	janejian@topraysolar.com Zhouchongyao@topraysolar.com
002227.SZ	奥特迅	深圳奥特迅电力设备股份有限公司	SHENZHEN AUTO ELECTRIC POWER PLANT CO., LTD.	广东省深圳市南山区高新南一道29号厂房南座二层D区	0755－26520515 26012966	0755－26520515	atczq@vip.163.com
002238.SZ	天威视讯	深圳市天威视讯股份有限公司	SHENZHEN TOPWAY VIDEO COMMUNICATION CO., LTD.	广东省深圳市福田区彩田路6001号	0755－83069184 83067777	0755－83067777 83069184	do@topway.cn
002243.SZ	通产丽星	深圳市通产丽星股份有限公司	SHENZHEN BEAUTY STAR CO., LTD	广东省深圳市福田区梅龙路华大纸品厂工业厂房1栋第四层北面	0755－84191234	0755－84191900 *102	bs@beautystar.cn
200041.SZ	*ST本实B	深圳本鲁克斯实业股份有限公司	SHENZHEN BENELUX ENTERPRISE CO., LTD.	广东省深圳市南山区南油中兴工业城十三栋五楼	0755－26068614	0755－26402007	szshbshi@public.szptt.net.cn
200053.SZ	深基地B	深圳赤湾石油基地股份有限公司	SHENZHEN CHIWAN PETROLEUM SUPPLY BASE CO., LTD	广东省深圳市南山区赤湾基地楼	0755－26694211	0755－29994227	sa@chiwanbase.com
002256.SZ	彩虹精化	深圳市彩虹精细化工股份有限公司	SHENZHEN RAINBOW FINE CHEMICAL INDUSTRY CO., LTD.	广东省深圳市宝安区石岩镇上屋彩虹工业城	0755－33236838 33236829	0755－33236866	dongsh@rainbowvc.com

深圳证监局辖区证券公司一览表

公司全称	英文全称	注册地址	公司网站	公司邮件地址	公司电话	投诉电话	公司传真	邮编
安信证券股份有限公司	Essence Securities Co., Ltd.	深圳市福田区金田路4018号安联大厦35层、28层A02单元	http://www.essence.com.cn	qinjj@essences.com.cn	0755－82825551	4008001001	0755－82825569	518026

公司全称	英文全称	注册地址	公司网站	公司邮件地址	公司电话	投诉电话	公司传真	邮编
长城证券有限责任公司	GREAT WALL SECURITIES CO.,LTD.	深圳市福田区深南大道6008号深圳特区报业大厦16层	http://www.cgws.com	wenjian@cgws.com	0755-83516280	4006666888 0755-33680000	0755-83516189	518034
第一创业证券有限责任公司	Frist Capital Securities Co., Ltd	深圳市罗湖区笋岗路12号中民时代广场B座25、26层	http://www.firstcapital.com.cn	webmaster@firstcapital.com.cn	0755-25832583	0755-25832523	0755-25831718	518028
国都证券有限责任公司	GUODU SECURITIES CO., LTD	深圳市福田区中心区金田路4028号荣超经贸中心26层11、12	http://www.guodu.com	guodu@guodu.com	010-64482828 0755-84183333	010-84183155 4008188118	010-84183311	518031 100007
国信证券股份有限公司	GUOSEN SECURITIES CO., LTD	深圳市红岭中路1012号国信证券大厦16层—28层	http://www.guosen.com.cn	herong@guosen.com.cn	0755-82130833	95536	0755-82130750	518001
华鑫证券有限责任公司	CHINA FORTUNE SECURITIES CO.,LTD	深圳市罗湖区深南东路5045号深业中心大厦25层2512、2513	http://www.cfsc.com.cn	jjywb@cfsc.com.cn	021-64339000	021-62163333	021-64376207	518010 200030
联合证券有限责任公司	UNITED SECURITIES CO., LTD	深圳市深南东路5047号发展银行大厦10、24、25层	http://www.lhzq.com	wzfw@lhzq.com	0755-25125666	0755-25125666	0755-82493943	518001
平安证券有限责任公司	PingAn Securities Company Limited	深圳市福田区金田路大中华国际交易广场8层	http://www.pingan.com	pasc@pasc.com.cn	4008866338	0755-22627052 0755-22623259	0755-82400862	518048
世纪证券有限责任公司	CENTURY SECURITIES CO.,LTD	深圳市福田区深南大道招商银行大厦41--42	http://www.csco.com.cn	sjsc@csco.com.cn	0755-83199532	0755--83199509	0755-83199502	518040
五矿证券经纪有限责任公司	Minmetals Securities Brokerage Company Limited	深圳市福田区华富路海外装饰大厦B座一、四楼,A座11楼	http://www.wkzq.com.cn	wkzqgs@163.com	0755-83255958	0755-83354856	0755-83217469	518031
银泰证券经纪有限责任公司	YINTAI SECURITIES CO., LTD.	深圳市福田区竹子林四路紫竹七道18号光大银行18楼	http://www.ytzq.net	ytzq@vip.sina.com	0755-83708116	0755-83703759	0755-83708126	518040
英大证券有限责任公司	YINGDA SECURITIES CO., LTD.	深圳市福田区深南中路华能大厦三十、三十一层	http://www.vsun.com	jgbts@vsun.com	0755-26982993	0755-26982993	0755-83007034	518031
招商证券股份有限公司	China Merchants Securities Co.,LTD	深圳市福田区益田路江苏大厦A座38至45层	http://www.newone.com.cn	sbox@cmschina.com.cn	0755-82943666	95565,4008888111 86-755-26951111 (国外)	0755-82943100	518026
中国建银投资证券有限责任公司	CHINA JIANYIN INVESTMENT SECURITIES CO.,LTD	深圳市福田区益田路与福中路交界处荣超商务中心A栋第18层至21层	http://www.cjis.cn	ts@cjis.cn	4006008008	4006008008	0755-82026590	518048
中山证券有限责任公司	ZHONGSHAN SECURITIES CO.,LTD	深圳市福田区益田路江苏大厦B座15楼	http://www.zszq.com.cn	zhaozy@zszq.com	0755-82943769	0755-82943750	0755-82940511	518026
中信证券股份有限股份公司	CITIC Securities Co.,Ltd.	深圳市福田区深南大道7088号招商银行大厦第A层	http://www.cs.ecitic.com	zxzq@citics.com	0755-83199481	010-84868336	0755-82485225	518040
众成证券经纪有限公司	ZHONGCHENG SECURITIES BROKERAGE CO. LTD	深圳市福田区百花四路长怡花园A座二楼	http://www.zczq.com	zczb@zczq.com	0755-83619500	0755-83296922	0755-83277670	518028

深圳证监局辖区证券服务部一览表

名称	地址	营业部电话	营业部传真	邮编
国海证券有限责任公司深圳深南大道证券营业部宝安证券服务部	深圳市宝安区新城大道裕安路尚都花园二栋295	0755-29665929	0755-29665859	518101
华泰证券股份有限公司深圳益田路证券营业部西丽证券服务部	深圳市南山区沙河西路上沙河大厦3-4楼	0755-26628165	0755-26624390	518055
国泰君安证券股份有限公司深圳笋岗路证券营业部观澜证券服务部	深圳市宝安区观澜街道办龙观大道松元围大楼五楼	0755-28020627	0755-28020622	518110
湘财证券有限责任公司深圳深南大道证券营业部宝安证券服务部	宝安区中心区新湖路2110号宝安赛格广场4楼4C88	0755-27858519	0755-29582128	518101
方正证券有限责任公司深圳怡景路证券营业部福永证券服务部	深圳市宝安区福永街道福永大道深彩大厦三楼	0755-27371077	0755-27380506	518103
方正证券有限责任公司深圳怡景路证券营业部公明证券服务部	深圳市光明新区公明街道康乐路40号中国银行大厦1-2楼	0755-27102734,27103186	0755-27103186	518106
航空证券深圳龙华证券营业部石岩证券服务部	深圳市石岩镇石岩大道中国银行石岩支行二楼	0755-27763321 ,27612800	27611300	518108
长江证券有限责任公司深圳红岭中路证券营业部大鹏服务部	深圳市龙岗区大鹏街道中山路16号	0755-84303795	0755-84307893	518120
长江证券有限责任公司深圳深南中路证券营业部莲塘证券服务部	深圳罗湖区聚福路金色年华家园裙楼岁宝百货三楼	0755-25732296,25726541	0755-25725106	518004
国信证券股份有限公司深圳振华路证券营业部金地证券服务部	深圳沙嘴南路金地花园209~211栋裙楼	0755-83895964	0755-83407392	518048
五矿证券经纪有限责任公司深圳华富路证券营业部宝安服务部	深圳市宝安45区翻身路鸿都大厦六楼	0755-27866471,27866480	0755-27866493	518101
中投证券深圳科技园营业部沙井服务部	深圳市宝安区沙井街道中心路星河大厦十楼1001室	0755-27206941	0755-27206910	518104

深圳证监局辖区基金管理公司一览表

公司名称	英文名称	注册地址	公司网站	公司邮件地址	公司电话	公司传真	邮编
南方基金管理有限公司	China Southern Fund Management Co., Ltd.	深圳市福田中心区福华一路6号免税商务大厦31-33层	www.southernfund.com	service@southernfund.com	0755-82763888	0755-82763889	518048
长城基金管理有限公司	Great Wall Fund Management Co., Ltd.	深圳市福田区益田路6009号新世界商务中心41层	www.ccfund.com.cn	support@ccfund.com.cn	0755-83662688	0755-23982328	518026
景顺长城基金管理有限公司	Invesco Great Wall Fund Management Company Limited	深圳市深南中路1093号中信城市广场中信大厦16层	www.invescogreatwall.com	investor@invescogreatwall.com	0755-82370388	0755-25987351	518031
博时基金管理有限公司	Boshi Fund Management Co., Ltd	广东省深圳市福田区深南大道7088号招商银行大厦29-30层	www.bosera.com	service@bosera.com	0755-83169999	0755-83195140	518040
招商基金管理有限公司	China Merchants Fund Management Co.,Ltd.	深圳市福田区深南大道7088号招商银行大厦28层	www.cmfchina.com	cmf@cmfchina.com	0755-83196477	0755-26935005	518053
融通基金管理有限公司	Rongtong Fund Management Co., Ltd.	深圳市南山区华侨城汉唐大厦13、14层	www.rtfund.com	service@mail.rtfund.com	0755-26948666	0755-26935005	518053
诺安基金管理有限公司	Lion Fund Management Co., Ltd.	深圳市深南大道4013号兴业银行大厦19-20层	www.lionfund.com.cn	services@lionfund.com.cn	0755-83026688	0755-83026677	518048
宝盈基金管理有限公司	Baoying Fund Management Co.,Ltd.	深圳市深南大道6008号报业大厦15楼	www.byfunds.com	public@byfunds.com	0755-83276688	0755-83515599	518034
国投瑞银基金管理有限公司	UBS SDIC Fund Management Co., Ltd	深圳市深南大道投资大厦3楼	www.ubssdic.com	service@ubssdic.com	0755-83575999	0755-82904048	518035
大成基金管理有限公司	Da Cheng Fund Management Co., Ltd.	深圳市福田区深南大道7088号招商银行大厦32层	www.dcfund.com.cn	dcjj@dcfund.com.cn?	0755-83183388	0755-83199588	518040
鹏华基金管理有限公司	Penghua Fund Management Co., Ltd.	深圳市福田区福华三路与益田路交汇处深圳国际商会中心43层	www.phfund.com.cn	service@mail.phfund.com.cn	0755-82021222	0755-82021112	518048
摩根士丹利华鑫基金管理有限公司	Morgan Stanley Huaxin Fund Management Company Limited.	深圳市福田区滨河大道5020号证券大厦4层	www.msfunds.com.cn	Services@msfunds.com.cn	0755-82993636	0755-82990394	518033
信达澳银基金管理有限公司	First State Cinda Fund Management Co.,Ltd.	深圳市福田区深南大道7088号招商银行大厦24楼	www.fscinda.com	service@fscinda.com	0755-83172666	0755-83199091	518040
民生加银基金管理有限公司	Minsheng Royal Fund Management Co.,Ltd.	深圳市福田区益田路6009号新世界商务中心42楼	www.msjyfund.com.cn	services@msjyfund.com.cn	0755-23999888	0755-23999800	518026
银华基金管理有限公司	Yinhua Fund Management Co.,Ltd	深圳市深南大道6008号特区报业大厦19层	www.yhfund.com.cn	yhjj@yhfund.com.cn	010-58163000	010-58163027	518034

公司名称	英文名称	注册地址	公司网站	公司邮件地址	公司电话	公司传真	邮编
长盛基金管理有限公司	Changsheng Fund Management Co., Ltd.	深圳市福田区福中三路 1006 号诺德中心八楼 GH 单元	www.csfunds.com.cn	services@csfunds.com.cn	010－82255818	010－82255988	518041
中信基金管理有限责任公司	CITIC Fund Management Co., Ltd.	广东省深圳市笋岗路 12 号中民时代广场 B 座 33 层	www.citicfunds.com	service@citicfunds.com	010－82028888	010－82253396	100029

深圳证监局辖区期货公司一览表

公司名称	英文名称	注册地址	公司网站	公司邮件地址	公司电话	公司传真	邮编
中航期货经纪有限公司	china aviation future co.,ldt	深圳市振兴路 113 号新欣大厦 503 室	www.cafco.com.cn	shenzhen@cafco.com.cn	0755－83363709	0755－83234467	518031
五矿实达期货经纪有限责任公司	WUKUANG STARFUTURES CO., LTD.	深圳市上步南路锦峰大厦 12B	www.starfutures.com.cn	szstar@163.com	0755－83753913	0755－82078331	518031
招商期货有限公司	china merchants futures co. LTD	深圳市福田区福华一路 6 号免税商务大厦 9 楼	qh.newone.com.cn	shiff@ccs.com.cn	0755－82763142	0755－82763130	518048
深圳金汇期货经纪有限公司	Nonfemet Commodities & Futures Agency Co.,Ltd.	深圳市福田区深南大道 6013 号中国有色大厦 18 楼	www.szjhqh.com	jhqh@szjhqh.com	0755－33363803	0755－83472800	518040
中国国际期货经纪有限公司	CHINA INTERNATIONAL FUTURE CO. LTD	深圳市福田区益田路 6003 号荣超商务中心 15 层、16 层 02 单位	www.szcifco.net	dengpin@cifco.net.cn	0755－23818202	0755－23818318	518048
深圳市平安期货有限公司	SHEN ZHEN PING AN FUTURES BROKERAGE CO.,Ltd	广东省深圳市福田区振华路设计大厦 13 层和 15 层	www.pa18.com	szpaqh@pasc.com.cn	0755－83786040	0755－83788519	518031
乾坤期货有限公司	QianKun Futures	广东省深圳市福田区深南大道 4009 号投资大厦 2 楼 01 区、03A 区	www.qkfutures.com		0755－83998699	0755－83782539	518048
海航东银期货有限公司	TOPWIN FUTURES CO.,LTD	深圳市福田区深南中路 2068 号华能大厦中区 18 楼	www.dyqh.com.cn	dyqhsz@21cn.com	0755－83680538	0755－83662533	518031
神华期货经纪有限公司	MIRACLE CHINA FUTURES CO., LTD	福田区深南大道 6008 号特区报业大厦西区 29F	www.shqhgs.com	shqhgs@vip.163.com	0755－83517629	0755－83517611	518009
金瑞期货经纪有限公司	JCC JINRUI FUTURES CD.,LTD	深圳市福田区福虹路 9 号世贸广场 38 楼	www.jrgh.com.cn	shiyan686@163.com	0755－83662122	0755－83679900	518033
中证期货有限公司	CITICS Futures Co.,Ltd.	深圳市华富路海外装饰大厦 B 座二楼	www.citicsf.com	csf@citicsf.com	0755－83200909	0755－83217421	518031
深圳瑞龙期货有限公司	SHENZHEN LUCKY LOONG FUTURES CO.,LTD	深圳市福田中心区福中三路诺德金融中心 27E	www.luckyloongfco.com	kinghung@21cn.com	0755－82028783	0755－82028367	518026

深圳证监局辖区期货营业部一览表

期货营业部名称	地址	电话	传真	邮编
长城伟业期货经纪有限公司深圳营业部	深圳市福田区深南中路 28 号华能大厦西 705	0755－83680546	0755－83662684	518031
上海金源期货经纪有限责任公司深圳营业部	深圳市福田区福华路卓越大厦 17 楼 1706A	0755－82874522	0755－82874690	518034
经易期货经纪有限公司深圳营业部	深圳市福田区福中三路 1006 号诺德金融中心 18 楼 E 单元	0755－83733481	0755－83733906	518026
方正期货经纪有限公司深圳营业部	深圳市福田区福田中心区金田路与福华路交汇处金中环商务大厦主楼 4303 房	0755－82521068	0755－33345101	518048
江南期货经纪有限公司深圳营业部	深圳市福田区深南中路 3024 号航空大厦 28 楼	0755－83354528	0755－83352428	518041
格林期货有限公司深圳营业部	深圳市福田区金田路诺德金融中心 9 楼 E 单元	0755－33983293	0755－33983280	518026
金元期货经纪有限公司深圳营业部	广东省深圳市福田上步南路 1001 号锦峰大厦 4F8238 室	0755－82077656	0755－82077655	518031
国信期货有限责任公司深圳营业部	深圳市红岭中路 1010 号国际信托大厦 1308 室	0755－82133195	0755－82133411	518001
南华期货经纪有限公司深圳营业部	深圳市福田区金田路 4028 号荣超经贸中心 27[illegible]3 室	0755－82577735	0755－82577539	518035
长城伟业期货经纪有限公司深圳竹子林营业部	深圳市福田区竹子林紫竹七道中国经贸大厦 22 层 ABCDEJ 及 13 层 AB 单元	0755－82537201	0755－82537200	518040
中国国际期货经纪有限公司罗湖深南东路营业部	深圳市罗湖区深南东路 2010 号奥康德大厦 40[illegible]－403 室	0755－25155328	0755－25156508	518001
安信期货有限责任公司深圳营业部	深圳市福田区深南大道 2008 号中国凤凰大厦[illegible]栋 7 层(D、E 区)	0755－82558146	0755－82558037	518026
中粮期货经纪有限公司深圳营业部	深圳市福田区中心区深圳中心商务大厦 1404－05	0755－33988791	0755－33988790	518033
神华期货经纪有限公司南山大道营业部	深圳市南山区南山大道中国石油大厦 2303－2304	0755－26455900	0755－26455911	518054
中国国际期货经纪有限公司宝安宝民路营业部	深圳市宝安宝城 3 区宝民路中粮地产集团中心 609、610 单元	0755－29990603	0755－27787675	518101
广发期货有限公司深圳营业部	深圳市福田区中心区 26－3 中国凤凰大厦 1 栋 15B	0755－33223069	0755－33223063	518026
新湖期货有限公司深圳营业部	深圳市福田区金田路 4028 号金茂中心 240506	0755－23811803	0755－23811800	518035
黑龙江省天琪期货经纪有限公司深圳营业部	深圳市福田区深南大道 4009 号投资大厦 3 楼 0[illegible] 区、04A 区	0755－82912495	0755－82912519	518048

深圳证监局辖区外资证券机构驻华代表机构一览表

代表处名称	英文名称	地址	电话	传真
恒生投资管理有限公司深圳代表处	Hang Seng Investment Management Limited Shenzhen Representative Office	深圳市福田区中心四路 1 号嘉里建设广场第二座第 7 层 04A 房	0755－2361212	0755－82364768
香港新鸿基投资服务有限公司深圳代表处	Sun Hung Kai Investment Services Ltd., Shenzhen Representative Office	深圳市罗湖区深华商业大厦 180 室	0755－82374219	0755－82374090
兆丰资本(亚洲)有限公司深圳代表处	Mega Capital (Asia) Co., Ltd. Shenzhen Representative Office	深圳市福田区深南中路 1002 号新闻大厦 1 号楼 2505 室	0755－82091368	0755－25951663
里昂证券有限公司驻深圳代表处	CLSA Limited Shenzhen Representative Office	深圳市深南东路 5002 号信兴广场地王商业中心 3111	0755－82461755	0755－82461754
元富证券(香港)有限公司深圳代表处	MasterLink Securities(H.K.)Corp. Ltd. Shenzhen Representative Office	深圳市深南东路 5002 号地王大厦 6111 室	0755－82465038	0755－82465292
荷银证券亚洲有限公司深圳代表处	ABN AMRO Asia Ltd. Shenzhen Representative Office	深圳市深南东路 5002 号信兴广场地王商业大楼 3110 室	0755－82462346 0755－22169200	0755－82462426
凯基证券亚洲有限公司深圳代表处	KGI Asia Limited Shenzhen Representative Office	深圳市宝安南路振业大厦 A 栋 24D	0755－82083340	0755－82071722
摩根大通证券(亚太)有限公司深圳代表处	J.P. MORGAN SECURITIES (ASIA PACIFIC) LIMITED Shenzhen Representative Office	深圳市深南东路 5002 号地王商业大厦 4013 室	0755－25830466 0755－82478930	0755－25830422
致富证券有限公司深圳代表处	Chief Securities Limited Shenzhen Representative Office	深圳市福田区福华路中海华庭北区中海大厦 608	0755－33339618 0755－33339626	0755－33339655
金鼎综合证券(香港)有限公司深圳代表处	Taiwan International Securities(HK)Ltd. Shenzhen Representative Office	深圳市罗湖区解放路 4068 号名仕阁 B1810 室	0755－25911317	0755－25911327

江苏证券市场

中国证券监督管理委员会江苏监管局

中国证券监督管理委员会江苏监管局（简称“江苏证监局”）是中国证券监督管理委员会（简称“中国证监会”）派驻江苏的派出机构，1999年7月1日正式挂牌成立。其主要职责是：根据中国证监会的授权，对辖区内的上市公司，拟上市企业，证券、期货经营机构，证券期货投资咨询机构和从事证券业务的会计师事务所、律师事务所、资产评估机构等中介机构的证券、期货业务活动进行监督管理；依法查处辖区监管范围内的违法、违规案件；履行中国证监会授予的其他职责。

江苏证监局内设6个处室，分别为办公室（党办）、上市公司监管一处、上市公司监管二处、机构监管处、期货监管处和稽查处。各处室的职责如下：

一、办公室（党办）

协助局领导对全局事务进行综合协调和督促检查；拟订本局内部规章制度并监督执行；负责全局的机要文秘、党务纪检、人事劳资、财务管理、档案管理、计算机系统管理、安全保卫、行政后勤等工作；负责信访投诉的接待处理；负责行政许可事项的受理与回复。

二、上市公司监管一处

依据规定，对辖区内在上海证券交易所（简称“上交所”）上市的公司进行监管；对辖区内拟在上交所上市的企业的辅导工作进行监管；对监管范围内从事证券业务的会计师事务所、律师事务所、资产评估事务所及其从业人员的证券从业活动进行监管；负责辖区内上交所上市公司高级管理人员的培训工作；负责办理中国证监会交办的其他工作。

三、上市公司监管二处

依据规定，对辖区内在深圳证券交易所（简称“深交所”）上市的公司进行监管；对辖区内拟在深交所上市的企业的辅导工作进行监管；对监管范围内从事证券业务的会计师事务所、律师事务所、资产评估事务所及其从业人员的证券从业活动进行监管；负责辖区内深交所上市公司高级管理人员的培训工作；负责办理中国证监会交办的其他工作。

四、机构监管处

依据规定，对辖区内的证券经营机构、登记结算托管机构、投资咨询机构、信息传播机构、证券投资基金管理机构及其从业人员的业务活动进行监管；负责办理中国证监会交办的其他工作。

五、期货监管处

依据规定，对辖区内期货经营机构、期货投资咨询机构及从业人员的业务活动进行监管；负责办理中国证监会交办的其他工作。

六、稽查处

依据规定，对辖区内违反证券期货市场法律法规的案件进行调查处理，或移送、协助司法机关调查处理；负责办理中国证监会交办的案件或调查事项；负责办理其他派出机构请求协助调查的事项；负责监督执行本机构和中国证监会作出的处罚决定；负责协助公安、工商、司法、纪检、监察等部门调查辖区内涉及证券期货的违法违规案件。

联系方式：
联系电话：(025)84575558
传真号码：(025)84575559
举报投诉电话：(025)84575515
办公室（党办）：(025)84575515
上市公司监管一处：(025)84575583
上市公司监管二处：(025)84575597
机构监管处：(025)84575538
期货处：(025)84575545
稽查处：(025)84575564
E－Mail：jiangsu@ csrc. gov. cn
办公地址：南京市中山东路90号华泰证券大厦19层
邮政编码：210002

江苏证券市场沪市上市公司一览表

序号	单位	网址或电子邮箱	联系电话	通讯地址	邮编
1	南京新街口百货商店股份有限公司	http://www. njxb. com	025－84717494	南京市中山南路3号	210005
2	南京中央商场股份有限公司	http://www. laomo. net/	025－84717725	南京市中山南路79号	210005
3	金陵饭店股份有限公司	http://www. jinlinghotel. com	025－84711888	南京市汉中路2号金陵饭店	210005
4	国电南瑞科技股份有限公司	http://www. naritech. cn	025－83092026	南京市高新技术产业开发区高新区20号	210061
5	国旅联合股份有限公司	http://www. utcompany. com	025－84711172	南京市汉中路89号金鹰国际商城18层A座	210029
6	国电南京自动化股份有限公司	http://www. sac－china. com	025－83410173	南京市江宁开发区菲尼克斯路11号	210003
7	江苏弘业股份有限公司	http://www. jsac. com	025－52308738	南京市中华路50号弘业大厦	210001
8	江苏中达新材料集团股份有限公司	Hppt://www. njzdzm. com	0510－86684039	江阴市镇澄路1999号	214443
9	南京医药股份有限公司	http://www. njyy. com. cn	025－84552628	南京市中山东路486号	210002
10	江苏宏图高科技股份有限公司	http://www. hiteker. com	025－83274692	南京市中山北路219号宏图大厦20、21层	210009
11	南京熊猫电子股份有限公司	http://www. chinapanda. com. cn	025－84801144	南京市中山东路301号	210002
12	南京新港高科技股份有限公司	http://www. xggk. com	025－85800728	南京市经济技术开发区	210038
13	南京钢铁股份有限公司	http://www. njgtgf. com	025－57056780	南京市大厂区卸甲甸	210038
14	南京纺织品进出口股份有限公司	http://www. nantex. com. cn	025－83331602	南京市云南北路77号	210009
15	南京栖霞建设股份有限公司	http://www. chixia. com	025－85633668	南京市龙蟠路218号	210037
16	南京欣网视讯科技股份有限公司	http://www. xwtec. com	025－84669999	南京市高新开发区软件园2号楼	210002
17	南京银行股份有限公司	http://www. njcb. com. cn	025－84551009	南京市白下区淮海路50号	210005
18	中国长江航运集团南京油运股份有限公司	http://www. njtc. com. cn	025－58586145	南京市中山北路324号油运大厦	210000

序号	单位	网址或电子邮箱	联系电话	通讯地址	邮编
19	江苏舜天股份有限公司	http://www.jsgmt.com	025－52875628	南京市宁南大道21号B座	210004
20	江苏宁沪高速公路股份有限公司	http://www.jsexpressway.com	025－84204028－301835	南京市马群街238号	210049
21	航天晨光股份有限公司	http://www.aerosun.cn	025－52826030	南京市江宁经济技术开发区天元中路188号	210006
22	中国中材国际工程股份有限公司	http://www.sinoma.com.cn	010－64399502	北京市朝阳区望京北路11号中材国际大厦	100102
23	江苏开元股份有限公司	http://www.jstex.com	025－86648112	南京市户部街15号	210002
24	南京化纤股份有限公司	http://www.ncfc.cn	025－84529163	南京六合红山精细化工园	211511
25	江苏高淳陶瓷股份有限公司	http://www.gctc.cn	025－57377918	南京市高淳县固城镇秀山	211304
26	黑牡丹(集团)股份有限公司	http://www.chinadenim.com	0519－88136510	常州市劳动中路80号	213004
27	江苏新城房产股份有限公司	http://www.900950.com	0519－88127288	常州市天宁区和平北路21号中银大厦20楼	213003
28	常林股份有限公司	http://www.changlin.com.cn	0519－86781168	常州市常林路10号	213002
29	无锡商业大厦大东方股份有限公司	http://www.eastall.com	0510－82702093	无锡市中山路343号东方广场8楼	214001
30	无锡太极实业股份有限公司	http://www.wxtj.com	0510－85419120	无锡市下甸桥南堍	214024
31	无锡华光锅炉股份有限公司	http://www.wuxiboiler.com	0510－85215556	无锡市城南路3号	214028
32	江苏红豆实业股份有限公司	http://www.hongdou.com.cn	0510－88358422	无锡市锡山区港下镇	214199
33	江苏长电科技股份有限公司	http://www.cj－elec.com	0510－86199121	江阴市滨江中路275号	214431
34	江苏三房巷实业股份有限公司	http://www.jssfx.com	0510－86229867	江阴市周庄镇三房巷村	214423
35	江苏阳光股份有限公司	http://www.sunshine.com.cn	0510－86121688	江阴市新桥镇	214426
36	凯诺科技股份有限公司	http://www.cstco.com.cn	0510－86121388－3180	江阴市新桥镇	214426
37	江苏澄星磷化工股份有限公司	cx@phosphatechina.com	0510－86281316－431	江阴市花山路208号	214432
38	江苏双良空调设备股份有限公司	http://www.shuangliang.com	0510－86632358	江阴市利港镇双良工业园	214444
39	江苏申龙高科股份有限公司	http://www.js－shenlong.com	0510－86620263	江阴市申港镇申圩路	214443
40	林海股份有限公司	http//www.linhai.cn	0523－86551888	泰州市泰九路14号	225300
41	江苏春兰制冷制备股份有限公司	http//www.chunlan.com	0523－86663663	泰州市春兰工业园区春兰路1号	225300
42	维维食品饮料股份有限公司	http//www.vvgroup.com	0516－83290169	徐州市维维大道300号	221111
43	江苏悦达投资股份有限公司	http://www.yueda.com	0515－88202863	盐城市开放大道78号	224002
44	苏州新区高新技术产业股份有限公司	http://www.sndht.com.cn	0512－68072571	苏州市新区狮山路35号金河大厦25楼	215011
45	江苏永鼎股份有限公司	http://www.chinayongding.com	0512－63272395	吴江市汾湖经济技术开发区	215211
46	江苏吴中实业股份有限公司	http://www.wuzhong.com	0512－65618665	苏州市吴中区宝带东路388号	215128
47	华芳纺织股份有限公司	http://www.hfang.com.cn	0512－58438202	张家港市塘桥镇人民南路1号	215611
48	江苏亨通光电股份有限公司	http://www.htgd.com.cn	0512－63802858	吴江市七都镇七都工业区	215234
49	江苏江南高纤股份有限公司	jsjngx@163.net	0512－65712564	苏州市相城区黄埭镇	215143
50	南通江山农药化工股份有限公司	songjh@jsac.com.cn	0513－83558270	南通市姚港路35号	226006
51	江苏中天科技股份有限公司	zqb@chinaztt.com	0513－83599505	南通市经济技术开发区中天科技	226009
52	南通科技投资集团股份有限公司	zhuj@tonmac.com.cn	0513－85529362	南通市工农路28号	226007
53	江苏综艺股份有限公司	600770dm@jsmail.com.cn	0513－86639999	通州市兴东镇综艺数码城	226376
54	江苏恒瑞医药股份有限公司	600276@hrs.com.cn	0518－5469805	连云港市新浦区人民东路145号	222002
55	江苏康缘药业股份有限公司	chf@kanion.com	0518－85521990	连云港市新浦区海昌南路58号	222001
56	江苏连云港港口股份有限公司	lygport@jlpcl.com	0518－82389269	连云港市连云区中华西路48号海关大楼6楼	222042
57	宝胜科技创新股份有限公司	fanjj8183655@hotmail.com	0514－88248896	宝应市安宜镇苏中路1号	225800
58	扬州亚星客车股份有限公司	yx600213@126.com	0514－82989069	扬州市渡江南路41号	225001
59	江苏扬农化工股份有限公司	rj@yngf.com	0514－85870486	扬州市文峰路38号	225009
60	江苏联环药业股份有限公司	lianhuan@vip.sina.com	0514－87813082	扬州市文峰路21号	225009
61	仪征化纤股份有限公司	shimin@ycfc.com	0514－83231888	扬州仪征市	211900
62	江苏索普化工股份有限公司	jssopo@sopo.com.cn	0511－83363146	镇江市谏壁越河街50号	212006
63	江苏恒顺醋业股份有限公司	wcy08@163.com	0511－85230222	镇江市中山西路84号	212004

江苏证券市场深市上市公司一览表

序号	单位	网址或电子邮箱	联系电话	通讯地址	邮编
1	常柴股份有限公司	www.changchai.com.cn	0519－86610041 86603656＊3155	江苏省常州市怀德中路123号	213002
2	远东实业股份有限公司	www.chinafareast.com	0519－85130681	江苏省常州市新北区岷江路1号	213022
3	江苏炎黄在线物流股份有限公司	www.000805.com	0519－85130805	江苏省常州市新北区太湖东路9号软件园大楼A座3楼315室	213022
4	连云港如意集团股份有限公司	www.idealgroup.com.cn	0518－5153595	江苏省连云港市新浦北郊路6号	222006
5	南京云海特种金属股份有限公司	fly@rsm.com.cn	025－57234888－819	南京市溧水县洪蓝镇蒲塘集镇	211221
6	南京港股份有限公司	www.nj－port.com	025－58815738	江苏省南京市下关区江边路19号	210011
7	南京华东电子信息科技股份有限公司	hddz@hdeg.com wuhl@hdeg.com	025－85311050＊2207 85311050＊2686 85311050＊2213	江苏省南京市华电路1号	210028
8	中材科技股份有限公司	www.sinomatech.com	010－88437909	北京市海淀区板井路69号商务中心写字楼12Fa	100097
9	南京红宝丽股份有限公司	www.hongbaoli.com	025－57351388	江苏省南京市高淳县太安路128号	211300

序号	单位	网址或电子邮箱	联系电话	通讯地址	邮编
10	南京普天通信股份有限公司	www.postel.com.cn	025-52409954 52418518*2278	江苏省南京市秦淮区普天路1号	210012
11	江苏金智科技股份有限公司	www.wiscom.com.cn	025-52762205	江苏省南京市江宁经济开发区将军大道100号	211100
12	南京中北(集团)股份有限公司	www.zhong-bei.com	025-86383611	江苏省南京市通江路16号	210019
13	南京红太阳股份有限公司	redsunir@163.com	025-84785866	江苏省南京市汉中路89号金鹰国际商城19层C座	210029
14	金陵药业股份有限公司	www.jlyy000919.com	025-83118511	江苏省南京市中央路238号	210009
15	苏宁电器股份有限公司	www.cnsuning.com	025-84418888-888122	江苏省南京市淮海路68号苏宁电器大厦	210005
16	江苏九鼎新材料股份有限公司	www.cjdg.com	0513-87530125	江苏省如皋市跃进东路219号	226500
17	江苏三友集团股份有限公司	www.sanyougroup.com	0513-85238163	江苏省南通市人民东路218号	226008
18	江苏东源电器集团股份有限公司	www.jsdydq.com	0513-86268788	江苏省通州市十总镇东源大道1号	226341
19	南通富士通微电子股份有限公司	www.fujitsu-nt.com	0513-85058919	江苏省南通市崇川路288号	226006
20	江苏金飞达服装股份有限公司	www.kfield.com.cn	0513-80169115 80167888	江苏省通州市经济开发区世纪大道288号	226300
21	苏州固锝电子股份有限公司	www.goodark.com	0512-68188888*2050	江苏省苏州市狮山路199号新地中心19F	215011
22	江苏新民纺织科技股份有限公司	www.xmtex.com	0512-63550591	江苏省吴江市盛泽镇五龙路22号	215228
23	江苏通润工具箱柜股份有限公司	www.tongrunindustries.com	0512-52346618	江苏省常熟市通港路北	215500
24	江苏常铝铝业股份有限公司	www.alcha.com	0512-52897815	江苏省常熟市古里镇白峁西	215532
25	江苏澳洋科技股份有限公司	www.aykj.cn	0512-58598699	江苏省张家港市杨舍镇塘市镇中路018号	215618
26	江苏宏宝五金股份有限公司	www.hongbao.com	0512-58713681 58715059	江苏省张家港市大新镇128号	215636
27	高新张铜股份有限公司	www.zhangtong.com.cn	0512-58690829	江苏省张家港市杨舍工业经济区	215600
28	苏州工业园区新海宜电信发展股份有限公司	www.nsu.com.cn	0512-67606666-8638	江苏省苏州工业园区泾茂路168号新海宜科技园	215021
29	江苏国泰国际集团国贸股份有限公司	www.gtiggm.com	0512-58696087	江苏省张家港市人民中路65号国泰时代广场A座24楼	215600
30	江苏吴江中国东方丝绸市场股份有限公司	www.cesm.com.cn	0512-63552172	江苏省吴江市盛泽镇市场路丝绸股份大厦	215228
31	创元科技股份有限公司	dmc@000551.cn	0512-68241551	江苏省苏州市南门东二路4号	215007
32	中核苏阀科技实业股份有限公司	www.chinasufa.com	0512-66672245	江苏省苏州市新区珠江路501号	215011
33	苏州金螳螂建筑装饰股份有限公司	www.goldmantis.com	0512-68660622	江苏省苏州市西环路888号	215000
34	张家港东华能源股份有限公司	www.zouec.com	0512-58322506	张家港保税区出口加工区东华路668号	215634
35	江苏澳洋顺昌金属材料股份有限公司	www.aucksun.com	0512-58161276	江苏省张家港市欧洲工业园	215618
36	苏州海陆重工股份有限公司	www.hailu-boiler.cn	0512-58913056	江苏省张家港市杨舍镇人民西路1号	215600
37	江苏华昌化工股份有限公司	www.huachangchem.cn	0512-58727158	江苏省张家港市金港镇保税区扬子江国际化学工业园南海路1号	215634
38	无锡小天鹅股份有限公司	www.littleswan.com.cn	0510-81082360 81082280	江苏省无锡市惠钱路67号	214035
39	无锡威孚高科技股份有限公司	www.weifu.com.cn	0510-82719579	江苏省无锡市人民西路107号	214031
40	江苏华西村股份有限公司	www.jshuaxicun.com	0510-86217188 86217149	江苏省江阴市华西塔群2号四楼	214420
41	江苏霞客环保色纺股份有限公司	www.chinaxiake.com	0510-86526712 86520126	江苏省江阴市霞客镇马镇东街7号	214406
42	江苏天奇物流系统工程股份有限公司	www.chinaconveyor.com	0510-82720289	江苏省无锡市滨湖区蠡湖街道青祁村70号-双虹园	214081
43	江苏四环生物股份有限公司	www.shsw.com.cn	0510-86408558	江苏省江阴市滨江开发区定山路10号	214434
44	江南模塑科技股份有限公司	www.jnmpt.com	0510-86242802	江苏省江阴市周庄镇长青路8号	214423
45	江苏法尔胜股份有限公司	www.chinafasten.com	0510-86119890	江苏省江阴市通江北路203号	214433
46	徐州工程机械科技股份有限公司	www.xcmg.com	0516-87938766 87938997	江苏省徐州市金山桥经济开发区桃山路1号	221004
47	江苏恩华药业股份有限公司	www.nhwa-group.com	0516-87661012	江苏省徐州市中山北路289号	221007
48	江苏江淮动力股份有限公司	www.jdchina.com	0515-8881908,8881816	江苏省盐城市环城西路213号	224001
49	江苏琼花高科技股份有限公司	www.chinaqionghua.com	0514-87270833	江苏省扬州市邗江区杭集镇曙光路	225111
50	江苏宏达新材料股份有限公司	www.jshdxc.com	0511-88222923	江苏扬中市明珠广场	212200
51	大亚科技股份有限公司	www.daretechnology.com	0511-86981046	江苏省丹阳市经济技术开发区金陵西路95号	212300
52	恒宝股份有限公司	www.hengbao.com	0511-86649376	江苏省丹阳市横塘工业区	212355
53	江苏大港股份有限公司	www.dggf.cn	0511-88901900	江苏省镇江市镇江新区大港通港路1号	212132
54	江苏鱼跃医疗设备股份有限公司	www.yuyue.com.cn	0511-86900802 86900876	江苏省丹阳市云阳工业园(振新路南)	212300

江苏证券市场证券公司一览表

序号	公司名称	网址	联系电话	地址	邮编
1	华泰证券股份有限公司	www. htsc. com. cn	025 – 84457777	江苏省南京市中山东路 90 号华泰证券大厦	210002
2	信泰证券有限责任公司	www. thope. com	025 – 84784886	江苏省南京市长江路 88 号	210005
3	南京证券有限责任公司	www. njzq. com. cn	025 – 83367888	江苏省南京市大钟亭 8 号	210008
4	东吴证券有限责任公司	www. gsjq. com. cn	0512 – 65158588	江苏省苏州市爱河桥路 28 号	215001
5	国联证券有限责任公司	www. glsc. com. cn	0510 – 2831280	江苏省无锡市县前东街 168 号	214001
6	东海证券有限责任公司	www. longone. com. cn	021 – 50585601	上海市浦东新区东方路 989 号中达广场 17 楼	200122

江苏证券市场期货经纪公司一览表

序号	单位名称	电话	传真	地址	邮编	网址和邮箱
1	道通期货经纪有限公司	025 – 83276958	025 – 83276908	南京市鼓楼区广州路 188 号苏宁环球大厦 5 楼 02 座	210024	www. doto – futures. com yao@ doto – futures. com
2	江苏东华期货经纪有限公司	025 – 84208666 025 – 84207734	025 – 84207734	南京市王府大街 63 号 5 楼	210004	www. dhfutures. com dhbg@ vip. 163. com
3	江苏弘业期货经纪有限公司	025 – 52278999 025 – 56629418	025 – 52306614	南京市中华路 50 号弘业大厦 9 楼	210001	www. ftol. com. cn zhaoweixiong@ ftol. com. cn
4	江苏苏物期货经纪有限公司	025 – 83116161	025 – 83116169	南京市鱼市街 96 号 4 楼	210008	www. swfuture. com jsswbgs@ jsmail. com. cn
5	华证期货经纪有限公司	0510 – 87961160	0510 – 87961119	宜兴市人民中路 135 号华证大厦 6 楼	214200	www. huaz. com. cn yxhzqh@ 163. com
6	国联期货有限责任公司	0510 – 85805769 0510 – 82752315 0510 – 85805257	0510 – 82759156	无锡市人民路 97 号佳福大厦 10 楼	214002	www. glqh. com glqh@ glsc. com. cn
7	新纪元期货有限公司	0516 – 83831121	0516 – 83831100	徐州市淮海东路 153 号	221003	www. neweraqh. com. cn xjy567@ 163. com
8	创元期货经纪有限公司	0512 – 68272106 0512 – 68278744	0512 – 68297091	苏州市三香路 120 号万盛大厦 16 楼	215004	www. cyqh. com. cn zhb@ cyqh. com. cn
9	江苏文峰期货经纪有限责任公司	0513 – 85529853	0513 – 85529847	南通市环城南路 128 号飞马大厦 3 楼	226001	www. wfqh. com wfqh@ pub. nt. jsinfo. net
10	东海期货有限责任公司	0519 – 88110858	0519 – 88110858	常州市延陵西路 23、25、27、29 号	213003	www. qh168. com. cn jingq@ qh168. com. cn
11	南证期货有限责任公司	025 – 52865001	025 – 52865017	南京市秦淮区长乐路 226 号长乐花园 01 幢 1 号 – 4,1 号 – 7,1 号 – 8	210006	www. nzfco. com klfcom@ 163. com

江苏证券市场中介机构一览表

序号	机构类型	机构名称	通讯地址	邮政编码	联系电话	邮箱地址
1	会计师事务所	江苏公证会计师事务所有限公司	无锡市梁溪路 28 号	214061	0510 – 85888988	mail@ jsgzcpa. com
2	会计师事务所	江苏天衡会计师事务所有限公司	南京市正洪街 18 号东宇大厦 8 楼	210005	025 – 84711188	dep2@ jscpa. com. cn
3	会计师事务所	南京立信永华会计师事务所有限公司	南京市中山北路 26 号新晨国际大厦 8 – 10 层	210008	025 – 83311788	webmaster@ njyhcpa. com
4	会计师事务所	江苏苏亚金城会计师事务所有限公司	南京市云南路 31 – 1 号苏建大厦 21 – 22 层	210008	025 – 83231630	office@ suyajc. com
5	会计师事务所	江苏天华大彭会计师事务所有限公司	南京市宁海路 80 号	210024	025 – 83721886	thdp@ thdpcpa. com
6	资产评估事务所	江苏仁合资产评估有限公司	苏州市竹辉路 477 号	215007	0512 – 65194850	szaeo@ public1. sz. js. cn
7	资产评估事务所	江苏中天资产评估事务所有限公司	常州市博爱路 72 号博爱大厦 12 楼	213002	0519 – 88122155	czheyihua@ sina. com
8	证券投资咨询机构	江苏现代资产投资管理顾问有限公司	南京市汉中路 180 号星汉大厦 7 楼 D 座	210029	025 – 86915337	jsxdb@ cfacn. com
9	证券投资咨询机构	江苏天鼎投资咨询有限公司	南京市新港金融楼创业中心 02 栋南四层	210002	025 – 84785838	jstding@ jlonline. com
10	证券投资咨询机构	无锡金百灵投资咨询有限公司	无锡市中山路 53 号时代中心大厦 1708	214001	0510 – 82753288	wxjbl@ wxjbl. cn
11	外资证券类机构代表处	新鸿基投资服务有限公司南京代表处	南京市太平南路 333 号金陵御景园 11 楼 C 座	210002	025 – 86936352	wuzhibin0503@ yahoo. com. cn
12	基金分公司	易方达基金管理有限公司南京分公司	南京市中山南路 49 号南京商茂世纪广场 15 层 D2 座	210002	025 – 86890060	qyh@ efunds. com. cn
13	基金分公司	银河基金有限公司南京分公司	南京市中山东路 288 号新世纪广场 B 座 805 室	210002	025 – 84523725	wanghaiyan@ galaxyaseet. com

浙江证券市场

中国证券监督管理委员会浙江监管局

中国证监会浙江监管局(简称“浙江证监局”)前身为中国证监会杭州特派办。1999 年 7 月 1 日,根据《国务院批转证监会证券监管机构体制改革方案的通知》(国发〔1998〕29 号)的有关精神,中国证监会杭州特派办正式挂牌成立,并于 2004 年 4 月升格更名为中国证监会浙江监管局。浙江证监局是中国证监会派出的一线监管机构,隶属中国证监会垂直领导,现设有 8 个职能处室:党务工作办公室、办公室、上市公司监管一处、上市公司监管二处、机构监管处、期货监管处、稽查处和信息调研处。截至 2008 年 11 月 15 日,浙江证监局共有正式工作人员 83 人,其中,博士 6 人,硕士 27 人;持有注册会计师资格或律师资格的 33 人;工作人员平均年龄为 32 岁。

作为中国证监会的派出机构,浙江证监局负责对浙江省杭州市、嘉兴市、湖州市、绍兴市、舟山市、台州市、金华市、温州市、丽水市、衢州市等 10 个地市的上市公司和证券期货机构进行监管。主要职能包括:贯彻执行国家有关法律、法规和方针政策;依据证监会的授权对辖区内上市公司、证券期货经营机构、证券期货投资咨询机构和从事证券业务的律师事务所、会计师事务所、资产评估机构等中介机构的证券期货业务活动进行监督管理;依法查处辖区监管范围内的证券期货违法、违规案件,调解证券期货业务纠纷和争议;联合和配合有关部门依法打击辖区非法证券期货业务活动,防范和化解辖区证券期货市场风险,促进证券期货市场持续稳定健康发展;履行证监会授予的其他职责。

近年来,在中国证监会的正确领导和各级地方政府及有关部门的大力支持下,浙江证监局以科学发展观统领监管工作实际,正确处理改革、发展与和谐稳定的关系,以高度的历史责任感和使命感,踏踏实实地开展一线监管工作,同时狠抓机关文化建设,努力提高监管队伍素质和监管工作水平,贯彻落实证监会的各项工作部署,严格依法行政,把切实保护投资者的合法权益作为监管工作的重中之重,为证券市场的规范和发展作出了积极的贡献!

处室设置

党务工作办公室(纪检监察室):主要承担本局的党务、纪检监察、精神文明建设、思想政治教育及党风廉政建设工作;负责劳动工资、人事管理、因公出国(境)报批等工作。

办公室:主要承担本局机关综合性行政事务。具体负责与地方各级政府及有关部门进行日常联系;负责对外新闻和宣传工作;负责文件收发、传递、审核和跟踪督办;负责文电、机要、保密、档案管理、印章管理、安全保卫;负责证券期货监管信息系统建设和管理,以及本局计算机网络设备的管理、更新和维护工作;负责本局财务与机关内勤事务管理。

上市公司监管一处:承担辖区在上海证券交易所挂牌的上市公司监管工作;负责落实上市公司辖区监管责任制,与地方政府、新闻媒体、上市公司协会、交易所等进行协作监管;推动公司治理、独立董事制度等规范市场主体的基础性制度建设;负责对非公开发行股票公司进行监管;负责对会计师事务所的监管工作。

上市公司监管二处:承担辖区在深圳证券交易所挂牌的上市公司及辖区拟上市公司监管工作;落实证券市场主体的培育和拟上市公司的改制辅导监管工作;负责中介机构监管和跨辖区协作监管,开展相关调查研究。

机构监管处:负责对辖区的证券经营机构、证券投资咨询公司、证券投资基金管理机构及其从业人员的业务活动进行监管。

期货监管处:负责对辖区内期货经营机构、期货投资咨询机构进行监管;协助期货交易所对本辖区内的期货交易所非经纪公司会员的有关期货业务进行监管。

稽查处:负责对辖区内违反证券期货市场法规的案件进行调查处理或移送、协助司法机关调查处理;监督执行本系统作出的行政处罚决定;负责辖区打击非法证券期货活动的协调、指导、联络及案件调查等工作;调解辖区内证券、期货业务纠纷和争议,处理有关的来信来访。

信息调研处:负责证券期货市场相关信息和有关监管工作信息的统计、分析和报送;组织、协调和落实本局课题调研及地方政府、证监会相关部门的课题调研;研究证券期货市场规范和发展进程中的新情况和新问题,提出相关工作的意见建议,及时反映证券期货市场动态;负责开展证券市场创新业务试点;承担本局的法制工作和诚信建设工作。

证监局领导

王宝桐,男,汉族,浙江证监局党委书记、局长,主持证监局全面工作。

邵锡秋,男,汉族,浙江证监局党委委员、纪委书记、副局长,分管机构监管处,联系浙江证券业协会。

傅敏,女,汉族,浙江证监局党委委员、副局长、工会主席,分管办公室、信息调研处、稽查处、工会、共青团。

蒋潇华,男,汉族,浙江证监局党委委员、副局长,分管上市公司监管一处、上市公司监管二处,联系浙江上市公司协会。

韩薇,女,汉族,浙江证监局党委委员、局长助理兼党办主任,分管党办、期货监管处,联系浙江期货行业协会。

联系方式

值班电话:0571－88473333
E_mail:kongwei@ csrc. gov. cn
通信地址:浙江杭州文三路 90 号一号楼三楼、四楼
邮政编码:310012

党办:0571－88473358
办公室:0571－88473323
传真:0571－88473344
上市一处:0571－88473356
传真:0571－88473356
上市二处:0571－88473347
传真:0571－88473347
机构监管:0571－88473363
传真:0571－88473363
期货监管:0571－88473334
传真:0571－88473334
稽查处:0571－88473333
传真:0571－88473373

中国证券监督管理委员会宁波监管局

中国证券监督管理委员会宁波监管局(简称宁波证监局)前身是宁波市证券和期货监管办公室,成立于 1994 年 8 月。1998 年 12 月,根据国务院《批转证监会证券监管机构体

制改革方案的通知》(国发[1998]29 号)精神,宁波市证券和期货监管办公室由中国证监会垂直管理,并于 1999 年 7 月 1 日挂牌成立中国证监会宁波特派办。2004 年 3 月 1 日,根据《关于中国证券监督管理委员会派出机构设置和人员编制的批复》(中央编办复字[2004]11 号)的规定,中国证监会宁波特派办正式更名为中国证券监督管理委员会宁波监管局(简称宁波证监局)。

作为中国证监会的派出机构,宁波证监局的主要职责是:根据中国证券监督管理委员会的授权,对辖区内的上市公司,证券、期货经营机构,证券期货投资咨询机构和从事证券业务的律师事务所、会计师事务所、资产评估机构等中介机构的证券、期货业务活动进行监督管理,查处监管辖区范围内的违法、违规案件,以及中国证监会赋予的其它职责。

宁波证监局设有办公室(党委办公室)、上市公司监管处、机构监管处、稽查处和期货监管处。全局现有正式工作人员 27 名,专业涵盖会计、法律、计算机、经济等学科。

处室设置

办公室(党委办公室)

一、承担综合材料起草、公文处理、文印管理、档案机要、保密及印章管理、计算机局域网管理等办公文秘工作。

二、承担公务接待、行政后勤等管理工作。

三、承担工作人员考核、培训、考察以及新工作人员的招聘录用;承担工作人员的劳动工资管理和局内财务管理等工作。

四、按照局党委要求,负责党务、纪检监察和工会等工作。

上市公司监管处

一、承担辖区内拟上市公司辅导工作的监管,并对其在股票发行承销过程中涉嫌违规问题进行核查。

二、承担辖区内上市公司证券业务活动的日常监管,开展巡回检查、专项核查和信息披露的事后审阅。

三、督促辖区内上市公司完善公司治理工作。

四、承担证券中介机构从事辖区内拟上市公司和上市公司证券业务的监管工作。

机构监管处

一、承担授权范围内证券经营机构行政许可项目、初审项目的审核工作。

二、承担辖区内证券经营机构和证券投资咨询机构的日常监管工作。

三、协助做好辖区内基金管理公司及相关业务活动的日常监管工作。

四、联系辖区证券业协会的工作。

稽查处

一、受理辖区内涉及证券期货市场的来信来访工作。

二、承担辖区内证券期货违法违规案件的调查;配合有关部门打击辖区内以证券期货投资为名进行的违法犯罪活动。

三、开展证券期货市场投资者教育相关工作。

四、承担证监会和其他派出机构及执法部门交办、协办的案件与调查事项,监督处罚规定的执行和落实。

期货监管处

一、承担授权范围内期货经营机构行政许可项目、初审项目的审核工作。

二、承担辖区内期货经营机构的日常监管工作。

三、承担局风险处置工作小组日常工作。

局领导班子

吕逸君:局党委书记、局长、纪委书记;

汤庆荣:局党委委员、副局长;

陆意琴:局党委委员、副局长、局工会主席。

联系我们

联系人:吴志华

电　话:0574 - 87175008

传　真:0574 - 87325115

E - mail:nbtpb@ mail. nbptt. zj. cn

地　址:浙江省宁波市药行街 139 号中国银行大厦 18 层

邮　编:315010

浙江证监局辖区上交所上市公司通讯录

序号	股票代码	企业名称	邮编	联系地址	公司邮箱	董秘	联系电话	传真	上市日期	地区
1	600052	浙江广厦股份有限公司	310013	杭州市玉古路 166 号	zjgs@ china. com	张霞	0571 - 87969988	0571 - 85125355	1997 - 4 - 15	杭州
2	600059	浙江古越龙山绍兴酒股份有限公司	312000	浙江省绍兴市北海桥	hjjt@ shaoxingwine. com. cn	周娟英	0575 - 85158435	0575 - 85166884	1997 - 5 - 16	绍兴
3	600070	浙江富润股份有限公司	311800	浙江省诸暨市陶朱南路 12 号	furun@ mail. sxptt. zj. cn	陈黎伟	0575 - 87016551	0575 - 87026018	1997 - 5 - 14	绍兴
4	600097	浙江华立科技股份有限公司	310012	杭州市西斗门路 18 号 7 楼	htmg2001@ 163. com	赵晓兵	0571 - 88471777	0571 - 88471666	1997 - 6 - 19	杭州
5	600113	浙江东日股份有限公司	325003	温州市矮凳桥 92 号	zjdongri@ mail. wzptt. zj. cn	陈琦	0577 - 88852188	0577 - 88822336 0557 - 88842287	1997 - 11 - 21	温州
6	600120	浙江东方集团股份有限公司	310009	杭州市西湖大道 12 号	Yzz0000@ 163. net	王俊	0571 - 87600320	0571 - 87600324	1997 - 12 - 1	杭州
7	600126	杭州钢铁股份有限公司	310022	杭州市拱墅区半山路 178 号	hggf@ hzsteel. com	韩晓通	0571 - 88141844	0571 - 88132919	1998 - 3 - 11	杭州
8	600160	浙江巨化股份有限公司	324004	浙江衢州市柯城区	zjp@ juhua. com. cn	李军	0570 - 3091688	0570 - 3091777	1998 - 6 - 26	衢州
9	600173	浙江卧龙地产股份有限公司	312300	浙江省上虞市人民西路 1801 号	wldc82176751@ 163. com	滕百欣	0575 - 82177002	0575 - 82177000	1999 - 4 - 15	绍兴
10	600175	美都控股股份有限公司	310005	杭州市密渡桥路 70 号美都 恒升名楼四楼	chinameidu@ vip. 163. com	王爱明	0571 - 88301608	0571 - 88301607	1999 - 4 - 8	杭州
11	600208	新湖中宝股份有限公司	310007	杭州西溪路 128 号新湖商务大厦 11 层	xhzb@ 600208. com	虞迪峰	0571 - 87395003	0571 - 87395052	1999 - 6 - 23	嘉兴
12	600216	浙江医药股份有限公司	310011	浙江省杭州市拱墅区登云路 268 号	zmc2@ mail. hz. zj. cn	俞祝军	0571 - 87213883	0571 - 87213883	1999 - 10 - 21	杭州
13	600226	浙江升华拜克生物股份有限公司	313220	浙江德清钟管镇工业区	600226@ biok. com	徐芬	0572 - 8402738	0572 - 8402738	1999 - 11 - 16	湖州
14	600232	浙江金鹰股份有限公司	316051	浙江省舟山市定海区小沙镇	8021228@ mail. zsptt. zj. cn	陈曙君	0580 - 8021228	0580 - 8020228	2000 - 6 - 2	舟山
15	600235	民丰特种纸股份有限公司	314000	浙江省嘉兴市用里街 70 号	mfzqb@ mail. jxptt. zj. cn	郑健	0573 - 82812992	0573 - 82812992	2000 - 6 - 15	嘉兴
16	600261	浙江阳光集团股份有限公司	312300	浙江省上虞市凤山路 485 号	yankon@ yankon. com	吴青谊	0575 - 82027720	0575 - 82027720	2000 - 7 - 20	绍兴
17	600267	浙江海正药业股份有限公司	310006 318000	浙江省杭州市华浙广场 1 号 19 层 B 座 浙江省台州市椒江区外沙路 46 号	zw600267@ mail. hz. zj. cn	张薇	0571 - 85278141	0571 - 85270053 0576 - 88827887	2000 - 7 - 25	台州
18	600283	钱江水利开发股份有限公司	310013	杭州市三台山路 3 号	qjwrj@ public. hz. zj. cn	吴天石	0571 - 87974399	0571 - 87974400	2000 - 10 - 18	杭州
19	600290	华仪电气股份有限公司	325600	浙江省乐清市经济开发区(盐盆新区)纬四路 1 号	hyzpb@ heag. com	姜福君	0577 - 62661003	0577 - 62237777	2007 年 2 月 1 日	温州
20	600330	浙江天通电子股份有限公司	314006	浙江省嘉兴市南湖区亚太路 1 号三楼	tdga@ mail. jxptt. zj. cn	许丽秀	0573 - 87230878	0573 - 87230228	2001 - 1 - 18	嘉兴
21	600340	浙江国祥制冷工业股份有限公司	312300	浙江上虞大三角工业区	syplant@ ekingair. com	陈根伟	0575 - 82158191	0575 - 82151888	2003 - 12 - 30	绍兴
22	600352	浙江龙盛集团股份有限公司	312368	浙江省上虞市道墟镇	mail@ longsheng. com	常盛	0575 - 82040698	0575 - 82041589	2003 - 8 - 1	绍兴
23	600387	浙江海越股份有限公司	311800	浙江省诸暨市西施大街 59 号	haiyue600387@ 163. com	陈海平	0575 - 87011796	0575 - 7013968	2004 - 2 - 18	绍兴
24	600415	浙江中国小商品城集团股份有限公司	322000	义乌市福田路 105 号海洋商务写字楼	zcscc@ public. ywptt. zj. cn	陈荣根	0579 - 85198800	0579 - 85197755	2002 - 5 - 9	金华

序号	股票代码	企业名称	邮编	联系地址	公司邮箱	董秘	联系电话	传真	上市日期	地区
25	600460	杭州士兰微电子股份有限公司	310012	杭州黄姑山路4号	silan@ silan. com. cn	陈越	0571 – 88210155	0571 – 88210177	2003 – 3 – 11	杭州
26	600477	浙江杭州萧钢构股份有限公司	310003	杭州市中河中路258号瑞丰大厦7楼	hx@ hxss. com. cn	周滨	87246788	0571 – 87240484	2003 – 11 – 10	杭州
27	600512	腾达建设集团股份有限公司	200122	上海浦东新区向城路58号11楼	zqb@ tengdajs. com	徐笑白	021 – 68406906	021 – 68406906	2002 – 12 – 26	台州
28	600521	浙江华海药业股份有限公司	317024	浙江临海市汛桥镇利庄	600521@ huahaipharm. com	祝永华	0576 – 85016009	0576 – 85016010	2003 – 3 – 4	台州
29	600526	浙江菲达环保科技股份有限公司	311800	浙江省诸暨市望云路88号	feida@ ep. zhbnet. com	周明良	0575 – 87385602	0575 – 87214308	2002 – 7 – 22	绍兴
30	600570	杭州恒生电子股份有限公司	310053	杭州市滨江区江南大道3588号恒生大厦	hundsun@ hundsun. com	童晨晖	0571 – 28829720	0571 – 28829703	2003 – 12 – 16	杭州
31	600571	杭州信雅达系统工程股份有限公司	310053	杭州市滨江区江南大道3888号	mail@ sunyard. com	叶晖	0571 – 56686501	0571 – 56686502	2002 – 11 – 1	杭州
32	600572	浙江康恩贝制药股份有限公司	310052	杭州市高新技术开发区滨江科技经济园滨康路568号	lxzy@ combagroup. com	杨俊德	0571 – 87774710	0571 – 87774709	2004 – 3 – 29	杭州
33	600576	浙江万好万家实业股份有限公司	310005	杭州市密度桥路1号白马大厦12楼	whwj600576@ 126. com	詹纯伟	0571 – 85866518	0571 – 85866566	2003 – 2 – 20	杭州
34	600580	浙江卧龙电气集团股份公司	312300	浙江省上虞市人民西路1801号	wolong@ mail. sxptt. zj. cn	倪宇泰	0575 – 82176628	0575 – 82176718	2002 – 6 – 6	绍兴
35	600596	浙江新安化工集股份有限公司	311600	建德市新安江街道新安东路555号6层	j_yping@ 263. net	姜永平	0571 – 64715693	0571 – 64715693 0571 – 64726275	2001 – 9 – 6	杭州
36	600668	浙江尖峰集团股份有限公司	321000	浙江金华市婺江东路88号尖峰大厦907室	zjjfo@ mail. jhptt. zj. cn	朱坚卫	0579 – 82320582	0579 – 82830582 0579 – 82324611	1993 – 7 – 28	金华
37	600671	杭州天目山药业股份有限公司	311300	浙江省临安市苕溪南路78号	zhouql@ la. hz. zj. cn	郑涛	0571 – 63722229	0571 – 63722229	1993 – 8 – 23	杭州
38	600677	航天通信控股集团股份有限公司	310009	杭州解放路138号	zhonghui@ mail. hz. zj. cn	徐宏伟	0571 – 87916327	0571 – 87077662	1993 – 9 – 28	杭州
39	600687	浙江华盛达实业集团股份有限公司	313200	浙江省德清县英溪北路2号	hsd@ hsdchina. com	赖新	0572 – 8080820	0572 – 8080867	1993 – 11 – 8	德清
40	600704	浙江中大集团股份有限公司	310003	杭州中大广场A座21楼	zdinc@ mail. hz. zj. cn	祝卸和	0571 – 85777007	0571 – 85778008	1996 – 6 – 6	杭州
41	600763	通策医疗投资股份有限公司	310013	杭州天目山路304号	zy8f600763@ sina. com	吴金涛	0571 – 28808278	0571 – 28808271	1996 – 10 – 30	新疆
42	600776	东方通信股份有限公司	310053	杭州市滨江区东信大道66号东方通信城研发楼	czp@ eastcom. com	蔡祝平	0571 – 86676199	0571 – 86676197	1996 – 11 – 26	杭州
43	600790	浙江中国轻纺城集团股份有限公司	312030	浙江绍兴县柯桥街道鉴湖路1号	yjw1066@ vzp. sina. com	张伟夫	0575 – 84135816	0575 – 84116045	1997 – 2 – 28	绍兴
44	600796	浙江钱江生物化学股份有限公司	314400	浙江省海宁西山路598号7楼	qjbioch@ mail. jxptt. zj. cn	胡明	0573 – 87042800	0573 – 87042800 0753 – 87035640	1997 – 4 – 8	杭州
45	600797	浙江浙大网新科技股份有限公司	310007	杭州市天目山路226号网新大厦13楼	tianran@ public. sxptt. zj. cn	董丹青	0571 – 87950117	0571 – 87950117 0571 – 87988110	1997 – 4 – 18	杭州
46	600814	杭州解百集团股份有限公司	310001	杭州市解放路251号	sejn@ sina. com	诸雪强	87012373	0571 – 87080499	1994 – 1 – 14	杭州
47	600840	浙江新湖创业投资股份有限公司	310004	杭州体育场路田家桥2号507室	zjcy2001@ sina. com	相子强	85065367	0571 – 85101870	1994 – 3 – 11	杭州
48	600865	百大集团股份有限公司	310006	杭市延安路546号	hemy@ mail. hz. zj. cn	李喜刚	0571 – 85064581	0571 – 85064581 0571 – 85109129	1994 – 8 – 9	杭州
49	600987	浙江航民股份有限公司	311241	杭州市萧山区瓜沥镇航民村	hmgf@ hmgf. com	王治平	0571 – 82575698	0571 – 82553288	2004 – 8 – 9	萧山
50	601002	晋亿实业股份有限公司	314100	浙江省嘉善经济开发区晋亿大道8号	bond@ mem – year. net	涂志清	0573 – 84185042	0573 – 84184488	2007 – 1 – 26	杭州
51	900949	浙江东南发电股份有限公司(B股)	310007	杭州天目山路152号浙能大厦10层	xjh@ zsepc. com	夏晶寒	0571 – 85774569	0571 – 85774321	1997 – 9 – 23	杭州

浙江证监局辖区深交所上市公司通讯录

序号	股票代码	企业名称	邮编	联系地址	公司邮箱	董秘	联系电话	传真	上市日期	地区
1	000411	浙江英特集团股份有限公司	310005	杭州市莫干山路110号	baozhihu@ sina. com	包志虎	85067873	85068752	1996 – 7 – 16	杭州
2	000559	万向钱潮股份有限公司	311215	杭州市萧山经济技术开发区万向路1号	wxqc@ wanxiang. com. cn	许小建	82832999	82602132	1994 – 1 – 10	杭州
3	000705	浙江震元股份有限公司	312000	绍兴解放北路289号	000705@ zjzy. com	周黔莉	0575 – 5144161	0575 – 5148805	1997 – 4 – 10	绍兴
4	000909	数源科技股份有限公司	310012	杭州市西湖区教工路1号	stock@ soyea. com. cn	丁毅	88271018	88271038	1999 – 5 – 7	杭州
5	000913	浙江钱江摩托股份有限公司	317500	浙江温岭市经济技术开发区	qmgf@ qjmotor. com	林先进	0576 – 86192111	0576 – 86139081	1999 – 5 – 14	台州
6	000925	浙大海纳科技股份有限公司	310053	杭州曙光路122号世贸中心A座5F	zhedahaina000925@ sina. com	李军	87974003	87974009	1999 – 6 – 11	杭州
7	000963	杭州华东医药股份有限公司	310011	杭州市莫干山路866号	lijuansong@ 163. net	鲍建平	89903300	89903366	2000 – 1 – 27	杭州
8	000967	浙江上风实业股份有限公司	528311	广东省佛山市顺德区北窖镇北窖港工业园港前路27号威奇电工大楼二楼	jttyq@ oa. ifirst. com. cn	陈开元	0575 – 82360805	0575 – – 82366328	2000 – 3 – 30	绍兴
9	200771	杭州汽轮机股份有限公司(B股)	310022	杭州市石桥路357号	he@ htc. net. cn	俞昌权	85780198	85780433	1998 – 4 – 28	杭州
10	002001	浙江新和成股份有限公司	310009	杭州市解放路18号铭扬大厦7楼	webmaster@ cnhu. com	陈晓晖	87178970	87178963	2004 – 6 – 25	绍兴
11	002003	浙江伟星实业发展股份有限公司	317025	台州临海市花园工业区	002003@ weixing. cn	谢谨琨	0576 – 85125002	0576 – 85126598	2004 – 6 – 25	台州
12	002006	浙江精工科技股份有限公司	312030	绍兴县柯桥镇柯西工业区鉴湖路1809号	zjjgkj@ jgtec. com. cn	黄伟明	0575 – 84138692	0575 – 84886600	2004 – 6 – 25	绍兴
13	002010	浙江传化股份有限公司	311215	杭州萧山经济开发区	2129895@ sohu. com	朱江英	82872991	82871858	2004 – 6 – 29	杭州
14	002011	浙江盾安人工环境设备股份有限公司	311835	绍兴诸暨市店口工业区	dazq@ dunan. net	喻波	0575 – 87657030	0575 – 87660105	2004 – 7 – 5	绍兴
15	002012	浙江凯恩特种材料股份有限公司	323300	丽水遂昌县凯恩路108号	kan@ public. lsptt. zj. cn	田智强	0578 – 8128682	0578 – 8123717	2004 – 7 – 5	丽水
16	002019	浙江鑫富药业股份有限公司	311300	杭州临安市锦城街道琴山50号	dsh@ xinfupharm. com	周群林	63807806	63759225	2004 – 7 – 13	杭州
17	002020	浙江京新药业股份有限公司	312500	绍兴市新昌县羽林街道大道东路800号	jingxin@ mail. sxptt. zj. cn	徐晓明	0575 – 86176531	0575 – 6096898	2004 – 7 – 15	绍兴
18	002021	中捷缝纫机股份有限公司	317604	台州市玉环县珠港镇陈屿北山村	cyf@ zoje. com	崔岩峰	0576 – 87338207	0576 – 7338900	2004 – 7 – 15	台州
19	002032	浙江苏泊尔炊具股份有限公司	310052	杭州市高新技术产业区江晖路1772号苏泊尔大厦19楼	yjd@ supor. com	叶继德	0571 – 86858778	0571 – 86858778	2004 – 8 – 17	台州
20	002034	浙江美欣达印染集团股份有限公司	313000	湖州市美欣达路588号	zhuwei@ mizuda. net	刘昭和	0572 – 2619936	0572 – 2619937	2004 – 8 – 26	湖州
21	002043	德华兔宝宝装饰新材股份有限公司	313218	湖州德清县洛舍工业区	dehua_ss@ mail. hupttzj. cn	徐俊	0572 – 8405322	0572 – 8405326	2005 – 5 – 10	湖州
22	002050	浙江三花股份有限公司	310007	杭大路1号黄龙世纪广场C座13层	zjsanhua@ mail. sxptt. zj. cn	刘斐	0571 – 28876605	0571 – 28876605	2005 – 6 – 7	绍兴
23	002056	横店东磁股份有限公司	322118	东阳市横店工业区东磁大厦9楼	wxp@ dmegc. com. cn	吴雪萍	0579 – 86551999	0579 – 86555328	2006 – 8 – 1	金华
24	002061	浙江江山化工股份有限公司	324100	衢州市江山市景星东路38号	zjjshgstock@ sina. com	冯源	0570 – 4057919	0570 – 4057346	2006 – 8 – 16	衢州
25	002064	浙江华峰氨纶股份有限公司	325206	瑞安市莘塍工业园	huafeng@ spandex. com. cn	王杰	0577 – 65178053	0577 – 65537858	2006 – 8 – 23	温州
26	002067	浙江景兴纸业股份有限公司	314214	平湖市曹桥街道	jingxing@ jxpaper. com. cn	姚洁清	0573 – 85969328	0573 – 85969320	2006 – 9 – 15	嘉兴
27	002082	浙江栋梁新材股份有限公司	310008	湖州市织里镇栋梁路	info@ dongliang. com. cn	谷穗	0572 – 2699710	0572 – 2699765	2006 – 11 – 20	湖州
28	002085	浙江万丰奥威汽轮股份有限公司	312500	新昌县城关镇新昌工业区	wuyk@ wfjt. com	吴延伸	0575 – 86298339	0575 – 86298339	2006 – 11 – 28	绍兴
29	002095	浙江网盛生意宝股份有限公司	310012	杭州市武林巷一号易盛大厦12楼	zqb@ netsun. com	范悦龙	88228198	88228198	2006 – 12 – 15	杭州
30	002099	浙江海翔药业股份有限公司	318000	台州市椒江区市府大道507号台州商务国际广场A座8楼	stock@ hisoar. sina. net	罗颜斌（代）	0576 – 88828065	0576 – 88828096	2006 – 12 – 26	台州
31	002112	三变科技股份有限公司	317100	三门县海游镇平安路167号	master@ sanbian. cn	李雪会	0576 – 83381312	0576 – 83381312	2007 – 2 – 8	台州
32	002115	浙江三维通信股份有限公司	310053	杭州市滨江区火炬大道581号	zqb@ sunwave. com. cn	王萍	88923377	88923377	2007 – 2 – 15	杭州
33	002122	浙江天马轴承股份有限公司	310015	杭州市石祥路208号	tmzc@ zjtmb. com	马全法	88027658	88029872	2007 – 3 – 28	杭州
34	002126	浙江银轮机械股份有限公司	317200	天台县福溪街道	taoyuezheng@ yinlun. cn	陶岳铮	0576 – 83938228	0576 – 83938251	2007 – 4 – 18	台州
35	002131	浙江利欧股份有限公司	317503	温岭市滨海镇利欧路一号	steven@ chinapumps. com	张旭波	0576 – 89986666	0576 – 86516511	2007 – 4 – 27	台州
36	002133	广宇集团股份有限公司	310006	杭州市平海路8号	gyjtdb@ 163. com	华欣	87925786	87925813	2007 – 4 – 27	杭州
37	002135	浙江东南网架股份有限公司	311209	萧山区衙前镇新林周村	stock@ dongnawangjia. com	于伟君	82783358	82783358	2007 – 5 – 30	杭州
38	002144	浙江宏达经编股份有限公司	314409	海宁市许村镇建设路118号	zhd033@ hotmail. com	曾勇	0573 – 87551997	57387566616	2007 – 8 – 3	嘉兴
39	002154	浙江报喜鸟服饰股份有限公司	325105	浙江永嘉报喜鸟工业园	fangxiaobo@ 126. com	方小波	0577 – 67379161	0577 – 67317889	2007 – 8 – 16	温州
40	002173	浙江山下湖珍珠集团股份有限公司	311804	诸暨市山下湖镇珍珠工业园区	shxhzq@ shanxiahupearl. cn	马三光	0575 – 87160891	0575 – 87160891	2007 – 9 – 25	绍兴
41	002188	浙江新嘉联电子股份有限公司	314100	嘉善县经济开发区东升路36号	njlstock@ newjialian. com	应尧卿	0573 – 84252627	0573 – 84252627	2007 – 11 – 22	嘉兴
42	002196	浙江方正电机股份有限公司	323000	丽水市天宁寺工业开发区24号	lsfdm@ mail. lsptt. zj. cn	胡宏	0578 – 2171041	0578 – 2276502	2007 – 12 – 12	丽水
43	002199	浙江东晶电子股份有限公司	321017	金华市宾虹路二段555号	ecec@ ecec. com. cn	吴宗泽	0579 – 82272001	0579 – 82273318	2007 – 12 – 21	金华

序号	股票代码	企业名称	邮编	联系地址	公司邮箱	董秘	联系电话	传真	上市日期	地区
44	002203	浙江海亮股份有限公司	311814	诸暨市店口镇湄池解放路 386 号	gfoffice@ hailiang. com	汪鸣	0575 – 87069033	0575 – 87069031	2008 – 1 – 16	绍兴
45	002206	浙江海利得新材料股份有限公司	314419	海宁市经编产业园区	hws@ halide. com. cn	黄卫书	0573 – 87989889	0573 – 87989196	2008 – 1 – 23	嘉兴
46	002214	浙江大立科技股份有限公司	310053	杭州市滨江区滨康路 639 号	dali5625@ dali – tech. com	刘晓松	0571 – 86695670	0571 – 86695626	2008 – 2 – 18	杭州
47	002224	浙江三力士橡胶股份有限公司	312031	绍兴县柯岩街道联谊村	sanlux@ mail. sxptt. zj. cn	吴琼瑛	0575 – 84365688	0575 – 84313282	2008 – 4 – 25	绍兴
48	002236	浙江大华技术股份有限公司	310053	杭州市滨江区滨安路 1187 号	zqsw@ dahuatech. com	吴坚	0571 – 28939522	0571 – 28933211	2008 – 5 – 20	杭州
49	002244	浙江滨江房产集团股份有限公司	310016	杭州市庆春东路 38 号	liyuan@ binjiang. com. cn	李渊	0571 – 86987771	0571 – 86987779	2008 – 5 – 29	杭州
50	002247	浙江帝龙新材料股份有限公司	311300	浙江临安锦城马溪路 369 号	dsh@ dilong. cc	周勇梅	0571 – 63818733	0571 – 63818603	2008 – 6 – 12	杭州
51	002250	联化科技股份有限公司	318020	台州市黄岩区劳动北路总商会大厦 17 楼	ltss@ hlchem. com	鲍臻涌	0576 – 84275238	0576 – 84275238	2008 – 6 – 19	台州
52	002263	浙江大东南包装股份有限公司	311800	诸暨市城西工业区	ddnhs65@ 163. com	吴秋婷	0575 – 87386058	0575 – 87211054	2008 – 7 – 28	绍兴
53	002266	浙江富春江水电设备股份有限公司	311504	桐庐富春江镇红旗畈工业功能区	fcjzxsd@ 163. net	房振武	0571 – 69969688	0571 – 69969158	2008 – 8 – 6	杭州
54	002273	浙江水晶光电科技股份有限公司	318015	台州市星星电子产业区 A5 号楼	fcg@ cqcot. com	范崇国	0576 – 8038228	0576 – 8038286	2008 – 9 – 19	台州

浙江证监局辖区证券公司通讯录

本地证券公司联系表

序号	机构名称	办公地址	邮编	联系电话	传真	网址
1	中信金通证券有限责任公司(原金通证券股份有限公司)	杭州市中河南路 11 号万凯庭院商务楼 A 座	310008	0571 – 85783714	0571 – 85106383	www. bigsun. com. cn
2	浙商证券有限责任公司(原金信证券有限责任公司)	杭州市杭大路 1 号黄龙世纪广场 A 区 7 楼	310007	0571 – 87901936	0571 – 87901955	www. stocke. com
3	财通证券经纪有限责任公司	杭州市解放路 111 号金钱大厦	310009	0571 – 87828097	0571 – 87828033	www. goodyou. com. cn

异地证券经营机构管理总部联系表

序号	机构名称	办公地址	邮编	联系电话	传真	网址
1	方正证券有限责任公司	杭州市平海路 1 号	310006	0571 – 87782010	0571 – 87782125	www. foundersc. com
2	申银万国浙江管理总部	杭州市中山北路 290 号浙江民航大厦 15 楼	310003	0571 – 85063965	0571 – 85063952	www. 55188. net
3	海通证券杭州业务总部	杭州市解放路 138 号	310009	0571 – 87211009	0571 – 87211015	www. htsec. com
4	中国银河证券股份有限公司杭州管理总部	杭州市解放路 36 号	310009	0571 – 87043507	0571 – 87043507	www. chinastock. com. cn
5	国泰君安浙江管理总部	浙江省杭州市庆春路 26 号发展大厦 7 楼	310003	0571 – 87245993	0571 – 87245811	
6	广发证券浙江管理总部	浙江杭州市天目山路 159 号现代国际大厦 B 座 9 楼	310007	0571 – 87153610	0571 – 87153619	
7	上海证券有限责任公司温州管理总部	浙江省温州人民东路谢池商城 C 座 2 楼	325000	0577 – 88835708	0577 – 88826588	

浙江证监局辖区咨询机构通讯录

序号	机构名称	办公地址	邮编	联系电话	传真
1	杭州三元证券投资顾问有限公司	杭州市滨江区江南大道 3880 号华荣时代大厦 2107、2108 室		0571 – 56195800	0571 – 56195886
2	杭州新希望证券投资顾问有限公司	杭州市庆春路 195 号浙江东方集团大厦 405 室	310004	0571 – 87246632	0571 – 87042373
3	浙江国金投资咨询有限公司	杭州市体育场路 429 号天和大厦 13 楼	310006	0571 – 85170286	0571 – 85170286

2008 年 1 月浙江证监局辖区证券市场月报统计

2008 年 1 月,辖区新增境内上市公司(首发)2 家:浙江海亮股份有限公司(002203)、浙江海利得新材料股份有限公司(002206),占同期全国新增总数的 25%,全部为中小企业板上市公司。辖区境内上市公司新增融资总额 39.14 亿元,其中首发融资额 10.84 亿元,再融资额 28.3 亿元。辖区新增辅导期企业 5 家,无新增报会待审核企业,新增过会待发行企业 2 家。

截至月底,辖区境内上市公司总数 96 家,占全国总数的 6.26%。其中,中小企业板上市公司 36 家,占全国总数的 17.14%。全省境内上市公司总数 122 家,占全国总数的 7.94%,居全国第 3 位;中小企业板上市公司总数 45 家,占全国总数的 21.43%,保持全国领先地位。辖区境内上市公司累计融资总额 524 亿元,全省境内上市公司累计融资总额 683.8 亿元。以 1 月 31 日的数据计算,辖区境内上市公司总股本 291.94 亿股,总市值 4775.02 亿元,平均市盈率 67.77;全省境内上市公司总股本 402.98 亿股,总市值 6537.23 亿元,平均市盈率 66.48 倍。辖区现有辅导期企业 67 家,已报会待审核企业 12 家,已过会待发行企业 2 家。全省现有辅导期企业 81 家,已报会待审核企业 13 家,已过会待发行企业 2 家。

截至月底,辖区共有证券公司 4 家,证券营业部 165 家,证券服务部 80 家,证券投资咨询机构 4 家;共有期货公司 12 家,期货营业部 36 家。全省共有证券公司 4 家,证券营业部 201 家,证券服务部 87 家,证券投资咨询机构 5 家;共有期货公司 13 家,期货服务部 42 家。

本月,辖区无新增证券经营机构。辖区证券营业部代理股票基金交易额 7403.17 亿元,全省证券营业部代理股票基金交易额 8875.63 亿元,分别占全国总数的 7.64% 和 9.16%。截至月底,辖区证券营业部流通股托管市值 3948.87 亿元,比上月减少 552.75 亿元;客户保证金余额 543.56 亿元,比上月减少 59.81 亿元。

本月,辖区无新增期货经营机构。辖区期货公司代理交易额 1.07 万亿元,全省期货公司代理交易额 1.1 万亿元,分别占全国总数的 17.14% 和 18.24%。辖区期货营业部(不含公司总部,下同)代理交易额 3566 亿元,比上月增加 513 亿元。辖区期货公司客户保证金余额 64.92 亿元,比上月增加 0.7 亿元;期货营业部客户保证金余额 16.08 亿元,比上月增加 0.79 亿元。

2008 年 2 月浙江证监局辖区证券市场月报统计

2 月份,辖区新增 1 家境内上市公司:浙江大立科技股份有限公司(002214)。截至月底,辖区境内上市公司总数 97 家,其中,中小企业板上市公司 37 家。辖区辅导期企业 70 家,已报会待审核企业 15 家,已过会待发行企业 2 家。本月,辖区境内上市公司新增融资额 1.7 亿元。截至月底,辖区境内上市公司累计融资总额 528.91 亿元,其中,首发 281.29 亿元,增发159.58亿元,配股84.84亿元。境内上市公司总股本293.01亿股,其中,流通股本151.95亿股;总市值5242.61亿元,其中,流通市值2606.36亿元。

截至月底,辖区有证券公司4家,证券营业部165家,证券服务部80家,证券投资咨询机构4家。本月,辖区证券营业部代理交易额4200.66亿元,其中,股票代理交易额3225.43亿元,基金代理交易额46.9亿元。实现手续费收入5.14亿元,利润3.62亿元,分别比上月减少6.93亿元和4.99亿元。辖区证券公司代理交易额1611.79亿元,实现利润1.73亿元。截至月底,辖区证券营业部托管市值4486.58亿元,比上月增加537.71亿元;客户交易结算资金余额830.09亿元,比上月增加286.53亿元。

截至月底,辖区有期货公司12家,期货营业部43家。本月,辖区期货经营机构代理交易额26532.45亿元,实现手续费收入1.13亿元,利润0.15亿元,分别比上月增加0.52亿元和0.07亿元。辖区期货公司代理交易额19427.86亿元,实现利润0.19亿元。截至月底,辖区期货经营机构客户保证金余额69.21亿元,期货公司客户保证金余额82.14亿元,比上月增加17.22亿元。

2008年3月浙江证监局辖区证券市场月报统计

本月,辖区无新增境内及境外上市公司。截至月底,辖区境内上市公司总数97家,其中,中小企业板上市公司37家。辖区现有辅导期企业61家,已报会待审核企业19家,已过会待发行企业4家。本月,辖区境内上市公司新增融资额2.51亿元。截至月底,辖区境内上市公司累计融资总额531.42亿元,其中,首发281.29亿元,增发162.09亿元,配股84.84亿元。境内上市公司总股本308.91亿股,其中,流通股本154.34亿股;总市值4275.98亿元,其中,流通市值2138.48亿元。

本月,辖区无新增证券经营机构。截至月底,辖区证券公司3家,证券营业部165家,证券服务部80家,证券投资咨询机构4家。本月,辖区证券营业部代理交易额5798.97亿元,其中,股票代理交易额4569.04亿元,基金代理交易额78.76亿元。实现手续费收入7.96亿元,利润5.47亿元,分别比上月增加2.82亿元和1.85亿元。辖区证券公司代理交易额2865.45亿元,实现利润1.28亿元。截至月底,辖区证券营业部托管市值3277.37亿元,比上月减少1209.21亿元;客户交易结算资金余额570.17亿元,比上月减少259.92亿元。

本月,辖区新增期货营业部1家。截至月底,辖区有期货公司12家,期货营业部44家。本月,辖区期货经营机构代理交易额28055.1亿元,实现手续费收入1.13亿元,与上月基本持平;实现利润0.45亿元,比上月增加0.3亿元。辖区期货公司代理交易额31901.22,实现手续费收入2.22亿元,利润0.55亿元,分别比上月增加0.83亿元和0.36亿元。截至月底,辖区期货经营机构客户保证金余额53.29亿元,期货公司客户保证金余额67.84亿元,分别比上月减少15.92亿元和14.3亿元。

2008年4月浙江证监局辖区证券市场月报统计

本月,辖区新增境内上市公司1家:浙江三力士橡胶股份有限公司(002224)。截至月底,辖区境内上市公司总数98家,其中,中小企业板上市公司38家。辖区现有辅导期企业64家,已报会待审核企业27家,已过会待发行企业6家。本月,辖区境内上市公司新增融资额1.78亿元。截至月底,辖区境内上市公司累计融资总额533.2亿元,其中,首发283.07亿元,增发162.09亿元,配股84.84亿元。境内上市公司总股本314.09亿股,其中,流通股本159.64亿股;总市值4094.9亿元,其中,流通市值2100.14亿元。

截至月底,辖区有证券公司3家,证券营业部165家,证券服务部80家,证券投资咨询机构4家。本月,辖区证券营业部代理交易额6170.78亿元。其中,股票代理交易额4515.26亿元,基金代理交易额112.55亿元。实现手续费收入13.05亿元,比上月增加5.09亿元;利润5.26亿元,比上月减少0.21亿元。辖区证券公司代理交易额3020.76亿元,实现利润2.96亿元,比上月增加1.68亿元。截至月底,辖区证券营业部托管市值3908.13亿元,比上月增加630.8亿元;客户交易结算资金余额651.17亿元,比上月增加81亿元。

截至月底辖区有期货公司12家,期货营业部44家,期货投资者4.83万户。本月,辖区期货经营机构代理交易额8698.55亿元,比上月减少2200.77亿元;实现手续费收入0.61亿元,比上月增加0.09亿元;实现利润0.14亿元,比上月减少0.13亿元。辖区期货公司代理交易额9795.33亿元,与上月基本持平;实现手续费收入0.76亿元,利润0.16亿元,分别比上月减少0.07亿元和0.19亿元。截至月底,辖区期货经营机构客户保证金余额63.66亿元,期货公司客户保证金余额74.45亿元,分别比上月增加10.37亿元和6.61亿元。

2008年5月浙江证监局辖区证券市场月报统计

本月,辖区新增境内上市公司2家:浙江大华技术股份有限公司(002236)和杭州滨江房产集团股份有限公司(002244),新增首发融资16.26亿元。截至5月底,辖区境内上市公司总数100家,占全国上市公司总数的6.35%。其中,中小企业板上市公司40家。辖区现有辅导期企业71家,已报会待审核企业27家,已过会待发行企业3家。1-5月,辖区境内上市公司累计新增融资额61.39亿元,其中,首发新增融资额30.58亿元,增发新增融资额30.81亿元。截至月底,辖区境内上市公司累计融资总额549.46亿元,其中,首发299.33亿元,增发162.09亿元,配股84.84亿元。境内上市公司总股本336.65亿股,其中,流通股本170.61亿股;总市值4094.85亿元,其中,流通市值2028.91亿元。

5月,辖区新增2家证券经营机构。截至月底,辖区有证券公司3家,证券营业部167家,证券服务部80家,证券投资咨询机构4家。辖区证券经营机构代理交易额6345.68亿元。其中,股票代理交易额5234.17亿元,基金代理交易额28.12亿元。实现手续费收入8.69亿元,比上月减少4.36亿元;利润5.8亿元,比上月增加0.54亿元。辖区证券公司代理交易额2419.49亿元,实现利润1.83亿元,比上月减少1.13亿元。截至月底,辖区证券营业部托管市值3265.53亿元,比上月减少642.6亿元;客户交易结算资金余额748.7亿元,比上月增加97.53亿元。

5月,辖区新增期货营业部3家。截至月底,辖区有期货公司 12 家，期货营业部 47 家，期货投资者 4.41 万户。辖区期货经营机构代理交易额 7137.75 亿元，比上月减少 1560.8 亿元；实现手续费收入 0.5 亿元，比上月减少 0.11 亿元；实现利润 0.07 亿元，比上月减少 50%。辖区期货公司代理交易额 8317.79 亿元，比上月减少 1477.54 亿元；实现手续费收入 0.59 亿元，利润 0.09 亿元，分别比上月减少 0.17 亿元和 0.07 亿元。截至月底，辖区期货经营机构客户保证金余额 53.58 亿元，期货公司客户保证金余额 69.45 亿元，分别比上月减少 10.08 亿元和 5.00 亿元。

2008 年 6 月浙江证监局辖区证券市场月报统计

6 月，辖区新增境内上市公司 2 家：帝龙新材（002247）和联化科技（002250）；新增首发融资 6.09 亿元。截至月底，辖区有境内上市公司 102 家，其中中小企业板上市公司 42 家；境内上市公司累计融资 555.55 亿元。辖区尚有境内拟上市企业 100 家，其中辅导期企业 71 家，已报会待审核企业 26 家，已过会待发行企业 3 家。

6 月，辖区无新增证券经营机构。截至月底，辖区有证券公司 3 家，证券营业部 167 家，证券服务部 80 家，证券投资咨询机构 4 家。辖区证券经营机构代理交易额 4234.00 亿元，托管市值 2590.02 亿元，客户交易结算资金余额 633.31 亿元。

6 月，辖区新增期货营业部 2 家。截至月底，辖区有期货公司 12 家，期货营业部 49 家。辖区期货经营机构代理交易额 8371.29 亿元，客户保证金余额 69.46 亿元。

2008 年 7 月浙江证监局辖区证券市场月报统计

7 月，辖区新增境内上市公司 1 家：大东南（002263）。新增融资 17.38 亿元，其中首发融资 3.38 亿元，公司债 14 亿元。截至月底，辖区有境内上市公司 103 家，其中中小企业板上市公司 43 家。辖区境内上市公司累计融资 572.93 亿元。辖区尚有境内拟上市企业 106 家，其中辅导期企业 74 家，已报会待审核企业 27 家，已过会待发行企业 5 家。

7 月，辖区新增证券营业部 1 家。截至月底，辖区有证券公司 3 家，证券营业部 168 家，证券服务部 80 家，证券投资咨询机构 4 家。辖区证券经营机构代理交易额 4288.45 亿元，托管市值 2811.75 亿元，客户交易结算资金余额 454.92 亿元。

7 月，辖区新增期货营业部 5 家。截至月底，辖区有期货公司 12 家，期货营业部 54 家。7 月，辖区期货经营机构代理交易额 9158.58 亿元，客户保证金余额 67.14 亿元。

2008 年 8 月浙江证监局辖区证券市场月报统计

8 月，辖区新增境内上市公司 1 家：浙富股份（002266）；新增融资 39.19 亿元，其中首发融资 5.12 亿元，增发融资 34.07 亿元。截至月底，辖区有境内上市公司 104 家，其中中小企业板上市公司 44 家；境内上市公司累计融资 612.12 亿元。辖区尚有境内拟上市企业 109 家，其中辅导期企业 78 家，已报会待审核企业 27 家，已过会待发行企业 4 家。

8 月，辖区无新增证券营业部。截至月底，辖区有证券公司 3 家，证券营业部 168 家，证券服务部 80 家，证券投资咨询机构 4 家。辖区证券经营机构代理交易额 2748.09 亿元，托管市值 2409.16 亿元，客户交易结算资金余额 519.83 亿元。

8 月，辖区新增期货营业部 2 家。截至月底，辖区有期货公司 12 家，期货营业部 56 家。辖区期货经营机构代理交易额 9131.10 亿元，客户保证金余额 65.13 亿元。

2008 年 9 月浙江证监局辖区证券市场月报统计

9 月，辖区新增境内上市公司 1 家：水晶光电（002273）；新增首发融资 2.55 亿元。截至月底，辖区有境内上市公司 105 家，其中中小企业板上市公司 45 家；境内上市公司累计融资 614.67 亿元。辖区尚有境内拟上市企业 108 家，其中辅导期企业 73 家，已报会待审核企业 32 家，已过会待发行企业 3 家。

9 月，辖区新增 1 家证券营业部。截至月底，辖区有证券公司 3 家，证券营业部 169 家，证券服务部 80 家，证券投资咨询机构 4 家。辖区证券经营机构代理交易额 2933.25 亿元，托管市值 2294.25 亿元，客户交易结算资金余额 435.89 亿元。

9 月，辖区新增期货营业部 4 家。截至月底，辖区有期货公司 12 家，期货营业部 60 家。辖区期货经营机构代理交易额 9180.08 亿元，客户保证金余额 51.43 亿元。

2008 年 10 月浙江证监局辖区证券市场月报统计

10 月，辖区无新增境内上市公司。截至月底，辖区有境内上市公司 105 家，其中中小板上市公司 45 家，境内上市公司累计融资 614.67 亿元。辖区尚有境内拟上市企业 114 家，其中辅导期企业 79 家，已报会待审核企业 32 家，已过会待发行企业 3 家。

10 月，辖区无新增证券营业部。截至月底，辖区有证券公司 3 家，证券营业部 169 家，证券服务部 80 家，证券投资咨询机构 4 家。辖区证券经营机构代理交易额 2967.87 亿元，托管市值 2024.5 亿元，客户交易结算资金余额 406.98 亿元。

10 月，辖区新增期货营业部 2 家。截至月底，辖区有期货公司 12 家，期货营业部 62 家。辖区期货经营机构代理交易额 8996.76 亿元，客户保证金余额 56.52 亿元。

2008 年 11 月浙江证监局辖区证券市场月报统计

11 月，辖区无新增境内上市公司；截至月底，辖区有境内上市公司 105 家，其中中小板上市公司 45 家，境内上市公司累计融资 614.67 亿元。辖区尚有境内拟上市企业 117 家，其中辅导期企业 82 家，已报会待审核企业 32 家，已过会待发行企业 3 家。

11 月，辖区新增证券营业部 3 家。截至月底，辖区有证券公司 3 家，证券营业部 172 家，证券服务部 78 家，证券投资咨询机构 4 家。辖区证券经营机构代理交易额 4678.16 亿元，托管市值 2027.46 亿元，客户交易结算资金余额 409.61 亿元。

11 月，辖区新增期货营业部 3 家。截至月底，辖区有期货公司 12 家，期货营业部 65 家。辖区期货经营机构代理交易额 8680.14 亿元，客户保证金余额 55.15 亿元。

2008 年 12 月浙江证监局辖区证券市场月报统计

12 月，辖区无新增境内上市公司；截至月底，辖区有境内上市公司105家,其中中小板上市公司45家,境内上市公司累计融资625.59亿元。辖区尚有境内拟上市企业115家,其中辅导期企业78家,已报会待审核企业34家,已过会待发行企业3家。

12月,辖区新增证券营业部4家。截至月底,辖区有证券公司3家,证券营业部176家,证券服务部77家,证券投资咨询机构4家。辖区证券经营机构代理交易额4809.76亿元,托管市值1750.14亿元,客户交易结算资金余额390.46亿元。

12月,辖区无新增期货营业部。截至月底,辖区有期货公司12家,期货营业部65家。辖区期货经营机构代理交易额9645.29亿元,客户保证金余额57.24亿元。

2009年1月浙江证监局辖区证券市场月报统计

1月,辖区无新增境内上市公司,新增增发融资23.07亿元。截至月底,辖区有境内上市公司105家,其中中小板上市公司45家;境内上市公司累计融资648.66亿元。辖区尚有境内拟上市企业115家,其中辅导期企业78家,已报会待审核企业34家,已过会待发行企业3家。

1月,辖区无新增证券营业部,证券投资咨询机构减少1家。截至月底,辖区有证券公司3家,证券营业部176家,证券服务部77家,证券投资咨询机构3家。辖区证券经营机构代理交易额2771.21亿元,托管市值1972.19亿元,客户交易结算资金余额357.32亿元。

1月,辖区新增期货营业部1家。截至月底,辖区有期货公司12家,期货营业部66家。期货经营机构代理交易额6269.60亿元,客户保证金余额52.25亿元。

2009年2月浙江证监局辖区证券市场月报统计

2月,辖区新增境内上市公司1家:莱茵置业(000558),为异地迁址。截至月底,辖区有境内上市公司106家,其中中小板上市公司45家。辖区境内上市公司累计融资660.41亿元。辖区尚有境内拟上市企业116家,其中辅导期企业78家,已报会待审核企业35家,已过会待发行企业3家。

2月,辖区新增证券营业部2家,证券服务部减少3家,另有1家营业部迁出辖区。截至月底,辖区有证券公司3家,证券营业部178家,证券服务部74家,证券投资咨询机构3家。辖区证券经营机构代理交易额7613.64亿元,托管市值2096.6亿元,客户交易结算资金余额558.25亿元。

2月,辖区无新增期货营业部。截至月底,辖区有期货公司12家,期货营业部66家。辖区期货经营机构代理交易额9888.33亿元,客户保证金余额63.76亿元。

2009年3月浙江证监局辖区证券市场月报统计

3月,辖区减少境内上市公司1家:开创国际(600097),异地迁址。截至月底,辖区有境内上市公司105家,其中中小板上市公司45家。辖区境内上市公司累计融资660.41亿元。辖区尚有境内拟上市企业117家,其中辅导期企业76家,已报会待审核企业38家,已过会待发行企业3家。

3月,辖区新增证券营业部1家。截至月底,辖区有证券公司3家,证券营业部179家,证券服务部73家,证券投资咨询机构3家。辖区证券经营机构代理交易额7683.56亿元,托管市值2678.75亿元,客户交易结算资金余额517.39亿元。

3月,辖区无新增期货营业部。截至月底,辖区有期货公司12家,期货营业部66家。3月,辖区期货经营机构代理交易额11623.14亿元,客户保证金余额72.97亿元。

2009年4月浙江证监局辖区证券市场月报统计

4月,辖区无新增境内外上市公司,新增融资额5.46亿元。截至月底,辖区有境内上市公司105家;其中,中小板上市公司45家。辖区境内上市公司累计融资665.87亿元。辖区尚有境内拟上市企业119家,其中辅导期企业78家,已报会待审核企业38家,已过会待发行企业3家。

4月,辖区新增证券营业部2家。截至月底,辖区有证券公司3家,证券营业部181家,证券服务部71家,证券投资咨询机构3家。4月,辖区证券经营机构代理交易额8551.79亿元,托管市值2780.71亿元,客户交易结算资金余额601.57亿元。

4月,辖区无新增期货营业部。截至月底,辖区有期货公司12家,期货营业部66家。辖区期货经营机构代理交易额16314.29亿元,客户保证金余额88.81亿元。

2009年5月浙江证监局辖区证券市场月报统计

5月,辖区无新增境内外上市公司,无新增融资额。截至月底,辖区有境内上市公司105家;其中,中小板上市公司45家。辖区境内上市公司累计融资665.87亿元。辖区尚有境内拟上市企业122家,其中辅导期企业79家,已报会待审核企业40家,已过会待发行企业3家。

5月,辖区新增证券营业部2家。截至月底,辖区有证券公司3家,证券营业部183家,证券服务部69家,证券投资咨询机构3家。5月,辖区证券经营机构代理交易额6552.63亿元,托管市值3009.28亿元,客户交易结算资金余额573.88亿元。

5月,辖区新增2家期货营业部。截至月底,辖区有期货公司12家,期货营业部68家。辖区期货经营机构代理交易额11702.22亿元,客户保证金余额88.04亿元。

2009年6月浙江证监局辖区证券市场月报统计

6月,辖区无新增境内外上市公司,有1家境内上市公司进行了增发:美都控股,融资额9.08亿元。截至月底,辖区有境内上市公司105家;其中,中小板上市公司45家。辖区境内上市公司累计融资674.95亿元。辖区尚有境内拟上市企业124家,其中辅导期企业82家,已报会待审核企业39家,已过会待发行企业3家。

6月,辖区新增证券营业部6家。截至月底,辖区有证券公司3家,证券营业部189家,证券服务部64家,证券投资咨询机构3家。6月,辖区证券经营机构代理交易额8470.49亿元,托管市值3436.78亿元,客户交易结算资金余额495.8亿元。

6月,辖区未新设期货营业部。截至月底,辖区有期货公司12家,期货营业部68家。辖区期货经营机构代理交易额19838.69亿元,客户保证金余额93.23亿元。

2008 年 12 月
宁波证监局辖区上市公司统计信息

截止 2008 年 12 月底，宁波辖区内共有 27 家上市公司，27 只股票分别在上海证券交易所、深圳证券交易所、香港联交所上市：上海 16 家，深圳 10 家，香港 1 家。26 家 A 股上市公司总股本 119.41 亿股，总市值 654.45 亿元。宁波市通过境内外证券市场共融资 197.49 亿元（不含红筹股）。

2008 年 12 月
宁波证监局辖区证券经营机构统计信息

截止 2008 年 12 月底，宁波辖区共有 41 家证券营业部，5 家证券服务部。2008 年 1－12 月证券成交总额 10938.18 亿元，其中股票和基金成交额为 8986.36 亿元、权证成交额为 1891.64 亿元。投资者股票帐户数为 66 万户（其中 B 股为 3.48 万户），客户交易结算资金余额 109.15 亿元，指定与托管证券市值为 391 亿元。

2008 年 12 月
宁波证监局辖区证券咨询机构统计信息

截止 2008 年 12 月底，宁波辖区共有 1 家证券投资咨询公司。

2008 年 12 月
宁波证监局辖区期货经营机构统计信息

截止 2008 年 12 月底，宁波辖区共有 1 家期货经纪公司，13 家期货公司营业部，2008 年 1－12 月期货代理交易量为 2074.20 万手，代理交易额 12352.01 亿元，投资者开户数为 7128 户，保证金余额为 94036 万元。

宁波证监局辖区上市公司一览表（2009 年 1 月）

序号	公司全称	股票简称	股票代码	办公地址	邮编	联系电话	上市时间	公司网站
1	成功信息产业（集团）股份有限公司	甬成功	000517	江东区高新科技园区盘孟港路 1 号 宁波市灵桥路 513 号天封大厦 15 楼（荣安）	315040	0574－87915223	1993－8－6	www. successit. com. cn
2	银泰控股股份有限公司	银泰股份	600683	东渡路 55 号华联大厦 7 楼	315000	0574－87092004	1993－10－25	www. nbhl. com. cn
3	香溢融通控股集团股份有限公司	香溢融通	600830	开明街 130 弄 48 号	315000	87315310	1994－2－24	www. dhyhp. com
4	哈工大首创科技股份有限公司	工大首创	600857	中山东路 81 号明都大厦 8 层	315000	87367060	1994－4－25	www. hitsc. com
5	宁波杉杉股份有限公司	杉杉股份	600884	望春工业园区杉杉路 228 号杉杉时尚产业园 A 座三楼	315040	0574－88323048	1996－1－30	www. firs. com. cn
6	宁波富达股份有限公司	宁波富达	600724	余姚阳明西路 355 号	315400	0574－62814275	1996－7－16	www. fuda. com
7	宁波富邦精业股份有限公司	宁波富邦	600768	鄞州区天童北路 702 号工业城办公楼三楼	315192	87410501	1996－11－11	www. 600768. com. cn
8	宁波联合集团股份有限公司	宁波联合	600051	小港联合大楼	315803	0574－86221609	1997－4－10	www. nug. com. cn
9	宁波海运股份有限公司	宁波海运	600798	宁波市北岸财富中心 1 幢	315020	87352405	1997－4－23	nb. customs. gov. cn
10	宁波维科精华集团股份有限公司	维科精华	600152	体育场路 2 号	315000	87341480	1998－5－25	www. veken. com
11	雅戈尔集团股份有限公司	雅戈尔	600177	鄞县大道西段 2 号	315153	87425136	1998－11－19	www. youngor. com
12	宁波波导股份有限公司	波导股份	600130	奉化市金钟路 588 号	315500	88918939	2000－7－6	www. chinabird. com
13	宁波韵升股份有限公司	宁波韵升	600366	宁波国家高新区扬帆路 1 号	315040	87776939	2000－10－30	www. yunsheng. com
14	海通食品集团股份有限公司	海通集团	600537	慈溪海通路 528 号	315300	63039899	2003－1－23	www. kaiz. com
15	宁波东睦新材料股份有限公司	东睦股份	600114	宁波江东南段 147 号	315041	87841061	2004－5－11	www. pm－china. com
16	龙元建设集团股份有限公司	龙元建设	600491	上海市逸仙路 768 号	200434	021－65615689	2004－5－24	www. lychina. net
17	宁波热电股份有限公司	宁波热电	600982	开发区大港工业城	315800	86897102	2004－7－6	www. nbtp. com. cn
18	宁波宜科科技实业股份有限公司	宜科科技	002036	鄞州区石碶街道雅源南路 501 号	315153	88264938	2004－9－3	www. yakgroup. com
19	宁波华翔电子股份有限公司	宁波华翔	002048	上海市浦东新区花木白杨路 1160 号	201204	021－68948127	2005－6－3	www. nbhx. com. cn/chinese
20	宏润建设集团股份有限公司	宏润建设	002062	上海龙漕路 200 弄 28 号宏润大厦	200235	021－54976006	2006－8－16	www. chinahongrun. com
21	浙江广博集团股份有限公司	广博股份	002103	鄞州区石碶雅戈尔大道	315153	28827003	2007－1－10	www. guangbo. net
22	宁波康强电子股份有限公司	康强电子	002119	鄞州区潘火工业区康强路 25 号	315105	88233889	2007－3－2	www. kangqiang. com
23	宁波新海电气股份有限公司	新海股份	002120	慈溪北山环东路 239 号	315300	63029608	2007－3－6	www. xinhaigroup. com
24	宁波天邦股份有限公司	天邦股份	002124	上海市松江区松卫北路 665 号起福天地 9 楼	315400	021－37745053	2007－4－3	www. tianbang. com
25	宁波银行股份有限公司	宁波银行	002142	浙江省宁波市中山东路 294 号	315040	87011981	2007－7－19	www. nbcb. com. cn
26	宁波东力传动设备股份有限公司	东力传动	002164	浙江省宁波市江北投资创业园荪湖路 1 号	315033	87587000	2007－8－23	www. donly. com. cn
27	宁波屹东电子股份有限公司	屹东电子	008249	余姚四明东路 65 号	315400	62730068	2003－11－14	www. yidongelec. com

宁波证监局辖区已进入股票发行上市辅导期的公司一览表（截止 2009 年 1 月底）

序号	公司名称	股本	所属行业	办公地址	邮政编码	辅导开始日	法定代表人	联系人	电话	传真	辅导机构
1	宁波永新光学股份有限公司	3550	光学	宁波科技园区明珠路 385 号	315040	2005－5－31	曹光彪	周叶南	0574－87906088	0574－87908111	平安证券
2	宁波摩士集团股份有限公司	5100	机械	镇海庄市	315201	2004－7－29	李罡	庄曙光	0574－86692569	0574－86692115	海通证券
3	中基宁波对外贸易股份有限公司	12000	外贸	宁波市雅戈尔大道 1 号	315153	2004－8－24	李如成	朱国蕙	87425509	87425666	山西证券
4	宁波华丰建设集团股份有限公司	30699.9	建筑	甬江新区丹桂路 178 号	315040	2004－9－20	王泽光	赵魁	87906368	87908649	民族证券
5	宁波立立电子股份有限公司	7708	电子	宁波保税区兴业四路 7 号	315800	2004－11－24	李立本	陈卫忠	86820223	86881152	中信建投

序号	公司名称	股本	所属行业	办公地址	邮政编码	辅导开始日	法定代表人	联系人	电话	传真	辅导机构
6	宁波双林汽车部件股份有限公司	7000	机械制造	宁海西店溃溪口	315613	2006－3－30	只炳辉	邵鹏	65178888－8069	0574－65183500	东方证券
7	宁波万安股份有限公司	3000	制造	浙江宁海外环路1号	315600	2006－12－22	张勤昌	郑素芳	65581244	65580407	光大证券
8	宁波金田铜业(集团)股份有限公司	121496.9	制造	宁波慈城镇城西西路1号	315034	2007－8－24	楼国强	丁星驰	87574908	87597573	中金公司
9	宁波公运集团股份有限公司	9900	交通运输	宁波灵桥路40号	315000	2007－9－24	章家道	邱国强	87190126	87305004	南京证券
10	宁波理工监测科技股份有限公司	5000	设备监测	宁波保税区留学生创业园2期4号楼2楼	315800	2007－10－17	余艇	杨宁	86823888	86868280	中信证券
11	宁波东方电缆股份有限公司	9000	制造	宁波市北仑区小港镇	315040	2007－11－5	夏崇耀	乐君杰	86156156	86156159	国信证券
12	宁波拓普减震系统股份有限公司	13500	制造	宁波北仑区黄山西路215号	315800	2007－11－19	邬建树	沈明亮	86800538	86800835	光大证券
13	宁波旷世智源工艺设计股份有限公司	7000	制造	鄞州区古林镇薛家村	315176	2008－1－18	金建新	王炳良	88008888	88008700	海通证券
14	宁波 GQY 视讯股份有限公司	3536	制造	宁波市环城西路南段88号	315010	2008－1－25	郭启寅	宋丹	021－61002001	021－61002008	平安证券
15	贝发集团股份有限公司	12000	制造	宁波市北仑江南东路298号	315801	2008－3－21	邱智铭	王新邵	86186080	86155295	民族证券
16	宁波港股份有限公司	1080000	交通运输	宁波市北仑区明州路301号	315800	2008－4－7	李令红	黄卫平	27698636	27695629	中银国际
17	宁波合力模具科技股份有限公司	3600	制造	象山县工业园区西谷路358号	315700	2008－4－16	宗长玉	曹新梅	65773580	65724167	招商证券
18	宁波大成新材料股份有限公司	3322	制造	慈溪市经济开发区浒崇公路东侧	315300	2008－5－12	陈成泗	徐柏权	63245766	63240681	申银万国
19	宁波先锋新材料股份有限公司	5900	制造	宁波鄞州区集士港镇山下庄村	315127	2008－6－3	卢先锋	郭剑	88003126	88003127	中投证券
20	宁波环球光电股份有限公司	6180	制造	宁波望春工业园区科创南路88号	315177	2008－6－25	施继寿	吴晓红	88179277	88179298	中投证券
21	宁波永正精密箔材股份有限公司	6180	制造	宁波北仑柴桥镇高村	315828	2008－7－25	杨永青	胡小敏	86082266	86082288	长城证券
22	浙江前程石化股份有限公司	10000	批发和零售贸易	宁波市江南路39号前程大厦5楼	315040	2008－8－8	王文杰	刘璐	87797559	87791956	广发证券
23	宁波海伦乐器制品股份有限公司	4500	制造	宁波北仑科技园区普陀山路8号	315800	2008－11－3	陈海伦	石定靖	13586905544	86813822	光大证券
24	宁波华龙电子股份有限公司	7500	制造	宁波市东钱湖旅游度假区旧宅村工业园	315124	2008－11－3	陈亚龙	张秉	88378368－8005	88378258	海通证券
25	宁波三星电气股份有限公司	10000	制造	宁波市鄞州区姜山镇明光北路1166号奥克斯国际工业园	315191	2008－12－4	郑坚江	缪锡雷	88072100		东方证券
26	宁波建工股份有限公司	30066	建筑业	江东区兴宁路46号	315040	2008－12－24	徐文卫	李长春	87066873	87888090	中投证券

宁波证监局辖区证券投资咨询公司一览表(2009年1月)

机构名称	地址	邮编	联系电话
宁波海顺投资咨询有限公司	华楼巷天一豪景A座3－26室	315010	83875166

宁波证监局辖区期货经营机构一览表(2009年1月)

机构名称	地址	邮编	联系电话
宁波杉立期货经纪有限公司	宁波市中山东路796号11层1至8室	315040	87717999
宁波杉立期货经纪有限公司慈溪营业部	慈溪市开发大道1277号香格大厦1809室	315300	63113309
浙江省永安期货经纪有限公司宁波营业部	宁波市江东区彩虹南路11号嘉汇国贸A506室	315000	87270572
南华期货经纪有限公司宁波营业部	宁波市和义路77号汇金大厦9楼	315000	87280438
上海浙石期货经纪有限公司宁波营业部	宁波市海曙区灵桥路255号中宁大厦1101室	315000	56120216
光大期货有限公司宁波营业部	浙江省宁波市海曙区华楼巷19号3－11室	315010	87265610
浙江大地期货经纪有限公司宁波营业部	宁波市解放南路65号阳光大厦2层	315010	87193736
浙江大越期货经纪有限责任公司余姚营业部	余姚市新建北路5号二楼	315400	62661377
中国国际期货经纪有限公司宁波营业部	宁波市海曙区东渡路55号华联写字楼22层	315010	87159898
浙江省永安期货经纪有限公司余姚营业部	余姚市新建北路中国塑料城A区圆厅4楼A－480	315400	62551110
南华期货经纪有限公司慈溪营业部	浙江省慈溪市浒山街道开发大道1277号香格大厦710、711室	315300	63925100
浙江天马期货经纪有限公司宁波营业部	浙江省宁波市海曙区南站东路16号15楼	315010	83868678
国泰君安期货有限公司宁波营业部	浙江省宁波市海曙区中山西路2号恒隆中心26层	315010	56868088
东海期货有限责任公司宁波营业部	浙江省宁波市海曙区中山东路181号8层	315000	83893738

湖北证券市场

中国证券监督管理委员会湖北监管局

中国证券监督管理委员会湖北监管局（简称“湖北证监局”）前身为中国证券监督管理委员会武汉证券监管办公室（简称“武汉证管办”），由原湖北省证券监督管理委员会和武汉市证券管理办公室于 1999 年 6 月 18 日合并组建，并于 1999 年 7 月 1 日正式挂牌办公，是中国证监会在湖北省的派出机构。2000 年 9 月 6 日，经中国证监会批准，成立中国证监会武汉稽查局，与武汉证管办一套机构、两块牌子，2004 年 3 月 1 日，根据中编办《关于中国证券监督管理委员会派出机构设置和人员编制的批复》（中央编办复字[2004]11 号）的规定，经中国证监会批准，武汉证管办正式更名为湖北证监局。

湖北证监局内设办公室、上市公司监管一处、上市公司监管二处、机构监管处、稽查一处、稽查二处、期货监管处、党务工作办公室（纪检监察室）和信息调研处 9 个处室。全局现有工作人员 74 人，其中博士 3 人，硕士及研究生 42 人，本科 21 人，专业覆盖经济、金融、会计、法律和计算机等学科。

作为中国证监会的派出机构，根据中国证监会的授权，湖北证监局主要履行以下职责：对辖内的上市公司，证券、期货经营机构，证券期货投资咨询机构和从事证券业务的律师事务所、会计师事务所、资产评估机构等中介机构的证券、期货业务活动进行监督管理；查处监管辖区范围内的违法、违规案件。

机构设置

信息调研处

一、负责全局综合性材料及工作报告的起草工作；

二、负责组织协调本局的调查研究和理论研究，参与并撰写重要调研报告；

三、负责全局信息系统建设、管理、更新和维护，协助各处室做好证券期货市场的技术监管；

四、负责辖区内证券期货市场信息的收集、整理和分析工作，组织协调本局各处室做好证券期货监管信息的收集、整理和统计分析工作；

五、负责拟订全局监管业务工作制度规章，协调各处室完善辖区监管责任制；

六、负责协调各处室组织监管工作动态、工作信息和工作简报的编制，并负责网站的管理更新和信息的发布；

七、完成局领导交办的其他工作。

党务工作办公室（纪检监察室）

一、负责拟订局党委、组织、干部人事、宣传、纪检监察等工作计划，落实党委的各项工作部署，督促检查贯彻执行情况并撰写工作总结；

二、负责拟订局机关党务、组织、人事、纪检等方面的规章制度；

三、承担党委会和党委中心组和秘书工作；

四、负责全局的干部人事和劳动工资工作；

五、组织实施本局干部考核培训；

六、作为党委的组织、宣传部门，指导局机关各党支部的组织建设和党员发展工作，组织开展政治理论学习，抓好机关的精神文明建设，做好群团工作；

七、承担局纪委的日常工作，负责行政执法监察方面工作，抓好党风廉政建设，开展党风廉政教育，落实廉政监督，查处违法违纪案件；

八、负责本局退休、离职休养干部员工的管理工作；

九、完成党委交办的其他工作。

期货监管处

一、负责对辖区内期货经纪公司、期货经纪公司分公司及营业部、期货投资咨询公司的业务活动进行日常监管，包括现场检查和非现场检查。

二、负责对辖区内期货经纪公司的设立、合并、分立和解散申请进行初审。

三、负责核准辖区内期货经纪公司设立、终止营业部的申请，及辖区内期货经纪公司到其他辖区设立营业部的申请，并报证监会备案。

四、负责对辖区内期货经纪公司、期货经纪公司分公司及营业部和投资咨询公司进行年检。

五、负责监控并及时处置辖区内期货经纪公司、期货经纪公司分公司及营业部的风险，遇有重大风险及时向证监会报告。

六、结合客户保证金封闭管理，负责对辖区内期货经纪公司的客户保证金进行日常监管。

七、期货经纪公司所在地派出机构与期货经纪公司异地分支机构所在地的派出机构应互通情况，协作监管。异地分支机构所在地的派出机构应当积极支持和配合期货经纪公司所在地派出机构对期货经纪公司的整体监管工作，同时负责辖区内分支机构的日常监管。

八、负责受理辖区内期货经纪公司、期货经纪公司分公司及营业部、期货投资咨询公司的报备事项。

九、负责对辖区内期货经纪公司高级管理人员任职资格初审、任职资格年检初检和日常监管。

十、负责对期货经纪公司执行董事、财务部门负责人、合规审查部门负责人、风险管理部门负责人以及分支机构负责人任职资格的核准和日常监管，核准结果报证监会备案。受理期货经纪公司董事、监事任职资格的备案。

十一、负责核准期货经纪公司的法定代表人、注册资本、住所或营业场所、持有 10% 以上（含 10%）股权或拥有实际控制权的股东及股权结构、营业部经营场所及营业部负责人变更并报证监会备案。涉及期货经纪公司及营业部跨辖区迁址的，应在迁出地派出机构、迁入地派出机构及期货监管部协商后办理。

十二、负责对期货经纪公司、期货经纪公司分公司及营业部变更经营范围进行初审。

十三、负责对持有期货经纪公司 10% 以上（含 10%）股权或拥有实际控制权的股东资格进行初审。

十四、负责期货投资咨询业务资格初审。

十五、负责管理和维护辖区内期货经纪公司高级管理人员数据库。

十六、负责处理对辖区内监管对象违规、违法行为的投诉，根据授权调查辖区内监管对象的违规、违法行为，配合或者会同会内有关部门调查辖区内非法进行期货交易及其他破坏期货市场秩序的行为。

十七、负责督促辖区内期货经营机构及时、完整、准确地向监管部门报送规定的数据。

十八、完成局领导交办的其他工作。

稽查二处

一、负责办理证监会稽查部门交办的证券期货违法违规案件；办理证监会有关部门或兄弟派出机构请求协助调查的事项；协助公安、司法等有关部门对其主办的涉及辖区内证券期货违法案件提供专业技术支持等。

二、负责本局法律工作

1、协助做好证券、期货市场立法工作。协助法律部组织安排专项立法调研活动；接受法律部委托，草拟有关的部门规章以及其他规范性文件；收集并反映公司法、证券法以及行政法规、证监会规章在执行过程中存在的问题，提出解决方案和立法建议，及时向证监会报告。

2、负责协调监督辖区内证券期货法律实施和执行。开展对本辖区内法律、法规、规章实施执行情况的定期检查和专项检查工作；对本辖区内其他行政执法机关、司法机关、监管对象等提出的与本局监管职责有关的法律问题提供咨询。

3、协助做好案件审理相关工作。参加行政处罚委员会会议，按要求做好案件审理工作；积极协助证监会案件审理部门对证人、当事人及其代理人进行询问和调查等。

4、负责辖区内行政处罚执行工作。按规定送达法律文书；具体落实和监督辖区内被处罚对象履行证监会行政处罚决定，并建立辖区内执行监督工作档案管理制度；做好罚没款的日常催缴工作；配合人民法院做好辖区内行政处罚强制执行工作。

5、负责处理本辖区案件诉讼。依法独立做好以派出机构为被告的行政诉讼案件的应诉工作；协助法律部做好涉及派出机构工作的以中国证监会为被告的行政诉讼案件的应诉工作。

6、做好行政复议所涉及的相关工作。负责向住址在本辖区内的行政复议相对人送达证监会的行政复议法律文书；做好行政复议相对人住址在本辖区内的行政复议决定的执行工作；在行政复议中，派出机构为被申请人的，应按照《行政复议法》和《中国证监会行政复议办法》做好行政复议申请的答复等工作；接受法律部的委托，做好有关复议案件的调查、核实等工作。

7、协助证监会有关部门开展本辖区内的证券法律、行政法规和规章的普法活动，提高市场主体的法律意识。

三、负责办理辖区内涉及证券期货业务的来信、来电、来访工作，及时化解群体性上访事件。

四、负责打击辖区内非法证券期货经营活动。

五、完成局领导交办的其他工作。

稽查一处

一、负责立案调查辖区内证券期货违法违规事项（市场操纵案件除外）并报证监会稽查部门备案。

二、负责办理证监会稽查部门交办的案件或调查事项，并在规定的期限内上报调查报告。

三、负责办理派出机构之间请求协助案件调查的事项并按请求方的要求及时反馈。

四、负责进行辖区内证券期货市场违法违规行为的调研工作。

五、完成局领导交办的其他工作。

机构监管处

一、证券经营机构监管职责

（一）负责对辖区内的证券公司以及分公司、证券营业部、证券服务部的业务活动进行日常监管，通过现场检查和非现场检查依法履行监督管理职责。

（二）负责对辖区内证券公司治理结构，证券公司以及分支机构的内部控制制度的健全完善及运作情况进行监督检查。

（三）结合客户交易结算资金监控系统负责对辖区内的所有证券经营机构的客户交易结算资金进行日常监管。

（四）负责监控并及时处置辖区内证券经营机构的风险，遇有重大风险及时向证监会报告。

（五）负责对辖区内证券经营机构的投诉进行调查处理。

（六）负责辖区内证券经营机构佣金收取标准的报备工作，维护证券经纪业务正常市场竞争秩序。

（七）与当地相关部门密切合作，打击辖区内非法设立证券交易网点行为。

（八）负责对辖区内证券公司分支机构总经理和副总经理的任职资格进行审核，并进行日常监管。

（九）负责对辖区内分支机构的同城迁址进行备案，对辖区内证券营业部异地迁址（包括辖区内异地迁址和跨辖区异地迁址两种情况）进行审核。

（十）在以下事项发生时负责在规定时间内出具书面意见：证券公司申请新设服务部、证券公司分支机构开业验收，外国证券机构设立驻华代表处，外国证券机构驻华代表处首席代表、总代表变更，证券公司申请股票主承销业务资格，证券公司股权变更，证券公司营业部转让、互换。在证券公司高级管理人员任职资格事项上除在规定时间内出具书面意见外，还负责与证券公司拟任高级管理人员进行任职资格谈话，出具谈话鉴定并报证监会。此外，派出机构可就机构监管部负责审批的辖区内证券经营机构的有关事项提出相关意见。

（十一）负责对辖区内证券公司高级管理人员和分支机构总经理和副总经理任职资格进行年检。

（十二）负责牵头监管注册地在辖区内的证券经营机构。作为主办派出机构，应及时与证券机构异地分支机构所在地的派出机构沟通，互通情况、协作监管。异地分支机构所在地的派出机构应当积极支持和配合主办派出机构对证券经营机构的整体监管工作，同时做好对辖区分支机构的监管。

二、证券投资咨询机构监管职责

（一）负责对辖区内证券投资咨询机构的业务活动进行日常监管，包括现场检查和非现场检查。

（二）负责对辖区内公司申请证券投资咨询业务资格进行初审。

（三）负责对辖区内证券投资咨询公司进行年检。

（四）负责对辖区内证券投资咨询机构的投诉进行调查处理，对辖区内证券投资咨询机构涉嫌违法违规行为进行核查。

（五）对异地证券投资咨询机构在辖区内的分支机构的业务活动进行日常监管。

三、基金监管工作职责

（一）负责辖区内基金管理公司开业申请和分公司设立申请的现场检查工作。

（二）负责辖区内基金管理公司发起设立机构的自律备案相关工作。

（三）负责辖区内基金管理公司管理基金存续期间的信息披露监管工作。

（四）负责辖区内基金相关数据的统计工作。

（五）负责处理辖区内有关基金的投诉，协调有关基金的纠纷。

（六）协助基金监管部对辖区内基金管理公司管理基金的投资行为进行监管。

（七）协助基金监管部对辖区内基金募集活动、基金份额交易活动进行监管。

（八）协助基金监管部对基金管理公司的内部控制和公

司治理进行监管。

（九）协助基金监管部对辖区内承担基金托管、登记注册、评估等业务的中介机构进行监管。

（十）协助基金监管部对辖区内基金管理公司高级管理人员的执业行为进行监管。

（十一）协助中国证监会基金监管部对有关基金的违规违法行为的核查。

四、证券经营机构信息安全与管理工作职责

（一）负责对辖区内新建、异地迁址的证券营业部、服务部进行技术审核，并依据统一要求和安排对证券公司、证券营业部、服务部和基金管理公司信息技术系统进行检查。

（二）负责辖区内证券公司申请开展网上证券委托业务申请材料的备案，并负责辖区内获准开展网上证券委托业务的证券公司技术系统进行重大升级或对业务管理制度作出重大修订的备案，并协助对证券公司网上委托系统的情况进行检查。

（三）负责督促辖区内证券经营机构及时、完整、准确地向监管部门报送规定的数据。

五、中国证监会和局领导交办的其它工作。

上市公司监管二处

一、负责对辖区内在深圳证券交易所挂牌的上市公司进行现场监管。具体组织实施巡回检查、专项核查、调查研究等项工作，对检查中发现的涉嫌构成违法、违规行为的，应及时提出立案稽查的建议并上报证监会。

二、负责对辖区内在深圳证券交易所挂牌的上市公司的定期报告、临时报告等信息披露文件进行事后审阅，保持对披露信息真实性的合理怀疑，并进行持续监管；发现疑点时，对上市公司披露信息与实际情况的一致性进行核查或调查，完善核查机制。

三、负责对辖区内在深圳证券交易所挂牌的上市公司治理结构的规范情况进行监管。对独立董事资格进行审查，并对独立董事的独立性和履行职责情况进行检查，督促上市公司完善股东大会、董事会和监事会等制度，推动上市公司及其高管人员加强诚信建设。

四、负责协助上市公司监管部对辖区内在深圳证券交易所挂牌的上市公司重大资产重组、吸收合并、上市公司收购及股东持股变动等涉及上市公司并购重组事宜的申报文件进行审核，并及时上报审核意见。同时，对上市公司并购重组后的规范运作情况及中介机构对上市公司的辅导工作进行跟踪监管。

五、负责对辖区内在深圳证券交易所挂牌的上市公司融资情况进行监管。对拟申请再融资的公司，重点关注其信息披露真实性、财务风险、公司治理及诚信状况，出具持续监管意见；对上市公司融资后的持续运作情况，以及主承销商（保荐人）的相关持续督导责任的履行情况进行持续监管，对主承销商（保荐人）提交的后续报告（持续保荐报告书）进行备案，负责对上市公司募集资金使用情况的持续监管。

六、建立上市公司退市风险防范工作制度。督促辖区内在深圳证券交易所挂牌的上市公司充分揭示退市风险，及时向证监会提交退市风险分析报告。

七、建立和完善上市公司风险分类管理机制。加强对辖区内在深圳证券交易所挂牌的上市公司风险信息的收集、识别、分析和跟踪工作，合理进行风险分类，对重大关联交易、资金占用、对外担保等容易引发风险的问题实施动态监管，制订重大突发事件应急处置方案，有效防范和化解上市公司因突发事件引发的证券市场风险。

八、建立健全上市公司监管协作工作机制。协助有关派出机构对上市公司主要异地分支机构和控股股东及关联人实施监管；加强与证券交易所的监管信息交流，协调监管措施；及时主动向所在地地方人民政府及相关职能部门通报上市公司的风险状况和退市情况，协助地方政府制订退市风险处置预案，并做好有关配合工作。

九、负责对辖区内具有证券从业资格的相关中介机构进行监管，并建立相关中介机构及责任人的诚信记录档案。

十、配合上市公司监管一处做好辖区内上市公司高管培训工作。

十一、建立辖区内在深圳证券交易所挂牌的上市公司各类监管档案，保证档案资料的准确、完整。

十二、负责督促辖区内在深圳证券交易所挂牌的上市公司及时、完整、准确地向监管部门报送规定的数据。

十三、完成中国证监会及局领导交办的其他工作。

上市公司监管一处

一、负责对辖区内在上海证券交易所挂牌的上市公司进行现场监管。具体组织实施巡回检查、专项核查、调查研究等项工作，对检查中发现的涉嫌构成违法、违规行为的，应及时提出立案稽查的建议并上报证监会。

二、负责对辖区内在上海证券交易所挂牌的上市公司的定期报告、临时报告等信息披露文件进行事后审阅，保持对披露信息真实性的合理怀疑，并进行持续监管；发现疑点时，对上市公司披露信息与实际情况的一致性进行核查或调查，完善核查机制。

三、负责对辖区内在上海证券交易所挂牌的上市公司治理结构的规范情况进行监管。对独立董事资格进行审查，并对独立董事的独立性和履行职责情况进行检查，督促上市公司完善股东大会、董事会和监事会等制度，推动上市公司及其高管人员加强诚信建设。

四、负责协助上市公司监管部对辖区内在上海证券交易所挂牌的上市公司重大资产重组、吸收合并、上市公司收购及股东持股变动等涉及上市公司并购重组事宜的申报文件进行审核，并及时上报审核意见。同时，对上市公司并购重组后的规范运作情况及中介机构对上市的辅导工作进行跟踪监管。

五、负责对辖区内在上海证券交易所挂牌的上市公司融资情况进行监管。对拟申请再融资的公司，重点关注其信息披露真实性、财务风险、公司治理及诚信状况，出具持续监管意见；对上市公司融资后的持续运作情况，以及上承销商（保荐人）的相关持续督导责任的履行情况进行持续监管，对主承销商（保荐人）提交的后续报告（持续保荐报告书）进行备案，负责对上市公司募集资金使用情况的持续监管。

六、建立上市公司退市风险防范工作制度。督促辖区内在上海证券交易所挂牌的上市公司充分揭示退市风险，及时向证监会提交退市风险分析报告。

七、建立和完善上市公司分类管理机制。加强对辖区内在上海证券交易所挂牌的上市公司风险信息的收集、识别、分析和跟踪工作，合理进行风险分类，对重大关联交易、资金占用、对外担保等容易引发风险的问题实施动态监管，制订重大突发事件应急处置方案，有效防范和化解上市公司因突发事件引发的证券市场风险。

八、建立健全上市公司监管协作工作机制。协助有关派出机构对上市公司主要异地分支机构和控股股东及关联人实施监管；加强与证券交易所的监管信息交流，协调监管措施；

及时主动向所在地地方人民政府及相关职能部门通报上市公司的风险状况和退市情况，协助地方政府制订退市风险处置预案，并做好有关配合工作。

九、负责监管辖区内拟发行公司的辅导改制工作。对辅导机构履行辅导义务的行为进行监督和必要的协调，跟踪和总结拟发行公司接受辅导过程中存在的主要问题并进行必要的现场调查或检查，对已经完成辅导工作的拟发行公司未被推荐的原因进行了解并在辅导有效期内进行持续关注。

十、负责对辖区内拟发行公司及有关中介机构在股票发行审核和承销过程中涉嫌违规的问题进行核查，并出具核查意见。

十一、建立辖区内拟上市公司及在上海证券交易所挂牌的上市公司各类监管档案，保证档案资料的准确、完整。

十二、按照中国证监会的统一部署，配合做好辖区内上市公司高管人员的培训工作。

十三、负责督促辖区内上海证券交易所挂牌的上市公司及时、完整、准确地向监管部门报送规定的数据。

十四、负责协调联系辖区内上市公司董秘协会工作。

十五、完成证监会及局领导交办的其他工作。

办公室

一、协助局领导组织协调机关日常工作，负责拟订全局工作计划，督促检查全局年度工作部署的贯彻执行情况并撰写工作总结。

二、负责拟订机关内部管理的规章制度。

三、负责局长办公会议和以本局名义召开的会议的组织工作。

四、负责组织协调办理中国证监会、省委、省政府交办事项，人大议案及政协提案。参与地方志、地方年鉴的编撰工作。

五、负责局长办公会会议决定事项和其他重要工作的督办工作。

六、负责机关公文运转、印鉴管理、档案管理、保密、机要工作。

七、负责机关财务管理。

八、负责机关行政后勤管理工作。负责办公用品及其他设备的采购管理、车辆管理、重要接待活动、卫生绿化、计划生育、机关安全保卫及日常值班等工作。

九、负责组织办理辖区内涉及证券期货业务的来信、来电、来访工作。

十、负责全局行政许可事项的受理工作，组织实施本局的政务公开工作。

十一、负责联系新闻媒体，统一管理全局对外新闻宣传工作。

十二、负责与中国证监会、兄弟派出机构、地方政府及其他有关部门的沟通联络。

十三、完成局领导交办的其他工作。

证监局领导

黄有根　党委书记、局长兼稽查局局长

王广幼　党委委员、副局长

金建华　党委委员、纪委书记

周四波　党委委员、副局长

光　明　党委委员、副局长

联系方式

电话：027－87460061

传真：027－87460061

邮箱：hubei@ csrc. gov. cn

地址：湖北省武汉市洪山区珞瑜路 540 号

邮编：430079

湖北省上市公司
2008 年上半年主要财务数据统计表

截至 2008 年 8 月 31 日，辖内 64 家上市公司已全部披露 2008 年中报。截至 2008 年 6 月 30 日，辖内 64 家上市公司总资产为 2853.98 亿元，比去年同期增长 43.39%；2008 年上半年 64 家上市公司共实现净利润 88.37 亿元，比去年同期增长 54.6%，其中 55 家盈利，9 家亏损（亏损公司：博盈投资、湖北金环、＊ST 昌鱼、ST 国药、S＊ST 万鸿、精伦电子、＊ST 迈亚、武锅 B、长源电力）；实现营业收入 1081.85 亿元，比去年同期增长 35.5%；64 家上市公司的平均净资产收益率为 9.12%，比去年同期增长 20.23%。

2008 年上半年，64 家上市公司平均每股收益 0.27 元，比去年同期增长 41%；平均每股净资产 3.02 元，比去年同期增长 16.72%；平均每股经营活动产生的现金流量净额 0.29 元，比去年同期增长 26.67%。

湖北上市公司 2008 年中报主要财务数据简表

序号	股票代码	公司简称	净利润（归属于母公司）万元	所有者权益（归属于母公司）万元	基本每股收益元	每股净资产元	净资产收益率（%）（全面摊薄）	每股经营活动现金流量净额元
1	600745	ST 天华	9917.23	21805.33	0.30	0.67	45.48	-0.54
2	600136	ST 道博	1466.16	5904.25	0.14	0.57	24.83	0.50
3	000422	湖北宜化	36251.97	201633.78	0.67	3.72	17.98	1.59
4	600005	武钢股份	491120.1	2737353.1	0.63	3.49	17.94	0.68
5	600141	兴发集团	13704.33	94651.09	0.63	3.76	14.48	0.89
6	000783	长江证券	63408.83	491547.13	0.38	2.93	12.90	1.33
7	000708	大冶特钢	20945.71	176523.42	0.47	3.93	11.87	0.28
8	000952	广济药业	7929.05	73737.74	0.32	2.93	10.75	0.49
9	000826	合加资源	5130.19	47806.78	0.26	2.40	10.73	-0.06
10	000707	双环科技	18595.16	181622.17	0.40	3.91	10.24	0.96
11	000926	福星股份	22819.88	228648.25	0.43	4.35	9.98	0.60
12	600068	葛洲坝	37376.59	438696.70	0.22	2.63	8.52	0.08
13	000553	沙隆达 A	7728.45	99226.90	0.13	1.67	7.79	0.19
14	000520	长航凤凰	11471.35	150148.41	0.17	2.23	7.64	0.15
15	600298	安琪酵母	5911.14	82024.51	0.22	3.02	7.21	0.19

序号	股票代码	公司简称	净利润（归属于母公司）万元	所有者权益（归属于母公司）万元	基本每股收益元	每股净资产元	净资产收益率（%）（全面摊薄）	每股经营活动现金流量净额元
16	000501	鄂武商 A	7383.50	110357.50	0.15	2.18	6.69	0.31
17	000852	江钻股份	5440.13	84331.85	0.18	2.74	6.45	0.02
18	600993	马应龙	4776.18	74857.97	0.52	8.13	6.38	0.39
19	002194	武汉凡谷	11212.53	180384.30	0.26	4.22	6.22	0.13
20	600035	楚天高速	15331.19	248775.49	0.16	2.67	6.16	0.24
21	600006	东风汽车	30616.53	523942.03	0.15	2.62	5.84	-0.13
22	000668	S 武石油	2901.98	51758.75	0.20	3.52	5.61	-0.07
23	000759	武汉中百	8207.94	147314.42	0.15	2.63	5.57	0.21
24	000785	武汉中商	2791.46	54013.16	0.11	2.15	5.17	0.18
25	600885	力诺太阳	742.77	14705.25	0.05	0.96	5.05	-0.26
26	600801	华新水泥	19114.80	380611.72	0.50	9.43	5.02	0.49
27	600260	凯乐科技	6672.19	145410.92	0.25	5.51	4.59	-1.25
28	600498	烽火通信	10500.90	238971.89	0.26	5.83	4.39	-0.71
29	600568	*ST 潜药	1635.54	38459.88	0.13	3.07	4.25	-0.08
30	000939	凯迪电力	6021.76	146871.01	0.19	3.99	4.10	0.20
31	600879	火箭股份	10784.95	266011.77	0.20	4.92	4.05	-0.72
32	600079	人福科技	3855.83	96829.90	0.10	2.49	3.98	0.20
33	000988	华工科技	3879.37	99869.82	0.12	3.04	3.88	0.00
34	000665	武汉塑料	504.53	13165.72	0.03	0.74	3.83	0.06
35	000678	襄阳轴承	1750.09	46813.63	0.06	1.56	3.74	-0.02
36	002013	中航精机	1307.77	39992.45	0.12	3.73	3.27	0.01
37	000627	天茂集团	4407.75	150838.71	0.07	2.23	2.92	0.02
38	600133	东湖高新	2206.81	83029.41	0.08	3.01	2.66	-0.12
39	600168	武汉控股	3546.79	148406.35	0.08	3.36	2.39	0.02
40	600086	东方金钰	800.76	36470.11	0.02	1.04	2.20	-0.04
41	600345	长江通信	2015.69	95777.38	0.10	4.84	2.10	-0.28
42	000670	S*ST 天发	364.18	20365.96	0.01	0.75	1.79	-0.14
43	900956	东贝 B 股	849.10	47654.19	0.04	2.03	1.78	-0.30
44	000883	三环股份	1596.79	92268.45	0.06	3.23	1.73	0.33
45	600743	ST 幸福	57.04	4000.00	0.02	0.13	1.43	
46	600976	武汉健民	875.84	72496.24	0.06	4.73	1.21	0.29
47	002159	三特索道	398.18	38859.70	0.03	3.24	1.02	-0.06
48	600566	洪城股份	488.27	50164.16	0.05	4.72	0.97	0.03
49	600184	新华光	317.41	33885.08	0.03	3.23	0.94	-0.83
50	600107	美尔雅	254.82	43687.16	0.01	1.21	0.58	
51	600703	ST 三安	214.50	43122.60	0.02	1.84	0.50	0.03
52	600769	祥龙电业	244.46	80398.61	0.01	2.14	0.30	0.06
53	000821	京山轻机	241.73	112830.66	0.01	3.27	0.21	0.10
54	600774	汉商集团	87.45	46611.94	0.01	2.67	0.19	-0.28
55	600293	三峡新材	75.49	75037.63	0.00	2.18	0.10	0.04
56	000615	湖北金环	-873.82	88015.77	-0.04	4.16	-0.99	0.01
57	000760	博盈投资	-538.58	28002.74	-0.03	1.54	-1.92	-0.06
58	600355	精伦电子	-1908.65	61990.09	-0.08	2.52	-3.08	-0.14
59	600275	*ST 昌鱼	-989.84	28067.23	-0.02	0.56	-3.53	-0.19
60	000966	长源电力	-21908.6	200030.94	-0.40	3.61	-10.95	0.02
61	000971	*ST 迈亚	-5437.86	24733.83	-0.22	1.02	-21.99	-0.61
62	600421	ST 国药	-1290.59	1528.70	-0.07	0.08	-84.42	-0.04
63	200770	武锅 B	-9808.61	3775.40	-0.33	0.13	-259.80	-0.93
64	600681	S*ST 万鸿	-1791.30	-61105.22	-0.09	-2.94		0.11

湖北证券市场具有证券、期货相关业务许可证的会计师事务所名录

许可证号	会计事务所师	法定代表人	联系电话	传真	通讯地址
52	湖北大信	吴益格	027-82833521	027-82816985	武汉市中山大道1056号金源世界中心AB座7-8楼
54	武汉众环	黄光松	027-85426261	027-85424329	武汉市解放单洞路口武汉

湖北证券市场具有证券、期货相关业务许可证的资产评估机构名录

序号	许可编号证	原机构名称	现机构名称	法代表人定	地址	电话
1	26	湖北资产评估公司	湖北众联咨询评估公司	张国增	湖北省武汉市武昌中北路津津花园B座12层	87235991
2	76	武汉市审计事务所	湖北大信竞江资产评估公司	徐建新	湖北武汉市武昌民主路786号华银大厦9楼	87339649
3	25	武汉资产评估公司（武汉国咨民和）	湖北大信资产评估公司	周国章	湖北省武汉市江岸区南京路135号金宝大厦6层C-G座	82783507
4	133	湖北万信会计师事务所	湖北万信资产评估公司	李银松	湖北省武汉市武昌东湖路7-8号	87828357

山东证券市场

中国证券监督管理委员会山东监管局

根据证监会授权，我局主要承担山东辖区（不含青岛）资本市场的一线监管职责，并完成证监会系统的协作监管任务，具体包括：一是对辖区内拟发行上市公司的辅导进行监管；二是对辖区内上市公司、证券、期货经营机构、证券期货投资咨询机构以及从事证券业务的律师、审计、资产评估等中介服务机构的证券业务活动进行持续监管，推动市场主体规范运作；三是及时揭示和处置市场风险；四是依法查处辖区内证券期货违法违规案件；五是履行证监会授予的其他职责。

山东证监局内设机构9个，分别是：办公室、上市公司监管一处、上市公司监管二处、机构监管处、期货监管处、稽查一处、稽查二处、信息调研处、党务工作办公室，其职责分工如下：

一、办公室。负责本局公文处理、督办、机要、保密、档案、信息公开及相关综合协调工作；承担局长办公会、局务会和其他综合会议的筹备和会务工作；负责财务管理、工资管理、资产管理、后勤管理、安全保卫、外事外联、接待、基建管理、政府采购及信息系统规划建设和硬件维护；负责辖区内行政许可事项、信访事项的受理、转办以及投资者教育等工作；牵头负责本局维稳及应急管理工作。

二、上市公司监管一处。负责辖区上市公司的现场监管和风险防范与化解工作，提出立案稽查建议；负责辖区上市公司的公司治理监管；对辖区上市公司信息披露涉及的真实性、准确性、完整性和及时性等进行核查；对上市公司并购重组活动进行监管；配合地方政府和有关部门，督促指导上市公司防范退市风险；负责出具辖区上市公司再融资监管初步意见；负责对辖区上市公司的保荐机构和保荐代表人进行持续监管；负责建立和管理辖区上市公司的持续动态监管记录和监管档案；负责建立辖区上市公司诚信记录；负责处理涉及辖区上市公司举报或媒体质疑；组织实施除上市公司董事长、独立董事外的董事和监事培训；负责对辖区上市公司股价异动实施监管；对辖区上市公司实施风险分类监管；负责建立落实与地方政府及相关部门协调配合的综合监管体系；对从事证券业务的中介机构在辖区内的相关从业活动进行监管；研究分析辖区上市公司总体情况，提出有针对性的监管措施等。

三、上市公司监管二处。负责辖区内拟发行公司的辅导改制、上市保荐工作。接受辅导备案材料并进行登记管理，受理辅导机构报送的辅导报告并经过调查验收后，向发行监管部报送辅导监管报告，对辅导机构履行辅导义务的行为进行监督和必要的协调；负责落实发行监管部的有关保荐机构执业质量方面的监管要求，对保荐机构质量控制制度和内部管理制度进行监管，对保荐机构的有关执业行为进行监督管理；负责对辖区内拟发行公司及有关中介机构在股票发行审核和承销过程中涉嫌违规的问题进行核查，并出具核查意见。

四、机构监管处。负责对辖区 内证券经营机构、证券投资咨询机构、证券投资基金管理机构及其从业人员的业务活动进行监管。包括：对证券经营机构的现场检查、非现场检查，证券公司法人治理结构监管，客户交易结算资金监管，证券公司董事、监事、高级管理人员及其分支机构负责人任职资格审核，证券公司分支机构迁址审核，证券公司风险的监控和处置，打击非法证券交易网点；对证券投资咨询机构的现场和非现场检查，业务资格初审、年检；对基金管理公司开业申请、分公司设立申请的现场检查，自律备案，信息披露监管，数据统计，公司治理结构监管，高管人员执业活动监管；对投诉事项的调查处理和涉嫌违法违规行为的核查等。

五、期货监管处。负责对辖区内期货经营机构、期货投资咨询机构及从业人员进行监管。包括：对期货经营机构的现场检查及非现场检查，期货公司法人治理结构监管，期货公司风险的监控和处置，期货经营机构的保证金监管，期货公司法定代表人及住所等事项变更的审核，营业部设立和终止及变更事项审核，期货经营机构高管人员任职资格审核，信息披露监管，数据统计，期货经营机构高管人员执业活动监管，对从事期货公司审计业务的审计机构进行审计监管，对证券经营机构IB业务的监管；期货投资咨询机构业务资格初审，高管人员任职资格审核，期货投资咨询机构业务合规性监管；对投诉事项的调查处理和涉嫌违法违规行为的核查等。

六、稽查一处。主要承担证监会交办或本局自行立案的案件调查；证监会相关部门或其他派出机构请求的协查事项；做好或协助做好相关案件的法律文书送达、审理、听证、处罚监督执行等后续性工作；对辖区内上市公司证券公司、期货公司、证券投资咨询公司和相关中介机构涉嫌违法违规案件进行非正式调查；牵头组织或协调配合打击非法证券活动工作；组织指导辖区证券期货领域反洗钱相关工作。

七、稽查二处。牵头组织本局案件复核委员会，并承担日常工作；审核局内重要文件、工作规程及重要合同等法律文件；协助监督辖区证券期货法律法规实施和执行；审核拟采取的重要行政监管措施的合规性或重要信访事项的回复意见；承担法制调研和普法工作；承担法律专业小组的日常工作，为本局监管工作中出现的疑难法律问题提供法律咨询；协助对辖区律师事务所从事证券法律业务活动进行监管；处理涉及本局诉讼案件的相关工作；牵头承担辖区诚信建设工作等。

八、信息调研处。牵头负责本局重要综合材料起草工作；负责辖区市场信息的收集、整理、统计、分析与发布；负责本局工作信息的收集、整理与报告；组织协调辖区市场的调查研究；联系有关新闻媒体，负责本局宣传工作；编辑出版内部刊物；领导交办的其他工作。

九、党务工作办公室（与纪检监察室合署办公）。具体负责党务、纪检监察、组织人事等工作，包括：承办党委会议、纪委会议、党委中心组学习的筹备、记录等具体工作，对机关党的组织建设、作风建设、思想建设提出意见、建议，并具体组织实施；指导工会、共青团等群众组织依照规定开展工作；对党风廉政建设、纪检监察工作等提出意见、建议，并具体组织实施；对人员录用、干部调配、职务任免、培训、考核、机构编制等提出意见、建议，并具体组织实施。

证监局领导

徐　铁，男 汉族 山东证监局党委书记、局长兼济南稽查局局长

杨晓光 ，男，汉族，山东证监局党委委员、纪委书记兼副局长

陈家琰 ，男，汉族，山东证监局党委委员、副局长

陆泽峰 ，男，汉族，山东证监局党委委员、副局长

赵洪军 ，男，汉族，山东证监局党委委员、局长助理

尹奉廷 ，男，汉族，山东证监局巡视员

张承珠 ，男，汉族，山东证监局副巡视员

辛　平 ，女，汉族，山东证监局副巡视员

联系方式：
信访电话：0531－86106973
传　　真：0531－86106929
信访邮箱：sdxinfang@ csrc. gov. cn
地　　址：山东省济南市黑虎泉西路 139 号胜利大厦 6 楼
邮政编码：250011

中国证券监督管理委员会青岛监管局

青岛证监局的主要职责为：根据中国证券监督管理委员会的授权，对辖区内的上市公司，证券、期货经营机构，证券期货投资咨询机构和从事证券业务的律师事务所、会计师事务所、资产评估机构等中介机构的证券、期货业务活动进行监督管理；查处监管辖区范围内的违法、违规案件。

青岛证监局部门设置及人员情况

根据派出机构工作职责及中国证监会《关于调整增设你局内设机构的通知》（人教部【2008】51 号）规定，青岛证监局内设六个职能处室：党务工作办公室（纪检监察室）、办公室、上市公司监管处、机构监管处、期货监管处、稽查处。

目前，青岛证监局共有正式工作人员 26 名，平均年龄 35.8 岁。其中，具有研究生学位者 9 人，本科或本科以上学历者占 100%。拥有注册会计师 3 人，公职律师 3 人，计算机软件高级程序员 1 人，是一支年龄较轻、专业知识层次较高、充满朝气和活力的监管干部队伍。

党务工作办公室（纪检监察室）

（1）负责局机关的党务、思想教育工作；（2）负责纪检监察工作；（3）负责干部人事管理工作；（4）负责全局公文审核和跟踪督办工作；（5）指导工会、共青团、妇女组织工作；（6）负责全局工作人员的培训教育工作；（7）负责全局新闻、信息的组织工作；（8）负责全局文字综合及统计工作；（9）负责组织做好诚信档案管理工作；（10）负责组织做好监管信息公开工作；（11）负责全局的发文管理工作；（12）局领导交办的其他工作。

联系电话：（0532）85790810　85799520
传真：（0532）85798537

办公室

（1）负责文电、机要、保密、档案管理工作；（2）负责印章管理、安全保卫及办公自动化工作；（3）负责全局财务管理工作；（4）负责与地方政府及有关部门进行日常联络；（5）负责劳资、资产管理工作；（6）负责全局行政许可受理工作；（7）负责全局信息系统的建设、运行、维护，保证网络和信息安全；（8）负责临时用工的管理工作；（9）负责全局办公设备、办公用品的采购工作；（10）负责全局重要会议、重要接待活动的组织工作；（11）负责局机关日常服务、车辆管理、行政后勤保障等工作；（12）局领导交办的其他工作。

联系电话：（0532）85790811　85798502
传真：（0532）85798501

上市公司监管处

（1）负责监管辖区内拟发行公司的辅导验收工作，并报告发现的重大问题和风险，对涉嫌违规的问题进行核查；（2）负责对辖区内公司上市后中介机构履行持续督导义务和上市公司履行配合义务进行监管；（3）负责对辖区内上市公司进行现场监管和风险防范与化解工作；（4）负责对辖区内上市公司的信息披露涉及的真实性、准确性、完整性和及时性等相关问题进行核查；（5）负责对辖区内上市公司的公司治理进行监管；（6）负责协助上市部对辖区内涉及上市公司并购重组活动进行核查；（7）负责出具辖区上市公司再融资监管初步核查意见；（8）负责建立上市公司退市风险防范工作制度，建立和完善上市公司风险分类管理机制、建立健全上市公司监管协作工作机制；（9）负责建立和管理辖区内上市公司持续动态监管记录和监管档案；（10）负责处理辖区上市公司投诉举报和媒体质疑事项；（11）负责组织辖区上市公司部分董事和监事的培训工作；（12）负责组织相关处室，对在辖区从事上市公司鉴证和评估业务的会计与资产评估机构的业务活动进行监管；负责对辖区内会计师事务所、律师事务所、资产评估机构及其相关人员执行证券、期货业务的的资格以及申报材料中存在的疑点进行核查；（13）承担局会计专业小组的日常工作；⒁局领导交办的其他工作。

联系电话：（0532）85790683　85799522
传真：（0532）85798510

机构监管处

（1）负责对辖区内证券经营机构和证券投资咨询机构进行日常监管；（2）负责对辖区内证券经营机构的治理结构、内部控制制度的健全完善及运作情况进行监督检查；（3）负责对辖区内证券经营机构的客户交易结算资金进行日常监管；（4）负责监控并及时处置辖区内证券经营机构的风险；（5）负责辖区内证券经营机构佣金收取标准的报备工作；（6）负责对辖区内证券公司分支机构高管人员的任职资格进行审核，对辖区内分支机构的同城迁址进行备案，对辖区内证券营业部异地迁址进行审核，并进行日常监管；（7）负责对辖区内证券公司高级管理人员和分支机构总经理和副总经理任职资格进行年检；（8）负责对辖区内公司申请证券投资咨询业务资格进行初审、年检，对辖区内证券投资咨询机构涉嫌违法违规行为进行核查；（9）负责对辖区内证券经营机构、证券投资咨询机构、基金的投诉进行调查处理；（10）负责辖区内基金管理公司开业申请和分公司设立申请的现场检查工作，负责辖区内基金管理公司发起设立机构的自律备案相关工作；（11）协助基金监管部，对辖区内基金管理公司业务活动及高级管理人员执业行为进行监管，对有关基金的违规违法行为进行核查；（12）负责对青岛证券业协会工作进行业务指导和监督；（13）局领导交办的其他工作。

联系电话：（0532）85798509　85799598
传真：（0532）85798522

期货监管处

（1）负责对辖区期货经营机构进行日常监管；（2）负责对辖区期货经营机构高管人员和从业人员进行日常监管；（3）负责监控并及时处置辖区期货经营机构风险；（4）负责审批辖区期货公司董事、监事和高级管理人员任职资格（除董事长、监事会主席、独立董事以外的董事、监事和财务负责人）、辖区期货公司变更住所或变更法定代表人、期货公司在辖区设立、终止营业部、辖区期货营业部变更营业场所或负责人等行政许可事项；（5）负责处理对辖区内监管对象违规、违法行为的投诉，根据授权调查辖区内监管对象的违规、违法行为，配合或者会同会内有关部门调查辖区内非法进行期货交易及其他破坏期货市场秩序的行为；（6）负责组织对辖区证券经营机构为期货经营机构提供中间介绍业务进行日常监管；（7）局领导交办的其他工作。

联系电话：（0532）85799521　85798520
传真：（0532）85799521

稽查处

（1）负责立案调查辖区内证券期货市场违法违规事项；（2）负责办理证监会稽查部门交办案件和派出机构之间请求协助案件；（3）负责为公安、司法等部门调查相关案件提供专业技术支持；（4）负责组织处理有关信访工作，及时化解群体性上访事件；（5）负责协助证监会做好证券期货市场立法工作；（6）负责协调监督辖区内证券期货法律法规的实施和执行工作；（7）负责协助做好案件审理相关工作；（8）负责辖区内行政处罚执行、案件诉讼及行政复议相关工作；（9）负责协助证监会有关部门开展辖区内证券法律法规的普法活动；（10）负责辖区打击非法证券活动相关工作；（11）负责辖区未上市股份公司的调研及相关工作；（12）承担局法律专业小组的日常工作；（13）局领导交办的其他工作。

联系电话：（0532）85790692　85798523

传真：（0532）85798525

证监局领导

姜　岩：男，汉族，中国证监会青岛监管局党委书记、纪委书记、局长

韩汝俊：男，汉族，中国证监会青岛监管局党委委员、副局长

殷建华：男，汉族，中国证监会青岛监管局党委委员、副局长

联系我们：

办公地址：青岛市东海西路39号世纪大厦23层

邮政编码：266071

联系电话：0532－85798505

传　　真：0532－85798501

信访举报电话：0532－85798513、85798523

证券咨询电话：0532－85799522

期货咨询电话：0532－85799521、85798529

行政效能投诉电话：0532－85798512

山东证监局辖区上市公司名单（数据截至：2008年9月30日）

序号	公司全称	地址	邮编	法定代表人
1	烟台万华聚氨酯股份有限公司	烟台市幸福南路7号	264002	丁建生
2	山东好当家海洋发展股份有限公司	荣成市虎山镇沙咀子	264305	李鹏程
3	潍坊北大青鸟华光科技股份有限公司	潍坊高新技术产业开发区北宫东街6号	261061	周燕军
4	东安黑豹股份有限公司	文登市龙山路107号	264400	王军
5	山东江泉实业股份有限公司	临沂市罗庄区江泉商务楼	276017	田英智
6	兖州煤业股份有限公司	邹城市凫山路40号	273500	王信
7	山东华阳科技股份有限公司	山东宁阳县磁窑镇	271411	刘敬璐
8	山东鲁北化工股份有限公司	无棣县埕口镇	251909	冯久田
9	莱芜钢铁股份有限公司	莱芜市钢城区	271104	陈向阳
10	三联商社股份有限公司	济南市北园大街409号三联家电商务中心五层	250033	张继升
11	鲁银投资集团股份有限公司	济南市经十路128号	250001	刘相学
12	济南轻骑摩托车股份有限公司	济南市历下区和平路34号	250014	魏占志
13	烟台园城企业集团股份有限公司	山东省烟台市芝罘区文化宫后街88号	264000	徐诚惠
14	山东博汇纸业股份有限公司	淄博市桓台县马桥镇工业路北首	256405	杨延良
15	日照港股份有限公司	山东省日照市海滨二路	276826	钟兴昌
16	泰安鲁润股份有限公司	泰安市环山路36号	271000	郭忠文
17	银座集团股份有限公司	济南市泺源大街22号20F	250063	张文生
18	山东鲁信高新技术产业股份有限公司	淄博市张店区南定车站街69号	255055	李功臣
19	山东九发食用菌股份有限公司	烟台市南大街9号金都大厦28楼	264001	蒋绍庆
20	烟台新潮实业股份有限公司	烟台市牟平区牟山路98号	264100	姜学荣
21	济南钢铁股份有限公司	济南市工业北路21号	250101	陈启祥
22	山东黄金矿业股份有限公司	济南市解放路16号	250014	时民
23	山东南山铝业股份有限公司	龙口市东江镇南山村	265718	宋建波
24	山东新华锦国际股份有限公司	临沂市平安路爱国巷1－301号楼	266071	于源金
25	山东万杰高科技股份有限公司	淄博高新技术产业开发区	255086	孙玉峰
26	华电国际电力股份有限公司	济南市经三路14号	250001	曹培玺
27	山东天业恒基股份有限公司	山东省济南市高薪开发区新宇南路1号济南国际会展酒店三楼	250101	曾昭琴
28	科达集团股份有限公司	东营市府前大街276号	257335	刘双珉
29	山东浪潮齐鲁软件产业股份有限公司	济南市山大路224号	250013	王茂昌
30	山东鲁抗医药股份有限公司	济宁市太白楼西路173号	272021	刘从德
31	山东滨州渤海活塞股份有限公司	滨州市渤海二十一路569号	256631	李俊杰
32	山东华泰纸业股份有限公司	东营市广饶县大王镇	257335	李建华
33	山东大成农药股份有限公司	淄博市张店区洪沟路25号	255009	耿佃杰
34	潍坊亚星化学股份有限公司	潍坊市奎文区鸢飞路899号	261031	董顺兴
35	山东金泰集团股份有限公司	济南市洪楼西路29号	250100	黄俊钦
36	华纺股份有限公司	滨州市黄河二路819号	256617	邹鹏宏
37	山东高速公路股份有限公司	济南经十路71号山东大学科技园创业中心	250061	孙亮
38	山东省药用玻璃股份有限公司	淄博市沂源县药玻路	256100	柴文
39	山东华鲁恒升化工股份有限公司	德州市天衢西路24号	253024	程广辉
40	山东金晶科技股份有限公司	淄博市高新技术开发区宝石镇王庄	255086	王刚
41	山东省新华医疗器械股份有限公司	淄博高新技术产业开发区新华医疗科技园	255086	赵毅新

序号	公司全称	地址	邮编	法定代表人
42	烟台东方电子信息产业股份有限公司	烟台市芝罘区机场路2号	264000	丁振华
43	浪潮电子信息产业股份有限公司	济南市山大路224号	250014	孙丕恕
44	山东胜利股份有限公司	山东省济南市高新区东辰大街胜利生物工程园	250101	王鹏
45	山东航空股份有限公司	山东济南二环东路5746号山东航空大厦19F	250014	张幸福
46	山东鲁西化工股份有限公司	聊城市鲁化路68号	252000	张金成
47	山东鲁能泰山电缆股份有限公司	山东省泰安市普照寺路5号	271000	李惠波
48	山东金岭矿业股份有限公司	淄博市张店区中埠镇	255081	张相军
49	中国石化山东泰山石油股份有限公司	泰安市东岳大街104号	271000	冯东青
50	山东海龙股份有限公司	潍坊市寒亭区潍县北路555号	261100	逄奉建
51	济南柴油机股份有限公司	山东省济南市经十西路1999号	250306	卢祥福
52	中鲁远洋渔业股份有限公司	济南市和平路43号	250014	王兆安
53	山东新华制药股份有限公司	淄博市高新技术开发区化工区	255005	郭琴
54	山东海化股份有限公司	山东省潍坊市滨海经济开发区	262737	刘景孟
55	中通客车控股股份有限公司	聊城市建设东路10号	252000	李海平
56	烟台张裕葡萄酿酒股份有限公司	山东省烟台市大马路56号	264000	孙利强
57	山推工程机械股份有限公司	山东省济宁市太白楼东路58号	272035	董平
58	山东巨力股份有限公司	潍坊市长松路69号	261021	谭旭光
59	烟台冰轮股份有限公司	烟台市芝罘区西山路80号	264000	于元波
60	鲁泰纺织股份有限公司	淄博市淄川区松龄东路81号	255100	刘石祯
61	山东晨鸣纸业集团股份有限公司	寿光市圣城街595号	262700	陈洪国
62	中国重型汽车集团济南卡车股份有限公司	济南市市中区党家庄镇南首	250116	王浩涛
63	山东东阿阿胶股份有限公司	山东省聊城市东阿县阿胶街78号	252201	蒋伟
64	山东威达机械股份有限公司	山东省文登市葛山镇中韩路2号	264414	杨桂模
65	山东山大华特科技股份有限公司	济南市经十路71号山大科技园	250061	张兆亮
66	山东登海种业股份有限公司	山东省莱州市城山路农科院南邻	261448	李登海
67	山东东方海洋科技股份有限公司	山东省烟台市莱山区澳柯玛大街18号	264003	车轼
68	山东太阳纸业股份有限公司	山东省兖州市西关大街66号	272100	李洪信
69	孚日集团股份有限公司	山东省潍坊市高密市孚日街1号	261500	孙日贵
70	山东鲁阳股份有限公司	山东省淄博市沂源县沂河路11号	256120	鹿成滨
71	山东德棉股份有限公司	山东省德州市顺河西路18号	253002	周庆春
72	威海广泰空港设备股份有限公司	山东省威海市古寨南路160号	264200	李光太
73	潍柴动力股份有限公司	潍坊市民生东街26号	261001	谭旭光
74	东港安全印刷股份有限公司	山东省济南市山大北路23号	250100	谷望江
75	山东济宁如意毛纺织股份有限公司	山东省济宁市红星东路96号	272049	邱亚夫
76	山东沃华医药科技股份有限公司	潍坊市高新技术产业开发区福寿东街创业大厦2楼	261011	赵丙贤
77	山东联合化工股份有限公司	山东省沂源县城东风路36号	256120	王宜明

山东证券市场证券公司信息

公司名称	地址	邮编	公司电话	公司传真
齐鲁证券有限公司	山东省济南市经十路20518号	250002	0531－82093698	0531－82093688
中信万通证券有限责任公司	青岛市东海西路28号	266071	0532－85022313	0532－85022301

山东证监局辖区2009年上半年证券期货经营机构地区分布(截至2009年6月30日)

地区	行次	单位	证券		期货	
			公司	营业部	公司	营业部
济南	1	家	1	39	2	8
淄博	2	家		15	1	1
枣庄	3	家		4	0	0
东营	4	家		8	0	2
烟台	5	家		21	2	1
潍坊	6	家		11	0	3
济宁	7	家		7	0	1
泰安	8	家		8	0	0
威海	9	家		7	0	0
日照	10	家		4	0	0
滨州	11	家		6	0	0
德州	12	家		2	0	0
聊城	13	家		3	0	0
临沂	14	家		6	0	3
荷泽	15	家		1	0	0
莱芜	16	家		2	0	0
合计	17	家	1	144	5	19

山东证监局辖区
2008年7月上市公司基本数据统计表

项目		行次	单位	山东辖区
上市公司数		1	家	83
其中:发行A股公司数		2	家	81
发行B股公司数		3	家	6
A、B股均发行公司数		4	家	4
境内、外均发行公司数		5	家	5
ST公司数		6	家	6
其中:*ST公司数		7	家	2
暂停上市公司数		8	家	0
退市公司数		9	家	0
拟上市公司数		10	家	50
总股本		11	亿股	491.03
流通股本	A股	12	亿股	364.92
	B股	13	亿股	15.68
境内上市公司境外股		14	亿股	40.21
总市值(境内)		15	亿元	5125.33
流通市值(境内)		16	亿元	3829.50

注:

1、表中A股上市公司数为发行了A股的上市公司数(含A、B股均发行的公司)

2、表中B股上市公司数为发行了B股的上市公司数(含A、B股均发行的公司)

山东证监局辖区
2008年8月上市公司基本数据统计表

项目		行次	单位	山东辖区
上市公司数		1	家	83
其中:发行A股公司数		2	家	81
发行B股公司数		3	家	6
A、B股均发行公司数		4	家	4
境内、外均发行公司数		5	家	5
ST公司数		6	家	6
其中:*ST公司数		7	家	2
暂停上市公司数		8	家	0
退市公司数		9	家	0
拟上市公司数		10	家	51
总股本		11	亿股	491.81
流通股本	A股	12	亿股	371.42
	B股	13	亿股	15.68
境内上市公司境外股		14	亿股	40.21
总市值(境内)		15	亿元	4090.24
流通市值(境内)		16	亿元	3060.01

山东证监局辖区
2008年9月上市公司基本数据统计表

项目		行次	单位	山东辖区
上市公司数		1	家	84
其中:发行A股公司数		2	家	82
发行B股公司数		3	家	6
A、B股均发行公司数		4	家	4
境内、外均发行公司数		5	家	5
ST公司数		6	家	6
其中:*ST公司数		7	家	2
暂停上市公司数		8	家	0
退市公司数		9	家	0
拟上市公司数		10	家	51
总股本		11	亿股	499.57
流通股本	A股	12	亿股	378.14
	B股	13	亿股	15.68
境内上市公司境外股		14	亿股	40.21
总市值(境内)		15	亿元	3776.14
流通市值(境内)		16	亿元	2829.91

山东证监局辖区
2008年10月上市公司基本数据统计表

项目		行次	单位	山东辖区
上市公司数		1	家	84
其中:发行A股公司数		2	家	82
发行B股公司数		3	家	6
A、B股均发行公司数		4	家	4
境内、外均发行公司数		5	家	5
ST公司数		6	家	6
其中:*ST公司数		7	家	2
暂停上市公司数		8	家	0
退市公司数		9	家	0
拟上市公司数		10	家	53
总股本		11	亿股	503.37
流通股本	A股	12	亿股	377.59
	B股	13	亿股	15.68
境内上市公司境外股		14	亿股	40.21
总市值(境内)		15	亿元	2792.72
流通市值(境内)		16	亿元	2064.41

山东证监局辖区
2008年11月上市公司基本数据统计表

项目		行次	单位	山东辖区
上市公司数		1	家	84
其中:发行A股公司数		2	家	82
发行B股公司数		3	家	6
A、B股均发行公司数		4	家	4
境内、外均发行公司数		5	家	5
ST公司数		6	家	6
其中:*ST公司数		7	家	2
暂停上市公司数		8	家	0
退市公司数		9	家	0
拟上市公司数		10	家	53
总股本		11	亿股	503.37
流通股本	A股	12	亿股	382.69
	B股	13	亿股	15.68
境内上市公司境外股		14	亿股	40.21
总市值(境内)		15	亿元	3098.43
流通市值(境内)		16	亿元	2342.21

注:

1、表中A股上市公司数为发行了A股的上市公司数(含A、B股均发行的公司)

2、表中B股上市公司数为发行了B股的上市公司数(含A、B股均发行的公司)

山东证监局辖区
2008年12月上市公司基本数据统计表

项目		行次	单位	山东辖区
上市公司数		1	家	85
其中:发行A股公司数		2	家	83
发行B股公司数		3	家	6
A、B股均发行公司数		4	家	4
境内、外均发行公司数		5	家	5
ST公司数		6	家	6
其中:*ST公司数		7	家	2
暂停上市公司数		8	家	1
退市公司数		9	家	0
拟上市公司数		10	家	54
总股本		11	亿股	510.48
流通股本	A股	12	亿股	387.69
	B股	13	亿股	15.68
境内上市公司境外股		14	亿股	40.21
总市值(境内)		15	亿元	3223.21
流通市值(境内)		16	亿元	2400.13

山东证监局辖区 2009 年 1 月上市公司基本数据统计表

项目		行次	单位	山东辖区
上市公司		1	家	85
其中:发行 A 股公司		2	家	83
发行 B 股公司		3	家	6
A、B 股均发行公司		4	家	4
境内、外均发行公司		5	家	5
ST 公司数		6	家	6
其中:*ST 公司		7	家	2
暂停上市公司		8	家	1
退市公司		9	家	0
拟上市公司		10	家	55
总股本		11	亿股	515.13
流通股本	A 股	12	亿股	224.62
	B 股	13	亿股	15.68
境内上市公司境外股		14	亿股	41.33
总市值(境内)		15	亿元	3619.38
流通市值(境内)		16	亿元	1688.32

山东证监局辖区 2009 年 2 月上市公司基本数据统计表

项目		行次	单位	山东辖区
上市公司		1	家	85
其中:发行 A 股公司		2	家	83
发行 B 股公司		3	家	6
A、B 股均发行公司		4	家	4
境内、外均发行公司		5	家	5
ST 公司数		6	家	6
其中:*ST 公司		7	家	2
暂停上市公司		8	家	1
退市公司		9	家	0
拟上市公司		10	家	55
总股本		11	亿股	515.13
流通股本	A 股	12	亿股	227.95
	B 股	13	亿股	15.68
境内上市公司境外股		14	亿股	41.33
总市值(境内)		15	亿元	4030.68
流通市值(境内)		16	亿元	1853.95

山东证监局辖区 2009 年 3 月上市公司基本数据统计表

项目		行次	单位	山东辖区
上市公司		1	家	85
其中:发行 A 股公司		2	家	83
发行 B 股公司		3	家	6
A、B 股均发行公司		4	家	4
境内、外均发行公司		5	家	5
ST 公司数		6	家	6
其中:*ST 公司		7	家	3
暂停上市公司		8	家	1
退市公司		9	家	0
拟上市公司		10	家	53
总股本		11	亿股	515.13
流通股本	A 股	12	亿股	232.13
	B 股	13	亿股	13.90
境内上市公司境外股		14	亿股	41.33
总市值(境内)		15	亿元	4601.9
流通市值(境内)		16	亿元	2200.11

注:表中境外发行公司数不包含纯境外上市公司。

山东证监局辖区 2009 年 4 月上市公司基本数据统计表

项目		行次	单位	山东辖区
上市公司		1	家	85
其中:发行 A 股公司		2	家	83
发行 B 股公司		3	家	6
A、B 股均发行公司		4	家	4
境内、外均发行公司		5	家	5
ST 公司数		6	家	9
其中:*ST 公司		7	家	6
暂停上市公司		8	家	1
退市公司		9	家	0
拟上市公司		10	家	53
总股本		11	亿股	535.7
流通股本	A 股	12	亿股	253.5
	B 股	13	亿股	15.7
境内上市公司境外股		14	亿股	42.5
总市值(境内)		15	亿元	4755
流通市值(境内)		16	亿元	2504

注:表中境外发行公司数不包含纯境外上市公司。

山东证监局辖区 2009 年 5 月上市公司基本数据统计表

项目		行次	单位	山东辖区
上市公司		1	家	85
其中:发行 A 股公司		2	家	83
发行 B 股公司		3	家	6
A、B 股均发行公司		4	家	4
境内、外均发行公司		5	家	5
ST 公司数		6	家	9
其中:*ST 公司		7	家	6
暂停上市公司		8	家	1
退市公司		9	家	0
拟上市公司		10	家	52
总股本		11	亿股	584.85
流通股本	A 股	12	亿股	278.4
	B 股	13	亿股	28.6
境内上市公司境外股		14	亿股	41.33
总市值(境内)		15	亿元	5492.1
流通市值(境内)		16	亿元	2648.4

注:表中境外发行公司数不包含纯境外上市公司。

山东证监局辖区 2009 年 6 月上市公司基本数据统计表

项目		行次	单位	山东辖区
上市公司		1	家	85
其中:发行 A 股公司		2	家	83
发行 B 股公司		3	家	6
A、B 股均发行公司		4	家	4
境内、外均发行公司		5	家	5
ST 公司数		6	家	9
其中:*ST 公司		7	家	5
暂停上市公司		8	家	0
退市公司		9	家	0
拟上市公司		10	家	52
总股本		11	亿股	547.44
流通股本	A 股	12	亿股	300.23
	B 股	13	亿股	15.68
境内上市公司境外股		14	亿股	41.33
总市值(境内)		15	亿元	5629.62

项目	行次	单位	山东辖区
流通市值(境内)	16	亿元	3048.05

注:表中境外发行公司数不包含纯境外上市公司。

山东证监局辖区2008年度境内上市公司、拟上市公司注册地区分布表

地区	行次	单位	上市公司	拟上市公司
济南	1	家	22	1
淄博	3	家	12	6
枣庄	4	家	0	1
东营	5	家	2	2
烟台	6	家	13	13
潍坊	7	家	10	10
济宁	8	家	5	3
泰安	9	家	4	4
威海	10	家	5	4
日照	11	家	1	
滨州	12	家	3	3
德州	13	家	2	3
聊城	14	家	3	
临沂	15	家	2	4
荷泽	16	家	0	
莱芜	17	家	1	
合计	18	家	85	54

山东证监局辖区2009年上半年上市公司、拟上市公司地区分布表

地区	行次	单位	上市公司	拟上市公司
济南	1	家	22	1
淄博	3	家	12	6
枣庄	4	家	0	1
东营	5	家	2	1
烟台	6	家	13	11
潍坊	7	家	10	11
济宁	8	家	5	3
泰安	9	家	4	4
威海	10	家	5	4
日照	11	家	1	0
滨州	12	家	3	3
德州	13	家	2	3
聊城	14	家	3	0
临沂	15	家	2	4
荷泽	16	家	0	0
莱芜	17	家	1	0
合计	18	家	85	52

山东证监局辖区
2008年7月证券经营机构统计表

项目	行次	单位	数额
证券公司家数	1	家	1
所属营业部家数	2	家	87
辖区证券营业部家数	3	家	103
辖区证券服务部家数	4	家	31
股票基金交易金额	5	万元	9,555,739.79
投资者资金户开户总数	6	万户	261.62
投资咨询机构	7	家	3
其中:专业咨询公司	8	家	2
有咨询业务资格的证券公司	9	家	1

山东证监局辖区
2008年8月证券经营机构统计表

项目	行次	单位	数额
证券公司家数	1	家	1
所属营业部家数	2	家	87
辖区证券营业部家数	3	家	104
辖区证券服务部家数	4	家	31
股票基金交易金额	5	万元	6,541,318.40
投资者资金户开户总数	6	万户	360.96
投资咨询机构	7	家	3
其中:专业咨询公司	8	家	2
有咨询业务资格的证券公司	9	家	1

山东证监局辖区
2008年9月证券经营机构统计表

项目	行次	单位	数额
证券公司家数	1	家	1
所属营业部家数	2	家	89
辖区证券营业部家数	3	家	104
辖区证券服务部家数	4	家	31
股票基金交易金额	5	万元	4,584,150.80
投资者资金户开户总数	6	万户	264.27
投资咨询机构	7	家	3
其中:专业咨询公司	8	家	2
有咨询业务资格的证券公司	9	家	1

山东证监局辖区
2008年10月证券经营机构统计表

项目	行次	单位	数额
证券公司家数	1	家	1
所属营业部家数	2	家	87
辖区证券营业部家数	3	家	106
辖区证券服务部家数	4	家	31
股票基金交易金额	5	万元	5,541,271.20
投资者资金户开户总数	6	万户	370.39
投资咨询机构	7	家	3
其中:专业咨询公司	8	家	2
有咨询业务资格的证券公司	9	家	1

山东证监局辖区
2008年11月证券经营机构统计表

项目	行次	单位	数额
证券公司家数	1	家	1
所属营业部家数	2	家	94
辖区证券营业部家数	3	家	109
辖区证券服务部家数	4	家	31
股票基金交易金额	5	万元	7,143,433.26
投资者资金户开户总数	6	万户	267.74
投资咨询机构	7	家	3
其中:专业咨询公司	8	家	2
有咨询业务资格的证券公司	9	家	1

山东证监局辖区
2008年12月证券经营机构统计表

项目	行次	单位	数额
证券公司家数	1	家	1
所属营业部家数	2	家	105

项目	行次	单位	数额
辖区证券营业部家数	3	家	124
辖区证券服务部家数	4	家	15
股票基金交易金额	5	万元	13,294,276.78
投资者资金户开户总数	6	万户	374.98
投资咨询机构	7	家	3
其中:专业咨询公司	8	家	2
有咨询业务资格的证券公司	9	家	1

山东证监局辖区
2009 年 1 月证券经营机构统计表

项目	行次	单位	数额
证券公司家数	1	家	1
所属营业部家数	2	家	105
辖区证券营业部家数	3	家	124
辖区证券服务部家数	4	家	15
股票基金交易金额	5	万元	7754425.71
投资者资金户开户总数	6	万户	378.86
投资咨询机构	7	家	3
其中:专业咨询公司	8	家	2
有咨询业务资格的证券公司	9	家	1

山东证监局辖区
2009 年 2 月证券经营机构统计表

项目	行次	单位	数额
]证券公司家数	1	家	1
所属营业部家数	2	家	111
辖区证券营业部家数	3	家	132
辖区证券服务部家数	4	家	11
股票基金交易金额	5	亿元	2235.83
投资者资金户开户总数	6	万户	383.41
投资咨询机构	7	家	3
其中:专业咨询公司	8	家	2
有咨询业务资格的证券公司	9	家	1

山东证监局辖区
2009 年 3 月证券经营机构统计表

项目	行次	单位	数额
证券公司家数	1	家	1
所属营业部家数	2	家	111
辖区证券营业部家数	3	家	132
辖区证券服务部家数	4	家	11
证券公司股票基金交易金额	5	亿元	1860.23
证券公司投资者资金户开户总数	6	万户	277.38
辖区营业部股票基金交易金额	7	亿元	2365.03
辖区营业部投资者资金户开户总数	8	万户	389.36
投资咨询机构	9	家	3
其中:专业咨询公司	10	家	2
有咨询业务资格的证券公司	11	家	1

山东证监局辖区
2009 年 4 月证券经营机构统计表

项目	行次	单位	数额
证券公司家数	1	家	1
所属营业部家数	2	家	111
辖区证券营业部家数	3	家	137
辖区证券服务部家数	4	家	6
证券公司股票基金交易金额	5	亿元	3107.35
证券公司投资者资金户开户总数	6	万户	393.62

项目	行次	单位	数额
辖区营业部股票基金交易金额	7	亿元	2351
辖区营业部投资者资金户开户总数	8	万户	280.06
投资咨询机构	9	家	3
其中:专业咨询公司	10	家	2
有咨询业务资格的证券公司	11	家	1

山东证监局辖区
2009 年 5 月证券经营机构统计表

项目	行次	单位	数额
证券公司家数	1	家	1
所属营业部家数	2	家	117
辖区证券营业部家数	3	家	142
辖区证券服务部家数	4	家	3
证券公司股票基金交易金额	5	亿元	1881.60
证券公司投资者资金户开户总数	6	万户	205.96
辖区营业部股票基金交易金额	7	亿元	2263.55
辖区营业部投资者资金户开户总数	8	万户	394.94
投资咨询机构	9	家	3
其中:专业咨询公司	10	家	2
有咨询业务资格的证券公司	11	家	1

山东证监局辖区
2009 年 6 月证券经营机构统计表

项目	行次	单位	数额
证券公司家数	1	家	1
所属营业部家数	2	家	117
辖区证券营业部家数	3	家	144
辖区证券服务部家数	4	家	1
证券公司股票基金交易金额	5	亿元	2356.47
证券公司投资者资金户开户总数	6	万户	209.31
辖区营业部股票基金交易金额	7	亿元	2753.21
辖区营业部投资者资金户开户总数	8	万户	398.85
投资咨询机构	9	家	3
其中:专业咨询公司	10	家	2
有咨询业务资格的证券公司	11	家	1

山东证监局辖区
2009 年一季度证券经营机构统计表

项目	行次	单位	数额
证券公司家数	1	家	1
所属营业部家数	2	家	111
辖区证券营业部家数	3	家	132
辖区证券服务部家数	4	家	11
证券公司股票基金交易金额	5	亿元	4221.47
证券公司投资者资金户开户总数	6	万户	277.38
辖区营业部股票基金交易金额	7	亿元	5416.87
辖区营业部投资者资金户开户总数	8	万户	389.36
投资咨询机构	9	家	3
其中:专业咨询公司	10	家	2
有咨询业务资格的证券公司	11	家	1

山东证监局辖区
2009 年二季度证券经营机构统计表

项目	行次	单位	数额
证券公司家数	1	家	1
所属营业部家数	2	家	117
辖区证券营业部家数	3	家	144

项目	行次	单位	数额
辖区证券服务部家数	4	家	1
证券公司股票基金交易金额	5	亿元	6589.07
证券公司投资者资金户开户总数	6	万户	209.31
辖区营业部股票基金交易金额	7	亿元	7834.40
辖区营业部投资者资金户开户总数	8	万户	398.85
投资咨询机构	9	家	3
其中：专业咨询公司	10	家	2
有咨询业务资格的证券公司	11	家	1

山东证监局辖区
2008 年 7 月期货经纪机构统计表

项目	行次	单位	数额
公司家数	1	家	5
所属营业部家数	2	家	21
辖区营业部家数	3	家	10
代理交易量	4	万手	419.46
代理交易金额	5	万元	24,742,283.72

山东证监局辖区
2008 年 8 月期货经纪机构统计表

项目	行次	单位	数额
公司家数	1	家	5
所属营业部家数	2	家	21
辖区营业部家数	3	家	10
代理交易量	4	万手	470.87
代理交易金额	5	万元	25,690,200.35

山东证监局辖区
2008 年 9 月期货经纪机构统计表

项目	行次	单位	数额
公司家数	1	家	5
所属营业部家数	2	家	21
辖区营业部家数	3	家	13
代理交易量	4	万手	384.48
代理交易金额	5	万元	22,452,124.42

山东证监局辖区
2008 年 10 月期货经纪机构统计表

项目	行次	单位	数额
公司家数	1	家	5
所属营业部家数	2	家	21
辖区营业部家数	3	家	18
代理交易量	4	万手	384.48
代理交易金额	5	万元	22,452,124.42

山东证监局辖区
2008 年 11 月期货经纪机构统计表

项目	行次	单位	数额
公司家数	1	家	5
所属营业部家数	2	家	21
辖区营业部家数	3	家	18
代理交易量	4	万手	384.48
代理交易金额	5	万元	22,452,124.42

山东证监局辖区
2008 年 12 月期货经纪机构统计表

项目	行次	单位	数额
公司家数	1	家	5
所属营业部家数	2	家	21
辖区营业部家数	3	家	19
代理交易量	4	万手	553.52
代理交易金额	5	万元	22,303,806.00

山东证监局辖区
2009 年 1 月期货经纪机构统计表

项目	行次	单位	数额
公司家数	1	家	5
所属营业部家数	2	家	29
辖区营业部家数	3	家	19
代理交易量	4	万手	335.95
代理交易金额	5	万元	15977184

山东证监局辖区
2009 年 2 月期货经纪机构统计表

项目	行次	单位	数额
公司家数	1	家	5
所属营业部家数	2	家	29
辖区营业部家数	3	家	19
代理交易量	4	万手	452.6
代理交易金额	5	亿元	2215.3

山东证监局辖区
2009 年 3 月期货经纪机构统计表

项目	行次	单位	数额
公司家数	1	家	5
所属营业部家数	2	家	29
辖区营业部家数	3	家	19
期货公司代理交易量	4	万手	561.42
期货公司代理交易金额	5	亿元	3009.62
辖区营业部代理交易量	6	万手	321.85
辖区营业部代理交易额	7	亿元	1550.47

注：未完成总部与营业部分设的 3 家公司招金期货、烟台中州期货及蓬达期货本部作为营业部列入本表统计范围。

山东证监局辖区
2009 年 4 月期货经纪机构统计表

项目	行次	单位	数额
公司家数	1	家	5
所属营业部家数	2	家	29
辖区营业部家数	3	家	19
期货公司代理交易量	4	万手	625
期货公司代理交易金额	5	亿元	3922
辖区营业部代理交易量	6	万手	364
辖区营业部代理交易额	7	亿元	1987

注：未完成总部与营业部分设的 3 家公司招金期货、烟台中州期货及蓬达期货本部作为营业部列入本表统计范围。

山东证监局辖区 2009 年 5 月期货经纪机构统计表

项目	行次	单位	数额
公司家数	1	家	5
所属营业部家数	2	家	29
辖区营业部家数	3	家	19
期货公司代理交易量	4	万手	528.13
期货公司代理交易金额	5	亿元	3527.74
辖区营业部代理交易量	6	万手	289.47
辖区营业部代理交易额	7	亿元	1744.65

注:未完成总部与营业部分设的 3 家公司招金期货、烟台中州期货及蓬达期货本部作为营业部列入本表统计范围。

山东证监局辖区 2009 年一季度期货经营机构统计表

项目	行次	单位	数额
公司家数	1	家	5
所属营业部家数	2	家	29
辖区营业部家数	3	家	19
期货公司代理交易量	4	万手	1350
期货公司代理交易金额	5	亿元	6822.67
辖区营业部代理交易量	6	万手	815.81
辖区营业部代理交易额	7	亿元	3731.76

注:未完成总部与营业部分设的 3 家公司招金期货、烟台中州期货及蓬达期货本部作为营业部列入本表统计范围。

山东证监局辖区 2009 年 6 月期货经纪机构统计表

项目	行次	单位	数额
公司家数	1	家	5
所属营业部家数	2	家	30
辖区营业部家数	3	家	19
期货公司代理交易量	4	万手	572.53
期货公司代理交易金额	5	亿元	3642.42
辖区营业部代理交易量	6	万手	304.73
辖区营业部代理交易额	7	亿元	1799.43

注:未完成总部与营业部分设的 3 家公司招金期货、烟台中州期货及蓬达期货本部作为营业部列入本表统计范围。

山东证监局辖区 2009 年二季度期货经营机构统计表

项目	行次	单位	数额
公司家数	1	家	5
所属营业部家数	2	家	30
辖区营业部家数	3	家	19
期货公司代理交易量	4	万手	1725.6
期货公司代理交易金额	5	亿元	11092.05
辖区营业部代理交易量	6	万手	853.65
辖区营业部代理交易额	7	亿元	5073.76

注:未完成总部与营业部分设的 3 家公司招金期货、烟台中州期货及蓬达期货本部作为营业部列入本表统计范围。

青岛证监局辖区上市公司名单

证券简称	公司名称	联系地址	董秘或其他联系人	联系电话	电子邮件地址
青岛啤酒	青岛啤酒股份有限公司	青岛市香港中路五四广场青啤大厦 1720 室董事会秘书室	袁璐、张瑞祥	85713831、85713872	secretary@ tsingtao. com. cn info@ tsingtao. com. cn
海尔股份	青岛海尔股份有限公司	青岛市经济技术开发区前湾港路海尔工业园内	崔少华、刘甲坤	88938138	finance@ haier. com
海信电器	青岛海信电器股份有限公司	青岛市经济技术开发区前湾港路 218 号海信信息产业园	夏峰	83889556	zqb@ hisense. com
澳柯玛	青岛澳柯玛股份有限公司	青岛市经济技术开发区前湾港路 315 号	孙武、王仁华	86765168、86765129	sunwu@ aucma. com. cn wanghy@ aucma. com. cn
普洛股份	普洛股份有限公司	青岛市市南区湛山一路 16 号	阎国强、刘萍	83870896	yangq@ apeloa. com liup@ apeloa. com
华馨实业	青岛华馨实业股份有限公司	青岛市太平角六路十二号	冯栋、杜心强	83884366、83884366	chenbo@ sina. com duxq_0416@ 163. com
青岛碱业	青岛碱业股份有限公司	青岛市四流北路 78 号	邹怀基	84822754	zhengquan@ qdjy. cn
青岛双星	青岛双星股份有限公司	青岛市贵州路 5 号海富楼	王幸友	82657986	gqb@ doublestar. com. cn
黄海股份	青岛黄海橡胶股份有限公司	青岛市李沧区沧安路 1 号	宋志勇、孙荣青	84678085、84678032	stock@ yellowsearubber. com
青岛软控	青岛高校软控股份有限公司	青岛市保税区纽约路 2 号	纪东、郑磊	84012387	info@ mesnac. com
青岛金王	青岛金王应用化学股份有限公司	青岛市香港中路 18 号福泰广场 24 层	黄宝安、杨茜	85779728	stock@ chinakingking. com

青岛证监局辖区证券投资基金机构

名称	地址	电话
嘉实基金管理有限公司青岛分公司	青岛市香港中路 10 号颐和国际大厦 A 座 3502 室	66777766

青岛证监局辖区期货经营机构

机构名称	地址	联系电话
弘信期货经纪有限公司	青岛市香港中路 10 号 TOP 颐和国际 A 座 4 层	85039633
金友期货经纪有限责任公司青岛营业部	青岛市中山路 58 号百盛国际商务中心 1510 室	82023818

机构名称	地址	联系电话
经易期货经纪有限公司青岛营业部	青岛市东海西路35号太平洋中心3号楼4层	85780820
烟台中州期货经纪有限公司青岛营业部	青岛市南京路9号联合大厦19层E－L室	85753012
鲁能金穗期货经纪有限公司青岛营业部	青岛市东海西路43号西塔楼七层A号房	85976320
广发期货有限公司青岛营业部	青岛市东海西路39号世纪大厦15层1501室	85799288
中期期货有限公司青岛营业部	青岛市东海西路41号2栋西2单元2103室	85778526
格林期货有限公司青岛营业部	青岛市山东路2号甲华仁国际大厦17层F、G	83095258
江苏弘业期货经纪有限公司青岛营业部	青岛市香港中路10号颐和国际大厦A栋2301户	85039478
长城伟业期货经纪有限公司青岛营业部	青岛市香港中路12号丰合广场A栋3层A户	85029800
中证期货有限公司青岛营业部	青岛市香港中路6号世贸中心B座105室	85917796
南华期货经纪有限公司青岛营业部	青岛市闽江路2号国华大厦B座2501室	85806555
新湖期货有限公司青岛营业部	青岛市东海西路39号世纪大厦18层1809室	85796000
海通期货有限公司青岛营业部	青岛市南京路2号绮丽大厦1301.1302室	66773188
光大期货有限公司青岛营业部	青岛市香港西路67号12层JK室	86129096
浙江省永安期货经纪有限公司青岛营业部	青岛市香港中路40号906户	86679886
鲁证期货有限公司青岛营业部	青岛市江西路78号	80776053、80776070
迈科期货经纪有限公司青岛营业部	青岛市香港中路10号颐合国际906、907室	85029905

青岛证监局辖区证券投资咨询机构

名称	地址	电话
青岛安信投资顾问有限责任公司	青岛市彰化路一号银都花园5号楼－701	86679688
青岛市大摩投资咨询有限公司	青岛市香港东路海洋大学科技园6楼618室	80996888

青岛证监局辖区 2008年7月证券市场综合统计表

指标名称	单位	本月数	上月数	年初数	本年累计数
一、交易状况					
A股及封基交易总额	亿元	444.62	316.26	789.24	3434.82
其中:全国占比	/	1.826%	1.875%	1.690%	1.709%
所有品种交易总额	亿元	516.91	427.07	952.22	4159.11
开放式基金销售额	万元	9948.5	10416.6	43513.72	144656.64
二、经营指标					
主营业务收入	万元	7231.89	5755.64	13901.9	60186.73
净利润	万元	4032.86	2179.07	9643.42	35590.19
其中:部均净利润	万元	106.12	57.34	253.77	936.58
其中:盈利营业部数	个	36	30	36	/
纳税额	万元	631.05	512.43	941.7	5014.52
三、账户与客户资产					
新开股东账户数	户	11149	11469	34971	103395
新开资金账户数	户	6521	7357	19233	61913
股东账户总数	万户	118.38	117.27	109.9	/
资金账户总数	万户	74.42	73.77	76.01	/
客户交易结算资金总额	亿元	62.88	109.12	70.19	/
客户托管证券总市值	亿元	439.64	358.17	558.87	/
客户资产总额	亿元	502.52	467.29	629.06	/
四、中信万通证券公司的情况					
主营业务收入	亿元	0.629	0.934	0.92	5.74
利润	万元	2677.69	4789.73	4718	28099
其中:净利润	万元	2006.87	4189.54	3539	21684
总资产	亿元	91.6	93.46	91.6	/
净资产	亿元	16.74	16.35	16.23	/
净资本	亿元	14.87	14.46	13.99	/
缴税额	万元	1019.13	960.1	1819.5	9459.58
证券交易总额	亿元	408.41	343.52	653.07	3248.11
其中:A股及封基交易额	亿元	370.15	270.97	589.89	2779.03
其中:部均交易额	亿元	20.56	15.05	33.27	155.5
新增股东账户数	户	11600	12126	58806	178075
新增资金账户数	户	6402	7416	31421	101579
股东账户总数	万户	101.28	99.64	99.46	/
资金账户总数	万户	60.1	59.84	62.12	/
客户交易结算资金总额	亿元	33.35	74.35	42.71	/
客户托管证券总市值	亿元	315.72	245.6	416.51	/
客户资产总额	亿元	349.07	319.95	459.22	/

青岛证监局辖区 2008年8月证券市场综合统计表

指标名称	单位	本月数	上月数	年初数	本年累计数
一、交易状况					
A股及封基交易总额	亿元	220.35	444.62	789.24	3655.17
其中:全国占比	/	1.921%	1.826%	1.690%	1.733%
所有品种交易总额	亿元	276.81	516.91	952.22	4435.92
开放式基金销售额	万元	187.31	9948.5	43513.72	144843.95
二、经营指标					
主营业务收入	万元	3863.41	7231.89	13901.9	64050.14
净利润	万元	953.77	4032.86	9643.42	36543.96
其中:部均净利润	万元	25.10	106.12	253.77	961.58
其中:盈利营业部数	个	27	36	36	/
纳税额	万元	347.36	631.05	941.7	5361.88
三、账户与客户资产					
新开股东账户数	户	6808	11149	34971	110203
新开资金账户数	户	3602	6521	19233	65515
股东账户总数	万户	119.06	118.38	109.9	/
资金账户总数	万户	74.78	74.42	76.01	/
客户交易结算资金总额	亿元	73.21	62.88	70.19	/
客户托管证券总市值	亿元	301.86	439.64	558.87	/
客户资产总额	亿元	375.07	502.52	629.06	/
四、中信万通证券公司的情况					
主营业务收入	亿元	0.716	0.629	0.92	6.46
利润	万元	4087.13	2677.69	4718	32186
其中:净利润	万元	3065.35	2006.87	3539	24749
总资产	亿元	71.14	91.6	91.6	/
净资产	亿元	16.39	16.74	16.23	/
净资本	亿元	13.91	14.87	13.99	/
缴税额	万元	1422.62	1019.13	1819.5	10882.24
证券交易总额	亿元	232.65	408.41	653.07	3489.38
其中:A股及封基交易额	亿元	192.35	370.15	589.89	2971.38
新增股东账户数	户	8299	11600	58806	186374
新增资金账户数	户	5042	6402	31421	106621
股东账户总数	万户	102.06	101.28	99.46	/
资金账户总数	万户	60.6	60.1	62.12	/
客户交易结算资金总额	亿元	42.53	33.35	42.71	/
客户托管证券总市值	亿元	204.49	315.72	416.51	/
客户资产总额	亿元	247.02	349.07	459.22	/

青岛证监局辖区
2008 年 9 月证券市场综合统计表

指标名称	单位	本月数	上月数	年初数	本年累计数
一、交易状况					
A 股及封基交易总额	亿元	211.47	220.35	789.24	3866.64
其中:全国占比	/	1.847%	1.921%	1.690%	1.721%
所有品种交易总额	亿元	290.82	276.81	952.22	4726.74
开放式基金销售额	万元	14107	187.31	43513.72	158950.95
二、经营指标					
主营业务收入	万元	3919.45	3863.41	13901.9	67969.59
净利润	万元	1244.68	953.77	9643.42	37788.64
其中:部均净利润	万元	31.91	25.10	253.77	993.49
其中:盈利营业部数	个	29	27	36	/
纳税额	万元	285.39	347.36	941.7	5647.27
三、账户与客户资产					
新开股东账户数	户	12138	6808	34971	122341
新开资金账户数	户	6608	3602	19233	72123
股东账户总数	万户	120.27	119.06	109.9	/
资金账户总数	万户	75.44	74.78	76.01	/
客户交易结算资金总额	亿元	70.97	73.21	70.19	/
客户托管证券总市值	亿元	279.67	301.86	558.87	/
客户资产总额	亿元	350.64	375.07	629.06	/

青岛证监局辖区
2008 年 11 月证券市场综合统计表

指标名称	单位	本月数	上月数	年初数	本年累计数
一、交易状况					
A 股及封基交易总额	亿元	311.68	191.86	789.24	4390.18
其中:全国占比	/	1.726%	1.763%	1.690%	1.693%
所有品种交易总额	亿元	446.51	287.99	952.22	5461.24
开放式基金销售额	万元	7389	4879.3	43513.72	171219.25
二、经营指标					
主营业务收入	万元	5888.24	3708.2	13901.9	77566.03
净利润	万元	3186.01	1294.52	9643.42	42269.17
其中:部均净利润	万元	77.71	31.57	253.77	1030.95
其中:盈利营业部数	个	36	34	36	/
纳税额	万元	308.79	550.3	941.7	6506.36
三、账户与客户资产					
新开股东账户数	户	14310	10851	34971	147502
新开资金账户数	户	8479	6586	19233	87178
股东账户总数	万户	122.78	121.35	109.9	/
资金账户总数	万户	76.97	76.12	76.01	/
客户交易结算资金总额	亿元	63.69	59.86	70.19	/
客户托管证券总市值	亿元	230.6	227.5	558.87	/
客户资产总额	亿元	294.29	287.36	629.06	/

青岛证监局辖区
2008 年 12 月证券市场综合统计表

指标名称	单位	本月数	上月数	年初数	本年累计数
一、交易状况					
A 股及封基交易总额	亿元	458.92	311.68	789.24	4849.1
其中:全国占比	/	1.688%	1.726%	1.690%	1.689%
所有品种交易总额	亿元	532.23	446.51	952.22	5993.47
开放式基金销售额	万元	18878	7389	43513.72	190097.25
二、经营指标					
主营业务收入	万元	8825.64	5888.24	13901.9	86391.67
净利润	万元	4049.92	3186.01	9643.42	46319.09
其中:部均净利润	万元	94.18	77.71	253.77	1219.31
其中:盈利营业部数	个	39	36	36	/
纳税额	万元	420.53	308.79	941.7	6926.89
三、账户与客户资产					
新开股东账户数	户	13556	14310	34971	161058
新开资金账户数	户	8472	8479	19233	95650
股东账户总数	万户	124.14	122.78	109.9	/
资金账户总数	万户	77.82	76.97	76.01	/
客户交易结算资金总额	亿元	60.45	63.69	70.19	/
客户托管证券总市值	亿元	259.11	230.6	558.87	/
客户资产总额	亿元	319.56	294.29	629.06	/

青岛证监局辖区
2009 年 1 月证券市场综合统计表

指标名称	单位	本月数	上月数	变动幅度	本年累计数
一、交易状况					
A 股及封基交易总额	亿元	275.88	458.92	-39.88%	275.88
其中:全国占比	/	1.716%	1.688%	1.66%	1.716%
所有品种交易总额	亿元	305.43	532.23	-42.61%	305.43
开放式基金销售额	万元	5564.78	18878	-70.52%	5564.78
二、经营指标					
主营业务收入	万元	4171.94	8825.64	-52.73%	4171.94
净利润	万元	1625.48	4049.92	-59.86%	1625.48
其中:部均净利润	万元	37.80	94.18	-59.86%	37.80
其中:盈利营业部数	个	39	39	0.00%	/
纳税额	万元	565.45	420.53	34.46%	565.45
三、账户与客户资产					
新开股东账户数	户	4412	13556	-67.45%	4412
新开资金账户数	户	2652	8472	-68.70%	2652
股东账户总数	万户	124.58	124.14	0.35%	/
资金账户总数	万户	78.08	77.82	0.33%	/
客户交易结算资金总额	亿元	59.39	60.45	-1.75%	/
客户托管证券总市值	亿元	289.94	259.11	11.90%	/
客户资产总额	亿元	349.33	319.56	9.32%	/

青岛证监局辖区
2009 年 2 月证券市场综合统计表

指标名称	单位	本月数	上月数	变动幅度	本年累计数
一、交易状况					
A 股及封基交易总额	亿元	839.97	295.04	184.70%	1135.01
其中:全国占比	/	1.639%	1.716%	-4.49%	1.658%
所有品种交易总额	亿元	942.17	324.79	190.09%	1266.96
开放式基金销售额	万元	7967.87	6827.43	16.70%	14795.3
二、经营指标					
主营业务收入	万元	13120	4373.92	199.96%	17493.92
净利润	万元	8811.3	1512.06	482.73%	10323.36
其中:部均净利润	万元	204.91	35.16	482.79%	240.07
其中:盈利营业部数	个	42	38	10.53%	/
纳税额	万元	796.82	259.3	207.30%	1056.12
三、账户与客户资产					
新开股东账户数	户	26879	4412	509.22%	31291
新开资金账户数	户	15164	2652	471.79%	17816
客户交易结算资金总额	亿元	69.81	58.69	18.95%	/
客户托管证券总市值	亿元	352.35	285.09	23.59%	/
客户资产总额	亿元	422.16	343.78	22.80%	

青岛证监局辖区
2009 年 3 月证券市场综合统计表

指标名称	单位	本月数	上月数	变动幅度	本年累计数
一、交易状况					
A 股及封基交易总额	亿元	808.69	839.97	-3.72%	1902.46
其中:全国占比	/	2.102%	1.868%	12.53%	1.930%
所有品种交易总额	亿元	928.59	942.17	-1.44%	2154.25
开放式基金销售额	万元	15435.48	7967.87	93.72%	29408.84
二、经营指标					
主营业务收入	万元	11786	13120	-10.17%	27456

指标名称	单位	本月数	上月数	变动幅度	本年累计数
净利润	万元	7434.68	8811.3	-15.62%	17161.16
其中:部均净利润	万元	177.02	204.91	-13.61%	408.60
其中:盈利营业部数	个	41	42	-2.38%	/
纳税额	万元	812.87	796.82	2.01%	1820.76
三、账户与客户资产					
新开股东账户数	户	25970	26879	-3.38%	57261
新开资金账户数	户	16660	15164	9.87%	34476
客户交易结算资金总额	亿元	75.74	69.81	8.49%	/
客户托管证券总市值	亿元	336.47	352.35	-4.51%	/
客户资产总额	亿元	442.2	422.16	4.75%	/

注:2009 年 3 月总共有 42 家营业部,较上月减少一家。

青岛证监局辖区
2009 年 4 月证券市场综合统计表

指标名称	单位	本月数	上月数	变动幅度	本年累计数
一、交易状况					
A 股及封基交易总额	亿元	1008.78	808.69	24.74%	2867.02
其中:全国占比	/	2.220%	2.102%	5.61%	1.896%
所有品种交易总额	亿元	1088.22	928.59	17.19%	3196.5
开放式基金销售额	万元	13883.47	15435.48	-10.05%	44494.46
二、经营指标					
主营业务收入	万元	13427.7	11786	13.93%	39633.18
净利润	万元	8819.19	7434.68	18.62%	25059.81
其中:部均净利润	万元	205.09	177.02	15.86%	582.77
其中:盈利营业部数	个	41	41	0.00%	/
纳税额	万元	971.27	812.87	19.49%	2724.41
三、账户与客户资产					
新开股东账户数	户	40713	25970	56.77%	97974
新开资金账户数	户	29178	16660	75.14%	63654
客户交易结算资金总额	亿元	85.08	75.74	12.33%	/
客户托管证券总市值	亿元	416.8	366.76	13.64%	/
客户资产总额	亿元	501.88	442.5	13.42%	/

青岛证监局辖区
2009 年 5 月证券市场综合统计表

指标名称	单位	本月数	上月数	变动幅度	本年累计数
一、交易状况					
A 股及封基交易总额	亿元	797.64	1008.78	-20.93%	3664.62
其中:全国占比	/	2.220%	2.220%	0.00%	2.135%
所有品种交易总额	亿元	850.02	1088.22	-21.89%	4046.75
开放式基金销售额	万元	16489.59	13883.47	18.77%	58507.22
二、经营指标					
主营业务收入	万元	11209.4	13427.7	-16.52%	50200.51
净利润	万元	6671.5	8819.19	-24.35%	30653.52
其中:部均净利润	万元	151.63	205.09	-26.07%	734.40
指标名称	单位	本月数	上月数	变动幅度	本年累计数
其中:盈利营业部数	个	41	41	0.00%	/
纳税额	万元	701.2	971.27	-27.81%	3395.55
三、账户与客户资产					
新开股东账户数	户	18119	40713	-55.50%	116093
新开资金账户数	户	10412	29178	-64.32%	74066
客户交易结算资金总额	亿元	118.41	85.08	39.17%	/
客户托管证券总市值	亿元	413.08	416.8	-0.89%	/
客户资产总额	亿元	531.49	501.88	5.90%	/

青岛证监局辖区
2009 年 6 月证券市场综合统计表

指标名称	单位	本月数	上月数	变动幅度	本年累计数
一、交易状况					
A 股及封基交易总额	亿元	995.5	797.64	24.81%	4688.91
其中:全国占比	/	2.127%	2.220%	-4.19%	1.984%
所有品种交易总额	亿元	1036.05	850.02	21.89%	5111.7
开放式基金销售额	万元	15307	16489.59	-7.17%	75718.15
二、经营指标					
主营业务收入	万元	13024.57	11209.4	16.19%	63704.61
净利润	万元	8164.07	6671.5	22.37%	39763.58
其中:部均净利润	万元	185.55	151.63	22.37%	919.95
其中:盈利营业部数	个	41	41	0.00%	/
纳税额	万元	918.86	701.2	31.04%	4321.17
三、账户与客户资产					
新开股东账户数	户	27942	18119	54.21%	144035
新开资金账户数	户	15116	10412	45.18%	89182
客户交易结算资金总额	亿元	74.37	85.67	-13.19%	/
客户托管证券总市值	亿元	485.51	413.08	17.53%	/
客户资产总额	亿元	559.88	531.49	5.34%	/

山西证券市场

中国证券监督管理委员会山西监管局

中国证监会山西监管局的前身是山西省证券管理委员会,成立于1994年4月,是山西省政府对全省证券、期货行业进行统一领导的协调议事机构。1994年11月,另设立山西省证券管理办公室,作为山西省证券管理委员会的办事机构,负责管理山西省证券、期货市场。

随着我国资本市场的发展壮大,1997年10月国务院决定建立集中统一的证券监管体制,由中国证监会对地方证券监管部门实行垂直领导,加强对全国证券、期货市场的统一监管。1998年12月,中国证监会同山西省人民政府签署交接备忘录,山西省证券监管机构划归中国证监会管理。1999年7月1日,中国证监会太原证券监管特派员办事处正式挂牌成立,简称太原特派办。2004年3月,机构更名为中国证监会山西监管局,简称山西证监局。

山西证监局的主要职责是:认真贯彻执行国家有关法律、法规和方针政策,做好山西辖区证券、期货市场的一线监管工作,完成证监会系统的协作监管任务。根据中国证监会的授权对辖区内上市公司、非上市公众公司、证券期货经营机构、证券期货投资咨询机构及从事证券期货业务的律师事务所、会计师事务所、资产评估机构等中介机构的证券期货业务活动进行监督管理,依法查处辖区证券、期货市场违法违规案件,调解证券期货业务纠纷和争议,以及中国证监会赋予的其它职责。

山西证监局内设6个处室,分别为:办公室、党委办公室、上市公司监管处、机构监管处、期货监管处、稽查处。山西证监局现有在编人员38人,其中本科学历25人,硕士研究生以上学历8人,具有注册会计师、律师资格人员4人,全局平均年龄约38岁。

截至2007年12月5日,山西辖区共有上市公司26家;证券公司2家,证券营业部41家,证券服务部48家;期货经纪公司5家,期货营业部8家。

处室设置及职责分工

办公室:负责本局的办公文秘、文件收发、档案管理、行政管理、财务管理、人事劳资、对外联络、行政许可受理、信息系统管理和安全保卫等工作。

党委办公室:

负责本局的党务、纪检监察、精神文明建设,指导工会、共青团、妇女组织的工作。

上市公司监管处:负责辖区内拟上市公司辅导工作监管及现场检查、验收;就上市公司再融资、并购重组等事项出具监管意见书;上市公司信息披露事项的事后审阅、现场检查;上市公司治理结构规范情况的监管;上市公司募集资金使用情况的持续监管;上市公司重大风险的监控、通报、处置;上市公司退市风险防范;非上市公众公司监管;对在本辖区内开展证券业务的中介机构进行监管;协助调查处理涉及上市公司、拟上市公司的投诉举报事项。

机构监管处:负责辖区内证券经营机构业务活动的日常监管和检查;证券公司重大风险的监控、报告及处置;证券公司治理结构、内控制度健全完善及运作情况的监督检查;辖区证券经营机构客户交易结算资金的日常监管;证券公司董事、监事、独立董事和分支机构负责人任职资格的核准及分支机构负责人的日常监管;有关分支机构开业、迁址、变更及业务资格等事项的监管;证券公司变更股东或股权事项的初审;证券投资咨询机构业务资格初审及日常监管;督促证券经营机构及时、完整、准确地报送规定数据;对辖区新建、迁入证券营业部、服务部进行技术审核,并对证券经营机构信息技术系统进行检查;协助调查处理涉及证券经营机构和证券投资咨询机构的投诉举报事项。

期货监管处:负责对辖区内期货经营机构、期货投资咨询机构及其从业人员的日常监管;期货经营机构风险的监控、报告及处置,重点是财务安全性、客户保证金安全性及交易风险管理和合规性经营管理;期货经营机构、分支机构的设立、解散、合并、变更、终止等事项的核准或初审;期货投资咨询业务资格初审;期货经营机构、分支机构高管人员任职资格的核准或初审及日常监管;期货经营机构、期货投资咨询机构高管人员年检工作的初检;协助调查处理涉及期货经营机构和期货投资咨询机构的投诉举报事项。

稽查处:负责对辖区内证券期货违法违规事项进行立案调查;承办证监会交办的案件或调查事项;办理证监会其他派出机构请求协助案件调查的事项;协助公安、司法等有关部门调查涉及辖区内证券期货违法案件,打击非法证券发行及非法证券期货交易行为,维护市场正常秩序;协助做好案件审理、行政复议的相关工作;监督执行证监会做出的行政处罚决定;负责处理本辖区案件诉讼;接待处理群众来信来访,主办证券、期货业务投诉举报事项的调查处理;承担本局的法律事务和普法工作。

证监局领导

申志杰　党委书记、局长
任宝香　党委委员、副局长
赵志明　党委委员、副局长
陈　稹　党委委员、副局长

联系我们:

办公地址:山西省太原市平阳路101号国瑞大厦
十二、十三、十四层
邮政编码:030006
联系电话:
办公室:0351-7218177
党　办:0351-7218168
上市公司监管处:0351-7218190
机构监管处:0351-7218205
期货监管处:0351-7218234
稽查处:0351-7218225
值班电话:0351-7218177
举报电话:0351-7218177
行政许可受理:0351-7218189
电子邮箱:shanxi@csrc.gov.cn

山西证券市场上市公司名录

序号	公司简称	股票代码	公司全称	法人代表	公司地址	邮政编码	董秘	联系电话	传真	公司网址
1	*ST 大水	000673	大同水泥股份有限公司	王建辉	山西省大同市口泉	037001	刘刚	0352－5332479	0352－5332623	www. dtshuini. com
2	南风化工	000737	南风化工集团股份有限公司	王跃宣	山西省运城市解放路294号	044000	朱奇立	0359－8967017	0359－2023302	www. nafine. com
3	山西三维	000755	山西三维集团股份有限公司	卢辉生	山西省洪洞县赵城·山西三维公司	041603	张亚平	0357－6662666	0357－6663566	www. sxsanwei. com
4	漳泽电力	000767	山西漳泽电力股份有限公司	王清文	山西省太原市五一路197号	030001	王一峰	0351－4265109	0351－4265168	www. zhangzepower. com
5	太原刚玉	000795	太原双塔刚玉股份有限公司	杜建奎	山西省太原市并州北路168号	030012	周玉旺	0351－4935262	0351－4935097	wwww. twin－tower. com. cn
6	太钢不锈	000825	山西太钢不锈钢股份有限公司	陈川平	山西省太原市尖草坪街2号	030003	张竹平	0351－3017702	0351－3017729	www. tgbx. com
7	关铝股份	000831	山西关铝股份有限公司	李庆	山西省运城市解州镇新建路36号	044001	郑启家	0359－2825232	0359－2800974	www. sxglgf. com
8	煤气化	000968	太原煤气化股份有限公司	王良彦	山西省太原市和平南路83号	030024	刘恩孝	0351－6019365	0351－6199887	www. tymqh. com. cn
9	西山煤电	000983	山西西山煤电股份有限公司	车树春	山西省太原市西矿街318号西山大厦	030053	宁志华	0351－6217296	0351－6127434	———
10	兰花科创	600123	山西兰花科技创业股份有限公司	贺贵元	山西省晋城市凤台东街2288号兰花科技大厦	048000	王立印	0356－2189698	0356－2189608	www. chinalanhua. com
11	太原重工	600169	太原重工股份有限公司	岳普煜	太原市万柏林区玉河街53号	030024	李迎魁	0351－6361155	0351－6362554	www. tyhi. com. cn
12	ST 天龙	600234	太原天龙集团股份有限公司	田家俊	太原市迎泽大街291号	030001	白耀宏	0351－2025168	0351－4810073	———
13	太化股份	600281	太原化工股份有限公司	邢亚东	山西省太原市义井街20号	030021	刘昌林	0351－5638038	0351－5638000	www. thgf. cn
14	国阳新能	600348	山西国阳新能股份有限公司	石盛奎	山西省阳泉市北大街5号	045000	李国基	0353－7078728	0353－7080589	www. gyne. com. cn
15	亚宝药业	600351	山西亚宝药业集团股份有限公司	任武贤	山西省风陵渡经济开发区工业大道1号	044602	任蓬勃	0359－3388078	0359－3388076	www. yabao. com. cn
16	太工天成	600392	太原理工天成科技股份有限公司	杜文广	太原市北大街平民路19号	030024	张眉河	0351－3182809	0351－3186299	www. tichn. com
17	安泰集团	600408	山西安泰集团股份有限公司	李安民	山西省介休市义安镇	032002	郭全虎	0354－7531070	0354－7536786	www. antaigroup. com
18	晋西车轴	600495	晋西车轴股份有限公司	牛建国	太原市和平北路北巷5号	030027	周海红	0351－6629027	0351－6628281	www. jinxiaxle. com. cn
19	狮头股份	600539	太原狮头水泥股份有限公司	邓守信	山西省太原市万柏林区开城街1号	030056	郝瑛	0351－2857002	0351－2857002	www. 600539. com. cn
20	山西焦化	600740	山西焦化股份有限公司	潘得国	山西省洪洞县广胜寺镇	041606	李峰	0357－6626012	0357－6625045	www. sxjh. com. cn
21	通宝能源	600780	山西通宝能源股份有限公司	常小刚	山西省太原市高新区学府工业园区V－6区	030006	常璞	0351－7032515	0351－7021077 8010/8102	www. 600780. net
22	山西汾酒	600809	山西杏花村汾酒厂股份有限公司	郭双威	山西省汾阳市杏花村	032205	郭志宏	0358－7220255	0358－7220394	www. fenjiu. com. cn
23	大同煤业	601001	大同煤业股份有限公司	李泽民	山西省大同市矿区新平旺	037003	钱建军	0352－7018978	0352－7011070	www. dtmy. com. cn
24	大秦铁路	601006	大秦铁路股份有限公司	武汛	山西省大同市站北街14号	037005	黄松青	0351－7121395	0352－7123650	www. daqintielu. com
25	潞安环能	601699	山西潞安环保能源开发股份有限公司	任润厚	山西省长治市城北东街65号	040462	洪强	0355－5923838	0355－5924899	www. luanhn. com
26	美锦能源	000723	山西美锦能源股份有限公司	姚锦龙	山西省太原市府西街92号天隆仓大厦12层	030002	朱庆华	0351－4236095	0351－4236092	www. mjenergy. com

山西证券市场证券营业部名录

序号	营业部名称	营业部地址	邮政编码	负责人	联系电话	传真
1	山西证券有限责任公司太原迎泽大街证券营业部	太原市迎泽大街248号南宫西展厅	030001	张培卿	0351－4038413	0351－4035424
2	山西证券有限责任公司太原五一路证券营业部	太原市五一路155号	030001	梁巍	0351－3520856	0351－3520856
3	山西证券有限责任公司太原府西街证券营业部	太原市府西街69号	030002	任祥海	0351－8686595	0351－8686510
4	山西证券有限责任公司太原并州南路证券营业部	太原市并州南路105号九仙艺苑	030012	闫波	0351－7083874	0351－7083445
5	山西证券有限责任公司太原桃园二巷证券营业部	太原市桃园二巷58号	030002	秦时湫	0351－8612322	0351－8612355
6	山西证券有限责任公司太原坞城路证券营业部	太原市坞城路19号	030006	张艺锋	0351－7630236	0351－7630236
7	山西证券有限责任公司大同新建南路证券营业部	山西省大同市新建南路51号	037000	王杰民	0352－2034977	0352－2034977
8	山西证券有限责任公司运城河东街证券营业部	山西省运城市河东街159号	044000	谢卫	0359－6381640	0359－6381640
9	山西证券有限责任公司离石滨河北西路证券营业部	山西省离石市滨河北西路1号	033000	王永茂	0358－8285148	0358－8285148
10	山西证券有限责任公司汾阳证券营业部	山西省汾阳市杏花村	032205	张效谦	0358－7220805	0358－7220805
11	山西证券有限责任公司晋中迎宾路证券营业部	山西省晋中市迎宾路92号	030600	王亚巍	0354－3027521	0354－3027521
12	山西证券有限责任公司临汾北洪家楼证券营业部	山西省临汾市北洪家楼20号	041000	李建斌	0357－2027285	0357－2017778
13	山西证券有限责任公司晋城黄华街证券营业部	山西省晋城市黄华街C区12号	048000	牛杰	0356－3052512	0356－3052512
14	山西证券有限责任公司阳泉德胜东街证券营业部	山西省阳泉市德胜东街23号	045000	赵立忠	0353－2026566	0353－2033754
15	山西证券有限责任公司长治长兴南路证券营业部	山西省长治市长兴南路146号	046000	魏亦斌	0355－3014180	0355－3014180
16	山西证券有限责任公司太原解放北路证券营业部	太原市解放北路279号	030003	赵计春	0351－3132220	0351－3137545
17	山西证券有限责任公司太原西矿街证券营业部	太原市西矿街63号	030024	江希明	0351－6175819	0351－6175819
18	山西证券有限责任公司介休裕华路证券营业部	山西省介休市裕华路14号	032000	宋晔	0354－7229136	0354－7223300
19	大同证券经纪有限责任公司大同新建路证券营业部	山西省大同市新建路康乐小区3、11号楼	037006	王亚飞	0352－2420986	0352－7689550
20	大同证券经纪有限责任公司晋城凤台西街证券营业部	山西省晋城市凤台西街29号	048026	刘恒	0356－2030580	0356－2050444
21	大同证券经纪有限责任公司太原青年路证券营业部	山西省太原市青年路8号	030001	王宵春	0351－5680796	0351－5680797
22	大同证券经纪有限责任公司大同大北街证券营业部	山西省大同市大北街13号	037004	赵卫新	0352－7669588	0352－7669508
23	大同证券经纪有限责任公司大同新平旺证券营业部	山西省大同市新平旺同泉西路1号	037003	刘福明	0352－5329068	0352－5329088
24	大同证券经纪有限责任公司大同站北街证券营业部	山西省大同市站北街11号	037005	张卫彤	0352－7166568	0532－7169800
25	大同证券经纪有限责任公司运城人民北路证券营业部	山西省运城市人民北路147号	044000	张继伟	0359－8663188	0359－8663183
26	大同证券经纪有限责任公司忻州七一北路证券营业部	山西省忻州市忻府区七一北路14号	034000	温权威	0352－3043966	0352－3043966
27	渤海证券有限责任公司太原双塔西街证券营业部	山西省太原市双塔西街50号安成中体商厦五层	030012	张福珠	0351－8717497	0351－8717493
28	华融证券有限责任公司太原新建南路证券营业部	山西省太原市新建南路145号	030012	牛晋祯	0351－8715012	0351－8715015
29	东北证券股份有限公司太原解放路证券营业部	山西省太原市解放路25号常青大厦	030002	蔚先立	0351－4729330	0351－4729345

序号	营业部名称	营业部地址	邮政编码	负责人	联系电话	传真
30	广发证券股份有限公司太原新建北路证券营业部	山西省太原市新建北路80号	030002	李家莹	0351－4940299	0351－4940233
31	国泰君安证券股份有限公司太原并州北路证券营业部	山西省太原市并州北路35号	030001	范晓军	400－8888－666	0351－4727036
32	海通证券股份有限公司太原新建路证券营业部	山西省太原市新建路92号	030002	杨小平	0351－3532950	0351－3532776
33	方正证券有限责任公司太原桃园南路证券营业部	山西省太原市新建南路69号市工会大楼四层	030001	张连渊	0351－4691212	0351－4691218
34	西南证券有限责任公司太原长治路证券营业部	山西省太原市长治路218号新辰大厦三楼	030006	贺离	0351－8225102	0351－7032070
35	中国银河证券股份有限公司太原迎泽西大街证券营业部	山西省太原市迎泽西大街53号	030024	赵松林	0351－8611338	0351－8610558
36	中国银河证券股份有限公司晋中榆太路证券营业部	山西省晋中市榆太路106号	030600	马俊明	0354－2669999	0354－2661810
37	中国银河证券股份有限公司临汾鼓楼东大街证券营业部	山西省临汾市鼓楼东大街75号	041000	杨双民	0357－2017064	0357－2112294
38	中国银河证券股份有限公司太原桃园证券营业部	山西省太原市桃园北路16号	030002	郭晋	0351－8268700	0351－8268618
39	中国建银投资证券有限责任公司太原解放路营业部	山西省太原市解放路90号	030002	刘钢	0351－3525133	0351－3033942
40	光大证券股份有限公司太原东缉虎营证券营业部	山西省太原市东缉虎营1号	030009	林维晋	0351－3038666	0351－3020068
41	太平洋证券股份有限公司太原解放南路证券营业部	太原市解放南路2号景峰国际商务大厦15楼	030001	李伟	0351－4048022	0351－4161362
42	民生证券有限责任公司太原长风街证券营业部	太原市长风街132号长风大厦17楼	030008	石生平	0351－7596171	0351－7596058
43	海通证券股份有限公司太原西矿街证券营业部	太原市万柏林区西矿街311号	030053	王刚	0351－6213148	0351－6120549
44	国信证券股份有限公司太原府西街证券营业部	太原市府西街108号力鸿大厦5层	030002	曹星	0351－8221188	0351－3532575

山西证券市场证券服务部名录

序号	服务部名称	服务部地址	邮政编码	负责人	联系电话	传真
1	山西证券有限责任公司运城河东街证券营业部河津证券服务部	山西省河津市中兴西路18号	043300	李久伟	0359－5038076	0359－5029151
2	山西证券有限责任公司运城河东街证券营业部永济证券服务部	山西省永济市西厢路1号	044500	李辉	0359－6330618	0359－6330618
3	山西证券有限责任公司太原迎泽大街证券营业部平阳路证券服务部	太原市平阳路297号	030006	宋敏林	0351－7320010	0351－7320013
4	山西证券有限责任公司长治长兴南路证券营业部长北证券服务部	山西省长治市长北铁路大厦	046000	高之帅	0355－5052249	0355－5052249
5	山西证券有限责任公司长治长兴南路证券营业部潞矿证券服务部	山西省长治市襄垣侯堡矿区墨玉街	046204	倪培新	0355－5923951	0355－9523951
6	山西证券有限责任公司长治长兴南路证券营业部太行西路证券服务部	山西省长治市太行西路25号	046000	刘军	0355－2110214	0355－2110214
7	山西证券有限责任公司阳泉德胜东街证券营业部盂县证券服务部	山西省阳泉市盂县新建东路115号	045100	杨大庆	0353－8088785	0353－8088785
8	山西证券有限责任公司阳泉德胜东街证券营业部平定证券服务部	山西省阳泉市平定县东大街98号	045200	米江涛	0353－6069974	0353－6031724
9	山西证券有限责任公司阳泉德胜东街证券营业部桃北中路证券服务部	山西省阳泉市桃北中路182号	045008	郎忠强	0353－4065931	0353－4065933
10	山西证券有限责任公司离石滨河北西路证券营业部孝义证券服务部	山西省孝义市府前街	032300	林刚	0358－7630105	0358－7630105
11	山西证券有限责任公司离石滨河北西路证券营业部柳林证券服务部	山西省离石市柳林县来福区网通一楼	033300	任兴荣	0358－4026126	0358－4026126
12	山西证券有限责任公司离石滨河北西路证券营业部汾阳证券服务部	山西省汾阳市文明路东口	032205	赵杰	0358－7220805	0358－7220613
13	山西证券有限责任公司大同新建南路证券营业部朔州证券服务部	山西省朔州市开发路48号	036002	胡刚	0349－2026947	0349－2026247
14	山西证券有限责任公司大同新建南路证券营业部神头证券服务部	山西省朔州市神头一电厂厂区	036011	宋芝娟	0349－2188172	0349－2188172
15	山西证券有限责任公司太原桃园二巷证券营业部清徐证券服务部	山西省清徐县美锦北大街234号	030400	周斌	0351－5729154	0351－5729154
16	山西证券有限责任公司太原五一路证券营业部小店证券服务部	山西省太原市小店区人民南路6号	030032	张超远	0351－7099230	0351－7099231
17	山西证券有限责任公司桃园二巷证券营业部漪汾街证券服务部	山西省太原市漪汾街1号	030027	王先	0351－8612322	0351－8612322
18	山西证券有限责任公司太原五一路证券营业部忻州证券服务部	山西省忻州市七一北路20号	034000	冀江波	0350－3042807	0350－3042807
19	山西证券有限责任公司晋中迎宾路证券营业部平遥证券服务部	山西省平遥县曙光路6号	030600	张秋安	0354－5634888	0354－5633388
20	山西证券有限责任公司太原临汾北洪家楼证券营业部侯马证券服务部	山西省侯马市新田路39号	043000	郭爱民	0357－4221195	0357－4231972
21	大同证券经纪有限责任公司晋城凤台西街证券营业部阳城证券服务部	晋城市阳城县丰泽商厦四楼	048100	张瑞华	0356－4227778	无
22	大同证券经纪有限责任公司晋城凤台西街证券营业部矿区证券服务部	晋城矿务局丰翠经贸中心二楼	048006	崔宇明	0356－3662347	无
23	大同证券经纪有限责任公司晋城凤台西街证券营业部高平证券服务部	高平市友谊街建行大厦一楼	048400	陈军	0356－5244778	无
24	大同证券经纪有限责任公司太原青年路证券营业部文水证券服务部	吕梁市文水县东门外1号	032100	王军怀	0354－4622952	无
25	大同证券经纪有限责任公司太原青年路证券营业部寿阳证券服务部	晋中市寿阳县城内街4号	045400	鲍天心	0358－3010001	无
26	大同证券经纪有限责任公司大同新建路证券营业部新开路证券服务部	大同市新开北路1号	037004	张晓霞	0352－7987993	无
27	国泰君安证券股份有限公司太原并州北路证券营业部晋城证券服务部	山西省晋城市南环路粮食批发市场	048000	常威	0356－3050377	0356－3050377
28	海通证券股份有限公司太原新建路证券营业部漪汾街服务部	山西省太原市万柏林区漪汾街8号楼	030024	高国强	0351－6165373	0351－6168239
29	海通证券股份有限公司太原新建路证券营业部晋源服务部	山西省太原市晋源区义井街82号	030021	衡宇峰	0351－6080987	0351－6073679
30	中国银河证券股份有限公司晋中榆太路证券营业部太谷服务部	山西省太谷县太洛西路135号	030800	边宗伟	0354－6230552	0354－6230553
31	中国银河证券股份有限公司晋中榆太路证券营业部祁县服务部	山西省祁县新建北路179号	030900	薛红斌	0354－5245311	0354－5245312
32	中国银河证券股份有限公司晋中榆太路证券营业部迎宾街服务部	山西省晋中市榆次区迎宾街135号	030600	周祥练	0354－2427724	无
33	中国银河证券股份有限公司临汾鼓楼东大街证券营业部侯马服务部	山西省侯马市浍滨街7号	043000	王全瑞	0357－4210105	无
34	中国银河证券股份有限公司临汾鼓楼东大街证券营业部霍州服务部	山西省霍州市滨河南路6号	031400	董新征	0357－5621000	无
35	中国银河证券股份有限公司临汾鼓楼东大街证券营业部洪洞服务部	山西省洪洞县大槐树镇车站路	041600	崔晋辉	0357－6282111	无
36	中国银河证券股份有限公司临汾鼓楼东大街证券营业部翼城服务部	山西省翼城县红旗街政前广场东段	043500	尹宇飞	0357－4932157	无
37	中国银河证券股份有限公司太原迎泽西大街证券营业部西山服务部	山西省太原万柏林区西矿街313号	030024	郭群	0351－6133896	无

四川证券市场

中国证券监督管理委员会四川监管局

1999年7月1日，中国证监会成都证券监管办公室（简称成都证管办）作为中国证监会派出机构正式挂牌。

2001年4月，加挂中国证监会成都稽查局牌子（简称成都稽查局），与成都证管办合署办公。

2004年3月，成都证管办正式更名为中国证监会四川监管局，简称四川证监局。成都稽查局名称不变。

职责：

作为中国证监会的派出机构，四川证监局担负着四川证券期货市场一线监管的重要使命，主要职责是：贯彻执行国家有关法律、法规和方针政策，严格按照证监会《派出机构监管工作职责》，做好辖区内的一线监管工作；依据证监会的授权，对辖区内的上市公司、证券、期货经营机构、证券期货投资咨询机构和从事证券业务的律师事务所、会计师事务所、资产评估机构等中介机构的证券业务活动进行监督管理；依法查处辖区内前述监管范围中的违法、违规案件，调解证券期货业务纠纷和争议；履行证监会授予的其他职责。

人员编制：

截止2007年底，四川证监局在编人员81人，平均年龄33岁。专业技术人员64人，占全局总人数的79%。研究生以上学历28人，本科31人；经济、法律、金融、计算机专业人员53人；有13人具有注册会计师资格，6人具有律师资格。

四川证监局内设9个处室，分别是办公室、上市公司监管一处、上市公司监管二处、机构监管处、稽查一处、稽查二处、期货监管处、党委（纪检监察）办公室、法制工作处。主要职责如下：

（一）办公室：负责综合协调、督办检查、内部管理工作；承担公文处理、行政许可、人事管理、财务管理和外事、保密工作。

（二）上市公司监管一处：负责对上海证券交易所上市公司的日常监管及拟上市公司的备案和辅导监管，对四川省上市公司协会进行业务指导和监督。

（三）上市公司监管二处：负责对深圳证券交易所上市公司的日常监管，对辖区会计师事务所和资产评估师事务所等中介机构进行持续监管。

（四）机构监管处：负责对辖区证券公司及其所属营业部、服务部、证券投资咨询机构以及证券类外资代表处进行监管；负责对辖区内基金管理公司、异地基金管理公司在川分公司、基金类外资代表处以及异地证券公司在川的分公司、营业部进行监管；负责行政许可工作。

（五）稽查一处、稽查二处：负责对辖区内证券期货违法违规案件进行调查，承担上级交办的案件或调查事项；配合工商、公安等部门打击辖区内非法证券期货交易活动；协助有关单位、部门调查涉及证券期货违法违规案件；负责辖区内行政处罚送达、执行以及行政复议涉及的相关工作。

（六）期货监管处：负责对辖区内期货经纪公司及营业部、期货投资咨询机构的业务活动进行监管；负责行政许可工作。

（七）党委（纪检监察）办公室：负责机关党建、纪律检查、廉政监察、机关文化建设等工作。

（八）法制工作处：负责开展对政策法规的研究，对局内其它处室提供法律事务指导、咨询和协调；负责行政复议所涉及的相关工作；负责行政处罚的执行；负责处理涉及本局的诉讼；监督辖区证券期货法律的实施和执行；监督证券期货市场律师执业情况；牵头市场信息研究、分析统计和调研等。

证监局领导

杨勇平，女，中国证监会四川监管局党委书记、局长，成都稽查局局长

李　可，男，中国证监会四川监管局党委委员、副局长

马建华，男，中国证监会四川监管局党委委员、副局长

张晓轩，男，中国证监会四川监管局党委委员、局长助理

联系方式：

联系投诉电话：028－85541337，85587651

传真：028－85555004

email：sichuan@ csrc. gov. cn

通讯地址：四川省成都市洗面桥街26号

邮编：610041

四川上市公司基本信息（截至2008年12月）

公司名称	证券代码	注册地址	邮编	法人代表
川化股份有限公司	000155. SZ	四川省成都市青白江区大弯镇团结路311号	610301	苏重光
同人华塑股份有限公司	000509. SZ	四川省南充市涪江路117号	610016	邢乐成
四川金路集团股份有限公司	000510. SZ	四川省德阳市岷江西路二段57号金路大厦	618000	刘汉
成都银河动力股份有限公司	000519. SZ	四川省成都市新都区龙桥镇	610505	郑永龙
泸州老窖股份有限公司	000568. SZ	四川省泸州市国窖广场	646000	谢明
攀钢集团四川长城特殊钢股份有限公司	000569. SZ	四川省江油市江东路195号	621701	李赤波
四川舒卡特种纤维股份有限公司	000584. SZ	四川省成都市蜀都大道暑袜北三街20号	610016	李峰林
四川汇源光通信股份有限公司	000586. SZ	四川省成都市高新西区西芯大道5号	611731	朱开友
四川大通燃气开发股份有限公司	000593. SZ	四川省成都市建设路55号	610031	李占通
成都高新发展股份有限公司	000628. SZ	四川省成都市高新技术产业开发区	610041	方兆
攀枝花新钢钒股份有限公司	000629. SZ	四川省攀枝花市弄弄坪	617067	樊政炜
成都聚友网络股份有限公司	000693. SZ	四川省成都市海峡两岸科技产业开发园科技创新中心	610015	陈健

四川证券市场证券公司信息

公司名称	地址	邮编	公司电话	公司传真
川财证券经纪有限责任公司	成都市中新街49号锦贸大厦19楼	610016	028－86583020	028－86583002
国金证券股份有限公司	四川省成都市东城根上街95号	610015	028－86690600	028－86690365
和兴证券经纪有限责任公司	成都市人民南路二段十八号川信大厦10楼	610016	028－86199665	028－86199079
华西证券有限责任公司	四川省成都市陕西街239号	610041	028－86158168	028－86150615

四川辖区基金分支机构名录

分支机构名	电话	地址
嘉实基金成都分公司	028－86202100	人民中路二段35号中银大厦29层2911室
华夏基金成都分公司	028－86725405	盐市口顺城大街8号中环广场1座36楼
易方达基金成都分公司	028－86528898	冠城广场七楼U座
大成基金成都分公司	028－86202632	人南路1段86号城市之心20楼K座
华安基金成都分公司	028－85268826	人南路4段19号威斯顿联邦大厦6楼
建信基金成都分公司	028－86766292	提督街88号四川建行大厦2809室

四川辖区期货经营机构基本情况

序号	经营机构名称	地址	电话	邮编
1	成都倍特期货经纪有限公司	成都市青羊区青龙街51号倍特康派大厦9楼	028－86269015	610041
2	国金期货有限责任公司	成都市走马街68号锦城大厦16楼	028－86729287	610021
3	华西期货有限责任公司	成都市盐市口大业路39号大业大厦24楼	028－86651273	610016
4	冠华期货经纪有限公司	成都市顺城大街308号冠城广场7楼	028－86510905	610017
5	瑞达期货成都营业部	成都市顺城街229号顺城大厦6楼	028－86783351	610015
6	经易期货成都营业部	成都市青羊区锦里东路2号宏达大厦11楼F座	028－86131961	610041
7	南华期货成都营业部	成都市下西顺城街30号广电士百达国际大厦5楼	028－86532605	610015
8	迈科期货成都营业部	成都总府路2号时代广场A座21F09－10	028－86725691	610016
9	申万期货成都营业部	成都市槐树街2号申银万国大厦3楼	028－86270911	610031

四川辖区咨询机构名录

机构名	电话	注册地址
成都倍新投资咨询有限公司	028－87780732	成都通惠门路25号琴台大厦12楼
成都银华投资资讯有限公司	028－82913833	成都市金牛区蜀通街12号5楼
成都汇阳投资顾问有限公司	028－87684211	成都市双元街99号水保大厦2楼
海南港澳资讯产业股份有限公司成都分公司	028－82933080	成都市草堂北路8号

四川辖区证券经营机构 2008年度交易经营数据

截止2008年12月31日，130家证券营业部（含62家服务部）全年累计实现交易量为21813.44亿元，同比减少11199.89亿元，减幅33.93%；实现利润总额26.74亿元，同比减少22.39亿元，减幅45.57%。客户资产总计为1173.66亿元，比上年减少1119.16亿元，减幅48.81%（其中客户保证金为247.02亿元，比上年减少29.05亿元，减幅10.52%；证券托管市值为856.35亿元，比上年减少1160.40亿元，减幅57.54%）；客户开户数590万户，比上年增长50万户，增幅9.26%。

河南证券市场

中国证券监督管理委员会河南监管局

一、历史沿革

改革开放以来，随着中国证券市场的发展，建立中央集中统一的监管体制势在必行。1998 年 8 月，国务院正式批转《证监会证券监管机构体制改革方案》（国发［1998］29 号），明确提出"建立全国统一、高效的证券期货监管体系，理顺中央和地方监管部门的关系，实行由证监会垂直领导的管理体制。"1998 年 11 月 17 日，中国证监会与河南省人民政府正式签订了交接备忘录。至此，河南省体改委从事证券期货监管工作的同志及河南省人民银行从事证券监管工作的同志正式划归中国证监会垂直领导，在中国证监会的直接领导下，负责对河南辖区证券期货市场的监管，从此省以下地方证券期货监管机构全部取消。1999 年 7 月 1 日，中国证监会郑州特派员办事处正式挂牌成立。2003 年，根据证监会的机构设置，中国证监会河南监管局成立。

二、基本职能

贯彻执行国家有关法律、法规和方针政策，按照中国证监会的规定对辖区内的上市公司、证券期货经营机构、投资咨询机构及从事证券期货业务的律师事务所、会计师事务所、资产评估机构等中介机构的证券期货业务活动进行监督管理，依法查处辖区内监管范围的违法、违规案件，调解证券期货业务纠纷和争议，以及中国证监会授予的其它职责。

三、内设机构

河南证监局设办公室、上市公司监管处、机构监管处、稽查处和期货监管处 5 个职能处。

河南证监局设办公室、上市公司监管处、机构监管处、稽查处和期货监管处 5 个职能处室。

（一）办公室

1、协助领导组织机关的日常办公。负责日常行政事务性工作，文件传送、签发、寄发等工作，保证机关正常的工作秩序和效率。

2、负责机关的综合文秘工作。草拟机关内部各项规章制度；组织重要文件的草拟、修改；负责各处草拟文件的文字把关，报有关领导签发；编辑机关内部《工作简报》、《证券期货信息摘要》、《每周动态》、《文件汇编》及其他资料。

3、管理机关的人事、外事、财务、资产、档案。负责机关人事任免、调动、奖惩、离退休、工资调整等人事管理工作；负责机关接待、外事活动工作；负责机关财务收支、报销和上报月、季、年度会计报表，并协助审计部门做好财务审计工作；负责固定资产购置、编号、登记造册；负责人事、机要文件的档案管理，按规定及时进行归档、上缴、销毁等工作。

4、负责机关内部职工的培训教育和福利工作。及时上报中国证监会举办的各类培训班所要求培训的人员，并做好机关自身对职工的培训教育工作；按规定做好职工劳保福利工作。

5、负责党委、纪检监察工作。党委、纪检委的办事机构不单设，有关职能由办公室承担。按照党委、纪检委要求，负责政治思想教育、组织建设和纪律监察等工作。

6、负责机关的信息安全与管理工作。依据国家和证监会有关信息安全法规，作好密码管理和数据备份，防范计算机病毒；协助维护证监会国际互联网站点，并及时提供有关信息；协助落实信息行业技术管理规范和对证券期货经营机构的技术检查及技术事故调查工作。

7、其他工作。负责机关干部的月度、季度和年度考评工作；负责机关对外的新闻宣传工作；负责工、青、妇工作；负责办理地方人大、政协的提案、议案；完成领导交办的其他工作。

（二）上市公司监管处

1、负责辖区内拟上市公司改制检查验收及辅导监督。对拟上市公司的股份制改造情况进行检查验收；审核拟上市公司辅导备案材料，审核辅导机构定期报送的辅导报告及有关材料，对有关问题进行调查；核查辅导机构和有关中介机构的辅导工作；核查拟发行公司及有关中介机构在股票发行承销过程中涉嫌违规的问题；组织拟上市公司高级管理人员考试。

2、负责监管辖区内上市公司信息披露等工作。监管上市公司定期报告、临时报告等信息披露，对上市公司定期报告、临时报告中存在重大遗漏、虚假或误导性陈述等问题提出处理意见书面报告证监会；检查上市公司重大事项报告制度的落实情况；对上市公司募集资金使用、财务会计报告等进行巡回检查，向有问题的上市公司发出《限期整改通知书》，对整改情况回访，并向证监会出具报告，向地方政府通报情况；配合证监会有关部门对上市公司重大涉嫌违规事件进行查处；处理涉及上市公司投资者的投诉；监管上市公司股票交易；监督并及时报告上市公司发生的重大突发性事件，督促上市公司按规定披露信息，并配合地方政府及有关部门及时处置；监督主要股东履行有关法律、法规的责任和义务。

3、负责监管辖区内上市公司高层管理人员、监管上市公司董事、监事等高级管理人员依法依规行使权力和义务。

4、负责监管辖区内上市公司配股和增发新股初审。审核上市公司实施配股和增发新股事项的申报材料，并报证监会审批；督促检查上市公司的配股、增发新股工作，促使其规范运作。

5、负责监管辖区内上市公司的资产重组。审阅上市公司的收购或重大出售资产的报备材料，并及时上报证监会；监督上市公司实施资产重组后的规范运作情况及中介机构对公司的辅导工作；督促上市公司及其主要股东履行法定程序。

6、负责辖区内上市公司的统计分析。负责上市公司统计信息的收集、整理，开展统计调查和统计分析，及时防范上市公司可能出现的风险，促进上市公司规范运作。

（三）机构监管处

1、负责辖区内证券经营机构的日常监管。对辖区内证券公司、证券营业部及证券服务部进行日常检查，督促其对风险进行处置；审核证券公司股权比重不超过 1% 且绝对金额不超过 1000 万元的股权变更，报证监会备案，并通报证券交易所；初审证券公司股权比重超过 1% 或绝对金额超过 1000 万元的股权变更，报证监会审批；审核证券营业部同城迁址，报证监会备案，并通报证券交易所；初审证券营业部转让和异地迁址（包括省内和跨省迁址），报证监会审批；初审证券服务部设立的申请材料，报证监会审批；对经清理规范的证券类机构改组为证券营业部进行初审，报证监会审批；审核新设证券营业部和证券服务部的开业，报证监会备案，并通报证券交易所；审核证券服务部的变更事项，报证监会备案，并通报证券交易所；初审证券公司股票承销资格、自营业务资格、外资股业务资格以及承销企业债券业务资格，并监督其业务活动；督促检查证券公司落实证监会批复的清理规范挪用客户交易结算资金方案，督促及时处置并报告证券公司在归还客户交易结算资金过程中发生的各种风险；调查证券机构涉嫌违法违规行为；初检证券公司和证券营业部的年检；初审外资证券机构在辖区内代表处的设立、撤销、展期、更换首席代表等事宜，审核外资证券机构辖区内代表处迁址、更换代表事宜，报证监会备案；负责证券机构统计信息的收集、整理，开展统计调查和统计分析，并写出专题分析报告，督促落实统计制度，进行统计质量检查，培训统计人员。

2、负责辖区内证券经营机构从业人员的监管。初审证券从业人员申请证券从业资格，报证监会审批；初审证券公司高级管理人员的任职资格，报证监会审批；审核证券公司分公司和营业部高级管理人员任职资格，报证监会备案，并通报证券交易所；监管证券经营机构从业人员的业务活动。

3、负责辖区内证券投资基金的监管。协助基金从业人员资格考试工作，初审基金从业人员申请基金从业资格，报证监会审批；协助证监会对基金管理公司、基金托管部进行定期或不定期的检查、年检以及涉嫌违法、违规行为的调查；督促、落实对基金管理公司、基金托管部的处罚决定；核查拟申清参与基金管理公司发起设立的机构的资信情况；监督基金销售、申购、赎回网点的基金日常业务活动；对境外基金管理机构申请设立代表处事宜，依据《外国证券类机构驻华代表机构管理办法》的规定履行职责。

4、负责对辖区内证券投资咨询机构和信息传播机构的监管。初审证券投资咨询机构的申请设立和业务资格，报证监会审批；审核证券投资咨询公司变更名称、注册资本、股东、业务范围、营业场所等事项，报证监会备案；初审证券投资咨询公司跨省区迁址，报证监会审批；审核证券投资咨询公司设立分支机构，报证监会备案；初检证券投资咨询公司的年检；初审证券投资咨询人员申请执业资格，并对其执业资格的年检进行初检；对证券投资咨询公司进行现场检查和非现场检查；审核证券信息传播机构的设立及其资格；对辖区内证券投资咨询机构、证券信息传播机构的业务活动进行日常监管。

5、负责辖区内证券经营机构的信息安全与管理工作。落实证券经营机构的技术检查，对有关信息技术资格进行核准调查，对证券经营机构信息技术人员进行备案；督促证券经营机构制定技术风险应急预案；组织行业技术事故调查，提出初步处理意见。

6、其他工作。调查分析辖区内外证券交易行情；草拟有关监管意见、办法等。

（四）稽查处

1、负责辖区内证券、期货违法违规案件的调查处理。立案调查监管对象违反证券、期货市场法律、法规的事项，在授权范围内作出行政处罚决定，并将立案和行政处罚决定报证管办或证监会备案；对超出行政处罚授权范围的案件，按有关规定及时报证监会；负责办理证监会交办的案件或调查事项，并在规定的期限内上报调查报告；办理派出机构之间请求协助调查的事项并按请求方的要求及时反馈；监督执行本机构和证监会作出的处罚决定，并在规定的执行期满后 15 日内写出执行情况报告报证监会；协助公安、工商、司法、纪检、监察等部门调查辖区内证券期货违法违规案件，对违反其他法律法规、党纪政纪的移送有关部门处理。

2、调解辖区内证券、期货业务纠纷和争议。对证券、期货业务有纠纷、争议的案件，依照有关规定进行调解，并形成书面调解意见；对有纠纷、争议的案件调解不了的，按有关规定进行处理。

3、负责处理辖区内和证监会转办的来信来访。对单位和自然人的来信进行调查、答复；对来访单位和自然人进行接待，并按有关规定进行调查、反馈。

4、负责辖区内有关中介机构的监管。审核辖区内从事证券、期货中介业务的会计师事务所、律师事务所、资产评估机构及其从业人员的资格并监管其相关业务活动。

5、承担本机构的法规工作，负责对证券、期货市场法律法规执行情况进行调查并贯彻执行。（五）期货监管处

1、负责辖区内期货经纪公司、期货经纪公司营业部、期货投资咨询公司的日常监管。初审期货经纪公司的设立、变更、解散、年检申请，出具初审意见，并监管其日常业务活动；初审期货经纪公司营业部的设立、年检、异地变更营业场所、撤销申请，出具初审意见并监管其日常业务活动；审核期货经纪公司营业部在本辖区内变更营业场所，报证监会备案；初审期货投资咨询公司的设立、年检，出具初审意见并监督其日常业务活动；审核期货投资咨询公司变更名称、注册资本、股东、营业场所，报证监会备案；初审从事境外期货业务机构的资格，并监管其日常业务活动；审核期货经纪公司、期货经纪公司营业部、期货投资咨询公司按规定报备的事项；监督客户保证金的退付，出现退付危机的，要实施特别处理；完成中国证监会交办的期货方面专项检查。

2、负责监管辖区内期货经营机构从业人员。对期货从业人员（期货交易所工作人员除外）、期货经纪公司高级管理人员和期货营业部经理、副经理任职资格审查、日常管理和年检，并监管其业务活动；确认期货经纪公司内部稽核员资格。

3、负责辖区内期货经营机构的统计分析。每月对期货经营机构的经营及财务情况进行统计，并分析其经营状况，进行统计质量检查，培训统计人员，督促落实统计制度；定期分析研究辖区内期货市场形势。

4、负责辖区内期货经营机构的信息安全与管理工作。负责期货经营机构信息安全的技术检查，对有关信息技术资格进行核准调查，对期货经营机构信息技术人员进行备案；督促期货经营机构制定技术风险应急预案，组织行业技术事故调查，提出初步处理意见；建立、更新和管理期货从业人员、期货经纪公司高级管理人员数据库，报证监会汇总。

5、其他工作。根据证监会授权，对期货交易所非经纪公司会员的有关期货业务进行监管；与当地政府及有关部门协调关系，共同维护期货市场健康有序地发展。

证监局领导

侯苏庆：河南证监局党委书记、局长，经济学博士
王明伟：河南证监局党委委员、纪委书记、副局长
刘晓健：河南证监局党委委员、纪委委员、副局长
张　智：河南证监局党委委员、局长助理
崔　钊：河南证监局副巡视员

联系方式：

办公地址：郑州市郑东新区商务外环路和商务西三街交叉口国龙大厦 22 层
信访电话：0371 －69337560
信访传真：0371 －69337527
值班电话：0371 －69337577
值班传真：0371 －69337520
邮编：450008
信访邮箱：hnxf@ csrc. gov. cn

河南证券市场上市公司名录

股票简称	地址	邮编	电话
*ST 洛玻	河南省洛阳市西工区唐宫中路 9 号	471009	0379－63908588,63908856
轴研科技	河南省洛阳市吉林路 1 号	471039	0379－64881139,64880216
中航光电	河南省洛阳市高新技术开发区周山路 10 号	471003	0379－64326068
东方银星	河南省商丘市神火大道 99 号悦华大酒店 25 层东方银星	476000	0370－2790609,2790635
神火股份	河南省永城市新城区光明路 17 号	476600	0370－5982722,5982560,5982466
中原高速	河南省郑州市中原路 93 号	450052	0371－67717696,67717695
宇通客车	河南省郑州市管城区宇通路宇通工业园	450016	0371－66718281,66899008,66718262
郑州煤电	河南省郑州市桐柏南路 220 号	450006	0371－67680017
太龙药业	河南省郑州市高新技术产业开发区金梭路 8 号	450001	0371－67982194
中原环保	河南省郑州市纬四路东段 19 号广发大厦 15 层	450008	0371－65629977,65629981
思达高科	河南省郑州市经三路北段 26 号思达数码大厦 16 楼	450008	0371－65793081,65793200
ST 同力	河南省郑州市农业路 41 号投资大厦 5 层	450008	0371－69158113
豫能控股	河南省郑州市高新技术产业开发区合欢街 6 号	450001	0371－67984649
三全食品	河南省郑州市综合投资区长兴路中段	450044	0371－63987832
中孚实业	河南省巩义市新华路 31 号	451200	0371－64569088
恒星科技	河南省巩义市伊洛北路 121 号	451251	0371－64349800,64349602
ST 安彩	河南省安阳市中州路南段	455000	0372－3932916*2533
安阳钢铁	河南省安阳市殷都区梅元庄	455004	0372－3120175
瑞贝卡	河南省许昌市瑞贝卡大道 666 号	461100	0374－5136699
许继电气	河南省许昌市许继大道	461000	0374－3212348,3212069
黄河旋风	河南省长葛市人民路 200 号	461500	0374－6108532,6165530
平高电气	河南省平顶山市南环东路 22 号	467001	0375－3804031,3804464
神马实业	河南省平顶山市建设路 63 号	467000	0375－3921231
平煤天安	河南省平顶山市矿工中路 21 号	467000	0375－2749515
风神股份	河南省焦作市焦东南路 48 号	454003	0391－3999081
焦作万方	河南省焦作市马村区待王镇东	454172	0391－3261118,3261289
S*ST 鑫安	河南省焦作市环城北路 28 号	454000	0391－2925951*216,13782796523
豫光金铅	河南省济源市荆梁南街 1 号	454650	0391－6665836
银鸽投资	河南省漯河市人民东路 95 号	462000	0395－2355611,2355681
双汇发展	河南省漯河市双汇路 1 号双汇大厦三层	462000	0395－2676158
濮耐股份	河南省濮阳市西环路中段	457100	0393－3214228
莲花味精	河南省项城市莲花大道 18 号	466200	0394－4298666,4298889,4298058
天方药业	河南省驻马店市光明路 2 号	463003	0396－3823517
新乡化纤	河南省新乡市凤泉区锦园路 1 号	453011	0373－3978966,3978813
华兰生物	河南省新乡市华兰大道甲 1 号	453003	0373－3519901
羚锐股份	河南省信阳市新县城关解放路 59 号	465550	0376－2973569
新野纺织	河南省南阳市新野县城关镇书院路 15 号	473500	0377－66265092
利达光电	河南省南阳市工业南路 508 号	473003	0377－63865031

河南证券市场期货公司名录

序号	名称	地址	电话
1	万达期货有限公司	郑州市郑东新区商务内环路 27 号楼 2 单元 3 层	0371－69106655
2	中期嘉合期货经纪有限公司	郑州市未来大道 69 号未来大厦 19 层	0371－65628679
3	国信期货有限责任公司	郑州市未来大道 499 号广电网络大厦 15 楼	0371－65835308
4	中原期货经纪有限公司	河南省郑州市纬四路未来大厦公寓楼 1807 号	0371－65616742

河南证券市场证券公司信息

公司名称	地址	邮编	公司电话	公司传真
中原证券股份有限公司	河南省郑州市经三路 15 号广汇国贸 10 楼	450003	0371－65585018	0371－65585118

河南证券市场上市公司年报基础数据统计表

统计截至日:2009 年 4 月 30 日

证券代码	证券简称	股本、市值、行情				年报披露			再融资及并购重组	
		总股本 亿股	总市值 (证监会) 亿元	周涨跌幅 %	周换手率 %	每股净资产 BPS 08 年报元	每股收益 EPS－稀释 08 年报元	08 年利润分配预案	再融资及进度	重组及进度
600876. SH	*ST 洛玻	5.00	10.08	－4.95	11.83	0.46	0.03	无		
002046. SZ	轴研科技	0.98	12.67	1.80	10.44	3.60	0.35	无		非公开发行购买资产,通过股东大会
002179. SZ	中航光电	1.79	47.30	3.68	10.11	5.34	0.63	10 送 2 派 0.5		

600753.SH	东方银星	1.28	6.76	-4.69	12.54	0.84	-0.30	无		非公开发行购买资产，通过董事会
000933.SZ	神火股份	5.00	120.45	0.08	9.89	5.86	2.30	10送5派2		
600020.SH	中原高速	21.19	75.44	1.14	4.74	2.58	0.13	10派红股0.1派现金0.5		
600066.SH	宇通客车	5.20	70.19	0.45	3.20	3.23	1.02	10派6		
600121.SH	郑州煤电	6.29	44.29	8.81	23.79	2.67	0.30	无		
600222.SH	太龙药业	3.17	17.00	5.30	43.16	1.71	0.07	无		
000544.SZ	中原环保	2.69	21.69	-1.23	18.20	1.69	0.24	无		
000676.SZ	思达高科	3.15	16.61	0.96	23.58	1.42	-0.09	无		
000885.SZ	同力水泥	1.60	18.72	2.90	16.22	1.51	0.31	无		非公开发行购买资产，通过股东大会
001896.SZ	豫能控股	4.30	22.75	3.73	6.42	0.92	-0.94	无		资产置换，通过董事会
002216.SZ	三全食品	0.94	32.83	3.08	25.14	9.23	0.87	10送10派2		
600595.SH	中孚实业	6.57	62.77	1.81	5.78	3.57	0.30	10派0.5	非公开发行，通过股东大会	
002132.SZ	恒星科技	2.45	19.42	-6.37	23.90	2.84	0.32	10派1		
600207.SH	ST安彩	4.40	22.57	-6.90	10.16	3.28	0.14	无		
600569.SH	安阳钢铁	23.94	91.20	-1.55	8.14	4.31	0.05	无	可分离交易可转债，通过股东大会	
600439.SH	瑞贝卡	4.74	50.46	1.14	4.71	2.64	0.47	10送1派0.7	公司债，通过股东大会	
000400.SZ	许继电气	3.78	53.34	-2.29	9.18	5.63	0.10	无		
600172.SH	黄河旋风	2.68	15.92	-0.83	13.00	3.89	0.14	无		
600312.SH	平高电气	5.11	77.45	-5.25	11.21	2.90	0.41	10送2派1	公开增发，通过股东大会	
600810.SH	神马实业	4.42	24.06	-4.90	15.25	5.77	-0.32	无	公司债，通过股东大会	
601666.SH	平煤股份	10.75	267.50	4.93	23.60	8.62	2.48	10送3派11.15		
600469.SH	风神股份	3.75	43.16	10.14	12.70	3.73	-0.26	10派1		
000612.SZ	焦作万方	4.80	56.18	-3.39	13.38	3.80	0.69	10派0.8		
000719.SZ	S*ST鑫安	1.29			0.00	-0.14	0.62	无		
600531.SH	豫光金铅	2.28	29.86	-2.10	6.36	4.17	0.27	10派0.5		
600069.SH	银鸽投资	4.26	28.98	1.95	33.18	3.03	0.08	无	董事会通过发行期首日和发行低价	
000895.SZ	双汇发展	6.06	204.83	-4.96	5.22	3.95	1.15	10派6		
002225.SZ	濮耐股份	4.02	36.54	-1.09	11.90	1.86	0.28	10送3派0.8		筹划重大资产重组停牌
600186.SH	莲花味精	10.62	39.19	4.83	10.96	1.52	0.01	无		
600253.SH	天方药业	4.20	22.55	2.09	14.29	1.76	-0.20	无		
000949.SZ	新乡化纤	5.89	23.19	-0.25	16.74	2.25	-0.49	无		
002007.SZ	华兰生物	2.25	97.93	8.75	8.77	4.89	0.85	10送6派2		
600285.SH	羚锐股份	2.01	15.13	3.15	14.26	2.64	0.05	无		
002087.SZ	新野纺织	2.34	13.81	-3.13	8.26	4.51	0.16	10送2		
002189.SZ	利达光电	1.99	14.31	-5.53	8.23	2.37	0.14	10派0.4		

河南证券市场上市公司 2008 年中报统计分析快报

截止 2008 年 8 月 31 日，河南辖区 38 家上市公司 2008 年中报已全部披露完毕。经初步汇总分析，辖区上市公司中报呈以下几个特点：

一、上市公司阵容扩大

截至 8 月 31 日，河南辖区新增三全食品、濮耐股份 2 家 A 股上市公司，A 股上市公司总数达到 38 家。新增首发募集资金总额 7.9 亿元，比去年同期增长 142.3%。此外，辉煌科技首发申请已于 2008 年 8 月 22 日获证监会有条件通过。

二、总资产、股东权益稳中有升，但总市值缩水近半

截止 2008 年 6 月 30 日，辖区上市公司总股本、总资产、股东权益总计分别达到 186 亿元、1606.9 亿元和 603.7 亿元，与去年同期相比分别增长 19.5%、33.7%、22.7%，扣除 4 家新增上市公司，增长率分别达到 13.8%、29.8%、19.6%。38 家上市公司上半年加权平均每股收益 0.25 元，与去年同期持平；资产负债率平均值 62.43%，与去年同期值 59.05% 相比微增。由于 A 股市场持续大幅下跌，按照 8 月末的股票收盘价计，河南辖区 A 股上市公司总市值比上年同期减少 48.4%，若扣除中航光电、利达光电、三全食品、濮耐股份 4 家新增公司市值，原 34 家公司市值缩水已达 51.2%。

三、整体业绩呈增长态势，但个别公司经营形势严峻

上半年，辖区 38 家上市公司共实现营业收入 851.7 亿元，同比增长 48.4%；净利润合计 47.3 亿元，同比增长 21.8%；营业利润合计 67.1 亿元，同比增长 24.2%。但由于行业、市场等原因，豫能控股、新乡化纤、*ST 洛玻、S*ST 鑫安 4 家公司上半年经营形势严峻，合计亏损 3.1 亿元。

上半年，河南辖区上市公司投资净收益 4.1 亿元，同比增长 73.7%，其中宇通客车投资净收益 2.9 亿元。由于 A 股市场大幅下挫，辖区上市公司反映浮盈浮亏的“公允价值变动收益”受到影响，公允价值变动总额 -5237 万元，去年同期为 261 万元。

四、再融资稳步推进

截至 8 月 31 日，安阳钢铁定向增发注入 31.4 亿元资产方案已实施完毕，其上报的分离交易可转债发行申请正在证监会审核过程中。华兰生物定向增发募集资金 2.8 亿元到位，风神股份、银鸽投资定向增发已经获批。

辽宁证券市场

中国证券监督管理委员会辽宁监管局

中国证监会辽宁监管局成立于2004年3月，其历史沿革可追溯到1993年。1993年4月，经沈阳市人民政府批准，成立沈阳证券监督管理委员会。同年7月23日，经辽宁省人民政府批准，成立辽宁省人民政府证券委员会，下设办公室，负责日常工作。后又于1996年6月，成立了辽宁省证券监督管理委员会。1999年6月18日，经中国证监会批准，辽宁省证券监督管理委员会与沈阳证券监督管理委员会合并，正式组建中国证券监督管理委员会沈阳证券监管办公室（简称沈阳证管办）。2000年9月6日，经中国证监会批准，成立中国证监会沈阳稽查局，与沈阳证管办一套机构两块牌子。2004年3月1日，经中国证监会批准，沈阳证管办更名为中国证监会辽宁监管局，简称辽宁证监局；沈阳稽查局名称不变。内设机构7个，分别为办公室、上市公司监管处、机构监管处、稽查一处、稽查二处、期货监管处、党委办公室。

辽宁证监局监管工作职责是：贯彻执行国家有关法律、法规和方针政策，按照中国证监会的规定，对辽宁省辖区内（不含大连，下同）内的上市公司、证券期货经营机构、证券期货投资咨询机构的业务活动进行监督管理，负责对辖区内有关中介机构在股票发行承销过程中涉嫌违规的问题进行核查，依法查处辖区内监管范围的违法、违规案件，调解证券期货业务纠纷和争议，执行中国证监会对证券期货违法违规案件的处罚决定，处理证券期货方面的来信来访，以及中国证监会授予的其他职责。

沈阳稽查局为大区（包括辽宁省、吉林省、黑龙江省）稽查局。主要职责是：组织、指导大区内证券期货违法违规案件的调查；调查辖区内证券期货违法违规案件和中国证监会交办的案件，提出处理意见，并依据授权进行处理；协助有关部门调查涉及证券期货的违法违纪案件，对违反其他法律、法规的机构和个人移送有关部门处理；中国证监会规定的其他任务。

一、拟发行公司监管工作职责

（一）负责监管辖区内拟发行公司的辅导改制工作。接受辅导报告材料并进行登记管理，受理辅导机构报送的辅导报告并经过调查验收后向中国证监会发行监管部报送辅导监管报告，对辅导机构履行辅导义务的行为进行监督和必要的协调，跟踪和总结拟发行公司接受辅导过程中存在的主要问题并进行必要的现场调查或检查，对已经完成辅导工作的拟发行公司未被推荐的原因进行了解并在辅导有效期内进行持续关注。

（二）对辖区内拟发行公司申请首次公开发行股票和上市公司申请再融资的，建立与中国证监会发行监管部直接沟通机制，及时报告已发现的重大问题和重大风险。中国证监会发行监管部受理的公司申请文件，应由申请人同时将一份申请文件报辽宁证监局。

（三）负责对辖区内拟发行公司及有关中介机构在股票发行审核和承销过程中涉嫌违规的问题进行核查，并出具核查意见。

（四）负责根据规定就公开发行证券相关事宜对辖区内公司上市后中介机构履行持续义务和上市公司履行配合义务进行监管，建立与中国证监会发行监管部直接沟通机制。

二、上市公司监管工作职责

（一）负责对辖区内上市公司进行现场监管。组织实施巡回检查、专项检查，对检查中发现的不规范问题，督促上市公司按要求披露整改报告并落实相应的整改措施，涉嫌构成违法、违规行为的，及时提出立案稽查的建议并上报中国证监会。

（二）负责对辖区内上市公司的定期报告、临时报告等信息披露文件进行事后审阅，保持对披露信息真实性的合理怀疑，并进行持续监管；发现疑点时，对上市公司披露信息与实际情况的一致性进行核查或调查，完善核查机制。

（三）负责对辖区上市公司治理结构的规范情况进行监管。对独立董事的独立性和履行职责情况进行检查，督促上市公司完善股东大会、董事会和监事会等制度，推动上市公司及其高管人员加强诚信建设。

（四）负责协助中国证监会上市公司监管部对辖区内上市公司重大资产重组、吸收合并、上市公司收购及股东持股变动等涉及上市公司并购重组事宜的申报文件进行审核，并及时上报审核意见；通过现场检查和日常了解，掌握上市公司重大资产重组、吸收合并、收购及股东持股变动、股份回购等情况及存在的问题，并提出处理建议；将已实施并购重组的上市公司作为重点，对其并购重组后的规范运作情况及中介机构对公司的辅导工作进行跟踪监管。

（五）建立上市公司退市风险防范工作制度。督促辖区内上市公司充分揭示退市风险，及时向中国证监会提交退市风险分析报告。

（六）建立和完善上市公司风险分类管理机制。加强对辖区内上市公司风险信息的收集、识别、分析和跟踪工作，合理进行风险分类，对重大关联交易、资金占用、对外担保等容易引发风险的问题实施动态监管，制订重大突发事件应急处置方案，有效防范和化解上市公司突发事件引发的证券市场风险。

（七）负责对辖区内上市公司融资情况进行监管。对拟申请再融资的公司，重点关注其信息披露真实性、财务风险、公司治理及诚信状况，出具持续监管意见；对上市公司融资后的持续运作情况，以及保荐人的相关持续督导责任的履行情况进行持续监管，对保荐人提交的后续报告（持续保荐报告书）进行备案，负责对上市公司募集资金使用情况的持续监管，对募集资金的安全存放、使用进度、使用效果、变更投向、效益实现以及信息披露等情况进行监管。

（八）建立健全上市公司监管协作工作机制。协助有关派出机构对上市公司主要异地分支机构和控股股东及关联人实施监管；加强与证券交易所的监管信息交流，协调监管措施；及时主动向所在地地方人民政府及相关职能部门通报上市公司的风险状况和退市情况，协助地方政府制订退市风险处置预案，并做好有关配合工作。推动形成政府协调、社会监督、司法介入、行业自律的监管协作机制，通过综合治理，提高上市公司质量。

（九）建立辖区内上市公司各类监管档案，保证档案资料的准确、完善。建立健全上市公司、相关中介机构及其责任人的诚信记录档案和累积评价制度。

三、证券经营机构监管工作职责

（一）负责对辖区内的证券公司以及分公司、证券营业部、证券服务部的业务活动进行日常监管，通过现场检查和非现场检查依法履行监督管理职责。

（二）负责对辖区内证券公司治理结构，证券公司以及分支机构的内部控制制度的健全完善及运作情况进行监督检查。

（三）结合客户交易结算资金监控系统对辖区内所有证券经营机构的客户交易结算资金进行日常监管。

（四）负责监控并及时处置辖区内证券经营机构的风险，遇有重大风险及时向中国证监会报告。

（五）负责对辖区证券经营机构的投诉进行调查处理。

（六）负责辖区内证券经营机构佣金收取标准的报备工作，维护证券经纪业务正常市场竞争秩序。

（七）与当地相关部门密切合作，打击辖区内非法设立证券交易网点行为。

（八）负责对辖区内证券公司分支机构总经理和副总经理的任职资格进行审核，并进行日常监管。

（九）负责对辖区内证券公司分支机构的同城迁址进行备案，对辖区内证券营业部异地迁址（包括辖区内异地迁址和跨辖区异地迁址两种情况）、证券公司营业部转让或互换、外国证券机构驻华代表处地址变更进行审核。对证券公司变更股东或股权进行初审。

（十）以下事项发生时，在规定时间内出具书面意见：证券公司申请新设服务部、证券公司分支机构开业验收。在证券公司高级管理人员任职资格事项上除在规定时间内出具书面意见外，还负责与证券公司拟任高级管理人员进行任职资格谈话，出具谈话鉴定并报中国证监会。此外，可就中国证监会机构监管部负责审批的辖区内证券经营机构的有关事项提出相关意见。

（十一）负责对辖区内证券公司高级管理人员和分支机构总经理和副总经理任职资格进行年检。

（十二）负责牵头监管注册地在辖区内的证券经营机构。作为主办证监局，及时与证券公司异地分支机构所在地证监局互通情况、协作监管。积极支持和配合有关主办证监局对证券经营机构的整体监管工作，同时做好对辖区分支机构的监管。

四、证券投资咨询机构监管工作职责

（一）负责对辖区内证券投资咨询机构的业务活动进行日常监管，包括现场检查和非现场检查。

（二）负责对辖区内公司申请证券投资咨询业务资格进行初审。

（三）负责对辖区内证券投资咨询公司进行年检。

（四）负责对辖区内证券投资咨询机构的投诉进行调查处理，对辖区内证券投资咨询机构涉嫌违法违规行为进行核查。

五、基金监管工作职责

（一）负责辖区内基金管理公司开业申请和分公司设立申请的现场检查工作。

（二）负责辖区内基金管理公司发起设立机构的自律备案相关工作。

（三）负责辖区内基金管理公司管理基金存续期间的信息披露监管工作。

（四）负责辖区内基金相关数据的统计工作。

（五）负责处理辖区内有关基金的投诉，协调有关基金的纠纷。

（六）协助中国证监会基金监管部对辖区内基金管理公司管理基金的投资行为进行监管。

（七）协助中国证监会基金监管部对辖区内基金募集活动、基金份额交易活动进行监管。

（八）协助中国证监会基金监管部对辖区内基金管理公司的公司治理和内部控制进行监管。

（九）协助中国证监会基金监管部对辖区内承担基金托管、登记注册、评估等业务的中介机构进行监管。

（十）协助中国证监会基金监管部对辖区内基金管理公司高级管理人员的执业行为进行监管。

（十一）协助中国证监会基金监管部对有关基金的违法违规行为的核查。

六、期货监管工作职责

（一）负责对辖区期货经纪公司、期货经纪公司分公司及营业部、期货投资咨询公司的业务活动进行日常监管，包括现场检查和非现场检查。

（二）负责对辖区内期货经纪公司的设立、合并、分立和解散申请进行初审。

（三）负责核准辖区内期货经纪公司设立、终止营业部的申请，及辖区内期货经纪公司到其他辖区设立营业部的申请，并报中国证监会备案。

（四）负责对辖区内期货经纪公司、期货经纪公司分公司及营业部和投资咨询公司进行年检。

（五）负责监控并及时处置辖区内期货经纪公司、期货经纪公司分公司及营业部的风险，遇有重大风险及时向中国证监会报告。

（六）结合客户保证金封闭管理，负责对辖区内期货经纪公司的客户保证金进行日常监管。

（七）及时与期货经纪公司异地分支机构所在地证监局互通情况、协作监管。积极支持和配合有关主办证监局对期货经纪公司的整体监管工作，同时负责对辖区分支机构的监管。

（八）负责受理辖区内期货经纪公司、期货经纪公司分公司及营业部、期货投资咨询公司的报备事项。

（九）负责对辖区内期货经纪公司高级管理人员任职资格初审、任职资格年检初检和日常监管。

（十）负责对期货经纪公司执行董事、财务部门负责人、合规审查部门负责人、风险管理部门负责人以及分支机构负责人任职资格的核准和日常监管，核准结果报中国证监会备案。受理期货经纪公司董事、监事任职资格的备案。

（十一）负责核准期货经纪公司的法定代表人、注册资本、住所或营业场所、持有10%以上（含10%）股权或拥有实际控制权的股东及股权结构、营业部经营场所及营业部负责人变更并报中国证监会备案。涉及期货经纪公司及营业部跨辖区迁址的，应与迁入地证监局及中国证监会期货监管部协商后办理。

（十二）负责对期货经纪公司、期货经纪公司分公司及营业变更经营范围进行初审。

（十三）负责对持有期货经纪公司10%以上（含10%）股权或拥有实际控制权的股东资格发表意见。

（十四）负责期货投资咨询业务资格初审。

（十五）负责管理和维护辖区内期货经纪公司高级管理人员数据库。

（十六）负责处理对辖区内监管对象违规、违法行为的投诉，根据授权调查辖区内监管对象的违规、违法行为，配合或者会同中国证监会有关部门调查辖区内非法进行期货交易及其他破坏期货市场秩序的行为。

七、稽查工作职责

（一）立案调查辖区内证券期货违法违规事项（市场操纵案件除外）并报中国证监会稽查部门备案。

（二）办理中国证监会稽查部门交办的案件或调查事项，并在规定的期限内上报调查报告。

（三）办理其他派出机构请求协助案件调查的事项并按请求方的要求及时反馈。

（四）根据法律和有关规定，协助公安、司法等有关部门工作，对其主办的涉及辖区内证券期货违法案件提供专业技术支持。

八、信息安全与管理工作职责

（一）负责对辖区内新建、异地迁址的证券营业部、服务部进行技术审核，并依据统一要求和安排对证券公司、证券营业部、服务部和基金管理公司信息技术系统进行检查。

（二）负责辖区内证券公司申请开展网上证券委托业务申请材料的备案，并负责辖区内获准开展网上证券委托业务的证券公司技术系统进行重大升级或对业务管理制度作出重大修订的备案，并协助对证券公司网上委托系统的情况进行检查。

（三）负责督促辖区内相关机构及时、完整、准确地向监管部门报送规定的数据。

（四）协助做好案件调查中的技术支持工作。

九、法律工作职责

（一）协助做好证券、期货市场立法工作。协助中国证监会法律部组织安排专项立法调研活动；接受中国证监会法律部委托，草拟有关的部门规章以及其他规范性文件；收集并反映公司法、证券法以及行政法规、中国证监会规章在执行过程中存在的问题，提出解决方案和立法建议，及时向中国证监会报告。

（二）负责协调监督辖区内证券期货法律实施和执行。开展对本辖区内法律、法规、规章实施执行情况的定期检查和专项检查工作；对本辖区内其他行政执法机关、司法机关、监管对象等提出的与辽宁证监局监管职责有关的法律问题提供咨询。

（三）协助做好案件审理相关工作。参加行政处罚委员会会议，按要求做好案件审理工作；积极协助中国证监会案件审理部门对证人、当事人及其代理人进行询问和调查等。

（四）负责辖区内行政处罚执行工作。按规定送达法律文书；具体落实和监督辖区内被处罚对象履行中国证监会行政处罚决定，并建立辖区内执行监督工作档案管理制度；做好罚没款的日常催缴工作；配合人民法院做好辖区内行政处罚强制执行工作。

（五）做好行政复议所涉及的相关工作。负责向住址在本辖区内的行政复议相对人送达中国证监会的行政复议法律文书；做好行政复议相对人住址在本辖区内的行政复议决定的执行工作；在行政复议中，辽宁证监局为被申请人的，应按照《行政复议法》和《中国证监会行政复议办法》做好行政复议申请的答复等工作；接受中国证监会法律部的委托，做好有关复议案件的调查、核实等工作。

（六）协助中国证监会有关部门开展本辖区内的证券法律、行政法规和规章的普法活动，提高市场主体的法律意识。

十、审计及评估业务监管工作职责

（一）负责对在本辖区内执行证券期货相关业务的会计师事务所、资产评估机构及相关人员职业道德、独立性和专业胜任能力进行监督检查，根据有关规定及时处理或向中国证监会及时报告。

（二）负责向中国证监会定期报告对在本辖区执行证券、期货相关业务的会计师事务所、资产评估机构及相关人员的监管情况。

（三）负责对辖区内具有证券执业资格的会计师事务所、资产评估机构的资格所存疑点进行核查，以及对申请证券执业资格的会计师事务所、资产评估机构申报材料中存在的疑点进行核查。

（四）负责督促辖区内具有证券执业资格的会计师事务所、资产评估机构真实、完整、及时地填报中国证监会监管数据库所涉及的有关会计师事务所、资产评估机构的信息。

（五）负责收集辖区内具有证券执业资格的会计师事务所、资产评估机构的其他信息，包括会计师事务所、资产评估机构的公告，以及辖区内有关部门对会计师事务所、资产评估机构和相关人员的监管信息，定期报中国证监会会计部。

十一、信访工作职责

按照有关规定，认真做好辖区内涉及证券期货业务的来信、来访工作，及时化解群体性上访事件。

机构设置

2004 年 3 月 1 日，经中国证监会批准，沈阳证管办更名为中国证监会辽宁监管局，简称辽宁证监局；沈阳稽查局名称不变。内设机构 7 个，分别为办公室、上市公司监管处、机构监管处、稽查一处、稽查二处、期货监管处、党委办公室。

辽宁证监局监管工作职责是：贯彻执行国家有关法律、法规和方针政策，按照中国证监会的规定，对辽宁省辖区内（不含大连，下同）内的上市公司、证券期货经营机构、证券期货投资咨询机构的业务活动进行监督管理，负责对辖区内有关中介机构在股票发行承销过程中涉嫌违规的问题进行核查，依法查处辖区内监管范围的违法、违规案件，调解证券期货业务纠纷和争议，执行中国证监会对证券期货违法违规案件的处罚决定，处理证券期货方面的来信来访，以及中国证监会授予的其他职责。

沈阳稽查局为大区（包括辽宁省、吉林省、黑龙江省）稽查局。主要职责是：组织、指导大区内证券期货违法违规案件的调查；调查辖区内证券期货违法违规案件和中国证监会交办的案件，提出处理意见，并依据授权进行处理；协助有关部门调查涉及证券期货的违法违纪案件，对违反其他法律、法规的机构和个人移送有关部门处理；中国证监会规定的其他任务。

证监局领导：

黄运成同志：1956 年 4 月出生，江苏人，研究生，经济学博士。辽宁证监局党委副书记、副局长兼沈阳稽查局副局长（正厅局级）。

宿　庸同志：1949 年 10 月出生，河北博野人。辽宁证监局巡视员。

靳保国同志：1950 年 9 月出生，山西屯留人，大专。辽宁证监局党委委员、副局长、纪委书记。

王丹同志：1958 年 10 月出生，河北清苑人，工商管理硕士。辽宁证监局党委委员、局长助理。

宋志强同志：1956 年 10 月出生，辽宁朝阳人，工商管理硕士。辽宁证监局党委委员、局长助理。

魏晓岩同志：1954 年 2 月出生，辽宁绥中人，大学。辽宁证监局副巡视员。

联系方式：
电　　话：024－22899877
传　　真：024－22899917
投诉电话：024－22899980
E－mail：syzgb@ online. com
通讯地址：沈阳市和平区十一纬路12号
邮政编码：110003

中国证券监督管理委员会大连监管局

一、机构历史沿革

中国证券监督管理委员会大连监管局（简称“大连证监局”）的前身是大连市证券管理办公室。1992年12月18日大连市证券管理办公室作为大连市证券委员会的常设机构正式挂牌办公（大政办发［1992］94号），1994年6月27日大连市机构编制委员会发文确定大连市证券管理办公室为市政府直属事业单位，正局级建制（大编发［1994］38号）。1996年3月21日，大连市证券管理办公室成为中国证监会首批授权行使部分监管职责的24家地方监管部门之一。1998年10月5日，根据《国务院批转证监会证券监管机构体制改革方案的通知》（国发［1998］29号）关于“由证监会接管现有地方证券监管机构，实行垂直领导”的规定，中国证监会与大连市人民政府正式签署交接备忘录，大连市证券管理办公室从即日起上划收编直接对中国证监会负责。1999年6月18日，根据证监人教字［1999］42号文件精神，中国证监会大连证券监管特派员办事处正式成立。大连证券监管特派员办事处作为中国证监会的派出机构，于1999年7月1日正式挂牌办公。2004年3月1日，根据中央编办复字［2004］11号精神，正式变更为现名。

二、机构职能

作为中国证监会的派出机构，大连证监局主要职责是：根据中国证监会的授权，对辖区内的上市公司，证券、期货经营机构，证券、期货投资咨询机构和从事证券业务的律师事务所、会计师事务所、资产评估机构等中介机构的证券、期货业务活动进行监督管理；查处监管辖区范围的违法、违规案件。

中国证监会大连监管局下设5个职能处室：办公室、上市公司监管处、机构监管处、期货监管处、稽查处。

（一）办公室

依据中国证监会规定，承担局内的办公文秘、行政、人事、外事、财务、党务、纪检监察、信访、信息、档案、宣传、统计、本局办公自动化管理工作，办理行政许可申请受理事项。

（二）上市公司监管处

依据中国证监会规定，对拟上市公司的改制辅导情况进行评估调查并出具调查报告；对辖区内的上市公司的规范运作、信息披露、再融资等方面进行监管；建立和完善上市公司风险分类管理机制和监管协作工作机制；建立各类监管档案；对辖区内从事证券业务的会计师事务所、律师事务所、资产评估机构及其从业人员的证券从业活动进行监管。

（三）机构监管处

依据中国证监会规定，对辖区内证券经营机构进行日常监管；对证券经营机构设立、迁址、股权变更、高管人员任职资格进行审核；负责证券经营机构重大风险的监控、通报及处置；负责对证券机构及投资咨询机构的投诉进行调查处理；负责组织对辖区内证券投资咨询机构证券业务资格初审、年检；对辖区会计师事务所、律师事务所、资产评估机构等中介机构从事证券业务活动进行监管。

（四）期货监管处

依据中国证监会规定，负责对辖区内期货经营机构、期货投资咨询机构进行监管；负责对期货经营机构进行年检；负责对辖区期货经纪公司的设立、合并、分立和解散申请进行初审；负责辖区期货经营机构高管人员和从业人员的资格审核和日常监管；负责对期货经营机构的投诉进行调查处理；协助期货交易所对本辖区内的期货交易所会员的有关期货业务进行监管。

（五）稽查处

依据中国证监会规定，负责对辖区内违反证券期货市场法规的案件进行调查或移送、协助司法机关调查处理；办理证监会稽查部门交办的案件或调查事项并出具调查报告；负责派出机构之间的案件调查协助工作；调解证券、期货业务纠纷和争议；承担本机构的法规、调研工作。

证监局领导：
丁文奇：党委书记、局长
于连生：党委副书记、纪委书记、副局长
李春明：党委委员、副局长
张继东：副巡视员（正处级）

联系方式：
联系人：肖林
投诉电话：0411－88008567
联系传真：0411－88008500
邮箱地址：xiaol@ csrc. gov. cn
邮政编码：116001
通讯地址：大连市中山区中山路136号希望大厦15层

辽宁辖区上市公司名录

公司全称	办公地址	邮政编码	联系电话	传真电话
东北电气发展股份有限公司	沈阳市和平区太原南街189号金都大厦14楼	110001	23501976	23527081
辽宁国能集团(控股)股份有限公司	沈阳市浑南新区科幻路9号	110014	83601013	83601777
松辽汽车股份有限公司	沈阳市苏家屯区白松路22号	110101	024－31489909	024－31489909
沈阳机床股份有限公司	沈阳经济技术开发区开发大路17甲1号	110142	024－25190865	024－25190877
金杯汽车股份有限公司	沈阳市高新技术开发区浑南产业区世纪路1号二十一世纪大厦B座602室	110179	024－23745563	024－23745250
辽宁曙光汽车集团股份有限公司	辽宁省丹东市振安区曙光路50号	118000	04154146825	04154142821
联美控股股份有限公司	辽宁省沈阳市高新区浑南产业区新竹路50号	110179	024－23784835	024－83781352
营口港务股份有限公司	营口市鲅鱼圈区新港大路一号	115007	04176268506	04176151523
沈阳金山能源股份有限公司	沈阳市和平区南五马路185巷1号	110006	024－23229520	024－23229139
本钢板材股份有限公司	辽宁省本溪市平山区人民路16号	117000	0414－7827003	0414－7827004
锦化化工集团氯碱股份有限公司	葫芦岛市连山区化工街	125001	04292901152	04292901152
锦州港股份有限公司	锦州市经济技术开发区锦港大街1段1号	121007	04163586462	04163582431
沈阳银基发展股份有限公司	沈阳市沈河区青年大街109号	110014	02422905133	02422921377
中兴－沈阳商业大厦(集团)股份有限公司	沈阳市和平区太原北街86号	110001	024－23836008	024－23836008
东北制药集团股份有限公司	沈阳市铁西区重工北街37号	110026	25806963	25806888
葫芦岛锌业股份有限公司	葫芦岛市龙港区锌厂路24号	125003	04292024121	04292101801
凌源钢铁股份有限公司	辽宁省凌源市钢铁路3号	122500	04216838259	04216831910
莱茵达置业股份有限公司	沈阳市苏家屯区枫阳路78号房产大厦4楼	110102	057187851702	057187851739
丹东化学纤维股份有限公司	丹东市振兴区纤维街58号	118002	0415－6192957	0415－6191684
辽宁红阳能源投资股份有限公司	辽宁省沈阳市皇姑区黄河南大街96－6号启运大厦4楼	110031	86131586	86801050
辽宁华锦通达化工股份有限公司	盘锦市双台子区红旗大街	124021	04275855742	04275856408
中国辽宁国际合作(集团)股份有限公司	辽宁省沈阳市和平区中华路126号外汇大楼9层	110001	024－23271655	024－23271881
沈阳东软软件股份有限公司	沈阳市高新技术产业区浑南产业区东大软件园	110179	024－83662115	024－23783375
抚顺特殊钢股份有限公司	抚顺市望花区鞍山路东段8号	113001	0413－6678441	0413－6676495
沈阳化工股份有限公司	沈阳市铁西区卫工北街46号	110026	024－25553506	024－25553060
金城造纸股份有限公司	辽宁省凌海市金城街	121203	04162735012	04162735004
鞍钢股份有限公司	辽宁省鞍山市千山区千山西路1号	114011	0412－8417273	0412－6727772
沈阳商业城股份有限公司	沈阳市沈河区中街路212号	110011	24848832	24865832
深圳和光现代商务股份有限公司	广东省深圳市福田区滨河路北5022号联合广场B座703	518033	0755－82900092	
沈阳合金投资股份有限公司	沈阳市浑南新区世纪路55号	110013	62336777	62336799
沈阳惠天热电股份有限公司	沈阳市沈河区热闹路47号	110014	22939691	22939480
荣信电力电子股份有限公司	辽宁省鞍山市高新区鞍千路261号	114044	0412－8239366	0412－8239366
辽宁出版传媒股份有限公司	沈阳市和平区十一纬路29号	110003	23284236	23284232

辽宁辖区证券公司名录

序号	公司规范名称	办公地址
1	中天证券有限责任公司	沈阳市和平区光荣街23号甲
2	沈阳诚浩证券经纪有限责任公司	沈阳市沈河区热闹路51号

辽宁证监局辖区期货营业部名录

序号	营业部名称	电话	传真	邮政编码	营业地址
1	中期嘉合期货经纪有限公司沈阳营业部	024－82513500	024－82512800	111000	沈阳市沈河区北站路59号沈阳财富中心E座19层
2	海南星海期货经纪有限公司沈阳营业部	024－31278299	024－31278292	110013	沈阳市沈河区迎宾路32号凯莱大酒店3楼
3	华海期货经纪有限公司盘锦营业部	0427－8221186	0427－2812972	124010	盘锦市兴隆台区泰山路综合楼A楼
4	鲁证期货有限公司沈阳营业部	024－62116868	024－23253298	110000	沈阳市沈河区北站路57号财富中心D座1单元23层1号
5	浙江省永安期货经纪有限公司沈阳营业部	024－31289588	024－31280280	110013	沈阳市和平区南京北街161号(C座701－703)

辽宁辖区证券投资咨询公司

序号	公司规范名称	地址	电话
1	沈阳渤海投资咨询管理有限公司	沈阳市和平区三好街87号1－1－406室	024－23847666

辽宁辖区从事证券服务业务的会计师事务所

名称	地址	邮编	电话	负责人
辽宁天健会计师事务所	沈阳市北站路146号嘉兴国际5层	110013	024－25515988	高凤元

辽宁辖区从事证券服务业务的资产评估机构

机构名称	法人代表	地址	邮编	联系电话	传真电话	备注
辽宁正和资产评估有限责任公司	陈晶	辽宁省沈阳市皇姑区昆山路28号国源大厦A座16	110032	024－86398076	86398096	总所
辽宁华诚信资产评估有限责任公司	庄瞰恒	辽宁省沈阳市沈河区北京街16号	110013	024－22523038	22522970	总所
沈阳中沈资产评估有限责任公司	周军	辽宁省沈阳市和平区云集街22号	110003	024－23850207	23251109	总所
北京龙源智博资产评估有限责任公司辽宁分公司	徐岩	辽宁省沈阳市和平区和平北大街156号	110003	024－23283421		分所
北京市世纪智源资产评估有限责任公司辽宁分公司	高鹏波	辽宁省沈阳市和平区和平南大街2号东宇大厦19楼	110003	024－23256052	23256053	分所
岳华会计师事务所有限责任公司辽宁分公司	孙伟军	辽宁省沈阳市和平区和平南大街39号	110003	024－23223555		分所
中审会计师事务所有限责任公司辽宁(兴华)分公司	于君延	辽宁省沈阳市皇姑区黄河南大街5号	110031	024－86200041		分所
北京中科华会计师事务所有限公司鞍山分公司	王恩艳	辽宁省鞍山市铁东区前进路5号	114002	0412－2244345	2244348	分所
辽宁正和资产评估有限责任公司鞍山分公司	李洪达	辽宁省鞍山市铁东区南胜利路21号万科写字楼909	114001	0412－5566532	5511989	分所

辽宁证监局辖区
2008年6月份上市公司统计信息

项　目	数　据
上市公司数(家)	34
总股本(亿股)	253.28
总市值(亿元)	2277.81
非限售股流通市值(亿元)	737.43

辽宁证监局辖区
2008年7月份上市公司统计信息

项　目	数　据
上市公司数(家)	34
总股本(亿股)	253.28
总市值(亿元)	2274.30
非限售股流通市值(亿元)	754.89

辽宁证监局辖区
2008年8月份上市公司统计信息

项　目	数　据
上市公司数(家)	34
总股本(亿股)	254.14
总市值(亿元)	1707.64
非限售股流通市值(亿元)	566.87

辽宁证监局辖区
2008年9月份上市公司统计信息

项　目	数　据
上市公司数(家)	34
总股本(亿股)	254.14
总市值(亿元)	1642.47
非限售股流通市值(亿元)	535.81

辽宁证监局辖区
2008年10月份上市公司统计信息

项　目	数　据
上市公司数(家)	34
总股本(亿股)	258.34
总市值(亿元)	1136.73
非限售股流通市值(亿元)	384.81

辽宁证监局辖区
2008年11月份上市公司统计信息

项　目	数　据
上市公司数(家)	34
总股本(亿股)	258.34
总市值(亿元)	1388.90
非限售股流通市值(亿元)	466.72

辽宁证监局辖区
2008 年 12 月份上市公司统计信息

项　目	数　据
上市公司数(家)	34
总股本(亿股)	259.92
总市值(亿元)	1400.40
非限售股流通市值(亿元)	528.92

辽宁证监局辖区
2009 年 1 月份上市公司统计信息

项　目	数　据
上市公司数(家)	34
总股本(亿股)	259.92
总市值(亿元)	1606.10
非限售股流通市值(亿元)	629.29

辽宁证监局辖区
2009 年 2 月份上市公司统计信息

项　目	数　据
上市公司数(家)	33
总股本(亿股)	256.21
总市值(亿元)	1766.99
非限售股流通市值(亿元)	714.47

辽宁证监局辖区
2009 年 3 月份上市公司统计信息

项　目	数　据
上市公司数(家)	33
总股本(亿股)	258.67
总市值(亿元)	1928.91
非限售股流通市值(亿元)	821.04

辽宁证监局辖区
2009 年 4 月份上市公司统计信息

项　目	数　据
上市公司数(家)	33
总股本(亿股)	259.44
总市值(亿元)	1963.36
非限售股流通市值(亿元)	896.80

辽宁证监局辖区
2009 年 5 月份上市公司统计信息

项　目	数　据
上市公司数(家)	33
总股本(亿股)	259.44
总市值(亿元)	2180.74
非限售股流通市值(亿元)	973.60

辽宁证监局辖区
2009 年 6 月份上市公司统计信息

项　目	数　据
上市公司家数	33
总股本(亿股)	263.57
总市值(亿元)	2581.50
非限售 A 股流通市值(亿元)	1105.38

辽宁证监局辖区
2008 年 6 月份证券经营机构统计信息

项　目	数　据
证券公司数	2
证券营业部数	114
证券服务部数	34
证券咨询公司数	1

2008 年 6 月辽宁省证券市场情况

项　目	数　据
沪深开户数(万)	564
证券交易额(亿元)	1444
股票交易额(亿元)	1100
基金交易额(亿元)	13

辽宁证监局辖区
2008 年 7 月份证券经营机构统计信息

项　目	数　据
证券公司数	2
证券营业部数	114
证券服务部数	34
证券咨询公司数	1

2008 年 7 月辽宁省证券市场情况

项　目	数　据
沪深开户数(万)	566
证券交易额(亿元)	1623
股票交易额(亿元)	1457
基金交易额(亿元)	14

辽宁证监局辖区
2008 年 8 月份证券经营机构统计信息

项　目	数　据
证券公司数	2
证券营业部数	114
证券服务部数	34
证券咨询公司数	1
2008 年 8 月辽宁省证券市场情况	

2008 年 8 月辽宁省证券市场情况

项　目	数　据
沪深开户数(万)	568
证券交易额(亿元)	896
股票交易额(亿元)	741
基金交易额(亿元)	9

辽宁证监局辖区
2008 年 9 月份证券经营机构统计信息

项　目	数　据
证券公司数	2
证券营业部数	114
证券服务部数	34
证券咨询公司数	1

2008 年 9 月辽宁省证券市场情况

项　目	数　据
沪深开户数(万)	569
证券交易额(亿元)	924
股票交易额(亿元)	688
基金交易额(亿元)	12

辽宁证监局辖区
2008 年 10 月份证券经营机构统计信息

项　目	数　据
证券公司数	2
证券营业部数	114
证券服务部数	34
证券咨询公司数	1

2008 年 10 月辽宁省证券市场情况

项　目	数　据
沪深开户数(万)	572
证券交易额(亿元)	898
股票交易额(亿元)	608
基金交易额(亿元)	9

辽宁证监局辖区
2008 年 11 月份证券经营机构统计信息

项　目	数　据
证券公司数	2
证券营业部数	113
证券服务部数	34
证券咨询公司数	1

2008 年 11 月辽宁省证券市场情况

项　目	数　据
沪深开户数(万)	574
证券交易额(亿元)	1496
股票交易额(亿元)	1057
基金交易额(亿元)	13

辽宁证监局辖区
2008 年 12 月份证券经营机构统计信息

项　目	数　据
证券公司数	2
证券营业部数	113
证券服务部数	34
证券咨询公司数	1

2008 年 12 月辽宁省证券市场情况

项　目	数　据
沪深开户数(万)	578
证券交易额(亿元)	1698
股票交易额(亿元)	1467
基金交易额(亿元)	17

辽宁证监局辖区
2009 年 1 月份证券经营机构统计信息

项　目	数　据
证券公司数	2
证券营业部数	113
证券服务部数	34
证券咨询公司数	1

2009 年 1 月辽宁省证券市场情况

项　目	数　据
沪深开户数(万)	580
证券交易额(亿元)	1000
股票交易额(亿元)	885
基金交易额(亿元)	7

辽宁证监局辖区
2009 年 2 月份证券经营机构统计信息

项　目	数　据
证券公司数	2
证券营业部数	113
证券服务部数	34
证券咨询公司数	1

2009 年 2 月辽宁省证券市场情况

项　目	数　据
沪深开户数(万)	586
证券交易额(亿元)	2784
股票交易额(亿元)	2491
基金交易额(亿元)	20

辽宁证监局辖区
2009 年 3 月份证券经营机构统计信息

项　目	数　据
证券公司数	2
证券营业部数	113
证券服务部数	34
证券咨询公司数	1

2009 年 3 月辽宁省证券市场情况

项　目	数　据
沪深开户数(万)	594
证券交易额(亿元)	2600
股票交易额(亿元)	2305
基金交易额(亿元)	16

辽宁证监局辖区
2009 年 4 月份证券经营机构统计信息

项　目	数　据
证券公司数	2
证券营业部数	113
证券服务部数	34
证券咨询公司数	1

2009 年 4 月辽宁省证券市场情况

项　目	数　据
沪深开户数(万)	370
证券交易额(亿元)	2084
股票交易额(亿元)	1932
基金交易额(亿元)	13

辽宁证监局辖区
2009 年 5 月份证券经营机构统计信息

项　目	数　据
证券公司数	2
证券营业部数	113
证券服务部数	34
证券咨询公司数	1

2009 年 5 月辽宁省证券市场情况

项　目	数　据
沪深开户数(万)	373
证券交易额(亿元)	1617
股票交易额(亿元)	1511
基金交易额(亿元)	13

辽宁证监局辖区
2009 年 6 月份证券经营机构统计信息

项　目	数　据
证券公司数	2
证券营业部数	114
证券服务部数	33
证券咨询公司数	1

2009 年 6 月辽宁省证券市场情况

项　目	数　据
沪深开户数(万)	374
证券交易额(亿元)	1939
股票交易额(亿元)	1837
基金交易额(亿元)	13

辽宁证监局辖区
2008 年 6 月份期货市场统计信息

项　目	数　据
期货公司家数	4
期货营业部家数	5
开户数	4057
成交量(手)	760010
成交额(万元)	3469856

辽宁证监局辖区
2008 年 7 月份期货市场统计信息

项　目	数　据
期货公司家数	4
期货营业部家数	5
开户数	4110
成交量(手)	883673
成交额(万元)	3929090

辽宁证监局辖区
2008 年 8 月份期货市场统计信息

项　目	数　据
期货公司家数	4
期货营业部家数	5
开户数	4189
成交量(手)	1167057
成交额(万元)	8384733

辽宁证监局辖区
2008 年 9 月份期货市场统计信息

项　目	数　据
期货公司家数	4
期货营业部家数	6
开户数	4346
成交量(手)	816065
成交额(万元)	3659139

辽宁证监局辖区
2008 年 10 月份期货市场统计信息

项　目	数　据
期货公司家数	4
期货营业部家数	6
开户数	4156
成交量(手)	1249409
成交额(万元)	4004067

辽宁证监局辖区
2008 年 11 月份期货市场统计信息

项　目	数　据
期货公司家数	4
期货营业部家数	6
开户数	4321
成交量(手)	1004245
成交额(万元)	3349480

辽宁证监局辖区
2008 年 12 月份期货市场统计信息

项　目	数　据
期货公司家数	3
期货营业部家数	8
开户数	4236
成交量(手)	796609
成交额(万元)	2560000

辽宁证监局辖区
2009 年 1 月份期货市场统计信息

项　目	数　据
期货公司家数	3
期货营业部家数	8
开户数	4,289
成交量(手)	448,241
成交额(亿元)	159.63

辽宁证监局辖区
2009 年 2 月份期货市场统计信息

项　目	数　据
期货公司家数	3
期货营业部家数	8
开户数	4377
成交量(手)	661540
成交额(亿元)	282

辽宁证监局辖区
2009 年 3 月份期货市场统计信息

项　目	数　据
期货公司家数	3
期货营业部家数	8
开户数	4417
成交量(手)	784148
成交额(亿元)	345.10

辽宁证监局辖区
2009 年 4 月份期货市场统计信息

项　目	数　据
期货公司家数	3
期货营业部家数	13
开户数	4825
成交量(手)	1097846
成交额(亿元)	581.03

辽宁证监局辖区 2009 年 5 月份期货市场统计信息

项　目	数　据
期货公司家数	3
期货营业部家数	13
开户数	5067
成交量(手)	792696
成交额(亿元)	492.93

辽宁证监局辖区 2009 年 6 月份期货市场统计信息

项　目	数　据
期货公司家数	3
期货营业部家数	13
开户数	5330
成交量(手)	912927
成交额(亿元)	527.93

大连辖区上市公司一览表

序号	公司全称	股票简称	股票代码	办公地址	邮编	联系电话	上市时间
1	中铁铁龙集装箱物流股份有限公司	铁龙物流	600125	大连市中山区新安街 1 号	116001	0411－82810881	1998.05.11
2	大连大杨创世股份有限公司	G 大杨	600233	大连经济技术开发区哈尔滨路 23 号	116600	0411－87638778	2000.06.08
3	辽宁时代服装进出口股份有限公司	辽宁时代	600241	大连市中山区港湾街 7 号	116001	0411－82798317	2000.11.24
4	大连美罗药业股份有限公司	美罗药业	600297	大连市中山区中山路 112 号	116001	0411－83606084	2000.11.16
5	大连冰山橡塑股份有限公司	冰山橡塑	600346	大连市甘井子区周水子广场 1 号	116033	0411－86641378	2001.08.20
6	大连圣亚旅游控股股份有限公司	大连圣亚	600593	大连市沙河口区中山路 608－6 号	116023	0411－84685225	2002.07.12
7	大商集团股份有限公司	大商股份	600694	大连市中山区青三街 1 号	116001	0411－83880986	1993.11.22
8	大连热电股份有限公司	大连热电	600719	大连市西岗区沿海路 90 号	116021	0411－84422999－8290	1996.07.16
9	辽宁成大股份有限公司	G 成大	600739	大连市中山区人民路 71 号	116001	0411－82803736	1996.08.20
10	大连大显股份有限公司	大显股份	600747	大连市甘井子区革镇堡镇	116035	0411－86458775—828	1996.09.16
11	国电电力发展股份有限公司	国电电力	600795	北京市西城区阜城门北大街 6 号国际投资大厦 B 座九层	100034	010－58682100	1997.03.18
12	大化集团大连化工股份有限公司	大化 B 股	900951	大连市甘井子区公兴路 10 号	116032	0411－86893436	1997.10.21
13	大连冷冻机股份有限公司	G 大冷	200530	大连市西岗区西南路 888 号	116033	0411－86654530	1993.12.08
14	大连亿城集团股份有限公司	亿城股份	616	大连市中山区荣盛街 27 号	116001	0411－83633671－381	1996.11.08
15	大连友谊(集团)股份有限公司	大连友谊	679	大连市中山区七一街 1 号	116001	0411－82691471	1997.01.24
16	大连国际合作(集团)股份有限公司	G 国际	881	大连市西岗区黄河路 219 号外经贸大厦	116011	0411－83780139	1998.09.02
17	大连金牛股份有限公司	大连金牛	961	大连市甘井子区工兴路 4 号	116031	0411－86672112－2198	2000.03.01
18	瓦房店轴承股份有限公司	瓦轴 B	200706	瓦房店市北共济街一段 1 号	116330	0411－85509888—2308	1997.03.25
19	大连獐子岛渔业集团股份有限公司	獐子岛	2069	大连市中山区人民路人寿大厦 17 层	116001	0411－82592666	2006.09.28
20	大连华锐重工铸钢股份有限公司	华锐铸钢	2004	大连市甘井子区新水泥路 8 号	116035	0411－86427861	2008.1.16
21	大连天宝绿色食品股份有限公司	天宝股份	2220	大连市金州区拥政街道三里村 624 号	116100	0411－82828855	2008.2.28

大连辖区 5 家期货公司通讯录

序号	公司名称	公司地址	总经理	联系电话	传真	邮编	公司网址
1	大连良运期货经纪有限公司	大连市中山区五五路 12 号良运酒店 6 层	李野	82589097	82128582	116001	www.lyqh.cn
2	渤海期货有限公司	大连市沙河口区会展路 18 号	王石梅	84807155	84807855	116023	www.bhfcc.com
3	北方期货经纪有限责任公司	大连市中山区五五路 45 号光大大厦 10 层	张秋石	82707690	82735209	116001	www.bfqh.com
4	辽粮期货经纪有限公司	大连市沙河口区会展路 18 号三楼西区 321 室	刘福亮	84807617	84807321	116023	www.llqh.com.cn
5	中期期货有限公司	大连市中山区人民路 7 号东亚银行大厦 15 层	曲丽	39815960	39815907	116001	www.lncifco.com

河北证券市场

中国证券监督管理委员会河北监管局

中国证券监督管理委员会河北监管局，简称河北证监局，是中国证券监督管理委员会的派出机构。

一、历史沿革

1996年2月，河北省政府批准设立"河北省证券委员会"、"河北省证券监督管理委员会"，一个机构两块牌子，按省政府正厅级事业单位管理。内部机构设5个处，分别为国内处、国际处、机构处、综合处、办公室。人员编制25人。1997年8月，国内处改为发行处，国际处改为上市公司处，1998年增设稽查处。人员编制25人。1998年12月，全国实行统一的证券监管体制，河北省证券委、河北省证监会与其他省市证券监管机构一同划归中国证监会统一领导。1999年6月，根据中国证监会《关于成立石家庄特派办的通知》，将河北省证券委员会、河北省证券监督管理委员会更名为中国证券监督管理委员会石家庄证券监管特派员办事处（简称石家庄特派办）。中国人民银行河北省分行金融监管处的相关职能划为石家庄特派办。按局级事业单位管理，内部机构设置，综合处、稽查处、机构监管处、上市公司监管处等4个处。1999年7月1日，中国证券监督管理委员会石家庄证券监管特派员办事处正式挂牌。

2004年3月1日，经中央机构编制委员会办公室批准，本局与中国证券监督管理委员会在各省、自治区、直辖市、计划单列市的派出机构，一起统一正式更名为"中国证券监督管理委员会河北监管局"，简称"河北证监局"。

二、现机构设置及主要职责

根据证监会的授权，河北证监局对辖区内的上市公司，证券、期货经营机构，证券期货投资咨询机构和从事证券业务的律师事务所、会计师事务所、资产评估机构等中介机构的证券、期货业务活动进行监督管理；查处监管辖区范围内的违法、违规案件。现设6个处室，分别为：办公室、党务工作办公室（纪检监察室）、上市公司监管处、机构监管处、期货监管处、稽查处。

办公室主要职责：负责本机构的办公文秘、行政、财务管理、信访接待、安全保卫等工作。

负责对辖区内证券市场情况调研、信息统计及外联工作。

党务工作办公室（纪检监察室）主要职责：负责本机构党建党务、纪检监察、干部人事、劳动工资等工作；

负责本机构思想政治、组织建设、党风廉政建设、干部培训等工作；

上市公司监管处主要职责：依据规定，对辖区内的上市公司进行监管。对拟上市公司的股份制改造情况进行调查。对券商辅导情况进行监督。

对辖区内从事证券业的会计师、律师、资产评估师、及其从业人员的证券从业活动进行监管。

机构监管处主要职责：依据规定，对辖区内的证券经营机构、登记托管结算机构、投资咨询机构、信息传播机构、证券投资基金管理机构及其从业人员活动进行监管。

期货监管处主要职责：依据规定，对辖区内期货经纪机构、期货投资咨询机构及有关期货业务进行监管。

稽查处主要职责：依据规定，负责对辖区内违反证券期货市场法规的案件进行调查处理或移送、协助司法机关调查处理；调解证券、期货业务纠纷和争议，处理有关的来信来访，承担本机构的法规工作。

三、人员情况

我局编制53人，在职人员43人（包含3名会管干部）。

职务构成情况：局领导3人，处级干部10人，处级以下干部29人，工人1人；

学历构成情况：硕士研究生11人，大学本科28人，大专4人；

职称构成情况：高级职称6人，其中会计师3人经济师3人；中级职称14人，其中会计师10人经济师4人。

证监局领导：

郭润伟党委书记、纪委书记、局长

李庆应副局长

宋庆三党委委员、副局长

联系方式：

电话：0311－83632219

传真：0311－83632750

地址：河北省石家庄市友谊北大街71号

邮编：050081

信访投诉电话：0311－83630191

信访投诉传真：0311－83632750

E_mail：hebei@ csrc. gov. cn

河北证券市场上市公司

上市公司总体介绍

一、辖区内上市公司概况

截至2008年4月30日，辖区共有36家上市公司，其中沪市18家，深市18家。共有37只股票挂牌交易（宝石发行A、B股），其中A股35只，B股2只。

36家上市公司分布在石家庄（7家）、邯郸（4家）、邢台（1家）、保定（6家）、衡水（1家）、沧州（3家）、张家口（1家）、承德（3家）、唐山（6家）、秦皇岛（2家）、廊坊（2家）等11个省辖市，涉及化学、金属、非金属、机械、纺织、服装、电子、食品、饮料、医药、采掘业、房地产、电力等10多个行业。

二、辖区内拟上市公司概况

截止2007年11月30日，辖区内共有拟上市公司14家。

股票代码	股票简称	法人代表	公司地址	董秘	电话	邮编
600135	乐凯胶片	张建恒	河北省保定市建设南路1号	李建新	0312－3302661	071054
000408	玉源控股	路联	北京市朝阳区北土城西路7号国恒基业大厦E座401	常诚	010－82275906	100029
600155	宝硕股份	闫海清	河北省保定国家高新技术产业开发区朝阳北路175号	赵长拴	0312－3109607	071051
600482	风帆股份	陈孟礼	河北省保定市国家高新技术产业开发区朝阳北路206号	张亚光	0312－3208588	071057
600550	天威保变	丁强	河北省保定市天威西路318号	张继承	0312－3252455	071056
000687	保定天鹅	王东兴	河北省保定市纸厂路一号	李斌	0312－3322326、3322262	071055

股票代码	股票简称	法人代表	公司地址	董秘	电话	邮编
600230	沧州大化	平海军	河北省沧州市北环中路66号	孙磊	0317－3556143	061000
600722	沧州化工	周振德	河北省沧州市南环中路18号	邱玲	0317－3030719	061000
600357	承德钒钛	田志平	河北省承德市双滦区	王世杰	0314－4073210	067002
000848	承德露露	王宝林	河北省承德市双桥区翠桥路南6号	李文生	0314－2059888	067000
200160	帝贤B	王淑贤	河北省承德县下板城镇	陈志国	0314－3115048	067400
600553	太行股份	王理顺	河北省邯郸市峰峰矿区建国路2号	郑宝金	010－67265600转2063	056200
600001	邯郸钢铁	刘如军	河北省邯郸市复兴路232号	李卜海	0310－6074640	056015
600559	裕丰股份	张新广	河北省衡水市人民东路39号	刘勇	0318－2122755	053000
000889	渤海物流	魏超	河北省秦皇岛市海港区河北大街146号金原国际商务大厦26、27层	焦海青	0335－3280602、3733868	066000
600716	耀华玻璃	曹田平	河北省秦皇岛市西港路	宋英利	0335－3285158、3028173	066013
600965	福成五丰	李福成	河北省三河市燕郊经济技术开发区	宋宝贤	010－61595607	065201
000413	宝石A	尚建斌	河北省石家庄市高新技术产业开发区黄河大道9号	付殷方	86917771	050035
000600	建投能源	王永忠	河北省石家庄市广安大街1号	赵 辉	0311－85518876	050011
000158	常山股份	汤彰明	河北省石家庄市和平东路183号	李京朝	0311－86673856	050011
600812	华北制药	张千兵	河北省石家庄市和平东路388号	曹正平	0311－86219063、86696493	050015
600803	威远生化	杨宇	河北省石家庄市和平东路393号	付百林	85915898	050031
000958	东方热电	王凯宏	河北省石家庄市建华南大街161号	王志洁	5078768	050031
000709	唐钢股份	王义芳	河北省唐山市滨河路9号	张建忠	0315－2702825	063016
000856	唐山陶瓷	陈思	河北省唐山市路北区缸窑路110号	张树来	0315－3291354、3107112	063022
600409	三友化工	么志义	河北省唐山市南堡开发区	张建华	0315－8519078、8517040	063305
600997	开滦精煤	裴华	河北省唐山市新华东道70号东楼	侯树忠	0315－2812013	063018
000401	冀东水泥	张增光	河北省唐山市新区丰润区林荫路	张世江	0315－3244005	063031
000778	新兴铸管	刘明忠	河北省武安市上洛阳村北（2672厂区）	曾耀赣	0310－5792011	56300
000937	金牛能源	王社平	河北省邢台市中兴西大街191号	陈立军	0319－ 0319－2068242	054000
000923	河北宣工	王建军	河北省张家口市宣化区东升路21号	张富贵	0313－3186012	075105
600480	凌云股份	李喜增	河北省涿州市松林店镇	张建华	0312－3951002	072761
600892	湖大科教	冷清桂	石家庄市中山东路85号天鸿大厦1028室	王晓民	85914663	050000
002049	晶源电子	闫永江	玉田县城西大街150号	陶志明	0315－－6198110	064100
002108	沧州明珠	肖燕	沧州市新华西路43号	于增胜	3172075318	061001
002146	荣盛地产	耿建明	廊坊经济技术开发区春明道12号	陈金海	0316－5908566	065001

河北证券市场证券投资咨询机构

公司名称	公司地址	负责人	客服电话
河北源达证券投资咨询有限公司	石家庄市广安大街12号美东国际B座1506室	高 文	

河北证券市场会计师事务所

公司名称	负责人	联系电话	传真	邮编	地址
河北光华会计师事务所	姚庚春	031187055252	031187055211	050011	石家庄市广安街77号安侨商务楼

安徽证券市场

中国证券监督管理委员会安徽监管局

中国证券监督管理委员会安徽监管局(简称安徽证监局)是中国证监会的派出机构,其前身为安徽省证券管理办公室,成立于1995年。1998年,根据党中央、国务院关于建立全国集中统一的证券监管体制的要求,划归中国证监会垂直领导,改名为“中国证监会合肥证券监管特派员办事处”,并于1999年7月1日正式挂牌。2004年3月1日,根据中央编办复字[2004]11号文件批复,正式更名为“中国证券监督管理委员会安徽监管局”

主要职责:根据中国证券监督管理委员会的授权,对辖区内的上市公司,证券、期货经营机构,证券期货投资咨询机构和从事证券业务的律师事务所、会计师事务所、资产评估机构等中介机构的证券、期货业务活动进行监督管理;查处监管辖区范围内的违法、违规案件。

办公室(党办)工作职责

1、协助局领导组织机关日常办公事务,协调各处室工作;

2、具体承办局党委、纪检方面的日常工作;

3、具体承办人事方面的工作;

4、具体负责财务及资产管理工作,负责职工福利等方面的工作;

5、负责外事及局机关与会、地方政府及有关部门的联系协调工作;

6、负责对外信息宣传工作,组织新闻宣传稿件和综合信息编发工作;

7、组织局内重要文件的起草和核稿,负责办理公文的编号、登记、分发、存档,业务处室呈批文件的初审、复审,印章的保管、监印、登记,档案的立卷、查阅,机要、公文的交换与收发工作;

8、负责我局行政许可受理事宜,承办行政许可文件接收、登记、统计、归档、公示等工作;

9、负责图书资料的管理和报刊的分发工作,负责车辆调度、管理、维修和保养工作,负责固定资产及办公用品的采购以及安全保卫等行政后勤方面的工作;

10、负责组织协调机关党支部和工会工作;

11、负责局领导活动的安排、协调及其它工作。

上市公司监管处工作职能

一、拟发行公司监管工作职责

1、负责监管辖区内拟发行公司的辅导改制工作。接受辅导备案材料并进行登记管理,受理辅导机构报送的辅导报告并经过调查验收后向发行监管部报送辅导监管报告,对辅导机构履行辅导义务的行为进行监督和必要的协调,跟踪和总结拟发行公司接受辅导过程中存在的主要问题并进行必要的现场调查或检查,对已经完成辅导工作的拟发行公司未被推荐的原因进行了解并在辅导有效期内进行持续关注。

2、对辖区内拟发行公司申请首次公开发行股票和上市公司申请再融资的,建立与发行监管部直接沟通机制,及时报告已发现的重大问题和重大风险。

3、负责对辖区内拟发行公司及有关中介机构在股票发行审核和承销过程中涉嫌违规的问题进行核查,并出具核查意见。

4、负责根据规定就公开发行证券相关事宜对辖区内公司上市后中介机构履行持续义务和上市公司履行配合义务进行监管,建立与发行监管部直接沟通机制。

二、上市公司监管工作职责

1、全面负责本辖区上市公司的现场监管和风险防范与化解工作,对涉嫌违法、违规达到立案稽查标准的,应及时自行立案稽查。

2、全面负责本辖区上市公司的公司治理监管,指导、督促上市公司完善股东大会、董事会、监事会和独立董事制度,积极推动、配合相关部门规范上市公司股东行为,增强上市公司的独立性,建议证券交易所对公司治理结构存在重大缺陷或者拒不配合监管工作的上市公司进行风险提示。

3、对本辖区上市公司信息披露涉及的真实性、准确性、完整性和及时性等相关问题进行核查。

4、对有关上市公司并购重组活动进行核查,并做好持续监管工作。

5、配合地方政府和有关部门,督促、指导本辖区上市公司防范因退市引发的风险并做好平移至代办股份转让系统工作。

6、负责出具本辖区上市公司再融资监管初步意见。

7、负责对涉及本辖区上市公司的保荐机构和保荐代表人进行持续监管。

8、负责建立和管理本辖区上市公司的持续动态监管记录和监管档案。

9、负责建立本辖区上市公司诚信记录。

10、负责处理涉及本辖区上市公司的群众举报和媒体质疑。

11、组织实施本辖区上市公司董事长、独立董事之外的其他董事和所有监事的培训工作。

12、负责建立、落实与辖区地方政府及其有关部门、司法机关、相关监管机构、上市公司债权银行等机构协调配合的综合监管体系。

13、研究分析本辖区上市公司总体情况,提出有针对性的监管措施。

14、证监会赋予的其他职责。

三、相关证券执业中介机构监管工作职责

1、根据《证券发行上市保荐制度暂行办法》和证监会相关规定,负责对有关保荐机构及其保荐代表人相关保荐业务的监管工作。

2、负责辖区内会计师事务所、资产评估机构及其相关人员从事拟上市公司、上市公司证券相关业务的监管工作。

3、负责对在本辖区内从事拟上市公司、上市公司证券相关业务的会计师事务所、资产评估机构及相关人员职业道德、独立性和专业胜任能力进行监督检查,根据有关规定及时处理或向证监会及时报告。

机构监管处工作职能

一、对证券公司分支机构的高级管理人员任职资格进行审核;对证养营业部同城迁址进行审核备案;对证券营业部转让和异地迁址(包括省内和跨省迁址)进行审核;对新设证券营业部和证券服务部的开业进行审核;对外国证券类机构驻华代表处地址变更进行审核。

二、负责对证券公司股权变更进行初审;对证券公司高级管理人员任职资格进行初审;对证券投资咨询业务资格进行初审。

三、负责对辖区内证券公司及其分支机构进行日常检查,督促其规范发展,适时对风险进行处置、化解。

四、负责督促检查辖区内证券公司及其分支机构客户保证金的安全性，及时处置并报告各种风险；对证券机构的涉嫌违法违规行为进行调查。

五、负责对辖区内基金管理公司、相关机构的基金销售行为进行日常检查。

六、负责对辖区内证券投资咨询机构进行日常检查，对其执业资格进行年检。

七、负责辖区内证券行业统计信息的收集、整理，开展统计调查和统计分析，督促落实统计制度，进行统计质量检查。

八、证监会和我局安排的其他工作。

稽查处工作职能

一、负责立案调查辖区内证券期货违法违规事项，在授权范围内作出行政处罚决定，并将立案和行政处罚决定报证管办或证监会备案；对超出行政处罚授权范围的案件，应按有关规定及时报证监会。

二、负责办理证监会交办的案件或调查事项，并在规定的期限内上报调查报告。

三、负责办理派出机构之间请求协助调查的事项并按请求方的要求及时反馈。

四、负责监督执行本机构和证监会作出的处罚决定，并在规定的执行期满后 15 日内写出执行情况报告报告证监会。

五、负责管理辖区内和证监会转办的信访事项，并按规定调查、答复或反馈。

六、负责调解辖区内证券期货市场纠纷。

七、负责协助公安、工商、司法、纪检、监察等部门调查辖区内证券期货违法违规案件，对违反其他法律法规、党纪政纪的移送有关部门处理。

八、负责对证券、期货市场法律法规执行情况进行调查。

九、承担投资者教育领导小组办公室日常工作，负责组织、协调辖区内投资者教育工作的具体事务。

期货监管处工作职能

一、负责对辖区内期货经纪公司、期货经纪公司营业部、期货投资咨询公司的业务活动进行日常监管，包括现场检查和非现场检查。

二、负责对辖区内期货经纪公司的设立、合并、分立和解散申请进行初审。

三、负责核准辖区内期货经纪公司设立、终止营业部的申请，及辖区内期货经纪公司到其他辖区设立营业部的申请，并报证监会备案。

四、负责对辖区内期货经纪公司、期货经纪公司营业部和投资咨询公司进行年检。

五、负责监控并及时处置辖区内期货经纪公司、期货经纪公司营业部的风险，遇有重大风险及时向证监会报告。

六、结合客户保证金封闭管理，负责对辖区内期货经纪公司的客户保证金进行日常监管。

七、负责与期货经纪公司异地分支机构所在地的派出机构互通情况，协作监管。负责辖区内异地分支机构的日常监管，并积极支持和配合异地期货经纪公司所在地派出机构对期货经纪公司的整体监管工作。

八、负责受理辖区内期货经纪公司、期货经纪公司营业部、期货投资咨询公司的报备事项。

九、负责对辖区内期货经纪公司高级管理人员任职资格初审、任职资格年检初检和日常监管。

十、负责对期货经纪公司执行董事、财务部门负责人、合规审查部门负责人、风险管理部门负责人以及分支机构负责人任职资格的核准和日常监管，核准结果报证监会备案。受理期货经纪公司董事、监事任职资格的备案。

十一、负责审查期货经纪公司的法定代表人、注册资本、住所或营业场所、持有 10% 以上（含 10%）股权或拥有实际控制权的股东及股权结构、营业部经营场所及营业部负责人变更并报证监会核准。涉及期货经纪公司及营业部跨辖区迁址的，应在我局、相关派出机构及期货监管部协商后办理。

十二、负责对持有期货经纪公司 10% 以上（含 10%）股权或拥有实际控制权的股东资格进行初审。

十三、负责期货投资咨询业务资格初审。

十四、负责管理和维护辖区内期货经纪公司高级管理人员数据库。

联系方式：

联系电话：0551 – 5367100

咨询投诉：0551 – 2840674

勤政廉政监督电话：0551 – 5367117

安徽证监局信箱：hfzqtpb@ mail. hf. ah. cn

安徽证监局局长信箱：hfzqb@ mail. hf. ah. cn

地址：安徽省合肥市高新技术产业开发区天波路 6 号

邮政编码：230088

安徽证券市场上市公司基本情况

序号	股票代码	证券简称	公司名称	所属地市	通讯地址	邮编
1	000153	丰原药业	安徽丰原药业股份有限公司	合肥市	合肥市包河工业区纬四路 16 号	230051
2	000417	合肥百货	合肥百货大楼集团股份有限公司	合肥市	安徽省合肥市宿州路 96 号	230001
3	000521	美菱电器	合肥美菱电器股份有限公司	合肥市	合肥市芜湖路 48 号	230001
4	000543	皖能电力	安徽省皖能股份有限公司	合肥市	安徽省合肥市马鞍山路 109 号华水大厦 5 – 6 层	230011
5	000596	古井贡酒	安徽古井贡酒股份有限公司	亳州市	安徽省亳州市古井镇	236820
6	000619	海螺型材	芜湖海螺型材科技股份有限公司	芜湖市	安徽省芜湖市经济技术开发区港湾路 2 号	241009
7	000630	铜陵有色	铜陵有色金属集团股份有限公司	铜陵市	安徽省铜陵市长江西路有色大院西楼	244001
8	000713	丰乐种业	合肥丰乐种业股份有限公司	合肥市	安徽省合肥市长江西路 501 号丰乐大厦	230031
9	000728	国元证券	国元证券股份有限公司	合肥市	合肥市寿春路 179 号	230001
10	000850	华茂股份	安徽华茂纺织股份有限公司	安庆市	安徽省安庆市纺织南路 80 号	246018
11	000859	国风塑业	安徽国风塑业股份有限公司	合肥市	合肥国家高新技术产业开发区天智路	230088
12	000868	安凯客车	安徽安凯汽车股份有限公司	合肥市	安徽省合肥市葛淝路 1 号	230051
13	000887	中鼎股份	安徽中鼎密封件股份有限公司	宣城市	安徽省宁国经济技术开发区	233054
14	000930	丰原生化	安徽丰原生物化学股份有限公司	蚌埠市	安徽省蚌埠市大庆路 73 号	233010

序号	股票代码	证券简称	公司名称	所属地市	通讯地址	邮编
15	000979	科苑集团	安徽省科苑(集团)股份有限公司	宿州市	安徽省宿州市汴水路271号	234023
16	000980	金马股份	黄山金马股份有限公司	黄山市	安徽省黄山市歙县经济技术开发区	245200
17	002014	永新股份	黄山永新股份有限公司	黄山市	安徽省黄山市徽州区徽州东路188号	245061
18	002018	华星化工	安徽华星化工股份有限公司	巢湖市	安徽省巢湖市和县乌江镇	238251
19	002042	飞亚股份	安徽飞亚纺织发展股份有限公司	淮北市	安徽省淮北市濉溪路庆相桥南	235033
20	002057	中钢天源	中钢集团安徽天源科技股份有限公司	马鞍山市	马鞍山市经济技术开发区红旗南路51号	243004
21	002136	安纳达	安徽安纳达钛业股份有限公司	铜陵市	铜陵市铜官大道南段1288号	244001
22	002140	东华科技	东华工程科技股份有限公司	合肥市	安徽省合肥市望江东路70号	230024
23	002147	方圆支承	马鞍山方圆支承股份有限公司	马鞍山市	马鞍山市慈湖化工路	243052
24	002171	精诚铜业	安徽精诚铜业股份有限公司	芜湖市	安徽省芜湖市九华山北路778号	241008
25	002208	合肥城建	合肥城建发展股份有限公司	合肥市	安徽省合肥市长江中路319号	230061
26	002226	江南化工	安徽江南化工股份有限公司	宣城市	安徽省宁国市港口镇分界山	242310
27	002230	科大讯飞	安徽科大讯飞信息科技股份有限公司	合肥市	安徽省合肥市高新区黄山路616号	230088
28	600012	皖通高速	安徽皖通高速公路股份有限公司	合肥市	合肥市长江西路669号	230088
29	600054	黄山旅游	黄山旅游发展股份有限公司	黄山市	安徽省黄山市黄山风景区汤泉	242709
30	600063	皖维高新	安徽皖维高新材料股份有限公司	巢湖市	安徽省巢湖市皖维路56号	238002
31	600199	金种子酒	安徽金种子酒业股份有限公司	阜阳市	安徽省阜阳市莲花路259号	236023
32	600218	全柴动力	安徽全柴动力股份有限公司	滁州市	安徽省全椒县襄河镇吴敬梓路788号	239500
33	600237	铜峰电子	安徽铜峰电子股份有限公司	铜陵市	安徽省铜陵市石城大道中段978号	244000
34	600255	鑫科材料	安徽鑫科新材料股份有限公司	芜湖市	安徽省芜湖市经济技术开发区珠江路23号	241009
35	600318	巢东股份	安徽巢东水泥股份有限公司	巢湖市	安徽省巢湖市长江西路269号	238001
36	600375	星马汽车	安徽星马汽车股份有限公司	马鞍山市	安徽省马鞍山市经济技术开发区	243041
37	600418	江淮汽车	安徽江淮汽车股份有限公司	合肥市	合肥市东流路176号	230022
38	600444	国通管业	安徽国通高新管业股份有限公司	合肥市	安徽省合肥市经济技术开发区繁华大道国通工业园	230601
39	600470	六国化工	安徽六国化工股份有限公司	铜陵市	安徽省铜陵市铜港路	244023
40	600496	长江精工	长江精工钢结构(集团)股份有限公司	六安市	安徽省六安市经济技术开发区长江精工工业园	237161
41	600502	安徽水利	安徽水利开发股份有限公司	蚌埠市	安徽省蚌埠市东海大道张公山南侧	233010
42	600520	三佳科技	铜陵三佳科技股份有限公司	铜陵市	安徽省铜陵市石城路电子工业区	244000
43	600551	科大创新	科大创新股份有限公司	合肥市	合肥市高新技术开发区天智路20号	230088
44	600552	方兴科技	安徽方兴科技股份有限公司	蚌埠市	安徽省蚌埠市涂山路767号	233054
45	600567	山鹰纸业	安徽山鹰纸业股份有限公司	马鞍山市	马鞍山市勤俭路3号	243021
46	600575	芜湖港	芜湖港储运股份有限公司	芜湖市	安徽省芜湖市经济技术开发区朱家桥外贸码头	241001
47	600577	精达股份	铜陵精达特种电磁线股份有限公司	铜陵市	安徽省铜陵市芜铜路	244000
48	600585	海螺水泥	安徽海螺水泥股份有限公司	芜湖市	安徽省芜湖市北京东路209号	241000
49	600761	安徽合力	安徽合力股份有限公司	合肥市	合肥市望江西路15号	230022
50	600808	马钢股份	马鞍山钢铁股份有限公司	马鞍山市	安徽省马鞍山市红旗中路8号	243003
51	600971	恒源煤电	安徽恒源煤电股份有限公司	淮北市	安徽省淮北市濉溪县刘桥镇	234011
52	600983	合肥三洋	合肥荣事达三洋电器股份有限公司	合肥市	合肥高新区科学大道96号	230088
53	600985	雷鸣科化	安徽雷鸣科化股份有限公司	淮北市	安徽省淮北市东山路	235042
54	600990	四创电子	安徽四创电子股份有限公司	合肥市	安徽省合肥高新技术产业开发区香樟大道199号	230088
55	601918	国投新集	国投新集能源股份有限公司	淮南市	安徽省淮南市洞山中路12号	232001

安徽证券市场拟上市公司名单

序号	公司名称	联系电话
1	安徽皖通科技股份有限公司	0551－5311668
2	安徽新华传媒股份有限公司	0551－2661323
3	安徽安利合成革股份有限公司	0551－8991557
4	合肥南亚桑拿设备股份有限公司	0551－5329191
5	安徽安科生物工程(集团)股份有限公司	0551－5318811
6	合肥合源医药科技股份有限公司	0551－5333071
7	安徽鸿路钢结构(集团)股份有限公司	0551－6370408
8	安徽荃银高科种业股份有限公司	0551－5320226
9	洽洽食品股份有限公司	0551－2227008
10	安徽天辰化工股份有限公司	0551－4524610
11	安徽神剑科技股份有限公司	0551－3519829
12	安徽红四方股份有限公司	0551－3523570
13	安徽电力股份有限公司	0551－2239318
14	安徽国祯环保节能科技股份有限公司	0551－4483092
15	安徽安粮国际发展股份有限公司	0551－2831059
16	安徽海丰精细化工股份有限公司	0551－3636868
17	安徽锦邦化工股份有限公司	0551－4533545
18	安徽新华印刷股份有限公司	0551－5859595
19	合肥高新股份有限公司	0551－5326558
20	安徽华凌电器股份有限公司	0551－3817666
21	安徽省菲特科技股份有限公司	0551－5322345
22	安徽凯立科技股份有限公司	0551－5318360
23	安徽省丝绸股份有限公司	0551－3655145
24	安徽省技术进出口股份有限公司	0551－5101199
25	合肥海恒发展股份有限公司	0551－3851112
26	安徽六方深冷股份有限公司	0551－5577862
27	安徽省徽商股份有限公司	0551－2861640
28	安徽丰大集团股份有限公司	0551－4484733
29	合肥钢铁股份有限公司	0551－4409311
30	徽商银行股份有限公司	0551－2667787

序号	公司名称	联系电话
31	安徽鑫龙电器股份有限公司	0553－5312688
32	安徽神剑新材料股份有限公司	0553－5316577
33	奇瑞汽车股份有限公司	0553－5922030
34	芜湖长信科技股份有限公司	0553－5843520
35	芜湖亚夏汽车股份有限公司	0553－2874111
36	芜湖顺荣汽车部件股份有限公司	0553－6816767
37	芜湖安得物流股份有限公司	0553－5964214
38	芜湖恒升重型机床股份有限公司	0553－8766878
39	安徽金鼎锅炉股份有限公司	0553－5842150
40	安徽华辰造纸网股份有限公司	0553－5848295
41	芜湖杉杉天健玻璃股份有限公司	0553－5843470
42	芜湖中天印染股份有限公司	0553－5854022
43	安徽丽光科技股份有限公司	0553－5846036
44	安徽裕中纺织股份有限公司	0553－3853733
45	安徽昊方机电股份有限公司	0552－4091616
46	安徽天润化学工业股份有限公司	0552－3951288
47	安徽八一化学工业股份有限公司	0552－3019699
48	安徽富博精细化工股份有限公司	0552－3162222
49	安徽环球药业股份有限公司	0552－3065965
50	安庆市曙光化工股份有限公司	0556－5372953
51	安徽盛运机械股份有限公司	0556－6205898
52	安徽鸿润(集团)股份有限公司	0556－6203401
53	安徽全力化工股份有限公司	0556－8933801
54	安徽龙磁科技股份有限公司	0551－2865333
55	安徽富煌钢构股份有限公司	0565－8561316
56	安徽金猴渔业科技股份有限公司	0565－8722788
57	安徽宏晶新材料股份有限公司	0565－5371000
58	安徽泰尔重工股份有限公司	0555－2229287
59	马鞍山鼎泰稀土新材料股份有限公司	0555－2916511
60	奥盛新材料股份有限公司	0555－3506666
61	安徽省司尔特肥业股份有限公司	0563－4181505
62	安徽和威农业开发股份有限公司	0563－6061984
63	安徽九华山旅游发展股份有限公司	0566－5012873
64	安徽科威金属材料股份有限公司	0566－2122752
65	中科铜都粉体新材料股份有限公司	0562－5861705
66	安徽朝山新材料股份有限公司	0562－6824426
67	安徽天大石油管材股份有限公司	0551－2820234
68	安徽天大(集团)股份有限公司	0550－7511023
69	安徽开乐专用车辆股份有限公司	0558－2221668
70	安徽世林照明股份有限公司	0564－5418676
71	安徽金蟾生化股份有限公司	0561－3152828
72	淮南淮化精细化工股份有限公司	0554－6413347

安徽证券市场证券公司信息

公司名称	地址	邮编	公司电话	公司传真
国元证券股份有限公司	合肥市寿春路179号	230001	0551－2207114	0551－2645709
华安证券有限责任公司	合肥市阜南路166号	230069	0551－5161666	0551－5161600

安徽证券市场证券中介机构名单

序号	机构名称	所属地市	通讯地址	邮编
1	安徽华普会计师事务所	合肥	合肥市荣事达大道100号振兴大厦B座6－10楼	230001
2	安徽国信资产评估有限责任公司	合肥	合肥市益民街28号文采大厦七楼	230061

湖南证券市场

中国证券监督管理委员会湖南监管局

湖南证监局是中国证监会派驻湖南的派出机构。前身为成立于1996年8月的湖南省证券监督管理委员会。1999年，根据建立垂直统一证券监管体制的改革要求，划归中国证监会垂直管理，并更名为中国证监会长沙特派办。2004年3月，中国证监会长沙特派办办更名为中国证券监督管理委员会湖南监管局。

根据《证券法》和中国证监会的授权，湖南证监局的主要职责是：贯彻执行国家有关法律、法规和方针政策，对辖区内的上市公司、证券期货经营机构、证券投资咨询机构及具有证券期货相关业务许可证、会计师事务所、资产评估机构等中介机构的证券期货业务活动进行监督管理，依法查处辖区内监管范围的违法、违规案件，调解证券期货业务纠纷和争议，履行中国证监会授予的其他职责。

湖南证监局内设7个处室，分别为办公室、上市公司监管一处、上市公司监管二处、机构监管处、期货监管处、稽查处和法律法规处。

机构设置

法律法规处：依据规定，对监管范围内从事证券期货业务的会计师事务所、律师事务所、资产评估事务所及其从业人员的证券期货从业活动进行监管；对辖区内拟上市企业的改制验收工作；负责监督执行中国证监会和本机构作出的处罚决定。

稽查处：依据规定，对辖区内违反证券期货市场法律法规的案件进行调查处理，或移送、协助司法机关调查处理；负责办理中国证监会交办的案件或调查事项；负责办理其他派出机构请求协助调查的事项；负责协助公安、工商、司法、纪检、监察等部门调查辖区内涉及证券期货的违法违规案件。

期货监管处：负责辖区期货经纪公司、分公司及营业部、期货投资咨询公司的日常监管。主要职责包括：有关机构设立、解散、变更等事项的初步审核；期货经纪公司高级管理人员及相关人员任职资格的初步审核；涉及期货经营机构投诉举报事项的核查处理；期货经营机构重大风险的监控、通报及处置。

机构监管处：负责在辖区注册的证券公司及其在辖区设立的分支机构的日常监管。主要职责包括：有关机构开业、变更、业务资格和高管人员任职资格等事项的初步审核；进行现场和非现场检查；涉及本处监管的证券经营机构投诉举报事项的核查处理；证券经营机构重大风险的监控、通报及处置。

上市公司监管二处：依据规定，对辖区内在上海证券交易所（简称"上交所"）上市的公司进行监管；负责辖区内上交所上市公司高级管理人员的培训工作；负责办理中国证监会交办的其他工作。

上市公司监管一处：依据规定，对辖区内在深圳证券交易所（简称"深交所"）上市的公司进行监管；负责辖区内深交所上市公司高级管理人员的培训工作；负责办理中国证监会交办的其他工作。

办公室（党办）：协助局领导对全局事务进行综合协调和督促检查；拟订本局内部规章制度并监督执行；负责全局的机要文秘、党务纪检、人事劳资、财务管理、档案管理、计算机系统管理、安全保卫、行政后勤等工作；负责信访投诉的接待处理。

联系方式：

湖南证监局反商业贿赂联系地址：
举报电话：0731－2194270
举报邮箱：yuxx@csrc.gov.cn
传真：0731－2180108
地址：长沙市车站北路459号证券大厦
邮政编码：410001

2008年湖南进出口总额突破100亿美元

据海关统计，2008年湖南进出口总额突破100亿美元，达125.66亿美元，增长29.7%，增幅比全国平均水平高11.9个百分点。其中，出口84.10亿美元，增长29.1%；进口41.56亿美元，增长31.2%，分别比全国平均水平高11.8个百分点和12.6个百分点。

一、私营企业进出口额超过国有企业

2008年，私营企业进出口额52.41亿美元，首年超过国有企业进出口额，占全省的41.7%；增长45.5%，比上年提高4.7个百分点。其中，出口38.85亿美元，增长46.4%；进口13.56亿美元，增长43.0%。国有企业进出口额51.31亿美元，增长22.3%，占全省的40.8%。其中，出口32.32亿美元，增长19.4%；进口18.99亿美元，增长27.6%。外商投资企业进出口额19.34亿美元，增长15.9%，占全省的15.4%。其中，出口10.51亿美元，增长10.5%；进口8.83亿美元，增长23.1%。

二、机电产品已成为湖南出口的主要商品

2008年，机电产品出口25.36亿美元，占全省出口总额的30.2%；增长50.0%，增幅比上年提高4.2个百分点。金属制品、机械设备、电器及电子产品、运输工具出口额分别为4.37亿美元、8.82亿美元、5.21亿美元和5.74亿美元，分别增长38.2%、90.2%、15.1%和48.9%。

三、市场结构发生较大变化

受金融危机及关税政策调整的影响，2008年湖南主要进出口市场出现新的变化。与美国、韩国、澳大利亚贸易迅猛增长。与美国进出口额13.40亿美元，增长47.6%；与韩国进出口额9.67亿美元，增长68.5%；与澳大利亚进出口额8.26亿美元，增长78.8%。与东盟双边贸易以出口为主，钢材、农产品、汽车等主要商品出口额大幅上扬，进出口额8.49亿美元，增长29.2%。由于从日本进口的机电产品快速增长，因而与日本的进出口额仍达10.65亿美元，增长15.8%。与欧盟贸易增速大幅减缓，进出口24.85亿美元，增长20.3%，比上年下滑34.2个百分点。

四、资源性商品进出口有升有降

从出口情况看，钢材出口量减价扬，累计出口钢材185.08万吨，下降6.0%；价值19.02亿美元，增长47.6%；锻造锰、锰铁出口猛增，分别出口4.08万吨和2.71万吨，分别增长1倍和2.2倍；白银出口694.39吨，下降17.0%；未锻造锰出口11.43万吨，下降29.0%；石墨出口33.5万吨，下降10.0%。

从进口情况看，国际市场价格上扬拉动了资源性产品进口额快速增长。2008年，进口铁矿砂967.49万吨，增长23.6%；价值12.19亿美元，增长94.4%；进口钢材6.63万吨，下降18.6%；价值1.55亿美元，增长24.1%；进口铅矿砂10.69万吨，下降23.6%；价值1.50亿美元，下降38.7%；进口锌矿砂19.67万吨，增长1.1倍；价值1.19亿美元，增长12.1%。

2009 年湖南新型工业化对策建议

1. 做大做强重点产业

做大做强重点产业，是提高抗风险能力，促进产业结构调整的重要举措。一是加强与国家重点产业调整和振兴规划的衔接，积极落实相关政策措施，争取更多的好项目、大项目落户湖南，努力获得国家政策和资金扶持。二是充分利用企业购并的杠杆，加快企业兼并、重组的步伐，提高抵御风险的能力。三是以提高产业产品关联度、拉长产业链、提高抗经济波动能力为着力点，加快形成更加合理的产品结构、产业结构、生产能力结构和效益结构。

2. 加快自主创新步伐

一是积极引导传统产业加快技术改造，提升产业层次。着力培育企业技术中心，加快新产品、新技术、新工艺开发。支持优强企业加大研发投入力度，加快发展生物医药、新材料、新能源等高新技术产业。二是推进企业制度创新、管理创新与技术创新相结合，构筑良好的科技创新环境。运用政策手段，促进优秀科技人员向企业流动，增强企业技术创新的能力。三是鼓励和支持企业提升产品档次，提高产品质量，争创国家级和省级名牌产品、驰名商标、著名商标，严厉打击假冒伪劣等不法行为。

3. 进一步优化发展环境

一是进一步精简行政审批项目，简化审批程序，加快以网上政府为主要载体的政务信息系统建设，逐步实现网上行政、网上招商、网上审批、网上年检等，全面提升办事效率和服务水平，热情真诚为企业服务；二是加强工业经济运行监测，密切关注工业经济运行中出现的新情况、新问题，准确掌握市场变化，认真做好信息发布和信息引导等工作。三是全面落实国家和省为应对金融危机而出台的保增长、促发展的各项政策，统筹安排财政贴息等专项资金，扶持企业的发展。

湖南当前新型工业化发展面临的主要困难

1. 金融危机的波及影响逐渐明显

不断蔓延的世界金融危机，对湖南工业企业实体经济的影响逐渐明显。一是企业生产经营资金趋紧。2008 年 4 季度工业企业生产经营状况趋势判断调查显示，与 3 季度相比，五成以上企业流动资金偏紧，其中，流动资金严重紧张（缺口 20% 以上）和明显紧张（缺口 10% －20%）的企业分别占 9.9% 和 20.7%。二是产品滞销。4 季度，全省重点调查的 119 种工业产品中，有 56 种产品的期末库存比 3 季度增加，占到 47.1%。2008 年规模工业产品产销率为 98.7%，比上年同期下降 0.4 个百分点；全省规模工业出口交货值增长 20.9%，比前三季度下滑 6.6 个百分点。

2. 重工业和高耗能行业比重偏高

2008 年，全省重工业增加值占规模工业的 67.9%，比 2007 年提高 0.2 个百分点。从行业看，增加值排位居前五位的大类行业中，除烟草制品业为轻工业外，其他均为化工、钢铁、有色和电力等高耗能重工业。从产品结构看，2008 年全省主要产品产量占全国比重超过 2% 的产品分别为罐头（9.5%）、铁合金（8.8%）、卷烟（7.4%）、十种有色金属（7.3%）、水泥（4.4%）、粗钢（2.6%）、生铁（2.6%）、纱（2.4%）等，原材料类和初级产品多，精深加工产品少，科技含量低。

3. 科技投入仍显不足

主要表现在企业对新产品研发投入不足，科技成果转化率不高，自主创新能力不强。2008 年，全省有高新技术企业 1257 家，仅占全省规模以上工业企业总数的 11.4%；限额以上信息产业增加值占 GDP 比重不足 1%；全省规模工业新产品产值率仅为 10.8%。企业科技投入少，普遍缺乏拥有自主知识产权的技术和产品，制约了企业的后续发展。

4. 骨干企业偏少

2008 年，全省规模工业大中型企业 687 家，占规模工业企业个数的 6.3%，低于全国平均水平 3.6 个百分点。主营业务收入过 300 亿元的企业仅 3 家，过百亿元的企业仅 10 家，过亿元的企业为 1742 家，占全部规模以上工业企业比重不到 2 成，仅为 15.9%；1－11 月规模工业单位平均主营业务收入 8668.07 万元，比全国平均水平少 3579.37 万元，居全国第 28 位，居中部六省末位。

湖南上市公司名录

证券简称	公司中文名称	注册地址	公司电话
*ST 嘉瑞	湖南嘉瑞新材料集团股份有限公司	湖南省洪江市安江镇大沙坪	0731－4314788
中联重科	长沙中联重工科技发展股份有限公司	湖南省长沙市银盆南路 361 号	0731－8923779,8923977,8923908
通程控股	长沙通程控股股份有限公司	湖南省长沙市劳动西路 589 号	0731－5534994
华天酒店	湖南华天大酒店股份有限公司	湖南省长沙市解放东路 300 号	0731－4442888*80928 4442888*80889
SST 张股	张家界旅游开发股份有限公司	湖南省张家界市南庄坪 1 号花园	0731－4331165
湖南投资	湖南投资集团股份有限公司	湖南省长沙市高新技术开发区 C4 组团 A－718 号	0731－2327666
紫光古汉	紫光古汉集团股份有限公司	湖南省衡阳市先锋路 54 号	0734－8239335
S*ST 恒立	岳阳恒立冷气设备股份有限公司	湖南省岳阳市青年中路	0730－8245282,8245129,8245188
金德发展	湖南金德发展股份有限公司	湖南省株洲市车站路 1 号	0733－2933333*3231,2867187
正虹科技	湖南正虹科技发展股份有限公司	湖南省岳阳市屈原管理区营田镇	0730－5728010
*ST 金果	湖南金果实业股份有限公司	湖南省衡阳市金果路 15 号	0731－8992097
ST 宇航	南方宇航科技股份有限公司	湖南省株洲市高新技术产业开发区天台西路 1 号	0733－8559515
长城信息	长城信息产业股份有限公司	湖南省长沙市雨花路 161 号	0731－5559798
*ST 创智	创智信息科技股份有限公司	广东省深圳市南山区高新技术工业村管理楼 207#	0731－8909008
酒鬼酒	酒鬼酒股份有限公司	湖南省吉首市	0743－8312178
岳阳兴长	岳阳兴长石化股份有限公司	湖南省岳阳市云溪区	0730－8844890,8452599,8844021

证券简称	公司中文名称	注册地址	公司电话
现代投资	现代投资股份有限公司	湖南省长沙市八一路466号	0731-5558888*1102 0731-5558888*1112
*ST建材	南方建材股份有限公司	湖南省长沙市芙蓉中路29号	0731-2225271,4452516
天一科技	湖南天一科技股份有限公司	湖南省岳阳市平江县城关镇南街339号	0730-6289517
电广传媒	湖南电广传媒股份有限公司	湖南省长沙市浏阳河大桥东金鹰影视文化城	0731-4251998,4252080 4252333*8313,4252333*8339
SST亚华	湖南亚华控股集团股份有限公司	湖南省长沙市岳麓区银盆南路289号万利大厦五楼	0731-5797818*8003
华菱管线	湖南华菱管线股份有限公司	湖南省长沙市芙蓉中路二段111号华菱大厦20楼	0731-2565976
九芝堂	九芝堂股份有限公司	湖南省长沙市芙蓉中路一段129号	0731-4499905,4499759,4499762
隆平高科	袁隆平农业高科技股份有限公司	湖南省长沙市芙蓉区远大二路马坡岭农业高科技园	0731-2181658,2183880
南岭民爆	湖南南岭民用爆破器材股份有限公司	湖南省永州市双牌县泷泊镇双北路6号	0746-7810296,7811028
山河智能	湖南山河智能机械股份有限公司	湖南省长沙市经济技术开发区漓湘路2号	0731-3572669
天润发展	湖南天润化工发展股份有限公司	湖南省岳阳市九华山2号	0730-8351266,8320311*8388
湘潭电化	湘潭电化科技股份有限公司	湖南省湘潭市滴水埠	0732-5544299,5544161,5544299
辰州矿业	湖南辰州矿业股份有限公司	湖南省怀化市沅陵县官庄镇	0745-4643501*2252
步步高	步步高商业连锁股份有限公司	湖南省湘潭市韶山西路309号步步高大厦	0732-2322517
三一重工	三一重工股份有限公司	湖南省长沙市经济技术开发区	0731-4031555
金健米业	湖南金健米业股份有限公司	湖南省常德市德山开发区崇德路	0736-7308716
华升股份	湖南华升股份有限公司	湖南省长沙市芙蓉中路三段420号	0731-5237877,5237818
洞庭水殖	湖南洞庭水殖股份有限公司	湖南省常德市洞庭大道西段388号	0736-7252796
金瑞科技	金瑞新材料科技股份有限公司	湖南省长沙市岳麓区麓山南路966号	0731-8657400,8657382
湘电股份	湘潭电机股份有限公司	湖南省湘潭市下摄司街302号	0732-8595252,8595732,8596609
时代新材	株洲时代新材料科技股份有限公司	湖南省株洲市高新技术开发区黄河南路	0733-2837718,2837786
湘邮科技	湖南湘邮科技股份有限公司	湖南省长沙市国家高新区麓谷基地玉兰路2号	0731-8998688,8998888
力元新材	长沙力元新材料股份有限公司	湖南省长沙市经济技术开发区星沙南路6号	0731-4019421
千金药业	株洲千金药业股份有限公司	湖南省株洲市高新技术开发区炎帝广场商业街13栋	0733-2496088
浏阳花炮	湖南浏阳花炮股份有限公司	湖南省浏阳市金沙北路589号	0731-3620963,3620966
湖南海利	湖南海利化工股份有限公司	湖南省长沙市芙蓉中路二段251号	0731-5357829,5357830
华银电力	大唐华银电力股份有限公司	湖南省长沙市芙蓉中路三段255号	0731-5388088,5388028
株冶集团	株洲冶炼集团股份有限公司	湖南省株洲市天元区保利大厦B座2508房	0733-8392172
岳阳纸业	岳阳纸业股份有限公司	湖南省岳阳市城陵矶洪家洲	0730-8590330,8590683
郴电国际	湖南郴电国际发展股份有限公司	湖南省郴州市北湖区国庆南路36号	0735-2339232
新五丰	湖南新五丰股份有限公司	湖南省长沙市高新技术产业开发区麓谷基地麓龙路8号	0731-4449588*811
长丰汽车	湖南长丰汽车制造股份有限公司	湖南省长沙市经济开发区漓湘路1号	0731-2881959

湖南省证券公司名单

序号	机构名称	营业地址	法人代表	联系电话
1	湘财证券有限责任公司	湖南省长沙市黄兴中路63号中山国际大厦12楼	林俊波	4008881551
2	方正证券有限责任公司	湖南省长沙市芙蓉中路二段200号华侨国际大厦22-24楼	雷　杰	95571
3	财富证券有限责任公司	湖南省长沙市芙蓉中路二段80号顺天财富中心26楼	周　晖	0731-4403385

湖南省证券投资咨询机构名单

序号	机构名称	营业地址	法定代表人	联系电话
1	湖南金证投资咨询顾问有限公司	湖南省长沙市芙蓉中路三段420号华升大厦十六楼(西面)和三楼	杨扬	0731-5559055,3971111
2	方正证券有限责任公司	湖南省长沙市芙蓉中路二段200号华侨国际大厦22-24楼	雷杰	95571
3	湘财证券有限责任公司	湖南省长沙市黄兴中路63号中山国际大厦12楼	林俊波	4008881551
4	财富证券有限责任公司	湖南省长沙市芙蓉中路二段80号顺天财富中心26楼	周晖	0731-4403385

黑龙江证券市场

中国证券监督管理委员会黑龙江监管局

黑龙江证监局全称为中国证券监督管理委员会黑龙江监管局(简称黑龙江证监局),隶属于中国证券监督管理委员会,监管黑龙江证券期货市场规范运行。

机构历史沿革

黑龙江证监局前身为黑龙江省证券管理办公室。1998年11月,黑龙江省证券管理办公室上划中国证监会,实行垂直管理,1999年7月1日正式更名为"中国证监会哈尔滨特派员办事处"。2004年3月1日,更名为"中国证券监督管理委员会黑龙江监管局",简称"黑龙江证监局"。

内设机构及人员

黑龙江证监局内设7个处室,办公室、党办、上市公司监管处、机构监管处、期货监管处、稽查处、法规处,设立非上市公众公司监管工作组。全局编制61人,现有职工49人(男30人,女19人),局长、副局长3人,副处级以上干部20人;硕士27人,研究生学历22人,学士13人,本科学历25人,大专3人,高级职称13人,中级职称6人,平均年龄35.84岁。

机构职责

行政许可职能

1、独立审核的行政许可项目(10项):

(1)证券公司分支机构迁址;

(2)证券公司转让、互换营业部;

(3)证券公司分支机构负责人任职资格;

(4)外国证券类机构驻华代表处地址变更。

(5)期货公司变更法定代表人;

(6)期货公司变更住所或者营业场所以及外埠期货公司迁入住所或者营业场所;

(7)期货公司在辖区内设立或者终止分支机构;

(8)期货公司分支机构变更营业场所、负责人或者经营范围;

(9)期货公司除董事长、监事会主席、独立董事以外的董事、监事和财务负责人的任职资格,以及辖区营业部负责人的任职资格;

(10)国务院期货监督管理机构规定的其他事项。

2、由本局初审、中国证监会复审的行政许可项目(2项):

(1)证券投资咨询业务资格核准;

(2)证券公司变更股东或股权;

市场监管职能

贯彻执行《证券法》、《公司法》等有关法律、法规和方针政策,按照中国证监会的规定对辖区内的上市公司,证券期货经营机构、基金管理机构、证券期货投资咨询机构及从事证券期货业务的律师事务所、会计师事务所、资产评估机构等中介机构的证券期货业务活动依法进行监督管理,依法查处辖区监管范围内的违法、违规案件,调解证券期货业务纠纷和争议,打击非法证券活动以及中国证监会授予的其它职责。

内设机构

办公室(12人):

本局对内综合协调、对外沟通联络的行政机构,负责以下事项:全局公文运转及处理,督办工作,本局行政许可项目的受理、送达、公示,起草、修改局内规章制度、信息发布、文字综合、档案管理,网络管理,保密工作,信访接待处理,草拟本局经费使用预、决算方案,局内财务管理及审计,本局工资核定及调整,后勤、车辆、固定资产及其他备品管理,接待工作等。

党办(3人):

本局党委的日常工作机构,负责本局以下事项:党务、人事、纪检监察、共青团、工会、老干部、妇女工作等。

上市公司监管处(7人):

简称上市处,是本局对上市公司进行日常监管的具体机构,主要负责以下事项:对上市公司申请再融资的,建立与证监会发行监管部直接沟通机制,对辖区内上市公司进行现场监管,对上市公司的定期报告、临时报告等信息披露事项、法人治理结构规范情况、并购重组、募集资金使用等出具监管意见,对上市公司退市风险进行监管,监管中介机构合规运营,协调指导上市公司协会工作等。

证券经营机构及投资咨询机构监管处(7人):

简称机构处,负责对辖区内证券公司以及分公司、证券营业部、服务部、地区管理总部、外国证券机构驻华代表处、基金管理公司、基金管理公司分支机构、基金代销机构、证券投资咨询机构及上述机构从业人员的业务活动进行依法监管,协调指导省证券业协会工作等。

期货监管处(5人):

简称期货处,是本局对辖区期货市场进行监管的具体工作处,负责以下事项:监管辖区期货公司及其分公司、营业部、期货投资咨询公司业务活动,监控并处置辖区期货公司及其分支机构风险,对辖区期货公司客户保证金进行日常监管,负责相关行政许可项目审批,协调指导省期货业协会工作等。

稽查处(5人):

本局辖区内案件调查工作的具体工作处,负责下列事项:立案并调查辖区除市场操纵案之外的证券期货违法违规事项,办理中国证监会及其他证监局指定案件及请求协助调查的案件,协助公安、司法等有关部门工作,协助中国证监会进行案件审理及对证人、当事人及其代理人的询问和调查,落实和监督中国证监会行政处罚决定的执行,配合法院做好辖区行政处罚强制执行等相关工作。

法规处(3人):

负责辖区市场及局内的普法和法制教育、行政执法合规审查、投资者教育、市场调研、监管政策法规调研及局内综合性、大型会议材料等。

非上市公众公司监管工作组(4人):

负责培育拟上市公司,依法监管企业上市过程中相关保荐工作,依法对公开发行非上市公众公司进行监管,打击擅自发行股票,非法转让非上市公众公司股权等非法证券活动。

证监局领导:

曹殿义:男,黑龙江证监局党委书记、纪委书记、局长

许延滨:男,黑龙江证监局党委委员、副局长

朱焕强:男,黑龙江证监局党委委员、副局长

赵东方:男,黑龙江证监局党委委员、副局长

联系方式:

联系电话:0451-82357000

传真电话:0451-82357008

Email:heilongjiang@csrc.gov.cn

联系地址:哈尔滨市香坊区珠江路56号

邮政编码:150036

黑龙江证券市场上市公司基本情况

序号	公司名称	法人代表	上市时间	总股本（万元）	控股名称	股东持股（%）	经济性质	所属行业	电话	地址
1	光明集团家具股份有限公司	马中文	1996.4.25	18571	光明集团股份有限公司	41%	国有	家具制造	0458－6135587	伊春市青山路西段118号
2	黑龙江圣方科技股份有限公司	李红旗	1996.10.29	31163	首钢控股有限责任公司	28%	国有	制造业	0453－6926101	牡丹江东三条路98号
3	黑龙江天伦置业股份有限公司	张雄	1997.4.11	10727	天伦控股有限公司	27%	民营	房地产开发与经营	020－38303068	哈尔滨市经济技术开发区天顺街副68号
4	航天科技控股集团股份有限公司	谢柏堂	1999.4.1	22176	中国航天科工飞航技术研究院	13%	国有	制造业	0451－86781288	哈尔滨市平房区哈平西路45号
5	阿城继电器股份有限公司	高志军	1999.6.18	29844	哈尔滨电站设备集团公司	42%	国有	电器制造	0451－53709034	黑龙江省阿城市河东街
6	大庆华科股份有限公司	万志强	2000.7.26	12964	中国石油大庆石油化工总厂	39%	国有	化工	0459－6291061	大庆高新技术产业开发区建设街路239号
7	哈飞航空工业股份有限公司	庞建	2000.12.18	33735	哈尔滨航空工业（集团）有限公司	50%	国有	设备制造	0451－86528350	哈尔滨市高新技术开发区集中开发区34号楼
8	哈尔滨高科技（集团）股份有限公司	张耀辉	1997.7.8	36126	新湖控股有限公司	31%	民营	制造业	0451—84348333	哈尔滨高新技术产业开发区迎宾路集中区天平路2号
9	哈尔滨东安汽车动力股份有限公司	连刚	1998.10.14	46208	中国航空科技工业股份有限公司	58.8%	国有	设备制造	0451－86528172	哈尔滨市南岗区高新技术产业开发区13栋
10	黑龙江黑化股份有限公司	王宏伟	1998.11.4	39000	黑龙江黑化集团有限公司	51%	国有	油化炼焦	0452－8927290	齐齐哈尔市富拉尔基区向阳大街2号
11	佳通轮胎股份有限公司	李怀靖	1999.5.7	34000	佳通轮胎（中国）投资有限公司	44%	民营	轮胎制造	021－22073131	上海市长宁区临虹路280－2号
12	黑龙江黑龙股份有限公司	张伟东	1998.11.11	32723	黑龙集团公司	70%	国有	造纸	0452－2816504	齐齐哈尔市龙沙区新立街长青路27号（161005）
13	哈尔滨空调股份有限公司	于明升	1999.6.3	31945	哈尔滨工业资产经营有限责任公司	42%	国有	机器制造	0451－84644521	哈尔滨市南岗区高新技术产业开发区嵩山路26号楼
14	亿阳信通股份有限公司	常学群	2000.7.20	35197	亿阳集团股份有限公司	42%	民营	计算机应用服务业	010－88157899	哈尔滨市南岗区高新技术产业开发区1号楼
15	牡丹江恒丰纸业股份公司	徐祥	2001.4.19	19300	牡丹江恒丰纸业集团有限责任公司	31%	国有	造纸	0453－6336668	牡丹江市阳明区光华街恒丰路11号
16	万向德农股份有限公司	管大源	2002.9.16	15500	万向三农有限公司	61%	民营	农业	0451－82368448	哈尔滨市南岗区玉山路18号
17	黑龙江北大荒农业股份有限公司	奚河滨	2002.3.29	167631	黑龙江北大荒农垦集团总公司	70%	国有	农业	0451－55195980	南岗区汉水路263号
18	哈药集团股份有限公司	郝伟哲	1993.6.29	124201	哈药集团有限公司	35%	国有	医药制造	0451－84604688	哈尔滨市南岗区昆仑商城隆顺街2号
19	哈尔滨工大高新技术产业开发股份有限公司	张大成	1996.5.28	49878	哈尔滨工业大学高新技术开发总公司	22%	国有	综合	0451－86269034	哈尔滨市南岗区西大直118号
20	北亚实业（集团）股份有限公司	王则瑞	1996.5.16	97971	哈尔滨铁路局	6.3%	国有	综合	0451－84878661	哈尔滨市南岗区隆顺街27号
21	华电能源股份有限公司	任书辉	1996.7.1	136907	中国华电集团公司	21%	国有	电力生产	0451－82525998	哈尔滨市香坊区高新技术开发区19号楼B座
22	东方集团股份有限公司	张宏伟	1994.1.6	128216	东方集团实业股份有限公司	28%	民营	综合	0451－53666028	哈尔滨市南岗区红旗大街240号
23	哈药集团三精制药股份有限公司	姜林奎	1994.2.24	38659	哈药集团有限公司	45%	国有	制造业	0451－84675166	哈尔滨市南岗区衡山路76号
24	龙建路桥股份有限公司	张厚	1994.4.4	53681	黑龙江省公路桥梁建设集团有限公司	31%	国有	建筑	0451－82281860	黑龙江省哈尔滨市南岗区长江路368号
25	哈尔滨哈投投资股份有限公司	邢继军	1994.8.9	54638	哈尔滨投资集团有限责任公司	44%	国有	能源	0451－82333238	哈尔滨市南岗区昆仑商城隆顺街27号
26	哈尔滨秋林集团股份公司	蒋贤云	1996.3.25	24356	黑龙江奔马实业集团有限公司	25%	民营	零售业	0451－53644632	哈尔滨市南岗区东大直街319号

黑龙江证券市场投资咨询机构基本情况

序号	名称	地址	电话
1	哈尔滨新思路投资咨询有限公司	哈尔滨市南岗区赣水路1号齐鲁大厦405室	0451－86797100
2	黑龙江省容维投资顾问有限责任公司	哈尔滨市道里区友谊路428号交银大厦22层	0451－82435555
3	哈尔滨大富证券投资顾问有限公司	哈尔滨市南岗区红旗大街182号	0451－87531333

黑龙江证券市场中介机构基本情况

单位名称	办公地址	法人代表	联系电话
黑龙江中龙会计师事务所有限责任公司	哈尔滨市南岗区三姓街45号	刘书亭	0451－82517973
黑龙江国通资产评估有限公司	哈尔滨市南岗区花园街235号东方大厦1202室	夏双实	0451－53666036
哈尔滨华通资产评估有限责任公司	哈尔滨市道里区西八道街37号，马迭尔大厦8楼	苗福乾	0451－84573026
中瑞岳华会计师事务所有限责任公司黑龙江分所	哈市香坊区民航路7号	宋卫东	0451－82321004
北京万隆会计师事务所有限责任公司黑龙江分公司	哈市南岗区银行街10号	滕英超	0451－53643837
北京永拓会计师事务所有限责任公司黑龙江分公司	哈尔滨市道里区井街16号	张爱滨	0451－84632501
利安达会计师事务所有限责任公司黑龙江分公司	哈尔滨市开发区湘江路144号星河国际402室	王栋	0451－87008800
华普天健高商会计师事务所有限责任公司哈尔滨分所	哈尔滨市道里区爱建新城紫园－紫园路10号L栋501室	许书容	0451－83188180
中和正信会计师事务所有限公司黑龙江分所	哈尔滨市道里区经纬五道街16号省商业联合会6层	刘存有	0451－84208498

福建证券市场

中国证券监督管理委员会福建监管局

中国证监会福建监管局是中国证监会派驻福建的派出机构。前身为福建省证券监督管理委员会。1998 年 11 月 3 日，根据《国务院批转证监会证券监管机构体制改革方案的通知》（国发[1998]29 号）关于“由证监会接管现有地方证券监管机构，实行垂直领导”的规定，福建省证券监督管理委员会改由中国证券监督管理委员会领导，直接对中国证监会负责。1999 年 6 月 18 日，根据《关于成立福州证券监管特派员办事处的通知》（证监人教字[1999]55 号），中国证监会设立中国证券监督管理委员会福州证券监管特派员办事处（简称“中国证监会福州特派办”），作为中国证监会的派出机构，行政级别为副厅局级。1999 年 7 月 1 日，中国证监会福州特派办正式宣布成立并挂牌。2004 年 3 月 1 日，根据《关于中国证券监督管理委员会派出机构更名的通知》（证监发[2004]17 号），中国证监会福州特派办更名为中国证券监督管理委员会福建监管局（简称“中国证监会福建监管局”或“福建证监局”），并正式挂牌。

本局的主要职责是：贯彻执行国家有关法律、法规和方针政策，按照中国证监会的授权和规定对福建辖区（除厦门以外的福州、莆田、泉州、漳州、三明、南平、龙岩、宁德等八个地市）的上市公司、证券期货经营机构、投资咨询机构及从事证券期货业务的律师事务所、会计师事务所和资产评估机构等中介机构的证券期货业务活动进行监督管理，依法查处辖区内监管范围的违法、违规案件，调解证券期货业务纠纷和争议，以及中国证监会授予的其它职责。

本局现有干部职工 53 人，其中在编干部 46 人，职工 7 人；全体干部中，取得硕士学位的 11 人，取得注册会计师资格的 15 人，律师资格的 6 人。内设 7 个处（室），分别为办公室、党务工作办公室（纪检监察室）、上市公司监管处、机构监管处、期货监管处、稽查处和信息调研处，另设福建证监局信访办，归口办公室管理。

办公室（含信访办）：负责本局综合协调工作，具体负责本局的文秘、机要保密、行政、财务管理、劳资及对外联络等工作。

信访办：负责接待处理本局职权范围内的有关举报、投诉、来信来访等事务，负责归口管理全局信访工作。

信访举报热线：0591－87828160。

信访接待地址：福州市五四路 119 号嘉信大厦 11 层，邮编：350003。

党务工作办公室（纪检监察室）：负责本局思想政治教育，党的组织建设、党风廉政建设和纪律检查；负责行政监察工作；负责人事教育工作；负责指导局工会、共青团、妇女等工作。

上市公司监管处：负责对本局辖区内的上市公司进行监管；对辖区的拟上市公司的股份制改造情况进行核查；对辖区内从事证券业务的会计师事务所、律师事务所、资产评估机构等中介机构及其从业人员的证券从业活动进行监管。

机构监管处：负责对本局辖区内的证券公司、证券经营机构、证券投资咨询机构及其从业人员的业务活动进行监管。

期货监管处：负责对本局辖区内的期货经营机构及其从业人员的业务活动进行监管。

稽查处：负责对本局辖区内违反证券期货市场法律法规的案件进行调查处理或移送、协助司法机关调查处理，调解证券、期货业务纠纷和争议，打击非法证券交易活动和证券期货行业的洗钱活动，承担本局的法规工作。

信息调研处：负责推动辖区企业进行规范的股份制改造，培育优秀的股份有限公司；组织协调开展各类调研工作；负责本局信息宣传工作与信息公开工作；负责本局各类网站的建设和维护；负责本局计算机信息系统管理工作。

证监局领导：

岳仁华，男，汉族，中国证监会福建监管局党委书记、局长。

田荔琴，女，汉族，中国证监会福建监管局党委委员、副局长。

黄宗福，男，汉族，中国证监会福建监管局党委委员、纪委书记、副局长。

林　林，男，汉族，中国证监会福建监管局党委委员、副局长。

中国证券监督管理委员会厦门监管局

中国证券监督管理委员会厦门监管局（简称厦门证监局），其前身——厦门市证券监督管理委员会成立于 1993 年 3 月，根据 1999 年 6 月中国证监会《关于成立厦门监管特派员办事处的通知》（证监人教字〔1999〕57 号），设立“中国证券监督管理委员会厦门证券监管特派员办事处”，成为中国证监会的派出机构，行政级别为副局级。根据 2004 年 2 月中国证监会《关于中国证券监督管理委员会派出机构更名的通知》（证监发〔2004〕17 号），更名为“中国证券监督管理委员会厦门监管局”，简称“厦门证监局”，于 2004 年 3 月 1 日正式挂牌。

厦门证监局的主要职责是：根据中国证券监督管理委员会的授权，对辖区内的上市公司，证券、期货经营机构，证券期货投资咨询机构和从事证券业务的律师事务所、会计师事务所、资产评估机构等中介机构的证券、期货业务活动进行监督管理；查处监管辖区范围内的违法、违规案件。

证监局领导：

陈小澎，男，汉族，中国证监会厦门监管局党委书记、局长

刘云峰，男，汉族，中国证监会厦门监管局副局长

王瑞媛，女，汉族，中国证监会厦门监管局党委委员、副局长

吴进强，男，汉族，中国证监会厦门监管局党委委员、副局长

联系方式：

投诉电话：0592－5165635

传真电话：0592－5165615

电子邮箱：xiamen@ csrc. gov. cn

单位地址：厦门市湖滨南路 388 号国贸大厦六楼

邮政编码：361004

福建证监局辖区上市公司名单

序号	公司名称	证券代码	办公地址	公司电话	董秘	公司网站
1	福耀玻璃工业集团股份有限公司	600660. SH	福建省福清市福耀工业村	0591 - 85383777	陈跃丹	www. fuyaogroup. com
2	福建东百集团股份有限公司	600693. SH	福建省福州市八一七北路84号东百大厦18层	0591 - 87531724	徐海涛	www. dongbai. com
3	中国武夷实业股份有限公司	000797. SZ	福建省福州市五四路89号置地广场33层	0591 - 83170123,83170122	林金铸	www. chinawuyi. com. cn
4	福建发展高速公路股份有限公司	600033. SH	福建省福州市东水路18号福建交通综合大楼26层	0591 - 87077366	蒋建新	www. fjgs. com. cn
5	神州学人集团股份有限公司	000547. SZ	福建省福州市五一南路17号工行五一支行13层	0591 - 83283128	林杰	www. fufa. com
6	兴业银行股份有限公司	601166. SH	福建省福州市湖东路154号	0591 - 87824863,87857530	唐斌	www. cib. com. cn
7	福建鸿博印刷股份有限公司	002229. SZ	福建省福州市金山开发区金达路136号	0591 - 88070028	李娟	www. hb - print. com. cn
8	福建实达电脑集团股份有限公司	600734. SH	福建省福州市福二工业区实达科技城	0591 - 83725878,83709680	吴波	www. start. com. cn
9	福建阳光实业发展股份有限公司	000671. SZ	福建省福州市鼓楼区古田路56号名流大厦22层	0591 - 83353145	廖剑锋	
10	福建三木集团股份有限公司	000632. SZ	福建省福州市群众东路93号三木大厦	0591 - 83355146	彭东明	www. san - mu. com
11	福建福日电子股份有限公司	600203. SH	福建省福州市五一北路169号福日大厦	0591 - 83318998,83315984	高敏华	www. furielec. com
12	冠城大通股份有限公司	600067. SH	福建省福州市鼓楼区五一中路32号元洪大厦26层	0591 - 83350026,83353338	肖林寿	www. gcdt. net
13	国脉科技股份有限公司	002093. SZ	福建省福州市马尾区江滨东大道116号	0591 - 87307399,87307308	冯静	www. guomaitech. com
14	福建新大陆电脑股份有限公司	000997. SZ	福建省福州市马尾区儒江西路1号新大陆科技园	0591 - 83979997	侯浩峰	www. newlandcomputer. com
15	福建中福实业股份有限公司	000592. SZ	福建省福州市五四路159号世界金龙大厦23层	0591 - 87871990 * 102	王传序	
16	福建省青山纸业股份有限公司	600103. SH	福建省沙县青州镇	0591 - 83367773	郑鸣峰	www. qingshanpaper. com
17	闽东电机(集团)股份有限公司	000536. SZ	福建省福州市五一中路88号平安大厦19层	0591 - 83348228,83364248	刘万里	www. mddjg. com
18	福建水泥股份有限公司	600802. SH	福建省福州市杨桥路118号宏杨新城建福大厦	0591 - 87617751	林成湖	www. fjcement. com
19	福建福晶科技股份有限公司	002222. SZ	福建省福州市杨桥西路155号	0591 - 83719323	邵聪慧	www. castech. com
20	梅花伞业股份有限公司	002174. SZ	福建省晋江市东石镇金瓯工业区	0595 - 85593001	郑家耀	www. susino. com
21	福建七匹狼实业股份有限公司	002029. SZ	福建省晋江市金井镇南工业区	0595 - 85337739,85337745	杨鹏慧	www. septwolves. com
22	福建凤竹纺织科技股份有限公司	600493. SH	福建省晋江市青阳凤竹工业区	0595 - 85656506	施福池	www. fynex. com. cn
23	福建浔兴拉链科技股份有限公司	002098. SZ	福建省晋江市深沪乌漏沟东工业区	0595 - 88283788	郑洪伟	www. sbszipper. com. cn
24	紫金矿业集团股份有限公司	601899. SH	福建省厦门市翔云三路128号紫金科技大厦(机场广场右侧)	0597 - 3969662	郑于强	www. zjky. cn
25	福建龙净环保股份有限公司	600388. SH	福建省龙岩市新罗区陵园路81号	0597 - 2210288	陈培敏	www. longking. com. cn
26	福建南纺股份有限公司	600483. SH	福建省南平市安丰路63号	0599 - 8813009,8813015	李峰	www. fjnf. com
27	福建省南纸股份有限公司	600163. SH	福建省南平市滨江北路177号	0599 - 8808806	黄金镖	www. nanping - paper. com
28	福建闽东电力股份有限公司	000993. SZ	福建省宁德市环城路143号闽东大广场华隆大厦8 - 10层	0593 - 2098006	庄辰明	
29	福建众和股份有限公司	002070. SZ	福建省莆田市秀屿区西许工业区5 - 8号	0594 - 5895039,5888969	张维强	www. zhonghe. com
30	福建冠福现代家用股份有限公司	002102. SZ	福建省泉州市德化县浔中镇土坂村	0595 - 23551999,69765909	陈昌文	www. guanfu. com
31	福建省燕京惠泉啤酒股份有限公司	600573. SH	福建省泉州市惠安县螺城镇建设大街157号	0595 - 87396105	何泽平	www. hqbeer. com
32	福建三钢闽光股份有限公司	002110. SZ	福建省三明市梅列区工业中路群工三路	0598 - 8205158,8205188	柳年	www. sgmg. com. cn
33	福建三农集团股份有限公司	000732. SZ	福建省福州市湖东路298号伊法达大厦四楼	0591 - 87800884	丁艳	www. sannong. com
34	福建省永安林业(集团)股份有限公司	000663. SZ	福建省永安市燕江东路819号	0598 - 3614875,3600083	谢红	www. yonglin. com
35	福建漳州发展股份有限公司	000753. SZ	福建省漳州市胜利东路漳州发展广场21楼	0596 - 2671753	李勤	www. zzdc. com. cn
36	福建龙溪轴承(集团)股份有限公司	600592. SH	福建省漳州市延安北路	0596 - 2072091	曾凡沛	www. ls. com. cn
37	漳州片仔癀药业股份有限公司	600436. SH	福建省漳州市芗城区上街1号	0596 - 2305239,2301955	陈金城	www. zzpzh. com

福建证监局辖区证券投资咨询机构名单

名称全称	地址	联系电话
福建天信投资咨询顾问有限公司	福建省福州市鼓楼区湖东路278号太阳广场综合楼4层	0591 - 83308558

厦门证监局辖区上市公司一览表

序号	公司名称	股票代码	联系地址	联系电话	传真
1	厦门创兴置业股份有限公司	600193	厦门市建业路18号9层	0592 - 5311832	0592 - 5311821
2	厦门灿坤实业股份有限公司	200512	漳州角美龙池开发区	0592 - 5600887	0592 - 5600886
3	厦门工程机械股份有限公司	600815	厦门灌口南路688号之八	0592 - 6389300	0592 - 6389301
4	厦门华侨电子股份有限公司	600870	厦门市湖里大道22号	0592 - 5687203	0592 - 6021331
5	厦门国贸集团股份有限公司	600755	厦门市湖滨南路国贸大厦17层	0592 - 5898578	0592 - 5160280
6	厦门国际航空港股份有限公司	600897	厦门高崎国际机场	0592 - 6022396 - 6005	0592 - 5730699
7	厦门建发股份有限公司	600153	厦门市鹭江道52号海滨大厦6 - 7层	0592 - 2132319	0592 - 2132319
8	厦门港务发展股份有限公司	000905	海天港区北通道联检大厦12A	0592 - 5829955	0592 - 5829990
9	厦门金龙汽车集团股份有限公司	600686	厦禾路820号帝豪大厦27 - 28层	0592 - 2962988	0592 - 2960686
10	厦门信达股份有限公司	000701	厦门湖里信宏大厦二楼	0592 - 5608098	0592 - 6021391
11	夏新电子股份有限公司	600057	厦门市体育路45号	0592 - 5058123 - 3500	0592 - 5051631
12	厦门雄震集团股份有限公司	600711	厦门湖滨北路72号中闽大厦9楼二单元	0592 - 5891697	0592 - 5891699
13	厦门旭飞投资股份有限公司	526	厦门市湖里寨上长乐路1号 深圳市八卦二路旭飞城市文化广场C栋	0755 - 82496036	0755 - 82496019
14	厦门钨业股份有限公司	600549	厦门市湖滨南路619号滕王阁16层	0592 - 5363856	0592 - 5363857
15	厦门法拉电子股份有限公司	600563	厦门市金桥路101号	0592 - 5114116	0592 - 5042553
16	厦门合兴包装印刷股份有限公司	2228	厦门市同安区同集北路556号	0592 - 7896888	0592 - 7896226
17	厦门安妮股份有限公司	2235	厦门市集美区杏林锦园南路99号	0592 - 3152193	0592 - 3152406
18	福建新华都购物广场股份有限公司	2264	厦门市思明区吕岭路2号14C室	0591 - 87987972	0591 - 87987982

厦门证监局辖区证券中介机构一览表

序号	名称	地址	邮编	联系电话	传真
1	天健华证中洲(北京)会计师事务所有限公司厦门分公司	厦门市湖滨南路57号金源大厦17、18层	361004	0592－2218833	0592－2217555
2	福建立信闽都会计师事务所有限公司厦门分公司	厦门市湖滨南路81号光大银行大厦5层	361004	0592－2213696	0592－2213695
3	中审会计师事务所有限公司厦门分公司	厦门市湖滨南路20号基金大厦11层01、02单元	361004	0592－2683817	0592－2284818
4	厦门市大学资产评估有限公司	厦门市金榜路63号凯旋广场写字楼6楼	361004	0592－5804751	0592－5804760

厦门证监局辖区证券、期货市场概况(2009年6月份)

项目	本月	本年累计
1、累计募集资金(亿元)	0	0
其中:A股	0	0
B股	0	0
2、证券交易总额(亿元)	935.66	4732.81
其中:A股	846.11	3915.95
B股	4.35	14.74
基金	10.33	58.85
权证	71.48	714.71
3、期货成交额(亿元)		
项目	本期末	比上年末增减
1、A股总发行股本(亿股)	64.99	2.2
其中:流通股本(亿股)	51.75	33.27%
2、资金账户开户数(万户)	69.39	4.36%
3、证券机构总资产(亿元)	80.50	16.77%
4、法人证券机构(家)	1	0%
5、非法人证券营业部(家)	32	14.29%
6、境内上市公司数(A、B股)(家)	18	0%

机构	总资产(亿元)	所有者权益(亿元)	分支机构(个)	从业人员数(人)
厦门证券公司	16.04	2.67	9	335
除厦门证券公司外营业部	64.46	6.88	26	911

厦门证监局辖区 2008年第1季度上市公司基本情况

截止2008年3月31日,厦门辖区境内上市公司15家,基本数据见下表:

项目	本期末	比上年末增减
总股本(亿股)	61.4	0%
流通股本(亿股)	39.4	7.68%
总市值(亿元)	761.05	－15.77%
流通市值(亿元)	438.72	－6.16%

截至2008年3月31日,厦门辖区15家境内上市公司累计筹资总额113.81亿元,其中,首发融资额32.44亿元,配股、增发再融资总额81.37亿元。2008年3月,厦门市2家公司(合兴包装、安妮纸业)的首次公开发行股票申请获得中国证监会发审委的核准,将于深圳证券交易所上市,合计拟筹资额5亿元,其中:合兴包装拟公开发行2500万股股票,计划募集资金2.5亿元;安妮纸业拟公开发行2500万股股票,计划募集资金2.5亿元。

厦门证监局辖区 2008年上半年上市公司基本情况

2008年上半年,厦门市新增2家上市公司(合兴包装、安妮纸业),合计筹资额5.27亿元。截至2008年6月30日,厦门辖区17家境内上市公司累计筹资总额119.08亿元,其中,首发融资额37.71亿元,配股、增发再融资总额81.37亿元。基本数据见下表:

项目	本期末	比上年末增减
总股本(亿股)	66.45	8.22%
流通股本(亿股)	43.04	17.63%
总市值(亿元)	539.61	－40.28%
流通市值(亿元)	309.58	－33.78%

厦门证监局辖区 2008年第3季度上市公司基本情况

2008年第三季度,厦门市新增1家上市公司(新华都),公司公开发行2680万股新股,股票在深交所上市,募集资金3.22亿元。截至2008年9月30日,厦门辖区已有境内上市公司18家,其中发行A股公司17家,B股公司1家,累计募集资金总额122.30亿元,其中,首发融资额40.93亿元,配股、增发再融资总额81.37亿元。基本数据见下表:

项目	本期末	比上年末增减
总股本(亿股)	74.21	20.86%
流通股本(亿股)	48.34	32.11%
总市值(亿元)	440.17	－51.29%
流通市值(亿元)	261.38	－44.09%

厦门证监局辖区 2008年度上市公司基本情况

2008年,厦门市新增3家上市公司(合兴包装、安妮股份、新华都),募集资金8.48亿元。截至2008年12月31日,厦门辖区已有境内上市公司18家,其中发行A股公司17家,B股公司1家,累计募集资金总额122.29亿元,其中,首发融资额40.92亿元,配股、增发再融资总额81.37亿元。基本数据见下表:

项目	2008年12月31日	比上年末增减
总股本(亿股)	74.71	21.68%
流通股本(亿股)	49.95	36.51%
总市值(亿元)	397.79	－55.98%
流通市值(亿元)	234.58	－49.83%

厦门证监局辖区 2009年第1季度上市公司基本情况

截至2009年3月31日,厦门辖区有境内上市公司18家,其中发行A股公司17家,B股公司1家,累计募集资金总额122.29亿元,其中,首发融资额40.92亿元,配股、增发再融资总额81.37亿元。基本数据见下表:

项目	2009年3月31日	比上年末增减
总股本(亿股)	74.71	0%
流通股本(亿股)	56.77	13.65%
总市值(亿元)	633.11	59.16%
流通市值(亿元)	444.00	89.27%

厦门证监局辖区 2009年上半年上市公司基本情况

项目	2009年6月30日	比上年末增减
总股本(亿股)	76.11	1.87%
流通股本(亿股)	64.60	29.33%
总市值(亿元)	741.40	86.38%
流通市值(亿元)	575.94	145.52%

厦门证监局辖区 2008年上半年期货经营机构基本情况

截至2008年6月30日,厦门辖区共有3家期货公司和6家异地期货公司在厦门设立的营业部。2008年上半年我市期货市场主要数据如下:

项目	2008年6月30日	比去年底增长
期货投资者户数(户)	12976	94.28%
客户保证金余额(亿元)	7.27	-1.36%
期货机构总资产(亿元)	9.98	-0.89%
期货从业人员数(人)	318	49.30%
项目	2008年1至6月	比去年同期增长
期货交易额(亿元)	4782.07	222.69%
期货机构营业收入(万元)	7190.32	176.34%
期货机构利润总额(万元)	1966.00	284.63%

厦门证监局辖区 2008年第3季度期货经营机构基本情况

2008年第三季度,厦门辖区新增1家期货营业部(东吴期货)。截至2008年9月30日,厦门辖区共有3家期货公司和7家异地期货公司在厦门设立的营业部。2008年第三季度我市期货市场主要数据如下:

项目	2008年9月30日	比去年底增长
期货投资者户数(户)	14750	120.84%
客户保证金余额(亿元)	6.59	-10.58%
期货机构总资产(亿元)	9.41	-6.55%
期货从业人员数(人)	335	57.28%
项目	2008年1至9月	比去年同期增长
期货交易额(亿元)	7616.20	180.89%
期货机构营业收入(万元)	10931.92	155.02%
期货机构利润总额(万元)	3130.58	157.55%

厦门证监局辖区 2008年度期货经营机构基本情况

2008年,厦门辖区新增4家期货营业部(东海、海航东银、东吴、兴业)。截至2008年12月31日,厦门辖区共有3家期货公司和8家异地期货公司在厦门设立的营业部。2008年我市期货市场主要数据如下:

项目	2008年12月31日	比2007年底增长
期货投资者户数(户)	17163	156.97%
客户保证金余额(亿元)	7.38	0.14%
期货机构总资产(亿元)	10.37	2.98%
期货从业人员数(人)	389	82.63%
项目	2008年	比2007年增长
期货交易额(亿元)	10397.83	129.85%
期货机构营业收入(万元)	16130.95	74.18%
期货机构利润总额(万元)	4605.62	64.25%

厦门证监局辖区 2009年第1季度期货经营机构基本情况

2009年第一季度,厦门辖区新增1家期货营业部(首创)。截至2009年3月31日,厦门辖区共有3家期货公司和9家异地期货公司在厦门设立的营业部。2009年第一季度厦门期货市场主要数据如下:

项目	本期末	比上年末增减
期货投资者户数(户)	19562	13.98%
客户保证金余额(亿元)	11.45	55.15%
期货机构总资产(亿元)	13.63	31.44%
期货从业人员数(人)	376	-3.34%
项目	本期累计	同比增长
期货交易额(亿元)	2614.63	0.70%
期货机构营业收入(万元)	3988.72	3.09%
期货机构利润总额(万元)	755.79	-35.44%

厦门证监局辖区 2009年上半年期货经营机构基本情况

项目	2009年6月30日	比上年末增减
期货投资者户数(户)	22594	31.64%
客户保证金余额(亿元)	15.63	111.79%
期货机构总资产(亿元)	13.63	31.44%
期货从业人员数(人)	420	7.97%
项目	2009年1-6月	同比增长
期货交易额(亿元)	7823.34	63.60%
期货机构营业收入(万元)	9404.49	43.04%
期货机构利润总额(万元)	2812.14	45.40%

厦门证监局辖区 2008年上半年证券经营机构基本情况

截至2008年6月30日,厦门辖区共有1家证券公司、25家证券营业部和7家证券服务部、4家证券投资咨询机构。在25家证券营业部中,本地证券公司在辖区内设立的证券营业部有3家,其他22家均为外地证券公司在厦门辖区内设立的证券营业部。2008年上半年我市证券市场主要数据如下:

项目	2008年6月30日	比去年底增长
投资者开立资金账户数(万户)	66.54	1.71%
客户交易结算资金余额(亿元)	103.64	8.77%
证券机构总资产(亿元)	115.9	-0.56%
证券从业人员数(人)	784	55.25%
项目	2008年1至6月	比去年同期增长
证券交易总额(亿元)	4271.23	-24.39%
证券营业部营业收入(亿元)	5.23	-40.70%
证券营业部利润总额(亿元)	3.51	-46.25%

厦门证监局辖区
2008 年第 3 季度证券经营机构基本情况

2008 年第三季度，厦门辖区新增 2 家证券营业部（国金、太平洋）。截至 2008 年 9 月 30 日，厦门辖区共有 1 家证券公司、27 家证券营业部、7 家证券服务部和 4 家证券投资咨询机构。在 27 家证券营业部中，本地证券公司在辖区内设立的证券营业部有 3 家，其他 24 家均为外地证券公司在厦门辖区内设立的证券营业部。2008 年上半年年我市证券市场主要数据如下：

项 目	2008 年 9 月 30 日	比去年底增长
投资者开立资金账户数（万户）	65.48	0.09%
客户交易结算资金余额（亿元）	81.90	-14.04%
证券机构总资产（亿元）	97.90	-16.00%
证券从业人员数（人）	1008	99.60%
项 目	2008 年 1 至 9 月	比去年同期增长
证券交易总额（亿元）	5776.88	-37.67%
证券营业部营业收入（亿元）	7.57	-39.20%
证券营业部利润总额（亿元）	4.25	-56.41%

厦门证监局辖区
2008 年度证券经营机构基本情况

2008 年，厦门辖区新增 3 家证券营业部（国金、太平洋、厦证莲前东营业部）。截至 2008 年 12 月 31 日，厦门辖区共有 1 家证券公司、28 家证券营业部、6 家证券服务部和 4 家证券投资咨询机构。在 28 家证券营业部中，本地证券公司在辖区内设立的证券营业部有 4 家，其他 24 家均为外地证券公司在厦门辖区内设立的证券营业部。2008 年我市证券市场主要数据如下：

项 目	2008 年 12 月 31 日	比 2007 年底增长
投资者开立资金账户数（万户）	66.49	1.64%%
客户交易结算资金余额（亿元）	53.77	-43.57%%
证券机构总资产（亿元）	68.94	-40.85%%
证券从业人员数（人）	1028	103.56%%
项 目	2008 年	比 2007 年增长
证券交易总额（亿元）	7421.27	-38.09%%
证券营业部营业收入（亿元）	9.36	-41.79%%
证券营业部利润总额（亿元）	4.92	-56.31%%

厦门证监局辖区
2009 年 1－3 月证券经营机构基本情况

2009 年第一季度，厦门辖区新增 2 家证券营业部，系原中信建投杏林服务部和齐鲁证券马巷服务部规范而来；台湾富邦证券来厦设立代表处。截至 2009 年 3 月 31 日，厦门辖区共有 1 家证券公司、30 家证券营业部、4 家证券服务部、2 家台资证券公司代表处和 4 家证券投资咨询机构。在 30 家证券营业部中，本地证券公司在辖区内设立的证券营业部有 4 家，其他 26 家均为外地证券公司在厦门辖区内设立的证券营业部。2009 年第一季度厦门证券市场主要数据如下：

项 目	2009 年 3 月 31 日	比上年末增减
投资者开立资金账户数（万户）	67.25	1.14%
客户交易结算资金余额（亿元）	71.93	33.77%
证券机构总资产（亿元）	88.59	28.50%
证券从业人员数（人）	1091	6.13%
项 目	2009 年 1－3 月	同比增长
证券交易总额（亿元）	2113.01	-8.80%
证券营业部营业收入（亿元）	2.36	-17.77%
证券营业部利润总额（亿元）	1.47	-20.97%

厦门证监局辖区
2009 年 1－4 月证券经营机构基本情况

2009 年第一季度，厦门辖区新增 2 家证券营业部，系原中信建投杏林服务部和齐鲁证券马巷服务部规范而来；台湾富邦证券来厦设立代表处。截至 2009 年 3 月 31 日，厦门辖区共有 1 家证券公司、30 家证券营业部、4 家证券服务部、2 家台资证券公司代表处和 4 家证券投资咨询机构。在 30 家证券营业部中，本地证券公司在辖区内设立的证券营业部有 4 家，其他 26 家均为外地证券公司在厦门辖区内设立的证券营业部。2009 年第一季度厦门证券市场主要数据如下：

项 目	2009 年 4 月 30 日	比上年末增减
投资者开立资金账户数（万户）	67.94	2.18%%
客户交易结算资金余额（亿元）	77.94	44.95%%
证券机构总资产（亿元）	94.65	37.29%%
证券从业人员数（人）	1102	7.20%%
项 目	2009 年 1－4 月	同比增长
证券交易总额（亿元）	3039.96	无
证券营业部营业收入（亿元）	3.41	无
证券营业部利润总额（亿元）	2.14	无

厦门证监局辖区
2009 年 1－5 月证券经营机构基本情况

2009 年第一季度，厦门辖区新增 2 家证券营业部，系原中信建投杏林服务部和齐鲁证券马巷服务部规范而来；台湾富邦证券来厦设立代表处。截至 2009 年 3 月 31 日，厦门辖区共有 1 家证券公司、30 家证券营业部、4 家证券服务部、2 家台资证券公司代表处和 4 家证券投资咨询机构。在 30 家证券营业部中，本地证券公司在辖区内设立的证券营业部有 4 家，其他 26 家均为外地证券公司在厦门辖区内设立的证券营业部。2009 年第一季度厦门证券市场主要数据如下：

项 目	2009 年 5 月 31 日	比上年末增减
投资者开立资金账户数（万户）	68.45	2.95%%
客户交易结算资金余额（亿元）	75.58	40.56%%
证券机构总资产（亿元）	92.99	34.89%%
证券从业人员数（人）	1198	16.54%%
项 目	2009 年 1－5 月	同比增长
证券交易总额（亿元）	3797.13	无
证券营业部营业收入（亿元）	4.24	无
证券营业部利润总额（亿元）	2.63	无

厦门证监局辖区
2009 年上半年证券经营机构基本情况

项 目	2009 年 6 月 30 日	比上年末增减
投资者开立证券账户数（万户）	105.54	12.64%
投资者开立资金账户数（万户）	69.39	4.36%
客户交易结算资金余额（亿元）	64.50	19.96%
证券机构总资产（亿元）	72.81	16.70%
证券从业人员数（人）	1246	21.21%
项 目	2009 年 1－6 月	同比增长
证券交易总额（亿元）	4732.81	10.81%
证券营业部营业收入（亿元）	5.35	2.29%
证券营业部利润总额（亿元）	3.25	-7.41%

厦门证监局辖区2008年中期上市公司主要财务数据指标

公司名称	总股本(百万)			流通股本(百万)			资产总计(百万)			资产负债率(%)			营业收入(百万)			利润总额(百万)		
	2008中期	2007中期	变动比率(%)	2008中期	2007中期	变动比率(%)	2008中期	2007中期	变动比率(%)	2008中期	2007中期	变动比率(%)	2008中期	2007中期	变动比率(%)	2008中期	2007中期	变动比率(%)
*ST夏新	429.84	429.84	0.00%	244.13	241.22	1.21%	2170.48	3257.14	-33.36%	129.19	88.02	46.77%	1165.43	1537.2	-24.18%	-411.63	-368.89	11.59%
建发股份	690.66	617.6	11.83%	360.96	299.2	20.64%	19735.7	12649.06	56.03%	72.65	76.07	-4.50%	17346.65	13126.36	32.15%	595.41	376.28	58.24%
创兴置业	167.8	167.8	0.00%	133.01	99.45	33.75%	633.5	644.78	-1.75%	23.6	53.85	-56.17%	282.05	29.41	859.03%	81.03	99.93	-18.91%
厦门钨业	681.98	524.6	30.00%	524.6	233.3	124.86%	8711.98	5911.33	47.38%	63.6	64.09	-0.76%	2108.06	2149.91	-1.95%	132.02	136.61	-3.36%
法拉电子	225	225	0.00%	146.63	124.13	18.13%	1061.58	862.02	23.15%	14.81	9.12	62.39%	303.67	270.46	12.28%	60.72	73.55	-17.44%
金龙汽车	442.6	295.06	50.00%	401.5	167.69	139.43%	7245.12	6169.76	17.43%	70.11	71.26	-1.61%	6507.3	5942.17	9.51%	296.15	203.75	45.35%
ST雄震	79.47	67.92	17.01%	35.73	22.68	57.54%	283.44	176.62	60.48%	70.87	100.38	-29.40%	68.26	20.97	225.51%	17.28	11.3	52.92%
厦门国贸	496.49	459.49	8.05%	358.16	331.47	8.05%	11131.25	6325.28	75.98%	70.52	72.59	-2.85%	9083.05	7462.8	21.71%	409.62	209.5	95.52%
厦工股份	582.73	539.3	8.05%	243.53	189.61	28.44%	5295.18	2965.13	78.58%	66.67	64.33	3.64%	3910.34	2842.27	37.58%	157.36	120.34	30.76%
*ST厦华	370.82	370.82	0.00%	239.9	189.39	26.67%	2501.83	3119.38	-19.80%	113.43	94.98	19.43%	1871.8	3094.81	-39.52%	-237.6	-175.38	35.48%
厦门空港	297.81	297.81	0.00%	95.31	95.31	0.00%	1468.52	1342.25	9.41%	7.04	5.01	40.52%	220.66	196.23	12.45%	97.82	104.86	-6.71%
旭飞投资	96.2	96.2	0.00%	55.93	53.76	4.04%	182.8	193.13	-5.35%	12.74	20.78	-38.69%	25.47	1.91	1233.51%	-0.45	-3.3	-86.36%
厦门信达	240.25	240.25	0.00%	184.5	172.45	6.99%	2900.19	2314.41	25.31%	69.93	67.47	3.65%	2693.48	3376.3	-20.22%	48.08	48.22	-0.29%
厦门港务	531	531	0.00%	206.19	179.64	14.78%	3229.78	2676.22	20.68%	50.34	46	9.43%	1631.51	732.99	122.58%	101.9	101.48	0.41%
灿坤B	1112.35	1112.35	0.00%	1112.35	411.87	170.07%	2600.97	3276.71	-20.62%	74.69	83.01	-10.02%	2092.96	2378.59	-12.01%	41.57	68.74	-39.53%
合兴包装	100	-	-	20	-	-	657.15	-	-	38.52	-	-	300.53	-	-	30.2	-	-
安妮股份	100	-	-	20	-	-	537.55	-	-	21.15	-	-	226.27	-	-	30.5	-	-
厦门板块	6645	5975.04	11.21%	4382.43	2811.17	55.89%	70347.02	51883.22	35.59%	69.05	70.08	-1.47%	49837.49	43162.38	15.47%	1449.98	1006.99	43.99%

公司名称	归属上市公司的净利润(百万)			每股收益(EPS)(全面摊薄)			每股收益(EPS)(扣除非经常性损益/摊薄)			每股净资产(NAVPS)			净资产收益率(ROE)(全面摊薄)		
	2008中期	2007中期	变动比率(%)	2008中期	2007中期	变动比率(%)	2008中期	2007中期	变动比率(%)	2008中期	2007中期	变动比率(%)	2008中期	2007中期	变动比率(%)
*ST夏新	-404.23	-351.97	14.85%	-0.9404	-0.8189	14.84%	-0.9458	-0.8296	14.01%	-1.65	0.69	-339.13%	-	-118.04	-
建发股份	420.2	320.3	31.19%	0.6084	0.5186	17.32%	0.6041	0.4803	25.78%	7.47	4.63	61.34%	8.14	11.2	-27.32%
创兴科技	63.6	86.55	-26.52%	0.379	0.5158	-26.52%	0.3267	0.1052	210.55%	2.74	1.614	69.76%	13.85	31.97	-56.68%
厦门钨业	75.16	78.52	-4.28%	0.1102	0.1497	-26.39%	0.1098	0.1366	-19.62%	2.71	3.19	-15.05%	4.07	4.69	-13.22%
法拉电子	49.79	62.74	-20.64%	0.2213	0.2789	-20.65%	0.2166	0.2707	-19.99%	4.02	3.48	15.52%	5.51	8	-31.13%
金龙汽车	172.94	92.81	86.34%	0.3908	0.3146	24.22%	0.2448	0.2956	-17.19%	3.06	3.54	-13.56%	12.77	8.88	43.81%
ST雄震	13.77	11.1	24.05%	0.1733	0.1635	5.99%	0.0035	0.0188	-81.38%	0.34	-0.0557	-710.41%	50.24	-	-
厦门国贸	291.61	147.38	97.86%	0.5874	0.3207	83.16%	0.4544	0.2895	56.96%	6.04	3.33	81.38%	9.73	9.62	1.14%
厦工股份	141.35	102.45	37.97%	0.2426	0.19	27.68%	0.2498	0.1818	37.40%	2.95	1.96	50.51%	8.22	9.69	-15.17%
*ST厦华	-236.46	-177.25	33.40%	-0.6377	-0.478	33.41%	-0.6763	-0.5046	34.03%	-0.94	0.3874	-342.64%	-	-123.38	-
厦门空港	75.76	80.76	-6.19%	0.2544	0.2712	-6.19%	0.2502	0.2741	-8.72%	4.11	3.8	8.16%	6.19	7.13	-13.18%
旭飞投资	-0.33	-3.28	-89.94%	-0.0035	-0.0343	-89.80%	-0.007	-0.0358	-80.45%	1.65	1.56	5.77%	-0.21	-2.18	-90.37%
厦门信达	23.11	23.07	0.17%	0.0962	0.096	0.21%	0.0723	0.084	-13.93%	2.57	2.36	8.90%	3.74	4.07	-8.11%
厦门港务	69.73	67.47	3.35%	0.1313	0.1271	3.30%	0.1127	0.1266	-10.98%	2.77	2.53	9.49%	4.75	5.03	-5.57%
灿坤B	27.75	48.24	-42.48%	0.0249	0.0434	-42.63%	0.0238	0.04	-40.50%	0.2971	0.226	31.46%	8.4	19.19	-56.23%
合兴包装	22.42	-	-	0.2242	-	-	0.2232	-	-	3.73	-	-	6.01	-	-
安妮股份	24.75	-	-	0.2475	-	-	0.2267	-	-	4.24	-	-	5.84	-	-
厦门板块	830.92	588.89	41.10%	0.125	0.0986	26.77%	0.096	0.069	39.13%	2.71	2.193	23.58%	4.61	4.49	2.67%

厦门证监局辖区2008年上市公司主要财务数据指标

序号	代码	公司简称	基本每股收益(元)	扣除非经常性损益后的基本每股收益(元)	每股净资产(元)	净资产收益率(加权/摊薄)(%)	总资产(万元)	所有者权益(万元)	营业收入(万元)	利润总额(万元)	归属母公司股东的净利润(万元)	总股本(万股)
1	600057	*ST夏新	-1.64	-1.81	-2.51	-	158833.3066	-105448.8715	168386.3302	-75098.5745	-70299.3814	42984
2	600153	建发股份	0.5	0.49	4.12	12.36/12.16	1580796.422	538926.853	3388689.267	81701.6865	62311.1127	124319.4856
3	600193	创兴置业	0.24	0.26	2.03	12.6/11.97	61474.6049	46661.5712	30783.5684	6485.2863	5297.2309	21814
4	600549	厦门钨业	0.2971	0.2823	2.9	10.78/10.26	883230.4671	340633.1284	494712.9502	40515.7986	20260.6515	68198
5	600563	法拉电子	0.44	0.41	4.23	10.86/10.3	108544.7147	97754.3294	65644.669	11963.4256	9817.1194	22500
6	600686	金龙汽车	0.44	0.29	3.11	15.05/14.27	807606.8635	231782.3521	1238972.849	36163.9059	19652.5005	44259.7097

厦门证监局辖区2009年上半年上市公司主要财务数据指标

公司名称	总股本(百万)			流通股本(百万)			资产总计(百万)			资产负债率(%)			营业收入(百万)			利润总额(百万)		
	2009中期	2008中期	变动比率(%)	2009中期	2008中期	变动比率(%)	2009中期	2008中期	变动比率(%)	2009中期	2008中期	变动比率(%)	2009中期	2008中期	变动比率(%)	2009中期	2008中期	变动比率(%)
*ST夏新	429.84	429.84	0.00	244.13	244.13	0.00	1405.18	2170.48	-0.35	183.25	129.19	0.42	122.24	1165.43	-0.90	-115.45	-411.63	-0.72
建发股份	1243.19	690.66	0.80	1243.19	360.96	2.44	25174.84	19735.70	0.28	79.14	72.65	0.09	17491.38	17346.65	0.01	713.92	595.41	0.20
创兴置业	218.14	167.80	0.30	218.14	133.01	0.64	800.59	633.50	0.26	42.68	23.60	0.81	18.32	282.05	-0.94	-8.30	81.03	-1.10

公司名称	总股本(百万)			流通股本(百万)			资产总计(百万)			资产负债率(%)			营业收入(百万)			利润总额(百万)		
	2009 中期	2008 中期	变动比率(%)	2009 中期	2008 中期	变动比率(%)	2009 中期	2008 中期	变动比率(%)	2009 中期	2008 中期	变动比率(%)	2009 中期	2008 中期	变动比率(%)	2009 中期	2008 中期	变动比率(%)
厦门钨业	681.98	681.98	0.00	673.37	524.60	0.28	9753.01	8711.98	0.12	66.56	63.60	0.05	1085.22	2108.06	-0.49	29.41	132.02	-0.78
法拉电子	225.00	225.00	0.00	225.00	146.63	0.53	1075.94	1061.58	0.01	8.80	14.81	-0.41	339.58	303.67	0.12	74.79	60.72	0.23
金龙汽车	442.60	442.60	0.00	442.14	401.50	0.10	7716.57	7245.12	0.07	70.45	70.11	0.00	4555.06	6507.30	-0.30	76.24	296.15	-0.74
ST 雄震	79.47	79.47	0.00	47.65	35.73	0.33	261.45	283.44	-0.08	85.59	70.87	0.21	56.46	68.26	-0.17	-11.57	17.28	-1.67
厦门国贸	496.49	496.49	0.00	368.47	358.16	0.03	10154.98	11131.25	-0.09	66.46	70.52	-0.06	6685.59	9083.05	-0.26	255.31	409.62	-0.38
厦工股份	699.27	582.73	0.20	699.27	243.53	1.87	5521.51	5295.18	0.04	67.10	66.67	0.01	2461.93	3910.34	-0.37	55.04	157.36	-0.65
*ST 厦华	370.82	370.82	0.00	276.98	239.90	0.15	2163.27	2501.83	-0.14	148.61	113.43	0.31	1685.95	1871.80	-0.10	53.74	-237.60	-1.23
厦门空港	297.81	297.81	0.00	125.09	95.31	0.31	1593.65	1468.52	0.09	15.74	7.04	1.24	354.72	220.66	0.61	154.01	97.82	0.57
旭飞投资	96.20	96.20	0.00	79.58	55.93	0.42	188.24	182.80	0.03	24.58	12.74	0.93	2.63	25.47	-0.90	-2.58	-0.45	4.73
厦门信达	240.25	240.25	0.00	184.50	184.50	0.00	2910.58	2900.19	0.00	69.38	69.93	-0.01	4145.43	2693.48	0.54	71.59	48.08	0.49
厦门港务	531.00	531.00	0.00	232.74	206.19	0.13	2840.93	3229.78	-0.12	43.57	50.34	-0.13	660.50	1631.51	-0.60	54.73	101.90	-0.46
灿坤 B	1112.35	1112.35	0.00	1112.35	1112.35	0.00	1815.52	2600.97	-0.30	60.98	74.69	-0.18	1184.72	2092.96	-0.43	28.67	41.57	-0.31
合兴包装	190.00	100.00	0.90	47.50	20.00	1.38	881.34	657.15	0.34	54.91	38.52	0.43	354.02	300.53	0.18	28.00	30.20	-0.07
安妮股份	150.00	100.00	0.50	40.49	20.00	1.02	668.36	537.55	0.24	29.80	21.15	0.41	254.02	226.27	0.12	32.64	30.50	0.07
新华都	106.88	-	-	26.80	-	-	1149.55	-	-	53.46	-	-	1496.21	-	-	51.24	-	-
厦门板块	7611.29	6645.00	0.15	6287.39	4382.43	0.43	76075.51	70347.02	0.08	71.92	69.05	0.04	42953.98	49837.49	-0.14	1541.43	1449.98	0.06

公司名称	归属上市公司的净利润(百万)			每股收益(EPS)(全面摊薄)			每股收益(EPS)(扣除非经常性损益/摊薄)			每股净资产(NAVPS)			净资产收益率(ROE)(全面摊薄)		
	2009 中期	2008 中期	变动比率(%)	2009 中期	2008 中期	变动比率(%)	2009 中期	2008 中期	变动比率(%)	2009 中期	2008 中期	变动比率(%)	2009 中期	2008 中期	变动比率(%)
*ST 夏新	-106.12	-404.23	-0.74	-0.25	-0.94	-0.74	-0.26	-0.95	-0.73	-2.76	-1.65	0.67	-	-	-
建发股份	409.17	420.20	-0.03	0.33	0.61	-0.46	0.26	0.60	-0.57	3.47	7.47	-0.54	9.47	8.14	0.16
创兴科技	-6.64	63.60	-1.10	-0.03	0.38	-1.08	-0.01	0.33	-1.03	2.00	2.74	-0.27	-1.52	13.85	-1.11
厦门钨业	13.92	75.16	-0.81	0.02	0.11	-0.81	0.00	0.11	-0.96	2.77	2.71	0.02	0.74	4.07	-0.82
法拉电子	52.21	49.79	0.05	0.23	0.22	0.04	0.22	0.22	0.02	4.27	4.02	0.06	5.44	5.51	-0.01
金龙汽车	29.76	172.94	-0.83	0.07	0.39	-0.82	0.06	0.24	-0.75	3.13	3.06	0.02	2.15	12.77	-0.83
ST 雄震	-10.88	13.77	-1.79	-0.14	0.17	-1.81	-0.10	0.00	-29.00	0.24	0.34	-0.29	-56.58	50.24	-2.13
厦门国贸	201.13	291.61	-0.31	0.41	0.59	-0.30	0.34	0.45	-0.25	6.29	6.04	0.04	6.45	9.73	-0.34
厦工股份	50.21	141.35	-0.64	0.07	0.24	-0.71	0.06	0.25	-0.76	2.55	2.95	-0.14	2.82	8.22	-0.66
*ST 厦华	52.09	-236.46	-1.22	0.14	-0.64	-1.22	0.11	-0.68	-1.16	-2.86	-0.94	2.04	-	-	-
厦门空港	113.23	75.76	0.49	0.38	0.25	0.49	0.38	0.25	0.51	4.06	4.11	-0.01	9.37	6.19	0.51
旭飞投资	-2.49	-0.33	6.55	-0.03	0.00	6.37	-0.02	-0.01	2.37	1.47	1.65	-0.11	-1.76	-0.21	7.38
厦门信达	28.63	23.11	0.24	0.12	0.10	0.24	0.10	0.07	0.34	2.64	2.57	0.03	4.51	3.74	0.21
厦门港务	25.32	69.73	-0.64	0.05	0.13	-0.62	0.05	0.11	-0.56	2.80	2.77	0.01	1.70	4.75	-0.64
灿坤 B	20.16	27.75	-0.27	0.02	0.02	-0.27	0.02	0.02	-0.33	0.33	0.30	0.10	5.54	8.40	-0.34
合兴包装	26.65	22.42	0.19	0.14	0.22	-0.38	0.13	0.22	-0.42	2.08	3.73	-0.44	6.75	6.01	0.12
安妮股份	27.38	24.75	0.11	0.18	0.25	-0.27	0.18	0.23	-0.21	3.11	4.24	-0.27	5.86	5.84	0.00
新华都	40.40	-	-	0.38	-	-	0.34	-	-	4.92	-	-	7.69	-	-
厦门板块	964.13	830.92	0.16	-	-	-	-	-	-	-	-	-	-	-	-

吉林证券市场

中国证券监督管理委员会吉林监管局

一、历史沿革

改革开放以来，随着中国证券市场的发展，建立中央集中统一的监管体制势在必行。1998 年 8 月，国务院正式批转《证监会证券监管机构体制改革方案》（国发[1998]29 号），明确提出"建立全国统一、高效的证券期货监管体系，理顺中央和地方监管部门的关系，实行由证监会垂直领导的管理体制”。1998 年 10 月，中国证监会与吉林省人民政府和长春市人民政府正式签订了交接备忘录。至此，吉林省证券监督管理办公室和长春市证券监督管理委员会合并正式划归中国证监会垂直领导。1999 年 7 月 1 日，中国证监会长春证券监管特派员办事处正式挂牌成立，在中国证监会的直接领导下，负责对吉林辖区证券期货市场的监管。2004 年 3 月 1 日统一更名为中国证券监督管理委员会吉林监管局。

二、基本职能

贯彻执行国家有关法律、法规和方针政策，按照中国证监会的规定对辖区内的上市公司、证券期货经营机构、投资咨询机构及从事证券期货业务的律师事务所、会计师事务所、资产评估机构等中介机构的证券期货业务活动进行监督管理，依法查处辖区内监管范围的违法、违规案件，调解证券期货业务纠纷和争议，以及中国证监会授予的其它职责。

三、内设机构

中国证券监督管理委员会吉林监管局（简称吉林证监局）内设办公室、上市公司监管处、机构监管处、期货监管处、稽查处和党委办公室 6 个职能处室。

四、主要职能

（一）办公室

1、协助领导组织机关的日常办公。负责日常行政事务性工作，文件传送、签发、寄发等工作，保证机关正常的工作秩序和效率。

2、负责机关的综合文秘工作。草拟机关内部各项规章制度；组织重要文件以及领导讲话的草拟、修改；负责各处草拟文件的文字把关，报有关领导签发。

3、管理机关的人事、外事、财务、资产、档案。负责机关人事任免、调动、奖惩、离退休、工资调整等人事管理工作；负责机关接待、外事活动工作；负责机关财务收支、报销和上报月、季、年度会计报表，并协助审计部门做好财务审计工作；负责固定资产购置、编号、登记造册；负责人事、机要文件的档案管理，按规定及时进行归档、上缴、销毁等工作。

4、负责机关内部职工的培训教育和福利工作。及时上报中国证监会举办的各类培训班所要求培训的人员，并做好机关自身对职工的培训教育工作；按规定做好职工劳保福利工作。

5、负责机关的信息安全与管理工作。依据国家和证监会有关信息安全法规，作好密码管理和数据备份，防范计算机病毒；协助维护证监会国际互联网站点，并及时提供有关信息。

6、其他工作。负责机关干部的月度、季度和年度考评工作；负责机关对外的新闻宣传工作；负责工、青、妇工作；负责办理地方人大、政协的提案、议案；完成领导交办的其他工作。

（二）上市公司监管处

1、负责辖区内拟上市公司改制检查验收及辅导监督。

2、负责监管辖区内上市公司信息披露等工作。

3、负责监管辖区内上市公司高层管理人员、监管上市公司董事、监事等高级管理人员依法依规行使权力和义务。

4、负责监管辖区内上市公司配股和增发新股初审。

5、负责监管辖区内上市公司的资产重组。

6、负责辖区内上市公司的统计分析。

（三）机构监管处

1、负责辖区内证券经营机构的日常监管。

2、负责辖区内证券经营机构从业人员的监管。

3、负责辖区内证券投资基金的监管。

4、负责对辖区内证券投资咨询机构和信息传播机构的监管。

5、负责辖区内证券经营机构的信息安全与管理工作。

6、其他工作。调查分析辖区内外证券交易行情；草拟有关监管意见、办法等。

（四）期货监管处

1、负责辖区内期货经纪公司、期货经纪公司营业部、期货投资咨询公司的日常监管。

2、负责监管辖区内期货经营机构从业人员。

3、负责辖区内期货经营机构的统计分析。

4、负责辖区内期货经营机构的信息安全与管理工作。

5、其他工作。根据证监会授权，对期货交易所非经纪公司会员的有关期货业务进行监管；与当地政府及有关部门协调关系，共同维护期货市场健康有序地发展。

（五）稽查处

1、负责辖区内证券、期货违法违规案件的调查处理。

2、调解辖区内证券、期货业务纠纷和争议。

3、负责处理辖区内和证监会转办的来信来访。

4、承担本机构的法规工作，负责对证券、期货市场法律法规执行情况进行调查并贯彻执行。

（六）党委办公室

负责局机关的党务、共青团等工作。

证监局领导：

江连海，男，汉族，中国证监会吉林监管局党委书记、纪委书记、局长

万玲玲，女，汉族，中国证监会吉林监管局党委委员、副局长

刘辅华，男，汉族，中国证监会吉林监管局党委委员、副局长

于海联，女，汉族，中国证监会吉林监管局党委委员、副局长

联系方式：

地址：吉林省长春市解放大路 2518 号交通大厦 17、18、19 楼

邮编：130021

Email：jilin@ csrc. gov. cn

值班电话：0431 －85097916

传真电话：0431 －85097849

举报投诉：0431 －85097933

各业务处联系方式：

办公室：0431 －85097916

上市处：0431 －85097961

机构处：0431 －85097862

期货处：0431 －85097971

稽查处：0431 －85097831

党　办：0431 －85097876

投诉举报电话：0431 －85097933

传真电话：0431 －85097849

吉林证券市场证券公司及投资咨询公司联系方式

序号	公司名称	办公地址	公司网址	联系电话
1	东北证券股份有限公司	长春市自由大路1138号	www.nesc.cn	0431－85096668
2	长财证券经纪有限责任公司	长春市宽城区珠江路439号	www.cczq.net	0431－82951765
3	吉林省北方万盛投资管理顾问有限公司	长春市同志街315号巴黎春天315－3－307	www.bfws.cn	0431－88988563

吉林省期货机构联络表

序号	机构名称	公司网址	办公电话	公司地址
1	吉林金昌期货经纪有限责任公司	wyx75@126.com	85805705、85805703	长春市解放大路46号财富广场C座1410室
2	天富期货经纪有限公司	xl@tfqh.com;hrj@tfqh.com	88993900、88993775	长春市长春大街500号吉信大厦
3	兴业期货经纪有限公司	wu6567@126.com	88506791	长春市康平街889号润天国际大厦24楼
4	天鸿期货经纪有限公司	wangxiaoya@sohu.com	85640115、85678864	长春市解放大路2788号物资集团前楼5楼
5	吉粮期货经纪有限公司	fwd@jlfe.com;wzr@jlfe.com	88507219、88507206	长春市建设街1307号
6	吉粮进出口有限公司海外部	yao2688@163.com	85598192	长春市人民大街7008号
7	中期嘉合期货经纪有限公司长春营业部	xiaohongjie@cifco.net.cn	86496179	长春市同志街2400号火炬大厦10层
8	渤海期货有限公司长春营业部	xuxian168@sina.com	88567871	长春市建设街2007号
9	大连良运期货经纪有限公司长春营业部	cclyqh@126.com	88506659	长春市康平街889号润天国际大厦十一楼
10	天富期货经纪有限公司吉林市营业部		0432－2042708	吉林市光华路555号
11	天富期货经纪有限公司延吉市营业部		137044867705006770	延吉爱丹路1171－2号延弘大厦综合楼1－2层
12	黑龙江省天琪期货经纪有限公司长春营业部		88938618	长春市人民大街1968号主楼十七楼1703－1709室
13	国泰君安期货经纪有限公司四平营业部		0434－5085807、5085872	四平市铁东区南一纬路629号
14	万达期货有限公司长春营业部		87069521	长春市西安大路1688号新润天国际18层7、8号
15	经易期货经纪有限公司长春营业部		82660077、13500882056	长春市朝阳区万宝街18号

吉林证券市场 2008年第一季度上市公司统计信息

项目	数据
上市公司家数	34家
上市公司总股本	138.12亿股
无限售条件A股	83.12亿股
上市公司总市值	1909.39亿元
上市公司总资产	960.35亿元
上市公司净资产	460.02亿元

吉林证券市场 2008年第一季度证券经营机构统计信息

项目	数据
证券公司家数	2家
证券营业部家数	58家
证券服务部家数	25家
投资者开户数	111.28万户
辖区证券营业部A股交易金额	2004.6亿元
辖区证券营业部B股交易金额	3.75亿元
辖区证券营业部基金交易金额	15.98亿元

吉林证券市场 2008年第一季度期货经营机构统计信息

项目	数据
期货公司家数	5家
境外期货业务持证企业家数	1家
期货营业部家数	9家
5家期货公司从业人员数量	188名
5家期货公司代理交易总量	367.6万手
5家期货公司代理交易总量	2141.39亿元

吉林证券市场2008年第二季度数据统计

一、吉林辖区上市公司发展情况

1.上市公司分布情况

截至2008年第二季度，辖区内共有A股上市公司35家，其中沪市19家，深市16家；本季度新增上市公司1家，为启明信息技术股份有限公司；A股上市公司在全国排名第16位。

2.上市公司资产情况

截至2008年第二季度，辖区上市公司总股本146.77亿股(其中：无限售条件A股87.30亿股)，总市值1390.86亿元，总资产996.63亿元，净资产472.48亿元；2008年第二季度累计实现净利润16.37亿元，平均每股收益0.11元，净资产收益率4.79%，总资产收益率1.64%。新增募集资金额3.02亿元，截止2008年第二季度，辖区上市公司累计募集资金234.61亿元。

二、证券公司数据

1.证券公司分布情况

截至2008年第二季度，辖区共有证券公司2家，证券营业部57家(其中本地券商营业部30家，外埠券商营业部27家，地区分布：长春39家，吉林市7家，辽源市2家、延吉市2家、通化市3家、松原、白城、白山、四平各1家)，证券服务部25家。

2.证券公司资产情况

截至2008年第二季度，辖区内证券公司注册资本合计6.37亿元，资产总计130.87亿元，负债总计104亿元，证券公司营业收入3.47亿元，净利润1.41亿元。

	2008年2季度	2008年1季度	2007年末
注册资本合计	6.37	6.37	6.37
资产总计	130.87	132.28	154.65

	2008 年 2 季度	2008 年 1 季度	2007 年末
负债总计	104	106.63	131.09

	2008 年 2 季度	2008 年 1 季度	增长率 (%)	2007 年 2 季度	增长率 (%)
营业收入	3.47	4.66	-25.54	15.19	-77.16
净利润	1.41	2.19	-35.62	7.13	-80.22

辖区证券经营机构客户交易结算资金余额 109.7 亿元，指定与托管证券市值 494 亿元，比上年同期分别增长 -20.85%，1.86%。

3. 证券交易情况和股东账户数量

截至 2008 年第二季度，证券交易金额（A 股 3523.6 亿元、B 股 8 亿元、基金 29.9 亿元、债券 3 亿元、权证 674.8 亿元）为 4257.6 亿元，A 股、B 股、基金交易金额同比增长 75.78%，113.33%，87.11%。

	2008 年 2 季度	2008 年 1 季度	增长率(%)
A 股	3523.6	2004.60	75.78
B 股	8	3.75	113.33
基金	29.9	15.98	87.11

截至 2008 年第二季度，辖区内投资者股东 A 股账户数量为 178.2 万户，B 股账户数量为 1.97 万户，基金账户数量为 9.37 万户；投资者资金账户数量为 128.9 万户。

三、期货公司数据

截至 2008 年第二季度，辖区内共有 5 家期货公司、1 家境外期货业务持证企业和 9 家营业部。辖区期货公司注册资本为 3 亿元。5 家公司分别在北京、上海、大连、海口、厦门及吉林市设立 12 家营业部。

截至 2008 年第二季度，5 家期货公司资产总额 7.49 亿元，净资产总额 2.77 亿元，保证金总额 4.56 亿元，与去年同期相比分别增长 94.04%、99.28% 和 92.41%，与一季度相比分别下降 9.76%、1.07% 和 14.61%；5 家公司共有从业人员 232 名，客户 4294 人。2008 年第二季度，5 家期货公司手续费净收入总计 832.30 万元，比去年同期增长 20.02%，与一季度相比下降 21.35%；利润总额总计 -319.78 万元，比去年同期下降 4.61 倍，比一季度下降 16.78%。代理交易总量 292.03 万手，比去年同期增加 35.92%，比一季度减少 20.56%；代理交易总额 1681.77 亿元，比去年同期增长 58.49%，比一季度下降 21.46%。

	2008 年 2 季度	2008 年 1 季度	增长率 (%)	2007 年 2 季度	增长率 (%)
资产总额	7.49	8.30	-9.76	3.86	94.04
净资产总额	2.77	2.80	-1.07	1.39	99.28
保证金总额	4.56	5.34	-14.61	2.37	92.41
手续费净收入	832.30	1058.20	-21.35	693.49	20.02
利润总额	-319.78	-273.84	-16.78	88.47	-461.46
代理交易总量	292.03	367.60	-20.56	214.86	35.92
代理交易总额	1681.77	2141.39	-21.46	1061.11	58.49

2008 年上半年 5 家期货公司手续费收入总计 1890.50 万元，比去年同期增长 48.78%；利润总额 -593.62 万元；代理交易总量 659.63 万手，比去年同期增加 67.94%；代理交易总额 3823.16 亿元，比去年同期增长 119.13%。

吉林省经济概览

吉林省经济一直处于稳定、快速的增长状态，2008 年上半年，伴随着全国经济增长的趋缓，吉林省经济的增速也略有放缓，总体上来看，仍然处于健康增长的范围之内。

一、宏观经济形势

2008 年上半年，吉林省大部分宏观经济指标增速均较前期回落，其中地区生产总值 2384.09 亿元，同比增长 16.5%，增速回落 0.8%；工业增加值累计实现 1248.21 亿元，增长 22%，增速回落 0.44%；固定资产投资 1512.13 亿元，同比增长 40.2%，增速回落 4.9%。值得注意的是，房地产开发投资完成 242.52 亿元，增幅较大，达到 76.2%；民间投资完成 1067.60 亿元，同比增长 48.9%，增速较快。

从居民生活角度来看，城镇居民收入仍然稳步增加，实现人均可支配收入 6292.37 元，物价水平也持续上升，上涨 7.4%，收入增加的幅度（12%）要高于价格上涨的幅度（7.4%），然而原材料价格涨幅要高于全国平均水平，这导致了工业企业的成本压力提高。

农村居民的收入增速要快于城镇居民的收入增速，粮食产业投入也较前期有较大幅度的提高，农业作为吉林省的主要产业，产出水平继续稳定增长。

二、企业基本情况

2008 年上半年，工业增加值中重工业仍然占据绝对比重，但轻工业上涨幅度较大，从企业类型来看，其它经济类型和集体企业涨幅较大。

500 万元以上企业效益上涨较快，与上年同期相比上涨 33.96%；主营业务收入和盈亏相抵后的利润总额都达到近 50% 的增长率；值得注意的是，虽然亏损企业数量和亏损面均有小幅回落，但是亏损企业亏损额却大幅上涨，涨幅达到 2.7 倍，特别是国有工业企业，涨幅更是达到了 4.3 倍。

三、金融业总体形势

除证券行业外，金融业的主体是银行业，08 年上半年吉林省银行业运行状况良好。存贷款稳定增长、不良贷款比例下降、银行盈利能力增强。

2008 年上半年吉林省银行业资产增加 9.2%，负债也相同比例增加，所有者权益增加 9.0%；截至 6 月末，全省本外币各项存款余额 5718.5 亿元，同比增长 10.2%，上半年新增存款 514.3 亿元，增长 9.8%；截至 6 月末，全省本外币各项贷款余额 4817.7 亿元，同比增长 9.9%，上半年新增各项贷款 436.5 亿元。值得注意的是，居民储蓄存款 3616.3 亿元，同比增长 9.5%，增幅同比提高 0.81 个百分点，表明居民仍倾向于存款理财方式，另外，外币存款数量下降，国有商业银行存款增速较其他金融机构更高，且外币贷款增长较快。

从数据上来看，居民偏好于存款理财；国有商业银行在银行业中仍处于主导地位；人民币升值压力导致外汇风险提高；第三产业发展空间明显。

吉林证券市场 2008 年第三季度数据统计

一、吉林辖区上市公司发展情况

由于上市公司第三季度财务报告尚未披露完毕，暂统计 2008 年上半年上市公司数据。

1. 上市公司分布情况

截至 2008 年 6 月底，辖区内共有 A 股上市公司 35 家，其中沪市 19 家，深市 16 家；A 股上市公司在全国排名第 16 位。

2. 上市公司资产及运营情况

截至 2008 年 6 月底，辖区上市公司总股本 146.77 亿股（其中：无限售条件 A 股 87.30 亿股），总市值 1390.86 亿元，分别占全国 A 股证券市场上述指标的 0.61% 和 0.78%；总资产 996.63 亿元，归属于上市公司净资产 472.48 亿元，与上年末相比分别增加了 2.38%、5.04%。

2008 年上半年累计实现营业收入 317.64 亿元，比上年同期增长 35.16%；营业利润 35.05 亿元，比上年同期增长 5.16%；归属于上市公司股东的净利润 29.06 亿元，比上年同期增长 14.10%，其中：30 家公司盈利，累计盈利 30.83 亿元，5 家公司亏损，亏损额 1.77 亿元；平均每股收益 0.20 元，低于全国平均水平 13.04%；净资产收益率 6.15%，低于全国平均水平 25.18%。

3. 辖区资本市场募集资金情况

2008 年上半年新增募集资金额 7.5 亿元，截止 2008 年 6 月底，辖区 A 股上市公司累计募集资金 234.61 亿元，其中：首发筹资 124.64 亿元，配股筹资 76 亿元，非公开发行筹资 33.97 亿元。

二、证券公司数据

1. 证券公司分布情况

截至 2008 年第三季度，辖区共有证券公司 2 家，证券营业部 57 家（其中本地券商营业部 30 家，外埠券商营业部 27 家，地区分布：长春 39 家，吉林市 7 家，辽源市 2 家、延吉市 2 家、通化市 3 家、松原、白城、白山、四平各 1 家），证券服务部 25 家。

2. 辖区证券营业部交易量情况

截至 2008 年第三季度，辖区累计经纪业务交易量为 5332.14 亿元，平均经纪业务交易量为 93.54 亿元。

3. 证券公司资产情况

截至 2008 年第三季度，辖区内证券公司注册资本合计 6.37 亿元，资产总计 106.64 亿元，负债总计 80.09 亿元，证券公司营业收入 1.78 亿元，净利润 0.24 亿元。

	2008 年 3 季度	2008 年 2 季度	2008 年 1 季度
注册资本合计	6.37	6.37	6.37
资产总计	106.64	130.87	132.28
负债总计	80.09	104	106.63
	2008 年 3 季度	2008 年 2 季度	增长率(%)
营业收入	1.78	3.47	-48.70
净利润	0.24	1.41	-82.97

辖区证券经营机构客户交易结算资金余额 91.14 亿元，指定与托管证券市值 407.85 亿元，比上季度分别下降 16.92%，17.44%。

三、期货公司数据

截至 2008 年第三季度，辖区内共有 5 家期货公司、1 家境外期货业务持证企业和 9 家营业部。辖区期货公司注册资本为 3 亿元。5 家公司分别在北京、上海、大连、海口、厦门、泉州、郑州及吉林市、延吉市等地设立 15 家营业部。

截至 2008 年第三季度，5 家期货公司资产总额 6.24 亿元，净资产总额 2.74 亿元，保证金余额 3.35 亿元，与去年同期相比分别增长 17.41 %、61.88% 和 -4.65 %，与二季度相比分别下降 16.77%、1.05% 和 26.48%；5 家公司共有从业人员 276 名，客户 5035 人。2008 年第三季度，5 家期货公司手续费净收入总计 904.46 万元，比去年同期下降 5.91%，与二季度相比增长 8.67%；利润总额总计 -445.43 万元，比二季度增加亏损 125.64 万元。代理交易总量 307.24 万手，比去年同期下降 15.53%，比二季度增长 5.21%；代理交易总额 1674.46 亿元，比去年同期增长 11.47%，比二季度下降 0.43%。

	2008 年 3 季度	2008 年 2 季度	增长率 (%)	2007 年 3 季度	增长率 (%)
资产总额	6.24	7.49	-16.77	5.31	17.41
净资产总额	2.74	2.77	-1.05	1.69	61.88
保证金余额	3.35	4.56	-26.48	3.51	-4.65

	2008 年 3 季度	2008 年 2 季度	增长率 (%)	2007 年 3 季度	增长率 (%)
手续费净收入	904.46	832.30	8.67	961.25	-5.91
代理交易总量	307.24	292.03	5.21	373.75	-15.53
代理交易总额	1674.46	1681.77	-0.43	1502.14	11.47

2008 年 1-9 月份，5 家期货公司手续费收入总计 2794.96 万元，比去年同期增长 25.23%；利润总额 -1039.04 万元；代理交易总量 966.88 万手，比去年同期增加 27.80%；代理交易总额 5497.62 亿元，比去年同期增长 69.32%。

吉林省经济概览

一、宏观经济形势

截至 2008 年 8 月，吉林省工业增加值累计实现 1678.7 亿元，增长 20.6%；固定资产投资 2589.16 亿元，同比增长 45.9%。值得注意的是，房地产开发投资完成 415.21 亿元，增幅较大，达到 53%。

2008 年 8 月，吉林省社会消费品零售总额实现 216.3 亿元，增长 25.8%，1-8 月累计实现 1557.61 亿元，增长 24.6%。8 月份，居民消费价格指数为 103.5，其中食品和居住类价格与上年同期相比增长较快，价格指数分别达到 105.8 和 105.0，交通和通讯则有所下降，价格指数为 98.1；原材料燃料动力购进价格指数达到 113.11；工业品出厂价格指数也达到 107.48。

二、企业基本情况

2008 年 8 月，工业增加值中重工业仍然占据绝对比重，但轻工业上涨速度快于重工业，从企业类型来看，其它经济类型和股份制企业增长较快，分别达到 23.4% 和 20.5%。

2008 年 1-8 月，500 万元以上企业效益上涨较快，与上年同期相比增长 22.27%；主营业务收入达到 43.46% 的增长率；值得注意的是，虽然亏损企业数量和亏损面均有小幅回落，但是亏损企业亏损额却大幅上涨，涨幅达到 3 倍，特别是国有工业企业，涨幅更是达到了 4.8 倍。

三、金融业总体形势

截至 2008 年 8 月末，金融机构本外币各项存款余额 6143.2 亿元，同比增长 14.99%，比年初新增存款 744.4 亿元；本外币各项贷款余额 4874.3 亿元，同比增长 11.3%，比年初新增贷款 513.2 亿元；存贷比 79.3%；8 月份，货币净回笼 5 亿元，1-8 月累计净投放 44.1 亿元。

吉林证券市场 2008 年度数据统计

一、吉林辖区上市公司发展情况

由于上市公司 2008 年度财务报告尚未披露完毕，暂统计 2008 年三季度上市公司数据。

1. 上市公司分布情况

截至 2008 年三季度，辖区内共有 A 股上市公司 35 家，其中沪市 19 家，深市 16 家。地区分布：长春 18 家，吉林 8 家，通化 4 家，辽源 1 家，敦化 1 家，磐石 1 家，图们 1 家，延吉 1 家。产业分布：制造业 19 家，房地产业 3 家，批发零售业 3 家，信息技术业 2 家，水电煤气业 2 家，运输仓储业 2 家，农林牧渔业 1 家，建筑业 1 家，金融保险业 1 家，综合类 1 家。

2. 上市公司资产及运营情况

截至 2008 年三季度，辖区上市公司总股本 147.46 亿股（其中：无限售条件 A 股 93.23 亿股），比上季度增长 0.47%，总市值 1052.79 亿元，比上季度减少 24.30%；总资产 1046.26

亿元,归属于上市公司净资产485.01亿元,与上季度相比分别增加了4.98%、2.65%。

截止到2008年三季度,辖区上市公司累计实现归属于上市公司股东的净利润35.62亿元,比上年同期下降21%,其中:29家公司盈利,累计盈利39.57亿元,6家公司亏损,亏损额3.95亿元;平均每股收益0.24元;每股净资产3.29元;净资产收益率7.34%,低于11.19%的全国平均水平。

3. 辖区资本市场募集资金情况

2008年,辖区新增募集资金额14.34亿元,其中启明信息首发募集资金3.02亿元,中科英华定向增发4.48亿元,苏宁环球定向增发6.84亿元。截至2008年末,辖区A股上市公司累计募集资金241.44亿元,其中:首发筹资124.64亿元,配股筹资75.98亿元,非公开发行筹资40.82亿元。

二、证券公司数据

1. 证券公司分布情况

截至2008年末,辖区共有证券公司2家,证券营业部57家(其中本地券商营业部30家,外埠券商营业部27家),占全国证券营业部总数的1.84%。同期迁出1家(东北证券长春安达街营业部),新设一家(东海证券长春西安大路营业部),没有迁入。营业部地区分布:长春39家,吉林市7家,辽源市2家、延吉市2家、通化市3家、松原、白城、白山、四平各1家,证券服务部25家。

2. 辖区证券交易及客户资产情况

截至2008年末,辖区各证券交易金额为6901亿元,同比减少34.27%,其中A股5569亿元,B股15.24亿元,基金52.15,债券9.33亿元,权证1214亿元,其他证券29.1亿元,债券融资回购6.1亿元,债券融券回购6.51亿元。

截至2008年末,辖区57家证券营业部客户总资产523.04亿元,占全国客户总资产的1.22%,同比减少53.24%。指定与托管证券市值359.2亿元,占两市流通总市值的0.93%,同比减少55.17%。

3. 投资者开户情况

截至2008年末,辖区57家证券营业部的人民币资金账户总数130.608万户,占全国人民币资金账户总数的1.84%,同比增加6.44%,其中A股合格资金账户数98万户,同比增加17.51%。A股证券账户总数185.59万户,同比增加17.21%,其中A股合格证券账户总数170万户,同比增加25%,B股证券账户总数19.13万户,同比减少4.18%,基金账户总数10.24万户,同比增加25.1%。

4. 证券公司资产及营业部盈利情况

截至2008年末,辖区内证券公司注册资本合计6.37亿元,资产总计106.64亿元,负债总计80.09亿元。

	2008年末	2008年3季度	2008年2季度
注册资本合计	6.37	6.37	6.37
资产总计	102.3	106.64	130.87
负债总计	7605	80.09	104

截止2008年末,吉林省辖区57家证券营业部累计实现营业收入16.53亿元,同比减少35.41%,其中手续费收入及佣金收入14.83亿元,同比减少39.37%;营业支出6.59亿元,同比减少25.54%;上缴企业所得税0.4亿元,同比减少63%;实现净利润9.45亿元,同比减少42.62%。

三、期货公司数据

1. 期货公司分布情况

截至2008年末,辖区内共有5家期货公司、1家境外期货业务持证企业和9家营业部。辖区期货公司注册资本为3亿元。5家公司分别在北京、上海、大连、海口、厦门、泉州、郑州及吉林市、延吉市等地设立16家营业部。

2. 期货公司资产和代理交易情况

截至2008年末,5家期货公司资产总额7.81亿元,净资产总额2.48亿元,保证金余额5.19亿元,与去年同期相比分别增长30.89%、9.04%和51.18%;5家公司共有从业人员297名。

2008年第四季度,代理交易总量400.91万手,比去年同期下降0.25%;代理交易总额1639.57亿元,比去年同期下降20.32%。2008年全年,代理交易总量1368.03万手,比去年同期增长18.09%;代理交易总额7138.75亿元,比去年同期增长34.58%。

3. 期货公司收入情况

2008年第四季度,5家期货公司手续费净收入总计1112.06万元,比去年同期增长0.58%;利润总额总计-2541.88万元。2008年全年期货公司实现手续费净收入3907.32万元,比去年同期增长17.27%;利润总额总计-3535.47万元。

吉林省经济概览

一、宏观经济形势

2008年,吉林省实现地区生产总值6424.06亿元,比上年增长16%,工业增加值全年累计实现2491.3亿元,同比增长18.6%;城镇以上固定资产投资完成额4687.35亿元,同比增长40.3%,新增固定资产2191.37亿元,同比增长2.9%。

2008年,吉林省社会消费品零售总额实现2484.26亿元,增长24.3%。2008年,居民消费价格指数为105.1,其中"食品"和"居住类"价格与上年同期相比增长较快,价格指数分别达到112.3和104.2,"交通和通讯"和"娱乐教育文化用品及服务"则有所下降,价格指数分别为97.7和99.7;原材料燃料动力购进价格指数达到111.29;工业品出厂价格指数也达到104.92。

城镇居民人均可支配收入12829.45元,同比增长13.7%,人均消费性支出9729.05元,增长13.7%;农民人均现金收入7415.90元,增长34.1%,人均生活消费性支出3101.65元,增长14.6%。

二、企业基本情况

2008年,工业增加值中重工业仍然占据绝对比重,但轻工业上涨速度快于重工业,从企业类型来看,股份制合作企业和其它经济类型增长较快,分别达到50.3%和31.1%。

2008年1-8月,500万元以上企业效益有所上涨,同比增长7.03%;主营业务收入实现7703.81亿元,增长31.17%;盈亏相抵后利润总额为353.80亿元,同比下降17.86%。亏损企业亏损额大幅上涨,涨幅达到4.6倍,特别是国有工业企业,涨幅更是达到了7.1倍。

三、金融业总体形势

截至2008年末,金融机构存款余额6433.34亿元,比年初新增存款1034.58亿元;金融机构贷款余额4891.01亿元,比年初新增贷款766.93亿元;2008年,货币净投放237.42亿元,同比增长75.2%。

吉林证券市场2009年第一季度数据统计

一、吉林辖区上市公司发展情况

由于上市公司2008年年报和2009年一季报均已披露完

毕,故将两个时段上市公司的报表均纳入本期统计范围。

1. 上市公司分布情况

截至2009年第一季度,辖区内共有A股上市公司34家,其中沪市18家,深市16家。地区分布:长春17家,吉林8家,通化4家,辽源1家,敦化1家,磐石1家,图们1家,延吉1家。产业分布:制造业18家,房地产业3家,批发零售业3家,信息技术业2家,水电煤气业2家,运输仓储业2家,农林牧渔业1家,建筑业1家,金融保险业1家,综合类1家。

2. 上市公司资产及运营情况

截至2008年末,辖区上市公司总股本152.46亿股(其中:无限售条件A股93.98亿股),比上年同期增长11.52%,总市值923.78亿元,比上年同期减少65.32%;总资产974.66亿元,归属于上市公司净资产469.38亿元,与上年同期相比分别增加了1.49%、5.96%。

截至2009年第一季度,A股上市公司总股本152.47亿股(其中:无限售条件A股97.54亿股),总市值1490.77亿元;总资产1100.29亿元,归属于上市公司净资产501.93亿元。

	2009年1季度	2008年末	2008年3季度
总股本	152.47	152.46	147.46
无限售A股	97.54	93.98	93.23
总市值	1490.77	923.78	1052.79
总资产	1100.29	974.66	1046.26
净资产	501.93	469.38	485.01

2008年,辖区上市公司累计实现归属于上市公司股东的净利润33.83亿元,比上年同期下降50.84%,其中:28家公司盈利,累计盈利45.11亿元,6家公司亏损,亏损额11.28亿元;平均每股收益0.22元,每股净资产3.08元,净资产收益率7.21%,较上年同期分别下降56.86%、5.81%、53.66%。

受国际金融危机的影响,辖区上市公司业绩出现不同程度下滑,亏损企业数量继续增加,平均每股收益继续下降。2009年第一季度,辖区上市公司累计实现归属于上市公司股东的净利润9.94亿元,比上年同期下降21.67%,其中:22家公司盈利,累计盈利12.95亿元,12家公司亏损,亏损额为3亿元;平均每股收益0.07元,每股净资产3.29元,净资产收益率1.98%,较上年同期分别下降22.22%、1.20%、28.26%。

3. 辖区资本市场募集资金情况

2008年,辖区新增募集资金额14.34亿元,其中启明信息首发募集资金3.02亿元,中科英华定向增发4.48亿元,苏宁环球定向增发6.84亿元。受市场整体环境的影响,2009年第一季度辖区无上市公司首发和再融资行为。截至2009年一季度,辖区A股上市公司累计募集资金241.44亿元,其中:首发筹资124.64亿元,配股筹资75.98亿元,非公开发行筹资40.82亿元。

二、拟上市公司情况

目前,全省成立上市办36个,许多地区建立了拟上市企业资源库,有力推动了企业规范和上市工作。全省有在辅导的公司9家,完成辅导验收的拟上市公司4家。其中,有3家公司发行申请材料已经上报证监会。吉林省创业板后备企业近百家,产业分布集中在制造、医药和加工业,分别占29.7%、19.8%和17.6%,其余1/3企业分布在环保能源、光电、零售等行业。其中具有明确上市意愿,基本能够达到上市标准的股份公司20余家。

三、证券公司数据

1. 证券公司分布情况

截至2009年一季度,辖区共有证券公司2家,证券营业部58家(其中本地券商营业部31家,外埠券商营业部27家),占全国证券营业部总数的1.77%。同期迁出1家(东北证券长春工农大路营业部),新设2家(东北证券长春红旗街营业部和东北证券长春东盛大街营业部),没有迁入。营业部地区分布:长春40家,吉林市7家,辽源市2家、延吉市2家、通化市3家、松原、白城、白山、四平各1家,证券服务部25家。

2. 辖区证券交易及客户资产情况

2009年第一季度,辖区各证券交易金额为2108亿元,比上年同期增加4.13%,其中A股1885亿元,B股2.38亿元,基金6.16亿元,债券2.92亿元,权证193.9亿元,其他证券2.22亿元,债券融资回购16.25亿元,债券融券回购0.48亿元。

截至2009年一季度,辖区58家证券营业部客户总资产808.77亿元,指定与托管证券市值(不含限售)579亿元,占两市流通总市值的0.86%。

3. 投资者开户情况

截至2009年第一季度,辖区58家证券营业部的人民币资金账户总数132.59万户,较2008年末增加1.51%,其中A股合格资金账户数98.89万户,增加0.91%。A股证券账户总数190.89万户,较2008年末增加2.86%,其中A股合格证券账户总数173.5万户,增加2.06%,B股证券账户总数1.95万户,增加2.09%,基金账户总数12.09万户,增加18.07%。

4. 证券公司资产及营业部盈利情况

截至2009年一季度,辖区内证券公司注册资本合计6.37亿元,资产总计123.4亿元,负债总计95.3亿元。

	2009年1季度	2008年末	2008年3季度
注册资本合计	6.37	6.37	6.37
资产总计	123.4	102.3	106.64
负债总计	95.3	76.52	80.09

2009年一季度,吉林省辖区58家证券营业部累计实现营业收入5.74亿元,同比增加23.18%,其中手续费收入及佣金收入4.63亿元;营业支出1.49亿元;上缴企业所得税599万元;实现净利润3.37亿元,同比增加53.88%。

四、期货公司数据

1. 期货公司分布情况

截至2009年一季度,辖区内共有5家期货公司、1家境外期货业务持证企业和9家营业部。辖区期货公司注册资本为3亿元。5家公司分别在北京、上海、大连、海口、厦门、泉州、郑州及吉林市、延吉市等地设立16家营业部。

2. 期货公司资产和代理交易情况

截至2009年一季度,5家期货公司资产总额9.42亿元,净资产总额2.48亿元,保证金余额6.8亿元,与2008年末相比分别增长20.61%、0.19%和31.02%;5家公司共有从业人员300名。

3. 期货公司收入情况

2009年第一季度,5家期货公司手续费净收入总计1100.28万元,比去年同期增长3.98%;利润总额总计358.07万元,扭转了2008年大额亏损的局面。

江西证券市场

中国证券监督管理委员会江西监管局

中国证监会江西监管局前身为江西省证券管理办公室，隶属于江西省人民政府。1998 年 11 月，根据党中央、国务院关于建立全国集中统一的证券监管体制的要求，江西省证券管理办公室上划中国证监会，实行垂直管理，并于 1999 年 7 月 1 日正式更名为“中国证监会南昌证券监管特派员办事处”。2004 年 3 月 1 日，更名为“中国证券监督管理委员会江西监管局”，简称“江西证监局”。

我局的主要工作职责是：根据中国证监会的授权，对辖区内的上市公司，证券、期货经营机构、证券期货投资咨询机构和从事证券业务的律师事务所、会计师事务所、资产评估机构等中介机构的证券、期货业务活动进行监督管理；查处监管辖区范围内的违法、违规案件，调解证券期货业务纠纷和争议，以及中国证监会授予的其它职责。

我局现有正式工作人员 41 名，本科以上学历 39 人，其中硕士及硕士研究生 25 人；持有注册会计师资格的 8 人、律师资格的 2 人、高级经济师 7 人；中共党员 31 人；工作人员平均年龄为 33 岁。局机关内设 6 个处室，分别为：办公室、党务工作办公室（纪检监察室）、上市公司监管处、机构监管处、期货监管处和稽查处。

机构设置

办公室：负责全局综合性文件及机关内部规章制度的草拟和修改；负责全局公文流转、印鉴管理、保密、档案、机要工作；财务与机关内勤事务管理、外事管理、会务、重要活动接待、计算机系统管理协调、行政后勤、政务公开、安全保卫等工作；同时负责与中国证监会、省委、省政府等相关部门和单位、兄弟派出机构、新闻媒体的沟通联络。

党务工作办公室（纪检监察室）：负责本局机关党建、思想政治教育和精神文明建设等工作；负责组织人事、劳动工资、培训教育等工作；负责纪检监察、党风廉政建设等工作；负责指导工会、共青团等组织开展工作。

上市公司监管处：负责对辖区内上市公司及其有信息披露义务股东的规范运作、信息披露、重大事项等进行监督检查；对上市公司配股和增发新股等再融资申请进行初审与审阅；对涉及上市公司重组、收购、重大出售资产的报备材料进行审阅；对辖区内拟上市企业的改制和辅导情况进行调查、验收；对辖区内从事证券业务的律师事务所、会计师事务所、资产评估事务所等中介机构的勤勉尽职行为进行监督检查。

机构监管处：负责对辖区内证券经营机构、证券投资咨询机构、证券投资基金管理机构的业务活动进行监管；对上述机构的设立、变更、终止、业务资格以及上述机构高级管理人员的任职资格等行政许可事项进行初审或审核；监控并及时处置上述机构的风险。

期货监管处：负责对辖区内期货经营机构、期货投资咨询机构的业务活动进行监管；对上述机构的设立、变更、终止、业务资格以及上述机构高级管理人员的任职资格等行政许可事项进行初审或审核；监控并及时处置上述机构的风险；协助期货交易所对本辖区内的期货交易所非经纪公司会员的有关期货业务进行监管。

稽查处：负责对辖区内证券期货违法违规案件进行调查，承担证监会交办的案件调查工作；负责对辖区内非公众公司实施监管；协助有关单位、部门调查涉及证券期货违法违规案件；承担信访工作，普法教育，配合工商、公安等部门打击辖区内非法证券期货交易；负责组织辖区内维护证券期货市场稳定工作。

联系方式：
办公地址：江西省南昌市湖滨南路 48 号
邮政编码：330077
投诉电话：0791 －8591697
电子信箱：jxjgj@ csrc. gov. cn

江西辖区上市公司一览

序号	单位	姓名	职务	电话	传真	地址	邮编	电子信箱
1	洪都航空	曹　春	董秘	0791 －8467456	8467824	南昌市新溪桥/南昌市 5001 －512	330024	caoc@ hongdu －aviation. com
2	新钢股份	姚红江	董秘	0790 －6292577	6294999	新余市新钢股份有限公司	338001	
3	赣能股份	李声意	董秘	0791 －8109103	8102329	南昌市高新开发区火炬大街 199 号	330029	ganneng@ 000899. com
4	仁和药业	殷春旺	董秘	0792 －8316578	8316578	九江市龙翔国贸大厦	332017	jjycw@ sina. com
5	诚志股份	许晓阳	董秘	0791 －3826898	3826899	南昌市枫林大道清华科技园华江大厦 9 楼	330013	xyxu118@ vip. sina. com
6	江铃汽车	宛　虹	董秘	0791 －5265675	5232839	南昌市迎宾北大道 509 号	330001	hwan@ jmc. com. cn
7	中江地产	董全臣	董事长	0791 －8164127	8164029	南昌市高新开发区火炬大道 788 号	330096	zjre600053@ 126. com
8	华意压缩	简家凤	董秘	0798 －8470237	8470221	景德镇新厂东路 28 号	333001	jjf@ hua －yi. cn
9	赣粤高速	熊长水	董秘	0791 －6527021	6504265	南昌西湖区朝阳洲中路 367 号赣粤大厦	330025	xiongcsh@ sina. com
10	昌九生化	赵红旗	董秘	0791 －8504386	8504797	南昌市洪都北大道 516 号 4 楼	330039	Zhq6801@ sina. com
11	天音股份	何小林	董秘	0755 －82091858	82091337	赣州市红旗大道 20 号	341000	hexl@ chinatelling. com
12	江中药业	吴伯帆	董秘	0791 －8169323	8169323	南昌市高新开发区火炬大道 888 号	330029	jzyy@ jzjt. com
13	凤凰光学	邹建伟	董秘	0793 －8259547	8259547	上饶市光学路 1 号	334000	jianweiz@ phenixoptics. com. cn
14	江西水泥	方　真	董秘	0791 －6297616	6297996	江西省南昌市省政府大院北一路 1 号	330046	fangzh168@ sina. com
15	联创光电	黄倬桢	董秘	0791 －8161956	8162001	南昌高新开发区京东大道 168 号	330029	600363@ secure. sse. com. cn
16	江西铜业	潘其方	董秘	0701 －3777735	3777013	贵溪市冶金大道 15 号	335424	jccl@ jxcc. com
17	昌河股份	朱立志	董秘	0798 －8448974	8448974	景德镇市东郊	333002	chccb@ tom. com
18	鑫新股份	熊秋辉	董秘	0793 －8461686	8461123	上饶市经济开发区	334100	xiongqh@ xxgf. com. cn
19	安源股份	彭　煤	董秘	0799 －6776665	6776682	江西省萍乡高新技术工业园北区郑和路 8 号	337000	Ypw0696@ 163. com
20	泰豪科技	杨　骏	董秘	0791 －8102663	8110590	南昌高新开发区泰豪大厦	330029	stock@ tellhow. com

序号	单位	姓名	职务	电话	传真	地址	邮编	电子信箱
21	江西长运	黄中	董秘	0791－8283101	6217722	南昌市高新技术开发区火炬大街759号	330029	huangzh@ sem. tsinghua. edu. cn
22	长力股份	田小龙	董秘	0791－8394025	8394075	南昌市青山湖区南钢路	330012	cldm600507@ sina. com
23	洪城水业	康乐平	董秘	0791－5210336	5226672	南昌市灌婴路98号	330001	leping911@ sina. com
24	黑猫炭黑	曹和平	董秘	0798－8399168	8391868	景德镇市历尧	333000	Blackcatcb@ 163. com
25	正邦科技	孙　军	董秘	0791－ 6397153	6397834	南京西路金阳光大厦B座15楼	330046	zqb@ zhengbang. com
26	特种电机	闵银章	董秘	0795－3266280	3274523	宜春市东风大街10号	336000	Minyz－9@ hotmail. com

江西辖区拟上市公司一览

序号	单位	姓名	职务	电话	传真	地址	邮编	电子信箱
1	恒大高新	唐明荣	董秘	0791－8194572	8308145	南昌高新区经庐北路88号	330029	tmr@ heng－da. cn
2	章源钨业	刘　佶	董秘	0797－8313839		赣州市经济技术开发区金凤路	341000	zyzqb@ zy－tungsten. com
3	双胞胎饲料	华　磊	董秘	0797－8158266	8158277	赣州市八一四大道69号	341000	hual@ sbtjt. com
4	泰豪软件	孙江海	董秘	0791－8112460	8107788	南昌高新开发区泰豪大厦A座	330029	sunjh@ tellhow. net. cn
5	天施康中药	吴煜庆	董秘	0701－6238608	6223134	鹰潭市建设路21号	335000	WYQ7526@ sina. com
6	赣锋锂业	周志承	董秘	0790－6415606	6855376	江西省新余市经济开发区龙腾路	338000	zzc31@ sina. com
7	三川水表	倪国强	董秘	0701－6318005	6318007	鹰潭市工业园三川大道1号		ytngq@ yahoo. cn
8	九江银行	黄朝阳	董秘	0792－2193129	2193128	九江市滨江路619号	332000	
9	虔东稀土	黄海波	董秘	0797－8461982	8461053	赣州市章贡区七里镇	341000	hhb@ jxgqd. com
10	永盛矿冶	王　滨	董秘	0790－6274591	6274591	江西省新余市团结西路杨家山	338001	wangb63808@ 126. com
11	正邦化工	彭新波	董秘	0791－8285697	8285697	南昌市高新技术开发区高新大道578号	330096	peng7714@ 126. com
12	南昌银行	徐继红	董秘	0791－6770066	6790115	南昌市中山路159号		jxnccb@ vip. 163. com
13	华伍制动	张　捷	董秘	0795－6206230	6201896	江西省丰城市剑邑大道779号	331100	zj@ hua－wu. net

江西证券市场证券公司信息

公司名称	地址	邮编	公司电话	公司传真
国盛证券有限责任公司	江西省南昌市永叔路15号信达大厦	330003	0791－6281441	0791－6281441
江南证券有限责任公司	江西省南昌市抚河北路291号	330008	0791－6776133	0791－6789414

江西辖区中介机构基本情况

序号	单位	姓名	职务	电话	传真	地址	邮编	电子信箱
1	恒信会计师事务所江西分所	詹铁军 丁　莉	总经理	0791－6829301 0791－6829302	6829301 6829301	南昌市叠山路119号机电大楼8楼	330006	zhanhdcpa@ sina. com hxdingli@ 163. com
2	中磊会计师事务所江西分所	熊　靖 龚勤红	董事长 所　长	010－68331948(北京) 0791－6692043	6692024	北京西城区西外大街132号 南昌市中山路470号	100044 330009	zhanhdcpa@ sina. com qinghong0209@ sina. com
3	大信诚信会计师事务所	涂名荣	所长	0791－6812986	6805460	南昌市叠山路175号	330006	cxshiwusuo@ 163. net
4	南方民和会计师事务所江西分所	李舫	所长	13870974948		南昌市福州路98号金昌利大厦B座701室	330006	
5	华邦律师事务所	方世杨	主任	0791－6891286	6891347	南昌市福州路28号奥林匹克大厦八楼	330006	shiyangf@ etang. com
6	求正律师事务所	刘卫东		0791－6397277	8620098	南昌市金阳光B座19楼6号	330006	

江西辖区投资咨询机构一览表

单位名称	地址	邮编	负责人	联系人	联系电话
哈尔滨新思路投资咨询有限公司南昌分公司	南昌市新洲路100号新田金世纪(国会)大厦6楼	330025	刘　军	黄甘旋	0791－6562636

江西上市公司2008年度综合指标

单位：万元

股票代码	公司简称	营业总收入			净利润			资产	负债	所有者权益
		2007年度	2008年度	增长%	2007年度	2008年度	增长%	2008年末	2008年末	2008年末
000404. SZ	华意压缩	266,255.52	307,950.53	15.66	789.68	2,623.12	232.17	207,878.54	140,053.82	67,824.72
000550. SZ	江铃汽车	845,554.90	858,703.36	1.56	75,915.81	78,431.51	3.31	596,377.82	181,268.84	415,108.98
000650. SZ	仁和药业	77,866.49	87,646.05	12.56	3,917.04	7,016.10	79.12	43,780.17	13,220.13	30,560.04
000789. SZ	江西水泥	126,074.33	191,869.89	52.19	3,306.32	4,898.78	48.16	389,701.72	220,610.30	169,091.42
000829. SZ	天音控股	1,538,749.09	1,630,968.45	5.99	24,571.31	13,873.66	－43.54	605,916.84	393,312.68	212,604.16
000899. SZ	赣能股份	64,089.20	225,630.08	252.06	3,485.15	3,571.03	2.46	673,730.44	532,936.12	140,794.32
000990. SZ	诚志股份	197,480.99	251,685.04	27.45	5,099.05	2,748.91	－46.09	285,025.87	150,500.74	134,525.13
002068. SZ	黑猫股份	138,051.90	177,537.84	28.6	7,377.85	288.61	－96.09	175,657.36	120,640.74	55,016.62

股票代码	公司简称	营业总收入			净利润			资产	负债	所有者权益
		2007 年度	2008 年度	增长 %	2007 年度	2008 年度	增长 %	2008 年末	2008 年末	2008 年末
002157.SZ	正邦科技	163,113.70	269,637.45	65.31	3,165.01	3,316.42	4.78	92,804.36	48,199.35	44,605.01
002176.SZ	江特电机	34,464.20	41,302.86	19.84	3,146.80	2,466.44	-21.62	54,833.06	19,817.01	35,016.05
600053.SH	中江地产	79,232.96	31,447.09	-60.31	17,536.92	19,353.78	10.36	242,715.27	166,654.05	76,061.22
600071.SH	凤凰光学	104,028.56	96,903.92	-6.85	3,823.36	2,768.30	-27.59	108,976.06	35,944.97	73,031.09
600228.SH	昌九生化	105,296.19	107,608.09	2.2	859.8	897.75	4.41	99,890.23	53,027.79	46,862.43
600269.SH	赣粤高速	246,813.85	308,572.32	25.02	109,659.37	109,617.92	-0.04	1,216,940.18	445,876.02	771,064.16
600316.SH	洪都航空	178,303.79	159,033.80	-10.81	11,600.40	10,288.94	-11.31	327,799.98	155,087.14	172,712.84
600362.SH	江西铜业	4,140,739.38	5,397,243.29	30.34	413,273.46	228,510.06	-44.71	3,415,063.68	1,303,166.12	2,111,897.56
600363.SH	联创光电	173,591.06	121,586.97	-29.96	6,935.57	3,335.06	-51.91	169,345.83	69,163.77	100,182.06
600372.SH	*ST 昌河	124,598.26	180,709.76	45.03	-58,759.74	-42,487.31	-27.69	224,923.42	222,317.17	2,606.25
600373.SH	鑫新股份	77,434.95	66,789.07	-13.75	843.34	-13,936.23	-1,752.51	92,881.81	76,920.40	15,961.41
600397.SH	安源股份	123,583.85	99,544.67	-19.45	1,516.29	-20,888.13	-1,477.58	188,473.46	124,252.30	64,221.17
600461.SH	洪城水业	18,267.38	19,019.18	4.12	2,936.67	2,069.85	-29.52	70,029.66	18,558.50	51,471.16
600507.SH	长力股份	1,320,007.46	1,343,236.81	1.76	28,228.52	1,018.47	-96.39	655,515.39	469,098.02	186,417.36
600561.SH	江西长运	70,334.54	89,421.10	27.14	5,627.91	6,415.40	13.99	152,132.96	95,202.81	56,930.15
600590.SH	泰豪科技	199,973.71	227,979.08	14	8,419.19	9,148.62	8.66	334,180.16	204,974.89	129,205.27
600750.SH	江中药业	116,858.93	145,764.33	24.74	9,659.94	13,061.85	35.22	158,614.62	61,673.12	96,941.50
600782.SH	新钢股份	760,325.81	2,741,153.14	260.52	25,191.48	69,774.77	176.98	2,285,491.53	1,475,573.38	809,918.15

江西上市公司2008年度股本数据与公司市值

证券代码	证券简称	总股本	A股合计	B股合计	香港上市股	年收盘价（A）	年收盘价（B或H）港元	A股市值（含限售股）	B股/H股市值	总市值
000404.SZ	华意压缩	324,581,218.00	324,581,218.00	0	0	3.33		1,080,855,455.94	0	1,080,855,455.94
000550.SZ	江铃汽车	863,214,000.00	519,214,000.00	344,000,000.00	0	8.4	3.55	4,361,397,600.00	1,219,548,043.20	5,580,945,643.20
000650.SZ	仁和药业	220,110,241.00	220,110,241.00	0	0	8.35		1,837,920,512.35	0	1,837,920,512.35
000789.SZ	江西水泥	395,909,579.00	395,909,579.00	0	0	4.54		1,797,429,488.66	0	1,797,429,488.66
000829.SZ	天音控股	950,489,992.00	950,489,992.00	0	0	3.36		3,193,646,373.12	0	3,193,646,373.12
000899.SZ	赣能股份	548,032,000.00	548,032,000.00	0	0	3.99		2,186,647,680.00	0	2,186,647,680.00
000990.SZ	诚志股份	269,987,500.00	269,987,500.00	0	0	5.95		1,606,425,625.00	0	1,606,425,625.00
002068.SZ	黑猫股份	160,200,000.00	160,200,000.00	0	0	6.84		1,095,768,000.00	0	1,095,768,000.00
002157.SZ	正邦科技	225,890,355.00	225,890,355.00	0	0	5.23		1,181,406,556.65	0	1,181,406,556.65
002176.SZ	江特电机	108,446,568.00	108,446,568.00	0	0	35.08		3,804,305,605.44	0	3,804,305,605.44
600053.SH	中江地产	301,070,000.00	301,070,000.00	0	0	4.03		1,213,312,100.00	0	1,213,312,100.00
600071.SH	凤凰光学	237,472,456.00	237,472,456.00	0	0	3.1		736,164,613.60	0	736,164,613.60
600228.SH	昌九生化	241,320,000.00	241,320,000.00	0	0	3.3		796,356,000.00	0	796,356,000.00
600269.SH	赣粤高速	1,167,667,479.00	1,167,667,479.00	0	0	7.8		9,107,806,336.20	0	9,107,806,336.20
600316.SH	洪都航空	352,800,000.00	352,800,000.00	0	0	13.55		4,780,440,000.00	0	4,780,440,000.00
600362.SH	江西铜业	3,022,833,727.00	1,635,351,727.00	0	1,387,482,000.00	9.98	5.01	16,320,810,235.46	6,950,084,925.57	23,270,895,161.03
600363.SH	联创光电	370,806,750.00	370,806,750.00	0	0	3.87		1,435,022,122.50	0	1,435,022,122.50
600372.SH	*ST 昌河	410,000,000.00	410,000,000.00	0	0	4.19		1,717,900,000.00	0	1,717,900,000.00
600373.SH	鑫新股份	187,500,000.00	125,000,000.00	0	0	2.8		350,000,000.00	0	350,000,000.00
600397.SH	安源股份	269,232,000.00	269,232,000.00	0	0	4.26		1,146,928,320.00	0	1,146,928,320.00
600461.SH	洪城水业	140,000,000.00	140,000,000.00	0	0	5.38		753,200,000.00	0	753,200,000.00
600507.SH	长力股份	684,489,729.00	684,489,729.00	0	0	2.68		1,834,432,473.72	0	1,834,432,473.72
600561.SH	江西长运	185,724,000.00	185,724,000.00	0	0	6.12		1,136,630,880.00	0	1,136,630,880.00
600590.SH	泰豪科技	294,495,615.00	294,495,615.00	0	0	4.98		1,466,588,162.70	0	1,466,588,162.70
600750.SH	江中药业	295,876,800.00	295,876,800.00	0	0	11.17		3,304,943,856.00	0	3,304,943,856.00
600782.SH	新钢股份	1,393,429,509.00	1,393,429,509.00	0	0	4.04		5,629,455,216.36	0	5,629,455,216.36
合计		13,621,579,518.00	11,827,597,518.00	344,000,000.00	1,387,482,000.00			73,875,793,213.70	8,169,632,968.77	82,045,426,182.47
平均		504502945								

注：江铃B、江铜H股已按当日汇率0.88189折算人民币市值

陕西证券市场

中国证券监督管理委员会陕西监管局

1999年7月1日，根据中国证券监督管理委员会（简称中国证监会）《关于成立西安证券监管办公室的通知》（证监人教字[1999]60号），中国证监会西安证券监管办公室（简称西安证管办）正式组建成立。2000年9月，根据中国证监会《关于成立中国证监会大区稽查局的通知》（证监人教字[2000]27号），中国证监会西安稽查局成立，并于2001年5月正式挂牌，对外办公。2004年2月27日，按照中国证监会《关于中国证券监督管理委员会派出机构更名的通知》（证监发[2004]17号），原西安证管办更名为中国证监会陕西证券监管局，简称"陕西证监局"。

作为中国证监会的派出机构，陕西证监局的主要职责是：贯彻执行国家有关法律、法规和方针政策，按照中国证监会的规定对辖区内上市公司，证券期货经营机构、投资咨询机构及从事证券期货业务的律师事务所、会计师事务所、资产评估机构等中介机构的证券期货业务活动进行监督管理，依法查处辖区内监管范围的违法、违规案件，调解证券期货业务纠纷和争议，以及中国证监会授予的其它职责。

中国证监会西安稽查局的主要职责是：组织、指导大区内证券期货违法违规案件的调查；调查辖区内证券期货违法违规案件和中国证监会交办的案件，提出处理意见，并依据授权进行处理；执行中国证监会对证券期货违法违规案件的处罚决定；协助有关部门调查涉及证券期货的违法违纪案件，对违反法律、法规的其他机构和个人移送有关部门处理；处理证券期货方面的来信来访；中国证监会规定的其他任务。

证监局领导：

薛文石，男，陕西证监局党委书记、局长、西安稽查局局长
赵　莹，女，陕西证监局党委委员、纪委书记、副局长
杨　炯，女，陕西证监局党委委员、副巡视员
魏　晓，男，陕西证监局局长助理
孔　兵，男，陕西证监局党委委员、局长助理

联系方式：

E－MAIL：csrcxa@ sina. com
地　址：陕西省西安市高新四路1号高科广场23层
邮　编：710075

陕西证券市场证券公司名录

公司名称	地址	邮编	公司电话	公司传真
陕西开源证券经纪有限责任公司	陕西省西安市南二环西段180号财富中心C座20层	710075	029－88365802	029－88365802
西安华弘证券经纪有限责任公司	陕西省西安市太白北路3号	710068	029－88497232	029－88497466
西部证券股份有限公司	西安市东新街232号陕西信托大厦	710004	029－87406081	029－87406100

陕西省期货经营机构名单

公司名称	地址	邮编	电话
迈科期货经纪有限责任公司	西安市唐延路中段33号迈科国际大厦22层	710075	88830628
陕西省长安期货经纪有限公司	西安市和平路99号金鑫国际大厦7层	710001	87206163
西安智德期货经纪有限公司	西安市南二环含光路十字1幢9层	710065	88233800－968
西安智德期货经纪有限公司宝鸡营业部	宝鸡市经二路东段163号商业大楼四层	721000	0917－3228585
山西三立期货经纪有限公司西安营业部	西安市二环南路100号金叶现代之窗10层	710065	88376810－108
豫粮期货经纪有限公司咸阳营业部	咸阳市渭城区新兴南路98号双保大厦二楼	712000	33150633

新疆证券市场

中国证券监督管理委员会新疆监管局

新疆证监局前身是自治区证券管理办公室和兵团证券管理办公室，根据国务院建立全国集中统一证券监管体制的决定，两办分别于1998年11月13日和12月21日由中国证券监督管理委员会正式接收，并于1999年7月1日正式挂牌成立"中共中国证监会乌鲁木齐证券监管特派员办事处委员会"和"中国证券监督管理委员会乌鲁木齐证券监管特派员办事处"，2004年3月更名为中国证监会新疆证监局。

新疆证监局现有工作人员36人，其中：研究生学历5人，双学士2人，大学本科29人，大专2人。现有注册会计师10名，律师4名，注册资产评估师1名，计算机工程师2名，另有获高级职称者4名。

新疆证监局的主要职责是：认真贯彻执行国家有关法律、法规和方针政策，依据中国证监会的授权负责辖区证券期货市场的监管工作，包括对自治区及兵团上市公司进行监管和拟上市企业改制辅导情况进行调查验收；对证券、期货经营机构，投资咨询机构和从事证券业务的会计师、律师事务所、土地估价所等中介机构以及从事证券宣传的媒体进行监督管理；依法查处辖区内监管范围的违法、违规案件，调解证券、期货业务纠纷和争议，以及中国证券监督管理委员会授予的其他职责。

新疆证监局下设办公室（党委办公室）、上市公司监管处、机构监管处（含期货）、稽查处。

各处室主要职责是：

办公室（党委办公室）：负责全局公文审核与秘书管理、机要与保密管理、文书与档案管理；信息系统管理；行政许可受理；接待、处理涉及证券期货的来电、来信、来访和举报受理；行政事务管理；财务管理、人事劳资、对外联络、安全保卫、督办以及全局综合协调工作；党务、纪检监察、精神文明建设，指导工会、共青团、妇女组织的工作。

上市公司监管处：负责辖区内拟上市公司辅导工作监管及现场检查、验收；就上市公司再融资、并购重组等事项出具监管意见书；上市公司信息披露事项的事后审阅、现场检查；上市公司治理结构规范情况的监管；上市公司募集资金使用情况的持续监管；上市公司重大风险的监控、通报、处置；上市公司退市风险防范；非上市公众公司监管；对在本辖区内开展证券业务的中介机构进行监管；协助调查处理涉及上市公司、拟上市公司的投诉举报事项。

机构监管处：负责对辖区内证券经营机构、期货经纪机构、登记托管结算机构、证券期货投资咨询机构、信息传播机构、证券投资基金管理机构及其从业人员的业务活动进行监管；负责对经营机构及从业人员资格初审及年检初审；督促证券期货经营机构落实行业技术管理规范，对有关信息技术资格进行核准调查；负责辖区内证券期货行业统计信息的收集、整理。

稽查处：负责对辖区内证券期货违法违规事项进行立案调查；承办证监会交办的案件或调查事项；办理证监会其他派出机构请求协助案件调查的事项；协助公安、司法等有关部门调查涉及辖区内证券期货违法案件，打击非法证券发行及非法证券期货交易行为，维护市场正常秩序；协助做好案件审理、行政复议的相关工作；监督执行证监会做出的行政处罚决定；负责处理本辖区案件诉讼；主办证券、期货业务投诉举报事项的调查处理等。

联系方式：
信访投诉电话：(0991)2831732
投资者关系管理监督电话：(0991)2826731
地址：乌鲁木齐市民主路40号附2号
邮编：830002
EMAIL：xinjiang@ csrc. gov. cn

新疆证券市场证券公司信息

公司名称	地址	邮编	公司电话	公司传真
宏源证券股份有限公司	乌鲁木齐文艺路233号	830002	0991－2301870	0991－2301779

新疆证券经营机构2008年证券交易简报

一、总体情况

2008年辖区内证券交易总额为3816.06亿元（不含B股交易金额），较上年减少41.05%。证券交易总额排名前三位的营业部依此为：宏源证券北京南路营业部，占总交易量的7.6%；宏源证券新华南路营业部，占总交易量的5.65%；宏源证券昌吉营业部，占总交易量的5.36%。

本年A股交易金额为3108.64亿元，较上年减少46.29%；B股沪市交易金额为8089.03万美元，较上年减少85.77%；深市交易额为5890.78万港币，较上年减少47.32%；基金交易金额为30.86亿元，较上年减少64.99%；债券交易金额为2.79亿元，较上年增加101%；国债回购交易金额为21.25亿元，较上年增加8.9%。权证交易金额为652.51亿元。本年末人民币资金帐户数为812529户、美元资金帐户数为7463户、港币资金帐户数为1592户；本年人民币资金帐户新增数为121106户、美元资金帐户新增数为158户、港币资金帐户新增数258户；本年末人民币资金帐户余额为654355.21万元。

二、A股交易

2008年辖区内A股交易金额为3108.64亿元，A股交易金额排名前三位的营业部依此为：宏源证券北京南路营业部，占A股交易金额的7.58%；，华融人民路营业部，占A股交易金额6.16%；宏源证券昌吉营业部，占A股交易金额的5.51%。

宏源证券公司辖区内交易额占辖区内A股交易额的65.27%。其他各家机构合计占辖区内A股交易金额的

34.73%。

三、B 股交易

2008 年辖区内 B 股沪市交易金额为 8089.03 万美元,B 股沪市交易金额排名前三位的营业部依此为:湘财证券乌市营业部,占 B 股沪市交易金额的 28.68%;,光大证券乌市营业部,占 B 股沪市交易金额 25.13%;平安证券乌市营业部,占 B 股沪市交易金额的 8.21%。

2008 年辖区内 B 股深市交易金额为 5890.78 万港币, B 股深市交易金额排名前三位的营业部依此为:宏源证券和平北路营业部,占 B 股深市交易金额的 23.81%;平安证券乌市营业部,占 B 股深市交易金额 10.39%;,宏源证券红山营业部,占 B 股深市交易金额的 10.21%。

四、基金交易

2008 年辖区内基金交易金额为 308628.76 万元,基金交易金额排名前三位的营业部依此为:宏源证券库尔勒营业部,占基金交易金额的 7.63%;宏源证券北京南路营业部, 占基金交易金额的 6.83%;宏源证券喀什营业部,占基金交易金额的 6.59%。

五、债券交易

2008 年辖区内债券交易金额为 27863.67 万元,债券交易金额排名前三位的营业部依此为:银河证券乌市营业部,占债券交易金额的 38.15%;湘财证券乌市营业部, 占债券交易金额的 26.13%;光大证券乌市营业部,占债券交易金额的 7.74%。

六、国债回购

2008 年辖区内国债回购交易金额为 21.25 亿元,回购交易金额排名前三位的营业部依此为:银河证券乌市营业部,占回购交易金额的 87.83%;长江证券乌市营业部,占回购交易金额的 12.15%;宏源证券新华南路营业部,占回购交易金额的 0.01%。

七、权证交易

2008 年辖区内权证交易金额为 652.25 亿元,权证交易金额排名前三位的营业部依此为:国泰君安证券乌市营业部,占权证交易金额的 16.91%;宏源新华南路营业部,占权证交易金额的 8.29%;宏源北京南路营业部,占权证交易金额的 8.02%。

新疆期货经营机构 2008 年期货交易简报

2008 年辖区内期货交易总量为 2300333 手,较上年的 2007018 手增加 14.61%;交易总额为 12703867.05 万元,较上年的 12328711.87 万元增加 3.04%。

2008 年辖区内铜交易金额为 1360939.36 万元,较上年的 2528435.44 万元减少 46.17%;辖区内铝交易金额为 212032.35 万元,较上年的 96379.02 万元增加 120%;辖区内天胶交易金额为 2173072.92 万元,较上年的 3366067.01 万元减少 35.44%;辖区内小麦交易金额为 199686.63 万元,较上年的 401917.46 万元减少 50.32%;辖区内大豆交易金额为万 1365276.05 元,较上年的 807951.86 万元增加 68.98%;辖区内豆粕交易金额为 729207.47 万元,较上年的 771194.79 万元减少 5.44%;辖区内棉花交易金额为 749773.55 万元,较上年的 451667.98 万元增加 66%;辖区内燃料油交易金额为 308712.36 万元, 较上年的 313348.46 万元减少 1.48%;辖区内玉米交易金额为 335809.23 万元,较上年的 341946.67 万元减少 1.79%;辖区内白糖交易金额为 2110917.79 万元,较上年的 1293694.14 万元增加 63.17%;辖区内豆油交易金额为 1438744.24 万元,较上年的 534239.31 万元增加 169.31%; 辖区内 PTA 交易金额为 221885.15 万元,较上年的 177944.71 万元增加 24.69%;辖区内锌交易金额为 759355.31 万元,较上年的 1103044.88 万元减少 31.16%;辖区内菜籽油交易金额为 143468.82 万元,较上年的 29361.08 万元增加 388.64%;辖区内聚乙烯交易金额为 235269.03 万元,较上年的 20219.68 万元增加 1063.56%;辖区内棕榈油交易金额为 103871.37 万元,较上年的 2041.29 万元增加 4988.52%;辖区内黄金交易金额为 255840.44 万元。

海南证券市场

中国证券监督管理委员会海南监管局

我局原名"中国证券监督管理委员会海口证券监管特派员办事处(简称中国证监会海口特派办)",为强化证券监管工作的权威性,根据中国证监会证监发[2004]17号文件的通知,于2004年3月1日更名为"中国证券监督管理委员会海南监管局(简称海南证监局)"。我局前身是海南省证券管理办公室。

我局的主要工作职责:根据中国证监会的授权,对辖区内的上市公司、拟上市公司,证券、期货经营机构,证券期货投资咨询机构和从事证券业务的会计师事务所、律师事务所、资产评估机构进行持续监管,防范和化解市场风险,维护证券期货市场的稳定发展;依法履行稽查任务,打击证券期货市场的违法违规行为,保护投资者合法权益;按照统一监管体制的要求,完成全系统的协助监管任务。

我局内设机构6个,分别为办公室、党务工作办公室(纪检监察室)、上市公司监管处、机构监管处、稽查处、期货监管处。

我局目前人员编制36名,其中会管干部4名,处级及以下职务干部31名,工人1名。现有处级职数13名,其中处级领导职数9名,处级非领导职数4名。

(一)办公室

办公室的主要职责:承担本局办公文秘、行政、财务管理、信息系统以及外事工作,组织、协调、督办本局各项政务,制订并推行局机关管理各项规章制度,承办局工会日常工作;统一受理行政许可申请,对行政许可事项进行督办及送达行政许可决定;统一受理证券期货方面的信访投诉,对信访事项进行督办和答复等。

联系电话:(0898)66515232 、66515238

投诉电话:(0898)66515262 传真电话:(0898)66515236

E - mail:hainan@ csrc. gov. cn

(二)党务工作办公室(纪检监察室)

党务工作办公室(纪检监察室)的主要职责:贯彻落实局党委决议,承办局党委日常工作;负责全局党建及各项党务工作;负责全局干部人事管理工作;负责全局政治理论学习及思想教育宣传工作;负责全局纪检监察工作;完成局党委交办的其他工作。

联系电话:(0898)66515222

(三)上市公司监管处

上市公司监管处的主要职责:对辖区内上市公司进行监管,主要包括上市公司并购重组、上市公司信息披露、上市公司治理、上市公司募集资金使用等监管,上市公司现场检查、上市公司再融资审核以及上市公司协作监管等;对拟上市公司进行监管;对在辖区内从事证券业务的会计师、律师事务所和资产评估机构及其从业人员的证券从业活动进行监管。

联系电话:(0898)66515233

(四)机构监管处

机构监管处的主要职责:对辖区内的证券经营机构、证券投资咨询机构、证券投资基金管理公司及其从业人员的业务活动进行监管。主要包括对证券机构现场和非现场检查、股权变更审核及证券经营机构开业验收、迁址、高管人员任职资格审查和客户交易结算资金监管,监控并处置证券经营机构的风险,协助对监管对象的纠纷投诉进行调查处理,打击辖区内非法证券交易活动。

联系电话:(0898)66515255

(五)稽查处

稽查处的主要职责:立案调查辖区内证券期货市场违法违规事项,对证监会稽查部门交办以及其它派出机构请求协助调查的事项进行调查,督促执行证监会作出的处罚决定;调解证券期货市场纠纷,协助地方仲裁机关做好有关证券期货纠纷的仲裁工作;配合公安、工商部门查处辖区非法证券期货交易活动;负责本局法律咨询及普法、投资者教育工作。

联系电话:(0898)66513568

(六)期货监管处

期货监管处的主要职责:对辖区内期货经纪机构、期货投资咨询机构及其从业人员的业务活动进行监管,主要包括对对期货公司董事、监事、公司财务负责人、营业部负责人的任职资格进行核准;期货经营机构的设立及其它变更事项在授权范围内的审查或审批;期货经纪机构年检及其高管人员任职资格的初审和年检;对客户保证金进行监管;防范和处置期货经营机构风险;协助对监管对象的纠纷投诉及非法期货交易活动进行调查处理。

联系电话:(0898)66515250

证监局领导:

冯玉华,女,汉族,中国证监会海南监管局党委书记、局长

张海山,男,汉族,中国证监会海南监管局副局长

邢力红,女,汉族,中国证监会海南监管局党委委员、纪委书记、副局长

联系我们:

联系电话:0898 - 66515232

投诉电话:0898 - 66515262

传　　真:66515236

举报邮箱:Hainan@ csrc. gov. cn

邮　　编:570206

地　　址:海南省海口市南宝路36号证券大厦9楼

海南辖区期货经营机构名单

序号	名称	联系电话	经营场所
1	海南金海岸期货经纪有限公司	0898 - 68537153	海口市国贸大道45号银通国际中心20层
2	海南星海期货经纪有限公司	0898 - 66779454	海口市海秀中路51 - 1号星华大厦十一层
3	金元期货经纪有限公司	0898 - 66552058	海口市南宝路36号证券大厦1楼
4	中银国际期货有限责任公司	021 - 68604866 - 8515	海口市美兰区蓝天路33号京航大厦17楼
5	道通期货经纪有限公司海口营业部	0898 - 66736319	海口市龙昆北路15号中航大厦A座4层
6	天富期货经纪有限公司海口营业部	0898 - 36385991	海口市国贸大道49 - 1号港澳发展大厦24层
7	海通期货有限公司海口营业部	0898 - 68567028	海口市国贸大道港澳(中亚)大厦21层E、F、G号
8	新湖期货有限公司海口营业部	0898 - 36627158	海口市国贸路2号海南时代广场15层北侧

广西证券市场

中国证券监督管理委员会广西监管局

历史沿革：中国证券监督管理委员会广西监管局（以下简称广西证监局）前身是广西壮族自治区证券委员会办公室（以下简称广西证券办）。广西证券办成立于1993年4月，是广西壮族自治区证券委员会的常设办事机构，挂靠广西壮族自治区经济体制改革委员会管理。1998年12月27日，广西证券办收归中国证券监督管理委员会垂直领导，成为全国集中统一监管系统的组成部分。1999年6月，经中国证券监督管理委员会批准，南宁证券监管特派员办事处成立，并于同年7月1日正式挂牌。2004年2月，证监会派出机构统一更名，南宁证券监管特派员办事处更名为中国证券监督管理委员会广西监管局，3月1日正式挂牌。

基本情况：中国证券监督管理委员会广西监管局是中国证券监督管理委员会的派出机构，行政级别为副局级。内设党委办公室、办公室、上市公司监管处、机构监管处、期货监管处、稽查处六个处。截至2008年8月底，有正式员工29人，其中干部28人，干部平均年龄为34.5岁，研究生8人，本科19人。

职能：根据中国证监会的授权，对辖区内的上市公司，证券、期货经营机构，证券、期货投资咨询机构和从事证券业务的律师事务所、会计师事务所、资产评估机构等证券服务机构的证券、期货业务活动进行监督管理；查处监管辖区范围内的违法、违规案件，对辖区证券行业自律组织进行业务指导和监督。

机构设置

一、党委办公室的主要职责

党委办公室的主要职责是：按照党委、纪委要求，负责思想政治教育、机关党建、纪律检查和廉政监察等工作；负责干部人事管理、劳动工资管理和干部培训工作；负责本局部分综合文稿起草工作；负责计划生育、离退休干部管理、因公因私出境报批等工作；指导工会、共青团、妇女组织的工作。

二、办公室的主要职责

办公室的主要职责是：协助局领导对全局事务进行综合协调和督促检查；拟订本局内部管理制度并监督执行；负责本局重要文件起草、信息统计与调研、公文处理管理、财务管理、机要保密、档案管理、计算机系统管理、信息发布管理、新闻宣传、外联接待、安全保卫、会议承办、行政后勤等工作；负责信访投诉的接待处理；负责行政许可事项的受理与回复。

三、上市公司监管处主要职责

负责辖区内上市公司及其高级管理人员的监管，对上市公司进行监督检查，对定期报告、临时报告进行事后审查，审核配股申请；对辖区内从事证券业务的会计师、律师、资产评估事务所及其从业人员的证券从业活动进行监管；负责辖区内拟发行公司改制情况验收及辅导工作监督；负责上市公司统计信息的收集、整理。

四、机构监管处的主要职责

机构监管处的主要职责是：负责对辖区内的证券经营机构、证券投资咨询机构、证券投资基金管理机构及其从业人员的业务活动进行监管；负责证券经营机构的信息安全与管理。

五、期货监管处的主要职责

期货监管处的主要职责是：负责对辖区内期货经纪机构、期货投资咨询机构及从业人员的业务活动进行监管；负责期货经营机构的信息安全与管理；负责协助地方政府及有关部门开展推动辖区期货市场发展的各项工作。

六、稽查处主要职责

负责辖区内证券、期货违法违规案件的调查处理或移送，协助公安、工商、司法、纪检、监察等部门调查辖区内证券期货违法违规案件；调解证券、期货业务纠纷和争议，处理有关的来信来访；承担本局的法规工作。

证监局领导：

李秉恒，男，汉族，党委书记、纪委书记、局长

吴秋波，男，侗族，党委委员、副局长

洪　琳，女，汉族，党委委员、副局长、工会主席

联系我们：

投诉电话：0771－5555736

电子信箱：csrcgx@ public. nn. gx. cn

通信地址：广西南宁市金湖路52－1号东方曼哈顿大厦22层

邮政编码：530021

广西证券公司和基金管理公司一览表

机构名称	地址	邮编	联系电话
国海证券有限责任公司	广西南宁市滨湖路46号	530028	0771－5539032
国海富兰克林基金管理公司	上海市浦东新区富城路99号震旦大厦18楼	200121	021－68880980－909

广西证券市场上市公司2008年12月31日收盘情况

次序	名称	代码	开盘	成交	涨跌	总量	最高	最低	幅度%	市净率	振幅%	成交金额	流通市值	总市值
1	桂冠电力	600236	6.39	6.12	－0.3	5792600	6.45	6.08	－4.672897196	2.26994548	5.763239875	36499000	493004.3934	905694.21
2	两面针	600249	4.96	4.7	－0.22	5915500	4.98	4.6	－4.471544715	0.752602095	7.723577236	28340000	177979.6918	211500
3	中恒集团	600252	5.87	5.98	0	3369000	6.08	5.87	0	3.164021188	3.511705686	20243000	120068.8927	156040.2629
4	南化股份	600301	4.31	4.36	－0.02	862400	4.4	4.24	－0.456621005	1.524688732	3.652968037	3738000	102524.574	102524.574
5	桂东电力	600310	11.51	11.6	0.1	567100	11.83	11.35	0.869565217	2.664033241	4.173913043	6589000	181830	181830
6	五洲交通	600368	4.34	4.26	－0.09	6093500	4.4	4.23	－2.068965517	1.132858189	3.908045977	26319000	236799.6382	236799.6382
7	柳化股份	600423	7.85	7.84	－0.01	2452700	7.97	7.74	－0.127388535	1.540275003	2.929936306	19338000	208725.6522	208725.6522
8	北海国发	600538	2.93	2.95	－0.01	10852900	2.99	2.87	－0.337837838	2.864077749	4.054054054	31905000	66589.72773	82368.71885

次序	名称	代码	开盘	成交	涨跌	总量	最高	最低	幅度%	市净率	振幅%	成交金额	流通市值	总市值
9	南宁百货	600712	4.22	4.17	-0.12	4070400	4.28	4.05	-2.797202797	3.007139177	5.361305361	17011000	47806.17091	72393.87141
10	柳钢股份	601003	3.07	3.07	-0.07	1854900	3.13	3.05	-2.229299363	1.85655542	2.547770701	5712000	125882.28	786777.4894
11	柳　工	000528	9.8	9.46	-0.29	6302000	9.9	9.4	-2.974358974	1.710669013	5.128205128	60434000	615037.7243	615052.6903
12	北 海 港	000582	6.91	6.83	0.1	594100	6.98	6.7	1.485884101	3.557291746	4.160475483	4091000	52345.0533	97069.7342
13	阳光股份	000608	3.64	3.45	-0.19	4047600	3.64	3.45	-5.21978022	0.917553194	5.21978022	14241000	130980.0721	184800.0721
14	索 芙 特	000662	3.75	3.6	-0.1	4251800	3.76	3.57	-2.702702703	1.147849345	5.135135135	15675000	103674.8883	103676.1117
15	世纪光华	000703	2.79	2.67	-0.11	1731300	2.84	2.66	-3.956834532	1.948905103	6.474820144	4793000	29496.39738	38423.97
16	ST 南 方	000716	2.57	2.5	-0.07	1556800	2.6	2.46	-2.723735409	3.124999953	5.447470817	3969000	36403.10059	44564.87305
17	S＊ST 集琦	000750	0	0	0	0	0	0	0	0	0	0	0	0
18	银河科技	000806	2.24	2.15	-0.09	6528400	2.24	2.14	-4.017857143	1.275056323	4.464285714	14238000	148323.2258	150331.225
19	贵糖股份	000833	5.45	5.4	-0.05	3702900	5.55	5.35	-0.917431193	2.195121917	3.669724771	20210000	134927.5324	159876.6609
20	南宁糖业	000911	7.49	7.26	-0.2	3191800	7.54	7.24	-2.680965147	1.653758592	4.021447721	23605000	208100.64	208100.64
21	河池化工	000953	4.14	4.1	0.02	2350000	4.18	4.06	0.490196078	4.962478768	2.941176471	9695000	61273.475	120564.3518
22	桂林旅游	000978	6.21	6.4	-0.01	2726700	6.61	6.21	-0.15600624	2.500000056	6.24024961	17683000	59814.525	113280
23	莱茵生物	002166	9.44	9.58	0.12	1217500	10.09	9.31	1.268498943	2.456410196	8.245243129	11809000	30256.89804	62046.68964
24	广陆数测	002175	6.65	6.73	0.08	1468100	6.88	6.51	1.203007519	2.265993244	5.563909774	9933000	30419.33054	57473.05643
25	桂林三金	002275	0	0	0	0	0	0	0	0	0	0	0	0

广西证券市场上市公司2009年6月30日收盘情况

次序	名称	代码	开盘	成交	涨跌	总量	最高	最低	幅度%	市净率	振幅%	成交金额	流通市值	总市值
1	桂冠电力	600236	7.82	7.92	0.14	13333000	7.97	7.74	1.799485861	2.937576503	2.956298201	104169000	638005.6856	1172074.86
2	两面针	600249	8.32	8.47	0.18	14749800	8.51	8.24	2.171290712	1.356285053	3.256936068	124003000	320742.1254	381150
3	中恒集团	600252	14.05	14.15	0.1	6153200	14.4	13.81	0.711743772	7.486772543	4.199288256	86962000	284109.5037	369225.7058
4	南化股份	600301	7.8	7.6	-0.2	3108500	7.84	7.53	-2.564102564	2.657714303	3.974358974	23730000	178712.5602	178712.5602
5	桂东电力	600310	18.19	18.07	-0.08	828700	18.4	18	-0.44077135	4.149920747	2.203856749	15071000	283247.25	283247.25
6	五洲交通	600368	6.85	6.73	-0.12	8058600	6.9	6.72	-1.751824818	1.789703196	2.627737226	54707000	374098.9589	374098.9589
7	柳化股份	600423	9.52	9.45	-0.05	4234900	9.58	9.35	-0.526315789	1.856581477	2.421052632	39957000	251588.9558	251588.9558
8	北海国发	600538	8.35	8.36	0.01	10570900	8.53	8.22	0.119760479	8.11650508	3.71257485	88708000	188708.5166	233424.5727
9	南宁百货	600712	8.77	8.87	-0.03	4082100	9.12	8.77	-0.337078652	6.396480696	3.93258427	36519000	101688.4259	153988.8823
10	柳钢股份	601003	6.06	5.88	-0.18	18162100	6.06	5.8	-2.97029703	3.555878133	4.290429043	106937000	241103.52	1506922.358
11	柳　工	000528	17.14	16.64	-0.49	11437700	17.2	16.49	-2.860478692	3.009041477	4.144775248	191339008	1081842.255	1081868.58
12	北 海 港	000582	15.04	14.73	-0.34	3897700	15.3	14.48	-2.256138023	7.671875171	5.441274054	57787000	112890.5762	209346.5863
13	阳光股份	000608	9.7	9.74	0.08	11191400	9.97	9.58	0.82815735	2.590425538	4.037267081	108928000	369781.4209	521725.4209
14	索 芙 特	000662	5.7	5.54	-0.14	5299600	5.71	5.52	-2.464788732	1.766412603	3.345070423	29656000	159544.1336	159546.0164
15	世纪光华	000703	6.42	6.33	-0.13	4955800	6.55	6.28	-2.012383901	4.62043794	4.179566563	31722000	69929.66121	91095.03
16	ST 南 方	000716	5.9	5.81	-0.08	2138100	5.95	5.79	-1.358234295	7.262499892	2.716468591	12485000	84600.80576	103568.765
17	S＊ST 集琦	000750	0	0	0	0	0	0	0	0	0	0	0	0
18	银河科技	000806	5.79	5.64	-0.14	19855000	5.82	5.58	-2.422145329	3.344798911	4.152249135	112713000	389089.7644	394357.26
19	贵糖股份	000833	8.08	8.05	0.01	7912200	8.24	8.04	0.124378109	3.272357673	2.487562189	64277000	201141.9696	238334.652
20	南宁糖业	000911	14.89	15.01	0.28	6707900	15.37	14.89	1.900882553	3.4191345	3.258655804	101420000	430246.64	430246.64
21	河池化工	000953	6.27	6.24	-0.03	2736200	6.35	6.16	-0.4784689	7.552650613	3.03030303	17082000	93255.24	183493.0622
22	桂林旅游	000978	0	0	0	0	0	0	0	0	0	0	0	0
23	莱茵生物	002166	27.51	30.03	2.73	6660100	30.03	27.51	10	7.699999812	9.230769231	194714000	94844.95284	194494.9989
24	广陆数测	002175	10.63	10.46	-0.24	1877700	10.76	10.38	-2.242990654	3.521885488	3.551401869	19724000	47278.78119	89326.62262
25	桂林三金	002275	0	0	0	0	0	0	0	0	0	0	0	0

云南证券市场

中国证券监督管理委员会云南监管局

中国证监会云南监管局原为云南省证券监督管理办公室,隶属于云南省人民政府。于 1998 年 12 月正式上划中国证监会后易名为昆明特派办,并于 1999 年 7 月 1 日正式挂牌成立。2004 年 3 月 1 日,中国证监会昆明特派办更名为中国证监会云南监管局,简称云南证监局。

云南证监局对辖区内的上市公司,证券、期货经营机构,证券期货投资咨询机构和从事证券业务的律师事务所、会计师事务所、资产评估机构等中介机构的证券、期货业务活动进行监督管理;依法查处监管辖区范围内的违法、违规案件。

机构设置:

云南证监局下设 6 个处室:办公室、党务工作办公室(纪检监察室)、上市公司监管处、机构监管处、期货监管处和稽查处。

(一)办公室

负责综合协调局内外各项工作,拟定各项内部管理制度,组织全局的会议和重要文件起草,承办秘书、档案、资料以及信息监管、保密、督办、人事、财务、接待、印章管理、安全保卫、机关内勤事务管理及其他行政管理事务。

(二)党务工作办公室(纪检监察室)

承担局党委、纪委的日常工作,负责思想政治教育、精神文明建设、机关党建、群众组织、纪律检查和廉政监察等工作;负责培训工作;指导工会、共青团、妇女组织的工作。

(三)上市公司监管处

负责对云南辖区内上市公司的日常监管,包括上市公司治理结构规范情况的监管;有关信息披露事项的事后审阅和监管;上市公司再融资、并购重组、股权激励等方面的监管;上市公司的诚信监管;上市公司重大风险的防范与监管。负责对辖区内拟上市公司的备案和辅导监管。负责对辖区内从事上市公司及拟上市公司相关证券业务的会计师事务所、律师事务所、保荐机构、财务顾问、资产评估机构及其从业人员的从业活动进行监管。负责办理中国证监会交办的其他工作。

(四)机构监管处

负责对辖区内的证券经营机构、投资咨询机构、信息传播机构、证券投资基金管理机构及其从业人员的业务活动进行监管。

(五)期货监管处

负责对辖区内期货经纪机构、期货投资咨询机构、境外期货持证企业及其从业人员的业务活动进行监管。

(六)稽查处

负责对辖区违反证券期货市场法规的案件进行调查处理或移送,协助司法机关调查处理有关案件,调解证券、期货业务纠纷和争议,打击辖区内非法证券活动,处理有关来信来访,承担我局的法规工作。

证监局领导:

范辉党委书记、局长

张玉祥党委委员、纪委书记、副局长

熊军党委委员、副局长

联系方式:

联系电话:办公室:0871 – 5135262

传真:0871 – 5135263

机构处:0871 – 5134235

传真:0871 – 5134055

上市处:0871 – 5135253

传真:0871 – 5135255

稽查处:0871 – 5135126

传真:0871 – 5128043

联系地址:昆明市北京路 577 号

邮编:650051

信访邮箱:ynxinfang@ csrc. gov. cn

信访热线:0871 – 5135126

云南证券市场证券营业部信息

会员名称	营业部名称	唯一码	地址	邮编	负责人	营业电话	公司传真	通信网络评定等级	评定序列号	评定日期
安信证券股份有限公司	昆明人民东路证券营业部	4392	云南省昆明市人民东路 115 号水电科技大厦 3 楼	650051	陈雷	0871 – 3143759	0871 – 3189059	–	–	2003 – 12 – 1
安信证券股份有限公司	昆明春城路证券营业部	3928	昆明市春城路 62 号	650011	李沄	0871 – 3115588	0871 – 3115028	A	A0220	2003 – 12 – 1
长城证券有限责任公司	昆明西昌路证券营业部	3844	昆明市西昌路 692 – 694 号长城证券大厦	650032	穆健	0871 – 5376638	0871 – 5376826	A	A0035	2003 – 12 – 1
大同证券经纪有限责任公司	玉溪南北大街证券营业部	1158	云南省玉溪市红塔区南北大街 122 号	653100	王瑾	0877 – 8885517	0877 – 8885526	B	B0127	2003 – 12 – 1
方正证券有限责任公司	昆明三市街证券营业部	3903	昆明市三市街 6 号柏联广场 6 楼	650021	金永键	0871 – 3615796	0871 – 3615793	B	B0935	2003 – 12 – 1
光大证券股份有限公司	昆明人民中路证券营业部	3722	云南省昆明市人民中路 26 号	650021	王天奇	0871 – 3183840	0871 – 3183881	B	B0225	2003 – 12 – 1
光大证券股份有限公司	曲靖南宁西路证券营业部	4730	云南省曲靖市南宁西路 160 号市林业局大楼二楼	655000	罗毅	0874 – 3137888	0874 – 3129466	–	–	–
广发证券股份有限公司	昆明东风西路证券营业部	3753	昆明市东风西路 282 号东风百货大楼 3 – 4 楼	650031	王梓帆	0871 – 5323985	0871 – 5323925	A	A0261	2003 – 12 – 1
广发证券股份有限公司	昆明人民西路证券营业部	4478	云南省昆明市人民西路 350 号中国银行高新支行二楼	650118	刘伟	0871 – 5323810	0871 – 8333750	–	–	–
国金证券股份有限公司	昆明北京路证券营业部	2987	昆明市北京路 408 号达阵广场三楼	650011	李庆	0871 – 3151015	0871 – 3155361	–	–	2003 – 12 – 1
国泰君安证券股份有限公司	昆明人民中路证券营业部	1737	云南省昆明市人民中路 7 号	650051	陈扬	4008888666	0871 – 3189752	A	A0364	2003 – 12 – 1
国信证券股份有限公司	昆明安康路证券营业部	3362	云南省昆明市西山区安康路九号三层	650034	董海威	95536	0871 – 4102768	A	A0202	2003 – 12 – 1
海通证券股份有限公司	昆明东风西路营业部	2567	云南省昆明市东风西路 162 号	650031	张崇德	0871 – 3615530	0871 – 3610906	A	A0471	2003 – 12 – 1
海通证券股份有限公司	景洪嘎兰中路证券营业部	4746	云南省景洪市嘎兰中路 100 号二楼	666100	顾建新	0691 – 2130114	0691 – 2148639	–	–	–
宏源证券股份有限公司	昆明祥云街证券营业部	3375	云南省昆明市祥云街 55 号银佳大厦一楼及十一楼	650000	向东	0871 – 3625768	0871 – 3627709	A	A0569	2003 – 12 – 1
红塔证券股份有限公司	昆明春城路证券营业部	1329	云南省昆明市春城路 168 号	650041	张文耀	0871 – 3535852	0871 – 3540609	A	A0558	2003 – 12 – 1
红塔证券股份有限公司	大理下关建设路证券营业部	1327	云南大理市下关建设路中段 51 号	671000	王平	0872 – 2119698	0872 – 2119530	B	B0483	2003 – 12 – 1
红塔证券股份有限公司	昆明环城南路证券营业部	2368	云南省昆明市环城南路 554 号二楼	650034	李绍军	0871 – 4109090	0871 – 4137467	A	A0564	2003 – 12 – 1
红塔证券股份有限公司	昆明青年路证券营业部	4194	云南省昆明市青年路 448 号华尔顿大厦 3、4 楼	650021	张汉梅	0871 – 3159198	0871 – 3159198	A	A0560	2003 – 12 – 1
红塔证券股份有限公司	楚雄鹿城北路证券营业部	3541	云南省楚雄市鹿城北路 2 号楚雄商厦 2 楼	675000	杨玲	0878 – 3397222	0878 – 3395361	–	–	–
江南证券有限责任公司	昆明北京路证券营业部	4434	昆明市北京路 572 号	650051	毛宇琪	0871 – 3172181	0871 – 3173320	B	B0669	2003 – 12 – 1

会员名称	营业部名称	唯一码	地址	邮编	负责人	营业电话	公司传真	通信网络评定等级	评定序列号	评定日期
南京证券有限责任公司	昆明丹霞路证券营业部	1010	昆明市丹霞路2号6层	650118	黄卫	0871－5338678	0871－5388589	B	B1281	2003－12－1
世纪证券有限责任公司	昆明人民中路证券营业部	1849	云南省昆明市人民中路丰园大厦七层	650031	柯信	0871－5315966	0871－5328168	B	B0912	2003－12－1
太平洋证券股份有限公司	开远灵泉东路营业部	3325	云南省开远市灵泉东路336号建行开远支行大厦	661600	李欢	0873－8899018	0873－8899015	－	－	－
太平洋证券股份有限公司	玉溪玉兴路证券营业部	3482	云南玉溪红塔区玉兴路23号	653100	沈卿	0877－8880111	0877－8880105	－	－	－
太平洋证券股份有限公司	曲靖麒麟南路证券营业部	3484	云南曲靖麒麟南路221号	655000	李爽	0874－8989100	0874－8989100	－	－	－
太平洋证券股份有限公司	昆明金碧路证券营业部	3489	昆明市金碧路166号大德大厦第4层	650011	杨瑛	0871－8020728	0871－8020744	－	－	－
太平洋证券股份有限公司	昆明翠湖西路证券营业部	3490	昆明翠湖西路1号云南省科学技术展览馆二楼	650031	王俐	0871－8020708	0871－8020720	－	－	－
太平洋证券股份有限公司	昆明白塔路证券营业部	3491	昆明白塔路329号云煤大厦一、二层	650011	莫淞	0871－8020643	0871－8020649	－	－	－
太平洋证券股份有限公司	昆明人民中路证券营业部	3492	云南昆明人民中路35号阳光A版4楼	650021	王林	0871－8020688	0871－8020670	－	－	－
太平洋证券股份有限公司	保山保岫东路证券营业部	4501	云南省保山市保岫东路37号	678000	王良	0875－8980121	0875－2120688	－	－	－
太平洋证券股份有限公司	昆明北京路证券营业部	4580	云南省昆明市北京路延长线1035号金苑商厦6楼	650021	韩燕	0871－8091196	0871－8898151	－	－	－
太平洋证券股份有限公司	蒙自天马路证券营业部	4698	云南省蒙自县天马路4号	661100	马茹	0873－3660096	0873－3643883	－	－	－
太平洋证券股份有限公司	新平西园路证券营业部	4740	云南省玉溪市新平县桂山镇西园路3号	653400	万会琼	0877－7016668	0877－7016668	－	－	－
西南证券股份有限公司	昆明北京路证券营业部	3839	昆明市北京路370号凤凰村泓瑞花园	650051	陈鹏	0871－5135388	0871－5135488	A	A1034	2003－12－1
湘财证券有限责任公司	昆明护国路证券营业部	3746	云南省昆明市护国路2号广业大厦	650031	叶萍	0871－3140616	0871－3140816	A	A1055	2003－12－1
湘财证券有限责任公司	水富团结路证券营业部	4593	云南省昭通市水富县团结路云天化生活区昆阳楼2楼	657800	郭竹弢	0870－8635595	0870－8635550	－	－	－
招商证券股份有限公司	昆明五一路证券营业部	3889	昆明市五一路国防大厦	650032	张雪峰	0871－3616095	0871－3616055	A	A1136	2003－12－1
中国民族证券有限责任公司	昆明东风西路证券营业部	4402	云南省昆明市东风西路280号文贸大厦4层	650031	王坚	0871－5398000	0871－5377877	－	－	2003－12－1
中国银河证券股份有限公司	昆明人民中路证券营业部	1056	云南省昆明市人民中路34号	650021	魏渝鸿	0871－3642034	0871－3642032	A	A1211	2003－12－1
中国银河证券股份有限公司	昆明白塔路证券营业部	3046	云南省昆明市白塔路393号	650051	徐向阳	0871－3642200	0871－3642032	A	A1210	2003－12－1

2008年1－9月云南辖区期货业相关指标

月份	累计开户数(个)	新增开户数(个)	客户保证金余额(万元)	总成交金额(万元)	手续费收入(万元)
1	4312	188	29073	2479065	280
2	4427	110	38476	3092339	256
3	4591	172	49273	4715288	467
4	4773	114	42745	3939401	450
5	4875	120	46482	2890027	316
6	4981	92	46522	2797853	312
7	5121	133	54383	3267206	314
8	5309	98	39413	2910764	326
9	5272	133	42142	2661800	292

注:2008年云南辖区期货经营机构有4家,即 云晨期货经纪公司、红塔期货有限公司、首创期货昆明营业部(2008年1月开业)、万达期货昆明营业部(2008年4月开业)

2008年度云南辖区上市公司市值情况及主要经营指标

证券代码	证券简称	总股本亿股	总市值亿元	负债及股东权益总计亿元	所有者权益合计亿元	资产负债率%	每股净资产调整后元	主营业务收入万元	净利润万元	基本每股收益元	稀释每股收益元	每股经营活动产生的现金流量净额元	净资产收益率(摊薄)%
000538.SZ	云南白药	5.3405	183.767	49.3717	31.8664	35.4562	5.87	572319.8668	46353.1823	0.96	0.96	1.51	14.84
000807.SZ	云铝股份	10.5354	47.4095	74.3371	34.5518	53.5202	2.735	616099.6353	2146.311	0.07	0.07	0.497	2.42
000560.SZ	昆百大A	1.344	6.3168	24.7693	5.8355	76.4406	3.711	117622.3122	2486.3265	0.2747	0.2747	－1.7052	7.4
000667.SZ	名流置业	13.4715	45.9379	62.1686	46.8737	24.6023	3.48	102968.6169	31522.2776	0.24	0.24	－0.83	6.73
000878.SZ	云南铜业	12.5669	100.5351	217.046	44.3213	79.5798	2.84	2575453.397	－290501.7278	－2.22	－2.22	－4.1	－78.22
000903.SZ	云内动力	3.782	18.9856	37.5972	24.855	33.8915	6.49	179187.7396	11015.1561	0.358	0.358	0.33	5.52
000960.SZ	锡业股份	6.5072	61.428	68.5757	24.494	64.2818	3.7565	916291.0234	2361.8005	0.0397	0.0397	1.5502	1.05
002033.SZ	丽江旅游	0.9932	9.9124	6.9776	4.1396	40.6725	3.97	14611.7596	4882.6981	0.46	0.46	0.45	11.66
000948.SZ	南天信息	2.1055	13.8332	20.993	11.4559	45.4298	5.11	191779.1979	10733.4815	0.5375	0.5375	0.49	9.48
002053.SZ	云南盐化	1.8585	17.0611	23.077	10.1766	55.9016	5.018	135669.9239	－6485.8588	－0.302	－0.302	0.464	－6.01
002059.SZ	世博股份	2.15	10.6855	12.3909	8.1483	34.2399	2.65	49837.4054	6050.9267	0.13	0.13	－0.05	4.73
002114.SZ	罗平锌电	1.8385	12.4468	9.4491	4.7559	49.6675	2.55	86474.9793	－5240.5158	－0.29	－0.29	0.8	－11.22
002200.SZ	绿大地	0.8394	27.523	9.668	7.4775	22.6571	8.89	34194.7611	8679.9594	1.03	1.03	0.52	11.63
002265.SZ	西仪股份	2.9103	11.9903	7.8864	5.2454	33.4879	1.78	42890.406	3204.1795	0.14	0.14	－0.04	6.3
600096.SH	云天化	5.3635	94.6122	176.5621	54.3143	69.2379	6.8499	770420.1882	82356.4138	1.2253	1.1826	1.79	17.89
600239.SH	云南城投	2.9052	51.8	14.8893	8.5226	42.7602	2.66	42980.8117	5815.5119	0.1995	0.1995	－0.24	7.5
600265.SH	景谷林业	1.298	8.463	6.8586	3.9199	42.8471	2.99	26137.1222	846.8525	0.07	0.07	－0.48	2.24
600459.SH	贵研铂业	1.1174	9.5198	13.4423	5.3719	60.037	4.58	137837.5321	－9047.7573	－0.76	－0.76	－0.14	－16.7
600422.SH	昆明制药	3.1418	13.8866	11.5699	6.705	42.0475	1.93	131093.1341	3620.6552	0.1022	0.1022	0.29	5.3
600497.SH	驰宏锌锗	7.8	77.298	50.8779	24.3536	52.1333	3.01	464397.8632	14651.6895	0.2	0.2	1.642	6.5
600725.SH	云维股份	2.9013	28.0265	72.235	18.9463	73.7713	5.477	532887.0692	14704.6625	0.46	0.46	1.546	8.4
600792.SH	ST马龙	1.2623	8.1794	10.9045	0.8422	92.2764	0.26	182547.8773	3454.3548	0.12	0.12	0.74	45.53
600794.SH	保税科技	1.7826	6.7918	3.4606	2.5695	25.7509	1.37	11418.1506	3520.4806	0.2	0.2	0.32	14.5
600806.SH	昆明机床	4.2486	28.3385	19.1177	11.0571	42.163	2.45	156310.5398	28112.0114	0.65	0.65	0.28	26.56
600883.SH	博闻科技	2.3609	9.656	5.9327	4.8123	18.8864	2.03	5660.7891	33.44	0.0018	0.0018	－0.076	0.09
600995.SH	文山电力	3.9877	25.5214	15.2006	8.2221	45.9092	2.06	103123.5826	14829.3454	0.37	0.37	0.71	18.04
601099.SH	太平洋	15.0331	193.4764	34.9285	13.7984	60.4952	0.92	－38715.7377	－64525.2082	－0.429	－0.429	－0.97	－46.76
合计		119.4453	1123.4018	1060.2873	427.6321			8161499.946	－74419.3511				

青海证券市场

中国证券监督管理委员会青海监管局

中国证监会青海监管局（以下简称青海证监局）的前身是青海省证券管理办公室，1999 年 7 月 1 日移交中国证监会垂直领导并正式挂牌为中国证监会西宁特派办，2004 年 3 月更名为中国证监会青海监管局。

青海证监局设有办公室（党办）、上市公司监管处、机构监管处、稽查处，现有在编干部职工 24 名，其中研究生 8 人，本科 14 人。专业覆盖经济、金融、会计、法律、财经和计算机等学科。

青海证监局作为中国证监会的派出机构，担负着青海省辖区内证券期货市场一线监管的重要使命。主要职责是：贯彻执行国家有关法律、法规和方针政策，按照中国证监会的规定对辖区内上市公司、证券期货经营机构、投资咨询机构及从事证券期货业务的律师事务所、会计师事务所、资产评估机构等中介机构的证券期货业务活动进行监督管理。负责对辖区内违反证券期货市场法规案件调查处理或移送、协助司法机关调查处理，调解证券期货业务纠纷和争议，处理有关的来信来访以及证监会交办的其他工作。

按照中国证监会的要求，青海证监局设置办公室（党办）、上市公司监管处、机构监管处、稽查处，各处室的主要职能为：

办公室（党办）

依据规定，承担本局办公文秘、行政、人事、财务管理、外事及党务、纪检等项工作。对辖区内从事证券业务的会计师、律师、资产评估师及其从业人员的证券从业活动进行监管，处理有关的来信来访，承担本局法规工作。

上市公司监管处

依据规定，对辖区内的上市公司进行监管。对拟上市公司的股份制改造情况进行调查。

机构监管处

依据规定，对辖区内的证券期货经营机构、登记托管结算机构、证券期货投资咨询机构、信息传播机构、证券投资基金管理机构及其从业人员的业务活动进行监管。

稽查处

依据规定，对辖区内违反证券期货市场法规的案件进行调查处理或移送、协助司法机关调查处理；调解证券、期货业务纠纷和争议。

证监局领导：

王建军，女，局党委书记、纪委书记、局长

缪本纲，男，局党委委员、副局长

赵　生，男，局党委委员、副局长

联系方式：

联系人：李建良

联系电话：0971 －6736401

投诉传真：0971 －8236887

投诉电话：0971 －8251479

通信地址：银川市兴庆区北京东路 379 号金源大厦 12 层

邮政编码：750004

青海证券市场证券公司信息

公司名称	地址	邮编	公司电话	公司传真
天源证券经纪有限公司	青海省西宁市长江路 53 号汇通大厦 6 楼	810000	0971 －8214372	0971 －8212142

青海证券市场证券营业部信息

会员名称	营业部名称	唯一码	地址	邮编	负责人	营业电话	公司传真	通信网络评定等级	评定序列号	评定日期
光大证券股份有限公司	西宁五四大街证券营业部	1444	青海省西宁市五四大街 39 号青海百货股份有限公司 6 楼	810001	邓清平	0971 －6109421	0971 －8214543	B	B0710	2003 －12 －1
天源证券经纪有限公司	西宁长江路证券营业部	3521	西宁市长江路 53 号汇通大厦 5、6 楼	810001	杜峰	0971 －8251119	0971 －8251090	－	－	－
天源证券经纪有限公司	西宁西关大街证券营业部	3952	青海省西宁市西关大街 19 号	810000	马维英	0971 －6105305	0971 －6106513	－	－	－
中国建银投资证券有限责任公司	西宁胜利路证券营业部	1532	青海省西宁市胜利路 10 号 2 楼	810001	宁新杰	0971 －6114265	0971 －6142601	A	A0801	2003 －12 －1
中国银河证券股份有限公司	西宁湟光证券营业部	2929	青海省西宁市东大街 8 号	810000	刘跃年	0971 －8261669	0971 －8261669	B	B1265	2003 －12 －1
中国银河证券股份有限公司	西宁长江路证券营业部	4143	青海省西宁市长江路 106 号	810000	刘跃年	0971 －8261669	0971 －8261669	A	A1292	2003 －12 －1

甘肃证券市场

中国证券监督管理委员会甘肃监管局

中国证监会甘肃监管局(简称甘肃证监局)的前身是甘肃省证券监督管理委员会。1998年12月,甘肃省证券监督管理委员会移交中国证监会垂直领导,1999年7月1日中国证监会兰州特派办正式挂牌,2004年3月更名为中国证监会甘肃监管局。

ⒹⒹ根据中国证监会分级管理的规定,甘肃证监局对甘肃省内的上市公司和拟上市公司,证券公司、期货经纪公司和证券、期货营业部、服务部,证券、期货投资咨询服务机构,从事证券、期货业务的律师事务所、会计师事务所、资产评估机构的证券、期货业务活动等进行监督管理。并依照国家证券、期货方面的法律法规和中国证监会的有关规定,对甘肃省内的证券、期货违法违规案件进行调查、处理和移送,对证券、期货方面的纠纷和争议进行调解,处理有关的来信来访。

中国证监会甘肃监管局设有党务工作办公室(纪检监察室)、办公室、上市公司监管处、机构监管处、期货监管处和稽查处6个处室。

机构设置

稽查处

(一)负责对辖区内违反证券、期货法律法规的案件进行立案、调查处理或负责协助、移送司法机关调查处理。

(二)负责查处中国证监会稽查部门交办、协办,其他派出机构协查的案件。

(三)配合中国证监会有关部门,督促、检查证券、期货经营机构的反洗钱工作。

(四)负责对辖区内非法经营证券期货业务、非法发行证券活动的调查处理;承担甘肃省打击非法发行股票和非法经营证券业务违法活动领导小组办公室日常工作。

(五)承担本局的法律事务及法规工作。

(六)承担普法任务及普法活动的组织与协调工作。

(七)负责对证券、期货等法律、法规贯彻执行情况进行调查研究,总结经验,反映问题。

(八)完成局领导交办的其他工作。

期货监管处

(一)负责辖区期货公司、期货公司分支机构的日常监管和年检。

(二)负责辖区期货高级管理人员的日常监管和年检。

(三)负责辖区境外套期保值持证企业境外套期保值业务的日常监管和年检。

(四)负责辖区证券公司及其分支机构从事券商中间介绍业务的日常监管。

(五)按照法规和中国证监会的授权,审核辖区期货行政许可事项。

(六)按照中国证监会和我局的有关规定,承担辖区期货市场诚信档案建设工作。

(七)参与辖区期货经营机构风险事件的处置工作。

(八)负责处理辖区期货信访投诉事项。

(九)完成局领导交办的其他工作。

机构监管处

(一)证券经营机构监管工作职责

1、负责对辖区内的证券公司以及分公司、分支机构的业务活动进行日常监管,通过现场检查和非现场检查依法履行监督管理职责。

2、负责对辖区内证券公司治理结构,证券公司以及分支机构的合规管理、内部控制制度、风险控制制度的健全完善及运作情况进行监督检查。

3、负责对辖区证券经营机构及相关商业银行、资产托管机构和证券登记结算机构报送的客户的交易结算资金、委托资金和客户担保账户内的资金、证券的有关数据进行比对、核查;结合客户交易结算资金监管系统进行客户交易结算资金日常监管。

4、负责对辖区证券公司变更持股5%以上股东、实际控制人申请进行初审。

5、负责对辖区证券公司设立、收购、撤销境内分支机构的初审。

6、负责对辖区证券公司年度报告、月度报告进行审核,并制作审核报告,发现问题的及时采取相应措施。

7、负责对辖区证券公司聘请或者解聘会计师事务所的情况进行审查。

8、根据辖区证券公司财务状况、内部控制水平、合规程度、高级管理人员业务管理能力、专业人员数量的情况,负责对其业务范围进行调整。

9、负责对辖区证券公司董事、监事、高级管理人员以及异地证券公司在辖区分支机构负责人的任职资格申请进行审核,并依法建立诚信档案,进行监督管理。

10、负责对辖区证券经营机构变更营业场所、迁址开业申请进行审核,以及对新设、迁址证券经营机构营业场所安全、信息技术系统、业务规则等进行核查。

11、负责监控并及时处置辖区内证券经营机构的风险,遇有重大风险及时向中国证监会报告。

12、负责对涉及辖区内证券经营机构的投诉进行调查处理。

13、对辖区内非法证券活动和非法设立证券交易网点行为进行调查处理,达到立案稽查标准的,及时提出立案稽查建议。

14、负责辖区内证券公司申请开展网上证券委托业务申请材料的备案审查,并负责辖区内获准开展网上证券委托业务的证券公司技术系统进行重大升级或对业务管理制度做出重大修订的备案审查。

(二)证券投资咨询机构监管工作职责

1、负责对辖区内的证券投资咨询公司(包括兼营证券公司)、分公司及其他依法从事证券投资咨询业务的机构的业务活动进行日常监管,通过现场检查和非现场检查依法履行监督管理职责。

2、负责对辖区内投资咨询公司或证券公司申请证券投资咨询业务资格进行初审。

3、负责对辖区内证券投资咨询公司(包括兼营证券公司)的投资咨询业务资格进行年检初审。

4、负责对辖区内证券投资咨询公司设立分支机构进行备案审查。

5、负责对辖区内证券投资咨询机构变更名称、注册资本、出资人、出资比例、业务范围、业务内容、业务方式、营业场所等进行备案审查。

6、负责对辖区内证券投资咨询机构申请集会性证券投资咨询活动进行备案审查。

7、负责对辖区内证券投资咨询机构与公共媒体合作开办栏目,或与电信部门合作提供服务的申请进行备案审查。

8、负责对辖区内证券投资咨询机构的投诉进行调查处理，对辖区内证券投资咨询机构涉嫌违法违规行为进行核查。

（三）基金监管工作职责

1、协助中国证监会对辖区内的基金管理公司以及分公司等的业务活动进行日常监管。

2、协助中国证监会对辖区内基金募集活动、基金份额交易活动进行监管。

3、对辖区基金销售机构内部控制情况进行监督，对拟申请基金代销业务资格的机构进行初步检查。

4、对辖区基金代销机构的信息管理平台、基金销售活动进行现场检查。

5、协助中国证监会开展对有关基金违法违规行为的检查工作。

（四）对甘肃证券期货业协会进行业务指导。

（五）完成局领导交办的其他工作。

上市公司监管处

（一）负责监管辖区内拟发行公司的辅导改制工作；建立与发行监管部直接沟通机制。

（二）负责对辖区内拟发行公司及有关中介机构在股票发行审核和承销过程中涉嫌违规的问题进行核查，并出具核查意见。

（三）负责对辖区内公司上市后中介机构履行持续义务和上市公司履行配合义务进行监管。

（四）全面负责辖区上市公司的现场监管和风险防范与化解工作，对涉嫌违法、违规达到立案稽查标准的，及时提出立案稽查建议。

（五）全面负责辖区上市公司的公司治理监管，指导、督促上市公司完善股东大会、董事会、监事会和独立董事制度，积极推动、配合相关部门规范上市公司股东行为，增强上市公司的独立性，建议证券交易所对公司治理结构存在重大缺陷或者拒不配合监管工作的上市公司进行风险提示。

（六）负责对辖区上市公司的定期报告、临时报告等信息披露文件进行事后审阅，并对信息披露涉及的真实性、准确性、完整性和及时性等相关问题进行核查。

（七）对有关上市公司并购重组活动进行核查，并做好持续监管工作。

（八）配合地方政府和有关部门，督促、指导辖区上市公司防范因退市引发的风险并做好平移至代办股份转让系统工作。

（九）负责出具辖区上市公司再融资监管初步意见。

（十）负责对涉及辖区上市公司的保荐机构和保荐代表人进行持续监管。

（十一）负责建立和管理辖区上市公司的持续动态监管记录和监管档案。

（十二）负责建立辖区上市公司诚信记录。

（十三）组织实施辖区上市公司董事长、独立董事之外的其他董事和所有监事的培训工作。

（十四）负责落实与辖区地方政府及其有关部门、相关监管机构等单位协调配合的综合监管体系。

（十五）负责实施上市公司风险分类监管，研究分析辖区上市公司总体情况，提出有针对性的监管措施。

（十六）负责辖区内会计师事务所、资产评估机构及其相关人员执行相关业务的监管工作，对其执业情况进行监督检查，根据有关规定及时处理或向证监会及时报告。

（十七）对甘肃省上市公司协会进行业务指导。

（十八）完成局领导交办的其它工作。

办公室

（一）组织制定本局各项规章制度，保证各项规章制度的贯彻实施。

（二）负责有关公文的草拟、审核、文印、收发、传递、督办和反馈，保证公文的制发质量和运转的畅通。

（三）负责局长办公会议的具体组织安排。

（四）协助局领导协调各处的工作，做好全局定期工作计划并督促实施。

（五）负责筹备或协助筹备有关会议。

（六）负责综合、统计、信息交换和发布及办公信息系统管理工作。

（七）负责人事、劳资和社会保险事务。

（八）接待和处理有关的来信来访，负责局长热线电话管理。

（九）负责本局机要、保密及档案管理工作。

（十）组织制订全局财务预算和决算，进行经费收支核算管理，并按时报告预算执行情况。

（十一）负责行政后勤工作。包括：设备设施及车辆的维护管理，固定资产、办公用品的购置领发，职工考勤，本局的防火、防盗等安全工作。

（十二）负责本局对外宣传联络、接待和外事工作。

（十三）局领导交办的其它工作。

党务工作办公室（纪检监察室）

（一）负责党委、纪委综合、统计、组织、宣传、信息系统工作。

（二）负责党委中心学习小组的服务协调工作。

（三）负责党委民主生活会的服务协调工作。

（四）负责党委、纪委决议、决定和安排部署的督促落实工作。

（五）负责协调各支部工作及党员教育和新党员发展工作。

（六）负责本局党务、纪检监察和廉政建设日常工作。

（七）负责全局培训工作。

（八）负责有关调查研究工作。

（九）负责工会、共青团、妇联等方面工作。

（十）局党委、纪委交办的其它工作。

证监局局领导：

方向瑜，男，甘肃证监局局长

陈士轰，男，甘肃证监局副局长

鱼向东，男，甘肃证监局副局长

联系方式：

值班电话：0931－8475698

投诉电话：0931－8475060

传　　真：0931－8475929

地　　址：甘肃省兰州市城关区张掖路87号中广大厦18层

邮政编码：730030

甘肃辖区上市公司统计信息

截至2008年6月30日，甘肃辖区21家上市公司，占全国上市公司总数的1.30%；总市值6182097万元，扣除新上市一家公司的影响，较2007年末下降44.15%。公司资产总额5506775万元，较上年末增长4.99%，低于全国平均9.12%的增幅；实现营业总收入2756001万元，较2007年同期增长57.99%，明显高于全国平均增幅26.57%的水平；实现归属于上市公司股东净利润89781万元，同比增长17.06%，低于全国平均增幅20.31%的水平；基本每股收益0.11元，低于全国每股收益0.23元的平均水平。

甘肃上市公司融资情况

年份	年度上市公司(家)	股票发行量(万股)	股票筹资额(亿元)
1990	0	0	0
1991	0	0	0
1992	0	5911.5	1.71
1993	0	4600	2.48
1994	1	0	0
1995	0	0	0
1996	5	6311	3.26
1997	3	17100	10.23
1998	1	14889	7.38
1999	1	10731	8.45
2000	4	40718	32.04
2001	1	11061.5	9.97
2002	2	8000	4.64
2003	0	0	0
2004	2	30212	19.58
2005	0	0	0
2006	0	25000	14.55
2007	2	34513.67	22.18
2008	1	23953.89	16.23
合计	23	233001.56	152.7

注:

1、年度上市公司为当年新上市公司。股票融资额为募集的现金净额。股票发行量包括当年新发、配股、增发。

2、截至2008年11月30日,在甘肃辖区首发上市的公司中,中电广通注册地迁出甘肃,兰州铝业被中国铝业吸收合并。目前辖区共有21家上市公司。

甘肃证券市场期货经营机构名录

甘肃陇达期货经纪有限公司

地址:兰州市城关区皋兰路1号工贸大厦10楼

电话:0931－8894644

浙江南华期货经纪公司兰州营业部

地址:兰州市城关区小稍门外280号昌运大厦5楼

电话:0931－8805313

甘肃陇达期货经纪有限公司兰州营业部

电话:0931－8894851

地址:兰州市西固区玉门街80号亚太新村1号楼4－5层

海通期货有限公司兰州营业部

电话:0931－2176908

地址:兰州市城关区东方红广场南路107号远达文华大厦第6幢11层

海航东银期货有限公司兰州营业部

电话:0931－2176966

地址:兰州市城关区庆阳路169号陇鑫大厦写字楼21层04、05号

万达期货有限公司兰州营业部

电话:0931－8429691

地址:兰州市城关区张掖路1号保利大厦14楼1401、1402室

贵州证券市场

中国证券监督管理委员会贵州监管局

中国证券监督管理委员会贵州监管局（简称贵州证监局），主要职责是：根据中国证券监督管理委员会的授权，对辖区内的上市公司，证券、期货经营机构，证券期货投资咨询机构和从事证券业务的律师事务所、会计师事务所、资产评估机构等中介机构的证券、期货业务活动进行监督管理；查处监管辖区范围内的违法、违规案件。

处室设置

贵州证监局下设办公室（党委办公室）、上市公司监管处、机构监管处、稽查处。

办公室（党委办公室）

承担本局的办文秘、行政后勤、人事教育、财务及设备管理、纪检监察等工作。

上市公司监管处

依据规定，对辖区内上市公司进行监管；对拟上市公司进行监管；对与证券、期货相关的审计及评估业务进行监管等。

机构监管处

依据规定，对辖区内的证券期货经营机构、证券期货投资咨询机构、证券投资基金管理机构进行监管以及承担与此三项监管工作相关的信息安全和管理等工作。

稽查处

依据规定，负责对辖区内证券期货违法违规事项的立案调查；负责对案件或调查事项的协助调查；负责本局法律以及信访等工作。

证监局领导：

梁盛红，男，汉族，中国证监会贵州监管局党委书记、局长（正厅局级）

蔡运兴，男，汉族，中国证监会贵州监管局巡视员（副厅局级）

黄明贵，男，汉族，中国证监会贵州监管局党委委员、纪委书记、副局长

吴学群，男，蒙古族，中国证监会贵州监管局党委委员、副局长

联系方式：

联系及投诉电话：0851－6904175、6904281

传　　真：0851－6904031

投诉信箱：csrcgy@ csrc. gov. cn

通讯地址：贵州省贵阳市中华北路18号银海大厦5楼

邮政编码：550001

贵州证监局治理商业贿赂领导小组办公室

举报电话：0851－6904290

举报信箱：Longxj@ csrc. gov. cn

通讯地址：贵州省贵阳市中华北路18号银海大厦北楼五层稽查处

邮政编码：550001

贵州辖区上市公司基本情况

证券代码	证券简称	公司中文名称	股票种类	首发上市日期	上市地点	成立日期	工商登记号	注册资本亿元
002039. SZ	黔源电力	贵州黔源电力股份有限公司	A股	2005－3－3	深圳	1993－10－12	5200001203326	1.4026
600112. SH	长征电气	贵州长征电气股份有限公司	A股	1997－11－27	上海	1997－11－13	5200001201823	3.2287
002025. SZ	航天电器	贵州航天电器股份有限公司	A股	2004－7－26	深圳	2001－12－30	5200001204528	3.3
000540. SZ	中天城投	中天城投集团股份有限公司	A股	1994－2－2	深圳	1994－1－8	520000000014818	5.709
600227. SH	赤天化	贵州赤天化股份有限公司	A股	2000－2－21	上海	1998－8－28	5200001201988(2－2)	3.691
000851. SZ	高鸿股份	大唐高鸿数据网络技术股份有限公司	A股	1998－6－9	深圳	1994－1－20	5200001202072	2.599
002037. SZ	久联发展	贵州久联民爆器材发展股份有限公司	A股	2004－9－8	深圳	2002－7－18	520000000007546	1.331
600594. SH	益佰制药	贵州益佰制药股份有限公司	A股	2004－3－23	上海	2000－11－28	5200001203798	2.3517
000920. SZ	南方汇通	南方汇通股份有限公司	A股	1999－6－16	深圳	1999－5－11	5200001205272(2－1)	4.22
600992. SH	贵绳股份	贵州钢绳股份有限公司	A股	2004－5－14	上海	2000－10－19	5200001203738	1.6437
600367. SH	红星发展	贵州红星发展股份有限公司	A股	2001－3－20	上海	1999－5－2	5200001205791	2.912
600765. SH	中航重机	中航重机股份有限公司	A股	1996－11－6	上海	1996－11－1	5200001202192	5.1867
600523. SH	贵航股份	贵州贵航汽车零部件股份有限公司	A股	2001－12－27	上海	1999－12－29	5200001205831	2.8879
000733. SZ	振华科技	中国振华(集团)科技股份有限公司	A股	1997－7－3	深圳	1997－6－26	5200001202159	3.5812
000589. SZ	黔轮胎A	贵州轮胎股份有限公司	A股	1996－3－8	深圳	1995－9－1	5200001202715	2.5433
600519. SH	贵州茅台	贵州茅台酒股份有限公司	A股	2001－8－27	上海	1999－11－20	5200001205870	9.438
600395. SH	盘江股份	贵州盘江精煤股份有限公司	A股	2001－5－31	上海	1999－10－29	5200001205689(2－1)	11.0337

证券代码	证券简称	主营产品类型	法人代表	注册地址	公司电话	公司电子邮件地址
002039. SZ	黔源电力	火电、水电	张志孝	贵州省贵阳市机场路5号黔源大厦	86－851－5592187 86－851－5596623	liumd@ gzqydl. cn dengwei333@ sohu. com
600112. SH	长征电气	变电设备、传动设备、低压电器类、电气仪器仪表、电子元器件	唐勇	贵州省遵义市上海路100号	86－852－8622952	gzczdq@ public. gz. cn jy@ czdq. cn ws@ czdq. cn
002025. SZ	航天电器	低压电器类、电子元器件、发电机及附属设备	曹军	贵州省贵阳市小河区红河路7号	86－851－8697026 86－851－8697168	htdq@ gzhtdq. com. cn wyp@ gzhtdq. com. cn mq@ gzhtdq. com. cn

证券代码	证券简称	主营产品类型	法人代表	注册地址	公司电话	公司电子邮件地址
000540. SZ	中天城投	商业地产、物业出租和管理、学校、住宅楼盘	罗玉平	贵州省贵阳市中华中路1号峰会国际大厦	86-851-5866298 86-851-5860976	ztqyd@ public. gz. cn
600227. SH	赤天化	保健酒、氮肥、复合(混)肥、呼吸系统用制剂、泌尿系统用制剂、神经系统用制剂、无机化工原料、循环系统用制剂、原料药、植物类中药制剂	郑才友	贵州省贵阳市新添大道310号	86-852-2878788 86-852-2878518 86-852-2879168	gfgs_bgs@ chth. cn ycx@ chth. cn mj@ chth. cn
000851. SZ	高鸿股份	CTI语音软件、MIS软件、传输设备、交换设备、接入设备、视频产品、视频点播系统、网管软件、无线增值业务、行业专用软件、运营平台系统	付景林	贵州省贵阳市国家高新技术产业开发区金阳知识产权园A-1-63号	86-10-62301907	gohigh@ gohigh. com. cn xiaoxiangtao@ gohigh. com. cn
002037. SZ	久联发展	火工产品、民用建筑	周天爵	贵州省贵阳市高新技术开发区新天园区	86-851-6756941 86-851-6751504	ljx3616199@ 163. com wlc-jl-6751504@ 163. com
600594. SH	益佰制药	植物类中药制剂	窦啟玲	贵州省贵阳市白云大道220-1号	86-851-4705590 *8223	600594@ gz100. cn
000920. SZ	南方汇通	存储设备、低压电器类、电子元器件、高分子聚合物、环保机械、汽车维修、汽车橡胶配件、重型卡车与专用车	黄纪湘	贵州省贵阳市国家高新技术产业开发区	86-851-4470866	msc@ southhuiton. com
600992. SH	贵绳股份	钢丝类	赵跃	贵州省遵义市桃溪路47号	86-852-8419247 86-852-8419570	office@ gzgs. com. cn zjb@ gzgz. com. cn yqp@ gzgs. com. cn
600367. SH	红星发展	轻有色金属、食品添加剂、无机化工原料、有机化工原料、重有色金属	姜志光	贵州省安顺市镇宁县丁旗镇	86-853-6780388 86-853-6780066	rsdmc@ hxfz. com. cn wanyang@ hxfz. com. cn
600765. SH	中航重机	动力机械、发动机设备、风泵机械	谭卫东	贵州省贵阳市小河区锦江路110号	86-851-3808861	lygs@ liyuanyeya. com
600523. SH	贵航股份	发动机设备、横向附件、空调器具	迟耀勇	贵州省贵阳市小河区清水江路1号	86-851-3802670	ghgf-zqb@ china. com
000733. SZ	振华科技	半导体分立器件、电话机及配件、电子元器件、集成电路、交换设备	陈中	贵州省贵阳市乌当区新添大道北段268号	86-851-6301078 86-851-6302822	qijing@ czelec. com. cn jiangmx@ czelec. com. cn zhkj9@ mail. guz. cei. gov. cn
000589. SZ	黔轮胎A	合成橡胶、轮胎	马世春	贵州省贵阳市百花大道41号	86-851-4763651	gzt@ guizhoutyre. com dmc@ gztire. com
600519. SH	贵州茅台	白酒	袁仁国	贵州省仁怀市茅台镇	86-852-2386002	fnp@ moutaichina. com
600395. SH	盘江股份	火电、煤制品	周炳军	贵州省六盘水市红果经济开发区	86-858-3703046 86-858-3703068	pjwzb@ 163. com pjwzb@ 163. com

证券代码	证券简称	公司独立董事(现任)	资产评估机构	审计机构	法律顾问	公司发行证券一览
002039. SZ	黔源电力	冯励生、刘志德 严安林、周立业	上海立信资产评估事务所	大信会计师事务有限公司	北斗星律师事务所	黔源电力(002039,A股)
600112. SH	长征电气	胡晓登、李铁军 石校瑜	上海会计师事务所	深圳市鹏城会计师事务所有限公司	重庆百君律师事务所	长征电气(600112,A股)
002025. SZ	航天电器	陈怀谷、史际春 苏东林、张宏斌	中资资产评估有限公司	中和正信会计师事务所有限公司	北京市万商天勤律师事务所	航天电器(002025,A股)
000540. SZ	中天城投	陈世贵、胡北忠 宋　蓉、唐朝礼	中发国际资产评估公司 贵阳会计师事务所	四川君和会计师事务所有限责任公司	君跃律师事务所	中天城投(000540,A股)
600227. SH	赤天化	程文鼎、顾宗勤 刘志德、张建华	上海会计师事务所	中和正信会计师事务所有限公司	天一致和律师事务所	赤天化(600227,A股) 赤化转债(110227,可转换债券)
000851. SZ	高鸿股份	蔡荣生、刘汝林 张天西、张翼志	贵州会计师事务所	中瑞岳华会计师事务所有限公司	北京市天银律师事务所	高鸿股份(000851,A股)
002037. SZ	久联发展	王　强、王胜彬 魏现州	中审会计师事务有限公司	中和正信会计师事务所有限公司	北斗星律师事务所	久联发展(002037,A股)
600594. SH	益佰制药	宋　蓉、王永林 张　武、黄　焱 张文周		北京中证天通会计师事务所有限公司	上海市耀良律师事务所	益佰制药(600594,A股)
000920. SZ	南方汇通	严安林、张英峰	北京中企华资产评估有限责任公司	利安达会计师事务所有限责任公司	天一致和律师事务所	南方汇通(000920,A股)
600992. SH	贵绳股份	李军旗、辛　耀 严安林	天一会计师事务所有限公司	天健光华(北京)会计师事务所有限公司	北京市众天律师事务所	贵绳股份(600992,A股)
600367. SH	红星发展	姜世光、田庆国 赵法森	青岛资产评估事务所	山东汇德会计师事务所有限公司	国浩律师集团(北京)事务所	红星发展(600367,A股)

证券代码	证券简称	公司独立董事(现任)	资产评估机构	审计机构	法律顾问	公司发行证券一览
600765.SH	中航重机	曹　斌、程文鼎 谷家忠　李天明	贵州会计师事务所	中和正信会计师事务所有限公司	北京市嘉源律师事务所	中航重机(600765,A股)
600523.SH	贵航股份	崔玉明、王　强 王胜彬、温　烨	贵州黔元会计师事务所	中瑞岳华会计师事务所有限责任公司	天一致和律师事务所	贵航股份(600523,A股)
000733.SZ	振华科技	王怀道、严安林 张　健	深圳维明资产评估事务所	中和正信会计师事务所有限责任公司	贵州驰宇律师事务所	振华科技(000733,A股)
000589.SZ	黔轮胎A	管　洲、张　鹏 赵宗哲		深圳市鹏城会计师事务所有限公司	智衡律师事务所	黔轮胎A(000589,A股) 07黔轮胎CP01 (0781166,短期融资券)
600519.SH	贵州茅台	高国华、孙德生		中和正信会计师事务所有限公司	北京市金杜律师事务所	贵州茅台(600519,A股) 茅台JCP1(580990,权证)
600395.SH	盘江股份	李晓冬、刘宗义 杨化彭	中华财务会计咨询公司	中和正信会计师事务所有限公司	道援律师事务所	盘江股份(600395,A股)

贵州辖区上市公司2008年度统计信息

证券代码	证券简称	总股本 亿股	限售股合计 亿股	流通股合计 亿股	总市值 亿元	A股市值 (含限售股)亿元	A股市值 (不含限售股)亿元
002037.SZ	久联发展	1.21	0.436	0.774	10.3334	10.3334	6.6103
600765.SH	中航重机	1.4026	0.1687	1.2339	16.3959	16.3959	14.424
600523.SH	贵航股份	1.6437	0.4869	1.1568	7.4624	7.4624	5.2521
600992.SH	贵绳股份	2.3517	0	2.3517	17.4496	17.4496	17.4496
002039.SZ	黔源电力	2.5433	0.8489	1.6943	11.343	11.343	7.5567
600367.SH	红星发展	2.599	0.3375	2.2615	13.2029	13.2029	11.4885
000540.SZ	中天城投	2.8879	1.7828	1.1052	26.2802	26.2802	10.057
000589.SZ	黔轮胎A	2.912	1.3725	1.5395	12.9293	12.9293	6.8352
600227.SH	赤天化	3.2287	0.9814	2.2473	20.2118	20.2118	14.0684
002025.SZ	航天电器	3.0628	1.3185	1.7442	20.3673	20.3673	11.5991
600112.SH	长征电气	3.3	1.5013	1.7987	20.658	20.658	11.2597
000851.SZ	高鸿股份	3.5812	0.9358	2.6454	15.041	15.041	11.1107
600594.SH	益佰制药	4.22	1.7994	2.4206	17.724	17.724	10.1665
000920.SZ	南方汇通	3.5867	2.6897	0.897	38.521	38.521	9.6338
000733.SZ	振华科技	3.5681	1.9878	1.5804	17.6978	17.6978	7.8386
600395.SH	盘江股份	5.9408	3.2532	2.6876	69.745	69.745	31.5521
600519.SH	贵州茅台	9.438	4.8868	4.5512	1025.9106	1025.9106	494.7165

贵州辖区上市公司2009年二季度统计信息

证券代码	证券简称	总股本 亿股	限售股合计 亿股	流通股合计 亿股	总市值 亿元	A股市值 (含限售股)亿元	A股市值 (不含限售股)亿元
002037.SZ	久联发展	1.331	0.4796	0.8514	15.8256	15.8256	10.1237
600765.SH	中航重机	5.1867	4.2897	0.897	87.292	87.292	15.0965
600523.SH	贵航股份	2.8879	1.4828	1.4052	36.1859	36.1859	17.6067
600992.SH	贵绳股份	1.6437	0.4869	1.1568	14.3659	14.3659	10.1108
002039.SZ	黔源电力	1.4026	0.1687	1.2339	21.5994	21.5994	19.0016
600367.SH	红星发展	2.912	1.3725	1.5395	26.6157	26.6157	14.0706
000540.SZ	中天城投	5.709	3.1797	2.5292	88.946	88.946	39.4056
000589.SZ	黔轮胎A	2.5433	0.849	1.6943	24.4408	24.4408	16.282
600227.SH	赤天化	3.691	1.0127	2.6782	35.7284	35.7284	25.9254
002025.SZ	航天电器	3.3	1.3768	1.9232	34.518	34.518	20.1171
600112.SH	长征电气	3.2287	0	3.2287	45.7188	45.7188	45.7188
000851.SZ	高鸿股份	2.599	0.3375	2.2615	17.9331	17.9331	15.6044
600594.SH	益佰制药	2.3517	0	2.3517	26.1039	26.1039	26.1039
000920.SZ	南方汇通	4.22	0	4.22	28.8226	28.8226	28.8226
000733.SZ	振华科技	3.5812	0.9358	2.6454	26.859	26.859	19.8406
600395.SH	盘江股份	11.0337	8.3461	2.6876	299.123	299.123	72.8601
600519.SH	贵州茅台	9.438	0	9.438	1396.9184	1396.9184	1396.9184

内蒙古证券市场

中国证券监督管理委员会内蒙古监管局

为加强全区股票、债券、国债等证券的宏观管理和协调，使我区证券市场健康发展，1993 年 5 月 4 日，内蒙古自治区人民政府批准成立了内蒙古自治区证券委员会，为非常设机构，办公室设在自治区体改委，负责日常具体工作。1995 年 9 月 11 日，自治区人民政府正式成立内蒙古自治区证券监督管理委员会（简称内蒙古证监会），为自治区直属相当于副厅级自收自支事业单位。随着国家金融体制的改革，1998 年 12 月，内蒙古证监会上划中国证监会，实行垂直管理，并于 1999 年 7 月 1 日更名为“中国证券监督管理委员会呼和浩特证券监管特派员办事处（简称中国证监会呼和浩特特派办）”。为强化证券市场监管，2004 年 3 月 1 日中国证监会呼和浩特特派办更名为“中国证券监督管理委员会内蒙古监管局（简称内蒙古证监局）”。

中国证券监督管理委员会内蒙古监管局的主要职责是：根据中国证券监督管理委员会的授权，对辖区内的上市公司，证券、期货经营机构，证券期货投资咨询机构和从事证券业务的律师事务所、会计师事务所、资产评估机构等中介机构的证券、期货业务活动进行监督管理；查处监管辖区范围内的违法、违规案件。

按照中国证监会的要求，内蒙古证监局设置办公室、上市公司监管处、机构监管处、稽查处。

办公室

承担本机构的办公文秘、行政、人事、财务管理、计算机网络、信息、外事和纪检监察等项工作。

上市公司监管处

依据规定，对辖区内的上市公司进行监管。对拟上市公司的股份制改造情况进行核查。对辖区内从事证券业务的会计师、律师、资产评估师及其从业人员的证券从业活动进行监管。

机构监管处

依据规定，对辖区内的证券期货经营机构、登记托管结算机构、证券期货投资咨询机构、信息传播机构、证券投资基金管理机构及其从业人员的业务活动进行监管。

稽查处

依据规定，负责对辖区内违反证券期货市场法规的案件进行调查处理或移送、协助司法机关调查处理；调解证券、期货业务纠纷和争议，处理有关的来信来访、承担本机构的法规工作。

联系方式：
综合处：0471－4688782
上市公司监管处：
0471－4688723
机构监管处：
0471－4688794
稽查处：0471－4688784
值班室：0471－4688865
传　真：0471－4688164
E_mail：hhtpb@ public. hh. nm. cn
地　址：呼和浩特市赛罕区东风路 8 号农发行大厦十二层
邮　编：010010

内蒙古证券市场上市公司总体介绍

一、数量

截止 2007 年 12 月 31 日，内蒙古辖区在境内共有 19 家上市公司（在上交所上市 14 家，在深交所上市 5 家），其中 A 股公司 17 家，B 股公司 1 家，A＋B 股公司 1 家。

19 家上市公司分布在呼和浩特（4 家）、包头（6 家）、赤峰（2 家）、鄂尔多斯（4 家）、乌海（1 家）、阿拉善（1 家），通辽（1 家）。

二、市值及股本

截止 2007 年 12 月 31 日，内蒙古在境内上市的 19 家上市公司（沪市 14 家，深市 5 家）总股本为 159.18 亿股，较年初增长 36.28%；总市值为 2685.85 亿元，较年初增长 317.59%。

三、资产规模

截止 2007 年 12 月 31 日，内蒙古境内上市公司总资产 1,309.44 亿元，较年初增长 44.31%，归属于上市公司的所有者权益 493.34 亿元，较年初增长 47.94%，内蒙古上市公司归属于上市公司股东的平均每股净资产为 3.10 元，较年初增长 8.39%。

四、行业分布及业务结构

内蒙古在境内上市的 19 家上市公司全部为生产企业，依托自治区丰富的煤炭、稀土、草原等资源开展生产经营活动，产品主要分布在电力、煤炭采选、食品加工、机械加工、钢铁、化工等行业，销售范围从本地扩展到全国，一些产品如稀土产品、仪器、生物制药等销往国外市场。

内蒙古证券市场
2008 年 12 月末证券经营机构统计信息

项目	数据
证券公司数（家）	2
证券营业部数（家）	25
证券服务部数（家）	17
开户数（万户）	47
证券交易量（亿元）	2528

内蒙古证券市场
2009 年 6 月末证券经营机构统计信息

项目	数据
证券公司数（家）	2
证券营业部数（家）	27
证券服务部数（家）	15
开户数（万户）	52
证券交易量（亿元）	2028

内蒙古证券市场上市公司 2008 年 12 月 31 日收盘情况

1	包钢股份	600010	2.61	2.54	-0.07	11353800	2.63	2.52	-2.681992337	1.145795755	4.214559387	29150000	690983.0288	1631542.806
2	明天科技	600091	3.06	3	-0.04	3388100	3.09	2.99	-1.315789474	0.622988295	3.289473684	10328000	100957.8047	100957.8047
3	包钢稀土	600111	7.41	7.02	-0.29	7252900	7.41	7	-3.967168263	3.594470139	5.60875513	51995000	346195.9343	566758.2741
4	华资实业	600191	3.68	3.51	-0.14	2711400	3.7	3.51	-3.835616438	0.8775	5.205479452	9802000	170211.1293	170211.1293
5	金宇集团	600201	5.63	5.41	-0.22	2316300	5.66	5.4	-3.907637655	2.116422792	4.618117229	12910000	151920.8622	151920.8622
6	北方股份	600262	6.32	6.11	-0.25	3566700	6.43	6.09	-3.93081761	1.492573848	5.34591195	22297000	40326	103870
7	亿利能源	600277	7.47	7.43	0.01	2287700	7.54	7.23	0.134770889	0.911992109	4.177897574	16975000	129133.4	446758.47
8	西水股份	600291	5.7	5.51	-0.17	2563400	5.75	5.48	-2.992957746	0.88659331	4.753521127	14324000	176320	176320
9	鄂尔多斯	600295	0	0	0	0	0	0	0	0	0	0	0	0
10	兰太实业	600328	5.68	5.31	-0.38	3582900	5.77	5.3	-6.678383128	1.996240537	8.260105448	19907000	116072.8871	190691.6621
11	内蒙华电	600863	2.71	2.77	0.06	5086800	2.81	2.66	2.21402214	1.728009933	5.535055351	13927000	158703.0816	548797.94
12	*ST 伊利	600887	7.98	8	0.04	9804800	8.07	7.9	0.502512563	2.197802134	2.135678392	78189000	582202.5625	639458.25
13	北方创业	600967	7.1	6.87	-0.23	1739300	7.21	6.85	-3.23943662	1.371257422	5.070422535	12313000	113066.46	119009.01
14	鄂绒 B 股	900936	0	0	0	0	0	0	0	0	0	0	0	0
15	伊泰 B 股	900948	2.435	2.465	0.034	1018100	2.498	2.426	1.398601399	1.628567662	2.961744138	2479000	81838	180438
16	富龙热电	000426	3.19	3.14	-0.11	6385300	3.22	3.04	-3.384615385	1.019480545	5.538461538	19966000	63027.71133	119532.4161
17	时代科技	000611	0	0	0	0	0	0	0	0	0	0	0	0
18	远兴能源	000683	6.15	6.14	-0.01	9217400	6.26	6.02	-0.162601626	2.5061224	3.902439024	56883000	248180.0952	314291.8736
19	平庄能源	000780	4.57	4.59	0.03	2048500	4.64	4.56	0.657894737	1.687499982	1.754385965	9426000	179633.7738	465566.6046
20	露天煤业	002128	9.18	9.09	-0.05	1310700	9.3	9.04	-0.547045952	3.710204009	2.84463895	11986000	185497.3575	1004964.763

内蒙古证券市场上市公司 2009 年 6 月 30 日收盘情况

次序	名称	代码	开盘	成交	涨跌	总量	最高	最低	幅度%	市净率	振幅%	成交金额	流通市值	总市值
1	包钢股份	600010	4.09	3.96	-0.13	69756600	4.09	3.93	-3.178484108	1.786358736	3.91198044	278083008	1077280.628	2543665.163
2	明天科技	600091	5.26	5.13	-0.12	7166600	5.3	5.1	-2.285714286	1.065309985	3.80952381	37447000	172637.846	172637.846
3	包钢稀土	600111	19.02	19.38	0.39	31631600	19.47	18.76	2.05371248	9.923195341	3.7388099	608505984	955737.4938	1564640.363
4	华资实业	600191	7.89	7.92	0.07	7880900	8.09	7.83	0.891719745	1.98	3.312101911	62768000	384066.1378	384066.1378
5	金宇集团	600201	9.34	9.51	0.16	15136400	9.6	9.3	1.711229947	3.720366129	3.20855615	144066000	267054.9721	267054.9721
6	北方股份	600262	9.87	9.78	-0.04	1845800	9.88	9.71	-0.407331976	2.389095292	1.731160896	18055000	64548	166260
7	亿利能源	600277	15.54	16.03	0.64	3204800	16.39	15.35	4.158544509	1.967595358	6.757634828	51271000	278601.4	963867.87
8	西水股份	600291	11.9	11.78	-0.17	9757600	12.16	11.65	-1.422594142	1.895475353	4.267782427	116282000	376960	376960
9	鄂尔多斯	600295	13.29	12.27	0.19	17427600	13.29	12.2	1.572847682	3.436974854	9.023178808	216394000	235584	1266264
10	兰太实业	600328	9.48	9.17	-0.28	6519900	9.5	9.15	-2.962962963	3.44736831	3.703703704	60494000	200449.7882	329311.2132
11	内蒙华电	600863	5.12	5.1	0.01	14003400	5.22	5.08	0.196463654	3.181534534	2.750491159	72225000	292197.0094	1010422.2
12	*ST 伊利	600887	14.98	14.81	-0.04	15246000	15.02	14.58	-0.269360269	4.068681201	2.962962963	225075008	1077802.494	1183797.085
13	北方创业	600967	10.15	10.32	0.14	6900400	10.49	10.14	1.37524558	2.059880145	3.438113949	71376000	169846.56	178773.36
14	鄂绒 B 股	900936	0.674	0.688	0.015	5183800	0.718	0.674	2.228826152	1.316998414	6.537890045	3589000	28896	71001.6
15	伊泰 B 股	900948	4.62	4.653	0.057	2818800	4.679	4.6	1.240208877	3.074127924	1.718885988	13099000	154479.6	340599.6
16	富龙热电	000426	10.01	9.78	-0.23	5848700	10.15	9.75	-2.297702298	3.175324754	3.996003996	57665000	196309.241	372301.6017
17	时代科技	000611	5.71	5.6	-0.09	9337100	5.8	5.58	-1.58172232	3.042320806	3.866432337	53075000	132200.4906	180220.3156
18	远兴能源	000683	10.53	9.86	-0.67	37692100	10.56	9.77	-6.362773029	4.024489718	7.502374169	378556000	398543.2798	504709.7514
19	平庄能源	000780	12.52	12.49	0.06	25092500	12.85	12.43	0.482703138	4.591911716	3.378921963	318185984	488807.3715	1266868.604
20	露天煤业	002128	26.57	26.72	0.48	24289200	27.8	26.5	1.829268293	10.90612224	4.954268293	657665024	545268.36	2954087.841

宁夏证券市场

中国证券监督管理委员会宁夏监管局

中国证监会宁夏监管局成立于1999年7月,其前身是1993年经宁夏回族自治区人民政府批准成立的"宁夏证券委员会",下设办公室,隶属于自治区人民政府。随着全国证券监管体制向集中统一模式转变,宁夏证券委员会办公室划归中国证监会,成为中国证监会派出机构。1999年7月1日正式挂牌成立"中国证券监督管理委员会银川证券监管特派员办事处"(简称中国证监会银川特派办),2004年3月1日,中国证监会银川特派办更名为"中国证券监督管理委员会宁夏监管局",简称宁夏证监局。

人员编制:

截止2008年底,宁夏证监局在编人员26人,大学本科学历18人,硕士研究生学历6人,其中财经专业10人,法律专业5人,会计专业6人,其他专业4人。有4人具有注册会计师资格,2人具有律师资格,3人具有高级会计师职称。

主要职责:

根据中国证监会的授权,宁夏证监局的主要职责是:贯彻执行国家有关法律、法规和方针政策,严格按照证监会《派出机构监管工作职责》,做好辖区内的一线监管工作,完成证监会系统的协作监管任务。按照中国证监会的规定对辖区内的上市公司、证券期货经营机构、证券投资基金、证券期货投资咨询机构及从事证券期货业务的律师事务所、会计师事务所、资产评估机构等中介机构的证券期货业务活动进行监督管理,依法查处辖区证券期货市场违法、违规案件,调解证券期货业务纠纷和争议,以及中国证监会赋予的其它职责。

根据监管职能要求,宁夏证监局内设5个处室,分别是办公室、上市公司监管处、机构监管处、稽查处、党务工作(纪检监察)办公室。主要职责如下:

(一)办公室:负责承担本局的文秘、信访投诉、行政许可、财务管理、后勤管理、外事和保密工作。

(二)上市公司监管处:负责对辖区内上市公司进行监管,对拟上市公司的股份制改造情况进行调查。负责对辖区内会计师事务所、资产评估事务所的证券业务进行监管。

(三)机构监管:负责对辖区内证券公司以及分公司、证券营业部、证券服务部、以及上述各机构的从业人员的业务活动进行依法监管;负责对辖区内开展的基金业务活动和证券投资咨询业务活动进行监管;负责对辖区内期货经纪公司、期货经纪公司分公司及营业部、期货投资咨询公司的业务活动进行日常监管。

(四)稽查处:负责对辖区内证券期货违法违规案件进行调查,承担证监会交办的案件调查工作;协助有关单位、部门调查涉及证券期货违法违规案件;承担信访工作;配合工商、公安等部门打击辖区内非法证券期货交易;负责组织辖区内维护证券期货市场稳定工作;承担本局的法律事务工作;监督执行证监会做出的涉及辖区范围内的行政处罚决定。

(五)党务工作(纪检监察)办公室:负责本局的党建、人事、纪检监察工作。

证监局领导:

党委书记、局长:王宏斌

党委委员、纪委书记、副局长:闫　勇

党委委员、副局长 :李建良

联系方式:

联系人:李建良

电　话:0951－6736401

传　真:0951－6735000

投诉电话:0951－6025924

　　　　0951－4013428

通信地址:银川市兴庆区北京东路379号金源大厦12层

邮政编码:750004

2008年12月宁夏证券期货市场综合统计月报

一、上市公司基本情况

截至12月底,辖区共有上市公司11家,总股本27.19亿股,其中流通股本19.56亿股;总市值159.03亿元,流通市值113.60亿元,分别较上月增长7.29%和9.64%。

二、证券经营机构情况

截至12月底,辖区共有12家证券营业部,5家证券服务部。其中,南京证券所属10家证券营业部,5家服务部;华泰证券银川营业部和银河证券银川营业部各1家。本月证券账户(A、B股账户)总数达到32.41万户,较上月增长0.65%;客户交易结算资金10.51亿元,较上月增长2.44%;证券交易额47.36亿元,与上月基本持平。客户托管证券市值43.49亿元,全年证券交易额812.16亿元。

三、期货经营机构情况

截至12月底,辖区有期货经营机构2家:即格林期货公司银川营业部和甘肃陇达期货公司银川营业部;另外,青铜峡铝业集团有限公司具有从事境外期货套期保值业务资格。本月新增期货投资者开户15户,累计开户总数为516户;成交量8.12万手,成交额30.02亿元,分别较上月减少2.00%和3.77%。全年累计成交量79.74亿手,累计交易额415.92亿元。

四、开放式基金代销机构情况

截至12月底,辖区共有9家基金代销机构,其中,证券类代销机构3家,银行类代销机构6家。本月,辖区共销售开放式基金0.81亿元,比上月增长138%。其中,认购额0.24亿元,比上月增长380%;申购额0.57亿元,比上月增长97%;赎回开放式基金0.53亿元,比上月增长39%,本月开放式基金销售业务开始呈现活跃态势。辖区全年累计销售开放式基金18.77亿元,其中认购额2.86亿元,申购额15.91亿元;赎回额23.28亿元;保有量为70.58亿元。

2009年6月宁夏证券期货市场综合统计月报

一、上市公司基本情况

截至6月底,辖区共有上市公司11家,总股本27.19亿股,同比增长5.02%,环比以及与2008年末比没有变化;流通股本22.64亿股,环比增长0.03%,同比增长23.53%,较2008年末增长15.69%;总市值294.25亿元,环比增长10.49%,同比增长36.93%,较2008年末增长85.03%;流通市值239.90亿元,环比增长11.75%,同比增长60.80%,较2008年末增长111.17%。

二、证券经营机构情况

截至6月底,辖区共有13家证券营业部、4家证券服务部。其中,南京证券所属11家证券营业部、4家服务部,华泰证券银川营业部和银河证券银川营业部各 1 家。本月末证券账户(A、B 股账户)总数 35.85 万户,环比增长 3.19%,同比增长 15.12%,较 2008 年末增长 10.63%;本月证券交易额 132.21 亿元,环比增长 15.64%,同比增长 139.49%。

2009 年上半年证券交易额累计 682.80 亿元,同比增长 31.58%。

三、期货经营机构情况

截至 6 月底,辖区有格林期货公司银川营业部和甘肃陇达期货公司银川营业部;另外,青铜峡铝业集团有限公司具有从事境外期货套期保值业务资格。本月新增期货投资者开户 27 户,累计开户总数为 737 户,环比增加 3.37%,同比增加 64.14%,较 2008 年末增加 42.83%。本月成交量 10.70 万手,环比减少 13.53%,同比增加 63.66%;成交额 57.43 亿元,环比减少 6.25%,同比增加 21.82%。

2009 年上半年期货成交量累计 50.62 万手,同比增加 36.61%;成交额 230.58 亿元,同比增加 4.08%。

四、开放式基金代销机构情况

截至 6 月底,辖区共有 9 家基金代销机构,其中,证券类代销机构 3 家,银行类代销机构 6 家。本月,辖区共销售开放式基金 2.16 亿元,环比增长 55.40%,同比增长 292.73%:其中认购额 0.38 亿元,环比增长 192.31%,同比增长 137.50%;申购额 1.78 亿元,环比增长 41.27%,同比增长 356.41%;赎回开放式基金 2.29 亿元,环比增长 43.13%,同比增长 64.75%。

2009 年上半年累计销售开放式基金 8.79 亿元,同比减少 43.33%:其中认购额 1.65 亿元,同比增长 1.85%;申购额 7.14 亿元,同比减少 48.60%;赎回开放式基金 8.53 亿元,同比减少 56.77%。

宁夏证券市场上市公司 2008 年 12 月 31 日收盘情况

次序	名称	代码	开盘	成交	涨跌	总量	最高	最低	幅度%	市净率	振幅%	成交金额	流通市值	总市值
1	大元股份	600146	3.74	3.46	-0.24	3256700	3.75	3.41	-6.486486486	2.149068304	9.189189189	11608000	69200	69200
2	宁夏恒力	600165	3.79	3.78	0.04	1228900	3.85	3.73	1.069518717	1.594936786	3.20855615	4648000	73314.42152	73314.42152
3	赛马实业	600449	17	17.14	0.08	2259400	17.48	17	0.468933177	1.859022306	2.813599062	38850000	239626.6237	334459.5153
4	新华百货	600785	10.5	10.55	0.05	1069900	10.69	10.33	0.476190476	2.50593822	3.428571429	11267000	147283.5944	182366.6612
5	ST 银广夏	000557	2.64	2.59	-0.04	3141200	2.65	2.56	-1.520912548	-6.99999991	3.422053232	8159000	155312.0412	177708.702
6	西北轴承	000595	7.3	6.53	-0.72	2166700	7.3	6.53	-9.931034483	3.05140172	10.62068966	14776000	87005.65623	141589.5309
7	英 力 特	000635	8.65	8.42	-0.17	2420300	8.65	8.32	-1.979045402	2.90344818	3.841676368	20534000	115753.4484	115753.4484
8	美利纸业	000815	5.64	5.53	-0.07	2009400	5.7	5.51	-1.25	0.91556292	3.392857143	11302000	63482.18584	87595.2
9	银星能源	000862	6.1	6.01	-0.04	4412400	6.2	6	-0.661157025	6.471411858	3.305785124	26843000	133355.89	141769.89
10	东方钽业	000962	5.71	5.55	-0.18	1339200	5.78	5.55	-3.141361257	1.604046225	4.013961606	7574000	197798.4012	197802
11	中银绒业	000982	4.5	4.14	-0.39	5429400	4.54	4.1	-8.609271523	2.262295029	9.713024283	23421000	35604	68724

宁夏证券市场上市公司 2009 年 6 月 30 日收盘情况

次序	名称	代码	开盘	成交	涨跌	总量	最高	最低	幅度%	市净率	振幅%	成交金额	流通市值	总市值
1	大元股份	600146	12.49	11.89	-0.55	13060200	12.58	11.45	-4.421221865	7.385093102	9.083601286	155703008	237800	237800
2	宁夏恒力	600165	6.67	6.35	-0.3	6079600	6.67	6.29	-4.511278195	2.679325024	5.714285714	39237000	123160.47	123160.47
3	赛马实业	600449	0	0	0	0	0	0	0	0	0	0	0	0
4	新华百货	600785	18.12	18.28	0.23	3057000	19.15	17.9	1.274238227	4.342042716	6.925207756	56359000	255198.4934	315986.9732
5	ST 银广夏	000557	5.64	5.43	-0.15	18157800	5.68	5.41	-2.688172043	-14.67567549	4.838709677	100148000	325615.5921	372570.7535
6	西北轴承	000595	8.02	7.66	-0.35	5843100	8.05	7.66	-4.369538077	3.579439077	4.868913858	45631000	102061.7652	166091.2414
7	英 力 特	000635	13.96	13.94	0.15	3353900	14.34	13.89	1.087744743	4.806896394	3.263234228	47191000	191639.3196	191639.3196
8	美利纸业	000815	10.52	10.75	0.23	5621900	10.84	10.38	2.186311787	1.779801336	4.372623574	59955000	123405.6958	170280
9	银星能源	000862	12.73	12.2	-0.42	5299000	12.73	12.14	-3.328050713	13.13664304	4.675118859	65241000	270705.8	287785.8
10	东方钽业	000962	10.88	10.9	0.04	6893600	10.97	10.7	0.368324125	3.150288983	2.486187845	74819000	388468.932	388476
11	中银绒业	000982	9.06	8.76	-0.34	4838900	9.06	8.71	-3.736263736	4.786885134	3.846153846	42697000	75336	145416

西藏证券市场

中国证券监督管理委员会西藏监管局

1993 年 7 月 22 日，西藏自治区人民政府决定成立自治区证券委员会，下设办公室（副厅级），挂靠自治区经济体制改革办公室。1995 年政府机构改革后，挂靠在新组建的西藏自治区经济贸易经济体制改革委员会。1998 年 9 月 29 日，按照国务院的规定（国发［1998］29 号），整建制移交中国证监会，1999 年 7 月 1 日，中国证监会拉萨特派办正式挂牌办公。2004 年 3 月，中国证监会拉萨特派办更名为中国证券监督管理委员会西藏监管局（简称中国证监会西藏监管局或西藏证监局），内设办公室（党委办公室）、上市公司监管处、机构监管处。

西藏证监局的主要职责是：认真贯彻执行国家有关法律、法规和方针政策，依据中国证监会授权对辖区上市公司，证券、期货经营机构，证券投资咨询机构和从事证券业务的律师事务所、会计师事务所、资产评估机构等中介机构的证券、期货业务活动进行监督管理；对拟上市公司改制情况进行核查；查处辖区范围内的违法、违规案件；调解证券、期货业务纠纷和争议；处理有关来信来访；中国证监会交办的其他工作。

西藏证监局内设办公室（党委办公室）、上市公司监管处、机构监管处。办公室（党委办公室）4 人，上市公司监管处 4 人，机构监管处 4 人。

办公室、党委办公室的主要工作职责是承担本机构办公文秘、内勤、行政管理、财务、对外联络等工作。具体为：

1、协助局领导对全局事务进行综合协调和督促检查；

2、拟定本局内部管理制度并督促执行；

3、负责办公文秘、公文收发、流转和文档管理工作；

4、负责干部人事、劳资、财务管理工作；

5、负责局内计算机系统维护、信息收集和报送工作；

6、负责局内机要、密码保密工作；

7、负责局内接待、对外联络工作；

8、负责局内行政后勤保障、临时工聘用管理等工作；

9、按照局党委、纪委要求，组织政治思想教育、党风廉政建设和纪检监察等工作；

10、按照局党委要求，指导局机关党支部、局工会工作。

上市公司监管处：

一、监管职责。依据《上市公司辖区监管责任制工作指引（试行）》，上市处对上市公司的监管职责主要包括以下内容：

1、落实信息披露监管，排查信息披露与事实不一致的风险；

2、督促上市公司规范运作，完善公司法人治理结构；

3、提高并购重组监管效率，支持上市公司持续发展；

4、监管上市公司持续监管记录，提高再融资监管效率；

5、建立上市公司风险监管和应急处置机制；

6、建立综合监管机制和协同监管机制；

7、加强监管档案管理工作。

二、岗位职责。上市处监管实行监管责任分解到人，即每一名监管人员按照分工监管两家上市公司，协助监管两家上市公司。在此基础上实行岗位职责两级管理，即处长（副处长）岗位和监管人员岗位。

机构监管处：

1、负责对辖区内证券公司高级管理人员任职资格进行谈话鉴定并报送机构部。

2、负责对证券公司分支机构负责人的任职资格进行审核，并结合“证券经营机构高管人员数据报送系统”，进行日常管理。

3、负责对辖区内分支机构的同城或同辖区迁址进行备案，对辖区内证券营业部异地迁址（包括辖区内异地迁址和跨辖区异地迁址两种情况）进行审核。

4、负责对辖区内证券公司的转让、互换营业部进行审核。

5、负责对辖区内外资证券类机构驻华代表处的地址变更进行审核。

6、负责对辖区内证券公司的股东或股权变更进行初审。

7、负责对辖区内证券投资咨询业务资格进行初审。

8、负责对辖区内新设立的证券公司分支机构进行开业验收。

9、负责对以下行政审批事项在规定时间内出具书面意见：证券公司设立分公司、营业部和服务部；证券客户资产管理业务资格；证券公司设立集合资产管理计划；证券公司更名或迁址；证券公司增资扩股；证券公司减资；证券公司合并、分立；设立外资代表处；设立外资代表处首席代表、总代表变更；外资代表处更名。

10、负责对辖区内证券公司、证券营业部进行现场检查和非现场检查，督促其对风险进行处置。

11、负责监督检查辖区证券公司公司治理、内部控制情况以及辖区证券营业部内部控制情况，发现问题及时督促整改，防范风险。

12、结合客户交易结算资金监控系统负责对辖区内的证券经营机构的客户交易结算资金进行日常监管。

13、负责对辖区内证券经营机构的涉嫌违法违规进行检查。结合证券营业部系统，负责对辖区内的证券营业部月报、年报进行日常监管。

14、防止辖区内出现非法证券经营网点及“无照执业”的行为，保护合法的证券经营机构的权益。

15、负责受理辖区内证券经营机构的佣金报备方案。

16、负责对辖区内证券公司高级管理人员和分支机构总经理和副总经理任职资格进行年检。

17、除做好本辖区内的证券经营机构的监管工作外，还应及时与证券机构异地分支机构所在地的派出机构沟通，互通情况、协作监管好异地分支机构，做好对证券经营机构的整体监管工作。

证监局领导：

杨代刚党委书记、局长

马坚党委委员、纪委书记、副局长

梁世鹏党委委员、副局长

联系方式：

联系电话：0891－6873076　0891－6873078

传　　真：0891－6873079

机构地址：西藏拉萨市中和国际城滨河广场东 6 号

邮政编码：850000

西藏证券市场证券营业部信息

会员名称	营业部名称	唯一码	地址	邮编	负责人	营业电话	公司传真	通信网络评定等级	评定序列号	评定日期
西藏证券经纪有限责任公司	拉萨证券营业部	2116	拉萨市北京中路169号	850000	黄清平	0891-6819827	0891-6833211	B	B1062	2003-12-1
西藏证券经纪有限责任公司	拉萨市北京中路证券营业部	4617	西藏自治区拉萨市北京中路(建行北京中路支行二楼)	850000	黄清平	0891-6829277	0891-6833211	-	-	-

西藏证券市场上市公司2008年12月31日收盘情况

次序	名称	代码	开盘	成交	涨跌	总量	最高	最低	幅度%	市净率	振幅%	成交金额	流通市值	总市值
1	西藏药业	600211	5.77	5.75	-0.16	2246300	6.01	5.72	-2.707275804	2.829724319	4.906937394	13153000	39554.25	79758.25
2	西藏天路	600326	4.13	4.05	-0.08	5271800	4.19	4.01	-1.937046005	2.006937674	4.358353511	21697000	135909.9791	184680
3	ST珠峰	600338	3.64	3.44	-0.08	2424500	3.64	3.4	-2.272727273	-5.292307886	6.818181818	8654000	38352.69773	54466.65547
4	西藏旅游	600749	3.59	3.51	-0.08	1643200	3.65	3.5	-2.228412256	2.127272758	4.178272981	5874000	51693.98089	57915
5	*ST雅砻	600773	0	0	0	0	0	0	0	0	0	0	0	0
6	五洲明珠	600873	4.66	4.51	-0.14	1171400	4.72	4.5	-3.010752688	2.10560711	4.731182796	5381000	48814.7073	48814.7073
7	西藏发展	000752	3.5	3.35	-0.15	3053500	3.55	3.34	-4.285714286	1.66583796	6	10596000	45043.86445	88359.09619
8	西藏矿业	000762	7.82	7.64	-0.13	1026400	7.94	7.6	-1.673101673	3.560941597	4.375804376	7918000	168388.8082	210635.7998

西藏证券市场上市公司2009年6月30日收盘情况

次序	名称	代码	开盘	成交	涨跌	总量	最高	最低	幅度%	市净率	振幅%	成交金额	流通市值	总市值
1	西藏药业	600211	0	0	0	0	0	0	0	0	0	0	0	0
2	西藏天路	600326	9.75	10.55	0.83	40546800	10.68	9.65	8.53909465	5.227948755	10.59670782	414822016	354037.1061	481080
3	ST珠峰	600338	7.75	7.82	0.07	2013400	7.88	7.7	0.903225806	-12.03076967	2.322580645	15723000	87185.49311	123816.6412
4	西藏旅游	600749	7.08	6.86	-0.19	6243800	7.08	6.83	-2.695035461	4.157575818	3.546099291	43085000	101031.541	113190
5	*ST雅砻	600773	6.93	6.78	-0.07	3124400	6.96	6.74	-1.02189781	-82.68292455	3.211678832	21302000	112875.9428	155169.3179
6	五洲明珠	600873	13.68	13.83	0.31	13564000	14.69	13.5	2.292899408	6.456883886	8.801775148	191571008	149691.22	149691.22
7	西藏发展	000752	8.73	8.77	-0.2	16814900	8.98	8.4	-2.229654404	4.361014599	6.46599777	145263008	117920.8034	231316.2011
8	西藏矿业	000762	24.11	24.28	0.13	17346900	24.83	22.94	0.538302277	11.31670968	7.826086957	415588992	535141.3957	669402.7773

台湾证券市场

台湾证券交易所

台湾证券交易所（TWSE），全称台湾证券交易所股份有限公司（Taiwan Stock Exchange Corporation，TSEC），简称台证所或证交所，为主掌台湾股票上市公司交易市场（即所谓的集中市场）的机构，位于台湾台北市信义区的台北101大楼之内。也是台湾唯一之证券交易所。是主掌台湾股票市场的商业机构。1961年10月23日台湾证券交易所正式被批准成立，1962年2月9日起正式对外营业。

台湾证券交易所是主掌台湾股票市场的商业机构。1961年10月23日台湾证券交易所正式被批准成立，1962年2月9日起正式对外营业。在成立初期，证交所的办公场所是向民间企业承租而来，当上市公司数目逐渐增加之后（尤其在1980年代后期尤其激增），交易场所开始不敷使用，使得台证所被迫在台北市区各地分散办公。这个问题在2005年迁入台北101后才获解决。台湾证券交易所的最高决策机构为股东大会，下设董事会，由13名董事组成，从中推举产生5名常务董事，一名董事长。

台湾证券交易所自成立起，即采用股份有限制的官民合资的公司组织，拥有台币资本1.2亿元，由45家公营和民营事业投资组成，其中公营事业及银行占39%，民营事业股占61%，其股东全部为法人，无自然人参与。台湾证交所的交易类型除了常规的次日交割、指定日交割以外，从1974年正式开办证券信用交易的融资业务。

股价指数

台湾证券交易所的股价指数为自行编制的“发行量加权股价指数”（TAIEX），被视为是台湾经济走向的主要指标之一。台湾证券交易所除了提供加权指数之外，并与英国金融时报指数合作编制“台湾指数系列”，共有台湾50指数、台湾中型100指数、台湾资讯科技指数、台湾发达指数、台湾高股息指数等可供参考。

买卖市场

台湾店头市场（ROSE）即台湾证券柜台买卖市场（OTC），也称台湾“二板市场”，因长期承担辅助上柜股票转为上市股票的任务，被视作台湾上市股票的“预备市场”。台湾证券交易所成立之前店头市场曾经盛行，证交所成立的同时被关闭，但1988年又重新成立股票店头市场，目的是为公开发行但尚未上市的公司开拓股票流通渠道。1994年成立台湾证券柜台买卖中心（OTC），旨在为中小企业融资的台湾二板市场遂告成立。2000年5月台湾参考美国的纳斯达克（NASDAQ）市场将柜台买卖中心更名为“台斯达克”（TAISDAQ），成为台湾中小科技企业在资本市场融资的主要平台，以及创业投资退出的主要渠道。值得一提的是，当年台湾还实施了柜台第二类股票制度，即“台湾创新成长企业类股”（TIGER，Taiwan Innovative Growing Enterpreneurs），目的是形成一个新的台湾创新企业市场，为条件不够但又成长看好的高科技中小企业的提供筹资渠道，被称为第二类股票交易市场，与TAISDAQ并为台湾二板市场。但因制度限制严格，而企业发展、尤其是高科技企业成长风险又不断增大，导致绩效不佳，最终命运像日本的新兴市场与德国的高科技股票市场一样，在2004年被废止。

OTC现状

台湾的柜头市场有些不同于美国NASDAQ及欧洲的第二板市场。按产业领域来分析，美、欧第二板市场的公司主要是高科技电子、互联网网站类公司，而台湾柜头市场的情况是：截止到1998年11月，在台湾OTC市场的上柜公司总数为157家。其中，资讯电子业上柜公司58家，占40%的比重；证券类上柜公司17家，占11%的比重；机械电器类上柜公司18家，占12%的比重；钢铁业9家，占6%的比重；金融保险类7家，占4%的比重。从以上数据可以看出，台湾OTC市场上并不只是资讯电子类高科技公司，还包括证券、机电、钢铁、保险、营建、运输、化学等多达16类行业公司。但其中高科技类公司比重较大，在上柜市场上仍起到重要的作用。

相关要求

1. 企业上市的适合范围。台湾OTC的规定是“本土的中小型公司”（包括新成立的公司）。可见，此规定是比较宽松的，所以便上市企业的产业领域远远超过了高科技范围。

2. 实收资本额在新台币5000万元以上，经两家以上证券商书面推荐。

3. 企业上市的业务记录。至少有三年的业务发展过程。决算营业利益及税前纯益占实收资本额之比率最近年度达4%以上，且其最近一会计年度决算无累计亏损者；或最近平均达2%以上，且最近一年度之获利能力较前一年度为佳者。

4. 企业上市的盈利要求。台湾OTC规定在上市前两年内，每年的合并全年收入及除税前纯利必须为资本总额的2%，但符合资格的科技类企业则不受此条例的限制。

5. 企业上市的信息公布。台湾OTC规定每季度进行报告，及时披露重大消息，遵守一系列有关维持上市地位数值的标准。

6. 最低公众持股量。持有股份1000股至50000股的记名股东，人数不少于300人，且其所持股份总额合计占发行总额10%以上或逾500万股。

台湾证券市场的主要法规

始于20世纪60年代初的台湾证券市场是亚洲重要的新兴市场之一。几十年来，台湾地区先后颁布实施了百余项证券法规及准则。现将主要法规介绍如下：

（1）《证券交易法》是台湾证券市场最主要的证券法规，颁布实施于1968年4月30日，其后经11次修改。主要内容包括：

①规定有价证券的募集、发行、私募和买卖等行为准则；

②规定证券相关机构及中介机构，包括证券商同业公会、证券交易所、证券承销商、证券自营商、证券经纪商之权利义务；

③规定证券交易所行为准则；

④规定相关之仲裁及罚则。

（2）《行政院金融监督管理委员会组织法》颁布实施于2003年7月23日，其后经两次修改。

“行政院金融监督管理委员会”是为健全金融机构业务经营，维持金融稳定及促进金融市场发展而设立的监管机构。该“委员会”主管金融市场及金融服务业之发展、监督、管理及检查业务。其监管范围包括银行市场、票券市场、证券市场、期货及金融衍生产品市场、保险市场及其清算系统等；所称金融服务业包括金融控股公司、金融重建基金、中央存款保险公司、银行业、证券业、期货业、保险业、电子金融交易业及其他金融服务业；金融支付系统仍由“中央银行”主管。

(3)《证券金融事业管理规 l 贝 lJ｝颁布实施于 1979 年 7 月 l8 日，其后经 7 次修改。

主要内容是就证券投资人、证券商或其他证券金融事业融通资金或证券业务，如有价证券买卖的融资融券；对证券商或其他证券金融事业的转融；认股融资及承销融资；财务；事业及人员的监督管理等。

(4)《证券商管理规则》颁布实施于 l988 年 11 月 24 日，其后经 32 次修改。

主要内容是规定证券及期货市场各服务事业建立内部控制制度处理准则及台湾证券交易所股份有限公司等证券相关机构共同订定的证券商内部控制制度标准规范及内部控制制度。

(5)《证券商设置标准》颁布实施于 l988 年 5 月 17 日，其后经 l7 次修改。

主要内容包括：

①规定证券商设置条件。其中承销商、自营商、经纪商的最低实收资本分别为新台币 4 亿元、4 亿元、2 亿元。

②规定金融机构申请兼曹证券业务，除自行买卖政府债券或该标准发布前已许可兼营者外，限于经营下列业务之一：有价证券的承销，有价证券的自行买卖，有价证券买卖的行纪或居间，有价证券的承销及自行买卖，有价证券的自行买卖及在其营业处所受托买卖。

③规定证券分支机构及代表人办事处的设置标准。

④规定华侨及外国人投资证券商。

⑤增加业务种类之规定。

(6)《证券交易所管理规则》颁布实施于 l969 年 2 月 14 日，其后经 9 次修改。主要内容包括证券交易所的设立许可或特许条件，以及对证券交易所的管理与监督规定。

(7)《公开发行公司年报应行记载事项准则》颁布实施于 1988 年 6 月 7 日，其后经 7 次修改。主要内容是规定上市公司的信息披露行为准则。

(8)《公开发行公司应公告或向本会申报事项一览表》颁布实施于 1992 年 11 月 7 日，其后经 6 次修改。主要内容是规定股票未上市或未上柜的公开发行股票公司、股票上市或上柜的公司，定期及不定期须办理及公告披露的事项。

(9)《发行人募集与发行有价证券处理准则》颁布实施于 1988 年 7 月 26 日，其后经 18 次修改。主要内容包括：

①规定募集发行新股的申报生效或申请核准的条件与程序；

②规定募集发行公司债的条件与程序；

③发行员工认股权凭证的规定；

④公开招募发行新股的规定；

⑤无偿配发新股与减少资本的规定。

(10)《公开发行股票公司股务处理准则》颁布实施于 1988 年 11 月 24 日，其后经 12 次修改。主要内容包括公司的股务作业如：股票规格与制发；股东名簿及股东开户；股票过户、异动登记、设质及遗失；股票停止过户及发放股利、配发增资；以及对董事、监察人、经理人及持有公司股份超过股份总额 10% 的股东的规定。

(11)《华侨及外国人投资证券管理办法》颁布实施于 1983 年 5 月 26 日，其后经 18 次修改。

主要内容为规范华侨及外国人可依下列方式投资台湾的证券：

①投资由台湾证券投资信托事业发行并于台湾岛外销售的信托基金受益凭证：

②投资台湾证券；

③投资由台湾发行公司在岛外发行或私募的公司债；

④投资由台湾发行公司参与在岛外发行或私募的存托凭证；

⑤投资由台湾发行公司在岛外发行、私募或交易的股票。

(12)《复华证券金融股份有限公司对证券商转融通业务操作办法》颁布实施于 1990 年 10 月 5 日，其后经 14 次修改，是台湾证券市场融资融券、信用交易的重要法规之一。主要内容包括：规定融资、融券的条件、标准及程序，融通账户的设立，融通的申请及偿还，融通担保品的补缴及处分等。

此后陆续有 1995 年 7 月 18 日的《富邦证券金融股份有限公司对证券商转融通业务操作办法》、l995 年 7 月 18 日的《安泰证券金融股份有限公司对证券商转融通业务操作办法》、l999 年 1 月 7 日的《环华证券金融股份有限公司对证券商转融通业务操作办法》等。

(13)《证券集中保管事业管理规则》颁布实施于 1989 年 8 月 18 日，其后经两次修改，是台湾证券市场存管业务的根本性制度。主要内容是：规定证券集中存管的要求和标准，规定证券集中存管机构的设立条件和行为准则，等等。

台湾的 QFII 制度

在资金运用方面，一开始要求 QFII 将汇入资金基本上全部投于证券，1991 年底允许 QFII 将汇入金额的 10% 存入 3 个月期的新台币定期存款账户，1992 年初更允许这 10% 的金额可投资于距到期日 3 个月内的货币市场工具，1994 年又允许 QFII 使用的 3 个月期定期存款账户到期后可以续存 3 个月，1995 年将可投资货币市场工具的限额从 10% 提高到 30%。

台湾的 QFII 制度

台湾于 1990 年 12 月 28 日颁布该项制度，允许外资专业投资机构自 1991 年起直接投资台湾股市，规定符合特定资格条件的外资专业投资机构，可以直接申请投资台股。最初获准进入台湾证券市场的外资机构投资者必须满足以下条件中的一项：(1)若是外资银行，它的总资产要在西方大银行排名前 500 名之内，且持有证券资产总额在 3 亿美元以上；(2)若是外资保险公司，要求从事保险业务 10 年，且持有证券资产总额在 5 亿美元以上；(3)若是基金管理机构，要求公司成立满 5 年，且经营证券投资基金资产总额在 5 亿美元以上。1991 年 3 月，台湾核准第一家外资专业投资机构直接投资台股。

1993 年以来，台湾监管当局不断放宽成为 QFII 的资格条件：

(1)增加 QFII 的类别。1993 年 QFII 主体从外资银行、保险公司、基金管理公司拓展到外资证券商和台湾岛内证券商拥有控股权的海外证券商，1995 年拓展为外国政府投资机构和养老基金，1996 年包括了共同基金、单位信托或投资信托；

(2))放宽经营年限要求。1993 年把可担任 QFII 的外资保险公司的经营年限从不少于 10 年放宽到不少于 5 年；

(3)放松实力要求。1993 年有资格成为 QFII 的外资银行从总资产为世界前 500 名降为世界前 1000 名；

(4)放宽证券投资要求。1993 年对可以申请成为 QFII 的外资基金管理机构其经营证券投资基金资产额从 5 亿美元以上放宽到 3 亿美元以上，1995 年进一步放宽到 2 亿美元以上。对成为 QFII 的外资保险公司投资证券金额的要求从开始的不少于 5 亿美元放宽到 1995 年的不少于 3 亿美元。现行的 QFII 的资格条件包括:(1)若是外资银行,它的总资产要在西方大银行排名前 1000 名之内,且具有国际金融、证券或信托业务经验;(2)若是外资保险公司,要求从事保险业务 3 年,且持有证券资产总额在 3 亿美元以上;(3)若是基金管理机构,要求公司成立满 3 年,且经营证券投资基金资产总额在 2 亿美元以上;(4)对证券公司而言,净资产超过 1 亿美元且具有国际证券投资经验;(5)其他机构投资者包括:外国政府拥有的投资机构、经营历史不少于 2 年的养老基金、经营历史不少于 3 年的互惠基金、单位信托、投资信托并且其管理的资产不少于 2 亿美元。

在资金运用方面,一开始要求 QFII 将汇入资金基本上全部投于证券,1991 年底允许 QFII 将汇入金额的 10% 存入 3 个月期的新台币定期存款账户,1992 年初更允许这 10% 的金额可投资于距到期日 3 个月内的货币市场工具,1994 年又允许 QFII 使用的 3 个月期定期存款账户到期后可以续存 3 个月,1995 年将可投资货币市场工具的限额从 10% 提高到 30%.1998 年台湾允许 QFII 投资期货市场,2000 年允许投资台湾本土公司发行并在本土交易的可转换债券和资信级别较低的金融债券。

当前 QFII 的投资范围包括:(1)上市交易和柜台交易的股票;(2)上市交易和柜台交易的受益凭证;(3)政府债券、金融债券、普通公司债券和可转换公司债券;(4)定期存款、货币市场工具、开放式基金、以现金结算的认购或认沽权证、国际金融机构发行的新台币债券等。QFII 的投资享受一定的税收优惠,除红利部分需交纳 20% 的预提税外,QFII 免交资本增值税。

台湾证券市场自由化进程将加速推进,可能在近期内取消对外资控制上市公司股权的上限设置(银行、电讯及新闻出版类上市公司除外)。长期而言,随着加入 WTO,台湾将最终取消 QFII 制度。

第二节　中国证券市场统计资料

沪深两市上市公司2008年年报主要指标一览表

代码	公司名称	每股收益（元）	每股净资产（元）	净资产收益率(%)	净利润（万元）	每股经营性现金流量	分配预案（含税）
600000	浦发银行	2.2110	7.36	30.03	1251596.81	18.64	10派2.3送4
600001	邯郸钢铁	0.2130	4.34	4.91	59926.47	0.92	不分配
600003	ST东北高	0.0700	2.93	2.28	8099.07	0.24	不分配
600004	白云机场	0.4200	5.08	8.31	48577.45	0.87	10派1.7
600005	武钢股份	0.6620	3.53	18.76	518857.20	1.29	10派2.2
600006	东风汽车	0.1577	2.62	6.03	31548.20	-0.41	10派0.9
600007	中国国贸	0.3519	4.19	8.40	35449.00	0.43	10派1.5
600008	首创股份	0.1186	2.13	5.56	26085.29	0.16	10派1.1
600009	上海机场	0.4500	6.34	7.03	85971.48	0.78	10派0.5
600010	包钢股份	0.1400	2.23	6.41	92034.31	0.13	10派0.5
600011	华能国际	-0.3100	3.01	-10.21	-370122.98	0.43	10派1
600012	皖通高速	0.4170	3.01	13.84	69180.16	0.62	10派2.3
600015	华夏银行	0.7000	5.49	11.20	307083.83	9.99	10派1.3
600016	民生银行	0.4200	2.86	14.63	788500.00	2.83	10派0.8
600017	日照港	0.2100	2.19	9.49	26161.35	0.29	10派0.5
600018	上港集团	0.2201	1.42	15.46	461933.54	0.15	10派1.02
600019	宝钢股份	0.3700	5.25	7.02	645920.75	0.93	10派1.8
600020	中原高速	0.1298	2.58	5.03	27504.73	0.58	10派0.5送0.1
600021	上海电力	-0.7043	2.07	-33.96	-150698.33	0.33	不分配
600022	济南钢铁	0.5509	4.19	10.74	78062.19	1.56	10派0.5转8
600026	中海发展	1.5864	6.27	25.16	537300.96	1.78	10派3
600027	华电国际	-0.4250	1.83	-23.22	-255809.60	0.58	不分配
600028	中国石化	0.3420	3.81	8.99	2968900.00	0.86	10派0.9
600029	南方航空	-0.7400	1.07	-68.98	-482900.00	0.59	不分配
600030	中信证券	1.1000	8.33	13.22	730500.10	-3.35	10派5
600031	三一重工	0.8300	3.92	21.11	123223.43	0.43	10派1.8
600033	福建高速	0.5275	2.65	19.88	78044.43	0.88	10派1.5
600035	楚天高速	0.3200	2.67	12.13	30172.26	0.42	10派1.3
600036	招商银行	1.4300	5.41	26.51	2107700.00	3.58	10派1送3
600037	歌华有线	0.3102	4.06	7.65	32885.07	0.65	10派1.5
600038	哈飞股份	0.2922	3.84	7.60	9858.55	-0.27	10派1
600039	四川路桥	0.0464	2.74	1.69	1410.31	0.24	不分配
600048	保利地产	0.9100	5.74	15.90	223886.14	-3.10	10派1.32送3
600050	中国联通	0.9310	3.32	28.10	1974141.28	2.83	10派0.672
600051	宁波联合	0.4100	4.03	10.16	12374.48	-0.49	10派2
600052	浙江广厦	0.4200	1.70	24.74	36734.11	-0.79	不分配
600053	中江地产	0.6400	2.53	25.45	19353.78	-0.03	10派0.5转2
600054	黄山旅游	0.4000	2.42	16.55	18853.91	0.44	10派1
600055	万东医疗	0.1310	2.29	5.73	2836.63	0.42	10派0.6
600056	中国医药	0.6800	4.43	15.39	16296.44	-0.40	不分配
600057	*ST夏新	-1.6400	-2.51	-65.05	-70299.38	-0.93	不分配
600058	五矿发展	0.8497	7.69	10.87	89533.96	-2.37	10派3.2
600059	古越龙山	0.2600	3.37	7.81	9811.21	0.56	10转5
600060	海信电器	0.4600	5.99	7.60	22496.88	0.44	10派1.38
600061	中纺投资	0.0100	1.25	1.02	546.41	0.26	不分配
600062	双鹤药业	0.8191	6.46	12.36	38057.25	0.70	10派1.35送2
600063	皖维高新	0.1740	4.02	4.53	6394.81	0.50	10派0.2
600064	南京高科	0.5580	10.17	5.48	19192.79	-4.31	10派4
600066	宇通客车	1.0200	3.23	31.63	53104.29	1.85	10派6
600067	冠城大通	0.3000	2.36	12.01	17390.43	-0.55	10派0.8
600068	葛洲坝	0.4870	2.74	17.79	81077.31	0.52	10派1.3
600069	银鸽投资	0.0800	3.03	2.54	3275.03	0.49	不分配
600070	浙江富润	0.0400	3.00	1.46	614.23	0.56	10派1
600071	凤凰光学	0.1166	2.34	4.98	2768.30	0.34	10派1
600072	中船股份	0.2540	3.45	7.37	9215.41	-0.17	10派0.35
600073	上海梅林	0.0140	2.34	0.59	490.46	-0.36	不分配
600074	中达股份	0.0350	1.32	2.64	2314.00	0.36	不分配
600075	新疆天业	0.1300	3.65	3.60	5770.19	0.12	不分配
600076	*ST华光	-0.1000	0.18	-54.97	-3680.70	0.19	不分配
600077	百科集团	-0.1200	1.94	-6.17	-1904.67	0.61	不分配
600078	澄星股份	0.1790	2.26	7.84	11558.79	1.57	10派0.1
600079	人福科技	0.2000	2.59	7.77	7819.76	0.09	10派0.42
600080	ST金花	-0.1742	2.27	-7.67	-5318.35	0.41	不分配

代码	公司名称	每股收益（元）	每股净资产（元）	净资产收益率(%)	净利润（万元）	每股经营性现金流量	分配预案（含税）
600081	东风科技	-0.2248	1.05	-21.36	-7050.29	0.28	不分配
600082	海泰发展	0.4300	4.96	8.57	13732.78	-1.61	10派0.5转10
600083	ST博信	0.0050	0.12	3.68	103.99	-0.08	不分配
600084	ST新天	-0.6530	-1.47	-44.59	-30735.06	0.95	不分配
600085	同仁堂	0.4970	5.48	9.07	25894.65	0.81	10派2
600086	东方金钰	0.0161	1.03	1.57	568.49	0.16	不分配
600087	长航油运	0.3701	2.80	13.23	59605.56	-0.25	10派1
600088	中视传媒	0.2290	3.57	6.43	5423.90	1.24	10派1
600089	特变电工	0.8447	4.35	18.46	96262.54	1.98	10派1送2转3
600090	啤酒花	0.2127	0.86	24.63	7826.70	0.49	不分配
600091	明天科技	-0.5900	4.91	-12.07	-19933.04	1.19	不分配
600093	禾嘉股份	-0.1750	0.92	-18.95	-5649.49	0.47	不分配
600094	*ST华源	1.3400	0.00		84340.47	-0.02	不分配
600095	哈高科	0.0289	1.92	1.51	1042.91	-0.04	不分配
600096	云天化	1.2300	6.85	17.89	65720.14	1.79	10派4
600097	开创国际	1.8000	2.21	34.99	15701.67	0.97	不分配
600098	广州控股	0.1760	4.00	4.39	36170.00	0.51	10派0.9
600099	林海股份	0.0192	2.18	0.88	420.03	0.04	不分配
600100	同方股份	0.2672	7.21	3.57	25142.68	0.05	10派0.7
600101	明星电力	0.2800	3.04	9.19	9050.93	0.55	不分配
600102	莱钢股份	0.2860	6.44	4.44	26372.52	0.72	10派1.5
600103	青山纸业	0.0056	1.68	0.33	590.65	0.21	不分配
600104	上海汽车	0.1000	5.29	1.89	65616.80	1.78	10派0.26
600105	永鼎股份	0.1000	3.82	2.54	2643.47	0.18	不分配
600106	重庆路桥	0.2274	3.59	6.33	8530.17	0.72	10派1转1
600107	美尔雅	0.0400	1.24	2.85	1273.21	0.35	不分配
600108	亚盛集团	0.0473	1.19	3.98	6813.66	0.06	不分配
600109	国金证券	1.5120	4.33	34.92	75620.79	-2.32	10派1.2送10
600110	中科英华	0.0569	1.94	2.92	3832.55	0.25	10转5
600111	包钢稀土	0.2090	2.03	10.33	16913.43	-0.25	不分配
600112	长征电气	0.1825	1.37	13.37	5893.69	0.03	不分配
600113	浙江东日	0.1300	2.71	4.79	1917.49	-0.09	10派0.5
600114	东睦股份	0.0600	3.03	2.01	1185.89	0.57	10派1
600115	ST东航	-2.8600	-2.38	-1392765.6	0.28	不分配	
600116	三峡水利	0.2300	2.37	9.69	4807.89	0.60	10派0.5
600117	西宁特钢	0.0237	3.44	0.69	1759.66	0.57	不分配
600118	中国卫星	0.6000	4.96	12.04	17557.86	1.44	10派1送2
600119	长江投资	0.0053	1.65	0.32	135.84	-0.11	不分配
600120	浙江东方	0.1700	2.22	7.50	8407.62	-0.71	10派1
600121	郑州煤电	0.3000	2.67	11.34	19042.18	1.10	10派1
600122	宏图高科	0.4530	4.22	10.71	14447.56	0.23	不分配
600123	兰花科创	2.4531	7.71	31.83	140123.48	2.78	10派6.08
600125	铁龙物流	0.2930	2.44	12.02	29458.75	0.27	10派0.6
600126	杭钢股份	0.0400	4.02	1.09	3671.77	1.39	10派1
600127	金健米业	-0.3652	1.02	-35.65	-19884.31	0.13	不分配
600128	弘业股份	0.1561	4.79	3.00	3544.52	-1.97	10派0.6
600129	太极集团	0.0716	3.57	2.00	2350.10	0.91	不分配
600130	*ST波导	-0.2200	0.74	-29.41	-16729.46	-0.55	不分配
600131	岷江水电	-0.6000	1.10	-54.74	-30333.03	0.35	不分配
600132	重庆啤酒	0.3400	2.21	15.30	16363.29	0.38	10派1
600133	东湖高新	0.1120	3.04	3.68	3086.64	-0.11	不分配
600135	乐凯胶片	0.0040	2.86	0.15	151.49	0.15	不分配
600136	ST道博	0.2100	0.64	33.17	2202.68	0.57	不分配
600137	浪莎股份	0.3700	1.56	23.60	2599.61	0.45	不分配
600138	中青旅	0.3130	4.71	6.64	13005.99	0.56	10派1.2
600139	ST绵高	0.6900	1.02	67.00	8297.77	-0.02	10转4
600141	兴发集团	1.1713	4.47	26.18	29517.34	2.17	10派2.5转2
600143	金发科技	0.1600	2.04	8.00	22734.98	-0.08	10派1
600145	四维控股	-0.7200	0.67	-107.7	-27208.63	-0.15	不分配
600146	大元股份	0.0110	1.62	0.69	224.84	-0.02	不分配
600148	长春一东	0.0790	2.05	3.82	1111.30	-0.00	不分配
600149	华夏建通	-0.0300	1.59	-1.82	-1110.68	-0.31	不分配
600150	中国船舶	6.2800	18.18	34.54	415962.10	3.96	10派10
600151	航天机电	0.0390	1.68	2.35	2948.34	0.19	10派0.25
600152	维科精华	0.0152	2.84	0.53	446.63	-0.17	不分配
600153	建发股份	0.5000	4.12	12.16	62311.11	0.60	10派2.5
600155	*ST宝硕	-1.7400	-5.70	-30.51	-71778.01	-0.08	不分配
600156	华升股份	0.0254	1.48	1.72	1019.75	-0.13	不分配
600157	鲁润股份	0.0100	1.31	0.76	255.51	0.21	10派0.2
600158	中体产业	0.2457	1.41	17.42	19746.78	-1.00	不分配
600159	大龙地产	0.0100	2.95	0.19	236.05	-1.64	不分配
600160	巨化股份	0.1570	3.50	4.49	8746.75	1.14	10派1
600161	天坛生物	0.2700	1.36	20.09	13338.17	0.57	不分配

代码	公司名称	每股收益（元）	每股净资产（元）	净资产收益率(%)	净利润（万元）	每股经营性现金流量	分配预案（含税）
600162	香江控股	0.2745	1.42	19.33	21074.38	-0.49	不分配
600163	福建南纸	0.0050	3.01	0.16	356.62	0.02	不分配
600165	宁夏恒力	0.0290	2.50	1.16	563.23	0.24	不分配
600166	福田汽车	0.4000	3.28	11.50	34589.06	-0.46	10 派 0.2
600167	联美控股	0.0705	2.22	3.17	1487.20	0.72	不分配
600168	武汉控股	0.1300	3.32	3.89	5692.18	-0.07	10 派 0.45
600169	太原重工	1.2155	5.65	17.93	45237.09	1.02	10 派 0.5 送 4 转 2
600170	上海建工	0.4200	5.25	8.00	30222.36	2.38	10 派 1.25
600171	上海贝岭	0.0100	2.61	0.38	669.73	-0.03	不分配
600172	黄河旋风	0.1400	3.89	3.72	3871.76	0.69	不分配
600173	卧龙地产	0.3100	1.53	20.30	10243.30	-0.58	10 派 0.9
600175	美都控股	0.1700	1.80	9.55	5925.98	-0.39	不分配
600176	中国玻纤	0.5719	3.49	16.38	24441.73	-1.07	不分配
600177	雅戈尔	0.7100	4.05	17.57	158318.47	0.74	10 派 3
600178	东安动力	0.3467	4.13	8.39	16019.68	0.12	不分配
600179	黑化股份	-0.1300	2.18	-6.11	-5189.27	0.19	不分配
600180	*ST 九发	0.1816	1.31	13.81	4557.20	0.65	不分配
600182	S 佳通	0.0060	1.04	0.60	212.98	0.87	不分配
600183	生益科技	0.1400	2.15	6.32	12979.89	0.52	10 派 1.5
600184	新华光	0.0700	3.27	2.20	753.64	-0.42	不分配
600185	*ST 海星	-0.8268	0.64	-129.0	-27912.24	0.00	不分配
600186	莲花味精	0.0117	1.52	0.77	1247.75	-0.00	不分配
600187	ST 黑龙	0.1212	0.69	17.63	3964.94	0.06	不分配
600188	兖州煤业	1.3200	5.36	24.59	648364.14	1.46	10 派 4
600189	吉林森工	0.1300	4.22	3.07	4024.51	0.05	10 派 1
600190	锦州港	0.1560	1.48	10.52	16425.37	0.39	10 派 0.3 送 1.5 转 0.5
600191	华资实业	-0.3000	3.51	-8.55	-14541.39	0.35	不分配
600192	长城电工	0.1176	3.74	3.15	3350.46	0.32	不分配
600193	创兴置业	0.2400	2.03	11.97	5297.23	-0.02	不分配
600195	中牧股份	0.4150	2.82	14.70	16178.27	1.13	10 派 1.2
600196	复星医药	0.5600	3.24	17.23	69085.65	0.19	10 派 1
600197	伊力特	0.2782	2.16	12.90	12265.18	0.52	10 派 1.8
600198	ST 大唐	0.1040	0.94	11.10	4564.64	0.61	不分配
600199	金种子酒	0.0900	2.22	4.20	2426.04	0.55	不分配
600200	江苏吴中	0.0110	1.30	0.85	685.00	0.05	不分配
600201	金宇集团	0.2600	2.54	10.11	7220.72	0.80	10 派 1
600202	哈空调	0.9980	2.95	33.82	31870.11	0.99	10 派 0.5 送 2
600203	福日电子	0.0400	0.93	4.54	1016.36	0.08	不分配
600206	有研硅股	0.3400	3.70	9.12	7343.37	0.61	10 派 0.7
600207	ST 安彩	0.1432	3.28	4.37	6301.94	0.30	不分配
600208	新湖中宝	0.3000	1.59	18.73	84054.54	-0.47	10 派 0.54
600209	罗顿发展	-0.0900	1.57	-5.84	-4023.73	0.11	不分配
600210	紫江企业	0.1290	1.86	6.92	18522.11	0.55	10 派 0.5
600211	西藏药业	0.0500	1.99	2.35	648.63	0.15	不分配
600212	*ST 江泉	0.0435	1.95	2.23	2224.78	0.37	不分配
600213	亚星客车	0.0200	1.39	1.58	482.94	-0.07	不分配
600215	长春经开	0.0059	6.40	0.09	209.60	3.04	不分配
600216	浙江医药	2.1600	4.00	54.05	97262.73	2.67	10 派 7
600217	ST 秦岭	-0.5000	0.09	-534.5	-33340.00	0.09	不分配
600218	全柴动力	0.0460	3.12	1.48	1305.24	-0.07	不分配
600219	南山铝业	0.4800	6.38	7.48	62885.94	0.79	10 派 1
600220	江苏阳光	0.0830	1.55	5.34	14731.20	0.63	不分配
600221	海南航空	-0.4000	1.74	-23.19	-142434.80	1.05	不分配
600222	太龙药业	0.0730	1.71	4.28	2316.79	0.06	不分配
600223	ST 万杰	-0.3000	0.38	-77.77	-29739.40	-0.51	不分配
600225	S*ST 天香	0.2900	-1.09	-26.81	6450.42	0.02	不分配
600226	升华拜克	0.4700	4.07	11.58	12729.62	1.14	10 派 2.2
600227	赤天化	0.5400	4.91	11.02	16587.84	0.91	10 派 1
600228	昌九生化	0.0370	1.46	2.56	897.75	0.29	不分配
600229	青岛碱业	0.1100	3.48	3.03	3109.11	1.15	不分配
600230	沧州大化	0.6404	4.21	15.22	16607.10	2.46	10 派 1.3
600231	凌钢股份	0.4400	3.55	12.50	35630.76	0.70	10 派 0.5
600232	金鹰股份	-0.1200	3.36	-3.66	-3840.16	0.32	不分配
600233	大杨创世	0.3240	3.82	8.49	5347.82	0.84	10 派 1
600234	ST 天龙	-0.2100	-2.82	-7.41	-3027.17	0.01	不分配
600235	民丰特纸	0.0400	3.28	1.37	1181.14	0.54	10 派 1
600236	桂冠电力	0.0210	2.70	0.78	3096.80	1.00	10 派 1.3
600237	铜峰电子	0.0300	1.93	1.32	1021.46	0.16	不分配
600238	海南椰岛	-1.4400	2.51	-57.19	-23844.68	-0.33	不分配
600239	云南城投	0.1995	2.66	7.50	5795.79	-0.24	10 转 5
600240	华业地产	0.1506	3.09	4.88	9715.81	-1.15	不分配
600241	辽宁时代	-0.0700	4.49	-1.59	-754.79	-0.73	不分配
600242	ST 华龙	1.0900	-0.23	-469.6	18891.96	0.17	不分配

代码	公司名称	每股收益（元）	每股净资产（元）	净资产收益率（%）	净利润（万元）	每股经营性现金流量	分配预案（含税）
600243	青海华鼎	0.1500	2.67	5.76	2877.12	0.05	不分配
600246	万通地产	1.0403	5.69	18.96	52743.64	-1.26	10派3.5转10
600247	成城股份	0.0500	1.45	3.35	1631.21	0.09	10派0.15
600248	延长化建	0.2900	2.24	10.00	4602.24	0.30	10转5
600249	两面针	0.0270	4.94	0.56	1236.31	-0.42	不分配
600250	南纺股份	0.0806	2.49	3.24	2085.66	0.46	10派0.15
600251	冠农股份	0.1200	3.38	3.52	2875.30	-0.53	10派1转5
600252	中恒集团	0.2160	2.05	10.56	4700.72	0.27	10派0.15送1转1
600253	*ST天方	-0.1999	1.76	-11.29	-8396.33	0.33	不分配
600255	鑫科材料	0.0200	2.34	0.96	1011.56	-0.07	10派0.5
600256	广汇股份	0.5511	3.27	16.83	47724.58	0.47	10派1送1
600257	洞庭水殖	-0.3107	1.15	-26.95	-13269.76	0.15	不分配
600258	首旅股份	0.7463	4.73	15.78	17270.47	1.07	10派3.7
600259	ST有色	0.0600	0.90	5.74	1286.99	0.01	不分配
600260	凯乐科技	0.2600	5.16	4.97	6772.83	-1.16	10派1送10
600261	浙江阳光	0.4100	3.94	10.41	10245.50	0.53	10派4
600262	北方股份	0.2200	4.04	5.49	3764.21	0.21	10派0.8
600263	路桥建设	0.2400	4.27	5.67	9885.67	1.24	10派0.5
600265	景谷林业	0.0700	2.99	2.24	869.92	-0.48	10派1.6
600266	北京城建	0.4267	4.73	9.02	31615.80	-0.21	10派0.5
600267	海正药业	0.4350	3.37	12.91	19532.10	0.49	10派1
600268	国电南自	0.4280	4.59	9.32	8090.73	0.13	10派1.5
600269	赣粤高速	0.9400	6.14	15.30	109617.92	1.50	10派2.3
600270	外运发展	0.6933	4.43	15.65	62779.63	-0.21	10派1
600271	航天信息	0.9000	4.98	18.05	55345.45	1.08	10派2.7转5
600272	开开实业	0.2300	0.70	33.04	5625.69	0.01	不分配
600273	华芳纺织	0.0100	2.57	0.37	298.77	0.63	不分配
600275	*ST昌鱼	0.0019	0.61	0.00	95.85	-0.21	不分配
600276	恒瑞医药	0.8176	3.86	21.21	42294.71	0.23	10派1送2
600277	亿利能源	-0.3400	8.26	-1.69	-8374.23	-0.23	不分配
600278	东方创业	0.2700	4.67	5.70	8526.67	0.36	10派0.8
600279	重庆港九	0.1255	3.52	3.57	2865.40	0.43	10派0.4
600280	南京中商	0.3020	4.55	6.64	4335.55	1.91	10派2
600281	太化股份	0.0320	2.56	1.25	1650.27	0.47	不分配
600282	南钢股份	0.0730	2.59	2.82	12320.35	0.29	10派0.4
600283	钱江水利	0.1700	3.44	4.85	4758.15	0.33	10派2
600284	浦东建设	0.3897	6.10	5.28	11145.63	0.16	10派0.89
600285	羚锐股份	0.0500	2.64	1.98	1047.66	0.22	不分配
600287	江苏舜天	-0.0459	1.89	-2.42	-2004.27	-0.14	不分配
600288	大恒科技	0.2905	3.09	9.41	9762.07	0.46	10转3
600289	亿阳信通	0.2100	3.97	5.28	7374.08	1.55	10派3.26
600290	华仪电气	0.3100	1.67	18.26	7452.92	-0.25	10派0.5
600291	西水股份	0.0839	4.52	1.86	2683.30	0.17	不分配
600292	九龙电力	-0.3900	2.25	-17.39	-13120.80	0.30	不分配
600293	三峡新材	-0.2129	1.95	-10.89	-7333.91	0.19	不分配
600295	鄂尔多斯	0.4000	3.54	11.39	41590.37	1.43	10派1
600297	美罗药业	0.2300	4.39	5.15	3959.10	0.19	10派0.2转10
600298	安琪酵母	0.3850	3.19	12.07	10449.53	1.03	10派1.3
600299	蓝星新材	-0.2900	5.59	-5.25	-15362.05	0.66	不分配
600300	维维股份	0.0700	2.90	2.30	5067.32	0.22	10派0.3转12
600301	南化股份	-0.5587	3.14	-17.77	-13137.06	0.66	不分配
600302	标准股份	0.0103	3.57	0.29	357.28	0.04	不分配
600303	曙光股份	0.3000	5.73	5.29	6737.63	0.71	10派0.5
600305	恒顺醋业	-0.3870	3.26	-11.88	-4922.69	-0.14	不分配
600306	商业城	-0.1190	2.63	-4.51	-2115.66	0.53	不分配
600307	酒钢宏兴	0.0500	5.25	0.97	4429.35	2.56	不分配
600308	华泰股份	0.6650	6.82	9.75	36463.62	1.12	10派0.6
600309	烟台万华	0.9100	2.90	31.34	150973.64	1.20	10派5
600310	桂东电力	0.5360	4.50	11.90	8402.55	1.44	10派4
600311	荣华实业	0.0100	1.49	0.74	731.40	-0.05	不分配
600312	平高电气	0.4056	2.90	14.00	20734.14	0.58	10派1送2
600313	*ST中农	-0.0763	1.49	-5.13	-2322.34	-0.03	不分配
600315	上海家化	0.8600	5.05	16.88	18503.90	1.52	10派2转5
600316	洪都航空	0.2916	4.89	5.97	10288.94	0.42	10派0.6
600317	营口港	0.5500	5.65	9.67	29972.34	0.54	不分配
600318	巢东股份	-0.3800	1.75	-21.51	-9126.11	0.44	不分配
600319	亚星化学	0.0500	3.40	1.46	1568.43	0.31	10派0.2
600320	振华港机	0.7600	4.54	16.65	255106.34	-1.27	10派0.34送3
600321	国栋建设	0.1400	5.09	2.70	3128.44	0.16	10派0.6
600322	天房发展	0.1000	3.35	3.03	11236.46	-1.68	10派0.3
600323	南海发展	0.3500	3.48	10.16	9577.10	0.68	10派1.4
600325	华发股份	0.8800	5.51	14.47	65126.21	0.53	10派1.1
600326	西藏天路	0.0180	2.02	0.88	810.06	-0.05	不分配

代码	公司名称	每股收益（元）	每股净资产（元）	净资产收益率(%)	净利润（万元）	每股经营性现金流量	分配预案（含税）
600327	大厦股份	0.3320	2.34	14.21	10840.98	1.03	10派1.5
600328	兰太实业	0.1700	2.65	6.27	5978.55	0.30	10派0.1
600329	中新药业	0.4900	3.34	14.74	18208.00	0.42	不分配
600330	天通股份	0.0200	2.65	0.78	1213.60	0.18	10派0.2
600331	宏达股份	-0.5710	2.14	-26.72	-58930.34	0.60	不分配
600332	广州药业	0.2250	3.85	5.84	18249.62	0.01	10派0.4
600333	长春燃气	0.1900	2.61	7.44	8945.15	0.49	不分配
600335	鼎盛天工	0.0173	1.42	1.22	476.62	-0.17	不分配
600336	澳柯玛	0.0400	1.30	2.94	1303.66	0.16	不分配
600337	美克股份	0.1200	2.64	4.65	6263.60	0.10	10派0.065
600338	ST珠峰	0.2756	-0.52	-52.89	4364.29	0.41	不分配
600339	天利高新	0.1249	2.38	5.26	6563.71	0.23	10派0.6
600340	国祥股份	-0.2700	1.82	-14.65	-3881.92	0.13	不分配
600343	航天动力	0.0839	2.52	3.33	1552.28	0.10	不分配
600345	长江通信	0.1000	4.86	2.10	2017.53	0.29	10派0.5
600346	大橡塑	0.0300	3.18	0.94	314.56	-0.22	10转10
600348	国阳新能	1.5100	4.81	31.46	145451.81	3.74	10派4.5
600350	山东高速	0.3690	2.64	13.99	124121.44	0.58	10派1.66
600351	亚宝药业	0.5800	5.05	10.70	8545.59	0.65	10派2转10
600352	浙江龙盛	0.7139	4.79	14.90	47046.52	1.10	10派2转10
600353	旭光股份	0.1523	3.46	4.40	1724.93	0.31	不分配
600354	敦煌种业	0.0748	3.09	2.42	1391.12	0.70	不分配
600355	精伦电子	-0.3100	2.28	-13.75	-7723.21	-0.10	不分配
600356	恒丰纸业	0.3300	5.57	5.84	6276.05	0.97	10派2.27
600357	承德钒钛	0.0300	3.53	0.81	2808.45	-1.32	不分配
600358	国旅联合	0.0500	1.25	3.86	2084.88	0.03	不分配
600359	新农开发	-0.2600	2.98	-8.59	-8217.81	0.45	不分配
600360	华微电子	0.1100	2.84	3.77	5585.03	0.38	不分配
600361	华联综超	0.2400	3.64	6.63	11700.76	0.50	10派1
600362	江西铜业	0.7600	6.87	11.01	228510.06	2.07	10派0.8
600363	联创光电	0.0900	2.26	3.98	3335.06	0.16	10派0.2
600365	通葡股份	0.0200	1.38	1.11	214.72	-0.03	不分配
600366	宁波韵升	0.2689	3.38	7.95	10642.68	0.39	10派1.5
600367	红星发展	0.1200	3.67	3.16	3378.44	0.23	不分配
600368	五洲交通	0.2000	3.62	5.19	8849.62	0.25	10派0.6
600369	西南证券	0.2170	0.25	88.12	5314.39	1.14	不分配
600370	三房巷	0.0230	3.46	0.65	717.89	0.19	不分配
600371	万向德农	0.2000	2.11	9.27	3025.20	0.17	10派2
600372	*ST昌河	-1.0400	0.06	-1630	-42487.31	-0.88	不分配
600373	鑫新股份	-0.7433	0.85	-87.37	-13936.23	0.36	不分配
600375	星马汽车	0.1200	2.59	4.67	2267.20	0.08	10派1
600376	首开股份	0.7048	4.56	15.47	57071.87	1.34	不分配
600377	宁沪高速	0.3080	3.17	9.73	155401.11	0.55	10派2.7
600378	天科股份	0.2300	1.76	13.08	5640.87	0.27	不分配
600379	宝光股份	0.0359	1.78	2.01	641.59	0.04	10转2
600380	健康元	-0.0246	2.53	-0.97	-2695.69	0.41	10派1.2
600381	ST贤成	0.3800	-0.88	-43.41	11704.63	0.07	不分配
600382	广东明珠	0.2600	2.39	11.08	9052.80	0.95	10派0.3
600383	金地集团	0.5000	5.54	9.04	84085.99	-1.04	10派1转3
600385	ST金泰	-0.1800	-1.49	-11.90	-2625.16	-0.01	不分配
600386	北巴传媒	0.2200	2.17	10.25	8978.62	0.73	不分配
600387	海越股份	-0.1200	2.38	-5.09	-3599.61	-0.17	10派1
600388	龙净环保	1.0400	6.56	15.93	17450.20	1.86	10派4.5
600389	江山股份	1.5200	4.92	30.95	30159.80	2.34	10派1
600390	金瑞科技	0.2700	4.39	6.05	4250.91	0.65	10派0.2
600391	成发科技	0.5100	4.16	12.21	6678.53	0.97	10派2.6
600392	太工天成	0.1676	3.12	5.37	2623.90	0.12	不分配
600393	东华实业	0.4500	2.78	16.28	13560.96	-0.13	不分配
600395	盘江股份	1.0760	3.56	30.22	63907.81	0.74	10派5.8
600396	金山股份	0.0300	2.90	1.15	1135.88	0.99	10派0.2
600397	安源股份	-0.7758	2.23	-34.81	-20888.13	0.48	不分配
600398	凯诺科技	0.1400	2.82	4.80	8755.90	0.32	10派0.5
600399	抚顺特钢	0.0668	3.09	2.16	3475.87	0.75	不分配
600400	红豆股份	0.1000	2.91	3.29	4425.01	-0.25	10派0.2
600401	*ST申龙	-0.6600	0.40	-165.9	-16924.25	0.24	不分配
600403	欣网视讯	0.1018	2.22	4.58	1298.01	0.71	不分配
600405	动力源	0.0240	1.71	1.42	509.03	-0.13	不分配
600406	国电南瑞	0.4900	3.84	12.80	12531.33	0.57	10派1
600408	安泰集团	0.0143	2.63	0.54	1211.56	0.07	10派0.5
600409	三友化工	0.2202	2.64	8.30	20604.58	0.17	10派0.25
600410	华胜天成	0.4823	3.34	14.44	20213.59	0.48	10派1.6转1
600415	小商品城	2.1700	19.67	11.01	60855.23	4.75	10派2送10
600416	湘电股份	0.2500	5.07	4.93	5880.86	0.36	10派1

代码	公司名称	每股收益（元）	每股净资产（元）	净资产收益率(%)	净利润（万元）	每股经营性现金流量	分配预案（含税）
600418	江淮汽车	0.0400	3.11	1.42	5705.14	0.44	10派0.12
600419	*ST天宏	0.1300	1.93	6.94	1076.45	0.16	不分配
600420	现代制药	0.1874	1.92	9.78	5391.41	0.20	不分配
600421	ST国药	-1.4200	-1.28	-27868.38	-0.04	不分配	
600422	昆明制药	0.1020	1.93	5.30	3211.80	0.29	不分配
600423	柳化股份	0.3400	5.11	6.69	9090.95	0.19	不分配
600425	青松建化	0.3300	3.71	8.78	12011.06	0.53	10派2
600426	华鲁恒升	0.7600	4.81	15.81	37690.14	1.24	10派1
600428	中远航运	1.1100	3.33	33.17	144822.47	1.32	10派2
600429	三元股份	0.0600	1.31	4.90	4075.61	-0.06	不分配
600432	吉恩镍业	0.4600	5.27	8.70	23343.43	0.95	10派1送5
600433	冠豪高新	-0.1400	2.43	-5.78	-2251.49	-0.19	不分配
600435	中兵光电	0.7500	4.68	16.03	16724.03	-0.86	10转10
600436	片仔癀	1.0100	5.19	19.40	14086.98	0.09	10派5.5
600438	通威股份	0.1536	1.55	9.89	10558.12	0.74	不分配
600439	瑞贝卡	0.4700	2.64	17.65	22051.96	-0.24	10派0.7送1转2
600444	国通管业	-1.2000	1.54	-78.46	-12646.67	-0.24	不分配
600446	金证股份	0.4100	3.03	13.54	5635.55	0.31	10派2.5
600448	华纺股份	0.0100	1.61	0.63	326.06	0.20	不分配
600449	赛马实业	1.5700	8.55	16.38	27337.60	1.15	10派2.5
600452	涪陵电力	0.1600	2.92	5.63	2618.51	0.94	10派0.4
600455	交大博通	-0.6000	2.54	-23.51	-3727.57	0.21	不分配
600456	宝钛股份	0.7000	8.88	7.87	30072.50	-0.10	10派2.5
600458	时代新材	0.2300	2.15	10.72	4722.33	0.35	10派0.8
600459	贵研铂业	-0.7600	4.58	-16.70	-8540.50	-0.14	不分配
600460	士兰微	0.0300	1.78	1.88	1355.94	0.09	不分配
600461	洪城水业	0.1478	3.47	4.27	2069.85	0.67	10派0.8
600462	ST石岘	-0.4313	0.64	-67.21	-17709.46	0.41	不分配
600463	空港股份	0.2800	2.30	12.02	6974.35	0.59	10派1.4
600466	迪康药业	0.0600	2.69	2.15	1015.76	-0.03	不分配
600467	好当家	0.2000	1.91	10.29	12445.71	0.21	不分配
600468	百利电气	0.0736	1.39	5.30	2330.56	0.14	不分配
600469	风神股份	-0.2600	3.73	-6.94	-9713.55	-0.08	10派1
600470	六国化工	0.2900	4.72	6.23	6646.02	-0.21	10派1.2
600475	华光股份	0.4010	3.69	10.86	10255.83	-0.48	10派2.5
600476	湘邮科技	-0.3430	1.63	-21.02	-5530.45	-0.09	不分配
600477	杭萧钢构	0.2900	2.58	11.20	7162.11	0.64	10派0.6送2转1
600478	科力远	0.1300	2.16	5.80	3583.81	-0.17	不分配
600479	千金药业	0.7159	4.69	15.26	12989.20	0.20	10派3.2转2
600480	凌云股份	0.3100	2.16	14.44	9745.57	0.60	不分配
600481	双良股份	0.1572	2.82	5.53	10531.23	-0.10	10派2.3
600482	风帆股份	-0.6200	2.21	-28.15	-28731.24	1.94	不分配
600483	福建南纺	0.0300	2.23	1.20	776.43	0.18	不分配
600485	中创信测	0.4150	2.61	15.88	5672.74	0.39	不分配
600486	扬农化工	1.5650	7.98	19.60	18304.87	4.87	10派2
600487	亨通光电	0.6410	6.87	9.34	10648.80	1.30	10派2
600488	天药股份	0.0930	2.71	3.42	5022.38	0.40	10派0.3
600489	中金黄金	1.3500	10.97	12.15	47895.72	0.30	10派2转12
600490	中科合臣	-0.3900	1.81	-21.39	-5104.58	-0.23	不分配
600491	龙元建设	0.3100	3.83	8.08	12019.00	0.19	10派1
600493	凤竹纺织	0.0303	3.19	0.95	515.34	0.58	10派0.3
600495	晋西车轴	0.7400	5.26	14.02	7584.71	1.11	10派1
600496	精工钢构	0.3600	2.43	14.95	12534.39	0.47	10派0.7
600497	驰宏锌锗	0.2000	3.01	6.50	15265.23	1.64	10派1.5
600498	烽火通信	0.4270	6.00	7.13	17526.76	0.58	10派1.5
600499	科达机电	0.4600	3.07	14.15	14907.34	0.27	10派1转3
600500	中化国际	0.4900	3.71	13.23	70577.44	1.17	10派2
600501	航天晨光	0.1145	3.13	3.65	3715.16	0.20	10派1
600502	安徽水利	0.1110	2.52	4.41	2476.43	-0.40	10派0.2
600503	华丽家族	0.4200	1.93	20.11	20487.28	-0.01	不分配
600505	西昌电力	0.1906	0.68	27.96	6947.33	0.45	不分配
600506	*ST香梨	-0.7800	1.70	-46.15	-11588.39	0.15	不分配
600507	长力股份	0.0100	2.55	0.58	1018.47	1.54	不分配
600508	上海能源	1.5400	5.72	26.91	111222.54	2.19	10派1
600509	天富热电	0.1200	2.78	3.62	6611.22	0.40	10派0.7
600510	黑牡丹	0.0100	2.35	0.36	367.24	0.23	10派0.5
600511	国药股份	0.8096	3.47	23.32	19382.59	0.91	10派1.5送5转5
600512	腾达建设	0.0800	2.77	2.90	2959.81	-0.39	不分配
600513	联环药业	0.1500	3.11	4.69	1314.47	0.19	10派0.5
600515	ST筑信	-0.2580	0.21	-121.7	-7638.17	0.07	不分配
600516	方大炭素	0.9525	4.13	20.66	54531.07	-0.47	10派2.46
600517	置信电气	0.5100	2.28	22.45	21146.63	0.75	10派0.5送2转3
600518	康美药业	0.3850	3.81	10.10	29457.54	0.00	10派0.6送5转5

代码	公司名称	每股收益（元）	每股净资产（元）	净资产收益率(%)	净利润（万元）	每股经营性现金流量	分配预案（含税）
600519	贵州茅台	4.0300	11.91	33.79	379948.06	5.56	10派11.56
600520	三佳科技	0.0300	2.36	1.26	336.42	0.28	不分配
600521	华海药业	0.5000	3.64	13.79	15006.65	0.28	10派2
600522	中天科技	0.5390	3.24	16.62	14601.50	0.21	不分配
600523	贵航股份	0.2400	4.52	5.27	6883.40	0.19	10派0.5
600525	长园集团	0.6000	5.10	11.68	9916.22	0.59	10派1
600526	菲达环保	0.0700	3.59	1.91	959.48	1.31	不分配
600527	江南高纤	0.2000	2.00	10.06	7069.28	0.46	10派0.5
600528	中铁二局	0.3159	2.63	12.03	46089.02	0.73	10派2
600529	山东药玻	0.5500	5.64	9.79	14199.15	0.36	10派0.6
600530	交大昂立	-0.4500	2.55	-17.63	-14007.25	-0.03	不分配
600531	豫光金铅	0.2700	4.17	6.43	6125.38	1.34	10派0.5
600532	华阳科技	-0.4800	2.06	-23.46	-7343.68	0.07	不分配
600533	栖霞建设	0.1917	2.47	7.25	18785.62	-0.87	10派1
600535	天士力	0.5200	3.92	13.38	25588.75	0.53	10派4
600536	中国软件	0.2900	3.94	7.34	4661.05	0.74	10派0.2
600537	海通集团	0.0300	2.13	1.19	584.22	0.25	不分配
600538	北海国发	-0.6200	1.11	-55.95	-17319.73	0.06	不分配
600539	狮头股份	0.0086	3.83	0.22	197.47	0.22	10派0.2
600540	新赛股份	0.0449	3.75	1.17	1024.85	-1.00	10派0.4
600543	莫高股份	0.3141	5.42	5.14	4974.66	0.47	10转8
600545	新疆城建	0.1200	2.62	4.50	4326.03	-0.26	10派0.5转5
600546	中油化建	0.0120	2.09	0.57	359.40	0.04	不分配
600547	山东黄金	1.8051	6.36	28.16	63680.82	3.22	10派3转10
600548	深高速	0.2310	3.21	7.18	50319.47	0.43	10派1.2
600549	厦门钨业	0.2971	2.90	10.26	20260.65	1.24	10派1.5
600550	天威保变	0.8100	3.24	24.92	94321.39	0.24	10派2
600551	时代出版	1.5400	8.90	12.36	21471.42	0.18	10派1转10
600552	方兴科技	0.0200	1.82	1.06	224.83	0.38	不分配
600553	太行水泥	0.0900	2.12	4.31	3477.77	0.38	10派0.2
600555	九龙山	0.0300	2.22	1.44	2772.23	-0.21	不分配
600556	*ST北生	-3.5500	-3.49	-101.8	-107911.67	-0.00	不分配
600557	康缘药业	0.5330	3.57	14.92	14194.01	0.22	10派1.5转2
600558	大西洋	0.4338	5.56	7.80	5205.20	0.71	10派1.3
600559	老白干酒	0.2200	2.61	8.53	3114.76	-0.33	不分配
600560	金自天正	0.3900	4.61	8.56	3921.18	0.73	10派0.8
600561	江西长运	0.3500	2.64	13.07	6415.40	1.08	10派1送5转5
600562	高淳陶瓷	-0.2800	3.78	-6.98	-2334.10	-0.45	不分配
600563	法拉电子	0.4400	4.23	10.30	9817.12	0.90	10派2
600565	迪马股份	0.2800	2.52	10.93	11089.57	-0.78	10派0.2转8
600566	洪城股份	0.0788	4.75	1.66	837.95	0.22	10派0.1
600567	山鹰纸业	0.0100	3.03	0.30	400.67	1.05	不分配
600568	ST潜药	0.3300	3.30	9.90	4097.42	0.72	不分配
600569	安阳钢铁	0.0500	4.31	1.20	12369.65	0.29	不分配
600570	恒生电子	0.4500	2.13	21.23	13408.88	0.49	10派1送2.5转2.5
600571	信雅达	-0.1500	1.65	-9.15	-2931.73	-0.07	不分配
600572	康恩贝	0.2800	2.81	10.09	9197.36	0.30	10派1.2
600573	惠泉啤酒	0.2700	4.20	6.51	6834.17	0.36	10派1
600575	芜湖港	0.0900	1.54	6.09	3333.79	0.10	10派0.6
600576	万好万家	0.0900	2.30	3.77	1888.07	-0.25	不分配
600577	精达股份	0.3370	2.58	13.07	9920.29	0.86	10派1
600578	京能热电	0.2600	2.87	8.97	14792.35	0.46	10派1.2
600579	ST黄海	-1.3197	0.15	-894.4	-33732.58	0.00	不分配
600580	卧龙电气	0.4562	3.57	12.79	12925.65	0.45	10派1.2
600581	八一钢铁	0.1400	3.68	3.68	10388.07	-0.22	10派0.5
600582	天地科技	0.7600	2.77	27.53	51338.73	0.61	10派1.5
600583	海油工程	0.6300	3.79	14.58	119355.51	0.44	10派1送1转4
600584	长电科技	0.1200	2.20	5.67	9309.21	1.03	不分配
600585	海螺水泥	1.5500	14.04	10.51	260701.23	2.98	10派3
600586	金晶科技	0.1930	3.82	5.06	11413.98	0.40	不分配
600587	新华医疗	0.2200	4.58	4.86	2986.83	0.37	10派0.5
600588	用友软件	0.8500	4.51	18.94	39542.54	0.78	10派3转3
600589	广东榕泰	0.2200	2.27	9.52	11504.27	0.27	10派0.2
600590	泰豪科技	0.3110	3.33	9.32	9148.62	0.50	10派0.5
600591	*ST上航	-1.1550	0.31	-376.8	-124925.01	0.26	不分配
600592	龙溪股份	0.3700	2.53	14.51	11006.05	0.35	10派1
600593	大连圣亚	0.0400	2.89	1.37	363.63	0.40	不分配
600594	益佰制药	0.4170	2.46	16.94	9813.11	0.80	不分配
600595	中孚实业	0.3000	3.57	8.29	19458.34	1.43	10派0.5
600596	新安股份	5.8932	10.43	56.50	169010.18	6.48	10派11
600597	光明乳业	-0.2700	1.90	-14.00	-28599.44	0.16	不分配
600598	北大荒	0.3600	2.82	12.43	58806.08	0.54	10派2.74
600599	熊猫烟花	0.1080	1.73	6.24	1361.79	0.40	不分配

代码	公司名称	每股收益（元）	每股净资产（元）	净资产收益率（%）	净利润（万元）	每股经营性现金流量	分配预案（含税）
600600	青岛啤酒	0.5347	4.65	11.50	69955.45	1.15	10派2.5
600601	方正科技	0.0719	1.63	4.42	12416.60	-0.06	10派0.22
600602	广电电子	-0.7296	1.59	-45.91	-85578.84	-0.01	不分配
600603	ST兴业	0.1600	-1.40	-11.61	3172.46	-0.00	不分配
600604	*ST二纺	0.0169	0.65	2.59	955.64	-0.08	不分配
600605	汇通能源	0.2890	2.29	12.62	4258.92	-1.24	不分配
600606	金丰投资	0.3900	3.95	9.78	15084.03	-0.37	10派1
600607	上实医药	0.5350	5.46	9.80	19677.46	0.85	10派1.7
600608	ST沪科	-0.2700	0.08	-356.1	-9018.87	0.27	不分配
600609	金杯汽车	-0.2280	0.40	-57.46	-24961.25	0.09	不分配
600610	SST中纺	0.0200	0.44	3.81	605.92	-0.08	不分配
600611	大众交通	0.2400	2.42	10.05	38329.78	0.38	10派1.3
600612	中国铅笔	0.2532	2.73	9.29	7013.19	1.14	10派1
600613	永生数据	0.0300	1.28	2.32	438.44	0.17	不分配
600614	鼎立股份	0.1488	1.88	6.55	4113.75	-0.27	10转7
600615	丰华股份	0.4800	1.86	25.92	9058.72	-1.05	不分配
600616	金枫酒业	0.5700	2.47	23.02	20764.08	0.47	10派2
600617	ST联华	-0.2900	-0.14	-214.2	-4878.05	0.14	不分配
600618	氯碱化工	0.0093	2.32	0.40	1070.83	0.53	10派0.05
600619	海立股份	0.0300	2.68	1.10	1608.53	0.75	不分配
600620	天宸股份	0.1300	1.80	7.55	4203.38	-0.17	10送1
600621	上海金陵	0.1844	1.96	9.41	9665.34	0.16	10派0.5
600622	嘉宝集团	0.3240	2.94	11.02	16638.31	0.67	10派1.2
600623	双钱股份	-0.1650	1.66	-9.95	-14701.01	0.19	不分配
600624	复旦复华	0.0650	1.47	4.44	2259.60	0.14	不分配
600626	申达股份	0.2184	3.61	6.04	10339.01	0.36	10派1
600628	新世界	0.3100	3.08	9.94	16291.31	0.70	10派1
600629	棱光实业	0.3250	1.31	24.86	8745.58	0.23	不分配
600630	龙头股份	0.0480	3.13	1.52	2025.22	0.12	不分配
600631	百联股份	0.3200	4.19	7.72	35653.11	1.02	10派1
600633	*ST白猫	-0.2340	0.88	-26.73	-3556.13	0.04	不分配
600634	海鸟发展	0.0100	2.32	0.31	63.13	0.14	不分配
600635	大众公用	0.1200	1.52	7.59	17302.34	0.24	10派0.55
600636	三爱富	-0.2000	2.07	-9.66	-6961.52	0.83	不分配
600637	广电信息	-1.3986	1.70	-82.35	-99139.98	-0.06	不分配
600638	新黄浦	0.3090	4.53	6.81	17326.29	0.01	10派1.3
600639	浦东金桥	0.3290	3.64	9.02	27748.55	0.33	10派1.25
600640	中卫国脉	-0.2000	2.59	-7.55	-7857.46	0.10	不分配
600641	万业企业	0.8269	5.82	14.22	37035.82	0.95	10派4.5转8
600642	申能股份	0.2050	4.55	4.51	59266.38	0.50	10派1
600643	爱建股份	0.0200	1.27	1.56	1626.08	0.08	不分配
600644	乐山电力	0.2618	1.97	13.27	8547.22	0.39	10派0.8
600645	ST中源	0.1203	0.39	31.05	3909.78	0.37	不分配
600647	同达创业	0.1692	1.11	15.25	905.65	-0.55	不分配
600648	外高桥	0.2400	3.47	6.90	24205.46	0.67	不分配
600649	城投控股	0.5530	4.51	12.28	127093.55	1.32	10派1
600650	锦江投资	0.5860	3.25	18.01	32310.55	0.77	10派3
600651	飞乐音响	0.1070	1.53	6.95	5963.07	0.18	10送0.5转0.5
600652	爱使股份	0.0700	1.85	3.63	3390.18	0.50	10转1
600653	申华控股	0.0210	1.09	1.91	3035.28	0.02	10转2
600654	飞乐股份	0.0100	1.36	0.40	409.03	0.04	不分配
600655	豫园商城	0.4530	4.36	10.39	32855.22	0.97	10派0.7转1
600656	ST方源	0.2400	0.42	57.87	4609.31	-0.38	不分配
600657	北京天桥	0.4900	2.92	11.41	50820.31	-0.65	不分配
600658	兆维科技	-0.3830	0.72	-53.09	-6398.50	0.33	不分配
600660	福耀玻璃	0.1200	1.63	7.53	24605.25	0.79	不分配
600661	交大南洋	-0.1900	1.86	-10.10	-3260.39	0.18	不分配
600662	强生控股	0.1400	1.88	7.61	11616.80	0.46	10派0.8
600663	陆家嘴	0.4714	4.50	10.47	88046.01	-0.58	10派1.14
600664	哈药股份	0.6900	4.66	14.90	86232.00	0.47	10派5.9
600665	天地源	0.1762	2.07	8.52	12691.64	0.56	10派0.4
600666	西南药业	0.1900	1.81	10.64	3719.37	0.56	不分配
600667	太极实业	0.0510	1.60	3.17	1875.48	0.17	10派0.139
600668	尖峰集团	0.0900	2.62	3.35	3024.66	0.44	10派0.3
600671	天目药业	0.0335	1.85	1.81	407.95	0.17	不分配
600673	东阳光铝	0.1400	2.29	6.27	11903.81	0.47	10派1
600674	川投能源	0.5616	2.86	19.67	35868.02	0.22	10派0.7
600675	中华企业	0.4270	2.98	14.31	46405.93	0.32	10派1.6
600676	交运股份	0.2620	2.81	9.31	14729.67	0.51	10转3
600677	航天通信	0.0400	2.41	1.49	1170.80	0.13	不分配
600678	四川金顶	0.0649	1.25	5.20	2265.71	0.17	不分配
600679	金山开发	0.0120	1.58	0.76	423.91	0.02	不分配
600680	上海普天	-0.3020	3.52	-7.41	-9977.38	-0.23	不分配

代码	公司名称	每股收益（元）	每股净资产（元）	净资产收益率(%)	净利润（万元）	每股经营性现金流量	分配预案（含税）
600681	S＊ST 万鸿	0.2411	-2.33	5016.35	0.14	不分配	
600682	南京新百	0.2100	2.68	7.71	7411.53	-0.09	10 派 1.2
600683	银泰股份	0.2100	2.16	9.74	5936.36	-0.10	不分配
600684	珠江实业	0.1300	3.88	3.37	2446.04	-1.11	不分配
600685	广船国际	1.6600	5.55	29.86	82039.57	-0.39	10 派 4.5
600686	金龙汽车	0.4400	3.11	14.27	19652.50	-0.03	10 派 0.5
600687	华盛达	0.0220	1.65	1.36	284.13	1.03	不分配
600688	S 上石化	-0.8670	1.92	-45.12	-624541.20	-0.47	不分配
600689	上海三毛	0.1522	1.80	8.43	3058.26	0.01	不分配
600690	青岛海尔	0.5740	5.06	11.34	76817.81	0.98	10 派 1.5
600691	ST 东碳	-0.2062	-0.18		-2360.00	-0.01	不分配
600692	亚通股份	0.0792	1.64	4.83	2532.64	-0.45	10 转 1
600693	东百集团	0.3740	2.08	17.96	9880.66	0.69	10 派 1.5 送 3
600694	大商股份	0.7900	10.62	7.42	23156.42	4.12	不分配
600695	大江股份	0.0100	0.34	1.72	397.73	0.06	不分配
600696	多伦股份	0.0160	1.35	1.18	542.85	-0.22	不分配
600697	欧亚集团	0.6700	4.58	14.61	10638.50	3.17	10 派 3
600698	ST 轻骑	0.0038	0.40	0.95	366.79	0.04	不分配
600699	ST 得亨	-0.6800	0.98	-69.71	-12633.32	-0.13	不分配
600701	＊ST 工新	-0.1091	1.61	-6.76	-5439.29	0.08	不分配
600702	沱牌曲酒	0.1230	5.24	2.35	4148.46	0.81	10 派 0.65
600703	三安光电	0.2800	1.95	10.82	5205.05	0.30	不分配
600704	中大股份	0.4000	4.07	9.91	15108.34	-2.34	10 派 1
600705	S＊ST 北亚	0.0003	0.01	5.56	7.37	-0.00	不分配
600706	ST 长信	0.0280	0.31	9.07	245.30	1.61	不分配
600707	彩虹股份	0.0700	3.46	2.09	3045.71	0.25	不分配
600708	海博股份	0.3234	2.00	16.14	15002.90	0.99	10 派 1
600710	常林股份	0.1100	2.26	4.91	5400.80	0.04	不分配
600711	ST 雄震	0.1720	0.38	45.46	1368.36	0.21	不分配
600712	南宁百货	0.1920	1.64	11.76	2782.68	0.81	10 派 1.7 送 2
600713	南京医药	0.1210	1.93	6.27	3033.49	0.02	10 派 0.1 送 0.9 转 1.1
600714	ST 金瑞	-0.4900	0.49	-100.5	-7396.04	-0.10	不分配
600715	ST 松辽	0.0400	0.82	4.84	891.42	-0.00	不分配
600716	ST 耀华	-0.4558	0.34	-135.7	-25402.80	0.38	不分配
600717	天津港	0.5700	5.36	10.48	94168.40	0.90	不分配
600718	东软集团	0.5200	3.61	14.40	49077.89	0.78	不分配
600719	大连热电	0.0570	3.61	1.58	1153.28	0.04	10 派 0.2
600720	祁连山	0.4460	2.68	16.66	17646.13	1.25	10 派 1.5
600721	ST 百花	0.0473	1.80	2.62	670.30	0.09	不分配
600722	ST 金化	-3.5400	-3.68	-96.40	-149309.74	0.02	不分配
600723	西单商场	-0.0746	2.57	-2.90	-3055.04	0.41	不分配
600724	宁波富达	0.1100	1.74	6.49	5030.88	0.38	不分配
600725	云维股份	0.4600	5.48	8.40	13348.31	1.55	10 派 2
600726	华电能源	0.0100	2.42	0.43	1421.85	0.71	不分配
600727	鲁北化工	-1.9200	4.26	-45.01	-67353.48	-0.50	不分配
600728	S＊ST 新太	0.0782	-0.73	-10.73	1628.47	0.01	不分配
600729	重庆百货	0.8000	4.04	19.72	16263.13	1.81	10 派 2
600730	中国高科	0.0500	2.41	2.10	1485.57	-0.12	不分配
600731	湖南海利	0.0140	1.43	0.97	352.05	0.24	不分配
600732	上海新梅	0.3300	2.05	16.09	8192.49	-1.77	不分配
600733	S 前锋	0.0144	1.28	1.12	284.48	0.18	不分配
600734	ST 实达	0.3699	0.04	839.60	13002.73	0.35	不分配
600735	新华锦	0.0300	1.09	2.76	467.54	1.12	不分配
600736	苏州高新	0.2329	2.88	8.07	20528.67	-0.62	10 派 0.9
600737	中粮屯河	0.3300	2.87	10.79	31090.45	-0.01	10 派 0.73
600738	兰州民百	0.1060	1.42	7.47	2782.28	0.51	不分配
600739	辽宁成大	1.0468	5.51	18.95	93948.37	0.11	不分配
600740	山西焦化	-0.4200	3.30	-12.77	-23802.80	-0.05	不分配
600741	巴士股份	-0.0200	1.90	-1.29	-3616.85	0.67	不分配
600742	一汽富维	0.9000	6.28	14.27	18951.60	-0.55	10 派 1.5
600743	华远地产	0.6800	1.99	26.12	40403.84	0.44	10 派 2.5
600744	华银电力	-1.4916	2.42	-61.67	-106152.76	2.40	不分配
600745	中茵股份	0.4800	0.84	56.99	15751.91	-0.39	不分配
600746	江苏索普	-0.0740	1.25	-5.91	-2268.99	0.10	不分配
600747	大连控股	-0.3310	0.91	-36.51	-35280.12	-0.20	不分配
600748	上实发展	0.3400	2.40	13.99	36332.52	-2.15	10 派 0.3
600749	西藏旅游	-0.2521	1.71	-14.74	-4159.14	-0.03	不分配
600750	江中药业	0.4400	3.11	14.18	13061.85	0.91	10 派 3.9
600751	S＊ST 天海	0.0170	-0.42	-4.01	837.99	-0.16	不分配
600753	东方银星	-0.3000	0.84	-35.47	-3794.22	0.00	不分配
600754	锦江股份	0.4529	4.56	9.93	27319.52	0.21	10 派 3.5
600755	厦门国贸	0.5400	5.27	10.20	26696.49	1.92	10 派 1.5
600756	浪潮软件	0.1900	3.18	5.95	3519.10	0.19	不分配

代码	公司名称	每股收益（元）	每股净资产（元）	净资产收益率(%)	净利润（万元）	每股经营性现金流量	分配预案（含税）
600757	ST 源发	-1.3700	-1.34	-101.3	-75416.54	-0.01	不分配
600758	红阳能源	0.1400	1.54	9.28	2283.05	0.40	不分配
600759	正和股份	0.1382	1.64	8.45	12975.11	-0.08	不分配
600760	东安黑豹	-0.0600	1.59	-3.86	-1680.20	-0.11	不分配
600761	安徽合力	0.5300	5.81	9.09	18861.00	0.55	10 派 1
600763	通策医疗	0.1000	1.16	8.27	1540.28	0.08	不分配
600764	中电广通	0.0970	1.73	5.62	3205.38	-0.13	10 派 0.3
600765	力源液压	0.4800	2.66	17.90	17110.37	-0.05	10 派 0.6
600766	园城股份	-0.5700	0.20	-292.6	-9819.23	0.07	不分配
600767	运盛实业	0.0350	1.12	3.12	1187.20	-0.07	不分配
600768	宁波富邦	-0.4450	0.89	-49.80	-5954.61	0.61	不分配
600769	祥龙电业	-0.4000	1.74	-22.86	-14915.84	-0.04	不分配
600770	综艺股份	0.0700	1.57	4.22	2684.15	-0.01	不分配
600771	ST 东盛	1.3600	-3.86	-35.18	33124.90	-2.08	不分配
600773	*ST 雅砻	-0.1200	-0.07	-172.5	-2850.43	0.02	不分配
600774	汉商集团	0.0300	2.70	1.19	556.73	0.12	不分配
600775	南京熊猫	0.0600	2.28	2.49	3720.13	-0.22	不分配
600776	东方通信	0.0770	1.88	4.11	9691.73	0.25	不分配
600777	新潮实业	0.0300	2.17	1.27	1716.52	-0.10	不分配
600778	友好集团	0.1500	2.68	5.75	4794.30	0.90	10 派 0.5
600779	水井坊	0.6400	2.93	21.90	31367.71	0.05	10 派 5.3
600780	通宝能源	0.0149	1.88	0.79	1297.02	0.41	不分配
600781	上海辅仁	0.1900	1.00	19.11	3400.74	-0.08	不分配
600782	新钢股份	0.5000	5.79	8.68	69774.77	0.16	10 派 0.6
600783	鲁信高新	0.0230	1.54	1.49	464.39	0.10	不分配
600784	鲁银投资	0.1200	1.58	7.80	3051.67	-0.24	不分配
600785	新华百货	0.6300	3.94	15.86	10804.54	1.19	10 派 1
600787	中储股份	0.2097	4.00	5.24	15455.03	0.83	10 派 0.4
600789	鲁抗医药	0.0600	2.55	2.38	3520.52	0.36	不分配
600790	轻纺城	0.1200	1.83	6.35	7215.51	-0.15	不分配
600791	京能置业	0.2400	1.83	13.10	10872.45	-1.37	10 派 0.04
600792	ST 马龙	0.1200	0.26	45.53	1465.85	0.74	不分配
600793	*ST 宜纸	0.0461	0.60	7.63	485.58	0.20	不分配
600794	保税科技	0.2000	1.37	14.50	3528.97	0.32	不分配
600795	国电电力	0.0330	2.60	1.26	17887.11	0.34	10 派 0.3
600796	钱江生化	-0.2830	1.52	-18.58	-7740.96	0.08	不分配
600797	浙大网新	0.0900	1.78	4.93	7149.59	0.26	10 派 0.1
600798	宁波海运	0.5284	3.39	15.42	30383.84	1.02	10 派 2 转 5
600800	ST 磁卡	0.2300	0.49	47.42	12745.44	0.13	不分配
600801	华新水泥	1.1800	10.08	11.31	45997.56	2.89	10 派 1.5
600802	福建水泥	0.0130	2.68	0.49	501.62	0.11	不分配
600803	威远生化	0.0360	1.60	2.24	846.04	0.85	不分配
600804	鹏博士	0.2700	2.61	10.37	17369.52	0.08	10 转 8
600805	悦达投资	0.1200	2.11	5.45	6286.70	1.04	不分配
600806	昆明机床	0.6500	2.45	26.56	27656.49	0.28	10 派 0.943
600807	天业股份	0.1100	2.45	4.63	1818.15	0.42	不分配
600808	马钢股份	0.1040	3.38	2.73	71023.43	1.09	不分配
600809	山西汾酒	0.5663	3.39	16.72	24517.17	1.36	10 派 4
600810	神马实业	-0.3200	5.77	-5.53	-14103.97	1.22	不分配
600811	东方集团	0.2500	3.51	7.13	32046.42	-0.68	10 派 0.15 送 1 转 2
600812	华北制药	0.2620	1.42	18.40	26910.07	1.06	不分配
600814	杭州解百	0.2500	1.75	14.32	7794.05	0.31	10 派 1.2
600815	厦工股份	0.2674	2.52	10.60	18701.98	-0.72	10 派 0.45
600816	安信信托	0.0592	0.39	15.27	2688.92	0.00	不分配
600817	ST 宏盛	-21.8600	-21.18	130.18	-281355.89	-0.04	不分配
600818	中路股份	0.0545	1.26	4.33	1447.12	0.09	10 派 0.5
600819	耀皮玻璃	0.0380	2.79	1.37	2792.15	0.34	10 派 0.2
600820	隧道股份	0.4300	4.96	8.03	29224.01	2.30	10 派 1
600821	津劝业	-0.2300	1.34	-17.48	-9759.51	0.28	不分配
600822	上海物贸	0.2800	2.90	9.67	7077.60	0.90	不分配
600823	世茂股份	0.1300	2.44	5.22	6104.77	-1.39	10 派 0.3
600824	益民商业	0.1650	1.96	8.40	10060.50	0.36	10 派 0.6 送 1 转 1
600825	新华传媒	0.4200	3.31	12.59	24203.70	0.21	10 派 1.1 送 2 转 3
600826	兰生股份	0.0300	3.77	0.78	820.11	0.23	不分配
600827	友谊股份	0.3260	5.25	6.20	13981.00	5.87	10 派 0.5 转 1
600828	成商集团	0.5038	1.85	27.18	10234.52	1.69	不分配
600829	三精制药	0.6966	3.85	18.11	26928.15	-0.17	10 派 7.4
600830	香溢融通	0.1140	2.78	3.98	5025.23	-0.69	10 派 0.3
600831	广电网络	0.1300	3.45	3.75	4307.32	1.35	10 派 0.5 转 3
600832	东方明珠	0.1400	1.89	7.40	44613.81	0.19	不分配
600833	第一医药	0.1300	1.97	6.38	2001.49	0.13	10 派 0.7
600834	申通地铁	0.1700	2.05	8.09	7907.57	0.39	10 派 1
600835	上海机电	0.6300	4.46	14.17	64660.48	0.51	10 派 1

代码	公司名称	每股收益（元）	每股净资产（元）	净资产收益率(%)	净利润（万元）	每股经营性现金流量	分配预案（含税）
600836	界龙实业	0.0360	1.33	2.75	1143.73	0.01	不分配
600837	海通证券	0.4000	4.66	8.60	330165.27	-2.84	10 派 1
600838	上海九百	0.0077	1.37	0.56	308.62	-0.01	不分配
600839	四川长虹	0.0160	4.73	0.35	3111.65	1.88	10 派 0.5
600840	新湖创业	0.8300	2.68	30.84	25094.39	-0.11	10 派 0.999
600841	上柴股份	0.0600	3.79	1.50	2728.48	0.24	10 派 0.5
600842	中西药业	0.0540	1.31	4.11	1163.91	-0.02	不分配
600843	上工申贝	-0.0719	1.13	-6.34	-3226.17	0.15	不分配
600844	丹化科技	0.0552	0.86	6.41	1682.06	0.31	不分配
600845	宝信软件	0.6910	3.05	22.63	18128.79	0.22	10 派 2
600846	同济科技	0.0943	1.99	4.75	2621.81	-0.86	10 派 0.5
600847	ST 渝万里	-0.1200	0.53	-22.74	-1078.61	-0.06	不分配
600848	自仪股份	0.0200	0.39	5.26	812.57	-0.07	不分配
600849	上海医药	0.1440	2.97	4.85	8198.28	0.50	10 派 0.45
600850	华东电脑	0.0383	1.39	2.75	655.80	0.39	不分配
600851	海欣股份	-0.2857	2.12	-13.45	-34480.27	0.13	不分配
600853	龙建股份	0.0240	1.36	1.77	1287.69	0.41	不分配
600854	*ST 春兰	0.0233	4.14	0.56	1208.04	0.31	不分配
600855	航天长峰	-0.0778	1.98	-3.93	-2276.18	0.20	不分配
600856	长百集团	-0.1700	0.61	-27.61	-3952.72	0.16	不分配
600857	工大首创	0.0500	1.86	2.62	1096.76	-0.03	10 派 0.2
600858	银座股份	0.5800	5.08	11.42	13649.70	1.18	10 派 0.7
600859	王府井	0.8750	5.22	16.76	34404.22	2.11	10 派 2
600860	北人股份	-0.6200	2.13	-29.34	-26314.16	0.03	不分配
600861	北京城乡	0.2805	6.13	4.57	8885.19	0.60	10 派 1
600862	南通科技	0.2000	1.02	19.88	4833.50	-0.09	不分配
600863	内蒙华电	-0.4040	1.65	-24.49	-79974.14	1.18	不分配
600864	哈投股份	0.5300	3.01	17.58	28873.19	0.18	10 派 0.5
600865	百大集团	0.2300	2.09	9.71	7631.17	0.02	10 派 0.8
600866	星湖科技	0.0557	1.49	3.74	2900.09	0.29	不分配
600867	通化东宝	0.1300	3.78	3.36	4682.33	0.25	10 转 3
600868	*ST 梅雁	0.1010	1.03	9.86	19204.42	0.12	不分配
600869	三普药业	-0.4700	0.63	-74.40	-5645.21	0.21	不分配
600870	*ST 厦华	-2.7200	-3.00	-90.64	-100926.29	0.36	不分配
600871	S 仪化	-0.4110	1.67	-24.69	-164528.50	-0.01	不分配
600872	中炬高新	0.1100	2.10	5.25	7974.94	0.15	不分配
600873	五洲明珠	0.0758	2.05	3.69	820.15	1.32	不分配
600874	创业环保	0.1600	2.18	7.44	23106.50	0.21	10 派 0.4
600875	东方电气	0.2100	2.54	7.84	17599.90	7.94	10 派 0.2
600876	*ST 洛玻	0.0300	0.46	5.58	1278.38	-0.10	不分配
600877	中国嘉陵	0.0190	1.30	1.46	1309.27	-0.10	不分配
600879	火箭股份	0.4600	5.18	8.93	25010.94	-0.24	10 转 5
600880	博瑞传播	0.5200	2.77	18.82	19166.78	0.70	10 派 1.5
600881	亚泰集团	0.2600	4.22	6.18	32960.10	0.63	10 派 1 送 5
600882	大成股份	-0.4200	2.00	-21.19	-9068.64	0.88	不分配
600883	博闻科技	0.0018	2.03	0.09	42.65	-0.08	不分配
600884	杉杉股份	0.2300	3.87	6.04	9603.32	0.27	10 派 0.6
600885	力诺太阳	-0.3600	0.58	-61.44	-5476.68	0.38	不分配
600886	国投电力	0.1177	3.90	3.01	12412.77	1.58	10 派 3.06
600887	*ST 伊利	-2.3000	3.49	-60.50	-168744.76	0.23	不分配
600888	新疆众和	0.2846	4.94	5.76	10019.21	0.66	10 派 0.5
600889	南京化纤	0.0090	2.75	0.30	208.94	0.34	不分配
600890	*ST 中房	-0.0459	0.49	-9.36	-2657.72	0.01	不分配
600891	SST 秋林	0.0200	0.69	2.99	499.52	0.36	不分配
600892	*ST 湖科	0.1000	-0.57	-22.52	643.18	0.06	不分配
600893	航空动力	0.4100	3.41	7.81	11795.21	0.74	10 派 1.01
600894	广钢股份	-1.2680	0.73	-173.5	-96701.44	0.35	不分配
600895	张江高科	0.3800	3.35	10.17	52827.78	-0.14	10 派 1.1
600896	中海海盛	0.2300	2.48	9.44	13582.13	0.43	10 派 0.4
600897	厦门空港	0.6533	3.74	17.48	19455.96	0.74	10 派 0.6
600898	*ST 三联	-0.3735	0.92	-40.67	-9432.21	0.45	不分配
600900	长江电力	0.4180	3.99	10.46	393037.32	0.70	10 派 2.1585
600960	滨州活塞	0.1800	3.92	4.56	2909.35	1.02	不分配
600961	株冶集团	0.0370	3.73	0.98	1923.23	1.58	不分配
600962	国投中鲁	0.4100	5.05	7.37	7511.38	3.60	10 派 1
600963	岳阳纸业	0.2100	4.50	4.76	13962.57	0.80	10 派 0.1
600965	福成五丰	0.0700	1.87	3.72	1939.31	0.13	10 派 0.4
600966	博汇纸业	0.5000	4.92	10.22	25371.22	0.96	10 派 0.8
600967	北方创业	0.2330	4.87	4.19	3532.80	0.60	不分配
600969	郴电国际	-0.9480	2.17	-43.72	-19928.78	2.05	不分配
600970	中材国际	1.8600	6.25	29.69	31170.80	25.40	10 派 0.5 送 4 转 6
600971	恒源煤电	1.6200	8.61	18.86	30606.64	2.11	10 派 3 转 2
600973	宝胜股份	0.0300	4.81	0.68	511.43	-0.76	10 派 0.7

代码	公司名称	每股收益（元）	每股净资产（元）	净资产收益率(%)	净利润（万元）	每股经营性现金流量	分配预案（含税）
600975	新五丰	0.0500	2.46	1.84	813.60	0.04	不分配
600976	武汉健民	0.1000	4.78	2.15	1577.84	0.72	10派0.5
600978	宜华木业	0.1800	2.59	7.09	18470.45	-0.00	10派0.1
600979	广安爱众	0.1500	1.62	9.48	3650.54	0.56	不分配
600980	北矿磁材	0.0500	2.50	1.96	638.53	0.07	不分配
600981	江苏开元	0.1000	1.57	6.62	5358.05	0.46	10派0.5
600982	宁波热电	0.1617	2.33	6.93	2716.79	0.21	10派1
600983	合肥三洋	0.3500	1.95	17.71	11492.69	0.24	10派1.8
600984	ST建机	-0.4650	2.03	-22.93	-6582.36	0.06	不分配
600985	雷鸣科化	0.2800	3.44	8.17	2525.06	0.26	10派1
600986	科达股份	0.0600	3.50	1.81	1060.65	1.05	10派0.6送5转5
600987	航民股份	0.3000	2.73	10.84	12550.85	0.59	10派1.5
600988	ST宝龙	-0.1120	-0.12		-1114.36	-0.08	不分配
600990	四创电子	0.3672	5.85	6.28	2159.07	0.71	10派1.5
600991	长丰汽车	0.3500	5.72	6.15	14079.23	0.75	10派1转3
600992	贵绳股份	0.2020	4.89	4.13	3321.02	0.20	10派0.6
600993	马应龙	0.8700	8.47	10.30	8042.95	1.11	10派1送4转4
600995	文山电力	0.3700	2.06	18.04	14829.35	0.71	10派0.3送2
600997	开滦股份	1.4600	6.99	19.20	82803.40	2.64	10派2转10
601001	大同煤业	2.4000	7.58	31.68	200993.27	5.15	10派4
601002	晋亿实业	0.1270	2.19	5.81	9391.12	-0.02	不分配
601003	柳钢股份	0.0061	1.85	0.33	1551.87	0.42	不分配
601005	重庆钢铁	0.3500	3.26	10.60	59829.80	0.28	10派1
601006	大秦铁路	0.5100	3.11	16.57	667951.65	0.67	10派3
601007	金陵饭店	0.2200	3.05	7.10	6487.85	0.19	不分配
601008	连云港	0.1900	3.06	6.20	10177.79	0.15	10派0.4
601009	南京银行	0.7900	6.15	12.89	145609.50	3.37	10派3
601088	中国神华	1.3370	7.49	17.90	2658800.00	2.22	10派4.6
601099	太平洋	-0.4290	0.92	-46.76	-64525.21	-0.97	不分配
601111	中国国航	-0.7700	1.61	-46.27	-914908.00	0.58	不分配
601166	兴业银行	2.2800	9.80	23.22	1138502.66	0.67	10派4.5
601168	西部矿业	0.2400	4.21	5.68	57006.78	0.08	10派1
601169	北京银行	0.8700	5.43	16.00	541745.60	0.02	10派1.8
601186	中国铁建	0.3200	3.87	7.63	364384.30	0.59	10派1
601318	中国平安	0.0900	10.72	0.80	66200.00	8.49	不分配
601328	交通银行	0.5800	2.96	19.57	2842300.00	3.95	10派1
601333	广深铁路	0.1700	3.16	5.41	121182.76	0.27	10派0.8
601390	中国中铁	0.0500	2.87	1.99	111518.70	0.04	不分配
601398	工商银行	0.3300	1.81	18.36	11076600.0	1.11	10派1.65
601588	北辰实业	0.1300	2.55	5.23	44892.93	0.73	10派0.3
601600	中国铝业	0.0007	4.07	0.02	922.80	0.37	不分配
601601	中国太保	0.1700	6.33	2.80	133900.00	3.25	10派3
601628	中国人寿	0.3600	4.77	7.46	1006800.00	4.46	10派2.3
601666	平煤股份	2.4759	8.62	28.71	266086.31	3.45	10派11.15送3
601699	潞安环能	2.4800	6.83	36.25	285020.31	3.05	10派10
601727	上海电气	0.2200	1.70	12.30	262221.40	0.24	10派0.61
601766	中国南车	0.1600	1.36	8.62	138424.03	0.11	10派0.32
601808	中海油服	0.6900	4.40	15.67	310224.11	0.90	10派1.4
601857	中国石油	0.6200	4.33	14.40	11379800.0	0.97	10派1.4953
601866	中海集运	0.0112	2.78	0.41	13058.05	0.28	不分配
601872	招商轮船	0.3600	2.75	13.08	123312.50	0.60	10派1
601898	中煤能源	0.5200	4.79	10.73	681186.30	0.75	10派1.5413
601899	紫金矿业	0.2200	1.11	19.00	306620.09	0.28	10派1
601918	国投新集	0.6500	3.05	21.29	120270.07	0.93	10派2
601919	中国远洋	1.0600	5.10	20.79	1083036.49	2.29	10派2.9
601939	建设银行	0.4000	1.99	19.87	9259900.00	0.77	10派0.837
601958	金钼股份	1.1200	5.11	20.46	280837.57	0.99	10派4转2
601988	中国银行	0.2500	1.84	13.57	6353900.00	1.67	10派1.3
601991	大唐发电	0.0700	2.20	3.18	82276.90	0.61	10派1.1
601998	中信银行	0.3400	2.44	13.97	1332000.00	3.59	10派0.853
601999	出版传媒	0.2100	2.48	8.47	11554.23	-0.03	10派0.5
900929	锦旅B股	0.1700	5.61	2.96	2202.98	0.35	10派0.8
900935	阳晨B股	0.0400	1.92	2.01	941.26	0.41	10派0.205
900939	ST汇丽B	-0.1300	0.29	-44.89	-2354.74	-0.02	不分配
900948	伊泰B股	4.2500	9.01	47.18	311276.20	6.20	10派10
900949	东电B股	0.0135	3.71	0.36	2704.61	0.08	不分配
900950	新城B股	0.3657	1.73	21.16	38837.34	-0.04	10派0.5
900951	大化B股	0.0200	1.42	1.73	677.30	-0.37	不分配
900953	*ST凯马B	0.0572	0.91	6.29	3660.33	0.13	不分配
900956	东贝B股	0.1400	2.03	6.88	3284.13	0.28	不分配
900957	凌云B股	0.0401	1.25	3.21	1400.55	-0.18	不分配
000001	深发展A	0.2000	5.28	3.74	61403.50	7.84	不分配
000002	万科A	0.3700	2.90	12.65	403317.00	-0.00	10派0.5

代码	公司名称	每股收益（元）	每股净资产（元）	净资产收益率(%)	净利润（万元）	每股经营性现金流量	分配预案（含税）
000004	*ST 国农	-0.1324	0.73	-18.18	-1112.24	0.02	不分配
000005	世纪星源	0.0100	0.82	1.40	1049.97	-0.14	不分配
000006	深振业 A	0.3000	3.16	9.38	15021.98	-2.69	10 派 0.8
000007	ST 达声	-0.3310	-0.46	-72.40	-6122.65	0.21	不分配
000008	ST 宝利来	0.0100	1.00	1.01	74.80	0.01	不分配
000009	中国宝安	0.1900	1.66	11.62	20038.11	0.40	10 派 0.3 送 0.5
000010	SST 华新	0.1100	0.26	40.77	1581.54	-0.04	不分配
000011	S*ST 物业	0.0181	1.05	1.72	982.94	-0.04	不分配
000012	南玻 A	0.3500	3.67	9.24	42007.98	0.83	10 派 1
000014	沙河股份	0.2160	1.94	11.16	4357.48	-0.47	10 派 0.3
000016	深康佳 A	0.2083	3.13	6.64	25081.72	0.30	10 派 0.5
000017	SST 中华 A	-0.0936	-3.76	-2.49	-4489.30	-0.03	不分配
000018	*ST 中冠 A	-0.1500	0.77	-19.96	-2595.73	0.08	不分配
000019	深深宝 A	0.0700	1.83	3.80	1263.02	0.00	不分配
000020	ST 华发 A	0.0267	0.88	3.05	756.79	-0.07	不分配
000021	长城开发	0.3598	3.94	9.13	31647.96	0.38	10 派 1.5
000022	深赤湾 A	0.9970	4.27	23.33	64289.16	1.69	10 派 5
000023	深天地 A	0.1536	2.15	7.15	2131.51	-0.55	10 派 1.096
000024	招商地产	0.9400	8.65	8.26	122761.58	-2.28	10 派 1
000025	特力 A	0.0208	0.74	2.80	458.43	0.16	不分配
000026	飞亚达 A	0.2590	2.69	9.62	6452.25	-0.31	10 派 1
000027	深圳能源	0.4700	5.12	9.17	103462.51	0.78	10 派 1
000028	一致药业	0.5370	2.18	24.65	15480.71	0.86	10 派 1
000029	深深房 A	0.0189	1.19	1.58	1912.38	-0.08	不分配
000030	*ST 盛润 A	-0.2952	-5.98	-4.94	-8514.88	-0.00	不分配
000031	中粮地产	0.0800	1.75	4.47	14201.65	-1.91	10 派 0.2
000032	深桑达 A	0.3150	3.23	9.75	7324.76	-0.33	10 派 1.7
000033	新都酒店	0.0107	0.93	1.15	352.67	0.07	不分配
000034	*ST 深泰	-0.7200	-3.20	-22.43	-25709.47	0.01	不分配
000035	ST 科健	-0.0700	-8.21	-0.81	-996.08	-0.00	不分配
000036	*ST 华控	-0.3500	1.04	-34.05	-39670.67	0.09	不分配
000037	深南电 A	0.0200	2.94	0.61	1076.39	0.55	不分配
000038	S*ST 大通	1.7000	0.77	221.26	15419.63	0.25	不分配
000039	中集集团	0.5300	5.04	10.48	140690.80	1.26	10 派 1.5
000040	深鸿基	-0.2400	1.76	-13.90	-11462.78	-0.51	不分配
000042	深长城	0.0283	7.19	0.39	678.66	-1.33	10 派 0.2
000043	中航地产	0.1291	6.51	1.98	2869.77	-1.50	10 派 0.5
000045	深纺织 A	0.1900	1.70	11.02	4599.26	0.13	10 派 0.5
000046	泛海建设	0.0900	3.62	2.57	21064.01	-0.11	10 派 0.5
000048	ST 康达尔	0.0924	-0.51	-18.26	3612.00	0.41	不分配
000049	德赛电池	0.0114	1.11	1.02	155.59	0.97	不分配
000050	深天马 A	0.0163	2.35	0.69	936.01	0.39	不分配
000055	方大 A	0.0550	1.31	4.16	2326.09	0.05	不分配
000056	深国商	-0.1200	0.99	-11.65	-2549.17	-0.70	不分配
000058	ST 赛格	0.0620	1.65	3.74	4857.95	0.10	10 派 0.2
000059	辽通化工	0.3206	5.02	6.39	38484.05	0.68	不分配
000060	中金岭南	0.3900	3.49	11.22	40039.40	1.59	10 派 0.95
000061	农产品	0.1300	6.29	1.87	5306.79	0.62	10 派 1.5 转增 7
000062	深圳华强	0.1500	4.30	3.43	4559.54	0.27	10 派 0.5
000063	中兴通讯	1.2400	10.61	11.65	166019.90	2.72	10 派 3 转增 3
000065	北方国际	0.2200	2.48	8.96	3607.84	-0.23	10 派 0.6
000066	长城电脑	0.0210	2.14	1.01	1182.39	0.31	不分配
000068	赛格三星	0.0231	2.12	1.09	2073.20	0.55	不分配
000069	华侨城 A	0.3500	2.13	16.43	91743.53	0.43	10 派 1.2
000070	特发信息	0.1417	2.64	5.37	3543.50	0.53	不分配
000078	海王生物	0.0400	1.08	3.46	2430.36	0.31	不分配
000088	盐田港	0.4602	3.08	14.94	57300.18	0.20	10 派 2.4
000089	深圳机场	0.1420	2.72	5.23	24001.30	0.41	10 派 0.3
000090	深天健	-0.3771	6.84	-5.51	-11478.69	-3.09	10 转增 5
000096	广聚能源	0.2500	2.94	8.35	12969.80	0.18	10 派 0.8
000099	中信海直	0.1811	2.74	6.61	9302.51	0.27	10 派 0.5
000100	TCL 集团	0.1938	1.54	12.58	50111.15	0.19	不分配
000150	宜华地产	0.2500	1.88	13.48	8201.40	0.15	不分配
000151	中成股份	0.1430	3.00	4.76	4227.24	0.09	10 派 0.9
000153	丰原药业	0.0546	2.49	2.19	1418.36	0.19	不分配
000155	川化股份	0.2900	3.73	7.72	13518.14	0.70	10 派 1.2
000156	*ST 嘉瑞	0.1600	-4.85	-3.34	1924.07	0.11	不分配
000157	中联重科	1.0318	3.34	30.88	156938.01	0.21	10 派 1 送 1
000158	常山股份	0.1700	3.12	5.29	11849.11	0.11	不分配
000159	国际实业	0.6300	4.22	14.56	14772.59	0.38	10 派 0.3
000301	东方市场	0.1398	2.01	6.96	17028.60	-0.25	10 派 0.7
000338	潍柴动力	2.3200	9.60	24.15	193134.66	2.25	10 派 1.3
000400	许继电气	0.1010	5.63	1.79	3820.69	0.73	不分配

代码	公司名称	每股收益（元）	每股净资产（元）	净资产收益率(%)	净利润（万元）	每股经营性现金流量	分配预案（含税）
000401	冀东水泥	0.4100	4.89	7.53	44603.36	0.52	10 派 1
000402	金融街	0.4300	5.87	7.14	103937.95	-2.07	10 派 1.5
000403	S*ST 生化	0.9500	0.01	15990	20200.77	0.35	不分配
000404	华意压缩	0.0808	1.37	5.88	2623.12	0.23	不分配
000407	胜利股份	0.5700	2.36	24.17	20371.37	0.17	10 派 1 送 2 转增 2
000408	ST 玉源	-0.5230	1.05	-39.27	-10395.19	0.46	不分配
000409	ST 泰格	0.0161	0.31	5.20	275.73	0.01	不分配
000410	沈阳机床	0.0400	2.33	1.66	2119.17	-1.43	不分配
000411	英特集团	0.0920	0.65	14.13	1903.89	0.59	不分配
000413	宝石 A	0.0100	0.65	1.66	413.94	0.01	不分配
000415	汇通集团	-0.2864	1.12	-25.49	-8603.07	-0.21	不分配
000416	民生投资	-0.0228	1.20	-1.89	-1210.35	0.02	不分配
000417	合肥百货	0.3260	2.38	13.72	12029.83	1.78	10 派 1.5 转增 3
000418	小天鹅 A	0.0700	2.93	2.49	4003.83	-0.25	不分配
000419	通程控股	0.1103	2.14	5.16	3872.23	0.51	10 派 1.2
000420	吉林化纤	-0.9514	2.32	-40.93	-35985.81	0.36	不分配
000421	南京中北	0.1480	1.66	8.92	5203.21	0.98	不分配
000422	湖北宜化	0.4860	3.63	13.41	26374.52	1.16	10 派 1.5
000423	东阿阿胶	0.5480	2.68	20.43	28704.47	0.57	10 派 2
000425	徐工科技	0.2000	2.30	8.80	11044.29	0.28	不分配
000426	富龙热电	-0.3500	3.11	-11.30	-13374.12	0.08	不分配
000428	华天酒店	0.3690	3.28	11.01	13311.62	0.69	10 派 1 送 3 转增 2
000429	粤高速 A	0.3200	2.72	11.64	39826.09	0.47	10 派 1
000430	SST 张股	-0.1200	-0.23	-50.89	-2183.93	0.07	不分配
000488	晨鸣纸业	0.5700	5.95	8.77	107529.17	0.94	10 派 0.5
000498	*ST 丹化	0.0200	-1.69		902.21	-0.00	不分配
000501	鄂武商 A	0.3600	2.51	14.15	18039.21	1.64	不分配
000502	绿景地产	0.3064	1.30	23.51	5663.68	-0.03	不分配
000503	海虹控股	0.0070	1.72	0.42	541.59	-0.02	不分配
000504	赛迪传媒	-0.5500	0.89	-61.14	-17006.39	-0.06	不分配
000505	*ST 珠江	-0.1800	0.28	-64.33	-7660.38	-0.15	不分配
000506	*ST 东泰	0.2582	0.59	43.80	19988.56	0.38	不分配
000507	粤富华	0.2510	3.39	7.40	8661.06	-0.11	10 派 0.3
000509	SST 华塑	-0.5700	0.06	-963.0	-14364.62	-0.00	不分配
000510	金路集团	-0.1029	1.81	-5.70	-6270.66	0.13	不分配
000511	银基发展	0.1100	1.21	9.23	12911.43	-0.23	不分配
000513	丽珠集团	0.1700	5.81	2.93	5207.32	1.13	10 派 1
000514	渝开发	0.2035	3.12	6.53	12898.40	-0.15	10 派 0.2
000515	攀渝钛业	-0.5400	1.42	-37.74	-10036.40	0.06	不分配
000516	开元控股	0.4000	4.03	9.91	5916.71	1.58	10 派 1 送 5 转增 5
000517	*ST 成功	-0.2900	-0.07	-403.8	-6833.31	0.36	不分配
000518	四环生物	-0.1359	0.67	-20.30	-13987.37	0.07	不分配
000519	银河动力	-0.1400	1.75	-8.26	-2771.23	-0.22	不分配
000520	长航凤凰	0.1096	2.16	5.07	7397.82	0.11	10 派 0.28
000521	美菱电器	0.0621	2.56	2.42	2567.90	0.46	不分配
000522	白云山 A	0.1600	1.72	9.49	7640.73	0.18	不分配
000523	广州浪奇	0.0310	2.63	1.17	532.75	0.18	不分配
000524	东方宾馆	0.0200	2.28	0.69	424.80	0.12	不分配
000525	红太阳	0.0391	2.21	1.77	1096.68	-0.50	10 派 0.5
000526	旭飞投资	-0.1232	1.50	-8.24	-1185.16	-0.09	不分配
000527	美的电器	0.5500	2.52	21.72	103302.47	1.98	10 派 1
000528	柳工	0.7200	5.59	12.88	34004.37	-1.23	10 派 1 转增 2
000529	*ST 美雅	0.8500	1.01	57.51	33758.24	-0.01	不分配
000530	大冷股份	0.3600	4.73	7.69	12735.96	0.20	10 派 1.5
000531	穗恒运 A	-0.2000	2.61	-7.70	-5349.06	0.52	不分配
000532	力合股份	-0.0894	1.56	-5.72	-3083.24	0.03	不分配
000533	万家乐	0.1141	1.14	10.00	6566.51	0.20	不分配
000534	汕电力 A	0.0754	2.37	3.18	1924.42	0.93	10 派 0.5
000536	闽闽东	0.0500	0.36	14.80	649.57	-0.01	不分配
000537	广宇发展	-0.0760	0.86	-8.91	-3906.14	-0.26	不分配
000538	云南白药	0.9600	5.87	14.84	46542.02	1.51	10 派 3
000539	粤电力 A	0.0100	3.17	0.34	2898.12	-0.22	10 派 0.6
000540	中天城投	0.5712	2.14	25.01	19096.52	-1.09	10 派 1 转增 6
000541	佛山照明	0.3200	3.72	8.62	22416.06	0.18	10 派 2.2 转增 4
000543	皖能电力	0.0520	4.18	1.24	4003.66	0.62	不分配
000544	中原环保	0.2409	1.69	14.25	6490.54	0.30	不分配
000545	吉林制药	0.0200	0.15	13.70	332.29	0.21	不分配
000546	光华控股	-0.1235	0.69	-18.01	-2093.28	-0.26	不分配
000547	闽福发 A	0.1210	3.53	3.43	2965.74	0.23	不分配
000548	湖南投资	0.0740	2.62	2.80	3674.02	0.20	10 派 1
000550	江铃汽车	0.9100	4.69	19.36	78431.51	0.21	10 派 3
000551	创元科技	0.2000	3.08	6.51	4845.50	0.39	10 派 1
000552	靖远煤电	0.5100	2.27	22.53	9095.90	0.20	10 派 0.6

代码	公司名称	每股收益（元）	每股净资产（元）	净资产收益率(%)	净利润（万元）	每股经营性现金流量	分配预案（含税）
000553	沙隆达 A	0.2900	1.85	15.73	17281.45	0.59	10 派 0.5
000554	泰山石油	0.3000	1.88	15.93	14377.93	0.28	10 派 1
000555	ST 太光	0.0020	-1.39	-0.15	18.79	不分配	
000557	ST 银广夏	-0.3900	-1.04	-26909.01	0.00	不分配	
000558	莱茵置业	0.2820	1.33	21.22	10453.42	0.04	不分配
000559	万向钱潮	0.2150	1.44	14.99	22080.84	0.43	10 派 1
000560	昆百大 A	0.2747	3.71	7.40	3691.89	-1.71	不分配
000561	S＊ST 长岭	1.9300	-0.23	-848.3	76526.60	0.16	不分配
000562	宏源证券	0.3700	3.41	10.88	54164.79	-4.62	10 派 1
000563	陕国投 A	0.1909	1.37	13.89	6842.45	0.23	10 派 0.3
000564	西安民生	0.2109	2.40	8.80	5702.25	0.51	10 派 0.6
000565	渝三峡 A	0.1400	2.39	5.80	2407.29	0.09	不分配
000566	海南海药	0.2100	1.63	12.50	4273.17	0.03	不分配
000567	海德股份	0.1923	1.05	18.35	2908.20	0.04	不分配
000568	泸州老窖	0.9100	2.49	36.40	126598.79	0.58	10 派 6.5
000569	长城股份	-0.5200	0.27	-190.8	-39273.39	-0.19	不分配
000570	苏常柴 A	-0.2200	3.07	-7.32	-8399.30	-0.02	不分配
000571	新大洲 A	0.0682	1.45	4.70	5018.18	0.18	不分配
000572	海马股份	0.0600	2.91	2.04	4914.78	-2.05	不分配
000573	粤宏远 A	-0.1847	2.18	-8.47	-11503.18	-0.06	不分配
000576	＊ST 甘化	-0.1500	1.19	-12.51	-4820.54	-0.02	不分配
000578	盐湖集团	0.4900	2.08	23.59	150451.62	0.87	不分配
000581	威孚高科	0.3400	4.42	7.72	19341.83	1.43	10 派 1.62
000582	北海港	0.1300	1.70	7.62	1842.65	0.31	不分配
000584	舒卡股份	0.2051	3.77	5.37	8280.40	-0.76	10 派 1
000585	＊ST 东电	-0.0800	0.36	-22.21	-6911.25	0.02	不分配
000586	＊ST 汇源	-0.6200	0.51	-121.4	-12049.93	0.06	不分配
000587	SST 光明	-0.9310	-1.41	-66.09	-17282.28	-0.04	不分配
000589	黔轮胎 A	0.2000	4.75	4.24	5120.72	0.99	10 派 1
000590	紫光古汉	0.1004	1.59	6.31	2037.45	0.17	不分配
000591	桐君阁	0.1098	1.73	6.34	2154.60	0.87	不分配
000592	ST 中福	0.0950	0.59	16.10	5480.58	0.07	不分配
000593	大通燃气	0.0130	0.91	1.46	298.14	0.18	不分配
000594	国恒铁路	0.0600	1.74	3.61	3527.59	-0.12	不分配
000595	西北轴承	0.1000	2.22	4.64	2231.11	0.14	不分配
000596	古井贡酒	0.1500	3.74	3.93	3457.69	0.88	不分配
000597	东北制药	1.1600	4.71	22.77	35790.65	2.12	10 派 1
000598	蓝星清洗	-0.0300	2.19	-1.44	-957.50	0.57	不分配
000599	青岛双星	-0.6620	2.23	-27.95	-32726.97	0.05	不分配
000600	建投能源	0.0500	3.12	1.66	4745.15	0.59	10 派 0.3
000601	韶能股份	-0.0900	3.07	-2.95	-8385.73	0.56	不分配
000602	金马集团	0.2500	2.69	9.13	3695.77	1.92	不分配
000603	＊ST 威达	-0.0200	0.54	-4.46	-340.53	-0.03	不分配
000605	ST 四环	0.0655	0.63	10.33	610.23	-0.05	不分配
000606	青海明胶	0.0612	2.13	2.88	1370.26	-0.04	10 派 0.11 送 1 转增 4
000607	华立药业	0.0100	1.18	0.82	471.76	0.28	不分配
000608	阳光股份	0.0500	3.30	1.60	2832.60	-0.38	不分配
000609	绵世股份	0.4700	2.70	17.23	13867.80	-0.15	不分配
000610	西安旅游	0.0543	1.98	2.75	1067.77	0.19	不分配
000611	时代科技	0.0800	1.83	3.97	2339.02	-0.12	不分配
000612	焦作万方	0.6930	3.80	18.25	33274.46	1.09	10 派 0.8
000613	ST 东海 A	0.0012	0.25	0.48	43.19	0.03	不分配
000615	湖北金环	-0.7800	2.73	-28.51	-16471.78	0.14	不分配
000616	亿城股份	0.4500	4.15	10.86	27087.03	-0.74	10 派 0.5 转增 5
000617	石油济柴	0.4400	3.29	13.21	10426.43	0.78	10 派 0.25 送 2
000619	海螺型材	0.1989	4.56	4.36	7160.08	1.03	10 派 0.5
000620	S＊ST 圣方	0.0015	0.01	16.45	47.49	-0.01	不分配
000622	S＊ST 恒立	0.0200	-0.84	-2.36	280.53	0.08	不分配
000623	吉林敖东	1.5000	8.45	17.79	86160.78	0.41	10 派 2
000625	长安汽车	0.0100	3.25	0.32	2438.10	0.21	10 派 0.18
000626	如意集团	0.0149	1.23	1.21	300.98	2.82	不分配
000627	天茂集团	0.0260	2.16	1.20	1751.21	-0.02	不分配
000628	＊ST 高新	0.0510	0.47	10.78	1117.86	1.08	不分配
000629	攀钢钢钒	-0.1400	3.11	-3.64	-45444.53	0.21	10 派 1.2
000630	铜陵有色	0.4900	4.49	10.96	63712.57	2.20	10 派 1
000631	＊ST 兰宝	0.6500	0.11	585.83	19974.88	-0.00	不分配
000632	三木集团	0.0216	1.11	1.96	1006.55	0.53	不分配
000633	SST 合金	-0.0200	0.56	-3.68	-793.15	-0.03	不分配
000635	英力特	0.3030	2.82	10.72	4161.85	0.04	10 派 0.3
000636	风华高科	-0.6400	2.64	-24.35	-43060.45	0.29	不分配
000637	茂化实华	0.0250	1.53	1.61	1115.97	0.04	10 派 0.2
000638	＊ST 中辽	0.4700	0.13	354.62	7225.64	0.65	不分配
000639	金德发展	0.0090	1.76	0.52	67.05	0.22	不分配

代码	公司名称	每股收益（元）	每股净资产（元）	净资产收益率（%）	净利润（万元）	每股经营性现金流量	分配预案（含税）
000650	仁和药业	0.3200	1.39	22.96	7016.10	0.28	不分配
000651	格力电器	1.6800	5.97	28.12	210274.43	0.29	10派3转增5
000652	泰达股份	0.1050	1.36	6.82	13635.71	-0.30	10派0.8
000655	金岭矿业	1.2000	3.87	30.88	38428.21	1.87	10派2送3转增3
000656	ST东源	0.0400	1.69	2.33	982.05	-0.10	不分配
000657	*ST中钨	0.0200	1.49	1.24	409.49	0.36	不分配
000659	珠海中富	0.0700	2.68	2.51	4631.56	1.23	10派0.3
000661	长春高新	0.1530	2.76	5.54	2009.49	1.25	不分配
000662	索芙特	0.0263	3.13	0.84	756.94	-0.36	不分配
000663	永安林业	0.0200	1.85	1.28	479.59	0.29	不分配
000665	武汉塑料	0.0360	0.75	4.80	638.43	0.64	不分配
000666	经纬纺机	0.0400	4.72	0.91	2585.55	0.07	10派0.1
000667	名流置业	0.2400	3.48	6.73	31526.67	-0.83	10派0.2
000668	荣丰控股	1.2600	3.62	34.70	18457.34	-2.30	10派1.1
000669	领先科技	0.0130	2.01	0.66	123.24	-0.24	不分配
000670	S*ST天发	0.0091	0.74	1.22	247.07	-0.25	不分配
000671	阳光发展	0.5470	4.14	8.69	6026.86	-1.62	10派0.71
000672	*ST铜城	0.0262	0.06	45.74	563.89	0.02	不分配
000673	ST大水	-0.4300	0.18	-234.2	-8970.32	0.37	不分配
000676	思达高科	-0.0894	1.42	-6.27	-2811.62	0.26	不分配
000677	山东海龙	-0.2100	1.43	-14.49	-17908.89	0.17	不分配
000678	襄阳轴承	0.0400	1.55	2.85	1329.02	0.05	不分配
000679	大连友谊	0.5550	3.08	18.00	13185.69	-0.94	10派1
000680	山推股份	0.6700	3.81	17.43	50378.06	0.37	10派1
000681	*ST远东	-0.1700	0.63	-26.64	-3312.24	0.08	不分配
000682	东方电子	0.0193	1.34	1.44	1888.70	0.02	不分配
000683	远兴能源	0.2100	2.52	8.35	10768.30	0.97	不分配
000685	中山公用	0.9500	5.64	16.17	54667.83	0.34	10派2
000686	东北证券	0.7100	3.88	18.16	40995.23	-6.19	10派2
000687	保定天鹅	-0.2120	1.51	-14.00	-13572.81	-0.12	不分配
000688	S*ST朝华	-0.0297	-0.50	-5.89	-1034.89	-0.03	不分配
000690	宝新能源	0.3200	2.13	15.02	36042.96	-0.08	10派0.6
000691	*ST联油	-0.0751	1.01	-7.41	-2427.48	0.00	不分配
000692	ST惠天	-0.0678	3.65	-1.86	-1805.83	0.52	不分配
000693	S*ST聚友	0.0200	-0.05		353.25	0.04	不分配
000695	滨海能源	0.0090	1.55	0.59	203.15	0.36	10派0.2
000697	*ST偏转	-0.3150	2.06	-15.33	-5885.39	-0.30	不分配
000698	沈阳化工	0.2100	5.43	3.49	9617.17	0.75	10派0.6转增3
000700	模塑科技	0.1429	2.27	6.29	4415.33	1.68	10派0.3
000701	厦门信达	0.1920	2.53	7.60	4611.62	1.90	不分配
000702	正虹科技	0.0400	1.47	2.89	1135.23	0.28	不分配
000703	世纪光华	-0.1100	1.43	-7.75	-1597.06	0.20	不分配
000705	浙江震元	0.0977	3.86	2.53	1224.45	0.25	10派0.5
000707	双环科技	0.3800	3.87	9.70	17430.32	0.60	不分配
000708	大冶特钢	0.4470	3.91	11.44	20088.08	0.79	10派1
000709	唐钢股份	0.4800	3.26	14.60	172423.36	0.90	不分配
000710	天兴仪表	0.0186	0.65	2.89	281.88	0.38	不分配
000711	天伦置业	0.0500	3.11	1.60	535.35	-0.26	不分配
000712	锦龙股份	0.0700	1.71	4.10	2134.65	0.51	10派0.5
000713	丰乐种业	0.1294	2.29	5.64	2911.48	0.56	10派0.3
000715	中兴商业	0.2247	3.17	7.10	6270.33	0.61	10派0.5
000716	ST南方	-0.2140	0.80	-26.62	-3818.10	0.08	不分配
000717	韶钢松山	-0.9652	3.42	-28.25	-161149.66	0.34	不分配
000718	苏宁环球	0.4000	1.37	26.81	51997.43	0.32	10派0.2转增2
000719	S*ST鑫安	0.6200	-0.14	-451.6	7972.61	-0.04	不分配
000720	*ST能山	-0.3613	1.02	-35.32	-31198.30	0.16	不分配
000721	西安饮食	0.0689	1.82	3.79	1375.60	0.54	不分配
000722	*ST金果	0.0060	1.96	0.32	167.11	0.16	不分配
000723	美锦能源	0.6100	3.28	18.48	8473.46	-0.69	不分配
000725	京东方A	-0.2700	1.81	-13.60	-80752.55	0.34	不分配
000726	鲁泰A	0.6000	3.56	14.48	51294.47	0.79	10派2
000727	华东科技	0.0082	1.32	0.62	295.79	0.16	不分配
000728	国元证券	0.3600	3.23	11.03	52085.81	-2.40	10派1.8
000729	燕京啤酒	0.4200	5.72	6.66	46128.43	0.82	10派1.5
000731	四川美丰	0.4031	3.27	12.33	20147.33	0.79	10派1.5
000732	S*ST三农	1.4262	-1.90	-74.94	28306.34	0.97	不分配
000733	振华科技	0.0700	5.35	1.29	2473.40	0.26	不分配
000735	罗牛山	0.0900	1.70	5.45	8138.35	0.10	不分配
000736	ST重实	0.4500	3.43	12.14	12364.32	-0.85	不分配
000737	南风化工	0.0136	2.67	0.51	747.88	0.38	不分配
000738	ST宇航	-0.1351	1.03	-13.08	-5375.07	-0.04	不分配
000739	普洛股份	0.1132	2.89	3.91	2905.89	0.37	10派0.2
000748	长城信息	0.1690	2.46	6.87	6347.72	0.30	10派0.5

代码	公司名称	每股收益（元）	每股净资产（元）	净资产收益率(%)	净利润（万元）	每股经营性现金流量	分配预案（含税）
000750	S＊ST 集琦	－0.2702	1.04	－25.99	－5810.16	－0.00	不分配
000751	＊ST 锌业	－0.8800	1.55	－56.82	－98076.35	0.45	不分配
000752	西藏发展	0.0810	1.99	4.05	2125.11	0.59	10 派 0.2
000753	漳州发展	0.1220	1.46	8.33	3852.33	－0.05	不分配
000755	山西三维	0.0300	4.61	0.64	1377.40	0.45	不分配
000756	新华制药	0.0700	3.18	2.34	3396.55	0.23	10 派 0.3
000757	＊ST 方向	－0.3700	－2.35	－11406.27	－0.00	不分配	
000758	中色股份	0.1890	3.00	6.31	10976.24	0.37	10 派 0.3 送 1
000759	武汉中百	0.3500	2.79	10.99	17189.29	0.84	10 派 1
000760	博盈投资	－0.4135	0.77	－53.71	－9793.77	－0.00	不分配
000761	本钢板材	0.0500	5.05	1.04	16508.99	1.37	10 派 0.5
000762	西藏矿业	0.1800	2.22	8.11	4970.16	0.34	不分配
000766	通化金马	0.0400	1.23	3.10	1718.00	0.02	不分配
000767	漳泽电力	－0.7253	1.68	－43.25	－96009.49	0.02	不分配
000768	西飞国际	0.3587	7.82	4.42	38907.53	0.60	10 转增 12
000776	S 延边路	0.0700	1.45	4.73	1262.70	0.18	不分配
000777	中核科技	0.1823	2.78	6.57	3674.84	0.15	10 派 0.6
000778	新兴铸管	0.4348	4.29	10.14	51069.45	1.96	不分配
000779	ST 派神	0.1600	1.60	9.82	2929.17	0.11	不分配
000780	平庄能源	0.6700	2.41	27.78	67802.67	1.14	不分配
000782	美达股份	－0.3800	1.98	－19.09	－15317.33	0.55	不分配
000783	长江证券	0.4200	2.75	15.24	70162.71	－2.70	10 派 1
000785	武汉中商	0.1500	2.19	6.97	3838.49	1.09	不分配
000786	北新建材	0.4200	3.38	12.37	24058.21	0.53	10 派 0.65
000787	＊ST 创智	0.0100	0.01	115.91	258.44	不分配	
000788	西南合成	0.0700	1.37	4.82	1438.63	0.69	不分配
000789	江西水泥	0.1237	2.52	4.92	4898.78	1.13	不分配
000790	华神集团	0.0256	1.97	1.30	510.93	0.06	不分配
000791	西北化工	0.1237	1.60	7.72	2337.04	0.16	不分配
000792	盐湖钾肥	1.7775	3.74	47.49	136433.01	2.76	10 派 16.72
000793	华闻传媒	0.1223	1.55	7.88	16627.80	0.41	10 派 0.2
000795	太原刚玉	－0.6800	0.81	－84.64	－18937.67	－0.10	不分配
000796	宝商集团	0.0205	1.36	1.51	505.95	0.41	不分配
000797	中国武夷	0.0930	2.43	3.82	3610.56	0.12	10 派 0.3
000798	中水渔业	－0.0609	1.94	－3.14	－1946.90	0.03	不分配
000799	酒鬼酒	0.1358	2.04	6.66	4116.51	0.07	不分配
000800	一汽轿车	0.6682	4.03	16.56	108749.11	0.72	10 派 3.5
000801	四川湖山	0.0843	1.15	7.33	1112.49	－0.09	不分配
000802	北京旅游	－0.2227	1.88	－11.87	－3061.55	0.13	不分配
000803	金宇车城	0.0490	1.01	5.27	681.67	－0.04	不分配
000805	＊ST 炎黄	1.5900	－1.08	－146.8	9076.60	－0.06	不分配
000806	银河科技	－0.2972	1.55	－18.33	－19838.51	－0.04	不分配
000807	云铝股份	0.0700	2.73	2.42	6978.96	0.50	10 派 0.8
000809	中汇医药	0.0290	1.17	2.47	331.02	0.15	不分配
000810	华润锦华	0.1209	2.96	4.08	1567.50	0.87	不分配
000811	烟台冰轮	0.2100	3.04	6.81	3628.92	0.38	10 派 1.7
000812	陕西金叶	0.0509	1.39	3.67	1898.72	0.24	不分配
000813	天山纺织	0.0100	1.25	0.48	219.88	0.16	不分配
000815	美利纸业	0.4300	6.02	7.22	6883.24	0.72	不分配
000816	江淮动力	0.0985	1.38	7.14	8333.01	0.23	10 派 0.1
000818	锦化氯碱	－0.6952	2.85	－24.43	－23636.51	0.07	不分配
000819	岳阳兴长	0.4920	2.21	22.29	9530.48	0.42	10 派 2
000820	金城股份	－0.6500	0.50	－130.1	－18851.43	0.28	不分配
000821	京山轻机	0.0200	3.26	0.47	528.12	0.22	不分配
000822	山东海化	0.2300	4.45	5.20	20721.16	0.52	不分配
000823	超声电子	0.2492	3.32	7.50	10976.15	0.52	10 派 1.01
000825	太钢不锈	0.2290	3.60	6.02	123481.52	0.62	10 派 1
000826	合加资源	0.2800	2.28	11.83	11131.88	0.05	不分配
000828	东莞控股	0.1775	2.57	6.91	18448.38	0.29	10 派 1.3
000829	天音控股	0.1460	1.62	8.99	13873.66	0.57	不分配
000830	鲁西化工	0.2190	2.22	9.88	22950.10	0.98	10 派 1
000831	关铝股份	－0.7600	1.45	－52.59	－49802.38	0.21	不分配
000833	贵糖股份	0.2200	2.48	8.79	6456.84	0.59	不分配
000835	四川圣达	0.4076	1.58	25.87	9574.04	0.49	10 派 0.4 送 3
000836	鑫茂科技	1.8947	4.04	46.95	23258.90	0.71	10 派 0.6 转增 6
000837	秦川发展	0.2105	2.36	8.92	7339.25	0.05	不分配
000838	国兴地产	0.0583	1.96	2.97	1054.67	－1.26	不分配
000839	中信国安	0.2281	3.29	6.93	35587.10	0.14	10 派 1
000848	承德露露	0.5800	3.06	18.89	10984.12	0.88	10 派 4
000850	华茂股份	0.2190	2.24	9.75	13760.50	0.19	10 派 0.5
000851	高鸿股份	0.0400	1.95	2.20	1116.32	－0.18	不分配
000852	江钻股份	0.3300	2.89	11.44	10186.35	0.36	10 派 1 转增 3
000856	＊ST 唐陶	－0.7200	0.32	－227.3	－16309.61	－0.10	不分配

代码	公司名称	每股收益（元）	每股净资产（元）	净资产收益率(%)	净利润（万元）	每股经营性现金流量	分配预案（含税）
000858	五粮液	0.4770	3.00	15.91	181068.76	0.52	10派0.5
000859	国风塑业	0.0110	2.51	0.44	462.63	0.46	不分配
000860	顺鑫农业	0.5041	5.20	9.69	22105.16	-1.01	10派1
000861	海印股份	0.3500	1.70	20.58	14325.23	0.48	10派0.42转增2
000862	银星能源	0.1200	0.88	13.88	2873.53	0.49	不分配
000863	*ST商务	0.0300	-5.95		489.58	-0.02	不分配
000868	安凯客车	0.0800	2.07	3.79	2402.56	0.52	不分配
000869	张裕A	1.7000	4.82	35.17	89462.08	2.37	10派12
000875	吉电股份	-0.4840	2.72	-17.83	-40688.65	0.01	不分配
000876	新希望	0.3000	3.53	8.56	22860.56	0.26	不分配
000877	天山股份	0.6153	2.72	22.59	19200.27	2.01	10派1.7
000878	云南铜业	-2.2200	2.84	-78.22	-279222.88	-4.10	不分配
000880	山东巨力	0.2500	1.87	13.37	6919.87	0.59	不分配
000881	大连国际	0.5200	3.46	15.05	16113.35	1.96	10派2
000882	华联股份	0.2015	2.56	7.88	5021.43	-0.26	不分配
000883	三环股份	0.1100	3.13	3.49	3115.69	0.76	10派0.5
000885	同力水泥	0.3086	1.51	20.37	4936.98	0.57	不分配
000886	海南高速	0.0270	2.28	1.18	2666.49	-0.03	不分配
000887	中鼎股份	0.4200	1.53	27.82	13349.17	0.04	10送2
000888	峨眉山A	0.0949	2.62	3.63	2232.82	0.57	10派0.43
000889	渤海物流	0.0106	2.03	0.52	360.14	0.07	不分配
000890	法尔胜	0.0300	2.63	1.03	1028.04	0.05	不分配
000892	*ST星美	2.9100	-0.02	-16608	120353.16	不分配	
000893	广州冷机	-0.2800	1.72	-16.35	-6258.74	0.84	不分配
000895	双汇发展	1.1500	3.95	29.22	69889.26	1.85	10派6
000897	津滨发展	0.0424	1.37	2.73	6035.90	-0.25	10派0.12
000898	鞍钢股份	0.4130	7.34	5.63	298900.00	1.65	10派2.1
000899	赣能股份	0.0652	2.57	2.54	3571.03	0.66	10派1
000900	现代投资	1.4300	8.49	16.85	57098.39	2.44	10派7.76
000901	航天科技	-0.2200	1.39	-15.89	-4891.41	-0.03	不分配
000902	中国服装	-0.2222	1.12	-16.54	-4777.57	0.12	不分配
000903	云内动力	0.3600	6.49	5.52	13556.68	0.33	10派1.5
000905	厦门港务	0.2200	2.85	7.75	11746.45	0.57	10派1
000906	南方建材	0.0500	1.22	4.18	1210.87	-1.20	不分配
000908	天一科技	-0.1100	1.04	-11.48	-3348.85	0.11	不分配
000909	数源科技	-0.0900	2.65	-3.59	-1859.35	-0.57	不分配
000910	大亚科技	0.3800	3.86	9.85	20044.33	1.65	不分配
000911	南宁糖业	0.0900	4.29	2.19	2692.39	0.95	10派0.65
000912	泸天化	0.5100	4.14	12.41	30013.87	0.05	10派1.5
000913	钱江摩托	0.0900	2.75	3.26	4065.57	0.81	10派0.4
000915	山大华特	0.0760	1.76	4.31	1369.17	0.52	不分配
000916	华北高速	0.2310	3.09	7.48	25199.23	0.28	10派1.4
000917	电广传媒	0.0500	4.14	1.27	2133.09	0.91	10派0.2
000918	*st亚华	-1.4400	-1.77	-81.56	-39171.64	0.11	不分配
000919	金陵药业	0.1600	3.38	4.85	8259.84	0.61	10派1.5
000920	南方汇通	0.0560	1.94	2.91	2383.09	0.35	不分配
000921	ST科龙	-0.2300	-1.00	-22.87	-22670.16	-0.45	不分配
000922	ST阿继	-0.1800	0.41	-44.62	-5437.24	-0.03	不分配
000923	河北宣工	0.0200	2.30	1.02	466.64	0.07	不分配
000925	ST海纳	0.2400	1.38	17.33	2158.91	0.12	不分配
000926	福星股份	0.5500	5.07	9.24	33036.91	0.03	10派1
000927	一汽夏利	0.0627	2.06	3.04	10003.73	-0.33	10派0.5
000928	ST吉炭	0.0436	3.31	1.32	1233.40	0.35	不分配
000929	兰州黄河	0.1620	2.23	7.27	3009.86	1.43	不分配
000930	丰原生化	0.0563	1.94	2.90	5427.23	0.45	不分配
000931	中关村	0.0897	0.93	9.69	6052.77	0.29	不分配
000932	华菱钢铁	0.3481	5.30	6.57	95297.35	2.42	10派0.5
000933	神火股份	2.2990	5.86	39.26	114953.54	4.39	10派2送5
000935	*ST双马	0.1700	0.60	27.84	5357.89	0.42	不分配
000936	华西村	0.1700	2.70	6.44	7648.70	0.98	10派0.5
000937	金牛能源	2.4926	7.14	34.92	196406.93	2.60	10派1.5
000938	紫光股份	0.1490	3.59	4.14	3060.85	0.64	不分配
000939	凯迪电力	0.1100	4.08	2.82	4231.90	1.51	不分配
000948	南天信息	0.5375	5.11	9.48	10196.71	0.49	10派2.2
000949	新乡化纤	-0.4872	2.25	-21.68	-28680.39	0.86	不分配
000950	建峰化工	0.8800	3.10	28.20	27274.67	1.25	10派2.5
000951	中国重汽	1.1300	5.94	18.99	47286.56	-0.21	10派1.5
000952	广济药业	0.3920	3.08	12.76	9877.01	0.88	不分配
000953	河池化工	-0.4310	0.92	-46.60	-12674.58	0.17	不分配
000955	*ST欣龙	-0.4500	0.77	-58.55	-13277.47	0.20	不分配
000957	中通客车	0.1100	2.20	5.14	2698.13	0.14	不分配
000958	东方热电	-1.0783	2.67	-40.37	-32293.71	0.36	不分配
000959	首钢股份	0.1384	2.59	5.35	41046.61	0.02	10派1

代码	公司名称	每股收益（元）	每股净资产（元）	净资产收益率(%)	净利润（万元）	每股经营性现金流量	分配预案（含税）
000960	锡业股份	0.0397	3.76	1.05	2560.66	1.55	10 派 0.2
000961	大连金牛	0.0900	3.95	2.27	2690.97	0.98	不分配
000962	东方钽业	0.1930	3.49	5.52	6878.02	-0.58	10 派 0.8
000963	华东医药	0.3884	1.73	22.42	16860.97	0.79	不分配
000965	天保基建	0.3700	5.55	6.71	11466.52	-0.35	10 转增 5
000966	长源电力	-1.5075	2.55	-59.02	-83537.24	0.34	不分配
000967	上风高科	0.0600	2.07	2.77	1174.51	-0.24	不分配
000968	煤气化	1.3317	4.99	26.69	68416.06	1.42	10 派 2
000969	安泰科技	0.3360	4.47	7.52	14825.60	0.68	10 派 0.8
000970	中科三环	0.1900	2.36	8.16	9785.09	0.81	10 派 0.55
000971	*ST 迈亚	0.0500	0.61	8.23	1214.14	-0.31	不分配
000972	新中基	-0.1580	2.60	-6.08	-6621.97	0.35	不分配
000973	佛塑股份	-0.3190	1.86	-17.16	-19567.07	0.21	不分配
000975	科学城	-0.0522	1.47	-3.55	-3250.03	-0.01	不分配
000976	春晖股份	-0.4825	1.23	-39.25	-28306.70	0.25	不分配
000977	浪潮信息	0.1089	4.53	2.40	2341.96	0.17	10 派 0.2
000978	桂林旅游	0.1310	2.80	4.68	2315.29	0.23	10 派 3
000979	*ST 科苑	-0.8200	-2.62	-31.21	-10120.83	0.02	不分配
000980	金马股份	0.0700	3.41	2.12	2293.81	0.61	不分配
000981	S*ST 兰光	-1.4000	0.59	-237.1	-22614.11	-0.07	不分配
000982	中银绒业	0.2100	1.82	11.79	3557.52	-1.04	不分配
000983	西山煤电	1.4395	3.84	37.52	348942.88	1.29	10 派 4.2
000985	大庆华科	-0.0900	3.35	-2.69	-1167.71	0.41	不分配
000987	广州友谊	0.7200	3.20	22.37	25714.21	0.88	10 派 3.3
000988	华工科技	0.1700	2.78	6.17	5628.39	0.05	10 派 0.35
000989	九芝堂	0.6720	4.13	16.28	19989.39	0.44	10 派 4
000990	诚志股份	0.1060	4.57	2.23	2748.91	-0.07	10 派 0.8
000993	闽东电力	0.1300	3.65	3.66	4977.23	0.09	不分配
000995	*ST 皇台	-0.3300	1.41	-23.50	-5880.71	-0.00	不分配
000996	中国中期	0.0400	1.65	2.48	941.60	0.26	不分配
000997	新大陆	0.0800	1.68	4.54	3459.49	0.02	不分配
000998	隆平高科	0.2570	3.70	6.95	6488.71	0.60	10 派 0.7 送 1
000999	三九医药	0.5100	3.27	15.63	50008.68	1.14	10 派 2
001696	宗申动力	0.5800	3.09	18.73	26720.37	0.14	10 派 2 转增 3
001896	豫能控股	-0.9429	0.92	-102.3	-40542.67	-0.13	不分配
200053	深基地 B	0.3000	3.84	7.76	6873.93	1.05	10 派 1.72
200054	建摩 B	0.3300	0.92	35.80	15732.27	0.01	不分配
200152	山航 B	0.2000	1.38	14.72	8098.14	2.65	不分配
200160	*ST 帝贤 B	0.2500	-0.34	-74.32	17640.32	-0.01	不分配
200168	*ST 雷伊 B	-0.3300	1.08	-30.54	-10556.70	-0.19	不分配
200468	宁通信 B	0.0300	1.52	1.98	644.77	0.24	不分配
200512	闽灿坤 B	0.0382	0.31	12.37	4253.62	0.30	不分配
200706	瓦轴 B	0.2600	3.23	7.91	10295.31	0.42	10 派 0.4
200770	*ST 武锅 b	-1.1900	-0.73	-35393.43	-2.79	不分配	
200771	杭汽轮 B	1.5400	5.11	30.17	57364.90	1.04	10 派 4
200986	粤华包 B	0.0800	2.51	3.36	4258.88	-0.06	不分配
200992	中鲁 B	0.0800	1.28	6.65	2255.56	0.04	不分配
002001	新和成	4.0200	5.35	75.05	137451.14	3.49	10 派 2
002002	*st 琼花	-0.7743	0.88	-87.60	-12922.99	0.10	不分配
002003	伟星股份	0.8000	4.82	16.13	15642.85	1.15	10 派 10
002004	华邦制药	0.6700	5.70	11.79	8881.00	0.86	10 派 3.3
002005	德豪润达	-0.1900	1.86	-10.40	-6240.08	0.70	不分配
002006	精工科技	-0.3300	1.94	-17.20	-4793.21	0.35	不分配
002007	华兰生物	0.8500	4.89	17.00	18725.82	0.72	10 派 2 转增 6
002008	大族激光	0.2100	2.81	6.93	13534.02	0.01	10 派 1
002009	天奇股份	0.2400	1.90	12.50	5235.51	-0.37	10 派 0.2
002010	传化股份	0.3700	2.80	13.12	7458.50	0.16	10 派 0.5
002011	盾安环境	0.4648	3.32	14.00	14984.82	0.44	10 派 2.5
002012	凯恩股份	0.1100	1.82	6.28	2227.80	0.28	不分配
002013	中航精机	0.2100	3.82	5.57	2280.17	0.25	10 派 0.5 送 2
002014	永新股份	0.4900	4.42	11.05	6805.02	1.09	10 派 2.5
002015	霞客环保	0.0800	1.95	4.23	1408.00	0.81	10 派 0.3
002016	世荣兆业	0.2200	1.80	12.17	8405.11	-0.51	10 转增 2
002017	东信和平	0.2740	3.08	8.91	4205.21	0.24	不分配
002018	华星化工	1.1200	4.14	26.92	18212.59	0.73	10 派 1 转增 5
002019	鑫富药业	0.2200	2.99	7.22	4123.70	0.44	10 派 1
002020	京新药业	-0.1750	2.95	-5.92	-1772.98	0.30	不分配
002021	中捷股份	0.0300	3.82	0.72	680.20	0.99	10 转增 8
002022	科华生物	0.5300	1.95	27.02	16607.57	0.44	10 派 2 送 2 转增 1
002023	海特高新	0.1900	2.79	6.72	3529.39	0.01	10 派 1
002024	苏宁电器	0.7400	2.93	24.73	217018.90	1.28	10 派 0.3 送 2 转增 3
002025	航天电器	0.3000	3.32	8.95	9804.99	0.13	不分配

代码	公司名称	每股收益（元）	每股净资产（元）	净资产收益率(%)	净利润（万元）	每股经营性现金流量	分配预案（含税）
002026	山东威达	0.2168	3.73	5.81	2926.20	0.66	10派0.6
002027	七喜控股	0.0100	2.36	0.63	446.97	0.37	不分配
002028	思源电气	1.2600	7.82	16.11	34639.61	0.69	10派2转增6
002029	七匹狼	0.5400	4.23	12.79	15299.73	0.62	10派1
002030	达安基因	0.1900	1.63	11.93	3910.78	0.14	10派0.26送2
002031	巨轮股份	0.2652	2.93	9.03	6458.81	0.50	10派0.8
002032	苏泊尔	0.5400	4.35	12.25	23650.70	0.32	10派2
002033	丽江旅游	0.4600	3.97	11.66	4593.09	0.45	10派1.5
002034	美欣达	-0.7100	4.78	-14.88	-5773.21	1.17	不分配
002035	华帝股份	-0.0600	1.81	-3.58	-1112.35	0.01	不分配
002036	宜科科技	0.1300	2.52	5.10	1731.54	0.08	10派1转增5
002037	久联发展	0.3100	3.91	7.99	3781.42	0.70	10派1转增1
002038	双鹭药业	0.8770	3.06	28.65	21785.87	0.78	10派2
002039	黔源电力	0.8589	4.29	20.04	12046.19	4.12	10派1.5
002040	南京港	0.0500	2.14	2.29	1209.17	0.10	10派0.3
002041	登海种业	0.0148	3.78	0.39	260.20	1.39	不分配
002042	华孚色纺	0.0300	2.14	1.17	250.02	0.11	不分配
002043	兔宝宝	0.1500	2.22	6.53	2653.83	0.34	10派1
002044	江苏三友	0.0800	1.89	4.26	1307.66	0.15	10派0.5
002045	广州国光	0.4300	3.80	11.39	8842.73	0.26	10派0.5转增2
002046	轴研科技	0.3500	3.60	9.61	3372.64	0.20	不分配
002047	成霖股份	0.1500	2.71	5.68	4360.41	-0.17	10派1
002048	宁波华翔	0.2920	2.23	13.07	14397.17	0.50	10派0.7
002049	晶源电子	0.2263	2.90	7.80	3054.79	0.48	10派1.1
002050	三花股份	0.9500	4.44	21.45	25129.69	0.36	10派6
002051	中工国际	0.7600	5.29	14.30	14362.37	3.10	10派3.5
002052	同洲电子	0.3700	2.68	13.77	10826.95	-0.05	不分配
002053	云南盐化	-0.3020	5.02	-6.01	-5609.94	0.46	不分配
002054	德美化工	0.7300	4.80	15.26	9825.07	0.40	10派1.6
002055	得润电子	0.2563	2.85	8.99	2647.51	-0.47	10派0.2转增3
002056	横店东磁	0.3600	5.53	6.58	14946.49	0.54	10派0.5
002057	中钢天源	-0.1500	2.80	-5.41	-1273.58	-0.57	不分配
002058	威尔泰	0.1400	2.72	5.04	856.33	0.26	10派0.5
002059	世博股份	0.1300	2.65	4.73	2700.06	-0.05	10派0.8
002060	粤水电	0.3200	4.79	5.83	7742.15	-0.38	10派0.6送2
002061	江山化工	-0.3847	2.88	-13.37	-5384.94	0.30	不分配
002062	宏润建设	1.2800	6.16	20.76	25588.74	0.96	10派2转增5
002063	远光软件	0.6700	3.62	18.62	7400.18	0.54	10转增8
002064	华峰氨纶	0.4400	3.54	12.51	16363.72	0.65	10派1
002065	东华合创	0.6400	3.81	16.40	17769.66	0.58	10派1送2转增3
002066	瑞泰科技	0.3845	2.85	13.51	3460.53	0.25	10派1
002067	景兴纸业	-0.5300	4.30	-12.34	-20811.24	-0.02	不分配
002068	黑猫股份	0.0200	3.21	0.56	288.61	2.68	10派0.25送2
002069	獐子岛	0.5500	5.53	10.02	12521.98	-0.04	10派3.5
002070	众和股份	0.2016	3.01	6.71	3397.30	0.43	10转增3.5
002071	江苏宏宝	-0.0700	2.61	-2.65	-848.16	0.61	不分配
002072	德棉股份	-0.3020	2.41	-12.56	-5320.19	1.03	不分配
002073	青岛软控	0.7900	4.10	19.18	22407.48	0.16	不分配
002074	东源电器	0.2800	2.56	10.96	3942.29	0.27	10派1
002075	*ST张铜	-1.2900	-0.17	-760.0	-51201.45	0.08	不分配
002076	雪莱特	0.0736	2.04	3.61	1357.15	0.28	不分配
002077	大港股份	0.0100	2.66	0.34	225.00	-0.12	10派0.5
002078	太阳纸业	0.4600	5.18	8.80	22907.75	3.53	10派2
002079	苏州固锝	0.0610	1.71	3.57	1679.48	0.14	10派0.3
002080	中材科技	0.6270	4.68	13.41	9409.02	0.47	10派2
002081	金螳螂	0.9800	4.96	19.79	13835.31	0.78	10派2转增5
002082	栋梁新材	0.3200	2.96	10.49	7404.74	1.06	10派1
002083	孚日股份	0.1300	2.70	4.86	12319.11	0.45	10派1.2
002084	海鸥卫浴	0.2265	3.43	6.61	4798.04	0.53	10转增1
002085	万丰奥威	0.0800	2.81	2.70	2154.30	0.57	10派1
002086	东方海洋	0.4100	8.51	4.42	4588.09	-0.68	10派0.6送5转增5
002087	新野纺织	0.1649	4.51	3.65	3864.04	0.45	10转增2
002088	鲁阳股份	0.6800	3.69	18.57	14701.85	0.25	10派2
002089	新海宜	0.2000	2.35	8.69	3124.07	0.04	10派0.6送2转增2
002090	金智科技	0.4831	4.23	11.42	4928.04	0.13	10派2.5
002091	江苏国泰	0.5300	2.78	19.10	12756.41	0.80	10派1.5
002092	中泰化学	0.2270	4.60	4.94	12199.20	0.58	10派0.1
002093	国脉科技	0.2902	1.57	18.47	7747.64	0.35	不分配
002094	青岛金王	0.0900	2.14	4.30	1974.56	0.02	10派1.8
002095	生意宝	0.3500	4.07	8.52	3123.22	0.44	10派1
002096	南岭民爆	0.5220	3.50	14.90	4600.44	0.18	10派2.8转增5
002097	山河智能	0.1896	4.37	4.33	5187.41	-0.90	不分配
002098	浔兴股份	0.1400	3.44	3.93	2094.39	0.70	10派1

代码	公司名称	每股收益（元）	每股净资产（元）	净资产收益率（%）	净利润（万元）	每股经营性现金流量	分配预案（含税）
002099	海翔药业	0.1600	3.39	4.70	2559.73	0.19	10派1
002100	天康生物	0.5600	5.07	10.16	6486.98	1.05	10派0.7送3
002101	广东鸿图	0.4300	5.56	7.78	2894.38	0.84	10派2
002102	冠福家用	0.0400	2.31	1.56	614.45	-0.12	10派0.5
002103	广博股份	0.3100	2.95	10.39	6685.70	0.27	10派1.32
002104	恒宝股份	0.2763	1.63	16.90	8116.32	-0.06	10派1
002105	信隆实业	0.1000	1.81	5.57	2701.62	0.26	10派1
002106	莱宝高科	0.6400	4.84	13.32	21274.20	0.89	10派4
002107	沃华医药	0.7200	7.78	8.41	5363.82	0.43	10转增10
002108	沧州明珠	0.6300	4.52	14.00	4351.43	1.80	10派3转增2
002109	兴化股份	0.4600	2.65	17.48	16608.97	0.53	10派1
002110	三钢闽光	0.0650	4.90	1.33	3484.08	1.92	10派0.3
002111	威海广泰	0.4500	2.72	16.68	6537.46	0.17	10派1.5
002112	三变科技	0.2900	4.98	5.91	2354.16	0.81	10派0.3转增4
002113	天润发展	0.0450	3.67	1.22	531.70	-1.12	不分配
002114	罗平锌电	-0.2900	2.55	-11.22	-5259.67	0.80	不分配
002115	三维通信	0.4711	3.06	15.40	5653.53	0.28	10派1.5
002116	中国海诚	0.4970	3.79	13.10	5662.56	-0.20	10派2.6
002117	东港股份	0.5400	4.81	11.19	5916.44	1.05	10派2.7
002118	紫鑫药业	0.4400	3.09	14.20	5333.97	0.21	10派0.5
002119	康强电子	0.0300	2.66	1.23	638.58	0.01	不分配
002120	新海股份	0.2700	2.25	12.20	4122.08	0.55	10派0.8
002121	科陆电子	0.4600	3.51	13.19	5557.70	0.21	10派1送5转增5
002122	天马股份	1.9000	7.69	24.74	51761.73	0.05	10派1转增10
002123	荣信股份	1.0200	5.04	20.19	13022.28	0.04	10派2转增6
002124	天邦股份	0.6500	2.70	24.09	8923.64	0.12	10派1.5
002125	湘潭电化	-0.5845	3.16	-18.53	-4407.14	0.91	不分配
002126	银轮股份	0.4400	4.74	9.19	4354.05	0.67	10派1.2
002127	新民科技	0.1800	3.31	5.52	2784.90	0.92	10派1转增2
002128	露天煤业	0.8500	2.77	30.54	72002.83	1.73	10派2转增3
002129	中环股份	0.3026	3.13	9.37	14164.51	0.28	10派0.3
002130	沃尔核材	0.2400	3.56	6.82	2643.28	0.19	10派1转增5
002131	利欧股份	0.4700	3.18	14.64	7021.81	0.42	10派3
002132	恒星科技	0.3200	2.84	11.22	7804.82	0.38	10派1
002133	广宇集团	0.2400	2.23	10.62	11780.63	-4.26	10派0.8
002134	天津普林	0.0700	2.89	2.48	1764.10	0.20	不分配
002135	东南网架	0.1400	4.60	3.08	2830.80	0.79	10派0.6
002136	安纳达	-0.6700	2.32	-28.69	-5249.16	-0.78	不分配
002137	实益达	0.1688	2.54	6.65	3377.15	0.69	10派1转增3
002138	顺络电子	0.4500	5.29	8.48	4221.86	0.70	10派3转增3
002139	拓邦电子	0.3700	3.13	11.74	3680.27	0.33	10派1.5
002140	东华科技	0.8400	6.11	13.76	9014.70	1.23	10派8.5转增3
002141	蓉胜超微	0.0167	3.54	0.47	135.80	0.23	10转增4
002142	宁波银行	0.5300	3.52	15.12	133173.74	2.37	10派2
002143	高金食品	0.0403	2.82	1.43	646.59	0.61	不分配
002144	宏达经编	0.0600	2.71	2.38	694.31	0.59	10派1
002145	ST钛白	-1.4100	2.21	-63.91	-26793.81	-0.11	不分配
002146	荣盛发展	0.4600	2.61	17.76	37069.80	-0.28	10派1
002147	方圆支承	0.4865	2.10	23.18	9146.89	0.20	10派2转增2
002148	北纬通信	0.4600	4.92	9.28	3449.20	0.38	10派2
002149	西部材料	0.3200	3.85	8.27	2911.97	-0.21	不分配
002150	江苏通润	0.4300	4.05	10.68	4503.18	0.66	10派2
002151	北斗星通	0.5000	3.15	16.02	4584.92	-0.09	10派1
002152	广电运通	1.1600	4.66	24.93	33154.88	1.08	10派2转增2
002153	石基信息	1.3800	5.82	23.70	15449.25	1.50	10派3转增10
002154	报喜鸟	0.6400	3.45	18.54	12290.50	0.90	10派2转增3
002155	辰州矿业	0.1282	3.28	3.91	7016.31	0.14	10派1
002156	通富微电	0.1700	3.77	4.43	4452.03	0.87	10转增3
002157	正邦科技	0.1500	1.68	8.72	3316.42	0.59	10派0.6
002158	汉钟精机	0.4020	3.53	11.41	6057.51	0.41	10派2.5转增0.5
002159	三特索道	0.0900	3.30	2.86	1130.89	0.21	不分配
002160	常铝股份	0.0340	3.57	0.96	582.09	0.59	10派0.34
002161	远望谷	0.4300	3.22	13.34	5509.27	0.09	10派1送4转增6
002162	斯米克	0.0831	2.28	3.64	3159.36	0.12	10派0.3
002163	中航三鑫	0.2100	2.68	8.03	4384.69	0.17	10派1
002164	东力传动	0.4600	2.89	16.03	8338.73	0.63	10派1
002165	红宝丽	0.6000	3.98	14.97	6704.75	0.86	10派3转增4
002166	莱茵生物	0.0600	3.82	1.64	406.28	0.26	不分配
002167	东方锆业	0.5100	4.75	10.67	2533.19	0.35	不分配
002168	深圳惠程	0.4600	4.92	9.37	4614.03	0.14	10派3转增10
002169	智光电气	0.3282	3.75	8.74	2720.46	-0.60	10派0.8转增10
002170	芭田股份	0.3800	3.22	11.95	6502.56	0.53	10派0.6送3转增5
002171	精诚铜业	-0.2600	3.44	-7.63	-4270.73	0.73	不分配

代码	公司名称	每股收益（元）	每股净资产（元）	净资产收益率(%)	净利润（万元）	每股经营性现金流量	分配预案（含税）
002172	澳洋科技	-0.8000	2.28	-35.12	-27886.29	0.92	不分配
002173	山下湖	0.5600	5.30	10.51	3735.94	-0.89	10 转增 5
002174	梅花伞	0.1100	2.51	4.24	882.23	-0.01	不分配
002175	广陆数测	0.1000	2.97	3.44	872.83	0.08	不分配
002176	江特电机	0.2270	3.21	7.07	2466.44	0.08	10 派 0.3
002177	御银股份	0.4100	2.78	14.56	6040.28	0.96	10 转增 5
002178	延华智能	0.1600	3.47	4.71	1307.92	-0.31	不分配
002179	中航光电	0.6300	5.34	11.73	11191.58	0.36	10 派 0.5 送 2 转增 3
002180	万力达	0.3300	3.84	8.63	2765.09	0.05	10 派 1
002181	粤传媒	0.0028	3.72	0.08	98.29	-0.07	10 派 0.3
002182	云海金属	0.2200	4.56	4.75	4161.45	0.05	10 派 0.5
002183	怡亚通	0.6100	4.90	12.41	15039.55	-0.35	10 派 3.2 转增 5
002184	海得控制	0.2469	3.02	8.17	5432.44	0.10	10 派 1
002185	华天科技	0.2626	3.21	8.17	6853.85	0.34	10 转增 1
002186	全聚德	0.5344	4.92	10.86	7565.13	0.84	10 派 4.4
002187	广百股份	0.8900	5.71	15.54	14202.75	1.81	10 派 3.5
002188	新嘉联	0.1700	3.88	4.26	1324.51	0.30	10 转增 5
002189	利达光电	0.1400	2.37	6.11	2881.97	0.20	10 派 0.4
002190	成飞集成	0.3200	3.99	8.01	4119.89	0.29	10 派 2
002191	劲嘉股份	0.5200	4.07	12.87	22416.68	1.10	10 派 3 转增 5
002192	路翔股份	0.2500	3.60	6.81	1488.92	-0.57	10 转增 10
002193	山东如意	0.2900	3.69	7.87	4647.71	-0.03	10 派 0.5
002194	武汉凡谷	0.7696	4.43	17.39	32909.20	0.19	10 派 3 转增 3
002195	海隆软件	0.3900	3.42	11.44	2916.01	0.50	10 派 1
002196	方正电机	0.2200	3.35	6.58	1700.65	-0.91	10 派 1.2
002197	证通电子	0.7500	4.57	16.50	6586.13	0.40	10 派 2 转增 5
002198	嘉应制药	0.1700	2.76	6.06	1372.11	0.13	不分配
002199	东晶电子	0.3500	3.83	9.04	2145.72	0.09	10 派 1.5 转增 3
002200	绿大地	1.0300	8.89	11.63	8676.79	0.52	10 派 3 送 2 转增 6
002201	九鼎新材	0.1700	3.50	4.96	1803.00	0.51	不分配
002202	金风科技	0.9100	3.73	24.52	91452.86	0.86	10 派 2.8 送 4
002203	海亮股份	0.4430	3.44	12.72	17521.22	1.10	10 派 1.2
002204	华锐铸钢	0.6200	4.37	13.81	12910.11	0.05	10 派 1.82
002205	国统股份	0.6700	3.98	16.44	5228.30	-0.69	10 派 0.4 送 2.5
002206	海利得	0.7500	6.72	10.99	9231.68	1.58	10 派 2.2
002207	准油股份	0.2300	3.66	6.08	2215.27	0.24	10 派 2
002208	合肥城建	0.5300	4.70	11.05	8322.92	-1.07	10 派 2
002209	达意隆	0.3012	2.74	10.76	3360.82	-0.14	10 派 0.5
002210	飞马国际	0.2700	3.16	8.17	3506.78	-0.23	10 派 1 转增 5
002211	宏达新材	0.1800	3.84	4.69	4358.11	0.03	10 派 0.5
002212	南洋股份	0.8500	6.83	12.21	12582.71	0.70	10 派 5.5 转增 5
002213	特尔佳	0.2500	2.22	10.84	2478.93	0.12	10 派 1
002214	大立科技	0.4000	3.34	11.71	3914.49	-0.40	10 派 1
002215	诺普信	0.6000	3.42	17.18	9171.60	0.41	10 派 1.8 转增 3
002216	三全食品	0.8700	9.23	9.22	7956.82	1.61	10 派 2 转增 10
002217	联合化工	1.0700	4.62	22.12	15187.75	1.23	10 派 1.5 转增 5
002218	拓日新能	0.3900	3.52	10.80	7304.24	0.10	10 派 0.25 转增 5
002219	独一味	0.5000	3.34	14.27	4451.12	0.24	不分配
002220	天宝股份	0.7100	5.37	12.85	6761.34	-1.39	10 派 2.2
002221	东华能源	0.1500	2.40	6.12	3265.12	0.60	10 派 0.2
002222	福晶科技	0.2900	2.98	9.02	5102.74	0.27	10 派 2.5
002223	鱼跃医疗	0.6600	3.94	15.23	6183.22	0.59	10 派 3 送 1 转增 4
002224	三力士	0.2900	4.32	6.18	1975.51	0.27	10 派 0.5 转增 2
002225	濮耐股份	0.2800	1.86	14.13	10576.56	-0.07	10 派 0.8 转增 3
002226	江南化工	0.6200	5.22	10.87	3053.07	-0.01	10 派 1 转增 3
002227	奥特迅	0.4800	5.37	8.16	4758.30	-0.14	10 派 2
002228	合兴包装	0.5600	3.93	12.99	5105.78	0.17	10 派 2.5 转增 9
002229	鸿博股份	0.5600	5.57	9.19	4090.70	0.82	10 派 2.5
002230	科大讯飞	0.7100	4.95	13.17	6987.27	0.57	10 派 2.5 转增 5
002231	奥维通信	0.2091	3.55	5.27	2001.76	0.16	10 派 1
002232	启明信息	0.5700	4.00	13.00	6616.34	0.24	10 派 2.9 转增 10
002233	塔牌集团	0.5400	4.47	10.88	19480.95	0.61	10 派 1.2
002234	民和股份	0.5400	5.72	8.37	5152.47	0.46	不分配
002235	安妮股份	0.5800	4.52	11.68	5278.28	0.01	10 派 1.2 转增 5
002236	大华股份	1.7400	10.87	14.34	10412.69	0.04	10 派 2.25
002237	恒邦股份	2.1900	11.46	17.10	18779.70	0.71	10 派 3.5 转增 10
002238	天威视讯	0.3167	4.46	6.36	7572.30	1.07	10 派 1
002239	金飞达	0.4200	3.83	9.79	5032.94	0.15	10 派 1 转增 5
002240	威华股份	0.2500	5.64	3.90	6751.27	0.20	10 派 1
002241	歌尔声学	1.1400	6.76	15.11	12262.33	0.45	10 派 3 转增 10
002242	九阳股份	2.2500	8.53	23.62	53805.18	3.57	10 派 8 转增 9
002243	通产丽星	0.3300	2.97	9.89	4735.38	0.16	10 派 1.2
002244	滨江集团	0.6100	2.78	20.94	60426.74	-1.73	10 派 1.22 送 3

代码	公司名称	每股收益（元）	每股净资产（元）	净资产收益率(%)	净利润（万元）	每股经营性现金流量	分配预案（含税）
002245	澳洋顺昌	0.3939	6.20	5.69	2145.54	-1.25	10 派 0.6 转增 10
002246	北化股份	0.1600	2.95	4.77	2784.58	0.05	10 派 0.6
002247	帝龙新材	0.4300	5.92	6.39	2527.89	0.47	10 派 1
002248	华东数控	0.4800	4.21	10.05	5071.96	0.20	10 派 1
002249	大洋电机	1.2800	9.20	12.18	14128.42	-0.89	10 派 8 转增 10
002250	联化科技	0.6600	4.93	11.75	7473.57	0.16	10 派 3
002251	步步高	1.3800	10.40	11.58	16282.79	2.59	10 派 1 送 4 转增 6
002252	上海莱士	0.7500	4.70	13.95	10479.08	0.67	10 派 8
002253	川大智胜	0.6600	7.21	8.04	3015.11	0.69	10 派 5 转增 2
002254	烟台氨纶	1.6600	12.30	11.78	18190.14	2.06	10 派 10 转增 3
002255	海陆重工	0.7700	4.58	14.72	7465.80	0.18	10 派 2
002256	彩虹精化	0.4800	4.50	9.28	3633.44	0.48	10 派 3 转增 6
002258	利尔化学	0.7400	6.09	10.67	8767.57	0.24	10 派 3.58
002259	升达林业	0.1200	2.35	4.50	2277.26	-0.28	10 派 0.7
002260	伊立浦	0.2100	2.95	6.13	2169.46	-0.36	10 派 1 转增 3
002261	拓维信息	1.1500	6.69	14.68	7836.27	1.42	10 派 1 转增 4
002262	恩华药业	0.4000	2.81	12.08	4069.94	0.39	10 派 1 转增 5
002263	大东南	0.2300	3.21	5.99	4717.84	0.03	10 转增 5
002264	新华都	0.7100	4.79	12.60	6446.74	1.47	10 派 2.5
002265	西仪股份	0.1400	1.78	6.30	3273.63	-0.04	不分配
002266	浙富股份	0.9800	5.76	14.56	12010.94	0.01	10 派 2.3
002267	陕天然气	0.6691	4.04	14.40	29559.05	0.79	10 派 4
002268	卫士通	0.6200	5.40	9.49	3438.19	0.05	10 派 2 转增 2
002269	美邦服饰	0.9400	3.86	22.70	58751.61	0.70	10 派 3 转增 5
002270	法因数控	0.4700	3.47	11.18	5640.56	0.29	10 派 1
002271	东方雨虹	1.0300	8.01	10.44	4412.39	-2.11	10 派 3.5 转增 5
002272	川润股份	0.6726	4.45	12.27	5027.98	-0.13	10 派 3.5 转增 1
002273	水晶光电	0.8800	5.73	12.46	4761.80	0.69	10 派 3 转增 3
002274	华昌化工	1.2400	7.25	13.86	20213.22	0.40	10 派 3

沪深上市公司 2009 年中报财务数据

股票代码	股票名称	每股净资产	每股收益	主营业务收入	净利润	去年同期净利润	同比增幅(%)
002276	万马电缆	2.67	0.3	584850070.7	44960569.56	--	0
002248	华东数控	4.44	0.34	243364923.2	40432212.87	19426542.42	108.13
600595	中孚实业	3.65	0.12	2379806708	81677934.16	312204230.4	-73.84
600141	兴发集团	3.7916	0.2169	1405581563	65583792.73	137043331.9	-52.14
600252	中恒集团	1.89	0.195	362829538.4	50879195.7	15246047.68	233.72
600212	江泉实业	1.985	0.038	315029435.9	19638966.21	10352686.77	89.7
000677	山东海龙	1.46	0.03	1430584073	23520831.72	60478841.27	-61.11
600458	时代新材	2.31	0.239	751064264	48797278.16	30834149.56	58.26
000055	方大 A	1.37	0.0705	369945313.9	30076634.28	20798839.29	44.61
000778	新兴铸管	4.6835	0.402	12411160320	472182935.5	355939056.8	32.66
600069	银鸽投资	3.54	0.03	1006281944	14507954.97	71245193.38	-79.64
600481	双良股份	2.82	0.2293	1660607398	154790476.8	97598747.06	58.6
002001	新和成	6.2	1.05	1215847411	358679708.1	765292290.8	-53.13
000805	*ST 炎黄	-1.09	-0.12	0	-7871400.29	41165745.86	-119.12
600615	丰华股份	1.904	0.045	88745373.6	8514919.27	59539501.77	-85.7
600832	东方明珠	2.23	0.075	905552579.7	240486553.7	246571860.9	-2.47
000875	吉电股份	2.68	-0.04	917119053	-33466677.27	-23245069.94	43.97
600415	小商品城	8.59	0.56	1223381656	382479283.8	292742812.3	30.65
600401	*ST 申龙	0.3685	-0.0269	179862919.8	-6938333.7	-86605552.17	-91.99
600201	金宇集团	2.556	0.11	264642440.6	32043845.3	56252099.97	-43.04
600880	博瑞传播	3.06	0.31	390429161.1	114171512.6	96289533.59	18.57
600423	柳化股份	5.09	-0.04	668906767.1	-9429774.94	89606147.27	-110.52
600184	新华光	3.3	0.03	205271476.5	3162550.49	3174094.67	-0.36
600485	中创信测	2.74	0.063	103672558.7	8606059.33	11727549.76	-26.62
600469	风神股份	3.98	0.346	2473094618	129553324.7	83604281.23	54.96
000430	ST 张家界	-0.26	-0.08	32509609.18	-16025296.85	7102572.02	-325.63
000514	渝开发	3.19	0.0988	221032260.8	62658785.72	79300895.37	-20.99
000558	莱茵置业	1.3906	0.0603	258455600.2	22370688.3	40687704.48	-45.02
000638	万方地产	0.142	0.051	110477691.9	7924554.56	58198.5	13516.42
000718	苏宁环球	1.29	0.17	1284922536	284917831.3	499822323.1	-43
000926	福星股份	5.24	0.201	1817229823	141962646.4	228198816.3	-37.79
000969	安泰科技	4.52	0.1269	1169903236	55993847.56	56596582.71	-1.06
000972	新中基	2.68	0.0784	665246784.5	32859957.79	32461403.37	1.23
600060	海信电器	6.35	0.339	7416239339	167184461.5	88976745.78	87.9
600634	海鸟发展	2.28	-0.04	1434800	-3293202.23	-651737.59	405.3
600824	益民商业	1.6852	0.0986	718671589.2	72200873.21	63381437.72	13.91
002149	西部材料	7.31	0.15	378499449.3	14301051.13	20403515.38	-29.91
002221	东华能源	2.41	0.025	800916096.7	5574079.77	5129463.73	8.67

股票代码	股票名称	每股净资产	每股收益	主营业务收入	净利润	去年同期净利润	同比增幅(%)
002258	利尔化学	6.23	0.48	244215035.3	64704668.77	40919474.55	58.13
002070	众和股份	2.35	0.1229	411139631	27956104.3	16647481.41	67.93
000807	云铝股份	2.54	-0.11	2162793875	-115899021.3	147606520.7	-178.52
000930	丰原生化	2.08	0.127	2296451476	122892371.1	69493426.03	76.84
600059	古越龙山	2.32	0.071	344309781.5	39587546.72	75132404.39	-47.31
600106	重庆路桥	3.334	0.16	162715221.4	66617420.63	57234042.67	16.39
600116	三峡水利	2.48	0.14	283577996.7	30337588.36	21735499.31	39.58
002163	中航三鑫	2.7	0.12	686844344.1	24442033.76	20794638.48	17.54
600033	福建高速	2.7596	0.257	999260164.1	380191850.7	456428214	-16.7
600406	国电南瑞	4.0376	0.2996	603522952.9	76407876.92	53718709.43	42.24
002033	丽江旅游	4.04	0.22	71612471.46	22227277.96	22131383.85	0.43
000043	中航地产	7.5532	0.0518	521196807.3	11513944.77	17917660.83	-35.74
000156	*ST 嘉瑞	-4.68	0.12	283288042.2	14586268.54	5563593.42	162.17
000690	宝新能源	2.42	0.2685	1326330684	302648795.9	333206684.4	-9.17
000791	西北化工	1.602	0.0009	104681247.3	176106.5	-3733163.42	-104.72
000856	*ST 唐陶	0.26	-0.11	122281725.2	-25590230.17	-44510397.26	-42.51
600870	*ST 厦华	-2.86	0.14	1685949394	52085611.86	-236456243.2	-122.03
002230	科大讯飞	3.3	0.17	110158028.6	26574815.9	21702114.72	22.45
600557	康缘药业	3.07	0.2197	435526053	70234472.6	54220585.51	29.53
600573	惠泉啤酒	4.23	0.1301	552426188.6	32520908	26646176.67	22.05
600338	ST 珠峰	-0.65	-0.127	153437611.1	-20113946.21	14627596.69	-237.51
000529	广弘控股	1.053	0.0478	484214187.7	27932832.87	-45521827.52	-161.36
000755	山西三维	4.441	-0.172	984443333.9	-80515357.35	113972649.8	-170.64
600759	正和股份	1.71	0.0732	45667079.68	68691584.71	17495837.63	292.62
600242	ST 华龙	-0.21	0.02	17894621.5	3135238.31	1602567.87	95.64
600456	宝钛股份	8.71	0.07	1172250428	31526443.65	212938885.8	-85.19
002133	广宇集团	2.32	0.18	800119230.7	89063664.16	56558474.14	57.47
002138	顺络电子	4.04	0.2	139561747.2	24120091.77	22016967.42	9.55
000511	银基发展	1.24	0.03	244269515.4	38750424.56	108827696.3	-64.39
000518	*ST 生物	0.68	-0.0008	86106808.36	-848037.02	4764819.69	-117.8
000578	盐湖集团	2.43	0.2944	2438037594	903086774.4	770668481.4	17.18
000591	桐君阁	1.82	0.072	2006463980	14093655.38	8599021.24	63.9
000731	四川美丰	3.3841	0.2637	2377467973	131827003.7	115051895.9	14.58
000768	西飞国际	3.53	-0.0215	2080352869	-53325168.42	137964212.7	-138.65
000792	盐湖钾肥	3.3322	1.03	2071276883	788379794.9	510043383	54.57
000833	贵糖股份	2.46	-0.02	536096761	-5580897.91	53820915.58	-110.37
600076	*ST 华光	0.1353	-0.05	5936649.68	-17497698.53	-5660649.67	209.11
600102	莱钢股份	5.64	-0.648	12266929748	-597525695.1	653462580.8	-191.44
600112	长征电气	1.4686	0.1046	161166838	33768498.79	50534867.23	-33.18
600173	卧龙地产	1.49	0.234	534068885.9	77362346.23	77114125.12	0.32
600729	重庆百货	4.2545	0.4119	3745877099	84033052.79	109235052.7	-23.07
600801	华新水泥	10.47	0.49	3150965254	199667534	191148035	4.46
002227	奥特迅	5.24	0.07	46221158.36	7793323.04	19377226.68	-59.78
000756	新华制药	3.4	0.09	1196792147	39887094.33	20457174.27	94.98
600558	大西洋	5.76	0.333	1010193565	39911803.26	43212531.06	-7.64
600312	平高电气	2.468	0.138	1011904333	84834916.29	103506176.2	-18.04
002048	宁波华翔	2.36	0.2	1279173011	98411614.84	105948886.6	-7.11
002010	传化股份	3.02	0.27	850150699	53791987.72	28855307.05	86.42
002038	双鹭药业	3.348	0.4765	169792490.4	118371142.4	96233509.76	23
600309	烟台万华	2.7	0.3	2749958976	502447813.8	880737141.9	-42.95
600378	天科股份	1.816	0.061	225713867.3	14929915.03	24862064.54	-39.95
600375	星马汽车	2.67	0.18	1273238415	33781159.33	35370392.01	-4.49
600439	瑞贝卡	2.058	0.0961	755495234.2	59219935.5	106953136.2	-44.63
600584	长电科技	2.17	-0.0347	956275454.6	-25856851.33	58030601.07	-144.56
600992	贵绳股份	4.91	0.082	583094421	13475073.33	20985425.64	-35.79
000038	*ST 大通	0.698	-0.027	0	-2558772.02	-3273565.37	-21.84
000686	东北证券	4.04	0.75	950215925.1	476411709.7	343340146.1	38.76
000729	燕京啤酒	5.99	0.2631	4894491631	318416340.9	254636007.7	25.05
000777	中核科技	2.7932	0.0768	288869239.1	15480853.32	11076247.4	39.77
000816	江淮动力	1.51	0.1822	1001142201	154127011	85526574.62	80.21
000936	华西村	2.72	0.07	1106178851	30810667.58	43067993.36	-28.46
000960	锡业股份	3.68	-0.0635	3164716936	-41332143.29	362425626.2	-111.4
600067	冠城大通	2.54	0.15	1613669549	94257221.04	122043767.5	-22.77
600099	林海股份	2.1798	0.0041	95079304.76	889594.98	8818339.16	-89.91
600260	凯乐科技	2.774	0.25	416603939.4	133262493.5	64569221.71	106.39
600860	北人股份	2.04	-0.08	383409839.9	-35677696.35	-22797649.93	56.5
600893	航空动力	3.4813	0.15	1954664070	66365636.09	22979800.33	188.8
600308	华泰股份	7.01	0.251	2608803910	137899677.1	302209517.5	-54.37
002147	方圆支承	1.67	0.088	138501925.2	19858387.14	50471943.02	-60.65
002155	辰州矿业	3.2429	0.0666	661479640	36479866.89	80277411.77	-54.56
002223	鱼跃医疗	2.72	0.3	270744983.4	45880558.13	27705996.85	65.6
002249	大洋电机	4.73	0.52	743699279.9	130614493.9	105705021.2	23.57
002236	大华股份	11.15	0.51	299015862	34024690.7	36727892.08	-7.36
002264	新华都	4.92	0.38	1496206907	40399413.44	43612721.92	-7.37

股票代码	股票名称	每股净资产	每股收益	主营业务收入	净利润	去年同期净利润	同比增幅(%)
002275	桂林三金	1.88	0.39	479857391.8	159982098.4	－－	0
600987	航民股份	2.74	0.157	848850161.2	66465188.71	55363587.13	20.05
002168	深圳惠程	2.41	0.1027	107336444.8	20573563.47	15144073.6	35.85
002084	海鸥卫浴	3.08	－0.028	499141692.3	－6529856.09	31182262.02	－120.94
600550	天威保变	3.37	0.36	3157614053	422419389.5	468958294.1	－9.92
600502	安徽水利	2.565	0.07	934462394.8	15438802.55	14611836.21	5.66
002101	广东鸿图	5.51	0.16	184072124.3	10411047.53	13545920.87	－23.14
600580	卧龙电气	3.8	0.3693	1081816978	104617755.5	71235422.68	46.86
002045	广州国光	3.99	0.16	385743114	32985123	26626589	23.88
600271	航天信息	3.46	0.34	2877613495	315418145.4	284279326.1	10.95
000670	S＊ST 天发	0.75	0.0013	15133406	346629.48	3641804.25	－90.48
000705	浙江震元	3.88	0.0601	613533865.1	7538397.04	6066236.86	24.27
000801	四川湖山	1.15	－0.0094	216409950.6	－1245192.45	2261443.37	－155.06
000851	高鸿股份	1.96	0.02	634143862.3	5581894.75	5305434.72	5.21
000852	江钻股份	2.28	0.14	600354503.3	54134785.24	54401313.57	－0.49
000881	大连国际	3.64	0.196	781077134.7	60525246.88	41156437.82	47.06
000979	＊ST 科苑	－2.88	－0.2658	55590142.53	－32959777.62	－38828626.86	－15.11
600117	西宁特钢	3.4436	0.0073	2421157106	5427395.37	252013476.5	－97.85
600138	中青旅	4.88	0.256	2422206551	106311469.7	72750445.14	46.13
600206	有研硅股	3.286	－0.35	196657944.3	－76328905.34	28804305.25	－364.99
600822	上海物贸	3.226	0.1482	21196499414	37442921.81	40895333.7	－8.44
002177	御银股份	2.1	0.25	237544517.9	55577657.54	37560469.63	47.97
002270	法因数控	3.56	0.2	189632832.9	28578833.61	31179079.36	－8.34
600339	天利高新	2.23	－0.0233	376175429.1	－12254425.07	65221781.4	－118.79
002128	露天煤业	2.45	0.45	2080048498	493931530.5	376294743.7	31.26
600545	新疆城建	2.077	0.09	555351324.9	54584957.5	25065002.03	117.77
600321	国栋建设	5.16	0.0735	267844511.1	16732866.23	22299139.67	－24.96
600379	宝光股份	1.495	0.0084	201908281.4	1808086.83	5065954.58	－64.31
002014	永新股份	4.46	0.28	532168138.9	39078803.56	30317846.67	28.9
600546	中油化建	2.12	0.0218	1140179543	6552177.77	6552990.39	－0.01
002216	三全食品	4.77	0.2572	798735824.7	48105711.07	46661190.94	3.1
002004	华邦制药	5.83	0.46	262101406.9	60407516.1	26154812.9	130.96
600409	三友化工	2.591	－0.0261	1534494230	－24509724.03	292614195.5	－108.38
000155	川化股份	3.77	0.16	1139287803	72949726.48	110389638.2	－33.92
000544	中原环保	1.82	0.131	151104839.4	35390532.8	34600180.28	2.28
000568	泸州老窖	2.46	0.611	2203660712	851940512.4	741493355.5	14.9
000627	天茂集团	2.2	0.036	356544926.5	24175217.7	44077450.19	－45.15
000915	山大华特	1.84	0.0764	242424248.9	13768841.75	8090706.74	70.18
000933	神火股份	4.098	0.288	4124341359	215737816.3	687529808.1	－68.62
000949	新乡化纤	2.2583	0.0109	1041794329	6436666.69	－77571697.94	－108.3
600139	西部资源	1.3	0.14	36837745.77	23766422.77	18555352.68	28.08
600156	华升股份	1.4882	0.0116	423308939.3	4665650.93	7186728.55	－35.08
600172	黄河旋风	3.93	0.051	309076345.6	13632517.67	26285148.06	－48.14
600248	延长化建	1.66	0.11	1261163452	33577440.29	－11056826.98	－403.68
600710	常林股份	2.31	0.04	662373950.5	21567594.99	102375480.8	－78.93
600720	祁连山	3.9134	0.403	1180744846	159668749.7	47764664.14	234.28
600773	＊ST 雅砻	－0.082	－0.01	13618949.58	－2325477.15	－5129554.01	－54.67
600787	中储股份	4.3326	0.1276	5943967915	94038503.6	141245224.4	－33.42
600814	杭州解百	1.804	0.153	824756092.9	47612795.18	49388489.44	－3.6
600862	南通科技	1.21	0.18	115090453.9	42160075.01	56934959.29	－25.95
002165	红宝丽	2.97	0.34	433116713.8	53680689.72	27568686.99	94.72
002209	达意隆	2.86	0.17	243618805	19555415.29	15117588.88	29.36
002244	滨江集团	2.06	0.02	199189235.4	27476521.61	328377375.2	－91.63
002269	美邦服饰	2.6	0.23	1822367127	230812362	180292331	28.02
002064	华峰氨纶	3.47	0.023	514863684.7	8487613.8	156119973.1	－94.56
600343	航天动力	2.5692	0.0361	173123427.2	6681853.57	12416980.53	－46.19
002042	华孚色纺	5.03	0.48	1589341284	62860215.7	－37532579.88	－267.48
002250	联化科技	5	0.38	559944671.6	48689076.91	33855351.44	43.82
600416	湘电股份	5.2	0.23	2138405961	54775328	13765574	297.92
600351	亚宝药业	2.614	0.22	708073160.5	69788096.79	43308339.92	61.14
002049	晶源电子	2.92	0.1234	126908559.2	16655951.44	16114957.68	3.36
002130	沃尔核材	2.44	0.13	172155173.2	20912942	16349950.87	27.91
002134	天津普林	2.86	－0.0318	150895965.9	－7806703.12	22848928.87	－134.17
601007	金陵饭店	3.123	0.078	205951204.7	23381955.19	25811027.14	－9.41
600983	合肥三洋	2.097	0.328	772026954.4	109244607.8	61008001.88	79.07
600425	青松建化	3.785	0.27	560270726.1	100527833.6	48235538.1	108.41
600381	ST 贤成	－0.72	0.1628	25621773.53	49871236.18	146785229.7	－66.02
002114	罗平锌电	2.56	0.01	298218877.4	1725605.58	－6588209.9	－126.19
002091	江苏国泰	2.88	0.25	1195133136	60139355.53	53660639.48	12.07
002063	远光软件	2.13	0.12	102647775.6	23611050.33	21020015.54	12.33
002023	海特高新	2.84	0.15	105798092.4	27857021.46	18214347.53	52.94
600114	东睦股份	2.82	－0.1055	287494468.6	－20632210.51	22740156.95	－190.73
600965	福成五丰	1.8473	－0.02	251138672.5	－5352830.53	12099080.38	－144.24
000089	深圳机场	2.859	0.1677	794780903.1	283412208	67854128.9	317.68

股票代码	股票名称	每股净资产	每股收益	主营业务收入	净利润	去年同期净利润	同比增幅(%)
000151	中成股份	2.961	0.0516	345497141.4	15258955.6	17336603.15	-11.98
000517	ST 成功	1.15	0.4093	1116057117	370695521.8	-47415109.3	-881.81
000556	PT 南洋	-0.548	0	0	-1143628	-355355.12	221.83
000663	永安林业	2.22	0.0092	157748798.8	1867594.38	3009825.65	-37.95
000759	武汉中百	2.86	0.17	5032450400	97631100.24	82079363.67	18.95
000798	中水渔业	1.94	0.0237	148664197.7	7563484.38	-16219448.01	-146.63
000893	广州冷机	1.7	-0.03	707262508.2	-5893369.04	20892112.38	-128.21
000985	大庆华科	3.57	0.21	421924521	27324026.95	17214954.16	58.72
600101	明星电力	3.1828	0.146	312903372.4	47318141.2	41102061.66	15.12
600231	凌钢股份	3.49	-0.03	4424957496	-25560372.95	275272286.9	-109.29
600687	刚泰控股	1.652	0.0206	129136556.1	2612723.51	1189039.22	119.73
600877	中国嘉陵	1.33	0.007	1786228124	4915790.59	3860263.59	27.34
600422	昆明制药	1.994	0.064	656076501.5	19950475.98	17715473.06	12.62
002182	云海金属	4.52	0.01	529508760.5	2300610.91	40061043.67	-94.26
002184	海得控制	3.0161	0.0944	473609321.1	20769422.74	28004191.64	-25.83
002231	奥维通信	3.5	0.0473	58318554.92	5059669.65	4857768.45	4.16
002245	澳洋顺昌	3.09	0.0239	287679618.9	2899432.41	25861859.12	-88.79
600022	济南钢铁	2.0211	-0.2805	12079324487	-875421326.8	1058016950	-182.74
600535	天士力	3.8	0.28	1836775055	137810447.4	98263685.01	40.25
600354	敦煌种业	2.93	-0.161	636762255.4	-29936835.18	-21554656.69	38.89
600461	洪城水业	3.479	0.093	103312029	13032391.42	10228159.19	27.42
002089	新海宜	1.78	0.1531	196415820.2	32776653.84	12193058.03	168.81
002200	绿大地	5.2	0.41	268631776.5	61681948.04	41510442.02	48.59
000065	北方国际	2.58	0.16	617460594.1	26151729.98	-17829121.12	-246.68
000793	华闻传媒	1.58	0.0483	1031961416	65732379.74	86377728.66	-23.9
000812	陕西金叶	1.44	0.052	201370711.4	19392845.48	13432333.62	44.37
000948	南天信息	5.06	0.15	619822927.9	30626591.58	48605435.11	-36.99
600666	西南药业	1.9527	0.14	310958586.2	26257247.67	22468280.45	16.86
600694	大商股份	10.83	0.21	10221334032	61272901.42	229608463.2	-73.31
600818	中路股份	1.3352	0.13	316397906.3	34009811.07	111121900.2	-69.39
002204	华锐铸钢	4.55	0.35	696167196.3	75298425.56	57736594.65	30.42
002107	沃华医药	8.27	0.24	107204907.3	39913233.79	29731262	34.25
000037	深南电 A	3.04	0.101	878653990.3	60961656.2	30263000	101.44
000675	ST 银山	-6.59	0	0	-12485180.43	-19751438.42	-36.79
600703	三安光电	2.18	0.23	215455023.5	56561970.02	2145014.25	2536.9
002011	盾安环境	3.8	0.3412	1096489576	109985162.3	117878253.7	-6.7
600997	开滦股份	3.68	0.33	4031744143	404144168.1	650574372.9	-37.88
600004	白云机场	5.13	0.221	1549833425	253905290.5	250235105.3	1.47
600505	西昌电力	1.0136	0.3321	169241878.6	121063035.3	21927639.47	452.1
600389	江山股份	4.849	0.0071	1228202970	1403125.4	207883505.8	-99.33
000002	万科 A	3.14	0.23	21808652428	2524392407	2061055712	22.48
000012	南玻 A	3.86	0.21	2065547379	261159985	409853633	-36.28
000728	国元证券	3.38	0.315	871733311.5	461488367.4	409938509.7	12.58
000811	烟台冰轮	3.05	0.19	530274286.8	33682362.57	33845616.38	-0.48
000901	航天科技	1.43	0.0458	80105451.12	9979541.22	2173518.49	359.14
000950	建峰化工	3.374	0.5039	1374543238	157008203.9	131125795.4	19.74
600227	赤天化	5.47	0.327	611773308.9	103630033.8	112283189	-7.71
600845	宝信软件	3.329	0.475	1195763640	124571506	120280887.5	3.57
002282	博深工具	2.07	0.17	164339330.3	22749910.22	--	0
002283	天润曲轴	3.5887	0.35	367776927.3	62482708.58	--	0
600335	鼎盛天工	1.3737	-0.0471	228746864.7	-11786123.65	28353812.57	-141.57
002139	拓邦电子	3.16	0.17	217474263.3	17354764.71	14411742.62	20.42
600498	烽火通信	6.2	0.35	1949019926	141792012.6	105009023.3	35.03
002058	威尔泰	2.69	0.023	50592144.3	1420257.05	3885442.09	-63.45
000422	湖北宜化	3.688	0.202	4149461778	109497719.2	362519656.7	-69.8
000615	湖北金环	3.43	0.79	281002979.9	167021094.5	-8738172.75	-2011.4
000619	海螺型材	4.84	0.3283	1957920265	118183374.6	47968721.62	146.38
000937	金牛能源	7.7897	0.7401	4880953627	583136339.6	805628563.5	-27.62
600136	道博股份	0.98	0.34	38017865.79	35997839.03	14661552.84	145.53
600208	新湖中宝	1.69	0.095	1828461470	266929077.2	205064890.6	30.17
600722	ST 金化	-3.7	-0.03	545634528.8	-11745380.51	-73382101.39	-83.99
600840	新湖创业	2.8	0.12	150066086.7	37382531.61	216821642	-82.76
600881	亚泰集团	3.47	0.18	3381994107	342283688.1	194293939.6	76.17
002242	九阳股份	4.69	0.63	2181122166	317155734	231408434.4	37.05
600995	文山电力	1.81	0.12	493663358.2	56454666.62	53723530.91	5.08
002261	拓维信息	5.08	0.38	134645550.3	41937281.62	41238425.37	1.69
000533	万家乐	1.195	0.0541	1183012881	31156904.75	30723249.19	1.41
000681	*ST 远东	0.5879	-0.038	1447169.08	-7481590.9	-14812977.91	-49.49
000980	金马股份	3.49	0.076	284014013.3	24155228.61	24620647.37	-1.89
000999	三九医药	3.39	0.3315	2195686879	324530789.4	209422333.9	54.96
600103	青山纸业	1.792	-0.0463	592290698.7	-49149082.38	24366898.6	-301.7
600131	岷江水电	0.955	-0.15	166552762.8	-77026762.77	-99476704.37	-22.57
600135	乐凯胶片	2.855	-0.0072	327604594.4	-2447717.39	422874.32	-678.83
600192	长城电工	3.794	0.0585	636153763.5	16671207.2	30185846.9	-44.77

股票代码	股票名称	每股净资产	每股收益	主营业务收入	净利润	去年同期净利润	同比增幅(%)
600217	*ST 秦岭	-0.031	-0.125	308387144.2	-82895259.58	-65128354.52	27.28
600879	火箭股份	5.327	0.15	1036871557	78421979.41	107849492.4	-27.29
002156	通富微电	2.94	0.039	491288738.4	13471023.6	27227296.91	-50.52
002164	东力传动	3.06	0.26	256666761.1	47578966.8	36987257.6	28.64
002187	广百股份	5.85	0.5	1812083949	79362602.9	90702556.43	-12.5
002253	川大智胜	5.75	0.16	27667699.36	9783391.96	8845497.03	10.6
002170	芭田股份	1.65	-0.1	649169933.7	-31027210.39	62260676.79	-149.83
600376	首开股份	5.03	0.4	1517147685	320267025.5	189865975.7	68.68
600452	涪陵电力	2.86	-0.01	298083310.8	-1256393.55	-9756050.29	-87.12
600519	贵州茅台	13.71	2.96	5546006031	2790276484	2239561076	24.59
600482	风帆股份	2.23	0.02	1222322269	8464621.15	28664436.6	-70.47
600507	长力股份	2.525	-0.027	5114003995	-18492237.62	8025635.27	-330.41
000008	ST 宝利来	1	-0.0044	5069757.8	-326808.93	242936.27	-234.52
000023	深天地 A	2.03	-0.0112	189153054.8	-1553037.94	3132762.53	-149.57
000157	中联重科	3.9711	0.7132	9266773842	1084723712	902248390.6	20.22
000617	石油济柴	3.5	0.21	692535852.4	50013482.62	33591359.66	48.89
000655	金岭矿业	4.13	0.152	374617618.3	82226162.28	274308010	-70.02
000669	领先科技	1.99	-0.023	8063544.79	-2126658.31	3776211.39	-156.32
000760	博盈投资	0.77	-0.0031	294191670.9	-729851.24	-5385837.74	-86.45
000862	银星能源	0.9287	0.0509	351724591.5	12001637.7	31956161.06	-62.44
000903	云内动力	6.51	0.17	1343764497	63209768.36	76238525.62	-17.09
000929	兰州黄河	2.3	0.07	515542729.4	13027267.37	16984508.42	-23.3
000968	煤气化	4.9168	0.2355	1569502606	120983031.2	384378732.6	-68.53
000995	*ST 皇台	1.27	-0.15	19508025.12	-25776371.47	-6542023.3	294.01
600119	长江投资	1.9602	0.0069	278206137.4	2077659.45	2461216.48	-15.58
600133	东湖高新	3.1641	0.1195	123395160.2	32922581.83	22068075.61	49.19
600257	大湖股份	1.179	0.0282	202983158.8	12043839.78	10004499.63	20.38
600293	三峡新材	1.956	0.0014	296052531.2	487477.09	754859.47	-35.42
600600	青岛啤酒	4.91	0.489	9104989913	639784417	381127804	67.87
600780	通宝能源	1.8973	0.0111	900536146.8	9695275.94	-72527101.69	-113.37
600873	五洲明珠	2.1419	0.0412	414673976.9	4454300.17	3712926.42	19.97
002145	ST 钛白	1.82	-0.39	44315480.49	-73900900.86	-77439817.23	-4.57
002284	亚太股份	5.58	0.52	576441264.8	37533647.75	--	0
002285	世联地产	3.14	0.67	278565371.3	63855964.29	--	0
002123	荣信股份	3.36	0.33	415939335.9	67611589.55	47102210.52	43.54
002172	澳洋科技	2.29	0.0124	729603710.5	4330239.41	3633803.14	19.17
600346	大橡塑	1.5	-0.091	117409933.6	-19048417.97	3488057.48	-646.1
600383	金地集团	4.32	0.13	3493494614	287538006.5	240834733.8	19.39
002146	荣盛发展	2.82	0.31	1411980654	248967907.5	220640274.2	12.84
600590	泰豪科技	3.4524	0.17	962793489.8	49979967.27	38053868.17	31.34
600470	六国化工	4.71	0.089	1379933880	20088657.21	74012327.34	-72.86
600588	用友软件	3.42	0.541	766087127	328232680	112263105	192.38
600560	金自天正	4.69	0.16	221393435.2	15781161.67	21263435.9	-25.78
600460	士兰微	1.776	0.04	353032592	17008928.08	31086563.49	-45.29
600015	华夏银行	5.64	0.3338	7742431488	1665593161	1927932797	-13.61
002005	德豪润达	1.86	0.01	690812891.6	2017997.2	-21958574.95	-109.19
002017	东信和平	3.22	0.14	370049369.1	21546620.3	25108841.23	-14.19
600553	太行水泥	2.21	0.1	828557917.2	39207164.52	18857000.93	107.92
600993	马应龙	5.28	0.62	520620491.7	103334442.6	47761844.12	116.35
002067	景兴纸业	4.33	0.03	858030990.5	10831051.53	39858734.17	-72.83
600572	康恩贝	2.8156	0.1234	567947076.4	39968475.49	61225591.85	-34.72
600499	科达机电	2.4	0.114	542660601.7	50852907.22	65821416.59	-22.74
600525	长园集团	5.17	0.263	367264129.4	43813750.42	54670447.42	-19.86
000069	华侨城 A	2.191	0.173	1305334065	453547321.5	435526875.6	4.14
000407	胜利股份	1.65	0.03	708493833.7	15638908.13	30038231.83	-47.94
000521	美菱电器	2.77	0.0734	2562440855	30381054.02	14184663.42	114.18
000565	渝三峡 A	2.49	0.098	197667445	17038275.43	16257069.87	4.81
000582	北海港	1.92	0.222	100016216.2	31579699.65	4257599.41	641.73
000606	青海明胶	1.5	-0.0248	290302644.9	-7514116.6	13737607.19	-154.7
000612	焦作万方	3.738	0.021	2372861540	10229045.04	422112795.9	-97.58
000661	长春高新	3.032	0.27	475734235.1	35432323.66	2086496.1	1598.17
000682	东方电子	1.35	0.0107	396901310.5	10474231.74	9927425.13	5.51
000683	远兴能源	2.45	-0.21	615156955.3	-108139076.1	147490237.7	-173.32
000695	滨海能源	1.33	-0.202	285615662.8	-44978650.15	-11848557.81	279.61
000709	唐钢股份	3.3	0.03	18368006145	95619051.9	1700638025	-94.38
000713	丰乐种业	2.4	0.1391	476110708.1	31295620.21	30057333.19	4.12
000821	京山轻机	3.21	-0.048	172089205	-16531736.69	2417256.9	-783.9
000920	南方汇通	2.26	0.0689	354811384.9	29095901.13	14237352.75	104.36
000953	河池化工	0.8262	-0.0987	319469982.8	-29017528.01	1195414.4	-2527.4
000983	西山煤电	3.86	0.5371	5773824057	1301872276	1233183854	5.57
600096	云天化	7.24	-0.2009	2958361365	-114978027.7	418362000.2	-127.48
600097	开创国际	1.2183	0.2505	395593720.9	50748587.32	159567.74	31703.79
600150	中国船舶	19.003	1.811	12619467045	1200160644	1948871659	-38.42
600179	黑化股份	2.0743	-0.1	699291727.8	-39953526.97	19385440.85	-306.1

股票代码	股票名称	每股净资产	每股收益	主营业务收入	净利润	去年同期净利润	同比增幅(%)
600210	紫江企业	1.96	0.158	2362347902	227638965.3	105933192.8	114.89
600219	南山铝业	6.4	0.12	3085102114	154477033.9	473882313.8	-67.4
600266	北京城建	4.932	0.2503	894606920.5	185465701.7	160488146.7	15.56
600300	维维股份	1.37	0.1	1325168347	102483405.2	56846295.32	80.28
600682	南京新百	2.9	0.14	695489723	48400369.85	65187919.49	-25.75
600719	大连热电	3.69	0.092	360381206.3	18573473.6	14633221.63	26.93
600820	隧道股份	5.1235	0.22	6516479252	162110331.7	129438373.4	25.24
600823	世茂股份	5.21	0.058	390003734.2	34141006.18	33158131.43	2.96
600841	上柴股份	3.85	0.065	1593932960	31023382.24	24757075.74	25.31
600865	百大集团	2.175	0.17	532298790.1	62745113.43	44653342.66	40.52
600866	星湖科技	1.587	0.1001	562728093	52170526.45	13337684.44	291.15
600890	*ST中房	0.482	-0.008	15312081.4	-4835041.25	-8113085.72	-40.4
000869	张裕A	4.49	0.86	1969426161	455235291	398804486	14.15
600255	鑫科材料	2.35	0.02	1150785655	6760591.83	12236278.96	-44.75
002166	莱茵生物	3.9	0.08	54998974.97	5237824.73	7442160.15	-29.62
002173	山下湖	3.6	0.06	140506560.9	6441437.88	29883650.56	-78.44
002190	成飞集成	3.94	0.15	82779041.29	19347562.85	17315011.03	11.74
002224	三力士	4.76	0.17	253222635	12495262.94	7732755.5	61.59
002229	鸿博股份	5.63	0.3119	87512712.64	24953613.99	19755405.43	26.31
600521	华海药业	3.68	0.24	404317810.9	71260053.06	77319526.05	-7.84
002096	南岭民爆	2.48	0.29	228557485.2	38933131.49	12570880.98	209.71
600475	华光股份	3.71	0.24	1269008189	61353093.62	58616988.8	4.67
601005	重庆钢铁	3.18	0.02	5253842000	31622000	483935000	-93.47
000693	S*ST聚友	-0.23	-0.18	26402323.57	-35280742.06	-35549669.02	-0.76
000715	中兴商业	3.32	0.1553	1317068573	43336518.57	34172760.37	26.82
000776	S延边路	1.47	0.03	23924147	4793764.07	7122601.11	-32.7
000900	现代投资	8.53	0.8209	801203974.4	327668196.1	291915424.9	12.25
600008	首创股份	2.0713	0.0431	808571851.6	94842529.15	66114956.05	43.45
002232	启明信息	1.96	0.11	402646412.6	27249063.23	36286449.53	-24.91
601899	紫金矿业	1.153	0.133	9629588305	1932690610	1742397659	10.92
002278	神开股份	2.4	0.33	260441863.1	44334402.32	--	0
002279	久其软件	4	0.049	40163114.69	2242840.35	--	0
002006	精功科技	1.77	-0.16	228078475.9	-23311429.7	3916819.13	-695.16
002068	黑猫股份	2.78	0.093	763643204.9	17864809.36	21421872.54	-16.6
002116	中国海诚	3.73	0.26	957770860.9	29607179.03	28286838.09	4.67
002111	威海广泰	2.75	0.18	196980229.7	25752528.55	27574896.78	-6.61
600317	营口港	5.83	0.18	948030328.6	100629865.1	140151136.9	-28.2
600587	新华医疗	4.667	0.14	390057661.8	18763353.6	13505517.34	38.93
600577	精达股份	2.55	0.082	1448135256	24064174.61	39817675.27	-39.56
002050	三花股份	4.2	0.36	940020383.3	94495840.64	47787847.28	97.74
002131	利欧股份	3.25	0.37	420344047	55297142.69	30476584.88	81.44
002090	金智科技	4.2228	0.2433	203106065	24820830.51	26314371.23	-5.68
600368	五洲交通	3.76	0.08	105430921.5	45779489.93	41721229.31	9.73
002109	兴化股份	2.68	0.13	413752876.1	45164304.25	63465255.95	-28.84
600510	黑牡丹	4.25	0.24	1210459335	194726340.1	-35302248.34	-651.6
600478	科力远	2.19	0.03	709353275.2	9942127.53	25563406.92	-61.11
600551	时代出版	4.7519	0.29	826447460	112288676.9	6644600.84	1589.92
600591	*ST上航	0.87	-0.084	5437979335	-91293870.24	23413833.56	-489.91
002009	天奇股份	1.84	-0.07	197659653.5	-14686099.02	45962252.99	-131.95
600596	新安股份	9.9219	0.5706	2017761370	163639087.3	1014439723	-83.87
600539	狮头股份	3.8472	0.04	270787396	8661144.93	6551312.25	32.2
600523	贵航股份	4.67	0.2	792944285.5	58416234.27	55630078.47	5.01
002083	孚日股份	2.65	0.06	1510175955	60602712	94265800	-35.71
000404	华意压缩	1.52	0.1416	1697566591	45947629.42	43641468.48	5.28
000559	万向钱潮	1.45	0.11	2420351307	112979684.4	127255708.2	-11.22
000667	名流置业	3.51	0.05	234444888.7	67686685.85	240943382.8	-71.91
000679	大连友谊	3.239	0.199	1241302771	47189040.15	46254339.81	2.02
000680	山推股份	3.96	0.27	3310735679	201966030.8	380512945.7	-46.92
000720	*ST能山	0.9737	-0.0542	1170936258	-46840025.45	-119450826.1	-60.79
000757	*ST方向	-2.58	-0.15	214295487.2	-45760249.71	-43184300.48	5.97
000758	中色股份	2.7	0.033	1777011242	20967572.88	111025771.9	-81.11
000787	*ST创智	0.0553	-0.0011	0	-407928.93	-3924557.45	-89.61
000939	凯迪电力	4.24	0.1653	855021318.5	60911011.4	60217555.13	1.15
000962	东方钽业	3.46	0.047	466247816.6	16749709.58	29405355.56	-43.04
000993	闽东电力	3.72	0.07	222475951.7	27342213.14	6805276.39	301.78
000997	新大陆	1.78	0.1	497082006	44104151.43	36412615.67	21.12
600056	中国医药	5.1782	0.4384	2113923249	104853864.7	79553279.71	31.8
600115	ST东航	-0.4371	0.2369	17497784000	1173507000	41621000	2719.51
600151	航天机电	1.666	0.021	318400792.5	15938182.89	58600099.86	-72.8
600246	万通地产	2.74	0.0726	607321663.8	73578377.13	282670424.8	-73.97
600619	海立股份	2.7	0.01	2174650404	4745319.56	84422427.16	-94.38
600623	双钱股份	1.851	0.098	3521263107	87217363.86	82116506.24	6.21
600628	新世界	3.286	0.2	1327049314	103937472	93648622.16	10.99
600678	ST金顶	1.1067	-0.142	352833039.6	-49542767.65	12797409.89	-487.13

股票代码	股票名称	每股净资产	每股收益	主营业务收入	净利润	去年同期净利润	同比增幅(%)
600690	青岛海尔	5.56	0.497	16605644268	665749936.5	548862680.1	21.3
600697	欧亚集团	4.929	0.333	1957094774	53005904.07	49736596.06	6.57
600702	沱牌曲酒	5.2476	0.0765	390862054.7	25811223.92	28988225.51	-10.96
600711	ST 雄震	0.24	-0.14	56456693.86	-10876627.44	13768797	-178.99
600730	中国高科	2.45	0.0359	515340097.5	10538048.03	6313032.83	66.93
600750	江中药业	3.0458	0.3223	877395415.1	95375364.15	92478340.23	3.13
600888	新疆众和	5.0989	0.2081	425044700.9	73271722.56	107692877.5	-31.96
002233	塔牌集团	4.47	0.22	1148874889	87246234.63	107036685.8	-18.49
002287	奇正藏药	1.67	0.21	196756229.5	78197147.64	57290920.68	36.49
002286	保龄宝	4.33	0.36	247968821.1	21675473.26	--	0
600011	华能国际	3.19	0.16	33609727083	1959479637	-470327273	-516.62
002022	科华生物	1.58	0.2398	289647615.5	98372999.38	80908811.03	21.59
600386	北巴传媒	2.33	0.158	677098030.6	63758126.26	26134629.59	143.96
600503	华丽家族	2.09	0.15	55996822.06	81530873.92	59625766.26	36.74
002081	金螳螂	3.49	0.3148	1676493327	66579548.01	54687978.87	21.74
600310	桂东电力	4.3543	0.2489	495203581	39021775.9	52211128.65	-25.26
600353	旭光股份	3.514	0.055	127186494.7	6233774.38	5310829.93	17.38
600426	华鲁恒升	5.18	0.466	1888540633	230793084.9	256371423.3	-9.98
600367	红星发展	3.653	-0.04	300847601.4	-12099374	43837025.11	-127.6
002069	獐子岛	5.36	0.18	553338266	40209189.59	35041200.46	14.75
600543	莫高股份	5.52	0.1046	164614328.6	18651949.75	19711732.87	-5.38
600961	株冶集团	4.004	0.028	3711339219	14692452.23	93985407.69	-84.37
600973	宝胜股份	5.6263	0.34	1629373811	52873154.59	68118460.51	-22.38
600530	交大昂立	2.65	0.08	159180750.1	25513691.4	15758847.49	61.9
002085	万丰奥威	2.8	0.09	551861680.3	25332930.03	34250332.07	-26.04
600027	华电国际	1.93	0.09	17288305000	546244000	-507636000	-207.61
600528	中铁二局	2.5959	0.1905	16847163735	277992342.4	186616134.8	48.96
000006	深振业 A	3.63	0.214	479000447.5	108510618.6	235639668.5	-53.95
000019	深深宝 A	1.82	-0.0126	91579440.16	-2294928.82	6597233.67	-134.79
000061	农产品	3.8	0.1783	758905915.5	137013657.9	72987658.73	87.72
000411	英特集团	0.721	0.0669	2265047024	13877466.89	10124427.82	37.07
000502	绿景地产	1.457	0.1533	117407903.4	28330074.26	29273308.96	-3.22
000525	红太阳	2.22	0.0537	1561846454	15040940.43	29241687.55	-48.56
000562	宏源证券	3.876	0.36	1311065022	521517339.8	351268662.5	48.47
000570	苏常柴 A	4.18	0.5	1247512763	188720466.3	3958454.06	4667.53
000609	绵世股份	2.73	0.0267	10162715.58	7972238.98	324201238.1	-97.54
000631	顺发恒业	1.2	0.2	1418756408	208023743.8	132384765.9	57.14
000639	金德发展	1.73	-0.03	36231256.95	-2172689.41	1578620.75	-237.63
000692	ST 惠天	3.72	0.0584	621965091.2	15548861.23	-47728613.78	-132.58
000721	西安饮食	1.8616	0.0444	265506318.6	8854511.04	9032858.23	-1.97
000799	酒鬼酒	2.0863	0.0464	180798626.7	14073592.55	7198924.21	95.5
000837	秦川发展	2.49	0.131	500029177.7	45523909.16	61489502.8	-25.96
000838	国兴地产	1.9302	-0.0297	0	-5382464.94	15337360.62	-135.09
000868	安凯客车	2.04	-0.02	745008853.4	-7202616.99	6695321.15	-207.58
000888	峨眉山 A	2.63	0.0591	247963655.3	13890597.14	-18534798.94	-174.94
001896	豫能控股	0.706	-0.22	47387339.9	-92584073.73	-138887171.2	-33.34
000906	南方建材	1.18	-0.05	3429843925	-10856562.12	2161475.66	-602.28
000916	华北高速	3.24	0.158	379799292	172386116.1	185537913.1	-7.09
000922	ST 阿继	0.355	-0.0533	55109124.56	-15915309.14	-8017954.94	98.5
000923	河北宣工	2.6	0.0303	272557831.3	5994212.19	7096230.77	-15.53
600001	邯郸钢铁	4.36	0.025	15440371349	69328025.76	554809393.6	-87.5
600063	皖维高新	5.2827	0.103	797850201.6	37834222.56	71182602.88	-46.85
600068	葛洲坝	3.221	0.356	11762505883	592957443.9	373765858.7	58.64
600087	长航油运	2.71	0.012	1532422211	19612887.67	393361735.9	-95.01
600100	同方股份	7.41	0.1799	5693446665	175780697.2	159467793.7	10.23
600118	中国卫星	4.25	0.2	875575681.3	71433432.57	60738411.93	17.61
600123	兰花科创	8.2182	1.1884	2839947380	678833032.4	592307316.1	14.61
600165	宁夏恒力	2.37	-0.13	538326425.1	-25203635.41	5609164.22	-549.33
600610	SST 中纺	0.56	0.008	35250059.28	2988400.04	7753391.43	-61.46
600611	大众交通	2.69	0.15	1795808177	239656206.9	312198787.7	-23.24
600650	锦江投资	3.294	0.254	779183454.9	140341179.7	175285402.8	-19.94
600758	红阳能源	1.658	0.12	91119826.11	18881369.2	28711341.34	-34.24
600800	ST 磁卡	0.503	0.0019	95053594.88	1143889.19	895277.6	27.77
600882	大成股份	2.04	0.02	430481158.4	3479006.72	11732969.01	-70.35
600333	长春燃气	2.61	0.01	722957367.4	2894378.41	34001881.62	-91.49
002150	江苏通润	3.97	0.13	169496063.2	13134323.88	29363218.4	-55.27
002186	全聚德	4.78	0.2982	537756967.3	42219690.74	32993112.21	27.97
002199	东晶电子	2.95	0.1193	98267779.06	9614329.52	11890288.24	-19.14
002220	天宝股份	5.36	0.22	299352360.4	21077234.64	36429295.53	-42.14
002219	独一味	3.56	0.222	142385828.4	20733806.11	25176685.17	-17.65
002262	恩华药业	1.97	0.16	550419984.4	29657235.23	20744636.94	42.96
600410	华胜天成	3.11	0.2131	1622873884	98244259.03	99104044.55	-0.87
002112	三变科技	3.72	0.18	484683065.1	20658708.15	15007376.62	37.66
600962	国投中鲁	5.008	0.055	502604099.2	11146988.93	59148792.11	-81.15

股票代码	股票名称	每股净资产	每股收益	主营业务收入	净利润	去年同期净利润	同比增幅(%)
002104	恒宝股份	1.66	0.13	223369269.4	37438091.52	35620333.63	5.1
600397	安源股份	2.2336	0.0047	413243754.1	1271606.93	3292183.02	-61.37
000011	S深物业A	1.2494	0.1962	536738584.9	106297227.8	-3120802.16	-3506.09
000025	特力A	0.759	0.013	205061791.9	2773147.62	-3189753.66	-186.94
000523	广州浪奇	2.656	0.027	413411195.5	4620023.96	4337280.66	6.52
000536	闽闽东	0.304	0.0003	45704149.26	41564.48	5542454.48	-99.25
000539	粤电力A	3.29	0.142	5270848337	378903882.4	-56449013.74	-771.23
000671	阳光城	4.09	0.018	381569065.6	2974460.44	1991560.41	49.35
000678	襄阳轴承	1.55	0.029	231131738.3	8958105.29	17500881.12	-48.81
000691	*ST联油	0.9628	-0.0312	10000	-10070477.42	-5764587.94	74.7
000716	ST南方	0.8	0.055	169982735.2	9796843.88	4261869.44	129.87
000733	振华科技	5.43	0.04	991340711.7	15792988.92	15450014.94	2.22
000738	ST宇航	1.0429	0.0096	222910806	3820250.06	554966.39	588.38
000803	金宇车城	1.02	0.008	41517208.41	1019641.54	1651702.85	-38.27
000819	岳阳兴长	2.296	0.089	452930753.3	17179585.2	48281440.3	-64.42
000892	ST星美	-0.0211	-0.0036	0	-1483144.53	-45283683.74	-96.72
000911	南宁糖业	4.39	0.13	1786328389	37666920.89	91286442.57	-58.74
000918	*ST亚华	-1.99	-0.22	513053211	-59900490.64	-15705674.54	281.39
000921	ST科龙	-0.8424	0.1569	4764766122	155604075.3	70668770.33	120.19
000978	桂林旅游	2.56	0.0646	93113520.05	11425921.56	13225707.2	-13.61
000988	华工科技	3.06	0.31	704373186.9	100486896	38793694.16	159.03
600189	吉林森工	4.15	-0.08	536826080.7	-23993943.98	27375574.77	-187.65
600665	天地源	2.1088	0.0794	485140849.5	57181562.67	50299637.41	13.68
600695	大江股份	0.3116	-0.03	315702489.3	-20526301.91	18951827.39	-208.31
600806	昆明机床	2.63	0.2733	662304061.3	116106525.9	148071729.3	-21.59
600867	通化东宝	3.13	0.0606	263196012.2	29024713.69	37285118.74	-22.15
002263	大东南	1.9	0.062	501193974.9	22970757.53	28078699.13	-18.19
002183	怡亚通	3.17	0.11	1012630261	40812074	80302850	-49.18
002215	诺普信	2.91	0.48	896289014.3	97003851.25	68041705.52	42.57
600984	ST建机	2.05	0.02	347626941.7	2580763.36	-27662994.24	-109.33
002093	国脉科技	1.78	0.2122	322433341	56663017.67	48708662.59	16.33
002088	鲁阳股份	3.77	0.28	355154713.8	60671966.15	66548767.37	-8.83
600355	精伦电子	2.2	-0.11	77547655.41	-26493552.64	-19086528.98	38.81
600563	法拉电子	4.27	0.23	339583434.8	52212713.62	49794319.8	4.86
000015	PT中浩A	-10.288	-0.1764	0	-27737690.51	-28246320.63	-1.8
000507	粤富华	3.2644	-0.0997	170578367.6	-34388822.7	50036120.01	-168.73
000547	闽福发A	4.136	0.04	158371098.5	9810804.82	11915243.96	-17.66
000553	沙隆达A	1.87	0.0743	985283990.8	44124619.58	77284465.57	-42.91
000573	粤宏远A	2.193	0.012	210704711.6	7443312.75	3852128.2	93.23
000587	SST光明	-1.65	-0.24	25104395.34	-44254533.71	-51122362.27	-13.43
000589	黔轮胎A	5.07	0.45	2067912765	112245318.1	50511224.66	122.22
000599	青岛双星	2.47	0.24	1704093531	127592176.9	46326070.64	175.42
000650	仁和药业	1.57	0.1865	485960373.9	41053954.14	23824653.13	72.32
000710	天兴仪表	0.6724	0.0274	164578452.3	4140070.6	790038.84	424.03
000736	ST重实	3.49	-0.03	18149297.69	-10367202.42	-3892460.91	166.34
000809	中汇医药	1.13	-0.0434	62832966.62	-4873374.28	1498247.84	-425.27
000815	美利纸业	6.04	0.021	435243036.9	3314149.36	48316610.16	-93.14
000823	超声电子	3.426	0.085	1034380600	37245646.71	57920044.62	-35.69
000860	顺鑫农业	5.28	0.1778	2883693083	77986755.6	121857554.8	-36
000880	潍柴重机	2.08	0.21	1051523153	58015402.48	41627395.8	39.37
000976	春晖股份	1.17	-0.0592	629499465.4	-34713374.53	-32722921.74	6.08
600071	凤凰光学	2.29	0.047	363402439.5	11168300.84	10203237.59	9.46
600358	国旅联合	1.257	0.007	94277312.44	3049025.54	3402624.05	-10.39
600663	陆家嘴	5.03	0.5159	2847460928	963572917.4	744269566.1	29.47
600765	中航重机	5.0666	0.2	876530254.8	91131278.66	85824062.66	6.18
600835	上海机电	4.71	0.33	5180700038	334956605.8	325939746.5	2.77
002288	超华科技	3.2712	0.29	98546780.39	18346896.92	--	0
002289	宇顺电子	3.28	0.39	260908515.3	21628398.23	--	0
002115	三维通信	3.1624	0.2533	296440483.4	30398861.75	23126318.71	31.45
600390	金瑞科技	4.21	-0.1638	451292753	-26221842.23	30235229.34	-186.73
600970	中材国际	4.16	0.79	7269989928	316861729.7	147021604.2	115.52
600570	恒生电子	1.5	0.16	249478466.2	69977434.26	47315116.67	47.9
600348	国阳新能	5.17	0.91	9289737687	875639863.1	466522326.7	87.7
600579	ST黄海	0.142	-0.0056	459698477.2	-1420120.14	-37828013.78	-96.25
002055	得润电子	2.2351	0.0566	252400673.4	7603309.99	13693062	-44.47
600547	山东黄金	3.69	0.68	10458022572	485246573.3	495458479.9	-2.06
600399	抚顺特钢	3.105	0.017	1918868502	9081946.29	17453815.94	-47.97
600975	新五丰	2.492	0.034	237193861.5	6044381.98	5019501.06	20.42
600329	中新药业	3.8	0.42	1350356000	153565000	146981000	4.48
002207	准油股份	3.35	-0.11	98752339.6	-10664039.73	4134472.08	-357.93
600963	岳阳纸业	4.54	0.06	1486624822	39302959.74	123297524.9	-68.12
002073	青岛软控	5.65	0.36	461951455.4	107255989.9	97065480.94	10.5
600508	上海能源	5.93	0.592	3222346606	427464669.3	574932191.8	-25.65
600030	中信证券	8.55	0.58	8991769936	3826664605	4769337305	-19.77

股票代码	股票名称	每股净资产	每股收益	主营业务收入	净利润	去年同期净利润	同比增幅(%)
600578	京能热电	2.91	0.16	875578431.7	89613837.7	60636839.38	47.79
601318	中国平安	12.3	0.59	1.10868E+11	4347000000	7102000000	-38.79
600249	两面针	6.245	0.0069	328123084.3	3100059.45	33944876.12	-90.87
000004	*ST 国农	0.7168	-0.0117	28179390.23	-985338.9	-1704448.42	-42.19
000017	SST 中华 A	-3.8284	-0.1175	112494583.9	-56332908.69	-4615635.71	1120.48
000029	深深房 A	1.2	0.0076	290811601.5	7725323.97	13925382.42	-44.52
000046	泛海建设	3.62	0.055	715407635.3	124545526.5	174874455.7	-28.78
000068	赛格三星	1.04	-1.0815	327926341.9	-969712624.3	13909185.91	-7071.74
000501	鄂武商 A	2.78	0.268	3809039942	135816765.8	73834953.45	83.95
000532	力合股份	1.677	0.1091	79570442.53	37591358.99	-18087550.57	-307.83
000538	云南白药	6.07	0.5	3552365150	266290583.8	200917804.6	32.54
000571	新大洲 A	1.52	0.0654	301223860.6	48112214.99	19328884.89	148.91
000635	英力特	2.9	0.103	801785577	14143271.87	71706047.63	-80.28
000637	茂化实华	1.69	0.177	1103900134	79794187.19	60739617	31.37
000701	厦门信达	2.64	0.1192	4145427595	28631162.4	23108824.66	23.9
000711	天伦置业	3.106	-0.004	26071059.68	-435963.2	1956660.76	-122.28
000779	ST 派神	1.52	-0.078	85353943.27	-14553390.76	4197222.45	-446.74
000780	平庄能源	2.72	0.2543	1313295893	257933749.7	184996687.7	39.43
000782	美达股份	2.05	0.045	1088826273	18202769.66	12303775.98	47.94
000802	北京旅游	1.92	0.04	77099385.8	5354587.91	-10854947.84	-149.33
000836	鑫茂科技	2.84	-0.0926	213826874.6	-20830034.66	-1834946.62	1035.18
000895	双汇发展	3.95	0.6015	12968987524	364483851.3	280803574.4	29.8
000905	厦门港务	2.8	0.05	660503028.3	25319684.57	69732707.97	-63.69
000912	泸天化	4.23	0.19	2765170541	111660131.1	276196410.4	-59.57
000925	众合机电	3.95	0.44	392751404.2	61023028.2	8168394.96	647.06
000938	紫光股份	3.77	0.052	1793613998	10701148.69	29227077.35	-63.39
000973	佛塑股份	1.82	-0.0438	1788725881	-26804011.36	7561583.07	-454.48
600053	中江地产	2.066	0.0031	54888088	952566.77	47104182.85	-97.98
600072	中船股份	3.597	0.114	586006080.2	41359662.91	43017547.45	-3.85
600074	中达股份	1.239	-0.085	832798571.4	-55997152.5	178838122.9	-131.31
600080	ST 金花	2.1577	-0.1141	160615784.7	-34841388.99	-30347268.92	14.81
600157	鲁润股份	1.3669	0.018	616628773.1	4590877.5	1445185.19	217.67
600228	昌九生化	1.334	-0.122	332891178.5	-29273269.29	1285333.46	-2377.48
600230	沧州大化	4.3042	0.2044	873915111.2	53001801.01	149728548.1	-64.6
600265	景谷林业	2.7	-0.13	86517497.59	-16493705.24	65983919.65	-125
600268	国电南自	4.543	0.081	829177258.5	15345231.5	19710523.19	-22.15
600269	赣粤高速	6.87	0.43	1487431536	498624892.2	414494296.2	20.3
600278	东方创业	5.58	0.19	1743402165	60535836.37	45662269.42	32.57
600279	重庆港九	3.544	0.068	208915674.3	15520874.11	27679638.98	-43.93
600601	方正科技	1.6408	0.0368	3602112023	63493498.97	92678674.09	-31.49
600606	金丰投资	4.3	0.189	294407246.4	73759675.16	66691575.57	10.6
600630	龙头股份	3.212	0.03	1435230073	12843690.86	16606084.57	-22.66
600635	大众公用	1.63	0.07	1711996796	105531396.8	135558421.3	-22.15
600675	中华企业	3.036	0.216	1679125435	234840971.5	221483829	6.03
600698	ST 轻骑	0.3909	-0.0073	746368357.5	-7049538.38	-18538382.24	-61.97
600713	南京医药	1.7	0.103	6272117516	31018201.19	27936632.2	11.03
600745	中茵股份	1.05	0.05	97202884.79	15769177.6	99172270.77	-84.1
600770	综艺股份	1.63	0.05	254628685.9	18730713.92	41735501.02	-55.12
600774	汉商集团	2.7	0.003	294351713.7	560928.09	874517.2	-35.86
600812	华北制药	1.3544	0.071	2127860028	73407015.04	93920912.54	-21.84
600836	界龙实业	1.3123	-0.02	447008639.5	-6123845.34	3072461.01	-299.31
600850	华东电脑	1.3338	-0.06	423076582.6	-10270102.39	1955726.94	-625.13
600855	航天长峰	2.032	-0.037	134516012.6	-10788748.25	-6276517.31	71.89
600858	银座股份	5.1157	0.3646	2516376545	85703859.01	80825213.91	6.04
600891	SST 秋林	0.7	0.01	98527359.58	3120917.54	1359219.08	129.61
002206	海利得	6.98	0.49	437840912.6	60871152.69	41460564.79	46.82
601898	中煤能源	4.97	0.27	22764420000	3531214000	3547865000	-0.47
002239	金飞达	2.5664	0.0772	235455837.6	15526381.59	25453038.93	-39
601727	上海电气	1.7	0.1127	27871801000	1409590000	1596219000	-11.69
601991	大唐发电	2.15	0.0554	20683761000	652370000	418925000	55.72
000010	SST 华新	0.3081	0.044	67996909.72	6504550.96	-737098.7	-982.45
000020	深华发 A	0.89	0.015	212122658.9	4359222.8	-2503393.28	-274.13
000428	华天酒店	2.25	0.133	558591928.3	73607911.12	113152947.1	-34.95
000584	友利控股	3.67	0.0105	388588542.9	4274162.56	92540914.98	-95.38
000712	锦龙股份	1.86	0.199	33350427.21	60652701.37	11128808.25	445.01
000717	韶钢松山	3.29	-0.1303	5760327988	-217559000	442841855.9	-149.13
000722	*ST 金果	1.1	-0.8586	328877412.3	-230222519.3	-24829373.01	827.22
000800	一汽轿车	4.02	0.3289	11633184718	535276225.2	505771756.9	5.83
000861	海印股份	1.51	0.14	350945786.6	66465415.78	14839201.13	347.9
000878	云南铜业	2.74	-0.1	5214701516	-126252560.1	545613560.4	-123.14
000887	中鼎股份	1.692	0.208	589072924.6	88485710.87	59383597.04	49.01
600736	苏州高新	2.861	0.067	861904176.2	59133614.55	87568782.95	-32.47
600792	ST 马龙	-0.6	-0.853	582724736.8	-107680027.3	27696526.68	-488.79
600537	海通集团	2.114	-0.012	183281876.3	-2773048.91	9097263.46	-130.48

股票代码	股票名称	每股净资产	每股收益	主营业务收入	净利润	去年同期净利润	同比增幅(%)
600253	*ST天方	1.782	0.0173	1026745687	7246052.31	-50511214.06	-114.35
600325	华发股份	5.75	0.35	1330009789	285701942.7	233838252.7	22.18
600400	红豆股份	2.93	0.03	498374249.6	14321988.95	27487085.5	-47.9
600369	西南证券	2.07	0.23	866569872.4	430630321.4	-24784823.24	-1837.48
600373	鑫新股份	0.509	-0.3418	218010419.4	-64086882.19	2157558.69	-3070.34
600418	江淮汽车	3.18	0.09	9324351525	114088186.4	166991183.2	-31.68
002020	京新药业	2.964	0.016	248401999.7	1665328.11	747213.25	122.87
600986	科达股份	1.755	0.0325	291112830.9	10908182.11	8126835.55	34.22
002025	航天电器	3.47	0.15	262731050.7	49140885.67	47382041.45	3.71
002136	安纳达	2.3196	0.0012	111374575.1	94042.12	-17146945	-100.55
600477	杭萧钢构	2.74	0.145	1267168794	35921340.46	19917817.56	80.35
600488	天药股份	2.726	0.051	439306676.1	27558035.29	24940761.2	10.49
600531	豫光金铅	4.2228	0.1	2460096579	23035641.46	86812341.54	-73.47
002012	凯恩股份	1.69	0.09	243560420.5	17445209.83	18499566.7	-5.7
600365	通葡股份	1.39	0.0075	42808230.68	1049494.03	1459390.43	-28.09
600017	日照港	2.262	0.125	923632453.7	157715540	134931048.7	16.89
600515	ST筑信	0.204	-0.009	178771581.7	-2532147.28	-2138687.28	18.4
600493	凤竹纺织	3.1974	0.0377	316091204	6409457.57	10242564.95	-37.42
600476	湘邮科技	1.61	-0.02	121475380.4	-3444861.16	-6208644.85	-44.52
601002	晋亿实业	2.164	-0.029	836982889.3	-21497368.78	57009561.07	-137.71
600967	北方创业	5.01	0.138	1152464201	23989805.06	14609069.49	64.21
600436	片仔癀	5.2868	0.47	340271350.7	65503643.26	69161356.98	-5.29
002122	天马股份	5.82	0.43	1553342733	246198132.7	219481938.9	12.17
600526	菲达环保	3.624	0.036	727705125	5014462.24	2176509.38	130.39
002021	中捷股份	2.1	-0.03	163703484.9	-11269501.73	18876842.97	-159.7
600582	天地科技	2.96	0.35	2826549999	237443557.2	180476222.2	31.57
600357	承德钒钛	3.44	-0.1	7106352403	-95988783.29	233447015	-141.12
002140	东华科技	4.45	0.41	703375527.2	56636043.66	46438741.27	21.96
002043	兔宝宝	2.17	0.05	369347448.3	8464860.25	19380489.96	-56.32
002108	沧州明珠	4.39	0.47	295801252.6	37593741.22	15961589.12	135.53
002153	石基信息	2.94	0.31	218129095.8	69810992.34	60844470.68	14.74
002099	海翔药业	3.38	0.09	413736305.5	13883532.09	25043933.69	-44.56
002074	东源电器	2.59	0.1299	202541040.3	18284407.15	25379956.31	-27.96
600468	百利电气	1.4163	0.0295	188584042.1	9350081.47	17735461.47	-47.28
600428	中远航运	3.2	0.07	2001364256	94460618.13	926494753.3	-89.8
600251	冠农股份	2.176	-0.011	226780872.8	-3993637.59	355995.01	-1221.82
002079	苏州固锝	1.72	0.044	225618604.3	12176399.53	6932105	75.65
000024	招商地产	8.84	0.283	2875777226	486847748	218729005	122.58
000034	*ST深泰	-3.22	-0.018	161063587.5	-6287870.12	-8470624.95	-25.77
000090	深天健	5.028	0.0667	1212138040	30480250.97	27447151	11.05
000096	广聚能源	3	0.12	360594542.8	62013692.13	90983192	-31.84
000159	国际实业	4.46	0.2724	217904661.8	65542398.98	79083559.92	-17.12
000401	冀东水泥	5.04	0.2519	2519368191	305512479	154341357.1	97.95
000519	银河动力	1.77	0.017	148328344.7	3290934.89	-12041963.97	-127.33
000528	柳工	5.53	0.73	4988891149	369378596.2	367216786.3	0.59
000551	创元科技	3.07	0.09	801451931.1	20652465.99	33782070.54	-38.87
000552	靖远煤电	2.51	0.15	214121218.9	27090110.37	25999241.51	4.2
000566	海南海药	1.84	0.2013	279098344.8	42343525.24	28639332.15	47.85
000585	*ST东电	0.34	-0.0118	133485280.5	-10312741.77	520651.63	-2080.74
000632	三木集团	1.1314	0.0258	1128434622	12033211.05	21997580.75	-45.3
000662	索芙特	3.1363	0.0052	191809033.1	1485515.31	27475599.24	-94.59
001696	宗申动力	2.53	0.32	1688751680	189992388.1	147498501.1	28.81
000698	沈阳化工	4.15	0..027	2224652211	14511379.65	166782504	-91.3
000703	世纪光华	1.37	-0.0611	68985686.05	-8792273.5	305299.06	-2979.89
000766	通化金马	1.26	0.0288	83089595.6	12946522.23	12620736.36	2.58
000790	华神集团	1.9781	0.0056	183467865.3	1112090.77	2102176.08	-47.1
000831	关铝股份	1.123	-0.3261	827236960	-213055945.1	46166031.43	-561.5
000858	五粮液	3.37	0.423	5340889932	1604524477	1295752332	23.83
000889	渤海物流	2.013	-0.0209	532130105.3	-7090534.27	1560657.39	-554.33
000898	鞍钢股份	6.93	-0.216	30042000000	-1563000000	5980000000	-126.14
000987	广州友谊	3.27	0.4	1388873887	142454386.9	130860228.2	8.86
600055	万东医疗	2.29	0.065	293041657.3	14043386.02	10666908.57	31.65
600089	特变电工	3.34	0.4416	7055128812	793804452.4	448069628.4	77.16
600090	啤酒花	0.911	0.055	507177566.4	20409178.81	19826722.1	2.94
600111	包钢稀土	1.953	-0.083	904751929.9	-67187102.48	247135141.3	-127.19
600137	浪莎股份	3.565	0.19	82037167.69	13989009.41	12514705.45	11.78
600161	天坛生物	1.52	0.16	382574691.3	76203074.65	57097376.56	33.46
600195	中牧股份	3.03	0.3889	950824140.5	151688390.7	94805562.23	60
600198	大唐电信	1.0203	0.0335	1479061279	14702909.17	7688595.93	91.23
600211	西藏药业	2.032	0.045	535085691	6176681.93	298680.49	1967.99
600213	亚星客车	1.2825	-0.11	234919572	-24184331.85	7093612.5	-440.93
600239	云南城投	4.4279	0.0802	219711904.6	54341164.04	-16314919.21	-433.08
600262	北方股份	4.0936	0.1385	745457539	23541285.45	17146554.86	37.29
600282	南钢股份	2.58	0.033	11097998230	55564173.98	528254482.6	-89.48

股票代码	股票名称	每股净资产	每股收益	主营业务收入	净利润	去年同期净利润	同比增幅(%)
600616	金枫酒业	2.49	0.22	473840933.1	81485102.85	107722887.6	-24.36
600655	豫园商城	4.435	0.377	4496905471	301185026.4	232745390.6	29.41
600668	尖峰集团	2.68	0.09	583296998.9	30212219.59	8527375.83	254.3
600673	东阳光铝	2.21	0.02	988157415	13144294.74	88509633.95	-85.15
600692	亚通股份	1.521	0.0303	206872757.8	10643787.47	7213996.37	47.54
600740	山西焦化	2.6714	-0.63	928937148	-355069608.5	119842159	-396.28
600795	国电电力	2.72	0.118	9024070416	644550745.6	328517982.4	96.2
600809	山西汾酒	3.52	0.5324	1094996854	230468160	61918522.69	272.21
600816	安信信托	0.4467	0.0369	7105117.83	16762147.86	18285729.43	-8.33
600857	工大首创	1.85	0.0023	318885657	505046.5	2104722.12	-76
600883	博闻科技	2.023	0.02	47917560.07	4621135.08	10824285.61	-57.31
600366	宁波韵升	3.8703	0.6099	397680458.8	241367711	64458601.38	274.45
600337	美克股份	2.68	0.05	844919847.2	25266138.48	42519251.25	-40.58
002143	高金食品	2.86	0.0389	739751051.7	6242033.97	5065310.3	23.23
002160	常铝股份	3.68	0.053	560626752.4	8942613.45	28493498.41	-68.62
002179	中航光电	3.75	0.22	598409118.9	59340787.33	43684763.54	35.84
002189	利达光电	2.28	-0.05	149698477.4	-9735450.09	13096150.81	-174.34
002181	粤传媒	3.71	0.0209	181423368.1	7303920.27	-13707615.4	-153.28
002202	金风科技	2.8551	0.3845	3807988954	538280803.4	149125001.3	260.96
002213	特尔佳	2.2	0.08	52886287.01	7891342.5	10185106.09	-22.52
002226	江南化工	4.48	0.5	126182971.7	34839202.99	10768188.56	223.54
002228	合兴包装	2.08	0.14	354018327.5	26645742.86	22421540.95	18.84
002246	北化股份	2.93	0.03	247610127.6	5702656.05	17850419.22	-68.05
002243	通产丽星	3.05	0.2	287768246.7	32089766.99	23929912.95	34.1
002265	西仪股份	1.82	0.04	199290281.6	10605564.4	23142200.28	-54.17
002290	禾盛新材	3.97	0.64	299530341	40103078.75	37780201.67	6.15
002291	星期六	2.39	0.3344	426371058.1	53510634.05	--	0
600978	宜华木业	2.736	0.15	1005782909	152922719.2	113450610.8	34.79
600421	*ST 国药	-1.343	-0.062	10545095.44	-12226622.67	-12905881.48	-5.26
600143	金发科技	2.03	0.1	2789868192	132976313.3	224945336.8	-40.89
600533	栖霞建设	2.44	0.0771	907561369.8	80999582.55	120249367.8	-32.64
002124	天邦股份	2.368	-0.065	383483738	-8899648.24	80030974.62	-111.12
600575	芜湖港	1.495	0.02	66268164.53	5363146.95	19821068.52	-72.94
600981	江苏开元	1.61	0.0506	2212639518	26107419.49	30571793.57	-14.6
002082	栋梁新材	3.04	0.17	2341204139	41074965.52	35937087.7	14.3
601872	招商轮船	2.81	0.06	900674129	220825669	854825278	-74.17
600529	山东药玻	5.9	0.29	562273598.7	74515285.38	66360561.96	12.29
002035	华帝股份	1.74	-0.07	559541005.9	-12283995.99	5927534.71	-307.24
000726	鲁泰A	3.63	0.26	1842366192	263569483.8	294791635.6	-10.59
002075	*ST 张铜	-0.342	-0.17	12307596.4	-67500882.11	-95173740.1	-29.08
600420	现代制药	1.965	0.1167	679097472.5	33580210.86	29618764.12	13.37
600583	海油工程	2.59	0.13	6066206788	433964779.4	296680543.4	46.27
000100	TCL 集团	1.6749	0.0366	17522920243	98908147	420158436	-76.46
000018	*ST 中冠 A	0.76	-0.01	12487503	-1265877	-4296620	-70.54
000026	飞亚达 A	2.713	0.109	572693689.9	27167061.42	38419239.04	-29.29
000027	深圳能源	5.48	0.47	4246704411	1041572378	494758267.8	110.52
000510	金路集团	1.713	-0.0884	880470562.2	-53860225.3	-48133964.16	11.9
000557	ST 银广夏	-0.37	0.347	4078471.07	238112011.9	-27028570.64	-980.96
000600	建投能源	3.2	0.11	2438582962	98400383.91	82369379.79	19.46
000602	金马集团	2.63	-0.05	69888020.62	-7719080.16	-18629646.88	-58.57
000608	阳光股份	3.76	0.46	728186000	248882000	89103000	179.32
000672	*ST 铜城	0.0377	-0.0196	5890130.69	-4213230.97	-1902963.33	121.4
000697	*ST 偏转	1.96	-0.1157	299512400.3	-21591522.52	-18889523.75	14.3
000750	S*ST 集琦	0.9859	-0.0535	58844811.08	-11517599.81	-31750146.12	-63.72
000767	漳泽电力	1.62	-0.0548	1936773319	-72531725.75	-232371625.8	-68.79
000786	北新建材	3.521	0.203	1365207014	116494398.3	109636917.8	6.25
000795	太原刚玉	0.81	0.004	222107594.2	1010844.6	4061235.65	-75.11
000835	四川圣达	1.2481	0.0668	430995828.4	20405943.23	97028139.54	-78.97
000957	中通客车	2.16	-0.04	500767678.1	-9193218.28	11217565.82	-181.95
000965	天保基建	3.77	0.07	142883871.1	31133604.52	37671345.54	-17.35
000967	上风高科	2.15	-0.0528	357565857.6	-10827104.48	9008705.99	-220.18
600006	东风汽车	2.5897	0.063	6590966471	126077047.7	306165267.8	-58.82
600062	双鹤药业	6.8337	0.5041	2471968918	240167119.2	191342594.1	25.52
600158	中体产业	1.4412	0.0287	221195358.4	23099113.73	159485756	-85.52
600169	太原重工	3.89	0.3859	3866545065	275890751.9	230883134.2	19.49
600190	锦州港	2.227	0.053	336260094.1	74447551.75	86641850.4	-14.07
600229	青岛碱业	3.61	-0.24	820880834.5	-70651327.57	65103469.53	-208.52
600232	金鹰股份	3.386	0.01	326364914.2	3504811.44	3179337.29	10.24
600238	海南椰岛	3.0313	-0.1691	222060896.4	-28070388.87	34359946.42	-181.7
600256	广汇股份	3.14	0.254	1469396341	242011105.8	210093302.6	15.19
600280	南京中商	4.42	0.041	2110372950	5835139.73	15329321.18	-61.93
600602	广电电子	1.4436	-0.1553	315790199.3	-182164602.7	-39710175.53	358.74
600648	外高桥	3.94	0.118	3360102814	119237976.7	-6754323.88	-1865.36
600660	福耀玻璃	1.74	0.11	2546568229	221269549	440308415	-49.75

股票代码	股票名称	每股净资产	每股收益	主营业务收入	净利润	去年同期净利润	同比增幅(%)
600674	川投能源	2.9621	0.1762	417856274.4	112516923.7	199838100.4	-43.7
600677	航天通信	2.4156	0.0032	1326733820	1052792.86	44715232.89	-97.65
600769	祥龙电业	1.5985	-0.1413	292343935	-52988186.77	2444610.57	-2267.55
600778	友好集团	2.8	0.065	965502258.9	20279494.19	15718688.87	29.02
600793	ST宜纸	0.31	-0.292	259115399.7	-30750432.44	461389.66	-6764.74
600803	威远生化	1.62	0.023	432946639.6	5390456.68	9666870.68	-44.24
600808	马钢股份	3.28	-0.103	23423756972	-795420710	2261278381	-135.18
600868	ST梅雁	1.024	0.0012	255584742.1	2212109.47	-69668328.75	-103.18
600016	民生银行	3.04	0.39	21248000000	7374000000	6040617000	22.07
002159	三特索道	3.32	0.024	92745449.41	2874294.81	3981818.67	-27.81
002151	北斗星通	3.3	0.25	146522184.8	22628274.01	22067991.9	2.54
002192	路翔股份	1.8	0.001	140884677.2	158596.52	-2280696.08	-106.95
002180	万力达	3.82	0.08	49678633.99	6548114.17	10155665.34	-35.52
002210	飞马国际	2.14	0.1013	792557332.4	20669499.95	28274653.25	-26.9
002241	歌尔声学	3.32	0.09	358752807	20600351	50091026.61	-58.87
002267	陕天然气	4.04	0.405	977911797.6	205919308.7	169125613	21.76
002266	浙富股份	5.93	0.4	343783870.4	56592102.88	51377431.32	10.15
601107	四川成渝	2.18	0.1619	988411616.5	414141113.1	--	0
002277	家润多	3.725	0.7031	1328554322	101249657.8	--	0
600284	浦东建设	6.1346	0.1404	563826061.8	48576135.93	42698104.56	13.77
600513	联环药业	3.16	0.1	119477056.9	8612177.93	7003470.67	22.97
600585	海螺水泥	14.79	0.73	11236056101	1297121468	1313462722	-1.24
600463	空港股份	2.27	0.11	376015353	26946672.34	57153019.64	-52.85
002053	云南盐化	5.051	0.029	669160396.4	5315660.33	5188022.73	2.46
600026	中海发展	6.1594	0.1802	4215570117	613638717	3184888771	-80.73
002118	紫鑫药业	3.21	0.17	98246619.08	20156557.34	17153834.06	17.5
002018	华星化工	2.89	0.16	433010938.8	39175290.64	167600938.1	-76.63
002080	中材科技	4.8	0.16	574510204.1	24070324.24	35569461.4	-32.33
600598	北大荒	2.872	0.172	3616658876	292048978.6	285412383.9	2.33
002097	山河智能	4.54	0.1737	686530956	47656687.62	84226492.55	-43.42
002119	康强电子	2.79	0.06	240572054.5	12347584.44	18993362.7	-34.99
600594	益佰制药	2.6841	0.213	587029677.3	50093181.65	43308431.58	15.67
601008	连云港	3.0922	0.08	458996619.6	41000193.81	63758038.23	-35.69
002132	恒星科技	3.09	0.11	498366676.8	27831963.97	43634339.4	-36.22
600565	迪马股份	1.42	0.0222	360754210.1	15967902.34	62214296.97	-74.33
601588	北辰实业	2.667	0.15	3116567944	497499864	132264995	276.14
601328	交通银行	3.17	0.32	36813000000	15579000000	15534000000	0.29
600396	金山股份	2.96	0.0344	898303405.8	11733123.64	26786047.1	-56.2
600487	亨通光电	7.07	0.403	755872522.7	66881778.59	32875564.32	103.44
002211	宏达新材	3.85	0.06	252230893.5	14553751.69	35920178.9	-59.48
600393	东华实业	2.91	0.13	664859600.3	38591368.05	65262554.82	-40.87
002036	宜科科技	1.63	0.02	115799596.3	4726934.89	14839037.59	-68.15
002031	巨轮股份	2.99	0.1369	182633905.4	33405537.64	32034125.27	4.28
600501	航天晨光	3.09	0.0571	852429545.9	18527573.16	17552081.08	5.56
002013	中航精机	3.26	0.112	191498249.9	14435687.37	13077701.52	10.38
600449	赛马实业	9.22	0.92	748087253.9	178674388.3	81704576.62	118.68
600559	老白干酒	2.731	0.12	490880161.7	17323408.65	14263509.41	21.45
000039	中集集团	4.9095	0.3102	9442276000	825850000	1025826000	-19.49
000045	深纺织A	1.89	0.09	184999096.8	22611368.55	33260465.93	-32.02
000050	深天马A	2.18	-0.1718	877566161.7	-98633942.69	42279584.45	-333.29
000063	中兴通讯	8.45	0.45	27707646000	783367000	557386000	40.54
000099	中信海直	2.8184	0.1295	365392185.1	66513466.82	22906501.51	190.37
000402	金融街	5.99	0.3	1504484847	755255036.7	138402397.3	445.7
000418	小天鹅A	3.13	0.12	1902488624	67392307.11	66737563.31	0.98
000420	吉林化纤	2.1397	-0.2051	859586143.9	-77573851.74	-72760391.93	6.62
000423	东阿阿胶	2.79	0.3032	911054156.2	158802721.5	118975838.3	33.47
000429	粤高速A	2.79	0.17	471816749.8	215914671.3	251244086.8	-14.06
000498	*ST丹化	-1.8891	-0.2	6177161.67	-77536000.25	-89679984.28	-13.54
000504	赛迪传媒	0.86	-0.0367	61005205.64	-11444886.73	-12541949.17	-8.75
000541	佛山照明	2.57	0.07	739813039.1	71180439.19	159920282.1	-55.49
000564	西安民生	2.4379	0.0901	623117479.1	24358042.93	12754921.86	90.97
000590	紫光古汉	1.58	-0.0149	125580338.9	-3026138.79	17477822.49	-117.31
000610	西安旅游	1.9649	-0.0159	129337306	-3134864.85	5534812.78	-156.64
000666	经纬纺机	4.53	-0.1638	1278599145	-98887306.09	52131380.61	-289.69
000673	ST大水	0.183	-0.001	0	-282278.59	-29252496.54	-99.04
000737	南风化工	2.63	-0.041	1400701250	-22512604.06	20842093.42	-208.02
000785	武汉中商	2.36	0.164	1702284073	41277070.61	27914613.28	47.87
000820	金城股份	0.545	0.04	186424970.3	11905327.28	-50913167.86	-123.38
000848	承德露露	2.94	0.28	698079213.9	52596821.36	60273478.19	-12.74
000909	数源科技	2.7	0.0585	280292703	11466215.51	1190841.73	862.87
000931	中关村	0.9501	0.0213	978330689.8	14372832.68	11368117.79	26.43
000959	首钢股份	2.61	0.032	10865229980	94865604.06	550718617	-82.77
000963	华东医药	2.0162	0.2831	3287113523	122875851.1	90342848.63	36.01
000989	九芝堂	3.98	0.25	531178480.8	73965389	88900679.19	-16.8

股票代码	股票名称	每股净资产	每股收益	主营业务收入	净利润	去年同期净利润	同比增幅(%)
600107	美尔雅	1.256	0.009	175972049.4	3309043.8	2548166.11	29.86
600148	长春一东	1.906	-0.15	160564893.8	-21284526.08	5638316.87	-477.5
600159	大龙地产	3.24	0.3	682874831.3	122855689.8	3378104.83	3536.82
600171	上海贝岭	2.54	-0.072	216966899.7	-48614953.74	8216788.91	-691.65
600175	美都控股	2.96	0.05	854890631	25902548.69	10343542.19	150.42
600176	中国玻纤	3.5359	0.0309	1473613839	13194471.81	152973510.2	-91.37
600200	江苏吴中	1.28	-0.019	959298925.1	-11973840.75	3672620.28	-426.03
600220	江苏阳光	1.564	0.0283	1161029316	50532109.74	80743912.15	-37.42
600258	首旅股份	4.77	0.3719	696493146.4	86047831.25	86856055.29	-0.93
600298	安琪酵母	3.433	0.373	766229775.5	101241617.3	59111435.36	71.27
600609	金杯汽车	0.21	-0.187	2201794761	-204308398.1	74942366.25	-372.62
600636	三爱富	2.08	0.0043	1033027410	1504320.99	14602804.04	-89.7
600642	申能股份	5.012	0.369	6827822483	1066414351	569750209.8	87.17
600644	乐山电力	2	0.1153	436092925.4	37631647.68	43675433.7	-13.84
600654	飞乐股份	1.39	0.01	538055771.8	4970811.18	27032515.06	-81.61
600658	兆维科技	0.591	-0.141	102386407.2	-23554992.52	-25962459.84	-9.27
600686	金龙汽车	3.13	0.07	4555055201	29762157.58	172945743.6	-82.79
600707	彩虹股份	3.234	-0.229	577167371.2	-96349306.37	12001638.4	-902.8
600717	天津港	5.62	0.21	4274520231	345175893.9	582722972.5	-40.77
600744	华银电力	2.235	-0.541	1127150709	-385000546.3	-375125532.5	2.63
600749	西藏旅游	1.65	-0.0641	30487198.3	-10584114.32	-20135671.56	-47.44
600751	SST 天海	-0.634	-0.2256	82972061.76	-111118203.9	-38978448.89	185.08
600763	通策医疗	1.2333	0.0711	83409019.67	11391021.9	4848979.8	134.92
600797	浙大网新	1.95	0.1	2285808869	81169008.49	62965701.91	28.91
600834	申通地铁	2.02	0.067	412128068.6	32174946.87	52509890.37	-38.73
600837	海通证券	4.95	0.3	4132484833	2452572797	2011368658	21.94
600892	*ST 湖科	-0.5411	-0.0886	43466069.53	-5591916.95	-3347721.68	67.04
600283	钱江水利	3.31	0.08	333681152	21724930.13	30921118.84	-29.74
002281	光迅科技	2.35	0.43	382348738.7	51387824.71	--	0
002197	证通电子	3.17	0.256	294915507.8	33535706.02	22139830.12	51.47
002214	大立科技	3.37	0.12	76140084.88	12357613.41	13533290.1	-8.69
002225	濮耐股份	1.48	0.11	465464527	57452863.31	54786082.45	4.87
002237	恒邦股份	5.98	0.4	895170039	77313340.61	113893700.9	-32.12
002238	天威视讯	4.5	0.1407	370812139.5	37556046.8	37496910.39	0.16
002247	帝龙新材	6.09	0.27	101191990.1	17764700.78	12933168.3	37.36
002256	彩虹精化	2.77	0.15	140560615.9	20517708.44	19201722.89	6.85
002268	卫士通	4.08	-0.26	51637697.36	-20727762.45	7943622.76	-360.94
002280	新世纪	3.54	0.28	55629006.22	11375188.83	--	0
600969	郴电国际	2.972	0.1623	677764744.4	34134845.45	-107303483.2	-131.81
002029	七匹狼	4.46	0.334	879705323.4	94480043.96	85298639.19	10.76
600010	包钢股份	2.07	-0.12	17295545046	-747517049.8	1105184062	-167.64
002117	东港股份	4.96	0.42	297562522.3	46391950.34	39598243.27	17.16
600382	广东明珠	2.433	0.08	284098712.3	27815178.3	76827871.17	-63.8
600318	巢东股份	1.5376	-0.22	262595083.8	-53650966.32	344853.77	-15657.6
600538	北海国发	0.92	-0.19	117030550.8	-52730063.99	-36842832.72	43.12
002121	科陆电子	1.82	0.11	142530476.5	26211683.5	16739831.39	56.58
002062	宏润建设	4.44	0.41	2456159061	122155145.7	75297478.61	62.23
600568	中珠控股	3.582	0.19	1756556286	23919237.96	16355449.06	46.25
600403	欣网视讯	2.29	0.0657	155447044	8372917.82	4791687.35	74.74
002039	黔源电力	3.47	-0.5534	299336000.9	-77621294.73	-24129453.75	221.69
002077	大港股份	2.63	0.02	479845688.2	4624066.05	38919137.88	-88.12
600462	ST 石岘	0.3254	-0.3163	193404484.6	-129873104.4	285132.87	-45648.28
600315	上海家化	3.73	0.45	1424803944	144879220.3	106826333.8	35.62
600328	兰太实业	2.66	-0.01	406734697	-3727281.11	56379095.58	-106.61
600976	武汉健民	4.88	0.15	704461193.1	22390801.38	8758380.55	155.65
600361	华联综超	3.6485	0.11	4684876735	53410312.97	100555078.6	-46.88
600495	晋西车轴	7.87	0.11	572073196.7	16884956.17	29727138.38	-43.2
002076	雪莱特	2.09	0.0536	126465286.6	9877684.6	18584352.49	-46.85
601398	工商银行	1.85	0.2	1.48352E+11	66313000000	64531000000	2.76
002040	南京港	2.14	0.0288	67755162.49	7089784.99	9967055.61	-28.87
002016	世荣兆业	1.56	0.0662	217192478.6	30537489.61	78445064.26	-61.07
002110	三钢闽光	4.34	-0.53	6422036399	-283534399.6	531036962.1	-153.39
000001	深发展 A	5.79	0.74	7490850000	2311388000	2143834000	7.82
000059	辽通化工	5.2	0.1794	1530278890	215372160	234418650.8	-8.12
000060	中金岭南	3.71	0.1	2780659864	107434002.4	606563858.9	-82.29
000410	沈阳机床	2.25	-0.086	2443084615	-47130565.21	46696302.37	-200.93
000506	ST 中润	0.7004	0.1108	334296740.6	85817040.87	-774687.68	-11177.63
000530	大冷股份	4.78	0.18	595410146.5	62573899.67	64760130.37	-3.38
000531	穗恒运 A	3.08	0.4757	1373576559	126791007	11820103.61	972.67
000540	中天城投	1.503	0.2217	728694925.6	126596548.2	71457076.09	77.16
000554	泰山石油	1.79	0.01	1317502703	6095408.49	115356236.2	-94.72
000560	昆百大 A	4.0592	0.0867	518774065.9	11653871.25	5128293.62	127.25
000561	S*ST 长岭	-0.23	-0.02	37756551.39	-9478249.63	-4528855.61	109.29
000593	大通燃气	0.938	0.026	150326571.1	5778756.01	4628132.29	24.86

股票代码	股票名称	每股净资产	每股收益	主营业务收入	净利润	去年同期净利润	同比增幅(%)
000595	西北轴承	2.14	-0.07	117429984.3	-15904030.08	39556637.07	-140.21
000626	如意集团	1.2346	0.0066	5639501603	1340360.82	53707904.77	-97.5
000748	长城信息	2.45	0.0441	325417219.3	16572983.06	61968502.13	-73.26
000753	漳州发展	1.56	0.097	477695946.5	30725096.56	25790464.45	19.13
000810	华润锦华	3.01	0.05	421139455.3	6421662.11	12585920.48	-48.98
000813	天山纺织	1.26	0.008	117282568.3	2885584.76	3268234.48	-11.71
000826	合加资源	2.42	0.15	293795331.7	63744676.39	51301860.82	24.25
000828	东莞控股	2.5564	0.1196	210562887	124344492.6	94306558.47	31.85
000839	中信国安	3.58	0.3769	956437323.9	587898616	137424056	327.8
000859	国风塑业	2.44	-0.0777	578636304.4	-32680181.91	18456534.09	-277.07
000885	同力水泥	1.64	0.1245	308006274.8	19916441.68	19864403.22	0.26
000899	赣能股份	2.6364	0.0649	953229524.2	35554967.31	946001.01	3658.45
000928	中钢吉炭	3.55	0.0194	619224944.2	5497861.05	4601367.1	19.48
600054	黄山旅游	2.48	0.1633	465054579.6	76984282.4	75916786.89	1.41
600070	浙江富润	3.023	0.13	375285096	17964602.58	6125750.36	193.26
600075	新疆天业	3.6	-0.05	1406470790	-22520623.45	143099114.3	-115.74
600125	铁龙物流	2.561	0.181	653460195.9	181589679.3	127712443	42.19
600132	重庆啤酒	2.29	0.18	1088096020	87138303.75	84222370.41	3.46
600153	建发股份	3.47	0.33	17491376980	409170059.5	420191905.4	-2.62
600187	ST 国中	0.7154	0.0281	38856735.48	9188986.95	7765787.53	18.33
600215	长春经开	6.4788	0.0745	105746313.1	26656151.75	-25992923.22	-202.55
600277	亿利能源	8.264	0.0031	2006335810	1861578.65	9273212.32	-79.93
600607	上实医药	6.1872	1.1759	1751857343	432497940.9	90433544.24	378.25
600612	老凤祥	3.381	0.2752	5829991561	76225517.42	54762274.71	39.19
600618	氯碱化工	2.32	0.0024	2298356965	2765618.05	42877591.96	-93.55
600683	京投银泰	2.98	0.05	240150582.9	19228913.83	8704206.28	120.92
600685	广船国际	5.83	0.49	3134482784	241752605	533128878.5	-54.65
600700	*ST 数码	-2.92	-0.108	10782398.78	-31415293.14	-41646779.31	-24.57
600701	*ST 工新	1.6084	-0.0057	136121586.3	-2830281.92	-12676572.13	-77.67
600704	中大股份	4.1923	0.2706	1176786242	101403934.8	66365163.33	52.8
600705	S*ST 北亚	-0.013	-0.02	0	-4895530.24	-5726410.62	-14.51
600723	西单商场	2.6257	0.0558	1151387005	22844037.45	2943529.94	676.08
600742	一汽富维	6.621	0.491	1363581834	103952067.3	70863039.92	46.69
600746	江苏索普	1.2843	0.019	357508951.6	5878293.61	-16057594.43	-136.61
600810	神马实业	5.6	-0.1635	2008605905	-72313110.67	16885411.63	-528.26
600828	成商集团	2.19	0.334	819082585.1	67788552.45	48754933.04	39.04
600886	国投电力	3.69	0.0917	3199327191	96695932.69	124493668.3	-22.33
600281	太化股份	2.467	-0.097	1286612699	-49821180.03	42701459.78	-216.67
600285	羚锐制药	2.905	0.102	234996552.3	20470625.82	9668557.78	111.72
600302	标准股份	3.5644	0.045	249653413.5	15561288.82	6686850.08	132.71
002142	宁波银行	3.6	0.2824	1849872278	706103029.8	729592461.5	-3.22
002148	北纬通信	4.96	0.24	70519730.26	18220188.06	16253246.03	12.1
002174	梅花伞	2.56	0.04	128067705.5	3707064.26	8015650.92	-53.75
002196	方正电机	3.3	0.07	125864158.7	5454306.63	14354181.85	-62
002193	山东如意	3.77	0.12	220267508.1	18877876.67	15533572.45	21.53
002195	海隆软件	3.44	0.13	79738442.51	9636866.18	15217912.45	-36.67
601918	国投新集	3.1725	0.26	2641497966	485452377.8	398781681.7	21.73
002205	国统股份	3.29	0.15	137596111.7	14529256.48	11371128.97	27.77
601099	太平洋	1.05	0.137	359435153.1	206148098.2	-447215710.1	-146.1
601958	金钼股份	3.99	0.06	1833214647	201259983.4	1745500164	-88.47
601766	中国南车	1.38	0.05	18580316423	626337533	--	0
002292	奥飞动漫	2.31	0.45	345169313.9	54007870.8	--	0
600306	商业城	2.637	0.006	768407663.4	995151.14	683514.31	45.59
600479	千金药业	3.9134	0.2707	459585880.9	58941725.01	65638704.59	-10.2
600960	滨州活塞	4.026	0.11	534875444.1	17970656.86	16123211.94	11.46
600037	歌华有线	4.04	0.1356	678692227.8	143766626	179700902	-20
600345	长江通信	4.9403	0.134	247782738.8	26451618.95	20156890.15	31.23
600370	三房巷	3.49	0.0335	453279826.1	10667278.07	18879010.52	-43.5
600532	华阳科技	2.057	-0.001	208980117.8	-148376.8	-1886128.68	-92.13
002106	莱宝高科	4.64	0.1937	254086330.7	63906447.23	83957986.11	-23.88
002052	同洲电子	2.85	0.17	954306165.9	50860750.69	57881788.39	-12.13
600567	山鹰纸业	2.97	-0.04	1205111544	-17513004.75	36840556.26	-147.54
600990	四创电子	5.767	0.0661	146062133.9	3883869.5	5759143.23	-32.56
002027	七喜控股	2.366	0.0041	845620329.5	1225107.67	852464.71	43.71
600313	*ST 中农	1.4751	-0.014	128687959.5	-4260517.33	-6010295.71	-29.11
002028	思源电气	5.65	0.46	728705725.2	201188809.3	140068202.9	43.64
600444	国通管业	1.276	-0.26	68422870.49	-27273815.34	-49568902.57	-44.98
600371	万向德农	2.07	0.17	357778364.7	26048599.57	17989619.15	44.8
002030	达安基因	1.43	0.09	140362361.3	21306458.65	17373506.03	22.64
600592	龙溪股份	2.566	0.117	219252850.7	35184772.92	60900120.47	-42.23
002141	蓉胜超微	2.48	-0.0472	179114758.3	-5364258.26	8073306.71	-166.44
600350	山东高速	2.603	0.131	1723354861	440985865	681332030	-35.28
002057	中钢天源	2.81	0.01	166112652.4	943525.1	2693252.55	-64.97
600552	方兴科技	1.6762	-0.1408	239809675.7	-16477998.14	4070743.48	-504.79

股票代码	股票名称	每股净资产	每股收益	主营业务收入	净利润	去年同期净利润	同比增幅(%)
600566	洪城股份	4.77	0.03	93750869.36	3369606.32	4882666.03	-30.99
002094	青岛金王	2	0.03	196360825	5987986.7	11106695.49	-46.09
000007	ST 达声	-0.286	0.172	63577984.04	31761838.71	-18809479.67	-268.86
000032	深桑达 A	3.15	0.072	595055670.1	16864683.92	67392476.33	-74.98
000042	深长城	8.23	0.5959	1173524520	142692931.5	-31700366.05	-550.13
000058	深赛格	1.4482	-0.1861	137882485.1	-146083519	28701388.64	-608.98
000413	宝石 A	0.64	-0.0142	34106277.1	-5425126.58	3173852.12	-270.93
000415	汇通集团	1.0606	-0.0633	40219682.68	-19007127.53	-9905344.51	91.89
000417	合肥百货	1.86	0.1607	3016983091	77094238.56	45140034.43	70.79
000513	丽珠集团	6.3828	0.83	1209706856	247854875.6	61095693.23	305.68
000522	白云山 A	1.82	0.1186	1370887707	55611391.6	61464846.93	-9.52
000567	海德股份	1.09	0.0382	25997705	5770392.83	10350983.79	-44.25
000576	*ST 甘化	1.06	-0.13	275792898.8	-42531715.33	4154007	-1123.87
000611	时代科技	1.86	0.033	72752583.01	10521413.74	16463556.17	-36.09
000622	S*ST 恒立	-0.861	-0.022	39572674.58	-3180809.44	-14167392.86	-77.55
000633	SST 合金	0.5845	0.0241	148793248.5	9269538.91	3013020.99	207.65
000788	西南合成	1.88	0.06	371012127.4	16493042.51	7459107.02	121.11
000806	银河科技	1.637	0.0998	512520774.2	69786757.59	-25203277.02	-376.9
000829	天音控股	1.669	0.04	7039483894	37895205.8	62358570.67	-39.23
000883	三环股份	3.11	0.0817	2604540392	23311846.34	15967944.52	45.99
000971	ST 迈亚	0.91	-0.0654	28588460.75	-15902296.74	-54378612.05	-70.76
000981	S*ST 兰光	0.524	-0.07	17649948.02	-11020822.83	-12900987.05	-14.57
600064	南京高科	17.26	0.478	920477589.7	164411638	172959351.9	-4.94
600073	上海梅林	2.323	0.0045	947182196.6	1608897.8	-16457191.55	-109.78
600121	郑州煤电	2.5501	0.0697	2197597630	43876222.47	84160942.51	-47.87
600126	杭钢股份	3.94	0.03	7401052483	23771422.85	306144947.1	-92.24
600128	弘业股份	4.98	0.1073	1104257840	26489659.72	25831532.94	2.55
600160	巨化股份	3.52	0.112	1796142382	62130408.63	94954009.33	-34.57
600163	福建南纸	2.93	-0.227	571835475.6	-164056713.1	26051598.82	-729.74
600233	大杨创世	4.0465	0.2273	376350335	37502023.07	14316970.37	161.94
600237	铜峰电子	1.8436	-0.0846	214789850.4	-33849783.18	19464205.1	-273.91
600621	上海金陵	1.97	0.07	444902076	36450229.28	60124774.07	-39.38
600622	嘉宝集团	3.157	0.297	636417838.3	152560997.3	45364891.36	236.3
600633	*ST 白猫	0.8	-0.077	174044559.1	-11765101.38	-9092349.42	29.4
600638	新黄浦	4.7181	0.187	247832797.5	104889894.6	102843570.1	1.99
600640	中卫国脉	2.5915	-0.0141	205696249.4	-5665322.53	-35882097.9	-84.21
600651	飞乐音响	1.438	0.059	568145766.6	36307706.07	50062775.33	-27.48
600661	新南洋	1.8685	0.0053	170259209.2	917143.23	8723193.16	-89.49
600676	交运股份	2.24	0.0741	1692961024	54229232.89	72319478.05	-25.01
600679	金山开发	1.7268	0.0076	433191680.1	2697108.8	14049365.86	-80.8
600680	上海普天	3.49	-0.035	307027140.1	-13346270.56	11615539.57	-214.9
600696	多伦股份	1.37	0.017	30321461.8	5921928.3	6210422.31	-4.65
600712	南宁百货	1.71	0.075	702264711.6	10801616.26	11828679.02	-8.68
600714	ST 金瑞	0.4213	-0.079	23153893.11	-11876340.16	-5300451.83	124.06
600716	ST 耀华	0.257	-0.079	418361487.3	-43890325.8	-25654376.72	71.08
600725	云维股份	4.916	-0.346	1825945615	-100378383.4	208367642.3	-148.17
600732	上海新梅	2.162	0.109	106754116.5	26967737.77	26844251.39	0.46
600743	华远地产	1.9767	0.2	485025967.3	155507695.2	570378.23	27163.96
600776	东方通信	1.9163	0.0371	2121937497	46647426.06	45062556.62	3.52
600790	轻纺城	1.94	0.0409	139801537.7	25330629.01	41303092.51	-38.67
600826	兰生股份	7.029	0.043	733986606.8	12127312.74	12979964.93	-6.57
600831	广电网络	2.72	0.108	481133209.3	46712399.64	50171759.31	-6.9
600842	中西药业	1.7	0.089	188590962.6	19194957.64	9026853.01	112.64
600872	中炬高新	2.18	0.07	459677687.9	50178621.45	51567582.04	-2.69
601009	南京银行	6.22	0.44	1741515813	800598857	788319774.1	1.56
002152	广电运通	4.26	0.54	695757261.9	185686160.4	155127413.7	19.7
002175	广陆数测	3.02	0.04	68746421.37	3118065.01	12715462.89	-75.48
601939	建设银行	2.16	0.24	1.30862E+11	55806000000	58667000000	-4.88
002208	合肥城建	4.63	0.12	201169873.9	19319522.42	39261255.59	-50.79
002235	安妮股份	3.11	0.18	254016987.8	27383420.49	24750085.28	10.64
600576	万好万家	2.31	-0.08	66918845.23	-17419862.94	11495833.69	-251.53
601001	大同煤业	8.622	0.87	4536406926	726582399.1	741931019.7	-2.07
600028	中国石化	4.089	0.383	5.34025E+11	33190000000	9339000000	255.39
600391	成发科技	4.25	0.34	534379082.1	44919500.61	35701679.77	25.82
600012	皖通高速	3.0099	0.2237	856715162.3	371056276.1	334096734.4	11.06
600432	吉恩镍业	3.51	0.03	435346997	19306503.41	342771501.6	-94.37
600326	西藏天路	2.0375	0.0434	381152174.2	19773526.64	4108021.78	381.34
600377	宁沪高速	3.12	0.1916	2679272000	965096987	842289109	14.58
600405	动力源	1.75	0.04	238550231.7	7576106.46	-20840367.97	-136.35
600486	扬农化工	9.06	1.025	1167058539	119983115.7	117087488.7	2.47
600527	江南高纤	2.042	0.09	360572293.5	31870627.4	38066461.81	-16.28
600327	大厦股份	2.47	0.279	2690370194	91117658.7	72296868.15	26.03
600480	凌云股份	2.378	0.21	1074723718	66986939.97	56275808.02	19.03
600340	*ST 国祥	1.721	-0.1	73520910.38	-14885128.55	-13642777.47	9.11

股票代码	股票名称	每股净资产	每股收益	主营业务收入	净利润	去年同期净利润	同比增幅(%)
601003	柳钢股份	1.6905	-0.164	12071525593	-420217439	281747187.5	-249.15
000035	ST 科健	-8.3	-0.09	2779915.76	-13599155.65	86480996	-115.73
000505	*ST 珠江	1.4477	0.1987	48037860.58	84803402.31	-46511719.43	-282.33
000555	ST 太光	-1.44	-0.056	4909038.9	-5105688.86	489069.7	-1143.96
000594	国恒铁路	1.741	0.002	114231385.9	1311915.8	3865641.15	-66.06
000596	古井贡酒	2.94	0.15	705277294.1	35609194.93	18248989.36	95.13
000613	ST 东海 A	0.24	-0.0061	16063765.21	-2239209.5	2057440.13	-208.83
000659	珠海中富	2.78	0.13	1378041716	88887426.55	48027469.5	85.08
000665	武汉塑料	0.77	0.0164	281075561.1	2907803.69	5045329.59	-42.37
000668	荣丰控股	3.65	0.14	76835765.68	20354841.52	29019823.69	-29.86
000735	罗牛山	1.72	0.0188	337575788.8	16547205.38	98607396.43	-83.22
000739	普洛股份	2.94	0.0626	672438864.6	16081117.47	15276934	5.26
000751	*ST 锌业	1.51	-0.0451	1961025830	-50045830.17	-196806538.4	-74.57
600061	中纺投资	1.233	-0.017	565643119.6	-7197150.49	2071073.2	-447.51
600095	哈高科	1.884	-0.0325	159933773	-11723292	8246172.12	-242.17
600127	金健米业	1.023	-0.001	467752830.8	-569386.18	5154788.17	-111.05
600167	联美控股	2.3688	0.1466	125808868.8	30927956.81	5913152.46	423.04
600188	兖州煤业	5.35	0.3871	9663874893	1903947505	3762075283	-49.39
600657	信达地产	3.026	0.0608	790013534.4	92672571.39	-91377718.52	-201.42
600691	ST 东碳	-0.3	-0.1189	14178315.75	-13609572.07	-11429266.12	19.08
600735	新华锦	1.2238	-0.0278	919017970.5	-4303579.26	3911522.91	-210.02
600738	兰州民百	1.4734	0.057	364490143.1	14891552.45	19359348.11	-23.08
600789	鲁抗医药	2.573	0.018	939098198.8	10183056.07	20036155.87	-49.18
600829	三精制药	3.4682	0.3566	1210976595	137871343.3	121385385.7	13.58
600856	长百集团	0.62	0.01	135182685.7	2177599.49	-4103059.45	-153.07
600863	内蒙华电	1.638	-0.01	3318049098	-20676371.9	-49634651.9	-58.34
600874	创业环保	2.21	0.08	587660000	108013000	95643000	12.93
600898	*ST 三联	0.8746	-0.0439	452717676.3	-11075988.4	-46895264.81	-76.38
600243	青海华鼎	2.73	0.0584	408292866.5	10920782.32	11090344.68	-1.53
002167	东方锆业	7.79	0.2	100356509.9	11408133.11	13123574.54	-13.07
002218	拓日新能	2.4	0.07	105517720.3	19715971.56	38332853.01	-48.57
002217	联合化工	3.13	0.15	282502196.8	32888171.26	86326589.53	-61.9
000725	京东方 A	2.05	-0.18	2298113686	-749429569	504963265	-248.41
600303	曙光股份	5.86	0.26	1722630661	58578827.88	56333248.94	3.99
600020	中原高速	2.6182	0.1141	982853575.7	241731039.5	202429287.3	19.42
002127	新民科技	2.83	0.15	581251681.4	26822249.95	22007283.29	21.88
600356	恒丰纸业	5.54	0.199	560306878.5	38477079.58	25808641.82	49.09
002135	东南网架	4.65	0.11	1118997524	21739174.46	21274423.48	2.18
002095	生意宝	4.2	0.22	58796826.71	19868500.04	19194114.48	3.51
600448	华纺股份	1.46	-0.15	640496142.4	-49078466.09	10208909.55	-580.74
002026	山东威达	3.741	0.0683	167257427.7	9224981.28	11515773.34	-19.89
002066	瑞泰科技	4.347	0.1521	221489802.3	14336483.66	13797112.71	3.91
601166	兴业银行	10.62	1.24	13922581370	6223195566	6543972196	-4.9
601666	平煤股份	5.52	0.56	7334168243	784788965.5	889195114.5	-11.74
002034	美欣达	4.74	-0.05	464745572.8	-3866669.73	-12589401.66	-69.29
600273	华芳纺织	2.518	-0.05	621199688.4	-16524269.41	9844389.28	-267.85
600372	*ST 昌河	1.38	0.01	914791732	4755384.99	-146809643	-103.24
002060	粤水电	4.09	0.14	1515030138	45229284.4	43023345.69	5.13
600380	健康元	2.5968	0.1887	1667802711	207169314.5	3259055.31	6256.73
600982	宁波热电	2.4	0.1711	445265147.3	28749039.53	5858469.38	390.73
600971	恒源煤电	8.12	0.58	1309964130	132799934.5	132648701.9	0.11
600362	江西铜业	7.21	0.3976	21352592850	1201903064	2779256163	-56.75
002054	德美化工	5.18	0.46	391322774.2	62029518.5	38667202.08	60.42
600509	天富热电	2.81	0.03	631181663	17442908.79	28832230.63	-39.5
002102	冠福家用	2.26	0.003	428267531.7	488780.73	13745505.71	-96.44
002032	苏泊尔	4.4267	0.28	1789643523	123583850.6	102291836.7	20.81
600429	三元股份	1.3682	0.0578	1133983058	36734274.05	15434133.01	138.01
600435	中兵光电	2.48	0.14	687236984	63616424.06	-10727167.53	-693.04
600021	上海电力	2.723	0.0392	3700122277	83911441.81	-560136793.9	-114.98
600483	福建南纺	2.429	0.0275	430990140.1	7945814.35	5277504.7	50.56
600438	通威股份	1.6756	0.1212	4304910246	83343244.24	74116864.69	12.45
600392	太工天成	3.1846	0.065	214777044.4	10175307.63	15672348.65	-35.07
601600	中国铝业	3.81	-0.26	27984684000	-3521759000	2400746000	-246.69
600985	雷鸣科化	3.834	0.338	200558544.7	30462059.91	6702959.88	354.46
002015	霞客环保	1.98	0.06	568478113.3	10256881.48	26567027.72	-61.39
600363	联创光电	2.25	0.013	530408676.5	4832374.53	19190451.73	-74.82
000048	ST 康达尔	-0.42	-0.017	411372842.8	-6610496.28	21838654.6	-130.27
000049	德赛电池	0.9947	-0.1155	331321397.9	-15799758.12	1779049.55	-988.1
000062	深圳华强	4.477	-0.13	540450358.7	-40039016.69	-33173716.74	20.69
000301	东方市场	1.989	0.052	393672651	63321345.17	115122319.4	-45
000403	S*ST 生化	0.015	0.009	188158911.3	1868747.15	356438468.3	-99.48
000550	江铃汽车	4.89	0.5	4722445599	432696914	531355331	-18.57
000603	*ST 威达	0.54	-0.008	4950420.31	-1071755.45	1424274.01	-175.25
000628	高新发展	0.44	-0.036	326519303.9	-7799734.58	4023561.31	-293.85

股票代码	股票名称	每股净资产	每股收益	主营业务收入	净利润	去年同期净利润	同比增幅(%)
000636	风华高科	2.638	0.003	729589494.5	1771001.3	-100000635.7	-101.77
000656	ST 东源	1.7	0.0104	431734.08	2611490.71	8911258.5	-70.69
000687	保定天鹅	1.913	0.097	363542988	62366336.39	19591191.4	218.34
000688	S*ST 朝华	-0.513	-0.0086	0	-3005341.27	-12454075.59	-75.87
000702	正虹科技	1.49	0.019	681225473	5182511.91	10076883.46	-48.57
000708	大冶特钢	4.058	0.25	2465185771	112028198	209457050	-46.51
000822	山东海化	4.18	-0.28	2431223243	-251089692.5	295731776.8	-184.9
000830	鲁西化工	2.316	0.096	3235592359	100203465.6	188502946.5	-46.84
000897	津滨发展	1.36	0.0054	433030434.7	8659838.94	41985604.4	-79.37
000910	大亚科技	3.67	0.154	2398992143	81008547.72	92195231.18	-12.13
000917	电广传媒	4.14	0.0365	1891875104	14821567.89	65986868.72	-77.54
000919	金陵药业	3.6035	0.22	1027411328	112464978	38793530.19	189.91
000951	中国重汽	6.44	0.51	10945237479	212290045.1	443870246.9	-52.17
000961	中南建设	4.61	0.59	2193243459	295474513	14742667.68	1904.21
600051	宁波联合	4.42	0.21	1220814137	63834436.48	57269153.95	11.46
600066	宇通客车	3.36	0.37	3547502321	192304808.4	396669711.8	-51.52
600078	澄星股份	2.3	0.05	1220778354	32802441.65	167060871.8	-80.36
600085	同仁堂	5.607	0.327	1727919722	170139822.3	136707950.9	24.45
600110	中科英华	1.2922	0.002	298100424	2029945.66	49382993.34	-95.89
600113	浙江东日	2.755	0.093	76961710.68	13751565.85	9357085.89	46.96
600129	太极集团	3.6825	0.1045	2716361290	34331604.79	36124909.72	-4.96
600178	东安动力	4.338	0.2044	1106044993	94466826.43	73381253.32	28.73
600202	哈空调	2.835	0.417	753558331.9	159923864.1	162582262.5	-1.64
600216	浙江医药	4.023	0.71	1755910752	317304500	417072886.6	-23.92
600218	全柴动力	3.2036	0.0739	1027253577	20951599.05	13180908.66	58.95
600226	升华拜克	4.0758	0.2488	742061379.1	67277482.22	79383769.74	-15.25
600261	浙江阳光	3.738	0.19	712312116.6	48564414.73	53238040.35	-8.78
600291	西水股份	9.2037	0.1358	271709676.8	43467061.9	33279801.09	30.61
600359	新农开发	3.006	0.026	485575616.3	8263369.55	-45671732.17	-118.09
600706	ST 长信	0.1958	-0.11	75709533.03	-9940256.36	-7359022.38	35.08
600731	湖南海利	1.44	0.0104	314111553.2	2669267.72	5624849.41	-52.55
600761	安徽合力	5.726	0.017	1323524784	5918770.84	154195332.4	-96.16
600764	中电广通	1.69	-0.0406	525140366.9	-13377371.33	3478453.22	-484.58
600768	宁波富邦	0.99	0.004	218187418.1	566676.07	916115.63	-38.14
600796	钱江生化	1.582	0.067	199130436.3	18377378.88	-21200155.64	-186.69
600847	ST 渝万里	0.6134	0.04	41434438.47	3318252.95	-3908774.34	-184.89
600849	上海医药	3.04	0.1232	9486160283	70137446.03	45171974.33	55.27
600871	S 仪化	1.743	0.077	6135575000	307978000	-263749000	-216.77
600896	中海海盛	2.44	-0.02	368766447.1	-14329953.25	211743791.5	-106.77
600247	成城股份	1.471	0.0231	96729323.25	7757200.81	9278771.13	-16.4
600316	洪都航空	5.2321	0.1124	431472817.3	39641234.13	64751179.21	-38.78
600038	哈飞股份	3.8942	0.0504	564581163.2	17004591.01	12739351.83	33.48
601168	西部矿业	4.12	0.02	4386971535	45619130	720154293	-93.67
002158	汉钟精机	3.25	0.1237	165803477.9	19545434.69	26884740.56	-27.3
002162	斯米克	2.2563	0.0012	385857284.2	453416.5	20035061.17	-97.74
002171	精诚铜业	3.51	0.08	841174953.4	12937393.06	32936252.35	-60.72
002176	江特电机	3.236	0.0512	142173086.7	5550581.01	18286428.1	-69.65
002198	嘉应制药	2.83	0.07	29249021.07	5780863.89	7107280.03	-18.66
002212	南洋股份	4.42	0.23	446303210	52816773.95	46968228.84	12.45
002234	民和股份	5.45	-0.2709	309065584.3	-29125453.36	50079049.16	-158.16
002252	上海莱士	4.22	0.32	162628998.8	51214630.47	63775785.32	-19.7
002271	东方雨虹	5.45	0.34	291708000.2	26801992.96	18048103.34	48.5
002273	水晶光电	4.39	0.21	72932173.16	18617189.21	22520470.74	-17.33
601788	光大证券	4.14	0.42	2622642050	1219013202	929757410	31.11
002293	罗莱家纺	3.14	0.48	407570538	50865856.58	50236235.55	1.25
002294	信立泰	4.12	1.03	353460179.9	87652055.05	--	0
600467	好当家	2.0021	0.09	241496483.8	59164962.98	102185897.9	-42.1
600320	振华重工	3.61	0.2	15281918634	890925311	1029317751	-13.45
002098	浔兴股份	3.42	0.088	329406159.8	13611038.55	27335205.39	-50.21
002056	横店东磁	5.6	0.12	559335199.1	50254186.64	88247840.45	-43.05
002100	天康生物	4.1	0.25	910340636.2	41308137.37	22286256.45	85.35
002154	报喜鸟	2.67	0.16	391922576.8	39493616.21	28012192.23	40.99
600039	四川路桥	3.0073	0.0183	1248467923	5575737.08	4370758.18	27.57
601111	中国国航	1.8546	0.25	22405025000	2925649000	1282317000	128.15
002078	太阳纸业	5.3	0.3	2699047688	151873130.2	224845167.5	-32.45
002051	中工国际	5.42	0.48	1298491452	91889510.66	96828831.97	-5.1
600035	楚天高速	2.8351	0.17	362343979.8	154258318.4	153311858.3	0.62
600966	博汇纸业	4.9711	0.1313	1439650807	66249713.16	178016255.4	-62.78
600517	置信电气	1.71	0.22	720295894.2	138916260.9	87922131.6	58
002103	广博股份	2.953	0.14	352896256.1	30367172.1	35738031.7	-15.03
600586	金晶科技	3.88	0.06	1029900851	33860607.42	101195722.7	-66.54
600031	三一重工	4.26	0.533	7495297231	792520470.1	816067201.7	-2.89
002086	东方海洋	4.3	0.08	212420353.5	18402110.84	15442154.2	19.17
002065	东华软件	2.7113	0.2342	710385824.9	99774275.93	74899103.84	33.21

股票代码	股票名称	每股净资产	每股收益	主营业务收入	净利润	去年同期净利润	同比增幅(%)
600270	外运发展	4.54	0.0133	915424550.2	12015813.98	510300933.2	-97.65
600516	方大炭素	4.1047	0.2226	1015076323	142387787.6	277424158.1	-48.68
002125	湘潭电化	3.104	-0.0507	206874025.8	-3823231.31	-27579086.59	-86.14
002087	新野纺织	3.81	0.0441	805318980.1	12416031.41	27161769.3	-54.29
600048	保利地产	4.7533	0.44	8290923400	1396055937	1034011937	35.01
601628	中国人寿	5.37	0.49	2.08396E+11	13920000000	10772000000	29.22
600979	广安爱众	1.6735	0.0539	268875649.3	12822874.3	9009195.13	42.33
600581	八一钢铁	3.39	-0.24	7518474541	-181862292.9	410977291.2	-144.25
600589	广东榕泰	2.369	0.12	580689710.1	65900815.23	70149695.18	-6.06
000014	沙河股份	2.06	0.1567	323614033.7	31597844.68	-26653435.86	-218.55
000030	*ST盛润A	-6.02	-0.0467	926985.48	-13469451.31	-12450326.65	8.19
000031	中粮地产	1.78	-0.002	247600254.4	-3353314.01	101381248.6	-103.31
000040	深鸿基	1.67	-0.056	158481417.4	-26202332.89	-28504406.97	-8.08
000047	ST中侨	-9.0671	0	0	-27122454.17	-27165221.4	-0.16
000056	深国商	1.04	0.0499	9235803.11	11022189.39	715170.19	1441.2
000070	特发信息	2.7144	0.0735	371782107.8	18373376.9	10582920.43	73.61
000400	许继电气	5.7852	0.1511	1062881631	57145326.39	42459873.4	34.59
000409	ST泰格	0.3	-0.02	3189850.49	-3471170.49	-2247748.09	54.43
000416	民生投资	1.32	0.1179	309011725.8	62691226.49	-11268926.86	-656.32
000421	南京中北	1.78	0.1128	727825849.5	39671731.77	63519191.05	-37.54
000425	徐工机械	2.33	0.024	1946400346	13303092.55	1087896.17	1122.83
000426	富龙热电	3.16	0.3	190411435.2	112931302	2657492.58	4149.54
000537	广宇发展	0.83	-0.03	79741287.86	-15337749.38	-5797602.1	164.55
000623	吉林敖东	9.588	1.1295	490855282.7	647608000.9	508050896.7	27.47
000652	泰达股份	1.39	0.0388	1035464819	57314343.13	51031749.76	12.31
000685	中山公用	6.21	0.64	372670823.3	382003857.6	289763027.9	31.83
000783	长江证券	3.07	0.38	1356449575	636033714.7	634088309.1	0.31
000789	江西水泥	2.54	0.0271	1068668902	10738983.46	34589793.9	-68.95
000797	中国武夷	2.59	0.076	1055470481	29436754.17	20090428.87	46.52
000818	锦化氯碱	2.167	-0.678	440681296.3	-230504098.9	14129521.85	-1731.37
000886	海南高速	2.297	0.021	67968838.22	20986178.8	11431219.3	83.59
000902	中国服装	1.123	0.0041	708583529.2	1066335.08	-12486221.42	-108.54
000966	长源电力	2.45	-0.1003	2422956153	-55604010.83	-219086657	-74.62
600084	ST中葡	-1.8271	-0.362	182611178.5	-170164520	-159385633.9	6.76
600086	东方金钰	1.0519	0.0233	362975002.2	8198838.51	8007578.24	2.39
600109	国金证券	2.26	0.203	575991948	202564556.2	505961571.6	-59.96
600122	宏图高科	5.072	0.0913	4833180672	38660732.51	38458372.71	0.53
600130	*ST波导	0.69	-0.05	457779104.1	-38536191.03	-22086355.08	74.48
600149	ST建通	1.56	-0.026	0	-10023103.72	-1794702.97	458.48
600170	上海建工	5.34	0.21	18561885540	151556873	166989993	-9.24
600193	创兴置业	2	-0.03	18316020.51	-6641789	63601808.9	-110.44
600197	伊力特	2.1584	0.1827	526195742.7	80569604.96	91465921.51	-11.91
600199	金种子酒	2.33	0.12	469310913.9	30977547.75	15978508.24	93.87
600301	南化股份	2.7034	-0.4442	703622589.9	-104445983.8	16930905.31	-716.9
600613	永生数据	1.324	0.043	34462664.16	6431555.56	6943520.07	-7.37
600617	ST联华	-0.193	-0.06	5842363.2	-9485366.24	-8756197.42	8.33
600671	天目药业	1.6386	-0.2077	141722277.9	-25296719.06	6453247.67	-492
600708	海博股份	2.0397	0.1359	796597949.2	63036251.17	62552935.04	0.77
600715	ST松辽	0.8176	-0.0035	42973716.8	-777558.05	1515336.38	-151.31
600733	S前锋	1.2601	-0.0242	110500132.5	-4772045.08	3138181.39	-252.06
600737	中粮屯河	2.93	0.16	1369728994	156701804.4	114183626.8	37.24
600739	辽宁成大	6.33	0.6787	1825164166	611312511.6	548726363.7	11.41
600753	东方银星	0.85	0.015	5622876.67	1868714.73	3684544.07	-49.28
600771	ST东盛	-4.13	-0.27	148186358.8	-65247068.03	5312477.47	-1328.19
600781	上海辅仁	1.0731	0.07	109866622.4	12636281.93	12939241.33	-2.34
600785	新华百货	4.3851	0.54	1541185761	93864001.41	63189683.06	48.54
600794	保税科技	1.51	0.15	87759216.53	26592424.08	24203828.37	9.87
600802	福建水泥	3.93	-0.1568	507449581.3	-59880357.83	-12663746.24	372.85
600827	友谊股份	6.111	0.307	13395054328	144790106.4	121525916.2	19.14
600838	上海九百	1.4043	0.0317	74366396.16	12724016.45	1083682.87	1074.15
600851	海欣股份	2.8388	-0.013	434457415.7	-15735636.28	16098005.98	-197.75
600885	力诺太阳	0.4	-0.18	320382218.7	-27696491.87	7427697.49	-472.88
600894	广钢股份	0.69	-0.037	2740801694	-28250614.92	66802577.35	-142.29
600897	厦门空港	4.06	0.3802	354719893.6	113231476.1	75762797.51	49.46
600276	恒瑞医药	3.7307	0.6012	1429143696	373181866.2	191817442.2	94.55
600288	大恒科技	2.3965	0.0198	1332403176	8631258.38	15960703.75	-45.92
002157	正邦科技	1.76	0.13	1739229104	29828927.99	27669522.78	7.8
002191	劲嘉股份	2.7	0.24	1055615966	155780572.1	100622961.5	54.82
002194	武汉凡谷	3.4172	0.2434	704361283.8	135279297.6	112125348.6	20.65
002222	福晶科技	2.83	0.1	51743354.98	19830070.22	27856726.24	-28.81
002255	海陆重工	4.78	0.402	465592672.6	44522548.71	31809196.61	39.97
002260	伊立浦	2.06	-0.13	211780475.2	-19852092.87	8049010.28	-346.64
601333	广深铁路	3.164	0.083	5857884381	591291182	670721949.8	-11.84
002120	新海股份	2.26	0.09	398059765	13865378.23	25353652.74	-45.31

股票代码	股票名称	每股净资产	每股收益	主营业务收入	净利润	去年同期净利润	同比增幅(%)
600295	鄂尔多斯	3.47	0.02	3078575497	19042480	350568532	-94.57
600980	北矿磁材	2.33	-0.1681	74855493.25	-21854800.69	10216201.16	-313.92
600593	大连圣亚	2.8	-0.09	37868001.4	-8213593.62	-8599666.16	-4.49
600311	荣华实业	1.41	-0.081	147156265.8	-54228504.51	8457381.67	-741.2
600511	国药股份	1.95	0.2633	2480190784	126049997.3	107271610.7	17.51
600323	南海发展	3.51	0.1699	207237157.2	46057207.76	51834278.66	-11.15
600331	宏达股份	1.4429	0.0703	1597591384	72534571.55	11793399.96	515.04
600433	冠豪高新	2.4418	0.0083	278891244.5	1335436	1064119.5	25.5
600489	中金黄金	5.1	0.21	6918656984	162685573.3	302144197.9	-46.16
002113	天润发展	3.6	-0.0828	210787966	-9806532.06	3774008.85	-359.84
600599	熊猫烟花	1.851	0.119	89174573.85	14973427.91	14302725.52	4.69
600446	金证股份	2.89	0.1	405714002.6	14058256.15	21982532.51	-36.05
601699	潞安环能	7.006	1.02	8648267311	1173826348	865760568.6	35.58
002105	信隆实业	1.76	0.05	498251789.6	13948510.33	10805871.11	29.08
000016	深康佳A	3.153	0.0667	5172000028	80302015.01	80555227.21	-0.31
000033	新都酒店	0.91	-0.0239	28863595.87	-7883388.48	-3748319.69	110.32
000036	*ST 华控	1.2307	0.1652	946161925.4	185629881.1	-53923741.96	-444.25
000088	盐田港	3.012	0.1725	187449738.2	214719923.4	258548083.8	-16.95
000503	海虹控股	1.72	0.0027	145188912.2	2001502.03	1371565.81	45.93
000509	SST 华塑	0.02	-0.0416	185509377.7	-10410427.11	-28783692.65	-63.83
000516	开元控股	2.09	0.127	1207823701	37691886.32	27606164.17	36.53
000527	美的电器	3.07	0.61	24900778630	1146015790	990585178.4	15.69
000534	万泽股份	2.2845	-0.0283	178469426.3	-7209646.35	-8755650.58	-17.66
000598	蓝星清洗	1.75	-0.4331	820998463.8	-130984955.6	31920101.57	-510.35
000601	韶能股份	3.12	0.0443	799100340.7	40992571.14	38150859.19	7.45
000651	格力电器	4.38	0.66	19990222037	1231677662	1004202798	22.65
000676	思达高科	1.35	-0.076	357626287.3	-23938723.58	5714163.58	-518.94
000761	本钢板材	4.7066	-0.2901	16461627818	-909886400.4	1015441808	-189.6
000765	*ST 华信	-1.78	-0.03	2218000	-6806017.71	-7878461.42	-13.61
000796	宝商集团	1.385	0.023	467754754.1	5673986.93	3085169.3	83.91
000832	*ST 龙涤	0.34	-0.12	247628863.7	-42508372.34	-42916986.37	-0.95
000877	天山股份	3.0163	0.4622	1764541699	144227702.8	63127299.42	128.47
000890	法尔胜	2.65	0.0177	733309116	6704874.05	12401217.37	-45.93
000908	天一科技	0.95	-0.09	97274794.63	-25097360.3	2714216.7	-1024.66
000913	钱江摩托	2.81	0.1	1881656192	47066900.48	33489847.7	40.54
000927	一汽夏利	2.08	0.0324	4396053050	51632839.49	101589084.6	-49.17
000932	华菱钢铁	5.26	-0.1909	19939992191	-522578019.5	802192410.6	-165.14
000970	中科三环	2.34	0.03	610479054.5	15357591.28	45275503.43	-66.08
000975	科学城	1.432	-0.0396	96470525.18	-24650665.78	-9915429.8	148.61
000996	中国中期	1.73	0.0143	49501563.99	3282891.49	5389414.47	-39.09
000998	隆平高科	3.67	0.12	383862363.6	30174270.34	74204730.52	-59.34
000709	武钢股份	3.3	0.03	18368006145	95619051.9	1700638025	-94.38
600079	人福科技	2.657	0.1	631335973.4	39809600.81	38558312.62	3.25
600088	中视传媒	3.6	0.138	520481462.6	32587132.89	25582298.49	27.38
600093	禾嘉股份	0.977	0.052	150374512.1	16861129.22	2882015.42	485.05
600098	广州控股	4.061	0.1189	3223338995	244874422.8	183045777.3	33.78
600104	上海汽车	5.687	0.221	61265135224	1445841650	1965164142	-26.43
600105	永鼎股份	3.98	0.16	664591979.3	42757514.5	18559509.91	130.38
600152	维科精华	2.8637	0.008	937378165.7	2338522.05	11391901.35	-79.47
600166	福田汽车	3.7846	0.494	19589176287	453015827.1	342361000.9	32.32
600182	S 佳通	1.22	0.182	1205986764	61844722.87	8464878.86	630.6
600209	罗顿发展	1.53	-0.04	42894602.73	-16879913.83	-8156426.63	106.95
600222	太龙药业	1.7505	0.0425	360424484.9	13493928.84	12653228.07	6.64
600223	ST 鲁置业	0.4005	0.031	271401177.5	30872184.7	-388379649.3	-107.95
600240	华业地产	3.159	0.072	203712279.4	46311696.45	23203541.18	99.59
600259	ST 有色	0.9423	0.0226	278878373.5	5020658.34	4535.76	110590.56
600289	亿阳信通	3.93	0.15	454345102.9	53953422.43	39610608.38	36.21
600604	*ST 二纺机	0.6255	-0.0669	109440282.2	-37920192.75	-16695520.34	127.13
600625	PT 水仙	-0.34	-0.0033	16103559.15	-788755.56	-470526.05	67.63
600626	申达股份	3.5844	0.0835	2346648217	39546569.86	66512783.49	-40.54
600647	同达创业	1.1393	0.0281	68672676.98	1505029.65	620513.15	142.55
600667	太极实业	1.64	0.026	276395229.7	9645127.16	9347527.13	3.18
600684	珠江实业	3.95	0.08	155044803	14204905.91	10553420.15	34.6
600724	宁波富达	1.6327	0.0796	655873336.1	115107208.1	18186500.26	532.93
600775	南京熊猫	2.14	-0.0763	399068260.7	-49967934.9	25315789.25	-297.38
600777	新潮实业	2.173	0.01	191397209.9	3973734.5	7325273.84	-45.75
600784	鲁银投资	1.635	0.06	1652521157	14023747.7	17799078.85	-21.21
600798	宁波海运	2.133	0.0038	422589520.7	3323495.45	186824870.3	-98.22
600805	悦达投资	2.2	0.09	1170457339	49938707.88	20904499.23	138.89
600819	耀皮玻璃	2.66	-0.136	1046127818	-99466859.51	41048957.95	-342.31
600833	第一医药	2.39	0.1691	537609564.1	26952232.02	10434992.89	158.29
600839	四川长虹	4.76	0.016	13276929312	30043265.84	18802036.86	59.79
600846	同济科技	3.0557	0.0559	578146222.2	19407488.74	19148438.77	1.35
600853	龙建股份	1.36	0.0057	1148005288	3036598.12	128958.3	2254.71

股票代码	股票名称	每股净资产	每股收益	主营业务收入	净利润	去年同期净利润	同比增幅(%)
600854	*ST 春兰	3.992	-0.1498	350947021.2	-77722970.74	-95103191.05	-18.28
600859	王府井	6.393	0.529	5269836840	207758401.6	198925426.1	4.44
601169	北京银行	5.68	0.47	5591166000	2923776000	2901989000	0.75
601999	出版传媒	2.52	0.09	579482256.8	51259208.07	45773634.82	11.98
002240	威华股份	5.45	-0.09	287977399.1	-28877478.65	39462353.98	-173.18
600518	康美药业	2.348	0.141	1194514767	219902791.3	127400832.2	72.61
600272	开开实业	0.909	0.168	461975708.5	40924714.73	77012451.78	-46.86
002129	中环股份	3.04	-0.0416	271028242	-20067998.08	80230038.32	-125.01
002137	实益达	1.89	0.0093	204117808.3	2429480.6	22415804.34	-89.16
601006	大秦铁路	3.03	0.22	10162139870	2835388043	3720193735	-23.78
600569	安阳钢铁	4.153	-0.16	10501823189	-381863293.1	579669000.8	-165.88
600496	精工钢构	2.65	0.268	1955770125	92471246.71	48452317.96	90.85
600385	ST 金泰	-1.54	-0.05	1278145.78	-8075247.03	-6513321.77	23.98
600555	九龙山	2.24	0.02	6766765.05	17229535.48	33896260.85	-49.17
600322	天房发展	3.357	0.04	479983701.1	41016279.13	101305810.9	-59.51
600419	ST 天宏	1.9	-0.004	172591501.4	-344589.56	-549377.18	-37.28
002046	轴研科技	3.79	0.19	165476266	18758262.06	17456767.62	7.46
600352	浙江龙盛	2.5531	0.2401	2034158288	316397352.6	363121861	-12.87
600540	新赛股份	3.7585	0.0123	580602232.4	2859770.65	16140998.82	-82.28
600512	腾达建设	2.81	0.046	695791476.5	16936505.08	25601852.51	-33.85
600319	亚星化学	3.4	0.018	968201277.3	5809837.57	7905110.21	-26.51
002008	大族激光	2.75	0.0375	805466565.3	26117680.22	110230858.7	-76.31
600497	驰宏锌锗	2.966	0.091	1659715060	71000673.96	204899253.5	-65.35
600536	中国软件	4.56	0.01	942518506.5	1561679.98	15935810.12	-90.2
002037	久联发展	3.69	0.1744	504998397.9	23216311.5	5007313.78	363.65
601988	中国银行	1.87	0.16	1.07856E+11	41005000000	42037000000	-2.45
601919	中国远洋	4.43	-0.45	22850685406	-4617068987	14155825742	-132.62
002126	银轮股份	4.79	0.17	411090116.3	16927637.34	24739049.27	-31.58
600387	海越股份	3.2454	0.64	319482676.9	189980482.8	24207408.53	684.8
002047	成霖股份	2.67	0.06	596240510.1	17633679.85	19330182.96	-8.78
002007	华兰生物	3.15	0.21	200101329.4	77406843.58	76283665.25	1.47
601998	中信银行	2.54	0.18	17104000000	7047000000	8417000000	-16.28
600506	*ST 香梨	1.6439	-0.0559	3338015.3	-8259742.15	673927.7	-1325.61
600597	光明乳业	1.95	0.0435	3851631258	45335402	140776502	-67.8
002071	江苏宏宝	2.55	-0.056	126611849.4	-6916517.93	1156610.76	-698
002072	德棉股份	2.13	-0.282	292409324.7	-49613884.59	7463523.41	-764.75
600988	ST 宝龙	-0.2184	-0.099	974015.44	-9857199.48	-2005054.97	391.62
002059	世博股份	2.514	-0.0588	70188441.3	-12647378.86	1016026.15	-1344.79
000003	PT 金田 A	-10.4586	0	3085495.3	-31610142.35	-31972319.61	-1.13
000005	世纪星源	0.82	-0.002	19003356.93	-2164648.78	5488803.32	-139.44
000009	中国宝安	1.81	0.15	1759557392	155943413	150471394.9	3.64
000021	长城开发	3.9574	0.1164	4747566417	102401835.6	133120535.7	-23.08
000028	一致药业	2.55	0.343	5038480670	98783895.04	76733229.75	28.74
000066	长城电脑	3.32	0.183	2008620641	100517218.1	46280503.26	117.19
000153	丰原药业	2.5225	0.0319	441538008	8281340.22	5417290.17	52.87
000158	常山股份	3.24	0.11	1021479716	81912780.98	27470453.9	198.19
000408	ST 玉源	0.869	-0.181	40270273.92	-45548856.56	-30466547.18	49.5
000543	皖能电力	5.11	0.11	1355626401	81845076.25	63857510.78	28.17
000545	吉林制药	0.1881	-0.12	50346115.13	-18865275.98	3914195.04	-581.97
000546	光华控股	0.75	0.0884	63984872	14985060.04	248770.24	5923.65
000548	湖南投资	2.64	0.152	108828254	75753189.71	19431930.59	289.84
000572	海马股份	2.87	-0.1067	2589492477	-98490629.05	49501381.46	-298.97
000592	中福实业	0.6165	0.0288	131087775.5	16674200.98	30780959.48	-45.83
000597	东北制药	5.56	0.949	2727026385	316978867.2	139876711.3	126.61
000620	S*ST 圣方	0.0095	0.0002	0	69965.98	-505758.25	-113.83
000629	攀钢钢钒	2.74	-0.23	18357650646	-1336501067	436856392.4	-405.94
000630	铜陵有色	4.42	0.24	10926968758	305952919.6	595042560.3	-48.58
000660	*ST 南华	-7.59	-0.61	7908940.1	-9554360.58	-9204762.62	3.8
000689	ST 宏业	-5.7	0	0	-16519762.67	-15253109.5	8.3
000723	美锦能源	3.2	-0.09	340480952.2	-11930342.44	59796574.68	-119.95
000732	*ST 三农	0.1468	2.0498	172784944.5	406832067.9	279098300.2	45.77
000850	华茂股份	2.51	0.052	685958537.1	32462463.01	55614953.45	-41.63
000952	广济药业	3.01	0.039	200054501.2	9877113.78	79290537.38	-87.54
000958	东方热电	-1.044	-3.715	608825979.6	-1112467987	-158005111.6	604.07
000977	浪潮信息	4.53	0.011	461650409.7	2373208.94	11761792.56	-79.82
600003	ST 东北高	3.05	0.1267	340984290.7	153672838.6	110469173.8	39.11
600009	上海机场	6.427	0.134	1567842470	259009313.4	508512138	-49.07
600057	*ST 夏新	-2.76	-0.2469	122243526.7	-106118016.1	-404230826.1	-73.75
600058	五矿发展	7.46	0.0812	30841042993	87071226.28	1693393886	-94.86
600065	*ST 联谊	0.3292	-0.0839	4934245.67	-19969212.36	-41624820.67	-52.03
600162	香江控股	1.515	0.095	607262610.4	72935228.88	88732678.71	-17.8
600177	雅戈尔	5.38	0.6364	5746821941	1417090578	1942059725	-27.03
600183	生益科技	2.12	0.12	1549141219	115375703.9	177603512.8	-35.04
600196	复星医药	3.4	0.28	1794273337	343035366.8	496229965.6	-30.87

股票代码	股票名称	每股净资产	每股收益	主营业务收入	净利润	去年同期净利润	同比增幅(%)
600207	ST 安彩	2.9309	-0.3443	287955261.2	-151488777.1	21368301.67	-808.94
600225	S＊ST 天香	-0.91	0.18	10285533.18	39113197.33	63770544.38	-38.67
600236	桂冠电力	2.63	0.047	1353669822	69610964.3	-15687339.93	-543.74
600263	路桥建设	4.388	0.14	3882428600	58140205.8	45094463.75	28.93
600267	海正药业	3.506	0.237	1818878078	106500962.8	82768417.35	28.67
600275	＊ST 昌鱼	0.5814	-0.0266	17473770.09	-13512507.05	-9898448.05	36.51
600620	天宸股份	1.572	-0.0595	34549730.58	-19317851.06	12009309.47	-260.86
600631	百联股份	5.16	0.19	5348575119	208909488.1	205290551.9	1.76
600639	浦东金桥	3.809	0.1446	405426403.5	122064725.7	124590684.4	-2.03
600641	万业企业	3.1261	0.1879	616611937.5	151514549.8	210574158.8	-28.05
600643	爱建股份	1.38	0.048	227410783.7	39556517.99	53465406.85	-26.01
600653	申华控股	1.1932	0.0109	1353568352	19111486.41	2413448.33	691.87
600688	S 上石化	2.064	0.137	21204680000	987236000	-372772000	-364.84
600718	东软集团	3.84	0.25	1781415372	237357314	180335703	31.62
600721	ST 百花	1.82	0.0174	20183742.82	2467157.46	2909590.06	-15.21
600727	＊ST 鲁北	4.23	-0.033	137906546.6	-11574468.68	12631907.07	-191.63
600728	S＊ST 新太	-0.764	-0.035	50616535.34	-7384068.29	-25455691.24	-70.99
600748	上实发展	2.21	0.09	1160976771	101276140.1	184720244.6	-45.17
600755	厦门国贸	6.29	0.41	6685591551	201130431.2	291613252.6	-31.03
600756	浪潮软件	3.2288	0.0481	118444432.3	8941260.35	7145593.67	25.13
600766	园城股份	0.214	0.02	13561157.42	3105752.54	-7156166.86	-143.4
600767	运盛实业	1.075	-0.041	24519243.47	-13974026.54	3762320.81	-471.42
600807	天业股份	2.36	-0.09	32001326.15	-13949069.11	3709488.97	-476.04
600821	津劝业	1.35	0.006	269401790.8	2678869.19	3345317.78	-19.92
600825	新华传媒	3.485	0.173	1074950922	100561978	105220847.5	-4.43
600848	自仪股份	0.4	0.0118	553164895.7	4696781.55	5327740.66	-11.84
600875	东方电气	3.3	0.78	15174206749	687003230.5	442955345.3	55.1
600876	ST 洛玻	0.2334	-0.175	412564614.4	-87348916.47	-51045000	71.12
600889	南京化纤	2.983	0.238	347899664.2	60895101.99	8750717.7	595.89
600292	九龙电力	2.41	0.0657	1292868266	21982298.39	-26606428.01	-182.62
000488	晨鸣纸业	5.9715	0.076	6675366560	157487313	947427409	-83.38
002144	宏达经编	2.65	0.037	145279746.7	3966821.96	7363619.9	-46.13
002254	烟台氨纶	11.54	0.179	513703962.8	29124470.97	139848449.3	-79.17
002161	远望谷	1.67	0.11	89595237.71	28424845.93	14630040.32	94.29
002169	智光电气	1.8899	0.0527	156000390.4	8735313.07	8365236.1	4.42
002185	华天科技	2.9932	0.0717	301884845.5	20571103.31	39432757.81	-47.83
002188	新嘉联	2.67	0.09	131449293.9	9326675.06	8177387.94	14.05
601390	中国中铁	2.79	0.14	1.4792E+11	3087282000	1883528000	63.91
002201	九鼎新材	3.56	0.0665	181093058.3	6913516.14	11880582.68	-41.81
601866	中海集运	2.4225	-0.2926	9042843506	-3417973626	698653788.4	-589.22
601186	中国铁建	3.96	0.18	1.3022E+11	2220998000	1524780000	45.66
002251	步步高	5.54	0.3869	2930118700	104602553.7	100337584.4	4.25
002272	川润股份	4.0053	0.2747	169995924.3	27795763.98	23351199.18	19.03
000338	潍柴动力	11.11	1.47	15797265704	1222030844	1660844617	-26.42
002044	江苏三友	1.86	0.03	179720032.6	4110492.55	3651487.72	12.57
600466	迪康药业	2.72	0.0305	147142116	5355282.85	2357140.21	127.19
600455	交大博通	2.3	-0.22	80633984.64	-14003843.64	-15465826.66	-9.45
600395	盘江股份	4.386	0.473	2269223242	401637556.6	165664300.2	142.44
600050	中国联通	3.31	0.1031	78492368185	2185248724	2622183061	-16.66
600459	贵研铂业	5.05	-0.03	387874069.6	-3281220.91	31563194.8	-110.4
600490	中科合臣	1.586	-0.22	33114195.64	-29225113.54	-15044811.38	94.25
600330	天通股份	2.5272	-0.105	357365490.8	-61701628.09	40129600.58	-253.76
600019	宝钢股份	5.12	0.04	65382369843	669018916	9644710960	-93.06
600305	恒顺醋业	3.3658	0.106	420247285.6	13430848.13	22255052.51	-39.65
600360	华微电子	2.769	-0.07	535912621.6	-37621299.74	43468670.76	-186.55
600562	高淳陶瓷	3.38	-0.4	79091254.66	-33662583.68	806572.27	-4273.54
002024	苏宁电器	2.22	0.2819	27333858000	1264693000	1100808000	14.89
600561	江西长运	2.9	0.26	492199833.4	47841164.14	39483590.13	21.17
600336	澳柯玛	1.3675	0.0671	1286509646	22898768.67	3671796.85	523.64
600571	信雅达	1.692	0.046	230742927.9	8874300.61	6039031.69	46.95
600250	南纺股份	2.53	0.044	2533523545	11480019.43	11725092.49	-2.09
600549	厦门钨业	2.77	0.0204	1085217132	13922323.12	75164198.89	-81.48
600491	龙元建设	4.51	0.2488	3547926373	100252199.4	97317938.09	3.02
002003	伟星股份	4.11	0.28	558964628.9	56154383.34	50611279.45	10.95
002002	＊ST 琼花	0.7659	-0.1181	90651413.08	-19706768.6	-19556247.7	0.77
002019	鑫富药业	2.99	0.1	196100931.9	19155010.06	68711066.45	-72.12
002061	江山化工	3.0564	0.1792	525448924.2	25078556.8	-24307726.17	-203.17
600036	招商银行	5.72	0.56	24673000000	8262000000	13245000000	-37.62
600548	深高速	3.24	0.144	555888556.5	313408605.4	318049950.5	-1.46
600388	龙净环保	8.78	0.71	1659049466	123428567.4	59408225.03	107.76
600398	凯诺科技	2.81	0.04	462228857.4	24787298.13	44494789.02	-44.29
002092	中泰化学	4.63	0.055	1606781296	29786439.03	149850938.6	-80.12
000022	深赤湾 A	4.085	0.31	714358140	200144439	330964205	-39.53
000078	海王生物	1.06	0.0304	1189295422	19857561.11	32319608.18	-38.56

股票代码	股票名称	每股净资产	每股收益	主营业务收入	净利润	去年同期净利润	同比增幅(%)
000419	通程控股	2.099	0.0834	1085271322	29225733.66	20127143.42	45.21
000520	长航凤凰	1.991	-0.1456	873426823.8	-98214130.81	114713533.6	-185.62
000526	旭飞投资	1.47	-0.0258	2632671.67	-2486489.44	-4271033	-41.78
000581	威孚高科	4.4111	0.15	1261148413	87842946.8	127253069	-30.97
000586	*ST 汇源	0.48	-0.03	132477016.7	-6529146.65	-27901495.42	-76.6
000607	华立药业	1.1785	0.0023	913709437.4	1110337.32	4585866.96	-75.79
000657	*ST 中钨	1.36	-0.126	362529868.5	-28129411.67	-385555.21	7195.82
000700	模塑科技	2.32	0.0452	688763520.2	13982916.92	16202615.46	-13.7
000719	S*ST 鑫安	-0.41	-0.28	336630.77	-35667631.71	-32871051.71	8.51
000762	西藏矿业	2.09	-0.13	58279959.4	-35240736.79	50494820.66	-169.79
000825	太钢不锈	3.384	-0.1195	28958535727	-680901789.4	2145177354	-131.74
000882	华联股份	3.44	0.354	177103980.2	88224548.95	22673842.58	289.1
000935	ST 双马	0.75	0.1522	355345991.3	48617906.78	42721887.58	13.8
000955	*ST 欣龙	0.75	-0.026	90187139.72	-7671404.34	-8105709.88	-5.36
000982	中银绒业	1.85	0.036	232816001.5	6019228.55	5244536.35	14.77
000990	诚志股份	5.26	0.03	1281789305	8239238.21	15893124.18	-48.16
600000	浦发银行	5.91	0.856	16677371141	6780691306	6374787463	6.37
600007	中国国贸	4.2	0.16	437791348	163354436	203330099	-19.66
600081	东风科技	1.0159	-0.0368	508555107.6	-11537160.63	8174426.78	-241.14
600091	明天科技	4.64	-0.16	17094545.78	-53747761.73	-52618214.51	2.15
600180	*ST 九发	1.3143	-0.0005	0	-125365.38	-49282937.37	-99.75
600191	华资实业	4.26	0.09	57335097.08	42879434.98	-56143078.69	-176.38
600234	*ST 天龙	-1.15	-0.071	36690768.16	-10272000.17	-10202860.14	0.68
600235	民丰特纸	3.281	0.1	589557350.2	26801876.33	14827925.31	80.75
600287	江苏舜天	1.7573	-0.1286	1937599216	-56179641.91	6851903.04	-919.91
600608	ST 沪科	-0.0657	-0.1424	142199214.9	-46830271.89	-16608313.79	181.97
600614	鼎立股份	1.205	0.1101	329136396.3	45307515.94	24884653.64	82.07
600637	广电信息	1.5381	-0.1067	1291636564	-75621573.63	9280450.64	-914.85
600649	城投控股	4.5945	0.1668	1373130050	383417691.6	349889872.4	9.58
600652	爱使股份	1.628	0.033	873680944.5	18583814.71	26247264.42	-29.2
600662	强生控股	1.93	0.0562	603928724.4	45716042.99	73513444.47	-37.81
600664	哈药股份	4.44	0.3743	5402448034	464924633	376673724	23.43
600689	上海三毛	1.9651	0.1149	647388304.4	23098092.34	8189108.39	182.06
600693	东百集团	1.63	0.14	731768190.3	48222395.65	52476820.49	-8.11
600726	华电能源	2.29	-0.13	2801966047	-173745445.7	-20322750.99	754.93
600741	华域汽车	4.567	0.313	8077695485	578984808.9	52288147.09	1007.3
600754	锦江股份	5.6336	0.3056	356813400	184372857	164547316	12.05
600760	东安黑豹	1.65	0.05	640947673	15006987.44	3502951.57	328.41
600779	水井坊	2.61	0.21	440623225.7	103146062.1	133653721.9	-22.83
600782	新钢股份	5.76	0.03	9249902391	42034592.19	471650870.8	-91.09
600791	京能置业	1.8	-0.0334	14179774.18	-15125422.64	67691809.38	-122.34
600804	鹏博士	1.5635	0.11	857894177.2	131342741.2	111444201.7	17.86
600830	香溢融通	2.81	0.054	372597012.2	24657997.28	35719688.49	-30.97
600844	丹化科技	3.302	-0.0599	142074883.1	-19083733.78	26844004.32	-171.09
600864	哈投股份	4.13	0.41	369744911.2	224063713.4	22625900.02	890.3
600887	*ST 伊利	3.81	0.32	12260790353	254260028.6	116862680.4	117.57
600895	张江高科	3.45	0.194	966930716.5	299706093.5	247647045	21.02
600297	美罗药业	2.2337	0.0487	675155987.1	17051982.39	20477906.19	-16.73
600290	华仪电气	2.6182	0.1145	392948406.1	30814689.5	45264592.5	-31.92
002178	延华智能	3.56	0.09	123985499.8	7049093.31	11805237.43	-40.29
601808	中海油服	4.49	0.23	7997929380	1028381443	1534452054	-32.98
601088	中国神华	7.79	0.803	57083000000	15976000000	14146000000	12.94
601857	中国石油	4.45	0.27	4.15277E+11	50326000000	48355000000	4.08
002203	海亮股份	3.44	0.2203	2766687117	88131265.97	101902951	-13.51
002274	华昌化工	6.81	-0.15	1164265281	-31124471.79	203233265.4	-115.31
002259	升达林业	2.26	-0.0204	242923070	-4390992.12	15071371.53	-129.13
002041	登海种业	4.15	0.3684	328977904.9	64845680	49955846.07	29.81
600332	广州药业	3.96	0.144	1944297257	116563425	166622813.5	-30.04
600018	上港集团	1.4304	0.0815	7903665127	1711340736	2470546221	-30.73
600029	南方航空	1.08	0.006	24882000000	38000000	838000000	-95.47
600991	长丰汽车	4.43	0.1	2264883051	53904946.64	93168370.04	-42.14
600408	安泰集团	2.39	-0.19	1635788344	-157750862.3	169762678.8	-192.92
600900	长江电力	4.1089	0.2085	3314885406	1962818220	1478679714	32.74
600522	中天科技	4.52	0.524	1832866801	155146485.7	82127555.42	88.91
600307	酒钢宏兴	5.302	0.0484	12130435547	42324015.85	332920445.7	-87.29
600520	三佳科技	2.21	-0.15	74421977.62	-16909265.63	975913.57	-1832.66
600556	*ST 北生	-3.2571	0.2341	7932210.47	71095776.21	-48489395	-246.62
000150	宜华地产	2.0293	0.0956	126248592	30959213.21	12132752.35	155.17
000524	东方宾馆	2.34	-0.067	104638249.5	-18015744.54	1792382.6	-1105.13
000563	陕国投 A	1.5	0.0459	195348833.3	16437104.3	39787505.08	-58.69
000583	S*ST 托普	-6.72	-0.09	0	-20844576.97	-20178600.5	3.3
000605	ST 四环	0.65	0.0143	18328843.27	1330377.54	10069756.15	-86.79
000616	亿城股份	2.83	0.1	846561027.4	92637659.86	80756433.01	14.71
000625	长安汽车	3.46	0.23	11282706557	532801780	450187557	18.35

股票代码	股票名称	每股净资产	每股收益	主营业务收入	净利润	去年同期净利润	同比增幅(%)
000658	ST 海洋	-4.011	-0.056	30592	-8871309.68	-7641151.91	16.1
000707	双环科技	3.83	-0.043	1485990564	-19752657.68	185951609.1	-110.62
000727	华东科技	1.24	-0.0951	257222944	-34144516	11661510.63	-392.8
000752	西藏发展	2.03	0.044	174722752.6	11545071.78	11055320.35	4.43
000863	*ST 商务	-6.077	-0.13	714108.94	-22978975.58	57163647.87	-140.2
000876	新希望	3.69	0.35	3109365649	265519582.4	188763224.2	40.66
600052	浙江广厦	1.68	-0.02	838107134.3	-17226691.53	187599447.7	-109.18
600077	百科集团	1.856	-0.083	260762749.4	-13274677.55	2469484.26	-637.55
600082	海泰发展	2.525	0.073	408334775.6	47310293.93	39680742.3	19.23
600083	ST 博信	0.103	-0.02	0	-4606613.03	734925.21	-726.81
600094	*ST 华源	0	0	0	0	-175582120.9	-100
600108	亚盛集团	1.1975	0.01	437206065.5	14350346.59	17850099.1	-19.61
600120	浙江东方	2.31	0.08	1633133411	39824639.09	51127653.17	-22.11
600145	四维控股	0.591	-0.0804	78652578.38	-30371978.84	-137004177.7	-77.83
600146	大元股份	1.569	-0.096	43673617.04	-19215374.75	-5102557.54	276.58
600155	*ST 宝硕	-5.94	-0.2338	321048331.5	-96436216.12	1933567198	-104.99
600168	武汉控股	3.34	0.07	103345365.8	28732307.64	35467907.19	-18.99
600185	*ST 海星	0.046	-0.1244	128102308.5	-41982814.3	-42462287.1	-1.13
600186	莲花味精	1.525	0.0081	1142031668	8557877.73	5859578.58	46.05
600203	福日电子	0.8323	-0.098	487850037.7	-23578392.35	-9160321.88	157.4
600221	海南航空	1.79	0.051	6792250000	175000000	310951000	-43.72
600299	蓝星新材	5.252	-0.39	3292265670	-202889606.9	149293657	-235.9
600500	中化国际	3.95	0.21	8823142935	301024701.2	521067401	-42.23
600603	ST 兴业	-1.37	0.0388	416740	7547105.59	5231382.07	44.27
600605	汇通能源	2.342	0.051	611398784.7	7535410.25	1426429.05	428.27
600624	复旦复华	1.515	0.0408	269723005.1	14082487.31	12830513.8	9.76
600629	棱光实业	1.326	0.018	100767832.1	4854718.66	54389358.67	-91.07
600645	ST 中源	0.3967	0.0093	145634606.7	3011389.24	19183616.17	-84.3
600656	ST 方源	-0.62	-1.04	6024901.85	-197995065.2	41589980.9	-576.06
600669	*ST 鞍成	-5.54	-0.199	177957	-46376108.22	-52476713.05	-11.63
600681	S*ST 万鸿	-2.3236	0.0059	2684705.61	1232523.27	-17912996.88	-106.88
600699	ST 得亨	0.55	-0.43	141694353	-79122918.11	-50889736.3	55.48
600734	实达集团	0.0582	0.0141	424455023	4962619.47	-15054720.89	-132.96
600747	大连控股	0.819	-0.089	160193796.3	-94258177.34	-87346682.81	7.91
600752	*ST 哈慈	-1.338	-0.0361	0	-12230440.73	-13700894.35	-10.73
600757	ST 源发	-1.53	-0.18	281966878.5	-100066353.6	-249375039.4	-59.87
600783	鲁信高新	1.4924	-0.0464	66668211.02	-9389829.1	2369647.18	-496.25
600811	东方集团	3.783	0.13	570312686.3	161048982	111123550.5	44.93
600813	ST 鞍一工	-6.65	-0.21	4062182.52	-54014425.53	-50655375.06	6.63
600815	厦工股份	2.55	0.07	2461932903	50213633.68	141353334.3	-64.48
600817	*ST 宏盛	-21.2569	-0.07	7096231.42	-9410476.64	-218294082	-95.69
600843	上工申贝	0.8585	-0.2928	754382039.1	-131415724.7	8513676.04	-1643.58
600852	*ST 中川	-3.74	-0.03	1508809.6	-5080212.15	-4898529.22	3.71
600861	北京城乡	6.1683	0.1314	840596354.6	41621618.26	40460932.85	2.87
600869	三普药业	0.52	-0.11	99764150.34	-13675049.82	-11415259.41	19.8
600884	杉杉股份	6.44	0.11	886014331.9	45381974.4	54130828.61	-16.16
600241	时代万恒	4.502	0.0552	763167842.3	5849677.31	3141286.22	86.22
601601	中国太保	6.72	0.31	54225000000	2364000000	5512000000	-57.11
601668	中国建筑	0.97	0.13	1.11328E+11	2346106000	1887332000	24.31
601618	中国中冶	0.3	0.16	74991649420	2083102990	--	0
002296	辉煌科技	3.7272	0.2603	43199126.02	11971952.34	--	0
002295	精艺股份	3.2613	0.3204	534166839.3	33701677.84	--	0
002297	博云新材	3.23	0.17	83387418.87	13645860.93	13704665.38	-0.43
002298	鑫龙电器	2.33	0.1984	238605669.4	16266724.62	--	0
300002	神州泰岳	4.24	1.33	326282448.9	117160411.3	--	0
300001	特锐德	1.79	0.41	178028514.9	38864269.35	--	0
300010	立思辰	1.65	0.2398	152508743.8	18856486.32	--	0
300008	上海佳豪	2.72	0.568	66593176.76	21458326.34	--	0
300004	南风股份	1.87	0.21	103133436.8	15036531.92	--	0
601888	中国国旅	1.61	0.25	2599188198	166384130.2	--	0
300009	安科生物	2.39	0.33	94848606.1	20885498.41	--	0
300005	探路者	2.2	0.38	114811214.7	18847176.95	--	0
002300	太阳电缆	3.05	0.4518	655738524.2	45180432.12	32240353.56	40.14
002299	圣农发展	1.88	0.2196	597458605.5	81024936.76	--	0
300006	莱美药业	2.23	0.26	152458852.8	17987215.43	--	0
300003	乐普医疗	1.55	0.4056	280897706.9	148060710	--	0
300007	汉威电子	2.22	0.37	52696663.22	16173732.8	--	0

2008 年度证券公司总资产排名

单位:元

序号	公司名称	总资产
1	中信证券	83,439,654,407.11
2	海通证券	73,323,449,782.03
3	国泰君安	68,069,666,319.00
4	银河证券	62,031,736,111.86
5	广发证券	49,260,486,895.51
6	申银万国	46,223,723,203.87
7	国信证券	45,260,689,567.97
8	招商证券	44,041,753,135.51
9	中信建投	35,612,000,886.77
10	华泰证券	33,376,431,552.28
11	光大证券	32,163,202,891.16
12	齐鲁证券	23,998,817,302.71
13	安信证券	22,889,195,638.23
14	中投证券	22,248,753,107.00
15	中金公司	21,618,778,932.07
16	东方证券	21,231,286,895.80
17	长江证券	17,850,183,191.15
18	方正证券	16,496,234,007.16
19	国都证券	15,798,179,963.41
20	宏源证券	15,142,802,245.24
21	平安证券	13,866,644,978.00
22	联合证券	13,851,332,634.35
23	中银国际	13,506,599,665.00
24	兴业证券	12,617,442,337.95
25	长城证券	11,876,124,824.66
26	国元证券	11,675,956,395.29
27	国海证券	10,618,128,301.40
28	华西证券	10,594,661,306.82
29	中信金通	10,389,212,073.07
30	上海证券	10,264,078,187.01
31	财达证券	9,875,481,970.62
32	湘财证券	9,458,181,727.70
33	渤海证券	9,285,420,644.93
34	东吴证券	8,947,812,037.77
35	东北证券	8,898,860,327.73
36	东海证券	8,892,370,574.00
37	信达证券	8,566,212,962.89
38	南京证券	8,443,514,516.99
39	浙商证券	8,166,224,441.72
40	西南证券	8,027,473,486.88
41	财通证券	7,936,461,158.89
42	山西证券	7,784,381,296.00
43	西部证券	7,573,700,928.75
44	财富证券	7,481,462,290.22
45	中原证券	7,386,068,620.38
46	民族证券	7,341,002,237.54
47	国联证券	7,130,233,720.63
48	国金证券	7,075,854,337.89
49	东兴证券	7,036,014,487.28
50	东莞证券	6,510,333,788.37
51	恒泰证券	6,424,663,812.89
52	华安证券	6,412,048,198.05
53	民生证券	5,979,648,701.53
54	中信万通	5,851,269,006.80
55	第一创业	5,755,424,542.56
56	广发华福	5,419,333,051.01
57	红塔证券	5,269,254,940.67
58	信泰证券	4,730,956,077.42
59	金元证券	4,549,705,384.52
60	中山证券	4,479,882,251.37
61	万联证券	4,335,398,875.29
62	华鑫证券	4,296,788,770.93
63	广州证券	4,243,534,179.94
64	大通证券	4,209,866,674.16
65	瑞银证券	3,996,248,826.00
66	江海证券	3,944,316,068.25
67	首创证券	3,923,693,861.61
68	新时代证券	3,846,676,970.38
69	华融证券	3,629,796,138.29
70	英大证券	3,552,500,675.79
71	太平洋证券	3,492,845,915.47
72	德邦证券	3,432,099,539.85
73	华林证券	3,297,235,991.31
74	北京高华	3,229,945,373.10
75	爱建证券	3,170,805,436.35
76	国盛证券	3,125,511,417.98
77	江南证券	3,104,069,126.38
78	华龙证券	2,942,037,946.30
79	中天证券	2,920,774,365.07
80	华创证券	2,844,817,922.58
81	上海远东	2,730,389,227.27
82	和兴证券	2,601,700,961.67
83	世纪证券	2,360,000,260.95
84	高盛高华	2,260,432,957.75
85	联讯证券	2,059,646,025.30
86	大同证券	1,961,722,558.07
87	华宝证券	1,802,344,713.74
88	银泰证券	1,621,097,461.69
89	航空证券	1,588,546,599.66
90	厦门证券	1,443,030,025.29
91	长财证券	1,331,261,773.04
92	华弘证券	1,181,288,230.73
93	西藏证券	1,143,464,298.24
94	日信证券	1,006,041,820.50
95	天源证券	943,232,716.86
96	众成证券	939,579,324.88
97	天风证券	859,927,195.62
98	沈阳诚浩	813,937,606.30
99	瑞信方正	797,393,631.57
100	航天证券	774,855,475.35
101	万和证券	698,144,575.32
102	川财证券	654,602,166.82
103	华欧国际	504,824,210.70
104	海际大和	453,496,563.66
105	开源证券	388,921,493.24
106	五矿证券	312,870,338.61
107	长江保荐	136,192,979.53

注:中位数为 5,851,269,006.8 元,不低于中位数的为排名前 54 位的公司。

2008 年度证券公司净利润排名

单位:元

序号	证券公司	净利润
1	中信证券	6,172,563,989.68
2	国泰君安	6,116,138,974.00
3	海通证券	3,293,043,793.03
4	广发证券	3,010,313,124.37
5	申银万国	2,197,896,259.86
6	银河证券	2,032,896,398.06
7	国信证券	2,014,312,513.19
8	方正证券	1,927,552,710.41
9	中信建投	1,734,230,518.59
10	招商证券	1,677,147,179.12
11	华泰证券	1,550,683,533.65
12	光大证券	1,219,440,196.81
13	中投证券	1,113,175,817.52
14	中银国际	971,081,698.00
15	安信证券	852,178,159.12
16	齐鲁证券	792,347,775.21
17	国金证券	755,750,634.49
18	中信金通	706,697,811.97
19	长江证券	690,573,664.46
20	中金公司	659,995,869.37
21	财达证券	568,372,261.32
22	平安证券	549,667,950.00
23	国元证券	520,541,858.31
24	宏源证券	480,499,068.32
25	长城证券	463,616,030.88
26	华西证券	462,439,720.10
27	南京证券	461,677,821.55
28	财通证券	453,334,818.16
29	联合证券	447,280,771.40
30	东北证券	406,180,678.35
31	西部证券	400,741,756.07
32	浙商证券	398,734,958.62

序号	证券公司	净利润
33	中信万通	373,441,800.79
34	湘财证券	355,181,747.91
35	东兴证券	350,007,032.74
36	广发华福	332,657,780.60
37	信达证券	310,960,904.15
38	国海证券	303,068,342.00
39	山西证券	276,365,293.00
40	华安证券	270,327,597.93
41	兴业证券	249,108,369.76
42	东吴证券	226,318,281.88
43	广州证券	221,731,978.50
44	渤海证券	212,467,615.57
45	国盛证券	211,787,982.29
46	第一创业	172,582,242.93
47	红塔证券	171,885,518.09
48	江海证券	163,782,493.39
49	和兴证券	154,248,034.59
50	北京高华	148,965,678.32
51	民生证券	147,923,454.55
52	华融证券	143,143,407.50
53	西南证券	142,062,522.65
54	华创证券	119,084,555.48
55	信泰证券	118,701,123.65
56	上海证券	114,389,076.39
57	民族证券	111,136,453.27
58	中原证券	110,044,649.41
59	财富证券	108,694,279.52
60	德邦证券	105,496,096.38
61	大同证券	102,743,113.06
62	联讯证券	102,079,131.76
63	江南证券	98,553,602.51
64	华林证券	80,603,090.13
65	大通证券	76,775,368.28
66	世纪证券	70,143,286.89
67	恒泰证券	56,738,597.03
68	厦门证券	56,491,361.14
69	长财证券	56,227,747.15
70	中山证券	55,635,451.05
71	华宝证券	54,496,464.05
72	华龙证券	53,259,096.01
73	华鑫证券	50,456,234.97
74	国联证券	47,890,405.68
75	国都证券	46,442,404.20
76	西藏证券	44,893,428.67
77	东莞证券	41,439,970.25
78	川财证券	36,097,846.04
79	东海证券	35,960,404.49
80	华弘证券	32,674,754.00
81	万联证券	32,131,585.35
82	众成证券	30,749,293.72
83	瑞银证券	26,123,979.00
84	高盛高华	25,719,877.99
85	天源证券	22,920,302.61
86	英大证券	22,420,977.74
87	万和证券	21,002,393.86
88	天风证券	20,711,613.70
89	沈阳诚浩	20,351,559.13
90	银泰证券	11,496,132.51
91	开源证券	10,090,778.85
92	航空证券	5,876,526.41
93	长江保荐	5,049,248.19
94	金元证券	4,319,489.11
95	航天证券	157,940.50
96	瑞信方正	-4,813,217.91
97	华欧国际	-5,364,439.71
98	海际大和	-6,193,600.82
99	五矿证券	-11,483,042.58
100	日信证券	-54,513,673.38
101	首创证券	-130,974,631.57
102	爱建证券	-177,667,657.74
103	新时代证券	-207,260,994.33
104	中天证券	-312,873,978.82
105	上海远东	-415,346,892.32
106	太平洋证券	-645,252,081.94
107	东方证券	-896,045,702.38

注:中位数为119,084,555.48元,不低于中位数的为排名前54位的公司。

2008年度证券公司净资本排名

单位:元

序号	证券公司	净资本
1	中信证券	38,778,845,921.25
2	海通证券	36,228,156,968.86
3	国泰君安	13,247,388,522.00
4	申银万国	8,947,332,996.37
5	光大证券	8,223,271,282.09
6	银河证券	8,171,543,086.71
7	齐鲁证券	8,022,317,046.92
8	广发证券	7,958,371,217.92
9	国信证券	7,309,812,580.26
10	华泰证券	5,390,383,143.99
11	东方证券	5,206,398,140.31
12	中金公司	4,897,683,313.55
13	国都证券	4,587,092,445.59
14	方正证券	4,584,517,546.99
15	长城证券	4,569,060,879.58
16	中信建投	4,362,845,361.09
17	招商证券	3,797,382,126.60
18	宏源证券	3,769,515,459.44
19	长江证券	3,529,013,638.27
20	中投证券	3,503,701,280.21
21	国元证券	3,334,775,756.36
22	兴业证券	3,011,165,980.64
23	平安证券	2,942,180,213.00
24	安信证券	2,937,816,764.14
25	恒泰证券	2,857,928,775.82
26	中银国际	2,773,664,839.00
27	东吴证券	2,662,657,437.97
28	红塔证券	2,547,451,184.74
29	西南证券	2,534,529,580.61
30	东海证券	2,507,875,499.90
31	南京证券	2,449,293,282.58
32	浙商证券	2,299,873,216.86
33	财通证券	2,209,352,136.99
34	上海证券	2,154,956,629.50
35	中原证券	2,106,837,784.96
36	中山证券	2,083,450,149.11
37	财达证券	1,977,353,440.70
38	山西证券	1,960,419,437.00
39	国金证券	1,933,333,945.44
40	国联证券	1,882,811,018.49
41	第一创业	1,882,742,262.91
42	湘财证券	1,861,097,936.72
43	东兴证券	1,853,189,870.01
44	瑞银证券	1,797,866,777.00
45	华安证券	1,793,142,889.09
46	信达证券	1,771,023,893.28
47	华西证券	1,703,292,228.62
48	北京高华	1,691,514,016.97
49	渤海证券	1,680,920,159.82
50	西部证券	1,675,039,535.05
51	中信金通	1,627,022,857.72
52	德邦证券	1,496,417,987.94
53	华融证券	1,477,255,650.81
54	中信万通	1,429,353,722.32
55	金元证券	1,412,259,270.32
56	广发华福	1,401,385,325.76
57	华鑫证券	1,316,910,366.74
58	东北证券	1,297,808,814.83
59	联合证券	1,295,449,204.04
60	大通证券	1,292,035,910.36
61	高盛高华	1,286,557,331.40
62	东莞证券	1,283,071,920.68
63	财富证券	1,262,662,272.70
64	太平洋证券	1,200,138,800.63
65	广州证券	1,150,558,089.82
66	信泰证券	991,261,365.61
67	英大证券	951,051,369.52

序号	证券公司	净资本
68	民生证券	947,104,746.06
69	国海证券	852,429,023.10
70	中天证券	840,174,915.56
71	国盛证券	802,263,644.91
72	民族证券	798,379,552.40
73	上海远东	796,994,460.55
74	瑞信方正	787,830,550.88
75	华林证券	765,307,592.87
76	万联证券	736,091,986.12
77	首创证券	707,698,691.47
78	爱建证券	635,459,776.70
79	华弘证券	564,691,202.93
80	江海证券	561,682,549.20
81	日信证券	554,915,344.10
82	华龙证券	519,205,296.32
83	世纪证券	511,784,519.21
84	银泰证券	499,881,110.20
85	华宝证券	496,230,795.75
86	华欧国际	491,618,302.44
87	海际大和	444,852,501.07
88	江南证券	406,973,775.08
89	和兴证券	374,292,281.25
90	联讯证券	363,200,969.64
91	航空证券	335,622,972.50
92	华创证券	272,178,845.02
93	西藏证券	256,885,006.54
94	新时代证券	236,694,932.78
95	长财证券	228,600,932.21
96	大同证券	227,407,870.17
97	众成证券	181,237,373.79
98	沈阳诚浩	181,060,457.77
99	厦门证券	167,624,983.57
100	天源证券	145,220,064.34
101	开源证券	139,168,315.70
102	万和证券	124,177,045.27
103	长江保荐	119,879,047.98
104	川财证券	109,206,293.26
105	天风证券	92,613,851.11
106	五矿证券	78,586,498.62
107	航天证券	76,405,770.67

注:中位数为1,429,353,722.32元,不低于中位数的为排名前54位的公司。

2008年度证券公司净资产排名

单位:元

序号	证券公司	净资产
1	中信证券	49,333,202,259.52
2	海通证券	38,225,911,933.73
3	国泰君安	15,959,413,133.00
4	广发证券	11,395,262,118.69
5	申银万国	10,890,073,908.28
6	国信证券	10,667,760,053.50
7	光大证券	10,331,236,406.03
8	银河证券	9,640,607,914.11
9	齐鲁证券	9,229,123,873.46
10	华泰证券	8,480,918,865.80
11	招商证券	7,482,266,635.89
12	东方证券	6,647,039,294.05
13	方正证券	6,131,611,023.38
14	国都证券	5,948,018,386.40
15	长城证券	5,575,912,166.38
16	中信建投	5,210,120,586.87
17	宏源证券	4,976,270,161.89
18	国元证券	4,701,532,679.83
19	长江证券	4,577,792,726.61
20	中投证券	4,018,862,831.48
21	兴业证券	3,889,580,615.23
22	平安证券	3,817,220,188.00
23	安信证券	3,792,321,292.98
24	西南证券	3,315,938,186.45
25	中银国际	3,312,504,873.00
26	中金公司	3,163,917,202.00
27	恒泰证券	3,127,790,976.17
28	东海证券	3,106,139,505.56
29	上海证券	3,053,866,169.02
30	东吴证券	3,022,090,506.65
31	红塔证券	2,993,857,594.64
32	南京证券	2,972,978,046.42
33	浙商证券	2,851,061,229.38
34	财通证券	2,698,982,295.93
35	中原证券	2,642,150,280.25
36	第一创业	2,507,809,805.17
37	山西证券	2,434,480,687.00
38	财富证券	2,400,180,304.10
39	中山证券	2,393,304,897.28
40	华西证券	2,388,224,629.40
41	湘财证券	2,327,891,671.05
42	渤海证券	2,274,022,456.09
43	华安证券	2,268,558,789.82
44	东北证券	2,257,903,535.12
45	信达证券	2,245,464,651.49
46	国联证券	2,244,193,727.88
47	财达证券	2,239,775,909.79
48	国金证券	2,164,942,091.17
49	东兴证券	2,019,763,356.11
50	西部证券	1,991,296,021.82
51	华融证券	1,783,896,103.44
52	中信金通	1,769,115,687.43
53	联合证券	1,714,513,384.78
54	中信万通	1,667,408,678.95
55	德邦证券	1,663,232,460.14
56	广发华福	1,606,800,616.94
57	金元证券	1,601,664,278.47
58	华鑫证券	1,518,442,626.54
59	大通证券	1,499,540,586.76
60	北京高华	1,404,855,461.49
61	东莞证券	1,388,367,006.01
62	太平洋证券	1,379,841,360.67
63	广州证券	1,323,525,933.46
64	国海证券	1,320,036,947.75
65	瑞银证券	1,257,014,318.00
66	民生证券	1,231,219,492.31
67	民族证券	1,227,530,436.61
68	信泰证券	1,197,168,303.51
69	英大证券	1,087,482,147.27
70	中天证券	1,027,666,583.13
71	首创证券	1,016,684,821.87
72	华龙证券	988,321,459.85
73	新时代证券	983,845,309.15
74	上海远东	959,286,045.05
75	高盛高华	953,502,346.06
76	华林证券	947,440,724.70
77	国盛证券	922,106,951.08
78	万联证券	905,711,675.66
79	爱建证券	888,317,907.96
80	瑞信方正	795,824,140.05
81	江海证券	775,509,367.46
82	世纪证券	726,437,340.83
83	日信证券	612,875,311.36
84	江南证券	610,974,010.53
85	华弘证券	586,517,895.87
86	银泰证券	575,033,326.73
87	和兴证券	567,095,258.17
88	华宝证券	549,472,574.09
89	华欧国际	500,291,294.19
90	海际大和	450,625,072.32
91	联讯证券	416,027,137.85
92	航空证券	373,577,924.15
93	华创证券	365,039,655.56
94	大同证券	338,866,091.17
95	西藏证券	336,941,640.27
96	长财证券	319,904,627.38
97	沈阳诚浩	302,500,896.77
98	厦门证券	234,795,502.57
99	天源证券	204,877,489.67
100	众成证券	195,249,200.11
101	天风证券	192,900,983.73
102	万和证券	167,688,608.27

序号	证券公司	净资产
103	开源证券	151,632,602.72
104	川财证券	132,393,320.11
105	长江保荐	123,748,065.78
106	航天证券	115,628,419.10
107	五矿证券	98,736,298.13

注:中位数为1,667,408,678.95元,不低于中位数的为排名前54位的公司。

2008年度证券公司股票主承销金额排名

单位:亿元

序号	公司	股票主承销金额
1	中信证券	368.21
2	国泰君安	176.90
3	中金公司	171.66
4	银河证券	161.00
5	安信证券	150.26
6	中银国际	112.10
7	平安证券	108.88
8	国信证券	105.22
9	海通证券	74.41
10	光大证券	58.06
11	广发证券	53.39
12	长江保荐	47.26
13	瑞银证券	45.39
14	国金证券	42.22
15	国联证券	35.81
16	联合证券	33.99
17	东北证券	27.62
18	中信建投	23.95
19	国元证券	19.21
20	恒泰证券	19.06
21	中投证券	19.03
22	华泰证券	16.28
23	宏源证券	16.21
24	东方证券	14.53
25	兴业证券	11.76
26	民生证券	11.47
27	国海证券	11.24
28	东莞证券	11.18
29	德邦证券	11.17
30	申银万国	10.89
31	西南证券	10.37
32	山西证券	9.45
33	招商证券	9.07
34	太平洋证券	7.42
35	华龙证券	7.31
36	南京证券	7.02
37	财富证券	6.61
38	齐鲁证券	5.88
39	第一创业	5.26
40	华欧国际	5.00
41	首创证券	4.03
42	长城证券	3.10
43	新时代证券	2.94
44	国都证券	2.73
45	金元证券	2.28
46	民族证券	1.96
47	渤海证券	1.96
48	东海证券	1.22

注:股票主承销金额排名的中位数为13.15亿元,不低于中位数的为排名前24家公司。

2008年度证券公司股票主承销家数排名

序号	公司	股票主承销家数
1	国信证券	14
2	中信证券	13
3	平安证券	13
4	广发证券	12
5	海通证券	11
6	联合证券	8
7	国泰君安	7
8	中金公司	5
9	安信证券	5
10	东北证券	5
11	宏源证券	5
12	光大证券	4
13	国元证券	4
14	中投证券	4
15	华泰证券	4
16	兴业证券	4
17	招商证券	4
18	银河证券	3
19	长江保荐	3
20	国金证券	3
21	中信建投	3
22	民生证券	3
23	中银国际	2
24	瑞银证券	2
25	国联证券	2
26	恒泰证券	2
27	东方证券	2
28	国海证券	2
29	东莞证券	2
30	德邦证券	2
31	申银万国	2
32	太平洋证券	2
33	华龙证券	2
34	财富证券	2
35	第一创业	2
36	西南证券	1
37	山西证券	1
38	南京证券	1
39	齐鲁证券	1
40	华欧国际	1
41	首创证券	1
42	长城证券	1
43	新时代证券	1
44	国都证券	1
45	金元证券	1
46	民族证券	1
47	渤海证券	1
48	东海证券	1

注:股票主承销家数排名的中位数为2家,不低于中位数的为前35家公司;股票主承销家数相同时,按股票主承销金额从大到小排序。

2008年度证券公司股票及债券承销金额排名

单位:亿元

序号	公司	股票及债券承销金额
1	中信证券	1,119.33
2	中金公司	655.9
3	国泰君安	515.52
4	银河证券	449.92
5	中银国际	442.12
6	中信建投	272.95
7	安信证券	211.15
8	招商证券	210.8
9	国信证券	206.40
10	平安证券	179.32
11	广发证券	162.34
12	海通证券	154.90
13	光大证券	154.10
14	瑞银证券	147.63
15	宏源证券	112.34
16	中投证券	96.44
17	高盛高华	92.98
18	第一创业	86.59
19	长江保荐	77.11
20	西南证券	63.83
21	联合证券	58.51
22	德邦证券	54.02
23	民生证券	53.01
24	国金证券	46.57
25	申银万国	42.93
26	国联证券	36.38
27	齐鲁证券	33.11

序号	公司	股票及债券承销金额
28	东方证券	31.74
29	民族证券	31.50
30	恒泰证券	31.26
31	太平洋证券	31.18
32	上海远东	30.99
33	东北证券	27.62
34	渤海证券	26.03
35	海际大和	25.14
36	东海证券	24.72
37	华泰证券	24.12
38	国海证券	21.93
39	方正证券	21.12
40	山西证券	21.08
41	华林证券	20.82
42	财富证券	20.14
43	国元证券	20.01
44	南京证券	19.82
45	兴业证券	19.31
46	长城证券	18.78
47	长江证券	18.03
48	华欧国际	17.70
49	信达证券	15.20
50	东莞证券	11.58
51	新时代证券	11.14
52	华龙证券	10.31
53	国都证券	9.19
54	首创证券	8.22
55	广州证券	8.03
56	红塔证券	5.50
57	西部证券	5.00
58	华安证券	4.64
59	东兴证券	3.39
60	爱建证券	3.15
61	国盛证券	2.52
62	华西证券	2.50
63	金元证券	2.28
64	万联证券	1.83
65	华鑫证券	1.00
66	上海证券	0.70
67	东吴证券	0.70
68	华融证券	0.32
69	湘财证券	0.20

注:股票及债券承销金额排名的中位数为25.14亿元,不低于中位数的为排名前35家公司。

2008年度证券公司股票基金交易总金额排名

单位:亿元

序号	公司	股票基金交易总金额
1	银河证券	30,066.37
2	国泰君安	25,584.81
3	国信证券	22,541.35
4	海通证券	20,866.98
5	广发证券	20,297.04
6	申银万国	19,094.60
7	华泰证券	18,773.15
8	招商证券	18,161.95
9	光大证券	16,149.35
10	中信建投	15,898.73
11	中投证券	12,765.06
12	安信证券	10,776.34
13	中信证券	10,710.48
14	方正证券	10,347.15
15	齐鲁证券	10,321.24
16	联合证券	8,494.68
17	中信金通	7,852.55
18	东方证券	7,484.10
19	兴业证券	6,660.10
20	长江证券	6,529.13
21	华西证券	5,957.62
22	宏源证券	5,857.18
23	中银国际	5,280.08
24	浙商证券	5,227.84
25	信达证券	4,973.41
26	上海证券	4,756.68
27	东吴证券	4,737.61
28	国元证券	4,576.44
29	湘财证券	4,566.02
30	财达证券	4,557.17
31	东海证券	4,437.84
32	平安证券	4,313.22
33	财通证券	4,285.85
34	长城证券	4,074.03
35	中信万通	3,954.46
36	东兴证券	3,883.72
37	南京证券	3,867.81
38	西部证券	3,757.66
39	广发华福	3,756.24
40	国海证券	3,726.73
41	民族证券	3,657.21
42	东北证券	3,577.33
43	中原证券	3,463.21
44	渤海证券	3,434.73
45	华安证券	3,297.88
46	中金公司	3,205.97
47	国联证券	3,151.77
48	东莞证券	3,126.82
49	山西证券	2,891.99
50	西南证券	2,832.35
51	民生证券	2,448.72
52	国都证券	2,323.51
53	信泰证券	2,318.28
54	恒泰证券	2,264.69
55	江海证券	2,176.33
56	金元证券	2,172.41
57	万联证券	2,129.89
58	江南证券	2,101.35
59	国金证券	2,074.58
60	国盛证券	2,035.06
61	广州证券	1,987.46
62	财富证券	1,917.10
63	华龙证券	1,822.02
64	大通证券	1,790.90
65	英大证券	1,789.12
66	华林证券	1,660.79
67	新时代证券	1,651.44
68	华鑫证券	1,594.31
69	第一创业	1,574.40
70	中山证券	1,518.59
71	华创证券	1,405.91
72	首创证券	1,373.72
73	太平洋证券	1,362.47
74	世纪证券	1,325.64
75	红塔证券	1,317.53
76	爱建证券	1,275.92
77	德邦证券	1,245.30
78	和兴证券	1,192.13
79	联讯证券	1,151.93
80	华融证券	1,078.82
81	厦门证券	1,050.08
82	上海远东	1,044.28
83	中天证券	907.01
84	大同证券	906.05
85	华宝证券	764.33
86	航空证券	732.55
87	长财证券	671.32
88	天源证券	607.05
89	西藏证券	587.48
90	银泰证券	580.59
91	天风证券	497.96
92	众成证券	443.57
93	万和证券	402.90
94	沈阳诚浩	347.46
95	川财证券	323.74
96	华弘证券	305.85
97	日信证券	302.55
98	五矿证券	202.31
99	北京高华	199.28

序号	公司	股票基金交易总金额
100	航天证券	167.53
101	开源证券	152.25
102	瑞银证券	23.16

注:股票基金交易总金额排名的中位数为 2,386.12 亿元,不低于中位数的为排名前 51 家公司。

2008 年度证券公司代理买卖证券业务净收入排名

单位:元

序号	证券公司	代理买卖证券业务净收入
1	银河证券	5,091,064,531.45
2	国泰君安	4,282,202,531.00
3	广发证券	4,029,717,270.35
4	海通证券	4,020,396,316.10
5	申银万国	3,774,583,807.44
6	国信证券	3,565,625,959.30
7	中信建投	3,146,622,809.31
8	华泰证券	2,990,116,537.26
9	招商证券	2,935,617,501.54
10	光大证券	2,502,740,325.33
11	齐鲁证券	2,351,102,830.72
12	中信证券	2,088,092,986.57
13	中投证券	2,046,959,436.69
14	安信证券	2,021,798,602.71
15	联合证券	1,587,101,464.91
16	中信金通	1,333,843,515.87
17	东方证券	1,202,977,168.12
18	兴业证券	1,192,044,209.79
19	宏源证券	1,178,108,978.30
20	方正证券	1,153,601,385.02
21	华西证券	1,142,966,251.12
22	财达证券	1,083,232,852.09
23	长江证券	1,076,023,170.82
24	浙商证券	925,012,993.56
25	中金公司	889,752,247.77
26	国海证券	883,781,834.57
27	中原证券	883,170,859.61
28	国元证券	858,287,484.01
29	上海证券	851,066,034.82
30	东吴证券	850,239,644.19
31	东北证券	838,196,991.49
32	中银国际	837,895,972.00
33	西部证券	837,309,007.14
34	信达证券	831,152,601.88
35	华安证券	788,982,991.08
36	东海证券	774,822,679.59
37	财通证券	768,580,181.95
38	中信万通	742,381,204.51
39	东兴证券	737,685,953.95
40	湘财证券	726,306,993.84
41	民族证券	701,135,477.31
42	平安证券	697,239,594.00
43	南京证券	673,426,473.37
44	东莞证券	672,529,648.58
45	广发华福	662,745,101.86
46	长城证券	628,384,913.29
47	国联证券	623,652,804.14
48	山西证券	617,218,259.00
49	渤海证券	607,129,508.34
50	民生证券	594,260,647.94
51	西南证券	500,186,648.55
52	恒泰证券	495,782,523.79
53	江海证券	413,521,234.60
54	国盛证券	405,018,206.73
55	国金证券	385,005,943.55
56	广州证券	374,297,619.91
57	江南证券	373,069,572.01
58	信泰证券	372,410,346.98
59	万联证券	371,416,226.02
60	国都证券	370,827,823.71
61	华龙证券	367,241,034.83
62	大通证券	336,528,077.91
63	财富证券	331,758,743.16
64	金元证券	326,656,097.56
65	太平洋证券	322,568,847.08
66	新时代证券	320,506,053.25
67	华创证券	317,769,923.69
68	华林证券	308,223,093.39
69	和兴证券	297,486,351.57
70	红塔证券	272,653,478.30
71	中山证券	262,799,179.89
72	华鑫证券	260,621,604.95
73	大同证券	252,307,502.99
74	英大证券	250,983,495.56
75	联讯证券	238,229,077.03
76	华融证券	219,602,164.19
77	上海远东	213,720,982.60
78	爱建证券	207,975,550.60
79	首创证券	203,651,553.27
80	北京高华	200,505,884.58
81	世纪证券	196,500,065.30
82	第一创业	188,596,882.84
83	中天证券	181,899,939.21
84	德邦证券	168,180,849.49
85	华宝证券	161,852,161.98
86	长财证券	159,619,052.11
87	厦门证券	155,384,669.48
88	航空证券	151,138,738.46
89	天源证券	116,031,140.15
90	西藏证券	114,430,282.13
91	众成证券	103,940,624.20
92	天风证券	101,748,345.42
93	银泰证券	100,412,411.18
94	川财证券	76,030,397.88
95	万和证券	72,338,401.12
96	沈阳诚浩	60,927,862.94
97	日信证券	59,766,335.05
98	华弘证券	49,814,346.61
99	航天证券	30,901,616.68
100	开源证券	30,405,068.26
101	五矿证券	17,643,700.69
102	瑞银证券	4,558,581.00

注:中位数为 497,984,586.17 元,不低于中位数的为排名前 51 位的公司。

2008 年度证券公司承销、保荐及并购重组等财务顾问业务的净收入中位数以上排名

单位:元

序号	证券公司	证券承销、保荐及并购重组等财务顾问业务净收入
1	中信证券	1,591,273,289.78
2	中金公司	1,143,541,155.67
3	中银国际	552,463,960.00
4	国泰君安	549,876,161.00
5	银河证券	522,039,860.74
6	平安证券	510,965,839.00
7	国信证券	363,060,287.79
8	广发证券	327,136,177.82
9	中信建投	286,563,532.00
10	安信证券	262,815,131.82
11	海通证券	255,273,094.14
12	瑞银证券	236,857,909.00
13	招商证券	212,064,597.93
14	光大证券	180,838,203.10
15	宏源证券	168,978,951.25
16	联合证券	165,770,690.43
17	信达证券	159,731,766.67
18	第一创业	150,343,053.36
19	国金证券	131,120,990.31
20	国联证券	112,722,875.00
21	中投证券	101,413,211.26
22	国海证券	95,510,391.41
23	华泰证券	87,550,319.18
24	东北证券	81,826,000.00
25	恒泰证券	75,098,281.00
26	民生证券	72,487,697.45

序号	证券公司	证券承销、保荐及并购重组等财务顾问业务净收入
27	长江保荐	71,607,300.00
28	东方证券	67,616,269.30
29	高盛高华	59,024,689.92
30	西南证券	56,262,606.23
31	申银万国	51,720,615.57
32	国元证券	50,256,000.00
33	首创证券	49,323,962.09
34	德邦证券	48,539,166.08
35	财富证券	47,156,109.40
36	华融证券	45,324,000.00
37	民族证券	44,842,107.04
38	华林证券	41,394,000.00
39	国都证券	40,724,000.00

注：中位数为40,724,000.00元，不低于中位数的为排名前39名的公司。

2008年度证券公司成本管理能力前20位排名

序号	证券公司	成本管理能力
1	国联证券	3.09
2	华安证券	2.96
3	和兴证券	2.75
4	广发华福	2.68
5	财通证券	2.67
6	财达证券	2.60
7	中原证券	2.57
8	中信金通	2.45
9	申银万国	2.45
10	浙商证券	2.43
11	首创证券	2.37
12	大通证券	2.22
13	东海证券	2.13
14	华西证券	2.10
15	中信建投	2.09
16	东莞证券	2.06
17	东兴证券	2.06
18	华创证券	2.06
19	广发证券	2.06
20	川财证券	2.04

注：成本管理能力＝(营业收入－投资收益－公允价值变动收益)/营业支出

2008年度证券公司净资本收益率中位数以上排名

序号	证券公司	净资本收益率
1	国泰君安	46.17%
2	大同证券	45.18%
3	招商证券	44.17%
4	华创证券	43.75%
5	中信金通	43.44%
6	方正证券	42.04%
7	和兴证券	41.21%
8	中信建投	39.75%
9	国金证券	39.09%
10	广发证券	37.83%
11	国海证券	35.55%
12	中银国际	35.01%
13	联合证券	34.53%
14	厦门证券	33.70%
15	川财证券	33.05%
16	中投证券	31.77%
17	东北证券	31.30%
18	江海证券	29.16%
19	安信证券	29.01%
20	华泰证券	28.77%
21	财达证券	28.74%
22	联讯证券	28.11%
23	国信证券	27.56%
24	华西证券	27.15%
25	国盛证券	26.40%
26	中信万通	26.13%
27	银河证券	24.88%
28	长财证券	24.60%
29	申银万国	24.56%
30	江南证券	24.22%
31	西部证券	23.92%
32	广发华福	23.74%
33	天风证券	22.36%
34	财通证券	20.52%
35	长江证券	19.57%
36	广州证券	19.27%
37	湘财证券	19.08%
38	东兴证券	18.89%
39	南京证券	18.85%
40	平安证券	18.68%
41	信达证券	17.56%
42	西藏证券	17.48%
43	浙商证券	17.34%
44	众成证券	16.97%
45	万和证券	16.91%
46	中信证券	15.92%
47	天源证券	15.78%
48	民生证券	15.62%
49	国元证券	15.61%
50	华安证券	15.08%
51	光大证券	14.83%
52	山西证券	14.10%
53	民族证券	13.92%
54	世纪证券	13.71%

注：1、中位数为13.71%，不低于中位数的为排名前54名的公司；
2、净资本收益率＝净利润/期末净资本。

2008年度证券公司客户交易结算资金余额排名

单位：元

序号	证券公司	客户交易结算资金余额
1	银河证券	43,752,725,829.87
2	国泰君安	39,646,112,562.00
3	广发证券	33,167,051,625.67
4	海通证券	32,963,902,396.36
5	申银万国	32,782,572,273.97
6	招商证券	28,296,186,123.10
7	国信证券	27,614,662,092.34
8	中信建投	25,216,675,232.95
9	中信证券	22,664,656,588.09
10	华泰证券	22,082,277,308.10
11	光大证券	20,596,320,958.99
12	中投证券	17,660,380,289.83
13	安信证券	14,739,213,592.66
14	齐鲁证券	13,624,580,603.77
15	联合证券	11,468,315,844.21
16	长江证券	10,837,004,917.79
17	东方证券	10,679,285,019.47
18	方正证券	9,639,110,470.09
19	宏源证券	9,155,601,837.59
20	中信金通	8,187,226,662.06
21	中金公司	8,084,986,514.68
22	兴业证券	8,080,082,283.62
23	平安证券	7,639,612,679.00
24	财达证券	7,406,178,360.53
25	华西证券	7,091,242,272.92
26	中银国际	7,091,139,088.00
27	湘财证券	6,883,647,371.60
28	上海证券	6,831,664,738.55
29	东北证券	6,299,492,038.98
30	国元证券	6,295,302,004.89
31	信达证券	6,121,066,919.06
32	民族证券	5,917,093,319.89
33	东吴证券	5,495,892,238.22
34	渤海证券	5,471,268,587.74
35	西部证券	5,441,382,325.07
36	国都证券	5,361,137,087.64
37	山西证券	5,272,204,569.00
38	东海证券	5,100,958,119.02
39	浙商证券	5,054,384,404.50
40	国海证券	5,005,448,335.18
41	长城证券	4,997,351,034.45
42	财通证券	4,995,193,984.33

序号	证券公司	客户交易结算资金余额
43	南京证券	4,953,099,312.16
44	国联证券	4,751,994,480.06
45	中原证券	4,608,155,856.32
46	东兴证券	4,578,230,397.49
47	东莞证券	4,546,919,905.99
48	西南证券	4,435,332,555.28
49	国金证券	4,162,032,066.91
50	中信万通	3,906,115,530.07
51	民生证券	3,818,730,793.06
52	华安证券	3,795,357,834.16
53	广发华福	3,673,862,161.85
54	信泰证券	3,450,116,892.79
55	万联证券	3,299,754,924.91
56	恒泰证券	3,226,078,968.07
57	江海证券	2,985,112,363.81
58	金元证券	2,932,038,510.32
59	广州证券	2,835,247,071.64
60	华鑫证券	2,743,807,122.67
61	大通证券	2,683,487,170.35
62	江南证券	2,456,774,158.58
63	英大证券	2,421,065,624.81
64	华创证券	2,414,278,014.14
65	首创证券	2,370,587,830.27
66	财富证券	2,318,883,377.73
67	新时代证券	2,134,150,628.22
68	中山证券	2,067,846,184.84
69	国盛证券	2,042,733,965.73
70	红塔证券	2,034,674,285.16
71	和兴证券	1,980,416,834.42
72	爱建证券	1,962,797,431.26
73	华林证券	1,945,231,901.47
74	第一创业	1,894,953,709.82
75	华龙证券	1,743,717,611.15
76	太平洋证券	1,683,085,495.82
77	华融证券	1,672,636,810.46
78	联讯证券	1,612,010,053.82
79	德邦证券	1,588,043,753.69
80	世纪证券	1,514,278,108.49
81	大同证券	1,478,335,564.67
82	中天证券	1,445,788,557.29
83	上海远东	1,293,258,492.98
84	华宝证券	1,197,792,176.92
85	厦门证券	1,178,427,400.61
86	航空证券	1,121,204,999.26
87	长财证券	987,409,631.61
88	银泰证券	976,467,489.27
89	西藏证券	788,139,602.51
90	众成证券	737,285,707.49
91	天源证券	719,463,734.77
92	北京高华	684,918,856.65
93	天风证券	654,682,626.07
94	航天证券	613,269,263.21
95	华弘证券	582,488,892.62
96	万和证券	521,636,457.88
97	沈阳诚浩	491,043,652.30
98	川财证券	478,709,611.49
99	日信证券	392,024,234.77
100	开源证券	232,021,228.74
101	五矿证券	213,229,863.54
102	瑞银证券	182,893,223.00

注:中位数为3,807,044,313.61元,不低于中位数的为排名前51位的公司。

2008年度证券公司营业收入排名

单位:元

序号	证券公司	营业收入
1	国泰君安	11,996,280,885.00
2	中信证券	6,983,330,921.18
3	海通证券	6,398,366,714.06
4	广发证券	6,348,973,969.27
5	银河证券	6,056,768,582.83
6	国信证券	4,813,488,465.20
7	华泰证券	4,578,243,236.47
8	申银万国	4,282,969,575.99
9	中信建投	4,101,673,304.14
10	招商证券	3,919,298,392.07
11	方正证券	3,293,500,082.49
12	光大证券	3,078,517,677.96
13	中金公司	2,938,817,754.00
14	中投证券	2,787,153,277.26
15	安信证券	2,658,297,456.66
16	齐鲁证券	2,453,155,344.49
17	中银国际	2,037,552,363.00
18	长江证券	1,976,042,402.78
19	联合证券	1,787,848,479.25
20	中信金通	1,562,649,432.99
21	国金证券	1,488,124,465.01
22	平安证券	1,453,875,596.00
23	宏源证券	1,354,388,931.86
24	华西证券	1,255,411,205.67
25	财达证券	1,233,321,970.71
26	国元证券	1,192,075,550.44
27	国海证券	1,140,801,320.77
28	东北证券	1,092,658,746.67
29	信达证券	1,086,133,535.36
30	南京证券	1,071,453,613.31
31	西部证券	1,019,230,263.41
32	兴业证券	1,005,142,437.10
33	中信万通	990,610,022.58
34	财通证券	924,013,709.18
35	长城证券	914,813,924.51
36	东兴证券	869,289,260.26
37	东吴证券	863,084,153.07
38	上海证券	820,646,994.50
39	湘财证券	800,438,157.22
40	广发华福	793,677,581.09
41	山西证券	776,038,831.00
42	浙商证券	763,642,338.31
43	西南证券	703,975,312.85
44	渤海证券	695,004,423.47
45	华安证券	674,402,034.08
46	民族证券	621,513,905.37
47	民生证券	612,906,097.62
48	瑞银证券	581,974,031.00
49	第一创业	577,741,033.79
50	广州证券	528,770,268.84
51	国盛证券	520,774,007.71
52	信泰证券	504,319,545.74
53	北京高华	495,392,292.46
54	江海证券	479,838,511.58
55	中原证券	469,168,315.27
56	东海证券	468,999,682.65
57	江南证券	463,762,598.96
58	财富证券	445,268,656.98
59	红塔证券	432,896,914.28
60	东莞证券	432,888,053.78
61	国都证券	409,393,871.31
62	华融证券	402,812,882.51
63	华林证券	392,198,781.41
64	华龙证券	362,734,666.35
65	恒泰证券	352,238,166.20
66	国联证券	331,277,704.36
67	和兴证券	329,483,760.75
68	德邦证券	328,870,567.59
69	华创证券	316,667,994.25
70	万联证券	304,939,042.82
71	华鑫证券	296,318,235.38
72	大同证券	282,982,093.80
73	中山证券	282,975,624.05
74	联讯证券	274,914,757.89
75	金元证券	270,337,053.88
76	大通证券	266,043,936.56
77	英大证券	257,869,464.05
78	世纪证券	236,614,791.75
79	新时代证券	211,176,305.80
80	华宝证券	197,661,128.19
81	厦门证券	192,230,050.20
82	长财证券	182,691,561.18

序号	证券公司	营业收入
83	高盛高华	172,223,277.39
84	航空证券	135,962,957.37
85	西藏证券	133,232,350.13
86	天源证券	126,858,486.67
87	众成证券	118,622,604.19
88	银泰证券	118,392,957.36
89	天风证券	108,823,301.40
90	川财证券	87,099,461.67
91	华弘证券	85,709,907.86
92	万和证券	80,905,229.84
93	沈阳诚浩	71,814,961.64
94	长江保荐	67,433,605.54
95	华欧国际	47,808,119.20
96	航天证券	38,815,083.56
97	开源证券	36,219,979.40
98	海际大和	31,654,270.45
99	五矿证券	21,007,615.11
100	爱建证券	19,573,548.41
101	日信证券	8,518,049.30
102	瑞信方正	1,966,392.34
103	首创证券	-60,945,985.11
104	中天证券	-319,394,074.25
105	上海远东	-355,080,097.64
106	太平洋证券	-387,157,377.07
107	东方证券	-479,341,099.68

注:中位数为479,838,511.58元,不低于中位数的为排名前54位的公司。

2008年度证券公司债券主承销家数排名

序号	公司	债券主承销家数
1	中信证券	28
2	国泰君安	16
3	中金公司	15
4	银河证券	11
5	中银国际	9
6	中信建投	8
7	平安证券	6
8	招商证券	5
9	广发证券	5
10	国信证券	4
11	瑞银证券	4
12	西南证券	3
13	华林证券	3
14	安信证券	2
15	光大证券	2
16	第一创业	2
17	中投证券	2
18	申银万国	2
19	宏源证券	2
20	民族证券	2
21	国海证券	2
22	高盛高华	1
23	长江保荐	1
24	渤海证券	1
25	华欧国际	1
26	东方证券	1
27	恒泰证券	1
28	东海证券	1
29	长城证券	1
30	国都证券	1
31	海通证券	1
32	广州证券	1

注:债券主承销家数排名的中位数为2家,不低于中位数的为前21家公司;债券主承销家数相同时,按债券主承销金额从大到小排序。

2008年度证券公司受托管理资金本金总额中位数以上排名

单位:元

序号	证券公司	受托管理资金本金总额
1	中金公司	22,182,664,333.89
2	中信证券	11,954,971,654.40
3	海通证券	8,949,795,753.39
4	国泰君安	7,842,264,347.00
5	招商证券	7,807,266,395.28
6	华泰证券	7,152,008,982.13
7	东方证券	5,012,950,863.07
8	光大证券	4,340,491,391.79
9	国信证券	4,072,432,590.41
10	广发证券	2,314,606,197.22
11	安信证券	1,846,508,804.47
12	国元证券	1,334,208,961.27
13	中投证券	1,151,561,476.14
14	东海证券	1,096,132,993.70

注:中位数为1,096,132,993.70元,不低于中位数的为排名前14位的公司。

2008年度证券公司受托客户资产管理业务净收入前20位排名

单位:元

序号	证券公司	受托客户资产管理业务净收入
1	东方证券	235,448,949.39
2	中金公司	201,491,138.21
3	华泰证券	185,362,944.76
4	国信证券	164,441,426.96
5	国泰君安	152,843,550.00
6	中信证券	149,874,003.51
7	广发证券	99,686,003.92
8	光大证券	61,176,610.62
9	招商证券	61,053,405.85
10	国元证券	26,263,075.88
11	东海证券	16,993,449.02
12	海通证券	16,554,521.42
13	平安证券	14,295,252.00
14	兴业证券	12,594,151.11
15	国都证券	10,474,475.35
16	西部证券	10,294,480.24
17	上海证券	10,149,576.64
18	中投证券	10,008,791.99
19	长江证券	10,006,330.95
20	申银万国	8,232,177.21

注:中位数为13,444,701.56元,不低于中位数的为排名前13位的公司。

2008年度证券公司营业部平均代理买卖证券业务净收入中位数以上排名

单位:元

序号	证券公司	证券公司营业部平均代理买卖证券业务净收入
1	中金公司	296,584,082.59
2	北京高华	100,252,942.29
3	国信证券	79,236,132.43
4	中信证券	43,501,937.22
5	招商证券	41,346,725.37
6	中银国际	39,899,808.19
7	中信金通	37,051,208.77
8	国联证券	36,685,459.07
9	兴业证券	34,058,405.99
10	东莞证券	33,626,482.43
11	联合证券	33,064,613.85
12	东吴证券	29,318,608.42
13	平安证券	29,051,649.75
14	中信万通	27,495,600.17
15	华泰证券	27,432,261.81
16	第一创业	26,942,411.83
17	中信建投	26,894,212.05
18	申银万国	26,770,097.93
19	光大证券	26,624,897.08
20	浙商证券	25,694,805.38
21	航空证券	25,189,789.74
22	长城证券	25,135,396.53
23	国泰君安	24,896,526.34
24	华西证券	24,847,092.42

序号	证券公司	证券公司营业部平均代理买卖证券业务净收入
25	财通证券	24,018,130.69
26	银河证券	23,790,021.18
27	民生证券	23,770,425.92
28	华林证券	23,709,468.72
29	中原证券	23,241,338.41
30	西藏证券	22,886,056.43
31	东海证券	22,788,902.34
32	海通证券	22,212,134.34
33	广州证券	22,017,507.05
34	广发证券	21,782,255.52
35	联讯证券	21,657,188.82
36	红塔证券	20,973,344.48
37	中投证券	20,887,341.19
38	齐鲁证券	20,806,219.74
39	东方证券	20,740,985.66
40	国都证券	19,517,253.88
41	广发华福	19,492,503.00
42	厦门证券	19,423,083.69
43	中山证券	18,771,369.99
44	安信证券	18,548,611.03
45	国海证券	18,036,363.97
46	华宝证券	17,983,573.55
47	宏源证券	17,583,716.09
48	国金证券	17,500,270.16
49	上海证券	16,366,654.52
50	信泰证券	16,191,754.22
51	长江证券	16,060,047.33

注:1、营业部数量包含服务部数量;
2、中位数为 16,060,047.33 元,不低于中位数的为排名前 51 名的公司;

2008 年度证券公司股票及债券主承销家数中位数以上排名

序号	公司	股票及债券主承销家数
1	中信证券	41
2	国泰君安	23
3	中金公司	20
4	平安证券	19
5	国信证券	18
6	广发证券	17
7	银河证券	14
8	海通证券	12
9	中银国际	11
10	中信建投	11
11	招商证券	9
12	联合证券	8
13	安信证券	7
14	宏源证券	7
15	光大证券	6
16	瑞银证券	6
17	中投证券	6
18	东北证券	5
19	长江保荐	4
20	西南证券	4
21	第一创业	4
22	申银万国	4
23	国元证券	4
24	国海证券	4
25	华泰证券	4
26	兴业证券	4

注:1、股票及债券主承销家数排名的中位数为 4 家,不低于中位数的为前 26 家公司;
2、股票及债券主承销家数相同时,按股票及债券主承销金额从大到小排序。

2008 年度证券公司债券主承销金额排名

单位:亿元

序号	公司	债券主承销金额
1	中信证券	593.21
2	中金公司	464.29
3	国泰君安	259.59
4	银河证券	244.95
5	中信建投	157.48
6	中银国际	144.90
7	招商证券	89.36
8	高盛高华	82.98
9	平安证券	55.80
10	国信证券	53.50
11	广发证券	52.83
12	瑞银证券	50.80
13	安信证券	49.54
14	西南证券	48.39
15	光大证券	45.50
16	第一创业	34.40
17	中投证券	21.33
18	申银万国	20.60
19	宏源证券	19.00
20	华林证券	18.00
21	民族证券	16.00
22	长江保荐	13.80
23	渤海证券	13.60
24	华欧国际	11.00
25	东方证券	8.86
26	恒泰证券	8.20
27	东海证券	8.10
28	长城证券	6.60
29	国海证券	5.40
30	国都证券	5.00
31	海通证券	4.20
32	广州证券	2.00

注:债券主承销金额排名的中位数为 27.87 亿元,不低于中位数的为排名前 16 家公司。

从事证券评估资格资产评估机构目录

序号	名称	资格授发时间
1	上海银信汇业资产评估有限公司	2008 年 12 月 1 日
2	中联资产评估有限公司	2008 年 12 月 1 日
3	安徽致远资产评估有限公司	2008 年 12 月 1 日
4	沃克森(北京)资产评估有限公司	2008 年 12 月 1 日
5	安徽国信资产评估有限责任公司	2008 年 12 月 1 日
6	北京中和谊资产评估有限公司	2008 年 12 月 1 日
7	深圳市德正信资产评估有限公司	2008 年 12 月 1 日
8	北京中企华资产评估有限责任公司	2008 年 12 月 1 日
9	上海万隆资产评估有限公司	2008 年 12 月 1 日
10	湖北万信资产评估有限公司	2008 年 12 月 1 日
11	湖北众联资产评估有限公司	2008 年 12 月 1 日
12	厦门市大学资产评估有限公司	2009 年 1 月 6 日
13	浙江勤信资产评估有限公司	2009 年 1 月 6 日
14	北京天健兴业资产评估有限公司	2009 年 1 月 6 日
15	重庆华康资产评估有限公司	2009 年 1 月 6 日
16	北京六合正旭资产评估有限责任公司	2009 年 1 月 6 日
17	湖南湘资源资产评估有限公司	2009 年 1 月 6 日
18	中铭国际资产评估(北京)有限责任公司	2009 年 1 月 6 日
19	中威正信(北京)资产评估有限公司	2009 年 1 月 6 日
20	北京岳华德威资产评估有限公司	2009 年 1 月 6 日
21	中通诚资产评估有限公司	2009 年 1 月 6 日
22	辽宁众华资产评估有限公司	2009 年 1 月 6 日
23	四川华衡资产评估有限公司	2009 年 1 月 6 日
24	中资资产评估有限公司	2009 年 1 月 6 日
25	上海财瑞资产评估有限公司	2009 年 1 月 6 日
26	北京中锋资产评估有限责任公司	2009 年 1 月 6 日
27	中和资产评估有限公司	2009 年 1 月 6 日
28	西安正衡资产评估有限责任公司	2009 年 2 月 13 日
29	北京中证资产评估有限公司	2009 年 2 月 13 日
30	上海众华资产评估有限公司	2009 年 2 月 13 日
31	深圳金开中勤信资产评估有限公司	2009 年 2 月 13 日
32	广州中天衡资产评估有限公司	2009 年 2 月 13 日
33	天津华夏金信资产评估有限公司	2009 年 2 月 13 日
34	北京中天华资产评估有限责任公司	2009 年 2 月 13 日
35	浙江万邦资产评估有限公司	2009 年 2 月 13 日
36	湖北民信资产评估有限公司	2009 年 2 月 13 日
37	江苏仁合资产评估有限公司	2009 年 2 月 13 日

序号	名称	资格授发时间
38	开元资产评估有限公司	2009年2月13日
39	青岛天和资产评估有限责任公司	2009年2月13日
40	中水资产评估有限公司	2009年2月13日
41	北京京都资产评估有限责任公司	2009年2月13日
42	江苏中天资产评估事务所有限公司	2009年2月13日
43	江苏天衡资产评估有限公司	2009年2月13日
44	深圳市天健国众联资产评估土地房地产估价有限公司	2009年2月13日
45	中宇资产评估有限责任公司	2009年2月13日
46	北京中科华资产评估有限公司	2009年2月13日
47	北京立信资产评估有限公司	2009年2月13日
48	广州立信羊城资产评估与土地房地产估价有限公司	2009年3月20日
49	上海东洲资产评估有限公司	2009年3月20日
50	河南亚太资产评估有限公司	2009年3月20日
51	北京北方亚事资产评估有限责任公司	2009年3月20日
52	北京亚洲资产评估有限公司	2009年3月20日
53	江苏立信永华资产评估房地产估价有限公司	2009年3月20日
54	北京中天和资产评估有限责任公司	2009年3月20日
55	广东联信资产评估土地房地产估价有限公司	2009年3月20日
56	辽宁源正资产评估有限公司	2009年3月20日
57	福建中兴资产评估房地产土地估价有限责任公司	2009年3月20日
58	上海立信资产评估有限公司	2009年3月20日
59	北京天圆开资产评估有限公司	2009年3月26日
60	天津中联资产评估有限责任公司	2009年3月26日
61	浙江天源资产评估有限公司	2009年3月26日
62	吉林经纬资产评估有限责任公司	2009年4月7日
63	北京亚超资产评估有限公司	2009年6月5日
64	山东正源和信资产评估有限公司	2009年6月5日
65	广东恒信德律资产评估有限公司	2009年6月5日
66	北京国友大正资产评估有限公司	2009年6月5日
67	江苏华信资产评估有限公司	2009年6月5日
68	中发国际资产评估有限公司	2009年7月22日
69	广东中广信资产评估有限公司	2009年7月30日
70	福建联合中和资产评估有限公司	2009年7月30日

从事证券期货业务会计师事务所目录

序号	名称
1	北京立信会计师事务所
2	天健光华(北京)会计师事务所
3	中准会计师事务所
4	中喜会计师事务所
5	中勤万信会计师事务所
6	中瑞岳华会计师事务所
7	中磊会计师事务所
8	天职国际会计师事务所
9	北京永拓会计师事务所
10	北京兴华会计师事务所
11	北京京都天华会计师事务所
12	华寅会计师事务所有限责任公司
13	安永华明会计师事务所
14	毕马威华振会计师事务所
15	利安达会计师事务所有限责任公司
16	信永中和会计师事务所
17	万隆亚洲会计师事务所
18	华普天健高商会计师事务所(北京)有限公司
19	北京天圆全会计师事务所
20	北京中证天通会计师事务所
21	开元信德会计师事务所
22	中审亚太会计师事务所
23	北京五联方圆会计师事务所
24	中兴华会计师事务所
25	中审国际会计师事务所有限公司
26	中和正信会计师事务所
27	中天运会计师事务所
28	北京大公天华会计师事务所
29	五洲松德联合会计师事务所
30	中兴财光华会计师事务所
31	希格玛会计师事务所有限公司
32	上海上会会计师事务所
33	上海东华会计师事务所
34	立信会计师事务所
35	上海众华沪银会计师事务所
36	德勤华永会计师事务所
37	普华永道中天会计师事务所
38	上海公信中南会计师事务所有限公司
39	江苏公证天业会计师事务所
40	江苏天衡会计师事务所
41	江苏天华大彭会计师事务所
42	江苏苏亚金诚会计师事务所
43	南京立信永华会计师事务所
44	浙江天健东方会计师事务所
45	中汇会计师事务所有限公司
46	福建立信闽都会计师事务所
47	福建华兴会计师事务所有限公司
48	山东天恒信会计师事务所
49	山东正源和信会计师事务所
50	山东汇德会计师事务所有限公司
51	亚太(集团)会计师事务所有限公司
52	大信会计师事务有限公司
53	武汉众环会计师事务所有限责任公司
54	四川华信(集团)会计师事务所
55	四川君和会计师事务所
56	广东正中珠江会计师事务所
57	立信羊城会计师事务所
58	广东大华德律会计师事务所(特殊普通合伙)
59	深圳鹏城会计师事务所
60	深圳南方民和会计师事务所

从事证券期货业务资产评估机构目录

序号	名称	资格授发时间
1	上海银信汇业资产评估有限公司	2008年12月1日
2	中联资产评估有限公司	2008年12月1日
3	安徽致远资产评估有限公司	2008年12月1日
4	沃克森(北京)资产评估有限公司	2008年12月1日
5	安徽国信资产评估有限责任公司	2008年12月1日
6	北京中和谊资产评估有限公司	2008年12月1日
7	深圳市德正信资产评估有限公司	2008年12月1日
8	北京中企华资产评估有限责任公司	2008年12月1日
9	上海万隆资产评估有限公司	2008年12月1日
10	湖北万信资产评估有限公司	2008年12月1日
11	湖北众联资产评估有限公司	2008年12月1日
12	厦门市大学资产评估有限公司	2009年1月6日
13	浙江勤信资产评估有限公司	2009年1月6日
14	北京天健兴业资产评估有限公司	2009年1月6日
15	重庆华康资产评估有限公司	2009年1月6日
16	北京六合正旭资产评估有限责任公司	2009年1月6日
17	湖南湘资源资产评估有限公司	2009年1月6日
18	中铭国际资产评估(北京)有限责任公司	2009年1月6日
19	中威正信(北京)资产评估有限公司	2009年1月6日
20	北京岳华德威资产评估有限公司	2009年1月6日
21	中通诚资产评估有限公司	2009年1月6日
22	辽宁众华资产评估有限公司	2009年1月6日
23	四川华衡资产评估有限公司	2009年1月6日
24	中资资产评估有限公司	2009年1月6日
25	上海财瑞资产评估有限公司	2009年1月6日
26	北京中锋资产评估有限责任公司	2009年1月6日
27	中和资产评估有限公司	2009年1月6日
28	西安正衡资产评估有限责任公司	2009年2月13日
29	北京中证资产评估有限公司	2009年2月13日
30	上海众华资产评估有限公司	2009年2月13日
31	深圳金开中勤信资产评估有限公司	2009年2月13日
32	广州中天衡资产评估有限公司	2009年2月13日
33	天津华夏金信资产评估有限公司	2009年2月13日
34	北京中天华资产评估有限责任公司	2009年2月13日
35	浙江万邦资产评估有限公司	2009年2月13日
36	湖北民信资产评估有限公司	2009年2月13日
37	江苏仁合资产评估有限公司	2009年2月13日
38	开元资产评估有限公司	2009年2月13日
39	青岛天和资产评估有限责任公司	2009年2月13日
40	中水资产评估有限公司	2009年2月13日
41	北京京都资产评估有限责任公司	2009年2月13日
42	江苏中天资产评估事务所有限公司	2009年2月13日

序号	名称	资格授发时间
43	江苏天衡资产评估有限公司	2009年2月13日
44	深圳市天健国众联资产评估土地房地产估价有限公司	2009年2月13日
45	中宇资产评估有限责任公司	2009年2月13日
46	北京中科华资产评估有限公司	2009年2月13日
47	北京立信资产评估有限公司	2009年2月13日
48	广州立信羊城资产评估与土地房地产估价有限公司	2009年3月20日
49	上海东洲资产评估有限公司	2009年3月20日
50	河南亚太资产评估有限公司	2009年3月20日
51	北京北方亚事资产评估有限责任公司	2009年3月20日
52	北京亚洲资产评估有限公司	2009年3月20日
53	江苏立信永华资产评估房地产估价有限公司	2009年3月20日
54	北京中天和资产评估有限责任公司	2009年3月20日

序号	名称	资格授发时间
55	广东联信资产评估土地房地产估价有限公司	2009年3月20日
56	辽宁源正资产评估有限公司	2009年3月20日
57	福建中兴资产评估房地产土地估价有限责任公司	2009年3月20日
58	上海立信资产评估有限公司	2009年3月20日
59	北京天圆开资产评估有限公司	2009年3月26日
60	天津中联资产评估有限责任公司	2009年3月26日
61	浙江天源资产评估有限公司	2009年3月26日
62	吉林经纬资产评估有限责任公司	2009年4月7日
63	北京亚超资产评估有限公司	2009年6月5日
64	山东正源和信资产评估有限公司	2009年6月5日
65	广东恒信德律资产评估有限公司	2009年6月5日
66	北京国友大正资产评估有限公司	2009年6月5日
67	江苏华信资产评估有限公司	2009年6月5日

2008年1月份证券市场概况统计表

	2007年	2008年1月	本月比2007年底
境内上市公司数(A、B股)(家)	1550	1558	0.52%
境内上市外资股(B股)(家)	109	109	0.00%
境外上市公司数(H股)(家)	148	148	0.00%
股票总发行股本(亿股)	22416.85	22497.49	0.36%
其中:流通股本(亿股)	10331.52	10431.58	0.97%
股票市价总值(亿元)	327140.89	277854.82	-15.07%
其中:股票流通市值(亿元)	93064.35	84369.35	-9.34%
股票成交金额(亿元)	460556.22	46530.45	-89.90%
日均股票成交金额(亿元)	1903.12	2115.02	11.13%
上证综合指数(收盘)	5261.56	4383.39	-16.69%
深证综合指数(收盘)	1447.02	1311.29	-9.38%
股票有效帐户数(万户)	9280.59	9478.99	2.14%
平均市盈率(静态)			
上海	59.24	49.4	-16.61%
深圳	72.11	63.69	-11.68%
证券投资基金只数(只)	346	347	0.29%
交易所上市证券投资基金成交金额(亿元)	8620.1	797.73	na

2008年1-2月份证券市场概况统计表

	2007年	2008年1月	2008年2月	本月比2007年底
境内上市公司数(A、B股)(家)	1550	1558	1568	1.16%
境内上市外资股(B股)(家)	109	109	109	0.00%
境外上市公司数(H股)(家)	148	148	148	0.00%
股票总发行股本(亿股)	22416.85	22497.49	22673.52	1.14%
其中:流通股本(亿股)	10331.52	10431.58	10597.52	2.57%
股票市价总值(亿元)	327140.89	277854.82	281633.02	-13.91%
其中:股票流通市值(亿元)	93064.35	84369.35	90740.26	-2.50%
股票成交金额(亿元)	460556.22	46530.45	21111.68	-95.42%
日均股票成交金额(亿元)	1903.12	2115.02	1319.47	-30.67%
上证综合指数(收盘)	5261.56	4383.39	4348.54	-17.35%
深证综合指数(收盘)	1447.02	1311.29	1373.89	-5.05%
股票有效帐户数(万户)	9280.59	9478.99	9508.94	2.46%
平均市盈率(静态)				
上海	59.24	49.4	49.21	-16.93%
深圳	72.11	63.69	61.02	-15.38%
证券投资基金只数(只)	346	347	347	0.29%
交易所上市证券投资基金成交金额(亿元)	8620.1	797.73	341.11	na

2008年1-3月份证券市场概况统计表

	2007年	2008年1月	2008年2月	2008年3月	本月比2007年底
境内上市公司数(A、B股)(家)	1550	1558	1568	1571	1.35%
境内上市外资股(B股)(家)	109	109	109	109	0.00%
境外上市公司数(H股)(家)	148	148	148	149	0.68%
股票总发行股本(亿股)	22416.85	22497.49	22673.52	22920.48	2.25%
其中:流通股本(亿股)	10331.52	10431.58	10597.52	10779.73	4.34%
股票市价总值(亿元)	327140.89	277854.82	281633.02	226789.14	-30.68%
其中:股票流通市值(亿元)	93064.35	84369.35	90740.26	76449.81	-17.85%
股票成交金额(亿元)	460556.22	46530.45	21111.68	28532.42	-93.80%
日均股票成交金额(亿元)	1903.12	2115.02	1319.47	1358.69	-28.61%

	2007 年	2008 年 1 月	2008 年 2 月	2008 年 3 月	本月比 2007 年底
上证综合指数(收盘)	5261.56	4383.39	4348.54	3472.71	-34.00%
深证综合指数(收盘)	1447.02	1311.29	1373.89	1098.49	-24.09%
股票有效帐户数(万户)	9280.59	9478.99	9508.94	9619.99	3.66%
平均市盈率(静态)					
上海	59.24	49.4	49.21	39.45	-33.41%
深圳	72.11	63.69	61.02	39.34	-45.44%
证券投资基金只数(只)	346	347	347	353	2.02%
交易所上市证券投资基金成交金额(亿元)	8620.1	797.73	341.11	519.43	na

2008 年 1 -4 月份证券市场概况统计表

	2007 年	2008 年 1 月	2008 年 2 月	2008 年 3 月	2008 年 4 月	本月比 2007 年底
境内上市公司数(A、B 股)(家)	1550	1558	1568	1571	1576	1.68%
境内上市外资股(B 股)(家)	109	109	109	109	109	0.00%
境外上市公司数(H 股)(家)	148	148	148	149	150	1.35%
股票总发行股本(亿股)	22416.85	22497.49	22673.52	22920.48	23370.68	4.25%
其中:流通股本(亿股)	10331.52	10431.58	10597.52	10779.73	11079.98	7.24%
股票市价总值(亿元)	327140.89	277854.82	281633.02	226789.14	240244.25	-26.56%
其中:股票流通市值(亿元)	93064.35	84369.35	90740.26	76449.81	79464.53	-14.61%
股票成交金额(亿元)	460556.22	46530.45	21111.68	28532.42	26901.4	-94.16%
日均股票成交金额(亿元)	1903.12	2115.02	1319.47	1358.69	1281.01	-32.69%
上证综合指数(收盘)	5261.56	4383.39	4348.54	3472.71	3693.11	-29.81%
深证综合指数(收盘)	1447.02	1311.29	1373.89	1098.49	1097.76	-24.14%
股票有效帐户数(万户)	9280.59	9478.99	9508.94	9619.99	9748.44	5.04%
平均市盈率(静态)						
上海	59.24	49.4	49.21	39.45	42.06	-29.00%
深圳	72.11	63.69	61.02	39.34	33.46	-53.60%
证券投资基金只数(只)	346	347	347	353	359	3.76%
交易所上市证券投资基金成交金额(亿元)	8620.1	797.73	341.11	519.43	935.34	na

2008 年 1 -5 月份证券市场概况统计表

	2007 年	2008 年 1 月	2008 年 2 月	2008 年 3 月	2008 年 4 月	2008 年 5 月	本月比 2007 年底
境内上市公司数(A、B 股)(家)	1550	1558	1568	1571	1576	1595	2.90%
境内上市外资股(B 股)(家)	109	109	109	109	109	109	0.00%
境外上市公司数(H 股)(家)	148	148	148	149	150	150	1.35%
股票总发行股本(亿股)	22416.85	22497.49	22673.52	22920.48	23370.68	23719.61	5.81%
其中:流通股本(亿股)	10331.52	10431.58	10597.52	10779.73	11079.98	11420.78	10.54%
股票市价总值(亿元)	327140.89	277854.82	281633.02	226789.14	240244.25	224866.7	-31.26%
其中:股票流通市值(亿元)	93064.35	84369.35	90740.26	76449.81	79464.53	75911.69	-18.43%
股票成交金额(亿元)	460556.22	46530.45	21111.68	28532.42	26901.4	29466.87	-93.60%
日均股票成交金额(亿元)	1903.12	2115.02	1319.47	1358.69	1281.01	1473.35	-22.58%
上证综合指数(收盘)	5261.56	4383.39	4348.54	3472.71	3693.11	3433.35	-34.75%
深证综合指数(收盘)	1447.02	1311.29	1373.89	1098.49	1097.76	1036.99	-28.34%
股票有效帐户数(万户)	9280.59	9478.99	9508.94	9619.99	9748.44	9845.79	6.09%
平均市盈率(静态)							
上海	59.24	49.4	49.21	39.45	42.06	25.89	-56.30%
深圳	72.11	63.69	61.02	39.34	33.46	31.49	-56.33%
证券投资基金只数(只)	346	347	347	353	359	365	5.49%
交易所上市证券投资基金成交金额(亿元)	8620.1	797.73	341.11	519.43	935.34	577.59	na

2008 年 1 -6 月份证券市场概况统计表

	2007 年	2008 年 1 月	2008 年 2 月	2008 年 3 月	2008 年 4 月	2008 年 5 月	2008 年 6 月	本月比 2007 年底
境内上市公司数(A、B 股)(家)	1550	1558	1568	1571	1576	1595	1607	3.68%
境内上市外资股(B 股)(家)	109	109	109	109	109	109	109	0.00%
境外上市公司数(H 股)(家)	148	148	148	149	150	150	152	2.70%
股票总发行股本(亿股)	22416.85	22497.49	22673.52	22920.48	23370.68	23719.61	23888.16	6.56%
其中:流通股本(亿股)	10331.52	10431.58	10597.52	10779.73	11079.98	11420.78	11596.23	12.24%
股票市价总值(亿元)	327140.89	277854.82	281633.02	226789.14	240244.25	224866.7	178035.1	-45.58%
其中:股票流通市值(亿元)	93064.35	84369.35	90740.26	76449.81	79464.53	75911.69	59625.45	-35.93%
股票成交金额(亿元)	460556.22	46530.45	21111.68	28532.42	26901.4	29466.87	16862.64	-96.34%
日均股票成交金额(亿元)	1903.12	2115.02	1319.47	1358.69	1281.01	1473.35	843.12	-55.70%
上证综合指数(收盘)	5261.56	4383.39	4348.54	3472.71	3693.11	3433.35	2736.1	-48.00%
深证综合指数(收盘)	1447.02	1311.29	1373.89	1098.49	1097.76	1036.99	793.13	-45.19%
股票有效帐户数(万户)	9280.59	9478.99	9508.94	9619.99	9748.44	9845.79	9937.35	7.08%
平均市盈率(静态)								
上海	59.24	49.4	49.21	39.45	42.06	25.89	20.64	-65.16%
深圳	72.11	63.69	61.02	39.34	33.46	31.49	24.01	-66.70%
证券投资基金只数(只)	346	347	347	353	359	365	386	11.56%
交易所上市证券投资基金成交金额(亿元)	8620.1	797.73	341.11	519.43	935.34	577.59	381.59	na

2008 年 1－7 月份证券市场概况统计表

	2007 年	2008 年 1 月	2008 年 2 月	2008 年 3 月	2008 年 4 月	2008 年 5 月	2008 年 6 月	2008 年 7 月	本月比 2007 年底
境内上市公司数(A、B 股)(家)	1550	1558	1568	1571	1576	1595	1607	1614	4.13%
境内上市外资股(B 股)(家)	109	109	109	109	109	109	109	109	0.00%
境外上市公司数(H 股)(家)	148	148	148	149	150	150	152	152	2.70%
股票总发行股本(亿股)	22416.85	22497.49	22673.52	22920.48	23370.68	23719.61	23888.16	23996.78	7.05%
其中:流通股本(亿股)	10331.52	10431.58	10597.52	10779.73	11079.98	11420.78	11596.23	11719.12	13.43%
股票市价总值(亿元)	327140.89	277854.82	281633.02	226789.14	240244.25	224866.7	178035.1	181884.6	-44.40%
其中:股票流通市值(亿元)	93064.35	84369.35	90740.26	76449.81	79464.53	75911.69	59625.45	61945.74	-33.44%
股票成交金额(亿元)	460556.22	46530.45	21111.68	28532.42	26901.4	29466.87	16862.64	23260.28	-94.95%
日均股票成交金额(亿元)	1903.12	2115.02	1319.47	1358.69	1281.01	1473.35	843.12	1011.31	-46.86%
上证综合指数(收盘)	5261.56	4383.39	4348.54	3472.71	3693.11	3433.35	2736.1	2775.72	-47.25%
深证综合指数(收盘)	1447.02	1311.29	1373.89	1098.49	1097.76	1036.99	793.13	827.59	-42.81%
股票有效帐户数(万户)	9280.59	9478.99	9508.94	9619.99	9748.44	9845.79	9937.35	10031.37	8.09%
平均市盈率(静态)									
上海	59.24	49.4	49.21	39.45	42.06	25.89	20.64	20.93	-64.67%
深圳	72.11	63.69	61.02	39.34	33.46	31.49	24.01	25.33	-64.87%
证券投资基金只数(只)	346	347	347	353	359	365	386	396	14.45%
交易所上市证券投资基金成交金额(亿元)	8620.1	797.73	341.11	519.43	935.34	577.59	381.59	437.44	na

2008 年 1－8 月份证券市场概况统计表

	2007 年	2008 年 1 月	2008 年 2 月	2008 年 3 月	2008 年 4 月	2008 年 5 月	2008 年 6 月	2008 年 7 月	2008 年 8 月	本月比 2007 年底
境内上市公司数(A、B 股)(家)	1550	1558	1568	1571	1576	1595	1607	1614	1620	4.52%
境内上市外资股(B 股)(家)	109	109	109	109	109	109	109	109	109	0.00%
境外上市公司数(H 股)(家)	148	148	148	149	150	150	152	152	153	3.38%
股票总发行股本(亿股)	22416.85	22497.49	22673.52	22920.48	23370.68	23719.61	23888.16	23996.78	24177.8	7.86%
其中:流通股本(亿股)	10331.52	10431.58	10597.52	10779.73	11079.98	11420.78	11596.23	11719.12	12015.14	16.30%
股票市价总值(亿元)	327140.89	277854.82	281633.02	226789.14	240244.25	224866.7	178035.1	181884.6	155435.29	-52.49%
其中:股票流通市值(亿元)	93064.35	84369.35	90740.26	76449.81	79464.53	75911.69	59625.45	61945.74	53145.78	-42.89%
股票成交金额(亿元)	460556.22	46530.45	21111.68	28532.42	26901.4	29466.87	16862.64	23260.28	11808.8	-97.44%
日均股票成交金额(亿元)	1903.12	2115.02	1319.47	1358.69	1281.01	1473.35	843.12	1011.31	562.33	-70.45%
上证综合指数(收盘)	5261.56	4383.39	4348.54	3472.71	3693.11	3433.35	2736.1	2775.72	2397.37	-54.44%
深证综合指数(收盘)	1447.02	1311.29	1373.89	1098.49	1097.76	1036.99	793.13	827.59	659.18	-54.45%
股票有效帐户数(万户)	9280.59	9478.99	9508.94	9619.99	9748.44	9845.79	9937.35	10031.37	10102.58	8.86%
平均市盈率(静态)										
上海	59.24	49.4	49.21	39.45	42.06	25.89	20.64	20.93	18.13	-69.40%
深圳	72.11	63.69	61.02	39.34	33.46	31.49	24.01	25.33	20.17	-72.03%
证券投资基金只数(只)	346	347	347	353	359	365	386	396	401	15.90%
交易所上市证券投资基金成交金额(亿元)	8620.1	797.73	341.11	519.43	935.34	577.59	381.59	437.44	283.09	na

2008 年 1－9 月份证券市场概况统计表

	2007 年	2008 年 1 月	2008 年 2 月	2008 年 3 月	2008 年 4 月	2008 年 5 月	2008 年 6 月	2008 年 7 月	2008 年 8 月	2008 年 9 月	本月比 2007 年底
境内上市公司数(A、B 股)(家)	1550	1558	1568	1571	1576	1595	1607	1614	1620	1625	4.84%
境内上市外资股(B 股)(家)	109	109	109	109	109	109	109	109	109	109	0.00%
境外上市公司数(H 股)(家)	148	148	148	149	150	150	152	152	153	153	3.38%
股票总发行股本(亿股)	22416.85	22497.49	22673.52	22920.48	23370.68	23719.61	23888.16	23996.78	24177.8	24276.52	8.30%
其中:流通股本(亿股)	10331.52	10431.58	10597.52	10779.73	11079.98	11420.78	11596.23	11719.12	12015.14	12120.38	17.31%
股票市价总值(亿元)	327140.89	277854.82	281633.02	226789.14	240244.25	224866.7	178035.1	181884.6	155435.29	148164	-54.71%
其中:股票流通市值(亿元)	93064.35	84369.35	90740.26	76449.81	79464.53	75911.69	59625.45	61945.74	53145.78	50016.64	-46.26%
股票成交金额(亿元)	460556.22	46530.45	21111.68	28532.42	26901.4	29466.87	16862.64	23260.28	11808.8	11541.69	-97.49%
日均股票成交金额(亿元)	1903.12	2115.02	1319.47	1358.69	1281.01	1473.35	843.12	1011.31	562.33	607.45	-68.08%
上证综合指数(收盘)	5261.56	4383.39	4348.54	3472.71	3693.11	3433.35	2736.1	2775.72	2397.37	2293.78	-56.40%
深证综合指数(收盘)	1447.02	1311.29	1373.89	1098.49	1097.76	1036.99	793.13	827.59	659.18	614.04	-57.57%
股票有效帐户数(万户)	9280.59	9478.99	9508.94	9619.99	9748.44	9845.79	9937.35	10031.37	10102.58	10190.33	9.80%
平均市盈率(静态)											
上海	59.24	49.4	49.21	39.45	42.06	25.89	20.64	20.93	18.13	18.68	-68.47%
深圳	72.11	63.69	61.02	39.34	33.46	31.49	24.01	25.33	20.17	18.86	-73.85%
证券投资基金只数(只)	346	347	347	353	359	365	386	396	401	405	17.05%
交易所上市证券投资基金成交金额(亿元)	8620.1	797.73	341.11	519.43	935.34	577.59	381.59	437.44	283.09	349.08	na

2008 年 1－10 月份证券市场概况统计表

	2007 年	2008 年 1 月	2008 年 2 月	2008 年 3 月	2008 年 4 月	2008 年 5 月	2008 年 6 月	2008 年 7 月	2008 年 8 月	2008 年 9 月	2008 年 10 月	本月比 2007 年底
境内上市公司数(A、B 股)(家)	1550	1558	1568	1571	1576	1595	1607	1614	1620	1625	1625	4.84%
境内上市外资股(B 股)(家)	109	109	109	109	109	109	109	109	109	109	109	0.00%
境外上市公司数(H 股)(家)	148	148	148	149	150	150	152	152	153	153	153	3.38%
股票总发行股本(亿股)	22416.85	22497.49	22673.52	22920.48	23370.68	23719.61	23888.16	23996.78	24177.8	24276.52	24325.53	8.51%
其中:流通股本(亿股)	10331.52	10431.58	10597.52	10779.73	11079.98	11420.78	11596.23	11719.12	12015.14	12120.38	12233.73	18.41%

	2007 年	2008 年 1 月	2008 年 2 月	2008 年 3 月	2008 年 4 月	2008 年 5 月	2008 年 6 月	2008 年 7 月	2008 年 8 月	2008 年 9 月	2008 年 10 月	本月比 2007 年底
股票市价总值(亿元)	327140.89	277854.82	281633.02	226789.14	240244.25	224866.7	178035.1	181884.6	155435.29	148164	112067.8	-65.74%
其中:股票流通市值(亿元)	93064.35	84369.35	90740.26	76449.81	79464.53	75911.69	59625.45	61945.74	53145.78	50016.64	37706.05	-59.48%
股票成交金额(亿元)	460556.22	46530.45	21111.68	28532.42	26901.4	29466.87	16862.64	23260.28	11808.8	11541.69	10395.98	-97.74%
日均股票成交金额(亿元)	1903.12	2115.02	1319.47	1358.69	1281.01	1473.35	843.12	1011.31	562.33	607.45	519.8	-72.69%
上证综合指数(收盘)	5261.56	4383.39	4348.54	3472.71	3693.11	3433.35	2736.1	2775.72	2397.37	2293.78	1728.79	-67.14%
深证综合指数(收盘)	1447.02	1311.29	1373.89	1098.49	1097.76	1036.99	793.13	827.59	659.18	614.04	470.91	-67.46%
股票有效帐户数(万户)	9280.59	9478.99	9508.94	9619.99	9748.44	9845.79	9937.35	10031.37	10102.58	10190.33	10255.08	10.50%
平均市盈率(静态)												
上海	59.24	49.4	49.21	39.45	42.06	25.89	20.64	20.93	18.13	18.68	14.09	-76.22%
深圳	72.11	63.69	61.02	39.34	33.46	31.49	24.01	25.33	20.17	18.86	14.31	-80.16%
证券投资基金只数(只)	346	347	347	353	359	365	386	396	401	405	418	20.81%
交易所上市证券投资基金成交金额(亿元)	8620.1	797.73	341.11	519.43	935.34	577.59	381.59	437.44	283.09	349.08	310.81	na

2008 年 1－11 月份证券市场概况统计表

	2007 年	2008 年 1 月	2008 年 2 月	2008 年 3 月	2008 年 4 月	2008 年 5 月	2008 年 6 月	2008 年 7 月	2008 年 8 月	2008 年 9 月	2008 年 10 月	2008 年 11 月	本月比 2007 年底
境内上市公司数(A、B 股)(家)	1550	1558	1568	1571	1576	1595	1607	1614	1620	1625	1625	1624	4.77%
境内上市外资股(B 股)(家)	109	109	109	109	109	109	109	109	109	109	109	109	0.00%
境外上市公司数(H 股)(家)	148	148	148	149	150	150	152	152	153	153	153	153	3.38%
股票总发行股本(亿股)	22416.85	22497.49	22673.52	22920.48	23370.68	23719.61	23888.16	23996.78	24177.8	24276.52	24325.53	24334.97	8.56%
其中:流通股本(亿股)	10331.52	10431.58	10597.52	10779.73	11079.98	11420.78	11596.23	11719.12	12015.14	12120.38	12233.73	12322.46	19.27%
股票市价总值(亿元)	327140.89	277854.82	281633.02	226789.14	240244.25	224866.7	178035.1	181884.6	155435.29	148164	112067.8	122484.24	-62.56%
其中:股票流通市值(亿元)	93064.35	84369.35	90740.26	76449.81	79464.53	75911.69	59625.45	61945.74	53145.78	50016.64	37706.05	42945.92	-53.85%
股票成交金额(亿元)	460556.22	46530.45	21111.68	28532.42	26901.4	29466.87	16862.64	23260.28	11808.8	11541.69	10395.98	17112.29	-96.28%
日均股票成交金额(亿元)	1903.12	2115.02	1319.47	1358.69	1281.01	1473.35	843.12	1011.31	562.33	607.45	519.8	855.62	-55.04%
上证综合指数(收盘)	5261.56	4383.39	4348.54	3472.71	3693.11	3433.35	2736.1	2775.72	2397.37	2293.78	1728.79	1871.16	-64.44%
深证综合指数(收盘)	1447.02	1311.29	1373.89	1098.49	1097.76	1036.99	793.13	827.59	659.18	614.04	470.91	539.37	-62.73%
股票有效帐户数(万户)	9280.59	9478.99	9508.94	9619.99	9748.44	9845.79	9937.35	10031.37	10102.58	10190.33	10255.08	10356.88	11.60%
平均市盈率(静态)													
上海	59.24	49.4	49.21	39.45	42.06	25.89	20.64	20.93	18.13	18.68	14.09	15.23	-74.29%
深圳	72.11	63.69	61.02	39.34	33.46	31.49	24.01	25.33	20.17	18.86	14.31	16.47	-77.16%
证券投资基金只数(只)	346	347	347	353	359	365	386	396	401	405	418	427	23.41%
交易所上市证券投资基金成交金额(亿元)	8620.1	797.73	341.11	519.43	935.34	577.59	381.59	437.44	283.09	349.08	310.81	413.86	na

2008 年 1－12 月份证券市场概况统计表

	2007 年	2008 年 1 月	2008 年 2 月	2008 年 3 月	2008 年 4 月	2008 年 5 月	2008 年 6 月	2008 年 7 月	2008 年 8 月	2008 年 9 月	2008 年 10 月	2008 年 11 月	2008 年 12 月	本月比 2007 年底
境内上市公司数(A、B 股)(家)	1550	1558	1568	1571	1576	1595	1607	1614	1620	1625	1625	1624	1625	4.84%
境内上市外资股(B 股)(家)	109	109	109	109	109	109	109	109	109	109	109	109	109	0.00%
境外上市公司数(H 股)(家)	148	148	148	149	150	150	152	152	153	153	153	153	153	3.38%
股票总发行股本(亿股)	22416.85	22497.49	22673.52	22920.48	23370.68	23719.61	23888.16	23996.78	24177.8	24276.52	24325.53	24334.97	24522.85	9.39%
其中:流通股本(亿股)	10331.52	10431.58	10597.52	10779.73	11079.98	11420.78	11596.23	11719.12	12015.14	12120.38	12233.73	12322.46	12578.91	21.75%
股票市价总值(亿元)	327140.89	277854.82	281633.02	226789.14	240244.25	224866.7	178035.1	181884.6	155435.29	148164	112067.8	122484.24	121366.44	-62.90%
其中:股票流通市值(亿元)	93064.35	84369.35	90740.26	76449.81	79464.53	75911.69	59625.45	61945.74	53145.78	50016.64	37706.05	42945.92	45213.9	-51.42%
股票成交金额(亿元)	460556.22	46530.45	21111.68	28532.42	26901.4	29466.87	16862.64	23260.28	11808.8	11541.69	10395.98	17112.29	23588.14	-94.88%
日均股票成交金额(亿元)	1903.12	2115.02	1319.47	1358.69	1281.01	1473.35	843.12	1011.31	562.33	607.45	519.8	855.62	1025.57	-46.11%
上证综合指数(收盘)	5261.56	4383.39	4348.54	3472.71	3693.11	3433.35	2736.1	2775.72	2397.37	2293.78	1728.79	1871.16	1820.81	-65.39%
深证综合指数(收盘)	1447.02	1311.29	1373.89	1098.49	1097.76	1036.99	793.13	827.59	659.18	614.04	470.91	539.37	553.3	-61.76%
股票有效帐户数(万户)	9280.59	9478.99	9508.94	9619.99	9748.44	9845.79	9937.35	10031.37	10102.58	10190.33	10255.08	10356.88	10449.69	12.60%
平均市盈率(静态)														
上海	59.24	49.4	49.21	39.45	42.06	25.89	20.64	20.93	18.13	18.68	14.09	15.23	14.86	-74.92%
深圳	72.11	63.69	61.02	39.34	33.46	31.49	24.01	25.33	20.17	18.86	14.31	16.47	17.13	-76.24%
证券投资基金只数(只)	346	347	347	353	359	365	386	396	401	405	418	427	439	26.88%
交易所上市证券投资基金成交金额(亿元)	8620.1	797.73	341.11	519.43	935.34	577.59	381.59	437.44	283.09	349.08	310.81	413.86	483.99	na

2009 年 1 月份证券市场概况统计表

	2008 年	2009 年 1 月	比 2008 年底
境内上市公司数(A、B 股)(家)	1625	1625	0.00
境内上市外资股(B 股)(家)	109	109	0.00
境外上市公司数(H 股)(家)	153	153	0.00
股票总发行股本(亿股)	24522.85	24539.42	0.07
其中:流通股本(亿股)	12578.91	12663.88	0.68
股票市价总值(亿元)	121366.44	133095.49	9.66
其中:股票流通市值(亿元)	45213.9	51845.79	14.67
股票成交金额(亿元)	267112.64	14916.77	-94.42
日均股票成交金额(亿元)	1085.82	994.45	-8.41
上证综合指数(收盘)	1820.81	1990.66	9.33

	2008 年	2009 年 1 月	比 2008 年底
深证综合指数(收盘)	553.3	610.27	10.30
股票有效帐户数(万户)	10449.69	10328.91	-1.16
平均市盈率(静态)			
上海	14.86	16.26	9.42
深圳	17.13	19.12	11.62
证券投资基金只数(只)	439	445	1.37

2009 年 2 月份证券市场概况统计表

	2008 年	2009 年 1 月	2009 年 2 月	比 2008 年底
境内上市公司数(A、B 股)(家)	1625	1625	1625	0.00
境内上市外资股(B 股)(家)	109	109	109	0.00
境外上市公司数(H 股)(家)	153	153	153	0.00
股票总发行股本(亿股)	24522.85	24539.42	24564.53	0.17
其中:流通股本(亿股)	12578.91	12663.88	12754.86	1.40
股票市价总值(亿元)	121366.44	133095.49	140389.2	15.67
其中:股票流通市值(亿元)	45213.9	51845.79	55596.61	22.96
股票成交金额(亿元)	267112.64	14916.77	40390.01	-84.88
日均股票成交金额(亿元)	1085.82	994.45	2019.5	85.99
上证综合指数(收盘)	1820.81	1990.66	2082.85	14.39
深证综合指数(收盘)	553.3	610.27	659.07	19.12
股票有效帐户数(万户)	10449.69	10328.91	10485.44	0.34
平均市盈率(静态)				
上海	14.86	16.26	17.01	14.47
深圳	17.13	19.12	20.58	20.14
证券投资基金只数(只)	439	445	446	1.59
交易所上市证券投资基金成交金额(亿元)	5831.06	256.14	682.04	na

2009 年 3 月份证券市场概况统计表

	2008 年	2009 年 1 月	2009 年 2 月	2009 年 3 月	比 2008 年底
境内上市公司数(A、B 股)(家)	1625	1625	1625	1625	0.00
境内上市外资股(B 股)(家)	109	109	109	109	0.00
境外上市公司数(H 股)(家)	153	153	153	153	0.00
股票总发行股本(亿股)	24522.85	24539.42	24564.53	24584.91	0.25
其中:流通股本(亿股)	12578.91	12663.88	12754.86	12973.17	3.13
股票市价总值(亿元)	121366.44	133095.49	140389.2	161474.24	33.05
其中:股票流通市值(亿元)	45213.9	51845.79	55596.61	68134.85	50.69
股票成交金额(亿元)	267112.64	14916.77	40390.01	37554.76	-85.94
日均股票成交金额(亿元)	1085.82	994.45	2019.5	1707.04	57.21
上证综合指数(收盘)	1820.81	1990.66	2082.85	2373.21	30.34
深证综合指数(收盘)	553.3	610.27	659.07	784.08	41.71
股票有效帐户数(万户)	10449.69	10328.91	10485.44	10631.83	1.74
平均市盈率(静态)					
上海	14.86	16.26	17.01	19.37	30.35
深圳	17.13	19.12	20.58	25.49	48.80
证券投资基金只数(只)	439	445	446	461	5.01
交易所上市证券投资基金成交金额(亿元)	5831.06	256.14	682.04	701.28	na

2009 年 4 月份证券市场概况统计表

	2008 年	2009 年 1 月	2009 年 2 月	2009 年 3 月	2009 年 4 月	比 2008 年底
境内上市公司数(A、B 股)(家)	1625	1625	1625	1625	1625	0.00
境内上市外资股(B 股)(家)	109	109	109	109	109	0.00
境外上市公司数(H 股)(家)	153	153	153	153	153	0.00
股票总发行股本(亿股)	24522.85	24539.42	24564.53	24584.91	24711.99	0.77
其中:流通股本(亿股)	12578.91	12663.88	12754.86	12973.17	13249.79	5.33
股票市价总值(亿元)	121366.44	133095.49	140389.2	161474.24	169253.31	39.46
其中:股票流通市值(亿元)	45213.9	51845.79	55596.61	68134.85	73450.25	62.45
股票成交金额(亿元)	267112.64	14916.77	40390.01	37554.76	45740.12	-82.88
日均股票成交金额(亿元)	1085.82	994.45	2019.5	1707.04	2178.09	100.59
上证综合指数(收盘)	1820.81	1990.66	2082.85	2373.21	2477.57	36.07
深证综合指数(收盘)	553.3	610.27	659.07	784.08	828.96	49.82
股票有效帐户数(万户)	10449.69	10328.91	10485.44	10631.83	10769.4	3.06
平均市盈率(静态)						
上海	14.86	16.26	17.01	19.37	20.21	36.00
深圳	17.13	19.12	20.58	25.49	30.89	80.33
证券投资基金只数(只)	439	445	446	461	474	7.97
交易所上市证券投资基金成交金额(亿元)	5831.06	256.14	682.04	701.28	770.71	na

2009 年 5 月份证券市场概况统计表

	2008 年	2009 年 1 月	2009 年 2 月	2009 年 3 月	2009 年 4 月	2009 年 5 月	比 2008 年底
境内上市公司数(A、B 股)(家)	1625	1625	1625	1625	1625	1623	-0.12
境内上市外资股(B 股)(家)	109	109	109	109	109	109	0.00
境外上市公司数(H 股)(家)	153	153	153	153	153	153	0.00
股票总发行股本(亿股)	24522.85	24539.42	24564.53	24584.91	24711.99	24854.89	1.35
其中:流通股本(亿股)	12578.91	12663.88	12754.86	12973.17	13249.79	13578.68	7.95
股票市价总值(亿元)	121366.44	133095.49	140389.2	161474.24	169253.31	179786.64	48.14
其中:股票流通市值(亿元)	45213.9	51845.79	55596.61	68134.85	73450.25	80141.1	77.25
股票成交金额(亿元)	267112.64	14916.77	40390.01	37554.76	45740.12	37075.79	-86.12
日均股票成交金额(亿元)	1085.82	994.45	2019.5	1707.04	2178.09	2059.76	89.70
上证综合指数(收盘)	1820.81	1990.66	2082.85	2373.21	2477.57	2632.93	44.60
深证综合指数(收盘)	553.3	610.27	659.07	784.08	828.96	881.77	59.37
股票有效帐户数(万户)	10449.69	10328.91	10485.44	10631.83	10769.4	10877.73	4.10
平均市盈率(静态)							
上海	14.86	16.26	17.01	19.37	20.21	22.47	51.21
深圳	17.13	19.12	20.58	25.49	30.89	32.81	91.54
证券投资基金只数(只)	439	445	446	461	474	480	9.34
交易所上市证券投资基金成交金额(亿元)	5831.06	256.14	682.04	701.28	770.71	629.19	na

2009 年 6 月份证券市场概况统计表表

	2008 年	2009 年 1 月	2009 年 2 月	2009 年 3 月	2009 年 4 月	2009 年 5 月	2009 年 6 月	比 2008 年底
境内上市公司数(A、B 股)(家)	1625	1625	1625	1625	1625	1623	1623	-0.12
境内上市外资股(B 股)(家)	109	109	109	109	109	109	109	0.00
境外上市公司数(H 股)(家)	153	153	153	153	153	153	153	0.00
股票总发行股本(亿股)	24522.85	24539.42	24564.53	24584.91	24711.99	24854.89	24896.59	1.52
其中:流通股本(亿股)	12578.91	12663.88	12754.86	12973.17	13249.79	13578.68	13663.44	8.62
股票市价总值(亿元)	121366.44	133095.49	140389.2	161474.24	169253.31	179786.64	201448.06	65.98
其中:股票流通市值(亿元)	45213.9	51845.79	55596.61	68134.85	73450.25	80141.1	91169.08	101.64
股票成交金额(亿元)	267112.64	14916.77	40390.01	37554.76	45740.12	37075.79	46078.83	-82.75
日均股票成交金额(亿元)	1085.82	994.45	2019.5	1707.04	2178.09	2059.76	2094.492273	92.89
上证综合指数(收盘)	1820.81	1990.66	2082.85	2373.21	2477.57	2632.93	2959.36	62.53
深证综合指数(收盘)	553.3	610.27	659.07	784.08	828.96	881.77	962.27	73.91
股票有效帐户数(万户)	10449.69	10328.91	10485.44	10631.83	10769.4	10877.73	11040.62	5.66
平均市盈率(静态)								
上海	14.86	16.26	17.01	19.37	20.21	22.47	25.358	70.65
深圳	17.13	19.12	20.58	25.49	30.89	32.81	35.9	109.57
证券投资基金只数(只)	439	445	446	461	474	480	492	12.07
交易所上市证券投资基金成交金额(亿元)	5831.06	256.14	682.04	701.28	770.71	629.19	720.46	na

2008 年 1 月股票交易情况统计表

日期	交易天数	股票成交金额		日均成交金额		股票成交数量		日均成交数量		交易印花税	
		成交金额(亿元)	同比(%)	成交金额(亿元)	同比(%)	成交金额(亿元)	同比(%)	成交金额(亿元)	同比(%)	成交金额(亿元)	同比(%)
2007 年	242	460556.22	409.08	1903.12	406.97	36403.76	125.48	150.43	124.56	2062.01	1040.4
200801	22	46530.45	82.04	2115.02	65.49	2645.89	-23.4	120.27	-30.36	279.19	446.04
本年累计	22	46530.45	82.04	2115.02	65.49	2645.89	-23.4	120.27	-30.36	279.19	446.04

2008 年 1 -2 月股票交易情况统计表

日期	交易天数	股票成交金额		日均成交金额		股票成交数量		日均成交数量		交易印花税	
		成交金额(亿元)	同比(%)	成交金额(亿元)	同比(%)	成交金额(亿元)	同比(%)	成交金额(亿元)	同比(%)	成交金额(亿元)	同比(%)
2007 年	242	460556.22	409.08	1903.12	406.97	36403.76	125.48	150.43	124.56	2062.01	1040.4
200801	22	46530.45	82.04	2115.02	65.49	2645.89	-23.4	120.27	-30.36	279.19	446.04
200802	16	21111.68	20.94	1319.47	13.38	1258.09	-43.09	78.63	-46.65	126.67	262.85
本年累计	38	67642.13	57.25	1780.06	44.83	3903.98	-31.09	102.74	-36.53	405.86	371.71

2008 年 1 -3 月股票交易情况统计表

日期	交易天数	股票成交金额		日均成交金额		股票成交数量		日均成交数量		交易印花税	
		成交金额(亿元)	同比(%)	成交金额(亿元)	同比(%)	成交金额(亿元)	同比(%)	成交金额(亿元)	同比(%)	成交金额(亿元)	同比(%)
2007 年	242	460556.22	409.08	1903.12	406.97	36403.76	125.48	150.43	124.56	2062.01	1040.4
200801	22	46530.45	82.04	2115.02	65.49	2645.89	-23.4	120.27	-30.36	279.19	446.04
200802	16	21111.68	20.94	1319.47	13.38	1258.09	-43.09	78.63	-46.65	126.67	262.85
200803	21	28532.42	-10.88	1358.69	-6.64	1866.17	-49.26	88.86	-46.85	171.21	167.35
本年累计	59	96174.55	28.18	1630.08	23.83	5770.15	-38.24	97.8	-40.33	577.07	284.51

2008 年 1 -4 月股票交易情况统计表

日期	交易天数	股票成交金额		日均成交金额		股票成交数量		日均成交数量		交易印花税	
		成交金额（亿元）	同比（%）	成交金额（亿元）	同比（%）	成交金额（亿元）	同比（%）	成交金额（亿元）	同比（%）	成交金额（亿元）	同比（%）
2007 年	242	460556.22	409.08	1903.12	406.97	36403.76	125.48	150.43	124.56	2062.01	1040.4
200801	22	46530.45	82.04	2115.02	65.49	2645.89	-23.4	120.27	-30.36	279.19	446.04
200802	16	21111.68	20.94	1319.47	13.38	1258.09	-43.09	78.63	-46.65	126.67	262.85
200803	21	28532.42	-10.88	1358.69	-6.64	1866.17	-49.26	88.86	-46.85	171.21	167.35
200804	21	26901.4	-45.24	1281.01	-45.24	1969.5	-55.43	93.79	-55.43	119.69	21.81
本年累计	80	123075.95	-0.87	1538.45	-3.35	7739.65	-43.76	96.75	-45.16	696.76	180.57

2008 年 1 -5 月股票交易情况统计表

日期	交易天数	股票成交金额		日均成交金额		股票成交数量		日均成交数量		交易印花税	
		成交金额（亿元）	同比（%）	成交金额（亿元）	同比（%）	成交金额（亿元）	同比（%）	成交金额（亿元）	同比（%）	成交金额（亿元）	同比（%）
2007 年	242	460556.22	409.08	1903.12	406.97	36403.76	125.48	150.43	124.56	2062.01	1040.4
200801	22	46530.45	82.04	2115.02	65.49	2645.89	-23.4	120.27	-30.36	279.19	446.04
200802	16	21111.68	20.94	1319.47	13.38	1258.09	-43.09	78.63	-46.65	126.67	262.85
200803	21	28532.42	-10.88	1358.69	-6.64	1866.17	-49.26	88.86	-46.85	171.21	167.35
200804	21	26901.4	-45.24	1281.01	-45.24	1969.5	-55.43	93.79	-55.43	119.69	21.81
200805	20	29466.87	-50.01	1473.35	-55.01	2116.18	-51.11	105.81	-56	58.94	-60.35
本年累计	100	152542.82	-16.69	1525.43	-20.02	9855.83	-45.52	98.56	-47.7	755.7	90.36

2008 年 1 -6 月股票交易情况统计表

日期	交易天数	股票成交金额		日均成交金额		股票成交数量		日均成交数量		交易印花税	
		成交金额（亿元）	同比（%）	成交金额（亿元）	同比（%）	成交金额（亿元）	同比（%）	成交金额（亿元）	同比（%）	成交金额（亿元）	同比（%）
2007 年	242	460556.22	409.08	1903.12	406.97	36403.76	125.48	150.43	124.56	2062.01	1040.4
200801	22	46530.45	82.04	2115.02	65.49	2645.89	-23.4	120.27	-30.36	279.19	446.04
200802	16	21111.68	20.94	1319.47	13.38	1258.09	-43.09	78.63	-46.65	126.67	262.85
200803	21	28532.42	-10.88	1358.69	-6.64	1866.17	-49.26	88.86	-46.85	171.21	167.35
200804	21	26901.4	-45.24	1281.01	-45.24	1969.5	-55.43	93.79	-55.43	119.69	21.81
200805	20	29466.87	-50.01	1473.35	-55.01	2116.18	-51.11	105.81	-56	58.94	-60.35
200806	20	16862.64	-68.82	843.12	-67.26	1515.99	-62.41	75.81	-60.52	33.73	-89.61
本年累计	120	169405.46	-28.58	1411.71	-30.36	11371.82	-48.6	94.77	-49.88	789.43	9.41

2008 年 1 -7 月股票交易情况统计表

日期	交易天数	股票成交金额		日均成交金额		股票成交数量		日均成交数量		交易印花税	
		成交金额（亿元）	同比（%）	成交金额（亿元）	同比（%）	成交金额（亿元）	同比（%）	成交金额（亿元）	同比（%）	成交金额（亿元）	同比（%）
2007 年	242	460556.22	409.08	1903.12	406.97	36403.76	125.48	150.43	124.56	2062.01	1040.4
200801	22	46530.45	82.04	2115.02	65.49	2645.89	-23.4	120.27	-30.36	279.19	446.04
200802	16	21111.68	20.94	1319.47	13.38	1258.09	-43.09	78.63	-46.65	126.67	262.85
200803	21	28532.42	-10.88	1358.69	-6.64	1866.17	-49.26	88.86	-46.85	171.21	167.35
200804	21	26901.4	-45.24	1281.01	-45.24	1969.5	-55.43	93.79	-55.43	119.69	21.81
200805	20	29466.87	-50.01	1473.35	-55.01	2116.18	-51.11	105.81	-56	58.94	-60.35
200806	20	16862.64	-68.82	843.12	-67.26	1515.99	-62.41	75.81	-60.52	33.73	-89.61
200807	23	23260.27	-29.63	1011.31	-32.69	2215.99	-13.56	96.35	-17.32	46.53	-76.55
本年累计	143	192665.73	-28.7	1347.31	-30.7	13587.81	-44.96	95.02	-46.5	835.96	-9.12

2008 年 1 -8 月股票交易情况统计表

日期	交易天数	股票成交金额		日均成交金额		股票成交数量		日均成交数量		交易印花税	
		成交金额（亿元）	同比（%）	成交金额（亿元）	同比（%）	成交金额（亿元）	同比（%）	成交金额（亿元）	同比（%）	成交金额（亿元）	同比（%）
2007 年	242	460556.22	409.08	1903.12	406.97	36403.76	125.48	150.43	124.56	2062.01	1040.4
200801	22	46530.45	82.04	2115.02	65.49	2645.89	-23.4	120.27	-30.36	279.19	446.04
200802	16	21111.68	20.94	1319.47	13.38	1258.09	-43.09	78.63	-46.65	126.67	262.85
200803	21	28532.42	-10.88	1358.69	-6.64	1866.17	-49.26	88.86	-46.85	171.21	167.35
200804	21	26901.4	-45.24	1281.01	-45.24	1969.5	-55.43	93.79	-55.43	119.69	21.81
200805	20	29466.87	-50.01	1473.35	-55.01	2116.18	-51.11	105.81	-56	58.94	-60.35
200806	20	16862.64	-68.82	843.12	-67.26	1515.99	-62.41	75.81	-60.52	33.73	-89.61
200807	23	23260.27	-29.63	1011.31	-32.69	2215.99	-13.56	96.35	-17.32	46.53	-76.55
200808	21	11808.8	-78.39	562.33	-76.33	1355.76	-62.45	64.56	-58.88	23.61	-92.8
本年累计	164	204474.53	-37.05	1246.8	-37.83	14943.57	-47.19	91.12	-47.84	859.57	-31.11

2008 年 1 -9 月股票交易情况统计表

日期	交易天数	股票成交金额		日均成交金额		股票成交数量		日均成交数量		交易印花税	
		成交金额（亿元）	同比（%）	成交金额（亿元）	同比（%）	成交金额（亿元）	同比（%）	成交金额（亿元）	同比（%）	成交金额（亿元）	同比（%）
2007 年	242	460556.22	409.08	1903.12	406.97	36403.76	125.48	150.43	124.56	2062.01	1040.4
200801	22	46530.45	82.04	2115.02	65.49	2645.89	-23.4	120.27	-30.36	279.19	446.04
200802	16	21111.68	20.94	1319.47	13.38	1258.09	-43.09	78.63	-46.65	126.67	262.85
200803	21	28532.42	-10.88	1358.69	-6.64	1866.17	-49.26	88.86	-46.85	171.21	167.35
200804	21	26901.4	-45.24	1281.01	-45.24	1969.5	-55.43	93.79	-55.43	119.69	21.81
200805	20	29466.87	-50.01	1473.35	-55.01	2116.18	-51.11	105.81	-56	58.94	-60.35
200806	20	16862.64	-68.82	843.12	-67.26	1515.99	-62.41	75.81	-60.52	33.73	-89.61
200807	23	23260.27	-29.63	1011.31	-32.69	2215.99	-13.56	96.35	-17.32	46.53	-76.55
200808	21	11808.8	-78.39	562.33	-76.33	1355.76	-62.45	64.56	-58.88	23.61	-92.8
200809	19	11541.69	-75.07	607.45	-73.75	1519.3	-47.25	79.96	-44.47	17.01	-93.88
本年累计	183	216016.22	-41.8	1180.42	-42.12	16462.87	-47.2	89.96	-47.49	876.58	-42.54

2008 年 1 -10 月股票交易情况统计表

日期	交易天数	股票成交金额		日均成交金额		股票成交数量		日均成交数量		交易印花税	
		成交金额（亿元）	同比（%）	成交金额（亿元）	同比（%）	成交金额（亿元）	同比（%）	成交金额（亿元）	同比（%）	成交金额（亿元）	同比（%）
2007 年	242	460556.22	409.08	1903.12	406.97	36403.76	125.48	150.43	124.56	2062.01	1040.4
200801	22	46530.45	82.04	2115.02	65.49	2645.89	-23.4	120.27	-30.36	279.19	446.04
200802	16	21111.68	20.94	1319.47	13.38	1258.09	-43.09	78.63	-46.65	126.67	262.85
200803	21	28532.42	-10.88	1358.69	-6.64	1866.17	-49.26	88.86	-46.85	171.21	167.35
200804	21	26901.4	-45.24	1281.01	-45.24	1969.5	-55.43	93.79	-55.43	119.69	21.81
200805	20	29466.87	-50.01	1473.35	-55.01	2116.18	-51.11	105.81	-56	58.94	-60.35
200806	20	16862.64	-68.82	843.12	-67.26	1515.99	-62.41	75.81	-60.52	33.73	-89.61
200807	23	23260.27	-29.63	1011.31	-32.69	2215.99	-13.56	96.35	-17.32	46.53	-76.55
200808	21	11808.8	-78.39	562.33	-76.33	1355.76	-62.45	64.56	-58.88	23.61	-92.8
200809	19	11541.69	-75.07	607.45	-73.75	1519.3	-47.25	79.96	-44.47	17.01	-93.88
200810	20	10395.98	-70.41	519.8	-73.37	1499.43	-23.03	74.97	-30.72	10.39	-95.07
本年累计	203	226412.2	-44.28	1115.33	-45.1	17962.3	-45.78	88.48	-46.58	886.97	-48.92

2008 年 1 -11 月股票交易情况统计表

日期	交易天数	股票成交金额		日均成交金额		股票成交数量		日均成交数量		交易印花税	
		成交金额（亿元）	同比（%）	成交金额（亿元）	同比（%）	成交金额（亿元）	同比（%）	成交金额（亿元）	同比（%）	成交金额（亿元）	同比（%）
2007 年	242	460556.22	409.08	1903.12	406.97	36403.76	125.48	150.43	124.56	2062.01	1040.4
200801	22	46530.45	82.04	2115.02	65.49	2645.89	-23.4	120.27	-30.36	279.19	446.04
200802	16	21111.68	20.94	1319.47	13.38	1258.09	-43.09	78.63	-46.65	126.67	262.85
200803	21	28532.42	-10.88	1358.69	-6.64	1866.17	-49.26	88.86	-46.85	171.21	167.35
200804	21	26901.4	-45.24	1281.01	-45.24	1969.5	-55.43	93.79	-55.43	119.69	21.81
200805	20	29466.87	-50.01	1473.35	-55.01	2116.18	-51.11	105.81	-56	58.94	-60.35
200806	20	16862.64	-68.82	843.12	-67.26	1515.99	-62.41	75.81	-60.52	33.73	-89.61
200807	23	23260.27	-29.63	1011.31	-32.69	2215.99	-13.56	96.35	-17.32	46.53	-76.55
200808	21	11808.8	-78.39	562.33	-76.33	1355.76	-62.45	64.56	-58.88	23.61	-92.8
200809	19	11541.69	-75.07	607.45	-73.75	1519.3	-47.25	79.96	-44.47	17.01	-93.88
200810	20	10395.98	-70.41	519.8	-73.37	1499.43	-23.03	74.97	-30.72	10.39	-95.07
200811	20	17112.29	-32.04	855.62	-25.24	2706.26	83.77	135.31	102.17	17.11	-88.68
本年累计	223	243524.49	-43.56	1092.04	-43.81	20668.56	-40.26	92.68	-40.53	904.08	-52.1

2008 年 1 -12 月股票交易情况统计表

日期	交易天数	股票成交金额		日均成交金额		股票成交数量		日均成交数量		交易印花税	
		成交金额（亿元）	同比（%）	成交金额（亿元）	同比（%）	成交金额（亿元）	同比（%）	成交金额（亿元）	同比（%）	成交金额（亿元）	同比（%）
2007 年	242	460556.22	409.08	1903.12	406.97	36403.76	125.48	150.43	124.56	2062.01	1040.4
200801	22	46530.45	82.04	2115.02	65.49	2645.89	-23.4	120.27	-30.36	279.19	446.04
200802	16	21111.68	20.94	1319.47	13.38	1258.09	-43.09	78.63	-46.65	126.67	262.85
200803	21	28532.42	-10.88	1358.69	-6.64	1866.17	-49.26	88.86	-46.85	171.21	167.35
200804	21	26901.4	-45.24	1281.01	-45.24	1969.5	-55.43	93.79	-55.43	119.69	21.81
200805	20	29466.87	-50.01	1473.35	-55.01	2116.18	-51.11	105.81	-56	58.94	-60.35
200806	20	16862.64	-68.82	843.12	-67.26	1515.99	-62.41	75.81	-60.52	33.73	-89.61
200807	23	23260.27	-29.63	1011.31	-32.69	2215.99	-13.56	96.35	-17.32	46.53	-76.55
200808	21	11808.8	-78.39	562.33	-76.33	1355.76	-62.45	64.56	-58.88	23.61	-92.8
200809	19	11541.69	-75.07	607.45	-73.75	1519.3	-47.25	79.96	-44.47	17.01	-93.88

日期	交易天数	股票成交金额		日均成交金额		股票成交数量		日均成交数量		交易印花税	
		成交金额（亿元）	同比（%）	成交金额（亿元）	同比（%）	成交金额（亿元）	同比（%）	成交金额（亿元）	同比（%）	成交金额（亿元）	同比（%）
200810	20	10395.98	-70.41	519.8	-73.37	1499.43	-23.03	74.97	-30.72	10.39	-95.07
200811	20	17112.29	-32.04	855.62	-25.24	2706.26	83.77	135.31	102.17	17.11	-88.68
200812	23	23588.15	-18.86	1025.57	-29.44	3462.82	91.81	150.56	66.81	23.6	-86.47
本年累计	246	267112.64	-42	1085.82	-42.95	24131.38	-33.71	98.1	-34.79	927.68	-55.01

2009 年 1 月股票交易情况统计表

日期	交易天数	股票成交金额		日均成交金额		股票成交数量		日均成交数量		交易印花税	
		成交金额（亿元）	同比（%）	成交金额（亿元）	同比（%）	成交金额（亿元）	同比（%）	成交金额（亿元）	同比（%）	成交金额（亿元）	同比（%）
2008 年累计	246	267112.64	-42	1085.82	-42.95	24131.38	-33.71	98.1	-34.79	927.68	-55.01
200901	15	14916.77	-67.94	994.45	-52.98	2042.08	-22.82	136.14	13.2	14.93	-94.65
2009 年累计	15	14916.77	-67.94	994.45	-52.98	2042.08	-22.82	136.14	13.2	14.93	-94.65

2009 年 2 月股票交易情况统计表

日期	交易天数	股票成交金额		日均成交金额		股票成交数量		日均成交数量		交易印花税	
		成交金额（亿元）	同比（%）	成交金额（亿元）	同比（%）	成交金额（亿元）	同比（%）	成交金额（亿元）	同比（%）	成交金额（亿元）	同比（%）
2008 年累计	246	267112.64	-42	1085.82	-42.95	24131.38	-33.71	98.1	-34.79	927.68	-55.01
200901	15	14916.77	-67.94	994.45	-52.98	2042.08	-22.82	136.14	13.2	14.93	-94.65
200902	20	40390.01	91.32	2019.5	53.05	4960.28	294.27	248.01	215.41	40.39	-68.11
2009 年累计	35	55306.78	-18.24	1580.19	-11.23	7002.36	79.36	200.07	94.73	55.32	-86.37

2009 年 3 月股票交易情况统计表

日期	交易天数	股票成交金额		日均成交金额		股票成交数量		日均成交数量		交易印花税	
		成交金额（亿元）	同比（%）	成交金额（亿元）	同比（%）	成交金额（亿元）	同比（%）	成交金额（亿元）	同比（%）	成交金额（亿元）	同比（%）
2008 年累计	246	267112.64	-42	1085.82	-42.95	24131.38	-33.71	98.1	-34.79	927.68	-55.01
200901	15	14916.77	-67.94	994.45	-52.98	2042.08	-22.82	136.14	13.2	14.93	-94.65
200902	20	40390.01	91.32	2019.5	53.05	4960.28	294.27	248.01	215.41	40.39	-68.11
200903	22	37554.75	31.62	1707.04	25.64	4301.71	130.51	195.53	120.04	37.56	-78.06
2009 年累计	57	92861.53	-3.44	1629.15	-0.06	11304.07	95.91	198.32	102.78	92.88	-83.9

2009 年 4 月股票交易情况统计表

日期	交易天数	股票成交金额		日均成交金额		股票成交数量		日均成交数量		交易印花税	
		成交金额（亿元）	同比（%）	成交金额（亿元）	同比（%）	成交金额（亿元）	同比（%）	成交金额（亿元）	同比（%）	成交金额（亿元）	同比（%）
2008 年累计	246	267112.64	-42	1085.82	-42.95	24131.38	-33.71	98.1	-34.79	927.68	-55.01
200901	15	14916.77	-67.94	994.45	-52.98	2042.08	-22.82	136.14	13.2	14.93	-94.65
200902	20	40390.01	91.32	2019.5	53.05	4960.28	294.27	248.01	215.41	40.39	-68.11
200903	22	37554.75	31.62	1707.04	25.64	4301.71	130.51	195.53	120.04	37.56	-78.06
200904	21	45740.12	70.03	2178.09	70.03	4818.35	144.65	229.45	144.64	45.74	-61.78
2009 年累计	78	138601.65	12.61	1776.94	15.5	16122.42	108.31	206.7	113.64	138.62	-80.11

2009 年 5 月股票交易情况统计表

日期	交易天数	股票成交金额		日均成交金额		股票成交数量		日均成交数量		交易印花税	
		成交金额（亿元）	同比（%）	成交金额（亿元）	同比（%）	成交金额（亿元）	同比（%）	成交金额（亿元）	同比（%）	成交金额（亿元）	同比（%）
2008 年累计	246	267112.64	-42	1085.82	-42.95	24131.38	-33.71	98.1	-34.79	927.68	-55.01
200901	15	14916.77	-67.94	994.45	-52.98	2042.08	-22.82	136.14	13.2	14.93	-94.65
200902	20	40390.01	91.32	2019.5	53.05	4960.28	294.27	248.01	215.41	40.39	-68.11
200903	22	37554.75	31.62	1707.04	25.64	4301.71	130.51	195.53	120.04	37.56	-78.06
200904	21	45740.12	70.03	2178.09	70.03	4818.35	144.65	229.45	144.64	45.74	-61.78
200905	18	37075.8	25.82	2059.76	39.8	3776.27	78.45	209.79	98.27	37.08	-37.09
2009 年累计	96	175677.45	15.17	1829.97	19.96	19898.69	101.9	207.28	110.31	175.7	-76.75

2009 年 6 月股票交易情况统计表

日期	交易天数	股票成交金额		日均成交金额		股票成交数量		日均成交数量		交易印花税	
		成交金额（亿元）	同比（%）	成交金额（亿元）	同比（%）	成交金额（亿元）	同比（%）	成交金额（亿元）	同比（%）	成交金额（亿元）	同比（%）
2008 年累计	246	267112.64	-42	1085.82	-42.95	24131.38	-33.71	98.1	-34.79	927.68	-55.01

日期	交易天数	股票成交金额		日均成交金额		股票成交数量		日均成交数量		交易印花税	
		成交金额（亿元）	同比（%）	成交金额（亿元）	同比（%）	成交金额（亿元）	同比（%）	成交金额（亿元）	同比（%）	成交金额（亿元）	同比（%）
200901	15	14916.77	-67.94	994.45	-52.98	2042.08	-22.82	136.14	13.2	14.93	-94.65
200902	20	40390.01	91.32	2019.5	53.05	4960.28	294.27	248.01	215.41	40.39	-68.11
200903	22	37554.75	31.62	1707.04	25.64	4301.71	130.51	195.53	120.04	37.56	-78.06
200904	21	45740.12	70.03	2178.09	70.03	4818.35	144.65	229.45	144.64	45.74	-61.78
200905	18	37075.80	25.82	2059.76	39.80	3776.27	78.45	209.79	98.27	37.08	-37.09
200906	22	46178.83	173.85	2099.04	148.96	4454.17	193.81	202.46	167.06	46.18	36.91
2009年累计	118	221856	30.96	1880.14	33.18	24352.86	114.15	206.38	117.77	221.86	-71.9

2008年1月证券市场筹资统计表

日期	境内外筹资合计（亿元）	境内筹资合计（亿元）	首发筹资			再筹资				
			A股（亿元）	B股（亿元）	H股（亿美元）	A股（亿元）			B股（亿元）	H股（亿美元）
						增发	配股	可转债		
2007年	8858.71	7898.05	4809.85	0.00	96.01	2754.04	227.68	106.48	0.00	30.96
200801	641.94	641.94	28.29	0.00	0.00	588.89	16.56	8.20	0.00	0.00
本年累计	641.94	641.94	28.29	0.00	0.00	588.89	16.56	8.20	0.00	0.00

2008年1－2月证券市场筹资统计表

日期	境内外筹资合计（亿元）	境内筹资合计（亿元）	首发筹资			再筹资				
			A股（亿元）	B股（亿元）	H股（亿美元）	A股（亿元）			B股（亿元）	H股（亿美元）
						增发	配股	可转债		
2007年	8858.71	7898.05	4809.85	0.00	96.01	2754.04	227.68	106.48	0.00	30.96
200801	641.94	641.94	28.29	0.00	0.00	588.89	16.56	8.20	0.00	0.00
200802	557.16	557.16	290.75	0.00	0.00	266.41	0.00	0.00	0.00	0.00
本年累计	1199.10	1199.10	319.04	0.00	0.00	855.30	16.56	8.20	0.00	0.00

2008年1－3月证券市场筹资统计表

日期	境内外筹资合计（亿元）	境内筹资合计（亿元）	首发筹资			再筹资				
			A股（亿元）	B股（亿元）	H股（亿美元）	A股（亿元）			B股（亿元）	H股（亿美元）
						增发	配股	可转债		
2007年	8858.71	7898.05	4809.85	0.00	96.01	2754.04	227.68	106.48	0.00	30.96
200801	641.94	641.94	28.29	0.00	0.00	588.89	16.56	8.20	0.00	0.00
200802	557.16	557.16	290.75	0.00	0.00	266.41	0.00	0.00	0.00	0.00
200803	574.41	372.79	230.79	0.00	25.89	84.35	52.26	5.40	0.00	2.83
本年累计	1773.51	1571.89	549.83	0.00	25.89	939.64	68.82	13.60	0.00	2.83

2008年1－4月证券市场筹资统计表

日期	境内外筹资合计（亿元）	境内筹资合计（亿元）	首发筹资			再筹资				
			A股（亿元）	B股（亿元）	H股（亿美元）	A股（亿元）			B股（亿元）	H股（亿美元）
						增发	配股	可转债		
2007年	8858.71	7898.05	4809.85	0.00	96.01	2754.04	227.68	106.48	0.00	30.96
200801	641.94	641.94	28.29	0.00	0.00	588.89	16.56	8.20	0.00	0.00
200802	557.16	557.16	290.75	0.00	0.00	266.41	0.00	0.00	0.00	0.00
200803	574.41	372.79	230.79	0.00	25.89	84.35	52.26	5.40	0.00	2.83
200804	318.42	316.81	196.09	0.00	0.23	120.72	0.00	0.00	0.00	0.00
本年累计	2091.93	1888.71	745.92	0.00	26.12	1060.37	68.82	13.60	0.00	2.83

2008年1－5月证券市场筹资统计表

日期	境内外筹资合计（亿元）	境内筹资合计（亿元）	首发筹资			再筹资				
			A股（亿元）	B股（亿元）	H股（亿美元）	A股（亿元）			B股（亿元）	H股（亿美元）
						增发	配股	可转债		
2007年	8858.71	7898.05	4809.85	0.00	96.01	2754.04	227.68	106.48	0.00	30.96
200801	641.94	641.94	28.29	0.00	0.00	588.89	16.56	8.20	0.00	0.00
200802	557.16	557.16	290.75	0.00	0.00	266.41	0.00	0.00	0.00	0.00
200803	574.41	372.79	230.79	0.00	25.89	84.35	52.26	5.40	0.00	2.83
200804	318.42	316.81	196.09	0.00	0.23	120.72	0.00	0.00	0.00	0.00
200805	424.83	400.58	101.56	0.00	0.00	225.57	37.44	36.00	0.00	3.49
本年累计	2516.76	2289.28	847.48	0.00	26.12	1285.94	106.26	49.60	0.00	6.32

2008 年 1－6 月证券市场筹资统计表

日期	境内外筹资合计(亿元)	境内筹资合计(亿元)	首发筹资			再筹资				
			A 股(亿元)	B 股(亿元)	H 股(亿美元)	A 股(亿元)			B 股(亿元)	H 股(亿美元)
						增发	配股	可转债		
2007 年	8858.71	7898.05	4809.85	0.00	96.01	2754.04	227.68	106.48	0.00	30.96
200801	641.94	641.94	28.29	0.00	0.00	588.89	16.56	8.20	0.00	0.00
200802	557.16	557.16	290.75	0.00	0.00	266.41	0.00	0.00	0.00	0.00
200803	574.41	372.79	230.79	0.00	25.89	84.35	52.26	5.40	0.00	2.83
200804	318.42	316.81	196.09	0.00	0.23	120.72	0.00	0.00	0.00	0.00
200805	424.83	400.58	101.56	0.00	0.00	225.57	37.44	36.00	0.00	3.49
200806	224.38	184.73	50.94	0.00	5.78	114.12	19.66	0.00	0.00	0.00
本年累计	2741.14	2474.01	898.42	0.00	31.90	1400.06	125.93	49.60	0.00	6.32

2008 年 1－7 月证券市场筹资统计表

日期	境内外筹资合计(亿元)	境内筹资合计(亿元)	首发筹资			再筹资				
			A 股(亿元)	B 股(亿元)	H 股(亿美元)	A 股(亿元)			B 股(亿元)	H 股(亿美元)
						增发	配股	可转债		
2007 年	8858.71	7898.05	4809.85	0.00	96.01	2754.04	227.68	106.48	0.00	30.96
200801	641.94	641.94	28.29	0.00	0.00	588.89	16.56	8.20	0.00	0.00
200802	557.16	557.16	290.75	0.00	0.00	266.41	0.00	0.00	0.00	0.00
200803	574.41	372.79	230.79	0.00	25.89	84.35	52.26	5.40	0.00	2.83
200804	318.42	316.81	196.09	0.00	0.23	120.72	0.00	0.00	0.00	0.00
200805	424.83	400.58	101.56	0.00	0.00	225.57	37.44	36.00	0.00	3.49
200806	224.38	184.73	50.94	0.00	5.78	114.12	19.66	0.00	0.00	0.00
200807	188.14	188.14	21.34	0.00	0.00	166.80	0.00	0.00	0.00	0.00
本年累计	2929.28	2662.15	919.76	0.00	31.90	1566.86	125.93	49.60	0.00	6.32

2008 年 1－8 月证券市场筹资统计表

日期	境内外筹资合计(亿元)	境内筹资合计(亿元)	首发筹资			再筹资				
			A 股(亿元)	B 股(亿元)	H 股(亿美元)	A 股(亿元)			B 股(亿元)	H 股(亿美元)
						增发	配股	可转债		
2007 年	8858.71	7898.05	4809.85	0.00	96.01	2754.04	227.68	106.48	0.00	30.96
200801	641.94	641.94	28.29	0.00	0.00	588.89	16.56	8.20	0.00	0.00
200802	557.16	557.16	290.75	0.00	0.00	266.41	0.00	0.00	0.00	0.00
200803	574.41	372.79	230.79	0.00	25.89	84.35	52.26	5.40	0.00	2.83
200804	318.42	316.81	196.09	0.00	0.23	120.72	0.00	0.00	0.00	0.00
200805	424.83	400.58	101.56	0.00	0.00	225.57	37.44	36.00	0.00	3.49
200806	224.38	184.73	50.94	0.00	5.78	114.12	19.66	0.00	0.00	0.00
200807	188.14	188.14	21.34	0.00	0.00	166.80	0.00	0.00	0.00	0.00
200808	332.21	290.34	99.10	0.00	6.13	165.60	25.64	0.00	0.00	0.00
本年累计	3261.49	2952.49	1018.86	0.00	38.03	1732.46	151.57	49.60	0.00	6.32

2008 年 1－9 月证券市场筹资统计表

日期	境内外筹资合计(亿元)	境内筹资合计(亿元)	首发筹资			再筹资				
			A 股(亿元)	B 股(亿元)	H 股(亿美元)	A 股(亿元)			B 股(亿元)	H 股(亿美元)
						增发	配股	可转债		
2007 年	8858.71	7898.05	4809.85	0.00	96.01	2754.04	227.68	106.48	0.00	30.96
200801	641.94	641.94	28.29	0.00	0.00	588.89	16.56	8.20	0.00	0.00
200802	557.16	557.16	290.75	0.00	0.00	266.41	0.00	0.00	0.00	0.00
200803	574.41	372.79	230.79	0.00	25.89	84.35	52.26	5.40	0.00	2.83
200804	318.42	316.81	196.09	0.00	0.23	120.72	0.00	0.00	0.00	0.00
200805	424.83	400.58	101.56	0.00	0.00	225.57	37.44	36.00	0.00	3.49
200806	224.38	184.73	50.94	0.00	5.78	114.12	19.66	0.00	0.00	0.00
200807	188.14	188.14	21.34	0.00	0.00	166.80	0.00	0.00	0.00	0.00
200808	332.21	290.34	99.10	0.00	6.13	165.60	25.64	0.00	0.00	0.00
200809	77.19	77.19	15.52	0.00	0.00	34.07	0.00	27.60	0.00	0.00
本年累计	3338.68	3029.68	1034.38	0.00	38.03	1766.53	151.57	77.20	0.00	6.32

2008 年 1－10 月证券市场筹资统计表

日期	境内外筹资合计(亿元)	境内筹资合计(亿元)	首发筹资			再筹资				
			A 股(亿元)	B 股(亿元)	H 股(亿美元)	A 股(亿元)			B 股(亿元)	H 股(亿美元)
						增发	配股	可转债		
2007 年	8858.71	7898.05	4809.85	0.00	96.01	2754.04	227.68	106.48	0.00	30.96
200801	641.94	641.94	28.29	0.00	0.00	588.89	16.56	8.20	0.00	0.00
200802	557.16	557.16	290.75	0.00	0.00	266.41	0.00	0.00	0.00	0.00

日期	境内外筹资合计（亿元）	境内筹资合计（亿元）	首发筹资			再筹资				
			A股（亿元）	B股（亿元）	H股（亿美元）	A股（亿元）			B股（亿元）	H股（亿美元）
						增发	配股	可转债		
200803	574.41	372.79	230.79	0.00	25.89	84.35	52.26	5.40	0.00	2.83
200804	318.42	316.81	196.09	0.00	0.23	120.72	0.00	0.00	0.00	0.00
200805	424.83	400.58	101.56	0.00	0.00	225.57	37.44	36.00	0.00	3.49
200806	224.38	184.73	50.94	0.00	5.78	114.12	19.66	0.00	0.00	0.00
200807	188.14	188.14	21.34	0.00	0.00	166.80	0.00	0.00	0.00	0.00
200808	332.21	290.34	99.10	0.00	6.13	165.60	25.64	0.00	0.00	0.00
200809	77.19	77.19	15.52	0.00	0.00	34.07	0.00	27.60	0.00	0.00
200810	122.25	122.25	0.00	0.00	0.00	122.25	0.00	0.00	0.00	0.00
本年累计	3460.93	3151.93	1034.38	0.00	38.03	1888.78	151.57	77.20	0.00	6.32

2008年1－11月证券市场筹资统计表

日期	境内外筹资合计（亿元）	境内筹资合计（亿元）	首发筹资			再筹资				
			A股（亿元）	B股（亿元）	H股（亿美元）	A股（亿元）			B股（亿元）	H股（亿美元）
						增发	配股	可转债		
2007年	8858.71	7898.05	4809.85	0.00	96.01	2754.04	227.68	106.48	0.00	30.96
200801	641.94	641.94	28.29	0.00	0.00	588.89	16.56	8.20	0.00	0.00
200802	557.16	557.16	290.75	0.00	0.00	266.41	0.00	0.00	0.00	0.00
200803	574.41	372.79	230.79	0.00	25.89	84.35	52.26	5.40	0.00	2.83
200804	318.42	316.81	196.09	0.00	0.23	120.72	0.00	0.00	0.00	0.00
200805	424.83	400.58	101.56	0.00	0.00	225.57	37.44	36.00	0.00	3.49
200806	224.38	184.73	50.94	0.00	5.78	114.12	19.66	0.00	0.00	0.00
200807	188.14	188.14	21.34	0.00	0.00	166.80	0.00	0.00	0.00	0.00
200808	332.21	290.34	99.10	0.00	6.13	165.60	25.64	0.00	0.00	0.00
200809	77.19	77.19	15.52	0.00	0.00	34.07	0.00	27.60	0.00	0.00
200810	122.25	122.25	0.00	0.00	0.00	122.25	0.00	0.00	0.00	0.00
200811	68.50	68.50	0.00	0.00	0.00	68.50	0.00	0.00	0.00	0.00
本年累计	3529.43	3220.43	1034.38	0.00	38.03	1957.28	151.57	77.20	0.00	6.32

2008年1－12月证券市场筹资统计表

日期	境内外筹资合计（亿元）	境内筹资合计（亿元）	首发筹资			再筹资				
			A股（亿元）	B股（亿元）	H股（亿美元）	A股（亿元）			B股（亿元）	H股（亿美元）
						增发	配股	可转债		
2007年	8858.71	7898.05	4809.85	0.00	96.01	2754.04	227.68	106.48	0.00	30.96
200801	641.94	641.94	28.29	0.00	0.00	588.89	16.56	8.20	0.00	0.00
200802	557.16	557.16	290.75	0.00	0.00	266.41	0.00	0.00	0.00	0.00
200803	574.41	372.79	230.79	0.00	25.89	84.35	52.26	5.40	0.00	2.83
200804	318.42	316.81	196.09	0.00	0.23	120.72	0.00	0.00	0.00	0.00
200805	424.83	400.58	101.56	0.00	0.00	225.57	37.44	36.00	0.00	3.49
200806	224.38	184.73	50.94	0.00	5.78	114.12	19.66	0.00	0.00	0.00
200807	188.14	188.14	21.34	0.00	0.00	166.80	0.00	0.00	0.00	0.00
200808	332.21	290.34	99.10	0.00	6.13	165.60	25.64	0.00	0.00	0.00
200809	77.19	77.19	15.52	0.00	0.00	34.07	0.00	27.60	0.00	0.00
200810	122.25	122.25	0.00	0.00	0.00	122.25	0.00	0.00	0.00	0.00
200811	68.50	68.50	0.00	0.00	0.00	68.50	0.00	0.00	0.00	0.00
200812	322.79	314.52	0.00	0.00	0.00	314.52	0.00	0.00	0.00	1.21
本年累计	3852.22	3534.95	1034.38	0.00	38.03	2271.80	151.57	77.20	0.00	7.53

2009年1月证券市场筹资统计表

日期	境内外筹资合计（亿元）	境内筹资合计（亿元）	首发筹资			再筹资			
			A股（亿元）	B股（亿美元）	H股（亿美元）	A股（亿元）			H股（亿美元）
						增发	配股	可转债	
2008年累计	3852.22	3534.95	1034.38	0	38.03	2271.8	151.57	77.2	7.53
200901	86.65	86.65	0	0	0	86.65	0	0	0
2009年累计	86.65	86.65	0	0	0	86.65	0	0	0

2009年2月证券市场筹资统计表

日期	境内外筹资合计（亿元）	境内筹资合计（亿元）	首发筹资			再筹资			
			A股（亿元）	B股（亿美元）	H股（亿美元）	A股（亿元）			H股（亿美元）
						增发	配股	可转债	
2008年累计	3852.22	3534.95	1034.38	0	38.03	2271.8	151.57	77.2	7.53
200901	86.65	86.65	0	0	0	86.65	0	0	0
200902	112.25	91.6	0	0	0	91.6	0	0	3.02
2009年累计	198.9	178.25	0	0	0	178.25	0	0	3.02

2009 年 3 月证券市场筹资统计表

日期	境内外筹资合计(亿元)	境内筹资合计(亿元)	首发筹资			再筹资			
			A 股(亿元)	B 股(亿美元)	H 股(亿美元)	A 股(亿元)			H 股(亿美元)
						增发	配股	可转债	
2008 年累计	3852.22	3534.95	1034.38	0	38.03	2271.8	151.57	77.2	7.53
200901	86.65	86.65	0	0	0	86.65	0	0	0
200902	112.25	91.6	0	0	0	91.6	0	0	3.02
200903	67.27	67.27	0	0	0	67.27	0	0	0
2009 年累计	266.18	245.51	0	0	0	245.51	0	0	3.02

2009 年 4 月证券市场筹资统计表

日期	境内外筹资合计(亿元)	境内筹资合计(亿元)	首发筹资			再筹资			
			A 股(亿元)	B 股(亿美元)	H 股(亿美元)	A 股(亿元)			H 股(亿美元)
						增发	配股	可转债	
2008 年累计	3852.22	3534.95	1034.38	0	38.03	2271.8	151.57	77.2	7.53
200901	86.65	86.65	0	0	0	86.65	0	0	0
200902	112.25	91.6	0	0	0	91.6	0	0	3.02
200903	67.27	67.27	0	0	0	67.27	0	0	0
200904	230.76	230.76	0	0	0	230.76	0	0	0
2009 年累计	496.94	476.28	0	0	0	476.28	0	0	3.02

2009 年 5 月证券市场筹资统计表

日期	境内外筹资合计(亿元)	境内筹资合计(亿元)	首发筹资			再筹资			
			A 股(亿元)	B 股(亿美元)	H 股(亿美元)	A 股(亿元)			H 股(亿美元)
						增发	配股	可转债	
2008 年累计	3852.22	3534.95	1034.38	0	38.03	2271.8	151.57	77.2	7.53
200901	86.65	86.65	0	0	0	86.65	0	0	0
200902	112.25	91.6	0	0	0	91.6	0	0	3.02
200903	67.27	67.27	0	0	0	67.27	0	0	0
200904	230.76	230.76	0	0	0	230.76	0	0	0
200905	213.72	213.72	0	0	0	213.72	0	0	0
2009 年累计	710.66	689.99	0	0	0	689.99	0	0	3.02

2009 年 6 月证券市场筹资统计表

日期	境内外筹资合计(亿元)	境内筹资合计(亿元)	首发筹资			再筹资			
			A 股(亿元)	B 股(亿美元)	H 股(亿美元)	A 股(亿元)			H 股(亿美元)
						增发	配股	可转债	
2008 年累计	3852.22	3534.95	1034.38	0.00	38.03	2271.80	151.57	77.20	7.53
200901	86.65	86.65	0.00	0.00	0.00	86.65	0.00	0.00	0.00
200902	112.25	91.60	0.00	0.00	0.00	91.60	0.00	0.00	3.02
200903	67.27	67.27	0.00	0.00	0.00	67.27	0.00	0.00	0.00
200904	230.76	230.76	0.00	0.00	0.00	230.76	0.00	0.00	0.00
200905	213.72	213.72	0.00	0.00	0.00	213.72	0.00	0.00	0.00
200906	189.58	188.49	0.00	0.00	0.00	188.49	0.00	0.00	0.16
2009 年累计	900.23	878.49	0.00	0.00	0.00	878.49	0.00	0.00	3.18

上海证券交易所 2008 年股票筹资情况

证券类型	筹资方式		公司数		筹资额(亿元)	
			月度	年度	月度	年度
A 股	首次发行	公开发行	0	5	0	733.54
		超额配售	0	0	0	0
		A 股首次发行小计	0	5	0	733.54
	再次发行	向公众增发	2	18	19.63	272.04
		定向增发	8	56	156.8	1059.82
		配股	–	–	–	–
		权证行权	2	2	30.76	30.76
		A 股再次发行小计	12	83	207.19	1504.62
	A 股其他		–	–	–	–
	A 股筹资小计		12	88	207.19	2238.16

证券类型	筹资方式		公司数		筹资额(亿元)	
			月度	年度	月度	年度
B股	首次发行	私募	0	0	0	0
		超额配售	0	0	0	0
	再次发行	增发	0	0	0	0
		配股B	0	0	0	0
	B股其他		0	0	0	0
	B股筹资小计		0	0	0	0
股票筹资合计			12	88	207.19	2238.16
债券	可转换债券		0	3	0	61
	公司债		2	30	42	995.75
	债券筹资额合计		–	–	–	–
市场筹资合计			14	121	249.19	3294.91

注:权证行权筹资额=股本变动量×最新行权价格;B股筹资金额按当月月底的汇率折算成人民币。公司债=企业债+公司债+可分离债

上海证券交易所2008年A股成交额前20名排名

名次	股票代码	股票简称	开盘价	收盘价	平均价	累计成交量(万股)	累计成交金额(万元)	累计涨跌幅(%)	期间振幅(%)	累计换手率
1	600030	中信证券	89	17.97	36.77	2347848.63	67739967.54	-63.59	3.96	436.34
2	601318	中国平安	105.8	26.59	49.74	844099.20	37265546.73	-114.87	3.58	290.83
3	600050	中国联通	12.19	5.03	7.60	3483464.65	29431913.47	-68.67	5.06	352.19
4	600036	招商银行	39.62	12.16	24.51	1295962.01	28899438.91	-96.99	2.66	190.12
5	600000	浦发银行	53	13.25	26.77	1097337.13	22928072.20	-86.69	5.03	233.73
6	600028	中国石化	23.45	7.02	11.92	1742639.82	21830481.30	-100.54	3.55	190.07
7	601088	中国神华	65.01	17.54	36.91	494086.64	19626051.57	-114.86	3.20	278.82
8	601857	中国石油	30.9	10.17	16.52	1071574.80	19512390.59	-98.86	1.63	279.62
9	601398	工商银行	8.14	3.54	5.30	3536949.40	19017299.15	-70.63	2.44	258.02
10	601919	中国远洋	42.91	7.5	21.97	969344.91	18661578.34	-148.93	5.10	623.31
11	600019	宝钢股份	17.48	4.64	10.10	1875715.45	18479873.51	-112.62	4.44	238.33
12	601390	中国中铁	11.2	5.42	6.82	2438710.30	17950902.31	-60.34	7.62	566.03
13	601628	中国人寿	58	18.65	28.79	595089.41	17732177.74	-91.21	3.20	402.45
14	600016	民生银行	14.9	4.07	7.64	2432814.59	17536336.53	-86.27	3.20	152.78
15	601186	中国铁建	–	10.04	9.98	1532890.54	16251410.57	-2.14	8.31	713.27
16	601898	中煤能源	–	6.47	13.93	976865.17	15679286.23	-105.09	8.98	714.52
17	601166	兴业银行	51.91	14.6	28.42	594994.34	15485659.03	-103.31	3.60	188.95
18	600005	武钢股份	19.79	4.78	11.73	1376434.48	14825115.93	-115.36	5.01	439.03
19	601939	建设银行	9.9	3.83	6.19	2145288.35	14269178.06	-79.73	2.10	238.37
20	600158	中体产业	38.18	4.95	18.23	797275.66	12596558.60	-152.96	5.82	1589.13

上海证券交易所2008年A股成交量前20名排名

名次	股票代码	股票简称	开盘价	收盘价	平均价	累计成交量(万股)	累计成交金额(万元)	累计涨跌幅(%)	期间振幅(%)	累计换手率
1	601398	工商银行	8.14	3.54	5.30	3536949.40	19017299.15	-70.63	2.44	258.02
2	600050	中国联通	12.19	5.03	7.60	3483464.65	29431913.47	-68.67	5.06	352.19
3	601390	中国中铁	11.2	5.42	6.82	2438710.30	17950902.31	-60.34	7.62	566.03
4	600016	民生银行	14.9	4.07	7.64	2432814.59	17536336.53	-86.27	3.20	152.78
5	600030	中信证券	89	17.97	36.77	2347848.63	67739967.54	-63.59	3.96	436.34
6	601939	建设银行	9.9	3.83	6.19	2145288.35	14269178.06	-79.73	2.10	238.37
7	601766	中国南车	–	4.31	3.78	2028322.12	7953807.86	28.99	8.87	781.01
8	600019	宝钢股份	17.48	4.64	10.10	1875715.45	18479873.51	-112.62	4.44	238.33
9	600028	中国石化	23.45	7.02	11.92	1742639.82	21830481.30	-100.54	3.55	190.07
10	601186	中国铁建	–	10.04	9.98	1532890.54	16251410.57	-2.14	8.31	713.27
11	600005	武钢股份	19.79	4.78	11.73	1376434.48	14825115.93	-115.36	5.01	439.03
12	601988	中国银行	6.61	2.97	4.34	1347354.99	6212993.75	-69.14	1.90	208.8
13	600036	招商银行	39.62	12.16	24.51	1295962.01	28899438.91	-96.99	2.66	190.12
14	601899	紫金矿业	–	4.8	6.20	1228969.71	8948966.80	-89.43	75.58	1022.32
15	600220	江苏阳光	11.01	3.73	7.51	1126445.77	8860589.69	-16.46	5.18	1134.94
16	601328	交通银行	15.66	4.74	8.46	1123296.58	9231769.25	-100.62	2.01	206.58
17	600000	浦发银行	53	13.25	26.77	1097337.13	22928072.20	-86.69	5.03	233.73
18	601857	中国石油	30.9	10.17	16.52	1071574.80	19512390.59	-98.86	1.63	279.62
19	600029	南方航空	28.01	3.19	10.51	995315.22	9224228.54	-147.91	5.60	886
20	601898	中煤能源	–	6.47	13.93	976865.17	15679286.23	-105.09	8.98	714.52

上海证券交易所2008年A股跌幅前20名排名

名次	股票代码	股票简称	开盘价	收盘价	平均价	累计成交量(万股)	累计成交金额(万元)	累计涨跌幅(%)	期间振幅(%)	累计换手率
1	600385	ST金泰	0	2.47	5.86	109771.12	749216.82	-180.56	.00	901.3
2	600331	宏达股份	0	5.1	13.91	499539.73	6909963.92	-174.21	.00	1103.64
3	600771	东盛科技	20.3	2.82	7.28	122651.35	988502.13	-172.55	7.09	770.2
4	600817	宏盛科技	14.18	2.14	5.45	81419.59	531216.11	-170.04	4.61	905.6

名次	股票代码	股票简称	开盘价	收盘价	平均价	累计成交量(万股)	累计成交金额(万元)	累计涨跌幅(%)	期间振幅(%)	累计换手率
5	601168	西部矿业	0	6.29	18.36	459434.41	5775581.11	-163.03	4.38	438.64
6	600150	中国船舶	250	38.24	101.48	70442.63	5791706.77	-162.14	7.17	493.81
7	601111	中国国航	28.05	4.1	11.51	923645.82	11085655.98	-160.69	3.29	580.6
8	601600	中国铝业	38.98	6.15	17.34	540388.01	10701240.07	-160.58	4.75	241.72
9	600685	广船国际	82	12.31	31.88	105509.31	2924411.11	-158.89	3.33	656.85
10	600158	中体产业	38.18	4.95	18.23	797275.66	12596558.60	-152.96	5.82	1589.13
11	600961	株冶集团	27.2	4.49	9.97	131357.19	1492928.93	-151.55	3.60	555.46
12	600307	酒钢宏兴	28.35	4.65	12.72	220028.95	2650153.12	-150.59	4.89	661.3
13	601919	中国远洋	42.91	7.5	21.97	969344.91	18661578.34	-148.93	5.10	623.31
14	600029	南方航空	28.01	3.19	10.51	995315.22	9224228.54	-147.91	5.60	886
15	600761	安徽合力	37.55	6.87	17.03	122875.46	1897544.90	-145.76	3.07	514.66
16	600595	中孚实业	31.17	5.61	14.10	106561.99	1742539.19	-144.26	3.00	280.33
17	600456	宝钛股份	67.85	11.38	30.85	72636.12	1875314.73	-144.07	3.99	361.4
18	600984	ST建机	14.68	3.06	6.63	21787.42	139604.04	-142.73	4.92	253.35
19	600459	贵研铂业	59	8.52	25.02	37980.07	874545.16	-139.08	4.08	621.69
20	600117	西宁特钢	21.76	4.15	11.17	225614.38	2508955.38	-138.46	4.82	568.21

上海证券交易所2008年A股股票市价总值前10名

名次	股票代码	股票简称	市价总值(万元)	所占总市值的比例(%)
1	601857	中国石油	164674753.14	16.93
2	601398	工商银行	88840671.21	9.14
3	601988	中国银行	52812216.49	5.43
4	600028	中国石化	49085209.60	5.05
5	601628	中国人寿	38835883.45	3.99
6	601088	中国神华	28925280.57	2.97
7	600036	招商银行	14646938.00	1.51
8	600900	长江电力	13506342.63	1.39
9	601318	中国平安	12727063.22	1.31
10	601328	交通银行	12290779.98	1.26
所占总市值的比例总计:48.98%				

上海证券交易所2008年A股换手率前20名排名

名次	股票代码	股票简称	开盘价	收盘价	平均价	累计成交量(万股)	累计成交金额(万元)	累计涨跌幅(%)	期间振幅(%)	累计换手率
1	600630	龙头股份	7.51	6.41	9.38	706335.57	7312290.95	22.32	10.98	2377.83
2	601099	太平洋	38.83	12.87	22.28	92395.35	1935130.03	-78.92	6.20	2177.04
3	600354	敦煌种业	7.71	10.13	12.24	293882.06	3792133.65	64.22	11.53	2098.13
4	600624	复旦复华	7.94	6.88	10.06	529543.72	5835198.00	22.43	8.93	2086.38
5	600540	新赛股份	11	8.19	11.54	236966.93	2923778.63	26.62	12.85	2083.5
6	600836	界龙实业	12.21	10.77	12.54	381626.51	4517821.30	87.75	10.65	2010.35
7	600093	禾嘉股份	7.24	5.38	7.76	348906.80	2867800.72	10.28	10.54	1949.87
8	600837	海通证券	54.92	8.11	27.58	784351.95	11873039.99	-81.54	8.04	1918.47
9	600359	新农开发	10.39	7.75	10.79	314045.63	3679129.67	6.82	10.19	1874.01
10	600109	国金证券	66.7	23.8	37.88	140221.56	5196124.24	-63.06	5.31	1844.17
11	600975	新五丰	15.88	6.25	9.75	194821.45	2003873.14	-58.07	11.11	1750.24
12	600506	香梨股份	14.61	7.1	9.63	194651.11	1825250.98	-36.58	5.11	1715.43
13	600371	万向德农	14	9.23	12.15	140272.20	1636784.69	-5.93	8.98	1698.76
14	600470	六国化工	17.9	6.33	12.48	231324.87	3067967.02	-66.43	9.14	1688.78
15	600846	同济科技	8.02	4.95	8.41	372750.86	3496660.21	-11.18	11.64	1662.47
16	600203	福日电子	0	3.53	4.99	207012.28	1081867.87	-125.46	.00	1639.69
17	600796	钱江生化	8.41	3.06	6.09	296115.72	2197379.36	-66.13	9.21	1634.68
18	600127	金健米业	8.93	4.66	7.94	680340.48	6036031.44	-34.55	12.50	1633.35
19	600158	中体产业	38.18	4.95	18.23	797275.66	12596558.60	-152.96	5.82	1589.13
20	600723	西单商场	18.52	4	11.98	431035.81	5573860.35	-115.85	10.15	1557.73

上海证券交易所2008年A股流通市值总值前10名

名次	股票代码	股票简称	流通市值总值(万元)	所占总市值的比例(%)
1	600030	中信证券	11807130.28	3.65
2	601318	中国平安	10440793.76	3.23
3	600028	中国石化	9009573.66	2.79
4	600036	招商银行	8811070.36	2.73
5	600019	宝钢股份	8125568.00	2.52
6	601328	交通银行	7562638.20	2.34
7	600016	民生银行	7283184.41	2.25
8	600900	长江电力	7044959.98	2.18
9	600000	浦发银行	6641130.90	2.06
10	601166	兴业银行	5810800.00	1.80
所占总市值的比例总计:25.55%				

上海证券交易所2008年A股涨幅前20名排名

名次	股票代码	股票简称	开盘价	收盘价	平均价	累计成交量(万股)	累计成交金额(万元)	累计涨跌幅(%)	期间振幅(%)	累计换手率
1	600703	ST天颐	-	9.55	9.38	31132.76	349548.31	138.41	7.39	442.61
2	600836	界龙实业	12.21	10.77	12.54	381626.51	4517821.30	87.75	10.65	2010.35
3	600354	敦煌种业	7.71	10.13	12.24	293882.06	3792133.65	64.22	11.53	2098.13
4	600395	盘江股份	14.59	11.74	15.55	185646.15	2978263.17	52.18	5.77	883.6
5	600415	小商品城	0	54.88	75.67	11265.55	826431.59	33.24	6.06	113.64
6	600239	云南城投	17.7	17.83	18.46	64548.99	1283993.49	31.42	8.64	496.29
7	600248	ST化建	-	5.98	6.50	2820.31	21055.60	29.07	22.87	46.32
8	601766	中国南车	-	4.31	3.78	2028322.12	7953807.86	28.99	8.87	781.01
9	600540	新赛股份	11	8.19	11.54	236966.93	2923778.63	26.62	12.85	2083.5
10	600551	时代出版	0	16.66	18.60	21585.56	470482.49	24.98	8.66	440.1
11	600867	通化东宝	13.94	13.99	13.62	207094.59	3015144.96	24.73	9.66	858.17
12	600251	冠农股份	43.2	29.48	54.26	74675.70	3698356.67	22.77	7.30	503.22
13	600624	复旦复华	7.94	6.88	10.06	529543.72	5835198.00	22.43	8.93	2086.38
14	600983	合肥三洋	8.19	8.09	7.92	93765.60	809585.06	22.37	7.80	762.71
15	600630	龙头股份	7.51	6.41	9.38	706335.57	7312290.95	22.32	10.98	2377.83
16	600449	赛马实业	20.76	17.14	14.90	60793.47	922227.55	15.23	7.99	570.95
17	600089	特变电工	32.4	23.88	21.44	244317.17	5498147.47	13.67	5.90	327.16
18	600485	中创信测	14.95	11.81	12.25	103135.93	1363490.87	12.93	7.41	1173.31
19	600518	康美药业	14.91	9.11	9.77	192077.75	2068190.56	11.18	5.18	367.1
20	600093	禾嘉股份	7.24	5.38	7.76	348906.80	2867800.72	10.28	10.54	1949.87

上海证券交易所2008年A股振幅前20名排名

名次	股票代码	股票简称	开盘价	收盘价	平均价	累计成交量(万股)	累计成交金额(万元)	累计涨跌幅(%)	期间振幅(%)	累计换手率
1	601899	紫金矿业	-	4.8	6.20	1228969.71	8948966.80	-89.43	75.58	1022.32
2	600745	ST天华	-	3.34	3.55	27042.84	108083.56	-15.92	27.66	505.21
3	600734	ST实达	-	2.59	2.86	7159.30	21649.14	-39.47	27.59	42.63
4	600893	航空动力	0	9.54	9.92	38809.41	395785.27	-34.77	26.16	320.52
5	600862	南通科技	0	4.41	8.72	101363.48	838527.03	-102.18	24.74	753.05
6	600248	ST化建	-	5.98	6.50	2820.31	21055.60	29.07	22.87	46.32
7	600721	ST百花	0	3.77	7.02	19840.48	151622.02	-110.35	21.55	387.21
8	600038	哈飞股份	0	9	15.81	77690.80	1260364.98	-91.85	20.73	461.09
9	600559	老白干酒	22	8.01	13.47	84747.82	1148447.63	-71.11	20.57	1222.51
10	600273	华芳纺织	8.55	2.63	4.95	86210.21	488772.60	-91.85	17.78	621.29
11	600133	东湖高新	10.41	3.46	6.93	117899.62	989982.38	-80.31	16.81	1012.29
12	600634	海鸟发展	0	5.53	6.59	23320.25	163266.14	-65.19	16.78	366.13
13	600656	ST源药	-	3.71	4.11	57904.73	271325.43	-20.02	16.30	542.89
14	600405	动力源	13.44	4.36	7.38	143217.66	1251981.73	-80.48	15.38	714.81
15	600228	昌九生化	9.55	3.3	5.53	138244.93	835034.48	-76.35	15.12	1049.99
16	600145	四维控股	8.76	2.52	4.65	207567.81	1106837.60	-94.33	14.70	908.39
17	600643	爱建股份	0	5.62	10.28	349175.79	3209397.61	-74.24	14.70	623.56
18	600491	龙元建设	13.99	4.68	9.57	104406.70	1008956.51	-81.7	13.88	422.71
19	600841	上柴股份	0	8.42	12.89	33620.76	461049.30	-41.47	13.68	1556.52
20	600167	沈阳新开	0	4.89	10.14	41800.16	463304.88	-79.15	13.41	425.69

上海证券交易所2008年B股券商交易排名

券商名称	名次(年度累计)	交易金额(万元)(年度累计)	名次(本月)	交易金额(万元)(本月)
申银万国证券股份有限公司	1	1710961.25	1	94257.17
国泰君安证券股份有限公司	2	1021669.84	2	76853.22
海通证券股份有限公司	3	929163.22	3	66710.54
中国银河证券股份有限公司	4	917177.96	4	66069.23
广发证券股份有限公司	5	519783.4	6	36012.7
华泰证券股份有限公司	6	476060.82	5	37234.34
中信建投证券有限责任公司	7	414626.96	8	29984.21
招商证券股份有限公司	8	386995.9	7	30806.79
方正证券有限责任公司	9	370564.37	9	28181.5
中信证券股份有限公司	10	355637.72	11	23494.89
国信证券股份有限公司	11	353460.43	10	24494.29
中信金通证券有限责任公司	12	313933.38	13	20553.96
中国国际金融有限公司	13	301902.57	16	15529.67
东方证券股份有限公司	14	288197.68	12	20643.28
光大证券股份有限公司	15	258407.7	14	18111.71
中银国际证券有限责任公司	16	239686.66	15	16556.33
长江证券股份有限公司	17	203888.89	17	13888.89
上海证券有限责任公司	18	163630.86	18	11971.61
渤海证券股份有限公司	19	142976.77	21	10666.48
联合证券有限责任公司	20	130599.82	20	10953.37
信泰证券有限责任公司	21	125286.97	19	11068.22

券商名称	名次(年度累计)	交易金额(万元)(年度累计)	名次(本月)	交易金额(万元)(本月)
东吴证券有限责任公司	22	116897.54	25	7129.68
湘财证券有限责任公司	23	114761.83	24	7597.39
平安证券有限责任公司	24	108553.07	29	6432.43
凯基证券亚洲有限公司	25	106737.75	57	1282.85
国元证券股份有限公司	26	103879.76	26	6890.7
里昂证券有限公司(Credit Lyonnais)	27	97523.02	22	8821.37
长城证券有限责任公司	28	94603.49	27	6866.14
华安证券有限责任公司	29	92157.11	31	6069.41
齐鲁证券有限公司	30	91849.48	23	8091.52
兴业证券股份有限公司	31	87597.76	28	6825.22
中国民族证券有限责任公司	32	78899.99	38	4591.49
宏源证券股份有限公司	33	73201.28	36	5142.19
东北证券股份有限公司	34	72672.4	33	5611.02
摩根大通证券(远东)有限公司	35	71862.51	77	0
中信万通证券有限责任公司	36	64830.1	35	5150.52
南京证券有限责任公司	37	62530.68	32	5697.99
汇富金融服务有限公司	38	62496.29	47	2912.67
国联证券股份有限公司	39	59639	39	4175.45
闽发证券有限责任公司	40	58236.64	37	4882.68
荷银证券亚洲有限公司	41	53027.18	30	6328.09
广州证券有限责任公司	42	52283.45	45	2973.76
华西证券有限责任公司	43	51437.03	40	3841.64
民生证券有限责任公司	44	50131.53	42	3621.38
美林国际(Merrill Lynch)	45	49588.19	48	2775.17
恒泰证券有限责任公司	46	49340.22	34	5253.28
法国巴黎证券(亚洲)有限公司	47	48917.26	68	369.27
西南证券有限责任公司	48	47029.61	44	2973.92
法国兴业证券(香港)有限公司	49	41240.4	67	396.1
华鑫证券有限责任公司	50	41051.43	43	3025.48
辽宁省证券公司	51	40019.46	77	0
德邦证券有限责任公司	52	38233.39	41	3650.97
首创证券有限责任公司	53	35093.27	53	1876.48
山西证券股份有限公司	54	33459.32	46	2941.73
国海证券有限责任公司	55	33093.97	54	1863.06
英大证券有限责任公司	56	28290.25	50	2092.29
万联证券有限责任公司	57	27905.74	51	1888.15
中富证券有限责任公司	58	27432.1	77	0
财富证券有限责任公司	59	23828.59	55	1778.19
大通证券股份有限公司	60	23712.86	56	1633.75
华林证券有限责任公司	61	23528.67	52	1882.14
西部证券股份有限公司	62	21576.27	49	2123.15
东莞证券有限责任公司	63	19302.09	62	1044.68
华龙证券有限责任公司	64	18482.03	58	1174.89
红塔证券股份有限公司	65	18357.77	59	1126.7
国盛证券有限责任公司	66	17855.16	61	1056.19
大华继显(香港)有限公司	67	15975.44	74	79.28
第一创业证券有限责任公司	68	14869.08	63	994.74
河北证券有限责任公司	69	13224.01	77	0
世纪证券有限责任公司	70	13038.23	60	1084.9
华创证券经纪有限责任公司	71	10230.79	65	846.24
京华山一国际(香港)有限公司	72	6959.66	64	981.09
野村国际(香港)公司(Nomura)	73	6889.22	72	219.48
群益证券(香港)有限公司	74	5905.89	73	129.24
新鸿基投资服务有限公司(Sun Hung Kai)	75	5881.22	75	64.44
航天证券经纪有限责任公司	76	4651.25	66	599.68
大和证券住银资本市场(香港)有限公司	77	4544.68	76	44.47
西藏证券经纪有限责任公司	78	3310.69	70	229.62
万和证券经纪有限责任公司	79	2638.25	69	328.72
中国旅游国际信托投资有限公司	80	2501.26	77	0
新疆证券有限责任公司	81	2203.04	77	0
华宝证券经纪有限责任公司	82	2121.92	71	228.53
恒信证券有限责任公司	83	1018.24	77	0

上海证券交易所2008年会员交易总交易额排序

会员名称	席位数	名次	总计	股票	证券投资基金	ETF	国债现货	国债质押式回购	公司债、企业债	可转债	权证
中国银河证券股份有限公司	378	1	2549727.7	2070592.1	12715.22	27256.55	12422.24	411803.6	10829.9	3914.48	872088.72
国泰君安证券股份有限公司	277	2	2492193.49	1839024.01	13650.4	72808.05	49987.61	493287.5	16813.16	5037.57	1633180.63
申银万国证券股份有限公司	299	3	2034443.56	1660305.4	8628.96	17622.51	16853.83	317113.2	10647.52	2741.14	182705.18
海通证券股份有限公司	230	4	1919571.26	1553427.97	6494.4	17656.51	43118.8	288301.8	7639.55	2881.82	597587.37
国信证券股份有限公司	99	5	1735872.99	1550732.02	8687.16	40231.27	34619.58	95084.7	4836.97	1681.3	344404.38
招商证券股份有限公司	118	6	1676978.53	1319028.54	6058.34	38512.94	30480.96	272950.8	7369.98	2576.87	403279.52
中信建投证券有限责任公司	196	7	1511964.58	1191272.47	6637.8	15785.66	11085.44	270137.4	12005.57	2629.24	289867

会员名称	席位数	名次	总计	股票	证券投资基金	ETF	国债现货	国债质押式回购	公司债、企业债	可转债	权证
广发证券股份有限公司	117	8	1492286.53	1399665.87	5893.73	12458.82	9346.02	54397.1	8488.12	2026.07	294191.58
华泰证券股份有限公司	109	9	1470508.78	1344917.08	10064.31	35438.86	9703.41	60572.1	7260.39	2552.63	845517.23
中信证券股份有限公司	174	10	1430442	1073704.94	5841.7	26402.04	36799.75	256263.9	26805.87	4593.8	89524.22
光大证券股份有限公司	105	11	1291217.46	1177764.21	6386.23	13374.58	6634.17	73514.7	11178.9	2257.87	259554.57
中国国际金融有限公司	162	12	1067628.82	571928.58	4726.66	13455.74	32290.41	419940.1	22327.18	2817.85	5595.48
中国建银投资证券有限责任公司	76	13	948833.01	885574.59	4676.64	7017.64	2360.63	45063.4	2996.23	1143.07	865344.98
安信证券股份有限公司	110	14	845254.94	800492.93	3054.74	4817.39	1496.39	32043	2765.84	584.64	333709.86
齐鲁证券有限公司	78	15	761772.66	722826.55	3602.16	19686.47	1696.22	11615.6	1793.23	552.43	316544.45
长江证券股份有限公司	86	16	704601.16	505413.42	1807.32	11791.08	8155.97	173383.9	2664.53	1384.94	76863.75
东方证券股份有限公司	90	17	695243.35	606364.6	2042.65	8281.97	3750.84	68553.6	3296.94	2808.84	200168.81
联合证券有限责任公司	91	18	694471.43	667350.95	1681.31	8224.6	1430.71	12769.8	2184.39	811.48	491006.26
方正证券有限责任公司	43	19	649069.82	631898.55	2183.48	3940.34	200.11	8913.1	1231.54	701.3	289738.27
兴业证券股份有限公司	62	20	584070.17	532830.81	2445.15	4751.38	3290.58	36818.5	3176.54	743.7	202468.79
中信金通证券有限责任公司	40	21	560288.52	553776.87	1998.58	2731.4	183.25	145.9	1137.93	314.58	100971.32
中银国际证券有限责任公司	96	22	550446.93	451307.72	2025.56	3715.39	4878.97	84699.5	3133.16	493.64	84425.61
平安证券有限责任公司	85	23	467775.96	345364.32	2737.57	8064.53	12839.08	90669.1	7454.86	646.49	38140.66
国元证券股份有限公司	86	24	401319.36	349717.13	2960.26	2501.82	1239.81	42674.9	1618.61	606.83	68556.02
华西证券有限责任公司	17	25	397132.8	387976.27	2249.55	2837.24	320.46	2351	1126.04	269.23	85805.66
宏源证券股份有限公司	64	26	380062.46	370312.72	1520.54	4043.31	177.85	2866.9	857.98	282.87	152926.27
财通证券经纪有限责任公司	24	27	379894.54	327181.44	2533.68	2321.84	4599.52	42699.7	468.44	89.93	111023.66
东吴证券有限责任公司	36	28	366213.56	349906.65	1372.56	2512.44	408.44	10706.6	891.94	414.94	192662.81
浙商证券有限责任公司	35	29	355936.87	352540.38	1098.83	1649.17	40.3	37.8	437.07	133.32	66232.54
湘财证券有限责任公司	41	30	342628.37	327529.88	1157.15	3067.97	607.83	8439.9	1408.67	416.97	62843.48
长城证券有限责任公司	53	31	341090.95	321607.83	894.58	2729.85	1366.03	12402	1707.88	379.98	179822.09
中信万通证券有限责任公司	25	32	317455.25	278997.16	991.28	28074.51	417.51	7610.6	610.81	753.38	58201.77
渤海证券股份有限公司	57	33	284372.95	266382.63	1215.91	2237.91	2220.62	11242.6	777.11	296.16	42927.62
东北证券股份有限公司	38	34	282005.05	268985.79	743.32	1432.47	836.73	8951.1	823.26	222.39	45551.21
东海证券有限责任公司	39	35	274507.94	265362.72	1276.92	2098.9	1038.53	3648.6	985.7	96.57	83922.78
南京证券有限责任公司	44	36	274373.02	267920.81	1472.17	2696.94	230.78	126.6	1714.45	211.27	65303
广发华福证券有限责任公司	18	37	265796.59	258147.9	1914	2036.47	1279.68	787.8	1199.81	430.93	96727.22
上海证券有限责任公司	55	38	264831.7	246461.38	1419	3097.43	537.88	12161.2	887.55	243.77	31294.68
国金证券股份有限公司	61	39	264258.36	244415.58	394.03	1300.38	1283.49	15383.3	1108.72	372.85	19788.93
中国民族证券有限责任公司	11	40	261205.17	250784.26	848.76	2654.66	214.46	5956.6	573.17	173.27	46712.96
国海证券有限责任公司	33	41	256305.96	245130.38	568.95	1943.77	471.59	7682.6	403.59	105.08	42903.56
华安证券有限责任公司	23	42	240784.02	236021.94	1226.49	1438.51	110.72	1313.6	524.43	120.33	26142.32
北京高华证券有限责任公司	68	43	237209.29	186755.68	364.11	333.28	12800.62	33559.2	3131.01	265.4	211.22
西南证券有限责任公司	30	44	235737.93	193974.57	631.02	1687.88	26974.44	9098.3	3224.43	147.28	44116.57
国都证券有限责任公司	23	45	235459.87	179231.11	857.32	2201.14	833.98	49872.9	1611.45	847.96	32566.22
国联证券股份有限公司	32	46	233164.21	227375.96	1012.26	2233.66	269.89	1500.5	715.06	56.27	25847.81
西部证券股份有限公司	41	47	230553.02	226929.74	822.74	967.99	1328.62	4.7	399.93	99.3	23821.25
中原证券股份有限公司	35	48	227290.08	224619.41	821.05	1241.58	63.1	105.2	398.05	41.67	54108.94
河北财达证券经纪有限责任公司	47	49	223369.75	219924.52	770.34	1617.87	218.82	500	264.09	74.12	41159.76
东莞证券有限责任公司	9	50	211930.55	207586	558.79	1433.88	542.85	1299	303.59	206.45	25206.3
山西证券股份有限公司	23	51	210956.68	205085.55	875.48	2529.62	812.47	1299.9	325.71	27.97	31026.24
信达证券股份有限公司	40	52	199219.52	193668.48	1652.14	1767.09	351.68	227	1135.11	407.83	27721.72
闽发证券有限责任公司	3	53	195889.51	193425.08	1402.37	826.98	16.34	25.4	147.04	46.29	73022.77
信泰证券有限责任公司	38	54	181638.18	163730.57	752.25	1345.23	61.48	14758.9	829.9	134.55	134204.2
万联证券有限责任公司	19	55	173659.24	139148.72	385.06	954.45	207.57	32690.3	203.77	69.37	42935.96
民生证券有限责任公司	19	56	170108.15	165238.46	490.45	1075.35	32.09	3034.7	171.43	65.66	34899.42
恒泰证券有限责任公司	14	57	162922.06	159251.22	487.89	1596.93	205.7	831.5	199.74	349.09	53293.06
财富证券有限责任公司	17	58	157655.36	136492.89	327.42	1176.47	38.32	18980.7	360.99	278.58	42640.58
金元证券股份有限公司	26	59	152722.41	145775.31	351.9	1626.41	176.58	4244	408.35	139.87	34071.94
江南证券有限责任公司	20	60	148109.99	144583.82	355.48	887.41	378.06	1632.2	234.45	38.55	46050.79
江海证券经纪有限责任公司	7	61	147635.07	145181.14	392.09	1064.73	57.99	111.9	413.19	414.02	36216.41
国盛证券有限责任公司	16	62	141773.67	139405.47	418.79	549.27	156.46	785.9	333.12	124.47	25147.58
新时代证券有限责任公司	16	63	131610.71	128023.3	267.01	923.87	1673.98	2.9	493.62	226.02	31120.24
德邦证券有限责任公司	23	64	131502.83	109868.79	920.72	1213.04	984.04	17749	569.51	197.73	14229.36
广州证券有限责任公司	15	65	130786.85	127834.38	580.48	1207.34	20.55	650.7	392.24	101.05	17991.25
第一创业证券有限责任公司	18	66	129383.56	120639.11	589.67	2009.61	319.16	4978.3	417.45	418.57	29148.79
华龙证券有限责任公司	15	67	125706.73	122327.45	277.94	505.22	168.61	2073.8	324.28	29.43	24936.46
大通证券股份有限公司	20	68	122552.1	120459.34	502.99	1099.4	67.55	111.9	248.28	62.62	22305.47
英大证券有限责任公司	24	69	119080.12	115424.52	281.84	899.06	384.34	1604.5	382.93	102.93	23169.43
华鑫证券有限责任公司	40	70	115300.24	113854.33	491.31	734.11	37.1	31.8	137.09	14.5	13832.84
首创证券有限责任公司	27	71	112907.01	110971.95	525.76	980.52	125.76	43	179.82	78.21	31461.24
联讯证券经纪有限责任公司	12	72	110344.49	78573.87	225	814.62	164.82	30380.1	131.03	46.95	11199.72
中山证券有限责任公司	11	73	109944.3	101240.97	205.25	799.01	356.74	6797.8	469.58	44.84	28478.34
华林证券有限责任公司	14	74	108655.67	105201.7	420.93	722.3	21.36	1741.6	457.47	90.21	41510.2
中富证券有限责任公司	1	75	106289.44	105272.7	330.47	538.73	26.22	5.3	61.06	54.97	19104.84
爱建证券有限责任公司	34	76	93713.36	92128.62	407.98	814.12	41.62	0	259.04	61.98	20655.9
红塔证券股份有限公司	24	77	91821.63	89414.09	540.51	731.89	162.02	602	323.75	45.58	25206.26
太平洋证券股份有限公司	5	78	91455.62	88951.82	339.01	1431.24	43.62	339.9	76.63	273.4	17358.79
华创证券经纪有限责任公司	12	79	89970.25	88073.53	327.7	1281.94	31.54	17	84.61	153.94	10995.26
世纪证券有限责任公司	20	80	88880.27	87829.72	208.9	342.77	45.26	76.6	313.97	63.04	14764.61
华宝证券经纪有限责任公司	21	81	87091.16	74491.43	328.81	1278.34	2270.8	7330.1	1207.75	183.94	6981.99
和兴证券经纪有限责任公司	21	82	79188.31	76801.21	254.38	293.59	9.15	1644.1	169.36	16.52	10581.59
厦门证券有限公司	3	83	72805.16	71654.64	206.55	610.64	70.24	34.1	220.66	8.32	25146.05

会员名称	席位数	名次	总计	股票	证券投资基金	ETF	国债现货	国债质押式回购	公司债、企业债	可转债	权证
上海远东证券有限公司	12	84	72604.08	71779.03	233.4	392.91	4.01	8	172.26	14.46	17658.38
瑞银证券有限责任公司	30	85	65789	58301.18	569.78	345.83	2985.75	1774.6	1397.87	413.99	291.43
中天证券有限责任公司	13	86	65301.15	61783.91	310.73	192.74	1719.42	1064.5	149.07	80.78	12703.26
大同证券经纪有限责任公司	12	87	60250.42	59501.02	208.88	235.94	43.35	206.1	49.04	6.09	15068.31
东兴证券股份有限公司	18	88	59205.13	57893.41	283.07	400.87	37.71	206.3	353.98	29.79	34782.28
航空证券有限责任公司	8	89	48410.57	47267.71	606.32	412.95	18	0	88.26	17.33	7188.79
长财证券经纪有限责任公司	9	90	46591.26	46152.37	87.99	149.18	20.08	43.5	79.65	57.4	8364.29
华融证券股份有限公司	14	91	43621.38	41830.6	75.08	214.61	303.54	1072.2	87.86	37.49	5095.54
西藏证券经纪有限责任公司	8	92	40248.19	38922.93	252.37	282.76	310.65	328.9	96.65	53.94	111004.12
天源证券经纪有限公司	5	93	38508.25	38112.14	128.47	188.85	15.81	0	47.72	15.26	14892.43
银泰证券经纪有限责任公司	16	94	38089.67	37288.45	237.85	347.75	4.15	68.3	136.08	7.1	58225.43
众成证券经纪有限公司	2	95	34489.13	29538.57	87.12	170.04	4.76	4650.5	33.46	4.69	4226.95
天风证券经纪有限责任公司	4	96	33717.79	33416.33	101.09	132.38	11.36	4.3	41.69	10.64	4978.2
日信证券有限责任公司	4	97	27806.97	27455.07	47.56	279.89	2.13	0	20.76	1.56	9759.59
万和证券经纪有限责任公司	6	98	26684.87	25527.61	49.15	85.8	15.52	985.1	18.24	3.44	3741.88
沈阳诚浩证券经纪有限责任公司	8	99	23169.12	21694.24	88.84	73.36	147.89	1111	41.65	12.14	4965.78
西安华弘证券经纪有限责任公司	7	100	22353.88	21857.05	52.91	65.56	133.01	0.5	231.52	13.34	5143.13
川财证券经纪有限责任公司	3	101	21142.75	20854.81	111.69	50.76	5.47	0.1	69.1	50.81	15594.72
五矿证券经纪有限责任公司	3	102	13064.22	12727.26	82.72	212.88	0.58	1.4	28.5	10.89	4057.92
航天证券经纪有限责任公司	4	103	12755.9	11920.76	36.66	114.05	18.72	609.6	53.72	1.49	1770.37
陕西开源证券经纪有限责任公司	2	104	10157.5	10070.39	16.17	29.43	19.08	13.9	7.61	0.92	2296.26
海际大和证券有限责任公司	1	105	70.44	0	0	0	0.23	0	40.55	29.66	16.16

2008 年 7 月以后的"总计"中不含权证交易金额,"名次"也不计权证的交易金额。(包含 2008 年 7 月数据)

上海证券交易所 2008 年债券活跃品种累计成交笔数排名

名次	代码	简称	开盘价	收盘价	累计成交笔数	累计成交量	累计成交金额(万元)	累计涨跌幅%	期间振幅%	累计换手率%
1	010501	XD05 国(1)	99.5	110.99	4067	5.89	6104.81	10.55	16.07	0.2
2	010301	XD03 国(1)	97.09	101.8	4138	234.81	231633.15	4.31	9.60	12.26
3	010215	XD02 国(15)	98.16	101.67	4230	149.46	148766.71	3.56	13.17	2.49
4	010504	XD05 国(4)	94.4	110.67	4536	10.46	10931.38	16.34	19.77	0.31
5	010404	XD04 国(4)	102.06	108.49	5031	13.65	14191.00	5.76	6.57	0.37
6	010512	XD05 国(12)	89.79	104.35	6275	8.73	8498.72	15.3	19.32	0.25
7	010408	XD04 国(8)	101.03	102.75	7864	31.23	31643.02	1.34	2.41	0.93
8	010308	XD03 国(8)	92.13	104.25	9726	205.08	205088.82	12.12	14.48	12.52
9	010403	XD04 国(3)	101.55	101.19	12063	95.74	96818.37	-0.18	2.89	3.14
10	010210	XD02 国(10)	98.72	100.8	13418	1483.95	1470674.76	1.99	4.79	74.2
11	010203	XD02 国(3)	94	102.36	13732	1215.54	1182428.71	8.56	9.86	60.78
12	010112	XD21 国(12)	96.06	103.82	21795	2057.57	2027563.08	7.46	10.89	102.88
13	010004	XD20 国(4)	103.82	102.09	22145	1789.38	1818376.57	-1.9	4.00	127.81
14	010110	XD21 国(10)	96.1	103.45	22239	2157.80	2127357.92	7.43	12.20	107.89
15	010213	XD02 国(13)	84.08	99.74	26917	488.96	457001.22	16.71	19.60	20.37
16	009908	XD99 国(8)	100.1	101.65	30203	2228.87	2232430.76	0.79	2.72	111.44
17	010107	XD21 国(7)	96	112.16	40845	602.04	653672.98	15.5	18.68	25.13
18	010303	XD03 国(3)	86.01	102.37	53434	501.67	492047.88	17.68	20.35	19.3

上海证券交易所 2008 年债券活跃品种累计跌幅排名

名次	代码	简称	开盘价	收盘价	累计成交笔数	累计成交量	累计成交金额(万元)	累计涨跌幅%	期间振幅%	累计换手率%
1	010004	XD20 国(4)	103.82	102.09	22145	1789.38	1818376.57	-1.9	4.00	127.81
2	010403	XD04 国(3)	101.55	101.19	12063	95.74	96818.37	-0.18	2.89	3.14

上海证券交易所 2008 年债券活跃品种累计涨幅排名

名次	代码	简称	开盘价	收盘价	累计成交笔数	累计成交量	累计成交金额(万元)	累计涨跌幅%	期间振幅%	累计换手率%
1	010303	XD03 国(3)	86.01	102.37	53434	501.67	492047.88	17.68	20.35	19.3
2	010213	XD02 国(13)	84.08	99.74	26917	488.96	457001.22	16.71	19.60	20.37
3	010504	XD05 国(4)	94.4	110.67	4536	10.46	10931.38	16.34	19.77	0.31
4	010107	XD21 国(7)	96	112.16	40845	602.04	653672.98	15.5	18.68	25.13
5	010512	XD05 国(12)	89.79	104.35	6275	8.73	8498.72	15.3	19.32	0.25
6	010603	XD06 国(3)	86.09	100.7	2154	2.22	2057.12	15.15	17.54	0.07
7	010308	XD03 国(8)	92.13	104.25	9726	205.08	205088.82	12.12	14.48	12.52
8	010509	XD05 国(9)	0	105	571	.71	687.38	11.89	17.34	0.02
9	010513	XD05 国(13)	93.59	104	1195	2.35	2373.31	10.74	25.40	0.07
10	010501	XD05 国(1)	99.5	110.99	4067	5.89	6104.81	10.55	16.07	0.2
11	010707	07 国债 07	0	110	9	.00	.95	10.13	13.69	0
12	010710	07 国债 10	0	110	14	.00	1.62	10.03	19.80	0
13	010601	XD06 国(1)	91.22	101	1264	2.07	1969.17	10.02	20.24	0.06
14	010605	XD06 国(5)	94.37	102.48	800	1.13	1108.19	10	21.82	0.04
15	010505	XD05 国(5)	95.89	105.36	1088	3.20	3169.70	9.48	18.73	0.09
16	010203	XD02 国(3)	94	102.36	13732	1215.54	1182428.71	8.56	9.86	60.78
17	010112	XD21 国(12)	96.06	103.82	21795	2057.57	2027563.08	7.46	10.89	102.88
18	010110	XD21 国(10)	96.1	103.45	22239	2157.80	2127357.92	7.43	12.20	107.89

名次	代码	简称	开盘价	收盘价	累计成交笔数	累计成交量	累计成交金额(万元)	累计涨跌幅%	期间振幅%	累计换手率%
19	010410	XD04 国(10)	102.09	109.47	2714	9.02	9336.85	6.73	9.99	0.25
20	010511	XD05 国(11)	93.56	100.7	1469	3.21	3119.62	6.68	9.02	0.1

上海证券交易所2009年上半年股票筹资情况

证券类型	筹资方式		公司数		筹资额(亿元)	
			月度	年度	月度	年度
A股	首次发行	公开发行	–	–	–	–
		超额配售	–	–	–	–
		A股首次发行小计	0	–	0	–
	再次发行	向公众增发	–	–	–	–
		定向增发	–	–	–	–
		配股	–	–	–	–
		权证行权	–	–	–	–
		A股再次发行小计	8	–	55.07	–
	A股其他		–	–	–	–
	A股筹资小计		8	–	55.07	–
B股	首次发行	私募	0	–	0	–
		超额配售	0	–	0	–
	再次发行	增发	0	–	0	–
		配股B	0	–	0	–
	B股其他		0	–	0	–
	B股筹资小计		0	–	0	–
股票筹资合计			8	–	55.07	–
债券	可转换债券		–	–	–	–
	公司债		–	–	–	–
	债券筹资额合计		–	–	–	–
市场筹资合计			–	–	–	–

注:权证行权筹资额=股本变动量×最新行权价格;B股筹资金额按当月月底的汇率折算成人民币。公司债=企业债+公司债+可分离债

上海证券交易所2009年上半年会员交易总交易额排序

会员名称	席位数	名次	总计	股票	证券投资基金	ETF	国债现货	地方政府债	公司债、企业债	可转债	债券回购	权证
国泰君安证券股份有限公司	292	1	1984903.62	1484298.19	4909.56	50749.14	30055.65	58.16	8089.66	2659.85	404085	484183.99
中国银河证券股份有限公司	378	2	1829897.29	1653348.96	5001.18	31735.56	6440.03	0.48	7398.99	2874.6	123097.7	276082.84
申银万国证券股份有限公司	299	3	1627096.24	1237445.81	2924.1	7454.12	8968.96	16.75	7666.75	1743.76	360876	51661.5
海通证券股份有限公司	230	4	1439415.31	1241330.01	2917.27	6316.42	22380.71	0.19	7067.41	1721.28	157682.2	148907.64
国信证券股份有限公司	110	5	1384749.47	1259970.86	3447.83	20387.5	16108.39	0.03	2874.55	747.13	81213.2	115987.43
招商证券股份有限公司	126	6	1203177.92	1102501.26	3148.76	28663.79	18214.67	0	5735.07	2256.17	42658.2	185900.67
广发证券股份有限公司	116	7	1131853.17	1089293.59	1892.75	5981.27	10394.95	0.02	5047.47	1417.64	17825.5	114591.3
中信建投证券有限责任公司	204	8	1059262.19	1015246.54	2685.26	10085.56	4524.13	0.01	4218.95	1952.94	20548.8	93380.3
华泰证券股份有限公司	112	9	1046019.17	990941.34	3535.78	33041.07	4571.06	0.08	4054.1	1188.8	8687	280698.03
光大证券股份有限公司	105	10	1024733.01	904905.57	2178.03	7775.88	5459.52	0.08	2117.31	1187.26	101109.4	151551.64
中信证券股份有限公司	201	11	887836.38	780276.22	4141.48	14841.23	15754.05	39.71	11053.47	4485.04	57245.2	23287.54
齐鲁证券有限公司	91	12	801147.14	709748.28	1351.68	79515.21	422.02	0.03	1110.65	382.59	8616.7	169157.63
中国建银投资证券有限责任公司	89	13	789120.44	725787.79	1432.02	2945.27	1279.72	0.01	2138.78	1198.05	54338.8	317868.18
安信证券股份有限公司	126	14	788866.54	775099.03	1159.48	2064.59	765.46	0.02	1273.82	645.65	7858.5	212189.28
中国国际金融有限公司	183	15	675128.6	373138.71	2005.57	7775.5	18459.81	0	9246.67	2009.65	262492.7	2079.79
长江证券股份有限公司	88	16	583821.34	408640.53	582.41	5041.54	8452.27	0	3160.68	1406.51	156537.4	28600.56
联合证券有限责任公司	95	17	532504.82	525150.32	651.23	2749.5	476.38	0	925.62	236.26	2315.5	152447.33
方正证券有限责任公司	43	18	504774.5	497059.21	585.01	1012.88	207.7	0	612.6	331	4966.1	121894.23
东方证券股份有限公司	95	19	483226.21	458350.41	886.85	2943.67	1060.93	0.02	1388.22	1083.2	17512.9	37122.34
中信金通证券有限责任公司	40	20	470638.52	466064.87	852.43	976.94	173.35	0	438.64	182.68	1949.6	38700.29
兴业证券股份有限公司	65	21	444249.07	417695.38	776.03	2190.37	2816.93	0.04	2410.36	687	17673	69754.82
宏源证券股份有限公司	64	22	394439.41	373962.11	558.86	1954.23	275.51	0.22	1246.27	50.11	16392.2	72162.29
中银国际证券有限责任公司	98	23	365591.22	339300.4	920.15	1264.67	2932.73	0	1897.77	259.71	19015.8	28840.8
国元证券股份有限公司	86	24	332101.94	321375.71	1220.25	1415.03	1413.11	0.17	1061.17	473.89	5142.7	65050.09
华西证券有限责任公司	20	25	329898.29	326675.81	814.42	920.39	45.65	0	426.97	74.95	940.1	32037.83
平安证券有限责任公司	88	26	322006.66	248652.38	1988.55	5663.41	11123.22	0	2242.15	705.36	51631.6	12540.11
财通证券有限责任公司	25	27	314991.16	282702.72	721.76	1350.23	1885.76	0	275.41	38.38	28016.9	42584.27
湘财证券有限责任公司	41	28	301086.31	280733.98	537.99	713.89	283.26	0	742.91	116.27	17958	20730.99
东吴证券有限责任公司	36	29	291835.3	285142.89	603.03	823.34	243.28	0	480.53	312.43	4229.8	57565.97
浙商证券有限责任公司	35	30	288628.17	287311.66	412.75	466.27	21.92	0	362.37	41.3	11.9	40403.02
上海证券有限责任公司	55	31	288112.63	265776.83	574.62	947.72	279.61	0	535.01	214.14	19784.7	16262.3
长城证券有限责任公司	56	32	272979.25	264718.82	326.61	1019.79	484.3	0.01	544.47	323.75	5561.5	84310.82
信达证券股份有限公司	40	33	261857.12	258262.42	903.7	692.32	239.74	1	1480.66	261.58	16.7	19410.45
东海证券有限责任公司	49	34	252896.47	249142.82	747.37	1842.97	271.67	0	711.57	26.77	153.3	34664.9
河北财达证券经纪有限责任公司	47	35	236668.63	235196.76	453.21	566.86	107.75	0.05	155.94	28.07	160	15314.08
渤海证券股份有限公司	57	36	235125.16	228769.09	507.9	574.71	2122.31	0	527.72	61.93	2561.5	8586.15
中信万通证券有限责任公司	25	37	230601.53	207430.02	405.72	17733.61	828.64	0	511.44	185.9	3506.2	14862.21
南京证券有限责任公司	44	38	228939.64	223616.46	656.1	1949.17	1193.53	0	823.94	84.35	616.1	25944.34
国金证券股份有限公司	69	39	228117.07	215507.12	120.87	1029.21	494.07	0.01	416.89	324.49	10224.4	8172.34
东北证券股份有限公司	44	40	227530.16	221904.09	298.76	759.05	655.05	0	424.86	97.65	3390.7	20357.77

会员名称	席位数	名次	总计	股票	证券投资基金	ETF	国债现货	地方政府债	公司债、企业债	可转债	债券回购	权证
东兴证券股份有限公司	16	41	210931.74	208306.85	864.09	492.94	105.68	0.01	452.59	32.27	677.3	34669.06
西部证券股份有限公司	26	42	209359.88	207901.81	460.01	365.66	209.04	0	381.14	42.22	0	7027.56
中国民族证券有限责任公司	13	43	209035.3	205899.06	361.37	866.48	105.09	0	179.39	102.91	1521	17674.55
广发华福证券有限责任公司	23	44	203036.51	198189.46	463.24	547.86	724.05	0	740.08	269.51	2102.3	29905.2
山西证券股份有限公司	26	45	202137.95	189833.41	352.79	1494.43	416.01	0.02	144.51	31.17	9865.6	13138.18
国海证券有限责任公司	33	46	197412.26	195937.12	172.16	311.49	57.57	0	305.04	77.68	551.2	13926.32
国联证券股份有限公司	32	47	188252.26	185657.92	303.9	1263.44	45.51	0	246.34	43.56	691.6	11964.61
中原证券股份有限公司	26	48	187376.08	184871.78	275.97	385.05	33.51	0.01	323.37	57.79	1428.6	17588.18
华安证券有限责任公司	23	49	183670.22	180321.51	403.21	402.58	62.95	0	323.22	197.55	1959.2	8676.71
北京高华证券有限责任公司	73	50	180275.3	121166.82	28.61	1384.71	2785.42	0	2591.36	131.38	52187	209.72
东莞证券有限责任公司	11	51	175655.97	173892.57	256.77	372.63	73.44	0	81.63	52.04	926.9	9314.29
西南证券股份有限公司	30	52	174194.18	170015.12	246.45	492.39	978.45	0	1331.18	101.59	1029	24212.07
民生证券有限责任公司	19	53	164255.73	163575.98	192.96	308.04	16.88	0.12	104.37	12.48	45	11285.25
国都证券有限责任公司	23	54	160193.93	154944.74	238.2	1154.23	50.16	0	494.47	105.13	3207	9038.81
信泰证券有限责任公司	24	55	136554.56	133388.9	219.73	413.71	538.68	0.01	632.54	390.78	970.2	68228.01
万联证券有限责任公司	19	56	126574.78	112757.15	116.49	265.01	63.68	0	125.57	44.98	13201.9	13580.39
恒泰证券股份有限公司	14	57	126281.53	125109.95	138.64	486.9	113.48	0	143.86	65.3	223.4	14801.37
江南证券有限责任公司	24	58	121576.78	118492.93	193	371.65	96.45	0	308.3	17.25	2097.2	17229.12
财富证券有限责任公司	20	59	116236.68	113900	147.2	293.97	115.53	0	161.74	133.15	1485.1	14479.41
江海证券经纪有限责任公司	8	60	115154.8	114282.04	170.19	359.11	34.91	0	251.03	15.53	42	11481.6
英大证券有限责任公司	24	61	112825.81	99208.14	128.56	510.59	346.78	0	359.74	63.2	12208.8	7443.14
国盛证券有限责任公司	16	62	110270.43	109577.22	142	200.68	43.54	0	162.7	84.29	60	7714.01
第一创业证券有限责任公司	27	63	109252.14	96490.6	198.35	622.88	265.34	0	1831.56	376.31	9467.1	9874.81
金元证券股份有限公司	26	64	106487.88	104029.7	111.33	296.49	28.29	0.02	274.19	26.88	1721	12021.46
大通证券股份有限公司	20	65	105957.15	105170.11	153.93	470.03	37.15	0	106.75	17.18	2	9688.45
华龙证券有限责任公司	15	66	105683.11	96394.59	85.26	175.43	28.77	0	352.94	555.62	8090.5	5088.87
德邦证券有限责任公司	26	67	100957.26	90202.38	192.17	383.81	1376.91	0	639.94	150.04	8012	4577.68
广州证券有限责任公司	15	68	100803.33	99902.97	244.01	394.17	28.37	0	161.07	17.64	55.1	5573.73
新时代证券有限责任公司	17	69	100716.27	99737.86	78.73	283.75	306.1	0	264.27	45.56	0	9862.2
华林证券有限责任公司	15	70	96914.2	96004.77	148.9	250.03	40.51	0	214.35	26.84	228.8	52530.37
世纪证券有限责任公司	20	71	91215.95	90733.28	88.05	127.45	36.42	0	62.34	167.6	0.8	12614.4
华鑫证券有限责任公司	40	72	89879.67	89267.22	323.13	197.23	13.8	0	71.05	7.15	0.1	5038.16
太平洋证券股份有限公司	6	73	85107.93	83675.27	136.06	892.9	49.83	0	39.67	185.9	128.3	6579.81
中山证券有限责任公司	11	74	85047.25	80979.61	48.48	260.42	18.76	0	506.93	17.85	3215.2	9134.96
首创证券有限责任公司	27	75	84306.2	83110.69	113.03	923.2	15.38	0	108.72	34.19	1	13953.51
红塔证券股份有限公司	24	76	81560.53	79807.81	322.33	760.59	334.74	0	178.48	95.78	60.8	11887.24
华创证券经纪有限责任公司	12	77	80502.92	80021.25	140.75	206.41	33.58	0	44.01	56.42	0.5	4634.88
瑞银证券有限责任公司	30	78	80058.77	73674.48	615.33	739.09	1399.16	0	299.55	123.86	3207.3	18.8
爱建证券有限责任公司	34	79	71838.25	70856.47	138.93	320.66	318.01	0	161.65	25.04	17.5	4528.42
华宝证券经纪有限责任公司	36	80	66563.42	60230.47	273.95	548.08	2313.5	0	436.26	197.76	2563.4	2441.19
华融证券股份有限公司	16	81	66372.14	65688.44	62.33	113.74	117.48	0	62.28	49.57	278.3	4863
联讯证券经纪有限责任公司	12	82	66275.42	63907.57	55.69	206.48	79.51	0	34.22	13.35	1978.6	2821.47
和兴证券经纪有限责任公司	21	83	66056.75	64693.33	62.69	76.45	5.14	0	118.49	3.86	1096.8	2974.2
厦门证券有限公司	4	84	56026.3	55198.22	83.06	156.41	65.11	0	490.73	6.97	25.8	7137.5
上海远东证券有限公司	10	85	55974.36	55695.27	85.39	106.83	2.24	0	54.1	27.42	3.1	24834.27
大同证券经纪有限责任公司	10	86	54615.74	54227.7	58.83	155.57	5.42	0	39.2	4.83	124.2	3254.02
中天证券有限责任公司	9	87	51630.65	48554.28	121.43	64.73	1964.51	0	53.32	93.18	779.2	3325.87
西藏证券经纪有限责任公司	5	88	49722.93	49064.71	93.41	136.93	79.3	0	59.72	3.97	284.9	39694.86
银泰证券有限责任公司	16	89	42390.95	42044.86	82.21	172.16	6.31	0	81.5	2.02	1.9	33135.64
航空证券有限责任公司	8	90	39360.43	38950.71	76.68	74.37	13.32	0	42.85	6.1	196.4	2013.82
长财证券经纪有限责任公司	9	91	32819.48	32609.87	43.96	29.25	3.75	0	35.32	8.33	89	1363.74
天源证券经纪有限公司	5	92	31122.95	30036.25	41.27	41.61	5.34	0	14.6	10.18	973.7	6785.32
天风证券经纪有限责任公司	5	93	30273.54	29714.32	41.03	41.47	289.59	0	14.32	0.2	172.6	1660.41
日信证券有限责任公司	5	94	26103	26038.24	11.78	44.01	0.59	0	7.71	0.66	0	4895.59
众成证券经纪有限公司	2	95	25266.68	24794.39	29.66	43.68	8.67	0	35.64	2.84	351.8	1381.79
西安华弘证券经纪有限责任公司	10	96	24333.56	22730.02	11.39	236.02	637.86	0	650.59	67.68	0	2822.24
万和证券经纪有限责任公司	6	97	18656.36	18361.49	23.97	29.11	32.96	0	9.83	1.81	197.2	1078.49
沈阳诚浩证券经纪有限责任公司	8	98	17776.46	17156.39	18.88	17.83	26.84	0	15.94	3.48	537.1	1300.81
川财证券经纪有限责任公司	3	99	17411.61	17303.78	15.13	15.54	3.07	0.01	55.43	16.66	2	1139.76
陕西开源证券经纪有限责任公司	2	100	10939.06	10780.05	7.36	23.37	5.22	0	28.06	0.01	95	1702.31
航天证券经纪有限责任公司	4	101	10242.14	10117.36	8.92	30.71	2.58	0	6.73	0.74	75.1	441.12
五矿证券经纪有限责任公司	3	102	9168.39	9140.4	9.11	3.52	2.1	0	9.39	3.87	0	516.61
长江证券承销保荐有限公司	1	103	0	0	0	0	0	0	0	0	0	0

上海证券交易所2009年上半年债券活跃品种累计成交笔数排名

名次	代码	简称	开盘价	收盘价	累计成交笔数	累计成交量	累计成交金额(万元)	累计涨跌幅%	期间振幅%	累计换手率%
1	010311	03国债⑾	103.36	102.7	575	6.31	6504.02	−1.24	10.23	0.18
2	010407	04国债(7)	107.65	106.47	737	7.28	7793.29	−1.84	2.82	0.23
3	010215	02国债⒂	101.55	100.9	855	27.49	27844.26	−0.75	2.11	0.46
4	010301	XD03国(1)	101.31	101.11	1096	68.71	69645.84	−0.65	2.40	3.59
5	010501	XD05国(1)	109.18	106.86	1176	1.95	2113.76	−3.71	10.19	0.07
6	010404	XD04国(4)	108.15	105.8	1630	8.47	9057.32	−2.49	2.56	0.23
7	010408	04国债(8)	102.75	100.9	2381	6.52	6633.37	−1.81	2.98	0.19
8	010512	XD05国⑿	104.04	100.17	2514	3.50	3540.67	−4.05	8.62	0.1
9	010308	03国债(8)	104.25	101.4	5130	454.66	464601.61	−2.75	3.97	27.76
10	010504	XD05国(4)	110.1	103.5	5736	11.34	11944.10	−6.65	8.19	0.33

名次	代码	简称	开盘价	收盘价	累计成交笔数	累计成交量	累计成交金额(万元)	累计涨跌幅%	期间振幅%	累计换手率%
11	010112	21 国债(12)	103.66	102.7	6413	972.28	1000735.35	-1.08	2.25	48.61
12	010210	02 国债(10)	100.8	100.37	6638	946.66	952555.03	-0.42	.85	47.33
13	010203	XD02 国(3)	102.3	101.4	6976	866.94	880898.19	-0.94	2.60	43.35
14	010110	21 国债(10)	103.48	102.38	7145	1080.36	1108912.59	-1.03	2.15	54.02
15	010004	XD20 国(4)	102.07	101.8	8033	840.37	857505.46	-0.28	1.21	60.03
16	009908	99 国债(8)	101.7	100.7	10015	1325.85	1341593.39	-0.94	1.29	66.29
17	010213	XD02 国(13)	99.74	94.47	24225	316.68	302114.20	-5.38	7.96	13.2
18	010107	XD21 国(7)	112.17	105.47	36030	572.33	614430.03	-6.07	8.34	23.89
19	010303	XD03 国(3)	102.3	96.28	66102	396.58	388418.81	-6.07	7.80	15.25

上海证券交易所 2009 年上半年债券活跃品种累计跌幅排名

名次	代码	简称	开盘价	收盘价	累计成交笔数	累计成交量	累计成交金额(万元)	累计涨跌幅%	期间振幅%	累计换手率%
1	010504	XD05 国(4)	110.1	103.5	5736	11.34	11944.10	-6.65	8.19	0.33
2	010303	XD03 国(3)	102.3	96.28	66102	396.58	388418.81	-6.07	7.80	15.25
3	010107	XD21 国(7)	112.17	105.47	36030	572.33	614430.03	-6.07	8.34	23.89
4	010213	XD02 国(13)	99.74	94.47	24225	316.68	302114.20	-5.38	7.96	13.2
5	010512	XD05 国(12)	104.04	100.17	2514	3.50	3540.67	-4.05	8.62	0.1
6	010501	XD05 国(1)	109.18	106.86	1176	1.95	2113.76	-3.71	10.19	0.07
7	010603	XD06 国(3)	100.7	97.25	492	0.46	452.06	-3.41	27.93	0.01
8	010509	05 国债(9)	0	102	430	1.32	1544.81	-2.8	27.46	0.04
9	010308	03 国债(8)	104.25	101.4	5130	454.66	464601.61	-2.75	3.97	27.76
10	010404	XD04 国(4)	108.15	105.8	1630	8.47	9057.32	-2.49	2.56	0.23
11	010410	04 国债(10)	109.05	107.21	567	4.10	4419.42	-2.07	4.38	0.11
12	010605	XD06 国(5)	0	100.25	182	0.29	296.43	-1.86	14.29	0.01
13	010407	04 国债(7)	107.65	106.47	737	7.28	7793.29	-1.84	2.82	0.23
14	010408	04 国债(8)	102.75	100.9	2381	6.52	6633.37	-1.81	2.98	0.19
15	010513	05 国债(13)	103.36	102.31	187	0.25	256.09	-1.61	5.75	0.01
16	010505	XD05 国(5)	0	103.68	168	0.55	575.46	-1.5	17.06	0.02
17	010710	XD07 国 10	0	108	9	0.00	0.99	-1.48	9.51	0
18	010311	03 国债(11)	103.36	102.7	575	6.31	6504.02	-1.24	10.23	0.18
19	010307	03 国债(7)	0	101.15	311	2.13	2154.70	-1.16	2.11	0.05
20	010112	21 国债(12)	103.66	102.7	6413	972.28	1000735.35	-1.08	2.25	48.61

上海证券交易所 2009 年上半年债券活跃品种累计涨幅排名

名次	代码	简称	开盘价	收盘价	累计成交笔数	累计成交量	累计成交金额(万元)	累计涨跌幅%	期间振幅%	累计换手率%
1	010610	06 国债(10)	0	100.3	106	0.08	83.36	0.7	18.41	0

上海证券交易所 2009 年上半年 A 股成交额前 20 名排名

名次	股票代码	股票简称	开盘价	收盘价	平均价	累计成交量(万股)	累计成交金额(万元)	累计涨跌幅(%)	期间振幅(%)	累计换手率
1	600030	中信证券	18.3	28.26	24.30	1449868.11	35819528.34	51.9	3.86	220.67
2	600837	海通证券	8.25	16.45	13.17	2297393.83	30389242.75	78.95	6.08	611.78
3	600036	招商银行	12.42	22.41	16.06	1661567.97	26701700.82	66.43	4.29	161.73
4	601899	紫金矿业	4.89	10.2	8.54	2211684.70	20170805.84	85.03	4.24	861.92
5	600000	浦发银行	13.51	23.02	20.43	928000.88	18804509.37	94.83	5.23	173.81
6	600050	中国联通	5.18	6.86	5.82	2855329.34	16903309.81	34.09	4.42	240.05
7	601318	中国平安	27.9	49.46	37.30	446380.23	16774836.52	67.2	5.83	113.68
8	601919	中国远洋	7.66	13.57	11.56	1247742.86	14784760.95	67.59	4.17	576.89
9	600016	民生银行	4.13	7.92	5.61	2566824.95	14617429.00	71.99	4.14	143.44
10	601398	工商银行	3.59	5.42	4.10	3190937.97	13309887.54	48.12	4.54	213.44
11	601168	西部矿业	6.49	15.24	11.69	1087912.13	12957564.25	99.67	6.53	635.95
12	601088	中国神华	18.05	29.91	22.93	540468.45	12773159.15	60.6	3.72	300.26
13	600005	武钢股份	4.91	7.88	6.90	1690587.02	12039882.61	59.76	7.62	539.22
14	600489	中金黄金	37.6	65.88	53.29	178670.14	10034374.24	147.08	8.88	775.11
15	600547	山东黄金	48.66	60.1	58.08	178536.95	9975939.33	100.57	6.27	704.52
16	600028	中国石化	7.1	10.66	9.12	1060772.06	9822802.97	45.49	4.04	82.65
17	601006	大秦铁路	8.11	10.59	9.26	1031000.83	9738902.98	30.93	2.48	293.62
18	601939	建设银行	3.87	6.03	4.49	2100572.56	9611547.21	49.36	5.74	233.4
19	600019	宝钢股份	4.75	7.04	5.91	1594475.48	9569813.50	47.88	3.63	91.05
20	601166	兴业银行	14.87	37.11	23.40	418862.43	9483105.42	99.66	3.43	105.24

上海证券交易所 2009 年上半年 A 股成交量前 20 名排名

名次	股票代码	股票简称	开盘价	收盘价	平均价	累计成交量(万股)	累计成交金额(万元)	累计涨跌幅(%)	期间振幅(%)	累计换手率
1	601398	工商银行	3.59	5.42	4.10	3190937.97	13309887.54	48.12	4.54	213.44
2	600050	中国联通	5.18	6.86	5.82	2855329.34	16903309.81	34.09	4.42	240.05
3	600016	民生银行	4.13	7.92	5.61	2566824.95	14617429.00	71.99	4.14	143.44
4	600837	海通证券	8.25	16.45	13.17	2297393.83	30389242.75	78.95	6.08	611.78
5	601899	紫金矿业	4.89	10.2	8.54	2211684.70	20170805.84	85.03	4.24	861.92
6	601939	建设银行	3.87	6.03	4.49	2100572.56	9611547.21	49.36	5.74	233.4

名次	股票代码	股票简称	开盘价	收盘价	平均价	累计成交量(万股)	累计成交金额(万元)	累计涨跌幅(%)	期间振幅(%)	累计换手率
7	601766	中国南车	4.38	5.29	4.61	1885577.45	8837757.47	23.73	6.40	628.53
8	600005	武钢股份	4.91	7.88	6.90	1690587.02	12039882.61	59.76	7.62	539.22
9	600036	招商银行	12.42	22.41	16.06	1661567.97	26701700.82	66.43	4.29	161.73
10	600019	宝钢股份	4.75	7.04	5.91	1594475.48	9569813.50	47.88	3.63	91.05
11	601390	中国中铁	5.51	6.79	5.73	1533645.93	8926425.64	24.92	2.99	328.05
12	600030	中信证券	18.3	28.26	24.30	1449868.11	35819528.34	51.9	3.86	220.67
13	601988	中国银行	3	4.49	3.50	1449803.39	5277388.81	46.81	6.22	223.27
14	601919	中国远洋	7.66	13.57	11.56	1247742.86	14784760.95	67.59	4.17	576.89
15	600808	马钢股份	3.28	4.84	4.05	1117203.60	4618545.95	44.59	3.68	522.74
16	601168	西部矿业	6.49	15.24	11.69	1087912.13	12957564.25	99.67	6.53	635.95
17	600028	中国石化	7.1	10.66	9.12	1060772.06	9822802.97	45.49	4.04	82.65
18	601006	大秦铁路	8.11	10.59	9.26	1031000.83	9738902.98	30.93	2.48	293.62
19	600000	浦发银行	13.51	23.02	20.43	928000.88	18804509.37	94.83	5.23	173.81
20	601328	交通银行	4.82	9.01	6.51	926662.56	6099128.60	69.67	4.12	58.08

上海证券交易所 2009 年上半年 A 股跌幅前 20 名排名

名次	股票代码	股票简称	开盘价	收盘价	平均价	累计成交量(万股)	累计成交金额(万元)	累计涨跌幅(%)	期间振幅(%)	累计换手率
1	600900	长江电力	0	13.78	13.79	323153.89	4530362.99	-3.33	11.91	65.82
2	600271	航天信息	25.5	15.89	23.33	58269.37	1297751.44	-1.74	4.90	116.86

上海证券交易所 2009 年上半年 A 股股票市价总值前 10 名

名次	股票代码	股票简称	市价总值(万元)	所占总市值的比例(%)
1	601857	中国石油	234463168.68	14.74
2	601398	工商银行	136021592.65	8.55
3	601988	中国银行	79840690.92	5.02
4	600028	中国石化	74536799.77	4.68
5	601628	中国人寿	57368825.15	3.61
6	601088	中国神华	49324694.52	3.10
7	600036	招商银行	26993277.59	1.70
8	601318	中国平安	23673582.06	1.49
9	601328	交通银行	23362853.93	1.47
10	600030	中信证券	18737701.44	1.18
所占总市值的比例总计:45.54%				

上海证券交易所 2009 年上半年 A 股换手率前 20 名排名

名次	股票代码	股票简称	开盘价	收盘价	平均价	累计成交量(万股)	累计成交金额(万元)	累计涨跌幅(%)	期间振幅(%)	累计换手率
1	600841	上柴股份	8.38	14.43	12.73	25771.45	335161.08	61.19	5.13	1193.12
2	600086	东方金钰	4.85	9.66	7.78	188620.49	1528343.16	77.58	4.98	1173.52
3	600435	中兵光电	19.33	19.17	21.28	183150.32	3792762.32	79.99	5.92	1125.76
4	600203	福日电子	3.55	6.43	5.69	152927.35	882827.95	68.13	8.38	1109.93
5	600293	三峡新材	3.08	7.1	5.45	219898.05	1331248.28	94.96	12.15	1096.46
6	600290	华仪电气	9	16.86	15.62	120086.72	1876827.67	65.78	5.69	1052.85
7	600599	熊猫烟花	9.55	10.5	10.17	73993.32	762557.56	17.29	6.43	1027.58
8	600478	科力远	8.06	18.16	15.75	172941.62	2665988.27	92.4	7.13	1014.66
9	600671	天目药业	5.15	10.1	7.66	72562.64	592535.20	77.53	11.10	1010.8
10	600093	禾嘉股份	5.2	6.39	6.35	205066.35	1331816.47	22.88	6.69	1003.72
11	600553	太行水泥	5.24	10.03	7.48	252495.74	1917753.35	76.2	5.66	996.53
12	600725	云维股份	9.89	12.84	14.16	90437.96	1313559.38	38.13	11.57	996.15
13	600265	景谷林业	6.64	10.4	9.33	68093.61	660042.53	53.86	7.16	994.36
14	601727	上海电气	5.85	10.42	8.36	612318.38	5204955.63	67.18	4.68	993.96
15	600096	云天化	17.8	22.36	23.64	236403.04	5801415.74	32.53	10.80	993.19
16	600111	包钢稀土	7.28	19.38	16.54	437206.53	7289440.39	112.3	7.14	992.26
17	600369	西南证券	7.17	17.36	12.92	236757.07	3325709.19	95.91	6.40	988.63
18	600503	华丽家族	6.3	13.43	9.49	53073.20	529957.68	84.99	10.76	982.84
19	600222	太龙药业	3.48	8.22	5.33	169368.19	1054000.34	96.33	16.56	982.41
20	600158	中体产业	5.03	9.46	8.74	585476.71	5224778.33	74.96	5.64	982.24

上海证券交易所 2009 年上半年 A 股流通市值总值前 10 名

名次	股票代码	股票简称	流通市值总值(万元)	所占总市值的比例(%)
1	600036	招商银行	26993277.59	4.14
2	601318	中国平安	19420897.30	2.98
3	600030	中信证券	18568141.44	2.85
4	600000	浦发银行	18245390.74	2.80
5	601166	兴业银行	14769780.00	2.26
6	600050	中国联通	14540865.13	2.23
7	601328	交通银行	14375394.56	2.20
8	600016	民生银行	14172683.18	2.17

名次	股票代码	股票简称	流通市值总值(万元)	所占总市值的比例(%)
9	600519	贵州茅台	13969183.80	2.14
10	600028	中国石化	13681204.44	2.10
所占总市值的比例总计:25.87%				

上海证券交易所2009年上半年A股涨幅前20名排名

名次	股票代码	股票简称	开盘价	收盘价	平均价	累计成交量(万股)	累计成交金额(万元)	累计涨跌幅(%)	期间振幅(%)	累计换手率
1	600187	ST黑龙	-	7.31	7.92	49207.73	417459.18	966.9	11.87	504.69
2	600562	高淳陶瓷	4.51	26.15	9.47	33556.85	469915.75	188.85	7.85	522.62
3	600576	万好万家	4.05	15.96	6.28	85108.13	604227.93	151.11	7.88	821.33
4	600489	中金黄金	37.6	65.88	53.29	178670.14	10034374.24	147.08	8.88	775.11
5	600872	中炬高新	3.19	11.72	8.35	503662.58	4366047.83	144.32	6.77	747.44
6	600432	吉恩镍业	10.86	22.55	19.43	205911.75	4092306.62	135.84	7.13	519.21
7	600575	芜湖港	3.14	10.87	5.51	111344.15	714265.97	135.57	9.39	515.52
8	600362	江西铜业	10.47	33.67	21.89	303063.33	6808456.33	133.59	6.58	857.86
9	600146	大元股份	3.51	11.89	6.19	72137.72	486684.93	133.15	7.26	499.63
10	600376	首开股份	6.41	21.16	13.83	91037.65	1148923.56	131.42	6.42	570.75
11	600703	三安光电	9.7	31.19	23.96	33757.40	755524.47	129.86	6.73	479.93
12	600555	九龙山	3.13	10.14	5.40	243288.19	1467717.56	129.46	7.90	502.49
13	601699	潞安环能	12.78	39.49	26.23	240000.13	6293074.01	129.2	5.75	627.45
14	600997	开滦股份	11.8	18.69	19.01	279395.57	5593169.82	128.55	10.70	713.07
15	600052	浙江广厦	3.28	10.76	6.56	196449.43	1272244.30	128.4	7.65	465.16
16	600082	海泰发展	5.15	8.29	9.11	152700.03	1454600.31	127.81	5.37	489.32
17	600383	金地集团	6.67	16.12	11.07	590349.76	6636489.78	127.1	5.24	342.36
18	601001	大同煤业	11.54	36.38	23.28	209993.67	5039454.79	126.71	6.67	620.06
19	600331	宏达股份	5.26	15.89	12.63	523494.40	6520008.41	126.59	6.71	862.25
20	600067	冠城大通	4.06	12.99	8.20	219960.65	1700628.88	126.27	8.86	437.08

上海证券交易所2009年上半年A股振幅前20名排名

名次	股票代码	股票简称	开盘价	收盘价	平均价	累计成交量(万股)	累计成交金额(万元)	累计涨跌幅(%)	期间振幅(%)	累计换手率
1	600892	*ST湖科	0	11.01	10.13	17682.27	176452.00	86.36	21.21	730.58
2	600222	太龙药业	3.48	8.22	5.33	169368.19	1054000.34	96.33	16.56	982.41
3	600532	华阳科技	4.19	8.47	6.74	88088.76	638704.78	81.56	16.16	813.64
4	600756	浪潮软件	4.65	14.05	9.69	139521.58	1640760.99	124.88	16.03	863.53
5	600130	波导股份	2.53	4.28	3.57	335037.65	1317369.14	64.88	14.75	555.36
6	600520	三佳科技	3.67	9.34	6.11	60714.08	397093.27	103.89	14.32	816.81
7	600530	交大昂立	3.49	10.14	5.94	137253.08	941455.72	118.28	14.11	454.34
8	600730	中国高科	3.23	7.02	5.40	102609.34	599073.80	86.79	14.07	464.12
9	600857	工大首创	3.5	8.04	6.69	87670.19	606615.93	92.43	13.74	463.58
10	600898	三联商社	4.09	5.92	6.25	149238.24	978282.55	48.19	12.63	748.06
11	600877	中国嘉陵	2.74	5.98	4.00	189083.41	800855.42	87.42	12.56	376.86
12	600536	中国软件	8.98	26.83	20.00	57749.33	1233467.41	122	12.25	513.96
13	600745	中茵股份	3.37	9.52	7.08	50494.49	391761.54	114.43	12.24	943.34
14	600293	三峡新材	3.08	7.1	5.45	219898.05	1331248.28	94.96	12.15	1096.46
15	600784	鲁银投资	3.4	7.62	5.68	114195.01	691321.88	92.35	12.01	569.97
16	600193	创兴置业	5.5	9.05	7.62	130309.03	1016847.79	59.96	12.00	637.93
17	600900	长江电力	0	13.78	13.79	323153.89	4530362.99	-3.33	11.91	65.82
18	600201	金宇集团	5.54	9.51	8.75	183753.24	1712628.73	64.77	11.90	700.87
19	600187	ST黑龙	-	7.31	7.92	49207.73	417459.18	966.9	11.87	504.69
20	600725	云维股份	9.89	12.84	14.16	90437.96	1313559.38	38.13	11.57	996.15

上海证券交易所2009年上半年B股券商交易排名

券商名称	名次(年度累计)	交易金额(万元)(年度累计)	名次(本月)	交易金额(万元)(本月)
申银万国证券股份有限公司	1	951945.1	1	209486.43
国泰君安证券股份有限公司	2	638200.79	2	132815.13
中国银河证券股份有限公司	3	588584.31	3	118063.16
海通证券股份有限公司	4	577946.68	4	117199.9
广发证券股份有限公司	5	345977.56	6	73064.44
招商证券股份有限公司	6	311975.55	5	76065.14
华泰证券股份有限公司	7	308713.69	7	62276
国信证券股份有限公司	8	258469.7	8	54000.21
中信建投证券有限责任公司	9	256414.2	9	53262.22
方正证券有限责任公司	10	235833.78	10	49007.93
中信证券股份有限公司	11	212023.74	11	44197.69
东方证券股份有限公司	12	183296.96	12	37444.87
中信金通证券有限责任公司	13	179449.75	14	37258.11
光大证券股份有限公司	14	157738.49	16	33703.92
中银国际证券有限责任公司	15	156451.83	15	33810.28
中国国际金融有限公司	16	141180.63	13	37274.97

券商名称	名次(年度累计)	交易金额(万元)(年度累计)	名次(本月)	交易金额(万元)(本月)
长江证券股份有限公司	17	129869.51	17	28198.55
上海证券有限责任公司	18	115936.63	19	24281.57
渤海证券股份有限公司	19	115259.18	18	26053.94
联合证券有限责任公司	20	103684.38	20	19818.68
齐鲁证券有限公司	21	74715.62	21	16158.76
平安证券有限责任公司	22	73546.08	24	14871.77
信泰证券有限责任公司	23	73187.2	23	15390.49
东吴证券有限责任公司	24	68525.99	25	13765.46
长城证券有限责任公司	25	66122.07	29	12931.56
湘财证券有限责任公司	26	64681.37	28	13199.71
兴业证券股份有限公司	27	63478.28	22	15501.03
国元证券股份有限公司	28	55965.85	30	12582.05
华安证券有限责任公司	29	54265.85	33	11124.43
宏源证券股份有限公司	30	53412.57	34	10560.32
东北证券股份有限公司	31	52878.89	32	11146.21
中国民族证券有限责任公司	32	51524.42	35	10203.61
南京证券有限责任公司	33	43882.66	31	11372.78
恒泰证券股份有限公司	34	42076.07	45	6680.86
国联证券股份有限公司	35	40133.73	38	8637.45
汇富金融服务有限公司	36	40126.47	36	10088.06
中信万通证券有限责任公司	37	39770.31	41	7423.19
华西证券有限责任公司	38	37220.97	43	6990.42
里昂证券有限公司(Credit Lyonnais)	39	36692.23	27	13381.18
民生证券有限责任公司	40	34253.87	40	7591.33
西南证券股份有限公司	41	31350.86	44	6700.95
广州证券有限责任公司	42	30802.31	47	6173.43
德邦证券有限责任公司	43	29932.43	39	7730.47
荷银证券亚洲有限公司	44	29880.06	37	8765.65
英大证券有限责任公司	45	28029.23	42	7402.57
华鑫证券有限责任公司	46	25851.73	49	5638.14
首创证券有限责任公司	47	25840.12	50	5476.15
山西证券股份有限公司	48	25352.57	51	5373.05
凯基证券亚洲有限公司	49	22350.26	48	5736.24
国海证券有限责任公司	50	21573.74	53	4047.71
大华继显(香港)有限公司	51	19132.77	26	13611.2
大通证券股份有限公司	52	18584.59	55	3835.69
西部证券股份有限公司	53	17541.7	56	3706.94
万联证券有限责任公司	54	17191.66	54	3979.28
财富证券有限责任公司	55	16148.43	58	3060.81
法国兴业证券(香港)有限公司	56	15185.46	52	4678.71
华林证券有限责任公司	57	14194.14	57	3586.27
华龙证券有限责任公司	58	11830.81	59	2595.48
法国巴黎证券(亚洲)有限公司	59	11287.94	46	6307.45
世纪证券有限责任公司	60	11252.05	60	2532.88
京华山一国际(香港)有限公司	61	10844.74	66	780.34
国盛证券有限责任公司	62	10538.51	61	2316.26
东莞证券有限责任公司	63	10326.57	63	2153.41
红塔证券股份有限公司	64	9405.62	62	2271.52
华创证券经纪有限责任公司	65	7547.1	64	1559.68
第一创业证券有限责任公司	66	6843.83	65	1363.2
新鸿基投资服务有限公司(Sun Hung Kai)	67	3059.52	69	571.73
西藏证券经纪有限责任公司	68	2746.1	67	626.39
航天证券经纪有限责任公司	69	2497.5	72	491.29
群益证券(香港)有限公司	70	2219.9	68	594.44
华宝证券经纪有限责任公司	71	2031.77	71	522.15
美林国际(Merrill Lynch)	72	1572.83	75	0
野村国际(香港)公司(Nomura)	73	1458.01	70	558.49
万和证券经纪有限责任公司	74	1258.09	73	86.52
大和证券住银资本市场(香港)有限公司	75	485.16	74	37.76

2008 年深圳证券市场概况

指标名称	数值	比年初±	增减(%)
上市公司数	740	70	10.45
其中:中小企业板	273	71	35.15
上市股票数	782	70	9.83
其中:中小企业板	273	71	35.15
总股本(亿元)	3,441.86	660.14	23.73
其中:中小企业板	591.60	251.96	74.18
流通股本(亿元)	2,023.75	512.54	33.92
其中:中小企业板	260.22	133.56	105.45
总市值(亿元)	24,114.53	-33,187.49	-57.92
其中:中小企业板	6,269.68	-4,377.15	-41.11
流通市值(亿元)	12,907.99	-15,624.19	-54.76
其中:中小企业板	2,672.68	-1,150.98	-30.10
总市值占 GDP 比重	9.66	-13.30	-57.92
综合指数	553.30	-893.72	-61.76
成份指数	6,485.51	-11,215.11	-63.36
B 股指数	271.28	-438.41	-61.78
中小企业板指数	2863.99	-3383.57	-54.16

指标名称	数值	比年初±	增减(%)
加权平均股价(元/股)	7.01	-13.59	-65.99
其中:中小企业板	10.60	-20.75	-66.19
平均市盈率	16.72	-53.02	-76.03
其中:中小企业板	24.96	-60.11	-70.66
投资者开户总数(万)	7,507.59	667.51	9.76
其中:机构开户总数	24.65	1.67	7.28
指标名称	数值	同比±	增减(%)
本年累计股票成交金额(亿元)	86,682.71	-68,439.24	-44.12
其中:中小企业板	16,637.28	463.62	2.87

指标名称	数值	同比±	增减(%)
本年累计基金成交金额(亿元)	2,130.82	-2,191.02	-50.70
本年累计债券成交金额(亿元)	510.86	243.02	90.73
本年累计权证成交金额(亿元)	10064.05	-17869.89	-63.97
本年累计股票筹资额(亿元)	1,233.65	58.44	4.97
其中:中小企业板	428.98	-19.60	-4.37
本年累计股票交易印花税(亿元)	303.23	-390.62	-56.30
其中:中小企业板	53.13	-22.50	-29.75
本年累计新增投资者开户数(万)	830.38	-2,197.76	-72.58
其中:机构开户总数	2.95	-3.27	-52.61

深圳证券交易所2008年成交金额前20名排名

序号	证券代码	证券简称	前收	收盘	成交金额(元)	成交量(股)
1	2	万 科 A	28.84	6.45	339,527,903,485.32	27,827,884,052
2	858	五 粮 液	45.48	13.34	124,157,454,788.57	5,263,259,299
3	1	深发展A	38.6	9.46	121,671,157,690.96	6,212,299,352
4	983	西山煤电	63.47	11.66	98,060,956,986.06	4,527,168,924
5	878	云南铜业	54.81	8	96,882,621,308.67	4,230,240,177
6	839	中信国安	34.5	5.96	91,981,008,192.25	6,676,981,477
7	623	吉林敖东	67.35	18.68	87,246,667,767.78	2,396,687,663
8	998	隆平高科	16.39	15.18	85,659,761,861.33	3,722,790,067
9	629	攀钢钢钒	13.55	9.18	85,149,654,256.69	8,656,086,857
10	898	鞍钢股份	30.18	6.95	84,915,897,707.88	6,010,166,044
11	562	宏源证券	39.2	11.7	77,355,044,648.28	4,151,838,263
12	960	锡业股份	66.06	9.44	68,706,418,605.95	2,909,891,775
13	532	力合股份	15.93	5.78	64,268,018,255.93	4,809,734,237
14	783	长江证券	38.26	8.77	57,991,351,334.12	3,129,216,174
15	63	中兴通讯	63.69	27.2	57,397,084,993.13	1,422,251,178
16	60	中金岭南	44.44	7.8	54,400,223,567.06	2,549,662,611
17	612	焦作万方	44.83	7.4	52,027,814,381.07	2,248,457,950
18	2202	金风科技	140.45	25.25	49,330,813,981.03	1,126,492,966
19	825	太钢不锈	24.77	3.61	49,053,443,638.32	4,394,480,136
20	402	金 融 街	28.3	7.61	47,175,491,660.64	3,414,745,706

深圳证券交易所2008年跌幅前20名排名

序号	证券代码	证券简称	前收	收盘	成交金额(元)	成交量(股)	跌幅
1	908	天一科技	31.47	3.64	8,348,514,522.27	1,319,215,381	88.43
2	2172	澳洋科技	55.97	3.64	14,883,790,869.10	923,544,537	86.94
3	878	云南铜业	54.81	8	96,882,621,308.67	4,230,240,177	85.22
4	755	山西三维	37.98	4.72	20,286,111,817.13	1,775,922,277	84.96
5	751	锌业股份	17.36	2.73	26,410,163,050.78	2,939,800,320	84.27
6	602	金马集团	30.86	5.15	14,680,838,946.92	955,391,054	83.31
7	612	焦作万方	44.83	7.4	52,027,814,381.07	2,248,457,950	83.11
8	960	锡业股份	66.06	9.44	68,706,418,605.95	2,909,891,775	82.81
9	758	中色股份	38.61	6.6	29,524,387,471.52	1,801,873,028	82.79
10	34	ST 深 泰	10.58	1.83	2,654,270,606.67	662,461,093	82.7
11	572	海马股份	17.85	3.12	7,699,433,830.49	954,083,793	82.39
12	657	*ST 中钨	21.3	3.78	6,851,791,163.39	748,757,809	82.25
13	617	石油济柴	38.36	6.88	10,835,880,749.69	673,263,768	82.02
14	962	东方钽业	30.36	5.55	15,144,453,621.00	1,259,480,916	81.58
15	200725	京东方B	5.46	1.04	3,387,234,436.02	1,390,076,242	80.95
16	799	酒 鬼 酒	27.77	5.37	10,082,061,501.96	800,593,398	80.66
17	584	舒卡股份	19.01	3.73	9,731,401,918.90	925,869,531	80.38
18	420	吉林化纤	11.24	2.24	11,413,035,872.54	1,927,281,316	80.07
19	838	国兴地产	44.86	4.51	5,505,712,600.78	518,565,632	79.89
20	2019	鑫富药业	43.76	8.87	16,077,670,644.83	785,435,858	79.63

深圳证券交易所2008年涨幅前20名排名

序号	证券代码	证券简称	前收	收盘	成交金额(元)	成交量(股)	涨幅
1	578	ST 盐 湖	4.8	25.25	7,540,492,086.44	243,643,715	426.04
2	592	ST 中 福	0.68	2.67	2,500,213,396.33	545,963,258	292.65
3	2219	独 一 味	6.18	18	4,717,933,511.16	251,344,985	191.26
4	2262	恩华药业	5.68	16.46	3,088,636,152.54	228,711,700	189.79
5	2223	鱼跃医疗	9.48	23.89	5,610,358,651.18	317,080,898	155.01
6	2215	诺 普 信	9.95	17.9	6,490,284,080.60	237,311,391	135.78
7	2214	大立科技	6.8	14.86	5,192,597,869.19	289,108,238	120.13
8	2242	九阳股份	22.54	44.5	10,025,839,697.06	244,686,075	97.43

序号	证券代码	证券简称	前收	收盘	成交金额(元)	成交量(股)	涨幅
9	2252	上海莱士	12.81	25.22	7,752,446,355.43	320,291,786	96.88
10	2271	东方雨虹	17.33	33.1	2,441,186,046.30	113,727,709	91
11	2209	达 意 隆	4.24	7.88	4,786,272,451.26	439,645,618	86.55
12	2230	科大讯飞	12.66	23.5	3,943,946,286.12	144,323,316	85.62
13	2218	拓日新能	10.79	16.46	16,299,021,044.80	601,488,041	83.25
14	2238	天威视讯	6.98	12.25	5,299,379,284.60	383,252,090	75.5
15	2268	卫 士 通	12.12	21.26	2,037,593,605.19	102,691,541	75.41
16	2261	拓维信息	15.37	25.5	3,557,476,219.09	139,411,212	65.91
17	2272	川润股份	10.44	17.17	4,497,359,130.14	304,292,511	64.46
18	2274	华昌化工	10.01	16.36	6,152,265,917.53	417,923,974	63.44
19	2253	川大智胜	14.75	24	2,296,544,485.91	126,471,947	62.71
20	2251	步 步 高	26.08	42.1	6,812,670,017.42	148,676,767	61.43

深圳证券交易所2008年限售股份解限与减持总体情况

证券代码	证券简称	解除限售日期	本次解除限售股东总数	本次解除限售股份总数(股)	本次解除限售股份占公司总股本比例(%)
000881	大连国际	2008-12-31	1	55,086,054	17.83
000635	英 力 特	2008-12-30	1	29,119,715	21.18
000767	漳泽电力	2008-12-30	2	701,181,000	52.97
000063	中兴通讯	2008-12-29	1	368,209,321	27.41
000404	华意压缩	2008-12-29	2	18,978,925	5.85
000783	长江证券	2008-12-29	32	593,872,735	35.46
000937	金牛能源	2008-12-29	1	415,040,322	52.67
002101	广东鸿图	2008-12-29	2	16,085,090	24.008
000418	小天鹅A	2008-12-26	11	1,406,694	0.257
000690	宝新能源	2008-12-26	1	336,544,416	29.85
002201	九鼎新材	2008-12-26	58	21,020,665	20.212
002202	金风科技	2008-12-26	54	403,380,000	40.338
002066	瑞泰科技	2008-12-23	4	1,800,000	2
002124	天邦股份	2008-12-23	1	500,000	0.365
000513	丽珠集团	2008-12-22	1	15,301,774	5
000665	武汉塑料	2008-12-22	3	14,004,128	7.89
002200	绿 大 地	2008-12-22	6	33,705,066	40.155
000572	海马股份	2008-12-19	2	146,809,079	17.925
000539	粤电力A	2008-12-18	8	2,110,255	0.079
002197	证通电子	2008-12-18	16	9,012,384	10.308
000150	宜华地产	2008-12-16	2	20,866,965	6.44
000810	华润锦华	2008-12-16	2	10,958,004	8.45
000590	紫光古汉	2008-12-15	17	19,672,939	9.69
000997	新 大 陆	2008-12-15	1	180,852,396	39.98
000652	泰达股份	2008-12-12	1	419,708,255	28.44
002195	海隆软件	2008-12-12	1	13,384,800	17.937
000611	时代科技	2008-12-11	1	27,622,310	8.58
002033	丽江旅游	2008-12-11	1	1,355,600	1.365
000058	ST 赛 格	2008-12-10	1	20,676,432	2.63
000821	京山轻机	2008-12-10	1	71,774,885	20.79
002015	霞客环保	2008-12-10	2	9,359,139	5.47
000566	海南海药	2008-12-9	1	18,814,177	8.97
000968	煤 气 化	2008-12-9	1	202,663,055	39.45
002039	黔源电力	2008-12-9	2	8,698,800	6.202
000096	广聚能源	2008-12-8	3	91,668,532	17.36
002192	路翔股份	2008-12-8	4	19,505,500	32.134
002193	山东如意	2008-12-8	0	42,378,800	26.487
002194	武汉凡谷	2008-12-8	1	1,560,000	0.365
000413	宝 石 A	2008-12-5	2	95,524	0.025
000425	徐工科技	2008-12-5	23	2,383,986	0.437
000600	建投能源	2008-12-5	1	122,396,380	13.4
002026	山东威达	2008-12-5	1	1,305,000	0.967
002191	劲嘉股份	2008-12-5	2	13,912,960	3.251
000898	鞍钢股份	2008-12-3	1	526,795,621	7.28
002189	利达光电	2008-12-3	4	41,070,848	20.614
002190	成飞集成	2008-12-3	4	8,256,000	6.405
002047	成霖股份	2008-12-2	2	128,667,127	45.379
000059	辽通化工	2008-12-1	1	333,326,326	27.76
000610	西安旅游	2008-12-1	12	555,050	0.282
000725	京东方A	2008-12-1	1	648,177,570	19.74
002008	大族激光	2008-11-28	3	228,678,682	32.844
002041	登海种业	2008-11-28	1	75,557,064	42.93
002044	江苏三友	2008-11-28	4	86,450,000	53.2
000988	华工科技	2008-11-26	1	123,918,379	37.68
000534	汕电力A	2008-11-25	2	8,470,963	3.32
002043	兔 宝 宝	2008-11-25	2	48,363,840	26.428
000571	新大洲A	2008-11-24	6	66,322,333	9.01
002005	德豪润达	2008-11-24	3	126,054,400	39.002
002007	华兰生物	2008-11-24	3	39,397,104	17.504
002050	三花股份	2008-11-24	1	7,119,643	6.301
002187	广百股份	2008-11-24	4	18,000,000	11.25
002188	新 嘉 联	2008-11-24	12	47,400,000	59.25
002030	达安基因	2008-11-20	6	82,724,400	41.23
002185	华天科技	2008-11-20	9	97,500,000	37.356
002186	全 聚 德	2008-11-20	8	18,130,000	12.807
000033	新都酒店	2008-11-19	1	23,325,000	7.08
000545	吉林制药	2008-11-19	1	7,912,181	5
000972	新 中 基	2008-11-19	4	34,261,937	8.18
000060	中金岭南	2008-11-18	1	46,569,600	4.55
000723	美锦能源	2008-11-18	4	1,178,356	0.84
002036	宜科科技	2008-11-17	7	10,713,303	7.946
002181	粤 传 媒	2008-11-17	0	155,682,020	44.471
000662	索 芙 特	2008-11-14	3	72,455,212	25.159
000897	津滨发展	2008-11-14	4	318,552,178	19.697
000936	华 西 村	2008-11-14	1	165,157,583	37.54
000065	北方国际	2008-11-13	1	78,044,945	48.05
002017	东信和平	2008-11-13	2	51,580,093	33.613
002027	七喜控股	2008-11-13	1	129,677,590	42.892
002182	云海金属	2008-11-13	3	36,374,940	18.945
000417	合肥百货	2008-11-12	7	19,921,324	5.4
002048	宁波华翔	2008-11-11	3	79,649,762	16.132
000627	天茂集团	2008-11-10	2	123,711,049	18.279
000955	欣龙控股	2008-11-10	1	19,898,311	6.788
002028	思源电气	2008-11-10	1	11,910,461	4.334
002040	南 京 港	2008-11-10	1	5,862,848	2.385
000616	亿城股份	2008-11-7	2	51,322,550	10
000715	中兴商业	2008-11-6	3	31,030,077	11.12
002035	华帝股份	2008-11-6	3	77,018,760	44.838
002012	凯恩股份	2008-11-3	1	47,571,675	24.422
002177	御银股份	2008-11-3	10	15,764,642	10.571
002178	延华智能	2008-11-3	3	17,892,000	22.365
002179	中航光电	2008-11-3	17	36,900,000	20.672
000728	国元证券	2008-10-30	3	160,320,147	10.95
002018	华星化工	2008-10-30	2	13,182,000	8.075
002022	科华生物	2008-10-30	3	67,427,388	21.367
002034	美 欣 达	2008-10-30	2	24,382,743	30.058
000521	美菱电器	2008-10-28	25	12,543,559	3
000838	国兴地产	2008-10-28	54	37,691,181	20.82
000985	大庆华科	2008-10-27	3	17,250,000	13.32
000636	风华高科	2008-10-24	1	20,000,000	2.98
000905	厦门港务	2008-10-24	1	26,550,000	5
000058	ST 赛 格	2008-10-23	2	57,803,468	7.365
000157	中联重科	2008-10-22	2	100,606,545	6.61
000532	力合股份	2008-10-15	3	9,356,005	7.7
000833	贵糖股份	2008-10-15	2	2,480,000	0.838
000560	昆百大A	2008-10-14	1	6,720,000	5
000029	深深房A	2008-10-13	1	50,583,000	5
002175	广陆数测	2008-10-13	13	32,093,976	37.582
002176	江特电机	2008-10-13	0	30,866,081	28.462
000042	深 长 城	2008-10-10	4	39,137,847	16.34

证券代码	证券简称	解除限售日期	本次解除限售股东总数	本次解除限售股份总数(股)	本次解除限售股份占公司总股本比例(%)
000812	陕西金叶	2008-10-10	1	1,219,903	0.33
000837	秦川发展	2008-10-6	1	333,234	0.096
000409	*ST泰格	2008-9-26	176	15,927,345	9.29
000639	金德发展	2008-9-26	1	3,643,247	5
000676	思达高科	2008-9-26	1	145,476	0.046
000681	*ST远东	2008-9-26	5	32,780,900	16.49
000663	永安林业	2008-9-25	3	20,197,386	9.961
002174	梅花伞	2008-9-25	3	13,007,383	15.683
000656	ST东源	2008-9-23	2	12,502,092	5
002138	顺络电子	2008-9-23	3	16,497,600	17.551
000411	英特集团	2008-9-22	4	32,487,368	15.66
000967	上风高科	2008-9-22	2	10,258,956	5
002168	深圳惠程	2008-9-22	3	10,083,890	10.069
002171	精诚铜业	2008-9-22	4	18,153,000	11.135
002172	澳洋科技	2008-9-22	7	57,200,000	16.437
000593	大通燃气	2008-9-19	3	10,894,779	4.87
002169	智光电气	2008-9-19	11	10,616,227	12.807
000548	湖南投资	2008-9-17	1	24,960,791	5
000573	粤宏远A	2008-9-16	2	228,046	0.037
002165	红宝丽	2008-9-16	182	32,694,652	29.062
002166	莱茵生物	2008-9-16	3	24,133,440	37.262
002167	东方锆业	2008-9-16	6	12,302,000	24.604
000564	西安民生	2008-9-12	3	51,480	0.019
000045	深纺织A	2008-9-11	1	12,256,200	5
000766	通化金马	2008-9-9	2	38,225,214	8.51
000886	海南高速	2008-9-9	67	24,613,726	2.489
000721	西安饮食	2008-9-8	2	14,854,725	7.44
000829	天音控股	2008-9-8	5	184,143,676	19.37
002014	永新股份	2008-9-8	2	40,795,028	29.307
000695	滨海能源	2008-9-5	2	11,653,376	5.246
000759	武汉中百	2008-9-5	1	78,543	0.014
002029	七匹狼	2008-9-5	2	96,159,375	33.991
000023	深天地A	2008-9-3	1	6,937,812	5
000004	ST国农	2008-8-29	6	4,975,145	5.91
000504	赛迪传媒	2008-8-29	4	264,212	0.085
000573	粤宏远A	2008-8-28	17	5,473,104	0.879
000686	东北证券	2008-8-27	9	23,624,174	4.04
000801	四川湖山	2008-8-27	1	2,963,501	2.244
000815	美利纸业	2008-8-26	1	2,068,656	1.306
000830	鲁西化工	2008-8-26	1	444,921,056	42.525
000576	广东甘化	2008-8-25	531	1,662,924	0.52
000948	南天信息	2008-8-25	1	8,027,548	3.81
001896	豫能控股	2008-8-25	1	35,000,000	8.14
002162	斯米克	2008-8-25	3	10,365,380	2.728
002163	三鑫股份	2008-8-25	35	37,870,200	18.564
002164	东力传动	2008-8-25	1	30,000,000	16.667
000040	深鸿基	2008-8-21	4	24,300,504	5.175
000585	东北电气	2008-8-21	5	5,575,991	0.638
002160	常铝股份	2008-8-21	2	25,500,000	15
002161	远望谷	2008-8-21	6	34,545,420	26.905
000533	万家乐	2008-8-20	5	14,166,173	2.46
000613	ST东海A	2008-8-19	93	120,912,100	33.208
002155	辰州矿业	2008-8-18	6	169,133,023	30.898
002156	通富微电	2008-8-18	3	5,615,225	2.103
002157	正邦科技	2008-8-18	4	44,214,366	29.36
002158	汉钟精机	2008-8-18	3	1,200,000	0.797
002159	三特索道	2008-8-18	0	31,266,000	26.055
000601	韶能股份	2008-8-15	1	3,000,000	0.32
000611	时代科技	2008-8-14	6	4,050,540	1.26
000532	力合股份	2008-8-13	6	4,766,716	1.39
002019	鑫富药业	2008-8-13	1	8,872,500	4.643
002152	广电运通	2008-8-13	51	69,916,620	24.522
002153	石基信息	2008-8-13	3	8,736,000	7.8
000738	ST宇航	2008-8-11	1	19,890,000	5
000789	江西水泥	2008-8-11	1	17,025,000	4.3
002023	海特高新	2008-8-11	2	11,701,773	6.22
002024	苏宁电器	2008-8-11	1	88,725,600	5.933
002148	北纬通信	2008-8-11	7	36,288,000	48
002149	西部材料	2008-8-11	5	25,500,000	27.893
000709	唐钢股份	2008-8-8	2	663,936	0.018
002032	苏泊尔	2008-8-8	3	49,928,666	11.244
002145	中核钛白	2008-8-8	3	39,858,000	20.978
002146	荣盛发展	2008-8-8	5	26,136,000	3.267
002147	方圆支承	2008-8-8	46	59,640,000	31.723
000623	吉林敖东	2008-8-7	2	14,559,160	2.54
000697	咸阳偏转	2008-8-7	1	9,330,638	5
000005	世纪星源	2008-8-6	1	843,863	0.092
002010	传化股份	2008-8-5	2	29,659,500	14.625
000037	深南电A	2008-8-4	2	55,046,401	9.13
000979	ST科苑	2008-8-4	2	2,180,000	1.76
002144	宏达经编	2008-8-4	14	42,579,564	39.668
000966	长源电力	2008-7-31	1	18,507,102	3.34
000555	ST太光	2008-7-30	2	6,083,670	6.71
000733	振华科技	2008-7-30	1	35,812,000	10
000952	广济药业	2008-7-30	2	16,577,076	6.59
000563	陕国投A	2008-7-28	1	17,920,651	5
000758	中色股份	2008-7-28	1	16,108,125	2.77
000911	南宁糖业	2008-7-28	1	26,264,000	9.163
000995	皇台酒业	2008-7-28	2	21,022,848	11.85
000809	中汇医药	2008-7-25	2	14,142,035	12.35
000562	宏源证券	2008-7-24	1	30,437,258	2.08
000557	ST银广夏	2008-7-23	2	37,757,038	6.24
000567	海德股份	2008-7-23	3	5,680,000	3.757
002141	蓉胜超微	2008-7-22	2	13,125,000	16.164
000882	华联股份	2008-7-21	3	37,380,000	15
000915	山大华特	2008-7-21	6	18,384,538	10.199
002142	宁波银行	2008-7-21	3118	635,000,000	25.4
002143	高金食品	2008-7-21	1	827,985	0.516
000596	古井贡酒	2008-7-18	1	11,750,000	5
000616	亿城股份	2008-7-18	1	31,634,445	6.16
000626	如意集团	2008-7-18	2	10,275,000	5.074
000683	远兴能源	2008-7-15	1	46,211,697	9.03
000996	中国中期	2008-7-15	3	36,000,000	15.652
002140	东华科技	2008-7-15	15	16,000,000	14.923
000407	胜利股份	2008-7-14	6	35,672,090	10
000806	银河科技	2008-7-14	6	20,111,141	2.876
000720	鲁能泰山	2008-7-8	2	64,981,251	7.53
000939	凯迪电力	2008-7-7	18	11,237,520	3.05
000415	汇通集团	2008-7-4	2	30,033,582	10
000955	欣龙控股	2008-7-3	8	26,145,350	8.919
000039	中集集团	2008-7-2	1	133,119,802	5
000570	苏常柴A	2008-6-30	1	18,712,478	5
000786	北新建材	2008-6-30	1	28,757,500	5
000851	高鸿股份	2008-6-30	3	23,420,784	9.02
002139	拓邦电子	2008-6-30	16	11,320,000	22.64
000001	深发展A	2008-6-26	47	289,729,135	12.63
000419	通程控股	2008-6-26	1	8,775,408	5
000957	中通客车	2008-6-24	2	18,611,599	7.8
000669	领先科技	2008-6-23	1	1,492,182	1.613
000889	渤海物流	2008-6-23	2	16,095,341	4.75
000018	ST中冠A	2008-6-18	1	8,457,118	5
000547	闽福发A	2008-6-18	1	4,167,682	1.7
000572	海马股份	2008-6-17	9	1,177,806	0.341
000683	远兴能源	2008-6-17	1	25,000,000	4.88
000511	银基发展	2008-6-16	1	57,741,600	5
000538	云南白药	2008-6-16	1	24,202,557	5
000401	冀东水泥	2008-6-12	1	48,138,530	5
000012	南玻A	2008-6-11	2	101,546,312	8.54
000711	天伦置业	2008-6-10	1	322,960	0.301
000748	长城信息	2008-6-10	1	18,778,108	5
000818	锦化氯碱	2008-6-10	1	17,000,000	5
000935	*ST双马	2008-6-10	4	2,229,807	0.698
000022	深赤湾A	2008-6-6	1	23,243,415	3.6
000033	新都酒店	2008-6-6	7	44,950,201	13.65
000537	广宇发展	2008-6-2	1	25,635,879	5
000737	南风化工	2008-6-2	2	33,451,212	6.09
000811	烟台冰轮	2008-6-2	2	17,537,664	10
002135	东南网架	2008-5-30	11	32,279,100	16.14
002136	安纳达	2008-5-30	4	26,993,600	34.204
000890	法尔胜	2008-5-28	2	19,827,822	5.22
000953	河池化工	2008-5-28	1	1,614,354	0.549
000712	锦龙股份	2008-5-27	1	15,231,152	5
000835	四川圣达	2008-5-27	5	41,722,938	17.762
000012	南玻A	2008-5-26	1	50,773,156	4.27
000301	丝绸股份	2008-5-26	1	60,911,822	5
000428	华天酒店	2008-5-26	1	17,284,000	4.69
000546	光华控股	2008-5-26	2	242,637	0.14
000625	长安汽车	2008-5-26	1	97,250,952	5
000635	英力特	2008-5-26	6	1,124,082	0.82
000901	航天科技	2008-5-26	5	31,684,605	14.28
000036	华联控股	2008-5-23	1	3,717,474	0.33
000582	北海港	2008-5-23	3	1,135,945	0.799

证券代码	证券简称	解除限售日期	本次解除限售股东总数	本次解除限售股份总数(股)	本次解除限售股份占公司总股本比例(%)
000021	长城开发	2008－5－22	1	959,364	0.11
000989	九芝堂	2008－5－22	1	24,800,439	10
000552	靖远煤电	2008－5－20	4	408,400	0.23
000921	ST 科龙	2008－5－20	1	6,550,850	0.66
000972	新中基	2008－5－20	1	11,213,024	3.48
000777	中核科技	2008－5－19	2	16,800,000	10
002134	天津普林	2008－5－19	3	44,253,300	22.5
000028	一致药业	2008－5－16	2	37,963,986	13.18
002064	华峰氨纶	2008－5－16	1	3,900,000	1.056
000016	深康佳 A	2008－5－15	1	19,709,100	3.27
000418	小天鹅 A	2008－5－15	13	7,585,195	2.1
000768	西飞国际	2008－5－15	1	31,320,000	2.781
000540	中天城投	2008－5－9	66	61,721,616	18.89
000826	合加资源	2008－5－9	1	9,982,115	5
000502	绿景地产	2008－5－7	11	3,275,000	1.772
000790	华神集团	2008－5－7	3	21,579,202	10.81
000816	江淮动力	2008－5－6	1	28,200,000	5
002106	莱宝高科	2008－5－5	2	546,000	0.215
000858	五粮液	2008－4－30	1	189,798,336	5
000050	深天马 A	2008－4－29	1	16,596,250	4.34
000761	本钢板材	2008－4－29	1	56,800,000	1.81
002131	利欧股份	2008－4－29	2	31,516,800	20.933
000055	方大 A	2008－4－28	2	38,798,760	10
000652	泰达股份	2008－4－28	4	6,869,589	0.642
002132	恒星科技	2008－4－28	5	59,818,000	36.681
002133	广宇集团	2008－4－28	14	76,486,500	30.681
000712	锦龙股份	2008－4－25	1	7,500,000	2.46
000555	*ST 太光	2008－4－23	2	180,000	0.2
000735	*ST 罗牛	2008－4－23	1	35,098,400	3.988
000100	TCL 集团	2008－4－21	3	232,194,363	8.98
000501	鄂武商 A	2008－4－21	1	5,448,561	1.07
000595	西北轴承	2008－4－21	1	7,158,533	3.3
000788	西南合成	2008－4－21	1	10,864,975	5
002129	中环股份	2008－4－21	12	106,033,045	29.237
000522	白云山 A	2008－4－18	2	65,452,684	13.95
000606	青海明胶	2008－4－18	2	16,355,599	7.3
002126	银轮股份	2008－4－18	14	14,957,964	14.958
002128	露天煤业	2008－4－18	9	42,750,000	6.535
000043	中航地产	2008－4－16	3	20,115,124	14.44
000833	贵糖股份	2008－4－16	87	81,225,788	27.435
000420	吉林化纤	2008－4－14	1	18,912,873	5
000913	钱江摩托	2008－4－14	2	45,353,600	10
000671	阳光发展	2008－4－11	1	4,758,654	5
000685	公用科技	2008－4－11	521	5,952,042	2.638
000751	锌业股份	2008－4－10	1	55,506,664	5
000785	武汉中商	2008－4－10	1	12,561,085	5
002124	天邦股份	2008－4－10	11	14,000,000	20.438
000031	中粮地产	2008－4－8	1	24,480,875	2.7
000551	创元科技	2008－4－8	1	12,086,319	5
000702	正虹科技	2008－4－8	1	13,331,728	5
000550	江铃汽车	2008－4－7	5	45,320,700	5.2
000636	风华高科	2008－4－7	1	7,786,685	1.13
000980	金马股份	2008－4－7	1	11,250,000	3.55
002125	湘潭电化	2008－4－3	2	2,685,600	3.562
000516	开元控股	2008－4－2	3	8,995,538	6.07
000651	格力电器	2008－4－2	611	66,217,125	7.93
000151	中成股份	2008－4－1	1	29,598,000	10
000586	汇源通信	2008－3－31	5	7,636,300	3.95
000518	四环生物	2008－3－28	3	1,266,369	0.12
000541	佛山照明	2008－3－28	78	1,642,374	0.352
000593	大通燃气	2008－3－28	5	716,320	0.32
000819	岳阳兴长	2008－3－28	10	40,791,244	21.06
000876	新希望	2008－3－28	1	15,776,530	2.5
000883	三环股份	2008－3－28	9	2,901,350	1.102
000967	上风高科	2008－3－28	4	374,510	0.27
002123	荣信股份	2008－3－28	18	24,953,528	38.99
000902	中国服装	2008－3－26	2	21,500,000	10
000155	川化股份	2008－3－25	1	23,500,000	5
000628	高新发展	2008－3－25	40	2,551,900	1.162
000519	银河动力	2008－3－24	2	19,115,360	4
000619	海螺型材	2008－3－24	2	33,954,545	9.431
000731	四川美丰	2008－3－24	63	115,578,720	23.13
000997	新大陆	2008－3－24	1	7,500,000	1.66
000823	超声电子	2008－3－20	1	19,396,800	4.4
000856	唐山陶瓷	2008－3－20	1	11,350,000	5
000528	柳工	2008－3－19	1	23,622,808	5
000537	广宇发展	2008－3－18	4	36,708,397	7.16
000558	莱茵置业	2008－3－18	7	780,450	0.31
000825	太钢不锈	2008－3－17	1	167,882,520	4.85
000962	东方钽业	2008－3－17	1	17,820,000	5
000998	隆平高科	2008－3－17	1	7,875,000	5
000564	西安民生	2008－3－14	6	302,016	0.11
000591	桐君阁	2008－3－12	1	6,538,833	5
000610	西安旅游	2008－3－12	3	22,055,135	11.21
000701	厦门信达	2008－3－11	1	12,012,500	5
000938	紫光股份	2008－3－10	2	20,608,000	10
000543	皖能电力	2008－3－7	13	98,090,000	12.689
000617	石油济柴	2008－3－7	1	11,980,800	5
000721	西安饮食	2008－3－6	3	19,798,098	9.92
002120	新海股份	2008－3－6	31	25,761,812	22.285
002121	科陆电子	2008－3－6	8	31,188,000	25.99
002117	东港股份	2008－3－3	4	43,050,000	39.136
002118	紫鑫药业	2008－3－3	3	4,470,011	6.62
002119	康强电子	2008－3－3	4	39,655,000	40.839
000505	珠江控股	2008－2－29	8	7,736,000	2.138
000739	普洛康裕	2008－2－28	1	6,691,398	2.606
000533	万家乐	2008－2－27	19	94,160,351	16.356
000601	韶能股份	2008－2－27	4	10,351,357	1.121
000525	红太阳	2008－2－26	7	6,761,257	2.41
000548	湖南投资	2008－2－26	1	24,960,791	5
000708	大冶特钢	2008－2－25	4	5,040,000	1.12
000779	ST 派神	2008－2－25	1	7,437,852	3.99
000048	*ST 康达	2008－2－22	1	19,538,434	5
000503	海虹控股	2008－2－22	9	16,372,440	2.186
000524	东方宾馆	2008－2－22	2	26,967,374	10
000615	湖北金环	2008－2－21	1	6,879,512	3.25
000915	山大华特	2008－2－20	11	897,600	0.498
002113	天润发展	2008－2－20	1480	23,443,296	31.68
000659	珠海中富	2008－2－19	2	40,394,276	5.87
002114	罗平锌电	2008－2－18	5	14,148,000	13.852
002115	三维通信	2008－2－15	7	17,910,000	22.388
002116	中国海诚	2008－2－15	37	20,596,154	18.067
000876	新希望	2008－2－14	1	21,130,021	3.35
000930	丰原生化	2008－2－14	1	48,126,081	4.99
000032	深桑达 A	2008－2－13	1	9,702,680	5
002112	三变科技	2008－2－13	14	39,529,100	49.411
000012	南玻 A	2008－2－5	7	1,065,512	0.105
000526	旭飞投资	2008－2－5	3	1,076,900	1.12
000425	徐工科技	2008－2－4	16	1,537,037	0.282
000594	天津宏峰	2008－2－4	1	28,055,808	5
000006	深振业 A	2008－1－30	1	12,679,582	5
000056	深国商	2008－1－30	2	12,443,972	5.63
000534	汕电力 A	2008－1－30	1	4,755,554	1.68
000609	绵世股份	2008－1－29	7	29,871,026	20.04
000537	广宇发展	2008－1－28	1	5,000,000	0.975
002109	兴化股份	2008－1－28	18	50,729,859	31.706
002110	三钢闽光	2008－1－28	8	39,700,000	7.425
002111	威海广泰	2008－1－28	3	6,953,059	8.209
000090	深天健	2008－1－25	1	11,721,234	3.85
002107	沃华医药	2008－1－24	5	10,776,028	15.397
002108	沧州明珠	2008－1－24	4	14,352,100	20.876
000665	武汉塑料	2008－1－23	1	1,400,412	0.789
000990	诚志股份	2008－1－23	1	12,099,375	5
000605	*ST 四环	2008－1－22	7	9,900,000	10.62
002027	七喜控股	2008－1－22	1	13,996,380	4.629
000035	ST 科健	2008－1－21	3	8,624,000	5.75
000594	天津宏峰	2008－1－21	1	28,055,808	5
000608	阳光股份	2008－1－21	4	41,606,143	10.959
000661	长春高新	2008－1－21	7	11,209,184	8.54
000058	*ST 赛格	2008－1－17	1	39,239,950	5
000153	丰原药业	2008－1－17	3	39,001,380	15
000973	佛塑股份	2008－1－17	2	55,789,316	9.11
000504	赛迪传媒	2008－1－16	30	59,046,692	18.95
000518	四环生物	2008－1－16	36	147,912,083	14.39
000727	华东科技	2008－1－16	1	5,798,578	1.614
000401	冀东水泥	2008－1－15	19	608,429	0.063
000070	特发信息	2008－1－14	1	3,359,344	1.344
000502	绿景地产	2008－1－14	38	35,521,528	19.21
000976	春晖股份	2008－1－14	6	37,662,242	6.422
002105	信隆实业	2008－1－14	5	62,560,000	23.343
002106	莱宝高科	2008－1－14	90	60,067,805	23.671
000410	沈阳机床	2008－1－11	3	1,953,525	0.36

证券代码	证券简称	解除限售日期	本次解除限售股东总数	本次解除限售股份总数（股）	本次解除限售股份占公司总股本比例（%）
000409	ST泰格	2008-1-10	41	4,286,056	2.508
000687	保定天鹅	2008-1-10	1	16,040,000	5
000909	数源科技	2008-1-10	1	9,800,000	5
002103	广博股份	2008-1-10	2	18,036,622	8.257
002104	恒宝股份	2008-1-10	5	73,440,000	37.5
000421	南京中北	2008-1-9	136	93,327,657	26.54
000989	九芝堂	2008-1-8	1	640,525	0.258
000429	粤高速A	2008-1-7	6802	41,101,350	3.269

证券代码	证券简称	解除限售日期	本次解除限售股东总数	本次解除限售股份总数（股）	本次解除限售股份占公司总股本比例（%）
000425	徐工科技	2008-1-4	117	93,355,534	17.126
000586	汇源通信	2008-1-4	2	1,610,923	0.83
000063	中兴通讯	2008-1-3	1	47,976,083	5
000590	紫光古汉	2008-1-3	55	7,228,427	3.56
000532	力合股份	2008-1-2	17	2,512,757	0.729
000612	焦作万方	2008-1-2	3	3,801,600	0.792
002101	广东鸿图	2008-1-2	3	10,085,110	15.052
002102	冠福家用	2008-1-2	7	26,246,285	23.089

深圳证券交易所2008年中小企业板涨幅排名

序号	证券代码	证券简称	前收	收盘	成交金额（元）	成交量（股）	涨幅
1	2219	独一味	6.18	18	4,717,933,511.16	251,344,985	191.26
2	2262	恩华药业	5.68	16.46	3,088,636,152.54	228,711,700	189.79
3	2223	鱼跃医疗	9.48	23.89	5,610,358,651.18	317,080,898	155.01
4	2215	诺普信	9.95	17.9	6,490,284,080.60	237,311,391	135.78
5	2214	大立科技	6.8	14.86	5,192,597,869.19	289,108,238	120.13
6	2242	九阳股份	22.54	44.5	10,025,839,697.06	244,686,075	97.43
7	2252	上海莱士	12.81	25.22	7,752,446,355.43	320,291,786	96.88
8	2271	东方雨虹	17.33	33.1	2,441,186,046.30	113,727,709	91
9	2209	达意隆	4.24	7.88	4,786,272,451.26	439,645,618	86.55
10	2230	科大讯飞	12.66	23.5	3,943,946,286.12	144,323,316	85.62
11	2218	拓日新能	10.79	16.46	16,299,021,044.80	601,488,041	83.25
12	2238	天威视讯	6.98	12.25	5,299,379,284.60	383,252,090	75.5
13	2268	卫士通	12.12	21.26	2,037,593,605.19	102,691,541	75.41
14	2261	拓维信息	15.37	25.5	3,557,476,219.09	139,411,212	65.91
15	2272	川润股份	10.44	17.17	4,497,359,130.14	304,292,511	64.46
16	2274	华昌化工	10.01	16.36	6,152,265,917.53	417,923,974	63.44
17	2253	川大智胜	14.75	24	2,296,544,485.91	126,471,947	62.71
18	2251	步步高	26.08	42.1	6,812,670,017.42	148,676,767	61.43
19	2255	海陆重工	10.46	16.78	3,982,327,012.08	228,254,474	60.42
20	2236	大华股份	24.24	38.1	2,973,274,989.33	75,478,286	57.18

深圳证券交易所2008年中小企业板跌幅排名

序号	证券代码	证券简称	前收	收盘	成交金额（元）	成交量（股）	跌幅
1	2172	澳洋科技	55.97	3.64	14,883,790,869.10	923,544,537	86.94
2	2019	鑫富药业	43.76	8.87	16,077,670,644.83	785,435,858	79.63
3	2097	山河智能	57.15	12	17,823,310,767.80	868,955,609	79
4	2067	景兴纸业	14.96	3.21	13,200,258,969.86	1,664,636,405	78.54
5	2144	宏达经编	26.35	5.72	4,652,872,667.51	409,080,576	78.15
6	2155	辰州矿业	50.2	7.9	16,046,045,475.49	788,256,785	77.8
7	2145	中核钛白	21.26	4.81	6,433,010,172.68	822,716,239	77.38
8	2064	华峰氨纶	53.48	6.06	12,622,546,794.02	732,611,787	77.28
9	2075	ST张铜	13.48	3.11	6,174,551,541.96	842,631,556	76.93
10	2102	冠福家用	28.8	4.54	3,939,019,521.66	466,871,139	76.37
11	2061	江山化工	21.75	5	4,529,775,726.53	432,481,045	75.86
12	2137	实益达	32.8	5.23	3,113,200,930.32	303,511,504	75.78
13	2010	传化股份	24.78	4.62	4,759,769,263.86	502,015,021	75.76
14	2098	浔兴股份	21.5	5.15	4,185,466,726.14	400,388,950	75.53
15	2021	中捷股份	16.11	3.91	10,030,548,467.23	1,288,539,017	75.32
16	2128	露天煤业	49.51	9.09	12,286,965,820.94	616,726,844	75.26
17	2160	常铝股份	24.99	6.18	3,030,780,984.30	222,696,058	75.05
18	2048	宁波华翔	26.1	3.6	18,558,598,898.65	2,140,728,306	75.05
19	2078	太阳纸业	36.3	6.83	8,370,261,595.21	474,946,721	73.57
20	2106	莱宝高科	34.15	6.96	5,734,809,527.93	398,713,349	73.06

深圳证券交易所2008年中小企业板成交金额排名

序号	证券代码	证券简称	前收	收盘	成交金额（元）	成交量（股）
1	2202	金风科技	140.45	25.25	49,330,813,981.03	1,126,492,966
2	2024	苏宁电器	71.85	17.91	44,476,314,794.49	1,540,130,587
3	2001	新和成	32.5	24.58	44,320,195,356.22	1,324,889,683
4	2041	登海种业	12	15.94	37,765,534,498.20	1,877,765,310
5	2142	宁波银行	21.93	6.8	29,092,784,842.69	2,722,669,154
6	2018	华星化工	32.3	11.2	26,425,980,491.71	1,169,301,373

序号	证券代码	证券简称	前收	收盘	成交金额(元)	成交量(股)
7	2092	中泰化学	38.1	5.8	24,956,510,735.39	1,716,520,301
8	2186	全聚德	59.03	22.51	20,631,024,610.15	466,080,638
9	2048	宁波华翔	26.1	3.6	18,558,598,898.65	2,140,728,306
10	2097	山河智能	57.15	12	17,823,310,767.80	868,955,609

深圳证券交易所2009年6月会员交易排序

序号	会员名称	股票基金交易额(元)	占市场%	股票交易额(元)	基金交易额(元)	债券交易额(元)	权证交易额(元)
1	中国银河证券股份有限公司	169,868,899,459.59	5.44	167,230,195,557.38	2,638,703,902.21	477,926,929.28	4,105,126,440.01
2	国信证券股份有限公司	163,629,765,500.90	5.24	158,215,860,847.01	5,413,904,653.88	154,804,109.43	1,790,315,103.84
3	国泰君安证券股份有限公司	145,449,732,838.87	4.658	141,292,477,210.82	4,157,255,628.06	561,445,075.02	4,150,507,069
4	招商证券股份有限公司	138,032,179,622.55	4.42	135,554,713,599.12	2,477,466,023.42	1,027,669,559.77	3,175,446,895.79
5	广发证券股份有限公司	137,405,963,129.81	4.4	135,895,933,937.69	1,510,029,192.12	442,660,415.88	814,615,049.33
6	海通证券股份有限公司	124,512,410,831.76	3.987	122,747,761,470.33	1,764,649,361.43	590,872,446.32	1,385,144,871.48
7	中信建投证券有限责任公司	106,245,498,297.14	3.402	104,612,135,992.87	1,633,362,304.27	513,642,579.83	2,055,226,857.18
8	华泰证券股份有限公司	101,671,163,182.19	3.256	96,494,408,553.10	5,176,754,629.09	284,193,006.12	3,671,752,432.33
9	申银万国证券股份有限公司	101,013,745,129.79	3.235	99,557,417,387.40	1,456,327,742.40	657,617,460.48	637,987,765.38
10	光大证券股份有限公司	96,078,709,429.29	3.077	94,630,380,051.25	1,448,329,378.04	174,262,463.97	2,875,755,632.65
11	中信证券股份有限公司	83,711,641,964.70	2.681	80,382,788,643.74	3,328,853,320.96	1,277,360,286.80	465,877,835.23
12	安信证券股份有限公司	83,183,579,915.90	2.664	82,326,920,656.78	856,659,259.12	172,421,513.71	3,004,253,541.14
13	中国建银投资证券有限责任公司	81,773,155,905.09	2.619	80,956,753,386.06	816,402,519.03	199,767,545.73	4,162,855,440.38
14	齐鲁证券有限公司	66,925,059,680.54	2.143	65,584,760,807.93	1,340,298,872.61	137,142,195.06	3,595,104,685.88
15	联合证券有限责任公司	60,960,363,043.71	1.952	60,263,023,382.54	697,339,661.17	400,282,891.57	1,518,254,906.81
16	方正证券有限责任公司	54,294,519,852.62	1.739	53,925,322,797.46	369,197,055.17	76,858,711.58	1,154,870,920.64
17	长江证券股份有限公司	52,712,321,368.42	1.688	52,260,020,854.76	452,300,513.66	192,968,146.96	414,784,579.86
18	中信金通证券有限责任公司	47,050,545,254.32	1.507	46,611,977,545.88	438,567,708.44	35,770,177.69	695,737,820.51
19	兴业证券股份有限公司	46,390,783,604.26	1.486	45,322,340,025.91	1,068,443,578.35	310,478,434.16	826,790,884.19
20	东方证券股份有限公司	42,718,704,977.90	1.368	42,267,496,628.16	451,208,349.74	165,350,341.94	592,778,133.42
21	宏源证券股份有限公司	41,424,799,330.39	1.326	41,136,628,732.65	288,170,597.75	35,644,270.92	1,141,076,731.79
22	华西证券有限责任公司	39,555,815,373.51	1.267	39,132,954,810.94	422,860,562.57	45,202,456.35	569,833,081.40
23	中银国际证券有限责任公司	38,066,862,298.13	1.219	37,541,808,872.27	525,053,425.86	266,261,264.24	439,576,436.88
24	中国国际金融有限公司	34,119,428,411.17	1.093	32,719,924,835.25	1,399,503,575.92	692,802,322.12	9,522,323.94
25	长城证券有限责任公司	31,899,170,659.54	1.021	31,669,545,115.28	229,625,544.26	21,798,804.69	1,322,969,058.29
26	国元证券股份有限公司	31,516,415,188.61	1.009	30,952,388,528.95	564,026,659.66	157,751,395.55	676,305,236.15
27	平安证券有限责任公司	30,901,849,944.16	0.99	30,024,872,671.11	876,977,273.05	293,812,661.31	122,350,533.73
28	浙商证券有限责任公司	28,971,037,732.14	0.928	28,740,454,969.14	230,582,763	63,492,762.53	366,531,755.29
29	信达证券股份有限公司	28,569,869,264.22	0.915	28,224,251,942.54	345,617,321.68	80,840,143.93	371,877,909.97
30	湘财证券有限责任公司	28,495,204,472.01	0.912	28,231,332,583.71	263,871,888.30	37,013,350.50	211,936,069.37
31	东吴证券有限责任公司	27,507,079,463.76	0.881	27,291,721,321.62	215,358,142.14	54,764,934.80	289,908,578.62
32	财通证券有限责任公司	27,063,084,444.03	0.867	26,763,415,736.81	299,668,707.21	41,113,282.30	794,030,056.56
33	河北财达证券经纪有限责任公司	25,307,313,405.93	0.81	25,124,547,963.66	182,765,442.27	8,474,605.62	168,124,733.89
34	国海证券有限责任公司	24,868,459,247.76	0.796	24,758,306,431.24	110,152,816.53	29,197,003.74	161,224,283.20
35	中信万通证券有限责任公司	24,678,170,188.16	0.79	22,034,326,647.55	2,643,843,540.61	77,201,112.03	182,217,640.11
36	东北证券股份有限公司	24,600,866,165.31	0.788	24,447,028,914.33	153,837,250.99	89,867,017.20	170,603,063.11
37	东海证券有限责任公司	24,466,336,376.37	0.783	24,193,299,053.90	273,037,322.47	27,921,141.44	617,517,105.37
38	东兴证券股份有限公司	23,918,382,932.33	0.766	23,598,021,832.95	320,361,099.38	15,484,677.46	1,114,766,773.35
39	上海证券有限责任公司	23,345,717,747.50	0.748	23,176,691,475.44	169,026,272.07	27,273,721.99	315,432,329.23
40	西部证券股份有限公司	23,071,330,881.62	0.739	22,937,764,587.51	133,566,294.11	42,188,006.86	68,926,176.14
41	国金证券股份有限公司	22,979,986,380.76	0.736	22,797,613,383.35	182,372,997.40	32,009,479.14	109,989,176.42
42	东莞证券有限责任公司	22,948,232,989.58	0.735	22,767,247,391.47	180,985,598.11	3,460,939.19	120,589,878.92
43	南京证券有限责任公司	22,814,350,048.52	0.731	22,441,367,371.72	372,982,676.80	47,779,873.74	307,824,441.34
44	渤海证券股份有限公司	22,599,717,717.99	0.724	22,323,523,129.86	276,194,588.13	28,957,071.44	155,382,852.06
45	中原证券股份有限公司	21,635,508,407.57	0.693	21,361,617,519.33	273,890,888.24	38,739,193.56	176,395,862.90
46	中国民族证券有限责任公司	21,066,165,552.97	0.675	20,945,207,054.72	120,958,498.25	18,105,685.20	266,730,204.43
47	广发华福证券有限责任公司	20,493,462,268.64	0.656	20,264,751,319.43	228,710,949.21	21,583,271.32	370,107,574.68
48	山西证券股份有限公司	19,633,272,073.88	0.629	19,392,920,006.02	240,352,067.86	3,858,835.87	202,018,393.10
49	西南证券股份有限公司	19,417,531,056.87	0.622	19,234,999,173.13	182,531,883.73	15,143,907.34	480,065,690.90
50	国联证券股份有限公司	18,309,267,292.55	0.586	18,004,637,088.61	304,630,203.94	12,014,206.22	123,698,251.24
51	民生证券有限责任公司	16,995,345,138.49	0.544	16,861,159,487.28	134,185,651.21	9,989,005.55	175,685,324.76
52	华安证券有限责任公司	16,177,529,865.91	0.518	16,061,061,994.65	116,467,871.26	14,579,825.08	82,579,003.23
53	英大证券有限责任公司	13,864,881,323.12	0.444	13,662,330,303.33	202,551,019.79	8,324,066.43	107,096,485.14
54	广州证券有限责任公司	13,725,735,592.88	0.44	13,550,492,096.50	175,243,496.38	18,332,297.37	86,455,182.34
55	江南证券有限责任公司	13,302,889,330.60	0.426	13,232,802,324.85	70,087,005.75	8,173,058.40	133,011,942.82
56	华林证券有限责任公司	13,263,086,830.97	0.425	13,141,422,390.56	121,664,440.42	16,897,653.71	1,335,053,229.71
57	万联证券有限责任公司	12,874,068,150.49	0.412	12,763,914,056.79	110,154,093.70	5,657,990.93	297,108,664.60
58	国都证券有限责任公司	12,644,300,822.76	0.405	12,466,420,229.06	177,880,593.70	65,076,974.39	121,421,732.20
59	信泰证券有限责任公司	12,271,468,070.86	0.393	12,159,397,745.04	112,070,325.82	9,745,405.56	558,444,833.27
60	财富证券有限责任公司	12,230,315,391.20	0.392	12,153,756,043.54	76,559,347.65	2,437,547.88	204,716,268.95
61	金元证券股份有限公司	12,020,465,549.17	0.385	11,960,385,256.94	60,080,292.23	15,796,399.55	228,616,766.77
62	国盛证券有限责任公司	11,686,190,968.88	0.374	11,630,089,879.36	56,101,089.52	24,296,932.88	73,268,594.46
63	江海证券经纪有限责任公司	11,525,476,255.79	0.369	11,452,060,738.84	73,415,516.96	7,151,289.32	260,344,868.72
64	恒泰证券股份有限公司	11,214,484,604.78	0.359	11,152,141,958.82	62,342,645.96	10,116,070.09	132,284,542.36
65	大通证券股份有限公司	11,060,062,379.13	0.354	10,981,735,700.52	78,326,678.60	24,009,421.04	97,200,244.64

序号	会员名称	股票基金交易额(元)	占市场%	股票交易额(元)	基金交易额(元)	债券交易额(元)	权证交易额(元)
66	第一创业证券有限责任公司	10,936,122,224.18	0.35	10,826,698,268.58	109,423,955.60	196,362,155.88	153,547,620.08
67	华龙证券有限责任公司	10,676,460,855.96	0.342	10,632,468,200.82	43,992,655.13	142,261,309.32	121,627,058.56
68	新时代证券有限责任公司	10,557,806,757.82	0.338	10,419,595,564.05	138,211,193.77	16,171,339.94	123,104,997.30
69	世纪证券有限责任公司	10,029,448,370.72	0.321	9,984,943,233.22	44,505,137.50	870,520.14	100,394,811.40
70	太平洋证券股份有限公司	9,550,272,208.38	0.306	9,453,438,014.14	96,834,194.24	13,600,353.38	92,131,660.32
71	华创证券经纪有限责任公司	9,411,066,266.44	0.301	9,362,504,430.26	48,561,836.17	5,350,618.22	44,981,556.74
72	红塔证券股份有限公司	8,272,896,031.60	0.265	8,112,044,243.62	160,851,787.98	2,596,142.44	125,181,687.45
73	中山证券有限责任公司	8,052,888,274.05	0.258	8,011,172,606.29	41,715,667.76	5,497,018.97	61,304,197.86
74	华融证券股份有限公司	7,790,982,713.23	0.249	7,750,688,120.62	40,294,592.61	1,875,121.50	67,645,138.25
75	首创证券有限责任公司	7,674,765,803.03	0.246	7,610,738,737.64	64,027,065.39	9,053,445.80	200,596,117.03
76	联讯证券经纪有限责任公司	7,376,345,464.88	0.236	7,332,794,175.26	43,551,289.62	3,362,231.54	45,023,379.36
77	华鑫证券有限责任公司	7,324,862,680.17	0.235	7,279,045,409.26	45,817,270.92	2,273,309.35	14,912,706.32
78	北京高华证券有限责任公司	7,266,672,916.17	0.233	7,264,517,416.17	2,155,500	59,314,142.41	
79	和兴证券经纪有限责任公司	7,088,332,656.75	0.227	7,059,050,210.32	29,282,446.43	24,996,774.13	27,240,995.06
80	上海远东证券有限公司	6,680,887,012.87	0.214	6,526,107,453.03	154,779,559.84	676,009.34	396,094,649.66
81	爱建证券有限责任公司	6,126,944,054.79	0.196	6,059,945,279.67	66,998,775.12	5,133,037.67	22,894,689.12
82	华宝证券经纪有限责任公司	5,883,992,392.63	0.188	5,549,146,753.54	334,845,639.10	118,040,113.84	23,252,442.38
83	厦门证券有限公司	5,750,797,824.80	0.184	5,715,070,390.40	35,727,434.40	13,598,263.12	56,378,990.62
84	西藏证券经纪有限责任公司	5,594,903,875.33	0.179	5,522,645,358.60	72,258,516.73	157,878.68	271,973,252.92
85	德邦证券有限责任公司	5,579,897,812.75	0.179	5,535,390,951.91	44,506,860.84	22,902,841.59	66,314,054.91
86	大同证券经纪有限责任公司	5,578,031,249.49	0.179	5,533,906,203.55	44,125,045.95	5,903,127.75	54,749,259.77
87	银泰证券有限责任公司	4,954,536,392.14	0.159	4,846,026,110.82	108,510,281.32	3,924,857.56	240,033,372.56
88	中天证券有限责任公司	4,663,709,050.86	0.149	4,626,505,300.93	37,203,749.93	4,355,596.75	57,099,778.11
89	航空证券有限责任公司	4,426,916,925.04	0.142	4,342,558,135.67	84,358,789.37	727,984.28	24,308,772.45
90	天源证券经纪有限公司	3,833,762,829.55	0.123	3,810,200,116.09	23,562,713.46	521,523.23	262,636,089.14
91	天风证券经纪有限责任公司	3,496,783,831.60	0.112	3,481,160,688.24	15,623,143.37	1,989,134.07	15,523,327.51
92	长财证券经纪有限责任公司	3,228,175,468.54	0.103	3,214,039,714.75	14,135,753.79	2,613,038.10	22,428,411.45
93	瑞银证券有限责任公司	3,002,199,703.78	0.096	2,723,236,014.96	278,963,688.82	24,864,527.79	
94	众成证券经纪有限公司	2,613,084,176.41	0.084	2,598,438,092.16	14,646,084.25	682,595.32	18,143,328.47
95	日信证券有限责任公司	2,533,774,116.27	0.081	2,521,999,877.93	11,774,238.34	1,745,046.40	52,381,321.03
96	万和证券经纪有限公司	2,245,161,322.05	0.072	2,232,218,613.65	12,942,708.40	619,128.56	43,848,906.49
97	川财证券经纪有限公司	2,031,594,142.02	0.065	2,021,725,454.72	9,868,687.30	3,164,342.95	12,524,296.65
98	西安华弘证券经纪有限责任公司	2,026,852,036.34	0.065	2,005,197,224.11	21,654,812.23	39,067,127.22	25,962,035.78
99	沈阳诚浩证券经纪有限责任公司	1,486,427,090.68	0.048	1,475,168,700.48	11,258,390.20	1,523,212.70	13,433,443.76
100	陕西开源证券经纪有限责任公司	1,267,915,755.63	0.041	1,262,613,819.03	5,301,936.60	9,994	19,402,096.16
101	五矿证券经纪有限责任公司	1,030,015,857.85	0.033	1,024,678,726.81	5,337,131.04		7,691,905.56
102	航天证券经纪有限责任公司	879,531,020.82	0.028	871,759,026.17	7,771,994.66	1,164,527.50	4,098,804.95

深圳证券交易所2009年6月基金管理公司交易排序

序号	营业部名称	股票基金交易额(元)	占市场%	股票交易额(元)	基金交易额(元)	债券交易额(元)	权证交易额(元)
1	嘉实基金管理有限公司	18,310,960,941.39	7.818	18,310,960,941.39		182,778,113.85	
2	华夏基金管理有限公司	16,642,796,649.09	7.105	16,642,796,649.09		199,347,955.61	
3	大成基金管理有限公司	12,035,497,020.84	5.138	12,035,497,020.84		2,613,974.22	
4	易方达基金管理有限公司	11,125,671,290.08	4.75	11,125,671,290.08		203,598,847.67	
5	汇添富基金管理有限公司	9,367,725,824.02	3.999	9,367,725,824.02		5,291,600.40	
6	南方基金管理有限公司	9,329,737,564.32	3.983	9,329,737,564.32			
7	海富通基金管理有限公司	7,679,775,345.80	3.279	7,679,775,345.80		97,081,169.12	
8	博时基金管理有限公司	7,580,410,967.90	3.236	7,580,410,967.90		86,563,736.12	
9	广发基金管理有限公司	7,080,695,024.34	3.023	7,080,695,024.34		199,326,018.97	
10	景顺长城基金管理有限公司	6,701,264,898.51	2.861	6,701,264,898.51			
11	华安基金管理有限公司	5,630,221,177.75	2.404	5,630,221,177.75		80,799,871.49	
12	上投摩根基金管理公司	5,604,218,951.13	2.393	5,604,218,951.13			
13	建信基金管理有限公司	5,291,532,658.80	2.259	5,291,532,658.80		303,147,003.61	
14	华宝兴业基金管理有限公司	5,577,784,954.53	2.381	5,577,784,954.53		8,573,478.60	
15	工银瑞信基金管理有限公司	5,559,992,586.55	2.374	5,559,992,586.55		11,350,659.70	
16	融通基金管理有限公司	5,176,655,322.10	2.21	5,176,655,322.10			
17	鹏华基金管理有限公司	5,155,824,403.80	2.201	5,155,824,403.80		20,013,626.21	
18	交银施罗德基金管理有限公司	4,705,326,151.29	2.009	4,705,326,151.29		262,410,148.41	
19	中邮创业基金管理有限公司	4,864,476,604.44	2.077	4,864,476,604.44			
20	泰达荷银基金管理有限公司	4,675,941,468	1.996	4,675,941,468		0	
21	诺安基金管理有限公司	4,585,557,941	1.958	4,585,557,941			
22	招商基金管理有限公司	4,217,817,633.46	1.801	4,217,817,633.46		19,560,422.11	
23	东吴基金管理有限公司	3,801,858,630.62	1.623	3,801,858,630.62		20,397,098.45	
24	国投瑞银基金管理有限公司	3,594,621,823.98	1.535	3,594,621,823.98		919,503.55	
25	富国基金管理有限公司	3,389,262,455.04	1.447	3,389,262,455.04		116,878,519.66	
26	泰信基金管理有限公司	3,196,313,402.49	1.365	3,196,313,402.49		47,109,846.85	
27	兴业全球基金管理有限公司	3,205,124,312.08	1.368	3,205,124,312.08		21,020,577.46	
28	信诚基金管理有限公司	3,190,922,342.68	1.362	3,190,922,342.68		3,087,900	
29	长盛基金管理有限公司	3,178,049,248.44	1.357	3,178,049,248.44		3,978,032.80	
30	申万巴黎基金管理有限公司	3,083,908,119.11	1.317	3,083,908,119.11		42,312,174.09	
31	友邦华泰基金管理有限公司	3,045,218,178.14	1.3	3,045,218,178.14		53,603,368.56	
32	光大保德信基金管理有限公司	2,933,737,965.92	1.253	2,933,737,965.92			

序号	营业部名称	股票基金交易额(元)	占市场%	股票交易额(元)	基金交易额(元)	债券交易额(元)	权证交易额(元)
33	银华基金管理有限公司	2,782,296,985	1.188	2,782,296,985		72,776,039.60	
34	中海基金管理有限公司	2,670,864,757.04	1.14	2,670,864,757.04		83,894,558.94	
35	农银汇理基金管理有限公司	2,571,554,345.86	1.098	2,571,554,345.86		71,746,848.30	
36	中银基金管理有限公司	2,460,130,514.24	1.05	2,460,130,514.24		11,744,580.93	
37	宝盈基金管理有限公司	2,375,288,747.90	1.014	2,375,288,747.90		25,072,252.20	3,229,490.30
38	国联安基金管理有限公司	2,126,564,249.05	0.908	2,126,564,249.05		44,603,592.70	
39	国泰基金管理有限公司	2,003,910,948.20	0.856	2,003,910,948.20		53,293,794.24	
40	华商基金管理有限公司	1,811,858,500.21	0.774	1,811,858,500.21		137,880,080.09	
41	金鹰基金管理有限公司	1,881,759,257.48	0.803	1,881,759,257.48			
42	天弘基金管理有限公司	1,613,738,028.29	0.689	1,613,738,028.29		4,347,741.46	
43	长城基金管理有限公司	1,494,165,673.79	0.638	1,494,165,673.79		5,386,220	
44	国海富兰克林基金管理有限公司	1,181,715,197.30	0.505	1,181,715,197.30		17,739,174.10	
45	长信基金管理有限责任公司	990,614,973.32	0.423	990,614,973.32		12,271,610.06	
46	银河基金管理有限公司	918,300,171.48	0.392	918,300,171.48		17,339,509.15	
47	万家基金管理有限公司	854,308,688.45	0.365	854,308,688.45		64,311,243.38	
48	汇丰晋信基金管理有限公司	732,550,655.45	0.313	732,550,655.45		84,971,929.23	
49	信达澳银基金管理有限公司	783,226,488.23	0.334	783,226,488.23		4,769,967.70	
50	诺德基金管理有限公司	753,259,471.30	0.322	753,259,471.30			
51	中信基金管理有限公司	671,937,084.10	0.287	671,937,084.10		27,766,903.40	
52	华富基金管理有限公司	661,282,506.39	0.282	661,282,506.39		25,655,794.45	
53	东方基金管理有限责任公司	566,373,046.97	0.242	566,373,046.97		11,919,700.45	
54	天治基金管理有限公司	539,469,266.61	0.23	539,469,266.61		242,830.20	
55	中欧基金管理有限公司	496,342,379.27	0.212	496,342,379.27		5,990,600	
56	新世纪基金管理有限公司	468,984,639.79	0.2	468,984,639.79			
57	民生加银基金管理有限公司	438,823,987.09	0.187	438,823,987.09			
58	益民基金管理有限公司	355,031,771.66	0.152	355,031,771.66			
59	金元比联基金管理有限公司	254,027,562.45	0.108	254,027,562.45			
60	摩根士丹利华鑫基金管理有限公司	132,502,791.42	0.057	132,502,791.42			
61	浦银安盛基金管理有限公司	117,036,672.48	0.05	117,036,672.48			

深圳证券交易所2009年6月B股特别席位和特许经纪交易排序

序号	席位代码	席位名称	交易金额(元)	占市场(%)	B股席位总排名
1	887800	CREDITLYONNA	484,941,115.50	2.247	9
2	880800	法国兴业证券	460,963,394.60	2.136	12
3	800200	瑞银华宝	310,076,380.12	1.437	18
4	800700	德意志证券	169,865,368.47	0.787	38
5	886800	荷银亚洲	138,078,979.32	0.64	50
6	882800	摩根大通证券	137,599,507.83	0.638	51
7	880300	凯基亚洲	131,289,501.63	0.608	54
8	881800	SUN HUNG KAI	100,772,926.59	0.467	65
9	881200	汇富证券	89,126,682.68	0.413	73
10	801900	汇丰詹金宝	61,724,286.30	0.286	86
11	802200	东洋证券	60,755,839.63	0.282	87
12	802300	内藤证券(NAITO SEC.)	40,143,076.07	0.186	106
13	800100	麦格理证券	20,804,935.72	0.096	123
14	801500	大福证券	19,708,912.89	0.091	125
15	802100	工商东亚	12,160,509.68	0.056	143
16	881300	京华山一国际	10,627,616.89	0.049	146
17	802500	群益证券	6,794,283.64	0.031	155
18	802900	永丰金证券(亚洲)	1,513,956.14	0.007	165
19	883300	东亚证券	430,586.83	0.002	170
20	803000	第一证券	35,845.51	0	171

深圳证券交易所2009年上半年A股总股本前20名排名

序号	证券代码	证券简称	总股本	总市值	流通股本	流通市值
1	000002	万科A	9,680,254,750	123,423,248,062.50	9,388,371,392	119,701,735,248.00
2	000725	京东方A	7,167,352,447	36,338,476,906.29	1,338,034,695	6,783,835,903.65
3	000898	鞍钢股份	6,149,007,847	81,105,413,501.93	1,808,102,504	23,848,872,027.76
4	000825	太钢不锈	5,696,247,796	43,747,183,073.28	2,288,511,244	17,575,766,353.92
5	000629	攀钢钢钒	4,976,497,468	40,657,984,313.56	3,116,261,548	25,459,856,847.16
6	000858	五粮液	3,795,966,720	74,894,423,385.60	3,795,535,981	74,885,924,905.13
7	000709	唐钢股份	3,626,079,751	28,355,943,652.82	1,769,927,021	13,840,829,304.22
8	000001	深发展A	3,105,433,762	67,760,564,686.84	2,920,848,663	63,732,917,826.66
9	000578	盐湖集团	3,067,615,959	76,843,779,772.95	80,980,706	2,028,566,685.30
10	000959	首钢股份	2,966,526,057	17,858,486,863.14	1,206,150,119	7,261,023,716.38
11	000100	TCL集团	2,936,931,144	11,248,446,281.52	2,497,356,930	9,564,877,041.90
12	000932	华菱钢铁	2,737,650,025	20,285,986,685.25	1,121,291,251	8,308,768,169.91
13	000761	本钢板材	2,736,000,000	21,532,320,000.00	697,589,950	5,490,032,906.50
14	000069	华侨城A	2,621,088,126	54,780,741,833.40	1,322,480,672	27,639,846,044.80
15	000402	金融街	2,481,212,959	34,141,490,315.84	2,396,973,199	32,982,351,218.24

序号	证券代码	证券简称	总股本	总市值	流通股本	流通市值
16	000768	西飞国际	2,477,618,440	26,460,964,939.20	1,524,983,588	16,286,824,719.84
17	000983	西山煤电	2,424,000,000	72,477,600,000.00	1,132,438,384	33,859,907,681.60
18	000046	泛海建设	2,263,695,884	45,047,548,091.60	444,517,980	8,845,907,802.00
19	000027	深圳能源	2,202,495,332	24,579,847,905.12	598,657,162	6,681,013,927.92
20	000539	粤电力 A	1,994,064,000	14,038,210,560.00	1,986,858,513	13,987,483,931.52

深圳证券交易所2009年上半年A股总市值前20名排名

序号	证券代码	证券简称	总股本	总市值	流通股本	流通市值
1	000002	万 科 A	9,680,254,750	123,423,248,062.50	9,388,371,392	119,701,735,248.00
2	000725	京东方 A	7,167,352,447	36,338,476,906.29	1,338,034,695	6,783,835,903.65
3	000898	鞍钢股份	6,149,007,847	81,105,413,501.93	1,808,102,504	23,848,872,027.76
4	000825	太钢不锈	5,696,247,796	43,747,183,073.28	2,288,511,244	17,575,766,353.92
5	000629	攀钢钢钒	4,976,497,468	40,657,984,313.56	3,116,261,548	25,459,856,847.16
6	000858	五 粮 液	3,795,966,720	74,894,423,385.60	3,795,535,981	74,885,924,905.13
7	000709	唐钢股份	3,626,079,751	28,355,943,652.82	1,769,927,021	13,840,829,304.22
8	000001	深发展 A	3,105,433,762	67,760,564,686.84	2,920,848,663	63,732,917,826.66
9	000578	盐湖集团	3,067,615,959	76,843,779,772.95	80,980,706	2,028,566,685.30
10	000959	首钢股份	2,966,526,057	17,858,486,863.14	1,206,150,119	7,261,023,716.38
11	000100	TCL 集团	2,936,931,144	11,248,446,281.52	2,497,356,930	9,564,877,041.90
12	000932	华菱钢铁	2,737,650,025	20,285,986,685.25	1,121,291,251	8,308,768,169.91
13	000761	本钢板材	2,736,000,000	21,532,320,000.00	697,589,950	5,490,032,906.50
14	000069	华侨城 A	2,621,088,126	54,780,741,833.40	1,322,480,672	27,639,846,044.80
15	000402	金 融 街	2,481,212,959	34,141,490,315.84	2,396,973,199	32,982,351,218.24
16	000768	西飞国际	2,477,618,440	26,460,964,939.20	1,524,983,588	16,286,824,719.84
17	000983	西山煤电	2,424,000,000	72,477,600,000.00	1,132,438,384	33,859,907,681.60
18	000046	泛海建设	2,263,695,884	45,047,548,091.60	444,517,980	8,845,907,802.00
19	000027	深圳能源	2,202,495,332	24,579,847,905.12	598,657,162	6,681,013,927.92
20	000539	粤电力 A	1,994,064,000	14,038,210,560.00	1,986,858,513	13,987,483,931.52

深圳证券交易所2009年上半年成交金额前20名排名

序号	证券代码	证券简称	前收	收盘	成交金额(元)	成交量(股)
1	000002	万 科 A	6.45	12.75	194,396,374,898.19	21,882,778,152
2	000983	西山煤电	11.66	29.9	139,684,425,116.98	7,258,850,562
3	000858	五 粮 液	13.34	19.73	99,236,221,099.83	5,946,453,117
4	000001	深发展 A	9.46	21.82	89,396,123,590.71	5,727,240,429
5	000878	云南铜业	8	21.58	86,027,383,745.36	4,775,396,148
6	000839	中信国安	5.96	14.74	84,049,771,583.37	6,999,082,664
7	000709	唐钢股份	3.69	7.82	73,083,000,765.19	12,114,487,370
8	002024	苏宁电器	17.91	16.07	65,268,067,108.03	4,002,358,073
9	000937	金牛能源	14	38.7	64,923,524,441.91	2,611,814,845
10	002202	金风科技	25.25	30.12	62,130,067,788.85	1,876,932,639
11	000792	盐湖钾肥	57.03	55.14	62,009,779,282.54	1,253,700,171
12	000568	泸州老窖	18.2	28.7	56,910,709,481.51	2,573,026,674
13	000768	西飞国际	12.49	10.68	55,411,596,082.67	3,015,019,124
14	000402	金 融 街	7.61	13.76	54,315,510,504.30	5,415,942,011
15	000157	中联重科	11.18	22.33	54,071,535,654.89	2,820,974,835
16	000060	中金岭南	7.8	21.49	52,565,714,875.68	3,423,436,948
17	000562	宏源证券	11.7	20.8	50,693,838,377.56	2,909,995,632
18	000630	铜陵有色	6.65	20.99	50,367,354,379.73	3,440,660,540
19	000825	太钢不锈	3.61	7.68	44,781,574,761.81	7,261,793,409
20	000898	鞍钢股份	6.95	13.19	44,164,062,816.57	4,778,151,544

深圳证券交易所2009年上半年跌幅前20名排名

序号	证券代码	证券简称	前收	收盘	成交金额(元)	成交量(股)	跌幅
1	000668	荣丰控股	17.91	14.85	10,347,024,367.96	651,663,912	17.09
2	002038	双鹭药业	36.68	32.35	8,814,789,209.61	257,899,064	11.26
3	000629	攀钢钢钒	9.18	8.17	42,256,258,949.72	4,545,411,904	11
4	002269	美邦服饰	27.7	17.83	8,330,035,608.11	333,716,239	2.43
5	000578	盐湖集团	25.25	25.05	9,460,442,310.82	389,821,209	0.79
6	000792	盐湖钾肥	57.03	55.14	62,009,779,282.54	1,253,700,171	0.39
7	000017	S ST 中华	3.49	3.49	0	0	0
8	000603	*ST 威达	7.72	7.72	0	0	0
9	000633	S ST 合金	12.08	12.08	0	0	0
10	000776	S 延边路	10.55	10.55	0	0	0
11	200041	*ST 本实 B	1.16	1.16	0	0	0
12	000538	云南白药	34.41	35	12,586,012,100.97	351,334,038	-2.59
13	002022	科华生物	23.3	18.45	16,867,923,421.20	876,184,733	-3.9

序号	证券代码	证券简称	前收	收盘	成交金额(元)	成交量(股)	跌幅
14	000848	承德露露	15.87	16.11	5,858,556,373.49	364,575,109	-4.03
15	002200	绿大地	32.79	18.8	5,725,347,367.89	189,694,580	-4.06
16	002152	广电运通	29.57	25.7	6,215,716,626.90	207,717,007	-4.91
17	000759	武汉中百	9.4	9.76	13,764,926,016.10	1,517,306,921	-5
18	002122	天马股份	53.33	28.28	12,175,027,451.17	347,351,079	-6.21
19	000895	双汇发展	34.48	36	10,481,734,497.14	309,775,654	-6.28
20	002252	上海莱士	25.22	26.27	6,393,870,140.08	238,087,510	-7.11

深圳证券交易所2009年上半年流通股本前20名排名

序号	证券代码	证券简称	总股本	总市值	流通股本	流通市值
1	000002	万科A	9,680,254,750	123,423,248,062.50	9,388,371,392	119,701,735,248.00
2	000858	五粮液	3,795,966,720	74,894,423,385.60	3,795,535,981	74,885,924,905.13
3	000629	攀钢钢钒	4,976,497,468	40,657,984,313.56	3,116,261,548	25,459,856,847.16
4	000001	深发展A	3,105,433,762	67,760,564,686.84	2,920,848,663	63,732,917,826.66
5	000100	TCL 集团	2,936,931,144	11,248,446,281.52	2,497,356,930	9,564,877,041.90
6	000402	金融街	2,481,212,959	34,141,490,315.84	2,396,973,199	32,982,351,218.24
7	000825	太钢不锈	5,696,247,796	43,747,183,073.28	2,288,511,244	17,575,766,353.92
8	000539	粤电力A	1,994,064,000	14,038,210,560.00	1,986,858,513	13,987,483,931.52
9	000527	美的电器	1,891,069,929	27,042,299,984.70	1,889,268,582	27,016,540,722.60
10	000651	格力电器	1,878,592,500	39,262,583,250.00	1,850,709,423	38,679,826,940.70
11	000898	鞍钢股份	6,149,007,847	81,105,413,501.93	1,808,102,504	23,848,872,027.76
12	000709	唐钢股份	3,626,079,751	28,355,943,652.82	1,769,927,021	13,840,829,304.22
13	000897	津滨发展	1,617,272,234	8,943,515,454.02	1,617,007,342	8,942,050,601.26
14	000768	西飞国际	2,477,618,440	26,460,964,939.20	1,524,983,588	16,286,824,719.84
15	000839	中信国安	1,559,999,978	22,994,399,675.72	1,519,479,436	22,397,126,886.64
16	000562	宏源证券	1,461,204,166	30,393,046,652.80	1,461,167,271	30,392,279,236.80
17	000652	泰达股份	1,475,573,852	11,022,536,674.44	1,454,025,313	10,861,569,088.11
18	000063	中兴通讯	1,454,854,510	40,881,411,731.00	1,452,747,335	40,822,200,113.50
19	200039	中集B	1,430,480,509	9,319,614,847.67	1,430,478,709	9,319,603,120.62
20	000800	一汽轿车	1,627,500,000	25,128,600,000.00	1,411,745,001	21,797,342,815.44

深圳证券交易所2009年上半年流通市值前20名排名

序号	证券代码	证券简称	总股本	总市值	流通股本	流通市值
1	000002	万科A	9,680,254,750	123,423,248,062.50	9,388,371,392	119,701,735,248.00
2	000858	五粮液	3,795,966,720	74,894,423,385.60	3,795,535,981	74,885,924,905.13
3	000001	深发展A	3,105,433,762	67,760,564,686.84	2,920,848,663	63,732,917,826.66
4	000063	中兴通讯	1,454,854,510	40,881,411,731.00	1,452,747,335	40,822,200,113.50
5	000651	格力电器	1,878,592,500	39,262,583,250.00	1,850,709,423	38,679,826,940.70
6	000983	西山煤电	2,424,000,000	72,477,600,000.00	1,132,438,384	33,859,907,681.60
7	000402	金融街	2,481,212,959	34,141,490,315.84	2,396,973,199	32,982,351,218.24
8	000937	金牛能源	787,952,533	30,493,763,027.10	787,952,533	30,493,763,027.10
9	000562	宏源证券	1,461,204,166	30,393,046,652.80	1,461,167,271	30,392,279,236.80
10	000069	华侨城A	2,621,088,126	54,780,741,833.40	1,322,480,672	27,639,846,044.80
11	000527	美的电器	1,891,069,929	27,042,299,984.70	1,889,268,582	27,016,540,722.60
12	000629	攀钢钢钒	4,976,497,468	40,657,984,313.56	3,116,261,548	25,459,856,847.16
13	000898	鞍钢股份	6,149,007,847	81,105,413,501.93	1,808,102,504	23,848,872,027.76
14	000839	中信国安	1,559,999,978	22,994,399,675.72	1,519,479,436	22,397,126,886.64
15	000800	一汽轿车	1,627,500,000	25,128,600,000.00	1,411,745,001	21,797,342,815.44
16	000878	云南铜业	1,256,688,800	27,119,344,304.00	1,007,962,555	21,751,831,936.90
17	000792	盐湖钾肥	767,550,000	42,322,707,000.00	390,747,343	21,545,808,493.02
18	000568	泸州老窖	1,394,239,476	40,014,672,961.20	715,331,320	20,530,008,884.00
19	000024	招商地产	1,377,957,213	43,750,141,512.75	646,420,444	20,523,849,097.00
20	000623	吉林敖东	573,357,970	23,203,797,045.90	495,157,072	20,039,006,703.84

深圳证券交易所2009年上半年市盈率前20名排名

序号	证券代码	证券简称	前收	收盘	成交金额(元)	成交量(股)	市盈率
1	000892	ST 星美	9.27	9.29	18,510,504.73	1,995,743	3.19
2	000561	S*ST 长岭	10.68	10.68	0	0	5.53
3	200054	建摩B	2.7	2.68	1,733,231.17	731,402	7.17
4	200771	杭汽轮B	12.83	12.56	11,131,511.45	992,295	7.48
5	200488	晨鸣B	5.17	5.17	23,144,073.30	5,047,038	8
6	200726	鲁泰B	5.23	5.25	9,954,002.70	2,155,350	8.06
7	200550	江铃B	8.88	8.78	1,720,073.64	221,726	8.51
8	200022	深赤湾B	11.23	11.21	4,409,062.07	447,307	9.91
9	200429	粤高速B	3.6	3.62	10,410,462.32	3,246,600	9.97
10	200160	*ST 帝贤B	2.76	2.85	13,730,944.64	5,524,464	10.07
11	000836	鑫茂科技	12.15	11.35	207,352,017.50	18,243,936	11.13

序号	证券代码	证券简称	前收	收盘	成交金额(元)	成交量(股)	市盈率
12	200553	沙隆达 B	3.68	3.66	4,758,487.54	1,465,191	11.3
13	200016	深康佳 B	2.7	2.75	13,092,174.81	5,435,093	11.65
14	000668	荣丰控股	14.95	14.85	47,743,186.74	3,189,086	11.79
15	200530	大 冷 B	4.77	4.7	2,252,104.50	540,500	11.93
16	200039	中 集 B	7.54	7.39	19,506,821.05	2,951,173	12.59
17	000933	神火股份	20.14	20	385,160,065.76	19,019,203	13.14
18	000900	现代投资	18.53	18.29	101,257,354.92	5,519,792	13.31
19	000488	晨鸣纸业	7.84	7.7	240,336,569.06	31,084,167	13.51
20	000968	煤 气 化	17.73	17.84	360,381,619	19,833,349	13.56

深圳证券交易所2009年上半年限售股份解限与减持总体情况

证券代码	证券简称	解除限售日期	本次解除限售股东总数	本次解除限售股份总数(股)	本次解除限售股份占公司总股本比例(%)
000415	汇通集团	2009－6－30	3	75,348,487	25.088
000419	通程控股	2009－6－30	1	118,102,334	33.645
000786	北新建材	2009－6－30	1	243,855,000	42.4
000998	隆平高科	2009－6－30	1	20,000,000	7.94
002042	华孚色纺	2009－6－30	3	14,970,000	6.367
000018	＊ST 中冠 A	2009－6－29	2	48,506,283	28.68
000562	宏源证券	2009－6－29	3	925,485,692	63.339
002052	同洲电子	2009－6－29	2	131,368,630	44.727
002106	莱宝高科	2009－6－29	90	26,140,909	7.924
000547	闽福发 A	2009－6－26	1	12,870,000	5.26
000570	苏常柴 A	2009－6－26	1	80,206,868	21.43
000920	南方汇通	2009－6－26	1	179,940,000	42.64
000058	ST 赛 格	2009－6－25	2	210,368,098	26.81
000759	武汉中百	2009－6－25	1	28,555,084	5.095
002087	新野纺织	2009－6－25	8025	17,716,800	6.299
002256	彩虹精化	2009－6－25	7	49,504,000	35.563
000889	渤海物流	2009－6－23	2	32,074,750	9.47
002253	川大智胜	2009－6－23	35	6,286,800	10.075
000001	深发展 A	2009－6－22	2	139,080,737	4.48
000802	北京旅游	2009－6－22	2	11,856,951	8.62
002097	山河智能	2009－6－22	34	42,014,720	15.317
000022	深赤湾 A	2009－6－19	1	324,316,070	50.3
000555	ST 太 光	2009－6－19	1	10,834,291	11.954
000713	丰乐种业	2009－6－19	1	73,701,000	32.756
002051	中工国际	2009－6－19	7	130,000,000	68.421
002232	启明信息	2009－6－19	3	4,755,000	1.87
002250	联化科技	2009－6－19	8	20,713,000	16.039
002251	步 步 高	2009－6－19	4	12,514,284	4.629
000707	双环科技	2009－6－18	2	116,697,014	25.14
000501	鄂武商 A	2009－6－17	2	74,365,511	14.66
000511	银基发展	2009－6－17	1	123,741,175	10.72
000800	一汽轿车	2009－6－17	1	647,237,767	39.77
000012	南 玻 A	2009－6－16	3	26,896,698	2.17
000522	白云山 A	2009－6－16	1	118,994,632	25.37
000039	中集集团	2009－6－15	1	165,932,239	6.23
000606	青海明胶	2009－6－12	2	58,643,593	14.44
002247	帝龙新材	2009－6－12	1	7,500,000	11.228
000301	东方市场	2009－6－11	1	325,190,336	26.69
000538	云南白药	2009－6－11	2	239,166,027	44.78
000676	思达高科	2009－6－11	1	5,000,000	1.589
000578	盐湖集团	2009－6－10	1	70,000	0.002
000680	山推股份	2009－6－10	1	37,958,226	5
000748	长城信息	2009－6－10	2	79,200,824	21.09
000848	承德露露	2009－6－9	1	80,886,000	42.55
000949	新乡化纤	2009－6－9	5	289,885,526	49.241
000737	南风化工	2009－6－5	1	117,245,196	21.365
000813	天山纺织	2009－6－5	4	207,252,851	57.02
000815	美利纸业	2009－6－5	1	690,000	0.44
000877	天山股份	2009－6－5	1	97,594,803	31.277
002004	华邦制药	2009－6－5	18	73,246,456	55.49
002245	澳洋顺昌	2009－6－5	1	3,862,500	6.353
002246	北化股份	2009－6－5	4	2,762,787	1.396
000541	佛山照明	2009－6－4	27	39,333,334	5.627
000607	华立药业	2009－6－4	1	65,917,554	13.52
002215	诺 普 信	2009－6－4	1	1,179,750	0.756
000677	山东海龙	2009－6－2	1	67,566,302	7.82
000811	烟台冰轮	2009－6－2	2	16,323,234	9.3
002063	远光软件	2009－6－2	5	36,303,120	18.365
000625	长安汽车	2009－6－1	1	116,701,142	5
002243	通产丽星	2009－6－1	2	22,880,099	14.185
002244	滨江集团	2009－6－1	6	237,660,800	17.578
000037	深南电 A	2009－5－27	2	105,372,440	17.48
000401	冀东水泥	2009－5－27	1	398,272,215	32.839
000510	金路集团	2009－5－27	4	31,824,113	5.23
000602	金马集团	2009－5－27	2	39,886,098	26.46
000790	华神集团	2009－5－27	1	21,067,307	10.55
000807	云铝股份	2009－5－27	1	50,232,000	4.77
000683	远兴能源	2009－5－26	1	59,720,000	11.67
002237	恒邦股份	2009－5－26	5	31,200,000	16.284
002238	天威视讯	2009－5－26	2	36,000,000	13.483
000009	中国宝安	2009－5－25	122	194,605,043	18.73
000021	长城开发	2009－5－25	2	509,949,488	57.98
000835	四川圣达	2009－5－25	3	75,542,431	24.738
002240	威华股份	2009－5－25	1	36,621,750	11.941
000066	长城电脑	2009－5－22	1	263,073,960	47.82
000989	九 芝 堂	2009－5－22	1	90,330,242	30.35
002046	轴研科技	2009－5－22	1	33,150,000	34
002239	金 飞 达	2009－5－22	3	3,000,000	2.239
000550	江铃汽车	2009－5－20	3	268,130,600	31.06
000900	现代投资	2009－5－20	1	9,156,035	2.29
002021	中捷股份	2009－5－20	2	92,828,736	37.278
002038	双鹭药业	2009－5－20	7	410,400	0.165
002236	大华股份	2009－5－20	5	14,000,000	20.958
000611	时代科技	2009－5－19	3	6,301,714	1.95
000911	南宁糖业	2009－5－19	1	110,504,800	38.552
000028	一致药业	2009－5－18	1	83,971,446	29.14
000777	中核科技	2009－5－18	2	20,160,000	10
000806	银河科技	2009－5－18	1	108,743,486	15.552
002233	塔牌集团	2009－5－18	3	63,000,000	15.75
002234	民和股份	2009－5－18	3	23,345,000	21.716
002235	安妮股份	2009－5－18	2	3,618,750	3.619
000921	ST 科 龙	2009－5－15	1	63,923,804	6.44
002036	宜科科技	2009－5－15	3	60,349,674	29.839
002229	鸿博股份	2009－5－15	13	3,600,000	4.5
000546	光华控股	2009－5－14	1	20,080,963	11.85
000608	阳光股份	2009－5－14	1	3,838,547	0.717
000782	美达股份	2009－5－13	1	81,818,182	20.23
002125	湘潭电化	2009－5－12	1	3,744,000	4.966
002230	科大讯飞	2009－5－12	23	29,703,575	27.717
000755	山西三维	2009－5－11	1	130,412,280	27.79
000768	西飞国际	2009－5－11	1	209,760,000	18.63
000923	河北宣工	2009－5－11	2	8,257,833	4.17
002232	启明信息	2009－5－11	9	56,425,000	22.194
000050	深天马 A	2009－5－8	1	5,956,814	1.04
000718	苏宁环球	2009－5－8	1	381,079,884	26.86
000760	博盈投资	2009－5－8	1	2,999,440	1.27
000558	莱茵置业	2009－5－6	5	12,311,906	3.321
002226	江南化工	2009－5－6	2	11,695,886	21.727
000100	TCL 集团	2009－5－5	1	73,543,561	2.84
000429	粤高速 A	2009－5－5	1	91,608	0.007
000525	红 太 阳	2009－5－5	5	15,433,740	5.51
000962	东方钽业	2009－5－5	1	143,713,440	40.32

证券代码	证券简称	解除限售日期	本次解除限售股东总数	本次解除限售股份总数(股)	本次解除限售股份占公司总股本比例(%)
000677	山东海龙	2009-5-4	2	239,325,050	27.7
000014	沙河股份	2009-4-30	1	54,506,163	27.02
000761	本钢板材	2009-4-30	1	480,000,000	42.25
000735	罗牛山	2009-4-29	1	11,600,000	1.318
000532	力合股份	2009-4-28	3	112,889	0.033
000033	新都酒店	2009-4-27	9	92,349,598	28.04
000788	西南合成	2009-4-27	1	15,018,834	6.91
000831	关铝股份	2009-4-27	1	23,986,641	3.67
000890	法尔胜	2009-4-27	1	48,650,368	12.814
000901	航天科技	2009-4-27	2	26,192,441	11.81
000410	沈阳机床	2009-4-22	4	231,233,690	42.39
000816	江淮动力	2009-4-21	1	328,968,000	38.89
000931	中关村	2009-4-21	1	3,000,000	0.44
000592	ST中福	2009-4-20	5	34,209,000	5.88
000833	贵糖股份	2009-4-20	2	24,200,000	8.174
002104	恒宝股份	2009-4-20	5	22,032,000	7.5
000055	方大A	2009-4-17	2	44,248,248	10.37
000977	浪潮信息	2009-4-16	1	110,081,400	51.2
000617	石油济柴	2009-4-15	1	11,980,800	5
000751	锌业股份	2009-4-14	1	368,278,443	33.17
000929	兰州黄河	2009-4-14	1	9,288,300	5
000955	欣龙控股	2009-4-14	13	25,086,937	8.558
000607	华立药业	2009-4-13	1	9,438,800	1.93
000996	中国中期	2009-4-13	3	45,858,000	19.93
000610	西安旅游	2009-4-10	9	54,249,121	27.571
000702	正虹科技	2009-4-9	1	55,118,768	20.67
000036	华联控股	2009-4-8	1	352,049,301	31.32
000686	东北证券	2009-4-8	1	1,478,816	0.25
000402	金融街	2009-4-7	1	561,998,833	22.65
000671	阳光发展	2009-4-7	1	4,758,654	2.84
000785	武汉中商	2009-4-7	1	89,943,191	35.8
000429	粤高速A	2009-4-3	679	4,622,870	0.368
000516	开元控股	2009-4-3	1	13,230,741	8.93
000716	ST南方	2009-4-3	8	7,892,335	4.427
000858	五粮液	2009-4-3	1	1,748,774,691	46.07
000526	旭飞投资	2009-4-2	5	23,649,020	24.58
000982	中银绒业	2009-3-31	1	8,000,000	4.819
000527	美的电器	2009-3-30	2	516,598,617	27.32
000539	粤电力A	2009-3-30	1	1,232,256,158	46.34
000819	岳阳兴长	2009-3-30	2	19,371,244	10
000519	银河动力	2009-3-27	2	13,266,224	6.94
000698	沈阳化工	2009-3-27	1	142,202,722	27.97
000029	深深房A	2009-3-26	1	571,690,800	56.51
000155	川化股份	2009-3-26	1	251,400,000	53.49
000417	合肥百货	2009-3-26	2	114,197,381	30.95
000731	四川美丰	2009-3-26	5	68,644,208	13.73
000795	太原刚玉	2009-3-26	1	3,356,987	1.21
000902	中国服装	2009-3-26	2	25,800,000	10
000408	ST玉源	2009-3-25	1	8,440,039	3.35
000822	山东海化	2009-3-25	1	361,048,878	40.34
000869	张裕A	2009-3-25	1	26,364,000	5
000593	大通燃气	2009-3-24	3	147,400	0.07
000578	ST盐湖	2009-3-23	2	4,034,262	0.132
000528	柳工	2009-3-19	1	185,991,339	39.212
000537	广宇发展	2009-3-19	8	82,107,063	16.01
002222	福晶科技	2009-3-19	48	75,000,000	39.474
000428	华天酒店	2009-3-18	1	17,284,000	4.688
000597	东北制药	2009-3-18	2	129,865,782	38.903
000619	海螺型材	2009-3-18	1	79,445,455	22.068
000626	如意集团	2009-3-17	1	10,125,000	5
000564	西安民生	2009-3-16	4	137,280	0.051
000651	格力电器	2009-3-13	1061	343,209,263	27.404
000721	西安饮食	2009-3-13	1	9,976,398	5
000878	云南铜业	2009-3-13	1	433,648,800	34.507
000566	海南海药	2009-3-12	2	44,039,839	20.986
000543	皖能电力	2009-3-9	2	432,587,541	55.962
000667	名流置业	2009-3-9	3	394,784,653	29.31
000828	东莞控股	2009-3-9	1	323,828,785	31.15
000938	紫光股份	2009-3-9	2	57,955,171	28.12
002221	东华能源	2009-3-6	3	48,140,000	21.685
000068	赛格三星	2009-3-4	6	138,612,219	15.46
000637	茂化实华	2009-3-4	4	49,191,796	10.88
000048	ST康达尔	2009-3-3	2	136,212,669	34.86
000960	锡业股份	2009-3-3	1	12,865,632	1.98
001696	宗申动力	2009-3-3	2	95,266,716	20.62
000524	东方宾馆	2009-3-2	2	26,967,374	10
000712	锦龙股份	2009-3-2	1	7,731,152	2.54
002220	天宝股份	2009-3-2	4	9,051,285	9.236
000708	大冶特钢	2009-2-26	2	261,238,480	58.13
000601	韶能股份	2009-2-25	2	7,144,881	0.77
000799	酒鬼酒	2009-2-25	14	44,522,471	14.691
000591	桐君阁	2009-2-24	1	9,808,249	5
000531	穗恒运A	2009-2-23	3	147,917,514	55.5
002066	瑞泰科技	2009-2-23	1	1,150,100	1.278
002217	联合化工	2009-2-23	28	78,993,144	53.138
000533	万家乐	2009-2-20	2	55,790,889	9.69
000661	长春高新	2009-2-20	1	6,566,329	5
002215	诺普信	2009-2-20	1	5,131,715	3.29
002216	三全食品	2009-2-20	1	430,000	0.46
000933	神火股份	2009-2-19	4	188,400,000	37.68
000049	德赛电池	2009-2-18	1	7,257,951	5.3
000551	创元科技	2009-2-18	1	2,686,096	1.11
000615	湖北金环	2009-2-18	3	61,334,413	28.98
000652	泰达股份	2009-2-18	8	3,258,934	0.221
002214	大立科技	2009-2-18	41	35,854,855	35.855
000557	ST银广夏	2009-2-17	1	24,318	0.004
002020	京新药业	2009-2-17	3	52,536,268	51.734
000718	苏宁环球	2009-2-16	1	96,330	0.007
000973	佛塑股份	2009-2-16	1	87,000,000	14.2
000839	中信国安	2009-2-12	1	649,395,338	41.63
000032	深桑达A	2009-2-9	1	83,946,649	36.05
000504	赛迪传媒	2009-2-9	1	15,578,695	5
000609	绵世股份	2009-2-9	2	20,015,454	6.71
000876	新希望	2009-2-9	1	330,433,242	43.67
000928	ST吉炭	2009-2-9	1	1,896,796	0.67
000930	丰原生化	2009-2-6	1	147,523,733	15.3
002210	飞马国际	2009-2-6	2	4,800,000	3.529
000838	国兴地产	2009-2-5	4	853,747	0.66
002025	航天电器	2009-2-4	1	12,696,150	3.847
002208	合肥城建	2009-2-3	45	22,020,000	13.758
000683	远兴能源	2009-2-2	1	15,000,000	2.93
000931	中关村	2009-2-2	1	40,494,948	6
000975	科学城	2009-2-2	2	44,268,961	7.11
002209	达意隆	2009-2-2	12	27,735,500	24.329
002211	宏达新材	2009-2-2	8	16,892,855	6.984
002212	南洋股份	2009-2-2	3	226,000	0.15
002213	特尔佳	2009-2-2	26	23,870,000	23.175
000917	电广传媒	2009-1-23	2	2,162,114	0.53
000987	广州友谊	2009-1-23	1	186,266,107	51.89
000990	诚志股份	2009-1-23	1	58,088,464	21.52
002205	国统股份	2009-1-23	10	14,360,000	17.95
002206	海利得	2009-1-23	7	27,825,000	22.26
000006	深振业A	2009-1-20	1	23,390,842	4.61
000025	特力A	2009-1-20	1	131,283,504	59.6
000070	特发信息	2009-1-20	1	110,557,067	44.22
000153	丰原药业	2009-1-20	3	34,250,802	13.173
000558	莱茵置业	2009-1-20	23	761,573	0.205
000594	国恒铁路	2009-1-20	1	105,331,096	18.77
000056	深国商	2009-1-19	1	7,248,833	3.28
000090	深天健	2009-1-16	1	73,513,992	24.15
000158	常山股份	2009-1-16	1	360,514,011	50.15
002203	海亮股份	2009-1-16	2	73,081,900	18.266
000410	沈阳机床	2009-1-15	1	162,794	0.03
002103	广博股份	2009-1-14	3	4,307,490	1.972
000502	绿景地产	2009-1-13	2	9,390,920	5.081
000514	渝开发	2009-1-13	2	106,421,893	16.787
000909	数源科技	2009-1-13	1	94,200,000	48.061
000421	南京中北	2009-1-12	2	25,210,448	7.17
002106	莱宝高科	2009-1-12	91	52,679,840	15.969
000425	徐工科技	2009-1-9	1	54,508,762	10
000572	海马股份	2009-1-9	2	160,000	0.019
000613	ST东海A	2009-1-7	11	2,580,000	0.709
000963	华东医药	2009-1-6	1	21,703,000	5
000731	四川美丰	2009-1-5	1	24,992,000	8.78

深圳证券交易所2009年上半年涨幅前20名排名

序号	证券代码	证券简称	前收	收盘	成交金额(元)	成交量(股)	涨幅
1	000631	顺发恒业	0.76	10.95	5,635,772,921.73	493,154,440	1340.79
2	000638	万方地产	2.79	14.21	4,084,873,097.89	250,492,214	409.32
3	000540	中天城投	4.96	15.58	18,878,937,703.84	1,883,935,762	406.57
4	000671	阳光城	5.75	26.8	6,304,060,300.52	478,297,365	367.81
5	002005	德豪润达	2.81	11.93	13,420,991,200.19	1,644,324,430	324.56
6	000065	北方国际	6.01	25	6,793,993,622.54	368,791,704	316.94
7	002128	露天煤业	9.09	26.72	21,853,106,719.54	1,005,245,622	284.62
8	002237	恒邦股份	30.15	51.82	27,616,648,730.27	483,422,234	245.15
9	000046	泛海建设	5.85	19.9	12,476,083,284.47	1,117,999,743	241.1
10	000961	大连金牛	4.81	16.26	8,552,092,977.70	888,584,666	238.05
11	000718	苏宁环球	5.15	14.42	17,464,294,529.94	1,776,391,283	236.4
12	000552	靖远煤电	4.91	16.01	10,005,811,727.73	846,001,125	227.3
13	000066	长城电脑	3.31	10.67	11,007,411,649.73	1,727,840,969	222.36
14	000762	西藏矿业	7.64	24.28	24,941,214,750.75	1,318,439,823	217.8
15	000630	铜陵有色	6.65	20.99	50,367,354,379.73	3,440,660,540	217.64
16	000043	中航地产	4.89	15.45	3,760,660,374.56	399,018,939	215.95
17	000042	深长城	5.84	18.39	4,841,280,818.67	376,855,657	215.26
18	000537	广宇发展	2.84	8.92	9,708,217,078.54	1,644,588,651	214.08
19	000078	海王生物	3.11	9.76	23,227,025,459.33	3,755,187,859	213.83
20	002166	莱茵生物	9.58	30.03	5,924,342,175.79	305,548,004	213.47

深圳证券交易所2009年上半年中小企业板涨幅排名

序号	证券代码	证券简称	前收	收盘	成交金额(元)	成交量(股)	涨幅
1	002005	德豪润达	2.81	11.93	13,420,991,200.19	1,644,324,430	324.56
2	002128	露天煤业	9.09	26.72	21,853,106,719.54	1,005,245,622	284.62
3	002237	恒邦股份	30.15	51.82	27,616,648,730.27	483,422,234	245.15
4	002166	莱茵生物	9.58	30.03	5,924,342,175.79	305,548,004	213.47
5	002146	荣盛发展	5.43	16.43	6,772,449,201.41	678,288,723	204.74
6	002168	深圳惠程	10.28	14.81	9,962,825,412.35	596,750,331	191.37
7	002207	准油股份	8.85	25.15	4,866,900,104.07	276,647,507	186.74
8	002133	广宇集团	3.55	9.86	11,221,703,120.49	1,807,184,022	180.55
9	002149	西部材料	12.25	34.23	6,337,145,173.75	282,834,570	179.43
10	002110	三钢闽光	5.89	16.14	7,733,266,204.16	799,896,754	174.02
11	002083	孚日股份	3.54	9.7	21,238,889,446.16	2,676,141,162	174.01
12	002244	滨江集团	7.85	16.2	10,303,458,641.98	832,402,077	170.65
13	002249	大洋电机	19.02	25.4	13,858,744,715.19	426,487,124	170.53
14	002192	路翔股份	12.08	16.1	4,382,803,953.25	251,635,117	166.45
15	002030	达安基因	7.34	16.06	18,613,465,026.13	1,438,893,303	163.03
16	002089	新海宜	6	11.12	9,691,019,609.39	859,548,976	160.64
17	002163	中航三鑫	4.94	12.76	8,525,692,076.04	819,421,878	160.27
18	002048	宁波华翔	3.6	9.2	17,594,376,906.59	2,561,183,035	157.55
19	002246	北化股份	5.1	13.05	4,219,383,452.11	516,922,321	157.51
20	002218	拓日新能	16.46	28.2	20,005,339,419.15	732,115,480	157.16

深圳证券交易所2009年上半年中小企业板跌幅排名

序号	证券代码	证券简称	前收	收盘	成交金额(元)	成交量(股)	跌幅
1	2038	双鹭药业	36.68	32.35	8,814,789,209.61	257,899,064	11.26
2	2269	美邦服饰	27.7	17.83	8,330,035,608.11	333,716,239	2.43
3	2022	科华生物	23.3	18.45	16,867,923,421.20	876,184,733	-3.9
4	2200	绿大地	32.79	18.8	5,725,347,367.89	189,694,580	-4.06
5	2152	广电运通	29.57	25.7	6,215,716,626.90	207,717,007	-4.91
6	2122	天马股份	53.33	28.28	12,175,027,451.17	347,351,079	-6.21
7	2252	上海莱士	25.22	26.27	6,393,870,140.08	238,087,510	-7.11
8	2183	怡亚通	19.3	13.61	5,776,771,282.62	269,174,866	-7.27
9	2268	卫士通	21.26	19.5	3,623,084,623.20	162,607,665	-10.96
10	2236	大华股份	38.1	42.18	3,072,532,595.55	73,544,373	-11.29
11	2271	东方雨虹	33.1	24.7	5,117,163,642.59	149,525,405	-13.01

序号	证券代码	证券简称	前收	收盘	成交金额(元)	成交量(股)	跌幅
12	2242	九阳股份	44.5	26.1	12,561,369,667.67	322,950,817	-13.07
13	2118	紫鑫药业	13.65	15.45	5,673,152,467.72	367,914,732	-13.56
14	2214	大立科技	14.86	17.15	2,862,513,281.46	165,396,972	-16.06
15	2262	恩华药业	16.46	12.78	4,377,778,682.89	255,581,782	-17.04
16	2238	天威视讯	12.25	14.29	5,555,145,645.43	396,721,725	-17.37
17	2217	联合化工	12.9	10.05	6,314,995,694.66	458,335,145	-18.05
18	2074	东源电器	9.5	11.14	6,247,310,511.85	546,808,083	-18.29
19	2234	民和股份	12.08	14.3	4,820,262,928.80	313,967,015	-18.38
20	2241	歌尔声学	23.89	14.02	6,604,446,321.75	262,495,739	-18.39

深圳证券交易所2009年上半年中小企业板成交金额排名

序号	证券代码	证券简称	前收	收盘	成交金额(元)	成交量(股)
1	2024	苏宁电器	17.91	16.07	65,268,067,108.03	4,002,358,073
2	2202	金风科技	25.25	30.12	62,130,067,788.85	1,876,932,639
3	2155	辰州矿业	7.9	19	33,176,055,274.81	2,132,249,774
4	2142	宁波银行	6.8	12.86	30,450,357,714.15	3,165,049,410
5	2237	恒邦股份	30.15	51.82	27,616,648,730.27	483,422,234
6	2001	新和成	24.58	34.8	27,491,631,343.22	935,207,076
7	2092	中泰化学	5.8	12.82	21,953,665,354.76	2,088,077,881
8	2128	露天煤业	9.09	26.72	21,853,106,719.54	1,005,245,622
9	2083	孚日股份	3.54	9.7	21,238,889,446.16	2,676,141,162
10	2008	大族激光	5.85	8.15	20,702,736,152.37	2,505,215,249

深圳证券交易所2009年上半年中小企业板基本指标

指标名称	本日数值	比上日增减	本年最高	最高值日期
新上市公司数	0			
上市公司数	273	0	278	2009-8-12
总发行股本(元)	68,958,966,588	30,991,812	70,254,251,437	2009-8-12
总流通股本(元)	31,458,672,875	29,517,711	32,413,413,220	2009-8-12
上市公司市价总值(元)	1,010,348,882,046	-3,336,897,788	1,194,951,675,804	2009-8-5
上市公司流通市值(元)	441,931,790,855	-639,219,628	520,483,747,621	2009-8-5
总成交金额(元)	16,047,250,311	1,339,079,249	32,810,494,818	2009-7-28
总成交股数	1,110,016,417	21,356,942	2,063,739,640	2009-8-5
总成交笔数	1,129,837	98,875	2,069,545	2009-7-29
平均市盈率(倍)	35.92	-0.1	41.75	2009-8-5
中小板指—最高	4,390.17	4.91	5,018.12	2009-8-6
最低	4,347.81	-7.77	4,875.51	2009-8-5
收市	4,363.72	-6.8	4,956.87	2009-8-5

第二章　证券监管机构

第一节　中国人民银行

中国人民银行

历史沿革

人民银行的历史,可以追溯到第二次国内革命战争时期。1931 年 11 月 7 日,在江西瑞金召开的“全国苏维埃第一次代表大会”上,通过决议成立“中共苏维埃共和国国家银行”(简称苏维埃国家银行),并发行货币。从土地革命到抗日战争时期一直到中华人民共和国诞生前夕,人民政权被分割成彼此不能连接的区域。各根据地建立了相对独立、分散管理的根据地银行,并各自发行在本根据地内流通的货币。1948 年 12 月 1 日,以华北银行为基础,合并北海银行、西北农民银行,在河北省石家庄市组建了中国人民银行,并发行人民币,成为中华人民共和国成立后的中央银行和法定本位币。

中国人民银行成立至今的五十多年,特别是改革开放以来,在体制、职能、地位、作用等方面,都发生了巨大而深刻的变革。

一、中国人民银行的创建与国家银行体系的建立(1948 – 1952 年)

1948 年 12 月 1 日,中国人民银行在河北省石家庄市宣布成立。华北人民政府当天发出布告,由中国人民银行发行的人民币在华北、华东、西北三区的统一流通,所有公私款项收付及一切交易,均以人民币为本位货币。1949 年 2 月,中国人民银行由石家庄市迁入北平。1949 年 9 月,中国人民政治协商会议通过《中华人民共和国中央人民政府组织法》,把中国人民银行纳入政务院的直属单位系列,接受财政经济委员会指导,与财政部保持密切联系,赋予其国家银行职能,承担发行国家货币、经理国家金库、管理国家金融、稳定金融市场、支持经济恢复和国家重建的任务。

在国民经济恢复时期,中国人民银行在中央人民政府的统一领导下,着手建立统一的国家银行体系:一是建立独立统一的货币体系,使人民币成为境内流通的本位币,与各经济部门协同治理通货膨胀;二是迅速普建分支机构,形成国家银行体系,接管官僚资本银行,整顿私营金融业;三是实行金融管理,疏导游资,打击金银外币黑市,取消在华外商银行的特权,禁止外国货币流通,统一管理外汇;四是开展存款、放款、汇兑和外汇业务,促进城乡物资交流,为迎接经济建设做准备。到 1952 年国民经济恢复时期终结时,中国人民银行作为人民共和国的国家银行,建立了全国垂直领导的组织机构体系;统一了人民币发行,逐步收兑了解放区发行的货币,全部清楚并限期兑换了国民党政府发行的货币,很快使人民币成为全国统一的货币;对各类金融机构实行了统一管理。中国人民银行充分运用货币发行和货币政策,实行现金管理,开展“收存款、建金库、灵活调拨”,运用折实储蓄和存放款利率等手段调控市场货币供求,扭转了新中国成立初期金融市场混乱的状况,终于制止了国民党政府遗留下来的长达二十年之久的恶性通货膨胀。同时,按照“公私兼顾、劳资两利、城乡互助、内外交流”的政策,配合工商业的调整,灵活调度资金,支持了国营经济的快速成长,适度地增加了对私营经济和个体经济的贷款;便利了城乡物资交流,为人民币币值的稳定和国民经济的恢复与发展做出了重大贡献。

二、计划经济体制时期的国家银行(1953 – 1978 年)

在统一的计划体制中,自上而下的人民银行体制,成为国家吸收、动员、集中和分配信贷资金的基本手段。随着社会主义改造的加快,私营金融业纳入了公私合营银行轨道,形成了集中统一的金融体制,中国人民银行作为国家金融管理和货币发行的机构,既是管理金融的国家机关又是全面经营银行业务的国家银行。

与高度集中的银行体制相适应,从 1953 年开始建立了集中统一的综合信贷计划管理体制,即全国的信贷资金,不论是资金来源还是资金运用,都由中国人民银行总行统一掌握,实行“统存统贷”的管理办法银行信贷计划纳入国家经济计划,成为国家管理经济的重要手段。高度集中的国家银行体制,为大规模的经济建设进行全面的金融监督和服务。

中国人民银行担负着组织和调节货币流通的职能,统一经营各项信贷业务,在国家计划实施中具有综合反映和货币监督功能。银行对国有企业提供超定额流动资金贷款、季节性贷款和少量的大修理贷款,对城乡集体经济、个体经济和私营经济提供部分生产流动资金贷款,对农村中的贫困农民提供生产贷款、口粮贷款和其他生活贷款。这种长期资金归财政、短期资金归银行,无偿资金归财政、有偿资金归银行,定额资金归财政、超定额资金归银行的体制,一直延续到 1978 年,期间虽有几次变动,基本格局变化不大。

三、从国家银行过渡到中央银行体制(1979 – 1992 年)

1979 年 1 月,为了加强对农村经济的扶植,恢复了中国农业银行。同年 3 月,适应对外开放和国际金融业务发展的新形势,改革了中国银行的体制,中国银行成为国家指定的外汇专业银行;同时设立了国家外汇管理局。以后,又恢复了国内保险业务,重新建立中国人民保险公司;各地还相继组建了信托投资公司和城市信用合作社,出现了金融机构多元化和金融业务多样化的局面。

日益发展的经济和金融机构的增加,迫切需要加强金融业的统一管理和综合协调,由中国人民银行来专门承担中央银行职责,成为完善金融体制、更好发展金融业的紧迫议题。1982 年 7 月,国务院批转中国人民银行的报告,进一步强调“中国人民银行是我国的中央银行,是国务院领导下统一管理全国金融的国家机关”,以此为起点开始了组建专门的中央银行体制的准备工作。

1983 年 9 月 17 日，国务院作出决定，由中国人民银行专门行使中央银行的职能，并具体规定了人民银行的 10 项职责。从 1984 年 1 月 1 日起，中国人民银行开始专门行使中央银行的职能，集中力量研究和实施全国金融的宏观决策，加强信贷总量的控制和金融机构的资金调节，以保持货币稳定；同时新设中国工商银行，人民银行过去承担的工商信贷和储蓄业务由中国工商银行专业经营；人民银行分支行的业务实行垂直领导；设立中国人民银行理事会，作为协调决策机构；建立存款准备金制度和中央银行对专业银行的贷款制度，初步确定了中央银行制度的基本框架。

人民银行在专门行使中央银行职能的初期，随着全国经济体制改革深化和经济高速发展，为适应多种金融机构，多种融资渠道和多种信用工具不断涌现的需要，中国人民银行不断改革机制，搞活金融，发展金融市场，促进金融制度创新。中国人民银行努力探索和改进宏观调控的手段和方式，在改进计划调控手段的基础上，逐步运用利率、存款准备金率、中央银行贷款等手段来控制信贷和货币的供给，以求达到“宏观管住、微观搞活、稳中求活”的效果，在制止“信贷膨胀”、“经济过热”、促进经济结构调整的过程中，初步培育了运用货币政策调节经济的能力。

四、逐步强化和完善现代中央银行制度（1993 年至今）

1993 年，按照国务院《关于金融体制改革的决定》，中国人民银行进一步强化金融调控、金融监管和金融服务职责，划转政策性业务和商业银行业务。

1995 年 3 月 18 日，全国人民代表大会通过《中华人民共和国中国人民银行法》，首次以国家立法形式确立了中国人民银行作为中央银行的地位，标志着中央银行体制走向了法制化、规范化的轨道，是中央银行制度建设的重要里程碑。

1998 年，按照中央金融工作会议的部署，改革人民银行管理体制，撤销省级分行，设立跨省区分行，同时，成立人民银行系统党委，对党的关系实行垂直领导，干部垂直管理。

2003 年，按照党的十六届二中全会审议通过的《关于深化行政管理体制和机构改革的意见》和十届人大一次会议批准的国务院机构改革方案，将中国人民银行对银行、金融资产管理公司、信托投资公司及其他存款类金融机构的监管职能分离出来，并和中央金融工委的相关职能进行整合，成立中国银行业监督管理委员会。同年 9 月，中央机构编制委员会正式批准人民银行的“三定”调整意见。12 月 27 日，十届全国人民代表大会常务委员会第六次会议审议通过了《中华人民共和国中国人民银行法（修正案）》。

有关金融监管职责调整后，人民银行新的职能正式表述为“制定和执行货币政策、维护金融稳定、提供金融服务。”同时，明确界定：“中国人民银行为国务院组成部门，是中华人民共和国的中央银行，是在国务院领导下制定和执行货币政策、维护金融稳定、提供金融服务的宏观调控部门。”这种职能的变化集中表现为“一个强化、一个转换和两个增加”。

“一个强化”，即强化与制定和执行货币政策有关的职能。人民银行要大力提高制定和执行货币政策的水平，灵活运用利率、汇率等各种货币政策工具实施宏观调控；加强对货币市场规则的研究和制定，加强对货币市场、外汇市场、黄金市场等金融市场的监督与监测，密切关注货币市场与房地产市场、证券市场、保险市场之间的关联渠道、有关政策和风险控制措施，疏通货币政策传导机制。

“一个转换”，即转换实施对金融业宏观调控和防范与化解系统性金融风险的方式。由过去主要是通过对金融机构的设立审批、业务审批、高级管理人员任职资格审查和监管指导等直接调控方式，转变为对金融业的整体风险、金融控股公司以及交叉性金融工具的风险进行监测和评估，防范和化解系统性金融风险，维护国家经济金融安全；转变为综合研究制定金融业的有关改革发展规划和对外开放战略，按照我国加入 WTO 的承诺，促进银行、证券、保险三大行业的协调发展和开放，提高我国金融业的国际竞争力，维护国家利益；转变为加强与外汇管理相配套的政策的研究与制订工作，防范国际资本流动的冲击。

“两个增加”，即增加反洗钱和管理信贷征信业两项职能。今后将由人民银行组织协调全国的反洗钱工作，指导、部署金融业反洗钱工作，承担反洗钱的资金监测职责，并参与有关的国际反洗钱合作。由人民银行管理信贷征信业，推动社会信用体系建设。

这些新的变化，进一步强化了人民银行作为我国的中央银行在实施金融宏观调控、保持币值稳定、促进经济可持续增长和防范化解系统性金融风险中的重要作用。随着社会主义市场经济体制的不断完善，中国人民银行作为中央银行在宏观调控体系中的作用将更加突出。面对更加艰巨的任务和更加重大的责任，中央银行在履行新的职责过程中，视野要更广，思路要更宽，立足点要更高。特别是要大力强化与制定和执行货币政策有关的职能，不仅要加强对货币市场、外汇市场、黄金市场等金融市场的规范、监督与监测，还要从金融市场体系有机关联的角度，密切关注其他各类金融市场的运行情况和风险状况，综合、灵活运用利率、汇率等各种货币政策工具实施金融宏观调控。要从维护国家经济金融安全，实现和维护国家利益的高度，研究、规划关系到我国整个金融业改革、发展、稳定方面的重大战略问题。目前，我国经济市场化程度越来越高、货币政策决策面临的环境日趋复杂，金融业长期积累的金融风险仍然较重、改革与重组任务十分艰巨。在此情况下，中央银行要更善于擅于准确把握影响经济金融发展全局的因素，注意研究新情况、开发新工具、探索新方法、解决新问题，并创造性地开展工作，努力做到识大局、讲宏观、懂技术、胆识兼备，充分发挥中央银行在宏观调控中的突出作用。

职能

中国人民银行的主要职责为：

（一）起草有关法律和行政法规；完善有关金融机构运行规则；发布与履行职责有关的命令和规章。

（二）依法制定和执行货币政策。

（三）监督管理银行间同业拆借市场和银行间债券市场、外汇市场、黄金市场。

（四）防范和化解系统性金融风险，维护国家金融稳定。

（五）确定人民币汇率政策；维护合理的人民币汇率水平；实施外汇管理；持有、管理和经营国家外汇储备和黄金储备。

（六）发行人民币，管理人民币流通。

（七）经理国库。

（八）会同有关部门制定支付结算规则，维护支付、清算系统的正常运行。

（九）制定和组织实施金融业综合统计制度，负责数据汇总和宏观经济分析与预测。

（十）组织协调国家反洗钱工作，指导、部署金融业反洗钱工作，承担反洗钱的资金监测职责。

（十一）管理信贷征信业，推动建立社会信用体系。

（十二）作为国家的中央银行，从事有关国际金融活动。

（十三）按照有关规定从事金融业务活动。

（十四）承办国务院交办的其他事项。

行领导

行长：周小川

周小川，男，1948年出生。

1975年毕业于北京化工学院；

1985年获清华大学博士学位；

1986年11月至1991年9月任国家经济体制改革委员会委员；

1986年12月至1989年12月任对外经济贸易部部长助理；

1991年9月至1995年9月任中国银行副行长；

1995年10月任国家外汇管理局局长；

1996年10月至1998年2月任中国人民银行副行长兼国家外汇管理局局长；

1998年2月任中国建设银行行长；

2000年2月任中国证券监督管理委员会主席；

2002年12月任中国人民银行党委书记、行长；

2003年1月任货币政策委员会主席。

副行长：苏宁

苏宁，男，1947年出生。

1982年毕业于中国人民大学，高级工程师。

1982年至1989年先后工作于国家计委综合司、国家计委预测中心、国家信息中心信息部；

1989年至1997年任国务院研究室宏观经济研究司副司长、司长；

1997年至1998年任国务院研究室党组成员兼宏观经济研究司司长；

1998年至2003年任全国人大常委会预算工作委员会副主任；

2003年11月任中国人民银行党委委员、副行长。

纪委书记：王洪章

王洪章，男，1954年7月出生。

1978年毕业于辽宁财经学院财政金融系，东北财经大学经济学硕士学位，中国注册会计师。

1978年9月，中国人民银行信贷局、储蓄局、工商信贷部工作。

1984年1月，中国工商银行工商信贷部工作。

1989年11月，中国工商银行青岛市分行行长助理。

1991年2月，中国工商银行办公室副主任，资金计划部副主任，营业部总经理。

1996年4月，中国人民银行稽核监督局副局长、内审司司长。

2000年6月，中国人民银行成都分行行长兼国家外汇管理局四川省分局局长。

2003年11月，中国人民银行党委委员、纪委书记。

副行长：胡晓炼

胡晓炼，女，1958年生，1984年毕业于人民银行金融研究所研究生部，经济学硕士，研究员。

1984年12月，到国家外汇管理局工作，历任政策研究室副主任、主任，政策法规司副司长，储备管理司副司长、司长；

1999年7月，任国家外汇管理局党组成员；

2001年3月，任国家外汇管理局副局长；

2004年7月，任中国人民银行党委委员、行长助理；

2005年3月，任中国人民银行党委委员、国家外汇管理局局长；

2005年8月，任中国人民银行副行长、国家外汇管理局局长；

2009年7月，任中国人民银行党委委员、副行长。

副行长：刘士余

刘士余，男，1961年11月出生，清华大学水利工程系水利水电工程建筑专业毕业，清华大学经济管理学院管理工程专业研究生。

1987年至1996年先后工作于上海市经济体制改革办公室、国家经济体制改革委员会、中国建设银行；

1996年至1998年任中国人民银行银行司助理巡视员、副司长；

1998年至2002年任中国人民银行银行监管二司副司长、司长；

2002年至2004年任中国人民银行办公厅主任、党委办公室主任；

2004年7月任中国人民银行党委委员、行长助理；

2006年6月任中国人民银行党委委员、副行长。

副行长：马德伦

马德伦，男，1949年11月出生，大学本科毕业，研究员。

1985年至1996年，先后工作于中国人民银行办公厅、条法司、政策研究室（1990年12月至1991年12月在新加坡金管局工作研修一年）；

1992年至1994年，任中国人民银行政策研究室副主任；

1994年至1998年，任中国人民银行办公厅副主任、主任，新闻发言人；

1998年至2001年，任中国人民银行会计财务司司长；

2001年3月至2005年3月，任国家外汇管理局副局长；

2005年3月，任中国人民银行党委委员、行长助理（2005年8月兼任中国人民银行上海总部党委副书记、副主任）；

2007年12月，任中国人民银行党委委员、副行长。

副行长、国家外汇管理局局长：易纲

易纲，男，1958年出生，经济学博士。

1978年至1980年，在北京大学经济系学习；

1980年至1986年，分别在美国哈姆林大学工商管理专业、伊利诺大学经济学专业学习，获经济学博士学位；

1986年至1994年，在美国印第安那大学经济系先后担任助教、副教授，其中1992年获终身教职；

1994年回国，与林毅夫等发起组建北京大学中国经济研究中心，任教授、副主任、博士生导师；

1997年至2002年，任中国人民银行货币政策委员会副秘书长；

2002年至2003年，任中国人民银行货币政策委员会秘书长（正司局级）兼货币政策司副司长；

2003年，任中国人民银行货币政策司司长；

2004 年 7 月，任中国人民银行党委委员、行长助理（期间：2006 年 9 月至 2007 年 10 月兼任中国人民银行营业管理部党委书记、主任、国家外汇管理局北京外汇管理部主任）；

2007 年 12 月，任中国人民银行党委委员、副行长；

2009 年 7 月，任中国人民银行党委委员、副行长，国家外汇管理局局长、党组书记。

行长助理：杜金富

杜金富，男，1954 年 11 月出生，经济学博士。

1982 年毕业于辽宁财经学院财政金融系金融专业；

1985 年毕业于辽宁财经学院财政金融系货币银行学专业（硕士）；

1992 年毕业于中国人民银行研究生部货币银行学专业（博士）。

1992 年起先后任中国人民银行内蒙古分行金融研究所所长，伊克昭盟分行党委书记、行长，内蒙古分行党组成员、副行长；

1999 年任中国人民银行统计司副司长、司长；

2003 年 10 月任中国人民银行人事司（党委组织部）司长（部长）；

2006 年 5 月任中国人民银行党委委员、6 月任中国人民银行行长助理。

行长助理：李东荣

李东荣，男，1954 年 8 月出生，中央财经大学经济管理系经济学博士，研究员。

1984 年至 1994 年，工作于中国人民银行广东省分行，先后任计划处副科长、科长、副处长、处长；

1994 年 8 月，任中国人民银行广东省韶关市分行党组书记、行长，国家外汇管理局韶关分局局长；

1996 年 6 月，任中国人民银行广东省分行党组成员、副行长，国家外汇管理局广东分局副局长；

1998 年至 2002 年，先后任中国人民银行广州分行党委委员、副行长、国家外汇管理局广州分局副局长，广州分行党委副书记、副行长、国家外汇管理局广东省分局副局长；

2002 年 2 月，任国家外汇管理局党组成员；

2002 年 3 月，任国家外汇管理局副局长；

2008 年 12 月，任中国人民银行行长助理、党委委员。

行长助理：郭庆平

郭庆平，男，1956 年 8 月出生，大学本科毕业，高级经济师。

1982 年至 1991 年，先后任中国人民银行阜新市中心支行科员、副科长、副行长、党组成员；

1992 年至 1998 年 10 月，先后任中国人民银行辽宁省分行处长、行长助理、副行长、党组成员，沈阳市分行行长、党组书记兼国家外汇管理局沈阳市分局局长；

1998 年 11 月至 1999 年 11 月，任中国人民银行沈阳分行副行长、党委委员兼分行营业管理部主任、党委书记、国家外汇管理局沈阳市分局局长；

1999 年 12 月至 2003 年 1 月，先后任中国人民银行内审司副司长、司长，兼经济实体脱钩与资产处置办公室主任；

2003 年 2 月至 2008 年 11 月，任中国人民银行天津分行党委书记、行长，国家外汇管理局天津市分局局长；

2008 年 12 月，任中国人民银行党委委员、行长助理。

国家外汇管理局

历史沿革

外汇管理，是指一国政府授权国家货币金融管理当局或其他国家机关，对外汇收支、买卖、借贷、转移以及国际间的结算、外汇汇率和外汇市场等实行的管制措施。

改革开放以前，中国实行高度集中的计划经济体制，由于外汇资源短缺，中国一直实行比较严格的外汇管制。1978 年实行改革开放战略以来，中国外汇管理体制改革沿着逐步缩小指令性计划，培育市场机制的方向，有序地由高度集中的外汇管理体制向与社会主义市场经济相适应的外汇管理体制转变。1996 年 12 月中国实现了人民币经常项目可兑换、对资本项目外汇进行严格管理，初步建立了适应社会主义市场经济的外汇管理体制。建国以来，中国外汇管理体制大体经历了计划经济时期、经济转轨时期和 1994 年开始建立社会主义市场经济以来三个阶段。

一、计划经济时期的中国外汇管理体制（1953 – 1978 年）

新中国成立初期，即国民经济恢复时期，中国实行外汇集中管理制度，通过扶植出口、沟通侨汇、以收定支等方式积聚外汇，支持国家经济恢复和发展。当时私营进出口商在对外贸易中占很大的比重，国内物价波动较大，中国采取机动调整人民币汇率来调节外汇收支。人民币汇率政策以出口商品国内外价格的比价为主，同时兼顾进口商品国内外价格的比价和侨汇购买力平价，逐步调整，起到鼓励出口，奖励侨汇，兼顾进口的作用。1953 年起，中国实行计划经济体制，对外贸易由国营对外贸易公司专管，外汇业务由中国银行统一经营，逐步形成了高度集中、计划控制的外汇管理体制。国家对外贸和外汇实行统一经营，用汇分口管理。外汇收支实行指令性计划管理，一切外汇收入必须售给国家，需用外汇按国家计划分配和批给。国际收支平衡政策“以收定支，以出定进”，依靠指令性计划和行政办法保持外汇收支平衡。实行独立自主、自力更生的方针，不借外债，不接受外国来华投资。人民币汇率作为计划核算工具，要求稳定，逐步脱离进出口贸易的实际，形成汇率高估。

二、经济转型时期的中国外汇管理体制（1979 – 1993 年）

（一）实行外汇留成制度

为改革统收统支的外汇分配制度，调动创汇单位的积极性，扩大外汇收入，改进外汇资源分配，从 1979 年开始实行外汇留成办法。在外汇由国家集中管理、统一平衡、保证重点的同时，实行贸易和非贸易外汇留成，区别不同情况，适当留给创汇的地方和企业一定比例的外汇，以解决发展生产、扩大业务所需要的物资进口。外汇留成的对象和比例由国家规定。留成外汇的用途须符合国家规定，有留成外汇的单位如本身不需用外汇，可以通过外汇调剂市场卖给需用外汇的单位使用。留成外汇的范围和比例逐步扩大，指令性计划分配的外汇相应逐步减少。

（二）建立和发展外汇调剂市场

在实行外汇留成制度的基础上，产生了调剂外汇的需要。为此，1980 年 10 月起中国银行开办外汇调剂业务，允许持有留成外汇的单位把多余的外汇额度转让给缺汇的单位。以后调剂外汇的对象和范围逐步扩大，开始时只限于国营企业和集体企业的留成外汇，以后扩大到外商投资企业的外汇，国外捐赠的外汇和国内居民的外汇。调剂外汇的汇率，原由国家规定在官方汇率的基础上加一定的幅度，1988 年 3 月放开汇率，由买卖双方根据外汇供求状况议定，中国人民银行适度进行市场干预，并通过制定“外汇调剂用汇指导序列”对调剂外汇的用途（或外汇市场准入）加以引导，市场调节的作用日益增强。

（三）改革人民币汇率制度

1. 实行贸易内部结算价和对外公布汇率双重汇率制度

汇率高估，不利于对外贸易的发展，因此，1981 年，中国制定了一个贸易外汇内部结算价，按当时全国出口商品平均换汇成本加 10% 利润计算，定为 1 美元合 2.8 元人民币，适用于进出口贸易的结算，同时继续公布官方汇率，1 美元合 1.5 元人民币，沿用原来的“一篮子货币”计算和调整，用于非贸易外汇的结算。两个汇率对鼓励出口和照顾非贸易利益起到了一定作用，但在使用范围上出现了混乱，给外汇核算和外汇管理带来不少复杂的问题。随着国际市场美元汇率的上升，我国逐步下调官方汇率，到 1984 年底，官方汇率已接近贸易外汇内部结算价。1985 年 1 月 1 日取消内部结算价，重新实行单一汇率，汇率为 1 美元合 2.8 元人民币。

2. 根据国内外物价变化调整官方汇率

改革开放以后，中国物价进行改革，逐步放开，物价上涨，为使人民币汇率同物价的变化相适应，起到调节国际收支的作用，1985－90 年根据国内物价的变化，多次大幅度调整汇率。由 1985 年 1 月 1 日的 1 美元合 2.8 元人民币，逐步调整至 1990 年 11 月 17 日的 1 美元合 5.22 元人民币。这几年人民币汇率的下调主要是依据全国出口平均换汇成本上升的变化，汇率的下调滞后于国内物价的上涨。

3. 实行官方汇率和外汇调剂市场汇率并存的汇率制度

为配合对外贸易，推行承包制，取消财政补贴，1988 年 3 月起各地先后设立了外汇调剂中心，外汇调剂量逐步增加，形成了官方汇率和调剂市场汇率并存的汇率制度。从 1991 年 4 月 9 日起，对官方汇率的调整由以前大幅度、一次性调整的方式转为逐步缓慢调整的方式，即实行有管理的浮动，至 1993 年底调至 1 美元合 5.72 元人民币，比 1990 年 11 月 17 日下调了 9%。同时，放开外汇调剂市场汇率，让其随市场供求状况浮动，汇率波动较大。在国家加强宏观调控和中国人民银行入市干预下，1993 年底回升到 1 美元合 8.72 元人民币。

（四）允许多种金融机构经营外汇业务

1979 年前，外汇业务由中国银行统一经营。为适应改革开放以后的新形势，在外汇业务领域中引入竞争机制，改革外汇业务经营机制，允许国家专业银行业务交叉，并批准设立了多家商业银行和一批非银行金融机构经营外汇业务；允许外资金融机构设立营业机构，经营外汇业务，形成了多种金融机构参与外汇业务的格局。

（五）建立对资本输出入的外汇管理制度（详见本文第四部分）

（六）放宽对境内居民的外汇管理

个人存放在国内的外汇，准许持有和存入银行，但不准私自买卖和私自携带出境。对个人收入的外汇，视不同情况，允许按一定比例或全额留存外汇。从 1985 年起，对境外汇给国内居民的汇款或从境外携入的外汇，准许全部保留，在银行开立存款帐户。1991 年 11 月起允许个人所有的外汇参与外汇调剂。个人出国探亲、移居出境、去外国留学、赡养国外亲属需用外汇，可以凭出境证件和有关证明向国家外汇管理局申请，经批准后卖给一定数额的外汇，但批汇标准较低。

（七）外汇兑换券的发行和管理

为了便利旅客，防止外币在国内流通和套汇、套购物资，1980 年 4 月 1 日起中国银行发行外汇兑换券，外汇券以人民币为面额。外国人、华侨、港澳台同胞、外国使领馆、代表团人员可以用外汇按银行外汇牌价兑换成外汇券并须用外汇券在旅馆、饭店、指定的商店、飞机场购买商品和支付劳务、服务费用。未用完的外汇券可以携带出境，也可以在不超过原兑换数额的 50% 以内兑回外汇。收取外汇券的单位须经外汇局批准，并须把收入的外汇券存入银行，按收支两条线进行管理。收券单位把外汇券兑换给银行的，可以按规定给予外汇留成。

三、1994 年开始建立社会主义市场经济以来的中国外汇管理体制

1993 年 11 月 14 日，党的十四届三中全会通过的《中共中央关于建立社会主义市场经济体制若干问题的决定》中明确要求，“改革外汇管理体制，建立以市场供求为基础的、有管理的浮动汇率制度和统一规范的外汇市场，逐步使人民币成为可兑换货币”。这为外汇管理体制进一步改革明确了方向。1994 年至今，围绕外汇体制改革的目标，按照预定改革步骤，中国外汇管理体制主要进行了以下改革：

（一）1994 年对外汇体制进行重大改革，实行人民币经常项目有条件可兑换

1. 实行银行结售汇制度，取消外汇上缴和留成，取消用汇的指令性计划和审批。从 1994 年 1 月 1 日起，取消各类外汇留成、上缴和额度管理制度，对境内机构经常项目下的外汇收支实行银行结汇和售汇制度。除实行进口配额管理、特定产品进口管理的货物和实行自动登记制的货物，须凭许可证、进口证明或进口登记表，相应的进口合同和与支付方式相应的有效商业票据（发票、运单、托收凭证等）到外汇指定银行购买外汇外，其他符合国家进口管理规定的货物用汇、贸易从属费用、非贸易经营性对外支付用汇，凭合同、协议、发票、境外机构支付通知书到外汇指定银行办理兑付。为集中外汇以保证外汇的供给，境内机构经常项目外汇收入，除国家规定准许保留的外汇可以在外汇指定银行开立外汇帐户外，都须及时调回境内，按照市场汇率卖给外汇指定银行。

2. 汇率并轨，实行以市场供求为基础的、单一的、有管理的浮动汇率制度。1994 年 1 月 1 日，人民币官方汇率与市场汇率并轨，实行以市场供求为基础的、单一的、有管理的浮动汇率制，并轨时的人民币汇率为 1 美元合 8.70 元人民币。人民币汇率由市场供求形成，中国人民银行公布每日汇率，外汇买卖允许在一定幅度内浮动。五年多来，人民币汇率基本稳定略有上升。

3. 建立统一的、规范化的、有效率的外汇市场。从 1994 年 1 月 1 日起，中资企业退出外汇调剂中心，外汇指定银行成为外汇交易的主体。1994 年 4 月 1 日银行间外汇市场－中国外汇交易中心在上海成立，连通全国所有分中心，4 月 4 日起中国外汇交易中心系统正式运营，采用会员制、实行撮合成交集中清算制度，并体现价格优先，时间优先原则。中国人民银行根据宏观经济政策目标，对外汇市场进行必要的干预，以调节市场供求，保持人民币汇率的稳定。

4. 对外商投资企业外汇管理政策保持不变。为体现国家政策的连续性，1994 年在对境内机构实行银行结售汇制度时，对外商投资企业的外汇收支仍维持原来办法，准许保留外汇，外商投资企业的外汇买卖仍须委托外汇指定银行通过当地外汇调剂中心办理，统一按照银行间外汇市场的汇率结算。

5. 禁止在境内外币计价、结算和流通。1994 年 1 月 1 日，中国重申取消境内外币计价结算，禁止外币境内流通和私自买卖外汇，停止发行外汇兑换券。对于市场流通的外汇兑换券，允许继续使用到 1994 年 12 月 31 日，并于 1995 年 6 月 30 日前可以到中国银行兑换美元或结汇成人民币。

通过上述各项改革，1994 年中国顺利地实现了人民币经常项目有条件可兑换。

（二）1996 年取消经常项目下尚存的其他汇兑限制，12 月 1 日宣布实现人民币经常项目可兑换

1. 将外商投资企业外汇买卖纳入银行结售汇体系。1996 年 7 月 1 日起，外商投资企业外汇买卖纳入银行结售汇体系，同时外商投资企业的外汇帐户区分为用于经常项目的外汇结算帐户和用于资本项目的外汇专用帐户。外汇局核定外汇结算帐户的最高金额，外商投资企业在核定的限额内保留经常项下的外汇收入，超过部分必须结汇。外商投资企业经常项目下的对外支付，凭规定的有效凭证可直接到外汇指定银行办理，同时，继续保留外汇调剂中心为外商投资企业外汇买卖服务。1998 年 12 月 1 日外汇调剂中心关闭以后，外商投资企业外汇买卖全部在银行结售汇体系进行。

2. 提高居民用汇标准，扩大供汇范围。1996 年 7 月 1 日，大幅提高居民因私兑换外汇的标准，扩大了供汇范围。

3. 取消尚存的经常性用汇的限制。1996 年，中国还取消了出入境展览、招商等非贸易非经营性用汇的限制，并允许驻华机构及来华人员在境内购买的自用物品、设备、用具等出售后所得人民币款项可以兑换外汇汇出。

经过上述改革后，中国取消了所有经常性国际支付和转移的限制，达到了国际货币基金组织协定第八条款的要求。1996 年 12 月 1 日，中国正式宣布接受第八条款，实现人民币经常项目完全可兑换。至此，中国实行了人民币经常项目可兑换、对资本项目外汇进行严格管理、初步建立了适应社会主义市场经济的外汇管理体制，并不断得到完善和巩固。如 1997 年再次大幅提高居民个人因私用汇供汇标准，允许部分中资企业保留一定限额经常项目外汇收入，开展远期银行结售汇试点，等等。1998 年以来，在亚洲金融危机影响蔓延深化的背景下，针对逃、套、骗汇和外汇非法交易活动比较突出的情况，在坚持改革开放和人民币经常项目可兑换的前提下，完善外汇管理法规，加大外汇执法力度，保证守法经营，打击非法资金流动，维护了人民币汇率稳定和正常的外汇收支秩序，为创造公平、清洁、健康的经营环境，保护企业、个人和外国投资者的长远利益做出积极努力。

（三）2001 年加入世界贸易组织以来，继续深化外汇管理体制改革

2001 年加入世界贸易组织以来，中国对外经济迅速发展，国际收支持续较大顺差，改革开放进入了一个新阶段。外汇管理主动顺应加入世贸组织和融入经济全球化的挑战，进一步深化改革，继续完善经常项目可兑换，稳步推进资本项目可兑换，推进贸易便利化。主要措施有：

1. 大幅减少行政性审批，提高行政许可效率。根据国务院行政审批改革的要求，2001 年以来，外汇管理部门分三批共取消 34 项行政许可项目，取消的项目占原有行政审批项目的 46.5%。按照《行政许可法》的要求，对保留的 39 项行政许可项目进行了全面清理，对这些项目办理和操作程序予以明确规定和规范，提高行政许可效率。

2. 进一步完善经常项目外汇管理，促进贸易投资便利化。允许所有中资企业与外商投资企业一样，开立经常项目外汇账户，几次提高企业可保留现汇的比例并延长超限额结汇时间。多次提高境内居民个人购汇指导性限额并简化相关手续。简化进出口核销手续，建立逐笔核销、批量核销和总量核销三种监管模式，尝试出口核销分类管理；推广使用“出口收汇核报系统”，提高出口核销业务的准确性、及时性。实行符合跨国公司经营特点的经常项目外汇管理政策，便利中外资跨国企业资金全球统一运作。

3. 稳步推进资本项目可兑换，拓宽资金流出入渠道。放宽境外投资外汇管理限制，将境外投资外汇管理改革试点推广到全国，提高分局审核权限和对外投资购汇额度，改进融资性对外担保管理办法，大力实施“走出去”战略。允许部分保险外汇资金投资境外证券市场，允许个人对外资产转移。实行合格境外机构投资者制度，提高投资额度，引进国际开发机构在中国境内发行人民币债券，促进证券市场对外开放。允许跨国公司在集团内部开展外汇资金运营，集合或调剂区域、全球外汇资金。出台外资并购的外汇管理政策，规范境内居民跨国并购和外国投资者并购境内企业的行为。规范境内居民通过境外特殊目的公司开展股权融资和返程投资的行为。

4. 积极培育和发展外汇市场，完善有管理的浮动汇率制。2005 年 7 月 21 日汇率改革以前，积极发展外汇市场：改外汇单向交易为双向交易，积极试行小币种“做市商”制度；扩大远期结售汇业务的银行范围，批准中国外汇交易中心开办外币对外币的买卖。7 月 21 日，改革人民币汇率形成机制，实行以市场供求为基础、参考一篮子货币进行调节、有管理的浮动汇率制度。配合这次改革，在人民银行的统一领导和部署下，外汇管理部门及时出台一系列政策促进外汇市场发展，包括：增加交易主体，允许符合条件的非金融企业和非银行金融机构进入即期银行间外汇市场；引进美元“做市商”制度，在银行间市场引进询价交易机制；将银行对客户远期结售汇业务扩大到所有银行，引进人民币对外币掉期业务；增加银行间市场交易品种，开办远期和掉期外汇交易；实行银行结售汇综合头寸管理，增加银行体系的总限额；调整银行汇价管理办法，扩大银行间市场非美元货币波幅，取消银行对客户非美元货币挂牌汇率浮动区间限制，扩大美元现汇与现钞买卖差价，允许一日多价等。

5. 加强资金流入管理，积极防范金融风险。调整短期外债口径。对外资银行外债实行总量控制，外资银行向境内机构发放的外汇贷款按照国内外汇贷款管理。实行支付结汇制，严控资本项目资金结汇。将外商投资企业短期外债余额和中长期外债累计发生额严格控制在“投注差”内，明确规定外商投资企业的境外借款不可以结汇用于偿还国内人民币贷款。以强化真实性审核为基础，加强对出口预收货款和进口延期付款的管理。将境内机构 180 天（含）以上、等值 20 万美元（含）以上延期付款纳入外债管理，同时规范了特殊类外商投资企业的外债管理，并将境内贷款项下境外担保按履约额纳入外债管理，由债务人逐笔登记改为债权人定期登记。加强对居民和非居民个人结汇管理。

6. 强化国际收支统计监测，加大外汇市场整顿和反洗钱力度。加快国际收支统计监测预警体系建设，初步建立高频债务监测系统和市场预期调查系统，不断提高预警分析水平。加大外汇查处力度，整顿外汇市场秩序，积极推进外汇市场信用体系建设，初步建立起了以事后监管和间接管理为主的信用管理模式。建立和完善外汇反洗钱工作机制，2003 年起正式实施大额和可疑外汇资金交易报告制度，加强反洗钱信息分析工作。

现阶段，根据内外经济协调均衡发展的要求，外汇管理部门正在加快建立健全调节国际收支的市场机制和管理体制，促进国际收支基本平衡。一是改变“宽进严出”的管理模式，实行资金流入流出均衡管理，逐步使资金双向流动的条件和环境趋于一致；二是调整“内紧外松”的管理格局，逐步减少对内资、外资的区别待遇，创造公平竞争的市场环境；三是转变“重公轻私”的管理观念，规范居民个人和非居民个人外汇收支；四是减少行政管制，外汇管理逐步从直接管理转向主要监管金融机构的间接管理，从主要进行事前审批转向主要依靠事后监督管理。

四、中国现行的外汇管理框架

（一）人民币经常项目可兑换

1996，我国正式接受国际货币基金组织协定第八条款，实现了人民币经常项目可兑换。为了区分经常项目和资本项目交易，防止无交易背景的逃骗汇及洗钱等违法犯罪行为，我国经常项目外汇管理仍然实行真实性审核（包括指导性限额管理）。根据国际惯例，这并不构成对经常项目可兑换的限制。

1. 经常项目外汇收入实行限额结汇制度。除国家另有规定外，经常项目下的外汇收入都须及时调回境内。凡经国家外汇管理局及其分支局批准开立经常项目外汇账户的境内机构（包括外商投资企业），可在核定的最高金额内保留经常项目外汇收入，超过限额部分按市场汇率卖给外汇指定银行，超过核定金额部分最长可保留 90 天。

2. 境内机构经常项目用汇，除个别项目须经外汇局进行真实性审核外，可以直接按照市场汇率凭相应的有效凭证用人民币向外汇指定银行购汇或从其外汇帐户上对外支付。

3. 实行进出口收付汇核销制度。货物出口后，由外汇局对相应的出口收汇进行核销；进口货款支付后，由外汇局对相应的到货进行核销。以出口收汇率为主要考核指标，对出口企业收汇情况分等级进行评定，根据等级采取相应的奖惩措施，扶优限劣，并督促企业足额、及时收汇。建立了逐笔核销、批量核销和总量核销三种监管模式，尝试出口核销分类管理；目前正在设计、开发和推广使用“出口收汇核报系统”。

（二）资本项目部分管制

按照“循序渐进、统筹规划、先易后难、留有余地”的改革原则，中国逐步推进资本项目可兑换。2004 年底，按照国际货币基金组织确定的 43 项资本项目交易中，我国有 11 项实现可兑换，11 项较少限制，15 项较多限制，严格管制的仅有 6 项。

目前，除国务院另有规定外，资本项目外汇收入均需调回境内。境内机构（包括外商投资企业）的资本项目下外汇收入均应向注册所在地外汇局申请在外汇指定银行开立外汇专用帐户进行保留。外商投资项下外汇资本金结汇可持相应材料直接到外汇局授权的外汇指定银行办理，其他资本项下外汇收入经外汇管理部门批准后才能卖给外汇指定银行。除外汇指定银行部分项目外，资本项目下的购汇和对外支付，均需经过外汇管理部门的核准，持核准件方可在银行办理售付汇。

1. 直接投资

我国对外商直接投资外汇管理一直比较宽松。近几年，不断放宽境内企业对外直接投资外汇管理，支持企业“走出去”。

外商直接投资管理：外商投资企业的资本金、投资资金等需开立专项帐户保留；外商投资项下外汇资本金结汇可持相应材料直接到外汇局授权的外汇指定银行办理，其他资本项下外汇收入经外汇局批准后可以结汇；外商投资企业资本项下支出经批准后可以从其外汇帐户中汇出或者购汇汇出；为进行监督和管理，对外商投资企业实行外汇登记和年检制度。

境外投资管理：国家外汇管理局是境外投资的外汇管理机关。境内机构进行境外投资，需购汇及汇出外汇的，须事先报所辖地外汇分局（外汇管理部）进行投资外汇资金来源审查；全部以实物投资项目、援外项目和经国务院批准的战略性投资项目免除该项审查；境外投资项目获得批准后，境内投资者应到外汇管理部门办理境外投资外汇登记和投资外汇资金购汇汇出核准手续。国家对境外投资实行联合年检制度。

2. 证券投资

在证券资金流入环节，境外投资者可直接进入境内 B 股市场，无需审批；境外资本可以通过合格境外机构投资者（QFII）间接投资境内 A 股市场，买卖股票、债券等，但合格境外机构投资者的境内证券投资必须在批准的额度内；境内企业经批准可以通过境外上市（H 股），或者发行债券，到境外募集资金调回使用。

证券资金流出管理严格，渠道有限。除外汇指定银行可以买卖境外非股票类证券、经批准的保险公司的外汇资金可以自身资金开展境外运用外，其他境内机构和个人不允许投资境外资本市场。目前，已批准个别保险公司外汇资金境外运用，投资境外证券市场。另外，批准中国国际金融有限公司进行金融创新试点，开办外汇资产管理业务，允许其通过专用账户受托管理其境内客户的外汇资产并进行境外运作，国际开发机构在中国境内发行人民币债券也已开始试点

3. 其他投资

外债管理：中国对外债实行计划管理，金融机构和中资企业借用 1 年期以上的中长期外债需纳入国家利用外资计划。1 年期以内（含 1 年）的短期外债由国家外汇管理局管理。外商投资企业借用国际商业贷款不需事先批准，但其短期外债余额和中长期外债累计发生额之和要严格控制在其投资总额与注册资本额的差额内。所有的境内机构（包括外商投资企业）借用外债后，均需及时到外汇局定期或者逐笔办理外债登记。实行逐笔登记的外债，其还本付息都需经外汇局核准（银行除外）。地方政府不得对外举债。境内机构发行商业票据由国家外汇管理局审批，并占用其短贷指标。

另外，境内机构 180 天（含）以上、等值 20 万美元（含）以上延期付款纳入外债登记管理；境内注册的跨国公司进行资金集中运营的，其吸收的境外关联公司资金如在岸使用，纳入外债管理；境内贷款项下境外担保按履约额纳入外债管理，并且企业中长期外债累计发生额、短期外债余额以及境外机构和个人担保履约额之和，不得超过其投资总额与注册资本的差额。

对外担保管理：对外担保属于或有债务，其管理参照外债管理，仅限于经批准有权经营对外担保业务的金融机构和具有代位清偿债务能力的非金融企业法人可以提供。除经国务院批准为使用外国政府贷款或者国际金融组织贷款进行转贷外，国家机关和事业单位不得对外出具担保。除财政部出具担保和外汇指定银行出具非融资项下对外担保外，外汇指定银行出具融资项下担保实行年度余额管理，其他境内机构出具对外担保须经外汇局逐笔审批。对外担保须向外汇局登记，对外担保履约时需经外汇局核准。

此外，目前已批准中国银行进行全球授信的试点，为境外企业发展提供后续融资支持；允许境内居民（包括法人和自

然人）以特殊目的公司的形式设立境外融资平台，通过反向并购、股权置换、可转债等资本运作方式在国际资本市场上从事各类股权融资活动；允许跨国公司在集团内部开展外汇资金运营；允许个人合法财产对外转移；

（三）加强对金融机构外汇业务的监督和管理

目前，经常项目的外汇收支基本上直接到外汇指定银行办理；资本项目的外汇收支经外汇管理部门批准或核准后，也在外汇指定银行办理。银行在办理结售汇业务中，必须严格按照规定审核有关凭证，防止资本项目下的外汇收支混入经常项目结售汇，防止不法分子通过结售汇渠道骗购外汇。近年来，通过加大外汇查处力度，整顿外汇市场秩序，积极推进外汇市场信用体系建设，初步建立起了以事后监管和间接管理为主的信用管理模式。

（四）不断改进的人民币汇率形成机制

人民币汇率形成机制改革坚持主动性、可控性、渐进性的原则。自 2005 年 7 月 21 日起，我国开始实行以市场供求为基础、参考一篮子货币进行调节、有管理的浮动汇率制度。人民币汇率不再盯住单一美元，而是按照我国对外经济发展的实际情况，选择若干种主要货币，赋予相应的权重，组成一个货币篮子。同时，根据国内外经济金融形势，以市场供求为基础，参考一篮子货币计算人民币多边汇率指数的变化，对人民币汇率进行管理和调节，维护人民币汇率在合理均衡水平上的基本稳定。参考一篮子表明外币之间的汇率变化会影响人民币汇率，但参考一篮子不等于盯住一篮子货币，它还需要将市场供求关系作为另一重要依据，据此形成有管理的浮动汇率。

人民币汇价的管理：中国人民银行于每个工作日闭市后公布当日银行间外汇市场美元等交易货币对人民币汇率的收盘价，作为下一个工作日该货币对人民币交易的中间价格。银行间外汇市场人民币对美元买卖价在中国人民银行公布的市场交易中间价上下 0.3% 的幅度内浮动，欧元、日元、港币等非美元货币对人民币交易价浮动幅度为上下 3%。外汇指定银行在规定的浮动范围内确定挂牌汇率，对客户买卖外汇。银行对客户美元挂牌汇价实行价差幅度管理，美元现汇卖出价与买入价之差不得超过交易中间价的 1%，现钞卖出价与买入价之差不得超过交易中间价的 4%，银行可在规定价差幅度内自行调整当日美元挂牌价格。银行可自行制定非美元对人民币价格。银行可与客户议定所有挂牌货币的现汇和现钞买卖价格。

（五）不断发展的外汇市场

从交易主体看，除银行金融机构之外，符合条件的非金融企业和非银行金融机构都可以进入即期银行间外汇市场，并扩大远期结售汇业务的试点银行范围；从交易机制看，改外汇单向交易为双向交易，引进美元“做市商”制度，并在银行间市场引进询价交易机制；从业务品种和范围看，批准中国外汇交易中心开办外币对外币的买卖，引进人民币对外币掉期业务，增加银行间市场交易品种，开办远期和掉期外汇交易；从汇价管理看，扩大银行间市场非美元货币波幅，取消银行对客户非美元货币挂牌汇率浮动区间限制，扩大美元现汇与现钞买卖差价，允许一日多价等；从结售汇头寸管理看，实行银行结售汇综合头寸管理，大幅增加银行体系的总限额，统一中外资银行管理政策和限额核定标准。

（六）不断完善的国际收支监测体系

完善银行结售汇统计，启动银行结售汇统计报表改造工作，重新设计和开发了新版银行结售汇统计系统；升级国际收支统计监测系统，加强对跨境资金流动的监测；加快建设国际收支统计监测预警体系，初步建立高频债务监测系统和市场预期调查系统，不断提高预警分析水平。

提高国际收支统计数据透明度。我国编制并对外公布国际收支平衡表，通过金融机构进行国际收支间接申报。自 2005 年起，外汇局每半年发布一次《中国国际收支报告》。

（七）健全和完善外汇管理信息化系统

外汇局现有的电子监管系统有：出口核报系统、进口核销系统、居民个人因私购汇系统、外汇账户管理信息系统、外债统计监测系统、银行结售汇统计系统、国际收支统计监测系统、反洗钱信息系统等。目前，正在进一步升级和完善上述系统，并根据外汇管理的需要，开发和设计新的电子系统，提高数据采集的及时性、准确性和完整性，完善系统的查询、分析、监测等综合功能，加强和改善非现场监管水平。

（八）逐步建立科学有效的外汇管理法规体系

1980 年 12 月，中国颁布了《中华人民共和国外汇管理暂行条例》。1996 年 2 月颁布了《中华人民共和国外汇管理条例》，1996 年底实现人民币经常项目下可兑换后，对该《条例》进行了修订。近年来，对建国以来的各项外汇管理法规进行了全面清理和修订，重新制定和公布。总之，根据国情和外汇管理工作实践，通过不断充实、完善外汇管理法规，逐步建立起“科学、合理、有效”的外汇管理法规体系。

下一阶段，外汇管理将以邓小平理论、“三个代表”重要思想为指导，全面树立和落实科学发展观，建立健全调节国际收支的市场机制和管理体制，努力实现国际收支基本平衡，促进国内经济和对外经济的均衡协调发展。一是加大制度创新力度，积极推进贸易便利化。二是有序可控地拓宽资本流出入渠道，逐步实现人民币资本项目可兑换。三是积极培育和发展外汇市场，进一步完善有管理的浮动汇率制度。四是规范和引导境外人民币流通使用，促进人民币区域化。五是完善跨境资金流动的监测管理，防范风险，维护国家金融、经济安全。六是坚持依法行政，进一步整顿和规范外汇市场秩序。

基本职能

（一）研究提出外汇管理体制改革和防范国际收支风险、促进国际收支平衡的政策建议；研究落实逐步推进人民币资本项目可兑换、培育和发展外汇市场的政策措施，向中国人民银行提供制订人民币汇率政策的建议和依据。

（二）参与起草外汇管理有关法律法规和部门规章草案，发布与履行职责有关的规范性文件。

（三）负责国际收支、对外债权债务的统计和监测，按规定发布相关信息，承担跨境资金流动监测的有关工作。

（四）负责全国外汇市场的监督管理工作；承担结售汇业务监督管理的责任；培育和发展外汇市场。

（五）负责依法监督检查经常项目外汇收支的真实性、合法性；负责依法实施资本项目外汇管理，并根据人民币资本项目可兑换进程不断完善管理工作；规范境内外外汇账户管理。

（六）负责依法实施外汇监督检查，对违反外汇管理的行为进行处罚。

（七）承担国家外汇储备、黄金储备和其他外汇资产经营管理的责任。

（八）拟订外汇管理信息化发展规划和标准、规范并组织实施，依法与相关管理部门实施监管信息共享。

（九）参与有关国际金融活动。

（十）承办国务院及中国人民银行交办的其他事宜。

机关机构设置

国家外汇管理局为副部级国家局，内设综合司（政策法规司）、国际收支司、经常项目管理司、资本项目管理司、管理检查司、储备管理司、人事司（内审司）、科技司 8 个职能司和机关党委，设置中央外汇业务中心、信息中心、机关服务中心、《中国外汇管理》杂志社 4 个事业单位。

分支局机构设置

国家外汇管理局在各省、自治区、直辖市、副省级城市设有 34 个分局、2 个外汇管理部。即在省、自治区、直辖市设立分局；在北京、重庆设立外汇管理部；在深圳市、大连市、青岛市、厦门市、宁波市设立分局。国家外汇管理局还在有一定外汇业务量、符合条件的部分地区（市）、县（市）分别设立了国家外汇管理局中心支局、支局。国家外汇管理局的分支机构与当地的中国人民银行分支机构合署办公。

截止 2005 年 12 月末，国家外汇管理局系统结构设置情况如下：

分局	中心支局	支局
国家外汇管理局天津市分局	1	0
国家外汇管理局上海市分局	0	0
国家外汇管理局辽宁省分局	12	3
国家外汇管理局江苏省分局	12	41
国家外汇管理局山东省分局	15	93
国家外汇管理局湖北省分局	12	15
国家外汇管理局广东省分局	19	68
国家外汇管理局四川省分局	20	16
国家外汇管理局陕西省分局	9	0
国家外汇管理局北京外汇管理部	0	0
国家外汇管理局重庆外汇管理部	3	7
国家外汇管理局河北省分局	10	77
国家外汇管理局山西省分局	10	1
国家外汇管理局内蒙古自治区分局	11	2
国家外汇管理局吉林省分局	8	2
国家外汇管理局黑龙江省分局	12	14
国家外汇管理局浙江省分局	9	39
国家外汇管理局福建省分局	7	45
国家外汇管理局安徽省分局	16	6
国家外汇管理局河南省分局	16	17
国家外汇管理局江西省分局	10	7
国家外汇管理局湖南省分局	13	3
国家外汇管理局广西壮族自治区分局	11	8
国家外汇管理局海南省分局	1	12
国家外汇管理局贵州省分局	8	0
国家外汇管理局云南省分局	15	20
国家外汇管理局西藏自治区分局	5	0
国家外汇管理局甘肃省分局	13	1
国家外汇管理局宁夏回族自治区分局	4	0
国家外汇管理局青海省分局	2	1
国家外汇管理局新疆维吾尔自治区分局	14	3
国家外汇管理局深圳市分局	0	0
国家外汇管理局大连市分局	0	4
国家外汇管理局青岛市分局	0	6
国家外汇管理局厦门市分局	0	1
国家外汇管理局宁波市分局	0	6
合计	298	518

局领导介绍

易纲：中国人民银行副行长、国家外汇管理局局长

经济学博士，教授。曾在美国印第安那大学经济系任教。历任北京大学中国经济研究中心副主任、博士生导师；中国人民银行货币政策委员会副秘书长、秘书长（正司局级）兼货币政策司副司长，货币政策司司长。2004 年 7 月任中国人民银行行长助理、党委委员（期间：2006 年 9 月 – 2007 年 10 月兼任中国人民银行营业管理部主任、党委书记，国家外汇管理局北京外汇管理部主任）；2007 年 12 月任中国人民银行副行长、党委委员。现为中国人民银行副行长、党委委员，国家外汇管理局局长、党组书记。

邓先宏：国家外汇管理局副局长

经济学硕士。历任国务院经济体制改革方案研究领导小组办公室、国家经济体制改革委员会总体规划司年度方案处副处长；国家经济体制改革委员会综合规划和试点司总体规划处处长、副司长；国务院经济体制改革办公室综合调研司巡视员；国家外汇管理局综合司司长（正厅局级）。2004 年 10 月任国家外汇管理局副局长。

方上浦：国家外汇管理局副局长

经济学硕士，副研究员。历任中国人民银行福建省分行金融研究所副所长、所长；中国人民银行福建省分行办公室主任；中国人民银行福建省分行综合计划处处长、资金融通中心主任；福建兴业银行党组成员、副行长；福建兴业银行党委副书记、常务副行长；中国人民银行上海分行党委委员、副行长、国家外汇管理局上海市分局副局长；国家外汇管理局党组成员、总会计师。2006 年 6 月任国家外汇管理局副局长。

王小奕：国家外汇管理局副局长

大学学历，高级经济师。曾在中国人民银行体改办、计划司工作；历任中国人民银行调查统计司预测处副处长、经济预测处处长；调查统计司副司长、司长，统计司司长；中国驻国际货币基金组织副执行董事、执行董事；国家外汇管理局总经济师。2007 年 12 月任国家外汇管理局副局长、党组成员。

李超：国家外汇管理局副局长

硕士，高级经济师。曾在中国建设银行、中国证券监督管理委员会、中国人民银行工作。历任中国建设银行办公室副处级秘书、人事部机关人事处副处长；中国建设银行人事教育部机关干部管理处处长；中国建设银行办公室秘书一处处长；中国建设银行办公室副主任；中国证券监督管理委员会办公厅副主任、党委办公室副主任；中国人民银行办公厅副主任、党委办公室副主任；中国人民银行办公厅主任、党委办公室主任。2008 年 12 月任国家外汇管理局副局长、党组成员。

第二节　国务院国有资产监督管理委员会

国务院国有资产监督管理委员会

主要职责

根据《国务院关于机构设置的通知》(国发〔2008〕11号),设立国务院国有资产监督管理委员会(正部级),为国务院直属特设机构。国务院国有资产监督管理委员会党委履行党中央规定的职责。

(一)根据国务院授权,依照《中华人民共和国公司法》等法律和行政法规履行出资人职责,监管中央所属企业(不含金融类企业)的国有资产,加强国有资产的管理工作。

(二)承担监督所监管企业国有资产保值增值的责任。建立和完善国有资产保值增值指标体系,制订考核标准,通过统计、稽核对所监管企业国有资产的保值增值情况进行监管,负责所监管企业工资分配管理工作,制定所监管企业负责人收入分配政策并组织实施。

(三)指导推进国有企业改革和重组,推进国有企业的现代企业制度建设,完善公司治理结构,推动国有经济布局和结构的战略性调整。

(四)通过法定程序对所监管企业负责人进行任免、考核并根据其经营业绩进行奖惩,建立符合社会主义市场经济体制和现代企业制度要求的选人、用人机制,完善经营者激励和约束制度。

(五)按照有关规定,代表国务院向所监管企业派出监事会,负责监事会的日常管理工作。

(六)负责组织所监管企业上交国有资本收益,参与制定国有资本经营预算有关管理制度和办法,按照有关规定负责国有资本经营预决算编制和执行等工作。

(七)按照出资人职责,负责督促检查所监管企业贯彻落实国家安全生产方针政策及有关法律法规、标准等工作。

(八)负责企业国有资产基础管理,起草国有资产管理的法律法规草案,制定有关规章、制度,依法对地方国有资产管理工作进行指导和监督。

(九)承办国务院交办的其他事项。

机构设置

办公厅(党委办公室)	企业领导人员管理一局
政策法规局	企业领导人员管理二局
规划发展局	党建工作局(党委组织部)
财务监督与考核评价局	宣传工作局(党委宣传部)
产权管理局	群众工作局(党委群众工作部、党委统战部)
企业改革局	研究局(行业协会联系办公室)
企业改组局(全国企业兼并破产和职工再就业工作办公室)	外事局
企业分配局	人事局
综合局	机关服务管理局(离退休干部管理局)
收益管理局	机关党委
监事会工作局(国有企业监事会工作办公室)	国资委纪委、监察部驻委监察局

直属事业单位

信息中心

经济研究中心

培训中心

监事会工作技术研究中心

中国经济出版社

国资委领导

主任、党委书记:李荣融

李荣融同志,1944 年出生于江苏苏州市,1968 年 7 月参加工作,中共党员,大学学历,高级工程师。1963 年后在天津大学化学工程系电化学工学专业学习,1968 年后任工人、车间主任、副厂长、厂长。1986 年后任江苏省无锡市经济委员会副主任、轻工业局局长、计划委员会主任,江苏省计划经济委员会副主任。1992 年 6 月后调国务院生产办公室生产计划局工作,1992 年 8 月后任国务院经济贸易办公室对外经济合作司副司长,国家经济贸易委员会技术改造司司长、秘书长、副主任、党组成员。1998 年后任国家发展计划委员会副主任、党组成员。1999 年 12 月后任国家经济贸易委员会副主任、党组副书记。2001 年 2 月经九届全国人大常委会第二十次会议通过,任命为国家经济贸易委员会主任、党组书记。现任国务院国有资产监督管理委员会主任、党委书记。中共第十六、十七届中央委员。

主持全面工作,对国资委的工作负主要责任,是第一责任人。分管人事局。

党委副书记、副主任:李伟

李伟,男,汉族,籍贯江苏丰县,1953 年 8 月出生,中共党员,1985 年 10 月毕业于上海电视大学中文专业。1969 年 3 月参加工作,曾在上海市川沙县施湾公社插队,历任中国人民解放军 6451 部队战士,上海市化工进出口公司组织科科员、副科长、团委书记、党委委员,上海市委组织部经济干部处干部,上海市政府办公厅、上海市委办公厅秘书,国务院办公厅秘书,国务院总理办公室主任,国务院研究室副主任、党组成员,中央金融工委副书记,中国银行业监督管理委员会副主席、党委委员。现任国务院国有资产监督管理委员会党委副书记、副主任。

分管办公厅(党委办公室)、产权管理局、企业改组局(全国企业兼并破产和再就业工作办公室)、信息中心。

副主任、党委委员:黄淑和

黄淑和,男,1954 年 10 月出生于广东紫金,毕业于中山大学中文系文学专业，中共党员。1978年7月参加工作，工作后历任：国务院办公厅信访局干部、办公室副主任；中共中央办公厅、国务院办公厅信访局研究室副主任；国务院办公厅副处级、正处级、副司级秘书。国务院经济贸易办公室政策法规司副司长。国家经济贸易委员会经济法规司副司长、司长，办公厅主任，副秘书长兼机关服务管理局（离退休干部管理局）局长，党组成员。国家经济贸易委员会副主任、党组成员。现任国务院国有资产监督管理委员会副主任、党委委员。中共第十六届中央纪律检查委员会委员。

分管政策法规局、综合局、研究局、外事局、中国经济出版社、行业协会工作。

副主任、党委委员：邵宁

邵宁，男，1952年7月出生，籍贯浙江杭州，中共党员，硕士研究生毕业。1969年1月在陕西省延安县插队，1978年4月考入清华大学机械工程系，取得工学学士和硕士学位。毕业后到国家经委办公厅、综合局工作。1988年机构改革后任国家计委综合司副处长、经济研究中心综合组副处长、处长，宏观经济研究院综合研究部副主任。1996年调国家经贸委任企业司副司长、司长，企业改革司司长，国家经贸委副秘书长。2003年5月任国务院国有资产监督管理委员会副主任、党委委员。

分管规划发展局、企业改革局、企业分配局、经济研究中心。

副主任、党委委员：黄丹华

黄丹华，女，1958年1月出生于四川成都，中共党员。1975年参加工作，四川成都温江县金马乡知青，1982年毕业于成都中医药大学医学系，1997年获得四川大学经济学硕士学位，历任：成都中医药大学医学系政治辅导员、团总支书记，成都中医药大学团委副书记，共青团成都市委副书记，共青团四川省委副书记、党组副书记兼直属机关党委书记、四川省青年联合会副主席、主席、四川省政协七届常委、四川省人大八届常委、共青团十三届中央委员；共青团四川省委书记、党组书记、共青团十三届中央常委；中共四川绵阳市委副书记；共青团中央书记处书记兼直属机关党委书记、中华全国青年联合会副主席、常务副主席；国务院国有资产监督管理委员会党委委员、纪委书记；现任国务院国有资产监督管理委员会副主任、党委委员。中共第十六届中央纪律检查委员会委员。

分管宣传工作局（党委宣传部）、群众工作局（党委群众工作部、党委统战部）、直属机关党委。

副主任、党委委员：金阳

金阳，男，汉族，籍贯辽宁锦州，1954年6月出生，中共党员，管理工程专业硕士研究生毕业。1971年12月参加工作，历任鞍钢修建部汽车队工人、团支部书记、党支部副书记，鞍钢党委政治部办公室机要员、秘书，鞍钢党委办公室正科级秘书，鞍钢团委副书记、书记，鞍钢房产公司党委书记、经理，鞍钢组织人事部部长，鞍钢党委常委、组织人事部部长，鞍钢党委副书记、新钢铁公司党委书记，辽宁省委组织部副部长（正厅级），中央组织部组织局副局长（正局级）、人才工作局局长、中央人才工作协调小组办公室主任、干部五局局长。现任国务院国有资产监督管理委员会副主任、党委委员。

分管企业领导人员管理一局、企业领导人员管理二局、党建工作局（党委组织部）、培训中心。

副主任、党委委员：孟建民

孟建民，男，汉族，籍贯山西应县，1959年11月出生，中共党员，经济学博士。1975年9月参加工作，历任青海省地质局出纳、会计，财政部商贸金融财务司、国家国有资产管理局商贸司科员、副主任科员、副处长，国务院清产核资办公室综合组组长（正处级），财政部清产核资办公室副主任（副司级），财政部统计评价司司长，国务院国资委统计评价局（清产核资办公室）局长（主任），国务院国资委副秘书长兼统计评价局（清产核资办公室）局长（主任），国务院国资委副秘书长兼业绩考核局局长。现任国务院国资委副主任、党委委员。

分管统计评价局、收益管理局、国有重点大型企业监事会、监事会工作局（国有企业监事会工作办公室）、监事会工作技术研究中心。

纪委书记、党委委员：贾福兴

贾福兴，男，汉族，籍贯山西陵川，1946年11月出生，中共党员，行政管理专业大学毕业。1965年7月参加工作，曾在中央办公厅“五七”干校劳动锻炼，历任中央办公厅机要局干部，铁道部直属通信处副科长、科长，国务院办公厅秘书局主任科员、副处长，国务院办公厅秘书一局副处长、处长、助理政务专员（副局级）、副局长，国务院办公厅机关党委常务副书记兼纪委书记（正局级），国务院办公厅秘书一局局长。现任国务院国有资产监督管理委员会纪委书记、党委委员。

主持国资委纪委工作，分管监察部驻委监察局。

党委委员：李寿生

李寿生，男，汉族，籍贯河南安阳，1949年3月出生，中共党员，工商管理硕士，高级经济师。1967年6月参加工作，历任陕西省宝鸡氮肥厂工人、班组长、车间主任，陕西省化肥农药工业公司领导小组副组长，陕西省石化局、燃化局办公室副主任，陕西省石化厅调研室主任、副厅长。化工部政策法规司司长、计划司司长。国家经济贸易委员会产业政策司副司长（正司级），综合司副司长（正司级）、司长。国务院国有资产监督管理委员会业绩考核局局长。现任国务院国有资产监督管理委员会党委委员、机关服务管理局（离退休干部管理局）临时党委书记。

分管机关服务管理局。

联系方式：

西便门办公区地址：北京市宣武门西大街26号

邮编：100053

安定门办公区地址：北京市东城区安定门外大街56号

邮编：100011

国资委总机：86－10－63192000

第三节　中国证券监督管理委员会

中国证券监督管理委员会

中国证监会为国务院直属正部级事业单位，依照法律、法规和国务院授权，统一监督管理全国证券期货市场，维护证券期货市场秩序，保障其合法运行。

中国证监会设在北京，现设主席 1 名，副主席 4 名，纪委书记 1 名（副部级），主席助理 3 名；会机关内设 18 个职能部门，1 个稽查总队，3 个中心；根据《证券法》第 14 条规定，中国证监会还设有股票发行审核委员会，委员由中国证监会专业人员和所聘请的会外有关专家担任。中国证监会在省、自治区、直辖市和计划单列市设立 36 个证券监管局，以及上海、深圳证券监管专员办事处。

依据有关法律法规，中国证监会在对证券市场实施监督管理中履行下列职责：

（一）研究和拟订证券期货市场的方针政策、发展规划；起草证券期货市场的有关法律、法规，提出制定和修改的建议；制定有关证券期货市场监管的规章、规则和办法。

（二）垂直领导全国证券期货监管机构，对证券期货市场实行集中统一监管；管理有关证券公司的领导班子和领导成员。

（三）监管股票、可转换债券、证券公司债券和国务院确定由证监会负责的债券及其他证券的发行、上市、交易、托管和结算；监管证券投资基金活动；批准企业债券的上市；监管上市国债和企业债券的交易活动。

（四）监管上市公司及其按法律法规必须履行有关义务的股东的证券市场行为。

（五）监管境内期货合约的上市、交易和结算；按规定监管境内机构从事境外期货业务。

（六）管理证券期货交易所；按规定管理证券期货交易所的高级管理人员；归口管理证券业、期货业协会。

（七）监管证券期货经营机构、证券投资基金管理公司、证券登记结算公司、期货结算机构、证券期货投资咨询机构、证券资信评级机构；审批基金托管机构的资格并监管其基金托管业务；制定有关机构高级管理人员任职资格的管理办法并组织实施；指导中国证券业、期货业协会开展证券期货从业人员资格管理工作。

（八）监管境内企业直接或间接到境外发行股票、上市以及在境外上市的公司到境外发行可转换债券；监管境内证券、期货经营机构到境外设立证券、期货机构；监管境外机构到境内设立证券、期货机构、从事证券、期货业务。

（九）监管证券期货信息传播活动，负责证券期货市场的统计与信息资源管理。

（十）会同有关部门审批会计师事务所、资产评估机构及其成员从事证券期货中介业务的资格，并监管律师事务所、律师及有资格的会计师事务所、资产评估机构及其成员从事证券期货相关业务的活动。

（十一）依法对证券期货违法违规行为进行调查、处罚。

（十二）归口管理证券期货行业的对外交往和国际合作事务。

（十三）承办国务院交办的其他事项。

领导介绍：

主席：尚福林

尚福林同志，1951 年 11 月出生，汉族，山东济南人，金融学博士。现任中国证券监督管理委员会主席、党委书记。

尚福林同志曾经长期在中国人民银行工作；1994 年 9 月起任中国人民银行行长助理、副行长、党委委员，分管货币政策、支付清算、国库和金融统计工作；2000 年 2 月，任中国农业银行行长、党委书记；2002 年 12 月，任中国证券监督管理委员会主席、党委书记。尚福林同志还兼任中国人民银行货币政策委员会委员（1997 年至 2000 年、2002 年至今）。

2002 年 11 月，尚福林同志在中共中央第十六届全国代表大会上当选为中央候补委员。

2007 年 10 月，尚福林同志在中共中央第十七届全国代表大会上当选为中央委员。

副主席：桂敏杰

桂敏杰同志，1953 年 12 月出生，满族，吉林舒兰人，金融学博士。

现任中国证券监督管理委员会副主席、党委副书记。

桂敏杰同志 1986 年起任国务院法制局财贸外事法规司副处长、办公室处长；1992 年任国务院法制局工交劳动法规司副司长；1994 年起任中国证券监督管理委员会办公室主任、法律部主任；1997 年任深圳证券交易所总经理、党委书记；2001 年 5 月任中国证券监督管理委员会副秘书长；2002 年 7 月任中国证券监督管理委员会主席助理、党委委员；2004 年 7 月任中国证券监督管理委员会副主席、党委委员；2009 年 3 月任中国证券监督管理委员会副主席、党委副书记。

纪委书记：李小雪

李小雪同志，1948 年 8 月出生，汉族，河北涉县人，经济学学士。

现任中国证券监督管理委员会纪委书记、党委委员。

李小雪同志 1968 年参加工作。1987 年起任国家体改委副处长、处长。1994 年起先后担任中国证券监督管理委员会信息研究部、海外上市部、国际业务部、上市公司监管部、发行监管部、机构监管部主任；2002 年 7 月任中国证券监督管理委员会主席助理、党委委员；2003 年 11 月任中国证券监督管理委员会纪委书记、党委委员。李小雪同志还兼任全国党建研究会常务理事、中国注册会计师协会常务理事、财政部会计准则委员会委员、财政部资产评估准则委员会副主席。

2007 年 10 月，李小雪同志在中共中央第十七届全国代表大会上当选为中央纪委委员。

副主席：庄心一

庄心一同志，1955 年 4 月出生，汉族，上海人，经济学博士。

现任中国证券监督管理委员会副主席、党委委员。

庄心一同志1992年1月任中国人民建设银行信贷部副主任;1992年10月任国务院证券委员会办公室副主任;1993年8月任中国人民建设银行信托投资公司副总经理;1995年10月任深圳证券交易所总经理、党委书记;1997年10月任国务院证券委员会办公室巡视员兼中国证券监督管理委员会培训中心主任;1998年10月任深圳市副市长;2002年7月任中国证券业协会会长、党委书记;2003年11月任中国证券监督管理委员会主席助理、党委委员;2005年2月任中国证券监督管理委员会副主席、党委委员。

副主席:姚刚

姚刚同志,1962年5月出生,汉族,山西文水人,经济学博士。

现任中国证券监督管理委员会副主席、党委委员。

姚刚同志1993年起任中国证券监督管理委员会期货监管部副主任、主任;1999年任国泰君安证券有限公司总经理、党委副书记、副董事长;2002年任中国证券监督管理委员会发行监管部主任;2004年7月任中国证券监督管理委员会主席助理、党委委员兼发行监管部主任。2008年任中国证券监督管理委员会副主席、党委委员。

副主席:刘新华

刘新华同志,1955年9月出生,回族,河北人,经济学博士。

现任中国证券监督管理委员会副主席、党委委员。

刘新华同志1975年起在宁夏银川市电信局工作;1982年起任宁夏回族自治区党委宣传部部务秘书、办公室副主任;1989年起任深圳市委政策研究室秘书处处长、深圳证券管理办公室副主任、主任、党组书记、深圳证券交易所理事;1999年1月任中国证券监督管理委员会办公厅主任、党委办公室主任兼机关党委常务副书记;2006年7月任中国证券监督管理委员会主席助理、党委委员兼办公厅主任、党委办公室主任;2009年4月任中国证券监督管理委员会副主席、党委委员。

主席助理:姜洋

姜洋同志,1956年9月出生,汉族,四川泸州人,经济学博士。

现任中国证券监督管理委员会主席助理、党委委员。

姜洋同志1982年起任经济日报社编辑、记者;1989年任金融时报经济部负责人;1990年起任中国人民银行办公厅新闻处副处长、处长、办公厅秘书处处长、办公厅副主任、非银行金融机构监管司副司长;1998年任中国证券监督管理委员会机构监管部主任;2001年7月任上海期货交易所总经理、党委书记;2006年7月任中国证券监督管理委员会主席助理、党委委员;2006年8月至2009年4月兼任期货监管部主任。

主席助理:朱从玖

朱从玖同志,1965年3月出生,汉族,安徽肥西人,经济学硕士、EMBA。

现任中国证券监督管理委员会主席助理、党委委员。

朱从玖同志1988年中国人民银行研究生部硕士毕业;1988年至1992年在中国人民银行总行金融管理司工作;1993年至1999年在中国证券监督管理委员会工作,任中国证券监督管理委员会办公室副主任;国务院证券委办公室副主任;深圳专员办事处专员;1999年4月任上海证券交易所副总经理;2000年9月至2008年2月任上海证券交易所总经理;2008年2月起任中国证券监督管理委员会主席助理、党委委员兼发行监管部主任。

主席助理:吴利军

吴利军同志,1964年8月出生,汉族,山西朔州人,经济学博士。

现任中国证券监督管理委员会主席助理、党委委员。

吴利军同志1988年起先后在国家物资部、国内贸易部人事劳动司、办公厅工作;1997年4月任国内贸易部国家物资储备调节中心副主任;1997年10月任中国证券监督管理委员会信息中心负责人;1998年10月任中国证券监督管理委员会培训中心副主任(主持工作);2000年11月任中国证券监督管理委员会人事教育部副主任、党委组织部副部长(主持工作);2001年4月任中国证券监督管理委员会人事教育部主任、党委组织部部长;2009年4月任中国证券监督管理委员会主席助理、党委委员兼人事教育部主任、党委组织部部长。

机关部室

【办公厅】拟订会机关办公规章制度;组织协调会机关的日常工作;承担

有关文件的起草、修改;负责会公文审核、文件档案管理、值班、信访、保密、

保卫、新闻发布、信息综合、机关财务和会重要会议的组织工作;承办会党委交

办的有关工作;负责有关的证券公司监事会日常工作。

办公厅内设综合处、秘书处、文档处、新闻处、行政许可申请受理处、财务处、信访处、值班室等处室,各处室主要职责为:

综合处:负责全会公文审核、文印工作,人大建议、政协提案的办理工作,厅内行政事务、综合协调及领导交办事项。

秘书处:负责会领导的秘书工作,主席办公会等重要会议的组织工作。

文档处:负责全会的文件运转、文件发送、档案管理、保密工作及机要交通工作。

新闻处:负责组织新闻发布会和有关宣传报道、接待并安排媒体采访;收集有关信息并编发会内信息类刊物;对中国证监会指定披露信息报纸的信息披露情况进行监管;参与起草有关文件。

行政许可申请受理处:集中办理有关证监会行政许可申请的受理事宜,负责对证监会行政许可实施过程中有关审核意见的沟通及行政许可决定的送达。

财务处:负责机关财务工作。

信访处:负责接待处理证券监管机构职权范围内的举报、投诉、来信来访及主席热线等事务,负责指导督办证券监管系统的信访工作。

值班室:负责会机关值班工作。

【发行监管部】拟订企业在境内发行证券并上市的规则、实施细则;审核企业在境内发行股票的申报材料并监管其发行上市活动;审核证券公司在境内发行债券的申报材料并监管其发行上市活动;审核上市公司在境内发行股票、可转换公司债券的申报材料并监管其发行上市活动;审核企业债券的

上市申报材料。

部门机构设置：

1. 综合处

2. 发行审核一处

3. 发行审核二处

4. 发行审核三处

5. 发行审核四处

6. 发行审核五处

7. 发审委工作处

【非上市公众公司监管部】拟订股份有限公司公开发行不上市股票的规则、实施细则；审核股份有限公司公开发行不上市股票的申报材料并监管其发行活动；核准以公开募集方式设立股份有限公司的申请；拟订公开发行不上市股份有限公司的信息披露规则、实施细则并对信息披露情况进行监管；负责非法发行证券和非法证券经营活动的认定、查处及相关组织协调工作等。

非上市公众公司监管办公室内设综合处、审核一处、审核二处、监管处 4 个处。

【市场监管部】拟订监管通过证券交易所进行的证券交易、结算、登记、托管的规则、实施细则；审核证券交易所及证券登记、托管、结算机构的设立、章程、业务规则，并监管其业务活动；审核证券交易所的上市品种；组织实施证券交易与结算风险管理；会同有关部门管理证券市场基金；收集整理分析证券市场基础统计资料；分析境内外证券交易行情；监管境内证券市场的信息传播活动；协调指导证券市场交易违规行为监控工作。

部门机构设置：

1. 综合处

2. 交易监管处

3. 结算监管处

4. 统计分析处

5. 市场监控处

【机构监管部】拟订监管证券经营机构、证券投资咨询机构、证券资信评级机构的规则、实施细则；审核各类证券经营机构的设立、核准其证券业务范围、监管其业务活动并组织处置重大风险事件；审核证券投资咨询机构、证券资信评级机构从事证券业务的资格并监管其业务活动；审核证券经营机构高级管理人员的任职资格并监管其业务活动；审核境内证券经营机构在境外设立从事证券业务的机构；审核境外机构在境内设立从事证券业务的机构并监管其业务活动。

机构监管部内设综合处、审核处、检查一处、检查二处、检查三处和检查四处，共 6 个处，各处的主要职责是：

1. 综合处负责部内公文审核、综合类文件办理、文件档案管理；机构监管信息统计、机构监管信息系统建设、信息报送制度、非现场检查月报、信息公示、年报分析等工作；行政文秘事务、部内日常工作的组织协调；领导交办的其他事务。

2. 审核处负责实施证券机构类行政许可事项，并研究制定审核事项的相关规则；指导、监督派出机构的行政许可审核工作；负责证券公司创新产品的审核及相关规则的制定；开展证券公司业务创新及政策的研究工作等。

3. 检查一处负责深圳、广东、广西、陕西、河南、湖南、湖北、海南等地区证券公司及外国证券类机构驻华代表处的监管。

4. 检查二处负责上海、浙江、江西、福建、厦门、山东、江苏、宁波、吉林、青海、安徽、甘肃、青岛等地区证券公司及外国证券类机构驻华代表处的监管。

5. 检查三处负责北京、重庆、四川、黑龙江、大连、辽宁、新疆、河北、宁夏、天津、西藏、贵州、云南、内蒙古、山西等地区证券公司及外国证券类机构驻华代表处的监管。

6. 检查四处负责证券投资咨询机构、财务顾问机构、资信评级机构等证券服务机构方面的工作。

【风险处置办公室】组织研究、草拟证券公司风险监控、处置和重组的政策法规和工作方案；指导、协调、监督证券公司风险监控、处置和重组工作；就重大事项与有关部委和地方政府进行沟通、协调，组织沪、深专员办、各派出机构及有关中介机构参与证券公司风险监控、处置工作；交办的其它工作。

风险办内设综合处、一处、二处，各处的主要职责是：

（一）综合处负责制订有关风险处置政策法规；协调有关方面配合风险处置工作；报告处理有关风险处置中的稳定情况；部内公文审核、文件运转及档案管理等综合性事务；领导交办的其他事务。

（二）一处负责高风险证券公司的日常监管，整改的监督，重组方案的审批，组织实施风险监控等。

（三）二处负责制订高风险证券公司的风险处置方案并组织实施。

【上市公司监管部】拟订监管上市公司的规则、实施细则；督促上市公司完善法人治理结构；监管境内上市公司并购重组活动；监管和指导证券交易所、派出机构监管境内上市公司的信息披露；监督境内上市公司及其董事、监事、高级管理人员、主要股东履行证券法规规定的义务；协助有关部门监管境内上市公司发行股票、可转换债券及境外分拆上市等行为；协调有关机构处理上市公司退市等重大风险事件。

部门机构设置：

（一）综合处

负责部门监管业务的综合协调工作，牵头研究上市公司监管与发展的业务创新：

1. 牵头研究上市公司监管与发展的业务创新。

2. 负责和会内外相关部门的业务协调：与其他部委相关部门，与发行部就保荐诚信监管的协调、与稽查局就违规公司立案转稽查的协调。

3. 协调、指导证券交易所做好上市公司退市工作。

4. 组织上市公司高管人员培训工作。

5. 负责部内业务的协调和督办工作，健全内部工作制度，督促检查制度执行情况。

6. 负责建立统一互联的上市公司监管信息交流系统，指导派出机构和证券交易所建立各类监管档案。

7. 统计、分析上市公司及监管工作信息。

8. 负责上市公司并购重组申报材料的受理，控制审核进度，统一对外发文。

9. 负责部内行政、党务、纪检、工会等工作。

（二）监管一处

指导、督促、协调、检查上海证券交易所和相关证监局对在上交所上市公司的监管工作：

1. 负责指导、协调上海证券交易所和相关证监局对上市公司的日常监管工作。

2. 督促、检查上海证券交易所和相关证监局落实辖区监管责任制。

3. 指导、协调上海证券交易所对上市公司信息披露的一线监管。

4. 指导、协调相关证监局对上市公司的现场监管，督促派出机构做好募集资金监管、风险监管、诚信监管、再融资及保荐督导职责监管。

5. 指导、协调上海证券交易所和相关证监局处理上市公司重大突发事件。

6. 指导上海证券交易所和相关证监局做好退市风险防范工作。

7. 负责督促相关证监局对完成并购重组的上市公司进行持续监管。

8. 负责编写上市公司监管案例

（三）监管二处

指导、督促、协调、检查深圳证券交易所和相关证监局对在深交所主板上市公司的监管工作：监管职责同监管一处

（四）监管三处

牵头组织对各证监局落实辖区监管责任制进行督导和评价，指导、督促、协调、检查深圳证券交易所和相关证监局对在深交所中小板上市公司的监管工作：

1. 牵头组织对各证监局落实辖区监管责任制进行督导和评价。

2. 指导证券交易所修订完善上市规则和信息披露规则。

3. 对上市公司共性问题进行调查研究，提出监管政策建议。

4. 牵头国务院国资委国有控股股东、单一控制人下多家上市公司的监管事务。

5. 指导、督促、协调、检查深圳证券交易所和相关证监局对在深交所中小板上市公司的监管工作，具体监管职责同监管一处。

（五）监管四处

负责牵头对国资委直管企业控股上市公司、中央部委控股上市公司和金融类上市公司的日常监管和指导、督促、监管协调工作，并承担上市公司规范运作专题小组的日常工作。

（六）并购监管一处

负责牵头并购重组业务创新工作，牵头制定、完善上市公司监管的政策法规，审核上市公司并购重组法律方面的申报材料：

1. 负责牵头并购重组业务创新工作。

2. 负责督导派出机构和证券交易所在并购重组监管中的法律审核工作，统一制定法律审核规程。

3. 负责审核上市公司重大重组、要约收购及其豁免、吸收合并、股份回购等事项法律方面的申报材料。

4. 负责编写并购重组监管案例。

5. 牵头制定、完善上市公司监管的法规、规则、实施细则并会同相关处组织检查实施情况，会同监管三处研究制订有关上市公司监管的政策和上市公司监管工作标准。

6. 参与各部门涉及上市公司规范发展的政策研究工作。

（七）并购监管二处

会同并购监管一处负责并购重组业务创新工作和制订并购重组审核标准，负责审核上市公司并购重组会计方面的申报材料：

1. 会同并购监管一处负责并购重组业务创新工作

2. 负责督导派出机构和证券交易所在并购重组监管中的会计审核工作，统一制定会计审核规程。

3. 负责审核上市公司重大重组、要约收购及其豁免、吸收合并、股份回购等事项会计方面的申报材料。

4. 负责编写并购重组监管案例。

5. 负责研究、制定和完善上市公司并购重组和日常监管中涉及会计方面的相关政策、法规、规则，并会同相关处组织检查实施情况。

6. 负责上市公司监管方面有关涉及会计方面与各相关部门的协调工作。

【基金监管部】拟订监管证券投资基金、基金管理公司、基金托管机构和合格境外机构投资者的规则、实施细则；审核证券投资基金、证券投资基金管理公司的设立和合格境外机构投资者的从业资格并监管其业务活动；审核基金管理公司、基金托管机构高级管理人员任职资格并监管其业务活动；按规定与有关部门共同审核证券投资基金、合格境外机构投资者托管机构的托管业务资格并监管其托管业务；协助外汇局对合格境外机构投资者及其托管人的外汇监管；审核境外基金管理机构在境内设立分支机构并监管其业务活动。

基金监管部下设六个处，即综合处、监管一、二、三、四、五处，各处职责如下：

综合处：负责部内行政文秘事务、综合协调、基金信息报送和数据统计、对外信息发布；

监管一处：负责拟定基金管理公司及高管人员业务规则并实施监管；

监管二处：负责拟定托管银行业务规则并实施监管，负责基金信息披露、基金投资与交易行为监管；

监管三处：负责拟定基金产品的业务规则并实施监管；

监管四处：负责拟定合格境外机构投资者（QFII）、基金管理公司合格境内机构投资者（QDII）等国际业务规则并实施监管；

监管五处：负责拟定基金销售的业务规则并实施监管。

【期货监管一部】期货监管一部的主要职责是：负责期货市场总体规划、产品创新、市场监管、市场信息统计分析、法规制度建设、市场对外开放以及期货行业技术安全与进步等工作，包括拟订期货市场监管的规则、实施细则；审核期货交易所的设立及章程、业务规则，并监管其业务活动；审核上市期货产品及合约；跟踪分析境内外期货交易行情；监管期货交易、结算、交割及其相关活动；研究境内外期货市场；监管境内期货市场信息传播活动；审核商业银行从事保证金存管业务的资格并监管其相关业务活动；监管期货保证金安全存管监控机构。

期货监管一部下设综合处、市场监管处、市场法规处、产品与创新处、信息统计处和技术处6个处。

【期货监管二部】负责期货市场中介机构的市场准入和日常监管（包括期货公司、投资咨询机构、中间介绍商、商业银行期货中介业务等），包括拟订期货经营机构、期货投资咨询机构监管的规则、实施细则；审核期货经营机构、期货投资咨询机构的设立与业务资格并监管其业务活动；审核中间介绍业务机构的业务资格并监管其业务活动；审核期货经营机构、期货投资咨询机构高级管理人员任职资格并监管其业务活动；审核商业银行从事期货结算业务的资格并监管其相关业务活动；审核境内机构从事境外期货业务的资格并监督其境外期货业务活动；监管境外机构从事的境内期货业务活动；指导监督期货业协会的有关活动。

期货监管二部内设5个处：

综合处：负责部内行政事务，文件的核稿和档案管理及文秘管理等工作；牵头负责对派出机构期货监管工作的考核评价；负责期货市场投资者教育工作的规划、协调、指导；联系中国期货保证金监控中心和中国期货业协会。

审核处：负责期货行政许可受理事项办理；起草与期货行

政许可事项审核工作相关的规章和规范性文件；依法实施期货公司的各类行政许可事项，负责期货公司设立、股权变更、注册资本以及高管人员任职资格等相关事项的审核；负责期货公司及其他中介机构期货业务资格的审核（含证券公司中间介绍业务和金融期货交易结算、全面结算、特别结算业务资格的审核）；负责境外机构在国内设立分支机构（含代表处）的审核；负责外资参股期货公司的审核；负责审核期货公司在境外设立、收购或参股期货经营机构；负责期货经营机构创新产品、创新业务的审核；指导、监督派出机构的期货行政许可审核工作。

境外期货处：负责中国期货市场对外开放规划、组织、协调等事宜；负责研究、协调涉及国有企业、非国有企业和居民个人等从事境外期货业务相关事宜；负责中国期货市场参与人（交易所、期货公司等）从事境外期货业务的规划、组织与协调工作；负责境外机构参与中国期货市场的规划、组织与协调工作；负责其他涉及中国期货市场对外开放的工作。

公司检查一处、公司检查二处（一处、二处按区域划分）：起草与日常监管工作相关的规章和规范性文件；研究制订与期货经营机构有关的会计、税收等制度并与有关部门沟通协调；依法对期货公司（含合资期货公司）、中间介绍商（IB）、特别结算会员的期货经营业务及其高管人员以及外资分支机构（含代表处）进行监管；负责处理和协调有关期货经营机构的投诉，维护投资者利益；组织落实辖区监管责任制，对派出机构期货监管的日常工作进行指导和协调；风险公司的处置和停业公司的清理。

【稽查局】拟订证券期货执法的法规、规章和规则；统一处理各类违法违规线索；组织非正式调查；办理立案、撤案等事宜；组织重大案件查办；协调、指导、督导案件调查及相关工作；复核案件调查报告；统一负责案情发布；协调跨境案件的办理；组织行业反洗钱工作；办理稽查边控、查封、冻结等强制手续；组织、协调行政处罚的执行；组织稽查考评、奖励；负责案件统计、培训工作。

部门机构设置：

综合处：负责行政、文秘、协调、培训及其他有关工作。

协调处：承担首席稽查办公室日常事务，协助首席稽查开展有关工作。

立案处：负责收集、处理违法违规情况和信息；提出启动非正式调查的建议；根据非正式调查结果提出是否正式立案的建议；协调分配案件调查任务；负责派出机构立案报备及案件经费预算。

督查一处、督查二处、督查三处：负责组织、督促、协调、指导地方稽查局和派出机构案件调查工作。

复核处：负责地方稽查局和派出机构的案件调查复核工作，办理移送手续。

执行处：组织、协调行政处罚的执行，协调、指导地方稽查局和派出机构的相关执行工作。

反洗钱与涉外案件调查处：负责组织、协调、指导证券期货行业的反洗钱工作，拟订证券期货行业反洗钱的实施细则；负责协调跨境案件的调查工作，拟订案件跨境调查国际合作的程序规定、实施办法。

【稽查总队】根据中央编办批复，2007 年 11 月组建中国证监会稽查总队。稽查总队主要职责为：承办证券期货市场重大、紧急、跨区域案件，以及上级批办的其他案件。

稽查总队内设 20 个职能处室，分别是办公室（党委办公室），调查一至十五处，内审一、二处，技术支持处和纪检（监察）室。办公室（党委办公室）负责总队行政事务和党务管理工作；调查一至十五处负责承办证券期货市场内幕交易、市场操纵、虚假陈述、欺诈发行等重大、紧急及跨区域案件调查，十五个调查处分别由五个调查大队负责协调；内审一、二处分工负责总队调查案件的内审复核工作；技术支持处负责案件调查电子取证、信息协查、稽查办案技术支持系统开发等相关技术服务工作；纪检（监察）室负责总队廉政建设与纪检监察工作。

【法律部】拟订证券期货市场的法律、法规、规章及其实施细则，审核会内各部门草拟的规章；对监管中遇到的法律问题提供咨询和解释；审查与境外监管机构签署的合作文件及向境外监管机构提供的法律协助文件；监督协调有关法律、法规、规章的执行；负责中国证券监督管理委员会行政处罚案件的审理、听证及行政处罚的执行工作；组织办理涉及中国证券监督管理委员会的行政复议案件、行政诉讼案件、国家赔偿案件和其他诉讼案件；监管律师事务所及其律师从事证券期货中介业务的活动；负责有关法律、法规、规章的宣传教育。

【行政处罚委员会】行政处罚委员会的主要职责是：制定证券期货违法违规认定规则，审理稽查部门移交的案件，依照法定程序主持听证，拟订行政处罚意见。

行政处罚委员会办公室是行政处罚委员会的日常办事机构，主要职责是：负责行政处罚委员会日常事务，办理案件交接和移送事项，组织安排听证、审理会议，协助行政处罚委员会委员开展相关工作。

行政处罚委员会设专职委员若干名，实行委员主审、委员会合议的工作机制。

【会计部】拟订证券期货业的会计财务实施管理办法，报财政部审定后执行；协调、制定证券期货市场财务信息披露规范；审核会内各部门草拟的有关证券期货会计财务的规章；对监管中遇到的会计、财务、资产评估问题提供咨询；审核会计师事务所、资产评估机构及其成员从事证券期货中介业务的资格并监管其相关业务活动；协调证券期货市场的收费、税收政策；负责全系统预算管理；负责机关、派出机构、直属事业单位、证券期货交易所、证券登记结算公司的财务监督和离任审计工作。

部门机构设置：

综合处：负责部内行政文秘事务、综合协调；拟定证券公司、期货经纪公司、证券投资基金、基金管理公司、证券交易所、期货交易所等的会计、审计、财务、税务的规章，以及其他有关事务。

会计制度处：负责拟定证券期货业及上市公司的会计财务实施管理办法，审核会内各部门草拟的有关证券期货会计财务的规章，对监管中遇到的会计、财务、资产评估问题提供咨询。

会计师监管处：负责对证券期货从业会计师、资产评估师及其事务所的监管，组织有关的财务审计、离任审计。

财务预算管理处：负责机关与派出机构监管经费的组织收入、预算分配、支出监督，负责证券期货市场税收、收费的协调。

审计处：负责会机关、派出机构、直属事业单位和证券期货交易所、证券登记结算公司的财务监督与离任审计工作。

【国际合作部】拟订证券期货系统对外交流合作的规章制度、境内企业在境外发行股票的规划、实施细则；联系有关国际组织，组织境内与境外有关机构的交流合作活动，承担与境外监管机构建立监管合作关系的有关事宜；按规定归口管理证券期货系统的涉外事务；安排或协助安排机关和派出机构人员出访、出国（境）培训教育和接待境外人员来访；审核境内企业直接或间接在境外发行股票及其派生形式、境外上市公司在境外发行可转换债券的申报材料并对境外上市公司实施监管。

部门结构：

综合处

外事处

国际合作处

港澳台处

境外上市处

【人事教育部】拟订本系统人事管理、培训教育、机构编制管理、老干部管理的规章制度；承办会机关的人事管理工作；按规定管理派出机构、证券期货交易所、证券登记结算公司、有关的证券公司领导班子和领导人员；管理会机关、派出机构的机构编制；负责本系统工作人员的培训教育工作；负责本系统党的组织建设、党员教育管理。

人事教育部下设综合处、系统干部处、机关干部处、劳动工资处（老干部服务处）、组织与监督处、培训教育处和党校办公室。

【派出机构协调部】拟订有关派出机构管理、协调工作的规章制度；对会内各部门涉及派出机构职责等重要文件提出意见；评估派出机构的工作；负责与派出机构沟通信息；参与研究派出机构职权划分、机构设置等重大问题。

派出机构工作协调部暨投资者教育办公室设综合处、协调处，现有人员 7 名，文秘 1 名。

【党委宣传部】负责本系统干部理论学习教育；负责党的思想政治工作和精神文明建设；负责党的思想建设和宣传工作；管理本系统党校。负责指导和协调本系统群众工作。

【监察局】监督检查本系统贯彻执行国家法律、法规、政策的情况；查处本系统及其党组织、党员及其他工作人员违反国家法律、法规、政策和党纪政纪的行为；受理对本系统的组织或个人的检举、控告及本系统的组织或个人的申诉；协助党委加强党风廉政建设；领导本系统的监察（纪检）工作。

【机关党委】负责会机关及在京直属单位的党群工作。

【研究中心】研究草拟资本市场中长期发展战略和规划；对资本市场发展、运行和监管工作中遇到的重大问题进行调查研究，为监管决策提供支持；为草拟资本市场法规规章、政策措施或具体监管工作提供咨询意见；中国证监会交办的其他工作。

【信息中心】研究、草拟证券期货业信息化发展规划；协调管理证券期货业网络与信息安全保障工作；协调管理证券期货业标准化工作，联络国家相关标准化管理机构及国际标准化组织；负责证券期货业科技管理；规划建设证券期货监管业务应用系统；建设和管理证监会互联网站及资讯系统，负责证券期货行业信息资源开发利用的指导与推进；负责证监会计算机局域网、广域网以及公共应用系统的建设、运行与维护，管理机房，保障网络和信息安全，负责会机关电子类办公设备的固定资产管理工作；为证券期货监管相关业务工作提供技术支持；负责管理证监会图书馆；指导派出机构的信息化工作；承办会领导交办的其它工作。

部门机构设置：

1. 综合处

工作职责：负责信息中心行政事务、综合协调以及其他有关事务，协调研究、草拟证券期货业信息化发展规划。

2. 计算机管理处

工作职责：负责证监会办公网络基础设施、网络与信息安全保障系统、行情系统、视频会议系统等的规划、建设和运行维护；管理证监会机关的计算机房；负责证监会机关计算机相关软硬件设备、耗材的采购、配备、维护和固定资产管理；负责会议音像的录制和管理工作。

3. 网站与资讯管理处（筹）

工作职责：负责证监会网站的规划建设与管理、日常运行维护；监控互联网站证券期货类舆情；推动证券期货业信息资源的开发利用；采购、开发建设和维护资讯系统；为证监会及派出机构提供信息咨询服务，管理证监会图书馆。

4. 技术监管处

工作职责：协调管理证券期货业网络与信息安全保障工作；协调管理证券期货业标准化工作，联络国家相关标准化管理机构及国际标准化组织；协调中国证券、期货业协会完成行业科技项目奖励的各项工作；协助有关单位办理进口计算机设备免税的相关工作。

5. 系统规划处

工作职责：负责证券期货监管业务应用系统的建设、推广应用、运行维护工作；协调建设派出机构的信息系统基础设施；推动证监会内部以及证监会与相关部委共享监管信息。

【行政中心】根据证监会后勤业务发展的总体要求，研究、制订其发展的规划、目标和措施并组织实施；负责为证监会机关办公提供服务保障，为机关职工和离退休人员提供生活服务；负责证监会国有资产的管理和经营，保证国有资产的合理配置和利用，保证经营性国有资产的保值和增值；负责承办指定范围的外事接待服务、国际会议、国内会议以及各省市来京联系工作人员的接待工作；承担办公厅、国际合作部、人事教育部划转的保卫、有关文件资料的印送、外事服务及文秘人员的招聘与管理等职能；证监会规定的其它职能；并按规定在保障机关办公服务的前提下对外开展社会化服务。

联系方式：

地址：中国北京西城区金融大街 19 号富凯大厦

Add：Focus Plaza 19，Jin Rong Street，

Xi Cheng District，Beijing，P. R. China

邮编（Zip）：100140

信访投诉电话：010－66210182. 66210166

中国证券业协会

中国证券业协会是依据《中华人民共和国证券法》、《中华人民共和国证券投资基金法》和《社会团体登记管理条例》的有关规定设立的证券业自律性组织，属于非营利性社会团体法人，接受中国证监会和国家民政部的业务指导和监督管理。

中国证券业协会成立于 1991 年 8 月 28 日。十八年来，协会认真贯彻执行“法制、监管、自律、规范”的八字方针和《中国证券业协会章程》，在中国证监会的监督指导下，团结和依靠全体会员，切实履行“自律、服务、传导”三大职能，在推进行业自律管理、反映行业意见建议、改善行业发展环境等方面做了一些工作，发挥了行业自律组织的应有作用。2007 年 1 月 22 日，协会召开了第四次会员大会，黄湘平同志当选为会长。

中国证券业协会的最高权力机构是由全体会员组成的会

员大会，理事会为其执行机构。中国证券业协会实行会长负责制。截至2008年12月31日，协会共有会员323家，其中，证券公司106家，基金管理公司61家，证券投资咨询公司95家，金融资产管理公司3家，资信评级机构5家，特别会员53家（其中地方证券业协会35家，基金托管银行15家，证券交易所2家，证券登记结算公司1家）。

协会的宗旨是：在国家对证券业实行集中统一监督管理的前提下，进行证券业自律管理；发挥政府与证券行业间的桥梁和纽带作用；为会员服务，维护会员的合法权益；维持证券业的正当竞争秩序，促进证券市场的公开、公平、公正，推动证券市场的健康稳定发展。

第四次会员大会通过了修改后的新章程，明确了协会在以下三方面的主要职责：

协会依据《证券法》的有关规定，行使下列职责：教育和组织会员遵守证券法律、行政法规；依法维护会员的合法权益，向中国证监会反映会员的建议和要求；收集整理证券信息，为会员提供服务；制定会员应遵守的规则，组织会员单位的从业人员的业务培训，开展会员间的业务交流；对会员之间、会员与客户之间发生的证券业务纠纷进行调解；组织会员就证券业的发展、运作及有关内容进行研究；监督、检查会员行为，对违反法律、行政法规或者协会章程的，按照规定给予纪律处分。

协会依据行政法规、中国证监会规范性文件规定，行使下列职责：制定自律规则、执业标准和业务规范，对会员及其从业人员进行自律管理；负责证券业从业人员资格考试、认定和执业注册管理；负责组织证券公司高级管理人员资质测试和保荐代表人胜任能力考试，并对其进行持续教育和培训；负责做好证券信息技术的交流和培训工作，组织、协调会员做好信息安全保障工作，对证券公司重要信息系统进行信息安全风险评估，组织对交易系统事故的调查和鉴定；负责制定代办股份转让系统运行规则，监督证券公司代办股份转让业务活动和信息披露等事项；行政法规、中国证监会规范性文件规定的其他职责。

协会依据行业规范发展的需要，行使其他涉及自律、服务、传导的自律管理职责：推动行业诚信建设，督促会员依法履行公告义务，对会员信息披露的诚信状况进行评估和检查；制定证券从业人员职业标准，组织证券从业人员水平考试和水平认证；组织开展证券业国际交流与合作，代表中国证券业加入相关国际组织，推动相关资质互认；其他自律、服务、传导职责。

部门设置：

办公室

综合协调日常办公事务；拟订内部办公规章制度；组织起草重要文件；承担会级工作会议及议定事项的督办；负责办公文件、印章、档案、保密、信访工作；负责协会公共关系管理和对外宣传；负责财务核算、固定资产及行政事务管理；承办领导交办的其他工作。组织协调协会党委、纪委、监察室及工会的日常事务。

证券公司会员部

统一管理会员及特别会员的会籍；负责组织证券公司会员及特别会员的业务交流工作；教育组织证券公司会员遵守证券法律、行政法规；承担理事会、监事会、常务理事会日常事务；组织拟订证券业务的自律规则和行业标准，并监督实施；协助协会投资银行业委员会、证券经纪业委员会、证券业财务会计委员会工作；组织协调创新试点类及规范类证券公司评审工作；负责证券公司业务数据统计分析；组织推动证券公司会员诚信建设，管理诚信信息；维护证券公司会员合法利益，反映会员呼声；受理证券公司会员的投诉，并调解其纠纷；承担首次公开发行股票询价对象的申请及日常管理工作；协调管理地方协会特别会员，联系与沟通交易所、登记结算公司等特别会员；组织证券公司会员和地方协会特别会员开展投资者教育工作；承办领导交办的其他工作。

证券研究与咨询公司会员部

负责证券研究机构和证券投资咨询公司会员的联络与业务交流工作；教育组织证券研究机构和证券投资咨询公司会员遵守证券法律、行政法规；组织拟订证券研究机构和证券投资咨询业自律规则和业务标准，并监督实施；协助协会证券分析师委员会工作；组织推动证券研究机构和证券投资咨询公司会员诚信建设，管理诚信信息；维护证券研究机构和证券咨询公司会员合法利益，反映会员呼声；受理证券研究机构和证券投资咨询公司会员的投诉，并调解其纠纷；组织证券研究机构和证券投资咨询公司会员开展投资者教育工作；承办领导交办的其他工作。

基金公司会员部

负责基金管理公司和基金托管银行特别会员的联络与业务交流工作；教育组织基金管理公司会员遵守证券法律、行政法规；组织拟订基金业自律规则和业务标准，并监督实施；协助协会证券投资基金委员会工作；组织推动基金管理公司会员诚信建设，管理诚信信息；维护基金管理公司会员合法利益，反映会员呼声；负责基金业务数据统计分析；组织影子定价和权证估值；受理基金管理公司会员的投诉，并调解其纠纷；组织基金管理公司会员开展投资者教育工作；承办领导交办的其他工作。

国际关系部

负责联系国际证券业组织；负责协会港澳台事务；组织实施与境外的业务和信息交流；配合协调境外培训；管理外事来访和出访事务；承办领导交办的其他工作。

信息技术部

组织行业信息技术交流与研究；协调推动会员做好信息安全保障工作；组织行业信息安全风险评估及重大事故调查和鉴定；协助信息技术委员会工作；组织行业科学技术奖励评选；负责协会信息系统开发及管理；管理维护协会网站、中心机房及电子设施；承办领导交办的其他工作。

发展战略工作委员会

组织证券行业科研活动；开展专项研究和重大问题研究交流工作；编辑出版《中国证券》月刊和《中国证券业发展报告》年报；承办领导交办的其他工作。

教育培训工作委员会

建立和管理行业从业人员培训体系；拟订从业人员培训大纲和培训工作指引；组织实施证券业、基金业高管人员和专业人员培训；组织实施境外培训；组织编制《证券从业人员资格考试大纲》、证券从业人员资格考试教材以及投资者教育资料；开展行业培训交流；承办领导交办的其他工作。

执业标准工作委员会

组织拟订从业人员业务类别和从业人员执业标准；建立对从业人员执业能力、诚信状况的动态评价体系；组织管理证券从业人员资格考试；拟订从业人员资格管理相关办法，建立从业人员管理系统；承办从业人员资格注册、变更、年检；协助自律监察专业委员会的工作，组织起草行业自律监察工作规则；对会员及其从业人员违反协会章程及其他自律规则的行为进行调查处理；承办领导交办的其他工作。

场外市场工作委员会

研究和制订代办股份转让系统制度；办理股份报价转让公司挂牌备案、定向增资备案、退市公司挂牌备案；负责主办券商自律管理和服务；监管代办股份转让系统的信息披露；监察代办股份转让系统市场；协调管理代办股份转让系统的技术系统；负责代办股份转让系统的统计分析；受理代办股份转让系统投资者来电、来访、投诉，解答相关问题；承办领导交办的其他工作。

联系方法：

地址：北京市西城区金融街19号富凯大厦B座2层

邮编：100032

中国期货业协会

中国期货业协会（以下简称协会）成立于2000年12月29日，协会的注册地和常设机构设在北京。是根据《社会团体登记管理条例》设立的全国期货行业自律性组织，为非营利性的社会团体法人。协会接受中国证监会和国家社会团体登记管理机关的业务指导和管理。

协会由期货公司等从事期货业务的会员、期货交易所特别会员和地方期货业协会联系会员组成。会员大会是协会的最高权力机构，每四年举行一次。理事会是会员大会闭会期间的协会常设权力机构，对会员大会负责，理事会每年至少召开一次会议。理事会由会员理事、特别会员理事和非会员理事组成。理事任期四年，可连选连任。理事会根据工作需要下设专业委员会，专业委员会为理事会议事机构，对理事会负责。

协会设会长一名，专职副会长若干名，兼职副会长若干名，秘书长一名，副秘书长若干名。会长、副会长和秘书长任期四年，可连选连任。协会实行会长负责制，会长为协会法定代表人。协会设会长办公会，由会长、专职副会长、秘书长、副秘书长以及会长指定的其他人员组成，在理事会闭会期间行使理事会授权的职责。目前协会常设办事机构设办公室、会员部、培训部、研究部、合规调查部、资格考试与认证部、信息技术部等七个部门。

协会宗旨是：在国家对期货业实行集中统一监督管理的前提下，进行期货业自律管理；发挥政府与期货行业间的桥梁和纽带作用，为会员服务，维护会员的合法权益；坚持期货市场的公开、公平、公正，维护期货业的正当竞争秩序，保护投资者利益，推动期货市场的健康稳定发展。

协会主要职能有：

一、根据期货法律法规和规章，制定期货业行为准则、业务规范及其他自律性规则，参与拟订与期货相关的行业和技术标准。

二、为会员服务，依法维护会员的合法权益，积极向中国证监会及国家有关部门反映会员在经营活动中的问题、建议和要求。

三、开展行业资信评级和信用体系建设，表彰、奖励行业内有突出贡献的会员和个人。

四、监督、检查会员的执业行为，受理对会员的举报、投诉并进行调查处理，对违反本章程及自律规则的会员给予纪律处分；向中国证监会反映和报告会员执业状况，为期货监管工作提供自律组织意见和建议。

五、对会员之间、会员与客户之间、从业人员与客户之间发生的期货业务纠纷进行调解。

六、收集、整理期货信息，编辑出版期货业务书籍报刊；开展会员间的业务交流，组织开展期货研究，推动业务创新，为会员创造更大市场空间和发展机会。

七、组织期货从业人员资格考试，负责期货从业人员资格注册及自律管理工作。

八、对期货从业人员进行持续教育和业务培训，提高从业人员的业务技能和执业水平。

九、负责行业信息安全保障工作的自律性组织协调，提高行业信息安全保障和信息技术水平。

十、广泛开展期货市场宣传和投资者教育，为行业发展创造良好的环境。

十一、开展期货业的国际交流与合作。

十二、法律、法规规定，以及中国证监会或会员大会赋予的其他职责。

职能部门：

办公室（党委办公室）

主要职能：文秘与公文流转、档案管理，人事管理、财务支持、会内外综合协调、内部规章制订及执行、国内国际交流与合作、行政后勤保障、投诉信访接待、保密管理、协会信息编制、党委办公室日常工作。

负 责 人：孙明福

热线电话：010－88087236

电子邮件：office@ cfachina. org

会员部

主要职能：会员资格管理、制订会员自律规则、管理会员诚信信息、收集反映会员信息和建议、接待会员来访、组织会员业务交流、会员业务数据的统计分析、会员数据库管理和信息变更。

负 责 人：余晓丽

热线电话：010－88086711

电子邮件：member@ cfachina. org

培训部

主要职能：期货从业人员后续职业培训及各类专业培训、期货公司高管人员培训、期货从业人员网上培训学院/期货投资者远程教育学院/境内外培训基地的建设与管理、制定实施行业人才培养规划、期货投资者教育、培训师资队伍建设、培训交流与合作。

负 责 人：吴亚军

热线电话：010－88086661/88087233

电子邮件：train@ cfachina. org

研究部/《中国期货》编辑部

主要职能：课题研究与中期协联合研究计划科研管理；《中国期货》/《中国期货业发展报告》等协会刊物的编辑出版；信息收集、整理与交流；理事会日常联络与秘书工作；新闻联络与对外宣传；综合性材料撰写；研究和参与制订自律规则；策划组织行业性会议和重大活动。

负 责 人：刘 涛

热线电话：010－88086262

电子邮件：yanjiu@ cfachina. org

chinafutures@ cfachina. org（《中国期货》投稿信箱）

合规调查部

主要职能：会员之间、会员与客户之间的纠纷调解；受理客户投诉；期货法律咨询；参与制订协会自律规则；督促会员依法合规经营；对会员和从业人员违反自律规则的行为进行调查，并提出纪律处分建议。

负 责 人：红 妹

热线电话：010－88087010

电子邮件：hegui@ cfachina. org

资格考试与认证部

主要职能：组织实施期货从业人员资格考试；组织实施期货公司高级管理人员资质测试；制订期货从业人员资格管理及期货公司高级管理人员资测试的相关规则；开展期货从业人员资格审核及日常管理；促进期货从业人员的职业道德和执业质量的提升。

负 责 人：王春卿

热线电话：010－88086797（考试）

010－88087210（认证）

电子邮件：zige@ cfachina. org

信息技术部

主要职责：组织协调行业信息安全保障工作；组织行业信息技术交流与研究；参与制订期货相关行业技术标准；行业信息安全风险评估及重大事故调查和鉴定；协会信息系统开发与日常维护管理；专业软件或技术开发时的系统分析工作；负责协会计算机系统、网站及办公室电子设施的建设、管理及维护；制定协会信息技术管理制度及工作程序。

负 责 人：刘铁斌

热线电话：010－88087081

电子邮件：tech@ cfachina. org

协会领导

会长：刘志超

常务副会长：邹建平

副会长：彭 刚

副会长兼秘书长：李强

副秘书长：李晓燕、赵建

兼职副会长：王献立、武小强、石嘉星、宋安平、王仲会、张宜生、施建军、肖 成

中国期货业协会第二届理事会成员（共计35名）

理事单位	理 事	单位职务
一、非会员理事		
中国期货业协会	刘志超	会长
中国期货业协会	邹建平	常务副会长
中国期货业协会	彭 刚	副会长
中国期货业协会	李 强	副会长兼秘书长
二、特别会员理事		
郑州商品交易所	王献立	理事长
上海期货交易所	武小强	副理事长
大连商品交易所	石嘉星	副理事长
中国金融期货交易所	宋安平	副总经理
三、期货公司会员理事		
经易期货经纪有限公司	王仲会	董事长
上海金鹏期货经纪有限公司	张宜生	董事长
永安期货有限公司	施建军	总经理
广发期货有限公司	肖 成	总经理
中国国际期货经纪有限公司	宫月云	董事长
上海中期期货经纪有限公司	张明华	总经理
江苏弘业期货经纪有限公司	周 勇	董事长
一德期货经纪有限公司	吕拥华	总经理
中粮期货经纪有限公司	黄 辉	副总经理
金瑞期货经纪有限公司	王赤卫	董事
格林期货经纪有限公司	王拴红	董事长
长城伟业期货经纪有限公司	袁小文	总经理
南华期货有限公司	罗旭峰	总经理
中证期货经纪有限公司	严金明	董事长
大连北方期货经纪有限公司	张秋石	总经理
北京中期货经纪有限公司	毋润昌	总经理
大通期货经纪有限公司	徐艳华	董事长
深圳实达期货经纪有限公司	李福利	董事长
山西三立期货经纪有限公司	刘 毅	董事长
东海期货有限公司	刘新州	总经理
金鹏期货经纪有限公司	吴元贞	执行董事长
鲁证期货有限公司	陈 方	董事长
上海东证期货有限公司	党 剑	总经理
申银万国期货有限公司	李建中	总经理
新湖期货有限公司	马文胜	董事长
宏源期货有限公司	刘 东	董事长
国泰君安期货有限公司	何晓斌	总裁

中国期货业协会第二届理事会期货分析师委员会名单

姓 名	职 位	单位/职务
罗旭峰	主任委员	南华期货有限公司总经理
严金明	副主任委员	中证期货有限公司总经理
王春卿	委 员	中国期货业协会考试部主任
左宏亮	委 员	郑州商品交易所市场二部高级总监
刘仲元	委 员	湘财期货有限公司首席经济学家
朱丽红	委 员	大连商品交易所会员服务部总监
陈冬华	委 员	中国国际期货有限公司总经理
陈建平	委 员	上海期货交易所会员服务与投资者教育部高级总监
张拥军	委 员	永安期货有限公司副总经理
姚 广	委 员	银河期货有限公司总经理
姜昌武	委 员	金瑞期货有限公司总经理
郭 晖	委 员	中汇安高咨询公司总经理
曹 胜	委 员	经易期货有限公司副总经理
惠 湄	委 员	中国金融期货交易所市场部负责人

（注：委员以姓氏笔划为序）

中国期货业协会第二届理事会研究发展委员会名单

姓 名	职 位	单位/职务
肖 成	主任委员	广发期货有限公司 总经理
党 剑	副主任委员	东证期货有限公司 总经理
马龙龙	委 员	人民大学商学院院长、产业发展与流通改革研究中心教授
王伟军	委 员	大连商品交易所信息研究部 总监
冉 华	委 员	中国期货保证金监控中心副总经理兼上海总部总经理

姓　名	职　位	单位/职务
朱国华	委　员	上海财经大学工商管理学院 教授
刘　涛	委　员	中国期货业协会研究部 主任
祁国中	委　员	上海期货交易所发展研究中心 高级总监
何　帆	委　员	中国社科院世界经济与政治研究所所长助理、博士
张晓刚	委　员	金融期货交易所研发部 经理
张　维	委　员	国家自然科学基金管理科学部 主任、天津大学 教授
李建中	委　员	申银万国期货有限公司 总经理
周春生	委　员	长江商学院金融学教授、EMBA&EDP 学术主任
胡俞越	委　员	北京工商大学证券期货研究所所长教授
贺　强	委　员	中央财经大学金融学院教授、全国政协委员
黄　明	委　员	长江商学院金融学、美国康奈尔大学金融学 教授
廖英敏	委　员	国务院发展研究中心市场经济研究所 副所长 研究员
魏振祥	委　员	郑州商品交易所研发部 高级总监

(注:委员以姓氏笔划为序)

中国期货业协会第二届理事会纪律委员会成员名单(共计7名)

姓　名	职　务	单　位	单位职务
施建军	主任委员	浙江永安期货经纪公司	总经理
毋润昌	副主任委员	北京中期期货经纪公司	总经理
叶　柯	观察员	中国证监会期货部公司处	处　长
余晓丽	委　员	中国期货业协会会员部	主　任
姜　萍	委　员	中国期货业协会合规部	
党　剑	委　员	东证期货有限公司	总经理
黄　辉	委　员	中粮期货经纪有限公司	副总经理

(注:委员以姓氏笔划为序)

中国期货业协会第二届理事会申诉委员会成员名单(共计7名)

姓　名	职　务	单　位	单位职务
张宜生	主任委员	上海金鹏期货公司	董事长
马文胜	副主任委员	新湖期货有限公司	董事长
吴运浩	观察员	证监会期货部政策法规处	副处长
王化栋	委　员	宏源期货有限公司	总经理
红　妹	委　员	中国期货业协会合规部	主　任
周　勇	委　员	江苏弘业期货经纪公司	董事长
袁小文	委　员	长城伟业期货经纪公司	总经理

(注:委员以姓氏笔划为序)

中国期货业协会第二届理事会
信息技术委员会成员名单(共计16名)

姓　名	职　务	单　位	单位职务
胡　政	主任委员	中国金融期货交易所	副总经理
杨　光	观察员	中国证监会期货部交易所处	处　长
于三禄	委　员	郑州易盛信息技术有限公司	副总经理
万晓鹰	委　员	国泰君安期货有限公司信息技术部	总经理
王肇东	委　员	上海期货信息技术有限责任公司	总经理
刘忠会	委　员	广发期货经纪有限责任公司	副总经理
刘铁斌	委　员	中国期货业协会信息技术部	主　任
张国元	委　员	中国金融期货交易所技术部	负责人
李　欣	委　员	中证期货有限责任公司信息技术部	负责人
李俊章	委　员	大连商品交易所技术部	总　监
严少辉	委　员	上海期货交易所技术部	高级总监
罗　凯	委　员	中国证监会信息中心技术监管处	处　长
胥海涛	委　员	大连飞创信息技术有限公司	总经理
徐　宏	委　员	宝城期货有限责任公司	总经理
谢　晨	委　员	中国期货保证金监控中心技术部	部　长
雷晓全	委　员	郑州商品交易所技术二部	高级总监

(注:委员以姓氏笔划为序)

联系方式:
地址:北京市西城区金融大街33号通泰大厦C座八层
邮编:100140
电话:010－88087239
传真:010－88087060
邮箱:cfa@ cfachina. org

中国证券投资者保护基金有限责任公司

中国证券投资者保护基金有限责任公司是国务院批准设立的国有独资金融机构,性质为非营利性企业法人,主要负责证券投资者保护基金的筹集、管理和使用。保护基金公司归口中国证监会管理。

公司的主要职能

为建立证券公司退出机制,保护投资者合法权益,筹集、管理和运作证券投资者保护基金,建立防范和处置证券公司风险的长效机制,促进我国资本市场改革和稳定发展。

2005年6月,国务院批准中国证监会、财政部、人民银行发布《证券投资者保护基金管理办法》(以下简称《管理办法》),同意设立国有独资的保护基金公司,并批准了公司章程。2005年8月30日,保护基金公司在国家工商总局注册成立,由国务院出资,财政部一次性拨付注册资金63亿元。

公司主要职责包括筹集、管理和运作证券投资者保护基金;监测证券公司风险,参与证券公司风险处置工作;证券公司被撤销、关闭和破产或被证监会采取行政接管、托管经营等强制性监管措施时,按照国家有关政策规定对债权人予以偿付;组织、参与被撤销、关闭或破产证券公司的清算工作;管理和处分受偿资产,维护基金权益;发现证券公司经营管理中出现可能危及投资者利益和证券市场安全的重大风险时，向证监会提出监管、处置建议；对证券公司运营中存在的风险隐患会同有关部门建立纠正机制。

组织结构

公司设立董事会，由 9 名董事组成，董事会为公司的决策机构，全面负责公司的运营和管理。公司的日常经营管理按照国家相关法规独立运作，自主管理，依法运营，独立核算。公司内设 7 个职能部门：办公室、财务部、证券投资者保护部、资产管理部、证券投资者教育中心、证券投资者调查中心、证券投资者呼叫中心，在册职工 58 人。

部门职责

一、办公室（人力资源部）

负责公司综合协调、组织制定各项规章制度、人力资源管理、对外宣传、国际合作、重要会议组织、公文审核、行政后勤、子公司管理、保护基金申请材料受理以及公司党委、纪委及共青团等群众组织的相关工作。

二、财务部

负责财务预算、决算、财务分析，保护基金筹集、偿还，安排、调度、划拨保护基金及其他财务管理工作。

三、证券投资者保护部

负责参与制定证券公司风险处置方案，对保护基金的使用申请进行审查，对保护基金的使用情况进行审计、检查，建立证券公司风险监测信息系统等。

四、资产管理部

负责保护基金公司受偿债权管理、受偿资产管理和处置、投资管理、实施公司自有资金和保护基金保值增值方案等工作。

五、证券投资者教育中心

负责落实证监会投资者教育工作部署、组织协调公司投资者教育活动、研发投资者教育产品等工作。

六、证券投资者调查中心

负责定期投资者综合调查、不定期专题调查、编制投资者信心指数、编制公司月报与年报、研究开发上市公司投资者保护状况评价指标体系等工作。

七、证券投资者呼叫中心

负责建立证券投资者互动业务平台系统、与投资者沟通、建立证券投资者投诉响应机制、向投资者提供相关服务以及对保护基金使用申请进行复核、公司立法促进、法律咨询、政策法规研究等工作。

八、党委办公室（纪检监察办公室）

负责公司党委与纪委日常工作、党组织建设、党风廉政建设及反腐败等工作。

中国证券登记结算有限公司

中国证券登记结算有限公司依据《中华人民共和国证券法》和《中华人民共和国公司法》组建。公司总资本为人民币 12 亿元，上海、深圳证券交易所是公司的两个股东，各持 50% 的股份。公司总部设在北京，下设上海、深圳两个分公司。中国证监会是公司的主管部门。

一、公司的历史沿革

2001 年 3 月 30 日，按照《证券法》关于证券登记结算集中统一运营的要求，经国务院同意，中国证监会批准，中国结算组建成立。同年 9 月，中国结算上海、深圳分公司正式成立。从 2001 年 10 月 1 日起，中国结算承接了原来隶属于上海和深圳证券交易所的全部登记结算业务，标志着全国集中统一的证券登记结算体制的组织架构已经基本形成。

二、公司的宗旨

公司的宗旨是，建立一个符合规范化、市场化和国际化要求，具有开放性、拓展性特点，有效防范市场风险和提高市场效率，能够更好地为中国证券市场未来发展服务的集中统一的证券登记结算体系。

三、公司的基本职能

按照《证券法》和《证券登记结算管理办法》的相关规定，中国结算履行下列职能：

证券账户、结算账户的设立和管理；

证券的存管和过户；

证券持有人名册登记及权益登记；

证券和资金的清算交收及相关管理；

受发行人的委托派发证券权益；

依法提供与证券登记结算业务有关的查询、信息、咨询和培训服务；

中国证监会批准的其他业务。

四、公司总部各部门及沪深分公司职能

（一）总部综合管理部负责公司总部的办公行政、文秘、人事劳资、党群、外事、宣传、后勤、保密等工作。

（二）总部登记托管部负责公司证券登记、存管业务的组织、协调等工作。

（三）总部结算部负责公司证券结算业务的组织、协调、结算风险防范等工作。

（四）总部业务发展部负责公司登记结算新业务、新模式的研究、开发等工作。

（五）总部技术开发部负责组织公司各项业务技术系统的建设、各项业务技术项目的开发工作。

（六）总部系统运行部负责公司总部各技术系统的运行、公司业务数据的技术管理及网络与通讯线路的管理。

（七）总部财务部负责公司财务预算、决算、财务分析和总部的财务等工作。

（八）总部法规事务部负责公司法律事务的组织、协调等工作。

（九）总部基金业务部负责公司开放式基金账户注册、登记结算业务活动。

（十）上海分公司为上海证券市场提供日常证券登记、存管与结算服务，目前设有发行人登记部、投资人登记部、结算管理部、交收部、技术开发部、系统运行部、综合管理部、法律部、财务部等职能部门，并设立了相对独立的风险管理委员会和技术委员会。

（十一）深圳分公司为深圳证券市场提供日常证券登记、存管与结算服务，目前设有登记存管部、账户管理及客户服务部、资金交收部、国际结算部、系统运行部、电脑工程部、法律部、综合部及财务部等职能部门，并设立了相对独立的风险管理委员会。

管理团队

中国证券登记结算公司实行董事会领导下的总经理负责制，董事会为公司的重要决策机构。中国结算第二届董事会由 4 名董事组成，金颖、谢玮、周明、张凡 4 人为中国结算董事。公司管理层由 10 名高级管理人员组成，其中总经理 1

名,纪委书记 1 名,副总经理 5 名,总工程师 1 名,总经理助理 2 名,负责公司经营管理。

董事长、总经理:金颖

中欧国际工商学院工商管理硕士、高级经济师。曾任中国人民银行总行金融管理司处长、国务院证券委员会办公室业务组负责人、中国证监会交易部主任、发行部主任、基金部主任、副秘书长。现任中国证券登记结算公司党委书记、董事长、总经理。

纪委书记:王连凤

二十余年大型国企工作经历,十余年主管企业财务会计从业经验。半导体器件和会计专业学习背景,1993 年加入中国证监会,先后担任上市公司监管部、发行监管部副主任,主要负责上市公司信息披露、再融资及公司发行上市的审核业务。现任中国证券登记结算公司党委委员、纪委书记。

副总经理:戴文华

工学博士,1990—1993 年在瑞士洛桑联邦高等理工学院完成博士后研究。多年来,在证券交易结算技术、通信工程技术等方面积累了丰富的研究与实践经验。在深圳证券交易所工作多年,主管技术开发与证券登记结算业务。2003 年任中国证券业协会信息技术委员会主任委员,致力于推动证券业技术系统建设。现任中国证券登记结算公司党委委员、副总经理兼深圳分公司总经理,同时兼任深圳证券交易所副总经理。1999 年,获共青团中央金融工作委员会颁发的首届"金融五四青年奖章"。2006 年,荣获由《IT 经理世界》杂志、国际数据公司(IDC)发起评选的年度"中国杰出 CIO"奖。

董事、副总经理:张凡

管理学博士、研究员。曾任国家计委国民经济综合计划司副司长,中国证监会政策研究室副主任。1991.9—1992.12 在联邦德国慕尼黑 Ifo 研究所、石荷州经济科技部进修学习。现任中国证券登记结算公司党委委员、董事、副总经理。

副总经理:王迪彬

北京大学光华管理学院 EMBA 研究生、高级经济师。曾先后在中国人民银行福建省分行,福建证券交易中心工作。从 1996 年起,担任上海证券中央登记结算公司总经理。1998 年起,担任上海证券交易所总经理助理兼上海证券中央登记结算公司总经理。现任中国证券登记结算公司党委委员、副总经理兼上海分公司总经理。长期致力于证券登记结算领域的研究和探索,先后发表《CSD 在中国》、《引入 DVP 完善我国证券市场结算体系》、《客户保证金存管模式比较与思考》等数十篇研究报告。

副总经理:高斌

经济学硕士。1993 年毕业于北京大学经济管理系,进入中国证监会工作。曾任中国证监会驻深圳证券交易所督察员,中国证监会市场监管部结算监管处副处长、处长。1994 年参加为期三个月加拿大证券监管业务知识培训;2004 年参加为期三个半月中国证券业协会—美国宾西法尼亚大学"证券业领导力与管理研修班"。现任中国证券登记结算公司党委委员、副总经理。

副总经理:刘肃毅

曾在国家人事部、中国证监会工作多年,历任副处长、处长。2001.3 – 2005.8 任中国证券登记结算公司总经理助理,兼任综合管理部总监、党办主任、法律部负责人,2005.9 – 2008.5 任中国证券投资者保护基金公司党委委员、执行董事。现任中国证券登记结算公司党委委员、副总经理,兼任中国法学会证券法研究会常务理事。

总工程师:王彦龙

工学硕士、经济学博士、全国金融标准化技术委员会证券分技术委员会副主任委员。曾在深圳证券交易所、中国证监会工作多年,历任深圳证券交易所电脑工程部经理、深圳巨潮信息公司总经理、中国证监会市场监管部交易监管处处长。现任中国证券登记结算公司总工程师,兼任总部技术开发部总监。

总经理助理:张汉玉

经济学硕士、哲学博士。1993 年进入中国证监会工作,历任中国证监会市场监管部结算监管处副处长、处长。现任中国证券登记结算公司总经理助理。

总经理助理:冷平生

经济学硕士、管理学博士。曾在深圳证券登记结算有限公司、深圳证券交易所工作,历任深圳证券交易所资金交收部副总监、中国证券登记结算公司结算部副总监、总监。现任中国证券登记结算公司总经理助理。

公司总部 :

地址:中国北京市西城区金融大街 27 号投资广场 22 – 23 层

邮编:100032

值班室电话:010 – 58598888

中国证券登记结算有限公司上海分公司

一、公司概况

中国证券登记结算有限公司上海分公司(以下简称公司),是一个为证券交易提供集中的登记、托管与结算服务,不以营利为目的的证券登记结算机构。

公司的业务职能包括:证券帐户、结算帐户的设立;证券的托管和过户;证券持有人名册登记;证券交易所上市证券交易的清算和交收;受发行人的委托派发证券权益;办理与上述业务有关的查询;国务院证券监督管理机构批准的其他业务。

公司的前身上海证券中央登记结算公司于 1993 年 3 月 8 日成立,在 8 年多时间内为证券交易市场的快速发展提供了优质的后台支持服务。随着中国证券登记结算体系的改革,公司于 2001 年 9 月 20 日改组为中国证券登记结算有限公司上海分公司。目前公司设有综合管理部、财务部、法律部、投资人登记部、发行人登记部、结算管理部、交收部、技术开发部、系统运行部等部门,并设立了相对独立的风险管理委员会和技术委员会。

公司一直致力于证券登记结算制度的研究和完善。自 1997 年开始,在充分总结和科学设想的基础上,比较国际证券结算业的不同做法,借助现代电子技术手段,率先建立了法人证券集中托管制度和中央交收体制下的法人结算制度。"法人托管"和"法人结算"两项制度的实施,为最终实现银货对(DVP)的证券结算制度奠定了基础。

公司也始终重视具体业务和技术手段的改进和完善,创建了独立的完整的登记结算技术系统,开发了国内第一个证券结算电子商务平台——PROP2000,建设了国内证券业第一个大型数据仓库,建立了以 DVP 为目标的电子交收模式,依照《证券法》建立了包括结算风险基金、清算交收备付金制度、待交收机制和交收风险监控制度在内的风险管理体系。

在参与建立全国集中统一的登记结算体系的同时,公司将继续在总部的领导下,与市场参与各方进行紧密的合作,正确处理发展与规范、改革创新与风险控制的关系,充分保障登记结算业务的稳定性、高效性与安全性,向证券市场提供安全、公平、高效的服务。

二、登记结算技术系统

公司已经建立了具有强大的业务处理能力、高效快捷的通信能力、智能化存储和数据查询分析能力的技术系统。这是我国惟一的独立于交易系统之外的功能完整的证券登记结算技术系统,主要包括以下三个组成部分:

(一) 登记结算系统

公司于 1998 年 4 月 1 日推出的登记结算业务处理系统,是一个独立的、可支持完整意义上的登记结算业务的技术系统,可以将全部的登记结算业务集中到一个统一的技术平台上处理。这一系统采用了当时世界上领先的技术配置,经过最新的升级和优化后,可在 180 分钟内完成 4000 万笔成交记录和 20 个证券品种权益(送股、配股、红利、上市挂牌等)的数据处理,而且具有安全可靠、操作简单的优点。

(二)信息服务系统(数据仓库)

公司以数据仓库为核心创建了信息服务系统。数据仓库的作用是通过建立一个高效实用的、存储庞大的历史数据仓库,将大量的业务数据经过加工和精炼,从中提取与主题相关的有价值的信息,满足市场监管和市场服务的需要,为加强风险防范、完善决策支持、提高服务质量提供技术手段。

公司建设的数据仓库一期项目于 2001 年 11 月 2 日通过验收并投入使用,这是国内证券业第一个 TB 级(1TB = 1000G)数据仓库,目前的主要用户包括上海证券交易所监察部,同时为中国证监会的监管工作随时提供服务。随着市场发展的需要,公司将向包括证券公司、上市公司在内的市场参与主体提供优质的数据增值服务。

(三)登记结算互联网络(PROP 2000)

PROP 系统是公司开发建立的实现证券登记、存管、结算数据实时通信的登记结算互联网络,目前已升级到 PROP2000。ROP2000 将证券电子商务概念引入了证券登记结算系统,在提高市场运作效率、降低市场运作风险、为新业务开发开展提供技术基础等方面取得了突破性的进步,标志着中国证券结算进行了电子网络时代。

PROP 系统是一个基于光缆和电话线双备份的数据通信网络,与卫星广播的数据通信方式比较,具有安全、稳定、可靠的优势,并且具有双向交流的功能。PROP 网络系统又是一个综合的业务平台,采用了模块化的设计模式,可以同时实现开户、帐户管理、查询、电子资金划拨、挂失转户等各项业务功能,又可以根据市场发展的需要随时扩展功能。

目前 PROP2000 的联网用户有 1000 多家,几乎涉及市场的所有参与者:证券公司、证券公司营业部、结算代理银行、基金托管人、上市公司、B 股结算会员等,以及监管机构和业务代理单位。用户不仅遍布全国,还有 63 家 B 股会员分布在世界各地。

组织机构:

综合管理部

主要负责分公司内部管理事务,及相关组织、协调工作。

财务部

主要负责执行国家有关的财经政策和公司总部的财务制度,组织执行分公司内部的财务管理。

法律部

主要负责对分公司规范性文件进行合规性审核,对分公司营运中涉及的法律问题出具法律意见。

投资人登记部

主要负责证券账户的开立与管理,特殊机构的账户开立,投资者证券查询、质押、协议转让,投资者通过托管证券公司办理的证券查询及继承、赠予、司法扣划等非交易过户业务等。

发行人登记部

主要负责证券发行登记,派发权益,发行人证券持有人名册维护及相关查询服务,限售和无限售流通股份的管理,发行人的增值服务等。

结算管理部

主要负责清算业务管理、资金账务管理(包括公司业务资金总账管理、B 股结算资金账务管理、A 股清算准备金及 B 股风险共同基金管理等)、回购业务管理(包括折算率管理、标准券核算及回购欠库管理等)、结算风险管理(包括待交收、卖空业务管理、交收及价差担保品管理)、国债兑付兑息工作。

交收部

结算参与人及其他参与人资金存管业务管理,组织完成相关业务资金交收。交收业务风险管理及交收风险资金账户监控。结算参与人信息管理。

技术开发部

主要负责技术系统的规划、设计和开发、维护,为技术系统的安全运行提供技术支持。

系统运行部

主要负责登记结算技术系统的日常运行、维护和管理。

管理团队

王迪彬,曾先后在人民银行福建省分行、福建证券交易中心工作,1996 年起任上海证券中央登记结算公司总经理,现任中国结算公司副总经理兼上海分公司总经理。

聂燕,曾任上海证券中央登记结算公司交收部经理、总经理助理、副总经理,现任中国结算上海分公司副总经理。

严明浩,曾任上海证券中央登记结算公司技术部副经理、执行副经理、执行经理,现任中国结算上海分公司副总经理。

戴文桂,曾在人民银行江苏省分行、江苏证券交易中心工作,后任上海证券中央登记结算公司综合部经理、综合部执行经理、总经理助理、中国结算上海分公司总经理助理,现任中国结算上海分公司副总经理。

张国平,曾在人民银行福建省分行工作,后任上海证券中央登记结算公司清算部经理、清算部执行经理、总经理助理,现任中国结算上海分公司总经理助理。

联系方式:

地址:上海市浦东新区陆家嘴东路 166 号
中国保险大厦 36 楼
邮编:200120
值班室电话:021 - 68870587

中国证券登记结算有限公司深圳分公司

公司概况

中国证券登记结算公司（以下简称“中国结算”）深圳分公司的前身深圳证券登记有限公司成立于 1991 年 1 月 24 日，1995 年 9 月 16 日并入深圳证券交易所，2001 年 9 月 21 日改组为中国结算深圳分公司，现有员工 167 人。中国结算深圳分公司十几年来一直致力于为中国证券市场的快速发展提供安全、高效的证券登记结算服务。

中国结算深圳分公司依法对在深圳证券交易所上市的证券进行登记结算，主要业务范围包括：证券账户的设立和管理；证券登记和托管；证券、资金的清算与交收；证券权益分派等代理服务；提供与登记结算业务有关的信息服务、咨询服务和培训服务；中国证券监督管理委员会批准的其他业务。

中国作为一个经济发展和改革开放的发展中国家，经济增长潜力巨大，证券市场发展的空间极其广阔。中国结算深圳分公司将在社会各界的关心和支持下，继续励精图治，开拓创新，进一步完善登记结算运作体系和服务体系，为中国证券市场和国民经济的发展作出新的贡献。

管理团队

总经理：戴文华

工学博士。在深圳证券交易所工作多年，负责技术开发和证券登记结算方面的业务。现任中国证券登记结算公司副总经理兼深圳分公司总经理，同时兼任深圳证券交易所副总经理。

副总经理：赵俊霞

经济学学士。曾任深圳证券登记公司业务部经理、市场监察部经理、深圳证券交易所股份结算部经理、存管部经理，现任深圳分公司副总经理。

副总经理：周宁

管理学硕士。曾任深圳证券交易所电脑工程部经理、信息管理部经理、系统运行部总监，现任深圳分公司副总经理。

副总经理：韩高龙

工学学士。曾任深圳证券交易所电脑工程部副经理、新楼工程部经理、技术保障部总监、稽核审计部总监、中国证券登记结算公司深圳分公司总经理助理，现任深圳分公司副总经理。

联系方式：

地址：广东省深圳市深南中路 1093 号中信大厦 18 楼

邮编：518031

值班室电话：0755－25938000

投诉电话：0755－25988133

服务热线：400－8833－008

中国证券登记结算有限公司 2008 年大事记

2008 年 12 月 31 日，深圳分公司《多层次资本市场证券登记结算系统》获得深圳市金融创新奖一等奖。

2008 年 12 月 22 日，上海分公司顺利完成设备集中管控系统建设，实现了对各个机房技术设备的集中管控。

2008 年 12 月 16 日，北京高院对华北电网起诉中科证券、中国结算国债回购纠纷案做出一审判决，认定华北电网要求中国结算公司对中科证券不能偿还其国债损失部分承担连带赔偿责任的诉讼请求，于法无据，法院不予支持。此案是北京地区法院首例判决。

2008 年 12 月 11 日，发布《关于进一步加强证券账户日常管理的通知》，进一步巩固账户规范工作成果，促进账户管理长效机制的建立。

2008 年 12 月 11 日，上海分公司完成清算系统改造，建立了新的清算系统架构。

2008 年 12 月 8 日，为方便各证券托管机构办理国债跨市场转托管等业务，深圳分公司在原书面申办业务的基础上，开通了国债跨市场转托管和转托管出错调账业务的电子申报通道。

2008 年 11 月 17 日，上海分公司自该日起延长 PROP 备付金划款起止时间，将备付金出账、入账开始时间由 9:00 提早到 8:30，将备付金出账截止时间由 14:00 延长到 15:00，缓解了结算参与人资金调拨压力。

2008 年 11 月 10 日，为解决沪市证券账户代码资源不足的问题，与上交所联合向市场发布《关于沪市证券账户代码扩容通知》。

2008 年 11 月 1 日，上海分公司顺利完成“技术系统运能提升项目”硬件设备升级切换以及应用程序适应性改造工作，实现了技术系统运行能力提升 3 倍的既定目标。

2008 年 10 月 27 日，中小板上市公司离任高管股份处理功能上线。

2008 年 10 月 18 日，开放式基金登记结算系统主机平台升级项目完成实施，系统处理能力大幅提高。

2008 年 10 月 11 日，配合上海证券交易所发展债券市场，根据各结算单位的申报将总面值为 285.05 亿元的 62 只的企业债记入证券账户，共涉及 104 家证券公司、7 家基金托管银行、9 家保险和财务公司。

2008 年 10 月 8 日，为配合集合理财参与人工作需要，推出电子合同服务。

2008 年 10 月 7 日，为支持交易所债券市场的发展，修订发布了涉及债券业务的《标准券折算率管理办法》、《结算备付金管理办法》、《中国证券登记结算有限责任公司债券登记、托管与结算业务细则》及《关于上海证券交易所固定收益证券综合电子平台交易登记结算暂行办法》四个业务规则。

2008 年 10 月 7 日，完成代办股份转让 B 类业务记账系统构建，实现了 B 类业务的电子化记账。

2008 年 10 月 2 日，交易结算网络三层改造项目正式上线，深圳证券交易所、中国结算深圳分公司、深圳通信公司之间通信骨干网由两层结构改为三层结构，骨干网络更加安全可靠。

2008 年 9 月 9 日，公司企业级数据仓库设计项目启动。

2008 年 9 月 3 日，深圳分公司业务稽核项目上线，实现了在结算数据下发结算参与人前对当日发生结算业务进行稽核。

2008 年 8 月 29 日，为规范深圳市场首次公开发行股票登记结算业务运作流程，发布《深圳市场首次公开发行股票登记结算业务指南》。

2008 年 7 月 25 日，上海分公司顺利完成了至 2007 年 12 月 31 日前分公司产生的，除北蔡历史库房外的所有应扫描档案(共计 3688 盒)的电子化处理工作。

2008 年 7 月 18 日,深圳分公司待确认证券滞留红利结转项目上线,解决了以前待确认股份和股息分离的问题。发布《不合格账户规范业务操作指引(第 3 号)》,明确 2008 年 8 月 1 日后剩余不合格账户规范工作的后续安排。

2008 年 7 月 18 日,发布《不合格账户规范业务操作指引(第 3 号)》,明确 2008 年 8 月 1 日后剩余不合格账户规范工作的后续安排。

2008 年 7 月 14 日,深圳分公司顺利完成结算主机切换工作。结算系统处理能力大幅提高,从 1500 万笔上升到 5000 万笔。

2008 年 7 月 12 日,上海分公司完成债券系统清理优化工作,为上证所大规模发展债券市场提供了可靠的后台技术保障。

2008 年 7 月 8 日,发布《关于震后灾区证券登记结算投资者服务相关工作的通知》,切实维护灾区投资者合法权益。

2008 年 7 月 4 日,发布《证券公司定向资产管理登记结算业务指南》。

2008 年 6 月 26 日,与香港结算开展第一次业务交流活动,在 10 月至 12 月期间举办双方的第一次交互培训项目。

2008 年 6 月 20 日,上海分公司完成首笔大宗交易专场结算工作。

2008 年 6 月 18 日,完成深圳机房灾备中心建设,深圳分公司的同城异地灾备中心建成。

2008 年 5 月 21 日,与深圳证券交易所联合发布《上市公司现金选择权业务指引》。

2008 年 5 月 18 日,三地网络系统实现内外网隔离。

2008 年 5 月 17 日,上海分公司 PROP2000 各模块正式停用,完成全市场用户从 PROP2000 到 PROP200 综合业务终端升级切换工作。

2008 年 5 月 12 日,对未限期清理的剩余不合格账户在登记结算系统实现集中中止交易处理。

2008 年 5 月 12 日,汶川特大地震发生后,公司迅速作出部署,确保当日业务操作、数据发送和与参与人的资金交收业务有序完成。

2008 年 5 月 11 日,自该日起,证券发行人可通过上海分公司 PROP2008 综合业务终端申请办理红利、送股业务,实现权益派发电子化的目标。

2008 年 5 月 8 日,关闭德恒证券、新疆证券开户代理业务,分别由华融证券、宏源证券承接。

2008 年 5 月 5 日,结算参与人管理系统深圳子系统上线,初步实现了从参与人、结算账户到资金明细账户三层次的数据链接,奠定了稳固的底层架构基础。

2008 年 4 月 28 日,深圳分公司首只在主板完成股改并退市的上市公司大庆联谊(600065)进入代办股份转让市场,总股本 2.38 亿股。

2008 年 4 月 25 日,上海分公司配合上交所顺利完成首个非一元面值股票 - 紫金矿业的上市交易工作。

2008 年 4 月 21 日,配合证监会发布的《上市公司解除限售存量股份转让指导意见》,建立限售股 1% 监控制度。

2008 年 4 月 14 日,完成上海市场首只通过网下发行电子化业务系统发行的新股——“金钼股份”的发行工作,标志着历经十个月研究、设计、开发的新股网下发行电子化系统顺利投入使用并成功运行。

2008 年 4 月 11 日,发布《不合格账户规范业务操作指引(第 2 号)》,明确不合格证券账户集中中止交易的各项安排。

2008 年 4 月 11 日,完成深圳市场首只通过网下发行电子化业务系统发行的新股——“鱼跃医疗”的发行工作。

2008 年 4 月 2 日,发布《关于进一步做好账户规范工作的通知》,进一步深入推进账户规范工作,明确不合格账户规范的各项措施。

2008 年 3 月 10 日,深圳分公司完成深市首只公司债 08 粤电债(证券代码 112001)的登记,发行规模达到 2000 万份。

2008 年 3 月 10 日,与中央国债登记结算有限责任公司续签《国债跨市场转托管业务协议书》。

2008 年 2 月 29 日,上海分公司完成沪市首家东方电气换股要约收购东方锅炉清算和股份过户工作。

2008 年 2 月 25 日,上海分公司向市场推出 PROP2008 综合业务终端。该终端重新规划并整合了老 PROP 客户端的一百多项业务功能,理顺了各个业务功能模块之间关系,标志着公司关于构建新一代统一化的登记结算业务电子化处理平台取得了重大进展。

2008 年 2 月 13 日,上海分公司数据仓库生产系统扩容工作顺利完成,实现系统容量扩充至 10TB,性能提升 3 倍以上的设计目标。

2008 年 2 月 1 日,发布《新增休眠账户管理业务操作指引》,实现证券市场新增休眠账户的常态化管理。

2008 年 1 月 24 日,深圳分公司实时开户查询时间由原来的下午 3 点延长到下午 5 点。

2008 年 1 月 22 日,与中国证券业协会、上海证券交易所共同制订并发布《上海市场首次公开发行股票网下发行电子化实施细则》。

2008 年 1 月 21 日,与中国证券业协会、深圳证券交易所共同制订并发布《深圳市场首次公开发行股票网下发行电子化实施细则》。

2008 年 1 月 14 日,深圳分公司稽核与信息揭示系统上线试运行,进一步强化了登记存管业务的日常实时揭示和重要参数的复核。

2008 年 1 月 10 日,协调出台《最高人民法院 最高人民检察院 公安部 中国证监会关于查询、冻结、扣划证券和证券交易结算资金有关问题的通知》(法发[2008]4 号),该通知已于 3 月 1 日实施。

中国期货保证金监控中心有限责任公司

一、公司概况

中国期货保证金监控中心有限责任公司(简称中国期货保证金监控中心)是经国务院同意、中国证监会决定设立,并在国家工商行政管理总局注册登记的期货保证金安全存管机构,是非营利性公司制法人。

中国期货保证金监控中心的主管部门是中国证监会,其业务接受中国证监会领导、监督和管理,章程经中国证监会批准后实施。中国证监会成立中国期货保证金监控中心管理委员会,审议决定中国期货保证金监控中心的重大事项。

二、经营宗旨

建立和完善期货保证金监控机制,及时发现并报告期货保证金风险状况,配合期货监管部门处置风险事件。

三、主要职能

建立并管理期货保证金安全监控系统,对期货保证金及相关业务进行监控；

建立并管理投资者查询服务系统，为投资者提供有关期货交易结算信息查询及其他服务；

督促期货市场各参与主体执行中国证监会期货保证金安全存管制度；

将发现的各期货市场参与主体可能影响期货保证金安全的问题及时通报监管部门和期货交易所，按中国证监会的要求配合监管部门进行后续调查，并跟踪处理结果；

为期货交易所提供相关的信息服务；

研究和完善期货保证金存管制度，不断提高期货保证金存管的安全程度和效率；

中国证监会规定的其他职能。

联系方式：

公司名称：中国期货保证金监控中心有限责任公司

公司地址：北京市西城区金融街5号新盛大厦B座17层

公司电话：010－66555088

上海证券交易所

上海证券交易所成立于1990年11月26日，同年12月19日开业，归属中国证监会直接管理。秉承"法制、监管、自律、规范"的八字方针，上海证券交易所致力于创造透明、开放、安全、高效的市场环境，切实保护投资者权益，其主要职能包括：提供证券交易的场所和设施；制定证券交易所的业务规则；接受上市申请，安排证券上市；组织、监督证券交易；对会员、上市公司进行监管；管理和公布市场信息。

上证所下设办公室、人事（组织）部、党办纪检办、交易管理部、发行上市部、公司管理部、会员部、债券基金部、国际发展部、产品开发部、市场监察部、法律部、投资者教育部、技术中心、信息中心、研究中心、财务部、稽核部、行政服务中心（保卫部）、北京中心等二十个部门，以及两个子公司上海证券通信有限责任公司、上证所信息网络有限公司，通过它们的合理分工和协调运作，有效地担当起证券市场组织者的角色。

上证所市场交易采用电子竞价交易方式，所有上市交易证券的买卖均须通过电脑主机进行公开申报竞价，由主机按照价格优先、时间优先的原则自动撮合成交。目前交易主机日处理能力为委托2900万笔，成交6000万笔，每秒可完成16000笔交易。

经过多年的持续发展，上海证券市场已成为中国内地首屈一指的市场，上市公司数、上市股票数、市价总值、流通市值、证券成交总额、股票成交金额和国债成交金额等各项指标均居首位。至2007年12月底，上证所拥有860家上市公司，上市证券数1125个，股票市价总值269839亿元。一大批国民经济支柱企业、重点企业、基础行业企业和高新科技企业通过上市，既筹集了发展资金，又转换了经营机制。

迈入新世纪后，上证所肩负着规范发展市场的艰巨任务，也面临着进一步推进市场各项建设的良好机遇。凭借一流的硬件设施和浦东优越的区位优势与强大辐射力，凭借上海经济良好发展势头和特有的龙头效应，凭借国企改革和金融中心建设对上海资本市场的积极推动，上证所将按照坚定信心、加强监管、保持稳定、规范发展的思路，在技术、监管、人才、服务等方面多管齐下，为建设一个规范透明、高效开放、充满生机活力的世界一流交易所开启新的篇章。

上海证券交易所2008年大事记

一月

1月2日，本所和中证指数有限公司正式对外发布公司治理指数行情。

1月21日，本所市场首次公开发行股票网下发行电子化方案和实施细则获中国证监会批准并公布。

1月28日，本所向会员单位下发了《关于做好强降雪预防工作的紧急知》，积极应对南方部分地区雨雪冰冻灾害对市场安全运行的影响。

二月

2月1日，本所与中证指数公司共同宣布，即日起调整上证、中证系列指数所有成分指数自由流通量实施细则。

2月18日，成立投资者教育部，全方位加强投资者教育和保护工作。

2月29日，发布实施《上海证券交易所交易系统容量设置操作规程》。

三月

3月25日，本所上海竹园金融发展基地项目立项。

3月25日，《特定资产管理合同内容与格式指引》正式下发。

3月26日，针对南航权证异常交易情况，启动监察直通处理机制，协助查处权证异常交易情况。

3月27日，IPO网下发行电子化平台正式上线，系统运行平稳。

四月

4月1日，发布实施《上海证券交易所交易异常情况应急处置预案》。

4月1日 本所向大庆联谊发出复核决定书，完成大庆联谊终止上市复核各项相关工作。

4月21日，发布实施《上海证券交易所大宗交易系统解除限售存量股份转让业务操作指引》。

4月21日，沪深交易所发布了关于实施《上市公司解除限售存量股份转让指导意见》有关问题的通知，成为指导意见的首个配套政策。

4月23日，经国务院批准，财政部、国家税务总局决定从2008年4月24日起，调整证券（股票）交易印花税税率，由现行的3‰调整为1‰，即对买卖、继承、赠与所书立的A股、B股股权转让书据，由立据双方当事人分别按1‰的税率缴纳证券（股票）交易印花税。

4月25日，第一家非一元面值股票"紫金矿业"在本所发行上市。

五月

5月8日，发布实施《上海证券交易所会员客户证券交易行为管理实施细则》。

5月9日，上海证券交易所向沪市公司发布《关于督促上市公司股东认真执行减持解除限售存量股份的规定的通知》。

5月14日，发布实施《上海证券交易所证券异常交易实时监控指引》。

5月19日，为表达对地震遇难同胞的深切哀悼，本所于5月19日14时28分临时停市3分钟。

5月20日，中国证监会上市公司监管部发布《上市公司重大资产重组申报工作指引》。上海证券交易所上市公司部发布《上市公司重大资产重组信息披露工作备忘录》第一号、第二号，即《信息披露业务办理流程》和《上市公司重大资产重组财务顾问业务指引（试行）》。

5 月 27 日，发布实施《上海证券交易所大宗交易系统专场业务办理指南（试行）》。

5 月 28 日，上市公司部向上市公司下发了《上市公司重大资产重组信息披露工作备忘录第三号——上市公司重大资产重组预案基本情况表》。

六月

6 月 2 日，与中国结算共同发布我国第一个现金结算方式权证行权有关事项业务规则《关于南航认沽权证现金结算行权有关事项的通知》。

6 月 20 日，举行首场大宗交易系统专场业务。

6 月 20 日，颁发首批合格投资者资格证书。

6 月 20 日，南航认沽权证到期摘牌、退市。

6 月 28 日，成功组织全市场会员进行本所交易主运行地异常切换至备运行地的应急演练。

6 月 30 日，发布《关于做好上市公司 2008 年半年度报告披露工作的通知》

七月

7 月 1 日，决定免收已在本所上市的四川、重庆、甘肃、陕西等地震灾区共 71 家上市公司 2008 年上市年费及 2008 年将在本所上市的上述地区公司的上市初费及上市年费、上述地区 2008 年发行并上市分离交易可转债上市费用，同时免除上述公司董秘、高管人员 2008 年培训费，对灾区会员公司实行 24 小时技术支持和上门服务。

7 月 1 日，发布实施《上海证券交易所纪律处分实施细则》。

7 月 4 日，发布实施《上海证券交易所会员交易及相关系统技术管理实施细则》。

7 月 18 日，发布实施《上海证券交易所战略规划（2008 年 6 月）》、《上海证券交易所技术发展战略规划（2008 年 6 月）》。

八月

8 月 1 日，数据仓库系统整合扩容项目顺利完成。

8 月 26 日，博士后管理办法获得通过，首批博士后科研人员陆续进站。

8 月 29 日，制定发布《上市公司股东及其一致行动人增持股份行为指引》，规范上市公司股东及其一致行动人增持股份行为。

九月

9 月 2 日，本所公布第四号、第五号备忘录，以进一步规范上市公司重大资产重组信息披露。

9 月 4 日，发布《上海证券交易所股票上市规则（2008 年修订）》。

9 月 10 日，正式发布上证 180 公司治理指数。

9 月 25 日，发布《上海证券交易所个人投资者行为指引》。

9 月 25 日，修改《上市公司股东及一致行动人增持股份行为指引》。

9 月 26 日，发布实施《上海证券交易所债券交易实施细则（2008 年修订）》，继续推动债券市场发展各项工作。

十月

10 月 6 日，发布《关于免收债券现券及回购交易相关费用的通知》。

10 月 7 日，调整公司债申报模式和报价方式。

10 月 13 日，参加第 48 届 WFE 会员大会和年会，再次当选 WFE 董事。

10 月 13 日，完成企业债进账户工作。

10 月 13 日，与以色列特拉维夫交易所签署合作谅解备忘录。

10 月 14 日，与马耳他交易所签署合作谅解备忘录。

10 月 20 日，与港交所签署“基本实时市场数据合作协议（A + H）”。

10 月 25 日，组织开展融资融券业务第一次全市场测试，做好该业务推出的相关准备工作。

10 月 27 日，启动沪深 300ETF 技术准备工作。

十一月

11 月 19 日，正式发布上证公司债、分离债指数。

十二月

12 月 1 日，推出可分离债参与新质押式回购交易业务。

12 月 1 日，发布实施《上海证券交易所上市公司董事会秘书资格管理办法》、《上海证券交易所上市公司董事会秘书考核办法》。

12 月 15 日，正式发布 3 个上证 180 主题投资指数上证 180 基建指数、上证 180 资源指数和上证 180 交通运输指数。

深圳证券交易所

深圳证券交易所（以下简称“深交所”）成立于 1990 年 12 月 1 日，是为证券集中交易提供场所和设施，组织和监督证券交易，实行自律管理的法人，由中国证监会直接监督管理。深交所致力于多层次证券市场的建设，努力创造公开、公平、公正的市场环境。主要职能包括：提供证券交易的场所和设施；制定本所业务规则；接受上市申请、安排证券上市；组织、监督证券交易；对会员和上市公司进行监管；管理和公布市场信息；中国证监会许可的其他职能。

作为中国大陆两大证券交易所之一，深交所与中国证券市场共同成长。16 年来，深交所借助现代技术条件，成功地在一个新兴城市建成了辐射全国的证券市场。15 年间，深交所累计为国民经济筹资 4000 多亿元，对建立现代企业制度、推动经济结构调整、优化资源配置、传播市场经济知识，起到了十分重要的促进作用。

经国务院同意，中国证监会批准，2004 年 5 月起深交所在主板市场内设立中小企业板块。设立中小企业板块，是分步推进创业板市场建设迈出的一个重要步骤，是党中央、国务院从促进经济的可持续发展和促进经济结构调整的大局出发做出的重要决策，也是贯彻落实十六届三中全会以及《国务院关于推进资本市场改革开放和稳定发展的若干意见》精神的一项具体部署。深交所将在中国证监会的领导下，在各级领导的关怀下，在社会各界的大力支持和帮助下，牢牢把握“监管、创新、培育、服务”八字方针，开拓努力拼搏，锐意创新，把中小企业板块建设好，为开辟中国多层次资本市场谱写新篇章！

部门职能

办公室：负责协调本所日常工作。

党委办公室：负责本所党委、纪委日常工作。

人力资源部：负责本所人力资源规划管理工作。

财务部：负责本所财务管理工作。

稽核审计部：负责本所内部稽核审计工作。

法律部：负责本所法律事务。

公司管理部、中小板公司管理部、创业板公司管理部：分别负责本所主板、中小企业板、创业板上市公司信息披露日常监管工作。

市场监察部：负责深圳证券市场交易活动的日常监管工作。

会员管理部：负责本所会员日常运作监管及会籍、席位管理等工作。

基金管理部：负责上市基金日常服务与监管，以及深市基金市场拓展工作。

信息管理部：负责本所信息资源组织、开发、管理工作。

系统运行部：负责本所交易系统以及监察系统、中心数据库、业务管理系统、互联网站和办公系统等的日常运行工作。

电脑工程部：负责本所交易、监察、中心数据库、业务管理等系统的研究、规划、开发和维护工作。

策划国际部：负责组织协调本所发展战略策划、政策研究、产品创新，编辑《证券市场导报》和《深交所》内刊，开展国际交流与合作。

上市推广部：负责市场宣传推介以及保荐人督导工作。

投资者教育中心：负责本所投资者教育工作。

综合研究所：本所下属机构，成立于1997年4月，主要从事本所、证券监管机构以及证券市场关注的各类课题研究，为本所追踪国际证券市场发展动态、开发新产品和进行重大决策前期论证提供智力支持。综合研究所同时负责本所博士后工作站的管理工作。

创业企业培训中心：本所下属机构，成立于2001年4月。中心以推动创业企业的基础管理和持续发展为目标，以"诚信、守法、创新"为主线，组织实施对创业企业、上市企业等的培训工作。

深交所行政服务有限公司：本所下属机构，成立于2003年12月，负责本所后勤服务、技术保障、设备采购与管理等工作。

深圳证券通信有限公司：本所下属机构，成立于1993年8月，是一家为证券市场提供数据通信服务的专业通信公司。公司拥有由卫星通信网和地面通信网组成的、目前国内规模最大的专用证券通信网——深圳证券通信网，承担本所与全国各地证券营业部之间全部的证券信息传输任务。

深圳证券信息有限公司：本所下属机构，成立于1994年，负责深圳证券市场交易实时行情、上市公司信息公告的发布、经营和管理。公司致力于推动中国证券信息业的发展，运用高科技信息技术通过多种媒介向社会提供专业化、个性化、智能化的证券信息服务。

理事长致辞

2008年是中国不平凡的一年，也是中国资本市场改革发展深入推进的一年。在党的十七大精神指引下，深交所立足长远、服务全局，开拓创新、顽强拼搏，以实际行动参与抗灾救灾与灾后重建，支持北京奥运会、残奥会的成功举办，应对国际金融危机的严峻挑战，实现了全年安全稳定运行，监管、创新、培育、服务以及自身建设各项工作稳步推进。

2008年，深圳证券市场股票、基金、债券、衍生品累计成交99388亿元，上市公司股票融资1234亿元，多层次资本市场服务实体经济、支持中小企业与自主创新的功能作用初步显现。深市主板持续做优做强，33家公司非公开发行融资560亿元，11家公司公开发行再融资270亿元。中小企业板继续发展，新增上市公司71家，融资430亿元，年末公司总数达273家。创业板准备工作扎实推进，启动基础进一步夯实。报价转让系统稳步扩展，中关村科技园区挂牌公司新增17家，总数达41家，年内有8家公司向特定对象融资3.6亿元。在此，我谨向长期以来关心、支持深交所的广大市场参与者、有关单位、各级领导以及各界人士表示衷心的感谢！

2009年，中国资本市场的改革与发展面临更为复杂多变的客观形势，承担更为艰巨的使命与责任，考验中同时蕴含难得的历史机遇。当前，中小企业在我国经济社会发展中的作用举足轻重；提高自主创新能力，建设创新型国家，是我国国家战略的核心。按照国务院办公厅《关于当前金融促进经济发展的若干意见》要求，加快建设多层次资本市场体系，是有效应对国际金融危机，充分发挥金融对经济发展促进作用的关键环节，也是保增长、扩内需、调结构的重要途径。

2009年，深交所将继续深入学习实践科学发展观，在切实防范化解风险、确保安全运行的基础上，努力以更宽阔的视野，用更扎实的工作，不断提高上市公司竞争力，加快发展中小企业板，实现创业板平稳启动，大力推进报价转让系统，加快完善有机联系的多层次资本市场体系，全面推进各项工作再上新台阶。我们坚信，在党中央、国务院方针政策指引下，在中国证监会正确领导和社会各界的大力支持下，全所上下胸怀全局，坚定信念，不懈拼搏，锐意进取，就一定能够为中国资本市场在风险与机遇和挑战中实现规范发展，为完成十七大提出的高举中国特色社会主义伟大旗帜、实现全面建设小康社会战略目标，做出自己应有的一份贡献！

联系我们：
地址：深圳市深南东路5045号
邮编：518010
电话：0755－82083333
邮箱：cis@ szse. cn

深圳证券交易所2008年大事记

一月

1月3日，全国人大常委会副委员长成思危视察本所。

1月14日，深圳证券交易所第九届保荐机构联席工作会议在武汉举行。

1月16日，浙江海亮股份有限公司、大连华锐重工铸钢股份有限公司挂牌上市。

1月20日，举办"希望之路——深交所2008迎春晚会"。

1月21日，发布《深圳市场首次公开发行股票网下发行电子化实施细则》。

1月23日，新疆国统管道股份有限公司、浙江海利得新材料股份有限公司挂牌上市。

1月28日，新疆准东石油技术股份有限公司、合肥城建发展股份有限公司挂牌上市。

1月30日，广州达意隆包装机械股份有限公司、深圳市飞马国际供应链股份有限公司挂牌上市。

1月30日，海马投资集团股份有限公司可转换公司债券挂牌上市。

1 月 30 日，发布《深圳证券交易所上市公司募集资金管理办法》。

二月

2 月 1 日，江苏宏达新材料股份有限公司、广东南洋电缆集团股份有限公司、深圳市特尔佳科技股份有限公司挂牌上市。

2 月 1 日，与新加坡证券交易所签署信息互换合作意向书。

2 月 4 日，发布《中小企业板上市公司募集资金管理细则（2008 年修订）》。

2 月 4 日，发布《中小企业板上市公司临时报告内容与格式指引第 9 号：募集资金年度使用情况的专项报告》。

2 月 5 日，本所向雨雪冰冻受灾严重省份捐款 120 万元。

2 月 11 日，组织会员及相关单位进行技术系统联机测试。

2 月 18 日，浙江大立科技股份有限公司、深圳诺普信农化股份有限公司挂牌上市。

2 月 18 日，发布《中小企业板上市公司保荐工作评价办法》。

2 月 20 日，郑州三全食品股份有限公司、山东联合化工股份有限公司挂牌上市。

2 月 22 日，中兴通讯股份有限公司分离交易的可转换公司债券上市交易。

2 月 22 日，设立纪检监察室。

2 月 26 日，中国证监会范福春副主席到本所宣布宋丽萍同志任深圳证券交易所总经理。

2 月 28 日，深圳市拓日新能源科技股份有限公司、大连天宝绿色食品股份有限公司挂牌上市。

三月

3 月 6 日，甘肃独一味生物制药股份有限公司、张家港东华能源股份有限公司挂牌上市。

3 月 14 日，举办第六届“3·15 投资者权益保护网上咨询”活动。

3 月 19 日，福建福晶科技股份有限公司挂牌上市。

3 月 21 日，成立投资者教育中心。

3 月 23 日，召开《首次公开发行股票并在创业板上市管理办法（征求意见稿）》中介机构、创业企业和创投机构座谈会。

3 月 27 日，承办国际交易所联会（WFE）工作委员会会议。

3 月 28 日，通过英国标准学会（BSI）和中国信息安全认证中心的信息安全管理体系（ISMS）ISO27001 国际国内双认证。

3 月 30 日，举办首届深交所博士后论坛暨当前资本市场机遇与挑战研讨会。

四月

4 月 2 日，通报 2007 年度上市公司信息披露考评结果。

4 月 2 日，组织五粮 YGC1 认购权证行权工作，行权比例达 99.857%。

4 月 10 日，首家通过深交所网下发行电子平台进行网下发行的江苏鱼跃医疗设备股份有限公司完成网下发行工作。

4 月 11 日，科技部部长万钢一行莅临本所参观访问。

4 月 18 日，江苏鱼跃医疗设备股份有限公司挂牌上市。

4 月 21 日，发布《关于实施〈上市公司解除限售存量股份转让指导意见〉有关问题的通知》。

4 月 25 日，浙江三力士橡胶股份有限公司、濮阳濮耐高温材料（集团）股份有限公司挂牌上市。

4 月 28 日，与中证结算深圳分公司联合发布《关于进一步规范中小企业板上市公司董事、监事和高级管理人员买卖本公司股票行为的通知》。

4 月 28 日，发布《深圳证券交易所 2007 年度股票市场绩效报告》。

4 月 30 日，北京京鹏环球科技股份有限公司进入代办股份转让系统报价转让。

4 月 30 日，发布《深圳证券交易所 2007 年自律监管工作年度报告》。

五月

5 月 6 日，安徽江南化工股份有限公司、深圳奥特迅电力设备股份有限公司挂牌上市。

5 月 8 日，厦门合兴包装印刷股份有限公司、福建鸿博印刷股份有限公司挂牌上市。

5 月 8 日，发布《深圳证券交易所限制交易实施细则》。

5 月 9 日，启明信息技术股份有限公司挂牌上市。

5 月 12 日，安徽科大讯飞信息科技股份有限公司、奥维通信股份有限公司挂牌上市。

5 月 14 日，本所向“5·12 汶川地震”灾区人民捐助 1500 万元，员工向地震灾区捐款并缴纳抗震救灾特殊党费 430 万元。

5 月 16 日，广东塔牌集团股份有限公司、山东民和牧业股份有限公司、厦门安妮股份有限公司挂牌上市。

5 月 19 日，14 时 28 分起临时停市三分钟，深切哀悼“5·12 汶川地震”遇难同胞。

5 月 20 日，浙江大华技术股份有限公司、山东恒邦冶炼股份有限公司挂牌上市。

5 月 22 日，江苏金飞达服装股份有限公司、歌尔声学股份有限公司挂牌上市。

5 月 23 日，广东威华股份有限公司挂牌上市。

与德意志交易所签订谅解备忘录。

5 月 26 日，深圳市天威视讯股份有限公司挂牌上市。

5 月 28 日，九阳股份有限公司、深圳市通产丽星股份有限公司挂牌上市。

5 月 29 日，杭州滨江房产集团股份有限公司挂牌上市。

六月

6 月 5 日，江苏澳洋顺昌金属材料股份有限公司、四川北方硝化棉股份有限公司挂牌上市。

6 月 12 日，浙江帝龙新材料股份有限公司、威海华东数控股份有限公司挂牌上市。

6 月 19 日，中山大洋电机股份有限公司、联化科技股份有限公司、步步高商业连锁股份有限公司挂牌上市。

6 月 20 日，北京金泰得生物科技股份有限公司在报价股份转让系统挂牌。

6 月 23 日，上海莱士血液制品股份有限公司、四川川大智胜软件股份有限公司挂牌上市。

6 月 25 日，烟台氨纶股份有限公司、苏州海陆重工股份有限公司、深圳市彩虹精细化工股份有限公司挂牌上市。

6 月 28 日，组织交易系统应急演练测试。

七月

7 月 1 日，召开纪念建党 87 周年庆祝大会。

7 月 1 日，免除四川、甘肃、陕西等地震灾区上市公司 2008 年度上市费。

7 月 2 日，召开中小企业板上市公司监管与发展工作座谈会。

7 月 8 日，利尔化学股份有限公司挂牌上市。

7 月 16 日，四川升达林业产业股份有限公司、广东伊立浦电器股份有限公司挂牌上市。

7月16日，向全体会员发出《进一步加强安全维稳工作的倡议书》。

7月18日，山东东阿阿胶股份有限公司认股权证发行并上市交易。

7月23日，湖南拓维信息系统股份有限公司、江苏恩华药业股份有限公司挂牌上市。

7月25日，承办第39次内地香港证券监管五方联席会议。

7月28日，浙江大东南包装股份有限公司挂牌上市。

7月31日，福建新华都购物广场股份有限公司挂牌上市。

八月

8月6日，云南西仪工业股份有限公司、浙江富春江水电设备股份有限公司挂牌上市。

8月11日，成都卫士通信息产业股份有限公司、陕西省天然气股份有限公司挂牌上市。

8月20日，北京安控科技股份有限公司股份在代办股份转让系统挂牌。

8月28日，上海美特斯邦威服饰股份有限公司挂牌上市。

8月28日，发布《深圳证券交易所上市公司股东及其一致行动人增持股份行为指引》。

九月

9月1日，北京林克曼数控技术股份有限公司股份在代办股份转让系统挂牌。

9月4日，发布《深圳证券交易所股票上市规则》(2008年修订)。

9月5日，山东法因数控机械股份有限公司挂牌上市。

9月10日，北京东方雨虹防水技术股份有限公司挂牌上市。

9月10日，与纽约泛欧交易所集团签订谅解备忘录。

9月19日，四川川润股份有限公司、浙江水晶光电科技股份有限公司挂牌上市。

建信优势动力股票型证券投资基金挂牌交易。

9月25日，江苏华昌化工股份有限公司挂牌上市。

十月

10月8日，全国政协经济委员会"当前金融改革开放与发展"专题调研组莅临本所调研。

10月10日，召开深入学习实践科学发展观活动动员大会。

10月11日，发布《深圳证券交易所上市公司以集中竞价方式回购股份业务指引》。

10月15日，国内首只创新型债券基金——富国天丰强化收益债券型基金通过本所发行。

10月20日，与土耳其伊斯坦布尔证券交易所签订谅解备忘录。

10月23日，发布《深圳证券交易所上市公司股东追加承诺业务管理指引》。

10月28日，北京凯英信业科技股份有限公司、北京彩讯科技股份有限公司、北京九州大地生物技术集团股份有限公司、北京中兴通科技股份有限公司和北京鼎普科技股份有限公司等五家中关村科技园区企业在代办股份转让系统挂牌。

10月28日，发布《深圳证券交易所可转换公司债券业务实施细则》。

十一月

11月8日，本所软件工程过程体系通过美国软件工程研究所(SEI)能力成熟度模型集成三级(CMMI3)认证。

11月13日，中国证监会副主席姚刚一行来本所调研多层次资本市场建设。

11月10日开始，组织党员干部开展深入学习实践科学发展观主题调研活动。

11月20日，部署开展学习实践科学发展观"解放思想大讨论"活动。

11月20日，举办"公检法系统证券业务培训班"。

11月27日，召开学习实践科学发展观解放思想大讨论专题会议。

十二月

12月1日，第七届中小企业融资论坛开幕。中国证监会主席尚福林出席并做重要讲话。

12月2日，第七届证券投资基金国际论坛开幕。中国证监会主席尚福林出席并做重要讲话。

12月3日，第四届中国(深圳)国际期货大会开幕。

12月3日，发布《深圳证券交易所上市公司董事会秘书及证券事务代表资格管理办法》。

12月3日，发布《深圳证券交易所上市公司信息披露工作考核办法》。

12月5日，北京联飞翔科技股份有限公司在代办股份转让系统挂牌。

12月10日，北京华高世纪科技股份有限公司在代办股份转让系统挂牌。

12月16日，北京信维科技股份有限公司在代办股份转让系统挂牌。

12月18日，发布《深圳证券交易所综合协议交易平台业务实施细则》。

12月25日，北京中机联供非晶科技股份有限公司进入代办股份转让系统挂牌转让。

12月26日，北京康斯特仪表科技股份有限公司进入代办股份转让系统挂牌转让。

第四节　财　政　部

财　政　部

主要职能

（一）拟订和执行财政、税收的发展战略、方针政策、中长期规划、改革方案及其他有关政策；参与制定各项宏观经济政策；提出运用财税政策实施宏观调控和综合平衡社会财力的建议；拟订和执行中央与地方、国家与企业的分配政策。

（二）拟订财政、财务、会计管理的法律法规草案；制定和执行财政、财务、会计管理的规章制度；组织涉外财政、债务的国际谈判并草签有关协议、协定。

（三）编制年度中央预决算草案并组织执行；受国务院委托，向全国人民代表大会报告中央、地方预算及其执行情况，向全国人大常委会报告决算；管理中央各项财政收入，管理中央预算外资金和财政专户；管理有关政府性基金。

（四）提出税收立法计划，与国家税务总局共同审议上报税法和税收条例草案；根据国家预算安排，确定财政税收收入计划；提出税种增减、科目税率调整、减免税和对中央财政影响较大的临时特案减免税的建议；参加涉外税收和国际关税谈判，签订涉外税收协议、协定草案；制定国际税收协议和协定范本；承办国务院关税税则委员会的日常工作。

（五）管理中央公共财政支出；拟订和执行政府并购政策；管理财政预算内行政机构、事业单位和社会团体的非贸易外汇和财政预算内的国际收支；制定需要全国统一规定的开支标准和支出政策；拟订和执行《事业单位财务规则》、《行政单位财务规则》；制定基本建设财务制度。

（六）拟订和执行国家与企业的分配政策，管理中央财政支持企业的支出；拟订并组织实施《企业财务通则》；负责监管中央直管企业财务，管理国有资本收益；汇总分析全国企业年度财务决算；负责资产评估行业的行政管理。

（七）办理和监督中央财政的经济发展支出、中央投资项目的财政拨款、中央财政投入的挖潜改造资金和新产品试制费；负责农业综合开发；拟订并监督执行《企业财务通则》。

（八）管理中央财政社会保障支出；拟订社会保障资金的财务管理制度；组织实施对社会保障资金使用的财政监督。

（九）拟订和执行政府国内债务管理的方针政策、规章制度和管理办法，编制国债发行计划；拟订政府外债管理的方针政策、规章制度和管理办法；承担外国政府贷款、世界银行贷款、亚洲开发银行贷款和日本输出入银行贷款的对外谈判与磋商业务；代表中国政府参加国际财政组织。

（十）拟订和监督执行会计规章制度、《企业会计准则》，制定和监督执行政府总预算、行政和事业单位及分行业的会计制度；指导和监督注册会计师和会计师事务所的业务；指导和管理社会审计；审批外国会计公司驻华代表机构的设置。

（十一）监督财税方针政策、法律法规的执行情况；检查反映财政收支管理中的重大问题；提出加强财政管理的政策建议；管理财政监察专员办事机构。

（十二）制定财政科学研究和教育规划；组织财政人才培训；负责财政信息和财政宣传工作。

（十三）承办国务院交办的其他事项。

领导简介

部长：谢旭人

谢旭人，男，汉族，1947 年 10 月生，浙江宁波人，1980 年 6 月加入中国共产党，1967 年 6 月参加工作，浙江大学工业经济专业毕业，大专学历，工程师、高级经济师。

1967 年至 1981 年浙江省宁波市镇海机械厂工人、技术员、设备科长、副厂长。1981 年至 1984 年浙江大学学习。1984 年至 1985 年任浙江省余姚县副县长、鄞县县长。1986 年至 1990 年任浙江省计经委党组成员、投资办主任，综合计划办主任，计经委副主任。1990 年至 1995 年任财政部预算司副司长，综合计划司司长，综合与改革司司长，党组成员、部长助理。1995 年至 1998 年任财政部副部长、党组成员。1998 年至 2000 年任中国农业发展银行行长、党委书记。2000 年至 2001 年任中央金融工委副书记。2001 年 11 月至 2003 年 3 月任国家经贸委副主任、党组副书记。2003 年 3 月至 2007 年 8 月任国家税务总局局长、党组书记。2007 年 8 月任财政部部长、党组书记。中共第十六届中央委员会候补委员、中共第十七届中央委员会委员。

副部长：廖晓军

廖晓军，男，汉族，1952 年 3 月生，重庆市人，1974 年 9 月加入中国共产党，1969 年 4 月参加工作，天津财经学院财政金融系金融专业大学毕业。

1985 年至 1991 年任财政部办公厅秘书处副处长、处长，1991 年至 1995 年任财政部办公厅副主任，1995 年至 1996 年任财政部办公厅主任、新闻发言人，1996 年至 1999 年 12 月任财政部人事教育司司长，1999 年 12 月至 2002 年 7 月任财政部部长助理、党组成员，2002 年 7 月至 2008 年 3 月任财政部副部长、党组成员。2008 年 3 月至今任财政部副部长、党组副书记。

纪检组长：贺邦靖

贺邦靖，女，白族，1946 年 7 月生，湖南桑植人，1965 年 8 月加入中国共产党，1969 年 7 月参加工作，北京农业机械化学院农业机械化系大学毕业。

历任中共河北省承德地委副书记、政法委书记，中共河北省纪律检查委员会副书记、省委委员、省人大代表，中央纪委四室主任、干部室主任，1994 年 11 月至 2007 年 3 月任中纪委驻国家税务总局纪检组组长、国家税务总局党组成员，2007 年 3 月至现在任中纪委驻财政部纪检组组长、财政部党组成员。中共十四大代表，中共十四大、十五大、十六大、十七大当选为中央纪律检查委员会委员。

副部长：李勇

李勇，男，汉族，1951 年 10 月生，山东济宁人，1973 年 9 月加入中国共产党，1970 年 5 月参加工作，财政部财政科学研究所研究生部会计专业研究生毕业，获经济学硕士学位。

1984 年任财政部财政科学研究所外国财政研究室副主任，1985 年至 1989 年任中国常驻联合国代表团二秘、一秘，1989 年至 1990 年任财政部世界银行业务司处长，1990 年至 1992 年任世界银行中国执行董事办公室技术助理、顾问，1992 年至 1996 年任财政部世界银行司副司长、司长，1996 年至 1998 年任世界银行中国执行董事办公室执行董事，1999 年至 2002 年任中国注册会计师协会秘书长，2000 年 7 月至 2003 年 9 月任财政部部长助理、党组成员，2003 年 9 月至现在任财政部副部长、党组成员。

副部长：王军

王军，男，汉族，1958 年 11 月生，河南商丘人，1977 年 12 月加入中国共产党，1976 年 7 月参加工作，北京大学政府管理学院政治学理论专业研究生毕业，获法学博士学位。

1987 年至 1992 年分别任财政部会计司一处副处长、处长，1992 年至 1993 年任财政部办公厅部长秘书室处长级秘书，1993 年至 1994 年任中国注册会计师协会副秘书长，1994 年至 1998 年任财政部办公厅副主任（1996 年以后主持工作），1998 年至 2003 年 9 月任财政部办公厅主任、新闻发言人，2003 年 9 月任财政部部长助理、党组成员，2005 年 10 月至现在任财政部副部长、党组成员。

副部长：张少春

张少春，男，汉族，1958 年 2 月生，辽宁宽甸人，1978 年 1 月加入中国共产党，1975 年 8 月参加工作，东北财经大学金融系金融专业研究生毕业，获经济学博士学位。

1988 年至 1989 年任财政部办公厅值班室副处长级秘书，1989 年至 1994 年分别任财政部办公厅研究处副处长、新闻宣传处处长，1994 年至 1998 年分别任财政部办公厅副主任、司长级秘书，1998 年至 2003 年 9 月分别任财政部条法司、教科文司司长，2003 年 9 月至 2006 年 11 月任财政部部长助理、党组成员，2006 年 11 月至现在任财政部副部长、党组成员。

副部长：丁学东

丁学东，男，汉族，1960 年 2 月出生，江苏常州人，1984 年 11 月加入中国共产党，1977 年 3 月参加工作，财政部财政科学研究所研究生部财政学专业毕业，获经济学博士学位。

1987 年至 1994 年分别任财政部工业交通财务司调研处副处长、处长，1994 年至 1997 年任国家国有资产管理局办公室主任兼人事教育司司长，1997 年至 1998 年任国家国有资产管理局产权司司长，1998 年至 2000 年任财政部国有资本金基础管理司司长，2000 年至 2005 年任财政部农业司司长（其间：2003 年 3 月至 2004 年 3 月挂职任三峡总公司财务部副总经理），2005 年至 2006 年 11 月任财政部教科文司司长，2006 年 11 月至 2008 年 3 月任财政部部长助理、党组成员。2008 年 3 月至今任财政部副部长、党组成员。

部长助理：刘红薇

刘红薇，女，汉族，1953 年 12 月出生，浙江慈溪人，1985 年 1 月加入中国共产党，1971 年 11 月参加工作，中欧国际工商学院 EMBA 毕业。

1987 年至 1994 年分别任上海市财政局城建处副处长、预算处副处长、预算处处长、局长助理兼预算处处长，1994 年至 1998 年任上海市财政局（地税局）副局长，1998 年至 2003 年任上海市财政局（地税局）局长、党委副书记，2003 年至 2006 年 6 月任上海市人民政府副秘书长兼上海市财政局（地税局）局长、党委副书记，2006 年 4 月至现在任财政部部长助理、党组成员。

部长助理：朱光耀

朱光耀，男，汉族，1953 年 7 月生，北京市人，1987 年 6 月加入中国共产党，1970 年 7 月参加工作，财政部财政科学研究所财政专业研究生毕业，获经济学硕士学位。

1988 年至 1992 年任财政部财政科学研究所学会秘书处秘书（副处长级），1992 年至 1993 年任财政部世界银行司能源工交处副处长，1993 年至 1994 年任财政部世界银行司农业处处长，1994 年至 1996 年任驻世界银行中国副执行董事（其间：1995 年至 1996 年任财政部世界银行司副司长级干部），1997 年至 1998 年分别任财政部国债金融司副司长、国际司副司长，1998 年至 2001 年任财政部国际司司长，2001 年至 2004 年任驻世界银行中国执行董事，2004 年至 2007 年 2 月任财政部国际司司长，2007 年 2 月至现在任财政部部长助理、党组成员。

部长助理：张通

张通，男，汉族，1956 年 7 月生，福建屏南人，1975 年 8 月加入中国共产党，1973 年 3 月参加工作，厦门大学经济学院财政专业研究生毕业，获经济学博士学位。

1988 年至 1994 年分别任财政部办公厅值班室副处长级秘书、部长秘书室主任（正处长级），1994 年至 1995 年任财政部党组秘书（副司长级），1995 年至 2002 年分别任财政部地方司副司长、预算司副司长、国库司副司长、国库支付中心副主任（兼），2002 年至 2007 年 5 月分别任财政部国库司司长、办公厅主任，2007 年 5 月至现在任财政部部长助理、党组成员。

中央国债登记结算有限责任公司

成立背景

上世纪九十年代初，我国债券市场以国债市场为先导进入了早期发展阶段。但由于市场基础设施建设滞后，缺乏债券集中托管和统一结算机制，出现了国家信用被冒用、投资者合法权益得不到有效保护、市场运行成本居高不下、金融风险加大等问题，阻碍了国债市场的健康发展。

为整顿国债市场秩序，保证市场安全、高效、低成本运行，促进债券市场的健康发展，中国人民银行和财政部共同议定并报经国务院同意后，在原中国证券交易系统有限公司的基础上改组设立了中央国债登记结算有限责任公司（以下简称中央结算公司），承担国债和国内其他债券的统一登记、托管和结算职能。

中央结算公司属全国性非银行金融机构，1996 年 12 月在国家工商管理局登记注册，目前注册资本 4.8 亿元人民币。

业务范围

（一）国债、金融债券、企业债券和其它固定收益证券的登记、托管、结算、代理还本付息。

（二）为中国人民银行公开市场业务系统和债券发行系

统提供技术支持。

（三）担任债券基金与货币市场基金资产的托管人并办理基金单位的登记、托管、结算。

（四）债券市场与货币市场中介服务与信息服务；因特网信息服务。

（五）债券市场及货币市场的研究、咨询、培训与宣传。

（六）办理外币固定收益证券的托管、跨境结算并组织办理相关的资金结算和国际业务。

（七）根据管理部门授权对债券次级托管进行监督。

（八）经中国人民银行、财政部批准的其它业务。

部门职能

办公室：办公管理；宣传；外事；纪检监察。

研发部：发展战略研究；新业务、新产品研发与规则设计；《中国债券》杂志及债券研究会日常工作。

客户服务部：客户服务；结算业务监控及结算指令应急处理；债券柜台业务。

发行服务部：债券发行业务服务；公开市场操作服务。

托管部：托管账户管理；债券登记、托管、过户。

资金结算部：办理资金结算业务；负责与资金结算有关的账户、资金、账务、制度、账

务资料及相关系统的管理工作。

债券信息部：债券信息的管理、发布；债券信息产品开发；中国债券信息网建设管理。

系统部：系统集成、建设和运行支持；网络通讯系统建设管理；信息技术管理；CA 证书管理。

软件部：应用软件设计、开发和维护。

财务会计部：公司财务会计；市场成员收费管理等事务。

稽核部：内部业务稽核；法律事务。

人力资源部（党委工作部）：人事及劳动工资管理；员工培训；党的组织工作。

培训部：市场成员境内外培训项目的设计、开发、组织以及培训教材的编写。

后勤管理部：负责公司后勤管理；安全保卫；固定资产的购置、管理及维修等工作。

中国注册会计师协会

概况

中国注册会计师协会是依据《注册会计师法》和《社会团体登记条例》的有关规定设立的社会团体法人，是中国注册会计师行业管理组织，成立于 1988 年 11 月。

中国注册会计师协会分别于 1996 年 10 月和 1997 年 5 月加入亚太会计师联合会和国际会计师联合会，并与 50 多个境外会计师职业组织建立了友好合作和交往关系。

中国注册会计师协会最高权力机构为全国会员代表大会，全国会员代表大会选举产生理事会。理事会选举产生会长、副会长、常务理事会，理事会设若干专门委员会和专业委员会。常务理事会在理事会闭会期间行使理事会职权。协会下设秘书处，为其常设执行机构。

宗旨

本会的宗旨是服务、监督、管理、协调，即以诚信建设为主线，服务本会会员，监督会员执业质量、职业道德，依法实施注册会计师行业管理，协调行业内、外部关系，维护社会公众利益和会员合法权益，促进行业健康发展。

主要职责

审批和管理本会会员，指导地方注册会计师协会办理注册会计师注册；

拟订注册会计师执业准则、规则，监督、检查实施情况；

组织对注册会计师的任职资格、注册会计师和会计师事务所的执业情况进行年度检查；

制定行业自律管理规范，对违反行业自律管理规范的行为予以惩戒；

组织实施注册会计师全国统一考试；

组织和推动会员培训工作；

组织业务交流，开展理论研究，提供技术支持；

开展注册会计师行业宣传；

协调行业内、外部关系，支持会员依法执业，维护会员合法权益；

代表中国注册会计师行业开展国际交往活动；

指导地方注册会计师协会工作；

办理法律、行政法规规定和国家机关委托或授权的其他有关工作。

组织结构

全国会员代表大会　本会最高权力机构为全国会员代表大会。全国会员代表大会每五年举行一次。

全国会员代表大会的职权是：制定、修改本会章程；选举本会理事；讨论决定本会工作方针和任务；审议、批准本会理事会的工作报告；制定、修改会费管理办法；审议理事会提请全国会员代表大会审议的其他事项。

理事会与常务理事会　全国会员代表大会选举理事若干人组成本会理事会。每届理事会任期五年，理事可以连选连任。理事会会议每年举行一次。

理事会对全国会员代表大会负责。其职权是：提议召开全国会员代表大会；选举本会常务理事会成员；选举本会领导成员；聘任本会常设执行机构领导成员；增补或更换本会理事；审议本会常设执行机构职能部门的设置；审议、批准本会常设执行机构的年度工作报告；审议、批准本会的年度会费收支报告；其他应由理事会办理的事项。

理事会选举会长一人、副会长若干人、常务理事若干人。常务理事会于理事会闭会期间行使理事会职权。

会长代表本会，召集、主持理事会和常务理事会会议，并监督、检查其决议的贯彻实施。

常设执行机构　本会设秘书处，为本会常设执行机构。

秘书处负责具体落实本会会员代表大会、理事会、常务理事会的各项决议、决定，承担本会的日常工作。

本会设秘书长一人、副秘书长若干人。秘书长主持秘书处日常工作。

专门委员会与专业委员会　理事会设若干专门委员会。专门委员会是理事会履行职责的专门工作机构，对理事会负责。

理事会设若干专业委员会。专业委员会负责处理行业发展中的专业技术问题，对理事会负责。

专门委员会、专业委员会的设置、调整、具体职责和运作规则，以及委员的聘任和解聘，由秘书长提出方案，理事会批准。

目前，本会已成立 7 个专门委员会和 1 个专业委员会，各自的主要职责是：

1. 审计准则委员会。审计准则委员会主要负责审议独立审计准则拟订计划；审议独立审计准则征求意见稿；审议批准独立审计准则拟订稿。

2. 惩戒委员会。惩戒委员会主要负责对违规违纪的会计师事务所和注册会计师予以惩戒。中国注册会计师协会惩戒委员会主要负责对行业具有重大影响的违规违纪行为的惩戒，其他违规违纪行为由地方注册会计师协会负责惩戒。

3. 申诉委员会。申诉委员会主要负责当事会计师事务所、注册会计师对中国注册会计师协会惩戒委员会的拟惩戒决定不服的申诉工作，确定是否维持或修改惩戒委员会的决定。

4. 维权委员会。维权委员会主要负责直接办理注册会计师行业内有重大影响的维权事项；研究维护会员依法执业的具体措施和办法；指导地方协会的维权工作；针对在维权工作中发现的问题，向有关部门提出规范会员依法执业并切实保护其合法权益的意见、建议；负责就承办的维权事项，推动、配合、协调有关部门工作；研究和探讨维护会员合法权益的途径和办法，提出维权工作的政策性建议或研究报告。

5. 教育培训委员会。教育培训委员会主要负责研究、分析注册会计师行业的执业状况和能力需求，审议注册会计师行业培训规划；推动、改进、指导注册会计师资格前教育；审议注册会计师后续教育制度；审议注册会计师教育培训教材。

6. 财务委员会。财务委员会主要负责研究行业会费政策；审查本会年度会费收支报告，并向理事会报告；指导、规范行业财务工作；确定聘请外部审计机构事宜。

7.《中国注册会计师》编辑委员会。编辑委员会主要负责审议《中国注册会计师》办刊方针；监督《中国注册会计师》办刊方针的实施情况；收集、分析会员对《中国注册会计师》的意见；对《中国注册会计师》提出改进意见和建议。

8. 专业技术咨询委员会。专业技术咨询委员会主要负责研究注册会计师在执业过程中遇到的专业问题；向注册会计师提供专业技术援助；与有关政府部门沟通，就有关专业问题提出建议。

地方注册会计师协会 各省、自治区、直辖市注册会计师协会是本会的地方组织，其章程由当地会员代表大会依法制定，并报本会和当地政府主管行政机关备案。省、自治区以下成立注册会计师协会，须经省级注册会计师协会批准，报本会备案，其组织运行、职责权限，依照国家法律、行政法规及所在地省级协会的规定办理。深圳市注册会计师协会经财政部批准，在注册会计师注册管理方面，享有省级注册会计师协会权限。

香港特别行政区、澳门特别行政区、台湾地区和外国的本会会员，可以组织成立本会地区会员联谊会。

会员

本会会员分为团体会员、个人会员。

团体会员：依法批准设立的会计师事务所，为本会团体会员。

个人会员：凡参加注册会计师全国统一考试全科合格并经申请批准者和依照规定原考核取得本会会员资格者，为本会个人会员。个人会员分为执业会员和非执业会员。其中，依法取得中国注册会计师执业证书的，为执业会员。

名誉会员：对注册会计师行业做出重大贡献的境内、外有关知名人士，经有关方面推荐，由理事会批准，可授予本会名誉会员称号。

秘书处部门设置

●办公室

研究提出协会年度工作计划；协调协会内部工作运转，检查督促工作事项的落实；负责理事会、常务理事会的日常事务和会议组织；负责行业重大事项及综合性事务与地方协会的沟通；组织起草有关重要报告和综合性会议的领导讲话；负责行业宣传和新闻发布工作；负责协会文电、保密、信访、档案管理、文印等工作；负责协会领导秘书事务。

●考试部（财政部注册会计师考试委员会办公室）

研究完善执业资格考试制度和管理体系；组织实施全国注册会计师统一考试及其他行业相关测试。

●注册部

研究完善行业注册、年检和管理制度；组织行业执业注册会计师的注册和任职资格检查工作；建立并实行会员注册登记制度；负责会员维权和推动行业会员参政议政工作。

●继续教育部

明确加强行业人才培养工作的指导思想和总体思路，确保指导思想和总体思路的贯彻执行；充分调动各方力量，全面提升继续教育水平；积极开拓人才培养途径，大力培养高层次行业人才；提升注册会计师专业方向教育质量，培养注册会计师行业高质量的后备人才队伍；加强培训工作的理论指导和制度保障。

●业务监管部

研究建立和完善行业执业质量检查制度体系；负责行业职业道德和执业质量监督、检查、调查、惩戒工作。

●专业标准与技术指导部

研究并统筹规划执业准则体系（包括职业道德规范）；负责执业标准的拟订和解释工作；研究国际组织和各国执业准则及相关专业理论与实务；负责专业技术咨询、指导工作；负责与相关国家或地区的职业组织的准则等效谈判。

●研究发展部

规划组织行业发展研究工作；组织行业发展理论和政策的调查研究，提出行业发展的理论和政策建议；组织行业相关法律研究；跟踪研究国内外行业建设与发展动态，开展相关协调工作；组织起草行业发展规划；负责协会重要报告和文件的起草。

●国际及港澳

台事务部 负责行业对外交往活动；办理协会外事活动有关事宜；负责处理港澳台地区有关事务。

●财务部

负责协会内部财务会计工作；指导行业财务会计工作。

●期刊编辑部

负责《中国注册会计师》杂志的采编及出版等工作。

●信息技术部

研究规划和协调行业计算机广域网络和局域网络系统的建设和管理；负责行业管理数据库的建设和技术保障工作；组织专业软件和技术的研究、开发和推广；负责行业信息技术水平和协会办公自动化程度的提高。

●人事部（党办）

规划协会人力资源的开发、配置；按照国家和财政部人事教育政策，拟订有关管理制度；负责员工的考核、培训和管理工作；负责协会党、团、工、青、妇组织的日常工作。

●服务部

负责协会后勤服务及安全保卫工作；负责协会物业管理及固定资产管理；负责协会出版物的出版发行工作；负责为会员提供协会出版物的征订、发行和赠阅工作。

中国注册会计师协会第四届理事会和常务理事会名单
（2007 年 12 月第四届理事会第四次会议通过）

会　长：刘仲藜

副会长：张　克　陈雄溢　李永贵

常务理事（按姓氏笔划排列）：

丁跃文　马潞生　王世定　王　军　刘　荃　刘玉廷
刘仲藜　刘　萍　吕国祥　朱建弟　朱秉义　朱祺珩
何元福　余瑞玉　吴卫星　张　克　李友志　李小雪
李永贵　杨池生　汪建熙　邴志刚　陈建明　陈顺兴
陈雄溢　陈毓圭　陈箭深　周友道　侯本领　弯海川
施学道　胡少先　赵卓娅　黄　友　焦　点　童道友
葛　明　董大胜　董新钢

理事（按姓氏笔划排列）：

丁业现　丁美采　丁跃文　刁云涛　于子游　马惠兰
马潞生　丰学义　尹淑萍　文经纬　毛国芝　王　军
王方明　王世定　王秀芸　王英顺　王树汉　王焱春
王福才　王增明　付思福　叶慧菁　刘　萍　刘　荃
刘久芳　刘玉廷　刘仲藜　刘舟宏　刘利锋　刘国忠
刘　畅　刘晓榛　刘德恒　吕　宏　吕国祥　吕　桦
孙　铮　孙卫红　朱建弟　朱秉义　朱祺珩　毕建华
毕治军　江先学　汤云为　许　燕　许肃贤　许瑞表
闫立社　何元福　余　峰　余瑞玉　吴　恩　吴卫星
吴仰东　吴承平　张文学　张华滨　张旭良　张　克
张忠国　张明达　张洪军　张俊杰　张保生　张春林
张　茵　张　捷　张淑琴　张雪华　张耀林　李小宁
李小雪　李友志　李可贞　李永贵　李　旭　李　刚
李志文　李武林　李金才　李春波　李晓英　李家谦
李淑敏　李　爽　杨池生　杨兴明　杨志国　杨剑涛
杨　春　汪建熙　玛丽娅　肖玉海　肖南贵　肖厚发
芦振基　苏建国　邴志刚　邹　源　陈大炜　陈广清
陈书清　陈永宏　陈克林　陈国辉　陈建明　陈　杰
陈顺兴　陈晓建　陈景庚　陈雄溢　陈毓圭　陈德荣
陈箭深　单永禄　周方奇　周有道　周志强　周秀月
周忠惠　周重揆　周树藩　周勤业　易仁萍　欧学旺
罗石林　罗　青　郑良伟　郑金铸　金珠多吉
侯本领　侯庆云　侯　锋　姜永奇　弯海川　姚文强
施学道　胡小庆　胡少先　胡苓菩　胡建军　赵怀坦
赵卓娅　赵继平　郝树平　郝　荃　饶　永　克　明
晏婉萍　唐宗明　夏执东　徐玉棣　徐　华　柴文成
诸旭敏　郭志军　郭春亮　郭道扬　郭德余　高凤元
高存祥　高燕贞　崔守忠　康兆英　梁青民　盛世课
黄　友　黄世忠　黄光松　黄　俊　黄晓霞　黄锦辉
焦　点　程智明　葛　明　童道友　董大胜　董晓朝
董新钢　董德敏　蒋洪峰　韩　余　韩　波　靳祥麟
廖县生　熊展瑜　管一民　谭广和　谭宪才　潘荣卿
潘桂荣　薛洪君　魏光星

第五节　中国银行业监督管理委员会

中国银行业监督管理委员会

银监会主要职责

依照法律、行政法规制定并发布对银行业金融机构及其业务活动监督管理的规章、规则；

依照法律、行政法规规定的条件和程序，审查批准银行业金融机构的设立、变更、终止以及业务范围；

对银行业金融机构的董事和高级管理人员实行任职资格管理；

依照法律、行政法规制定银行业金融机构的审慎经营规则；

对银行业金融机构的业务活动及其风险状况进行非现场监管，建立银行业金融机构监督管理信息系统，分析、评价银行业金融机构的风险状况；

对银行业金融机构的业务活动及其风险状况进行现场检查，制定现场检查程序，规范现场检查行为；

对银行业金融机构实行并表监督管理；

会同有关部门建立银行业突发事件处置制度，制定银行业突发事件处置预案，明确处置机构和人员及其职责、处置措施和处置程序，及时、有效地处置银行业突发事件；

负责统一编制全国银行业金融机构的统计数据、报表，并按照国家有关规定予以公布；对银行业自律组织的活动进行指导和监督；

开展与银行业监督管理有关的国际交流、合作活动；

对已经或者可能发生信用危机，严重影响存款人和其他客户合法权益的银行业金融机构实行接管或者促成机构重组；

对有违法经营、经营管理不善等情形银行业金融机构予以撤销；

对涉嫌金融违法的银行业金融机构及其工作人员以及关联行为人的账户予以查询；对涉嫌转移或者隐匿违法资金的申请司法机关予以冻结；

对擅自设立银行业金融机构或非法从事银行业金融机构业务活动予以取缔；

负责国有重点银行业金融机构监事会的日常管理工作；

承办国务院交办的其他事项。

银监会监管工作所遵循的主要工作经验

必须坚持法人监管，重视对每个金融机构总体风险的把握、防范和化解；

必须坚持以风险为主的监管内容，努力提高金融监管的水平，改进监管的方法和手段；

必须注意促进金融机构风险内控机制形成和内控效果的不断提高；

必须按照国际准则和要求，逐步提高监管的透明度。

银监会监管工作目的

通过审慎有效的监管，保护广大存款人和消费者的利益；通过审慎有效的监管，增进市场信心；通过宣传教育工作和相关信息披露，增进公众对现代金融的了解；努力减少金融犯罪。

银监会监管工作标准

良好监管要促进金融稳定和金融创新共同发展；

要努力提升我国金融业在国际金融服务中的竞争力；

对各类监管设限要科学、合理，有所为，有所不为，减少一切不必要的限制；

鼓励公平竞争、反对无序竞争；

对监管者和被监管者都要实施严格、明确的问责制；

要高效、节约地使用一切监管资源。

银监会领导

主席：刘明康

刘明康，男，中国共产党第十六届中央委员会候补委员，第十七届中央委员会委员；现任中国银行业监督管理委员会主席、党委书记；中央精神文明建设指导委员会委员，中国人民银行货币政策委员会委员。

1985.01－1987.02 英国伦敦城市大学研究生院工商管理学硕士学位；

2001.11 英国伦敦城市大学名誉博士学位；

1979－1993.01 先后在中国银行江苏省分行、伦敦分行和福建省分行工作；

1993.01－1994.01 福建省副省长兼省政府秘书长；

1994.01－1998.03 国家开发银行副行长；

1998.03－1999.03 中国人民银行副行长；

1999.03－1999.07 中国人民银行副行长、党委副书记；

1999.07－2000.06 中国光大（集团）总公司董事长、党组书记；

2000.02－2003.03 中国银行董事长、行长、党委书记；

2002.11－2007.10 中国共产党第十六届中央委员会候补委员；

2003.03－2005.04 中国银行业监督管理委员会主席、党委副书记；

2005.04－中国银行业监督管理委员会主席、党委书记；

2007.10－当选中国共产党第十七届中央委员会委员。

目前担任银监会国际咨询委员会主席、北京大学国际咨询委员会委员、清华大学国际咨询委员会委员，以及许多知名大学客座教授。还担任香港银行学会资深会士，金融稳定论坛主席咨询委员会委员以及马来西亚中央银行下属金融领导力国际中心董事会董事等职务。

党委副书记、副主席：蒋定之

1954 年 9 月 22 日生，江苏省溧阳市人，中央党校研究生，工程硕士。

历任江苏省句容县东昌乡党委副书记，镇江市委组织部副部长，镇江市委副秘书长、市委办公室主任，扬中市委书记，江苏省委组织部副部长，江苏省委组织部副部长兼省编办主任，无锡市委书记，江苏省委常委、无锡市委书记，江苏省委常委、常务副省长、省政府党组副书记、江苏省行政学院院长，中国银行业监督管理委员会党委副书记、副主席。

党的十六大、十七大代表，2002 年全国科教兴国先进个人。

副主席：蔡鄂生

蔡鄂生，男，1951 年出生于湖北，大学，现任中国银行业监督管理委员会副主席、党委委员。

1968.12 - 1970.12 山西省绛县农村插队；

1970.12 - 1975.04 解放军高炮七十一师六三一团战士；

1975.04 - 1978.02 中国人民银行北京市分行海淀区办事处干部；

1978.02 - 1982.02 山西财经学院财政金融系财政金融专业学习；

1982.02 - 1984.06 中国人民银行人事司、金融管理司干部；

1984.06 - 1986.10 中国人民银行金融管理司体改处副处长；（其间：1985.03 - 1985.07 中央党校国家机关分校学习）；

1986.10 - 1988.03 中国人民银行金融管理司三处处长；

1988.03 - 1990.07 中国人民银行综合计划司金融体改处处长；

1990.07 - 1992.03 中国人民银行金融体改司规划试点处处长；

1992.03 - 1994.01 中国人民银行利率储蓄管理司副司长；

1994.01 - 1994.05 中国人民银行金融管理司司长；

1994.05 - 1998.07 中国人民银行银行司司长（其间：1995.03 - 1995.07 中央党校学习）；

1998.07 - 1998.09 中国人民银行银行监管二司司长；

1998.09 - 2000.02 中国人民银行行长助理、党委委员；

2000.02 - 2001.05 中国人民银行行长助理、党委委员兼上海分行行长、党委书记；

2001.05 - 2005.12 国有重点金融机构监事会主席（其间：2004.09 - 2005.01 在中央党校省部级干部进修班 B 班学习）；

2005.012 - 中国银行业监督管理委员会副主席、党委委员。

副主席：郭利根

郭利根，男，1955 年出生于北京，大专学历，现任中国银行业监督管理委员会副主席、党委委员。

1972.12 - 1984.12 中国人民解放军 57316 部队战士、技师；

1984.12 - 1988.11 中国人民银行教育司干部；

1988.11 - 1991.02 中国人民银行教育司政治处副处长；

1991.02 - 1993.03 中国人民银行人事司机关干部任免处副处长、处长；

1993.03 - 1994.05 中国人民银行人事司系统干部处处长；

1994.05 - 1998.08 中国人民银行人事司副司长；

1998.08 - 2001.01 中国人民银行人事教育司副司长、党委组织部副部长兼培训中心副主任；

2001.01 - 2003.07 中国人民银行人事教育司司长、党委组织部部长兼培训中心副主任、中共中国人民银行纪委委员；

2003.07 - 2005.06 中国银行业监督管理委员会人事部主任、党委组织部部长；

2005.06 - 2005.12 中国银行业监督管理委员会主席助理、党委委员；

2005.12 - 中国银行业监督管理委员会副主席、党委委员。

纪委书记：王华庆

王华庆，男，1953 年出生于上海，经济学博士，研究员，现任中国银行业监督管理委员会纪委书记、党委委员。

1970.05 - 1979.02 黑龙江兵团四师四十三团二连工人；

1979.02 - 1980.11 中国人民银行黄浦区办西藏中路分理处办事员；

1980.11 - 1982.09 中国人民银行上海市分行金融研究所干部；

1982.09 - 1984.07 四川财经学院金融干部专修科学生；

1984.07 - 1987.02 中国人民银行上海市分行金融研究所干部；

1987.02 - 1990.03 中国人民银行上海市分行金融研究所副所长；

1990.03 - 1991.02 中国人民银行上海市分行金融研究所所长；

1991.02 - 1993.09 中国人民银行上海市分行金融管理处处长；

1993.09 - 1998.08 中国人民银行上海市分行党组成员、副行长、兼国家外汇管理局上海分局副局长；（其间：1993.05 - 1996.03 西南财经大学经济学博士研究生；1995.01 - 1995.05 美国乔治敦大学做研究工作；1996.01 - 1997.12 复旦大学经济学博士后）；

1998.08 - 1998.11 中国人民银行上海市分行党委委员、副行长、兼国家外汇管理局上海分局副局长；

1998.11 - 2000.09 中国人民银行上海分行党委委员、副行长；

2000.09 - 2001.11 中国人民银行上海分行党委副书记、副行长；

2001.11 - 2003.07 中国人民银行上海分行监管专员（正局级）（其间：2001.11 - 2003.04 负责组建人民银行 银行管理司）；

2003.07 - 2003.09 中国银行业监督管理委员会上海监管局筹备组组长；

2003.09 - 2005.12 中国银行业监督管理委员会上海监管局局长、党委书记；

2005.12 - 2007.09 中国银行业监督管理委员会主席助理、党委委员；

2007.09 - 中国银行业监督管理委员会纪委书记、党委委员；

2007.10 - 当选中国共产党第十七届中央纪律检查委员会委员。

副主席：王兆星

王兆星，男，1959 年出生于吉林，经济学博士，现任中国银行业监督管理委员会副主席、党委委员。

1978.09 - 1982.07 吉林财经学院财政金融系金融专业学生；

1982.07－1985.07 陕西财经学院金融系货币银行学专业硕士研究生；

1985.07－1987.08 陕西财经学院金融系教员；

1987.09－1990.07 陕西财经学院金融系货币银行学专业博士研究生；

1990.08－1991.01 中国人民银行金融管理司证券处干部；

1991.Ol－1994.02 中国人民银行政策研究室主任科员、副处级调研员；

1994.02－1996.05 中国人民银行银行司银行管理处副处级调研员；

1996.05－1996.08 中国人民银行银行司业务综合处处长；

1996.08－1998.08 中国人民银行银行司银行机构管理处处长；

1998.08－1999.03 中国人民银行银行监管一司机构管理处处长；

1999.03－2002.11 中国人民银行银行监管一司副司长；

2002.11－2003.07 中国人民银行银行监管一司副司长、中国银行监管组组长（正局级）；

2003.07－2005.06 中国银行业监督管理委员会银行监管三部主任；

2005.06－2007.12 中国银行业监督管理委员会主席助理、党委委员；

2007.12－ 中国银行业监督管理委员会副主席、党委委员。

第六节　中国保险监督管理委员会

中国保险监督管理委员会

中国保险监督管理委员会（简称中国保监会）成立于1998年11月18日，是国务院直属事业单位。根据国务院授权履行行政管理职能，依照法律、法规统一监督管理全国保险市场，维护保险业的合法、稳健运行。2003年，国务院决定，将中国保监会由国务院直属副部级事业单位改为国务院直属正部级事业单位，并相应增加职能部门、派出机构和人员编制。中国保险监督管理委员会内设15个职能机构，并在全国各省、直辖市、自治区、计划单列市设有35个派出机构。其中，15个内设部门为：

（一）办公厅（党委办公室、监事会工作部）。拟定会机关办公规章制度；组织协调机关日常办公；承担有关文件的起草、重要会议的组织、机要、文秘、信访、保密、信息综合、新闻发布、保卫等工作。拟订派出机构管理、协调工作的规章制度，负责派出机构工作落实情况检查和信息收集整理等工作。负责保险信访和投诉工作；承办会党委交办的有关工作；负责国有保险公司监事会的日常工作。

（二）发展改革部。拟订保险业的发展战略、行业规划和政策；会同有关部门拟订保险监管的方针政策及防范化解风险的措施；会同有关部门研究保险业改革发展有关重大问题，提出政策建议并组织实施；会同有关部门对保险市场整体运行情况进行分析；对保监会对外发布的重大政策进行把关；归口管理中资保险法人机构、保险资产管理公司等的市场准入和退出；负责规范保险公司的股权结构和法人治理结构，并对公司的重组、改制、上市等活动进行指导和监督；负责保监会对外重要业务工作与政策的协调。

（三）政策研究室。负责保监会有关重要文件和文稿的起草；对保监会上报党中央、国务院的重要文件进行把关；研究国家大政方针在保险业的贯彻实施意见；研究宏观经济政策、相关行业政策和金融市场发展与保险业的互动关系；根据会领导指示，对有关问题进行调查研究；开展保险理论研究工作，负责指导和协调中国保险学会开展研究工作。

（四）财务会计部。拟定保险企业和保险监管会计管理实施办法；建立保险公司偿付能力监管指标体系；编制保监会系统的年度财务预决算；审核机关、派出机构的财务预决算及收支活动并实施监督检查；审核会机关各部门业务规章中的有关财务规定。负责机关财务管理。

（五）财产保险监管部（再保险监管部）。承办对财产保险公司的监管工作。拟定监管规章制度和财产保险精算制度；监控保险公司的资产质量和偿付能力；检查规范市场行为，查处违法违规行为；审核和备案管理保险条款和保险费率；审核保险公司的设立、变更、终止及业务范围；审查高级管理人员任职资格。承办对再保险公司的监管工作。拟定监管规章制度；监控保险公司的资产质量和偿付能力；检查规范市场行为，查处违法违规行为；审核保险公司的设立、变更、终止及业务范围；审查高级管理人员的任职资格。

（六）人身保险监管部。承办对人身保险公司的监管工作。拟定监管规章制度和人身保险精算制度；监控保险公司的资产质量和偿付能力；检查规范市场行为，查处违法违规行为；审核和备案管理保险条款和保险费率；审核保险公司的设立、变更、终止及业务范围；审查高级管理人员任职资格。

（七）保险中介监管部。承办对保险中介机构的监管工作。拟定监管规章制度；检查规范保险中介机构的市场行为，查处违法违规行为；审核保险中介机构的设立、变更、终止及业务范围；审查高级管理人员的任职资格；制订保险中介从业人员基本资格标准。

（八）保险资金运用管理部。承办对保险资金运用的监管工作。拟订监管规章制度；建立保险资金运用风险评价、预警和监控体系；查处违法违规行为；审核保险资金运用机构的设立、变更、终止及业务范围；审查高级管理人员任职资格；拟订保险保障基金管理使用办法，负责保险保障基金的征收与管理。

（九）国际部。承办中国保险监督管理委员会与有关国际组织、有关国家和地区监管机构和保险机构的联系及合作。负责中国保险监督管理委员会的外事管理工作；承办境外保险机构在境内设立保险机构，以及境内保险机构和非保险机构在境外设立保险机构及有关变更事宜的审核工作；承办境外保险机构在境内设立代表处的审核和管理事宜；对境内保险及非保险机构在境外设立的保险机构进行监管。

（十）法规部。拟订有关保险监管规章制度；起草有关法律和行政法规，提出制定或修改的建议；审核会机关各部门草拟的监管规章；监督、协调有关法律法规的执行；开展保险法律咨询服务，组织法制教育和宣传；承办行政复议和行政应诉工作。

（十一）统计信息部。拟订保险行业统计制度，建立和维护保险行业数据库；负责统一编制全国保险业的数据、报表，抄送中国人民银行，并按照国家有关规定予以公布；负责保险机构统计数据的分析；拟订保险行业信息化标准，建立健全信息安全制度；负责保险行业信息化建设规划与实施；负责建立和维护偿付能力等业务监管信息系统；负责信息设备的建设和管理。

（十二）稽查局。负责拟订各类保险机构违法违规案件调查的规则；组织、协调保险业综合性检查和保险业重大案件调查；负责处理保险业非法集资等专项工作；配合中国人民银行组织实施保险业反洗钱案件检查；调查举报、投诉的违法违规问题，维护保险消费者合法权益；开展案件统计分析、稽查工作交流和考核评估工作。

（十三）人事教育部（党委组织部）。拟订会机关和派出机构人力资源管理的规章制度；承办会机关和派出机构及有关单位的人事管理工作；根据规定，负责有关保险机构领导班子和领导干部的日常管理工作；负责指导本系统党的组织建设和党员教育管理工作；负责会机关及本系统干部培训教育工作；会同有关部门提出对派出机构年度工作业绩的评估意见。

（十四）监察局（纪委）。监督检查本系统贯彻执行国家法律、法规、政策情况；依法依纪查处违反国家法律、法规和政纪的行为；受理对监察对象的检举、控告和申诉。领导本系统监察（纪检）工作。

（十五）党委宣传部（党委统战群工部）。负责本系统党的思想建设和宣传工作；负责思想政治工作和精神文明建设；负责指导和协调本系统统战、群众和知识分子工作。机关党委。负责会机关及在京直属单位的党群工作。

主要职责

1. 拟定保险业发展的方针政策，制定行业发展战略和规划；起草保险业监管的法律、法规；制定业内规章。

2. 审批保险公司及其分支机构、保险集团公司、保险控股公司的设立；会同有关部门审批保险资产管理公司的设立；审批境外保险机构代表处的设立；审批保险代理公司、保险经纪公司、保险公估公司等保险中介机构及其分支机构的设立；审批境内保险机构和非保险机构在境外设立保险机构；审批保险机构的合并、分立、变更、解散，决定接管和指定接受；参与、组织保险公司的破产、清算。

3. 审查、认定各类保险机构高级管理人员的任职资格；制定保险从业人员的基本资格标准。

4. 审批关系社会公众利益的保险险种、依法实行强制保险的险种和新开发的人寿保险险种等的保险条款和保险费率，对其他保险险种的保险条款和保险费率实施备案管理。

5. 依法监管保险公司的偿付能力和市场行为；负责保险保障基金的管理，监管保险保证金；根据法律和国家对保险资金的运用政策，制定有关规章制度，依法对保险公司的资金运用进行监管。

6. 对政策性保险和强制保险进行业务监管；对专属自保、相互保险等组织形式和业务活动进行监管。归口管理保险行业协会、保险学会等行业社团组织。

7. 依法对保险机构和保险从业人员的不正当竞争等违法、违规行为以及对非保险机构经营或变相经营保险业务进行调查、处罚。

8. 依法对境内保险及非保险机构在境外设立的保险机构进行监管。

9. 制定保险行业信息化标准；建立保险风险评价、预警和监控体系，跟踪分析、监测、预测保险市场运行状况，负责统一编制全国保险业的数据、报表，并按照国家有关规定予以发布。

10. 承办国务院交办的其他事项。

领导简介

党委书记、主席：吴定富

吴定富，男，1946 年 7 月生。历任湖北省广济县副县长、县长、县委书记，湖北省黄冈地区行署副专员，湖北省审计局副局长，局长，湖北省审计厅厅长。1995 年 10 月任国家审计署党组成员、中纪委驻审计署纪检组组长。1998 年 11 月至 2000 年 1 月任中国保险监督管理委员会第一副主席（副部长级）。2000 年 1 月至 2001 年 4 月任中共中央纪律检查委员会常委，2001 年 4 月至 2002 年 10 月任中纪委常委、秘书长。2002 年 11 月任中国保险监督管理委员会主席。2003 年 3 月被任命为中国保险监督管理委员会主席（正部长级）。

副主席：李克穆

李克穆，男，1952 年 7 月生，曾任国务院发展研究中心局长、党组成员，中央财经领导小组办公室副主任兼宏观经济组组长。现任中国保监会副主席。

副主席：魏迎宁

魏迎宁，男，1950 年 2 月生，曾任中国人民银行保险司副司长，中国保监会人身保险监管部主任、广州保监办主任。现任中国保监会副主席。

副主席：杨明生

杨明生，男，1955 年 8 月生，曾任中国农业银行行长、党委书记。现任中国保险监督管理委员会副主席。

副主席：周延礼

周延礼，男，1956 年 6 月生，曾任中国保监会上海保监办主任、中国保监会主席助理。现任中国保监会副主席。

纪委书记：陈新权

陈新权，男，1954 年 8 月生，曾任中共中央金融工作委员会宣传部部长、监事会工作部部长，国有重点金融机构监事会主席。现任中国保监会纪委书记。

党委委员：赵杰兵

赵杰兵，男，曾任中国保监会纪委书记。现任中国保监会党委委员。

主席助理：袁力

袁力，男，1962 年 9 月生，曾任中国保监会政策法规部主任，发展改革部主任。现任中国保监会主席助理、新闻发言人。

主席助理：陈文辉

陈文辉，男，1963 年 4 月生，曾任中国保监会人身保险监管部主任。现任中国保监会主席助理。

第七节　国家工商行政管理总局

国家工商行政管理总局

主要职责

根据《国务院关于机构设置的通知》(国发〔2008〕11号),设立国家工商行政管理总局(正部级),为国务院直属机构。

主要职责是:

(一)负责市场监督管理和行政执法的有关工作,起草有关法律法规草案,制定工商行政管理规章和政策。

(二)负责各类企业、农民专业合作社和从事经营活动的单位、个人以及外国(地区)企业常驻代表机构等市场主体的登记注册并监督管理,承担依法查处取缔无照经营的责任。

(三)承担依法规范和维护各类市场经营秩序的责任,负责监督管理市场交易行为和网络商品交易及有关服务的行为。

(四)承担监督管理流通领域商品质量和流通环节食品安全的责任,组织开展有关服务领域消费维权工作,按分工查处假冒伪劣等违法行为,指导消费者咨询、申诉、举报受理、处理和网络体系建设等工作,保护经营者、消费者合法权益。

(五)承担查处违法直销和传销案件的责任,依法监督管理直销企业和直销员及其直销活动。

(六)负责垄断协议、滥用市场支配地位、滥用行政权力排除限制竞争方面的反垄断执法工作(价格垄断行为除外)。依法查处不正当竞争、商业贿赂、走私贩私等经济违法行为。

(七)负责依法监督管理经纪人、经纪机构及经纪活动。

(八)依法实施合同行政监督管理,负责管理动产抵押物登记,组织监督管理拍卖行为,负责依法查处合同欺诈等违法行为。

(九)指导广告业发展,负责广告活动的监督管理工作。

(十)负责商标注册和管理工作,依法保护商标专用权和查处商标侵权行为,处理商标争议事宜,加强驰名商标的认定和保护工作。负责特殊标志、官方标志的登记、备案和保护。

(十一)组织指导企业、个体工商户、商品交易市场信用分类管理,研究分析并依法发布市场主体登记注册基础信息、商标注册信息等,为政府决策和社会公众提供信息服务。

(十二)负责个体工商户、私营企业经营行为的服务和监督管理。

(十三)开展工商行政管理方面的国际合作与交流。

(十四)领导全国工商行政管理业务工作。

(十五)承办国务院交办的其他事项。

人员编制

国家工商行政管理总局机关行政编制为300名(含两委人员编制2名、离退休干部工作人员编制15名)。局长1名,副局长4名;司局级领导职数42名(含机关党委专职副书记1名、离退休干部办公室领导职数1名)。

总局领导

周伯华:国家工商行政管理总局党组书记、局长

刘玉亭:国家工商行政管理总局党组副书记、副局长

付双建:国家工商行政管理总局党组成员、副局长

刘　凡:国家工商行政管理总局副局长

王东峰:国家工商行政管理总局党组成员、副局长

钟攸平:国家工商行政管理总局党组成员、副局长

石见元:中央纪委驻国家工商行政管理总局纪检组组长、党组成员

联系方式:

地址:北京市西城区三里河东路八号

邮编:100820

电话:010-88650000

第八节　国家税务总局

国家税务总局

行业概况

税务系统是负责我国税收征收管理工作的部门,包括国家税务局系统和地方税务局系统。国家税务局系统的机构设置为四级,即:国家税务总局,省(自治区、直辖市)国家税务局,地(市、州、盟)国家税务局,县(市、旗)国家税务局。国家税务局系统实行国家税务总局垂直管理的领导体制,在机构、编制、经费、领导干部职务的审批等方面按照下管一级的原则,实行垂直管理。地方税务局按行政区划设置,分为三级,即省(自治区、直辖市)地方税务局,地(市、州、盟)地方税务局,县(市、旗)地方税务局。地方税务局系统的管理体制、机构设置、人员编制按地方人民政府组织法的规定办理。省(自治区、直辖市)地方税务局实行省(自治区、直辖市)人民政府和国家税务总局双重领导,以地方政府领导为主的管理体制。国家税务总局对省(自治区、直辖市)地方税务局的领导,主要体现在税收政策、业务的指导和协调以及对国家统一的税收制度、政策的监督和组织经验交流等方面。省(自治区、直辖市)以下地方税务局实行上级税务机关和同级政府双重领导、以上级税务机关垂直领导为主的管理体制,即地(市、州、盟)以及县(市、旗)地方税务局的机构设置、干部管理、人员编制和经费开支由所在省(自治区、直辖市)地方税务机构垂直管理。截至2005年底,全国税务系统正式在职人员共有74.7万人,其中,国税系统40万人,地税系统34.7万人。

国家税务总局是国务院主管税收工作的直属机构,正部级。前身是财政部税务总局(正局级),成立于1950年,1988年改名为国家税务局,为国务院直属机构(副部级),1993年定名为国家税务总局。主要职责有:

(一)具体起草税收法律法规草案及实施细则并提出税收政策建议,与财政部共同上报和下发,制订贯彻落实的措施。负责对税收法律法规执行过程中的征管和一般性税政问题进行解释,事后向财政部备案。

(二)承担组织实施中央税、共享税及法律法规规定的基金(费)的征收管理责任,力争税款应收尽收。

(三)参与研究宏观经济政策、中央与地方的税权划分并提出完善分税制的建议,研究税负总水平并提出运用税收手段进行宏观调控的建议。

(四)负责组织实施税收征收管理体制改革,起草税收征收管理法律法规草案并制定实施细则,制定和监督执行税收业务、征收管理的规章制度,监督检查税收法律法规、政策的贯彻执行,指导和监督地方税务工作。

(五)负责规划和组织实施纳税服务体系建设,制定纳税服务管理制度,规范纳税服务行为,制定和监督执行纳税人权益保障制度,保护纳税人合法权益,履行提供便捷、优质、高效纳税服务的义务,组织实施税收宣传,拟订注册税务师管理政策并监督实施。

(六)组织实施对纳税人进行分类管理和专业化服务,组织实施对大型企业的纳税服务和税源管理。

(七)负责编报税收收入中长期规划和年度计划,开展税源调查,加强税收收入的分析预测,组织办理税收减免等具体事项。

(八)负责制定税收管理信息化制度,拟订税收管理信息化建设中长期规划,组织实施金税工程建设。

(九)开展税收领域的国际交流与合作,参加国家(地区)间税收关系谈判,草签和执行有关的协议、协定。

(十)办理进出口商品的税收及出口退税业务。

(十一)对全国国税系统实行垂直管理,协同省级人民政府对省级地方税务局实行双重领导,对省级地方税务局局长任免提出意见。

(十二)承办国务院交办的其他事项。

按照分税制财政体制的规定,国家税务局和地方税务局有着不同的征收范围,具体划分如下:

国家税务局主要负责征收和管理增值税,消费税,进口产品消费税、增值税(委托海关代征),铁道、各银行总行、保险总公司集中缴纳的营业税、所得税和城市建设维护税,中央企业所得税,中央与地方所属企、事业单位组成的联营企业、股份制企业的所得税,2002年1月1日以后在各级工商行政管理部门办理设立(开业)登记企业的企业所得税,地方和外资银行及非银行金融企业所得税,海洋石油企业所得税、资源税,个人所得税(储蓄存款利息所得),证券交易税(未开征前对证券交易征收的印花税),车辆购置税,对境内外商投资企业和外国企业的各项税收(增值税、消费税、外商投资企业和外国企业所得税),出口产品退税的管理,集贸市场和个体户的增值税、消费税,中央税的滞补罚收入,按中央税、共享税附征的教育费附加(属于铁道、银行总行、保险总公司缴纳的入中央库,其他入地方库)。

地方税务局主要负责征收和管理的税种(不包括已明确由国家税务局负责征收的地方税部分):营业税,企业所得税(包括地方国有、集体、私营企业),个人所得税、外籍人员(华侨、港澳台同胞)缴纳的个人所得税,土地增值税,城市维护建设税,车船使用税,车船使用牌照税,房产税,城市房地产税,资源税,城镇土地使用税,固定资产投资方向调节税(暂停征收),印花税,筵席税(停征),集贸市场和个体户的营业税、个人所得税和其他税收,地方税的滞补罚收入,按地方营业税附征的教育费附加。另外,地方税务局还负责耕地占用税、契税和烟叶税的征收和管理。

进入新世纪新阶段,全国税务系统以邓小平理论和"三个代表"重要思想为指导,全面贯彻落实科学发展观,认真执行党中央、国务院的一系列方针政策和对税收工作的各项要求,坚持聚财为国、执法为民的税务工作宗旨,大力推进依法治税,稳步实施税收改革,全面强化科学管理,切实加强队伍建设,充分发挥税收筹集财政收入和调节经济、调节分配的作用,确保税收收入随着经济发展而稳定增长,为经济社会发展作出了积极贡献。2003年、2004年全国税收收入(不包括关税和农业税收,未扣除出口退税)分别突破 20000 亿元和 25000 亿元,2005 年超过 30000 亿元,达到 30867 亿元,增收额超过 5000 亿元。依法治税深入推进,提高了税收法治水平。全面贯彻执行各项税收法律法规。认真落实依法征税、应收尽收、坚决不收过头税、坚决防止和制止越权减免税的组织收入原则。推行税收执法责任制,强化税收执法监督,大力整顿和规范税收秩序,深入开展税法宣传教育活动。税收改革取得重要进展,税收制度和征管体制进一步完善。完善税收征管模式,逐步规范内外部机构设置和职能配置。干部人事、劳动分配、财务、后勤等方面内部管理改革力度不断加大。税收政策有效落实,促进了经济社会协调发展。积极实施科学化、精细化管理,不断提高税收征管的质量和效率。加强税收经济分析,建立健全税收管理员制度,开展纳税评估,推行税控器具和有奖发票,提高税源控管水平。针对薄弱环节,采取加强各税种管理的一系列措施。优化纳税服务,纳税人办税更加方便快捷。推进税收管理信息化建设,提高信息应用水平。加强队伍建设,提高了干部队伍素质。加强政治理论学习,加强领导班子建设,加大教育培训力度,加强和改进思想政治工作,积极开展精神文明创建活动和税务文化建设,树立了税务部门的良好社会形象。切实加强党风廉政建设,大力弘扬求真务实精神,树立勤俭节约的好风气。

机构设置

一、内设机构

根据上述职责,国家税务总局设 13 个内设机构(正司局级):

(一)办公厅

负责机关文电、机要、会务、档案、信访、保密和保卫等工作;承担税务宣传、政务公开和新闻发布工作;管理机关财务和其他行政事务。

(二)政策法规司

起草税收法律法规草案、部门规章及规范性文件;研究提出税制改革建议;拟订税收业务的规章制度;研究、承办涉及世贸组织有关税收事项;承办重大税收案件的审理和行政处罚工作;承担机关有关规范性文件的合法性审核工作;承办税务行政复议、行政应讼工作。

(三)货物和劳务税司

组织实施增值税、消费税、营业税、车辆购置税等(不含海关代征的)征收管理工作,拟订具体的征收管理政策和办法;对有关法律法规在执行中的一般性问题进行解释和处理;组织实施出口退税管理工作。

(四)所得税司

组织实施企业所得税、个人所得税和法律法规规定的基金(费)等征收管理工作,拟订具体的征收管理政策和办法;对有关法律法规在执行中的一般性问题进行解释和处理。

(五)财产和行为税司

组织实施财产与行为各税种及教育费附加等税收业务管理,拟订具体的征收管理政策和办法;对有关法律法规在执行中的一般性问题进行解释和处理;指导财产与行为各税种及教育费附加的征管业务。

(六)国际税务司

研究拟订国家(地区)间反避税措施,组织实施反避税调查;参加国家(地区)间税收协议、协定谈判,承办草签和执行有关协议、协定等工作;承办与国际机构、国家(地区)间税务机关的合作与交流业务;管理总局机关和国税系统外事工作。

(七)收入规划核算司

编制税收收入中长期规划,编制年度税收任务、出口退税指标;参与起草税款征缴退库制度,监督检查税款缴、退库情况;承办税收收入的分析、预测和重点税源监控管理工作;拟订税收收入规划和税收会计、统计等相关制度;管理税收数据;组织实施税收统计工作。

(八)纳税服务司

组织实施纳税服务体系建设;拟订纳税服务工作规范和操作规程;组织协调、实施纳税辅导、咨询服务、税收法律救济等工作,受理纳税人投诉;组织实施税收信用体系建设;指导税收争议的调解;起草注册税务师管理政策,并监督实施。

(九)征管和科技发展司(大企业税收管理司)

起草综合性税收征管规范性文件;拟订税收征收管理的长期规划和综合性方案;管理税收发票和票证;拟订和组织实施税收管理信息化的总体规划和实施方案,承办税收管理信息化建设中业务需求整合和流程优化的综合管理工作;承担对大型企业提供纳税服务工作,实施税源监控和管理,开展纳税评估,组织实施反避税调查与审计;指导海洋石油税收业务。

(十)稽查局

起草税务稽查法律法规草案、部门规章及规范性文件;办理重大税收案件的立案和调查的有关事项并提出处理意见;指导、协调税务系统的稽查工作。

(十一)财务管理司

拟订国税系统财务、基建管理办法;管理国税系统的经费、财务、装备、固定资产;审核汇编国税系统的财务预决算;办理各项经费的领拨。

(十二)督察内审司

组织实施税收法律法规、部门规章及规范性文件执行情况的监督检查;承办国税系统财务、基建、大宗物品采购审计和领导干部经济责任审计工作。

(十三)人事司

拟订国税系统人事制度并组织实施;管理国税系统的人事、机构编制工作,对省级地方税务局局长的任免提出意见;组织实施税务系统思想政治工作和精神文明建设。

机关党委　负责机关和在京直属单位的党群工作。

离退休干部办公室　负责机关离退休干部工作,指导国税系统离退休干部工作。

领导专栏

党组书记、局长:肖捷

男,汉族,1957 年 6 月出生,辽宁开原人,博士研究生,1976 年 3 月参加工作,1985 年 8 月入党。现任国家税务总局党组书记、局长。

1976 年 3 月至 1978 年 10 月,北京市机械局机械研究所、机电研究所工人;

1978 年 10 月至 1982 年 9 月,中国人民大学财政系财政金融专业学习;

1982 年 9 月至 1987 年 1 月,财政部综合计划司长期计划处干部;

1987 年 1 月至 1991 年 12 月,财政部综合计划司长期计划处(长期计划预测处)副处长(其间:1987 年 11 月至 1989 年 4 月赴联邦德国进修);

1991 年 12 月至 1993 年 11 月,财政部综合计划司长期计划预测处处长（1991 年 10 月至 1992 年 10 月挂职任辽宁省阜新市计划经济委员会副主任）；

1993 年 11 月至 1994 年 7 月，财政部综合计划司副司长；

1994 年 7 月至 1998 年 7 月，财政部综合与改革司副司长（1992 年 9 月至 1995 年 7 月，财政部财政科学研究所财政专业在职研究生学习，获经济学博士学位；1994 年 9 月至 1995 年 7 月，在中央党校一年制中青年干部培训班学习）；

1998 年 7 月至 2000 年 6 月，财政部综合司司长；

2000 年 6 月至 2001 年 9 月，财政部国库司司长；

2001 年 9 月至 2005 年 7 月，财政部副部长、党组成员，中国红十字会副会长（2004 年 10 月任），中央保健委员会委员（2002 年 7 月任）；

2005 年 7 月至 2007 年 8 月，中共湖南省省委常委、副省长；

2007 年 8 月至今，国家税务总局党组书记、局长。

中共第十七届中央委员会委员。

主管工作：主持全面工作。

党组副书记、副局长：钱冠林

男，汉族，1946 年 10 月出生，江苏阜宁人，1967 年 10 月参加工作，1973 年 9 月加入中国共产党，上海对外贸易学院英语专业，大专文化。

历任广州海关副关长、党组成员，广东分署副主任、党组副书记兼广州海关副关长、党组副书记、广东分署主任、党组书记，海关总署副署长、党组成员，1992 年 12 月任海关总署党组书记、1993 年 1 月任海关总署署长，2001 年 4 月任国家税务总局副局长、党组副书记（正部级）。

中共第十五届中央委员会候补委员、中共第十四届中央纪律检查委员会委员、中央社会治安综合治理委员会委员、中央精神文明建设指导委员会委员，中共十五大、十六大代表。

主管工作：分管办公厅、收入规划核算司、人事司、督察内审司、机关党委。

党组成员、副局长：解学智

男，1957 年 4 月出生，汉族，辽宁黑山人，1976 年 7 月参加工作，1986 年 6 月加入中国共产党，中国人民大学财政系财政专业毕业，经济学博士，教授。

历任辽宁财经学院（后更名为东北财经大学）财政系、税务系讲师、副教授、教授，东北财经大学税务系副主任、主任、校长助理（期间，1984 年至 1987 年在东北财经大学财政系学习，获硕士学位，1988 年至 1991 年在中国人民大学财政系学习，获博士学位），1996 年 4 月任财政部人事教育司副司长，1998 年 7 月任财政部税制税则司司长，2000 年 6 月任财政部税政司司长，2002 年 9 月任西藏自治区人民政府副主席，2004 年 10 月任全国社会保障基金理事会副理事长、党组成员，2007 年 4 月至今任国家税务总局副局长、党组成员。十七大当选为中央纪律检查委员会委员。

主管工作：分管政策法规司、货物和劳务税司、财务管理司、税收科学研究所、中国税务杂志社、中国税务报社、联系中国税务学会。

党组成员、副局长：王力

男，汉族，1953 年 9 月出生，四川乐山人，1976 年 3 月加入中国共产党，1972 年 4 月参加工作，中央党校研究生毕业。

历任四川制药厂团委副书记、书记、党委委员，四川省成都市计委经济情报研究室干部，成都市委办公厅第二秘书处秘书、副处长、处长，四川省成都市税务局副局长、局长、党组书记，四川省成都市国家税务局局长、党组书记，四川省国家税务局局长、党组书记，2001 年 8 月任国家税务总局总经济师，2004 年 10 月任国家税务总局副局长、党组成员。第九届全国人大代表。中国共产党第十七次全国代表大会代表。

主管工作：分管所得税司、国际税务司、大企业税收管理司、中国税务出版社，联系中国国际税收研究会。

党组成员、副局长：宋兰

女，1954 年 5 月出生，汉族，山东寿光人。硕士研究生，1976 年 5 月加入中国共产党，1972 年 1 月参加工作。

历任山东省青岛市财政局市北分局专管员，山东省掖县程郭公社驻知青点带队干部，青岛市财政局党委委员、团委书记，青岛市税务局团委书记兼宣传处长，青岛市税务局税政一处处长，青岛市税务局副局长，青岛市国家税务局局长、党组书记，山东省国家税务局局长、党组书记，2001 年 8 月任国家税务总局总会计师，2004 年 10 月任国家税务总局党组成员，2006 年 12 月任国家税务总局副局长。

主管工作：分管纳税服务司、征管和科技发展司、机关服务中心、信息中心。

党组成员、中纪委驻国家税务总局纪检组组长：冯惠敏

女，1952 年 9 月出生，汉族，山西忻州人，1970 年 8 月参加工作，1972 年 6 月加入中国共产党。中南财经政法大学经济学博士，高级会计师。

历任内蒙古自治区呼和浩特市玻璃厂、呼和浩特市建设局会计，自治区城市建设局干部、城乡建设环境保护厅干部、审计处副处长，海南省财政税务厅工交处副处长、处长，海南省财政税务厅副厅长、党组成员，海南省证券管理办公室副主任、党组成员，财政部驻海南省财政监察专员办事处副监察专员，1999 年 12 月任财政部驻海南省财政监察专员办事处监察专员，2000 年 5 月任财政部驻广东省财政监察专员办事处监察专员、党组书记（其间，2000 年至 2003 年在中南财经政法大学财政税务学院财政学专业在职学习，获经济学博士学位，2005 年 3 月至 2006 年 1 月在中央党校学习）。2007 年 3 月任中央纪委驻国家税务总局纪检组组长、国家税务总局党组成员。

主管工作：分管中央纪委驻税务总局纪检组、监察部驻税务总局监察局。

党组成员：董志林

男，1948 年 10 月出生，汉族，天津市人，中央党校研究生毕业。1975 年 8 月加入中国共产党，1969 年 5 月参加工作。

历任内蒙电管局电力工程公司团委书记，黑龙江省财政专科学校、黑龙江省税务学校干部，财政部海洋石油税务局人事监察处科长、副处长，处长，1992 年 5 月任国家税务局人事教育司副司长，1999 年 12 月任国家税务总局人事司司长，2006 年 12 月任国家税务总局党组成员。中国共产党第十六次全国代表大会代表。

主管工作：协助钱冠林副局长分管人事工作，分管离退休干部办公室、教育中心、国家税务局系统党建工作。

深圳华侨城控股股份有限公司

深圳华侨城控股股份有限公司2008年年度报告摘要

第一节　重要提示

1.1 本公司董事会、监事会及董事、监事、高级管理人员保证本报告所载资料不存在任何虚假记载、误导性陈述或者重大遗漏，并对其内容的真实性、准确性和完整性承担个别及连带责任。本年度报告摘要摘自年度报告全文，投资者欲了解详细内容，应阅读年度报告全文。

1.2 没有董事、监事、高级管理人员声明对年度报告内容的真实性、准确性和完整性无法保证或存在异议。

1.3 所有董事均已出席审议本次年报的董事会会议。

1.4 中瑞岳华会计师事务所为本公司2008年度财务报告出具了标准无保留意见的审计报告。

1.5 公司负责人刘平春、主管会计工作负责人姚军及会计机构负责人(会计主管人员)刘升勇声明：保证年度报告中财务报告的真实、完整。

第二节　公司基本情况简介

2.1 基本情况简介

股票简称	华侨城A
股票代码	000069
上市交易所	深圳证券交易所
注册地址	广东省深圳市南山区华侨城集团办公大楼
注册地址的邮政编码	518053
办公地址	广东省深圳市南山区华侨城集团办公大楼
办公地址的邮政编码	518053
公司国际互联网网址	http://www.octholding.com
电子信箱	000069IR@vip.163.com

2.2 联系人和联系方式

	董事会秘书	证券事务代表
姓名	李珂晖	郭金
联系地址	深圳市南山区华侨城集团办公大楼三楼	深圳市南山区华侨城集团办公大楼三楼
电话	0755-26909069，26936078	0755-26909069，26936076
传真	0755-26600517	0755-26600517
电子信箱	000069IR@vip.163.com	000069IR@vip.163.com

第三节　会计数据和业务数据摘要

3.1 主要会计数据

单位：(人民币)元

	2008年	2007年	本年比上年增减(%)	2006年
营业收入	3,490,678,945.52	1,729,136,942.72	101.87%	1,595,555,917.84
利润总额	1,281,593,467.58	851,820,034.71	50.45%	737,386,072.64
归属于上市公司股东的净利润	917,435,346.72	750,370,522.26	22.26%	553,360,301.44
归属于上市公司股东的扣除非经常性损益的净利润	918,657,021.86	755,237,588.04	21.64%	551,329,792.28
经营活动产生的现金流量净额	1,125,370,517.09	731,356,638.20	53.87%	159,279,995.95
	2008年末	2007年末	本年末比上年末增减(%)	2006年末
总资产	13,946,928,365.00	12,468,472,650.41	11.86%	7,020,687,407.44
所有者权益(或股东权益)	5,583,806,836.44	4,938,880,061.49	13.06%	2,988,269,468.17
股本	2,621,088,126.00	1,310,544,063.00	100.00%	1,111,205,242.00

3.2 主要财务指标

单位：(人民币)元

	2008年	2007年	本年比上年增减(%)	2006年
基本每股收益(元/股)	0.350	0.330	6.06%	0.211
稀释每股收益(元/股)	0.350	0.330	6.06%	0.211
扣除非经常性损益后的基本每股收益(元/股)	0.350	0.333	5.11%	0.210
全面摊薄净资产收益率(%)	16.43%	15.19%	1.24%	18.52%
加权平均净资产收益率(%)	17.65%	21.20%	-3.55%	19.00%
扣除非经常性损益后全面摊薄净资产收益率(%)	16.45%	15.29%	1.16%	18.45%
扣除非经常性损益后的加权平均净资产收益率(%)	17.68%	21.40%	-3.72%	18.94%
每股经营活动产生的现金流量净额(元/股)	0.429	0.558	-23.12%	0.143
	2008年末	2007年末	本年末比上年末增减(%)	2006年末
归属于上市公司股东的每股净资产(元/股)	2.130	3.769	-43.49%	2.689

非经常性损益项目

√适用　□不适用

单位：(人民币)元

非经常性损益项目	金额	附注(如适用)
计入当期损益的政府补助，但与公司正常经营业务密切相关，符合国家政策规定、按照一定标准定额或定量持续享受的政府补助除外	421,800.00	
非流动资产处置损益	7,161,476.35	
除同公司正常经营业务相关的有效套期保值业务外，持有交易性金融资产、交易性金融负债产生的公允价值变动损益，以及处置交易性金融资产、交易性金融负债和可供出售金融资产取得的投资收益	-4,721,017.35	
除上述各项之外的其他营业外收入和支出	-1,889,623.03	
所得税影响额	823,353.53	
少数股东权益影响额	-3,017,664.64	
合计	-1,221,675.14	-

3.3 境内外会计准则差异

□适用　√不适用

第四节　股本变动及股东情况

4.1 股份变动情况表

单位：股

	本次变动前		本次变动增减(+,-)					本次变动后	
	数量	比例(%)	发行新股	送股	公积金转股	其他	小计	数量	比例(%)
一、有限售条件股份	675,367,814	51.53%			675,367,814	-1,866,666	673,501,148	1,348,868,962	51.46%
1、国家持股									
2、国有法人持股	625,146,348	47.70%			625,146,348	14,795,434	639,941,782	1,265,088,130	48.27%
3、其他内资持股									
其中：境内非国有法人持股									
境内自然人持股									
4、外资持股									
其中：境外法人持股									
境外自然人持股									
5、高管股份	50,221,466	3.83%			50,221,466	-16,662,100	33,559,366	83,780,832	3.20%
二、无限售条件股份	635,176,249	48.47%			635,176,249	1,866,666	637,042,915	1,272,219,164	48.54%
1、人民币普通股	635,176,249	48.47%			635,176,249	1,866,666	637,042,915	1,272,219,164	48.54%
2、境内上市的外资股									
3、境外上市的外资股									
4、其他									
三、股份总数	1,310,544,063	100.00%			1,310,544,063	0	1,310,544,063	2,621,088,126	100.00%

限售股份变动情况表

单位：股

股东名称	年初限售股数	本年解除限售股数	本年增加限售股数	年末限售股数	限售原因	解除限售日期
华侨城集团	625,146,348	0	639,941,782	1,265,088,130	股改承诺及增持承诺	2011年1月6日可全部解除限售
刘平春	800,000	266,600	800,000	1,333,400	限制性股票激励计划实施	2008年至2013年分6年匀速解锁
任克雷	800,000	266,600	800,000	1,333,400	同上	同上
张整魁	800,000	266,600	800,000	1,333,400	同上	同上
郑　凡	800,000	266,600	800,000	1,333,400	同上	同上
陈　剑	800,000	266,600	800,000	1,333,400	同上	同上
鹏迪岸	800,000	266,600	800,000	1,333,400	同上	同上
吴斯远	750,000	250,000	750,000	1,250,000	同上	同上
姚　军	800,000	266,600	800,000	1,333,400	同上	同上
董喜生	750,000	250,000	750,000	1,250,000	同上	同上
高　军	750,000	250,000	750,000	1,250,000	同上	同上
董亚平	800,000	266,600	800,000	1,333,400	同上	同上
王晓雯	750,000	250,000	750,000	1,250,000	同上	同上
王如泉	750,000	250,000	750,000	1,250,000	同上	同上
丁未明	300,000	100,000	300,000	500,000	同上	同上
欧阳建昕	200,000	66,600	200,000	333,400	同上	同上
丁　新	500,000	166,600	500,000	833,400	同上	同上

王　刚	500,000	166,600	500,000	833,400	同上	同上
刘升勇	500,000	166,600	500,000	833,400	同上	同上
李珂晖	500,000	166,600	500,000	833,400	同上	同上
合　计	637,796,348	4,215,800	652,591,782	1,286,172,330	–	–

4.2 前 10 名股东、前 10 名无限售条件股东持股情况表

单位：股

股东总数					49,310
前 10 名股东持股情况					
股东名称	股东性质	持股比例(%)	持股总数	持有有限售条件股份数量	质押或冻结的股份数量
华侨城集团	国有法人	48.26%	1,265,088,130	1,265,088,130	0
融通新蓝筹证券投资基金	国有法人	2.04%	53,403,676	0	0
诺安股票证券投资基金	国有法人	1.47%	38,500,000	0	0
鹏华价值优势股票型证券投资基金	国有法人	1.26%	33,029,910	0	0
鹏华动力增长混合型证券投资基金	国有法人	0.90%	23,717,423	0	0
信达澳银领先增长股票型证券投资基金	国有法人	0.82%	21,511,188	0	0
广发小盘成长股票型证券投资基金	国有法人	0.76%	20,023,754	0	0
融通领先成长股票型证券投资基金	国有法人	0.76%	20,000,000	0	0
交银施罗德成长股票型证券投资基金	国有法人	0.74%	19,423,604	0	0
博时新兴成长股票型证券投资基金	国有法人	0.73%	19,053,721	0	0

前 10 名无限售条件股东持股情况

股东名称	持有无限售条件股份数量	股份种类
融通新蓝筹证券投资基金	53,403,676	A 股
诺安股票证券投资基金	38,500,000	A 股
鹏华价值优势股票型证券投资基金	33,029,910	A 股
鹏华动力增长混合型证券投资基金	23,717,423	A 股
信达澳银领先增长股票型证券投资基金	21,511,188	A 股
广发小盘成长股票型证券投资基金	20,023,754	A 股
融通领先成长股票型证券投资基金	20,000,000	A 股
交银施罗德成长股票型证券投资基金	19,423,604	A 股
博时新兴成长股票型证券投资基金	19,053,721	A 股
中邮核心成长股票型证券投资基金	18,683,001	A 股
上述股东关联关系或一致行动的说明	公司控股股东情况：前十名股东中，国有法人股股东华侨城集团与其他股东不存在关联关系，也不属于《上市公司股东持股变动信息披露管理办法》中规定的一致行动人。流通股股东中已知有关联关系的：融通新蓝筹证券投资基金、融通领先成长股票型证券投资基金同属融通基金管理有限公司管理；鹏华价值优势股票型证券投资基金、鹏华动力增长混合型证券投资基金同属鹏华基金管理有限公司管理。	

4.3 控股股东及实际控制人情况介绍

4.3.1 控股股东及实际控制人变更情况

□ 适用　√ 不适用

4.3.2 控股股东及实际控制人具体情况介绍

法定代表人：任克雷

成立日期：1985 年 11 月 11 日

注册资本：人民币 20 亿元

经营范围：主营纺织品、轻工业品等商品的出口和办理经特区主管部门批准的特区内自用一类商品，机械设备、轻工业品等商品的进口(按经贸部【92】外经贸管体审证字第 A19024 号文经营)，开展补偿贸易，向工业、旅游、房地产、商贸、金融保险行业投资。

兼营：公司出口商品转内销和进口商品的内销业务，旅游、仓库出租、文化艺术、捐赠、汽车保税仓、会议展览服务。

第五节　董事、监事和高级管理人员

5.1 董事、监事和高级管理人员持股变动及报酬情况

姓名	职务	性别	年龄	任期起始日期	任期终止日期	年初持股数	年末持股数	变动原因	报告期内从公司领取的报酬总额(万元)税前	是否在股东单位或其他关联单位领取薪酬
刘平春	董事长	男	53	2006-09-01	2009-09-01	854,536	1,523,400	转增股本及限制性股票解禁	0.00	是
任克雷	董事	男	58	2006-09-01	2009-09-01	854,537	1,609,074	转增股本及限制性股票解禁	0.00	是
张整魁	董事	男	64	2006-09-01	2009-09-01	855,296	1,710,592	转增股本及限制性股票解禁	0.00	是
郑凡	董事	男	53	2006-09-01	2009-09-01	800,000	1,600,000	转增股本及限制性股票解禁	0.00	是
陈剑	董事	男	45	2006-09-01	2009-09-01	800,000	1,523,400	转增股本及限制性股票解禁	0.00	是
翦迪岸	董事	男	59	2006-09-01	2009-09-01	800,000	1,333,400	转增股本及限制性股票解禁	0.00	是
吴斯远	董事	男	44	2006-09-01	2009-09-01	750,000	1,471,000	转增股本及限制性股票解禁	0.00	是
姚军	总经理	男	48	2006-09-01	2009-09-01	800,000	1,360,000	转增股本及限制性股票解禁	103.64	否
董喜生	董事	男	52	2006-09-01	2009-09-01	750,000	1,350,000	转增股本及限制性股票解禁	0.00	是
高军	副总经理	男	42	2006-09-01	2009-09-01	750,000	1,390,000	转增股本及限制性股票解禁	36.67	否
伊志宏	独立董事	女	43	2006-09-01	2009-09-01	0	0	无	8.00	否
李罗力	独立董事	男	61	2006-09-01	2009-09-01	0	0	无	8.00	否
王韬	独立董事	男	58	2006-09-01	2009-09-01	0	0	无	8.00	否
张鸿义	独立董事	男	63	2006-09-01	2009-09-01	0	0	无	8.00	否
韩小京	独立董事	男	53	2006-10-01	2009-09-01	0	0	无	8.00	否
董亚平	监事	男	55	2006-09-01	2009-09-01	800,000	1,600,000	转增股本及限制性股票解禁	0.00	是
王晓雯	监事	女	39	2006-09-01	2009-09-01	804,537	1,359,074	转增股本及限制性股票解禁	0.00	是
王如泉	监事	男	54	2006-09-01	2009-09-01	750,000	1,480,000	转增股本及限制性股票解禁	0.00	是
丁未明	监事	男	34	2006-09-01	2009-09-01	300,000	500,000	转增股本及限制性股票解禁	21.23	否
欧阳建昕	监事	男	33	2006-09-01	2009-09-01	200,000	380,000	转增股本及限制性股票解禁	19.03	否
丁新	副总经理	男	40	2006-12-01	2009-01-01	500,000	969,900	转增股本及限制性股票解禁	18.81	否
王刚	副总经理	男	48	2006-09-01	2009-09-01	500,000	1,000,000	转增股本及限制性股票解禁	52.94	否
刘丹林	党委副书记	男	42	2008-03-01	2009-09-01	0	0	无	36.57	否
刘升勇	财务总监	男	41	2006-09-01	2009-09-01	500,000	1,000,000	转增股本及限制性股票解禁	47.67	否
李珂晖	董事会秘书	男	34	2006-09-01	2009-09-01	500,000	900,000	转增股本及限制性股票解禁	37.79	否
合计	–	–	–	–	–	12,868,906	24,059,840	–	414.35	–

董事、监事、高级管理人员报告期内被授予的股权激励情况

√ 适用　□ 不适用

姓名	职务	期初持有股票期权数量	报告期新授予股票期权数量	报告期股票期权行权数量	股票期权行权价格	期末持有股票期权数量	期初持有限制性股票数量	报告期新授予限制性股票数量	限制性股票的授予价格	期末持有限制性股票数量
刘平春	董事长	0	0	0	0.00	0	800,000	800,000	7.00	1,333,400
任克雷	董事	0	0	0	0.00	0	800,000	800,000	7.00	1,333,400
张整魁	董事	0	0	0	0.00	0	800,000	800,000	7.00	1,333,400
郑　凡	董事	0	0	0	0.00	0	800,000	800,000	7.00	1,333,400
陈　剑	董事	0	0	0	0.00	0	800,000	800,000	7.00	1,333,400
翦迪岸	董事	0	0	0	0.00	0	800,000	800,000	7.00	1,333,400
吴斯远	董事	0	0	0	0.00	0	750,000	750,000	7.00	1,250,000
姚　军	总经理	0	0	0	0.00	0	800,000	800,000	7.00	1,333,400
董喜生	董事	0	0	0	0.00	0	750,000	750,000	7.00	1,250,000
高　军	副总经理	0	0	0	0.00	0	750,000	750,000	7.00	1,250,000
伊志宏	独立董事	0	0	0	0.00	0	0	0	0.00	0
李罗力	独立董事	0	0	0	0.00	0	0	0	0.00	0
王　韬	独立董事	0	0	0	0.00	0	0	0	0.00	0

张鸿义	独立董事	0	0	0	0.00	0	0	0	0.00	0
韩小京	独立董事	0	0	0	0.00	0	0	0	0.00	0
董亚平	监事	0	0	0	0.00	0	800,000	800,000	7.00	1,333,400
王晓雯	监事	0	0	0	0.00	0	750,000	750,000	7.00	1,250,000
王如泉	监事	0	0	0	0.00	0	750,000	750,000	7.00	1,250,000
丁未明	监事	0	0	0	0.00	0	300,000	300,000	7.00	500,000
欧阳建昕	监事	0	0	0	0.00	0	200,000	200,000	7.00	333,400
丁　新	副总经理	0	0	0	0.00	0	500,000	500,000	7.00	833,400
王　刚	副总经理	0	0	0	0.00	0	500,000	500,000	7.00	833,400
刘丹林	党委副书记	0	0	0	0.00	0	0	0	0.00	0
刘升勇	财务总监	0	0	0	0.00	0	500,000	500,000	7.00	833,400
李珂晖	董事会秘书	0	0	0	0.00	0	500,000	500,000	7.00	833,400
合　计	–	0	0	0	–	0	12,650,000	12,650,000	–	21,084,200

5.2 董事出席董事会会议情况

董事姓名	具体职务	应出席次数	现场出席次数	以通讯方式参加会议次数	委托出席次数	缺席次数	是否连续两次未亲自出席会议
刘平春	董事长	15	3	11	1	0	否
任克雷	董　事	15	3	10	1	1	否
张整魁	董　事	7	1	5	0	1	否
郑　凡	董　事	15	3	11	0	1	否
陈　剑	董　事	15	3	10	1	1	否
翦迪岸	董　事	15	2	12	1	0	否
吴斯远	董　事	15	2	12	1	0	否
姚　军	董事、总裁	15	3	12	0	0	否
董喜生	董　事	15	3	11	0	1	否
高　军	董事、副总裁	15	3	11	1	0	否
伊志宏	独立董事	15	3	12	0	0	否
李罗力	独立董事	15	3	11	0	1	否
王　韬	独立董事	15	3	12	0	0	否
张鸿义	独立董事	15	3	12	0	0	否
韩小京	独立董事	15	2	12	1	0	否

年内召开董事会会议次数	15
其中：现场会议次数	3
通讯方式召开会议次数	12
现场结合通讯方式召开会议次数	0

第六节　董事会报告

6.1 管理层讨论与分析

报告期内，面对年初南方雪灾、汶川地震、"五一"黄金周取消、国际金融危机及中国经济增长放缓等众多不利因素的影响，公司及各控股、参股企业共同努力，实现了较好的经营业绩。

一、报告期内公司经营情况的回顾

（一）报告期内总体经营情况分析

单位：万元

项目	本年数	上年同期数	增减额	增减率
营业收入	349,067.89	172,913.69	176,154.20	101.9%
营业利润	128,336.90	85,237.20	43,099.70	50.6%
归属于母公司净利润	91,743.53	75,037.05	16,706.48	22.3%

报告期内公司的营业收入比上年大幅增长，主要是由于本年度的地产结算面积比去年大幅增加，地产收入同比大幅增加，同时旅游项目的收入又保持稳定，所以 2008 年的收入增加较大；营业利润和归属于母公司净利润都有较大幅度增长，主要是由于收入大幅增加后，营业利润相应增加，同时公司参股的华侨城房地产和参与合作开发的"波托菲诺"房地产项目在本报告期内取得的收益也比上年有一定幅度的增长，所以公司的营业利润和归属于母公司净利润出现了较大增长。

（二）公司主营业务及经营状况

公司目前的主营业务主要是旅游和房地产业。

占公司主营业务收入 10%以上的行业为旅游业和房地产业。本报告期内，公司的主营业务收入取得了历史最好成绩，实现营业收入 349,067.89 万元，实现营业利润 128,336.90 万元。本年度利润构成情况未发生重大变化。

报告期内公司主营业务的经营情况如下：

1、按业务分类的主营业务情况：

单位：万元

2008 年	营业收入	营业成本	毛利率	营业收入比上年同期增加	营业成本比上年同期增加	毛利率比上年同期增加
主题旅游地产销售收入	216,109.71	91,403.67	57.70%	257.06%	410.2%	−12.69%
景区及酒店等旅游收入	108,696.06	66,142.73	39.15%	18.96%	74.40%	−19.34%
旅游团费收入	31,321.13	29,929.99	4.44%	48.09%	49.4%	−0.86%
小　计	356,126.89	187,476.40	47.36%	105.80%	147.1%	−8.80%
内部相互抵消	7,059.00	3,104.51		5234.93%	2246.3%	
合　计	349,067.89	184,371.89	47.18%	101.87%	143.4%	−9.02%

报告期内由于东部华侨城全年营业，所以景区及酒店等旅游收入都有所提高，另外，由于地产结算面积的增加，地产的销售收入也相应的大幅增加。

地产收入上年的主要来源是东部华侨城，而本年来源于北京华侨城和东部华侨城，由于东部华侨城地产销售毛利率高于北京华侨城，所以地产收入的平均毛利率比去年有所下降；景点及酒店收入的毛利率下降的原因是由于东部华侨城全年营业，固定成本增加较快，成本结构发生变化，收入的增长小于成本的增长幅度，导致毛利率下降。

公司在报告期收入前五名客户销售额为 38,039 万元，占公司总收入的 10.9%。

2、按地区分类的主营业务收入情况：

报告期内，公司营业收入来源于华南地区 270,091 万元，来源于华北地区 86,036 万元。

（三）公司资产构成分析

单位：万元

项目	本年数		上年数		
	金额	占资产总额比例	金额	占资产总额比例	增减
应收款项净额	52,994.26	3.80%	8,726.11	0.70%	3.10%
存货	167,799.25	12.03%	105,546.74	8.47%	3.57%
投资性房地产	23,174.98	1.66%	24,099.96	1.93%	−0.27%
长期股权投资	338,397.45	24.26%	302,738.52	24.28%	−0.02%
固定资产净额	405,825.73	29.10%	424,973.46	34.08%	−4.99%
在建工程	221,926.01	15.91%	125,726.23	10.08%	5.83%
短期借款	420,000.00	30.11%	453,523.98	36.37%	−6.26%
长期借款	1,090.91	0.08%	31,227.27	2.50%	−2.43%
总资产	1,394,692.84	100.00%	1,246,847.27	100.00%	0.00%

变动情况说明：公司存货和在建工程占总资产比例增加的主要原因是由于开发楼盘和在建项目的投入不断增加；固定资产占比减少是由于本年度没有大额新增的固定资产，并且原有固定资产在不断计提折旧，使得固定资产金额下降，同时占比也下降；短期借款下降的原因是由于本年公司的经营性现金流较好，归还了部分借款；长期借款实际并未下降，只是其中 3 亿元已经转为 1 年内到期长期负债。

（四）公司的期间费用等数据构成分析

单位：万元

项目	本年数	上年同期数	增减额	增减率
销售费用	9,580.74	8,367.32	1,213.42	14.50%
管理费用	48,684.51	50,315.23	−1,630.72	−3.24%
财务费用	14,537.96	5,539.67	8,998.29	162.43%
所得税	11,247.57	4,786.29	6,461.28	135.00%

变动情况说明：公司本年度销售费用比去年同期增加，是由于本年度的楼盘销售增加，相应的广告费用也有所增加；财务费用增加的主要原因是由于公司的大部分项目已经进入经营期，资本化利息的金额减少，加上 2008 年平均利率远高于 2007 年，故利息支出增加较大；所得税大幅增加的主要原因是本年度利润增加较大所致。

（五）公司现金流量表相关数据构成分析

单位：万元

项目	本年数	上年同期数	增减额	增减率
经营活动产生的现金流量	112,537.05	73,135.66	39,401.39	53.87%
投资活动产生的现金流量	−108,247.92	−260,143.07	151,895.15	58.39%
筹资活动产生的现金流量	−83,507.08	326,950.16	−410,457.24	−125.54%
现金及现金等价物净增加额	88,856.49	167,566.95	−78,710.47	−46.97%

变动情况说明：本年度经营活动产生的现金流量净额大幅增加，主要是因为地产销售带来大量现金流入，同时各景区的经营现金流量稳定；本年度投资活动产生的现金流量净额变化较大，主要是因为随着在建项目的逐渐开业，资金的投入逐渐减少；本年度筹资活动产生的现金流量净额下降较大，主要是由于上年度公司从资本市场募集近 14 亿资金，而今年没有。

（六）公司主要控股公司及参股公司的经营情况及业绩

1、主要控股公司

（1）华侨城旅行社主营业务为组织旅行团（者）旅游，注册资本为 1,219 万元，公司持股比例为 100%。截止 2008 年底，该公司总资产为 6,190 万元，全年实现营业收入 31,837 万元，实现净利润 277 万元。

（2）北京华侨城主营业务为建设开发旅游景区、房地产开发、销售自主开发后商品房、自有房产的物业管理、旅游景区、园林的策划设计、设计制作雕塑、组织文化艺术交流活动等，注册资本为 11,100 万元，公司持股比例为 29.28%。截止 2008 年底，该公司总资产为 226,624 万元，全年实现营业收入 86,036 万元，实现净利润 16,580 万元，本年度北京华侨城的收入和利润同比增加的主要原因是由于去年北京华侨城没有楼盘结算，而今年有较多的楼盘结算，地产的收入和利润的增加导致全年的收入利润增加。

（3）东部华侨城主营业务为从事生态旅游项目的投资建设、开发经营；投资兴办旅游业、酒店业、娱乐业、餐饮业、房地产业，注册资本为 26,000 万元，公司持股比例为 50%。截止 2008 年底，该公司总资产为 543,927 万元，全年实现营业收入 197,301 万元，净利润 26,909 万元。

（4）上海华侨城主营业务为旅游及其关联产业投资，景区策划、设计、施工，景区景点策划及管理的咨询业务，设计、制作各类广告，利用自有媒体发布广告，房地产投资开发与经营；自有房屋出租、维修，物业管理。注册资本为 40,000 万元，公司持股比例为 40%。截止 2008 年底，该公司总资产为 128,485 万元。目前，该公司处于建设阶段。

（5）云南华侨城主营业务为投资开发与经营；景区策划；旅游商品的批发与零售；文艺活动策划；舞台设计；房屋出租；物业管理；建筑材料；装饰材料；水暖器材、电工器材、家具、五金的批发与零售。注册资本为 56,000 万元，公司持股比例为 50%。截止 2008 年底，该公司总资产为 56,379 万元。目前，该公司处于建设阶段。

2、主要参股公司及合作项目

（1）深圳世界之窗主营业务为华侨城世界名胜微缩景区及其配套设施的建设与经营，注册资本为 USD2,950 万元，公司持股比例为 49%。截止 2008 年底，该公司总资产为 50,657 万元，全年实现营业收入 29,298 万元，实现净利润 8,657 万元。

（2）锦绣中华主营业务为经营景区游览；景点，场景复制销售；国内外旅游代理与咨询；旅游商品制作与销售；饮食烹饪，冷饮，园林雕塑，壁画设计与施工；交通服务等，注册资本为 18,400 万元，公司持股比例为 49%。截止 2008 年底，该公司总资产为 34,721 万元，全年实现主营业务收入 15,762 万元，实现净利润 4,357 万元。

（3）华侨城房地产主营业务为房地产开发，注册资本为 100,000 万元，公司持股比例为 40%。截止 2008 年底，该公司总资产为 1,658,723 万元，全年实现营业收入 359,885 万元，实现营业利润 145,903 万元，实现净利润 115,619 万元（含波托菲诺）。2008 年度公司从其获得的投资收益为 70,754 万元（含"波托菲诺"项目的 39,591 万元），达到公司净利润的 10%以上。

（4）成都华侨城公司由公司、华侨城房地产、OCT Investments Limited 和华侨城集团共同出资成立,投资比例分别为35%、38%、25%和2%,注册资本40,000万元。

3、其他控股及参股公司情况见会计报表附注。

二、报告期内公司经营状况分析

(一)旅游业务稳定发展

公司各参控股企业全年共接待游客1,219万人次,按同比口径增长5.2%,实现旅游营业收入18.88亿元,按同比口径增长16%。

(二)房地产业务持续增长

公司参股的华侨城房地产采取行之有效的举措,准确把握市场变化,全年销售商品房销售面积近20万平方米,实现营业收入36亿元,取得了良好的销售业绩。华侨城房地产荣获深圳地产30年十大功勋品牌企业、2008深圳地产主力企业冠军,波托菲诺荣获"2008年度最具价值项目大奖",东部华侨城天麓荣获联合国人居署颁发的"全球人居最佳环境奖"。

(三)重点项目稳步推进

1.东部华侨城:

大侠谷建设进展顺利,并建成开放华兴寺、檀越酒店、云海索道等12个新项目。东部华侨城荣获"中国十大休闲文化基地"、"2008深港市民喜爱的旅游度假胜地"、"全球人居环境示范社区"以及国家环保部颁发的"生态监测示范站"等荣誉称号。

2.北京华侨城:

北京华侨城克服种种不利因素影响,顺利完成A2-5、6、7号楼年底交付使用的目标;北京欢乐谷大力推进项目改造,推出大型彩车巡游、极限运动场等十大项目。

3.成都华侨城:

努力克服"5.12"特大地震灾害影响,主题公园建设和房地产销售顺利完成年度目标,为2009年初实现住宅销售开盘、欢乐谷开园和商业物业开街的"三开"目标奠定了坚实基础。报告期内成都华侨城纯水岸一期销售率接近90%,实现销售金额8.77亿元。成都欢乐谷已于2009年1月18日正式面向公众开放。

4.上海华侨城规划设计、工程建设及设备引进安装工作有条不紊地推进,上海欢乐谷预计将于2009年暑期开园。

5.云南华侨城完成公司组建工作,项目土地顺利摘牌,并被列为云南省2008年重点项目。目前项目土地使用功能概念规划方案与控制性详细规划方案均已完成,同时积极开展前期市场调研与产品策划工作,为项目规划及建设打下了良好基础。

(四)欢乐谷连锁经营成绩斐然

公司以深圳欢乐谷开业十周年为契机,大力推广宣传欢乐谷连锁品牌,在市场宣传、主题活动策划等方面进行了有益的尝试,初步统一了欢乐谷连锁品牌VI系统、服务规范、游乐设备技术规范和人力资源管理体系,组织召开了欢乐谷连锁经营工作会议,为欢乐谷连锁经营建设奠定基础。

(五)品牌建设实现重大突破

公司首次赴美国参加IAAPA年展(国际游艺机游乐园协会International Associatian of Amusement Parks and Attractions简称IAAPA),在IAAPA系列大奖评选中,公司选派的参展作品荣获铜戒奖最高大奖——最佳整体营销奖、最佳礼品奖、最佳演出奖等7项大奖。《PARK WORLD》、《Euro Professional》、《Fun World》等国际旅游权威杂志对公司给予高度评价。

(六)提高公司治理水平,加强投资者关系管理

报告期内,公司按照监管要求,进一步完善内控制度建设,制订了《董事、监事和高级管理人员所持公司股份及其变动管理办法》、《信息披露制度》等项制度,并对《公司章程》、"三会"议事规则等规范文件进行修订,进一步规范与大股东及关联方资金往来。

报告期内,公司共接待来访投资者30批,近280人次,接听投资者电话超过2000次,还通过在公司上市周年庆期间举办的"股东检阅日"活动,使超过4400名股东实地参观了东部华侨城、深圳欢乐谷、深圳锦绣中华、深圳世界之窗和北京欢乐谷等景区,与股东和投资者进行了有效的沟通。

报告期内,公司获得财经风云榜授予的"中国十佳投资者关系上市公司"称号;被中国上市公司市值管理研究中心评选为"中国上市公司市值管理百佳奖";深圳上市公司协会资本圈授予的"深圳资本圈社会捐赠奖"和"5.12汶川大地震慈善捐助奖"等多项荣誉。

三、新年度业务发展计划

2009年,国际国内经济形势依然严峻,宏观经济发展的系统性风险和不确定性依然存在。从国际来看,随着世界金融危机从金融领域扩散到实体经济领域,各国经济发展都受到较大影响。同时,随着国内宏观经济下滑,收入预期降低,市场需求可能持续疲软,旅游和房地产业的恢复性增长将受到考验。

温家宝总理在政府工作报告中已明确指出:2009年是我国实施"十一五"规划的关键之年,也是进入新世纪以来我国经济发展最为困难的一年。挑战与机遇并存、希望与困难同在。积极扩大国内需求特别是消费需求,增强内需对经济增长的拉动作用,加快发展旅游休闲消费,促进房地产市场稳定健康发展。

中央及地方政府为应对国际金融危机、促进经济平稳较快发展,已陆续出台相关政策:国家旅游局将2009年全国主题旅游年确定为"中国生态旅游年",旨在进一步加大生态旅游产品推广力度、切实满足不断升级的旅游消费新风尚。同时,国家旅游局还提出"国民休闲计划",以促使更多中国人参与到国内旅游活动中,促进国内旅游市场获得更大发展。广东省也已出台《关于促进我省房地产市场平稳健康发展的若干意见》,指导房地产市场稳健发展。这些政策措施为公司主营业务的长期持续发展提供了保障,也坚定了公司继续做强做大旅游地产主营业务的决心。

公司自2002年开始先后投资建设了北京华侨城、东部华侨城、成都华侨城、上海华侨城等大型旅游地产综合项目,2009年起将全面进入收益期,这标志着公司在国内的第一轮战略布局基本完成。在当前形势下,公司将按照"以快取胜"、"以新领先"、"以异求存"、"以丰致富"、"以大保久"的策略,抓住有利时机,坚定不移地坚持和深化"旅游+地产"商业模式,把握节奏,积极寻求在国内区域中心城市的发展机会,为在全国开展第二轮战略布局储备战略资源。

2009年,公司将认真学习实践科学发展观,积极进取,灵活应对,按照"三稳四快"的工作思路("三稳"即"稳业绩、稳现金流、稳队伍","四快"即"建设速度要快、市场反应要快、连锁经营要快、新产品研发要快"),全力以赴完成各项经营计划。

(一)狠抓旅游地产主营业务经营管理,全力推进重点项目建设,防范财务风险

1、旅游业务

根据国际主题公园行业权威机构TEA(主题休闲娱乐行业协会)和ERA(经济研究事务所)的数据统计,公司在2007年的游客接待量为1,350万人次,已与美国迪斯尼乐园、英国美林娱乐集团公司、美国环球影城、六旗集团、布什系列公园和西德角连锁主题公园等一起跻身全球旅游景区集团八强,成为亚洲地区唯一进入"全球旅游景区八强"的公司。公司将努力实现到2010年接待游客达到2,000万人次,到2018-2020年接待游客达到3,000万人次,华侨城旅游成为"中国主题公园自主创新第一品牌"的战略目标。

(1)全力推进欢乐谷连锁经营工作

2009年将是欢乐谷连锁经营元年。从国际经验看,发展连锁经营是迪斯尼、环球影城等世界著名旅游景区集团发展到一定阶段的必然选择。

公司将积极开展欢乐谷连锁经营工作,通过"以面对点"实现的累加效应,有效提升民族自主创新旅游品牌的市场号召力,增强与国际旅游企业的市场竞争能力,弥补欢乐谷单体规模和品牌影响不足的缺陷,正面应对迪斯尼进入国内市场。公司将通过统一品牌形象、服务规范和技术规范,并积极统筹市场联动营销、大宗商品采购、主题商品开发,以及整合演艺资源、协调公园更新改造联动机制等一系列举措,充分综合利用资源,降低运营成本,有效提升各欢乐谷的综合运营效益;同时,公司将充分利用欢乐谷连锁经营带来的游客市场资源,有效推动关联产业的发展,吸引战略合作伙伴进入,通过多种手段充分挖掘主题公园产业的边际效益。

公司将通过两到三年的努力,全面构建和完善品牌形象统一、经营资源共享、经营活动协调、管理统一、高效灵活的欢乐谷连锁经营机制。

(2)推进已投入运营景区的更新改造和产品升级

2009年,深圳欢乐谷将积极推进五期新项目改造,强化优质服务,在整体营销、品牌管理方面加强与区外欢乐谷的联动。

北京欢乐谷将加快建设二期新项目,抓好旺季有效经营期,将夜场活动培育成为北京休闲娱乐的品牌产品;推进改造奥德赛广场,形成有特色的户外表演广场。

锦绣中华、深圳世界之窗将分别以开业20周年和15周年庆典为契机,稳步推进景区升级改造,进一步丰富景区的文化内涵,创新特色节庆活动,推动景区整体服务向互动型、角色化转变,实现景区服务品质升级。

2、地产业务

公司地产业务将全面提速工程建设、营销推广和资金回笼,迅速抢占市场赢得先机。在开发思路上,提高对成熟区域市场的研判能力,把握市场机会,加强短平快与盈利能力高的项目建设。在经营思路上,以快制胜,以确保工程进度、确保销售回款、严控工程成本、严控费用支出为工作重点。

2009年度公司房地产业务计划开工和可售面积表

所在区域		项目名称	产品形态	09年计划开工面积(平方米)	09年计划可售面积(平方米)
深圳	华侨城	香山里花园2期	高层	195,000	——
		燕晗花园3期	多层	19,185	——
		纯水岸6号地块	高层	55,500	——
		纯水岸8号地块	独栋	7,620	——
		纯水岸5号地块	高层	——	37,898
		纯水岸7号地块	联排	——	2,510
		纯水岸9号地块	联排	——	2,920
		纯水岸4期	小高层	——	9,689
	其他	四海公寓	高层	——	41,496
		招华曦城2期	联排双拼	——	28,745
		招华曦城3期	联排双拼	——	42,615
		招华曦城4期	联排双拼	70,300	——
		东部华侨城天麓一、二、七区	低密度住宅	——	11,620
		东部华侨城天麓六区	低密度住宅	——	31,200
	上海	浦江华侨城2期122-10#地块	院邸	30,300	——
		浦江华侨城2期122-12#地块	多层、小高层、商业	90,100	——
		浦江华侨城2期122-13#地块	多层、小高层、商业	110,100	——
		浦江华侨城2期122-9#地块	院邸联排高层	——	46,200
		浦江华侨城2期122-11#地块	多层小高层	——	89,700
		上海合利坊	高层	59,000	——
	成都	纯水岸1期	多层高层	——	23,352
		纯水岸2期	联排多层高层	——	199,762
	北京	地产2期	高层	——	38,930
		地产3期	多层高层	——	122,750

注:上表因部分开发项目尚未正式命名,故以各地块编号表述。

3、全力推动重点项目建设经营

围绕上海欢乐谷和东部华侨城大侠谷开业,公司将从人力资源合理配备、连锁品牌建设、资金合理安排等方面,全力做好各项支持工作。

成都华侨城将精心策划二期住宅项目,抓好销售工作,着手启动成都欢乐谷二期项目策划,商业地产将充分借势欢乐谷盛大开业,加强主题特色运营。

云南华侨城将细致筹划项目规划设计和产品策划,加强工程建设管理,积极开展品牌宣传。

4、强化财务管理,防范财务风险,确保经营资金链稳定

公司将努力创新融资渠道,改善负债结构,降低资金成本,加快存货周转,保持公司及控股企业合理的资产负债率和充足的现金流,增强抗风险能力,确保资金链稳健。

(二)积极配合控股股东实现主营业务整体上市

控股股东华侨城集团正继续积极推进主营业务整体上市工作,公司将根据其确定的具体方案及实施步骤,对现有资产情况进行全面清查、摸底,对公司组织架构体系、业务流程体系及财务核算体系等方面进行全面梳理,并根据实际需要进行有效调整,积极配合集团公司完成主营业务整体上市工作。

华侨城集团主营业务整体上市,将实现华侨城集团旗下优质资源的有效整合,形成统一的业务操作平台,有效减少关联交易,切实提高公司治理水平和管理效率,为旅游地产主营业务持续健康发展奠定坚实基础,保障公司全体股东的利益。

(三)抓住时机,积极增加战略资源储备

为保持公司长期可持续发展能力，公司将充分响应政府拉动内需的号召，抓住时机，在区域中心城市积极寻求旅游地产综合开发项目，为公司新一轮的战略布局储备资源。

同时，公司将继续强化华侨城旅游研究院的研发策划能力，认真总结近年来建设运营各重点项目的经验和不足，借鉴国内外竞争对手的成功经验，研究游客消费能力和偏好的变化以及现代科学技术、网络应用等方面对旅游产业发展的影响，不断丰富公司"旅游+地产"产品模式，支持和推动公司新一轮的战略资源储备工作。

(四)进一步加强市值管理工作

上市公司市值是公司治理、经营管理、已占有资源质量及未来获取资源能力、盈利能力、品牌影响力、信息披露质量、行业地位等多方面的综合反映。

公司将加强内控制度建设，进一步完善法人治理结构，规范信息披露，认真研究旅游市场占有率及行业地位、旅游及关联业务收入和利润构成等因素对市值变动的影响，采用多种手段加强与股东和投资者的沟通交流，提升投资者关系管理水平，进一步加强市值管理工作。

6.2 主营业务分行业、产品情况表

单位：(人民币)万元

分行业或分产品	营业收入	营业成本	营业利润率(%)	营业收入比上年增减(%)	营业成本比上年增减(%)	营业利润率比上年增减(%)
主营业务分行业情况						
主题旅游地产销售收入	216,109.71	91,403.67	57.70%	257.06%	410.20%	-12.69%
景区及酒店等旅游收入	108,696.06	66,142.73	39.15%	18.96%	74.40%	-19.34%
旅游团费收入	31,321.13	29,929.99	4.44%	48.09%	49.40%	-0.86%
小　计	356,126.89	187,476.40	47.36%	105.80%	147.10%	-8.80%
内部相互抵消	7,059.00	3,104.51	56.02%	5,234.93%	2,246.30%	
合　计	349,067.89	184,371.89	47.18%	101.87%	143.40%	-9.02%
主营业务分产品情况						
主题旅游地产销售收入	216,109.71	91,403.67	57.70%	257.06%	410.20%	-12.69%
景区酒店等旅游相关收入	108,696.06	66,142.73	39.15%	18.96%	74.40%	-19.34%
旅游团费收入	31,321.13	29,929.99	4.44%	48.09%	49.40%	-0.86%
小　计	356,126.89	187,476.40	47.36%	105.80%	147.10%	-8.80%
内部相互抵消	7,059.00	3,104.51	56.02%	5,234.93%	2,246.30%	
合　计	349,067.89	184,371.89	47.18%	101.87%	143.40%	-9.02%

6.3 主营业务分地区情况

单位：(人民币)万元

地　区	营业收入	营业收入比上年增减(%)
华北地区	86,036.28	154.09%
华南地区	270,090.61	94.05%
境内小计	356,126.89	105.80%
减：公司内各地区抵销数	7,059.00	5,234.93%
总　计	349,067.89	101.87%

6.4 采用公允价值计量的项目

□ 适用　　√ 不适用

6.5 募集资金使用情况

√ 适用　　□ 不适用

单位：(人民币)万元

募集资金总额	137,802.00	本年度投入募集资金总额	47,802.00
变更用途的募集资金总额	0.00	已累计投入募集资金总额	87,802.00
变更用途的募集资金总额比例	0.00%		

承诺投资项目	是否已变更项目(含部分变更)	募集资金承诺投资总额	调整后投资总额	截至期末承诺投入金额(1)	本年度投入金额
上海华侨城	否	137,802.00	137,802.00	87,802.00	47,802.00
合计	-	137,802.00	137,802.00	87,802.00	47,802.00

承诺投资项目	截至期末累计投入金额(2)	截至期末累计投入金额与承诺投入金额的差额(3)=(2)-(1)	截至期末投入进度(%)(4)=(2)/(1)	项目达到预定可使用状态日期	本年度实现的效益	是否达到预计效益	项目可行性是否发生重大变化
上海华侨城	87,802.00	0.00	100.00%	2009-07-28	387.00	是	否
合计	87,802.00	0.00	-	-	387.00	-	-

未达到计划进度或预计收益的情况和原因(分具体项目)	不适用
项目可行性发生重大变化的情况说明	不适用
募集资金投资项目实施地点变更情况	不适用
募集资金投资项目实施方式调整情况	不适用
募集资金投资项目先期投入及置换情况	不适用
用闲置募集资金暂时补充流动资金情况	经2008年第四次临时股东大会批准，将不超过5亿元暂时用于补充流动资金，使用期限不超过6个月。
项目实施出现募集资金结余的金额及原因	不适用
尚未使用的募集资金用途及去向	不适用
募集资金使用及披露中存在的问题或其他情况	不适用

变更项目情况

□ 适用　　√ 不适用

6.6 非募集资金项目情况

□ 适用　　√ 不适用

6.7 董事会对公司会计政策、会计估计变更或重大会计差错更正的原因及影响的说明

□ 适用　　√ 不适用

6.8 董事会对会计师事务所"非标准审计报告"的说明

□ 适用　　√ 不适用

6.9 董事会本次利润分配或资本公积金转增股本预案

以公司2008年末总股本2,621,088,126股为基数，每10股派发现金红利1.2元(含税)，拟派发现金红利总额为314,530,575.12元，现金分红比例为公司2008年度实现可供股东分配利润的47%。公司2008年度无资本公积金转增股本。

公司前三年现金分红情况

单位：(人民币)元

	现金分红金额(含税)	合并报表中归属于母公司所有者的净利润	占合并报表中归属于母公司所有者的净利润的比率
2007年	301,425,134.49	750,370,522.26	40.17%
2006年	233,353,100.82	580,877,195.51	40.17%
2005年	222,241,048.40	480,197,243.75	46.28%

公司本报告期内盈利但未提出现金利润分配预案

□ 适用　　√ 不适用

第七节　重要事项

7.1 收购资产

□ 适用　　√ 不适用

7.2 出售资产

√ 适用　　□ 不适用

单位：(人民币)万元

交易对方	被出售资产	出售日	出售价格	本年初起至出售日该出售资产为公司贡献的净利润	出售产生的损益	是否为关联交易(如是，说明定价原则)	定价原则说明	所涉及的资产产权是否已全部过户	所涉及的债权债务是否已全部转移	关联关系
长江三峡投资发展有限责任公司	长江三峡旅游发展有限责任公司35%的股权	2008年09月30日	6,250.00	138.79	747.00	否	挂牌	是	是	无

7.1、7.2所涉及事项对公司业务连续性、管理层稳定性的影响。

转让对公司的经营影响很小，转让收益747余万元占公司利润总额的比例为0.6%。

7.3 重大担保

√ 适用　　□ 不适用

单位：(人民币)万元

公司对外担保情况(不包括对子公司的担保)

担保对象名称	发生日期(协议签署日)	担保金额	担保类型	担保期	是否履行完毕	是否为关联方担保(是或否)
长沙世界之窗	2008年09月27日	2,905.00	连带	半年	否	是

报告期内担保发生额合计	2,905.00
报告期末担保余额合计	2,905.00
公司对子公司的担保情况	
报告期内对子公司担保发生额合计	1,523.00
报告期末对子公司担保余额合计	1,523.00
公司担保总额情况(包括对子公司的担保)	
担保总额	4,428.00
担保总额占公司净资产的比例	0.79%
其中：	
为股东、实际控制人及其关联方提供担保的金额	0.00
直接或间接为资产负债率超过70%的被担保对象提供的债务担保金额	0.00
担保总额超过净资产50%部分的金额	0.00
上述三项担保金额合计	0.00
未到期担保可能承担连带清偿责任说明	无

7.4 重大关联交易

7.4.1 与日常经营相关的关联交易

√ 适用　　□ 不适用

单位：(人民币)万元

关联方	向关联方销售产品和提供劳务		向关联方采购产品和接受劳务	
	交易金额	占同类交易金额的比例	交易金额	占同类交易金额的比例
水电公司	0.00	0.00%	1,214.20	100.00%
华侨城房地产	7,055.00	3.26%	0.00	0.00%
华侨城集团	2,907.00	1.35%	0.00	0.00%
成都华侨城	565.00	0.16%	0.00	0.00%
合计	10,527.00	4.61%	1,214.20	100.00%

其中：报告期内公司向控股股东及其子公司销售产品或提供劳务的关联交易金额10,527.00万元。

7.4.2 关联债权债务往来

√ 适用　　□ 不适用

单位：(人民币)万元

关联方	向关联方提供资金		关联方向公司提供资金	
	发生额	余额	发生额	余额
华侨城投资	0.00	0.00	0.00	5,400.00
华侨城集团	0.00	0.00	160,000.00	160,000.00
秋实公司	0.00	0.00	600.00	600.00
华侨城房地产	20,041.92	0.00	15,000.00	0.00
天津华侨城	2,295.08	32,000.00	0.00	0.00
合计	22,337.00	32,000.00	175,600.00	166,000.00

其中：报告期内公司向控股股东及其子公司提供资金的发生额 22,337.00 万元，余额 32,000.00 万元。

7.4.3 2008 年资金被占用情况及清欠进展情况

□ 适用　　　√ 不适用

7.5 委托理财

□ 适用　　　√ 不适用

7.6 承诺事项履行情况

√ 适用　　　□ 不适用

(一)控股股东在股权分置改革中的承诺事项

1、华侨城集团持有的股票自获得上市流通权之日起，至少在二十四个月内不上市交易或者转让；在此之后的十二个月内，通过证券交易所挂牌交易出售的股份不超过公司总股本的百分之五，之后的二十四个月内通过证券交易所挂牌交易出售的股份不超过公司总股本的百分之十。上述承诺禁售的股份包括华侨城集团原持有的流通股份及因执行对价安排的相应新增股份，但不包括权证行权所认购的股份。

2、华侨城集团承诺在所持非流通股份获得上市流通权后的 5 年内，对公司的持股比例不低于 40%。

3、华侨城集团承诺在本次股权分置改革完成后的连续三年，提出公司现金分红比例不低于当期实现可分配利润的 40%的年度股东大会议案，并保证在股东大会表决时对该议案投赞成票。

(二)履行情况

自股权分置改革方案实施至今，华侨城集团未发生减持公司股票的情况，对公司的持股比例不低于 40%。

华侨城集团已经在 2005 年至 2007 年连续 3 年，提出公司现金分红比例不低于当期实现可分配利润的 40%的议案，并在 2005、2006、2007 年年度股东大会表决时对利润分配方案投了赞成票，上述议案均已通过并实施。

公司或持股 5%以上股东在报告期内或持续到报告期内的承诺事项

□ 适用　　　√ 不适用

7.7 重大诉讼仲裁事项

□ 适用　　　√ 不适用

7.8 其他重大事项及其影响和解决方案的分析说明

7.8.1 证券投资情况

√ 适用　　　□ 不适用

单位：(人民币)元

序号	证券品种	证券代码	证券简称	初始投资金额(元)	持有数量	期末账面值	占期末证券总投资比例(%)	报告期损益
期末持有的其他证券投资				0.00	–	0.00	0.00%	0.00
报告期已出售证券投资损益				–	–	–	–	−10,698 209.90
合计				0.00	–	0.00	100%	−10,698 209.90

7.8.2 持有其他上市公司股权情况

□ 适用　　　√ 不适用

7.8.3 持有非上市金融企业股权情况

□ 适用　　　√ 不适用

7.8.4 买卖其他上市公司股份的情况

□ 适用　　　√ 不适用

第八节　监事会报告

√ 适用　　　□ 不适用

一、报告期内公司监事会的工作情况

报告期内，公司监事会共召开了 4 次会议，即公司第四届监事会第四至七次会议。会议审议通过了公司 2007 年度监事会工作报告、关于公司 2007 年年度报告的审核意见、关于公司 2007 年度利润分配及资本公积金转增股本的提案、公司 2008 年度财务预算、关于 2008 年第一季度报告的审核意见、关于公司 2008 年半年度报告的审核意见、公司监事会议事规则(2008 年修订)、关于 2008 年第三季度报告的审核意见等议案。

二、公司监事会对下列事项发表独立意见：

(一)公司依法运作情况

报告期内，公司监事会成员列席了公司各次董事会和股东大会，并依照有关法律法规和公司章程的有关规定，对公司股东大会、董事会的召开程序、议案事项、决议执行情况等进行了监督。

监事会认为：公司在报告期内各项决策程序合法，并进一步完善了内部控制制度，公司董事和其他高管人员在执行公司职务时没有违反法律法规、公司章程或损害公司利益的行为。

(二)检查公司财务情况

监事会认为：中瑞岳华会计师事务所对公司 2008 年度财务报告出具的审计意见是客观的，财务报告真实反映了公司的财务状况和经营成果。

(三)公司最近一次募集资金实际投入项目情况

监事会认为：公司最近一次募集资金实际投入项目与承诺投入项目一致，目前已将部分闲置的募集资金暂时补充公司流动资金，该事项已由公司股东大会审议通过，审批程序合法。

(四)本年度收购、出售资产情况

监事会认为：公司本年度出售资产交易事项，定价合理，不存在内幕交易，没有损害部分股东的权益或造成公司资产流失。

(五)本年度关联交易情况

监事会认为：公司本年度进行的关联交易，价格公平合理，没有损害公司利益。

第九节　财务报告

9.1 审计意见

审计报告　　　标准无保留　　　审计意见

审计报告正文

审 计 报 告

中瑞岳华审字[2009]第 03401 号

深圳华侨城控股股份有限公司全体股东：

我们审计了后附的深圳华侨城控股股份有限公司(以下简称“华侨城控股公司”)财务报表，包括 2008 年 12 月 31 日的资产负债表和合并资产负债表，2008 年度的利润表和合并利润表、现金流量表和合并现金流量表、股东权益变动表和合并股东权益变动表以及财务报表附注。

一、管理层对财务报表的责任

按照企业会计准则的规定编制财务报表是华侨城控股公司管理层的责任。这种责任包括：(1)设计、实施和维护与财务报表编制相关的内部控制，以使财务报表不存在由于舞弊或错误而导致的重大错报；(2)选择和运用恰当的会计政策；(3)作出合理的会计估计。

二、注册会计师的责任

我们的责任是在实施审计工作的基础上对财务报表发表审计意见。我们按照中国注册会计师审计准则的规定执行了审计工作。中国注册会计师审计准则要求我们遵守职业道德规范，计划和实施审计工作以对财务报表是否不存在重大错报获取合理保证。审计工作涉及实施审计程序，以获取有关财务报表金额和披露的审计证据。选择的审计程序取决于注册会计师的判断，包括对由于舞弊或错误导致的财务报表重大错报风险的评估。在进行风险评估时，我们考虑与财务报表编制相关的内部控制，以设计恰当的审计程序，但目的并非对内部控制的有效性发表意见。审计工作还包括评价管理层选用会计政策的恰当性和作出会计估计的合理性，以及评价财务报表的总体列报。

我们相信，我们获取的审计证据是充分、适当的，为发表审计意见提供了基础。

三、审计意见

我们认为，华侨城控股公司财务报表已经按照企业会计准则的规定编制，在所有重大方面公允反映了华侨城控股公司 2008 年 12 月 31 日的财务状况、合并财务状况以及 2008 年度的经营成果、合并经营成果和现金流量、合并现金流量。

中瑞岳华会计师事务所有限公司　　　中国注册会计师：汤其美

中国　北京　　　中国注册会计师：刘剑华

2009 年 3 月 26 日

9.2 财务报表

9.2.1 资产负债表

编制单位：深圳华侨城控股股份有限公司　　　2008 年 12 月 31 日　　　单位：(人民币)元

项目	期末余额		年初余额	
	合并	母公司	合并	母公司
流动资产：				
货币资金	931,251,745.94	357,957,559.77	1,675,669,531.44	762,478,981.75
结算备付金				
拆出资金				
交易性金融资产	0.00	0.00	22,453,330.00	22,453,330.00
应收票据				
应收账款	34,976,479.00	326,521.77	22,629,223.61	464,246.83
预付款项	378,028,872.89	302,652.65	28,706,703.41	1,053,570.86
应收保费				
应收分保账款				
应收分保合同准备金				
应收利息	0.00	0.00		
应收股利	0.00	0.00		
其他应收款	116,937,203.63	954,782,500.68	35,925,137.35	409,095,640.40
买入返售金融资产				
存货	1,677,992,525.73	4,111,671.50	1,055,467,413.92	3,167,654.77
一年内到期的非流动资产				
其他流动资产	180,000.00			
流动资产合计	3,139,366,827.19	1,317,480,906.37	2,840,851,339.73	1,198,713,424.61
非流动资产：				
发放贷款及垫款				
可供出售金融资产				
持有至到期投资	320,000,000.00	320,000,000.00	420,000,000.00	320,000,000.00
长期应收款				
长期股权投资	3,383,974,476.55	4,102,784,936.15	3,027,385,173.06	3,568,533,685.10
投资性房地产	231,749,845.99	0.00	240,999,584.07	
固定资产	4,058,257,348.57	575,022,963.27	4,249,734,629.87	527,977,236.17
在建工程	2,219,260,066.12	5,389,315.30	1,257,262,346.54	65,301,016.89
工程物资				
固定资产清理				
生产性生物资产				
油气资产				
无形资产	526,351,803.60	0.00	364,211,297.41	

开发支出				
商誉				
长期待摊费用	16,969,461.51	6,831,174.66	20,680,695.29	9,657,819.53
递延所得税资产	38,268,749.86	76,347.26	33,802,234.91	40,116.48
其他非流动资产	12,729,785.61	0.00	13,545,349.53	
非流动资产合计	10,807,561,537.81	5,010,104,736.64	9,627,621,310.68	4,491,509,874.17
资产总计	13,946,928,365.00	6,327,585,643.01	12,468,472,650.41	5,690,223,298.78
流动负债:				
短期借款	4,200,000,000.00	865,000,000.00	4,535,239,840.61	750,000,000.00
向中央银行借款				
吸收存款及同业存放				
拆入资金				
交易性金融负债				
应付票据	192,427,923.66	0.00	110,090,881.80	
应付账款	1,202,350,453.88	28,650,732.10	863,469,633.79	11,356,360.95
预收款项	275,312,362.30	997,698.80	294,587,667.08	4,105,094.80
卖出回购金融资产款				
应付手续费及佣金				
应付职工薪酬	77,061,240.74	24,361,153.49	63,988,210.56	25,921,610.76
应交税费	184,501,752.34	3,808,722.50	208,227,872.43	3,459,229.32
应付利息				
应付股利	800,000.00			
其他应付款	532,324,804.41	82,661,556.42	319,084,088.31	47,683,974.09
应付分保账款				
保险合同准备金				
代理买卖证券款				
代理承销证券款				
一年内到期的非流动负债	300,000,000.00			
其他流动负债				
流动负债合计	6,964,778,537.33	1,005,479,863.31	6,394,688,194.58	842,526,269.92
非流动负债:				
长期借款	10,909,092.00	0.00	312,272,728.00	
应付债券				
长期应付款	60,000,000.00	0.00	54,000,000.00	
专项应付款				
预计负债				
递延所得税负债	0.00	0.00	1,781,252.16	1,781,252.16
其他非流动负债				
非流动负债合计	70,909,092.00	0.00	368,053,980.16	1,781,252.16
负债合计	7,035,687,629.33	1,005,479,863.31	6,762,742,174.74	844,307,522.08
所有者权益(或股东权益):				
实收资本(或股本)	2,621,088,126.00	2,621,088,126.00	1,310,544,063.00	1,310,544,063.00
资本公积	324,342,861.72	324,342,861.72	1,605,970,362.00	1,605,970,362.00
减:库存股				
盈余公积	449,699,450.86	449,699,450.86	374,829,593.38	374,829,593.38
一般风险准备				
未分配利润	2,188,676,397.86	1,926,975,341.12	1,647,536,043.11	1,554,571,758.32
外币报表折算差额				
归属于母公司所有者权益合计	5,583,806,836.44	5,322,105,779.70	4,938,880,061.49	4,845,915,776.70
少数股东权益	1,327,433,899.23	0.00	766,850,414.18	
所有者权益合计	6,911,240,735.67	5,322,105,779.70	5,705,730,475.67	4,845,915,776.70
负债和所有者权益总计	13,946,928,365.00	6,327,585,643.01	12,468,472,650.41	5,690,223,298.78

9.2.2 利润表

编制单位:深圳华侨城控股股份有限公司　　2008 年 1—12 月　　单位:(人民币)元

项目	本期金额		上期金额	
	合并	母公司	合并	母公司
一、营业总收入	3,490,678,945.52	372,761,373.69	1,729,136,942.72	389,788,301.32
其中:营业收入	3,490,678,945.52	372,761,373.69	1,729,136,942.72	389,788,301.32
利息收入				
已赚保费				
手续费及佣金收入				
二、营业总成本	2,972,760,729.56	345,953,768.90	1,541,700,022.91	334,739,775.93
其中:营业成本	1,843,718,853.15	146,576,320.04	757,386,987.71	144,826,166.72
利息支出				
手续费及佣金支出				
退保金				
赔付支出净额				
提取保险合同准备金净额				
保单红利支出				
分保费用				
营业税金及附加	400,342,036.35	11,706,632.56	141,600,964.08	13,198,924.72
销售费用	95,807,385.71	13,354,221.00	83,673,220.80	19,491,405.27
管理费用	486,964,066.98	133,199,072.47	503,152,284.11	153,409,244.47
财务费用	145,379,603.64	41,117,522.83	55,396,735.00	4,001,903.77
资产减值损失	548,783.73		489,831.21	−187,869.02
加:公允价值变动收益(损失以"-"号填列)	0.00	0.00	9,385,980.00	9,385,980.00
投资收益(损失以"-"号填列)	765,450,773.60	737,790,196.41	655,549,069.30	658,393,854.45
其中:对联营企业和合营企业的投资收益	357,078,303.55	335,393,810.86	389,115,717.87	389,151,685.30
汇兑收益(损失以"-"号填列)				
三、营业利润(亏损以"-"号填列)	1,283,368,989.56	764,597,801.20	852,371,969.11	722,828,359.84
加:营业外收入	2,167,473.42	740,785.06	5,390,344.52	232,884.00
减:营业外支出	3,942,995.40	2,332,779.89	5,942,278.92	5,796,953.78
其中:非流动资产处置损失	307,698.95	164,979.89	5,674,869.27	5,624,405.83
四、利润总额(亏损总额以"-"号填列)	1,281,593,467.58	763,005,806.37	851,820,034.71	717,264,290.06
减:所得税费用	112,475,743.86	14,307,231.60	47,862,947.10	19,597,122.37
五、净利润(净亏损以"-"号填列)	1,169,117,723.72	748,698,574.77	803,957,087.61	697,667,167.69
归属于母公司所有者的净利润	917,435,346.72	748,698,574.77	750,370,522.26	697,667,167.69
少数股东损益	251,682,377.00	0.00	53,586,565.35	0.00
六、每股收益:				
(一)基本每股收益	0.35		0.33	
(二)稀释每股收益	0.35		0.33	

9.2.3 现金流量表

编制单位:深圳华侨城控股股份有限公司　　2008 年 1—12 月　　单位:(人民币)元

项目	本期金额		上期金额	
	合并	母公司	合并	母公司
一、经营活动产生的现金流量:				
销售商品、提供劳务收到的现金	3,514,522,154.74	389,770,359.29	1,997,896,994.58	386,279,750.19
客户存款和同业存放款项净增加额				
向中央银行借款净增加额				
向其他金融机构拆入资金净增加额				
收到原保险合同保费取得的现金				
收到再保险业务现金净额				
保户储金及投资款净增加额				
处置交易性金融资产净增加额				
收取利息、手续费及佣金的现金				
拆入资金净增加额				
回购业务资金净增加额				
收到的税费返还	221,596.61			
收到其他与经营活动有关的现金	81,289,661.39	231,427,727.75	91,729,772.51	79,690,371.86
经营活动现金流入小计	3,596,033,412.74	621,198,087.04	2,089,626,767.09	465,970,122.05
购买商品、接受劳务支付的现金	1,610,424,289.53	46,834,851.97	889,051,516.60	33,617,972.84
客户贷款及垫款净增加额				
存放中央银行和同业款项净增加额				
支付原保险合同赔付款项的现金				
支付利息、手续费及佣金的现金				
支付保单红利的现金				
支付给职工以及为职工支付的现金	369,424,560.37	94,375,784.39	157,279,118.30	55,347,684.22
支付的各项税费	323,338,401.57	76,069,930.37	121,333,253.60	51,161,532.11
支付其他与经营活动有关的现金	167,475,644.18	141,885,144.05	190,606,240.39	160,965,786.16
经营活动现金流出小计	2,470,662,895.65	359,165,710.78	1,358,270,128.89	301,092,975.33
经营活动产生的现金流量净额	1,125,370,517.09	262,032,376.26	731,356,638.20	164,877,146.72
二、投资活动产生的现金流量:				
收回投资收到的现金	871,816,707.48	11,816,707.48	63,259,221.80	63,259,221.80
取得投资收益收到的现金	337,342,215.43	331,365,022.88	179,190,479.15	179,369,019.06
处置固定资产、无形资产和其他长期资产收回的现金净额	87,553.32	53,240.04	155,183.10	75,323.10
处置子公司及其他营业单位收到的现金净额				
收到其他与投资活动有关的现金	731,539,134.70		3,896,381.44	
投资活动现金流入小计	1,940,785,610.93	343,234,970.40	246,501,265.49	242,703,563.96
购建固定资产、无形资产和其他长期资产支付的现金	2,007,343,003.10	50,942,211.29	1,892,528,028.56	58,742,625.68
投资支付的现金	760,214,460.00	653,182,631.88	955,403,956.75	1,264,276,320.00
质押贷款净增加额				
取得子公司及其他营业单位支付的现金净额				
支付其他与投资活动有关的现金	252,053,785.00			
投资活动现金流出小计	3,019,611,248.10	704,124,843.17	2,847,931,985.31	1,323,018,945.68

投资活动产生的现金流量净额	−1,078,825,637.17	−360,889,872.77	−2,601,430,719.82	−1,080,315 381.72
三、筹资活动产生的现金流量:				
吸收投资收到的现金	232,750,000.00	0.00	1,451,224,510.70	1,389,099 510.70
其中:子公司吸收少数股东投资收到的现金	232,750,000.00	0.00	62,125,000.00	0.00
取得借款收到的现金	8,451,000,000.00	2,185,000,000.00	7,640,239,840.61	2,145,000,000.00
发行债券收到的现金				
收到其他与筹资活动有关的现金	155,000,000.00	0.00	0.00	0.00
筹资活动现金流入小计	8,838,750,000.00	2,185,000,000.00	9,091,464,351.31	3,534,099,510.70
偿还债务支付的现金	8,855,320,920.00	2,145,000,000.00	5,378,425,466.00	1,761,000,000.00
分配股利、利润或偿付利息支付的现金	643,436,210.55	345,660,770.46	443,537,278.40	239,765,934.12
其中:子公司支付给少数股东的股利、利润	2,800,000.00			
支付其他与筹资活动有关的现金	173,717,242.90			
筹资活动现金流出小计	9,672,474,373.45	2,490,660,770.46	5,821,962,744.40	2,000,765,934.12
筹资活动产生的现金流量净额	−833,724,373.45	−305,660,770.46	3,269,501,606.91	1,533,333,576.58
四、汇率变动对现金及现金等价物的影响	74,830.13	−3,155.01	−256,892.29	−23,409.13
五、现金及现金等价物净增加额	−787,104,663.40	−404,521,421.98	1,399,170,633.00	617,871,932.45
加:期初现金及现金等价物余额	1,675,669,531.44	762,478,981.75	276,498,898.44	144,607,049.30
六、期末现金及现金等价物余额	888,564,868.04	357,957,559.77	1,675,669,531.44	762,478,981.75

9.2.4 所有者权益变动表

编制单位:深圳华侨城控股股份有限公司　　2008 年度　　单位:(人民币)元

本期金额

项目	归属于母公司所有者权益							少数股东权益	所有者权益合计
	实收资本(或股本)	资本公积	减:库存股	盈余公积	一般风险准备	未分配利润	其他		
一、上年年末余额	1,310,544,063.00	1,605,970,362.00	0.00	374,829,593.38		1,647,536,043.11	0.00	766,850,414.18	5,705 730,475.67
加:会计政策变更	0.00	0.00	0.00	0.00		0.00	0.00	0.00	0.00
前期差错更正	0.00	0.00	0.00	0.00		0.00	0.00	0.00	0.00
其他									
二、本年年初余额	1,310,544,063.00	1,605,970,362.00	0.00	374,829,593.38	0.00	1,647,536,043.11	0.00	766,850,414.18	5,705 730,475.67
三、本年增减变动金额(减少以"−"号填列)	1,310,544,063.00	−1,281,627,500.28	0.00	74,869,857.48	0.00	541,140,354.75	0.00	560,583,485.05	1,205 510,260.00
(一)净利润	0.00	0.00	0.00	0.00		917,435,346.72	0.00	251,682,377.00	1,169,117,723.72
(二)直接计入所有者权益的利得和损失	0.00	0.00	0.00	0.00	0.00	0.00	0.00	0.00	0.00
1.可供出售金融资产公允价值变动净额	0.00	0.00	0.00	0.00		0.00	0.00	0.00	0.00
2.权益法下被投资单位其他所有者权益变动的影响	0.00	0.00	0.00	0.00		0.00	0.00	0.00	0.00
3.与计入所有者权益项目相关的所得税影响	0.00	0.00	0.00	0.00		0.00	0.00	0.00	0.00
4.其他	0.00	0.00	0.00	0.00		0.00	0.00	0.00	0.00
上述(一)和(二)小计	0.00	0.00	0.00	0.00	0.00	917,435,346.72	0.00	251,682,377.00	1,169,117,723.72
(三)所有者投入和减少资本	0.00	29,016,562.72	0.00	0.00	0.00	0.00	0.00	312,501,108.05	341,517,670.77
1.所有者投入资本	0.00	0.00	0.00	0.00		0.00	0.00	302,500,000.00	302,500,000.00
2.股份支付计入所有者权益的金额	0.00	29,016,562.72	0.00	0.00		0.00	0.00	0.00	29,016,562.72
3.其他	0.00	0.00	0.00	0.00		0.00	0.00	10,001,108.05	10,001,108.05
(四)利润分配	0.00	0.00	0.00	74,869,857.48	0.00	−376,294,991.97	0.00	−3,600,000.00	−305,025,134.49
1.提取盈余公积	0.00	0.00	0.00	74,869,857.48		−74,869,857.48	0.00	0.00	0.00
2.提取一般风险准备									0.00
3.对所有者(或股东)的分配	0.00	0.00	0.00	0.00		−301,425,134.49	0.00	−3,600,000.00	−305,025,134.49
4.其他	0.00	0.00	0.00	0.00		0.00	0.00	0.00	0.00
(五)所有者权益内部结转	1,310,544,063.00	−1,310,644,063.00	0.00	0.00	0.00	0.00	0.00	0.00	−100,000.00
1.资本公积转增资本(或股本)	1,310,544,063.00	−1,310,544,063.00	0.00	0.00		0.00	0.00	0.00	0.00
2.盈余公积转增资本(或股本)	0.00	0.00	0.00	0.00		0.00	0.00	0.00	0.00
3.盈余公积弥补亏损	0.00	0.00	0.00	0.00		0.00	0.00	0.00	0.00
4.其他	0.00	−100,000.00	0.00	0.00		0.00	0.00	0.00	−100,000.00
四、本期期末余额	2,621,088,126.00	324,342,861.72	0.00	449,699,450.86	0.00	2,188,676,397.86	0.00	1,327,433,899.23	6,911,240,735.67

上年金额

项目	归属于母公司所有者权益							少数股东权益	所有者权益合计
	实收资本(或股本)	资本公积	减:库存股	盈余公积	一般风险准备	未分配利润	其他		
一、上年年末余额	1,111,205,242.00	343,928,511.12	0.00	311,707,175.23		1,219,866,354.93	0.00	665,724,882.36	3,652,432,165.64
加:会计政策变更	0.00	27,787,500.00	0.00	−6,644,298.62		−19,581,016.49	0.00	1,815,657.00	3,377,841.89
前期差错更正	0.00	0.00	0.00	0.00		0.00	0.00	0.00	0.00
其他									
二、本年年初余额	1,111,205,242.00	371,716,011.12	0.00	305,062,876.61	0.00	1,200,285,338.44	0.00	667,540,539.36	3,655,310,007.53
三、本年增减变动金额(减少以"−"号填列)	199,338,821.00	1,234,254,350.88	0.00	69,766,716.77	0.00	447,250,704.67	0.00	99,309,874.82	2,049,920,468.14
(一)净利润	0.00	0.00	0.00	0.00		750,370,522.26	0.00	53,586,565.35	803,957,087.61
(二)直接计入所有者权益的利得和损失	0.00	0.00	0.00	0.00	0.00	0.00	0.00	0.00	0.00
1.可供出售金融资产公允价值变动净额	0.00	0.00	0.00	0.00		0.00	0.00	0.00	0.00
2.权益法下被投资单位其他所有者权益变动的影响	0.00	0.00	0.00	0.00		0.00	0.00	0.00	0.00
3.与计入所有者权益项目相关的所得税影响	0.00	0.00	0.00	0.00		0.00	0.00	0.00	0.00
4.其他	0.00	0.00	0.00	0.00		0.00	0.00	0.00	0.00
上述(一)和(二)小计	0.00	0.00	0.00	0.00	0.00	750,370,522.26	0.00	53,586,565.35	803,957,087.61
(三)所有者投入和减少资本	199,338,821.00	1,234,254,350.88	0.00	0.00	0.00	0.00	0.00	45,723,309.47	1,479,316,481.35
1.所有者投入资本	199,338,821.00	1,178,679,350.88	0.00	0.00		0.00	0.00	45,555,000.00	1,423,573,171.88
2.股份支付计入所有者权益的金额	0.00	55,575,000.00	0.00	0.00		0.00	0.00	0.00	55,575,000.00
3.其他	0.00	0.00	0.00	0.00		0.00	0.00	168,309.47	168,309.47
(四)利润分配	0.00	0.00	0.00	69,766,716.77	0.00	−303,119,817.59	0.00	0.00	−233,353,100.82
1.提取盈余公积	0.00	0.00	0.00	69,766,716.77		−69,766,716.77	0.00	0.00	0.00
2.提取一般风险准备									0.00
3.对所有者(或股东)的分配	0.00	0.00	0.00	0.00		−233,353,100.82	0.00	0.00	−233,353,100.82
4.其他	0.00	0.00	0.00	0.00		0.00	0.00	0.00	0.00
(五)所有者权益内部结转	0.00	0.00	0.00	0.00	0.00	0.00	0.00	0.00	0.00
1.资本公积转增资本(或股本)	0.00	0.00	0.00	0.00		0.00	0.00	0.00	0.00
2.盈余公积转增资本(或股本)	0.00	0.00	0.00	0.00		0.00	0.00	0.00	0.00
3.盈余公积弥补亏损	0.00	0.00	0.00	0.00		0.00	0.00	0.00	0.00
4.其他	0.00	0.00	0.00	0.00		0.00	0.00	0.00	0.00
四、本期期末余额	1,310,544,063.00	1,605,970,362.00	0.00	374,829,593.38	0.00	1,647,536,043.11	0.00	766,850,414.18	5,705,730,475.67

9.3 与最近一期年度报告相比,会计政策、会计估计和核算方法发生变化的具体说明

□ 适用　　√ 不适用

9.4 重大会计差错的内容、更正金额、原因及其影响

□ 适用　　√ 不适用

9.5 与最近一期年度报告相比,合并范围发生变化的具体说明

√ 适用　　□ 不适用

本年度新增东部物业和东部置业两家合并公司。

唐山冀东水泥股份有限公司

唐山冀东水泥股份有限公司 2009 半年度报告摘要

第一节　重要提示

1.1 本公司董事会、监事会及其董事、监事、高级管理人员保证本报告所载资料不存在任何虚假记载、误导性陈述或者重大遗漏，并对其内容的真实性、准确性和完整性负个别及连带责任。

本半年度报告摘要摘自半年度报告全文，报告全文同时刊载于巨潮资讯网(www.cninfo.com.cn)。投资者欲了解详细内容，应当仔细阅读半年度报告全文。

1.2 公司半年度财务报告未经会计师事务所审计。

1.3 公司负责人董事长张增光先生、主管会计工作负责人总经理于九洲先生及会计机构负责人副总会计师任前进先生声明：保证半年度报告中财务报告的真实、完整。

第二节　上市公司基本情况

2.1 基本情况简介

股票简称	冀东水泥
股票代码	000401
上市证券交易所	深圳证券交易所
	董事会秘书
姓名	李占军
联系地址	唐山市丰润区林荫路
电话	0315—3083382
传真	0315—3244005
电子信箱	zqb@jdsn.com.cn

2.2 主要财务数据和指标

2.2.1 主要会计数据和财务指标

单位：(人民币)元

	本报告期末	上年度期末		本报告期末比上年度期末增减(%)
		调整前	调整后	调整后
总资产	16,013,136,140.60	12,736,836,602.60	12,736,836,602.60	25.72%
归属于上市公司股东的所有者权益	6,108,886,246.35	5,925,391,326.21	5,925,391,326.21	3.10%
股本	1,212,770,614.00	1,212,770,614.00	1,212,770,614.00	0.00%
归属于上市公司股东的每股净资产(元/股)	5.04	4.89	4.89	3.07%

	报告期(1-6月)	上年同期		本报告期比上年同期增减(%)
		调整前	调整后	调整后
营业总收入	2,519,368,191.04	2,231,873,914.38	1,967,868,051.46	28.03%
营业利润	383,621,171.52	133,174,903.43	136,308,423.76	181.44%
利润总额	400,178,170.44	208,335,276.46	207,127,249.01	93.20%
归属于上市公司股东的净利润	305,512,479.04	154,341,357.11	154,341,357.11	97.95%
归属于上市公司股东的扣除非经常性损益后的净利润	299,417,950.07	144,950,718.04	146,691,882.49	104.11%
基本每股收益(元/股)	0.2519	0.16	0.1558	61.68%
稀释每股收益(元/股)	0.2519	0.16	0.1558	61.68%
净资产收益率(%)	w 5.00%	2.74%	2.74%	增加 2.26 个百分点
经营活动产生的现金流量净额	458,982,034.50	188,090,618.43	192,011,330.66	139.04%
每股经营活动产生的现金流量净额(元/股)	0.3785	0.16	0.1583	139.10%

2.2.2 非经常性损益项目

√ 适用　　□ 不适用

单位：(人民币)元

非经常性损益项目	金额	附注(如适用)
非流动资产处置损益	-2,842,921.81	
计入当期损益的政府补助，但与公司正常经营业务密切相关，符合国家政策规定、按照一定标准定额或定量持续享受的政府补助除外	11,445,350.59	
除上述各项之外的其他营业外收入和支出	-272,309.96	
所得税影响额	-2,015,540.35	
少数股东权益影响额	-220,049.50	
合计	6,094,528.97	-

2.2.3 境内外会计准则差异

□ 适用　　√ 不适用

第三节　股本变动及股东情况

3.1 股份变动情况表

√ 适用　　□ 不适用

单位：股

	本次变动前		本次变动增减(+,-)		本次变动后	
	数量	比例(%)	解除限售	小计	数量	比例(%)
一、有限售条件股份	649,378,838	53.55	-398,273,809	-398,273,809	251,105,029	20.71
1、国家持股	398,272,215	32.84	-398,272,215	-398,272,215	0	0
2、其他内资持股	251,106,623	20.71	-1,594	-1,594	251,105,029	20.71
其中：境内法人持股	251,002,600	20.70	251,002,600	20.70		
境内自然人持股	104,023	0.01	-1,594	-1,594	102,429	0.01
二、无限售条件股份	563,391,776	46.45	398,273,809	398,273,809	961,665,585	79.29
1、人民币普通股	563,391,776	46.45	398,273,809	398,273,809	961,665,585	79.29
三、股份总数	1,212,770,614	100.00	0	0	1,212,770,614	100.00

3.2 前 10 名股东、前 10 名无限售条件股东持股情况表

单位：股

股东总数					69,596
前 10 名股东持股情况					
股东名称	股东性质	持股比例	持股总数	持有有限售条件股份数量	质押或冻结的股份数量
河北省冀东水泥集团有限责任公司	国有法人	40.78%	494,549,276	0	189,000,000
安徽海螺水泥股份有限公司	国有法人	8.22%	99,664,231	0	
中国人寿保险股份有限公司-分红-个人分红-005L-FH002 深	国有法人	3.71%	44,999,913	40,000,000	
中国人寿保险(集团)公司-传统-普通保险产品	国有法人	2.40%	29,101,000	29,101,000	
中国银行-嘉实稳健开放式证券投资基金	国有法人	1.75%	21,200,000	21,200,000	
中国人寿保险股份有限公司-传统-普通保险产品-005L-CT001 深	国有法人	1.65%	20,000,000	20,000,000	
中国建设银行-长城品牌优选股票型证券投资基金	国有法人	1.44%	17,497,773	0	
中国工商银行-南方成份精选股票型证券投资基金	国有法人	1.24%	15,000,000	15,000,000	
中国建设银行-华夏优势增长股票型证券投资基金	国有法人	1.12%	13,572,227	0	
交通银行-华夏蓝筹核心混合型证券投资基金(LOF)	国有法人	1.01%	12,221,543	0	

前 10 名无限售条件股东持股情况

股东名称	持有无限售条件股份数量	股份种类
河北省冀东水泥集团有限责任公司	494,549,276	人民币普通股
安徽海螺水泥股份有限公司	99,664,231	人民币普通股
中国建设银行-长城品牌优选股票型证券投资基金	17,497,773	人民币普通股
中国建设银行-华夏优势增长股票型证券投资基金	13,572,227	人民币普通股
交通银行-华夏蓝筹核心混合型证券投资基金(LOF)	12,221,543	人民币普通股
中国建设银行-交银施罗德蓝筹股票证券投资基金	9,982,081	人民币普通股
交通银行-易方达科讯股票型证券投资基金	7,500,000	人民币普通股
中国农业银行-景顺长城资源垄断股票型证券投资基金(LOF)	7,499,870	人民币普通股
中国民生银行股份有限公司-东方精选混合型开放式证券投资基金	6,090,000	人民币普通股
中国农业银行-交银施罗德先锋股票证券投资基金	6,057,751	人民币普通股
上述股东关联关系或一致行动的说明	中国建设银行-华夏优势增长股票型证券投资基金、交通银行-华夏蓝筹核心混合型证券投资基金(LOF)均为华夏基金管理有限公司管理的基金。中国建设银行-交银施罗德蓝筹股票证券投资基金、中国农业银行-交银施罗德先锋股票证券投资基金均为交银施罗德基金管理有限公司管理的基金。其他股东关联关系未知。	

3.3 控股股东及实际控制人变更情况

□ 适用　　√ 不适用

第四节　董事、监事和高级管理人员情况

4.1 董事、监事和高级管理人员持股变动

□ 适用　　　√ 不适用

第五节　董事会报告

5.1 主营业务分行业、产品情况表

单位：(人民币)万元

分行业或分产品	营业收入	营业成本	毛利率(%)	营业收入比上年同期增减(%)	营业成本比上年同期增减(%)	毛利率比上年同期增减(%)
主营业务分行业情况						
建材行业	251,936.82	172,319.64	31.60%	28.03%	24.44%	1.97%
主营业务分产品情况						
水泥及水泥熟料	239,498.57	165,879.75	30.74%	26.26%	24.36%	1.06%

其中：报告期内上市公司向控股股东及其子公司销售产品和提供劳务的关联交易总金额为94.00万元

5.2 主营业务分地区情况

单位：(人民币)万元

地区	营业收入	营业收入比上年增减(%)
东北地区	56,570.21	14.36%
华北地区	195,366.61	32.61%

根据财政部《企业会计准则解释第2号》的相关规定，西北地区的泾阳公司、扶风公司以及东北地区的鞍山公司等三家合营公司不再采用比例法合并。本期三家合营公司实现营业收入123,968万元，比上年同期的56,665万元同比增加119%。

5.3 主营业务及其结构发生重大变化的原因说明

□ 适用　　　√ 不适用

5.4 主营业务盈利能力(毛利率)与上年相比发生重大变化的原因说明

√ 适用　　　□ 不适用

本期公司销售毛利率同比增加1.97个百分点，主要原因：一是公司市场区域掌控能力进一步增强，水泥售价同比提高；二是虽然煤等原燃材料价格同比有所提高，但公司通过加强成本管控，降本增效，营业成本增长明显低于营业收入的增长。

5.5 利润构成与上年度相比发生重大变化的原因分析

√ 适用　　　□ 不适用

2009年1-6月份，公司加强内部管控，努力降本增效，销售毛利率同比上升；同时公司在建项目进展顺利，丰润三期、泾阳二期、扶风二期等在建项目陆续正式投产，生产经营规模日益壮大，公司利润总额比上年同期大幅度增加。

报告期内公司实现利润总额40,018万元，同比增加93.20%，实现归属于上市公司股东的净利润30,551万元，同比增加97.95%。

下面就利润构成中有重大变化的主要指标分析如下：

1、营业收入同比增加28%，主要原因：一是本期丰润三期、磐石二期等在建项目陆续正式投产，生产经营规模扩大，产销量增加；二是本期公司区域市场掌控能力进一步增强，水泥产品售价同比提高；

2、管理费用同比增加43%，主要原因：一是按会计准则规定生产车间(部门)等发生的固定资产修理费用等后续支出计入管理费用，本期公司在销售淡季安排维修，修理费用同比增加4,311万元；二是在建项目陆续正式投产，公司生产经营规模扩大；

3、资产减值损失同比增加304%，主要原因：本期中标重点工程增多，实行跨月结算，影响应收账款增加，公司出于谨慎性原则提取了减值准备；

4、投资收益同比增加543%，主要原因：陕西区域的合营公司-泾阳、扶风公司自二期投产后本期利润同比增加165%；

5、营业外收入同比减少71%，主要原因：自年初增值税转型固定资产可以抵扣进项税，以及部分区域退税时间延迟，影响资源综合利用增值税退税同比减少；

6、所得税费用同比增加122%，主要原因：本期公司利润总额大幅增长。

5.6 募集资金使用情况

5.6.1 募集资金运用

√ 适用　　　□ 不适用

单位：(人民币)万元

募集资金总额	293,288.00	报告期内投入募集资金总额	99,530.35
变更用途的募集资金总额	92,264.97	已累计投入募集资金总额	293,288.00
变更用途的募集资金总额比例	31.46%		

承诺项目	是否已变更项目(含部分变更)	募集资金承诺投资总额	调整后投资总额	截至期末承诺投入金额(1)	报告期内投入金额	截至期末累计投入金额(2)
日产4500吨新型干法熟料水泥生产线带余热发电项目(刺山)	否	35,032.31	35,032.31	35,032.31	1,003.13	35,032.31
日产4500吨新型干法熟料水泥生产线带余热发电项目(马蹄山)	否	37,452.43	37,452.43	37,452.43	3,753.00	37,452.43
日产4500吨新型干法熟料水泥生产线带余热发电项目(马头山)	否	37,069.85	37,069.85	37,069.85	2,609.25	37,069.85
三友公司日产4000吨新型干法熟料水泥生产线带余热发电项目	是	33,257.26	0.00	0.00	0.00	0.00
磐石公司工业固废综合利用日产4000吨熟料水泥生产线扩建工程	是	36,542.25	17,740.00	17,740.00	0.00	17,740.00
扶风公司日产4500吨新型干法熟料水泥生产线及纯低温余热发电技改项目	否	26,688.44	26,688.44	26,688.44	0.00	26,688.44
泾阳公司日产4500吨新型干法熟料水泥生产线及纯低温余热发电技改项目	否	27,370.00	27,370.00	27,370.00	0.00	27,370.00
泾阳公司日产5000吨熟料新型干法熟料水泥生产线	否	12,000.00	12,000.00	12,000.00	0.00	12,000.00
亿利公司综合利用工业废渣日产2500吨熟料新型干法水泥项目	是	14,670.00	7,670.00	7,670.00	0.00	7,670.00
年产200万吨水泥粉磨站与300万吨矿渣微粉粉磨生产线、100万立方米商品混凝土搅拌站	是	33,205.46	0.00	0.00	0.00	0.00
大同冀东水泥有限责任公司二期日产4500吨熟料新型干法水泥生产线带余热发电技改项目	是	0.00	20,000.00	20,000.00	20,000.00	20,000.00
冀东水泥重庆合川有限责任公司日产4600吨熟料新型干法水泥生产线带余热发电项目	是	0.00	22,000.00	22,000.00	22,000.00	22,000.00
冀东水泥璧山有限责任公司日产4500吨熟料新型干法水泥生产线带余热发电技术改造项目	是	0.00	28,000.00	28,000.00	28,000.00	28,000.00
补充流动资金	是	0.00	22,264.97	22,264.97	22,264.97	22,264.97
合计	-	293,288.00	293,288.00	293,288.00	99,630.35	293,288.00

承诺项目	截至期末累计投入金额与承诺投入金额的差额(3)=(2)-(1)	截至期末投入进度(%)(4)=(2)/(1)	项目达到预定可使用状态日期	报告期内实现的效益	是否达到预计效益	项目可行性是否发生重大变化
日产4500吨新型干法熟料水泥生产线带余热发电项目(刺山)	0.00	100.00%	2008-09-01	2,966.50	是	否
日产4500吨新型干法熟料水泥生产线带余热发电项目(马蹄山)	0.00	100.00%	2008-12-29	484.14	否	否
37,452.43						
日产4500吨新型干法熟料水泥生产线带余热发电项目(马头山)	0.00	100.00%	2008-11-17	2,009.76	是	否
三友公司日产4000吨新型干法熟料水泥生产线带余热发电项目	0.00	0.00%	2010-04-30	0.00	-	否
磐石公司工业固废综合利用日产4000吨熟料水泥生产线扩建工程	0.00	100.00%	2008-12-01	487.73	否	否
扶风公司日产4500吨新型干法熟料水泥生产线及纯低温余热发电技改项目	0.00	100.00%	2008-10-11	6,331.16	是	否
泾阳公司日产4500吨新型干法熟料水泥生产线及纯低温余热发电技改项目	0.00	100.00%	2008-10-28	9,388.19	是	否
泾阳公司日产5000吨熟料新型干法熟料水泥生产线	0.00	100.00%	2007-10-01	10,401.99	是	否
亿利公司综合利用工业废渣日产2500吨熟料新型干法水泥项目	0.00	100.00%	2008-06-01	1,753.85	是	否
年产200万吨水泥粉磨站与300万吨矿渣微粉粉磨生产线、100万立方米商品混凝土搅拌站	0.00	0.00%	2009-11-30	0.00	-	否
大同冀东水泥有限责任公司二期日产4500吨熟料新型干法水泥生产线带余热发电技改项目	0.00	100.00%	2010-07-31	0.00	在建期不适用	否

冀东水泥重庆合川有限责任公司日产 4600 吨熟料新型干法水泥生产线带余热发电项目	0.00	100.00%	2010-05-31	0.00	在建期不适用	否
冀东水泥璧山有限责任公司日产 4500 吨熟料新型干法水泥生产线带余热发电技术改造项目	0.00	100.00%	2010-06-30	0.00	在建期不适用	否
补充流动资金	0.00	100.00%	2009-03-06	0.00	－	否
合计	0.00	－	－	33,823.32	－	－

未达到计划进度或预计收益的情况和原因(分具体项目)	马蹄山日产 4500 吨新型干法熟料水泥生产线带余热发电项目、磐石公司工业固废综合利用日产 4000 吨熟料水泥生产线扩建工程未达到预计收益，主要是项目达到预计可使用状态后，设备运行初期处于磨合阶段，另外一季度为水泥销售淡季，影响了水泥产销量。以上项目在下半年水泥销售旺季中，盈利水平将有所提升。
项目可行性发生重大变化的情况说明	无
募集资金投资项目实施地点变更情况	无
募集资金投资项目实施方式调整情况	无
募集资金投资项目先期投入及置换情况	无
用闲置募集资金暂时补充流动资金情况	公司 2008 年第二次临时股东大会审议通过了关于用部分闲置募集资金暂时补充公司流动资金的议案。公司用部分闲置募集资金暂时补充公司流动资金总额为 6 亿元人民币，使用期限自股东大会批准之日起不超过 6 个月。公司于 2009 年 2 月 25 日，已将 6 亿元全部归还中国银行股份有限公司唐山市新城道支行公司募集资金专用账户。
项目实施出现募集资金结余的金额及原因	无
尚未使用的募集资金用途及去向	无
募集资金使用及披露中存在的问题或其他情况	无

5.6.2 变更项目情况

√ 适用 □ 不适用

单位:(人民币)万元

变更后的项目	对应的原承诺项目	变更后项目拟投入募集资金总额	截至期末计划累计投资金额(1)	报告期内实际投入金额
大同冀东水泥有限责任公司二期日产 4500 吨熟料新型干法水泥生产线带余热发电技改项目	三友公司日产 4000 吨新型干法熟料水泥生产线带余热发电项目、年产 200 万吨水泥粉磨站与 300 万吨矿渣微粉粉磨生产线、100 万立方米商品混凝土搅拌站项目、磐石公司工业固废综合利用日产 4000 吨熟料水泥生产线扩建工程项目、亿利公司综合利用工业废渣日产 2500 吨熟料新型干法水泥项目	20,000.00	20,000.00	20,000.00
冀东水泥重庆合川有限责任公司日产 4600 吨熟料新型干法水泥生产线带余热发电项目		22,000.00	22,000.00	22,000.00
冀东水泥璧山有限责任公司日产 4500 吨熟料新型干法水泥生产线带余热发电技术改造项目		28,000.00	28,000.00	28,000.00
补充流动资金		22,264.97	22,264.97	22,264.97
合计		92,264.97	92,264.97	92,264.97

承诺项目	截至期末实际累计投入金额(2)	投资进度(%)(3)=(2)/(1)	项目达到预定可使用状态日期	报告期内实现的效益	是否达到预计效益	变更后的项目可行性是否发生重大变化
大同冀东水泥有限责任公司二期日产 4500 吨熟料新型干法水泥生产线带余热发电技改项目	20,000.00	100.00%	2010-07-31	0.00	在建期不适用	否
冀东水泥重庆合川有限责任公司日产 4600 吨熟料新型干法水泥生产线带余热发电项目	22,000.00	100.00%	2010-05-31	0.00	在建期不适用	否
冀东水泥璧山有限责任公司日产 4500 吨熟料新型干法水泥生产线带余热发电技术改造项目	28,000.00	100.00%	2010-06-30	0.00	在建期不适用	否
补充流动资金	22,264.97	100.00%	2009-03-06	0.00	－	否
合计	92,264.97	－	－	0.00	－	－

变更原因、决策程序及信息披露情况说明(分具体项目)	经中国证券监督管理委员会证监许可[2008]737 号文核准，本公司于 2008 年 6 月 12 日非公开发行新股 2.5 亿股，募集资金净额 293,288 万元。本次募集资金投资项目共计十个。 根据项目的实际情况，三友公司日产 4000 吨新型干法熟料水泥生产线带余热发电项目和年产 200 万吨水泥粉磨站与 300 万吨矿渣微粉粉磨生产线、100 万立方米商品混凝土搅拌站项目，因有其他投资者介入，相关事宜正在洽谈中。为了提高募集资金的使用效率，上述两个项目不再以募集资金投入，全部由本公司自筹资金解决，其对应的募集资金合计 66,462.72 万元拟变更募集资金投向。磐石公司工业固废综合利用日产 4000 吨熟料水泥生产线扩建工程项目中的 18,802.25 万元以及亿利公司综合利用工业废渣日产 2500 吨熟料新型干法水泥项目中的 7000 万元不再投入原项目，合计金额 25,802.25 万元，上述拟变更募集资金金额共计 92,264.97 万元，占本次募集资金净额 293,288 万元的 31.46%。 变更募集资金新投资项目如下：1、拟投入大同冀东水泥有限责任公司二期日产 4500 吨新型干法水泥生产线带余热发电技改项目 20,000 万元；2、拟投入冀东水泥重庆合川有限责任公司日产 4600 吨熟料新型干法水泥生产线带余热发电项目 22,000 万元；3、拟投入冀东水泥璧山有限责任公司日产 4500 吨熟料新型干法水泥生产线带余热发电技术改造项目 28,000 万元；4、剩余 22,264.97 万元及专户存储期间及以后产生的利息用于补充公司流动资金。 上述募集资金项目变更经 2009 年 3 月 4 日召开的 2009 年第一次临时股东大会审议通过，相关内容刊登在 2009 年 3 月 5 日的《中国证券报》、《证券时报》上。
未达到计划进度或预计收益的情况和原因(分具体项目)	无
变更后的项目可行性发生重大变化的情况说明	无

5.7 董事会下半年的经营计划修改计划

□ 适用 √ 不适用

5.8 预测年初至下一报告期期末的累计净利润可能为亏损或者与上年同期相比发生大幅度变动的警示及原因说明

√ 适用 □ 不适用

业绩预告情况	同向大幅上升			
	年初至下一报告期期末	上年同期	增减变动(%)	
累计净利润的预计数(万元)	63,000.00	33,930.17	增长	50%-100%
基本每股收益(元/股)	0.5195	0.3187	增长	50%-100%

5.9 公司董事会对会计师事务所本报告期"非标准审计报告"的说明

□ 适用 √ 不适用

5.10 公司董事会对会计师事务所上年度"非标准审计报告"涉及事项的变化及处理情况的说明

□ 适用 √ 不适用

第六节 重要事项

6.1 收购、出售资产及资产重组

6.1.1 收购资产

□ 适用 √ 不适用

6.1.2 出售资产

□ 适用 √ 不适用

6.1.3 自资产重组报告书或收购出售资产公告刊登后，该事项的进展情况及对报告期经营成果与财务状况的影响

□ 适用 √ 不适用

6.2 担保事项

√ 适用 □ 不适用

单位:(人民币)万元

担保对象名称	发生日期(协议签署日)	担保金额	担保类型	担保期	是否履行完毕	是否为关联方担保(是或否)
公司对外担保情况(不包括对子公司的担保)						
天津欣洲万隆商贸有限公司	2009-06-05	700.00	连带责任担保	三个月	否	否
天津欣洲万隆商贸有限公司	2009-06-25	700.00	连带责任担保	三个月	否	否
天津市滨涛混凝土有限公司	2009-04-30	1,400.00	连带责任担保	三个月	否	否
报告期内担保发生额合计						2,800.00
报告期末担保余额合计(A)						2,800.00
公司对子公司的担保情况						
报告期内对子公司担保发生额合计						359,432.00
报告期末对子公司担保余额合计(B)						307,556.00
公司担保总额(包括对子公司的担保)						
担保总额(A+B)						310,356.00
担保总额占公司净资产的比例						50.80%
其中：						

为股东、实际控制人及其关联方提供担保的金额(C)	0.00
直接或间接为资产负债率超过70%的被担保对象提供的债务担保金额(D)	0.00
担保总额超过净资产50%部分的金额(E)	4,912.00
上述三项担保金额合计(C+D+E)	4,912.00
未到期担保可能承担连带清偿责任说明	无

6.3 非经营性关联债权债务往来

□ 适用　　√ 不适用

6.4 重大诉讼仲裁事项

□ 适用　　√ 不适用

6.5 其他重大事项及其影响和解决方案的分析说明

□ 适用　　√ 不适用

6.5.1 证券投资情况

□ 适用　　√ 不适用

6.5.2 持有其他上市公司股权情况

□ 适用　　√ 不适用

6.5.3 2009 半年度资金被占用情况及清欠进展情况

□ 适用　　√ 不适用

独立董事对公司关联方资金占用和对外担保情况的专项说明和独立意见

根据《关于规范上市公司对外担保行为的通知》(证监发(2005)120 号)(以下简称《通知》)的相关规定,独立董事郑洪涛先生、王建新先生、李晓春先生就公司控股股东及其他关联方占用公司资金、公司对外担保事项进行了调查和核实,发表相关说明及独立意见如下:

我们认为,公司能够严格按照《通知》的规定和要求执行。截止 2009 年 6 月 30 日,公司控股股东不存在非经营性占用资金的情况,也不存在以前年度发生并累计至 2009 年 6 月 30 日的违规关联方占用资金情况;公司除为控股子公司提供担保和办理保兑仓业务发生的担保外,未发现其他对外担保情况及为股东、股东的控股子公司、股东的附属企业、公司持股 50%以下的其他关联方、非法人单位或个人提供担保的情况。没有损害公司及公司股东尤其是中小股东的利益。

6.5.4 公司及股东、董事、监事、高级管理人员履行承诺情况

□ 适用　　√ 不适用

6.6 报告期接待调研、沟通、采访等活动情况表

接待时间	接待地点	接待方式	接待对象	谈论的主要内容及提供的资料
2009 年 02 月 05 日	公司所在地	实地调研	新华资产管理股份有限公司赵凤学,泰达荷银基金管理有限公司吴俊峰等 7 人	公司经营情况及发展战略
2009 年 02 月 16 日	公司所在地	实地调研	中信证券潘建平	公司经营情况及发展战略
2009 年 02 月 19 日	公司所在地	实地调研	嘉实基金管理有限产公司翟琳琳,华泰资管理有限公司张燕等 5 人	公司经营情况及发展战略
2009 年 03 月 05 日	公司所在地	实地调研	深圳市道元资产管理有限公司杨金,汇丰晋信基金管理有限公司严瑾等 30 余人	公司经营情况及发展战略
2009 年 03 月 19 日	公司所在地	实地调研	中海基金管理有限公司赵艰申,申银万国证券股份有限公司陈冰洁、王丝语等 5 人	公司经营情况及发展战略
2009 年 04 月 08 日	公司所在地	实地调研	复华证券投资信托股份有限公司林惠敏,华夏基金管理有限公司李一	公司经营情况及发展战略
2009 年 04 月 21 日	公司所在地	实地调研	交银施罗德基金管理有限公司王崇	公司经营情况及发展战略

第七节　财务报告

7.1 审计意见

财务报告　　　　√未经审计　　　　□审计

7.2 财务报表

7.2.1 资产负债表

编制单位:唐山冀东水泥股份有限公司　　　2009 年 06 月 30 日　　　单位:(人民币)元

项目	期末余额		年初余额	
	合并	母公司	合并	母公司
流动资产:				
货币资金	2,530,400,936.31	921,115,583.28	2,061,587,977.38	1,263,121,995.55
结算备付金				
拆出资金				
交易性金融资产				
应收票据	109,118,071.95	61,597,700.00	181,542,192.86	132,012,222.86
应收账款	409,775,316.74	290,398,375.92	127,864,247.17	176,620,938.93
预付款项	1,908,653,665.87	162,409,529.32	1,195,318,596.87	300,160,361.39
应收保费				
应收分保账款				
应收分保合同准备金				
应收利息				
应收股利				
其他应收款	214,730,077.49	1,505,247,963.12	152,696,562.72	848,819,310.22
买入返售金融资产				
存货	1,093,617,923.05	403,044,584.88	811,609,262.99	207,606,874.44
一年内到期的非流动资产				
其他流动资产				
流动资产合计	6,266,295,991.41	3,343,813,736.52	4,530,618,839.99	2,928,341,703.39
非流动资产:				
发放贷款及垫款				
可供出售金融资产				
持有至到期投资	60,100.00	60,100.00	60,100.00	60,100.00
长期应收款				
长期股权投资	918,095,485.85	5,210,984,512.31	837,853,195.19	3,805,056,835.88
投资性房地产				
固定资产	6,089,651,883.55	2,290,689,232.16	4,356,461,371.18	1,022,017,988.64
在建工程	1,813,162,927.58	334,605,501.30	2,424,013,904.86	1,469,640,458.90
工程物资	420,141,849.33	30,074,973.52	130,495,334.31	106,706,340.96
固定资产清理				
生产性生物资产				
油气资产				
无形资产	430,854,732.34	7,980,262.79	384,475,073.83	7,139,985.00
开发支出				
商誉	18,257,473.96		18,257,473.96	
长期待摊费用	6,009,166.40	2,501,000.00	6,108,666.42	2,562,000.00
递延所得税资产	50,606,530.18	34,365,033.37	48,492,642.86	32,070,695.17
其他非流动资产				
非流动资产合计	9,746,840,149.19	7,911,260,615.45	8,206,217,762.61	6,445,254,404.55
资产总计	16,013,136,140.60	11,255,074,351.97	12,736,836,602.60	9,373,596,107.94
流动负债:				
短期借款	2,575,000,000.00	1,765,000,000.00	1,854,500,000.00	1,020,000,000.00
向中央银行借款				
吸收存款及同业存放				
拆入资金				
交易性金融负债				
应付票据	530,155,214.31	72,000,000.00	102,070,095.17	
应付账款	951,706,100.30	389,616,690.49	828,956,340.65	246,434,839.30
预收款项	244,377,415.35	103,680,202.34	166,795,161.57	36,887,026.46
卖出回购金融资产款				
应付手续费及佣金				
应付职工薪酬	14,267,948.99	2,696,538.94	10,174,387.58	1,449,061.15
应交税费	−40,102,981.00	15,483,738.83	8,546,148.71	18,395,151.47
应付利息	30,195,000.00	30,195,000.00	16,440,725.00	16,440,725.00
应付股利	3,730,257.79	2,736,097.55	2,885,227.14	2,740,313.21
其他应付款	220,692,291.26	374,001,107.52	137,007,340.71	98,489,834.31
应付分保账款				
保险合同准备金				
代理买卖证券款				
代理承销证券款				
一年内到期的非流动负债	363,428,571.38	150,000,000.00	360,999,999.96	220,000,000.00
其他流动负债				
流动负债合计	4,893,449,818.38	2,905,409,375.67	3,488,375,426.49	1,660,836,950.90
非流动负债:				
长期借款	3,488,800,000.00	1,705,000,000.00	2,313,800,000.00	1,620,000,000.00
应付债券	878,913,086.73	878,913,086.73	577,332,122.29	577,332,122.29
长期应付款				
专项应付款				
预计负债	13,183,551.60	12,654,437.62	14,942,778.95	14,309,284.77
递延所得税负债				
其他非流动负债	37,969,810.67	16,860,000.00	32,226,057.10	18,160,000.00
非流动负债合计	4,418,866,449.00	2,613,427,524.35	2,938,300,958.34	2,229,801,407.06
负债合计	9,312,316,267.38	5,518,836,900.02	6,426,676,384.83	3,890,638,357.96
所有者权益(或股东权益):				
实收资本(或股本)	1,212,770,614.00	1,212,770,614.00	1,212,770,614.00	1,212,770,614.00
资本公积	3,322,391,263.98	3,425,439,766.77	3,444,408,822.88	3,425,496,084.27
减:库存股				
专项储备	6,164,991.17	6,164,991.17	6,164,991.17	6,164,991.17
盈余公积	363,423,676.93	332,891,436.62	363,423,676.93	332,891,436.62
一般风险准备				
未分配利润	1,204,135,700.27	758,970,643.39	898,623,221.23	505,634,623.92
外币报表折算差额				
归属于母公司所有者权益合计	6,108,886,246.35	5,736,237,451.95	5,925,391,326.21	5,482,957,749.98
少数股东权益	591,933,626.87		384,768,891.56	
所有者权益合计	6,700,819,873.22	5,736,237,451.95	6,310,160,217.77	5,482,957,749.98
负债和所有者权益总计	16,013,136,140.60	11,255,074,351.97	12,736,836,602.60	9,373,596,107.94

7.2.2 利润表

编制单位：唐山冀东水泥股份有限公司　　2009 年 1–6 月　　单位：(人民币)元

项目	本期金额		上期金额	
	合并	母公司	合并	母公司
一、营业总收入	2,519,368,191.04	1,106,364,586.47	1,967,868,051.46	808,167,785.31
其中：营业收入	2,519,368,191.04	1,106,364,586.47	1,967,868,051.46	808,167,785.31
利息收入				
已赚保费				
手续费及佣金收入				
二、营业总成本	2,298,397,379.41	1,069,751,330.32	1,856,858,600.88	809,826,212.24
其中：营业成本	1,723,196,392.71	861,877,954.90	1,384,814,259.10	644,699,022.50
利息支出				
手续费及佣金支出				
退保金				
赔付支出净额				
提取保险合同准备金净额				
保单红利支出				
分保费用				
营业税金及附加	15,122,625.38	2,255,719.57	16,879,491.23	4,870,786.95
销售费用	99,301,400.20	34,117,299.77	97,195,365.34	32,099,409.15
管理费用	326,097,196.02	115,122,083.38	227,387,691.61	66,064,600.34
财务费用	128,298,861.85	46,378,272.70	129,003,259.81	60,092,393.30
资产减值损失	6,380,903.25	10,000,000.00	1,578,533.79	2,000,000.00
加：公允价值变动收益(损失以"–"号填列)				
投资收益(损失以"–"号填列)	162,650,359.89	224,779,454.24	25,298,973.18	152,613,670.92
其中：对联营企业和合营企业的投资收益	162,650,359.89	162,320,676.43	25,298,973.18	25,768,910.92
汇兑收益(损失以"–"号填列)				
三、营业利润(亏损以"–"号填列)	383,621,171.52	261,392,710.39	136,308,423.76	150,955,243.99
加：营业外收入	22,041,805.21	2,540,415.05	74,731,399.81	34,709,021.52
减：营业外支出	5,484,806.29	1,441,581.19	3,912,574.56	570,384.72
其中：非流动资产处置损失	3,442,804.10	627,775.53	715,638.51	369,216.24
四、利润总额(亏损总额以"–"号填列)	400,178,170.44	262,491,544.25	207,127,249.01	185,093,880.79
减：所得税费用	63,454,882.00	9,155,524.78	28,624,454.56	8,002,996.90
五、净利润(净亏损以"–"号填列)	336,723,288.44	253,336,019.47	178,502,794.45	177,090,883.89
归属于母公司所有者的净利润	305,512,479.04	253,336,019.47	154,341,357.11	177,090,883.89
少数股东损益	31,210,809.40		24,161,437.34	
六、每股收益：				
(一)基本每股收益	0.2519		0.1558	
(二)稀释每股收益	0.2519		0.1558	

7.2.3 现金流量表

编制单位：唐山冀东水泥股份有限公司　　2009 年 1–6 月　　单位：(人民币)元

项目	本期金额		上期金额	
	合并	母公司	合并	母公司
一、经营活动产生的现金流量：				
销售商品、提供劳务收到的现金	2,434,789,520.40	964,357,932.93	2,085,966,450.98	810,126,407.37
客户存款和同业存放款项净增加额				
向中央银行借款净增加额				
向其他金融机构拆入资金净增加额				
收到原保险合同保费取得的现金				
收到再保险业务现金净额				
保户储金及投资款净增加额				
处置交易性金融资产净增加额				
收取利息、手续费及佣金的现金				
拆入资金净增加额				
回购业务资金净增加额				
收到的税费返还	10,675,984.26		66,171,505.38	31,540,643.47
收到其他与经营活动有关的现金	78,077,296.56	459,731,226.97	66,572,092.75	237,414,450.65
经营活动现金流入小计	2,523,542,801.22	1,424,089,159.90	2,218,710,049.11	1,079,081,501.49
购买商品、接受劳务支付的现金	1,528,829,880.28	621,868,729.51	1,571,633,689.06	629,710,869.75
客户贷款及垫款净增加额				
存放中央银行和同业款项净增加额				
支付原保险合同赔付款项的现金				
支付利息、手续费及佣金的现金				
支付保单红利的现金				
支付给职工以及为职工支付的现金	176,722,929.71	56,621,241.04	125,598,859.82	50,391,826.42
支付的各项税费	227,110,049.55	55,164,203.39	202,274,058.27	74,363,664.64
支付其他与经营活动有关的现金	131,897,907.18	161,489,616.04	127,192,111.30	47,571,703.44
经营活动现金流出小计	2,064,560,766.72	895,143,789.98	2,026,698,718.45	802,038,064.25
经营活动产生的现金流量净额	458,982,034.50	528,945,369.92	192,011,330.66	277,043,437.24
二、投资活动产生的现金流量：				
收回投资收到的现金		70,000,000.00	15,500.00	15,500.00
取得投资收益收到的现金	118,408,069.20	211,994,920.90	403,633.02	149,538,393.02
处置固定资产、无形资产和其他长期资产收回的现金净额	5,908,084.99	2,956,923.58	11,149,963.10	2,501,482.00
处置子公司及其他营业单位收到的现金净额				
收到其他与投资活动有关的现金				
投资活动现金流入小计	124,316,154.19	284,951,844.48	11,569,096.12	152,055,375.02
购建固定资产、无形资产和其他长期资产支付的现金	2,109,757,090.77	76,403,442.01	813,135,054.75	351,499,989.73
投资支付的现金	235,556,317.50	2,037,556,317.50	353,617,613.00	1,300,652,613.00
质押贷款净增加额				
取得子公司及其他营业单位支付的现金净额				
支付其他与投资活动有关的现金				
投资活动现金流出小计	2,345,313,408.27	2,113,959,759.51	1,166,752,667.75	1,652,152,602.73
投资活动产生的现金流量净额	−2,220,997,254.08	−1,829,007,915.03	−1,155,183,571.63	−1,500,097,227.71
三、筹资活动产生的现金流量：				
吸收投资收到的现金	588,000.00		2,941,500,000.00	2,941,500,000.00
其中：子公司吸收少数股东投资收到的现金	588,000.00			
取得借款收到的现金	3,965,073,333.00	2,193,740,000.00	2,533,050,000.00	1,685,000,000.00
发行债券收到的现金				
收到其他与筹资活动有关的现金	46,185,047.59	72,960,000.00	32,500,000.00	
筹资活动现金流入小计	4,011,846,380.59	2,193,740,000.00	5,547,510,000.00	4,659,000,000.00
偿还债务支付的现金	1,755,071,428.58	1,135,000,000.00	1,429,005,556.29	860,000,000.00
分配股利、利润或偿付利息支付的现金	176,318,285.91	100,573,617.16	243,118,533.98	208,537,834.67
其中：子公司支付给少数股东的股利、利润	20,908,069.15	22,184,932.00		
支付其他与筹资活动有关的现金	233,762,288.89	110,250.00	2,329,595.99	2,329,595.99
筹资活动现金流出小计	2,165,152,003.38	1,235,683,867.16	1,674,453,686.26	1,070,867,430.66
筹资活动产生的现金流量净额	1,846,694,377.21	958,056,132.84	3,873,056,313.74	3,588,132,569.34
四、汇率变动对现金及现金等价物的影响				
五、现金及现金等价物净增加额	84,679,157.63	−342,006,412.27	2,909,884,072.77	2,365,078,778.87
加：期初现金及现金等价物余额	2,006,002,929.79	1,263,121,995.55	787,917,059.89	400,889,998.36
六、期末现金及现金等价物余额	2,090,682,087.42	921,115,583.28	3,697,801,132.66	2,765,968,777.23

7.2.4 合并所有者权益变动表

项目	本期金额									
	归属于母公司所有者权益									
	实收资本(或股本)	资本公积	减：库存股	专项储备	盈余公积	一般风险准备	未分配利润	其他	少数股东权益	所有者权益合计
一、上年年末余额	1,212,770,614.00	3,444,408,822.88		6,164,991.17	363,423,676.93		898,623,221.23		384,768,891.56	6,310,160,217.77
加：会计政策变更										
前期差错更正										
其他										
二、本年年初余额	1,212,770,614.00	3,444,408,822.88		6,164,991.17	363,423,676.93		898,623,221.23		384,768,891.56	6,310,160,217.77
三、本年增减变动金额(减少以"–"号填列)		−122,017,558.90					305,512,479.04		207,164,735.31	390,659,655.45
(一)净利润							305,512,479.04		31,210,809.40	336,723,288.44
(二)直接计入所有者权益的利得和损失		−122,017,558.90							−25,618,458.63	−147,636,017.53
1.可供出售金融资产公允价值变动净额										
2.权益法下被投资单位其他所有者权益变动的影响										
3.与计入所有者权益项目相关的所得税影响										
4.其他		−122,017,558.90							−25,618,458.63	−147,636,017.53
上述(一)和(二)小计		−122,017,558.90					305,512,479.04		5,592,350.77	189,087,270.91
(三)所有者投入和减少资本									228,329,700.00	228,329,700.00

1.所有者投入资本									228,329,700.00	228,329,700.00
2.股份支付计入所有者权益的金额										
3.其他										
(四)利润分配									−26,757,315.46	−26,757,315.46
1.提取盈余公积										
2.提取一般风险准备										
3.对所有者(或股东)的分配									−26,757,315.46	−26,757,315.46
4.其他										
(五)所有者权益内部结转										
1.资本公积转增资本(或股本)										
2.盈余公积转增资本(或股本)										
3.盈余公积弥补亏损										
4.其他										
四、本期期末余额	1,212,770,614.00	3,322,391,263.98		6,164,991.17	363,423,676.93		1,204,135,700.27		591,933,626.87	6,700,819,873.22

项目	上年金额 归属于母公司所有者权益 实收资本(或股本)	资本公积	减:库存股	专项储备	盈余公积	一般风险准备	未分配利润	其他	少数股东权益	所有者权益合计
一、上年年末余额	962,770,614.00	761,028,487.98			319,289,477.49		618,421,297.39		288,236,811.97	2,949,746,688.83
加:会计政策变更										
前期差错更正										
其他										
二、本年年初余额	962,770,614.00	761,028,487.98			319,289,477.49		618,421,297.39		288,236,811.97	2,949,746,688.83
三、本年增减变动金额										
(减少以"−"号填列)	250,000,000.00	2,683,058,194.90					38,808,883.42		39,675,943.60	3,011,543,021.92
(一)净利润							154,341,357.11		24,161,437.34	178,502,794.45
(二)直接计入所有者										
权益的利得和损失		178,194.90							−1,190,561.74	−1,012,366.84
1.可供出售金融资产										
公允价值变动净额										
2.权益法下被投资单位其他										
所有者权益变动的影响		178,194.90							−1,190,561.74	−1,012,366.84
3.与计入所有者权益项目										
相关的所得税影响										
4.其他										
上述(一)和(二)小计		178,194.90					154,341,357.11		22,970,875.60	177,490,427.61
(三)所有者投入和										
减少资本	250,000,000.00	2,682,880,000.00							38,890,000.00	2,971,770,000.00
1.所有者投入资本	250,000,000.00	2,682,880,000.00							38,890,000.00	2,971,770,000.00
2.股份支付计入所有者权益的金额										
3.其他										
(四)利润分配							−115,532,473.69		−22,184,932.00	−137,717,405.69
1.提取盈余公积										
2.提取一般风险准备										
3.对所有者(或股东)的分配							−115,532,473.69		−22,184,932.00	−137,717,405.69
4.其他										
(五)所有者权益内部结转										
1.资本公积转增资本(或股本)										
2.盈余公积转增资本(或股本)										
3.盈余公积弥补亏损										
4.其他										
四、本期期末余额	1,212,770,614.00	3,444,086,682.88			319,289,477.49		657,230,180.81		327,912,755.57	5,961,289,710.75

7.2.5 母公司所有者权益变动表

编制单位:唐山冀东水泥股份有限公司　　2009 半年度　　单位:(人民币)元

项目	本期金额 实收资本(或股本)	资本公积	减:库存股	专项储备	盈余公积险准备	未分配利润	所有者权益合计
一、上年年末余额	1,212,770,614.00	3,425,496,084.27		6,164,991.17	332,891,436.62	505,634,623.92	5,482,957,749.98
加:会计政策变更							
前期差错更正							
其他							
二、本年年初余额	1,212,770,614.00	3,425,496,084.27		6,164,991.17	332,891,436.62	505,634,623.92	5,482,957,749.98
三、本年增减变动金额							
(减少以"−"号填列)		−56,317.50				253,336,019.47	253,279,701.97
(一)净利润						253,336,019.47	253,336,019.47
(二)直接计入所有者							
权益的利得和损失		−56,317.50					−56,317.50
1.可供出售金融资产							
公允价值变动净额							
2.权益法下被投资单位其他							
所有者权益变动的影响							
3.与计入所有者权益项目							
相关的所得税影响							
4.其他		−56,317.50					−56,317.50
上述(一)和(二)小计		−56,317.50				253,336,019.47	253,279,701.97
(三)所有者投入和减少资本							
1.所有者投入资本							
2.股份支付计入所有者权益的金额							
3.其他							
(四)利润分配							
1.提取盈余公积							
2.对所有者(或股东)的分配							
3.其他							
(五)所有者权益内部结转							
1.资本公积转增资本(或股本)							
2.盈余公积转增资本(或股本)							
3.盈余公积弥补亏损							
4.其他							
四、本期期末余额	1,212,770,614.00	3,425,439,766.77		6,164,991.17	332,891,436.62	758,970,643.39	5,736,237,451.95

项目	上年金额 实收资本(或股本)	资本公积	减:库存股	专项储备	盈余公积险准备	未分配利润	所有者权益合计
一、上年年末余额	962,770,614.00	742,437,889.37			288,757,237.18	230,124,293.85	2,224,090,034.40
加:会计政策变更							
前期差错更正							
其他							
二、本年年初余额	962,770,614.00	742,437,889.37			288,757,237.18	230,124,293.85	2,224,090,034.40
三、本年增减变动金额							
(减少以"−"号填列)	250,000,000.00	2,683,058,194.90				61,558,410.21	2,994,616,605.11
(一)净利润						177,090,883.89	177,090,883.89
(二)直接计入所有者							
权益的利得和损失		178,194.90					178,194.90
1.可供出售金融资产							
公允价值变动净额							
2.权益法下被投资单位其他							
所有者权益变动的影响		178,194.90					178,194.90
3.与计入所有者权益项目							
相关的所得税影响							
4.其他							
上述(一)和(二)小计		178,194.90				177,090,883.89	177,269,078.79
(三)所有者投入和							
减少资本	250,000,000.00	2,682,880,000.00					2,932,880,000.00
1.所有者投入资本	250,000,000.00	2,682,880,000.00					2,932,880,000.00
2.股份支付计入所有者权益的金额							
3.其他							
(四)利润分配						−115,532,473.68	−115,532,473.68
1.提取盈余公积							
2.对所有者(或股东)的分配						−115,532,473.68	−115,532,473.68
3.其他							
(五)所有者权益内部结转							
1.资本公积转增资本(或股本)							
2.盈余公积转增资本(或股本)							
3.盈余公积弥补亏损							
4.其他							
四、本期期末余额	1,212,770,614.00	3,425,496,084.27			288,757,237.18	291,682,704.06	5,218,706,639.51

7.3 报表附注

7.3.1 如果出现会计政策、会计估计变更或会计差错更正的,说明有关内容、原因及影响数

□ 适用　√ 不适用

7.3.2 如果财务报表合并范围发生重大变化的,说明原因及影响数

√ 适用　□ 不适用

本公司将新设立的子公司涞水公司、启新公司、凤翔公司、烟台公司、江津公司、平泉公司纳入本期合并范围。根据财政部《企业会计准则解释第 2 号》的相关规定,投资企业对于与其他投资方一起实施共同控制的被投资单位,应当采用权益法核算,不应采用比例合并法。本公司 2008 年度报告对合营公司—泾阳公司、扶风公司、鞍山公司不再采用比例合并法合并。由于 2008 年中报对合营公司采用比例合并法进行了合并,本报告期对 2008 年同期财务报表已做重新表述,对合营公司—泾阳公司、扶风公司、鞍山公司不再采用比例合并法合并。

7.3.3 如果被出具非标准审计报告,列示涉及事项的有关附注

□ 适用　√ 不适用

唐山冀东水泥股份有限公司董事会

2009 年 8 月 14 日

金融街控股股份有限公司

金融街控股股份有限公司 2008 年年度报告摘要

第一节 重要提示

1.1 本公司董事会、监事会及董事、监事、高级管理人员保证本报告所载资料不存在任何虚假记载、误导性陈述或者重大遗漏，并对其内容的真实性、准确性和完整性承担个别及连带责任。

1.2 没有董事、监事、高级管理人员声明对年度报告内容的真实性、准确性和完整性无法保证或存在异议。

1.3 所有董事均已出席审议本次年报的董事会会议。

1.4 本年度财务会计报告经中瑞岳华会计师事务所有限公司审计，并出具了标准无保留意见的审计报告。

1.5 本公司董事长王功伟、总经理刘世春、财务总监李敦嘉及财务部经理杨福云声明：保证本年度报告中财务报告的真实、完整。

第二节 公司基本情况简介

2.1 基本情况简介

股票简称	金融街
股票代码	000402
上市交易所	深圳证券交易所
注册地址	北京市西城区金融大街丙 17 号北京银行大厦 11 层
注册地址的邮政编码	100140
办公地址	北京市西城区金融大街丙 17 号北京银行大厦 11 层
办公地址的邮政编码	100140
公司国际互联网网址	http://www.jrjkg.com
电子信箱	investors@jrjkg.com

2.2 联系人和联系方式

	董事会秘书	证券事务代表
姓名	于 蓉	
联系地址	北京市西城区金融大街丙 17 号北京银行大厦 11 层	
电话	010-66573088 010-66573955	
传真	010-66573956	
电子信箱	investors@jrjkg.com	

第三节 会计数据和业务数据摘要

3.1 主要会计数据

单位：(人民币)元

	2008 年	2007 年		本年比上年增减(%)	2006 年	
		调整前	调整后	调整后	调整前	调整后
营业收入	5,595,076,993.11	4,214,361,872.31	4,214,361,872.31	32.76%	3,481,716,170.91	3,481,716,170.91
利润总额	1,417,102,082.86	1,119,022,485.93	2,815,633,424.16	−49.67%	801,186,736.66	801,186,736.66
归属于上市公司股东的净利润	1,039,379,496.68	730,186,828.84	2,002,645,032.51	−48.10%	535,586,960.88	535,586,960.88
归属于上市公司股东的扣除非经常性损益的净利润	928,339,793.86	733,238,947.94	733,238,947.94	26.61%	472,009,714.40	472,009,714.40
经营活动产生的现金流量净额	−5,126,955,050.40	−813,160,819.23	−813,160,819.23	不适用	164,272,407.20	164,272,407.20
	2008 年末	2007 年末		本年末比上年末增减(%)	2006 年末	
		调整前	调整后	调整后	调整前	调整后
总资产	27,498,775,723.91	13,866,414,769.92	15,623,669,551.63	76.01%	11,461,000,943.03	11,521,644,786.51
所有者权益(或股东权益)	14,553,063,146.18	4,710,761,647.06	6,028,702,733.34	141.40%	4,003,237,303.54	4,048,720,186.15
股本	2,481,212,959.00	1,078,451,644.00	1,078,451,644.00	130.07%	1,078,451,644.00	1,078,451,644.00

注：2008 年 1 月 1 日起，公司对投资性房地产采用公允价值模式进行后续计量，对上年同期净利润进行追溯调整。公司 2008 年度实现利润总额、归属于上市公司股东的净利润较 2007 年度调整前利润总额、归属于上市公司股东的净利润的增长比例分别为 26.64%、42.34%。

3.2 主要财务指标

单位：(人民币)元

	2008 年	2007 年		本年比上年增减(%)	2006 年	
		调整前	调整后	调整后	调整前	调整后
基本每股收益(元/股)	0.43	0.68	1.03	−58.25%	0.60	0.31
稀释每股收益(元/股)	0.43	0.68	1.03	−58.25%	0.60	0.31
扣除非经常性损益后的基本每股收益(元/股)	0.38	0.68	0.38	0.00%	0.53	0.27
全面摊薄净资产收益率(%)	7.14%	15.50%	33.22%	下降 26.08 个百分点	13.38%	13.23%
加权平均净资产收益率(%)	7.62%	17.02%	40.28%	下降 32.66 个百分点	21.13%	20.83%
扣除非经常性损益后全面摊薄净资产收益率(%)	6.38%	15.57%	12.16%	下降 5.78 个百分点	11.79%	11.66%
扣除非经常性损益后的加权平均净资产收益率(%)	6.80%	17.09%	14.75%	下降 7.95 个百分点	18.52%	18.36%
每股经营活动产生的现金流量净额(元/股)	−2.07	−0.75	−0.75	不适用	0.15	0.15
	2008 年末	2007 年末		本年末比上年末增减(%)	2006 年末	
		调整前	调整后	调整后	调整前	调整后
归属于上市公司股东的每股净资产(元/股)	5.87	4.37	5.59	5.01%	3.71	3.75

注：截至 2007 年 12 月 31 日，公司总股本为 1,078,451,644 股；截止 2008 年 12 月 31 日，公司总股本为 2,481,212,959 股。

非经常性损益项目

√适用 □不适用

单位：(人民币)元

非经常性损益项目	金额
非流动资产处置损益	60,592,094.20
计入当期损益的政府补助，但与公司正常经营业务密切相关，符合国家政策规定、按照一定标准定额或定量持续享受的政府补助除外	51,670,000.00
计入当期损益的对非金融企业收取的资金占用费	17,530,175.00
除同公司正常经营业务相关的有效套期保值业务外，持有交易性金融资产、交易性金融负债产生的公允价值变动损益，以及处置交易性金融资产、交易性金融负债和可供出售金融资产取得的投资收益	69,044,918.91
采用公允价值模式进行后续计量的投资性房地产公允价值变动产生的损益	−38,843,428.29
除上述各项之外的其他营业外收入和支出	−5,514,843.44
所得税影响额	−37,814,213.56
少数股东权益影响额	−5,625,000.00
合计	111,039,702.82

3.3 境内外会计准则差异

□适用 √不适用

第四节 股本变动及股东情况

4.1 股份变动情况表

单位：股

	本次变动前		本次变动增减(+,−)					本次变动后	
	数量	比例(%)	发行新股	送股	公积金转股	其他	小计	数量	比例(%)
一、有限售条件股份	426,507,274	39.55%	98,577,000		286,957,819	−165,803,500	219,731,319	646,238,593	26.05%
1、国家持股									
2、国有法人持股	358,697,274	33.26%			286,957,819		286,957,819	645,655,093	26.02%
3、其他内资持股	67,810,000	6.29%	98,577,000			−166,387,000	−67,810,000		
其中：境内非国有法人持股	67,810,000	6.29%	98,577,000			−166,387,000	−67,810,000	0	0.00%
境内自然人持股									
4、外资持股									
其中：境外法人持股									
境外自然人持股									
5、高管股份	0	0.00%	0			583,500	583,500	583,500	0.03%
二、无限售条件股份	651,944,370	60.45%	201,423,000		815,803,496	165,803,500	1,183,029,996	1,834,974,366	73.95%
1、人民币普通股	651,944,370	60.45%	201,423,000		815,803,496	165,803,500	1,183,029,996	1,834,974,366	73.95%
2、境内上市的外资股									
3、境外上市的外资股									
4、其他									
三、股份总数	1,078,451,644	100.00%	300,000,000		1,102,761,315	0	1,402,761,315	2,481,212,959	100.00%

限售股份变动情况表

单位：股

股东名称	年初限售股数	本年解除限售股数	本年增加限售股数	年末限售股数	限售原因	解除限售日期
2006 年定向增发九家股东	67,810,000	67,810,000	0	0	定向增发锁定	2008-01-16
2007 年度公开增发网下认购股东	0	98,577,000	98,577,000	0	2007 年度公开增发锁定	2008-02-23
合计	67,810,000	166,387,000	98,577,000	0	−	−

注 1：有限售条件股份增减情况：2008 年 1 月，公司实施了 2007 年度公开发行股票方案，网下 A 类机构投资者获配 98,577,000 股，锁定期一个月，导致公司有限售条件股份相应增加，2008 年 2 月 26 日，上述 98,577,000 股解除限售；2008 年 1 月 30 日，公司 2006 年度非公开发行股份中的 67,810,000 股解除限售。上述情况导致公司有限售条件股份减少 67,810,000 股。

注 2：2008 年 1 月，经中国证监会证监发行字[2007]417 号文件核准，公司实施了 2007 年度公开发行股票方案。公司本次增发采取向原股东全额优先配售，剩余部分采取网上、网下定价发行的方式，以 27.61 元/股的价格公开发行 30,000 万股 A 股。由于上述变化，公司总股本由 1,078,451,644 股增至 1,378,451,644 股；2008 年 5 月 16 日，公司实施了 2007 年度分红派息方案，除现金分红外，以资本公积每 10 股转增 8 股，导致公司总股本发生变化，公司总股本由 1,378,451,644 股增至 2,481,212,959 股。

注 3：有限售条件的高管股份为报告期内公司部分董事、高管人员以市场价格从二级市场购买的股票，根据《上市公司董事、监事和高级管理人员所持本公司股份及其变动管理规则》锁定。

4.2 前 10 名股东、前 10 名无限售条件股东持股情况表

单位:股

股东总数					140,391
前 10 名股东持股情况					
股东名称	股东性质	持股比例(%)	持股总数	持有有限售条件股份数量	质押或冻结的股份数量
北京金融街建设集团	国有法人	26.55%	658,693,847	645,655,093	0
博时价值增长证券投资基金	其他	3.06%	75,818,596	0	0
嘉实稳健开放式证券投资基金	其他	2.54%	62,965,978	0	0
中国人寿保险股份有限公司–分红–个人分红–005L–FH002 深	其他	1.91%	47,494,657	0	0
诺安平衡证券投资基金	其他	1.76%	43,704,879	0	0
诺安股票证券投资基金	其他	1.60%	39,607,256	0	0
易方达价值精选股票型证券投资基金	其他	1.48%	36,703,639	0	0
易方达科讯股票型证券投资基金	其他	1.38%	34,321,064	0	0
南方成份精选股票型证券投资基金	其他	1.29%	32,052,182	0	0
博时新兴成长股票型证券投资基金	其他	1.21%	30,000,000	0	0

前 10 名无限售条件股东持股情况		
股东名称	持有无限售条件股份数量	股份种类
博时价值增长证券投资基金	75,818,596	A 股
嘉实稳健开放式证券投资基金	62,965,978	A 股
中国人寿保险股份有限公司–分红–个人分红–005L–FH002 深	47,494,657	A 股
诺安平衡证券投资基金	43,704,879	A 股
诺安股票证券投资基金	39,607,256	A 股
易方达价值精选股票型证券投资基金	36,703,639	A 股
易方达科讯股票型证券投资基金	34,321,064	A 股
南方成份精选股票型证券投资基金	32,052,182	A 股
博时新兴成长股票型证券投资基金	30,000,000	A 股
信达澳银领先增长股票型证券投资基金	27,417,191	A 股
上述股东关联关系或一致行动的说明	公司前十大流通股股东中,博时价值增长证券投资基金与博时新兴成长股票型证券投资基金同属博时基金管理有限公司管理;易方达价值精选股票型证券投资基金与易方达科讯股票型证券投资基金同属易方达基金管理有限公司管理;诺安平衡证券投资基金与诺安股票证券投资基金同属诺安基金管理有限公司管理。未知其他流通股东是否属于一致行动人,也未知其他流通股东之间是否存在关联关系。	

4.3 控股股东及实际控制人情况介绍

4.3.1 控股股东及实际控制人变更情况

□ 适用　　　√ 不适用

4.3.2 控股股东及实际控制人具体情况介绍

北京金融街建设集团是唯一持有公司 5%以上股份的股东,截至报告期末,其持有公司股份的比例为 26.55%,系本公司控股股东,报告期内北京金融街建设集团未将其持有的本公司股份进行质押。

北京金融街建设集团成立于 1996 年 5 月 29 日,法定代表人是闻剑林,注册资本为 16,199 万元人民币,北京金融街建设集团系北京市西城区国资委全资拥有的以资本运营和资产管理为主要任务的全民所有制企业,行业归口管理单位是北京市西城区城市建设管理委员会。

第五节　董事、监事和高级管理人员

5.1 董事、监事和高级管理人员持股变动及报酬情况

姓名	职务	性别	年龄	任期起始日期	任期终止日期	年初持股数	年末持股数	变动原因	报告期内从公司领取的报酬总额(万元)	是否在股东单位或其他关联单位领取薪酬
王功伟	董事长	男	53	2008-06-24	2011-06-23	0	113,400	二级市场买入	249.00	是
鞠　瑾	副董事长	男	46	2008-06-24	2011-06-23	0	80,000	二级市场买入	174.00	是
赵　伟	董事	男	56	2008-06-24	2011-06-23	0	56,600	二级市场买入	124.00	是
张海天	董事	男	57	2008-06-24	2011-06-23	0	56,000	二级市场买入	123.00	是
刘世春	董事/总经理	男	41	2008-06-24	2011-06-23	0	80,000	二级市场买入	215.00	否
艾颖丽	董事	女	51	2008-06-24	2011-06-23	0	36,000	二级市场买入	32.00	是
杨志国	独立董事	男	45	2008-06-24	2011-06-23	0	0	–	12.00	否
杜润平	独立董事	男	52	2008-06-24	2011-06-23	0	0	–	0.00	否
汤　欣	独立董事	男	38	2008-06-24	2011-06-23	0	0	–	6.00	否
齐占军	监事会召集人	男	52	2008-06-24	2011-06-23	0	0	–	3.50	是
宋和珍	监事	女	57	2008-06-24	2011-06-23	0	0	–	105.00	否
王毅文	职工监事	男	43	2008-06-24	2011-06-23	0	0	–	35.00	否
高　靓	常务副总经理	女	39	2008-06-27	2011-06-23	0	60,000	二级市场买入	170.00	否
李敦嘉	财务总监	男	58	2008-06-27	2011-06-23	0	52,000	二级市场买入	163.00	否
杨　扬	副总经理	男	41	2008-06-27	2011-06-23	0	56,000	二级市场买入	167.00	否
吕　洪	总工程师	男	42	2008-06-27	2011-06-23	0	57,000	二级市场买入	156.00	否
于　蓉	董事会秘书	女	38	2008-06-27	2011-06-23	0	56,000	二级市场买入	149.00	否
杨　轩	人力资源总监	女	40	2008-06-27	2011-06-23	0	56,000	二级市场买入	143.00	否
曲明光	原副董事长	男	57	2005-06-25	2008-06-24	0	0	–	127.00	是
许燕生	原独立董事	男	57	2005-06-25	2008-06-24	0	0	–	6.00	否
朱裕峰	原独立董事	男	57	2005-06-25	2008-06-24	0	0	–	0.00	否
杨朝晖	原职工监事	男	40	2005-06-25	2008-06-24	0	0	–	24.00	否
许群峰	原副总经理	男	40	2005-06-25	2008-06-27	0	0	–	114.00	否
合　计	–	–	–	–	–	0	759,000	–	2,297.50	–

董事、监事、高级管理人员报告期内被授予的股权激励情况

□ 适用　　　√ 不适用

5.2 董事出席董事会会议情况

董事姓名	具体职务	应出席次数	现场出席次数	以通讯方式参加会议次数	委托出席次数	缺席次数	是否连续两次未亲自出席会议
王功伟	董事长	16	7	7	2	0	否
鞠　瑾	副董事长	16	8	8	0	0	否
赵　伟	董事	16	8	7	1	0	否
张海天	董事	16	8	8	0	0	否
刘世春	董事/总经理	16	8	8	0	0	否
艾颖丽	董事	10	4	6	0	0	否
杨志国	独立董事	16	8	8	0	0	否
杜润平	独立董事	10	4	6	0	0	否
汤　欣	独立董事	10	4	6	0	0	否
曲明光	原副董事长	6	4	2	0	0	否
许燕生	原独立董事	6	4	2	0	0	否
朱裕峰	原独立董事	6	4	2	0	0	否
年内召开董事会会议次数							16
其中:现场会议次数							8
通讯方式召开会议次数							8
现场结合通讯方式召开会议次数							0

第六节　董事会报告

6.1 管理层讨论与分析

1、房地产行业政策变化及影响分析

(1)房地产市场发展情况

报告期内,受全球金融危机的影响,我国经济出现增速放缓趋势,房地产市场的发展步入调整期。国家有关统计部门数据显示,2008 年国家完成固定资产投资 14.8 万亿元人民币,同比增长 26.1%,其中房地产投资额为 3.06 万亿元人民币,同比增长 20.9%,但增速比 2007 年放缓十个百分点;房地产市场销售方面,2008 年全国商品房销售面积为 6.21 亿平方米,同比 2007 年下降 18.51%,商品房销售总额为 24,071.41 亿元人民币,同比下降 18.69%;2008 年全国房地产行业景气指数中,房地产开发投资指数下降 4.6%,销售价格指数下降幅度达到 11.58%.多方面数据表明,房地产市场在 2008 年调整逐步加深。

(2)房地产政策变化情况

随着全球金融危机影响的扩大和国内经济增速加速放缓的影响,国家在 2008 年下半年采取了一系列经济刺激政策,实施积极的财政政策和适度宽松的货币政策,旨在防止经济增速过快下滑,保持经济平稳较快发展。行业政策方面,国家发布了《关于调整房地产交易环节税收政策的通知》、《关于促进房地产市场健康发展的若干意见》,明确提出给予房地产企业和购房者更多的信贷支持和税收优惠,促进房地产市场健康发展;地方政府也纷纷采取了刺激房地产市场发展政策和措施,北京市政府出台的《关于促进北京市房地产市场稳定发展的若干意见》、重庆市政府推出的百亿元收购中低价位商品房等措施,也是为了促进房地产市场稳定健康发展;信贷政策方面,自 2008 年 9 月起,人民银行在 2008 年下半年连续五次下调贷款基准利率,降低了企业融资成本和购房人的购房成本。上述政策的出台及实施将逐渐改善房地产市场。

2、公司应对措施

报告期内,公司密切关注经济形势和房地产市场发生的重大变化,在市场调整期,及时调整经营策略,坚持"稳健经营、科学管理、持续发展"的经营策略,应对外部行业及政策变化带来的挑战。2008 年公司实现营业收入约 56 亿元,净利润约 10.39 亿元,其中房地产开发业务收入增长 22%,物业租赁收入增长 81%,物业经营收入增长 56%,在市场调整期仍然实现了公司持续健康发展。

(1)稳健经营

报告期内,公司以现金流管理为主线,通过加大销售力度,多渠道融资,优化债务结构,谨慎投资来保持良好的现金储备及合理的资产负债率;公司专注核心业务的经营,控制扩张速度;采取以销定产的策略,合理控制开发节奏;同时,通过有效压缩管理费用和销售费用支出等综合措施确保公司安全稳健经营。

(2)科学管理

报告期内,公司强化了成本监督与管理体系,控制项目开发成本和经营成本;不断加强总部管理,通过推行管理标准化、产品标准化和信息化,优化了职责分明、流程清晰、作业规范的标准化管理体系,进一步提升了公司的管理水平。

(3)持续发展

报告期内,公司收入结构不断完善,公司商务地产业务中,开发项目实现营业收入约 44 亿元,占公司营业收入比例约为 79%;自持物业实现营业收入约 5.6 亿元,占营业收入比例超过 10%,自持物业收入贡献比例稳步提高。

报告期内,公司进一步聚焦区域和产品,在北京地区适时增加商务地产项目储备 3 个,新增建筑面积约为 46 万平方米;同时,公司自持经营的酒店、商场、公寓、写字楼和金树街餐饮的开业面积超过 32 万平方米。

新增商务地产项目和自持物业规模的扩大为公司的可持续发展提供了资源保障。

6.2 主营业务分行业、产品情况表

单位:(人民币)万元

主营业务分行业情况						
分行业或分产品	营业收入	营业成本	营业利润率(%)	营业收入比上年增减(%)	营业成本比上年增减(%)	营业利润率比上年增减(%)
房产开发	468,330.54	238,965.50	48.98%	21.59%	10.54%	上升 5.11 个百分点
物业租赁	25,310.35	3,080.63	87.83%	80.69%	6.96%	上升 8.39 个百分点
物业经营	31,440.23	22,139.29	29.58%	56.21%	53.98%	上升 1.02 个百分点

6.3 主营业务分地区情况

单位:(人民币)万元

地区	营业收入	营业收入比上年增减(%)
北京	495,860.64	22.71%

6.4 采用公允价值计量的项目

√ 适用　　□ 不适用

单位:(人民币)元

项目	期初金额	本期公允价值变动损益	计入权益的累计公允价值变动	本期出售减少	本期计提的减值	期末金额
金融资产						
其中:1.以公允价值计量且其变动计入当期损益的金融资产						
其中:衍生金融资产						
2.可供出售						
金融资产	525,254,593.32		−362,706,312.61	−30,017,279.75		132,531,000.96
金融资产小计	525,254,593.32		−362,706,312.61	−30,017,279.75		132,531,000.96
金融负债						
投资性房地产	3,269,215,180.16	−38,843,428.29	32,984,992.57	−140,845,434.39		3,122,511,310.05
生产性生物资产						
其他 3						
合计	3,794,469,773.48	−38,843,428.29	−329,721,320.04	−170,862,714.14		3,255,042,311.01

注 1:从 2008 年 1 月 1 日起,公司对投资性房地产后续计量由成本法模式变更为公允价值计量。公司对 2008 年 1 月 1 日财务报表追溯调整,增加 2008 年 1 月 1 日投资性房地产 1,757,254,781.71 元。

注 2:2008 年 4 月,公司四届第二十七次董事会通过决议,将金树街底商用途确定为出租。报告期内,公司按照企业会计准则讲解(2008)"投资性房地产"的相关规定,将该项目记入投资性房地产,增加采用公允价值计量的投资性房地产 32,984,992.57 元;报告期内,公司将公允价值计量的投资性房地产重庆嘉年华项目 1−7 层销售并结转成本,导致公允价值计量的投资性房地产减少 140,845,434.39 元。

注 3:报告期末公司采用公允价值计量的投资性房地产公允价值减少 38,843,428.29 元导致本期投资性房地产公允价值变动损益为−38,843,428.29 元。

6.5 募集资金使用情况

√ 适用　　□ 不适用

单位:(人民币)万元

募集资金总额	948,299.99(含费用)	本年度投入募集资金总额	264,676.36
变更用途的募集资金总额	0.00	已累计投入募集资金总额	361,073.54
变更用途的募集资金总额比例	0.00%		

承诺投资项目	是否已变更项目(含部分变更)	募集资金承诺投资总额	调整后投资总额	截至期末承诺投入金额(1)	本年度投入金额
A3 南项目	否	59,065.74	59,065.74	59,065.74	0.00
F3 项目	否	59,065.74	59,065.74	59,065.74	21,734.30
A5 项目(金融街中心项目)	否	41,500.00	41,500.00	26,409.88	26,409.88
德胜 H(德胜凯旋项目)	否	34,300.00	34,300.00	34,300.00	34,300.00
津塔项目	否	274,400.00	274,400.00	107,026.40	107,026.40
津门项目	否	131,500.00	131,500.00	56,223.48	56,223.48
惠州中区项目(金海湾项目)	否	340,246.90	340,246.90	18,982.30	18,982.30
合计	−	940,078.38	940,078.38	361,073.54	264,676.36

承诺投资项目	截至期末累计投入金额(2)	截至期末累计投入金额与承诺投入金额的差额(3)=(2)−(1)	截至期末投入进度(%)(4)=(2)/(1)	项目达到预定可使用状态日期	本年度实现的效益	是否达到预计效益	项目可行性是否发生重大变化
A3 南项目	59,065.74	0.00	100.00%	2007 年	0.00	是	否
F3 项目	59,065.74	0.00	100.00%	2008 年	237,181.18	是	否
A5 项目(金融街中心项目)	26,409.88	0.00	100.00%	2009 年	0.00	是	否
德胜 H(德胜凯旋项目)	34,300.00	0.00	100.00%	2009 年	0.00	是	否
津塔项目	107,026.40	0.00	100.00%	2009/2011 年	0.00	是	否
津门项目	56,223.48	0.00	100.00%	2009/2010 年	0.00	是	否
惠州中区项目(金海湾项目)	18,982.30	0.00	100.00%	2012 年	0.00	是	否
合计	361,073.54	0.00	−	−	237,181.18	−	−

未达到计划进度或预计收益的情况和原因(分具体项目)	无
项目可行性发生重大变化的情况说明	无
募集资金投资项目实施地点变更情况	无
募集资金投资项目实施方式调整情况	无
募集资金投资项目先期投入及置换情况	无
用闲置募集资金暂时补充流动资金情况	无
项目实施出现募集资金结余的金额及原因	无
尚未使用的募集资金用途及去向	尚未使用的募集资金全部存放于银行专用账户内。
募集资金使用及披露中存在的问题或其他情况	无

变更项目情况

□适用　　√ 不适用

6.6 非募集资金项目情况

□适用　　√ 不适用

6.7 董事会对公司会计政策、会计估计变更或重大会计差错更正的原因及影响的说明

√ 适用　　□ 不适用

2008 年 3 月,公司四届三十七次董事会决议,为更加真实、客观的反映公司价值,从 2008 年 1 月 1 日起,公司对投资性房地产后续计量由成本法模式变更为公允价值计量。公司对 2008 年 1 月 1 日财务报表追溯调整,公司投资性房地产公允价值高于账面价值 1,757,254,781.71 元,增加投资性房地产 1,757,254,781.71 元,增加递延所得税负债 439,313,695.43 元;增加留存收益 1,272,458,203.67 元,其中增加未分配利润 1,223,859,164.92 元,增加盈余公积 48,599,038.75 元;增加资本公积 45,482,882.61 元。该项会计政策变更,使公司 2008 年度利润总额增加 11,963,459.03 元,其中因投资性房地产采用公允价值计量不计提折旧使得 2008 年度利润总额增加 50,806,887.32 元,因投资性房地产公允价值变动使得 2008 年度利润总额减少 38,843,428.29 元。

6.8 董事会对会计师事务所"非标准审计报告"的说明

□适用　　√ 不适用

6.9 董事会本次利润分配或资本公积金转增股本预案

公司于 2009 年 3 月 27 日召开了五届十二次董事会会议,董事会根据《公司法》及《公司章程》的有关规定,结合公司实际情况和发展需要,制订了公司 2008 年度利润分配预案:

①2008 年度公司合并报表实现净利润为 103,937.95 万元,其中母公司实现净利润为 75,137.14 万元。

②加上年初未分配利润,2008 年度公司合并报表可供分配利润为 334,183.57 万元,其中母公司可供分配利润为 221,835.06 万元。

③按 10%提取法定公积金,不提取法定公益金和任意公积金。

④公司 2008 年度向股东进行利润分配的预案为:以公司截至 2008 年 12 月 31 日公司总股本 2,481,812,959 股为基数,每 10 股派发现金 1.5 元(含税)。

公司前三年现金分红情况

单位:(人民币)元

分红年度	现金分红金额(含税)	合并报表中归属于上市公司股东的净利润	占合并报表中归属于上市公司股东的净利润的比例
2005	137,737,992.00	408,895,501.41	33.69%
2006	269,612,911.00	535,586,960.88	50.34%
2007	413,535,493.20	730,186,828.84	56.63%

注:公司 2007 年调整后的归属于上市公司股东的净利润为 2,002,645,032.51 元,按此数据计算,2007 年度现金分红占归属于上市公司股东的净利润的比例为 20.65%。

公司本报告期内盈利但未提出现金利润分配预案

□适用　　√ 不适用

第七节　重要事项

7.1 收购资产

√ 适用　　□ 不适用

单位:(人民币)万元

交易对方或最终控制方	被收购资产	购买日	收购价格	自购买日起至本年末为公司贡献的净利润	本年初至本年末为公司贡献的净利润(适用于同一控制下的企业合并)	是否为关联交易(如是,说明定价原则)	定价原则说明	所涉及的资产产权是否已全部过户	所涉及的债权债务是否已全部转移	关联关系
徐双春、关振琴、张爱华	北京怡泰汽车修理有限责任公司	2008 年 07 月 01 日	13,838.74	−3.42	0.00	否	市场定价	是	是	无
北京华融综合投资公司	北京德胜投资有限责任公司 99%股权	2008 年 08 月 15 日	34,424.40	22,629.45	0.00	是	市场定价	是	是	同受同一关键管理人员控制
北京金昊房地产开发有限公司	北京德胜投资有限责任公司 1%股权	2008 年 12 月 12 日	348.18		0.00	否	市场定价	是	是	无

注:上述收购价格包含交易价格和收购费用

7.2 出售资产

□ 适用　　√ 不适用

7.1、7.2 所涉及事项对公司业务连续性、管理层稳定性的影响。

上述资产收购为公司增加了一定的项目储备,有利于公司未来发展。

7.3 重大担保

√ 适用　　□ 不适用

单位:(人民币)万元

公司对外担保情况(不包括对子公司的担保)

担保对象名称	发生日期(协议签署日)	担保金额	担保类型	担保期	是否履行完毕	是否为关联方担保(是或否)
北京通州商务园开发建设有限公司	2008−07−31	5,265.00	连带责任担保	5 年	否	否
购房客户	2008 年	4,556.00	按揭担保	阶段性	否	否
报告期内担保发生额合计						9,821.00
报告期末担保余额合计						16,768.00

公司对子公司的担保情况

报告期内对子公司担保发生额合计	137,000.00
报告期末对子公司担保余额合计	153,500.00

公司担保总额情况(包括对子公司的担保)

担保总额	170,268.00
担保总额占公司净资产的比例	11.70%
其中:	
为股东、实际控制人及其关联方提供担保的金额	0.00
直接或间接为资产负债率超过 70%的被担保对象提供的债务担保金额	50,000.00
担保总额超过净资产 50%部分的金额	0.00
上述三项担保金额合计	50,000.00
未到期担保可能承担连带清偿责任说明	无

7.4 重大关联交易

7.4.1 与日常经营相关的关联交易

□ 适用　　√ 不适用

7.4.2 关联债权债务往来

√ 适用　　□ 不适用

单位:(人民币)万元

关联方	向关联方提供资金		关联方向公司提供资金	
	发生额	余额	发生额	余额
北京华融综合投资公司	0.00	0.00	2,618.30	0.00
北京金融街物业管理有限责任公司	0.00	170.00	0.00	0.00
北京华融基础设施投资有限责任公司	0.00	0.00	0.00	154.84
合计	0.00	170.00	2,618.30	154.84

其中:报告期内公司向控股股东及其子公司提供资金的发生额 0.00 万元,余额 0.00 万元。

7.4.3 2008 年资金被占用情况及清欠进展情况

□ 适用　　√ 不适用

7.5 委托理财

□ 适用　　√ 不适用

7.6 承诺事项履行情况

□ 适用　　√ 不适用

公司或持股 5%以上股东在报告期内或持续到报告期内的承诺事项

√ 适用　　□ 不适用

承诺事项	承诺内容	履行情况
股改承诺	(1)在法定承诺禁售期(即其所持股票获得上流通权之日起十二个月)期满后二十四个月内将不通过证券交易所挂牌交易方式出售股份。(2)在本次股权分置改革实施完成后,根据相关法律、法规之规定,启动金融街控股股份有限公司股权激励方案研究论证工作。	报告期内,北京金融街建设集团严格履行了上述特别承诺。
收购报告书或权益变动报告书中所作承诺	–	–
重大资产重组时所作承诺	–	
发行时所作承诺	(1)金融街集团在公司《2004 年度增发招股说明书》中承诺在作为本公司控股股东期间,不会在中国境内或境外,以任何方式(包括但不限于单独经营、通过合资经营或拥有另一公司或企业的股份及其他权益)直接或间接参与任何与本公司及本公司控股子公司构成竞争的任何业务或活动。(2)北京金融街建设集团参与认购的公司 2006 年度非公开发行股票,承诺锁定期限为三年,该等股份锁定期限至 2010 年 1 月 26 日。	报告期内,公司控股股东北京金融街建设集团严格履行了承诺。
其他对公司中小股东所作承诺	–	–

7.7 重大诉讼仲裁事项

□ 适用　　√ 不适用

7.8 其他重大事项及其影响和解决方案的分析说明

7.8.1 证券投资情况

√ 适用　　□ 不适用

序号	证券品种	证券代码	证券简称	初始投资金额(元)	持有数量	期末账面值	占期末证券投资比例(%)	报告期损益
期末持有的其他证券投资				0.00	–	0.00	0.00%	0.00
报告期已出售证券投资损益				–	–	–	–	69,044,918.91
合计				0.00	–	0.00	100%	69,044,918.91

7.8.2 持有其他上市公司股权情况

√ 适用　　□ 不适用

单位:(人民币)元

证券代码	证券简称	初始投资金额	占该公司股权比例	期末账面值	报告期损益	报告期所有者权益变动	会计核算科目	股份来源
600036	招商银行	17,585,845.17	0.07%	132,531,000.96	29,925,286.22	−291,689,867.77	可供出售金融资产	受让
合计		17,585,845.17	–	132,531,000.96	29,925,286.22	−291,689,867.77	–	–

7.8.3 持有非上市金融企业股权情况

√ 适用　　□ 不适用

单位:(人民币)元

所持对象名称	初始投资金额	持有数量	占该公司股权比例	期末账面值	报告期损益	报告期所有者权益变动	会计核算科目	股份来源
招商证券股份有限公司	1,411,303.70	967,072	0.03%	1,411,303.70	377,641.62	0.00	长期股权投资	受让
合计	1,411,303.70	967,072	–	1,411,303.70	377,641.62	0.00	–	–

7.8.4 买卖其他上市公司股份的情况

√ 适用　　□ 不适用

单位:(人民币)元

股份名称	期初股份数量	报告期买入股份数量	报告期卖出股份数量	期末股份数量	使用的资金数量	产生的投资收益
招商银行	13,256,339	0	2,357,400	10,898,939	0	26,213,511.30

第八节　监事会报告

√ 适用　　□ 不适用

(一)报告期内监事会工作概况

报告期内,公司监事会按照《公司法》、《公司章程》和《监事会议事规则》的有关规定,依法履行职责,认真开展工作。本年度监事会召开会议六次,列席董事会会议十六次,审查公司定期报告,对董事会的决策程序进行监督。通过采取定期听取汇报与不定期进行抽查相结合的办法,督促公司董事会和经营管理班子依法运作,确保公司财务规范运行。

(二)报告期内监事会会议的召开、决议及信息披露情况

报告期内公司监事会共召开六次会议,会议的名称、召开、决议及信息披露情况如下:

1、公司第四届监事会第十一次会议于 2008 年 3 月 27 日召开。本次会议经过充分的讨论,形成如下决议:

(1)审议通过了公司《2007 年监事会工作报告》。

(2)审议通过了公司《2007 年年度报告正文及摘要》。

(3)审议通过了《关于公司对投资性房地产采用公允价值计量的议案》。

公司于 2008 年 3 月 31 日在选定的信息披露报纸《中国证券报》、《证券时报》和《上海证券报》上刊登了上述决议公告。

2、公司第四届监事会第十二次会议于 2008 年 4 月 29 日召开。本次会议经过充分的讨论,形成如下决议:

审议通过了公司《2008 年第一季度报告正文及摘要》

3、公司第四届监事会第十三次会议于 2008 年 6 月 5 日召开。本次会议经过充分的讨论,形成如下决议:

(1)审议通过了《公司控股股东北京金融街建设集团提出的

公司于 2008 年 6 月 6 日在选定的信息披露报纸《中国证券报》、《证券时报》和《上海证券报》上刊登了上述决议公告。

4、公司第五届监事会第一次会议于 2008 年 6 月 27 日召开。本次会议经过充分的讨论,形成如下决议:

表决同意推选齐占军先生为公司第五届监事会召集人。

公司于 2008 年 6 月 28 日在选定的信息披露报纸《中国证券报》、《证券时报》和《上海证券报》上刊登了上述决议公告。

5、公司第五届监事会第二次会议于 2008 年 8 月 14 日召开。本次会议经过充分的讨论,形成如下决议:

审议通过了《公司 2008 年半年度报告》。

6、公司第五届监事会第三次会议于 2008 年 10 月 28 日召开。本次会议经过充分的讨论,形成如下决议:

审议通过了《公司 2008 年第三季度报告》。

(三)公司监事会对公司下列经营事项的独立意见

1、监督公司依法运作

公司监事会认为,公司决策程序合法,已经建立了完善的内部控制制度,董事会出具的 2008 年公司内部控制报告如实反映了公司内部控制制度建立与完善的实际情况。公司董事会和经理班子执行公司职务时没有违反法律、法规、公司章程或损害公司利益的行为。

2、检查公司财务的情况

公司监事会认为,公司 2008 年的财务报告真实地反映了公司的财务状况和经营成果。

3、募集资金使用的情况

公司监事会认为,报告期内,公司 2006 年非公开发行股票募集资金实际投入项目与 2006 年第二次临时股东大会审议批准的募集资金投入项目相符;公司 2007 年公开增发股票募集资金实际投入项目与 2007 年第二次临时股东大会审议批准的募集资金投入项目相符。

4、收购、出售资产的情况

公司监事会认为,报告期内,公司收购、出售资产交易价格合理,没有发现内幕交易,没有损害股东的权益或造成公司资产流失。

5、关联交易的情况

公司监事会认为,报告期内公司发生的关联交易决策合法合规,公司关联交易遵循了公平、公正的原则,没有损害公司和股东的利益。

第九节　财务报告

9.1 审计意见

审计报告	标准无保留	审计意见

审计报告正文

审 计 报 告

中瑞岳华审字[2009]第 03286 号

金融街控股股份有限公司全体股东:

我们审计了后附的金融街控股股份有限公司(以下简称"贵公司")财务报表,包括 2008 年 12 月 31 日的资产负债表和合并资产负债表,2008 年度的利润表和合并利润表、股东权益变动表和合并股东权益变动表、现金流量表和合并现金流量表以及财务报表附注。

一、管理层对财务报表的责任

按照企业会计准则的规定编制财务报表是贵公司管理层的责任。这种责任包括:(1)设计、实施和维护与财务报表编制相关的内部控制,以使财务报表不存在由于舞弊或错误而导致的重大错报;(2)选择和运用恰当的会计政策;(3)作出合理的会计估计。

二、注册会计师的责任

我们的责任是在实施审计工作的基础上对财务报表发表审计意见。我们按照中国注册会计师审计准则的规定执行了审计工作。中国注册会计师审计准则要求我们遵守职业道德规范,计划和实施审计工作以对财务报表是否不存在重大错报获取合理保证。审计工作涉及实施审计程序,以获取有关财务报表金额和披露的审计证据。选择的审计程序取决于注册会计师的判断,包括对由于舞弊或错误导致的财务报表重大错报风险的评估。在进行风险评估时,我们考虑与财务报表编制相关的内部控制,以设计恰当的审计程序。审计工作还包括评价管理层选用会计政策的恰当性和作出会计估计的合理性,以及评价财务报表的总体列报。

我们相信,我们获取的审计证据是充分、适当的,为发表审计意见提供了基础。

三、审计意见

我们认为,贵公司财务报表已经按照企业会计准则的规定编制,在所有重大方面公允反映了贵公司 2008 年 12 月 31 日的财务状况、合并财务状况以及 2008 年度的经营成果、合并经营成果和现金流量、合并现金流量。

中瑞岳华会计师事务所有限公司　　中国注册会计师:潘　帅

中国　北京　　中国注册会计师:范晓红

2009 年 3 月 27 日

9.2 财务报表

9.2.1 资产负债表

编制单位:金融街控股股份有限公司　2008 年 12 月 31 日　单位:(人民币)元

项目	期末余额		年初余额	
	合并	母公司	合并	母公司
流动资产:				
货币资金	7,298,355,869.00	6,598,896,583.57	2,282,828,260.46	1,870,335,968.76
结算备付金				
拆出资金				
交易性金融资产				
应收票据				
应收账款	603,410,318.37	498,877,415.83	471,512,525.27	543,180,863.22
预付款项	1,452,049,531.69	1,287,305,006.78	16,226,971.16	389,414.13
应收保费				
应收分保账款				
应收分保合同准备金				
应收利息				
应收股利				
其他应收款	736,385,964.33	3,251,977,252.04	38,497,019.70	2,395,276,267.08
买入返售金融资产				
存货	10,924,464,710.98	1,690,019,244.57	6,392,878,008.61	1,862,478,234.14
一年内到期的非流动资产				
其他流动资产	51,775,180.13	24,951,697.00	48,376,380.14	42,031,927.74
流动资产合计	21,066,441,574.50	13,352,027,199.79	9,250,319,165.34	6,713,692,675.07
非流动资产:				
发放贷款及垫款				
可供出售金融资产	132,531,000.96	132,531,000.96	525,254,593.32	525,254,593.32
持有至到期投资				38,600,000.00
长期应收款				
长期股权投资	311,479,739.73	5,747,061,343.43	311,431,303.70	3,501,048,113.75
投资性房地产	3,122,511,310.05	1,183,775,139.14	3,269,215,180.16	1,165,501,235.77
固定资产	1,699,541,289.56	807,529,995.89	1,306,605,108.95	842,686,331.87
在建工程	6,767,831.37	5,664,373.37	,609,160.19	4,609,160.19
工程物资				
固定资产清理				
生产性生物资产				
油气资产				
无形资产	700,306,954.54	332,227,758.98	581,613,872.21	353,409,510.08
开发支出				
商誉	468,380.93		468,380.93	
长期待摊费用	641,556.75		3,183,209.90	
递延所得税资产	145,921,320.85	102,591,413.07	45,347,770.29	20,657,874.62
其他非流动资产	312,164,764.67	312,164,764.67	325,621,806.64	325,621,806.64
非流动资产合计	6,432,334,149.41	8,623,545,789.51	6,373,350,386.29	6,777,388,626.24
资产总计	27,498,775,723.91	21,975,572,989.30	15,623,669,551.63	13,491,081,301.31
流动负债:				
短期借款	1,647,040,000.00	1,647,040,000.00	1,243,000,000.00	983,000,000.00
向中央银行借款				
吸收存款及同业存放				
拆入资金				
交易性金融负债				
应付票据	10,000,000.00	10,000,000.00		
应付账款	1,571,960,721.09	1,031,666,473.95	1,299,502,256.32	1,143,737,583.19
预收款项	347,778,780.03	106,990,563.12	925,138,570.28	798,064,467.43
卖出回购金融资产款				
应付手续费及佣金				
应付职工薪酬	59,280,512.82	42,637,322.45	54,485,069.95	40,783,316.84
应交税费	1,102,095,996.49	845,864,467.34	654,595,947.86	600,648,331.27
应付利息			19,309,315.06	19,309,315.06
应付股利			105,021.24	105,021.24
其他应付款	349,414,054.92	203,394,971.90	184,344,205.82	627,200,595.12
应付分保账款				
保险合同准备金				
代理买卖证券款				
代理承销证券款				
一年内到期的非流动负债	1,820,000,000.00	1,750,000,000.00	473,400,000.00	450,000,000.00
其他流动负债			900,000,000.00	900,000,000.00
流动负债合计	6,907,570,065.35	5,637,593,798.76	5,753,880,386.53	5,562,848,630.15
非流动负债:				
长期借款	5,315,000,000.00	2,700,000,000.00	3,080,000,000.00	2,480,000,000.00
应付债券				
长期应付款				
专项应付款				
预计负债				
递延所得税负债	456,897,785.56	198,079,153.22	567,484,747.54	290,167,847.95
其他非流动负债				
非流动负债合计	5,771,897,785.56	2,898,079,153.22	3,647,484,747.54	2,770,167,847.95
负债合计	12,679,467,850.91	8,535,672,951.98	9,401,365,134.07	8,333,016,478.10
所有者权益(或股东权益):				
实收资本(或股本)	2,481,212,959.00	2,481,212,959.00	1,078,451,644.00	1,078,451,644.00
资本公积	8,246,920,684.62	8,257,242,674.53	1,751,165,590.26	1,716,004,697.56
减:库存股				
盈余公积	483,093,801.06	483,093,801.06	407,956,659.53	407,956,659.53
一般风险准备				
未分配利润	3,341,835,701.50	2,218,350,602.73	2,791,128,839.55	1,955,651,822.12
外币报表折算差额				
归属于母公司所有者权益合计	14,553,063,146.18	13,439,900,037.32	6,028,702,733.34	5,158,064,823.21
少数股东权益	266,244,726.82		193,601,684.22	
所有者权益合计	14,819,307,873.00	13,439,900,037.32	6,222,304,417.56	5,158,064,823.21
负债和所有者权益总计	27,498,775,723.91	21,975,572,989.30	15,623,669,551.63	13,491,081,301.31

9.2.2 利润表

编制单位:金融街控股股份有限公司　2008 年 1—12 月　单位:(人民币)元

项目	本期金额		上期金额	
	合并	母公司	合并	母公司
一、营业总收入	5,595,076,993.11	3,021,145,224.214,21	4,361,872.31	3,809,488,858.38
其中:营业收入	5,595,076,993.11	3,021,145,224.21	4,214,361,872.31	3,809,488,858.38
利息收入				
已赚保费				
手续费及佣金收入				
二、营业总成本	4,233,091,490.86	2,055,071,086.36	3,407,874,296.90	2,916,451,113.80
其中:营业成本	2,799,687,720.21	1,275,207,853.15	2,355,954,910.49	2,083,915,119.88
利息支出				
手续费及佣金支出				
退保金				
赔付支出净额				
提取保险合同准备金净额				
保单红利支出				
分保费用				
营业税金及附加	755,414,607.62	409,210,241.08	515,980,296.34	493,494,127.76
销售费用	132,316,621.02	15,418,602.56	89,095,613.68	16,321,073.11
管理费用	300,042,550.57	159,782,465.88	277,329,041.14	164,286,007.76
财务费用	22,519,066.54	−27,831,453.19	152,303,759.93	141,068,477.04
资产减值损失	223,110,924.90	23,283,376.88	17,210,675.32	17,366,308.25
加:公允价值变动收益(损失以"−"号填列)	−65,217,947.68	−14,711,089.20	1,696,610,938.23	647,987,183.37
投资收益(损失以"−"号填列)	74,231,121.01	50,090,094.18	313,062,950.53	30,300,735.24
其中:对联营企业和合营企业的投资收益				
汇兑收益(损失以"−"号填列)				
三、营业利润(亏损以"−"号填列)	1,370,998,675.58	1,001,453,142.83	2,816,161,464.17	1,571,325,663.19
加:营业外收入	53,673,796.54	1,720,103.32	61,950.56	50,768.92
减:营业外支出	7,570,389.26	4,943,195.52	589,990.57	270,220.00
其中:非流动资产处置损失	141,074.93	125,709.93	66,156.34	
四、利润总额(亏损总额以"−"号填列)	1,417,102,082.86	998,230,050.63	2,815,633,424.16	1,571,106,212.11
减:所得税费用	378,257,417.96	246,858,635.29	810,807,307.68	472,461,699.32
五、净利润(净亏损以"−"号填列)	1,038,844,664.90	751,371,415.34	2,004,826,116.48	1,098,644,512.79
归属于母公司所有者的净利润	1,039,379,496.68		2,002,645,032.51	
少数股东损益	−534,831.78		2,181,083.97	
六、每股收益:				
(一)基本每股收益	0.43		1.03	
(二)稀释每股收益	0.43		1.03	

9.2.3 现金流量表

编制单位:金融街控股股份有限公司　2008 年 1—12 月　单位:(人民币)元

项目	本期金额		上期金额	
	合并	母公司	合并	母公司
一、经营活动产生的现金流量:				
销售商品、提供劳务收到的现金	3,153,438,302.60	2,356,678,137.75	4,027,899,869.09	3,532,098,169.68
客户存款和同业存放款项净增加额				
向中央银行借款净增加额				
向其他金融机构拆入资金净增加额				
收到原保险合同保费取得的现金				
收到再保险业务现金净额				
保户储金及投资款净增加额				
处置交易性金融资产净增加额				
收取利息、手续费及佣金的现金				
拆入资金净增加额				
回购业务资金净增加额				
收到的税费返还				
收到其他与经营活动有关的现金	402,690,998.37	8,371,420,355.01	638,159,358.76	3,993,114,701.59
经营活动现金流入小计	3,556,129,300.97	10,728,098,492.76	4,666,059,227.85	7,525,212,871.27
购买商品、接受劳务支付的现金	6,515,510,668.05	2,459,218,980.25	2,954,827,493.75	1,576,947,471.54
客户贷款及垫款净增加额				
存放中央银行和同业款项净增加额				
支付原保险合同赔付款项的现金				
支付利息、手续费及佣金的现金				
支付保单红利的现金				

支付给职工以及为				
职工支付的现金	224,161,236.98	92,255,099.34	146,277,422.31	72,919,956.91
支付的各项税费	715,670,955.56	521,673,993.96	1,099,990,629.84	997,913,546.28
支付其他与经营				
活动有关的现金	1,227,741,490.78	9,387,615,919.61	1,278,124,501.18	3,699,635,591.85
经营活动现金流出小计	8,683,084,351.37	12,460,763,993.16	5,479,220,047.08	6,347,416,566.58
经营活动产生的				
现金流量净额	−5,126,955,050.40	−1,732,665,500.40	−813,160,819.23	1,177,796,304.69
二、投资活动产生的现金流量：				
收回投资收到的现金	1,123,506,739.77	1,077,419,096.15	650,853,364.84	49,852,649.53
取得投资收益收到的现金	31,351,277.37	37,262,730.19	2,842,697.53	16,598,009.14
处置固定资产、无形资产和				
其他长期资产收回的				
现金净额	160,960,786.17			
处置子公司及其他营业单				
位收到的现金净额			3,870,096.39	13,972,186.95
收到其他与投资活动有关的现金				
投资活动现金流入小计	1,315,818,803.31	1,114,681,826.34	657,566,158.76	80,422,845.62
购建固定资产、无形资产和				
其他长期资产支付的现金	326,869,828.69	94,589,285.80	289,526,585.21	206,475,808.86
投资支付的现金	1,070,166,180.00	2,775,382,580.00	407,949,663.13	1,829,386,587.00
质押贷款净增加额				
取得子公司及其他营业				
单位支付的现金净额	200,119,289.74	464,355,754.89	269,924,899.75	51,924,900.00
支付其他与投资活动有关的现金			16,641,546.37	
投资活动现金流出小计	1,597,155,298.43	3,334,327,620.69	984,042,694.46	2,087,787,295.86
投资活动产生的				
现金流量净额	−281,336,495.12	−2,219,645,794.35	−326,476,535.70	−2,007,364,450.24
三、筹资活动产生的现金流量：				
吸收投资收到的现金	8,294,569,000.00	8,219,469,000.00	29,720,000.00	
其中：子公司吸收少数				
股东投资收到的现金	75,100,000.00		29,720,000.00	
取得借款收到的现金	6,467,040,000.00	3,997,040,000.00	5,923,000,000.00	5,063,000,000.00
发行债券收到的现金				
收到其他与筹资活动有关的现金				
筹资活动现金流入小计	14,761,609,000.00	12,216,509,000.00	5,952,720,000.00	5,063,000,000.00
偿还债务支付的现金	3,381,400,000.00	2,713,000,000.00	3,876,600,000.00	3,530,000,000.00
分配股利、利润或偿付				
利息支付的现金	956,166,044.07	822,657,860.07	541,528,242.50	507,331,655.93
其中：子公司支付给少数				
股东的股利、利润	1,922,125.62			
支付其他与筹资活动有关的现金			17,800,125.00	17,800,125.00
筹资活动现金流出小计	4,337,566,044.07	3,535,657,860.07	4,435,928,367.50	4,055,131,780.93
筹资活动产生的				
现金流量净额	10,424,042,955.93	8,680,851,139.93	1,516,791,632.50	1,007,868,219.07
四、汇率变动对现金及				
现金等价物的影响	−223,801.87	20,769.63	−482,261.10	−56,219.04
五、现金及现金等价				
物净增加额	5,015,527,608.54	4,728,560,614.81	376,672,016.47	178,243,854.48
加：期初现金及现金				
等价物余额	2,282,828,260.46	1,870,335,968.76	1,906,156,243.99	1,692,092,114.28
六、期末现金及现金				
等价物余额	7,298,355,869.00	6,598,896,583.57	2,282,828,260.46	1,870,335,968.76

9.2.4 所有者权益变动表

编制单位：金融街控股股份有限公司　　2008 年度　　单位：(人民币)元

本期金额

项目	归属于母公司所有者权益 实收资本(或股本)	资本公积	减：库存股	盈余公积	一般风险准备	未分配利润	其他	少数股东权益	所有者权益合计
一、上年年末余额	1,078,451,644.00	1,705,682,707.65		359,357,620.78		1,567,269,674.63		193,601,684.22	4,904,363,331.28
加：会计政策变更		45,482,882.61		48,599,038.75		1,223,859,164.92			1,317,941,086.28
前期差错更正									
其他									
二、本年年初余额	1,078,451,644.00	1,751,165,590.26		407,956,659.53		2,791,128,839.55		193,601,684.22	6,222,304,417.56
三、本年增减变动金额									
(减少以"−"号填列)	1,402,761,315.00	6,495,755,094.36		75,137,141.53		550,706,861.95		72,643,042.60	8,597,003,455.44
(一)净利润						1,039,379,496.68		−534,831.78	1,038,844,664.90
(二)直接计入所有者									
权益的利得和损失		−320,952,590.64							−320,952,590.64
1.可供出售金融资产									
公允价值变动净额		−388,919,823.69						−388,919,823.69	
2.权益法下被投资单位其他									
所有者权益变动的影响									
3.与计入所有者权益									
项目相关的所得税影响		97,229,955.92							97,229,955.92
4.其他		−29,262,722.87							−29,262,722.87
上述(一)和(二)小计		−320,952,590.64				1,039,379,496.68		−534,831.78	717,892,074.26
(三)所有者投入和									
减少资本	300,000,000.00	7,919,469,000.00						75,100,000.00	8,294,569,000.00
1.所有者投入资本	300,000,000.00	7,919,469,000.00						75,100,000.00	8,294,569,000.00
2.股份支付计入所有者权益的金额									
3.其他									
(四)利润分配				75,137,141.53		−488,672,634.73		−1,922,125.62	−415,457,618.82
1.提取盈余公积				75,137,141.53		−75,137,141.53			
2.提取一般风险准备									
3.对所有者(或股东)的分配						−413,535,493.20		−1,922,125.62	−415,457,618.82
4.其他									
(五)所有者权益									
内部结转	1,102,761,315.00	−1,102,761,315.00							
1.资本公积转增资本									
(或股本)	1,102,761,315.00	−1,102,761,315.00							
2.盈余公积转增资本(或股本)									
3.盈余公积弥补亏损									
4.其他									
四、本期期末余额	2,481,212,959.00	8,246,920,684.62		483,093,801.06		3,341,835,701.50		266,244,726.82	14,819,307,873.00

上年金额

项目	归属于母公司所有者权益 实收资本(或股本)	资本公积	减：库存股	盈余公积	一般风险准备	未分配利润	其他	少数股东权益	所有者权益合计
一、上年年末余额	1,078,451,644.00	1,458,732,281.97		298,092,208.25		1,167,961,169.32		167,897,400.77	4,171,134,704.31
加：会计政策变更		45,482,882.61							45,482,882.61
前期差错更正									
其他									
二、本年年初余额	1,078,451,644.00	1,504,215,164.58		298,092,208.25		1,167,961,169.32		167,897,400.77	4,216,617,586.92
三、本年增减变动金额									
(减少以"−"号填列)		246,950,425.68		109,864,451.28		1,623,167,670.23		25,704,283.45	2,005,686,830.64
(一)净利润						2,002,645,032.51		2,181,083.97	2,004,826,116.48
(二)直接计入所有者									
权益的利得和损失		246,950,425.68							246,950,425.68
1.可供出售金融资产									
公允价值变动净额		246,950,425.68							246,950,425.68
2.权益法下被投资单位其他									
所有者权益变动的影响									
3.与计入所有者权益									
项目相关的所得税影响									
4.其他									
上述(一)和(二)小计		246,950,425.68				2,002,645,032.51		2,181,083.97	2,251,776,542.16
(三)所有者投入和减少资本								24,371,497.95	24,371,497.95
1.所有者投入资本								29,720,000.00	29,720,000.00
2.股份支付计入所有者权益的金额									
3.其他								−5,348,502.05	−5,348,502.05
(四)利润分配				109,864,451.28		−379,477,362.28		−848,298.47	−270,461,209.47
1.提取盈余公积				109,864,451.28		−109,864,451.28			
2.提取一般风险准备									
3.对所有者(或股东)的分配						−269,612,911.00		−848,298.47	−270,461,209.47
4.其他									
(五)所有者权益内部结转									
1.资本公积转增资本									
(或股本)									
2.盈余公积转增资本(或股本)									
3.盈余公积弥补亏损									
4.其他									
四、本期期末余额	1,078,451,644.00	1,751,165,590.26		407,956,659.53		2,791,128,839.55		193,601,684.22	6,222,304,417.56

9.3 与最近一期年度报告相比，会计政策、会计估计和核算方法发生变化的具体说明

√ 适用　　□ 不适用

2008 年 3 月，公司四届三十七次董事会决议，为更加真实、客观的反映公司价值，从 2008 年 1 月 1 日起，公司对投资性房地产后续计量由成本法模式变更为公允价值计量。公司对 2008 年 1 月 1 日财务报表追溯调整，公司投资性房地产公允价值高于账面价值 1,757,254,781.71 元，增加投资性房地产 1,757,254,781.71 元，增加递延所得税负债 439,313,695.43 元；增加留存收益 1,272,458,203.67 元，其中增加未分配利润 1,223,859,164.92 元，增加盈余公积 48,599,038.75 元；增加资本公积 45,482,882.61 元。该项会计政策变更，使公司 2008 年度利润总额增加 11,963,459.03 元，其中因投资性房地产采用公允价值计量不计提折旧使得 2008 年度利润总额增加 50,806,887.32 元，因投资性房地产公允价值变动使得 2008 年度利润总额减少 38,843,428.29 元。

9.4 重大会计差错的内容、更正金额、原因及其影响

□ 适用　　√ 不适用

9.5 与最近一期年度报告相比，合并范围发生变化的具体说明

√ 适用　　□ 不适用

A、本年增加 4 家二级子公司

a、2008 年 8 月，公司以现金投资 34,424.40 万元收购北京德胜投资有限责任公司 99%股权，2008 年 12 月，公司以现金投资 348.18 万元收购北京德胜投资有限责任公司 1%股权，公司合计投资 34,772.58 万元，收购北京德胜投资有限责任公司 100%股权。

b、2008 年 10 月，公司以现金投资 13,838.74 万元收购北京怡泰汽车修理有限责任公司，持股比例 100%，该公司持有北京市西城区西绦胡同办公项目，建筑面积约为 4,960 平方米。

c、2008 年 9 月，公司以现金投资 100,000 万元成立全资子公司金融街长安(北京)置业有限公司，2008 年 9 月 23 日，该公司已完成工商登记手续，注册资本为 100,000 万元。

d、2008 年 12 月，公司以现金投资 1,000 万元成立全资子公司北京金融街商业投资管理有限公司，2008 年 12 月 24 日，该公司已完成工商登记手续，注册资本为 1,000 万元。

B、本年增加 1 家三级子公司

2008 年 3 月，公司控股子公司金融街惠州置业有限公司以现金投资 3,000 万元成立全资子公司惠州金海湾体育文化发展有限公司，2008 年 3 月 31 日，该公司已完成工商登记手续，注册资本为 3,000 万元。

C、本年减少 1 家三级子公司

经公司三级子公司金融街惠州喜来登酒店有限公司股东会决议，2008 年 11 月，金融街惠州喜来登酒店有限公司完成注销。

广西柳工机械股份有限公司

广西柳工机械股份有限公司 2009 年半年度报告摘要

第一节 重要提示

1.1 本公司董事会、监事会及其董事、监事、高级管理人员保证本报告所载资料不存在任何虚假记载、误导性陈述或者重大遗漏，并对其内容的真实性、准确性和完整性负个别及连带责任。

本半年度报告摘要摘自半年度报告全文，报告全文同时刊载于巨潮资讯网(www.cninfo.com.cn)。投资者欲了解详细内容，应当仔细阅读半年度报告全文。

1.2 除下列董事外，其他董事出席了审议本次半年报的董事会会议。

未出席董事姓名	未出席会议原因	被委托人姓名
杨一川先生	出差在外	王晓华先生
钟春彬先生	出差在外	冯 立先生

1.3 公司半年度财务报告未经会计师事务所审计。

1.4 公司负责人王晓华先生、主管会计工作负责人杨一川先生及会计机构负责人(会计主管人员)刘传捷女士声明：保证半年度报告中财务报告的真实、完整。

第二节 上市公司基本情况

2.1 基本情况简介

股票简称	柳工	
股票代码	000528	
上市证券交易所	深圳证券交易所	
	董事会秘书	证券事务代表
姓名	王祖光先生	黄华琳先生
联系地址	广西壮族自治区柳州市柳太路 1 号	广西壮族自治区柳州市柳太路 1 号
电话	0772-3886509	0772-3886510
传真	0772-3886510,3691147	0772-3886510,3691147
电子信箱	stock@liugong.com	stock@liugong.com

2.2 主要财务数据和指标

2.2.1 主要会计数据和财务指标

单位：(人民币)元

	本报告期末	上年度期末	本报告期末比上年度期末增减(%)
总资产	7,524,851,457.07	6,272,456,399.48	19.97%
归属于上市公司股东的所有者权益	3,596,939,007.40	2,639,962,927.17	36.25%
股本	650,161,424.00	472,456,265.00	37.61%
归属于上市公司股东的每股净资产(元/股)	5.53	5.59	-1.07%
	报告期(1-6 月)	上年同期	本报告期比上年同期增减(%)
营业总收入	4,988,891,148.71	5,616,483,476.81	-11.17%
营业利润	440,507,212.72	439,939,907.70	0.13%
利润总额	450,882,802.42	437,198,579.38	3.13%
归属于上市公司股东的净利润	369,378,596.19	367,216,786.34	0.59%
归属于上市公司股东的扣除非经常性损益后的净利润	360,559,344.95	369,546,915.41	-2.43%
基本每股收益(元/股)	0.73	0.78	-6.41%
稀释每股收益(元/股)	0.66	0.73	-9.59%
净资产收益率(%)	10.27%	13.75%	-3.48%
经营活动产生的现金流量净额	826,170,359.83	-113,433,620.38	
每股经营活动产生的现金流量净额(元/股)	1.27	-0.24	

2.2.2 非经常性损益项目

√ 适用 □ 不适用

单位：(人民币)元

非经常性损益项目	金额	附注(如适用)
非流动资产处置损益	340,526.32	处理固定资产收益
计入当期损益的政府补助，但与公司正常经营业务密切相关，符合国家政策规定、按照一定标准定额或定量持续享受的政府补助除外	6,900,311.46	政府补助利得
计入当期损益的政府补助，但与公司正常经营业务密切相关，符合国家政策规定、按照一定标准定额或定量持续享受的政府补助除外	3,397,812.87	其他收入
非流动资产处置损益	-257,560.95	处理固定资产损失
除上述各项之外的其他营业外收入和支出	-5,500.00	捐赠、扶贫等支出
所得税影响额	-1,556,338.46	所得税影响数
合计	8,819,251.24	-

2.2.3 境内外会计准则差异

□ 适用 √ 不适用

第三节 股本变动及股东情况

3.1 股份变动情况表

√ 适用 □ 不适用

单位：股

	2009 年 1 月 1 日股份数	比例	2009 年 3 月 19 日解除限售股份	截至 6 月 2 日债转股	2009 年 6 月 2 日股本股份数	比例	6 月 3 日 10 转增 2 增加股本	截至 6 月 19 日新增债转股	2009 年 6 月 30 日股份数	比例
一、有限售条件股份	186,003,466	39.369%	-185,991,339	175	12,302	0.002%	2,460	1,050	15,812	0.002%
1、国家持股										
2、国有法人持股	185,991,339	39.367%	-185,991,339							
3、其他内资持股										
境内自然人持股										
4、外资持股										
其中：境外法人持股										
境外自然人持股										
5、高管股份	12,127	0.002%	175	12,302	0.002%	2,460	1,050	15,812	0.002%	
二、无限售条件股份	286,452,799	60.631%	185,991,339	32,525,453	504,969,591	99.998%	100,993,918	44,182,103	650,145,612	99.998%
1、人民币普通股	286,452,799	60.631%	185,991,339	32,525,453	504,969,591	99.998%	100,993,918	44,182,103	650,145,612	99.998%
其中:国有法人持股	23,622,808	5.000%	185,991,339	209,614,147	41.509%	41,922,829	251,536,976	38.688%		
2、境内上市的外资股										
3、境外上市的外资股										
4、其他										
三、股份总数	472,456,265	100%	-	32,525,628	504,981,893	100%	100,996,378	44,183,153	650,161,424	100%

3.2 前 10 名股东、前 10 名无限售条件股东持股情况表

单位：股

股东总数 49,793

前 10 名股东持股情况

股东名称	股东性质	持股比例	持股总数	持有有限售条件股份数量	质押或冻结的股份数量
广西柳工集团有限公司	国有法人	38.69%	251,536,976	0	0
中国工商银行-易方达价值成长混合型证券投资基金	境内非国有法人	1.71%	11,089,871	0	0
中国银行-易方达积极成长证券投资基金	境内非国有法人	1.54%	10,000,278	0	0
交通银行-易方达科讯股票型证券投资基金	境内非国有法人	1.54%	10,000,000	0	0
中国工商银行-诺安平衡证券投资基金	境内非国有法人	1.49%	9,708,287	0	0
中国工商银行-嘉实策略增长混合型证券投资基金	境内非国有法人	1.17%	7,630,184	0	0
交通银行-华夏蓝筹核心混合型证券投资基金(LOF)	境内非国有法人	1.09%	7,074,208	0	0
中国建设银行-中信稳定双利债券型证券投资基金	境内非国有法人	1.04%	6,761,074	0	0
交通银行-华夏债券投资基金	境内非国有法人	1.04%	6,755,043	0	0
光大证券股份有限公司	境内非国有法人	0.93%	6,047,897	0	0

前 10 名无限售条件股东持股情况

股东名称	持有无限售条件股份的数量	股份种类
广西柳工集团有限公司	251,536,976	人民币普通股
中国工商银行-易方达价值成长混合型证券投资基金	11,089,871	人民币普通股
中国银行-易方达积极成长证券投资基金	10,000,278	人民币普通股
交通银行-易方达科讯股票型证券投资基金	10,000,000	人民币普通股
中国工商银行-诺安平衡证券投资基金	9,708,287	人民币普通股
中国工商银行-嘉实策略增长混合型证券投资基金	7,630,184	人民币普通股
交通银行-华夏蓝筹核心混合型证券投资基金(LOF)	7,074,208	人民币普通股
中国建设银行-中信稳定双利债券型证券投资基金	6,761,074	人民币普通股
交通银行-华夏债券投资基金	6,755,043	人民币普通股
光大证券股份有限公司	6,047,897	人民币普通股
上述股东关联关系或一致行动的说明	(1)前 10 名股东中，国有法人股东与其他股东之间无关联关系；(2)公司未知其他社会股东之间是否存在关联关系，也未知其他社会股东是否属于《上市公司股东持股变动信息披露管理办法》规定的一致行动人。	

3.3 控股股东及实际控制人变更情况

□ 适用　　√ 不适用

第四节　董事、监事和高级管理人员情况

4.1 董事、监事和高级管理人员持股变动

√ 适用　　□ 不适用

姓　名	职务	年初持股数	本期增持股份数量	本期减持股份数量	期末持股数	其中：持有限制性股票数量	期末持有股票期权数量	变动原因
王晓华先生	董事长	10,843	3,294	0	14,137	11,603	0	公积金 10 转增 2 及债转股
王相民先生	董事	345	69	0	414	0	0	公积金 10 转增 2
朱元虎先生	监事	5,327	1,618	0	6,945	5,209	0	公积金 10 转增 2 及债转股
蒋建芳女士	监事	439	88	0	527	0	0	公积金 10 转增 2

第五节　董事会报告

5.1 主营业务分行业、产品情况表

单位：(人民币)万元

分行业或分产品	营业收入	营业成本	毛利率(%)	营业收入比上年同期增减(%)	营业成本比上年同期增减(%)	毛利率比上年同期增减(%)
主营业务分行业情况						
工程机械	496,593.81	395,693.07	20.32%	−10.81%	−14.29%	3.24%
其中:关联交易	4,095.73	3,469.09	15.30%	18.78%	18.78%	0.00%
主营业务分产品情况						
土石方机械	393,475.95	310,488.87	21.09%	−16.23%	−19.61%	3.32%
其他工程机械及配件	103,117.86	85,204.20	17.37%	18.38%	12.94%	3.98%

其中：报告期内上市公司向控股股东及其子公司销售产品和提供劳务的关联交易总金额为 4,095.74 万元

5.2 主营业务分地区情况

单位：(人民币)万元

地区	营业收入	营业收入比上年增减(%)
国内	458,435.14	−11.54%
国外	38,158.67	−35.81%
合计	496,593.81	−14.29%

5.3 主营业务及其结构发生重大变化的原因说明

□ 适用　　√ 不适用

5.4 主营业务盈利能力(毛利率)与上年相比发生重大变化的原因说明

□ 适用　　√ 不适用

5.5 利润构成与上年度相比发生重大变化的原因分析

□ 适用　　√ 不适用

5.6 募集资金使用情况

5.6.1 募集资金运用

√ 适用　　□ 不适用

单位：(人民币)万元

募集资金总额	78,254.50	本年度投入募集资金总额	11,961.24
变更用途的募集资金总额	0.00	已累计投入募集资金总额	58,260.28
变更用途的募集资金总额比例	0.00%		

承诺项目	是否变更项目(含部分变更)	募集资金承诺投资总额	调整后投资总额	截至期末承诺投入金额(1)	本年度投入金额	截至期末累计投入金额(2)
提升装载机核心制造能力项目	否	35,993.60	35,993.60	35,993.60	3,430.67	21,255.25
提升热处理及产能项目	否	3,414.07	3,414.07	3,414.07	139.16	2,714.56
数字化柳工创新工程技术改造	否	2,744.58	999.08	999.08	0.00	999.08
海外营销网络建设项目	否	5,000.00	5,000.00	5,000.000.00	5,000.00	
收购集团所属附件及福利厂产权项目	否	9,772.53	9,772.53	9,772.530.00	9,772.53	
4430 台挖掘机技术改造	否	19,418.47	19,418.47	19,418.47	8,391.41	14,862.11
江阴路面机械设备项目	否	3,656.75	3,656.75	3,656.750.00	3,656.75	
合计	−	80,000.00	78,254.50	78,254.50	11,961.24	58,260.28

承诺项目	截至期末累计投入金额与承诺投入金额的差额(3)=(2)−(1)	截至期末投入进度(%)(4)=(2)/(1)	项目达到预定可使用状态日期	本年度实现的效益	是否达到预计效益	项目可行性是否发生重大变化
提升装载机核心制造能力项目	−14,738.35	59.05%	2010-12-31	30,282.84	是	否
提升热处理及产能项目	−699.51	79.51%	2010-12-31	2,872.39	是	否
数字化柳工创新工程技术改造	0.00	100%	2010-12-31		−	否
海外营销网络建设项目	0.00	100%	2009-12-31	11.96	否	否
收购集团所属附件及福利厂产权项目	0.00	100%	2009-01-31	350.23	−	否
4430 台挖掘机技术改造	−4,556.36	76.54%	2010-12-31	8,687.01	是	否
江阴路面机械设备项目	0.00	100%	2010-12-31	2,910.68	否	否
合计	−19,994.22	−	−	45,115.12	−	−

未达到计划进度或预计收益的情况和原因(分具体项目)	2009 年 6 月 30 日项目实际完工程度没有达到计划完工程度，主要原因是：1、项目建设周期较长，尤其是厂房建设项目受项目方案变更、工程结算、土地证办理等不可预见因素影响；2、受国际金融危机影响，公司固定资产投资有所放缓。 未达到收益的原因：项目未至达产期。
项目可行性发生重大变化的情况说明	报告期内不存在此情况。
募集资金投资项目实施地点变更情况	报告期内不存在此情况。
募集资金投资项目实施方式调整情况	报告期内不存在此情况。
募集资金投资项目先期投入及置换情况	公司募集资金于 2008 年 4 月 25 日到位，在此之前公司利用自有资金投入募集资金项目共计 28,367.99 万元，现已于资金到帐后置换。
用闲置募集资金暂时补充流动资金情况	第五届二十五次董事会会议决议，将闲置募集资金 7,800 万元补充流动资金，期限为半年，2009 年 6 月末已累计补充流动资金 7,800 万元(至 2009 年 9 月 16 日)。
项目实施出现募集资金结余的金额及原因	截至 2009 年 6 月 30 日募集资金账户尚有余额 12,728.14 元，该款项主要为公司根据完工进度支付的项目余款，此款项将在后续时间根据完工进度陆续支付完毕。
尚未使用的募集资金用途及去向	存放于募集资金专户中。
募集资金使用及披露中存在的问题或其他情况	报告期内不存在此情况。

5.6.2 变更项目情况

□ 适用　　√ 不适用

5.7 董事会下半年的经营计划修改计划

□ 适用　　√ 不适用

5.8 预测年初至下一报告期期末的累计净利润可能为亏损或者与上年同期相比发生大幅度变动的警示及原因说明

□ 适用　　√ 不适用

5.9 公司董事会对会计师事务所本报告期“非标准审计报告”的说明

□ 适用　　√ 不适用

5.10 公司董事会对会计师事务所上年度“非标准审计报告”涉及事项的变化及处理情况的说明

□ 适用　　√ 不适用

第六节　重要事项

6.1 收购、出售资产及资产重组

6.1.1 收购资产

□ 适用　　√ 不适用

6.1.2 出售资产

□ 适用　　√ 不适用

6.1.3 自资产重组报告书或收购出售资产公告刊登后，该事项的进展情况及对报告期经营成果与财务状况的影响

□ 适用　　√ 不适用

6.2 担保事项

√ 适用　　□ 不适用

单位：(人民币)万元

公司对外担保情况(不包括对子公司的担保)

担保对象名称	发生日期(协议签署日)	担保金额	担保类型	担保期	是否履行完毕	是否为关联方担保(是或否)
−	−	−	−	−	−	−

报告期内担保发生额合计	0.00
报告期末担保余额合计(A)	0.00
公司对子公司的担保情况	
报告期内对子公司担保发生额合计	48,345.00
报告期末对子公司担保余额合计(B)	48,345.00
公司担保总额(包括对子公司的担保)	
担保总额(A+B)	48,345.00
担保总额占公司净资产的比例	13.44%
其中：	
为股东、实际控制人及其关联方提供担保的金额(C)	0.00
直接或间接为资产负债率超过 70%的被担保对象提供的债务担保金额(D)	0.00
担保总额超过净资产 50%部分的金额(E)	0.00

上述三项担保金额合计(C+D+E)	0.00
未到期担保可能承担连带清偿责任说明	0

6.3 非经营性关联债权债务往来

□ 适用　　√ 不适用

6.4 重大诉讼仲裁事项

□ 适用　　√ 不适用

6.5 其他重大事项及其影响和解决方案的分析说明

□ 适用　　√ 不适用

6.5.1 证券投资情况

□ 适用　　√ 不适用

6.5.2 持有其他上市公司股权情况

□ 适用　　√ 不适用

6.5.3 2009 半年度资金被占用情况及清欠进展情况

□ 适用　　√ 不适用

独立董事对公司关联方资金占用和对外担保情况的专项说明和独立意见根据中国证监会《关于规范上市公司对外担保行为的通知》(证监发 [2005]120 号)、《中国证券监督管理委员会公告》([2008]27 号)的要求,我们作为公司独立董事,本着认真负责的态度,对公司报告期内的关联方资金占用及对外担保情况进行了核查和监督,现将有关情况说明如下:

公司能严格按照《公司章程》的规定,规范公司资金管理及对外担保行为,控制风险。报告期内,公司不存在关联方资金占用情况;也没有为控股股东及其下属企业、任何非法人单位或个人提供担保,无违规担保行为。公司对外担保已按规定履行了董事会、股东大会审议及披露程序。

报告期内,经董事会及年度股东大会审议,公司同意 2009 年度为九家子公司及一家参股公司合计提供额度为 18.07 亿元银行贷款及承兑汇票等融资担保,以满足各子公司(参股公司)为确保生产经营的正常开展所需的流动资金。以上担保总额占公司 2008 年经审计净资产 265,175 万元的 68.14%。公司无逾期担保,没有涉及诉讼的担保及因担保被判决败诉而应承担的损失等。

截止报告期末,公司实际为九家子公司及一家参股公司提供的银行贷款及承兑汇票担保余额合计 48,345 万元,占公司报告期末净资产的 13.44%。

6.5.4 公司及股东、董事、监事、高级管理人员履行承诺情况

√ 适用 □ 不适用

承诺事项	承诺内容	履行情况
股东追加的股份限售承诺	根据柳工集团于 2009 年 3 月 10 日作出的《关于无计划出售广西柳工机械股份有限公司限售股份的承诺函》,柳工集团在限售股份解除限售后六个月以内暂无通过证券交易系统出售占本公司股份总数 5% 解除限售流通股计划,并承诺:柳工集团如果计划未来通过深圳证券交易所证券交易系统出售所持本公司解除限售流通股,并于第一笔减持起六个月内减持数量达到本公司股份总数 5%的,该公司将于第一次减持前两个交易日内通过本公司对外披露出售提示性公告。	报告期内未违背该承诺。

6.6 报告期接待调研、沟通、采访等活动情况表

接待时间	接待地点	接待方式	接待对象	谈论的主要内容及提供的资料
2009 年 05 月 08 日	公司总部	实地调研	招商证券刘荣及其客户分析师等 13 人联合调研	公司挖掘机及叉车等产品竞争态势、出口优劣势及公司发展战略等
2009 年 05 月 12 日	公司总部	实地调研	海通证券叶志刚、基金经理吴圣涛	公司基本情况、行业竞争态势
2009 年 05 月 15 日	公司总部	实地调研	新时代证券刘强	公司产品布局及目前发展现状,原材料走势分析、生产基地建设情况等
2009 年 06 月 18 日	公司总部	实地调研	国金证券董亚光、华安基金张弘、易方达基金陈皓等	行业下半年发展趋势、公司新业务发展情况等
2009 年 06 月 24 日	公司总部	实地调研	20090624 瑞讯华识 ANNA	公司基本情况、行业竞争态势及公司发展战略等

第七节　财务报告

7.1 审计意见

财务报告　　√未经审计　　□审计

7.2 财务报表

7.2.1 资产负债表

编制单位:广西柳工机械股份有限公司　　2009 年 06 月 30 日　　单位:(人民币)元

项目	期末余额		年初余额	
	合并	母公司	合并	母公司
流动资产:				
货币资金	1,258,035,131.17	860,644,658.56	879,083,715.78	641,403,615.14
结算备付金				
拆出资金				
交易性金融资产				
应收票据	579,353,977.32	213,645,396.78	234,220,582.48	188,325,282.48
应收账款	1,094,654,564.08	1,021,497,984.33	788,291,949.82	783,470,766.42
预付款项	118,268,187.76	60,536,157.98	99,389,125.77	46,746,096.68
应收保费				
应收分保账款				
应收分保合同准备金				
应收利息				
应收股利	0.00	0.00		
其他应收款	49,874,694.92	131,727,835.98	37,895,137.16	102,024,308.06
买入返售金融资产				
存货	1,968,856,852.87	1,311,346,081.97	2,436,873,542.41	1,709,608,120.89
一年内到期的非流动资产				
其他流动资产	0.00	0.00		
流动资产合计	5,069,043,408.12	3,599,398,115.60	4,475,754,053.42	3,471,578,189.67
非流动资产:				
发放贷款及垫款				
可供出售金融资产				
持有至到期投资	150,500.00	150,500.00	0.00	
长期应收款	481,545,338.76	19,490,784.23	0.00	
长期股权投资	112,029,311.56	1,887,316,160.51	109,218,830.44	1,424,400,620.09
投资性房地产	3,036,083.72	2,851,259.85	0.00	
固定资产	992,859,134.15	563,623,688.60	951,880,697.04	570,875,068.51
在建工程	376,636,389.68	61,608,821.39	312,275,664.31	58,295,593.01
工程物资				
固定资产清理				
生产性生物资产				
油气资产				
无形资产	386,469,819.04	47,815,943.66	308,393,418.11	49,835,891.82
开发支出	0.00	0.00		
商誉	21,099,989.21	21,099,989.21	0.00	
长期待摊费用	459,840.12	983,172.60	0.00	
递延所得税资产	81,521,642.71	60,309,526.28	70,358,030.27	48,696,871.78
其他非流动资产	0.00	0.00		
非流动资产合计	2,455,808,048.95	2,620,674,140.44	1,796,702,346.06	2,152,104,045.21
资产总计	7,524,851,457.07	6,220,072,256.04	6,272,456,399.48	5,623,682,234.88
流动负债:				
短期借款	1,090,859,632.49	317,772,694.80	1,292,672,977.89	1,040,148,153.95
向中央银行借款				
吸收存款及同业存放				
拆入资金				
交易性金融负债				
应付票据	881,045,438.46	689,009,800.00	629,667,297.21	537,529,200.00
应付账款	1,109,858,156.42	1,236,123,948.58	541,769,868.28	524,922,354.72
预收款项	84,722,872.93	70,034,631.27	76,464,326.07	104,806,435.54
卖出回购金融资产款				
应付手续费及佣金				
应付职工薪酬	13,334,516.45	8,215,288.16	9,492,111.88	4,452,502.30
应交税费	110,668,158.39	101,424,391.43	35,551,220.72	48,103,797.14
应付利息	5,600,000.03	5,600,000.03		
应付股利				
其他应付款	517,662,773.01	321,013,303.03	355,180,180.83	278,473,105.52
应付分保账款				
保险合同准备金				
代理买卖证券款				
代理承销证券款				
一年内到期的非流动负债	0.00	0.00		
其他流动负债	28,585,380.30	23,548,018.04	9,407,020.60	3,548,018.04
流动负债合计	3,836,736,928.45	2,767,142,075.31	2,955,805,003.51	2,547,583,567.24
非流动负债:				
长期借款	68,593,261.55	68,316,000.00	34,176,500.00	34,176,500.00
应付债券	620,833,047.39	620,833,047.39		
长期应付款	238,230.71	0.00		
专项应付款	3,342,282.85	3,697,889.60	0.00	
预计负债				
递延所得税负债	6,048,177.28	5,942,585.65	5,958,245.82	5,778,854.28
其他非流动负债	0.00	0.00		
非流动负债合计	77,983,721.68	74,258,585.65	664,903,913.52	660,788,401.67
负债合计	3,914,720,650.13	2,841,400,660.96	3,620,708,917.03	3,208,371,968.91
所有者权益(或股东权益):				
实收资本(或股本)	650,161,424.00	650,161,424.00	472,456,265.00	472,456,265.00
资本公积	1,031,350,955.45	1,077,212,404.87	574,341,263.41	619,776,368.38
减:库存股	0.00	0.00		
专项储备				
盈余公积	394,158,313.03	350,181,865.88	394,158,313.03	350,181,865.88
一般风险准备				
未分配利润	1,521,385,049.18	1,301,115,900.33	1,202,297,599.28	972,895,766.71
外币报表折算差额	−116,734.26	−3,290,513.55	0.00	

归属于母公司所有者权益合计	3,596,939,007.40	3,378,671,595.08	2,639,962,927.17	2,415,310,265.97
少数股东权益	13,191,799.54	11,784,555.28	0.00	
所有者权益合计	3,610,130,806.94	3,378,671,595.08	2,651,747,482.45	2,415,310,265.97
负债和所有者权益总计	7,524,851,457.07	6,220,072,256.04	6,272,456,399.48	5,623,682,234.88

7.2.2 利润表

编制单位：广西柳工机械股份有限公司　　2009 年 1–6 月　　单位：(人民币)元

项目	本期金额		上期金额	
	合并	母公司	合并	母公司
一、营业总收入	4,988,891,148.71	4,644,031,988.69	5,616,483,476.81	5,370,852,375.74
其中：营业收入	4,988,891,148.71	4,644,031,988.69	5,616,483,476.81	5,370,852,375.74
利息收入				
已赚保费				
手续费及佣金收入				
二、营业总成本	4,550,838,131.69	4,348,036,925.51	5,198,386,531.29	5,026,716,052.49
其中：营业成本	3,964,229,951.97	3,913,661,003.85	4,654,290,408.13	4,597,591,959.24
利息支出				
手续费及佣金支出				
退保金				
赔付支出净额				
提取保险合同准备金净额				
保单红利支出				
分保费用				
营业税金及附加	26,437,106.26	21,848,796.47	13,244,186.38	7,766,443.24
销售费用	293,461,222.11	240,025,145.24	298,816,371.94	258,612,600.21
管理费用	186,624,523.00	116,595,616.08	159,415,696.76	99,013,930.99
财务费用	38,382,726.29	29,699,922.17	33,661,183.93	28,879,957.57
资产减值损失	41,702,602.06	26,206,441.70	38,958,684.15	34,851,161.24
加：公允价值变动收益(损失以"–"号填列)				
投资收益(损失以"–"号填列)	2,454,195.70	127,748,611.13	21,842,962.18	73,255,344.36
其中：对联营企业和合营企业的投资收益	1,104,181.12	1,104,181.12	21,642,461.85	21,642,461.85
汇兑收益(损失以"–"号填列)				
三、营业利润(亏损以"–"号填列)	440,507,212.72	423,743,674.31	439,939,907.70	417,391,667.61
加：营业外收入	10,638,650.65	6,788,166.53	3,547,542.96	2,863,806.45
减：营业外支出	263,060.95	222,659.81	6,288,871.28	5,935,236.12
其中：非流动资产处置损失	–82,965.37	–178,148.44	3,549,496.49	3,433,421.58
四、利润总额(亏损总额以"–"号填列)	450,882,802.42	430,309,181.03	437,198,579.38	414,320,237.94
减：所得税费用	80,257,565.02	50,240,843.53	70,687,815.83	51,874,222.83
五、净利润(净亏损以"–"号填列)	370,625,237.40	380,068,337.50	366,510,763.55	362,446,015.11
归属于母公司所有者的净利润	369,378,596.19	380,068,337.50	367,216,786.34	362,446,015.11
少数股东损益	1,246,641.21	–706,022.79		
六、每股收益：				
(一)基本每股收益	0.73	0.75	0.78	0.77
(二)稀释每股收益	0.66	0.68	0.73	0.72

7.2.3 现金流量表

编制单位：广西柳工机械股份有限公司　　2009 年 1–6 月　　单位：(人民币)元

项目	本期金额		上期金额	
	合并	母公司	合并	母公司
一、经营活动产生的现金流量：				
销售商品、提供劳务收到的现金	4,208,570,876.11	3,992,579,858.31	4,057,945,422.40	3,710,685,495.09
客户存款和同业存放款项净增加额				
向中央银行借款净增加额				
向其他金融机构拆入资金净增加额				
收到原保险合同保费取得的现金				
收到再保险业务现金净额				
保户储金及投资款净增加额				
处置交易性金融资产净增加额				
收取利息、手续费及佣金的现金				
拆入资金净增加额				
回购业务资金净增加额				
收到的税费返还	18,160,659.87	17,744,735.56	60,648,614.03	60,562,264.36
收到其他与经营活动有关的现金	80,231,406.00	31,440,962.96	44,297,657.89	9,527,040.77
经营活动现金流入小计	4,306,962,941.98	4,041,765,556.83	4,162,891,694.32	3,780,774,800.22
购买商品、接受劳务支付的现金	2,760,397,880.23	2,165,908,930.58	3,559,734,112.22	3,213,331,184.94
客户贷款及垫款净增加额				
存放中央银行和同业款项净增加额				
支付原保险合同赔付款项的现金				
支付利息、手续费及佣金的现金				
支付保单红利的现金				
支付给职工以及为职工支付的现金	233,127,724.42	162,144,806.84	267,544,744.36	172,463,722.46
支付的各项税费	263,025,656.57	193,070,663.03	140,579,056.53	44,462,369.87
支付其他与经营活动有关的现金	224,241,320.93	175,636,200.40	308,467,401.59	268,206,180.84
经营活动现金流出小计	3,480,792,582.15	2,696,760,600.85	4,276,325,314.70	3,698,463,458.11
经营活动产生的现金流量净额	826,170,359.83	1,345,004,955.98	–113,433,620.38	82,311,342.11
二、投资活动产生的现金流量：				
收回投资收到的现金	12,021,661.55			
取得投资收益收到的现金	125,294,415.43	51,612,882.51		
处置固定资产、无形资产和其他长期资产收回的现金净额	30,730,771.79	28,732.48	1,487,279.49	891,817.64
处置子公司及其他营业单位收到的现金净额	1,380,000.00	1,380,000.00		
收到其他与投资活动有关的现金	217,604.21			
投资活动现金流入小计	32,328,376.00	126,703,147.91	13,508,941.04	52,504,700.15
购建固定资产、无形资产和其他长期资产支付的现金	258,823,686.24	27,119,484.56	173,124,188.21	55,020,695.58
投资支付的现金	2,487,500.00	461,823,998.00	160,443,747.42	482,295,430.71
质押贷款净增加额				
取得子公司及其他营业单位支付的现金净额	1,393,370.06	1,393,370.06		
支付其他与投资活动有关的现金				
投资活动现金流出小计	262,704,556.30	490,336,852.62	333,567,935.63	537,316,126.29
投资活动产生的现金流量净额	–230,376,180.30	–363,633,704.71	–320,058,994.59	–484,811,426.14
三、筹资活动产生的现金流量：				
吸收投资收到的现金				
其中：子公司吸收少数股东投资收到的现金				
取得借款收到的现金	1,414,697,680.66	561,329,745.90	891,000,000.00	610,000,000.00
发行债券收到的现金	784,920,000.00	784,920,000.00		
收到其他与筹资活动有关的现金	19,400,000.00			
筹资活动现金流入小计	1,434,097,680.66	561,329,745.90	1,675,920,000.00	1,394,920,000.00
偿还债务支付的现金	1,567,061,137.84	1,249,561,137.84	404,650,000.00	310,000,000.00
分配股利、利润或偿付利息支付的现金	83,182,142.36	74,218,857.02	18,566,161.61	16,942,711.58
其中：子公司支付给少数股东的股利、利润				
支付其他与筹资活动有关的现金	248,600.24	248,600.24	115,000.00	100,000.00
筹资活动现金流出小计	1,650,491,880.44	1,324,028,595.10	423,331,161.61	327,042,711.58
筹资活动产生的现金流量净额	–216,394,199.78	–762,698,849.20	1,252,588,838.39	1,067,877,288.42
四、汇率变动对现金及现金等价物的影响	–448,564.36	568,641.35	–422,680.47	–732,779.57
五、现金及现金等价物净增加额	378,951,415.39	219,241,043.42	818,673,542.95	664,644,424.82
加：期初现金及现金等价物余额	879,083,715.78	641,403,615.14	447,820,612.59	254,992,978.73
六、期末现金及现金等价物余额	1,258,035,131.17	860,644,658.56	1,266,494,155.54	919,637,403.55

7.2.4 合并所有者权益变动表 1

编制单位：广西柳工机械股份有限公司　　2009 年 6 月 30 日　　单位：人民币元

项目	本年金额								
	归属于母公司所有者权益								
	股本	资本公积	减：库存股	盈余公积	一般风险准备	未分配利润	其他	少数股东权益	所有者权益合计
一、上年年末余额	472,456,265.00	574,341,263.41	–	394,158,313.03	–	1,202,297,599.28	–3,290,513.55	11,784,555.28	2,651,747,482.45
加：会计政策变更	–	–	–	–	–	–	–	–	–
前期差错更正	–	–	–	–	–	–	–	–	–
二、本年年初余额	472,456,265.00	574,341,263.41	–	394,158,313.03	–	1,202,297,599.28	–3,290,513.55	11,784,555.28	2,651,747,482.45
三、本年增减变动金额(减少为"–")	177,705,159.00	457,009,692.04	–	–	–	319,087,449.90	3,173,779.29	1,407,244.26	958,383,324.49
(一)净利润	–	–	–	–	–	369,378,596.19	–	1,246,641.21	370,625,237.40
(二)直接计入所有者权益的利得和损失	–	–12,638.70	–	–	–	–	3,173,779.29	160,603.05	3,321,743.64
1.可供出售金融资产公允价值变动净额	–	–	–	–	–	–	–	–	–

项目	股本	资本公积	减:库存股	盈余公积	一般风险准备	未分配利润	其他	少数股东权益	所有者权益合计
2.权益法下被投资单位其他所有者权益变动的影响-	–	–	–	–	–	–	–	–	
3.与计入所有者权益项目相关的所得税影响	–	–	–	–	–	–	–	–	–
4.其他	–	–12,638.70	–	–	–	–	3,173,779.29	160,603.05	3,321,743.64
上述(一)和(二)小计	–	–12,638.70	–	–	–	369,378,596.19	3,173,779.29	1,407,244.26	373,946,981.04
(三)所有者投入和减少资本	76,708,781.00	558,018,708.74	–	–	–	–	–	–	634,727,489.74
1.所有者投入资本	76,708,781.00	–	–	–	–	–	–	–	76,708,781.00
2.股份支付计入所有者权益的金额	–	–	–	–	–	–	–	–	–
3.其他	–	558,018,708.74	–	–	–	–	–	–	558,018,708.74
(四)利润分配	–	–	–	–	–	–50,291,146.29	–	–	–50,291,146.29
1.提取盈余公积	–	–	–	–	–	–	–	–	–
2.提取一般风险准备	–	–	–	–	–	–	–	–	–
3.对所有者(或股东)的分配	–	–	–	–	–	–50,498,189.30	–	–	–50,498,189.30
4.其他	–	–	–	–	–	207,043.01	–	–	207,043.01
(五)所有者权益内部结转	100,996,378.00	–100,996,378.00	–	–	–	–	–	–	–
1.资本公积转增资本(或股本)	100,996,378.00	–100,996,378.00	–	–	–	–	–	–	–
2.盈余公积转增资本(或股本)	–	–	–	–	–	–	–	–	–
3.盈余公积弥补亏损	–	–	–	–	–	–	–	–	–
4.其他	–	–	–	–	–	–	–	–	–
四、本年年末余额	650,161,424.00	1,031,350,955.45	–	394,158,313.03	–	1,521,385,049.18	–116,734.26	13,191,799.54	3,610,130,806.94

7.2.5 合并所有者权益变动表 2

编制单位:广西柳工机械股份有限公司　　2009 年 6 月 30 日　　单位:人民币元

项目	上年金额								
	归属于母公司所有者权益								
	股本	资本公积	减:库存股	盈余公积	一般风险准备	未分配利润	其他	少数股东权益	所有者权益合计
一、上年年末余额	472,456,179.00	501,854,855.32	–	359,245,429.01	–	1,103,661,596.01	1,223,144.29	18,850,764.29	2,457,291,967.92
加:会计政策变更	–	–	–	–	–	–	–	–	–
前期差错更正	–	–	–	–	–	–	–	–	–
二、本年年初余额	472,456,179.00	501,854,855.32	–	359,245,429.01	–	1,103,661,596.01	1,223,144.29	18,850,764.29	2,457,291,967.92
三、本年增减变动金额(减少为"–")	86.00	72,486,408.09	–	34,912,884.02	–	98,636,003.27	–4,513,657.84	–7,066,209.01	194,455,514.53
(一)净利润	–	–	–	–	–	340,043,688.65	–	1,979,162.95	342,022,851.60
(二)直接计入所有者权益的利得和损失	–	–	–	–	–	–	–4,513,657.84	–9,045,371.96	–13,559,029.80
1.可供出售金融资产公允价值变动净额	–	–	–	–	–	–	–	–	–
2.权益法下被投资单位其他所有者权益变动的影响	–	–	–	–	–	–	–	–	–
3.与计入所有者权益项目相关的所得税影响	–	–	–	–	–	–	–	–	–
4.其他	–	–	–	–	–	–	–4,513,657.84	–9,045,371.96	–13,559,029.80
上述(一)和(二)小计	–	–	–	–	–	340,043,688.65	–4,513,657.84	–7,066,209.01	328,463,821.80
(三)所有者投入和减少资本	86.00	72,486,408.09	–	–	–	–	–	–	72,486,494.09
1.所有者投入资本	86.00	–	–	–	–	–	–	–	86.00
2.股份支付计入所有者权益的金额	–	–	–	–	–	–	–	–	–
3.其他	–72,486,408.09	–	–	–	–	–	–	72,486,408.09	
(四)利润分配	–	–	–	34,912,884.02	–	–241,407,685.38	–	–	–206,494,801.36
1.提取盈余公积	–	–	–	34,912,884.02	–	–34,912,884.02	–	–	–
2.提取一般风险准备	–	–	–	–	–	–	–	–	–
3.对所有者(或股东)的分配	–	–	–	–	–	–212,605,280.55	–	–	–212,605,280.55
4.其他	–	–	–	–	–	6,110,479.19	–	–	6,110,479.19
(五)所有者权益内部结转	–	–	–	–	–	–	–	–	–
1.资本公积转增资本(或股本)	–	–	–	–	–	–	–	–	–
2.盈余公积转增资本(或股本)	–	–	–	–	–	–	–	–	–
3.盈余公积弥补亏损	–	–	–	–	–	–	–	–	–
4.其他	–	–	–	–	–	–	–	–	–
四、本年年末余额	472,456,265.00	574,341,263.41	–	394,158,313.03	–	1,202,297,599.28	–3,290,513.55	11,784,555.28	2,651,747,482.45

7.2.6 母公司所有者权益变动表 1

编制单位:广西柳工机械股份有限公司　　2009 半年度　　单位:(人民币)元

项目	本年金额								
	归属于母公司所有者权益								
	股本	资本公积	减:库存股	盈余公积	一般风险准备	未分配利润	其他	少数股东权益	所有者权益合计
一、上年年末余额	472,456,265.00	619,776,368.38	–	350,181,865.88	–	972,895,766.71	–	–	2,415,310,265.97
加:会计政策变更	–	–	–	–	–	–	–	–	–
前期差错更正	–	–	–	–	–	–	–	–	–
二、本年年初余额	472,456,265.00	619,776,368.38	–	350,181,865.88	–	972,895,766.71	–	–	2,415,310,265.97
三、本年增减变动金额(减少为"–")	177,705,159.00	457,436,036.49	–	–	–	328,220,133.62	–	–	963,361,329.11
(一)净利润	–	–	–	–	–	380,068,337.50	–	–	380,068,337.50
(二)直接计入所有者权益的利得和损失	–	–12,638.70	–	–	–	–	–	–	–12,638.70
1.可供出售金融资产公允价值变动净额	–	–	–	–	–	–	–	–	–
2.权益法下被投资单位其他所有者权益变动的影响	–	–	–	–	–	–	–	–	–
3.与计入所有者权益项目相关的所得税影响	–	–	–	–	–	–	–	–	–
4.其他	–	–12,638.70	–	–	–	–	–	–	–12,638.70
上述(一)和(二)小计	–	–12,638.70	–	–	–	380,068,337.50	–	–	380,055,698.80
(三)所有者投入和减少资本	76,708,781.00	558,445,053.19	–	–	–	–	–	–	635,153,834.19
1.所有者投入资本	76,708,781.00	–	–	–	–	–	–	–	76,708,781.00
2.股份支付计入所有者权益的金额	–	–	–	–	–	–	–	–	–
3.其他	–558,445,053.19	–	–	–	–	–	–	558,445,053.19	
(四)利润分配	–	–	–	–	–	–51,848,203.88	–	–	–51,848,203.88
1.提取盈余公积	–	–	–	–	–	–	–	–	–
2.提取一般风险准备	–	–	–	–	–	–	–	–	–
3.对所有者(或股东)的分配	–	–	–	–	–	–50,498,189.30	–	–	–50,498,189.30
4.其他	–	–	–	–	–	–1,350,014.58	–	–	–1,350,014.58
(五)所有者权益内部结转	100,996,378.00	–100,996,378.00	–	–	–	–	–	–	–
1.资本公积转增资本(或股本)	100,996,378.00	–100,996,378.00	–	–	–	–	–	–	–
2.盈余公积转增资本(或股本)	–	–	–	–	–	–	–	–	–
3.盈余公积弥补亏损	–	–	–	–	–	–	–	–	–
4.其他	–	–	–	–	–	–	–	–	–
四、本年年末余额	650,161,424.00	1,077,212,404.87	–	350,181,865.88	–	1,301,115,900.33	–	–	3,378,671,595.08

7.2.7 母公司所有者权益变动表 2

编制单位:广西柳工机械股份有限公司　　2009 半年度　　单位:(人民币)元

项目	上年金额								
	归属于母公司所有者权益								
	股本	资本公积	减:库存股	盈余公积	一般风险准备	未分配利润	其他	少数股东权益	所有者权益合计
一、上年年末余额	472,456,179.00	440,028,350.56	–	315,268,981.86	–	870,986,533.72	–	–	2,098,740,045.14
加:会计政策变更	–	–	–	–	–	–	–	–	–
前期差错更正	–	–	–	–	–	–	–	–	–
二、本年年初余额	472,456,179.00	440,028,350.56	–	315,268,981.86	–	870,986,533.72	–	–	2,098,740,045.14
三、本年增减变动金额(减少为"–")	86.00	179,748,017.82	–	34,912,884.02	–	101,909,232.99	–	–	316,570,220.83
(一)净利润	–	–	–	–	–	349,427,397.56	–	–	349,427,397.56
(二)直接计入所有者权益的利得和损失	–179,748,017.82	–	–	–	–	–	–	179,748,017.82	
1.可供出售金融资产公允价值变动净额	–	–	–	–	–	–	–	–	–
2.权益法下被投资单位其他所有者权益变动的影响	–	–	–	–	–	–	–	–	–
3.与计入所有者权益项目相关的所得税影响	–	–	–	–	–	–	–	–	–
4.其他	–179,748,017.82	–	–	–	–	–	–	179,748,017.82	
上述(一)和(二)小计	–179,748,017.82	–	–	–	349,427,397.56	–	–	529,175,415.38	
(三)所有者投入和减少资本	86.00	–	–	–	–	–	–	–	86.00
1.所有者投入资本	86.00	–	–	–	–	–	–	–	86.00
2.股份支付计入所有者权益的金额	–	–	–	–	–	–	–	–	–
3.其他	–	–	–	–	–	–	–	–	–
(四)利润分配	–	–	–	34,912,884.02	–	–247,518,164.57	–	–	–212,605,280.55
1.提取盈余公积	–	–	–	34,912,884.02	–	–34,912,884.02	–	–	–
2.提取一般风险准备	–	–	–	–	–	–	–	–	–
3.对所有者(或股东)的分配	–	–	–	–	–	–212,605,280.55	–	–	–212,605,280.55
4.其他	–	–	–	–	–	–	–	–	–
(五)所有者权益内部结转	–	–	–	–	–	–	–	–	–
1.资本公积转增资本(或股本)	–	–	–	–	–	–	–	–	–
2.盈余公积转增资本(或股本)	–	–	–	–	–	–	–	–	–
3.盈余公积弥补亏损	–	–	–	–	–	–	–	–	–
4.其他	–	–	–	–	–	–	–	–	–
四、本年年末余额	472,456,265.00	619,776,368.38	–	350,181,865.88	–	972,895,766.71	–	–	2,415,310,265.97

7.3 报表附注

7.3.1 如果出现会计政策、会计估计变更或会计差错更正的，说明有关内容、原因及影响数

□ 适用　　√ 不适用

7.3.2 如果财务报表合并范围发生重大变化的，说明原因及影响数

□ 适用　　√ 不适用

7.3.3 如果被出具非标准审计报告，列示涉及事项的有关附注

□ 适用　　√ 不适用

广西柳工机械股份有限公司董事会

二〇〇九年八月十四日

云南白药集团股份有限公司

云南白药集团股份有限公司2008年年度报告摘要

第一节 重要提示

1.1 本公司董事会、监事会及董事、监事、高级管理人员保证本报告所载资料不存在任何虚假记载、误导性陈述或者重大遗漏，并对其内容的真实性、准确性和完整性承担个别及连带责任。本年度报告摘要摘自年度报告全文，投资者欲了解详细内容，应阅读年度报告全文。

1.2 没有董事、监事、高级管理人员声明对年度报告内容的真实性、准确性和完整性无法保证或存在异议。

1.3 所有董事均已出席审议本次年报的董事会会议。

1.4 中审亚太会计师事务所为本公司2008年度财务报告出具了标准无保留审计意见的审计报告。

1.5 公司董事长/总裁王明辉、副总裁/财务总监尹品耀及资产财务部经理吴伟声明：保证年度报告中财务报告的真实、完整。

第二节 公司基本情况简介

2.1 基本情况简介

股票简称	云南白药
股票代码	000538
上市交易所	深圳证券交易所
注册地址	昆明市国家高新技术产业开发区
注册地址的邮政编码	650118
办公地址	昆明市二环西路222号
办公地址的邮政编码	650118
公司国际互联网网址	www.yunnanbaiyao.com.cn
电子信箱	ynby@yunnanbaiyao.com.cn

2.2 联系人和联系方式

	董事会秘书	证券事务代表
姓名	尹品耀	吴伟、马青
联系地址	昆明市二环西路222号	昆明市二环西路222号
电话	0871-8324116	0871-8323680
传真	0871-8324169	0871-8324169
电子信箱	ypy@yunnanbaiyao.com.cn	wuwei@yunnanbaiyao.com.cn

第三节 会计数据和业务数据摘要

3.1 主要会计数据

单位：(人民币)元

	2008年	2007年	本年比上年增减(%)	2006年
营业收入	5,723,198,667.65	4,263,268,552.25	34.24%	3,204,365,599.90
利润总额	555,249,695.31	389,533,814.06	42.54%	332,372,558.30
归属于上市公司股东的净利润	465,420,155.48	330,209,797.00	40.95%	252,880,427.25
归属于上市公司股东的扣除非经常性损益的净利润	443,412,888.74	333,101,808.61	33.12%	277,574,117.12
经营活动产生的现金流量净额	806,896,878.01	71,022,762.67	1,036.11%	292,162,700.07
	2008年末	2007年末	本年末比上年末增减(%)	2006年末
总资产	4,937,169,577.56	3,039,546,185.98	62.43%	2,188,694,721.48
所有者权益(或股东权益)	3,137,244,730.74	1,423,582,809.50	120.38%	1,050,811,075.90
股本	534,051,138.00	484,051,138.00	10.33%	484,051,138.00

3.2 主要财务指标

单位：(人民币)元

	2008年	2007年	本年比上年增减(%)	2006年
基本每股收益(元/股)	0.96	0.68	41.18%	0.56
稀释每股收益(元/股)	0.96	0.68	41.18%	0.56
用最新股本计算的每股收益(元/股)	-	-	-	-
扣除非经常性损益后的基本每股收益(元/股)	0.92	0.69	33.33%	0.57
全面摊薄净资产收益率(%)	14.84%	23.20%	-8.36%	24.07%
加权平均净资产收益率(%)	29.40%	25.91%	3.49%	29.06%
扣除非经常性损益后全面摊薄净资产收益率(%)	14.13%	23.40%	-9.27%	26.42%
扣除非经常性损益后的加权平均净资产收益率(%)	28.00%	26.23%	1.77%	29.64%
每股经营活动产生的现金流量净额(元/股)	1.51	0.15	906.67%	0.60
	2008年末	2007年末	本年末比上年末增减(%)	2006年末
归属于上市公司股东的每股净资产(元/股)	5.87	2.94	99.66%	2.17

非经常性损益项目

√适用 □不适用

单位：(人民币)元

非经常性损益项目	金额	附注(如适用)
1.非流动资产处置损益	-63,790.49	
2.计入当期损益的政府补助	27,461,016.09	
3.债务重组损益	1,290,523.50	
4.同一控制下企业合并产生的子公司期初至合并日的当期净损益	-1,869,617.13	
5.除上述各项之外的其他营业外收入和支出	-2,322,806.14	
6.所得税影响	-2,488,059.09	
合计	22,007,266.74	-

3.3 境内外会计准则差异

□适用 √不适用

第四节 股本变动及股东情况

4.1 股份变动情况表

单位：股

	本次变动前		本次变动增减(+,-)					本次变动后	
	数量	比例	发行新股	送股	公积金转股	其他	小计	数量	比例
一、有限售条件股份	263,417,241	54.42%	50,000,000			-24,202,557	25,797,443	289,214,684	54.15%
1、国家持股									
2、国有法人持股	263,368,584	54.41%	50,000,000			-24,202,557	25,797,443	289,166,027	54.15%
3、其他内资持股	48,657	0.01%						48,657	0.01%
其中：境内非国有法人持股									
境内自然人持股	48,657	0.01%						48,657	0.01%
4、外资持股									
其中：境外法人持股									
境外自然人持股									
5、高管股份									
二、无限售条件股份	220,633,897	45.58%				24,202,557	24,202,557	244,836,454	45.85%
1、人民币普通股	220,633,897	45.58%				24,202,557	24,202,557	244,836,454	45.85%
2、境内上市的外资股									
3、境外上市的外资股									
4、其他									
三、股份总数	484,051,138	100.00%	50,000,000				50,000,000	534,051,138	100.00%

限售股份变动情况表

单位：股

股东名称	年初限售股数	本年解除限售股数	本年增加限售股数	年末限售股数	限售原因	解除限售日期
云南云药有限公司	221,757,229	0	0	221,757,229	股权分置改革承诺	2009-5-29
云南红塔集团有限公司	41,611,355	24,202,557	0	17,408,798	股权分置改革承诺	2009-5-29
中国平安人寿保险股份有限公司	0	0	50,000,000	50,000,000	非公开发行承诺	2011-12-31
合计	263,368,584	24,202,557	50,000,000	289,166,027	-	-

4.2 前10名股东、前10名无限售条件股东持股情况表

单位：股

股东总数 13,291

前10名股东持股情况

股东名称	股东性质	持股比例	持股总数	持有有限售条件股份数量	质押或冻结的股份数量
云南云药有限公司	国有股东	41.52%	221,757,229	221,757,229	32,000,000
云南红塔集团有限公司	国有股东	12.32%	65,813,912	17,408,798	0
中国平安人寿保险股份有限公司-自有资金	社会公众股东	9.36%	50,000,000	50,000,000	0
大成价值增长证券投资基金	社会公众股东	1.70%	9,055,195	0	0
中国工商银行-景顺长城精选蓝筹股票型证券投资基金	社会公众股东	1.18%	6,319,179	0	0
中国工商银行-嘉实策略增长混合型证券投资基金	社会公众股东	1.12%	6,007,565	0	0
丰和价值证券投资基金	社会公众股东	0.99%	5,270,717	0	0

中国工商银行-南方绩优成长股票型证券投资基金	社会公众股东	0.92%	4,903,301	0	0
中国建设银行-信达澳银领先增长股票型证券投资基金	社会公众股东	0.86%	4,576,299	0	0
中国人寿保险股份有限公司-分红-个人分红-005L-FH002 深	社会公众股东	0.80%	4,268,679	0	0

前 10 名无限售条件股东持股情况

股东名称	持有无限售条件股份数量	股份种类
云南红塔集团有限公司	48,405,114	人民币普通股
大成价值增长证券投资基金	9,055,195	人民币普通股
中国工商银行-景顺长城精选蓝筹股票型证券投资基金	6,319,179	人民币普通股
中国工商银行-嘉实策略增长混合型证券投资基金	6,007,565	人民币普通股
丰和价值证券投资基金	5,270,717	人民币普通股
中国工商银行-南方绩优成长股票型证券投资基金	4,903,301	人民币普通股
中国建设银行-信达澳银领先增长股票型证券投资基金	4,576,299	人民币普通股
中国人寿保险股份有限公司-分红-个人分红-005L-FH002 深	4,268,679	人民币普通股
中国工商银行-融通动力先锋股票型证券投资基金	4,000,000	人民币普通股
中国工商银行-南方成份精选股票型证券投资基金	3,331,409	人民币普通股
上述股东关联关系或一致行动的说明	丰和价值证券投资基金与嘉实策略增长混合型证券投资基金由嘉实基金管理公司管理，南方绩优成长股票型证券投资基金与南方成份精选股票型证券投资基金由南方基金管理公司管理，公司对其他股东之间是否存在关联关系或《上市公司持股变动信息披露管理办法》规定的一致行动的情况不详。	

4.3 控股股东及实际控制人情况介绍

4.3.1 控股股东及实际控制人变更情况

□ 适用 √ 不适用

4.3.2 控股股东及实际控制人具体情况介绍

云南云药有限公司持有本公司 45.81%的股份，其法定代表人：王明辉。成立日期：2002 年 12 月 09 日，主要业务和产品：中药材种植，各类中西药品及保健品的研究、开发、生产经营，药用包装材料、医疗器械的经营，经营本企业自产产品的出口业务和本企业所需的机械设备、零配件、原辅材料的进出口业务（国家限定公司经营或禁止进出口的商品及技术除外）。注册资本 6.6 亿元。股权类型：有限责任公司。

云南省人民政府国有资产监督管理委员会是本公司的实际控制人。云南省人民政府国有资产监督管理委员会是云南省人民政府监督管理云南省国有资产的部门，持有云南医药集团有限公司 100%的股份，云南医药集团有限公司持有云南云药有限公司 100%的股份。

云南医药集团有限公司法定代表人：王明辉。成立日期：1996 年 9 月 19 日，经营范围：植物药原料基地的开发和经营；药品生产、销售、研发；医药产业投资；生物资源的开发和利用；国内、国际贸易（经营范围中涉及需要专项审批的凭许可证经营）。注册资本：15 亿元，企业类型：有限责任公司。

2009 年 4 月 18 日，公司发布公告，云南省人民政府原则同意云南医药集团有限公司更名为云南白药控股有限公司。本次更名后，公司实际控制人不变，仍为云南省国有资产监督管理委员会。

第五节　董事、监事和高级管理人员

5.1 董事、监事和高级管理人员持股变动及报酬情况

姓名	职务	性别	年龄	任期起始日期	任期终止日期	年初持股数	年末持股数	变动原因	报告期内从公司领取的报酬总额(万元)税前	是否在股东单位或其他关联单位领取薪酬
王明辉	董事长\总裁	男	46	2005-11-28	2009-04-23	0	0	无	38.51	是
刘会疆	副董事长	男	52	2005-11-28	2009-04-23	0	0	无	2.76	否
戚太云	董事、党委书记	男	56	2005-11-28	2009-04-23	0	0	无	32.92	是
丁世南	董事	男	61	2005-11-28	2009-04-23	18,286	18,286	无	4.50	否
杨昌红	董事、常务副总裁	男	44	2005-11-28	2009-04-23	0	0	无	33.49	是
杨发甲	董事	男	53	2005-11-28	2009-04-23	0	0	无	2.76	否
张　萌	董事	女	50	2005-11-28	2009-04-23	0	0	无	2.76	否
陈小悦	独立董事	男	62	2006-08-25	2009-04-23	0	0	无	9.00	否
郝小江	独立董事	男	57	2006-08-25	2009-04-23	0	0	无	9.00	否
张壮鑫	独立董事	男	59	2005-11-28	2009-04-23	0	0	无	9.00	否
杨　勇	独立董事	男	43	2005-11-28	2009-04-23	0	0	无	9.00	否
潘以文	监事会主席	女	62	2005-11-28	2009-04-23	0	0	无	1.80	否
刘红缨	股东监事	女	40	2005-11-28	2009-04-23	0	0	无	1.80	否
李双友	股东监事	男	40	2005-11-28	2009-04-23	0	0	无	1.80	否
蔡　琨	职工监事	男	52	2005-11-28	2009-04-23	0	0	无	10.90	是
庄瑞萍	职工监事	女	54	2005-11-28	2009-04-23	0	0	无	6.61	否
尹品耀	副总裁、财务总监、董事会秘书	男	39	2005-11-28	2009-04-23	0	0	无	31.00	是
蒋　钐	副总裁	男	52	2005-11-28	2009-04-23	21,622	21,622	无	28.19	是
钟祖华	副总裁	男	59	2005-11-28	2009-04-23	24,969	24,969	无	28.45	是
李　劲	技术质量总监	男	44	2005-11-28	2009-04-23	0	0	无	22.74	是
合　计	-	-	-	-	-	64,877	64,877	-	286.99	-

董事、监事、高级管理人员报告期内被授予的股权激励情况

□ 适用 √ 不适用

5.2 董事出席董事会会议情况

董事姓名	具体职务	应出席次数	现场出席次数	以通讯方式参加会议次数	委托出席次数	缺席次数	是否连续两次未亲自出席会议
王明辉	董事长	7	2	5	0	0	否
刘会疆	副董事长	7	2	5	0	0	否
陈小悦	独立董事	7	2	5	0	0	否
郝小江	独立董事	7	2	5	0	0	否
张壮鑫	独立董事	7	2	5	0	0	否
杨　勇	独立董事	7	2	5	0	0	否
丁世南	董事	7	2	5	0	0	否
戚太云	董事	7	2	5	0	0	否
杨昌红	董事	7	2	5	0	0	否
杨发甲	董事	7	2	5	0	0	否
张　萌	董事	7	2	5	0	0	否

连续两次未亲自出席董事会会议的说明

年内召开董事会会议次数	7
其中：现场会议次数	2
通讯方式召开会议次数	5
现场结合通讯方式召开会议次数	0

第六节　董事会报告

6.1 管理层讨论与分析

一、2008 年工作回顾

（一）经营业绩情况

2008 年，白药取得了历史上最辉煌的业绩，公司经营规模迈上新的台阶。

主要指标	2008 年	2007 年	增幅(%)
总资产（亿元）	49.37	30.40	62.40
总股本（亿元）	5.34	4.84	10.33
营业收入（亿元）	57.23	42.63	34.25
净利润（亿元）	4.64	3.32	39.76
每股收益(摊薄元)	0.96	0.68	41.18
每股净资产(元)	6.48	2.94	120.41
流动比率	2.6	1.76	47.73
资产负债率%	35.46	50.61	降低 15.15 个百分点
应收账款周转天数	11	15	缩短 4 天

2008 年，集团实现主营业务收入 57 亿元，较 07 年的 43 亿元净增 14 亿元，增幅为 33%，其中销售额超过亿元的自产产品达到 7 个；实现净利润 4.64 亿元，较 07 年的 3.32 亿元增长 40%；实现利税 9.4 亿元，同比增长 41%。 在各项主要经营指标全面超额完成预定目标的同时，公司经营规模、资产运行质量、收益率、市值等指标继续保持行业先进水平。以药品为基础和根本，健康产品、医用敷料、中药饮片等相关多元化发展的产品格局基本形成。

盈利能力方面：集团营业利润率由 07 年的 9.17% 上升到 08 年的 9.24%。

运营能力方面：在 08 年国家银根紧缩环境下，集团运营能力较上年增强，集团应收帐款周转天数 11 天，较上年缩短了 4 天，营业周期 118 天，较上年缩短了 2 天。

费用管理方面：集团管理费用率由 07 年的 4.51 %下降到 08 年的 3.28%

盈利结构变化：08 年商业板块盈利能力大幅提高，08 年盈利 7030 万元 ，比上年大幅增长 67.38%。

2008 年，由于白药原材料价格上涨，白药系列主要产品全年可比成本上升 1346 万元，升幅 8.22%。

(3)报告期内公司主营业务收入、营业利润(毛利)的构成情况（单位：万元）

分行业	营业收入	占比例%	营业利润	占比例%
工业销售收入	211,941	37.09%	152,004	86.28%
商业销售收入	359,468	62.91%	24,176	13.72%
合　计	571,409	100.00%	176,180	100.00%

(4)生产经营的主要产品及其市场占有率情况

本公司生产经营是以云南白药系列产品和天然植物药系列产品为主，云南白药系列产品为独家经营；药品批发零售额在云南省排第一名。

占公司主营业务收入或营业利润(毛利)10%的主要业务和产品（单位：万元）：

产品名称	占主营收入	占营业利润	主营收入	主营成本	毛利率%
自产产品	37.09%	86.28%	211,941	59,937	71.72%
批发零售产品	62.81%	13.60%	358,904	334,934	6.68%
酒店及其他	0.10%	0.12%	564	358	36.52%
合 计	100%	100%	571,409	395,229	30.83%

(5)报告期内主营业务结构较上年没有发生较大变化。

2，公司主要控股公司及参股公司的经营情况及业绩

公司现有控股子企业 15 个、主要参股公司 4 个。

1）控股子企业情况

(1)云南省医药有限公司（简称省医药有限公司）经营药品的批发，注册资本为 48,772 万元，年末总资产 151,629 万元，净资产 62,418 万元；

(2)云南白药集团天紫红药业有限公司（简称天紫红公司）生产经营中成药及中药饮片，由昆明天紫红药厂改制成立，目前未生产经营，注册资本为 1,640 万元，年末总资产 2,496 万元，净资产 1,061 万元；

(3)云南白药集团医药电子商务有限公司（简称电子商务公司）主要经销健康产品，注册资本为 3,000 万元，年末总资产 29,920 万元，净资产 14,908 万元；

(4)云南白药集团大理药业有限公司（简称大理公司）生产经营药品，主要产品有益脉康片、岩白菜素片，注册资本 1,552 万元，年末总资产 8,313 万元，净资产 4,926 万元；

(5)云南白药上海透皮技术研究有限公司（简称透皮公司）主要从事云南白药气雾剂、云南白药创可贴的研究开发、市场培育，注册资本 500 万元，年末总资产 60 万元，净资产 32 万元。

(6)云南白药集团文山七花有限公司（简称文山公司）生产经营药品，主要产品有气血康口服液、血塞通胶囊，注册资本 1,730 万元，年末总资产 5,288 万元，净资产 3,491 万元；

(7)云南白药集团丽江药业有限公司（简称丽江公司）生产经营药品，主要产品有岩白菜素片、青阳参片，注册资本 2,438 万元，年末总资产 5,335 万元，净资产 3,477 万元。

(8)云南紫云生物科技有限公司（简称紫云公司）2007 年 12 月末购入，目前未生产经营，注册资本为 5000 万元，年末总资产 1,826 万元，净资产 107 万元；

(9)云南白药集团中药材优质种源繁育有限责任公司(简称种植基地)经营药品、药材及其种植，注册资本为 2,100 万元，年末总资产 19,204 万元，净资产 8,967 万元；

(10)云南广得利胶囊有限公司(简称胶囊公司)生产经营空心胶囊，注册资本 4000 千美元，持股比例 45%，年末总资产 5,068 万元，净资产 4,881 万元。

(11)云南白药集团无锡药业有限公司(简称无锡公司)生产经营透皮产品，注册资本 2,500 万元，年末总资产 8,028 万元，净资产 4,833 万元；

(12)云南白药置业有限公司(简称置业公司)主营房地产开发，注册资本 1,000 万元，年末总资产 5,191 万元，净资产 959 万元；

(13)昆明云健制药有限公司(简称云健制药)生产经营药品，主要产品有风热感冒颗粒、风寒感冒颗粒等，注册资本 872 万元，年末总资产 6,654 万元，净资产 3,070 万元；

(14)昆明兴中制药有限责任公司(简称兴中制药)生产经营药品，主要产品有鞘蕊苏口服液、脑心舒口服液等，注册资本 2,967 万元，年末总资产 8,110 万元，净资产 5,738 万元；

(15)昆明金殿制药有限公司(简称金殿制药)生产经营药品，目前未生产经营，注册资本 4,150 万元，年末总资产 3,864 万元，净资产−95 万元；

2)主要参股公司情况

(1)云南红塔证券股份有限公司(简称红塔证券)自营、代理证券交易，注册资本 138651 万元，本公司投资 2000 万元，持股比例 1.44%。

(2)云南红塔创新投资有限公司(简称红塔创新)投资经营，注册资本 40000 万元，本公司投资投资 1000 万元，持股比例 2.5%。

(3)云南云药科技股份有限公司(简称云药科技)从事药品、技术的研究开发，注册资本为 4050 千元，本公司投资 1000 万元，持股比例 24.667%。

(4)云南白药先进中草药芯片有限公司(简称芯片公司)从事中草药芯片的研究开发，注册资本为 700 万元，本公司投资 282 万元，持股比例 41%。

以上控股公司的经营业绩列表如下：

单位：万元

公司名称	营业收入	利润总额	净利润
大理公司	4,056	1,560	1,407
丽江公司	5,117	380	544
文山公司	3,251	−1,216	−1,217
天紫红药业	−2	−44	−85
省医药有限	372,623	9,192	7,030
电子商务	34,840	3,529	2,954
优质种源	9,204	4,339	4,339
广得利	1,623	287	254
无锡药业	20,278	1,937	1,440
上海透皮	0	22	22
金殿制药	1,593	−302	−302
兴中制药	6,831	320	263
云健制药	9,058	893	718
紫云公司	0	−265	−265
白药置业	0	−43	−41

本年度提供出口供货值 1963 万元，比上年降低 40.10%；其中自营出口创汇 2464 千美元，比上年降低 9.71%。

3、公司主要供应商和客户情况

(1)公司向前五名供应商合计的采购金额 45323 万元，占年度采购总额的 8.96%。

(2)本公司前五名客户销售额 64451 万元，占公司销售总额的 11.28%。

4、公司报告期净利润增长的原因

本报告期实现净利润 46,353 万元，较上年的 33,160 万元增加 13,193 万元，增长 39.79%，主要是利润总额的增长。

(1) 利润总额的增长

全年利润总额实现 55,525 万元，较上年的 38,953 万元增加 16,572 万元，增长 42.54%。

利润总额增长的主要原因是销售的增长，营业收入同比增长 34.24%。

(2)所得税的增加

所得税本年应缴 9,172 万元，比上年的 5,793 万元增加 3,379 万元，主要来源于利润增长。

5、公司未公开披露过本年度盈利预测。

(二)报告期内的投资情况

本报告期末公司长期投资额为 3,634 万元，比上年的 3,785 元减少 151 万元。

1、以前期间募集资金的使用情况

2、本报告期募集资金的使用情况

截止 2008 年 12 月 31 日，云南白药累计投入募集资金项目总额人民币 37,231.00 万元，其中募集资金到位前投入金额为人民币 4,031.00 万元，募集资金到位后 2008 年 12 月投入金额 33,200.00 万元。详见公司募集资金使用报告。

2、重大非募集资金投资项目的实际进度和收益情况。

本报告期内，对联营企业云南白药先进中草药芯片有限公司增资 41 万元；对云南白药集团丽江药业有限公司追加投资。支付 2728 万元购买了丽江药业 41.29%的股权，股权比例由原来的 51%上升到 92.29%。投资 5,000 万元。完成购买昆明兴中制药有限责任公司 100%股权。投资 1,300 万元，完成购买昆明云健制药有限公司 100%股权。投资 0.0001 万元，完成购买昆明金殿制药有限公司 100%股权，上述三家公司已成为全资子公司。

(三)公司财务状况、经营成果

项目	2008 年度(万元)	2007 年度(万元)	增减(万元)	增减(%)
总资产	493,717	303,955	189,762	62.43
非流动负债	2,201	5,514	−3,313	−60.08
股东权益	318,664	150,116	168,548	112.28
营业利润	52,888	39,099	13,789	35.27
净利润	46,353	33,160	13,193	39.79
现金及现金等价物净增加额	166,074	474	165,600	34,936.71

报表项目变动的情况及其原因：

资产负债表项目	报告期内与年初相比变动幅度	主要影响因素
货币资金	246%	年末募集资金到帐 13.64 亿元，加上本年经营活动现金净流入比上年增加 7.07 亿元.
应收票据	−51.04%	主要原因是本期公司将收到的银行承兑汇票大量贴现。
预付款项	99.08%	主要是预付呈贡项目土地款
在建工程	364%	主要是呈贡项目的投资
其他应收款	117%	主要是母公司的事业部借支的广告费和市场维护费
可供出售金融资产	−70%	公司持有上市公司交通银行的股票市价比年初降低，同时影响递延所得税负债比年初降低 73%；
长期待摊费用	−43%	主要是房租和房屋装修费摊销了 427 万元
递延所得税资产	87%	主要是年末计提坏帐准备和固定资产减值准备增加所致
短期借款	−57%	年末短期借款到期归还借款，缩减了贷款规模
应付帐款	32%	商业性子公司—云南省医药有限公司应付购货款增加
预收款项	39%	预收白药系列产品的货款增加
应交税费	30%	年末应交所得税、城建税等税费的增加
应付职工薪酬	100%	主要是工会经费和职工教育经费增加及职工活动经费增加
应付利息	30%	主要是应付借款利息
应付股利	211%	系子公司丽江药业应支付的少数股东云南省国有资产经营公司股利。
一年内到期的非流动负债	−100%	子公司金殿制药有限公司偿还借款 1500 万元
长期借款	−64%	子公司昆明云健制药有限公司归还了长期借款 1200 万元
专项应付款	−100%	系按照新会计准则将政府的各项目补助分用途分别转到了营业外收入或递延收益的科目
其他非流动负债	890%	系按照新会计准则将政府的各项目补助分用途转到了递延收益的科目
未分配利润	61%	主要是当年实现净利润转入
少数股东权益	−36%	系购买了丽江药业 41.29%的股权后少数股东权益减少
资本公积	829%	主要是股本溢价转入 13.51 亿元，交通银行公允价值变动影响资本公积减少及昆明兴中、昆明云健和昆明金殿在同一控制下企业合并财务报表减少 0.5 亿元所致

利润表项目	2008 年 1−12 月与上年同比变动幅度	主要影响因素
营业收入	34%	母公司和商业性子公司省医药有限公司收入增长
营业成本	35%	原材料价格上涨，收入结构变化
营业费用	53%	为扩大市场销售，广告费用、市场维护费用及运输费增加
财务费用	184%	主要是银行承兑汇票大量贴现，贴现费用增加
投资收益	163%	收到红塔证券 2007 年度分红款 600 万元，比上年增加 480 万元
营业外支出	−47%	主要是固定资产处置损失比上年减少 538 万元，公益性捐赠比上年增加 190 万元
营业外收入	399%	系按照新会计准则将政府的各项目补助分用途转到了营业外收入的科目
所得税费用	58%	主要是本年利润增加，
资产减值损失	−52%	主要是本年计提的固定资产减值准备比上年减少 4841 万元，计提的存货跌价准备比上年增加 736 万元

现金流量表项目	2008 年 1−12 月与上年同比变动幅度	主要影响因素
经营活动产生的现金流量净额	1036%	主要是经营性现金流入随着收入增加增幅较大，比上年增加 43%，而经营性现金流出增幅较小，比上年增加 28%
投资活动产生的现金流量净额	−819%	主要是呈贡项目的投资增加较大，仅购建固定资产、无形资产和呈贡项目的投资现金流出就比上年增加 29920 万元，增加 1612%
筹资活动产生的现金流量净额	5256%	主要是吸收投资增加现金 136612 万元，借款收到现金 13340 万元，比上年增加 3232%，而偿还债务、分配股利等支出现金 25799 万元，比上年增加 273%

(四)中审亚太会计师事务所有限公司为本公司出具了标准无保留意见的审计报告。

(五)2009 年度经营计划

结合白药发展的实际情况，董事会确定了公司 2009 年的经营方针：整合资源、适度调整，抓实重点、协调发展。

(六)2009 年董事会工作计划及工作重点：

2009 年公司第六届董事会、监事会及经营班子成立，新一届董事会除了制定战略外，还将致力于不断深化公司内部治理，通过积极发挥董事会各专业委员会的决策支持作用，不断强化独立董事的各项职能，从而进一步健全公司内控制度，加强公司内部管理。

(一)战略委员会将进一步加强和改善公司中长期战略管理，进一步提升公司的资本运营能力。

(二)结合引进国际著名咨询公司，薪酬与考核委员会深入研究公司目前的薪酬体系，不断完善和强化薪酬考核与评价系统，推动公司相关部门强化人力资源管理，在员工利益的维护、员工薪酬政策、职工培训、员工健康、社会保险政策及休息休假政策等各方面体现云南白药良好的企业文化。

(三)审计委员会下设立审计与风控办公室，通过检查与完善集团内部控制体系，严控经营风险。

（四）进一步加强投资者关系管理。广大中小股东不仅是云南白药的投资者，往往还是云南白药忠实的消费者、云南白药品牌的宣传者，白药知名度很高，面对的投资者、潜在投资者、买方或卖方分析师，基金经理、各类媒体、社会上出于各种目的关注白药的人越来越多，通过不断深入建设白药网站，努力做好一对多的投资者服务。

（五）积极参与监管部门培训，继续提高信息披露质量。信息披露工作是证监会、交易所、云南证监局都在重点监管与培训的内容，其工作质量直接影响到公司的市场价值、再融资等各项工作。

6.2 主营业务分行业、产品情况表

单位：（人民币）万元

分行业或分产品	营业收入	营业成本	营业利润率(%)	营业收入比上年增减(%)	营业成本比上年增减(%)	营业利润率比上年增减(%)
主营业务分行业情况						
工业销售收入	211,941.00	59,937.00	71.72%	31.43%	26.76%	1.04%
商业销售收入	359,468.00	335,292.00	6.73%	36.25%	36.62%	-0.25%
合　计	571,409.00	395,229.00	30.83%	34.42%	35.03%	-0.31%
主营业务分产品情况						
自产产品	211,941.00	59,937.00	71.72%	31.43%	26.76%	1.04%
批发零售产品	358,904.00	334,934.00	6.68%	36.33%	36.66%	-0.23%
酒店及其他	564.00	358.00	36.52%	-0.18%	5.92%	-3.59%
合　计	571,409.00	395,229.00	30.83%	34.42%	35.03%	-0.31%

6.3 主营业务分地区情况

单位：（人民币）万元

地区	营业收入	营业收入比上年增减(%)
云南省内	407,712.00	43.64%
云南省外	162,060.00	17.47%
境　外	1,637.00	-50.03%
合　计	571,409.00	34.42%

6.4 采用公允价值计量的项目

√ 适用　　□ 不适用

单位：（人民币）元

项目	期初金额	本期公允价值变动损益	计入权益的累计公允价值变动	本期计提的减值	期末金额
金融资产：					
其中：1.以公允价值计量且其变动计入当期损益的金融资产					
其中：衍生金融资产					
2.可供出售金融资产	9,873,402.00		-6,877,248.00		2,996,154.00
金融资产小计	9,873,402.00		-6,877,248.00		2,996,154.00
金融负债					
投资性房地产					
生产性生物资产					
其他					
合计	9,873,402.00		-6,877,248.00		2,996,154.00

6.5 募集资金使用情况

√ 适用　　□ 不适用

单位：（人民币）万元

募集资金总额	136,398.40	本年度投入募集资金总额	37,231.00
变更用途的募集资金总额	0.00		
变更用途的募集资金总额比例	0.00%	已累计投入募集资金总额	37,231.00

承诺投资项目	是否已变更项目(含部分变更)	募集资金承诺投资总额	调整后投资总额	截至期末承诺投入金额(1)	本年度投入金额
整体搬迁	否	108,990.00	108,990.00	7,231.00	7,231.00
子公司增资	否	30,000.00	30,000.00	30,000.00	30,000.00
合　计	-	138,990.00	138,990.00	37,231.00	37,231.00

承诺投资项目	截至期末累计投入金额(2)	截至期末累计投入金额与承诺投入金额的差额(3)=(2)-(1)	截至期末投入进度(%)(4)=(2)/(1)	项目达到预定可使用状态日期	本年度实现的效益	是否达到预计效益	项目可行性是否发生重大变化
整体搬迁	7,231.00	0.00	100.00%	2010-01-01	0.00	否	否
子公司增资	30,000.00	0.00	100.00%	2009-01-01	0.00	否	否
合　计	37,231.00	0.00	-	-	0.00	-	-

未达到计划进度或预计收益的情况和原因(分具体项目)	无
项目可行性发生重大变化的情况说明	无
募集资金投资项目实施地点变更情况	无
募集资金投资项目实施方式调整情况	无
募集资金投资项目先期投入及置换情况	截至 2008 年 12 月 23 日，云南白药预先　以自筹资金对公司整体搬迁至呈贡新城项目的实际投入资金额为人民币 4,031.00 万元，其中：购置生产设备投入金额 3,028.31 万元，云南白药子公司云南白药置业有限公司（以下简称白药置业）支付项目设计费、工程前期费用等 1,002.69 万元。
用闲置募集资金暂时补充流动资金情况	无
项目实施出现募集资金结余的金额及原因	截止 2008 年 12 月 31 日余额为 99,167.34 万元，整体搬迁项目按计划实施，尚未使用。
尚未使用的募集资金用途及去向	无
募集资金使用及披露中存在的问题或其他情况	无

变更项目情况

□ 适用　　√ 不适用

6.6 非募集资金项目情况

□ 适用　　√ 不适用

6.7 董事会对公司会计政策、会计估计变更或重大会计差错更正的原因及影响的说明

√ 适用　　□ 不适用

1、会计政策变更：

公司期初持有云南云药科技股份有限公司（以下简称云药科技）16.50%股权，投资成本 9,990,000.00 元。本期由于云药科技实收资本从 6000 万元变更至 4050 万元，公司对云药科技投资金额不变，持股比例增加至 24.667%，公司对其影响能力由不具有重大影响转为具有重大影响。根据《企业会计准则－长期股权投资》的规定，公司对云药科技的长期股权投资由成本法转为权益法核算，此项会计政策变更采用追溯调整，2008 年比较财务报表已重新表述。由于云药科技持续亏损，2007 年初由于该项会计政策变更追溯调整的变更累计影响数为-3,398,675.22 元。调减 2007 年初留存收益 3,398,675.22 元，其中调减未分配利润 3,058,807.70 元，调减盈余公积 339,867.52 元。会计政策变更对 2007 年度财务报表本年金额的影响为调减未分配利润 385,592.06 元，调减盈余公积 42,843.56 元，调减净利润 428,435.62 元。

2、前期会计差错更正：

云南省医药有限公司（以下简称医药有限）、云南白药集团大理药业有限公司（以下简称大理药业）及云南白药集团无锡药业有限公司（以下简称无锡药业）系公司出资设立的子公司。2007 年公司执行新企业会计准则，对长期股权投资进行追溯调整，追溯调整后公司对医药有限公司投资成本为 224,578,361.95 元，对大理药业投资成本为 18,015,000.00 元，对无锡药业的投资成本为 37,279,859.95 元。根据《企业会计准则解释第 1 号》及企业会计准则专家工作组意见（2008 年 1 月 25 日）规定"企业在首次执行日以前已经持有的对子公司长期股权投资，应在首次执行日进行追溯调整，视同该子公司自最初即采用成本法核算"，2007 年期初公司对医药有限投资成本应追溯调整为最初的投资成本 187,715,229.16 元，对大理药业的投资成本应追溯调整为最初的投资成本 15,515,000.00 元，对无锡药业的投资成本应追溯调整为最初的投资成本 39,042,733.25 元。本期对此前期差错进行更正，调减母公司期初长期股权投资成本 37,600,259.49 元，调减年初未分配利润 33,840,233.54 元，调减年初盈余公积 3,760,025.95 元。上述事项对合并财务报表期初留存收益合计金额无影响，仅影响公司合并财务表年初留存收益的分项列示，影响年初未分配利润减少 3,760,025.95 元，年初盈余公积增加 3,760,025.95 元。

6.8 董事会对会计师事务所"非标准审计报告"的说明

□ 适用　　√ 不适用

6.9 董事会本次利润分配或资本公积金转增股本预案

根据 2009 年 4 月 23 日第五届董事会 2009 年第四次会议通过的 2008 年度利润分配预案，公司本期可供股东分配的利润为 988,431,962.79 元，按 2008 年末总股本 534,051,138.00 股为基数，每 10 股派发现金股利 3.00 元（含税），拟派发现金股利 160,215,341.40 元。该利润分配预案尚需股东大会审议批准。

公司前三年现金分红情况

单位：（人民币）元

	现金分红金额（含税）	合并报表中归属于母公司所有者的净利润	占合并报表中归属于母公司所有者的净利润的比率
2007 年	48,405,113.80	330,209,797.00	14.66%
2006 年	48,405,113.80	252,880,427.25	19.14%
2005 年	48,405,113.85	227,272,936.10	21.30%

公司本报告期内盈利但未提出现金利润分配预案

□ 适用　　√ 不适用

第七节　重要事项

7.1 收购资产

√ 适用　　□ 不适用

单位：（人民币）万元

交易对方或最终控制方	被收购资产	购买日	收购价格	自购买日起至本年末为公司贡献的净利润	本年初至本年末为公司贡献的净利润（适用于同一控制下的企业合并）	是否为关联交易（如是，说明定价原则）	定价原则说明	所涉及的资产产权是否已全部过户	所涉及的债权债务是否已全部转移	关联关系
母公司	购买昆明云健制药有限公司 100%股权	2008 年 1 月 1 日	1,300.00	718.00	718.00	是	在评估值的基础上，通过股权转让双方商定	是	是	母公司
母公司	购买昆明金殿制药有限公司 100%股权	2008 年 6 月 15 日	0.00	-302.00	-302.00	是	在评估值的基础上，通过股权转让双方商定	是	是	母公司
母公司	购买昆明兴中制药有限责任公司 100%股权	2008 年 1 月 1 日	3,700.00	263.00	263.00	是	在评估值的基础上，通过股权转让双方商定	是	是	母公司

7.2 出售资产

□ 适用　　√ 不适用

7.1、7.2 所涉及事项对公司业务连续性、管理层稳定性的影响。

无

7.3 重大担保

□ 适用　　√ 不适用

7.4 重大关联交易

7.4.1 与日常经营相关的关联交易

□ 适用　　√ 不适用

7.4.2 关联债权债务往来

□ 适用　　√ 不适用

7.4.3 2008 年资金被占用情况及清欠进展情况

□ 适用　　√ 不适用

7.5 委托理财

□ 适用　　√ 不适用

7.6 承诺事项履行情况

□ 适用　　√ 不适用

公司或持股 5%以上股东在报告期内或持续到报告期内的承诺事项

√适用　　□不适用

原非流通股东在股权分置改革过程中做出的特殊承诺及其履行情况

股东名称	特殊承诺	承诺履行情况
云南云药有限公司	持有的原非流通股自获得流通权之日起三十六个月内不上市交易或转让(因实施股权激励向云南白药集团股份有限公司管理团队转让股份或资产重组导致股东变更的除外)。	履行中
云南红塔集团有限公司	自改革方案实施之日起,在 12 个月内不得上市交易或者转让;在上述 12 个月期满后,通过证券交易所挂牌交易出售原非流通股股份,出售数量占该公司股份总数的比例在 12 个月内不得超过 5%,在 24 个月内不得超过 10%。	2007 年 5 月 29 日解除限售 24202557 股,2008 年 6 月 12 日解除限售 24202557 股,余 17408798 股将在 2009 年 5 月 29 日解除限售。

7.7 重大诉讼仲裁事项

□ 适用　　√ 不适用

7.8 其他重大事项及其影响和解决方案的分析说明

7.8.1 证券投资情况

√ 适用　　□ 不适用

单位:(人民币)元

序号	证券品种	证券代码	证券简称	初始投资金额(元)	持有数量	期末账面值	占期末证券总投资比例(%)	报告期损益
1	A 股	002210	飞马国际	3,895.00	500	0.00	0.00%	8,794.82
2	B 股	601899	紫金矿业	7,130.00	1,000	0.00	0.00%	3,561.43
期末持有的其他证券投资0.00				–	0.00	0.00%	0.00%	
报告期已出售证券投资损益				–	–	–	–	0.00
合计				11,025.00	–	0.00	100%	12,356.25

7.8.2 持有其他上市公司股权情况

√ 适用　　□ 不适用

单位:(人民币)元

证券代码	证券简称	初始投资金额	占该公司股权比例(%)	期末账面值	报告期损益	报告期所有者权益变动	会计核算科目	股份来源
601328	交通银行	500,000.00	0.00%	2,996,154.00	158,025.00	0.00	可供出售金融资产	购买
合计		500,000.00	–	2,996,154.00	158,025.00	0.00	–	–

7.8.3 持有非上市金融企业股权情况

√ 适用　　□ 不适用

单位:(人民币)元

所持对象名称	初始投资金额	持有数量	占该公司股权比例(%)	期末账面值	报告期损益	报告期所有者权益变动	会计核算科目	股份来源
红塔证券股份有限公司	20,000,000.00	20,000,000	1.44%	20,000,000.00	0.00	0.00	长期股权投资	购买
合计	20,000,000.00	20,000,000	–	20,000,000.00	0.00	0.00	–	–

7.8.4 买卖其他上市公司股份的情况

□ 适用　　√ 不适用

第八节　监事会报告

√ 适用　　□ 不适用

云南白药集团股份有限公司监事会在股东会的领导下,按照中华人民共和国《公司法》、《证券法》及中国证监会及深交所有关所有法律、法规的相关规定,紧紧围绕公司的经营工作,认真履行监督职责,在促进公司快速发展的同时,维护了股东和公司的合法权益。现将 2008 年度监事会主要工作情况报告如下:

一、2008 年公司监事会会议召开情况

2008 年监事会共召开两次会议,情况如下:

(一)2008 年 4 月 7 日,监事会召开会议并通过以下决议:

1、审议通过了 2007 年度监事会工作报告;

2、审议同意了公司 2007 年度总裁工作报告;

3、审议通过了公司 2007 年度报告及摘要;

4、审议通过公司 2007 年度财务决算报告;

5、审议通过公司 2008 年度财务预算报告;

6、审议同意公司 2007 年度利润分配预案;

7、审议同意公司内部控制自我评价报告;

通报了公司关于全资收购昆明金殿制药有限责任公司的议案。

(二)2008 年 8 月 27 日,监事会召开会议并通过以下决议:

1、审议通过了公司 2008 年半年度报告全文及摘要。

二、监事会对公司有关事项的独立意见

公司监事会依照《证券法》、《公司法》、《公司章程》所赋予的职责,认真履行了监督职能,检查了公司经营和财务活动情况,并列席了报告期内公司董事会及股东大会全部会议,公司监事会对股东大会的决议执行情况进行了监督,公司董事会能够认真执行股东大会的有关决议。监事会认为:

(一)报告期内公司的股东大会和董事会的召开程序、议事规则和决议程序合法有效,本报告期内公司各项重要事项的决策程序合法,内部控制制度完善,没有发现公司董事及高层管理人员执行公司职务时有违反法律的行为,也没有发现滥用职权、损害股东和职工利益的行为。

(二)公司 2007 年度报告的编制和审议程序符合《公司法》、《证券法》、《公司章程》等有关法律法规及公司规章、制度的规定;年报包含的信息真实、全面反映了公司的财务状况和经营成果等各方面信息。经审核,监事会确认,2008 年公司经营班子在公司董事会的正确领导下,在全体职工的共同努力下取得了较好的经济效益。其中,主营收入 572320 万元;同比 2007 年增长了 34.24 %;实现利润总额 55525 万元,同比 2007 年增长 42.54 %;净利润 46353　万元,同比 2007 年增长 39.79 %;净资产收益率 14.84 %,同比 2007 年降低 8.36 个百分点;每股收益 0.96 元,比 2007 年增长 41.18 %。云南亚太中汇会计师事务所有限公司所出具的"无保留意见"审计报告结论,真实反映了公司的实际情况。

在监事会提出以上意见前,未发现参与年报编制和审议的人员有违反保密规定的行为。

(三)报告期内公司收购资产等交易价格是合理的,无内幕交易、损害部分股东权益、造成公司资产流失的情况。

2008 年度公司及其控股子公司没有对外担保的情况。

(四)报告期内,公司按照《深圳证券交易所上市公司内部控制指引》及有关法律、法规、规范性文件的要求建立健全了覆盖公司各环节的内部控制制度,保证了公司业务活动的正常进行,保护公司资产的安全和完整。公司现有的内部控制制度基本符合我国有关法规和证券监管部门的要求,符合目前公司生产经营实际情况需要,在企业管理的关键环节发挥了较好的控制与防范作用。近年来,公司通过不断加强内部控制,促进了公司良性、健康的发展。监事会对公司内部控制运行情况进行了检查监督,公司内部控制制度健全且能有效运行,在检查中没有发现内部控制重大缺陷和异常事项。公司内部控制自我评价中对公司内部控制的整体评价是客观、完整、真实的。

第九节　财务报告

9.1 审计意见

审计报告　　　　标准无保留审计意见

审计报告正文

云南白药集团股份有限公司全体股东:

我们审计了后附的云南白药集团股份有限公司(以下简称云南白药)财务报表,包括 2008 年 12 月 31 日的资产负债表及合并资产负债表,2008 年度的利润表及合并利润表、现金流量表及合并现金流量表和所有者权益变动表及合并所有者权益变动表以及财务报表附注。

一、管理层对财务报表的责任

按照企业会计准则的规定编制财务报表是云南白药管理层的责任。这种责任包括:(1)设计、实施和维护与财务报表编 制相关的内部控制,以使财务报表不存在由于舞弊或错误而导致的重大错报;(2)选择和运用恰当的会计政策;(3)作出合理的会计估计。

二、注册会计师的责任

我们的责任是在实施审计工作的基础上对财务报表发表审计意见。我们按照中国注册会计师审计准则的规定执行了审计工作。中国注册会计师审计准则要求我们遵守职业道德规范,计划和实施审计工作以对财务报表是否不存在重大错报获取合理保证。

审计工作涉及实施审计程序,以获取有关财务报表金额和披露的审计证据。选择的审计程序取决于注册会计师的判断,包括对由于舞弊或错误导致的财务报表重大错报风险的评估。在进行风险评估时,我们考虑与财务报表编制相关的内部控制,以设计恰当的审计程序,但目的并非对内部控制的有效性发表意见。审计工作还包括评价管理层选用会计政策的恰当性和作出会计估计的合理性,以及评价财务报表的总体列报。

我们相信,我们获取的审计证据是充分、适当的,为发表审计意见提供了基础。

三、审计意见

我们认为,云南白药财务报表已经按照企业会计准则的规定编制,在所有重大方面公允反映了云南白药 2008 年 12 月 31 日的财务状况以及 2008 年度的经营成果和现金流量。

中审亚太会计师事务所有限公司　　　　中国注册会计师:张　为

中国注册会计师:刘蓉晖

中国　北京　　　　二〇〇九年四月二十三日

9.2 财务报表

9.2.1 资产负债表

编制单位:云南白药集团股份有限公司　　2008 年 12 月 31 日　　单位:(人民币)元

项目	期末余额		年初余额	
	合并	母公司	合并	母公司
流动资产:				
货币资金	2,335,333,994.33	1,701,440,598.98	674,595,767.12	401,364,846.39
结算备付金	0.00	0.00	0.00	0.00
拆出资金	0.00	0.00	0.00	0.00
交易性金融资产	0.00	0.00	0.00	0.00
应收票据	216,658,630.21	176,735,297.94	442,496,476.81	400,266,327.45
应收账款	161,284,874.55	61,687,049.49	200,150,376.65	204,910,241.51
预付款项	326,616,938.43	342,093,202.96	164,061,381.72	186,748,788.61
应收保费	0.00	0.00	0.00	0.00
应收分保账款	0.00	0.00	0.00	0.00
应收分保合同准备金	0.00	0.00	0.00	0.00
应收利息	1,523,244.03	1,026,834.00	0.00	0.00

应收股利		1,682,320.48		
其他应收款	145,380,151.05	236,861,597.63	66,991,576.41	126,569,072.14
买入返售金融资产	0.00	0.00	0.00	0.00
存货	1,301,637,236.42	153,886,259.06	1,056,469,022.94	120,147,309.71
一年内到期的非流动资产	0.00	0.00	0.00	0.00
其他流动资产	0.00	0.00	0.00	0.00
流动资产合计	4,488,435,069.02	2,675,413,160.54	2,604,764,601.65	1,440,006,585.81
非流动资产:				
发放贷款及垫款	0.00	0.00	0.00	0.00
可供出售金融资产	2,996,154.00	2,996,154.00	9,873,402.00	9,873,402.00
持有至到期投资	0.00	0.00	0.00	0.00
长期应收款	0.00	0.00	0.00	0.00
长期股权投资	36,336,909.43	803,156,240.09	37,846,339.56	398,099,403.68
投资性房地产	0.00	0.00	0.00	0.00
固定资产	238,825,809.62	54,110,926.69	263,663,197.07	49,440,720.52
在建工程	44,898,522.73	30,716,072.09	9,684,443.98	4,517,579.79
工程物资	0.00	0.00	0.00	0.00
固定资产清理	0.00	0.00	0.00	0.00
生产性生物资产	0.00	0.00	0.00	0.00
油气资产	0.00	0.00	0.00	0.00
无形资产	58,871,941.37	23,293,542.76	60,099,809.63	24,713,363.92
开发支出	0.00	0.00	0.00	0.00
商誉	12,843,661.62	0.00	12,843,661.62	0.00
长期待摊费用	5,996,995.80	111,052.82	10,448,577.88	123,684.38
递延所得税资产	37,964,513.97	13,138,361.24	20,322,152.59	12,614,953.00
其他非流动资产	10,000,000.00	0.00	10,000,000.00	0.00
非流动资产合计	448,734,508.54	927,522,349.69	434,781,584.33	499,383,107.29
资产总计	4,937,169,577.56	3,602,935,510.23	3,039,546,185.98	1,939,389,693.10
流动负债:				
短期借款	21,400,000.00	0.00	49,700,000.00	37,700,000.00
向中央银行借款	0.00	0.00	0.00	0.00
吸收存款及同业存放	0.00	0.00	0.00	0.00
拆入资金	0.00	0.00	0.00	0.00
交易性金融负债	0.00	0.00	0.00	0.00
应付票据	174,794,473.20	714,466.26	228,114,542.38	10,672,287.88
应付账款	699,126,645.66	117,073,649.43	528,861,286.49	126,122,942.62
预收款项	169,062,796.66	60,860,114.39	121,324,951.66	210,673,666.77
卖出回购金融资产款	0.00	0.00	0.00	0.00
应付手续费及佣金	0.00	0.00	0.00	0.00
应付职工薪酬	42,769,525.85	23,850,528.29	21,401,915.42	6,695,226.29
应交税费	100,490,835.44	91,007,885.87	77,298,926.11	86,426,766.58
应付利息	284,070.00	0.00	218,400.00	0.00
应付股利	2,627,624.98	0.00	843,994.42	0.00
其他应付款	517,971,308.84	527,759,889.38	440,477,125.30	419,819,750.68
应付分保账款	0.00	0.00	0.00	0.00
保险合同准备金	0.00	0.00	0.00	0.00
代理买卖证券款	0.00	0.00	0.00	0.00
代理承销证券款	0.00	0.00	0.00	0.00
一年内到期的非流动负债	0.00	0.00	15,000,000.00	0.00
其他流动负债	0.00	0.00	0.00	0.00
流动负债合计	1,728,527,280.63	821,266,533.62	1,483,241,141.78	898,110,640.82
非流动负债:				
长期借款	6,684,882.14	0.00	18,684,882.14	0.00
应付债券	0.00	0.00	0.00	0.00
长期应付款	4,944,832.43	0.00	5,003,732.60	0.00
专项应付款	0.00	0.00	29,038,734.08	19,816,849.51
预计负债	0.00	0.00	0.00	0.00
递延所得税负债	374,423.10	374,423.10	1,406,010.30	1,406,010.30
其他非流动负债	10,001,720.59	7,691,721.46	1,009,999.13	0.00
非流动负债合计	22,005,858.26	8,066,144.56	55,143,358.25	21,222,859.81
负债合计	1,750,533,138.89	829,332,678.18	1,538,384,500.03	919,333,500.63
所有者权益(或股东权益):				
实收资本(或股本)	534,051,138.00	534,051,138.00	484,051,138.00	484,051,138.00
资本公积	1,397,057,201.89	1,376,653,327.30	150,410,322.33	40,039,160.22
减:库存股	0.00	0.00	0.00	0.00
盈余公积	217,704,428.06	208,328,222.77	176,170,669.43	166,794,464.14
一般风险准备	0.00	0.00	0.00	0.00
未分配利润	988,431,962.79	654,570,143.98	612,950,679.74	329,171,430.11
外币报表折算差额	0.00	0.00	0.00	0.00
归属于母公司所有者权益合计	3,137,244,730.74	2,773,602,832.05	1,423,582,809.50	1,020,056,192.47
少数股东权益	49,391,707.93	0.00	77,578,876.45	0.00
所有者权益合计	3,186,636,438.67	2,773,602,832.05	1,501,161,685.95	1,020,056,192.47
负债和所有者权益总计	4,937,169,577.56	3,602,935,510.23	3,039,546,185.98	1,939,389,693.10

9.2.2 利润表

编制单位:云南白药集团股份有限公司　　2008 年 1-12 月　　单位:(人民币)元

项目	本期金额		上期金额	
	合并	母公司	合并	母公司
一、营业总收入	5,723,198,667.65	1,681,969,853.18	4,263,268,552.25	1,252,232,223.20
其中:营业收入	5,723,198,667.65	1,681,969,853.18	4,263,268,552.25	1,252,232,223.20
利息收入				
已赚保费				
手续费及佣金收入				
二、营业总成本	5,199,926,100.92	1,328,948,973.67	3,874,412,041.55	973,831,117.37
其中 营业成本	3,957,991,073.48	616,234,465.64	2,935,799,711.27	438,941,339.80
利息支出				
手续费及佣金支出				
退保金				
赔付支出净额				
提取保险合同准备金净额				
保单红利支出				
分保费用				
营业税金及附加	30,718,812.91	18,617,436.02	24,762,903.63	16,933,473.42
销售费用	983,476,564.83	584,264,093.36	643,835,502.01	350,164,856.66
管理费用	187,931,947.08	109,445,252.63	192,441,718.52	101,815,119.88
财务费用	1,676,380.10	-90,005.55	-1,987,008.17	-7,496,880.47
资产减值损失	38,131,322.52	477,731.57	79,559,214.29	73,473,208.08
加:公允价值变动收益(损失以“-”号填列)				
投资收益(损失以“-”号填列)	5,612,185.62	118,803,561.97	2,129,948.68	3,432,732.84
其中 对联营企业和合营企业的投资收益				
汇兑收益(损失以“-”号填列)				
三、营业利润(亏损以“-”号填列)	528,884,752.35	471,824,441.48	390,986,459.38	281,833,838.67
加:营业外收入	30,386,608.77	20,062,297.29	6,085,152.64	274,591.44
减:营业外支出	4,021,665.81	18,396,355.73	7,537,797.96	18,158,611.72
其中 非流动资产处置损失				
四、利润总额(亏损总额以“-”号填列)	555,249,695.31	473,490,383.04	389,533,814.06	263,949,818.39
减:所得税费用	91,717,872.39	58,152,796.74	57,933,529.75	41,201,903.05
五、净利润(净亏损以“-”号填列)	463,531,822.92	415,337,586.30	331,600,284.31	222,747,915.34
归属于母公司所有者的净利润	465,420,155.48	415,337,586.30	330,209,797.00	222,747,915.34
少数股东损益	-1,888,332.56	0.00	1,390,487.31	0.00
六、每股收益:				
(一)基本每股收益	0.96		0.68	0.46
(二)稀释每股收益	0.96		0.68	0.46

9.2.3 现金流量表

编制单位:云南白药集团股份有限公司　　2008 年 1-12 月　　单位:(人民币)元

项目	本期金额		上期金额	
	合并	母公司	合并	母公司
一、经营活动产生的现金流量:				
销售商品、提供劳务收到的现金	6,581,157,076.06	1,957,602,105.23	4,594,586,059.48	1,223,571,711.74
客户存款和同业存放款项净增加额				
向中央银行借款净增加额				
向其他金融机构拆入资金净增加额				
收到原保险合同保费取得的现金				
收到再保险业务现金净额				
保户储金及投资款净增加额				
处置交易性金融资产净增加额				
收取利息、手续费及佣金的现金				
拆入资金净增加额				
回购业务资金净增加额				
收到的税费返还	155,265.23		710,536.72	
收到其他与经营活动有关的现金	30,004,018.24	33,834,616.32	27,181,823.44	19,506,104.20
经营活动现金流入小计	6,611,316,359.53	1,991,436,721.55	4,622,478,419.64	1,243,077,815.94
购买商品、接受劳务支付的现金	4,232,358,251.45	408,500,222.17	3,516,743,503.94	414,081,133.20
客户贷款及垫款净增加额				
存放中央银行和同业款项净增加额				
支付原保险合同赔付款项的现金				
支付利息、手续费及佣金的现金				
支付保单红利的现金				
支付给职工以及为职工支付的现金	189,061,686.93	91,680,284.77	125,803,255.49	52,645,035.46
支付的各项税费	421,197,867.43	258,107,247.93	312,013,580.77	202,344,716.95
支付其他与经营活动有关的现金	961,801,675.71	602,257,954.83	596,895,316.77	494,023,017.67
经营活动现金流出小计	5,804,419,481.52	1,360,545,709.70	4,551,455,656.97	1,163,093,903.28
经营活动产生的现金流量净额	806,896,878.01	630,891,011.85	71,022,762.67	79,983,912.66
二、投资活动产生的现金流量:				
收回投资收到的现金	359,641.54	359,641.54	500,000.00	0.00
取得投资收益收到的现金	7,170,381.25	118,681,030.08	2,574,163.53	3,763,557.19
处置固定资产、无形资产和其他长期资产收回的现金净额	230,530.01	46,291.42	380,835.04	7,000.00
处置子公司及其他营业单位收到的现金净额				

收到其他与投资活动有关的现金				
投资活动现金流入小计	7,760,552.80	119,086,963.04	3,454,998.57	3,770,557.19
购建固定资产、无形资产和其他				
长期资产支付的现金	317,760,165.02	344,098,124.70	18,563,428.19	7,176,601.66
投资支付的现金	27,688,945.30	327,688,945.30	27,773,800.00	127,273,800.00
质押贷款净增加额				
取得子公司及其他营业单位				
支付的现金净额	50,000,001.00	50,000,001.00	−679,332.14	195,580.00
支付其他与投资活动有关的现金				
投资活动现金流出小计	395,449,111.32	721,787,071.00	45,657,896.05	134,645,981.66
投资活动产生的现金				
流量净额	−387,688,558.52	−602,700,107.96	−42,202,897.48	−130,875,424.47
三、筹资活动产生的现金流量：				
吸收投资收到的现金	1,366,120,000.00	1,366,120,000.00		
其中：子公司吸收少数股东投资收到的现金				
取得借款收到的现金	133,400,000.00	110,000,000.00	45,000,000.00	35,000,000.00
发行债券收到的现金				
收到其他与筹资活动有关的现金				
筹资活动现金流入小计	1,499,520,000.00	1,476,120,000.00	45,000,000.00	35,000,000.00
偿还债务支付的现金	188,700,000.00	147,700,000.00	12,000,000.00	
分配股利、利润或偿付利息				
支付的现金	67,154,092.28	54,399,151.30	57,077,647.95	48,405,113.80
其中：子公司支付给				
少数股东的股利、利润	10,465,326.96		1,464,673.22	
支付其他与筹资活动				
有关的现金	2,136,000.00	2,136,000.00		
筹资活动现金流出小计	257,990,092.28	204,235,151.30	69,077,647.95	48,405,113.80
筹资活动产生的现金				
流量净额	1,241,529,907.72	1,271,884,848.70	−24,077,647.95	−13,405,113.80
四、汇率变动对现金及				
现金等价物的影响				
五、现金及现金等价				
物净增加额	1,660,738,227.21	1,300,075,752.59	4,742,217.24	−64,296,625.61
加：期初现金及现金				
等价物余额	674,595,767.12	401,364,846.39	669,853,549.88	465,661,472.00
六、期末现金及现金				
等价物余额	2,335,333,994.33	1,701,440,598.98	674,595,767.12	401,364,846.39

9.2.4 所有者权益变动表

编制单位：云南白药集团股份有限公司　　2008 年度　　单位：(人民币)元

本期金额

项目	归属于母公司所有者权益							少数股东权益	所有者权益合计
	实收资本(或股本)	资本公积	减:库存股	盈余公积	一般风险准备	未分配利润	其他		
一、上年年末余额	484,051,138.00	63,763,970.11		170,937,201.17		628,441,433.59		77,578,876.45	1,424,772,619.32
加:会计政策变更				−382,711.08		−3,444,399.76			−3,827,110.84
前期差错更正				−3,760,025.95		3,760,025.95			
其他		86,646,352.22		9,376,205.29		−15,806,380.04			80,216,177.47
二、本年年初余额	484,051,138.00	150,410,322.33		176,170,669.43		612,950,679.74		77,578,876.45	1,501,161,685.95
三、本年增减变动金额									
(减少以"−"号填列)	50,000,000.00	1,246,646,879.56		41,533,758.63		375,481,283.05		−28,187,168.52	1,685,474,752.72
(一)净利润						465,420,155.48		−1,888,332.56	463,531,822.92
(二)直接计入所有者									
权益的利得和损失		−17,337,119.44							−17,337,119.44
1.可供出售金融资产									
公允价值变动净额		−6,877,248.00							−6,877,248.00
2.权益法下被投资单位其他									
所有者权益变动的影响		−11,491,458.64							−11,491,458.64
3.与计入所有者权益项目									
相关的所得税影响		1,031,587.20							1,031,587.20
4.其他									
上述(一)和(二)小计		−17,337,119.44				465,420,155.48		−1,888,332.56	446,194,703.48
(三)所有者投入和									
减少资本	50,000,000.00	1,263,983,999.00						−13,498,205.97	1,300,485,793.03
1.所有者投入资本	50,000,000.00	1,313,984,000.00						−13,498,205.97	1,350,485,794.03
2.股份支付计入所有者权益的金额									
3.其他		−50,000,001.00							−50,000,001.00
(四)利润分配				41,533,758.63		−89,938,872.43		−12,800,629.99	−61,205,743.79
1.提取盈余公积				41,533,758.63		−41,533,758.63			
2.提取一般风险准备						−48,405,113.80		−12,739,598.88	−61,144,712.68
3.对所有者(或股东的分配								−61,031.11	−61,031.11
4.其他									
(五)所有者权益内部结转									
1.资本公积转增资本(或股本)									
2.盈余公积转增资本(或股本)									
3.盈余公积弥补亏损									
4.其他									
四、本期期末余额	534,051,138.00	1,397,057,201.89		217,704,428.06		988,431,962.79		49,391,707.93	3,186,636,438.67

上年金额

项目	归属于母公司所有者权益							少数股东权益	所有者权益合计
	实收资本(或股本)	资本公积	减:库存股	盈余公积	一般风险准备	未分配利润	其他		
一、上年年末余额	484,051,138.00	55,766,670.41		148,619,566.07		362,373,701.42		92,958,236.93	1,143,769,312.83
加:会计政策变更									
前期差错更正									
其他									
二、本年年初余额	484,051,138.00	55,766,670.41		148,619,566.07		362,373,701.42		92,958,236.93	1,143,769,312.83
三、本年增减变动金额									
(减少以"−"号填列)		7,997,299.70		22,317,635.10		266,067,732.17		−15,379,360.48	281,003,306.49
(一)净利润						336,790,481.07		1,390,487.31	338,180,968.38
(二)直接计入所有者									
权益的利得和损失		7,997,299.70							7,997,299.70
1.可供出售金融资产									
公允价值变动净额		9,373,402.00							9,373,402.00
2.权益法下被投资单位其他									
所有者权益变动的影响		29,908.00							29,908.00
3.与计入所有者权益项目									
相关的所得税影响		−1,406,010.30							−1,406,010.30
4.其他									
上述(一)和(二)小计		7,997,299.70				336,790,481.07		1,390,487.31	346,178,268.08
(三)所有者投入和减少资本								−15,338,088.59	−15,338,088.59
1.所有者投入资本									
2.股份支付计入所有者权益的金额									
3.其他								−15,338,088.59	−15,338,088.59
(四)利润分配				22,317,635.10		−70,722,748.90		−1,431,759.20	−49,836,873.00
1.提取盈余公积				22,317,635.10		−22,317,635.10			
2.提取一般风险准备									
3.对所有者(或股东的分配						−48,405,113.80		−1,431,759.20	−49,836,873.00
4.其他									
(五)所有者权益内部结转									
1.资本公积转增资本(或股本)									
2.盈余公积转增资本(或股本)									
3.盈余公积弥补亏损									
4.其他									
四、本期期末余额	484,051,138.00	63,763,970.11		170,937,201.17		628,441,433.59		77,578,876.45	1,424,772,619.32

9.3 与最近一期年度报告相比，会计政策、会计估计和核算方法发生变化的具体说明

√ 适用　　□ 不适用

1、会计政策变更：

公司期初持有云南云药科技股份有限公司（以下简称云药科技）16.50%股权，投资成本 9,990,000.00。本期由于云药科技实收资本从 6000 万元变更至 4050 万元，公司对云药科技投资金额不变，持股比例增加至 24.667%，公司对其影响能力由不具有重大影响转为具有重大影响。根据《企业会计准则－长期股权投资》的规定，公司对云药科技的长期股权投资由成本法转为权益法核算，此项会计政策变更采用追溯调整，2008 年比较财务报表已重新表述。由于云药科技持续亏损，2007 年初由于该项会计政策变更追溯调整的变更累计影响数为−3,398,675.22 元。调减 2007 年初留存收益 3,398,675.22 元，其中调减未分配利润 3,058,807.70 元，调减盈余公积 339,867.52 元。会计政策变更对 2007 年度财务报表本年金额的影响为调减未分配利润 385,592.06 元，调减盈余公积 42,843.56 元，调减净利润 428,435.62 元。

2、会计估计变更：

公司本年度无会计估计变更情况。

9.4 重大会计差错的内容、更正金额、原因及其影响

√ 适用　　□ 不适用

前期会计差错更正：

云南省医药有限公司(以下简称医药有限)、云南白药集团大理药业有限公司(以下简称大理药业)及云南白药集团无锡药业有限公司(以下简称无锡药业)系公司出资设立的子公司。2007 年公司执行新企业会计准则，对长期股权投资进行追溯调整，追溯调整后公司对医药有限公司投资成本为 224,578,361.95 元，对大理药业投资成本为 18,015,000.00 元，对无锡药业的投资成本为 37,279,859.95 元。根据《企业会计准则解释第 1 号》及企业会计准则专家工作组意见(2008 年 1 月 25 日)规定"企业在首次执行日以前已经持有的对子公司长期股权投资，应在首次执行日进行追溯调整，视同该子公司自最初即采用成本法核算"，2007 年期初公司对医药有限投资成本应追溯调整为最初的投资成本 187,715,229.16 元，对大理药业的投资成本应追溯调整为最初的投资成本 15,515,000.00 元，对无锡药业的投资成本应追溯调整为最初的投资成本 39,042,733.25 元。本期对此前期差错进行更正，调减母公司期初长期股权投资成本 37,600,259.49 元，调减年初未分配利润 33,840,233.54 元，调减年初盈余公积 3,760,025.95 元。上述事项对合并财务报表期初留存收益合计金额无影响，仅影响公司合并财务表期初留存收益的分项列示，影响期初未分配利润减少 3,760,025.95 元，年初盈余公积增加 3,760,025.95 元。

9.5 与最近一期年度报告相比，合并范围发生变化的具体说明

√ 适用　　□ 不适用

与最近一期年度报告相比，本年新增合并单位三家：

新增子公司名称	本公司合计持股比例	本公司合计享有的表决权比例	新增公司报告期末净资产	新增公司报告期净利润	本期新增子公司的原因
昆明云健制药有限公司	100%	100%	30,703,634.80	7,179,458.26	收购股权
昆明兴中制药有限责任公司	100%	100%	57,380,843.41	2,633,453.55	收购股权
昆明金殿制药有限公司	100%	100%	−949,953.21	−3,023,832.82	收购股权

中天城投集团股份有限公司

中天城投集团股份有限公司 2008 年年度报告摘要

第一节　重要提示

1.1 本公司董事会、监事会及董事、监事、高级管理人员保证本报告所载资料不存在任何虚假记载、误导性陈述或者重大遗漏，并对其内容的真实性、准确性和完整性承担个别及连带责任。本年度报告摘要摘自年度报告全文，投资者欲了解详细内容，应阅读年度报告全文。

1.2 没有董事、监事、高级管理人员声明对年度报告内容的真实性、准确性和完整性无法保证或存在异议。

1.3 所有董事均已出席审议本次年报的董事会会议。

1.4 四川君和会计师事务所有限公司为本公司出具了标准无保留意见的审计报告。

1.5 公司董事长罗玉平、财务负责人李梅、会计部经理王正龙声明：保证年度报告中的财务报告真实、完整。

第二节　公司基本情况简介

2.1 基本情况简介

股票简称	中天城投
股票代码	000540
上市交易所	深圳证券交易所
注册地址	贵阳市吉祥路 1 号
注册地址的邮政编码	550004
办公地址	贵阳市中华中路 1 号峰会国际大厦 8 楼
办公地址的邮政编码	550004
公司国际互联网网址	www.ztcn.cn
电子信箱	ztqyd@public.gz.cn

2.2 联系人和联系方式

	董事会秘书	证券事务代表
姓名	赵　虹	何要求
联系地址	贵阳市中华中路 1 号峰会国际大厦 8 楼	贵阳市中华中路 1 号峰会国际大厦 8 楼
电话	0851-5865112	0851-5865112
传真	0851-6809115	0851-6809115
电子信箱	ztqyd@public.gz.cn	ztqyd@public.gz.cn

第三节　会计数据和业务数据摘要

3.1 主要会计数据

单位：(人民币)元

	2008 年	2007 年		本年比上年增减(%)	2006 年	
		调整前	调整后	调整后	调整前	调整后
营业收入	910,593,169.38	619,499,524.99	1,198,216,781.34	-24.00%	320,132,195.78	320,132,195.78
利润总额	253,794,713.95	167,217,211.07	194,351,982.75	30.59%	24,324,669.27	24,324,669.27
归属于上市公司股东的净利润	190,965,181.38	102,478,831.12	120,700,847.51	58.21%	10,120,705.49	9,718,039.15
归属于上市公司股东的扣除非经常性损益的净利润	127,494,960.70	95,547,543.63	117,501,169.83	8.51%	10,175,904.29	9,773,237.95
经营活动产生的现金流量净额	-388,550,379.08	-48,389,119.76	-87,284,180.33	-345.16%	28,517,366.44	28,517,366.44
	2008 年末	2007 年末		本年末比上年末增减(%)	2006 年末	
		调整前	调整后	调整后	调整前	调整后
总资产	2,868,766,820.17	1,582,605,272.03	2,289,915,615.39	25.28%	1,272,356,060.35	1,324,490,420.04
所有者权益(或股东权益)	763,500,229.03	373,068,241.16	558,209,670.29	36.78%	176,744,444.36	228,876,127.60
股本	356,811,466.00	326,811,466.00	326,811,466.00	9.18%	326,811,466.00	326,811,466.00

3.2Θ 主要财务指标

单位：(人民币)元

	2008 年	2007 年		本年比上年增减(%)	2006 年	
		调整前	调整后	调整后	调整前	调整后
基本每股收益	0.5712	0.3136	0.3693	54.67%	0.031	0.0297
稀释每股收益	0.5712	0.3136	0.3693	54.67%	0.031	0.0297
用最新股本计算的每股收益	0.5352	–	–	–	–	–
扣除非经常性损益后的基本每股收益	0.3814	0.3154	0.3595	6.09%	0.028	0.0299
全面摊薄净资产收益率(%)	25.01%	27.47%	21.62%	3.39%	5.73%	4.25%
加权平均净资产收益率(%)	26.75%	35.59%	35.21%	-8.46%	6.51%	4.34%
扣除非经常性损益后全面摊薄净资产收益率(%)	16.70%	25.61%	21.05%	-4.35%	5.76%	4.27%
扣除非经常性损益后的加权平均净资产收益率(%)	18.69%	33.18%	34.44%	-15.75%	0.06%	4.36%
每股经营活动产生的现金流量净额	-1.089	-0.1481	-0.2671	-307.71%	0.0873	0.0873
	2008 年末	2007 年末		本年末比上年末增减(%)	2006 年末	
		调整前	调整后	调整后	调整前	调整后
归属于上市公司股东的每股净资产(元/股)	2.1398	1.1415	1.708	25.28%	0.5408	0.7003

非经常性损益项目

√ 适用　　□ 不适用

单位：(人民币)元

非经常性损益项目	金额	附注(如适用)
非流动资产处置损益	16,374,976.54	
越权审批，或无正式批准文件，或偶发性的税收返还、减免	0.00	
计入当期损益的政府补助，但与公司正常经营业务密切相关，符合国家政策规定、按照一定标准定额或定量持续享受的政府补助除外	58,617,519.04	
计入当期损益的对非金融企业收取的资金占用费	0.00	
企业取得子公司、联营企业及合营企业的投资成本小于取得投资时应享有被投资单位可辨认净资产公允价值产生的收益	0.00	
非货币性资产交换损益	0.00	
委托他人投资或管理资产的损益	0.00	
因不可抗力因素，如遭受自然灾害而计提的各项资产减值准备	0.00	
债务重组损益	0.00	
企业重组费用，如安置职工的支出、整合费用等	0.00	
交易价格显失公允的交易产生的超过公允价值部分的损益	0.00	
同一控制下企业合并产生的子公司期初至合并日的当期净损益	7,065,544.60	
与公司正常经营业务无关的或有事项产生的损益	-4,246,900.00	
除同公司正常经营业务相关的有效套期保值业务外，持有交易性金融资产、交易性金融负债产生的公允价值变动损益，以及处置交易性金融资产、交易性金融负债和可供出售金融资产取得的投资收益	18,600,000.00	
单独进行减值测试的应收款项减值准备转回	50,000.00	
对外委托贷款取得的损益	0.00	
采用公允价值模式进行后续计量的投资性房地产公允价值变动产生的损益	0.00	
根据税收、会计等法律、法规的要求对当期损益进行一次性调整对当期损益的影响	0.00	
受托经营取得的托管费收入	0.00	
除上述各项之外的其他营业外收入和支出	-11,838,247.71	
其他符合非经常性损益定义的损益项目	0.00	
所得税影响额	-21,146,530.28	
少数股东权益影响额	-6,141.51	
合计	63,470,220.68	–

3.3 境内外会计准则差异

□ 适用　√ 不适用

第四节　股本变动及股东情况

4.1 股份变动情况表

单位：股

	本次变动前		本次变动增减(+,-)					本次变动后	
	数量	比例	发行新股	送股	公积金转股	其他	小计	数量	比例(%)
一、有限售条件股份	213,986,176	65.48%	30,000,000			-45,210,043	-15,210,043	198,776,133	55.71%
1、国家持股									
2、国有法人持股	24,280,866	7.43%	30,000,000			0	30,000,000	54,280,866	15.21%
3、其他内资持股	189,648,892	58.03%	0			-45,381,043	-45,381,043	144,267,849	40.43%
其中：境内非国有法人持股	188,935,492	57.81%	0			-44,667,643	-44,667,643	144,267,849	40.43%
境内自然人持股	713,400	0.22%	0			-713,400	-713,400	0	0.00%
4、外资持股									
其中：境外法人持股									
境外自然人持股									
5、高管股份	56,418	0.02%	0			171,000	171,000	227,418	0.06%
二、无限售条件股份	112,825,290	34.52%	0			45,210,043	45,210,043	158,035,333	44.29%
1、人民币普通股	112,825,290	34.52%	0			45,210,043	45,210,043	158,035,333	44.29%
2、境内上市的外资股									
3、境外上市的外资股									
4、其他									
三、股分总数	326,811,466	100.00%	30,000,000			0	30,000,000	356,811,466	100.00%

限售股份变动情况表

单位:股

股东名称	年初限售股数	本年解除限售股数	本年增加限售股数	年末限售股数	限售原因	解除限售日期
金世旗国际控股股份有限公司	141,206,424	0	3,061,425	144,267,849	股权转让及股改承诺	2010-5-9
中国康力克进出口有限公司	0	0	30,000,000	30,000,000	非公开发行股票相关规定	2009-10-9
贵阳市国有资产投资管理公司	24,280,866	0	0	24,280,866	股改承诺及追加承诺	2010-5-9
其他内资股股东	48,498,886	48,442,468	171,000	227,418	股改规定及高管持股变动	2008-5-9
合计	213,986,176	48,442,468	33,232,425	198,776,133	-	-

4.2 前 10 名股东、前 10 名无限售条件股东持股情况表

股东总数　28,000

前 10 名股东持股情况

股东名称	股东性质	持股比例	持股总数	持有有限售条件股份数量	质押或冻结的股份数量
金世旗国际控股股份有限公司	境内非国有法人	40.43%	144,267,849	144,267,849	0
中国康力克进出口有限公司	国有法人	8.41%	30,000,000	30,000,000	0
贵阳市国有资产投资管理公司	国有法人	6.80%	24,280,866	24,280,866	0
赵志祥	境内自然人	1.51%	5,404,700	0	0
北京世纪网宇电子科技发展有限公司	境内非国有法人	0.89%	3,157,800	0	0
中国工商银行-东吴嘉禾优势精选混合型开放式证券投资基金	境内非国有法人	0.68%	2,432,489	0	0
中子汇金(北京)投资管理有限公司	境内非国有法人	0.54%	1,940,000	0	0
北京世纪网神网络科技发展有限公司	境内非国有法人	0.47%	1,685,000	0	0
欧阳坚	境内自然人	0.29%	1,036,721	0	0
马青平	境内自然人	0.21%	733,400	0	0

前 10 名无限售条件股东持股情况

股东名称	持有无限售条件股份数量	股份种类
赵志祥	5,404,700	人民币普通股
北京世纪网宇电子科技发展有限公司	3,157,800	人民币普通股
中国工商银行-东吴嘉禾优势精选混合型开放式证券投资基金	2,432,489	人民币普通股
中子汇金(北京)投资管理有限公司	1,940,000	人民币普通股
北京世纪网神网络科技发展有限公司	1,685,000	人民币普通股
欧阳坚	1,036,721	人民币普通股
马青平	733,400	人民币普通股
沈阳同和投资有限公司	721,335	人民币普通股
孟　彤	706,400	人民币普通股
俞调英	646,000	人民币普通股
上述股东关联关系或一致行动的说明	金世旗国际控股股份有限公司函告公司,该公司与上表其余股东之间不存在关联关系,也不属于《上市公司持股变动信息披露管理办法》中规定的一致行动人。上表其余股东之间,公司未知其关联关系或是否属于《上市公司持股变动信息披露管理办法》中规定的一致行动人。	

4.3 控股股东及实际控制人情况介绍

4.3.1 控股股东及实际控制人变更情况

□ 适用　　√ 不适用

4.3.2 控股股东及实际控制人具体情况介绍

罗玉平,男,生于 1966 年,曾任贵州宏立城房地产开发有限公司总经理;现任金世旗国际控股股份有限公司董事、董事长,华润贵阳城市建设有限公司董事、副董事长,中天城投集团股份有限公司董事、董事长。

第五节　董事、监事和高级管理人员

5.1 董事、监事和高级管理人员持股变动及报酬情况

姓　名	职务	性别	年龄	任期起始日期	任期终止日期	年初持股数	年末持股数	变动原因	报告期内从公司领取的报酬总额(万元)税前	是否在股东单位或其他关联单位领取薪酬
罗玉平	董事长	男	42	2007-02-17	2009-05-25	0	0	未变	98.00	否
石维国	副董事长	男	42	2007-02-17	2009-05-25	0	0	未变	98.00	否
余莲萍	董事兼副总裁	女	48	2006-05-26	2009-05-25	5,900	55,900	增持	78.00	否
段开辉	董事兼副总裁	男	46	2007-09-04	2009-05-25	0	0	未变	70.40	否
张　智	董事兼副总裁	男	42	2007-02-17	2009-05-25	0	26,700	增持	31.50	是
李　凯	董事兼副总裁	男	44	2008-11-19	2009-05-25	0	22,700	增持	31.50	是
严宏琴	董事	女	43	2007-02-17	2009-05-25	0	0	未变	10.00	是
王　淳	董事	男	36	2007-09-04	2009-05-25	0	0	未变	10.00	是
胡北忠	独立董事	男	45	2006-05-26	2009-05-25	0	0	未变	10.00	否
张小强	独立董事	男	51	2006-05-26	2009-05-25	0	0	未变	10.00	否
黎建飞	独立董事	男	52	2006-05-26	2009-05-25	0	0	未变	10.00	否
陈世贵	独立董事	男	45	2008-01-19	2009-05-25	0	0	未变	10.00	否
李筑惠	监事会主席	男	54	2006-05-26	2009-05-25	12,891	12,891	未变	60.00	否
罗建华	监事	女	57	2007-02-17	2009-05-25	0	0	未变	5.90	否
罗　兵	监事	男	42	2006-05-26	2009-05-25	0	0	未变	5.00	是
李　梅	副总裁兼财务负责人	女	58	2006-05-26	2009-05-25	0	0	未变	80.00	否
董　平	副总裁	男	44	2007-12-29	2009-05-25	0	27,500	增持	88.00	否
周　力	副总裁	男	48	2007-12-29	2009-05-25	0	47,800	增持	88.00	否
张　青	副总裁	男	43	2007-12-29	2009-05-25	0	30,000	增持	88.00	否
陈　畅	副总裁	男	48	2008-10-26	2009-05-25	0	23,300	增持	31.50	是
赵　虹	董事会秘书	女	41	2006-05-26	2009-05-25	0	0	未变	15.00	否
合　计	-	-	-	-	-	18,791	246,791	-	928.80	-

董事、监事、高级管理人员报告期内被授予的股权激励情况

□ 适用　　√Θ 不适用

5.2 董事出席董事会会议情况

董事姓名	具体职务	应出席次数	亲自出席次数	以通讯方式参加会议次数	委托出席次数	缺席次数	是否连续两次未亲自出席会议
罗玉平	董事长	10	2	8	0	0	否
石维国	副董事长	10	2	8	0	0	否
余莲萍	董事兼副总裁	10	2	8	0	0	否
段开辉	董事兼副总裁	10	2	8	0	0	否
张　智	董事兼副总裁	10	2	8	0	0	否
李　凯	董事兼副总裁	1	0	1	0	0	否
严宏琴	董事	10	2	8	0	0	否
王　淳	董事	10	2	8	0	0	否
胡北忠	独立董事	10	2	8	0	0	否
张小强	独立董事	10	2	8	0	0	否
黎建飞	独立董事	10	1	8	1	0	否
陈世贵	独立董事	10	2	8	0	0	否

连续两次未亲自出席董事会会议的说明

其中:现场会议次数	2
通讯方式召开会议次数	8
现场结合通讯方式召开会议次数	0

第六节　董事会报告

6.1 管理层讨论与分析

(一)报告期内总体经营情况概述

2008 年度,受年初冰雪灾害和受美国次贷及金融危机等影响,公司全年实现营业总收入 91,059.32 万元,较上一年度增加 46.99%,与上一年度合并调整后数值 119,821.68 万元(合并调整数为 2007 年公司营业收入加上贵州欣泰房地产开发有限公司和贵州金世旗房地产开发有限公司营业收入的合并数、下同)比较减少 24%;营业利润 19,064.49 万元,较上一年度增加 14.3%,与上一年度合并调整后数值 19,866.98 万元比较减少 4.04%,在宏观经济景气指标持续下滑、消费者持币观望的背景下,公司紧紧围绕年初制定的工作计划和经营目标,向管理要效率、向市场要效益,2008 年实现归属于母公司的净利润 19,096.52 万元,较上年增长 58.21%;营业外收入 8143.36 万元,本年发生额较上年出现大幅增加,主要原因是政府补贴收入和债权转让利得增加所致(见会计附注:注 40)。

报告期内,在运用麦肯锡顾问公司和朗涛设计顾问有限公司咨询成果的基础上,公司调整了新的组织架构,启用了新的品牌标识,完成了公司名称变更,提升了公司的品牌形象。这些变化给公司带来了先进的战略思维、现代化的组织体系、前沿的品牌建设和营销理念,并确立了公司"创领未来"的全新品牌定位。公司在已有注册商标的基础上,以公司新标识向国家商标局申请注册商标,新商标涵盖公司地产开发、物业管理、教育、休闲康体、文化传媒、国内外实业投资,旅游等多个领域,力争在公司不同业务领域内实现品牌的有效延伸。

在稳步推进房地产开发业务的同时,公司积极拓展业务新领域。随着贵阳云岩区渔安安井片区土地整理项目、贵阳金阳国际会议展览中心及配套酒店、商业项目的启动,以及煤矿、锰矿等矿权的有序获取,公司初步形成在房地产开发、矿产资源开发、旅游会展经营三大类业务方向上齐头并进的战略布局。

报告期内,公司已逐步涉足一级土地开发,并已通过安排管理团队进驻华润贵阳城市建设有限公司的方式实现对该公司日常业务上的直接管理。公司拟用自有资金 18,500 万元人民币认缴华润贵阳城市建设有限公司增资扩股的股份,增资完成后,公司将成为其第二大股东。截止目前,贵州省商务厅同意中外合作企业增资的批文已获得,公司将择机认缴华润贵阳城市建设有限公司增资部分股份。由华润贵阳城市建设有限公司委托公司全资子公司中天城投集团贵阳房地产开发有限公司开发建设、规划总建筑面积约 72.9 万平方米的渔安安井回迁安置居住小区项目,现正按照预期进度积极推进。

在矿产资源开发上,公司计划利用贵州省丰富的矿产资源,积极稳妥地涉足矿产资源综合开发。报告期内收购了贵州遵义小金沟锰矿、赫章野马川煤矿、威宁疙瘩营煤矿探矿权或相关权益,有关后期工作如矿产资源精查等正在按计划推进当中。

公司全资子公司中天城投集团欣泰房地产开发有限公司及其全资子公司中天城投集团贵阳国际会议展览中心有限公司充分利用贵阳市委、市政府给予的各项优惠政策,积极投资建设金阳经济适用住房、商品房、会展中心、会议中心及酒店等项目。2008 年 12 月,公司通过公开挂牌竞买方式获得了金阳 2008-01 地块项目土地使用权。金阳 2008-01 地块,总面积 1,326,511 平方米,其中出让宗地面积为 939,083.3 平方米,规划建筑总面积 2,665,822.4 平方米,为会展、酒店、商业、居住、办公用地。公司已计划在金阳 2008-01 地块上建设会展中心、会议中心、星级酒店、商业中心、企业总部大楼等。未来随着会展中心的建成与利用,将大大增加公司投资性房地产的数量,改善公司资产结构;同时带动周边土地的升值,为公司可持续发展和增强增厚公司盈利提供一定保障。

公司下属教育、物业、康体等企业均已成为有力提升公司品牌形象、推动公司商品房销售的重要支撑。通过探索、借鉴、走特色教学道路,公司中、小学在贵州民办教育中处已于领先位置,2008 年学生统考成绩和升学率的综合评定在贵阳市所有学校中位居三甲行列。作为公司重要辅业之一的物业管理公司,除完成各项经营指标外,更多地肩负着维护公司品牌形象和确保公司声誉的责任。康体作为公司的另一个重要辅业,不仅能够有力地支撑中天品牌,而且实现了自我发展,子公司中天城投中体倍力公司 2008 年下半年成功地举办数次大型活动,如“时尚健身交流大会”等,成功地巩固了在贵州健身界的领导地位。

报告期内,公司妥善处理了已全额计提坏账准备的大额应收账款等历史遗留问题:将持有的中国凯城国际工程公司全部不良债权共计 121,261,900 元作价 1,300 万元、将持有的北京市中凯技术开发公司全部不良债权共计 12,000,000 元作价 120 万元、将持有的中国金桥旅游总公司全部不良债权共计 43,953,000 元作价 440 万元转让给控股股东金世旗国际控股股份有限公司,上述债权转让款均已足额收取。

报告期内,公司还积极创造条件,消除同业竞争,实现控股股东与上市公司房地产开发业务的整合,通过非公开发行股票募集资金完成了对控股股东两家房地产开发子公司的股权收购。

(二)对公司未来的发展展望

1、公司发展环境及所面临的市场竞争格局

2008 年对于中国房地产市场来说,是一个变局之年。国家宏观调控政策的作用充分显现,曾经供求两旺的商品房交易量大幅下降,房地产商资金链条绷紧,购房者处于集体观望状态,房地产市场景气回落。

市场之变——量跌价滞,房地产市场“寒冬”到来。国家统计局公布数据显示,2008 年 1 至 12 月,全国商品房销售面积 6.2 亿平方米,同比下降 19.7%,其中商品住宅销售面积下降 20.3%;商品房销售额 24071 亿元,同比下降 19.5%,其中商品住宅销售额下降 20.1%。

政策之变——从“压”到“促”,确保健康发展。2008 年,处于“拐点”的中国房地产市场感受到巨大压力,房地产开发企业的资金链不断紧绷,土地拍卖领域底价成交、流拍乃至“退地”的现象开始在各地出现。土地市场急剧降温,导致地方政府土地出让收入锐减。由于房地产业的景气与否和地方经济的发展息息相关,2008 年 8 月以后,沈阳、西安、厦门、长沙、成都等地相继出台包括购房入户、免税降税、购房补贴等购房优惠措施,以此刺激房地产市场消费。在经历了一波自下而上刺激房地产市场回暖的动作后,中国房地产调控政策在 2008 年 10 月迎来了从“抑”到“扬”的“拐点”。10 月 17 日,国务院常务会议部署第四季度经济工作,在“加大保障性住房建设规模”之外,首次提出“降低住房交易税费,支持居民购房”。进入 12 月,一系列优惠措施密集出台。12 月 17 日召开的国务院常务会议提出放宽二套房贷、减免营业税、增加房地产开发企业信贷等政策举措;21 日,国务院办公厅下发《关于促进房地产市场健康发展的若干意见》,提出支持房企以降价促销等多项政策;22 日晚,央行当年第 5 次宣布降息,同时下调存款准备金率。2008 年年末中央经济工作会议提出的 2009 年 5 项重点任务有两项涉及房地产,即“要把满足居民合理改善居住条件愿望和发挥房地产支柱产业作用结合起来”和“增加保障性住房供给,减轻居民合理购买自住普通商品住房负担,发挥房地产在扩大内需中的积极作用”。

需求之变——“去泡沫化”刺激市场“刚性需求”回归。由于市场中改善住房条件的愿望、需求仍然刚性存在,因此一些打折力度较大的知名大盘及部分小户型楼盘热销,市场集中度不断提高。

上述变化将导致房地产业由单纯环节的竞争上升为全方位、系统化、立体化的竞争,竞争加剧促使公司做好过严冬的充分准备。市场环境的变化尽管出现了不利的一面,但同时又是具备竞争优势的房地产开发企业实现跨越式发展的大好机遇。另一方面,全国房地产市场整体调整并不意味着区域市场也会出现较大变化,尽管 2008 年贵阳市房地产市场总体销量与 2007 年相比有一定下滑,但市场价格总水平较 2007 年相比累计涨幅仍达到 6.6%,市场交易活跃程度仍处较高水平。

2、未来公司发展机遇和挑战

2009 年是公司完成重组后“第一个五年计划”的关键一年,也是实现中长期发展三步走战略第一个目标的关键年度,当前公司正面临着积累和壮大实力的大好机会,因此抓住时机快速形成规模化、专业化的发展构架,不断形成利润和积累财富是公司发展的必然选择。

2009 年,公司将努力实现公司发展从“量”到“质”的变化。通过塑造区域领先品牌,发挥公司规模效应和品牌延伸效益,加快现有房地产开发项目的开发建设进度,进行营销创新,力争更大的销售市场份额和利润。公司未来发展框架正在逐步形成,房地产开发、矿产资源开发和旅游会展业经营三方面的业务发展布局随着已有项目的开发和新项目的不断投入稳步推进。

贵州煤和稀有矿产资源丰富,公司将按照煤、电、矿产联动开发的投资发展思路,稳步推进矿业开发的步伐。随着 2008 年公司收购疙瘩营、野马川煤矿探矿权和小金沟锰矿合作开发协议的签订,公司拟成立的中天城投资源控股有限公司正逐一规划落实矿业的发展规划。贵州自然风光秀丽、极具特色的少数民族文化成为发展旅游业的良好条件,贵阳国际会展中心项目土地使用权的成功中标,为公司开拓旅游、会展、酒店业及商业地产奠定了坚实的基础。2009 年贵阳国际会展中心项目计划全面开工,该项目作为省、市重点项目,公司将会重点建设,力争部分主体建筑工程结构封顶。目前公司正在积极拟定开拓旅游市场的发展规划,并计划有条件收购部分旅游景点经营权或省内旅游龙头企业,力争旅游会展业务在五年内成为公司新的利润增长点。

2009 年,公司将择机投资华润贵阳城市建设有限公司,并计划在华润贵阳城市建设有限公司产生经营利润时,通过行使增资选择权最终控制该公司。根据华润贵阳城市建设有限公司的生产经营计划,2009 年末或 2010 年初预计将有部分经整理土地经贵阳市土地储备中心推向市场,公司将结合自身实际,充分利用投标竞购相应地块的优先权,参与投标并储备该片区核心地段的可开发地块。

作为贵州省内本土的、资信较高的房地产上市公司,公司将在“和谐中天、责任中天”的基础上进一步树立“标准中天、效益中天”的企业理念,依照标准优先、效益优先的原则对现行管理方法和组织架构进行更加深入的变革和改进,在重新梳理部门关系、业务关系、建立流程和完善制度的同时,用更有效率、更科学的信息化管理方法,提高管理效率。重新调整各个项目的工程开发进度,及时提供更符合市场需要的产品,同时,加强营销管理的水平,确保 2009 年利润目标的实现。2009 年,任重而道远,挑战与机遇并存。为了公司的可持续发展,公司董事会和全体员工将遵循“标准中天,效益中天”的企业核心价值观,为完成 2009 年各项工作目标、为回报公司股东、为回馈社会而不懈努力!

3、资金需求及使用计划

2009 年,公司计划新开工面积 143.5 万平米,竣工 68.8 万平米,计划完成投资 23.9 亿元,计划销售面积 50 万平米、合同销售金额 18 亿元。为完成上述目标,必须确保世纪新城、中天花园、景怡西苑和南湖托斯卡纳在建项目竣工并实现销售。

随着规模化发展,2009 年公司开发投资项目的资金需求会有所增加,公司将依据项目的资金需求特点分别采用如银行贷款、公司债券、股权融资、房地产信托、融资租赁和销售回笼资金等灵活方式筹集所需的资金,以满足公司发展的实际需要。

4、风险分析

在实施公司 2009 年经营计划时,公司主要面临宏观经济政策环境和房地产市场不断变化带来的系统性的不确定性风险:

(1)宏观经济继续下滑的风险。GDP 增幅在 2008 年第四季度出现了较大下降,2008 年末、2009 年初 CPI 涨幅已明显进入下降通道,PPI 则出现少见负增长,失业人口迅速上升,显示宏观经济走势不容乐观,总需求不足有可能凸显供大于求的矛盾。由于许多房地产开发企业在前期景气时期对房地产项目进行了大量投入,2009 年将有较大数量的商品房推向市场,在目前市场需求不旺的情况下,供需矛盾有可能进一步激化。

(2)房地产扶持政策不确定的风险。2008 年房地产政策从“抑”到“扬”、从“压”到“促”,政策环境和政策手段频繁变化不断强化了市场参与者(如房地产开发企业、银行、消费者)的观望气氛。公司作为地方重点房地产企业获得的扶持政策有可能发生变化,直接或间接影响公司经营效益。

(3)融资环境恶化的风险。间接融资方面,货币政策由“从紧”到“放松”,银行总体新增信贷规模继续保持高位,但信贷主要投放到大型基础设施等方面,对于竞争性行业的投放仍显不足;直接融资方面,受到资本市场不景气的影响,上市公司证券(股票、长期债券等)发行渠道受阻严重。由于房地产开发属资本密集型行业,且公司处在高速成长期内,融资环境如持续出现恶化将加大公司的资金供应压力。

(4)房地产市场交易萎缩的风险。从全国范围来看,2008 年末房地产市场成交开始放大,房地产业有望稳定发展。2008 年,因公司所处区域市场的消费者未直接受到金融危机带来的冲击,市场整体改善性需求和刚性需求仍较旺盛,公司商品房销售受到影响不大。但由于消费者易受到舆论宣传、政策导向、信贷支持及其自身收入水平变化等因素左右,房地产区域市场的交投水平仍有可能出现较大波动。上述风险的存在会给公司带来压力,公司已对各类风险进行了较全面的甄别、剖析,拟定了应对预案,公司董事会和经营管理层对全面完成 2009 年度利润增长 30%的经营目标抱有信心。

5、市场创新及品牌建设

公司长期在贵州省内从事房地产开发,品牌知名度不断提升,具有明显的区位优势。公司在成功开发贵阳市中天花园、中天广场、中天世纪新城、南湖托斯卡纳等多个贵阳市标志性大型房地产项目及遵义市万里路改造项目的同时,大力打造社区化概念,公司提供的产品和服务涵盖物业、健身、教育等业务,这些业务在贵阳市场所具有的标杆地位,已形成了公司所独有的核心竞争力,对公司可持续发展和促进产品销售起着不可估量的作用。

地产品牌、旅游会展品牌、配套服务品牌、延伸品牌将构成 2009 年公司年度品牌建设的核心计划,四个类别相互影响、相互穿插,力争取得影响力逐级递增的成效。

6.2 主营业务分行业、产品情况表

单位:(人民币)万元

分行业或分产品	营业收入	营业成本	营业利润率(%)	营业收入比上年增减(%)	营业成本比上年增减(%)	营业利润率比上年增减(%)
主营业务分行业情况						
房产业务	88,640.34	51,609.84	41.78%	−24.92%	−34.97%	4.24%
其他业务	2,418.98	1,988.70	17.79%	37.53%	18.38%	13.09%
主营业务分产品情况						
房产	88,640.34	51,609.84	41.78%	−24.92%	−34.97%	4.24%

6.3 主营业务分地区情况

单位:(人民币)万元

地区	营业收入	营业收入比上年增减(%)
贵州地区	90,840.40	−24.00%
其他地区	218.92	−11.00%

6.4 采用公允价值计量的项目

□ 适用　　√ 不适用

6.5 募集资金使用情况

√ 适用　　□ 不适用

单位:(人民币)万元

募集资金总额	33,294.30	本年度投入募集资金总额	33,294.30
变更用途的募集资金总额	0.00		
变更用途的募集资金总额比例	0.00%	已累计投入募集资金总额	33,294.30

承诺投资项目	是否已变更项目(含部分变更)	募集资金承诺投资总额	调整后投资总额	截至期末承诺投入金额(1)	本年度投入金额
收购贵州欣泰房地产开发有限公司 100%股权	否	25,800.00	25,800.00	25,800.00	25,800.00
收购贵州金世旗房地产开发有限公司 100%股权	否	6,200.00	6,200.00	6,200.00	6,200.00
“中天花园”三期项目	否	30,734.00	111.60	111.60	111.60
“世纪新城”三号地项目	否	47,266.00	1,281.10	1,281.10	1,281.10
合计	−	110,000.00	33,392.70	33,392.70	33,392.70

承诺投资项目	截至期末累计投入金额(2)	截至期末累计投入金额与承诺投入金额的差额(3)=(2)−(1)	截至期末投入进度(%)(4)=(2)/(1)	项目达到预定可使用状态日期	本年度实现的效益	是否达到预计效益	项目可行性是否发生重大变化
收购贵州欣泰房地产开发有限公司 100%股权	25,800.00	0.00	100.00%	2008−12−31	5,626.79	是	否
收购贵州金世旗房地产开发有限公司 100%股权	6,200.00	0.00	100.00%	2008−12−31	27.93	是	否
“中天花园”三期项目	111.60	0.00	100.00%	2010−12−31	7,982.06	是	否
“世纪新城”三号地项目	1,281.10	0.00	100.00%	2010−12−31	3,096.88	是	否
合计	33,392.70	0.00	−		−16,733.66	−	−

未达到计划进度或预计收益的	由于本次募集资金远低于计划募集资金额,因此实

情况和原因(分具体项目)	际投入"中天花园三期"、"世纪新城"三号地房地产开发项目资金远低于募集资金使用计划,公司原计划通过本次发行募集资金追加投资的"中天花园三期"、"世纪新城"三号地房地产开发项目,已经陆续通过筹措自有资金、银行借款和项目预售回款等解决了项目实施的部分资金,该两项目现已经具备前期配套及规模销售的条件,均能够实现良性滚动开发。
项目可行性发生重大变化的情况说明	
募集资金投资项目实施地点变更情况	无
募集资金投资项目实施方式调整情况	无
募集资金投资项目先期投入及置换情况	无
用闲置募集资金暂时补充流动资金情况	无
项目实施出现募集资金结余的金额及原因	无
尚未使用的募集资金用途及去向	无
募集资金使用及披露中存在的问题或其他情况	无

变更项目情况

□ 适用　　　√ 不适用

6.6 非募集资金项目情况

□ 适用　　　√ 不适用

6.7 董事会对公司会计政策、会计估计变更或重大会计差错更正的原因及影响的说明

√ 适用　　　□ 不适用

本公司在股权分置改革中，现控股股东金世旗国际控股股份有限公司独自承担了股权分置改革对价(向本公司支付了现金 7,000.00 万元)。其余非流通股股东作为对金世旗国际控股股份有限公司垫付对价的偿还,需将各自所持公司股份的 33.00%支付给金世旗国际控股股份有限公司。股权分置改革方案于 2007 年 2 月 16 日经公司相关股东会议表决通过，并于 2007 年 5 月 9 日实施。2007 年公司收到金世旗国际控股股份有限公司在股权分置改革时承诺的 70,000,000.00 元后，基于谨慎性原则，暂按 33%的税率扣除应交的所得税 23,100,000.00 元后的余额计入了资本公积。2008 年,本公司通过对股权分置改革承诺进行实质性判断并向税务口头咨询,认为该承诺实质是非流通股股东为取得流通权的补偿而支付的对价,属于资本溢价,同时由于金世旗国际控股股份有限公司在支付承诺款项时未在当年应税所得中扣除,而是作为资本性支出增加长期股权投资,故应将原计提的企业所得税冲回,增加资本公积-股本溢价。本公司对上述应交的所得税作为前期差错进行了追溯调整，调整结果是：调整减少 2008 年年初应交税费-企业所得税 23,100,000.00 元；调整增加 2008 年年初资本公积-股本溢价 23,100,000.00 元。本公司在编制 2008 年度财务报表时,已对上述应交税费按照《企业会计准则第 28 号--会计政策、会计估计变更和差错更正》的规定进行了调整,并以调整后的年初数作为 2008 年度财务报表的年初数据,重新编制了 2007 年度的财务报表。

6.8 董事会对会计师事务所"非标准审计报告"的说明

□ 适用　　　√ 不适用

6.9 董事会本次利润分配或资本公积金转增股本预案

经四川君和会计师事务所审计，本公司 2008 年度实现净利润 190,965,181.38 元, 加上年初未分配利润-96,465,968.21 元和其它转入增加的未分配利润 1,239,937.85 元，减计提法定盈余公积金 9,449,921.32 元，2008 年年末可供投资者分配的利润为 86,289,229.70 元。根据公司章程关于利润分配的相关规定,由于公司刚刚中标购买了贵阳市金阳 2008-01 地块,同时计划加大现有房地产开发项目的建设进度,资金需求量出现较大增长,拟定 2008 年度利润分配预案为:2008 年度将不进行利润分配,也不进行公积金转增股本。

公司本报告期内盈利但未提出现金利润分配预案

√ 适用　　　□ 不适用

本报告期内盈利但未提出现金利润分配预案的原因：

由于公司刚标购了贵阳市金阳 2008-01 地块,同时计划加大现有房地产开发项目的建设进度,资金需求量出现较大增长。

公司未分配利润的用途和使用计划：投入。

注:2008 年年度股东大会审议通过的 2008 年利润分配或公积金转增股本方案为:以 2008 年末总股本 356,811,466 股为基数,向全体股东每 10 股派发现金红利 1 元(含税),同时用资本公积金每 10 股转增 6 股。

截上本报告期末的前三年公司现金分红情况如下：

	2005 年	2006 年	2007 年
净利润(万元)	-16645.66	956.63	12046.54
未分配利润(万元)	-26098.37	-19873.13	-9646.6
现金分红	0	0	0
现金分红占净利润比率(%)	0	0	0

备注:未分配的原因是未分配利润为负

第七节　重要事项

7.1 收购资产

□适用　　　√不适用

交易对方或最终控制方	被收购资产	购买日	收购价格	自购买日起至本年末为公司贡献的净利润	本年初至本年末为公司贡献的净利润(适用于同一控制下的企业合并)	是否为关联交易(如是,说明定价原则)	定价原则说明	所涉及的资产产权是否已全部过户	所涉及的债权债务是否已全部转移	关联关系
金世旗控股	收购贵州欣泰房地产开发有限公司100%股权	2008 年 11 月 04 日	25,800.00	5,626.79	5,626.79	是	评估	是	是	控股股东
金世旗控股	收购贵州金世旗房产开发有有限公司100%股权	2008 年 11 月 04 日	6,200.00	27.93	27.93	是	评估	是	是	控股股东

7.2 出售资产

√ 适用　　　□ 不适用

单位:(人民币)万元

交易对方	被出售资产	出售日	出售价格	本年初起至出售日该出售资产为公司贡献的净利润	出售产生的损益	是否为关联交易(如是,说明定价原则)	定价原则说明	所涉及的资产产权是否已全部过户	所涉及的债权债务是否已全部转移	关联关系
金世旗控股	中国凯城国际工程公司全部债权	2008 年 05 月 30 日	1,300.00	1,300.00	1,300.00	是	商议	是	是	控股股东
金世旗控股	北京市中凯技术开发公司全部债权	2008 年 05 月 30 日	120.00	120.00	120.00	是	商议	是	是	控股股东
金世旗控股	中国金桥旅游总公司全部债权	2008 年 10 月 20 日	440.00	440.00	440.00	是	商议	是	是	控股股东

7.1、7.2 所涉及事项对公司业务连续性、管理层稳定性的影响。

消除同业竞争,整合房地产开发业务,支持上市公司发展。

7.3 重大担保

√ 适用　　　□ 不适用

单位:(人民币)万元

公司对外担保情况(不包括对子公司的担保)

担保对象名称	发生日期(协议签署日)	担保金额	担保类型	担保期	是否履行完毕	是否为关联方担保(是或否)

报告期内担保发生额合计	0.00
报告期末担保余额合计	0.00
公司对子公司的担保情况	
报告期内对子公司担保发生额合计	9,700.00
报告期末对子公司担保余额合计	9,700.00
公司担保总额情况(包括对子公司的担保)	
担保总额	9,700.00
担保总额占公司净资产的比例	12.70%
其中：	
为股东、实际控制人及其关联方提供担保的金额	0.00
直接或间接为资产负债率超过 70%的被担保对象提供的债务担保金额	0.00
担保总额超过净资产 50%部分的金额	0.00
上述三项担保金额合计	0.00

未到期担保可能承担连带清偿责任说明 无

7.4 重大关联交易

7.4.1 与日常经营相关的关联交易

□ 适用　　　√ 不适用

7.4.2 关联债权债务往来

√ 适用　　　□ 不适用

单位:(人民币)万元

关联方	向关联方提供资金 发生额	向关联方提供资金 余额	关联方向公司提供资金 发生额	关联方向公司提供资金 余额
控股子公司	24,655.28	43.28	6,231.37	18,467.19
合计	24,655.28	43.28	6,231.37	18,467.19

其中:报告期内公司向控股股东及其子公司提供资金的发生额 0.00 万元,余额 0.00 万元。

7.4.3 2008 年资金被占用情况及清欠进展情况

□ 适用　　　√ 不适用

7.5 委托理财

□ 适用　　　√ 不适用

7.6 承诺事项履行情况

√ 适用　　　□ 不适用

1、公司 2008 年 8 月 4 日收到控股股东金世旗国际控股股份有限公司关于所持中天城投股票减持事项承诺函，就所持公司股份的减持事项特别承诺如下：所持中天城投限售股份自 2010 年 5 月 9 日起取得流通权后两年内，如通过二级市场减持中天城投公司股份的，减持价格不低于每股 30 元,若在上述承诺有效期间因中天城投股票分红、配股、转增等原因导致股份或权益变化时,将按相应比例调整该价格。内容详见 2008 年 8 月 5 日《中国证券报》、《证券时报》和巨潮资讯网的《控股股东减持承诺公告》。

2、2008 年 9 月 17 日收到公司控股股东金世旗国际控股股份有限公司的承诺函,承诺计划自本增持承诺事项公告之日(2008 年 9 月 18 日)起八个月内,通过深圳证券交易所交易的方式择机增持中天城投股票,增持的价格区间为每股 7.5 元至 11.60 元以下,增持的总数量不少于 500 万股、不多于中天城投总股本的 2%,在承诺有效期间如因中天城投股票分红、配股、转增等原因导致股份或权益变化时,则按相应比例调整该价格。上述增持行为严格按照有关法律、法规的规定进行,不利用内幕信息从事证券交易活动，不对证券市场价格进行操纵，同时及时履行信息披露义务。内容详见 2008 年 9 月 18 日《中国证券报》、《证券时报》和巨潮资讯网的《关于公司控股股东承诺增持本公司

股份情况的公告》。

3、公司股东贵阳市国有资产管理投资有限公司持有公司总股本 7.43%的股份 24,280,866 股，按照股权分置改革的有关规定，2008 年 5 月 9 日解除限售的股份数量为公司总股本 5%的股份 16,340,573 股。2008 年 8 月 6 日，贵阳市国有资产管理投资有限公司特别承诺，自愿将现已流通的中天城投股份 16,340,573 股和 2009 年 5 月 9 日解除限售的中天城投股份 7,940,293 股追加锁定期延长至 2010 年 5 月 8 日，在追加锁定期间不通过二级市场减持中天城投的股份，内容详见 2008 年 8 月 7 日《中国证券报》、《证券时报》和巨潮资讯网的《第二大股东减持承诺公告》。按照《深圳证券交易所上市公司追加承诺业务管理指引》的规定，贵阳市国有资产投资管理有限公司于 2008 年 11 月 12 日完成追加锁定期所涉及股份重新办理限售登记及变更股份性质的手续，2008 年 11 月 13 日完成股份锁定及追加限售期登记的结果向深圳证券交易所备案。

公司或持股 5%以上股东在报告期内或持续到报告期内的承诺事项

√ 适用　　□ 不适用

承诺事项	承诺内容	履行情况
股改承诺	投入 7000 万现金收益权作为对价及 2007-2009 年三年业绩承诺。	7000 万现金已到账，2007-2009 年三年业绩正在履行当中。
收购报告书或权益变动报告书中所作承诺	向上市公司注入优质的房地产业务及相关资产，实现收购人与上市公司的资源整合。	2008 年完成控股股东二个房地产子公司的收购。
重大资产重组时所作承诺	无	无
发行时所作承诺	无	无
其他对公司中小股东所作承诺	无	无

7.7 重大诉讼仲裁事项

□ 适用　　√ 不适用

7.8 其他重大事项及其影响和解决方案的分析说明

7.8.1 证券投资情况

□ 适用　　√ 不适用

7.8.2 持有其他上市公司股权情况

□ 适用　　√ 不适用

7.8.3 持有非上市金融企业股权情况

□ 适用　　√ 不适用

7.8.4 买卖其他上市公司股份的情况

□ 适用　　√ 不适用

第八节　监事会报告

√ 适用　　□ 不适用

2008 年，监事会按照《公司法》、《上市公司治理准则》、《上市公司信息披露管理办法》和《公司章程》等法律、法规的要求，认真履行股东大会所赋予的职责，密切关注公司的生产经营活动，列席公司董事会和股东大会，并针对公司的重大事项，及时召开监事会工作会议，主要会议的基本情况如下：

一、2008 年 1 月 18 日以现场方式召开第五届监事会第 13 次会议，审议了：

1、关于公司更名的议案；

2、关于设立中天城投集团的议案；

3、关于修改公司章程的议案；

4、关于审议中天城投集团章程的议案；

5、关于增选陈世贵先生为公司独立董事的议案；

6、关于合作开发金阳 2007-07 地块的议案。

二、2008 年 1 月 21 日以现场方式召开第五届监事会第 14 次会议，审议了：

1、关于选举产生董事会专门委员会委员的议案。

2、关于调整公司内部管理机构设置的议案。

3、关于审议《股份公司薪酬制度调整方案》的议案。

4、关于调整公司董事、高级管理人员薪酬的议案。

5、关于鼓励员工在公司购买自住用房的议案。

6、关于设立贵州中天公益慈善基金会的议案。

7、关于公司独立董事年报工作制度的议案。

8、关于调整公司监事薪酬标准的议案。

三、2008 年 2 月 20 日以现场方式召开第五届监事会第 15 次会议，审议了：

1、2007 年度董事会工作报告；

2、关于 2007 年度利润分配或资本公积金转增股本预案的议案；

3、关于 2007 年度财务决算的议案；

4、关于 2008 年度财务预算的议案；

5、关于 2007 年度报告及其摘要的议案；

6、关于聘请公司 2008 年度财务审计机构的议案；

7、关于审议公司 2008 年度模拟盈利预测报告的议案；

8、关于核销北京世纪中天投资有限公司坏帐损失的议案；

9、关于召开第十五届股东大会(2007 年年度股东大会)的议案；

10、关于 2007 年监事会工作报告的议案；

11、关于内部控制自我评价报告的议案。

四、2008 年 4 月 23 日以现场方式召开第五届监事会第 16 次会议，审议了《中天城投集团股份有限公司 2008 年第一季度财务报告全文及正文》的议案。

五、2008 年 6 月 2 日以现场方式召开第五届监事会第 17 次会议，审议了：

1、关于公司对外关联投资的议案；

2、关于公司诉讼事项进展暨凯城债权转让关联交易的议案；

3、关于公司诉讼事项进展暨中凯债权转让关联交易的议案；

4、关于提议召开 2008 年第 2 次临时股东大会的议案。

六、2008 年 8 月 25 日以现场方式召开第五届监事会第 18 次会议，审议了《中天城投集团股份有限公司 2008 年半年度报告及其摘要》的议案。

七、2008 年 10 月 23 日以现场方式召开第五届监事会第 19 次会议，审议了：

1、关于设立中天城投资源控股有限公司的议案。

2、关于参股设立贵阳昭华颖新混凝土公司的议案。

3、关于增加公司注册资本的议案。

4、关于修改公司章程的议案。5、关于修改公司董事长职权管理制度的议案。

6、关于公司接受财务资助借款有关关联交易事项的议案。

7、关于公司所持金桥公司债权转让关联交易的议案。

8、关于审议 2008 年第三季度报告的议案。

9、关于办理贵州欣泰房地产开发有限公司和贵州金世旗房地产开发有限公司工商变更登记等有关事宜的议案。

10、关于转让北京中天实顾问有限公司股权的议案。

11、关于召开 2008 年第 5 次临时股东大会的议案。

2008 年是极不寻常的一年。在这一年中，公司在董事会的领导下，克服了特大凝冻灾害和四川汶川地震等所造成的困难以及世界金融危机冲击的影响，较好地完成了年度生产经营计划。通过适时检查公司财务和对公司董事、经理等高级管理人员执行本公司职务情况的监督，监事会成员一致认为：

1、公司按照国家有关法规和股东大会决议的要求，积极开展各项生产经营活动，运作合法、规范。

2、公司董事、经理等高级管理人员，在执行本公司职务时，认真负责，没有发现违反法律、法规和公司章程以及损害公司利益的行为。

3、公司在出售资产的过程中履行了规定的程序，售价合理，没有发现内幕交易的行为，也没有损害股东的权益或造成公司资产流失的情况。

4、本年度发生如下关联交易事项：

(1)公司出售债权事项

公司将持有的中国凯城国际工程公司全部债权共计 12,126.19 万元、北京市中凯技术开发公司全部债权共计 1,200 万元和中国金桥旅游总公司全部债权共计 4,395.3 万元分别作价 1,300 万元、120 万元和 440 万元转让给控股股东金世旗国际控股股份有限公司。

以上债权转让已经公司第五届董事会第 23 次会议和 2008 年第 2 次临时股东大会审议通过，转让款已足额收取。控股股东金世旗国际控股股份有限公司受让以上债权，履行了"在适当时候收购公司部份不良债权、减轻公司负担"的承诺，为改善公司资产质量、维护股东利益起到了积极的作用。

(2)向控股股东借款融资

2008 年 12 月 19 日，控股股东金世旗国际控股股份有限公司以其自有资金向公司无偿提供无息借款，借款总金额为人民币壹亿元(¥100,000,000 元)，借款期限为自金世旗控股提供的上述全部借款汇至本公司帐户之日起至 2009 年 12 月 31 日止。

控股股东金世旗国际控股股份有限公司向公司提供无息借款，体现了对公司发展和生产经营活动的大力支持，且有效地改善了公司资金状况。

(3)为避免与控股股东的同业竞争，整合房地产开发业务，公司以现金方式受让金世旗国际控股股份有限公司持有的贵州欣泰房地产开发有限公司和金世旗房地产开发有限公司全部股权，并于 2008 年 11 月在贵州省工商管理局办理了收购上述子公司全部股权的过户、更名等手续，更名后的名称分别为中天城投集团欣泰房地产开发有限公司和中天城投集团贵阳房地产开发有限公司。

5、本年度公司向特定投资者发行普通股 3,000 万股，扣除发行费用后，实际募集资金 33,294.3 万元。其中 32,000 万元用以收购金世旗控股的贵州欣泰房地产开发有限公司和金世旗房地产开发有限公司全部股权，此项收购已经 2007 年第 2 次临时股东大会审议通过并于 2008 年 11 月份办妥工商变更手续。其余 1,294.3 万元按募集资金投向用于中天花园三期和世纪新城三号地的商品房开发。

6、本年度会计师事务所出具了标准无保留意见的审计报告，客观反映了公司 2008 年 12 月 31 日的财务状况以及 2008 年度的经营成果和现金流量。

第九节　财务报告

9.1 审计意见

审计报告　　标准无保留审计意见

审计报告正文

君和审字(2009)第 1046 号

审 计 报 告

中天城投集团股份有限公司全体股东：

我们审计了后附的中天城投集团股份有限公司(以下简称中天城投公司)财务报表，包括 2008 年 12 月 31 日的资产负债表和合并的资产负债表，2008 年度的利润表和合并利润表、股东权益变动表和合并股东权益变动表、现金流量表和合并现金流量表，以及财务报表附注和合并的财务报表附注。

一、管理层对财务报表的责任

按照企业会计准则的规定编制财务报表是中天城投公司管理层的责任。这种责任包括：(1)设计、实施和维护与财务报表编制相关的内部控制，以使财务报表不存在由于舞弊或错误而导致的重大错报；(2)选择和运用恰当的会计政策；(3)作出合理的会计估计。

二、注册会计师的责任

我们的责任是在实施审计工作的基础上对财务报表发表审计意见。我们按照中国注册会计师审计准则的规定执行了审计工作。中国注册会计师审计准则要求我们遵守职业道德规范，计划和实施审计工作以对财务报表是否不存在重大错报获取合理保证。

审计工作涉及实施审计程序，以获取有关财务报表金额和披露的审计证据。选择的审计程序取决于注册会计师的判断，包括对由于舞弊或错误导致的财务报表重大错报风险的评估。在进行风险评估时，我们考虑与财务报表编制相关的内部控制，以设计恰当的审计程序，但目的并非对内部控制的有效性发表意见。审计工作还包括评价管理层选用会计政策的恰当性和作出会计估计的合理性，以及评价财务报表的总体列报。

我们相信，我们获取的审计证据是充分、适当的，为发表审计意见提供了基础。

三、审计意见

我们认为，中天城投公司财务报表已经按照企业会计准则的规定编制，在所有重大方面公允反映了中天城投公司 2008 年 12 月 31 日的财务状况以及 2008 年度的经营成果和现金流量。

四川君和会计师事务所有限责任公司　　中国注册会计师：贺军

中国　成都　　中国注册会计师：邓炜

二○○九年二月十一日

9.2 财务报表

9.2.1 资产负债表

编制单位：中天城投集团股份有限公司　　2008 年 12 月 31 日　　单位：(人民币)元

项目	期末余额		年初余额	
	合并	母公司	合并	母公司
流动资产：				
货币资金	127,233,858.86	79,289,898.00	403,147,935.17	365,503,358.45
结算备付金				
拆出资金				
交易性金融资产	401,640.00	401,640.00	169,030.00	
应收票据				
应收账款	143,428,266.02	117,732,690.73	42,254,164.40	10,941,252.97
预付款项	228,213,838.45	134,517,850.05	56,244,038.42	7,313,595.55
应收保费				
应收分保账款				
应收分保合同准备金				
应收利息				
应收股利				
其他应收款	88,427,243.92	309,820,478.74	38,634,697.91	28,266,260.92
买入返售金融资产				
存货	2,017,007,092.55	1,035,389,067.07	1,507,935,453.91	795,359,975.48
一年内到期的非流动资产				
其他流动资产	1,126,619.84	173,817.50		
流动资产合计	2,605,838,559.64	1,677,151,624.59	2,048,559,137.31	1,207,384,443.37
非流动资产：				
发放贷款及垫款				
可供出售金融资产				
持有至到期投资				
长期应收款				
长期股权投资	45,500,000.00	297,053,780.40	45,500,000.00	125,370,000.00
投资性房地产	104,961,422.54	135,973,646.75	106,283,275.23	129,893,852.85
固定资产	66,620,037.38	22,174,598.66	46,910,870.76	10,875,592.76
在建工程				
工程物资				
固定资产清理				
生产性生物资产				
油气资产				
无形资产	22,365.28	20,347.22		
开发支出				
商誉				
长期待摊费用	2,401,879.02	1,341,575.84	2,652,494.94	332,203.00
递延所得税资产	43,422,556.31	43,035,710.15	39,989,489.93	39,589,021.11
其他非流动资产				
非流动资产合计	262,928,260.53	499,579,311.80	241,356,478.08	306,060,669.72
资产总计	2,868,766,820.17	2,176,730,936.39	2,289,915,615.39	1,513,445,113.09
流动负债：				
短期借款	55,000,000.00	55,000,000.00	72,000,000.00	72,000,000.00
向中央银行借款				
吸收存款及同业存放				
拆入资金				
交易性金融负债				
应付票据				
应付账款	144,583,606.29	136,920,493.43	65,956,205.40	65,830,998.00
预收款项	197,679,597.01	130,539,299.97	131,067,296.44	63,455,094.94
卖出回购金融资产款				
应付手续费及佣金				
应付职工薪酬	9,548,929.95	7,906,710.88	9,033,439.19	7,758,423.44
应交税费	153,066,771.29	112,140,557.35	84,927,302.06	64,556,614.59
应付利息				
应付股利	961,744.20	961,744.20	961,744.20	961,744.20
其他应付款	380,378,358.23	285,652,382.14	160,904,968.97	141,667,926.36
应付分保账款				
保险合同准备金				
代理买卖证券款				
代理承销证券款				
一年内到期的非流动负债	368,000,000.00	242,000,000.00	345,000,000.00	182,000,000.00
其他流动负债				
流动负债合计	1,309,219,006.97	971,121,187.97	869,850,956.26	598,230,801.53
非流动负债：				
长期借款	707,649,491.88	431,149,491.88	769,000,000.00	458,000,000.00
应付债券				
长期应付款	49,792,491.38	49,792,491.38	44,022,904.99	44,022,904.99
专项应付款				
预计负债	8,414,000.00	8,414,000.00		
递延所得税负债	18,122.50			
其他非流动负债				
非流动负债合计	757,441,983.26	480,941,983.26	821,455,027.49	510,436,904.99
负债合计	2,066,660,990.23	1,452,063,171.23	1,691,305,983.75	1,108,667,706.52
所有者权益(或股东权益)：				
实收资本(或股本)	356,811,466.00	356,811,466.00	326,811,466.00	326,811,466.00
资本公积	234,603,894.76	246,619,439.36	251,518,455.25	94,450,219.45
减：库存股				
盈余公积	85,795,638.57	85,795,638.57	76,345,717.25	76,345,717.25
一般风险准备				
未分配利润	86,289,229.70	35,441,221.23	−96,465,968.21	−92,829,996.13
外币报表折算差额				
归属于母公司所有者权益合计	763,500,229.03	724,667,765.16	558,209,670.29	404,777,406.57
少数股东权益	38,605,600.91	40,399,961.35		
所有者权益合计	802,105,829.94	724,667,765.16	598,609,631.64	404,777,406.57
负债和所有者权益总计	2,868,766,820.17	2,176,730,936.39	2,289,915,615.39	1,513,445,113.09

9.2.2 利润表

编制单位：中天城投集团股份有限公司　　2008 年 1—12 月　　单位：(人民币)元

项目	本期金额		上期金额	
	合并	母公司	合并	母公司
一、营业总收入	910,593,169.38	706,941,434.33	1,198,216,781.34	590,437,998.11
其中：营业收入	910,593,169.38	706,941,434.33	1,198,216,781.34	590,437,998.11
利息收入				
已赚保费				
手续费及佣金收入				
二、营业总成本	719,949,925.68	533,237,644.76	1,002,103,688.84	422,424,328.24
其中：营业成本	535,985,353.53	377,204,285.24	851,669,673.08	340,627,602.31
利息支出				
手续费及佣金支出				
退保金				
赔付支出净额				
提取保险合同准备金净额				
保单红利支出				
分保费用				
营业税金及附加	58,522,945.26	47,264,297.37	73,754,179.56	39,638,576.22
销售费用	71,308,846.98	67,600,333.07	28,449,196.63	22,716,956.87
管理费用	39,049,582.75	26,615,198.17	34,299,815.63	19,219,819.68
财务费用	1,134,377.85	1,271,477.30	4,398,208.53	1,513,565.21
资产减值损失	13,948,819.31	13,282,053.61	9,532,615.41	−1,292,192.05
加：公允价值变动收益(损失以"−"号填列)	1,640.00	1,640.00	72,490.00	
投资收益(损失以"−"号填列)	2,484,211.06	2,340,000.00		
其中：对联营企业和合营企业的投资收益				
汇兑收益(损失以"−"号填列)				
三、营业利润(亏损以"−"号填列)	190,644,883.70	173,705,429.57	198,669,793.56	170,353,669.87
加：营业外收入	81,433,587.95	22,801,301.29	1,705,523.57	679,853.61
减：营业外支出	18,283,757.70	15,516,139.92	6,023,334.38	1,215,418.78
其中：非流动资产处置损失	40,974.93	27,625.65	240,345.42	240,345.42
四、利润总额(亏损总额以"−"号填列)	253,794,713.95	180,990,590.94	194,351,982.75	169,818,104.70
减：所得税费用	63,623,893.01	43,269,452.26	73,886,567.12	65,376,810.64
五、净利润(净亏损以"−"号填列)	190,170,820.94	137,721,138.68	120,465,415.63	104,441,294.06
被合并方在合并前实现的净利润	7,065,544.60	−633,277.68		
归属于母公司所有者的净利润	190,965,181.38	120,700,847.51		
少数股东损益	−794,360.44	−235,431.88		
六、每股收益：				
(一)基本每股收益	0.5712	0.4120	0.3693	0.3196
(二)稀释每股收益	0.5712	0.4120	0.3693	0.3196

9.2.3 现金流量表

编制单位：中天城投集团股份有限公司　　2008 年 1—12 月　　单位：(人民币)元

项目	本期金额		上期金额	
	合并	母公司	合并	母公司
一、经营活动产生的现金流量：				
销售商品、提供劳务收到的现金	848,046,103.51	649,725,455.36	737,688,282.40	309,849,495.29
客户存款和同业存放款项净增加额				
向中央银行借款净增加额				
向其他金融机构拆入资金净增加额				
收到原保险合同保费取得的现金				
收到再保险业务现金净额				
保户储金及投资款净增加额				
处置交易性金融资产净增加额				
收取利息、手续费及佣金的现金				
拆入资金净增加额				
回购业务资金净增加额				
收到的税费返还	8,417,519.04			

收到其他与经营活动有关的现金	79,282,738.56	98,078,441.55	52,270,549.28	100,372,272.11
经营活动现金流入小计	935,746,361.11	747,803,896.91	789,958,831.68	410,221,767.40
购买商品、接受劳务支付的现金	1,046,614,169.61	589,792,738.25	650,399,194.47	203,139,913.06
客户贷款及垫款净增加额				
存放中央银行和同业款项净增加额				
支付原保险合同赔付款项的现金				
支付利息、手续费及佣金的现金				
支付保单红利的现金				
支付给职工以及为职工支付的现金	63,969,820.93	47,806,254.37	60,430,442.01	40,376,891.52
支付的各项税费	71,334,951.77	59,641,940.32	54,992,887.17	33,768,885.33
支付其他与经营活动有关的现金	142,377,797.88	392,096,563.23	111,420,488.36	56,205,059.39
经营活动现金流出小计	1,324,296,740.19	1,089,337,496.17	877,243,012.01	333,490,749.30
经营活动产生的现金流量净额	−388,550,379.08	−341,533,599.26	−87,284,180.33	76,731,018.10
二、投资活动产生的现金流量：				
收回投资收到的现金	4,806,275.00			
取得投资收益收到的现金	2,484,352.33	2,340,000.00		
处置固定资产、无形资产和其他长期资产收回的现金净额	4,194,380.00	4,152,380.00	325,413.93	325,413.93
处置子公司及其他营业单位收到的现金净额				
收到其他与投资活动有关的现金	1,051,201.32	831,093.57	80,063,170.47	534,709.36
投资活动现金流入小计	5,245,581.32	4,983,473.57	87,679,211.73	3,200,123.29
购建固定资产、无形资产和其他长期资产支付的现金	9,567,025.91	6,645,465.05	7,213,792.49	3,084,587.14
投资支付的现金	321,400,000.00	323,400,000.00	20,102,815.00	59,950,000.00
质押贷款净增加额				
取得子公司及其他营业单位支付的现金净额				
支付其他与投资活动有关的现金	89,850,000.00	89,850,000.00	101,116,577.54	
投资活动现金流出小计	420,817,025.91	419,895,465.05	128,433,185.03	63,034,587.14
投资活动产生的现金流量净额	−415,571,444.59	−414,911,991.48	−40,753,973.30	−59,834,463.85
三、筹资活动产生的现金流量：				
吸收投资收到的现金	345,900,000.00	345,900,000.00	40,000,000.00	
其中：子公司吸收少数股东投资收到的现金				
取得借款收到的现金	265,000,000.00	195,000,000.00	659,000,000.00	420,000,000.00
发行债券收到的现金				
收到其他与筹资活动有关的现金	300,719,177.51	118,442,439.51	139,300,000.00	138,000,000.00
筹资活动现金流入小计	911,619,177.51	659,342,439.51	838,300,000.00	558,000,000.00
偿还债务支付的现金	311,500,000.00	170,000,000.00	255,000,000.00	183,000,000.00
分配股利、利润或偿付利息支付的现金	62,610,779.83	32,909,387.58		
其中：子公司支付给少数股东的股利、利润				
支付其他与筹资活动有关的现金	73,097,000.00	12,957,000.00	124,790,798.46	70,568,940.00
筹资活动现金流出小计	384,597,000.00	182,957,000.00	442,401,578.29	286,478,327.58
筹资活动产生的现金流量净额	527,022,177.51	476,385,439.51	395,898,421.71	271,521,672.42
四、汇率变动对现金及现金等价物的影响				
五、现金及现金等价物净增加额	−277,099,646.16	−280,060,151.23	267,860,268.08	288,418,226.67
加：期初现金及现金等价物余额	388,178,793.95	365,503,358.45	120,318,525.87	77,085,131.78
减：北京中天实期初现金及等价物余额	1,236,402.25			
减：北京中天公司年初现金余额				
六、期末现金及现金等价物余额	109,842,745.54	85,443,207.22	388,178,793.95	365,503,358.45

9.2.4 所有者权益变动表

编制单位：中天城投集团股份有限公司　　2008 年度　　单位：(人民币)元

本期金额

项目	归属于母公司所有者权益：实收资本(或股本)	资本公积	减：库存股	盈余公积	一般风险准备	未分配利润	其他	少数股东权益	所有者权益合计
一、上年年末余额	326,811,466.00	251,518,455.25		76,345,717.25		−96,465,968.21		40,399,961.35	598,609,631.64
加：会计政策变更									
前期差错更正									
其他									
二、本年年初余额	326,811,466.00	251,518,455.25		76,345,717.25		−96,465,968.21		40,399,961.35	598,609,631.64
三、本年增减变动金额(减少以"−"号填列)	30,000,000.00	−16,914,560.49		9,449,921.32		182,755,197.91		−1,794,360.44	203,496,198.30
(一)净利润						190,965,181.38		−794,360.44	190,170,820.94
(二)直接计入所有者权益的利得和损失		−320,000,000.00				1,239,937.85		−1,000,000.00	−319,760,062.15
1.可供出售金融资产公允价值变动净额									
2.权益法下被投资单位其他所有者权益变动的影响									
3.与计入所有者权益项目相关的所得税影响									
4.其他		−320,000,000.00				1,239,937.85		−1,000,000.00	−319,760,062.15
上述(一)和(二)小计		−320,000,000.00				192,205,119.23		−1,794,360.44	−129,589,241.21
(三)所有者投入和减少资本	30,000,000.00	303,085,439.51							333,085,439.51
1.所有者投入资本	30,000,000.00								30,000,000.00
2.股份支付计入所有者权益的金额									
3.其他		303,085,439.51							303,085,439.51
(四)利润分配				9,449,921.32		−9,449,921.32			
1.提取盈余公积				9,449,921.32		−9,449,921.32			
2.提取一般风险准备									
3.对所有者(或股东)的分配									
4.其他									
(五)所有者权益内部结转									
1.资本公积转增资本(或股本)									
2.盈余公积转增资本(或股本)									
3.盈余公积弥补亏损									
4.其他									
四、本期期末余额	356,811,466.00	234,603,894.76		85,795,638.57		86,289,229.70		38,605,600.91	802,105,829.94

上年金额

项目	归属于母公司所有者权益：实收资本(或股本)	资本公积	减：库存股	盈余公积	一般风险准备	未分配利润	其他	少数股东权益	所有者权益合计
一、上年年末余额	326,811,466.00	24,450,219.45		76,345,717.25		−198,731,275.10		10,661,695.18	239,537,822.78
加：会计政策变更									
前期差错更正									
其他									
二、本年年初余额	326,811,466.00	24,450,219.45		76,345,717.25		−198,731,275.10		10,661,695.18	239,537,822.78
三、本年增减变动金额(减少以"−"号填列)		227,068,235.80				102,265,306.89		29,738,266.17	359,071,808.86
(一)净利润						102,502,024.45		−235,431.88	102,266,592.57
(二)直接计入所有者权益的利得和损失		157,068,235.80				−236,717.56		−26,301.95	156,805,216.29
1.可供出售金融资产公允价值变动净额									
2.权益法下被投资单位其他所有者权益变动的影响									
3.与计入所有者权益项目相关的所得税影响									
4.其他		157,068,235.80				−236,717.56		−26,301.95	156,805,216.29
上述(一)和(二)小		157,068,235.80				102,265,306.89		−261,733.83	259,071,808.86
(三)所有者投入和减少资本		70,000,000.00						30,000,000.00	100,000,000.00
1.所有者投入资本								30,000,000.00	30,000,000.00
2.股份支付计入所有者权益的金额									
3.其他		70,000,000.00							70,000,000.00
(四)利润分配									
1.提取盈余公积									
2.提取一般风险准备									
3.对所有者(或股东)的分配									
4.其他									
(五)所有者权益内部结转									
1.资本公积转增资本(或股本)									
2.盈余公积转增资本(或股本)									
3.盈余公积弥补亏损									
4.其他									
四、本期期末余额	326,811,466.00	251,518,455.25		76,345,717.25		−96,465,968.21		40,399,961.35	598,609,631.64

9.3 与最近一期年度报告相比，会计政策、会计估计和核算方法发生变化的具体说明

□ 适用　　√ 不适用

9.4 重大会计差错的内容、更正金额、原因及其影响

√ 适用　　□ 不适用

本年内，除对资本公积涉及的所得税进行调整外，本年未发生其他重大会计差错的事项。

9.5 与最近一期年度报告相比，合并范围发生变化的具体说明

√ 适用　　□ 不适用

(1)2007 年度，本公司将中天城投物业、北京中天实公司、中天遵义公司、中体倍力公司、中天商贸公司、中天南湖公司 6 家子公司纳入合并范围，子公司情况详见"注七(一)1"。由于同一控制下的控股合并导致本公司从 2007 年起将中天盛邦楠苑物业公司纳入合并财务报表的合并范围，包括合并资产负债表、合并利润表、合并现金流量表和合并股东权益变动表。(2)上述(1)中的 6 家子公司和本年新设立的中天文化传播公司均纳入本公司 2008 年合并财务报表。由于同一控制下的控股合并导致本公司从 2007 年起将欣泰房地产公司、中天贵阳房地产公司、东盛房地产公司和中天会展中心公司纳入合并财务报表的合并范围，包括合并资产负债表、合并利润表、合并现金流量表和合并股东权益变动表。

中天城投集团股份有限公司董事会

2009 年 2 月 11 日

山东金岭矿业股份有限公司

山东金岭矿业股份有限公司2008年年度报告摘要

第一节 重要提示

1.1 本公司董事会、监事会及董事、监事、高级管理人员保证本报告所载资料不存在任何虚假记载、误导性陈述或者重大遗漏，并对其内容的真实性、准确性和完整性承担个别及连带责任。本年度报告摘要摘自年度报告全文，投资者欲了解详细内容，应阅读年度报告全文。

1.2 没有董事、监事、高级管理人员声明对年度报告内容的真实性、准确性和完整性无法保证或存在异议。

1.3 所有董事均已出席审议本次年报的董事会会议。

1.4 大信会计师事务有限公司为本公司2008年度财务报告出具了标准无保留审计意见的审计报告。

1.5 公司负责人张相军、主管会计工作负责人赵能利及会计机构负责人(会计主管人员)黄加峰声明：保证年度报告中财务报告的真实、完整。

第二节 公司基本情况简介

2.1 基本情况简介

股票简称	金岭矿业
股票代码	000655
上市交易所	深圳证券交易所
注册地址	山东省淄博市张店区中埠镇
注册地址的邮政编码	255081
办公地址	山东省淄博市张店区中埠镇
办公地址的邮政编码	255081
公司国际互联网网址	www.sdjlky.com
电子信箱	sz000655@163.com

2.2 联系人和联系方式

	董事会秘书	证券事务代表
姓名	王 新	杨瑞山
联系地址	山东省淄博市张店区中埠镇	山东省淄博市张店区中埠镇
电话	0533-3088888	0533-3088888
传真	0533-3089666	0533-3089666
电子信箱	sz000655@163.com	sz000655@163.com

第三节 会计数据和业务数据摘要

3.1 主要会计数据

单位：(人民币)元

	2008年	2007年		本年比上年增减(%)	2006年	
		调整前	调整后	调整后	调整前	调整后
营业收入	1,035,967,796.44	718,097,305.25	718,097,305.25	44.27%	266,628,809.38	297,607,725.36
利润总额	514,074,923.69	323,872,870.29	330,821,142.29	55.39%	29,127,861.97	126,449,873.05
归属于上市公司股东的净利润	384,282,050.47	216,458,567.96	221,669,771.96	73.36%	68,662,336.65	104,229,588.37
归属于上市公司股东的扣除非经常性损益的净利润	384,656,621.05	219,479,996.04	224,691,200.04	71.19%	72,809,027.80	11,054,268.44
经营活动产生的现金流量净额	600,471,391.86	−15,125,198.95	−15,125,198.95	4,070.01%	11,622,526.45	11,622,526.45
	2008年末	2007年末		本年末比上年末增减(%)	2006年末	
		调整前	调整后	调整后	调整前	调整后
总资产	1,375,548,828.24	1,118,181,607.81	1,118,181,607.81	23.02%	781,199,993.60	829,402,951.69
所有者权益(或股东权益)	1,244,284,628.57	854,791,374.10	860,002,578.10	44.68%	590,129,848.05	638,332,806.14
股本	321,254,374.00	321,254,374.00	321,254,374.00	0.00%	321,254,374.00	321,254,374.00

3.2 主要财务指标

单位：(人民币)元

	2008年	2007年		本年比上年增减(%)	2006年	
		调整前	调整后	调整后	调整前	调整后
基本每股收益(元/股)	1.20	0.67	0.69	73.91%	0.21	0.32
稀释每股收益(元/股)	1.20	0.67	0.69	73.91%	0.21	0.32
扣除非经常性损益后的基本每股收益(元/股)	1.20	0.68	0.70	71.43%	0.23	0.03
全面摊薄净资产收益率(%)	30.88%	25.32%	25.78%	5.10%	11.64%	16.33%
加权平均净资产收益率(%)	36.52%	28.99%	29.59%	6.93%	22.56%	26.55%
扣除非经常性损益后全面摊薄净资产收益率(%)	30.91%	25.68%	26.13%	4.78%	12.34%	1.73%
扣除非经常性损益后的加权平均净资产收益率(%)	36.56%	29.40%	29.93%	6.63%	23.92%	3.19%
每股经营活动产生的现金流量净额(元/股)	1.87	−0.05	−0.05	3,840.00%	0.04	0.04

	2008年末	2007年末		本年末比上年末增减(%)	2006年末	
		调整前	调整后	调整后	调整前	调整后
归属于上市公司股东的每股净资产(元/股)	3.87	2.66	2.68	44.40%	1.84	1.99

非经常性损益项目

√ 适用 □ 不适用

单位：(人民币)元

非经常性损益项目	金额	附注(如适用)
非流动资产处置损益	−150,787.55	
除上述各项之外的其他营业外收入和支出	−347,473.23	
所得税影响额	123,690.20	
合计	−374,570.58	−

3.3 境内外会计准则差异

□ 适用 √ 不适用

第四节 股本变动及股东情况

4.1 股份变动情况表

单位：股

	本次变动前		本次变动增减(+,−)					本次变动后	
	数量	比例(%)	发行新股	送股	公积金转股	其他	小计	数量	比例(%)
一、有限售条件股份	166,504,321	51.83%						166,504,321	51.83%
1、国家持股									
2、国有法人持股	166,504,321	51.83%						166,504,321	51.83%
3、其他内资持股									
其中：境内非国有法人持股									
境内自然人持股									
4、外资持股									
其中：境外法人持股									
境外自然人持股									
5、高管股份									
二、无限售条件股份	154,750,053	48.17%						154,750,053	48.17%
1、人民币普通股	154,750,053	48.17%						154,750,053	48.17%
2、境内上市的外资股									
3、境外上市的外资股									
4、其他									
三、股份总数	321,254,374	100.00%						321,254,374	100.00%

限售股份变动情况表

单位：股山

股东名称	年初限售股数	本年解除限售股数	本年增加限售股数	年末限售股数	限售原因	解除限售日期
山东金岭铁矿	104,504,321	0	0	104,504,321	股改	2009-09-21
山东金岭铁矿	62,000,000	0	0	62,000,000	增发	2009-10-25
合计	166,504,321	0	0	166,504,321	−	−

4.2 前10名股东、前10名无限售条件股东持股情况表

单位：股

股东总数	42,091

前10名股东持股情况

股东名称	股东性质	持股比例(%)	持股总数	持有有限售条件股份数量	质押或冻结的股份数量
山东金岭铁矿	国有法人	51.83%	166,504,321	166,504,321	17,933,106
淄博市城市资产运营有限公司	境内非国有法人	2.28%	7,314,735	0	0
中国建设银行-华宝兴业多策略增长证券投资基金	境内非国有法人	1.25%	4,003,218	0	0
淄博市轻工行业管理办公室	境内非国有法人	1.20%	3,856,733	0	0
卢山清	境内非国有法人	0.57%	1,832,365	0	0
中国光大银行股份有限公司-巨田资源优选混合型证券					

投资基金	境内非国有法人	0.53%	1,705,000	0	0
中润经济发展有限责任公司	境内非国有法人	0.48%	1,545,600	0	0
上海远东证券有限公司	境内非国有法人	0.45%	1,460,316	0	0
中国工商银行-融通深证 100 指数证券投资基金	境内非国有法人	0.45%	1,449,122	0	0
陈　迅	境内非国有法人	0.44%	1,415,223	0	0

前 10 名无限售条件股东持股情况

股东名称	持有无限售条件股份数量	股份种类
淄博市城市资产运营有限公司	7,314,735	人民币普通股
中国建设银行-华宝兴业多策略增长证券投资基金	4,003,218	人民币普通股
淄博市轻工行业管理办公室	3,856,733	人民币普通股
卢山清	1,832,365	人民币普通股
中国光大银行股份有限公司-巨田资源优选混合型证券投资基金	1,705,000	人民币普通股
中润经济发展有限责任公司	1,545,600	人民币普通股
上海远东证券有限公司	1,460,316	人民币普通股
中国工商银行-融通深证 100 指数证券投资基金	1,449,122	人民币普通股
陈　迅	1,415,223	人民币普通股
陈庆良	1,048,000	人民币普通股
上述股东关联关系或一致行动的说明	公司控股股东山东金岭铁矿与其他股东无关联关系和一致行动；未知其他股东之间是否存在关联关系和一致行动。	

4.3 控股股东及实际控制人情况介绍

4.3.1 控股股东及实际控制人变更情况

□ 适用　　√ 不适用

4.3.2 控股股东及实际控制人具体情况介绍

公司控股股东为山东金岭铁矿，持有公司股份 166,504,321 股，占公司总股份的 51.83%。

山东金岭铁矿法定代表人：张相军；

注册资本：13,743 万元；

注册地址：山东省淄博市张店区中埠镇；

主要业务或经营范围：主营：铁矿石开采，铁精粉、铜精粉、钴精粉、铸铁的生产、销售，机加工，货物进出口(法律、行政法规禁止经营的项目除外，法律、行政法规限制经营的项目要取得许可后经营)；兼营：凡涉及许可证制度的凭证经营。

第五节　董事、监事和高级管理人员

5.1 董事、监事和高级管理人员持股变动及报酬情况

姓名	职务	性别	年龄	任期起始日期	任期终止日期	年初持股数	年末持股数	变动原因	报告期内从公司领取的报酬总额(税前)(万元)	是否在股东单位或其他关联单位领取薪酬
张相军	董事长	男	47	2006-10-16	2009-10-15	0	0		12.02	否
贾立兴	董事	男	55	2006-10-16	2009-10-15	0	0		11.74	否
赵能利	董事	男	58	2006-10-16	2009-10-15	0	0		10.82	否
刘圣刚	董事	男	46	2006-10-16	2009-10-15	0	0		10.39	否
王善平	董事	男	48	2006-10-16	2009-10-15	0	0		10.47	否
傅海亭	董事	男	52	2006-10-16	2009-10-15	0	0		9.05	否
邹　健	独立董事	男	51	2006-10-16	2009-10-15	0	0		5.00	否
柴　磊	独立董事	男	53	2006-10-16	2009-10-15	0	0		5.00	否
王　毅	独立董事	男	51	2006-10-16	2009-10-15	0	0		5.00	否
王　新	董事会秘书	男	48	2006-10-16	2009-10-15	0	0		8.17	否
窦廷章	监事	男	54	2006-10-16	2009-10-15	0	0		10.80	否
杨乐申	监事	男	56	2006-10-16	2009-10-15	0	0		0.00	是
张永丰	监事	男	40	2006-10-16	2009-10-15	0	0		7.19	否
吴振坤	副总经理	男	46	2006-10-16	2009-10-15	0	0		9.75	否
李希永	副总经理	男	49	2006-10-16	2009-10-15	0	0		10.70	否
张乐元	副总经理	男	44	2006-10-16	2009-10-15	0	0		9.15	否
黄加峰	财务总监	男	42	2006-10-16	2009-10-15	0	0		7.40	否
合　计	-	-	-	-	-	0	0	-	142.65	-

董事、监事、高级管理人员报告期内被授予的股权激励情况

□ 适用　　√ 不适用

5.2 董事出席董事会会议情况

董事姓名	具体职务	应出席次数	现场出席次数	以通讯方式参加会议次数	委托出席次数	缺席次数	是否连续两次未亲自出席会议
张相军	董事长	9	8	0	1	0	否
贾立兴	董事	9	9	0	0	0	否
赵能利	董事、总经理	9	8	0	1	0	否
刘圣刚	董事	9	9	0	0	0	否
王善平	董事	9	9	0	0	0	否
傅海亭	董事	9	9	0	0	0	否
邹　健	独立董事	9	2	6	1	0	否
柴　磊	独立董事	9	3	6	0	0	否
王　毅	独立董事	9	4	5	0	0	否

连续两次未亲自出席董事会会议的说明	
年内召开董事会会议次数	9
其中：现场会议次数	0
通讯方式召开会议次数	0
现场结合通讯方式召开会议次数	9

第六节　董事会报告

6.1 管理层讨论与分析

一、报告期内经营情况回顾

(一)报告期总体经营情况

2008 年公司实现主营业务收入 103,596.78 万元，比上年同期增长 44.27%；实现营业利润 51,457.32 万元，比上年同期增长 54.44%；实现利润总额 51,407.49 万元，比上年同期增长 55.39%；实现净利润 38,428.21 万元，比上年同期增长 73.36%。

造成以上指标大幅度增加的主要原因是：公司主要产品铁精粉的价格在 2008 年 1-9 月大幅度上涨，公司资产的盈利能力明显提高。因此造成 2008 年财务指标比 2007 年有较大幅度的提高。

(二)公司主营业务范围及经营状况

报告期内公司以铁精粉、铜精粉、钴精粉的生产销售和机械加工为主业，实现主营业务收入 103,596.78 万元，净利润 38,428.21 万元。

(三)公司报告期内现金流量变化情况

公司 2008 年度经营活动产生的现金流量净额大幅增加，主要原因是因为公司加强销售货物回款力度，2007 年部分银行承兑汇票在 2008 年到期承兑。

(四)公司主要控股公司的经营情况

截止本报告期末，公司没有参股或控股子公司。

二、公司未来发展的展望

(一)行业发展及市场分析

1、行业发展及市场分析

2008 年上半年，由于我国经济持续快速发展，钢材市场需求旺盛，钢铁行业产销形势良好，钢铁企业对铁矿石等原材料需求大幅度增长，致使国际铁矿石价格持续涨价，受此影响，国内铁矿石价格也随之不断攀升，公司主要产品铁精粉价格大幅攀升，上涨幅度达到 77.44%。

2008 年 8 月份后，受全球金融危机影响，钢铁价格持续走低，不少钢厂采取减产或停产措施，由此导致铁矿石价格急剧下滑，公司铁精粉价格大幅度下跌。

本轮铁精粉价格大幅下滑，是供求关系短期失衡的体现。铁矿石价格的大幅下降，给国外铁矿石巨头带来减产动力。国外铁矿石巨头的减产保价措施，将会对铁矿石价格下降产生明显的抑制作用。同时，我国长期基本面向好及国家扩大内需的刺激政策也将对国内需求带来拉动，受此影响，预计 2009 年我国铁矿石需求不会有较大幅度下滑。

(二)新年度经营计划

1、经营目标

2009 年在积极应对金融危机，努力拓展发展空间的基础上，力争全年经济指标达到同行业较好水平。

2、工作思路

继续贯彻落实科学发展观，认真学习十七大会议精神，以深化改革和科技进步为动力，解放思想、更新观念，大力推进体制、技术和管理创新；调整投资结构，注重效益，面向国内、国外两个市场，拓展发展空间，努力把股份公司建设成具有先进管理水平和有竞争实力的新型矿山企业。

3、工作重点安排

(1)尽快完成重大资产重组

集中一切力量，争取尽快完成重大资产重组事宜，将山东金岭铁矿所属的召口矿区、电厂等资产注入上市公司，早日为上市公司贡献效益，回报广大投资者。

(2)全力推动内控制度建设

加强对各下属矿山的管理工作，继续完善公司的法人治理结构，全力推动内控制度的贯彻落实。

重大资产重组完成后，公司将拥有铁山辛庄矿区、侯庄矿区和召口矿区，公司资产和人员将大幅度增加。公司将按照"以制度管人、遵 程序办事"的要求，进一步健全和完善内部管理制度，提高各项工作规范化、制度化的水平。

(3)健全投资者关系管理，继续提升信息披露工作水平

进一步完善工作机制，健全投资者关系管理，继续加强公司的信息披露管理工作。落实各项规章制度，不断完善与下属矿山的信息沟通体系，提高工作效率和工作质量。同时，进一步加强与投资者、监管部门、地方政府及有关部门的沟通和联系，健全投资者关系管理工作，促进公司规范有序发展，强化公司信息披露管理工作。

(4)加强公司管理层队伍建设，努力提高管理能力。

抓好公司文化建设，提高管理层素质。加强管理层的业务学习和各项培训工作，努力打造一支综合素质高、管理能力强的队伍。

公司将以股东利益最大化为着眼点，以加强基础性制度建设为支撑，以强化内控制度建设为保障，沉重应对金融危机，努力拓展发展空间，不断提升公司的运行效率和整体竞争力，努力构建促进公司持续健康发展、有效防范化解风险的长效机制，做优做强公司，实现"建设一流矿山，打造百年蓝筹"的目标。

三、公司投资情况

截止到报告期末，公司没有对外投资。

6.2 主营业务分行业、产品情况表

单位：(人民币)万元

主营业务分行业情况

分行业或分产品	营业收入	营业成本	营业利润率(%)	营业收入比上年增减(%)	营业成本比上年增减(%)	营业利润率比上年增减(%)

采掘行业	94,338.88	34,946.78	62.96%	53.17%	46.01%	2.95%
机械加工	2,945.11	3,634.82	−23.42%	14.80%	44.71%	−25.51%
		主营业务分产品情况				
铁精粉	89,985.31	34,080.76	62.13%	58.68%	46.38%	4.41%
机械加工	2,945.11	3,634.82	−23.42%	14.80%	44.71%	−25.51%

6.3 主营业务分地区情况

单位：(人民币)万元

地区	营业收入	营业收入比上年增减(%)
山东省内	54,866.23	33.75%
山东省外	42,417.76	83.35%

6.4 采用公允价值计量的项目

□ 适用 √ 不适用

6.5 募集资金使用情况

□ 适用 √ 不适用

变更项目情况

□ 适用 √ 不适用

6.6 非募集资金项目情况

□ 适用 √ 不适用

6.7 董事会对公司会计政策、会计估计变更或重大会计差错更正的原因及影响的说明

√ 适用 □ 不适用

一、会计政策变更原因：

根据《企业会计准则讲解(2008)》以及《财政部关于做好执行会计准则企业 2008 年年报工作的通知》(财会函[2008]60 号)，公司对以前年度计提矿山生产安全费用的核算方法进行了变更。变更前后安生生产费用的核算方法列示如下：

1、变更前：在成本中归集，计提额计入长期应付款；使用时，费用类支出直接冲减长期应付款；形成固定资产的按在建工程核算，项目完工后按实际成本结转固定资产，同时按实际成本计提折旧，折旧额直接冲减长期应付款，该项固定资产在以后使用期间不再计提折旧。

2、变更后：计提时按照计提金额通过利润分配转入"盈余公积—专项储备"科目。按照规定范围使用时根据实际使用额在所有者权益内部进行结转，从"盈余公积—专项储备"科目转入未分配利润，但结转金额以"盈余公积—专项储备"科目余额冲减至零为限。

二、会计政策变更影响：

本会计政策变更影响公司 2007 年度净利润增加 5,211,204 元。

6.8 董事会对会计师事务所"非标准审计报告"的说明

□ 适用 √ 不适用

6.9 董事会本次利润分配或资本公积金转增股本预案

1、2008 年公司实现净利润 384,282,050.47 元，按 10%计提法定盈余公积 38,428,205.05 元后，加年初未分配利润 105,744,513.52 元，本年度累计可供股东分配的利润为 458,546,630.94 元。以 2008 年末总股本 321,254,374 股为基数向全体股东每 10 股送红股 3 股，并派发现金 2 元(含税)；以 2008 年末总股本 321,254,374 股为基数向全体股东每 10 股以资本公积转增 3 股。该利润分配及资本公积转增股本的预案尚需经公司 2008 年股东大会审议通过。

2、根据公司第五届董事会第十七次会议和公司 2008 年第二次临时股东大会决议，公司 2008 年非公开发行股份购买资产新增发的股份共享以前滚存未分配利润，因此，新增发股份若在分红派息、转增股本的股权登记日登记在册，将按以上同等比例参与分红派息和转增股本。

公司前三年现金分红情况

单位：(人民币)元

	现金分红金额(含税)	合并报表中归属于母公司所有者的净利润	占合并报表中归属于母公司所有者的净利润的比率
2007 年	0.00	221,669,771.96	0.00%
2006 年	0.00	104,229,588.37	0.00%
2005 年	0.00	−89,895,465.16	0.00%

公司本报告期内盈利但未提出现金利润分配预案

□ 适用 √ 不适用

第七节 重要事项

7.1 收购资产

□ 适用 √ 不适用

7.2 出售资产

□ 适用 √ 不适用

7.1、7.2 所涉及事项对公司业务连续性、管理层稳定性的影响。

7.3 重大担保

□ 适用 √ 不适用

7.4 重大关联交易

7.4.1 与日常经营相关的关联交易

√ 适用 □ 不适用

单位：(人民币)万元

关联方	向关联方销售产品和提供劳务		向关联方采购产品和接受劳务	
	交易金额	占同类交易金额的比例(%)	交易金额	占同类交易金额的比例(%)
山东金鼎矿业有限责任公司	0.00	0.00%	9,460.11	100.00%
山东金岭铁矿	0.00	0.00%	299.47	3.01%
山东金岭铁矿	3,234.32	100.00%	0.00	0.00%
山东金岭铁矿	406.47	13.80%	0.00	0.00%
山东金岭铁矿	2,532.44	100.00%	0.00	0.00%
山东金岭铁矿	529.78	100.00%	0.00	0.00%
山东金岭铁矿	8.59	100.00%	0.00	0.00%
淄博铁鹰钢铁有限公司	16,091.96	17.88%	0.00	0.00%
淄博铁鹰钢铁有限公司	40.04	1.36%	0.00	0.00%
山东金鼎矿业有限责任公司	345.89	11.74%	0.00	0.00%
山东球墨铸铁管有限公司	16,918.37	18.80%	0.00	0.00%
莱芜钢铁股份有限公司	10,335.45	11.49%	0.00	0.00%
淄博张钢制铁管有限公司	1,555.45	1.73%	0.00	0.00%
合计	51,998.76	0.00%	9,759.58	0.00%

其中：报告期内公司向控股股东及其子公司销售产品或提供劳务的关联交易金额 23,189.49 万元。

7.4.2 关联债权债务往来

√ 适用 □ 不适用

单位：(人民币)万元

关联方	向关联方提供资金		关联方向公司提供资金	
	交易金额	占同类交易金额的比例(%)	交易金额	占同类交易金额的比例(%)
	发生额	余额	发生额	余额
山东金岭铁矿	2,000.00	0.00	0.00	0.00
淄博铁鹰钢铁有限公司	1,300.00	0.00	0.00	0.00
合计	3,300.00	0.00	0.00	0.00

其中：报告期内公司向控股股东及其子公司提供资金的发生额 3,300.00 万元，余额 0.00 万元。

7.4.3 2008 年资金被占用情况及清欠进展情况

□ 适用 √ 不适用

7.5 委托理财

□ 适用 √ 不适用

7.6 承诺事项履行情况

√ 适用 □ 不适用

截至本报告期，控股股东山东金岭铁矿股改承诺的事项已全部履行：

①承诺 2007 年每股净利润不低于 0.49 元，实际实现每股净利润 0.67 元；

②承诺 2006 年、2007 年、2008 年财务审计报告为标准无保留意见，实际上，公司 2006 年度财务报告经大信会计师事务有限公司审计，并出具标准无保留意见审计报告，文号为大信审字(2007)第 0058 号，公司 2007 年度财务报告经大信会计师事务有限公司审计，并出具标准无保留意见审计报告，文号为大信审字(2008)第 0064 号，公司 2008 年度财务报告经大信会计师事务有限公司审计，并出具标准无保留意见审计报告，文号为大信审字(2009)3−0068 号；

③承诺 2006 年、2007 年、2008 年按法定披露时间披露年度报告，实际上，公司 2006 年年度报告披露时间为 2007 年 2 月 5 日，公司 2007 年年度报告披露时间为 2008 年 2 月 26 日，公司 2008 年年度报告披露时间为 2009 年 4 月 9 日。

公司或持股 5%以上股东在报告期内或持续到报告期内的承诺事项

□ 适用 √ 不适用

7.7 重大诉讼仲裁事项

□ 适用 √ 不适用

7.8 其他重大事项及其影响和解决方案的分析说明

7.8.1 证券投资情况

□ 适用 √ 不适用

7.8.2 持有其他上市公司股权情况

□ 适用 √ 不适用

7.8.3 持有非上市金融企业股权情况

□ 适用 √ 不适用

7.8.4 买卖其他上市公司股份的情况

□ 适用 √ 不适用

第八节 监事会报告

√ 适用 □ 不适用

公司监事会在报告期内，严格按照《公司法》和《公司章程》赋予的职责，本着对股东负责的态度，认真履行了监事会的职能。监事会成员按规定列席了公司召开的董事会、股东大会。对公司重大决议和决策的形成表决程序进行了审查、监督，对公司依法运作情况进行了检查。

一、监事会工作情况：

报告期内，公司监事会召开五次会议

(一)公司第五届监事会第八次会议于 2008 年 2 月 24 日在公司召开，会议应到监事 3 名，实到 3 名，会议由监事会主席窦廷章先生主持，会议符合《公司法》和《公司章程》的有关规定，会议审议并通过了如下决议：

1、审议通过《公司 2007 年度报告及摘要》；

2、审议通过《公司 2007 年度监事会工作报告》；

(二)公司第五届监事会第九次会议于 2008 年 4 月 15 日在公司召开，会议应到监事 3 名，实到 3 名，会议由监事会主席窦廷章先生主持，会议符合《公司法》和《公司章程》的有关规定，会议审议并通过了如下决议：

审议通过《公司 2008 年第一季度报告》

(三)公司第五届监事会第十次会议于 2008 年 7 月 17 日在公司召开，会议应到监事 3 名，实到 3 名，会议由监事会主席窦廷章先生主持，会议符合《公司法》和《公司章程》的有关规定，会议审议并通过了如下决议：

审议通过《公司 2008 年半年度报告》

(四)公司第五届监事会第十一次会议于 2008 年 8 月 13 日在公司召开，会议应到监事 3 名，实到 3 名，会议由监事会主席窦廷章先生主持，会议符合《公司法》和《公司章程》的有关规定，会议审议并通过了如下决议：

1、审议通过《关于修改公司向特定对象非公开发行股票方案和修改后的公司向特定对象发行股份购买资产方案的议案》

2、审议通过《公司向特定对象发行股份购买资产暨关联交易事宜之议案》

3、审议通过《关于非公开发行股份购买资产完成后公司关联交易和同业竞争事宜之议案》

(五)公司第五届监事会第十二次会议于2008年10月17日在公司召开,会议应到监事3名,实到3名,会议由监事会主席窦廷章先生主持,会议符合《公司法》和《公司章程》的有关规定,会议审议并通过了如下决议:

审议通过《公司2008年第三季度报告》

二、对公司2008年度工作,监事会发表如下独立意见

1、报告期内,监事会对公司的决策过程、内部控制制度的执行及公司董事、经理职责的履行进行了监督和审查,没有发现其违反法律、法规、公司章程或损害公司利益的行为。

2、通过对公司财务资料、财务状况的监督、检查,监事会认为由大信会计师事务有限公司为公司出具的2008年度审计报告客观、公正的反映了公司的财务状况和经营成果。

3、对于《关于修改公司向特定对象非公开发行股票方案和修改后的公司向特定对象发行股份购买资产方案的议案》,监事会认为:公司向特定对象非公开发行股票购买资产方案合法、合理,发行价格的确定原则公开、公平、公正。相关资产认购协议按照正常商业条款磋商缔结,认购资产价款的定价方式合理。资产认购完成后,公司资产规模、财务状况、持续经营能力等均获得较大提升,符合公司及股东利益。

对于《公司向特定对象发行股份购买资产暨关联交易事宜之议案》,监事会认为:公司依据规定的程序选聘了具有法定执业资格的审计机构、评估机构、财务顾问和律师事务所,上述中介机构出具的专业报告具备独立性,其结论具备合理性,从而保证了交易的公平。本次交易标的资产价格以评估值作为依据,并经有权部门核准和双方协商确定,交易权属明晰,符合相关法律法规规定的程序,非公开发行方案符合公司利益,并不会损害非关联股东特别是中小股东的利益,该关联交易客观、公允、合理,符合关联交易规则。

对于《于非公开发行股份购买资产完成后公司关联交易和同业竞争事宜之议案》,监事会认为:本公司与关联方订立的关联交易协议属于本公司日常业务并且是按照一般的商业条款进行,符合公允、公平、公正的原则,符合公司和全体股东的利益,没有损害中小股东的利益;本次关联交易事项的表决程序符合有关法律、法规和公司章程的规定,同意提交股东大会审议;所订立关联交易有利于实现各方现有资产的合理配置和充分利用,实现各方的资源共享及优势互补,有利于降低本公司重复投资,并提高本公司综合效益;本次关联交易的修订与本公司以前订立的关联交易基本类似,因此,不会给本公司带来不利变化。

4、报告期内公司的关联交易:

公司报告期内发生的关联交易为与日常经营相关的关联交易,关联交易情况如下:

1、采购货物

关联方名称	交易金额(元)	占同类交易的比例(%)	交易内容	定价原则
山东金鼎矿业有限责任公司	94,601,112.76	100.00	铁矿原矿	协议价
山东金岭铁矿	2,994,696.00	3.01	原材料	参照市场价
合计	97,595,808.76			

2、销售货物

关联方名称	交易金额(元)	占同类交易的比例(%)	交易内容	定价原则
山东金岭铁矿	32,343,239.16	100.00	销售电力	成本价(代购)
山东金岭铁矿	4,064,719.95	13.80	机械加工	参照市场价
淄博铁鹰钢铁有限公司	160,919,579.59	17.88	销售铁精粉	参照市场价
淄博铁鹰钢铁有限公司	400,435.91	1.36	机械加工	参照市场价
山东金鼎矿业有限责任公司	3,458,852.11	11.74	机械加工	参照市场价
山东球墨铸铁管有限公司	169,183,667.37	18.80	销售铁精粉	参照市场价
莱芜钢铁股份有限公司	103,354,534.19	11.49	销售铁精粉	参照市场价
淄博张钢制铁管有限公司	15,554,479.23	1.73	销售铁精粉	参照市场价
合计	489,279,507.51			

3、委托加工

2006年5月24日,公司与山东金岭铁矿签订《选矿服务协议》,公司向山东金岭铁矿提供铁矿石加工服务,定价参照以下原则确定:对某项服务存在国家定价,适用国家定价;没有国家定价的,首先参考市场定价;如果适用市场价格存在困难或者双方认为难以确定一个公允的市场价,则适用成本价加5%的利润率。协议有效限为5年,自协议生效之日起计算。2008年公司为山东金岭铁矿提供选矿加工,取得加工费收入25,324,377.61元。

4、提供劳务

2006年5月24日,公司与山东金岭铁矿签订《运输服务协议》,公司向山东金岭铁矿提供铁矿石加工生产所必须的运输服务,服务定价参照以下原则确定:对某项服务存在国家定价,适用国家定价;没有国家定价的,首先参考市场定价;如果适用市场价格存在困难或者双方认为难以确定一个公允的市场价,则适用成本价加5%的利润率。协议有效期限为5年,自协议生效之日起计算。2008年公司为山东金岭铁矿提供运输服务,取得运输费收入5,297,753.39元。

5、租赁

2006年5月24日,公司与山东金岭铁矿签订《房屋租赁协议》,公司向山东金岭铁矿出租两处房产,一处为矿办公楼(老)面积1,583平方米(房产证号01-1007477),另一处为矿办公楼(新)面积4,201平方米(房产证号01-1008196),租金定价按照房产评估价值除以平均年限(50年)×120%为年租金,每年总租金为85,859.00元,以上房屋租赁期限为20年,自协议生效之日起计算。2008年取得租赁费收入85,859.00元。

报告期内,公司与关联方订立的关联交易协议属于公司日常生产经营的需要,是按照一般的商业条款进行,符合公允、公平、公正的原则,符合公司和全体股东的利益,没有损害中小股东的利益;关联交易事项的表决程序符合有关法律、法规和公司章程的规定,有利于实现各方现有资产的合理配置和充分利用,实现各方的资源共享及优势互补,有利于降低本公司重复投资,并提高公司综合效益。

第九节 财务报告

9.1 审计意见

审计报告	标准无保留	审计意见

审计报告正文

审 计 报 告

大信审字(2009)3-0068号

山东金岭矿业股份有限公司全体股东:

我们审计了后附的山东金岭矿业股份有限公司(以下简称"贵公司")财务报表,包括2008年12月31日的资产负债表、2008年度的利润表、2008年度的股东权益变动表、2008年度的现金流量表以及财务报表附注。

一、管理层对财务报表的责任

按照企业会计准则的规定编制财务报表是贵公司管理层的责任。这种责任包括:(1)设计、实施和维护与财务报表编制相关的内部控制,以使财务报表不存在由于舞弊或错误而导致的重大错报;(2)选择和运用恰当的会计政策;(3)作出合理的会计估计。

二、注册会计师的责任

我们的责任是在实施审计工作的基础上对财务报表发表审计意见。我们按照中国注册会计师审计准则的规定执行了审计工作。中国注册会计师审计准则要求我们遵守职业道德规范,计划和实施审计工作以对财务报表是否不存在重大错报获取合理保证。

审计工作涉及实施审计程序,以获取有关财务报表金额和披露的审计证据。选择的审计程序取决于注册会计师的判断,包括对由于舞弊或错误导致的财务报表重大错报风险的评估。在进行风险评估时,我们考虑与财务报表编制相关的内部控制,以设计恰当的审计程序,但目的并非对内部控制的有效性发表意见。审计工作还包括评价管理层选用会计政策的恰当性和作出会计估计的合理性,以及评价财务报表的总体列报。

我们相信,我们获取的审计证据是充分、适当的,为发表审计意见提供了基础。

三、审计意见

我们认为,贵公司财务报表已经按照企业会计准则的规定编制,在所有重大方面公允反映了贵公司2008年12月31日的财务状况以及2008年度的经营成果和现金流量。

大信会计师事务有限公司　　　　中国注册会计师:胡咏华

中 国 武 汉　　　　中国注册会计师:刘昌柏

2009年4月7日

9.2 财务报表

9.2.1 资产负债表

编制单位:山东金岭矿业股份有限公司　　2008年12月31日　　单位:(人民币)元

项目	期末余额		年初余额	
	合并	母公司	合并	母公司
流动资产:				
货币资金	438,191,172.22	438,191,172.22	21,015,153.39	21,015,153.39
结算备付金				
拆出资金				
交易性金融资产				
应收票据	255,105,000.00	255,105,000.00	472,152,072.92	472,152,072.92
应收账款	61,443,893.51	61,443,893.51	4,571,449.01	4,571,449.01
预付款项	3,023,344.49	3,023,344.49	5,954,641.58	5,954,641.58
应收保费				
应收分保账款				
应收分保合同准备金				
应收利息				
应收股利				
其他应收款	570,264.54	570,264.54	9,006,212.36	9,006,212.36
买入返售金融资产				
存货	39,698,884.96	39,698,884.96	35,257,066.54	35,257,066.54
一年内到期的非流动资产				
其他流动资产				
流动资产合计	798,032,559.72	798,032,559.72	547,956,595.80	547,956,595.80
非流动资产:				
发放贷款及垫款				
可供出售金融资产				
持有至到期投资				
长期应收款				
长期股权投资				
投资性房地产				
固定资产	266,825,554.37	266,825,554.37	251,307,565.34	251,307,565.34
在建工程	6,788,404.16	6,788,404.16	9,393,475.56	9,393,475.56
工程物资	121,539.00	121,539.00	73,443.00	73,443.00
固定资产清理				
生产性生物资产				
油气资产				
无形资产	302,053,877.71	302,053,877.71	309,091,289.70	309,091,289.70
开发支出				
商誉				
长期待摊费用				
递延所得税资产	1,726,893.28	1,726,893.28	359,238.41	359,238.41
其他非流动资产				
非流动资产合计	577,516,268.52	577,516,268.52	570,225,012.01	570,225,012.01
资产总计	1,375,548,828.24	1,375,548,828.24	1,118,181,607.81	1,118,181,607.81
流动负债:				

短期借款	20,000,000.00	20,000,000.00	179,215,939.00	179,215,939.00
向中央银行借款				
吸收存款及同业存放				
拆入资金				
交易性金融负债				
应付票据	18,350,000.00	18,350,000.00		
应付账款	31,290,619.68	31,290,619.68	16,696,928.64	16,696,928.64
预收款项	9,089,111.38	9,089,111.38	12,076,629.63	12,076,629.63
卖出回购金融资产款				
应付手续费及佣金				
应付职工薪酬	3,036,276.52	3,036,276.52	2,493,505.40	2,493,505.40
应交税费	34,890,357.84	34,890,357.84	34,889,278.09	34,889,278.09
应付利息			1,268,961.97	1,268,961.97
应付股利				
其他应付款	12,990,968.25	12,990,968.25	8,183,852.98	8,183,852.98
应付分保账款				
保险合同准备金				
代理买卖证券款				
代理承销证券款				
一年内到期的非流动负债				
其他流动负债				
流动负债合计	129,647,333.67	129,647,333.67	254,825,095.71	254,825,095.71
非流动负债：				
长期借款	1,616,866.00	1,616,866.00	1,616,866.00	1,616,866.00
应付债券				
长期应付款				
专项应付款				
预计负债				
递延所得税负债			1,737,068.00	1,737,068.00
其他非流动负债				
非流动负债合计	1,616,866.00	1,616,866.00	3,353,934.00	3,353,934.00
负债合计	131,264,199.67	131,264,199.67	258,179,029.71	258,179,029.71
所有者权益(或股东权益)：				
实收资本(或股本)	321,254,374.00	321,254,374.00	321,254,374.00	321,254,374.00
资本公积	364,466,993.60	364,466,993.60	364,466,993.60	364,466,993.60
减:库存股				
盈余公积	100,016,630.03	100,016,630.03	68,536,696.98	68,536,696.98
一般风险准备				
未分配利润	458,546,630.94	458,546,630.94	105,744,513.52	105,744,513.52
外币报表折算差额				
归属于母公司所有者权益合计	1,244,284,628.57	1,244,284,628.57	860,002,578.10	860,002,578.10
少数股东权益				
所有者权益合计	1,244,284,628.57	1,244,284,628.57	860,002,578.10	860,002,578.10
负债和所有者权益总计	1,375,548,828.24	1,375,548,828.24	1,118,181,607.81	1,118,181,607.81

9.2.2 利润表

编制单位：山东金岭矿业股份有限公司　　2008 年 1−12 月　　单位:(人民币)元

项目	本期金额		上期金额	
	合并	母公司	合并	母公司
一、营业总收入	1,035,967,796.44	1,035,967,796.44	718,097,305.25	718,097,305.25
其中:营业收入	1,035,967,796.44	1,035,967,796.44	718,097,305.25	718,097,305.25
利息收入				
已赚保费				
手续费及佣金收入				
二、营业总成本	521,394,611.97	521,394,611.97	384,901,666.26	384,901,666.26
其中:营业成本	447,941,241.73	447,941,241.73	339,797,164.73	339,797,164.73
利息支出				
手续费及佣金支出				
退保金				
赔付支出净额				
提取保险合同准备金净额				
保单红利支出				
分保费用				
营业税金及附加	10,954,395.00	10,954,395.00	7,494,989.70	7,494,989.70
销售费用	2,164,091.67	2,164,091.67	2,906,923.42	2,906,923.42
管理费用	48,744,401.42	48,744,401.42	26,975,326.48	26,975,326.48
财务费用	6,195,312.99	6,195,312.99	8,199,533.32	8,199,533.32
资产减值损失	5,395,169.16	5,395,169.16	−472,271.39	−472,271.39
加:公允价值变动收益				
(损失以"−"号填列)				
投资收益				
(损失以"−"号填列)				
其中:对联营企业和合				
营企业的投资收益				
汇兑收益(损失以"−"号填列)				
三、营业利润				
(亏损以"−"号填列)	514,573,184.47	514,573,184.47	333,195,638.99	333,195,638.99
加:营业外收入	147,146.14	147,146.14		
减:营业外支出	645,406.92	645,406.92	2,374,496.70	2,374,496.70
其中:非流动资产处置损失				
四、利润总额				
(亏损总额以"−"号填列)	514,074,923.69	514,074,923.69	330,821,142.29	330,821,142.29
减:所得税费用	129,792,873.22	129,792,873.22	109,151,370.33	109,151,370.33
五、净利润				
(净亏损以"−"号填列)	384,282,050.47	384,282,050.47	221,669,771.96	221,669,771.96
归属于母公司				
所有者的净利润	384,282,050.47	384,282,050.47	221,669,771.96	221,669,771.96
少数股东损益				
六、每股收益：				
(一)基本每股收益	1.20	1.20	0.69	0.69
(二)稀释每股收益	1.20	1.20	0.69	0.69

9.2.3 现金流量表

编制单位：山东金岭矿业股份有限公司　　2008 年 1−12 月　　单位:(人民币)元

项目	本期金额		上期金额	
	合并	母公司	合并	母公司
一、经营活动产生的现金流量：				
销售商品、提供劳务				
收到的现金	1,321,237,329.88	1,321,237,329.88	517,753,324.45	517,753,324.45
客户存款和同业存放款项净增加额				
向中央银行借款净增加额				
向其他金融机构拆入资金净增加额				
收到原保险合同保费取得的现金				
收到再保险业务现金净额				
保户储金及投资款净增加额				
处置交易性金融资产净增加额				
收取利息、手续费及佣金的现金				
拆入资金净增加额				
回购业务资金净增加额				
收到的税费返还				
收到其他与经营活动				
有关的现金	12,653,740.69	12,653,740.69	131,453.81	131,453.81
经营活动现金流入小计	1,333,891,070.57	1,333,891,070.57	517,884,778.26	517,884,778.26
购买商品、接受劳务				
支付的现金	295,977,406.86	295,977,406.86	250,836,666.96	250,836,666.96
客户贷款及垫款净增加额				
存放中央银行和同业款项净增加额				
支付原保险合同赔付款项的现金				
支付利息、手续费及佣金的现金				
支付保单红利的现金				
支付给职工以及为职工				
支付的现金	135,469,206.77	135,469,206.77	118,998,780.43	118,998,780.43
支付的各项税费	281,425,642.96	281,425,642.96	119,398,268.47	119,398,268.47
支付其他与经营活动				
有关的现金	20,547,422.12	20,547,422.12	43,776,261.35	43,776,261.35
经营活动现金流出小计	733,419,678.71	733,419,678.71	533,009,977.21	533,009,977.21
经营活动产生的现金				
流量净额	600,471,391.86	600,471,391.86	−15,125,198.95	−15,125,198.95
二、投资活动产生的现金流量：				
收回投资收到的现金				
取得投资收益收到的现金				
处置固定资产、无形资产和				
其他长期资产收回的现金净额	303,935.04	303,935.04		
处置子公司及其他营业				
单位收到的现金净额				
收到其他与投资活动有关的现金				
投资活动现金流入小计	303,935.04	303,935.04		
购建固定资产、无形资产和				
其他长期资产支付的现金	12,008,568.76	12,008,568.76	7,205,812.52	7,205,812.52
投资支付的现金				
质押贷款净增加额				
取得子公司及其他营业单位支付的现金净额				
支付其他与投资活动有关的现金				
投资活动现金流出小计	12,008,568.76	12,008,568.76	7,205,812.52	7,205,812.52
投资活动产生的现金流量净额	−11,704,633.72	−11,704,633.72	−7,205,812.52	−7,205,812.52
三、筹资活动产生的现金流量：				
吸收投资收到的现金				
其中:子公司吸收少数股东投资收到的现金				
取得借款收到的现金	20,000,000.00	20,000,000.00	179,215,939.00	179,215,939.00
发行债券收到的现金				
收到其他与筹资活动有关的现金				
筹资活动现金流入小计	20,000,000.00	20,000,000.00	179,215,939.00	179,215,939.00

偿还债务支付的现金	179,215,939.00	179,215,939.00	134,121,072.00	134,121,072.00
分配股利、利润或偿付利息支付的现金	12,374,800.31	12,374,800.31	9,080,267.62	9,080,267.62
其中：子公司支付给少数股东的股利、利润				
支付其他与筹资活动有关的现金				
筹资活动现金流出小计	191,590,739.31	191,590,739.31	143,201,339.62	143,201,339.62
筹资活动产生的现金流量净额	−171,590,739.31	−171,590,739.31	36,014,599.38	36,014,599.38
四、汇率变动对现金及现金等价物的影响				
五、现金及现金等价物净增加额	417,176,018.83	417,176,018.83	13,683,587.91	13,683,587.91
加：期初现金及现金等价物余额	21,015,153.39	21,015,153.39	7,331,565.48	7,331,565.48
六、期末现金及现金等价物余额	438,191,172.22	438,191,172.22	21,015,153.39	21,015,153.39

9.2.4 所有者权益变动表

编制单位：山东金岭矿业股份有限公司　　2008 年度　　单位：(人民币)元

本期金额

项目	归属于母公司所有者权益 实收资本(或股本)	资本公积	减：库存股	盈余公积	一般风险准备	未分配利润	其他	少数股东权益	所有者权益合计
一、上年年末余额	321,254,374.00	364,466,993.60		68,536,696.98		105,744,513.52			860,002,578.10
加：会计政策变更									
前期差错更正									
其他									
二、本年年初余额	321,254,374.00	364,466,993.60		68,536,696.98		105,744,513.52			860,002,578.10
三、本年增减变动金额(减少以"−"号填列)				31,479,933.05		352,802,117.42			384,282,050.47
(一)净利润						384,282,050.47			384,282,050.47
(二)直接计入所有者权益的利得和损失									
1.可供出售金融资产公允价值变动净额									
2.权益法下被投资单位其他所有者权益变动的影响									
3.与计入所有者权益项目相关的所得税影响									
4.其他									
上述(一)和(二)小计						384,282,050.47			384,282,050.47
(三)所有者投入和减少资本									
1.所有者投入资本									
2.股份支付计入所有者权益的金额									
3.其他									
(四)利润分配				38,428,205.05		−38,428,205.05			
1.提取盈余公积				38,428,205.05		−38,428,205.05			
2.提取一般风险准备									
3.对所有者(或股东)的分配									
4.其他									
(五)所有者权益内部结转				−6,948,272.00		6,948,272.00			
1.资本公积转增资本(或股本)									
2.盈余公积转增资本(或股本)									
3.盈余公积弥补亏损									
4.其他				−6,948,272.00		6,948,272.00			
四、本期期末余额	321,254,374.00	364,466,993.60		100,016,630.03		458,546,630.94			1,244,284,628.57

上年金额

项目	归属于母公司所有者权益 实收资本(或股本)	资本公积	减：库存股	盈余公积	一般风险准备	未分配利润	其他	少数股东权益	所有者权益合计
一、上年年末余额	321,254,374.00	364,466,993.60		49,067,004.37		−96,455,565.83			638,332,806.14
加：会计政策变更									
前期差错更正									
其他									
二、本年年初余额	321,254,374.00	364,466,993.60		49,067,004.37		−96,455,565.83			638,332,806.14
三、本年增减变动金额(减少以"−"号填列)				19,469,692.61		202,200,079.35			221,669,771.96
(一)净利润						221,669,771.96			221,669,771.96
(二)直接计入所有者权益的利得和损失									
1.可供出售金融资产公允价值变动净额									
2.权益法下被投资单位其他所有者权益变动的影响									
3.与计入所有者权益项目相关的所得税影响									
4.其他									
上述(一)和(二)小计						221,669,771.96			221,669,771.96
(三)所有者投入和减少资本									
1.所有者投入资本									
2.股份支付计入所有者权益的金额									
3.其他									
(四)利润分配				12,521,420.61		−12,521,420.61			
1.提取盈余公积				12,521,420.61		−12,521,420.61			
2.提取一般风险准备									
3.对所有者(或股东)的分配									
4.其他									
(五)所有者权益内部结转				6,948,272.00		−6,948,272.00			
1.资本公积转增资本(或股本)									
2.盈余公积转增资本(或股本)									
3.盈余公积弥补亏损									
4.其他				6,948,272.00		−6,948,272.00			
四、本期期末余额	321,254,374.00	364,466,993.60		68,536,696.98		105,744,513.52			860,002,578.10

9.3 与最近一期年度报告相比，会计政策、会计估计和核算方法发生变化的具体说明

√ 适用　　□ 不适用

一、会计政策变更原因：

根据《企业会计准则讲解(2008)》以及《财政部关于做好执行会计准则企业 2008 年年报工作的通知》(财会函[2008]60 号)，公司对以前年度计提矿山生产安全费用的核算方法进行了变更。变更前后安全生产费用的核算方法列示如下：

1、变更前：在成本中归集，计提额计入长期应付款；使用时，费用类支出直接冲减长期应付款；形成固定资产的按在建工程核算，项目完工后按实际成本结转固定资产，同时按实际成本计提折旧，折旧额直接冲减长期应付款，该项固定资产在以后使用期间不再计提折旧。

2、变更后：计提时按照计提金额通过利润分配转入"盈余公积—专项储备"科目。按照规定范围使用时根据实际使用金额在所有者权益内部进行结转，从"盈余公积—专项储备"科目转入未分配利润，但结转金额以"盈余公积—专项储备"科目余额冲减至零为限。

二、会计政策变更影响：

本会计政策变更影响公司 2007 年度净利润增加 5,211,204 元。

9.4 重大会计差错的内容、更正金额、原因及其影响

□ 适用　　√ 不适用

9.5 与最近一期年度报告相比，合并范围发生变化的具体说明

□ 适用　　√ 不适用

公司法定代表人签字：张相军

山东金岭矿业股份有限公司

二〇〇九年四月九日

大冶特殊钢股份有限公司

大冶特殊钢股份有限公司2008年年度报告摘要

第一节　重要提示

1.1 本公司董事会、监事会及董事、监事、高级管理人员保证本报告所载资料不存在任何虚假记载、误导性陈述或者重大遗漏，并对其内容的真实性、准确性和完整性承担个别及连带责任。本年度报告摘要摘自年度报告全文，投资者欲了解详细内容，应阅读年度报告全文。

1.2 没有董事、监事、高级管理人员声明对年度报告内容的真实性、准确性、完整性无法保证或存在异议。

1.3 普华永道中天会计师事务所有限公司为本公司出具了标准无保留审计意见的审计报告。

1.4 公司董事长蔡星海先生、总经理钱刚先生、总会计师吴巨波先生声明：保证年度报告中财务报告的真实、完整。

第二节　公司基本情况简介

2.1 基本情况简介

股票简称	大冶特钢
股票代码	000708
上市交易所	深圳证券交易所
注册地址和办公地址	湖北省黄石市黄石大道316号
邮政编码	435001
公司国际互联网网址	http://www.dayesteel.com.cn
电子信箱	dytg0708@163.com

2.2 联系人和联系方式

	董事会秘书	证券事务代表
姓名	吴巨波	王平国
联系地址	湖北省黄石市黄石大道316号	湖北省黄石市黄石大道316号
电话	0714-6297373	0714--6297373
传真	0714-6297280	0714-6297280
电子邮箱	dytg0708@163.com	dytg0708@163.com

第三节　会计数据和业务数据摘要

3.1 主要会计数据

项目	2008年	2007年	本年比上年增减(%)	2006年 调整前	2006年 调整后
营业收入	7,501,771,046	5,908,041,853	26.98	4,816,904,155	4,816,904,155
利润总额	178,921,613	323,626,851	-44.71	317,659,280	317,659,280
归属于上市公司股东的净利润	200,880,836	323,626,851	-37.93	317,659,280	317,659,280
归属于上市公司股东的扣除非经常性损益后的净利润	135,501,266	302,954,580	-55.27	256,830,062	245,077,017
经营活动产生的现金流量净额	356,706,142	144,705,188	146.51	532,677,656	503,266,209
	2008年末	2007年末	本年末比上年末增减(%)	2006年末 调整前	2006年末 调整后
总资产	3,398,352,436	3,440,322,222	-1.22	2,958,462,131	2,958,462,131
所有者权益	1,756,657,956	1,645,658,816	6.74	1,322,031,965	1,322,031,965

3.2 主要财务指标

项目	2008年	2007年	本年比上年增减(%)	2006年 调整前	2006年 调整后
基本每股收益	0.447	0.720	-37.92	0.707	0.707
稀释每股收益	0.447	0.720	-37.92	0.707	0.707
扣除非经常性损益后的基本每股收益	0.302	0.674	-55.19	0.571	0.545
全面摊薄净资产收益率(%)	11.44	19.67	下降8.23个百分点	24.03	24.03
加权平均净资产收益率(%)	11.91	21.81	下降9.90个百分点	27.74	27.74
扣除非经常性损益后的全面摊薄净资产收益率(%)	7.71	18.41	下降10.70个百分点	19.43	18.54
扣除非经常性损益后加权平均净资产收益率(%)	8.04	20.42	下降12.38个百分点	22.43	21.40
每股经营活动产生的现金流量净额	0.794	0.322	146.58	1.185	1.120
项目	2008年末	2007年末	本年比上年末增减(%)	2006年末 调整前	2006年末 调整后
归属于上市公司股东的每股净资产	3.909	3.662	6.74	2.942	2.942

非经常性损益项目

√适用　□不适用

非经常性损益项目	金额
1.处置非流动资产(收益)/损失	298,638
2.政府补贴	3,100,000
3.债务重组收益	1,296,076
4. 转回长账龄应付暂估款项	56,369,053
5.其他营业外收支净额	4,315,803
合计影响数	65,379,570

采用公允价值计量的项目

□适用　√不适用

3.3 境内外会计准则差异

□适用　√不适用

第四节　股本变动及股东情况

4.1 股份变动情况表

单位：股

	本次变动前 数量	本次变动前 比例(%)	发行新股	送股	公积金转股	其他	小计	本次变动后 数量	本次变动后 比例(%)
一、有限售条件股份	268,560,532	59.76				-5,040,000	-5,040,000	263,520,532	58.64
1、国家持股									
2、国有法人持股									
3、其他内资持股	141,942,052	31.58				-5,040,000	-5,040,000	136,902,052	30.46
其中									
境内非国有法人持股	141,940,000	31.58				-5,040,000	-5,040,000	136,900,000	30.46
境内自然人持股	2,052							2,052	
4、外资持股	126,618,480	28.18						126,618,480	28.18
其中									
境外法人持股	126,618,480	28.18						126,618,480	28.18
境外自然人持股									
二、无限售条件股份	180,847,948	40.24				+5,040,000	+5,040,000	185,887,948	41.36
1、人民币普通股	180,847,948	40.24				+5,040,000	+5,040,000	185,887,948	41.36
2、境内上市的外资股									
3、境外上市的外资股									
4、其他									
三、股份总数	449,408,480	100.00						449,408,480	100.00

有限售股份变动情况表

股东名称	年初限售股数	本年解除限售股数	本年增加限售股数	年末限售股数	限售原因	解除限售日期
湖北新冶钢有限公司	134,620,000	0	-	134,620,000	股改	2009-2-26
中信泰富(中国)投资有限公司	126,618,480	0	-	126,618,480	股改	2009-2-26
襄阳汽车轴承股份有限公司	3,420,000	3,420,000	-	0	股改	2008-2-25
湖北正智资产管理有限公司	2,280,000	0	-	2,280,000	股改	2007-8-7
中国北车集团北京南口机车车辆机械厂	1,140,000	1,140,000	-	0	股改	2008-2-25
上海宏成物业有限公司	300,000	300,000	-	0	股改	2008-2-25
无锡市国联投资管理咨询有限公司	180,000	180,000	-	0	股改	2008-2-25
傅柏树	2,052			2,052	高管	
合计	268,560,532	5,040,000	-	263,520,532	-	-

说明：湖北正智资产管理有限公司所持2,280,000股有限售条件的流通股，股改承诺解除限售日期为2007年8月7日，报告期内该股东未提出解除限售申请。

湖北新冶钢有限公司、中信泰富(中国)投资有限公司分别持有的134,620,000股、126,618,480股有限售条件流通股于2009年2月26日解除限售，上市流通。

4.2 前10名股东、前10名流通股股东或无限售条件股东持股情况表

股东总数　46,860户

前10名股东持股情况

股东名称	股东性质	持股比例(%)	持股总数	持有有限售条件股份数量	质押或冻结的股份数量
湖北新冶钢有限公司	境内非国有法人	29.95	134,620,000	134,620,000	

中信泰富(中国)投资有限公司	境外法人	28.18	126,618,480	126,618,480	
全国社保基金一零二组合	其他	2.54	11,413,298	0	
东风汽车公司	其他	1.78	7,980,000	0	
上海浦东发展银行-广发小盘成长股票型证券投资基金	其他	1.21	5,455,268	0	
全国社保基金一零八组合	其他	0.67	2,999,969	0	
交银国际信托有限公司-国贸盛乾一期证券投资集合资金信托	其他	0.62	2,806,317	0	
冯声浪	其他	0.60	2,700,000	0	
湖北正智资产管理有限公司	其他	0.51	2,280,000	2,280,000	2,280,000
中国一拖集团有限公司	其他	0.51	2,280,000	0	

前 10 名无限售条件股东持股情况

股东名称	持有无限售条件股份的数量	股份种类
全国社保基金一零二组合	11,413,298	人民币普通股
东风汽车公司	7,980,000	人民币普通股
上海浦东发展银行-广发小盘成长股票型证券投资基金	5,455,268	人民币普通股
全国社保基金一零八组合	2,999,969	人民币普通股
交银国际信托有限公司-国贸盛乾一期证券投资集合资金信托	2,806,317	人民币普通股
冯声浪	2,700,000	人民币普通股
中国一拖集团有限公司	2,280,000	人民币普通股
国际金融-渣打-GOV'T OF SINGAPORE INVEST CORP. PTE LTD.	2,070,904	人民币普通股
襄阳汽车轴承股份有限公司	1,477,201	人民币普通股
陈锡明	1,145,000	人民币普通股
上述股东关联关系或一致行动的说明	公司前十名股东中，前第一名股东和前第二名股东系同一实际控制人中信泰富有限公司控制的下属公司，属于《上市公司收购管理办法》中规定的一致行动人。 未知前 10 名流通股股东之间及前 10 名流通股股东和前 10 名股东之间是否存在关联关系。	

4.3 控股股东及实际控制人情况介绍

4.3.1 控股股东及实际控制人变更情况

□适用　　　√不适用

4.3.2 控股股东及实际控制人具体情况介绍

(1) 公司控股股东情况

公司名称：湖北新冶钢有限公司

法定代表人：刘玠

注册资本：33,983 万美元

变更日期：2004 年 10 月 15 日

企业类型：中外合资经营

主要经营业务或管理活动：生产销售黑色、有色金属材料和相应的工业辅助材料及承接来料加工业务；钢铁冶炼、金属压延加工、钢坯、钢锭、钢材、钢管、球墨铸铁管及管件、焦炭、金属制品制造、机械及仪表电器制造和修理、化工产品(不含危险品和限制类产品)制造和供应。

(2) 公司实际控制人情况

公司名称：中国中信集团公司

法定代表人：孔丹

成立日期：1979 年 10 月

法定股本：300 亿元

主要经营业务或管理活动：中信集团是中国政府授权投资的机构和国有大型综合性跨国企业集团，业务涉及银行、证券、保险、信托、基金等金融领域，以及房地产与土地成片开发、工程承包、基础设施、资源与能源、机械制造、信息产业、高新技术等非金融领域，以及在境内外拥有一批具有一定影响力的上市公司。

第五节　董事、监事和高级管理人员

5.1 董事、监事和高级管理人员持股变动及报酬情况

姓名	性别	职务	任期起止日期	年龄	年初持股数	年末持股数	变动原因	报告期内从公司领取的报酬总额(万元)	是否在股东单位或其他关联单位领取
蔡星海	男	董事长	2008.4-2011.4	64					是
罗铭韬	男	董事	2008.4-2011.4	45					是
邵鹏星	男	董事	2008.4-2011.4	59					是
阎胜科	男	董事	2008.12-2011.4	63					是
钱　刚	男	董事、总经理	2008.4-2011.4	42				40	否
文　武	男	董事	2008.4-2011.4	48					是
吴巨波	男	董事、总会计师 董事会秘书	2008.12-2011.4	43				25	否
吴茂清	男	独立董事	2008.4-2011.4	66				5	否
周志海	男	独立董事	2008.4-2011.4	62				5	否
沈　岩	男	独立董事	2008.4-2011.4	45				5	否
虞良杰	男	独立董事	2008.4-2011.4	66				5	否
傅柏树	男	监事会主席	2008.4-2011.4	55	2,736	2,736			是
关景南	男	监事	2008.4-2011.4	47					是
郭培锋	男	监事	2008.12-2011.4	37					是
刘亚平	男	监事	2008.4-2011.4	49				11	否
黄旭光	男	监事	2008.4-2011.4	42				11	否
高国华	男	副总经理	2008.4-2011.4	40				28	否
王社教	男	副总经理	2008.4-2011.4	42				28	否

董事、监事、高级管理人员报告期内被授予的股权激励情况

□适用　　　√不适用

5.2 董事出席董事会会议情况

董事姓名	具体职务	应出席次数	现场出席次数	以通讯方式参加会议次数	委托出席次数	缺席次数	是否连续两次未亲自出席会议
蔡星海	董事长	8	3	5	0	0	否
罗铭韬	董事	8	3	5	0	0	否
邵鹏星	董事	8	3	5	0	0	否
阎胜科	董事	1	1	0	0	0	否
钱　刚	董事、总经理	8	3	5	0	0	否
文　武	董事	8	3	5	0	0	否
吴巨波	总会计师 董事会秘书	1	1	0	0	0	否
吴茂清	独立董事	8	3	5	0	0	否
周志海	独立董事	8	3	5	0	0	否
沈　岩	独立董事	8	3	5	0	0	否
虞良杰	独立董事	7	2	5	0	0	否
年内召开董事会会议次数							8
其中：现场会议次数							3
通讯方式召开会议次数							5
现场结合通讯方式召开会议次数							0

第六节　董事会报告

6.1 管理层讨论与分析

(一)报告期内经营情况讨论和分析

1、报告期内公司经营情况的回顾

2008 年，国内外钢材市场发生了剧烈变化。前八个月，市场高需求，原料高价格，钢价随之上涨，虽遭南方雪灾、汶川地震的影响，但企业总体上面临着较好的发展机遇。九月份后，受世界性金融危机的冲击，钢铁市场需求锐减，钢价暴跌，企业面临前所未有的挑战。

面对复杂多变的严峻形势，公司坚持"品牌、高质、高效"的工作主题，紧紧抓住上半年的发展机遇，克服了原材料高价格及雨雪冰冻对公司造成的影响，实现净利润同比增长 22.44%的效益目标。三季度，虽然经营生产有所下滑，但实现净利润同比增长 11.10%，1-9 月份同比增长 18.90%。四季度，在合同严重不足、产量压缩、效益下滑的严峻形势下，公司采取各种措施，化解风险，降低损失，力保平稳发展。全年主要经济指标虽同比下降，但仍保持行业较好水平，生产钢 98.25 万吨，生产钢材 102.07 万吨，同比分别降低 12.75%、12.34%，销售钢材 102.73 万吨，同比下降 12.36%；产销率为 100.65%；实现营业收入 75 亿元，同比增长 26.98%；实现净利润 20,088 万元，同比降低 37.93 %。

尽管 2008 年的严峻形势给公司发展带来一定影响，但公司的经营生产在如下方面仍取得较好进展：

(1) 营销策略和市场开拓发生了较大变化。面对跌宕起伏的市场，公司加大铁路、船舶、航空航天等市场开发，特别是新开发风电用钢市场，是 SKF 在中国的唯一供应商，虽销售只有 1 千多吨，但适应了新能源行业的要求，成为今后发展的一大亮点；在钢材总量降低的情况下，高效产品的销售较上年增长 7 个百分点；扩大与国内外多家知名企业的战略合作，成为稳定市场的支撑力量；针对四季度市场萎缩的情况，把在产品、产成品、原燃料库存降到历史低点，控制应付帐款和应收帐款的上升，有效降低了经营风险。全年出口钢材 14.34 万吨，同比降低 16%，由于抓住销售价格上升的机遇及调整品种结构、用户结构和区域结构，全年实现的创汇额同比增长 25%。

(2) "特色"和"品牌"产品有较大增长。公司开展九大产品攻关，完成品种钢材同比增长 2.88%。其中高效产品同比增长 28.68%。代表行业优势的特色品种同比大幅增长，铁路渗碳轴承钢增长 35.91%，SKF 系列轴承钢增长三倍，高级齿轮钢同比增长 12.95%，高合金、军工、锻件增长 45.98%。为"神舟七号"专门研发的关键用材，受到中国载人航天工程部门的表彰。大力开发个性化产品 42.94 万吨，适应了用户的要求。继续推进产品认证，三级锚链钢获得 ABS、DNV、LR 认证证书，高质量轴承钢等 3 个品种、汽车关键零部件用钢、工程机械用钢获得国际著名企业认可，并成为知名企业首选合格供应商，海洋系泊链钢获冶金产品实物质量金杯奖。公司的产品正在加大由常规产品向"特色"产品和"品牌"产品的转移。

3) 技术创新取得一批新成果。国家发改委项目《大冶特钢技术中心创新能力建设项目》通过验收，达到国际先进、国内领先水平，显著提升了公司自主创新能力。公司开发的易切削钢 38MnS6 经科技部评审被列入 2008-2009 年度国家新产品计划；申报《重大技术装备关键部件用钢的开发及产业化》项目被列入省重点科研项目；公司信息化项目被列入 2008 年湖北省制造业信息化重大综合应用示范项目；《无孔型轧制扁钢或圆钢的轧制组的布置方法》获第十届国家专利优秀奖；《大规格海洋系泊链用钢的研制开发》、《钢中夹杂物级别的图象分析与体视学测定国家标准》获省部 2008 年科技进步二、三等奖；本年度申请成功专利 5 项。

4) 企业管控模式的探索取得一定成效。面对原燃料价格前高后低、大起大落的状况，果断调整了定价模式和采购模式，仅四季度降低采购成本 1.5 亿元；为降低生产成本，推行"成本明细化、价格市场化"活动，对成本管理模式进行重大调整，使每个品种有成本定额，每道工序模拟市场价核算，每个岗位有考核指标，调动了全员降本积极性，四季度仅铁系统降本 1,200 万元；为提高产品质量，

建立以生产厂管理为主体、以技术质量部门抽查监督为辅的"质量过程一体化"控制模式，发挥质监中心、质检站和视频监控点的作用，使外部万元质量异议损失率下降1.01元，现场废品吨钢降低0.15公斤。公司信息化建设完成了采购、销售、仓储、财务的功能模块的开发和应用，建立了数据平台，实现了业务流程规范化、结算自动化，为各项管理提供了便捷的管控手段。

(5) 技术改造进展较快，效果较好。围绕品牌战略的推进，在炼钢、轧制及辅助系统进行24个项目的技术改造，报告期内完成投资21,408万元。其中完工14项，经投产后，当年创效2,855万元。这些项目的实施，将为公司发展带来良好的预期，大大增强企业竞争力。如四炼钢RH"双工位"改造，使钢水真空比由原60%提高到100%，解决了高效品种与真空能力不匹配的问题；新建3号连铸机，解决了连铸坯断面规格多、产能不足的矛盾，理顺了连铸机和成材轧机的供坯关系，保证了产品质量；引进16吨保护气氛电渣炉，确保高速列车轴承用钢质量，开发特冶锻造产品，扩大军工和航空航天用材市场。

2、公司主营业务及其经营状况

公司所属行业为特种钢铁行业，主营业务范围：钢铁冶炼、钢材轧制、金属改制、压延加工、钢铁材料检测。报告期内，公司的主营业务未发生重大变化。

(1)主要业务收入、主要业务利润、净利润的构成情况

2008年公司主要业务按行业分布情况：

单位：人民币元

行业	营业收入	同比增减(%)	营业成本	同比增减(%)	营业利润率(%)	同比增减(%)
船舶行业	67,891,573	7.83	63,332,025	7.62	6.72	0.18
锅炉及机械业	2,414,801,366	35.55	2,279,967,807	51.60	5.58	−10.00
汽车制造业	2,639,658,798	23.64	2,553,577,974	20.48	3.26	2.53
铁路轴承行业	1,221,343,197	34.52	1,149,151,899	43.04	5.91	−5.60
其它行业	771,307,486	15.89	733,333,666	25.43	4.92	−7.24

2008年公司主要业务按产品分布情况：

单位：人民币元

产 品	营业收入	同比增减(%)	营业成本	同比增减(%)	营业利润率(%)	同比增减(%)
碳结碳工钢	1,589,566,299	28.97	1,490,989,393	31.60	6.20	−1.88
弹簧轴承钢	1,831,895,894	23.18	1,729,265,581	27.35	5.60	−3.10
其中：高级轴承钢	113,006,709	94.20	104,079,365	89.24	7.90	2.41
合结合工钢	2,975,912,392	21.99	2,876,484,006	29.39	3.34	−5.53
特殊合金钢	170,122,800	11.08	186,672,936	35.27	−9.73	−19.62
其它	547,505,035	127.53	495,951,455	127.11	9.42	0.17

2008年公司主要业务按地区分布情况：

单位：人民币元

地区	营业收入	同比增减(%)
华北	880,968,544	21.35
东北	790,712,696	26.42
华东	1,338,810,998	29.68
中南	3,094,392,967	33.89
西北	40,310,816	11.98
国外	969,806,399	17.98

(2)报告期内主要供应商、客户情况：

公司向前5名供应商合计采购金额占年度采购总额的比例是22％；

公司向前5名客户销售额合计占公司销售总额的比例是12%。

3、公司资产构成及变动情况：

项目	2008年 金额(元)	2008年 比例(%)	2007年 金额(元)	2007年 比例(%)	占总资产比例增减(+/−)
总资产	3,398,352,436	100	3,440,322,222	100	
应收帐款	137,613,000	4.05	201,190,214	5.85	−1.80
存货	573,562,828	16.88	1,039,738,232	30.22	−13.34
投资性房地产					
长期股权投资					
固定资产净值	1,743,449,695	51.30	1,628,494,047	47.34	3.96
在建工程	107,385,543	3.16	87,540,345	2.54	0.62
工程物资	3,825,376	0.11	3,185,365	0.09	0.02
短期借款及一年内到期长期借款	137,905,000	4.06	7,905,000	0.23	3.83
长期借款	250,000,000	7.36	345,000,000	10.03	−2.67

变动原因：

(1)报告期内应收账款比上年下降主要原因是公司为降低风险，加大产品销售应收账款清理力度；

(2)报告期内存货比上年下降主要原因是公司在产品和产成品库存减少所致；

(3)报告期内固定资产变动主要原因是新增技术改造项目和完工的在建工程转入固定资产所致；

(4)报告期内银行借款比2007年度增加主要原因是本年净增贷款所致。

4、公司销售费用、管理费用、财务费用、所得税情况

单位：人民币元

项目	2008年	2007年	增减率(%)
销售费用	68,489,008	51,315,932	33.47
管理费用	63,449,393	58,434,466	8.58
财务费用	29,465,024	28,606,797	3.00
所得税	–	–	–

变动原因：

(1)报告期内销售费用较上年增加，主要原因是公司加强产品销售力度，为开拓市场而增加销售费用所致；

(2)报告期内管理费用比上年增加主要原因是本年度处理积压存货损失所致；

(3)报告期内财务费用较上年增加主要原因是2008年净增贷款相应增加利息支出，同时美元汇率持续下降导致汇兑损失同比增加。

5、报告期内公司现金流量相关数据情况：

单位：人民币元

项目	2008年	2007年	增减额
经营活动产生的现金流量	356,706,142	144,705,188	212,000,954
投资活动产生的现金流量	−56,039,009	−46,358,887	−9,680,122
筹资活动产生的现金流量	−79,290,759	−159,907,653	80,616,894

变动原因：

(1)经营活动产生的现金流量增加主要原因是销售现款回笼增加；

(2)投资活动产生的现金流量减少主要原因是2008年技改投资增加；

(3)筹资活动产生的现金流量增加主要原因是本年度借款净增加。

6、主要控股公司及其参股公司的情况：

公司无控股子公司及其参股公司。

7、公司控制的特殊目的主体情况

公司无控制的特殊目的主体情况。

(二)对公司未来发展的展望

1、公司所处行业的发展趋势及公司面临的市场竞争格局

2009年将是进入新世纪以来特钢形势最为严峻的一年。世界性金融危机对钢铁市场的影响尚未见底，从国内市场看，除了军工、新能源等极少数行业外，其他行业对特钢的需求大幅减少。由于国家出台了拉动内需的一系列政策，缓解了钢铁业的困境，但实现钢铁业的振兴需要经过一段时间的努力。从国际市场看，需求萎缩、钢价下滑比国内更严重，再加上欧盟对我国出口的反倾销调查导致贸易摩擦增加，进一步恶化了出口环境，预计2009年钢材出口将会继续下降。

由此可见，2009年，钢铁业的发展将出现转折，即由前几年的高速增长转向平稳运行，由"量"的增长转向"质"的提升。特钢行业竞争的焦点是产品结构的优化和产品品质的提升。因此，发展市场需求的高端产品，推动产品结构升级，提高自主创新能力和核心竞争力，是实现公司新一轮发展的关键。

2、公司未来发展的机遇和挑战

在新的形势下发展，公司面临的机遇是：

(1) 中央提出了保增长、扩内需、调结构的宏观调控任务，加大铁路、公路、航天航空、新能源等以民生为主的基础设施建设，特别是国家启动大型飞机制造项目、加快高速铁路建设、开发风力发电，给高端特钢提供了广阔的市场；国家制订并实施10大重点产业调整振兴规划，特别是钢铁调整振兴规划的实施，鼓励和支持发展优特钢，推动产品结构升级。因此，发展高品质的优特钢有一定的市场空间和强有力的政策支撑。

(2) 国务院批复了武汉城市圈"两型社会"综合配套改革试验总体方案，标志着试验区的建设进入实施阶段。符合"两型社会"建设要求的产业，在税收、信贷等方面将给予政策倾斜。公司作为试验区内唯一的特钢企业，具有较好的产品品牌和销售区域性的特征，存在一定的销售半径，这为公司的生产和销售将带来良好的机遇。

(3) 公司作为我国特钢重要的生产和研发基地，通过近几年持续的技术改造，奠定了比较先进的装备工艺基础，其中特殊冶炼、锻造生产能力不断加大，在全国特钢中处于重要地位。同时公司创出了一批有行业优势的核心产品，如高质量轴承钢、工模具钢、锚链钢等，已具备较高质量水平和竞争能力，多项产品得到世界著名企业的认可和接受，成为全球优秀供应商，支撑了一定的市场份额。在去年的金融危机中，这些品种仍有竞争力。只要公司进一步扩大产量，稳定和提升产品质量和服务质量，就一定会在竞争中占领市场，进而在新一轮特钢调整振兴中率先发展。

公司面临的挑战是：

(1) 钢材出口的压力进一步加大。受全球金融危机影响，自2008年9月开始，世界粗钢生产、消费出现下降，2009年我国钢材出口地区的经济增长大幅回落，同时，受国际贸易壁垒和国内出口的无序竞争的影响，钢材出口将会继续下降。

(2) 产品的盈利能力进一步下滑。2009年以来，原材料价格与钢材的价格处于盘整状况。原材料的降价幅度低于钢材的降价幅度；原材料的涨价幅度又高于钢材的涨价幅度，造成原燃料成本上升，以目前的原燃料组织生产，企业缺乏盈利能力。

(3) 市场竞争进一步加剧。国内产能增加而需求下降，出口下降而增加了国内产品的销售，使企业合同不足的矛盾更加突出；由于需求减少、钢价下跌，企业间为减少损失而抛售钢材，为回笼资金竞相压价，造成了市场波动；普钢企业挤占部分中低端特钢市场，各用钢企业提高了用钢的质量和性能，加剧了特钢的竞争。

从主客观因素分析，依靠高效产品和品牌产品实现公司的发展，是有市场机遇、政策支持和自身优势的，但同时也面临严峻挑战。只要我们增强信心，直面困难，在挑战中寻求机遇，在危机中寻找生机，不断探索新路径，寻求新的经济增长点，努力提升公司的核心竞争力，就能实现公司的发展目标。

3、2009年度经营计划和措施

经营计划：钢产量119万吨，钢材产量119万吨，钢材销售量119万吨，实现营业收入65亿元。

(1)开拓国内外市场，促进经营生产平稳运行

抓住汽车、船舶、石化、装备制造等行业振兴和高速铁路、军工、新能源加快发展的机遇，以适销对路的产品开拓市场，确保实现全年销售目标。扩大高效产品的销售，特别是市场急需的风电轴承、铁路系列钢材、船用系泊链、高合金钢材、模块、环型材等特色产品的开发；充分利用武汉城市圈实验区建设的政策和时机，扩大中南市场的销售规模；扩大与国内外知名企业的战略合作，把品种开发和用户开发连成一体；加大个性化产品的销售，打造出品种、工艺、服务差异化的品牌。围绕出口目标，开拓国际市场，发挥公司的大棒材和轴承钢、弹簧钢、高合金钢等高效产品的优势，拓展欧美、中东、印度市场，提高直供比例，以高标准的质量、稳定的交货期和互赢的价格来占领市场。

(2)开展品种攻关，努力提升品牌价值

公司产品攻关的目标是：技术含量高、盈利能力强、竞争优势明显的高效品种较上年增长50%以上。加大轴承钢的品牌建设，扩大SKF、FAG认证品种，高端轴承钢较上年增长150%，其中，风电轴承钢较上年增长16倍，渗碳轴承钢增长20%以上；同时，开发火车车轴坯，并通过铁道部认证，开发铁路道岔钢、钩尾框、扣件等用材，增加铁路用钢的覆盖率；扩大高端汽车关键零部件用钢，开发连杆用新材料、ZF系列用钢；提升系泊链钢的质量和性能，开发高牌号品种，增加产量100%；提升工程用钢的性能，力争成为全球合格供应商；发挥特冶锻造的装备优势，扩大模具钢生产和开发模块、锻件，增加产量1.5倍；加强环轧件技术的研究，开展特钢深加工，形成新的经济增长点。

(3)创新管理模式，实现降本创效目标

改进和创新采购模式，加强对原材料价格的预测，快速反应、快速决策、快速实施；建立大宗原燃料基地，稳定采购质量和价格；加大性价比采购，实现综合采购成本最低；控制库存，降低采购费用。继续开展"成本明细化、价格市场化"活动，清晰指标差距，显现管理问题，增强市场意识，调整考核模式，切实做到价格模拟市场化、成本定额明细化、考核标准严格化、基础工作规范化，实现冶炼单位吨钢降本50—100元，加工单位吨钢降本30—50元，辅助单位成本、费用降低5%以上，物流费用降低15%的目标；围绕经营生产的难点、重点，把开展铁系统、钢系统、加工系统、外协系统、特冶锻造、能源、品种等专业性攻关活动，与群众性的"双革四新"活动结合起来，实现创效目标。

(4)加大技术改造力度，增强发展后劲

2009年新的技术改造项目，以开发市场急需的高效产品为目标，计划投资16,600万元，建设真空特殊冶炼、锻造、辗环生产线，包括引进6吨真空感应炉和6吨真空自耗炉各一台，生产高温合金、超高强度钢、特种不锈钢等3,500吨；新建20MN快速锻造液压机组，年产2万吨大规格锻材、锻件；新建2500mm和5000mm辗环机组各一套，年生产SKF轴承套圈、齿圈、轮箍和风电法兰等产品1.3万吨。特冶、锻造和辗环生产线的建设，适应了国内外轴承、电站、军工等行业，特别是大型飞机、高速铁路、风力发电等项目急需大型锻材、模块、环件、异形锻件、高温合金的需求，形成新的竞争优势。此外，还要继续抓好2008年接转的投资8,820万元的10个项目的建设，按进度、高质量完成，并尽快形成生产能力。

(5)加强人才建设，为公司发展提供人力资源保障

公司的人才战略是以能力建设为核心，以优化结构为主线，建立有利于人才集聚和发展的机制，全面建设数量充足、结构合理、素质优良的管理人才、技术人才、操作人才队伍。为此，以培训为重点，通过建立高新技术人才培养基地、与国内外知名大学联合开办学历班和专业班、组织专业人员赴国内外知名公司培训、开展全员岗位职业培训等，培养出复合型、外向型、国际化的领军人才和炼钢、轧钢、设备、营销等方面的专家和能手，并形成人才培养、引进、激励、使用、考评的人力资源开发体系，以满足公司发展对人才的需求。

4、公司实现经营计划的资金需求、使用计划及资金来源

2009年，公司将重点建设真空特殊冶炼、锻造、辗环生产线项目和接转的技改项目，计划投资2.5亿元，同时，公司加大开发高端产品、优化结构、提升品质和产品深加工的力度，公司将以自有资金和银行贷款，来满足生产经营和技术改造所需的资金。

5、公司面临的风险因素及对策

(1)进入2009年以来，国内外钢铁需求低迷，优特钢下游部分行业仍然下滑，需求不旺。国外钢价低于国内价格，不少国家制定各种政策，限制钢铁进口，形成贸易壁垒。国内销售困难，出口量进一步下滑。

对策：根据公司的发展战略，增加高效产品的生产和销售，巩固和发展战略用户和新用户；跟踪市场的变化，及时研发新的产品，开发新的市场；及时做好个性化产品的销售，满足用户需求；提高直供用户的销售，增强抗风险的能力。

(2)受金融危机的影响，原材料价格在前期高位大幅下调后，处于震荡之中。由于企业的低库存急需得到补充，导致部分原材料的价格上涨，给生产企业造成很大的成本压力。

对策：在矿资源的采购上，加强基地建设，保证相对稳定的供应；在废钢、煤炭等大宗原料采购上，加大战略合作，共同抵御市场风险；准确把握原材料价格信息，择机采购，低价多购；推行性价比采购，有效控制采购成本；扩大采购渠道，保持合理库存，降低费用。

(3)由于定单减少，可能影响到集约生产；产品的制造成本较高，个别产品质量不够稳定，影响到公司的效益。

对策：销供产系统形成一体化运作，及时协调和解决经营生产过程中出现的问题，实现均衡生产、入库、发运。根据今年的效益目标，推行"成本明细化、价格市场化"活动，按月下达成本的控制和降低指标，加大考核力度，提升降本效果。推行质量过程一体化控制模式，运用现代化手段，强化对进厂原材料、产品生产和销售全过程控制和把关，稳定和提升产品实物质量。

6.2 主营业务分行业、产品情况表

请见6.1管理层讨论与分析。

6.3 主营业务分地区情况

请见6.1管理层讨论与分析。

6.4 采用公允价值计量的项目

□适用　√不适用

6.5 募集资金使用情况

□适用　√不适用

变更项目情况

□适用　√不适用

6.6 非募集资金项目情况

√适用　□不适用

项目名称	项目金额(万元)	项目进度	项目收益情况(万元)
二炼铁高炉煤气余压发电(TRT)工程	1,410	2008年4月完工	创效186万元
一轧钢大规格棒材精整工序改造(二期)	484	2008年8月完工	创效932万元
连轧厂新增一座步进梁式加热炉	1,126	2008年2月完工	创效175万元
四炼钢厂工艺流程、物流优化及2#连铸机改造	4,972	2008年6月完工	创效1,437万元
热处理银亮线增加卷-棒功能和联合拉拔机	844	2008年10月完工	
二炼钢厂引进16吨保护气氛电渣炉	499	2009年2月完工	
连轧厂电控系统改造	1,805	2009年2月完成	
四炼钢厂新建3#连铸机	6,730	2009年2月完工	
锻钢新建120吨台车式退火炉	227	2008年6月完工	创效52万元
四炼钢2#连铸机新增园坯断面	129	2009年2月完工	
四炼钢7#炉扩容改造	131	2009年2月施工	
其他项目	3,051		创效73万元
合计	21,408		创效2,855万元

6.7 董事会对公司会计政策、会计估计变更或重大会计差错更正的原因及影响的说明

□适用　√不适用

6.8 董事会对会计师事务所"非标准审计报告"的说明

□适用　√不适用

	现金分红金额(含税)	合并报表中归属于母公司所有者的净利润	占合并报表中归属于母公司所有者的净利润的比率
2005年	0	80,367,507	0
2006年	0	317,659,280	0
2007年	89,881,696	323,626,851	27.77
合计	89,881,696	721,653,638	

6.9 董事会本次利润分配或资本公积金转增股本预案

经普华永道中天会计师事务所有限公司审计，公司2008年度实现净利润200,880,836元，根据《公司章程》的规定，提取10%法定公积金20,088,083元，可供股东分配利润180,792,753元，加年初未分配利润594,038,142元，减已分配的2007年度利润89,881,696元，可供股东分配的利润684,949,199元。公司董事会决定，拟以2008年末总股本449,408,480股为基数，向全体股东每10股派发现金股利1元(含税)，共计分配现金股利44,940,848元，剩余640,008,351元结转下一年度。本次分配，不进行资本公积金转增股本。上述利润分配方案尚需提交公司2008年年度股东大会批准。

公司前三年现金分红情况

公司本报告期内盈利但未提出现金利润分配预案

□适用 √不适用

第七节　重要事项

7.1 收购资产

□适用　√不适用

7.2 出售资产

□适用　√不适用

7.3 重大担保

□适用　√不适用

7.4 重大关联交易

7.4.1 与日常经营相关的关联交易

√适用　□不适用

单位：万元

关联方	向关联方销售产品和提供劳务		向关联方采购产品和接受劳务	
	交易金额	占同类交易金额的比例	交易金额	占同类交易金额的比例
湖北新冶钢有限公司	79,639.47	10.62%	177,402.63	28.08%
湖北中特新化能科技有限公司	7,836.97	1.04%	74,718.42	11.83%
江阴兴澄特种钢铁有限公司			18,127.71	2.87%
黄石新兴管业有限公司	653.94	0.09%	2,405.90	0.38%
石家庄钢铁有限责任公司			58.67	0.01%
湖北新冶钢特种钢管有限公司	534.95	0.07%	5.13	0.00%
中信泰富工程技术(上海)有限公司			3,705.60	0.59%
合计	88,665.33	11.82%	276,424.06	43.75%

其中：报告期内公司向控股股东及其子公司销售产品或提供劳务的关联交易金额79,639.47万元。

7.4.2 关联债权债务往来

√适用　□不适用

单位：万元

关联方	向关联方提供资金		关联方向公司提供资金	
	发生额	余额	发生额	余额
黄石新兴管业有限公司			1,937.57	1,937.57
江阴兴澄特种钢铁有限公司			5.55	1.76
合计			1,943.12	1,939.33

其中：报告期内公司向控股股东及其子公司提供资金的发生额0元，余额0元。

7.4.3 2008年资金被占用情况及清欠进展情况

□适用　√不适用

7.5 委托理财

□适用　√不适用

7.6 承诺事项履行情况

√适用　□不适用

1、报告期内，公司未作出承诺事项，也无以前期间发生持续到报告期的承诺事项。

2、公司第一大股东湖北新冶钢有限公司(以下简称新冶钢)在股权分置改革时承诺：自股权分置改革方案实施之日起三年内，新冶钢将向股东大会提出向本公司注入价值不低于3亿元，且按前一年度经审计的财务报表计算的净资产收益率不低于10%的优质资产的提案（包括分次向股东大会提议）。如果未能履行上述承诺，则在三年期满之日，向除新冶钢和中信泰富(中国)投资有限公司(以下简称中信投资)之外的其他全体股东以货币资金形式安排追加对价，追加对价的金额为该等股东每持有1股获得0.053元(每持有10股获得0.53元)。

由于新冶钢控制的下属资产主要从事钢铁产业相关业务。鉴于全球金融形势严峻，并造成实体

经济及市场的迅速下滑。钢铁资产效益急剧变化，并且该等资产的未来市场及盈利能力不确定性很大。因此，新冶钢无法在承诺期限内完成向公司股东大会提出注入资产的提案。为了保证大冶特钢的健康发展和股民利益，大股东慎重起见，决定向符合追送条件的股东以现金方式追送对价。新冶钢于 2009 年 2 月 9 日向本公司除新冶钢、中信投资之外的其他全体股东以货币资金形式安排追送对价的方式完成股改承诺。追送对价的金额为该等股东每持有 1 股获得 0.053 元（每持有 10 股获得 0.53 元现金）。相关公告刊登在 2009 年 1 月 16 日、2009 年 1 月 22 日、2009 年 2 月 3 日、2009 年 2 月 9 日的《中国证券报》、《证券时报》、《上海证券报》和巨潮资讯网上。

3、新冶钢与中信投资在股权分置改革时承诺，所持有限售条件的流通股自股权分置改革方案实施之日起，至少在 36 个月内不上市交易或转让。新冶钢、中信投资分别所持有公司的 134,620,000 股、126,618,480 股有限售条件的流通股于 2009 年 2 月 7 日限售期满，并于 2009 年 2 月 26 日解除锁定，上市流通。相关公告刊登在 2009 年 2 月 25 日的《中国证券报》、《证券时报》、《上海证券报》和巨潮资讯网上。

7.7 重大诉讼仲裁事项

□适用 √不适用

7.8 其他重大事项及其影响和解决方案的分析说明

7.8.1 证券投资情况

□适用 √不适用

7.8.2 持有其他上市公司股权情况

□适用 √不适用

7.8.3 持有非上市金融企业股权情况

□适用 √不适用

7.8.4 买卖其他上市公司股份的情况

□适用 √不适用

7.9 报告期接待调研、沟通、采访等活动情况表

接待时间	接待地点	接待方式	接待对象	谈论的主要内容及提供的资料
1 月 8 日	公司	实地调研	富国基金管理有限公司 周蔚文 白延红	公司简况、生产经营、产品研发、工艺装备、股改承诺等情况
1 月 11 日	公司	实地调研	汇添富基金管理有限公司 齐东超	
4 月 2 日	公司	实地调研	平安证券有限责任公司 聂秀欣 工银瑞信基金管理有限公司 王佳 信达澳银基金管理有限公司 周志超	公司简况、产品装备及经营业绩情况
4 月 21 日	公司	实地调研	深圳尚诚资产管理有限公司 蒋凌萌	公司 2007 年度经营情况
5 月 12 日	公司	实地调研	长盛基金管理有限公司 王亮	公司经营情况、原材料价格及对公司的影响
6 月 26 日	公司	实地调研	中银国际证券有限公司 乐宇坤 许民乐 招商基金 周德昕 广发基金管理有限公司 傅友兴	公司的生产经营和发展情况
8 月 28 日	公司	实地调研	劲牌有限公司 柯剑等	公司基本情况、生产经营情况
9 月 11 日	公司	实地调研	中国国际金融（香港）证券公司 何微 安本国际基金管理公司 姚鸿耀 胥珂嘉	公司简况、生产经营和管理情况、大股东承诺履行情况
9 月 17 日	公司	实地调研	长江证券 刘元瑞 银河基金管理公司 孙振峰 祝建辉	公司简况、经营及产品情况、股改承诺履行情况
11 月 7 日	公司	实地调研	天相投资顾问有限公司 王招华 浙商证券有限责任公司 马春霞	公司简况、经营及产品情况、大股东股改承诺履行、行业发展趋势及公司的设想、打算。
11 月 12 日	公司	实地调研	泰信基金管理有限公司 王大刚	
11 月 13 日	公司	实地调研	汇添富基金管理有限公司 雷鸣	

第八节 监事会报告

（一）报告期内监事会会议情况

报告期内，公司监事会共召开了五次会议：

1、2008 年 3 月 13 日，公司在公司会议室召开了第四届监事会第十六次会议，审议通过了《公司 2007 年度监事会工作报告》、《公司 2007 年年度报告及其摘要》、《公司 2007 年度财务决算报告》、《公司 2007 年度利润分配预案》、《关于对公司 2007 年期初资产负债表相关项目及其金额进行调整的议案》、《关于续聘会计师事务所和支付 2007 年度会计师事务所审计费用的议案》、《关于公司 2008 年度日常关联交易预计的议案》、《关于监事会换届选举的议案》。

本次会议决议公告刊登在 2008 年 3 月 15 日的《中国证券报》、《证券时报》、《上海证券报》上。

2、2008 年 4 月 18 日，公司在 501 会议室召开了第五届监事会第一次会议，审议通过了《关于选举公司监事会主席的议案》、《公司 2008 年第一季度报告》。

本次会议决议公告刊登在 2008 年 4 月 22 日的《中国证券报》、《证券时报》、《上海证券报》上。

3、2008 年 8 月 22 日，公司第五届监事会第二次会议以通讯方式召开，审议通过了《公司 2008 年半年度报告及其摘要》、《关于修改 2008 年度日常关联交易预计的议案》、《关于防范控股股东及关联方占用公司资金的管理制度》。

本次会议决议公告刊登在 2008 年 8 月 26 日的《中国证券报》、《证券时报》、《上海证券报》上。

4、2008 年 10 月 26 日，公司第五届监事会第三次会议以通讯方式召开，审议通过了《公司 2008 年第三季度报告》、《公司敏感信息排查管理制度》。

本次会议决议公告刊登在 2008 年 10 月 28 日的《中国证券报》、《证券时报》、《上海证券报》上。

5、2008 年 12 月 5 日，公司第五届监事会第四次会议以通讯方式召开，审议通过了《关于增补郭培锋先生为公司第五届监事会监事的议案》。

本次会议决议公告刊登在 2008 年 12 月 6 日《中国证券报》、《证券时报》、《上海证券报》上。

（二）公司监事会对 2008 年度相关事项的独立意见

1、依法运作情况

2008 年，公司严格执行《公司法》、《证券法》及相关法律、法规和《公司章程》，内控体系完善，内控制度健全，决策程序合法，公司董事、高级管理人员执行公司职务时无违反法律、法规和《公司章程》或损害公司利益的行为。

2、检查公司财务的情况

监事会认为：普华永道中天会计师事务所有限公司出具的公司 2008 年度的标准无保留意见的审计报告，真实地反映了公司的财务状况和经营成果。

3、本年度公司没有新的募集资金。公司最近一次募集资金系 1998 年配股募集资金，实际投入项目和承诺投入项目一致，没有发生变更的情况。

4、报告期内，公司没有发生收购、出售资产交易情况。

5、关联交易情况

报告期内，公司发生的关联交易为日常关联交易，交易公平，价格合理，没有损害公司及股东的利益。

6、对公司内部控制自我评价的意见

公司的内部控制组织机构健全，体系制度完备，工作活动正常，检查监督有力，适应了公司经营、管理和发展的要求，提高了运营的效率和效益，保障了公司资产的安全，确保了信息披露的真实、准确、完整、及时和公平，促进了公司的规范运作。

第九节 财务报告

9.1 审计意见

审计报告　　标准无保留意见的审计报告

审计报告正文

普华永道中天审字（2009）第 10023 号

大冶特殊钢股份有限公司全体股东：

我们审计了后附的大冶特殊钢股份有限公司(以下简称“大冶特钢”)的财务报表，包括 2008 年 12 月 31 日的资产负债表以及 2008 年度的利润表、现金流量表、股东权益变动表和财务报表附注。

一、管理层对财务报表的责任

按照企业会计准则的规定编制财务报表是大冶特钢管理层的责任。这种责任包括：

(1) 设计、实施和维护与财务报表编制相关的内部控制，以使财务报表不存在由于舞弊或错误而导致的重大错报；

(2) 选择和运用恰当的会计政策；

(3) 作出合理的会计估计。

二、注册会计师的责任

我们的责任是在实施审计工作的基础上对财务报表发表审计意见。我们按照中国注册会计师审计准则的规定执行了审计工作。中国注册会计师审计准则要求我们遵守职业道德规范，计划和实施审计工作以对财务报表是否不存在重大错报获取合理保证。

审计工作涉及实施审计程序，以获取有关财务报表金额和披露的审计证据。选择的审计程序取决于注册会计师的判断，包括对由于舞弊或错误导致的财务报表重大错报风险的评估。在进行风险评估时，我们考虑与财务报表编制相关的内部控制，以设计恰当的审计程序，但目的并非对内部控制的有效性发表意见。审计工作还包括评价管理层选用会计政策的恰当性和作出会计估计的合理性，以及评价财务报表的总体列报。

我们相信，我们获取的审计证据是充分、适当的，为发表审计意见提供了基础。

三、审计意见

我们认为，上述大冶特钢的财务报表已经按照企业会计准则的规定编制，在所有重大方面公允反映了大冶特钢 2008 年 12 月 31 日的财务状况以及 2008 年度的经营成果和现金流量。

普华永道中天会计师事务所有限公司　　注册会计师：陈耘涛

中国·上海市　　注册会计师：林宇鹏

2009 年 3 月 20 日

9.2 公司的资产负债表、利润表、现金流量表和所有者权益变动表

资产负债表

2008 年 12 月 31 日

（除特别注明外，金额单位为人民币元）

资产	附注	2008 年 12 月 31 日	2007 年 12 月 31 日
流动资产			
货币资金	六(1)	382,021,447	175,213,883
应收票据	六(2)	328,279,358	156,866,014
应收账款	六(3a)	137,613,000	201,190,214
预付款项	六(4)	66,821,718	107,248,575
其他应收款	六(3b)	3,979,154	10,490,453
存货	六(5)	573,562,828	1,039,738,232
流动资产合计		1,492,277,505	1,690,747,371
非流动资产			
固定资产	六(6)	1,743,449,695	1,628,494,047
在建工程	六(7)	107,385,543	87,540,345
工程物资	六(8)	3,825,376	3,185,365
无形资产	六(9)	29,455,094	30,355,094
递延所得税资产	六(10)	21,959,223	-
非流动资产合计		1,906,074,931	1,749,574,851
资产总计		3,398,352,436	3,440,322,222
流动负债			
短期借款	六(11)	5,000,000	5,000,000
应付票据	六(12)	33,650,000	39,043,188
应付账款	六(13)	860,303,316	985,117,978

预收款项	六(14)	126,224,181	186,956,114
应付职工薪酬	六(15)	19,171,933	25,219,082
应交税费	六(16)	30,668,346	17,822,281
应付利息		1,114,561	891,283
应付股利		509,700	53,700
其他应付款	六(17)	147,853,011	152,106,648
一年内到期的非流动负债		132,905,000	2,905,000
流动负债合计		1,357,400,048	1,415,115,274
非流动负债			
长期借款	六(18)	250,000,000	345,000,000
预计负债	六(19)	34,294,432	34,548,132
非流动负债合计		284,294,432	379,548,132
负债合计		1,641,694,480	1,794,663,406
股东权益			
股本	六(20)	449,408,480	449,408,480
资本公积	六(21)	485,653,274	485,653,274
盈余公积	六(22)	136,647,003	116,558,920
未分配利润	六(23)	684,949,199	594,038,142
股东权益合计		1,756,657,956	1,645,658,816
负债及股东权益总计		3,398,352,436	3,440,322,222

公司负责人：蔡星海　　总经理：钱刚　　总会计师：吴巨波

2008 年度利润表

(除特别注明外，金额单位为人民币元)

项目	附注	2008 年度	2007 年度
一、营业收入	六(24)	7,501,771,046	5,908,041,853
减：营业成本	六(24)	7,165,593,668	5,430,760,902
营业税金及附加	六(25)	2,008,942	8,926,226
销售费用		68,489,008	51,315,932
管理费用		63,449,393	58,434,466
财务费用-净额	六(26)	29,465,024	28,606,797
资产减值损失	六(27)	59,222,968	27,042,950
二、营业利润		113,542,043	302,954,580
加：营业外收入	六(28)	66,907,727	42,558,794
减：营业外支出	六(28)	1,528,157	21,886,523
其中：非流动资产处置损失		1,043,782	19,610,121
三、利润总额		178,921,613	323,626,851
减所得税费用	五、六(29)	(21,959,223)	–
四、净利润		200,880,836	323,626,851
五、每股收益			
基本每股收益	六(30)	0.447	0.720
稀释每股收益	六(30)	0.447	0.720

公司负责人：蔡星海　　总经理：钱刚　　总会计师：吴巨波

2008 年度现金流量表

(除特别注明外，金额单位为人民币元)

项目	附注	2008 年度	2007 年度
一、经营活动产生的现金流量			
销售商品、提供劳务收到的现金		3,866,658,130	2,987,848,893
收到的税费返还		2,704,154	7,661,719
收到其他与经营活动有关的现金		8,620,571	6,952,137
经营活动现金流入小计		3,877,982,855	3,002,462,749
购买商品、接受劳务支付的现金		(3,139,348,755)	(2,537,752,378)
支付给职工以及为职工支付的现金		(104,627,701)	(88,237,293)
支付的各项税费		(246,463,358)	(208,607,660)
支付其他与经营活动有关的现金	六 (31)(e)	(30,836,899)	(23,160,230)
经营活动现金流出小计		(3,521,276,713)	(2,857,757,561)
经营活动产生的现金流量净额	六 (31)(a)	356,706,142	144,705,188
二、投资活动产生的现金流量			
处置固定资产收回的现金净额		134,860	636,608
投资活动现金流入小计		134,860	636,608
购建固定资产支付的现金		(56,173,869)	(46,995,495)
投资活动现金流出小计		(56,173,869)	(46,995,495)
投资活动产生的现金流量净额		(56,039,009)	(46,358,887)
三、筹资活动产生的现金流量			
取得借款收到的现金		85,000,000	451,000,000
筹资活动现金流入小计		85,000,000	451,000,000
偿还债务支付的现金		(50,000,000)	(587,000,000)
分配股利、利润或偿付利息支付的现金		(114,290,759)	(23,907,653)
筹资活动现金流出小计		(164,290,759)	(610,907,653)
筹资活动产生的现金流量净额		(79,290,759)	(159,907,653)
四、汇率变动对现金的影响		–	–
五、现金净增加/(减少)额		221,376,374	(61,561,352)
加：年初现金余额	六 (31)(d)	134,975,543	196,536,895
六、年末现金余额	六 (31)(d)	356,351,917	134,975,543

公司负责人：蔡星海　　总经理：钱刚　　总会计师：吴巨波

2008 年度股东权益变动表

(除特别注明外，金额单位为人民币元)

项目	附注	股本	资本公积	盈余公积	未分配利润	股东权益合计
2006 年 12 月 31 日年末余额		449,408,480	485,653,274	84,196,234	302,773,977	1,322,031,965
首次执行企业会计准则		–	–	–	–	–
2007 年 1 月 1 日年初余额		449,408,480	485,653,274	84,196,234	302,773,977	1,322,031,965
2007 年度增减变动额						
净利润		–	–	–	323,626,851	323,626,851
利润分配						
提取盈余公积		–	–	32,362,686	(32,362,686)	–
2007 年 12 月 31 日年末余额		449,408,480	485,653,274	116,558,920	594,038,142	1,645,658,816
2008 年 1 月 1 日年初余额		449,408,480	485,653,274	116,558,920	594,038,142	1,645,658,816
2008 年度增减变动额						
净利润		–	–	–	200,880,836	200,880,836
利润分配						
提取盈余公积		–	–	20,088,083	(20,088,083)	–
对股东的分配		–	–	–	(89,881,696)	(89,881,696)
2008 年 12 月 31 日年末余额		449,408,480	485,653,274	136,647,003	684,949,199	1,756,657,956

公司负责人：蔡星海　　总经理：钱刚　　总会计师：吴巨波

9.3　与最近一期年度报告相比，会计政策、会计估计和核算方法发生变化的具体说明

□适用　　√不适用

9.4　报告期内，公司无重大会计差错的内容及更正金额。

□适用　　√不适用

9.5　与最近一期年度报告相比，合并范围未发生变化。

□适用　　√不适用

董事长：蔡星海

大冶特殊钢股份有限公司

董　事　会

2009 年 3 月 20 日

国元证券股份有限公司

国元证券股份有限公司 2008 年年度报告摘要

第一节　重要提示

1.1 本公司董事会、监事会及董事、监事、高级管理人员保证本报告所载资料不存在任何虚假记载、误导性陈述或者重大遗漏，并对其内容的真实性、准确性和完整性承担个别及连带责任。本年度报告摘要摘自公司 2008 年年度报告全文，投资者欲了解详细内容，应阅读年度报告全文。

1.2 没有董事、监事、高级管理人员声明对本报告内容的真实性、准确性和完整性无法保证或存在异议。

1.3 所有董事均已出席审议本次年报的董事会会议。

1.4 本公司年度财务报告已经华普天健高商会计师事务所（系安徽华普会计师事务所更名而来，具体公告见 2008 年 12 月 17 日的《中国证券报》、《证券时报》、《上海证券报》和巨潮资讯网）审计，并出具了标准无保留意见的审计报告。

1.5 公司董事长凤良志先生、总裁蔡咏先生、总会计师高民和先生和财务会计部经理司开铭先生声明：保证本年度报告中的财务报告真实、完整。

第二节　公司基本情况简介

2.1 基本情况简介

股票简称	国元证券
股票代码	000728
上市交易所	深圳证券交易所
法定中文名称	国元证券股份有限公司
法定英文名称	GUOYUAN SECURITIES COMPANY LIMITED
法定英文名称缩写	GUOYUAN SECURITIES
法定代表人	凤良志
总裁	蔡咏
注册资本	146,410 万元
注册地址	安徽省合肥市寿春路 179 号
注册地址的邮政编码	230001
办公地址	安徽省合肥市寿春路 179 号
办公地址的邮政编码	230001
公司国际互联网网址	http://.gyzq.com.cn
电子信箱	dshbgs@gyzq.com.cn

2.2 联系人和联系方式

	董事会秘书	证券事务代表
姓名	万士清	吴　卿
联系地址	安徽省合肥市 寿春路 179 号国元大厦	安徽省合肥市 寿春路 179 号国元大厦
电话	0551-2207323	0551-2207968
传真	0551-2207322	0551-2207322
电子信箱	wansq@gyzq.com.cn	hxlwq@gyzq.com.cn

2.3 公司历史沿革

国元证券股份有限公司是经中国证监会证监公司字【2007】165 号文核准，由北京化二股份有限公司定向回购股份、重大资产出售暨以新增股份吸收合并国元证券有限责任公司，于 2007 年 10 月 25 日登记注册，2007 年 10 月 30 日在深圳证券交易所成功上市。

原国元证券有限责任公司是经中国证监会证监机构字【2001】194 号文批准，由原安徽省国际信托投资公司和原安徽省信托投资公司作为主发起人，联合其他 12 家法人单位共同发起设立的综合类证券公司，于 2001 年 10 月 15 日登记注册，注册资本为 203,000 万元。

2007 年 3 月 30 日，北京化二股份有限公司 2007 年第二次临时股东大会暨股权分置改革相关股东会议和 2007 年第三次临时股东大会审议通过了定向回购股份、重大资产出售、以新增股份吸收合并国元证券有限责任公司暨股权分置改革方案。

该重大资产重组暨股权分置改革方案获得以下批准文件：

1、国务院国资委国资产权【2007】248 号《关于北京化二股份有限公司国有股定向转让有关问题的批复》；

2、安徽省国资委皖国资产权函【2007】111 号《关于北京化二股份有限公司吸收合并国元证券暨股权分置改革有关问题的批复》；

3、中国证监会证监公司字【2007】165 号《关于核准北京化二股份有限公司定向回购股份、重大资产出售暨以新增股份吸收合并国元证券有限责任公司的通知》；

4、中国证监会证监公司字【2007】166 号《关于核准安徽国元控股（集团）有限责任公司、安徽省国元信托投资有限责任公司及安徽国元实业投资有限责任公司公告北京化二股份有限公司收购报告书并豁免其要约收购义务的批复》。

2.4 公司的组织机构情况

（一）公司的组织机构

公司遵循《公司法》、《证券法》、《证券公司内部控制指引》、中国证监会有关规章制度及《公司章程》的规定，规范运作，努力构建科学完善的法人治理结构，建立符合公司发展需要的组织架构和运行机制。

公司最高权力机构为股东大会，决策机构为董事会，监督机构为监事会，董事长为法定代表人。董事会下设发展战略委员会、风险管理委员会、审计委员会、薪酬与提名委员会。公司管理层设有风险控制委员会、绩效考核委员会、投资决策委员会、投行项目内核小组、信息技术治理委员会。公司内设部门有营销经纪总部、北京业务总部、上海业务总部、南方业务总部、青岛中心营业部、投资银行总部、投资管理总部、客户资产管理总部、固定收益部、资本运营部、研究中心、信息技术部、法律事务部、客户资金存管中心、董事会办公室、办公室、机构管理部、人力资源部、财务会计部、资金计划部、行政管理部、稽核部、风险监管部、合规管理部等业务经营与综合管理部门。（注：根据《关于公司有关机构调整和人员职务聘任的通知》（国证人字[2009]34 号），根据工作需要，经公司董事会五届十四次会议同意，对公司有关机构设置进行调整：1、撤销北京业务总部、南方业务总部和青岛中心营业部，其经纪类业务的管理职能划归营销经纪总部；2、上海业务总部规范为上海分公司，相关手续正在办理当中；3、恢复设立北京办事处。）

（二）公司主要控股子公司和参股公司情况

截至报告期末，公司控股子公司和参股公司主要有：国元证券（香港）有限公司、国元期货有限责任公司和长盛基金管理有限公司。

1、国元证券（香港）有限公司

地址：香港中环德辅道中 189 号李宝椿大厦 18 楼

成立时间：2006 年 7 月 19 日

注册资本：60,000 万港币（实际拨付到位 35,000 万港币）

持股比例：100%

负责人：程超

联系电话：00852-37696888 传真：00852-37696999

经营范围：证券交易和咨询；期货交易和咨询；资产管理；发放贷款；证券投资。

2、国元期货有限责任公司

地址：安徽省合肥市芜湖路 168 号同济大厦 11 层

成立日期：1996 年 07 月 09 日

注册资本：人民币 10,000 万元

持股比例：55%

法定代表人：黄显峰

联系电话：0551-2870103

经营范围：国内商品期货代理，期货咨询、培训。

3、长盛基金管理有限公司

注册地址：深圳市福田区福中三路 1006 号诺德中心 8 楼 GH 单元

办公地址：北京市海淀区北太平庄路 18 号城建大厦 A 座 21 层

成立日期：1999 年 3 月 26 日

注册资本：人民币 15,000 万元

持股比例：41%

法定代表人：陈平

联系电话：010-82255818

经营范围：基金募集、基金销售、资产管理及中国证监会许可的其他业务。

2.5 公司证券营业部、服务部情况

截至报告期末，公司拥有 48 家证券营业部：北京 2 家；上海 6 家；广东 4 家；安徽 25 家；山东 5 家；辽宁 2 家；天津 1 家；江苏 1 家；浙江 1 家；重庆 1 家，公司拥有 20 家证券服务部，全部在安徽省内。

2.6 公司各单项业务资格

根据中国证监会《关于核准北京化二股份有限公司定向回购股份、重大资产出售暨以新增股份吸收合并国元证券有限责任公司的通知》（证监公司字【2007】165 号），北京化二股份有限公司吸收合并国元证券有限责任公司后，公司更名为国元证券股份有限公司并依法承继国元证券有限责任公司（含分支机构）的各项证券业务资格。公司目前的主要业务资格包括：

1、2001 年 9 月 28 日，中国证监会证监机构字【2001】194 号文核定国元证券有限责任公司为综合类证券公司，颁发《经营证券业务许可证》和《证券经营机构营业许可证》。

2、2001 年 12 月 13 日，上海证券交易所上证会字【2001】162 号函同意国元证券有限责任公司成为上海证券交易所会员。

3、2001 年 12 月 31 日，深圳证券交易所深证复【2001】126 号文同意国元证券有限责任公司成为深圳证券交易所会员。

4、2002 年 3 月 13 日，中国人民银行以银复【2002】62 号文核准国元证券有限责任公司成为全国银行间债券市场和同业拆借市场成员。

5、2002 年 3 月 12 日，中国证监会以证监信息字【2002】3 号文核准国元证券有限责任公司的网上证券委托业务资格。

6、2002 年 4 月 1 日，财政部、中国证监会以财库【2002】1011 号文确认国元证券有限责任公司证交所债券市场 2002 年国债承销团成员资格。

7、2002 年 5 月 8 日，中国证监会以证监机构字【2002】113 号文核准国元证券有限责任公司从事受托投资管理业务资格，并自 2004 年 2 月 1 日起自动变更为客户资产管理业务资格。

8、2002 年 11 月 10 日，中国证券业协会向国元证券有限责任公司颁发了中国证券业协会会员证。

9、2003 年 2 月 24 日，中国证监会以证监基金字【2003】25 号文核准国元证券有限责任公司开办开放式证券投资基金代销业务资格。

10、2004 年 1 月 12 日，安徽省人事厅以皖人发【2004】4 号文批准国元证券有限责任公司设立博士后科研工作站。

11、2005 年 10 月 14 日，国元证券有限责任公司从事相关创新活动证券公司的申请通过中国证券业协会评审委员会第六次评审会议的评审。

12、2006 年 6 月 12 日，中国证券业协会以中证协函【2006】174 号函授予国元证券有限责任公司报价转让业务资格。

13、2007 年 7 月 23 日，上海证券交易所以上证会字【2007】29 号文确认国元证券有限责任公司为上交所固定收益证券综合电子平台交易商资格。

14、2007 年 8 月，在中国证监会组织的“证券公司分类监管”首次评价中被评为 A 类 A 级证券公司。

15、2007 年 11 月 20 日，中国证监会核发国元证券股份有限公司《经营证券业务许可证》(编号：Z23834000)，有效期至 2010 年 11 月 20 日。

16、2007 年 12 月 7 日，中华人民共和国信息产业部以《关于核配国元证券有限责任公司全国统一客户服务号码的批复》(信部电函【2007】639 号)核配“95578”作为公司证券业务客户服务的统一电话号码。

17、2008 年 2 月 1 日，中国证券登记结算有限责任公司以中国结算函字【2008】10 号文同意国元证券股份有限公司成为中国证券登记结算有限责任公司甲类结算参与人。

18、2008 年 3 月 6 日，中国人民银行以银发【2008】71 号文同意国元证券股份有限公司从事短期融资券承销业务。

19、2008 年 3 月 21 日，中华人民共和国信息产业部以《关于同意变更 95578 号码使用主体名称的批复》(信部电函【2008】114 号)同意将“95578”号码使用主体的名称变更为国元证券股份有限公司。

20、2008 年 5 月 8 日，国家外汇管理局核发国元证券股份有限公司《证券业务外汇经营许可证》(编号汇资字第 SC200819 号)，有效期至 2009 年 6 月 25 日。

21、2008 年 6 月 4 日，中国证券业协会核发国元证券股份有限公司代办股份转让业务资格证书，有效期至 2010 年 5 月 28 日。

22、2008 年 7 月 23 日，在中国证监会组织的“证券公司分类监管”评价中再次被评为 A 类 A 级证券公司。

23、2008 年 7 月 29 日，中华人民共和国工业和信息化部核发国元证券股份有限公司《中华人民共和国短消息类服务接入代码使用证书》，证书编号：号【2008】00117-A012，有效期至 2012 年 11 月 30 日。

第三节 会计数据和业务数据摘要

3.1 主要会计数据

单位：(人民币)元

	2008 年	2007 年		本年比上年增减(%)	2006 年	
		调整前	调整后	调整后	调整前	调整后
营业收入	1,236,695,146.62	4,099,557,537.95	4,099,557,537.95	-69.83%	839,719,192.27	1,185,239,074.47
利润总额	587,663,865.55	3,273,403,517.33	3,273,403,517.33	-82.05%	647,622,455.37	784,507,239.86
归属于上市公司股东的净利润	520,858,108.32	2,279,685,499.50	2,279,685,499.50	-77.15%	554,095,228.24	551,250,948.27
归属于上市公司股东的扣除非经常性损益的净利润	525,394,665.47	2,159,454,148.08	2,159,454,148.08	-75.67%	558,854,636.70	555,474,264.84
经营活动产生的现金流量净额	-3,510,456,875.49	7,478,209,099.57	7,478,209,099.57	-146.94%	4,933,209,550.76	4,292,075,332.77
	2008 年末	2007 年末		本年末比上年末增减(%)	2006 年末	
		调整前	调整后	调整后	调整前	调整后
总资产	11,913,617,004.48	18,944,187,794.06	18,829,275,010.69	-36.73%	7,856,867,407.94	8,235,988,365.52
归属于母公司股东的所有者权益(或股东权益)	4,722,355,033.84	5,167,938,153.73	5,053,025,370.36	-6.54%	2,361,466,342.47	2,499,757,145.25
股本	1,464,100,000.00	1,464,100,000.00	1,464,100,000.00	0.00%	2,030,000,000.00	2,030,000,000.00

3.2 主要财务指标

单位：(人民币)元

	2008 年	2007 年		本年比上年增减(%)	2006 年	
		调整前	调整后	调整后	调整前	调整后
基本每股收益(元/股)	0.36	1.64	1.64	-78.05%	0.41	0.41
稀释每股收益(元/股)	0.36	1.64	1.64	-78.05%	0.41	0.41
扣除非经常性损益后的基本每股收益(元/股)	0.36	1.56	1.56	-76.92%	0.41	0.41
全面摊薄净资产收益率(%)	11.03%	44.11%	45.12%	-34.09%	23.46%	22.05%
加权平均净资产收益率(%)	11.22%	60.72%	61.19%	-49.97%	26.58%	25.12%
扣除非经常性损益后全面摊薄净资产收益率(%)	11.13%	41.79%	42.74%	-31.61%	23.67%	22.22%
扣除非经常性损益后的加权平均净资产收益率(%)	11.31%	57.52%	57.96%	-46.65%	26.81%	25.31%
每股经营活动产生的现金流量净额(元/股)	-2.40	5.11	5.11	-146.97%	3.63	3.16
	2008 年末	2007 年末		本年末比上年末增减(%)	2006 年末	
		调整前	调整后	调整后	调整前	调整后
归属于上市公司股东的每股净资产(元/股)	3.23	3.53	3.45	-6.38%	1.74	1.84

注：基本每股收益、稀释每股收益、扣除非经常性损益后的基本每股收益 2006 年按缩股后 136,0[illegible]0 万股计算，2007 年按 9 月 30 日为合并日加权平均计算为 138,610 万股，公司 2007 年末总股本为 146,410 万股，本报告期内公司股本未发生变动。

非经常性损益项目

√ 适用 □ 不适用

单位：(人民币)元

非经常性损益项目	金额	附注(如适用)
营业外收入	481,187.03	
减：营业外支出	6,546,702.55	
非经常性损益合计	-6,065,515.52	
减：所得税影响数	-1,499,570.08	
扣除所得税影响数后的非经常性损益	-4,565,945.44	
减：少数股东损益	-29,388.29	
合计	-4,536,557.15	-

注：根据《解释性公告第 1 号—非经常性损益》第 14 条规定：除同公司正常经营业务相关的有效套期保值业务外，持有交易性金融资产、交易性金融负债产生的公允价值变动损益，以及处置交易性金融资产、交易性金融负债和可供出售金融资产取得的投资收益，视为非经常性损益项目。由于公司属于金融行业中的证券行业，主要的业务经营范围为：证券(含境内上市外资股)的代理买卖；代理证券的还本付息、分红派息；证券代保管、鉴证；代理登记开户；证券的自营买卖；证券(含境内上市外资股)的承销(含主承销)；证券投资咨询(含财务顾问)；客户资产管理业务；中国证监会批准的其他业务。因此本公司根据自身正常经营业务的性质和特点将持有交易性金融资产、交易性金融负债产生的公允价值变动损益，以及处置交易性金融资产、交易性金融负债和可供出售金融资产取得的投资收益作为经常性损益项目，不在非经常性损益计算表中列示。

3.3 境内外会计准则差异

□ 适用 √ 不适用

3.4 根据《证券公司年度报告内容与格式准则》(2008 年修订)，公司合并财务报表和母公司财务报表主要项目会计数据

一、合并财务报表主要项目会计数据

单位：(人民币)元

项目	2008 年 12 月 31 日	2007 年 12 月 31 日	增减百分比%
货币资金	8,725,019,091.76	11,999,380,394.16	-27.29%
结算备付金	406,578,517.91	1,345,595,866.72	-69.78%
交易性金融资产	1,534,480,346.70	3,055,810,319.56	-49.78%
衍生金融资产			
可供出售金融资产	136,151,777.72	184,753,290.39	-26.31%
持有至到期投资			
长期股权投资	420,732,071.96	485,802,787.04	-13.39%
资产总额	11,913,617,004.48	18,829,275,010.69	-36.73%
代理买卖证券款	6,452,002,207.76	11,999,704,178.19	-46.23%
交易性金融负债			
衍生金融负债		156,864,000.00	-100.00%
负债总额	7,145,026,690.10	13,726,615,931.54	-47.95%
实收资本(股本)	1,464,100,000.00	1,464,100,000.00	0.00%
未分配利润	1,565,807,159.25	1,933,161,608.42	-19.00%
	2008 年	2007 年	增减百分比%
手续费及佣金净收入	963,893,394.79	1,612,017,488.41	-40.21%
利息净收入	125,057,793.89	81,819,887.66	52.85%
投资收益	950,307,012.22	1,591,340,663.28	-40.28%
公允价值变动收益	-876,438,392.35	755,082,312.07	-216.07%
营业支出	642,965,765.55	944,274,285.10	-31.91%
利润总额	587,663,865.55	3,273,403,517.33	-82.05%
归属于上市公司股东的净利润	520,858,108.32	2,279,685,499.50	-77.15%

二、母公司财务报表主要项目会计数据

单位：(人民币)元

项目	2008 年 12 月 31 日	2007 年 12 月 31 日	增减百分比%
货币资金	8,415,082,908.96	11,675,033,631.05	-27.92%
结算备付金	398,734,850.98	1,302,920,876.54	-69.40%
交易性金融资产	1,325,830,989.00	3,053,826,502.08	-56.58%
衍生金融资产			
可供出售金融资产	136,151,777.72	184,753,290.39	-26.31%
持有至到期投资			
长期股权投资	790,946,720.46	595,600,045.34	32.80%
资产总额	11,675,956,395.29	18,485,980,566.51	-36.84%
代理买卖证券款	6,295,302,004.89	11,760,912,239.99	-46.47%
交易性金融负债			
衍生金融负债		156,864,000.00	-100.00%
负债总额	6,974,423,715.46	13,456,841,404.99	-48.17%
实收资本(股本)	1,464,100,000.00	1,464,100,000.00	0.00%
未分配利润	1,535,125,113.30	1,902,795,812.48	-19.32%
	2008 年	2007 年	增减百分比%
手续费及佣金净收入	923,240,945.39	1,570,366,302.60	-41.21%
利息净收入	120,095,559.69	76,167,169.14	57.67%
投资收益	951,568,660.99	1,539,921,420.64	-38.21%

公允价值变动收益	-872,870,597.70	756,422,399.34	-215.39%
营业支出	600,802,501.33	892,418,220.23	-32.68%
利润总额	585,294,610.02	3,227,804,804.14	-81.87%
净利润	520,541,858.31	2,249,591,224.82	-76.86%

3、净资本及风险控制指标(以母公司数据计算)

单位:(人民币)元

项　目	2008 年 12 月 31 日	2007 年 12 月 31 日	增减
净资本	3,334,775,756.36	3,652,007,184.61	-8.69%
净资产	4,701,532,679.83	5,029,139,161.52	-6.51%
净资本/各项风险资本准备之和	602.11%	438.41%	163.70 百分点
净资本/净资产	70.93%	72.62%	-1.69 百分点
净资本/负债	491.04%	215.34%	275.70 百分点
净资产/负债	692.30%	296.54%	395.76 百分点
自营权益类证券及证券衍生品/净资本	0.83%	53.97%	-53.14 百分点
自营固定收益类证券/净资本	39.46%	32.51%	6.95 百分点

注:2008 年末数据根据中国证监会颁布的《关于修改<证券公司风险控制指标管理办法>的决定》(中国证券监会[第 55 号令])、《关于调整证券公司净资本计算标准的规定》(证监会公告[2008]29 号)、《关于证券公司风险资本准备计算标准的规定》(证监会公告[2008]28 号)的要求计算,2007 年末数据亦根据相同口径调整计算。

第四节　股本变动及股东情况

4.1 股份变动情况表

报告期内公司股份总数未发生变动，由于原北京化二股份有限公司高管持有的公司股票 39,348 股于 2008 年 4 月限售期满转为无限售条件股份,根据股权置改革方案,安徽皖维高新材料股份有限公司、安徽全柴集团有限公司、合肥兴泰控股集团有限公司所持有公司的 160,320,147 股有限售条件的股份于 2008 年 10 月限售期满转为无限售条件股份,公司的股份结构相应发生变动,见下表:

单位:股

	本次变动前		本次变动增减(+,-)					本次变动后	
	数量	比例	发行新股	送股	公积金转股	其他	小计	数量	比例
一、有限售条件股份	1,339,350,040	91.48%				-160,359,495	-160,359,495	1,178,990,545	80.53%
1、国家持股									
2、国有法人持股	1,339,310,692	91.48%				-160,320,147	-160,320,147	1,178,990,545	80.53%
3、其他内资持股	39,348	0.00%				-39,348	-39,348		
其中:境内非国有法人持股									
境内自然人持股	39,348	0.00%				-39,348	-39,348		
4、外资持股									
其中:境外法人持股									
境外自然人持股									
5、高管股份									
二、无限售条件股份	124,749,960	8.52%				160,359,495	160,359,495	285,109,455	19.47%
1、人民币普通股	124,749,960	8.52%				160,359,495	160,359,495	285,109,455	19.47%
2、境内上市的外资股									
3、境外上市的外资股									
4、其他									
三、股份总数	1,464,100,000	100.00%				0	0	1,464,100,000	100.00%

限售股份变动情况表

单位:股

股东名称	年初限售股数	本年解除限售股数	本年增加限售股数	年末限售股数	限售原因	解除限售日期
安徽国元控股(集团)有限责任公司	462,498,033	0	0	462,498,033	履行股权分置改革时的承诺	2010-10-30
安徽国元信托有限责任公司	308,104,975	0	0	308,104,975	履行股权分置改革时的承诺	2010-10-30
安徽省粮油食品进出口(集团)公司	296,889,163	0	0	296,889,163	履行股权分置改革时的承诺	2010-10-30
安徽省皖能股份有限公司	98,303,300	0	0	98,303,300	履行股权分置改革时的承诺	2010-10-30
安徽皖维高新材料股份有限公司	65,975,369	65,975,369	0	0	履行股权分置改革时的承诺	2008-10-30
安徽全柴集团有限公司	65,975,369	65,975,369	0	0	履行股权分置改革时的承诺	2008-10-30
合肥兴泰控股集团有限公司	28,369,409	28,369,409	0	0	履行股权分置改革时的承诺	2008-10-30
安徽国元实业投资有限责任公司	13,195,074	0	0	13,195,074	履行股权分置改革时的承诺	2010-10-30
孟繁奎	7,800	7,800	0	0	履行高管限售义务	2008-04-25
张玉秋	7,800	7,800	0	0	履行高管限售义务	2008-04-25
鄢涓林	7,800	7,800	0	0	履行高管限售义务	2008-04-25
万连英	7,800	7,800	0	0	履行高管限售义务	2008-04-25
李崇华	5,148	5,148	0	0	履行高管限售义务	2008-04-25
范忠洪	3,000	3,000	0	0	履行高管限售义务	2008-04-25
合　计	1,339,350,040	160,359,495	0	1,178,990,545	-	-

注:安徽国元控股(集团)有限责任公司在吸收合并中向公司流通股股东提供现金选择权而取得 8,910 股 A 股,按 10 股送 2 股安排股改对价后为 10,692 股。该公司就该 10,692 股股份自愿锁定 36 个月不转让。

4.2 前 10 名股东、前 10 名无限售条件股东持股情况表

单位:股

股东总数　52,378

前 10 名股东持股情况

股东名称	股东性质	持股比例	持股总数	持有有限售条件股份数量	质押或冻结的股份数量
安徽国元控股(集团)有限责任公司	国有法人	31.59%	462,498,033	462,498,033	159,500,000
安徽国元信托有限责任公司	国有法人	21.04%	308,104,975	308,104,975	0
安徽省粮油食品进出口(集团)公司	国有法人	20.28%	296,889,163	296,889,163	0
安徽省皖能股份有限公司	国有法人	6.71%	98,303,300	98,303,300	0
安徽皖维高新材料股份有限公司	国有法人	4.51%	65,975,369	0	0
安徽全柴集团有限公司	国有法人	4.51%	65,975,369	0	0
合肥兴泰控股集团有限公司	国有法人	1.94%	28,369,409	0	0
安徽国元实业投资有限责任公司	国有法人	0.90%	13,195,074	13,195,074	0
中国工商银行-融通深证100指数证券投资基金	境内非国有法人	0.18%	2,649,972	0	0
中国银行--易方达深证100交易型开放式指数证券投资基金	境内非国有法人	0.07%	1,030,846	0	0

前 10 名无限售条件股东持股情况

股东名称	持有无限售条件股份数量	股份种类
安徽皖维高新材料股份有限公司	65,975,369	人民币普通股
安徽全柴集团有限公司	65,975,369	人民币普通股
合肥兴泰控股集团有限公司	28,369,409	人民币普通股
中国工商银行-融通深证 100 指数证券投资基金	2,649,972	人民币普通股
中国银行--易方达深证 100 交易型开放式指数证券投资基金	1,030,846	人民币普通股
中国银行--嘉实沪深 300 指数证券投资基金	796,241	人民币普通股
武　勇	792,763	人民币普通股
罗学军	764,380	人民币普通股
北京华文昊海投资咨询有限公司	592,100	人民币普通股
北京新兴创业投资咨询有限公司	400,000	人民币普通股
上述股东关联关系或一致行动的说明	安徽国元控股(集团)有限责任公司、安徽国元信托有限责任公司和安徽国元实业投资有限责任公司互为一致行动人,未知其它股东之间是否存在关联关系或属于《上市公司收购管理办法》规定的一致行动人。	

4.3 控股股东及实际控制人情况介绍

4.3.1 控股股东及实际控制人变更情况

□ 适用　　√ 不适用

4.3.2 控股股东及实际控制人具体情况介绍

本公司第一大股东安徽国元控股(集团)有限责任公司,系安徽省国资委下属的国有独资企业,于 2000 年 12 月 30 日成立,法定代表人、总经理为过仕刚,注册资本为人民币 30 亿元,经营范围:经营国家授权的集团公司及所属控股企业全部国有资产和国有股权,资本运营,资产管理,收购兼并,资产重组,投资咨询。安徽国元控股(集团)有限责任公司持有公司第二大股东安徽国元信托有限责任公司 49.69%的股权，系该公司第一大股东；还持有公司股东安徽国元实业投资有限责任公司 100%的股权。

第五节　董事、监事、高级管理人员和员工情况

5.1 董事、监事和高级管理人员持股变动及报酬情况

姓　名	职务	性别	年龄	任期起始日期	任期终止日期	年初持股数	年末持股数	变动原因	报告期内从公司领取的报酬总额(万元)税前	是否在股东单位或其他关联单位领取薪酬
凤良志	董事长	男	55	2007-10-25	2010-10-25	0	0	0	62.00	否
过仕刚	董事	男	52	2008-06-24	2010-10-25	0	0	0	0.00	是
林传慧	董事	男	55	2007-10-25	2010-10-25	0	0	0	0.00	是
蔡　咏	董事	男	48	2007-10-25	2010-10-25	0	0	0	0.00	否
俞仕新	董事	男	46	2008-06-24	2010-10-25	0	0	0	0.00	是
张维根	董事	男	58	2007-10-25	2010-10-25	0	0	0	0.00	是
陈焱华	董事	男	44	2007-10-25	2010-10-25	0	0	0	0.00	是
周庆霞	董事	女	38	2007-10-25	2010-10-25	0	0	0	0.00	是
肖正海	董事	男	60	2007-10-25	2010-10-25	0	0	0	0.00	是

吴福胜	董事	男	43	2008-09-12	2010-10-25	0	0	0	0.00	是
巴曙松	独立董事	男	39	2007-10-25	2010-10-25	0	0	0	10.00	否
韦　伟	独立董事	男	53	2007-10-25	2010-10-25	0	0	0	10.00	否
蒋　敏	独立董事	男	43	2007-10-25	2010-10-25	0	0	0	10.00	否
张传明	独立董事	男	53	2007-10-25	2010-10-25	0	0	0	10.00	否
何　晖	独立董事	女	40	2008-05-08	2010-10-25	0	0	0	6.67	否
张可俊	监事会主席	男	54	2007-10-25	2010-10-25	0	0	0	36.00	否
段立喜	监事	男	51	2007-10-25	2010-10-25	0	0	0	29.00	否
程凤琴	监事	男	44	2007-10-25	2010-10-25	0	0	0	19.00	否
魏世春	监事	男	38	2007-10-25	2010-10-25	0	0	0	0.00	是
汪长志	监事	男	44	2007-10-25	2010-10-25	0	0	0	0.00	否
蔡　咏	总经理	男	48	2007-10-25	2010-10-25	0	0	0	56.00	否
蒋希敏	副总经理	男	44	2007-10-25	2010-10-25	0	0	0	37.00	否
陈　新	副总经理	男	41	2007-10-25	2010-10-25	0	0	0	34.00	否
高　新	副总经理	男	42	2007-10-25	2010-10-25	0	0	0	34.00	否
陈东杰	副总经理	男	45	2007-10-25	2010-10-25	0	0	0	34.00	否
高民和	总会计师	男	43	2007-10-25	2010-10-25	0	0	0	34.00	否
万士清	董事会秘书	男	42	2007-12-15	2010-10-25	0	0	0	98.00	否
沈和付	合规总监	男	37	2008-12-18	2010-10-25	0	0	0	26.00	否
合　计	-	-	-	-	-	0	0	-	545.67	-

董事、监事、高级管理人员报告期内被授予的股权激励情况

□ 适用　√ 不适用

5.2 董事出席董事会会议情况

董事姓名	具体职务	应出席次数	现场出席次数	以通讯方式参加会议次数	委托出席次数	缺席次数	是否连续两次未亲自出席会议
凤良志	董事长	11	3	8	0	0	否
过仕刚	董事	4	1	2	1	0	否
林传慧	董事	11	3	8	0	0	否
蔡　咏	董事	11	3	8	0	0	否
俞仕新	董事	4	1	3	0	0	否
张维根	董事	11	3	5	3	0	否
陈焱华	董事	11	2	8	1	0	否
周庆霞	董事	11	3	8	0	0	否
肖正海	董事	11	3	6	2	0	否
吴福胜	董事	2	0	2	0	0	否
巴曙松	独立董事	11	2	8	1	0	否
韦　伟	独立董事	11	3	8	0	0	否
蒋　敏	独立董事	11	3	8	0	0	否
张传明	独立董事	11	3	8	0	0	否
何　晖	独立董事	6	1	5	0	0	否

连续两次未亲自出席董事会会议的说明

年内召开董事会会议次数	11
其中：现场会议次数	3
通讯方式召开会议次数	8
现场结合通讯方式召开会议次数	0

5.3 员工情况

（一）截至 2008 年 12 月 31 日，公司共有正式员工 1,414 人，构成情况见下表：

项目		人数	比例
专业结构	研究人员	53	3.75%
	投行人员	81	5.73%
	经纪业务人员	873	61.74%
	投资管理人员	14	0.99%
	资产管理人员	20	1.41%
	其他管理人员	242	17.11%
	财务人员	61	4.31%
	行政人员	70	4.95%
	合计	1,414	100%
学历	博士	9	0.64%
	硕士	183	12.94%
	本科	702	49.65%
	大专及以下	520	36.78%
	合计	1,414	100%
年龄	34 岁以下	578	40.88%
	35 岁至 50 岁	768	54.31%
	51 岁以上	68	4.81%
	合计	1,414	100%

（二）本公司按照《中华人民共和国劳动法》及国家的有关规定，已为全体职工办理养老保险、医疗保险、失业保险、工伤保险和生育保险，并缴纳住房公积金。

第六节　董事会报告

6.1 管理层讨论与分析

一、报告期内经营情况介绍

公司长期以来遵循"法制、监管、自律、规范"的八字方针，弘扬"团结、敬业、求实、创新"的企业精神，秉承"诚信为本、规范运作、客户至上、优质高效"的经营理念，开拓创新，追求卓越，积极参与国内外市场的竞争与合作，力争把公司建设成为资产规模大、市场占有率高、金融品种丰富、内控机制完善、让客户满意、让广大投资者和监管部门放心的具有国内一流水平的上市证券公司。

公司注册资本 1,464,100,000 元，公司经营范围：证券（含境内上市外资股）的代理买卖；代理证券的还本付息、分红派息；证券代保管、鉴证；代理登记开户；证券的自营买卖；证券（含境内上市外资股）的承销（含主承销）；证券投资咨询（含财务顾问）；客户资产管理；中国证监会批准的其他业务。

（一）公司总体经营情况概述

2008 年，受国际金融危机、国内宏观经济调整及上市公司大小非减持等因素影响，国内资本市场出现罕见暴跌，券商各项业务遭受较大冲击，经纪业务收入急剧下滑，自营业务普遍亏损，IPO 暂缓导致投行业务停滞，创新业务开展受阻。面对严峻的市场形势，公司经营管理层继续将"打造让投资者放心的上市公司"作为突出目标，积极迎接挑战，按照年初提出的经营方针，努力提升传统业务竞争力，积极发展创新业务，着力完善公司治理，提高经营管理水平，扩大公司品牌影响力。虽然证券市场系统性风险给各项业务造成了较大负面影响，公司经营业绩与去年同期相比出现较大幅度下滑，但盈利水平仍创出了 2001 年原国元证券有限责任公司成立以来的较好水平。2008 年，公司实现营业收入 12.37 亿元，营业支出 6.43 亿元，利润总额 5.88 亿元，净利润 5.21 亿元，基本每股收益为 0.36 元，全面摊薄净资产收益率为 11.03%。截至 2008 年末，公司总资产为 119.14 亿元，归属于母公司股东权益 47.22 亿元，净资本 33.35 亿元。

（二）公司主营业务情况分析

2008 年度公司主营业务分行业情况表(母公司)

单位：(人民币）万元

主营业务分行业情况						
分行业或分产品	营业收入	营业成本	营业利润率(%)	营业收入比上年增减(%)	营业成本比上年增减(%)	营业利润率比上年增减(%)
经纪业务	98,631	31,211	68.36%	-36.12%	-4.04%	-10.57
证券承销、保荐及顾问业务	4,994	4,110	17.70%	13.68%	111.53%	-38.07
自营投资业务	-9,382	2,164	-	-104.51%	-87.78%	-
资产管理业务	2,626	910	65.35%	-67.78%	15.48%	-24.98

1、经纪业务

2008 年公司以"争先进位"为目标，充分调动营业部积极性，不断完善网点布局，稳步推进经纪人队伍建设，加强与银行的合作，完善交易系统，优化交易环境，创新营销模式，按期完成账户规范工作，启动精品营业部和先进信息技术平台建设工作，取得了显著的工作成果。报告期内公司实现经纪业务收入 98,631 万元，比去年下降 36.12%，经纪业务成本 31,211 万元，比去年下降 4.04%；经纪业务利润 67,420 万元，比去年下降 44.68%。

2、自营投资业务

2008 年公司自营投资业务秉承价值投资理念，深入分析宏观经济的走势，加强对上市公司基本面的调研，通过大类资产的动态配置，及时调整持仓结构，比较有效地规避了市场大幅下跌的系统风险。报告期内，实现自营业务收入-9,382 万元，较去年下降 104.51%，自营投资业务利润-11,546 万元，比去年下降 106.06%。

3、证券承销业务

2008 年，证券市场大幅下跌，市场融资困难，公司投行团队克服困难，开拓进取，发展势头良好，行业排名进一步提升，首发家数 2 家并列全国第 10 位，比 2007 年上升 4 位；首发保荐承销收入列第 17 位，比 2007 年提高 14 位。报告期内，公司实现承销业务净收入 2,461 万元，保荐业务净收入 940 万元，财务顾问净收入 1,625 万元，证券承销、保荐及财务顾问业务共实现营业收入 4,994 万元，比去年增长 13.68%。

4、资产管理业务

2008 年公司仍然坚持稳健的投资策略，截止到 2008 年 12 月 31 日，黄山 1 号的单位净值为 1.3560 元，累计净值为 1.4820 元。2008 年黄山 1 号收益率为-5.53%，远小于上证综数 65.39%的跌幅。黄山 1 号成立以来年化收益率为 23.54%，在全国所有已发 36 个集合理财产品中排名第 7 位，在券商同类产品中排名第 1 位，并获第三届 2008 中国私募基金风云榜券商集合理财组(限定性)优胜奖。2008 年 5 月 12 日，证监会批准"黄山 2 号"发行。2008 年 12 月 19 日，在市场极度困难的情况下，"黄山 2 号"完成 9.2285 亿份发行规模。与市场同期发行的其它理财产品相比，首发规模居前，受到监管部门和市场客户的好评。报告期内，公司实现资产管理业务收入 2,626 万元，比去年下降 67.78%，资产管理成本 910 万元，比去年增长 15.48%，利润 1,716 万元，比去年下降 76.69%。

（三）公司主要创新业务情况介绍及其影响和风险控制

1、主要创新业务情况介绍

国际金融危机和国内证券市场的深幅调整，导致管理层对国内资本市场创新活动的审批更加审慎，但公司不懈怠、不坐等，积极、扎实进行相关准备，迎接创新业务开闸的市场挑战。

（一）金融衍生产品业务

2008 年，公司在继续做好权证注销、双边报价和模拟发行、期现套利研究、股指期货备战等工作的同时，还积极向结构化理财、期指价差套利、ETF 套利、大宗交易、数量化策略等研究领域拓展，报告期内实现权证创设收入 8,236 万元。

（二）融资融券业务

报告期内，公司成立了融资融券业务小组，调研了行业内此项工作准备较好的证券公司，对已经申报的融资融券材料进行修改、补充，并进行了相应的信息技术、人员培训和风险管理准备等，力争尽早取得此项业务资格。

（三）股权直接投资业务

报告期内，公司积极申报股权直接投资业务资格，修改和完善了公司直接投资业务实施方案，制作完成公司直接投资业务试点资格申请的申报材料，力争尽早取得股权直接投资业务资格。

（四）股份报价转让业务

报告期内，积极备战"新三板"市场，合肥开发区两家企业报价转让的挂牌申报材料已经报送中国证券业协会，目前正保持与企业及中国证券业协会的沟通，及时补充上报材料，待相关条件成熟，

力争第一时间挂牌上市。

2、创新业务的影响和风险控制

创新业务将对公司的经营业绩和未来发展产生重要影响。目前公司的收入主要依赖于传统业务，创新业务收入在公司收入结构中的比重较小，公司的经营业绩受证券市场波动的影响较大。随着创新业务的开展和快速发展，公司的收入将更加多元化，这将有效平衡证券市场波动对公司业绩的影响。

公司高度重视对创新业务的风险控制。关于权证创设套利业务，公司严格按照中国证监会和交易所的规定对权证创设额度进行管理，制定了严格的创设审批流程，建立了全面的风险控制体系。2008 年公司修改完善了直接投资业务、报价转让业务等创新业务的各项制度，制定了《直接投资业务项目管理制度》、《直接投资业务主要流程及说明》、《直接投资业务风险控制管理办法》、《报价转让业务操作管理办法》、《报价转让业务尽职调查工作办法》、《报价转让业务内核工作规则》 等系列规章制度，进一步加强对创新业务的风险控制。

(四) 公司营业收入、营业利润的分部报告

1、公司营业收入地区分部情况(合并报表数据)

单位:(人民币)万元

地区	2008 年 1－12 月		2007 年 1－12 月		增减百分比
	营业部数量	营业收入	营业部数量	营业收入	
安徽省	25	64,548.34	25	109,699.50	−41.16%
北京市	2	2,333.34	2	3,690.98	−36.78%
上海市	6	10,822.90	6	21,666.24	−50.05%
广东省	4	7,882.15	5	15,200.69	−48.15%
山东省	5	6,913.00	5	2,185.65	216.29%
辽宁省	2	3,041.82	2	1,009.70	201.26%
天津市	1	782.98	1	278.90	180.74%
江苏省	1	1,575.39	1	452.86	247.88%
浙江省	1	783.66	1	208.44	275.96%
重庆市	1	281.98	---	---	
公司本部	---	22,884.97	---	250,165.44	−90.85%
境内合计	---	121,850.53	---	404,558.40	−69.88%
境外	---	1,818.98	---	5,397.35	−66.30%
合计	---	123,669.51	---	409,955.75	−69.83%

2、公司营业利润地区分部情况(合并报表数据)

单位:(人民币)万元

地区	2008 年 1－12 月		2007 年 1－12 月		增减百分比
	营业部数量	营业利润	营业部数量	营业利润	
安徽省	25	46,844.97	25	87,782.14	−46.63%
北京市	2	1,143.31	2	2,362.68	−51.61%
上海市	6	7,458.77	6	17,636.02	−57.71%
广东省	4	5,058.53	5	11,728.98	−56.87%
山东省	5	4,621.25	5	1,508.76	206.29%
辽宁省	2	1,807.17	2	633.82	185.12%
天津市	1	269.72	1	183.24	47.19%
江苏省	1	605.45	1	−33.38	---
浙江省	1	224.47	1	65.41	243.17%
重庆市	1	−278.73	---		
公司本部	---	−8,550.00	---	190,646.70	−104.48%
境内合计	---	59,204.91	---	312,514.37	−81.06%
境外	---	168.03	---	3,013.96	−94.42%
合计	---	59,372.94	---	315,528.33	−81.18%

注:根据 2007 年 9 月 20 日中国证监会出具的《关于同意国元证券有限责任公司设立 13 家证券营业部的批复》，同意公司以新设的方式在原天勤证券营业部的地址上设立 13 家营业部，其中：山东省 5 家、辽宁省 2 家、广东省 2 家(其中 1 家在 2008 年迁至重庆市)、天津市 1 家、浙江省 1 家、北京市 1 家、上海市 1 家。2007 年度公司分地区的营业收入及营业利润中仅包含上述 13 家营业部 4 季度的数据，而 2008 年度为全年数据，因此部分地区显示增长比例较大。

(五)公司资产结构和资产质量

截至 2008 年 12 月 31 日，公司总资产 1,191,362 万元，扣除客户存放的结算资金后，资产总额 546,162 万元，其中：金融资产账面价值 174,179 万元(交易性金融资产、可供出售金融资产、应收款项)，占总资产的比例为 31.89%。金融资产中权益性资产占总资产的比例仅为 6.50%，债券等非权益性资产占总资产的比例为 24.09%，公司权益类资产比例较低，从而有效抵御了今年股指大跌给经营带来的负面影响。长期股权投资 42,073 万元，占总资产的比例为 7.70%，固定资产等其他长期性资产占总资产的比例为 9.07%。自有货币性资产占总资产的比例为 50.00%，具有较好的流动性。报告期末，公司负债总额 714,503 万元，扣除客户存放的结算资金后，负债总额为 69,302 万元，资产负债率为 12.69%，说明公司偿债能力较强。

报告期末，母公司净资本与净资产的比例为 70.93%，报告期各项风险控制指标均符合《证券公司风险控制指标管理办法》的有关规定。

(六)公司主要融资渠道和负债结构

公司日常经营的融资渠道主要为同业拆借及回购融入资金，用于短期业务资金的周转。截至 2008 年 12 月 31 日，负债总额 714,503 万元，扣除客户存放的结算资金后，负债总额为 69,302 万元，期末公司拆入资金余额为零，卖出回购金融资产款 35,000 万元，占负债总额 50.50%。

(七)现金流转情况

报告期内，公司现金及等价物净减少额为 421,338 万元，其中：经营活动产生的现金净流出为 351,046 万元，主要原因为证券行情低迷，代理买卖业务现金净流出 554,770 万元。其他主要流入项目为：处置交易性金融资产收到现金 125,766 万元，收回存出保证金等收到的现金 129,311 万元，收到的利息、手续费及佣金现金 118,209 万元。主要流出项目为：支付的各项税费 74,867 万元，为职工支付的现金 38,067 万元。投资活动产生的现金净流出为 4,312 万元，主要流入项目为：取得投资收益收到的现金 11,912 万元。主要流出项目为：购建固定资产等支付的现金 16,147 万元。筹资活动产生的现金净流出 65,439 万元，主要流出项目为分配 2007 年度股利支付的现金。汇率变动对现金及现金等价物的影响金额为−542 万元。

(八)公司合并报表范围没有变更。

(九)本报告期内公司会计政策、会计估计变更和会计差错更正及其影响情况

2008 年 12 月 26 日财政部下发了财会函[2008]60 号《关于做好执行会计准则企业 2008 年年报工作的通知》，通知规定“企业购买上市公司，被购买的上市公司不构成业务的，购买企业应按照权益性交易的原则进行处理，不得确认商誉或确认计入当期损益。企业对于上述事项已经进行的处理与本通知要求不一致的，应当按照《企业会计准则第 28 号——会计政策、会计估计变更和差错更正》进行处理。”考虑公司 2007 年 9 月 30 日吸收合并北京化二股份有限公司不构成业务，符合《通知》的规定，并结合对《企业会计准则讲解(2008)》的理解，对公司当时确认的商誉 114,912,783.37 元按会计政策变更处理。因此公司对财务报表相关项目进行追溯调整，该追溯调整对 2007 年年末合并资产负债表的资产和净资产累积影响数如下：

公司 2007 年合并财务报表其他资产原年末数为 194,869,821.49 元，调整后合并财务报表其他资产为 79,957,038.12 元；公司 2007 年合并财务报表资本公积原年末数为 1,011,814,252.33 元，调整后合并财务报表资本公积为 896,901,468.96 元，全部系归属母公司普通股股东的股东权益减少。具体项目调整过程如下：

其他资产	金 额(元)
原 2007 年年末数	194,869,821.49
调减吸收合并确认的商誉	114,912,783.37
调整后 2007 年年末数	79,957,038.12
资本公积	金 额(元)
原 2007 年年末数	1,011,814,252.33
调减吸收合并确认的商誉	114,912,783.37
调整后 2007 年年末数	896,901,468.96

除此之外，本报告期内公司无其他会计政策变更事项，无会计估计变更事项，无会计差错更正事项。

(十)公允价值的确定方法、取得方式、相关估值假设、模型及参数设置

金融资产公允价值的确定：存在活跃市场的金融资产，采用活跃市场中的报价用于确定其公允价值。活跃市场中的报价是指易于定期从交易所、经纪商、行业协会、定价服务机构等获得的价格，且代表了在公平交易中实际发生的市场交易的价格。金融工具不存在活跃市场的，采用估值技术确定其公允价值。采用估值技术得出的结果，应当反映估值日在公平交易中可能采用的交易价格。估值技术包括参考熟悉情况并自愿交易的各方最近进行的市场交易中使用的价格、参照实质上相同的其他金融工具的当前公允价值、现金流量折现法和期权定价模型等。本公司本年度未采用估值技术计量金融资产公允价值。

(十一)采用公允价值计量的项目

单位:(人民币)元

项目	期初金额	本期公允价值变动损　益	计入权益的累计公允价值变动	本期计提的减值	期末金额
金融资产：					
其中:1.以公允价值计量且其变动计入当期损益的金融资产	3,055,810,319.56	−618,186,910.85			1,534,480,346.70
其中:衍生金融资产	3,006,525.10	−2,889.51			37,929.00
2.可供出售金融资产	184,753,290.39		17,016,617.08		136,151,777.72
金融资产小计	3,240,563,609.95	−618,186,910.85	17,016,617.08		1,670,632,124.42
金融负债	156,864,000.00	−258,251,481.50			
投资性房地产					
生产性生物资产					
其他					
合计	3,397,427,609.95	−876,438,392.35	17,016,617.08	0.00	1,670,632,124.42

(十二)持有外币金融资产、金融负债情况

单位:(人民币)元

项目	期初金额	本期公允价值变动损　益	计入权益的累计公允价值变动	本期计提的减值	期末金额
金融资产：					
其中:1.以公允价值计量且其变动计入当期损益的金融资产	1,983,817.48	703,227.54			171,902,089.89
其中:衍生金融资产	0				0
2.贷款和应收款	29,197,649.63				29,139,905.88
3.可供出售金融资产	0				0
4.持有至到期投资	0				0
金融资产小计	31,181,467.11	703,227.54			201,041,995.77
金融负债					

(十三)公司各项主营业务的经营情况

1、代理买卖证券情况

证券种类	2008 年 1－12 月代理交易额(亿元)	市场份额	业务地位	2007 年 1－12 月代理交易额(亿元)	市场份额	业务地位
股票	5,013.32	0.95	28	7,964.22	0.87	30

基金	99.77	0.90	24	171.58	1.05	25
权证	816.03	0.59	31	657.53	0.42	50
证券交易总额	6,395.40	0.88	29	9,213.72	0.82	32

注:以上数据来源于 wind 资讯。

2、自营投资业务情况

证券品种	期末账面价值(万元)	报告期收益(万元)
股票	1,081	−13,218
基金	20,788	−14,326
债券	131,575	3,769
其他证券	4	4,285
创设权证	0	8,236
合计	153,448	−11,254

注:本表根据合并报表中交易性金融工具、衍生金融工具填列。

3、证券承销、保荐及财务顾问业务情况

承销方式	承销类别	承销家数		承销金额(万元)		承销收入(万元)	
		2008 年	历年累计	2008 年	历年累计	2008 年	历年累计
	新股发行	2	10	50,938.80	247,634.80	2,547.40	8,336.86
	增发新股	2	5	141,149.52	192,825.04		2,208.00
主承销	配股		1		15,210.00		556.30
	可转债		1		25,000.00		830.00
	债券发行		2		101,000.00		2,043.00
	小计	4	19	192,088.32	581,669.84	2,547.40	13,974.16
	新股发行		2		6,167.00		25.00
	增发新股						0.00
副主承销	可转债		3		75,200.00		64.71
	债券发行	2	6	13,000.00	39,000.00	23.00	89.40
	小计	2	11	13,000.00	120,367.00	23.00	179.11
	新股发行		3		43,869.15		31.22
分销	债券发行	2	7	3,000.00	21,000.00	9.00	65.50
	小计	2	10	3,000.00	64,869.15	9.00	96.72
合计		8	40	208,088.32	766,905.99	2,579.40	14,249.99

报告期内,公司上市推荐情况

类别	次数	
	2008	历年累计
股票上市推荐	2	10
债券上市推荐	0	3
合计	2	13

报告期内,公司签订了 20 份财务顾问协议,收入 1,625 万元。

4、资产管理业务情况

截至 2008 年 12 月 31 日,公司集合资产管理总规模为 14.81 亿元,较去年同期增长约 11.13%。公司受托管理资产规模和受托资产增值情况如下:

项目	2008 年 1-12 月	2007 年 1-12 月
平均受托资产规模(万元)	101,759.05	108,600.43
受托资产增值额(万元)	−7,597.35	36,809.83
平均受托资产管理规模增值率	−7.47%	33.89%

(十四)主要控股公司及参股公司的经营情况及业绩分析

1、国元证券(香港)有限公司(以下简称"国元(香港)公司")

国元(香港)公司于 2006 年 7 月 19 日在香港注册成立,注册资本 60,000 万港币,公司持有国元(香港)公司 100%的股权。

国元(香港)公司的主营业务:证券买卖、期货交易、财务顾问、投资及投资组合管理、放债服务以及海外证券市场买卖业务。

截至 2008 年 12 月 31 日,国元(香港)公司总资产 34,660 万元人民币,净资产 33,339 万元人民币,报告期内,实现营业收入 1,819 万元人民币,同比下降 66.30%,营业利润 168 万元人民币,同比下降 94.42%,净利润 77 万元人民币,同比下降 96.94%。

2、国元期货有限责任公司(以下简称"国元期货")

国元期货注册资本为 10,000 万元,公司出资 5,500 万元,占其注册资本的 55%,为国元期货的控股股东。

国元期货的主营业务:国内商品期货代理,期货咨询、培训。

截至 2008 年 12 月 31 日,国元期货总资产 26,128 万元,净资产 10,275 万元,报告期内,实现营业收入 2,753 万元,同比下降 36.66%,营业利润 188 万元,同比下降 87.85%,净利润 118 万元,同比下降 87.12%。

3、长盛基金管理有限公司(以下简称"长盛基金")

长盛基金成立于 1999 年 3 月 26 日,注册资本为人民币 1.5 亿元,是国内最早成立的十家基金管理公司之一,也是首批获得全国社保基金管理资格的六家基金管理公司之一,公司持有长盛基金 41%的股权。

长盛基金的主营业务:基金募集、基金销售、资产管理及中国证监会许可的其他业务。

截至 2008 年 12 月 31 日,长盛基金总资产 81,243 万元,净资产 52,772 万元,报告期内,实现营业收入 57,294 万元,同比下降 15.17%,营业利润 27,525 万元,同比下降 11.78%;净利润 24,007 万元,同比下降 13.14%。

二、经营中存在的问题和应对措施

当前,国际金融危机的影响正在向实体经济蔓延,国内宏观经济调整仍将延续,证券市场虽然经历了大幅下跌,但券商的经营压力仍然巨大。面对严峻的经营环境,公司 2009 年经营管理的总体目标是:把握资本市场的有利时机,做好增发工作,提升资本金实力,并以此为契机,跻身融资融券等创新业务试点行列,尽早获得相关创新业务资格,扩展多元化收入来源,改善盈利模式和结构;强化经营管理,努力增收节支;完善公司治理,坚持合规稳健经营,严格风险控制;努力做大传统业务,提高市场占有率和盈利水平;认真寻找各项工作中的薄弱环节和差距,着力进行弥补和改善,提高公司在经营管理、专业技能、风险防控、业务开拓和持续盈利等方面的能力与实效,塑造在同行业间的比较优势,力争实现公司的稳健发展,努力提高对客户的服务水平,取得良好的经营业绩,下大力气打造让投资者放心的上市公司,全面提升公司的核心竞争力。为实现上述总体目标,重点做好以下十个方面的工作:

(一)经纪业务塑造核心竞争力,提升市场占有率和客户服务水平。2009 年经纪业务要继续以"争先进位"为目标,以精品营业部建设为突破口,探索营业部中台建设方案,切实做好营业部布局调整和服务部规范工作,继续发展经纪人队伍,做好银行渠道营销工作,建立更加科学合理的营业部绩效考核机制,激发广大一线员工的责任感和创造力,并协调全公司各方面资源,举全公司之力支持经纪业务部门提升市场竞争力。

(二)投行业务全面发展,再上新台阶。争取所有已申报 IPO 和再融资项目尽快审核过会;按计划完成拟报首发项目的各项前期工作,尽快上报材料;加大债券市场的开发力度,做好 4 个债券项目的发行工作;精心完成 4 个企业债项目的发行销售工作;认真做好 2 个企业债的方案设计和申报材料制作,争取尽快将相关申报材料上报国家发改委;积极准备迎接创业板开闸,争取进入发行的第一梯队;启动一批优质企业的改制辅导,为今后的发展早作准备。

(三)继续扩大资产管理业务规模与品种。做好"黄山 1 号"、"黄山 2 号"的投资管理和持续营销工作,进一步扩大资产管理规模;加强与中国证监会的沟通,做好各项展期准备工作,争取黄山 1 号在 2009 年 10 月到期后能够展期;加快推进"黄山 3 号"集合资产管理计划的产品设计、托管、代销协议签订等申报材料的准备工作。

(四)严控自营投资业务风险,把握机会,力争实现较好盈利。A 股市场在跌幅过半的情况下,估值风险已有较大程度的释放,加上政府的大力救市举措,市场会存在一定的结构性和阶段性投资机会。公司将继续加强基本面研究,坚持价值投资,合理配置大类资产,把握市场机遇,合理安排操作节奏,严格控制风险,力争实现较好盈利。积极参与市场短期融资券承销,扩大交易品种和交易规模,增加低风险收益。

(五)继续提升研究服务水平,发挥对公司各项业务和客户的支持作用。继续扩充研究队伍建设;完善绩效考核,建立研究员能上能下、能进能出的机制;建立起研究咨询和各项业务的沟通协调机制,更好地促进业务发展;继续走差异化道路,创出国元特色的研究品牌,进一步发挥研究对各项重要业务和重点客户的支持作用。

(六)积极推动现代化信息系统建设,完成公司统一营销电子商务平台的建设工作。2009 年将进一步论证与完善《公司信息技术三年发展规划》,并加大公司 IT 系统的建设力度。高起点建设新一代营销电子商务平台;对电子商务网站进行改版和升级,并尽快完成新版网上交易系统的完善与推广工作;着手开展信息系统资源整合,打通各相关数据库,择机开始规划建设"经营决策支援系统(DSS)"。

(七)继续提升风险控制能力和水平。从被动地风险管理逐渐过渡到主动、自发地风险管理,继续推行"以定量为主、定性为辅的风险评价方式",满足信息披露和外部监管的需要;加强对各项业务内部控制和风险控制状况的检查力度,尤其是做好创新业务的风险控制,进一步完善风控体系,确保各项业务风险可测、可控、可承受;完善净资本监控系统,确保以净资本为核心的风险控制指标持续符合监管标准;做好 2009 年度证券公司的分类评价工作。

(八)大力推进公司合规管理制度建设。进一步优化合规管理机制,搭建合规管理组织架构,制定完善的合规管理流程和规章制度,实现合规风险管理与业务管理的平行作业,提高合规管理的效率。建立严谨规范的合规制度体系,引导合规管理工作有序开展。加强对员工的合规培训,树立合规理念,推动公司合规文化建设。

(九)节约费用开支,降低经营成本。树立有效防御、稳健经营、降低支出的经营理念;确立科学有效的预算目标体系;完善公司办公自动化系统和财务核算系统中的预算编制和控制体系;加强费用支出的事前申请、费用报批手续、预算执行控制及信息反馈;规划设计公司经营性资产运营的有效模式,发挥公司各类资产的运行效率;充实资本性支出的基础性制度,关注资本性支出的合理性和有效性;加强公司各部门经营费用支出的全过程控制,注重费用支出与绩效考核的有效衔接,兑现奖惩。

(十)加强员工培训,提高员工业务素质和技能。继续加大现有员工和新招聘经纪人的培训力度,以岗位技能和专项业务为主要内容,注重培训的深度和广度;在总结以往经验的基础上,积极探索公司各项业务的考核奖惩办法,进一步完善公司考核激励制度。

三、公司对未来发展的展望

(一)行业发展与公司面对的竞争形势

1、2008 年市场情况

受国际金融危机蔓延、国内宏观经济增速减缓以及大小非减持、与国际市场相比估值过高等因素影响,2008 年中国股市深度调整。

2008 年中国资本市场的变化对券商发展产生了重大影响。一是券商总体收入大幅下降,其中股市下跌带来券商自营业务普遍亏损,IPO 暂缓带来券商投行业务停滞,导致经纪业务占券商收入的比重显著上升,靠天吃饭更加突出。二是为扩大市场份额,券商间经纪业务的价格战再度升温,导致市场佣金率持续走低。三是股市走熊并未阻止券商做大的步伐,反而更增强了券商加快发展的决心,2008 年市场有两家券商实现 IPO 过会,8 家中小券商完成增资扩股,资本规模的壮大提高了这些券商的竞争力。

出于对中国市场的强烈看好,很多国际投行尽管被金融危机重创,但只要有能力,均没有停止在中国的扩张,导致券商合资不断出现。随着合资投行在高端客户和高端业务领域的竞争向纵深发展,在跨境融资、并购、机构投资者服务、衍生品开发与销售等方面势必体现出越来越强大的竞争优势。

2、2009 年竞争形势

展望新的一年,从推进资本市场稳定健康发展、更好地服务国民经济大局出发,预计管理层在深化中国资本市场改革创新的力度方面将显著加大。

另一方面,在中央促内需、保增长的政策刺激下,中国宏观经济进一步恶化可能性不大,短期筑底有望,同时经过一年多调整,股市系统性风险已大幅释放,因此 2009 年中国股市告别单边下跌走势应没有悬念。

在这些前提下,中国证券业发展相比上年,将显得较为乐观,但竞争也更趋激烈。

第一,尽管发行节奏仍将受到严格控制,但IPO承销业务肯定会逐渐恢复,2008年已过会但未发行的公司必然率先发行上市,券商投行业务将重新启动,而一旦创业板推出,以创业板承销为主的券商将大幅受益,不过总体上说券商债券承销与并购业务将提升更快。

第二,随着股市总体跌势缓和,券商自营将逐步止损,而债市的继续坚挺将推动券商在债市的投资比重显著提高。

第三,随着换手率降至历史低位,大小非解禁、新股扩容后带来流通股规模大幅上升,市场交易额将继续稳定,不过在经纪人新规等机制作用下,市场竞争加剧,佣金率将进一步走低,从而带来券商经纪业务的利润率继续下降。

第四,营业网点新规对券商的影响将是深入且持续的,大型、优质券商将充分利用这一政策进一步完善网点布局,使得中小券商的传统盈利空间被挤压,进而导致中小券商加速向地方经纪商或特色化券商分化。

第五,相比牛市阶段,随着营业收入下滑,券商成本压力将凸现,越来越多的券商将寻求压缩管理费用、场地面积、调整人力资源开支等方式,以降低成本,保证持续发展。

第六,随着直投范围的扩大,券商直投业务将显著发展,这将有助于获得直投资格的券商平滑业绩、增加稳定性,改善靠天吃饭的困境,同时也将未获直投资格的券商置于了竞争劣势。

第七,融资融券、股指期货一旦推出,将影响重大。由于获得资格的券商始终是有限的,因此该业务在给参与的大券商带来丰厚利益的同时,必然加大中小型券商的生存压力,进而迫使国内券商群体进一步分化。

(二)公司未来发展的机遇与挑战

2009年由于国际、国内不明朗因素非常多,因此公司发展既存在机遇,更存在挑战,为了有效抓住机遇、更有准备地迎接挑战,公司将在认真分析优劣势的基础上,制定切实可行的行动计划。

与同行相比,目前公司的竞争优势主要体现在:

1、上市券商

我国企业上市需要具备相当的条件及管理层核准,作为特殊类型企业,券商上市要求更高,核准更难,因此多年来我国上市券商较少,而能够在证券市场上市,则表明该券商已获得政府认可与社会信任。作为仅有的少数上市券商之一,上市较大程度上提高了公司的无形价值,促进了各项业务发展。至今公司上市已有一年多时间,随着时间积淀,公司品牌知名度在不断提升,同时上市也给公司带来较大的融资便利,这些都是非上市券商所不具备的。

2、净资本实力

由于高度重视风险管理与发展积累,公司成立以来一直保持较强的资本实力。2007年公司净资本达42亿元,在证券业协会公布的排名中名列第16名,2008年公司净资本因分红和计算口径变化为33亿元。2009年若增发成功,公司净资本实力还将大幅增加。雄厚的净资本实力将有助于公司获得更多的创新资格,开展各项业务,也有助于公司抵御各种风险,增强客户信心。

3、多元化

公司依托股东背景并根据自身发展战略部署,建立了证券、基金、期货、信托、保险、银行以及香港公司等多方面的金融平台,通过共享与传递机制的发挥,可以为客户提供融资、避险、增值、信息咨询等全方位金融服务,这既维护了现有客户的忠诚度,也对新增客户有较大吸引力,是目前多数券商所不具备的。

4、全国布局

通过收购天勤证券13家营业部证券资产及进一步的网点优化,公司经营范围已覆盖到北京、上海、天津、重庆、广东、江苏、浙江、安徽、山东、辽宁等沿海、沿江发达地区,形成全国布局的雏形,这将有助于公司开拓新的市场,强化品牌影响力,实现规模经济,提高市场竞争力,为成为具有实力的全国性券商奠定坚实的基础。

另一方面应该看到,公司目前在资源、机制、能力方面与大型、强势券商相比,仍然存在一定差距,如公司资本金规模较小、创新业务收入在公司收入结构中的比重较小、研究对业务的支持能力还比较低,公司将始终致力于弥补劣势,强化优势,进一步提高市场竞争力。

(三)公司发展的资金需求

目前公司主要采用债券回购、信用拆借、质押贷款等方式,在管理层政策法规允许的范围内,通过上海、深圳交易所、全国银行同业市场向商业银行等金融机构融入短期资金。

作为上市公司,公司将根据股市环境与自身需求,通过增发、配股、发行普通债券、可转换债券(包括可分离交易债券)及管理层批准的其他方式进行融资,以解决公司业务发展和创新所需资金。

四、公司经营活动面临的具体风险和公司已(或拟)采取的对策和措施

证券公司面临的风险主要有:市场风险、信用风险、流动性风险、操作风险、法律风险和系统风险。从业务构成看主要有经纪业务风险、自营业务风险、资产管理业务风险、证券承销发行风险、其他业务风险等。

公司在经营活动面临的具体风险主要有:

(一)经营业绩依赖证券市场景气程度的风险

由于受经营模式、业务范围和金融产品的数量等因素的制约,我国证券公司的经营状况与证券市场行情及其走势有较强的依赖性,如果证券市场行情下跌,证券公司的承销、自营、经纪和资产管理等业务的经营难度将会增大,盈利水平将下降。证券市场行情受国民经济发展速度、宏观经济政策、利率及投资心理等诸多因素影响,存在一定的不确定性,因此,公司存在因证券市场波动而导致收入和利润不稳定的风险。

(二)行业竞争风险

经过十余年的发展,我国证券公司在资本规模、资金实力等方面上了一个新台阶,出现了一批规模较大、实力较强的证券公司,而各地中小证券公司在当地具有得天独厚的竞争优势,这种局面对公司的业务拓展构成一定障碍。另外,公司在开展业务的过程中,还会受到商业银行和其他非金融机构向证券业渗透的挑战,从而影响公司业务的拓展。

(三)各种业务经营风险

由于我国证券市场属于新兴市场,证券投资者的投机心理普遍较强,持仓时间一般较短,偏好频繁地进行交易。但随机构投资者队伍的不断壮大和投资者投资理念的逐步成熟,证券交易频率会有所下降,这将对公司经纪业务产生一定的不利影响。

公司存在因证券承销发行人员未能勤勉尽责或尽职调查不到位,公开招募文件信息披露在真实、准确、完整性方面不充分等过失受到监管机构处罚的风险。另外,在证券承销业务中,由于项目的承做周期长,发行企业的经营效益时常会有波动,存在对企业改制上市方案、经营前景判断失误、推荐企业发行证券失败的风险以及对二级市场的走势判断错误而大比例包销的风险。

目前,我国上市公司的运作透明度仍有许多方面有待改善。由于法人治理结构不健全和内部控制机制不完善等原因致使上市公司信息披露不充分,甚至恶意欺骗投资者的事件时有发生,也会给公司的自营业务带来风险。此外,公司在选择证券投资品种时机决策不当、证券持仓集中度过高、自营业务交易系统发生故障等,也会对自营业务产生不利影响。

根据《证券法》以及中国证监会的有关规定,证券公司在从事资产管理业务过程中不得向委托人承诺保底收益,但是由于我国证券市场竞争尚不规范,个别竞争对手可能会采取向客户承诺保底收益等不正当手段去争取客户,使公司面临客户流失的风险。

由于国内证券市场投资品种较少,风险对冲机制不健全等原因,公司为客户设计资产组合方案时,可能会由于市场波动原因无法达到预期收益,从而产生损害公司信誉的风险。此外,在资产管理业务中由于操作不当而发生有悖资产管理合同或协议的事项,都可能会引起投资者的投诉,也会给公司资产管理业务带来不利影响。由于我国证券市场仍处于发展、规范阶段,受市场成熟度和政策环境的限制,金融创新处于尝试性探索过程中,证券公司难以进行大规模的金融创新,这将影响公司竞争力的提高。

公司在尝试性进行金融创新探索过程中,由于对金融创新产品的研究深度不够,创新产品的设计存在缺陷,创新业务可能引发客户纠纷,给公司带来经济损失、法律纠纷和信誉风险。同时,由于对创新业务的风险点认识不全面、对创新业务的风险大小估计不足、对创新业务的风险控制机制不健全、对创新业务的风险控制措施不完善或执行不到位等,创新业务可能会给公司造成一定经济损失。

针对上述风险,公司已(或拟)采取多种措施,对风险进行管理:

(一)持续完善公司法人治理结构,按照《公司法》等的规定,进一步规范股东大会的运作,确保所有股东特别是中小股东享有平等地位;规范和完善董事会的运作,充分发挥专门委员会以及独立董事的作用;同时充分发挥监事会对董事会和经理层的监督作用。

(二)实现通过融资途径募集资本金,增加资本实力,扩大传统业务和创新业务的规模,夯实公司发展基础和抗风险能力。

(三)持续提高风险管理水平

1、持续坚持科学的风险管理理念。正确处理好业务发展和公司风险承受能力之间的关系,牢固树立起稳健经营的理念。不断地在公司内部强化纪律和风险意识,一方面自上而下地推动风险的警示教育;另一方面在对经营管理中的风险作深入研究的基础上,形成系统的风险控制制度,让每一位员工认识到自身的工作岗位上可能存在的风险,时刻警觉,形成防范风险的第一道屏障。同时使风险管理策略具备灵活性,以适应市场不断变化的需要。

2、继续完善风险管理组织架构,确保公司对各种风险能够识别、监控和综合管理。(1)完善风险管理组织,梳理风险监管流程;(2)对公司整体风险监管流程进行定期的审核;(3)完善风险管理政策和程序,并由定量分析工具来支持;(4)明确经营风险容忍程度,定期进行检讨以确保公司的风险承受与公司的各项业务发展战略、资本结构以及现在和预期的市场条件相一致;(5)在职责和分工明确的情况下,保持业务、行政管理和风险管理之间的良好沟通和协调。

3、完善和提高风险管理技术水平。公司运用现代化的风险管理技术,形成组织严密并能适时对风险进行监控的综合风险管理和控制模型。

4、整合公司风险管理与内部控制的架构体系,完善制度建设和执行的有效性,提高风险管理水平,降低运营风险或操作性风险。

五、公司风险控制指标监控情况介绍

(一)加强风险控制指标动态监控体系的建设

按照证监会下发的《关于证券公司全面落实基础性制度,进一步规范经营行为的通知》要求,公司确立了以技术为支持、制度为保障、动态监控为主线的建设原则,进一步完善了以净资本为核心的风险控制指标动态监控体系,做到实时掌握每项业务变动对净资本等各项风险控制指标的影响,确保净资本等各项风险控制指标持续符合监管标准,并达到风险准确计量、实时监控和及时预警的风险管理目的。

(二)报告期内风险控制指标的监控情况

报告期内,公司以净资本为核心的各项风险控制指标持续符合监管标准,没有发生触及预警标准的情况。

为确保报告期内风险控制指标持续符合监管标准,公司设立专人专岗,对风险控制指标进行动态监控,建立了分级预警和分级报告机制。在开展各项业务及利润分配前,对净资本等各项风险控制指标进行了敏感性分析测试,合理确定各项业务及利润分配的最大规模。

(三)净资本补足机制的建立情况

公司已建立净资本补足机制,并在董事会制定并通过实施的《财务管理制度》中规定,当公司净资本等各项风险控制指标达到预警标准时,公司将采用压缩风险性较高的投资经营品种或规模、追讨往来账项、转让长期股权投资、处置有形或无形资产、加大提取任意盈余公积、减少或暂停利润分配、发行次级债或债转股、募集资本金等方式补充净资本,使净资本等各项风险控制指标符合监管部门的要求。

六、公司合规管理体系建设情况及合规、稽核部门报告期内完成的检查稽核情况

(一)公司合规管理体系建设情况

为培育合规文化,有效实现对合规风险的识别和管理,建立外部监管和内部约束有机联系的长效机制,保障公司持续、稳健发展,根据《证券法》、《公司法》、《证券公司合规管理试行规定》等法律、法规、规章和规范性文件的规定,结合公司自身业务规模、管理模式、风险状况等实际情况,2008年公司完成了合规管理体系的建设。

1、制定了切实可行的合规管理制度实施方案,确定了公司合规管理体系。公司于2008年初正式启动合规管理制度建设工作,并于当年5月底按规定向安徽证监局报送了《国元证券股份有限公司合规管理制度实施方案》(以下简称"实施方案")。《实施方案》确立了公司合规管理制度建设的目标和任务、合规管理的组织架构、合规管理机构设置及职责、合规管理运营的制度体系和合规管理制度的实施计划等合规管理的基本内容,确立了合规管理的基本体系。《实施方案》获得了安徽证监局的认可后,已经基本组织实施完成。

2、制定并实施了合规管理基本制度和配套管理办法

(1)修改了公司《章程》。公司2008年第五届董事会第十一次会议审议通过了《章程修正案》,该

《章程修正案》于 9 月份经公司 2008 年第四次临时股东大会审议通过。2008 年 10 月 15 日，中国证监会以《关于核准国元证券股份有限公司变更公司章程重要条款的批复》(证监许可[2008]1192 号)文件，对公司《章程修正案》予以核准。公司《章程修正案》确定了公司建立合规管理制度的基本内容。

(2)制定了公司《合规管理制度》。公司 2008 年第五届董事会第十一次会议审议通过了《国元证券股份有限公司合规管理制度》，该制度作为公司合规管理的基本制度，规定了公司合规管理的目标、基本原则、机构设置及其职责，以及违规事项的报告、处理和责任追究办法等内容；明确了公司董事会、经理层、各职能部门以及全体工作人员在公司合规管理工作中的各自职责；明确了合规总监和合规部门的地位、职责、权限、履职保障、责任及免责等内容。

(3)制定实施了合规管理的日常工作制度和流程。公司根据董事会通过的《合规管理制度》制定实施了合规管理的 12 项具体工作制度和流程，内容涵盖合规审查、咨询、政策开发、检查、培训、报告、问责、投诉举报、档案管理、信息传递、绩效考核、人员管理等。

3、聘任了合规总监，新设合规管理部，在分支机构设立合规管理岗位。公司第五届董事会第十一次会议审议通过了《关于聘任合规总监的议案》和《关于设立合规管理部的议案》；董事会聘任的合规总监已经取得证券公司高级管理人员任职资格和监管部门的任职认可并已正式履职；合规管理部的岗位、人员和部门职责已经确定并已开展管理活动；公司建立了合规管理部与风险监管部、稽核部之间的分工、协作与配合机制。为适应合规管理工作的需要，公司在各部门和分支机构设置了合规管理岗位，配备专职或兼职的合规管理岗位人员，负责履行对本部门及其工作人员执行合规政策和程序的状况进行及时有效的监督、检查、评价和报告。公司通过制度明确规定了合规管理岗位人员的任职条件、工作职责、权限、履职保障等内容。

4、全面开展各项合规管理工作

公司合规管理制度建立后，已全面开展各项合规管理工作。进行合规审查：对公司内部管理制度、重大决策、新产品和新业务的方案、合同协议等进行事前审查或事中参与；提供合规咨询：通过口头、电话、传真、电子邮件等多种方式，为公司经营管理和执业行为中遇到的合规问题提供合规支持；实施合规检查：由合规总监牵头组织，公司内控部门先后对经纪业务、自营投资业务、资产管理业务、投资银行业务、研究咨询业务、境外业务和反洗钱工作分别开展了专项或全面的合规检查，通过检查、沟通和整改，修正和完善了有关合规管理缺陷，防范了合规风险；组织合规培训：公司制定了合规培训方案并报安徽证监局备案，通过远程视频、专题讲座、会议讨论、网站发布、编辑法规汇编和合规简报等多种形式对公司董事、监事、高级管理人员、合规管理人员和员工进行多层级、有针对性的合规宣传与培训，宣传合规文化，贯彻合规要求，提高整体合规意识；进行合规绩效考核：公司结合分类评价和风险控制、合规管理的要求，对各部门和分支机构进行合规绩效考核，考核结果作为公司整体绩效评估重要指标，指标权重不低于 20%。

公司合规管理部门同时积极配合监管部门和自律组织工作，督促各项要求落到实处；积极调动资源，切实组织实施反洗钱工作，以维护整体的金融安全；公司有关合规管理的情况按规定报送相关机构。

通过合规管理制度建立健全和合规管理工作的深入开展，有效防范了风险，有利于保持公司经营管理和执业行为持续动态合规，维护投资者合法权益。

(二)公司稽核部门报告期内完成的检查稽核情况

公司稽核部配备了高级会计师、审计师及计算机方面的专业人员，主要负责公司及下属子公司内部控制制度执行情况事后的监督检查，定期不定期对各单位的内部控制、财务及业务进行常规和专项稽核。2008 年共完成常规稽核项目 13 项，此外对 48 家营业部及公司自营投资的账户清理情况进行专项检查。向公司领导及相关部门提交了 63 份稽核报告，提出处理意见及建议 100 多条，有效地防范了各类风险，促进了公司业务经营的进一步规范及管理水平的提高。

2008 年通过多种稽核形式，使检查覆盖了公司 48 家营业部和投资银行总部、信息技术部等总部部门以及香港分公司。同时通过后续检查等方式强化稽核意见及建议执行的跟踪督察，在稽核项目结束后，及时回访，检查稽核发现问题的整改状况，稽核建议的落实状况，对未按期整改的查明原因，提示警示，切实帮助被审单位规范经营和提高管理水平。

七、报告期内投资情况

报告期内，公司未募集资金，也无以前期间募集资金延续到报告期的情形。

报告期内，公司除向国元证券(香港)有限公司增资外，无其他重大非募集资金投资项目。

八、会计师事务所审计意见

公司 2008 年度财务报告已经公司聘用的 2008 年度审计机构华普天健高商会计师事务所审计，该所为本公司出具了标准无保留意见的审计报告。

九、董事会日常工作情况

(一)报告期内董事会的会议情况及决议内容

2008 年董事会共召开 11 次会议：

1、公司于 2008 年 1 月 22 日在合肥召开第五届董事会第三次会议，会议审议通过了《2007 年度董事会工作报告》、《2007 年度总裁工作报告》、《2007 年度财务决算报告》、《2007 年度利润分配预案》、《2007 年年度报告及其摘要》、《关于聘用 2008 年度审计机构的议案》、《关于聘任证券事务代表的议案》、《关于设立机构管理部的议案》、《关于制定<国元证券股份有限公司金融资产分类及其公允价值确定的管理办法>的议案》、《关于召开公司 2007 年度股东大会的议案》，决议刊登在 2008 年 1 月 24 日的《中国证券报》、《证券时报》和巨潮资讯网。

2、公司于 2008 年 2 月 22 日以通讯方式召开第五届董事会第四次会议，会议审议通过了《关于公司南方业务总部和深圳宝安南路营业部购买办公营业用房的议案》。

3、公司于 2008 年 4 月 20 日在深圳召开第五届董事会第五次会议，会议审议通过了《国元证券股份有限公司独立董事年报工作制度》、《国元证券股份有限公司董事会审计委员会年报工作规程》、《国元证券股份有限公司关联交易管理办法》、《关于确定 2008 年度自营投资总规模的议案》、《关于修改<国元证券股份有限公司章程>的议案》、《关于提名独立董事的议案》、《关于召开 2008 年第二次临时股东大会的议案》，决议刊登在 2008 年 4 月 22 日的《中国证券报》、《证券时报》、《上海证券报》和巨潮资讯网。

4、公司于 2008 年 4 月 27 日以通讯方式召开第五届董事会第六次会议，会议审议通过了《关于调整公司非公开发行股票方案的议案》、《关于本次非公开发行股票募集资金运用的可行性议案》、《关于提请股东大会授权董事会办理本次非公开发行股票具体事宜的议案》、《关于提名过仕刚先生为公司董事的议案》、《关于提名俞仕新先生为公司董事的议案》、《关于召开 2008 年第三次临时股东大会的议案》，决议刊登在 2008 年 4 月 28 日的《中国证券报》、《证券时报》、《上海证券报》和巨潮资讯网。

5、公司于 2008 年 4 月 28 日以通讯方式召开第五届董事会第七次会议，会议审议通过了《国元证券股份有限公司 2008 年第一季度报告》。

6、公司于 2008 年 5 月 15 日以通讯方式召开第五届董事会第八次会议，会议审议通过了《关于公司向四川省汶川县地震灾区捐款的议案》。

7、公司于 2008 年 5 月 21 日以通讯方式召开第五届董事会第九次会议，会议审议通过了《关于公司向四川省汶川县地震灾区再次捐款的议案》，决议刊登在 2008 年 5 月 22 日的《中国证券报》、《证券时报》、《上海证券报》和巨潮资讯网。

8、公司于 2008 年 7 月 18 日以通讯方式召开第五届董事会第十次会议，会议审议通过了《关于加强公司治理专项活动整改情况的说明》，决议刊登在 2008 年 7 月 19 日的《中国证券报》、《证券时报》、《上海证券报》和巨潮资讯网。

9、公司于 2008 年 8 月 23 日在海南召开第五届董事会第十一次会议，会议审议通过了《公司 2008 年半年度报告及其摘要》、《关于调整董事会发展战略委员会人员名单的议案》、《关于调整董事会薪酬与提名委员会人员名单的议案》、《关于调整董事会审计委员会人员名单的议案》、《关于调整董事会风险管理委员会人员名单的议案》、《关于马鞍山营业部购房的议案》、《关于提名公司董事的议案》、《关于修改公司章程的议案》、《关于公司合规管理制度的议案》、《关于聘任合规总监的议案》、《关于设立合规管理部的议案》、《关于召开公司 2008 年第四次临时股东大会的议案》，决议刊登在 2008 年 8 月 27 日的《中国证券报》、《证券时报》、《上海证券报》和巨潮资讯网。

10、公司于 2008 年 10 月 23 日以通讯方式召开第五届董事会第十二次会议，会议审议通过了《国元证券股份有限公司 2008 年第三季度报告》。

11、公司于 2008 年 12 月 5 日以通讯方式召开第五届董事会第十三次会议，会议审议通过了《关于宿州汴河路证券营业部购买营业用房的议案》、《关于阜阳颍州南路证券营业部购买营业用房的议案》。

(二)报告期内独立董事工作情况

1、2008 年 1 月 15 日，公司独立董事就公司 2007 年度财务报表初步审计意见与审计机构举行见面会，对其在审计过程中发现的问题进行了沟通，对审计初步意见无异议。

2、公司第五届董事会第三次会议中，公司独立董事就关于聘用 2008 年度审计机构的议案出具了独立意见，并就公司 2007 年度对外担保情况出具了专项说明和独立意见。

3、2008 年 1 月 22 日，公司独立董事就公司内部控制自我评价报告出具了独立意见。

4、2008 年 1 月 22 日，公司独立董事就公司 2007 年度会计估计变更出具了独立意见。

5、公司第五届董事会第五次会议中，公司独立董事就关于提名何晖为公司独立董事的议案出具了独立意见。

6、公司第五届董事会第六次会议中，公司独立董事就关于提名过仕刚、俞仕新为公司董事的议案出具了独立意见。

7、公司第五届董事会第十一次会议中，公司独立董事就关于提名吴福胜为公司董事的议案、关于公司聘任合规总监的议案出具了独立意见，并对公司 2008 年上半年关联方资金占用和对外担保情况出具了专项说明和独立意见。

8、2008 年 4 月 21 日，公司独立董事到国元证券(香港)有限公司调研。

9、2008 年 5 月 15 日，公司独立董事到公司调研定向增发事宜。

(三)董事会对股东大会决议的执行情况

1、根据公司 2008 年第一次临时股东大会审议通过的《关于提请股东大会授权董事会办理本次非公开发行股票具体事宜的议案》，公司董事会已办理具体相关事宜。随着 2008 年市场条件的变化，根据股东大会的授权，董事会及时对本次非公开发行股票方案进行了调整，并于五届六次董事会会议审议通过后提交公司 2008 年第三次临时股东大会审议。

2、根据公司 2008 年第三次临时股东大会审议通过的《关于提请股东大会授权董事会办理本次非公开发行股票具体事宜的议案》，公司董事会已办理具体相关事宜。2008 年 6 月 19 日，中国证监会发行审核委员会审核了公司非公开发行股票的申请，根据审核结果，公司非公开发行股票申请获得有条件通过。2008 年 9 月 8 日，中国证监会下发《关于核准国元证券股份有限公司非公开发行股票的批复》(证监许可[2008]1095 号)，核准公司非公开发行新股不超过 50,000 万股。

(四)董事会专门委员会工作情况

1、董事会发展战略委员会工作情况

2008 年 4 月 20 日，发展战略委员会召开专门会议，会议分析了国内宏观经济政策、形势，并结合公司实际经营情况对 08 年全年的经济政策目标和经济走势进行了判断。

2008 年 8 月 23 日，发展战略委员会召开专门会议，会议对国内宏观经济金融形势、未来经济政策的走向和国际经济金融的走势(重点香港市场)进行了分析，审议了《国元证券 2008-2012 年业务发展规划(讨论稿)》，听取了公司关于申请直接投资业务试点资格有关情况和国际业务创新发展情况的汇报。

2、董事会薪酬与提名委员会工作情况

2008 年 4 月 9 日，薪酬与提名委员会召开专门会议，研究决定公司 2007 年度董事长奖励基金提取和分配等有关问题。

薪酬与提名委员会对公司 2008 年年度报告中所披露的公司董事、监事和高级管理人员的薪酬情况进行了审核，发表审核意见如下：公司董事、监事和高级管理人员报酬决策程序符合规定；董事、监事和高级管理人员薪酬发放标准符合公司董事会审议通过的薪酬体系规定；公司 2008 年年度报告中所披露的董事、监事和高级管理人员薪酬真实、准确。

3、董事会审计委员会工作情况

2008 年 1 月 21 日，董事会审计委员会 2008 年第一次会议在合肥召开，会议审议了公司 2007 年度财务报告；审议了公司 2007 年度稽核审计工作情况报告和 2008 年稽核审计工作安排；审议了公司审计机构安徽华普会计师事务所从事上年度审计工作的总结报告；对续聘会计师事务所的议案进行审议并形成决议；安徽华普会计师事务所具备证券期货业务执业资格，且自原国元证券有限责任公司成立以来连续担任公司审计机构，熟悉本公司经营业务，同意续聘安徽华普会计师事务所(已更名为华普天健高商会计师事务所)为公司 2008 年度审计机构。

2008 年 8 月 22 日，董事会审计委员会 2008 年第二次会议在海南三亚召开，会议审议通过了公司 2008 年半年度财务报告和公司 2008 年上半年稽核工作情况及下半年稽核工作安排。

4、董事会风险管理委员会工作情况

2008年1月21日,风险管理委员会召开专门会议,审议了公司2008年内控和风险控制工作安排;审议了公司内部控制自我评价报告并形成决议:公司内控组织机制运转和风险控制体系是有效的,内部控制制度相对完备并得到有效执行,不存在重大方面缺陷和重大潜在风险。

6.2 募集资金使用情况

□ 适用　　√ 不适用

变更项目情况

□ 适用　　√ 不适用

6.3 非募集资金项目情况

□ 适用　　√ 不适用

6.4 董事会对公司会计政策、会计估计变更或重大会计差错更正的原因及影响的说明

√ 适用　　□ 不适用

2008年12月26日财政部下发了财会函[2008]60号《关于做好执行会计准则企业2008年年报工作的通知》,通知规定"企业购买上市公司,被购买的上市公司不构成业务的,购买企业应按照权益性交易的原则进行处理,不得确认商誉或确认计入当期损益。企业对于上述事项已经进行的处理与本通知要求不一致的,应当按照《企业会计准则第28号——会计政策、会计估计变更和差错更正》进行处理。"考虑公司2007年9月30日吸收合并北京化二股份有限公司不构成业务,符合《通知》的规定,并结合对《企业会计准则讲解(2008)》的理解,对公司当时确认的商誉114,912,783.37元按会计政策变更处理。因此公司对财务报表相关项目进行追溯调整,该追溯调整对2007年年末合并资产负债表的资产和净资产累积影响数如下:

公司2007年合并财务报表其他资产原年末数为194,869,821.49元,调整后合并财务报表其他资产为79,957,038.12元;公司2007年合并财务报表资本公积原年末数为1,011,814,252.33元,调整后合并财务报表资本公积为896,901,468.96元,全部系归属母公司普通股股东的股东权益减少。具体项目调整过程如下:

其他资产	金 额(元)
原2007年年末数	194,869,821.49
调减吸收合并确认的商誉	114,912,783.37
调整后2007年年末数	79,957,038.12
资本公积	金 额(元)
原2007年年末数	1,011,814,252.33
调减吸收合并确认的商誉	114,912,783.37
调整后2007年年末数	896,901,468.96

除此之外,本报告期内公司无其他会计政策变更事项,无会计估计变更事项,无会计差错更正事项。

6.5 董事会对会计师事务所"非标准审计报告"的说明

□ 适用　　√ 不适用

6.6 2008年度利润分配预案、现金分红政策在本报告期的执行情况及公司前三年现金分红情况

(一)2008年度利润分配预案

经华普天健高商会计师事务所审计,公司2008年度实现净利润521,388,812.80元,其中归属于母公司股东的净利润520,858,108.32元。公司2008年度母公司实现净利润520,541,858.31元,按照《公司章程》和《财务管理制度》及监管部门的有关规定,公司按10%提取一般风险准备金52,054,185.83元,按10%提取交易风险准备52,054,185.83元,按10%提取盈余公积金52,054,185.83元。加年初未分配利润1,902,795,812.48元,减本年已分配股利732,050,000.00元,本年末可供股东分配的利润为1,535,125,113.30元。

公司2008年度利润分配预案为:以2008年末总股本1,464,100,000股为基数,向全体股东每10股派发现金1.8元(含税),共派发现金263,538,000元,本次现金红利分配后的未分配利润1,271,587,113.30元转入下一年度。

以上分配预案将提交公司2008年度股东大会表决,经公司2008年度股东大会审议通过后,将于该次股东大会召开之日起2个月内进行现金分红。

(二)现金分红政策在本报告期的执行情况

根据公司2007年度股东大会审议通过的《2007年度利润分配预案》(详见2008年2月23日《中国证券报》、《证券时报》和《上海证券报》),即以2007年12月31日总股本1,464,100,000股为基数,向全体股东每10股派发现金5元(含税),公司于2008年4月1日在《中国证券报》、《证券时报》和《上海证券报》上刊登了《国元证券股份有限公司2007年度分红派息实施公告》,利润分配工作已于2008年4月20日前实施完毕。

(三)公司前三年现金分红情况

单位:(人民币)元

	现金分红金额(含税)	合并报表中归属于母公司所有者的净利润	占合并报表中归属于母公司所有者的净利润的比率
2007年	732,050,000.00	2,279,685,499.50	32.11%
2006年	0	551,250,948.27	0
2005年	0	−97,334,894.53	0

注:本表2005年、2006年数据为原国元证券有限责任公司数据,现金分红数为当年度利润分配方案数。

公司本报告期内盈利但未提出现金利润分配预案

□ 适用　　√ 不适用

第七节　重要事项

7.1 收购资产

□ 适用　　√ 不适用

7.2 出售资产

□ 适用　　√ 不适用

7.3 重大担保

□ 适用　　√ 不适用

7.4 重大关联交易

7.4.1 与日常经营相关的关联交易

□ 适用　　√ 不适用

7.4.2 关联债权债务往来

□ 适用　　√ 不适用

7.4.3 2008年资金被占用情况及清欠进展情况

□ 适用　　√ 不适用

7.5 委托理财

□ 适用　　√ 不适用

7.6 承诺事项履行情况

√ 适用　　□ 不适用

(二)承诺事项的履行情况

公司股权分置改革方案于2007年10月30日实施,上述股东所持股份在报告期内仍在锁定之中,未发生转让。

公司或持股5%以上股东在报告期内或持续到报告期内的承诺事项

√ 适用　　□ 不适用

承诺事项	承诺内容	履行情况
股改承诺	持有公司股份5%以上的有限售条件股东及其关联方,即安徽国元控股(集团)有限公司、安徽国元信托有限责任公司、安徽省粮油食品进出口(集团)公司、安徽省皖能股份有限公司、安徽国元实业投资有限责任公司承诺:自股权分置改革方案实施之日起,在36个月内不转让合并完成时所持有的公司股份。	公司股权分置改革方案于2007年10月30日实施,上述股东所持股份在报告期内仍在锁定之中,未发生转让。
收购报告书或权益变动报告书中所作承诺		
重大资产重组时所作承诺		
发行时所作承诺		
其他对公司中小股东所作承诺		

7.7 重大诉讼仲裁事项

√ 适用　　□ 不适用

(一)已编入上一期年度报告,但当时尚未结案的重大诉讼、仲裁事项的涉及金额为3,467万元,具体情况如下:

1、2008年1月3日,公司收到无锡市中级人民法院送达的诉讼材料,江阴模塑集团有限公司(以下简称"江阴模塑")股东王建平以股东权益纠纷向无锡中级人民法院起诉江阴模塑集团有限公司、安徽省粮油食品进出口(集团)公司(以下简称"安徽粮油")以及本公司:要求赔偿人民币200万元;确认江阴模塑与安徽粮油2006年7月7日签订的《股权转让协议》无效;诉讼费用由江阴模塑、安徽粮油及本公司承担。

截止到2008年12月31日,该案件尚在诉讼过程中。根据公司目前掌握的情况,预计该诉讼不会给公司造成损失,故未计提预计负债。

2、2008年1月3日,公司收到无锡市中级人民法院送达的诉讼材料,江阴模塑集团有限公司(以下简称"江阴模塑")股东朱晓东以股东权益纠纷向无锡中级人民法院起诉江阴模塑集团有限公司、安徽省粮油食品进出口(集团)公司(以下简称"安徽粮油")以及本公司:要求赔偿人民币3,000万元;诉讼费用及其他相关费用由江阴模塑、安徽粮油及本公司承担。

截止到2008年12月31日,该案件尚在诉讼过程中。根据公司目前掌握的情况,预计该诉讼不会给公司造成损失,故未计提预计负债。

3、2007年9月16日安徽省科学技术咨询中心向合肥市中级人民法院起诉本公司合肥金寨路证券营业部和张晓敏:要求本公司合肥金寨路证券营业部与张晓敏归还其国债投资款本金879,052.02元,投资收益300,000元;支付逾期付款违约金1,491,576.00元。

截止到2008年12月31日,该案件尚在诉讼过程中。根据公司目前掌握的情况,无法判断该案件的损失情况。

(二)报告期内,公司向合肥市中级人民法院提起诉讼,要求安徽省百花宾馆向公司偿还本金及利息。公司对安徽百花宾馆的债权系2006年11月1日安徽省安通发展有限公司转让而来,转让金额为15,000,000.00元,但安徽省百花宾馆一直未能向公司偿还本金及利息,于是公司向合肥市中级人民法院提起诉讼,合肥市中级人民法院于2008年12月31日向公司送达受理案件通知书,受理了此案,案号为(2009)合民二初字第12号,案件标的为19,173,000.00元。考虑应收安徽省百花宾馆的15,000,000.00元可收回性较小,公司于2007年年末对其已全额计提坏账准备。

7.8 其他重大事项及其影响和解决方案的分析说明

7.8.1 证券投资情况

√ 适用　　□ 不适用

单位:(人民币)元

序号	证券品种	证券代码	证券简称	初始投资金额(元)	持有数量	期末账面值	占期末证券总投资比例(%)	报告期损益
1	债券	0881219	08电网CP02	300,785,975.34	3,000,000	308,010,000.00	20.07%	7,224,024.66
2	债券	070413	07农发13	201,520,758.70	2,000,000	202,940,000.00	13.23%	1,419,241.30
3	基金		国元多策略	170,865,000.00	250,000	171,902,089.89	11.20%	1,037,089.89
4	债券	0881134	08广控CP01	142,903,145.86	1,400,000	144,578,000.00	9.42%	1,674,854.14

5	债券	0882010	08 中电投 MTN1	118,405,436.18	1,100,000	120,307,000.00	7.84%	1,901,563.82
6	债券	0881183	08 农六师 CP01	70,949,475.21	700,000	71,974,000.00	4.69%	1,024,524.79
7	债券	030203	03 国开 03	50,814,891.10	500,000	51,965,000.00	3.39%	1,150,108.90
8	债券	0881127	08 铁道 CP01	51,263,855.48	500,000	51,960,000.00	3.39%	696,144.52
9	债券	0881132	08 新希望 CP02	51,230,565.75	500,000	51,910,000.00	3.38%	679,434.25
10	债券	0881165	08 招商局 CP01	50,006,616.44	500,000	51,900,000.00	3.38%	1,893,383.56
期末持有的其他证券投资				307,535,613.67	–	307,034,256.81	20.01%	−501,356.86
报告期已出售证券投资损益				–	–	–	–	−213,103,820.92
合计				1,516,281,333.73	–	1,534,480,346.70	100%	−194,904,807.95

注：本表填列公司 2008 年 12 月末合并报表的交易性金融资产中核算的各类投资。

7.8.2 持有其他上市公司股权情况

√ 适用　　　□ 不适用

单位：(人民币)元

证券代码	证券简称	初始投资金额	占该公司股权比例	期末账面值	报告期损益	报告期所有者权益变动	会计核算科目	股份来源
600520	三佳科技	9,396,000.00	2.59%	10,647,516.00	0.00	−16,660,576.00	可供出售的金融资产	股东入股
合计		9,396,000.00	2.59%	10,647,516.00	0.00	−16,660,576.00	–	–

注：本表填列的为公司 2008 年 12 月末合并报表的可供出售金融资产中核算的股票投资。

7.8.3 持有非上市金融企业股权情况

√ 适用　　　□ 不适用

单位：(人民币)元

所持对象名称	初始投资金额	持有数量(股份)	占该公司股权比例(%)	期末账面值	报告期损益	报告期所有者权益变动	会计核算科目	股份来源
红塔证券股份有限公司	20,000,000.00	20,000,000	1.44%	20,000,000.00	0.00	0.00	长期股权投资	购买
国元证券(香港)有限公司	314,353,500.00	350,000,000	100.00%	314,353,500.00	767,274.73	0.00	长期股权投资	出资
国元期货有限责任公司	55,861,148.50	55,000,000	55.00%	55,861,148.50	648,638.81	0.00	长期股权投资	增资
长盛基金有限公司	103,279,218.56	61,500,000	41.00%	254,722,742.78	96,067,011.99	−69,688,119.95	长期股权投资	出资和购买
徽商银行	159,596,329.18	116,257,210	1.42%	159,596,329.18	20,926,297.62	0.00	长期股权投资	抵债
合计	633,090,196.24	–	–	784,533,720.46	118,409,223.15	−69,688,119.95	–	–

7.8.4 买卖其他上市公司股份的情况

√ 适用　　　□ 不适用

单位：(人民币)元

股份名称	期初股份数量	报告期买入股份数量	报告期卖出股份数量	期末股份数量	使用的资金数量	产生的投资收益
海南高速	1,511,321	0	1,511,321	0	0	−165,582.80
美菱电器	723,630	0	723,630	0	0	1,183,060.09
万家乐	3,984,661	0	3,984,661	0	0	32,534,922.29

注：本表根据 2008 年合并报表的可供出售金融资产中上市公司股份的买卖情况填列。

第八节　监事会报告

√ 适用　　　□不适用

2008 年，公司监事会严格按照《公司法》、《证券法》等法律法规以及《公司章程》、《监事会议事规则》的有关规定，从切实维护公司利益和广大中小股东权益出发，认真履行监督职责。公司监事出席了 2008 年历次董事会会议，并认为董事会认真执行了股东大会的决议，忠实履行了诚信义务，未出现损害公司、股东利益的行为，董事会的各项决议符合《公司法》等法律法规和《公司章程》的要求。公司监事会本着对股东负责的态度，依法履行其责任义务。

一、报告期内公司监事会历次会议情况

报告期内，公司监事会召开了 4 次会议，相关情况如下：

(一)公司第五届监事会第三次会议于 2008 年 1 月 22 日在合肥以现场会议方式召开，相关决议详见 2008 年 1 月 24 日的《中国证券报》、《证券时报》和巨潮资讯网。

(二)公司第五届监事会第四次会议于 2008 年 4 月 28 日以通讯的方式召开，会议通知及议案于 2008 年 4 月 25 日前向全体监事送达。会议的召开符合《公司法》及《公司章程》的有关规定，会议以 5 票赞成、0 票反对、0 票弃权通过如下决议：

审议通过董事会编制的公司 2008 年第一季度报告。

(三)公司第五届监事会第五次会议于 2008 年 8 月 23 日在海南三亚召开，相关决议详见 2008 年 8 月 27 日的《中国证券报》、《证券时报》、《上海证券报》和巨潮资讯网。

(四)公司第五届监事会第六次会议于 2008 年 10 月 23 日以通讯表决的方式召开，会议通知及议案于 2008 年 10 月 20 日前向全体监事送达。会议的召开符合《公司法》及《公司章程》的有关规定，会议以 5 票赞成、0 票反对、0 票弃权通过如下决议：

审议通过董事会编制的公司 2008 年第三季度报告。

二、监事会对 2008 年度有关事项发表的意见

2008 年度，公司监事会根据《公司法》、《证券法》、《股票上市规则》以及《公司章程》的有关规定，从切实维护公司利益和广大中小股东权益出发，认真履行监事会的职能，监督检查了公司依法运作情况、重大决策和重大经营情况及公司的财务状况，并在此基础上，对公司发表如下独立意见：

(一)公司依法运作情况。公司能够严格按照《公司法》、《证券法》等法律法规以及《公司章程》的规定规范运作，决策程序合法，内控制度健全，没有发现公司董事、高级管理人员在执行公司职务时存在违法违纪、损害公司利益的行为。

(二)检查公司财务情况。本年度财务报告经华普天健高商会计师事务所(北京)有限公司审计并出具标准无保留审计意见的审计报告，该财务报告真实、客观地反映了公司的财务状况和经营成果。

(三)对公司内部控制自我评价报告发表意见如下：公司内部控制自我评价的形式、内容符合《深圳证券交易所上市公司内部控制指引》、《证券公司内部控制指引》及有关法律、法规、规范性文件的要求，真实、准确的反映了目前公司内部控制的现状，能够保证公司经营的合法、合规及公司内部规章制度的贯彻执行，防范经营风险和道德风险，保障客户及公司资产的安全、完整，保证公司业务记录、财务信息和其他信息的可靠、完整、及时，提高公司经营效率和效果。对目前公司内部控制存在的问题，公司已经如实表述并拟定了改进计划。公司内部控制自我评价中对公司内部控制的整体评价是客观的、真实的。

(四)对公司会计政策变更的意见：公司是根据财政部《关于做好执行会计准则企业 2008 年年报工作的通知》中有关规定进行本次"合并商誉"会计政策变更，本次"合并商誉"会计政策变更是公司进一步建立健全财务会计管理制度的重要举措，体现了会计制度处理的稳健性和谨慎性，能够更加合理、公允地反映公司的资产质量、增强公司抵抗风险的能力，符合企业会计准则和相关会计制度的规定，不存在操纵公司经营业绩的情形。

(五)对董事会编制的年度报告书面审核意见如下：

1、公司年报编制和审议程序符合相关法律、法规、《公司章程》和公司内部管理制度的各项规定。

2、年报的内容和格式符合中国证监会和证券交易所的各项规定，所包含的信息能够从各个方面真实反映公司当年度的经营管理和财务状况等事项。

3、未发现参与年报编制和审议的人员有违反保密规定的行为。

(六)公司非公开发行股票申请于 2008 年 9 月 8 日获得中国证监会批复，核准公司非公开发行新股不超过 50,000 万股，本年度未实施。

(七)公司报告期内无募集资金或前次募集资金在本报告期内使用的情况。

(八)公司收购、出售资产交易价格合理，没有发现内幕交易，也没有发现损害部分股东的权益或造成公司资产流失的情况。

(九)公司相关关联交易依法公平进行，无损害公司利益的情况。

(十)关于信息披露与透明度：公司指定董事会秘书负责信息披露工作，具体负责接待投资者来电、来访及咨询等活动；指定《中国证券报》、《上海证券报》和《证券时报》为公司的信息披露报纸，指定巨潮资讯网(http://www.cninfo.com.cn)为公司信息披露网站；根据《上市公司信息披露管理办法》和《深圳证券交易所上市公司公平信息披露指引》，公司董事会制定和实施了《信息披露事务管理制度》；公司严格按照有关法律法规及《信息披露事务管理制度》的规定和要求，真实、准确、及时、完整地披露有关信息，并保证所有的股东有平等的机会获知有关信息。

第九节　财务报告

9.1 审计意见

审计报告

标准无保留审计意见

审计报告正文

国元证券股份有限公司全体股东：

我们审计了后附的国元证券股份有限公司(以下简称"贵公司")财务报表，包括 2008 年 12 月 31 日的资产负债表和合并资产负债表，2008 年度的利润表和合并利润表、股东权益变动表和合并股东权益变动表、现金流量表和合并现金流量表以及财务报表附注和合并财务报表附注。

一、管理层对财务报表的责任

按照企业会计准则的规定编制财务报表是贵公司管理层的责任。这种责任包括：(1)设计、实施和维护与财务报表编制相关的内部控制，以使财务报表不存在由于舞弊或错误而导致的重大错报；(2)选择和运用恰当的会计政策；(3)作出合理的会计估计。

二、注册会计师的责任

我们的责任是在实施审计工作的基础上对财务报表发表审计意见。我们按照中国注册会计师审计准则的规定执行了审计工作。中国注册会计师审计准则要求我们遵守职业道德规范，计划和实施审计工作以对财务报表是否不存在重大错报获取合理保证。审计工作涉及实施审计程序，以获取有关财务报表金额和披露的审计证据。选择的审计程序取决于注册会计师的判断，包括对由于舞弊或错误导致的财务报表重大错报风险的评估。在进行风险评估时，我们考虑与财务报表编制相关的内部控制，以设计恰当的审计程序，但目的并非对内部控制的有效性发表意见。审计工作还包括评价管理层选用会计政策的恰当性和作出会计估计的合理性，以及评价财务报表的总体列报。

我们相信，我们获取的审计证据是充分、适当的，为发表审计意见提供了基础。

三、审计意见

我们认为，贵公司财务报表已经按照企业会计准则的规定编制，在所有重大方面公允反映了贵公司 2008 年 12 月 31 日的财务状况以及 2008 年度的经营成果和现金流量。

华普天健高商会计师事务所(北京)有限公司　　中国注册会计师：李友菊

中国　北京　　中国注册会计师：张全心

二〇〇九年三月二十一日

9.2 财务报表

资产负债表(1/2)

编制单位：国元证券股份有限公司　　2008 年 12 月 31 日　　金额单位：人民币元

资产	附注号	年末余额		年初余额	
	合并 母公司	合并数	母公司	合并数	母公司
资产：					
货币资金	九.1	8,725,019,091.76	8,415,082,908.96	11,999,380,394.16	11,675,033,631.05
其中：客户资金存款	九.1	6,014,016,682.39	5,889,147,221.79	11,159,449,296.75	10,992,188,442.95
结算备付金	九.2	406,578,517.91	398,734,850.98	1,345,595,866.72	1,302,920,876.54
其中：客户备付金	九.2	386,609,531.71	385,099,800.24	708,604,469.20	676,257,918.50
拆出资金					
交易性金融资产	九.3	1,534,480,346.70	1,325,830,989.00	3,055,810,319.56	3,053,826,502.08
衍生金融资产					
买入返售金融资产					
应收利息		1,342,680.22	1,342,680.22	1,120,833.73	1,120,833.73
存出保证金	九.4	98,757,171.96	60,910,491.46	1,304,322,312.60	1,263,517,841.50
可供出售金融资产	九.5	136,151,777.72	136,151,777.72	184,753,290.39	184,753,290.39
持有至到期投资					
长期股权投资	九.6 十.1	420,732,071.96	790,946,720.46	485,802,787.04	595,600,045.34
投资性房地产					
固定资产	九.7	457,162,740.34	448,810,379.90	338,212,640.81	328,953,187.20
无形资产	九.8	20,870,993.13	17,593,035.19	27,785,068.54	23,795,355.94
其中：交易席位费	九.8	11,437,908.59	11,437,908.59	18,556,782.76	18,556,782.76
递延所得税资产	九.9	10,275,536.99	8,330,186.86	6,534,459.02	5,951,034.53
其他资产	九.10	102,246,075.79	72,222,374.54	79,957,038.12	50,507,968.21
资产总计		11,913,617,004.48	11,675,956,395.29	18,829,275,010.69	18,485,980,566.51

单位负责人：凤良志　　主管会计工作负责人：高民和　　会计机构负责人：司开铭

资产负债表(2/2)

编制单位：国元证券股份有限公司　　2008 年 12 月 31 日　　金额单位：人民币元

负债和股东权益	附注号	年末余额		年初余额	
	合并 母公司	合并数	母公司	合并数	母公司
负债：					
短期借款					
其中：质押借款					
拆入资金					
交易性金融负债					
衍生金融负债	九.12			156,864,000.00	156,864,000.00
卖出回购金融资产款	九.13	350,000,000.00	350,000,000.00	522,688,186.81	522,688,186.81
代理买卖证券款	九.14	6,452,002,207.76	6,295,302,004.89	11,999,704,178.19	11,760,912,239.99
代理承销证券款					
应付职工薪酬	九.15	110,790,944.87	107,920,235.51	256,266,068.39	251,859,530.33
应交税费	九.16	93,415,501.56	88,984,080.00	442,010,474.07	430,273,774.41
应付利息		1,736,725.48	1,736,725.48	3,068,351.63	3,068,351.63
预计负债					
长期借款					
应付债券					
递延所得税负债	九.17	10,117,957.95	11,028,209.22	281,034,553.61	282,107,293.83
其他负债	九.18	126,963,352.48	119,452,460.36	64,980,118.84	49,068,027.99
负债合计		7,145,026,690.10	6,974,423,715.46	13,726,615,931.54	13,456,841,404.99
股东权益：					
股本	九.19	1,464,100,000.00	1,464,100,000.00	1,464,100,000.00	1,464,100,000.00
资本公积	九.20	780,803,128.96	784,225,947.68	896,901,468.96	900,324,287.68
减：库存股					
盈余公积	九.21	323,402,489.44	323,044,757.83	271,348,303.61	270,990,572.00
一般风险准备	九.22	318,023,552.70	318,023,552.70	265,969,366.87	265,969,366.87
交易风险准备	九.23	277,013,308.32	277,013,308.32	224,959,122.49	224,959,122.49
未分配利润	九.24	1,565,807,159.25	1,535,125,113.30	1,933,161,608.42	1,902,795,812.48
外币报表折算差额		−6,794,604.83		−3,414,499.99	
归属于母公司股东权益合计		4,722,355,033.84	4,701,532,679.83	5,053,025,370.36	5,029,139,161.52
少数股东权益		46,235,280.54		49,633,708.79	
股东权益合计		4,768,590,314.38	4,701,532,679.83	5,102,659,079.15	5,029,139,161.52
负债和股东权益总计		11,913,617,004.48	11,675,956,395.29	18,829,275,010.69	18,485,980,566.51

单位负责人：凤良志　　主管会计工作负责人：高民和　　会计机构负责人：司开铭

利润表

编制单位：国元证券股份有限公司　　2008 年度　　金额单位：人民币元

项目	附注号	本年金额		上年金额	
	合并 母公司	合并数	母公司	合并数	母公司
一、营业收入		1,236,695,146.62	1,192,075,550.44	4,099,557,537.95	4,002,121,722.60
手续费及佣金净收入	九、25	963,893,394.79	923,240,945.39	1,612,017,488.41	1,570,366,302.60
其中：代理买卖证券业务净收入	九、25	898,939,933.41	858,287,484.01	1,476,035,972.88	1,434,384,787.07
证券承销业务净收入	九、25	24,606,000.00	24,606,000.00	43,926,495.18	43,926,495.18
受托客户资产管理业务净收入	九、25	26,263,075.88	26,263,075.88	81,513,130.85	81,513,130.85
利息净收入	九、26	125,057,793.89	120,095,559.69	81,819,887.66	76,167,169.14
投资收益(损失以"−"号填列)	九、27十、2	950,307,012.22	951,568,660.99	1,591,340,663.28	1,539,921,420.64
其中：对联营企业和合营企业的投资收益	九、27	144,751,709.60	145,851,373.13	173,028,957.22	173,028,957.22
公允价值变动收益(损失以"−"号填列)列)	九、28	−876,438,392.35	−872,870,597.70	755,082,312.07	756,422,399.34
汇兑收益(损失以"−"号填列)		−2,373,127.55	−2,417,340.69	−1,925,792.61	−1,925,605.33
其他业务收入	九、29	76,248,465.62	72,458,322.76	61,222,979.14	61,170,036.21
二、营业支出		642,965,765.55	600,802,501.33	944,274,285.10	892,418,220.23
营业税金及附加	九、30	75,065,749.51	73,517,771.69	155,798,633.60	154,407,898.16
业务及管理费	九、31	556,481,105.37	515,875,703.32	758,494,223.07	707,490,274.77
资产减值损失	九、32	−1,305,731.40	−1,315,615.75	21,069,242.24	21,607,861.11
其他业务成本	九、33	12,724,642.07	12,724,642.07	8,912,186.19	8,912,186.19
三、营业利润(亏损以"−"号填列)		593,729,381.07	591,273,049.11	3,155,283,252.85	3,109,703,502.37
加：营业外收入	九、34	481,187.03	473,123.68	120,466,081.17	120,443,302.09
减：营业外支出	九、35	6,546,702.55	6,451,562.77	2,345,816.69	2,342,000.32
四、利润总额(亏损总额"−"号填列)		587,663,865.55	585,294,610.02	3,273,403,517.33	3,227,804,804.14
减：所得税费用	九、36	66,275,052.75	64,752,751.71	989,599,152.29	978,213,579.32
五、净利润(净亏损以"−"号填列)		521,388,812.80	520,541,858.31	2,283,804,365.04	2,249,591,224.82
其中：被合并方在合并前实现净利润				7,153,646.24	
归属于母公司股东的净利润		520,858,108.32		2,279,685,499.50	
少数股东损益		530,704.48		4,118,865.54	
六、每股收益：					
(一)基本每股收益		0.36	0.36	1.64	1.62
(二)稀释每股收益		0.36	0.36	1.64	1.62

单位负责人：凤良志　　主管会计工作负责人：高民和　　会计机构负责人：司开铭

现金流量表

编制单位：国元证券股份有限公司　　2008 年度　　金额单位：人民币元

项目	附注号	本年金额		上年金额	
	合并 母公司	合并数	母公司	合并数	母公司
一、经营活动产生的现金流量：					
处置交易性金融资产净增加额		1,257,658,765.31	1,468,054,085.42		
收取利息、手续费及佣金的现金		1,182,090,097.87	1,136,431,489.97	1,846,931,576.30	1,815,612,289.10
拆入资金净增加额					
回购业务资金净增加额		−172,688,186.81	−172,688,186.81	451,092,186.81	451,092,186.81
代理买卖业务的现金净增加额		−5,547,701,970.43	−5,465,610,235.10	6,823,108,466.16	6,775,485,826.25
收到其他与经营活动有关的现金	九.37	1,293,106,894.36	1,281,440,444.97	636,332,103.69	559,083,765.20
经营活动现金流入小计		−1,987,534,399.70	−1,752,372,401.55	9,757,464,332.96	9,601,274,067.36
处置交易性金融资产净减少额				156,674,716.61	213,926,229.67
支付利息、手续费及佣金的现金		91,342,381.83	91,298,457.53	167,089,553.65	166,668,573.12
拆入资金净减少额					
支付给职工以及为职工支付的现金		380,666,823.72	366,559,158.96	234,613,619.01	220,975,029.26
支付的各项税费		748,674,890.47	736,921,218.35	647,785,407.60	644,007,700.60
支付其他与经营活动有关的现金	九.37	302,238,379.77	263,853,529.29	1,073,091,936.52	1,041,389,357.91
经营活动现金流出小计		1,522,922,475.79	1,458,632,364.13	2,279,255,233.39	2,286,966,890.56
经营活动产生的现金流量净额		−3,510,456,875.49	−3,211,004,765.68	7,478,209,099.57	7,314,307,176.80
二、投资活动产生的现金流量：					
收回投资收到的现金				42,400,000.00	42,400,000.00
取得投资收益收到的现金		119,121,607.12	123,923,880.45	105,111,122.77	105,088,622.77
收到其他与投资活动有关的现金		78,580.00		13,237,763.97	2,457,421.97
投资活动现金流入小计		119,200,187.12	123,923,880.45	160,748,886.74	149,946,044.74
投资支付的现金			264,120,000.00		
购建固定资产、无形					

资产和其他长期资产支付的现金	161,471,751.23	159,215,834.62	125,320,968.51	115,565,440.35
支付其他与投资活动有关的现金	845,298.03	845,298.03		
投资活动现金流出小计	162,317,049.26	424,181,132.65	125,320,968.51	115,565,440.35
投资活动产生的现金流量净额	−43,116,862.14	−300,257,252.20	35,427,918.23	34,380,604.39
三、筹资活动产生的现金流量：				
吸收投资收到的现金			203,720,774.84	203,720,774.84
发行债券收到的现金				
收到其他与筹资活动有关的现金	81,592,610.92	81,592,610.92		
筹资活动现金流入小计	81,592,610.92	81,592,610.92	203,720,774.84	203,720,774.84
偿还债务支付的现金				
分配股利、利润或偿付利息支付的现金	735,979,132.73	732,050,000.00	2,010,840.57	
支付其他与筹资活动有关的现金				
筹资活动现金流出小计	735,979,132.73	732,050,000.00	2,010,840.57	
筹资活动产生的现金流量净额	−654,386,521.81	−650,457,389.08	201,709,934.27	203,720,774.84
四、汇率变动对现金及现金等价物的影响	−5,418,391.77	−2,417,340.69	−5,340,105.32	−1,925,605.33
五、现金及现金等价物净增加额	−4,213,378,651.21	−4,164,136,747.65	7,710,006,846.75	7,550,482,950.70
加：期初现金及现金等价物余额	13,344,976,260.88	12,977,954,507.59	5,634,969,414.13	5,427,471,556.89
六、期末现金及现金等价物余额	9,131,597,609.67	8,813,817,759.94	13,344,976,260.88	12,977,954,507.59

单位负责人：凤良志　　主管会计工作负责人：高民和　　会计机构负责人：司开铭

现金流量表补充资料

编制单位：国元证券股份有限公司　　2008 年度　　金额单位：人民币元

补充资料	本年金额		上年金额	
	合并数	母公司	合并数	母公司
1.将净利润调节为经营活动现金流量：				
净利润	521,388,812.80	520,541,858.31	2,283,804,365.04	2,249,591,224.82
加：资产减值准备	−1,305,731.40	−1,315,615.75	21,069,242.24	21,607,861.11
固定资产折旧、油气资产折耗、生产性生物资产折旧	34,901,978.40	32,369,170.83	30,916,890.49	29,236,908.78
无形资产摊销	11,472,911.08	10,762,911.02	10,479,843.26	9,702,455.90
长期待摊费用摊销	2,480,684.40	2,480,684.40	451,829.95	410,227.94
处置固定资产、无形资产和其他长期资产的损失（收益以"−"号填列）	904,799.01	845,298.03	−2,474,044.54	−2,457,421.97
固定资产报废损失（收益以"−"号填列）				
公允价值变动损失（收益以"−"号填列）	876,438,392.35	872,870,597.70	−755,082,312.07	−756,422,399.34
财务费用（收益以"−"号填列）				
投资损失（收益以"−"号填列）	−144,751,709.60	−145,851,373.13	−230,800,393.64	−230,276,903.04
递延所得税资产减少（增加以"−"号填列）	−3,741,077.97	−2,379,152.33	−4,903,307.37	−4,839,567.07
递延所得税负债增加（减少以"−"号填列）	−232,801,185.23	−232,963,674.18	188,939,759.84	189,036,887.38
交易性金融资产的减少（增加以"−"号填列）	867,218,944.19	1,077,452,279.06	−1,119,902,254.12	−1,127,019,458.79
经营性应收项目的减少（增加以"−"号填列）	1,207,614,408.48	1,205,364,947.70	−777,884,281.15	−748,687,735.85
经营性应付项目的增加（减少以"−"号填列）	−6,650,278,102.00	−6,551,182,697.34	7,833,593,761.64	7,684,425,096.93
其他				
经营活动产生的现金流量净额	−3,510,456,875.49	−3,211,004,765.68	7,478,209,099.57	7,314,307,176.80
2.不涉及现金收支的重大投资和筹资活动：				
债务转为资本				
一年内到期的可转换公司债券				
融资租入固定资产				
3.现金及现金等价物净变动情况：				
现金的期末余额	9,131,597,609.67	8,813,817,759.94	13,344,976,260.88	12,977,954,507.59
减：现金的期初余额	13,344,976,260.88	12,977,954,507.59	5,634,969,414.13	5,427,471,556.89
加：现金等价物的期末余额				
减：现金等价物的期初余额				
现金及现金等价物净增加额	−4,213,378,651.21	−4,164,136,747.65	7,710,006,846.75	7,550,482,950.70

单位负责人：凤良志　　主管会计工作负责人：高民和　　会计机构负责人：司开铭

合并股东权益变动表(1/2)

编制单位：国元证券股份有限公司　　2008 年度　　金额单位：人民币元

项目	本年金额								
	归属于母公司股东权益								
	股本	资本公积	盈余公积	一般风险准备	交易风险准备	外币报表折算差额	未分配利润	少数股东权益	股东权益合计
一、上年年末余额	1,464,100,000.00	1,011,814,252.33	271,348,303.61	265,969,366.87	224,959,122.49	−3,414,499.99	1,933,161,608.42	49,633,708.79	5,217,571,862.52
加：会计政策变更		−114,912,783.37							−114,912,783.37
前期差错更正									
二、本年年初余额	1,464,100,000.00	896,901,468.96	271,348,303.61	265,969,366.87	224,959,122.49	−3,414,499.99	1,933,161,608.42	49,633,708.79	5,102,659,079.15
三、本年增加变动金额（减少以"−"号填列）		−116,098,340.00	52,054,185.83	52,054,185.83	52,054,185.83	−3,380,104.84	−367,354,449.17	−3,398,428.25	−334,068,764.77
(一)净利润							520,858,108.32	530,704.48	521,388,812.80
(二)直接计入股东权益的利得和损失		−116,098,340.00				−3,380,104.84			−119,478,444.84
1、可供出售金融资产公允价值的金额		−84,525,630.49							−84,525,630.49
(1)计入股东权益的金额		−52,208,952.42							−52,208,952.42
(2)转入当期损益的金额		−32,316,678.07							−32,316,678.07
2、现金流量套期工具公允价值变动金额									
(1)计入股东权益的金额									
(2)转入当期损益的金额									
(3)计入被套期项目初始确认金额中的金额									
3、权益法下被投资单位其他所有者权益变动的影响		−69,688,119.94							−69,688,119.94
4、与计入股东权益项目相关的所得税影响		38,115,410.43							38,115,410.43
5、其他						−3,380,104.84			−3,380,104.84
上述(一)和(二)小计		−116,098,340.00				−3,380,104.84	520,858,108.32	530,704.48	401,910,367.96
(三)股东投入和减少资本									
1、股东投入资本									
2、股份支付计入股东的金额									
3、其他									
(四)利润分配			52,054,185.83	52,054,185.83	52,054,185.83		−888,212,557.49	−3,929,132.73	−735,979,132.73
1、提取盈余公积			52,054,185.83				−52,054,185.83		
2、提取一般风险准备				52,054,185.83			−52,054,185.83		
3、对股东的分配							−732,050,000.00	−3,929,132.73	−735,979,132.73
4、提取交易风险准备					52,054,185.83		−52,054,185.83		
(五)股东权益的内部结转									
1、资本公积转增股本									
2、盈余公积转增股本									
3、盈余公积弥补亏损									
4、一般风险准备弥补亏损									
5、其他									
四、本年年末余额	1,464,100,000.00	780,803,128.96	323,402,489.44	318,023,552.70	277,013,308.32	−6,794,604.83	1,565,807,159.25	46,235,280.54	4,768,590,314.38

单位负责人：凤良志　　主管会计工作负责人：高民和　　会计机构负责人：司开铭

合并股东权益变动表(2/2)

编制单位：国元证券股份有限公司　　2008 年度　　金额单位：人民币元

项目	上年金额								
	归属于母公司股东权益								
	股本	资本公积	盈余公积	一般风险准备	交易风险准备	外币报表折算差额	未分配利润	少数股东权益	股东权益合计
一、上年年末余额	2,030,000,000.00	172,000.00	37,648,518.86	32,627,313.73			261,018,509.88		2,361,466,342.47
加：会计政策变更		53,832,243.36	8,740,662.26	8,382,930.65			67,334,966.51	47,525,683.82	185,816,486.60
前期差错更正									
二、本年年初余额	2,030,000,000.00	54,004,243.36	46,389,181.12	41,010,244.38			328,353,476.39	47,525,683.82	2,547,282,829.07
三、本年增加变动金额（减少以"−"号填列）	−565,900,000.00	842,897,225.60	224,959,122.49	224,959,122.49	224,959,122.49	−3,414,499.99	1,604,808,132.03	2,108,024.97	2,555,376,250.08
(一)净利润							2,279,685,499.50	4,118,865.54	2,283,804,365.04
(二)直接计入股东权益的利得和损失		73,276,450.76				−3,414,499.99			69,861,950.77
1、可供出售金融资产公允价值的金额		49,539,400.79							49,539,400.79
(1)计入股东权益的金额		49,539,400.79							49,539,400.79
(2)转入当期损益的金额									
2、现金流量套期工具公允价值变动金额									
(1)计入股东权益的金额									
(2)转入当期损益的金额									
(3)计入被套期项目初始确认金额中的金额									
3、权益法下被投资单位其他所有者权益变动的影响		39,592,226.14							39,592,226.14

4、与计入股东权益项目									
相关的所得税影响		-15,855,176.17							-15,855,176.17
5、其他						-3,414,499.99			-3,414,499.99
上述(一)和(二)小计		73,276,450.76				-3,414,499.99	2,279,685,499.50	4,118,865.54	2,353,666,315.81
(三)股东投入和									
减少资本	104,000,000.00	99,720,774.84							203,720,774.84
1、股东投入资本	104,000,000.00	99,720,774.84							203,720,774.84
2、股份支付计入股东的金额									
3、其他									
(四)利润分配			224,959,122.49	224,959,122.49	224,959,122.49		-674,877,367.47	-2,010,840.57	-2,010,840.57
1、提取盈余公积			224,959,122.49				-224,959,122.49		
2、提取一般风险准备				224,959,122.49			-224,959,122.49		
3、对股东的分配								-2,010,840.57	-2,010,840.57
4、提取交易风险准备					224,959,122.49		-224,959,122.49		
(五)股东权益的									
内部结转	-669,900,000.00	669,900,000.00							
1、资本公积转增股本									
2、盈余公积转增股本									
3、盈余公积弥补亏损									
4、一般风险准备弥补亏损									
5、其他	-669,900,000.00	669,900,000.00							
四、本年年末余额	1,464,100,000.00	896,901,468.96	271,348,303.61	265,969,366.87	224,959,122.49	-3,414,499.99	1,933,161,608.42	49,633,708.79	5,102,659,079.15

单位负责人:凤良志　　主管会计工作负责人:高民和　　会计机构负责人:司开铭

母公司股东权益变动表(1/2)

编制单位:国元证券股份有限公司　　2008年度　　金额单位:人民币元

项目	本年金额						
	股本	资本公积	盈余公积	一般风险准备	交易风险准备	未分配利润	股东权益合计
一、上年年末余额	1,464,100,000.00	1,015,237,071.05	270,990,572.00	265,969,366.87	224,959,122.49	1,902,795,812.48	5,144,051,944.89
加:会计政策变更		-114,912,783.37					-114,912,783.37
前期差错更正							
二、本年年初余额	1,464,100,000.00	900,324,287.68	270,990,572.00	265,969,366.87	224,959,122.49	1,902,795,812.48	5,029,139,161.52
三、本年增加变动金额							
(减少以"-"号填列)		-116,098,340.00	52,054,185.83	52,054,185.83	52,054,185.83	-367,670,699.18	-327,606,481.69
(一)净利润						520,541,858.31	520,541,858.31
(二)直接计入股东							
权益的利得和损失		-116,098,340.00					-116,098,340.00
1、可供出售金融资产							
公允价值的金额		-84,525,630.49					-84,525,630.49
(1)计入股东权益的金额		-52,208,952.42					-52,208,952.42
(2)转入当期损益的金额		-32,316,678.07					-32,316,678.07
2、现金流量套期工具							
公允价值变动金额							
(1)计入股东权益的金额							
(2)转入当期损益的金额							
(3)计入被套期项目初始							
确认金额中的金额							
3、权益法下被投资单位其他							
所有者权益变动的影响		-69,688,119.94					-69,688,119.94
4、与计入股东权益项目							
相关的所得税影响		38,115,410.43					38,115,410.43
5、其他							
上述(一)和(二)小计		-116,098,340.00				520,541,858.31	404,443,518.31
(三)股东投入和减少资本							
1、股东投入资本							
2、股份支付计入股东的金额							
3、其他							
(四)利润分配			52,054,185.83	52,054,185.83	52,054,185.83	-888,212,557.49	-732,050,000.00
1、提取盈余公积			52,054,185.83			-52,054,185.83	
2、提取一般风险准备				52,054,185.83		-52,054,185.83	
3、对股东的分配						-732,050,000.00	-732,050,000.00
4、提取交易风险准备					52,054,185.83	-52,054,185.83	
(五)股东权益的内部结转							
1、资本公积转增股本							
2、盈余公积转增股本							
3、盈余公积弥补亏损							
4、一般风险准备弥补亏损							
5、其他							
四、本年年末余额	1,464,100,000.00	784,225,947.68	323,044,757.83	318,023,552.70	277,013,308.32	1,535,125,113.30	4,701,532,679.83

单位负责人:凤良志　　主管会计工作负责人:高民和　　会计机构负责人:司开铭

母公司股东权益变动表(2/2)

编制单位:国元证券股份有限公司　　2008年度　　金额单位:人民币元

项目	上年金额						
	股本	资本公积	盈余公积	一般风险准备	交易风险准备	未分配利润	股东权益合计
一、上年年末余额	2,030,000,000.00	172,000.00	37,648,518.86	32,627,313.73		261,018,509.88	2,361,466,342.47
加:会计政策变更		53,832,243.36	8,382,930.65	8,382,930.65		67,063,445.25	137,661,549.91
前期差错更正							
二、本年年初余额	2,030,000,000.00	54,004,243.36	46,031,449.51	41,010,244.38		328,081,955.13	2,499,127,892.38
三、本年增加变动金额							
(减少以"-"号填列)	-565,900,000.00	846,320,044.32	224,959,122.49	224,959,122.49	224,959,122.49	1,574,713,857.35	2,530,011,269.14
(一)净利润						2,249,591,224.82	2,249,591,224.82
(二)直接计入股东							
权益的利得和损失		76,699,269.48					76,699,269.48
1、可供出售金融资产							
公允价值的金额		49,539,400.79					49,539,400.79
(1)计入股东权益的金额		49,539,400.79					49,539,400.79
(2)转入当期损益的金额							
2、现金流量套期工具							
公允价值变动金额							
(1)计入股东权益的金额							
(2)转入当期损益的金额							
(3)计入被套期项目初始							
确认金额中的金额							
3、权益法下被投资单位其他							
所有者权益变动的影响		39,592,226.14					39,592,226.14
4、与计入股东权益项目							
相关的所得税影响		-16,996,115.75					-16,996,115.75
5、其他		4,563,758.30					4,563,758.30
上述(一)和(二)小计		76,699,269.48				2,249,591,224.82	2,326,290,494.30
(三)股东投入和							
减少资本	104,000,000.00	99,720,774.84					203,720,774.84
1、股东投入资本	104,000,000.00	99,720,774.84					203,720,774.84
2、股份支付计入股东的金额							
3、其他							
(四)利润分配			224,959,122.49	224,959,122.49	224,959,122.49	-674,877,367.47	
1、提取盈余公积			224,959,122.49			-224,959,122.49	
2、提取一般风险准备				224,959,122.49		-224,959,122.49	
3、对股东的分配							
4、提取交易风险准备					224,959,122.49	-224,959,122.49	
(五)股东权益的							
内部结转	-669,900,000.00	669,900,000.00					
1、资本公积转增股本							
2、盈余公积转增股本							
3、盈余公积弥补亏损							
4、一般风险准备弥补亏损							
5、其他	-669,900,000.00	669,900,000.00					
四、本年年末余额	1,464,100,000.00	900,324,287.68	270,990,572.00	265,969,366.87	224,959,122.49	1,902,795,812.48	5,029,139,161.52

单位负责人:凤良志　　主管会计工作负责人:高民和　　会计机构负责人:司开铭

9.3 与最近一期年度报告相比,会计政策、会计估计和核算方法发生变化的具体说明

√ 适用　　□ 不适用

2008年12月26日财政部下发了财会函[2008]60号《关于做好执行会计准则企业2008年年报工作的通知》,通知规定"企业购买上市公司,被购买的上市公司不构成业务的,购买企业应按照权益性交易的原则进行处理,不得确认商誉或确认计入当期损益。企业对于上述事项已经进行的处理与本通知要求不一致的,应当按照《企业会计准则第28号——会计政策、会计估计变更和差错更正》进行处理。"考虑公司2007年9月30日吸收合并北京化二股份有限公司不构成业务,符合《通知》的规定,并结合对《企业会计准则讲解(2008)》的理解,对公司当时确认的商誉114,912,783.37元按会计政策变更处理。因此公司对财务报表相关项目进行追溯调整,该追溯调整对2007年年末合并资产负债表的资产和净资产累积影响数如下:

公司2007年合并财务报表其他资产原年末数为194,869,821.49元,调整后合并财务报表其他资产为79,957,038.12元;公司2007年合并财务报表资本公积原年末数为1,011,814,252.33元,调整后合并财务报表资本公积为896,901,468.96元,全部系归属母公司普通股股东的股东权益减少。具体项目调整过程如下:

其他资产	金额(元)
原2007年年末数	194,869,821.49
调减吸收合并确认的商誉	114,912,783.37
调整后2007年年末数	79,957,038.12
资本公积	金额(元)
原2007年年末数	1,011,814,252.33
调减吸收合并确认的商誉	114,912,783.37
调整后2007年年末数	896,901,468.96

除此之外,本报告期内公司无其他会计政策变更事项,无会计估计变更事项,无会计差错更正事项。

9.4 重大会计差错的内容、更正金额、原因及其影响

□适用　　√不适用

9.5 与最近一期年度报告相比,合并范围发生变化的具体说明

□适用　　√不适用

国元证券股份有限公司

董事长:凤良志

二〇〇九年三月二十四日

江苏法尔胜股份有限公司

江苏法尔胜股份有限公司 2008 年度报告摘要

第一节 重要提示

1.1 本公司董事会、监事会及董事、监事、高级管理人员保证本报告所载资料不存在任何虚假记载、误导性陈述或者重大遗漏，并对其内容的真实性、准确性和完整性承担个别及连带责任。本年度报告摘要摘自年度报告全文，投资者欲了解详细内容，应阅读年度报告全文。

1.2 没有董事、监事、高级管理人员声明对年度报告内容的真实性、准确性和完整性无法保证或存在异议。

1.3 所有董事均已出席审议本次年报的董事会会议。

1.4 江苏公证天业会计师事务所为本公司 2008 年度财务报告出具了标准无保留意见的审计报告。

1.5 公司负责人刘礼华、主管会计工作负责人蒋纬球及会计机构负责人(会计主管人员)张卫明声明：保证年度报告中财务报告的真实、完整。

第二节 公司基本情况简介

2.1 基本情况简介

股票简称	法尔胜
股票代码	000890
上市交易所	深圳证券交易所
注册地址	江苏省江阴市通江北路 203 号
注册地址的邮政编码	214433
办公地址	江苏省江阴市通江北路 203 号
办公地址的邮政编码	214433
公司国际互联网网址	http://www.fasten.com.cn
电子信箱	info@chinafasten.com

2.2 联系人和联系方式

	董事会秘书	证券事务代表
姓名	张文栋	曹鸣霞
联系地址	江苏省江阴市通江北路 203 号	江苏省江阴市通江北路 203 号
电话	0510-86119890	0510-86119890
传真	0510-86102007	0510-86102007
电子信箱	zhang_wendong@chinafasten.com	grace@chinafasten.com

第三节 会计数据和业务数据摘要

3.1 主要会计数据

单位：(人民币)元

	2008 年	2007 年		本年比上年增减(%)	2006 年	
		调整前	调整后	调整后	调整前	调整后
营业收入	2,113,765,794.10	2,229,933,922.18	2,229,933,922.18	-5.21%	1,959,445,286.24	2,153,891,645.22
利润总额	-3,763,497.57	29,638,514.42	29,638,514.42	-112.70%	47,254,843.14	47,321,775.45
归属于上市公司股东的净利润	10,280,370.41	15,404,081.78	15,404,081.78	-33.26%	25,790,244.08	26,623,342.89
归属于上市公司股东的扣除非经常性损益的净利润	-39,688,690.31	9,543,760.43	9,543,760.43	-515.86%	19,508,534.49	20,956,330.52
经营活动产生的现金流量净额	18,949,684.68	223,563,476.39	223,563,476.39	-91.52%	265,003,619.25	265,003,619.25
	2008 年末	2007 年末		本年末比上年末增减(%)	2006 年末	
		调整前	调整后	调整后	调整前	调整后
总资产	3,054,104,930.84	3,719,342,019.91	3,719,342,019.91	-17.89%	3,795,094,266.07	3,806,568,214.34
所有者权益(或股东权益)	997,550,981.69	987,270,611.28	987,270,611.28	1.04%	961,296,322.41	971,866,529.50
股本	379,641,600.00	379,641,600.00	379,641,600.00		379,641,600.00	379,641,600.00

3.2 主要财务指标

单位：(人民币)元

	2008 年	2007 年		本年比上年增减(%)	2006 年	
		调整前	调整后	调整后	调整前	调整后
基本每股收益(元/股)	0.03	0.04	0.04	-25.00%	0.07	0.07
稀释每股收益(元/股)	0.03	0.04	0.04	-25.00%	0.07	0.07
扣除非经常性损益后的基本每股收益(元/股)	-0.10	0.025	0.025	-500.00%	0.047	0.047
全面摊薄净资产收益率(%)	1.03%	1.56%	1.56%	-0.53%	2.68%	2.74%
加权平均净资产收益率(%)	1.05%	1.57%	1.57%	-0.52%	2.69%	2.69%
扣除非经常性损益后全面摊薄净资产收益率(%)	-3.98%	0.97%	0.97%	-4.95%	2.03%	2.16%
扣除非经常性损益后的加权平均净资产收益率(%)	-4.06%	0.97%	0.97%	-5.03%	2.03%	2.03%
每股经营活动产生的现金流量净额(元/股)	0.050	0.59	0.59	-91.53%	0.70	0.70
	2008 年末	2007 年末		本年末比上年末增减(%)	2006 年末	
		调整前	调整后	调整后	调整前	调整后
归属于上市公司股东的每股净资产(元/股)	2.63	2.60	2.60	1.15%	2.53	2.56

非经常性损益项目

√ 适用 □ 不适用

单位：(人民币)元

非经常性损益项目	金额	附注(如适用)
非流动资产处置损益	32,966,011.47	
越权审批，或无正式批准文件，或偶发性的税收返还、减免	2,047,400.00	
政府补助及贴息收入	1,359,901.70	
交易性金融资产、负债的公允价值变动损益和处置损益及可供出售金融资产处置损益	5,982.05	
除上述各项之外的其他营业外收支净额	2,019,315.97	
减：企业所得税影响数	-317,466.59	
少数股东损益影响数	11,887,916.12	
合计	49,969,060.72	-

3.3 境内外会计准则差异

□ 适用 √ 不适用

第四节 股本变动及股东情况

4.1 股份变动情况表

单位：股

	本次变动前		本次变动增减(+,-)					本次变动后	
	数量	比例(%)	发行新股	送股	公积金转股	其他	小计	数量	比例(%)
一 有限售条件股份	68,719,834	18.10%				-19,882,762	-19,882,762	48,837,072	12.86%
1、国家持股									
2、国有法人持股	68,478,190	18.04%				-19,827,822	-19,827,822	48,650,368	12.81%
3、其他内资持股									
其中：境内非国有法人持股									
境内自然人持股									
4、外资持股									
其中：境外法人持股									
境外自然人持股									
5、高管股份	241,644	0.06%				-54,940	-54,940	186,704	0.05%
二 无限售条件股份	310,921,766	81.90%				19,882,762	19,882,762	330,804,528	87.14%
1、人民币普通股	310,921,766	81.90%				19,882,762	19,882,762	330,804,528	87.14%
2、境内上市的外资股									
3、境外上市的外资股									
4、其他									
三 股份总数	379,641,600	100.00%						379,641,600	100.00%

限售股份变动情况表

单位：股

股东名称	年初限售股数	本年解除限售股数	本年增加限售股数	年末限售股数	限售原因	解除限售日期
法尔胜集团公司	67,632,448	18,982,080	0	48,650,368	股改限售	2008-5-28
山东省国际信托有限公司	845,742	845,742	0	0	股改限售	2008-5-28
刘礼华	29,413	0	0	29,413	高管冻结	可减持上年末所持股份的 25%
蒋纬球	41,177	0	0	41,177	高管冻结	可减持上年末所持股份的 25%
刘羽	4,117	1,029	0	3,088	高管冻结	可减持上年末所持股份的 25%
吉方宇	3,922	0	0	3,922	高管冻结	可减持上年末所持股份的 25%
王平	25,490	0	0	25,490	高管冻结	可减持上年末所持股份的 25%
唐福如	14,118	3,530	0	10,588	高管冻结	可减持上年末所持股份的 25%
张卫明	11,765	0	0	11,765	高管冻结	可减持上年末所持股份的 25%
张越	5,435	1,359	0	4,076	高管冻结	可减持上年末所持股份的 25%
吴玉君	25,882	0	0	25,882	高管离任冻结	2009-6-30
梁乐天	31,303	0	0	31,303	高管离任冻结	2009-6-30
周建松	39,217	39,217	0	0	高管离任	2008-7-23
周工益	9,805	9,805	0	0	高管离任	2008-12-12
合计	68,719,834	19,882,762	0	48,837,072	-	-

4.2 前 10 名股东、前 10 名无限售条件股东持股情况表

单位：股

股东总数	86,055

前 10 名股东持股情况

股东名称	股东性质	持股比例(%)	持股总数	持有有限售条件股份	质押或冻结的股份

				数 量	数 量
法尔胜集团公司	国有法人	20.66%	78,432,018	48,650,368	0
江苏冶金进出口有限公司	国有法人	0.25%	966,680	0	0
山东省国际信托有限公司	国有法人	0.22%	845,742	0	0
刘长远	境内自然人	0.20%	772,000	0	0
王树元	境内自然人	0.20%	756,300	0	0
乔峻	境内自然人	0.18%	670,900	0	0
刘屹	境内自然人	0.17%	654,500	0	0
王志强	境内自然人	0.17%	638,834	0	0
李青春	境内自然人	0.17%	632,300	0	0
高玉青	境内自然人	0.15%	551,801	0	0

前 10 名无限售条件股东持股情况

股东名称	持有无限售条件股份的数量	股份种类
法尔胜集团公司	29,781,650	人民币普通股
江苏冶金进出口有限公司	966,680	人民币普通股
山东省国际信托有限公司	845,742	人民币普通股
刘长远	772,000	人民币普通股
王树元	756,300	人民币普通股
乔峻	670,900	人民币普通股
刘屹	654,500	人民币普通股
王志强	638,834	人民币普通股
李青春	632,300	人民币普通股
高玉青	551,801	人民币普通股
上述股东关联关系或一致行动的说明	公司控股股东法尔胜集团公司与前十名股东之间不存在关联关系，也不属于《上市公司收购管理办法》规定的一致行动人。未知其他股东之间是否存在关联关系，也未知是否属于《上市公司股东持股变动信息披露管理办法》规定的一致行动人。	

4.3 控股股东及实际控制人情况介绍

4.3.1 控股股东及实际控制人变更情况

□ 适用 √ 不适用

4.3.2 控股股东及实际控制人具体情况介绍

1、本公司控股股东是法尔胜集团公司，所持股份性质是法人股，报告期内解除了持有的本公司18,982,080 股的流通限制，报告期内未有减持，期末持有本公司股票 78,432,018 股，占总股本的20.66%，该股东所持有的本公司股份未有质押和冻结情况。

2、该公司基本情况如下：

1)公司成立日期：1987 年 1 月 17 日

2)注册资本：10926.10 万元人民币(壹亿玖佰贰拾陆万壹仟元整)

3)法人代表：周建松先生

4)主要经营范围是：进出口钢丝，钢丝绳，预应力钢丝，钢绞线，各种桥梁用缆索，体外预应力索，各类锚夹具，模具工具，各类有色黑色金属制品及机械设备，制绳用各种辅助材料、仪器仪表、相关技术的进出口业务等，饮食，高新技术，信息咨询，技术转让，电子产品，玩具，承包境外冶金行业工程及境内国际招标工程及上述境外工程所需的设备，材料出口；对外派遣实施上述境外工程所需的劳务人员，开设特钢制品厂。

3、本公司于 2008 年 12 月 5 日公告：接本公司第一大股东法尔胜集团公司的通知，法尔胜集团公司的产权性质问题，经江阴市和无锡市人民政府申报，2008 年 10 月 26 日获得江苏省人民政府苏政复【2008】52 号文批复，同意将法尔胜集团公司产权性质界定为集体资产。法尔胜集团公司产权性质界定为集体资产后，其持有的本公司股权性质由国有法人股变更为非国有法人股的事项，将由江阴市、无锡市、江苏省国资部门按规定报国务院国资委审批，目前审批手续正在办理之中。本公司将根据有关审批结果情况，及时披露相关信息。

第五节 董事、监事和高级管理人员

5.1 董事、监事和高级管理人员持股变动及报酬情况

姓 名	职务	性别	年龄	任期起始日期	任期终止日期	年初持股数	年末持股数	变动原因	报告期内从公司领取的报酬总额(万元)税前	是否在股东单位或其他关联单位领取薪酬
刘礼华	董事长	男	44	2008-06-09	2011-06-08	39,217	39,217	–	30.50	否
蒋纬球	总经理	男	53	2008-06-09	2011-06-08	54,903	54,903	–	30.50	否
张卫明	财务总监	男	44	2008-06-09	2011-06-08	15,687	15,687	–	22.40	否
董 东	副总经理	男	39	2008-06-09	2011-06-08	0	0	–	0.00	否
刘 印	董事	男	39	2008-06-09	2011-06-08	4,117	3,088	减持	0.00	是
张 越	董事	男	37	2008-06-09	2011-06-08	5,435	5,435	–	0.00	是
恢光平	独立董事	男	45	2008-06-09	2011-06-08	0	0	–	5.00	否
戚啸艳	独立董事	女	46	2008-06-09	2011-06-08	0	0	–	5.00	否
奚海清	独立董事	男	46	2008-06-09	2011-06-08	0	0	–	5.00	否
王 平	监事	女	54	2008-06-09	2011-06-08	33,987	33,987	–	0.00	是
唐福如	监事	男	47	2008-06-09	2011-06-08	14,118	10,588	减持	0.00	否
赵 军	监事	男	41	2008-06-09	2011-06-08	0	0	–	0.00	否
吉方宇	监事	男	45	2008-06-09	2011-06-08	5,229	5,229	–	0.00	是
唐国强	监事	男	47	2008-06-09	2011-06-08	0	0	–	0.00	否
吴玉君	副总经理	女	55	2008-06-09	2008-12-30	34,510	34,510	–	28.10	否
梁乐天	副总经理	男	53	2008-06-09	2008-12-30	41,738	41,738	–	0.00	否
张文栋	董事会秘书	男	37	2008-06-09	2011-06-08	0	0	–	17.20	否
合 计	–	–	–	–	–	248,941	244,382	–	143.70	–

董事、监事、高级管理人员报告期内被授予的股权激励情况

□ 适用 √ 不适用

5.2 董事出席董事会会议情况

董事姓名	具体职务	应出席次数	现场出席次数	以通讯方式参加会议次数	委托出席次数	缺席次数	是否连续两次未亲自出席会议
刘礼华	董事长	14	10	4	0	0	否
蒋纬球	董事、总经理	14	10	4	0	0	否
董 东	董事、副总经理	14	10	4	0	0	否
张卫明	董事、财务总监	14	10	4	0	0	否
刘 印	董事	14	10	4	0	0	否
张 越	董事	9	8	1	0	0	否
恢光平	独立董事	9	8	1	0	0	否
戚啸艳	独立董事	9	8	1	0	0	否
奚海清	独立董事	9	8	1	0	0	否

连续两次未亲自出席董事会会议的说明

年内召开董事会会议次数	14
其中：现场会议次数	10
通讯方式召开会议次数	4
现场结合通讯方式召开会议次数	0

第六节 董事会报告

6.1 管理层讨论与分析

(一)报告期内整体经营情况

在董事会、管理层和全体员工的共同努力下，公司报告期内共实现业务收入 2,113,765,794.10 元，较 2007 年的 2229933922.18 元，减少了 5.2%；实现净利润 10,280,370.41 元，较 2007 年的15404081.78 元,减少了 33.2%。

2008 年，美国次贷危机引发了世界性的金融危机，其传递速度之快、曼延之广、影响之深、反响之大都令人始料未及，全球进入了"经济严冬"，市场、经济、政策环境变化之快，也是前所未有，原材料价格剧烈波动；金融危机造成的外贸市场需求大幅减少以及人民币汇率的变化都导致了外贸销售的急剧萎缩；现金流因国家信贷政策的不断调整而日趋紧张；能源价格上涨及环保政策带来的节能减排压力；这些不利情况给公司的经营带来了巨大的压力。报告期内，原材料价格的剧烈波动给公司造成了很大影响，自 2007 年 10 月份起，盘条价格几乎月月提价，虽然在 2008 年 7 月份开始降价，但全年由于原材料涨价增加了约 22000 万元成本；同时财务费用由于融资结构发生变化，筹资成本增加，及汇兑损失增加等原因，导致 2008 年度比 2007 年度增加 1,391.64 万元。

报告期内，面对诸多不利形势，公司领导层冷静应对外部环境的变化，作好"过冬"的准备时，坚决贯彻执行制定好的产业结构调整计划，加快战略资源整合，对于风险较大的项目，坚决放弃，报告期内，转让、剥离了多个经营情况连续多年得不到改善的控股子公司，使公司得以减轻包袱，整合有限的资源，对优势产业重点扶持，为以后的健康发展奠定良好的基础。公司上下齐心协力，坚定信心，加强预算管理，严格资金流向权限审批制度，明确应收帐款回笼计划，进一步压降库存比例，控制各项费用开支，抓产出、搞创新、强化内部控制管理，积极应对危机。

6.2 主营业务分行业、产品情况表

单位：(人民币)万元

主营业务分行业情况

分行业或分产品	营业收入	营业成本	营业利润率(%)	营业收入比上年增减(%)	营业成本比上年增减(%)	营业利润率比上年增减(%)
金属制品	167,252.27	146,620.64	12.34%	−9.74%	−8.78%	−7.00%
光通信	26,330.20	21,668.46	17.70%	19.97%	16.75%	15.00%
新型管材	11,531.74	10,553.42	8.48%	10.95%	22.66%	51.00%

6.3 主营业务分地区情况

单位：(人民币)万元

地区	营业收入	营业收入比上年增减(%)
国内	158,717.00	6.00%
国外	46,397.00	−32.00%
合计	205,114.00	−6.00%

6.4 采用公允价值计量的项目

□ 适用 √ 不适用

6.5 募集资金使用情况

□ 适用 √ 不适用

变更项目情况

□ 适用 √ 不适用

6.6 非募集资金项目情况

□ 适用 √ 不适用

6.7 董事会对公司会计政策、会计估计变更或重大会计差错更正的原因及影响的说明

□ 适用 √ 不适用

6.8 董事会对会计师事务所"非标准审计报告"的说明

□ 适用 √ 不适用

6.9 董事会本次利润分配或资本公积金转增股本预案

根据财政部(财会函[2000]7 号)《关于编制合并会计报告中利润分配问题的请示的复函》，"编制合并会计报表的公司，其利润分配以母公司的可分配利润为依据。"经江苏公证天业会计师事务所审计，2008 年末母公司可供股东分配的利润为−48729277.94 元。

董事会决定公司 2008 年度公司不实施利润分配，亦不进行资本公积金转增股本。

公司前三年现金分红情况

单位：(人民币)元

	现金分红金额(含税)	合并报表中归属于母公司所有者的净利润	占合并报表中归属于母公司所有者的净利润的比率
2007 年	0.00	15,404,081.78	0.00%
2006 年	0.00	26,623,342.89	0.00%
2005 年	0.00	21,966,834.02	0.00%

公司本报告期内盈利但未提出现金利润分配预案

√ 适用 □ 不适用

本报告期内盈利但未提出现金利润分配预案的原因	公司未分配利润的用途和使用计划
报告期归属于母公司净利润为 10280370.41 元，但是母公司净利润为−124,979,564.59 元，加年初未分配利润 76,250,286.65 元。年末未分配利润为 −48,729,277.94 元。根据财政部(财会函[2000]7 号)《关于编制合并会计报表中利润分配问题的请示的复函》，"编制合并会计报表的公司，其利润分配以母公司的可分配利润为依据。"经江苏公证天业会计师事务所审计，2008 年末母公司可供股东分配的利润	—

为-48729277.94 元。所以无法分配。

第七节　重要事项

7.1 收购资产

□ 适用　　√ 不适用

7.2 出售资产

√ 适用　　□ 不适用

单位:(人民币)万元

交易对方	被出售资产	出售日	出售价格	本年初起至出售日该出售资产为公司贡献的净利润	出售产生的损益	是否为关联交易(如是,说明定价原则)	定价原则说明	所涉及的资产产权是否已全部过户	所涉及的债权债务是否已全部转移	关联关系
母公司	购买昆明云健	2008 年	1,300.00	718.00	718.00	是	在评估值	是	是	母公司
江阴兴澄特种钢铁有限公司	江苏法尔胜彰沅金属制品有限公司 51%股权	2008 年 05 月 19 日	7,126.23	−2,319.00	4,440.02	否		是	是	无
台湾彰沅实业有限公司	昆山通铭法尔胜金属制品有限公司 51%股权	2008 年 05 月 19 日	5,500.00	0.00	6.67	否		是	是	无
何　玫	深圳市迈克憨电子有限公司 66%股权	2008 年 05 月 19 日	0.0001	0.00	0.00	否		是	是	无
江阴康顺科技有限公司	江阴法尔胜长兴光器件有限公司 75%股权	2008 年 10 月 23 日	0.0001	−19.37	0.00	否		是	是	无
法尔胜集团公司	江苏法尔胜光子有限公司 70%股权	2008 年 12 月 29 日	1,958.00	−1,185.11	275.03	是	以长期股权投资余额为依据,经协商确定	是	是	本公司控股股东
Bekaert Wire Products Hong Kong Ltd	江阴法尔胜钢丝制品有限公司	2008 年 10 月 23 日	1,983.60	0.00	0.00	否		否	否	无

7.1、7.2 所涉及事项对公司业务连续性、管理层稳定性的影响。

上述事项系本公司清理不良资产,优化本公司产业结构的行为,对本公司业务连续性、管理层稳定性无不良影响。

7.3 重大担保

√ 适用　　□ 不适用

单位:(人民币)万元

公司对外担保情况(不包括对子公司的担保)

担保对象名称	发生日期(协议签署日)	担保金额	担保类型	担保期	是否履行完毕	是否为关联方担保(是或否)
江阴市澄星磷化工股份有限公司	2008 年 01 月 02 日	3,000.00	连带责任担保	10 个月	是	否
江阴澄盛新型包装材料有限公司	2008 年 05 月 01 日	600.00	连带责任担保	6 个月	是	否
江阴澄盛新型包装材料有限公司澄盛新型包装材料有限公司	2008 年 02 月 28 日	525.00	连带责任担保	6 个月	是	否
报告期内担保发生额合计						4,125.00
报告期末担保余额合计						0.00

公司对子公司的担保情况

报告期内对子公司担保发生额合计	18,011.00
报告期末对子公司担保余额合计	12,911.00

公司担保总额情况(包括对子公司的担保)

担保总额	12,911.00
担保总额占公司净资产的比例	12.94%
其中:	
为股东、实际控制人及其关联方提供担保的金额	0.00
直接或间接为资产负债率超过 70%的被担保对象提供的债务担保金额	0.00
担保总额超过净资产 50%部分的金额	0.00
上述三项担保金额合计	0.00
未到期担保可能承担连带清偿责任说明	无

7.4 重大关联交易

7.4.1 与日常经营相关的关联交易

√ 适用　　□ 不适用

单位:(人民币)万元

关联方	向关联方销售产品和提供劳务 交易金额	占同类交易金额的比例	向关联方采购产品和接受劳务 交易金额	占同类交易金额的比例
法尔胜集团进出口有限公司	43,119.06	20.40%	956.99	0.52%
江苏法尔胜技术开发中心	0.52	0.00%	23.13	0.01%
法尔胜集团宁波销售分公司	291.04	0.14%	0.00	0.00%
法尔胜集团公司	177.96	0.08%	0.00	0.00%
合计	43,588.58	20.62%	980.12	0.53%

其中:报告期内公司向控股股东及其子公司销售产品或提供劳务的关联交易金额 43,588.58 万元。

7.4.2 关联债权债务往来

□ 适用　　√ 不适用

7.4.3 2008 年资金被占用情况及清欠进展情况

□ 适用　　√ 不适用

7.5 委托理财

□ 适用　　√ 不适用

7.6 承诺事项履行情况

√ 适用　　□ 不适用

1.股权分置改革承诺事项

本公司已经于 2006 年 3 月 21 日相关股东大会表决通过公司的股权分置改革方案,在方案中公司第一大股东法尔胜集团除法定最低承诺外,还作出如下特别承诺:

在法定禁售期满后的十二个月内,只有当任一连续五个交易日公司二级市场股票收盘价格不低于 4.5 元(当公司因利润分配或资本公积金转增股本等导致股份或股东权益发生变化时,对此价格进行相应调整),方可以通过深圳证券交易所挂牌交易出售所持法尔胜的股份,且减持价格不低于 4.5 元(当公司因利润分配或资本公积金转增股本等导致股份或股东权益发生变化时,对此价格进行相应调整),法尔胜集团如有违反承诺的卖出交易,法尔胜集团授权登记结算公司将卖出资金划入法尔胜帐户归全体股东所有。

如本次股权分置改革方案经法尔胜相关股东会议表决通过,向法尔胜董事会提出 2005 年度资本公积金转增股本议案并在 2005 年年度股东大会上投赞成票:按 2005 年年末股本总额向年度资本公积金转增方案实施股权登记日登记在册的股东按每 10 股转增 3.0 股。

根据大股东要求,本公司在 2006 年 3 月 27 日召开的第五届第七次董事会上审议通过了利用资本公积金向全体股东每 10 股转增 3 股的预案。2006 年 5 月 30 日召开的公司 2005 年度股东大会已经审议通过该议案,并于 2006 年 7 月 18 日执行完毕。

2.报告期内,公司第一大股东法尔胜集团严格按照承诺内容履行了上述承诺。

公司或持股 5%以上股东在报告期内或持续到报告期内的承诺事项

√ 适用　　□ 不适用

承诺事项	承诺内容	履行情况
股改承诺	在法定禁售期满后的十二个月内,只有当任一连续五个交易日公司二级市场股票收盘价格不低于 4.5 元(当公司因利润分配或资本公积金转增股本等导致股份或股东权益发生变化时,对此价格进行相应调整),方可以通过深圳证券交易所挂牌交易出售所持法尔胜的股份,且减持价格不低于 4.5 元(当公司因利润分配或资本公积金转增股本等导致股份或股东权益发生变化时,对此价格进行相应调整),法尔胜集团如有违反承诺的卖出交易,法尔胜集团授权登记结算公司将卖出资金划入法尔胜帐户归全体股东所有。 如本次股权分置改革方案经法尔胜相关股东会议表决通过,向法尔胜董事会提出 2005 年度资本公积金转增股本议案并在 2005 年年度股东大会上投赞成票:按 2005 年年末股本总额向年度资本公积金转增方案实施股权登记日登记在册的股东按每 10 股转增 3.0 股。	已严格履行了承诺
收购报告书或权益变动报告书中所作承诺	无	无
重大资产重组时所作承诺	无	无
发行时所作承诺	无	无
其他对公司中小股东所作承诺	无	无

7.7 重大诉讼仲裁事项

□ 适用　　√ 不适用

7.8 其他重大事项及其影响和解决方案的分析说明

7.8.1 证券投资情况

□ 适用　　√ 不适用

7.8.2 持有其他上市公司股权情况

□ 适用　　√ 不适用

7.8.3 持有非上市金融企业股权情况

□ 适用　　√ 不适用

7.8.4 买卖其他上市公司股份的情况

□ 适用　　√ 不适用

第八节　监事会报告

√ 适用　　□ 不适用

一、报告期内监事会召开情况

报告期内公司共召开五次监事会会议,会议的召开情况和审议的主要事项如下:

1.2008 年 4 月 15 日召开第五届第十二次监事会,会议决议公告刊登在 2008 年 4 月 17 日的《证券时报》和《上海证券报》上;

2.2008 年 4 月 28 日召开第五届第十三次监事会;

3.2008 年 6 月 12 日召开第六届第一次监事会,会议决议公告刊登在 2008 年 6 月 13 日的《证券时报》和《上海证券报》上;

4.2008 年 8 月 20 日召开第六届第二次监事会;

5.2008 年 10 月 23 日召开第六届第三次监事会。

二、监事会独立意见

公司监事会依据《公司法》、《公司章程》及《监事会议事规则》等的有关规定,认真履行了股东大会赋予的职责,报告期内,监事会依法出席了股东大会,列席了历次董事会,并对公司股东大会、董事会的召开程序、审议议案、决议的执行情况等进行了监督,对公司董事和高级管理人员的职责履行进行了有效监督。

(一)公司依法运作情况

2008 年年度,本公司各项运作均遵循公司法、证券法、上市规则等有关法律法规和公司章程的规定。公司决策程序合法,建立有完善的内部控制制度,公司董事和高级管理人员严格依据法律法规和公司规章制度的规定履行职责与义务,未发现公司董事、高级管理人员在履行公司职务时有违反法律、法规、公司章程或损害公司利益以及侵犯股东权益行为的发生。

(二)检查公司财务的情况

监事会对本公司的财务制度和财务状况进行了认真、细致的检查。认为一年来公司财务管理规范，资金使用情况较好；本公司2008年年度的财务报告不存在虚假情形，财务状况良好。江苏公证天业会计师事务所有限公司出具了无保留意见的审计报告，真实、客观和公允地反映了公司的财务状况和经营成果。

(三)公司募集资金使用情况

本公司近三年内无募集资金行为目，也无报告期之前募集资金的使用延续到报告期内事项。

(四)公司收购、出售资产情况

报告期内，本公司收购和出售资产的交易价格合理，没有发现内幕交易，公司平等对待所有大中小股东利益，没有发现公司资产流失情况。

(五)关联交易

1、报告期内公司的关联交易严格遵循了公平交易原则，定价合理，保障了股东的权益。

2、报告期内，本公司不存在与关联方共同对外投资的情形。

第九节　财务报告

9.1 审计意见

审计报告　　标准无保留审计意见

审计报告正文

审计报告

苏公 W[2009]A401 号

江苏法尔胜股份有限公司全体股东：

我们审计了后附的江苏法尔胜股份有限公司财务报表，包括2008年12月31日母公司资产负债表及合并资产负债表，2008年度母公司利润表及合并利润表、2008年度母公司股东权益变动表及合并股东权益变动表、2008年度母公司现金流量表及合并现金流量表，以及财务报表附注。

一、管理层对财务报表的责任

按照企业会计准则的规定编制财务报表是江苏法尔胜股份有限公司管理层的责任。这种责任包括：(1)设计、实施和维护与财务报表编制相关的内部控制，以使财务报表不存在由于舞弊或错误而导致的重大错报；(2)选择和运用恰当的会计政策；(3)做出合理的会计估计。

二、注册会计师的责任

我们的责任是在实施审计工作的基础上对财务报表发表审计意见。我们按照中国注册会计师审计准则的规定执行了审计工作。中国注册会计师审计准则要求我们遵守职业道德规范，计划和实施审计工作以对财务报表是否不存在重大错报获取合理保证。审计工作涉及实施审计程序，以获取有关财务报表金额和披露的审计证据。选择的审计程序取决于注册会计师的判断，包括对由于舞弊和错误导致的财务报表重大错报风险的评估。在进行风险评估时，我们考虑与财务报表编制相关的内部控制，以设计恰当的审计程序，但目的并非对内部控制的有效性发表意见。审计工作还包括评价管理层选用会计政策的恰当性和作出会计估计的合理性，以及评价财务报表的总体列报。

我们相信，我们获取的审计证据是充分、恰当的，为发表审计意见提供了基础。

三、审计意见

我们认为，江苏法尔胜股份有限公司财务报表已经按照企业会计准则的规定编制，在所有重大方面公允反映了江苏法尔胜股份有限公司2008年12月31日的财务状况以及2008年度的经营成果和现金流量。

江苏公证天业会计师事务所有限公司　　中国注册会计师　沈　岩

中国·无锡　　中国注册会计师　李　建

2009年4月16日

9.2 财务报表

9.2.1 资产负债表

编制单位：江苏法尔胜股份有限公司　　2008年12月31日　　单位：(人民币)元

项目	期末余额		年初余额	
	合并	母公司	合并	母公司
流动资产：				
货币资金	585,205,387.90	378,938,593.43	770,882,919.46	545,278,671.26
结算备付金				
拆出资金				
交易性金融资产				
应收票据	137,174,235.56	57,816,969.52	154,591,459.71	38,982,484.61
应收账款	626,189,341.14	215,381,870.61	669,021,879.18	144,900,153.55
预付款项	96,103,255.81	56,593,911.25	82,336,022.52	28,557,108.69
应收保费				
应收分保账款				
应收分保合同准备金				
应收利息	1,188,000.00	1,188,000.00	3,247,290.00	3,247,290.00
应收股利				8,633,226.70
其他应收款	50,259,811.93	410,256,319.46	28,574,892.75	677,212,087.33
买入返售金融资产				
存货	350,902,479.18	136,133,372.57	481,741,837.04	147,203,506.94
一年内到期的非流动资产				
其他流动资产				
流动资产合计	1,847,022,511.52	1,256,309,036.84	2,190,396,300.66	1,594,014,529.08
非流动资产：				
发放贷款及垫款				
可供出售金融资产				
持有至到期投资				
长期应收款				
长期股权投资	35,396,135.53	348,456,346.63	24,869,295.11	616,467,154.34
投资性房地产				
固定资产	1,016,822,801.49	323,751,617.38	1,323,972,439.56	147,441,131.17
在建工程	21,887,291.12	16,997,746.39	93,069,136.45	45,763,159.67
工程物资	39,563,991.76	24,712,797.44	292,406.76	
固定资产清理				
生产性生物资产				
油气资产				
无形资产	80,426,011.35	63,563,134.44	71,915,694.02	27,213,426.18
开发支出	388,964.28		1,629,515.41	
商誉				
长期待摊费用	1,719,569.21		2,566,078.37	
递延所得税资产	10,877,654.58	6,029,617.17	10,631,153.57	6,858,356.47
其他非流动资产				
非流动资产合计	1,207,082,419.32	783,511,259.45	1,528,945,719.25	843,743,227.83
资产总计	3,054,104,930.84	2,039,820,296.29	3,719,342,019.91	2,437,757,756.91
流动负债：				
短期借款	931,180,000.00	654,000,000.00	1,297,600,000.00	807,000,000.00
向中央银行借款				
吸收存款及同业存放				
拆入资金				
交易性金融负债				
应付票据	435,100,000.00	350,000,000.00	678,177,544.60	549,600,000.00
应付账款	256,948,817.13	56,542,098.12	304,354,101.07	59,523,650.49
预收款项	74,029,776.25	41,572,108.53	55,536,165.35	9,052,736.70
卖出回购金融资产款				
应付手续费及佣金				
应付职工薪酬	4,219,129.77	24,739.23	3,993,711.77	1,500.00
应交税费	14,526,104.67	7,979,290.30	19,196,023.49	8,086,018.55
应付利息				
应付股利	247,906.50	247,906.50	3,947,860.80	247,906.50
其他应付款	3,073,921.77	4,262,770.90	6,012,015.04	3,664,997.37
应付分保账款				
保险合同准备金				
代理买卖证券款				
代理承销证券款				
一年内到期的非流动负债	26,000,000.00	16,000,000.00	40,000,000.00	10,000,000.00
其他流动负债				
流动负债合计	1,745,325,656.09	1,130,628,913.58	2,408,817,422.12	1,447,176,809.61
非流动负债：				
长期借款	85,000,000.00	40,000,000.00	10,000,000.00	
应付债券				
长期应付款				
专项应付款				
预计负债				
递延所得税负债				
其他非流动负债	15,500,000.00	9,290,000.00	5,700,000.00	5,700,000.00
非流动负债合计	100,500,000.00	49,290,000.00	15,700,000.00	5,700,000.00
负债合计	1,845,825,656.09	1,179,918,913.58	2,424,517,422.12	1,452,876,809.61
所有者权益(或股东权益)：				
实收资本(或股本)	379,641,600.00	379,641,600.00	379,641,600.00	379,641,600.00
资本公积	466,461,020.05	466,461,020.05	466,461,020.05	466,461,020.05
减：库存股				
盈余公积	62,528,040.60	62,528,040.60	62,528,040.60	62,528,040.60
一般风险准备				
未分配利润	88,920,321.04	-48,729,277.94	78,639,950.63	76,250,286.65
外币报表折算差额				
归属于母公司所有者权益合计	997,550,981.69	859,901,382.71	987,270,611.28	984,880,947.30
少数股东权益	210,728,293.06	307,553,986.51		
所有者权益合计	1,208,279,274.75	859,901,382.71	1,294,824,597.79	984,880,947.30
负债和所有者权益总计	3,054,104,930.84	2,039,820,296.29	3,719,342,019.91	2,437,757,756.91

9.2.2 利润表

编制单位：江苏法尔胜股份有限公司　　2008年1-12月　　单位：(人民币)元

项目	本期金额		上期金额	
	合并	母公司	合并	母公司
一、营业总收入	2,113,765,794.10	997,648,128.28	2,229,933,922.18	927,942,425.71
其中：营业收入	2,113,765,794.10	997,648,128.28	2,229,933,922.18	927,942,425.71
利息收入				
已赚保费				
手续费及佣金收入				
二、营业总成本	2,157,998,396.28	1,033,931,895.80	2,206,688,706.15	932,494,541.23
其中：营业成本	1,833,319,556.25	939,771,763.80	1,918,667,784.13	854,935,973.02
利息支出				
手续费及佣金支出				
退保金				
赔付支出净额				
提取保险合同准备金净额				
保单红利支出				
分保费用				
营业税金及附加	2,893,497.42	2,079,995.34	2,837,170.93	2,034,789.54
销售费用	65,942,393.66	11,655,134.89	75,027,949.72	12,329,530.61
管理费用	109,449,425.12	32,992,032.96	86,446,106.30	26,366,224.69
财务费用	121,661,688.79	25,975,549.69	107,745,256.66	32,537,042.48
资产减值损失	24,731,835.04	21,457,419.12	15,964,438.41	4,290,980.89
加：公允价值变动收益(损失以"-"号填列)				
投资收益(损失以"-"号填列)	49,293,703.42	-95,607,571.35	-156,671.56	36,616,214.18
其中：对联营企业和合营企业的投资收益				
汇兑收益(损失以"-"号填列)				
三、营业利润				

(亏损以"-"号填列)	5,061,101.24	−131,891,338.87	23,088,544.47	32,064,098.66
加:营业外收入	27,997,319.23	7,822,488.33	8,811,420.01	3,808,803.54
减:营业外支出	36,821,918.04	81,974.75	2,261,450.06	193,864.80
其中:非流动资产处置损失	35,483,265.06	49,933.66	198,908.84	
四、利润总额				
(亏损总额以"-"号填列)	−3,763,497.57	−124,150,825.29	29,638,514.42	35,679,037.40
减:所得税费用	13,438,960.50	828,739.30	10,898,481.04	2,003,743.93
五、净利润				
(净亏损以"-"号填列)	−17,202,458.07	−124,979,564.59	18,740,033.38	33,675,293.47
归属于母公司所有者的净利润	10,280,370.41		15,404,081.78	
少数股东损益	−27,482,828.48		3,335,951.60	
六、每股收益:				
(一)基本每股收益	0.03		0.04	
(二)稀释每股收益	0.03		0.04	

9.2.3 现金流量表

编制单位:江苏法尔胜股份有限公司　　2008 年 1-12 月　　单位:(人民币)元

项目	本期金额		上期金额	
	合并	母公司	合并	母公司
一、经营活动产生的现金流量:				
销售商品、提供劳务收到的现金	2,538,467,450.29	1,098,871,758.52	2,511,094,378.40	1,013,706,511.82
客户存款和同业存放款项净增加额				
向中央银行借款净增加额				
向其他金融机构拆入资金净增加额				
收到原保险合同保费取得的现金				
收到再保险业务现金净额				
保户储金及投资款净增加额				
处置交易性金融资产净增加额				
收取利息、手续费及佣金的现金				
拆入资金净增加额				
回购业务资金净增加额				
收到的税费返还	406,091.45		2,838,886.23	
收到其他与经营活动有关的现金	28,166,285.90	19,007,971.93	29,697,527.47	8,386,270.03
经营活动现金流入小计	2,567,039,827.64	1,117,879,730.45	2,543,630,792.10	1,022,092,781.85
购买商品、接受劳务支付的现金	2,137,306,012.46	1,149,360,682.65	1,992,002,596.92	891,863,330.91
客户贷款及垫款净增加额				
存放中央银行和同业款项净增加额				
支付原保险合同赔付款项的现金				
支付利息、手续费及佣金的现金				
支付保单红利的现金				
支付给职工以及为职工支付的现金	143,391,823.71	57,332,135.57	105,131,894.90	28,080,557.58
支付的各项税费	121,903,072.02	24,597,300.28	110,913,781.43	20,085,367.59
支付其他与经营活动有关的现金	145,489,234.77	38,963,645.92	112,019,042.46	14,198,248.65
经营活动现金流出小计	2,548,090,142.96	1,270,253,764.42	2,320,067,315.71	954,227,504.73
经营活动产生的现金流量净额	18,949,684.68	−152,374,033.97	223,563,476.39	67,865,277.12
二、投资活动产生的现金流量:				
收回投资收到的现金	1,000,000.00		13,304,082.96	
取得投资收益收到的现金	10,784,239.41	35,194,161.06	7,018,182.20	7,018,182.20
处置固定资产、无形资产和其他长期资产收回的现金净额	70,520,926.94	9,688,582.75	8,011,291.64	6,476,675.44
处置子公司及其他营业单位收到的现金净额	112,397,737.47	145,842,302.00		
收到其他与投资活动有关的现金			1,818,801.71	
投资活动现金流入小计	194,702,903.82	190,725,045.81	30,152,358.51	13,494,857.64
购建固定资产、无形资产和其他长期资产支付的现金	126,525,274.23	80,407,743.77	196,676,602.87	52,014,624.79
投资支付的现金	10,581,059.73	1,670,608.80	1,670,608.80	
质押贷款净增加额				
取得子公司及其他营业单位支付的现金净额				
支付其他与投资活动有关的现金			724,699.15	
投资活动现金流出小计	137,106,333.96	80,407,743.77	199,071,910.82	53,685,233.59
投资活动产生的现金流量净额	57,596,569.86	110,317,302.04	−168,919,552.31	−40,190,375.95
三、筹资活动产生的现金流量:				
吸收投资收到的现金			12,582,805.24	
其中:子公司吸收少数股东投资收到的现金			12,582,805.24	
取得借款收到的现金	1,391,400,000.00	905,000,000.00	1,667,000,000.00	987,000,000.00
发行债券收到的现金				
收到其他与筹资活动有关的现金	216,640,000.00	398,191,412.65	900,000.00	54,395,751.21
筹资活动现金流入小计	1,608,040,000.00	1,303,191,412.65	1,680,482,805.24	1,041,395,751.21
偿还债务支付的现金	1,587,720,000.00	1,012,000,000.00	1,758,988,730.00	863,000,000.00
分配股利、利润或偿付利息支付的现金	95,323,407.96	60,116,486.07	87,088,789.87	52,543,815.32
其中:子公司支付给少数股东的股利、利润	8,316,637.85		3,699,954.30	
支付其他与筹资活动有关的现金	187,000,000.00	355,358,272.48	300,000.00	123,459,732.72
筹资活动现金流出小计	1,870,043,407.96	1,427,474,758.55	1,846,377,519.87	1,039,003,548.04
筹资活动产生的现金流量净额	−262,003,407.96	−124,283,345.90	−165,894,714.63	2,392,203.17
四、汇率变动对现金及现金等价物的影响	−220,378.14		−257,981.90	
五、现金及现金等价物净增加额	−185,677,531.56	−166,340,077.83	−111,508,772.45	30,067,104.34
加:期初现金及现金等价物余额	770,882,919.46	545,278,671.26	882,391,691.91	515,211,566.92
六、期末现金及现金等价物余额	585,205,387.90	378,938,593.43	770,882,919.46	545,278,671.26

9.2.4 所有者权益变动表

编制单位:江苏法尔胜股份有限公司　　2008 年度　　单位:(人民币)元

本期金额

项目	归属于母公司所有者权益							少数股东权益	所有者权益合计
	实收资本(或股本)	资本公积	减:库存股	盈余公积	一般风险准备	未分配利润	其他		
一、上年年末余额	379,641,600.00	466,461,020.05		62,528,040.60		78,639,950.63		307,553,986.51	1,294,824,597.79
加:会计政策变更									
前期差错更正									
其他									
二、本年年初余额	379,641,600.00	466,461,020.05		62,528,040.60		78,639,950.63		307,553,986.51	1,294,824,597.79
三、本年增减变动金额(减少以"-"号填列)						10,280,370.41		−96,825,693.45	−86,545,323.04
(一)净利润						10,280,370.41		−27,482,828.48	−17,202,458.07
(二)直接计入所有者权益的利得和损失									
1.可供出售金融资产公允价值变动净额									
2.权益法下被投资单位其他所有者权益变动的影响									
3.与计入所有者权益项目相关的所得税影响									
4.其他									
上述(一)和(二)小计						10,280,370.41		−27,482,828.48	−17,202,458.07
(三)所有者投入和减少资本								−60,669,202.38	−60,669,202.38
1.所有者投入资本								−60,669,202.38	−60,669,202.38
2.股份支付计入所有者权益的金额									
3.其他									
(四)利润分配								−8,623,552.12	−8,623,552.12
1.提取盈余公积									
2.提取一般风险准备									
3.对所有者(或股东)的分配								−8,316,637.85	−8,316,637.85
4.其他								−306,914.27	−306,914.27
(五)所有者权益内部结转								−50,110.47	−50,110.47
1.资本公积转增资本(或股本)									
2.盈余公积转增资本(或股本)									
3.盈余公积弥补亏损									
4.其他								−50,110.47	−50,110.47
四、本期期末余额	379,641,600.00	466,461,020.05		62,528,040.60		88,920,321.04		210,728,293.06	1,208,279,274.75

上年金额

项目	归属于母公司所有者权益							少数股东权益	所有者权益合计
	实收资本(或股本)	资本公积	减:库存股	盈余公积	一般风险准备	未分配利润	其他		
一、上年年末余额	379,641,600.00	466,461,020.05		91,659,543.50		23,534,158.86		295,869,385.18	1,257,165,707.59
加:会计政策变更				−32,499,032.25		43,069,239.34		889,331.83	11,459,538.92
前期差错更正									
其他									
二、本年年初余额	379,641,600.00	466,461,020.05		59,160,511.25		66,603,398.20		296,758,717.01	1,268,625,246.51
三、本年增减变动金额(减少以"-"号填列)				3,367,529.35		12,036,552.43		10,795,269.50	26,199,351.28
(一)净利润						15,404,081.78		3,335,951.60	18,740,033.38
(二)直接计入所有者权益的利得和损失									
1.可供出售金融资产公允价值变动净额									
2.权益法下被投资单位其他所有者权益变动的影响									
3.与计入所有者权益项目相关的所得税影响									
4.其他									
上述(一)和(二)小计						15,404,081.78		3,335,951.60	18,740,033.38
(三)所有者投入和减少资本									
1.所有者投入资本									
2.股份支付计入所有者权益的金额									
3.其他									
(四)利润分配				3,367,529.35		−3,367,529.35		8,882,850.94	8,882,850.94
1.提取盈余公积				3,367,529.35		−3,367,529.35		12,582,805.24	12,582,805.24
2.提取一般风险准备									
3.对所有者(或股东)的分配								−3,699,954.30	−3,699,954.30
4.其他									
(五)所有者权益内部结转								−1,423,533.04	−1,423,533.04
1.资本公积转增资本(或股本)									
2.盈余公积转增资本(或股本)									
3.盈余公积弥补亏损									
4.其他								−1,423,533.04	−1,423,533.04
四、本期期末余额	379,641,600.00	466,461,020.05		62,528,040.60		78,639,950.63		307,553,986.51	1,294,824,597.79

9.3 与最近一期年度报告相比,会计政策、会计估计和核算方法发生变化的具体说明

□ 适用　　√ 不适用

9.4 重大会计差错的内容、更正金额、原因及其影响

□ 适用　　√ 不适用

9.5 与最近一期年度报告相比,合并范围发生变化的具体说明

□ 适用　　√ 不适用

太原煤气化股份有限公司

太原煤气化股份有限公司 2008 年年度报告摘要

第一节　重要提示

1.1 本公司董事会、监事会及董事、监事、高级管理人员保证本报告所载资料不存在任何虚假记载、误导性陈述或者重大遗漏，并对其内容的真实性、准确性和完整性承担个别及连带责任。本年度报告摘要摘自年度报告全文，投资者欲了解详细内容，应阅读年度报告全文。

1.2 没有董事、监事、高级管理人员声明对年度报告内容的真实性、准确性和完整性无法保证或存在异议。

1.3 除下列董事外，其他董事出席了审议本次年报的董事会会议。

未出席董事姓名	未出席会议原因	被委托人姓名
金骏	外出不能参会	阎敬恩

1.4 立信会计师事务所有限公司为本公司 2008 年度财务报告出具了标准无保留审计报告。

1.5 公司负责人王良彦、主管会计工作负责人姚毅明及会计机构负责人(会计主管人员)高建荣声明：保证年度报告中财务报告的真实、完整。

第二节　公司基本情况简介

2.1 基本情况简介

股票简称	煤气化
股票代码	000968
上市交易所	深圳证券交易所
注册地址	山西省太原市和平南路 83 号
注册地址的邮政编码	030024
办公地址	山西省太原市和平南路 83 号
办公地址的邮政编码	030024
公司国际互联网网址	http://www.tymqh.com
电子信箱	mqh000968@126.com

2.2 联系人和联系方式

	董事会秘书	证券事务代表
姓名	刘恩孝	
联系地址	山西省太原市和平南路 83 号	
电话	0351-6019365	
传真	0351-6199887	
电子信箱	mqh000968@126.com	

第三节　会计数据和业务数据摘要

3.1 主要会计数据

单位：(人民币)元

	2008 年	2007 年		本年比上年增减(%)	2006 年	
		调整前	调整后	调整后	调整前	调整后
营业收入	4,735,278,999.58	3,426,082,976.09	3,426,082,976.09	38.21%	2,687,169,549.47	2,687,169,549.47
利润总额	888,074,102.36	379,025,435.68	441,619,708.78	101.09%	230,122,527.71	251,229,277.73
归属于上市公司股东的净利润	684,160,595.71	267,422,122.52	314,058,891.19	117.84%	143,496,424.12	159,424,835.35
归属于上市公司股东的扣除非经常性损益的净利润	944,001,254.92	290,755,688.48	337,392,457.15	179.79%	146,235,028.05	162,163,439.28
经营活动产生的现金流量净额	730,075,484.11	974,396,054.41	974,396,054.41	-25.07%	8,471,830.43	8,471,830.43
	2008 年末	2007 年末		本年末比上年末增减(%)	2006 年末	
		调整前	调整后	调整后	调整前	调整后
总资产	4,815,261,695.42	3,813,350,467.03	3,874,006,688.43	24.30%	3,600,232,143.35	3,652,070,430.16
所有者权益(或股东权益)	2,563,099,721.63	1,785,788,719.82	1,918,458,125.92	33.60%	1,608,949,928.02	1,694,982,565.45
股本	513,747,000.00	395,190,000.00	395,190,000.00	30.00%	395,190,000.00	395,190,000.00

3.2 主要财务指标

单位：(人民币)元

	2008 年	2007 年		本年比上年增减(%)	2006 年	
		调整前	调整后	调整后	调整前	调整后
基本每股收益(元/股)	1.3317	0.5205	0.6113	117.85%	0.2793	0.3103
稀释每股收益(元/股)	1.3317	0.5205	0.6113	117.85%	0.2793	0.3103
用最新股本计算的每股收益(元/股)	1.3317	-	-	-	-	-
扣除非经常性损益后的基本每股收益(元/股)	1.8375	0.5660	0.6567	179.81%	0.2846	0.3156
全面摊薄净资产收益率(%)	26.69%	14.98%	16.37%	10.32%	8.92%	9.41%
加权平均净资产收益率(%)	30.58%	15.66%	17.28%	13.30%	9.42%	10.44%
扣除非经常性损益后全面摊薄净资产收益率(%)	36.83%	16.28%	17.59%	19.24%	9.09%	9.57%
扣除非经常性损益后的加权平均净资产收益率(%)	42.19%	17.02%	18.45%	23.74%	9.59%	10.61%
每股经营活动产生的现金流量净额(元/股)	1.4211	2.4656	2.4656	-42.36%	0.0214	0.0214
	2008 年末	2007 年末		本年末比上年末增减(%)	2006 年末	
		调整前	调整后	调整后	调整前	调整后
归属于上市公司股东的每股净资产(元/股)	4.9890	4.5188	4.8545	2.77%	4.0713	4.2890

非经常性损益项目

√ 适用 □ 不适用

单位：(人民币)元

非经常性损益项目	金额	附注(如适用)
非流动资产处置损益	22,498,479.52	
因不可抗力因素，如遭受自然灾害而计提的各项资产减值准备	-228,493,910.01	
除上述各项之外的其他营业外收入和支出	-7,058,551.81	
其他符合非经常性损益定义的损益项目	-107,000,000.00	
少数股东权益影响额	7,370,464.59	
所得税影响额	52,842,858.50	
合计	-259,840,659.21	-

3.3 境内外会计准则差异

□ 适用　√ 不适用

第四节　股本变动及股东情况

4.1 股份变动情况表

单位：股

	本次变动前		本次变动增减(+,-)					本次变动后	
	数量	比例	发行新股	送股	公积金转股	其他	小计	数量	比例
一、有限售条件股份	155,896,120	39.45%		46,768,726		-202,663,421	-155,894,695	1,425	0.00%
1、国家持股	0	0.00%						0	0.00%
2、国有法人持股	155,894,658	39.45%		46,768,397		-202,663,055	-155,894,658	0	0.00%
3、其他内资持股	1,462	0.00%		329		-366	-37	1,425	0.00%
其中：境内非国有法人持股									
境内自然人持股	1,462	0.00%		329		-366	-37	1,425	0.00%
4、外资持股									
其中：境外法人持股									
境外自然人持股									
5、高管股份									
二、无限售条件股份	239,293,880	60.55%		71,788,274		202,663,421	274,451,695	513,745,575	100.00%
1、人民币普通股	239,293,880	60.55%		71,788,274		202,663,421	274,451,695	513,745,575	100.00%
2、境内上市的外资股									
3、境外上市的外资股									
4、其他									
三、股份总数	395,190,000	100.00%		118,557,000		0	118,557,000	513,747,000	100.00%

限售股份变动情况表

单位：股

股东名称	年初限售股数	本年解除限售股数	本年增加限售股数	年末限售股数	限售原因	解除限售日期
太原煤炭气化(集团)有限责任公司	155,894,658	202,663,055		0	股改承诺	2008.12.9
金　骏	1,096	476		1,425	高管持股	可减持上年末所持股份的 25%
合计	155,895,754	202,663,531		1,425	-	-

4.2 前 10 名股东、前 10 名无限售条件股东持股情况表

单位：股

股东总数	77,366

前 10 名股东持股情况

股东名称	股东性质	持股比例	持股总数	持有有限售条件股份数量	质押或冻结的股份数量
太原煤炭气化(集团)有限责任公司	国有法人	49.45%	254,037,755	0	91,650,000
中国农业银行-中邮核心成长股票型证券投资基金	境内非国有法人	2.19%	11,261,765	0	0
中国工商银行-景顺长城新兴成长股票型证券投资基金	境内非国有法人	2.14%	11,000,000	0	0
中国人寿保险股份有限公司-分红-个人分红-005L-FH002 深	境内非国有法人	1.01%	5,194,505	0	0
中国农业银行-信诚四季红混合型证券投资基金	境内非国有法人	0.97%	5,000,000	0	0
山西省经济建设投资公司	国有法人	0.94%	4,829,413	0	0
中国工商银行-融通深证 100 指数证券投资基金	境内非国有法人	0.92%	4,749,915	0	0
中国农业银行-景顺长城资源垄断股票型证券投资基金(LOF)	境内非国有法人	0.87%	4,473,483	0	0
洪洞华清煤焦化学有限公司	境内非国有法人	0.40%	2,033,481	0	0
兴华证券投资基金	境内非国有法人	0.39%	1,999,978	0	0

前 10 名无限售条件股东持股情况

前 10 名无限售条件股东持股情况

股东名称	持有无限售条件股份数量	股份种类
太原煤炭气化(集团)有限责任公司	254,037,755	A 股
中国农业银行-中邮核心成长股票型证券投资基金	11,261,765	A 股
中国工商银行-景顺长城新兴成长股票型证券投资基金	11,000,000	A 股
中国人寿保险股份有限公司-分红-个人分红-005L-FH002 深	5,194,505	A 股
中国农业银行-信诚四季红混合型证券投资基金	5,000,000	A 股
山西省经济建设投资公司	4,829,413	A 股
中国工商银行-融通深证 100 指数证券投资基金	4,749,915	A 股
中国农业银行-景顺长城资源垄断股票型证券投资基金(LOF)	4,473,483	A 股
洪洞华清煤焦化学有限公司	2,033,481	A 股
兴华证券投资基金	1,999,978	A 股
上述股东关联关系或一致行动的说明	上述股东中,太原煤炭气化(集团)有限责任公司与其他股东之间不存在关联关系,也不属于《上市公司股东持股变动信息披露管理办法》中规定的一致行动人。公司未知其他股东之间的关联关系及是否属于《上市公司股东持股变动信息披露管理办法》中规定的一致行动人。	

4.3 控股股东及实际控制人情况介绍

4.3.1 控股股东及实际控制人变更情况

□ 适用　　√ 不适用

4.3.2 控股股东及实际控制人具体情况介绍

法定代表人:王良彦

注册资本:127,989.93 万元

成立日期:1983 年

经营范围:煤炭开采及运销;住宿;饮食服务;电力供应(上述经营项目限取得许可证的单位经营);经营本企业自产产品及相关技术出口业务;本企业生产、科研所需原辅材料、机械设备、仪器仪表、零配件等商品及相关技术的进口业务;承办中外合资经营、合作生产及开展"三来一补"业务。焦炭,煤气,洗精煤,煤气表,灶,管,建材,苦荞醋,盒子房的生产、加工与销售;煤气技术咨询、管网设计、安装维修;汽车运输;通讯、计算机网络的开发与应用。

第五节　董事、监事和高级管理人员

5.1 董事、监事和高级管理人员持股变动及报酬情况

姓　名	职务	性别	年龄	任期起止日期	年初持股数	年末持股数	变动原因	报告期内从公司领取的报酬总额(万元)税前	是否在股东单位或其他关联单位领取薪酬
王良彦	董事长	男	53	2006.10.23 至今	0	0		0.00	是
胡耀庭	副董事长	男	55	2006.10.23 至今	0	0		0.00	是
杨　晓	副董事长、总经理	男	53	2006.10.23 至今	0	0		0.00	是
刘恩孝	董事、董事会秘书、常务副总经理	男	59	2006.10.23 至今	0	0		24.49	否
姚毅明	董事、总会计师、	男	45	2006.10.23 至今	0	0		29.28	否
张建平	董事、副总经理、运销分公司经理	男	49	2006.10.23 至今	0	0		24.22	否
王晋勇	独立董事	男	45	2006.10.23 至今	0	0		3.00	否
金　骏	独立董事	男	39	2006.10.23 至今	1,462	1,901	2007 年度利润分配每 10 股送 3 股	3.00	否
阎敬恩	独立董事	男	42	2006.10.23 至今	0	0		3.00	否
李金顺	监事会主席	男	61	2006.10.23 至今	0	0		0.00	是
赵宏达	监事	男	51	2006.10.23 至今	500	650	2007 年度利润分配每 10 股送 3 股	0.00	是
张向荣	监事	男	47	2006.10.23 至今	0	0		15.34	否
赵靖平	监事、第二焦化厂工会主席	男	48	2006.10.23 至今	0	0		15.82	否
米崇林	监事、嘉乐泉煤矿工会主席	男	50	2006.10.23 至今	0	0		23.51	否
胡能光	副总经理	男	55	2002.5.10 至今	0	0		26.70	否
景明生	副总经理	男	54	2002.5.10 至今	0	0		25.58	否
李金元	副总经理	男	47	2007.12.13 至今	0	0		30.86	否
合　计	–	–	–	–	1,962	2,551	–	224.80	–

董事、监事、高级管理人员报告期内被授予的股权激励情况

□ 适用　　√ 不适用

5.2 董事出席董事会会议情况

董事姓名	具体职务	应出席次　数	亲自出席次数	以通讯方式参加会议次数	委托出席次数	缺席次数	是否连续两次未亲自出席会议
王良彦	董事长	7	2	5	0	0	否
胡耀庭	副董事长	7	1	5	1	0	否
杨　晓	副董事长、总经理	7	2	5	0	0	否
刘恩孝	董事、董秘	7	2	5	0	0	否
姚毅明	董事、总会计师	7	2	5	0	0	否
张建平	董事、副总经理	7	2	5	0	0	否
王晋勇	独立董事	7	2	5	0	0	否
金　骏	独立董事	7	2	5	0	0	否
阎敬恩	独立董事	7	2	5	0	0	否

连续两次未亲自出席董事会会议的说明

年内召开董事会会议次数	7
其中:现场会议次数	2
通讯方式召开会议次数	5
现场结合通讯方式召开会议次数	0

第六节　董事会报告

6.1 管理层讨论与分析

1、公司总体经营情况 2008 年,公司紧紧围绕"十一五"发展规划和年度生产经营计划,深化内部改革,强化基础管理,抢抓市场机遇,精心组织生产,强化市场营销,克服了煤焦市场大幅波动、铁路运力紧张等困难,圆满完成了各项生产经营指标。

(1)及时调整经营策略,积极应对煤焦市场变化

2008 年煤焦市场出现了前所未有的大起大落。1-8 月份,煤焦市场持续向好,价格始终在高位运行。三季度之后,受金融风暴的波及,国内钢铁市场急剧恶化,钢铁企业大幅限产。受此影响,煤焦市场需求锐减,价格大幅下滑,焦炭销售十分困难。前三季度,公司抓住煤焦市场持续向好的时机,抓生产,保销售,扬价格,取得了较好的经营业绩。8 月份,在煤焦市场尚未出现明显逆转情况下,基于对市场的研判,公司及时采取了保持原料煤适度库存、防范市场风险的措施,避免了原料煤价格下滑给企业带来的不必要的损失。在煤焦市场大幅下滑之后,公司充分发挥产业链条优势,按照市场需求组织生产,调整产品结构,加大原煤内调,降低产品成本;及时调整营销策略,优化用户结构,加大货款回收力度,确保了产品的稳定销售和市场风险的控制。

(2)深入推进公司治理专项活动,规范公司运作

按照中国证监会统一部署以及山西证监局《关于山西辖区 2008 年进一步深入推进公司治理专项活动有关工作的通知》精神,在巩固 2007 年治理专项活动成果的基础上,2008 年公司开展了进一步深入推进公司治理专项活动。修订完善了公司治理相关制度,严格执行了防止大股东占用上市公司资金等相关制度,对 2007 年《治理专项活动整改报告》的整改情况和整改效果重新进行了核查,形成并披露了《关于公司治理专项活动整改完成情况报告》,同时对公司治理专项活动进行了认真的总结分析,做好专项活动整改收尾和全面总结工作,公司治理水平得到明显提升。

(3)夯实基础管理,强化内部管控

公司从转换经营机制出发,调整完善了部门设置,优化了管理程序,提高了工作效率。进一步规范了产、供、运、销、资金、质量、工程、合同"八统一"管理,提高了公司的管控能力。进一步健全财务内控机制,完善财务风险防范措施,提高资金运行质量;规范法律风险控制体系,保证法律部门全过程参与公司重大项目的决策和运作,从源头上控制法律风险;突出审计工作从事后审计监督向事前咨询和事中控制转变,提升了企业风险控制水平。

(4)汲取事故教训,强化安全基础管理

认真汲取事故教训,从强化安全基础工作入手,重点采取了以下措施:一是进一步完善安全生

产责任制，细化工作职责，明确安全责任，强化安全问责，确保安全责任落实到位；二是加大标准化建设力度，提高安全质量标准化工作在公司整体考核中的权重，建立标准化动态验收机制，促进标准化工作上档升级；三是进一步加大隐患排查力度，重点做好“一通三防”、提升运输、防治水、顶板管理、危化品管理等要害部位的隐患排查治理，切实落实隐患排查整改责任，严格做到隐患排查治理“三定”、“五落实”；四是强化全员培训教育，强化对特殊工种的持证上岗、培训质量的督查考核，坚决做到不合格不上岗。五是提升员执行力，加强日常考核，强化班组管理，促进现场管理水平的提升，努力扭转安全生产被动局面。

(5)推进节能减排，保障清洁生产

节能减排既是企业应该承担的社会责任，更是公司实现可持续发展的内在要求。2008 年，公司在节能减排方面投入大量人力、物力，积极引进先进技术，逐步淘汰高耗能设备；强化能源计量管理，挖掘节能潜力；改进生产工艺，加强过程控制，积极开展污染源的治理。2008 年共完成重点节能技术改造项目 15 项，环保项目 10 项，公司节能减排水平明显提高，二氧化硫排放量同比下降 13%，COD 排放量同比降低 7%，全年节能 27,759 吨标准煤，圆满完成了政府下达的节能减排任务。

2008 年度公司生产经营总体态势良好，主要经营指标均创历史的最好水平，全年实现营业收入 473,527.90 万元，同比增长 38.21%；实现营业利润 90,552.93 万元，同比增长 97.64%。公司凭借优异的经营业绩，入选“2008 中国蓝筹百强榜”，并荣获“2008 中国蓝筹煤炭企业十强”称号，被评为“十佳最重回报上市公司”。

6.2 主营业务分行业、产品情况表

单位：(人民币)万元

分行业或分产品	营业收入	营业成本	营业利润率(%)	营业收入比上年增减(%)	营业成本比上年增减(%)	营业利润率比上年增减(%)
主营业务分行业情况						
煤　炭	442,397.09	237,010.87	46.43%	41.76%	21.72%	8.82%
城市公用	6,955.99	30,026.45	−331.66%	−11.66%	−5.46%	−28.30%
化工产品	16,839.66	14,769.99	12.29%	0.18%	44.91%	−27.07%
其　他	7,335.17	7,486.86	−2.07%	25.38%	41.14%	−11.40%
合　计	473,527.90	289,294.17	38.91%	38.21%	19.56%	9.53%
主营业务分产品情况						
焦　炭	285,924.19	141,137.00	50.64%	52.40%	8.56%	13.17%
精　煤	60,315.49	21,219.09	64.82%	14.13%	−34.07%	−4.43%
煤　气	6,955.99	30,026.45	−331.66%	−11.66%	−5.46%	−52.63%
原　煤	84,999.23	66,352.11	21.94%	43.99%	172.97%	−8.88%
中　煤	11,158.18	8,302.69	25.59%	−11.31%	1.15%	1.19%
化工产品	16,839.66	14,769.99	12.29%	0.18%	44.91%	−7.30%
其　他	7,335.17	7,486.86	−2.07%	25.38%	41.14%	−1.98%
合　计	473,527.90	289,294.17	38.91%	38.21%	19.56%	5.01%

6.3 主营业务分地区情况

单位：(人民币)万元

地　区	营业收入	营业收入比上年增减(%)
华北地区	411,825.15	59.06%
华东地区	54,384.27	59.82%
其他地区	7,318.48	−85.27%
合　计	473,527.90	38.21%

6.4 采用公允价值计量的项目

√ 适用　　□ 不适用

单位：(人民币)元

项目	期初金额	本期公允价值变动损益	计入权益的累计公允价值变动	本期计提的减值	期末金额
金融资产					
其中：1.以公允价值计量且其变动计入当期损益的金融资产	2,487,357.04	−1,518,623.53	−1,011,116.49		968,733.51
其中：衍生金融资产					
2.可供出售金融资产					
金融资产小计	2,487,357.04	−1,518,623.53	−1,011,116.49		968,733.51
金融负债					
投资性房地产					
生产性生物资产					
其他					
合计	2,487,357.04	−1,518,623.53	−1,011,116.49		968,733.51

6.5 募集资金使用情况

□ 适用　√ 不适用

变更项目情况

□ 适用　√ 不适用

6.6 非募集资金项目情况

√ 适用　　□ 不适用

单位：(人民币)万元

项目名称	项目金额	项目进度	项目收益情况
龙泉矿井项目	293,537.69	累计完成投资 8,326 万元。	目前，该项目仍处于建设阶段，2008 年该项目工程所在公司实现净利润−1,911.35 万元
合计	293,537.69	−	−

6.7 董事会对公司会计政策、会计估计变更或重大会计差错更正的原因及影响的说明

√ 适用　　□ 不适用

财政部财会函[2008]60 号规定：“高危行业企业按照规定提取的安全生产费用，应当按照《企业会计准则讲解(2008)》中的具体要求处理，在所有者权益”盈余公积“项下以”专项储备“项目单独列报，不再作为负债列示。煤炭企业在固定资产折旧外计提的维简费，应当比照安全生产费用的原则处理”，并追溯调整。

因执行财政部财会函[2008]60 号引起的会计政策变更：

公司以前年度依照国家有关规定对固定资产折旧外计提的维简费、安全生产费用、煤矿转产发展资金、矿山环境恢复治理保证金等四项费用系在生产成本中计提，自 2008 年起改为在未分配利润中提取，在所有者权益中的“盈余公积”项下以“专项储备”项目单独列报。公司按规定范围使用，购建相关设备、设施等资产时计入固定资产。对于作为固定资产管理和核算的相关设备，企业按规定计提折旧，计入有关成本费用。按规定范围使用安全生产储备等相关费用支付安全生产检查与评价支出、安全技能培训及进行应急救援演练支出等费用性支出，计入当期损益。公司按上述规定将相关储备用于购建相关设备或相关的费用性支出等时，按照实际使用金额自“盈余公积−专项储备”结转到“利润分配−未分配利润”，但结转金额以”盈余公积−专项储备“科目余额冲减至零为限。企业已根据财会函[2008]60 号对财务报表相关项目进行了追溯调整。上列各项对报表的影响如下：

对合并财务报表影响

	未分配利润	盈余公积	资本公积	其他	少数股东权益	合计
对 2008 年 12 月 31 日合并股东权益的影响						
煤炭企业安全费维简费调整	60,073,006.96	132,432,337.66	0	0	11,941,461.06	204,446,805.68
合　计	60,073,006.96	132,432,337.66	0	0	11,941,461.06	204,446,805.68
对 2007 年 12 月 31 日合并股东权益的影响						
煤炭企业安全费维简费调整	35,245,884.78	97,423,521.32	−	−	6,859,960.07	139,529,366.17
合　计	35,245,884.78	97,423,521.32	−	−	6,859,960.07	139,529,366.17

对母公司财务报表影响

	未分配利润	盈余公积	资本公积	合计
对 2008 年 12 月 31 日母公司股东权益的影响				
煤炭企业安全费维简费调整	14,971,179.75	132,432,337.66		147,403,517.41
合　计	14,971,179.75	132,432,337.66		147,403,517.41
对 2007 年 12 月 31 日母公司股东权益的影响				
煤炭企业安全费维简费调整	7,233,074.36	97,423,521.32		104,656,595.68
合　计	7,233,074.36	97,423,521.32		104,656,595.68

6.8 董事会对会计师事务所“非标准审计报告”的说明

□ 适用 √ 不适用

6.9 董事会本次利润分配或资本公积金转增股本预案

1、2009 年 2 月 16 日，本公司董事会第三届十九次会议向股东大会提议 2008 年度利润分配预案为：对 2008 年 1 月 1 日起至 12 月 31 日止母公司实现的税后净利润 576,189,011.95 元，按 10%的比例提取法定盈余公积 57,618,901.20 元后，截至 2008 年 12 月 31 日累计未分配利润为 788,708,089.84 元，按 2008 年 12 月 31 日股份总数 513,747,000 股，每 10 股派送现金股利 2 元，共计派送 102,749,400 元(含税)。

2、本年度不进行资本公积转增股本。

3、剩余的未分配利润 685,958,689.84 元，暂不进行分配，用于公司的发展和以后年度的利润分配。

公司本报告期内盈利但未提出现金利润分配预案

□ 适用 √ 不适用

公司前三年现金分红情况

单位：(人民币)元

年份	现金分红额	当年度归属于上市公司股东的净利润	所占比率
2005 年	11,855,700.00	186,362,675.52	6.36%
2006 年	59,278,500.00	132,640,838.88	44.69%
2007 年	39,519,000.00	267,422,122.52	14.78%

第七节　重要事项

7.1 收购资产

√ 适用　　□ 不适用

单位：(人民币)万元

交易对方或最终控制方	被收购资产	购买日	收购价格	自购买日起至本年末为公司贡献的净利润	本年初至本年末为公司贡献的净利润(适用于同一控制下的企业合并)	是否为关联交易(如是，说明定价原则)	定价原则说明	所涉及的资产产权是否已全部过户	所涉及的债权债务是否已全部转移	关联关系
灵石华苑煤业公司	灵石华苑煤业	2008 年 02 月 19 日	18,421.12	−1,469.49	−1,469.49	否	评估价	是	是	子公司

7.2 出售资产

□ 适用　　√ 不适用

7.1、7.2 所涉及事项对公司业务连续性、管理层稳定性的影响。

为提高公司煤炭资源储备量，提升煤炭生产能力，满足本公司炼焦用煤的需要。经公司 2008 年 7 月 23 日第一次临时股东大会表决通过，由本公司出资 18,421.12 万元购买山西灵石华苑煤业有限公司 70%的股权。通过此次股权收购，既能缓解公司原料煤供应紧张问题，又能增加企业经济效益，有利于公司的可持续发展。

7.3 重大担保

√ 适用　　□ 不适用

单位：(人民币)万元

公司对外担保情况(不包括对子公司的担保)

担保对象名称	发生日期(协议签署日)	担保金额	担保类型	担保期	是否履行完毕	是否为关联方担保(是或否)
太原化工股份有限公司	2006 年 06 月 27 日	3,048.00	三年期项目贷款	三年	否	否
太原化工股份有限公司	2008 年 08 月 11 日	5,000.00	短期借款担保合同	一年	否	否
太原化工股份有限公司	2007 年 08 月 13 日	5,000.00	流动资金综合授信敞口	一年	否	否
太原化工股份有限公司	2008 年 11 月 25 日	6,000.00	银行承兑汇票	一年	否	否
太原化工股份有限公司	2008 年 07 月 08 日	10,000.00	流动资金借款	一年	否	否
太原化工股份有限公司	2008 年 05 月 23 日	2,000.00	短期借款担保合同	一年	否	否
太原化工股份有限公司	2008 年 01 月 18 日	1,000.00	短期借款担保合同	一年	否	否
太原化工股份有限公司	2008 年 06 月 30 日	3,000.00	短期借款担保合同	一年	否	否
太原化工股份有限公司	2008 年 12 月 25 日	5,000.00	银行承兑汇票	一年	否	否
报告期内担保发生额合计						55,612.00
报告期末担保余额合计						40,048.00
公司对子公司的担保情况						
报告期内对子公司担保发生额合计						0.00
报告期末对子公司担保余额合计						0.00
公司担保总额情况(包括对子公司的担保)						
担保总额						40,048.00
担保总额占公司净资产的比例						15.62%
其中：						
为股东、实际控制人及其关联方提供担保的金额						0.00
直接或间接为资产负债率超过 70%的被担保对象提供的债务担保金额						0.00
担保总额超过净资产 50%部分的金额						0.00

上述三项担保金额合计 0.00

7.4 重大关联交易

7.4.1 与日常经营相关的关联交易

√ 适用　　□ 不适用

单位：(人民币)万元

关联方	向关联方销售产品和提供劳务		向关联方采购产品和接受劳务	
	交易金额	占同类交易金额的比例	交易金额	占同类交易金额的比例
集团公司	8,390.76	1.77%	10,384.88	3.59%
合计	8,390.76	1.77%	10,384.88	3.59%

其中：报告期内公司向控股股东及其子公司销售产品或提供劳务的关联交易金额 8,390.76 万元。

7.4.2 关联债权债务往来

√ 适用　　□ 不适用

单位：(人民币)万元

关联方	向关联方提供资金		关联方向公司提供资金	
	发生额	余额	发生额	余额
集团公司			17,357.06	1,408.65
北京首泰经贸有限责任公司		1,703.32		
山西新亚能源有限责任公司	517.47			
合计	517.47	1,703.32	17,357.06	1,408.65

其中：报告期内公司向控股股东及其子公司提供资金的发生额 517.47 万元，余额 1,703.32 万元。

7.4.3 2008 年资金被占用情况及清欠进展情况

□ 适用　　√ 不适用

7.5 委托理财

□ 适用　　√ 不适用

7.6 承诺事项履行情况

√ 适用　　□ 不适用

1、2004 年 11 月 16 日，集团公司做出了《关于杜绝占用太原煤气化股份有限公司资金的承诺》，集团公司郑重承诺：今后将严格执行证监会、国资委下发的《关于规范上市公司与关联方资金往来及上市公司对外担保若干问题的通知》及其它有关法律、法规的规定，不使用行政手段要求股份公司代为垫支工资、福利、保险、广告等期间费用，不互相代为承担成本和其他支出，也不采用期间发生、期末归还的方式变相占用股份公司资金，切实杜绝占用和借用股份公司资金情况的发生。报告期内，集团公司严格履行上述承诺，未发生占用和借用公司资金的情况。

2、公司股权分置改革方案已于 2005 年 12 月 5 日正式实施。控股股东集团公司承诺：遵守法律、法规和规章的规定，履行法定承诺义务；另外集团公司还作出如下特别承诺：自股改方案实施之日起，在二十四个月内不得上市交易或者转让；自股改方案实施之日起的第二十五个月至第四十八个月内，煤气化集团如通过证券交易所挂牌交易出售原非流通股股份，出售价格不得低于人民币 6.8 元/股。(若自非流通股获得流通权之日起至出售股份期间有派息、送股、资本公积金转增股份等除权除息事项，应对该最低出售价格进行除权除息处理)；如有违反承诺的卖出交易，煤气化集团将卖出资金划入上市公司账户归煤气化全体股东所有。报告期内，集团公司严格履行了以上股改承诺，未发生违反承诺事项的情况。

根据股改承诺及相关规定，集团公司所持本公司剩余限售股份 202,663,055 股已于 2008 年 12 月 9 日解除限售上市流通，集团公司承诺：如果计划未来通过证券交易系统出售所持本公司解除限售流通股，并于第一笔减持起六个月内减持数量达到 5%以上的，集团公司将于第一次减持前两个交易日内通过本公司对外披露出售所持股份的提示性公告；集团公司同时做出承诺：严格遵守中国证监会《上市公司解除限售存量股份转让指导意见》和深交所有关业务规则等相关规定，在所持有本公司限售股份解除限售锁定后，按照有关规定要求合法、合规的进行股份减持，并按规定履行信息披露义务。报告期内，集团公司严格履行了上述承诺，未发生违反承诺事项的情况。

公司或持股 5%以上股东在报告期内或持续到报告期内的承诺事项

√ 适用　　□ 不适用

承诺事项 承诺内容 履行情况

股改承诺 遵守法律、法规和规章的规定，履行法定承诺义务 集团公司严格履行了股改承诺，未发生违反承诺事项的情况。

其他对公司中小股东所作承诺 杜绝占用和借用股份公司资金情况的发生 集团公司严格履行承诺，未发生占用和借用公司资金的情况。

7.7 重大诉讼仲裁事项

□ 适用　　√ 不适用

7.8 其他重大事项及其影响和解决方案的分析说明

7.8.1 证券投资情况

√ 适用　　□ 不适用

单位：(人民币)元

序号	证券品种	证券代码	证券简称	初始投资金额(元)	持有数量	期末账面值	占期末证券总投资比例(%)	报告期损益
1	基金	36001	保德信量化	1,000,000.00	985,000	520,572.50	53.74%	−956,533.50
2	基金	36007	保德信优势	1,010,000.00	994,850	448,161.01	46.26%	−562,090.03
期末持有的其他证券投资				0.00	−	0.00	0.00%	0.00
报告期已出售证券投资损益				−	−	−	−	0.00
合计				2,010,000.00	−	968,733.51	100%	−1,518,623.53

7.8.2 持有其他上市公司股权情况

□ 适用　　√ 不适用

7.8.3 持有非上市金融企业股权情况

□ 适用　　√ 不适用

7.8.4 买卖其他上市公司股份的情况

□ 适用　　√ 不适用

第八节　监事会报告

√ 适用　　□ 不适用

2008 年度公司监事会根据《公司法》、《公司章程》、《监事会议事规则》的有关规定，本着对股东、对公司负责的精神，认真履行监督职责，依法独立行使职权，列席了公司历次股东大会、董事会等会议，对公司经营的决策程序、依法运作情况、财务状况以及内部管理等方面进行了监督和核查，为公司的规范运作和健康发展提供了有力保障。

一、监事会会议情况

本报告期内，公司监事会共召开了 5 次会议，具体会议情况及决议内容如下：

1、公司第三届监事会第六次会议于 2008 年 2 月 19 日召开。会议审议并通过如下议案：

(1)公司监事会 2007 年工作报告。

(2)公司 2007 年度财务决算报告。

(3)公司 2007 年利润分配预案。

(4)公司 2007 年年度报告及摘要。

(5)关于 2008 年度日常关联交易预计的议案。

(6)关于购买山西灵石华苑煤业有限公司部分股权的议案。

(7)对公司内部控制自我评价发表意见。本次监事会决议公告刊登于 2008 年 2 月 21 日的《中国证券报》、《证券时报》、《证券日报》和巨潮资讯网上。

2、公司第三届监事会第七次会议于 2008 年 4 月 18 日以通讯表决的方式召开。会议审议通过了公司 2008 年第一季度报告。

3、公司第三届监事会第八次会议于 2008 年 7 月 4 日召开。会议审议并通过如下议案：

(1)关于收回本溪北营钢铁(集团)股份有限公司投资的议案。

(2)关于执行《中国中煤能源集团公司会计核算办法》的议案。

(3)关于东河煤矿"2·24"透水事故资产报废处置的议案。

(4)关于调整土地使用权租金的议案。

本次监事会决议公告刊登于2008年7月8日的《中国证券报》、《证券时报》、《证券日报》和巨潮资讯网上。

4、公司第三届监事会第九次会议于2008年8月18日以通讯表决的方式召开。会议审议并通过了如下议案：

(1)公司2008年半年度报告及摘要。

(2)关于会计师事务所变更的议案。

本次监事会决议公告刊登于2008年8月20日的《中国证券报》、《证券时报》、《证券日报》和巨潮资讯网上。

5、公司第三届监事会第十次会议于2008年10月17日以通讯表决的方式召开。会议审议通过了公司2008年第三季度报告。

二、监事会的独立意见

1、公司依法运作情况

监事会及其成员通过列席公司股东大会、董事会以及调阅业务资料等途径，对公司股东大会、董事会的召开程序、决议事项、决策程序、董事会对股东大会决议的执行情况、公司高级管理人员执行职务的情况及公司管理制度等进行了监督检查，认为公司决策程序符合《公司法》、《公司章程》等规定，建立了完善的内部控制制度，公司董事会能够认真实施股东大会决议，经理层能够认真贯彻执行董事会决议，公司董事及高管人员在执行公司职务时尽职尽责，勤奋务实，履行了诚信和勤勉义务，无违反法律、法规、公司章程及损害公司利益的行为。

公司通过今年的上市公司治理专项活动，进一步制订完善了各项内部控制规章制度：制定了《独立董事年报工作制度》和《董事会审计委员会年报工作规程》；根据专项治理整改要求，修改了《公司章程》，为强化公司规范运作和增强上市公司的独立性奠定了良好的基础。

2、检查公司财务的情况

公司监事会对公司的财务制度和财务状况进行了有效的监督、检查和审核，认为：公司财务制度健全、内控制度完善，财务运作规范、财务状况良好，2008年度财务报告能够真实地反映公司的财务状况和经营成果，立信会计师事务所有限公司出具的标准无保留审计意见和对有关事项作出的评价是客观公正的。

3、检查募集资金使用情况

报告期内公司无募集资金使用情况。

4、对收购、出售资产的意见

监事会对公司在本报告期内收购、出售资产情况进行了监督，认为公司购买山西灵石华苑煤业有限公司部分股权交易价格合理公允，未发现有内幕交易情况，其行为是公开、公平、合理的，符合上市公司和全体股东的利益，没有损害中小股东或造成公司资产流失的情况发生。

5、对关联交易执行情况的意见

对公司2008年度发生的关联交易行为进行了核查，认为：公司关联交易决策程序符合有关法律、法规及公司章程的规定，均按照公平交易的原则进行，不存在内幕交易和损害上市公司利益的行为。

6、对内部控制自我评价报告的意见

对董事会关于公司2008年度内部控制的自我评价报告、公司内部控制制度的建设和运行情况进行了审核，认为：公司已建立了较为完善的内部控制制度体系并能得到有效的执行。公司内部控制的自我评价报告真实、客观地反映了公司内部控制制度的建设及运行情况。

第九节　财务报告

9.1 审计意见

审计报告　　标准无保留审计意见

审计报告正文

信会师报字(2009)第10160号

太原煤气化股份有限公司：

我们审计了后附的太原煤气化股份有限公司(以下简称贵公司)财务报表，包括2008年12月31日的资产负债表和合并资产负债表、2008年度的利润表和合并利润表、现金流量表和合并现金流量表、股东权益变动表和合并股东权益变动表以及财务报表附注。

一、管理层对财务报表的责任

按照企业会计准则的规定编制财务报表是贵公司管理层的责任。这种责任包括：(1)设计、实施和维护与财务报表编制相关的内部控制，以使财务报表不存在由于舞弊或错误而导致的重大错报；(2)选择和运用恰当的会计政策；(3)作出合理的会计估计。

二、注册会计师的责任

我们的责任是在实施审计工作的基础上对财务报表发表审计意见。我们按照中国注册会计师审计准则的规定执行了审计工作。中国注册会计师审计准则要求我们遵守职业道德规范，计划和实施审计工作以对财务报表是否不存在重大错报获取合理保证。

审计工作涉及实施审计程序，以获取有关财务报表金额和披露的审计证据。选择的审计程序取决于注册会计师的判断，包括对由于舞弊或错误导致的财务报表重大错报风险的评估。在进行风险评估时，我们考虑与财务报表编制相关的内部控制，以设计恰当的审计程序，但目的并非对内部控制的有效性发表意见。审计工作还包括评价管理层选用会计政策的恰当性和作出会计估计的合理性，以及评价财务报表的总体列报。

我们相信，我们获取的审计证据是充分、适当的，为发表审计意见提供了基础。

三、审计意见

我们认为，贵公司财务报表已经按照企业会计准则的规定编制，在所有重大方面公允反映了贵公司2008年12月31日的财务状况以及2008年度的经营成果、现金流量和股东权益变动情况。

立信会计师事务所有限公司　　中国注册会计师：刘　旻

中　国・上海　　中国注册会计师：刘志红

中国注册会计师：于　玮

二〇〇九年二月十七日

9.2 财务报表

9.2.1 资产负债表

编制单位：太原煤气化股份有限公司　　2008年12月31日　　单位：(人民币)元

项目	期末余额		年初余额	
	合并	母公司	合并	母公司
流动资产：				
货币资金	617,906,340.15	380,518,297.75	350,563,130.38	266,534,913.40
结算备付金				
拆出资金				
交易性金融资产	968,733.51		2,487,357.04	
应收票据	733,957,239.67	729,327,239.67	517,930,642.84	314,681,493.88
应收账款	507,401,716.43	493,925,628.07	171,497,384.34	157,650,769.96
预付款项	21,803,853.12	13,316,899.74	124,930,089.88	102,118,805.31
应收保费				
应收分保账款				
应收分保合同准备金				
应收利息				
应收股利				
其他应收款	81,208,385.24	50,389,999.23	59,593,309.46	44,563,412.52
买入返售金融资产				
存货	378,546,746.47	349,832,917.36	304,216,960.96	287,206,879.79
一年内到期的非流动资产				
其他流动资产		−485,823,089.37		−256,757,077.46
流动资产合计	2,341,793,014.59	1,531,487,892.45	1,531,218,874.90	915,999,197.40
非流动资产：				
发放贷款及垫款				
可供出售金融资产				
持有至到期投资				
长期应收款				
长期股权投资	1,286,000.00	524,938,830.00	13,286,000.00	352,727,670.00
投资性房地产				
固定资产	1,932,043,614.72	1,673,546,910.98	2,132,035,142.07	1,828,308,843.83
在建工程	88,534,947.70	6,430,088.26	47,031,854.10	9,045,937.87
工程物资	589,767.60		204,767.60	
固定资产清理				
生产性生物资产				
油气资产				
无形资产	308,436,018.62	19,584,528.33	80,938,311.77	20,150,853.81
开发支出				
商誉				
长期待摊费用	23,185,947.82	23,185,947.82	23,777,157.78	23,777,157.78
递延所得税资产	119,392,384.37	90,052,560.96	45,514,580.21	41,802,001.64
其他非流动资产				
非流动资产合计	2,473,468,680.83	2,337,738,866.35	2,342,787,813.53	2,275,812,464.93
资产总计	4,815,261,695.42	3,869,226,758.80	3,874,006,688.43	3,191,811,662.33
流动负债：				
短期借款	280,000,000.00	280,000,000.00	350,000,000.00	350,000,000.00
向中央银行借款				
吸收存款及同业存放				
拆入资金				
交易性金融负债				
应付票据	127,700,000.00	127,700,000.00	150,920,000.00	150,920,000.00
应付账款	505,332,006.57	485,044,186.96	321,760,841.39	317,017,946.03
预收款项	252,414,647.75	107,395,209.79	218,066,501.77	113,655,402.63
卖出回购金融资产款				
应付手续费及佣金				
应付职工薪酬	204,150,132.46	191,699,900.79	73,958,296.86	71,719,258.14
应交税费	266,332,010.51	246,237,687.78	240,603,830.36	212,299,450.59
应付利息				
应付股利	173,033.55	173,033.55	173,033.55	173,033.55
其他应付款	164,229,581.00	108,405,641.54	265,103,540.21	205,864,107.10
应付分保账款				
保险合同准备金				
代理买卖证券款				
代理承销证券款				
一年内到期的非流动负债				
其他流动负债				
流动负债合计	1,800,331,411.84	1,546,655,660.41	1,620,586,044.14	1,421,649,198.04
非流动负债：				
长期借款				
应付债券				
长期应付款	19,400,000.00	19,400,000.00	12,950,000.00	12,950,000.00
专项应付款				
预计负债				

递延所得税负债	50,078,608.39	30,437,390.20	32,897,336.65	21,148,768.05
其他非流动负债				
非流动负债合计	69,478,608.39	49,837,390.20	45,847,336.65	34,098,768.05
负债合计	1,869,810,020.23	1,596,493,050.61	1,666,433,380.79	1,455,747,966.09
所有者权益(或股东权益)：				
实收资本(或股本)	513,747,000.00	513,747,000.00	395,190,000.00	395,190,000.00
资本公积	649,172,871.30	649,172,871.30	649,172,871.30	649,172,871.30
减：库存股				
盈余公积	321,105,747.05	321,105,747.05	232,752,721.69	232,752,721.69
一般风险准备				
未分配利润	1,079,074,103.28	788,708,089.84	641,342,532.93	458,948,103.25
外币报表折算差额				
归属于母公司所有者权益合计	2,563,099,721.63	2,272,733,708.19	1,918,458,125.92	1,736,063,696.24
少数股东权益	382,351,953.56	289,115,181.72		
所有者权益合计	2,945,451,675.19	2,272,733,708.19	2,207,573,307.64	1,736,063,696.24
负债和所有者权益总计	4,815,261,695.42	3,869,226,758.80	3,874,006,688.43	3,191,811,662.33

9.2.2 利润表

编制单位：太原煤气化股份有限公司　　2008 年 1－12 月　　单位：(人民币)元

项目	本期金额		上期金额	
	合并	母公司	合并	母公司
一、营业总收入	4,735,278,999.58	4,085,267,256.91	3,426,082,976.09	2,980,466,117.06
其中：营业收入	4,735,278,999.58	4,085,267,256.91	3,426,082,976.09	2,980,466,117.06
利息收入				
已赚保费				
手续费及佣金收入				
二、营业总成本	3,849,900,942.79	3,425,256,730.09	2,968,493,919.78	2,668,042,737.49
其中：营业成本	2,892,941,735.59	2,699,372,762.49	2,419,692,056.47	2,212,231,896.61
利息支出				
手续费及佣金支出				
退保金				
赔付支出净额				
提取保险合同准备金净额				
保单红利支出				
分保费用				
营业税金及附加	71,611,674.69	56,586,780.95	59,101,586.48	46,492,380.81
销售费用	281,418,725.82	249,247,145.52	203,034,931.29	166,445,547.90
管理费用	349,451,149.64	232,206,635.00	165,055,151.87	132,543,948.28
财务费用	16,246,109.81	12,623,721.18	37,178,894.34	34,819,059.98
资产减值损失	238,231,547.24	175,219,684.95	84,431,299.33	75,509,903.91
加：公允价值变动收益(损失以"－"号填列)	－1,518,623.53		507,507.04	
投资收益(损失以"－"号填列)	21,669,900.00	49,669,900.00	68,133.78	
其中：对联营企业和合营企业的投资收益				
汇兑收益(损失以"－"号填列)				
三、营业利润(亏损以"－"号填列)	905,529,333.26	709,680,426.82	458,164,697.13	312,423,379.57
加：营业外收入	3,048,406.82	3,048,406.82	365,108.30	345,295.13
减：营业外支出	20,503,637.72	17,937,054.16	16,910,096.65	14,497,362.59
其中：非流动资产处置损失	559,758.16	559,758.16	3,539.61	3,539.61
四、利润总额(亏损总额以"－"号填列)	888,074,102.36	694,791,779.48	441,619,708.78	298,271,312.11
减：所得税费用	178,648,681.95	118,602,767.53	106,822,144.30	57,228,046.90
五、净利润(净亏损以"－"号填列)	709,425,420.41	576,189,011.95	334,797,564.48	241,043,265.21
归属于母公司所有者的净利润	684,160,595.71		314,058,891.19	
少数股东损益	25,264,824.70		20,738,673.29	
六、每股收益：				
(一)基本每股收益	1.3317		0.6113	
(二)稀释每股收益	1.3317		0.6113	

9.2.3 现金流量表

编制单位：太原煤气化股份有限公司　　2008 年 1－12 月　　单位：(人民币)元

项目	本期金额		上期金额	
	合并	母公司	合并	母公司
一、经营活动产生的现金流量：				
销售商品、提供劳务收到的现金	5,230,358,708.87	4,215,824,127.85	4,249,237,628.31	3,837,265,425.75
客户存款和同业存放款项净增加额				
向中央银行借款净增加额				
向其他金融机构拆入资金净增加额				
收到原保险合同保费取得的现金				
收到再保险业务现金净额				
保户储金及投资款净增加额				
处置交易性金融资产净增加额				
收取利息、手续费及佣金的现金				
拆入资金净增加额				
回购业务资金净增加额				
收到的税费返还				
收到其他与经营活动有关的现金	8,373,982.49	6,675,215.15	427,492.79	391,489.06
经营活动现金流入小计	5,238,732,691.36	4,222,499,343.00	4,249,665,121.10	3,837,656,914.81
购买商品、接受劳务支付的现金	2,801,084,342.06	2,385,687,662.03	1,910,673,673.29	1,964,572,215.90
客户贷款及垫款净增加额				
存放中央银行和同业款项净增加额				
支付原保险合同赔付款项的现金				
支付利息、手续费及佣金的现金				
支付保单红利的现金				
支付给职工以及为职工支付的现金	697,781,588.39	584,449,461.36	643,014,201.09	387,812,854.66
支付的各项税费	941,688,318.60	718,349,783.18	492,403,053.61	346,545,316.33
支付其他与经营活动有关的现金	68,102,958.20	42,767,342.38	229,178,138.70	3,921,539.86
经营活动现金流出小计	4,508,657,207.25	3,731,254,248.95	3,275,269,066.69	2,702,851,926.75
经营活动产生的现金流量净额	730,075,484.11	491,245,094.05	974,396,054.41	1,134,804,988.06
二、投资活动产生的现金流量：				
收回投资收到的现金	30,000,000.00	30,000,000.00		
取得投资收益收到的现金	3,669,900.00	3,669,900.00	575,640.82	
处置固定资产、无形资产和其他长期资产收回的现金净额	2,146,094.80	2,144,424.40	2,285,740.58	2,285,740.58
处置子公司及其他营业单位收到的现金净额				
收到其他与投资活动有关的现金				
投资活动现金流入小计	35,815,994.80	35,814,324.40	2,861,381.40	2,285,740.58
购建固定资产、无形资产和其他长期资产支付的现金	193,908,894.63	120,436,659.59	698,621,625.12	642,093,285.81
投资支付的现金	184,211,160.00	184,211,160.00	2,487,357.04	
质押贷款净增加额				
取得子公司及其他营业单位支付的现金净额				
支付其他与投资活动有关的现金				
投资活动现金流出小计	378,120,054.63	304,647,819.59	701,108,982.16	642,093,285.81
投资活动产生的现金流量净额	－342,304,059.83	－268,833,495.19	－698,247,600.76	－639,807,545.23
三、筹资活动产生的现金流量：				
吸收投资收到的现金				
其中：子公司吸收少数股东投资收到的现金				
取得借款收到的现金	280,000,000.00	280,000,000.00	450,000,000.00	450,000,000.00
发行债券收到的现金				
收到其他与筹资活动有关的现金	12,950,000.00	12,950,000.00		
筹资活动现金流入小计	280,000,000.00	280,000,000.00	462,950,000.00	462,950,000.00
偿还债务支付的现金	350,000,000.00	350,000,000.00	865,663,194.44	865,663,194.44
分配股利、利润或偿付利息支付的现金	70,623,470.40	58,623,470.40	102,690,889.11	100,321,642.19
其中：子公司支付给少数股东的股利、利润				
支付其他与筹资活动有关的现金				
筹资活动现金流出小计	420,623,470.40	408,623,470.40	968,354,083.55	965,984,836.63
筹资活动产生的现金流量净额	－140,623,470.40	－128,623,470.40	－505,404,083.55	－503,034,836.63
四、汇率变动对现金及现金等价物的影响				

五、现金及现金等				
价物净增加额	247,147,953.88	93,788,128.46	−229,255,629.90	−8,037,393.80
加:期初现金及现金等				
价物余额	350,563,130.38	266,534,913.40	579,818,760.28	274,572,307.20
六、期末现金及现金等				
价物余额	597,711,084.26	360,323,041.86	350,563,130.38	266,534,913.40

9.2.4 所有者权益变动表

编制单位:太原煤气化股份有限公司　　2008 年度　　单位:(人民币)元

本期金额

项目	归属于母公司所有者权益 实收资本(或股本)	资本公积	减:库存股	盈余公积	一般风险准备	未分配利润	其他	少数股东权益	所有者权益合计
一、上年年末余额	395,190,000.00	649,172,871.30		135,329,200.37		606,096,648.15		282,255,221.65	2,068,043,941.47
加:会计政策变更				97,423,521.32		35,245,884.78	−	6,859,960.07	139,529,366.17
前期差错更正									
其他									
二、本年年初余额	395,190,000.00	649,172,871.30		232,752,721.69		641,342,532.93		289,115,181.72	2,207,573,307.64
三、本年增减变动金额									
(减少以"−"号填列)	118,557,000.00			88,353,025.3		437,731,570.35		93,236,771.84	737,878,367.55
(一)净利润						684,160,595.71		25,264,824.70	709,425,420.41
(二)直接计入所有者权益的利得和损失									
1.可供出售金融资产公允价值变动净额									
2.权益法下被投资单位其他所有者权益变动的影响									
3.与计入所有者权益项目相关的所得税影响									
4.其他									
上述(一)和(二)小计						684,160,595.71		25,264,824.70	709,425,420.41
(三)所有者投入和减少资本								79,971,947.14	79,971,947.14
1.所有者投入资本								79,971,947.14	79,971,947.14
2.股份支付计入所有者权益的金额									
3.其他									
(四)利润分配	118,557,000.00			88,353,025.36		−246,429,025.36		−12,000,000.00	−51,519,000.00
1.提取盈余公积				88,353,025.36		−88,353,025.36			
2.提取一般风险准备									
3.对所有者									
(或股东)的分配	118,557,000.00					−158,076,000.00		−12,000,000.00	−51,519,000.00
4.其他									
(五)所有者权益内部结转									
1.资本公积转增资本(或股本)									
2.盈余公积转增资本(或股本)									
3.盈余公积弥补亏损									
4.其他									
四、本期期末余额	513,747,000.00	649,172,871.30		321,105,747.05		1,079,074,103.28		382,351,953.56	2,945,451,675.19

上年金额

项目	归属于母公司所有者权益 实收资本(或股本)	资本公积	减:库存股	盈余公积	一般风险准备	未分配利润	其他	少数股东权益	所有者权益合计
一、上年年末余额	395,190,000.00	680,477,702.02		114,658,715.43		418,623,510.57		264,862,740.24	1,873,812,668.26
加:会计政策变更				60,439,973.86		25,592,663.57		3,513,768.19	89,546,405.62
前期差错更正									
其他									
二、本年年初余额	395,190,000.00	680,477,702.02		175,098,689.29		444,216,174.14		268,376,508.43	1,963,359,073.88
三、本年增减变动金额									
(减少以"−"号填列)		−31,304,830.72		57,654,032.40		197,126,358.79		20,738,673.29	244,214,233.76
(一)净利润						314,058,891.19		20,738,673.29	334,797,564.48
(二)直接计入所有者									
权益的利得和损失		−31,304,830.72							−31,304,830.72
1.可供出售金融资产									
公允价值变动净额									
2.权益法下被投资单位其他									
所有者权益变动的影响		−36,829,212.61							−36,829,212.61
3.与计入所有者权益项目									
相关的所得税影响		5,524,381.89							5,524,381.89
4.其他									
上述(一)和(二)小计		−31,304,830.72				314,058,891.19		20,738,673.29	303,492,733.76
(三)所有者投入和减少资本									
1.所有者投入资本									
2.股份支付计入所有者权益的金额									
3.其他									
(四)利润分配				57,654,032.40		−116,932,532.40			−59,278,500.00
1.提取盈余公积				57,654,032.40		−57,654,032.40			
2.提取一般风险准备									
3.对所有者(或股东)的分配						−59,278,500.00			−59,278,500.00
4.其他									
(五)所有者权益内部结转									
1.资本公积转增资本(或股本)									
2.盈余公积转增资本(或股本)									
3.盈余公积弥补亏损									
4.其他									
四、本期期末余额	395,190,000.00	649,172,871.30		232,752,721.69		641,342,532.93		289,115,181.72	2,207,573,307.64

9.3 与最近一期年度报告相比,会计政策、会计估计和核算方法发生变化的具体说明

√ 适用　　□ 不适用

根据财政部财会函 [2008]60 号规定:"高危行业企业按照规定提取的安全生产费用,应当按照《企业会计准则讲解(2008)》中的具体要求处理,在所有者权益"盈余公积"项下以"专项储备"项目单独列报,不再作为负债列示。煤炭企业在固定资产折旧外计提的维简费,应当比照安全生产费用的原则处理"公司对固定资产折旧外计提的维简费、安全生产费用、煤矿转产发展资金、矿山环境恢复治理保证金等四项费用进行了追溯,并对财务报表项目进行了追溯调整

因执行财政部财会函[2008]60 号引起的会计政策变更

公司依照国家有关规定对固定资产折旧外计提的维简费、安全生产费用、煤矿转产发展资金、矿山环境恢复治理保证金等四项费用以前在生产成本中计提计提,改为在未分配利润中计提,在所有者权益中的"盈余公积"项下以"专项储备"项目单独反映。企业按规定标准提取四项费用时,借记"利润分配-专项储备"科目,贷记"盈余公积-专基储备"科目。按规定范围使用,购建相关设备、设施等资产时,按应计入相关资产成本的金额,借记"固定资产"等科目,贷记"银行存款"等科目。对于作为固定资产管理和核算的相关设备等。企业应当按规定计提折旧,计入有关成本费用。按规定范围使用安全生产储备等相关费用支付安全生产检查与评价支出、安全技能培训及进行应急救援演练支出等费用性支出,应计入当期损益,借记"管理费用"等科目,贷记"银行存款"等科目。企业按上述规定将相关储备用于购建相关设备或相关的费用性支出等时,应当按照实际使用金额在所有者权益内部进行结转,借记"盈余公积-专基储备"科目,贷记"利润分配-未分配利润"科目,但结转金额以"盈余公积-专项储备"科目余额冲减至零为限,对财务报表项目进行了追溯调整。上列各项对报表的影响如下:

对合并财务报表影响

对 2008 年 12 月 31 日合并股东权益的影响

	未分配利润	盈余公积	资本公积	其他	少数股东权益	合计
煤炭企业安全费						
维简费调整	60,073,006.96	132,432,337.66	0	0	11,941,461.06	204,446,805.68
合　计	60,073,006.96	132,432,337.66	0	0	11,941,461.06	204,446,805.68

对 2007 年 12 月 31 日合并股东权益的影响

	未分配利润	盈余公积	资本公积	其他	少数股东权益	合计
煤炭企业安全费						
维简费调整	35,245,884.78	97,423,521.32	−	−	6,859,960.07	139,529,366.17
合　计	35,245,884.78	97,423,521.32	−	−	6,859,960.07	139,529,366.17

对母公司财务报表影响

对 2008 年 12 月 31 日母公司股东权益的影响

	未分配利润	盈余公积	资本公积	合计
煤炭企业安全费维简费调整	14,971,179.75	132,432,337.66		147,403,517.41
合　计	14,971,179.75	132,432,337.66		147,403,517.41

对 2007 年 12 月 31 日母公司股东权益的影响

	未分配利润	盈余公积	资本公积	合计
煤炭企业安全费维简费调整	7,233,074.36	97,423,521.32		104,656,595.68
合　计	7,233,074.36	97,423,521.32		104,656,595.68

9.4 重大会计差错的内容、更正金额、原因及其影响

□ 适用　　√ 不适用

9.5 与最近一期年度报告相比,合并范围发生变化的具体说明

√ 适用　　□ 不适用

与上年相比本年新增合并单位 1 家,原因为:本公司购买山西灵石华苑煤业有限公司 70%股权。

太原煤气化股份有限公司董事会

董事长:王良彦

二 OO 九年二月十九日

苏 宁 电 器 股 份 有 限 公 司

苏宁电器股份有限公司 2008 年年度报告摘要

第一节　重要提示

1.1 本公司董事会、监事会及董事、监事、高级管理人员保证本报告所载资料不存在任何虚假记载、误导性陈述或者重大遗漏，并对其内容的真实性、准确性和完整性承担个别及连带责任。

1.2 没有董事、监事、高级管理人员声明对年度报告内容的真实性、准确性和完整性无法保证或存在异议。

1.3 除下列董事外，其他董事出席了审议本次年报的董事会会议。

未出席董事姓名	未出席会议原因	被委托人姓名
金明	董事金明先生因其他公务安排，未能现场出席，以通讯方式参加会议	–

1.4 普华永道中天会计师事务所有限公司为本公司出具了标准无保留意见的审计报告。

1.5 公司董事长张近东先生、财务负责人朱华女士及会计机构负责人肖忠祥先生声明：保证本年度报告中财务报告的真实、完整。

第二节　公司基本情况简介

2.1 基本情况简介

股票简称	苏宁电器
股票代码	002024
上市交易所	深圳证券交易所
注册地址	江苏省南京市山西路 8 号金山大厦 1-5 层
注册地址的邮政编码	210005
办公地址	江苏省南京市淮海路 68 号
办公地址的邮政编码	210005
公司国际互联网网址	http:// .cnsuning.com
电子信箱	stock@cnsuning.com

2.2 联系人和联系方式

	董事会秘书	证券事务代表
姓名	任 峻	韩 枫
联系地址	江苏省南京市淮海路 68 号	江苏省南京市淮海路 68 号
电话	025-84418888-888155	025-84418888-888122
传真	025-84467008	025-84467008
电子信箱	stock@cnsuning.com	stock@cnsuning.com

第三节　会计数据和业务数据摘要

3.1 主要会计数据

单位：（人民币）千元

	2008 年	2007 年	本年比上年增减(%)	2006 年(注 2)
营业收入	49,896,709.00	40,152,371.00	24.27%	26,161,252.00
利润总额	2,950,873.00	2,241,358.00	31.66%	1,147,478.00
归属于上市公司股东的净利润	2,170,189.00	1,465,426.00	48.09%	757,636.00
扣除非经常性损益后归属于上市公司股东的净利润(注 1)	2,179,913.00	1,491,036.00	46.20%	757,497.00
经营活动产生的现金流量净额	3,819,141.00	3,496,476.00	9.23%	150,751.00
	2008 年末	2007 年末	本年末比上年末增减(%)	2006 年末(注 2)
总资产	21,618,527.00	16,229,651.00	33.20%	8,829,047.00
归属于母公司的所有者权益(或股东权益)	8,775,957.00	4,623,562.00	89.81%	3,158,136.00
股本	2,991,008.00	1,441,504.00	107.49%	720,752.00

注：1、根据《公开发行证券的公司信息披露解释性公告第 1 号——非经常性损益(2008)》的要求，公司在计算 2008 年与非经常性损益相关的财务指标时，已扣除少数股东权益和所得税影响。

2、2006 年度及 2006 年末列示数据为调整后数据，下同。

3.2 主要财务指标

单位：（人民币）元

	2008 年	2007 年	本年比上年增减(%)	2006 年
基本每股收益(元/股)	0.74	0.51	45.10%	0.27
稀释每股收益(元/股)	0.74	0.51	45.10%	0.27
扣除非经常性损益后的每股收益(元/股)	0.74	0.52	42.31%	0.27
全面摊薄净资产收益率(%)	24.73%	31.69%	-6.96%	23.99%
加权平均净资产收益率(%)	31.60%	37.66%	-6.06%	34.73%
扣除非经常性损益后全面摊薄净资产收益率(%)(注)	24.84%	32.25%	-7.41%	23.99%
扣除非经常性损益后的加权平均净资产收益率(%)(注)	31.75%	38.20%	-6.45%	34.72%
每股经营活动产生的现金流量净额(元/股)	1.28	2.43	-47.33%	0.21
	2008 年末	2007 年末	本年末比上年末增减(%)	2006 年末
属于上市公司股东的每股净资产(元/股)	2.93	3.21	-8.72%	4.38

注：根据《公开发行证券的公司信息披露解释性公告第 1 号——非经常性损益(2008)》的要求，公司在计算 2008 年与非经常性损益相关的财务指标时，已扣除少数股东权益和所得税影响；2006 年、2007 年列示数据相应调整，下同。

非经常性损益项目

√ 适用　　□ 不适用

单位：（人民币）元

非经常性损益项目	金额
非流动资产处置损益	-912
计入当期损益的政府补助(与公司正常经营业务密切相关，符合国家政策规定、按照一定标准定额或定量持续享受的政府补助除外)	22,833
非经常性损益的所得税影响数	3,375
其他营业外收支净额	-35,422
少数股东权益影响数	402
合计	-9,724

3.3 境内外会计准则差异

□ 适用　　√ 不适用

第四节　股本变动及股东情况

4.1 股份变动情况表

单位：股

	本次变动前		本次变动增减(+,-)					本次变动后	
	数量	比例	发行新股	送股	公积金转股(注 2)	其他(注 3)	小计	数量	比例
一、有限售条件股份	465,386,040	32.28%	54,000,000		395,000,280	89,575,200	538,575,480	1,003,961,520	33.57%
1、国家持股									
2、国有法人持股			5,000,000		5,000,000		10,000,000	10,000,000	0.33%
3、其他内资持股	382,497,120	26.53%	49,000,000		342,771,520	179,575,200	571,346,720	953,843,840	31.89%
其中：境内非国有法人持股(注 1)	88,725,600	6.16%	49,000,000		49,000,000	-88,725,600	9,274,400	98,000,000	3.28%
境内自然人持股	293,771,520	20.38%			293,771,520	268,300,800	562,072,320	855,843,840	28.61%
4、外资持股									
其中：境外法人持股									
境外自然人持股									
5、高管股份	82,888,920	5.75%			47,228,760	-90,000,000	-42,771,240	40,117,680	1.34%
二、无限售条件股份	976,117,960	67.72%			1,100,503,720	-89,575,200	1,010,928,520	1,987,046,480	66.43%
1、人民币普通股	976,117,960	67.72%			1,100,503,720	-89,575,200	1,010,928,520	1,987,046,480	66.43%
2、境内上市的外资股									
3、境外上市的外资股									
4、其他									
三、股份总数	1,441,504,000	100.00%	54,000,000		1,495,504,000	0	1,549,504,000	2,991,008,000	100%

注：1、境内非国有法人持股含机构投资者配售股份；

2、公积金转增股本变动是因为公司实施 2008 年半年度资本公积金转增股本方案所致；

3、其他变动是公司部分股东有限售条件股份限售期满可上市流通，公司历任董事、监事、高级管理人员所持股份按照国家相关法律规定锁定或解锁以及公司股东追加限售承诺所致。

限售股份变动情况表

单位：股

股东名称	年初限售股数	本年解除限售股数	本年增加限售股数	年末限售股数	限售原因	解除限售日期
张近东	320,941,440	0	534,902,400	855,843,840	追加股份限售承诺	2010-8-10
江苏苏宁电器集团有限公司	88,725,600	88,725,600	0	0	依据股改承诺	2008-08-11
金　明	20,058,840	0	20,058,840	40,117,680	高管股份锁定	未知
蒋　勇	26,745,120	26,745,120	0	0	离任满六个月高管股份解除锁定	2008-1-13

陈世清	8,915,040	8,915,040	0	0	离任满六个月高管股份解除锁定	2008-1-13
中信证券股份有限公司	0	0	10,000,000	10,000,000	2007年非公开发行	2009-5-22
广发策略优选混合型证券投资基金	0	0	4,000,000	4,000,000	2007年非公开发行	2009-5-22
广发大盘成长混合型证券投资基金	0	0	4,000,000	4,000,000	2007年非公开发行	2009-5-22
广发聚丰股票型证券投资基金	0	0	8,000,000	8,000,000	2007年非公开发行	2009-5-22
广发聚富开放式证券投资基金	0	0	4,000,000	4,000,000	2007年非公开发行	2009-5-22
广发稳健增长证券投资基金	0	0	4,000,000	4,000,000	2007年非公开发行	2009-5-22
兴和证券投资基金	0	0	2,400,000	2,400,000	2007年非公开发行	2009-5-22
华夏蓝筹核心混合型证券投资基金(LOF)	0	0	5,200,,000	5,200,000	2007年非公开发行	2009-5-22
华夏平稳增长混合型证券投资基金	0	0	4,000,000	4,000,000	2007年非公开发行	2009-5-22
华夏成长证券投资基金	0	0	4,000,000	4,000,000	2007年非公开发行	2009-5-22
华夏回报证券投资基金	0	0	5,200,000	5,200,000	2007年非公开发行	2009-5-22
华夏红利混合型开放式证券投资基金	0	0	5,000,000	5,000,000	2007年非公开发行	2009-5-22
华夏回报二号证券投资基金	0	0	2,800,000	2,800,000	2007年非公开发行	2009-5-22
华夏复兴股票型证券投资基金	0	0	3,400,000	3,400,000	2007年非公开发行	2009-5-22
中小企业板交易型开放式指数基金	0	0	8,000,000	8,000,000	2007年非公开发行	2009-5-22
鹏华价值优势股票型证券投资基金	0	0	9,000,000	9,000,000	2007年非公开发行	2009-5-22
全国社保基金一零四组合	0	0	3,000,000	3,000,000	2007年非公开发行	2009-5-22
鹏华优质治理股票型证券投资基金(LOF)	0	0	2,000,000	2,000,000	2007年非公开发行	2009-5-22
中国建设银行-融通领先成长股票型证券投资基金	0	0	2,000,000	2,000,000	2007年非公开发行	2009-5-22
中国工商银行-融通动力先锋股票型证券投资基金	0	0	2,000,000	2,000,000	2007年非公开发行	2009-5-22
融通新蓝筹证券投资基金	0	0	2,000,000	2,000,000	2007年非公开发行	2009-5-22
交通银行-融通行业景气证券投资基金	0	0	2,000,000	2,000,000	2007年非公开发行	2009-5-22
中国工商银行-融通蓝筹成长证券投资基金	0	0	2,000,000	2,000,000	2007年非公开发行	2009-5-22
工银瑞信稳健成长股票型证券投资基金	0	0	6,600,000	6,600,000	2007年非公开发行	2009-5-22
工银瑞信核心价值股票型证券投资基金	0	0	3,400,000	3,400,000	2007年非公开发行	2009-5-22
合计	465,386,040	124,385,760	662,961,240	1,003,961,520	-	-

4.2 前10名股东、前10名无限售条件股东持股情况表

单位:股

股东总数					53,183
前10名股东持股情况					
股东名称	股东性质	持股比例	持股总数	持有有限售条件股份数量	质押或冻结的股份数量
张近东	境内自然人	28.61%	855,843,840	855,843,840	0
江苏苏宁电器集团有限公司	境内非国有法人	14.00%	418,708,244	0	0
陈金凤	境内自然人	3.82%	114,280,760	0	0
中国工商银行-广发聚丰股票型证券投资基金	境内非国有法人	1.95%	58,284,550	8,000,000	0
交通银行-富国天益价值证券投资基金	境内非国有法人	1.85%	55,387,622	0	0
金　明	境内自然人	1.79%	53,490,240	40,117,680	0
中国工商银行-汇添富均衡增长股票型证券投资基金	境内非国有法人	1.57%	47,027,869	0	0
交通银行-华夏蓝筹核心混合型证券投资基金(LOF)	境内非国有法人	1.47%	43,829,072	5,200,000	0
中国建设银行-华夏红利混合型开放式证券投资基金	境内非国有法人	1.35%	40,288,950	5,000,000	0
中国工商银行-汇添富成长焦点股票型证券投资基金	境内非国有法人	1.17%	34,972,944	0	0

前10名无限售条件股东持股情况

股东名称	持有无限售条件股份数量	股份种类
江苏苏宁电器集团有限公司	418,708,244	人民币普通股
陈金凤	114,280,760	人民币普通股
交通银行-富国天益价值证券投资基金	55,387,622	人民币普通股
中国工商银行-广发聚丰股票型证券投资基金	50,284,550	人民币普通股
中国工商银行-汇添富均衡增长股票型证券投资基金	47,027,869	人民币普通股
交通银行-华夏蓝筹核心混合型证券投资基金(LOF)	38,629,072	人民币普通股
中国建设银行-华夏红利混合型开放式证券投资基金	35,288,950	人民币普通股
中国工商银行-汇添富成长焦点股票型证券投资基金	34,972,944	人民币普通股
中国建设银行-富国天博创新主题股票型证券投资基金	32,049,882	人民币普通股
中国建设银行-银华核心价值优选股票型证券投资基金	30,440,558	人民币普通股
上述股东关联关系或一致行动的说明	1、张近东先生持有江苏苏宁电器集团有限公司28%的股权,张近东与江苏苏宁电器集团有限公司构成关联股东关系。 2、除前述关联关系外,未知公司前十名主要股东、前十名无限售条件股东之间是否存在其他关联关系,也未知是否存在《上市公司收购管理办法》中规定的一致行动人的情况。	

4.3 控股股东及实际控制人情况介绍

4.3.1 控股股东及实际控制人变更情况

□ 适用　　√ 不适用

4.3.2 控股股东及实际控制人具体情况介绍

张近东先生,中国国籍,1963年3月出生,本科学历,曾任江苏苏宁交家电有限公司董事长兼总经理,现任苏宁电器股份有限公司董事长。无其他国家或地区居住权。

第五节 董事、监事和高级管理人员

5.1 董事、监事和高级管理人员持股变动及报酬情况

姓名	职务	性别	年龄	任期起始日期	任期终止日期	年初持股数	年末持股数	变动原因	报告期内从公司领取的报酬总额(万元)税前	是否在股东单位或其他关联单位领取薪酬
张近东	董事长	男	46	2007-07-13	2010-07-12	427,921,920	855,843,840	资本公积金转增股本	150.00	否
孙为民	董事、总裁	男	46	2007-07-13	2010-07-12	0	0	-	80.00	否
孟祥胜	董事、副总裁	男	37	2007-07-13	2010-07-12	0	0	-	60.00	否
金　明	董事、副总裁	男	38	2007-07-13	2010-07-12	26,745,120	53,490,240	资本公积金转增股本	60.00	否
任　峻	董事、董秘	男	32	2007-07-13	2010-07-12	0	0	-	30.00	否
李　东	董事	男	48	2007-07-13	2010-07-12	0	0	-	5.00	否
沈坤荣	独立董事	男	46	2007-07-13	2010-07-12	0	0	-	5.00	否
孙剑平	独立董事	男	56	2007-07-13	2010-07-12	0	0	-	5.00	否
戴新民	独立董事	男	47	2007-07-13	2010-07-12	0	0	-	5.00	否
李建颖	监事会主席	女	40	2007-07-13	2010-07-12	0	0	-	15.00	否
汪晓玲	监事	女	36	2007-07-13	2010-07-12	0	0	-	10.00	否
肖忠祥	监事	男	38	2007-07-12	2010-07-11	0	0	-	12.00	否
朱　华	财务负责人	女	44	2007-07-13	2010-07-12	0	0	-	15.00	否
合　计	-	-	-	-	-	454,667,040	909,334,080	-	452.00	-

董事、监事、高级管理人员报告期内被授予的股权激励情况

□ 适用　　√ 不适用

5.2 董事出席董事会会议情况

董事姓名	具体职务	应出席次数	现场出席次数	以通讯方式参加会议次数	委托出席次数	缺席次数	是否连续两次未亲自出席会议
张近东	董事长	16	3	13	0	0	否
孙为民	董事、总裁	16	2	13	1	0	否
孟祥胜	董事、副总裁	16	3	13	0	0	否
金　明	董事、副总裁	16	3	13	0	0	否
任　峻	董事、董秘	16	3	13	0	0	否
李　东	外部董事	16	1	13	2	0	否
沈坤荣	独立董事	16	2	14	0	0	否
孙剑平	独立董事	16	2	14	0	0	否
戴新民	独立董事	16	3	13	0	0	否

连续两次未亲自出席董事会会议的说明

无

年内召开董事会会议次数	16
其中:现场会议次数	2
通讯方式召开会议次数	13
现场结合通讯方式召开会议次数	1

第六节 董事会报告

6.1 管理层讨论与分析

2008 年是苏宁电器实施"领跑行业、树立标杆"三年发展规划的第一年。

由于宏观调控、自然灾害、全球金融危机向实体经济蔓延，外部环境发生了较大变化，但基于前期搭建的较为扎实的管理平台和以内生增长为主的发展模式，公司坚持既定的"强化后台、强化管理、稳健发展"的经营战略，在稳步推进连锁网络扩张的同时，进一步完善物流、信息、人力资源等后台平台建设，不断优化供应商合作关系，强化营销创新，降低管理成本，加强风险控制。

通过以上企业核心竞争力的建设，2008 年公司继续保持了相对稳健的发展态势，公司新进地级以上城市 26 个，新开连锁店 210 家，实现营业总收入 498.97 亿元，比上年同期增长 24.27%；实现归属于母公司净利润 21.70 亿元，比上年同期增长 48.09%；实现经营活动产生的现金流量净额 38.19 亿元。

一、行业状况

1、社零总额保持一定幅度增长

根据国家统计局的统计数据，虽然受到自然灾害、宏观经济等客观因素的影响，2008 年国内市场需求仍然保持一定幅度的增长，从分季度情况看，下半年社会消费品零售总额增幅放缓，而居民消费价格涨幅也呈现出前高后低，逐步回稳的态势。

2、家电市场容量依然较大，增幅放缓

受上述原因影响，2008 年全年行业的增长较预期有所下降。北京中怡康时代市场研究有限公司数据显示，2008 年国内家电及消费类电子产品的市场总规模为 7920 亿元，比去年同期增长 6%，增幅放缓约 8 个百分点。

3、家电连锁发展空间仍然很大

公司认为，在目前阶段，虽然受客观因素影响，行业发展有所放缓。但从中长期发展来看，随着国家内需拉动政策的陆续出台以及社会消费需求逐步回升，家电市场容量仍将继续保持持续相对稳定的增长。

同时，国内家电连锁企业的市场份额依然较低。

布局方面，门店仍主要分布在一级城市和富裕的二级城市，未来的布局空间很大，市场份额有望进一步提升。

产品方面，家电连锁企业消费类电子产品销售实现较快增长，但市场占有率仍然很低，而传统家电在二三级城市的市场普及度、产品线的丰富度与服务提升上还有很大的空间，彩电、冰洗产品的升级换代在一级城市仍有一个较长的的提升过程。

市场整合方面，专业连锁相对于其他业态的优势会进一步体现，而其中领先企业的优势会更加凸显，市场集中度会进一步提高。

此外，在行业发展面临挑战的情况下，供应商和零售商会更加理性思考双方的合作模式，加快推进供应商与领先企业长期战略合作关系的建立和完善，共同整合市场，降低供应链成本。

综合分析来看，公司认为目前的发展环境是机遇大于挑战。公司将进一步坚持既定的发展战略，强化核心竞争力，进一步加强信息管理系统、物流基地平台等后台建设，完善人才培养激励机制，通过加强有效店面发展、经营效益提升、内部成本控制等措施，全面提升"以客户为中心"的运营能力，提升经营管理效率。

二、连锁发展情况

(1)2008 年，公司新进地级以上城市 26 个，新开连锁店 210 家，置换连锁店 30 家，净增加连锁店 180 家；

(2)公司继续推进"租、建、购、并"多样化的开发策略，报告期内，在重庆、天津、成都、苏州、厦门、泰安、济南、武汉等地的核心商圈，购置连锁店物业 9 处，购置面积 11.87 万平方米；

截止报告期末，公司已在全国拥有自有物业连锁店 17 家(含在筹建连锁店 1 家)，面积达 21.86 万平方米。

(3)截至报告期末，公司已在全国 178 个地级以上城市拥有连锁店 812 家，连锁店面积达 346.20 万平方米，比上年同期增长 31.03%；平均单店面积 4,263 平方米，比上年同期增长 1.99%。

三、经营结果情况

(1)报告期内，公司连锁网络规模不断扩大，终端销售和服务能力进一步增强，实现营业总收入比上年同期增长 24.27%，其中主营业务收入同比增长 24.91%。

(2)公司实现主营业务毛利率同比增长 3.28 个百分点，其他业务利润同比下降 0.57 个百分点，综合毛利率同比增长 2.71 个百分点。

(3)受自然灾害、国际金融危机向实体经济蔓延以及节假日调整的影响，公司全年销售尤其四季度可比店面销售出现下滑，而管理费用、销售费用中人员、水电、租赁等费用属于固定费用、相对固定费用，由此带来报告期内管理费用率、销售费用率合计比去年同期上升 2.53 个百分点，但综合费用水平仍在可控范围内；

(4)报告期内，由于公司综合经营质量继续保持相对稳定的水平，带来公司营业总收入和综合毛利的增长高于三项费用的增长幅度，加之所得税率调整的影响，实现归属于上市公司股东的净利润同比增长 48.09%。

四、2009 年发展规划

2009 年，全球金融危机对我国宏观经济和行业发展会形成一定的压力。对苏宁而言，我们仍然坚信这将是机遇大于挑战的一年。一方面，资源、能源成本下降将会降低公司快速发展的投资成本；另一方面，在行业状况变化的情况下，长期稳健发展而形成的领先优势将有助于公司的竞争优势进一步凸显，市场份额进一步提高；同时，国家通过降息减税、家电下乡等诸多措施拉动消费，上游厂商通过降低成本、加强促销以扩大市场，也为我们的快速发展提供了更广泛的市场空间。

公司将在坚定执行既定战略的基础上，进一步加强基础管理，完善人才建设，强化营销创新，提升品牌形象，在继续保持企业持续稳健发展的基础上实现苏宁电器的行业领先。

6.2 主营业务分行业、产品情况表

单位：(人民币)万元

分行业或分产品	主营业务收入	主营业务成本	主营业务毛利率	主营业务收入比上年增减(%)	主营业务成本比上年增减(%)	主营业务毛利率比上年增减(%)
主营业务分行业情况						
零售业	4,831,103.90	4,129,263.70	14.53%	24.91%	20.30%	3.28%
主营业务分产品情况						
彩电、音像、碟机	1,373,944.60	1,122,449.50	18.30%	20.74%	12.87%	5.69%
冰箱、洗衣机	804,944.40	667,503.00	17.07%	24.14%	17.38%	4.77%
数码及 IT 产品	678,313.90	640,354.00	5.60%	46.12%	43.35%	1.83%
小家电产品	666,653.50	554,763.20	16.78%	49.39%	47.05%	1.32%
空调器产品	649,525.40	555,976.80	14.40%	9.36%	5.77%	2.90%
通讯产品	605,479.10	560,310.20	7.46%	12.73%	12.50%	0.19%
安装维修业务	48,365.00	27,063.80	44.04%	53.67%	63.54%	−3.38%
其他产品	3,878.00	843.20	78.26%	−53.33%	−83.53%	39.86%
合计	4,831,103.90	4,129,263.70	14.53%	24.91%	20.30%	3.28%

6.3 主营业务分地区情况

单位：(人民币)万元

地区	主营业务收入	主营业务收入比上年增减(%)
华东一区	1,131,262.80	19.19%
华东二区	973,314.10	13.03%
华南地区	704,809.70	21.94%
华北地区	811,847.60	40.15%
西部地区	642,307.50	39.91%
东北地区	313,959.10	24.77%
华中地区	253,603.10	33.93%

6.4 采用公允价值计量的项目

□ 适用　√ 不适用

6.5 募集资金使用情况

√ 适用　□ 不适用

单位：(人民币)万元

募集资金总额	400,967.76	本年度投入募集资金总额	139,410.01
变更用途的募集资金总额	9,963.20		
变更用途的募集资金总额比例	2.48%	已累计投入募集资金总额	266,094.82

承诺投资项目	是否已变更项目(含部分变更)	募集资金承诺投资总额	调整后投资总额	截至期末承诺投入金额(1)	本年度投入金额
南京新街口店扩建项目	是	9,963.20	−	−	−
增资北京苏宁电器有限公司	否	3,750.00	3,750.00	3,750.00	0.00
增资浙江苏宁电器有限公司	否	4,000.00	4,000.00	4,000.00	0.00
增资上海苏宁电器有限公司	否	3,750.00	3,750.00	3,750.00	0.00
物流配送体系一期扩建项目	−	8,000.00	8,000.00	8,000.00	0.00
其中：新建杭州配送中心	否	2,500.08	2,500.08	2,500.08	0.00
扩建南京配送中心	否	2,252.75	2,252.75	2,252.75	0.00
新建北京配送中心	否	3,247.17	3,247.17	3,247.17	0.00
商业信息化系统建设项目	否	9,989.44	9,989.44	9,989.44	0.00
100 家连锁店发展项目	否	50,000.00	50,000.00	50,000.00	11,043.73
江苏物流中心项目	否	15,310.00	15,310.00	15,310.00	1,026.21
信息中心项目	否	13,171.90	13,171.90	13,171.90	1,465.09
250 家连锁店发展项目	否	150,000.00	150,000.00	46,155.82	
沈阳物流中心项目	否	14,348.37	14,348.37	2,061.98	
武汉中南旗舰店购置项目	否	23,386.77	23,386.77	23,386.77	
上海浦东旗舰店购置项目	否	57,620.87	54,270.41	54,270.41	
补充流动资金	−	41,020.10	41,020.10	41,020.10	0
合计		404,310.65	390,996.99	274,866.42	139,410.01

承诺投资项目	截至期末累计投入金额(2)	截至期末累计投入金额与承诺投入金额的差额(3)=(2)−(1)	截至期末投入进度(%)(4)=(2)/(1)	项目达到预定可使用状态日期	本年度实现的效益	是否达到预计效益	项目可行性是否发生重大变化
南京新街口店扩建项目	−	−	−	−	−	−	是
增资北京苏宁电器有限公司	3,750.00	0.00	100%	2005 年	1,799.19	是	否
增资浙江苏宁电器有限公司	4,000.00	0.00	100%	2006 年	3,820.31	是	否
增资上海苏宁电器有限公司	3,750.00	0.00	100%	2007 年	3,517.07	是	否
物流配送体系一期扩建项目	8,000.00	0.00	100%		−	注 1	否
其中：新建杭州配送中心	2,500.08	0.00	100%	2005 年	−	否	
扩建南京配送中心	2,252.75	0.00	100%	2005 年	−	否	
新建北京配送中心	3,247.17	0.00	100%	2007 年	−	否	
商业信息化系统建设项目	9,989.44	0.00	100%	2006 年	−	注 2	否
100 家连锁店发展项目	48,314.12	−1,685.88	97%	2009 年	13,832.86	注 3	否
江苏物流中心项目	14,039.31	−1,270.69	92%	2008 年	−	注 4	否
信息中心项目	7,356.87	−5,815.03	56%	2009 年	−	注 5	否
250 家连锁店发展项目	46,155.82	0.00	100%	2010 年	2,130.65	注 6	否
沈阳物流中心项目	2,061.98	0.00	100%	2010 年	−	注 7	否
武汉中南旗舰店购置项目	23,386.77	0.00	100%	2007 年	747.91	注 8	否
上海浦东旗舰店购置项目	54,270.41	0.00	100%	2007 年	109.63	否	
补充流动资金	41,020.10	0.00	100%	2006 年	−	−	−
合计	266,094.82	−8,771.60			25,957.62		

未达到计划进度或预计收益的情况和原因(分具体项目)：

1、100 家连锁店发展项目截至 2008 年底本公司已经开设 80 家连锁店。由于符合本公司连锁发展标准的优质店面资源相对稀缺，且商业租金价格呈逐年上涨的趋势，给本公司连锁店发展的店面选址工作带来了一定的压力。本公司计划根据连锁发展规划，在 2009 年加大对 100 家连锁店发展项目相关店面选址工作力度，尽快实施完成此项目。

2、江苏物流中心已于 2008 年投入使用，未投入的募集资金为尚未支付的工程尾数。

3、截至 2008 年底，信息中心项目完成土建工程，进入内部装修阶段。目前此项目正在进行设备招标工作，预计2009年投入使用。

项目可行性发生重大变化的情况说明：

因南京新街口店扩建项目用地挂牌出让时其实际的出让面积、出让改策、规划用地性质等与原募集资金项目规划相比发生了一定的变动，公司原计划拟与江苏苏宁电器集团有限公司联合进行南京新街口店扩建项目的建设。但在实际操作过程中，考虑到联合实施项目建设会对公司运作的独立性造成一定的影响，同时对公司而言，项目建成周期长且项目管理、控制难度较大。鉴于上述情况，本着为投资者负责的态度，经公司第二届董事会第十七次会议、2005年第二次临时股东大会审议通过，同意终止南京新街口店扩建项目。

募集资金投资项目实施地点变更情况：

2008年11月21日，公司第三届董事会第二十四次会议通过了《关于250家连锁店发展项目中部分连锁店实施地点变更的议案》，对250家连锁店发展项目中18家连锁店实施地点进行变更。上述连锁店实施地点变更后，原250家连锁店发展项目的投资方案不变，预计不会对项目的实施进度和盈利水平产生不利的影响。

募集资金投资项目实施方式调整情况：

本公司本期募集资金投资项目实施方式未发生调整。

募集资金投资项目先期投入及置换情况：

截至2008年7月16日止，公司以自筹资金预先投入募集资金投资项目计1,224,044,375元，业经普华永道中天会计师事务所有限公司予以验证并出具普华永道中天特审字(2008)第724号鉴证报告。根据公司2008年8月22日召开的第三届董事会第二十次会议通过的《关于以募集资金置换预先已投入募投项目的自筹资金的议案》，同意公司以募集资金117,175.68万元置换预先已投入募集资金投资项目的自筹资金。

用闲置募集资金暂时补充流动资金情况：

本公司本期未用闲置募集资金暂时补充流动资金。

项目实施出现募集资金结余的金额及原因：

本公司本期项目实施未出现募集资金结余。

尚未使用的募集资金用途及去向：

尚未使用的募集资金存放于公司募集资金专户，用于实施完成公司募集项目。为提高资金使用效率，将其中部分款项暂时以定期存单的方式存放，不存在定期存单抵押、质量。质押及其他所有权，使用权受限制的情况。

募集资金使用及披露中存在的问题或其他情况：

公司2006年第一次临时股东大会审议通过《关于公司2006年非公开发行股票方案的议案》：本次非公开发行股票募集的现金超过上述项目计划募集资金投入部分用于补充本公司的流动资金，不足部分由本公司自筹解决。公司2006年非公开发行股票募集的现金超过项目计划募集资金投入部分410,201.0千元，已用于补充流动资金。

注：

1、物流配送体系一期扩建项目不直接产生经济收入，故无法单独核算效益；物流配送体系一期扩建项效益主要体现在：其主要服务于公司采购、销售和服务体系，有利于整合区域内物流平台，一定程度上促进了区域内销售收入的增长；

2、商业信息化系统建设项目不直接产生经济收入，故无法单独核算效益；商业信息化系统建设项目的效益主要体现在：促进企业管理水平的提高，营业费用率水平的降低；

3、100家连锁店发展项目尚未全部实施完毕，且连锁店均在2006年之后开设，经营没有达到非公开发行上市公告书判定年限-正常年(开业后第三年)。随着项目实施的推进，已开设连锁店进入成熟稳定期，经营效益逐步提高，该项目效益情况将会进一步体现；

4、江苏物流项目不直接产生经济收入，故无法单独核算效益；江苏物流项目的效益主要体现在：其建成后有助于公司的区域物流整合，在有效保障货源的前提下加快库存周转率，有效节约人力成本和租赁费用，提高作业效率，进一步提升公司的配送服务质量和品牌形象；

5、信息中心项目不直接产生经济收入，故无法单独核算效益；信息中心的效益主要体现在：其建成后能够有力支撑公司未来连锁业务的拓展，加强公司的系统数据处理能力和安全运行能力，进一步提高企业的管理水平和信息化应用能力，有利于企业的长期持续稳定发展。

6、250家连锁店项目尚未全部实施完毕，且连锁店均在2007年之后开设，经营没有达到非公开发行上市公告书判定年限-正常年(开业后第三年)。随着项目实施的推进，已开设连锁店进入成熟稳定期，经营效益逐步提高，该项目效益情况将会进一步体现。

7、沈阳物流中心项目尚处于建设期，不产生经济效益；沈阳物流中心建成后有助于公司的东北区域物流整合，在有效保障货源的前提下加快库存周转率，有效节约人力成本和租赁费用，提高作业效率，进一步提升公司的配送服务质量和品牌形象。

8、武汉中南旗舰店购置项目、上海浦东旗舰店购置项目连锁店均在2007年开设，经营没有达到非公开发行上市公告书判定年限-正常年(开业后第三年)，随着连锁店进入成熟稳定期，该项目效益情况会进一步体现。

变更项目情况

√ 适用　　　□ 不适用

单位：(人民币)万元

变更后的项目	对应的原承诺项目	变更后项目拟投入募集资金总额	截至期末计划累计投资金额(1)	本年度实际投入金额
增资北京苏宁电器有限公司	南京新街口店扩建项目	1,100.00	1,100.00	0.00
增资上海苏宁电器有限公司	南京新街口店扩建项目	1,980.00	1,980.00	0.00
增资武汉苏宁电器有限公司	南京新街口店扩建项目	1,980.00	1,980.00	0.00
增资福建苏宁电器有限公司	南京新街口店扩建项目	2,430.00	2,430.00	0.00
增资深圳市苏宁电器有限公司	南京新街口店扩建项目	430.00	430.00	0.00
增资沈阳苏宁电器有限公司	南京新街口店扩建项目	1,980.00	1,980.00	0.00
合计		9,900.00	9,900.00	0.00

变更后的项目	截至期末实际累计投入金额(2)	投资进度(%)(3)=(2)/(1)	项目达到预定可使用状态日期	本年度实现的效益	是否达到预计效益	变更后的项目可行性是否发生重大变化
增资北京苏宁电器有限公司	1,100.00	100.00%	2005年	-7.37		否
增资上海苏宁电器有限公司	1,980.00	100.00%	2006年	322.82		否
增资武汉苏宁电器有限公司	1,980.00	100.00%	2007年	392.28		否
增资福建苏宁电器有限公司	2,160.00	89.00%	2009年	500.39	注9	否
增资深圳市苏宁电器有限公司	430.00	100.00%	2006年	1,022.59		否
增资沈阳苏宁电器有限公司	1,980.00	100.00%	2006年	35.37		否
合计	9,630.00	97.00%		2,266.08		

变更原因、决策程序及信息披露情况说明(分具体项目)：

因南京新街口店扩建项目用地挂牌出让时其实际的出让面积、出让改策、规划用地性质等与原募集资金项目规划相比发生了一定的变动，公司原计划拟与江苏苏宁电器集团有限公司联合进行南京新街口店扩建项目的建设。但在实际操作过程中，考虑到联合实施项目建设会对公司运作的独立性造成一定的影响，同时对公司而言，项目建成周期长且项目管理、控制难度较大。鉴于上述情况，本着为投资者负责的态度，经公司第二届董事会第十七次会议、2005年第二次临时股东大会审议通过，同意终止南京新街口店扩建项目。

未达到计划进度或预计收益的情况和原因(分具体项目)：

近年来商业地产价格上升较快，且符合本公司连锁发展标准的优质店面资源相对稀缺，给本公司连锁发展标准的优质店面选址工作带来了一定的压力。本公司计划在2009年加大店面选址工作力度，尽快实施完成六地区连锁店建设项目。

变更后的项目可行性发生重大变化的情况说明：

变更后的项目可行性未发生重大变化。

注：9、六地区连锁店建设项目尚未实施完毕，且只有一家连锁店经营年限达到了变更募集资金用途的补充公告的判定年限—正常年(开业后第三年)，其余店面均在2006年之后开设，经营未满三年。随着项目实施的推进，已开设连锁店进入成熟稳定期，经营效益逐步提高，该项目效益情况将会进一步体现。

6.6 非募集资金项目情况

√ 适用　　　□ 不适用

单位：(人民币)万元

项目名称	项目金额	项目进度	项目收益情况
宜宾苏宁电器有限公司	500.00	已完成	36.1
威海苏宁电器有限公司	1,000.00	已完成	-4.52
景洪苏宁电器有限公司	500.00	已完成	37.43
九江苏宁电器有限公司	500.00	已完成	6.25
成都春熙苏宁电器有限公司	500.00	已完成	0.59
洛阳苏宁电器有限公司	500.00	已完成	-9.94
十堰苏宁电器有限公司	510.00	已完成	-45.38
达州苏宁电器有限公司	500.00	已完成	9.16
嘉兴苏宁电器有限公司	1,000.00	已完成	263.69
松原市苏宁电器有限公司	500.00	已完成	10.78
茂名苏宁电器有限公司	500.00	已完成	-175.25
梅州市苏宁电器有限公司	500.00	已完成	57.24
平顶山兴华苏宁电器有限公司	500.00	已完成	-7.7
湘西自治州苏宁电器有限公司	500.00	已完成	59.34
邯郸苏宁电器有限公司	500.00	已完成	-10.05
临汾苏宁电器有限公司	500.00	已完成	-29.82
泰安苏宁电器有限公司	500.00	已完成	79.21
邢台苏宁电器有限公司	500.00	已完成	-19.74
阿克苏苏宁电器有限责任公司	500.00	已完成	-25.93
苏宁电器江苏苏南有限公司	5,600.00	已完成	-28.86
商丘苏宁电器有限公司	500.00	已完成	5.19
广安苏宁电器有限公司	500.00	已完成	-34.07
阳泉苏宁电器有限公司	500.00	已完成	-0.57
盘锦苏宁电器有限公司	500.00	已完成	-26.01
南京苏宁中央空调销售有限公司	500.00	已完成	962.03
无锡苏宁软件信息技术有限公司	500.00	已完成	-0.2
阳江苏宁电器有限公司	500.00	已完成	0.23
杭州城西苏宁电器有限公司	1,000.00	已完成	28.62
宜昌苏宁电器有限公司	510.00	已完成	-2.26
朝阳苏宁电器有限公司	500.00	已完成	-2.47
江苏松桥电器有限公司	1,000.00	已完成	报告期内未运营
内江苏宁电器有限公司	500.00	已完成	报告期内未运营
天津渤海苏宁电器有限公司	2,000.00	已完成	报告期内未运营
青岛鲁宁苏宁电器售后服务有限公司	50.00	已完成	56.82
烟台烟宁苏宁电器售后服务有限公司	50.00	已完成	25.04
石家庄石宁苏宁电器售后服务有限公司	45.00	已完成	58.31
泸州泸宁苏宁电器售后服务有限公司	50.00	已完成	15.07
云南苏宁电器售后服务有限公司	100.00	已完成	-1.91
济南苏宁电器售后服务有限公司	50.00	已完成	184.67
宁波江东甬宁苏宁电器售后服务有限公司	50.00	已完成	76.66
四川苏宁物流有限公司	500.00	已完成	0.41
绵阳绵宁苏宁电器售后服务有限公司	50.00	已完成	0.52
天津天宁苏宁电器售后服务有限公司	50.00	已完成	111.45
四川苏宁电器服务有限公司	100.00	已完成	409.23
重庆渝宁苏宁电器售后服务有限公司	50.00	已完成	274.68
唐山唐宁苏宁电器售后服务有限公司	50.00	已完成	25.6
湛江苏宁电器售后服务有限公司	50.00	已完成	56.22
洛阳苏宁电器售后服务有限公司	10.00	已完成	1.18
合计	26,375.00	-	-

6.7 董事会对公司会计政策、会计估计变更或重大会计差错更正的原因及影响的说明

□ 适用　　　√ 不适用

6.8 董事会对会计师事务所"非标准审计报告"的说明

□ 适用　　　√ 不适用

6.9 董事会本次利润分配或资本公积金转增股本预案

经普华永道中天会计师事务所有限公司出具的普华永道中天审字(2009)第10021号《审计报

告》确认，2008 年公司母公司实现净利润 1,403,999 千元，按公司净利润 10%提取法定盈余公积金 140,400 千元，提取法定盈余公积金后剩余利润 1,263,599 千元。2008 年内，公司支付普通股股利 437,850 千元，加年初未分配利润 1,547,786 千元，报告期末公司未分配利润为 2,373,535 千元。

公司第三届董事会第二十六次会议审议通过 2008 年度利润分配方案：以 2008 年末公司总股本 2,991,008,000 股为基数，向全体股东每 10 股送红股 2 股并派发现金 0.3 元（含税），本次利润分配 687,932 千元，利润分配后，剩余未分配利润 1,685,603 千元转入下一年度；同时以资本公积金向全体股东每 10 股转增 3 股，转增后，公司资本公积金由 1,086,191 千元减少为 188,889 千元。本次利润分配预案须经 2008 年年度股东大会审议批准后实施。

公司前三年现金分红情况

单位：（人民币）千元

	现金分红金额（含税）	合并报表中归属于母公司所有者的净利润	占合并报表中归属于母公司所有者的净利润的比率
2007 年	288,300.8	1,465,426.0	19.67%
2006 年	0.0	757,636.0	0.00%
2005 年	0.0	374,653.0	0.00%

公司本报告期内盈利但未提出现金利润分配预案

□ 适用 √ 不适用

第七节 重要事项

7.1 收购资产

√ 适用 □ 不适用

单位：（人民币）万元

交易对方或最终控制方	被收购资产	购买日	收购价格	自购买日起至本年末为公司贡献的净利润	本年初至本年末为公司贡献的净利润（适用于同一控制下的企业合并）	是否为关联交易（如是，说明定价原则）	定价原则说明	所涉及的资产产权是否已全部过户	所涉及的债权债务是否已全部转移	关联关系
金融街重庆置业有限公司	重庆市江北区观音桥步行街 9 号的嘉年华大厦负一层局部至地上七层房屋	2008 年 01 月 04 日	32,238.92	不适用	不适用	否	不适用	是	是	无

7.2 出售资产

□ 适用 √ 不适用

7.1、7.2 所涉及事项对公司业务连续性、管理层稳定性的影响。

嘉年华大厦位于重庆市江北区市级商圈，商圈以中高端百货、家电为主。商圈内有茂业百货、重百、新世纪百货、北京华联、远东百货、北城天街、家乐福、金源不夜城等商业企业。该商圈以建新北路的商业步行街和北城天街为中心，嘉年华大厦处于商圈中的核心位置，附近小区以高档住户为主，辐射区域包括多个高档社区，购买力较强。

公司此次购买嘉年华大厦部分楼层，对于公司推进旗舰店战略有重要的意义，对于树立“苏宁电器”在重庆地区乃至西南地区的品牌形象有着积极的作用。为不断推进公司连锁标准化管理、实现企业连续经营、降低未来租金上涨的风险、提高抵御经营风险的能力，公司未来将在部分主要城市的核心商圈，选择市场容量、商业流通影响大的区域，在充分论证的基础上，通过除租赁以外的购置、自建等方式积极拓展家电连锁网络，不断提升市场份额。

7.3 重大担保

√ 适用 □ 不适用

单位：（人民币）万元

公司对外担保情况（不包括对子公司的担保）						
担保对象名称	发生日期（协议签署日）	担保金额	担保类型	担保期	是否履行完毕	是否为关联方担保（是或否）
报告期内担保发生额合计						0.00
报告期末担保余额合计						0.00
公司对子公司的担保情况						
报告期内对子公司担保发生额合计						148,290.00
报告期末对子公司担保余额合计						87,785.00
公司担保总额情况（包括对子公司的担保）						
担保总额						87,785.00
担保总额占公司净资产的比例						10.00%
其中：						
为股东、实际控制人及其关联方提供担保的金额						0.00
直接或间接为资产负债率超过 70%的被担保对象提供的债务担保金额						0.00
担保总额超过净资产 50%部分的金额						0.00
上述三项担保金额合计						0.00
未到期担保可能承担连带清偿责任说明						无

7.4 重大关联交易

7.4.1 与日常经营相关的关联交易

√ 适用 □ 不适用

单位：（人民币）万元

关联方	向关联方销售产品和提供劳务 交易金额	占同类交易金额的比例	向关联方采购产品和接受劳务 交易金额	占同类交易金额的比例
江苏苏宁银河国际购物广场有限公司	–	–	101.00	100.00%
江苏苏宁电器集团有限公司	–	–	1,740.30	51.33%
江苏苏宁银河国际购物广场有限公司	–	–	1,835.70	48.67%
合计	–	–	3,677.00	–

其中：报告期内公司向控股股东及其子公司销售产品或提供劳务的关联交易金额 0.00 万元。

7.4.2 关联债权债务往来

□ 适用 √ 不适用

7.4.3 2008 年资金被占用情况及清欠进展情况

□ 适用 √ 不适用

7.5 委托理财

□ 适用 √ 不适用

7.6 承诺事项履行情况

√ 适用 □ 不适用

1、为避免同业竞争损害本公司及其他股东的利益，公司股东张近东先生、江苏苏宁电器集团有限公司、陈金凤、赵蓓已于 2002 年 11 月 15 日分别向公司出具《不竞争承诺函》。报告期内，上述股东信守承诺，没有发生与公司同业竞争的行为。

江苏苏宁电器集团有限公司 2003 年 3 月 6 日出具过承诺函，保证今后避免发生除正常业务外的一切资金往来，在报告期内，江苏苏宁电器集团有限公司执行了承诺。

2、股权分置改革中公司原非流通股股东持续到报告期内的承诺如下：

（1）非流通股股东承诺，其所持有的非流通股股份自获得上市流通权之日起，至少在十二个月内不上市交易或者转让。

（2）持有公司非流通股股份百分之五以上的股东张近东和江苏苏宁电器集团有限公司进一步承诺，其所持有的非流通股股份自获得上市流通权之日起，二十四个月内不通过深圳证券交易所中小企业板挂牌向社会公众出售所持公司股份；二十四个月至三十六个月之间，若其通过深圳证券交易所中小企业板出售苏宁电器的股份，则各自出售数量占公司股份总数的比例不超过百分之十，出售价格不低于每股 6.645 元（如果自非流通股获得流通权之日起至出售股份期间有派息、送股、资本公积金转增股本等事项，应对该价格进行除权除息处理）。

（3）持有公司非流通股股份百分之五以上的股东张近东承诺，在公司股权分置改革期间，若其他非流通股股东的股份发生被质押、冻结等情形而无法向流通股支付对价股份的情况，张近东将代其支付因质押、冻结而无法支付给流通股的对价股份。

（4）持有公司非流通股股份百分之五以上的股东陈金凤和赵蓓进一步承诺，其持有的非流通股股份自获得上市流通权之日起十二个月期满后，通过深圳证券交易所中小企业板挂牌交易出售股份，各自出售数量占公司股份总数的比例在十二个月内不超过百分之五，在二十四个月内不超过百分之十。

（5）非流通股股东承诺，通过证券交易所挂牌交易出售的股份数量，达到公司股份总数百分之一的，自该事实发生之日起两个工作日内做出公告。

报告期内，公司所有原非流通股股东均履行承诺。

3、2008 年 6 月 30 日，基于对苏宁电器未来发展的信心，为促进公司长期稳定发展，张近东先生在原股权分置改革承诺的基础上，追加股份限售承诺如下：

（1）于 2010 年 8 月 10 日前，张近东先生持有的所有苏宁电器股份不通过证券交易系统（含大宗交易系统）挂牌交易的方式减持；

（2）张近东先生将尽快委托公司向中国证券登记结算有限责任公司深圳分公司申请办理股份锁定事宜。

报告期内，张近东先生履行其承诺。

公司或持股 5%以上股东在报告期内或持续到报告期内的承诺事项

√ 适用 □ 不适用

承诺事项	承诺内容	履行情况
股改承诺	（1）持有公司非流通股股份百分之五以上的股东张近东和江苏苏宁电器集团有限公司进一步承诺，其所持有的非流通股股份自获得上市流通权之日起，二十四个月内不通过深圳证券交易所中小企业板挂牌向社会公众出售所持公司股份；二十四个月至三十六个月之间，若其通过深圳证券交易所中小企业板出售苏宁电器的股份，则各自出售数量占公司股份总数的比例不超过百分之十，出售价格不低于每股 6.645 元（如果自非流通股获得流通权之日起至出售股份期间有派息、送股、资本公积金转增股本等事项，应对该价格进行除权除息处理）。 （2）非流通股股东承诺，通过证券交易所挂牌交易出售的股份数量，达到公司股份总数百分之一的，自该事实发生之日起两个工作日内做出公告。	报告期内，公司所有原非流通股股东均履行其承诺。
收购报告书或权益变动报告书中所作承诺	无	–
重大资产重组时所作承诺	无	–
发行时所作承诺	为避免同业竞争损害本公司及其他股东的利益，公司股东张近东先生、江苏苏宁电器集团有限公司、陈金凤、赵蓓已于 2002 年 11 月 15 日分别向公司出具《不竞争承诺函》。江苏苏宁电器集团有限公司 2003 年 3 月 6 日出具过承诺函，保证今后避免发生除正常业务外的一切资金往来，在报告期内，江苏苏宁电器集团有限公司执行了承诺。	报告期内，张近东先生、江苏苏宁电器集团有限公司、陈金凤、赵蓓均履行其承诺。
其他对公司中小股东所作承诺	2008 年 6 月 30 日，基于对苏宁电器未来发展的信心，为促进公司长期稳定发展，张近东先生在原股权分置改革承诺的基础上，追加股份限售承诺如下：	报告期内，张近东先生履行其承诺。

(1)于 2010 年 8 月 10 日前，张近东先生持有的所有苏宁电器股份不通过证券交易系统(含大宗交易系统)挂牌交易的方式减持；

(2)张近东先生将尽快委托公司向中国证券登记结算有限责任公司深圳分公司申请办理股份锁定事宜。

7.7 重大诉讼仲裁事项

□ 适用　　√ 不适用

7.8 其他重大事项及其影响和解决方案的分析说明

7.8.1 证券投资情况

□ 适用　　√ 不适用

7.8.2 持有其他上市公司股权情况

□ 适用　　√ 不适用

7.8.3 持有非上市金融企业股权情况

□ 适用　　√ 不适用

7.8.4 买卖其他上市公司股份的情况

□ 适用　　√ 不适用

第八节　监事会报告

√ 适用　　□ 不适用

一、监事会会议情况

2008 年，公司监事会认真履行了《公司法》、公司《章程》及其他各项法律、法规的要求，依法独立行使职权，以保证公司经营的正常进行，维护投资者特别是中小投资者的利益。报告期内，公司共召开六次监事会，具体内容如下：

1、公司于 2008 年 2 月 28 日召开第三届监事会第五次会议，会议审议通过了《2007 年度监事会工作报告》、《2007 年度财务决算报告》、《2007 年年度报告》及《2007 年年度报告摘要》、《2007 年度利润分配预案》、《关于前期会计调整的议案》、《关于 2007 年募集资金年度使用情况的专项报告》、《关于公司 2007 年度关联交易情况说明的议案》、《关于续聘会计师事务所的议案》，本次监事会决议公告刊登在 2008 年 2 月 29 日的巨潮资讯网站、《证券时报》、《中国证券报》、《上海证券报》和《证券日报》上；

2、公司于 2008 年 4 月 28 日召开第三届监事会第六次会议，会议审议通过了《2008 年第一季度报告》，本次监事会决议已提交深圳证券交易所备案；

3、公司于 2008 年 7 月 28 日召开第三届监事会第七次会议，会议审议通过了《苏宁电器股份有限公司 2008 年股票期权激励计划(草案)》及其摘要、《苏宁电器股份有限公司 2008 年股票期权激励计划(草案)》确定的激励对象名单，本次监事会决议公告刊登在 2008 年 7 月 29 日的巨潮资讯网站、《证券时报》、《中国证券报》、《上海证券报》和《证券日报》上；

4、公司于 2008 年 8 月 22 日召开第三届监事会第八次会议，会议审议通过了《关于以募集资金置换预先已投入募投项目的自筹资金的议案》，本次监事会决议公告刊登在 2008 年 8 月 23 日的巨潮资讯网站、《证券时报》、《中国证券报》、《上海证券报》和《证券日报》上；

5、公司于 2008 年 8 月 29 日召开第三届监事会第九次会议，会议审议通过了《2008 年半年度报告》及《2008 年半年度报告摘要》、《关于对 2007 年半年度比较财务报表调整的议案》，本次监事会决议公告刊登在 2008 年 8 月 30 日的巨潮资讯网站、《证券时报》、《中国证券报》、《上海证券报》和《证券日报》上；

6、公司于 2008 年 10 月 30 日召开第三届监事会第十次会议，会议审议通过了《2008 年第三季度报告》，本次监事会决议已提交深圳证券交易所备案。

二、监事会对以下事项发表的独立意见

1、公司依法运作情况：

根据《公司法》、《证券法》、公司《章程》等各项法律法规的要求，监事会通过召开六次会议，列席报告期内历次董事会会议，参加公司 2007 年第三次临时股东大会、2007 年年度股东大会和 2008 年第一次临时股东大会，对公司经营运作的情况进行了监督，认为 2008 年度，公司所有重大决策程序符合《公司法》、《证券法》、公司《章程》等规定规范运作，建立了较为完善的内部控制制度。信息披露及时、准确。公司董事、高级管理人员在执行公司职务时，不存在违反法律、法规、公司《章程》或有损于公司和股东利益的行为。

2、检查公司财务的情况：

监事会对公司 2008 年的财务状况、财务管理等进行了认真、细致的检查和审核，检查认为：公司财务制度健全、运作规范，执行《会计法》、《企业会计准则》等法律法规的情况良好。报告期内的财务报告真实、准确的反映了公司的财务状况和经营成果。公司 2008 年财务报告经普华永道中天会计师事务所有限公司出具了无保留意见的审计报告。

3、募集资金使用情况：

报告期内，公司募集资金的存放和使用管理严格遵循了《募集资金管理办法》的规定，募集资金实际投入项目与承诺投入项目一致，没有变更募集资金的投向。

4、公司收购、出售资产情况：

2008 年公司不存在重大收购和出售资产的情况。所购置的物业，均为连锁店或办公用房；所购置的土地，均为物流用地；上述资产购置行为，均与公司主营业务配套相关，且遵循市场原则进行，交易价格合理，没有发现内幕交易及损害部分股东的权益或造成公司资产流失的情况。

5、公司关联交易情况：

经对公司 2008 年度关联交易的核查，认为公司 2008 年关联交易遵循了客观、公正、公平的交易原则，根据市场原则进行，不存在任何内部交易，严格执行了《股票上市规则》及《公司法》的各项规定，履行了相应的法定程序，并在关联方回避的情况下表决通过，因而没有损害到公司和其他关联方股东的利益。

6、公司对外担保及股权、资产置换情况：

2008 年度公司未发生违规对外担保，未发生债务重组、非货币性交易事项及资产置换，也未发生其他损害公司股东利益或造成公司资产流失的情况。

第九节　财务报告

9.1 审计意见

审计报告　　　　标准无保留审计意见

审计报告正文

普华永道中天审字(2009)第 10021 号

苏宁电器股份有限公司全体股东：

我们审计了后附的苏宁电器股份有限公司(以下简称“苏宁电器公司”)的财务报表，包括 2008 年 12 月 31 日的合并及公司资产负债表以及 2008 年度的合并及公司利润表、合并及公司现金流量表、合并及公司股东权益变动表和财务报表附注。

一、管理层对财务报表的责任

按照企业会计准则的规定编制财务报表是苏宁电器公司管理层的责任。这种责任包括：

(1) 设计、实施和维护与财务报表编制相关的内部控制，以使财务报表不存在由于舞弊或错误而导致的重大错报；

(2) 选择和运用恰当的会计政策；

(3) 作出合理的会计估计。

二、注册会计师的责任

我们的责任是在实施审计工作的基础上对财务报表发表审计意见。我们按照中国注册会计师审计准则的规定执行了审计工作。中国注册会计师审计准则要求我们遵守职业道德规范，计划和实施审计工作以对财务报表是否不存在重大错报获取合理保证。

审计工作涉及实施审计程序，以获取有关财务报表金额和披露的审计证据。选择的审计程序取决于注册会计师的判断，包括对由于舞弊或错误导致的财务报表重大错报风险的评估。在进行风险评估时，我们考虑与财务报表编制相关的内部控制，以设计恰当的审计程序，但目的并非对内部控制的有效性发表意见。审计工作还包括评价管理层选用会计政策的恰当性和作出会计估计的合理性，以及评价财务报表的总体列报。

我们相信，我们获取的审计证据是充分、适当的，为发表审计意见提供了基础。

三、审计意见

我们认为，上述苏宁电器公司的财务报表已经按照企业会计准则的规定编制，在所有重大方面公允反映了苏宁电器公司 2008 年 12 月 31 日的合并及公司财务状况以及 2008 年度的合并及公司经营成果和现金流量。

普华永道中天　会计师事务所有限公司　　　　注册会计师：柯镇洪　邓锡麟

中国　上海

9.2 财务报表

9.2.1 资产负债表

2008 年 12 月 31 日合并及公司资产负债表

(除特别注明外，金额单位为人民币千元)

资产	2008 年 12 月 31 日 合并	2007 年 12 月 31 日 合并	2008 年 12 月 31 日 公司	2007 年 12 月 31 日 公司
流动资产				
货币资金	10,574,232	7,465,293	7,650,861	4,465,501
应收票据	–	24,447	–	10,430
应收账款	110,127	107,844	2,332,662	2,366,144
预付款项	1,081,882	1,021,992	869,371	634,584
应收利息	28,463	25,805	17,426	23,719
其他应收款	94,392	69,076	59,728	45,684
存货	4,908,211	4,552,543	3,352,155	3,036,799
其他流动资产	390,920	331,194	22,866	19,185
流动资产合计	17,188,227	13,598,194	14,305,069	10,602,046
非流动资产				
长期应收款	69,091	24,662	–	–
长期股权投资	1,004	1,004	2,698,560	1,045,002
固定资产	3,316,431	1,869,265	717,245	641,812
在建工程	64,009	82,599	29,880	82,599
无形资产	566,354	374,313	168,054	119,410
开发支出	19,103	9,319	19,103	9,319
长期待摊费用	233,253	197,717	22,440	16,584
递延所得税资产	161,055	72,578	18,016	6,771
非流动资产合计	4,430,300	2,631,457	3,673,298	1,921,497
资产总计	21,618,527	16,229,651	17,978,367	12,523,543
流动负债				
短期借款	156,000	140,000	40,000	140,000
应付票据	7,096,536	6,582,678	5,459,690	5,416,854
应付账款	3,633,327	3,146,318	2,347,317	2,377,457
预收款项	184,822	281,805	2,712,991	873,084
应付职工薪酬	134,085	101,470	27,088	25,055
应交税费	387,961	293,978	287,970	187,232
应付利息	66	287	66	287
其他应付款	608,046	702,946	254,538	49,094
一年内到期的非流动负债	152,870	106,506	8,971	16,620
其他流动负债	124,852	34,657	1,846	3,218
流动负债合计	12,478,565	11,390,645	11,140,477	9,088,901
非流动负债				
专项应付款	–	3,513	–	3,513
递延所得税负债	4,755	7,613	–	2,330
其他非流动负债	22,887	–	22,886	–
非流动负债合计	27,642	11,126	22,886	5,843
负债合计	12,506,207	11,401,771	11,163,363	9,094,744

股东权益				
股本	2,991,008	1,441,504	2,991,008	1,441,504
资本公积	1,086,191	215,639	1,086,191	215,639
盈余公积	364,270	223,870	364,270	223,870
未分配利润	4,334,488	2,742,549	2,373,535	1,547,786
归属于母公司股东权益合计	8,775,957	4,623,562	6,815,004	3,428,799
少数股东权益	336,363	204,318	–	–
股东权益合计	9,112,320	4,827,880	6,815,004	3,428,799
负债及股东权益总计	21,618,527	16,229,651	17,978,367	12,523,543

企业负责人：张近东　　主管会计工作的负责人：朱华　　会计机构负责人：肖忠祥

9.2.2 利润表

2008 年度合并及公司利润表

(除特别注明外，金额单位为人民币千元)

项目	2008 年度合并	2007 年度合并	2008 年度公司	2007 年度公司
一、营业收入	49,896,709	40,152,371	35,358,227	31,195,679
减：营业成本	(41,334,756)	(34,346,740)	(32,953,737)	(29,292,272)
营业税金及附加	(203,491)	(154,455)	(46,329)	(34,171)
销售费用	(4,780,468)	(2,985,538)	(498,453)	(361,172)
管理费用	(784,521)	(493,581)	(273,757)	(199,039)
财务收入–净额	223,290	88,162	301,247	77,777
资产减值(损失)/收益	(52,389)	(10,159)	(10,997)	19,034
二、营业利润	2,964,374	2,250,060	1,876,201	1,405,836
加：营业外收入	45,746	35,495	10,139	8,605
减：营业外支出	(59,247)	(44,197)	(26,512)	(20,109)
其中：非流动资产处置损失	(1,160)	(275)	(8)	(8)
三、利润总额	2,950,873	2,241,358	1,859,828	1,394,332
减：所得税费用	(690,945)	(718,190)	(455,829)	(465,812)
四、净利润	2,259,928	1,523,168	1,403,999	928,520
归属于母公司股东的净利润	2,170,189	1,465,426	1,403,999	928,520
少数股东损益	89,739	57,742	–	–
五、每股收益				
基本每股收益	人民币 0.74 元	人民币 0.51 元		
稀释每股收益	人民币 0.74 元	人民币 0.51 元		

企业负责人：张近东　　主管会计工作的负责人：朱华　　会计机构负责人：肖忠祥

9.2.3 现金流量表

2008 年度合并及公司现金流量表

(除特别注明外，金额单位为人民币千元)

项目	2008 年度合并	2007 年度合并	2008 年度公司	2007 年度公司
一、经营活动产生的现金流量				
销售商品、提供劳务收到的现金	55,016,517	41,069,865	38,713,098	29,858,056
收到的税费返还	17,075	4,125	17,044	–
收到其他与经营活动有关的现金	540,445	371,693	271,336	126,083
经营活动现金流入小计	55,574,037	41,445,683	39,001,478	29,984,139
购买商品、接受劳务支付的现金	(44,423,817)	(33,146,342)	(33,345,533)	(27,982,696)
支付给职工以及为职工支付的现金	(1,546,296)	(942,532)	(263,680)	(166,737)
支付的各项税费	(2,021,435)	(1,139,068)	(706,230)	(370,171)
支付其他与经营活动有关的现金	(3,763,348)	(2,721,265)	(335,029)	(362,380)
经营活动现金流出小计	(51,754,896)	(37,949,207)	(34,650,472)	(28,881,984)
经营活动产生的现金流量净额	3,819,141	3,496,476	4,351,006	1,102,155
二、投资活动产生的现金流量				
处置固定资产、无形资产和其他长期资产收回的现金净额	3,745	4,032	77	1
收到其他与投资活动有关的现金	–	–	–	11,728
投资活动现金流入小计	3,745	4,032	77	11,729
购建固定资产、无形资产和其他长期资产支付的现金	(2,454,061)	(1,361,625)	(320,900)	(555,796)
投资支付的现金	–	–	(1,653,558)	(268,000)
支付其他与投资活动有关的现金	–	–	–	(139,367)
投资活动现金流出小计	(2,454,061)	(1,361,625)	(1,974,458)	(963,163)
投资活动产生的现金流量净额	(2,450,316)	(1,357,593)	(1,974,381)	(951,434)
三、筹资活动产生的现金流量				
吸收投资收到的现金	2,462,362	11,050	2,420,056	–
其中：子公司吸收少数股东投资收到的现金	42,306	11,050	–	–
取得借款收到的现金	466,000	440,000	350,000	440,000
筹资活动现金流入小计	2,928,362	451,050	2,770,056	440,000
偿还债务支付的现金	(450,000)	(576,000)	(450,000)	(450,000)
分配股利、利润或偿付利息支付的现金	(454,669)	(15,521)	(449,241)	(10,624)
支付其他与筹资活动有关的现金	–	(537)	–	–
筹资活动现金流出小计	(904,669)	(592,058)	(899,241)	(460,624)
筹资活动产生的现金流量净额	2,023,693	(141,008)	1,870,815	(20,624)
四、汇率变动对现金及现金等价物的影响	–	–	–	–
五、现金及现金等价物净增加额	3,392,518	1,997,875	4,247,440	130,097
加：年初现金及现金等价物余额	3,501,220	1,503,345	1,084,546	954,449
六、年末现金及现金等价物余额	6,893,738	3,501,220	5,331,986	1,084,546

企业负责人：张近东　　主管会计工作的负责人：朱华　　会计机构负责人：肖忠祥

9.2.4 所有者权益变动表

2008 年度合并股东权益变动表

(除特别注明外，金额单位为人民币千元)

项目	归属于母公司股东权益 股本	资本公积	盈余公积	未分配利润	少数股东权益	股东权益合计
2007 年 1 月 1 日年初余额	720,752	936,391	131,018	1,369,975	135,628	3,293,764
2007 年度增减变动额						
净利润	–	–	–	1,465,426	57,742	1,523,168
股东投入和减少资本						
少数股东投入资本	–	–	–	–	11,050	11,050
少数股东撤出资本	–	–	–	–	(102)	(102)
利润分配						
提取盈余公积	–	–	92,852	(92,852)	–	–
股东权益内部结转						
资本公积转增股本	720,752	(720,752)	–	–	–	–
2007 年 12 月 31 日年末余额	1,441,504	215,639	223,870	2,742,549	204,318	4,827,880
2008 年 1 月 1 日年初余额	1,441,504	215,639	223,870	2,742,549	204,318	4,827,880
2008 年度增减变动额				–		
净利润	–	–	–	2,170,189	89,739	2,259,928
股东投入和减少资本						
非公开发行人民币普通股	54,000	2,366,056	–	–	–	2,420,056
少数股东投入资本	–	–	–	–	42,306	42,306
利润分配						
提取盈余公积	–	–	140,400	(140,400)	–	–
对股东的分配	–	–	–	(437,850)	–	(437,850)
股东权益内部结转						
资本公积转增股本	1,495,504	(1,495,504)	–	–	–	–
2008 年 12 月 31 日年末余额	2,991,008	1,086,191	364,270	4,334,488	336,363	9,112,320

2008 年度公司股东权益变动表

(除特别注明外，金额单位为人民币千元)

项目	股本	资本公积	盈余公积	未分配利润	股东权益合计
2007 年 1 月 1 日年初余额	720,752	936,391	131,018	712,118	2,500,279
2007 年度增减变动额					
净利润	–	–	–	928,520	928,520
利润分配					
提取盈余公积	–	–	92,852	(92,852)	–
股东权益内部结转					
资本公积转增股本	720,752	(720,752)	–	–	–
2007 年 12 月 31 日年末余额	1,441,504	215,639	223,870	1,547,786	3,428,799
2008 年 1 月 1 日年初余额	1,441,504	215,639	223,870	1,547,786	3,428,799
2008 年度增减变动额					
净利润	–	–	–	1,403,999	1,403,999
股东投入和减少资本					
非公开发行人民币普通股	54,000	2,366,056	–	–	2,420,056
利润分配					
提取盈余公积	–	–	140,400	(140,400)	–
对股东的分配	–	–	–	(437,850)	(437,850)
股东权益内部结转					
资本公积转增股本	1,495,504	(1,495,504)	–	–	–
2008 年 12 月 31 日年末余额	2,991,008	1,086,191	364,270	2,373,535	6,815,004

企业负责人：张近东　　主管会计工作的负责人：朱华　　会计机构负责人：肖忠祥

9.3 与最近一期年度报告相比，会计政策、会计估计和核算方法发生变化的具体说明

□ 适用　　√ 不适用

9.4 重大会计差错的内容、更正金额、原因及其影响

□ 适用　　√ 不适用

9.5 与最近一期年度报告相比，合并范围发生变化的具体说明

□ 适用　　√ 不适用

苏宁电器股份有限公司

董事长：张近东

2009 年 2 月 27 日

深圳市科陆电子科技股份有限公司

深圳市科陆电子科技股份有限公司2008年年度报告摘要

第一节　重要提示

1.1 本公司董事会、监事会及董事、监事、高级管理人员保证本报告所载资料不存在任何虚假记载、误导性陈述或者重大遗漏，并对其内容的真实性、准确性和完整性承担个别及连带责任。本年度报告摘要摘自年度报告全文，投资者欲了解详细内容，应阅读年度报告全文。

1.2 没有董事、监事、高级管理人员声明对年度报告内容的真实性、准确性和完整性无法保证或存在异议。

1.3 所有董事均已出席审议本次年报的董事会会议。

1.4 深圳市鹏城会计师事务所有限公司为本公司2008年度财务报告出具了深鹏所股审字【2009】093号无保留意见的审计报告。

1.5 公司负责人饶陆华、主管会计工作负责人曾永春及会计机构负责人(会计主管人员)吕雷杰声明：保证年度报告中财务报告的真实、完整。

第二节　公司基本情况简介

2.1 基本情况简介

股票简称	科陆电子
股票代码	002121
上市交易所	深圳证券交易所
注册地址	深圳市南山区高新技术产业园南区T栋A、B区五楼
注册地址的邮政编码	518057
办公地址	深圳市南山区高新技术产业园南区T栋A、B区五楼
办公地址的邮政编码	518057
公司国际互联网网址	http://www.szclou.com
电子信箱	sz-clou@szclou.com

2.2 联系人和联系方式

	董事会秘书	证券事务代表
姓名	罗竝	无
联系地址	深圳市南山区高新技术产业园南区T栋A、B区五楼	无
电话	0755-26719528	无
传真	0755-26719679	无
电子信箱	lb@szclou.com	

第三节　会计数据和业务数据摘要

3.1 主要会计数据

单位：(人民币)元

	2008年	2007年		本年比上年增减(%)	2006年	
		调整前	调整后	调整后	调整前	调整后
营业收入	394,549,423.63	345,483,887.95	319,576,416.34	23.46%	217,492,005.33	227,381,720.37
利润总额	59,555,319.51	80,817,451.51	72,206,331.88	-17.52%	39,410,921.95	43,511,534.89
归属于上市公司股东的净利润	55,576,986.30	75,228,856.91	67,909,405.23	-18.16%	35,657,461.80	39,142,982.80
归属于上市公司股东的扣除非经常性损益的净利润	53,261,540.63	68,626,275.69	61,306,824.01	-13.12%	31,887,221.33	35,372,742.33
经营活动产生的现金流量净额	24,866,533.46	26,453,238.71	26,453,238.71	-6.00%	28,845,057.10	28,845,057.10
	2008年末	2007年末		本年末比上年末增减(%)	2006年末	
		调整前	调整后	调整后	调整前	调整后
总资产	676,578,142.47	577,164,771.98	554,689,650.79	21.97%	288,184,676.24	292,285,289.18
所有者权益(或股东权益)	421,437,442.55	393,694,386.93	389,860,456.25	8.10%	166,805,530.02	170,291,051.02
股本	120,000,000.00	120,000,000.00	120,000,000.00	0.00%	45,000,000.00	45,000,000.00

3.2 主要财务指标

单位：(人民币)元

	2008年	2007年		本年比上年增减(%)	2006年	
		调整前	调整后	调整后	调整前	调整后
基本每股收益(元/股)	0.46	0.64	0.58	-20.69%	0.40	0.43
稀释每股收益(元/股)	0.46	0.64	0.58	-20.69%	0.40	0.43
扣除非经常性损益后的基本每股收益(元/股)	0.44	0.58	0.52	-15.38%	0.35	0.39
全面摊薄净资产收益率(%)	13.19%	19.11%	17.42%	-4.23%	21.38%	22.99%
加权平均净资产收益率(%)	13.70%	22.74%	20.54%	-6.84%	24.37%	26.34%
扣除非经常性损益后全面摊薄净资产收益率(%)	12.64%	17.43%	15.73%	-3.09%	19.12%	20.77%
扣除非经常性损益后的加权平均净资产收益率(%)	13.13%	20.75%	18.54%	-5.41%	21.80%	23.80%
每股经营活动产生的现金流量净额(元/股)	0.21	0.22	0.22	-4.55%	0.64	0.64
	2008年末	2007年末		本年末比上年末增减(%)	2006年末	
		调整前	调整后	调整后	调整前	调整后
归属于上市公司股东的每股净资产(元/股)	3.51	3.28	3.25	8.00%	3.71	3.78

非经常性损益项目

√ 适用　　□ 不适用

单位：(人民币)元

非经常性损益项目	金额	附注(如适用)
计入当期损益的政府补助，但与公司正常经营业务密切相关，符合国家政策规定、按照一定标准定额或定量持续享受的政府补助除外	2,169,292.00	
除同公司正常经营业务相关的有效套期保值业务外，持有交易性金融资产、交易性金融负债产生的公允价值变动损益，以及处置交易性金融资产、交易性金融负债和可供出售金融资产取得的投资收益	5,345.28	
其他符合非经常性损益定义的损益项目	-161,206.26	
所得税影响额	302,014.65	
合计	2,315,445.67	-

3.3 境内外会计准则差异

□ 适用　　√ 不适用

第四节　股本变动及股东情况

4.1 股份变动情况表

单位：股

	本次变动前		本次变动增减(+,-)					本次变动后	
	数量	比例	发行新股	送股	公积金转股	其他	小计	数量	比例
一、有限售条件股份	90,000,000	75.00%				-25,346,100	-25,346,100	64,653,900	53.88%
1、国家持股									
2、国有法人持股	4,500,000	3.75%				-4,500,000	-4,500,000	0	0.00%
3、其他内资持股	19,035,000	15.86%				-18,936,600	-18,936,600	98,400	0.08%
其中：境内非国有法人持股	18,900,000	15.75%				-18,900,000	-18,900,000	0	0.00%
境内自然人持股	135,000	0.11%				-36,600	-36,600	98,400	0.08%
4、外资持股									
其中：境外法人持股									
境外自然人持股									
5、高管股份	66,465,000	55.39%				-1,909,500	-1,909,500	64,555,500	53.80%
二、无限售条件股份	30,000,000	25.00%				25,346,100	25,346,100	55,346,100	46.12%
1、人民币普通股	30,000,000	25.00%				25,346,100	25,346,100	55,346,100	46.12%
2、境内上市的外资股									
3、境外上市的外资股									
4、其他									
三、股份总数	120,000,000	100.00%				0	0	120,000,000	100.00%

限售股份变动情况表

单位：股

股东名称	年初限售股数	本年解除限售股数	本年增加限售股数	年末限售股数	限售原因	解除限售日期
饶陆华	58,812,000	0	0	58,812,000	发行限售	2010-3-6
深圳市创新投资集团有限公司	11,700,000	11,700,000	0	0	发行限售	2008-3-6
青岛高德科技创业投资有限公司	7,200,000	7,200,000	0	0	发行限售	2008-3-6
袁继全	5,823,000	1,455,750	3,750	4,371,000	发行限售	2008-3-6
深圳市高新技术投资担保有限公司	4,500,000	4,500,000	0	0	发行限售	2008-3-6
范家闩	900,000	225,000	0	675,000	发行限售	2008-3-6
阮海明	750,000	187,500	0	562,500	发行限售	2008-3-6
刘明忠	180,000	45,000	0	135,000	发行限售	2008-3-6
唐月奎	135,000	36,600	0	98,400	发行限售	2008-3-6
合计	90,000,000	25,349,850	3,750	64,653,900	-	-

4.2 前10名股东、前10名无限售条件股东持股情况表

单位：股

股东总数					7,004
前10名股东持股情况					
股东名称	股东性质	持股比例	持股总数	持有有限售条件股份数量	质押或冻结的股份数量
饶陆华	境内自然人	49.01%	58,812,000	58,812,000	0
深圳市创新投资集团					

有限公司	境内非国有法人	7.34%	8,811,587	0	0
袁继全	境内自然人	4.74%	5,687,600	4,371,000	0
深圳市高新技术投资担保有限公司	国有法人	3.63%	4,350,000	0	0
中国工商银行-南方稳健成长证券投资基金	境内非国有法人	2.54%	3,052,327	0	0
中国工商银行-南方稳健成长贰号证券投资基金	境内非国有法人	2.38%	2,852,350	0	0
大成价值增长证券投资基金	境内非国有法人	1.89%	2,273,897	0	0
中国工商银行-广发聚富开放式证券投资基金	境内非国有法人	1.25%	1,495,200	0	0
中国工商银行金泰证券投资基金	境内非国有法人	0.91%	1,095,944	0	0
交通银行-长城久富核心成长股票型证券投资基金(LOF)	境内非国有法人	0.83%	1,000,747	0	0

前 10 名无限售条件股东持股情况

股东名称	持有无限售条件股份数量	股份种类
深圳市创新投资集团有限公司	8,811,587	人民币普通股
深圳市高新技术投资担保有限公司	4,350,000	人民币普通股
中国工商银行-南方稳健成长证券投资基金	3,052,327	人民币普通股
中国工商银行-南方稳健成长贰号证券投资基金	2,852,350	人民币普通股
大成价值增长证券投资基金	2,273,897	人民币普通股
中国工商银行-广发聚富开放式证券投资基金	1,495,200	人民币普通股
袁继全	1,316,600	人民币普通股
中国工商银行金泰证券投资基金	1,095,944	人民币普通股
交通银行-长城久富核心成长股票型证券投资基金(LOF)	1,000,747	人民币普通股
翁蕴纯	900,000	人民币普通股
上述股东关联关系或一致行动的说明	公司控股股东与上述其他股东之间及公司发起人股东之间不存在关联关系，也不属于《上市公司股东持股变动信息披露管理办法》规定的一致行动人；未知其他股东之间是否存在关联关系，也未知是否属于《上市公司股东持股变动信息披露管理办法》规定的一致行动人。	

4.3 控股股东及实际控制人情况介绍

4.3.1 控股股东及实际控制人变更情况

□ 适用　　√ 不适用

4.3.2 控股股东及实际控制人具体情况介绍

饶陆华，董事长，中国国籍，无境外永久居留权，男，出生于 1965 年 7 月，高级经济师，2008 年 7 月获清华 EMBA 硕士学位，1989 年 7 月毕业于哈尔滨理工大学经济管理系获学士学位，曾在电子部武汉国营七一〇厂负责技术及管理工作；1996 年创立本公司以来一直担任公司董事长，2001 年被评为深圳市福田区第三届"十大杰出青年"，2002 年被广东省人民政府评为"广东省优秀民营企业家"，曾先后被深圳市中小企业发展促进会第一届第二次会员大会授予"永久荣誉会长"和"企业优秀管理者"光荣称号。2003 年当选为中国计量协会副理事长，2005 年当选为深圳市政协委员。

第五节　董事、监事和高级管理人员

5.1 董事、监事和高级管理人员持股变动及报酬情况

姓名	职务	性别	年龄	任期起始日期	任期终止日期	年初持股数	年末持股数	变动原因	报告期内从公司领取的报酬总额(万元)税前	是否在股东单位或其他关联单位领取薪酬
饶陆华	董事长、总经理	男	43	2006-11-14	2009-11-13	58,812,000	58,812,000	-	69.00	否
袁继全	董事、财务总监	男	57	2006-11-14	2009-02-17	5,823,000	5,687,600	二级市场竞价交易	36.27	否
刘明忠	董事	男	37	2006-11-14	2009-11-13	180,000	165,000	二级市场竞价交易	45.41	否
孟建斌	董事	男	45	2006-11-14	2009-11-13	0	0	-	0.00	否
陶　军	董事	男	46	2006-11-14	2009-11-13	0	0	-	0.00	否
范家闩	董事	男	38	2006-11-14	2009-11-13	900,000	750,000	二级市场竞价交易	0.00	是
罗　竝	董事	女	33	2008-02-26	2009-11-13	0	0	-	18.13	否
	董事会秘书			2006-11-14	2009-11-13					
李小平	独立董事	男	36	2006-11-14	2009-11-13	0	0	-	4.00	否
赵　立	独立董事	女	47	2006-11-14	2009-11-13	0	0	-	4.00	否
马秀敏	独立董事	女	36	2007-11-01	2009-11-13	0	0	-	4.00	否
邓爱国	独立董事	男	72	2007-11-01	2009-11-13	0	0	-	4.00	否
徐　景	监事	男	38	2006-11-14	2009-11-13	0	0	-	42.58	否
阮海明	监事	男	42	2006-11-14	2009-11-13	750,000	715,100	二级市场竞价交易	20.42	否
周新华	监事	男	34	2007-07-13	2009-11-13	0	0	-	19.76	否
曾永春	副总经理	男	42	2008-04-16	2009-11-13	0	0	-	20.97	否
合　计	-	-	-	-	-	66,465,000	66,129,700	-	288.54	-

董事、监事、高级管理人员报告期内被授予的股权激励情况

□ 适用　　√ 不适用

5.2 董事出席董事会会议情况

董事姓名	具体职务	应出席次数	现场出席次数	以通讯方式参加会议次数	委托出席次数	缺席次数	是否连续两次未亲自出席会议
饶陆华	董事长兼总经理	8	8	0	0	0	否
袁继全	董事兼财务总监	8	8	0	0	0	否
刘明忠	董事	8	8	0	0	0	否
孟建斌	董事	8	8	0	0	0	否
陶军	董事	8	8	0	0	0	否
范家闩	董事	8	8	0	0	0	否
罗竝	董事兼董事会秘书	8	8	0	0	0	否
李小平	独立董事	8	8	0	0	0	否
赵立	独立董事	8	7	0	1	0	否
马秀敏	独立董事	8	8	0	0	0	否
邓爱国	独立董事	8	8	0	0	0	否

连续两次未亲自出席董事会会议的说明	
年内召开董事会会议次数	8
其中：现场会议次数	8
通讯方式召开会议次数	0
现场结合通讯方式召开会议次数	0

第六节　董事会报告

6.1 管理层讨论与分析

(一)报告期内公司经营情况的回顾

1、公司总体经营情况

2008 年，公司人力成本增高、新厂房建设及财务费用增加等因素，导致综合成本较大程度上升。面对这些客观存在的因素，在董事会的正确领导下，公司上下万众一心，紧紧围绕公司整体发展战略和年度工作目标，充分把握和利用行业发展带来的市场机遇，通过组织架构和管理模式的调整、内部资源的整合、产业结构的升级、研发能力的提高，同时，围绕用电自动化以及电能表等相关专业领域的需求，强化自身优势，巩固并加强技术领先地位，积极开拓国内外市场，提高市场占有率，基本完成了公司全年各项工作任务，为下一步的稳健发展打下了坚实的基础。

2008 年公司全年实现营业收入 39,454.94 万元，较上年增长 23.46%；实现营业利润 5,104.57 万元，比上年下降 19.76%；实现利润总额 5,955.53 万元，比去年同期减少 17.52%；实现净利润 5,557.70 万元，比去年同期减少 18.16%。

报告期内，在公司营业收入持续增长的情况下，由于新的厂房仍在施工建设中，尚未交付生产，受现有生产场地产能制约，尽管公司在第四季度全力以赴安排生产，但实际交货合同仍低于预期，部分订单将推迟至 2009 年交货；以及公司在国内外经济增长放缓的形势下，继续加大研发投入，加大新产品的开发，加大对各省、市、县级市场的开拓，销售费用、管理费用同比增加的幅度超过了营业总收入的增幅，导致公司 2008 年度净利润同比下降 18.16%。

2、2008 年经营措施

(1)加强内部控制体系建设，促进公司平稳发展。

2008 年，中国证监会深圳证监局对公司的巡检，对完善公司的法人治理结构，内部控制制度、提高会计核算的规范性及信息披露的及时完整性，起了很大的促进及警示作用。公司认真落实中国证监会和深圳证监局等上级监管部门的相关要求，认真逐项落实整改措施，切实解决存在的问题，建立健全公司治理长效机制。一是按照相关法律、法规以及规范性文件的要求，并结合公司实际操作流程，公司在整个生产经营的各环节中制定完善了各项内部管理与控制制度；二是从财务管理着手，进一步建立健全了会计核算体系，同时，不断完善公司生产经营管理的支撑系统—ERP 系统，使企业抗风险能力得以增强，公司治理水平进一步提高；三是强化了内部审计部门的监督职能，进一步强化了董事会下各专门委员会的职责，促进其工作的开展；四是加强了对公司董事、监事和高级管理人员积极参加各项法律法规、规章制度的学习，提高了公司规范运作水平，强化董事、监事、高管人员及股东诚信意识；五是加强了募集资金的使用和支付的管理，对募集资金账户的使用和审批做了修订，增加了保荐人事先审批流程；同时责成内部审计部门设立专人负责对募集资金的日常监督、复核，将有关检查情况及时向公司审计委员会报告。

(2)加大技术创新力度，巩固公司技术领先地位。

2008 年公司技术创新主要围绕国家重点支持发展的与公司核心技术密切相关的电力电子技术、芯片技术、集成技术等专业技术升级展开，通过加大人员投入、研发资金投入、内部挖潜、外部合作等创新措施，加强科技创新体系建设，完善研发体系，自主技术创新水平得到提升，科研成果得到检验，巩固了公司行业技术领先地位。报告期内，公司共计投入研发资金 3237.77 万元，占销售收入 8.21%。

目前，公司已成立专门从事变频器生产、销售、研发的子公司，进入变频器的全新领域，将为公司今后的发展提供新的动力。

2008 年度，公司科研成果丰硕，在公司已立项的科研开发项目中，完成了 19 个系列近百个产品省级技术机构的检定，并获得证书；新申请专利 25 项；企业被评定为高新技术企业，自 2008 年起连续三年享受 15%企业所得税率的税收优惠政策。

(3)完善营销策略，不断拓展市场。

2008 年，公司重新制定公司销售策略，加大海外拓展的力度；加强区域销售研究和管理，实现市场细分和目标客户的锁定，进一步推动客户间的沟通协调，寻求新合作，加强现有客户联系，稳固客户关系；加强营销队伍建设，提高营销人员的素质；进一步加强对应收账款的管理，实施与绩效和货款回笼挂钩的销售政策。

随着公司品牌知名度的提高，公司更加注重品牌建设和品牌形象的提高。多次参加了中国电科院电测量标委会关于电力标准的制定，作为电工仪表行业协会的重要委员单位，参与制定了相关的行业标准，主办并组织了电工仪器仪表行业委员会年度会议和展览会公司多次参与了行业或国际有影响的产品交流会和展览会；组织参加了深圳高科技展览会，北京国际电力展，积极参与国际交流、开拓国际市场，参加了美国电力展览会、泰国能源电力展览会，越南电力展览会等，大力推广了科陆品牌在美洲及东南亚的影响力，吸引了大批专业用户的关注，并多次组织专家队伍与国外多家电力公司进行了的深入交流，遍布西亚、非洲和欧洲等地，达成多项合作意向，对公司产品扩大出口打开了良好的局面。

报告期内，在电力自动化用电管理方面，公司继续保持在已有省区市场的领先地位，成功开拓多个新兴市场，高调进入福建、重庆、黑龙江、吉林、陕西等市场，取得了较好的市场地位。

报告期内，在载波表和集中抄表方面，公司及时抓住市场即将大量放开的有利时机，以全面推

出的系列产品，扩大国内市场覆盖面和试点省份的占有率，在吉林、广东取得了很好的开端，有着很好的示范作用，为接下来的放量增长提供了基础。同时，在国际市场上取得了较大的突破，产品获得佛得角共和国订单，印度尼西亚和伊朗市场开始批量供货。

公司变频器产品通过型式试验正式下线，并实现750多万的订单，涵盖行业领域包括钢铁、水泥、石化和电力，有着良好的示范和带动作用，树立起了较好的品牌口碑，为后续经营提供了良好的基础。

在电源产品方面，及时调整策略，全面出击，加大支持和宣传的力度，销售业绩迅猛增长，顺利回到了一线品牌的行列；在标准仪器仪表产品方面，加强了技术改进和新产品研发力度，市场份额继续增大，拉开了与行业竞争对手的距离。

（二）对公司未来发展的展望

1、行业所处的发展趋势及面临的市场竞争格局

（1）行业发展总体趋势

2008年的国际金融危机未对公司所在的电力自动化行业及电工仪器仪表行业产生直接冲击，产品市场需求仍稳定增长，同时，受日趋恶化的国际市场环境影响，政府着力拉动内需，加大电网投资力度。2008年，国内电网投资额度达到2,884亿元，同比增长17.69%；国家电网公司在未来2年计划投资3000亿元和2500亿元用于城网和农网改造；南方电网公司计划未来用于城网和农网改造每年投资额约900亿元，进一步提高了电网建设景气周期。

同时，国家电网计划未来三年内投资800亿元用于下属27个省网公司的用电信息采集系统建设，其中除了电缆等设备外，用电采集系统的建设资金预计将达680亿元。用于数据采集终端及电能量管理系统的资金达230亿元，非居民用三相电表、居民及非居民用单相电表的资金为约400亿元（载波表为270亿元左右）。用电采集系统产品中除电缆等传送设备外，其他公司均有所覆盖，面临良好的市场机遇。

变频器作为节能减排产品，广泛应用到工业系统、电力系统、交通系统、通信系统、计算机系统、新能源系统和日常生活中，面临着巨大的市场需求。08年下半年公司新成立了变频器子公司，在国家政策的支持下，公司的变频器产品市场需求将持续增长，市场空间逐步扩大，给公司经营与发展带来良好的机遇与广阔的空间。

（2）公司面临的市场竞争格局

公司主要客户为电力公司及大型工矿企业，各电力公司普遍采用集中招投标制采购，随着市场的不断成熟，市场竞争日益激烈。

电力自动化产品自04年启动以来，技术和市场均逐渐成熟，产品价格开始下滑，行业整体毛利率有所下降；公司的标准仪器仪表产品持续保持行业领先地位，报告期内公司加大国际市场开拓力度，标准仪器仪表产品远销欧美、独联体、东南亚、南美等市场。

电能表产品市场需求目前仍较旺盛，目前国内生产电能表产品的厂商较多，湖南威胜、浙江华立、宁波三星、江苏林洋、深圳浩宁达等是国内较大电能表生产企业。行业内前10家公司占国内市场份额70%左右。公司在三相电能表市场份额逐年增加，单相电能表市场占有率增加显著，公司目前着力于载波表的推广销售，受国家电价上调、分时电价、阶梯电价政策的影响，载波表面临良好的市场机遇。

2、公司未来的发展机遇和挑战

面对国家加大内需投入，加快电网投资建设及不断加强电力需求侧管理建设的良好机遇，公司主导产品市场需求仍将保持稳定增长，市场空间逐步放大，给公司经营与发展带来良好的机遇与广阔的空间。同时，变频器产品增强了公司产品产业链，进一步提升了公司综合竞争力水平，为公司未来发展和持续保持行业领先地位奠定了良好基础。公司只要发挥产品线覆盖面广、市场布局完善、研发实力雄厚等竞争优势，制订正确的市场策略，加强内部管理，努力开发具有市场潜力的新产品，提高产品质量、服务质量，公司就一定会在竞争中占领市场并抓住机遇率先发展。

随着产品的不断成熟及市场竞争的日渐加剧，部分产品毛利存在下滑风险；市场空间的急剧放大也导致市场参与者逐渐增加，市场竞争逐渐加剧等因素导致市场份额下降及销售规模增速放缓；同时随着公司经营规模的逐步扩大，对管理团队的管和协调能力提出较高的要求，作为高新技术企业，稳定人才队伍，持续提高公司的凝聚力，不断吸引行业内的优秀技术人才和销售人才也成为公司面临的又一挑战；随着公司产业结构调整，公司主营业务涉足变频器、无功补偿装置等新的领域，能否将公司行业上下游资源优势转化为效益增长优势、公司发展优势，是公司面临的新的挑战。

3、公司发展战略和2009年度的经营计划

（1）公司发展战略

公司长期从事电力测量控制设备的研发、生产和销售，已成为名列前茅的电力设备供应商，创立了知名度较高的"科陆"品牌，建立了覆盖全国的销售网络，拥有稳定的客户和良好的客户关系。

公司发展战略：立足电力行业，继续保持主营业务产品技术和市场的综合领先优势；拓展电力自动化、电力节能降耗设备、电能质量监测与改善等新的应用领域的市场份额；加大以电力电子技术为核心的高、中压变频器、无功补偿系统、电力电源等节能环保产品及系统成套为核心产品的开发力度，服务于电力系统的用电、配电领域；涉足以高压开关、高压变压器为主体的输电一次设备及系统成套领域；积极拓展新能源（太阳能、风力发电等）的发电和输电领域；积极寻求收购兼并、合作的发展机会；公司规模、利润稳定增长，整体实力再上台阶；注重企业的社会责任，以信誉立身，公司经营成果分享于顾客、员工、股东与社会之间，追求公司股东、债权人、客户、员工的和谐价值实现，努力使公司成为"中国第一、世界一流"的电力行业旗舰企业，成为世界电力行业高端领域专业的电力设备供应商。

（2）2009年度的经营计划和主要目标

公司在未来的发展过程中，将充分发挥公司现有的技术、规模、营销网络体系、综合成本等优势，开拓经营思路、巩固市场定位、强化竞争优势，进一步加强技术创新、产品开发水平，加快全球化市场进程。2009年，公司力争实现销售合同额7亿元，同比增长30%。

2009年，公司将抓住国家加大基础设施投入、扩大内需的市场机遇，不断完善产品结构，在大力拓展原有产品市场的同时，加快新产品的规模化进程，保持稳定增长态势。根据行业的发展趋势、市场状况和公司实际情况，2009年，将重点做好以下工作：

①持续推进公司治理建设，进一步规范和完善企业内部控制，提高公司经营管理水平和风险防范能力。

2009年，公司董事会将以巩固专项治理成果为重点，以证监局对公司的巡检为契机，全力推进公司规范运作。不断完善健全内部控制制度体系，依照各级监管部门要求，继续做好规章制度体系建设和贯彻执行工作；进一步健全股东大会、董事会、监事会、经理层分权制衡的法人治理结构，注重发挥董事会下设各专门委员会作用，不断提高董事履行职责水平；继续做好投资者关系管理和公司信息披露管理工作；在注重对股东权益保护的同时，推进环境保护与友好、资源节约与循环等建设，以自身发展影响和带动地方经济的振兴，促进公司与社会、社区、自然的协调、和谐发展。

加强员工队伍建设和人才培养，引进力度，健全内部绩效考核体系，积极探索激励机制，加强管理能力、整合能力、团队、企业文化建设，着力造就一流人才队伍，创建员工积极向上、愉快和谐的工作的和谐氛围，提升企业凝聚力和向心力；优化预算管理，以高效率降低生产、采购、服务成本；加快职能部门建设，推进信息化进程，降低经营风险；进一步完善质量、环境等管理体系，对计划管理、研发过程、原材料采购、生产制造、ERP实时控制流程的优化，进一步提高产品质量，提升效率；持续改进服务质量，不断提升用户满意度。

②加强研发队伍以及科技创新体系建设，完善研发体系，加大技术开发与创新力度，巩固公司技术领先地位。

通过进一步整合研发资源，完善研发管理模式，保证开发项目的进度及质量，使开发过程处于受控状态；同时，加强研发团队和组织的建设，提高研发项目运作效率，优化研发流程，提升研发管理能力，积极开展对外技术协作和交流，加大研发投入，保持对前沿技术的敏锐度，开展自主创新，加快产品技术升级，提升优势专业的附加值；加快高中低压变频器、电力操作电源、无功补偿与谐波抑制装置、配电自动化设备、LED照明和节能电焊机等产品研制进度，力争在电力自动化、电力一次设备、电力节能降耗设备、高压电力设备在线监测、电能质量监测与改善、风力发电与太阳能光伏发电等领域的新技术研究和新设备研制方面取得新成果，并争取尽快投运。

1）加强DSP数字信号处理器技术、FPGA、高精度A/D转换、数字合成波形、数字调频、旋转编码器等最新电子信息技术的开发及应用；

2）加强精密电源SPWM功率放大器技术研究与产品化应用；

3）加强C/C++、JAVA、VB、Python、XML等计算机语言的应用能力及GIS系统、商用数据库系统、企业级EJB和COM+、J2EE和WindowsDNA系统设计及分析；

4）组建自动化半自动化调校与检测系统。

③突出营销工作，把握市场机遇，加强营销力度，实现新的突破。

加强营销体系建设，着力推进公司营销方式转变，发挥企业品牌优势、技术优势，进一步开拓市场，加快新的市场领域的开发，提高公司产品市场占有率；进一步建设好营销队伍，完善营销网络，建立快速市场应变机制，做好产品售后服务工作，加大货款回收力度，确保现金流的良性循环引进；加大国际市场开拓力度，增强公司的盈利能力和收益能力；结合国家加大投资力度，加强基础设施建设，积极拉动内需相关政策，进一步深化铁路、石化等市场的拓展，扩大市场份额；加大对变频器、配电自动化设备等方面新技术产品的推广力度。

④深入整合公司电力产品资源，采取自主研发和外部合作等方式，加快、加大、加强公司电力产品系列化、广度化发展，争取在电力行业取得更大发展。

⑤科学高效、安全快速地完成宝龙工业城生产厂区的搬迁工作，为公司创造良好的工作条件，解决公司发展所带来的产能瓶颈问题。

上述经营计划、经营目标并不代表公司对2009年度的盈利预测，能否实现取决于市场状况变化、经营团队的努力程度等多种因素，存在很大的不确定性，敬请投资者特别注意。

4、公司未来发展战略所需的资金需求、使用计划以及资金来源情况

根据2009年度经营目标及计划，公司将加大用电自动化、电能表、标准仪器仪表、电力操作电源等原有产品的研发与生产，积极开发高中低压变频器、电力操作电源、无功补偿与谐波抑制装置、配电自动化设备、LED照明和节能电焊机等，扩大新应用领域的市场份额。公司要实现发展战略需要更多的资金支持，根据具体的资金需求情况，公司将通过自有资金、银行贷款或再融资等方式解决发展所需资金。

5、公司未来发展所面临的风险分析

（1）管理风险

公司经营规模迅速扩张、产业链的不断延伸以及销售网络的相应扩张，一方面使公司的组织结构、管理体系以及生产经营活动趋于复杂，公司经营决策、组织管理、风险控制的难度增加；另一方面对公司管理团队的管理和协调能力提出更高要求。

能否及时根据发展战略的需要优化组织结构和管理体系直接关系公司的运营效率。因此，公司面临规模化和产业链延伸带来的管理难度加大的风险对策：公司将进一步加强管理队伍建设，通过加强对现有管理人员的培训，不断提高管理水平和协调能力，不断完善现代企业制度和法人治理结构，形成更加科学有效的决策机制、执行机制和监督机制，同时，不断完善绩效考核机制和激励约束机制，使公司的经营模式和管理机制能够更加符合公司发展需要。

（2）财务风险

由于公司生产规模不断扩大，资本运作不断增多，资金需求相应加大，公司将严格控制存货的增长，加强应收账款管理，借助ERP系统，进一步提高公司资金效率，控制财务费用增长。

（3）宏观政策风险

面对金融危机，虽然政府采取了积极的财政政策和较为宽松的货币政策，但是2009年中国经济增长的不确定性依然很大，特别是公司目前所从事的电力自动化产品以及电能表、标准仪器仪表与其行业的固定资产规模关联性大，公司所处行业的固定资产投资规模与国家宏观经济政策、产业政策及基本建设投资结构和规模等密切相关，如国家在节能减排、拉动内需等背景下对加大电网建设规模等，不排除未来国家出于对国民紧急的整体调控需要，导致产业政策改变，届时将直接影响公司主导产品的销售收入和利润，并可能对公司的未来业绩造成影响。

对策：针对上述风险，一方面公司将始终密切关注宏观形式变化，建立健全宏观经济信息收集、分析、预测系统，努力把握经济发展脉搏，在市场竞争中掌握先机，有预见性地开展工作。另一方面公司将坚持技术领先战略，巩固市场竞争优势地位，把握国家产业发展政策，充分利用国家对所处行业的产业扶持政策，加大核心技术应用范围拓展力度，培育新的经济增长点，提升公司的经营业绩，尽量减少政策性风险对公司的影响。

（4）人力资源风险

公司从事的行业是一个技术密集型行业，对高级技术人才的依赖性较强，另外，近年随着公司经营规模迅速扩张和产业链的不断延伸，对于具有较高专业技能和管理水平的高素质人才的需求也大幅增长，人才瓶颈的制约将会影响到公司的长期经营和未来发展。

对策：公司将继续完善人才引进、培训和激励机制，完善和提高员工薪酬、福利及保险待遇，力求吸引人才、培育人才和留住人才；同时，加强企业现有员工在素质、技术、管理能力等方面的培训；另外，公司将进一步加强企业文化建设，增强企业凝聚力，保证核心管理人员和技术人员的稳定。

（5）行业特定风险

公司为电力设备制造商，客户主要为电网公司及其下属公司，客户相对集中，在一定程度上导致公司应收账款较大。对策：客户具有良好的商业信用，应收账款质量良好，坏账率低，公司将继续加强货款回笼和管理工作，促进公司经营性现金流保持在正常水平。

6.2　主营业务分行业、产品情况表

单位：（人民币）万元

主营业务分行业情况

分行业或分产品	营业收入	营业成本	营业利润率（%）	营业收入比上年增减（%）	营业成本比上年增减（%）	营业利润率比上年增减（%）
电工仪器仪表与电力自动化	39,454.94	23,361.40	40.79%	23.46%	22.25%	0.59%

主营业务分产品情况						
电力自动化产品	21,637.47	14,005.87	35.27%	7.82%	8.28%	−0.27%
电工仪器仪表	16,676.75	8,625.87	48.28%	47.45%	44.28%	1.14%

6.3 主营业务分地区情况

单位：(人民币)万元

地区	营业收入	营业收入比上年增减(%)
华东华南地区	17,490.33	9.42%
其他地区	21,964.61	37.51%

6.4 采用公允价值计量的项目

√ 适用 □ 不适用

单位：(人民币)元

项目	期初金额	本期公允价值变动损益	计入权益的累计公允价值变动	本期计提的减值	期末金额
金融资产：					
其中：1.以公允价值计量且其变动计入当期损益的金融资产	2,000,000.00	5,225.15	0.00	0.00	2,005,225.15
其中：衍生金融资产	0.00	0.00	0.00	0.00	0.00
2.可供出售金融资产	0.00	0.00	0.00	0.00	0.00
金融资产小计	2,000,000.00	5,225.15	0.00	0.00	2,005,225.15
金融负债	0.00	0.00	0.00	0.00	0.00
投资性房地产	0.00	0.00	0.00	0.00	0.00
生产性生物资产	0.00	0.00	0.00	0.00	0.00
其他	0.00	0.00	0.00	0.00	0.00
合计	2,000,000.00	5,225.15	0.00	0.00	2,005,225.15

6.5 募集资金使用情况

√ 适用 □ 不适用

单位：(人民币)万元

募集资金总额	15,166.00	本年度投入募集资金总额	8,983.38
变更用途的募集资金总额	2,204.00		
变更用途的募集资金总额比例	14.53%	已累计投入募集资金总额	14,275.93

承诺投资项目	是否已变更项目(含部分变更)	募集资金承诺投资总额	调整后投资总额	截至期末承诺投入金额(1)	本年度投入金额
CL7100 用电管理					
系统扩建项目	否	5,000.00	5,000.00	4,700.00	2,046.47
电子式电能表扩建项目	否	6,000.00	6,000.00	5,400.00	2,770.91
补充流动资金	否	4,166.00	4,166.00	4,166.00	4,166.00
合计	−	15,166.00	15,166.00	14,266.00	8,983.38

承诺投资项目	截至期末累计投入金额(2)	截至期末累计投入金额与承诺投入金额的差额(3)=(2)−(1)	截至期末投入进度(%)(4)=(2)/(1)	项目达到预定可使用状态日期	本年度实现的效益	是否达到预计效益	项目可行性是否发生重大变化
CL7100 用电管理							
系统扩建项目	4,801.82	101.82	102.17%	2009−06−30	0.00	是	否
电子式电能表扩建项目	5,308.11	−91.89	98.30%	2009−06−30	0.00	是	否
补充流动资金	4,166.00	0.00	100.00%	2009−06−30	0.00	是	否
合计	14,275.93	9.93	−	−	0.00	−	−

未达到计划进度或预计收益的情况和原因(分具体项目)	无
项目可行性发生重大变化的情况说明	无
募集资金投资项目实施地点变更情况	项目用地原初步选址为深圳高新区，建设用地面积为 5994.67 平方米。公司考虑到未来长远发展，于 2007 年 4 月 20 日购入宝龙工业城 G02315−0003 地块的土地使用权，总用地面积 34,428.29 平方米，2007 年 4 月 25 日公司第三届董事会第六次会议审议通过了《关于购买宝龙工业城土地用于建设公司产业化项目基地及变更募集资金投资项目实施地点的议案》，于是将上述募集资金项目实施地点变更到新地址。
募集资金投资项目实施方式调整情况	无
募集资金投资项目先期投入及置换情况	先 无
用闲置募集资金暂时补充流动资金情况	2007 年 7 月 27 日公司第三届董事会第八次会议审议通过了公司《关于使用部分闲置募集资金暂时补充流动资金的议案》，同意在确保募集资金项目实施的前提下，将不超过 6,500 万元公司 2007 年公开发行股票募集资金用于补充流动资金，使用期限自公司 2007 年第二次临时股东大会审议批准日起，最长使用时间不超过六个月。
项目实施出现募集资金结余的金额及原因	无
尚未使用的募集资金用途及去向	截止 2008 年 12 月 31 日，募集资金存放专项账户的余额如下：
募集资金使用及披露中存在的问题或其他情况	2007 年 4 月 8 日使用募集资金 2204 万购买宝龙工业城土地，2008 年 10 月 29 日公司第三届董事会第十八次会议审议通过了《关于调整部分募集资金用途的议案》同意使用募集资金 2204 万元用于购买募投项目的土地使用权。2008 年 11 月 18 日第三次临时股东大会通过了上述议案。

募集资金存储银行名称	银行帐号	期末余额(元)	存储方式
中国建设银行股份有限公司深圳南山支行	44201506600052506130	11,277,342.83	活期存款
上海浦东发展银行深圳分行	79010155200004134	1,744.44	活期存款
合计		11,279,087.27	

变更项目情况

□ 适用 √ 不适用

6.6 非募集资金项目情况

√ 适用 □ 不适用

单位：(人民币)万元

项目名称	项目金额	项目进度	项目收益情况
龙泉矿井项目	293,537.69	累计完成投资 8,326 万元。	目前，该项目仍处于建设阶段，
成立控股子公司——深圳市科陆变频器有限公司	2,550.00	于 2008 年 9 月完成工商注册，报告期内已实现销售收入	报告期内实现营业收入 205,314.6 元，营业利润−2,236,272.44 元，实现净利润−2,234,222.69 元。
设立控股子公司——深圳市科陆电气技术有限公司	800.00	于 2009 年 1 月完成工商注册	−
合计	3,350.00	−	−

6.7 董事会对公司会计政策、会计估计变更或重大会计差错更正的原因及影响的说明

√ 适用 □ 不适用

一、会计差错更正事项性质及原因说明

由于公司产品主要销售给电力行业的用户，根据部分产品合同条款的要求，公司的产品需要对方履行验收或签收的手续。2007 年度公司主营业务收入中有 2,590.75 万元在 2007 年度末取得客户相关验收或签收资料，不完全符合收入确认条件，为贯彻谨慎性原则，公司将此部分收入和成本进行相应调整，因此次更正，2007 年收入将减少 2,590.75 万元，利润减少 731.95 万元。

二、会计差错更正及其影响

经更正后的 2007 年度财务数据如下：(单位：元)

项目	调整前	调整额	调整后
主营业务收入	345,483,887.95	−25,907,471.61	319,576,416.34
主营业务成本	208,391,903.00	−17,296,351.98	191,095,551.02
净利润	75,228,856.91	−7,319,451.68	67,909,405.23
	调整前	调整后	增减(%)
基本每股收益	0.63	0.57	−9.08%
稀释每股收益	0.63	0.57	−9.08%
扣除非经常性损益后的基本每股收益	0.57	0.51	−10.82%
全面摊薄净资产收益率	19.11%	17.42%	−1.69%
加权平均净资产收益率	22.74%	20.76%	−1.98%
扣除非经常性损益后全面摊薄净资产收益率	17.43%	15.73%	−1.70%
扣除非经常性损益后的加权平均净资产收益率	20.75%	18.74%	−2.01%
每股经营活动产生的现金流量净额	0.22	0.22	0.00%
	调整前	调整后	增减(%)
归属于上市公司股东的每股净资产	3.28_	3.25	−0.91%

根据相关规定，深圳市鹏城会计师事务所有限公司出具了《关于深圳市科陆电子科技股份有限公司会计差错更正事项的说明》，认为：“更正符合企业会计准则的规定，披露是适当的。”

6.8 董事会对会计师事务所“非标准审计报告”的说明

□ 适用 √ 不适用

6.9 董事会本次利润分配或资本公积金转增股本预案

经深圳市鹏城会计师事务所有限公司出具的深鹏所股审字【2009】093 号《审计报告》确认，2008 年度归属于母公司股东的净利润 55,576,986.30 元，提取法定盈余公积金 814,921.15 元，加上年初未分配利润 161,561,539.26 元，减去 2008 年度分配 2007 年度现金股利 24,000,000.00 元，可供母公司股东分配的利润为 192,323,604.41 元。

公司 2008 年度的利润分配预案为：2008 年度以现有总股本 12,000 万股为基数，向全体股东拟以每 10 股派发现金股利 1 元(含税)，合计派发现金股利 1200 万元；以现有总股本 12,000 万股为基数，向全体股东拟每 10 股派股票股利 5 股，合计派股票股利 6000 万股，金额 6000 万元，剩余未分配利润 120,323,604.41 元结转下一年度分配。

公司 2008 年度资本公积金转增股本预案：2008 年度以现有总股本 12,000 万股为基数，向全体股东拟每 10 股转增 5 股，共转增股本 6000 万股，转增后，资本公积金余额为 27,233,135.18 元。

公司前三年现金分红情况

单位：(人民币)元

	现金分红金额(含税)	合并报表中归属于母公司所有者的净利润	占合并报表中归属于母公司所有者的净利润的比率
2007 年	24,000,000.00	67,909,405.23	35.34%
2006 年	0.00	39,758,074.74	0.00%
2005 年	4,995,000.00	24,730,346.48	20.20%

公司本报告期内盈利但未提出现金利润分配预案

□ 适用 √ 不适用

第七节 重要事项

7.1 收购资产

□ 适用 √ 不适用

7.2 出售资产

□ 适用 √ 不适用

7.1、7.2 所涉及事项对公司业务连续性、管理层稳定性的影响。

7.3 重大担保

□ 适用 √ 不适用

7.4 重大关联交易

7.4.1 与日常经营相关的关联交易

√ 适用 □ 不适用

单位：(人民币)万元

关联方	向关联方销售产品和提供劳务		向关联方采购产品和接受劳务	
	交易金额	占同类交易金额的比例	交易金额	占同类交易金额的比例
深圳市亚辰电子科技有限公司	0.00	0.00%	17.58	0.07%
合计	0.00	0.00%	17.58	0.07%

其中：报告期内公司向控股股东及其子公司销售产品或提供劳务的关联交易金额 0.00 万元。

7.4.2 关联债权债务往来

□ 适用　　√ 不适用

7.4.3 2008 年资金被占用情况及清欠进展情况

□ 适用　　√ 不适用

7.5 委托理财

√ 适用　　□ 不适用

单位：(人民币)万元

受托人	委托金额	委托期限		报酬确定方式	实际收益	实际收回金额
		起始日期	终止日期			
光大证券股份有限公司	200.00	2008-07-28	2009-0127	–	0.53	0.00
合计	200.00	–	–	–	0.53	0.00

其中：截止报告期末，逾期未收回的委托理财本金和收益累计 0.00 万元。

7.6 承诺事项履行情况

√ 适用　　□ 不适用

公司实际控制人饶陆华在公司上市时承诺：自股票上市之日起 36 个月内，不转让或者委托他人管理其本次发行前已持有的发行人股份，也不由发行人收购该部分股份。在其任职期间每年转让的股份不超过其所持有发行人股份总数的 25%；离职后半年内，不转让其所持有的发行人股份；股东深圳市创新投资集团有限公司、青岛高德科技创业投资有限公司在公司上市时承诺：自股票上市之日起 12 个月内，不转让或者委托他人管理其本次发行前已持有的发行人股份，也不由发行人收购该部分股份。

上述股东均严格履行承诺

公司或持股 5%以上股东在报告期内或持续到报告期内的承诺事项

□ 适用　　√ 不适用

7.7 重大诉讼仲裁事项

□ 适用　　√ 不适用

7.8 其他重大事项及其影响和解决方案的分析说明

7.8.1 证券投资情况

□ 适用　　√ 不适用

7.8.2 持有其他上市公司股权情况

□ 适用　　√ 不适用

7.8.3 持有非上市金融企业股权情况

□ 适用　　√ 不适用

7.8.4 买卖其他上市公司股份的情况

□ 适用　　√ 不适用

第八节　监事会报告

√ 适用　　□ 不适用

一、监事会会议情况

2008 年，公司监事会共召开了 5 次会议，会议情况如下：

1、2008 年 2 月 26 日，公司第三届监事会第七次会议在公司会议室召开，会议审议并通过了：《公司 2007 年度监事会工作报告》、《公司 2007 年度董事会工作报告》、《公司 2007 年年度报告及摘要》、《公司 2007 年度财务决算报告的议案》、《公司年度利润分配预案的议案》、《公司 2007 年度募集资金使用情况专项报告的议案》、《关于前次募集资金使用情况报告的议案》、《公司董事会内部控制自我评价报告的议案》。

2、2008 年 4 月 28 日公司第三届监事会第八次会议以通讯表决的方式召开，会议审议并通过了《深圳市科陆电子科技股份有限公司 2008 年第一季度报告》。

3、2008 年 7 月 18 日公司第三届监事会第九次会议以通讯表决的方式召开，会议审议并通过了《关于修订<监事会议事规则>的议案》和《关于"开展大股东及其关联方资金占用的自查自纠工作"的自查总结报告》。

4、2008 年 8 月 27 日公司第三届监事会第十次会议以通讯表决的方式召开，会议审议并通过了《公司 2008 年半年度报告及摘要》。

5、2008 年 10 月 29 日公司第三届监事会第十一会议以通讯表决的方式召开，会议审议并通过了《公司 2008 年第三季度报告》和《关于调整部分募集资金用途的议案》。

二、监事会对有关事项的独立意见

1、公司依法运作情况

2008 年度，公司监事会成员分别列席了各次董事会会议和股东大会会议，依据《公司法》、《公司章程》等有关法律法规，对公司生产经营、财务状况等事项进行监督。监事会认为：2008 年度，公司决策程序符合法律法规和《公司章程》的要求，建立了较为完善的内部控制制度，公司董事会按照股东大会会议形成的决议要求，切实履行了各项决议；同时，公司根据中国证监会《关于进一步深入推进公司治理专项活动的通知》要求和统一部署，对公司开展治理专项活动的整改情况进行了全面的梳理，对《公司章程》、《募集资金管理办法》等制度进行了修订，建立了防止大股东占用公司资金的长效机制；除公司董事袁继全先生因操作失误造成违规买卖公司股票行为外，公司其他董事、高级管理人员在履行职责和行使职权时恪尽职守，能以公司利益为出发点，不存在违反法律、法规、《公司章程》等规定或损害公司利益的行为。

2、检查公司财务的情况

监事会对 2008 年度公司的财务状况、财务管理等进行了认真细致的监督、检查和审核，认为：公司财务制度健全、财务运作规范、财务状况良好。深圳市鹏城会计师事务所有限公司出具的标准无保留意见的审计报告，真实、公允地反映了公司 2008 年度的财务状况和经营成果。

3、募集资金使用情况

监事会对募集资金的使用和管理进行了监督和检查。报告期内，根据公司募集资金实际使用情况，调整了募集资金投资项目部分固定资产投资额以支付募集资金项目土地款。该事项经公司第三届董事会第十八次会议及公司 2008 年第三次临时股东大会审议通过，公司独立董事发表了独立意见，公司保荐机构出具了专项意见。公司监事会对该次关于调整部分募集资金用途的相关事宜进行了核查，并经 2008 年 10 月 29 日召开的第三届监事会第十一次会议审议通过，认为："认为公司本次调整部分募集资金用途不存在损害股东利益的情形，不影响公司募集资金投资项目的进展，符合公司发展战略的要求，有利于提高募集资金的使用效率，同意公司作本次募集资金项目用途的调整。同意《关于调整部分募集资金用途的议案》，并提交公司 2008 年第三次临时股东大会进行确认"。

报告期内，公司在募集资金使用方面尚存在不足，于 2008 年 8 月从募集资金专户误提取备用金 29.7 万元。后续，公司要加强对募集资金使用和支付的管理，强化对募集资金使用的监督检查，确保募集资金使用的规范。

4、关联交易情况

经核查，监事会认为：报告期内，公司发生的关联交易符合公司生产经营的实际需要，其决策程序合法、交易价格遵循公开、公平、公正的原则，公允合理，没有损害公司的利益，也不存在损害中小股东利益的情形。

5、对外担保情况

2008 年度公司无违规对外担保，无债务重组、非货币性交易事项、资产置换，也无其他损害公司股东利益或造成公司资产流失的情况。监事会将继续严格按照《公司法》、《公司章程》和国家有关法规政策的规定，忠实履行自己的职责，进一步促进公司的规范运作。

6、对内部控制自我评价报告的意见

对董事会关于公司 2008 年度内部控制的自我评价报告、公司内部控制制度的建设和运行情况进行了审核，认为：公司已建立了较为完善的内部控制制度体系并能得到有效的执行。公司内部控制的自我评价报告真实、客观地反映了公司内部控制制度的建设及运行情况。

第九节　财务报告

9.1 审计意见

审计报告　　标准无保留审计意见

审计报告正文

审计报告

深鹏所股审字[2009]093 号

深圳市科陆电子科技股份有限公司全体股东：

我们审计了后附的深圳市科陆电子科技股份有限公司(以下简称"科陆电子")的财务报表，包括 2008 年 12 月 31 日的公司及合并资产负债表，2008 年度的公司及合并利润表、公司及合并股东权益变动表和公司及合并现金流量表以及财务报表附注。

一、管理层对财务报表的责任

按照企业会计准则的规定编制财务报表是科陆电子管理层的责任。这种责任包括：(1)设计、实施和维护与财务报表编制相关的内部控制，以使财务报表不存在由于舞弊或错误而导致的重大错报；(2)选择和运用恰当的会计政策；(3)作出合理的会计估计。

二、注册会计师的责任

我们的责任是在实施审计工作的基础上对财务报表发表审计意见。我们按照中国注册会计师审计准则的规定执行了审计工作。中国注册会计师审计准则要求我们遵守职业道德规范，计划和实施审计工作以对财务报表是否不存在重大错报获取合理保证。

审计工作涉及实施审计程序，以获取有关财务报表金额和披露的审计证据。选择的审计程序取决于注册会计师的判断，包括对由于舞弊或错误导致的财务报表重大错报风险的评估。在进行风险评估时，我们考虑与财务报表编制相关的内部控制，以设计恰当的审计程序，但目的并非对内部控制的有效性发表意见。审计工作还包括评价管理层选用会计政策的恰当性和作出会计估计的合理性，以及评价财务报表的总体列报。

我们相信，我们获取的审计证据是充分、适当的，为发表审计意见提供了基础。

三、审计意见

我们认为，科陆电子财务报表已经按照企业会计准则的规定编制，在所有重大方面公允反映了科陆电子公司及合并 2008 年 12 月 31 日的财务状况以及 2008 年度的经营成果和现金流量。

深圳市鹏城会计师事务所有限公司　　中国注册会计师：杨平高

中国　深圳　　中国注册会计师：周　宁

2009 年 4 月 24 日

9.2 财务报表

9.2.1 资产负债表

编制单位：深圳市科陆电子科技股份有限公司　　2008 年 12 月 31 日　　单位：(人民币)元

项目	期末余额		年初余额	
	合并	母公司	合并	母公司
流动资产：				
货币资金	120,751,778.08	78,225,804.58	221,973,711.25	165,201,042.25
结算备付金				
拆出资金				
交易性金融资产	2,005,225.15			
应收票据	11,453,733.80	11,453,733.80	2,969,106.00	2,969,106.00
应收账款	242,352,635.95	241,733,569.76	182,745,436.51	182,641,745.70
预付款项	17,937,514.17	16,431,731.02	6,140,347.53	6,106,059.80
应收保费				
应收分保账款				
应收分保合同准备金				
应收利息				
应收股利				
其他应收款	11,166,261.14	20,876,406.11	6,586,092.36	6,399,502.67
买入返售金融资产				
存货	106,023,205.03	109,993,463.61	61,575,217.77	56,673,397.40
一年内到期的非流动资产				
其他流动资产				
流动资产合计	511,690,353.32	478,714,708.88	481,989,911.42	419,990,853.82
非流动资产：				

发放贷款及垫款				
可供出售金融资产				
持有至到期投资				
长期应收款				
长期股权投资	60,823,452.03	27,323,452.03		
投资性房地产				
固定资产	22,731,443.49	21,792,752.30	22,727,305.36	21,942,035.75
在建工程	78,181,840.43	78,181,840.43	4,485,799.80	4,485,799.80
工程物资				
固定资产清理				
生产性生物资产				
油气资产				
无形资产	57,912,964.66	44,999,854.64	41,848,461.74	41,848,461.74
开发支出				
商誉				
长期待摊费用	126,850.02	126,850.02	228,330.00	228,330.00
递延所得税资产	5,934,690.55	4,491,752.51	3,409,842.47	2,899,756.96
其他非流动资产				
非流动资产合计	164,887,789.15	210,416,501.93	72,699,739.37	98,727,836.28
资产总计	676,578,142.47	689,131,210.81	554,689,650.79	518,718,690.10
流动负债:				
短期借款	54,000,000.00	54,000,000.00	62,000,000.00	62,000,000.00
向中央银行借款				
吸收存款及同业存放				
拆入资金				
交易性金融负债				
应付票据	49,503,807.17	49,503,807.17	52,348,916.93	52,348,916.93
应付账款	79,477,017.39	186,918,921.59	20,529,568.96	37,970,061.67
预收款项	19,691,670.67	18,794,813.67	7,513,045.16	7,320,678.16
卖出回购金融资产款				
应付手续费及佣金				
应付职工薪酬	5,623,168.07	5,448,128.72	2,034,843.19	1,277,028.65
应交税费	21,275,849.06	13,568,118.12	13,581,112.99	9,272,033.92
应付利息				
应付股利				
其他应付款	5,071,291.78	34,908,160.72	2,074,565.07	21,001,100.39
应付分保账款				
保险合同准备金				
代理买卖证券款				
代理承销证券款				
一年内到期的非流动负债				
其他流动负债				
流动负债合计	234,642,804.14	363,141,949.99	160,082,052.30	191,189,819.72
非流动负债:				
长期借款	10,000,000.00	10,000,000.00		
应付债券				
长期应付款	727,247.22	727,247.22		
专项应付款				
预计负债				
递延所得税负债				
其他非流动负债	3,730,000.00	3,730,000.00	3,980,000.00	3,980,000.00
非流动负债合计	14,457,247.22	14,457,247.22	3,980,000.00	3,980,000.00
负债合计	249,100,051.36	377,599,197.21	164,062,052.30	195,169,819.72
所有者权益(或股东权益):				
实收资本(或股本)	120,000,000.00	120,000,000.00	120,000,000.00	120,000,000.00
资本公积	87,233,135.18	87,233,135.18	87,233,135.18	87,233,135.18
减:库存股				
盈余公积	21,880,702.96	21,880,702.96	21,065,781.81	21,065,781.81
一般风险准备				
未分配利润	192,323,604.41	82,418,175.46	161,561,539.26	95,249,953.39
外币报表折算差额				
归属于母公司所有者权益合计	421,437,442.55	311,532,013.60	389,860,456.25	323,548,870.38
少数股东权益	6,040,648.56	767,142.24		
所有者权益合计	427,478,091.11	311,532,013.60	390,627,598.49	323,548,870.38
负债和所有者权益总计	676,578,142.47	689,131,210.81	554,689,650.79	518,718,690.10

9.2.2 利润表

编制单位:深圳市科陆电子科技股份有限公司　2008 年 1-12 月　单位:(人民币)元

项目	本期金额		上期金额	
	合并	母公司	合并	母公司
流动资产:				
一、营业总收入	394,549,423.63	393,822,738.50	319,576,416.34	319,256,525.74
其中:营业收入	394,549,423.63	393,822,738.50	319,576,416.34	319,256,525.74
利息收入				
已赚保费				
手续费及佣金收入				
二、营业总成本	343,509,049.22	383,543,985.38	255,963,413.07	298,708,771.41
其中:营业成本	233,614,034.43	295,443,207.07	191,095,551.02	246,025,426.25
利息支出				
手续费及佣金支出				
退保金				
赔付支出净额				
提取保险合同准备金净额				
保单红利支出				
分保费用				
营业税金及附加	1,376,692.70	851,537.78	964,814.45	582,306.63
销售费用	41,286,484.27	39,856,532.97	25,716,830.57	24,632,903.15
管理费用	49,865,520.37	30,207,677.98	30,806,226.47	19,930,226.38
财务费用	3,291,681.36	3,337,773.69	-570,927.36	-554,877.56
资产减值损失	14,074,636.09	13,847,255.89	7,950,917.92	8,092,786.56
加:公允价值变动收益(损失以"-"号填列)	5,345.28			
投资收益(损失以"-"号填列)				19,625,920.71
其中:对联营企业和合营企业的投资收益				
汇兑收益(损失以"-"号填列)				
三、营业利润(亏损以"-"号填列)	51,045,719.69	10,278,753.12	63,613,003.27	40,173,675.04
加:营业外收入	8,741,149.32	2,190,203.26	8,690,282.24	2,814,861.00
减:营业外支出	231,549.50	224,817.50	96,953.63	95,465.39
其中:非流动资产处置损失				
四、利润总额(亏损总额以"-"号填列)	59,555,319.51	12,244,138.88	72,206,331.88	42,893,070.65
减:所得税费用	4,204,826.89	260,995.66	4,262,697.57	1,394,767.02
五、净利润(净亏损以"-"号填列)	55,350,492.62	11,983,143.22	67,943,634.31	41,498,303.63
归属于母公司所有者的净利润	55,576,986.30	11,983,143.22	67,909,405.23	41,498,303.63
少数股东损益	-226,493.68		34,229.08	
六、每股收益:				
(一)基本每股收益	0.46	0.10	0.57	0.35
(二)稀释每股收益	0.46	0.10	0.57	0.35

9.2.3 现金流量表

编制单位:深圳市科陆电子科技股份有限公司　2008 年 1-12 月　单位:(人民币)元

项目	本期金额		上期金额	
	合并	母公司	合并	母公司
流动资产:				
一、经营活动产生的现金流量:				
销售商品、提供劳务收到的现金	386,304,655.94	385,160,808.07	303,746,905.13	301,118,579.16
客户存款和同业存放款项净增加额				
向中央银行借款净增加额				
向其他金融机构拆入资金净增加额				
收到原保险合同保费取得的现金				
收到再保险业务现金净额				
保户储金及投资款净增加额				
处置交易性金融资产净增加额				
收取利息、手续费及佣金的现金				
拆入资金净增加额				
回购业务资金净增加额				
收到的税费返还	6,508,554.85	432.25	5,853,771.24	
收到其他与经营活动有关的现金	5,365,156.41	45,243,777.02	8,384,196.48	11,433,867.77
经营活动现金流入小计	398,178,367.20	430,405,017.34	317,984,872.85	312,552,446.93
购买商品、接受劳务支付的现金	233,115,662.07	261,907,652.27	189,205,451.46	261,240,022.45
客户贷款及垫款净增加额				
存放中央银行和同业款项净增加额				
支付原保险合同赔付款项的现金				
支付利息、手续费及佣金的现金				
支付保单红利的现金				
支付给职工以及为职工支付的现金	52,316,925.21	38,416,587.70	32,421,638.16	24,997,134.01
支付的各项税费	40,702,751.58	25,568,792.34	30,310,004.07	18,946,143.49
支付其他与经营活动有关的现金	47,176,494.88	41,566,096.27	39,594,540.45	36,507,175.75
经营活动现金流出小计	373,311,833.74	367,459,128.58	291,531,634.14	341,690,475.70
经营活动产生的现金流量净额	24,866,533.46	62,945,888.76	26,453,238.71	-29,138,028.77
二、投资活动产生的现金流量:				
收回投资收到的现金			210,000.00	210,000.00
取得投资收益收到的现金				19,625,920.71
处置固定资产、无形资产和其他长期资产收回的现金净额				
处置子公司及其他营业单位收到的现金净额				
收到其他与投资活动有关的现金				
投资活动现金流入小计			210,000.00	19,835,920.71
购建固定资产、无形资产和				

其他长期资产支付的现金	102,957,027.23	89,789,687.03	50,321,976.39	49,691,563.83
投资支付的现金	2,000,000.00	33,500,000.00		10,000,000.00
质押贷款净增加额				
取得子公司及其他营业单位支付的现金净额				
支付其他与投资活动有关的现金	6,497,332.50	6,497,332.50		
投资活动现金流出小计	111,454,359.73	129,787,019.53	50,321,976.39	59,691,563.83
投资活动产生的现金流量净额	−111,454,359.73	−129,787,019.53	−50,111,976.39	−39,855,643.12
三、筹资活动产生的现金流量：				
吸收投资收到的现金	5,500,000.00		151,660,000.00	151,660,000.00
其中：子公司吸收少数股东投资收到的现金	5,500,000.00			
取得借款收到的现金	126,000,000.00	126,000,000.00	112,500,000.00	112,500,000.00
发行债券收到的现金				
收到其他与筹资活动有关的现金			300,000.00	300,000.00
筹资活动现金流入小计	131,500,000.00	126,000,000.00	264,460,000.00	264,460,000.00
偿还债务支付的现金	124,000,000.00	124,000,000.00	85,100,000.00	85,100,000.00
分配股利、利润或偿付利息支付的现金	28,231,439.40	28,231,439.40	2,050,723.43	2,050,723.43
其中：子公司支付给少数股东的股利、利润				
支付其他与筹资活动有关的现金	400,000.00	400,000.00	30,080,900.00	30,080,900.00
筹资活动现金流出小计	152,631,439.40	152,631,439.40	117,231,623.43	117,231,623.43
筹资活动产生的现金流量净额	−21,131,439.40	−26,631,439.40	147,228,376.57	147,228,376.57
四、汇率变动对现金及现金等价物的影响				
五、现金及现金等价物净增加额	−107,719,265.67	−93,472,570.17	123,569,638.89	78,234,704.68
加：期初现金及现金等价物余额	221,973,711.25	165,201,042.25	68,404,072.36	56,966,337.57
六、期末现金及现金等价物余额	114,254,445.58	71,728,472.08	191,973,711.25	135,201,042.25

9.2.4 所有者权益变动表

编制单位：深圳市科陆电子科技股份有限公司　　2008 年度　　单位：(人民币)元

本期金额

项目	归属于母公司所有者权益 实收资本(或股本)	资本公积	减：库存股	盈余公积	一般风险准备	未分配利润	其他	少数股东权益	所有者权益合计
一、上年年末余额	120,000,000.00	87,233,135.18		21,065,781.81		161,561,539.26		767,142.24	390,627,598.49
加：会计政策变更									
前期差错更正									
其他									
二、本年年初余额	120,000,000.00	87,233,135.18		21,065,781.81		161,561,539.26		767,142.24	390,627,598.49
三、本年增减变动金额(减少以"−"号填列)				814,921.15		30,762,065.15		5,273,506.32	36,850,492.62
(一)净利润						55,576,986.30		−226,493.68	55,350,492.62
(二)直接计入所有者权益的利得和损失									
1.可供出售金融资产公允价值变动净额									
2.权益法下被投资单位其他所有者权益变动的影响									
3.与计入所有者权益项目相关的所得税影响									
4.其他									
上述(一)和(二)小计						55,576,986.30		−226,493.68	55,350,492.62
(三)所有者投入和减少资本								5,500,000.00	5,500,000.00
1.所有者投入资本								5,500,000.00	5,500,000.00
2.股份支付计入所有者权益的金额									
3.其他									
(四)利润分配				814,921.15		−24,814,921.15			−24,000,000.00
1.提取盈余公积				814,921.15		−814,921.15			
2.提取一般风险准备									
3.对所有者(或股东)的分配						−24,000,000.00			−24,000,000.00
4.其他									
(五)所有者权益内部结转									
1.资本公积转增资本(或股本)									
2.盈余公积转增资本(或股本)									
3.盈余公积弥补亏损									
4.其他									
四、本期期末余额	120,000,000.00	87,233,135.18		21,880,702.96		192,323,604.41		6,040,648.56	427,478,091.11

上年金额

项目	归属于母公司所有者权益 实收资本(或股本)	资本公积	减：库存股	盈余公积	一般风险准备	未分配利润	其他	少数股东权益	所有者权益合计
一、上年年末余额	45,000,000.00	10,573,135.18		18,146,598.35		93,085,796.49		732,913.16	167,538,443.18
加：会计政策变更									
前期差错更正						3,485,521.00		3,485,521.00	
其他									
二、本年年初余额	45,000,000.00	10,573,135.18		18,146,598.35		96,571,317.49		732,913.16	171,023,964.18
三、本年增减变动金额(减少以"−"号填列)	75,000,000.00	76,660,000.00		2,919,183.46		64,990,221.77		34,229.08	219,603,634.31
(一)净利润						67,909,405.23		34,229.08	67,943,634.31
(二)直接计入所有者权益的利得和损失									
1.可供出售金融资产公允价值变动净额									
2.权益法下被投资单位其他所有者权益变动的影响									
3.与计入所有者权益项目相关的所得税影响									
4.其他									
上述(一)和(二)小计						67,909,405.23		34,229.08	67,943,634.31
(三)所有者投入和减少资本	15,000,000.00	136,660,000.00							151,660,000.00
1.所有者投入资本	15,000,000.00	136,660,000.00							151,660,000.00
2.股份支付计入所有者权益的金额									
3.其他									
(四)利润分配				2,919,183.46		−2,919,183.46			
1.提取盈余公积				2,919,183.46		−2,919,183.46			
2.提取一般风险准备									
3.对所有者(或股东)的分配									
4.其他									
(五)所有者权益内部结转	60,000,000.00	−60,000,000.00							
1.资本公积转增资本(或股本)	60,000,000.00	−60,000,000.00							
2.盈余公积转增资本(或股本)									
3.盈余公积弥补亏损									
4.其他									
四、本期期末余额	120,000,000.00	87,233,135.18		21,065,781.81		161,561,539.26		767,142.24	390,627,598.49

9.3 与最近一期年度报告相比，会计政策、会计估计和核算方法发生变化的具体说明

√ 适用　　□ 不适用

一、会计差错更正事项性质及原因说明

由于公司产品主要销售给电力行业的用户，根据部分产品合同条款的要求，公司的产品需要对方履行验收或签收的手续。2007 年度公司主营业务收入中有 2,590.75 万元在 2007 年度未取得客户相关验收或签收资料，不完全符合收入确认条件，为贯彻谨慎性原则，公司将此部分收入和成本进行相应调整，因此次更正，2007　年收入将减少 2,590.75　万元，利润减少 731.95　万元。

二、会计差错更正及其影响

经更正后的 2007 年度财务数据如下：(单位：元)

项目	调整前	调整额	调整后
主营业务收入	345,483,887.95	−25,907,471.61	319,576,416.34
主营业务成本	208,391,903.00	−17,296,351.98	191,095,551.02
净利润	75,228,856.91	−7,319,451.68	67,909,405.23
	调整前	调整后	增减(%)
基本每股收益	0.63	0.57	−9.08%
稀释每股收益	0.63	0.57	−9.08%
扣除非经常性损益后的基本每股收益	0.57	0.51	−10.82%
全面摊薄净资产收益率	19.11%	17.42%	−1.69%
加权平均净资产收益率	22.74%	20.76%	−1.98%
扣除非经常性损益后全面摊薄净资产收益率	17.43%	15.73%	−1.70%
扣除非经常性损益后的加权平均净资产收益率	20.75%	18.74%	−2.01%
每股经营活动产生的现金流量净额	0.22	0.22	0.00%
	调整前	调整后	增减(%)
归属于上市公司股东的每股净资产	3.28_	3.25	−0.91%

根据相关规定，深圳市鹏城会计师事务所有限公司出具了《关于深圳市科陆电子科技股份有限公司会计差错更正事项的说明》，认为："更正符合企业会计准则的规定，披露是适当的。"

关于 2007 年会计差错更正的具体数据，公司在 2008 年度审计报告中披露。

三、公司董事会、监事会、独立董事关于本次会计差错更正的说明

公司董事会、监事会、独立董事均对本次会计差错更正事宜出具了书面报告。

公司董事会认为：本次公司对 2007 年度发生的会计差错进行更正，并根据有关会计准则和制度的规定恰当地进行了会计处理，符合《企业会计准则》和《企业会计制度》的规定，是对公司实际经营状况的客观反映，使公司的会计核算更符合有关规定，提高了公司财务信息质量，没有损害公司和全体股东的合法权益。

公司独立董事认为：公司对上述会计差错的更正处理尚属及时，基本符合公司目前实际经营和财务状况，会计师事务所对该会计差错的会计处理应确保符合上市公司相关财务规定，公允反映公司的财务状况。若该事项对相关投资者、特别是中小投资者的利益造成损害，审计机构应当承担相应责任。

公司监事会认为：公司董事会对 2007 年度会计差错的更正，依据充分，符合法律、法规、财务会计制度的有关规定，真实反映了公司的财务状况。监事会同意董事会关于就该事项做出的按前述内容进行会计差错调整的意见，以及就其原因和影响所做的说明。监事会将在今后的工作中，一如既往地对公司经营中的重大事项予以密切关注，维护投资者的权益。

9.4 重大会计差错的内容、更正金额、原因及其影响

□ 适用　　√ 不适用

9.5 与最近一期年度报告相比，合并范围发生变化的具体说明

√ 适用　　□ 不适用

1、深圳市科陆变频器有限公司于 2008 年 9 月 16 日成立，本公司出资 2550 万元，占注册资本总额的 85%。2008 年开始纳入合并报表范围。

2、深圳市科陆电气技术有限公司于 2009 年 1 月 3 日成立，注册资本为人民币 1000 万元，实收资本为 900 万元。本公司出资 800 万，占注册资本的 80%，杨凯出资 200 万，占注册资本的 20%。本公司本期已出资 800 万，本期杨凯出资 100 万，另 100 万在公司成立起 2 年内缴清。截至 2008 年 12 月 31 日，本公司实际拥有深圳市科陆电气技术有限公司股权比例为 88.89%。

2008 年开始纳入合并报表范围。

深圳市科陆电子科技股份有限公司

董事长：饶陆华

二〇〇九年四月二十四日

江西特种电机股份有限公司

江西特种电机股份有限公司 2008 年年度报告摘要

第一节　重要提示

1.1 本公司董事会、监事会及董事、监事、高级管理人员保证本报告所载资料不存在任何虚假记载、误导性陈述或者重大遗漏，并对其内容的真实性、准确性和完整性承担个别及连带责任。本年度报告摘要摘自年度报告全文，投资者欲了解详细内容，应阅读年度报告全文。

1.2 没有董事、监事、高级管理人员声明对年度报告内容的真实性、准确性和完整性无法保证或存在异议。

1.3 所有董事均已出席审议本次年报的董事会会议。

1.4 广东大华德律会计师事务所为本公司 2008 年度财务报告出具了标准审计报告。

1.5 公司负责人朱军、主管会计工作负责人梁祥林及会计机构负责人(会计主管人员)杨金林声明：保证年度报告中财务报告的真实、完整。

第二节　上市公司基本情况简介

2.1 基本情况简介

股票简称	江特电机
股票代码	002176
上市交易所	深圳证券交易所
注册地址	江西省宜春市东风大街 10 号
注册地址的邮政编码	336000
办公地址	江西省宜春市东风大街 10 号
办公地址的邮政编码	336000
公司国际互联网网址	http://www.jiangte.com.cn
电子信箱	jtdjgs@163.com

2.2 联系人和联系方式

	董事会秘书	证券事务代
姓名	闵银章	翟忠南
联系地址	江西省宜春市东风大街 10 号	江西省宜春市东风大街 10 号
电话	0795-3266280	0795-3266280
传真	0795-3274523	0795-3274523
电子信箱	minyz@163.com	zhaizn681122@163.com

第三节　会计数据和业务数据摘要

3.1 主要会计数据

单位：(人民币)元

	2008 年	2007 年		本年比上年增减(%)	2006 年	
		调整前	调整后	调整后	调整前	调整后
营业收入	413,028,560.81	344,641,960.41	344,641,960.41	19.84%	275,797,531.01	275,797,531.01
利润总额	28,669,427.69	42,713,416.19	42,713,416.19	-32.88%	36,236,190.64	36,236,190.64
归属于上市公司股东的净利润	24,664,445.25	31,468,009.44	31,759,956.22	-22.34%	26,202,278.41	26,202,278.41
归属于上市公司股东的扣除非经常性损益的净利润	20,116,048.12	24,840,123.73	25,132,070.51	-19.96%	26,276,930.49	26,276,930.49
经营活动产生的现金流量净额	8,541,114.62	-53,118,852.92	-53,118,852.92	-116.08%	10,499,296.42	10,499,296.42

	2008 年末	2007 年末		本年末比上年末增减(%)	2006 年末	
		调整前	调整后	调整后	调整前	调整后
总资产	548,330,617.14	525,137,569.82	526,352,641.44	4.18%	280,192,947.09	280,192,947.09
所有者权益(或股东权益)	348,660,539.84	333,871,013.56	334,162,960.34	4.34%	115,298,783.23	115,298,783.23
股本	108,446,568.00	67,779,105.00	67,779,105.00	60.00%	50,779,105.00	50,779,105.00

3.2 主要财务指标

单位：(人民币)元

	2008 年	2007 年		本年比上年增减(%)	2006 年	
		调整前	调整后	调整后	调整前	调整后
基本每股收益(元/股)	0.227	0.358	0.361	-37.12%	0.323	0.323
稀释每股收益(元/股)	0.227	0.358	0.361	-37.12%	0.323	0.323
扣除非经常性损益后的基本每股收益(元/股)	0.185	0.282	0.285	-35.09%	0.323	0.323
全面摊薄净资产收益率(%)	7.07%	9.43%	9.50%	-2.43%	22.73%	22.73%
加权平均净资产收益率(%)	7.24%	17.70%	17.85%	-10.61%	25.59%	25.59%
扣除非经常性损益后全面摊薄净资产收益率(%)	5.77%	7.44%	7.52%	-1.75%	22.79%	22.79%
扣除非经常性损益后的加权平均净资产收益率(%)	5.91%	13.97%	14.12%	-8.21%	25.67%	25.67%
每股经营活动产生的现金流量净额(元/股)	0.079	-0.784	-0.784	110.08%	0.207	0.207

	2008 年末	2007 年末		本年末比上年末增减(%)	2006 年末	
		调整前	调整后	调整后	调整前	调整后
归属于上市公司股东的每股净资产(元/股)	3.215	4.93	4.93	-34.79%	2.271	2.271

非经常性损益项目

√适用　□不适用

单位：(人民币)元

非经常性损益项目	金额	附注(如适用)
非流动资产处置损益净额	-533,329.95	
计入当期损益的政府补助，但与公司正常经营业务密切相关，符合国家政策规定、按照一定标准定额或定量持续享受的政府补助除外	5,743,935.45	
除同公司正常经营业务相关的有效套期保值业务外，持有交易性金融资产、交易性金融负债产生的公允价值变动损益，以及处置交易性金融资产、交易性金融负债和可供出售金融资产取得的投资收益	1,518.13	
除上述各项之外的其他营业外收入和支出净额	-670,442.91	
少数股东权益影响额	6,716.41	
合计	4,548,397.13	-

3.3 境内外会计准则差异

□适用　√不适用

第四节　股本变动及股东情况

4.1 股份变动情况表

单位：股

	本次变动前		本次变动增减(+,-)					本次变动后	
	数量	比例(%)	发行新股	送股	公积金转股	其他	小计	数量	比例(%)
一、有限售条件股份	54,179,105	79.93%	0	0	32,507,463	-36,201,559	-3,694,096	50,485,009	46.55%
1、国家持股	10,165,944	15.00%	0	0	6,099,566	0	6,099,566	16,265,510	15.00%
2、国有法人持股	733,329	1.08%	0	0	439,998	-1,173,327	-733,329	0	0.00%
3、其他内资持股	43,073,043	63.55%	0	0	25,843,826	-34,841,492	-8,997,666	34,075,377	31.42%
其中：境内非国有法人持股	34,519,315	50.93%	0	0	20,711,589	-21,163,397	-451,808	34,067,507	31.41%
境内自然人持股	8,553,728	12.62%	0	0	5,132,237	-13,678,095	-8,545,858	7,870	0.01%
4、外资持股	94,444	0.14%	0	0	56,666	-151,110	-94,444	0	0.00%
其中：境外法人持股	94,444	0.14%	0	0	56,666	-151,110	-94,444	0	0.00%
境外自然人持股			0	0	0	0	0	0	0.00%
5、高管股份	112,345	0.17%	0	0	67,407	-35,630	31,777	144,122	0.13%
二、无限售条件股份	13,600,000	20.07%	0	0	8,160,000	36,201,559	44,361,559	57,961,559	53.45%
1、人民币普通股	13,600,000	20.07%	0	0	8,160,000	36,201,559	44,361,559	57,961,559	53.45%
2、境内上市的外资股	0	0.00%	0	0	0	0	0	0	0.00%
3、境外上市的外资股	0	0.00%	0	0	0	0	0	0	0.00%
4、其他	0	0.00%	0	0	0	0	0	0	0.00%
三、股份总数	67,779,105	100.00%	0	0	40,667,463	0	40,667,463	108,446,568	100.00%

限售股份变动情况表

单位：股

股东名称	年初限售股数	本年解除限售股数	本年增加限售股数	年末限售股数	限售原因	解除限售日期
江西江特电气集团有限公司	21,292,192	0	12,775,315	34,067,507	发行前股份上市限售	2010-10-12
南昌高新科技投资有限公司	10,654,896	17,047,834	6,392,938	0	发行前股份上市限售	2008-10-13
宜春市袁州区经济贸易委员会	10,165,944	0	6,099,566	16,265,510	发行前股份上市限售	2009-10-12
内部职工股(764 人)	8,666,073	13,713,725	5,199,644	151,992	发行前股份上市限售	2008-10-13
询价对象配售股份	3,400,000	3,400,000	0	0	配售股份上市限售	2008-01-14
合计	54,179,105	34,161,559	30,467,463	50,485,009	-	-

4.2 前 10 名股东、前 10 名无限售条件股东持股情况表

单位：股

股东总数					17,893
前 10 名股东持股情况					
股东名称	股东性质	持股比例(%)	持股总数	持有有限售条件股份数量	质押或冻结的股份数量
江西江特电气集团有限公司	境内非国有法人	31.41%	34,067,507	34,067,507	0

宜春市袁州区经济贸易委员会	国家	15.00%	16,265,510	16,265,510	0
南昌高新科技投资有限公司	境内非国有法人	13.85%	15,018,454	0	11,000,000
陈能球	境内自然人	0.20%	217,203	0	0
夏瑞芝	境内自然人	0.16%	178,780	0	0
唐文忆	境内自然人	0.16%	168,690	0	0
董　雪	境内自然人	0.15%	164,960	0	0
毛丽明	境内自然人	0.13%	140,000	0	0
邱瑞华	境内自然人	0.10%	110,650	0	0
张伯中	境内自然人	0.10%	110,000	0	0

前 10 名无限售条件股东持股情况

股东名称	持有无限售条件股份数量	股份种类
南昌高新科技投资有限公司	15,018,454	人民币普通股
陈能球	217,203	人民币普通股
夏瑞芝	178,780	人民币普通股
唐文忆	168,690	人民币普通股
董　雪	164,960	人民币普通股
毛丽明	140,000	人民币普通股
邱瑞华	110,650	人民币普通股
张伯中	110,000	人民币普通股
章九根	110,000	人民币普通股
湖南天琢建筑装饰工程有限公司	107,200	人民币普通股
上述股东关联关系或一致行动的说明	未能知晓上述股东之间是否存在关联关系或一致行动。	

4.3 控股股东及实际控制人情况介绍

4.3.1 控股股东及实际控制人变更情况

□适用　　　√不适用

4.3.2 控股股东及实际控制人具体情况介绍

(1)控股股东情况

公司名称：江西江特电气集团有限公司

法人代表：卢顺民

成立日期：1995 年 4 月 22 日

注册资本：2,660 万元人民币

主营业务：高低压成套开关设备、电气控制设备、自动化产品的生产和销售。

报告期末，江西江特电气集团有限公司持有本公司 31.41%的股权。

(2)实际控制人情况：

朱军先生和卢顺民先生分别持有江西江特电气集团有限公司 25.42%的股权，共同构成本公司的实际控制人。

朱军先生 1964 年 12 月出生，大学本科学历，高级工程师职称，中国国籍，无永久境外居留权。2004 年至今，先后担任江西省宜春市袁州区人大常委、江西省宜春市工商联副会长、江西省宜春市专家委员会第一届委员会民营经济组组长、宜春市政协常委、宜春市无党派高级知识分子联谊会副会长、江西省人大代表。2002 年 1 月至今任本公司董事长兼总经理、江西江特电气集团有限公司董事、浙江江特电机有限公司董事，2003 年起兼任邯郸市江特电机有限公司董事，2004 年起兼任江西江特集团营销有限公司董事，2007 年起兼任宜春江特工程机械有限公司董事，2008 年起兼任江西江特投资有限公司董事。

卢顺民先生 1967 年 5 月出生，大学本科学历，高级工程师职称，中国国籍，无永久境外居留权。2002 年至今任本公司董事、江西江特电气集团有限公司董事、总经理，2006 年起任江西江特电气集团有限公司董事长、江西江特集团营销有限公司董事长，2007 年起任宜春江特工程机械有限公司董事长，2008 年起任江西江特投资有限公司董事长。

第五节　董事、监事和高级管理人员

5.1 董事、监事和高级管理人员持股变动及报酬情况

姓　名	职务	性别	年龄	任期起始日期	任期终止日期	年初持股数	年末持股数	变动原因	报告期内从公司领取的报酬总额(税前)(万元)	是否在股东单位或其他关联单位领取薪酬
朱　军	董事长、总经理	男	45	2006-09-10	2009-09-10	11,550	18,480	转增	12	否
卢顺民	董事	男	42	2006-09-10	2009-09-10	13,200	21,120	转增	1.5	是
章建中	董事	男	62	2006-09-10	2009-09-10	31,165	37,399	转增出售	6	否
李　华	董事	男	49	2006-09-10	2009-09-10	0	0	无	1.5	否
易举明	董事	男	45	2006-09-10	2009-09-10	0	0	无	1.5	是
易建生	董事	男	56	2006-09-10	2009-09-10	0	0	无	1.5	是
肖华茵	独立董事	男	51	2006-09-10	2009-09-10	0	0	无	4	否
陈伟华	独立董事	男	55	2006-09-10	2009-09-10	0	0	无	4	否
邹晓明	独立董事	男	44	2006-09-10	2009-09-10	0	0	无	4	否
杨桂厚	监事	男	56	2006-09-10	2009-09-10	31,185	37,423	转增出售	6	否
陈小红	监事	女	43	2006-09-10	2009-09-10	0	0	无	0.7	否
黄志顺	监事	男	59	2006-09-10	2009-09-10	495	792	转增	2.2	否
罗清华	副总经理	男	39	2006-09-10	2009-09-10	0	0	无	8	否
邓小荣	副总经理	男	57	2006-09-10	2009-09-10	0	0	无	7	否
王新敏	独立董事	男	46	2006-09-10	2009-09-10	24,750	32,700	转增出售	7	否
邹克琼	副总经理	男	43	2007-11-26	2009-09-10	0	0	无	7	否
闵银章	董事会秘书	男	47	2006-09-10	2009-09-10	0	0	无	5	否
梁祥林	财务总监	男	44	2006-09-10	2009-09-10	0	0	无	5	是
合　计	–	–	–	–	–	112,345	147,914	–	83.9	–

董事、监事、高级管理人员报告期内被授予的股权激励情况

□适用　　　√不适用

5.2 董事出席董事会会议情况

董事姓名	具体职务	应出席次数	现场出席次数	以通讯方式参加会议次数	委托出席次数	缺席次数	是否连续两次未亲自出席会议
朱　军	董事长	7	2	5	0	0	否
卢顺民	董事	7	2	5	0	0	否
章建中	董事	7	2	5	0	0	否
李　华	董事	7	1	6	0	0	否
易举明	董事	7	2	5	0	0	否
易建生	董事	7	2	5	0	0	否
肖华茵	独立董事	7	1	6	0	0	否
陈伟华	独立董事	7	0	7	0	0	否
邹晓明	独立董事	7	2	5	0	0	否

连续两次未亲自出席董事会会议的说明

年内召开董事会会议次数	7
其中：现场会议次数	0
通讯方式召开会议次数	5
现场结合通讯方式召开会议次数	2

第六节　董事会报告

6.1 管理层讨论与分析

一、报告期内公司经营情况

(一)报告期内公司总体经营情况

2008 年，是公司发展史上经历的极不寻常的一年。上半年，受通胀影响公司产品主要原材料的价格猛涨，致使公司产品的毛利率急剧下降。下半年尤其是第四季度，在全球金融危机漫延对我国实体经济的冲击下，原材料价格深幅下跌，公司产品的毛利率有所回升，但公司产品的订单出现了急速下滑，公司主营业务收入环比出现大幅萎缩。这些因素严重影响了公司的盈利水平，给公司实现全年经营目标造成了较大的困难。面对恶劣的经营环境，公司迎难而上，积极调整经营策略，通过适时调整产品售价、提升对客户的优质服务、加强内部管理等措施，努力将外部经营环境对公司产生的不利影响降到最低限度。公司全年实现营业收入 41,302.9 万元，比上年同期增长 19.84%；实现净利润 2,434.2 万元，比上年同期下降 23.15%。

公司继续巩固了在细分行业起重冶金电机行业的优势地位，起重冶金电机的销售额同比上升了 13.5%；中型高压电机的市场份额得到进一步扩大，全年销售额同比增长 51.1%；公司新产品风力发电配套电机也取得了一定进展，已小批量投入市场，产品质量得到了客户的认可。

公司在技术创新方面取得了实破性进展，得到了各级政府和部门的认同与支持。公司被认定为江西省第一批高新技术企业，自 2008 年度起三年内减按 15%的税率计缴企业所得税。公司低压大功率变频调速电机产业化项目列入国家发改委第六批产业技术进步 2008 年新增中央预算内投资计划，获得中央预算内投资 960 万元，该项目同时获得江西省人民政府 430 万元的贷款贴息扶持。2008 年，公司还获得宜春市袁州区财政局拨付的支持企业发展资金 244 万元。

公司在企业管理方面得到了进一步加强，通过引进 ERP 管理系统，生产环节的物料消耗得到了有效控制；通过员工轮流培训，全面提高了员工的综合素质；通过进一步修订和实施内控制度，企业管理更趋完善，公司的综合竞争力得到了提升。

(二)产品生产和开发情况

报告期内，公司电动机实现产销量 37,260 万元，其中起重冶金电机 23,536 万元，同比上升 13.5%；其他低压电机 2,873 万元，同比上升 33.8%；中型高压电机 9,693 万元，同比上升 51.1%；电梯扶梯电机 11,585 万元，同比减少 21.8%；公司新产品风力发电配套电机已试生产成功，并小批量投入生产，产销量 906 万元；公司机械产品齿轮减速机、液压油缸等实现产量 1,503 万元，与上年基本持平。

(三)项目研发及进展情况

报告期内，公司低压大功率变频调速电机产业化项目列入国家发改委第六批产业技术进步 2008 年新增中央预算内投资计划，低压大功率变频调速电机已小批量投入生产；新产品风力发电配套电机已试生产成功，并小批量投入生产；中型高压电机通过优化设计和改变工艺流程，产品性能更趋合理，并已大批量投入生产。

2008 年度，公司产品研发费用共投入 953.91 万元，占同期主营业务收入的 2.53%。

(四)市场开拓

报告期内，公司在华东地区、华南地区的市场销售额同比有一定幅度的增长，华北地区市场销售额与上年基本持平，东北地区市场销售额同比出现一定程度的下降。

公司积极开拓港口电机市场和风力发电配套电机市场的客户，通过请客户到公司现场考察和样机试用等方式，已经取得了一定的成效，为公司进一步扩大经营规模打下了良好的基础。

二、公司主营业务及经营情况

公司主营业务为交流电动机生产与销售，报告期内，交流电动机销售收入占公司营业收入的 96.24%。

报告期内产品销售的综合毛利率较上年同期下降 4.52 个百分点，主要系原材料价格大幅上涨所致。

三、报告期内公司财务状况、经营成果分析

(一)报告期内公司资产构成情况及变动分析变动幅度较大项目的原因说明：

1.应收票据余额比上年减少 49.15%，主要原因是报告期内公司收到支付货款的银行承兑汇票减少所致；

2.预付账款余额比上年减少 30.18%，主要原因是报告期内原材料价格大幅上涨，减少原材料预付款所致；

3.其他应收款余额比上年减少 36.13%，主要原因是报告期内收回了上年的招标保证金所致；

4.存货余额比上年增加 40.59%，主要原因是报告期内生产规模扩大、原材料价格上涨，以及受金

融危机影响部分客户延期提货所致；

5.在建工程余额比上年增加 1323.79%,主要原因是报告期内募投项目投入的建造工程增加尚未完工所致；

7.应付账款余额比上年增加 46.02%,主要是报告期内生产规模扩大和材料涨价导致采购增长，相应应付供应商货款增加所致；8.预收账款余额比上年增加 38.58%,主要原因是报告期内公司大额订单增多增加预收货款所致；

9.应交税金余额比上年减少 50.21%,主要原因是报告期内公司被认定为高新技术企业所得税税率下降所致；

10.实收资本余额比上年增加 60%,主要原因是报告期内公司转增股本所致.

(2)报告期内公司费用构成及变动原因说明

1.销售费用较上年同期增长 30.95%,主要系销量增加,运输费、业务费、差旅费等增加所致；

2.管理费用较上年同期增长 114.01%,主要系报告期内公司加大新产品研发力度,引进专业技术人员及研发设施投入增加所致；3.财务费用较上年同期减少 22.86%,主要系报告期内公司享受到贷款贴息的政府补助所致；

4.所得税费用较上年同期减少 60.81%,主要系报告期内利润下降及所得税税率下降所致；

5.资产减值损失较上年同期增长 40.72%,主要系报告期内计提的坏账准备增加所致；

四.报告期公司现金流量构成情况变动原因说明：

1.经营活动产生的现金流量净额同比增加 116.08%,主要是报告期内经营现金支出减少所致；

2.投资活动产生的现金流量净额同比减少 60.33%,主要是报告期内投入募集资金新建厂房、购置设备支出所致；

3. 筹资活动产生的现金流量净额与现金及现金等价物净增加额同比分别减少 106.09%和 123.40%,主要是 2007 年募集资金到账增加了当年现金流入量所致。

6.2 主营业务分行业、产品情况表

单位：(人民币)万元

分行业或分产品	营业收入	营业成本	营业利润率(%)	营业收入比上年增减(%)	营业成本比上年增减(%)	营业利润率比上年增减(%)
主营业务分行业情况						
起重机行业	14,926.10	11,439.36	23.36%	20.53%	27.53%	−4.21%
冶金行业	7,564.83	5,797.69	23.36%			
冶金机械行业	1,907.27	1,461.73	23.36%	−2.08%	3.62%	−4.21%
纺织机械行业	472.97	453.3	4.16%	53.87%	96.62%	−20.84%
船舶机械行业	810.78	621.3	23.37%	85.76%	76.39%	4.07%
风机水泵	5,902.19	4,854.21	17.76%	50.07%	70.40%	−9.81%
电梯设备制造	1,007.91	837.98	16.86%	−44.19%	−40.78%	−4.79%
其他机械设备制造	3,183.31	2,513.58	21.04%	15.22%	16.46%	−0.84%
建材/水泥/玻璃制造	0.4	0.31	22.50%	−99.89%	−99.89%	−3.50%
风力发电	906.53	708.87	21.80%			
其他制造业	1,377.59	1,045.78	24.09%	23.34%	14.30%	6.01%
经销企业	1,955.43	1,538.01	21.35%	−10.93%	−1.59%	−7.46%
合计	40,015.32	31,272.12	21.85%	30.74%	30.74%	−4.52%
一、电动机	37,260.44	28,971.15	22.25%	21.07%	28.71%	−4.62%
1、低压电机	27,567.21	20,862.14	24.32%	13.16%	17.76%	−2.95%
1)起重冶金电机	23,535.99	17,290.78	26.53%	13.53%	17.67%	−2.59%
2)电梯扶梯电机	1,158.52	930.85	19.65%	−21.83%	−21.42%	−0.42%
3)其他低压电机	2,872.70	2,640.50	8.08%	33.73%	43.67%	−6.36%
2、中型高压电机	9,693.23	8,109.01	16.34%	51.13%	69.23%	−8.94%
二、发电机	1,251.79	1,015.72	18.86%	443.85%	454.27%	−1.53%
1)水轮发电机	345.26	306.85	11.12%	50.00%	67.44%	−9.26%
2)风力发电配套电机	906.53	708.87	21.80%	0.22%		
三、机械产品	1,503.09	1,285.25	14.49%	1.61%	4.73%	−2.55%
合计	40,015.32	31,272.12	21.85%	23.18%	30.74%	−4.52%
主营业务分产品情况						
一、电动机	37,260.44	28,971.15	22.25%	21.07%	28.71%	−4.62%
1、低压电机	27,567.21	20,862.14	24.32%	13.16%	17.76%	−2.95%
1)起重冶金电机	23,535.99	17,290.78	26.53%	13.53%	17.67%	−2.59%
2)电梯扶梯电机	1,158.52	930.85	19.65%	−21.83%	−21.42%	−0.42%
3)其他低压电机	2,872.70	2,640.50	8.08%	33.73%	43.67%	−6.36%
2、中型高压电机	9,693.23	8,109.01	16.34%	51.13%	69.23%	−8.94%
二、发电机	1,251.79	1,015.72	18.86%	443.85%	454.27%	−1.53%
1)水轮发电机	345.26	306.85	11.12%	50.00%	67.44%	−9.26%
2)风力发电配套电机	906.53	708.87	21.80%			
三、机械产品	1,503.09	1,285.25	14.49%	1.61%	4.73%	−2.55%
合计	40,015.32	31,272.12	21.85%	23.18%	30.74%	−4.52%

6.3 主营业务分地区情况

单位：(人民币)万元

地区	营业收入	营业收入比上年增减(%)
东北地区	2,458.45	48.95%
华北地区	6,272.55	9.47%
西南地区	1,660.05	−12.54%
华南地区	6,321.40	55.97%
华北地区	23,302.88	26.58%
合计	40,015.32	24.12%

6.4 采用公允价值计量的项目

□适用 √不适用

6.5 募集资金使用情况

√适用 □不适用

单位：(人民币)万元

募集资金总额	18,710.42	本年度投入募集资金总额	6,377.06
变更用途的募集资金总额	0		
变更用途的募集资金总额比例	0.00%	已累计投入募集资金总额	10,430.09

承诺投资项目	是否已变更项目(含部分变更)	募集资金承诺投资总额	调整后投资总额	截至期末承诺投入金额(1)	本年度投入金额
大功率变频调速等特种电机自动化建设项目	否	14,948.00	14,948.00	7,900.00	6,377.06
募集资金超出募投项目所需资金用于补充流动资金	否	3,762.42	3,762.42	3,762.42	0.00
合计	–	18,710.42	18,710.42	11,662.42	6,377.06

承诺投资项目	截至期末累计投入金额(2)	截至期末累计投入金额与承诺投入金额的差额(3)=(2)−(1)	截至期末投入进度(%)(4)=(2)/(1)	项目达到预定可使用状态日期	本年度实现的效益	是否达到预计效益	项目可行性是否发生重大变化
大功率变频调速等特种电机自动化建设项目	6,667.67	−1,232.33	84.40%	2009−12−31	0.00	是	否
募集资金超出募投项目所需资金用于补充流动资金	3,762.42	0.00	100.00%	2009−12−31	0.00	是	否
合计	10,430.09	−1,232.33	–	–	0.00	–	–

未达到计划进度或预计收益的情况和原因(分具体项目)	根据公司大功率变频调速等特种电机自动化建设项目投入计划,计划于 2008 年下半年设备购置 1170 万元,因 2008 年上半年钢材价大幅上涨,下半年受全球金融危机影响价格出现回落,公司根据当时市场情况,适时决定减缓所有设备购置及基建进度,以降低资金投入风险,由此造成该项目未达到计划进度。
项目可行性发生重大变化的情况说明	无
募集资金投资项目实施地点变更情况	无
募集资金投资项目实施方式调整情况	无
募集资金投资项目先期投入及置换情况	2008 年 3 月 26 日公司第五届第九次董事会审议批准公司使用募集资金置换预先已投入自筹资金 10,060,383.46 元,截至 2007 年 9 月 27 日(募集资金到位日),公司预先投入募集资金投资项目的自筹资金为 10,060,383.46 元。广东恒信德律会计师事务所对公司对预先投入募集资金投资项目的自筹资金进行了专项审核,并出具了赣恒德审字[2008]第 095 号专项审核报告,公司独立董事、监事会及公司保荐人国金证券有限责任公司就本次置换事宜发表了书面同意的意见。2008 年 3 月 31 日、2008 年 4 月 1 日公司使用募集资金置换预先已投入自筹资金 10,060,383.46 元。
用闲置募集资金暂时补充流动资金情况	无
项目实施出现募集资金结余的金额及原因	无
尚未使用的募集资金用途及去向	截止 2008 年 12 月 31 日,公司募集资金专户余额合计为 85,378,649.53 元,与尚未使用的募集资金余额 82,803,251.31 元差异金额为 2,575,398.22 元。产生上述差异的原因是：(1)支付手续费 2,548.96 元；(2)账户利息收入 2,577,947.18 元。
募集资金使用及披露中存在的问题或其他情况	无

变更项目情况

□适用 √不适用

6.6 非募集资金项目情况

□适用 √不适用

6.7 董事会对公司会计政策、会计估计变更或重大会计差错更正的原因及影响的说明

□适用 √不适用

6.8 董事会对会计师事务所"非标准审计报告"的说明

□适用 √不适用

6.9 董事会本次利润分配或资本公积金转增股本预案

根据广东大华德律会计师事务所出具的标准无保留意见的审计报告确认,公司 2008 年度实现净利润 23,528,866.40 元 (母公司), 提取 10%法定盈余公积 2,352,886.64 元后, 以 2008 年末股本 108,446,568 股为基数, 向全体股东按每 10 股派发现金 0.30 元 (含税), 共计拟派发现金股利 3,253,397.04 元,该议案尚需提交公司 2008 年度股东大会审议。

公司前三年现金分红情况

单位：(人民币)元

	现金分红金额(含税)	合并报表中归属于母公司所有者的净利润	占合并报表中归属于母公司所有者的净利润的比率
2007 年	10,166,865.75	31,759,956.22	32.01%
2006 年	0	26,202,278.41	0.00%
2005 年	5,000,972.44	21,535,346.63	23.22%

公司本报告期内盈利但未提出现金利润分配预案

□适用 √不适用

第七节 重要事项

7.1 收购资产

□适用 √不适用

7.2 出售资产

□适用 √不适用

7.1、7.2 所涉及事项对公司业务连续性、管理层稳定性的影响。

7.3 重大担保

□适用　　√不适用

7.4 重大关联交易

7.4.1 与日常经营相关的关联交易

√适用　　□不适用

单位：(人民币)万元

关联方	向关联方销售产品和提供劳务 交易金额	占同类交易金额的比例	向关联方采购产品和接受劳务 交易金额	占同类交易金额的比例
江西江特电气集团有限公司	0	0.00%	6.92	0.00%
邯郸四达电机股份有限公司	100.19	1.00%	47.46	0.00%
宜春江特工程机械有限公司	4.4	0.00%	206.81	1.00%
合计	104.59	1.00%	261.19	1.00%

其中：报告期内公司向控股股东及其子公司销售产品或提供劳务的关联交易金额 218.13 万元。

7.4.2 关联债权债务往来

□适用　　√不适用

7.4.3 2008 年资金被占用情况及清欠进展情况

□适用　　√不适用

7.5 委托理财

□适用　　√不适用

7.6 承诺事项履行情况

√适用　　□不适用

1.公司控股股东江西江特电气集团有限公司及实际控制人朱军、卢顺民承诺：自股票上市之日起三十六个月内，不转让或者委托他人管理其已直接和间接持有的公司股份，也不由公司收购该部分股份；公司控股股东江西江特电气集团有限公司股东陈小红、陈小珍、陈小芬、陈墅深、陈思捷、罗冰林、罗麟生、罗斌飞承诺：自股票上市之日起三十六个月内，不转让或者委托他人管理其已直接和间接持有的公司股份，也不由公司收购该部分股份；公司股东宜春市袁州区经济贸易委员会、南昌高新科技投资有限公司及全体内部职工股股东承诺：在公司股票上市之日起十二个月内，不转让或者委托他人管理其持有的公司股份，也不由公司收购该部分股份。2.本公司控股股东江西江特电气集团有限公司及实际控制人朱军、卢顺民承诺：不直接或间接从事、参与或进行与本公司生产、经营相竞争的任何活动。3.2008 年 9 月 17 日，公司股东宜春市袁州区经济贸易委员会承诺：持有公司的全部股份在 2008 年 10 月 12 日解除限售后的 12 个月内不上市交易。上述承诺在报告期内得到完全履行。

公司或持股 5%以上股东在报告期内或持续到报告期内的承诺事项

√适用　　□不适用

承诺事项	承诺内容	履行情况
股改承诺	无	无
收购报告书或权益变动报告书中所作承诺	无	无
重大资产重组时所作承诺	无	无
发行时所作承诺	公司控股股东江西江特电气集团有限公司及实际控制人朱军、卢顺民承诺：自股票上市之日起三十六个月内，不转让或者委托他人管理其已直接和间接持有的公司股份，也不由公司收购该部分股份；公司控股股东江西江特电气集团有限公司股东陈小红、陈小珍、陈小芬、陈墅深、陈思捷、罗冰林、罗麟生、罗斌飞承诺：自股票上市之日起三十六个月内，不转让或者委托他人管理其已直接和间接持有的公司股份，也不由公司收购该部分股份；公司股东宜春市袁州区经济贸易委员会、南昌高新科技投资有限公司及全体内部职工股股东承诺：在公司股票上市之日起十二个月内，不转让或者委托他人管理其持有的公司股份，也不由公司收购该部分股份。本公司控股股东江西江特电气集团有限公司及实际控制人朱军、卢顺民承诺：不直接或间接从事、参与或进行与本公司生产、经营相竞争的任何活动。	在报告期内得到完全履行
其他对公司中小股东所作承诺	2008 年 9 月 17 日，公司股东宜春市袁州区经济贸易委员会承诺：持有公司的全部股份在 2008 年 10 月 12 日解除限售后的 12 个月内不上市交易。	在报告期内得到完全履行

7.7 重大诉讼仲裁事项

□适用　　√不适用

7.8 其他重大事项及其影响和解决方案的分析说明

7.8.1 证券投资情况

□适用　　√不适用

7.8.2 持有其他上市公司股权情况

□适用　　√不适用

7.8.3 持有非上市金融企业股权情况

□适用　　√不适用

7.8.4 买卖其他上市公司股份的情况

□适用　　√不适用

第八节　监事会报告

√适用　　□不适用

2008 年公司监事会全体成员按照《公司法》、《公司章程》等规定和要求，谨慎、认真地履行了自身职责，依法独立行使职权，以保证公司规范运作，维护公司利益和投资者利益。监事会对公司经营计划、募集资金使用情况、公司生产经营活动、财务状况和公司董事、高级管理人员的履职情况、子公司及事业部的经营情况进行监督，促进公司规范运作和健康发展。

一、监事会会议情况及决议内容

报告期内，公司监事会按照《监事会议事规则》的规定共召开了四次会议，具体情况如下：

(一)2008 年 3 月 26 日，在本公司监事会主席办公室召开公司第五届监事会第五次会议，审议通过了《2007 年度公司监事会工作报告》、《2007 年度公司财务报告》、《2007 年度公司年度报告及摘要》、《2007 年度利润分配预案》、《2007 年募集资金使用专项报告》、《关于用募集资金置换预先已投入自筹资金的议案》、《关于 2008 年度预计发生日常关联交易的议案》、《关于续聘广东恒信德律会计师事务所为公司 2008 年度审计机构的议案》、《关于公司与泰豪科技股份有限公司进行贷款互保的议案》。

本次会议决议公告刊登在 2008 年 3 月 28 日的《证券时报》及巨潮资讯网(http://www.cninfo.com.cn)上。

(二)2008 年 4 月 24 日，在本公司监事会主席办公室召开公司第五届监事会第六次会议，审议通过了《2008 年第一季度报告》。

(三)2008 年 8 月 8 日，在本公司监事会主席办公室召开公司第五届监事会第七次会议，审议通过了《2008 年半年度报告全文及摘要》、《公司 2008 年半年度资本公积金转增股本的议案》。

本次会议决议公告刊登在 2008 年 8 月 11 日的《证券时报》及巨潮资讯网(http://www.cninfo.com.cn)上。

(四)2008 年 10 月 28 日，在本公司监事会主席办公室召开公司第五届监事会第八次会议，审议通过了《2008 年第三季度报告》。

二、监事会对公司 2008 年有关事项发表的独立意见

报告期内，公司监事会严格按照有关法律、法规及公司章程的规定，对公司依法运作情况、公司财务情况、关联交易等事项进行了认真监督检查，根据检查结果，对报告期内公司有关情况发表如下独立意见：

(一)监事会对公司依法运作情况的独立意见

公司监事会重点对股东大会和董事会的会议程序、表决方式以及董事会会议议题中涉及公司重大投资决策、公司经营管理和资金运用等方面进行了监督。监督结果认为，公司认真按照《公司法》、《证券法》有关法律、法规开展企业经营管理，不断完善生产经营和内部管理制度，规范公司运作，决策程序合法。未发现公司董事、高管人员在执行公司职务时违反法律、法规、《公司章程》和损害公司、股东利益的行为。

(二)监事会对检查公司财务情况的独立意见

公司监事会结合本公司实际情况，通过听取财务部门汇报、进行定期审计等方式，对公司本部、子公司和事业部的财务情况进行了检查，强化了对公司财务工作的监督。

公司监事会认为，公司设有独立的财务部门，有独立财务帐册，独立核算，遵守《会计法》和有关财务规章制度。2008 年的公司财务管理规范，会计报表真实、准确地反映了公司的实际情况。

(三)监事会对公司最近一次募集资金实际投入情况的独立意见

公司募集资金投资项目为大功率变频调速等特种电机自动化制造建设项目，2008 年，公司已投入项目的募集资金为 6,377.06 万元，比承诺投入的金额少 1,232.33 万元，是公司根据上半年原材料价格猛涨，下半年市场需求突然下降的情况，适时决定减缓所有设备购置及基建进度，以降低资金投入风险所采取的正确措施。公司监事会认为，报告期内公司募集资金运用得当，未有改变募集资金用途的情况。

(四)监事会对公司收购、出售资产情况的独立意见

报告期内，公司没有发生重大收购、出售资产的情况。

(五)监事会对关联交易情况的独立意见

报告期内，公司发生的关联交易履行了必要的审批程序，发生的关联交易金额较小，公司关联交易公平、公开、公正，未发现损害公司、股东利益情况和发生内幕交易行为。

(六)监事会对会计师事务所非标准确意见的独立意见

本年度，广东大华德律会计师事务所对公司年度报告做出了标准无保留意见的审计报告。

(七)监事会对公司利润实现与预测存在较大差异的意见

本年度公司未对实现利润进行预测。

(八)对 2008 年年度报告专项审核意见

根据深圳交易所《关于做好中小板公司 2008 年年度报告工作的通知》精神，公司全体监事本着实事求是及对所有股东负责的态度，对公司 2008 年年度报告进行了认真的审阅，认为公司董事会编制和审核公司 2008 年年度报告的程序符合法律、行政法规及中国证监会的规定，报告内容真实、准确、完整地反映了公司的实际情况，不存在任何虚假记载、误导性陈述或者重大遗漏。

(九)对内部控制自我评价报告的意见

公司监事会认为，公司已经建立了较为完善的法人治理结构，制定了较为完备的有关公司治理及内部控制的各项规章制度。公司内部控制制度执行情况良好，符合有关法律法规和证券监管部门对上市公司内控制度管理的规范要求，公司董事会审计委员会编写的《2008 年度内部控制自我评价报告》全面、真实、客观地反映了公司内部控制制度的建设及运行情况。

第九节　财务报告

9.1 审计意见

审计报告	标准无保留	审计意见

审计报告正文

审 计 报 告

华德股审字[2009]51 号

江西特种电机股份有限公司全体股东：

我们审计了后附的江西特种电机股份有限公司（以下简称"贵公司"）的财务报表，包括 2008 年 12 月 31 日的合并和公司资产负债表，2008 年度的合并和公司利润表、合并和公司现金流量表、合并和公司股东权益变动表以及财务报表附注。

一、管理层对财务报表的责任

按照企业会计准则的规定编制财务报表是贵公司管理层的责任。这种责任包括：(1)设计、实施和维护与财务报表编制相关的内部控制，以使财务报表不存在由于舞弊或错误而导致的重大错报；(2)选择和运用恰当的会计政策；(3)作出合理的会计估计。

二、注册会计师的责任

我们的责任是在实施审计工作的基础上对财务报表发表审计意见。我们按照中国注册会计师审计准则的规定执行了审计工作。中国注册会计师审计准则要求我们遵守职业道德规范，计划和实施审计工作以对财务报表是否不存在重大错报获取合理保证。

审计工作涉及实施审计程序，以获取有关财务报表金额和披露的审计证据。选择的审计程序取决于注册会计师的判断，包括对由于舞弊或错误导致的财务报表重大错报风险的评估。在进行风险评估时，我们考虑与财务报表编制相关的内部控制，以设计恰当的审计程序，但目的并非对内部控制的有效性发表意见。审计工作还包括评价管理层选用会计政策的恰当性和作出会计估计的合理性，以及评价财务报表的总体列报。

我们相信，我们获取的审计证据是充分、适当的，为发表审计意见提供了基础。

三、审计意见

我们认为，上述财务报表已经按照企业会计准则的规定编制，在所有重大方面公允地反映了贵公司 2008 年 12 月 31 日的财务状况及 2008 年的经营成果和现金流量。

广东大华德律会计师事务所(特殊普通合伙)　　　　中国注册会计师　李文智

中国　深圳　　　　中国注册会计师　熊绍保

2009 年 4 月 21 日

9.2 财务报表

9.2.1 资产负债表

编制单位：江西特种电机股份有限公司　　2008 年 12 月 31 日　　单位：(人民币)元

项目	期末余额		年初余额	
	合并	母公司	合并	母公司
流动资产：				
货币资金	122,525,005.26	122,063,530.09	158,718,983.39	158,562,396.41
结算备付金				
拆出资金				
交易性金融资产				
应收票据	13,629,335.05	13,596,335.05	26,800,563.24	23,835,563.24
应收账款	108,363,826.93	106,165,574.51	85,989,416.95	83,491,067.70
预付款项	27,426,978.84	29,124,938.10	39,279,622.75	39,582,357.83
应收保费				
应收分保账款				
应收分保合同准备金				
应收利息				
应收股利				
其他应收款	3,341,962.77	2,924,988.79	5,232,820.25	4,637,081.95
买入返售金融资产				
存货	168,658,957.49	149,792,339.00	119,965,003.47	106,347,042.65
一年内到期的非流动资产				
其他流动资产				
流动资产合计	443,946,066.34	423,667,705.54	435,986,410.05	416,455,509.78
非流动资产：				
发放贷款及垫款				
可供出售金融资产				
持有至到期投资				
长期应收款				
长期股权投资	160,000.00	10,410,000.00	160,000.00	10,110,000.00
投资性房地产				
固定资产	76,759,116.14	72,175,730.55	73,870,997.26	69,072,218.75
在建工程	12,137,934.10	12,137,934.10	852,510.47	852,510.47
工程物资				
固定资产清理				
生产性生物资产				
油气资产				
无形资产	12,198,983.44	9,805,720.43	12,476,711.43	10,023,239.74
开发支出				
商誉				
长期待摊费用				
递延所得税资产	3,128,517.12	3,009,342.40	3,006,012.23	2,908,737.24
其他非流动资产				
非流动资产合计	104,384,550.80	107,538,727.48	90,366,231.39	92,966,706.20
资产总计	548,330,617.14	531,206,433.02	526,352,641.44	509,422,215.98
流动负债：				
短期借款	82,800,000.00	82,800,000.00	78,254,400.00	73,254,400.00
向中央银行借款				
吸收存款及同业存放				
拆入资金				
交易性金融负债				
应付票据			23,050,000.00	23,050,000.00
应付账款	54,838,460.97	49,121,307.57	37,556,650.88	35,043,665.42
预收款项	46,677,599.51	43,284,780.08	33,681,608.08	30,745,475.24
卖出回购金融资产款				
应付手续费及佣金				
应付职工薪酬	1,512,564.85	1,224,924.13	1,556,563.78	1,300,701.66
应交税费	4,173,897.23	3,136,423.54	8,382,977.25	7,374,443.92
应付利息				
应付股利				
其他应付款	6,572,259.74	5,088,618.42	5,494,073.24	4,669,941.58
应付分保账款				
保险合同准备金				
代理买卖证券款				
代理承销证券款				
一年内到期的非流动负债				
其他流动负债			1,049,345.86	1,049,345.86
流动负债合计	196,574,782.30	184,656,053.74	189,025,619.09	176,487,973.68
非流动负债：				
长期借款				
应付债券				
长期应付款				
专项应付款				
预计负债				
递延所得税负债	257,295.00	257,295.00	1,341,158.67	1,341,158.67
其他非流动负债	1,338,000.00	1,338,000.00		
非流动负债合计	1,595,295.00	1,595,295.00	1,341,158.67	1,341,158.67
负债合计	198,170,077.30	186,251,348.74	190,366,777.76	177,829,132.35
所有者权益(或股东权益)：				
实收资本(或股本)	108,446,568.00	108,446,568.00	67,779,105.00	67,779,105.00
资本公积	144,671,980.16	144,671,980.16	185,339,443.16	185,339,443.16
减：库存股				
盈余公积	18,819,834.80	18,819,834.80	16,466,948.16	16,466,948.16
一般风险准备				
未分配利润	76,722,156.88	73,016,701.32	64,577,464.02	62,007,587.31
外币报表折算差额				
归属于母公司所有者权益合计	348,660,539.84	344,955,084.28	334,162,960.34	331,593,083.63
少数股东权益	1,500,000.00	1,822,903.34		
所有者权益合计	350,160,539.84	344,955,084.28	335,985,863.68	331,593,083.63
负债和所有者权益总计	548,330,617.14	531,206,433.02	526,352,641.44	509,422,215.98

9.2.2 利润表

编制单位：江西特种电机股份有限公司　　2008 年 1－12 月　　单位：(人民币)元

项目	本期金额		上期金额	
	合并	母公司	合并	母公司
一、营业总收入	413,028,560.81	388,991,475.03	344,641,960.41	317,436,484.73
其中：营业收入	413,028,560.81	388,991,475.03	344,641,960.41	317,436,484.73
利息收入				
已赚保费				
手续费及佣金收入				
二、营业总成本	389,750,739.56	366,715,420.97	303,450,043.68	277,636,843.18
其中：营业成本	324,641,496.82	307,762,480.78	258,238,142.97	238,353,574.47
利息支出				
手续费及佣金支出				
退保金				
赔付支出净额				
提取保险合同准备金净额				
保单红利支出				
分保费用				
营业税金及附加	910,594.28	762,141.45	1,393,867.84	1,216,498.14
销售费用	29,609,430.61	26,850,974.01	22,611,349.48	19,642,466.31
管理费用	25,558,803.55	22,753,251.51	11,942,534.98	9,818,714.13
财务费用	4,858,366.99	4,501,871.30	6,298,137.40	5,849,224.77
资产减值损失	4,173,833.34	4,086,487.95	2,966,011.01	2,756,365.36
加：公允价值变动收益(损失以"-"号填列)				
投资收益(损失以"-"号填列)	1,786.03	1,786.03	−263,278.56	3,791.06
其中：对联营企业和合营企业的投资收益			−267,069.62	
汇兑收益(损失以"-"号填列)				
三、营业利润(亏损以"-"号填列)	23,279,607.28	22,277,840.09	40,928,638.17	39,803,432.61
加：营业外收入	7,100,062.12	6,700,742.12	2,074,906.09	2,011,068.09
减：营业外支出	1,710,241.71	1,634,675.62	290,128.07	17,068.00
其中：非流动资产处置损失	795,869.36	795,869.36		
四、利润总额(亏损总额以"-"号填列)	28,669,427.69	27,343,906.59	42,713,416.19	41,797,432.70
减：所得税费用	4,326,099.75	3,813,254.16	11,038,756.23	10,377,803.89
五、净利润(净亏损以"-"号填列)	24,343,327.94	23,530,652.43	31,674,659.96	31,419,628.81
归属于母公司所有者的净利润	24,664,445.25	31,759,956.22		
少数股东损益	−322,903.34		−85,296.26	
六、每股收益：				
(一)基本每股收益	0.227		0.361	
(二)稀释每股收益	0.227		0.361	

9.2.3 现金流量表

编制单位：江西特种电机股份有限公司　　2008 年 1－12 月　　单位：(人民币)元

项目	本期金额		上期金额	
	合并	母公司	合并	母公司
一、经营活动产生的现金流量：				
销售商品、提供劳务收到的现金	269,204,579.51	245,281,506.22	247,038,051.41	220,058,580.08

客户存款和同业存放款项净增加额				
向中央银行借款净增加额				
向其他金融机构拆入资金净增加额				
收到原保险合同保费取得的现金				
收到再保险业务现金净额				
保户储金及投资款净增加额				
处置交易性金融资产净增加额				
收取利息、手续费及佣金的现金				
拆入资金净增加额				
回购业务资金净增加额				
收到的税费返还				
收到其他与经营活动				
有关的现金	25,843,925.10	25,148,250.76	27,954,226.06	43,631,320.47
经营活动现金流入小计	295,048,504.61	270,429,756.98	274,992,277.47	263,689,900.55
购买商品、接受劳务				
支付的现金	189,220,337.87	179,976,686.16	216,693,954.17	195,962,228.56
客户贷款及垫款净增加额				
存放中央银行和同业款项净增加额				
支付原保险合同赔付款项的现金				
支付利息、手续费及佣金的现金				
支付保单红利的现金				
支付给职工以及为职工				
支付的现金	35,771,657.62	31,279,049.56	34,884,911.44	29,987,513.39
支付的各项税费	20,274,947.38	18,226,212.18	29,116,229.30	26,022,818.49
支付其他与经营活动				
有关的现金	41,240,447.12	37,743,412.04	47,416,035.48	61,443,824.09
经营活动现金流出小计	286,507,389.99	267,225,359.94	328,111,130.39	313,416,384.53
经营活动产生的				
现金流量净额	8,541,114.62	3,204,397.04	−53,118,852.92	−49,726,483.98
二、投资活动产生的现金流量:				
收回投资收到的现金	1,001,586.00	1,001,586.00		
取得投资收益收到的现金			3,791.06	3,791.06
处置固定资产、无形资产和	18,803.00	18,803.00		
其他长期资产收回的现金净额				
处置子公司及其他营业单位收到的现金净额				
收到其他与投资活动有关的现金				
投资活动现金流入小计	1,020,389.00	1,020,389.00	3,791.06	3,791.06
购建固定资产、无形资产和	26,350,512.41	26,164,062.41	16,426,093.10	16,394,593.10
其他长期资产支付的现金				
投资支付的现金	999,800.00	1,299,800.00		
质押贷款净增加额				
取得子公司及其他营业				
单位支付的现金净额				
支付其他与投资活动有关的现金				
投资活动现金流出小计	27,350,312.41	27,463,862.41	16,426,093.10	16,394,593.10
投资活动产生的现金	−26,329,923.41	−26,443,473.41	−16,422,302.04	−16,390,802.04
流量净额				
三、筹资活动产生的现金流量:				
吸收投资收到的现金			190,982,000.00	190,982,000.00
其中:子公司吸收少数股东投资收到的现金				
取得借款收到的现金	116,800,000.00	116,800,000.00	110,800,000.00	102,800,000.00
发行债券收到的现金				
收到其他与筹资活动有关的现金				
筹资活动现金流入小计	116,800,000.00	116,800,000.00	301,782,000.00	293,782,000.00
偿还债务支付的现金	112,254,400.00	107,254,400.00	95,800,000.00	90,800,000.00
分配股利、利润或偿付				
利息支付的现金	16,536,951.83	16,391,572.44	5,271,491.23	4,927,362.23
其中:子公司支付给少数股东的股利、利润				
支付其他与筹资活动有关的现金			3,877,779.11	3,877,779.11
筹资活动现金流出小计	128,791,351.83	123,645,972.44	104,949,270.34	99,605,141.34
筹资活动产生的				
现金流量净额	−11,991,351.83	−6,845,972.44	196,832,729.66	194,176,858.66
四、汇率变动对现金及				
现金等价物的影响	−3,817.51	−3,817.51	−1,091.83	−1,091.83
五、现金及现金				
等价物净增加额	−29,783,978.13	−30,088,866.32	127,290,482.87	128,058,480.81
加:期初现金及现金				
等价物余额	152,308,983.39	152,152,396.41	25,018,500.52	24,093,915.60
六、期末现金及现金				
等价物余额	122,525,005.26	122,063,530.09	152,308,983.39	152,152,396.41

9.2.4 所有者权益变动表

编制单位:江西特种电机股份有限公司　　2008 年度　　单位:(人民币)元

本期金额

项目	归属于母公司所有者权益 实收资本(或股本)	资本公积	减:库存股	盈余公积	一般风险准备	未分配利润	其他	少数股东权益	所有者权益合计
一、上年年末余额	67,779,105.00	185,339,443.16		16,466,948.16		64,577,464.02		1,822,903.34	335,985,863.68
加:会计政策变更									
前期差错更正				29,194.68		262,752.10			291,946.78
其他									
二、本年年初余额	67,779,105.00	185,339,443.16		16,496,142.84		64,840,216.12		1,822,903.34	336,277,810.46
三、本年增减变动金额									
(减少以"−"号填列)	40,667,463.00	−40,667,463.00		2,352,886.64		12,144,692.86		−322,903.34	14,174,676.16
(一)净利润						24,664,445.25		−322,903.34	24,341,541.91
(二)直接计入所有者权益的利得和损失									
1.可供出售金融资产公允价值变动净额									
2.权益法下被投资单位其他所有者权益变动的影响									
3.与计入所有者权益项目相关的所得税影响									
4.其他									
上述(一)和(二)小计						24,664,445.25		−322,903.34	24,341,541.91
(三)所有者投入和减少资本									
1.所有者投入资本									
2.股份支付计入所有者权益的金额									
3.其他									
(四)利润分配				2,352,886.64		−12,519,752.39			−10,166,865.75
1.提取盈余公积				2,352,886.64		−2,352,886.64			
2.提取一般风险准备						−10,166,865.75			−10,166,865.75
3.对所有者(或股东)的分配									
4.其他									
(五)所有者权益内部结转	40,667,463.00	−40,667,463.00							
1.资本公积转增资本									
(或股本)	40,667,463.00	−40,667,463.00							
2.盈余公积转增资本(或股本)									
3.盈余公积弥补亏损									
4.其他									
四、本期期末余额	108,446,568.00	144,671,980.16		18,849,029.48		76,984,908.98		1,500,000.00	350,452,486.62

上年金额

项目	归属于母公司所有者权益 实收资本(或股本)	资本公积	减:库存股	盈余公积	一般风险准备	未分配利润	其他	少数股东权益	所有者权益合计
一、上年年末余额	50,779,105.00	15,242,238.28		13,373,152.09		32,912,495.80		1,870,583.85	114,177,575.02
加:会计政策变更		−7,016.01		−48,166.81		3,046,974.88		37,615.75	3,029,407.81
前期差错更正									
其他									
二、本年年初余额	50,779,105.00	15,235,222.27		13,324,985.28		35,959,470.68		1,908,199.60	117,206,982.83
三、本年增减变动金额									
(减少以"−"号填列)	17,000,000.00	170,104,220.89		3,141,962.88		28,617,993.34		−85,296.26	218,778,880.85
(一)净利润						31,759,956.22		−85,296.26	31,674,659.96
(二)直接计入所有者权益的利得和损失									
1.可供出售金融资产公允价值变动净额									
2.权益法下被投资单位其他所有者权益变动的影响									
3.与计入所有者权益项目相关的所得税影响									
4.其他						31,759,956.22		−85,296.26	31,674,659.96
上述(一)和(二)小计									
(三)所有者投入和减少资本	17,000,000.00	170,104,220.89							187,104,220.89
1.所有者投入资本	17,000,000.00	170,104,220.89							187,104,220.89
2.股份支付计入所有者权益的金额									
3.其他									
(四)利润分配				3,141,962.88		−3,141,962.88			
1.提取盈余公积				3,141,962.88		−3,141,962.88			
2.提取一般风险准备									
3.对所有者(或股东)的分配									
4.其他									
(五)所有者权益内部结转									
1.资本公积转增资本									
(或股本)									
2.盈余公积转增资本(或股本)									
3.盈余公积弥补亏损									
4.其他									
四、本期期末余额	67,779,105.00	185,339,443.16		16,466,948.16		64,577,464.02		1,822,903.34	335,985,863.68

9.3 与最近一期年度报告相比,会计政策、会计估计和核算方法发生变化的具体说明

□适用　　√不适用

9.4 重大会计差错的内容、更正金额、原因及其影响

√适用　　□不适用

1、本公司在编制 2007 年度财务报表时,对职工福利费按企业会计准则采取据实列支,在计算应交企业所得税时对按计税工资总额 14%应提福利费数与实际列支差异 3,649,334.69 元未进行纳税调整。公司本年度对 2007 年度企业所得税汇算清缴时,根据 2008 年 3 月 28 日国家税务总局下发国税函[2008]264 号文,对职工福利费按计税工资总额 14%计算扣除,并获当地税务主管部门认可,由于该事项影响造成 2007 年度技术改造国产设备投资抵免企业所得税金额 1,215,071.62 元需留待以后年度抵免。本公司在编制 2008 年度与 2007 年度可比财务报表时,已采用追溯重述法对前述差错事项进行了更正。更正后,调增 2007 年净利润及留存收益 291,946.78 元,调增 2007 年末递延所得税资产 1,215,071.62 元、应交税费 10,791.17 元、递延所得税负债 912,333.67 元。

注 2、2008 年 9 月公司实施了每 10 股转增 6 股的分红方案,根据会计准则,因此对 2006 年度和 2007 年度每股收益进行了追溯调整。

9.5 与最近一期年度报告相比,合并范围发生变化的具体说明

□适用　　√不适用

江西特种电机股份有限公司

董事长:朱 军

二〇〇九年四月二十一日

中国全聚德(集团)股份有限公司

中国全聚德(集团)股份有限公司 2008 年年度报告摘要

第一节　重要提示

1.1 本公司董事会、监事会及董事、监事、高级管理人员保证本报告所载资料不存在任何虚假记载、误导性陈述或者重大遗漏,并对其内容的真实性、准确性和完整性承担个别及连带责任。本年度报告摘要摘自年度报告全文,投资者欲了解详细内容,应阅读年度报告全文。

1.2 没有董事、监事、高级管理人员声明对年度报告内容的真实性、准确性和完整性无法保证或存在异议。

1.3 所有董事均已出席审议本次年报的董事会会议。

1.4 北京京都天华会计师事务所有限责任公司为本公司 2008 年度财务报告出具了标准无保留意见的审计报告。

1.5 公司负责人姜俊贤、主管会计工作负责人邢颖、财务总监叶新年及会计机构负责人(会计主管人员)丁倩声明:保证年度报告中财务报告的真实、完整。

第二节　公司基本情况简介

2.1 基本情况简介

股票简称	全聚德
股票代码	002186
上市交易所	深圳证券交易所
注册地址	北京市宣武区前门西河沿 217 号
注册地址的邮政编码	100051
办公地址	北京市宣武区前门西河沿 217 号
办公地址的邮政编码	100051
公司国际互联网网址	http://www.quanjude.com.cn
电子信箱	quanjude@quanjude.com.cn

2.2 联系人和联系方式

	董事会秘书	证券事务代表
姓名	唐颖	闫燕
联系地址	北京市宣武区前门西河沿街 217 号	北京市宣武区前门西河沿街 217 号
电话	010-83156608	010-83156608
传真	010-83156818	010-83156818
电子信箱	qjd@quanjude.com.cn	qjd@quanjude.com.cn

第三节　会计数据和业务数据摘要

3.1 主要会计数据

单位:(人民币)元

	2008 年	2007 年	本年比上年增减(%)	2006 年
营业收入	1,112,076,158.13	916,616,270.33	21.32%	800,356,047.15
利润总额	105,615,976.75	102,036,924.99	3.51%	93,444,842.97
归属于上市公司股东的净利润	75,651,300.03	64,319,978.45	17.62%	61,942,825.76
归属于上市公司股东的扣除非经常性损益的净利润	75,200,981.43	53,999,450.13	39.26%	55,265,950.17
经营活动产生的现金流量净额	119,506,298.95	117,801,630.42	1.45%	137,579,931.36
	2008 年末	2007 年末	本年末比上年末增减(%)	2006 年末
总资产	1,089,964,568.94	1,103,703,403.08	−1.24%	744,020,174.98
所有者权益(或股东权益)	696,728,855.26	670,695,231.44	3.88%	281,984,413.02
股本	141,560,000.00	141,560,000.00	0.00%	105,560,000.00

3.2 主要财务指标

单位:(人民币)元

	2008 年	2007 年	本年比上年增减(%)	2006 年
基本每股收益(元/股)	0.5344	0.5925	−9.81%	0.5868
稀释每股收益(元/股)	0.5344	0.5925	−9.81%	0.5868
扣除非经常性损益后的基本每股收益(元/股)	0.5312	0.4974	6.80%	0.5236
全面摊薄净资产收益率(%)	10.86%	9.59%	1.27%	21.97%
加权平均净资产收益率(%)	11.13%	19.27%	−8.14%	27.10%
扣除非经常性损益后全面摊薄净资产收益率(%)	10.79%	8.05%	2.74%	19.60%
扣除非经常性损益后的加权平均净资产收益率(%)	11.06%	16.18%	−5.12%	24.18%
每股经营活动产生的现金流量净额(元/股)	0.8442	0.8322	1.44%	1.3033
	2008 年末	2007 年末	本年末比上年末增减(%)	2006 年末
归属于上市公司股东的每股净资产(元/股)	4.9218	4.7379	3.88%	2.6713

非经常性损益项目

√ 适用　　□ 不适用

单位:(人民币)元

非经常性损益项目	金额	附注(如适用)
非流动资产处置损益	−1,175,585.95	
计入当期损益的政府补助,但与公司正常经营业务密切相关,符合国家政策规定、按照一定标准定额或定量持续享受的政府补助除外	3,060,833.33	
单独进行减值测试的应收款项减值准备转回	59,885.50	
除上述各项之外的其他营业外收入和支出	−1,193,432.43	
所得税影响额	−189,157.11	
少数股东权益影响额	−112,224.74	
合计	450,318.60	−

3.3 境内外会计准则差异

□ 适用　　√ 不适用

第四节　股本变动及股东情况

4.1 股份变动情况表

单位:股

	本次变动前		本次变动增减(+,−)					本次变动后	
	数量	比例(%)	发行新股	送股	公积金转股	其他	小计	数量	比例(%)
一、有限售条件股份	112,760,000	79.66%	0	0	0	−25,330,000	−25,330,000	87,430,000	61.76%
1、国家持股	2,018,259	1.43%	0	0	0	−2,018,259	−2,018,259	0	0.00%
2、国有法人持股	74,252,664	52.45%	0	0	0	−5,145,664	−5,145,664	69,107,000	48.82%
3、其他内资持股	33,175,799	23.44%	0	0	0	−18,129,559	−18,129,559	15,046,240	10.63%
其中:境内非国有法人持股	18,129,559	12.81%	0	0	0	−18,129,559	−18,129,559	0	0.00%
境内自然人持股	15,046,240	10.63%	0	0	0	0	0	15,046,240	10.63%
4、外资持股	36,518	0.03%	0	0	0	−36,518	−36,518	0	0.00%
其中:境外法人持股	36,518	0.03%	0	0	0	−36,518	−36,518	0	0.00%
境外自然人持股	0	0.00%	0	0	0	0	0	0	0.00%
5、高管股份	3,276,760	2.31%	0	0	0	0	0	3,276,760	2.31%
二、无限售条件股份	28,800,000	20.34%	0	0	0	25,330,000	25,330,000	54,130,000	38.24%
1、人民币普通股	28,800,000	20.34%	0	0	0	25,330,000	25,330,000	54,130,000	38.24%
2、境内上市的外资股	0	0.00%	0	0	0	0	0	0	0.00%
3、境外上市的外资股	0	0.00%	0	0	0	0	0	0	0.00%
4、其他	0	0.00%	0	0	0	0	0	0	0.00%
三、股份总数	141,560,000	100.00%	0	0	0	0	0	141,560,000	100.00%

限售股份变动情况表

单位:股

股东名称	年初限售股数	本年解除限售股数	本年增加限售股数	年末限售股数	限售原因	解除限售日期
北京首都旅游集团有限责任公司	69,107,000	0	0	69,107,000	发行限售	2010-11-22
北京韧开投资有限公司	11,650,000	11,650,000	0	0		2008-11-20
北京能源投资(集团)有限公司	2,000,000	2,000,000	0	0		2008-11-20
北京华北电力实业总公司	1,800,000	1,800,000	0	0		2008-11-20
北京电力实业开发总公司	1,000,000	1,000,000	0	0		2008-11-20
上海锦江国际酒店发展股份有限公司	1,000,000	1,000,000	0	0		2008-11-20
北京市天安门旅游服务集团	300,000	300,000	0	0		2008-11-20
北京忠久文化发展有限责任公司	280,000	280,000	0	0		2008-11-20
北京北汽出租汽车集团有限责任公司	100,000	100,000	0			2008-11-20
102 名自然人股	15,173,000	0	0	15,173,000	发行限售	2010-11-22
内部职工股	3,150,000	0	0	3,150,000	发行限售	2010-11-22
网下配售股份	7,200,000	7,200,000	0	0		2008-2-20
合计	112,760,000	25,330,000	0	87,430,000	−	−

4.2 前 10 名股东、前 10 名无限售条件股东持股情况表

单位:股

股东总数　　30,725

前 10 名股东持股情况

股东名称	股东性质	持股比例(%)	持股总数	持有有限售条件股份数量	质押或冻结的股份数量
北京首都旅游集团有限责任公司	国有法人	48.82%	69,107,000	69,107,000	0
北京韧开投资有限公司	境内非国有法人	8.21%	11,625,960	0	0
北京能源投资(集团)有限公司	国家	1.41%	2,000,000	0	0
北京华北电力实业总公司	国有法人	1.27%	1,800,000	0	0

北京电力实业开发总公司	国有法人	0.71%	1,000,000	0	0
上海锦江国际酒店发展股份有限公司	国有法人	0.48%	675,000	0	0
姜俊贤	境内自然人	0.40%	564,000	564,000	0
邢　颖	境内自然人	0.39%	552,000	552,000	0
付卫红	境内自然人	0.39%	550,000	550,000	0
施炳丰	境内自然人	0.33%	472,000	472,000	0

前 10 名无限售条件股东持股情况

股东名称	持有无限售条件股份数量	股份种类
北京轫开投资有限公司	11,625,960	人民币普通股
北京能源投资(集团)有限公司	2,000,000	人民币普通股
北京华北电力实业总公司	1,800,000	人民币普通股
北京电力实业开发总公司	1,000,000	人民币普通股
上海锦江国际酒店发展股份有限公司	675,000	人民币普通股
中国建设银行-中小企业板交易型开放式指数基金	415,750	人民币普通股
李桂军	333,333	人民币普通股
北京市天安门旅游服务集团	300,000	人民币普通股
北京忠久文化发展有限责任公司	280,000	人民币普通股
叶旭强	164,250	人民币普通股
上述股东关联关系或一致行动的说明	公司前 10 名限售股东中姜俊贤先生任北京首都旅游集团有限责任公司董事。公司未知前 10 名无限售条件股东之间以及前 10 名无限售条件股东与前 10 名股东之间是否存在关联关系或属于《上市公司股东持股变动信息披露管理办法》中规定的一致行动人。	

4.3 控股股东及实际控制人情况介绍

4.3.1 控股股东及实际控制人变更情况

□ 适用　　　　√ 不适用

4.3.2 控股股东及实际控制人具体情况介绍

控股股东名称：北京首都旅游集团有限责任公司

法定代表人：段　强

成立日期：1998 年 1 月 24 日

注册资本：236867 万元

公司类型：有限责任公司(国有独资)

公司住所：北京市朝阳区雅宝路 10 号 3 层

经营范围：受市政府委托对国有资产进行经营管理；项目投资；饭店管理；信息咨询；旅游资源开发；旅游服务；房地产项目开发；商品房销售。

第五节　董事、监事和高级管理人员

5.1 董事、监事和高级管理人员持股变动及报酬情况

姓　名	职务	性别	年龄	任期起始日期	任期终止日期	年初持股数	年末持股数	变动原因	报告期内从公司领取的报酬总额(万元)税前	是否在股东单位或其他关联单位领取薪酬
姜俊贤	董事长	男	58	2006-07-01	2009-06-30	564,000	564,000		34.60	否
邢　颖	总经理	男	49	2006-07-01	2009-06-30	552,000	552,000		34.60	否
韩凤岐	董事	男	59	2006-07-01	2009-06-30	0	0		0.00	是
侯卫军	董事	男	55	2006-07-01	2009-06-30	8,150	8,150		0.00	是
周　健	董事	男	37	2008-05-08	2009-06-30	0	0		0.00	是
王彦民	董事	男	49	2006-07-01	2009-06-30	0	0		0.00	是
杜胜利	独立董事	男	45	2006-07-01	2009-06-30	0	0		6.32	否
郭国庆	独立董事	男	47	2007-03-02	2009-06-30	0	0		6.32	否
王茹芹	独立董事	女	59	2007-03-02	2009-06-30	0	0		6.32	否
唐小文	监事	女	54	2006-07-01	2009-06-30	315,000	315,000		28.15	否
史历新	监事	男	46	2006-07-01	2009-06-30	0	0		0.00	是
项瑞元	监事	男	59	2006-07-01	2009-06-30	0	0		0.00	是
徐蓉川	监事	女	53	2006-07-01	2009-06-30	332,627	332,627		33.31	否
于秀琴	监事	女	50	2006-07-01	2009-06-30	84,000	84,000		17.11	否
刘小虹	副总经理	女	54	2006-07-01	2009-06-30	15,000	15,000		28.15	否
邓　非	副总经理	男	54	2006-07-01	2009-06-30	415,000	415,000		28.15	否
施炳丰	副总经理	男	50	2006-07-01	2009-06-30	472,000	472,000		26.54	否
叶新年	财务总监	男	45	2006-07-01	2009-06-30	400,000	400,000		36.74	否
唐　颖	董事会秘书	女	36	2006-07-01	2009-06-30	118,983	118,983		26.70	否
合　计		–	–	–	–	3,276,760	3,276,760	–	313.01	–

董事、监事、高级管理人员报告期内被授予的股权激励情况

□ 适用　　　　√ 不适用

5.2 董事出席董事会会议情况

董事姓名	具体职务	应出席次数	现场出席次数	以通讯方式参加会议次数	委托出席次数	缺席次数	是否连续两次未亲自出席会议
姜俊贤	董事长	6	4	2	0	0	否
邢　颖	董事、总经理	6	4	2	0	0	否
韩凤岐	董事	6	4	2	0	0	否
侯卫军	董事	6	4	2	0	0	否
周　健	董事	3	2	1	0	0	否
王彦民	董事	6	3	2	1	0	否
杜胜利	独立董事	6	4	2	0	0	否
郭国庆	独立董事	6	4	2	0	0	否
王茹芹	独立董事	6	4	2	0	0	否
周静汶	董事	3	1	1	1	0	否

连续两次未亲自出席董事会会议的说明	
年内召开董事会会议次数	6
其中：现场会议次数	4
通讯方式召开会议次数	2
现场结合通讯方式召开会议次数	

第六节　董事会报告

6.1 管理层讨论与分析

一、报告期内公司经营情况的回顾

(一)公司报告期内总体经营情况

2008 年是举世瞩目的奥运之年，是公司上市后的第一个完整年度，也是公司当期三年规划中的最后一年。在面临繁重经营任务的情况下，董事会勤勉尽职，锐意进取，较好地履行了职责。本年度，公司积极主动地适应瞬息万变的市场状况，抓住有利机遇，目标一致，团结一心，克服困难，真抓实干，提前超额完成年度经营预算，在建设募投项目、健全公司内部控制、扩大品牌影响力等诸多方面圆满地完成了既定任务，使公司的竞争力不断增强，为难忘的 2008 年划上了圆满的句号。

2008 年主要经营指标的完成情况：

2008 年，公司实现营业收入 111,207.62 万元，较上年增加 19,545.99 万元，同比增长 21.32%；实现利润总额 10,561.60 万元，较上年增加 357.91 万元，同比增长 3.51%；实现净利润 7,883.52 万元，较上年增加 1,053.00 万元，同比增长 15.42%。实现归属于母公司净利润 7,565.13 万元，较上年增加 1,133.13 万元，同比增长 17.62%。全年接待宾客 416 万人次，同比增长 7.77%。扣除非经常性损益后全面摊薄净资产收益率为 10.79%，较 2007 年度增加 2.74 个百分点。基本每股收益为 0.5344 元，较 2007 年度的 0.5925 略有降低，主要原因是 2007 年 11 月公司上市发行了 3600 万股，2008 年全年摊薄所致。

主要会计数据及财务指标变动情况表：

	2008 年	2007 年	2006 年	本年比上年增减幅度(%)
营业收入	1,112,076,158.13	916,616,270.33	800,356,047.15	21.32%
营业利润	104,924,161.80	96,921,937.59	88,552,473.90	8.26%
利润总额	105,615,976.75	102,036,924.99	93,444,842.97	3.51%
归属于上市公司股东的净利润	75,651,300.03	64,319,978.45	61,942,825.76	17.62%
经营活动产生的现金流量净额	119,506,298.95	117,801,630.42	137,579,931.36	1.45%
每股收益	0.5344	0.5925	0.5868	−9.81%
净资产收益率	10.86%	9.59%	21.97%	1.27%
	2008 年	2007 年	2006 年	本年比上年增减幅度(%)
总资产	1,089,964,568.94	1,103,703,403.08	744,020,174.98	−1.24%
所有者权益(或股东权益)	696,728,855.26	670,695,231.44	281,984,413.02	3.88%

在取得良好经济效益的同时，公司亦获得了多项荣誉：被北京日报、北京商业联合会评为"北京十大商业品牌"；被中国商业联合会、中国烹饪协会评为"餐饮百强企业"；分别被中国商业联合会、中国饭店协会授予"改革开放 30 年功勋企业"荣誉称号；被首都文明办评为"首都文明单位"，取得了良好的社会反响。

2008 年的北京奥运会，公司承担了奥运餐饮服务供应商的重任。为切实做好奥运期间食品生产供应，保障食品安全，公司全面建立起更加完善的各类管理制度、工作程序和应急预案；在原材料的采购上，做到了鸭源从孵化到餐桌的可追溯体系，实现了奥运专供商品的一条龙服务，确保了奥运食品安全。为奥运会餐饮零失误、零投诉、零事故做出了自己的贡献。在奥运会期间，公司加大员工培训力度，大大提高了员工的岗位技能水平；推出了创新、营养、美味的奥运菜品；在为奥运服务的全过程中，集团规范了服务人员的操作规范，为集中到来的奥运贵宾提供了完美的服务；残奥会期间，公司所属企业还专为盲人顾客推出了盲文菜单，受到各级领导和社会各界的好评。在为奥运会服务的过程中，公司全体员工牢记职责，尽心尽力，以高度的政治责任感和良好的专业化水平，展示了全聚德人的风采，为北京争了光，为中国争了光，受到了上级领导的充分肯定，赢得了奥运官员、运动员、媒体和海内外宾朋的高度赞扬。

公司非常关注宏观经济的变化对餐饮业的影响，高端商务宴请市场萎缩和国外来华旅游人数下降，同时居民消费意愿有所降低，这对于公司的营业收入都形成了不利的影响；但"全聚德"是一个拥有一百余年历史的老品牌，有着深厚的文化底蕴和高度的品牌认知度，而且北京是公司主要业务集中地，受金融危机的影响相对滞后且较小。因此，2009 年公司将在 2008 年较好业绩的基础上采取稳健经营策略，公司业绩较去年不会出现大幅波动，但京外子公司的营业收入和经营业绩可能将受到一定程度的影响。

(二)公司主营业务及其经营状况分析

1.主营业务范围

本公司主营业务为餐饮服务及食品加工销售等，餐饮服务方面主要提供以"全聚德"烤鸭为代表的"全鸭席"系列菜品为主的高档餐饮服务，以及公司旗下以经营"满汉全席"为特色的仿膳饭庄、以经营"葱烧海参"为代表的高档鲁菜的丰泽园饭店和以经营"京派"特色川菜的四川饭店提供的中高档餐饮服务。公司经营模式为连锁经营。

公司拥有生产北京鸭生、熟制品为主的肉食品生产基地和以生产面食品、专用调料为主的面食品生产基地，以及以物流配送及产品销售业务为主的北京全聚德配送中心。三元金星作为公司的肉食品生产基地，主要生产烤鸭原料——鸭坯，以及全聚德真空包装和系列熟食产品。仿膳基地作为公司的面食品生产基地，主要生产荷叶饼、甜面酱等烤鸭辅料，以及月饼、元宵等传统面食品。配送中心作为公司的物流基地，承担着向公司下属各直营及连锁企业配送货品的任务，同时向商场和超市销售真空包装烤鸭和面食品等。

截止 2008 年 12 月 31 日，公司在北京、上海、重庆、长春、青岛、哈尔滨等地拥有"全聚德"品牌直

营店 14 家、"仿膳"品牌直营店 1 家,"丰泽园"品牌直营店 2 家,"四川饭店"品牌直营店 2 家。同时公司还拥有大陆地区"全聚德"特许加盟店 54 家和海外"全聚德"特许加盟店 6 家。

报告期内,公司新开直营店 5 家,分别是:北京全聚德双井店、北京全聚德通州店、北京王府井四川饭店、全聚德青岛店和全聚德哈尔滨店;新开海外特许店 1 家——澳大利亚墨尔本店。报告期内,公司签订了合作合同 2 家,分别是:郑州项目合同、北京双榆树项目合同;签订合作意向 2 家,分别是:北京望京项目合作意向书、贵阳项目合作意向书。

2.主营业务产品、地区经营情况

(1)公司合并口径各大类营业收入和营业成本、毛利率的构成情况如下表:

项目	2008 年度			2007 年度		
	营业收入	营业成本	毛利率	营业收入	营业成本	毛利率
餐饮	797,626,890.51	287,513,172.57	63.95%	655,508,636.95	238,008,671.47	63.69%
商品销售	285,138,207.53	214,767,720.16	24.68%	233,750,188.50	176,927,899.06	24.31%
合计	1,082,765,098.04	502,280,892.73	----	889,258,825.45	414,936,570.53	----

从上表可以看出,公司餐饮业务和商品销售业务的收入都有较大增长,成本与收入同增,而毛利率水平较去年略有提高,维持在一个较高水平。

毛利率变动情况如下表:

	2008 年	2007 年	2006 年	本年比上年增减幅度超过 30%的原因	与同行业相比差异超过 30%的原因
销售毛利率	53.61%	53.34%	56.12%	————	————

(2)公司主营业务各地区分布情况:

行业、产品或地区	营业收入	营业成本	利润总额	利润 10%以上的情况说明
北京	1,052,818,596.21	479,572,785.1	114,687,503.3	全聚德业务主要集中在北京地区
上海	16,517,094.00	6,590,027.35	926,681.44	————
重庆	11,421,832.50	4,570,300.13	-1,580,471.21	————
长春	18,322,379.00	8,111,008.68	-1,012,323.86	————
青岛	10,398,753.42	4,287,402.62	-4,152,544.98	————
哈尔滨	2,597,503.00	1,359,738.86	-3,252,867.93	————
合计	1,112,076,158.13	504,491,262.74	105,615,976.75	————

3.主要供应商、客户情况

报告期内,本公司前五名客户营业收入总额为 7,245.30 万元,占本公司全部营业收入的 6.52%。公司向前五名供应商采购金额合计 13,212.62 万元,占公司年度采购总额的 26.23%。

主要供应商及客户情况:

前 5 名供应商情况	采购金额	占年度采购总金额的比例	预付账款的总余额	占公司预付账款总余额的比例	关联关系情况说明
莲花池鸭厂	111,101,284.81	22.06%	0	0	无关联关系
金星鸭业	6,370,079.29	1.26%	0	0	三元金星合作方
富味乡	5,596,509.60	1.11%	0	0	无关联关系
顺源鸭场	5,265,179.47	1.05%	0	0	无关联关系
兴星盛	3,793,168.26	0.75%	0	0	无关联关系

前 5 名客户情况	销售金额	占年度销售总金额的比例	应收账款的总余额	占公司应收账款总余额的比例	关联关系情况说明
北京市南区邮局	8,650,585.04(不含税)	0.78%	10,121,184.50	34.99%	无关联关系
金星鸭业	42,009,160.68 (不含税)	3.78%	0	0	三元金星合作方
家乐福	6,677,796.73(不含税)	0.60%	316,959.16	1.10%	无关联关系
北京市鑫翔苑食品厂	8,634,293.02(不含税)	0.78%	0	0	无关联关系
沃尔玛有限公司	6,481,188.79(不含税)	0.58%	579,106.74	2.00%	无关联关系

4.会计制度实施情况

报告期内,公司不存在会计政策、会计估计变更,也不存在重要的前期差错更正。

(三)报告期内资产状况

1.公司主要资产构成

(1)报告期及上年同期公司各项资产占总资产比重及增减幅度如下:

项 目	2008 年		2007 年		比重
	余 额	占总资产比重	余 额	占总资产比重	增减幅度
货币资金	244,344,868.17	22.42%	406,878,116.11	36.86%	-14.44%
应收账款	26,886,960.16	2.47%	16,717,193.18	1.51%	0.96%
存货	52,856,539.50	4.85%	34,606,902.18	3.14%	1.71%
流动资产合计	334,171,346.36	30.66%	479,122,343.43	43.41%	-12.75%
投资性房地产	6,503,522.01	0.60%	7,576,783.49	0.69%	-0.09%
固定资产	512,652,102.53	47.03%	418,384,953.43	37.91%	9.12%
在建工程	41,226,656.52	3.78%	33,762,501.99	3.06%	0.72%
非流动资产合计	755,793,222.58	69.34%	624,581,059.65	56.59%	12.75%
其他应付款	70,325,281.63	6.45%	73,397,832.10	6.65%	-0.20%
短期借款	165,000,000.00	15.14%	200,000,000.00	18.12%	-2.98%
流动负债合计	319,448,049.63	29.31%	362,546,441.55	32.85%	-3.54%
负债合计	335,797,002.43	30.81%	378,795,646.03	34.32%	-3.51%
资本公积	376,647,821.68	34.56%	375,303,897.89	34.00%	0.56%
归属于母公司股东权益合计	696,728,855.26	63.92%	670,695,231.44	60.77%	3.15%
股东权益合计	754,167,566.51	69.19%	724,907,757.05	65.68%	3.51%

由于 2008 年募集资金项目的投入较多,长期资产占总资产比重有一定程度的上升,负债占总资产比重下降 3.51 个百分点,具体如下:

A 货币资金:货币资金所占总资产比重期末比年初减少 14.44 个百分点,主要因为公司按进度使用了大量的募集资金。

B 固定资产:固定资产所占总资产比重较去年增加 9.12 个百分点,主要是由于公司在 2008 年度中开展募集资金项目,新开了青岛、哈尔滨两家外地企业,以及双井店、通州店和王府井四川饭店三家北京企业,改造装修了前门店、丰泽园饭店,扩建了王府井店等。

公司采用历史成本计量资产价值,投资性房地产也采用成本模式计量。

(2)资产构成变动情况

资产项目	2008 年末总资产的%	2007 年末总资产的%	同比增减(%)	同比增减(%)达到 20%的说明
应收款项	2.47%	1.51%	0.96%	————
存货	4.85%	3.14%	1.71%	————
投资性房地产	0.60%	0.69%	-0.09%	————
长期股权投资	2.89%	2.59%	0.30%	————
固定资产	47.03%	37.91%	9.17%	————
在建工程	3.79%	3.06%	0.73%	————

(3)存货变动情况

项目	当年末余额	占当年末总资产的%	市场供求情况	产品销售价格变动情况	原材料价格变动情况	存货跌价准备的计提情况
原材料	11,766,623.95	1.08%	———	————	————	无
在产品	625,344.90	0.06%	———	————	————	无
库存商品	34,625,083.86	3.18%	———	————	————	无
周转材料	1,858,922.00	0.17%	———	————	————	无
消耗性生物资产	3,980,564.79	0.37%	———	————	————	无
合计	52,856,539.50	4.86%	———	————	————	无

(4)债权债务变动情况

项目	2008 年	2007 年	2006 年	本年比上年增减幅度	本年比上年增减幅度超过 30%的原因
短期借款	165,000,000.00	200,000,000.00	80,000,000.00	-17.50%	————
应收账款	28,929,732.00	18,346,220.42	24,872,155.03	57.69%	应收账款年末比年初增加 57.69%,主要为本公司销售月饼欠款增加所致。
应付账款	44,968,803.37	23,906,937.84	22,245,831.15	88.10%	应付账款期末比年初增加 88.10%,主要由于存货增加导致应付货款增加。
预收账款	9,507,850.30	6,688,261.06	5,545,483.62	42.16%	预收款项年末比年初增加 42.16%,主要为预收会员卡增加及对外埠加盟店预收货款等增加所致。
预付账款	3,168,470.67	1,137,100.81	713,023.09	178.64%	预付款项年末比年初增加 178.64%,为本公司预付房屋租金等所致
合计	249,532,084.50	248,449,492.89	133,376,492.89	————	————

(5)偿债能力分析

指标	2008 年	2007 年	2006 年	本年比上年增减幅度	本年比上年增减幅度超过 30%的原因
流动比率	1.05	1.32	0.50	-27.55%	————
速动比率	0.88	1.23	0.42	-34.55%	主要原因是 2009 年春节较早,公司提前准备,故 2008 年底存货余额较大。
资产负债率	30.81%	34.32%	56.86%	-3.51%	————
利息保障倍数	8.31	7.39	10.30	0.74	————

(6)资产营运能力分析

指标	2008 年	2007 年	2006 年	本年比上年增减幅度	本年比上年增减幅度超过 30%的原因
流动比率	1.05	1.32	0.50	-27.55%	————
应收账款周转率	51.01	44.08	33.59	6.93	————
存货周转率	11.54	13.14	29.35	-1.60	————
流动资产周转率	2.73	2.77	4.59	-0.04	————
固定资产周转率	2.39	2.14	1.97	0.25	————
总资产周转率	1.01	0.99	1.14	0.02	————

2.非经营性损益情况

项 目	2008 年度	2007 年度
非流动性资产处置损益	-1,175,585.95	3,366,422.18
政府补助	3,060,833.33	952,356.47
同一控制下企业合并产生的子公司期初至合并日的当期净损益	————	1,191,338.04
单独进行减值测试的应收款项减值准备转回	59,885.50	————
除上述各项之外的其他营业外收入和支出	-1,193,432.43	1,059,568.75

其他符合非经常性损益定义的损益项目	————	6,421,354.03
非经常性损益总额	751,700.45	12,991,039.47
减:非经常性损益的所得税影响数	189,157.11	2,167,996.20
非经常性损益净额	562,543.34	10,823,043.27
减:归属于少数股东的非经常性损益净影响数	112,224.74	502,514.95
归属于公司普通股股东的非经常性损益	450,318.60	10,320,528.32

3.期间费用、所得税分析

费用项目	2008 年	2007 年	2006 年	本年比上年增减幅度超过 30%的原因及影响因素	占 2008 年营业收入比例%
销售费用	314,723,897.62	256,010,121.25	225,780,959.03	————	28.30%
管理费用	133,487,559.14	99,877,783.31	102,808,551.39	主要原因一是新开餐饮门店五家,开办费等相关费用较往年增多;二是因为新劳动法的执行使企业职工福利方面支出增加。	12.00%
财务费用	15,782,796.79	17,397,790.09	11,877,119.31	————	1.42%
所得税费用	26,780,734.94	33,731,645.51	30,126,332.22	————	2.41%
合计	490,774,988.49	407,017,340.16	370,592,961.95	————	44.13%

(1)营业收入:公司营业收入同比上升 21.32%,主要是在 2008 年新建了青岛、哈尔滨、双井、通州、四川饭店王府井店 5 家餐饮门店,同时前门店在 2008 年 8 月 7 日重张开业,以上因素使得公司 2008 年收入增长较快。

(2)营业成本:公司营业成本同比上升 21.01%,主要原因是成本随收入的上升而上升,并且公司毛利率较去年变化不大。

(3)销售费用:销售费用的增加与营业收入的增加幅度基本相符。

(4)管理费用:主要原因一是新开餐饮门店五家,开办费等相应费用较往年增多;二是因为新劳动法的执行使企业职工福利方面支出增加。

(5)财务费用:2008 年公司财务费用较 2007 年下降 9.28%,原因一是公司董事会在 2008 年 8 月通过了用募集资金补充流动资金的议案,从而相对减少了公司财务费用的支出;二是 2008 年度央行共降息 5 次,一年期贷款利率由 2007 年末 7.47% 降至 2008 年末 5.31%。

(四)公司经营活动、投资活动和筹资活动产生的现金流量的构成情况及分析

公司经营活动产生的现金净流量为 11,950.63 万元,比去年同期增加 170.47 万元,增幅为 1.45%;投资活动产生的现金净流量为-18,655.64 万元,比去年同期减少 11,308.33 万元,降幅为 153.91%;筹资活动产生的现金净流量为-9,548.31 万元;比去年同期减少 40,022.92 万元,降幅为 131.33%;主要差异因素为:

1.经营活动现金净流量同比增长 1.45%,公司营业收入虽然增长较多,但付现成本和付现费用同时增加,公司经营活动现金净流量同公司 2008 年度利润总额较 2007 年度增长幅度基本相符。

2.投资活动现金净流量同比下降 153.91%,主要原因是在 2008 年度募集资金和非募集资金项目按投资计划相继启动,使得装修购置固定资产等数额较 2007 年增长较多。

3.筹资活动现金净流量同比下降 131.33%,主要原因是公司在 2007 年 11 月 20 日成功上市发行 3600 万股,取得募集资金净额 38804.01 万元,2008 年度没有新募集资金额,使得 2008 年筹资活动现金净流量同比下降 131.33%。

(五)公司设备利用情况、订单的获取情况、产品的销售或积压情况、主要技术人员变动情况

报告期内公司生产设备运行良好;报告期内公司无积压产品;公司的主要技术人员在报告期内无变动。

(六)公司研发费用投入及成果分析

1.公司继续加大菜品和新型设备的研发力度。2008 年,全年推出创新菜品 250 余个,全年投入费用约 50 万元;进一步更新改造了新型环保鸭炉,在新建企业安装使用;对传统晾坯间进行研发改造,研制出更为节能环保的新型一体化晾坯间设备。公司全年技术研发费用投入约为 170 万元。

2.报告期内,公司大力开展节能降耗工作,加强了节能降耗管理的组织领导,抓住装修改造、更新设备的机会,选用节能、环保的建筑材料,提高建筑节能效率,采购节能设备,引进节能技术,继续推进新型节能设备的自主研发工作,使 2008 年产值能耗下降近 0.2 个百分点,圆满完成了年初既定的节能降耗任务。

(七)公司主要子公司、参股公司的经营情况及业绩分析

截止 2008 年 12 月 31 日,公司共有控股子公司 13 家,参股公司 2 家,公司各子公司的经营情况如下:

公司名称	持股比例及是否列入合并报表	2008 年净利润	2007 年净利润	同比变动比例%	对合并净利润的影响比例%
北京国门全聚德烤鸭店有限责任公司	100%是	3,630,702.75	2,873,428.68	26.35%	4.61%
上海浦东全聚德大酒店有限公司	90%是	749,600.69	1,448,482.43	-48.25%	0.95%
重庆全聚德餐饮经营管理有限公司	100%是	-2,383,289.80	-1,243,474.72	-91.66%	-3.02%
长春全聚德餐饮管理有限责任公司	51%是	-1,186,647.84	680,478.62	-274.38%	-1.51%
北京全聚德三元金星食品有限责任公司	60%是	9,688,227.18	7,299,322.60	32.73%	12.29%
北京市仿膳饭庄有限责任公司	100%是	2,979,254.39	2,487,185.83	19.78%	3.78%
北京市丰泽园饭店有限责任公司	100%是	575,477.63	2,129,605.42	-72.98%	0.73%
北京市四川饭店有限责任公司	100%是	-1,553,742.73	-1,547,137.41	-0.43%	-1.97%
青岛全聚德餐饮管理有限公司	100%是	-4,152,544.98	0.00	0.00	-5.27%
哈尔滨全聚德餐饮经营管理有限责任公司	100%是	-3,374,691.93	0.00	0.00	-4.28%
北京聚兴德餐饮管理有限公司	51%是	-377,248.43	0.00	0.00	-0.48%
北京润德恒信餐饮管理有限责任公司	70%是	0.00	0.00	0.00	----
郑州全聚德餐饮管理有限责任公司	100%是	-77,199.65	0.00	0.00	-0.10%
聚德华天控股有限公司	30.91%否	26,502,785.23	22,802,219.86	16.23%	----
北京鸿德华坤餐饮管理有限责任公司	49%否	1,062,944.73	384,346.00	176.56%	----
合计	----	32,083,627.24	37,314,457.31	----	----

(八)公司控制的特殊目的主体情况

公司不存在控制的特殊目的主体。

二、对公司未来发展的展望

(一)公司未来发展相关问题及分析

1.外部环境对公司经营的影响

(1)中国经济的持续快速发展,国家宏观经济的调控政策和力度,为餐饮业提供了较为稳定的发展环境。

2008 年,在国内外形势极为严峻的情况下,我国国内生产总值较上年仍保持 9.0%的增长。据预计,未来五年中国经济将继续保持快速发展的势头。经济的持续快速增长,居民生活水平的不断提高,使居民消费能力不断增强,在外饮食消费比重明显上升;频繁的商业往来和生活节奏的不断加快,促成居民消费观念不断更新,越来越多的家庭走进餐馆和酒楼。据商务部发布的数据分析显示,2007 年全国餐饮业实现零售额 12352 亿元,同比增长 19.4%。庞大的餐饮消费群体和旺盛的消费需求为中国餐饮业的快速发展提供了良好的环境。中国餐饮业正朝着集团化、规模化、连锁化、品牌化方向发展。

(2)国际金融危机的加剧和蔓延,全球经济衰退对旅游和餐饮行业特别是高端餐饮业的发展具有直接影响

当前,国际金融危机仍在扩散和蔓延,对我国经济的负面影响更加明显。在全球金融危机的影响下,2009 年的经济形势不容乐观。随着金融危机向实体经济蔓延,全球性的经济衰退已成定局。国际经济动荡对中国经济的影响将进一步加深,全球消费需求萎缩,国内私人消费增长在 2009 年预计将会减弱,使国内经济加剧下行的不确定性逐渐增加。公司的进一步发展很难不受到宏观经济形势的影响。但是,国家宏观经济调控力度和公司长期以来所形成的连锁经营模式和品牌发展战略,为公司的稳定健康发展提供了坚实的基础和良好的保障。因此,2009 年公司将进一步增强忧患意识,把困难估计得更充分,把措施准备得更周密,统一思想,坚定信心,扎实工作,迎接挑战,实现公司的可持续发展。

2.所处行业的发展趋势

餐饮业作为我国第三产业中的传统服务性行业,在改革开放的 30 年间,历经改革开放起步、数量型扩张、规模连锁发展和品牌提升战略 4 个阶段,取得了突飞猛进的发展,现已成为规模不断扩大、增长势头强劲,对社会经济和人民生活具有较强影响力的重要行业。随着经济体制和增长方式不断改善,工业化、城市化和现代化进程日趋加快,社会经济稳定发展和人民生活水平继续提高,餐饮业的发展环境和条件更趋成熟,市场需求进一步增强,餐饮多元化、细分化和个性化的趋势将进一步增强,餐饮企业在品牌特色化、运营产业化、业态多样化、连锁规模化等方面的特点将更加明显,我国餐饮业发展前景更加广阔。

3.公司面临的发展机遇和存在的主要问题

(1)中国资本市场的发展,为公司提供了广阔的市场平台

上市公司是中国经济运行中具有优势的群体,是资本市场投资价值的源泉。公司在 2007 年 11 月 20 日实现成功上市,进入了资本市场,这是公司发展历程中具有里程碑意义的大事。资本市场对我们提出了新的要求,公司要转变发展方式,通过资本市场发挥资源配置的作用,以市场化的方式促进产业结构的优化升级;实施品牌战略,需要通过资本市场充分发现和提升公司价值;创新盈利模式,需要通过资本市场的有力支撑。未来五年,公司要实现跨越式发展,尽快完成连锁化的市场拓展、工业化的产业升级,需要雄厚的资金支撑。资本市场为公司实现快速发展解决资金需求提供了广阔的空间和机遇。公司需进一步研究资本市场的运行模式,把握资本市场的发展规律,制定相应的发展战略和措施。

(2)后奥运时期北京餐饮市场的潜力,为公司的发展提供了广阔的市场空间

未来五年,北京将处在国际化、市场化发展的加速期。按照北京市"十一五"规划确定的目标,北京地区生产总值年均增长率将保持在 9%左右,人均地区生产总值将从 7000 美元向 9000 美元迈进。2007 年,在北京的经济总量中,服务业比重超过 71%,北京的服务贸易额约占全国经济总量的 4%,占全国服务贸易额的 19%,并将以平均 20%的速度增长,北京服务业的发展速度和质量,将达到发达国家城市水平已是必然趋势。奥运期间,大量国际政要、体育明星、外国游客纂名前来。2008 年 8 月 7 日至 8 月 31 日,公司在京直营企业实现营业收入 7269.84 万元,同比增长 63.53%;接待宾客 36.69 万人次,同比增长 55.02%。奥运会后,北京在全球的影响力将会空前提高,中国饮食文化和以北京烤鸭为代表的京味饮食文化必将受到世人的广泛关注。餐饮市场需求激增,餐饮消费将继续保持旺盛的发展势头,这将是餐饮行业快速发展的良好时机,为公司不断扩大餐饮市场份额,积极拓展大众化餐饮经营和假日消费的市场空间提供了难得的机遇。

(3)存在的主要问题

①现代企业制度建设需进一步完善

由于刚刚走入资本市场,公司在企业经营思想、管理理念等方面还没有完全与现代企业制度和国际资本市场接轨,在观念和体制的转变上还需要做大量工作。需要进一步完善公司的法人治理结构,提高企业的内控管理水平。

②多品牌企业的文化融合将是公司未来发展所面临的重要任务

企业重组能否成功,不仅取决于资本融合的状况,更依赖于企业文化的融合程度。只有多品牌企业的文化相互融合,相互渗透,形成完善的企业文化体系和强大的文化合力,成为企业核心竞争力的重要组成部分,才能真正成为企业未来快速发展的助推器。

③与企业的发展速度和规模相比,人才缺口较大,人才结构有待进一步优化

公司目前人才储备,与企业未来五年的发展速度和发展规模未相匹配,企业的专业技术人才总量存在缺口,从事财会及资本运营等方面的人才明显不足,人才结构有待进一步优化。

4.公司发展战略

2009 年度,公司仍将按照《招股说明书》披露的发展战略进行经营管理:以弘扬中华饮食文化、丰富大众健康生活为使命,贯彻实施品牌加资本的总体战略,充分运用资本市场扩大融资规模,积极推进公司的市场化、国际化进程;坚持以直营连锁为主导,特许连锁为辅助的连锁发展战略;依托品牌优势、开发品牌食品,加快产业化升级;坚持以人为本,构建和谐全聚德和建设学习型企业的企业文化发展方向;努力实现"中国第一餐饮,世界一流美食,国际知名品牌"的企业愿景,促进公司可持续性、跨越式发展。

依照上述发展战略，公司将自身发展方向定位于：一是按照现代企业制度要求规范运作的上市公司；二是以餐饮服务为主业、以特色食品工业为依托，以全聚德品牌为主导的多品牌连锁企业集团。

5.公司拟投资的新项目、拟开发的新产品

报告期内，公司已确定的发展项目有北京全聚德双榆树店、北京全聚德望京店、北京全聚德新街口店、全聚德河南郑州店、全聚德贵州贵阳店。2009 年，公司市场开发部、工程营建部和筹开企业的经营班子将齐心协力，相互配合，协调工作，严格控制投资成本，严格监控工程质量，保证如期开业。

下一年度，公司将大力发展特色食品，扩大食品的市场销售。公司将继续挖掘三元金星、仿膳两个食品生产基地的产能，在保证现有产品质量和需求的前提下，加大新产品的研发力度，配合销售单位开发有市场需求和自身特色的新产品；进一步做好特色熟食品新产品的开发工作，培育新的经济增长点。加大市场推广力度，通过开设专卖店和专柜的形式，努力提升公司的品牌效应，在食品品种开发和零售市场销售上实现新的突破。

6.新年度的经营计划和主要工作目标

公司充分考虑了宏观经济形势的复杂多变将对中国餐饮行业造成的冲击，同时也做好了充分的应对措施，并考虑了六十周年国庆对北京市消费可能的带动作用等积极因素，在 2008 年较好经营业绩的基础上，公司制订了 2009 年度经营预算。公司预计 2009 年业绩将与 2008 年业绩基本持平并略有增长，2009 年度预算业务收入为 11.12 亿元，利润总额为 10,685.82 万元，分别比 2008 年审计后数据增长 0.02%和 1.18%。

7.工作重点

2009 年，公司将从以下方面重点开展工作：

(1)完善内控制度和体系

2009 年，公司管理工作的重点将放在建立和健全内控制度体系上，下大力气加强内控制度的建设和执行，完善公司的内控体系。公司将贯彻执行由财政部、中国证监会、审计署、中国银监会和中国保监会发布的《企业内部控制基本规范》；巩固完善 ISO9001/22000/14001 管理体系，将三个体系的运行纳入日常管理，加大体系运行监督检查力度，确保体系运行有效。

公司将继续推进节能减排工作，建立节能降耗的奖励激励机制，选用节能、环保的建筑材料，加强能源消耗的统计工作，及时监督节能指标的完成情况，切实落实节能降耗措施，继续推进节约型、环保型餐饮企业的建设进程。加强食品安全管理，进一步强化食品安全的监督和检测。

公司将加强财务管理、预算管理、内部审计和效能监察，按照深交所内控指引的规定，按期对上市公司募集资金使用情况进行审计，加强对非募集资金项目的严格控制和管理，加强对公司内部自有资金的管理，强化资金归集管理，节约财务费用。完善工程建设和集中采购制度，加强企业成本控制和费用管理；完善餐饮管理系统，提高信息化管理水平。

公司将构建系统化安全管理体系，强化安全管理；整合公司企业文化资源，推进多品牌企业文化的进一步融合。

(2)加大新年度营销工作力度

2009 年公司将特别加强对市场形势的调查与研究，加强市场环境监测，认真分析消费者的需求变化，进一步细化公司和各企业的市场定位，及时调整经营方略，积极主动应对市场变化的挑战，坚持营销工作的“两个面向”：一是面向北京家庭消费市场，制定不同价位和品种的婚宴、寿宴、休闲聚会菜单。二是面向更为年轻和时尚化的“80 后”新消费群体，制定符合他们消费理念和消费习惯的营销措施，培养他们对各品牌企业的消费认知与忠诚。

公司将抓住建国 60 周年大庆、全聚德建店 145 周年等重大庆典活动的契机，开展丰富多彩的营销活动，借势造势，加大企业的营销力度，策划有影响力的营销活动，创造新的营销方式，积极开展营销策划，为企业经营营造浓厚的市场氛围，同时有计划、有针对性地开展社会公益活动，力求真诚回报社会、股东和消费者，认真履行社会责任。通过策划组织营销活动，加大对多品牌企业和新开企业营销工作的支持力度。

(3)积极稳妥地推进新的发展项目

公司将认真总结近两年来新开企业的经验，结合 2009 年宏观经济形势的变化，适当调整新开直营企业的速度，保证集团公司稳中求进，稳步发展。在保证已确定的发展项目如期开业的前提下，审慎开发新的直营店。在我们既定的目标市场中，继续坚持发展直营连锁为主的发展模式，但考虑到 2009 年的市场状况，对新立项和筹开直营店采取审慎态度。对新立项的项目，要进行周密的市场调研，做好可行性研究和论证，慎重决策。积极而又审慎地研究与连锁企业实行资产重组和深度合作的可行性，根据市场形势变化调整公司的重组和收购计划。同时，适度发展特许连锁企业，调整和完善集团开发特许连锁店的政策，对符合集团特许政策的城市，继续发展特许加盟连锁店。

(二)未来发展战略所需的资金需求及使用计划

截止 2008 年末，公司仍有 1.89 亿元募集资金未动用。可以保证 2009 年度募集资金项目的资金需求。对于募集资金项目之外项目的资金需求，公司与民生银行首体支行和中行宣武支行分别签订了 4 亿元和 1 亿元的银行综合授信额度，可以保障公司经营及对外投资所需资金。

(三)经营中的重要风险提示、对策及措施

1.金融危机加剧的风险

伴随着愈演愈烈的金融危机，全球性的经济衰退导致旅游业需求减少、价格下滑、增速放缓，我国的旅游行业也受到了一定程度的影响，入境游特别是欧美客流出现衰退，入境游人数和收入明显下降。据国家旅游局统计，2008 年全年入境旅游人数 13003 万人次，比上年下降 1.4%。国际旅游外汇收入 408 亿美元，下降 2.6%。而 2007 年全年的入境旅游人数和收入的增长率分别为 5.5%和 23.5%。国内旅游市场也面临挑战，接连的自然灾害，股市和楼市的持续低迷，居民开始通过减少开支以规避风险。全球性的消费需求下降对旅游业的影响将是长远的。此外，国外消费需求萎缩使得以出口导向为主的国内行业纷纷采取减员减薪的措施，国内居民的消费支出更加冷静和理智。因此，中国餐饮企业在短期内将面临前所未有的困难：国外旅游人数、商务活动定单以及高档商务宴请的大幅减少，使主要面向海外游客的北京高端餐饮企业的用餐人数急剧下降，对以中高档餐饮定位的餐饮企业影响很大。长期以来，公司的市场定位为高端餐饮，客流来源中有大量商务活动定单、高档商务宴请和海外旅行团游客。在经济衰退的形势下，公司上述两方面客源有逐渐下降的趋势，受到金融危机影响的风险逐步加大。

2.禽流感扩散的风险

近期我国境内多省市不断暴发禽流感疫情，人感染禽流感病例在北京地区第一次发生。一旦疫情爆发，餐饮企业经营所需的禽类供应将无法保障；同时，顾客的消费信心也会受到影响，进而影响到餐饮行业的市场需求，因此禽流感等瘟疫及传染性疾病是本公司经营过程中面临的重大风险。

为了防范发生禽流感等瘟疫及传染性疾病给本公司经营带来的风险，公司制定了防控禽流感工作预案，在菜品研发方面，已经开发了非禽类菜品，并做好了“应急菜单”的准备工作；在信息的报送方面，要做到及时、准确，报送信息不过夜，确保信息畅通、准确、及时；在货源控制、储备方面，要求采购部门把好采购源头关，对上游鸭场，严格按照北京市防疫部门要求索要每批次检疫合格证明和车辆消毒证明，做好登记和经手人签字工作，并适时增加库存。上述措施的实施已取得良好的效果，得到了消费者的认可，虽然近年来禽流感时有发生，但公司的经营业绩未受到大的影响，仍保持稳步增长。

3.食品安全风险

2008 年，在出现“三鹿奶粉”等事件后，食品安全成为社会公众日益关注的问题。公司作为大型餐饮企业，对于食品安全的要求非常高，一旦质量控制的某个环节出现疏忽，影响食品安全，本公司将要承担相应的责任。同时，食品安全事故的发生将对本公司的品牌和经营产生不利影响。因此，本公司在经营中存在食品安全的风险。

公司极为重视食品安全问题，公司设立的运营管理部负责公司的质量管理工作，制定了《质量/环境管理手册》，对本公司向顾客提供产品和服务以及所有经营活动的质量/环境进行管理和控制。公司于 2006 年通过了 ISO9001:2000 质量管理认证体系和 ISO14001:2004 环境管理体系认证，并于 2007 年通过了 ISO22000 食品安全管理体系认证工作，2008 年公司顺利的通过了上述体系的复审。在今后的工作中，公司将进一步加强对食品安全工作的统一领导，严格落实责任追究制。强化食品安全宣传教育培训，特别是对重要岗位人员进行重点培训。强化食品安全监督，组织开展对食品安全隐患的调查研究、抽检评估。督促企业做好食品安全制度规范、运行机制建设，不断完善保障措施，健全处置机制。

三、报告期内的投资情况

(一)募集资金使用情况及说明

公司募集资金总额 38,804.01 万元，本年度投入募集资金总额 11,584.66 万元，变更用途的募集资金总额 1,209.76 万元，已累计投入募集资金总额 19,131.94 万元。

募集资金项目补充说明：

1. 截至 2008 年 12 月 31 日止，本公司之新建北京通州直营店项目已使用募集资金支付 997.72 万元，目前该项目正在办理竣工决算，本公司于本期对该项目按照估算价款预转固定资产和长期待摊费用并计提了累计折旧和摊销额，决算金额超过募集资金承诺投入金额的部分本公司以自有资金补足。截至 2008 年 12 月 31 日止，该项目已用自有资金支付了 380.08 万元。上述两项合计支付 1,377.80 万元。

2. 本公司之新建青岛直营店项目已使用募集资金支付 4,391.80 万元，该项目原预算投资金额为 4,388.07 万元，计划全部使用募集资金。但在实际筹建的过程中，由于房屋购买面积增加等原因该项目需追加投资 1,300.86 万元，总预算增至 5,688.93 万元，该事项已在本公司 2008 年 4 月 22 日的《关于对新建青岛直营店项目追加投资的公告》中说明，追加部分投资由本公司自有资金支付，不影响募集资金使用额度。

3. 截至 2008 年 12 月 31 日止，本公司之全聚德王府井店扩建项目全部支出为 1,660.35 万元(包含第一年房租 225 万元)，其中：使用募集资金支付 1,209.06 万元，自有资金支付 394.99 万元，余款 56.30 万元本公司将使用自有资金支付。

4. 截至 2008 年 12 月 31 日止，本公司之前门店装修改造项目已使用募集资金支付 3,759.43 万元，目前该项目正在办理竣工决算，本公司于本期对该项目按照估算价款预转固定资产并计提了累计折旧，决算金额超过募集资金承诺投入金额的部分本公司以自有资金补足。截至 2008 年 12 月 31 日止，该项目已用自有资金支付了 415.40 万元。上述两项合计支付 4,174.83 万元。

5. 截至 2008 年 12 月 31 日止，本公司之丰泽园饭店装修改造项目已使用募集资金支付 1,283.44 万元，目前该项目正在办理竣工决算，本公司于本期对该项目按照估算价款预转固定资产和长期待摊费用并计提了累计折旧和摊销额，决算金额超过募集资金承诺投入金额的部分本公司以自有资金补足。截至 2008 年 12 月 31 日止，该项目已用自有资金支付了 201.47 万元。上述两项合计支付 1,484.91 万元。

6. 本公司之增资三元金星实施升级改造项目由本公司和北京金星鸭业中心(三元金星另一股东，以下简称 金星鸭业)按照目前的持股比例(60%:40%)同比例完成。三元金星是由本公司和金星鸭业分别出资 3,600 万元和 2,400 万元设立的有限责任公司，2006 年度本公司和金星鸭业已按照原持股比例向三元金星增资 1,000 万元对该项目进行先期投入。2007 年度双方共同向三元金星增资 5,000 万元完成该项目建设，其中本公司以募集资金对三元金星增资 3,000 万元，金星鸭业以土地使用权增资 2,000 万元，土地使用权价值超过的部分由三元金星向金星鸭业支付现金。项目完成后，三元金星的投资总额为 12,000 万元，其中本公司的投资额为 7,200 万元。

(二)非募集资金投资及进展情况

序号	项目名称	投资总额(万元)	累计已投入金额(万元)	项目进展	项目收益(万元)
1	组建哈尔滨全聚德餐饮经营管理有限责任公司	500	715.10	已经营业	−337.47
2	组建北京聚兴德餐饮管理有限公司	153	153	已经营业	−37.72
3	组建北京润德恒信餐饮管理有限公司	490	140	2009 年 1 月开业	———

四、董事会日常工作情况

(一)报告期内董事会的会议情况及决议内容

1.第四届第十次董事会

2008 年 2 月 18 日，公司第四届董事会第十次会议在公司会议室召开，公司 9 名董事中的 8 名董事出席本次会议。会议审议并通过了以下议案：

(1)审议通过公司《独立董事年报工作制度》、《董事会审计委员会对年度财务报告审议工作规程》；

(2)审议通过《关于使用募集资金置换募投项目前期垫付资金的议案》；

(3)审议通过《关于公司募投项目“新建北京王府井四川饭店项目”变更为“全聚德王府井店扩建项目”的议案》；

(4)审议通过《关于申请 2008 年度银行综合授信额度的议案》；

本次会议决议公告全文刊登于 2008 年 2 月 19 日的《中国证券报》、《证券时报》及巨潮资讯网(网址：www.cninfo.com.cn)上。

2.第四届第十一次董事会

2008 年 3 月 28 日，公司第四届董事会第十一次会议在公司会议室召开，公司 9 名董事全部出席本次会议。会议审议并通过了以下议案：

(1)审议通过公司《2007 年年度报告及年报摘要》的议案；

(2)审议通过《2007 年度董事会工作报告》的议案；

(3)审议通过《公司独立董事 2007 年度述职报告》的议案；

(4)审议通过《2007 年度财务决算报告》的议案；

(5)审议通过《2008 年度财务预算报告》的议案；

(6)审议通过《2007 年度利润分配预案》；

(7)审议通过《2008 年度盈利预测报告》的议案；

(8)审议通过《2007 年度内部控制自我评估报告》的议案；

(9)审议通过《2007 年度社会责任报告》的议案；

(10)审议通过《2007 年度募集资金使用情况专项说明的议案》；

(11)审议通过《2007 年期初资产负债表调整内容专项说明的议案》；

(12)审议通过《关于公司聘任 2008 年度审计机构的议案》；

(13)审议通过《关于公司调整独立董事津贴的议案》；

(14)审议通过《关于公司更换董事的议案》；

(15)审议通过《关于召开中国全聚德(集团)股份有限公司 2007 年年度股东大会的议案》；

本次会议决议公告全文刊登于 2008 年 4 月 1 日的《中国证券报》、《证券时报》及巨潮资讯网(网址：www.cninfo.com.cn)上。

3.第四届第十二次董事会

2008 年 4 月 22 日，公司第四届董事会第十二次会议以通讯表决方式召开，公司 9 名董事全部参加通讯表决。会议审议并通过了以下议案：

(1)审议通过公司《2008 年第一季度季度报告》的议案；

(2)审议通过《关于对新建青岛直营店项目追加投资的议案》；

本次会议决议公告全文刊登于 2008 年 4 月 23 日的《中国证券报》、《证券时报》及巨潮资讯网(网址：www.cninfo.com.cn)上。

4.第四届第十三次董事会

2008 年 8 月 6 日，公司第四届董事会第十三次会议在公司会议室召开，公司 9 名董事全部出席本次会议。会议审议并通过了以下议案：

(1)审议通过公司《2008 年半年度报告及半年度报告摘要》的议案；

(2)审议通过《关于用部分闲置募集资金补充公司流动资金的议案》；

(3)审议通过《中国全聚德(集团)股份有限公司募集资金使用管理办法(2008 修订)》、《中国全聚德(集团)股份有限公司信息披露事务管理制度(2008 修订)》；

(4)审议通过《中国全聚德(集团)股份有限公司内部审计制度》；

(5)审议通过《中国全聚德(集团)股份有限公司重大信息内部报告制度》；

(6)审议通过《关于聘任公司内控审计部部长的议案》；

(7)审议通过《中国全聚德(集团)股份有限公司公司治理自查报告和整改计划》；

本次会议决议公告全文刊登于 2008 年 8 月 8 日的《中国证券报》、《证券时报》及巨潮资讯网(网址：www.cninfo.com.cn)上。

5.第四届第十四次董事会

2008 年 10 月 24 日，公司第四届董事会第十四次会议以通讯表决方式召开，公司 9 名董事全部参加通讯表决。会议审议并通过了以下议案：

(1)审议通过公司《2008 年第三季度季度报告》的议案；

(2)审议通过《中国全聚德(集团)股份有限公司公司治理整改报告》；

本次会议决议公告全文刊登于 2008 年 10 月 27 日的《中国证券报》、《证券时报》及巨潮资讯网(网址 www.cninfo.com.cn)上。

6.第四届第十五次董事会

2008 年 11 月 20 日，公司第四届董事会第十五次会议在公司会议室召开，公司 9 名董事中的 8 名董事出席本次会议。会议审议并通过了以下议案：

(1)审议通过《中国全聚德(集团)股份有限公司企业年金实施细则》的议案；

(2)审议通过《中国全聚德(集团)股份有限公司关于公司治理中存在问题的整改计划》的议案；

(3)审议通过《中国全聚德 (集团)股份有限公司董事、监事和高级管理人员所持本公司股份及其变动管理办法》的议案；

(4)审议通过修订《中国全聚德(集团)股份有限公司执行委员会制度》的议案；

本次会议决议公告全文刊登于 2008 年 11 月 21 日的《中国证券报》、《证券时报》及巨潮资讯网(网址：www.cninfo.com.cn)上。

(二)董事会对股东大会决议的执行情况

1.报告期内，公司根据 2007 年度股东大会决议更换 1 名董事。具体情况为：选举周健担任公司董事，周静汶不再担任公司董事。

2.报告期内，公司根据 2007 年度股东大会决议执行了 2007 年度利润分配方案。具体情况为：

截止 2007 年 12 月 31 日，公司累计可供分配的利润共计 10087.28 万元。根据 2007 年度股东大会决议，公司对 2007 年 12 月 31 日审计后的未分配利润以总股本 141,560,000 股为基数，按每 10 股派发现金股利 3.6 元(含税)，向全体股东派发股利。《公司 2007 年度分红派息实施公告》于 2008 年 6 月 5 日全文刊登于《中国证券报》、《证券时报》及巨潮资讯网(网址：www.cninfo.com.cn)上，确定的股权登记日为 2008 年 6 月 12 日；除息日为 2008 年 6 月 13 日；红利发放日为 2008 年 6 月 16 日。

(三)董事会各委员会的履职情况

1.战略委员会工作情况

2008 年，公司战略委员会共计召开了一次会议。会议的议题为听取公司总经理对公司五年发展规划(2009-2013 年)制定情况进行的汇报。各位委员在听取公司总经理的汇报后，及时分析公司内外部的总体状况，对公司下一阶段的发展规划进行了充分地讨论，并提出了诸多建设性意见。

2.审计委员会工作情况

2008 年，审计委员会共召开六次会议，涉及以下事项：

(1)就公司年度财务报告审计工作与会计师事务所进行沟通

在 2007 年年报审计工作中，审计委员会在年审注册会计师进场前认真审阅了公司初步编制的财务会计报表，同意以公司编制的财务报告为基础进行 2007 年度审计。在审阅了年审注册会计师提交的 2007 年度审计工作计划及相关资料后，与负责公司年度审计工作的北京京都会计师事务所进行沟通。在公司年审注册会计师进场后，审计委员会与公司年审注册会计师就审计过程中发现的问题以及审计报告提交的时间进行了沟通与交流；

公司年审注册会计师出具初步审计意见后，审计委员会再次就审计报告初稿与事务所进行充分沟通。

(2)对年报审计工作进行总结，并就续聘公司外部审计机构提出意见

在北京京都会计师事务所出具 2007 年度审计报告后，董事会审计委员会召开会议，对北京京都会计师事务所从事本年度公司的审计工作进行了总结，并就公司年度财务会计报表以及关于 2008 年度聘请会计师事务所的议案进行表决，同意继续聘请北京京都会计师事务所有限责任公司(现已更名为北京京都天华会计师事务所有限责任公司)为公司 2008 年度财务审计机构。并将该项决议提交董事会、股东大会进行审议。

(3)指导公司内控审计工作

完善内控制度，确定部门领导人选：本年度，审计委员会通过了公司《内部审计制度》。在内控审计部成立之初，推举徐蓉川女士担任公司内控审计部部长，并将上述决议提交董事会审议。

3.薪酬与考核委员会工作情况

2008 年度，薪酬与考核委员会根据考核制度对公司董事、监事和高级管理人员 2008 年度薪酬进行审核，确认薪酬发放程序、薪酬标准符合规章制度的要求，披露的薪酬情况真实、准确、无虚假。

五、2008 年利润分配预案

公司 2008 年度经审计后可供分配的利润为 7,673.69 万元，再加上以前年度未分配利润 10,087.28 万元，减去 2008 年度中分配的 5,096.16 万元(每股 0.36 元)，截至 2008 年 12 月 31 日，公司累计滚存未分配利润共计 12,664.80 万元。

考虑到公司现金流量状况较好，且股东对于公司有派现要求，公司拟按总股本 14156 万股，每 10 股派发现金股利 4.4 元（含税）。所需资金由公司流动资金解决，分配后的剩余未分配利润为 6,436.16 万元。

公司前三年利润分配情况：

项　目	2007 年	2006 年	2005 年	合　计
是否进行利润分配	是	是	是	————
利润分配方式	现金	现金	现金	————
现金分红金额	50,961,600.00	30,612,400.00	39,057,200.00	120,631,200.00
占合并报表中归属于母公司所有者的净利润的比率	79.23%	49.42%	72.64%	————
现金分红与三年平均可分配利润的比率%	107.52%	64.58%	82.40%	————

六、其他需要披露的事项

(一)公司薪酬分析

报告期内，公司董事、监事和高级管理人员薪酬情况，董事、监事和高级管理人员薪酬整体同比变动情况如下：

序号	姓　名	职　务	2007 年度税前报酬津贴总额（元）	2008 年度税前报酬津贴总额（元）	薪酬同比变动情况（元）	同比变动(%)
1	姜俊贤	董事长	451,600	346000	-105600	-23.38%
2	邢　颖	董　事	422,000	346000	-76000	-18.01%
3	杜胜利	独立董事	50,000	63235	13235	26.47%
4	郭国庆	独立董事	50,000	63235	13235	26.47%
5	王茹芹	独立董事	50,000	63235	13235	26.47%
6	唐小文	监事会主席	337,600	281480	-56120	-16.62%
7	徐蓉川	监　事	300,000	333108	33108	11.04%
8	于秀琴	监　事	85,447	171104	85657	100.25%
9	刘小虹	副总经理	337,600	281480	-56120	-16.62%
10	邓　非	副总经理	337,600	281480	-56120	-16.62%
11	施炳丰	副总经理	327,940	265380	-62560	-19.08%
12	叶新年	财务总监	330,000	367420	37420	11.34%
13	唐　颖	董事会秘书	240,000	266988	26988	11.25%

说明：考虑到国际金融危机的影响，公司适当减少经营班子年薪收入，同时对专业技术人员及相关企业经营者仍执行年初制定的薪酬激励计划。

公司本年度未实施股权激励计划。

(二)公司投资者关系管理情况

公司极为重视对投资者关系的维护：董事会秘书唐颖女士是投资者关系管理负责人，公司证券法律部负责投资者关系管理的日常事务。本年度，公司共协调接待了多家投资机构的 5 次调研会，注意做好保密协议、会议记录等文件的备案保管工作。应投资机构的要求，陪同部分调研人员参观了公司鸭业基地和面食品基地。此外，证券部还积极负责接待个人投资者的来电来访，在可公开的范围内就投资者所关心的问题进行耐心解答。根据部分投资者的要求，为其寄送公司的公开资料。在深交所对中小企业板上市公司 2007 年度信息披露考核中，公司的信息披露工作被评为良好。今后，公司将继续认真做好信息披露工作，确保披露信息的真实、准确、及时、完整。便于投资者及时、全面地了解公司的经营状况和重大事项的进展情况。公司指定的信息披露媒体为《中国证券部》、《证券时报》和巨潮资讯网(网址：www.cninfo.com.cn)，报告期内未变更。

(三)重大的诉讼、仲裁情况

公司于 2003 年 3 月 7 日与北京天创世缘房地产开发有限公司(以下简称天创世缘公司)签订了《商品房买卖合同》，约定本公司购买天创世缘公司开发的位于北京市朝阳区惠忠北里 309 号楼 A 座的房屋，双方在履行合同的过程中因对所购房屋进行面积实测存在争议导致本公司无法取得房屋权属证书而发生纠纷，本公司于 2008 年 11 月诉至北京市朝阳区人民法院，要求按照与天创世缘公司在《商品房买卖合同》附件中约定的共有面积分摊原则进行房屋面积差价结算，并为本公司办理房屋的产权证。天创世缘公司对管辖权提出异议，并向北京市第二中级人民法院提起上诉。目前该案件正在审理中。

(四)审计机构的变动情况

在年报审计期间公司未更换审计机构。

6.2 主营业务分行业、产品情况表

单位：(人民币)万元

主营业务分行业情况

分行业或分产品	营业收入	营业成本	营业利润率(%)	营业收入比上年增减(%)	营业成本比上年增减(%)	营业利润率比上年增减(%)
餐饮	79,762.69	28,751.32	63.95%	21.68%	20.80%	0.26%
商品销售	28,513.82	21,476.77	24.68%	21.98%	21.39%	0.37%

6.3 主营业务分地区情况

单位：(人民币)万元

地区	营业收入	营业收入比上年增减(%)
北京	105,281.86	21.69%

上海	1,651.71	25.13%
重庆	1,142.18	-15.77%
长春	1,832.24	-25.76%
青岛	1,039.88	0.00%
哈尔滨	259.75	0.00%

6.4 采用公允价值计量的项目

□ 适用　√ 不适用

6.5 募集资金使用情况

√ 适用 □　不适用

募集资金总额	38,804.01	本年度投入募集资金总额	11,584.66
变更用途的募集资金总额	1,209.76		
变更用途的募集资金总额比例	3.00%	已累计投入募集资金总额	19,131.94

承诺投资项目	是否已变更项目(含部分变更)	募集资金承诺投资总额	调整后投资总额	截至期末承诺投入金额(1)	本年度投入金额
新建北京通州直营店项目	否	1,209.33	1,209.33	1,209.33	333.74
新建青岛直营店项目	否	4,388.07	4,388.07	4,388.07	4,165.96
新建北京王府井四川饭店项目	是	1,209.76	0.00	0.00	0.00
全聚德王府井店扩建项目	是	0.00	1,209.76	1,209.76	537.14
新建郑州直营店项目	否	5,413.12	5,413.12	5,413.12	3,860.23
新建南京直营店项目	否	5,970.77	5,970.77	5,970.77	0.00
新建北京望京直营店项目	否	3,605.85	3,605.85	3,605.85	0.00
前门店装修改造项目	否	4,100.00	4,100.00	4,100.00	1,888.29
丰泽园饭店装修改造项目	否	1,500.00	1,500.00	1,500.00	492.43
仿膳食品生产基地升级改造项目	否	5,487.22	5,487.22	5,487.22	100.00
增资三元金星实施升级改造项目	否	3,000.00	3,000.00	3,000.00	0.00
北京全聚德配送中心升级改造项目	否	2,178.40	2,178.40	2,178.40	206.87
合计	-	38,062.52	38,062.52	38,062.52	11,584.66

承诺投资项目	截至期末累计投入金额(2)	截至期末累计投入金额与承诺投入金额的差额(3)=(2)-(1)	截至期末投入进度(%)(4)=(2)/(1)	项目达到预定可使用状态日期	本年度实现的效益	是否达到预计效益	项目可行性是否发生重大变化
新建北京通州直营店项目	997.72	-211.61	82.50%	2008-04-01	-303.77	是	否
新建青岛直营店项目	4,391.80	3.73	100.09%	2008-06-01	-415.25	是	否
新建北京王府井四川饭店项目	0.00	0.00	0.00%	2008-05-01	0.00	否	否
全聚德王府井店扩建项目	1,209.06	-0.70	99.94%	2008-05-01	152.37	是	否
新建郑州直营店项目	3,860.23	-1,552.89	71.31%	2009-05-01	0.00	否	否
新建南京直营店项目	0.00	-5,970.77	0.00%	2009-12-01	0.00	否	否
新建北京望京直营店项目	0.00	-3,605.85	0.00%	2009-12-01	0.00	否	否
前门店装修改造项目	3,759.43	-340.57	91.69%	2008-08-01	-584.53	是	否
丰泽园饭店装修改造项目	1,283.44	-216.56	85.56%	2008-06-01	-113.75	是	否
仿膳食品生产基地升级改造项目	423.39	-5,063.83	7.72%	2009-12-01	0.00	否	否
增资三元金星实施升级改造项目	3,000.00	0.00	100.00%	2008-04-01	968.82	是	否
北京全聚德配送中心升级改造项目	206.87	-1,971.53	9.50%	2009-12-01	0.00	否	否
合计	19,131.94	-18,930.58	-	-	-296.11	-	-

未达到计划进度或预计收益的情况和原因(分具体项目)	无
项目可行性发生重大变化的情况说明	无
募集资金投资项目实施地点变更情况	无
募集资金投资项目实施方式调整情况	本公司于 2008 年 2 月 18 日召开第四届董事会第十次会议,审议通过了《关于公司募投项目"新建北京王府井四川饭店项目"变更为"全聚德王府井店扩建项目"的议案》。
募集资金投资项目先期投入及置换情况	本公司于 2007 年 12 月 21 日至 2007 年 12 月 29 日,从募集资金专用账户转出 4,842.18 万元拟用于置换预先已投入募集资金投资项目的自筹资金,本公司分别于 2008 年 2 月 1 日和 2 月 18 日将拟用于置换前期已投入募集资金项目的自筹资金合计 4,842.18 万元转回至募集资金专用账户;2008 年 2 月 18 日经本公司第四届十次董事会决议审议一致通过,同意公司使用募集资金置换预先已投入募集资金项目的自筹资金共计 5,133.19 万元,公司先期投入募集资金项目金额已经北京京都会计师事务所 2008 年 2 月 18 日出具的《募集资金投资项目先期使用自筹资金情况的鉴证报告》(北京京都专字(2008)第 0058 号)鉴证,并进行了公告,本公司分别于 2008 年 3 月 10 日和 7 月 25 日从募集资金专用账户转出合计 5,133.19 万元用于置换预先已投入募集资金投资项目的自筹资金。
用闲置募集资金暂时补充流动资金情况	本公司第四届董事会第十三次会议于 2008 年 8 月 6 日审议通过了《关于用部分闲置募集资金补充公司流动资金的议案》,本公司临时使用 3,500 万元闲置募集资金补充公司流动资金,使用期限为 6 个月,到期后公司将通过经营获得的自有资金归还募集资金账户。本公司已于 2009 年 2 月 18 日将 3,500 万元转回至募集资金专用账户。
项目实施出现募集资金结余的金额及原因	无
尚未使用的募集资金用途及去向	无
募集资金使用及披露中存在的问题或其他情况	无

变更项目情况

√ 适用　□ 不适用

单位:(人民币)万元

变更后的项目	对应的原承诺项目	变更后项目拟投入募集资金总额	截至期末计划累计投资金额(1)	本年度实际投入金额	截至期末实际累计投入金额(2)
全聚德王府井店扩建项目	新建北京王府井四川饭店项目	1,209.76	1,209.76	537.14	1,209.06
合计	-	1,209.76	1,209.76	537.14	1,209.06

变更后的项目	投资进度(%)(3)=(2)/(1)	项目达到预定可使用状态日期	本年度实现的效益	是否达到预计效益	变更后的项目可行性	是否发生重大变化
全聚德王府井店扩建项	99.94%	2008-05-01	152.37	是		否
合计	-	-	152.37	-		-

变更原因、决策程序及信息披露情况说明(分具体项目)	公司变更募集资金项目严格履行了变更程序,先期进行了严密地分析和论证,出具了变更募投项目的可行性报告。变更募集资金项目的议案于 2008 年 2 月 18 日召开的四届十次董事会上和 2008 年 5 月 8 日召开的 2007 年年度股东大会上获得了通过。公司保荐人、独立董事分别出具了意见,认为募投项目的变更符合公司经营发展的实际需要,并且履行了相应的程序,对变更募投项目给予了肯定。 公司《关于公司募投项目"新建北京王府井四川饭店项目"变更为"全聚德王府井店扩建项目"的公告》于 2008 年 2 月 20 日在巨潮网、《中国证券报》、《证券时报》上全文披露。
未达到计划进度或预计收益的情况和原因(分具体项目)	
变更后的项目可行性发生重大变化的情况说明	

6.6 非募集资金项目情况

√ 适用　□ 不适用

单位:(人民币)万元

项目名称	项目金额	项目进度	项目收益情况
组建哈尔滨全聚德餐饮经营管理有限责任公司	715.10	已经营业	-337.47
组建北京聚兴德餐饮管理有限公司	153.00	已经营业	-37.72
组建北京润德恒信餐饮管理有限公司	140.00	于 2009 年 1 月开业	0
合计	1,008.10	————	————

6.7 董事会对公司会计政策、会计估计变更或重大会计差错更正的原因及影响的说明

□ 适用　√ 不适用

6.8 董事会对会计师事务所"非标准审计报告"的说明

□ 适用　√ 不适用

6.9 董事会本次利润分配或资本公积金转增股本预案

公司 2008 年度经审计后可供分配的利润为 7,673.69 万元,再加上以前年度未分配利润 10,087.28 万元,减去 2008 年度中分配的 5,096.16 万元(每股 0.36 元),截至 2008 年 12 月 31 日,公司累计滚存未分配利润共计 12,664.80 万元。

考虑到公司现金流量状况较好,且股东对于公司有派现要求,公司拟按总股本 14156 万股,每 10 股派发现金股利 4.4 元(含税)。所需资金由公司流动资金解决,分配后的剩余未分配利润为 6,436.16 万元。

公司前三年现金分红情况

单位:(人民币)元

	现金分红金额(含税)	合并报表中归属于母公司所有者的净利润	占合并报表中归属于母公司所有者的净利润的比率
2007 年	50,961,600.00	64,319,978.45	79.23%
2006 年	30,612,400.00	61,942,825.76	49.42%
2005 年	39,057,200.00	53,769,027.88	72.64%

公司本报告期内盈利但未提出现金利润分配预案

□ 适用　√ 不适用

第七节　重要事项

7.1 收购资产

□ 适用　√ 不适用

7.2 出售资产

□ 适用　√ 不适用

7.1、7.2 所涉及事项对公司业务连续性、管理层稳定性的影响。

7.3 重大担保

□ 适用　√ 不适用

7.4 重大关联交易

7.4.1 与日常经营相关的关联交易

□ 适用　　√ 不适用

7.4.2 关联债权债务往来

□ 适用　　√ 不适用

7.4.3 2008 年资金被占用情况及清欠进展情况

□ 适用　　√ 不适用

7.5 委托理财

□ 适用　　√ 不适用

7.6 承诺事项履行情况

√ 适用　　□ 不适用

(一)公司控股股东北京首都旅游集团有限责任公司在报告期内做出如下承诺：

1.2007 年 2 月 28 日，做出《股份锁定承诺函》，承诺在全聚德股票上市前，以及自全聚德股票上市之日起三十六个月内，不转让、抵押、质押或在该股份上设定任何其它形式的限制或他项权利，不委托他人管理本公司本次发行前已持有的全聚德股份，也不由全聚德回购该部分股份。

2.2007 年 2 月 28 日，做出《避免同业竞争承诺函》，承诺全资、控股子企业将来均不从事任何在商业上与全聚德正在经营的业务有直接竞争的业务。

3.2007 年 2 月 28 日，承诺将确保本公司及全资、控股下属企业在与全聚德进行关联交易时将按照公平、公开的市场原则进行，并履行法律、法规、规范性文件和公司章程规定的程序。并确保全资、控股下属企业不通过与全聚德之间的关联交易谋求特殊的利益，不会进行有损全聚德及其中小股东利益的关联交易。

4.2007 年 3 月，做出《关于土地和房屋问题的承诺函》，承诺：(1)保证北京市仿膳饭庄、北京市丰泽园饭店和北京市四川饭店三家企业在租赁期限内继续租用目前所使用的房屋；(2)如由于任何原因导致三家品牌店在租赁期限内不能继续使用上述房屋，我公司将努力协助三家品牌店迁至与原商业位置相当的地点继续经营原有品牌餐饮业务。但因不可抗力、或三家品牌店的自身原因、或全聚德在可继续使用的情况下主动搬迁者除外；(3)如由于任何原因导致三家品牌店在租赁期限内不能继续使用上述房屋而搬迁至其他地点的，我公司将对三家品牌店因此承担的相关损失进行补偿，但因不可抗力或三家品牌店的自身原因、或全聚德在可继续使用的情况下主动搬迁者除外。

(二)公司持股 5%以上的股东北京市杉开投资有限公司在报告期内做出如下承诺：

1.2007 年 2 月 28 日，做出《股份锁定承诺函》，承诺在全聚德股票上市前，以及自全聚德股票上市之日起十二个月内，不转让、抵押、质押或在该股份上设定任何其它形式的限制或他项权利，不委托他人管理本公司本次发行前已持有的全聚德股份，也不由全聚德回购该部分股份。

2.2007 年 2 月 28 日，做出《不竞争承诺》，承诺将来不从事任何在商业上与全聚德正在经营的业务有直接竞争的业务。

3.2007 年 2 月 28 日，承诺将按照法律、法规及公司章程依法行使股东权利，不利用关联股东身份影响全聚德的独立性，保持全聚德在资产、人员、财务、业务和机构等方面的独立性。在报告期内，公司控股股东北京首都旅游集团有限责任公司和持股 5%以上的股东北京杉开投资有限公司均遵守了所做的承诺。

公司或持股 5%以上股东在报告期内或持续到报告期内的承诺事项

□ 适用　　√ 不适用

7.7 重大诉讼仲裁事项

√ 适用　　□ 不适用

公司于 2003 年 3 月 7 日与北京天创世缘房地产开发有限公司(以下简称天创世缘公司)签订了《商品房买卖合同》，约定本公司购买天创世缘公司开发的位于北京市朝阳区惠忠北里 309 号楼 A 座的房屋，双方在履行合同的过程中因对所购房屋进行面积实测存在争议导致本公司无法取得房屋权属证书而发生纠纷，本公司于 2008 年 11 月诉至北京市朝阳区人民法院，要求按照与天创世缘公司在《商品房买卖合同》附件中约定的共有面积分摊原则进行房屋面积差价结算，并为本公司办理房屋的产权证。天创世缘公司对管辖权提出异议，并向北京市第二中级人民法院提起上诉。目前该案件正在审理中。

7.8 其他重大事项及其影响和解决方案的分析说明

7.8.1 证券投资情况

□ 适用　　√ 不适用

7.8.2 持有其他上市公司股权情况

□ 适用　　√ 不适用

7.8.3 持有非上市金融企业股权情况

□ 适用　　√ 不适用

7.8.4 买卖其他上市公司股份的情况

□ 适用　　√ 不适用

第八节　监事会报告

√ 适用　　□ 不适用

2008 年度，公司监事会根据《公司法》、《证券法》、《公司章程》和《公司监事会议事规则》的有关规定，本着对全体股东负责的精神，恪尽职守，认真履行各项职权和义务，充分行使对公司董事及高级管理人员的监督职能，为企业的规范运作和发展起到了积极作用。对此，现将 2008 年度监事会主要工作报告如下。

一、2008 年主要工作

一年来，监事会严格按照《公司法》、《公司章程》、《监事会议事规则》和有关法律、法规的要求，从切实维护公司利益和广大中小股东权益出发，认真履行监督职责。

(一)报告期内，监事会列席了 2008 年历次董事会现场会议，对董事会执行股东大会的决议、履行诚信义务进行了监督。

(二)报告期内，监事会对公司的生产经营活动进行了监督，认为公司经营班子勤勉尽责，认真执行了董事会的各项决议，经营中未发现违规操作行为。

(三)报告期内，监事会认真开展各项工作，狠抓各项工作的落实。

2008 年度，公司监事会召开了五次会议，具体情况为：

1.第四届监事会第六次会议于 2008 年 2 月 18 日在公司 418 会议室召开。公司五名监事会成员全部参加会议。符合《公司章程》规定人数，会议有效。会议审议通过了《关于使用募集资金置换募投项目前期垫付资金的议案》、《关于变更公司募投项目"新建北京王府井四川饭店项目"实施内容的议案》。

2.第四届监事会第七次会议于 2008 年 3 月 28 日在公司 418 会议室召开。公司五名监事会成员全部参加会议。符合《公司章程》规定人数，会议有效。会议审议通过了《中国全聚德(集团)股份有限公司 2007 年度监事会工作报告》的议案、《公司 2007 年度内部控制自我评估报告》的议案、《公司 2007 年度募集资金使用情况》的议案。

3.第四届监事会第八次会议于 2008 年 4 月 17 日在公司 418 会议室召开。公司五名监事会成员全部参加会议。符合《公司章程》规定人数，会议有效。会议审议通过了《2008 年第一季度季度报告》的议案。

4.第四届监事会第九次会议于 2008 年 8 月 6 日在公司 418 会议室召开。符合《公司章程》要求，会议有效。会议审议通过了《2008 年半年度报告及半年度报告摘要》、《用部分闲置募集资金补充公司流动资金》的议案。

5.第四届监事会第十次会议于 2008 年 10 月 24 日通过电话会议召开。公司五名监事会成员全部参加会议。符合《公司章程》规定人数，会议有效。会议审议通过了《2008 年第三季度季度报告》的议案。

二、监事会独立意见

(一)公司依法运作情况

报告期内，通过对公司董事及高级管理人员的监督，监事会认为：公司董事会能够严格按照《公司法》、《证券法》、《深圳证券交易所股票上市规则》、《公司章程》及其他有关法律法规和制度的要求，依法经营。公司重大经营决策合理，其程序合法有效，为进一步规范运作，公司建立健全了各项内部管理制度和内部控制机制；公司董事、高级管理人员在执行公司职务时，均能认真贯彻执行国家法律、法规、《公司章程》和股东大会、董事会决议，忠于职守、兢兢业业、开拓进取。未发现公司董事、高级管理人员在履行公司职务时违反法律、法规、公司章程或损害公司股东、公司利益的行为。

(二)检查公司财务情况

报告期内，公司监事会认真细致地检查和审核了本公司的会计报表及财务资料，监事会认为：公司财务报表的编制符合《企业会计制度》和《企业会计准则》等有关规定，公司 2008 年年度财务报告能够真实反映公司的财务状况和经营成果，北京京都天华会计师事务所有限责任公司出具的"标准无保留意见"审计报告，其审计意见是客观公正的。

(三)检查公司募集资金实际投向情况

报告期内，公司监事会对本公司使用募集资金的情况进行监督，监事会认为：本公司认真按照《募集资金使用管理制度》的要求管理和使用募集资金，募集资金实际投入项目与承诺投入项目一致。2008 年 2 月 18 日公司召开的第四届董事会第十次会议审议通过了《关于变更公司募投项目"新建北京王府井四川饭店项目"实施内容的议案》，该议案已经股东大会审议通过。募集资金项目变更符合实际情况的变化需要和相关的程序规定。

(四)检查公司关联交易情况

报告期内，监事会对公司发生的关联交易进行监督，监事会认为，关联交易符合《公司章程》、《深圳证券交易所股票上市规则》等相关法律、法规的规定，有利于提升公司的业绩，其公平性依据等价有偿、公允市价的原则定价，没有违反公开、公平、公正的原则，不存在损害上市公司和中小股东的利益的行为。

(五)股东大会决议执行情况的独立意见

报告期内，公司监事会对股东大会的决议执行情况进行了监督，监事会认为：公司董事会能够认真履行股东大会的有关决议，未发生有损股东利益的行为。

(六)其他

根据证监局京证公司发 200885 号文件要求，监事会成员对公司出具的《关于开展防止资金占用问题反弹推进公司治理专项工作的自查报告》进行监督。监事会认为：公司董事会、经理层的自查程序合法合规，自查结果真实有效，不存在虚假信息，未发现隐瞒事实的情况；公司已按照相关法律法规的规定制定了《公司章程》，公司在决策、管理、执行、监督等各个层面能够严格执行；公司按制度要求建立了内部控制框架，符合证券监管机构的要求，公司内控制度运行基本有效；公司不存在非经营性资金占用的情况，亦不存在大股东高价向公司出售资产等方式变相占用公司资金的情况。报告所反映的与大股东之间的资金往来情况比较真实。2009 年度，是公司"五年发展规划"的第二年。监事会将继续加强落实监督职能，认真履行职责，督促公司进一步完善法人治理结构，及时掌握公司重大决策事项和各项决策程序的合法性，从而更好地维护股东的权益。

第九节　财务报告

9.1 审计意见

审计报告	标准无保留	审计意见
审计报告正文		

审计报告

北京京都天华审字(2009)第 0271 号

中国全聚德(集团)股份有限公司全体股东：

我们审计了后附的中国全聚德(集团)股份有限公司(以下简称 全聚德股份)财务报表，包括 2008 年 12 月 31 日的公司及合并资产负债表，2008 年度的公司及合并利润表、公司及合并现金流量表、公司及合并股东权益变动表和财务报表附注。

一、管理层对财务报表的责任

按照企业会计准则的规定编制财务报表是全聚德股份管理层的责任。这种责任包括：(1)设计、实施和维护与财务报表编制相关的内部控制，以使财务报表不存在由于舞弊或错误而导致的重大错报；(2)选择和运用恰当的会计政策；(3)作出合理的会计估计。

二、注册会计师的责任

我们的责任是在实施审计工作的基础上对财务报表发表审计意见。我们按照中国注册会计师审计准则的规定执行了审计工作。中国注册会计师审计准则要求我们遵守职业道德规范，计划和实施审计工作以对财务报表是否不存在重大错报获取合理保证。

审计工作涉及实施审计程序，以获取有关财务报表金额和披露的审计证据。选择的审计程序取决于注册会计师的判断，包括对由于舞弊或错误导致的财务报表重大错报风险的评估。在进行风险评估时，我们考虑与财务报表编制相关的内部控制，以设计恰当的审计程序，但目的并非对内部控制的有效性发表意见。审计工作还包括评价管理层选用会计政策的恰当性和作出会计估计的合理性，以及评价财务报表的总体列报。

我们相信，我们获取的审计证据是充分、适当的，为发表审计意见提供了基础。

三、审计意见

我们认为，全聚德股份的财务报表已经按照企业会计准则的规定编制，在所有重大方面公允反映了全聚德股份 2008 年 12 月 31 日的财务状况以及 2008 年度的经营成果和现金流量。

9.2 财务报表

9.2.1 资产负债表

编制单位：中国全聚德(集团)股份有限公司　2008 年 12 月 31 日　单位：(人民币)元

项目	期末余额		年初余额	
	合并	母公司	合并	母公司
流动资产：				
货币资金	244,344,868.17	197,855,573.04	406,878,116.11	349,482,816.34
结算备付金				
拆出资金				
交易性金融资产				
应收票据				
应收账款	26,886,960.16	25,861,944.45	16,717,193.18	14,721,925.85
预付款项	3,168,470.67	2,020,180.54	1,137,100.81	786,064.00
应收保费				
应收分保账款				
应收分保合同准备金				
应收利息				
应收股利	631,356.71			
其他应收款	2,896,597.99	12,115,900.72	15,349,109.01	22,172,922.81
买入返售金融资产				
存货	52,856,539.50	27,845,823.38	34,606,902.18	16,974,928.97
一年内到期的非流动资产				
其他流动资产	4,017,909.87	3,444,860.12	4,433,922.14	3,811,757.21
流动资产合计	334,171,346.36	269,144,282.25	479,122,343.43	408,581,771.89
非流动资产：				
发放贷款及垫款				
可供出售金融资产				
持有至到期投资				
长期应收款				
长期股权投资	31,479,006.46	302,188,968.91	28,592,718.78	192,524,792.68
投资性房地产	6,503,522.01	6,503,522.01	7,576,783.49	7,576,783.49
固定资产	512,652,102.53	327,376,102.02	418,384,953.43	282,168,390.17
在建工程	41,226,656.52	1,263,906.00	33,762,501.99	25,665,596.79
工程物资				
固定资产清理				
生产性生物资产				
油气资产				
无形资产	98,246,869.17	62,649,020.31	100,560,847.95	64,224,236.73
开发支出				
商誉				
长期待摊费用	62,713,109.16	23,063,075.43	31,714,212.80	6,456,586.63
递延所得税资产	2,971,956.73	2,388,794.46	3,989,041.21	2,414,336.34
其他非流动资产				
非流动资产合计	755,793,222.58	725,433,389.14	624,581,059.65	581,030,722.83
资产总计	1,089,964,568.94	994,577,671.39	1,103,703,403.08	989,612,494.72
流动负债：				
短期借款	165,000,000.00	165,000,000.00	200,000,000.00	200,000,000.00
向中央银行借款				
吸收存款及同业存放				
拆入资金				
交易性金融负债				
应付票据				
应付账款	44,968,803.37	35,419,676.78	23,906,937.84	25,026,436.34
预收款项	9,507,850.30	6,940,894.52	6,688,261.06	3,880,266.57
卖出回购金融资产款				
应付手续费及佣金				
应付职工薪酬	15,989,319.95	13,961,108.71	43,659,962.45	41,124,248.97
应交税费	13,395,419.38	10,732,823.36	13,519,348.04	10,042,356.67
应付利息	243,375.00	243,375.00	0.00	0.00
应付股利	18,000.00	18,000.00	971,035.06	24,000.00
其他应付款	70,325,281.63	51,019,440.46	73,397,832.10	33,115,026.96
应付分保账款				
保险合同准备金				
代理买卖证券款				
代理承销证券款				
一年内到期的非流动负债				
其他流动负债	403,065.00	403,065.00		
流动负债合计	319,448,049.63	283,335,318.83	362,546,441.55	313,615,400.51
非流动负债：				
长期借款				
应付债券				
长期应付款				
专项应付款				
预计负债				
递延所得税负债	2,399,263.75	2,399,263.75		
其他非流动负债	16,348,952.80	14,628,952.80	13,849,940.73	11,729,940.73
非流动负债合计	16,348,952.80	14,628,952.80	16,249,204.48	14,129,204.48
负债合计	335,797,002.43	297,964,271.63	378,795,646.03	327,744,604.99
所有者权益(或股东权益)：				
实收资本(或股本)	141,560,000.00	141,560,000.00	141,560,000.00	141,560,000.00
资本公积	376,647,821.68	377,495,561.33	375,303,897.89	377,051,637.54
减：库存股				
盈余公积	50,909,796.78	50,909,796.78	42,383,478.16	42,383,478.16
一般风险准备				
未分配利润	127,611,236.80	126,648,041.65	111,447,855.39	100,872,774.03
外币报表折算差额				
归属于母公司所有者权益合计	696,728,855.26	696,613,399.76	670,695,231.44	661,867,889.73
少数股东权益	57,438,711.25	0.00	54,212,525.61	0.00
所有者权益合计	754,167,566.51	696,613,399.76	724,907,757.05	661,867,889.73
负债和所有者权益总计	1,089,964,568.94	994,577,671.39	1,103,703,403.08	989,612,494.72

9.2.2 利润表

编制单位：中国全聚德(集团)股份有限公司　2008 年 1—12 月　单位：(人民币)元

项目	本期金额		上期金额	
	合并	母公司	合并	母公司
一、营业总收入	1,112,076,158.13	838,908,066.06	916,616,270.33	699,848,856.95
其中：营业收入	1,112,076,158.13	838,908,066.06	916,616,270.33	699,848,856.95
利息收入				
已赚保费				
手续费及佣金收入				
二、营业总成本	1,015,872,713.57	753,905,818.02	827,302,133.72	630,427,424.36
其中：营业成本	504,491,262.74	382,505,067.19	416,914,978.13	331,262,465.67
利息支出				
手续费及佣金支出				
退保金				
赔付支出净额				
提取保险合同准备金净额				
保单红利支出				
分保费用				
营业税金及附加	46,441,982.24	34,715,445.91	38,610,677.14	28,625,968.00
销售费用	314,723,897.62	221,561,737.40	256,010,121.25	184,511,724.47
管理费用	133,487,559.14	100,073,302.13	99,877,783.31	71,912,704.08
财务费用	15,782,796.79	14,130,333.67	17,397,790.09	15,637,010.77
资产减值损失	945,215.04	919,931.72	−1,509,216.20	−1,522,448.63
加：公允价值变动收益(损失以"−"号填列)				
投资收益(损失以"−"号填列)	8,720,717.24	19,666,558.95	7,607,800.98	8,239,157.69
其中：对联营企业和合营企业的投资收益	8,720,717.24	8,720,717.24	7,344,440.98	7,344,440.98
汇兑收益(损失以"−"号填列)				
三、营业利润(亏损以"−"号填列)	104,924,161.80	104,668,806.99	96,921,937.59	77,660,590.28
加：营业外收入	3,915,801.19	2,607,213.49	5,756,176.61	4,221,066.08
减：营业外支出	3,223,986.24	2,403,433.36	641,189.21	551,013.14
其中：非流动资产处置损失	1,175,585.95	1,137,333.18	−3,103,062.18	−2,819,407.94
四、利润总额(亏损总额以"−"号填列)	105,615,976.75	104,872,587.12	102,036,924.99	81,330,643.22
减：所得税费用	26,780,734.94	19,609,400.88	33,731,645.51	26,733,328.75
五、净利润(净亏损以"−"号填列)	78,835,241.81	85,263,186.24	68,305,279.48	54,597,314.47
归属于母公司所有者的净利润	75,651,300.03	85,263,186.24	64,319,978.45	54,597,314.47
少数股东损益	3,183,941.78	3,985,301.03		
六、每股收益：				
(一)基本每股收益	0.5344	0.6023	0.5925	0.5029
(二)稀释每股收益	0.5344	0.6023	0.5925	0.5029

9.2.3 现金流量表

编制单位：中国全聚德(集团)股份有限公司　2008 年 1—12 月　单位：(人民币)元

项目	本期金额		上期金额	
	合并	母公司	合并	母公司
一、经营活动产生的现金流量：				
销售商品、提供劳务收到的现金	1,070,520,809.37	863,988,087.15	914,393,677.15	733,263,634.65
客户存款和同业存放款项净增加额				
向中央银行借款净增加额				
向其他金融机构拆入资金净增加额				
收到原保险合同保费取得的现金				
收到再保险业务现金净额				
保户储金及投资款净增加额				
处置交易性金融资产净增加额				
收取利息、手续费及佣金的现金				
拆入资金净增加额				
回购业务资金净增加额				
收到的税费返还	1,318,500.00	0.00	949,356.47	93,000.00
收到其他与经营活动				

有关的现金	8,658,090.93	13,408,189.09	8,285,891.03	15,334,595.91
经营活动现金流入小计	1,080,497,400.30	877,396,276.24	923,628,924.65	748,691,230.56
购买商品、接受劳务				
支付的现金	425,369,797.28	395,981,346.98	371,428,108.14	339,767,034.61
客户贷款及垫款净增加额				
存放中央银行和同业款项净增加额				
支付原保险合同赔付款项的现金				
支付利息、手续费及佣金的现金				
支付保单红利的现金				
支付给职工以及为职工				
支付的现金	265,094,413.59	201,363,832.34	199,766,332.95	142,974,401.10
支付的各项税费	101,162,753.33	74,039,224.84	97,135,869.94	74,054,340.45
支付其他与经营活动				
有关的现金	169,364,137.15	117,214,261.43	137,496,983.20	96,630,910.99
经营活动现金				
流出小计	960,991,101.35	788,598,665.59	805,827,294.23	653,426,687.15
经营活动产生的现金				
流量净额	119,506,298.95	88,797,610.65	117,801,630.42	95,264,543.41
二、投资活动产生的现金流量:				
收回投资收到的现金	0.00	0.00	0.00	0.00
取得投资收益收到的现金	5,883,446.64	17,460,645.06	4,733,184.34	4,733,184.34
处置固定资产、无形资产和				
其他长期资产收回的现金净额	440,469.65	286,741.20	15,905,449.82	15,341,439.00
处置子公司及其他营业单位				
收到的现金净额	0.00	0.00	0.00	0.00
收到其他与投资活动				
有关的现金	0.00	5,219,963.90	9,586,600.00	16,757,039.76
投资活动现金流入小计	6,323,916.29	22,967,350.16	30,225,234.16	36,831,663.10
购建固定资产、无形资产和				
其他长期资产支付的现金	192,880,334.70	57,832,652.20	102,814,730.16	59,962,916.38
投资支付的现金	0.00	0.00	0.00	0.00
质押贷款净增加额				
取得子公司及其他营业单位				
支付的现金净额	0.00	103,954,967.57	883,641.71	28,536,641.71
支付其他与投资活动有关的现金	0.00	4,629,212.00	0.00	19,038,800.07
投资活动现金流出小计	192,880,334.70	166,416,831.77	103,698,371.87	107,538,358.16
投资活动产生的现金				
流量净额	−186,556,418.41	−143,449,481.61	−73,473,137.71	−70,706,695.06
三、筹资活动产生的现金流量:				
吸收投资收到的现金	3,600,000.00	0.00	396,340,000.00	396,340,000.00
其中:子公司吸收少数股东				
投资收到的现金	3,600,000.00	0.00	0.00	0.00
取得借款收到的现金	285,000,000.00	285,000,000.00	230,000,000.00	230,000,000.00
发行债券收到的现金				
收到其他与筹资活动				
有关的现金	5,100,000.00	3,600,000.00	7,789,141.00	2,000,000.00
筹资活动现金流入小计	293,700,000.00	288,600,000.00	634,129,141.00	628,340,000.00
偿还债务支付的现金	320,000,000.00	320,000,000.00	149,000,000.00	149,000,000.00
分配股利、利润或偿付利息				
支付的现金	67,979,028.48	65,351,272.34	22,083,181.83	23,111,281.19
其中:子公司支付给少数				
股东的股利、利润	2,627,756.14	0.00	0.00	0.00
支付其他与筹资活动				
有关的现金	1,204,100.00	224,100.00	158,299,860.00	158,299,860.00
筹资活动现金流出小计	389,183,128.48	385,575,372.34	329,383,041.83	330,411,141.19
筹资活动产生的现金				
流量净额	−95,483,128.48	−96,975,372.34	304,746,099.17	297,928,858.81
四、汇率变动对现金及现金等				
价物的影响	0.00	0.00	0.00	0.00
五、现金及现金等价物				
净增加额	−162,533,247.94	−151,627,243.30	349,074,591.88	322,486,707.16
加:期初现金及现金等				
价物余额	406,878,116.11	349,482,816.34	57,803,524.23	26,996,109.18
六、期末现金及现金等				
价物余额	244,344,868.17	197,855,573.04	406,878,116.11	349,482,816.34

9.2.4 所有者权益变动表

编制单位：中国全聚德(集团)股份有限公司　　2008 年度　　单位:(人民币)元

本期金额

项目	归属于母公司所有者权益								
	实收资本(或股本)	资本公积	减:库存股	盈余公积	一般风险准备	未分配利润	其他	少数股东权益	所有者权益合计
一、上年年末余额	141,560,000.00	375,303,897.89	0	42,383,478.16		111,447,855.39	0	54,212,525.61	724,907,757.05
加:会计政策变更	0	0	0	0		0	0	0	0
前期差错更正	0	0	0	0		0	0	0	0
其他									
二、本年年初余额	141,560,000.00	375,303,897.89	0	42,383,478.16		111,447,855.39	0	54,212,525.61	724,907,757.05
三、本年增减变动金额									
(减少以"−"号填列)	0	1,343,923.79	0	8,526,318.62		16,163,381.41	0	3,226,185.64	29,259,809.46
(一)净利润	0	0	0	0		75,651,300.03	0	3,183,941.78	78,835,241.81
(二)直接计入所有者									
权益的利得和损失	0	1,343,923.79	0	0		0	0	600,000.00	1,943,923.79
1.可供出售金融资产									
公允价值变动净额	0	0	0	0		0	0	0	0
2.权益法下被投资单位其他所有者权益变动的影响		049,017.08		0	0		0	0	0
	49,017.08	0424,042.85		0	0		0	0	0
	424,042.85								
3.与计入所有者权益项目相关的所得税影响		0394,906.71		0	0		0	0	0
	394,906.71	0−13,563.63		0	0		0	0	0
	−13,563.63								
4.其他	0	900,000.00	0	0		0	0	600,000.00	1,500,000.00
	0	−55,267,933.62	0	0		0	0	0	−55,267,933.62
上述(一)和(二)小计	0	1,343,923.79	0	0		75,651,300.03	0	3,783,941.78	80,779,165.60
	0	−54,857,454.40	0	0		64,319,978.45	0	3,985,301.03	13,447,825.08
(三)所有者投入和减少资本	0	0	0	0		0	0	2,070,000.00	2,070,000.00
	36,000,000.00	352,040,140.00	0	0		0	0	13,708,439.38	401,748,579.38
1.所有者投入资本	0	0	0	0		0	0	2,070,000.00	2,070,000.00
	36,000,000.00	352,040,140.00	0	0		0	0	13,708,439.38	401,748,579.38
2.股份支付计入所有者									
权益的金额	0	0	0	0		0	0	0	0
3.其他	0	0	0	0		0	0	0	0
(四)利润分配	0	0	0	8,526,318.62		−59,487,918.62	0	−2,627,756.14	−53,589,356.14
1.提取盈余公积	0	0	0	8,526,318.62		−8,526,318.62	0	0	0
2.提取一般风险准备									
3.对所有者(或股东)的分配	0	0	0	0		−50,961,600.00	0	−2,627,756.14	−53,589,356.14
4.其他	0	0	0	0		0	0	0	0
(五)所有者权益内部结转	0	0	0	0		0	0	0	0
1.资本公积转增资本(或股本)	0	0	0	0		0	0	0	0
2.盈余公积转增资本(或股本)	0	0	0	0		0	0	0	0
3.盈余公积弥补亏损	0	0	0	0		0	0	0	0
4.其他	0	0	0	0		0	0	0	0
四、本期期末余额	141,560,000.00	376,647,821.68	0	50,909,796.78		127,611,236.80	0	57,438,711.25	754,167,566.51

上年金额

项目	归属于母公司所有者权益								
	实收资本(或股本)	资本公积	减:库存股	盈余公积	一般风险准备	未分配利润	其他	少数股东权益	所有者权益合计
一、上年年末余额	105,560,000.00	35,568,310.97	0	36,845,872.07		58,081,775.68	0	38,829,572.08	274,885,530.80
加:会计政策变更	0	42,552,901.32	0	458,503.12		2,917,049.86	0	126,485.49	46,054,939.79
前期差错更正	0	0	0	0		0	0	0	0
其他									
二、本年年初余额	105,560,000.00	78,121,212.29	0	37,304,375.19		60,998,825.54	0	38,956,057.57	320,940,470.59
三、本年增减变动金额									
(减少以"−"号填列)	36,000,000.00	297,182,685.60	0	5,079,102.97		50,449,029.85	0	15,256,468.04	403,967,286.46
(一)净利润	0	0	0	0		64,319,978.45	0	3,985,301.03	68,305,279.48
(二)直接计入所有者									
权益的利得和损失	0	−54,857,454.40	0	0		0	0	0	−54,857,454.40
1.可供出售金融资产									
公允价值变动净额	0	0	0	0		0	0	0	0
2.股份支付计入所有者									
权益的金额	0	0	0	0		0	0	0	0
3.其他	0	0	0	0		0	0	0	0
(四)利润分配	0	0	0	5,079,102.97		−13,870,948.60	0	−2,437,272.37	−11,229,118.00
1.提取盈余公积	0	0	0	5,459,731.45		−5,459,731.45	0	0	0
2.提取一般风险准备									
3.对所有者(或股东)的分配	0	0	0	0		−6,333,600.00	0	−2,437,272.37	−8,770,872.37
4.其他	0	0	0	−380,628.48		−2,077,617.15	0	0	−2,458,245.63
(五)所有者权益内部结转	0	0	0	0		0	0	0	0
1.资本公积转增资本(或股本)	0	0	0	0		0	0	0	0
2.盈余公积转增资本(或股本)	0	0	0	0		0	0	0	0
3.盈余公积弥补亏损	0	0	0	0		0	0	0	0
4.其他	0	0	0	0		0	0	0	0
四、本期期末余额	141,560,000.00	375,303,897.89	0	42,383,478.16		111,447,855.39	0	54,212,525.61	724,907,757.05

9.3 与最近一期年度报告相比,会计政策、会计估计和核算方法发生变化的具体说明

□ 适用　　√ 不适用

9.4 重大会计差错的内容、更正金额、原因及其影响

□ 适用　　√ 不适用

9.5 与最近一期年度报告相比,合并范围发生变化的具体说明

√ 适用　　□ 不适用

2008 年度,公司新增子公司 4 家,分别为:哈尔滨全聚德餐饮经营管理有限责任公司;北京聚兴德餐饮管理有限公司;北京润德恒信餐饮管理有限责任公司;郑州全聚德餐饮管理有限责任公司。

云南西仪工业股份有限公司

云南西仪工业股份有限公司 2008 年年度报告摘要

第一节 重要提示

1.1 本公司董事会、监事会及董事、监事、高级管理人员保证本报告所载资料不存在任何虚假记载、误导性陈述或者重大遗漏，并对其内容的真实性、准确性和完整性承担个别及连带责任。本年度报告摘要摘自年度报告全文，投资者欲了解详细内容，应阅读年度报告全文。

1.2 没有董事、监事、高级管理人员声明对年度报告内容的真实性、准确性和完整性无法保证或存在异议。

1.3 所有董事均已出席审议本次年报的董事会会议。

1.4 中和正信会计师事务所为本公司 2008 年度财务报告出具了标准审计报告。

1.5 公司负责人武林、主管会计工作负责人邹成高及会计机构负责人(会计主管人员)屠建国声明：保证年度报告中财务报告的真实、完整。

第二节 公司基本情况简介

2.1 基本情况简介

股票简称	西仪股份
股票代码	002265
上市交易所	深圳证券交易所
注册地址	云南省昆明市西山区海口镇
注册地址的邮政编码	650114
办公地址	云南省昆明市西山区海口镇 200 号山冲
办公地址的邮政编码	650114
公司国际互联网网址	http://www.ynxygy.com
电子信箱	xygzbgs@163.com

2.2 联系人和联系方式

	董事会秘书	证券事务代表
姓名	邹成高	谭可
联系地址	云南省昆明市西山区海口镇山冲证券与法律事务部	云南省昆明市西山区海口镇山冲证券与法律事务部
电话	0871-8598506	0871-8598378
传真	0871-8598357	0871-8598357
电子信箱	zcg.xy@163.com	tk8075@163.com

第三节 会计数据和业务数据摘要

3.1 主要会计数据

单位：(人民币)元

	2008 年	2007 年		本年比上年增减(%)	2006 年	
		调整前	调整后	调整后	调整前	调整后
营业收入	428,904,059.78	412,881,866.62	412,881,866.62	3.88%	295,366,073.02	295,366,073.02
利润总额	36,429,535.21	32,161,213.17	32,161,213.17	13.27%	29,529,072.67	29,529,072.67
归属于上市公司股东的净利润	32,736,342.53	31,548,562.79	29,761,208.20	10.00%	27,926,984.61	27,926,984.61
归属于上市公司股东的扣除非经常性损益的净利润	19,542,508.56	31,548,562.79	29,549,098.53	-33.86%	27,679,615.65	27,679,615.65
经营活动产生的现金流量净额	-12,214,796.19	11,175,386.02	11,175,386.02	-209.30%	29,025,453.48	29,025,453.48

	2008 年末	2007 年末		本年末比上年末增减(%)	2006 年末	
		调整前	调整后	调整后	调整前	调整后
总资产	788,637,977.80	542,700,039.27	544,699,503.53	44.78%	437,821,007.44	437,821,007.44
所有者权益(或股东权益)	519,345,827.17	294,363,775.25	296,363,239.51	75.24%	273,159,382.34	273,159,382.34
股本	291,026,000.00	218,026,000.00	218,026,000.00	33.48%	218,026,000.00	218,026,000.00

3.2 主要财务指标

单位：(人民币)元

	2008 年	2007 年		本年比上年增减(%)	2006 年	
		调整前	调整后	调整后	调整前	调整后
本每股收益(元/股)	0.14	0.15	0.14	0.00%	0.13	0.13
稀释每股收益(元/股)	0.14	0.15	0.14	0.00%	0.13	0.13
扣除非经常性损益后的基本每股收益(元/股)	0.08	0.14	0.14	-42.86%	0.13	0.13
全面摊薄净资产收益率(%)	6.30%	10.72%	10.04%	-3.74%	10.22%	10.22%
加权平均净资产收益率(%)	8.70%	11.24%	10.57%	-1.87%	11.04%	11.04%
扣除非经常性损益后全面摊薄净资产收益率(%)	3.76%	10.72%	9.97%	-6.21%	10.13%	10.13%
扣除非经常性损益后的加权平均净资产收益率(%)	5.29%	11.17%	10.58%	-5.29%	10.94%	10.94%
每股经营活动产生的现金流量净额(元/股)	-0.04	0.05	0.05	-180.00%	0.13	0.13

	2008 年末	2007 年末		本年末比上年末增减(%)	2006 年末	
		调整前	调整后	调整后	调整前	调整后
归属于上市公司股东的每股净资产(元/股)	1.78	1.35	1.36	30.88%	1.25	1.25

非经常性损益项目

√ 适用 □ 不适用

单位：(人民币)元

非经常性损益项目	金额	附注(如适用)
计入当期损益的政府补助，但与公司正常经营业务密切相关，符合国家政策规定、按照一定标准定额或定量持续享受的政府补助除外	3,718,229.91	
除上述各项之外的其他营业外收入和支出	11,811,519.80	
少数股东权益影响额	-9,280.47	
所得税影响额	-2,326,635.27	
合计	13,193,833.97	-

3.3 境内外会计准则差异

□ 适用 √ 不适用

第四节 股本变动及股东情况

4.1 股份变动情况表

单位：股

	本次变动前		本次变动增减(+,-)					本次变动后	
	数量	比例	发行新股	送股	公积金转股	其他	小计	数量	比例(%)
一、有限售条件股份	218,026,000	100.00%						218,026,000	74.92%
1、国家持股	52,522,463	24.09%						52,522,463	18.05%
2、国有法人持股	164,609,630	75.50%						164,609,630	56.56%
3、其他内资持股	893,907	0.41%						893,907	0.31%
其中：境内非国有法人持股	893,907							893,907	
境内自然人持股									
4、外资持股									
其中：境外法人持股									
境外自然人持股									
5、高管股份									
二、无限售条件股份			73,000,000				73,000,000	73,000,000	25.08%
1、人民币普通股			73,000,000				73,000,000	73,000,000	25.08%
2、境内上市的外资股									
3、境外上市的外资股									
4、其他									
三、股份总数	218,026,000	100.00%	73,000,000				73,000,000	291,026,000	100.00%

限售股份变动情况表

单位：股

股东名称	年初限售股数	本年解除限售股数	本年增加限售股数	年末限售股数	限售原因	解除限售日期
中国南方工业集团公司	52,522,463	0	0	52,522,463	首次公开发行 A 股	2011 年 8 月 6 日
南方工业资产管理有限责任公司	152,618,200	0	0	152,618,200	首次公开发行 A 股	2011 年 8 月 6 日
云南省国有资产经营有限责任公司	10,901,300	0	0	10,901,300	首次公开发行 A 股	2009 年 8 月 6 日
武汉长江光电有限责任公司	1,090,130	0	0	1,090,130	首次公开发行 A 股	2011 年 8 月 6 日
昆明仪丰达贸易有限公司	893,907	0	0	893,907	首次公开发行 A 股	2009 年 8 月 6 日
合计	218,026,000	0	0	218,026,000	-	-

4.2 前 10 名股东、前 10 名无限售条件股东持股情况表

单位：股

股东总数	21,202

前 10 名股东持股情况

股东名称	股东性质	持股比例	持股总数	持有有限售条件股份数量	质押或冻结的股份数量
南方工业资产管理有限责任公司	国有法人	52.44%	152,618,200	152,618,200	0
中国南方工业集团公司	国家	18.05%	52,522,463	52,522,463	0
云南省国有资产经营有限责任公司	国有法人	3.75%	10,901,300	10,901,300	0
武汉长江光电有限公司	国有法人	0.37%	1,090,130	1,090,130	0
昆明仪丰达贸易有限公司	境内非国有法人	0.31%	893,907	893,907	0
郭传方	境内自然人	0.23%	657,796	0	0
张梓楠	境内自然人	0.18%	530,000	0	0
陈天星	境内自然人	0.12%	345,577	0	0
侯维东	境内自然人	0.11%	315,000	0	0
河北国能信息技术有限公司	境内非国有法人	0.10%	304,797	0	0

前 10 名无限售条件股东持股情况

股东名称	持有无限售条件股份数量	股份种类
郭传方	657,796	人民币普通股
张梓楠	530,000	人民币普通股
陈天星	345,577	人民币普通股
侯维东	315,000	人民币普通股
河北国能信息技术有限公司	304,797	人民币普通股
郑淑萍	263,300	人民币普通股
王锦梅	249,935	人民币普通股
周耀铭	245,801	人民币普通股
吴杏生	204,893	人民币普通股
黄树方	193,300	人民币普通股

上述股东关联关系或一致行动的说明	公司前五大股东均为有限售条件股东，南方集团为南方资产和武汉长江光电的控股股东。除此之外，公司未知其他股东之间是否存在关联关系或是否属于《上市公司收购管理办法》规定的一致行动人。

4.3 控股股东及实际控制人情况介绍

4.3.1 控股股东及实际控制人变更情况

□ 适用　　√ 不适用

4.3.2 控股股东及实际控制人具体情况介绍

报告期内，公司实际控制人仍为中国南方工业集团公司(以下简称“南方集团”)，系公司控股股东南方资产的第一大股东，持有南方资产 95%的股权。南方集团是国务院授权投资机构，是由国务院国资委代表国务院履行国有资产出资人职责的中央企业，成立于 1999 年 6 月 29 日，法定代表人徐斌，注册资本 1,264,521 万元人民币，企业类型为全民所有制，法定住所为北京市西城区三里河路 46 号，主要从事国有资产投资、经营管理等。

第五节 董事、监事和高级管理人员

5.1 董事、监事和高级管理人员持股变动及报酬情况

姓 名	职务	性别	年龄	任期起始日期	任期终止日期	年初持股数	年末持股数	变动原因	报告期内从公司领取的报酬总额(万元)税前	是否在股东单位或其他关联单位领取薪酬
武 林	董事长	男	57	2008-05-17	2011-05-16	0	0	未持股	0.00	是
杨 波	董事	男	39	2008-05-17	2011-05-16	0	0	未持股	29.06	否
芮德华	董事	男	45	2008-05-17	2011-05-16	0	0	未持股	0.00	是
阚友钢	董事	男	44	2008-05-17	2011-05-16	0	0	未持股	0.00	是
陈永茂	董事	男	49	2008-05-17	2011-05-16	0	0	未持股	24.13	否
邹成高	董事	男	36	2008-12-09	2011-05-16	0	0	未持股	0.00	否
唐予华	独立董事	男	61	2008-05-17	2011-05-16	0	0	未持股	3.75	否
赵雨东	独立董事	男	42	2008-05-17	2011-05-16	0	0	未持股	3.75	否
伍志旭	独立董事	男	39	2008-05-17	2011-05-16	0	0	未持股	3.75	否
赵奎华	监事	男	54	2008-05-17	2011-05-16	0	0	未持股	16.24	否
张玉明	董事	男	58	2008-05-17	2011-05-16	0	0	未持股	0.00	是
王福田	监事	男	48	2008-09-08	2011-05-16	0	0	未持股	0.00	是
沈 彪	监事	男	47	2008-05-17	2011-05-16	0	0	未持股	6.72	否
赵瑞龙	董事	男	34	2008-12-09	2011-05-16	0	0	未持股	6.00	否
董绍杰	副总经理	男	44	2008-05-17	2011-05-16	0	0	未持股	21.98	否
刘 刚	副总经理	男	43	2008-05-17	2011-05-16	0	0	未持股	11.72	否
庞国强	副总经理	男	48	2008-05-17	2011-05-16	0	0	未持股	20.34	否
合 计	-	-	-	-	-	0	0	-	147.44	-

董事、监事、高级管理人员报告期内被授予的股权激励情况

□ 适用　　√ 不适用

5.2 董事出席董事会会议情况

董事姓名	具体职务	应出席次 数	现场出席次数	以通讯方式参加会议次数	委托出席次数	缺席次数	是否连续两次未亲自出席会议
武 林	董事长	8	7	1	0	0	否
杨 波	董事、总经理	8	7	1	0	0	否
芮德华	董事	8	7	1	0	0	否
阚友钢	董事	8	6	1	1	0	否
陈永茂	董事	8	7	1	0	0	否
邹成高	现董事、财务总监	0	0	0	0	0	否
朱经平	原董事、财务总监	8	6	1	0	1	否
唐予华	独立董事	8	7	1	0	0	否
赵雨东	独立董事	8	7	1	0	0	否
伍志旭	独立董事	8	7	1	0	0	否

连续两次未亲自出席董事会会议的说明

年内召开董事会会议次数	8
其中：现场会议次数	7
通讯方式召开会议次数	1
现场结合通讯方式召开会议次数	0

第六节 董事会报告

6.1 管理层讨论与分析

报告期内，受全球金融危机的影响，2008 年国际国内经济形势整体呈下行趋势，市场消费信心下降，需求缩小，同时，钢材、煤、电、油、运价格 10 月份以前持续上涨对企业利润增长造成较大压力。在成本上涨、需求萎缩的双重压力下，公司董事会积极发挥战略牵引作用，采取了一系列措施，克服了诸多不利因素，化危为机，使公司经济运行状况总体良好。同时在上市融资、战略合作、自主创新、产品研发、市场开拓、固定资产建设等方面也取得了显著的成果，赢得了公司发展的竞争优势。

2008 年公司营业收入同比增加 3.88%，利润总额同比增加 13.28%，资产总额年末达 7.89 亿元，同比增长 44.78%。

6.2 主营业务分行业、产品情况表

单位：(人民币)万元

分行业或分产品	营业收入	营业成本	营业利润率(%)	营业收入比上年增减(%)	营业成本比上年增减(%)	营业利润率比上年增减(%)
主营业务分行业情况						
其他工业产品	11,162.64	7,602.09	31.90%	9.87%	0.15%	0.35%
连杆产品	13,006.44	10,607.45	18.44%	-13.77%	-0.09%	0.23%
机床零部件及其他产品	17,397.44	17,216.97	1.04%	13.85%	0.22%	0.07%
内部抵消	441.71	468.83	-6.14%	-13.85%	-8.47%	
主营业务分产品情况						
其他工业产品 1	2,957.74	1,854.19	37.31%	-26.54%	-0.22%	0.41%
其他工业产品 2	966.38	827.65	14.36%	12.63%	0.00%	0.04%
其他工业产品 3	6,216.38	4,489.79	27.77%	53.09%	0.75%	0.37%
其他工业产品-其他	1,022.14	430.46	57.89%	-15.90%	-0.47%	0.33%
连杆产品	13,006.44	10,607.45	18.44%	-13.77%	-0.09%	0.23%
机床零部件及其他产品	17,397.44	17,216.97	1.04%	13.85%	0.22%	0.07%
内部抵消	441.71	468.83	-6.14%	-13.85%	-8.47%	

6.3 主营业务分地区情况

单位：(人民币)万元

地区	营业收入	营业收入比上年增减(%)
华北地区	6,257.49	0.21%
东北地区	2,405.58	-0.45%
华东地区	3,078.46	0.07%
中南地区	2,670.80	-0.21%
西南地区	26,304.10	0.24%
西北地区	92.80	2.32%
境外地区	757.30	0.78%
内部抵消	441.71	-13.85%

6.4 采用公允价值计量的项目

□ 适用　　√ 不适用

6.5 募集资金使用情况

√ 适用　　□ 不适用

单位：(人民币)万元

募集资金总额		21,024.00	本年度投入募集资金总额		3,532.87
变更用途的募集资金总额		0.00			
变更用途的募集资金总额比例		0.00%	已累计投入募集资金总额		3,532.87
承诺投资项目	是否已变更项目(含部分变更)	募集资金承诺投资总 额	调整后投资总额	截至期末承诺投入金额(1)	本年度投入金额
汽车发动机连杆生产线技术改造项目	否	14,941.60	14,941.60	3,381.78	3,381.78
其他工业产品生					

产线技改项目	否	6,001.02	6,001.02	151.09	151.09		
合计	–	20,942.62	20,942.62	3,532.87	3,532.87		

承诺投资项目	截至期末累计投入金额(2)	截至期末累计投入金额与承诺投入金额的差额(3)=(2)-(1)	截至期末投入进度(%)(4)=(2)/(1)	项目达到预定可使用状态日期	本年度实现的效益	是否达到预计效益	项目可行性是否发生重大变化
汽车发动机连杆生产线技术改造项目	3,381.78	0.00	100.00%	2010-07-31	0.00	是	否
其他工业产品生产线技改项目	151.09	0.00	100.00%	2010-06-30	0.00	是	否
合计	3,532.87	0.00	–	–	0.00	–	–
未达到计划进度或预计收益的情况和原因(分具体项目)	无						
项目可行性发生重大变化的情况说明	无						
募集资金投资项目实施地点变更情况	无						
募集资金投资项目实施方式调整情况	无						
募集资金投资项目先期投入及置换情况	公司 2008 年 8 月 31 日前为募集资金项目预先投入资金 33534526.78 元						
用闲置募集资金暂时补充流动资金情况	无						
项目实施出现募集资金结余的金额及原因	无						
尚未使用的募集资金用途及去向	存款						
募集资金使用及披露中存在的问题或其他情况	无						

变更项目情况

□ 适用 √ 不适用

6.6 非募集资金项目情况

√ 适用 □ 不适用

单位:(人民币)万元

项目名称	项目金额	项目进度	项目收益情况
小型技术措施项目	1,046.00	完成	正在发挥
合计	1,046.00	–	–

6.7 董事会对公司会计政策、会计估计变更或重大会计差错更正的原因及影响的说明

√ 适用 □ 不适用

由于申报的国产设备投资抵免企业所得税数与 2007 年度企业所得税汇算清缴后税局核定的金额存在差异,公司本年补缴了 1,999,464.26 元企业所得税。公司对该差异进行了追溯调整,导致 2007 年度所得税费用增加 1,999,464.26 元,未分配利润余额减少 1,799,517.83 元。

6.8 董事会对会计师事务所"非标准审计报告"的说明

□ 适用 √ 不适用

6.9 董事会本次利润分配或资本公积金转增股本预案

(一)可供股东分配利润情况

2008 年 12 月 31 日,公司总股本为 291,026,000 股。

经中和正信会计师事务所审计,2008 年度母公司实现净利润 34,014,712.61 元,提取 10%法定盈余公积和 10%任意盈余公积后,再加上年初未分配利润 66,711,742.20 元,可供投资者分配的利润 93,923,512.29 元。

(二)2008 年利润分配预案

基于以下几点原因:

1、要应对金融危机对国内实体经济的冲击。

2、2009 年度公司营业收入增幅较大,对资金需求量也随之增大。

公司董事会决定本年度利润分配预案为不分配,也不实施资本公积金转增股本,不分配的利润用于公司补充流动资金。

本预案须经 2008 年年度股东大会审议通过后实施。

公司前三年现金分红情况

单位:(人民币)元

	现金分红金额(含税)	合并报表中归属于母公司所有者的净利润	占合并报表中归属于母公司所有者的净利润的比率
2007 年	0.00	29,761,208.20	0.00%
2006 年	0.00	27,926,984.61	0.00%
2005 年	2,366,444.53	17,033,244.30	13.89%

公司本报告期内盈利但未提出现金利润分配预案

√ 适用 □ 不适用

本报告期内盈利但未提出现金利润分配预案的原因:

1、要应对金融危机对国内实体经济的冲击。

2、2009 年度公司营业收入增幅较大,对资金需求量也随之增大。

公司未分配利润的用途和使用计划:

未分配利润将用于补充公司流动资金

第七节 重要事项

7.1 收购资产

□ 适用 √ 不适用

7.2 出售资产

□ 适用 √ 不适用

7.1、7.2 所涉及事项对公司业务连续性、管理层稳定性的影响。

7.3 重大担保

□ 适用 √ 不适用

7.4 重大关联交易

7.4.1 与日常经营相关的关联交易

√ 适用 □ 不适用

单位:(人民币)万元

关联方	向关联方销售产品和提供劳务 交易金额	占同类交易金额的比例	向关联方采购产品和接受劳务 交易金额	占同类交易金额的比例
武汉长江光电有限公司	0.00	0.00%	179.95	0.59%
四川华庆机械有限责任公司	113.98	0.27%	596.08	1.94%
重庆长江电工集团有限公司	0.00	0.00%	20.47	0.07%
重庆嘉陵特种装备有限公司	31.64	0.07%	82.19	0.27%
湖南华南光电(集团)有限责任公司	0.00	0.00%	264.73	0.86%
昆明台正精密机械有限公司	211.18	0.50%	1,777.57	5.80%
重庆长安铃木汽车有限公司	1,153.53	2.78%	156.72	0.51%
长安汽车集团有限责任公司	64.38	0.15%	0.00	0.00%
哈尔滨诺雷西仪机械制造有限公司	61.03	0.15%	0.00	0.00%
重庆长安汽车股份有限公司	3,495.06	3.63%	0.00	0.00%
重庆建设工业有限责任公司	280.00	0.67%	0.00	0.00%
重庆珠江光电科技有限公司	0.00	0.00%	51.23	0.17%
合计	5,410.80	12.87%	3,128.94	10.26%

其中:报告期内公司向控股股东及其子公司销售产品或提供劳务的关联交易金额 5,138.59 万元。

7.4.2 关联债权债务往来

√ 适用 □ 不适用

单位:(人民币)万元

关联方	向关联方提供资金 发生额	余额	关联方向公司提供资金 发生额	余额
兵器装备集团财务有限责任公司	0.00	0.00	12,500.00	7,600.00
合计	0.00	0.00	12,500.00	7,600.00

其中:报告期内公司向控股股东及其子公司提供资金的发生额 0.00 万元,余额 0.00 万元。

7.4.3 2008 年资金被占用情况及清欠进展情况

□ 适用 √ 不适用

7.5 委托理财

□ 适用 √ 不适用

7.6 承诺事项履行情况

√ 适用 □ 不适用

1、中国南方工业集团公司承诺:自公司股票上市之日起三十六个月内,不转让或者委托他人管理其持有的发行人股份,也不由发行人回购其持有的股份。报告期内未发生违反承诺的事项。

2、南方工业资产管理有限责任公司承诺:自公司股票上市之日起三十六个月内,不转让或者委托他人管理其持有的发行人股份,也不由发行人回购其持有的股份。报告期内未发生违反承诺的事项。

3、公司股东中国南方工业集团公司、南方工业资产管理有限责任公司承诺避免同业竞争。报告期内未发生违反承诺的事项。4、公司股东中国南方工业集团公司承诺无条件承担公司及西仪安化、重庆西仪两个子公司因未办理房屋及土地租赁备案登记事宜而受的行政处罚。报告期内未发生违反承诺的事项。

5、公司股东中国南方工业集团公司承诺如果未来国家相关法律法规变更导致对公司 2002 年与华融公司的债务重组收益征收所得税,集团代公司偿付,并免除向公司追偿。报告期内未发生违反承诺的事项。

6、公司股东中国南方工业集团公司承诺如未来工商部门依法追究公司改制设立时因注册资本未到位的法律责任,集团将无条件承担该责任。报告期内未发生违反承诺的事项。

7、公司股东中国南方工业集团公司承诺如税务部门追缴因公司前身(云南西南仪器厂)逐年亏损所欠缴增值税形成的呆账税金,将代替公司缴纳该部分税金形成的滞纳金。报告期内未发生违反承诺的事项。

公司或持股 5%以上股东在报告期内或持续到报告期内的承诺事项

√ 适用 □ 不适用

承诺事项	承诺内容	履行情况
股改承诺	无	无
收购报告书或权益变动报告书中所作承诺	无	无
重大资产重组时所作承诺	无	无
发行时所作承诺	1、中国南方工业集团公司承诺:自公司股票上市之日起三十六个月内,不转让或者委托他人管理其持有的发行人股份,也不由发行人回购其持有的股份。2、南方工业资产管理有限责任公司承诺:自公司股票上市之日起三十六个月内,不转让或者委托他人管理其持有的发行人股份,也不由发行人回购其持有的股份。3、公司股东中国南方工业集团公司、南方工业资产管理有限责任公司承诺避免同业竞争。4、公司股东中国南方工业集团公司承诺无条件承担公司及西仪安化、重庆西仪两个子公司因未	报告期内未发生违反承诺的事项。

	办理房屋及土地租赁备案登记事宜而受的行政处罚。5、公司股东中国南方工业集团公司承诺如果未来国家相关法律法规变更导致对公司2002 年与华融公司的债务重组收益征收所得税，集团代公司偿付，并免除向公司追偿。6、公司股东中国南方工业集团公司承诺如未来工商部门依法追究公司改制设立时因注册资本未到位的法律责任，集团将无条件承担该责任。7、公司股东中国南方工业集团公司承诺如税务部门追缴因公司前身(云南西南仪器厂)逐年亏损所欠缴增值税形成的呆账税金，将代替公司缴纳该部分税金形成的滞纳金。	
其他对公司中小股东所作承诺	无	无

7.7 重大诉讼仲裁事项

☐ 适用　　　√ 不适用

7.8 其他重大事项及其影响和解决方案的分析说明

7.8.1 证券投资情况

☐ 适用　　　√ 不适用

7.8.2 持有其他上市公司股权情况

☐ 适用　　　√ 不适用

7.8.3 持有非上市金融企业股权情况

☐ 适用　　　√ 不适用

7.8.4 买卖其他上市公司股份的情况

☐ 适用　　　√ 不适用

第八节　监事会报告

√ 适用　　　☐ 不适用

2008 年公司监事会根据《公司法》、《证券法》、《公司章程》和《公司监事会议事规则》的有关规定，本着对全体股东负责的原则，认真履行各项职权和义务，对公司重大决策及经济运行情况进行监督，为公司的规范运作和发展起到了积极作用，现将 2008 年度监事会主要工作报告如下：

一、2008 年主要工作开展情况

(一)报告期内，监事会积极关注公司经营计划及决策，狠抓各项工作的落实。共召开监事会会议 7 次，对公司生产经营情况进行了监督检查和分析，提出意见和建议；遵循利于公司发展和维护股东权益两大原则，密切配合董事会及经理班子开展工作，对公司经营决策方面的程序行使了监督职责。

(二)报告期内，监事会全体成员列席董事会 8 次，出席股东大会 4 次。审议了董事会各相关议案，审议内容涉及公司经营目标、财务预决算、投资、上市融资、高管人事变动、规范化管理等内容，促进公司决策程序规范化和管理科学化。

(三)报告期内，监事会成员通过列席公司总经理办公会、经济活动分析会等会议，对公司生产经营管理、内部控制执行等方面行使了监督职责。

(四)报告期内，监事会在认真开展各项监督检查工作的同时，积极组织学习和业务培训。对《证监会公告[2008]48 号》、《深交所上市公司内部控制指引》等文件进行了学习；全体监事参加了深交所组织的董、高、监人员诚信培训，并参加了云南证监局举办的上市公司董、高、监人员信息披露培训班。

二、监事会独立意见

(一)公司依法经营运作情况。 报告期内，通过对公司董事及高级管理人员的监督，监事会认为：公司董事会严格按照《公司法》、《证券法》、《深圳证券交易所股票上市规则》、《公司章程》及其他有关法律、法规和制度的要求，依法经营。公司重大经营决策较为科学合理，决策程序较为合法有效。公司董事、高级管理人员在执行公司职务时，均能认真贯彻执行国家相关法律法规、《公司章程》及股东大会和董事会决议，忠于职守，未发现公司董事、高管人员在执行公司职务时有违反法律、法规、公司章程或损害公司股东、公司利益的行为。

(二)检查公司财务情况。 报告期内，监事会检查和审核了本公司的会计报表及财务资料，监事会认为：公司财务报表的编制符合《企业会计制度》和《企业会计准则》有关规定，公司年度财务报告真实反映了公司的财务状况和经营成果，公司财务信息披露真实可靠。中和正信会计师事务所出具了"标准无保留意见"审计报告。

(三)检查公司募集资金实际投向情况。 报告期内，监事会根据上市公司募集资金管理规定，对公司募集资金专项使用、款项支付审批程序、专户管理、项目进度等事项进行了监督检查，监事会认为：公司募集资金管理严格执行了上市公司募集资金管理规定，募集资金实际投向严格遵照招股说明书中承诺募投项目，未发现违反募集资金使用及管理规定和挪为它用的情况。

(四)检查公司重大收购、资产处置情况。报告期内，公司无重大收购资产事项。公司资产处置程序合法，未发现内幕交易、损害股东权益或造成公司资产流失的现象。

(五)检查公司关联交易情况。报告期内，监事会监督检查了公司的关联方交易合同和相关财务资料，未发现内幕交易及损害股东权益或造成公司资产流失的现象。

(六)检查公司内部控制方面的情况

报告期内，监事会对公司内部控制制度的制定及执行情况进行了监督检查，公司内部控制制度较为健全，执行基本有效。

三、监事会对公司 2008 年度经营管理和业绩的基本评价

监事会认为，公司 2008 年在董事会和经理层的正确领导及各位股东的关心支持下和全体员工的共同努力下，公司各项工作取得了较大进展，巩固了以其他工业产品、连杆、机床为主业的经营格局。

全年完成销售收入 42890 万元，与 2007 年的 41288 万元相比，增加 1602 万元，增幅为 3.88 %；利润总额实现 3643 万元，与 2007 年的 3216 万元相比增加了 427 万元，增幅为 13.28 %。公司整体经济运行质量和综合经济效益稳步提高。

一年来，公司董事及高级管理人员尽职勤勉、忠于职守，为公司可持续发展和价值提升、维护股东利益等方面做出了不懈努力和贡献。

第九节　财务报告

9.1 审计意见

审计报告　　　　标准无保留审计意见

审计报告正文

审 计 报 告

中和正信审字(2009)第 1-167 号

云南西仪工业股份有限公司全体股东：

我们审计了后附的云南西仪工业股份有限公司(以下简称"西仪股份")财务报表，包括 2008 年 12 月 31 日的合并资产负债表与资产负债表、2008 年度的合并利润表与利润表、合并现金流量表与现金流量表、合并股东权益变动表与股东权益变动表以及会计报表附注。

一、管理层对财务报表的责任

按照企业会计准则的规定编制财务报表是西仪股份管理层的责任。这种责任包括：(1)设计、实施和维护与财务报表编制相关的内部控制，以使财务报表不存在由于舞弊或错误而导致的重大错报；(2)选择和运用恰当的会计政策；(3)作出合理的会计估计。

二、注册会计师的责任

我们的责任是在实施审计工作的基础上对财务报表发表审计意见。我们按照中国注册会计师审计准则的规定执行了审计工作。

中国注册会计师审计准则要求我们遵守职业道德规范，计划和实施审计工作以对财务报表是否不存在重大错报获取合理保证。

审计工作涉及实施审计程序，以获取有关财务报表金额和披露的审计证据。选择的审计程序取决于注册会计师的判断，包括对由于舞弊或错误导致的财务报表重大错报风险的评估。在进行风险评估时，我们考虑与财务报表编制相关的内部控制，以设计恰当的审计程序，但目的并非对内部控制的有效性发表意见。审计工作还包括评价管理层选用会计政策的恰当性和作出会计估计的合理性，以及评价财务报表的总体列报。

我们相信，我们获取的审计证据是充分、适当的，为发表审计意见提供了基础。

三、审计意见

我们认为，西仪股份财务报表已经按照企业会计准则的规定编制，在所有重大方面公允反映了西仪股份 2008 年 12 月 31 日的财务状况以及 2008 年度的经营成果和现金流量。

中和正信会计师事务所有限公司　　　　中国注册会计师：黄俊

中国　北京　　　　中国注册会计师：鲍琼

2009 年 2 月 25 日

9.2 财务报表

9.2.1 资产负债表

编制单位：云南西仪工业股份有限公司　　　2008 年 12 月 31 日　　　单位：(人民币)元

项目	期末余额		年初余额	
	合并	母公司	合并	母公司
流动资产：				
货币资金	197,582,604.10	195,920,130.99	77,092,450.75	76,172,063.09
结算备付金	0.00	0.00	0.00	0.00
拆出资金				
交易性金融资产				
应收票据	25,336,959.28	24,736,959.28	24,917,139.56	23,367,139.56
应收账款	148,144,680.93	146,619,246.83	130,126,083.87	126,585,721.66
预付款项	18,257,834.62	18,246,588.62	12,829,432.61	12,573,637.99
应收保费			0.00	
应收分保账款	0.00		0.00	
应收分保合同准备金		0.00		0.00
应收利息	1,701,000.00	1,701,000.00	0.00	0.00
应收股利	0.00	0.00	0.00	
其他应收款	4,159,967.48	4,970,821.50	2,197,941.29	2,894,920.14
买入返售金融资产				
存货	132,227,240.63	119,417,598.06	78,224,467.48	68,884,017.18
一年内到期的非流动资产	0.00	0.00	0.00	
其他流动资产	0.00	0.00	0.00	
流动资产合计	527,410,287.04	511,612,345.28	325,387,515.56	310,477,499.62
非流动资产：				
发放贷款及垫款				
可供出售金融资产	0.00	0.00	0.00	
持有至到期投资	0.00	0.00	0.00	
长期应收款	0.00	0.00	0.00	
长期股权投资	60,955,877.84	70,525,877.84	37,435,541.22	47,005,541.22
投资性房地产	8,607,961.56	8,607,961.56	8,526,313.88	8,526,313.88
固定资产	170,495,172.38	161,614,830.53	151,560,366.00	141,436,233.00
在建工程	19,337,955.31	18,896,536.31	20,065,479.38	18,874,392.98
工程物资	0.00	0.00	0.00	

固定资产清理	0.00	0.00	0.00	
生产性生物资产	0.00	0.00	0.00	
油气资产	0.00	0.00	0.00	
无形资产	69,428.10	69,428.10	141,348.42	141,348.42
开发支出	0.00	0.00	0.00	
商誉	0.00	0.00	0.00	
长期待摊费用	0.00	0.00	0.00	
递延所得税资产	1,761,295.57	1,761,295.57	1,582,939.07	1,582,939.07
其他非流动资产	0.00	0.00	0.00	
非流动资产合计	261,227,690.76	261,475,929.91	219,311,987.97	217,566,768.57
资产总计	788,637,977.80	773,088,275.19	544,699,503.53	528,044,268.19
流动负债：				
短期借款	96,000,000.00	96,000,000.00	80,000,000.00	80,000,000.00
向中央银行借款	0.00	0.00	0.00	
吸收存款及同业存放				
拆入资金				
交易性金融负债				
应付票据	14,977,700.00	14,977,700.00	16,725,000.00	16,725,000.00
应付账款	86,368,874.18	76,548,422.65	46,689,408.07	38,011,965.96
预收款项	4,205,643.42	4,194,043.42	1,667,386.79	1,667,386.79
卖出回购金融资产款				
应付手续费及佣金				
应付职工薪酬	13,519,311.80	12,944,491.92	21,579,217.15	21,058,449.88
应交税费	8,282,246.43	8,122,129.82	9,323,386.59	8,875,351.68
应付利息	0.00	0.00	0.00	
应付股利	0.00	0.00	0.00	
其他应付款	36,985,348.25	34,686,612.14	52,740,441.86	50,388,347.39
应付分保账款	0.00			
保险合同准备金	0.00	0.00	0.00	
代理买卖证券款				
代理承销证券款	0.00	0.00	0.00	
一年内到期的非流动负债	0.00	2,000,000.00	2,000,000.00	
其他流动负债	0.00	0.00	0.00	
流动负债合计	260,339,124.08	247,473,399.95	230,724,840.46	218,726,501.70
非流动负债：				
长期借款	0.00		11,723,081.90	11,723,081.90
应付债券	0.00	0.00	0.00	
长期应付款	0.00	0.00	0.00	
专项应付款	0.00	0.00	0.00	
预计负债	99,232.91	99,232.91	0.00	
递延所得税负债	0.00	0.00	0.00	
其他非流动负债	3,660,000.00	3,660,000.00	0.00	
非流动负债合计	3,759,232.91	3,759,232.91	11,723,081.90	11,723,081.90
负债合计	264,098,356.99	251,232,632.86	242,447,922.36	230,449,583.60
所有者权益(或股东权益)：				
实收资本(或股本)	291,026,000.00	291,026,000.00	218,026,000.00	218,026,000.00
资本公积	119,073,260.54	119,073,260.54	1,827,015.41	1,827,015.41
减:库存股	0.00		0.00	
盈余公积	17,832,869.50	17,832,869.50	11,029,926.98	11,029,926.98
一般风险准备				
未分配利润	91,413,697.13	93,923,512.29	65,480,297.12	66,711,742.20
外币报表折算差额	0.00		0.00	
归属于母公司所有者权益合计	519,345,827.17	521,855,642.33	296,363,239.51	297,594,684.59
少数股东权益	5,193,793.64		5,888,341.66	
所有者权益合计	524,539,620.81	521,855,642.33	302,251,581.17	297,594,684.59
负债和所有者权益总计	788,637,977.80	773,088,275.19	544,699,503.53	528,044,268.19

9.2.2 利润表

编制单位:云南西仪工业股份有限公司　2008 年 1—12 月　单位:(人民币)元

项目	本期金额		上期金额	
	合并	母公司	合并	母公司
一、营业总收入	428,904,059.78	403,771,428.35	412,881,866.62	386,499,628.61
其中:营业收入	428,904,059.78	403,771,428.35	412,881,866.62	386,499,628.61
利息收入				
已赚保费				
手续费及佣金收入				
二、营业总成本	418,700,095.55	391,291,908.29	387,873,165.98	359,835,446.61
其中:营业成本	361,345,682.27	337,970,844.62	329,520,801.25	305,334,424.57
利息支出				
手续费及佣金支出				
退保金				
赔付支出净额				
提取保险合同准备金净额				
保单红利支出				
分保费用				
营业税金及附加	1,207,789.86	1,117,755.65	1,252,059.44	1,175,390.54
销售费用	11,612,654.93	11,007,480.90	9,382,845.31	9,076,487.16
管理费用	38,137,319.30	35,214,087.20	43,741,285.48	40,127,862.52
财务费用	5,141,349.83	4,957,628.13	3,732,698.57	3,567,044.12
资产减值损失	1,255,299.36	1,024,111.79	243,475.93	554,237.70
加:公允价值变动收益(损失以"-"号填列)				
投资收益(损失以"-"号填列)	2,897,254.23	2,897,254.23	613,469.32	613,469.32
其中:对联营企业和合营企业的投资收益				
汇兑收益(损失以"-"号填列)				
三、营业利润(亏损以"-"号填列)	13,101,218.46	15,376,774.29	25,622,169.96	27,277,651.32
加:营业外收入	23,561,510.84	23,257,721.01	6,671,968.28	6,340,334.74
减:营业外支出	233,194.09	232,041.99	132,925.07	72,760.30
其中:非流动资产处置损失				
四、利润总额(亏损总额以"-"号填列)	36,429,535.21	38,402,453.31	32,161,213.17	33,545,225.76
减:所得税费用	4,387,740.70	4,387,740.70	3,069,014.34	3,069,014.34
五、净利润(净亏损以"-"号填列)	32,041,794.51	34,014,712.61	29,092,198.83	30,476,211.42
归属于母公司所有者的净利润	32,736,342.53		29,761,208.20	
少数股东损益	−694,548.02		−669,009.37	
六、每股收益：				
(一)基本每股收益	0.14	0.14	0.14	0.14
(二)稀释每股收益	0.14	0.14	0.14	0.14

9.2.3 现金流量表

编制单位:云南西仪工业股份有限公司　2008 年 1—12 月　单位:(人民币)元

项目	本期金额		上期金额	
	合并	母公司	合并	母公司
一、经营活动产生的现金流量：				
销售商品、提供劳务收到的现金	245,385,159.34	231,304,492.04	231,432,080.90	220,071,832.87
客户存款和同业存放款项净增加额				
向中央银行借款净增加额				
向其他金融机构拆入资金净增加额				
收到原保险合同保费取得的现金				
收到再保险业务现金净额				
保户储金及投资款净增加额				
处置交易性金融资产净增加额				
收取利息、手续费及佣金的现金				
拆入资金净增加额				
回购业务资金净增加额				
收到的税费返还	6,555,651.80	6,271,861.97	6,270,532.46	6,063,909.67
收到其他与经营活动有关的现金	12,480,249.93	10,366,789.79	19,146,333.02	18,391,896.09
经营活动现金流入小计	264,421,061.07	247,943,143.80	256,848,946.38	244,527,638.63
购买商品、接受劳务支付的现金	137,257,725.72	131,848,771.41	113,169,302.25	108,394,668.66
客户贷款及垫款净增加额				
存放中央银行和同业款项净增加额				
支付原保险合同赔付款项的现金				
支付利息、手续费及佣金的现金				
支付保单红利的现金				
支付给职工以及为职工支付的现金	94,175,189.82	89,328,612.82	87,109,481.62	82,316,273.51
支付的各项税费	17,724,820.94	16,386,087.10	17,870,083.12	17,386,481.45
支付其他与经营活动有关的现金	27,478,120.78	23,657,895.91	27,524,693.37	23,325,797.36
经营活动现金流出小计	276,635,857.26	261,221,367.24	245,673,560.36	231,423,220.98
经营活动产生的现金流量净额	−12,214,796.19	−13,278,223.44	11,175,386.02	13,104,417.65
二、投资活动产生的现金流量：				
收回投资收到的现金				
取得投资收益收到的现金	1,376,917.61	1,376,917.61	688,089.44	688,089.44
处置固定资产、无形资产和其他长期资产收回的现金净额	1,461,537.00	1,461,537.00	491,132.31	383,440.00
处置子公司及其他营业单位收到的现金净额				
收到其他与投资活动有关的现金				
投资活动现金流入小计	2,838,454.61	2,838,454.61	1,179,221.75	1,071,529.44

购建固定资产、无形资产和				
其他长期资产支付的现金	33,971,806.41	33,650,464.61	27,456,173.67	26,716,821.77
投资支付的现金	22,000,000.00	22,000,000.00		
质押贷款净增加额				
取得子公司及其他营业				
单位支付的现金净额				
支付其他与投资活动				
有关的现金	4,200,000.00	4,200,000.00		
投资活动现金流出小计	60,171,806.41	59,850,464.61	27,456,173.67	26,716,821.77
投资活动产生的现金				
流量净额	−57,333,351.80	−57,012,010.00	−26,276,951.92	−25,645,292.33
三、筹资活动产生的现金流量：				
吸收投资收到的现金	195,240,000.00	195,240,000.00		
其中：子公司吸收少数				
股东投资收到的现金				
取得借款收到的现金	165,000,000.00	165,000,000.00	80,000,000.00	80,000,000.00
发行债券收到的现金				
收到其他与筹资活动				
有关的现金	2,290,557.25	2,290,557.25	27,058,493.01	27,058,493.01
筹资活动现金流入小计	362,530,557.25	362,530,557.25	107,058,493.01	107,058,493.01
偿还债务支付的现金	151,000,000.00	151,000,000.00	33,000,000.00	33,000,000.00
分配股利、利润或偿付				
利息支付的现金	7,117,545.63	7,117,545.63	5,251,600.12	5,251,600.12
其中：子公司支付给少数				
股东的股利、利润				
支付其他与筹资活动				
有关的现金	14,374,710.28	14,374,710.28	13,566,663.45	13,566,663.45
筹资活动现金流出小计	172,492,255.91	172,492,255.91	51,818,263.57	51,818,263.57
筹资活动产生的现金				
流量净额	190,038,301.34	190,038,301.34	55,240,229.44	55,240,229.44
四、汇率变动对现金及现金等价物的影响				
五、现金及现金等价				
物净增加额	120,490,153.35	119,748,067.90	40,138,663.54	42,699,354.76
加：期初现金及现金				
等价物余额	77,092,450.75	76,172,063.09	36,953,787.21	33,472,708.33
六、期末现金及现金				
等价物余额	197,582,604.10	195,920,130.99	77,092,450.75	76,172,063.09

9.2.4 所有者权益变动表

编制单位：云南西仪工业股份有限公司　　2008 年度　　单位：(人民币)元

本期金额

项目	归属于母公司所有者权益							少数股东权益	所有者权益合计
	实收资本(或股本)	资本公积	减：库存股	盈余公积	一般风险准备	未分配利润	其他		
一、上年年末余额	218,026,000.00	1,827,015.41		11,029,926.98		65,480,297.12		5,888,341.66	302,251,581.17
加：会计政策变更						0.00		0.00	
前期差错更正								0.00	
其他									
二、本年年初余额	218,026,000.00	1,827,015.41		11,029,926.98		65,480,297.12		5,888,341.66	302,251,581.17
三、本年增减变动金额									
(减少以"−"号填列)	73,000,000.00	117,246,245.13		6,802,942.52		25,933,400.01		−694,548.02	222,288,039.64
(一)净利润						32,736,342.53		−694,548.02	32,041,794.51
(二)直接计入所有者									
权益的利得和损失									
1.可供出售金融资产									
公允价值变动净额									
2.权益法下被投资单位									
其他所有者权益变动的影响									
3.与计入所有者权益									
项目相关的所得税影响									
4.其他									
上述(一)和(二)小计						32,736,342.53		−694,548.02	32,041,794.51
(三)所有者投入和									
减少资本	73,000,000.00	117,246,245.13							190,246,245.13
1.所有者投入资本	73,000,000.00	117,246,245.13							190,246,245.13
2.股份支付计入所有者权益的金额									
3.其他									
(四)利润分配				6,802,942.52		−6,802,942.52			
1.提取盈余公积				6,802,942.52		−6,802,942.52			
2.提取一般风险准备									
3.对所有者(或股东)的分配									
4.其他									
(五)所有者权益内部结转									
1.资本公积转增资本(或股本)									
2.盈余公积转增资本(或股本)									
3.盈余公积弥补亏损									
4.其他									
四、本期期末余额	291,026,000.00	119,073,260.54		17,832,869.50		91,413,697.13		5,193,793.64	524,539,620.81

上年金额

项目	归属于母公司所有者权益							少数股东权益	所有者权益合计
	实收资本(或股本)	资本公积	减：库存股	盈余公积	一般风险准备	未分配利润	其他		
一、上年年末余额	218,026,000.00	1,827,015.41		7,982,305.84		38,766,710.06		6,557,351.03	273,159,382.34
加：会计政策变更									
前期差错更正									
二、本年年初余额	218,026,000.00	1,827,015.41		7,982,305.84		38,766,710.06		6,557,351.03	273,159,382.34
三、本年增减变动金额									
(减少以"−"号填列)				3,047,621.14		26,713,587.06		−669,009.37	29,092,198.83
(一)净利润						29,761,208.20		−669,009.37	29,092,198.83
(二)直接计入所有者									
权益的利得和损失									
1.可供出售金融资产									
公允价值变动净额									
2.权益法下被投资单位									
其他所有者权益变动的影响									
3.与计入所有者权益									
项目相关的所得税影响									
4.其他									
上述(一)和(二)小计						29,761,208.20		−669,009.37	29,092,198.83
(三)所有者投入和									
减少资本									
1.所有者投入资本									
2.股份支付计入所有者权益的金额									
3.其他									
(四)利润分配				3,047,621.14		−3,047,621.14			
1.提取盈余公积				3,047,621.14		−3,047,621.14			
2.提取一般风险准备									
3.对所有者(或股东)的分配									
4.其他									
(五)所有者权益内部结转									
1.资本公积转增资本(或股本)									
2.盈余公积转增资本(或股本)									
3.盈余公积弥补亏损									
4.其他									
四、本期期末余额	218,026,000.00	1,827,015.41		11,029,926.98		65,480,297.12		5,888,341.66	302,251,581.17

9.3 与最近一期年度报告相比，会计政策、会计估计和核算方法发生变化的具体说明

□ 适用　　√ 不适用

9.4 重大会计差错的内容、更正金额、原因及其影响

√ 适用　　□ 不适用

由于 2007 年度申报的国产设备投资抵免企业所得税数与 2007 年度企业所得税汇算清缴时税务部门最终核定的抵免数存在差异，公司 2008 年度补缴了 1,999,464.26 元企业所得税。对该差异，公司已按照《企业会计准则第 28 号——会计政策、会计估计变更和差错更正》的规定，进行了追溯调整，导致 2008 年年初未分配利润减少 1,799,517.83 元。公司前期差错的更正，符合新会计准则的有关规定。对此事项，公司独立董事发表了独立意见。

9.5 与最近一期年度报告相比，合并范围发生变化的具体说明

□ 适用　　√ 不适用

桂林三金药业股份有限公司

桂林三金药业股份有限公司首次公开发行股票上市公告书

第一节　重要声明与提示

桂林三金药业股份有限公司(以下简称“公司”、“本公司”或“发行人”)及全体董事、监事、高级管理人员保证上市公告书的真实性、准确性、完整性,承诺上市公告书不存在虚假记载、误导性陈述或重大遗漏,并承担个别和连带的法律责任。

深圳证券交易所、其他政府机关对本公司股票上市及有关事项的意见,均不表明对本公司的任何保证。

本公司已承诺将在本公司股票上市后三个月内按照《中小企业板块上市公司特别规定》的要求修改公司章程,在章程中载明“(1)股票被终止上市后,公司股票进入代办股份转让系统继续交易;(2)不对公司章程中的前款规定作任何修改。”

本公司控股股东桂林三金集团股份有限公司(以下简称“三金集团”)及实际控制人邹节明先生和其夫人翁毓玲女士承诺自公司股票在证券交易所上市交易之日起三十六个月内不转让或者委托他人管理其在发行前所持有的公司股份,也不由公司回购该部分股份;在担任公司董事、监事、高级管理人员期间每年转让的股份不超过其所持有的公司股份总数的百分之二十五,离职后半年内不转让所持有的公司股份。

除邹节明先生和其夫人翁毓玲女士外,担任本公司董事、监事、高级管理人员的王许飞、谢元钢、韦葵葵、王淑霖、孙家琳、李荣群、汤一锋、徐润秀等 8 名自然人股东承诺:自公司股票在证券交易所上市交易之日起十二个月内,不转让或者委托他人管理其在发行前所持有的公司股份,也不由公司回购该部分股份;在担任公司董事、监事、高级管理人员期间每年转让的股份不超过其所持有的公司股份总数的百分之二十五,离职后半年内不转让所持有的公司股份。

本公司提醒广大投资者注意,凡本上市公告书未涉及的有关内容,请投资者查阅刊载于巨潮网站(http://www.cninfo.com.cn)的本公司首次公开发行 A 股股票招股说明书全文。

第二节　股票上市情况

一、本上市公告书系根据《公司法》、《证券法》和《深圳证券交易所股票上市规则》等有关法律法规规定,并按照深圳证券交易所《股票上市公告书内容与格式指引》编制而成,旨在向投资者提供有关公司首次公开发行 A 股股票上市的基本情况。

二、中国证券监督管理委员会以证监许可[2009]528 号文核准本公司公开发行人民币普通股股票 4,600 万股。其中网下向配售对象发行 920 万股及网上资金申购定价发行 3,680 万股已于 2009 年 6 月 29 日成功发行,发行价格为 19.80 元/股。

三、经深圳证券交易所《关于桂林三金药业股份有限公司人民币普通股股票上市的通知》(深证上[2009]57 号文)同意,本公司发行的人民币普通股股票在深圳证券交易所上市,股票简称“桂林三金”,股票代码“002275”,其中本次公开发行中网上定价发行的 3,680 万股股票将于 2009 年 7 月 10 日起上市交易。

四、本次上市相关信息

1、上市地点:深圳证券交易所

2、上市时间:2009 年 7 月 10 日

3、股票简称:桂林三金

4、股票代码:002275

5、发行后总股本:45,400 万股

6、本次 A 股发行股数:4,600 万股

7、本次发行前股东所持股份的流通限制及期限

根据《公司法》的有关规定,本次发行前公司所有股东持有的公司股份自公司 A 股股票首次在深圳证券交易所上市交易之日起一年内不得转让。

8、本次发行前股东所持股份自愿锁定安排的承诺

本公司控股股东三金集团及实际控制人邹节明先生和其夫人翁毓玲女士承诺:自公司股票在证券交易所上市交易之日起三十六个月内不转让或者委托他人管理其在发行前所持有的公司股份,也不由公司回购该部分股份;承诺期限届满后,上述股份可以上市流通或转让;在担任公司董事、监事、高级管理人员期间每年转让的股份不超过其所持有的公司股份总数的百分之二十五,离职后半年内不转让所持有的公司股份。

除邹节明先生和其夫人翁毓玲女士外,担任本公司董事、监事、高级管理人员的王许飞、谢元钢、韦葵葵、王淑霖、孙家琳、李荣群、汤一锋、徐润秀等 8 名自然人股东承诺:自公司股票在证券交易所上市交易之日起十二个月内,不转让或者委托他人管理其在发行前所持有的公司股份,也不由公司回购该部分股份;承诺期限届满后,上述股份可以上市流通或转让;在担任公司董事、监事、高级管理人员期间每年转让的股份不超过其所持有的公司股份总数的百分之二十五,离职后半年内不转让所持有的公司股份。

本公司其他 32 名自然人股东承诺:自公司股票在证券交易所上市交易之日起十二个月内,不转让或者委托他人管理其在发行前所持有的公司股份,也不由公司回购该部分股份;承诺期限届满后,上述股份可以上市流通或转让。

发行人实际控制人邹节明先生及其长子邹洵、次子邹准已分别做出声明,承诺其直接持有的桂林市金科创业投资有限责任公司(以下简称“金科创投”)的股权,及其直接持有的三金集团的股权,自发行人股票在证券交易所上市之日起三十六个月内不转让或委托他人管理其持有的该等公司股份;在担任该等公司董事、监事、高级管理人员期间每年转让的股份不超过前述股份的百分之二十五,离职后半年内不转让所持有的该等公司股份。

9、本次上市股份的其他锁定安排

本次发行中网下向配售对象配售的 920 万股股份自本次网上资金申购发行的股票在深圳证券交易所上市交易之日起锁定 3 个月。

10、本次上市的无流通限制及锁定安排的 A 股股份

本次发行中网上定价发行的 3,680 万股股份无流通限制及锁定安排,自 2009 年 7 月 10 日起上市交易。

11、公司股份可上市流通时间表:

股东名称(或类别)		持股数量(股)	占发行后总股份的比例(%)	可上市流通时间
首次公开发行前已发行的股份:	控股股东和实际控制人及其一致行动人直接持有的股份	322,517,017	71.04	2012 年 7 月 10 日(注 1)
	其他已发行股份	40,204,119	8.86	2010 年 7 月 10 日(注 2)
		45,278,864	9.97	2010 年 7 月 10 日(注 3)
	小　计	408,000,000	89.87	
首次公开发行的股份:	网下配售股份	9,200,000	2.03	2009 年 10 月 10 日
	网上定价发行股份	36,800,000	8.10	2009 年 7 月 10 日
	小　计	46,000,000	10.13	
合　计		454,000,000	100	

注 1:本公司控股股东三金集团及实际控制人邹节明先生和其夫人翁毓玲女士承诺:自公司股票在证券交易所上市交易之日起三十六个月内不转让或者委托他人管理其在发行前所持有的公司股份,也不由公司回购该部分股份;承诺期限届满后,上述股份可以上市流通或转让;在担任公司董事、监事、高级管理人员期间每年转让的股份不超过其所持有的公司股份总数的百分之二十五,离职后半年内不转让所持有的公司股份。

发行人实际控制人邹节明先生及其长子邹洵、次子邹准已分别做出声明,承诺其直接持有的金科创投的股权,及其直接持有的三金集团的股权,自发行人股票在证券交易所上市之日起三十六个月内不转让或委托他人管理其持有的该等公司股份;在担任该等公司董事、监事、高级管理人员期间每年转让的股份不超过前述股份的百分之二十五,离职后半年内不转让所持有的该等公司股份。

注 2:除邹节明先生和其夫人翁毓玲女士外,担任本公司董事、监事、高级管理人员的王许飞、谢元钢、韦葵葵、王淑霖、孙家琳、李荣群、汤一锋、徐润秀等 8 名自然人股东承诺:自公司股票在证券交易所上市交易之日起十二个月内,不转让或者委托他人管理其在发行前所持有的公司股份,也不由公司回购该部分股份;承诺期限届满后,上述股份可以上市流通或转让;在担任公司董事、监事、高级管理人员期间每年转让的股份不超过其所持有的公司股份总数的百分之二十五,离职后半年内不转让所持有的公司股份。

注 3:本公司其他 32 名自然人股东承诺:自公司股票在证券交易所上市交易之日起十二个月内,不转让或者委托他人管理其在发行前所持有的公司股份,也不由公司回购该部分股份;承诺期限届满后,上述股份可以上市流通或转让。

12、股票登记机构:中国证券登记结算有限责任公司深圳分公司

13、上市保荐人:招商证券股份有限公司

第三节　发行人、股东和实际控制人情况

一、发行人基本情况

1、中文名称:桂林三金药业股份有限公司

2、英文名称:Guilin Sanjin Pharmaceutical Co., Ltd.

3、注册资本:45,400 万元

4、法定代表人:邹节明

5、注册地址:广西壮族自治区桂林市金星路 1 号

6、邮政编码:541004

7、经营范围:片剂、硬胶囊剂、散剂、颗粒剂、酊剂(外用)(中药提取)、药用辅料,片剂(中药前处理)、软胶囊剂、滴丸剂,中药前处理和提取的生产(有效期至 2010 年 12 月 31 日);医药科技开发;进出口贸易(国家有专项规定的除外)。

8、主营业务:主要从事咽喉口腔用药系列、抗泌尿系感染用药系列及心脑血管用药系列中成药产品的研究、生产与销售,以及其他天然药物和生物制剂等的研究开发。

9、所属行业:医药制造业

10、电话号码:0773-5829106、5829109

11、传真号码:0773-5838652

12、互联网网址:http://www.sanjin.com.cn

13、电子信箱:dsh@sanjin.com.cn

14、董事会秘书:韦葵葵

二、发行人董事、监事、高级管理人员及其持有公司股票的情况

姓　名	职务或亲属关系	直接持有本公司股数(股)	直接持有本公司股权比　例	直接持有三金集团股权比例	通过三金集团间接持有本公司股权比　例	直接持有金科创投股权比例	通过金科创投间接持有本公司股权比　例	直接间接合计持有本公司股权比例
			A	B	C=B×61.11%	D	E=D×45.9%×61.11%	F=A+C+E
邹节明	董事长	41,072,806	9.05%	13.08%	7.99%	32.10%	9.00%	26.04%
翁毓玲	邹节明先生之夫人	4,004,211	0.88%	1.45%	0.89%	–	–	1.77%
邹　洵	邹节明先生之长子	–	–	2.18%	1.33%	17.00%	4.77%	6.10%
邹　准	邹节明先生之次子	–	–	2.18%	1.33%	17.00%	4.77%	6.10%

王许飞	董事、总经理	12,097,479	2.66%	4.35%	2.66%	17.80%	4.99%	10.31%
谢元钢	董事、副总经理	5,833,322	1.28%	2.11%	1.29%	9.50%	2.66%	5.23%
韦葵葵	董事、副总经理、董事会秘书	4,385,282	0.97%	1.26%	0.77%	3.80%	1.07%	2.81%
王淑霖	董事	4,385,282	0.97%	1.49%	0.91%	2.80%	0.79%	2.67%
郑跃年	王淑霖女士之丈夫	734,400	0.16%	0.23%	0.14%	–	–	0.30%
孙家琳	董事、财务负责人	5,101,901	1.12%	2.06%	1.26%	–	–	2.38%
玉维卡	独立董事	–	–	–	–	–	–	–
莫凌侠	独立董事	–	–	–	–	–	–	–
周永生	独立董事	–	–	–	–	–	–	–
李荣群	监事会主席	4,010,756	0.88%	1.40%	0.86%	–	–	1.74%
汤一锋	监事	3,574,097	0.79%	1.26%	0.77%	–	–	1.56%
徐润秀	监事	816,000	0.18%	0.60%	0.37%	–	–	0.55%

注1：上述董事、监事、高级管理人员任职期间均为2007.12–2010.12。

注2：首次公开发行后，本公司控股股东三金集团持有本公司61.11%股权，目前金科创投持有三金集团45.9%股权，本公司董事、监事、高级管理人员在三金集团及金科创投均有持股情况，因此各董事、监事、高级管理人员直接间接合计持有本公司股权比例=直接持有本公司股权比例+直接持有三金集团股权比例×61.11%+直接持有金科创投股权比例×45.9%×61.11%。

三、控股股东及实际控制人情况

1、控股股东情况

(1)本公司控股股东三金集团情况

本公司控股股东为三金集团，直接持有本公司277,440,000股，占本公司总股本的61.11%。2007年3月28日，三金集团在广西壮族自治区工商行政管理局领取了注册号(企)4500001001423企业法人营业执照，经营范围：从事医药、保健品、房地产、农业项目的投资、科技开发，股东为金科创投及邹节明先生等118名自然人。

截至2008年12月31日，三金集团总资产141,336.38万元，净资产65,748.95万元，2008年实现营业收入100,208.70万元，净利润18,345.55万元（上述财务数据经广西立信会计师事务所审计）。

(2)三金集团控股股东金科创投情况

金科创投持有三金集团45.9%股权，为三金集团的控股股东。2007年5月28日，金科创投在桂林市临桂县工商行政管理局领取了注册号(企)4503221101123营业执照，经营范围：创业投资、医疗、医药、食品技术的开发、转让及信息咨询。

截至2008年12月31日，金科创投的总资产为50,447.69万元，净资产为21,949.63万元，2008年实现主营业务收入为0万元，净利润为6,721.61万元(上述财务数据未经审计)。

2、实际控制人情况

本公司实际控制人为邹节明先生，直接持有本公司41,072,806股，占本公司总股本的9.05%，邹节明先生之夫人翁毓玲女士直接持有本公司4,004,211股，占本公司总股本的0.88%，邹节明先生及其亲属直接持有本公司9.93%股权；邹节明先生直接持有三金集团13.08%股权，邹节明先生之夫人翁毓玲女士直接持有三金集团1.45%股权，邹节明先生之长子邹洵直接持有三金集团2.18%股权，邹节明先生之次子邹洵直接持有三金集团2.18%股权，因此，邹节明先生及其亲属通过三金集团间接持有本公司11.54%股权；邹节明先生直接持有金科创投32.10%股权，邹节明先生之长子邹洵直接持有金科创投17%股权，邹节明先生之次子邹洵直接持有金科创投17%股权，金科创投直接持有三金集团45.9%股权，因此，邹节明先生及其亲属通过金科创投间接持有本公司18.54%股权；综上，邹节明先生及其亲属直接和间接合计持有本公司40.01%股权。

邹节明先生及其亲属除持有金科创投、三金集团、发行人的股权以及招股说明书中披露的控股股东及实际控制人控制的其他企业外，未控股、参股其他企业或经济组织。

邹节明先生是本公司的董事长，男，汉族，1943年5月出生，中国公民，无境外居留权，身份证号码为45030519430523＊＊＊＊，1966年毕业于武汉大学生物药用植物专业，本科学历，教授级高级工程师，北京中医药大学、武汉大学客座教授、博士生导师，广西中医学院兼职教授，执业药师。国家首批享受政府津贴的有突出贡献的专家、中国药典委员会委员、中国中医药管理局中医药工作咨询委员会委员、全国"五一"劳动奖章获得者、全国劳动模范、九届全国人大代表、全国优秀企业家、首届表彰的中国创业企业家、全国医药科技工作先进个人、中国药学会高级会员。1968年进入桂林中药厂工作，历任本公司技术员、研究室主任、研究所所长、厂长兼总工程师、董事长兼总经理等职。现任本公司董事长。

邹节明先生作为主要研究人员主持完成的重要科技成果曾获国家科技进步奖两项、省(部)级技术进步奖九项，包括：1978年，"三金片"项目获得全国科学大会重大贡献奖；1997年，"桂林西瓜霜与西瓜霜润喉片的研制"获得国家科技进步三等奖，"西瓜霜工艺改革研究"项目获得国家医药管理局科学技术进步三等奖；1998年，"蛤蚧定喘胶囊"项目获广西壮族自治区科技进步三等奖、桂林市科技进步二等奖；2000年，"西瓜霜口喉宝的研制开发" 项目获广西壮族自治区科技进步三等奖；2006年，"三金牌西瓜霜的研制与开发" 荣获广西壮族自治区科学技术特别贡献奖；2007年，"特色中成药脑脉泰胶囊的研制与开发"获广西科技进步一等奖。

邹节明先生及其亲属直接和间接持有的本公司股票不存在被质押或其他有争议的情况。

四、本次发行后公司前十名股东

公司本次发行结束后上市前的股东总数为73,812名，其中前十名股东的持股情况如下：

股东名称	持股数量(股)	持股比例(%)
桂林三金集团股份有限公司	277,440,000	61.11
邹节明	41,072,806	9.05
王许飞	12,097,479	2.66
谢元钢	5,833,322	1.28
孙家琳	5,101,901	1.12
谢忆兵	4,385,282	0.97
韦葵葵	4,385,282	0.97
王淑霖	4,385,282	0.97
李荣群	4,010,756	0.88
翁毓玲	4,004,211	0.88

第四节　股票发行情况

一、发行数量

本次发行总股数为4,600万股。

二、发行价格

本次发行价格为19.80元/股。

三、发行方式

本次发行采用网下向询价对象询价配售与网上资金申购发行相结合的方式。

本次发行规模为4,600万股，网下向询价对象询价配售920万股，网上资金申购发行配售3,680万股。

本次发行网下配售920万股，有效申购获得配售的配售比例为0.606340%，超额认购倍数为164.92倍；网上定价发行3,680万股，中签率为0.1712828121%，超额认购倍数为584倍。本次发行网上不存在余股，网下存在108股零股，由主承销商招商证券股份有限公司认购。

四、募集资金总额及注册会计师对资金到账的验证情况

1、本次发行募集资金总额为91,080.00万元；

2、浙江天健东方会计师事务所有限公司于2009年7月2日对本次发行的资金到账情况进行了审验，并出具了浙天会验[2009]91号验资报告。

五、发行费用

1、发行费用总额为5,152.17万元，其中承销费2,732.40万元、保荐费1,728.64万元、审计、验资费239.00万元、律师费130.00万元、登记托管费45.40万元、信息披露及路演推介费276.73万元。

2、每股发行费用为1.12元。

六、募集资金净额

本次发行募集资金净额为85,927.83万元。

七、发行后每股净资产

本次发行后每股净资产为3.61元(以截至2008年末经审计数据为基础加本次募集资金净额按发行后总股本计算)。

八、发行后每股收益

本次发行后每股收益为0.602元（按照2008年经审计的扣除非经常性损益前后孰低的净利润除以本次发行后总股本计算）。

第五节　其他重要事项

一、本公司已向深圳证券交易所承诺，将严格按照中小企业板的有关规则，在上市后三个月内完善公司章程等规章制度。

二、本公司自2009年6月19日刊登首次公开发行股票招股意向书至本上市公告书刊登前，没有发生可能对公司有较大影响的重要事项，具体如下：

1、自公司首次公开发行股票招股意向书刊登日至本上市公告书刊登前，公司生产经营情况正常，主要业务发展目标进展状况正常。

2、自公司首次公开发行股票招股意向书刊登日至本上市公告书刊登前，公司所处行业、市场无重大变化。

3、自公司首次公开发行股票招股意向书刊登日至本上市公告书刊登前，公司原材料采购价格和产品销售价格无重大变化。

4、自公司首次公开发行股票招股意向书刊登日至本上市公告书刊登前，公司未出现重大关联交易事项，包括未出现公司资金被关联方非经营性占用的事项。

5、自公司首次公开发行股票招股意向书刊登日至本上市公告书刊登前，公司没有重大投资活动。

6、自公司首次公开发行股票招股意向书刊登日至本上市公告书刊登前，公司无重大资产(股权)收购、出售及置换行为。

7、自公司首次公开发行股票招股意向书刊登日至本上市公告书刊登前，公司住所未发生变更。

8、自公司首次公开发行股票招股意向书刊登日至本上市公告书刊登前，公司董事、监事、高级管理人员及核心技术人员没有发生变化。

9、自公司首次公开发行股票招股意向书刊登日至本上市公告书刊登前，公司未涉及任何重大诉讼事项或仲裁，亦无任何尚未了结或可能面临的重大诉讼或索赔要求。

10、自公司首次公开发行股票招股意向书刊登日至本上市公告书刊登前，公司没有对外担保等或有事项。

11、自公司首次公开发行股票招股意向书刊登日至本上市公告书刊登前，公司财务状况和经营成果没有重大变化。

12、自公司首次公开发行股票招股意向书刊登日至本上市公告书刊登前，公司没有其他应披露而未披露之重大事项。

第六节　上市保荐人及其意见

一、上市保荐人情况

上市保荐人：招商证券股份有限公司

法定代表人：宫少林

公司地址：深圳市福田区益田路江苏大厦A座38–45楼

联系电话：0755–82943666

传真：0755–82943121

保荐代表人：孙坚、程洪波

项目协办人：洪金永

二、上市保荐人的推荐意见

公司的上市保荐人招商证券股份有限公司(以下简称"保荐人")认为桂林三金药业股份有限公司首次公开发行的股票符合上市条件，并已向深圳证券交易所出具了《桂林三金药业股份有限公司股票上市保荐书》。保荐人的保荐意见主要内容如下：

桂林三金药业股份有限公司申请其股票上市符合《中华人民共和国公司法》、《中华人民共和国证券法》及《深圳证券交易所股票上市规则》等国家有关法律、法规的有关规定，发行人股票具备在深圳证券交易所上市的条件。招商证券愿意推荐发行人的股票上市交易，并承担相关保荐责任。

桂林三金药业股份有限公司

2009年7月9日

江苏洋河酒厂股份有限公司

江苏洋河酒厂股份有限公司首次公开发行股票上市公告书

第一节　重要声明与提示

江苏洋河酒厂股份有限公司(以下简称"本公司"、"发行人"或"洋河股份")及全体董事、监事、高级管理人员保证上市公告书的真实性、准确性、完整性,承诺上市公告书不存在虚假记载、误导性陈述或重大遗漏,并承担个别和连带的法律责任。

证券交易所、其他政府机关对本公司股票上市及有关事项的意见,均不表明对本公司的任何保证。

本公司提醒广大投资者注意,凡本上市公告书未涉及的有关内容,请投资者查阅刊载于巨潮网(www.cninfo.com.cn)网站的本公司招股说明书全文。

本公司已承诺将在本公司股票上市后三个月内按照《中小企业板块上市公司特别规定》和《中小企业板投资者权益保护指引》的要求修改公司章程,在章程中载明:(1)"股票被终止上市后,公司股票进入代办股份转让系统继续交易"和"公司不得修改公司章程中的前项规定";(2)需安排网络投票的重大事项;(3)选举两名或两名以上的董事和监事时应实行累积投票制;(4)董事会决定对外担保时应经出席董事会的三分之二以上董事和三分之二以上独立董事同意。

对本公司首次公开发行股票前股东所持股份的流通限制及期限、股东对所持股份自愿锁定的承诺:

1、根据《公司法》的规定,(1)本次发行前股东所持股份,自发行人股票在证券交易所上市交易之日起一年内不得转让;(2)作为发行人董事、监事、高级管理人员的股东,在任职期间每年转让的股份不得超过其所持有发行人股份总数的25%,上述人员离职后半年内不得转让其所持有的发行人股份。

2、控股股东、实际控制人江苏洋河集团有限公司承诺:自发行人股票上市之日起三十六个月内,不转让或者委托他人管理其已直接和间接持有的发行人股份,也不由发行人收购该部分股份。

3、作为发行人董事、监事和高级管理人员的股东承诺:(1)在离任六个月后的十二月内通过证券交易所挂牌交易出售发行人股份数量占其所持有发行人股份总数的比例不超过50%;(2)及时向发行人申报所持有的发行人股份及其变动情况;(3)遵守证券交易所、发行人章程对董事、监事、高级管理人员转让其所持有发行人股份所作出的其他限制性规定。

4、发行人股东宿迁市蓝天贸易有限公司承诺:(1) 宿迁市蓝天贸易有限公司持有的发行人股份,自发行人股票在证券交易所上市交易之日起一年内不转让;(2)发行人股票在证券交易所上市交易满一年后,宿迁市蓝天贸易有限公司每年转让的股份不超过其持有发行人股份总数的25%;(3)及时向发行人申报所持有的发行人股份及其变动情况。

5、发行人股东宿迁市蓝海贸易有限公司承诺:(1) 宿迁市蓝海贸易有限公司持有的发行人股份,自发行人股票在证券交易所上市交易之日起一年内不转让;(2)发行人股票在证券交易所上市交易满一年后,宿迁市蓝海贸易有限公司每年转让的股份不超过其持有发行人股份总数的25%;(3)及时向发行人申报所持有的发行人股份及其变动情况。

6、作为发行人董事、监事和高级管理人员的宿迁市蓝天贸易有限公司股东承诺:(1)持有的宿迁市蓝天贸易有限公司股权,自发行人股票在证券交易所上市交易之日起一年内不转让;(2)在发行人任职期间,每年转让的宿迁市蓝天贸易有限公司股权不超过本人持有宿迁市蓝天贸易有限公司股权总数的25%;(3)若本人从发行人离职,则在离职后的六个月内,不转让本人持有的宿迁市蓝天贸易有限公司的股权;(4)若本人从发行人离职,则在离职六个月后的十二个月内转让宿迁市蓝天贸易有限公司的股权数量不超过本人所持宿迁市蓝天贸易有限公司股权总数的50%。

7、作为发行人董事、监事和高级管理人员的宿迁市蓝海贸易有限公司股东承诺:(1)持有的宿迁市蓝海贸易有限公司股权,自发行人股票在证券交易所上市交易之日起一年内不转让;(2)在发行人任职期间,每年转让的宿迁市蓝海贸易有限公司股权不超过本人持有宿迁市蓝海贸易有限公司股权总数的25%;(3)若本人从发行人离职,则在离职后的六个月内,不转让本人持有的宿迁市蓝海贸易有限公司的股权;(4)若本人从发行人离职,则在离职六个月后的十二个月内转让宿迁市蓝海贸易有限公司的股权数量不超过本人所持宿迁市蓝海贸易有限公司股权总数的50%。

8、根据《财政部、国资委、证监会、社保基金会关于印发<境内证券市场转持部分国有股充实全国社会保障基金实施办法>的通知》(财企[2009]94号)的规定,对于全国社会保障基金理事会在本次发行时通过转持取得的发行人国有股份,全国社会保障基金理事会承继原国有股东的禁售期义务。

本上市公告书已披露未经审计的2009年三季度财务数据及资产负债表、利润表、现金流量表,敬请投资者注意。

第二节　股票上市情况

一、股票发行上市审批情况

(一)编制上市公告书的法律依据

本上市公告书系根据《中华人民共和国公司法》、《中华人民共和国证券法》、《首次公开发行股票并上市管理办法》和《深圳证券交易所股票上市规则》等有关法律法规及规范性文件的规定,并按照深圳证券交易所《股票上市公告书内容与格式指引》(2009年9月修订)编制而成,旨在向投资者提供有关本公司首次公开发行境内上市人民币普通股(A股)股票上市的基本情况。

(二)股票发行核准部门、批文及其主要内容

经中国证券监督管理委员会《关于核准江苏洋河酒厂股份有限公司首次公开发行股票的批复》(证监许可[2009]1077号)核准,本公司公开发行不超过4,500万股人民币普通股。本次发行采用网下向配售对象询价配售(以下简称"网下配售")和网上向所有除参与网下初步询价的配售对象以外的社会公众投资者定价发行(以下简称"网上发行")相结合的方式,其中:网下配售900万股,网上发行3,600万股,于2009年10月27日成功发行,发行价格为60.00元/股。

(三)深圳证券交易所同意股票上市文件的主要内容

经深圳证券交易所《关于江苏洋河酒厂股份有限公司人民币普通股股票上市的通知》(深证上[2009] 145号)同意,本公司发行的人民币普通股股票在深圳证券交易所上市,股票简称"洋河股份",股票代码"002304",其中本次发行中网上定价发行的3,600万股股票将于2009年11月6日起上市交易。

二、股票上市的相关信息

(一)上市地点:深圳证券交易所中小企业板

(二)上市时间:2009年11月6日

(三)股票简称:洋河股份

(四)股票代码:002304

(五)首次公开发行后总股本:45,000万股

(六)首次公开发行股票增加的股份:4,500万股

(七)对首次公开发行股票前股东所持股份的流通限制及期限、股东对所持股份自愿锁定的承诺:

1、根据《公司法》的规定,(1)本次发行前股东所持股份,自发行人股票在证券交易所上市交易之日起一年内不得转让;(2)作为发行人董事、监事、高级管理人员的股东,在任职期间每年转让的股份不得超过其所持有发行人股份总数的25%,上述人员离职后半年内不得转让其所持有的发行人股份。

2、控股股东、实际控制人江苏洋河集团有限公司承诺:自发行人股票上市之日起三十六个月内,不转让或者委托他人管理其已直接和间接持有的发行人股份,也不由发行人收购该部分股份。

3、作为发行人董事、监事和高级管理人员的股东承诺:(1)在离任六个月后的十二月内通过证券交易所挂牌交易出售发行人股份数量占其所持有发行人股份总数的比例不超过50%;(2)及时向发行人申报所持有的发行人股份及其变动情况;(3)遵守证券交易所、发行人章程对董事、监事、高级管理人员转让其所持有发行人股份所作出的其他限制性规定。

4、发行人股东宿迁市蓝天贸易有限公司承诺:(1) 宿迁市蓝天贸易有限公司持有的发行人股份,自发行人股票在证券交易所上市交易之日起一年内不转让;(2)发行人股票在证券交易所上市交易满一年后,宿迁市蓝天贸易有限公司每年转让的股份不超过其持有发行人股份总数的25%;(3)及时向发行人申报所持有的发行人股份及其变动情况。

5、发行人股东宿迁市蓝海贸易有限公司承诺:(1) 宿迁市蓝海贸易有限公司持有的发行人股份,自发行人股票在证券交易所上市交易之日起一年内不转让;(2)发行人股票在证券交易所上市交易满一年后,宿迁市蓝海贸易有限公司每年转让的股份不超过其持有发行人股份总数的25%;(3)及时向发行人申报所持有的发行人股份及其变动情况。

6、作为发行人董事、监事和高级管理人员的宿迁市蓝天贸易有限公司股东承诺:(1)持有的宿迁市蓝天贸易有限公司股权,自发行人股票在证券交易所上市交易之日起一年内不转让;(2)在发行人任职期间,每年转让的宿迁市蓝天贸易有限公司股权不超过本人持有宿迁市蓝天贸易有限公司股权总数的25%;(3)若本人从发行人离职,则在离职后的六个月内,不转让本人持有的宿迁市蓝天贸易有限公司的股权;(4)若本人从发行人离职,则在离职六个月后的十二个月内转让宿迁市蓝天贸易有限公司的股权数量不超过本人所持宿迁市蓝天贸易有限公司股权总数的50%。

7、作为发行人董事、监事和高级管理人员的宿迁市蓝海贸易有限公司股东承诺:(1)持有的宿迁市蓝海贸易有限公司股权,自发行人股票在证券交易所上市交易之日起一年内不转让;(2)在发行人任职期间,每年转让的宿迁市蓝海贸易有限公司股权不超过本人持有宿迁市蓝海贸易有限公

司股权总数的 25%；(3)若本人从发行人离职，则在离职后的六个月内，不转让本人持有的宿迁市蓝海贸易有限公司的股权；(4)若本人从发行人离职，则在离职六个月后的十二个月内转让宿迁市蓝海贸易有限公司的股权数量不超过本人所持宿迁市蓝海贸易有限公司股权总数的 50%。

8、根据《财政部、国资委、证监会、社保基金会关于印发<境内证券市场转持部分国有股充实全国社会保障基金实施办法>的通知》(财企[2009]94 号)的规定，对于全国社会保障基金理事会在本次发行时通过转持取得的发行人国有股份，全国社会保障基金理事会承继原国有股东的禁售期义务。

(八)本次上市股份的其他锁定安排：本次发行中网下向配售对象询价配售的 900 万股股份，自本次网上发行的股票于深圳证券交易所上市交易之日起，锁定 3 个月。

(九)本次上市的无流通限制及锁定安排的股份：本次发行中网上发行的 3,600 万股股份无流通限制及锁定安排。

(十)公司股份可上市交易日期

股东名称	发行前 持股数量(股)	发行前 持股比例	发行后 持股数量(股)	发行后 持股比例	可上市交易日期(非交易日顺延)(注 1)
一、有限售条件流通股	-	-	405,000,000	90.00%	-
江苏洋河集团有限公司	156,362,985	38.61%	153,224,827	34.05%	2012-11-6
宿迁市蓝天贸易有限公司	51,075,000	12.61%	51,075,000	11.35%	2010-11-6
宿迁市蓝海贸易有限公司	47,925,000	11.83%	47,925,000	10.65%	2010-11-6
南通综艺投资有限公司	44,253,675	10.93%	44,253,675	9.83%	2010-11-6
上海海烟物流发展有限公司	44,253,675	10.93%	43,365,517	9.64%	2010-11-6
上海捷强烟草糖酒(集团)有限公司	20,651,715	5.10%	20,237,24	14.50%	2010-11-6
江苏省高科技产业投资有限公司	8,850,735	2.19%	8,850,735	1.97%	2010-11-6
南通盛福工贸有限公司	2,950,245	0.73%	2,950,245	0.66%	2010-11-6
中国食品发酵工业研究院	2,950,245	0.73%	2,891,035	0.64%	2010-11-6
杨廷栋、张雨柏等 15 位自然人股东(注 2)	25,726,725	6.35%	25,726,725	5.72%	2010-11-6
全国社会保障基金理事会(注 3)	-	-	4,500,000	1.00%	3,138,158 股，占发行后总股本 0.70%，2012-11-6 1,361,842 股，占发行后总股本 0.30%，2010-11-6
二、本次发行股份	-	-	45,000,000	10.00%	-
网下配售股份	-	-	9,000,000	2.00%	2010-2-6
网上发行股份	-	-	36,000,000	8.00%	2009-11-6
合计	405,000,000	100.00%	450,000,000	100.00%	-

注 1：详见本上市公告书中"对首次公开发行股票前股东所持股份的流通限制及期限、股东对所持股份自愿锁定的承诺"。

注 2：15 位自然人股东分别为杨廷栋、张雨柏、陈宗敬、王述荣、高学飞、冯攀台、朱广生、钟玉叶、从学年、沈加东、周新虎、吴家杰、薛建华、范文来、朱恩欣。分别持有洋河股份股票 4,863,762 股、3,267,693 股、3,267,693 股、1,759,527 股、1,759,527 股、1,759,527 股、1,759,527 股、1,759,527 股、1,005,444 股、1,005,444 股、1,005,444 股、1,005,444 股、615,444 股、502,722 股、390,000 股。

注 3：根据《财政部、国资委、证监会、社保基金会关于印发<境内证券市场转持部分国有股充实全国社会保障基金实施办法>的通知》(财企[2009]94 号)和江苏省人民政府国有资产监督管理委员会《关于同意江苏洋河酒厂股份有限公司国有股转持的批复》(苏国资复[2009]64 号)，本次发行后，洋河股份各国有股东应将合计占本次实际发行股份数量 10%的股份即 450 万股，转由全国社会保障基金理事会持有。国有股东各自转持股份数量为本次实际发行股份数量的 10%乘以该国有股东转持前持股数量占各国有股东转持前持股数量之和的比例。经过上述转持，公司国有股东中，江苏洋河集团有限公司、上海海烟物流发展有限公司、上海捷强烟草糖酒(集团)有限公司、中国食品发酵工业研究院持股数量分别减少 3,138,158 股、888,158 股、414,474 股、59,210 股。对于在本次发行时通过转持取得的洋河股份国有股份，全国社会保障基金理事会承继原国有股东的禁售期义务。

(十一)股票登记机构：中国证券登记结算有限责任公司深圳分公司

(十二)上市保荐机构：华泰证券股份有限公司

第三节　公司、股东和实际控制人情况

一、公司基本情况

中文名称：江苏洋河酒厂股份有限公司

英文名称：Jiangsu Yanghe Brewery Joint-Stock Co.,Ltd.

注册资本：40,500 万元(发行前)；45,000 万元(发行后)

法定代表人：杨廷栋

住所：江苏省宿迁市洋河中大街 118 号

邮政编码：223800

经营范围：洋河系列白酒的生产、加工、销售，自营和代理各类商品和技术的进出口(国家限定公司经营或禁止进出口的商品和技术除外)，粮食收购。

主营业务：洋河蓝色经典、洋河大曲、敦煌古酿等系列品牌浓香型白酒的生产、加工和销售

所属行业：C0501 酒精及饮料酒制造业

电话：0527-84938088

传真：0527-84933020

电子信箱：yhcxn188@126.com

董事会秘书：从学年

二、公司董事、监事、高级管理人员的姓名、任职起止日期以及直接或者间接持有公司股票、债券情况

1、公司董事、监事、高级管理人员直接或者间接持有公司股票的情况如下：

姓　名	在发行人任职	直接持有本公司股份(股)	间接持有本公司股份(股)
杨廷栋	董事长	4,863,762	16,695,000
张雨柏	副董事长、总经理	3,267,693	16,695,000
魏世振	董事	-	-
冯攀台	董事、副总经理	1,759,527	4,050,000
朱广生	董事、副总经理	1,759,527	4,050,000
昝圣达	董事		23,011,911
柏树兴	董事	-	-
顾汉德	独立董事	-	-
王　林	独立董事	-	-
刘建华	独立董事	-	-
屠建华	独立董事	-	-
高学飞	监事会主席	1,759,527	4,050,000
龚如杰	监事	-	-
左松林	监事	-	-
耿开亮	监事	-	-
尹秋明	监事	-	900,000
王述荣	副总经理	1,759,527	4,050,000
钟玉叶	副总经理	1,759,527	4,050,000
从学年	董事会秘书、财务总监	1,005,444	4,950,000

2、公司董事、监事、高级管理人员任职日期均为 2009 年 1 月至 2012 年 1 月，均未直接或间接持有公司债券。

三、公司控股股东、实际控制人的情况

本公司控股股东、实际控制人为江苏洋河集团有限公司。江苏洋河集团有限公司前身为江苏洋河酒厂，是江苏省人民政府确定的 100 户地方国有大中型骨干企业之一。江苏洋河酒厂始建于 1949 年 7 月，原名淮海贸易公司三分公司洋河槽坊，后改称苏北淮阴区酒类专卖事业公司洋河制酒厂，1951 年 9 月更名为苏北行署专卖事业公司洋河酒厂，1953 年 4 月更名为地方国营洋河酒厂，1986 年 8 月更名为江苏洋河酒厂。1997 年 5 月，经江苏省人民政府批准，江苏洋河酒厂整体改制为江苏洋河集团有限公司，是由宿迁市国资委履行出资人职责的国有独资公司，注册资本为 11,000 万元，法定代表人为魏世振，注册地址为江苏省宿迁市宿城区洋河镇酒家路 2 号，企业法人营业执照注册号为 321300000000095。

目前，江苏洋河集团有限公司主要从事投资管理业务，其主要资产为持有的发行人股份。本次发行前，江苏洋河集团有限公司持有 15,636.30 万股发行人股份，持股比例为 38.61%。本次发行及根据《财政部、国资委、证监会、社保基金会关于印发<境内证券市场转持部分国有股充实全国社会保障基金实施办法>的通知》(财企[2009]94 号)和江苏省国资委《关于同意江苏洋河酒厂股份有限公司国有股转持的批复》(苏国资复[2009]64 号)向全国社会保障基金转持后，江苏洋河集团有限公司持股数量为 153,224,827 股，持股比例为 34.05%。

根据天华会计师事务所有限公司江苏分所出具的标准无保留意见《审计报告》(天华苏分审字[2009] 第 01-011 号)，洋河集团合并口径 2008 年净利润为 28,012.30 万元，2008 年末总资产为 217,565.33 万元，净资产为 39,965.46 万元。

四、控股股东及实际控制人对外投资情况

江苏洋河集团包装材料有限公司系发行人控股股东及实际控制人江苏洋河集团有限公司的参股企业，江苏洋河集团有限公司为该公司第二大股东，持股比例为 20%。

五、股东总数及持股情况

本次发行后，公司股东总数为 69,142 户。公司前 10 名股东持股数量及持股比例情况如下：

序号	股东	持股数量(股)	持股比例
1	江苏洋河集团有限公司	153,224,827	34.05%
2	宿迁市蓝天贸易有限公司	51,075,000	11.35%
3	宿迁市蓝海贸易有限公司	47,925,000	10.65%

4	南通综艺投资有限公司	44,253,675	9.83%
5	上海海烟物流发展有限公司	43,365,517	9.64%
6	上海捷强烟草糖酒(集团)有限公司	20,237,241	4.50%
7	江苏省高科技产业投资有限公司	8,850,735	1.97%
8	杨廷栋	4,863,762	1.08%
9	全国社会保障基金理事会	4,500,000	1.00%
10	张雨柏	3,267,693	0.73%
11	陈宗敬	3,267,693	0.73%

第四节　股票发行情况

本次公司股票上市前首次公开发行股票的情况：

(一)发行数量：4,500 万股

(二)发行价格：60 元/股

(三)发行方式：本次发行采用网下询价配售与网上资金申购定价发行相结合的方式。其中，网下询价配售 900 万股，有效认购倍数为 269.40，配售比例为 0.3711952487%；网上资金申购定价发行 3,600 万股，有效认购倍数为 145.16，中签率为 0.6888913213%。

(四)募集资金总额：270,000.00 万元。江苏苏亚金诚会计师事务所有限公司对发行人首次公开发行股票的资金到位情况实施了验证，出具了苏亚验[2009]52 号《验资报告》。

(五)发行费用总额：9,967.05 万元，其中：承销及保荐费 9,500.00 万元，会计师费用 170.00 元，律师费用 100.00 万元，发行路演费用 197.05 万元。按发行股数 4,500 万股计算，每股发行费用为 2.21 元。

(六)募集资金净额：260,032.95 万元。

(七)发行后每股净资产：9.80 元(按合并口径截至 2009 年 6 月 30 日经审计的归属于母公司所有者权益加本次发行募集资金净额，除以本次发行后总股本计算)。

(八)发行后每股收益：1.65 元(以 2008 年度扣除非经常性损益后归属于母公司所有者的净利润除以本次发行后总股本计算)。

第五节　财务会计资料

本上市公告书将未经审计的 2009 年三季度财务数据披露如下：

一、主要财务数据及财务指标

项目	2009 年 9 月 30 日	2008 年 12 月 31 日	增减幅度
流动资产(元)	2,977,816,645.73	1,675,046,094.88	77.78%
流动负债(元)	1,387,938,368.52	647,107,630.82	114.48%
总资产(元)	3,663,766,712.04	2,182,725,143.48	67.85%
归属于发行人股东的所有者权益(元)	2,124,683,502.77	1,382,862,060.99	53.64%
归属于发行人股东的每股净资产(元)	5.25	3.41	53.96%

项目	2009 年 7-9 月	本报告期比上年同期增减	2009 年 1-9 月	本报告期比上年同期增减
营业总收入(元)	1,087,677,123.43	53.34%	2,892,240,127.88	41.20%
利润总额(元)	421,092,440.70	62.02%	1,205,656,562.58	59.57%
归属于发行人股东的净利润(元)	315,458,298.36	62.35%	903,821,441.78	59.53%
扣除非经常性收益后的归属于发行人股东的净利润(元)	316,668,161.97	62.98%	897,829,780.95	58.60%
基本每股收益(元)	0.78	62.50%	2.23	59.29%
净资产收益率(全面摊薄)	14.85%	−1.26%	42.54%	−4.42%
扣除非经常性收益后的净资产收益率(全面摊薄)	14.90%	−1.20%	42.26%	−4.68%
经营活动产生的现金流量净额(元)	–	–	1,682,839,673.44	200.14%
每股经营活动产生的现金流量净额(元)	–	–	4.16	201.45%

二、经营业绩和财务状况的简要分析

(一)经营业绩

本公司主要从事洋河蓝色经典、洋河大曲、敦煌古酿等系列品牌浓香型白酒的生产、加工和销售。2009 年 1-9 月，本公司实现营业总收入、利润总额、归属于发行人股东的净利润分别为 289,224.01 万元、120,565.66 万元、90,382.14 万元，分别比上年同期增长 41.20%、59.57%、59.53%。2009 年 9 月 30 日，本公司总资产为 366,376.67 万元，较上年末增长 67.85%。

(二)财务状况

本公司 2009 年三季度经营状况良好，财务状况稳定，无其他对财务数据和指标产生重大影响的重要事项。

变动幅度在 30%以上的项目的变动主要原因如下：

1、货币资金：期末余额比期初增加 135,079.30 万元，增幅为 130.88%，主要是报告期销售增长，回款情况良好所致。

2、应收票据：期末余额比期初增加 682.48 万元，增幅为 240.47%，主要是期末销售收到的票据所致，增幅较大的原因是期初基数较小，为 283.81 万元。

3、预付款项：期末余额比期初减少 3,036.78 万元，减幅为 93.10%，主要是减少了采购原辅材料时的预付款所致。

4、其他应收款：期末余额比期初增加 815.96 万元，增幅为 96.35%，主要是垫付款项有所增加所致。

5、在建工程：期末余额比期初增加 9,766.00 万元，增幅为 86.57%，主要是募集投资项目利用自有资金投入金额增加所致。

6、应付票据：期末余额比期初增加 21,550.00 万元，增幅为 378.07%，主要是增加了对银行承兑汇票作为支付手段的运用所致。

7、预收款项：期末余额比期初增加 23,548.98 万元，增幅为 687.51%，主要是收到的客户预付货款增加所致。

8、未分配利润：期末余额比期初增加 74,182.14 万元，增幅为 84.07%，主要是报告期净利润增加所致。

9、报告期内利润总额比上年同期大幅增长原因系公司中高档白酒销量增加，销售比重提高。

本节所称报告期指 2009 年 1-9 月，报告期末指 2009 年 9 月 30 日，报告期初指 2008 年 12 月 31 日，2009 年三季度指 2009 年 7-9 月。

(三)全年业绩预测

经公司财务部门初步测算，预计公司 2009 年实现营业收入比 2008 年同期增长 30%-50%，实现净利润比 2008 年同期增长 40%-60%。利润增加的主要原因是公司的中高档白酒销售占比上升以及总销售额增长。

第六节　其他重要事项

一、本公司已向深圳证券交易所承诺，将严格按照中小企业板的有关规则，在上市后三个月内尽快完善《公司章程》等相关规章制度。

二、本公司自 2009 年 10 月 19 日刊登首次公开发行股票招股意向书至本上市公告书刊登前，没有发生可能对公司有较大影响的重要事项。

具体如下：

1、本公司严格依照《公司法》、《证券法》等法律法规的要求，规范运作，经营状况正常；主营业务目标进展情况正常；

2、本公司所处行业及市场未发生重大变化；

3、本公司原材料采购价格和产品销售价格未发生重大变化；

4、本公司未发生重大关联交易，资金未被关联方非经营性占用；

5、本公司未发生重大投资行为；

6、本公司未发生重大资产(或股权)购买、出售及置换行为；

7、本公司住所没有变更；

8、本公司董事、监事、高级管理人员及核心技术人员未发生变化；

9、本公司未发生重大诉讼、仲裁事项；

10、本公司未发生对外担保等或有事项；

11、本公司的财务状况和经营成果未发生重大变化；

12、本公司无其他应披露的重大事项。

第七节　上市保荐机构及其意见

一、上市保荐机构情况

上市保荐机构：华泰证券股份有限公司

法定代表人：吴万善

住所：江苏省南京市中山东路 90 号

电话：025-84457777

传真：025-84579778

保荐代表人及项目联系人：平长春、袁成栋

项目协办人：王洪亮

二、上市保荐机构的推荐意见

上市保荐机构华泰证券股份有限公司已向深圳证券交易所提交了《华泰证券股份有限公司关于江苏洋河酒厂股份有限公司股票上市保荐书》，推荐意见如下：

华泰证券认为：洋河股份申请其股票上市符合《中华人民共和国公司法》、《中华人民共和国证券法》、《深圳证券交易所股票上市规则》等相关法律法规所规定的股票上市条件，同意担任洋河股份上市的保荐机构，推荐洋河股份的股票在深圳证券交易所上市交易，并承担相关保荐责任。

新疆北新路桥建设股份有限公司

新疆北新路桥建设股份有限公司首次公开发行股票上市公告书

第一节　重要声明与提示

本公司及全体董事、监事、高级管理人员保证上市公告书的真实性、准确性、完整性，承诺上市公告书不存在虚假记载、误导性陈述或重大遗漏，并承担个别和连带的法律责任。

证券交易所、其他政府机关对本公司股票上市及有关事项的意见，均不表明对本公司的任何保证。

本公司已承诺将在本公司股票上市后三个月内按照《中小企业板块上市公司特别规定》和《中小企业板投资者权益保护指引》的要求修改公司章程，在章程中载明"(1)股票被终止上市后，公司股票进入代办股份转让系统继续交易；(2)不对公司章程中的前款规定作任何修改。"

本公司提醒广大投资者注意，凡本上市公告书未涉及的有关内容，请投资者查阅刊载于巨潮网站(http://www.cninfo.com.cn)的本公司招股说明书全文。

本公司实际控制人、控股股东新疆生产建设兵团建设工程(集团)有限责任公司承诺，自公司股票上市交易之日起三十六个月内，不转让或者委托他人管理其直接和间接持有的发行人股份，也不由发行人收购该部分股份；本次发行前其他股东承诺，自公司股票上市交易之日起十二个月内自愿接受锁定，不进行转让，也不由发行人收购该部分股份。

全国社会保障基金理事会在公司首次公开发行股票并上市时，获得的本次发行前国有股东转持的475万股，根据《境内证券市场转持部分国有股充实全国社会保障基金实施办法》的有关规定，社保基金会将承继原国有股东的禁售期义务。

本公司董事、监事和高级管理人员承诺将严格遵守《公司法》、《证券法》和《深圳证券交易所股票上市规则》等有关法律、法规关于公司董事、监事和高级管理人员持股及锁定的有关规定。

本上市公告书已披露2009年三季度财务数据及资产负债表、利润表、现金流量表。其中2009年三季度、2008年三季度财务数据未经审计，对比报表中2008年度财务数据已经审计。敬请投资者注意。

第二节　股票上市情况

一、公司股票发行上市审批情况

本上市公告书是根据《中华人民共和国公司法》、《中华人民共和国证券法》和《首次公开发行股票并上市管理办法》等国家有关法律、法规的规定，并按照《深圳证券交易所股票上市公告书内容与格式指引(2009年9月修订)》而编制，旨在向投资者提供有关新疆北新路桥建设股份有限公司(以下简称"本公司"、"公司"、或"北新路桥")首次公开发行股票上市的基本情况。

经中国证券监督管理委员会"证监许可[2009] 1094号"文核准，本公司公开发行不超过4,750万股人民币普通股。根据初步询价结果，确定本次发行数量为4,750万股。本次发行采用网下向配售对象询价配售(以下简称"网下配售")和网上向所有除参与网下初步询价的配售对象以外的社会公众投资者定价发行(以下简称"网上发行")相结合的方式，其中网下配售950万股，网上定价发行3,800万股，发行价格为8.58元/股。

经深圳证券交易所《关于新疆北新路桥建设股份有限公司人民币普通股股票上市的通知》(深证上【2009】149号)同意，本公司发行的人民币普通股股票在深圳证券交易所上市，股票简称"北新路桥"，股票代码"002307"；其中本次公开发行中网上定价发行的3,800万股股票将于2009年11月11日起上市交易。

本次发行的招股意向书、招股说明书全文及相关备查文件可以在巨潮网站(www.cninfo.com.cn)查询。本公司招股意向书及招股说明书的披露距今不足一个月，故与其重复的内容不再重述，敬请投资者查阅上述内容。

二、公司股票上市概况

1、上市地点：深圳证券交易所

2、上市时间：2009年11月11日

3、股票简称：北新路桥

4、股票代码：002307

5、首次公开发行后总股本：189,450,000股

6、首次公开发行股票增加的股份：47,500,000股

7、发行前股东所持股份的流通限制及期限：根据《公司法》的有关规定，公司公开发行股份前已发行的股份，自公司股票在证券交易所上市交易之日起一年内不得转让。

8、本次发行前股东所持股份的流通限制、期限及对其股份自愿锁定的承诺：

根据《公司法》、《证券法》及相关法律法规的规定，本公司实际控制人、控股股东新疆生产建设兵团建设工程(集团)有限责任公司承诺，自公司股票上市交易之日起三十六个月内，不转让或者委托他人管理其直接和间接持有的发行人股份，也不由发行人收购该部分股份；本次发行前其他股东承诺，自公司股票上市交易之日起十二个月内自愿接受锁定，不进行转让，也不由发行人收购该部分股份。

全国社会保障基金理事会在公司首次公开发行股票并上市时，获得的本次发行前国有股东转持的475万股，根据《境内证券市场转持部分国有股充实全国社会保障基金实施办法》的有关规定，社保基金会将承继原国有股东的禁售期义务。

9、本次上市股份的其他锁定安排：本次公开发行中配售对象参与网下配售获配的股票自本次网上发行的股票在深圳证券交易所上市交易之日起锁定三个月。

10、本次上市的无流通限制及锁定安排的股份：本次公开发行中网上发行的3,800万股股份无流通限制及锁定安排。

11、公司股份可上市交易时间

项目	股东名称	持股数量（万股）	股权比例（%）	可上市交易时间（非交易日顺延）
首次公开发行前已发行的股份	新疆生产建设兵团建设工程(集团)有限责任公司	10,662.42	56.28	2012年11月11日
	新疆中基实业股份有限公司	2,811.60	14.84	
	新疆金石置业投资集团有限公司	132.31	0.70	
	新疆新通达机械工程有限责任公司	66.15	0.35	2010年11月11日
	长安大学	47.52	0.25	
	全国社会保障基金理事会转持二户	475.00	2.51	其中4,729,100股2012年11月11日；其余20,900股2010年11月11日
首次公开发行的股份	网下配售股份	950	5.01	2010年2月11日
	网上发行股份	3,800	20.06	2009年11月11日
	小计	4,750	25.07	-
合　计		18,945	100.00	-

12、股票登记机构：中国证券登记结算有限责任公司深圳分公司

13、上市保荐机构：光大证券股份有限公司

第三节　公司、股东和实际控制人情况

一、公司基本情况

1、中文名称：新疆北新路桥建设股份有限公司

英文名称：XinJiang Beixin Road & Bridge Construction Co.,Ltd

2、法定代表人：朱建国

3、注册资本：14,195万元(发行前)；18,945万元(发行后)

4、成立日期：2001年8月7日

5、住所及邮政编码：新疆维吾尔自治区乌鲁木齐市河滩北路822号；830018

6、经营范围：公路工程施工总承包一级；公路路面工程专业承包一级；公路路基工程专业承包一级；桥梁工程专业承包一级；新型建材的开发、生产与销售；商品混凝土、沥青混凝土的生产与销售；货物运输、搬运装卸(机械)；工程机械设备租赁；承包境外公路工程和境内国际招标工程；对外派遣实施上述境外工程所需的劳务人员；自营和代理各类商品和技术的进出口，但国家限定公司经营或禁止进出口的商品和技术除外；润滑油、钢材、水泥、机械设备及配件、建筑材料、通讯器材(专项除外)销售。

7、所属行业：E01 土木工程建筑业

8、电　　话：0991-6694420　传真：0991-6694420

9、互联网址：http://www.xjbxlq.com

10、电子信箱：zsj@xjbxlq.com

11、董事会秘书：朱胜军

二、公司董事、监事、高级管理人员及其持有公司的股票情况

姓　名	职务	任期	持股数量
朱建国	董事长	2007.9—2010.8	无
王志民	副董事长	2007.9—2010.8	无
陈　刚	董事、总经理	2007.9—2010.8	无
孙　愚	董事	2007.9—2010.8	无
王晓东	董事	2007.9—2010.8	无
司书忠	董事	2007.9—2010.8	无
刘　涛	独立董事	2007.9—2010.8	无
姜德鑫	独立董事	2007.9—2010.8	无
郑石桥	独立董事	2007.9—2010.8	无
吴光成	监事	2007.9—2010.8	无
叶成光	监事	2007.9—2010.8	无
孙军江	监事	2007.9—2010.8	无
张　辉	监事会主席、工会主席	2007.9—2010.8	无
吕　伟	监事、纪委书记	2007.9—2010.8	无
张　华	常务副总经理	2007.9—2010.8	无
熊保恒	副总经理	2007.9—2010.8	无
郭建新	副总经理	2007.9—2010.8	无
汪　伟	副总经理	2007.9—2010.8	无
韩征平	副总经理	2007.9—2010.8	无
蔡志舰	副总经理	2007.9—2010.8	无
沈赣华	副总经理	2007.9—2010.8	无
连建平	副总经理	2007.9—2010.8	无
张国栋	总工程师	2007.9—2010.8	无
王　勇	总经济师	2007.9—2010.8	无
张　杰	总会计师兼财务总监	2007.9—2010.8	无
朱胜军	董事会秘书	2007.9—2010.8	无

三、公司控股股东及实际控制人的情况

(一)控股股东

新疆生产建设兵团建设工程(集团)有限责任公司本次发行前持有本公司股份11,135.33万股，占发行前总股本的78.44%，本次发行后持有本公司股份10,662.42万股，占发行前总股本的56.28%，为本公司控股股东。

兵团建工集团(国际业务使用名称："新疆北新建设工程(集团)有限责任公司")系2000年12月21日由原新疆兵团建筑安装工程总公司改制变更而成，其前身是中国人民解放军建工程部队，1952年该部队转业组建成新疆生产建设兵团建筑工程第一师。1993年，建工师集中其所属施工企业的优势力量，建立了新疆农垦建筑安装工程总公司，后更名为新疆兵团建筑安装工程总公司。兵团建工集团行业管理归口兵团建设局，为兵团建工师国资委投资的国有独资公司。目前兵团建工集团注册资本和实收资本均为101,800万元，法定代表人为朱建国，注册地和主要办公地址为乌鲁木齐市新民路113号。

兵团建工集团拥有房屋建筑工程施工总承包壹级、铁路工程施工总承包壹级、水利水电工程施工总承包壹级资质；具有对外经营权和进出口权以及对外援助成套项目施工任务B级实施企业资格，现已发展成为集建筑、铁路、水利水电、市政工程施工、设备安装、科研、设计、建材生产、房地产开发、物资供应等多元经济的企业集团。2008年度，兵团建工集团位列全球最大的225家国际承包商的199位。

经新疆信德有限责任会计师事务所审计，截至2008年12月31日，兵团建工集团总资产285,649.88万元，净资产90,168.03万元，2008年度实现净利润9,370.25万元；截至2009年6月30日，兵团建工集团总资产373,968.21万元，净资产130,248.44万元，2009年1-6月实现净利润5,558.65万元。

(二)实际控制人

本公司的实际控制人即为控股股东：兵团建工集团。

（三）控股股东及实际控制人对外投资情况

1、兵团建工集团对外组织关系图（略）

2、兵团建工集团所控制的其他企业情况

单位：万元

序号	公司名称	成立时间	注册资本/实收资本	注册地/主要生产经营地	主营业务	20090年1-6月 总资产	净资产	净利润	投资比例(%)
1	兵团一建	2001.7.18	5,000	乌鲁木齐市	建筑施工	62,793	9,948	−77	60.00
2	兵团五建	1989.3.24	5,005.1	石河子市	建筑施工	20,123	5,847	−981	100.00
3	兵团六建	1989.3.27	5,631	石河子市	建筑施工	24,568	11,652	−231	100.00
4	兵团房产集团	2002.4.13	8,000	乌鲁木齐市	房地产开发	19,686	7,532	−396	40.00
5	石油物资公司	1994.1.21	220	乌鲁木齐市	成品油批发	792	390	43	45.45
6	大型设备租赁公司	2000.11.14	3,917.1248	乌鲁木齐市	设备租赁	19,770	1,695	14	37.10
7	建科院	2002.7.11	200	乌鲁木齐市	研究开发、技术推广服务、检测和实验	763	618	75	50.00
8	西源钢构	2004.8.9	1,800	乌鲁木齐市	钢结构工程施工	22,574	2,467	73	42.10
9	新北商贸公司	2006.4.28	500	乌鲁木齐市	房屋租赁仓储服务	1,971	547	50	100.00
10	昆贸大厦	1987.11.4	665.5	乌鲁木齐市	百货批零	206	−452	0	100.00
11	中建北新	2005.12.15	10,000	乌鲁木齐市	铁路工程施工	49,652	9,980	1,015	50.00
12	北新房地产	2007.3.7	800	乌鲁木齐市	房地产开发	6,709	559	−68	90.00

注：上述披露的 2009 年 1-6 月财务数据均未经审计。

四、公司前十名股东持有公司发行后股份情况

此次发行后，公司股东总数为 76,085 户。

公司前 10 名股东持有公司发行后股份情况如下：

序号	股东名称	持股数量（万股）	比例(%)
1	新疆生产建设兵团建设工程（集团）有限责任公司	10,662.42	56.28
2	新疆中基实业股份有限公司	2,811.60	14.84
3	全国社会保障基金理事会转持三户	475.00	2.51
4	新疆金石置业投资集团有限公司	132.31	0.70
5	新疆新通达机械工程有限责任公司	66.15	0.35
6	长安大学	47.52	0.25
7	中国南方电网公司企业年金计划-中国工商银行	12.0712	0.06
8	中国建设银行股份有限公司企业年金计划-中国工商银行	12.0712	0.06
9	中国工商银行股份有限公司企业年金计划-中国建设银行	8.3515	0.04
10	中国石油天燃气集团公司企业年金计划-中国工商银行	6.0606	0.03
11	湖南省电力公司企业年金计划-交通银行	6.0606	0.03
	合　　计	14,239.6151	75.16

第四节　股票发行情况

1、发行数量：4,750 万股

2、发行价格：8.58 元/股

3、发行方式：本次发行采用网下向配售对象询价配售和网上向所有除参与网下初步询价的配售对象以外的社会公众投资者定价发行相结合的方式。本次发行网下配售 950 万股，有效申购为 150,150 万股，有效申购获得配售的比例为 0.63270063%，超额认购倍数为 158 倍。本次发行网上定价发行 3,800 万股，中签率为 0.1355180749%，超额认购倍数为 738 倍，网下无零股。

4、募集资金总额：407,550,000 元。希格玛会计师事务所有限公司已于 2009 年 11 月 6 日对发行人首次公开发行股票的资金到位情况进行了审验，并出具"希会验字(2009)第 0110 号"《验资报告》。

5、发行费用总额：3120.425 万元，明细如下：

项　　目	金额（万元）
承销及保荐费	1926.425
审计验资、评估费用	225
律师费用	140
信息披露及推介费用	750
发行及其他费用	79
合　　计	3120.425

每股发行费用：0.6569 元。（每股发行费用=发行费用总额/本次发行股本）

6、募集资金净额：376,345,750 元。

7、发行后每股净资产：3.506 元（按照 2009 年 6 月 30 日经审计的净资产加本次发行筹资净额之和除本次发行后总股本计算）。

8、发行后每股收益：0.21 元（以公司 2008 年扣除非经常性损益后孰低的净利润按照发行后股本摊薄计算）。

第五节　财务会计资料

本上市公告书将未经审计的 2009 年三季度财务数据披露如下。

一、主要财务数据及财务指标

项　　目	2009-9-30	2008-12-31	本报告期末比上年期末增减
流动资产（元）	1,333,910,230.85	903,600,600.51	430,309,630.34
流动负债（元）	1,191,170,496.95	872,104,789.47	319,065,707.48
总资产（元）	1,645,185,249.08	1,214,942,067.73	430,243,181.35
归属于发行人股东的所有者权益（元）	303,622,442.36	262,837,278.26	40,785,164.10
归属于发行人股东的每股净资产（元）	2.14	1.85	0.29

项　　目	2009 年 7-9 月	本报告期比上年同期增减	2009 年 1-9 月	本报告期比上年同期增减
营业总收入（元）	680,916,987.88	169,579,428.38	1,593,756,036.16	392,962,764.66
利润总额（元）	18,421,424.22	4,833,959.23	47,764,321.20	9,522,010.76
归属于发行人股东的净利润（元）	15,723,632.27	4,078,837.57	40,785,164.10	8,405,610.45
扣除非经常性损益后归属于发行人股东的净利润（元）	13,929,894.11	2,465,486.96	39,195,053.86	6,878,580.27
基本每股收益（元）	0.1108	0.039	0.2873	0.06
净资产收益率（全面摊薄）	5.18	1.34	13.43	2.77
扣除非经常性损益后的净资产收益率（全面摊薄）	4.59	0.81	12.91	2.27
经营活动产生的现金流量净额（元）	14,663,935.37	6,088,124.76	40,189,538.22	−6,941,234.81
每股经营性现金流量净额（元）	0.1	0.04	0.28	−0.05

二、经营情况和财务状况的简要分析

（一）经营业绩

公司自设立以来一直从事公路工程施工业务。2009 年 1-9 月，公司实现营业收入、利润总额、归属于发行人股东的净利润分别为 159,375.60 万元、4,776.43 万元、4,078.51 万元，较上年同期分别增长 32.73%、24.90%、25.96%。

（二）财务状况

1、货币资金：期末余额较期初增加 6,242.31 万元，增幅为 35.02%，主要是公司三季度回款情况良好，且银行贷款净额增加 8,900 万元所致。

2、应收账款：期末余额较期初增加 8,073.92 万元，增幅为 34.08%，主要是工程施工项目业主已结算尚未支付工程款形成，导致前三季度形成的应收账款增加幅度较大。

3、其他应收款：期末余额较期初增加 457.72 万元，增幅为 4.5%，主要是投标保证金及生产用备用金周转增加所致。

4、存货：期末余额较期初增加 24,551.42 万元，增幅为 82.81%，主要是生产旺季原材料储备增加，已完工程业主尚未结算所致。

5、长期股权投资：期末余额较期初减少 0.33 万元，主要是参股公司新疆金源工程建设有限公司亏损损益调整所致。

6、无形资产：期末余额较期初增加 8.35 万元，增幅为 9.7%，主要是新增办公软件。

7、应付票据：期末余额较期初减少 970.67 万元，减幅为 52.75%，，主要是已按期承兑应付票据。

8、应付账款：期末余额较期初增加 2,959.42 万元，增幅为 9.42%，主要是二、三季度为生产旺季，应付原材料供应商、设备租赁款项金额增加所致。

9、预收款项：期末余额较期初增加 20,524.25 万元，增幅为 72%，主要是新开工项目业主拨付预收款项。

10、其他应付款：期末余额较期初增加 4,245.73 万元，增幅为 61.79%，主要是收取履约保证金所致。

11、长期借款：期末余额较期初增加 5,600.00 万元，增幅为 70%，主要是购置固定资产导致长期银行贷款增加所致。

12、长期应付款：期末余额较期初增加 1,439.23 万元，增幅为 100%，主要是融资租赁购进固定资产所致。

13、未分配利润：期末余额较期初增加 4,078.52 万元，增幅为 41.66%，主要是前三季度净利润增加所致。

除上述事项外，本报告期内公司无其他对财务数据和指标产生重大影响的重要事项。

本节所称报告期指 2009 年 1-9 月，报告期末指 2009 年 9 月 30 日，报告期初指 2008 年 12 月 31 日，2009 年三季度指 2009 年 7-9 月。

第六节　其他重要事项

一、公司已向深圳证券交易所承诺，将严格按照中小企业板的有关规则，在上市后三个月内尽快完善公司章程等相关制度。

二、本公司自 2009 年 10 月 26 日刊登首次公开发行股票招股意向书至本上市公告书刊登前，除以上事项外，没有发生可能对公司有较大影响的重要事项。

具体如下：

1、公司严格依照《公司法》、《证券法》等法律法规的要求，规范运作，经营状况正常，主要业务发展目标进展正常；

2、公司所处行业或市场未发生重大变化；

3、公司原材料采购价格和产品销售价格未发生重大变化；

4、公司未发生重大关联交易事项，资金未被关联方非经营性占用；

5、公司未发生重大投资行为；

6、公司未发生重大资产（或股权）购买、出售及置换行为；

7、公司住所没有变更；

8、公司董事、监事、高级管理人员及核心技术人员未发生变化；

9、公司未发生重大诉讼、仲裁事项；

10、公司未发生对外担保等或有事项；

11、公司财务状况和经营成果的未发生重大变化；

12、公司无其他应披露的重大事项。

第七节　上市保荐机构及其意见

一、上市保荐机构情况

上市保荐机构：光大证券股份有限公司

法定代表人：徐浩明

联系地址：北京市复兴门外大街 6 号光大大厦 17 层

电　话：010-68561122

传　真：010-68561021

保荐代表人：崔宝瑞、唐绍刚

项目协办人：卫成业

项目组成员：肖朝晖、文建伟、刘立冬、孙馨蕊

二、上市保荐机构的推荐意见

上市保荐机构光大证券股份有限公司已向深圳证券交易所提交了《光大证券股份有限公司关于新疆北新路桥建设股份有限公司股票上市保荐书》，意见如下："保荐机构光大证券认为：新疆北新路桥建设股份有限公司申请其股票上市符合《公司法》、《证券法》及《深圳证券交易所股票上市规则》（2008 年修订）等法律、法规的有关规定，发行人股票具备在深圳证券交易所上市的条件，光大证券愿意保荐发行人的股票上市交易，并承担相关保荐责任。"

新疆北新路桥建设股份有限公司

2009 年 11 月 10 日

欢乐谷

LIUGONG 柳工

2009年11月，公司董事长王晓华先生荣获中国质量协会、中华全国总工会颁发的“中国杰出质量人” 称号。图为全国政协副主席张榕明，中国机械联合会特别顾问陆燕荪为王晓华先生（中）颁奖。

2009年11月，公司副董事长、总裁曾光安先生荣获中国CEO高峰论坛“2009年度中国十大杰出CEO”称号，图为曾光安先生（中）在颁奖台上。

www.liugong.com

广西柳工机械股份有限公司
Guangxi Liugong Machinery Co., Ltd.

中國銀行

BANK OF CHINA

中国银行总行联系方式

地址：北京市复兴门内大街1号（100818） SWIFT：BKCH CN BJ

电话:010-6659 6688　传真:010-6659 3777

中國銀行
BANK OF CHINA
中国银行
全球服务
WAYS WITH YOU

以客户为中心

以市场为导向

强化公司治理

创建国际一流大银行

J.P.Morgan
摩根大通

交銀國際控股有限公司 BOCOM INTERNATIONAL HOLDINGS COMPANY LIMITED

（交通銀行股份有限公司全資附屬機構）
(A wholly owned subsidiary of Bank of Communications Co., Ltd.)

交银国际控股有限公司（BOCOM International Holdings Company Limited）是交通银行在香港设立的国际投资银行和证券旗舰，其前身交通证券有限公司，经中国人民银行、中国证监会批准，获香港证监会发牌，于1999年9月正式开业。根据交通银行综合经营和战略转型的需要，2007年初交通证券有限公司重组为交银国际。交银国际下设交银国际（亚洲）有限公司、交银国际证券有限公司和交银国际资产管理有限公司三家全资子公司，分别从事投资银行业务、证券买卖业务和资产管理业务。

交通银行集团及公司领导
交通银行董事长胡怀邦（左二）、交通银行副行长彭纯（右二）、
交银国际首席执行官谭岳衡（左一）、交银国际副首席执行官刘强（右一）

交银国际成功完成交通银行在港发行30亿元人民币债券项目

交银国际业务范围

投资银行业务：保荐上市；收购合并；财务顾问；合规顾问；承销及配售；股本和债务融资等。

股票经纪业务：香港股票交易；香港期货与期权交易；国内B股交易；美国、英国、德国、日本、新加坡、澳大利亚股票交易；环球期货交易；ELI/ELN结构投资产品；为证券交易和期货合约交易提供意见（投资咨询）；孖展业务（股票融资）等。

资产管理业务：现金管理；独立投资组合管理；多元资产管理；股票投资；定息收益投资；混合投资；直接投资；产业投资基金管理等。

投资银行业务快速提升

经过10年的发展，交银国际已经发展成为一家拥有三家子公司，投行、证券交易、资产管理等业务齐全、功能完善的投资银行和证券商。交银国际为香港区域内规模较大、服务广泛的中资投资银行与证券买卖机构之一。同时交银国际也是香港证监会批准的第一批主板上市保荐人，并拥有收购兼并的独立财务顾问牌照，已经形成了独立保荐与承销、联席保荐与承销、副主承销、承销、配售、财务顾问、合规顾问等业务系列。近几年，交银国际主导和参与了百余家企业上市的保荐、承销，涉及金额3600余亿元。为30余家大中型上市公司提供独立财务顾问和合规顾问。

"交银国际 全球化背景下的海外证券投资"国际论坛

证券交易跃居中资券商前列

交银国际证券经纪业务近年来得到了快速发展，服务对象包括全球机构投资者及港澳台、中国内地的广泛区域客户；证券销售已经形成了经纪人团队、证券销售团队和机构销售团队相互配合，服务配套的合理架构体系；服务产品越来越丰富，涵盖港股交易、香港期货交易、B股交易、环球股票与期货交易、固定收益产品、结构性投资产品、股票融资与新股融资服务等。交易技术手段不断提升，已经推出了成熟的网上股票与期货交易，以及专门为机构客户提供的交易系统。

交银国际证券交易量逐年增长，已经从开业初期的十几亿、数十亿元提高到近两年的数千亿元。1999－2008年交银国际证券交易量的年均增长速度为58%，比市场年均增长速度高33个百分点。交银国际已经跻身于香港交易所B组券商较前端，跃居中资券商的前列。

研究实力日益增强

交银国际研究团队现有研究人员近30人，研究范围广泛，覆盖银行、电信、互联网、能源、房地产、商贸等重点行业及宏观经济与市场策略；拥有03-07连续五年被《新财富》等杂志评选为最佳/明星分析师的银行业等优秀的行业分析师，分析员及经济师均有多年研究经验，对国际国内资本市场及主要行业有深厚的认识；研究报告受到广大投资者的高度重视，具有广泛的市场影响。

交银国际成功完成金隅股份新股上市项目

交银国际成功完成旭光资源新股上市项目

交银国际拥有雄厚的银行背景实力、丰富的过往业绩和宝贵的国际资本市场运作经验，及高素质的国际化专业人才和卓越的管理团队，拥有广泛的国际、国内与香港的资源网路、多元化的业务品种和具特色的机构投资者基础。交银国际将秉承交通银行悠久的历史传统和金融创新的宗旨，把握中国经济增长带来的区内外资本市场机遇，为客户提供优质的投资银行服务，证券买卖服务和资产管理服务，以优质的服务和优良的业绩报答客户，回报股东，回馈社会。

交流融通 誠信永恒

COMMUNICATION AND CREDIBILITY

交银国际成功举办2009年下半年投资策略研讨会

中国建设银行
China Construction Bank

中国建设银行将恪尽职守，勤勉尽责，牢固树立“以客户为中心”的经营理念，不断加强风险管理和内部控制，严格履行托管人的各项职责，切实维护资产持有人的合法权益，为资产委托人提供高质量的托管服务。

善建者不拔，善抱者不脱。——《道德经》

大行德广

中国
AGRICULT

百年历史 民族品牌 www.bankcom.com

交通银行资产托管业务具有强大的创新能力，集中体现在托管服务方案的设计能力上，在托管领域从证券投资基金拓展到社保、企业年金、信托、产业基金、资产证券化、专户理财等12大类产品的过程中，交通银行能按照不同产品的特点设计相应的托管服务，不断开发并及时推出创新产品，曾推出国内第一只开放式基金托管服务方案，以较好的服务方案赢得全国社保基金的托管资格，托管了国内金融市场上首单租赁权资产证券化业务，成功设计国内首个以人民币募集的产业基金托管方案，推出国内首个专户理财托管服务。强大的创新能力已成为交通银行托管服务持续发展的动力和源泉，既极大地满足了客户的个性化需求，也推动了自身业务的不断发展。

渤海产业投资基金设立仪式

交通银行与汇丰银行战略合作签约仪式

交通银行资产托管业务，始终秉持最大限度保护受托人权益的理念，切实履行托管人责任，注重风险控制，建立了完善的风险控制机制，不断强化风险管理对业务发展的保障和支持。不仅设立了专门负责风险管理工作的部门，而且建立了授权合理、相互制衡的业务运作架构。同时，在风险管理中不断引入先进的风控理念。2002年率先进行引入外部审计对托管业务开展内控评审的尝试，2006年成功将国际先进的SAS70内控审计标准应用于国内的托管实践，并作为一项长效措施坚持每年实施。这些风控措施的有效实施，在业务的实际运作中收到了很好的效果，业务运行十年来，保持了优良的运行纪录，托管业务的内控环境持续得到优化。

交通银行在香港联交所成功上市

交通银行资产托管业务以客户为中心的服务理念始终贯穿在服务的每个环节，努力于为客户提供一流的服务。首先，交通银行拥有先进的托管业务系统，能支持目前市场上各类托管品种的运作，具有足够快的响应速度应答客户需求，并提供可行的托管方案，保证托管服务的安全性、稳定性和可靠性。其次，交通银行非常重视客户体验，已建立了一定的服务标准，通过进行定期走访、发放调查问卷、开发新的服务内容等措施不断提高客户满意度，提升托管服务价值。此外，交通银行非常注重学习国际著名托管机构的经验，积极与国际机构开展合作，促进了交通银行托管业务的标准化、国际化发展。

在业务合作中，交通银行注重为客户提供深入详细、可行的服务方案，充分支持客户多样性的需求；注重以迅速、便捷的运行系统和尽职专业的运作团队持续为客户提高服务价值。如今，交通银行托管业务已被广大客户认可，具有一定的品牌形象，与全国社保理事会、国内知名的基金公司、保险公司、证券公司、信托公司等金融机构建立了托管合作关系；在开展企业年金托管服务以来，其服务对象进一步延伸至分布全国涉及电力、航空、铁路运输、烟草、金融、石化、港口、基础设施建设等行业的数家大型企业。

交通银行资产托管业务拥有一支专业的业务运作团队。该团队人员具有多年基金、证券和银行的从业经验，具备基金从业资格，拥有注册会计师、经济师、工程师和律师等中高级专业技术职称，专业分布合理，职业技能优良，职业道德素质过硬，保证了我们能提供专业的服务。

招商证券

China Merchants Securities

董事长：宫少林先生

总裁：杨鶤女士

招商证券股份有限公司是百年招商局控股的证券公司，是一家专注于为客户提供丰富、专业的投融资服务和财富管理解决方案的综合类证券公司。经过十八年创业发展，综合实力进入国内十强，2009年11月17日，招商证券在上海证券交易所成功上市，股票代码为600999。

截至2009年底，招商证券在国内34个城市设有71家营业部，同时在香港设有分支机构。招商证券具有稳定的持续盈利能力、科学合理的风险管理架构、专业的服务能力。全资拥有招商证券（香港）、招商期货有限公司、招商资本投资有限公司，控股博时基金管理公司，参股招商基金管理公司，构建起国内国际业务一体化的综合证券服务平台。

股票简称：招商证券
股票代码：600999

招商证券致力于以卓越的金融服务实现客户价值增长，推动社会经济发展和生活水平提高，将建设产品丰富、服务一流、能力突出、品牌卓越的国际化金融机构，成为客户信赖、社会尊重、股东满意、员工自豪的优秀企业。

招商证券价值观

经营理念：珍惜声誉，诚信经营；稳健务实，协调发展

客户理念：服务至上，客户为先；至专至精，成就价值

人文理念：以人为本，任人唯贤；公开公正，和谐舒畅

行为取向：崇尚进取，鼓励创新；全局为重，团结协作

责任理念：忠诚尽责，勤勉奉献；回报股东，服务社会

2009年11月17日，招商证券在上海证券交易所成功上市

简洁、平和、自信、创造

申银万国证券
SHENYIN & WANGUO SECURITIES

董事长：丁国荣先生

申银万国证券股份有限公司（简称：申银万国），由原上海申银证券公司和原上海万国证券公司于1996年7月16日合并设立，是国内最早的一家股份制证券公司。申银万国现有218家股东，其中中央汇金公司是第一大股东。创业二十余年至今，公司已经发展成为一家拥有近3000名员工，资本金67.1576亿元的大型综合类证券公司。除各直属总部外，申银万国在全国各地共设有9个分公司、2个代表处、145家营业网点。

诚信 专业 领先

党委书记、总裁：冯国荣先生

公司拥有控股子公司——上海申银万国证券研究所有限公司、申银万国期货有限公司、申银万国投资有限公司和申万巴黎基金管理有限公司，并在香港特别行政区设有申银万国（香港）集团公司和控股的上市公司——申银万国（香港）有限公司。公司还参股富国基金管理有限公司。

申银万国在中国证券行业历史上创造了很多“第一”，如代理发行新中国第一张A股、第一张B股，创建新中国第一个股票交易柜台，率先开展QFII代理业务、代办股份转让业务等等。

2009年，申银万国共实现利润总额50.14亿元，被国际著名财经杂志《亚洲货币》评为19年以来“中国本土最佳经纪商”称号。

公司成功承办“2009创业板与中小企业投融资论坛”

投资银行业务完成了“久其软件”、“同花顺”、“华星创业”3个A股IPO项目，以及“建峰化工”非公开发行项目的主承销，完成并购独立财务顾问项目1家，为ST耀华重大资产重组暨定向增发担任独立财务顾问；首次担任中国铁路建设债券的主承销商，实现了债券承销业务的新突破。承销各类债券189.68亿元。在《证券时报》主办的“2009中国区优秀投行”评选中，公司主承销的“天保投资债”被评为“最佳债券承销项目”。

开拓奉献 追求卓越

申银万国证券网站
www.sywg.com

地址：上海市常熟路171号　邮编：200031　电话：021-54033888(总机)　传真：021-54035333

经纪业务股票、基金交易市场占有率3.85%，市场排名仍保持第七位。B股交易量市场占比8.17%，市场排名保持第1位。全年举办了“上海证券报-申银万国投资者教育全国行活动”11场，重点安排在新设营业部和升级服务部所在城市，形成了良好市场品牌效应和业务效果。

自营业务在严格控制风险的前提下，努力追求投资收益最大化。“申银万国2号”集合理财计划，筹集资金规模达到24.27亿元。QFII业务共代理16家交易客户，继续保持市场领导地位。申银万国香港公司各项业务均呈现恢复性增长，在联交所排名有所提升，成功保荐兴利（香港）控股（0396）在香港主板挂牌上市。

研究所为总公司业务发展和金融创新积极提供研究支持，通过开展高端会议活动提升申银万国品牌影响力。研究所2009年度分别被《新财富》、《证券市场周刊》等评选为“最具影响力研究机构”第一名。

2009年第一次工作会议

中日韩全球投资峰会

第一届中加证券研讨会

最可信赖、持续领先的资产管理公司

成都分公司开业

深圳分公司开业

建信观察家论坛

公司以“建设财富生活”为使命，以“持有人利益重于泰山”为完成使命的核心原则，秉承“诚信、专业、规范、创新”的核心价值观，致力于成为最可信赖、持续领先的资产管理公司。

2008年1月16日和2009年1月12日，建信货币市场基金连续两年荣获《中国证券报》等机构评选的“开放式货币市场金牛基金”奖。

www.ccbfund.cn

fortune

comes true

建设财富生活

2009年1月14日，公司荣获《证券时报》等机构评选的“2008年度投资者教育明星基金公司奖”，建信稳定增利债券型基金荣获“2008年度新基金明星奖”。

新疆财经大学捐赠

爱建证券有限责任公司
AJ SECURITIES CO.,LTD.

爱建证券有限责任公司于2002年9月经中国证券监督管理委员会批准成立，并于2006年10月完成增资扩股，目前注册资本为11亿元人民币。公司总部所在地为上海市，在上海、北京、深圳、厦门、宁波、嘉兴、重庆等大中城市设立了15家证券营业部和1家证券服务部，员工总数300余人。

公司经营范围包括证券的承销和上市推荐；证券自营；代理证券买卖业务，代理证券还本付息和红利的支付；证券投资咨询；资产管理；发起设立证券投资基金和基金管理公司等。公司形成了包括证券经纪、投资银行、证券投资、资产管理、固定收益等业务体系以及风险管理、研究咨询、信息技术等业务支持体系。几年来，公司的风险控制水平不断提升，经营管理基础不断夯实。2005年，公司通过了客户交易结算资金独立存管的验收，实现了交易集中、清算集中和数据集中；2007年，公司全面实施了客户交易结算资金第三方存管，通过了中国证监会综合治理及重组达标现场检查验收；2008年，历时三年的账户规范工作取得突破，全面达到规定的标准……。

“诚信、稳健、开拓”是公司经营管理的核心理念。公司推行全面风险控制，倡导和推进合规文化建设，在实施合规管理、稳健经营和规范运作基础上，从资本扩张、业务发展、经营管理、团队和企业文化建设、资质与品牌建设等方面展开有效工作，遵循做实、做强、做大发展次序，逐步加快步伐，实现跨越式发展。

公司倡导“以人为本、以德为先、人为为人”和“实事求是”为基础的企业文化管理，强调德为才帅、德才兼备的人才观，注重建设长期稳定的学习型组织。公司已具备一支专业素质良好的员工队伍，力求以良好的专业技能和高度的敬业精神，为客户提供专业化、多元化、个性化的服务。

近年来，公司以成功重组为契机，通过拓展业务、强化管理、清理历史遗留问题，业务经营持续增长，市场声誉不断提升，内部控制得以健全，运营管理不断规范，资产质量全面提高，公司面貌焕然一新，公司发展步入良性循环。公司2006年成功重组以来取得的发展和成果，展示了新爱建证券人敢于拼搏、勇于付出、不怕困难、精诚团结的精神风貌，证实了新爱建证券的企业文化是茁壮企业、造福员工、公益社会、积极和谐的先进文化。

展望未来，公司将以先进的企业文化为导向，以崭新的企业机制为动力，以“服务客户、公益社会”为使命，致力于打造企业的核心竞争力，实现企业的持续健康发展，实现企业与社会的和谐发展。

普惠金融　和諧共富

金融雨露，当惠及民众；共同富裕，乃和谐之本。

怀平等之心，以惟惠之怀，承社会之责，

用至诚之心，创至信之行。

HRBanK 哈尔滨银行 HARBIN BANK

把握现在 赢在未来
东方证券股份有限公司
ORIENT SECURITIES COMPANY LIMITED
地址：上海市中山南路318号东方国际金融广场2号楼21-29层 邮编：200010
电话：（8621）63325888 传真：（8621）63327888
客服热线：95503 网址：www.dfzq.com.cn

2009
中國證券業年鑒
CHINA SECURITIES YEAR BOOK

总第十七期 中

建银国际
CCB International

建银国际（控股）有限公司是中国建设银行在香港全资设立的投资银行机构，围绕Pre-IPO,IPO与Post-IPO三大环节形成涵盖几十种产品的完整投行产业链，涉及企业融资及结构性融资安排、兼并收购、直接投资、资产管理、证券经纪、投资咨询等全方位多元化业务。

协办单位

大同煤业股份有限公司
北京首钢股份有限公司
北京北辰实业股份有限公司
建银国际（控股）有限公司
摩根大通银行（中国）有限公司

图书在版编目(CIP)数据

中国证券业年鉴.2009/《中国证券业年鉴》编辑委员会编.
—深圳:深圳报业集团出版社,2010.3
ISBN 978-7-80709-302-2

Ⅰ.中… Ⅱ.中… Ⅲ.资本市场—中国—2009—年鉴 Ⅳ.F832.51-54

中国版本图书馆CIP数据核字(2010)第013939号

中国证券业年鉴(2009·总第十七期)
《中国证券业年鉴》编辑委员会　编

责任编辑　陈　曦
封面设计　上海中证鉴文化传播有限公司
出版发行　深圳报业集团出版社
　　　　　深圳市深南大道6008号　电话0755-83518301　邮编518009
经　　销　新华书店
印　　刷　北京嘉彩印刷有限公司
开　　本　850mm×1168mm　1/16
印　　张　160
插　　页　260
字　　数　8500千字
版　　次　2010年3月第1版　2010年3月第1次印刷

定　　价　人民币1980元　港币2680元　美元400元(共三册)

编辑说明

《中国证券业年鉴》以客观、公正、全面、权威的历史使命，忠实记录了我国证券市场的发展轨迹，向海内外各界人士宣传、展现我国证券市场的发展成就，做出了应有的贡献；并给后人查阅、研究我国证券市场历史年度的动态，提供了权威资料。做好中国证券业历史的编辑整理工作，保证中国证券业历史记录的有序延续，是我们的责任。自1993年创刊以来，《中国证券业年鉴》已经逐渐成长为一个展示公司业绩、总结市场成就、记录中国证券业历史、向海内外各界人士展现和推介中国证券市场形象的权威窗口。《中国证券业年鉴》每年出版一次，分上、中、下三册向国内外公开发行。

《中国证券业年鉴》（2009.总第十七期）主要反映本年度中国金融、证券、基金、期货、保险、债券市场及企业制度建设和发展方面的情况和最新动态，供海内外有关机关、社团、学校、研究部门、企事业单位及社会各界人士做进一步研究参考使用。为推动中国证券业的规范化和国际化、建设有中国特色的社会主义市场经济服务。

《中国证券业年鉴（2009）》内容设置专论、中国金融市场、中国证券市场、中国基金市场、中国期货市场、中国保险市场、企业形象、中国证券业年度人物等部分，另有彩色图片1260幅。

《中国证券业年鉴（2009）》的资料直接来源于公司的公告和报告、国务院有关部委及各省、市相关单位提供的材料，保证了《年鉴》的权威性和准确性。《中国证券业年鉴（2009）》基本保持上一期的内容和体例，充实了原有的编章，同时重点充实了香港证券市场及各省、市、自治区证券市场的详细资料，突出反映了2009年我国证券市场的整体发展状况。但由于中国证券业仍处于快速发展阶段，加上各地区的发展不平衡以及我们的水平有限，难免出现一些疏漏，敬请读者谅解和指正。

《中国证券业年鉴》由上海、深圳证券交易所和中国证券业年鉴编辑委员会共同主办，由中国证监会主席尚福林先生担任顾问委员会主任，由庄心一、朱从玖、耿亮、陈东征、金颖担任顾问委员会副主任，总编辑由张育军、宋丽萍、林晨担任。在编辑出版过程中得到了国务院有关部门、中国证券监督管理委员会及各省、直辖市、自治区证监局、上海证券交易所、深圳证券交易所、香港联合证券交易所、中国证券报社、中国证券登记结算有限责任公司、建银国际（控股）有限公司、大同煤业股份有限公司及证券界有关领导、专家的指导和支持，在此我们表示最诚挚的感谢。

中国证券业年鉴编辑部

中国证券业年鉴顾问委员会

陈振鸿	爱建证券有限责任公司	董事长
许义明	景顺长城基金管理有限公司	总经理
谷娜莎	交通银行资产托管部	总经理
武　汛	大秦铁路股份有限公司	董事长
陈向阳	莱芜钢铁股份有限公司	董事长
包德元	深圳市燃气集团股份有限公司	董事长
贺江川	北京北辰实业股份有限公司	董事长
杜传志	日照港股份有限公司	董事长
杨华辉	联华国际信托有限公司	董事长
唐传勤	山东好当家海洋发展股份有限公司	董事长
何玉华	广深铁路股份有限公司	董事长
杨启典	维维食品饮料股份有限公司	董事长
孙伯全	天津天联公用事业股份有限公司	董事局主席
周沅帆	鹏元资信评估有限公司	副总裁
沈继宁	财通证券有限责任公司	党委书记、董事长兼总经理
朱治理	万和证券经纪有限公司	董事长
韩桂茂	深圳赤湾石油基地股份有限公司	董事长

理　事：

郭　友	中国光大银行	行长
丁原臣	中国铁建股份有限公司	副董事长
沈鹤庭	中国冶金科工股份有限公司	董事长
姜喜运	恒丰银行股份有限公司	董事长
盖志新	中国国旅股份有限公司	董事长
魏家福	中国远洋控股股份有限公司	董事长
石　柯	二重集团(德阳)重型装备股份有限公司	董事长、党委书记
南存辉	浙江正泰电器股份有限公司	董事长
汪海涛	西部矿业股份有限公司	董事长
张房有	广汽长丰汽车股份有限公司	董事长
谢长军	龙源电力集团股份有限公司	总经理
宫少林	招商证券股份有限公司	董事长
范勇宏	华夏基金管理有限公司	总裁、CEO
翁振杰	益民基金管理有限公司	董事长
高良玉	南方基金管理有限公司	总经理
尚　健	国投瑞银基金管理有限公司	总经理
莫泰山	交银施罗德基金管理有限公司	董事、总经理
杨光裕	长城基金管理有限公司	董事长
田仁灿	海富通基金管理有限公司	董事、总裁
裴　勇	银河基金管理有限公司	总经理
徐建平	东吴基金管理有限公司	总裁
缪钧伟	泰达荷银基金管理有限公司	总经理
唐新宇	中银国际证券有限责任公司	董事长
潘鑫军	东方证券股份有限公司	董事、总裁
蔡　咏	国元证券股份有限公司	总裁
安保和	西部证券股份有限公司	总经理
张志刚	信达证券股份有限公司	董事、总经理

石保上	中原证券股份有限公司	董事长、党委书记
陆　涛	金元证券股份有限公司	总裁
吴承根	浙商证券有限责任公司	董事、总裁
刘　军	中信金通证券有限责任公司	执行董事
李晓安	华龙证券有限责任公司	董事长
张广慧	山西证券股份有限公司	党委书记、董事长
李舫金	万联证券有限责任公司	董事长
王文学	华鑫证券有限责任公司	董事长
刘晓亚	和兴证券经纪有限责任公司	董事长
高　庆	南方联合产权交易中心有限责任公司	董事长、党委书记
潘卫东	上海国际信托有限公司	党委书记、董事长
侯福宁	上海农村商业银行股份有限公司	党委副书记、副董事长、行长
陈兴汉	南京栖霞建设股份有限公司	董事长
唐　军	首创置业股份有限公司	总裁
袁小宁	陕西省天然气股份有限公司	董事长
袁　泽	新疆新鑫矿业股份有限公司	董事局主席
尚书志	辽宁成大股份有限公司	董事长
王文京	用友软件股份有限公司	董事长、总裁
任志强	华远地产股份有限公司	董事长
多吉罗布	西藏天路股份有限公司	董事长
孙　云	四川路桥建设股份有限公司	董事长
张跃文	湖南新五丰股份有限公司	董事长
郭本恒	光明乳业股份有限公司	总裁
闫希军	天津天士力制药股份有限公司	董事长
王德贤	安徽山鹰纸业股份有限公司	董事长
奚河滨	黑龙江北大荒农业股份有限公司	董事长
张　勇	天津市房地产发展(集团)股份有限公司	董事长
陈　平	马应龙药业集团股份有限公司	董事长
沈长全	江苏宁沪高速公路股份有限公司	董事长
白　英	山西国阳新能股份有限公司	董事长
王良彦	太原煤气化股份有限公司	董事长
蔡永龙	晋亿实业股份有限公司	董事长
毛　勇	泰豪科技股份有限公司	董事长、总裁
马宝平	金堆城钼业股份有限公司	董事长
张光臣	大连圣亚旅游控股股份有限公司	董事长
陈卫东	中海油田服务股份有限公司	董秘、执行副总裁
张永年	四川成渝高速公路股份有限公司	董事会秘书
石维国	中天城投集团股份有限公司	副董事长
朱大成	北京双鹤药业股份有限公司	董事会秘书兼副总裁
何　勇	平安信托投资有限责任公司	副总经理
蒋纬球	江苏法尔胜股份有限公司	董事、总经理
李国璋	湖北兴发化工集团股份有限公司	董事长
闫　飞	云南西仪工业股份有限公司	董事长

中国证券业年鉴编辑委员会

地　址：上海市浦东南路1550弄5号楼1002室

邮　编：200122

电　话：021－22819146

传　真：021－22819145

邮　箱：shcwq@163.com

目　录

第一编　专　论

第二编 中国金融市场

第三编 中国证券市场

第五编　中国期货市场

第三章　期货经纪机构 …… 2207

第六编　中国保险市场

第七编　企业形象

第八编　2009年中国证券业人物访谈

插页目录

上 册

中 册

下 册

中国证券业年度人物

深圳证券交易所

SHENZHEN STOCK EXCHANGE

监管、创新、培育、服务

深圳证券交易所（以下简称“深交所”）成立于1990年12月1日，是为证券集中交易提供场所和设施，组织和监督证券交易，实行自律管理的法人，由中国证监会直接监督管理。深交所致力于多层次证券市场的建设，努力创造公开、公平、公正的市场环境。主要职能包括：提供证券交易的场所和设施；制定本所业务规则；接受上市申请、安排证券上市；组织、监督证券交易；对会员和上市公司进行监管；管理和公布市场信息；中国证监会许可的其他职能。

地址：深圳市深南东路5045号　邮编：518010
电话：0755-82083333　电邮：cis@szse.cn　网址：www.szse.cn

作为中国大陆两大证券交易所之一，深交所与中国证券市场共同成长。16年来，深交所借助现代技术条件，成功地在一个新兴城市建成了辐射全国的证券市场。15年间，深交所累计为国民经济筹资4000多亿元，对建立现代企业制度、推动经济结构调整、优化资源配置、传播市场经济知识，起到了十分重要的促进作用。

2009年，深圳证券市场股票、基金、债券、衍生品累计成交198734亿元，上市公司股票融资1713亿元，多层次资本市场服务实体经济、支持中小企业与自主创新的功能作用初步显现。深市主板持续做优做强，34家公司再融资931亿元。中小企业板稳步发展，新增上市公司54家，公司总数达327家，年内共融资577亿元。创业板平稳顺利推出，年底上市公司已达36家，融资204亿元。报价转让系统稳步扩展，中关村科技园区挂牌公司新增20家，总数达59家，年内有4家公司向特定对象融资1.83亿元。

公开 公平 公正 http://www.szse.cn

经国务院同意，中国证监会批准，2004年5月起深交所在主板市场内设立中小企业板块。设立中小企业板块，是分步推进创业板市场建设迈出的一个重要步骤，是党中央、国务院从促进经济的可持续发展和促进经济结构调整的大局出发做出的重要决策，也是贯彻落实十六届三中全会以及《国务院关于推进资本市场改革开放和稳定发展的若干意见》精神的一项具体部署。深交所将在中国证监会的领导下，在各级领导的关怀下，在社会各界的大力支持和帮助下，牢牢把握“监管、创新、培育、服务”八字方针，开拓努力拼搏，锐意创新，把中小企业板块建设好，为开辟中国多层次资本市场谱写新篇章！

有限责任公司

RING CORPORATION LIMITED

一、公司的历史沿革

2001年3月30日，按照《证券法》关于证券登记结算集中统一运营的要求，经国务院同意，中国证监会批准，中国结算组建成立。同年9月，中国结算上海、深圳分公司正式成立。从2001年10月1日起，中国结算承接了原来隶属于上海和深圳证券交易所的全部登记结算业务，标志着全国集中统一的证券登记结算体制的组织架构已经基本形成。

二、公司的宗旨

公司的宗旨是，建立一个符合规范化、市场化和国际化要求，具有开放性、拓展性特点，有效防范市场风险和提高市场效率，能够更好地为中国证券市场未来发展服务的集中统一的证券登记结算体系。

三、公司的基本职能

按照《证券法》和《证券登记结算管理办法》的相关规定，中国结算履行下列职能：

★ 证券账户、结算账户的设立和管理；

★ 证券的存管和过户；

★ 证券持有人名册登记及权益登记；

★ 证券和资金的清算交收及相关管理；

★ 受发行人的委托派发证券权益；

★ 依法提供与证券登记结算业务有关的查询、信息、咨询和培训服务；

★ 中国证监会批准的其他业务。

公司总部
北京市西城区金融大街27号
投资广场22-23层
邮编：100140
电话：010-58598888

上海分公司
上海市浦东新区陆家嘴东路166号
中国保险大厦36楼
邮编：200120
电话：021-68870587

深圳分公司
广东省深圳市深南中路1093号
中信大厦18楼
邮编：518031
电话：0755-25938000 / 25988133

唐双宁董事长上市仪式答记者问

唐双宁董事长敲响锣声

公司坚持以建设资本充足、内控严密、运营安全、服务优质、效益良好、创新能力和市场竞争能力突出的优秀证券公司为目标，不仅在投资银行、证券经纪、资产管理、证券投资、固定收益、基金管理、财务顾问、投资咨询、商品期货等传统业务领域领先，亦在直接投资、QDⅡ、融资融券、资产证券化、股指期货等创新业务领域领跑。

发行路演

上市签约

上市庆典

诚信、专业、卓越、共享

公司秉承“诚信、专业、卓越、共享”的经营理念，积极致力于国内资本市场的拓展。作为光大集团实施金融混业经营的重要依托与先锋，光大证券依托集团金融综合经营平台，共享光大集团的品牌、客户与丰富的金融资源以及多元化和国际化的业务平台，使得光大证券在金融创新、国际化发展等诸多方面都具备了竞争优势。公司围绕“提升客户价值，造就员工未来”的核心价值，努力将公司打造成为一家收入多元化、竞争差异化、渠道规模化、管理精细化、业务国际化”的现代金融企业。

EVERBRIGHT SECURITIES

[凤良志 董事长]

[蔡咏 总裁]

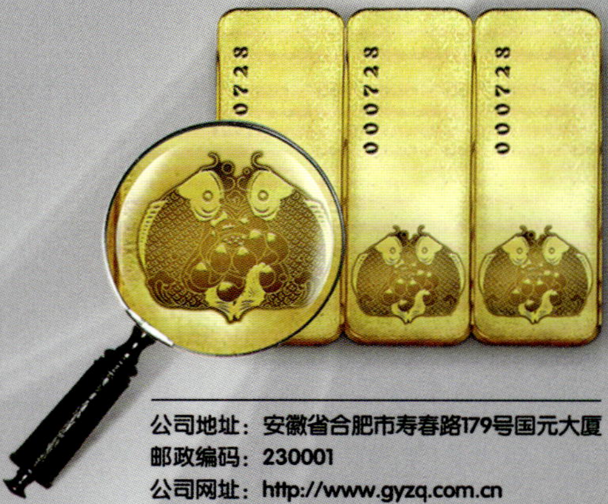

注册省份	营业部/服务部网点全称	营业部/服务部详细地址	客户服务电话与投诉电话
北京市	北京北四环中路证券营业部	北京市海淀区北四环中路229号海泰大厦二层	010-82884588
	北京复兴路证券营业部	北京市海淀区复兴路20号翠微商业楼二段	010-68164936
上海市	上海广灵二路证券营业部	上海广灵二路299号	021-65933538
	上海永嘉路证券营业部	上海市徐汇区永嘉路458号	021-64670763
深圳市	深圳中兴路证券营业部	深圳市罗湖区中兴路241号外贸中心后座2楼	0755-82298952
	深圳蛇口工业三路证券营业部	深圳市南山区蛇口工业三路振兴电子大厦二楼	0755-26684401 0755-26684402
浙江	杭州凤起路证券营业部	杭州市凤起路27-2号	0571-87299555
天津市	天津六纬路证券营业部	天津市河东区六纬路八十五号	022-24011488
四川省	成都东一环路证券营业部	成都市一环路东四段14号	028--84435208
	都江堰市证券服务部	都江堰大道上段都江堰电信商城四楼	028-87148888
江西省	南昌中山路证券营业部	南昌市中山路２９９号省农行１－２楼大厅	0791-6693269
	余干证券服务部	余干县东山大街１９号	0793-3211149
广西省	南宁祥宾路证券营业部	南宁祥宾路63号旅游大厦4层	0771-2815561
江苏省	南京龙蟠中路证券营业部	南京市白下区龙蟠中路221号2、5层	025-84638555
湖北省	武汉台北一路证券营业部	武汉台北一路17-19号环亚大厦B座1-3层	027-85740486
	荆州拥军路证券营业部	湖北省荆州市荆州区拥军路1号	0716-8421852 0716-8421851
福建省	福州北环东路证券营业部	福州市晋安区北环东路9号飞越大厦二至四层	0591-87586298
	福州五一北路证券营业部	福州市五一北路186号利嘉大世界三层	0591-83350067
	福州杨桥中路证券营业部	福建省福州市鼓楼区杨桥中路97号	0591-83738008 0591-83778157
	福州洋中路证券营业部	福州市台江区洋中路金祥花园二楼	0591-83226225 0591-83229999
	福州八一七中路证券营业部	福州市八一七中路49号地税大厦三楼	0591-83379869
	长乐证券服务部	长乐市吴航镇西洋路18号鸿晖大楼三层	0591-28937509
	福州五一中路证券营业部	福州市鼓楼区五一中路185号民航大厦	0591-83355768
	江厝路服务部	福州市鼓楼区江厝路4号	0591-87738621
	福清后埔街证券营业部	福建省福清市后埔街口海韵大厦三楼	0591-85215915 0591-85215911
	福清后埔街证券营业部龙田证券服务部	福建省福清市龙田镇金山路商贸小区A座	0591-85788399
	莆田梅园路证券营业部	福建省莆田市梅园东路2号	0594-2387288 0594-2383378
	泉州田安路证券营业部	泉州市田安路武夷花园明旺金融中心	0595-22118898
	惠安证券服务部	泉州市惠安县中新花园中心大厦四楼	0595-87371327
	德化证券服务部	泉州市德化县龙浔镇龙鹏街67号供销大厦三楼	0595-23510592
	南平中山路证券营业部	福建省南平市中山路253号宏达大厦三楼	0599-8633112 0599-8620661
	顺昌证券服务部	福建省顺昌县双溪街道城北路156号天天花园	0599-7831823
	邵武证券服务部	福建省邵武市五一九路海丰大厦二楼	0599-6327125
	三明列东街证券营业部	福建省三明市和仁新村32栋103-104	0598-8235068 0598-8264131
	青州证券服务部	福建省三明市青州镇青纸保险综合大楼	0598-5689680 0598-5658687
	宁化证券服务部	福建省三明市宁化县南大街89号二层	0598-6831177 0598-6838288
	沙县证券服务部	福建省沙县府西路72号三、四层	0598-5829307 0598-5837983
	将乐证券服务部	福建省将乐县城关胜利团结路1号	0598-2328888 0598-2328288
	三明崇宁路证券营业部	三明市三元区崇宁路24号中银大厦	0599-8320242
	明溪服务部	明溪县雪峰镇河滨北路27号信和大厦	0598-2865549
	永安牺和路证券营业部	永安市牺和路88号	0598-3612868 0598-3612860
	漳州新华北路证券营业部	漳州市新华北路16号金融大厦	0596-2933008 0596-2958784
	漳州新华北路证券营业部龙海证券服务部	龙海市公园路侨联商厦四层	0596-6533941
	漳州新华北路证券营业部漳浦证券服务部	漳浦县绥安镇西大街泰怡园泰福楼二层	0596-3210761
	漳州新华北路证券营业部南靖证券服务部	南靖县山城镇解放路24号	0596-7836991
	泉州温陵路证券营业部	泉州市温陵北路78号	0595-22980331 0595-22184746
	石狮证券服务部	石狮市金林路38号兴业大厦四楼、五楼	0595-88885568
	永春证券服务部	永春县桃城镇823中路县总工会	0595-23874120

东兴证券 DONGXING SECURITIES

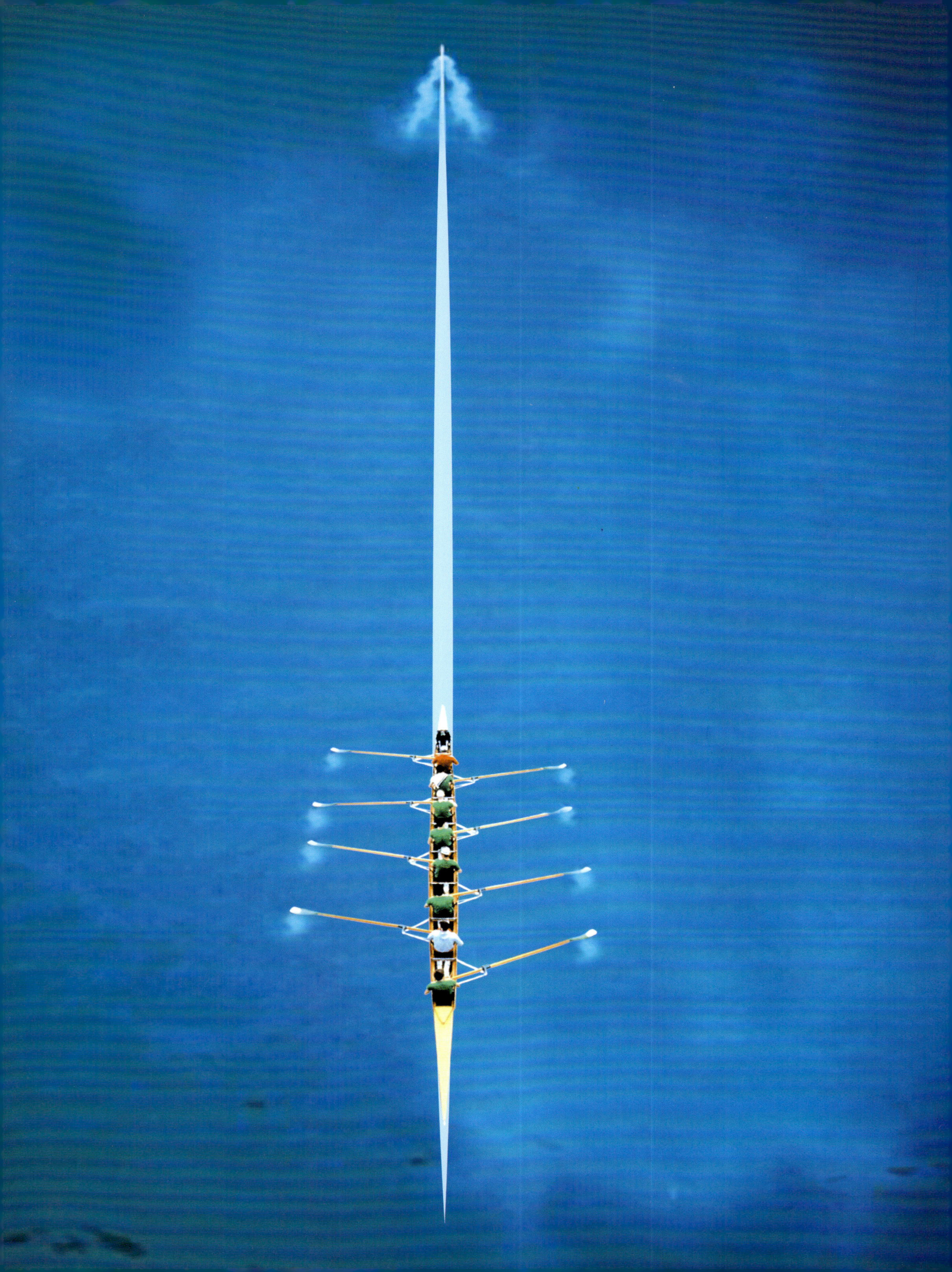

上海證券有限責任公司
SHANGHAI SECURITIES CO.,LTD.

上海证券主要领导，

董事长蒋元真（居中），总经理郁忠民（右一），党委书记朱学华（左一）

公司地址：上海市西藏中路336号华旭国际大厦
电话：(021)53519888　邮编：200001
公司客服电话(CALL CENTER)：4008918918
公司网站：www.shzq.com

展望2010年，公司将坚持“以市场为导向、以客户为导向、以业务为导向”的工作原则，不断深化公司市场化改革，进一步加快业务拓展，统筹兼顾，聚焦重点，力争全面提升公司综合实力和核心竞争力，更好地为投资者服务。

上海证券有限责任公司（以下简称“公司”）成立于2001年5月，是由原上海财政证券公司和上海国际信托有限公司证券总部新设合并成立的全国性综合类证券公司。公司注册资本金26.1亿元人民币，股东单位为上海国际集团有限公司和上海国际信托有限公司。公司现拥有各类专业人员1000余人，营业网点52家，已形成以上海为中心，北京、深圳、重庆、温州、南京、杭州等发达城市为主体的经营网络，是国内业务资格最齐备的证券公司之一。公司下属现有海际大和证券有限责任公司和海证期货有限公司两家子公司。2005年12月，公司成为全国创新试点证券公司之一；2007年，公司正式受让中富证券有限责任公司证券类资产，实现了经纪业务的快速扩张，进一步推动了公司的战略发展。同时，公司也是上海国际集团核心成员企业之一。

2009年8月2日，上海证券与上海市慈善基金会成立爱心基金的签约仪式

证券的代理买卖，代理证券的还本付息和分红派息，证券的代保管、鉴证，代理证券登记开户，证券的自营买卖，证券的承销和上市推荐，证券投资咨询，资产管理，发起设立证券投资基金和基金管理公司，中国证监会批准的其他业务。

2009年4月18日，上海春季投资策略研讨会暨上海证券8周年庆现场

www.shzq.com

2009年，上海证券有限责任公司(以下简称“公司”)以科学发展观为指导，坚持“诚信、专业”的核心价值观，积极推进各项工作，在全体员工的共同努力下，很好地完成了全年的目标任务。

2009年，公司抓机遇、求突破，以行业标准为标杆全面提升创利业务能力，全年实现收入18.95亿元，利润总额10.44亿元，净利润8.35亿元，净资产收益率达20%。在投资业务方面，公司主动调整投资策略，有效控制风险，取得了很好的投资收益；在经纪业务方面，公司从加强营销体系建设、完善客户服务体系、优化网点布局等方面着手，积极推进业务转型，取得了明显的效果；在固定收益业务方面，公司实现了企业债主承销项目的突破，成功完成了丹阳城投交通投资有限公司6亿元企业债发行工作；在国际业务方面，公司成功完成第二家QFII机构的签约引进并顺利开展交易，积极探索新的业务收入来源；在资产管理业务方面，公司成功完成上证2号理财产品的募集设立，产品的净值增长率超过市场同类产品平均净值增长率；在并购业务方面，公司继续推进“三板”业务、财务顾问业务和直投业务等业务并积极做好项目储备，同时进一步加强了与子公司海际大和证券有限责任公司的业务联动。

2009年，公司进一步明确经纪业务的核心业务地位，全力推进经纪业务的发展。公司首批获得了上海辖区证券经纪人业务资格；不断完善了公司营销体系，大力推进营销队伍建设，积极探索与外部机构开展营销合作；积极推进服务体系建设，实现了客户分类管理和细分,丰富了金融产品体系；进一步完善交易平台建设,先后完成了公司新网站、经纪人信息系统、经纪业务非现场交易系统站点扩容升级和呼叫中心一期等项目建设；加快推进网点布局优化,全年共完成了10家营业网点的新设申报、迁址和升级等工作。

2009年6月9日上海证券“上海经济及世博会”专题研讨会现场

在2009年，公司以上市和分类评价为标准，有计划地推进各项基础建设。进一步完善了合规风控建设；积极推进信息系统建设，配合完成了上交所新一代交易系统的上线，完成了包括公司新网站在内的一批信息技术项目建设；围绕提高研究服务质量和市场影响力两个重点不断提升研发实力，公司3名研究员分别获得了2009年第五届《中国最佳证券分析师》明星分析师入围奖和最佳分析师奖，5个科研课题获得中证协和上海金融学会课题奖；积极提高财务管理能力，公司连续两年被评为“财务会计等级A类单位”和“纳税信用等级A类单位”；不断完善登记结算体系建设，进一步加强登记结算工作；努力提高综合协调和服务保障能力，公司连续8年获“治安防范先进集体”荣誉称号。同时，公司以机制改革为突破口大力推进市场化探索步伐，以加大人才培养、引进和储备为落脚点努力提高队伍整体素质；加大人力资源管理改革力度，启动了人力资源管理咨询项目；积极推进企业文化建设，公司工会获得了上海市总工会“2009年度上海市模范职工之家”和上海市金融工会工作委员会“2009年度上海金融系统先进职工之家”的荣誉称号。

国联证券股份有限公司
GUOLIAN SECURITIES CO., LTD.

控制风险 创造价值

国联证券股份有限公司成立于1992年9月，前身为无锡市证券公司，2008年5月通过改制更名为国联证券股份有限公司，公司注册资本15亿元人民币。2005年11月国联证券获得规范类证券公司资格，2007年9月获得创新类证券公司资格，2008至2009连续两年被评为A类A级券商。截止2008年12月31日，国联证券实现利润总额21.52亿元，经纪业务交易总量6921.75亿元，净资本19.68亿元，历年来人均创利和净资产收益率均名列前茅。

诚信、稳健、创新、超越
Faith, Steadiness, Innovation, Transcend

国联证券设有经纪业务管理总部、证券投资部、资产管理部、投资银行部、并购融资部、研究所、电脑技术部、电子商务部、人力资源部、财务会计部、稽核审计部、存管中心、合规风控部、金融创新部和办公室等十五个职能部门，现有员工750余人，在无锡、上海、北京、南京、杭州、广州、镇江、常州、南通共设有21家营业部。

2009年，国联证券完成主承销发行项目4单，分别为：2009年无锡市新区经济发展集团公司债券和2009年国联集团债券，保龄宝IPO项目和华泰股份增发项目，4单项目合计实现融资总额34.77亿元。

2009年2月，国联证券向江苏证监局申请开展定向资产管理业务和集合理财管理业务，2009年11月2日，经中国证监会审核，批准设立“国联金如意1号集合资产管理计划”，至此，国联证券首只集合理财产品正式获批通过，公司资产管理业务走向了新的发展阶段。

智圆行方

智慧创造财富 真情回报社会

随着公司的日益壮大，国联证券仍不忘履行自己的社会义务，在2008及2009年出现的南方雪灾、汶川地震等重大自然灾害面前，国联证券积极响应社会号召，参与“送温暖，献爱心”等各类社会捐助活动，累计捐款总额达220万元。

国联证券
因您而行
国联证券
GUOLIAN SECURITIES
公司网址：www.glsc.com.cn 地址：江苏省无锡市县前东街168号国联大厦6-8楼
电话：0510-82832919 传真：0510-82833124

华鑫证券
CHINA FORTUNE SECURITIES

华鑫证券董事长：王文学先生

华鑫证券有限责任公司是经中国证券监督管理委员会批准，于2001年3月在深圳市注册成立的全国性综合类证券经营机构，注册资本16亿元人民币。

华鑫证券的股东单位均为实力雄厚、声誉卓著、管理先进的大型国有产业集团和著名的上市公司。其中公司控股股东仪电控股（集团）公司是国资委授权行使国有资产管理和经营权的机构，公司其余股东包括上海飞乐音响股份有限公司、上海金陵股份有限公司、上海飞乐股份有限公司和上海贝岭股份有限公司。

华鑫证券在北京、上海、西安、深圳拥有21家证券营业部。公司经营范围：发行和代理各种有价证券；自营和代理买卖各种有价证券；有价证券的代保管、鉴证和过户；代理还本付息、分红、派息等权益分派；基金和资产管理；企业重组、收购与兼并；投资咨询、财务顾问；外币证券业务。

华鑫证券成立以来，秉承“合规经营、稳健发展”的企业经营核心原则，注重以扎实的内部控制和全面的风险管理打好发展基础，为投资者提供多层次、全方位服务。2008年10月中国证监会授予公司“全国账户规范工作先进集体”的光荣称号，且公司是第一家被中国证监会按照证券投资基金销售新规则核准的基金销售机构。

华鑫证券近年来一方面夯实经纪业务、投行业务等传统业务基础，另一方面不断开拓业务范围，公司是摩根士丹利华鑫基金管理有限公司第一大股东，并已进军金融期货领域，为广大投资者提供一揽子的优质金融服务。

华鑫证券致力于为国内和国际客户提供优质服务，为中国资本市场的高效运转和中国经济的持续发展做出卓越贡献，为股东投资带来满意的回报，为员工创造充分发挥才能、实现自我价值的机会。

公司总部地址：深圳市福田区金田路4018号安联大厦28层A01　邮编：518026
联系电话：0755-82083788　网址：http://www.cfsc.com.cn

公司各证券营业部联系方式及地址

上海淞滨路证券营业部
联系电话：021-56672424
地址:上海市淞滨路600号北翼商厦四楼

上海漕宝路证券营业部
联系电话：021-64361456
地址:上海市漕宝路221号

上海茅台路证券营业部
联系电话：021-62903301
地址:上海市茅台路596号

上海斜土路证券营业部
联系电话：021-64228585
地址:上海市斜土路1939号D幢裙房一、二楼

上海嘉定证券营业部
联系电话：021-59915414
地址:上海市梅园路226号二楼

上海金山证券营业部
联系电话：021-57320739
地址:上海市朱泾镇东风路15号

上海南汇证券营业部
联系电话：021-58024567、58024374
地址:上海市南汇区人民东路2881号

上海武宁路证券营业部
联系电话：021-62546146
地址:上海市武宁路1067号

上海凌河路证券营业部
联系电话：021-68957305、68957328
地址:上海市浦东凌河路269号(美华国际酒店二楼)

上海松江证券营业部
联系电话：021-67752211
地址:上海市松江区文诚路228号2楼

上海龙吴路证券营业部
联系电话：021-64501052
地址:上海市龙吴路5555号

上海莘庄证券营业部
联系电话：021-64881288、54530125
地址:上海市沪闵路6018号

上海浦雪路证券营业部
联系电话：021-34303899
地址:上海市浦雪路329号

上海梅岭北路证券营业部
联系电话：021-62160680
地址:上海市梅岭北路93号

西安红光街证券营业部
联系电话：029-87622166、029-87613177
地址:西安市红光街39号

西安科技路证券营业部
联系电话：029-68912231、029-68912228
地址:西安市高新区科技路１８号新科大厦

西安解放路证券营业部
联系电话：029-87415619
地址:西安市解放路236号6层

西安群贤路证券营业部
联系电话：029-88354131
地址:西安市群贤路6号

西安阎良证券营业部
联系电话：029-86846199
地址:西安市阎良区红安路中段

深圳园岭八街证券营业部
联系电话：0755-25889969
地址:深圳市园岭八街园东花园三栋二层

北京车公庄大街证券营业部
联系电话：010—88306678
地址:北京市车公庄大街12号中核大厦二层

合规经营　稳健发展

中国资本市场和国民经济的持续发展和日益国际化对中国证券公司的发展及其服务范围、水平和质量提出了重大挑战，同时也为中国证券公司的发展创造了重大机遇。华鑫证券将紧紧抓住发展机遇，成功迎接挑战，通过不断开拓创新，建设成为拥有国际水平的专业团队和经营管理机制、在国内享有卓越声誉和发挥重要影响力的国内一流券商。

金元证券
GOLDSTATE SECURITIES

总裁：陆涛先生

金元证券股份有限公司成立于2002年8月，是首都机场集团公司绝对控股的一家证券公司，是首都机场集团金融板块的核心企业。短短八年时间，金元证券实现了从地方性公司向全国性公司、从证券公司向证券控股公司发展的二次跨越，成为令人瞩目的新锐券商。

目前，公司拥有遍及全国二十个省市，以珠江三角洲、长江三角洲和环渤海经济带为重点，各地区中心城市为辅助，面向全国的业务营销网络。旗下设有金元期货经纪有限公司和金元比联基金管理有限公司等子公司，已形成证券、期货、基金业务良性互动的证券控股集团运作模式。

多年来，金元证券严格按照现代企业制度的要求，建立起权责分明的法人治理结构，全方位和多层次的风险控制机制以及科学有效的管理决策机制，自成立以来年年盈利，净资本率一直保持在90%以上。

秉承“先进技术带动金融创新，专业服务提升客户满意度”的理念，金元证券经纪业务依托先进的技术手段、丰富的交易品种、不断创新的产品服务和经验丰富的理财规划师团队，全面深化服务内涵，致力于为不同投资需求的投资者提供全面周到的专业化、个性化服务。作为上海证券交易所 “新一代交易系统先锋会员”，金元证券在业内始终保持技术领先优势，率先在全国范围内完成了集中交易平台的构建，并建立多种非现场交易方式，快速交易通道“金通道”为客户提供高速行情，实现快速委托。金元证券全国统一服务热线4008-888-228，以网络、通讯等多种平台随时为客户提供贴身服务，是业内第一批实现了业务咨询、业务处理、客户回访等一体化管理的券商。

金元证券投资银行业务具有证券发行上市保荐机构资格、股票发行主承销资格、企业债券发行主承销资格、上市公司股权分置改革保荐机构资格、首次公开发行股票询价对象资格等。投行服务客户遍布全国经济发展地区，分布在基础设施建设、能源、交通、有色金属、医药、电子及信息技术等产业领域，绝大部分客户属于所在地区优势企业和所在行业领先企业。投行业务团队熟悉国内外资本市场运作，具有丰富的项目运作经验，在证券发行承销、上市保荐、资产重组、收购兼并、改制辅导等多项业务领域成绩斐然。

金元证券拥有良好的投资业绩，近三年投资收益率均高于市场同类型基金投资收益率。公司始终坚持“研究创造价值”的理念，拥有一支具有较强研究能力，在市场上具有一定影响力的研究团队。多名研究员获得“明星分析师”、“顶级券商预测研究员”等荣誉称号。公司曾两次获得深交所年度优秀研究论文奖。金元证券现为中央电视台“中国证券”栏目的特约机构。研究能力已成为金元证券稳健增长的有力支撑。

逐渐成长的金元证券非常珍视社会各界对金元证券给予的关注和支持，并以实际行动积极承担企业的社会责任，参与各类公益事业。公司全体同仁以使命感、事业心和专业追求致力于为客户提供优质、高效的全方位服务，并努力为繁荣和发展中国证券市场，推进中国资本市场建设进程贡献力量。

追求卓越 共拓未来
Explore The Future for Excellence
AURORA
RENESAS

中银国际证券有限责任公司由中银国际控股有限公司联合国内五家大型企业共同投资，经中国证监会批准，于2002年2月28日在上海正式成立，注册资本15亿元人民币。2006年5月获创新试点证券公司资格。

公司总部设在上海，并在北京、深圳、广州等20个主要城市设有1家分公司和23家证券营业部。公司目前的经营范围包括：证券发行上市的保荐与承销、证券代理买卖、债券自营交易、证券资产管理、证券投资咨询（包括财务顾问）、基金代销、股权投资、为期货公司提供中间介绍业务等。公司还设立了中银国际期货有限责任公司和中银国际投资有限责任公司两家全资子公司，专业从事期货业务和直接投资业务。

自成立以来，中银国际证券积极发挥“深厚银行背景、跨境金融服务”的业务优势，迅速成长为具备较强市场竞争力的投资银行。公司在投资银行和固定收益业务领域，保持了行业领先地位。经纪业务部均收入也稳定在行业排名前十位。

2009年，中银国际证券抓住证券市场回暖的机遇，发挥公司独特优势，促进了各项业务的发展。定息收益业务保持了行业优势地位，先后主承销了09中铁、09国家电网、中材股份等多个大型债券项目；零售经纪业务部均收入保持了市场排名前十的成绩，并增设了五家证券营业部；资产管理业务设立了“中国红一号”和“中国红基金宝”两只集合理财产品；投行业务积极根据市场及政策变化，调整业务方向，做好项目储备。2009年，公司还积极备战创新业务。

2009年，中银国际证券在《证券时报》、《上海证券报》、《21世纪经济报道》、《证券市场周刊》等专业媒体的各项评比中获得“最佳创新投行奖”、“最佳债券承销奖”、“最具潜力证券经纪商”等多项奖项。

在未来的发展中，中银国际证券将积极把握中国经济增长与资本市场发展的机遇，充分发挥专业优势，协助客户实现战略发展目标，为促进社会资源的优化配置和国家经济发展作出贡献。

www.bocichina.com

地址：上海市浦东新区银城中路200号中银大厦39F　邮编：200121　电话：021-68604866　传真：021-58883554
地址：北京西城区金融大街28号盈泰中心2号楼15层　邮编：100032　电话：010-66229000　传真：010-66578950

独立、客观、公正
客户至上、保证质量、服务先行

鹏元资信评估有限公司成立于1993年，先后经中国人民银行、证监会、发改委认可，在全国范围内从事信用评级业务。作为中国最早成立的评级机构之一，鹏元始终坚持“独立、客观、公正”的评级理念，遵循“客户至上、保证质量、服务先行”的经营宗旨，将防范金融风险和维护社会信用作为目标。

公司自主研发的“贷款企业评级系统”，其整体技术处于国内领先地位，并荣获2005年度“深圳市科技进步奖”和2006年“深圳市金融创新奖三等奖”。

公司参与开发的“上市公司治理评级体系”，是国内首个付诸于实际应用的公司治理评级体系。

目前鹏元评级业务品种包括：贷款企业评级、公司债券评级、可转债（含分离交易可转债）评级、企业债券评级、中小企业集合债券评级、上市公司治理评级、企业信贷贷前调查、金融机构评级、招投标评级、中小企业融资推荐等十余种。公司已累计承接20,000家（次）贷款企业评级业务，并为全国150余家上市公司及非上市公司进行了债券评级，评级领域几乎涵盖国民经济的各个行业。

恒久发展 丰裕社会

恒丰银行烟台分行

恒丰银行烟台分行坚持科学发展观，突出“合规和安全管理”这一主线，切实加强全辖业绩评价体系和考核体系的建设，强化风险防范和控制，通过行之有效的管理手段和方式，向集约化管理和合规经营迈进，同时加大优质文明服务工作力度，进一步提升文明服务质量和效率，努力把烟台分行打造成良好银行、合规银行，有效推进各项工作快速健康发展。截止2009年12月末，总资产520亿元，各项存款421亿元，各项贷款251亿元，在当地18家商业银行中，各项经营指标名列前茅。目前，设有64个分支机构。

恒丰银行青岛分行

恒丰银行青岛分行成立于2004年5月14日。目前，设有高新技术产业开发区支行、经济技术开发区支行、东海路支行、福州路支行、南京路支行、城阳支行、山东路支行等7家分支机构。截止到2009年12月末，分行总资产达到200亿元，各项存款182亿元，各项贷款104亿元，实现利润超过2亿元，发展规模在本地九家股份制商业银行中位列第四。先后获得“中国银行业文明规范服务示范单位”、“迎奥运窗口”以及“青岛市实价文明服务窗口”等荣誉称号。

恒丰银行济南分行

恒丰银行济南分行成立于2004年8月9日。设有东营分行、济宁分行和泺源、佛山、柳泉、舜华、花园路等5家支行。分行坚持规模、速度与效益相统一，积极服务于地方经济，在大力拓展各项业务的同时，严格风险管理，取得了良好的经济效益和社会效益。截至2009年12月末，分行总资产达到180亿元；各项存款余额175亿元，较年初增长65亿元；贷款余额100亿元，各项业务发展呈稳定增长态势。分行营业部和泺源支行相继获得“文明诚信单位”和“省级青年文明号”称号。同时泺源支行获得了“2005年度中国银行业文明规范服务示范单位”和“2009年度山东省银行业文明规范服务示范单位”称号。

恒丰银行南京分行

恒丰银行南京分行于2006年9月26日开业。目前，设有城北支行、新街口支行、城东支行，苏州分行已获准筹建，即将开业。正逐步建立“立足南京，辐射周边”的金融服务网络。南京分行坚持以科学发展观统领全局，秉承“资本、规模、质量和效益协调发展”的指导思想，强化业务创新，注重结构优化，各项业务实现快速稳健发展。截止2009年12月末，本外币各项存款余额298亿元，比年初增加119亿元；本外币各项贷款余额214亿元，比年初增加99亿元；实现账面利润2.97亿元。在江苏银监局和新华日报举办的“2008－2009南京地区银行文明服务满意度调查”中，南京分行荣获“文明服务价值奖”殊荣。

恒丰银行杭州分行

恒丰银行杭州分行自2006年11月16日开业以来连年被评为系统内先进分行，被浙江省政府评为2008年度银行业金融机构支持浙江经济发展三等奖（排位第一），荣获“浙江省‘青春共建和谐社区行动 金融知识进社区’活动优秀组织单位”称号。截至2009年末，杭州分行资产总额263.97亿元,本外币存款（含同业）余额250.34亿元,本外币贷款（含贴现）余额149.38亿元，贷款不良率为0.2%,三年累计实现利润超过6亿元。现已开设萧山、西湖、余杭、绍兴4家支行和11家自助银行，义乌支行也有望在近期开业，逐步搭建起金融服务网络构架。

恒丰银行成都分行

恒丰银行成都分行成立于2007年4月26日。目前，设有乐山分行、玉带桥支行和金沙支行。分行成立以来，认真贯彻落实国家金融方针政策和灾后重建的政策措施，加大信贷投放力度，不断壮大资金实力，加强金融基础设施建设，提高金融服务水平，完善内部管理体系，积极支持四川经济发展。截至2009年12月末，分行总资产达208.66亿元，各项存款余额184.26亿元，各项贷款余额103.73亿元，存款规模在成都市全国性股份制商业银行中排名第七。2009年荣获“四川银行百家文明规范服务示范单位”称号。

恒丰银行重庆分行

恒丰银行重庆分行成立于2009年8月7日。分行开业以来，紧紧围绕“持续、稳健、合规、奉献、高效”主基调，坚持以发展为中心，强化市场营销，壮大存款规模，狠抓内部管理，控制经营风险，取得了较好的经营业绩。截至2009年12末，分行资产总额210.02亿元；各项存款余额189.58亿元，在重庆市九家股份制银行中占比5.13%；各项贷款余额40.14亿元；实现税前利润6743万元。2009年，分行获得“重庆市最具成长性银行”荣誉称号。

天治基金管理有限公司

CHINA NATURE ASSET MANAGEMENT CO.,LTD.

董事长 赵玉彪先生

总经理 祖煜先生

天治基金管理有限公司成立于2003年5月，是经中国证监会批准成立的专业基金管理公司。公司由吉林省信托投资有限责任公司、中国吉林森林工业集团有限责任公司、吉林市国有资产经营有限责任公司三家股东共同出资设立，各股东出资比例分别为46.16%、38.46%、15.38%。公司注册资本1.3亿元人民币，注册地为上海。

截至目前，天治公司旗下共有六只开放式基金，分别是天治财富增长混合基金、天治品质优选混合基金、天治核心成长股票基金、天治天得利货币市场基金、天治创新先锋股票基金和天治稳健双盈债券基金，产品类型覆盖了货币型、债券型、混合型和股票型基金，风险程度由低到高，产品布局较为完整，适合各类不同需求的投资者。

天治基金是一家具有国际视野的专业基金管理公司，公司遵循国际专业基金管理公司的管理标准，建立了高效的内部风险控制制度和投资管理体系，公司以产品创新、风险管理和绩效追求并重为主要特色，投研团队成员在产品设计、风险控制、资产配置等方面具有较丰富的实战经验。目前公司下设投资管理部、研究发展部、定量研究部、市场营销部、电子商务部、机构理财部、基金结算部、信息技术部、监察稽核部、综合管理部等10个职能部门以及北京分公司，在公司经营层面还设有投资决策委员会和内部控制委员会，并建立了督察长制度，以确保公司的高效规范运作和客户资产的保值增值。

经过五年来的发展，天治基金已逐步积累了一套适合公司自身投资理念和运作体系的投资运作模式，同时形成了一支精干、团结、自信的人才队伍，并逐渐在市场中树立起“擅长产品创新和风险管理、投资业绩不俗、诚信经营、团队专业稳定”的品牌形象。公司曾荣获由《大众证券报》、新浪财经和中国银河证券基金研究中心颁发的“年度基金公司进步金奖”；旗下管理的基金分别先后获得权威媒体及“中国主流理财媒体联盟”颁发的“年度最具成长性股票型基金奖”和由新民晚报、东方财富网联合主办的“年度十大最有特色基金”等荣誉。

睿智 诚信 勤勉 自省

天治基金秉承以诚感人，以信立业，顺天而治，顺势而为，以智慧发现规律，依规律共享财富增长的经营理念，力争为投资者提供优质的基金理财服务，与投资者共同分享中国经济发展的成果，回报投资者的信任。

截至2009年6月30日，天治基金管理有限公司旗下共管理有天治财富增长、天治品质优选、天治核心成长、天治天得利、天治创新先锋、天治稳健双盈等6只开放式基金。此外，公司旗下第7只基金——天治趋势精选灵活配置基金目前正在各大银行渠道及券商渠道公开募集。

天治财富增长混合基金以价值投资为基础，着重从上市公司的成长性和估值合理性方面进行选择投资，通过主营收入、利润增长和PEG等指标分析上市公司的成长性，同时重视整体上市和资产注入等企业基本面改变带来的外延式增长机会，并结合市场波动和主题板块转换的节奏，采用较为积极的资产配置策略。

天治品质优选混合基金坚持价值投资的思路，以上市的内在价值为选股导向，深入挖掘财务品质、经营品质以及市场表现俱佳的绩优蓝筹公司，同时遵循价值与成长并重，业绩与题材兼顾，均衡配置，侧重局部热点的策略，及时根据市场板块热点轮换的情况，适度调整和优化组合结构，适度控制仓位，最大限度地获取投资收益。2008年3月，荣获在新民晚报、东方财富网联合主办的“2007年百姓最喜爱的十大股票基金评选”活动中荣获“2007年十大最有特色基金”奖项。

天治核心成长股票基金是内地首只运用“核心-卫星投资策略”的开放式基金，采用主动投资与被动投资相结合的方式，将主要仓位重点配置在新华富时A200成份股中经营情况良好、业绩稳定的行业龙头公司构建核心组合，同时挖掘具有创新能力和独特的盈利模式的高成长中小市值公司构建卫星组合，根据市场情况调整持仓结构，自成立取得了较好的业绩。荣获由《钱经》杂志及“中国主流理财媒体联盟”颁发的“2007年最具成长性股票型基金奖”。

天得利货币基金投资于信用等级高、利率风险小的短期金融工具，并且对各投资标的严格限制投资比例，力争最大程度保证资金安全。基金根据市场变化情况，适时调整投资策略，较好地提高了现金类资产的投资收益，同时又具有类似活期存款或通知存款的高流动性。

天治创新先锋股票基金植根于“价值创新”这一基本概念。通过对基于差异化战略的创新能力和基于低成本战略的管理能力的考察，筛选出现有的和潜在的价值创新型上市公司，在此基础上，从不同类型的价值创新型公司中，优选出财务品质优秀、成长性良好、价值低估的创新先锋型品种，构建股票投资组合。

天治稳健双盈债券基金将80%以上的基金资产投资于低风险的债券类金融工具，安全性较高、波动性较低；同时运用自下而上精选个股的策略进行股票二级市场投资，投资于二级市场具有行业和市场双重领先度的上市公司，进一步增强基金收益。

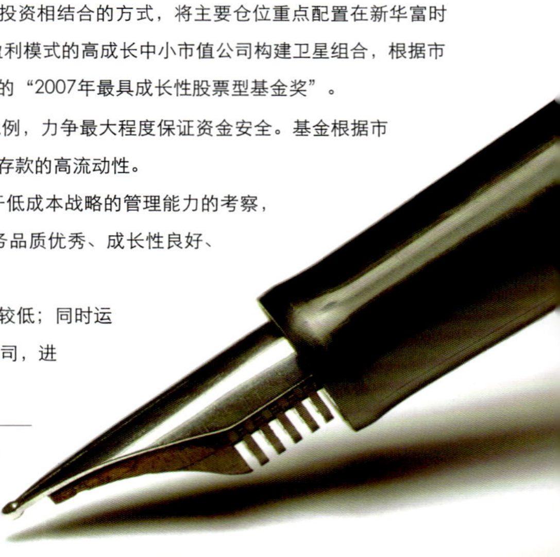

地址：上海市复兴西路159号　邮编：200031　网址：www.chinanature.com.cn
联系电话：021-64371155　传真号码：021-64713758

www.ymfund.com
益民·永远益于民众
唯投资者获利 方经营者受益

和兴证券经纪有限责任公司

HEXING SECURITIES BROKERAGE CO., LTD

地址：四川省成都市人民南路二段18号川信大厦10楼　邮编：610016　电话：028-86199665　传真：028-86199079
电子邮箱：scxtyj@163.com　公司网址：www.hx818.com

董事长：刘晓亚先生

和兴证券经纪有限责任公司经中国证券监督管理委员会批准，于2001年7月由四川省的6家信托投资公司剥离证券资产合并组建成专业性证券公司。现有股东12家。公司法定代表人：刘晓亚，注册资本：33,148.99万元人民币。

公司经营范围：证券经纪业务。包括代理还本付息、分红派息；证券代保管、鉴证；代理登记开户。

为适应业务管理需要，公司设置人力资源、合规风控、清算存管、稽核审计、计划财务、经纪业务、市场业务、研究发展、信息技术中心、办公室、董事会办公室、党群工作部等12个职能部门；并在北京、上海及四川省内主要市、州设置有21家证券营业部和8家证券服务部；服务客户逾33万之众，托管客户资产172亿元，是四川省乃至西南地区资本市场中占有重要地位的经纪类专业券商。公司现有在册员工395人，聚集了大批证券、金融、法律、财务和计算机等专业人才。

公司重视企业文化建设，“以人为本、敬业奉献、团队协作”的文化理念深入人心，激励和兴人保持旺盛的工作热情，为经营管理注入了无穷的活力。

发起组建和兴证券的6家信托投资公司是中国证券市场最早的参与者，从1987年起就参与当地企业的股份制改造和证券市场的建设，在四川省股份制改造和证券市场发展史上写下了光辉的一页。

自1992年起，公司成都福兴街证券营业部先后在西南地区最早开通上海证券交易所联网股票交易；推荐西藏圣地股份公司上市；1993年、1994年证券交易量曾在上海交易所名列前茅。

1987年，公司成都西御街证券营业部在西南地区第一家开展国库券柜台交易；为当时省内唯一获得中国证监会批准的主承销资格的证券经营机构，1992年在省内首家发行并管理“长信受益券”，规范后改名为“四川国信投资基金”。1998年曾作为上市公司新希望的副主承销商。

公司部分证券营业部参与了中川国际、东新电碳、内江峨柴、西南化机、西昌电力等上市公司的发起和组建工作；参与19家上市公司公开发行承销团的分销以及多家定向募集公司的股权登记、集中托管工作；开展国库券柜台交易，多次代理发行国债和地方企业债券，支持国家和地方经济建设，得到当地政府的大力支持。

10多年来，公司积累了丰富的证券业务经验、优秀的人力资源和广众的客户资源，见证了中国经济的腾飞和资本市场的发展，实现客户资产增长和公司健康发展的双赢。2008年，在中国证券业协会公布的经营业绩全国排名中，公司净资本收益率名列全国第七、成本管理能力名列全国第三。截至2009年末，公司资产总额达43.85亿元，净资产7.53亿元；2009年实现主营业务收入5.7亿元，为四川省经济“止滑提速、加快发展”作出了积极的贡献。

天地和，万事兴！作为西南地区的资深券商，和兴证券将继续锐意进取，“一手抓规范、一手抓发展”，在中国经济改革开放和证券市场的发展中取得更大的进步。

公司秉承“专业、高效、务实、创新”的经营理念，“以客户为中心、以市场为导向”，在严格控制风险的前提下，竭诚为客户投资需求提供规范化、个性化的优质服务。公司坚持“稳健经营、规范管理”，形成了一套独具特色，科学、严谨、高效的业务流程和风险控制体系，符合证券业监管要求。

财达证券
CAIDA SECURITIES

注册地址：河北省石家庄市自强路35号
办公地址：石家庄市桥西区自强路35号庄家金融大厦23至26层
邮政编码：050000
互联网网址：www.s10000.com
电子信箱：cdzq@cdzq.com
联系电话：0311－66006223
传真电话：0311－66006200

董事长：王义芳先生

总经理：翟建强先生

河北财达证券经纪有限责任公司，是经中国证监会审核批准于2002年4月设立的一家证券专营机构，也是省内目前唯一的法人证券公司。现注册资本14.169亿元，股东单位12家，控股股东为河北钢铁集团公司（唐钢集团），控股比例为58.69%；公司拥有96家营业网点，其中省外9家，分布于上海、深圳、北京、天津、佳木斯；员工1500余人； 注册地为石家庄市自强路35号；公司董事长王义芳；总经理、法定代表人翟建强。

几年来，公司凝心聚气，始终把“求生存、图发展、讲诚信、防风险”作为头等大事来抓，在激烈的市场竞争中，立足于规范与发展并重，走出了一条从小到大、循序渐进的持续发展之路：2003年11月，托管并受让原佳木斯证券所属3家营业部；2004年底狠抓精细化管理，提升管理水平；2005年12月，通过客户资金独立存管评审，风险防范能力明显增强；2006年6月，获得规范类券商资格，发展基础进一步夯实；2006年11月，实施第一轮增资扩股，公司的经营实力大为增强；2007年3月，完成省内证券资源整合，总体实力显著增强；2008年营业收入、净利润两项指标在全国107家券商排名中，位列25 、21名，实现了“进位争先”。

多年的努力，公司获得了良好的市场形象和各种荣誉：
在河北省金融办首次进行的金融和投融资机构考核中，公司荣获“河北省2007年度金融贡献奖 ”；由于在企业战略规划和资本运营方面成绩较为突出，公司荣获省国资委投融资企业“2008年度最佳战略管理创新二等奖”；公司“全面预算管理”项目成效明显，2008年度，喜获省国资委“十佳优秀成果奖”；在河北省金融办进行的金融和投融资机构考核中，公司再获“河北省2009年度金融贡献奖”

经过几年的探索和积累，财达证券在管理、制度、业务、服务、人才、技术等方面，均取得了长足进步，市场竞争能力和抗风险能力逐年增强，呈现了稳定、持续的发展势头，已具备了进一步改革、发展、创新的基础和条件。科学完善的法人治理结构、现代企业制度的确立、有效的内控制度、团结务实的经营班子、优良的资产质量、专业化的人才队伍，使公司在业内和广大投资者中享有良好的品牌声誉。

面对二十一世纪中国证券市场的机遇与挑战，公司将秉承“开拓、求实、诚信、卓越”的企业精神，充分发挥多年积累的服务优势、人才优势、信息优势、品牌优势和管理经验优势，吸取业内先进的经营理念和管理模式，努力形成自身的竞争策略和个性化服务特色，尽早实现“跻身一流”的发展目标，为发展地方经济、繁荣证券市场做出新的更大的贡献。

企业精神： 开拓 求实 诚信 卓越

经营宗旨： 敬献优质服务 创造上乘业绩

经营理念： 诚实守信 规范发展

经营目标： 确保客户、员工、社会的全面稳定
追求客户、员工、股东的利益最大化

企业作风： 遵纪守法 严谨处事 积极进取 团结务实

核心价值观： 荣辱与共 进取创新 和谐发展

员工价值观： 为人坦诚 业务精通 服务专业 管理规范

员工宣言： 公司发展我发展 我与公司共成长

关于积极订阅《中国证券业年鉴（2009）》的通知

各上市公司、证券公司、基金公司及有关单位：

《中国证券业年鉴（2009）》〔总第十七期〕分上、中、下三册，全书共300多万字，另有图片1360幅。内容设置专论、中国金融市场、中国证券市场、中国基金市场、中国期货市场、中国保险市场、企业形象、中国证券业人物等部分。

作为我国证券市场权威的历史资料和大型工具书，《中国证券业年鉴（2009）》现在已经正式出版发行，请尚未征订的公司抓紧订阅，积极参与并支持该项工作。

《中国证券业年鉴（2009）》征订回执单

定价：1980元/套（上、中、下三册）

订购单位：______________________________

单位地址：______________________ 邮编：__________

联 系 人：__________ 电话：__________ 传真：__________

订购数量：__________套 合计：：__________元（￥：__________）

汇款方式 ：银行转帐（ ） 邮局汇款（ ） 汇款日期：：__________

1、邮局汇款 上海浦东桃林路18号环球广场B座2809室--上海中证鉴文化传播有限公司收
2、银行电汇 收款单位：上海中证鉴文化传播有限公司 收款帐号：121907867110902 开户银行：招商银行上海东方支行

注：

1. 上海中证鉴文化传播有限公司是《中国证券业年鉴》广告、发行业务的总代理；
2. 请您及时将此订单传真或邮寄到上海中证鉴文化传播有限公司，以便我们准确为您发书，款到三日内我们即为您寄出正式发票；
3. 联系我们：上海浦东桃林路18号环球广场B座2809室 邮编：200135
联系人：王春晖小姐 手机：13621644521 电话：021-38820916 传真：021-38820912 邮箱：shcwq@163.com

海南海峡航运股份有限公司

海南海峡航运股份有限公司首次公开发行股票上市公告书

第一节 重要声明与提示

海南海峡航运股份有限公司(以下简称"海峡股份"、"公司"、"本公司"或"发行人")及全体董事、监事、高级管理人员保证上市公告书的真实性、准确性、完整性,承诺上市公告书不存在虚假记载、误导性陈述或重大遗漏,并承担个别和连带的法律责任。

证券交易所、其他政府机关对本公司股票上市及有关事项的意见,均不表明对本公司的任何保证。

本公司已承诺将在本公司股票上市后三个月内按照《中小企业板块上市公司特别规定》和《中小企业板投资者权益保护指引》的要求修改公司章程,在章程中载明"(1)股票被终止上市后,公司股票进入代办股份转让系统继续交易;(2)不对公司章程中的前款规定作任何修改。"

本公司提醒广大投资者注意,凡本上市公告书未涉及的有关内容,请投资者查阅刊载于巨潮网站(http://www.cninfo.com.cn)的本公司招股说明书全文。

本公司实际控制人海口市政府国有资产监督管理委员会承诺自公司股票在深圳证券交易所上市交易起三十六个月内,不转让或者委托他人管理本委员会间接持有的公司股份,也不由发行人回购该部分股份。

本公司控股股东海南港航控股有限公司承诺自公司股票在深圳证券交易所上市交易起三十六个月内,不转让或者委托他人管理本单位已经直接或间接持有的公司股份,也不由发行人回购该部分股份。

本公司股东深圳市盐田港股份有限公司、中海(海南)海盛船务股份有限公司、中国海口外轮代理有限公司承诺自本公司上市之日起十二个月内,不转让或者委托他人管理其已直接或间接持有的本公司股份,也不由本公司回购该部分股份。

本公司股东邢雯璐及监事邢跃同时承诺,在邢跃担任本公司监事期间,邢雯璐每年转让股份数不超过其持有本公司股份总数的25%,在邢跃离职后半年内,邢雯璐不转让其持有本公司的股份。

本上市公告书已披露未经审计的2009年第三季度财务数据及资产负债表、利润表和现金流量表。敬请投资者注意。

第二节 股票上市情况

一、公司股票发行上市审批情况

本上市公告书是根据《中华人民共和国公司法》、《中华人民共和国证券法》、《首次公开发行股票并上市管理办法》和《深圳证券交易所股票上市规则》(2008年修订)等有关规定,并按照《深圳证券交易所股票上市公告书内容与格式指引》(2009年9月修订)而编制,旨在向投资者提供有关海峡股份首次公开发行股票上市的基本情况。

经中国证券监督管理委员会证监许可[2009]1197号文核准,本公司公开发行3,950万股人民币普通股。本次发行采用网下向询价对象询价配售与网上资金申购定价发行相结合的方式,其中网下配售790万股,网上定价发行为3,160万股,已于2009年12月7日成功发行,发行价格为33.60元/股。

经深圳证券交易所《关于海南海峡航运航运股份有限公司人民币普通股股票上市的通知》(深证上[2009]178号)同意,本公司发行的人民币普通股股票在深圳证券交易所上市,股票简称"海峡股份",股票代码"002320";其中本次公开发行中网上定价发行的3,160万股股票将于2009年12月16日起上市交易。

本次发行的招股意向书、招股说明书全文及相关备查文件可以在巨潮网站(www.cninfo.com.cn)查询。本公司招股意向书及招股说明书的披露距今不足一个月,故与其重复的内容不再重述,敬请投资者查阅上述内容。

二、公司股票上市概况

1、上市地点:深圳证券交易所

2、上市时间:2009年12月16日

3、股票简称:海峡股份

4、股票代码:002320

5、首次公开发行后总股本:15,750万股

6、首次公开发行股票增加的股份:3,950万股

7、发行前股东所持股份的流通限制及期限:根据《公司法》的有关规定,公司公开发行股份前已发行的股份,自公司股票在证券交易所上市交易之日起一年内不得转让。

8、发行前股东所持股份的流通限制、期限及对其股份自愿锁定的承诺:

承诺人	承诺内容
海南港航控股有限公司	自本公司上市之日起三十六个月内,不转让或者委托他人管理其本次发行前所持有的本公司股份,也不由本公司回购该部分股份。
深圳市盐田港股份有限公司、中海(海南)海盛船务股份有限公司、	自本公司上市之日起十二个月内,不转让或者委托他人管理其已直接或间接持有的本公司股份,也不由本公司回购该部分股份。
中国海口外轮代理有限公司 股东邢雯璐及其父亲邢跃(公司监事)	自本公司上市之日起十二个月内,不转让或者委托他人管理其已直接或间接持有的本公司股份,也不由本公司回购该部分股份。除前述锁定期外,在邢跃担任本公司监事期间,邢雯璐每年转让股份数不超过其持有本公司股份总数的25%,在邢跃离职后半年内,邢雯璐不转让其持有本公司的股份。

注:根据《境内证券市场转持部分国有股充实全国社会保障基金实施办法》(财企[2009]94号),经海南省政府国有资产监督管理委员会《关于同意转持部分海南海峡航运股份有限公司国有股充实全国社会保障基金的批复》(琼国资函[2009]300号)的批复,港航控股和海口外代分别持有的海峡航运389.5471万股和5.4529万股将划转给全国社会保障基金理事会。上述国有股东持有股份转为全国社会保障基金理事会持有的公司国有股,全国社会保障基金理事会承继原国有股东的锁定承诺。

上述锁定期限届满后,股东转让所持股份将依法进行并履行相关信息披露义务。

9、本次上市股份的其他锁定安排:本次发行中配售对象参与网下配售获配的股票自本次网上发行的股票在深圳证券交易所上市交易之日起锁定三个月。

10、本次上市的无流通限制及锁定安排的股份:本次公开发行中网上定价发行的3,160万股股份无流通限制及锁定安排。

11、公司股份可上市交易时间:

股东	持股数(股)	持股比例(%)	可上市交易时间(非交易日顺延)
一、发行前有限售条件的股份			
海南港航控股有限公司	84,620,711	53.73	2012年12月16日
深圳市盐田港股份有限公司	25,783,831	16.37	
中海(海南)海盛船务股份有限公司	1,233,329	0.78	
中国海口外轮代理有限公司	1,178,800	0.75	
邢雯璐	1,233,329	0.78	2010年12月16日
全国社保基金理事会	3,950,000	2.51	其中3,895,471股:2012年12月16日 其余54,529股:2010年12月16日
小计	118,000,000	74.92	–
二、本次公开发行的股份			
网上定价发行的股份	31,600,000	20.06	2009年12月16日
网下询价发行的股份	7,900,000	5.02	2010年3月16日
小计	39,500,000	25.08	
合计	157,500,000	100.00	

注:根据《境内证券市场转持部分国有股充实全国社会保障基金实施办法》(财企[2009]94号),经海南省政府国有资产监督管理委员会《关于同意转持部分海南海峡航运股份有限公司国有股充实全国社会保障基金的批复》(琼国资函[2009]300号)的批复,港航控股和海口外代分别持有的海峡航运389.5471万股和5.4529万股将划转给全国社会保障基金理事会。上述国有股东持有股份转为全国社会保障基金理事会持有的公司国有股,全国社会保障基金理事会承继原国有股东的锁定承诺。

12、股票登记机构:中国证券登记结算有限责任公司深圳分公司

13、上市保荐机构:海通证券股份有限公司(以下简称"海通证券")

第三节 发行人、股东和实际控制人情况

一、发行人的基本情况

1、中文名称:海南海峡航运股份有限公司

2、英文名称:HAINAN STRAIT SHIPPING CO.,LTD

3、注册资本：15,750 万元（本次公开发行后）

4、法定代表人：林毅

5、董事会秘书：周乃均

6、成立日期：2002 年 12 月 6 日

7、公司住所：海口市滨海大道东方洋大厦第七层

8、邮政编码：570311

9、联系电话：(0898)68612566

10、传　真：(0898)68667480

11、互联网网址：www.hnss.net.cn

12、电子信箱：hxhy@hnhaixia.com

13、经营范围：国内沿海及近洋汽车、旅客运输（凡需行政许可的项目凭许可证经营）。目前发行人主要经营以海南省为中心的南海客滚运输业务。

14、主营业务：公司主要经营以海南省为中心的南海客滚运输业务，主要包括海口－海安、海口－广州、海口－北海三条客滚航线。

15、所属行业：根据中国证监会 2001 年颁布的《上市公司行业分类指引》，本公司所属的细分行业为沿海运输业（代码 F0705）

二、发行人董事、监事、高级管理人员及其持有公司股票的情况

序号	股东名称	职务	性别	年龄	任职起止日期	持股数量（万股）
1	林　毅	董事长	男	44	2009 年 6 月－2012 年 6 月	－
2	华　翔	副董事长	男	47	2009 年 6 月－2012 年 6 月	－
3	林　健	副董事长	男	43	2009 年 6 月－2012 年 6 月	－
4	李　伟	董事	男	55	2009 年 6 月－2012 年 6 月	－
5	邱国雄	董事、总经理	男	54	2009 年 6 月－2012 年 6 月	－
6	冯　斌	董事	男	39	2009 年 6 月－2012 年 6 月	－
7	魏建舟	独立董事	男	46	2009 年 6 月－2012 年 6 月	－
8	徐大振	独立董事	男	46	2009 年 6 月－2012 年 6 月	－
9	刘宁华	独立董事	男	47	2009 年 6 月－2012 年 6 月	－
10	高洪星	独立董事	男	47	2009 年 6 月－2012 年 6 月	－
11	邓　新	监事	男	56	2009 年 6 月－2012 年 6 月	－
12	刘　冲	监事	男	40	2009 年 6 月－2012 年 6 月	－
13	邢　跃	监事	男	48	2009 年 6 月－2012 年 6 月	－
14	林桂曼	监事	女	37	2009 年 6 月－2012 年 6 月	－
15	周经本	监事	男	52	2009 年 6 月－2012 年 6 月	－
16	沈钦记	副总经理	男	54	2009 年 6 月－2012 年 6 月	－
17	岳忠彪	副总经理	男	54	2009 年 6 月－2012 年 6 月	－
18	王　民	副总经理	男	47	2009 年 6 月－2012 年 6 月	－
19	周文豪	总工程师	男	49	2009 年 6 月－2012 年 6 月	－
20	吴运智	总会计师	男	43	2009 年 6 月－2012 年 6 月	－
21	周乃均	副总经理、董事会秘书	男	47	2009 年 6 月－2012 年 6 月	－

三、发行人控股股东和实际控制人的情况

1、控股股东

海南港航控股有限公司是本公司的控股股东。

海南港航控股有限公司成立于 2004 年 12 月 28 日，实收资本及注册资本为 50,000 万元，注册地址为海口市滨海大道 96 号，营业执照注册号为 460000000200118，经营范围为：港口装卸、仓储、水上客货运输和代理服务；滚装汽车海峡运输；集装箱运输；外轮代理；外轮理货；近洋国际货物运输；房地产开发经营；产业租赁；物业管理服务；港口工程建设；旅游项目开发；轻工产品加工等。

海口市国资委持有该公司 95.44%的股权，海口市城市建设投资有限公司持有该公司 4.56%股权。

截至 2008 年 12 月 31 日，港航控股总资产为 249,190.00 万元，净资产为 112,265.92 万元，2008 年度实现的净利润为 7,708.11 万元。（以上财务数据已经海南海信会计师事务所审计）

2、实际控制人

海口市国资委现持有海南港航控股有限公司 95.44%股权，是本公司实际控制人。

3、公司控股股东控制的其他企业的情况简介

公司控股股东控制的其他主要企业基本情况如下：

序号	企业名称	成立时间	注册/实收资本	注册地和主要生产经营地	控股比例/方式	经营范围
子公司						
1	海口港集装箱码头有限公司	1987.2.6	11,400 万元	海口市	100%	集装箱配载、拆装、检验、中转、联运、清洗、熏蒸、堆存保管、修理、搬运等。
2	海南新港实业股份有限公司	1994.12.30	4,620.25 万元	海口市	54.76%	港口装卸仓储服务，旅游项目开发经营，船舶用品销售等。
控制的其他企业						
1	海口港集团公司	1988.8.12	36,000 万元	海口市	托管	港口装卸、仓储、海上客货运输、集装箱运输、外轮代理、房地产开发等。
2	海南省海运总公司	1988.9.14	4,511 万元	海口市	托管	海上客货运输，港口装卸仓储，船舶修理，通讯导航，房地产开发经营等。
3	海南马村港港务公司	1993.5.15	2,220 万元	澄迈县	托管	港口、装卸、仓储、运输等。
4	海口港外轮服务公司	1989.10.23	400 万元	海口市	托管	为国内外船舶、船员提供补给、劳动服务等。
5	海南港实业开发总公司	1992.9.8	2,000 万元	海口市	托管	房地产开发经营、临海加工工业等。
6	海口港振兴公司	1994.4.11	100 万元	海口市	托管	建筑材料、五金工具、日用百货等的批发、零售。
7	海南港湾建筑工程公司	1988.4.21	2,000 万元	海口市	托管	承担中、小型港口船厂内河航运建设项目及全部配套工程等。
8	海口港集团船舶燃料供销公司	1993.6.3	500 万元	海口市	托管	供应到港船舶燃料油、润滑油、淡水，日用百货等。
9	海南港航物业管理有限公司	2001.11.15	100 万元	海口市	托管	物业管理；停车场与招待所服务；港区市场管理等。
10	中国海口外轮代理有限公司	1987.1.13	500 万元	海口市	托管	为各类中外籍国际船舶在中国港口、口岸和水域的一切代理和服务业务。
11	海南诚源房地产开发有限公司	2006.11.9	300 万元	海口市	托管	房地产开发经营，工程承包、建筑装饰工程施工等。
12	海南省海运总公司劳动服务公司	1988.7.7	50 万元	海口市	托管	码头装卸服务。
13	海南省海运房地产开发公司	1992.10.16	1,000 万元	海口市	托管	房地产开发经营；建筑材料、建筑机械设备销售等。
14	海南省海运总公司铺前船厂	2003.4.14	470 万元	文昌市	托管	船舶修造、零配件加工。

四、公司前十名股东持有公司发行后股份情况

本次发行后，公司股东总数为：62,901 户，前十名股东持有股份的情况如下：

序号	股东名称	持股数量(股)	持股比例(%)
1	海南港航控股有限公司	84,620,711	53.73
2	深圳市盐田港股份有限公司	25,783,831	16.37
3	全国社会保障基金理事会转持三户	3,950,000	2.51
4	邢雯璐	1,233,329	0.78
5	中海(海南)海盛船务股份有限公司	1,233,329	0.78
6	中国海口外轮代理有限公司	1,178,800	0.75
7	中国建设银行股份有限公司企业年金计划—中国工商银行	106,058	0.07
8	中国南方电网公司企业年金计划—中国工商银行	73,641	0.05
9	中国工商银行股份有限公司企业年金计划—中国建设银行	73,311	0.05
10	中国石油天然气集团公司企业年金计划—中国工商银行	53,029	0.03
	合　　计	118,306,039	75.12%

第四节　股票发行情况

一、发行数量：3,950 万股

二、发行价格：33.60 元/股

三、发行方式：采用网下向询价对象询价配售（下称“网下配售”）与网上资金申购定价发行（下称“网上发行”）相结合的发行方式。本次发行中通过网下配售向配售对象配售的股票为 790 万股，有效申购数量为 118,810 万股，有效申购获得配售的比例为 0.664927%，认购倍数为 150.39 倍。本次发行网上定价发行 3,160 万股，本次网上定价发行的中签率为 0.5614293921%，超额认购倍数为 178.12 倍。本次网上定价发行不存在余股，网下配售产生 69 股余股，由主承销商海通证券认购。

四、募集资金总额：132,720.00 万元

利安达会计师事务所有限责任公司已于 2009 年 12 月 10 日对公司首次公开发行股票的资金到位情况进行了审验，并出具了利安达验字[2009]第 1049 号《验资报告》。

五、发行费用总额：本次发行费用共计 5061.60 万元，具体明细如下：

费用名称	金额(万元)
承销及保荐费用	4231.60
审计费用	70.00
律师费用	50.00
预计发行手续费、推介费及信息披露费等	710.00
合计	5061.60

每股发行费用 1.28 元/股。(每股发行费用=发行费用总额/本次发行股本)

六、募集资金净额：127,658.40 万元。超出发行人拟募集资金数量 84,558.40 万元。

七、发行后每股净资产：10.48 元/股(按 2009 年 6 月 30 日经审计的归属于母公司股东净资产与本次发行筹资净额之和除以本次发行后总股本计算)。

八、发行后每股收益：0.71 元/股(按照 2008 年度经会计师事务所审计的扣除非经常性损益前后孰低的净利润除以本次发行后总股本计算)

第五节 财务会计资料

本上市公告书已披露 2009 年前三季度财务数据及资产负债表、利润表和现金流量表。其中，2009 年 1-9 月及对比表中 2008 年 1-9 月财务数据未经审计。

敬请投资者注意。

一、主要会计数据及财务指标

单位：元

项目	2009.9.30	2008.12.31	增减幅度
流动资产	141,990,580.76	144,437,899.76	-1.69%
流动负债	26,455,005.80	101,673,239.99	-73.98%
总资产	472,140,286.41	460,376,549.85	2.56%
归属于发行人的所有者权益	396,163,092.25	325,673,514.05	21.64%
归属于发行人的每股净资产	3.36	2.76	21.74%

项目	2009 年 7-9 月	比上年同期增减	2009 年 1-9 月	比上年同期增减
营业收入	101,422,851.05	-11.45%	372,888,963.45	7.61%
利润总额	27,506,031.44	-48.10%	147,890,205.03	12.59%
归属于发行人股东的净利润	21,694,042.36	-50.08%	117,689,578.20	10.41%
扣除非经常性损益后归属于发行人股东的净利润	21,719,315.76	-20.05%	114,278,839.68	27.43%
基本每股收益	0.18	-50.08%	0.997	10.41%
净资产收益率(全面摊薄)	5.48%	-54.71%	29.71%	0.13%
扣除非经常性损益后的净资产收益率(全面摊薄)	5.48%	-26.44%	28.84%	16.1%
经营活动产生的现金流量净额	-	-	146,338,881.68	47.70%
每股经营活动产生的现金流量净额	-	-	1.24	47.70%

二、经营业绩和财务状况的简要说明

公司自设立以来一直从事以海南省为中心的南海客滚运输业务。2009 年 1-9 月，公司实现营业收入 372,888,963.45 元，利润总额 147,890,205.03 元，净利润 117,689,578.20 元，分别比去年同期增长 7.61%、12.59%、10.41%。公司经营业绩继续保持稳健增长态势。2009 年 7-9 月，公司实现营业收入 101,422,851.05 元，利润总额 27,506,031.44 元，净利润 21,694,042.36 元，分别比去年同期减少 11.45%、48.10%、50.08%。主要原因为：由于受金融危机对海南的滞后影响和 H1N1 流感对旅客出行的影响，以及公司 2009 年 7 月两艘船舶("信海 3 号"和"信海 4 号")到期报废造成的运力减少影响，公司 2009 年 7-9 月业务量略有下降，营业收入较去年同期减少 11.45%。此外，2008 年 7 月公司收到政府油价补贴 20,400,000.00 元，使 2009 年 7-9 月的利润总额、净利润较上年同期分别减少 48.10%、50.08%。扣除上述非经常性损益影响后，2009 年 7-9 月净利润较去年同期减少 20.05%。

截至 2009 年 9 月 30 日，公司流动资产、流动负债和总资产分别为 141,990,580.76 元、26,455,005.80 元和 472,140,286.41 元，流动资产、流动负债分别比上年末减少 1.69%、73.98%，总资产较上年末增长 2.56%。主要原因是 2009 年 8-9 月，公司归还了到期银行贷款 83,000,000.00 元。

2009 年 1-9 月，公司经营活动产生的现金流量净额较上年同期增长 47.70%，增长速度较快，主要是报告期内公司业务量增加，营业收入较上年同期增长 7.61%，以及公司加强现金管理所致。

公司报告期内经营状况良好，财务状况稳定，本报告期没有对财务数据和指标产生重大影响的其他重要事项。

第六节 其他重要事项

一、相关承诺

公司已向深圳证券交易所承诺，将严格按照中小企业板的有关规则，在上市后三个月内尽快完善公司章程等相关规章制度。

二、其他重要事项

本公司自 2009 年 11 月 27 日刊登首次公开发行股票招股意向书至本上市公告书刊登前，没有发生可能对公司有较大影响的重要事项，具体如下：

1、本公司严格依照《公司法》、《证券法》等法律法规的要求，规范运作，经营状况正常；主营业务目标进展情况正常；

2、本公司所处行业属国家鼓励类产业，市场未发生重大变化；

3、原材料采购价格和产品销售价格未发生重大变化；

4、本公司未发生重大关联交易；

5、本公司未发生重大投资；

6、本公司未发生重大资产(或股权)购买、出售及置换；

7、本公司住所没有变更；

8、本公司董事、监事、高级管理人员及核心技术人员未发生变化；

9、本公司未发生重大诉讼、仲裁事项；

10、本公司未发生对外担保等或有事项；

11、本公司的财务状况和经营成果未发生重大变化；

12、本公司无其他应披露的重大事项。

第七节 上市保荐机构及其意见

一、上市保荐机构情况

1、保荐人(主承销商)：海通证券股份有限公司

2、法定代表人：王开国

3、住　所：上海市淮海中路 98 号

4、联系地址：深圳市红岭中路中深国际大厦 16 层

5、联系电话：0755-25869000

6、传　真：0755-25869832

7、保荐代表人：廖卫江、胡宇

8、项目协办人：温家明

二、上市保荐机构的推荐意见

上市保荐人海通证券已向深圳证券交易所提交了《海通证券股份有限公司关于海南海峡航运股份有限公司股票上市保荐书》，上市保荐人的推荐意见如下：海通证券认为海峡股份申请其股票上市符合《中华人民共和国公司法》、《中华人民共和国证券法》及《深圳证券交易所股票上市规则》等有关规定，海峡股份股票具备在深圳证券交易所上市的条件。海通证券愿意推荐海峡股份的股票在深圳证券交易所上市交易，并承担相关保荐责任。

海南海峡航运股份有限公司

2009 年 12 月 15 日

上海普利特复合材料股份有限公司

上海普利特复合材料股份有限公司首次公开发行股票上市公告书

第一节 重要声明与提示

上海普利特复合材料股份有限公司(以下简称“公司”、“本公司”或“发行人”)及全体董事、监事、高级管理人员保证上市公告书的真实性、准确性、完整性,承诺上市公告书不存在虚假记载、误导性陈述或重大遗漏,并承担个别和连带的法律责任。

深圳证券交易所、其他政府机关对公司 A 股股票上市(以下简称“本次上市”)及有关事项的意见,均不表明对公司的任何保证。

本公司已承诺将在本公司股票上市后三个月内按照《中小企业板块上市公司特别规定》和《中小企业板投资者权益保护指引》的要求修改公司章程,在章程中载明“(1)股票被终止上市后,公司股票进入代办股份转让系统继续交易;(2)不对公司章程中的前款规定作任何修改。”

本公司提醒广大投资者注意,凡本上市公告书未涉及的有关内容,请投资者查阅刊载于巨潮网站(http://www.cninfo.com.cn)的公司首次公开发行 A 股股票招股说明书全文。

本次发行前股东所持股份的流通限制及股东对所持股份自愿锁定的承诺如下:

1、本公司控股股东、实际控制人周文、股东郭艺群、周武、李结承诺:自股票上市之日起 36 个月内,不转让或委托他人管理其持有的发行人股份,也不由发行人回购其持有的股份。

2、本公司股东胡坚、黄巍、张祥福、卜海山、孙丽、张世城、何忠孝、李宏、张鹰、李明、唐翔、高波、王建平均承诺:自股票上市之日起 12 个月内,不转让或委托他人管理其持有的发行人股份,也不由发行人回购其持有的股份。

3、担任本公司董事、监事、高级管理人员及核心技术人员的周文、张祥福、卜海山、周武、孙丽、李结、李宏、张鹰承诺:除前述锁定期外,在其任职期间每年转让的股份不超过其所持有发行人股份总数的 25%,离职后 6 个月内,不转让其所持有的发行人股份。

本上市公告书已披露 2009 年 1–9 月财务数据及资产负债表、利润表和现金流量表。其中,2009 年 1–9 月及 7–9 月和对比表中 2008 年 1–9 月及 7–9 月财务数据未经审计,对比表中 2008 年年度财务数据已经审计。敬请投资者注意。

如无特别说明,本上市公告书中的简称或名词的释义与本公司首次公开发行股票招股说明书中的相同。

第二节 股票上市情况

一、本上市公告书是根据《中华人民共和国公司法》、《中华人民共和国证券法》、《首次公开发行股票并上市管理办法》和《深圳证券交易所股票上市规则》(2008 年修订)等有关规定,并按照《深圳证券交易所股票上市公告书内容与格式指引》(2009 年 9 月修订)编制而成,旨在向投资者提供有关公司首次公开发行 A 股股票上市的基本情况。

二、经中国证券监督管理委员会【证监许可(2009)1255 号】文核准,本公司公开发行 3,500 万股人民币普通股股票(A 股)(以下简称“本次发行”)。本次发行采用网下向询价对象配售(以下简称“网下配售”)与网上向社会公众投资者定价发行(以下简称“网上发行”)相结合的方式,其中网下向配售对象发行 700 万股已于 2009 年 12 月 9 日在保荐人(主承销商)招商证券股份有限公司主持下发行完毕,网上资金申购定价发行 2,800 万股已于 2009 年 12 月 9 日成功发行,发行价格为 22.50 元/股。

三、经深圳证券交易所《关于上海普利特复合材料股份有限公司人民币普通股股票上市的通知》【深证上(2009)184 号】同意,本公司发行的人民币普通股股票在深圳证券交易所上市,股票简称“普利特”,股票代码“002324”,其中本次公开发行中网上定价发行的 2,800 万股股票将于 2009 年 12 月 18 日起上市交易。

本次发行的招股意向书、招股说明书全文及相关备查文件可以在巨潮网站(http://www.cninfo.com.cn)查询。本公司招股意向书及招股说明书的披露距今不足一个月,故与其重复的内容不再重述,敬请投资者查阅上述内容。

四、本次上市相关信息

1、上市地点:深圳证券交易所

2、上市时间:2009 年 12 月 18 日

3、股票简称:普利特

4、股票代码:002324

5、发行后总股本:13,500 万股

6、本次 A 股发行股数:3,500 万股

7、本次发行前股东所持股份的流通限制及期限:

根据《公司法》的有关规定,公司公开发行股份前已发行的股份,自公司股票在证券交易所上市交易之日起一年内不得转让。

8、本次发行前股东所持股份自愿锁定安排的承诺

(1)本公司控股股东、实际控制人周文、股东郭艺群、周武、李结承诺:自股票上市之日起 36 个月内,不转让或委托他人管理其持有的发行人股份,也不由发行人回购其持有的股份。

(2)本公司股东胡坚、黄巍、张祥福、卜海山、孙丽、张世城、何忠孝、李宏、张鹰、李明、唐翔、高波、王建平均承诺:自股票上市之日起 12 个月内,不转让或委托他人管理其持有的发行人股份,也不由发行人回购其持有的股份。

(3) 担任本公司董事、监事、高级管理人员及核心技术人员的周文、张祥福、卜海山、周武、孙丽、李结、李宏、张鹰承诺:除前述锁定期外,在其任职期间每年转让的股份不超过其所持有发行人股份总数的 25%,离职后 6 个月内,不转让其所持有的发行人股份。

9、本次上市股份的其他锁定安排

本次发行中网下向配售对象配售的 700 万股股份自本次网上资金申购发行的股票在深圳证券交易所上市交易之日起锁定 3 个月。

10、本次上市的无流通限制及锁定安排的股份

本次发行中网上定价发行的 2,800 万股股份无流通限制及锁定安排,自 2009 年 12 月 18 日起上市交易。

11、公司股份可上市流通时间表:

股东名称(或类别)		持股数量(股)	占发行后总股份的比例(%)	可上市流通时间(非交易日顺延)
首次公开发行前已发行股份	周 文	69,426,000	51.4267	2012 年 12 月 18 日
	郭艺群	5,877,000	4.3533	
	周 武	2,085,000	1.5444	
	李 结	450,000	0.3333	
	胡 坚	5,500,000	4.0741	2010 年 12 月 18 日
	黄 巍	4,500,000	3.3333	
	张祥福	2,888,500	2.1396	
	卜海山	2,700,000	2.0000	
	孙 丽	1,995,000	1.4778	
	张世城	1,300,000	0.9630	
	何忠孝	1,000,000	0.7407	
	李 宏	415,700	0.3079	
	张 鹰	415,700	0.3079	
	李 明	415,700	0.3079	
	唐 翔	415,700	0.3079	
	高 波	415,700	0.3079	
	王建平	200,000	0.1481	
	小 计	100,000,000	74.0741	
首次公开发行的股份	网下配售股份	7,000,000	5.1852	2010 年 3 月 18 日
	网上定价发行股份	28,000,000	20.7407	2009 年 12 月 18 日
	小计	35,000,000	25.9259	–
合 计		135,000,000	100.0000	–

12、股票登记机构:中国证券登记结算有限责任公司深圳分公司

13、上市保荐人:招商证券股份有限公司

第三节 发行人、股东和实际控制人情况

一、发行人基本情况

1、中文名称:上海普利特复合材料股份有限公司

2、英文名称:SHANGHAI PRET COMPOSITES CO.,LTD.

3、本次发行前注册资本:10,000 万元

4、法定代表人:周文

5、注册地址:上海市四平路 421 弄 20 号 2 楼

6、邮政编码:200081

7、经营范围:生产销售电子材料、高分子材料、橡塑材料及制品,销售汽车配件、计算机及软件、机电设备、环保设备、建筑材料、金属材料,在化工材料专业领域内的“四技”服务,从事货物及技术进出口业务。(涉及行政许可的,凭许可证经营)。

8、主营业务:汽车用改性塑料产品的生产、研发、销售和服务,主要产品包括:改性聚烯烃类(改性聚丙烯类)、改性 ABS 类、塑料合金类(PC/ABS 合金、PC/PBT 合金、PC/PET 合金等)以及其他类(改性尼龙、改性热塑性聚酯等)4 大类。产品主要供应汽车零部件制造商,已在上海大众、上海通用、一汽–大众、长安福特马自达、东风日产、奇瑞汽车、海马汽车等汽车制造商生产的车型上广泛应用。

9、所属行业:塑料制品业

10、电话号码:021–69210096,69210665

11、传真号码:021–69210681

12、互联网网址:http://www.pret.com.cn

13、电子信箱:dsh@pret.com.cn

14、董事会秘书:林义擎

二、发行人董事、监事、高级管理人员及其持有公司股票、债券的情况

姓 名	职务	性别	任职起止日期	持有公司股份情况
周 文	董事长兼总经理	男		直接持有公司股份 69,426,000 股
张祥福	副董事长兼副总经理	男		直接持有公司股份 2,888,500 股
卜海山	董事	男		直接持有公司股份 2,700,000 股
周 武	董事兼副总经理	男		直接持有公司股份 2,085,000 股
李 宏	董事兼副总经理	男	2007 年 7 月 6 日至	直接持有公司股份 415,000 股
颜德岳	独立董事	男	2010 年 7 月 5 日	无
龚介民	独立董事	男		无
尤建新	独立董事	男		无
李士钊	独立董事	男		无
丁巧生	监事会主席	男		无
孙 丽	监事	女		直接持有公司股份 1,995,000 股
李 结	监事	男		直接持有公司股份 450,000 股
林义擎	董事会秘书兼财务负责人	男		无

三、控股股东及实际控制人情况

本公司控股股东为周文,目前持有公司股份 6,942.60 万股,占本公司本次发行后总股本的

51.43%。周文同时担任公司董事长和总经理，为公司实际控制人。

周文基本情况为：男，1965 年出生，中国国籍，无境外居留权，工商管理硕士，高级工程师。中国共产党上海市第九次代表大会代表、上海市第十三届人民代表大会代表。荣获 2004 年上海市科技进步三等奖、2004 年上海市优秀中国特色社会主义事业建设者、2004 年至 2006 年上海市劳动模范、2007 年中国优秀民营科技企业家。1988 年 7 月至 1995 年 9 月，任职上海大众汽车有限公司材料工程师，1995 年 10 月至 1999 年 9 月，担任上海普利特化学研究所总经理，1999 年 10 月起，担任公司董事长兼总经理。2007 年 2 月至今，兼任中国人民政治协商会议上海市虹口区第十二届常委，2007 年 5 月至今，兼任上海市工商联(商会)第十二届执行委员会常委。现任公司董事长兼总经理。

周文先生的身份证号码为：310110196503063XXX。住所为：上海市虹口区西江湾路 140 弄 3 号 301 室。

周文不存在除发行人以外的其他投资情况。

周文持有的公司股票不存在被质押或其他有争议的情况。

四、本次发行后公司前十名大股东

公司本次发行结束后上市前的股东总数为 52,479 人，其中前十名股东的持股情况如下：

序号	股东名称	持股数量(股)	持股比例(%)
1	周　文	69,426,000	51.4267
2	郭艺群	5,877,000	4.3533
3	胡　坚	5,500,000	4.0741
4	黄　巍	4,500,000	3.3333
5	张祥福	2,888,500	2.1396
6	卜海山	2,700,000	2.0000
7	周　武	2,085,000	1.5444
8	孙　丽	1,995,000	1.4778
9	张世城	1,300,000	0.9630
10	何忠孝	1,000,000	0.7407

第四节　股票发行情况

一、发行数量

本次发行总股数为 3,500 万股。

二、发行价格

本次发行价格为 22.50 元/股。

三、发行方式

本次发行采用网下向询价对象询价配售与网上资金申购发行相结合的方式。

本次发行规模为 3,500 万股，网下向询价对象询价配售 700 万股，网上资金申购发行配售 2,800 万股。

本次发行网下配售 700 万股，有效申购获得配售的配售比例为 0.610234%，认购倍数为 163.87 倍；网上定价发行 2,800 万股，中签率为 1.2001801985%，认购倍数为 83 倍。本次发行网上不存在余股，网下存在 97 股零股，由主承销商招商证券股份有限公司认购。

四、募集资金总额及注册会计师对资金到账的验证情况

1、本次发行募集资金总额为 78,750.00 万元；

2、安永华明会计师事务所于 2009 年 12 月 14 日对本次发行的资金到账情况进行了审验，并出具了【安永华明(2009)验字第 60623545_B01 号】验资报告。

五、发行费用

本次发行费用共计 5,466.00 万元，具体明细如下：

项目	费用(万元)
承销费用	4,412.50
保荐费用	200.00
注册会计师费用	100.00
登记托管费和上市初费	16.50
律师费用	95.00
信息披露费用	344.50
路演及推介等其他费用	297.50
合计	5,466.00

2、每股发行费用为 0.4049 元。

六、募集资金净额

本次发行募集资金净额为 73,284.00 万元，超募金额：51,353.18 万元。

七、发行后每股净资产

本次发行后每股净资产为 6.98 元。(以 2009 年 6 月 30 日经审计数据为基础加本次募集资金净额按发行后总股本计算)

八、发行后每股收益

本次发行后扣除非经常性损益后的每股收益为 0.26 元。(以 2008 年经审计数据为基础按发行后总股本计算)

第五节　财务会计资料

一、主要会计数据及财务指标

本上市公告书已披露 2009 年 1-9 月财务数据及资产负债表、利润表和现金流量表。其中，2009 年 1-9 月及 7-9 月和对比表中 2008 年 1-9 月及 7-9 月财务数据未经审计，本公告书所载 2008 年度及 2009 年 1-6 月财务数据已经安永华明会计师事务所审计，敬请投资者注意。

单位：人民币元

项目	2009 年 9 月 30 日	2008 年 12 月 31 日	2009 年 9 月 30 日末比 2008 年 12 月 31 日增减
流动资产	249,155,551.92	226,327,911.61	10.09%
流动负债	71,150,993.50	89,080,002.89	-20.13%
总资产	310,372,583.51	262,765,226.98	18.12%
所有者权益	231,880,076.76	166,743,710.84	39.06%
每股净资产(元/股)	2.32	1.67	39.06%

项目	2009 年 7-9 月	比上年同期增减	2009 年 1-9 月	比上年同期增减
营业收入	120,075,612.60	42.10%	318,206,338.77	8.80%
利润总额	26,534,068.41	117.26%	76,631,018.73	132.05%
归属于母公司所有者的净利润	22,282,815.62	79.51%	65,136,365.92	132.05%
扣除非经常性损益后的净利润	19,632,445.93	64.28%	62,190,582.98	125.76%
基本每股收益(按发行前股本计算)	0.22	79.51%	0.65	132.05%
净资产收益率(全面摊薄)	9.61%	增加 1.65 个百分点	28.09%	增加 10.08 个百分点
扣除非经常性损益后的净资产收益率(全面摊薄)	8.47%	增加 0.80 个百分点	26.82%	增加 9.15 个百分点
经营活动产生的现金流量净额	-	-	-16,089,961.16	64.38%
每股经营活动产生的现金流量净额	-	-	-0.16	64.38%

二、经营业绩与财务状况的简要说明

本公司专业从事汽车用改性塑料的生产、研发和销售。2009 年 1-9 月，本公司实现营业总收入 31,820.63 万元，较去年同期增长 8.80%，其中 2009 年 7-9 月实现营业收入 12,007.56 万元，较去年同期增长 42.10%。报告期内公司营业收入增长幅度不大的原因为 2008 年金融危机持续到 2009 年初，对公司收入有一定的负面影响，以及公司主要产品改性聚烯烃类、改性 ABS 类、塑料合金类的销售价格较去年同期分别有所下跌。2009 年 7-9 月营业收入增长较大的原因是汽车产业在 2009 年三季度持续景气，公司产品销量同比较快增长。

2009 年 1-9 月和 2009 年 7-9 月，公司实现净利润分别为 6,513.64 万元、2,228.28 万元，分别较去年同期增长 132.05%和 79.51%。公司净利润大幅增长的原因是受我国汽车产业在 2009 年的快速复苏、公司主要产品销量的增长、产品毛利率的上升、公司对客户群体的持续拓展等积极因素的影响。

2009 年 1-9 月，公司主营业务毛利率为 30.60%，较上年同期的 20.58%提高 10.12 个百分点，主要原因是 2009 年 1-9 月原材料价格仍处于低迷状态，而公司产品售价相对降幅较小。

报告期末公司货币资金余额较期初减少 6,131.67 万元，减幅为 61.36%，主要是报告期内公司业务较快增长和原料采购力度增大，对资金的需求增大；

报告期末公司应收账款较期初增加 4,022.38 万元，增幅为 50.38%，主要是报告期内公司销售规模的扩大，账龄在 60 天以内的应收账款余额增加；

报告期末存货较期初增加 3,315.70 万元，增幅为 243.46%，主要是报告期内公司业绩的较快增长导致的原料采购增加；

报告期内经营活动产生的现金流量净额较去年同期改善 2,907.74 万元，改善幅度为 64.38%，主要原因为公司加强了应收账款和存货的管理，适当延长原料采购付款周期；

本公司 2009 年三季度经营状况良好，财务状况稳定，无其他对财务数据和指标产生重大影响的重要事项。

本节所称报告期指 2009 年 1-9 月，报告期末指 2009 年 9 月 30 日，报告期初指 2008 年 12 月 31 日。

本公司截至 2009 年 9 月 30 日的股本总数为 10,000 万元，本次发行后股本总数增至 13,500 万元。公司提请投资者注意股本变化对公司相关财务指标的影响。

第六节　其他重要事项

一、本公司自 2009 年 12 月 1 日刊登首次公开发行股票招股意向书至本上市公告书刊登前，没有发生可能对公司有较大影响的重要事项，具体如下：

1、公司生产经营情况正常，主要业务发展目标进展状况正常；

2、公司所处行业、市场无重大变化；

3、公司原材料采购价格和产品销售价格无重大变化；

4、公司未出现重大关联交易事项；

5、公司没有重大投资活动；

6、公司无重大资产(股权)收购、出售及置换行为；

7、公司住所未发生变更；

8、公司董事、监事、高级管理人员及核心技术人员没有发生变化；

9、公司未涉及任何重大诉讼事项或仲裁，亦无任何尚未了结或可能面临的重大诉讼或索赔要求；

10、公司没有对外担保等或有事项；

11、公司财务状况和经营成果没有重大变化；

12、公司没有其他应披露而未披露之重大事项。

二、本公司已向深圳证券交易所承诺，将严格按照中小企业板的有关规则，在上市后三个月内完善公司章程等规章制度。

第七节　上市保荐人及其意见

一、上市保荐人情况

上市保荐人：招商证券股份有限公司

法定代表人：宫少林

公司地址：深圳市福田区益田路江苏大厦 A 座 38-45 楼

联系电话：0755-82943666

传真：0755-82943121

保荐代表人：徐浙鸿、程洪波

项目协办人：吴潇

项目联系人：康剑雄、章睿、徐高峰、戴祺、胡俊杰

二、上市保荐人的推荐意见

公司的上市保荐人招商证券股份有限公司(以下简称"保荐人")认为上海普利特复合材料股份有限公司首次公开发行的股票符合上市条件，并已向深圳证券交易所出具了《上海普利特复合材料股份有限公司股票上市保荐书》。保荐人的保荐意见主要内容如下：

上海普利特复合材料股份有限公司申请其股票上市符合《中华人民共和国公司法》、《中华人民共和国证券法》及《深圳证券交易所股票上市规则》等国家有关法律、法规的有关规定，发行人股票具备在深圳证券交易所上市的条件。招商证券愿意推荐发行人的股票上市交易，并承担相关保荐责任。

上海普利特复合材料股份有限公司

浙江仙琚制药股份有限公司

浙江仙琚制药股份有限公司首次公开发行股票上市公告书

第一节　重要声明与提示

浙江仙琚制药股份有限公司(以下简称"仙琚制药"、"公司"、"本公司"或"发行人")及全体董事、监事、高级管理人员保证上市公告书的真实性、准确性、完整性,承诺上市公告书不存在虚假记载、误导性陈述或重大遗漏,并承担个别和连带的法律责任。证券交易所、其他政府机关对本公司股票上市及有关事项的意见,均不表明对本公司的任何保证。

本公司已承诺将在本公司股票上市后三个月内按照《中小企业板块上市公司特别规定》和《中小企业板投资者权益保护指引》的要求修改公司章程,在章程中载明"(1)股票被终止上市后,公司股票进入代办股份转让系统继续交易;(2)不对公司章程中的前款规定作任何修改。"

本公司提醒广大投资者注意,凡本上市公告书未涉及的有关内容,请投资者查阅刊载于巨潮网站(http://www.cninfo.com.cn)的本公司招股说明书全文。

本次发行前,本公司股东所持股份的流通限制及股东对所持股份自愿锁定的承诺如下:

公司股东浙江省仙居县国有资产经营有限公司(以下简称县资产经营公司)、金敬德承诺,自公司股票上市之日起三十六个月内,不转让或者委托他人管理其持有的公司股份,也不由公司回购其持有的股份。

根据《境内证券市场转持部分国有股充实全国社会保障基金实施办法》(财企[2009]94 号)的有关规定,本公司首次公开发行股票并上市后,由本公司国有股股东转由全国社会保障基金理事会持有的本公司国有股,全国社会保障基金理事会将承继原国有股东的禁售期义务。

公司 3 名法人股东浙江医药、县医药公司、国投高科投资和 142 名自然人股东顾时云、张直庆、王焕勇、潘冬仙、张琦、张国安、张南、郑卫华、范敏华、王挺、金持江、卢焕彤、吴军、马群力、周梅青、张燕文、黄铮、沈熊、王卫芳、吴定伟、陈弘鹏、赵子贲、张诚、张美蓉、陈捷、林江明、陈杰、郭小斌、王飞鸯、齐敏、李卫民、季胜乙、陈秀萍、王盈盈、曹红、曹利方、陈方青、陈卫华、陈小青、陈燕萍、应慧青、戴猛进、顾光慧、胡文英、胡小四、郑曙英、金美凤、李秀红、李玉萍、吕月红、潘美燕、任玉香、沈爱萍、田振荣、王海平、王华平、王焕明、吴洪连、颜加平、杨建明、杨亚琴、应慧娟、张海青、张伟中、张小华、张杏芬、张益春、赵静、赵伟荣、郑汉武、郑金恋、郑金龙、郑卫东、朱康俊、朱亚君、陶健、应明华、朱春芬、尹健莺、王明福、张雪琴、张文文、徐斌斌、吴姚美、王正明、王卫平、王丽娟、泮淑红、潘静斐、李晓君、李慧萍、陈雪琴、陈建强、陈荷芬、徐美珠、姚桂林、陆东海、郑建山、余建强、张美平、王丽红、张椒华、王新伟、冯永华、蒋红旗、吴天飞、郑聪琇、张青、李伟华、泮柳青、朱美琴、朱丽娥、朱康财、周玉林、周清河、张卫平、吴雪飞、吴王兴、王云鹏、王小平、王玲玲、马华虹、柯华媚、陈贵平、崔爱琴、张虹、泮永福、吴国爱、徐明、赵鉴松、秦月、张文、郑春华、方建伟、张宇松、徐仁树、徐海光、吴陆义、吴丽芳、吴华芬、王仙平、吕忠伟承诺,自发行人股票上市之日起十二个月内,不转让或者委托他人管理其持有的公司股份,也不由公司回购其持有的股份。

公司股东金敬德、张宇松、王焕勇、张琦、张南、应明华、卢焕彤、戴猛进、陈杰、张诚承诺,在上述承诺的限售期届满后,其所持公司股份在其任职期间内每年转让的比例不超过其所持公司股份总数的 25%,在离职后半年内不转让所持公司股份。"

为了避免未来可能的同业竞争,公司控股股东、实际控制人浙江省仙居县国有资产经营有限公司作出了避免同业竞争的承诺:

"本公司将不在中国境内外直接或间接从事或参与任何在商业上对股份公司构成竞争的业务及活动或拥有与股份公司存在竞争关系的任何经济实体、机构、经济组织的权益;或以其他任何形式取得该经济实体、机构、经济组织的控制权。

本公司愿意承担因违反上述承诺而给股份公司造成的全部经济损失。"

本上市公告书已披露未经审计的 2009 年第三季度财务数据及资产负债表、利润表和现金流量表。2008 年年度财务数据已经审计,2008 年度第三季度财务数据未经审计。敬请投资者注意。

第二节　股票上市情况

一、公司股票发行上市审批情况

本上市公告书是根据《中华人民共和国公司法》、《中华人民共和国证券法》和《深圳证券交易所股票上市规则》(2008 年修订)等有关规定,并按照《深圳证券交易所股票上市公告书内容与格式指引(2009 年 9 月修订)》编制而成,旨在向投资者提供有关本公司首次公开发行股票上市的基本情况。

经中国证券监督管理委员会证监许可[2009]1315 号文核准,本公司公开发行 8,540 万股人民币普通股。本次发行采用网下向询价对象询价配售与网上向社会公众投资者定价发行相结合的方式,其中网下配售 1,708 万股,网上定价发行 6,832 万股,发行价格为 8.20 元/股。

经深圳证券交易所《关于浙江仙琚制药股份有限公司人民币普通股股票上市的通知》(深证上[2010]13 号文)同意,本公司发行的人民币普通股股票在深圳证券交易所上市,股票简称"仙琚制药",股票代码"002332";其中本次公开发行中网上定价发行的 6,832 万股股票将于 2010 年 1 月 12 日起上市交易。

二、公司股票上市概况

1、上市地点:深圳证券交易所

2、上市时间:2010 年 1 月 12 日

3、股票简称:仙琚制药

4、股票代码:002332

5、首次公开发行后总股本:34,140 万股

6、首次公开发行股票增加的股份:8,540 万股

7、发行前股东所持股份的流通限制及期限:

序号	股东名称	股数(万股)	锁定期限	序号	股东名称	股数(万股)	锁定期限
1	县资产经营公司	8,192	自股票上市之日起 36 个月	75	郑卫东	36.864	自股票上市之日起 12 个月
2	金敬德	3,552.6656	自股票上市之日起 36 个月	76	朱春芬	25.6	自股票上市之日起 12 个月
3	浙江医药	2,304	自股票上市之日起 12 个月	77	曹红	21.6064	自股票上市之日起 12 个月
4	王焕勇	1,085.44	自股票上市之日起 12 个月	78	王新伟	20.48	自股票上市之日起 12 个月
5	顾时云	842.208	自股票上市之日起 12 个月	79	崔爱琴	11.3664	自股票上市之日起 12 个月
6	张国安	716.8	自股票上市之日起 12 个月	80	杨亚琴	11.3664	自股票上市之日起 12 个月
7	张直庆	659.7632	自股票上市之日起 12 个月	81	秦月	6.144	自股票上市之日起 12 个月
8	张琦	629.76	自股票上市之日起 12 个月	82	赵鉴松	5.12	自股票上市之日起 12 个月
9	范敏华	512	自股票上市之日起 12 个月	83	胡小四	2.2528	自股票上市之日起 12 个月
10	王挺	512	自股票上市之日起 12 个月	84	徐美珠	2.2528	自股票上市之日起 12 个月
11	金持江	506.88	自股票上市之日起 12 个月	85	朱康财	2.2528	自股票上市之日起 12 个月
12	张南	412.672	自股票上市之日起 12 个月	86	曹利方	1.1264	自股票上市之日起 12 个月
13	潘冬仙	405.9136	自股票上市之日起 12 个月	87	陈贵平	1.1264	自股票上市之日起 12 个月
14	卢焕彤	382.976	自股票上市之日起 12 个月	88	陈荷芬	1.1264	自股票上市之日起 12 个月
15	郑卫华	368.9472	自股票上市之日起 12 个月	89	陈建强	1.1264	自股票上市之日起 12 个月
16	县医药公司	307.2	自股票上市之日起 12 个月	90	陈小青	1.1264	自股票上市之日起 12 个月
17	王明福	225.28	自股票上市之日起 12 个月	91	陈秀萍	1.1264	自股票上市之日起 12 个月
18	张益春	225.28	自股票上市之日起 12 个月	92	陈雪琴	1.1264	自股票上市之日起 12 个月
19	国投高科投资	204.8	自股票上市之日起 12 个月	93	陈燕萍	1.1264	自股票上市之日起 12 个月
20	张燕文	110.592	自股票上市之日起 12 个月	94	顾光慧	1.1264	自股票上市之日起 12 个月
21	郭小斌	108.544	自股票上市之日起 12 个月	95	胡文英	1.1264	自股票上市之日起 12 个月
22	王卫芳	102.4	自股票上市之日起 12 个月	96	季胜乙	1.1264	自股票上市之日起 12 个月
23	徐明	88.064	自股票上市之日起 12 个月	97	金美凤	1.1264	自股票上市之日起 12 个月
24	蒋红旗	88.064	自股票上市之日起 12 个月	98	柯华媚	1.1264	自股票上市之日起 12 个月
25	郑汉武	71.8848	自股票上市之日起 12 个月	99	李慧萍	1.1264	自股票上市之日起 12 个月

26	陈杰	71.68	自股票上市之日起12个月	100	李卫民	1.1264	自股票上市之日起12个月
27	陈弘鹏	67.584	自股票上市之日起12个月	101	李晓君	1.1264	自股票上市之日起12个月
28	戴猛进	67.584	自股票上市之日起12个月	102	李秀红	1.1264	自股票上市之日起12个月
29	方建伟	67.584	自股票上市之日起12个月	103	李玉萍	1.1264	自股票上市之日起12个月
30	郑曙英	67.584	自股票上市之日起12个月	104	吕月红	1.1264	自股票上市之日起12个月
31	沣柳青	67.584	自股票上市之日起12个月	105	吕忠伟	1.1264	自股票上市之日起12个月
32	沈熊	67.584	自股票上市之日起12个月	106	马华虹	1.1264	自股票上市之日起12个月
33	陶健	67.584	自股票上市之日起12个月	107	潘静斐	1.1264	自股票上市之日起12个月
34	应明华	67.584	自股票上市之日起12个月	108	潘美燕	1.1264	自股票上市之日起12个月
35	张宇松	67.584	自股票上市之日起12个月	109	沣淑红	1.1264	自股票上市之日起12个月
36	吴天飞	67.584	自股票上市之日起12个月	110	齐敏	1.1264	自股票上市之日起12个月
37	冯永华	67.584	自股票上市之日起12个月	111	任玉香	1.1264	自股票上市之日起12个月
38	郑聪琇	67.584	自股票上市之日起12个月	112	沈爱萍	1.1264	自股票上市之日起12个月
39	张青	67.584	自股票上市之日起12个月	113	田振荣	1.1264	自股票上市之日起12个月
40	陈卫华	65.536	自股票上市之日起12个月	114	王飞鸯	1.1264	自股票上市之日起12个月
41	李伟华	65.536	自股票上市之日起12个月	115	王海平	1.1264	自股票上市之日起12个月
42	王丽红	65.536	自股票上市之日起12个月	116	王华平	1.1264	自股票上市之日起12个月
43	杨建明	65.536	自股票上市之日起12个月	117	王焕明	1.1264	自股票上市之日起12个月
44	余建强	65.536	自股票上市之日起12个月	118	王丽娟	1.1264	自股票上市之日起12个月
45	张美平	65.536	自股票上市之日起12个月	119	王玲玲	1.1264	自股票上市之日起12个月
46	张美蓉	65.536	自股票上市之日起12个月	120	王卫平	1.1264	自股票上市之日起12个月
47	张伟中	65.536	自股票上市之日起12个月	121	王仙平	1.1264	自股票上市之日起12个月
48	郑春华	63.488	自股票上市之日起12个月	122	王小平	1.1264	自股票上市之日起12个月
49	沣永福	57.344	自股票上市之日起12个月	123	王云鹏	1.1264	自股票上市之日起12个月
50	吴国爱	55.296	自股票上市之日起12个月	124	王正明	1.1264	自股票上市之日起12个月
51	张椒华	55.296	自股票上市之日起12个月	125	吴洪连	1.1264	自股票上市之日起12个月
52	张文	55.296	自股票上市之日起12个月	126	吴华芬	1.1264	自股票上市之日起12个月
53	陈捷	52.3264	自股票上市之日起12个月	127	吴丽芳	1.1264	自股票上市之日起12个月
54	张小华	51.8464	自股票上市之日起12个月	128	吴陆义	1.1264	自股票上市之日起12个月
55	黄铮	51.2	自股票上市之日起12个月	129	吴王兴	1.1264	自股票上市之日起12个月
56	吴定伟	51.2	自股票上市之日起12个月	130	吴雪飞	1.1264	自股票上市之日起12个月
57	张虹	51.2	自股票上市之日起12个月	131	吴姚美	1.1264	自股票上市之日起12个月
58	赵子贲	51.2	自股票上市之日起12个月	132	徐斌斌	1.1264	自股票上市之日起12个月
59	陈方青	46.08	自股票上市之日起12个月	133	徐海光	1.1264	自股票上市之日起12个月
60	王盈盈	45.056	自股票上市之日起12个月	134	徐仁树	1.1264	自股票上市之日起12个月
61	吴军	45.056	自股票上市之日起12个月	135	应慧娟	1.1264	自股票上市之日起12个月
62	颜加平	45.056	自股票上市之日起12个月	136	张海青	1.1264	自股票上市之日起12个月
63	姚桂林	45.056	自股票上市之日起12个月	137	张卫平	1.1264	自股票上市之日起12个月
64	尹健莺	45.056	自股票上市之日起12个月	138	张文文	1.1264	自股票上市之日起12个月
65	应慧青	45.056	自股票上市之日起12个月	139	张雪琴	1.1264	自股票上市之日起12个月
66	张杏芬	45.056	自股票上市之日起12个月	140	郑金恋	1.1264	自股票上市之日起12个月
67	赵静	45.056	自股票上市之日起12个月	141	郑金龙	1.1264	自股票上市之日起12个月
68	赵伟荣	45.056	自股票上市之日起12个月	142	周清河	1.1264	自股票上市之日起12个月
69	郑建山	45.056	自股票上市之日起12个月	143	周玉林	1.1264	自股票上市之日起12个月
70	陆东海	42.0864	自股票上市之日起12个月	144	朱康俊	1.1264	自股票上市之日起12个月
71	马群力	40.96	自股票上市之日起12个月	145	朱丽娥	1.1264	自股票上市之日起12个月
72	张诚	40.96	自股票上市之日起12个月	146	朱美琴	1.1264	自股票上市之日起12个月
73	周梅青	40.96	自股票上市之日起12个月	147	朱亚君	1.1264	自股票上市之日起12个月
74	林江明	36.864	自股票上市之日起12个月				

8、发行前股东对其股份自愿锁定的承诺：

公司股东县资产经营公司、金敬德承诺，自公司股票上市之日起三十六个月内，不转让或者委托他人管理其持有的公司股份，也不由公司回购其持有的股份。

根据《境内证券市场转持部分国有股充实全国社会保障基金实施办法》(财企[2009]94号)的有关规定，本公司首次公开发行股票并上市后，由本公司国有股股东转由全国社会保障基金理事会持有的本公司国有股，全国社会保障基金理事会将承继原国有股东的禁售期义务。

公司3名法人股东浙江医药、县医药公司、国投高科投资和142名自然人股东顾时云、张直庆、王焕勇、潘冬仙、张琦、张国安、张南、郑卫华、范敏华、王挺、金持江、卢焕形、吴军、马群力、周梅青、张燕文、黄铮、沈熊、王卫芳、吴定伟、陈弘鹏、赵子贲、张诚、张美蓉、陈捷、林江明、陈杰、郭小斌、王飞鸯、齐敏、李卫民、季胜乙、陈秀萍、王盈盈、曹红、曹利方、陈方青、陈卫华、陈小青、陈燕萍、应慧青、戴猛进、顾光慧、胡文英、胡小四、郑曙英、金美凤、李秀红、李玉萍、吕月红、潘美燕、任玉香、沈爱萍、田振荣、王海平、王华平、王焕明、吴洪连、颜加平、杨建明、杨亚琴、应慧娟、张海青、张伟中、张小华、张杏芬、张益春、赵静、赵伟荣、郑汉武、郑金恋、郑金龙、郑卫东、朱康俊、朱亚君、陶健、应明华、朱春芬、尹健莺、王明福、张雪琴、张文文、徐斌斌、吴姚美、王正明、王卫平、王丽娟、沣淑红、潘静斐、李晓君、李慧萍、陈雪琴、陈建强、陈荷芬、徐美珠、姚桂林、陆东海、郑建山、余建强、张美平、王丽红、张椒华、王新伟、冯永华、蒋红旗、吴天飞、郑聪琇、张青、李伟华、沣柳青、朱美琴、朱丽娥、朱康财、周玉林、周清河、张卫平、吴雪飞、吴王兴、王云鹏、王小平、王玲玲、马华虹、柯华媚、陈贵平、崔爱琴、张虹、沣永福、吴国爱、徐明、赵鉴松、秦月、张文、郑春华、方建伟、张宇松、徐仁树、徐海光、吴陆义、吴丽芳、吴华芬、王仙平、吕忠伟承诺，自发行人股票上市之日起十二个月内，不转让或者委托他人管理其持有的公司股份，也不由公司回购其持有的股份。

公司股东金敬德、张宇松、王焕勇、张琦、张南、应明华、卢焕形、戴猛进、陈杰、张诚承诺，在上述承诺的限售期届满后，其所持公司股份在其任职期间内每年转让的比例不超过其所持公司股份总数的25%，在离职后半年内不转让所持公司股份。

9、本次上市股份的其他锁定安排：本次发行中配售对象参与网下配售获配的股票自本次网上发行的股票在深圳证券交易所上市交易之日起锁定三个月。

10、本次上市的无流通限制及锁定安排的股份：本次公开发行中网上发行的6832万股股份无流通限制及锁定安排。

11、公司股份可上市交易时间：

	股东名称	股数（万股）	占比（%）	可上市交易期（非交易顺延）	股东名称	股数（万股）	占比（%）	可上市交易期（非交易顺延）
首次	县资产经营公司	7,358.83	21.55	2013-1-12	林江明	36.864	0.108	2011-1-12
公开	金敬德	3552.6656	10.41	2013-1-12	郑卫东	36.864	0.108	2011-1-12
发行	浙江医药	2304	6.75	2011-1-12	朱春芬	25.6	0.075	2011-1-12
前已	王焕勇	1085.44	3.18	2011-1-12	曹　红	21.6064	0.0633	2011-1-12

发行股份	全国社会保障基金理事会转持三户	854	2.5	833.17 万股于 2013-1-12；20.83 万股于 2011-1-12	王新伟	20.48	0.06	2011-1-12
	顾时云	842.208	2.47	2011-1-12	崔爱琴	11.3664	0.0333	2011-1-12
	张国安	716.8	2.1	2011-1-12	杨亚琴	11.3664	0.0333	2011-1-12
	张直庆	659.7632	1.93	2011-1-12	秦　月	6.144	0.018	2011-1-12
	张　琦	629.76	1.84	2011-1-12	赵鉴松	5.12	0.015	2011-1-12
	范敏华	512	1.5	2011-1-12	胡小四	2.2528	0.0066	2011-1-12
	王　挺	512	1.5	2011-1-12	徐美珠	2.2528	0.0066	2011-1-12
	金持江	506.88	1.48	2011-1-12	朱康财	2.2528	0.0066	2011-1-12
	张　南	412.672	1.21	2011-1-12	曹利方	1.1264	0.0033	2011-1-12
	潘冬仙	405.9136	1.19	2011-1-12	陈贵平	1.1264	0.0033	2011-1-12
	卢焕形	382.976	1.12	2011-1-12	陈荷芬	1.1264	0.0033	2011-1-12
	郑卫华	368.9472	1.08	2011-1-12	陈建强	1.1264	0.0033	2011-1-12
	县医药公司	307.2	0.9	2011-1-12	陈小青	1.1264	0.0033	2011-1-12
	王明福	225.28	0.66	2011-1-12	陈秀萍	1.1264	0.0033	2011-1-12
	张益春	225.28	0.66	2011-1-12	陈雪琴	1.1264	0.0033	2011-1-12
	国投高科投资	183.97	0.54	2011-1-12	陈燕萍	1.1264	0.0033	2011-1-12
	张燕文	110.592	0.32	2011-1-12	顾光慧	1.1264	0.0033	2011-1-12
	郭小斌	108.544	0.32	2011-1-12	胡文英	1.1264	0.0033	2011-1-12
	王卫芳	102.4	0.3	2011-1-12	季胜乙	1.1264	0.0033	2011-1-12
	徐　明	88.064	0.26	2011-1-12	金美凤	1.1264	0.0033	2011-1-12
	蒋红旗	88.064	0.26	2011-1-12	柯华媚	1.1264	0.0033	2011-1-12
	郑汉武	71.8848	0.21	2011-1-12	李慧萍	1.1264	0.0033	2011-1-12
	陈　杰	71.68	0.21	2011-1-12	李卫民	1.1264	0.0033	2011-1-12
	陈弘鹏	67.584	0.2	2011-1-12	李晓君	1.1264	0.0033	2011-1-12
	戴猛进	67.584	0.2	2011-1-12	李秀红	1.1264	0.0033	2011-1-12
	方建伟	67.584	0.2	2011-1-12	李玉萍	1.1264	0.0033	2011-1-12
	郑曙英	67.584	0.2	2011-1-12	吕一红	1.1264	0.0033	2011-1-12
	泮柳青	67.584	0.2	2011-1-12	吕忠伟	1.1264	0.0033	2011-1-12
	沈　熊	67.584	0.2	2011-1-12	马华虹	1.1264	0.0033	2011-1-12
	陶　健	67.584	0.2	2011-1-12	潘静斐	1.1264	0.0033	2011-1-12
	应明华	67.584	0.2	2011-1-12	潘美燕	1.1264	0.0033	2011-1-12
	张宇松	67.584	0.2	2011-1-12	泮淑红	1.1264	0.0033	2011-1-12
	吴天飞	67.584	0.2	2011-1-12	齐　敏	1.1264	0.0033	2011-1-12
	冯永华	67.584	0.2	2011-1-12	任玉香	1.1264	0.0033	2011-1-12
	郑聪琇	67.584	0.2	2011-1-12	沈爱萍	1.1264	0.0033	2011-1-12
	张　青	67.584	0.2	2011-1-12	田振荣	1.1264	0.0033	2011-1-12
	陈卫华	65.536	0.19	2011-1-12	王飞鸯	1.1264	0.0033	2011-1-12
	李伟华	65.536	0.19	2011-1-12	王海平	1.1264	0.0033	2011-1-12
	王丽红	65.536	0.19	2011-1-12	王华平	1.1264	0.0033	2011-1-12
	杨建明	65.536	0.19	2011-1-12	王焕明	1.1264	0.0033	2011-1-12
	余建强	65.536	0.19	2011-1-12	王丽娟	1.1264	0.0033	2011-1-12
	张美平	65.536	0.19	2011-1-12	王玲玲	1.1264	0.0033	2011-1-12
	张美蓉	65.536	0.19	2011-1-12	王卫平	1.1264	0.0033	2011-1-12
	张伟中	65.536	0.19	2011-1-12	王仙平	1.1264	0.0033	2011-1-12
	郑春华	63.488	0.19	2011-1-12	王小平	1.1264	0.0033	2011-1-12
	泮永福	57.344	0.17	2011-1-12	王云鹏	1.1264	0.0033	2011-1-12
	吴国爱	55.296	0.16	2011-1-12	王正明	1.1264	0.0033	2011-1-12
	张椒华	55.296	0.16	2011-1-12	吴洪连	1.1264	0.0033	2011-1-12
	张　文	55.296	0.16	2011-1-12	吴华芬	1.1264	0.0033	2011-1-12
	陈　捷	52.3264	0.15	2011-1-12	吴丽芳	1.1264	0.0033	2011-1-12
	张小华	51.8464	0.15	2011-1-12	吴陆义	1.1264	0.0033	2011-1-12
	黄　铮	51.2	0.15	2011-1-12	吴王兴	1.1264	0.0033	2011-1-12
	吴定伟	51.2	0.15	2011-1-12	吴雪飞	1.1264	0.0033	2011-1-12
	张　虹	51.2	0.15	2011-1-12	吴姚美	1.1264	0.0033	2011-1-12
	赵子贲	51.2	0.15	2011-1-12	徐斌斌	1.1264	0.0033	2011-1-12
	陈方青	46.08	0.135	2011-1-12	徐海光	1.1264	0.0033	2011-1-12
	王盈盈	45.056	0.132	2011-1-12	徐仁树	1.1264	0.0033	2011-1-12
	吴　军	45.056	0.132	2011-1-12	应慧娟	1.1264	0.0033	2011-1-12
	颜加平	45.056	0.132	2011-1-12	张海青	1.1264	0.0033	2011-1-12
	姚桂林	45.056	0.132	2011-1-12	张卫平	1.1264	0.0033	2011-1-12
	尹健莺	45.056	0.132	2011-1-12	张文文	1.1264	0.0033	2011-1-12
	应慧青	45.056	0.132	2011-1-12	张雪琴	1.1264	0.0033	2011-1-12
	张杏芬	45.056	0.132	2011-1-12	郑金恋	1.1264	0.0033	2011-1-12
	赵　静	45.056	0.132	2011-1-12	郑金龙	1.1264	0.0033	2011-1-12
	赵伟荣	45.056	0.132	2011-1-12	周清河	1.1264	0.0033	2011-1-12
	郑建山	45.056	0.132	2011-1-12	周玉林	1.1264	0.0033	2011-1-12
	陆东海	42.0864	0.1233	2011-1-12	朱康俊	1.1264	0.0033	2011-1-12
	马群力	40.96	0.12	2011-1-12	朱丽娥	1.1264	0.0033	2011-1-12
	张　诚	40.96	0.12	2011-1-12	朱美琴	1.1264	0.0033	2011-1-12
	周梅青	40.96	0.12		朱亚君	1.1264	0.0033	2011-1-12
首次公开发行的股份	网下配售发行的股份	1708	5.00	2010-4-12	网上配售发行的股份	6832	20.01	2010-1-12
	小计	8,540	25.01	–				
	合计	34,140	100	–				

12、股票登记机构：中国证券登记结算有限责任公司深圳分公司

13、上市保荐人：中信建投证券有限责任公司

第三节　发行人、股东和实际控制人情况

一、公司基本情况

中文名称：浙江仙琚制药股份有限公司

英文名称：ZHEJIANG XIANJU PHARMACEUTICAL CO.,LTD.

本次发行前注册资本：25,600 万元

本次发行后注册资本：34,140 万元

法定代表人：金敬德

成立日期：2000 年 6 月 26 日

住　　所：浙江省仙居县仙药路 1 号

通讯地址：浙江省仙居县仙药路 1 号

邮政编码：317300

电　　话：0576-87731138

传　　真：0576-87774487

互联网网址：http://www.xjpharma.com

电子信箱：xy@xjpharma.com

董事会秘书：张南

经营范围：药品生产（具体生产范围见药品生产许可证），医药中间体制造，五金交电、化工产品（危险品经营业务详见《危险化学品经营许可证》，有效期至 2010 年 6 月 9 日）、包装材料销售，技术服务，设备安装，进出口业务（详见外经贸部门批文）。

所属行业：医药制造业

二、公司董事、监事、高级管理人员及其持有公司股票的情况

序号	姓　名	任职情况	任期	持股数量（万股）
1	金敬德	董事长	2007-12-21 至 2010-12-21	3,552.6656
2	张宇松	董事、总经理	2007-12-21 至 2010-12-21	67.584
3	张　南	董事、董事会秘书	2007-12-21 至 2010-12-21	412.672
4	王梦泽	董事	2007-12-21 至 2010-12-21	无
5	毛坚志	董事	2007-12-21 至 2010-12-21	无
6	张国钧	董事	2007-12-21 至 2010-12-21	无
7	施　洵	独立董事	2007-12-21 至 2010-12-21	无
8	廖　杰	独立董事	2007-12-21 至 2010-12-21	无
9	张红英	独立董事	2007-12-21 至 2010-12-21	无
10	卢焕形	监事会主席	2007-12-21 至 2010-12-21	382.976
11	张　诚	监事	2007-12-21 至 2010-12-21	40.96
12	王焕勇	监事	2007-12-21 至 2010-12-21	1,085.44
13	陈　健	监事	2007-12-21 至 2010-12-21	无
14	王焕平	职工监事	2007-12-19 至 2010-12-19	无
15	陈光伟	职工监事	2007-12-19 至 2010-12-19	无
16	徐小芳	职工监事	2007-12-19 至 2010-12-19	无
17	张　琦	副总经理、财务负责人	2007-12-21 至 2010-12-21	629.76
18	应明华	副总经理	2007-12-21 至 2010-12-21	67.584
19	陈　杰	副总经理	2007-12-21 至 2010-12-21	71.68
20	戴猛进	副总经理	2007-12-21 至 2010-12-21	67.584
21	徐　衡	副总经理	2007-12-21 至 2010-12-21	无

三、控股股东和实际控制人

浙江省仙居县国有资产经营有限公司持有本公司股份 7,358.83 万股，占股本总额的 21.5549%，系公司的控股股东、实际控制人。

县资产经营公司成立于 1993 年 6 月 17 日，为国有独资公司，领有仙居县工商行政管理局注册号[331024000015429]《企业法人营业执照》，注册资本人民币 10,000 万元，住所为仙居县南峰街道环城南路（财政大楼），法定代表人陈健。县资产经营公司履行县级国有资产出资人管理职能，不从事具体经营，主要业务为国家股股利分红和收缴。

该公司 2008 年及 2009 年 1-6 月主要财务数据如下：

单位:万元

时间	期末资产总额	期末净资产额	营业收入	净利润	审计机构
2008 年	48,121.34	31,089.89	45.18	1,379.91	中汇会计师事务所有限公司台州分所
2009 年 1-6 月	47,675.54	28,399.91	0	-95.99	未经审计

四、公司前十名股东持有公司发行后股份情况

公司本次发行后上市前的股东总数为 133,269 户,其中前 10 名股东持有公司股份的情况如下表所示:

序号	股东名称	持股数量(万股)	持股比例(%)
1	县资产经营公司	7,358.83	21.55
2	金敬德	3,552.6656	10.41
3	浙江医药	2,304	6.75
4	王焕勇	1,085.44	3.18
5	全国社会保障基金理事会转持三户	854	2.50
6	顾时云	842.208	2.47
7	张国安	716.8	2.10
8	张直庆	659.7632	1.93
9	张　琦	629.76	1.84
10	范敏华	512	1.50
	王　挺	512	1.50

第四节　股票发行情况

一、发行数量:8,540 万股

二、发行价格:8.20 元/股

三、发行方式:本次发行采用网下向询价对象询价配售与网上向社会公众投资者定价发行相结合的方式,其中网下发行数量为 1708 万股,为本次发行数量的 20%,网上发行数量为 6832 万股,为本次发行数量的 80%。

四、募集资金总额及注册会计师对资金到位的验证情况:本次发行募集资金总额为 70,028.00 万元。天健会计师事务所有限公司于 2009 年 12 月 31 日对本次发行的资金到位情况进行了审验,并出具了《验资报告》(浙天会验(2009)282 号)。

五、发行费用

1、本次发行费用总额 44,224,230.59 元,包括:保荐和承销费用 32,516,800 元、审计费用 2,940,000.00 元、律师费用 1,720,000.00 元、信息披露及路演推介费用 6,676,030.59 元、登记托管费及上市初费 371,400.00 元。

2、本次发行每股发行费用为 0.52 元。(发行费用除以本次发行股份数量)

六、本次发行募集资金净额:656,055,769.41 元。(实际募集资金净额超过募集资金投资项目总额 155,855,769.41 元)。

七、发行后全面摊薄每股净资产:3.02 元(按本次发行后净资产除以本次发行后总股本计算,其中,本次发行后的净资产为 2009 年 6 月 30 日经审计的合并财务报表中归属于母公司的所有者权益和本次发行募集资金净额之和)

八、发行后全面摊薄每股收益:0.18 元(按 2008 年度经审计的扣除非经常性损益前后孰低的归属于母公司股东的净利润除以本次发行后总股本计算)

第五节　财务会计资料

一、主要财务数据及财务指标

本上市公告书已经披露未经审计的 2009 年度第三季度财务数据。2008 年年度财务数据已经天健会计师事务所有限公司审计,2008 年度第三季度财务数据未经审计,敬请投资者注意。

项目	2009 年 9 月 30 日	2008 年 12 月 31 日	增减幅度(%)
流动资产(元)	782,177,806.71	685,539,232.76	14.10
流动负债(元)	778,011,453.58	697,439,012.97	11.55
总资产(元)	1,245,413,245.18	1,152,988,880.30	8.02
归属于发行人股东的所有者权益(元)	398,414,863.25	382,198,305.11	4.24
归属于发行人股东的每股净资产(元/股)	1.56	1.49	4.70

项目	2009 年 7-9 月	本报告期比上年同期增减(%)	2009 年 1-9 月	本报告期比上年同期增减(%)
营业总收入(元)	346,131,629.43	18.20	943,507,481.83	10.79
利润总额(元)	30,186,589.68	39.23	76,442,472.85	6.01
归属于发行人股东的净利润(元)	24,162,954.95	52.68	62,296,558.14	10.70
扣除非经常性损益后的净利润(元)	24,494,636.32	75.20	58,251,266.72	10.44
基本每股收益	0.09	50.00	0.24	9.09
净资产收益率(全面摊薄)	6.00%	38.89	15.64%	1.82
扣除非经常性损益后的净资产收益率(全面摊薄)	6.10%	60.10	14.62%	1.60
经营活动产生的现金流量净额(元)	--	--	97,929,525.01	339.96
每股经营活动产生的现金流量净额(元)	--	--	0.38	339.96

二、经营业绩和财务状况的简要说明

2009 年 1-9 月,本公司实现营业收入 943,507,481.83 元,较上年同期增长 10.79%。其中,2009 年 7-9 月实现营业收入 346,131,629.43 元,同比增加 18.2%。公司收入同比快速增长的主要原因为甾体药物大多属于基础用药,产品需求刚性强,2009 年以来公司产品销售呈现价、量稳步增长的良好态势;同时,公司发挥销售网络健全和新产品研发生产的综合优势,推出的新产品(如罗库溴铵和益玛欣胶囊)取得了较好的市场表现。

2009 年 7-9 月,本公司实现净利润 24,162,954.95 元,较上年同期增长 52.68%,其原因是在公司营业收入同比增长的同时,公司通过提高采购管理水平、完善技术创新管理制度和流程等多种措施,对营业成本的增幅进行了重点控制,进而有效的提高了毛利率,从而实现了利润的较快增长。

2009 年 1-9 月,本公司经营活动产生的现金流量净额为 97,929,525.01 万元,较上年同期增长 339.96%,主要原因为随着公司新制剂产品的销量开始提升、产品适应市场需求引起销售回款加快等原因使得公司销售商品、提供劳务收到的现金有较大幅度增长,而同期经营活动支出增幅较小所致。

第六节　其他重要事项

一、本公司已向深圳证券交易所承诺,将严格按照中小企业板的有关规则,在上市后三个月内尽快完善公司章程等规章制度。

二、本公司在招股意向书刊登日至上市公告书刊登前,没有发生可能对本公司有较大影响的重要事项,具体如下:

1、本公司主营业务目标进展情况正常。

2、本公司所处行业和市场未发生重大变化。

3、本公司服务和产品的采购价格以及产品销售价格未发生重大变化。

4、本公司与关联方未发生重大关联交易。

5、本公司未进行重大投资。

6、本公司未发生重大资产(或股权)购买、出售及置换。

7、本公司住所没有变更。

8、本公司董事、监事、高级管理人员没有变化。

9、本公司未发生重大诉讼、仲裁事项。

10、本公司未发生重大对外担保等或有事项。

11、本公司的财务状况和经营成果未发生重大变化。

12、本公司未发生其他应披露的重大事项。

第七节　上市保荐人及其意见

一、保荐人基本情况

保荐人:中信建投证券有限责任公司

住所:北京市朝阳区安立路 66 号 4 号楼

通讯地址:上海浦东南路 528 号上海证券大厦北塔 2601-3 室

法定代表人:张佑君

电话:021-68801573

传真:021-68801551

保荐代表人:彭波、李旭东

二、保荐人的推荐意见

公司上市保荐人中信建投证券有限责任公司认为,发行人申请其 A 股股票上市符合《公司法》、《证券法》及《深圳证券交易所股票上市规则》等国家法律、法规的有关规定,发行人 A 股股票具备在深圳证券交易所上市的条件。中信建投证券有限责任公司同意推荐浙江仙琚制药股份有限公司 A 股股票在深圳证券交易所上市。

浙江仙琚制药股份有限公司

2010 年 1 月 8 日

深圳市英威腾电气股份有限公司

深圳市英威腾电气股份有限公司首次公开发行股票上市公告书

第一节　重要声明与提示

深圳市英威腾电气股份有限公司(以下简称"英威腾"、"公司"、"本公司"或"发行人")及全体董事、监事、高级管理人员保证上市公告书的真实性、准确性、完整性,承诺上市公告书不存在虚假记载、误导性陈述或重大遗漏,并承担个别和连带的法律责任。

证券交易所、其他政府机关对本公司股票上市及有关事项的意见,均不表明对本公司的任何保证。

本公司已承诺将在本公司股票上市后三个月内按照《中小企业板块上市公司特别规定》和《中小企业板投资者权益保护指引》的要求修改公司章程,在章程中载明:"股票被终止上市后,公司股票进入代办股份转让系统继续交易"和"公司不得修改公司章程中的前项规定"。

公司全体股东承诺:自公司股票上市之日起 36 个月内,不转让或者委托他人管理本人持有的公司股份,也不由公司回购本人持有的公司股份。

担任公司董事、监事、高级管理人员、核心技术人员的股东补充承诺:除上述锁定期限制外,在任职期间每年转让的股份不超过本人所持有公司股份总数的 25%;离职后半年内,不转让本人所持有的公司股份,在申报离任 6 个月后的 12 个月内通过证券交易所挂牌交易出售公司股份数量占其所持有公司股份总数的比例不超过 50%。

本公司提醒广大投资者注意,凡本上市公告书未涉及的有关内容,请投资者查阅刊载于巨潮网站(http://www.cninfo.com.cn)的本公司招股说明书全文。

本上市公告书已披露未经审计的 2009 年三季度财务数据及资产负债表、利润表和现金流量表。其中,2009 年 1-9 月及对比表中 2008 年 1-9 月财务数据未经审计。敬请投资者注意。

第二节　股票上市情况

一、公司股票发行上市审批情况

本上市公告书是根据《中华人民共和国公司法》、《中华人民共和国证券法》和《首次公开发行股票并上市管理办法》《深圳证券交易所股票上市规则》等有关法律、法规的规定,并按照《深圳证券交易所股票上市公告书内容与格式指引》而编制,旨在向投资者提供有关英威腾首次公开发行股票上市的基本情况。

中国证券监督管理委员会证监许可[2009]1359 号文核准,本公司首次公开发行 1,600 万股人民币普通股。本次发行采用网下向询价对象询价配售与网上资金申购定价发行相结合的方式,其中网下配售 320 万股,网上定价发行为 1,280 万股,发行价格为 48 元/股。经深圳证券交易所《关于深圳市英威腾电气股份有限公司人民币普通股股票上市的通知》(深证上　[2010]15 号)同意,本公司发行的人民币普通股股票在深圳证券交易所上市,股票简称"英威腾",股票代码"002334";其中本次公开发行中网上定价发行的 1,280 万股股票将于 2010 年 1 月 13 日起上市交易。

本次发行的招股意向书、招股说明书全文及相关备查文件可以在巨潮网站(www.cninfo.com.cn)查询。本公司招股意向书及招股说明书的披露距今不足一个月,故与其重复的内容不再重述,敬请投资者查阅上述内容。

二、公司股票上市概况

1、上市地点:深圳证券交易所

2、上市时间:2010 年 1 月 13 日

3、股票简称:英威腾

4、股票代码:002334

5、首次公开发行后总股本:6,400 万股

6、首次公开发行股票增加的股份:1,600 万股

7、发行前股东所持股份的流通限制及期限:根据《公司法》的有关规定,公司公开发行股份前已发行的股份,自公司股票在证券交易所上市交易之日起一年内不得转让。

8、发行前股东所持股份的流通限制、期限及对其股份自愿锁定的承诺:

公司全体股东承诺:自公司股票上市之日起 36 个月内,不转让或者委托他人管理本人持有的公司股份,也不由公司回购本人持有的公司股份。

担任公司董事、监事、高级管理人员、核心技术人员的股东补充 承诺:除上述锁定期限制外,在任职期间每年转让的股份不超过本人所持有公司股份总数的 25%;离职后半年内,不转让本人所持有的公司股份,在申报离任 6 个月后的 12 个月内通过证券交易所挂牌交易出售公司股份数量占其所持有公司股份总数的比例不超过 50%。

上述锁定期限届满后,股东转让所持股份将依法进行并履行相关信息披露义务。

9、本次上市股份的其他锁定安排:本次发行中配售对象参与网下配售获配的股票自本次网上发行的股票在深圳证券交易所上市交易之日起锁定三个月。

10、本次上市的无流通限制及锁定安排的股份:本次公开发行中网上发行的 1,280 万股股份无流通限制及锁定安排。

11、公司股份可上市流通时间:

序号	项目	持股数(万股)	占发行后总股本的比例(%)	可上市流通时间(非交易日顺延)
一、首次公开发行前已发行的股份				
1	黄申力	1,191.5424	18.6179%	2013 年 1 月 13 日
2	杨　林	362.8800	5.6700%	2013 年 1 月 13 日
3	张　波	332.6400	5.1975%	2013 年 1 月 13 日
4	徐秉寅	293.7600	4.5900%	2013 年 1 月 13 日
5	张智昇	280.8000	4.3875%	2013 年 1 月 13 日
6	贾　钧	240.0000	3.7500%	2013 年 1 月 13 日
7	邓　晓	233.2800	3.6450%	2013 年 1 月 13 日
8	陆　民	230.4000	3.6000%	2013 年 1 月 13 日
9	张科孟	172.8000	2.7000%	2013 年 1 月 13 日
10	刘　纯	138.2400	2.1600%	2013 年 1 月 13 日
11	张　清	138.2400	2.1600%	2013 年 1 月 13 日
12	吴建安	125.2800	1.9575%	2013 年 1 月 13 日
13	牟长洲	120.9600	1.8900%	2013 年 1 月 13 日
14	王　健	103.6800	1.6200%	2013 年 1 月 13 日
15	陈勤瑛	90.7200	1.4175%	2013 年 1 月 13 日
16	方建国	77.7600	1.2150%	2013 年 1 月 13 日
17	王雪莉	64.8000	1.0125%	2013 年 1 月 13 日
18	夏玉山	64.8000	1.0125%	2013 年 1 月 13 日
19	刘继东	56.1600	0.8775%	2013 年 1 月 13 日
20	陈隆耀	47.9952	0.7499%	2013 年 1 月 13 日
21	李　燕	47.9952	0.7499%	2013 年 1 月 13 日
22	黄相清	43.2000	0.6750%	2013 年 1 月 13 日
23	唐一波	43.2000	0.6750%	2013 年 1 月 13 日
24	祝祖冬	43.2000	0.6750%	2013 年 1 月 13 日
25	陈毅刚	30.2400	0.4725%	2013 年 1 月 13 日
26	徐铁柱	30.2400	0.4725%	2013 年 1 月 13 日
27	魏昭兰	24.0192	0.3753%	2013 年 1 月 13 日
28	张　旭	24.0192	0.3753%	2013 年 1 月 13 日
29	陈章辉	21.6000	0.3375%	2013 年 1 月 13 日
30	刘军涛	21.6000	0.3375%	2013 年 1 月 13 日
31	谢小兵	21.6000	0.3375%	2013 年 1 月 13 日
32	张洪勇	21.6000	0.3375%	2013 年 1 月 13 日
33	董瑞勇	15.8112	0.2471%	2013 年 1 月 13 日
34	郑亚明	9.6000	0.1500%	2013 年 1 月 13 日
35	刘小兵	8.1216	0.1269%	2013 年 1 月 13 日
36	李　颖	5.0112	0.0783%	2013 年 1 月 13 日
37	李忠锋	4.0176	0.0628%	2013 年 1 月 13 日
38	廖洪勇	3.7152	0.0581%	2013 年 1 月 13 日
39	朱东婵	3.1968	0.0500%	2013 年 1 月 13 日
40	汪永贵	2.9808	0.0466%	2013 年 1 月 13 日
41	王晓雄	2.9808	0.0466%	2013 年 1 月 13 日
42	王辉华	2.8080	0.0439%	2013 年 1 月 13 日
43	陈　新	2.5056	0.0392%	2013 年 1 月 13 日
	合　计	48,000.0000	75.00	—
二、首次公开发行的股份				
8	网下询价发行的股份	320.00	5.00	2010 年 4 月 13 日
9	网上定价发行的股份	1,280.00	20.00	2010 年 1 月 13 日
	小计	1,600.00	25.00	—
	合计	6,400	100.00	—

12、股票登记机构:中国证券登记结算有限责任公司深圳分公司

13、上市保荐机构:国信证券股份有限公司(以下简称 "国信证券")

第三节　发行人、股东和实际控制人情况

一、发行人的基本情况

1、发行人中文名称:深圳市英威腾电气股份有限公司

发行人英文名称:SHENZHEN INVT ELECTRIC CO., LTD.

2、注册资本:6,400 万股(本次公开发行后)

3、法定代表人:黄申力

4、设立日期:2002 年 4 月 15 日

5、住所:深圳市南山区龙井高发科技工业园 4 号厂房

6、邮政编码:518055

7、董事会秘书:夏玉山

8、电话号码:0755-86312975　8

传真号码:0755-86023917

9、发行人电子信箱:security@invt.com.cn

10、公司网址:www.invt.com.cn

11、经营范围:变频器、节能电器、工业自动化控制、控制软件、系统软件的生产(以上不含限制项目);经营进出口业务(法律、行政法规、国务院决定禁止的项目除外,限制的项目须取得许可后方可经营)。

12、主营业务:公司主要从事中低压变频器研发、制造和销售

13、所属行业:电器机械及器材制造业(C76)

二、公司董事、监事、高级管理人员及其持有公司股票的情况

姓　名	职　务	性别	年龄	任职起始日期	持有股数（万股）	合计占发行后总股本的比例
黄申力	董事长、总经理	男	43	2009-8-30 至 2012-8-30	1,191.5424	18.6179%
张智昇	董事、人力资源总监	男	40	2009-8-30 至 2012-8-30	280.8000	4.3875%
贾　钧	董事	男	43	2009-8-30 至 2012-8-30	240.0000	3.7500%
王雪莉	董事、财务总监	女	37	2009-8-30 至 2012-8-30	64.8000	1.0125%
刘继东	董事、营销总监	男	42	2009-8-30 至 2012-8-30	56.1600	0.8775%
郑亚明	董事	男	43	2009-8-30 至 2012-8-30	9.6000	0.1500%
赵相宾	独立董事	男	45	2009-8-30 至 2012-8-30	–	–
周　立	独立董事	男	44	2009-8-30 至 2012-8-30	–	–
孔雨泉	独立董事	男	45	2009-8-30 至 2012-8-30	–	–
杨　林	监事会主席	男	42	2009-8-30 至 2012-8-30	362.8800	5.6700%
张　波	监事	男	41	2009-8-30 至 2012-8-30	332.6400	5.1975%
丘晓冬	监事	女	37	2009-8-30 至 2012-8-30	–	–
徐秉寅	副总经理	男	59	2009-8-30 至 2012-8-30	293.7600	4.5900%
夏玉山	副总经理、董事会秘书	男	34	2009-8-30 至 2012-8-30	64.8000	1.0125%
张科孟	研发总监、核心技术人员	男	34	2009-8-30 至 2012-8-30	172.8000	2.7000%
张　清	制造总监	男	43	2009-8-30 至 2012-8-30	138.2400	2.1600%

三、公司控股股东及实际控制人情况

1、公司控股股东及实际控制人情况简介

公司第一大股东、实际控制人为黄申力。黄申力，男，43 岁，身份证号码 32010219660530****，中国国籍，未拥有永久境外居留权。曾任宁波卷烟厂工程师、普传电力电子（深圳）有限公司市场部经理、深圳市英威腾实业有限公司董事长兼总经理。2002 年发起创立深圳市英威腾电气有限公司，现任公司董事长兼总经理。

2、公司控股股东、实际控制人控制的其他企业的情况简介发行人实际控制人黄申力没有控制其他企业。

四、本次发行后公司前十名股东

本次发行后，公司股东总数为：25,754 户。

公司前 10 名股东持有公司发行后股份情况如下：

序号	股东名称	持股数（万股）	比例(%)
1	黄申力	1,191.5424	18.6179%
2	杨　林	362.8800	5.6700%
3	张　波	332.6400	5.1975%
4	徐秉寅	293.7600	4.5900%
5	张智昇	280.8000	4.3875%
6	贾　钧	240.0000	3.7500%
7	邓　晓	233.2800	3.6450%
8	陆　民	230.4000	3.6000%
9	张科孟	172.8000	2.7000%
10	刘　纯	138.2400	2.1600%
11	张　清	138.2400	2.1600%
	小　计	3,614.5824	56.4779%

第四节　股票发行情况

1、发行股票数量为 1,600 万股。其中，网下配售数量为 320 万股，占本次发行数量的 20%；网上定价发行数量为 1,280 万股，占本次发行总量的 80%。

2、发行价格为：48 元/股，此价格对应的市盈率为：

(1)78.69 倍（每股收益按照 2008 年经会计师事务所审计的扣除非经常性损益前后孰低的净利润除以本次发行后总股本计算）。

(2)59.26 倍（每股收益按照 2008 年经会计师事务所审计的扣除非经常性损益前后孰低的净利润除以本次发行前总股本计算）。

3、发行方式：本次发行采用网下向询价对象询价配售（下称"网下配售"）与网上资金申购定价发行（下称"网上发行"）相结合的发行方式。本次发行中通过网下配售向配售对象配售的股票为 320 万股，有效申购数量为 31,260 万股，有效申购获得配售的比例为 1.023672%，认购倍数为 97.69 倍。本次发行网上定价发行 1,280 万股，本次网上定价发行的中签率为 0.4557760174%，超额认购倍数为 219 倍。本次网上定价发行不存在余股，网下配售产生 59 股零股，由主承销商国信证券认购。

4、募集资金总额：76,800 万元，超募资金总额为 58,089.47 万元。

5、发行费用总额：本次发行费用共计 2,710.53 万元，具体明细如下：

费用名称	金额（万元）
承销费、保荐费及辅导费用	1,530.00
审计、评估及验资费用	158.50
律师费用	113.00
信息披露及路演推介费用	909.03
合计	2,710.53

每股发行费用 1.69 元/股。（每股发行费用=发行费用总额/本次发行股本）

6、募集资金净额：74,089.47 万元。深圳市鹏城会计师事务所有限公司已于 2010 年 1 月 7 日对发行人首次公开发行股票的资金到位情况进行了审验，并出具深鹏所验字【2010】007 号验资报告。

7、发行后每股净资产：14.15 元（按 2009 年 9 月 30 日归属于发行人股东的净资产与本次发行筹资净额之和除以本次发行后总股本计算）。

8、发行人每股收益：0.61 元/股（以公司 2008 年扣除非经常性损益后的净利润按照发行后股本摊薄计算）。

第五节　财务会计资料

本上市公告书披露的 2009 年三季度及对比表中 2008 年三季度的主要财务数据、财务指标均未经审计。敬请投资者注意。

一、主要财务数据及财务指标

项目	2009-9-30	2008-12-31	本报告期末比上年度期末增减
流动资产（元）	189,675,277.61	122,891,810.40	54.34%
流动负债（元）	74,313,011.56	64,373,175.40	15.44%
总资产（元）	250,056,493.97	182,787,613.18	36.80%
归属于发行人股东的所有者权益（元）	164,543,482.41	118,414,437.78	38.96%
归属于发行人股东的每股净资产（元/股）	3.43	2.47	38.96%

项目	2009 年 7–9 月	本报告期末比上年度期末增减	2009 年 1–9 月	本报告期末比上年度期末增减
营业总收入（元）	93,955,000.82	27.38%	221,343,276.76	18.40%
利润总额（元）	25,043,905.64	42.28%	52,717,854.77	53.96%
归属于发行人股东的净利润（元）	21,901,849.21	36.49%	46,129,044.63	47.35%
扣除非经常性损益后的归属于发行人股东净利润（元）	18,177,370.47	23.94%	38,679,083.97	35.95%
基本每股收益	0.46	36.49%	0.96	47.35%
净资产收益率（全面摊薄）	13.31%	减少 9.57 个百分点	28.03%	减少 2.40 个百分点
扣除非经常性损益后的净资产收益率(全面摊薄)	11.05%	减少 17.89 个百分点	23.51%	减少 9.92 个百分点
经营活动产生的现金流量净额（元）	21,428,687.88	26.52%	36,733,059.07	−2.85%
每股经营活动产生的现金流量净额（元）	0.45	26.52%	0.77	−2.85%

二、经营业绩和财务状况的简要说明

公司自设立以来，专注于电气传动、工业控制领域，是集低压、中压和高压变频器研发、制造、销售为一体的产品和服务供应商。2009 年 1–9 月，公司实现营业收入 22,134.33 万元、利润总额 5,271.79 万元、净利润 4,612.90 万元，分别比去年同期增长 18.40%、53.96%、47.35%。主要原因为：公司产品结构不断优化、效率提升、成本下降，使主营业务毛利率由 2008 年的 37.39%提升至 2009 年 1–9 月的 43.20%；此外公司本期享受到软件企业退税优惠 719.81 万元。

截至 2009 年 9 月 30 日，公司流动资产、流动负债、总资产和净资产分别为 18,967.53 万元、7,431.30 万元、25,005.65 万元和 16,454.35 万元，分别比上年末增长 54.34%、15.44%、36.80%和 38.96%。主要原因是：2009 年 1–9 月公司业务规模不断扩大，盈利规模保持了较快增长，净利润达到 4,612.90 万元，留存收益不断增加。

公司报告期内经营状况良好，财务状况稳定，本报告期没有对财务数据和指标产生重大影响的其他重要事项。

第六节　其他重要事项

一、公司已向深圳证券交易所承诺，将严格按照中小企业板的有关规则，在上市后三个月内尽快完善公司章程等相关规章制度。

二、本公司自 20009 年 12 月 222 日刊登首次公开发行股票招股意向书至本上市公告书刊登前，没有发生可能对公司有较大影响的重要事项：

1、本公司严格依照《公司法》、《证券法》等法律法规的要求，规范运作，经营状况正常；主营业务目标进展情况正常；

2、本公司所处行业及市场未发生重大变化；

3、原材料采购价格和产品销售价格未发生重大变化；

4、公司未发生重大关联交易；

5、公司未发生重大投资；

6、公司未发生重大资产（或股权）购买、出售及置换；

7、公司住所没有变更；

8、公司董事、监事、高级管理人员及核心技术人员未发生变化；

9、公司未发生重大诉讼、仲裁事项；

10、公司未发生对外担保等或有事项；

11、公司的财务状况和经营成果未发生重大变化；

12、公司无其他应披露的重大事项。

第七节　上市保荐机构及其意见

一、上市保荐机构情况

保荐机构（主承销商）：国信证券股份有限公司

法定代表人：何如

住所：深圳市红岭中路 1012 号国信证券大厦

联系地址：深圳市红岭中路 1012 号国信证券大厦

电话：0755–82130833

传真：0755–82130620

保荐代表人：石引泉、黄自军

项目协办人：戴立洪

项目联系人：白寅、孙萌

二、上市保荐机构的推荐意见

上市保荐机构国信证券已向深圳证券交易所提交了《国信证券股份有限公司关于深圳市英威腾电气股份有限公司股票上市保荐书》，国信证券的推荐意见如下：

国信证券认为英威腾申请其股票上市符合《中华人民共和国公司法》、《中华人民共和国证券法》及《深圳证券交易所股票上市规则》（2008 年修订）等有关规定，英威腾股票具备在深圳证券交易所上市的条件。国信证券愿意推荐英威腾的股票在深圳证券交易所上市交易，并承担相关保荐责任。

深圳市英威腾电气股份有限公司

深圳赤湾港航股份有限公司

深圳赤湾港航股份有限公司 2008 年年度报告摘要

第一节　重要提示

1.1 本公司董事会、监事会及董事、监事、高级管理人员保证本报告所载资料不存在任何虚假记载、误导性陈述或者重大遗漏，并对其内容的真实性、准确性和完整性承担个别及连带责任。本年度报告摘要摘自年度报告全文，投资者欲了解详细内容，应阅读年度报告全文。

1.2 没有董事、监事、高级管理人员声明对年度报告内容的真实性、准确性和完整性无法保证或存在异议。

1.3 所有董事均已出席审议本次年报的董事会会议。

1.4 普华永道中天会计师事务所为本公司 2008 年度财务报告出具了标准无保留审计意见的审计报告。

1.5 公司董事长王芬女士、财务总监张建国先生及财务经理章远凌女士声明：保证年度报告中财务报告的真实、完整。

第二节　公司基本情况简介

2.1 基本情况简介

股票简称	深赤湾 A、深赤湾 B
股票代码	000022、200022
上市交易所	深圳证券交易所
注册地址	中国深圳市赤湾
注册地址的邮政编码	518068
办公地址	中国深圳市赤湾石油大厦 13 楼
办公地址的邮政编码	518068
公司国际互联网网址	http://www.szcwh.com
电子信箱	cwh@cndi.com

2.2 联系人和联系方式

	董事会秘书	证券事务代表
姓名	裴婺媛	李营
联系地址	中国深圳市赤湾石油大厦 13 楼	
电话	+86 755 26694222	
传真	+86 755 26684117	
电子信箱	cwh@cndi.com	

第三节　会计数据和业务数据摘要

3.1 主要会计数据

单位：(人民币)元

	2008 年	2007 年	本年比上年增减(%)	2006 年
营业收入	1,914,007,717.00	2,003,562,530.00	-4.47%	1,948,638,423.00
利润总额	1,033,097,056.00	1,042,771,441.00	-0.93%	1,041,830,198.00
归属于上市公司股东的净利润	642,891,604.00	663,872,167.00	-3.16%	626,836,148.00
归属于上市公司股东的扣除非经常性损益的净利润	637,202,002.00	664,757,766.00	-4.15%	625,639,289.00
经营活动产生的现金流量净额	1,090,354,989.00	1,197,492,986.00	-8.95%	1,146,012,470.00
	2008 年末	2007 年末	本年末比上年末增减(%)	2006 年末
总资产	5,153,728,048.00	5,457,335,718.00	-5.56%	4,605,598,614.00
所有者权益(或股东权益)	2,755,264,347.00	2,585,863,265.00	6.55%	2,262,433,316.00
股本	644,763,730.00	644,763,730.00		644,763,730.00

3.2 主要财务指标

单位：(人民币)元

	2008 年	2007 年	本年比上年增减(%)	2006 年
基本每股收益(元/股)	0.997	1.030	-3.20%	0.972
稀释每股收益(元/股)	0.997	1.030	-3.20%	0.972
扣除非经常性损益后的基本每股收益(元/股)	0.988	1.031	-4.17%	0.97
全面摊薄净资产收益率(%)	23.33%	25.67%	-2.34%	27.71%
加权平均净资产收益率(%)	24.35%	27.83%	-3.48%	28.90%
扣除非经常性损益后全面摊薄净资产收益率(%)	23.13%	25.71%	-2.58%	27.65%
扣除非经常性损益后的加权平均净资产收益率(%)	24.14%	27.86%	-3.72%	28.85%
每股经营活动产生的现金流量净额(元/股)	1.691	1.857	-8.94%	1.777
	2008 年末	2007 年末	本年末比上年末增减(%)	2006 年末
属于上市公司股东的每股净资产(元/股)	4.273	4.011	6.53%	3.509

非经常性损益项目

√ 适用　　□ 不适用

单位：(人民币)元

非经常性损益项目	金额	附注(如适用)
非流动资产处置损益	4,747,067.00	
除上述各项之外的其他营业外收入和支出	1,910,304.00	
所得税影响额	-1,270,198.00	
少数股东权益影响额	302,429.00	
合计	5,689,602.00	-

3.3 境内外会计准则差异

√ 适用　　□ 不适用

单位：(人民币)元

	净利润		净资产	
	本期数	上期数	期初数	期末数
按境外会计准则	944,409,177.00	992,504,204.00	3,144,621,751.00	3,327,657,377.00
按中国会计准则	944,409,177.00	992,504,204.00	3,144,621,751.00	3,327,657,377.00
按国际会计准则调整的分项及合计：				
无	0.00	0.00	0.00	0.00
按国际会计准则	0.00	0.00	0.00	0.00

境内外会计准则差异的说明　执行新会计准则后，按照国内会计准则和国际会计准则编制的财务报告报告期的净利润、报告期末的净资产不再存在差异。

第四节　股本变动及股东情况

4.1 股份变动情况表

单位：股

	本次变动前		本次变动增减(+,-)					本次变动后	
	数量	比例	发行新股	送股	公积金转股	其他	小计	数量	比例
一、有限售条件股份	347,727,801	53.931%				-23,118,889	-23,118,889	324,608,912	50.345%
1、国家持股									
2、国有法人股									
3、其他内资持股									
其中：									
境内非国有法人持股	347,559,485	53.905%				-23,243,415	-23,243,415	324,316,070	50.300%
境内自然人持股									
4、外资持股									
其中：									
境外法人持股									
境外自然人持股									
5、高管股份	168,316	0.026%				+124,526	+124,526	292,842	0.045%
二、无限售条件股份	297,035,929	46.069%				+23,118,889	+23,118,889	320,154,818	49.655%
1、人民币普通股	117,221,676	18.181%				+23,252,059	+23,252,059	140,473,735	21.787%
2、境内上市的外资股	179,814,253	27.888%				-133,170	-133,170	179,681,083	27.868%
3、境外上市的外资股									
4、其他									
三、股份总数	644,763,730	100%						644,763,730	100%

限售股份变动情况表

单位：股

股东名称	年初限售股数	本年解除限售股数	本年增加限售股数	年末限售股数	限售原因	解除限售日期
中国南山集团	347,559,485	23,243,415	0	324,316,070	股改承诺	2008-6-6
王　芬	82,632	20,658	0	61,974		2008-1
范肇平	53,877	13,470	0	40,407		2008-1
袁宇辉	14,040	3,510	0	10,530	《公司法》	2008-1
韩桂茂	13,988	3,497	0	10,491	及相关	2008-1
郑少平	25,871	22,727	65,037	68,181	法律法规	2008-1
张　宁	22,490	17,294	46,685	51,881		2008-1
方　洁	0	2,694	10,776	8,082		2008-9

倪克勤	0	3,142	12,568	9,426		2008-9
张建国	0	7,183	28,731	21,548		2008-9
裴姜媛	0	3,441	13,763	10,322		2008-9
合　计	347,772,383	23,341,031	177,560	324,608,912	–	–

4.2 前 10 名股东、前 10 名无限售条件股东持股情况表

单位：股

股东总数　42,672 户(其中 A 股为 33,079 户,B 股为 9,593 户)

前十名股东持股情况

股东名称	股东性质	持股比例	持股总数	持有有限售条件股份数量	质押或冻结的股份数量
中国南山开发(集团)股份有限公司		57.51	370,802,900	324,316,070	0
CMBLSA RE FTIF TEMPLETON ASIAN GRW FD GTI5496	外资股东	3.65	23,552,225	0	未知
CHINA MERCHANTS SECURITIES (HK) CO.,LTD.	外资股东	3.56	22,971,766	0	未知
PLATINUM ASIA FUND	外资股东	2.35	15,128,018	0	未知
THORNBURG INVESTMENT INCOME BUILDER FUND	外资股东	2.27	14,665,727	0	未知
THORNBURG GLOBAL OPPORTUNITIES FUND(9P14)	外资股东	1.61	10,359,303	0	未知
全国社保基金一零二组合		1.32	8,503,724	0	未知
GOVERNMENT OF SINGAPORE INV. CORP.– A/C"C"	外资股东	1.26	8,116,667	0	未知
MIRAE ASSET ASIA PACIFIC INFRA SECTOR EQTY INVSTMT TRS 1	外资股东	0.62	4,012,421	0	
OMERS ADMINISTRATION CORPORATION(SC03)	外资股东	0.60	3,894,696	0	未知

前十名无限售条件股东持股情况

股东名称	持有无限售条件股份数量	股份种类(A、B、H 或其他)
中国南山开发(集团)股份有限公司	46,486,830	A 股
CMBLSA RE FTIF TEMPLETON ASIAN GRW FD GTI	5496 23,552,225	B 股
CHINA MERCHANTS SECURITIES (HK) CO., LTD.	22,971,766	B 股
PLATINUM ASIA FUND	15,128,018	B 股
THORNBURG INVESTMENT INCOME BUILDER FUND	14,665,727	B 股
THORNBURG GLOBAL OPPORTUNITIES FUND(9P14)	10,359,303	B 股
全国社保基金一零二组合	8,503,724	A 股
GOVERNMENT OF SINGAPORE INV. CORP.– A/C "C"	8,116,667	B 股
MIRAE ASSET ASIA PACIFIC INFRA SECTOR EQTY INVSTMT TRS 1	4,012,421	B 股
OMERS ADMINISTRATION CORPORATION(SC03)	3,894,696	B 股

上述股东关联关系或一致行动的说明：　丰和价值证券投资基金与嘉实策略增长混合型证
中国南山集团与其他无限售条件股东无关联关系。
公司未知其他无限售条件股东之间有无关联关系。

4.3 控股股东及实际控制人情况介绍

4.3.1 控股股东及实际控制人变更情况

□ 适用　　√ 不适用

4.3.2 控股股东及实际控制人具体情况介绍

股东名称：中国南山开发(集团)股份有限公司

法定代表人：傅育宁

成立日期：一九八二年九月二十八日

经营范围：土地开发,发展港口运输,相应发展工业、商业、房地产和旅游业,保税场库经营业务等。

注册资本：5 亿元人民币

公司控股股东的股东(持股 5%以上)

股东一：招商局国际有限公司

法定代表人：傅育宁

成立日期：1991 年 5 月 28 日

主营业务：投资控股、上市

注册资本：港币 5 亿元正

股东二：深圳市投资控股有限公司

法定代表人：陈洪博

成立日期：2004 年 10 月 13 日

经营范围：1、为市属国有企业提供担保；2、对市国资委直接监管企业之外的国有股权进行管理；3、对所属企业进行资产重组、改制和资本运作；4、投资；5、市国资委授权的其他业务。

注册资本：46 亿元人民币

股东三：广东南油经济发展公司

法定代表人：陈强

成立日期：1993 年 9 月 7 日

经营范围：为石油与天然气勘探开发提供综合服务；实业投资开发；代办运输；销售工业生产资料、石油制品、建筑材料、饲料、木片、家具、交电；收购农副产品。

注册资本：112,773,000 元人民币

股东四：中国海洋石油总公司

法定代表人：傅成玉

成立日期：1993 年 9 月 7 日

主营业务：负责在中国海域对外合作开采海洋石油及天然气资源

注册资本：949 亿元人民币

第五节　董事、监事和高级管理人员

5.1 董事、监事和高级管理人员持股变动及报酬情况

姓　名	职务	性别	年龄	任职起止日期	年初持股数	年末持股数	变动原因	年度从公司领取报酬总额(万元)	是否在股东单位或其他关联单位领取报酬
王　芬	董事长	女	54	2008.5–2011.5	82,632	82,632		0	是
范肇平	董事	男	54	2008.5–2011.5	53,877	53,877		0	是
袁宇辉	董事	男	58	2008.5–2011.5	14,040	14,040		0	是
韩桂茂	董事	男	58	2008.5–2011.5	13,988	13,988		0	是
郑少平	董事、总经理	男	46	2008.5–2011.5	25,871	90,908	二级市场买入	98	否
张　宁	董事、副总经理	男	48	2008.5–2011.5	22,490	69,175	二级市场买入	72	否
李悟洲	独立董事	男	69	2008.5–2011.5	0	0		8.5	否
郝珠江	独立董事	男	56	2008.5–2011.5	0	0		8.5	否
张建军	独立董事	男	44	2008.5–2011.5	0	0		8.5	否
王　宏	监事会主席	男	46	2008.5–2011.5	0	0		0	是
黄惠珍	监事	女	52	2008.5–2011.5	0	0		0	是
郭颂华	监事	女	50	2008.5–2011.5	0	0		0	是
方　洁	监事	男	52	2008.5–2011.5	0	10,776	二级市场买入	24	否
倪克勤	监事	女	44	2008.5–2011.5	0	12,568	二级市场买入	30	否
张建国	财务总监	男	44	2008.5–2011.5	0	28,731	二级市场买入	60	否
裴姜媛	董事会秘书	女	36	2008.5–2011.5	0	13,763	二级市场买入	30	否
合　计					212,898	390,458		339.5	

董事、监事、高级管理人员报告期内被授予的股权激励情况

□ 适用　　√ 不适用

5.2 董事出席董事会会议情况

董事姓名	具体职务	应出席次数	现场出席次数	以通讯方式参加会议次数	委托出席次数	缺席次数	是否连续两次未亲自出席会议
王　芬	董事长	13	3	10	0	0	否
范肇平	董事	13	3	10	0	0	否
袁宇辉	董事	13	2	10	1	0	否
韩桂茂	董事	13	2	10	1	0	否
郑少平	董事总经理	13	3	10	0	0	否
张　宁	董事副总经理	13	3	10	0	0	否
李悟洲	独立董事	8	2	6	0	0	否
郝珠江	独立董事	8	2	6	0	0	否
张建军	独立董事	8	2	6	0	0	否
张立民	独立董事	5	1	4	0	0	否
刘瑞起	独立董事	5	0	4	1	0	否
吴博韬	独立董事	5	0	4	1	0	否

2008 年 5 月 29 日召开的公司 2007 年度股东大会审议通过了《关于公司独立董事换届选举的报告》,李悟洲、郝珠江、张建军当选为公司第六届董事会独立董事,第五届董事会独立董事张立民、刘瑞起、吴博韬任期届满,不再担任公司独立董事。

连续两次未亲自出席董事会会议的说明

无

年内召开董事会会议次数	13
其中：现场会议次数	3
通讯方式召开会议次数	10
现场结合通讯方式召开会议次数	0

第六节　董事会报告

6.1 管理层讨论与分析

1.报告期内的总体经营情况

本公司主营业务为集装箱和散杂货的港口装卸、仓储、运输及其它配套服务。

2008 年,受国内外经济形势变化,特别是 9 月份全球性金融危机爆发、外贸进出口骤然减速的影响,全国沿海各主要港口表现为前高后低的走势,珠三角地区因较高的外向型经济特点,其港口集装箱业务前高后低的表现尤为突出。

报告期内,本公司前三季度集装箱业务依然保持平稳增长,第四季度,受金融海啸冲击,欧美航线业务受到较大影响,本公司集装箱吞吐量有较大幅度下滑,完成 120 万 TEU,比第三季度减少 46.8 万 TEU,季度环比下降 28.1%。但全年仍完成集装箱吞吐量 591.3 万 TEU,仅比 2007 年减少 1.5%,占深圳港集装箱码头业务 27.6%的市场份额,同比下降 0.9 个百分点；其中赤湾港区完成 418.8 万 TEU,比 2007 年减少 3.9%。

散杂货业务,继续保持了粮食、化肥两大主要货种在周边港区的优势地位,且未受到金融危机的直接冲击,全年完成散杂货吞吐量 775.6 万吨,比 2007 年增长 9.8%,在深圳三个主要散杂货码头中的市场份额提高到 23.4%,比 2007 年提高 2.1 个百分点。

报告期内，本公司共完成货物吞吐量 6158.0 万吨，创历史新高，比 2007 年增长 4.5%，占深圳港货物吞吐量的 29.2%。

近三年主要业务量指标完成情况如下表：

主要业务指标	2008 年	2007 年	2006 年
港口货物吞吐量(万吨)	6158	5894	5319
其中：集装箱吞吐量(万 TEU)	591.3	600.3	526.2
赤湾港区	418.8	435.9	427.3
妈湾项目公司	172.5	164.4	98.9
散杂货吞吐量(万吨)	775.6	706	752
公路集装箱运输周转量(万 TEU.km)	654	597	540
港区拖车作业时(万小时)	170.0	189.3	150.9
港作拖轮收费时(小时)	32781	32313	31856

2.对公司未来发展的展望

(1)公司所处行业发展趋势与竞争格局

2009 年，受全球经济放缓、国内外需求萎缩以及国际贸易保护主义等不利因素影响，我国外贸进出口增速将进一步回落，甚至出现负增长，我国港口集装箱业务在此期间内将受到影响。同时由于宏观经济景气度下行，影响到国内的消费与投资，金属矿石、煤炭、钢铁等大宗散杂货的运输需求也将减弱，我国港口行业整体上将进入低增长周期。

深圳港口以外贸为主的集装箱业务结构，对外需变化尤为敏感，在集装箱业务量预期下行的情况下，集装箱码头市场竞争加剧，同时各班轮公司的经营困难也将从客户方面给港口经营造成压力，稳定港口费率难度加大。

深圳西部三港按各自优势形成的散杂货业务分工格局基本稳定。珠三角粮食海运进口总量预期保持相对稳定水平。但周边主要散杂货码头矿石、钢材吞吐量的急剧下滑，将对本公司的粮食、化肥业务带来潜在的竞争压力。

(2)2009 年度经营计划

持续提升公司各项业务的核心竞争能力，优化业务结构，稳健经营，加强内部成本控制，关注国家宏观经济政策对公司经营环境的影响，采取有效措施积极应对金融危机的不利影响，加快推进节能降耗，力争保持稳定的经营业绩。

集装箱业务：优化作业流程，推进技术创新，持续提高服务保障水平；把握设立西部保税港区的政策机遇，整合市场和公司内部各种资源，加大市场开发力度，开发和完善电子服务平台系统，为客户提供增值服务，稳定客户关系及市场份额，继续保持良好的效益回报。

散杂货业务：继续做好化肥和粮食业务，维护良好的客户关系，保持散杂货业务的基本稳定，稳步推进东莞麻涌港区一期工程，争取 2009 年内完工，做好化肥业务转移工作，培育麻涌港区成为新的化肥集散中心。

配套业务：继续做好货运拖车服务与港作拖轮业务，稳健经营驳船业务，发挥支持、保障作用，为码头业务提供安全、优质、高效的配套服务。

(3)2009 年度资金需求及使用计划

为实现未来的发展战略和经营目标，公司 2009 年计划完成资本性支出 7.6 亿元。其中，赤湾港区计划完成固定资产投资 1 亿元；东莞麻涌项目计划完成投资 6.6 亿元。以上资本性支出所需资金主要来源于公司自身经营取得的现金净流入及银行借款。

6.2 主营业务分行业、产品情况表

单位：(人民币)万元

主营业务分行业情况

分行业或分产品	营业收入	营业成本	营业利润率(%)	营业收入比上年增减(%)	营业成本比上年增减(%)	营业利润率比上年增减(%)
港口装卸业务	174,638.19	73,690.13	57.80%	−5.41%	3.05%	−3.47%

6.3 主营业务分地区情况

单位：(人民币)万元

地区	营业收入	营业收入比上年增减(%)
深圳	191,058.71	−4.49%
其他	342.06	7.69%

6.4 采用公允价值计量的项目

√ 适用 □ 不适用

单位：(人民币)元

项目	期初金额	本期公允价值变动损益	计入权益的累计公允价值变动	本期计提的减值	期末金额
金融资产：					
其中：1.以公允价值计量且其变动计入当期损益的金融资产					
其中：衍生金融资产					
2.可供出售金融资产	10,520,000.00		−4,252,000.00	0.00	5,440,000.00
套期工具	39,459,166.00		−20,187,704.00		0.00
金融资产小计	49,979,166.00		−24,439,704.00	0.00	5,440,000.00
金融负债					
投资性房地产					
生产性生物资产					
其他					
合计	49,979,166.00		−24,439,704.00	0.00	5,440,000.00

6.5 募集资金使用情况

□ 适用 √ 不适用

变更项目情况

□ 适用 √ 不适用

6.6 非募集资金项目情况

√ 适用 □ 不适用

单位：(人民币)万元

项目名称	项目金额	项目进度	项目收益情况
固定资产投资	11,425.46	已按计划完成	已产生相应收益
东莞麻涌项目	15,028.50	受不可预见等因素影响，项目建设落后于预期进度	尚未产生收益
联营企业增资	4,000.00	已完成	尚未产生收益
合计	30,453.96	−	−

6.7 董事会对公司会计政策、会计估计变更或重大会计差错更正的原因及影响的说明

□ 适用 √ 不适用

6.8 董事会对会计师事务所"非标准审计报告"的说明

□ 适用 √ 不适用

6.9 董事会本次利润分配或资本公积金转增股本预案

本公司 2008 年度经普华永道中天会计师事务所有限公司审计之本年度母公司净利润为 449,036,125 元，累计可供分配利润为 514,467,212 元。

1、根据《公司法》和《公司章程》规定，按 2008 年度经审计的母公司净利润的 10%提取法定盈余公积 44,903,613 元；

2、拟按 2008 年末总股本 644,763,730 股为基数，每十股派发现金股利 5.00 元（含税），共计 322,381,865 元；

经上述分配，母公司剩余未分配利润为 147,181,734 元。

以上分配预案需提请股东大会审议通过。

公司前三年现金分红情况

单位：(人民币)元

	现金分红金额(含税)	合并报表中归属于母公司所有者的净利润	占合并报表中归属于母公司所有者的净利润的比率
2007 年	437,149,809.00	663,872,167.00	65.85%
2006 年	371,383,908.00	626,836,148.00	59.25%
2005 年	481,638,506.00	586,342,497.00	82.14%

公司本报告期内盈利但未提出现金利润分配预案

□ 适用 √ 不适用

第七节 重要事项

7.1 收购资产

□ 适用 √ 不适用

7.2 出售资产

□ 适用 √ 不适用

7.3 重大担保

√ 适用 □ 不适用

单位：(人民币)万元

公司对外担保情况(不包括对子公司的担保)

担保对象名称	发生日期(协议签署日)	担保金额	担保类型	担保期	是否履行完毕	是否为关联方担保(是或否)
报告期内担保发生额合计						0.00
报告期末担保余额合计						0.00

公司对子公司的担保情况

报告期内对子公司担保发生额合计	24,112.00
报告期末对子公司担保余额合计	24,112.00

公司担保总额情况(包括对子公司的担保)

担保总额	24,112.00
担保总额占公司净资产的比例	8.75%
其中：	
为股东、实际控制人及其关联方提供担保的金额	0.00
直接或间接为资产负债率超过 70%的被担保对象提供的债务担保金额	0.00
担保总额超过净资产 50%部分的金额	0.00
上述三项担保金额合计	0.00
未到期担保可能承担连带清偿责任说明	无

7.4 重大关联交易

7.4.1 与日常经营相关的关联交易

√ 适用 □ 不适用

单位：(人民币)万元

关联方	向关联方销售产品和提供劳务 交易金额	占同类交易金额的比例	向关联方采购产品和接受劳务 交易金额	占同类交易金额的比例
中国南山开发(集团)股份有限公司	0.00	0.00%	4,501.61	61.25%
深圳妈港仓码有限公司	1,220.71	9.13%	0.00	0.00%
深圳妈湾港务有限公司	508.57	3.80%	0.00	0.00%
合计	1,729.28	12.93%	4,501.61	61.25%

其中：报告期内公司向控股股东及其子公司销售产品或提供劳务的关联交易金额 0.00 万元。

7.4.2 关联债权债务往来

√ 适用 □ 不适用

单位：(人民币)万元

关联方	向关联方提供资金 发生额	余额	关联方向公司提供资金 发生额	余额
Media Port Investments Ltd	0.00	18,403.91	0.00	0.00
中国南山开发(集团)股份有限公司	0.00	0.00	0.72	0.72

深圳妈港仓码有限公司	0.00	0.00	6,999.82	203.20
深圳妈湾港务有限公司	0.00	0.00	383.09	-34.17
深圳海勤工程监理有限公司	0.00	0.00	28.68	98.68
合计	0.00	18,403.91	7,412.31	268.43

其中：报告期内公司向控股股东及其子公司提供资金的发生额 0.00 万元，余额 0.00 万元。

7.4.3 2008 年资金被占用情况及清欠进展情况

□ 适用　　√ 不适用

7.5 委托理财

□ 适用　　√ 不适用

7.6 承诺事项履行情况

□ 适用　　√ 不适用

公司或持股 5%以上股东在报告期内或持续到报告期内的承诺事项

√ 适用　　□ 不适用

承诺事项	承诺内容	履行情况
股改承诺	分红承诺：深赤湾将保持一贯的、稳健的分红政策，中国南山集团承诺，向公司股东大会提出分红议案，2006 年、2007 年每年的分红比例不低于当年实现的可供投资者分配利润的 50%，并保证在股东大会表决时对该议案投赞成票。	履行完毕。2006 及 2007 年度分红比例为当年实现的可供投资者分配利润的 60%和 50.02%；
	增持承诺：为避免股权分置改革后公司股价的非理性波动，增加投资者的持股信心，同时进一步巩固中国南山集团绝对控股地位，在深赤湾 A 股市场相关股东会议通过股权分置改革方案后的二个月内，中国南山集团拟在不超过 13.00 元/股的前提下，从二级市场增持 940.654 万股(即股改方案实施后的全部无限售条件的流通 A 股 9406.54 万股的 10%)深赤湾流通 A 股股份。在增持计划完成后的六个月内，中国南山集团将不出售所增持的股份并履行相关信息披露义务，如在上述时间内出售，则全部所得归上市公司全体股东所有。	履行完毕。
	激励机制：为增强流通股股东的持股信心，激励公司核心管理层、核心业务骨干的积极性，使公司管理层和公司全体股东的利益相统一，中国南山集团承诺于股权分置改革完成后合适时机将按照国家的有关法律、法规的规定通过深赤湾股东大会委托公司董事会制定并实施股权激励计划。	已于 2009 年 3 月向深赤湾 2008 年度股东大会提出提案。
	履约担保函：中国南山集团承诺：在公司 A 股市场相关股东会议股权登记日之前，将取得深交所认可的金融机构对认沽权利行权所需资金提供的足额履约担保函。	履行完毕。
	维持上市地位：中国南山集团承诺，深赤湾本次股权分置改革，主要是为解决非流通股股东与流通 A 股股东之间的利益平衡问题，并不以终止深赤湾股票上市为目的，如因为认沽权利行权导致公司股权分布不符合深圳交易所规定的上市条件，中国南山集团承诺将在法律、法规、规章和规则规定的期限内实施维持上市地位的方案，并及时履行信息披露义务。	履行完毕。
收购报告书或权益变动报告书中所作承诺	无	无
重大资产重组时所作承诺	无	无
发行时所作承诺	无	无
其他对公司中小股东所作承诺	无	无

7.7 重大诉讼仲裁事项

□ 适用　　√ 不适用

7.8 其他重大事项及其影响和解决方案的分析说明

7.8.1 证券投资情况

□ 适用　　√ 不适用

7.8.2 持有其他上市公司股权情况

√ 适用　　□ 不适用

单位：(人民币)元

证券代码	证券简称	初始投资金额	占该公司股权比例	期末账面值	报告期损益	报告期所有者权益变动	会计核算科目	股份来源
600377	宁沪高速	1,120,000.00	0.02%	5,440,000.00	0.00	-4,252,000.00	可供出售金融资产	通过股权分置改革获得流通权的法人股
400032	石化 A3	3,500,000.00	0.26%	382,200.00	0.00	0.00	长期股权投资	法人股
400009	广建 1	27,500.00	0.02%	17,000.00	0.00	0.00	长期股权投资	法人股

7.8.3 持有非上市金融企业股权情况

□ 适用　　√ 不适用

7.8.4 买卖其他上市公司股份的情况

□ 适用　　√ 不适用

第八节　监事会报告

√ 适用　　□ 不适用

1.本报告期内，监事会根据《公司法》和本公司《公司章程》的有关规定，严格履行监事会职责范围内的各项检查、监督的权限及职责，并委派代表列席董事会会议，参与公司重大问题的决策。公司监事会二〇〇八年度共召开六次会议。

(1)本公司于 2008 年 4 月 8 日召开第五届监事会第七次会议，会议审议通过了《2007 年度监事会工作报告》和《2007 年年度报告及摘要》。

(2)本公司于 2008 年 4 月 25 日召开第五届监事会 2008 年度第一次临时会议，会议审议通过了《2008 年第一季度报告》和《监事会换届选举的报告》。

(3)本公司于 2008 年 5 月 29 日召开第六届监事会第一次会议，会议审议通过了《关于选举第六届监事会主席的报告》。

(4)本公司于 2008 年 7 月 17 日召开第六届监事会 2008 年度第一次临时会议，会议审议通过了《关于大股东及其关联方占用本公司资金的自查总结报告》。

(5)本公司于 2008 年 8 月 28 日召开第六届监事会第二次会议，会议审议通过了《2008 年半年度报告全文及 2008 年半年度报告摘要》。

(6)本公司于 2008 年 10 月 29 日召开第六届监事会 2008 年度第二次临时会议，会议审议通过了《2008 年第三季度报告》。

2.监事会并就下列事项发表独立意见：

(1)本报告期内，监事会对公司的生产经营、决策管理等工作进行监督，确认公司在上述活动中依法运作，决策程序合法。

公司建立了完善的内部控制制度。监事会对董事、总经理和其他高级管理人员执行公司职务的活动进行监督，确认上述人员在公司日常经营和管理活动中，无违反法律、法规、公司《章程》以及股东大会决议的行为，无滥用职权、侵犯股东、公司以及公司员工利益的行为；

(2)本报告期内，会计师事务所为本公司出具的无保留意见的财务审计报告客观、真实地反映了公司的财务状况和经营成果；

(3)本报告期内公司未募集资金。最近一次募集资金(一九九五年十二月增发 4000 万 B 股)已于一九九六年底使用完毕，其实际投资项目、金额等均与承诺投入项目、金额一致；

(4)本报告期内，本公司与关联方之间依照市场价格公平交易(关联交易情况详见财务报告附注)，关联交易未损害本公司利益。

第九节　财务报告

9.1 审计意见

普华永道中天会计师事务所为公司出具了标准无保留意见的审计报告。

9.2 财务报表

9.2.1 资产负债表

编制单位：深圳赤湾港航股份有限公司　　2008 年 12 月 31 日　　单位：(人民币)元

项目	期末余额		年初余额	
	合并	母公司	合并	母公司
流动资产：				
货币资金	641,475,910.00	298,644,660.00	781,587,534.00	570,266,835.00
结算备付金				
拆出资金				
交易性金融资产				
应收票据	7,846,264.00	7,846,264.00	1,167,600.00	1,167,600.00
应收账款	145,675,880.00	11,338,751.00	217,005,190.00	9,647,134.00
预付款项	10,336,323.00	111,253.00	6,272,274.00	0.00
应收保费				
应收分保账款				
应收分保合同准备金				
应收利息	454,878.00	5,277,795.00	0.00	0.00
应收股利	404,741,735.00	425,321,224.00		
其他应收款	10,180,699.00	132,957,981.00	9,817,791.00	146,614,365.00
买入返售金融资产				
存货	27,808,298.00	837,989.00	24,629,401.00	1,034,833.00
一年内到期的非流动资产				
套期工具	0.00	0.00	39,459,166.00	0.00
其他流动资产	0.00	0.00	0.00	0.00
流动资产合计	843,778,252.00	861,756,428.00	1,079,938,956.00	1,154,051,991.00
非流动资产：				
发放贷款及垫款				
可供出售金融资产	5,440,000.00	5,440,000.00	10,520,000.00	10,520,000.00
持有至到期投资				
长期应收款	184,039,141.00	164,228,079.00	195,834,378.00	217,001,724.00
长期股权投资	282,844,083.00	853,904,176.00	335,978,363.00	786,582,728.00
投资性房地产	29,048,953.00	20,860,490.00	29,664,243.00	21,511,246.00
固定资产	2,261,881,360.00	184,480,910.00	2,272,954,882.00	198,322,996.00
在建工程	301,348,064.00	168,540.00	288,525,812.00	944,134.00

工程物资				
固定资产清理				
生产性生物资产				
油气资产				
无形资产	1,075,111,068.00	73,752,628.00	1,138,614,622.00	120,356,947.00
开发支出				
商誉	10,858,898.00		10,858,898.00	
长期待摊费用	67,625,291.00	5,818,207.00	65,424,928.00	5,839,087.00
长期预付款	58,772,833.00			
递延所得税资产	32,980,105.00	12,635,845.00	29,020,636.00	12,639,786.00
其他非流动资产				
非流动资产合计	4,309,949,796.00	1,321,288,875.00	4,377,396,762.00	1,373,718,648.00
资产总计	5,153,728,048.00	2,183,045,303.00	5,457,335,718.00	2,527,770,639.00
流动负债：				
短期借款	829,840,000.00	178,640,000.00	1,221,310,000.00	401,160,000.00
向中央银行借款				
吸收存款及同业存放				
拆入资金				
交易性金融负债				
应付票据	8,681,000.00		6,687,150.00	
应付账款	58,507,695.00	13,231,145.00	57,201,825.00	12,926,232.00
预收款项	650,306.00	16,388.00	427,561.00	0.00
卖出回购金融资产款				
应付手续费及佣金				
应付职工薪酬	39,286,759.00	21,825,885.00	48,322,728.00	28,325,184.00
应交税费	27,885,431.00	1,448,453.00	25,870,474.00	1,117,555.00
应付利息	4,864,951.00	2,909,946.00	173,320.00	173,320.00
应付股利	271,365,815.00	295,768,833.00		
其他应付款	104,635,820.00	209,280,593.00	293,955,986.00	467,181,771.00
应付分保账款				
保险合同准备金				
代理买卖证券款				
代理承销证券款				
一年内到期的递延收益	4,951,750.00		5,292,500.00	
一年内到期的非流动负债			273,428,800.00	
其他流动负债				
流动负债合计	1,350,669,527.00	427,352,410.00	2,228,439,177.00	910,884,062.00
非流动负债：				
长期借款	404,800,000.00	132,000,000.00	0.00	0.00
应付债券				
长期应付款				
专项应付款				
预计负债				
递延收益	69,737,144.00		79,828,541.00	
递延所得税负债	864,000.00	864,000.00	4,446,249.00	1,692,000.00
其他非流动负债				
非流动负债合计	475,401,144.00	132,864,000.00	84,274,790.00	1,692,000.00
负债合计	1,826,070,671.00	560,216,410.00	2,312,713,967.00	912,576,062.00
所有者权益(或股东权益)：				
实收资本(或股本)	644,763,730.00	644,763,730.00	644,763,730.00	644,763,730.00
资本公积	144,170,555.00	153,366,828.00	168,577,210.00	157,618,828.00
减：库存股				
盈余公积	355,134,736.00	355,134,736.00	1,094,116,893.00	1,094,116,893.00
一般风险准备				
未分配利润	1,624,545,217.00	469,563,599.00	679,821,265.00	−281,304,874.00
外币报表折算差额	−13,349,891.00	0.00	−1,415,833.00	0.00
归属于母公司所有者权益合计	2,755,264,347.00	1,622,828,893.00	2,585,863,265.00	1,615,194,577.00
少数股东权益	572,393,030.00	0.00	558,758,486.00	0.00
所有者权益合计	3,327,657,377.00	1,622,828,893.00	3,144,621,751.00	1,615,194,577.00
负债和所有者权益总计	5,153,728,048.00	2,183,045,303.00	5,457,335,718.00	2,527,770,639.00

9.2.2 利润表

编制单位：深圳赤湾港航股份有限公司　　2008 年 1−12 月　　单位：(人民币)元

项目	本期金额		上期金额	
	合并	母公司	合并	母公司
一、营业总收入	1,914,007,717.00	194,916,576.00	2,003,562,530.00	192,713,033.00
其中：营业收入	1,914,007,717.00	194,916,576.00	2,003,562,530.00	192,713,033.00
利息收入				
已赚保费				
手续费及佣金收入				
二、营业总成本	978,165,076.00	203,549,870.00	1,086,079,875.00	207,187,917.00
其中：营业成本	829,304,564.00	143,900,606.00	792,237,695.00	148,124,114.00
利息支出				
手续费及佣金支出				
退保金				
赔付支出净额				
提取保险合同准备金净额				
保单红利支出				
分保费用				
营业税金及附加	66,207,650.00	6,719,489.00	69,174,727.00	6,243,252.00
销售费用				
管理费用	138,254,928.00	49,967,975.00	135,362,508.00	51,631,578.00
财务费用	−58,897,693.00	2,248,042.00	28,367,266.00	1,188,745.00
资产减值损失	3,295,627.00	713,758.00	60,937,679.00	228.00
加：公允价值变动收益(损失以"−"号填列)				
投资收益(损失以"−"号填列)	90,597,044.00	454,547,080.00	128,090,386.00	981,763,526.00
其中：对联营企业和合营企业的投资收益	90,327,044.00	−3,681,752.00	121,265,171.00	1,679,581.00
汇兑收益(损失以"−"号填列)				
三、营业利润(亏损以"−"号填列)	1,026,439,685.00	445,913,786.00	1,045,573,041.00	967,288,642.00
加：营业外收入	9,878,032.00	5,911,669.00	2,674,432.00	1,661,470.00
减：营业外支出	3,220,661.00	1,912,427.00	5,476,032.00	520,513.00
其中：非流动资产处置损失	2,007,722.00	391,928.00	5,426,415.00	510,218.00
四、利润总额(亏损总额以"−"号填列)	1,033,097,056.00	449,913,028.00	1,042,771,441.00	968,429,599.00
减：所得税费用	88,687,879.00	876,903.00	50,267,237.00	−2,642,405.00
五、净利润(净亏损以"−"号填列)	944,409,177.00	449,036,125.00	992,504,204.00	971,072,004.00
归属于母公司所有者的净利润	642,891,604.00		663,872,167.00	
少数股东损益	301,517,573.00		328,632,037.00	
六、每股收益：				
(一)基本每股收益	0.997		1.030	
(二)稀释每股收益	0.997		1.030	

9.2.3 现金流量表

编制单位：深圳赤湾港航股份有限公司　　2008 年 1−12 月　　单位：(人民币)元

项目	本期金额		上期金额	
	合并	母公司	合并	母公司
一、经营活动产生的现金流量：				
销售商品、提供劳务收到的现金	1,951,350,965.00	169,232,070.00	1,983,854,763.00	186,532,961.00
客户存款和同业存放款项净增加额				
向中央银行借款净增加额				
向其他金融机构拆入资金净增加额				
收到原保险合同保费取得的现金				
收到再保险业务现金净额				
保户储金及投资款净增加额				
处置交易性金融资产净增加额				
收取利息、手续费及佣金的现金				
拆入资金净增加额				
回购业务资金净增加额				
收到的税费返还				
收到其他与经营活动有关的现金	58,937,645.00	41,769,816.00	22,975,474.00	43,574,019.00
经营活动现金流入小计	2,010,288,610.00	211,001,886.00	2,006,830,237.00	230,106,980.00
购买商品、接受劳务支付的现金	394,250,357.00	97,643,133.00	349,308,638.00	91,508,732.00
客户贷款及垫款净增加额				
存放中央银行和同业款项净增加额				
支付原保险合同赔付款项的现金				
支付利息、手续费及佣金的现金				
支付保单红利的现金				
支付给职工以及为职工支付的现金	218,134,554.00	60,570,324.00	189,410,725.00	45,335,011.00
支付的各项税费	164,905,584.00	7,575,905.00	148,486,709.00	9,636,321.00
支付其他与经营活动有关的现金	142,643,126.00	70,575,168.00	122,131,179.00	5,735,673.00
经营活动现金流出小计	919,933,621.00	236,364,530.00	809,337,251.00	152,215,737.00
经营活动产生的现金流量净额	1,090,354,989.00	−25,362,644.00	1,197,492,986.00	77,891,243.00
二、投资活动产生的现金流量：				
收回投资收到的现金		127,773,645.00		507,000,000.00
取得投资收益收到的现金	183,724,524.00	446,904,306.00	6,825,215.00	447,572,047.00
处置固定资产、无形资产和其他长期资产收回的现金净额	64,179,274.00	51,442,840.00	1,857,971.00	300,977.00

处置子公司及其他营业单位收到的现金净额				
收到其他与投资活动有关的现金				
投资活动现金流入小计	247,903,798.00	626,120,791.00	8,683,186.00	954,873,024.00
购建固定资产、无形资产和其他长期资产支付的现金	264,539,595.00	8,709,417.00	397,292,471.00	35,321,112.00
投资支付的现金	40,000,000.00	149,760,000.00	40,000,000.00	505,798,000.00
质押贷款净增加额				
取得子公司及其他营业单位支付的现金净额				
支付其他与投资活动有关的现金				
投资活动现金流出小计	304,539,595.00	158,469,417.00	437,292,471.00	541,119,112.00
投资活动产生的现金流量净额	−56,635,797.00	467,651,374.00	−428,609,285.00	413,753,912.00
三、筹资活动产生的现金流量：				
吸收投资收到的现金				
其中：子公司吸收少数股东投资收到的现金				
取得借款收到的现金	2,232,612,000.00	522,640,000.00	2,068,094,000.00	911,000,000.00
发行债券收到的现金				
收到其他与筹资活动有关的现金				
筹资活动现金流入小计	2,232,612,000.00	522,640,000.00	2,068,094,000.00	911,000,000.00
偿还债务支付的现金	2,609,358,800.00	791,980,000.00	1,484,924,000.00	515,000,000.00
分配股利、利润或偿付利息支付的现金	787,575,942.00	443,563,839.00	735,923,394.00	389,231,705.00
其中：子公司支付给少数股东的股利、利润	295,768,834.00		299,618,406.00	
支付其他与筹资活动有关的现金				
筹资活动现金流出小计	3,396,934,742.00	1,235,543,839.00	2,220,847,394.00	904,231,705.00
筹资活动产生的现金流量净额	−1,164,322,742.00	−712,903,839.00	−152,753,394.00	6,768,295.00
四、汇率变动对现金及现金等价物的影响	−9,508,074.00	−1,007,066.00	−3,065,644.00	−572,537.00
五、现金及现金等价物净增加额	−140,111,624.00	−271,622,175.00	613,064,663.00	497,840,913.00
加：期初现金及现金等价物余额	781,587,534.00	570,266,835.00	168,522,871.00	72,425,922.00
六、期末现金及现金等价物余额	641,475,910.00	298,644,660.00	781,587,534.00	570,266,835.00

9.2.4 所有者权益变动表

编制单位：深圳赤湾港航股份有限公司　　2008 年度　　单位：(人民币)元

本期金额

项目	归属于母公司所有者权益							少数股东权益	所有者权益合计
	实收资本（或股本）	资本公积	减：库存股	盈余公积	一般风险准备	未分配利润	其他		
一、上年年末余额	644,763,730.00	168,577,210.00		1,094,116,893.00		679,821,265.00	−1,415,833.00	558,758,486.00	3,144,621,751.00
加：会计政策变更									
前期差错更正									
其他									
二、本年年初余额	644,763,730.00	168,577,210.00		1,094,116,893.00		679,821,265.00	−1,415,833.00	558,758,486.00	3,144,621,751.00
三、本年增减变动金额（减少以"−"号填列）		−24,406,655.00		−738,982,157.00		944,723,952.00	−11,934,058.00	13,634,544.00	183,035,626.00
（一）净利润						642,891,604.00		301,517,573.00	944,409,177.00
（二）直接计入所有者权益的利得和损失		−24,406,655.00					−11,934,058.00	−16,517,214.00	−52,857,927.00
1.可供出售金融资产公允价值变动净额		−4,252,000.00							−4,252,000.00
2.权益法下被投资单位其他所有者权益变动的影响		−20,187,704.00						−16,517,214.00	−36,704,918.00
3.与计入所有者权益项目相关的所得税影响									
4.其他		33,049.00					−11,934,058.00		−11,901,009.00
上述（一）和（二）小计		−24,406,655.00				642,891,604.00	−11,934,058.00	285,000,359.00	891,551,250.00
（三）所有者投入和减少资本									
1.所有者投入资本									
2.股份支付计入所有者权益的金额									
3.其他									
（四）利润分配				142,010,813.00		−579,160,622.00		−271,365,815.00	−708,515,624.00
1.提取盈余公积				142,010,813.00		−142,010,813.00			0.00
2.提取一般风险准备									
3.对所有者（或股东）的分配						−437,149,809.00		−271,365,815.00	−708,515,624.00
4.其他									
（五）所有者权益内部结转				−880,992,970.00		880,992,970.00			0.00
1.资本公积转增资本（或股本）									
2.盈余公积转增资本（或股本）									
3.盈余公积弥补亏损				−880,992,970.00		880,992,970.00			0.00
4.其他									
四、本期期末余额	644,763,730.00	144,170,555.00		355,134,736.00		1,624,545,217.00	−13,349,891.00	572,393,030.00	3,327,657,377.00

上年金额

项目	归属于母公司所有者权益							少数股东权益	所有者权益合计
	实收资本（或股本）	资本公积	减：库存股	盈余公积	一般风险准备	未分配利润	其他		
一、上年年末余额	644,763,730.00	140,004,950.00		1,094,116,893.00		371,571,793.00	−3,785,263.00	808,560,156.00	3,055,232,259.00
加：会计政策变更						15,761,213.00		436,319.00	16,197,532.00
前期差错更正									
其他									
二、本年年初余额	644,763,730.00	140,004,950.00		1,094,116,893.00		387,333,006.00	−3,785,263.00	808,996,475.00	3,071,429,791.00
三、本年增减变动金额（减少以"−"号填列）		28,572,260.00				292,488,259.00	2,369,430.00	−250,237,989.00	73,191,960.00
（一）净利润						663,872,167.00		328,632,037.00	992,504,204.00
（二）直接计入所有者权益的利得和损失		28,572,260.00					2,369,430.00	16,517,213.00	47,458,903.00
1.可供出售金融资产公允价值变动净额		7,708,0000.00							7,708,000.00
2.权益法下被投资单位其他所有者权益变动的影响		20,187,704.00						16,517,213.00	36,704,917.00
3.与计入所有者权益项目相关的所得税影响									
4.其他		676,556.00					2,369,430.00		3,045,986.00
上述（一）和（二）小计		28,572,260.00				663,872,167.00	2,369,430.00	345,149,250.00	1,039,963,107.00
（三）所有者投入和减少资本									
1.所有者投入资本									
2.股份支付计入所有者权益的金额									
3.其他									
（四）利润分配						−371,383,908.00		−595,387,239.00	−966,771,147.00
1.提取盈余公积									
2.提取一般风险准备									
3.对所有者（或股东）的分配						−371,383,908.00		−595,387,239.00	−966,771,147.00
4.其他									
（五）所有者权益内部结转									
1.资本公积转增资本（或股本）									
2.盈余公积转增资本（或股本）									
3.盈余公积弥补亏损									
4.其他									
四、本期期末余额	644,763,730.00	168,577,210.00		1,094,116,893.00		679,821,265.00	−1,415,833.00	558,758,486.00	3,144,621,751.00

9.3 与最近一期年度报告相比，会计政策、会计估计和核算方法发生变化的具体说明

□ 适用　　√ 不适用

9.4 重大会计差错的内容、更正金额、原因及其影响

□ 适用　　√ 不适用

9.5 与最近一期年度报告相比，合并范围发生变化的具体说明

□ 适用　　√ 不适用

深圳赤湾港航股份有限公司

董事会

二〇〇九年四月十一日

日照港股份有限公司

日照港股份有限公司 2008 年年度报告摘要

第一节 重要提示

1.1 本公司董事会、监事会及董事、监事、高级管理人员保证本报告所载资料不存在任何虚假记载、误导性陈述或者重大遗漏，并对其内容的真实性、准确性和完整性承担个别及连带责任。

本年度报告摘要摘自年度报告全文，投资者欲了解详细内容，应当仔细阅读年度报告全文。

1.2 如有董事未出席董事会，应当单独列示其姓名

未出席董事职务	未出席董事姓名	未出席董事的说明
独立董事	宋海良	因公出差，无法亲自参加会议，委托独立董事杨雄先生代为出席并行使表决权。
董事	贺照清	因公出差，无法亲自参加会议，委托董事蔡中堂先生代为出席并行使表决权。

1.3 深圳南方民和会计师事务所有限责任公司为本公司出具了标准无保留意见的审计报告。

1.4 公司负责人杜传志、主管会计工作负责人王建波及会计机构负责人（会计主管人员）孙少波声明：保证年度报告中财务报告的真实、完整。

第二节 公司基本情况简介

2.1 基本情况简介

股票简称	日照港
股票代码	600017
上市交易所	上海证券交易所
股票简称	07 日照债
股票简称	日照 CWB1
股票代码	126007
股票代码	580015
上市交易所	上海证券交易所
上市交易所	上海证券交易所
公司注册地址和办公地址	山东省日照市海滨二路 山东省日照市海滨二路
邮政编码	276826
公司国际互联网网址	http://.rzpcl.com
电子信箱	rzpcl@rzport.com

2.2 联系人和联系方式

	董事会秘书	证券事务代表
姓名	孙玉峰	余慧芳
联系地址	山东省日照市海滨二路	山东省日照市海滨二路
电话	0633-8387350	0633-8387350
传真	0633-8387361	0633-8387361
电子信箱	sunyuf@netease.com	yhfang@mail.rzport.com

第三节 会计数据和业务数据摘要

3.1 主要会计数据

单位：元 币种：人民币

	2008 年	2007 年	本年比上年增减(%)	2006 年（注 2）
营业收入	1,684,266,542.22	1,202,377,824.62	40.08	990,011,163.33
利润总额	357,243,572.27	174,930,838.08	104.22	147,181,940.30
归属于上市公司股东的净利润	261,613,527.07	179,120,582.91	46.05	181,056,129.45
归属于上市公司股东的扣除非经常性损益的净利润	261,940,214.57	179,312,460.79	46.08	178,435,055.97
经营活动产生的现金流量净额	369,508,449.92	267,453,575.16	38.16	210,618,427.08
	2008 年末	2007 年末	本年末比上年末增减(%)	2006 年末（注 2）
总资产	5,699,430,864.97	4,771,932,932.20	19.44	4,018,837,631.11
所有者权益(或股东权益)	2,756,859,387.99	2,537,154,217.72	8.66	2,448,177,262.16

3.2 主要财务指标

	2008 年	2007 年	本年比上年增减(%)	2006 年
基本每股收益(元/股)	0.21	0.14	50	0.20
稀释每股收益(元/股)	0.21	0.14	50	0.20
扣除非经常性损益后的基本每股收益(元/股)	0.21	0.14	50	0.20
全面摊薄净资产收益率(%)	9.49	7.06	增加 2.43 个百分点	8.12
加权平均净资产收益率(%)	9.91	7.87	增加 2.04 个百分点	13.33
扣除非经常性损益后全面摊薄净资产收益率(%)	9.50	7.07	增加 2.43 个百分点	8.00
扣除非经常性损益后的加权平均净资产收益率(%)	9.92	7.88	增加 2.04 个百分点	13.14
每股经营活动产生的现金流量净额(元/股)	0.29	0.42	-30.95	0.33
	2008 年末	2007 年末	本年末比上年末增减(%)	2006 年末
归属于上市公司股东的每股净资产(元/股)	2.19	4.03	-45.65	3.54

非经常性损益项目

√适用 □不适用

单位：元 币种：人民币

非经常性损益项目	金额
非流动资产处置损益	-283,552.24
除上述各项之外的其他营业外收入和支出	-152,274.80
少数股东权益影响额	-11,842.22
所得税影响额	120,981.76
合计	-326,687.50

3.3 境内外会计准则差异：

□适用 √不适用

第四节 股本变动及股东情况

4.1 股份变动情况表

√适用 □不适用

单位：万股

	本次变动前		本次变动增减(+,-)					本次变动后	
	数量	比例(%)	发行新股	送股	公积金转股	其他	小计	数量	比例(%)
一、有限售条件股份									
1、国家持股									
2、国有法人持股	40,000	63.49			40,000		40,000	80,000	63.46
3、其他内资持股									
其中：境内非国有法人持股									
境内自然人持股									
4、外资持股									
其中：境外法人持股									
境外自然人持股									
有限售条件股份合计									
二、无限售条件流通股份									
1、人民币普通股	23,000	36.51			23,000	59.204	23,059.204	46,059.204	36.54
2、境内上市的外资股									
3、境外上市的外资股									
4、其他									
无限售条件流通股份合计									
三、股份总数	63,000	100			63,000	59.204	63,059.204	126,059.204	100

限售股份变动情况表

√适用 □不适用

单位：万股

股东名称	年初限售股数	本年解除限售股数	本年增加限售股数	年末限售股数	限售原因	解除限售日期
日照港(集团)有限公司	34,286.30		34,286.30	68,572.60	承诺锁定 36 个月	2009-10-16
兖矿集团有限公司	1,882.16		1,882.16	3,764.32	承诺锁定 36 个月	2009-10-16
中国中煤能源集团公司	1,680.50		1,680.50	3,361.00	承诺锁定 36 个月	2009-10-16
淄博矿业集团有限责任公司	806.64		806.64	1,613.28	承诺锁定 36 个月	2009-10-16
山西晋城无烟煤矿业集团有限责任公司	672.20		672.20	1,344.40	承诺锁定 36 个月	2009-10-16
山西潞安矿业(集团)	672.20		672.20	1,344.40	承诺锁定	2009-10-16

有限责任公司				36 个月	
合计	40,000.00	40,000.00	80,000.00	/	/

4.2 股东数量和持股情况

单位:股

报告期末股东总数	74,762 户

前十名股东持股情况

股东名称	股东性质	持股比例(%)	持股总数	持有有限售条件股份数量	质押或冻结的股份数量
日照港(集团)有限公司	国有法人	54.40	685,726,000	685,726,000	无
日照港(集团)有限公司	国有法人	1.00	12,691,163		无
兖矿集团有限公司	国有法人	2.99	37,643,200	37,643,200	无
中国中煤能源集团公司	国有法人	2.67	33,610,000	33,610,000	无
中国建设银行-长城品牌优选股票型证券投资基金	其他	2.24	28,203,878		未知
淄博矿业集团有限责任公司	国有法人	1.28	16,132,800	16,132,800	无
中国建设银行-融通领先成长股票型证券投资基金	其他	1.24	15,668,760		未知
山西潞安矿业(集团)有限责任公司	国有法人	1.07	13,444,000	13,444,000	无
山西晋城无烟煤矿业集团有限责任公司	国有法人	1.07	13,444,000	13,444,000	无
中国太平洋人寿保险股份有限公司-传统-普通保险产品	其他	0.45	5,666,761		未知
中国银行-嘉实沪深 300 指数证券投资基金	其他	0.26	3,215,222		未知

前十名无限售条件股东持股情况

股东名称	持有无限售条件股份的数量	股份种类
中国建设银行-长城品牌优选股票型证券投资基金	28,203,878	人民币普通股
中国建设银行-融通领先成长股票型证券投资基金	15,668,760	人民币普通股
日照港(集团)有限公司	12,691,163	人民币普通股
中国太平洋人寿保险股份有限公司-传统-普通保险产品	5,666,761	人民币普通股
中国银行-嘉实沪深 300 指数证券投资基金	3,215,222	人民币普通股
裕阳证券投资基金	2,999,998	人民币普通股
中国太平洋财产保险股份有限公司-传统-普通保险产品-013C-CT001 沪	2,928,310	人民币普通股
LEHMAN BROTHERS INTERNATIONAL (EUROPE)	2,564,132	人民币普通股
中国人寿保险股份有限公司-万能-国寿瑞安	2,399,962	人民币普通股
张定强	2,228,100	人民币普通股
上述股东关联关系或一致行动的说明	公司第一大股东日照港(集团)有限公司与其他股东之间不存在关联关系,也不属于《上市公司股东持股变动信息披露管理办法》规定的一致行动人;未知其它股东之间是否存在关联关系,也未知其它股东是否属于《上市公司股东持股变动信息披露管理办法》规定的一致行动人。	

4.3 控股股东及实际控制人情况介绍

4.3.1 控股股东及实际控制人变更情况

□适用 √不适用

4.3.2 控股股东及实际控制人具体情况介绍

4.3.2.1 法人控股股东情况

名称:日照港(集团)有限公司

法定代表人:杜传志

注册资本:15

成立日期:2003 年 5 月 16 日

主营业务:码头和其他港口设施经营;在港区内从事货物装卸、仓储经营、集装箱堆场;港口机械及设备租赁、维修经营;港口旅客运输服务经营;港口拖轮经营;港口建设;船舶引领;船舶设备、铁路机械及设备维修;房屋及土地使用权租赁;物资、设备(不含国家专营、专控及专项规定的商品)购销;水泥粉磨加工、水泥制品生产、销售。

第五节 董事、监事和高级管理人员

5.1 董事、监事和高级管理人员持股变动及报酬情况

单位:股

姓名	职务	性别	年龄	任期起始日期	任期终止日期	年初持股数	年末持股数	变动原因	报告期内从公司领取的报酬总额(万元)	报告期被授予的股权激励情况 可行权股数	已行权数量	行权价(元)	期末股票市价(元)	是否在股东单位或其他关联单位领取报酬、津贴
杜传志	董事长	男	48	2007-2-27	2011-7-4									是
蔡中堂	董事	男	45	2006-5-31	2011-7-4									是
朱宏圣	董事	男	59	2003-3-12	2011-7-4									是
贺照清	董事	男	58	2002-7-4	2011-7-4									是
王建波	董事、总经理	男	48	2005-7-3	2011-7-4				41.46					否
孙玉峰	董事、副总经理、董事会秘书	男	48	2007-2-27	2011-7-4				16.19					否
俞 凌	董事	女	45	2007-2-27	2011-7-4									是
吕海鹏	董事	男	39	2008-4-7	2011-7-4									是
佘 廉	独立董事	男	49	2008-7-5	2011-7-4				2.25					否
宋海良	独立董事	男	45	2008-7-5	2011-7-4				2.25					否
杨 雄	独立董事	男	42	2008-7-5	2011-7-4				2.25					否
朱慈蕴	独立董事	女	53	2008-7-5	2011-7-4				2.25					否
靳海涛	独立董事	男	55	2003-5-14	2008-7-5				2.25					否
张余庆	独立董事	男	62	2003-5-14	2008-7-5				2.25					否
王保树	独立董事	男	68	2004-2-7	2008-7-5				2.25					否
张文春	独立董事	男	41	2004-2-7	2008-7-5				2.25					否
孔宪雷	监事会主席	男	48	2007-2-27	2011-7-4									是
陈玉森	监事	男	53	2008-7-5	2011-7-4									是
曹丽梅	监事	女	38	2008-7-5	2011-7-4									是
郭瑞敏	监事	男	36	2008-7-5	2011-7-4									是
孟凡祥	监事	男	46	2007-1-22	2011-7-4				15.91					否
于 凯	监事	女	48	2004-2-7	2011-7-4				13.21					否
李冬青	监事	男	44	2004-2-7	2011-7-4				16.32					否
孟令湘	监事	男	52	2002-7-4	2008-7-5									是
乔林宝	监事	男	57	2002-7-4	2008-7-5									是
臧东生	副总经理	男	41	2007-1-22	2011-7-4				21.39					否
秦聪明	副总经理	男	48	2007-1-22	2011-7-4				16.21					否
焦安文	副总经理	男	43	2007-1-22	2011-7-4				17.34					否
合 计	/	/	/	/				/	176.03			/	/	/

第六节 董事会报告

6.1 管理层讨论与分析

一、报告期内公司经营情况的回顾

1、报告期内公司总体经营情况

报告期内,面对复杂多变的经济形势、日趋激烈的市场竞争、资本市场萎靡、天气变化异常等诸多困难和挑战,公司齐心协力,顽强拼搏,以规范运作为目标,以提升效益为主线,开拓市场,深化管理,规范治理成效显著,经营业绩大幅提升,各项工作均取得了较好成绩。同时,通过强化内外协调、统筹项目安排、优化工程组织,确保了矿石码头二期工程、西港区三期工程等建设项目顺利推进。

2008 年度,公司共完成货物吞吐量 11,016 万吨,同比增长 23%,远高于沿海港口平均增幅。从货种分类来看,完成金属矿石吞吐量 7,928.2 万吨,同比增长 21%,铁矿石和镍矿吞吐量均实现大幅增长;完成煤炭及制品吞吐量 1,763.6 万吨,同比增长 18%,有效遏制了煤炭吞吐量下滑的态势;完成铝矾土吞吐量 640 万吨,同比增长 60%;完成水泥吞吐量 252.3 万吨,同比下降 37%;完成其它货物吞吐量 431.9 万吨,同比增长 234%。按内外贸货物分类,完成外贸货物吞吐量 8,324.1 万吨,同比增长 21%;完成内贸货物吞吐量 2,692 万吨,同比增长 29%。

2008 年度,公司实现营业收入 168,426.65 万元,同比增长 40.1%;发生营业成本 118,599.21 万元,同比增长 30.3%;实现利润总额 35,724.36 万元,同比增长 104.2%;实现净利润 28,060.24 万元,同比增长 67.6%;实现每股收益 0.21 元。

公司营业收入大幅增加的主要原因是:吞吐量的大幅增长,装卸费率的提升,因吞吐量增长而使堆存收入大幅增加;营业成本增加的原因是:矿石二期未能按时完工导致短倒费用的增加,委托经营支付的租费增加;净利润增长原因是:营业收入同比有较大增长,公司享受的所得税率由 33%下降至 25%,对日照岚山万盛港业有限公司和日照中联港口水泥有限公司的投资收益增加。

公司于 2007 年 11 月发行了认股权与债券分离交易的可转换公司债券,随债券附送 6,160 万份认股权证,认股权证的存续期间为自认股权证发行结束之日起 12 个月。认股权证于 2008 年 12 月 2 日到期。权证行权增加的公司股份为 592,040 股。公司股本由 126,000 万股增加至 126,059.204 万股。

公司 2008 年度确定的经营计划完成情况:计划完成吞吐量 11,000 万吨,实际完成 11,016 万吨,完成经营计划的 100%;计划实现营业收入 173,000 万元,实际实现营业收入 168,426.65 万元,完成经营计划的 97.36%;计划实现营业成本 122,000 万元,实际实现营业成本 118,599.21 万元,完成经营计划的 97.21%。完成经营计划指标情况分析如下:

(1)吞吐量完成情况分析:2008 年公司装卸货种矿石、煤炭、镍矿、铝矾土等吞吐量均实现增长;

(2)主营业务收入完成情况分析:公司自 9 月 1 日起提高经陆运疏港的外贸进口铁矿石装卸费率,但此费率提价对主营业务收入的提升效果未达到预期;

(3)主营业务成本完成情况分析:2008 年因铁矿石吞吐量的快速增加导致短倒费用增加;部分工程完工转资产增加折旧费用;委托经营支付的租费增加。

2、公司经营中的主要优势和困难,经营和盈利能力的连续性和稳定性

经营中的主要优势体现在:公司区位优势明显,自然条件优越,腹地广阔,集疏运方便快捷。特别是拥有大型专业化的 20 万吨级、30 万吨级矿石码头,以及其它能够承担矿石接卸中转任务的泊位 9 个,拥有专业的矿石堆场 60 万平方米,配备的装卸设备先进,装卸效率高,公司已经成为全国金属矿石接卸中转的重要港口。公司目前正在建设日照港西港区三期工程,该项目计划建设 5 个通用散杂货泊位,新增堆场面积 54.6 万平方米,新增接卸能力 600 万吨/年,该项目的建成将增强公司件杂货、散杂货的接卸能力和堆存能力。随着矿石码头二期工程、西港区三期工程等项目的陆续投产,公司的基础设施进一步得到改善和提升,港口功能逐步完善,港口综合优势将更加突出。

作为国内装卸效率最高、堆存能力最大、装车速度最快的矿石中转港,同时,也是"北煤南运、西煤东运"重要的战略出海口,日照港正在由亿吨大港向亿吨强港奋进。日照港已明确定为晋中南煤炭外运通道的出海口,也是鲁南经济带唯一的出海口,随着山东钢铁集团日照精品钢基地建设的启动,随着港口集疏运条件的进一步改善等,日照港的发展将面临着良好的发展机遇,生产经营能力和盈利能力将得到进一步有效提升。

经营中的困难体现在:一是生产增长放缓。受全球经济危机,需求下滑,国内钢厂纷纷减产等影

响，公司货物吞吐量增幅逐季回落，铁矿石吞吐量第四季度出现大幅下降，镍矿、水泥等货种吞吐量下滑也较为明显；二是资本运作困难较大。由于股市动荡，资本市场低迷，致使公司权证未能如期行权，资金紧张的局面未能得到缓解，公司再次融资困难较大；三是固定成本压力加大。随着矿石码头二期工程逐步竣工，公司2009年固定资产折旧将增加。由于调试、验收占用作业时间，使得短倒费的节约和装卸效率的提高受到制约，公司效益提升受到影响；四是公司整体上市进程受阻。由于权证行权失败，公司无法按计划收购集团公司西港区二期工程，日照港的整体上市工作在现有市场环境下，实施难度较大；五是内控制度有待进一步完善。公司尽管建立并执行了较为完善的内控制度体系，但在科学管理、流程监督、风险控制等方面仍有不足，有待进一步提高；六是公司建设资金依然紧张，资金成本压力较大。

二、主营业务及经营状况的分析

1、公司主营业务范围及经营情况

主营业务范围：公司主要从事大宗散杂货的港口装卸、堆存和中转服务，经营的货种主要有煤炭、矿石、水泥等。

2、主营业务分行业和分产品构成情况表：

(单位：人民币 万元)

项目	主营业务收入	占主营业务收入比例%	主营业务成本	占主营业务成本比例%
装卸业务	126,356.03	81.00%	88,107.00	83.61%
堆存业务	8,195.76	5.25%	4,570.09	4.34%
港务管理业务	14,871.31	9.53%	6,658.14	6.32%
其他业务	6,575.27	4.22%	6,036.08	5.73%
合计	155,998.37	100.00%	105,371.31	100.00%

项目	主营业务利润率(%)	主营业务收入比上年增减(%)	主营业务成本比上年增减(%)	主营业务利润率比上年增减(%)
装卸业务	26.94%	40.83%	28.41%	6.75%
堆存业务	38.69%	191.52%	71.76%	33.88%
港务管理业务	51.43%	17.19%	8.90%	3.41%
其他业务	6.60%	194.64%	220.43%	−6.72%
合计	29.04%	45.18%	32.92%	6.23%

变动原因：

(1)装卸、港务管理业务：2008年度相关收入、成本较2007年度增长较大的主要原因是，本公司2008年度铁矿石、煤炭、镍矿、铝钒土、水泥熟料吞吐量较2007年度有较大增长；自2008年1月1日起主要装卸货种装卸费率提高。

(2)堆存业务：2008年度堆存收入较2007年度增长较大的主要原因是，提高了堆场利用效率，调整了堆存业务费率偏低、免除堆存费的收费管理政策。

(3)其他业务：2008年度其他业务收入与成本较2007年度增长较大的主要原因是，本公司之子公司日照港机电设备工程有限公司(以下简称"机电公司"、日照港通通信工程有限公司(以下简称"港通公司")的工程劳务增加。

3、占主营业务收入和主营业务利润10%以上的业务情况表

(单位：人民币 万元)

分行业或分产品	主营营业收入	主营业务成本	主营业务利润率	主营业务收入比上年增减%	主营业务成本比上年增减%	主营业务利润率上年增减%
装卸业务	126,356.03	88,107.00	26.94%	40.83%	28.41%	6.75%
港务管理业务	14,871.31	6,658.14	51.43%	17.19%	8.90%	3.41%

4、公司主要供应商、客户情况

(单位：人民币 万元)

前五名供应商采购金额合计	14,190.60	占销售总额比例(%)	11.97
前五名销售客户销售金额合计	41,168.33	占销售总额比例(%	24.44

5、报告期财务数据同比发生重大变动及影响因素

(单位：人民币元)

资产负债表项目	2008年12月31日	2007年12月31日	增减变化	变化率
①应收票据	99,550,951.16	51,439,780.98	48,111,170.18	93.53%
②应收帐款	396,027,792.56	196,495,776.72	199,532,015.84	101.55%
③存货	103,724,968.52	72,438,170.08	31,286,798.44	43.19%
④长期股权投资	154,210,203.24	81,153,253.18	73,056,950.06	90.02%
⑤递延所得税资产	7,866,856.40	29,321,890.91	−21,455,034.51	−73.17%
⑥应付帐款	69,116,150.98	35,696,536.47	33,419,614.51	93.62%
⑦预收账款	7,945,135.18	28,444,096.80	−20,498,961.62	−72.07%
⑧其他应付款	187,397,778.66	98,108,033.44	89,289,745.22	91.01%
⑨资本公积	707,992,289.65	1,317,492,686.45	−609,500,396.80	−46.26%

变化原因说明：

①应收票据增长原因：系业务收入大量使用承兑汇票结算所致。

②应收帐款增长原因：主要是由于本期营业收入大幅增加所致。

③存货期末余额增加原因：本期装卸作业量增加相应增加装卸作业相关材料；报告期内承接的通信、水电等工程业务增加，期末未结算的工程支出计入在产品所致。

④长期股权增加原因：2008年1月本公司与中国联合水泥集团有限公司共同出资组建日照中联港口水泥有限公司，日照中联公司注册资本人民币10,000万元，本公司以实物出资3,000万元，以及根据权益法增加的投资收益。

⑤递延所得税资产减少原因：本公司之子公司日照昱桥铁矿石装卸有限公司(以下简称"昱桥公司")截止2007年末累计未弥补亏损较大，产生可抵减暂时性差异计算的递延所得税资产23,796,018.55元；2008年度昱桥公司因铁矿石吞吐量增长及提高装卸费率等，实现扭亏为盈而弥补以前年度亏损，因而转回上述可抵减暂时性差异并减少递延所得税资产。

⑥应付帐款增加原因：主要系本期吞吐量增长导致期末应付装卸作业成本增加所致。

⑦预收账款减少原因：主要系2007年度预收的港口费在2008年确认收入所致。

⑧其他应付款增加原因：主要系2008年度因吞吐量增长较大导致期末应付代收港建费及铁运费增长较大；2008年度建设日照港石臼港区西区三期工程期末应付工程进度款增长所致。

⑨资本公积减少原因：

其一，2007年11月，本公司发行认股权与债券分离交易的可转换公司债券8.8亿元，同时每100元该公司债券的认购人可获得本公司派发7份认股权证，该股权证存续期为自认股权证发行结束之日起12个月。根据《企业会计准则第22号——金融工具确认和计量》及《企业会计准则第37号——金融工具列报》有关权益工具定义及其确认与计量的规定，应将该认股权证确认为一项权益工具计入资本公积，认股权证的价值以该公司债券本次发行价格减去不附认股权且其他条件相同的公司债券公允价值后的净额计量确认为193,001,227.25元，并计入资本公积-其他资本公积。2008年12月，认股权证持有人认购本公司普通股股票增加资本公积-股本溢价3,599,603.20元，同时本公司将上述原计入其它资本公积的193,001,227.25元转入资本公积-股本溢价，总计增加股本溢价196,600,830.45元。

其二，2008年9月，根据本公司2008年第二次临时股东大会决议通过关于以资本公积金向全体股东转增股份的2008年中期利润分配议案，本公司以总股本63,000万股为基数按照每10股转增10股的比例用资本公积金转增股本63,000万元。

其三，本公司持有本公司之联营公司日照岚山万盛港业有限公司(以下简称"万盛公司")26%股权，对其按权益法核算；2008年度该公司收到山东省交通厅按规定返还的港口建设费6,500万元计入资本公积，本公司按权益法调整长期股权投资账面价值并增加其他资本公积1,690万元。

利润表项目	2008年度	2007年度	增减变化	变化率
①营业成本	1,185,992,128.54	910,095,765.83	275,896,362.71	30.32%
②管理费用	52,837,808.81	41,027,128.84	11,810,679.97	28.79%
③财务费用	56,154,085.44	49,620,675.24	6,533,410.20	13.17%
④投资收益	32,965,539.51	15,365,893.98	17,599,645.53	114.54%
⑤所得税费用	76,641,135.08	7,486,982.86	69,154,152.22	923.66%

①营业成本增加原因：因工程转资产使折旧费用增加；委托集团公司进行镍矿、铝钒土等货类装卸业务，支付租费增加的成本；因机电公司和港通公司工程劳务增加而增加的材料费。

②管理费用增加原因：计提的应付职工薪酬较去年有所增长，以及报告期内业务费、会议费增加。

③财务费用增加原因：因经营活动增加短期借款而增加了利息支出所致。

④投资收益增加的原因：2008年度万盛公司经济效益大幅提高所致。

⑤所得税费用增加的原因：本报告期享受的国产设备投资抵免企业所得税的抵免金额较去年大幅减少；本期递延所得税资产转回。

现金流量表项目	2008年	2007年	本年比上年增减(%)
①经营活动产生的现金流量净额	369,508,449.92	267,453,575.16	38.16%
②投资活动产生的现金流量净额	−627,569,134.51	25,620,327.26	13.51%
③筹资活动产生的现金流量净额	102,220,119.72	717,351,558.77	−85.75%

变化原因说明：

①经营活动现金流量净额同比增加原因: 2008年度公司吞吐量大幅增加所致。

②投资活动现金流量净额同比增加原因：2008年投资活动现金流出比2007年同比减少，以及本年度收到万盛公司分红款而增加投资活动现金流入。

③筹资活动现金流量净额同比减少说明：2007年发行债券比2008年增加了筹资活动现金流入。2008年办理银行承兑汇票存入保证金8,486.00万元增加了2008年筹资活动现金流出，造成2008年筹资活动现金流量净额同比减少。

6、控股子公司经营情况及业绩

(单位：人民币 万元)

公司名称	注册地	业务性质	注册资本	持股比例(%)	资产规模	净资产
日照昱桥铁矿石装卸有限公司	山东日照	港口装卸	105,000	75.38%	157,737.50	104,819.12
日照港机电设备工程有限公司	山东日照	机械制造	2,000	100%	3,606.05	2,462.26
日照港通通信程有限公司工	山东日照	通信工程	1,550	100%	2,486.98	1,674.96

公司名称	营业收入	营业利润	净利润
日照昱桥铁矿石装卸有限公司	90,098.59	9,936.01	7,712.52
日照港机电设备工程有限公司	6,527.28	2,208.31	164.14
日照港通通信工程有限公司	2,941.27	138.02	103.80

7、联营公司经营情况及业绩

(单位：人民币 万元)

公司名称	注册地	业务性质	注册资本	持股比例(%)	资产规模	净资产
日照岚山万盛港业有限责任公司	山东日照	港口装卸	14,000	26%	68,060.40	47,404.33
日照中联港口水泥有限公司	山东日照	水泥制品生产销售	10,000	30%	25,350.11	10,318.12

公司名称	营业收入	营业利润	净利润
日照岚山万盛港业有限责任公司	34,175.26	12,408.78	12,408.69
日照中联港口水泥有限公司	10,824.07	186.91	234.31

三、对公司未来发展的展望

1、公司所处行业发展趋势的分析及公司面临的市场竞争格局

(1)公司所处行业的发展趋势

公司所从事的港口业属于国民经济基础产业。作为国民经济和社会发展的重要基础设施行业，近年来受国民经济持续稳定发展、国际制造中心向中国转移等因素推动，国际航运业对我国港口参与运输的需求日趋强烈，港口货物吞吐量持续快速增长，港口建设步伐明显加快，经营和建设步入随市场需求变化而调整和发展的阶段，整体上已初步形成了布局合理、层次清晰、功能明确的港口布局形态和围绕煤炭、石油、矿石和集装箱四大货种的专业化货物运输系统。港口行业呈现出规模化、集约化、现代化发展趋势。随着港口体制改革的不断推进、规范市场的逐步建立以及国家对港口装卸费率管制的逐步放宽，港口行业市场化程度正在逐步提高。随着我国经济快速发展，港口行业主要企业保持着稳定增长趋势，具有较佳地理位置和水深条件以及专业化能力突出的港口企业将会有较强的业绩增长能力。

(2)公司面临的市场竞争格局

由于港口企业的发展主要与腹地经济发展密切相关，因此，具有相同腹地或相近腹地区域的港口企业间竞争相对激烈，且直接表现在货种间竞争。本公司主要经营货种为煤炭、矿石等，均属于大宗散杂货物，因主营散杂货港口业务的明显区域性特征，主要竞争集中在经济腹地相同或接近的青岛港、连云港港等港口。煤炭、矿石均为三个港口的重点发展货种。随着港口体制和内贸货物费收的改革，港口之间竞争较为激烈，主要体现在运输成本、集疏港能力、港口作业价格、装卸效率、堆存能力及服务质量等方面。

2、公司发展的机遇和挑战

2009年，公司迎来了新的发展机遇，主要体现在：一是全省铁路规划带来新的发展机遇，山东省发改委提出的"四纵四横"规划建设定义了全新的铁路布局，将有效的推动鲁南经济带加快规划建设，日照港作为鲁南经济带唯一的出海口，又占据在"一纵一横"的交汇处，有了更好的发展环境；二是山东钢铁控股集团组建，日照2000万吨大型钢铁精品基地项目规划启动，山钢集团与日照钢铁合作意向的签署，全面推动精品钢基地的发展进程，必将为港口发展带来良好的历史机遇。三是国家、省、市扶持力度继续加大，山西煤炭外运大通道的出海口已定于日照港，相关的铁路建设已起动，公司投资建设东平铁路及枣临铁路，加快煤炭外运大通道的临港通道建设，该通道的建成通车将会极大的增加日照港的煤炭外运能力，也为拉动鲁南经济带的发展提供更多的机遇。四是日照港矿石二期等工程的逐步竣工，将会进一步完善港口的基础设施建设、极大的提高装卸能力和转运效率，大幅度降低短倒费用和人力成本，有助于提升公司业绩。

公司存在的困难与挑战：世界经济低迷导致全球市场总需求下降、国际贸易和运输总量下滑，国内经济总体发展速度明显放缓，我港的货物运输将受到不利影响。国际航运市场船舶营运率下滑导致全球船舶总运力下降，行业运输市场总体需求下降将导致港口总体能力相对过剩，港口之间在市场开发、功能建设、地位作用、运作效率、优惠政策和先进技术等方面的竞争加剧。我公司货种结构相对单一，低附加值、外贸依存度高的货种比重大，盈利能力低，经营风险大。港口通过资本市场融资和资金回笼比较困难。

3、发展战略和经营计划

公司董事会将以"增信心、抓机遇，调结构、稳增长，保生产、重效益，求突破、促跨越"为总体要求，以"管理效益年"活动为主线，继续深化和完善法人治理结构，切实把握"好字优先、效益优先、生产优先"，充分发挥区位优势、自然条件优势、集疏运优势、服务质量四种优势，进一步规范运作，加强管理，降低成本，提高市场占有率，推动港口平稳较快发展，给股东以良好的投资回报。

2009年经营计划和投资计划：完成吞吐量1.13亿吨；实现利润总额3.39亿元，营业收入17.64亿元，各项成本费用13.9亿元；重大安全责任事故、重大货运事故为0；完成投资6.25亿元，其中主要项目建设投资4.25亿元，机电设备投资1.8亿元，更新改造投资0.2亿元；保持优质上市公司水平。

为实现2009年度工作计划，公司将重点做好以下工作：

(1)稳定生产，推动生产经营再上新台阶

继续保持市场敏锐性，调整货源开发策略，强化调度指挥，统筹货源开发、生产组织和生产要素，以服务质量和装卸效率为主要内涵提升品牌竞争力，促进港口吞吐量持续增长。以市场为导向，加强市场推介，拓展市场空间。在不断巩固、强化现有货种优势的同时，大力开发高费率新货种，促进公司货种结构的进一步优化，培育公司新的利润增长点。

(2) 加快港口建设步伐

董事会将充分发挥协调作用，协助经理层，进一步加强沟通与协调，努力改善建设环境，妥善处理好与各方面的关系，为工程推进创造良好条件。加强管理和监督，保证工程质量、工期和投资，确保施工安全，确保工程项目进展顺利。

(3)继续推进规范运作

以巩固公司治理成果为重点，董事会将全力推进公司的规范运作。一是继续强化公司制度建设，将依照各级监管部门要求，做好规章制度体系建设和贯彻执行工作。二是进一步加强自身建设，继续发挥独立董事及各专门委员会的作用，进一步提高董事履行职责的水平。三是探索和建立适应新形势要求的内部控制制度。四是继续做好投资者关系管理工作和公司信息披露管理工作。

(4)持续搞好资本市场融资工作

2009年，公司建设和发展的任务依然繁重，要加强与关联企业、优势资本的合资合作，做好持续融资的调研、方案策划、与投资者交流工作等，做好再融资有关工作。

(5)加强管理，确保经济效益和盈利能力全面提升

继续开展"管理效益年"活动，强化经营，增收增效，狠抓管理，降低成本，自上而下进一步优化生产经营各个管理环节，改进管理方法和激励约束机制，确保已确定的各项目指标分解落实到各个层面，力争实现效益的大幅度提升。

4、公司2009年资金需求、使用计划以及资金来源情况

2009年资金需求主要是：日照港石臼港区西区三期工程、日照港矿石码头二期工程、日照港石臼区西区焦炭码头工程项目的投资；门机、装载机、轮胎吊、叉车等设备的购置支出；满足日常经营活动需要的其他流动资金。

资金来源：项目建设资金主要来源于公司自有营运资金投资，不足部分将向银行贷款筹集。

根据公司2009年生产经营计划，在不考虑收购日照港西港区二期工程的前提下，2009年公司预计需要贷款14亿元，其中流动资金贷款11亿元(含办理银行承兑汇票)，项目贷款3亿元。

5、可能会对公司未来发展战略和经营目标产生不利影响的风险因素分析

金融危机方面的影响：公司煤炭外贸吞吐量不会出现大的增长，对公司经验业绩提升影响较大。公司矿石装卸设备设施已经超负荷运转，矿石吞吐量继续大幅增长会受到影响，其它业务货种吞吐量的增长也会受到限制。

对策：加快工艺流程和设备管理，争取矿石码头二期工程全面、顺利投入利用，并高效发挥堆场作用，尽力减少短倒费用，促进公司业绩提升；充分发挥区位优势、自然条件优势、集疏运优势等，根据客户需求，提供增值服务，促进煤炭和其他货种吞吐量的提升；加快西港区三期工程的建设，完善港口服务功能；进一步加强信息化建设，不断优化港区配套服务的软环境。

行业竞争方面：港口行业、公司与这边港口之间的竞争将更加激烈，公司的市场份额和核心竞争力会受到影响。

对策：调整货源开发策略，强化调度指挥，统筹货源开发、生产组织和生产要素，以服务质量和装卸效率为主要内涵提升品牌竞争力，促进港口吞吐量持续增长。以市场为导向，加强市场推介，拓展市场空间。在不断巩固、强化现有货种优势的同时，大力开发高费率新货种，促进公司货种结构的进一步优化，培育公司新的利润增长点。

6.2 主营业务分行业、产品情况表

请见前述6.1

6.3 主营业务分地区情况表

请见前述6.1

6.4 募集资金使用情况

√适用　□不适用

单位:万元 币种:人民币

承诺项目	是否变更项目	拟投入金额	实际投入金额	是否符合计划	预计收益	产生收益情况
日照港矿石码头工程	否	82,133.71	69,766.33	是		
日照港煤炭出口系统改扩建工程	否	86,000.00	68,260.28	是		
日照港矿石码头二期工程	否	147,370.30	126,500.00	是		
日照港中港期护岸工程	否	16,592.00	14,721.28	是		
收购集团公司在建的日照港西港区二期工程	否	89,394.00	96,191.00	是		
合计	/	421,490.01	375,438.89	/		/
尚未使用的募集资金用途及去向	剩余资金将全部用于募集资金投资项目					

变更项目情况

□适用　√不适用

6.5 非募集资金项目情况

√适用　□不适用

单位:万元 币种:人民币

项目名称	项目金额	项目进度	项目收益情况
日照港散装水泥装船系统	16,071.00	68%	
石臼港北区5000吨级散货泊位及货场工程	7,260.92	98%	
日照港西港区三期工程	108,777.00	41%	
日照港西港区11#-15#泊门机改造工程	20,411.80	29%	
日照港东港区9#泊位门机改造工程	3,191.84	100%	
门机、装载机、轮胎吊、叉车等设备的购置安装	1,187.78		
合计	156,900.34	/	/

6.6 董事会对会计师事务所"非标准审计报告"的说明

□适用 √不适用

6.7 董事会本次利润分配或资本公积金转增股本预案

经深圳南方民和会计师事务所有限公司审计，2008年公司实现净利润为280,602,437.19元（合并），母公司实现的净利润为204,339,534.71元。按母公司实现的净利润提取10%法定盈余公积金20,433,953.47元后，当年可供分配利润为183,905,581.24元，加上2007年末未分配利润493,918,923.05元，减去2008年派发的现金红利63,000,000元，累计可供股东分配的利润为614,824,504.29元。

本次分红派息预案为：以2008年度末总股本1,260,592,040股为基数，向全体股东按每10股派现金红利0.50元（含税），需分配利润总额为63,029,602元。2008年度末剩余未分配利润为551,794,902.29元转入下一年度。资本公积金不转增股本。

公司本报告期内盈利但未提出现金利润分配预案

□适用　√不适用

第七节　重要事项

7.1 收购资产

□适用　√不适用

7.2 出售资产

□适用　√不适用

7.3 重大担保

□适用　√不适用

7.4 重大关联交易

7.4.1 与日常经营相关的关联交易

√适用　□不适用

单位:万元 币种:人民币

关联方	向关联方销售产品和提供劳务		向关联方采购产品和接受劳务	
	交易金额	占同类交易金额的比例(%)	交易金额	占同类交易金额的比例(%)
日照港(集团)有限公司	4,934.10	2.93		
中国中煤能源集团公司	2,542.94	1.51		
山西潞安矿业(集团)有限公司	1,474.41	0.88		
日照港(集团)物流公司	931.26	0.55		
山东港湾建设有限公司	951.03	0.56		
日照港(集团)岚山港务有限公司	679.28	0.40		
日照港(集团)建筑安装工程有限公司	361.84	0.21		
山东日照港城能源有限公司	375.56	0.22		
淄博矿业集团有限责任公司	298.05	0.18		
日照港(集团)物业管理公司	83.09	0.05		
日照港(集团)有限公司			960.00	0.81
山东港湾建设有限公司			24,679.52	20.76
日照港建筑安装工程公司			8,046.08	6.77
日照港(集团)物流公司			4,263.23	3.59
日照港(集团)有限公司物资公司			3,992.18	3.37
日照港进出口贸易有限公司			1,659.98	1.40

日照港建设监理有限公司			350.64	0.29
日照港兴建筑安装有限公司			363.85	0.31
日照港明珠园林工程公司			239.33	0.20
日照港高科技电气有限公司			99.69	0.08
日照港工程设计咨询有限公司			47.42	0.04
合计	12,631.57	7.49	44,701.93	37.62

其中:报告期内公司向控股股东及其子公司销售产品或提供劳务的关联交易金额 83,161,698.04 元。

7.4.2 关联债权债务往来

□适用　　√不适用

7.4.3 2008 年资金被占用情况及清欠进展情况

□适用　　√不适用

截止 2008 年末,上市公司未完成非经营性资金占用的清欠工作的,董事会提出的责任追究方案

□适用　　√不适用

7.5 委托理财

□适用　　√不适用

7.6 承诺事项履行情况

7.6.1 公司或持股 5%以上股东在报告期内或持续到报告期内的承诺事项

√适用　　□不适用

7.6.2 公司资产或项目存在盈利预测,且报告期仍处在盈利预测期间,公司就资产或项目是否达到原盈利预测及其原因作出说明:

□适用　　√不适用

7.7 重大诉讼仲裁事项

□适用　　√不适用

7.8 其他重大事项及其影响和解决方案的分析说明

7.8.1 证券投资情况

□适用　　√不适用

7.8.2 持有其他上市公司股权情况

□适用　　√不适用

7.8.3 持有非上市金融企业股权情况

□适用　　√不适用

7.8.4 买卖其他上市公司股份的情况

□适用　　√不适用

7.9 公司董事会对公司内部控制出具了自我评估报告,审计机构出具了评价意见,详见公司 2008 年年度报告全文。

7.10 公司披露了履行社会责任报告,详见年报全文。

第八节　监事会报告

监事会认为公司依法运作、公司财务情况、公司募集资金使用、公司收购、出售资产交易和关联交易不存在问题。

8.1 监事会对公司依法运作情况的独立意见

报告期内,公司在生产经营活动中,公司遵守国家各项法律、法规和公司章程,依法运作,树立了良好的社会形象。公司的决策按照《公司法》、《公司章程》规定的程序进行,并已建立了完善的内部控制制度。公司董事会能够规范运作,严格执行股东大会的决议,决策程序科学、合法。公司制定的内部控制制度,符合国家有关规定和公司实际情况。公司董事、经理工作严谨,认真履行股东大会的决议和公司章程规定的义务,具有很强的责任心和业务能力,在执行公司职务时遵纪守法,没有出现违反法律、法规、《公司章程》和损害公司利益的行为。

8.2 监事会对检查公司财务情况的独立意见

监事会对公司财务情况进行了监督,认为公司已按照独立运作原则,建立了独立的财务账册,设有独立的财务人员,财务内控制度健全,运作规范。监事会认为深圳南方民和会计师事务所有限公司出具的 2008 年年度标准无保留意见的审计报告,公允、客观地反映了公司的财务状况和经营成果。

8.3 监事会对公司最近一次募集资金实际投入情况的独立意见

公司最近一次募集资金实际投入项目与募集说明书中披露情况一致。

8.4 监事会对公司关联交易情况的独立意见

报告期内,公司关联交易决策程序合法合规,关联交易遵循了公正、公平的原则,严格执行相关协议价格,遵守有关规定,关联交易及定价原则公平、合理,没有发现关联交易损害公司和其他股东的利益。

8.5 监事会对公司利润实现与预测存在较大差异的独立意见

公司在 2008 年第三季度报告中曾对 2008 年年度盈利情况做过预计,"预计 2008 年度公司累计净利润与上年同期相比将增长 50%以上"。根据深圳南方民和会计师事务所出具的深南财审报字(2009)第 CA075 号《审计报告》,本公司 2008 年度实现利润总额 35,724 万元,同比增长 104.22%;实现合并净利润 28,060 万元,同比增长 67.58%。

第九节　财务会计报告

9.1 审计意见

财务报告	□未经审计	√审计
审计意见	√标准无保留意见	□非标意见

审计意见全文

日照港股份有限公司全体股东:

我们审计了后附的日照港股份有限公司(以下简称"日照港公司")财务报表,包括 2008 年 12 月 31 日公司及合并的资产负债表、2008 年度公司及合并的利润表、现金流量表、股东权益变动表以及财务报表附注。

一、管理层对财务报表的责任

按照企业会计准则的规定编制财务报表是日照港公司管理层的责任。这种责任包括:(1)设计、实施和维护与财务报表编制相关的内部控制,以使财务报表不存在由于舞弊或错误而导致的重大错报;(2)选择和运用恰当的会计政策;(3)作出合理的会计估计。

二、注册会计师的责任

我们的责任是在实施审计工作的基础上对财务报表发表审计意见。我们按照中国注册会计师审计准则的规定执行了审计工作。中国注册会计师审计准则要求我们遵守职业道德规范,计划和实施审计工作以对财务报表是否不存在重大错报获取合理保证。

审计工作涉及实施审计程序,以获取有关财务报表金额和披露的审计证据。选择的审计程序取决于注册会计师的判断,包括对由于舞弊或错误导致的财务报表重大错报风险的评估。在进行风险评估时,我们考虑与财务报表编制相关的内部控制,以设计恰当的审计程序,但目的并非对内部控制的有效性发表意见。审计工作还包括评价管理层选用会计政策的恰当性和作出会计估计的合理性,以及评价财务报表的总体列报。

我们相信,我们获取的审计证据是充分、适当的,为发表审计意见提供了基础。

我们认为,日照港公司财务报表已经按照企业会计准则的规定编制,在所有重大方面公允反映了日照港公司 2008 年 12 月 31 日公司及合并的财务状况以及 2008 年度公司及合并的经营成果和现金流量。

深圳南方民和会计师事务所有限公司　　　　中国注册会计师:朱子武、谢军

深圳市深南中路 2072 号电子大厦 8 楼　　　　2009 年 2 月 15 日

9.2 财务报表

合并资产负债表

2008 年 12 月 31 日

编制单位:日照港股份有限公司　　　　单位:元 币种:人民币

项目	附注	期末余额	年初余额
流动资产:			
货币资金		250,582,500.47	321,554,877.84
结算备付金			
拆出资金			
交易性金融资产			
应收票据		99,550,951.16	51,439,780.98
应收账款		396,027,792.56	196,495,776.72
预付款项		8,272,134.15	2,507,090.00
应收保费			
应收分保账款			
应收分保合同准备金			
应收利息			
应收股利			
其他应收款		16,464,264.46	11,557,402.24
买入返售金融资产			
存货		103,724,968.52	72,438,170.08
一年内到期的非流动资产			
其他流动资产			
流动资产合计		874,622,611.32	655,993,097.86
非流动资产:			
发放贷款及垫款			
可供出售金融资产			
持有至到期投资			
长期应收款			
长期股权投资		154,210,203.24	81,153,253.18
投资性房地产			
固定资产		3,662,205,282.59	2,909,366,247.63
在建工程		967,588,546.37	1,063,161,077.57
工程物资			
固定资产清理			
生产性生物资产			
油气资产			
无形资产			
开发支出			
商誉		32,937,365.05	32,937,365.05
长期待摊费用			
递延所得税资产		7,866,856.40	29,321,890.91
其他非流动资产			
非流动资产合计		4,824,808,253.65	4,115,939,834.34
资产总计		5,699,430,864.97	4,771,932,932.20
流动负债:			
短期借款		390,000,000.00	280,000,000.00
向中央银行借款			
吸收存款及同业存放			
拆入资金			
交易性金融负债			
应付票据		171,368,187.50	
应付账款		69,116,150.98	35,696,536.47
预收款项		7,945,135.18	28,444,096.80
卖出回购金融资产款			
应付手续费及佣金			
应付职工薪酬		13,715,212.34	13,707,233.68
应交税费		50,262,703.05	26,073,822.26
应付利息		1,026,666.67	1,026,666.67

应付股利		
其他应付款	187,397,778.66	98,108,033.44
应付分保账款		
保险合同准备金		
代理买卖证券款		
代理承销证券款		
一年内到期的非流动负债	97,700,000.00	40,000,000.00
其他流动负债		
流动负债合计	988,531,834.38	523,056,389.32
非流动负债：		
长期借款	1,001,950,000.00	809,660,000.00
应付债券	694,015,581.32	662,977,174.00
长期应付款		
专项应付款		
预计负债		
递延所得税负债		
其他非流动负债		
非流动负债合计	1,695,965,581.32	1,472,637,174.00
负债合计	2,684,497,415.70	1,995,693,563.32
股东权益：		
股本	1,260,592,040.00	630,000,000.00
资本公积	707,992,289.65	1,317,492,686.45
减：库存股		
盈余公积	148,161,701.19	127,727,747.72
一般风险准备		
未分配利润	640,113,357.15	461,933,783.55
外币报表折算差额		
归属于母公司所有者权益合计	2,756,859,387.99	2,537,154,217.72
少数股东权益	258,074,061.28	239,085,151.16
股东权益合计	3,014,933,449.27	2,776,239,368.88
负债和股东权益合计	5,699,430,864.97	4,771,932,932.20

公司法定代表人：杜传志　　主管会计工作负责人：王建波　　会计机构负责人：孙少波

母公司资产负债表

2008 年 12 月 31 日

编制单位：日照港股份有限公司　　单位：元 币种：人民币

项目	附注	期末余额	年初余额
流动资产：			
货币资金		122,951,147.65	91,636,379.77
交易性金融资产			
应收票据		43,263,673.95	34,956,340.85
应收账款		130,376,952.42	68,698,984.53
预付款项		6,581,766.75	1,727,990.00
应收利息			
应收股利			
其他应收款		7,005,595.23	7,876,099.68
存货		54,718,790.62	50,407,231.97
一年内到期的非流动资产			
其他流动资产			
流动资产合计		364,897,926.62	255,303,026.80
非流动资产：			
可供出售金融资产			
持有至到期投资			
长期应收款			
长期股权投资		989,836,651.66	901,779,701.60
投资性房地产			
固定资产		2,847,382,919.44	2,274,645,772.06
在建工程		693,447,635.90	740,544,265.99
工程物资			
固定资产清理			
生产性生物资产			
油气资产			
无形资产			
开发支出			
商誉			
长期待摊费用			
递延所得税资产		3,260,806.88	2,568,708.04
其他非流动资产			
非流动资产合计		4,533,928,013.88	3,919,538,447.69
资产总计		4,898,825,940.50	4,174,841,474.49
流动负债：			
短期借款		390,000,000.00	280,000,000.00
交易性金融负债			
应付票据		50,000,000.00	
应付账款		18,738,017.98	6,491,954.59
预收款项		7,064,186.48	17,309,737.83
应付职工薪酬		13,616,977.21	13,621,846.14
应交税费		42,503,107.12	19,856,149.01
应付利息		1,026,666.67	1,026,666.67
应付股利			
其他应付款		132,640,868.59	66,758,589.03
一年内到期的非流动负债		97,700,000.00	40,000,000.00
其他流动负债			
流动负债合计		753,289,824.05	445,064,943.27
非流动负债：			
长期借款		719,950,000.00	497,660,000.00
应付债券		694,015,581.32	662,977,174.00
长期应付款			
专项应付款			
预计负债			
递延所得税负债			
其他非流动负债			
非流动负债合计		1,413,965,581.32	1,160,637,174.00
负债合计		2,167,255,405.37	1,605,702,117.27
股东权益：			
股本		1,260,592,040.00	630,000,000.00
资本公积		707,992,289.65	1,317,492,686.45
减：库存股			
盈余公积		148,161,701.19	127,727,747.72
未分配利润		614,824,504.29	493,918,923.05
外币报表折算差额			
股东权益合计		2,731,570,535.13	2,569,139,357.22
负债和股东权益合计		4,898,825,940.50	4,174,841,474.49

公司法定代表人：杜传志　　主管会计工作负责人：王建波　　会计机构负责人：孙少波

合并利润表

2008 年 1—12 月

编制单位：日照港股份有限公司　　单位：元 币种：人民币

项目	附注	本期金额	上期金额
一、营业总收入		1,684,266,542.22	1,202,377,824.62
其中：营业收入		1,684,266,542.22	1,202,377,824.62
利息收入			
已赚保费			
手续费及佣金收入			
二、营业总成本		1,359,552,682.42	1,042,708,460.47
其中：营业成本		1,185,992,128.54	910,095,765.83
利息支出			
手续费及佣金支出			
退保金			
赔付支出净额			
提取保险合同准备金净额			
保单红利支出			
分保费用			
营业税金及附加		57,629,283.77	41,008,757.00
销售费用			
管理费用		52,837,808.81	41,027,128.84
财务费用		56,154,085.44	49,620,675.24
资产减值损失		6,939,375.86	956,133.56
加：公允价值变动收益(损失以"−"号填列)			
投资收益(损失以"−"号填列)		32,965,539.51	15,365,893.98
其中：对联营企业和合营企业的投资收益		32,965,539.51	15,365,893.98
汇兑收益(损失以"−"号填列)			
三、营业利润(亏损以"−"号填列)		357,679,399.31	175,035,258.13
加：营业外收入		869,764.25	720,358.15
减：营业外支出		1,305,591.29	824,778.20
其中：非流动资产处置净损失		283,552.24	289,478.20
四、利润总额(亏损总额以"−"号填列)		357,243,572.27	174,930,838.08
减：所得税费用		76,641,135.08	7,486,982.86
五、净利润(净亏损以"−"号填列)		280,602,437.19	167,443,855.22
归属于母公司所有者的净利润		261,613,527.07	179,120,582.91
少数股东损益		18,988,910.12	−11,676,727.69
六、每股收益：			
(一)基本每股收益(元/股)		0.21	0.14
(二)稀释每股收益(元/股)		0.21	0.14

本期发生同一控制下企业合并的，被合并方在合并前实现的净利润为：0 元。

公司法定代表人：杜传志　　主管会计工作负责人：王建波　　会计机构负责人：孙少波

母公司利润表

2008 年 1—12 月

编制单位：日照港股份有限公司　　单位：元 币种：人民币

项目	附注	本期金额	上期金额
一、营业收入		1,056,181,435.52	822,733,659.02
减：营业成本		717,356,791.94	549,954,387.40
营业税金及附加		41,252,350.66	32,713,240.30

销售费用		
管理费用	36,618,964.32	26,427,817.16
财务费用	33,306,978.41	27,539,810.93
资产减值损失	2,339,510.61	984,196.88
加:公允价值变动收益(损失以"-"号填列)		
投资收益(损失以"-"号填列)	32,965,539.51	15,365,893.98
其中:对联营企业和合营企业的投资收益	32,965,539.51	15,365,893.98
二、营业利润(亏损以"-"号填列)	258,272,379.09	200,480,100.33
加:营业外收入	821,664.25	618,758.15
减:营业外支出	1,303,994.76	824,778.20
其中:非流动资产处置净损失	283,297.24	289,478.20
三、利润总额(亏损总额以"-"号填列)	257,790,048.58	200,274,080.28
减:所得税费用	53,450,513.87	13,420,302.90
四、净利润(净亏损以"-"号填列)	204,339,534.71	186,853,777.38

公司法定代表人:杜传志　　主管会计工作负责人:王建波　　会计机构负责人:孙少波

合并现金流量表

2008 年 1—12 月

编制单位:日照港股份有限公司　　单位:元 币种:人民币

项目	附注	本期金额	上期金额
一、经营活动产生的现金流量:			
销售商品、提供劳务收到的现金		1,309,265,246.74	997,455,575.62
客户存款和同业存放款项净增加额			
向中央银行借款净增加额			
向其他金融机构拆入资金净增加额			
收到原保险合同保费取得的现金			
收到再保险业务现金净额			
保户储金及投资款净增加额			
处置交易性金融资产净增加额			
收取利息、手续费及佣金的现金			
拆入资金净增加额			
回购业务资金净增加额			
收到的税费返还			
收到其他与经营活动有关的现金		596,086,270.96	330,815,742.46
经营活动现金流入小计		1,905,351,517.70	1,328,271,318.08
购买商品、接受劳务支付的现金		651,607,000.00	545,913,903.93
客户贷款及垫款净增加额			
存放中央银行和同业款项净增加额			
支付原保险合同赔付款项的现金			
支付利息、手续费及佣金的现金			
支付保单红利的现金			
支付给职工以及为职工支付的现金		178,530,718.81	151,369,285.06
支付的各项税费		120,923,358.51	90,771,622.36
支付其他与经营活动有关的现金		584,781,990.46	272,762,931.57
经营活动现金流出小计		1,535,843,067.78	1,060,817,742.92
经营活动产生的现金流量净额		369,508,449.92	267,453,575.16
二、投资活动产生的现金流量:			
收回投资收到的现金			
取得投资收益收到的现金		7,064,589.45	
处置固定资产、无形资产和其他长期资产收回的现金净额			701,900.00
290,667.00			
处置子公司及其他营业单位收到的现金净额			
收到其他与投资活动有关的现金		3,127,410.55	
投资活动现金流入小计		10,893,900.00	290,667.00
购建固定资产、无形资产和其他长期资产支付的现金		638,463,034.51	689,303,294.26
投资支付的现金			
质押贷款净增加额			
取得子公司及其他营业单位支付的现金净额			36,607,700.00
支付其他与投资活动有关的现金			
投资活动现金流出小计		638,463,034.51	725,910,994.26
投资活动产生的现金流量净额		−627,569,134.51	−725,620,327.26
三、筹资活动产生的现金流量:			
吸收投资收到的现金		4,191,643.20	
其中:子公司吸收少数股东投资收到的现金			
取得借款收到的现金		928,000,000.00	1,735,960,000.00
发行债券收到的现金			
收到其他与筹资活动有关的现金			
筹资活动现金流入小计		932,191,643.20	1,735,960,000.00
偿还债务支付的现金		568,010,000.00	767,000,000.00
分配股利、利润或偿付利息支付的现金		173,750,335.98	247,000,308.54
其中:子公司支付给少数股东的股利、利润			
支付其他与筹资活动有关的现金		88,211,187.50	4,608,132.69
筹资活动现金流出小计		829,971,523.48	1,018,608,441.23
筹资活动产生的现金流量净额		102,220,119.72	717,351,558.77
四、汇率变动对现金及现金等价物的影响			
五、现金及现金等价物净增加额		−155,840,564.87	259,184,806.67
加:期初现金及现金等价物余额		321,554,877.84	62,370,071.17
六、期末现金及现金等价物余额		165,714,312.97	321,554,877.84

公司法定代表人:杜传志　　主管会计工作负责人:王建波　　会计机构负责人:孙少波

母公司现金流量表

2008 年 1—12 月

编制单位:日照港股份有限公司　　单位:元 币种:人民币

项目	附注	本期金额	上期金额
一、经营活动产生的现金流量:			
销售商品、提供劳务收到的现金		857,916,505.92	711,663,781.64
收到的税费返还			
收到其他与经营活动有关的现金		231,966,578.33	259,286,165.44
经营活动现金流入小计		1,089,883,084.25	970,949,947.08
购买商品、接受劳务支付的现金		422,996,228.69	343,839,426.30
支付给职工以及为职工支付的现金		149,595,595.21	120,604,758.10
支付的各项税费		81,189,483.70	62,102,948.30
支付其他与经营活动有关的现金		201,385,849.43	245,442,624.37
经营活动现金流出小计		855,167,157.03	771,989,757.07
经营活动产生的现金流量净额		234,715,927.22	198,960,190.01
二、投资活动产生的现金流量:			
收回投资收到的现金			
取得投资收益收到的现金		10,192,000.00	
处置固定资产、无形资产和其他长期资产收回的现金净额			701,900.00
290,667.00			
处置子公司及其他营业单位收到的现金净额			
收到其他与投资活动有关的现金			
投资活动现金流入小计		10,893,900.00	290,667.00
购建固定资产、无形资产和其他长期资产支付的现金		438,375,946.56	482,195,344.98
投资支付的现金			
取得子公司及其他营业单位支付的现金净额		15,000,000.00	636,607,700.00
支付其他与投资活动有关的现金			
投资活动现金流出小计		453,375,946.56	1,118,803,044.98
投资活动产生的现金流量净额		−442,482,046.56	−1,118,512,377.98
三、筹资活动产生的现金流量:			
吸收投资收到的现金		4,191,643.20	
取得借款收到的现金		898,000,000.00	1,585,960,000.00
收到其他与筹资活动有关的现金			
筹资活动现金流入小计		902,191,643.20	1,585,960,000.00
偿还债务支付的现金		508,010,000.00	399,000,000.00
分配股利、利润或偿付利息支付的现金		151,757,755.98	204,647,448.54
支付其他与筹资活动有关的现金		23,343,000.00	4,608,132.69
筹资活动现金流出小计		683,110,755.98	608,255,581.23
筹资活动产生的现金流量净额		219,080,887.22	977,704,418.77
四、汇率变动对现金及现金等价物的影响			
五、现金及现金等价物净增加额		11,314,767.88	58,152,230.80
加:期初现金及现金等价物余额		91,636,379.77	33,484,148.97
六、期末现金及现金等价物余额		102,951,147.65	91,636,379.77

公司法定代表人:杜传志　　主管会计工作负责人:王建波　　会计机构负责人:孙少波

合并所有者权益变动表

2008 年 1—12 月

单位:元 币种:人民币

项目	本年金额								
	归属于母公司所有者权益								
	股本	资本公积	减:库存股	盈余公积	一般风险准备	未分配利润	其他	少数股东权益	所有者权益合计
一、上年年末余额	630,000,000.00	1,317,492,686.45		127,727,747.72		461,933,783.55		239,085,151.16	2,776,239,368.88
加:同一控制下企业合并									
产生的追溯调整									
加:会计政策变更									
前期差错更正									
其他									
二、本年年初余额	630,000,000.00	1,317,492,686.45		127,727,747.72		461,933,783.55		239,085,151.16	2,776,239,368.88
三、本年增减变动金额									
(减少以"-"号填列)	630,592,040.00	−609,500,396.80		20,433,953.47		178,179,573.60		18,988,910.12	238,694,080.39
(一)净利润						261,613,527.07		18,988,910.12	280,602,437.19
(二)直接计入所有者									
权益的利得和损失		−176,101,227.25							−176,101,227.25
1.可供出售金融资产									
公允价值变动净额									
2.权益法下被投资单位其他									
所有者权益变动的影响		16,900,000.00							16,900,000.00
3.与计入所有者权益项目									
相关的所得税影响									
4.其他		−193,001,227.25							−193,001,227.25
上述(一)和(二)小计		−176,101,227.25				261,613,527.07		18,988,910.12	104,501,209.94
(三)所有者投入和									
减少资本	592,040.00	196,600,830.45							197,192,870.45
1.所有者投入资本	592,040.00	196,600,830.45							197,192,870.45
2.股份支付计入所有者									
权益的金额									
3.其他									

(四)利润分配				20,433,953.47		−83,433,953.47			−63,000,000.00
1.提取盈余公积				20,433,953.47		−20,433,953.47			
2.提取一般风险准备									
3.对所有者(或股东)的分配						−63,000,000.00			−63,000,000.00
4.其他									
(五)所有者权益									
内部结转	630,000,000.00	−630,000,000.00							
1.资本公积转增资本									
(或股本)	630,000,000.00	−630,000,000.00							
2.盈余公积转增资本(或股本)									
3.盈余公积弥补亏损									
4.其他									
四、本期期末余额	1,260,592,040.00	707,992,289.65		148,161,701.19		640,113,357.15		258,074,061.28	3,014,933,449.27

上年金额

归属于母公司所有者权益

项目	股本	资本公积	减:库存股	盈余公积	一般风险准备	未分配利润	其他	少数股东权益	所有者权益合计
一、上年年末余额	630,000,000.00	1,095,311,800.00		105,453,487.22		388,345,272.17		206,871,915.57	2,425,982,474.96
加:同一控制下企业合并产生的追溯调整									
加:会计政策变更				3,588,882.76		7,653,306.21		10,952,598.23	22,194,787.20
前期差错更正									
其他									
二、本年年初余额	630,000,000.00	1,095,311,800.00		109,042,369.98		395,998,578.38		217,824,513.80	2,448,177,262.16
三、本年增减变动金额									
(减少以"−"号填列)		222,180,886.45		18,685,377.74		65,935,205.17		21,260,637.36	328,062,106.72
(一)净利润						179,120,582.91		−11,676,727.69	167,443,855.22
(二)直接计入所有者									
权益的利得和损失		222,180,886.45						32,937,365.05	255,118,251.50
1.可供出售金融资产									
公允价值变动净额									
2.权益法下被投资单位其他									
所有者权益变动的影响		29,179,659.20						32,937,365.05	62,117,024.25
3.与计入所有者权益项目									
相关的所得税影响									
4.其他		193,001,227.25							193,001,227.25
上述(一)和(二)小计		222,180,886.45				179,120,582.91		21,260,637.36	422,562,106.72
(三)所有者投入和减少资本									
1.所有者投入资本									
2.股份支付计入所有者权益的金额									
3.其他									
(四)利润分配				18,685,377.74		−113,185,377.74			−94,500,000.00
1.提取盈余公积				18,685,377.74		−18,685,377.74			
2.提取一般风险准备									
3.对所有者(或股东)的分配						−94,500,000.00			−94,500,000.00
4.其他									
(五)所有者权益内部结转									
1.资本公积转增资本(或股本)									
2.盈余公积转增资本(或股本)									
3.盈余公积弥补亏损									
4.其他									
四、本期期末余额	630,000,000.00	1,317,492,686.45		127,727,747.72		461,933,783.55		239,085,151.16	2,776,239,368.88

公司法定代表人:杜传志　　主管会计工作负责人:王建波　　会计机构负责人:孙少波

母公司所有者权益变动表

2008 年 1—12 月

单位:元 币种:人民币

本年金额

项目	股本	资本公积	减:库存股	盈余公积	未分配利润	所有者权益合计
一、上年年末余额	630,000,000.00	1,317,492,686.45		127,727,747.72	493,918,923.05	2,569,139,357.22
加:会计政策变更						
前期差错更正						
其他						
二、本年年初余额	630,000,000.00	1,317,492,686.45		127,727,747.72	493,918,923.05	2,569,139,357.22
三、本年增减变动金额						
(减少以"−"号填列)	630,592,040.00	−609,500,396.80		20,433,953.47	120,905,581.24	162,431,177.91
(一)净利润					204,339,534.71	204,339,534.71
(二)直接计入所有者						
权益的利得和损失		−176,101,227.25				−176,101,227.25
1.可供出售金融资产						
公允价值变动净额						
2.权益法下被投资单位其他						
所有者权益变动的影响		16,900,000.00				16,900,000.00
3.与计入所有者权益项目						
相关的所得税影响						
4.其他		−193,001,227.25				−193,001,227.25
上述(一)和(二)小计		−176,101,227.25			204,339,534.71	28,238,307.46
(三)所有者投入和						
减少资本	592,040.00	196,600,830.45				197,192,870.45
1.所有者投入资本	592,040.00	196,600,830.45				197,192,870.45
2.股份支付计入所有者						
权益的金额						
3.其他						
(四)利润分配				20,433,953.47	−83,433,953.47	−63,000,000.00
1.提取盈余公积				20,433,953.47	−20,433,953.47	
2.对所有者(或股东)的分配					−63,000,000.00	−63,000,000.00
3.其他						
(五)所有者权益						
内部结转	630,000,000.00	−630,000,000.00				
1.资本公积转增资本						
(或股本)	630,000,000.00	−630,000,000.00				
2.盈余公积转增资本						
(或股本)						
3.盈余公积弥补亏损						
4.其他						
四、本期期末余额	1,260,592,040.00	707,992,289.65		148,161,701.19	614,824,504.29	2,731,570,535.13

上年金额

项目	股本	资本公积	减:库存股	盈余公积	未分配利润	所有者权益合计
一、上年年末余额	630,000,000.00	1,095,311,800.00		105,453,487.22	387,950,578.58	2,218,715,865.80
加:会计政策变更				3,588,882.76	32,299,944.83	35,888,827.59
前期差错更正						
其他						
二、本年年初余额	630,000,000.00	1,095,311,800.00		109,042,369.98	420,250,523.41	2,254,604,693.39
三、本年增减变动金额						
(减少以"−"号填列)		222,180,886.45		18,685,377.74	73,668,399.64	314,534,663.83
(一)净利润					186,853,777.38	186,853,777.38
(二)直接计入所有者						
权益的利得和损失		193,001,227.25				193,001,227.25
1.可供出售金融资产						
公允价值变动净额						
2.权益法下被投资单位其他						
所有者权益变动的影响						
3.与计入所有者权益项目						
相关的所得税影响						
4.其他		193,001,227.25				193,001,227.25
上述(一)和(二)小计		193,001,227.25			186,853,777.38	379,855,004.63
(三)所有者投入和减少资本						
1.所有者投入资本						
2.股份支付计入所有者						
权益的金额						
3.其他						
(四)利润分配				18,685,377.74	−113,185,377.74	−94,500,000.00
1.提取盈余公积				18,685,377.74	−18,685,377.74	
2.对所有者(或股东)的分配					−94,500,000.00	−94,500,000.00
3.其他						
(五)所有者权益内部结转		29,179,659.20				29,179,659.20
1.资本公积转增资本(或股本)						
2.盈余公积转增资本(或股本)						
3.盈余公积弥补亏损						
4.其他		29,179,659.20				29,179,659.20
四、本期期末余额	630,000,000.00	1,317,492,686.45		127,727,747.72	493,918,923.05	2,569,139,357.22

公司法定代表人:杜传志　　主管会计工作负责人:王建波　　会计机构负责人:孙少波

9.3 本报告期无会计政策、会计估计和核算方法变更。

9.4 本报告期无会计差错更正。

9.5 与最近一期年度报告相比,合并范围发生变化的具体说明

本报告期内本公司合并范围未发生变化

上海电力股份有限公司

上海电力股份有限公司 2009 半年度报告摘要

第一节 重要提示

1.1 本公司董事会、监事会及董事、监事、高级管理人员保证本报告所载资料不存在任何虚假记载、误导性陈述或者重大遗漏,并对其内容的真实性、准确性和完整性承担个别及连带责任。

本半年度报告摘要摘自半年度报告全文,投资者欲了解详细内容,应当仔细阅读半年度报告全文。

1.2 公司全体董事出席董事会会议。

1.3 公司半年度财务报告未经审计。

1.4 本公司不存在被控股股东及其关联方非经营性占用资金情况。

1.5 本公司不存在违反规定决策程序对外提供担保的情况。

1.6 公司负责人周世平、主管会计工作负责人孙基及会计机构负责人(会计主管人员)杨汉昌声明:保证本半年度报告中财务报告的真实、完整。

第二节 公司基本情况简介

2.1 基本情况简介

股票简称	上海电力	
股票代码	600021	
股票上市交易所	上海证券交易所	
	董事会秘书	证券事务代表
姓名	夏梅兴	周金发
联系地址	上海市中山南路 268 号 36 层	上海市中山南路 268 号 36 层
电话	51171016 或 51156666 转	51171016 或 51156666 转
传真	51171019	51171019
电子信箱	sepco@shanghaipower.com	sepco@shanghaipower.com

2.2 主要财务数据和指标

2.2.1 主要会计数据和财务指标

单位:元 币种:人民币

	本报告期末	上年度期末	本报告期末比上年度期末增减(%)
总资产	30,626,419,945.55	27,555,662,166.61	11.14
所有者权益(或股东权益)	5,826,615,806.37	4,438,118,863.76	31.29
每股净资产(元)	2.7230	2.0741	31.29
	报告期(1-6 月)	上年同期	本报告期比上年同期增减(%)
营业利润	119,298,637.33	-621,983,601.33	119.18
利润总额	106,740,249.43	-653,035,379.36	116.35
净利润	83,911,441.81	-560,136,793.94	114.98
扣除非经常性损益后的净利润	97,328,624.35	-530,035,472.81	118.36
基本每股收益(元)	0.0392	-0.2618	114.97
扣除非经常性损益后的基本每股收益(元)	0.0455	-0.2477	118.37
稀释每股收益(元)	0.0392	-0.2618	114.97
净资产收益率(%)	1.44	-7.45	增加 8.89 个百分点
经营活动产生的现金流量净额	1,394,165,048.39	750,178,910.33	85.84
每股经营活动产生的现金流量净额(元)	0.6516	0.3506	85.85

2.2.2 非经常性损益项目和金额

√适用 □不适用

单位:元 币种:人民币

非经常性损益项目	金额
非流动资产处置损益	-887,543.35
计入当期损益的政府补助,但与公司正常经营业务密切相关,符合国家政策规定、按照一定标准定额或定量持续享受的政府补助除外	1,871,504.42
除上述各项之外的其他营业外收入和支出	-13,422,920.56
少数股东权益影响额	-915,943.58
所得税影响额	-62,279.47
合计	-13,417,182.54

2.2.3 境内外会计准则差异

□适用 √不适用

第三节 股本变动及股东情况

3.1 股份变动情况表

□适用 √不适用

3.2 股东数量和持股情况

单位:股

报告期末股东总数 162,494 户

前十名股东持股情况

股东名称	股东性质	持股比例(%)	持股总数	持有有限售条件股份数量	质押或冻结的股份数量
中国电力投资集团公司	国有法人	42.84	916,646,315	0	无
中国电力国际发展有限公司	境外法人	21.92	469,051,500	0	无
中国长江电力股份有限公司	国有法人	8.77	187,620,600	0	无
唐建华	境内自然人	0.75	15,951,279	0	未知
上海万方投资管理有限公司	其他	0.22	4,645,895	0	未知
中国建设银行-华富竞争力优选混合型证券投资基金	其他	0.19	4,125,770	0	未知
缪春敏	境内自然人	0.14	2,936,509	0	未知
程秀洁	境内自然人	0.08	1,800,082	0	未知
阮传华	境内自然人	0.08	1,606,953	0	未知
中国建设银行-博时裕富证券投资基金	其他	0.07	1,570,593	0	未知

前十名无限售条件股东持股情况

股东名称	持有无限售条件股份的数量	股份种类
中国电力投资集团公司	916,646,315	人民币普通股
中国电力国际发展有限公司	469,051,500	人民币普通股
中国长江电力股份有限公司	187,620,600	人民币普通股
唐建华	15,951,279	人民币普通股
上海万方投资管理有限公司	4,645,895	人民币普通股
中国建设银行-华富竞争力优选混合型证券投资基金	4,125,770	人民币普通股
缪春敏	2,936,509	人民币普通股
程秀洁	1,800,082	人民币普通股
阮传华	1,606,953	人民币普通股
中国建设银行-博时裕富证券投资基金	1,570,593	人民币普通股
上述股东关联关系或一致行动的说明	前十名无限售条件股东中第一名中国电力投资集团公司是本公司控股股东;第二名中国电力国际发展有限公司和本公司为同一实际控制人下的关联公司,中国电力投资集团公司是中国电力国际发展有限公司的实际控制人。其余八名无限售条件股东与本公司无关联关系,也不属于《上市公司股东持股变动信息披露管理办法》规定的一致行动人;未知该八名无限售条件股东之间的关联关系或是否属于《上市公司股东持股变动信息披露管理办法》规定的一致行动人。	

3.3 控股股东及实际控制人变更情况

□适用 √不适用

第四节 董事、监事和高级管理人员情况

4.1 董事、监事和高级管理人员持股变动

□适用 √不适用

第五节 董事会报告

5.1 主营业务分行业、产品情况表

单位:元 币种:人民币

分行业或分产品	营业收入	营业成本	营业利润率(%)	营业收入比上年增减(%)	营业成本比上年增减(%)	营业利润率比上年增减(%)
分产品						
电力	3,105,515,126.68	2,896,214,213.47	6.74	-16.97	-26.35	增加 11.88 个百分点
热力	511,924,768.89	367,783,657.61	28.16	13.72	-7.74	增加 16.72 个百分点

5.2 主营业务分地区情况表

单位:元 币种:人民币

地区	营业收入	营业收入比上年增减(%)
上海	3,010,553,348.19	-6.96
江苏	616,031,537.45	-33.19

5.3 主营业务及其结构发生重大变化的原因说明

□适用　　　√不适用

5.4 主营业务盈利能力(毛利率)与上年相比发生重大变化的原因说明

√适用　　　□不适用

今年 1-6 月,公司主营业务盈利能力(毛利率)为 9.39%,比去年同期增长 12.21%,主要原因系公司燃料价格较去年同期有所下降以及去年下半年两次上网电价得到调整。

5.5 利润构成与上年度相比发生重大变化的原因分析

□适用　　　√不适用

5.6 募集资金使用情况

5.6.1 募集资金运用

□适用　　　√不适用

5.6.2 变更项目情况

□适用　　　√不适用

5.7 董事会下半年的经营计划修改计划

□适用　　　√不适用

5.8 预测年初至下一报告期期末的累计净利润可能为亏损或者与上年同期相比发生大幅度变动的警示及说明

□适用　　　√不适用

5.9 公司董事会对会计师事务所本报告期"非标准审计报告"的说明

□适用　　　√不适用

5.10 公司董事会对会计师事务所上年度"非标准审计报告"涉及事项的变化及处理情况的说明

□适用　　　√不适用

第六节　重要事项

6.1 收购、出售资产及资产重组

6.1.1 收购资产

□适用　　　√不适用

6.1.2 出售资产

□适用　　　√不适用

6.1.3 自资产重组报告书或收购出售资产公告刊登后,该事项的进展情况及对报告期经营成果与财务状况的影响

□适用　　　√不适用

6.2 担保事项

√适用　　　□不适用

单位:万元 币种:人民币

公司对外担保情况(不包括对子公司的担保)

担保对象名称	发生日期(协议签署日)	担保金额	担保类型	担保期	是否履行完毕	是否为关联方担保
上海外高桥第二发电有限责任公司	2006-11-27	45,874	连带责任担保	2006-11-27~2017-9-15	否	是
江苏悦达投资股份有限公司	2009-9-26	11,100	连带责任担保	2009-9-26~2009-11-5	否	否
江苏悦达投资股份有限公司	2009-3-27	1,200	连带责任担保	2009-3-27~2009-12-6	否	否
江苏悦达集团有限公司	2009-1-24	4,980	连带责任担保	2009-1-24~2010-3-18	否	否
盐城发电有限公司	2009-1-5	18,000	连带责任担保	2009-1-5~2009-10-21	否	是
射阳港发电有限责任公司	2008-2-2	9,960	连带责任担保	2008-2-2~2011-3-15	否	是
江苏大吉再生能源有限公司	2003-10-1	705.60	连带责任担保	2003-10-1~2020-10-1	否	否
报告期内担保发生额合计						-7,694.40
报告期末担保余额合计(A)						91,819.60
公司对子公司的担保情况						
报告期内对子公司担保发生额合计						6,918
报告期末对子公司担保余额合计(B)						347,980
公司担保总额情况(包括对子公司的担保)						
担保总额(A+B)						439,799.60
担保总额占公司净资产的比例(%)						75.48
其中:						
为股东、实际控制人及其关联方提供担保的金额(C)						0
直接或间接为资产负债率超过 70%的被担保对象提供的债务担保金额(D)						377,500
担保总额超过净资产 50%部分的金额(E)						148,468.60
上述三项担保金额合计(C+D+E)						439,799.60

6.3 非经营性关联债权债务往来

□适用　　　√不适用

6.4 重大诉讼仲裁事项

□适用　　　√不适用

6.5 其他重大事项及其影响和解决方案的分析说明

6.5.1 证券投资情况

√适用　　　□不适用

序号	证券品种	证券代码	证券简称	初始投资金额(元)	持有数量	期末账面值	占期末证券投资比例(%)	报告期损益
1	股票	600837	海通证券	2,810,766,652.80	156,425,120	2,573,193,224	100	15,642,512
		合计		2,810,766,652.80	/	2,573,193,224	100	15,642,512

6.5.2 持有其他上市公司股权情况

√适用　　　□不适用

单位:元

证券代码	证券简称	初始投资金额	占该公司股权比例(%)	期末账面值	报告期损益	报告期所有者权益变动	会计核算科目	股份来源
600837	海通证券	2,810,766,652.80	1.90	2,573,193,224	15,642,512	1,304,585,500.80	可供出售金融资产	申购非公开发行股票
合计		2,810,766,652.80	/	2,573,193,224	15,642,512	1,304,585,500.80	/	/

6.5.3 持有非上市金融企业股权情况

□适用 √不适用

6.5.4 其他重大事项及其影响和解决方案的分析说明

□适用 √不适用

第七节　财务报告

7.1 审计意见

财务报告　　　√未经审计　　　□审计

7.2 财务报表

合并资产负债表

2009 年 6 月 30 日

编制单位:上海电力股份有限公司　　　单位:元 币种:人民币

项目	附注	期末余额	年初余额
流动资产:			
货币资金	七、(六)、1	1,119,317,554.67	781,537,748.96
结算备付金			
拆出资金			
交易性金融资产			
应收票据	七、(六)、2	65,903,782.00	234,433,557.94
应收账款	七、(六)、4	738,540,139.62	836,495,865.36
预付款项	七、(六)、6	262,487,382.94	184,224,065.15
应收保费			
应收分保账款			
应收分保合同准备金			
应收利息			
应收股利	七、(六)、3		12,600,000.00
其他应收款	七、(六)、5	37,848,450.17	22,534,389.85
买入返售金融资产			
存货	七、(六)、7	406,452,742.46	443,026,655.18
一年内到期的非流动资产			
其他流动资产	七、(六)、8	2,541,747.20	3,984,558.40
流动资产合计		2,633,091,799.06	2,518,836,840.84
非流动资产:			
发放贷款及垫款			
可供出售金融资产	七、(六)、9	2,573,193,224.00	1,268,607,723.20
持有至到期投资			
长期应收款			
长期股权投资	七、(六)、11	5,172,864,877.02	4,873,257,933.99
投资性房地产	七、(六)、12	43,906,578.88	44,564,579.02
固定资产	七、(六)、13	12,541,283,690.62	12,946,315,838.98
在建工程	七、(六)、14	6,201,474,892.96	4,757,960,479.68
工程物资	七、(六)、15	689,379,334.68	390,710,140.15
固定资产清理		297,044.58	297,044.58
生产性生物资产			
油气资产			
无形资产	七、(六)、16	574,756,276.99	584,218,882.39
开发支出			
商誉			
长期待摊费用	七、(六)、17	38,095,426.00	8,306,032.00
递延所得税资产	七、(六)、18	87,239,422.37	87,813,883.49
其他非流动资产	七、(六)、19	70,837,378.39	74,772,788.29
非流动资产合计		27,993,328,146.49	25,036,825,325.77
资产总计		30,626,419,945.55	27,555,662,166.61
流动负债:			
短期借款	七、(六)、21	10,659,600,000.00	11,374,430,000.00
向中央银行借款			
吸收存款及同业存放			
拆入资金			

交易性金融负债	七、(六)、22	91,166,635.81	102,260,583.56
应付票据	七、(六)、23	1,822,416,587.71	906,113,209.79
应付账款	七、(六)、24	1,149,841,563.72	751,110,324.65
预收款项	七、(六)、25	49,024,229.13	42,824,480.24
卖出回购金融资产款			
应付手续费及佣金			
应付职工薪酬	七、(六)、26	46,112,069.17	44,484,313.00
应交税费	七、(六)、27	31,519,447.09	99,520,352.71
应付利息	七、(六)、28	2,795,809.50	11,286,661.28
应付股利			
其他应付款	七、(六)、29	696,560,842.20	721,747,245.94
应付分保账款			
保险合同准备金			
代理买卖证券款			
代理承销证券款			
一年内到期的非流动负债	七、(六)、31	70,000,000.00	50,000,000.00
其他流动负债	七、(六)、32	300,000,000.00	1,800,000,000.00
流动负债合计		14,919,037,184.33	15,903,777,171.17
非流动负债：			
长期借款	七、(六)、33	4,293,686,754.48	4,112,852,124.52
应付债券	七、(六)、34	2,529,040,000.00	
长期应付款			
专项应付款	七、(六)、35	538,126,803.41	553,466,865.34
预计负债	七、(六)、30	73,284,000.00	74,284,000.00
递延所得税负债	七、(六)、36	46,165,753.62	49,244,725.29
其他非流动负债	七、(六)、37	42,240,441.30	40,315,431.03
非流动负债合计		7,522,543,752.81	4,830,163,146.18
负债合计		22,441,580,937.14	20,733,940,317.35
股东权益：			
股本	七、(六)、38	2,139,739,257.00	2,139,739,257.00
资本公积	七、(六)、39	3,968,023,064.44	2,663,437,563.64
减：库存股			
盈余公积	七、(六)、40	343,704,600.36	343,704,600.36
一般风险准备			
未分配利润	七、(六)、41	−624,851,115.43	−708,762,557.24
外币报表折算差额			
归属于母公司所有者权益合计		5,826,615,806.37	4,438,118,863.76
少数股东权益		2,358,223,202.04	2,383,602,985.50
股东权益合计		8,184,839,008.41	6,821,721,849.26
负债和股东权益合计		30,626,419,945.55	27,555,662,166.61

公司法定代表人：周世平　　主管会计工作负责人：孙基　　会计机构负责人：杨汉昌

母公司资产负债表

2009 年 6 月 30 日

编制单位：上海电力股份有限公司　　单位：元 币种：人民币

项目	附注	期末余额	年初余额
流动资产：			
货币资金		226,721,462.89	298,093,971.19
交易性金融资产			
应收票据		65,853,782.00	217,053,557.94
应收账款	七、(七)、1	246,761,990.73	82,471,385.71
预付款项		150,972,596.88	153,418,057.61
应收利息			
应收股利			12,600,000.00
其他应收款	七、(七)、2	16,272,097.16	6,928,854.37
存货		119,084,033.40	114,759,140.16
一年内到期的非流动资产			
其他流动资产			
流动资产合计		825,665,963.06	885,324,966.98
非流动资产：			
可供出售金融资产		2,573,193,224.00	1,268,607,723.20
持有至到期投资			
长期应收款			
长期股权投资	七、(七)、3	7,726,833,474.55	7,429,489,056.35
投资性房地产			
固定资产		1,279,137,735.57	1,395,246,676.62
在建工程		706,927,353.03	388,165,369.47
工程物资		558,509,787.39	388,446,142.05
固定资产清理			
生产性生物资产			
油气资产			
无形资产		229,324,396.11	232,227,415.33
开发支出			
商誉			
长期待摊费用		30,000,000.00	
递延所得税资产			
其他非流动资产			
非流动资产合计		13,103,925,970.65	11,102,182,383.02
资产总计		13,929,591,933.71	11,987,507,350.00
流动负债：			
短期借款		1,020,000,000.00	2,590,000,000.00
交易性金融负债		91,166,635.81	102,260,583.56
应付票据		928,956,023.74	430,000,000.00
应付账款		181,453,170.07	2,127,493.01
预收款项			
应付职工薪酬		17,453,722.81	17,369,907.49
应交税费		9,096,248.08	13,566,155.08
应付利息			
应付股利			
其他应付款		74,267,725.64	55,015,610.60
一年内到期的非流动负债			
其他流动负债			1,500,000,000.00
流动负债合计		2,322,393,526.15	4,710,339,749.74
非流动负债：			
长期借款		2,300,986,754.48	1,960,152,124.52
应付债券		2,529,040,000.00	
长期应付款			
专项应付款		536,087,622.85	551,428,552.55
预计负债			
递延所得税负债			
其他非流动负债		2,119,434.18	3,005,589.16
非流动负债合计		5,368,233,811.51	2,514,586,266.23
负债合计		7,690,627,337.66	7,224,926,015.97
股东权益：			
股本		2,139,739,257.00	2,139,739,257.00
资本公积		3,986,921,823.91	2,682,336,323.11
减：库存股			
盈余公积		344,608,795.78	344,608,795.78
未分配利润		−232,305,280.64	−404,103,041.86
外币报表折算差额			
股东权益合计		6,238,964,596.05	4,762,581,334.03
负债和股东权益合计		13,929,591,933.71	11,987,507,350.00

公司法定代表人：周世平　　主管会计工作负责人：孙基　　会计机构负责人：杨汉昌

合并利润表

2009 年 1—6 月

单位：元 币种：人民币

项目	附注	本期金额	上期金额
一、营业总收入		3,700,122,276.64	4,209,971,453.05
其中：营业收入	七、(六)、42	3,700,122,276.64	4,209,971,453.05
利息收入			
已赚保费			
手续费及佣金收入			
二、营业总成本		3,890,569,970.58	4,815,020,594.14
其中：营业成本	七、(六)、42	3,299,260,289.33	4,292,811,736.39
利息支出			
手续费及佣金支出			
退保金			
赔付支出净额			
提取保险合同准备金净额			
保单红利支出			
分保费用			
营业税金及附加	七、(六)、43	14,163,536.47	15,484,843.82
销售费用		66,000.00	1,196,049.63
管理费用		179,974,569.81	185,657,015.47
财务费用	七、(六)、44	399,141,324.04	341,818,506.49
资产减值损失	七、(六)、47	−2,035,749.07	−21,947,557.66
加：公允价值变动收益(损失以“−”号填列)	七、(六)、45	24,174.14	
投资收益(损失以“−”号填列)	七、(六)、46	309,722,157.13	−16,934,460.24
其中：对联营企业和合营企业的投资收益	七、(六)、46	275,206,943.03	−32,332,974.33
汇兑收益(损失以“−”号填列)			
三、营业利润(亏损以“−”号填列)		119,298,637.33	−621,983,601.33
加：营业外收入	七、(六)、48	4,274,364.36	3,437,188.44
减：营业外支出	七、(六)、49	16,832,752.26	34,488,966.47
其中：非流动资产处置净损失	七、(六)、49	1,874,850.34	33,706,436.63
四、利润总额(亏损总额以“−”号填列)		106,740,249.43	−653,035,379.36
减：所得税费用	七、(六)、50	−2,991,408.92	1,708,650.15
五、净利润(净亏损以“−”号填列)		109,731,658.35	−654,744,029.51
归属于母公司所有者的净利润		83,911,441.81	−560,136,793.94
少数股东损益		25,820,216.54	−94,607,235.57

六、每股收益:			
(一)基本每股收益	七、(六)、52	0.0392	−0.2618
(二)稀释每股收益	七、(六)、52	0.0392	−0.2618

公司法定代表人:周世平 主管会计工作负责人:孙基 会计机构负责人:杨汉昌

母公司利润表

2009 年 1−6 月

单位:元 币种:人民币

项目	附注	本期金额	上期金额
一、营业收入	七、(七)、4	1,335,806,383.69	1,512,428,094.25
减:营业成本	七、(七)、4	1,247,595,501.34	1,647,159,350.71
营业税金及附加		2,125,371.21	1,738,271.14
销售费用			
管理费用		82,785,267.82	80,358,478.96
财务费用		150,004,738.07	154,257,560.03
资产减值损失		−1,093,058.71	−11,666,400.81
加:公允价值变动收益(损失以"−"号填列)		24,174.14	
投资收益(损失以"−"号填列)	七、(七)、5	333,276,642.20	123,094,577.76
其中:对联营企业和合营企业的投资收益	七、(七)、5	271,279,828.10	−5,733,936.33
二、营业利润(亏损以"−"号填列)		187,689,380.30	−236,324,588.02
加:营业外收入		627,108.04	696,333.44
减:营业外支出		16,518,727.12	32,727,209.75
其中:非流动资产处置净损失		1,812,179.06	32,527,209.75
三、利润总额(亏损总额以"−"号填列)		171,797,761.22	−268,355,464.33
减:所得税费用			
四、净利润(净亏损以"−"号填列)		171,797,761.22	−268,355,464.33

公司法定代表人:周世平 主管会计工作负责人:孙基 会计机构负责人:杨汉昌

合并现金流量表

2009 年 1−6 月

单位:元 币种:人民币

项目	附注	本期金额	上期金额
一、经营活动产生的现金流量:			
销售商品、提供劳务收到的现金		4,554,228,275.72	4,957,552,035.20
客户存款和同业存放款项净增加额			
向中央银行借款净增加额			
向其他金融机构拆入资金净增加额			
收到原保险合同保费取得的现金			
收到再保险业务现金净额			
保户储金及投资款净增加额			
处置交易性金融资产净增加额			
收取利息、手续费及佣金的现金			
拆入资金净增加额			
回购业务资金净增加额			
收到的税费返还		11,103,203.60	
收到其他与经营活动有关的现金	七、(六)、54、(1)	119,312,506.55	535,523,098.00
经营活动现金流入小计		4,684,643,985.87	5,493,075,133.20
购买商品、接受劳务支付的现金		2,539,234,946.78	3,929,343,156.77
客户贷款及垫款净增加额			
存放中央银行和同业款项净增加额			
支付原保险合同赔付款项的现金			
支付利息、手续费及佣金的现金			
支付保单红利的现金			
支付给职工以及为职工支付的现金		330,772,257.67	387,869,551.16
支付的各项税费		275,695,456.25	309,796,624.59
支付其他与经营活动有关的现金	七、(六)、54、(2)	144,776,276.78	115,886,890.35
经营活动现金流出小计		3,290,478,937.48	4,742,896,222.87
经营活动产生的现金流量净额		1,394,165,048.39	750,178,910.33
二、投资活动产生的现金流量:			
收回投资收到的现金			
取得投资收益收到的现金		104,151,744.00	113,152,343.41
处置固定资产、无形资产和其他长期资产收回的现金净额		1,626,120.24	16,834,097.72
处置子公司及其他营业单位收到的现金净额			
收到其他与投资活动有关的现金	七、(六)、54、(3)	3,679,969.85	79,610,533.29
投资活动现金流入小计		109,457,834.09	209,596,974.42
购建固定资产、无形资产和其他长期资产支付的现金		1,093,900,385.58	2,021,114,075.56
投资支付的现金		84,000,000.00	150,000,000.00
质押贷款净增加额			
取得子公司及其他营业单位支付的现金净额			
支付其他与投资活动有关的现金	七、(六)、54、(4)	1,160,000.00	160,000.00
投资活动现金流出小计		1,179,060,385.58	2,171,274,075.56
投资活动产生的现金流量净额		−1,069,602,551.49	−1,961,677,101.14
三、筹资活动产生的现金流量:			
吸收投资收到的现金			14,724,500.00
其中:子公司吸收少数股东投资收到的现金		14,724,500.00	14,724,500.00
取得借款收到的现金		14,376,200,000.00	8,923,950,000.00
发行债券收到的现金			
收到其他与筹资活动有关的现金	七、(六)、54、(5)	22,300,000.00	
筹资活动现金流入小计		14,398,500,000.00	8,938,674,500.00
偿还债务支付的现金		13,897,311,587.24	6,784,523,252.18
分配股利、利润或偿付利息支付的现金		430,945,441.17	452,616,157.99
其中:子公司支付给少数股东的股利、利润		51,200,000.00	122,070,000.00
支付其他与筹资活动有关的现金	七、(六)、54、(6)	37,575,000.00	
筹资活动现金流出小计		14,365,832,028.41	7,237,139,410.17
筹资活动产生的现金流量净额		32,667,971.59	1,701,535,089.83
四、汇率变动对现金及现金等价物的影响			
五、现金及现金等价物净增加额		357,230,468.49	490,036,899.02
加:期初现金及现金等价物余额		757,087,086.18	772,441,891.34
六、期末现金及现金等价物余额		1,114,317,554.67	1,262,478,790.36

公司法定代表人:周世平 主管会计工作负责人:孙基 会计机构负责人:杨汉昌

母公司现金流量表

2009 年 1−6 月

单位:元 币种:人民币

项目	附注	本期金额	上期金额
一、经营活动产生的现金流量:			
销售商品、提供劳务收到的现金		1,534,985,620.44	1,917,362,977.08
收到的税费返还			
收到其他与经营活动有关的现金		1,484,712.67	477,598,850.68
经营活动现金流入小计		1,536,470,333.11	2,394,961,827.76
购买商品、接受劳务支付的现金		834,582,177.74	1,721,946,891.68
支付给职工以及为职工支付的现金		161,904,517.17	184,243,107.81
支付的各项税费		55,627,446.00	82,740,863.27
支付其他与经营活动有关的现金		55,184,459.96	55,956,610.95
经营活动现金流出小计		1,107,298,600.87	2,044,887,473.71
经营活动产生的现金流量净额		429,171,732.24	350,074,354.05
二、投资活动产生的现金流量:			
收回投资收到的现金			
取得投资收益收到的现金		132,532,224.00	231,463,543.41
处置固定资产、无形资产和其他长期资产收回的现金净额		1,125,888.66	16,810,584.72
处置子公司及其他营业单位收到的现金净额			
收到其他与投资活动有关的现金			862,500.00
投资活动现金流入小计		133,658,112.66	249,136,628.13
购建固定资产、无形资产和其他长期资产支付的现金		146,300,655.12	264,415,583.74
投资支付的现金		84,000,000.00	465,325,500.00
取得子公司及其他营业单位支付的现金净额			
支付其他与投资活动有关的现金		1,000,000.00	
投资活动现金流出小计		231,300,655.12	729,741,083.74
投资活动产生的现金流量净额		−97,642,542.46	−480,604,455.61
三、筹资活动产生的现金流量:			
吸收投资收到的现金			
取得借款收到的现金		6,961,000,000.00	5,323,750,000.00
收到其他与筹资活动有关的现金			
筹资活动现金流入小计		6,961,000,000.00	5,323,750,000.00
偿还债务支付的现金		7,196,703,892.06	4,732,578,192.32
分配股利、利润或偿付利息支付的现金		129,622,806.02	123,475,067.59
支付其他与筹资活动有关的现金		37,575,000.00	
筹资活动现金流出小计		7,363,901,698.08	4,856,053,259.91
筹资活动产生的现金流量净额		−402,901,698.08	467,696,740.09
四、汇率变动对现金及现金等价物的影响			
五、现金及现金等价物净增加额		−71,372,508.30	337,166,638.53
加:期初现金及现金等价物余额		298,093,971.19	57,539,956.33
六、期末现金及现金等价物余额		226,721,462.89	394,706,594.86

公司法定代表人:周世平 主管会计工作负责人:孙基 会计机构负责人:杨汉昌

合并所有者权益变动表

2009 年 1−6 月

单位:元 币种:人民币

项目	本期金额								
	归属于母公司所有者权益								
	股本	资本公积	减:库存股	盈余公积	一般风险准备	未分配利润	其他	少数股东权益	所有者权益合计
一、上年年末余额	2,139,739,257.00	2,663,437,563.64		343,704,600.36		−708,762,557.24		2,383,602,985.50	6,821,721,849.26
加:同一控制下企业合并产生的追溯调整									
会计政策变更									
前期差错更正									
其他									
二、本年年初余额	2,139,739,257.00	2,663,437,563.64		343,704,600.36		−708,762,557.24		2,383,602,985.50	6,821,721,849.26
三、本期增减变动金额									
(减少以"−"号填列)		1,304,585,500.80				83,911,441.81		−25,379,783.46	1,363,117,159.15
(一)净利润						83,911,441.81		25,820,216.54	109,731,658.35

(二)直接计入所有者									
权益的利得和损失		1,304,585,500.80							1,304,585,500.80
1.可供出售金融资产									
公允价值变动净额		1,304,585,500.80							1,304,585,500.80
2.权益法下被投资单位其他									
所有者权益变动的影响									
3.与计入所有者权益项目									
相关的所得税影响									
4.其他									
上述(一)和(二)小计		1,304,585,500.80				83,911,441.81		25,820,216.54	1,414,317,159.15
(三)所有者投入和减少资本									
1.所有者投入资本									
2.股份支付计入所有者权益的金额									
3.其他									
(四)利润分配								−51,200,000.00	−51,200,000.00
1.提取盈余公积									
2.提取一般风险准备									
3.对所有者(或股东)的分配								−51,200,000.00	−51,200,000.00
4.其他									
(五)所有者权益内部结转									
1.资本公积转增资本(或股本)									
2.盈余公积转增资本(或股本)									
3.盈余公积弥补亏损									
4.其他									
四、本期期末余额	2,139,739,257.00	3,968,023,064.44		343,704,600.36		−624,851,115.43		2,358,223,202.04	8,184,839,008.41

上年同期金额

项目	归属于母公司所有者权益 股本	资本公积	减:库存股	盈余公积	一般风险准备	未分配利润	其他	少数股东权益	所有者权益合计
一、上年年末余额	1,783,116,048.00	4,729,154,681.63		343,704,600.36		798,220,779.33		2,666,133,181.07	10,320,329,290.39
加:同一控制下企业合并产生的追溯调整									
会计政策变更									
前期差错更正									
其他									
二、本年年初余额	1,783,116,048.00	4,729,154,681.63		343,704,600.36		798,220,779.33		2,666,133,181.07	10,320,329,290.39
三、本期增减变动金额									
(减少以"−"号填列)	356,623,209.00	66,544,579.07				−560,136,793.94		29,393,098.61	−107,575,907.26
(一)净利润						−560,136,793.94		−94,607,235.57	−654,744,029.51
(二)直接计入所有者									
权益的利得和损失		423,167,788.07							423,167,788.07
1.可供出售金融资产									
公允价值变动净额		423,167,788.07							423,167,788.07
2.权益法下被投资单位其他									
所有者权益变动的影响									
3.与计入所有者权益项目									
相关的所得税影响									
4.其他									
上述(一)和(二)小计		423,167,788.07				−560,136,793.94		−94,607,235.57	−231,576,241.44
(三)所有者投入和减少资本								246,070,334.18	246,070,334.18
1.所有者投入资本								14,724,500.00	14,724,500.00
2.股份支付计入所有者权益的金额									
3.其他								231,345,834.18	231,345,834.18
(四)利润分配								−122,070,000.00	−122,070,000.00
1.提取盈余公积									
2.提取一般风险准备									
3.对所有者(或股东)的分配								−122,070,000.00	−122,070,000.00
4.其他									
(五)所有者权益内部结转	356,623,209.00	−356,623,209.00							
1.资本公积转增资本									
(或股本)	356,623,209.00	−356,623,209.00							
2.盈余公积转增资本(或股本)									
3.盈余公积弥补亏损									
4.其他									
四、本期期末余额	2,139,739,257.00	4,795,699,260.70		343,704,600.36		238,083,985.39		2,695,526,279.68	10,212,753,383.13

公司法定代表人:周世平　　主管会计工作负责人:孙基　　会计机构负责人:杨汉昌

母公司所有者权益变动表

2009 年 1−6 月

单位:元 币种:人民币

本期金额

项目	股本	资本公积	减:库存股	盈余公积	未分配利润	其它	所有者权益合计
一、上年年末余额	2,139,739,257.00	2,682,336,323.11		344,608,795.78	−404,103,041.86		4,762,581,334.03
加:会计政策变更							
前期差错更正							
其他							
二、本年年初余额	2,139,739,257.00	2,682,336,323.11		344,608,795.78	−404,103,041.86		4,762,581,334.03
三、本期增减变动金额							
(减少以"−"号填列)		1,304,585,500.80			171,797,761.22		1,476,383,262.02
(一)净利润					171,797,761.22		171,797,761.22
(二)直接计入所有者							
权益的利得和损失		1,304,585,500.80					1,304,585,500.80
1.可供出售金融资产							
公允价值变动净额		1,304,585,500.80					1,304,585,500.80
2.权益法下被投资单位其他							
所有者权益变动的影响							
3.与计入所有者权益项目							
相关的所得税影响							
4.其他							
上述(一)和(二)小计		1,304,585,500.80			171,797,761.22		1,476,383,262.02
(三)所有者投入和减少资本							
1.所有者投入资本							
2.股份支付计入所有者权益的金额							
3.其他							
(四)利润分配							
1.提取盈余公积							
2.对所有者(或股东)的分配							
3.其他							
(五)所有者权益内部结转							
1.资本公积转增资本(或股本)							
2.盈余公积转增资本(或股本)							
3.盈余公积弥补亏损							
4.其他							
四、本期期末余额	2,139,739,257.00	3,986,921,823.91		344,608,795.78	−232,305,280.64		6,238,964,596.05

上年同期金额

项目	股本	资本公积	减:库存股	盈余公积	未分配利润	其它	所有者权益合计
一、上年年末余额	1,783,116,048.00	4,749,575,791.10		344,608,795.78	339,632,724.33		7,216,933,359.21
加:会计政策变更							
前期差错更正							
其他							
二、本年年初余额	1,783,116,048.00	4,749,575,791.10		344,608,795.78	339,632,724.33		7,216,933,359.21
三、本期增减变动金额							
(减少以"−"号填列)	356,623,209.00	66,544,579.07			−268,355,464.33		154,812,323.74
(一)净利润					−268,355,464.33		−268,355,464.33
(二)直接计入所有者							
权益的利得和损失		423,167,788.07					423,167,788.07
1.可供出售金融资产							
公允价值变动净额		423,167,788.07					423,167,788.07
2.权益法下被投资单位其他							
所有者权益变动的影响							
3.与计入所有者权益项目							
相关的所得税影响							
4.其他							
上述(一)和(二)小计		423,167,788.07			−268,355,464.33		154,812,323.74
(三)所有者投入和减少资本							
1.所有者投入资本							
2.股份支付计入所有者权益的金额							
3.其他							
(四)利润分配							
1.提取盈余公积							
2.对所有者(或股东)的分配							
3.其他							
(五)所有者权益							
内部结转	356,623,209.00	−356,623,209.00					
1.资本公积转增							
资本(或股本)	356,623,209.00	−356,623,209.00					
2.盈余公积转增							
资本(或股本)							
3.盈余公积弥补亏损							
4.其他							
四、本期期末余额	2,139,739,257.00	4,816,120,370.17		344,608,795.78	71,277,260.00		7,371,745,682.95

公司法定代表人:周世平　　主管会计工作负责人:孙基　　会计机构负责人:杨汉昌

7.3 会计政策、会计估计和核算方法变更的说明

本公司以前年度固定资产中发电设备折旧年限为 12 年。鉴于公司以往发电设备实际磨损情况,根据公司本年度第四届第八次董事会决议,发电设备折旧年限由原来 12 年变更为 20 年。

7.4 本报告期无会计差错更正。

7.5 报告期内,公司财务报表合并范围未发生重大变化。

四川路桥建设股份有限公司

四川路桥建设股份有限公司2008年年度报告摘要

第一节　重要提示

1.1 本公司董事会、监事会及董事、监事、高级管理人员保证本报告所载资料不存在任何虚假记载、误导性陈述或者重大遗漏，并对其内容的真实性、准确性和完整性承担个别及连带责任。

本年度报告摘要摘自年度报告全文，投资者欲了解详细内容，应当仔细阅读年度报告全文。

1.2 公司全体董事出席董事会会议。

1.3 中瑞岳华会计师事务所有限公司为本公司出具了标准无保留意见的审计报告。

1.4 公司负责人孙云、主管会计工作负责人李继东及会计机构负责人(会计主管人员)王猛声明：保证年度报告中财务报告的真实、完整。

第二节　公司基本情况简介

2.1 基本情况简介

股票简称	四川路桥
股票代码	600039
上市交易所	上海证券交易所
公司注册地址和办公地址	四川省成都市高朋大道11号科技工业园F-59号 四川省成都市高新区九兴大道12号
邮政编码	610041
公司国际互联网网址	www.scrbc.com.cn
电子信箱	srbg@mail.sc.cninfo.net

2.2 联系人和联系方式

	董事会秘书	证券事务代表
姓名	曹川	冯振民
联系地址	四川省成都市高新区九兴大道12号	四川省成都市高新区九兴大道12号
电话	028-85126085	028-85127039
传真	028-85126084	028-85126084
电子信箱	srbcdsh@163.com	sclqdsh@tom.com

第三节　会计数据和业务数据摘要

3.1 主要会计数据

单位：元 币种：人民币

	2008年	2007年	本年比上年增减(%)	2006年(注2)
营业收入	2,191,418,101.29	1,800,120,495.35	21.74	2,463,043,311.12
利润总额	29,273,160.22	44,212,913.87	-33.79	30,464,147.75
归属于上市公司股东的净利润	14,103,132.61	20,270,872.43	-30.43	19,939,167.67
归属于上市公司股东的扣除非经常性损益的净利润	185,665.80	16,442,785.34	-98.87	15,539,214.85
经营活动产生的现金流量净额	73,409,197.86	33,947,205.54	116.25	-51,545,830.08
	2008年末	2007年末	本年末比上年末增减(%)	2006年末(注2)
总资产	5,281,176,398.93	4,559,873,396.41	15.82	3,409,372,714.30
所有者权益(或股东权益)	833,234,633.51	1,015,164,216.70	-17.92	1,069,471,628.07

3.2 主要财务指标

	2008年	2007年	本年比上年增减(%)	2006年
基本每股收益(元/股)	0.0464	0.0667	-30.43	0.0665
稀释每股收益(元/股)	0.0464	0.0667	-30.43	0.0665
扣除非经常性损益后的基本每股收益(元/股)	0.0006	0.0541	-98.89	0.0518
全面摊薄净资产收益率(%)	1.6926	1.9968	减少0.3042个百分点	2.5647
加权平均净资产收益率(%)	1.5260	2.2616	减少0.7356个百分点	2.0622
扣除非经常性损益后全面摊薄净资产收益率(%)	0.0223	1.6197	减少1.5974个百分点	1.9988
扣除非经常性损益后的加权平均净资产收益率(%)	0.0201	1.8345	减少1.8144个百分点	1.6071
每股经营活动产生的现金流量净额(元/股)	0.2415	0.1117	116.20	-0.1696
	2008年末	2007年末	本年比末上年末增减(%)	2006年末
归属于上市公司股东的每股净资产(元/股)	2.74	3.34	-17.96	2.56

非经常性损益项目

√适用　□不适用

单位：元 币种：人民币

非经常性损益项目	金额
非流动资产处置损益	-368,424.14
除同公司正常经营业务相关的有效套期保值业务外，持有交易性金融资产、交易性金融负债产生的公允价值变动损益，以及处置交易性金融资产、交易性金融负债和可供出售金融资产取得的投资收益	17,758,663.20
除上述各项之外的其他营业外收入和支出	-4,918,288.43
其他符合非经常性损益定义的损益项目	285,375.00
少数股东权益影响额	107,032.65
所得税影响额	1,053,108.53
合计	13,917,466.81

3.3 境内外会计准则差异：

□适用　√不适用

第四节　股本变动及股东情况

4.1 股份变动情况表

□适用　√不适用

限售股份变动情况表

√适用　□不适用

单位：股

股东名称	年初限售股数	本年解除限售股数	本年增加限售股数	年末限售股数	限售原因	解除限售日期
四川公路桥梁建设集团有限公司	108,809,440	15,200,000	0	93,609,440	限售期未满	2008-1-10
四川贵通建设集团有限公司	797,640	797,640	0	0		2008-1-10
四川九寨黄龙机场有限责任公司	797,640	797,640	0	0		2008-1-10
四川嘉陵资产经营管理有限责任公司	797,640	797,640	0	0		2008-1-10
成都阳耀物资有限责任公司	797,640	797,640	0	0		2008-1-10
合计	112,000,000	18,390,560	0	93,609,440	/	/

4.2 股东数量和持股情况

单位：股

报告期末股东总数　78,576户

前十名股东持股情况

股东名称	股东性质	持股比例(%)	持股总数	持有有限售条件股份数量	质押或冻结的股份数量
四川公路桥梁建设集团有限公司	国有法人	35.793	108,809,440	93,609,440	无
严丽萍	境内自然人	0.003	888,000	0	未知
四川贵通建设集团有限公司	境内非国有法人	0.003	797,640	0	未知
四川九寨黄龙机场有限责任公司	境内非国有法人	0.003	797,640	0	未知
邝文刚	境内自然人	0.002	532,100	0	未知
文美方	境内自然人	0.002	509,000	0	未知
胡碧群	境内自然人	0.001	449,000	0	未知
陈文珍	境内自然人	0.001	386,846	0	未知
杨　焰	境内自然人	0.001	380,000	0	未知
张尚林	境内自然人	0.001	355,670	0	未知

前十名无限售条件股东持股情况

股东名称	持有无限售条件股份的数量	股份种类
四川公路桥梁建设集团有限公司	15,200,000	人民币普通股
严丽萍	888,000	人民币普通股
四川贵通建设集团有限公司	797,640	人民币普通股
四川九寨黄龙机场有限责任公司	797,640	人民币普通股
邝文刚	532,100	人民币普通股
文美方	509,000	人民币普通股
胡碧群	449,000	人民币普通股
陈文珍	386,846	人民币普通股
杨　焰	380,000	人民币普通股
张尚林	355,670	人民币普通股
上述股东关联关系或一致行动的说明	前十名股东中，四川公路桥梁建设集团有限公司持有四川九寨黄龙机场有限责任公司 7.5% 股份，其余发起人股东之间不存在关联关系，也不属于《上市公司持股变动信息披露管理办法》中规定的一致行动人；除此之外，未知其他股东之间是否存在关联关系，也未知其他股东是否属于《上市公司持股变动信息披露管理办法》中规定的一致行动人。	

4.3 控股股东及实际控制人情况介绍

4.3.1 控股股东及实际控制人变更情况

□适用　　　　√不适用

4.3.2 控股股东及实际控制人具体情况介绍

4.3.2.1 法人控股股东情况

单位:元　币种:人民币

名称	法定代表人	注册资本	成立日期	主营业务
四川公路桥梁建设集团有限公司	孙云	500,000,000	1998 年 4 月 16 日	* *

* * 可承担工业与民用建筑、航务、航道、公路、铁路综合工程、设备、建材工业安装，地基与基础、建筑防水及装饰、土石方、爆破及预应力专项、钢结构、网架、隧道、机械施工的工程总承包。承包本行业国外工程和境内外资工程；上述工程所需的设备、材料出口；对外提供本行业工程、生产及服务的劳务人员；国家有关规定在国(境)外举办企业。水运工程勘察设计；工程技术咨询服务；工程机械的租赁、销售及维修；建筑材料(不含危险化学品)的生产、销售；大型设备的装运；销售金属材料(不含稀贵金属)，汽车零部件，五金，交电，机电设备，公路沿线服务设施建设。(以下项目不含前置许可项目，后置许可项目凭许可证或审批文件经营)桥梁工程、市政公用工程、地质灾害治理工程；项目投资；房地产开发经营；工程的设计、监理、咨询和试验检测。

4.3.2.2 法人实际控制人情况

单位: 元　币种:人民币

名称	法定代表人	注册资本	成立日期	主营业务
四川省国有资产监督管理委员会				

第五节　董事、监事和高级管理人员

5.1 董事、监事和高级管理人员持股变动及报酬情况

单位:股

姓名	职务	性别	年龄	任期起始日期	任期终止日期	年初持股数	年末持股数	变动原因	报告期内从公司领取的报酬总额(万元)	报告期被授予的股权激励情况 可行权股数	已行权数量	行权价(元)	期末股票市价(元)	是否在股东单位或其他关联单位领取报酬、津贴
孙　云	董事长	男	47	2006-3-11	2009-3-10				29.39					否
甘　洪	董事、总经理	男	47	2006-3-11	2009-3-10				19.86					否
白　茂	董事	男	43	2006-4-8	2009-3-10				0					是
曹　川	董事、副总经理、董事会秘书	男	46	2006-3-11	2009-3-10				17.86					否
马青云	董事	男	45	2006-3-11	2009-3-10				0					是
杨盛福	独立董事	男	72	2006-3-11	2009-3-10				4.09					否
范文理	独立董事	男	63	2006-3-11	2009-3-10				4.09					否
章群	独立董事	女	46	2006-3-11	2009-3-10				4.09					否
赵泽松	独立董事	男	55	2008-3-31	2009-3-10				3.06					否
刘　刚	监事主席	男	56	2006-3-11	2009-3-10				0					是
彭志强	监事	男	52	2006-3-11	2009-3-10				0					是
曾继刚	监事	男	62	2006-3-11	2009-3-10				0					是
黄洪华	监事	男	44	2006-3-11	2009-3-10				6.36					否
冉铮海	监事	男	36	2006-3-11	2009-3-10				6.42					否
刘志刚	副总经理	男	44	2006-3-11	2009-3-10				6.62					否
冯强林	副总经理	男	44	2006-3-11	2009-3-10				7.6					否
胡元华	副总经理	男	45	2006-3-11	2009-3-10				8.2					否
郭祥辉	副总经理	男	46	2006-3-11	2009-3-10				6.77					否
刘德永	副总经理	男	45	2006-10-26	2009-3-10				6.64					否
李继东	财务总监	男	46	2006-3-11	2009-3-10				8.04					否
曹　瑞	总工程师	男	53	2006-3-11	2009-3-10				6.68					否
合　计	/	/	/	/	/			/	145.77			/	/	/

注：上述董、监事和高管人员中，孙云先生在公司控股股东四川公路桥梁建设集团有限公司担任董事长、总裁、党委书记，甘洪、曹川两位先生在公司控股股东四川公路桥梁建设集团有限公司担任董事。该三位人员纳入了四川省国资委企业负责人经营业绩考核考核范围，根据四川省国资委2008 年 10 月 20 日下发的《关于确定 2007 年度省属企业负责人经营业绩考核结果的通知》(川国资考核[2007]23 号)文件通知，上述三位人员补发了 2007 年度绩效薪酬分别为 13 万元、10 万元和 8 万元。

第六节　董事会报告

6.1 管理层讨论与分析

1、报告期内公司总体经营情况的回顾

刚刚过去的 2008 年，经济形势复杂多变，挑战与风险历史罕见。国内自然灾害、国际金融危机、大宗商品与金融市场剧烈波动，国家出台了一系列重大经济政策进一步扩大内需，全力保经济增长。

2008 年，公司的生产经营工作遭遇了严峻的挑战。“5.12”汶川大地震后公司生产经营虽然受到一定程度的影响，但公司坚持实现生产经营目标不动摇，一手抓抗震救灾并夺取了重大胜利，一手抓生产经营，紧紧围绕董事会年初的工作计划，采取了一系列积极有效的应对措施，较好完成了董事会年初下达的各项生产经营目标任务。

公司 2008 年实现营业务收入 21.91 亿元，同比增长 21.74%；净利润 3,016.68 万元，其中归属于母公司的净利润 1,410.31 万元，与调整前上年金额相比增长 17.07%，但根据财政部文件要求，公司按政策规定追溯调整 2007 年末净利润金额，由调整前的 2,682 万元调整到 3,509.86 万元，造成调整后 2008 年度归属于母公司的净利润同比有一定下降。全年新中标项目 19 个，中标金额 19.89 亿元，同比增长 33.3%；共实现路桥收费和电力销售收入 1.27 亿元，同比增长 58.52%；全年共完成水电和路桥收费项目投资 5.38 亿元。

2008 年完成的主要工作情况如下：

(1)抗震救灾工作取得重大胜利

“5.12”汶川大地震发生后，公司控股股东四川公路桥梁建设集团有限公司(以下简称“集团公司”)立即成立了抗震抢险救灾突击队，第一时间开赴汶川、都江堰、绵竹、北川、青川等抗震救灾最前沿，不畏艰险、不惜代价、奋勇拼搏，以最快速度抢救灾区人民和国家财产，抢通灾区道路，打通多条生命救援通道，为抗震救灾工作做出了突出的、巨大的贡献。

在抗震救灾工作中，集团公司与本公司作为一个抗震救灾集体，共成功从废墟中抢救被埋群众 100 多人，转移灾民 1 万多人。先后共投入一线人员 3000 多人，投入资金 3 亿多元，设备 500 多台，打通交通生命线 400 多公里，为灾区捐款捐物 400 多万元。全集团的抗震救灾工作受到党和政府，以及人民群众的高度肯定和赞扬。集团公司被党中央、国务院、中央军委评为“全国抗震救灾英雄集体”，被中组部授予“抗震救灾先进基层党组织”光荣称号，被交通运输部评为“抗震救灾先进集体”。

(2)生产经营工作稳步发展

在路桥施工主营业务方面，2008 年公司生产任务繁重，受“5.12”汶川大地震的影响，公司在建项目的建设工作曾一度滞后。面对困难局面，公司采取积极有效措施，抗震救灾和生产经营两手一起抓，公司上下团结一心、顽强拼搏，不仅打赢了抗震救灾硬仗，而且实现了生产经营的稳定发展。

路桥施工业务全年累计完成收入 20.64 亿元，同比增长 27.56%。中标项目共计 19 个，中标金额 19.89 亿元，同比增长 33.3%。实现了公司主营业务的稳步发展势头。2008 年公司加强了质量管理的制度建设和施工现场的过程控制，加强材料试验和工程检测工作，工程质量合格率达到 100%，顺利通过了“三证合一”的监督和审核。

在其他业务方面，2008 年公司在投资项目方面取得了可喜的成绩，电力销售和路桥收费收入均实现了较快增长；公司抓紧落实资金，各个在建投资项目加快了建设进度。其中，宜宾长江大桥和双滩、风滩水电站顺利建成并投入运营，巴郎河水电站投资建设进展顺利，泸州绕城公路项目因公路规划变更而遗留的 8 公里路段未能如期建设的问题，经过公司与泸州方进行积极的协调，双方已达成共识并重新启动了项目建设工作。

2008 年，公司路桥收费共实现收入 9,321.66 万元，同比增长 36.64%，实现净利润 6,637.96 万元，同比增长 39.07%，其中，归属于母公司净利润 4,545.64 万元；电力销售共实现收入 3,414.72 万元，同比增长了 159.38%；实现净利润 355.88 万元，其中，归属于母公司的净利润 227.58 万元；全年共完成投资 5.68 亿元。

在抓好原有各个在建投资项目的同时，公司积极地考察各类投资项目，力争为公司培育更多的利润增长点。2008 年，公司与自贡市政府签定了项目总投资 21 亿元的南湖生态城及板仓工业园区综合建设整体项目投资合作协议书。目前该项目虽然因受国家宏观调控和金融危机的影响，土地市场价格呈下降趋势，经济效益前景不太明朗，该项目截止报告期末尚未正式启动，公司将根据经济形势的变化，采取积极有效措施，在控制项目风险的前提下，稳妥推进项目的投资建设工作。

2008 年，公司还涉足了土地整理开发市场。公司组建成立了四川路桥城乡建设投资有限公司，该公司目前已在乐山市五通、峨眉等地签订了 2 亿元的农村土地整理开发合同，正积极开展前期工作，力争在 2009 取得效益。

(3)管理水平进一步提高

向管理要效益，是公司常紧抓不懈的一项重要工作。2008 年，公司进一步强化内部管理，根据市场的发展形势，修订或出台了多项管理制度，管理水平得到了进一步提高。2008 年公司以项目管理为中心，以《项目管理办法》和《项目管理标准》为基础，进一步完善财务管理制度，加大各项管理制度的执行力度，加强对项目管理的过程监控，加强监察审计，对重大事项实施严格管理、集中控制，不断改变粗放的管理面貌，不断提高管理水平和成效。

2、科技创新情况

2008 年，公司集中力量，依托项目进行重大技术攻关，不断加大对科研项目的投入力度，科技创新再获丰收。全年共获得国家级科技、质量奖 1 项，省部级科技、质量奖 1 项，省级工法 1 项。其中，宜宾长江大桥“大跨径 PC 斜拉桥施工关键技术研究”科研项目获四川省政府和中国公路学会科技进步三等奖；宜水高速公路项目获“天府杯”金奖。科技创新能力的不断增强，为公司核心竞争

力地不断提升提供了有力保障。

3、对公司未来发展的展望

(1)公司所处行业发展趋势及分析

金融危机后,国务院出台了扩内需、保增长的十项措施,公布了4万亿的投资计划,各级地方政府也积极配合中央政府推出投资计划。国家大规模的基础设施投入,建筑行业迎来了前所未有的发展机遇。

①全国公路建设再掀热潮

国家4万亿的投资中,近一半投资将用于铁路、公路、机场和城乡电网建设,总额1.8万亿元。按照国家《高速公路路网规划》,2020年将建成高速公路10万公里。截止2008年底,全国高速公路通车里程达到5.5万公里,在建1.4万公里,待建3.1万公里,大部分未建高速公路将提前到2009至2013年的5年间完成。其间,高速公路总投资将达到3万亿元,年均建设高速公路6000公里,年均投资超过6000亿元。未来的5年,是全国高速公路建设最快的5年、规模最大的5年,是高速公路建设最重要的黄金期。

②四川加快灾后交通重建的步伐

四川省委省政府按照中央的统一部署提出进一步加快交通恢复重建工作,到2010年力争完成投资超过3万亿元,并把以交通为主的基础设施建设作为了投资重点。到2012年,全省将重点建设13个近1600公里国家高速公路网项目,基本实现国家高速公路网四川境内路段建成通车;高速公路通车里程超过3500公里,力争达到3800公里以上,建成高速公路进出川通道12条。

(2)新年度经营计划

结合上述行业前景和公司的实际情况,公司制定的2009年经营计划如下:

①创新经营思路,大力开拓市场。

2009年公司牢牢要抓住机遇,创新经营思路,坚持"有所为有所不为"的经营理念,把省内市场作为主战场,坚持省内不放、省外不让的经营方针,力争实现省内市场新突破的同时确保省外市场份额和经营效益不断提高。2009年公司计划完成产值29.5亿元,计划新增市场份额20亿元,其中省内12亿元,省外8亿元。

②继续推进产业投资,进一步优化产业结构。

公司要加快各在建项目的建设进度。一是按期实现巴郎河第一级巴郎口电站投产发电,加快第二级华山沟7.2万千瓦水电站建设,完成巴郎口电力输出线路工程和变电站建设。二是泸州绕城公路项目剩余8公里抓紧实施,力争2009年7月完成建设,并处理好遗留问题。三是做好宜宾三桥的运营管理,及时向地方政府有关部门取得收费收入,同时加强大桥的养护和安全管理工作。四是根据房地产行业的发展态势,在控制风险的前提下,谨慎推进自贡南湖生态城及板仓工业园项目。五是积极探索相关基础设施投资建设的可行性,在条件成熟时,力争实现新突破。六是进一步拓展产业链,深入调整产业结构,建立更加科学、完善的产业体系,增强公司综合实力。

③推进改制工作,创新经营机制。

继续按照混合所有制公司或有限责任公司形式,对下属主业公司进行改制改革。有计划有步骤地推行薪酬激励机制,体现按贡献进行分配的原则,增强工资待遇的激励功能。建立材料价格风险预防机制,密切关注市场变化,采取有效措施,积极预防材料价格大幅度涨导致成本大幅攀升。

④进一步完善内控制度,提高治理水平。

要按照《企业内部控制基本规范》进一步建立健全内控制度,对于尚未制定的规章制度要及时制定,对于已有的制度要严格按要求修改完善。格各项制度的执行力度,落实到公司各管理环节,进一步提高公司的治理水平。

4、资金需求及使用计划

公司投资规模不断加大,资金需求量也增大。公司将加强财务管理,努力降低财务费用,进一步提高资金的周转效率,开源节流,同时采取多渠道多种方式解决公司资金的需求。

5、面临的风险因素及对策

①宏观经济政策调控风险。

随着金融危机的蔓延和加深,国家及时调整宏观政策,银行连续大幅度降息,建材、人工等各类成本整体有一定幅度的下降。由于公司路桥施工项目施工周期较长,公司流动资金贷款余额较多,随着国家经济刺激计划深入实施,各类基础建设工程进入大规模的建设期后,建材、人工等各类成本可能上涨,也可能出现银行信贷收紧等情况,造成公司2008年下半年以来新中标施工项目以及公司投资的项目成本增加,资金紧张,有导致项目盈利能力降低甚至亏损的风险。

应对策略:

加强项目的监控和管理,实施有效的成本控制,根据项目的实施进展和建材市场的变化情况,提前储备项目所需材料,采取有效方式,进一步锁定项目成本,尽可能降低原材料价格变动风险。同时在建投资项目的管理,及早建成营运。

②行业竞争加剧风险。

目前我国有近13万家建筑企业,我国拥有资质等级的施工总承包、专业承包建筑企业(不含劳务分包建筑业企业)将近6万家,加之行业竞争不规范,公司面临着激烈的市场竞争,从而可能导致公司施工业务利润空间进一步降低的风险。

应对策略:

创新经营机制,加大市场开拓力度,发挥公司总部、各分、子公司的多级协同作用,建立广泛的经营网络,坚持"有所为有所不为"的经营理念,进一步提高公司中标项目的质量。

③产业结构调整风险。

公司近年来积极进行产业结构调整,并取得了较好的成效,初步改变了公司路桥施工业务单一的风险。但随着金融危机的蔓延和加深,公司进入的自贡土地开发整理项目受到了较大的影响,目前,项目所在地的土地拍卖价格持续低迷,地产行业进入了不景气周期,可能会导致一定的经营风险。

应对策略:

加强项目所处行业变化情况的研究,采取积极有效的应对措施,在控制风险的前提下,稳妥推进项目的投资建设工作。

④投资项目经营环境变化风险。

公司的投资项目可能因投资环境变化,地方政府未按约定方式履约、延期支付投资收益等因素的影响,从而可能导致投资项目经营方式、经营期限改变,项目预期收益改变,甚至终止项目实施的风险。

应对策略:

加强与项目所在地政府的沟通协调工作,及时解决项目在建设和经营过程中出现的情况,确保公司的投资利益,同时要进一步研究进入新的投资领域,减少此类项目的投资,规避相关风险。

与公允价值计量相关的项目

√适用　□不适用

单位:元

项目(1)	期初金额(2)	本期公允价值变动损益(3)	计入权益的累计公允价值变动(4)	本期计提的减值(5)	期末金额(6)
金融资产					
其中:1.以公允价值计量且其变动计入当期损益的金融资产	16,658,609.48	−7,816,250.78			10,876,916.97
其中:衍生金融资产					
2.可供出售金融资产	316,534,441.19		59,532,499.86		98,307,520
金融资产小计	333,193,050.67	−7,816,250.78	59,532,499.86		109,184,436.97
投资性房地产					
合计	360,665,041.54	−7,816,250.78	59,532,499.86		135,780,944.52

持有外币金融资产、金融负债情况

□适用　√不适用

6.2 主营业务分行业、产品情况表

单位:元 币种:人民币

分行业或分产品	营业收入	营业成本	营业利润率(%)	营业收入比上年增减(%)	营业成本比上年增减(%)	营业利润率比上年增减(%)
分行业						
主营业务收入	2,162,718,959.46	1,919,737,737.69	11.23	20.66	20.17	增加0.36个百分点
其他业务收入	28,699,141.83	10,926,795.48	61.93	275.50	610.57	减少17.95个百分点
分产品						
工程施工	2,035,825,943.21	1,907,280,681.64	6.31	18.91	20.04	减少0.88个百分点
水力发电	34,147,212.67	9,476,521.51	72.25	159.38	34.62	增加25.72个百分点
BT及BOT融资	92,745,803.58	2,980,534.54	96.79	38.06	87.54	减少0.85个百分点

6.3 募集资金使用情况

□适用　√不适用

变更项目情况

□适用　√不适用

6.4 非募集资金项目情况

√适用　□不适用

单位:元 币种:人民币

项目名称	项目金额	项目进度	项目收益情况
巴郎沟水电站项目	1,215,001,100.00	工程投入占预算的比例75.25%。	在建工程还没产生收益
合计	1,215,001,100.00	/	/

6.5 董事会对会计师事务所"非标准审计报告"的说明

□适用　√不适用

6.6 董事会本次利润分配或资本公积金转增股本预案

经中瑞岳华会计师事务所审计,母公司2008年度共实现净利润−17,701,390.77元,本年度可供股东分配利润−59,059,929.21元。

由于公司的累计净利润为负数,因此,公司本年度的利润不分配,也不进行资本公积金转增股本。

公司本报告期内盈利但未提出现金利润分配预案

□适用　√不适用

第七节　重要事项

7.1 收购资产

□适用　√不适用

7.2 出售资产

□适用　√不适用

7.3 重大担保

√适用　□不适用

单位:元 币种:人民币

公司对外担保情况(不包括对子公司的担保)	
报告期内担保发生额合计	0
报告期末担保余额合计	0
公司对子公司的担保情况	
报告期内对子公司担保发生额合计	455,504,000
报告期末对子公司担保余额合计	455,504,000
公司担保总额情况(包括对子公司的担保)	
担保总额	455,504,000
担保总额占公司净资产的比例(%)	54.67

其中:	
为股东、实际控制人及其关联方提供担保的金额	0
直接或间接为资产负债率超过 70%的被担保对象提供的债务担保金额	0
担保总额超过净资产 50%部分的金额	0
上述三项担保金额合计	0

7.4 重大关联交易

7.4.1 与日常经营相关的关联交易

√适用　　□不适用

单位:元 币种:人民币

关联方	向关联方销售产品和提供劳务		向关联方采购产品和接受劳务	
	交易金额	占同类交易金额的比例(%)	交易金额	占同类交易金额的比例(%)
四川公路桥梁建设集团有限公司			7,508,885.56	1.04
四川路桥特种材料有限责任公司			4,484,133.7	0.62
四川路桥川交建材有限公司			2,391,255.58	0.33
四川公路桥梁建设集团有限公司			61,917,959.09	3.24
四川路航建设工程有限责任公司			10,402,477.2	0.54
四川路桥川交建材有限公司			172,000	0.01
四川金通工程试验检测有限公司			323,600	0.02
四川公路桥梁建设集团有限公司			494,230.85	
四川川交路桥有限责任公司			658,364	
四川路桥川交建材有限公司			296,925.4	
四川盛大交通科研设计有限公司			692,000	
四川公路桥梁建设集团有限公司	15,893,801.2			
四川路桥特种材料有限责任公司	53,239.99			
四川公路桥梁建设集团有限公司	35,303,329.74			
四川川交路桥有限责任公司	35,653.87			
合计	51,286,024.8		89,341,831.38	5.80

其中:报告期内公司向控股股东及其子公司销售产品或提供劳务的关联交易金额 51,286,024.80 元。

7.4.2 关联债权债务往来

√适用　　□不适用

单位:元 币种:人民币

关联方	向关联方提供资金		关联方向公司提供资金	
	发生额	余额	发生额	余额
四川公路桥梁建设集团有限公司	376,736	241,316.96		
四川公路桥梁建设集团有限公司	374,566,014.82	65,853,242.84		
江安长江公路大桥开发有限责任公司	3,345,959	11,194,347.59		
四川金通工程试验检测公司	80,000	80,000		
四川金通工程试验检测公司	278,678.12	30,278.12		
四川路航建设工程有限责任公司	605,869.66	605,869.66		
四川路航建设工程有限责任公司	5,344,007.28	0		
四川路桥交通工程有限公司	364,140	364,140		
宜宾戎州大桥开发有限责任公司	537,245.41	8,000,000		
四川川交路桥有限责任公司	12,876,643.37	5,589,608.05		
四川宜泸高速公路开发有限责任公司	1,604,100	4,100		
四川路桥特种材料有限公司			845,947	−1,332,822
四川路桥特种材料有限公司			2,355,371	−1,816,493.9
四川路航建设工程有限责任公司				−4,969,406.01
四川路航建设工程有限责任公司			5,461,203.23	−4,165,740.84
四川路桥水泥制品有限公司				−327,151.95
四川盛大交通科研设计公司			50,000	−320,000
四川盛大交通科研设计公司			308,000	−378,000
四川通锦房产开发有限公司				−97,300
宜宾戎州大桥开发有限责任公司			−5,537,780	
四川路桥建材设备有限责任公司			2,033,970.87	−256,104.71
四川路桥建材设备有限责任公司			1,436,317.4	−235,656.91
合计	399,979,393.66	91,962,903.22	12,490,809.5	−19,436,456.32

其中:报告期内公司向控股股东及其子公司提供资金的发生额 399,979,393.66 元,余额−19,436,456.32 元。

7.4.3 2008 年资金被占用情况及清欠进展情况

√适用　　□不适用

大股东及其附属企业非经营性占用上市公司资金的余额(万元)		报告期清欠总额(万元)
期初	期末	−567.35
−1,319.41	−3,189.2	
大股东及其附属企业非经营性占用上市公司资金及清欠情况的具体说明	报告期末,本公司不存在大股东及其附属企业非经营性占用本公司资金的情况,相反本公司占用大股东及其附属企业资金 3189.20 万元。	

截止 2008 年末,上市公司未完成非经营性资金占用的清欠工作的,董事会提出的责任追究方案

□适用　　√不适用

7.5 委托理财

□适用　　√不适用

7.6 承诺事项履行情况

7.6.1 公司或持股 5%以上股东在报告期内或持续到报告期内的承诺事项

√适用　　□不适用

承诺事项	承诺内容	履行情况
股改承诺	公司控股股东四川公路桥梁建设集团有限公司持有的非流通股份自获得上市流通权之日起,十二个月内不上市交易或者转让。在上述锁定期期满后,通过上海证券交易所挂牌交易出售股份的数量占四川路桥的股份总数比例在十二个月内不超过 5%,在二十四个月内不超过 10%。	认真履行承诺

7.6.2 公司资产或项目存在盈利预测,且报告期仍处在盈利预测期间,公司就资产或项目是否达到原盈利预测及其原因作出说明:

□适用　　√不适用

7.7 重大诉讼仲裁事项

√适用　　□不适用

单位:元 币种:人民币

诉讼(仲裁)基本情况	诉讼(仲裁)涉及金额	诉讼(仲裁)进展	诉讼(仲裁)审理结果及影响	诉讼(仲裁)判决执行情况
详见重大诉讼仲裁事项的详细说明	914,727.45	原告胡光强由于起诉的证据不足,已自行撤诉。	无重大影响	原告已自行撤诉

本公司下属子公司四川路桥桥梁工程有限责任公司桥梁分公司于 2004 年 12 月 17 日与中铁第十五工程局西南工程处签订工程劳务分包合同,将国道 318 线海子山至竹巴笼段 BT4 合同段隧道劳工程务分包给中铁十五局。后该局授权胡光强组建德达隧道项目部,胡光强任项目经理,全权负责组织、管理隧道项目劳务工程施工。项目部进场后由于自身施工、管理能力问题,多次被业主、监理责令整改。

2005 年 11 月,我公司应业主、监理方的要求与其解除劳务工程分包合同,要求其退场。2007 年 11 月胡光强向成都市中级人民法院提起诉讼,第一、第二被告分别为四川路桥桥梁工程有限责任公司桥梁分公司和本公司,第三被告为四川恒路实业有限公司,第四被告为自然人冉小川(挺),要求支付其材料款、劳务工程款以及解除合同的损失共计 2,831,861.1 元。本案已在 2007 年度报告中披露。本案由于原告胡光强因证据不足,已经自行撤诉。

7.8 其他重大事项及其影响和解决方案的分析说明

7.8.1 证券投资情况

√适用　　□不适用

序号	证券品种	证券代码	证券简称	初始投资金额(元)	持有数量	期末账面值	占期末证券投资比例(%)	报告期损益
1.	基金	160310	华夏优势增长	4,368,784.5	4,412,793.97	6,411,789.64	58.95	−4,924,678.07
2.	基金	160304	华夏现金增利	2,253,224.2	2,491,395.45	2,491,395.45	22.91	97,997.75
3.	股票	600717	天津港	1,810,839	82,000.00	711,760.00	6.54	−1,099,079.00
4.	基金	161007	富国天合	1,200,000	1,190,724.00	678,712.68	6.24	−521,287.32
5.	股票	600028	中国石化	718,380.00	55,000.00	386,100.00	3.55	−332,280.00
6.	股票	000088	盐田港	981,160.00	41,420.00	197,159.20	1.81	−784,000.80
报告期已出售证券投资损益				/	/	/	/	25,407,771.36
合计				11,332,387.70	/	10,876,916.97	100%	17,844,443.92

7.8.2 持有其他上市公司股权情况

√适用　　□不适用

单位:元

证券代码	证券简称	初始投资金额	占该公司股权比例(%)	期末账面值	报告期损益	报告期所有者权益变动	会计核算科目	股份来源
600036	招商银行	28,269,988.61	0.1922	98,307,520.00	−218,226,921.19	−190,077,322.12	可供出售金融资产	资产置换
合计		28,269,988.61	/	98,307,520.00	−218,226,921.19	−190,077,322.12	/	/

7.8.3 持有非上市金融企业股权情况

□适用　　√不适用

7.8.4 买卖其他上市公司股份的情况

□适用　　√不适用

第八节　监事会报告

监事会认为公司依法运作、公司财务情况、公司募集资金使用、公司收购、出售资产交易和关联交易不存在问题。

8.1 监事会对公司依法运作情况的独立意见

监事会根据《公司法》、《证券法》、《上市公司治理准则》以及《公司章程》等有关规定的要求,对公司股东大会、董事会召开程序、决议事项,董事会对股东大会决议的执行情况,公司高级管理人员执行职务情况及管理制度进行了监督。

监事会认为,公司召开的历次股东大会、董事会的召集、召开、表决、决议等决策程序均符合有

关法律法规的规定。公司董事会按照股东大会的决议要求，切实履行了各项决议，建立并完善了内部控制制度，其决策程序符合《公司法》和《公司章程》的有关规定。公司董事、高级管理人员在履行职责和行使职权时，以公司利益为出发点，没有违反法律、法规、公司章程的行为，也没有损害公司利益的行为。

8.2 监事会对检查公司财务情况的独立意见

公司监事会定期对公司的财务结构和财务状况进行了认真的检查，认为公司严格执行了财经法规和财务制度，在财务管理、资金管理、合同管理等内部控制制度基本完善，公司财务状况良好，财务管理规范。

2008 年年报编制和审议程序符合法律、法规、《公司章程》和公司内部管理制度的各项规定；年报的内容和格式符合中国证监会和上海证券交易所的各项规定，所包含的信息全面真实地反映出公司 2008 年度的经营管理和财务状况；在提出本意见前，没有发现参与年报编制和审计的人员有违反保密规定的行为。中瑞岳华会计师事务所对公司 2008 年财务报告出具了标准无保留意见的审计报告。

8.3 监事会对公司关联交易情况的独立意见

报告期内，监事会监督检查了公司的各项关联交易，认为公司的关联交易是符合公司业务和行业特点的，没有损害非关联股东的利益，交易内容合法有效、公允合理，不损害公司的利益，符合公开、公正和公平的原则；关联交易的决策程序符合《公司章程》的规定和上海证券交易所《股票上市规则》等有关规定。

第九节 财务会计报告

9.1 审计意见

财务报告	□未经审计	√审计
审计意见	√标准无保留意见	□非标意见

审计意见全文

审计报告

中瑞岳华审字[2009]第 02143 号

四川路桥建设股份有限公司：

我们审计了后附的四川路桥建设股份有限公司（以下简称“四川路桥公司”）财务报表，包括 2008 年 12 月 31 日的资产负债表和合并资产负债表，2008 年度的利润表和合并利润表、股东权益变动表和合并股东权益变动表、现金流量表和合并现金流量表以及财务报表附注。

1、管理层对财务报表的责任

按照企业会计准则的规定编制财务报表是四川路桥公司管理层的责任。这种责任包括：(1)设计、实施和维护与财务报表编制相关的内部控制，以使财务报表不存在由于舞弊或错误而导致的重大错报；(2)选择和运用恰当的会计政策；(3)作出合理的会计估计。

2、注册会计师的责任

我们的责任是在实施审计工作的基础上对财务报表发表审计意见。我们按照中国注册会计师审计准则的规定执行了审计工作。中国注册会计师审计准则要求我们遵守职业道德规范，计划和实施审计工作以对财务报表是否不存在重大错报获取合理保证。

审计工作涉及实施审计程序，以获取有关财务报表金额和披露的审计证据。选择的审计程序取决于注册会计师的判断，包括对由于舞弊或错误导致的财务报表重大错报风险的评估。在进行风险评估时，我们考虑与财务报表编制相关的内部控制，以设计恰当的审计程序，但目的并非对内部控制的有效性发表意见。审计工作还包括评价管理层选用会计政策的恰当性和作出会计估计的合理性，以及评价财务报表的总体列报。

我们相信，我们获取的审计证据是充分、适当的，为发表审计意见提供了基础。

我们认为，四川路桥公司财务报表已经按照企业会计准则的规定编制，在所有重大方面公允反映了四川路桥公司 2008 年 12 月 31 日的财务状况及 2008 年度的经营成果和现金流量。

中瑞岳华会计师事务所有限公司　　　　中国注册会计师：王庆、徐铣才

北京市西城区金融大街 35 号国际企业大厦 A 座 8-9 层

9.2 财务报表

合并资产负债表

2008 年 12 月 31 日

编制单位:四川路桥建设股份有限公司　　　　单位:元 币种:人民币

项目	附注	期末余额	年初余额
流动资产：			
货币资金		564,800,958.27	687,184,555.14
结算备付金			
拆出资金			
交易性金融资产		10,876,916.97	16,658,609.48
应收票据			
应收账款		134,590,077.10	127,167,219.43
预付款项		153,377,603.86	124,828,520.50
应收保费			
应收分保账款			
应收分保合同准备金			
应收利息		1,369,000.00	1,369,000.00
应收股利			
其他应收款		499,789,593.50	476,365,582.78
买入返售金融资产			
存货		952,119,440.66	570,196,969.95
一年内到期的非流动资产		43,313,079.89	15,770,817.34
其他流动资产		1,902,000.00	1,043,288.52
流动资产合计		2,362,138,670.25	2,020,584,563.14
非流动资产：			
发放贷款及垫款			
可供出售金融资产		98,307,520.00	316,534,441.19
持有至到期投资			
长期应收款		864,426,971.60	783,900,188.83
长期股权投资		112,904,075.06	103,200,795.52
投资性房地产		26,596,507.55	27,471,990.87
固定资产		839,308,721.01	410,131,138.64
在建工程		915,321,446.52	854,233,948.20
工程物资		2,523,992.81	
固定资产清理			
生产性生物资产			
油气资产			
无形资产		13,141,130.68	9,758,234.45
开发支出			
商誉			
长期待摊费用		3,836,950.84	123,490.49
递延所得税资产		22,377,465.54	15,375,201.53
其他非流动资产		20,292,947.07	18,559,403.55
非流动资产合计		2,919,037,728.68	2,539,288,833.27
资产总计		5,281,176,398.93	4,559,873,396.41
流动负债：			
短期借款		949,197,981.15	817,483,288.41
向中央银行借款			
吸收存款及同业存放			
拆入资金			
交易性金融负债			
应付票据		2,000,000.00	4,500,000.00
应付账款		471,139,527.35	358,825,513.86
预收款项		652,393,001.70	342,431,336.31
卖出回购金融资产款			
应付手续费及佣金			
应付职工薪酬		77,909,968.10	73,890,058.54
应交税费		21,319,899.82	22,599,147.97
应付利息			
应付股利			
其他应付款		318,208,329.95	265,024,670.47
应付分保账款			
保险合同准备金			
代理买卖证券款			
代理承销证券款			
一年内到期的非流动负债		103,750,000.00	62,200,000.00
其他流动负债		34,497,751.86	23,652,081.55
流动负债合计		2,630,416,459.93	1,970,606,097.11
非流动负债：			
长期借款		1,422,900,000.00	1,176,200,000.00
应付债券			
长期应付款			
专项应付款			
预计负债			
递延所得税负债		10,505,735.27	45,162,576.00
其他非流动负债			
非流动负债合计		1,433,405,735.27	1,221,362,576.00
负债合计		4,063,822,195.20	3,191,968,673.11
股东权益：			
股本		304,000,000.00	304,000,000.00
资本公积		434,775,321.53	630,808,037.33
减：库存股			
盈余公积		57,262,401.95	55,859,053.55
一般风险准备			
未分配利润		37,196,910.03	24,497,125.82
外币报表折算差额			
归属于母公司所有者权益合计		833,234,633.51	1,015,164,216.70
少数股东权益		384,119,570.22	352,740,506.60
股东权益合计		1,217,354,203.73	1,367,904,723.30
负债和股东权益合计		5,281,176,398.93	4,559,873,396.41

公司法定代表人：孙云　　主管会计工作负责人：李继东　　会计机构负责人：王猛

母公司资产负债表

2008 年 12 月 31 日

编制单位:四川路桥建设股份有限公司　　　　单位:元 币种:人民币

项目	附注	期末余额	年初余额
流动资产：			

货币资金	420,619,572.53	512,158,729.70
交易性金融资产	10,876,916.97	16,658,609.48
应收票据	30,000,000.00	20,000,000.00
应收账款	99,053,150.61	65,066,110.90
预付款项	119,915,281.10	82,859,230.72
应收利息	1,369,000.00	1,369,000.00
应收股利	8,479,154.26	9,522,442.78
其他应收款	428,673,000.65	346,888,863.00
存货	728,465,349.29	397,456,328.12
一年内到期的非流动资产		
其他流动资产		
流动资产合计	1,847,451,425.41	1,451,979,314.70
非流动资产：		
可供出售金融资产	98,307,520.00	316,534,441.19
持有至到期投资		
长期应收款	30,000,000.00	30,000,000.00
长期股权投资	752,786,469.51	623,443,189.97
投资性房地产	26,596,507.55	27,471,990.87
固定资产	200,193,987.72	216,671,579.93
在建工程	942,000.00	399,000.00
工程物资		
固定资产清理		
生产性生物资产		
油气资产		
无形资产	3,079,776.95	3,317,476.13
开发支出		
商誉		
长期待摊费用	3,829,849.24	46,800.00
递延所得税资产	10,199,087.80	6,860,986.33
其他非流动资产	17,528,257.45	14,291,558.77
非流动资产合计	1,143,463,456.22	1,239,037,023.19
资产总计	2,990,914,881.63	2,691,016,337.89
流动负债：		
短期借款	719,697,981.15	718,483,288.41
交易性金融负债		
应付票据	190,000,000.00	96,500,000.00
应付账款	317,700,771.78	247,763,026.24
预收款项	580,890,588.61	299,277,667.20
应付职工薪酬	47,059,023.92	45,170,300.82
应交税费	5,832,486.07	9,576,090.11
应付利息		
应付股利	7,367,060.00	7,367,060.00
其他应付款	349,975,300.38	261,131,592.04
一年内到期的非流动负债		
其他流动负债	19,173,786.49	10,093,876.22
流动负债合计	2,237,696,998.40	1,695,362,901.04
非流动负债：		
长期借款		
应付债券		
长期应付款		
专项应付款		
预计负债		
递延所得税负债	10,505,735.27	45,162,576.00
其他非流动负债		
非流动负债合计	10,505,735.27	45,162,576.00
负债合计	2,248,202,733.67	1,740,525,477.04
股东权益：		
股本	304,000,000.00	304,000,000.00
资本公积	440,730,715.21	630,808,037.33
减：库存股		
盈余公积	57,041,361.96	55,588,218.45
未分配利润	−59,059,929.21	−39,905,394.93
外币报表折算差额		
股东权益合计	742,712,147.96	950,490,860.85
负债和股东权益合计	2,990,914,881.63	2,691,016,337.89

公司法定代表人：孙云　　主管会计工作负责人：李继东　　会计机构负责人：王猛

合并利润表

2008 年 1—12 月

单位:元 币种:人民币

项目	附注	本期金额	上期金额
一、营业总收入		2,191,418,101.29	1,800,120,495.35
其中：营业收入		2,191,418,101.29	1,800,120,495.35
利息收入			
已赚保费			
手续费及佣金收入			
二、营业总成本		2,187,001,552.52	1,768,174,133.73
其中：营业成本		1,930,664,533.17	1,599,077,072.12
利息支出			
手续费及佣金支出			
退保金			
赔付支出净额			
提取保险合同准备金净额			
保单红利支出			
分保费用			
营业税金及附加		71,634,758.19	52,437,761.81
销售费用			
管理费用		90,510,801.83	80,949,884.68
财务费用		65,880,635.92	29,705,983.66
资产减值损失		28,310,823.41	6,003,431.46
加：公允价值变动收益（损失以"−"号填列）		−7,816,250.78	6,785,925.35
投资收益（损失以"−"号填列）		37,959,574.80	10,734,651.98
其中：对联营企业和合营企业的投资收益		9,703,279.54	2,917,451.71
汇兑收益（损失以"−"号填列）			
三、营业利润（亏损以"−"号填列）		34,559,872.79	49,466,938.95
加：营业外收入		1,452,542.28	625,774.83
减：营业外支出		6,739,254.85	5,879,799.91
其中：非流动资产处置净损失		1,218,483.83	1,576,804.32
四、利润总额（亏损总额以"−"号填列）		29,273,160.22	44,212,913.87
减：所得税费用		−893,642.33	9,114,291.22
五、净利润（净亏损以"−"号填列）		30,166,802.55	35,098,622.65
归属于母公司所有者的净利润		14,103,132.61	20,270,872.43
少数股东损益		16,063,669.94	14,827,750.22
六、每股收益：			
（一）基本每股收益		0.0464	0.0667
（二）稀释每股收益		0.0464	0.0667

本期发生同一控制下企业合并的，被合并方在合并前实现的净利润为：0 元。

公司法定代表人：孙云　　主管会计工作负责人：李继东　　会计机构负责人：王猛

母公司利润表

2008 年 1—12 月

单位:元 币种:人民币

项目	附注	本期金额	上期金额
一、营业收入		1,507,129,614.26	1,248,757,399.57
减：营业成本		1,385,283,571.45	1,149,856,728.93
营业税金及附加		48,550,916.67	34,949,707.61
销售费用			
管理费用		56,926,047.31	65,451,429.17
财务费用		46,369,835.65	24,533,172.33
资产减值损失		17,709,746.60	−2,585,748.37
加：公允价值变动收益（损失以"−"号填列）		−7,816,250.78	6,785,925.35
投资收益（损失以"−"号填列）		37,959,574.80	19,213,806.24
其中：对联营企业和合营企业的投资收益		9,703,279.54	2,917,451.71
二、营业利润（亏损以"−"号填列）		−17,567,179.40	2,551,841.49
加：营业外收入		1,272,442.18	435,000.00
减：营业外支出		5,858,538.91	4,649,226.84
其中：非流动资产处置净损失		1,170,926.08	1,562,181.28
三、利润总额（亏损总额以"−"号填列）		−22,153,276.13	−1,662,385.35
减：所得税费用		−4,451,885.36	664,129.89
四、净利润（净亏损以"−"号填列）		−17,701,390.77	−2,326,515.24

公司法定代表人：孙云　　主管会计工作负责人：李继东　　会计机构负责人：王猛

合并现金流量表

2008 年 1—12 月

单位:元 币种:人民币

项目	附注	本期金额	上期金额
一、经营活动产生的现金流量：			
销售商品、提供劳务收到的现金		1,738,275,580.54	1,444,615,248.36
客户存款和同业存放款项净增加额			
向中央银行借款净增加额			
向其他金融机构拆入资金净增加额			
收到原保险合同保费取得的现金			
收到再保险业务现金净额			
保户储金及投资款净增加额			
处置交易性金融资产净增加额			
收取利息、手续费及佣金的现金			
拆入资金净增加额			
回购业务资金净增加额			

收到的税费返还		
收到其他与经营活动有关的现金	205,676,021.87	316,630,055.71
经营活动现金流入小计	1,943,951,602.41	1,761,245,304.07
购买商品、接受劳务支付的现金	1,464,696,886.63	1,295,002,931.25
客户贷款及垫款净增加额		
存放中央银行和同业款项净增加额		
支付原保险合同赔付款项的现金		
支付利息、手续费及佣金的现金		
支付保单红利的现金		
支付给职工以及为职工支付的现金	153,808,575.44	122,180,974.71
支付的各项税费	25,983,130.36	24,475,336.22
支付其他与经营活动有关的现金	226,053,812.12	285,638,856.35
经营活动现金流出小计	1,870,542,404.55	1,727,298,098.53
经营活动产生的现金流量净额	73,409,197.86	33,947,205.54
二、投资活动产生的现金流量：		
收回投资收到的现金	71,775,799.96	40,924,513.24
取得投资收益收到的现金	3,607,327.05	1,926,082.18
处置固定资产、无形资产和其他长期资产收回的现金净额	3,442,438.93	907,409.00
处置子公司及其他营业单位收到的现金净额		
收到其他与投资活动有关的现金	2,000,000.00	8,000,000.00
投资活动现金流入小计	80,825,565.94	51,758,004.42
购建固定资产、无形资产和其他长期资产支付的现金	508,959,667.65	529,100,283.37
投资支付的现金	40,102,713.86	23,140,563.15
质押贷款净增加额		
取得子公司及其他营业单位支付的现金净额		
支付其他与投资活动有关的现金	10,000,000.00	38,000,000.00
投资活动现金流出小计	559,062,381.51	590,240,846.52
投资活动产生的现金流量净额	−478,236,815.57	−538,482,842.10
三、筹资活动产生的现金流量：		
吸收投资收到的现金	61,960,000.00	48,000,000.00
其中：子公司吸收少数股东投资收到的现金	61,960,000.00	48,000,000.00
取得借款收到的现金	1,842,708,834.81	2,172,243,126.32
发行债券收到的现金		
收到其他与筹资活动有关的现金	44,530,000.00	329,330,000.00
筹资活动现金流入小计	1,949,198,834.81	2,549,573,126.32
偿还债务支付的现金	1,472,400,000.00	1,688,000,000.00
分配股利、利润或偿付利息支付的现金	131,172,841.22	95,758,927.74
其中：子公司支付给少数股东的股利、利润		
支付其他与筹资活动有关的现金	28,613,565.90	322,560,000.00
筹资活动现金流出小计	1,632,186,407.12	2,106,318,927.74
筹资活动产生的现金流量净额	317,012,427.69	443,254,198.58
四、汇率变动对现金及现金等价物的影响		
五、现金及现金等价物净增加额	−87,815,190.02	−61,281,437.98
加：期初现金及现金等价物余额	302,508,144.71	363,789,582.69
六、期末现金及现金等价物余额	214,692,954.69	302,508,144.71

公司法定代表人：孙云　　主管会计工作负责人：李继东　　会计机构负责人：王猛

母公司现金流量表

2008 年 1—12 月

单位:元 币种:人民币

项目	附注	本期金额	上期金额
一、经营活动产生的现金流量：			
销售商品、提供劳务收到的现金		1,203,244,147.84	1,023,203,957.80
收到的税费返还			
收到其他与经营活动有关的现金		424,971,096.82	287,968,914.70
经营活动现金流入小计		1,628,215,244.66	1,311,172,872.50
购买商品、接受劳务支付的现金		1,119,822,587.34	957,371,074.94
支付给职工以及为职工支付的现金		101,484,149.22	82,445,435.83
支付的各项税费		3,856,265.73	7,969,949.87
支付其他与经营活动有关的现金		421,109,036.12	254,216,695.44
经营活动现金流出小计		1,646,272,038.41	1,302,003,156.08
经营活动产生的现金流量净额		−18,056,793.75	9,169,716.42
二、投资活动产生的现金流量：			
收回投资收到的现金		31,900,530.79	15,327,003.69
取得投资收益收到的现金		3,607,327.05	1,926,082.18
处置固定资产、无形资产和其他长期资产收回的现金净额		3,426,485.05	767,600.00
处置子公司及其他营业单位收到的现金净额			
收到其他与投资活动有关的现金			
投资活动现金流入小计		38,934,342.89	18,020,685.87
购建固定资产、无形资产和其他长期资产支付的现金		39,407,054.29	24,007,707.04
投资支付的现金		107,142,713.86	47,140,563.15
取得子公司及其他营业单位支付的现金净额			
支付其他与投资活动有关的现金			
投资活动现金流出小计		146,549,768.15	71,148,270.19
投资活动产生的现金流量净额		−107,615,425.26	−53,127,584.32
三、筹资活动产生的现金流量：			
吸收投资收到的现金			
取得借款收到的现金		1,461,373,551.55	1,450,312,737.43
收到其他与筹资活动有关的现金		38,030,000.00	319,330,000.00
筹资活动现金流入小计		1,499,403,551.55	1,769,642,737.43
偿还债务支付的现金		1,387,550,000.00	1,383,000,000.00
分配股利、利润或偿付利息支付的现金		32,652,082.86	20,069,830.00
支付其他与筹资活动有关的现金			301,560,000.00
筹资活动现金流出小计		1,420,202,082.86	1,704,629,830.00
筹资活动产生的现金流量净额		79,201,468.69	65,012,907.43
四、汇率变动对现金及现金等价物的影响			
五、现金及现金等价物净增加额		−46,470,750.32	21,055,039.53
加：期初现金及现金等价物余额		148,482,319.27	127,427,279.74
六、期末现金及现金等价物余额		102,011,568.95	148,482,319.27

公司法定代表人：孙云　　主管会计工作负责人：李继东　　会计机构负责人：王猛

合并所有者权益变动表

2008 年 1—12 月

单位:元 币种:人民币

本年金额

项目	归属于母公司所有者权益 股本	资本公积	减：库存股	盈余公积	一般风险准备	未分配利润	其他	少数股东权益	所有者权益合计
一、上年年末余额	304,000,000.00	630,808,037.33		54,814,280.08		2,613,775.06		352,685,936.08	1,344,922,028.55
加：同一控制下企业合并产生的追溯调整									
会计政策变更				1,044,773.47		21,883,350.76		54,570.52	22,982,694.75
前期差错更正									
其他									
二、本年年初余额	304,000,000.00	630,808,037.33		55,859,053.55		24,497,125.82		352,740,506.60	1,367,904,723.30
三、本年增减变动金额(减少以"−"号填列)		−196,032,715.80		1,403,348.40		12,699,784.21		31,379,063.62	−150,550,519.57
(一)净利润						14,103,132.61		16,063,669.94	30,166,802.55
(二)直接计入所有者权益的利得和损失		−196,032,715.80							−196,032,715.80
1.可供出售金融资产公允价值变动净额		−223,620,378.96							−223,620,378.96
2.权益法下被投资单位其他所有者权益变动的影响									
3.与计入所有者权益项目相关的所得税影响		33,543,056.84							33,543,056.84
4.其他		−5,955,393.68							−5,955,393.68
上述(一)和(二)小计		−196,032,715.80				14,103,132.61		16,063,669.94	−165,865,913.25
(三)所有者投入和减少资本								15,315,393.68	15,315,393.68
1.所有者投入资本								61,960,000.00	61,960,000.00
2.股份支付计入所有者权益的金额									
3.其他								−46,644,606.32	−46,644,606.32
(四)利润分配				9,251,063.88		−9,251,063.88			
1.提取盈余公积									
2.提取一般风险准备									
3.对所有者(或股东)的分配									
4.其他				9,251,063.88		−9,251,063.88			
(五)所有者权益内部结转				−7,847,715.48	7,847,715.48				
1.资本公积转增资本(或股本)									
2.盈余公积转增资本(或股本)									
3.盈余公积弥补亏损									
4.其他				−7,847,715.48	7,847,715.48				
四、本期期末余额	304,000,000.00	434,775,321.53		57,262,401.95		37,196,910.03		384,119,570.22	1,217,354,203.73

上年金额

项目	归属于母公司所有者权益 股本	资本公积	减：库存股	盈余公积	一般风险准备	未分配利润	其他	少数股东权益	所有者权益合计
一、上年年末余额	304,000,000.00	413,353,776.18		54,814,280.08		−9,433,061.26		292,032,544.95	1,054,767,539.95
加：同一控制下企业合并产生的追溯调整									
会计政策变更						14,704,088.12		14,704,088.12	
前期差错更正									
其他									
二、本年年初余额	304,000,000.00	413,353,776.18		54,814,280.08		5,271,026.86		292,032,544.95	1,069,471,628.07
三、本年增减变动金额(减少以"−"号填列)		217,454,261.15		1,044,773.47		19,226,098.96		60,707,961.65	298,433,095.23
(一)净利润						20,270,872.43		14,827,750.22	35,098,622.65
(二)直接计入所有者权益的利得和损失		217,454,261.15							217,454,261.15
1.可供出售金融资产公允价值变动净额		255,828,542.52							255,828,542.52

2.权益法下被投资单位其他所有者权益变动的影响							
3.与计入所有者权益项目相关的所得税影响		-38,374,281.37					-38,374,281.37
4.其他							
上述(一)和(二)小计		217,454,261.15			20,270,872.43	14,827,750.22	252,552,883.80
(三)所有者投入和减少资本						48,000,000.00	48,000,000.00
1.所有者投入资本						48,000,000.00	48,000,000.00
2.股份支付计入所有者权益的金额							
3.其他							
(四)利润分配				1,708,839.49	-1,708,839.49	-2,119,788.57	-2,119,788.57
1.提取盈余公积							
2.提取一般风险准备							
3.对所有者(或股东)的分配						-2,119,788.57	-2,119,788.57
4.其他				1,708,839.49	-1,708,839.49		
(五)所有者权益内部结转				-664,066.02	664,066.02		
1.资本公积转增资本(或股本)							
2.盈余公积转增资本(或股本)							
3.盈余公积弥补亏损							
4.其他				-664,066.02	664,066.02		
四、本期期末余额	304,000,000.00	630,808,037.33		55,859,053.55	24,497,125.82	352,740,506.60	1,367,904,723.30

公司法定代表人:孙云　　主管会计工作负责人:李继东　　会计机构负责人:王猛

母公司所有者权益变动表

2008 年 1—12 月

单位:元 币种:人民币

本年金额

项目	股本	资本公积	减:库存股	盈余公积	未分配利润	所有者权益合计
一、上年年末余额	304,000,000.00	630,808,037.33		54,814,280.08	-39,905,394.93	949,716,922.48
加:会计政策变更				773,938.37		773,938.37
前期差错更正						
其他						
二、本年年初余额	304,000,000.00	630,808,037.33		55,588,218.45	-39,905,394.93	950,490,860.85
三、本年增减变动金额(减少以"-"号填列)		-190,077,322.12		1,453,143.51	-19,154,534.28	-207,778,712.89
(一)净利润					-17,701,390.77	-17,701,390.77
(二)直接计入所有者权益的利得和损失		-190,077,322.12				-190,077,322.12
1.可供出售金融资产公允价值变动净额		-223,620,378.96				-223,620,378.96
2.权益法下被投资单位其他所有者权益变动的影响						
3.与计入所有者权益项目相关的所得税影响		33,543,056.84				33,543,056.84
4.其他						
上述(一)和(二)小计		-190,077,322.12			-17,701,390.77	-207,778,712.89
(三)所有者投入和减少资本						
1.所有者投入资本						
2.股份支付计入所有者权益的金额						
3.其他						
(四)利润分配				1,453,143.51	-1,453,143.51	
1.提取盈余公积						
2.对所有者(或股东)的分配						
3.其他				1,453,143.51	-1,453,143.51	
(五)所有者权益内部结转						
1.资本公积转增资本(或股本)						
2.盈余公积转增资本(或股本)						
3.盈余公积弥补亏损						
4.其他						
四、本期期末余额	304,000,000.00	440,730,715.21		57,041,361.96	-59,059,929.21	742,712,147.96

上年金额

项目	股本	资本公积	减:库存股	盈余公积	未分配利润	所有者权益合计
一、上年年末余额	304,000,000.00	413,353,776.18		54,814,280.08	-36,804,941.32	735,363,114.94
加:会计政策变更						
前期差错更正						
其他						
二、本年年初余额	304,000,000.00	413,353,776.18		54,814,280.08	-36,804,941.32	735,363,114.94
三、本年增减变动金额(减少以"-"号填列)		217,454,261.15		773,938.37	-3,100,453.61	215,127,745.91
(一)净利润					-2,326,515.24	-2,326,515.24
(二)直接计入所有者权益的利得和损失		217,454,261.15				217,454,261.15
1.可供出售金融资产公允价值变动净额		255,828,542.52				255,828,542.52
2.权益法下被投资单位其他所有者权益变动的影响						
3.与计入所有者权益项目相关的所得税影响		-38,374,281.37				-38,374,281.37
4.其他						
上述(一)和(二)小计		217,454,261.15			-2,326,515.24	215,127,745.91
(三)所有者投入和减少资本						
1.所有者投入资本						
2.股份支付计入所有者权益的金额						
3.其他						
(四)利润分配				773,938.37	-773,938.37	
1.提取盈余公积						
2.对所有者(或股东)的分配						
3.其他				773,938.37	-773,938.37	
(五)所有者权益内部结转						
1.资本公积转增资本(或股本)						
2.盈余公积转增资本(或股本)						
3.盈余公积弥补亏损						
4.其他						
四、本期期末余额	304,000,000.00	630,808,037.33		55,588,218.45	-39,905,394.93	950,490,860.85

公司法定代表人:孙云　　主管会计工作负责人:李继东　　会计机构负责人:王猛

9.3 会计政策、会计估计和核算方法变更的说明

根据财政部财会函[2008]60 号文《关于做好执行会计准则企业 2008 年年报工作的通知》的规定,高危行业企业按照规定提取的安全生产费用,应当按照《企业会计准则讲解(2008)》中的具体要求处理,在所有者权益"盈余公积"项下以"专项储备"项目单独列报,不再作为负债列示。根据财政部财会函[2008]60 号文《关于做好执行会计准则企业 2008 年年报工作的通知》的规定,高危行业企业按照规定提取的安全生产费用,应当按照《企业会计准则讲解(2008)》中的具体要求处理,在所有者权益"盈余公积"项下以"专项储备"项目单独列报,不再作为负债列示。根据财政部财会函[2008]60 号文《关于做好执行会计准则企业 2008 年年报工作的通知》的规定,高危行业企业按照规定提取的安全生产费用,应当按照《企业会计准则讲解(2008)》中的具体要求处理,在所有者权益"盈余公积"项下以"专项储备"项目单独列报,不再作为负债列示。因此公司调减 2007 年度的营业成本 1,099,343.99 元;根据财政部财会[2008]11 号文《企业会计准则解释第 2 号》的要求,本公司对 BOT 业务在建设期间所提供的建造服务按照《企业会计准则第 15 号—建造合同》确认相关的收入和费用,对以前年度 BOT 项目的建造服务收入成本进行追溯调整。因此公司调增 2007 年度主营业务成本 93,983,099.18 元。

根据财政部财会函[2008]60 号文《关于做好执行会计准则企业 2008 年年报工作的通知》的规定,调减 2007 年度的长期应付款 1,099,343.99 元。

根据财政部财会函[2008]60 号文《关于做好执行会计准则企业 2008 年年报工作的通知》的规定,调增盈余公积 1,044,773.47 元。

根据财政部财会函[2008]60 号文《关于做好执行会计准则企业 2008 年年报工作的通知》的规定,调增少数股东权益 54,570.52 元。

根据财政部财会 [2008]11 号文《企业会计准则解释第 2 号》的要求,调增长期应收款 21,883,350.76 元。

根据财政部财会[2008]11 号文《企业会计准则解释第 2 号》的要求,调增 2007 年度主营业务收入 101,162,361.82 元。

根据财政部财会[2008]11 号文《企业会计准则解释第 2 号》的要求,调增 2007 年的年初未分配利润 14,704,088.12 元,全部为归属母公司所有者权益。

基于前列会计科目的变化,调增 2008 年 1 月 1 日的资产总额 21,883,350.76 元。

基于前列会计科目的变化,调减 2008 年 1 月 1 日负债总额 1,099,343.99 元。

基于前列会计科目的变化,调整增加 2008 年 1 月 1 日所有者权益 22,982,694.75 元,其中:归属母公司所有者权益 22,928,124.23 元,少数股权权益 54,570.52 元。

9.4 本报告期无会计差错更正。

9.5 与最近一期年度报告相比,合并范围发生变化的具体说明

本公司 2008 年度新增子公司 2 家:城乡公司系本公司与四川省国乐土地整理开发有限公司、四川省惠民城乡建设有限公司共同投资设立的有限责任公司,注册资本 2000 万元,本公司持股比例 51%。

该公司采取注册资本分期到位的方式,第一期出资金额 400 万元,其中本公司第一期注册资本到位资金 204 万元;通程公司系本公司出资 2000 万元设立的全资子公司。

四川路桥建设股份有限公司

法人代表:孙云

二〇〇九年三月二十三日

北京双鹤药业股份有限公司

北京双鹤药业股份有限公司2008年年度报告摘要

第一节　重要提示

1.1 本公司董事会、监事会及董事、监事、高级管理人员保证本报告所载资料不存在任何虚假记载、误导性陈述或者重大遗漏，并对其内容的真实性、准确性和完整性承担个别及连带责任。

本年度报告摘要摘自年度报告全文，投资者欲了解详细内容，应当仔细阅读年度报告全文。

1.2 公司全体董事出席董事会会议。

1.3 北京京都天华会计师事务所有限责任公司为本公司出具了标准无保留意见的审计报告。

1.4 公司负责人卫华诚、主管会计工作负责人黄云龙及会计机构负责人(会计主管人员)彭发文声明：保证年度报告中财务报告的真实、完整。

第二节　公司基本情况简介

2.1 基本情况简介

股票简称	双鹤药业
股票代码	600062
上市交易所	上海证券交易所
公司注册地址和办公地址	北京市朝阳区望京利泽东二路1号
邮政编码	100102
公司国际互联网网址	http://.dcpc.com.cn
电子信箱	mss@dcpc.com

2.2 联系人和联系方式

	董事会秘书	证券事务代表
姓名	朱大成	牛巨辉
联系地址	北京市朝阳区望京利泽东二路1号	北京市朝阳区望京利泽东二路1号
电话	(010)64742227-681	(010)64742227-653
传真	(010)64399098	(010)64398086
电子信箱	dawsonz@dcpc.com	mss@dcpc.com

第三节　会计数据和业务数据摘要

3.1 主要会计数据

单位：元 币种：人民币

	2008年	2007年	本年比上年增减(%)	2006年(注2)
营业收入	4,951,524,367.82	4,556,616,381.12	8.67	4,133,346,054.01
利润总额	470,654,781.73	574,684,384.48	−18.10	243,286,052.33
归属于上市公司股东的净利润	380,572,486.34	437,580,763.41	−13.03	164,742,346.24
归属于上市公司股东的扣除非经常性损益的净利润	338,916,114.04	276,485,571.79	22.58	137,328,520.10
经营活动产生的现金流量净额	331,710,145.42	235,458,162.37	40.88	303,623,064.41
	2008年末	2007年末	本年末比上年末增减(%)	2006年末(注2)
总资产	4,269,021,556.27	3,673,463,375.38	16.21	3,281,450,804.56
所有者权益(或股东权益)	3,079,544,847.79	2,197,472,998.62	40.14	1,829,802,388.43

3.2 主要财务指标

	2008年	2007年	本年比上年增减(%)	2006年
基本每股收益(元/股)	0.8191	0.9921	−17.44	0.3735
稀释每股收益(元/股)	0.8191	0.9921	−17.44	0.3735
扣除非经常性损益后的基本每股收益(元/股)	0.7294	0.6268	16.36	0.3113
全面摊薄净资产收益率(%)	12.36	19.91	减少7.55个百分点	9.00
加权平均净资产收益率(%)	13.91	21.73	减少7.82个百分点	9.19
扣除非经常性损益后全面摊薄净资产收益率(%)	11.01	12.58	减少1.57个百分点	7.51
扣除非经常性损益后的加权平均净资产收益率(%)	12.38	13.73	减少1.35个百分点	7.66
每股经营活动产生的现金流量净额(元/股)	0.6963	0.5338	30.44	0.6884
	2008年末	2007年末	本年末比上年末增减(%)	2006年末
归属于上市公司股东的每股净资产(元/股)	6.4640	4.9821	29.75	4.1485

非经常性损益项目

√适用　　□不适用

单位：元 币种：人民币

非经常性损益项目	金额
非流动资产处置损益	43,713,442.56
计入当期损益的政府补助，但与公司正常经营业务密切相关，符合国家政策规定、按照一定标准定额或定量持续享受的政府补助除外	22,844,653.40
债务重组损益	−39,385.14
企业重组费用，如安置职工的支出、整合费用等	-
与公司正常经营业务无关的或有事项产生的损益	−10,921,132.16
除上述各项之外的其他营业外收入和支出	−9,504,425.32
其他符合非经常性损益定义的损益项目	
少数股东权益影响额	−475,868.59
所得税影响额	−3,960,912.45
合计	41,656,372.30

3.3 境内外会计准则差异：

□适用　　√不适用

第四节　股本变动及股东情况

4.1 股份变动情况表

√适用　　□不适用

单位：股

	本次变动前		本次变动增减(+,−)					本次变动后	
	数量	比例(%)	发行新股	送股	公积金转股	其他	小计	数量	比例(%)
一、有限售条件股份									
1、国家持股									
2、国有法人持股	195,149,052	44.244	+18,008,816			+22,803,520	+40,812,336	235,961,388	49.53
3、其他内资持股	583,264	0.132	+17,328,774			−583,264	+16,745,510	17,328,774	3.64
其中：境内非国有法人持股	583,264	0.132	+17,328,774			−583,264	+16,745,510	17,328,774	3.64
境内自然人持股									
4、外资持股									
其中：境外法人持股									
境外自然人持股									
有限售条件股份合计	195,732,316	44.376	+35,337,590			+22,220,256	+57,557,846	253,290,162	53.17
二、无限售条件流通股份									
1、人民币普通股	245,343,384	55.624				−22,220,256	−22,220,256	223,123,128	46.83
2、境内上市的外资股									
3、境外上市的外资股									
4、其他									
无限售条件流通股份合计	245,343,384	55.624				−22,220,256	−22,220,256	223,123,128	46.83
三、股份总数	441,075,700	100.00	+35,337,590			-	+35,337,590	476,413,290	100.00

注：1) 北京科梦嘉生物技术开发有限责任公司持有本公司583,264股的限售股份已于4月25日上市流通，详见2008年4月22日《中国证券报》、《上海证券报》。

2) 报告期内，公司股东北京医药集团有限责任公司认购非公开发行股票18,008,816股。本次发行完成后其共持有233,662,703股份，并承诺该等股份在本次发行结束后的36个月内不得转让。

限售股份变动情况表

√适用　　□不适用

单位：股

股东名称	年初限售股数	本年解除限售股数	本年增加限售股数	年末限售股数	限售原因	解除限售日期
北京医药集团有限公司	192,850,367	—	40,812,336	233,662,703	(1)北京医药集团有限责任公司所持股份自获得上市流通权之日起，在六十个月内不上市交易或者转让。(2)定向增发发行完成后，北京医药集团共持有公司233,662,703股	2011-4-29

					股份，该等股份在本次发行结束后的 36 月内不得转让。	
北京科梦嘉生物技术开发有限责任公司	583,264	583,264	—	—	北京科梦嘉有限责任公司所持股份自获得上市流通权之日起，在十二个月内不上市交易或者转让。	2008-4-25
南方证券股份有限公司	2,298,685	—	—	2,298,685	(1)南方证券以及合法承继南方证券所持双鹤药业股份的持有人在办理南方证券所持双鹤药业非流通股股份转让或上市流通时，应先征得北京医药集团有限责任公司的同意，并由双鹤药业向上海证券交易所提出该等股份的上市流通申请。(2)南方证券在通知合法承继南方证券所持双鹤药业股份的持有人最迟于取得南方证券所持双鹤药业股份时，向北京医药集团有限责任公司偿付 354,473 股双鹤药业股份，或向北京医药集团有限责任公司偿付该等股份于股权分置改革实施日之市值或于偿付日之市值两者中较高额之对等金额。	—
易方达基金管理有限公司	—	—	4,000,000	4,000,000	所持股份在 12 个月内不得上市交易或转让	2009-4-29
江苏瑞华投资发展有限公司	—	—	3,000,000	3,000,000	所持股份在 12 个月内不得上市交易或转让	2009-4-29
渤海证券有限责任公司	—	—	2,500,000	2,500,000	所持股份在 12 个月内不得上市交易或转让	2009-4-29
中诚信托投资有限公司	—	—	2,000,000	2,000,000	所持股份在 12 个月内不得上市交易或转让	2009-4-29
中建材投资有限公司	—	—	2,000,000	2,000,000	所持股份在 12 个月内不得上市交易或转让	2009-4-29
信达澳银基金管理有限公司	—	—	2,000,000	2,000,000	所持股份在 12 个月内不得上市交易或转让	2009-4-29
泰康资产管理有限公司	—	—	1,828,774	1,828,774	所持股份在 12 个月内不得上市交易或转让	2009-4-29
合计	195,732,316	583,264	58,141,110	253,290,162	/	/

4.2 股东数量和持股情况

单位：股

报告期末股东总数	11,250

前十名股东持股情况

股东名称	股东性质	持股比例(%)	持股总数	报告期内增减	持有有限售条件股份数量	质押或冻结的股份数量
北京医药集团有限责任公司	国有法人	49.05	233,662,703	+18,008,816	233,662,703	无
中国民生银行股份有限公司－华商领先企业混合型证券投资基金	其他	1.60	7,633,807	+2,034,083	—	未知
中国建设银行－华夏红利混合型开放式证券投资基金	其他	1.39	6,599,625	+3,999,625	—	未知
中国工商银行－易方达价值成长混合型证券投资基金	其他	1.36	6,494,015	+491,783	—	未知
中国建设银行－华夏优势增长股票型证券投资基金	其他	1.07	5,090,930	+5,090,930	—	未知
中国农业银行－大成精选增值混合型证券投资基金	其他	1.00	4,761,860	+56,978	—	未知
交通银行－科瑞证券投资基金	其他	0.93	4,441,590	+4,441,590	4,000,000	未知
中国人寿保险(集团)公司－传统－普通保险产品	其他	0.87	4,133,872	+4,133,872	—	未知
中国建设银行－中信红利精选股票型证券投资基金	其他	0.67	3,206,682	+3,206,682	—	未知
江苏瑞华投资发展有限公司	其他	0.63	3,000,000	+3,000,000	3,000,000	未知

前十名无限售条件股东持股情况

股东名称	持有无限售条件股份的数量	股份种类
中国民生银行股份有限公司－华商领先企业混合型证券投资基金	7,633,807	人民币普通股
中国建设银行－华夏红利混合型开放式证券投资基金	6,599,625	人民币普通股
中国工商银行－易方达价值成长混合型证券投资基金	6,494,015	人民币普通股
中国建设银行－华夏优势增长股票型证券投资基金	5,090,930	人民币普通股
中国农业银行－大成精选增值混合型证券投资基金	4,761,860	人民币普通股
中国人寿保险(集团)公司－传统－普通保险产品	4,133,872	人民币普通股
中国建设银行－中信红利精选股票型证券投资基金	3,206,682	人民币普通股
交通银行－华夏蓝筹核心混合型证券投资基金(LOF)	2,916,525	人民币普通股
中国工商银行－申万巴黎新经济混合型证券投资基金	2,747,200	人民币普通股
博时价值增长证券投资基金	2,699,719	人民币普通股
上述股东关联关系或一致行动的说明	公司未知前十名无限售条件股东之间是否存在关联关系或一致行动关系。	

4.3 控股股东及实际控制人情况介绍

4.3.1 控股股东及实际控制人变更情况

□适用　√不适用

4.3.2 控股股东及实际控制人具体情况介绍

4.3.2.1 法人控股股东情况

单位：元 币种：人民币

名称	法定代表人	注册资本	成立日期	主营业务
北京医药集团有限责任公司	卫华诚	2,320,000,000	1987 年 3 月 28 日	主要经营业务或管理活动：销售中成药、化学原料药、化学制剂药、抗生素、生化药品、医疗器械(含Ⅱ Ⅲ类)；货物进出口、技术进出口、代理进出口；法律、行政法规、国务院决定禁止的，不得经营；法律、行政法规、国务院决定规定应经许可的，经审批机关批准并经工商行政管理机关登记注册后方可经营；法律、行政法规、国务院决定未规定许可的，自主选择经营项目开展经营活动。

4.3.2.2 法人实际控制人情况

单位：元 币种：人民币

名称	法定代表人	注册资本	成立日期	主营业务
华润股份有限公司	宋　林	16,467,063,500	2003 年	公司主要从事金融、保险、能源、交通、电力、通讯、仓储运输、食品饮料方面的投资；对商业零售企业的投资与管理；石油化工、轻纺织品、建筑材料产品的生产；电力及机电产品加工、生产和销售；物业管理；民用建筑工程的施工，民用建筑工程的外装修及室内装修；以及技术交流。

第五节　董事、监事和高级管理人员

5.1 董事、监事和高级管理人员持股变动及报酬情况

单位：股

姓　名	职务	性别	年龄	任期起止日期	年初持股数	年末持股数	股份增减数	变动原因	是否在公司领取报酬津贴	报告期内从公司领取的报酬总额(万元)税前	是否在股东单位或其他关联单位

											领取 薪酬
卫华诚	董事长	男	49	2006-5-30—2009-5-30	—	—	—	—	否	—	是
贺 旋	副董事长	男	48	2006-5-30—2009-5-30	—	—	—	—	否	—	是
谢 颖	董事	男	60	2006-5-30—2009-5-30	—	—	—	—	否	—	是
李 昕	董事、总裁	男	51	2006-5-30—2009-5-30	—	—	—	—	是	105.70	否
范彦喜	董事	男	45	2006-5-30—2009-5-30	—	—	—	—	否	—	是
张 宇	董事、副总裁	男	51	2006-5-30—2009-5-30	26,100	26,100	—	—	是	90.53	否
赵 宏	董事	男	50	2006-5-30—2009-5-30	21,300	21,300	—	—	是	81.27	否
张文周	独立董事	男	65	2006-5-30—2009-5-30	—	—	—	—	是	8.00	否
康荣平	独立董事	男	59	2006-5-30—2009-5-30	—	—	—	—	是	8.00	否
张 延	独立董事	女	54	2006-5-30—2009-5-30	—	—	—	—	是	8.00	否
刘 宁	独立董事	男	50	2006-5-30—2009-5-30	—	—	—	—	是	8.00	否
陆云良	监事会主席	男	59	2006-5-30—2009-5-30	—	—	—	—	否	—	否
赵宝伟	监事	男	51	2006-5-30—2009-5-30	—	—	—	—	否	—	是
李泽光	监事	男	51	2006-5-30—2009-5-30	—	—	—	—	否	—	是
郑泽平	监事	女	51	2006-5-30—2009-5-30	23,521	23,521	—	—	是	48.20	否
聂文辉	监事	男	49	2006-5-30—2009-5-30	—	—	—	—	是	58.18	否
朱大成	董事会秘书 副总裁	男	51	2006-6-2—2009-6-2	—	—	—	—	是	95.27	否
于顺廷	副总裁	男	45	2006-6-2—2009-6-2	—	—	—	—	是	81.88	否
李 英	副总裁	女	51	2006-6-2—2009-6-2	15,200	12,000	-3200	减持	是	74.32	否
黄云龙	副总裁	男	42	2006-6-2—2009-6-2	—	—	—	—	是	90.72	否
葛智勇	副总裁	男	45	2006-6-2—2009-6-2	—	—	—	—	是	90.53	否
陈仙霞	副总裁	女	45	2006-6-2—2009-6-2	—	—	—	—	是	89.36	否
胡丽娅	副总裁	女	42	2006-6-2—2009-6-2	—	—	—	—	是	80.32	否
合 计										1,018.28	

第六节 董事会报告

6.1 管理层讨论与分析

1、报告期内经营情况的回顾

(1) 报告期内总体经营情况

2008 年,受国际金融危机的影响,我国经济增速明显放缓。在宏观经济形势严峻的不利局面下,医药经济总体运行依然呈现出良好的发展格局。国家持续加大对医药产业政策的支持力度,推动和促进了全行业健康、协调发展;随着国家医疗体制改革等医药宏观环境的变化,国内医药消费市场的巨大潜力正在逐渐显现;医药工业保持持续较快增长的良好态势,整体效益情况良好。与此同时,行业全面整合时代的来临给中国医药行业发展形势带来更多不确定性因素,全面提高核心竞争力和抗风险能力成为现阶段品牌制药企业的主题。

2008 年,公司紧紧围绕实现三个"第一品牌"战略,以稳健经营为前提,实现了公司快速可持续发展。公司顺应国家医疗体制改革和市场需求的变化,继续探索营销模式的创新;积极发挥集团化管理的整合和协同优势,稳步解决市场、研发、人力资源等决定公司可持续发展的关键问题,基础管理进一步夯实;投资取得阶段性成果,并购实现突破。2008 年主营业务收入实现 490,734 万元,净利润实现 38,057 万元,经营活动产生的现金流量净额 33,171 万元。

(2) 公司主营业务及经营状况分析

● 2008 年主要经济指标完成情况

2008 年实现主营业务收入 490,734 万元,较上年同期增长 9%(工业收入同比增长 15.6%);实现净利润 38,057 万元,较上年同比下降 17%,剔除上年光华路房产收益影响,实现同比增长 32%。

净资产收益率为 12%;资产负债率为 26%,较上年同期下降 9 个百分点。

● 主营业务的经营情况

2008 年公司首次实现全集团经营性盈利。集团工业收入比重首次超过商业,集团利润贡献主要来自于工业,公司执行董事会战略效果显著。商业公司继续保持现有规模,主要以防范风险为主基调,通过代理高毛利产品提高盈利水平。

大输液、心脑血管用药、内分泌用药三大核心业务收入占总体收入(工业收入)的比重为 82%,同比上涨 1.5 个百分点,利润贡献达到集团利润的 96%,核心业务进一步聚焦。公司核心领域产品总体保持稳步攀升,其中降压 0 号销量首次突破 8 亿片,同比增长 6.7%;舒血宁同比增长 42.5%;输液系列实现销量同比增长 21.5%,销售收入同比增长 26%,整体毛利率提高近两个点;利复星系列继续保持稳步增长态势;盈源、珂立苏、儿泻康等新品销售势头良好。

单位:万元

分业务领域	主营业 务收入	主营业 务成本	主营业务收入 比上年增减(%)
心脑血管类	70,369	11,769	12.9%
内分泌类	19,556	7,018	5.2%
大输液类	117,064	73,793	23.3%
其他产品	45,331	21,048	6.84%

大输液领域:输液产品逐步成为公司主要利润来源之一。在原辅材料大幅上涨、玻瓶毛利率下降 5 个点的情况下,输液系列整体毛利率提高了近两个点,塑料包装输液销售比重较去年增加 15 个百分点,已接近 50%;输液事业部市场占有率和产品覆盖区域进一步扩大,在保持核心市场销量增长的同时,实现薄弱地区销量的突破性增长;降低生产成本,提高产品市场竞争力;佛山双鹤及时、全面融入事业部生产经营管理中,辽宁新民经济开发区投资建设输液生产基地正式启动,为拓展华南、东北市场奠定了基础,双鹤"输液第一品牌"的战略地位进一步稳固。

心脑血管领域:两网建设成效日益显现,逐步总结、提炼、推广优秀地区的开发模式,陆续将集团内产品逐级纳入两网"菜单",为公司后续产品实现销售增量奠定基础。在推进两网建设工作的过程中强化过程管理,加快对一、二、三级销售渠道流向的收集整理,增强对终端掌控能力,实现销量大幅增长。0 号、舒血宁等重点品种及新品销量均保持稳步增长。

内分泌领域:加大终端学术推广的力度,强化目标医院管理和高端医院的学术推广,目标医院销量同比增长 6%;完善中低端产品营销的 OTC 队伍,尝试探索第三终端的推广模式;合理压缩商业库存,优化商业渠道管理,终端流向掌控率超过 70%;新品卜可销量实现一定突破。

其它领域重点品种:

利复星系列在喹诺酮类药物市场份额逐渐下滑的情况下,继续保持稳步增长态势,实现收入 1.49 亿元,同比增长 3.8%。

盈源销量同比增幅较大,成为新品中最有潜力的品种之一;珂立苏销售势头良好,销量实现成倍增长;儿泻康销售增长趋势良好。

2、公司未来发展的展望

(1) 面临的机遇与挑战

● 宏观环境不确定因素增多 医药行业长期向好趋势不变

金融危机的海啸逐步向实体经济蔓延,2009 年世界经济增速将明显放缓,对我国经济的影响不断显现,预计 2009 年 GDP 增长率为 8-9%。经济环境中的不确定因素明显增多。由于医药行业是一个具有相对刚性需求的独特产业,特别是经济水平的提高、人口老龄化的加速以及政府加大医疗卫生投入所产生的内在刚性需求,使得医药行业受全球经济下滑的冲击较为有限,国内医药市场遭受波动的影响较小。据国家工信部相关数据显示,预计 2009 年我国医药行业产销增长率将保持在 20%左右,效益增幅仍将保持在 15%~20%之间,给制药企业带来难得的发展机遇。

但由于原材料、能源、人力价格的持续上涨,医药行业成本费用继续上涨的压力仍然存在;资金紧张的局面使制药企业将面临更多不确定因素。稳健经营、防范风险、降低成本、追求现金流等措施将成为制药企业保持效益持续稳步增长的关键。

● 医药卫生体制改革出台的一系列政策给制药企业带来挑战和机遇

2009 年,新医改方案和配套方案将有望出台并进入实施和推进阶段。行业龙头规模企业总体上将受益于新医改政策和政府对百姓医疗民生的扶持。国家"两网"建设试点的继续推进、新型农村合作医疗和医疗保险制度的实施使城市社区、农村药品需求市场容量大,给国内大型药企带来新的经济增长点。

但新医改方案和相关配套政策的出台,使企业经营中的不确定性因素增加。应对药价改革、招标政策改革的具体措施将成为未来核心领域能否实现快速增长的关键因素,企业只有通过不断提升应变能力和掌控能力才能适应新政策和新形势的要求。

● 国家加大药品市场的监管,对制药企业提出更高要求

国家将持续加大对药品市场的监管力度,促进医药市场健康有序发展,加速产业资源向优势企业集中。新版 GMP 的出台,给制药企业的质量标准、生产管理都提出了更高的要求,提高了行业准入门槛;《药品注册管理办法》、《制药工业水污染物排放标准》的实施使行业优胜劣汰的调整步伐进一步加快;不规范企业正逐步退出市场,对于管理严格、质量过硬的优秀品牌企业则是一次快速发展的良机。

● 国家"两网"建设继续推进,第三终端市场竞争加剧

社区市场和县乡市场迅速扩容带来新的利润增长点。作为"两网"建设的先行企业,随着两网建设的逐步完善,将愈发凸显出第三终端的先行者优势。但伴随着众多药企逐步进入并开始争夺市场份额,市场竞争的日益激烈将不可避免。因此,如何推广先进经验、快速做大市场、带领后续产品进入成为新利润增长点都将成为公司快速发展的重要课题。

● 经济危机大背景下的医药商业公司潜在风险加剧

为了应对全球经济危机,政府实行适度宽松的财政政策和货币政策,但对于制药企业而言,资金紧张的局面不会短期内得以改善。伴随医药流通领域资金压力增大,医药商业公司发展的外部条件更趋复杂,风险骤增。控制应收,提高资金使用效率,追求现金流成为商业公司生存之道。

(2) 公司的应对措施和经营计划

2009 年,在全球经济放缓、新医改方案出台的大背景下,公司将继续认真贯彻落实董事会制定的总体发展战略,结合外部客观环境变化和企业内部资源能力的优势与不足,注重从变化的形势中捕捉和把握难得的政策、市场机遇,善于发现和培育有利因素,全面提高公司核心竞争力和抗风险能力。

健全全面风险管理体系;建立资源共享机制,积极、稳健推进企业关键内部资源的全面整合;眼睛向内,压缩各项费用,提高成本节降意识;发挥全员的积极性和创造性,广泛开展经济技术创新活动;夯实集团化各项管理,向精细化管理逐步推进;拓宽研发思路,打造长期、中期、短期相结合的产品群;投资战略稳中求进,理性推进企业规模发展,巩固和提高主营业务在国内医药市场的领先地位,向具有国际化能力的品牌仿制药公司迈进。

2009 年工作方针:实施稳健经营策略,健全风险管理体系,注重追求运营质量,严格控制成本费用,整合关键内部资源,强化集团化管理能力,扎实推进公司总体战略目标的实现。

● 大力推进市场、新品的快速成长,提高产品盈利水平

将两网建设工作继续做深做透,进一步完善地县和社区开发模式,完成 500 个地县开发、与 1200 家社区医院签订购销协议等目标,确保完成 0 号销售任务的同时,实现"两网"销售的多品种上量,保证重点医院品种舒血宁、盈源、一君的推广上量,完善医院推广品种结构;优化输液领域产品结构,提高高毛利的治疗性输液品种销量,在巩固输液核心市场的基础上,积极开拓东北、西南、华西输液市场,为消化新增产能奠定基础;降糖领域继续加大高端市场的推广和策划力度,优化目标医院和目标客户数量,实现糖适平在高端市场销量的增长,扩大新品卜可推广区域,完善商业公司二级网络建设,掌握终端流向到 90%以上。

● 建立全面风险管理体系,构筑企业防风险屏障

2009 年公司将健全企业全面风险管理体系,加强对重大风险、重大决策、重大事件的管理和重要流程的内部控制,有效防范企业经营风险。完善质量保证体系,提高产品质量控制水平;强化财务应收帐款的管理,合理控制现金流,避免呆死帐的产生;完善投资管理制度和工作流程,对投资项目实现全方位管控,有效降低投资风险。

● 投资领域稳中求进,理性推进企业规模发展

在输液包装结构调整基本到位的形势下,公司投资重点转向内部技术改造。重点提高生产设备的自动化水平,加快技术装备升级步伐。万辉双鹤 CGMP 项目和北京工业园片剂车间改造项目顺利实施,全面提高公司技术装备水平和工艺技术水平,稳步推进国际化进程。合理发展公司规模,慎

重选择能够优化品种结构、进一步扩展销售市场的领域推进并购整合工作。

● 拓宽研发思路,打造长、中、短期相结合的产品群

公司将调整研发策略,拓宽研发思路,细化不同阶段的研发计划,为实现公司可持续发展,打造长、中、短期相结合的产品群;进一步提升研发综合能力,提高抢仿能力和仿制技术;加强产品开发与生产和销售环节的衔接,加快研发成果产业化速度;鼓励各子公司开展产品开发和技术合作,充分发挥全集团研发资源优势,整体促进公司研发水平提升。公司实施重点项目 44 项,预计研发支出 8,059 万元,同比增加 60%。为进一步优化公司产品结构、提高可持续发展能力奠定基础。

● 扎实集团化管理,向精细化管理逐步推进

继续深入渗透集团化管理,优化管理流程,建立权责明晰的管理体系。有效利用资金集中管理优势,实现全集团范围内资金合理调配,降低财务费用,提高费用节降意识,大幅压缩各项管理费用,加强销售费用的管控,提高费用投放效益;继续提升人力资源集团化管理的能力,完善符合现代企业制度的人力资源管理体系,实施核心人才培养计划,开展与企业发展实战相结合的员工培训,在新增员工和解决冗员问题上达到合理的动态平衡;继续全面实施信息化建设项目,大力推进金鹤工程项目的实施计划,为公司向精细化管理过渡奠定基础;准确把握政策导向,及时跟进、调整企业经营策略,积极主动地保持与各级政府部门的沟通顺畅,最大限度地获取政策和财政支持,发挥集团内政府资源优势,提高集团产品的中标率。

(3) 公司未来发展战略所需的资金需求和使用计划

为实现公司 2009 年度经营计划和未来发展战略目标,公司在"稳健经营、压缩开支、防范风险、追求现金流"的工作思路下稳步开展经营活动,实现公司良性发展。在全国范围内选择有发展潜力的领域审慎推进并购整合工作,满足战略发展需要;公司将加快技术装备升级步伐,提升工艺技术水平,对于 2009 年之前立项的所有输液项目,年底要基本完工;公司将继续将科研资源聚焦于大输液、心脑血管、内分泌三大核心领域,打造长、中、短期相结合的产品群,并加快研发成果产业化速度;公司将继续推进国际化进程,扩大国际技术交流与合作,完成两个 ANDA 产品的技术转移准备工作和向 FDA 申报工作。

公司发展资金的筹措将以企业留存收益为主,辅以必要的债务融资,合理发挥财务杠杆效益,充分发挥上市公司融资功能,壮大公司资产规模,保护股东权益,为公司和股东创造价值。

与公允价值计量相关的项目

□适用 √不适用

持有外币金融资产、金融负债情况

□适用 √不适用

6.2 主营业务分行业、产品情况表

单位:元 币种:人民币

分行业或分产品	主营营业收入	主营业务成本	主营业务利润率(%)	主营业务收入比上年增减%	主营业务成本比上年增减%	主营业务利润率上年增减%
分行业工业	2,523,188,429.00	1,136,279,220.82	54.97	15.60	17.88	降低 0.87 个百分点
商业	2,384,147,565.97	2,247,774,325.20	5.72	3.27	3.09	增加 0.16 个百分点
合计	4,907,335,994.97	3,384,053,546.02	31.04	9.26	7.62	增加 1.05 个百分点
分产品						
制剂药品(不含大输液)	1,271,732,702.36	378,922,817.06	70.20	14.22	15.52	降低 0.34 个百分点
大输液	1,170,635,556.16	737,925,072.26	36.96	23.34	25.39	降低 1.03 个百分点

6.3 主营业务分地区情况表

单位:元 币种:人民币

地区	主营业务收入	主营业务收入比上年增减(%)
其中:东北地区	93,833,891.43	-1.16
华北地区	1,659,146,332.33	11.98
华中地区	2,404,034,063.13	2.92
华东地区	875,553,390.71	37.65
华南地区	197,446,924.63	21.09
西北地区	265,069,207.01	30.91
西南地区	333,130,781.20	-3.22
其他地区	92,344.00	-89.32
小计	5,828,306,934.44	10.82
分部间抵销	920,970,939.47	
合计	4,907,335,994.97	10.47

6.4 募集资金使用情况

√适用 □不适用

单位:万元

承诺项目名称	拟投入金额	是否变更项目	实际投入金额	项目进度	预计收益
认购北京医药集团部分股权及资产	22,234.76	否	22,234.76	100%	1109.02
新建塑瓶输液生产线项目	35,021.00	否	8,529.64	24%	0
新建塑盖生产线项目	5,808.00	否	2,026.53	35%	0
新建非 PVC 软袋输液生产线项目	4,113.00	否	1,530.85	37%	0
合计	67,176.76		34,321.78	—	

承诺项目名称	产生收益情况	是否符合计划进度	是否符合预计收益	未达到计划进度和收益说明
认购北京医药集团部分股权及资产	682.77	是	否	由于市场变化和本公司经营策略调整,影响了预计收益实现的进度,具体影响如下: 1、万辉双鹤:① 由于战略调整需要,CGMP 改造时间增加,造成停产时间延长;② 由于进行 CGMP 改造,导致部分设备报废拆除,影响万辉双鹤 2008 年度利润总额 236.61 万元,按北药股权 40.38%的比例计算,影响减少利润总额 95.54 万元。 2、双鹤装备:由于金融危机影响,制药企业收缩投资规模,导致双鹤装备销量减少,收入降低,从而影响利润总额。 3、滨湖双鹤:未能充分预计到玻瓶输液售价降幅较大和销量大幅度降低的影响。 4、双鹤现代:① 由于 GMP 认证监管加强,改造时间延长影响生产; ② 珂立苏品种扩产改造影响了生产。
新建塑瓶输液生产线项目	1,878.29	是	是	
新建塑盖生产线项目	400.00	是	是	
新建非 PVC 软袋输液生产线项目	0	是	是	
合计				

变更项目情况

□适用 √不适用

6.5 非募集资金项目情况

√适用 □不适用

(1) 收购输液公司

经公司第四届董事会第二十四次会议审议,同意公司收购广州振盛医药投资集团有限责任公司和佛山市南海区进达精密铸造有限公司分别持有的广东神州制药有限公司的 43.50%股权和 46.50%股权,收购价格共计人民币 2 元(各人民币 1 元)。目前广东神州制药有限公司已完成工商变更登记,更名为佛山双鹤药业有限责任公司。

(2) 安徽双鹤 2008 年新建塑瓶输液生产线项目

经公司第四届董事会第二十五次会议审议,董事会同意公司增加 2008 年投资预算,向全资子公司安徽双鹤药业有限责任公司提供借款 8,191 万元,用以新建 2 条塑瓶输液生产线及改造 1 条塑瓶输液生产线。目前该项目已完成土建施工,正在进行设备安装调试。

(3) 滨湖双鹤 2008 年新建塑瓶输液生产线项目

经公司第四届董事会第二十五次会议审议,董事会同意公司调整 2008 年投资预算,向全资子公司武汉滨湖双鹤药业有限责任公司提供借款 2,868 万元 (其中 2,000 万元已经 2008 年预算批准,本次会议同意追加 868 万元),用以新建 1 条塑瓶输液生产线。目前该项目已通过 GMP 认证并投入使用。

(4) 新建东北输液生产基地项目

经公司第四届董事会第二十六次会议审议,同意公司在辽宁筹建全资子公司,规划建设输液生产线,总投资规模约 1 亿元。经公司第四届董事会第二十九次会议审议,同意辽宁筹建的全资子公司的公司名称为"双鹤药业(沈阳)有限责任公司"。目前已完成新公司工商注册登记,正在组织实施工程项目。

(5) 投资建设符合 CGMP 质量管理标准的固体制剂基地项目

经公司第四届董事会第二十六次会议审议,同意公司在全资子公司北京万辉双鹤药业有限责任公司投资建设符合美国 FDA-CGMP 质量管理标准的固体制剂基地,由公司向北京万辉双鹤药业有限责任公司提供 6,236 万元的借款(其中 3,000 万元已经 2008 年预算批准,本次会议同意追加 3,236 万元)。目前该项目已完成车间改造和主要设备安装调试,通过国内 GMP 认证,正在办理国际认证。

6.6 董事会对会计师事务所"非标准审计报告"的说明

□适用 √不适用

6.7 董事会本次利润分配或资本公积金转增股本预案

建议以 2008 年末总股本 476,413,290 股为基础,向全体股东每 10 股派送红股 2 股,派送 95,282,658.00 元;派发分配股利 64,315,794.15 元,每股现金红利 0.135 元,共计派送 159,598,452.15 元;剩余未分配利润 577,616,528.76 元,结转以后年度分配。2008 年度资本公积金不转增股本。

上述事项需提交股东大会审议通过后实施。

公司本报告期内盈利但未提出现金利润分配预案

□适用 √不适用

第七节 重要事项

7.1 收购资产

√适用 □不适用

单位:元 币种:人民币

交易对方或最终	被收购资产	购买日	资产收购	自收购日起至	自本年初至本	是否为关	资产收购	所涉及的	所涉及的	该资产为上市	关联关系

控制方			价格	本年末为上市公司贡献的净利润	年末为上市公司贡献的净利润(适用于同一控制下的企业合并)	联交易(如是,说明定价原则)	定价原则	资产产权是否已全部过户	债权债务是否已全部转移	公司贡献的净利润占利润总额的比例(%)	
广州振盛医药投资集团有限责任公司	持有的广持有的广东神州制药有限公司的 43.50%股权	2008-06-06	1	−12,916,714.20	不适用	否	资产评估结果	是	是	−3%	—
佛山市南海区进达精密铸造有限公司	持有的广东神州制药有限公司的 46.50%股权	2008-06-06	1	−12,916,714.20	不适用	否	资产评估结果	是	是	−3%	—

目前广东神州制药有限公司已完成工商变更登记,更名为佛山双鹤药业有限责任公司。公司持有其 90%的股权,成为绝对控股股东。目前佛山双鹤药业有限责任公司的生产、销售、财务、人力资源等管理已纳入双鹤药业输液事业部管理体系。

本次收购符合双鹤药业的战略规划和打造“中国输液第一品牌”的战略目标。收购完成后,神州制药成为公司在华南地区的输液生产基地,有利于完善公司在全国的生产布局和产品结构,

优化输液三种包装结构,提高软袋输液比例,提升软袋输液生产管理水平。

7.2 出售资产

√适用　　□不适用

单位:元 币种:人民币

交易对方	被出售资产	出售日	出售价格	本年初起至出售日该资产为上市公司贡献的净利润	出售产生的损益	是否为关联交易(如是,说明定价原则)	资产出售定价原则	所涉及的资产产权是否已全部过户	所涉及的债权债务是否已全部转移	资产出售为上市公司贡献的净利润占利润总额的比例(%)	关联
昆明健盟商务咨询有限公司	公司持有云南双鹤医药有限公司的 52.13%的股权	2008-09-08	1	−7,796,900.72	26,968,950.84	否	资产评估结果	是	是	6%	—

目前云南双鹤医药有限公司已完成工商变更登记手续,并已向双鹤药业偿还借款 1,200 万元。

7.3 重大担保

√适用　　□不适用

单位:万元 币种:人民币

公司对外担保情况(不包括对子公司的担保)

担保对象名称	发生日期(协议签署日)	担保金额	担保类型	担保期	是否履行完毕	是否为关联方担保(是或否)
报告期内担保发生额合计						
报告期末担保余额合计						
公司对子公司的担保情况						
报告期内对子公司担保发生额合计						3000.00
报告期末对子公司担保余额合计						3000.00
公司担保总额情况(包括对子公司的担保)						
担保总额						3000.00
担保总额占公司净资产的比例(%)						0.95
其中:						
为股东、实际控制人及其关联方提供担保的金额						
直接或间接为资产负债率超过 70%的被担保对象提供的债务担保金额						−
担保总额超过净资产 50%部分的金额						
上述三项担保金额合计						−

7.4 重大关联交易

7.4.1 与日常经营相关的关联交易

√适用　　□不适用

单位:元 币种:人民币

项目	2008 年度	2007 年度
房租	−	4,800,000.00
合计	−	4,800,000.00

7.4.2 关联债权债务往来

√适用　　□不适用

单位:万元 币种:人民币

关联方	关联关系	向关联方提供资金 发生额	向关联方提供资金 余额	关联方向公司提供资金 发生额	关联方向公司提供资金 余额
湖南双鹤医药有限责任公司	控股子公司		572.43	418.98	572.43
湖北恒康双鹤药业有限责任公司	控股子公司		2,429.78		2,429.78
合计	/		3,002.21	418.98	3,002.21

7.4.3 2008 年资金被占用情况及清欠进展情况

□适用　　√不适用

截止 2008 年末,上市公司未完成非经营性资金占用的清欠工作的,董事会提出的责任追究方案

□适用　　√不适用

7.5 委托理财

□适用　　√不适用

7.6 承诺事项履行情况

7.6.1 公司或持股 5%以上股东在报告期内或持续到报告期内的承诺事项

√适用　　□不适用

(1)股改承诺及履行情况:

承诺事项	承诺内容	履行情况
股改承诺	分红承诺:深赤湾将保持一贯的、	履行完毕。
股东名称	特殊承诺	
北京医药集团有限责任公司	1、所持股份自获得上市流通权之日起,在六十个月内不通过交易所挂牌交易出售。 2、若公司股权分置改革方案获得相关股东会议批准,则在 2005 年度、2006 年度、2007 年度股东大会上提议并赞同实施分红;其中 2005 年度公司现金分红比例不低于当年实现的可分配利润的 50%。 3、若其他非流通股股东(指北京永好科技发展有限责任公司、北京道和投资管理有限公司、北京科梦嘉生物技术开发有限责任公司、南方证券股份有限公司)所持股份发生质押、冻结等情形导致其无法支付对价时,则其应付对价部分将由北京医药集团代为先行支付。北京医药集团将向被代付对价的非流通股股东(包括其合法承继人)进行追偿,上述被代付对价方在办理其持有的原非流通股股份转让或上市流通时,应先征得北京医药集团的同意,并由公司向交易所提出该等股份的上市流通申请。 4、为保护公司流通股股东的利益,在公司相关股东会议表决通过公司股权分置改革方案后的两个月内,北京医药集团将投入不少于人民币 5000 万元的资金,通过上海证券交易所,以适当的时机、适当的价格增持公司流通股股份,在该项增持股份计划完成后的六个月内,北京医药集团将不出售增持的股份并履行相关信息披露义务。	1、根据公司第三届董事会第二十五次会议决议,经 2005 年度股东大会会议通过,以 2005 年末总股本 441,075,700 股为基数,向全体股东按每 10 股送 1.8 元(含税)的比例派送红利。股权登记日为 2006 年 6 月 30 日,除息日为 2006 年 7 月 3 日,所有现金红利已于 2006 年 7 月 7 日到达股东账户。(2005 年度公司现金分红比例不低于当年实现的可分配利润的 50%。) 2、根据本公司第四届董事会第七次会议决议,经 2006 年度股东大会会议审议批准,以 2006 年末总股本 44,107.57 万股为基数,每 10 股派发现金红利 1.6 元(含税),共计派发现金 70,572,112.00 元。股权登记日为 2007 年 6 月 8 日,除息日为 2007 年 6 月 11 日,截止本报告期末现金红利均已派发完毕。 3、根据公司第四届董事会第十九次会议决议,经 2007 年度股东大会会议审议批准,本报告期公司实施 2007 年度利润分配方案:以 476,413,290 股为基数,向全体股东按每 10 股送 1.85 元(含税)的比例派送红利。股权登记日为 2008 年 6 月 16 日,除息日为 2008 年 6 月 17 日,所有现金红利已于 2008 年 6 月 23 日到达股东账户。 4、截至 2006 年 5 月 29 日止,北京医药集团通过上海证券交易所交易系统共增持了本公司流通股 22,803,520 股,占本公司总股本的 5.17%。
北京永好科技发展有限责任公司	按照其持股比例支付相应的对价安排后,其持有的剩余非流通股股份将全部用于支付北京医药集团应支付的部分对价安排。	已按承诺履行完毕
北京道和投资管理有限公司	按照其持股比例支付相应的对价安排后,其持有的剩余非流通股股份将全部用于支付北京医药集团应支付的部分对价安排。	已按承诺履行完毕

(2)非公开发行股票时所作承诺及履行情况:

根据 2007 年第一次临时股东大会会议决议和中国证券监督管理委员会证监许可 [2008]413 号文批准,本公司向不超过十家的特定对象(包括控股股东、证券投资基金管理公司、证券公司、信托投资公司、财务公司、保险机构投资者及其他机构投资者等特定投资者) 非公开发行新股不超过 4,000 万股。经本公司和保荐人中信建投证券有限责任公司根据发行对象申购报价的情况并遵循价格优先等原则,确定 8 家投资者为本次发行的配售对象,本次发行人民币普通股(A 股) 35,337,590 股。

本次发行完成后,公司股东北京医药集团有限责任公司共持有 233,662,703 股股份,并承诺该等股份在本次发行结束后的 36 个月内不得转让, 即该等股份限售期自 2008 年 4 月 29 日开始计算,截止日为 2011 年 4 月 29 日;限售期结束后,经公司申请,限售部分股票可以上市流通。其他 7 家投资者即“易方达基金管理有限公司、中诚信托投资有限公司、中建材投资有限公司、渤海证券有限责任公司、江苏瑞华投资发展有限公司、信达澳银基金管理有限公司、泰康资产管理有限公司”认

购的本次非公开发行的股票在 12 个月内不得转让，限售期自 2008 年 4 月 29 日开始计算，截止日为 2009 年 4 月 29 日。限售期结束后，经公司申请，限售部分股票可以上市流通。

7.6.2 公司资产或项目存在盈利预测，且报告期仍处在盈利预测期间，公司就资产或项目是否达到原盈利预测及其原因作出说明：

□适用　　　　√不适用

7.7 重大诉讼仲裁事项

√适用　　　　□不适用

1、湖北恒康双鹤医药股份有限公司(以下简称“恒康双鹤”)起诉湖北省医药公司，要求偿还占用资金 4416.69 万元和货款 700.34 万元。2006 年 4 月 18 日，该案在湖北省高级人民法院开庭审理，后因该案与另一北京市第二中级人民法院审理的本公司诉湖北省医药公司股权转让纠纷案有关联，湖北省高级人民法院(以下简称“湖北省高院”)于 2006 年 6 月 19 日做出“中止诉讼”的裁定。

2007 年 1 月 29 日，恒康双鹤向湖北省高院申请恢复审理此案并提出进行“司法审计”，后获得了湖北省高院的批准。目前该案“司法审计”正在进行中。

2、贵州益佰制药股份有限公司因与本公司之子公司湖北恒康双鹤医药股份有限公司买卖合同纠纷一案后续进展情况：

2008 年 11 月 26 日，最高人民法院第一次开庭审理。目前此案仍在审理中。

3、GL ASIA MAURITIUS Ⅱ LTD(GL 亚洲毛里求斯第二有限公司)(以下简称“毛里求斯公司”)于 2008 年 7 月 25 日向北京市第二中级人民法院起诉本公司，要求判令本公司为昆明康普莱特双鹤药业有限公司(本公司持有其 38%的股权，以下简称“康普莱特”)2003 年 710 万本金的银行贷款承担连带保证责任。

2008 年 12 月 19 日，北京市第二中级人民法院作出一审判决，本公司根据该判决于 2009 年 1 月向毛里求斯公司支付借款本金等共计 932.113216 万元。

7.8 其他重大事项及其影响和解决方案的分析说明

7.8.1 证券投资情况

□适用　　　　√不适用

7.8.2 持有其他上市公司股权情况

□适用　　　　√不适用

7.8.3 持有非上市金融企业股权情况

√适用　　　　□不适用

深圳市亚辰电子科技有限公司	0.00	0.00%	17.58	0.07%

持有对象名称	最初投资成本(万元)	持股数量	占该公司股权比例	期末账面价值(万元)
北京国翔资产管理有限公司	506.50	–	1.03%	506.50
中投信用担保有限公司	2,000	–	2%	2,000
合计	2,506.50	–	–	2,506.50

7.8.4 买卖其他上市公司股份的情况

□适用　　　　√不适用

7.9 公司董事会对公司内部控制出具了自我评估报告，审计机构出具了评价意见，详见公司 2008 年年度报告全文。

7.10 公司披露了履行社会责任报告，详见公司 2008 年年度报告全文。

第八节　监事会报告

监事会认为公司依法运作、公司财务情况、公司募集资金使用、公司收购、出售资产交易和关联交易不存在问题。

8.1 监事会对公司依法运作情况的独立意见

2008 年度，监事会通过列席公司召开的历次董事会会议、股东大会会议，并根据有关法律法规对会议的召开程序、决议事项、决策程序，董事会对股东大会决议的执行情况，董事、总裁与其他高级管理人员执行公司职务等情况进行监督。

监事会认为，董事会能够严格按照《公司法》、《证券法》、《上海证券交易所股票上市规则》、《公司章程》及其他有关法律法规和制度的要求规范运作，决策科学合理。公司完善了内部管理和内部控制制度，建立了良好的内控机制；重大经营决策合理，其程序合法有效，信息披露真实；董事及高级管理人员在履行公司职务时，均能勤勉尽职、奉公守法、诚实守信、廉洁自律，遵守国家法律法规和《公司章程》等规定，维护公司利益，目前尚未发现有违法、违规和损害公司利益及股东利益的行为。

8.2 监事会对检查公司财务情况的独立意见

2008 年度，监事会对公司的财务制度、财务状况、会计报表等进行了认真细致的检查和审核，认为：公司目前财务制度基本健全，会计报告无重大遗漏和虚假记载，如实地反映了公司的财务状况和经营成果。北京京都天华会计师事务所有限责任公司就公司财务报告出具的标准无保留意见的审计报告，客观、真实地反映了公司的财务状况和经营成果，其审计意见是客观公正的。

8.3 监事会对公司最近一次募集资金实际投入情况的独立意见

2008 年度，公司募集资金总额为 671,767,585.90 元。实际投入项目与承诺项目一致，目前尚未发现有实际投资项目变更事项。

8.4 监事会对公司收购、出售资产情况的独立意见

2008 年度，公司在收购、出售资产过程中，决策程序符合有关法律法规及《公司章程》的相关规定，交易价格合理，未发现有造成资产流失及损害股东权益的行为和事项。

8.5 监事会对公司关联交易情况的独立意见

2008 年度公司与关联方发生的关联交易均按市场公平交易的原则进行，定价公允，交易公平、公开，在执行中能按照双方签订的协议条款进行，没有发现内幕交易及损害股东利益，特别是中小非关联股东利益的行为。公司不存在控股股东及其他关联方非经营性占用公司资金的情况。董事会在审议关联交易时，关联董事均回避表决。

第九节　财务会计报告

9.1 审计意见

公司年度财务报告已经注册会计师审计，并出具了标准无保留意见的审计报告。

(一)审计报告

审计报告

北京京都天华审字(2009)第 0817 号

北京双鹤药业股份有限公司全体股东：

我们审计了后附的北京双鹤药业股份有限公司(以下简称双鹤药业公司)财务报表，包括 2008 年 12 月 31 日的公司及合并资产负债表，2008 年度的公司及合并利润表、公司及合并现金流量表、公司及合并股东权益变动表和财务报表附注。

一、管理层对财务报表的责任

按照企业会计准则的规定编制财务报表是双鹤药业公司管理层的责任。这种责任包括：(1)设计、实施和维护与财务报表编制相关的内部控制，以使财务报表不存在由于舞弊或错误而导致的重大错报；(2)选择和运用恰当的会计政策；(3)作出合理的会计估计。

二、注册会计师的责任

我们的责任是在实施审计工作的基础上对财务报表发表审计意见。我们按照中国注册会计师审计准则的规定执行了审计工作。中国注册会计师审计准则要求我们遵守职业道德规范，计划和实施审计工作以对财务报表是否不存在重大错报获取合理保证。

审计工作涉及实施审计程序，以获取有关财务报表金额和披露的审计证据。选择的审计程序取决于注册会计师的判断，包括对由于舞弊或错误导致的财务报表重大错报风险的评估。在进行风险评估时，我们考虑与财务报表编制相关的内部控制，以设计恰当的审计程序，但目的并非对内部控制的有效性发表意见。审计工作还包括评价管理层选用会计政策的恰当性和作出会计估计的合理性，以及评价财务报表的总体列报。

我们相信，我们获取的审计证据是充分、适当的，为发表审计意见提供了基础。

三、审计意见

我们认为，双鹤药业公司财务报表已经按照企业会计准则的规定编制，在所有重大方面公允反映了双鹤药业公司 2008 年 12 月 31 日的财务状况以及 2008 年度的经营成果和现金流量。

中国·北京　　　　中国注册会计师　苏金其

2009 年 4 月 24 日　　　　中国注册会计师　曹　阳

9.2 财务报表

合并资产负债表

2008 年 12 月 31 日

编制单位：北京双鹤药业股份有限公司　　　　单位：元　币种：人民币

项目	附注	2008 年 12 月 31 日	2007 年 12 月 31 日
流动资产：			
货币资金	八、1	1,028,431,264.73	654,288,053.40
交易性金融资产			
应收票据	八、2	173,274,488.96	251,624,538.47
应收账款	八、3	535,406,211.69	499,675,230.68
预付款项	八、4	221,199,514.33	145,532,007.79
应收利息			
应收股利	八、5	1,113,288.33	
其他应收款	八、6	81,194,091.84	230,964,508.97
存货	八、7	604,537,197.79	528,564,138.56
一年内到期的非流动资产			
其他流动资产	八、8	37,303,317.92	–
流动资产合计		2,682,459,375.59	2,310,648,477.87
非流动资产：			
可供出售金融资产			
持有至到期投资			
长期应收款			
长期股权投资	八、9	81,451,121.00	82,935,025.24
投资性房地产	八、10	97,799,156.46	102,470,516.67
固定资产	八、11	1,096,150,833.87	953,512,886.73
在建工程	八、12	118,312,949.09	43,873,150.43
工程物资	八、13	9,470,795.31	387,700.00
固定资产清理			
生产性生物资产			
油气资产			
无形资产	八、14	131,428,963.65	142,862,496.57
开发支出	八、15	16,354,649.33	20,758,496.63
商誉	八、16	9,073,834.23	812,728.98
长期待摊费用	八、17	1,913,706.96	913,257.35
递延所得税资产	八、18	24,606,170.78	14,288,638.91
其他非流动资产			
非流动资产合计		1,586,562,180.68	1,362,814,897.51
资产总计		4,269,021,556.27	3,673,463,375.38
流动负债：			
短期借款	八、21	325,500,000.00	304,000,000.00
交易性金融负债			

应付票据	八、22	130,151,954.43	203,080,829.62
应付账款	八、23	310,364,198.63	389,912,180.92
预收款项	八、24	29,255,695.20	68,838,485.27
应付职工薪酬	八、25	34,872,042.31	22,289,902.90
应交税费	八、26	60,873,442.87	120,311,005.48
应付利息			-
应付股利			461,111.84
其他应付款	八、27	170,286,241.05	140,717,280.94
一年内到期的非流动负债	八、28	16,000,000.00	7,000,000.00
其他流动负债			-
流动负债合计		1,077,303,574.49	1,256,610,796.97
非流动负债：			
长期借款			
应付债券			
长期应付款			16,000,000.00
专项应付款			-
预计负债	八、29	27,000,000.00	27,000,000.00
递延所得税负债	八、30	3,817,525.75	1,894,533.28
其他非流动负债	八、31	10,437,172.17	7,270,322.17
非流动负债合计		41,254,697.92	52,164,855.45
负债合计		1,118,558,272.41	1,308,775,652.42
所有者权益(或股东权益)：			
股本	八、32	476,413,290.00	441,075,700.00
资本公积	八、33	1,163,740,897.95	609,442,664.30
减：库存股			
盈余公积	八、34	189,944,259.27	166,120,418.76
未分配利润	八、35	1,249,446,400.57	980,834,215.56
外币报表折算差额			
归属于母公司所有者权益合计		3,079,544,847.79	2,197,472,998.62
少数股东权益	八、36	70,918,436.07	167,214,724.34
股东权益合计		3,150,463,283.86	2,364,687,722.96
负债和股东权益合计		4,269,021,556.27	3,673,463,375.38

公司法定代表人：卫华诚　　主管会计工作负责人：黄云龙　　会计机构负责人：彭发文

母公司资产负债表

2008 年 12 月 31 日

编制单位：北京双鹤药业股份有限公司　　单位：元　币种：人民币

项目	附注	2008 年 12 月 31 日	2007 年 12 月 31 日
流动资产：			
货币资金		728,102,879.70	8,737,717.65
交易性金融资产			
应收票据		87,271,674.32	136,777,750.87
应收账款	八、3	98,488,729.60	85,088,392.38
预付款项		36,329,158.89	23,401,146.23
应收利息			
应收股利		1,113,288.33	6,416,000.00
其他应收款	八、6	617,560,402.66	794,807,479.86
存货		124,843,007.92	80,344,100.76
一年内到期的非流动资产			
其他流动资产		18,195,716.11	
流动资产合计		1,711,904,857.53	1,135,572,587.75
非流动资产：			
可供出售金融资产			
持有至到期投资			
长期应收款			
长期股权投资	八、9	635,081,065.81	462,761,620.41
投资性房地产		72,390,084.14	77,754,612.02
固定资产		398,036,964.85	364,440,851.31
在建工程		14,023,455.88	4,844,662.56
工程物资			
固定资产清理			
生产性生物资产			
油气资产			
无形资产		70,751,226.67	72,275,618.10
开发支出		13,104,649.33	20,758,496.63
商誉			
长期待摊费用			
递延所得税资产		2,276,039.60	2,226,663.80
其他非流动资产			
非流动资产合计		1,205,663,486.28	1,005,062,524.83
资产总计		2,917,568,343.81	2,140,635,112.58
流动负债：			
短期借款		170,000,000.00	170,000,000.00
交易性金融负债			
应付票据			
应付账款		29,738,127.61	27,041,049.77
预收款项		2,682,613.04	1,048,032.39
应付职工薪酬		15,649,039.91	5,272,465.28
应交税费		14,021,923.77	51,631,830.76
应付利息			
应付股利			461,111.84
其他应付款		28,544,850.50	33,549,287.32
一年内到期的非流动负债			
其他流动负债			
流动负债合计		260,636,554.83	289,003,777.36
非流动负债：			
长期借款			
应付债券			
长期应付款			
专项应付款			-
预计负债		27,000,000.00	27,000,000.00
递延所得税负债		832,945.64	1,894,533.28
其他非流动负债		5,101,343.37	5,116,593.37
非流动负债合计		32,934,289.01	34,011,126.65
负债合计		293,570,843.84	323,014,904.01
股东权益：			
股本		476,413,290.00	441,075,700.00
资本公积		1,220,424,969.79	599,487,212.62
减：库存股			
盈余公积		189,944,259.27	166,120,418.76
未分配利润		737,214,980.91	610,936,877.19
外币报表折算差额			
股东权益合计		2,623,997,499.97	1,817,620,208.57
负债和股东权益合计		2,917,568,343.81	2,140,635,112.58

公司法定代表人：卫华诚　　主管会计工作负责人：黄云龙　　会计机构负责人：彭发文

合并利润表

2008 年 1－12 月

编制单位：北京双鹤药业股份有限公司　　单位：元　币种：人民币

项目	附注	2008 年 1－12 月	2007 年 1－12 月
一、营业收入	八、37	4,951,524,367.82	4,556,616,381.12
减：营业成本	八、37	3,417,724,980.67	3,186,254,272.57
营业税金及附加	八、38	32,466,523.24	28,094,645.99
销售费用		748,563,466.10	660,694,248.83
管理费用		290,883,522.29	224,676,625.64
财务费用		12,795,499.83	11,433,776.25
资产减值损失	八、39	27,036,185.11	52,002,135.74
加：公允价值变动收益(损失以“－”号填列)			
投资收益(损失以“－”号填列)	八、40	29,976,388.65	304,236.77
其中：对联营企业和合营企业的投资收益		278,652.30	
二、营业利润(亏损以“－”号填列)		452,030,579.23	393,764,912.87
加：营业外收入	八、41	41,159,778.62	212,573,913.23
减：营业外支出	八、43	22,535,576.12	31,654,441.62
其中：非流动资产处置净损失			
三、利润总额(亏损总额以“－”号填列)		470,654,781.73	574,684,384.48
减：所得税费用	八、44	74,199,339.32	117,077,185.93
四、净利润(净亏损以“－”号填列)		396,455,442.41	457,607,198.55
归属于母公司所有者的净利润		380,572,486.34	437,580,763.41
少数股东损益		15,882,956.07	20,026,435.14
六、每股收益：			
(一)基本每股收益		0.8191	0.9921
(二)稀释每股收益		0.8191	0.9921

公司法定代表人：卫华诚　　主管会计工作负责人：黄云龙　　会计机构负责人：彭发文

母公司利润表

2008 年 1－12 月

编制单位：北京双鹤药业股份有限公司　　单位：元　币种：人民币

项目	附注	2008 年 1－12 月	2007 年 1－12 月
一、营业收入	八、37	762,980,164.67	697,077,806.97
减：营业成本	八、37	318,901,973.64	272,538,124.65
营业税金及附加		9,823,559.52	9,183,180.68
销售费用		36,134,911.05	27,569,858.35
管理费用		118,820,169.64	90,090,189.84
财务费用		10,433,409.30	7,242,107.25
资产减值损失		−8,064,151.80	31,428,292.57
加：公允价值变动收益(损失以“－”号填列)			

投资收益(损失以"−"号填列)	八、40	3,480,992.24	86,877.44
其中:对联营企业和合营企业的投资收益			
二、营业利润(亏损以"−"号填列)		280,411,285.56	259,112,931.07
加:营业外收入		13,500,323.87	187,645,215.40
减:营业外支出		14,589,382.17	27,119,471.62
其中:非流动资产处置净损失			
三、利润总额(亏损总额以"−"号填列)		279,322,227.26	419,638,674.85
减:所得税费用		41,083,822.21	63,974,229.18
四、净利润(净亏损以"−"号填列)		238,238,405.05	355,664,445.67
五、每股收益:			
(一)基本每股收益		0.5127	0.8064
(二)稀释每股收益		0.5127	0.8064

公司法定代表人:卫华诚　　主管会计工作负责人:黄云龙　　会计机构负责人:彭发文

合并现金流量表

2008 年 1−12 月

编制单位:北京双鹤药业股份有限公司　　单位:元　币种:人民币

项目	附注	2008 年 1−12 月	2007 年 1−12 月
一、经营活动产生的现金流量:			
销售商品、提供劳务收到的现金		4,087,667,820.01	4,543,190,020.92
收到的税费返还		478,559.96	−
收到的其他与经营活动有关的现金	八、46	76,484,715.02	11,906,704.00
经营活动现金流入小计		4,164,631,094.99	4,555,096,724.92
购买商品、接受劳务支付的现金		2,173,384,768.77	2,928,558,001.27
支付给职工以及为职工支付的现金		458,061,263.92	376,939,497.83
支付的各项税费		478,254,564.28	378,290,158.74
支付的其他与经营活动有关的现金	八、47	723,220,352.60	635,850,904.71
经营活动现金流出小计		3,832,920,949.57	4,319,638,562.55
经营活动产生的现金流量净额		331,710,145.42	235,458,162.37
二、投资活动产生的现金流量:			
收回投资所收到的现金		500,000.00	31,201.00
取得投资收益所收到的现金		691,637.39	2,001,560.00
处置固定资产、无形资产和其他长期资产收回的现金净额		142,752,889.68	171,788,534.09
处置子公司及其他营业单位收到的现金净额		−	−
收到的其他与投资活动有关的现金	八、48	14,805,820.01	13,004,229.82
投资活动现金流入小计		158,750,347.08	186,825,524.91
购建固定资产、无形资产和其他长期资产支付的现金		309,201,343.32	136,172,576.04
投资所支付的现金		−	24,055,400.00
取得子公司及其他营业单位支付的现金净额		−	−
支付其他与投资活动有关的现金	八、49	19,499,785.99	−
投资活动现金流出小计		328,701,129.31	160,227,976.04
投资活动产生的现金流量净额		−169,950,782.23	26,597,548.87
三、筹资活动产生的现金流量:			
吸收投资所收到的现金		425,299,460.04	5,000,000.00
其中:子公司吸收少数股东投资收到的现金		−	
取得借款收到的现金		301,800,000.00	300,000,000.00
收到其他与筹资活动有关的现金		−	
筹资活动现金流入小计		727,099,460.04	305,000,000.00
偿还债务支付的现金		350,300,000.00	314,500,000.00
分配股利、利润或偿付利息支付的现金		111,280,806.78	93,166,398.72
其中:子公司支付给少数股东的股利、利润		−	
支付其他与筹资活动有关的现金	八、50	3,366,432.25	437,719.54
筹资活动现金流出小计		464,947,239.03	408,104,118.26
筹资活动产生的现金流量净额		262,152,221.01	−103,104,118.26
四、汇率变动对现金及现金等价物的影响		−17,517.35	113,432.54
五、现金及现金等价物净增加额		423,894,066.85	159,065,025.52
加:期初现金及现金等价物余额		550,311,715.76	391,246,690.24
六、期末现金及现金等价物余额		974,205,782.61	550,311,715.76

公司法定代表人:卫华诚　　主管会计工作负责人:黄云龙　　会计机构负责人:彭发文

母公司现金流量表

2008 年 1−12 月

编制单位:北京双鹤药业股份有限公司　　单位:元　币种:人民币

项目	2008 年 1−12 月	2007 年 1−12 月
一、经营活动产生的现金流量:		
销售商品、提供劳务收到的现金	806,424,387.29	584,108,014.98
收到的税费返还	29,194.63	−
收到的其他与经营活动有关的现金	332,596,031.49	13,321,040.13
经营活动现金流入小计	1,139,049,613.41	597,429,055.11
购买商品、接受劳务支付的现金	162,632,981.67	115,388,941.04
支付给职工以及为职工支付的现金	117,326,824.83	111,532,313.26
支付的各项税费	163,423,270.35	134,894,043.40
支付的其他与经营活动有关的现金	341,943,249.04	457,850,551.49
经营活动现金流出小计	785,326,325.89	819,665,849.19
经营活动产生的现金流量净额	353,723,287.52	−222,236,794.08
二、投资活动产生的现金流量:		
收回投资所收到的现金	500,000.00	1.00
取得投资收益所收到的现金	6,416,000.00	2,000,000.00
处置固定资产、无形资产和其他长期资产收回的现金净额	128,887,918.51	171,108,047.80
处置子公司及其他营业单位收到的现金净额	−	−
收到的其他与投资活动有关的现金	1,984,326.67	3,541,603.38
投资活动现金流入小计	137,788,245.18	176,649,652.18
购建固定资产、无形资产和其他长期资产支付的现金	28,182,338.29	46,056,897.25
投资所支付的现金	76,317,800.88	24,055,400.00
取得子公司及其他营业单位支付的现金净额	−	−
支付其他与投资活动有关的现金	−	−
投资活动现金流出小计	104,500,139.17	70,112,297.25
投资活动产生的现金流量净额	33,288,106.01	106,537,354.93
三、筹资活动产生的现金流量:		
吸收投资所收到的现金	434,113,910.17	−
其中:子公司吸收少数股东投资收到的现金	−	
取得借款收到的现金	170,000,000.00	170,000,000.00
收到其他与筹资活动有关的现金	−	
筹资活动现金流入小计	604,113,910.17	170,000,000.00
偿还债务支付的现金	170,000,000.00	170,000,000.00
分配股利、利润或偿付利息支付的现金	100,643,918.61	80,056,133.04
其中:子公司支付给少数股东的股利、利润	−	
支付其他与筹资活动有关的现金	353,872.67	169,985.43
筹资活动现金流出小计	270,997,791.28	250,226,118.47
筹资活动产生的现金流量净额	333,116,118.89	−80,226,118.47
四、汇率变动对现金及现金等价物的影响	−17,517.35	113,432.54
五、现金及现金等价物净增加额	720,109,995.07	−195,812,125.08
加:期初现金及现金等价物余额	7,899,493.29	203,711,618.37
六、期末现金及现金等价物余额	728,009,488.36	7,899,493.29

公司法定代表人:卫华诚　　主管会计工作负责人:黄云龙　　会计机构负责人:彭发文

合并所有者权益变动表

2008 年 1−12 月

编制单位:北京双鹤药业股份有限公司　　单位:元　币种:人民币

项目	归属于母公司所有者权益							
	股本	资本公积	减:库存股	盈余公积	未分配利润	其他	少数股东权益	所有者权益合计
一、上年年末余额	441,075,700.00	609,442,664.30	−	166,120,418.76	980,834,215.56	−	167,214,724.34	2,364,687,722.96
加:会计政策变更								−
前期差错更正								−
二、本年年初余额	441,075,700.00	609,442,664.30	−	166,120,418.76	980,834,215.56	−	167,214,724.34	2,364,687,722.96
三、本年增减变动金额(减少以"−"号填列)	35,337,590.00	554,298,233.65	−	23,823,840.51	268,612,185.01	−	−96,296,288.27	785,775,560.90
(一)净利润					380,572,486.34		15,882,956.07	396,455,442.41
(二)直接计入所有者权益的利得和损失	−	835,018.00	−	−	−	−	113,301.27	948,319.27
1.可供出售金融资产公允价值变动净额								−
2.权益法下被投资单位其他所有者权益变动的影响		10,437.00						10,437.00
3.与计入所有者权益项目相关的所得税影响								−
4.其他		824,581.00					113,301.27	937,882.27
上述(一)和(二)小计	−	835,018.00	−	−	380,572,486.34	−	15,996,257.34	397,403,761.68
(三)所有者投入和减少资本	35,337,590.00	553,463,215.65	−	−	−	−	−112,292,545.61	476,508,260.04
1.所有者投入资本	35,337,590.00	620,423,920.17						655,761,510.17
2.股份支付计入所有者权益的金额								−
3.其他		−66,960,704.52					−112,292,545.61	−179,253,250.13
(四)利润分配	−	−	−	23,823,840.51	−111,960,301.33	−	−	−88,136,460.82
1.提取盈余公积				23,823,840.51	−23,823,840.51			−
2.对所有者(或股东)的分配					−88,136,460.82			−88,136,460.82
3.其他	−							
(五)所有者权益内部结转	−	−	−	−	−	−	−	−
1.资本公积转增资本(或股本)								−
2.盈余公积转增资本(或股本)								−
3.盈余公积弥补亏损								−
4.其他								−
四、本期期末余额	476,413,290.00	1,163,740,897.95	−	189,944,259.27	1,249,446,400.57	−	70,918,436.07	3,150,463,283.86

项目	归属于母公司所有者权益							
	股本	资本公积	减:库存股	盈余公积	未分配利润	其他	少数股东权益	所有者权益合计
一、上年年末余额	441,075,700.00	608,780,707.64		238,700,497.51	526,986,635.89		−	1,815,543,541.04

加:会计政策变更	–	–	–	–108,146,523.32	122,405,370.71	–	173,856,505.56	188,115,352.95
前期差错更正	–	–	–	–	–	–	–	–
二、本年年初余额	441,075,700.00	608,780,707.64	–	130,553,974.19	649,392,006.60	–	173,856,505.56	2,003,658,893.99
三、本年增减变动金额								
(减少以"–"号填列)		661,956.66		35,566,444.57	331,442,208.96	–	–6,641,781.22	361,028,828.97
(一)净利润	437,580,763.41	20,026,435.14457,607,198.55						
(二)直接计入所有者								
权益的利得和损失		661,956.66						661,956.66
1.可供出售金融资产								
公允价值变动净额								–
2.权益法下被投资单位其他								
所有者权益变动的影响								–
3.与计入所有者权益项目								
相关的所得税影响								–
4.其他		661,956.66						661,956.66
上述(一)和(二)小计		661,956.66	–	–	437,580,763.41	–	20,026,435.14	458,269,155.21
(三)所有者投入和减少资本	–	–	–	–	–	–	–26,668,216.36	–26,668,216.36
1.所有者投入资本								–
2.股份支付计入所有者								
权益的金额								–
3.其他							–26,668,216.36	–26,668,216.36
(四)利润分配				35,566,444.57	–106,138,554.45	–	–	–70,572,109.88
1.提取盈余公积				35,566,444.57	–35,566,444.57			–
2.对股东的分配					–70,572,109.88			–70,572,109.88
3.其他								–
(五)所有者权益内部结转								–
1.资本公积转增股本								–
2.盈余公积转增股本								–
3.盈余公积弥补亏损								–
4.其他								–
四、本期期末余额	441,075,700.00	609,442,664.30	–	166,120,418.76	980,834,215.56	–	167,214,724.34	2,364,687,722.96

公司法定代表人:卫华诚　　主管会计工作负责人:黄云龙　　会计机构负责人:彭发文

母公司所有者权益变动表

2008 年 1–12 月

编制单位:北京双鹤药业股份有限公司　　单位:元　币种:人民币

项目	股本	资本公积	减:库存股	盈余公积	未分配利润	所有者权益合计
一、上年年末余额	441,075,700.00	599,487,212.62	–	166,120,418.76	610,936,877.19	1,817,620,208.57
加:会计政策变更						–
前期差错更正						–
二、本年年初余额	441,075,700.00	599,487,212.62	–	166,120,418.76	610,936,877.19	1,817,620,208.57
三、本年增减变动金额						
(减少以"–"号填列)	35,337,590.00	620,937,757.17	–	23,823,840.51	126,278,103.72	806,377,291.40
(一)净利润					238,238,405.05	238,238,405.05
(二)直接计入所有者						
权益的利得和损失	–	513,837.00	–	–	–	513,837.00
1.可供出售金融资产						
公允价值变动净额						–
2.权益法下被投资单位其他						
所有者权益变动的影响		10,437.00				10,437.00
3.与计入所有者权益项						
目相关的所得税影响						–
4.其他		503,400.00				503,400.00
上述(一)和(二)小计	–	513,837.00	–	–	238,238,405.05	238,752,242.05
(三)所有者投入和						
减少资本	35,337,590.00	620,423,920.17	–	–	–	655,761,510.17
1.所有者投入资本	35,337,590.00	620,423,920.17				655,761,510.17
2.股份支付计入所有者						
权益的金额						–
3.其他						–
(四)利润分配	–	–	–	23,823,840.51	–111,960,301.33	–88,136,460.82
1.提取盈余公积				23,823,840.51	–23,823,840.51	–
2.对股东的分配					–88,136,460.82	–88,136,460.82
3.其他						–
(五)所有者权益内部结转	–	–	–	–	–	–
1.资本公积转增股本						–
2.盈余公积转增或股本						–
3.盈余公积弥补亏损						–
4.其他						–
四、本期期末余额	476,413,290.00	1,220,424,969.79	–	189,944,259.27	737,214,980.91	2,623,997,499.97

项目	股本	资本公积	减:库存股	盈余公积	未分配利润	所有者权益合计
一、上年年末余额	441,075,700.00	608,780,707.64183,238,552.68607,941,283.361,841,036,243.68				
加:会计政策变更		–9,293,495.02		–52,684,578.49	–246,530,297.39	–308,508,370.90
前期差错更正	–					
二、本年年初余额	441,075,700.00	599,487,212.62	–	130,553,974.19	361,410,985.97	1,532,527,872.78
三、本年增减变动金额						
(减少以"–"号填列)	–	–	–	35,566,444.57	249,525,891.22	285,092,335.79
(一)净利润				355,664,445.67	355,664,445.67	
(二)直接计入所有者						
权益的利得和损失						–
1.可供出售金融资产						
公允价值变动净额						–
2.权益法下被投资单位其他						
所有者权益变动的影响						–
3.与计入所有者权益						
项目相关的所得税影响						–
4.其他	–					
上述(一)和(二)小计	–	–	–	–	355,664,445.67	355,664,445.67
(三)所有者投入和减少资本						–
1.所有者投入资本						–
2.股份支付计入						
所有者权益的金额						–
3.其他						–
(四)利润分配				35,566,444.57	–106,138,554.45	–70,572,109.88
1.提取盈余公积				35,566,444.57	–35,566,444.57	–
2.对股东的分配					–70,572,109.88	–70,572,109.88
3.其他						–
(五)所有者权益内部结转						–
1.资本公积转增股本						–
2.盈余公积转增股本						–
3.盈余公积弥补亏损						–
4.其他						–
四、本期期末余额	441,075,700.00	599,487,212.62	–	166,120,418.76	610,936,877.19	1,817,620,208.57

公司法定代表人:卫华诚　　主管会计工作负责人:黄云龙　　会计机构负责人:彭发文

9.3 本报告期无会计政策、会计估计和核算方法变更。

9.4 本报告期无会计差错更正。

9.5 报告期内,公司财务报表合并范围发生变化的说明。

依据本公司第四届董事会第二十四次会议决议及《关于转让广东神州制药有限公司股权的协议》,本公司以人民币 2 元收购广东神州制药有限公司 90%的股权,并将其更名为佛山双鹤药业有限责任公司。截至 2008 年 6 月 6 日,本公司已办理了相关财产的交接手续并已实际上控制了佛山双鹤的财务和经营。自 6 月 6 日本公司将佛山双鹤纳入合并财务报表。

本公司与昆明健盟商务咨询有限公司于 2008 年 9 月 8 日签订股权转让协议,以 1 元出售本公司持有云南双鹤医药有限公司 52.13%的股权,处置日 2008 年 10 月 31 日。故自 2008 年 10 月 31 日起,本公司不再将云南双鹤医药有限公司纳入合并范围。

董事长:卫华诚

北京双鹤药业股份有限公司

2009 年 4 月 24 日

莱芜钢铁股份有限公司

莱芜钢铁股份有限公司 2008 年年度报告摘要

第一节　重要提示

1.1 本公司董事会、监事会及董事、监事、高级管理人员保证本报告所载资料不存在任何虚假记载、误导性陈述或者重大遗漏，并对其内容的真实性、准确性和完整性承担个别及连带责任。

本年度报告摘要摘自年度报告全文，报告全文同时刊载于 http://www.sse.com.cn。投资者欲了解详细内容，应当仔细阅读年度报告全文。

1.2 公司副董事长田克宁先生因事未能参加会议，书面委托公司董事长陈向阳先生代为行使表决权；公司董事闫福恒先生因事未能参加会议，书面委托公司董事魏佑山先生代为行使表决权。

1.3 北京天圆全会计师事务所有限公司 为本公司出具了标准无保留意见的审计报告。

1.4 公司负责人陈向阳、主管会计工作负责人陈明玉及会计机构负责人陈明玉声明：保证年度报告中财务报告的真实、完整。

第二节　公司基本情况简介

2.1 基本情况简介

股票简称	莱钢股份
股票代码	600102
上市交易所	上海证券交易所
公司注册地址和办公地址	山东省莱芜市钢城区新兴路 21 号
邮政编码	271104
公司国际互联网网址	http://www.laigang.com
电子信箱	lggfzqb@126.com

2.2 联系人和联系方式

	董事会秘书	证券事务代表
姓名	丁志刚	闵宪金
联系地址	山东省莱芜市钢城区新兴路 21 号	山东省莱芜市钢城区新兴路 21 号
电话	(0634)6820601、6820011	(0634)6820601、6820011
传真	(0634)6821094	(0634)6821094
电子信箱	lggfzqb@126.com	lggfzqb@126.com

第三节　会计数据和业务数据摘要

3.1 报告期末公司前三年主要会计数据和财务指标

单位:元 币种:人民币

主要会计数据	2008 年	2007 年	本年比上年增减(%)	2006 年
营业收入	39,765,533,811.28	32,926,158,574.71	20.77	26,986,550,257.10
利润总额	77,728,839.09	1,576,663,055.55	−95.07	1,168,395,054.37
归属于上市公司股东的净利润	263,725,241.97	1,139,535,749.20	−76.86	769,381,509.82
归属于上市公司股东的扣除非经常性损益的净利润	287,797,925.82	1,156,285,309.55	−75.11	745,659,297.73
基本每股收益(元/股)	0.286	1.236	−76.86	0.834
稀释每股收益(元/股)	0.286	1.236	−76.86	0.834
扣除非经常性损益后的基本每股收益(元/股)	0.312	1.254	−75.12	0.809
全面摊薄净资产收益率(%)	4.44	18.28	减少 13.84 个百分点	14.11
加权平均净资产收益率(%)	4.37	19.52	减少 15.15 个百分点	15.20
扣除非经常性损益后全面摊薄净资产收益率(%)	4.85	18.55	减少 13.70 个百分点	13.68
扣除非经常性损益后的加权平均净资产收益率(%)	4.77	19.80	减少 15.03 个百分点	14.73
经营活动产生的现金流量净额	666,714,415.24	1,689,537,186.49	−60.54	743,729,848.58
每股经营活动产生的现金流量净额(元/股)	0.72	1.83	−60.66	0.81
主要会计数据	2008 年末	2007 年末	本年末比上年末增减(%)	2006 年末
总资产	17,474,836,820.19	17,398,334,852.59	0.44	15,041,169,113.99
所有者权益(或股东权益)	5,936,877,183.94	6,234,583,073.57	−4.78	5,451,381,100.39
归属于上市公司股东的每股净资产(元/股)	6.44	6.76	−4.73	5.91

3.2 非经常性损益项目

√适用　　□不适用

单位:元 币种:人民币

非经常性损益项目	金额
非流动资产处置损益	−37,485,041.25
计入当期损益的政府补助，但与公司正常经营业务密切相关，符合国家政策规定、按照一定标准定额或定量持续享受的政府补助除外	429,989.00
企业取得子公司、联营企业及合营企业的投资成本小于取得投资时应享有被投资单位可辨认净资产公允价值产生的收益	16,061.14
债务重组损益	−102,288.51
单独进行减值测试的应收款项减值准备转回	2,713,384.44
除上述各项之外的其他营业外收入和支出	2,532,597.49
少数股东权益影响额	−130,225.87
所得税影响额	7,952,839.71
合计	−24,072,683.85

3.3 境内外会计准则差异：

□适用　　√不适用

第四节　股本变动及股东情况

4.1 股份变动情况表

√适用　　□不适用

单位:股

	本次变动前		本次变动增减(+,−)					本次变动后	
	数量	比例(%)	发行新股	送股	公积金转股	其他	小计	数量	比例(%)
一、有限售条件股份									
1、国家持股									
2、国有法人持股	699,193,092	75.81				−10,689,940	−10,689,940	688,503,152	74.65
3、其他内资持股									
其中:境内非国有法人持股									
境内自然人持股									
4、外资持股									
其中:境外法人持股									
境外自然人持股									
有限售条件股份合计	699,193,092	75.81				−10,689,940	−10,689,940	688,503,152	74.65
二、无限售条件流通股份									
1、人民币普通股	223,080,000	24.19				10,689,940	10,689,940	233,769,940	25.35
2、境内上市的外资股									
3、境外上市的外资股									
4、其他									
无限售条件流通股份合计	223,080,000	24.19				10,689,940	10,689,940	233,769,940	25.35
三、股份总数	922,273,092	100.00				0	0	922,273,092	100.00

限售股份变动情况表

√适用　　□不适用

单位:股

股东名称	年初限售股数	本年解除限售股数	本年增加限售股数	年末限售股数	限售原因	解除限售日期
莱芜钢铁集团有限公司	688,503,152	0	0	688,503,152	股改承诺	2012−1−18
山东省经济开发投资公司	10,689,940	10,689,940	0	0	股改承诺	2008−1−18
合计	699,193,092	10,689,940	0	688,503,152	/	/

4.2 股东数量和持股情况

单位:股

股东总数(户)	59,376

前 10 名股东持股情况

股东名称	股东性质	持股比例(%)	持股总数	年度内增减	持有有限售条件股份数量	质押或冻结的股份数量
莱芜钢铁集团有限公司	国有法人	74.65	688,503,152		688,503,152	无
山东省经济开发投资公司	国有法人	1.16	10,689,940			无
中国工商银行−广发大盘成长混合型证券投资基金	其他	0.51	4,663,594	−5,986,915		未知
中国建设银行−华宝兴业收益增长混合型证券投资基金	其他	0.40	3,700,000	3,700,000		未知
中国建设银行−长城消费增值股票型证券投资基金	其他	0.31	2,884,768	−433,825		未知
中国工商银行−诺安平衡证券投资基金	其他	0.23	2,106,803	−1,309,800		未知

中国银行－银华优质增长股票型证券投资基金	其他	0.22	2,000,000	2,000,000	未知
招商银行股份有限公司－上证红利交易型开放式指数证券投资基金	其他	0.21	1,927,200	1,927,200	未知
中国银行－嘉实沪深 300 指数证券投资基金	其他	0.19	1,764,409	262,333	未知
安徽旺众投资有限公司	其他	0.18	1,618,087	1,618,087	未知

前 10 名无限售条件股东持股情况

股东名称	持有无限售条件股份的数量	股份种类
山东省经济开发投资公司	10,689,940	人民币普通股
中国工商银行－广发大盘成长混合型证券投资基金	4,663,594	人民币普通股
中国建设银行－华宝兴业收益增长混合型证券投资基金	3,700,000	人民币普通股
中国建设银行－长城消费增值股票型证券投资基金	2,884,768	人民币普通股
中国工商银行－诺安平衡证券投资基金	2,106,803	人民币普通股
中国银行－银华优质增长股票型证券投资基金	2,000,000	人民币普通股
招商银行股份有限公司－上证红利交易型开放式指数证券投资基金	1,927,200	人民币普通股
中国银行－嘉实沪深 300 指数证券投资基金	1,764,409	人民币普通股
安徽旺众投资有限公司	1,618,087	人民币普通股
裕隆证券投资基金	1,465,764	人民币普通股
上述股东关联关系或一致行动的说明	公司未知上述股东之间是否存在关联关系，也未知是否属于《上市公司股东持股变动信息披露管理办法》规定的一致行动人。	

4.3 控股股东及实际控制人情况介绍

4.3.1 控股股东及实际控制人变更情况

□适用　　　√不适用

4.3.2 控股股东及实际控制人具体情况介绍

4.3.2.1 法人控股股东情况

单位：元 币种：人民币

名称	法定代表人	注册资本	成立日期	主营业务
莱芜钢铁集团有限公司	宋兰祥	312,269.33	1999 年 5 月 6 日	建筑材料的生产、销售，批准范围的商品进出口及对外派遣劳务人员，承包本行业境外工程及境内国际招标工程，物业管理，服装加工，液化气销售，住宿、餐饮、文化娱乐服务等。

4.3.2.2 法人实际控制人情况

单位：元 币种：人民币

名称	法定代表人	注册资本	成立日期	主营业务
山东省国有资产监督管理委员会				

第五节　董事、监事和高级管理人员

5.1 董事、监事和高级管理人员持股变动及报酬情况

姓名	职务	性别	年龄	任期起止日期	年初持股数	年末持股数	变动原因	报告期内从公司领取的报酬总额（万元）	报告期被授予的股权激励情况 可行权股数	已行权数量	行权价（元）	期末股票市价（元）	是否在股东单位或其他关联单位领取报酬、津贴
陈向阳	董事长	男	42	2008-3-18~2011-3-18	110	110		44					否
田克宁	副董事长、职工代表董事	男	52	2008-3-4~2011-3-18	1,232	1,232		40					是
魏佑山	董事	男	58	2008-3-18~2011-3-18	0	0		33					是
罗登武	董事 总经理	男	46	2008-3-18~2011-3-18	0	0		39					否
王继超	董事 副总经理	男	47	2008-3-18~2011-3-18	0	0		27					否
闫福恒	董事 副总经理	男	49	2008-3-18~2011-3-18	0	0		32					否
刘　琦	独立董事	男	73	2008-3-18~2008-6-19	0	0		2.9					否
任　辉	独立董事	男	63	2008-3-18~2008-6-19	0	0		2.9					否
翁宇庆	独立董事	男	68	2008-6-19~2011-3-18	0	0		3					否
郑　东	独立董事	男	49	2008-3-18~2011-3-18	0	0		6.3					否
王爱国	独立董事	男	44	2008-6-19~2011-3-18	0	0		3					否
赵茂祥	监事会主席	男	59	2008-3-18~2011-3-18	2,7882,788	40					否		
荆延芳	监事	男	53	2008-3-18~2011-3-18	174	174		26					否
杨　浩	职工代表监事	男	56	2008-3-4~2011-3-18	0	0		26					否
赵京玲	监事	女	46	2008-3-18~2011-3-18	3,932	3,000	卖出	26					是
房增弟	职工代表监事	男	50	2008-3-4~2011-3-18	0	0		23					否
丁志刚	董事会秘书	男	57	2008-3-18~2011-3-18	429	429		26					否
陈明玉	财务主管	男	42	2008-3-18~20113-18	1,000	2,000	买入	26					否
合　计	/	/	/	/	9,665	9,733	/	426.1			/	/	/

第六节　董事会报告

1、报告期内公司经营情况的回顾

(1)报告期内总体经营情况

报告期内，公司面对国际金融危机蔓延、宏观经济不确定性因素增加、汶川地震等特大自然灾害影响以及限电压负荷、钢铁市场急转直下等严峻挑战，坚持以科学发展观总揽全局，紧紧围绕 2007 年度股东大会确定的任务目标，上下一心，克难攻坚，生产经营建设和公司治理等各项工作均取得了较好的成绩。全年共生产生铁 469 万吨、钢 513 万吨、商品坯材 629 万吨；实现营业收入 397.66 亿元、归属于母公司所有者的净利润 2.64 亿元、每股收益 0.286 元、净资产收益率 4.44%；截至 2008 年底，公司总资产 174.75 亿元、归属于母公司的股东权益 59.37 亿元。

①积极应对市场变化，产销研一体化协调推进。上半年，以高炉稳定运行为中心，优化生产组织，合理调配生产要素流向，积极克服年初冰雪等自然灾害、铁路运输紧张等不利因素影响，加强原燃料质量控制，优化炉料结构，落实节铁增钢措施，努力提高钢产量；抓住市场向好的有利时机，优先保证价值高、效益好产品的市场供应，努力提高高效产品销售比例。下半年，面对限电压负荷和市场形势剧变，采取积极措施应对，建立了低水平生产状态下的综合平衡，减少损失，全力保障资金链安全；准确把握市场走势，适时调整销售策略，坚持以销定产，增加销路好、效益高的产品产量，努力压减亏损产品产量，加大压库促销力度，积极开拓新市场，在 2008 年初获得京沪高铁工程供货权后，又成功签订了京沪高铁全线部分车站建设的钢材供货合同。

②持续优化结构，着力提高竞争能力和发展后劲。稳妥推进技改项目建设，银前 1# 转炉改造、合金钢连铸机等工程相继完成并快速达产。产品认证工作有效推进，部分产品分别通过英国认证机构 UKAS 的 CARES 和日本质量协会(JQA)的质量认证。产品质量稳定提高，齿轮钢系列部分产品成功获得冶金质协"品质卓越产品"荣誉称号，并通过钢铁工业协会"冶金产品实物质量金杯奖"复评。加大新产品研发力度，在成功开发集装箱用高强度钢、铁道机车用耐候 H 型钢、石油钻采用钢、抗震钢筋等同时，又成功开发出满足核电工程要求的多个规格欧标 H 型钢，替代进口产品并跻身核电工程高端用钢领域，填补了国内空白。

③深入推进降本增效，内涵挖潜成效明显。在生产经营建设各环节，层层分解落实降本指标，深入开展对标挖潜，并严格考核奖惩。强化成本预算管理，实行生产经营全过程耗费预算管控，严格控制预算外资金支出。持续优化炉料结构，降低入炉料成本。根据市场变化，搞好效益测算，把有限的资源向效益好的产品倾斜。强化工艺过程控制，提升产品质量保障能力，降低吨钢质量异议损失。加大压库促销、压产减亏力度，优化库存结构，降低原燃料、辅助材料、在产品、产成品、备品备件存货资金占用。进一步拓宽融资渠道，成功发行了 20 亿人民币公司债券，保证了公司资金链条的安全。

④加大节能减排力度，生态企业建设发展良好。快速推进节能减排、循环经济项目建设，转底炉直接还原处理钢铁厂含锌尘泥成套工艺工程获国家发改委批复；粗(轻)苯精制深加工、干熄焦等项目建成投产，265m2 烧结机烟气脱硫等项目进展顺利；750m3 高炉出铁场等一批防扬尘、噪声项目和焦化 2# 生化废水处理系统改造相继完成。加大对节能减排的过程监控和督查力度，固体废弃物综合利用率达 98.75%，吨钢综合能耗明显降低；COD、SO2 排放量达到省、市政府考核要求；高炉 TRT 配备率实现 100%，吨钢水耗居国内领先水平。

⑤持续推进管理创新，企业整体素质不断提高。推进全面预算管理、六西格玛管理，有效整合管理资源，提高了企业素质和管理水平。发挥企业文化的引领作用，深入开展学习型组织创建工作，成立了世界首个节能减排和经济绩效学习实验室。完善《做强莱钢技术支撑体系》，扎实开展技术攻关，提升经济技术指标，工艺参数合格率达 94%，《转炉炼钢新技术的应用研究》项目获国家冶金科学技术一等奖。人力资源管理不断加强，职工培训工作全面推进，干部职工队伍素质持续提高。深入开展安全隐患治理年活动，保障了员工人身和企业财产安全。2008 年，莱钢荣获中国企业质量管理领域里的最高奖－－全国质量奖，为 2008 年 11 家获奖企业中唯一的钢铁企业。

尽管本公司采取了以上一系列积极应对的措施，但由于受国际金融危机的影响，特别是自 8 月份以来，钢铁产品价格大幅下跌，而生产成本受进口铁矿石影响居高不下，导致 2008 年度经营业绩出现下降，与年初曾公开披露过的经营计划存在一定差异。

与公允价值计量相关的项目

□适用　　　√不适用

持有外币金融资产、金融负债情况

□适用　　　√不适用

(2)公司主营业务经营情况

公司经营范围：生铁、钢锭、钢坯、钢材、大锻件、焦炭、水渣、炼焦化产品及炼钢副产品的生产、销售；认定证书范围内高炉煤气发供电、供热(凭资质证书经营)；资格证书范围内经营进出口业务。

(3)主要供应商、客户情况

单位：元 币种：人民币

前五名供应商采购金额合计	4,346,311,037.87	占采购总额比重(%)	9.39
前五名销售客户销售金额合计	2,942,757,225.52	占销售总额比重(%)	7.40

(4)报告期内资产构成变化情况

单位：元 币种：人民币

项目	2008 年 12 月 31 日 金额	比重(%)	2007 年 12 月 31 日 金额	比重(%)	增减额	增(+)减(−)比率(%)
货币资金	721,649,954.38	4.13	1,229,319,713.62	7.07	−507,669,759.24	−41.30
应收票据	2,267,016,870.00	12.97	941,628,714.20	5.41	1,325,388,155.80	140.75
应收账款	125,933,667.28	0.72	599,773,066.06	3.45	−473,839,398.78	−79.00
预付账款	129,516,274.04	0.74	513,154,490.39	2.95	−383,638,216.35	−74.76
在建工程	1,224,393,591.60	7.01	843,257,518.79	4.85	381,136,072.81	45.20
无形资产	5,010,000.00	0.03	2,730,000.00	0.02	2,280,000.00	83.52
递延所得税资产	107,284,670.09	0.61	46,349,853.10	0.27	60,934,816.99	131.47
短期借款	199,101,700.00	1.14	1,035,916,700.00	5.95	−836,815,000.00	−80.78
应付票据	413,681,313.84	2.37	743,335,009.75	4.27	−329,653,695.91	−44.35
应交税费	348,225,312.29	1.99	900,042,611.76	5.17	−551,817,299.47	−61.31
一年内到期流动负债	772,031,511.72	4.42	127,172,994.67	0.73	644,858,517.05	507.07

①货币资金减少主要系报告期受国际金融危机影响，销售回款银行承兑汇票结算比例增加所致；

②应收票据增加主要系报告期受国际金融危机影响，销售回款银行承兑汇票结算比例增加以及公司压缩资金支出所致；

③应收账款减少主要系公司下半年受国际金融危机影响，出口销售下降，年末应收国外客户款

项减少所致；

④预付账款减少主要系公司下半年受国际金融危机影响，预付材料款减少所致；

⑤在建工程增加主要系公司本期工程支出增加所致；

⑥本期增加的无形资产是 2008 年 10 月份纳入合并范围的控股子公司莱芜钢铁冶金生态工程技术有限公司的转底炉直接还原生产技术；

⑦递延所得税资产增加主要系报告期受国际金融危机影响，公司计提存货跌价准备使存货账面价值小于计税基础所致；

⑧短期借款减少主要系公司调整融资结构，短期借款到期清偿所致；

⑨应付票据减少主要系应付票据到期清偿所致；

⑩应交税费减少主要系公司应缴纳的增值税、企业所得税减少所致

⑪一年内到期的非流动负债增加主要系一年内到期的长期借款增加所致。

(5)报告期内营业费用、管理费用、财务费用及所得税变化情况

单位:元

项目	金额(元) 2008 年 1—12 月	2007 年 1—12 月	增减额	增(+)减(-)比率(%)
营业收入	39,765,533,811.28	32,926,158,574.71	6,839,375,236.57	20.77
营业成本	36,677,544,541.08	28,769,443,754.47	7,908,100,786.61	27.49
财务费用	611,407,028.80	345,261,752.06	266,145,276.74	77.09
资产减值损失	224,933,644.47	20,514,678.25	204,418,966.22	996.45
投资收益	3,000,000.00	8,000,000.00	−5,000,000.00	−62.50
营业外收入	13,436,038.50	44,228,046.73	−30,792,008.23	−69.62
利润总额	77,728,839.09	1,576,663,055.55	−1,498,934,216.46	−95.07
所得税费用	−190,170,620.60	431,112,975.09	−621,283,595.69	−144.11
归属于母公司所有者的净利润	263,725,241.97	1,139,535,749.20	−875,810,507.23	−76.86
少数股东损益	4,174,217.72	6,014,331.26	−1,840,113.54	−30.60

①营业收入增加主要系上半年钢材价格上涨所致；

②营业成本增加主要系报告期内公司原燃料采购成本增加所致；

③财务费用增加主要系日元汇率变动引起汇兑损失增加及金融机构手续费增加所致；

④资产减值损失增加主要系报告期公司对存货计提跌价准备所致；

⑤投资收益减少主要系收到对外投资收益减少所致；

⑥营业外收入减少主要系上年同期取得政府补助所致；

⑦所得税费用减少主要系公司盈利能力下降及享受资源综合利用产品免征所得税、技术改造国产设备投资抵免企业所得税优惠政策所致。

⑧利润总额、归属于母公司所有者的净利润减少主要系报告期受国际金融危机影响、公司产品盈利能力下降所致；

⑨少数股东损益减少主要系受国际金融危机影响，纳入合并范围的营销子公司利润比去年同期减少所致。

(6)报告期内现金流量情况

单位:元 币种:人民币

项目	金额(元) 2008 年 1—12 月	2007 年 1—12 月	增(+)减(-)比率(%)
经营活动产生的现金流量净额	666,714,415.24	1,689,537,186.49	−60.54
筹资活动产生的现金流量净额	136,766,761.31	−28,659,601.63	−−

①经营活动现金流量净额减少主要系报告期内采购支出增加所致；

②筹资活动产生的现金流量净额增加主要系报告期内发行公司债所致。

(7)主要控股公司及参股公司的经营情况及业绩

①主要控股公司的经营情况及业绩

单位:元 币种:人民币

被投资单位名称	业务性质	主营业务	注册资本	总资产	净资产	净利润
莱钢无锡经贸有限公司	经贸公司	金属、建材、化工产品、五金交电等的销售及咨询服务。	1500 万元	137,848,211.74	21,754,113.82	2,062,251.36
莱钢(广东)经贸有限公司	经贸公司	批发、零售各类钢材及提供产品加工、仓储及售后服务。	6200 万元	101,019,812.77	69,209,458.40	2,405,044.69
莱钢上海经贸有限公司	经贸公司	金属材料、建筑材料、道路货运代理，货物仓储。	1000 万元	66,363,703.90	29,869,731.86	9,224,541.34
青岛莱钢经贸有限公司	经贸公司	销售金属材料(不含贵重金属)、建筑材料、机械设备、汽车(不含小轿车)及配件、五金交电、化工产品(不含危险品)、纺织品;金属材料(不含贵重金属)加工、技术服务。	822 万元	28,269,633.79	19,829,704.83	822,045.84
莱芜利达物流有限公司	经贸公司	钢材、冶金原料、副产品、金属材料(不含贵重金属)、建筑材料、机械设备、汽车(不含小轿车)及配件等。	1170 万元	79,427,650.79	34,330,439.00	8,601,324.12
山东莱钢环友化工能源有限公司	工业加工	焦油集中加工，轻油、酚油等产品的生产和销售;高炉煤气发电和供电。	30000 万元	324,418,101.97	299,867,142.29	−185,141.04
莱芜钢铁冶金生态工程技术有限公司	工程建设	转底炉直接还原脱锌工程及冶金新技术工程的研究、设计、设备供应、施工及总承包,技术咨询、服务。	1000 万元	9,898,073.62	9,886,216.62	−113,783.38
山东莱钢大型型钢有限公司	工业加工	H 型钢的研发、生产、销售。	60000 万元	1,349,397,735.86	683,506,885.29	83,506,885.29
合计				2,096,642,924.44	1,168,253,692.11	106,323,168.22

备注:山东莱钢环友化工能源有限公司、莱芜钢铁冶金生态工程技术有限公司、山东莱钢大型型钢有限公司为本年新成立子公司，其中山东莱钢环友化工能源有限公司以及莱芜钢铁冶金生态工程技术有限公司尚处于筹建期。

②主要参股公司情况

公司参股天同证券有限责任公司，主要从事自营或代理证券买卖、证券承销和上市推荐、证券投资咨询和资产管理，注册资本为 203,626.12 万元，公司出资比例为 3.51%。

公司参股山东莱钢国际贸易有限公司，主要从事自营或代理进出口贸易、对外工程承包及劳务输出，注册资本为 6,000 万元，公司出资比例为 16.67%。

公司参股山东莱钢铁源炉料有限公司，主要从事球团的生产与销售，注册资本 2,500 万元，公司出资比例为 20%。

(8)公司节能减排和技术创新情况

详细内容见“报告期内总体经营情况”。

2、公司未来发展的展望

(1)钢铁行业发展趋势及公司面临的市场竞争格局

金融危机蔓延全球并持续影响实体经济，加剧了信心和信贷危机，世界经济增长持续放缓，钢铁行业面临的国内外形势都十分严峻。从国内来看，虽然政府刺激投资计划在长期内将提振钢铁，但在短期内却无法改变经济危机带来的产能过剩，投资减少，消费不旺，同时，仍面临铁路运输紧张、原材料价格波动等不利因素；从国际来看，国际经济环境的恶化对我国钢材出口产生重大影响，出口大幅度下降。受国内外双重因素的影响，钢铁需求从高速增长期向全面调整转变，必将进一步导致钢铁产能过剩，国内竞争恶化，钢材价格下滑，盈利能力下降，钢铁行业将面临严峻的考验。

(2)公司未来的发展的机遇和发展战略

总体看来，公司未来发展面临的总体形势是机遇与挑战并存。一方面，国内总体经济发展的基本面、长期趋势和优势没有改变。同时，为抵御国际经济环境对我国的不利影响，我国的财政政策和货币政策双双转向，从“稳健的财政政策和从紧的货币政策”转变为“积极的财政政策和适度宽松的货币政策”，并出台了在未来两年投资 4 万亿的经济刺激方案，主要集中在保障性安居工程、农村基础设施建设、铁路公路和机场等重大基础设施建设等十大领域，所需钢材与公司产品结构基本相吻合，客观上为公司发展创造了良好的宏观经济环境。另一方面，公司自上市以来取得了快速的发展，资产质量、产品规模、盈利能力及抗市场风险能力大大提高，产品结构、工艺结构得到持续优化，公司在螺纹钢、H 型钢等产品上已经分别建立起区域性，乃至全国性的市场优势。H 型钢荣膺“中国名牌”产品称号；H 型钢产品已实现大、中、小系列化，形成了国内规模最大、品种规格最全的 H 型钢生产基地；建立了产销研紧密相连的一体化运行机制，实现了由生产导向型向市场用户导向型的转变，运行效率和质量明显提高。这些优势将持续推动公司健康稳定又好又快发展，朝着“突出结构调整，着力自主创新，打造钢铁精品，做出莱钢特色，建设一流强企”的战略目标奋勇前进。

(3)公司 2009 年度经营计划

2009 年工作的总体思路和要求是：深入学习贯彻党的十七大、十七届三中全会和中央经济工作会议精神，全面贯彻落实科学发展观，进一步转变发展方式，加快实施新战略，突出结构调整和技术创新，加强严细实管理，有效整合各类资源，持续加强公司治理，持续提高发展质量和效益，实现公司又好又快发展。

2009 年的主要任务目标是：生产生铁 455 万吨，钢 525 万吨，商品坯材 641 万吨；实现销售收入 246 亿元，成本费用总额 241 亿元。

实现 2009 年各项任务目标的主要措施是：

①提高技术创新能力，推动产品和工艺结构调整。推进产品结构调整，实现型钢产品品种规格系列化，增加圆钢系列的市场需求量。完善研发体制机制，加大市场容量大、市场前景好、附加值高、技术含量高的产品开发力度，构建优势产品系列。实现研发与销售无缝对接，促进新产品从技术优势尽快转变为市场优势。实施工艺结构调整，全力提高生产全流程、全系统的质量控制能力。加快新工艺技术的研究，实现工艺技术优化升级。

②增强市场营销能力，实现销售价值最大化。加强市场趋势分析，为调整生产经营策略提供准确信息。大力开拓高效产品市场，促进研发成果转化为具有比较优势的主导产品群。持续提高直销比例，实施差异化销售，大力开发终端市场，带动产品结构和工艺技术升级。加强用户关系管理，稳定并不断拓展销售渠道。面向国内外两个市场，合理配置销售资源，巩固市场地位。建立健全价格评价机构，加强对销售、采购价格的评价和监督监控，确保签约率、履约率、产品销售率、货款回收率四个 100%。

③强化生产动态控制，确保生产经营平稳运行。加强工艺技术研究，优化配料结构和高炉操作，努力提高投入产出比例。扎实推进“121”设备管理模式，降低设备故障率，实现设备本质化安全稳定和生产控制系统稳定运行。强化工艺控制自动化水平，严格执行工艺纪律和操作规程，提高非正常状况下的应变处理能力。严格按订单组织生产，按照效益最大化原则合理配置资源，订单兑现率要达到 100%。加强动力能源供应系统的管理与维护，确保稳定供应。强化安全管理，持续提升安全绩效。

④持续挖掘成本潜力，着力打造成本竞争优势。深入开展“系统优化降成本，深度挖潜增效益”活动，全力实施全系统、全工序降本增效。拓宽采购渠道，建立稳固的供应基地，实现科学经济采购，大力降低采购成本。建立完善炼铁经济运行模型，推进喷煤节焦工作，稳步提高高炉块矿配加比例，优化炼钢炉料结构，大力降低生产成本。提高炼铁喷煤置换比，优化炼钢经济炉料结构，持续提升轧材成材率，大力降低工序成本。实现备品备件采购使用的经济性，强化物流管理，大力降低运行成本。加强费用定额管理，严格控制管理费用，严格考核制度，大力降低管理成本。

⑤推进节能减排循环经济，促进资源节约环境友好。推广应用环保节能新技术，充分发挥 TRT 发电能力，着力研究新的余热余能发电项目，促进循环经济向精益化、高端化发展。推进 265m2 烧结机脱硫等节能环保项目建设，保障投运的环保设施正常顺行，杜绝污染物异常排放和超标排放。加大固体废弃物综合高效利用研究力度，做好动力能源平衡，减少煤气放散，提高综合利用水平。持续抓好粉尘、噪声治理，提高空气质量，努力走生产发展、生活富裕、生态良好的文明发展道路。

⑥持续推进管理创新，着力提升管理绩效。按照推进卓越绩效管理的要求，完善管理体制，健全管理制度，建立健全关键绩效指标体系和标杆体系，运用先进的质量统计分析工具方法，持续做好整改提升工作。加快信息化建设，逐步实施以 ERP 为核心内容的流程再造，全面提升工艺控制和管理水平。加强人力资源管理，完善选人用人和分配机制，加强职工培训工作，提升员工素质。加强绩效考核管理，充分发挥分配机制的导向和激励作用。优化资金调度，提高资金供应能力，扩大融资渠道，进一步改善财务状况，降低财务费用。

(4)公司是否编制并披露新年度的盈利预测：否

(5)资金需求、使用计划及来源情况

公司 2009 年计划安排固定资产投资总额为 64,700 万元，分类计划为：技术改造项目 44,980 万元；安全环保专项技术改造项目 18,600 万元；设备购置项目 1,120 万元。

资金来源：公司自有资金。

(6)对公司未来发展战略和经营目标的实现产生不利影响的主要风险因素及对策

①宏观政策风险：世界金融危机所造成的影响正进一步扩大，国际市场需求进一步减少，我国钢材出口大幅度下降，同时，国家将进一步采取宏观调控措施，淘汰落后设备和产能，合理调整结构，控制总量，防止过热等将给公司生产经营带来不确定性。

②行业和决策风险：世界金融危机对我国经济的影响正日益显露，国内主要用钢行业需求明显减弱，而新增先进钢铁产能的释放与淘汰落后产能、落后产品的矛盾加剧，钢材市场供需平衡处于不稳定状态，钢材恢复到合理价位将受到国内外产需变化和国际钢材市场价格波动的制约，企业经营决策风险将进一步加大。

③经营风险：随着国内钢铁行业竞争的日趋恶化，公司生产所需的大宗原燃料、煤、电、油、运等价格仍存在不确定、不稳定因素，再加上需求的下降，钢材价格将长期处于低位徘徊，存在生产成本和销售的压力，影响公司的经营业绩。

针对上述风险因素，公司采取的措施和对策是：

①根据国家钢铁行业振兴规划，发展符合产业政策的项目和产品，加快结构调整步伐，加大新产品开发力度，保持公司持续稳定发展。

②抓住国家经济刺激方案推出的有利时机，在充分发挥公司 H 型钢、螺纹钢等产品优势的同时，积极开发适应市场需要的新产品和高技术含量、高附加值产品，坚持压库促销，以销定产，积极开拓市场，努力扩大市场占有率。

③积极开发多渠道采购，实现经济采购，努力降低大宗原燃料采购成本，建立长期稳定的能源资源战略伙伴关系，实现生产经营低成本、高效益。

6.2 主营业务分行业、产品情况表

单位：元　币种：人民币

分行业或分产品	营业收入	营业成本	营业利润率(%)	营业收入比上年增减(%)	营业成本比上年增减(%)	营业利润率比上年增减(%)
行业						
钢铁业	31,770,538,727.33	29,368,206,507.99	7.56	18.52	26.21	减少 5.63 个百分点
其他	4,855,630,392.09	4,174,622,701.31	14.03	57.88	69.93	减少 6.09 个百分点
产品						
普钢	16,022,830,833.41	15,226,938,432.92	4.97	16.52	22.96	减少 4.97 个百分点
型钢	10,583,065,731.21	9,288,479,418.39	12.23	18.52	29.43	减少 7.40 个百分点
优钢	5,164,642,162.71	4,852,788,656.68	6.04	25.18	30.83	减少 4.05 个百分点
其他	4,855,630,392.09	4,174,622,701.31	14.03	57.88	69.93	减少 6.09 个百分点

6.3 主营业务分地区情况

单位：元　币种：人民币

地区	营业收入	营业收入比上年增减(%)
华东地区	27,611,984,316.43	32.96
华北地区	2,397,160,314.25	41.46
东北地区	441,449,244.55	40.42
中南地区	1,438,498,224.82	-0.81
西北地区	269,381,690.04	20.40
西南地区	254,902,424.20	70.01
出口	4,212,792,905.13	-20.23

6.4 募集资金使用情况

√适用　　□不适用

单位：亿元　币种：人民币

募集年份	募集方式	募集资金总额	本年度已使用募集资金总额	已累计使用募集资金总额	尚未使用募集资金总额	尚未使用募集资金用途及去向
2008		20	20	20		
合计	/	20	20	20		/

2008 年 1 月 21 日，经中国证监会《关于核准莱芜钢铁股份有限公司公开发行公司债券的批复》(证监许可[2008]116 号)核准，公司获准发行不超过人民币 20 亿元(含 20 亿元)公司债券。2008 年 3 月 27 日，公司成功发行 20 亿元公司债券，其中 17 亿元用来归还借款，剩余募集资金用于补充流动资金。

变更项目情况

□适用　　√不适用

6.5 非募集资金项目情况

√适用　　□不适用

单位：元　币种：人民币

工程项目	本年支出	项目进度	项目收益情况
3# 干熄焦工程	151,234,716.18	100%	提高焦炭质量降低粉尘排放
银山前区合金钢连铸机工程	151,180,117.23	100%	优化产品结构
银前 1# 转炉改造	142,248,851.16	100%	适应性改造
1#750m3 高炉改造	121,037,695.90	100%	项目大修恢复产能
烧结 60 万吨赤铁矿球团工程	74,281,120.00	30%	工艺配套
银山前区转炉工程	69,561,621.95	100%	优化产品结构
烧结机烟气脱硫改造	62,890,448.60	90%	节能减排
1#750m3 高炉鼓风机站改造	62,873,264.90	100%	工艺改造
焦炉煤气脱硫改造	60,687,171.97	100%	节能减排
炼钢厂老区脱硫站改造	44,062,529.45	100%	增强铁水预处理能力
技术研发中心建设工程	37,661,707.55	10%	工程正在施工未实现收益
3# 高炉本体改造	36,984,204.80	100%	适应性改造
配套 1#750m3 高炉改造	35,658,228.96	100%	工艺配套
棒材型钢车间工艺技术改造	35,069,947.33	20%	工程正在施工未实现收益
大型成材车间后部精整工序改造	29,304,475.55	100%	提高产品质量
烧结 35KV 变电站	22,094,106.96	100%	提高供电系统的稳定性
2# 焦炉配套系统适应性改造	20,792,450.14	70%	工程正在施工未实现收益
特钢合金钢连铸机改造	20,637,000.64	100%	调整产品结构，提高铸坯合格率
特钢精整车间改造	19,793,591.54	30%	工程正在施工未实现收益
炼钢 35kv 配电系统增上 SVC 装置	18,077,346.11	95%	提高功率因数，提高电能质量
炼钢 4# 转炉-4# 连铸机精炼改造	17,523,279.80	100%	优化工艺，提高产品质量
3# 高炉出铁场矿槽除尘	17,106,150.87	90%	改善除尘效果，实现清洁生产
热电 1#35KV 变电站易地改造	16,234,756.96	90%	工程正在施工未实现收益
焦化厂酚氰废水处理站工程	13,272,831.52	50%	工程正在施工未实现收益
型钢小型线适应性改造	13,219,193.63	90%	工程正在施工未实现收益
大 H 型钢生产线轧辊跨延长	11,541,941.24	100%	工艺配套
特钢小型车间改造	10,272,649.03	100%	优化生产工艺
型钢厂小型车间加热炉改造	8,936,023.42	100%	减少生产待温时间，提高经济效益
燃气蒸汽联合循环发电除盐水站改造	6,907,214.41	40%	工程正在施工未实现收益
炼钢老区精炼炉除尘系统改造	6,316,418.43	100%	改善除尘效果，实现清洁生产
大 H 型钢中压水泵站改造	4,492,839.67	100%	满足生产需要
苯加氢工程	187,070,321.98	95%	粗苯精制，优化生产工艺
焦油深加工	66,505,688.58	10%	优化生产工艺
其他技改项目	370,694,240.98		
合计	1,966,224,147.44		

6.6 董事会对会计师事务所"非标准审计报告"的说明

□适用　　√不适用

6.7 董事会本次利润分配或资本公积金转增股本预案

本公司 2008 年度报告，业经北京天圆全会计师事务所有限公司审计。2008 年度公司实现净利润 263,725,241.97 元，依据本公司章程规定提取法定盈余公积 14,879,153.42 元，加上年初未分配利润 2,964,794,108.47 元，减去报告期分配 2007 年红利 564,431,131.60 元，减去报告期提取专项储备余额 1,488,039.17 元，报告期末实现可供投资者分配的利润 2,647,721,026.25 元。公司拟以 2008 年末总股本 922,273,092 股为基数，向全体股东每 10 股派发现金红利 1.50 元(含税)，共合计派发现金红利 138,340,963.80 元，剩余利润 2,509,380,062.45 元转入下年度。

本次派送现金红利预案在 2008 年度股东大会通过后适当时间实施。

公司本报告期内盈利但未提出现金利润分配预案

□适用　　√不适用

第七节　重要事项

7.1 收购资产

√适用　　□不适用

单位：万元　币种：人民币

交易对方或最终控制方	被收购资产	购买日	资产收购价格	自收购日起至本年末为上市公司贡献的净利润	自本年初至本年末为上市公司贡献的净利润(适用于同一控制下的企业合并)	是否为关联交易(如是，说明定价原则)	资产收购定价原则	所涉及的资产产权是否已全部过户	所涉及的债权债务是否已全部转移	关联关系
莱芜钢铁集团有限公司	1 号输焦管带机及其配套资产、异型坯冷却水泵等资产	2008 年 4 月 30 日	6,821.29			是	根据辽宁中天资产土地房地产评估有限公司出具的评估报告书(中天资评报字【2007】150 号)确认的评估价值	是	是	母公司
莱芜银山投资有限公司	山东莱钢环友化工能源有限公司	2008 年 7 月 4 日	603.62			否	截至 2007 年 12 月 31 日，环友公司经评估的净资产为 603.62 万元，经评估确认的净资产即为交易价格	是	是	

(1)根据公司第四届董事会第二次会议审议通过的《关于收购 1 号输焦管带机等资产的议案》内容，报告期内公司收购莱芜钢铁集团有限公司拥有的 1 号输焦管带机及其配套资产、异型坯冷却水泵等资产，根据辽宁中天资产土地房地产评估有限公司出具的评估报告书(中天资评报字【2007】150 号)确认的评估价值，资产交易价格为 6821.29 万元。本次资产交易目的为促进公司生产设备实现系统化和配套化。

(2)根据公司第四届董事会第四次临时会议审议通过的《关于收购山东莱钢环友化工能源有限公司为公司全资子公司的议案》内容，报告期内公司收购莱芜银山投资有限公司拥有的山东莱钢环友化工能源有限公司，根据本公司与莱芜银山投资有限公司于 2008 年 6 月 2 日签订的《股权转让合同》，公司受让莱芜银山投资有限公司对环友公司的全部出资(截至 2007 年 12 月 31 日，环友公司经评估的净资产为 603.62 万元，经评估确认的净资产即为交易价格)后，成为环友公司唯一股东，其全部资产(包括负债)并入本公司。环友公司变更为本公司的全资子公司后，其主营的煤化工项目所需原料主要来自本公司焦化厂，有利于进一步提高资源利用效率，减少钢铁产业对环境的影响，对于加快发展循环经济，实现资源综合利用、循环利用和高效利用，确保公司可持续发展具有重要意义,对提高公司整体盈利能力将发挥出积极的作用。

7.2 出售资产

√适用　　□不适用

单位:万元　币种:人民币

交易对方	被出售资产	出售日	出售价格	本年初起至出售日该资产为上市公司贡献的净利润	出售产生的损益	是否为关联交易(如是,说明定价原则)	资产出售定价原则	所涉及的资产产权是否已全部过户	所涉及的债权债务是否已全部转移	关联关系
莱芜钢铁集团银山型钢有限公司	银山前区废钢加工厂及钢区供应站仓库等资产	2008年3月27日	4,565.73			是	根据北京天圆开资产评估有限公司出具的评估报告书(天圆开评报字【2008】第101002号)确认的评估价值	是	是	母公司的控股子公司

根据公司第四届董事会第二次会议审议通过的《关于出售银山前区废钢加工厂等资产的议案》内容,公司报告期内向莱芜钢铁集团银山型钢有限公司出让公司所拥有的银山前区废钢加工厂及钢区供应站仓库等资产,根据北京天圆开资产评估有限公司出具的评估报告书(天圆开评报字【2008】第101002号)确认的评估价值,资产交易价格为4565.73万元。本次资产交易目的为优化资产配置,提高资产管理效率。

7.3 重大担保

□适用　　√不适用

7.4 重大关联交易

7.4.1 与日常经营相关的关联交易

√适用　　□不适用

单位:万元　币种:人民币

关联方	向关联方销售产品和提供劳务 交易金额	占同类交易金额的比例(%)	向关联方采购产品和接受劳务 交易金额	占同类交易金额的比例(%)
莱芜钢铁集团有限公司	52,227.14	1.42	361,733.42	10.17
莱芜钢铁集团机械制造有限公司	24,946.97	0.68	14,869.8	0.42
莱芜钢铁集团莱芜矿业有限公司	599.57	0.02	70,604.47	1.98
莱芜天元气体有限公司	1,207.75	0.03	37,198.27	1.05
莱芜钢铁集团矿山建设有限公司	9,149.84	0.25	11,351.96	0.32
莱芜钢铁集团鲁南矿业有限公司	640.07	0.02	72,314.61	2.03
莱芜钢铁集团泰东实业有限公司	7,229.22	0.20	19,143.7	0.54
莱芜钢铁集团新泰铜业有限公司			8,513.79	0.24
山东莱钢建设有限公司	1,400.6	0.04	47,455.49	1.33
鲁银投资集团股份有限公司	351,869.4	9.56	78,151.38	2.20
莱芜钢铁集团银山型钢有限公司	694,927.12	18.88	583,548.37	16.40
山东鲁碧建材有限公司	2,922.13	0.08	23,461.77	0.66
山东莱钢国际贸易有限公司			4,370.24	0.12
山东莱钢汽车运输有限公司	138.86	0	34,384.45	0.97
山东省冶金设计院有限责任公司			15,332.13	0.43
莱钢集团蓝天商旅车业有限公司	788.11	0.02	2,888.47	0.08
莱芜钢铁集团粉末冶金有限公司	6,733.86	0.19		
莱芜钢铁集团淄博锚链有限公司	4,353.05	0.12		
合计	1,159,133.69	31.51	1,385,322.32	38.94

7.4.2 关联债权债务往来

√适用　　□不适用

单位:元　币种:人民币

企业名称	会计科目	年末金额(元) 本年末	上年末	占所属科目全部应收(付)款项余额的比重(%) 本年末	上年末
莱芜天元气体有限公司	其他应收款	913,500.00	873,600.00	0.28	0.27
济南钢铁股份有限公司	预付账款	28,477.54	431,136.04	0.02	0.08
莱芜钢铁集团有限公司	应付账款		50,650,010.12		0.54
山东莱钢建设有限公司	应付账款	78,499,739.81	95,131,304.57	3.32	3.90
莱芜钢铁集团莱芜矿业有限公司	应付账款	6,163,194.65	5,703,171.50	0.26	0.23
莱芜钢铁集团集团矿山建设有限公司	应付账款	6,022,146.14	16,746,789.24	0.25	0.69
莱芜钢铁集团集团新泰铜业有限公司	应付账款	25,317.84	403,284.93	0.00	0.02
山东莱钢国际贸易有限公司	应付账款	11,431,465.40	14,103,386.39	0.48	0.58
莱芜钢铁集团集团机械制造有限公司	应付账款	2,810,000.00	1,644,460.76	0.12	0.07
莱芜钢铁集团泰东实业有限公司	应付账款	1,437,044.41	863,651.46	0.06	0.04
山东莱钢汽车运输有限公司	应付账款	362,539.55	2,726,978.45	0.02	0.11
济钢集团有限公司	应付账款		262,458.91		0.01
山东莱钢国际贸易有限公司	其他应付款	1,491,490.00		6.02	
山东莱钢国际贸易有限公司	预收账款		−49,100.41		0.00
莱芜钢铁集团泰东实业有限公司	预收账款	38,082.72	38,082.72	0.00	0.00

7.4.3 2008年资金被占用情况及清欠进展情况

□适用　　√不适用

截止2008年末,上市公司未完成非经营性资金占用的清欠工作的,董事会提出的责任追究方案

□适用　　√不适用

7.5 委托理财

□适用　　√不适用

7.6 承诺事项履行情况

7.6.1 公司或持股5%以上股东在报告期内或持续到报告期内的承诺事项

√适用　　□不适用

承诺事项	承诺内容	履行情况
股改承诺	(1)莱芜钢铁集团有限公司承诺,自股改方案实施日后第一个交易日起12个月内,莱钢集团公司持有的全部原非流通股依有关规定不通过上海证券交易所挂牌出售或转让,在前项规定期满后的4年内,不通过上海证券交易所以挂牌交易方式出售所持原非流通股股份。任何一方若违反上述承诺转让股份的,转让股份所得的资金划入莱钢股份归全体股东所有。 2006年-2010年,在不与中国法律相抵触的前提下,莱钢集团公司同意莱钢股份每正常年度派发的股息不得少于公司该年度可分配利润55%。莱钢集团公司承诺将在年度股东大会上依据前述承诺和相关规定履行法定程序提出分红议案,保证在年度股东大会表决时对该议案投赞成票。 (2)山东省经济开发投资公司承诺,2006年-2010年,在不与中国法律相抵触的前提下,同意莱钢股份每正常年度派发的股息不得少于公司该年度可分配利润55%。	正在履行中

7.6.2 公司资产或项目存在盈利预测,且报告期仍处在盈利预测期间,公司就资产或项目是否达到原盈利预测及其原因作出说明:

□适用　　√不适用

7.7 重大诉讼仲裁事项

□适用　　√不适用

7.8 其他重大事项及其影响和解决方案的分析说明

7.8.1 证券投资情况

□适用　　√不适用

7.8.2 持有其他上市公司股权情况

□适用　　√不适用

7.8.3 持有非上市金融企业股权情况

√适用　　□不适用

持有对象名称	最初投资成本(元)	持股数量(股)	占该公司股权比例(%)	期末账面价值(元)
天同证券有限责任公司	60,000,000.00	60,000,000.00	3.51	0
小计	60,000,000.00	60,000,000.00	-	0

备注:公司在2005年对天同证券有限责任公司60,000,000.00元股权投资全额计提了减值准备。

7.8.4 买卖其他上市公司股份的情况

□适用　　√不适用

7.9 公司董事会对公司内部控制出具了自我评估报告,详见公司2008年年度报告全文。

7.10 公司披露了履行社会责任报告,详见年报全文。

第八节　监事会报告

监事会认为公司依法运作、公司财务情况、公司募集资金使用、公司收购、出售资产交易和关联交易不存在问题。

8.1 监事会对公司依法运作情况的独立意见

公司决策符合法定程序,建立健全了公司内部控制制度,公司董事、经理层执行职务时没有违反法律、法规及《公司章程》等规定,没有损害股东和公司利益。

8.2 监事会对检查公司财务情况的独立意见

公司财务状况良好。公司2008年度财务报告真实反映了公司的财务状况和经营成果。北京天圆全会计师事务所有限公司出具的审计报告是客观、公正的。

8.3 监事会对公司最近一次募集资金实际投入情况的独立意见

报告期内,公司获准发行不超过人民币20亿元(含20亿元)公司债券,其中17亿元用来归还借款,剩余募集资金用于补充流动资金。实际投入项目与承诺投入项目一致。

8.4 监事会对公司收购、出售资产情况的独立意见

报告期内,公司无重大收购、出售资产的情况。

8.5 监事会对公司关联交易情况的独立意见

公司关联交易事项表决程序合法,关联交易均按双方签订的协议执行,符合公开、公平、公正、公允的原则,没有损害公司及股东的利益。

第九节　财务会计报告

9.1 审计意见

财务报告	□未经审计	√审计
审计意见	√标准无保留意见	□非标意见

审计意见全文

审计报告

天圆全审字[2009]137号

莱芜钢铁股份有限公司全体股东:

我们审计了后附的莱芜钢铁股份有限公司(以下简称"莱钢股份")财务报表,包括2008年12月31日的资产负债表与合并资产负债表、2008年度的利润表与合并利润表、2008年度的股东权益

变动表与合并股东权益变动表、2008年度的现金流量表与合并现金流量表以及财务报表附注。

一、管理层对财务报表的责任

按照企业会计准则的规定编制财务报表是莱钢股份管理层的责任。这种责任包括：(1)设计、实施和维护与财务报表编制相关的内部控制，以使财务报表不存在由于舞弊或错误而导致的重大错报；(2)选择和运用恰当的会计政策；(3)作出合理的会计估计。

二、注册会计师的责任

我们的责任是在实施审计工作的基础上对财务报表发表审计意见。我们按照中国注册会计师审计准则的规定执行了审计工作。中国注册会计师审计准则要求我们遵守职业道德规范，计划和实施审计工作以对财务报表是否不存在重大错报获取合理保证。

审计工作涉及实施审计程序，以获取有关财务报表金额和披露的审计证据。选择的审计程序取决于注册会计师的判断，包括对由于舞弊或错误导致的财务报表重大错报风险的评估。在进行风险评估时，我们考虑与财务报表编制相关的内部控制，以设计恰当的审计程序，但目的并非对内部控制的有效性发表意见。审计工作还包括评价管理层选用会计政策的恰当性和作出会计估计的合理性，以及评价财务报表的总体列报。

我们相信，我们获取的审计证据是充分、适当的，为发表审计意见提供了基础。

三、审计意见

我们认为，莱钢股份财务报表已经按照企业会计准则的规定编制，在所有重大方面公允反映了莱钢股份2008年12月31日的财务状况以及2008年度的经营成果和现金流量。

北京天圆全会计师事务所有限公司　　　　中国注册会计师：刘光玺、高丽华

中国　北京　　　　2009年3月26日

9.2 财务报表

资产负债表

2008年12月31日

编制单位：莱芜钢铁股份有限公司　　　　单位:元 币种 人民币

项目	附注 合并	附注 母公司	合并 期末余额	合并 年初余额	母公司 期末余额	母公司 年初余额
流动资产：						
货币资金	1		721,649,954.38	1,229,319,713.62	527,529,440.90	1,101,566,420.34
交易性金融资产						
应收票据	2		2,267,016,870.00	941,628,714.20	2,251,893,127.86	874,456,721.43
应收账款	3	1	125,933,667.28	599,773,066.06	107,635,688.16	571,858,101.30
预付款项	4		129,516,274.04	513,154,490.39	122,622,624.94	501,326,696.46
应收利息						
应收股利						
其他应收款	5	2	10,222,223.52	8,656,774.04	592,165,886.21	8,509,980.37
存货	6		2,779,049,566.60	3,430,626,729.82	2,640,670,677.90	3,169,808,318.28
一年内到期的非流动资产						
其他流动资产						
流动资产合计			6,033,388,555.82	6,723,159,488.13	6,242,517,445.97	6,227,526,238.18
非流动资产：						
可供出售金融资产						
持有至到期投资						
长期应收款						
长期股权投资	7	3	15,000,000.00	15,000,000.00	1,033,996,368.90	128,860,146.71
投资性房地产						
固定资产	8		10,089,760,002.68	9,767,837,992.57	8,765,977,582.66	9,761,526,607.27
在建工程	9		1,224,393,591.60	843,257,518.79	969,200,719.60	843,257,518.79
工程物资						
固定资产清理						
生产性生物资产						
油气资产						
无形资产	10		5,010,000.00	2,730,000.00		
开发支出						
商誉						
长期待摊费用						
递延所得税资产	11		107,284,670.09	46,349,853.10	114,623,565.34	46,038,094.31
其他非流动资产						
非流动资产合计			11,441,448,264.37	10,675,175,364.46	10,883,798,236.50	10,779,682,367.08
资产总计			17,474,836,820.19	17,398,334,852.59	17,126,315,682.47	17,007,208,605.26
流动负债：						
短期借款	14		199,101,700.00	1,035,916,700.00	199,101,700.00	1,035,916,700.00
交易性金融负债						
应付票据	15		413,681,313.84	743,335,009.75	327,681,313.84	613,335,009.75
应付账款	16		2,363,740,708.50	2,441,072,385.22	2,334,281,242.57	2,441,072,385.22
预收款项	17		798,203,906.77	787,521,834.92	778,313,947.89	561,100,139.00
应付职工薪酬	18		235,867,184.82	244,568,352.32	235,033,491.37	243,600,221.02
应交税费	19		348,225,312.29	900,042,611.76	306,441,494.63	916,770,865.86
应付利息	20		105,305,076.81		105,305,076.81	
应付股利						
其他应付款	21		24,759,518.98	25,312,997.36	24,391,638.03	24,360,141.89
一年内到期的非流动负债	22		772,031,511.72	127,172,994.67	772,031,511.72	127,172,994.67
其他流动负债						
流动负债合计			5,260,916,233.73	6,304,942,886.00	5,082,581,416.86	5,963,328,457.41
非流动负债：						
长期借款	23		4,249,067,314.84	4,836,573,599.67	4,249,067,314.84	4,836,573,599.67
应付债券	24		2,000,000,000.00		2,000,000,000.00	
长期应付款						
专项应付款						
预计负债						
递延所得税负债						
其他非流动负债						
非流动负债合计			6,249,067,314.84	4,836,573,599.67	6,249,067,314.84	4,836,573,599.67
负债合计			11,509,983,548.57	11,141,516,485.67	11,331,648,731.70	10,799,902,057.08
所有者权益(或股东权益)：						
实收资本(或股本)	25		922,273,092.00	922,273,092.00	922,273,092.00	922,273,092.00
资本公积	26		1,374,982,382.78	1,371,982,382.78	1,375,009,807.28	1,372,009,807.28
减：库存股						
盈余公积	27		991,900,682.91	975,533,490.32	991,900,682.91	975,533,490.32
未分配利润	28		2,647,721,026.25	2,964,794,108.47	2,505,483,368.58	2,937,490,158.58
外币报表折算差额						
归属于母公司所有者权益合计			5,936,877,183.94	6,234,583,073.57	5,794,666,950.77	6,207,306,548.18
少数股东权益			27,976,087.68	22,235,293.35		
所有者权益(或股东权益)合计			5,964,853,271.62	6,256,818,366.92	5,794,666,950.77	6,207,306,548.18
负债和所有者权益(或股东权益)合计			17,474,836,820.19	17,398,334,852.59	17,126,315,682.47	17,007,208,605.26

公司法定代表人:陈向阳　　　　主管会计工作负责人:陈明玉　　　　会计机构负责人:陈明玉

利润表

2008年1-12月

编制单位：莱芜钢铁股份有限公司　　　　单位:元 币种:人民币

项目	附注 合并	附注 母公司	合并数 2008年度	合并数 2007年度	母公司数 2008年度	母公司数 2007年度
一、营业收入	29	4	39,765,533,811.28	32,926,158,574.71	36,806,736,940.04	30,353,932,964.26
减：营业成本	29	4	36,677,544,541.08	28,769,443,754.47	33,887,439,048.12	26,265,833,684.36
营业税金及附加	30		423,358,556.04	389,269,211.12	419,682,038.35	388,200,466.55
销售费用			532,851,503.75	542,515,882.28	523,377,965.05	529,160,588.96
管理费用			1,186,101,015.92	1,270,271,516.69	1,178,047,607.16	1,261,158,232.30
财务费用	31		611,407,028.80	345,261,752.06	614,443,899.45	347,343,807.22
资产减值损失	32		224,933,644.47	20,514,678.25	255,616,503.07	19,983,593.42
加：公允价值变动收益						
(损失以"-"号填列)						
投资收益						
(损失以"-"号填列)	33	5	3,000,000.00	8,000,000.00	21,873,130.28	41,797,727.58
二、营业利润						
(亏损以"-"号填列)			112,337,521.22	1,596,881,779.84	-49,996,990.88	1,584,050,319.03
加：营业外收入	34		13,436,038.50	44,228,046.73	12,544,967.63	43,622,908.73
减：营业外支出	35		48,044,720.63	64,446,771.02	47,999,204.39	64,416,053.24
其中：非流动资产处置损失						
三、利润总额						
(亏损总额以"-"号填列)			77,728,839.09	1,576,663,055.55	-85,451,227.64	1,563,257,174.52
减：所得税费用	36		-190,170,620.60	431,112,975.09	-234,242,761.83	414,175,341.23
四、净利润						
(净亏损以"-"号填列)			267,899,459.69	1,145,550,080.46	148,791,534.19	1,149,081,833.29
归属于母公司所有者的净利润			263,725,241.97	1,139,535,749.20		
少数股东损益			4,174,217.72	6,014,331.26		
五、每股收益：						
(一)基本每股收益			0.286	1.236		
(二)稀释每股收益			0.286	1.236		

公司法定代表人:陈向阳　　　　主管会计工作负责人:陈明玉　　　　会计机构负责人:陈明玉

现金流量表

2008年1-12月

编制单位：莱芜钢铁股份有限公司　　　　单位:元 币种:人民币

项目	附注	合并 本期金额	合并 上期金额	母公司 本期金额	母公司 上期金额
一、经营活动产生的现金流量：					
销售商品、提供劳务收到的现金		23,584,205,322.45	20,984,066,993.95	22,484,374,554.65	18,620,181,259.46
收到的税费返还		364,989.00	383,138.00		
收到的其他与经营活动有关的现金	38	130,461,588.15	80,376,827.28	112,591,572.34	61,270,290.59
经营活动现金流入小计		23,715,031,899.60	21,064,826,959.23	22,596,966,126.99	18,681,451,550.05
购买商品、接受劳务支付的现金		19,645,603,376.77	16,376,587,510.83	18,589,749,327.91	14,129,914,946.74
支付给职工以及为职工支付的现金		1,039,719,810.55	959,652,101.82	1,032,713,916.64	954,786,510.22
支付的各项税费		2,005,927,491.05	1,829,273,380.09	1,980,485,637.95	1,790,987,633.36
支付的其他与经营活动有关的现金	38	357,066,805.99	209,776,780.00	334,337,806.99	178,201,317.06
经营活动现金流出小计		23,048,317,484.36	19,375,289,772.74	21,937,286,689.49	17,053,890,407.38
经营活动产生的现金流量净额		666,714,415.24	1,689,537,186.49	659,679,437.50	1,627,561,142.67
二、投资活动产生的现金流量：					
收回投资所收到的现金					4,663,742.41
取得投资收益所收到的现金		3,000,000.00	8,000,000.00	21,873,130.28	26,433,244.09
处置固定资产、无形资产和其他					
长期资产收回的现金净额		87,640.00	2,175,289.50	175,087,640.00	2,175,289.50
处置子公司及其他营业单位收到的现金净额					
收到的其他与投资活动有关的现金	38	43,437.47			
投资活动现金流入小计		3,131,077.47	10,175,289.50	196,960,770.28	33,272,276.00
购建固定资产、无形资产和其他					
长期资产支付的现金		1,284,750,028.12	1,294,839,388.82	1,053,609,164.59	1,294,287,845.70
投资所支付的现金			34,156,989.14	485,136,222.19	43,556,243.19
取得子公司及其他营业单位支付的现金净额					
支付其他与投资活动有关的现金					
投资活动现金流出小计		1,284,750,028.12	1,328,996,377.96	1,538,745,386.78	1,337,844,088.89
投资活动产生的现金流量净额		-1,281,618,950.65	-1,318,821,088.46	-1,341,784,616.50	-1,304,571,812.89
三、筹资活动产生的现金流量：					
吸收投资所收到的现金		2,500,000.00			

其中:子公司吸收少数					
股东投资收到的现金		2,500,000.00			
取得借款收到的现金		4,219,601,415.92	4,084,818,387.23	4,219,601,415.92	4,084,818,387.23
收到其他与筹资活动有关的现金					
筹资活动现金流入小计		4,222,101,415.92	4,084,818,387.23	4,219,601,415.92	4,084,818,387.23
偿还债务支付的现金		3,149,778,482.56	3,400,304,400.00	3,149,778,482.56	3,400,304,400.00
分配股利、利润或偿付					
利息支付的现金		925,483,845.82	713,173,588.86	922,150,422.43	692,142,723.58
其中:子公司支付给少数股东的股利、利润					
支付其他与筹资活动有关的现金	38	10,072,326.23		10,072,326.23	
筹资活动现金流出小计		4,085,334,654.61	4,113,477,988.86	4,082,001,231.22	4,092,447,123.58
筹资活动产生的现金流量净额		136,766,761.31	−28,659,601.63	137,600,184.70	−7,628,736.35
四、汇率变动对现金及					
现金等价物的影响		−29,531,985.14	−7,416,799.36	−29,531,985.14	−7,416,799.36
五、现金及现金等价物净增加额		−507,669,759.24	334,639,697.04	−574,036,979.44	307,943,794.07
加:期初现金及现金等价物余额		1,229,319,713.62	894,680,016.58	1,101,566,420.34	793,622,626.27
六、期末现金及现金等价物余额		721,649,954.38	1,229,319,713.62	527,529,440.90	1,101,566,420.34

公司法定代表人:陈向阳　　主管会计工作负责人:陈明玉　　会计机构负责人:陈明玉

母公司所有者权益变动表

2008 年 1−12 月

编制单位: 莱芜钢铁股份有限公司　　单位:元 币种:人民币

本期金额

项目	归属于母公司所有者权益 实收资本(或股本)	资本公积	减:库存股	盈余公积	一般风险准备	未分配利润	其他	少数股东权益	所有者权益合计
一、上年年末余额	922,273,092.00	1,371,982,382.78		975,533,490.32		2,964,794,108.47		22,235,293.35	6,256,818,366.92
加:会计政策变更									
前期差错更正									
二、本年年初余额	922,273,092.00	1,371,982,382.78		975,533,490.32		2,964,794,108.47		22,235,293.35	6,256,818,366.92
三、本年增减变动金额(减少以"−"号填列)		3,000,000.00		16,367,192.59		−317,073,082.22		5,740,794.33	−291,965,095.30
(一)净利润						263,725,241.97		4,174,217.72	267,899,459.69
(二)直接计入所有者									
权益的利得和损失		3,000,000.00							3,000,000.00
1.可供出售金融资产公允价值变动净额									
2.权益法下被投资单位其他所有者权益变动的影响									
3.与计入所有者权益项目相关的所得税影响									
4.其他		3,000,000.00							3,000,000.00
上述(一)和(二)小计		3,000,000.00				263,725,241.97		4,174,217.72	270,899,459.69
(三)所有者投入和减少资本								4,900,000.00	4,900,000.00
1.所有者投入资本								4,900,000.00	4,900,000.00
2.股份支付计入所有者权益的金额									
3.其他									
(四)利润分配				22,964,623.39		−587,395,754.99		−3,333,423.39	−567,764,554.99
1.提取盈余公积				14,879,153.42		−14,879,153.42			
2.提取一般风险准备									
3.对所有者(或股东)的分配						−564,431,131.60		−3,333,423.39	−567,764,554.99
4.其他				8,085,469.97		−8,085,469.97			
(五)所有者权益内部结转				−6,597,430.80		6,597,430.80			
1.资本公积转增资本(或股本)									
2.盈余公积转增资本(或股本)									
3.盈余公积弥补亏损									
4.其他				−6,597,430.80		6,597,430.80			
四、本期期末余额	922,273,092.00	1,374,982,382.78		991,900,682.91		2,647,721,026.25		27,976,087.68	5,964,853,271.62

上年同期金额

项目	归属于母公司所有者权益 实收资本(或股本)	资本公积	减:库存股	盈余公积	一般风险准备	未分配利润	其他	少数股东权益	所有者权益合计
一、上年年末余额	922,273,092.00	1,362,173,741.28		860,625,306.99		2,306,308,960.12		69,643,703.63	5,521,024,804.02
加:会计政策变更									
前期差错更正									
二、本年年初余额	922,273,092.00	1,362,173,741.28		860,625,306.99		2,306,308,960.12		69,643,703.63	5,521,024,804.02
三、本年增减变动金额(减少以"−"号填列)		9,808,641.50		114,908,183.33		658,485,148.35		−47,408,410.28	735,793,562.90
(一)净利润						1,139,535,749.20		6,014,331.26	1,145,550,080.46
(二)直接计入所有者									
权益的利得和损失		9,808,641.50							9,808,641.50
1.可供出售金融资产公允价值变动净额									
2.权益法下被投资单位其他所有者权益变动的影响									
3.与计入所有者权益项目相关的所得税影响									
4.其他		9,808,641.50							9,808,641.50
上述(一)和(二)小计		9,808,641.50				1,139,535,749.20		6,014,331.26	1,155,358,721.96
(三)所有者投入和减少资本									
1.所有者投入资本									
2.股份支付计入所有者权益的金额									
3.其他									
(四)利润分配				114,908,183.33		−481,050,600.85		−53,422,741.54	−419,565,159.06
1.提取盈余公积				114,908,183.33		−114,908,183.33			
2.提取一般风险准备									
3.对所有者(或股东)的分配						−366,142,417.52		−53,422,741.54	−419,565,159.06
4.其他									
(五)所有者权益内部结转									
1.资本公积转增资本(或股本)									
2.盈余公积转增资本(或股本)									
3.盈余公积弥补亏损									
4.其他									
四、本期期末余额	922,273,092.00	1,371,982,382.78		975,533,490.32		2,964,794,108.47		22,235,293.35	6,256,818,366.92

公司法定代表人:陈向阳　　主管会计工作负责人:陈明玉　　会计机构负责人:陈明玉

母公司所有者权益变动表

2008 年 1−12 月

编制单位: 莱芜钢铁股份有限公司　　单位:元 币种:人民币

本期金额

项目	实收资本(或股本)	资本公积	减:库存股	盈余公积	未分配利润	所有者权益合计
一、上年年末余额	922,273,092.00	1,372,009,807.28		975,533,490.32	2,937,490,158.58	6,207,306,548.18
加:会计政策变更						
前期差错更正						
二、本年年初余额	922,273,092.00	1,372,009,807.28		975,533,490.32	2,937,490,158.58	6,207,306,548.18
三、本年增减变动金额						
(减少以"−"号填列)		3,000,000.00		16,367,192.59	−432,006,790.00	−412,639,597.41
(一)净利润					148,791,534.19	148,791,534.19
(二)直接计入所有者						
权益的利得和损失		3,000,000.00				3,000,000.00
1.可供出售金融资产公允价值变动净额						
2.权益法下被投资单位其他所有者权益变动的影响						
3.与计入所有者权益项目相关的所得税影响						
4.其他		3,000,000.00				3,000,000.00
上述(一)和(二)小计		3,000,000.00			148,791,534.19	151,791,534.19
(三)所有者投入和减少资本						
1.所有者投入资本						
2.股份支付计入所有者权益的金额						
3.其他						
(四)利润分配				22,964,623.39	−587,395,754.99	−564,431,131.60
1.提取盈余公积				14,879,153.42	−14,879,153.42	
2.对所有者(或股东)的分配					−564,431,131.60	−564,431,131.60
3.其他				8,085,469.97	−8,085,469.97	
(五)所有者权益内部结转				−6,597,430.80	6,597,430.80	
1.资本公积转增资本(或股本)						
2.盈余公积转增资本(或股本)						
3.盈余公积弥补亏损						
4.其他				−6,597,430.80	6,597,430.80	
四、本期期末余额	922,273,092.00	1,375,009,807.28		991,900,682.91	2,505,483,368.58	5,794,666,950.77

上年同期金额

项目	实收资本(或股本)	资本公积	减:库存股	盈余公积	未分配利润	所有者权益合计
一、上年年末余额	922,273,092.00	1,362,009,807.28		860,628,306.99	2,269,458,926.14	5,414,370,132.41
加:会计政策变更						
前期差错更正						
二、本年年初余额	922,273,092.00	1,362,009,807.28		860,628,306.99	2,269,458,926.14	5,414,370,132.41
三、本年增减变动金额						
(减少以"−"号填列)		10,000,000.00		114,908,183.33	668,031,232.44	792,939,415.77
(一)净利润					1,149,081,833.29	1,149,081,833.29
(二)直接计入所有者						
权益的利得和损失		10,000,000.00				10,000,000.00
1.可供出售金融资产公允价值变动净额						
2.权益法下被投资单位其他所有者权益变动的影响						
3.与计入所有者权益项目相关的所得税影响						
4.其他		10,000,000.00				10,000,000.00
上述(一)和(二)小计		10,000,000.00			1,149,081,833.29	1,159,081,833.29
(三)所有者投入和减少资本						
1.所有者投入资本						
2.股份支付计入所有者权益的金额						
3.其他						
(四)利润分配				114,908,183.33	−481,050,600.85	−366,142,417.52
1.提取盈余公积				114,908,183.33	−114,908,183.33	
2.对所有者(或股东)的分配					−366,142,417.52	−366,142,417.52
3.其他						
(五)所有者权益内部结转						
1.资本公积转增资本(或股本)						
2.盈余公积转增资本(或股本)						
3.盈余公积弥补亏损						
4.其他						
四、本期期末余额	922,273,092.00	1,372,009,807.28		975,536,490.32	2,937,490,158.58	6,207,309,548.18

9.3 本报告期无会计政策、会计估计和核算方法变更。

9.4 本报告期无会计差错更正。

9.5 与最近一期年度报告相比,合并范围发生变化的具体说明

山东莱钢环友化工能源有限公司、莱芜钢铁冶金生态工程技术有限公司、山东莱钢大型型钢有限公司为本年新成立子公司,其中山东莱钢环友化工能源有限公司以及莱芜钢铁冶金生态工程技术有限公司尚处于筹建期。

莱芜钢铁股份有限公司董事会

董事长:陈向阳

二〇〇九年三月二十六日

湖北兴发化工集团股份有限公司

湖北兴发化工集团股份有限公司2008年年度报告摘要

第一节 重要提示

1.1 本公司董事会、监事会及董事、监事、高级管理人员保证本报告所载资料不存在任何虚假记载、误导性陈述或者重大遗漏,并对其内容的真实性、准确性和完整性承担个别及连带责任。

本年度报告摘要摘自年度报告全文,投资者欲了解详细内容,应当仔细阅读年度报告全文。

1.2 公司全体董事出席董事会会议。

1.3 中勤万信会计师事务所有限公司为本公司出具了标准无保留意见的审计报告。

1.4 公司负责人李国璋、主管会计工作负责人胡坤裔及会计机构负责人(会计主管人员)王琛声明:保证年度报告中财务报告的真实、完整。

第二节 公司基本情况

2.1 基本情况简介

股票简称	兴发集团
股票代码	600141
上市交易所	上海证券交易所
公司注册地址和办公地址	湖北省兴山县古夫镇昭君路昭君山庄 湖北省兴山县古夫镇昭君路昭君山庄
邮政编码	443700
公司国际互联网网址	http://www.xingfagroup.com
电子信箱	inform@xingfagroup.com

2.2 联系人和联系方式

	董事会秘书	证券事务代表
姓名	孙卫东	包良云
联系地址	湖北宜昌解放路52号 三峡商城B座805	湖北宜昌解放路52号 三峡商城B座805
电话	0717-6760939	0717-6760850
传真	0717-6760850	0717-6760850
电子信箱	sunwd@xingfagroup.com	bly@xingfagroup.com

第三节 会计数据和业务数据摘要

3.1 主要会计数据

单位:元 币种:人民币

	2008年	2007年	本年比上年增减(%)	2006年(注2)
营业收入	2,675,676,430.12	1,711,236,396.41	56.36	1,591,502,946.07
利润总额	373,276,210.31	114,054,178.27	227.28	69,164,598.23
归属于上市公司股东的净利润	295,173,356.37	76,912,313.74	283.78	43,989,440.40
归属于上市公司股东的扣除非经常性损益的净利润	327,403,648.96	60,576,531.43	440.48	45,350,877.49
经营活动产生的现金流量净额	547,478,420.56	355,490,425.50	54.01	254,542,026.10
	2008年末	2007年末	本年末比上年末增减(%)	2006年末(注2)
总资产	3,032,936,884.81	2,820,644,048.83	7.53	2,507,951,491.32
所有者权益(或股东权益)	1,127,539,689.48	851,467,529.82	32.42	636,855,943.30

3.2 主要财务指标

	2008年	2007年	本年比上年增减(%)	2006年
基本每股收益(元/股)	1.1713	0.3825	206.22	0.2749
稀释每股收益(元/股)	1.1713	0.3825	206.22	0.2749
扣除非经常性损益后的基本每股收益(元/股)	1.2990	0.2943	341.39	0.2834
全面摊薄净资产收益率(%)	26.18	9.03	增加17.15个百分点	7.43
加权平均净资产收益率(%)	29.91	9.10	增加20.81个百分点	8.17
扣除非经常性损益后全面摊薄净资产收益率(%)	29.04	7.11	增加21.93个百分点	7.66
扣除非经常性损益后的加权平均净资产收益率(%)	33.18	7.17	增加26.01个百分点	8.43
每股经营活动产生的现金流量净额(元/股)	2.1725	1.6928	28.34	1.52
	2008年末	2007年末	本年比末上年末增减(%)	2006年末
归属于上市公司股东的每股净资产(元/股)	4.47	4.05	10.37	3.98

非经常性损益项目

√适用 □不适用

单位:元 币种:人民币

非经常性损益项目	金额
非流动资产处置损益	-40,968,404.84
计入当期损益的政府补助,但与公司正常经营业务密切相关,符合国家政策规定、按照一定标准定额或定量持续享受的政府补助除外	10,533,000.00
除上述各项之外的其他营业外收入和支出	-15,063,062.10
少数股东权益影响额	3,564,136.12
所得税影响额	9,704,038.23
合计	-32,230,292.59

3.3 境内外会计准则差异:

□适用 √不适用

第四节 股本变动及股东情况

4.1 股份变动情况表

√适用 □不适用

单位:股

	本次变动前		本次变动增减(+,-)					本次变动后	
	数量	比例(%)	发行新股	送股	公积金转股	其他	小计	数量	比例(%)
一、有限售条件股份									
1、国家持股									
2、国有法人持股	45,998,666	21.90			9,199,733		9,199,733	55,198,399	21.90
3、其他内资持股									
其中:境内非国有法人持股									
境内自然人持股									
4、外资持股									
其中:境外法人持股									
境外自然人持股									
有限售条件股份合计	45,998,666	21.90			9,199,733		9,199,733	55,198,399	21.90
二、无限售条件流通股份									
1、人民币普通股	164,001,334	78.10			32,800,267		32,800,267	196,801,601	78.10
2、境内上市的外资股									
3、境外上市的外资股									
4、其他									
无限售条件流通股份合计	164,001,334	78.10			32,800,267		32,800,267	196,801,601	78.10
三、股份总数	210,000,000	100			42,000,000		42,000,000	252,000,000	100

限售股份变动情况表

√适用 □不适用

单位:股

股东名称	年初限售股数	本年解除限售股数	本年增加限售股数	年末限售股数	限售原因	解除限售日期
宜昌兴发集团有限责任公司	36,138,666	8,000,000	10,368,134	38,506,800	股改、非公开发行	2008-4-7
兴山县水电专业公司	25,860,000	8,000,000	-1,168,401	16,691,599	股改	2008-4-7
宜昌市夷陵国有资产经营有限公司	5,250,000	5,250,000		0	股改	2008-4-7
宜昌泰兴化工有限公司	833,333	833,333		0	股改	2008-4-7
宜昌泰兴化工有限公司	13,000,000	13,000,000		0	非公开发行	2008-2-4
兴山县高岚河电业有限责任公司	833,333	833,333		0	股改	2008-4-7
诺安价值增长股票证券投资基金	5,000,000	5,000,000		0	非公开发行	2008-2-4
福州茂隆石制品有限公司	5,000,000	5,000,000		0	非公开发行	2008-2-4
北京苏里曼医药科技有限公司	5,000,000	5,000,000		0	非公开发行	2008-2-4
中国人民财产保险股份有限公司	4,000,000	4,000,000		0	非公开发行	2008-2-4
上海金鼎房地产有限公司	4,000,000	4,000,000		0	非公开发行	2008-2-4

南京五台化工有限公司	4,000,000	4,000,000		0	非公开发行	2008-2-4
三峡财务有限责任公司	3,000,000	3,000,000		0	非公开发行	2008-2-4
北京浩成投资管理有限公司	2,000,000	2,000,000		0	非公开发行	2008-2-4
合计	113,915,332	67,916,666	9,199,733	55,198,399	/	/

4.2 股东数量和持股情况

单位:股

报告期末股东总数						37,384 户
前十名股东持股情况						
股东名称	股东性质	持股比例(%)	持股总数	报告期内增减	持有有限售条件股份数量	质押或冻结的股份数量
宜昌兴发集团有限责任公司	国有法人	20.75	52,301,835	11,218,973	38,506,800	26,000,000
兴山县水电专业公司	国有法人	10.43	26,291,599	431,599	16,691,599	9,000,000
宜昌市夷陵国有资产经营有限公司	国有法人	4.67	11,759,801	−1,490,199		
杭州丰盈电子科技有限公司		4.01	10,112,679	10,112,679		
海通−中行−FORTIS BANKSA/NV		1.81	4,553,726	4,553,726		
中国工商银行−汇添富均衡增长股票型证券投资基金		1.69	4,267,329	4,267,329		
中国银行−海富通股票证券投资基金		1.43	3,604,968	3,604,968		
全国社保基金一零九组合		1.24	3,113,028	3,113,028		
招商银行股份有限公司−海富通强化回报混合型证券投资基金		0.97	2,446,064	2,446,064		
中国银行−海富通收益增长证券投资基金		0.80	2,013,769	2,013,769		

前十名无限售条件股东持股情况		
股东名称	持有无限售条件股份的数量	股份种类
宜昌兴发集团有限责任公司	13,795,035	人民币普通股
宜昌市夷陵国有资产经营有限公司	11,759,801	人民币普通股
杭州丰盈电子科技有限公司	10,112,679	人民币普通股
兴山县水电专业公司	9,600,000	人民币普通股
海通−中行−FORTIS BANK SA/NV	4,553,726	人民币普通股
中国工商银行−汇添富均衡增长股票型证券投资基金	4,267,329	人民币普通股
中国银行−海富通股票证券投资基金	3,604,968	人民币普通股
全国社保基金一零九组合	3,113,028	人民币普通股
招商银行股份有限公司−海富通强化回报混合型证券投资基金	2,446,064	人民币普通股
中国银行−海富通收益增长证券投资基金	2,013,769	人民币普通股
上述股东关联关系或一致行动的说明	本公司前 10 名股东中,宜昌兴发集团有限责任公司与兴山县水电专业公司的实际控制人均为兴山县国资局;海富通股票证券投资基金、海富通强化回报混合型证券投资基金和海富通收益增长证券投资基金均为海富通基金管理有限公司旗下基金。无限售流通股东中,海富通股票证券投资基金和海富通强化回报混合型证券投资基金均为海富通基金管理有限公司旗下基金,其他股东之间未知存在关联关系或《上市公司股东持股信息变动管理办法》规定的一致行动人。	

4.3 控股股东及实际控制人情况介绍

4.3.1 控股股东及实际控制人变更情况

□适用　　√不适用

4.3.2 控股股东及实际控制人具体情况介绍

4.3.2.1 法人控股股东情况

单位:元 币种:人民币

名称	法定代表人	注册资本	成立日期	主营业务
宜昌兴发集团有限责任公司	李国璋	300,500,000	1999 年 12 月 29 日	国有资本营运、产权交易(限于兴山县人民政府授权范围内的国有资产)

4.3.2.2 法人实际控制人情况

单位: 元 币种:人民币

名称	法定代表人	注册资本	成立日期	主营业务
兴山县国资局	熊仁禄			国有资产管理

4.3.2.3 法人实际控制人情况

第五节　董事、监事和高级管理人员

5.1 董事、监事和高级管理人员持股变动及报酬情况

单位:股

姓名	职务	性别	年龄	任期起止日期	年初持股数	年末持股数	是否在公司领取报酬、津贴	报告期内从公司领取的报酬总额(万元)税前	是否在股东单位或其他关联单位领取薪酬
李国璋	董事长	男	43	2006-5-10~2009-5-9	0	0	是	42.2	否
舒　龙	董事总经理	男	45	2006-5-10~2009-5-9	0	0	是	38.8	否
孙卫东	副董事长兼董秘	男	40	2006-5-10~2009-5-9	0	0	是	35.4	否
胡坤裔	董事、副总经理兼总会计师	男	41	2006-5-10~2009-5-9	0	0	是	31.5	否
明　兵	董事常务副总经理	男	46	2006-5-10~2009-5-9	0	0	是	35.4	否
熊　涛	董事	男	41	2007-5-15~2009-5-9	0	0	是	6	否
戴德云	董事	男	45	2006-5-10~2009-5-9	0	0	是	6	是
孙宜坤	董事	男	39	2006-5-10~2009-5-9	0	0	是	6	是
屈　峰	董事	男	46	2006-5-10~2008-4-60	0	是	1.5	否	
王霄鹏	独立董事	男	41	2006-5-10~2008-4-6	0	0	是	3	否
李桂荣	独立董事	女	70	2006-5-10~2009-5-9	0	0	是	12	否
何光昶	独立董事	男	74	2006-5-10~2009-5-9	0	0	是	12	否
顾宗勤	独立董事	男	54	2006-5-10~2009-5-9	0	0	是	12	否
胡亚益	独立董事	男	54	2008-4-28~2009-5-9	0	0	是	9	否
陈澄海	独立董事	男	68	2008-4-28~2009-5-9	0	0	是	9	否
万义成	监事会主席	男	53	2006-5-10~2009-5-9	0	0	是	31.4	否
赵光辉	监事	男	48	2006-5-10~2009-5-9	0	0	是	2	否
唐家毅	监事	男	46	2006-5-10~2009-5-9	0	0	是	2	否
彭洪新	监事	男	47	2006-5-10~2009-5-9	0	0	是	16.3	否
潘世洪	监事	男	53	2006-5-10~2009-5-9	0	0	是	7.29	否
王相森	副总经理	男	41		0	0	是	28.4	否
袁　兵	副总经理	男	41		0	0	是	31.7	否
邓小雄	副总经理	男	41		0	0	是	13.3	否
合　计	/	/	/	/	0	0	/	391.69	/

第六节　董事会报告

6.1 管理层讨论与分析

(一)报告期内经营情况的回顾

1、经营总体情况

报告期内,国内外宏观经济形势和化工行业市场复杂多变。前三季度,化工行业十分景气,磷化工产品需求旺盛,公司主导产品销价、销量大幅上涨;9 月中旬以来,受国际金融危机的影响,国内经济出现明显下滑,磷化工行业整体低迷,市场急剧萎缩,公司面临的生产经营形势十分严峻。在全体员工的共同努力下,公司紧紧抓住了前三季度磷化工行业景气的机遇,努力克服全球性经济危机造成的冲击,通过科学组织生产,大力开拓市场,规范内部管理,取得了显著成绩,全年实现营业总收入 26.76 亿元,同比增长 56.36%;实现利润总额 3.73 亿元,同比增长 227.28%;实现净利润 3.10 亿元,同比增长 272.63%,其中归属于母公司净利润为 2.95 亿元,同比增长 283.78%;实现每股收益为 1.1713 元,同比增长 206.22%;为 2009 年应对经济危机奠定了良好的基础。

报告期内,公司充分发挥多年集并的市场网络优势,积极开展市场营销工作,显著提升了产品的销售能力;进一步扩大对外合作,在重庆垫江建成国内最大装备最先进的亚砜生产基地,在江苏扬州、广西柳城等地建设食品级磷酸盐生产基地,优化生产布局;创新内部管理体制,建立健全了采供销一体化的联动机制,切实增强了抗御市场风险的能力;持续推进品牌建设,"兴发"牌商标被国家工商行政管理总局认定为中国驰名商标。

报告期内,公司高度重视自主创新工作,切实加强科技创新,深入开展节能减排工作,实施了 6 个技术创新项目和 4 个技术攻关项目,白沙河水厂泵房远程控制改造等 2 个创新项目已建成投运,硬盘级次磷酸钠技术攻关已取得成功。加快淘汰落后装置步伐,拆除楚磷公司 2 台 2500 吨小黄磷炉,全面推广余热利用技术,节能减排工作继续走在行业前列。　　公司检测中心被认定为国家级实验室,成为继国家级企业技术中心、中国名牌和国家科技兴贸创新基地之后又一重大突破。

2、公司经营中出现的困难与问题及解决方案

经营中出现的困难与问题:

(1)上游大宗原材料价格上涨。报告期内,受化工行业景气等因素影响,上游大宗原材料纯碱、焦炭等价格暴涨,公司主导产品成本大幅增加,对经营业绩的提升带来一定影响。

(2)国家宏观调控政策加大。报告期内,人民币持续升值给公司国外销售收入、利润增长带来不利影响;国家实施价格临时干预措施,大幅上调油价和电价,直接增加了成本上千万元;从 2008 年 10 月 1 日起将磷矿石资源税由 3 元/吨调整为 15 元/吨,增加了公司磷矿石开采成本。

(3)全球性金融危机影响日益深入。报告期内,美国次贷危机愈演愈烈,华尔街金融风暴扩展到全球,并波及到经济实体,磷化工行业受国际价格传导、产能逐步恢复、下游需求减少等诸多因素影响,景气周期迅速步入下行通道,给公司发展带来了不利影响。

一是公司产品销价直线下滑。公司黄磷、六偏磷酸钠等主导产品价格短时间内大幅回落,平均跌幅超过 50%以上,并呈现持续下降的趋势。二是市场需求大幅萎缩。受国内外磷化工产品市场需求急剧减少的影响,第四季度公司订单减少,三聚磷酸钠、六偏磷酸钠等主导产品产销量大幅下降,呈逐月下降趋势。四季度三聚磷酸钠产量同比下降 30%以上,六偏磷酸钠同比下降 40%以上。三是经营业绩下滑。由于产品价格和销量同比大幅下降,公司业绩较前三季度大幅下滑。预计 2009 年磷化工市场将持续低迷,对 2009 年经营业绩的提高造成不利的影响。

主要解决方案及应对策略:

(1)针对白煤、焦炭、纯碱等大宗原材料价格上涨、货源紧张、运价上调等不利状况,公司大力推进原材料来源地、物流渠道、供应商结构的多元化调整,积极开发新的供应商,避免独家供应带来的采购风险,较好掌握了市场主导权;大力推进白煤代替焦炭等替代原材料的使用,有效化解了供给风险和成本上涨压力;全面开展比质比价招标采购,有效遏制了采购成本增幅过快;探索推行购、销一体化管理,提高了企业盈利水平和管理水平。

(2)针对国际宏观政策的调整,公司主要采取了以下措施:一是大力推行出口商品发票贴现、人民币掉期等业务,降低人民币升值对公司经营业绩的影响;二是加大内销力度,大力开发国内客户;三是科学调度生产经营,最大限度地降低电价波动对生产成本的影响。

(3)面对全球性的经济危机的影响,公司及时采取了以下措施:一是科学调整了生产经营计划,综合考虑市场、效益等因素,对部分产品和装置进行限产停产;二是大力开拓市场,进行产品结构调整,加强销售管理,调整营销策略;三是及时调整项目投资计划,加强内部控制,确保项目投资的谨慎、稳健和高效;四是严格控制三项资金占用,积极回收应收账款,杜绝呆坏账,确保资金链畅通,最大程度地降低经济危机带来的冲击。

(4)狠抓创新能力建设,把提高自主创新能力作为应对经济危机的重要举措,大力推动技术创

新、节能减排、自动化改造等重点工作，通过技术进步、内部挖潜等措施最大限度地降低生产成本，努力提高公司的经营业绩和发展活力。

3、主营业务分行业、产品情况表

单位:元 币种:人民币

分行业或分产品	营业收入	营业成本	营业利润率(%)	营业收入比上年增减(%)	营业成本比上年增减(%)	营业利润率比上年增减(%)
分行业						
化工	2,630,320,372.10	1,891,636,839.82	28.08	59.11	42.36	增加 8.46 个百分点
分产品						
黄磷	300,278,530.77	216,430,093.57	27.92	598.28	80.81	增加 26.11 个百分点
六偏磷酸钠	224,748,827.46	153,916,824.63	31.52	36.03	3.90	增加 21.04 个百分点
三聚磷酸钠	1,162,863,126.98	861,957,197.90	25.88	30.92	6.95	增加 16.26 个百分点
磷矿石	139,140,798.33	40,438,638.84	70.94	−43.04	−143.99	增加 11.13 个百分点

公司主导产品主营业务利润率增长的主要原因：①上半年国际国内的磷化工市场回暖，公司黄磷及磷酸盐的产品价格均有较大幅度的上升；②受雪灾、地震等自然灾害影响，黄磷出产地贵州、四川等地区受灾，导致黄磷市场供给不足，客观上推动了黄磷及磷酸盐的价格上涨；③公司强化内部控制管理、压缩成本费用预算，从内部挖潜增效；④及时根据市场环境调整销售策略，注重谈判技巧，提高产品价格，增加销售利润。

4、主营业务分地区情况表

单位:万元 币种:人民币

地区	营业收入	营业收入比上年增减(%)
国内	131,905.44	39.68
国外	131,126.60	85.00

5、主要供应商、客户情况

单位:元 币种:人民币

前五名供应商采购金额合计	640,517,322.66	占采购总额比重	35.33%
前五名销售客户销售金额合计	708,770,466.41	占销售总额比重	26.95%

6、报告期末公司资产负债表会计科目同比发生重大变动的情况

单位: 元 币种:人民币

项目	2008 年 12 月 31 日	2007 年 12 月 31 日	增减额	增减比例%
货币资金	204,350,136.34	361,352,151.70	−157,002,015.36	−43.45%
应收账款	200,708,972.97	129,514,711.44	71,194,261.53	54.97%
预付款项	8,173,371.99	25,138,303.73	−16,964,931.74	−67.49%
长期股权投资	224,846,749.09	107,185,958.16	117,660,790.93	109.77%
在建工程	224,697,391.82	140,777,097.16	83,920,294.66	59.61%
递延所得税资产	9,332,248.03	3,711,847.30	5,620,400.73	151.42%
短期借款	150,000,000.00	504,190,000.00	−354,190,000.00	−70.25%
应付账款	173,154,316.79	66,403,741.95	106,750,574.84	160.76%
应付职工薪酬	25,671,272.35	8,001,722.74	17,669,549.61	220.82%
应交税费	80,029,576.64	32,194,505.03	47,835,071.61	148.58%
其他应付款	78,789,929.85	27,840,938.69	50,948,991.16	183.00%
专项应付款	4,300,000.00	1,000,000.00	3,300,000.00	330.00%

1)报告期末，货币资金比期初减少 43.45%，主要是因为公司年初募集资金余额本年投入使用及归还银行贷款所致。

2)报告期末，应收账款比期初增加了 54.97%，主要是报告期公司规模扩大，产品销售收入上升所致。

3)报告期末，预付账款期初减少了 67.49%，主要原因是本期加大往来清收力度和材料采购入账力度。

4)报告期末，长期股权投资期末比期初增加 109.77%，主要原因是本期对新成立湖北兴瑞化工有限公司、对合营企业重庆兴发金冠化工有限公司增资和控股子公司对湖北泰盛化工有限公司增资以及权益法核算取得的投资收益导致长期股权投资增加。

5)报告期末，在建工程期末比期初增加 59.61%，主要原因是报告期内公司新建 5000 吨次磷酸钠、3 万吨食品级三聚磷酸钠等工程项目及募集资金项目投入等。

6)报告期末，递延所得税资产增加 151.42%，主要原因是本期计提存货跌价准备。

7)报告期末，短期借款比期初减少了 70.25%，主要是报告期公司强化了资金管理、偿还了大量借款所致。

8)报告期末，应付账款比期初增加了 160.76%，主要是①报告期增加了子公司，合并范围变化；②本期公司应付工程款的增加。

9)报告期末，应付职工薪酬比期初增加了 220.82%，主要是因为报告期纳入合并范围的子公司数量增加；另外公司业绩大幅度提升，相应的公司的职工薪酬也有较大幅度的提升。

10)报告期末，应交税费增加了 148.58%，主要是本期收入、利润大幅度增加，导致企业所得税、增值税及其附加税增加。

11)报告期末，其他应付款增加了 183%，主要原因是①报告期增加了子公司，合并范围变化；②公司强化了资金管理。

12)报告期末，专项应付款增加了 330%，主要是报告期控股子公司收到矿产资源补助等财政拨款计入专项应付款。

7、报告内利润表同比发生重大变动说明

单位: 元 币种:人民币

项目	2008 年度	2007 年度	增减变动(%)
销售费用	118,436,021.55	97,588,423.20	21.36
管理费用	89,360,570.04	41,642,629.68	114.59
财务费用	119,436,865.14	105,564,142.50	13.14

1)销售费用比上年同期增加 2,084.76 万元，增长 21.36%，主要原因是公司产品销售规模增加，业务量加大。

2)管理费用比上年同期增加 4,771.79 万元，增加 114.59%，主要原因是：①公司加大了研发投入；②报告期增加了子公司，合并范围变化。

3)财务费用比上年同期增加 1,387.27 万元，增加 13.14%，主要原因是：利率调高导致利息支出及票据贴现利息增加。

8、公司现金流量构成情况

单位: 元 币种:人民币

项目	2008 年度	2007 年度	增减变动(%)
经营活动产生的现金流量净额	547,478,420.56	355,490,425.50	54.01%
投资活动产生的现金净流量	−283,103,119.78	−271,168,550.86	4.4%
筹资活动产生的现金流量净额	−426,585,597.88	50,391,090.74	−946.55%

1）报告期末，经营活动产生的现金流量净额比上年同期增加 54.01%，主要是本期公司销售规模增加，主导产品利润率上升。

2）报告期末，投资活动产生的现金流量净额比上年同期增加 4.4%，主要是报告期公司出资 7200 万元成立湖北兴瑞化工有限公司及对合营企业增资，募集资金项目等在建项目投入所致。

3)报告期末，筹资活动产生的现金流量净额比上年同期减少 946.55%，主要原因是公司偿还银行借款，分配股利等发生的支出都比同期增加。

9、公司主要控股公司的经营情况及业绩分析

1）湖北兴发化工进出口有限公司注册资本 3000 万元，公司投资 2900 万元，控股比例为 96.67%。主要经营进出口贸易业务。2008 年 12 月 31 日，公司资产总额为 53,946,512.76 元，净资产 38,454,430.75 元，2008 年实现净利润 7,957,028.96 元。

2)宜昌楚磷化工有限公司注册资本 6000 万元，公司投资 4900 万元，控股比例为 83.33%。主要经营精细磷酸盐产品的生产销售。2008 年 12 月 31 日，公司资产总额为 209,123,460.37 元，净资产 114,096,924.8 元，2008 年实现净利润 37,689,289.53 元。

3)兴山县兴盛矿产有限公司注册资本 7500 万元，公司投资 7495 万元，控股比例为 99.93 %。公司主要经营矿产品开发及销售。2008 年 12 月 31 日，公司资产总额为 193，947，711.21 元，净资产 38,454,430.75 元，2008 年实现净利润 5，440，587.97 元。

4）保康楚烽化工有限责任公司注册资本 16500 万元，公司投资 24032.73 万元，控股比例为 100%。主要经营矿产品及磷化工产品的开发、加工、销售，主要产品包括黄磷、磷酸、磷矿石、磷铁、六偏磷酸钠。2008 年 12 月 31 日，公司资产总额为 395,544,300.66 元，净资产 316,637,439.21 元，2008 年实现净利润 30,796,245.7 元。

5)兴山县耿家河煤炭有限公司注册资本 1000 万元，公司投资 1000 万元，控股比例为 100%。主要经营煤炭开采与销售。2008 年 12 月 31 日，公司资产总额为 20,669,418.87 元，净资产 19,347,624.5 元，2008 年实现净利润 640,573.44 元。

6)兴山县新兴化工有限公司注册资本 200 万元，公司投资 150 万元，控股比例为 75%。主要经营精细磷酸盐产品的生产、销售，主要产品为单氟磷酸钠。2008 年 12 月 31 日，公司资产总额为 4,486,656.88 元，净资产 2,647,583.7 元，2008 年实现净利润 463,013.47 元。

7)兴山县兴营矿产有限公司注册资本 50 万元，公司投资 45 万元，控股比例为 86 %。公司主要经营矿石开采、加工、销售，主要产品为硅石。2008 年 12 月 31 日，公司资产总额为 1,984,495.69 元，净资产 379,404.71 元，2008 年实现净利润 6,499.86 元。

8)神农架武山矿业有限责任公司注册资本 5000 万元，公司投资 3500 万元，控股比例为 70%。主要经营黄磷生产及销售；磷矿石开采与销售，主要产品为黄磷、磷矿石。2008 年 12 月 31 日，公司资产总额为 119,647,585.78 元，净资产 80,101,722.66 元，2008 年实现净利润 28,930,870.42 元。

9)兴山县峡口港有限责任公司注册资本 2100 万元，公司投资 2000 万元，控股比例为 95.24%。主要经营港口装卸、运输业务业务。2008 年 12 月 31 日，公司资产总额为 42,491,423.4 元，净资产 27,497,974.46 元，2008 年实现净利润 2,249,154.02 元。

10)安宁盛世达化工有限公司注册资本 500 万元，公司投资 350 万元，控股比例为 70%。主要经营精细磷酸盐产品的生产销售，主要产品为 SST-118 SST-166 SST-626 三偏磷酸钠、偏磷酸钾。2008 年 12 月 31 日，公司资产总额为 7,189,260.46，净资产 6,466,718.42 元，2008 年实现净利润 1,267,364.22 元。

11)兴山县巨安爆破工程有限公司注册资本 100 万元，公司投资 100 万元，控股比例为 100%。公司主要经营硐室爆破、岩土爆破、民爆物品的使用和储存。2008 年 12 月 31 日，公司资产总额为 1,713,783.14 元，净资产 1,100,756.41 元，2008 年实现净利润 265,886.68 元。

12)扬州瑞阳化工有限责任公司注册资本 1000 万元，公司投资 677.78 万元，控股比例为 100%。公司主要经营工业磷酸、食品级磷酸生产、销售。2008 年 12 月 31 日，公司资产总额为 18,596,627.92 元，净资产 7,532,827.85 元，2008 年实现净利润 754,982.39 元。

13)广西兴发化工有限公司注册资本 1000 万元，公司投资 510 万元，控股比例为 51%。公司主要经营生产销售三聚磷酸钠、工业磷酸、食品添加剂磷酸。2008 年 12 月 31 日，公司资产总额为 78,363,145.6 元，净资产 6,240,261.66 元，2008 实现年净利润−10,503,308.6 元。

14)柳城兴发经贸有限责任公司注册资本 300 万元，控股比例为 100%。公司主要经营无机盐化工产品、日用化工产品、医药中间体、金属制品销售。2008 年 12 月 31 日，公司资产总额为 12,784,436.79 元，净资产 10,451,628.99 元，2008 年实现净利润 5,917,364.1 元。

15)宜昌兴磷磷化工检测有限公司注册资本 300 万元，公司投资 300 万元，控股比例为 100%。公司主要经营磷化工产品及原辅材料质量检测。2008 年 12 月 31 日，公司总资产为 2,997,851 元，净资产 2,997,851 元，2008 年实现净利润−2,149 元。

(二)对公司未来发展的展望

1、行业的发展趋势及公司面临的市场竞争格局

(1)精细磷化工依然是磷化工行业未来发展的方向。目前我国磷化工产品仍以黄磷、磷酸、三聚磷酸钠等基础产品为主，而随着磷化工关键技术的进步，磷化工产品将向食品级、电子级、医药级等方向发展，广泛应用于食品、饮料、饲料、洗涤剂、生物材料、电子电气、陶瓷、搪瓷、涂料、建材以及其他特殊材料、功能材料等领域。

(2)“矿电磷”一体化是磷化工企业发展的趋势。伴随着未来磷矿石和电力价格的上涨，黄磷生产成本将明显上升。为扩大竞争优势，磷化工生产企业纷纷加大对磷矿石的控制力度，通过自建或收购电厂保证电力供应，切实增强资源的保障能力。

(3)在全球经济危机的波及下，磷化工企业面临新一轮的洗牌。2008 年 12 月 11 日，国家工业和信息化部正式颁布《黄磷行业准入条件》(产业[2008 年] 第 17 号)，将进一步加快淘汰落后产能，促进黄磷行业技术进步和结构升级；随着全球性经济危机的影响日益深入，磷化工行情景气度急转直下，产品价格出现大幅下跌，没有磷矿和电力资源优势的小企业将逐步被市场淘汰，磷化工将面临新一轮的洗牌。

2、未来公司面临的机遇和挑战

公司面临的机遇：

(1)各国政府纷纷出台的各项救市计划和措施对缓解金融危机影响、稳定市场信心具有积极作用；国家实施积极的财政政策，出台了多项扩大内需措施，将有利于我国保持经济持续稳定增长；国家加大对企业金融支持力度，适度宽松的货币政策将在一定程度上缓解企业的资金压力，这为公司的持续快速发展创造良好条件。

(2)国家陆续出台了《黄磷行业准入条件》等相关政策规定，提高了行业准入标准，规范了磷化工行业发展程序，将进一步促进磷化工行业技术进步和结构升级。公司作为行业内拥有"矿电磷"一体化的企业，资源、市场等优势明显，将会在新一轮的洗牌中占得先机。

(3)通过近几年的发展，公司企业运作不断规范，建立了一支稳定的技术人才队伍，抵御市场风险的能力不断增强，这为公司应对危机、加快发展奠定了良好的基础。

公司面临的挑战：

(1)全球经济衰退趋势日益明显，我国经济也出现发展减缓的趋势。受国内外严峻形势的影响，国际市场需求可能会进一步减弱，这将对我国出口造成不利影响。由于公司产品出口占很大比例，出口增速减缓将会对公司 2009 年业绩的增长带来了很大压力。

(2)公司自主创新能力依然薄弱，新产品开发不足仍然制约着公司发展。由于我国磷化工基础产品产能过剩，公司如不能在行业内的关键技术和高科技产品开发上取得突破，将面临十分严峻的竞争态势。

(3)安全环保形势比较严峻。公司主要生产厂区位于湖北省"两山一江"黄金旅游线交通要道，宜昌精细化工园位于长江岸边，又毗邻中华鲟保护区，企业环保工作成为社会各方关注的焦点。

3、公司的发展方向

公司将继续坚持精细化工发展方向，走电矿化结合的发展模式，加快实施跨区域重组整合战略，大力推行科技创新和产品升级，努力实现工业级磷化工产业向电子级、食品级、医药级转变，无机磷向有机磷延伸，积极开发非磷等精细化工产品。

实施关联产业多元化战略，加快推动宜都兴发工业园磷肥项目建设步伐，做强做大磷肥产业，为公司实现持续增长培植新的经济增长点。

以兴发集团宜昌精细化工园为建设重点，加大对园区的管理和控制，取得湖北兴瑞化工公司的绝对控股权，保持公司在园区的主导地位。加快推进 6 万吨/年有机硅等项目建设，迅速抢占有机硅市场的制高点；在园区大力发展循环经济，进一步完善基础设施配套功能，着力打建循环经济产业链，将宜昌精细化工园区建设成为全国一流的精细化工生产基地。

(三)新年度经营计划

2009 年公司计划实现销售收入 26.8 亿元。

为实现上述目标，公司拟采取以下措施：

一是严格执行生产经营计划。把市场开发作为生产经营的首要任务来抓，全力开拓国内外市场，扩大销售能力；以经济效益为中心，科学组织生产经营调度，确保生产经营效益最大化。同时，及时根据市场形势变化，对生产策略进行局部调整。

二是发挥矿山对公司利润的支撑作用。受全球经济危机的影响，公司主导产品市场疲软，磷矿石的生产经营显得尤为重要。2009 年进一步加大磷矿石的安全生产管理和市场营销力度，为公司业绩的增长提供重要保证。

三是进一步规范内部管理。严格按照《公司法》、《证券法》等相关法律法规的要求，切实规范企业运作，确保公司各项制度、各项管理合法合规；加强对公司各种预算编制的监督执行，下大力压缩各种非生产性开支，积极开展内部挖潜、节能降耗等措施，全面推行精细化管理。

四是加大国家资金的争取力度。近期，国家出台了一系列的扩大内需、促进经济增长的措施。公司抓住国家扩大内需的重大机遇，认真研究相关产业政策，继续做好国家专项资金申报和争取工作。

五是严格成本控制与考核。对成本目标进行分解，明确责任单位和责任人，制定一套完善的管理办法进行严格考核。开源节流，努力通过开展节能降耗、内部挖潜等措施降低生产和管理成本。严格控制三项资金占用，确保资金链畅通。

6.2 主营业务分行业、产品情况表

请见前述 6.1

6.3 主营业务分地区情况表

请见前述 6.1

6.4 募集资金使用情况

√适用 □不适用

单位:万元 币种:人民币

募集资金总额	26,651.35	本年度已使用募集资金总额		7,092.06			
		已累计使用募集资金总额		24,640.40			
承诺项目	是否变更项目	拟投入金额	实际投入金额	是否符合计划进度	预计收益	产生收益情况	
收购宜昌兴发集团有限责任公司所持保康楚烽化工有限责任公司 70%股权	否	5,030.77	5,030.77	是			
续建保康白竹 100 万吨/年采矿项目	否	16,755	14,744.05	是			
补充公司流动资金 4,865.58 万元	否	4,865.58	4,865.58	是			
合计	/	26,651.35	24,640.40	/	/		
尚未使用的募集资金用途及去向		全部存入银行募集资金专户					

变更项目情况

□适用 √不适用

6.5 非募集资金项目情况

√适用 □不适用

单位:万元 币种:人民币

项目名称	项目金额	项目进度	项目收益情况
刘草坡 5000 吨 / 年次磷酸钠项目	4,857	目前项目已完成，正在试车	
保康楚烽 3 万吨/年食品级五钠项目	4,836.5	目前已累计完成投资 280.48 万元。	
神农架武山矿业 1 万吨/年黄磷项目	7,589.4	已累计完成投资 1334.54 万元。	
树空坪磷矿后坪矿段探矿项目	5,000	已累计完成投资 2330.67 万元。	
广西兴发化工有限公司 8 万吨/年工业磷酸、3 万吨/年食品级磷酸、6 万吨/年三聚磷酸钠扩建项目	4,541.7	已累计完成投资 1270.47 万元。	
合计	26,824.6	/	/

6.6 董事会对会计师事务所"非标准审计报告"的说明

□适用 √不适用

6.7 董事会本次利润分配或资本公积金转增股本预案

经中勤万信会计师事务所有限公司审计，2008 年度公司实现净利润 29517.34 万元，按照《公司法》和《公司章程》的有关规定，加上上年末分配利润 16284.62 万元，减去法定盈余公积金 2386.94 万元，减去 2008 年内派发的 2007 年度股利 4200 万元，加上政策影响数 148.50 万元，可供股东分配的利润为 39363.52 万元。

公司拟以 2008 年末的股本总额 25200 万股为基数，以每 10 股派发现金红利 2.5 元(含税)，资本公积每 10 股转增 2 股。

第七节 重要事项

7.1 收购资产

√适用 □不适用

单位:万元 币种:人民币

交易对方或最终控制方	被收购资产	购买日	收购价格	是否为关联交易(如是，说明定价原则)	所涉及的资产产权是否已全过户
宜昌市葛洲坝化工有限公司	所持扬州市葛洲坝化工有限公司全部股权	2008 年 6 月 24 日	677.78	是 评估价值协议定价	是
宜昌市葛洲坝化工有限公司	葛洲坝化工公司所属神农架黄磷分厂部分资产	2008 年 6 月 24 日	3,717.47	是 评估价值协议定价	是
广西广正大磷化工有限公司	2 万吨/年磷酸和 2 万吨/年五钠装置生产线及其配套附属设施	2008 年 9 月 17 日	1,400	否	是
湖北宜昌磷化工业集团有限公司	所持宜昌楚磷化工有限公司 16.67%的股权	2008 年 10 月 19 日	1,500	否	否

7.2 出售资产

√适用 □不适用

单位:万元 币种:人民币

交易对方	被出售资产	出售日	出售价格	是否为关联交易	所涉及的资产产权是否已全过户
湖北兴瑞化工有限公司	宜昌楚磷化工有限公司锅炉及相关资产	2008 年 10 月 19 日	4,552.71	否	是
广西兴发化工有限公司	宜昌楚磷化工有限公司磷酸、五钠等装置及相关资产	2008 年 10 月 19 日	847.98	否	是

7.3 重大担保

√适用 □不适用

单位:万元 币种:人民币

公司对外担保情况(不包括对子公司的担保)

担保对象名称	担保发生日期(协议签署日)	担保金额	担保类型	担保期	担保是否已经履行完毕	是否为关联方担保
重庆兴发金冠化工有限公司		1,500	连带责任担保		否	否
重庆兴发金冠化工有限公司		1,500	连带责任担保		否	否
重庆兴发金冠化工有限公司		4,000	连带责任担保		否	否
重庆兴发金冠化工有限公司		1,500	连带责任担保		否	否
重庆兴发金冠化工有限公司		3,000	连带责任担保		否	否
重庆兴发金冠化工有限公司		2,600	连带责任担保		否	否
湖北兴瑞化工有限公司		30,000	连带责任担保		否	否
报告期内担保发生额合计						26,000
报告期末担保余额合计						26,000

公司对子公司的担保情况

报告期内对子公司担保发生额合计	12,680
报告期末对子公司担保余额合计	7,360

公司担保总额情况(包括对子公司的担保)

担保总额	33,360
担保总额占公司净资产的比例(%)	28.29
其中：	
为股东、实际控制人及其关联方提供担保的金额	0
直接或间接为资产负债率超过 70%的被担保对象提供的债务担保金额	0
担保总额超过净资产 50%部分的金额	0
上述三项担保金额合计	0

7.4 重大关联交易

7.4.1 与日常经营相关的关联交易

√适用 □不适用

单位:万元 币种:人民币

关联方	向关联方销售产品和提供劳务		向关联方采购产品和接受劳务	
	交易金额	占同类交易金额的比例(%)	交易金额	占同类交易金额的比例(%)
兴山县水电专业公司			840.93	
宜昌兴发集团有限责任公司	106.65			
兴山县昭君山庄			155.86	
兴山县树空坪矿业有限公司	293.08		970.83	
合计	399.73		1967.62	

其中：报告期内公司向控股股东及其子公司销售产品或提供劳务的关联交易金额 399.73 万元。

7.4.2 关联债权债务往来

□适用　　　√不适用

7.4.3 2008 年资金被占用情况及清欠进展情况

□适用　　　√不适用

截止 2008 年末，上市公司未完成非经营性资金占用的清欠工作的，董事会提出的责任追究方案

□适用　　　√不适用

7.5 委托理财

□适用　　　√不适用

7.6 承诺事项履行情况

7.6.1 公司或持股 5%以上股东在报告期内或持续到报告期内的承诺事项

√适用　　　□不适用

承诺事项	承诺内容	履行情况
股改承诺	公司控股股东四川公路桥梁建设集团有限持公司 5%以上股份股东承诺：①自改革方案实施之日起，在十二个月内不得上市交易或者转让；②在前项规定期满后，通过证券交易所挂牌交易出售原非流通股股份，出售数量占公司股份总数的比例在十二个月内不得超过百分之五，在二十四个月内不得超过百分之十。	5%以上股份股东均认真履行承诺。
发行时所作承诺	2006 年非公开发行股票认购时股东承诺：控股股东宜昌兴发集团有限责任公司所认购的 500 万股份锁定期限为 36 个月；其他九名本次非公开发行特定投资者所认购的 4500 万股股份锁定期限为 12 个月。股东均认真履行承诺。	股东均认真履行承诺。

7.6.2 公司资产或项目存在盈利预测，且报告期仍处在盈利预测期间，公司就资产或项目是否达到原盈利预测及其原因作出说明：

□适用　　　√不适用

7.7 重大诉讼仲裁事项

□适用　　　√不适用

7.8 其他重大事项及其影响和解决方案的分析说明

7.8.1 证券投资情况

□适用　　　√不适用

7.8.2 持有其他上市公司股权情况

□适用　　　√不适用

7.8.3 持有非上市金融企业股权情况

√适用　　　□不适用

所持对象名称	初始投资金额	持有数量(元)	占该公司股权比例(%)	期末账面值(元)	报告期损益(元)	报告期所有者权益变动	会计核算科目	股份来源
宜昌市商业银行股份有限公司	30,000,000.00	30,000,000.00	5.24	30,000,000.00				
兴山县农村信用合作社联合社	4,400,000.00	4,400,000.00	5.2	8,400,000.00				
合计	34,400,000.00	34,400,000.00	/	38,400,000.00			/	/

报告期内，公司对兴山县农村信用合作社联合社增加投资 400 万元。

7.8.4 买卖其他上市公司股份的情况

□适用　　　√不适用

7.9 公司是否披露履行社会责任的报告：否

第八节　监事会报告

监事会认为公司依法运作、公司财务情况、公司募集资金使用、公司收购、出售资产交易和关联交易不存在问题。

8.1 监事会对公司依法运作情况的独立意见

报告期内，公司监事会成员出席了公司股东大会，并列席了董事会会议，对公司股东大会、董事会的召开程序、决议事项，董事会对股东大会决议的执行情况、公司高级管理人员履行职务情况以及公司管理制度等进行了监督；职工代表监事亲自参与公司各种内部制度的建设。监事会认为，公司有完善的法人治理结构和内部控制制度，经营运作规范，决策程序合法，公司董事、高级管理人员在执行公司职务时能够尽心尽职，未发现有违反法律、法规、公司章程或损害公司利益的行为。

8.2 监事会对检查公司财务情况的独立意见

报告期内，通过对公司财务制度执行和财务运行情况的检查，监事会认为公司财务制度健全，财务运行正常；监事会赞同中勤万信会计师事务所有限公司对本公司 2008 年度会计报表出具的无保留意见的审计报告，认为公司 2008 年度财务报表在所有重大方面公允、客观地反映了公司的年度财务状况、经营成果和现金流量情况。

8.3 监事会对公司最近一次募集资金实际投入情况的独立意见

2007 年 1 月 19 日，公司采取非公开发行股票方式成功向 10 名特定投资者发行股份 5000 万股，募集资金净额 26651.35 万元。监事会认为：公司严格按照《证券法》、《证券发行管理办法》、《关于进一步规范上市公司募集资金使用的通知》等法律法规的要求使用募集资金，公司募集资金实际投入项目与计划投入项目一致，未涉及投资项目变更事项。

8.4 监事会对公司收购、出售资产情况的独立意见

报告期内，公司涉及资产收购、出售事项主要有：①神农架武山矿业有限责任公司收购宜昌市葛洲坝化工有限公司部分磷化工资产；②收购扬州市葛洲坝化工有限公司股权；③广西兴发化工有限公司收购广西广正大磷化工有限公司部分资产；④宜昌楚磷化工有限公司转让锅炉及相关资产给湖北兴瑞化工有限公司；⑤宜昌楚磷化工有限公司转让和报废部分固定资产；⑥收购湖北宜昌磷化工业集团有限公司所持宜昌楚磷化工有限公司股权。

上述交易严格按照法律法规和《公司章程》的规定进行，交易价格公允合理，未发现内幕交易情况，不存在损害部分股东权益的情况，不存在损害公司利益的行为。

8.5 监事会对公司关联交易情况的独立意见

报告期内，公司涉及的关联交易事项主要有：①神农架武山矿业有限责任公司收购宜昌市葛洲坝化工有限公司部分磷化工资产；②收购扬州市葛洲坝化工有限公司股权；③与兴山县水电专业公司签订购电合同。上述关联交易表决程序符合《公司法》、《证券法》等有关法律、法规以及公司章程的规定；交易遵循了公开、公平、合理的原则，有利于优化公司战略发展布局，保证正常生产经营的开展，有利于公司的长远发展，符合本公司和全体股东的利益。

第九节　财务会计报告

9.1 审计意见

财务报告	□未经审计	√审计
审计意见	√标准无保留意见	□非标意见

审计意见全文

审计报告

勤信审字[2009]056 号

湖北兴发化工集团股份有限公司全体股东：

我们审计了后附的湖北兴发化工集团股份有限公司(以下简称贵公司)财务报表，包括 2008 年 12 月 31 日的资产负债表和合并资产负债表，2008 年度的利润表和合并利润表、现金流量表和合并现金流量表、所有者权益变动表和合并所有者权益变动表，以及财务报表附注。

一、管理层对财务报表的责任

按照企业会计准则的规定编制财务报表是贵公司管理层的责任。这种责任包括：(1)设计、实施和维护与财务报表编制相关的内部控制，以使财务报表不存在由于舞弊或错误而导致的重大错报；(2)选择和运用恰当的会计政策；(3)作出合理的会计估计。

二、注册会计师的责任

我们的责任是在实施审计工作的基础上对财务报表发表审计意见。我们按照中国注册会计师审计准则的规定执行了审计工作。中国注册会计师审计准则要求我们遵守职业道德规范，计划和实施审计工作以对财务报表是否不存在重大错报获取合理保证。

审计工作涉及实施审计程序，以获取有关财务报表金额和披露的审计证据。选择的审计程序取决于注册会计师的判断，包括对由于舞弊或错误导致的财务报表重大错报风险的评估。在进行风险评估时，我们考虑与财务报表编制相关的内部控制，以设计恰当的审计程序，但目的并非对内部控制的有效性发表意见。审计工作还包括评价管理层选用会计政策的恰当性和作出会计估计的合理性，以及评价财务报表的总体列报。

我们相信，我们获取的审计证据是充分、适当的，为发表审计意见提供了基础。

三、审计意见

我们认为，贵公司财务报表已经按照企业会计准则的规定编制，在所有重大方面公允反映了贵公司 2008 年 12 月 31 日的财务状况以及 2008 年度的经营成果、现金流量。

中勤万信会计师事务所有限公司　　　中国注册会计师：王永新

中国·北京　　　中国注册会计师：刘汉军

二〇〇九年二月二十六日

9.2 财务报表

合并资产负债表

2008 年 12 月 31 日

编制单位：湖北兴发化工集团股份有限公司　　　单位：元 币种：人民币

项目	附注	期末余额	年初余额
流动资产：			
货币资金	七.1	204,350,136.34	361,352,151.70
结算备付金			
拆出资金			
交易性金融资产			
应收票据	七.2	4,655,920.00	4,714,758.27
应收账款	七.3	200,708,972.97	129,514,711.44
预付款项	七.4	8,173,371.99	25,138,303.73
应收保费			
应收分保账款			
应收分保合同准备金			
应收利息			
应收股利	七.6	7,848,516.92	
其他应收款	七.5	13,936,409.94	15,240,068.97
买入返售金融资产			
存货	七.7	235,608,674.50	205,036,466.40
一年内到期的非流动资产			
其他流动资产	七.8	2,275,096.52	
流动资产合计		677,557,099.18	740,996,460.51

非流动资产：			
发放贷款及垫款			
可供出售金融资产			
持有至到期投资	七.9	2,000,000.00	2,000,000.00
长期应收款			
长期股权投资	七.10	224,846,749.09	107,185,958.16
投资性房地产			
固定资产	七.11	1,673,715,210.23	1,653,682,271.42
在建工程	七.12	224,697,391.82	140,777,097.16
工程物资	七.13	304,271.21	956,828.22
固定资产清理			
生产性生物资产			
油气资产			
无形资产	七.14	220,483,915.25	167,792,049.82
开发支出		3,541,536.24	
商誉			
长期待摊费用			
递延所得税资产	七.15	9,332,248.03	3,711,847.30
其他非流动资产			
非流动资产合计		2,355,379,785.63	2,079,647,588.32
资产总计		3,032,936,884.81	2,820,644,048.83
流动负债：			
短期借款	七.17	150,000,000.00	504,190,000.00
向中央银行借款			
吸收存款及同业存放			
拆入资金			
交易性金融负债			
应付票据	七.18	284,900,000.00	398,000,000.00
应付账款	七.19	173,154,316.79	66,403,741.95
预收款项	七.20	39,057,739.40	40,367,361.42
卖出回购金融资产款			
应付手续费及佣金			
应付职工薪酬	七.21	25,671,272.35	8,001,722.74
应交税费	七.22	80,029,576.64	32,194,505.03
应付利息	七.23	385,561.22	404,866.00
应付股利	七.24	1,744,299.90	1,744,299.90
其他应付款	七.25	78,789,929.85	27,840,938.69
应付分保账款			
保险合同准备金			
代理买卖证券款			
代理承销证券款			
一年内到期的非流动负债	七.28	38,580,000.00	39,750,000.00
其他流动负债			
流动负债合计		872,312,696.15	1,118,897,435.73
非流动负债：			
长期借款	七.26	963,730,000.00	800,810,000.00
应付债券			
长期应付款	七.27	7,413,952.00	6,653,580.00
专项应付款	七.29	4,300,000.00	1,000,000.00
预计负债	七.30	4,500,000.00	
递延所得税负债	七.15	885,384.06	
其他非流动负债		1,620,000.00	1,800,000.00
非流动负债合计		981,563,952.00	811,148,964.06
负债合计		1,853,876,648.15	1,930,046,399.79
股东权益：			
股本	七.31	252,000,000.00	210,000,000.00
资本公积	七.32	389,578,656.51	410,164,900.07
减：库存股			
盈余公积	七.33	92,325,823.02	68,456,395.10
一般风险准备			
未分配利润	七.34	393,635,209.95	164,331,281.50
外币报表折算差额			
归属于母公司所有者权益合计		1,127,539,689.48	852,952,576.67
少数股东权益		51,520,547.18	37,645,072.37
股东权益合计		1,179,060,236.66	890,597,649.04
负债和股东权益合计		3,032,936,884.81	2,820,644,048.83

公司法定代表人：李国璋　　主管会计工作负责人：胡坤裔　　会计机构负责人：王琛

母公司资产负债表

2008 年 12 月 31 日

编制单位：湖北兴发化工集团股份有限公司　　单位：元 币种：人民币

项目	附注	期末余额	年初余额
流动资产：			
货币资金		159,778,092.91	207,903,717.50
交易性金融资产			
应收票据		4,555,920.00	1,768,992.67
应收账款	八.1	168,857,787.41	102,656,173.05
预付款项		4,854,242.82	15,324,068.19
应收利息			
应收股利		7,848,516.92	
其他应收款	八.2	238,486,438.55	160,356,108.47
存货		162,235,553.61	142,900,838.83
一年内到期的非流动资产			
其他流动资产			
流动资产合计		746,616,552.22	630,909,898.71
非流动资产：			
可供出售金融资产			
持有至到期投资		2,000,000.00	2,000,000.00
长期应收款			
长期股权投资	八.3	661,829,762.08	566,138,587.35
投资性房地产			
固定资产		1,172,558,926.16	1,197,403,374.02
在建工程		36,840,693.94	5,060,159.94
工程物资			
固定资产清理			
生产性生物资产			
油气资产			
无形资产		40,065,647.61	37,966,651.17
开发支出			3,541,536.24
商誉			
长期待摊费用			
递延所得税资产		7,131,105.38	2,693,031.91
其他非流动资产			
非流动资产合计		1,920,426,135.17	1,814,803,340.63
资产总计		2,667,042,687.39	2,445,713,239.34
流动负债：			
短期借款		110,000,000.00	348,190,000.00
交易性金融负债			
应付票据		280,000,000.00	398,000,000.00
应付账款		112,715,087.12	33,731,359.21
预收款项		37,860,754.45	36,223,068.73
应付职工薪酬		15,209,363.67	3,609,774.18
应交税费		61,832,037.43	11,620,715.55
应付利息			
应付股利		1,744,299.90	1,744,299.90
其他应付款		88,347,551.62	37,809,323.69
一年内到期的非流动负债		29,500,000.00	22,900,000.00
其他流动负债			
流动负债合计		737,209,094.19	893,828,541.26
非流动负债：			
长期借款		934,500,000.00	772,500,000.00
应付债券			
长期应付款			
专项应付款			
预计负债		4,500,000.00	
递延所得税负债		885,384.06	
其他非流动负债		1,620,000.00	1,800,000.00
非流动负债合计		940,620,000.00	775,185,384.06
负债合计		1,677,829,094.19	1,669,013,925.32
股东权益：			
股本		252,000,000.00	210,000,000.00
资本公积		374,819,108.75	400,999,108.75
减：库存股			
盈余公积		92,325,823.02	68,456,395.10
未分配利润		270,068,661.43	97,243,810.17
外币报表折算差额			
股东权益合计		989,213,593.20	776,699,314.02
负债和股东权益合计		2,667,042,687.39	2,445,713,239.34

公司法定代表人：李国璋　　主管会计工作负责人：胡坤裔　　会计机构负责人：王琛

合并利润表

2008 年 1—12 月

单位：元 币种：人民币

项目	附注	本期金额	上期金额
一、营业总收入		2,675,676,430.12	1,711,236,396.41
其中：营业收入	七.35	2,675,676,430.12	1,711,236,396.41
利息收入			
已赚保费			
手续费及佣金收入			
二、营业总成本		2,335,677,202.32	1,622,852,462.84
其中：营业成本	七.35	1,923,760,669.17	1,367,616,110.42
利息支出			
手续费及佣金支出			
退保金			
赔付支出净额			
提取保险合同准备金净额			
保单红利支出			
分保费用			

营业税金及附加	七.36	27,886,614.37	15,026,225.99
销售费用		118,436,021.55	97,588,423.20
管理费用		89,360,570.04	41,642,629.68
财务费用	七.37	119,436,865.14	105,564,142.50
资产减值损失	七.38	56,796,462.05	−4,585,068.95
加:公允价值变动收益(损失以"−"号填列)			
投资收益(损失以"−"号填列)	七.39	78,775,449.45	21,184,171.02
其中:对联营企业和合营企业的投资收益		78,182,092.23	16,281,525.16
汇兑收益(损失以"−"号填列)			
三、营业利润(亏损以"−"号填列)		418,774,677.25	109,568,104.59
加:营业外收入	七.40	12,790,412.18	8,317,739.91
减:营业外支出	七.41	58,288,879.12	3,831,666.23
其中:非流动资产处置净损失		40,968,404.84	2,139,105.92
四、利润总额(亏损总额以"−"号填列)		373,276,210.31	114,054,178.27
减:所得税费用	七.42	63,553,427.75	30,936,411.18
五、净利润(净亏损以"−"号填列)		309,722,782.56	83,117,767.09
归属于母公司所有者的净利润		295,173,356.37	76,912,313.74
少数股东损益		14,549,426.19	6,205,453.35
六、每股收益:			
(一)基本每股收益(元/股)		1.1713	0.3825
(二)稀释每股收益(元/股)		1.1713	0.3825

公司法定代表人:李国璋 主管会计工作负责人:胡坤裔 会计机构负责人:王琛

母公司利润表

2008 年 1—12 月

单位:元 币种:人民币

项目	附注	本期金额	上期金额
一、营业收入	八.4	2,074,816,592.60	1,428,033,714.81
减:营业成本	八.4	1,530,551,194.88	1,191,365,852.19
营业税金及附加		11,126,756.86	7,750,617.37
销售费用		103,844,851.69	79,478,739.54
管理费用		60,463,126.94	26,067,548.06
财务费用		93,087,000.66	94,029,654.95
资产减值损失		26,271,003.37	−4,645,959.73
加:公允价值变动收益(损失以"−"号填列)			
投资收益(损失以"−"号填列)	八.5	41,307,950.69	6,603,686.53
其中:对联营企业和合营企业的投资收益		4,241,891.65	3,210,523.29
二、营业利润(亏损以"−"号填列)		290,780,608.89	40,590,948.96
加:营业外收入		6,085,719.26	3,571,480.38
减:营业外支出		22,791,618.00	172,311.30
其中:非流动资产处置净损失		11,810,077.82	−756,215.55
三、利润总额(亏损总额以"−"号填列)		274,074,710.15	43,990,118.04
减:所得税费用		35,380,430.97	10,130,364.90
四、净利润(净亏损以"−"号填列)		238,694,279.18	33,859,753.14

公司法定代表人:李国璋 主管会计工作负责人:胡坤裔 会计机构负责人:王琛

合并现金流量表

2008 年 1—12 月

单位:元 币种:人民币

项目	附注	本期金额	上期金额
一、经营活动产生的现金			
流量:			
销售商品、提供劳务收到的现金		2,745,665,539.86	1,687,959,675.02
客户存款和同业存放款项净增加额			
向中央银行借款净增加额			
向其他金融机构拆入资金净增加额			
收到原保险合同保费取得的现金			
收到再保险业务现金净额			
保户储金及投资款净增加额			
处置交易性金融资产净增加额			
收取利息、手续费及佣金的现金			
拆入资金净增加额			
回购业务资金净增加额			
收到的税费返还		11,671,083.41	21,274,884.66
收到其他与经营活动有关的现金	七.44	15,251,605.27	36,863,565.92
经营活动现金流入小计		2,772,588,228.54	1,746,098,125.60
购买商品、接受劳务支付的现金		1,741,298,504.30	1,026,052,077.33
客户贷款及垫款净增加额			
存放中央银行和同业款项净增加额			
支付原保险合同赔付款项的现金			
支付利息、手续费及佣金的现金			
支付保单红利的现金			
支付给职工以及为职工支付的现金		113,921,511.18	87,640,871.61
支付的各项税费		237,235,046.64	100,808,202.35
支付其他与经营活动有关的现金	七.45	132,654,745.86	176,106,548.81
经营活动现金流出小计		2,225,109,807.98	1,390,607,700.10
经营活动产生的现金流量净额		547,478,420.56	355,490,425.50
二、投资活动产生的现金流量:			
收回投资收到的现金		10,500,000.00	11,500,000.00
取得投资收益收到的现金		509,366.60	3,507,363.24
处置固定资产、无形资产和其他长期资产收回的现金净额		32,068,581.52	30,675,243.00
处置子公司及其他营业单位收到的现金净额			31,508,931.44
收到其他与投资活动有关的现金			2,800,000.00
投资活动现金流入小计		43,077,948.12	79,991,537.68
购建固定资产、无形资产和其他长期资产支付的现金		214,438,071.32	249,344,656.78
投资支付的现金		95,959,353.62	46,500,000.00
质押贷款净增加额			
取得子公司及其他营业单位支付的现金净额		15,783,642.96	55,315,431.76
支付其他与投资活动有关的现金			
投资活动现金流出小计		326,181,067.90	351,160,088.54
投资活动产生的现金流量净额		−283,103,119.78	−271,168,550.86
三、筹资活动产生的现金流量:			
吸收投资收到的现金		4,900,000.00	272,500,000.00
其中:子公司吸收少数股东投资收到的现金		4,900,000.00	3,000,000.00
取得借款收到的现金		1,255,516,874.87	1,109,190,000.00
发行债券收到的现金			
收到其他与筹资活动有关的现金	七.46	710,020,062.84	4,757,083.13
筹资活动现金流入小计		1,970,436,937.71	1,386,447,083.13
偿还债务支付的现金		1,467,014,622.35	1,174,310,000.00
分配股利、利润或偿付利息支付的现金		128,964,585.20	117,294,892.71
其中:子公司支付给少数股东的股利、利润		5,409,970.50	391,000.00
支付其他与筹资活动有关的现金	七.47	801,043,328.04	44,451,099.68
筹资活动现金流出小计		2,397,022,535.59	1,336,055,992.39
筹资活动产生的现金流量净额		−426,585,597.88	50,391,090.74
四、汇率变动对现金及现金等价物的影响		−280,378.27	−2,452,450.50
五、现金及现金等价物净增加额		−162,490,675.37	132,260,514.88
加:期初现金及现金等价物余额		251,511,297.20	119,250,782.32
六、期末现金及现金等价物余额		89,020,621.83	251,511,297.20

公司法定代表人:李国璋 主管会计工作负责人:胡坤裔 会计机构负责人:王琛

母公司现金流量表

2008 年 1—12 月

单位:元 币种:人民币

项目	附注	本期金额	上期金额
一、经营活动产生的现金			
流量:			
销售商品、提供劳务收到的现金		1,909,994,864.48	1,331,606,734.14
收到的税费返还		951,759.51	21,175,824.43
收到其他与经营活动有关的现金		214,576,601.77	33,079,914.93
经营活动现金流入小计		2,125,523,225.76	1,385,862,473.50
购买商品、接受劳务支付的现金		708,826,096.58	826,680,604.57
支付给职工以及为职工支付的现金		83,942,760.49	62,853,113.17
支付的各项税费		126,932,343.25	51,502,822.28
支付其他与经营活动有关的现金		868,576,044.27	139,381,225.07
经营活动现金流出小计		1,788,277,244.59	1,080,417,765.09
经营活动产生的现金流量净额		337,245,981.17	305,444,708.41
二、投资活动产生的现金流量:			
收回投资收到的现金		9,500,000.00	11,500,000.00
取得投资收益收到的现金		37,066,059.04	3,294,363.24
处置固定资产、无形资产和其他长期资产收回的现金净额		1,816,573.62	30,223,146.19
处置子公司及其他营业单位收到的现金净额			31,508,931.44
收到其他与投资活动有关的现金			1,800,000.00
投资活动现金流入小计		48,382,632.66	78,326,440.87
购建固定资产、无形资产和其他长期资产支付的现金		46,057,479.08	80,427,606.46
投资支付的现金		92,500,000.00	46,500,000.00
取得子公司及其他营业单位支付的现金净额		16,277,800.00	220,975,431.76
支付其他与投资活动有关的现金			53,269,217.20
投资活动现金流出小计		154,835,279.08	401,172,255.42
投资活动产生的现金流量净额		−106,452,646.42	−322,845,814.55
三、筹资活动产生的现金流量:			
吸收投资收到的现金			269,500,000.00
取得借款收到的现金		1,151,262,388.19	856,190,000.00
收到其他与筹资活动有关的现金		716,250,354.92	4,047,696.76
筹资活动现金流入小计		1,867,512,743.11	1,129,737,696.76
偿还债务支付的现金		1,219,364,622.35	975,000,000.00
分配股利、利润或偿付利息支付的现金		126,589,644.35	104,921,652.64
支付其他与筹资活动有关的现金		807,242,286.68	19,886,623.97
筹资活动现金流出小计		2,153,196,553.38	1,099,808,276.61
筹资活动产生的现金流量净额		−285,683,810.27	29,929,420.15
四、汇率变动对现金及现金等价物的影响		−280,378.27	−2,113,356.06
五、现金及现金等价物净增加额		−55,170,853.79	10,414,957.95
加:期初现金及现金等价物余额		102,153,717.50	91,738,759.55
六、期末现金及现金等价物余额		46,982,863.71	102,153,717.50

公司法定代表人:李国璋 主管会计工作负责人:胡坤裔 会计机构负责人:王琛

合并所有者权益变动表

编制单位:湖北兴发化工集团股份有限公司 2008 年度 单位:元 币种:人民币

本年金额

项目	实收资本(或股本)	资本公积	减:库存股	盈余公积	一般风险准备	未分配利润	其他	少数股东权益	所有者权益合计
				归属于母公司所有者权益					
一、上年年末余额	210,000,000.00	410,164,900.07		68,456,395.10		162,846,234.65		37,645,072.37	889,112,602.19
加:同一控制下企业合并产生的追溯调整									
会计政策变更						1,485,046.85			1,485,046.85
前期差错更正									
其他									
二、本年年初余额	210,000,000.00	410,164,900.07		68,456,395.10		164,331,281.50		37,645,072.37	890,597,649.04
三、本年增减变动金额									
(减少以"-"填列)	42,000,000.00	-20,586,243.56		23,869,427.92		229,303,928.45		13,875,474.81	288,462,587.62
(一)净利润						295,173,356.37		14,549,426.19	309,722,782.56
(二)直接计入所有者									
权益的利得和损失		21,413,756.44						-1,437,895.69	19,975,860.75
1.可供出售金融资产公允价值变动净额									
2.权益法下被投资单位其他所有者权益变动的影响									
3.与计入所有者权益项目相关的所得税影响									
4.其他		21,413,756.44						-1,437,895.69	19,975,860.75
上述(一)和(二)小计		21,413,756.44				295,173,356.37		13,111,530.50	329,698,643.31
(三)所有者投入和减少资本								6,962,929.00	6,962,929.00
1.所有者投入资本								6,962,929.00	6,962,929.00
2.股份支付计入所有者权益的金额									
3.其他									
(四)利润分配				23,869,427.92		-65,869,427.92		-6,198,984.69	-48,198,984.69
1.提取盈余公积				23,869,427.92		-23,869,427.92			
2.提取一般风险准备									
3.对所有者(或股东)的分配						-42,000,000.00		-6,198,984.69	-48,198,984.69
4.其他									
(五)所有者权益									
内部结转	42,000,000.00	-42,000,000.00							
1.资本公积转增资本									
(或股本)	42,000,000.00	-42,000,000.00							
2.盈余公积转增资本(或股本)									
3.盈余公积弥补亏损									
4.其他									
四、本年年末余额	252,000,000.00	389,578,656.51		92,325,823.02		393,635,209.95		51,520,547.18	1,179,060,236.66

上年金额

项目	实收资本(或股本)	资本公积	减:库存股	盈余公积	一般风险准备	未分配利润	其他	少数股东权益	所有者权益合计
				归属于母公司所有者权益					
一、上年年末余额	160,000,000.00	252,349,071.25		65,070,419.79		114,477,708.78		44,958,743.48	636,855,943.30
加:同一控制下企业合并									
产生的追溯调整		-21,000,000.00				-2,359,104.17			-23,359,104.17
会计政策变更						784,019.80			784,019.80
前期差错更正									
其他									
二、本年年初余额	160,000,000.00	231,349,071.25		65,070,419.79		112,902,624.41		44,958,743.48	614,280,858.93
三、本年增减变动金额									
(减少以"-"填列)	50,000,000.00	178,815,828.82		3,385,975.31		51,428,657.09		-7,313,671.11	276,316,790.11
(一)净利润						76,912,313.74		6,205,453.35	83,117,767.09
(二)直接计入所有者									
权益的利得和损失		-416,875.14							-416,875.14
1.可供出售金融资产公允价值变动净额									
2.权益法下被投资单位其他所有者权益变动的影响									
3.与计入所有者权益项目相关的所得税影响									
4.其他		-416,875.14							-416,875.14
上述(一)和(二)小计		-416,875.14				76,912,313.74		6,205,453.35	82,700,891.95
(三)所有者投入和									
减少资本	50,000,000.00	178,135,022.62						-13,519,124.46	214,615,898.16
1.所有者投入资本	50,000,000.00	216,513,455.00							266,513,455.00
2.股份支付计入所有者权益的金额									
3.其他		-38,378,432.38						-13,519,124.46	-51,897,556.84
(四)利润分配				3,385,975.31		-24,385,975.31			-21,000,000.00
1.提取盈余公积				3,385,975.31		-3,385,975.31			
2.提取一般风险准备									
3.对所有者(或股东)的分配						-21,000,000.00			-21,000,000.00
4.其他									
(五)所有者权益内部结转			1,097,681.34				-1,097,681.34		
1.资本公积转增资本(或股本)									
2.盈余公积转增资本(或股本)									
3.盈余公积弥补亏损									
4.其他		1,097,681.34				-1,097,681.34			
四、本年年末余额	210,000,000.00	410,164,900.07		68,456,395.10		164,331,281.50		37,645,072.37	890,597,649.04

母公司所有者权益变动表

2008 年 1—12 月

单位:元 币种:人民币

本年金额

项目	股本	资本公积	减:库存股	盈余公积	未分配利润	所有者权益合计
一、上年年末余额	210,000,000.00	400,999,108.75		68,456,395.10	97,243,810.17	776,699,314.02
加:会计政策变更						
前期差错更正						
其他						
二、本年年初余额	210,000,000.00	400,999,108.75		68,456,395.10	97,243,810.17	776,699,314.02
三、本年增减变动金额						
(减少以"-"号填列)	42,000,000.00	-26,180,000.00		23,869,427.92	172,824,851.26	212,514,279.18
(一)净利润					238,694,279.18	238,694,279.18
(二)直接计入所有者						
权益的利得和损失		15,820,000.00				15,820,000.00
1.可供出售金融资产						
公允价值变动净额						
2.权益法下被投资单位其他所有者权益变动的影响						
3.与计入所有者权益项目						
相关的所得税影响						
4.其他		15,820,000.00				15,820,000.00
上述(一)和(二)小计		15,820,000.00			238,694,279.18	254,514,279.18
(三)所有者投入和减少资本						
1.所有者投入资本						
2.股份支付计入所有者权益的金额						
3.其他						
(四)利润分配				23,869,427.92	-65,869,427.92	-42,000,000.00
1.提取盈余公积				23,869,427.92	-23,869,427.92	
2.对所有者						
(或股东)的分配					-42,000,000.00	-42,000,000.00
3.其他						
(五)所有者权益						
内部结转	42,000,000.00	-42,000,000.00				
1.资本公积转增资本						
(或股本)	42,000,000.00	-42,000,000.00				
2.盈余公积转增资本(或股本)						
3.盈余公积弥补亏损						
4.其他						
四、本期期末余额	252,000,000.00	374,819,108.75		92,325,823.02	270,068,661.43	989,213,593.20

上年金额

项目	股本	资本公积	减:库存股	盈余公积	未分配利润	所有者权益合计
一、上年年末余额	160,000,000.00	222,864,086.13		65,070,419.79	87,770,032.34	535,704,538.26
加:会计政策变更						
前期差错更正						
其他						
二、本年年初余额	160,000,000.00	222,864,086.13		65,070,419.79	87,770,032.34	535,704,538.26
三、本年增减变动金额						
(减少以"-"号填列)	50,000,000.00	178,135,022.62		3,385,975.31	9,473,777.83	240,994,775.76
(一)净利润					33,859,753.14	33,859,753.14
(二)直接计入所有者						
权益的利得和损失						
1.可供出售金融资产公允价值变动净额						
2.权益法下被投资单位其他所有者权益变动的影响						
3.与计入所有者权益项目相关的所得税影响						
4.其他						
上述(一)和(二)小计					33,859,753.14	33,859,753.14
(三)所有者投入和						
减少资本	50,000,000.00	178,135,022.62				228,135,022.62
1.所有者投入资本	50,000,000.00	216,513,455.00				266,513,455.00
2.股份支付计入所有者权益的金额						
3.其他		-38,378,432.38				-38,378,432.38
(四)利润分配				3,385,975.31	-24,385,975.31	-21,000,000.00
1.提取盈余公积				3,385,975.31	-3,385,975.31	
2.对所有者(或股东)的分配					-21,000,000.00	-21,000,000.00
3.其他						
(五)所有者权益内部结转						
1.资本公积转增资本(或股本)						
2.盈余公积转增资本(或股本)						
3.盈余公积弥补亏损						
4.其他						
四、本期期末余额	210,000,000.00	400,999,108.75		68,456,395.10	97,243,810.17	776,699,314.02

公司法定代表人:李国璋　　主管会计工作负责人:胡坤裔　　会计机构负责人:王琛

9.3 会计政策、会计估计和核算方法变更的说明

根据《财政部关于做好执行会计准则企业 2008 年年报工作的通知》(财会函[2008]60 号)规定,对安全生产费用,按照《企业会计准则讲解(2008)》中的要求进行了追溯调整,在所有者权益"盈余公积"项下以"专项储备"项目单独列报,不再作为负债列示。

9.4 本报告期无会计差错更正。

9.5 与最近一期年度报告相比,合并范围发生变化的具体说明

2008 年,公司五届十九次董事会决议通过收购宜昌市葛洲坝化工集团有限公司所持扬州市葛洲坝化工有限公司 100%股权的决议。收购完成后,变更为扬州瑞阳化工有限责任公司。

2008 年 8 月,公司出资 510 万元新设成立广西兴发化工有限公司,出资比例为 51%。

2007 年 12 月,公司全资子公司保康楚烽化工有限责任公司签定股权转让合同,受让保康庄园肥业有限公司 70%股权,分次出资,截至 2008 年 7 月,共计持有保康庄园肥业有限公司的 70%股权。

2008 年 8 月,公司出资 300 万元新设成立全资子公司宜昌市兴磷磷化工检测有限公司。

董事长:李国璋

湖北兴发化工集团股份有限公司

2009 年 2 月 28 日

陕西延长石油化建股份有限公司

陕西延长石油化建股份有限公司 2009 年半年度报告摘要

第一节　重要提示

1.1 本公司董事会、监事会及董事、监事、高级管理人员保证本报告所载资料不存在任何虚假记载、误导性陈述或者重大遗漏，并对其内容的真实性、准确性和完整性承担个别及连带责任。

本半年度报告摘要摘自半年度报告全文，投资者欲了解详细内容，应当仔细阅读半年度报告全文。

1.2 如有董事未出席董事会，应当单独列示其姓名

未出席董事职务	未出席董事姓名	未出席董事的说明
独立董事	刘丹冰女士	委托独立董事夏中英女士代为出席并表决

1.3 公司半年度财务报告未经审计。

1.4 本公司不存在被控股股东及其关联方非经常性占用资金情况。

1.5 本公司不存在违反规定决策程序对外提供担保的情况。

1.6 公司负责人张恺颙、主管会计工作负责人何昕及会计机构负责人(会计主管人员)宇文睿声明：保证本半年度报告中财务报告的真实、完整。

第二节　公司基本情况简介

2.1 基本情况简介

股票简称	延长化建	
股票代码	600248	
股票上市交易所	上海证券交易所	
	董事会秘书	证券事务代表
姓名	赵永宏	
联系地址	陕西杨凌农业高新技术产业示范区新桥北路 2 号	陕西杨凌农业高新技术产业示范区新桥北路 2 号
电话	029-87033019	029-87033019
传真	029-87033019	029-87033019
电子信箱	zhaoyonghong@vip.sina.com	zhaoyonghong@vip.sina.com

2.2 主要财务数据和指标

2.2.1 主要会计数据和财务指标

单位:元　币种:人民币

	本报告期末	上年度期末	本报告期末比上年度期末增减(%)
总资产	1,809,203,465.62	1,791,175,043.84	1.01
所有者权益(或股东权益)	505,663,181.28	453,529,328.82	11.50
每股净资产(元)	1.66	1.49	11.41
	报告期(1-6 月)	上年同期	本报告期比上年同期增减(%)
营业利润	43,833,217.16	-12,181,601.47	459.83
利润总额	43,848,762.79	-12,096,170.99	462.50
净利润	33,577,440.29	-11,056,826.98	403.68
扣除非经常性损益后的净利润	33,564,226.50	-12,169,621.54	375.80
基本每股收益(元)	0.11	-0.05	320
扣除非经常性损益后的基本每股收益(元)	0.11	-0.06	283.33
稀释每股收益(元)	0.11	-0.05	320
净资产收益率(%)	7	112	减少 105 个百分点
经营活动产生的现金流量净额	-16,133,087.10	-1,068,268.78	-1,410.21
每股经营活动产生的现金流量净额(元)	-0.053	-0.005	

2.2.2 非经常性损益项目和金额

√适用　　不适用

单位:元　币种:人民币

非经常性损益项目	金额
非流动资产处置损益	33,625.98
除上述各项之外的其他营业外收入和支出	-18,080.35
所得税影响额	2,331.84
合计	13,213.79

2.2.3 境内外会计准则差异

适用　　√不适用

第三节　股本变动及股东情况

3.1 股份变动情况表

√适用　　不适用

单位:股

	本次变动前		本次变动增减(+,-)					本次变动后	
	数量	比例(%)	发行新股	送股	公积金转股	其他	小计	数量	比例(%)
一、有限售条件股份									
1、国家持股									
2、国有法人持股	133,720,000	65.92			66,860,000		66,860,000	200,580,000	65.92
3、其他内资持股	8,250,000	4.07			4,125,000		4,125,000	12,375,000	4.07
其中:境内非国有法人持股	6,550,000	3.23			3,275,000		3,275,000	9,825,000	3.23
境内自然人持股	1,700,000	0.84			850,000		850,000	2,550,000	0.84
4、外资持股									
其中:境外法人持股									
境外自然人持股									
有限售条件股份合计	141,970,000	69.99			70,985,000		70,985,000	212,955,000	69.99
二、无限售条件流通股份									
1、人民币普通股	60,882,000	30.01			30,441,000		30,441,000	91,323,000	30.01
2、境内上市的外资股									
3、境外上市的外资股									
4、其他									
无限售条件流通股份合计	60,882,000	30.01			30,441,000		30,441,000	91,323,000	30.01
三、股份总数	202,852,000	100			101,426,000		101,426,000	304,278,000	100

3.2 股东数量和持股情况

单位:股

报告期末股东总数　　22,871 户

前十名股东持股情况

股东名称	股东性质	持股比例(%)	持股总数	持有有限售条件股份数量	质押或冻结的股份数量
陕西延长石油(集团)有限责任公司	国有法人	59.72	181,700,700	181,700,700	
陕西省石油化工建设公司	国有法人	2.26	6,879,300	6,879,300	
陕西省高新技术产业投资有限公司	国有法人	1.48	4,500,000	4,500,000	
西北农林科技大学农业科技发展公司	国有法人	1.11	3,375,000	3,375,000	
祁书瑾	境内自然人	1.00	3,052,500	3,052,500	
陕西省产业投资有限公司	国有法人	0.99	3,000,000	3,000,000	
海南博胜达实业发展有限公司	境内非国有法人	0.84	2,550,000	2,550,000	
陈杰	境内自然人	0.75	2,295,000	2,295,000	
杜永良	境内自然人	0.67	2,025,000	2,025,000	
郑兰珍	境内自然人	0.50	1,530,000	1,530,000	

前十名无限售条件股东持股情况

股东名称	持有无限售条件股份的数量	股份种类
陈家恕	1,085,087	人民币普通股
郭善苓	1,012,700	人民币普通股
俞明之	998,380	人民币普通股
王轶维	705,450	人民币普通股
蔡晓平	700,000	人民币普通股
王卫东	676,650	人民币普通股
杨小波	566,994	人民币普通股
吴文选	550,000	人民币普通股
张景辉	482,095	人民币普通股
陆志铭	447,000	人民币普通股
上述股东关联关系或一致行动的说明	前 10 名股东中，法人股东陕西延长石油(集团)有限责任公司和陕西省石油化工建设公司存在关联关系，其他法人股东之间不存在关联关系，也不属于《上市公司股东持股变动信息披露管理办法》规定的一致行动人。未知流通股股东是否存在关联关系，也不知其是否属于《上市公司股东持股变动信息披露管理办法》规定的一致行动人。	

3.3 控股股东及实际控制人变更情况

□适用　　√不适用

第四节　董事、监事和高级管理人员情况

4.1 董事、监事和高级管理人员持股变动

□适用　　√不适用

第五节　董事会报告

单位:元　币种:人民币

分行业或分产品	营业收入	营业成本	营业利润率(%)	营业收入比上年增减(%)	营业成本比上年增减(%)	营业利润率比上年增减(%)
分行业						
工程施工	1,259,460,819.81	1,156,241,367.65	8.20			

分产品			
建造安装成本	1,238,945,830.34	1,137,220,396.39	8.21
设备制造成本	17,874,217.35	16,380,199.14	8.35
无损检测成本	2,640,772.12	2,640,772.12	0

其中：报告期内上市公司向控股股东及其子公司销售产品和提供劳务的关联交易总金额100,406.01 万元。

5.2 主营业务分地区情况表

单位:元 币种:人民币

地区	营业收入	营业收入比上年增减(%)
陕西地区	1,134,091,316.02	7,344.96
其他地区	127,072,136.31	5,151.01

5.3 主营业务及其结构发生重大变化的原因说明

√适用　　不适用

公司进行了重大资产重组

5.4 主营业务盈利能力(毛利率)与上年相比发生重大变化的原因说明

√适用　　不适用

主营业务构成发生变化

5.5 利润构成与上年度相比发生重大变化的原因分析

√适用　　不适用

主营业务构成发生变化

5.6 募集资金使用情况

5.6.1 募集资金运用

适用　　√不适用

5.6.2 变更项目情况

适用　　√不适用

5.7 董事会下半年的经营计划修改计划

适用　　√不适用

5.8 预测年初至下一报告期期末的累计净利润可能为亏损或者与上年同期相比发生大幅度变动的警示及说明

适用　　√不适用

5.9 公司董事会对会计师事务所本报告期"非标准审计报告"的说明

适用　　√不适用

5.10 公司董事会对会计师事务所上年度"非标准审计报告"涉及事项的变化及处理情况的说明

适用　　√不适用

第六节　重要事项

6.1 收购、出售资产及资产重组

6.1.1 收购资产

适用　　√不适用

6.1.2 出售资产

适用　　√不适用

6.1.3 自资产重组报告书或收购出售资产公告刊登后，该事项的进展情况及对报告期经营成果与财务状况的影响

适用　　√不适用

6.2 担保事项

适用　　√不适用

单位:元 币种:人民币

公司对外担保情况(不包括对子公司的担保)

担保对象名称	发生日期(协议签署日)	担保金额	担保类型	担保期	是否履行完毕	是否为关联方担保
西安东盛集团有限公司	2005-6-20	50,000,000.00	连带责任担保	2005-6-20~2006-6-20	否	
西安东盛集团有限公司	2005-8-30	9,000,000.00	连带责任担保	2005-8-30~2006-8-30	否	
长安信息产业(集团)股份有限公司	2002-12-27	30,000,000.00	连带责任担保	2002-12-27~2005-12-26	否	
北京曼德琳精美食品有限公司	2004-12-8	3,971,800.00	连带责任担保	2004-12-8~2005-7-1	否	
北京秦丰雄特奶牛发展有限公司		3,409,571.00	连带责任担保			否

6.3 非经营性关联债权债务往来

适用　　√不适用

6.4 重大诉讼仲裁事项

√适用　　不适用

单位:元 币种:人民币

诉讼(仲裁)基本情况	诉讼(仲裁)涉及金额	诉讼(仲裁)进展	诉讼(仲裁)审理结果及影响	诉讼(仲裁)判决执行情况
在依照已经发生法律效力的(2007)陕民二初字第28号民事判决书，执行西安东盛集团有限公司("东盛集团")诉杨凌秦丰农业科技股份有限公司保证合同追偿权纠纷一案中，由于公司变更了名称，因此陕西省高级人民法院裁定：(1)变更陕西延长石油化建股份有限公司为本案被执行人；(2)冻结、划拨公司在金融机构的存款(以向金融机构发出的协助冻结存款通知书、协助扣划存款通知书为准)；(3)查封、扣押、冻结公司的财产(具体财产名称、数量、种类以查封、扣押、冻结财产清单为准)；(4)已被查封、扣押的财产由被执行人保管、使用，但不得转让、转移财产的所有权和使用权，亦不得对外担保、租赁；(5)限公司在上述财产被查封、扣押、冻结后十日内，履行生效法律文书确定的义务，逾期法院将拍卖、变卖上述被查封、扣押、冻结的财产。	35,000,000	目前公司正同陕西高院协商解决此问题	根据本公司与种业集团签订的《重大资产出售协议》，就出售资产所涉债务，如不能获得有关债权人同意债务转移而造成有关债权人向本公司追索债务的，由种业集团承担偿还责任，并承担由此给秦丰农业造成的损失。延长集团于2008年4月10日向本公司出具承诺函，作出如下承诺："本次重大资产出售暨非公开发行股份购买资产实施后，凡未向贵公司出具债务转移同意函的非银行债权人向贵公司主张权利的，我公司核实后将直接给付，承担由此产生的全部民事责任与相关费用，并放弃向贵公司追索的权利。"根据上述协议与承诺，如果公司未与东盛集团就相关事项达成和解，则种业集团和延长石油将补偿公司由此遭受的实际损失。	正在协商解决中

6.5 其他重大事项及其影响和解决方案的分析说明

6.5.1 证券投资情况

√适用　　□不适用

序号	证券品种	证券代码	证券简称	初始投资金额(元)	持有数量	期末账面值	占期末证券投资比例(%)	报告期损益
1	基金	003003	华夏现金	10,000,000.00	10,000,000.00	10,626,226.87	50	0
2	基金	240007	现金宝B	10,000,000.00	10,000,000.00	10,000,000.00	50	0

6.5.2持有其他上市公司股权情况

适用　　√不适用

6.5.3 持有非上市金融企业股权情况

√适用　　不适用

所持对象名称	初始投资金额	持有数量	占该公司股权比例	期末账面值	报告期损益	报告期所有者权益变动	会计核算科目	股份来源
永安保险	99,235,200.00	133,680,000.00	8.038	99,235,200.00	0	0	长期股权投资	认购

注:对永安保险的原始投资为219,235,200.00元，2008年9月30日置入上市公司时，已经计提减值准备120,000,000.00元。

6.5.4 其他重大事项及其影响和解决方案的分析说明

适用　　√不适用

第七节　财务报告

7.1 审计意见

财务报告　　√未经审计　　□审计

7.2 财务报表

合并资产负债表

2009年6月30日

编制单位:陕西延长石油化建股份有限公司　　单位:元 币种:人民币

项目	附注	期末余额	年初余额
流动资产：			
货币资金		589,543,200.31	600,064,275.90
结算备付金			
拆出资金			
交易性金融资产		20,626,226.87	20,626,226.87
应收票据		48,440,191.69	5,523,800.00
应收账款		334,512,508.83	361,244,182.41
预付款项		120,926,037.30	108,054,997.80
应收保费			
应收分保账款			
应收分保合同准备金			
应收利息			
应收股利			
其他应收款		24,149,702.04	61,986,374.63
买入返售金融资产			
存货		408,425,022.35	366,999,335.22
一年内到期的非流动资产			
其他流动资产			
流动资产合计		1,546,622,889.39	1,524,499,192.83
非流动资产：			
发放贷款及垫款			
可供出售金融资产			
持有至到期投资			
长期应收款			
长期股权投资		99,235,200.00	99,235,200.00
投资性房地产		12,507,710.33	12,770,109.85
固定资产		68,446,200.89	75,401,782.56

在建工程	30,125,900.24	25,262,971.20
工程物资		
固定资产清理		
生产性生物资产		
油气资产		
无形资产	35,608,581.57	35,990,023.55
开发支出		
商誉		
长期待摊费用	6,556,819.62	4,665,468.88
递延所得税资产	10,100,163.38	13,350,294.97
其他非流动资产		
非流动资产合计	262,580,576.23	266,675,851.01
资产总计	1,809,203,465.62	1,791,175,043.84
流动负债：		
短期借款		
向中央银行借款		
吸收存款及同业存放		
拆入资金		
交易性金融负债		
应付票据		
应付账款	699,386,978.83	477,161,816.29
预收款项	449,912,049.62	662,952,965.68
卖出回购金融资产款		
应付手续费及佣金		
应付职工薪酬	27,791,773.09	50,947,791.86
应交税费	58,515,565.09	69,063,446.63
应付利息		
应付股利		
其他应付款	55,064,509.27	64,650,286.12
应付分保账款		
保险合同准备金		
代理买卖证券款		
代理承销证券款		
一年内到期的非流动负债	7,000,000.00	7,000,000.00
其他流动负债		
流动负债合计	1,297,670,875.90	1,331,776,306.58
非流动负债：		
长期借款		
应付债券		
长期应付款		
专项应付款		
预计负债		
递延所得税负债	5,869,408.44	5,869,408.44
其他非流动负债		
非流动负债合计	5,869,408.44	5,869,408.44
负债合计	1,303,540,284.34	1,337,645,715.02
股东权益：		
股本	304,278,000.00	202,852,000.00
资本公积	466,191,316.20	551,967,316.20
减：库存股		
盈余公积	12,237,126.31	12,237,126.31
专项储备	14,900,180.74	11,993,768.57
未分配利润	−291,943,441.97	−325,520,882.26
外币报表折算差额		
归属于母公司所有者权益合计	505,663,181.28	453,529,328.82
少数股东权益		
股东权益合计	505,663,181.28	453,529,328.82
负债和股东权益合计	1,809,203,465.62	1,791,175,043.84

公司法定代表人：张恺颙　　主管会计工作负责人：何昕　　会计机构负责人：宇文睿

母公司资产负债表

2009年6月30日

编制单位:陕西延长石油化建股份有限公司　　单位:元 币种:人民币

项目	附注	期末余额	年初余额
流动资产：			
货币资金		143,712.93	77,517,195.33
交易性金融资产			
应收票据			
应收账款			
预付款项			
应收利息			
应收股利			
其他应收款		86,903,490.18	519,384.86
存货			
一年内到期的非流动资产			
其他流动资产			
流动资产合计		87,047,203.11	78,036,580.19
非流动资产：			
可供出售金融资产			
持有至到期投资			
长期应收款			
长期股权投资		352,750,868.80	352,750,868.80
投资性房地产			
固定资产		449,094.47	
在建工程			
工程物资			
固定资产清理			
生产性生物资产			
油气资产			
无形资产			
开发支出			
商誉			
长期待摊费用			
递延所得税资产		1,311.58	1,311.58
其他非流动资产			
非流动资产合计		353,201,274.85	352,752,180.38
资产总计		440,248,477.96	430,788,760.57
流动负债：			
短期借款			
交易性金融负债			
应付票据			
应付账款			
预收款项			
应付职工薪酬		2,399,831.92	2,369,855.77
应交税费		6,613,470.84	6,553,566.01
应付利息			
应付股利			
其他应付款		4,399,234.99	6,869,140.45
一年内到期的非流动负债			
其他流动负债			
流动负债合计		13,412,537.75	15,792,562.23
非流动负债：			
长期借款			
应付债券			
长期应付款			
专项应付款			
预计负债			
递延所得税负债			
其他非流动负债			
非流动负债合计			
负债合计		13,412,537.75	15,792,562.23
股东权益：			
股本		304,278,000.00	202,852,000.00
资本公积		466,191,316.20	551,967,316.20
减：库存股			
盈余公积		12,237,126.31	12,237,126.31
未分配利润		−355,870,502.30	−352,060,244.17
外币报表折算差额			
股东权益合计		426,835,940.21	414,996,198.34
负债和股东权益合计		440,248,477.96	430,788,760.57

公司法定代表人：张恺颙　　主管会计工作负责人：何昕　　会计机构负责人：宇文睿

合并利润表

2009年1—6月

单位:元 币种:人民币

项目	附注	本期金额	上期金额
一、营业总收入		1,261,163,452.33	17,652,969.33
其中：营业收入		1,261,163,452.33	17,652,969.33
利息收入			
已赚保费			
手续费及佣金收入			
二、营业总成本		1,217,330,235.17	29,834,570.80
其中：营业成本		1,156,793,233.97	11,862,349.21
利息支出			
手续费及佣金支出			
退保金			
赔付支出净额			
提取保险合同准备金净额			
保单红利支出			
分保费用			
营业税金及附加		28,079,240.99	240,591.72
销售费用			4,438,360.24
管理费用		32,824,615.57	13,772,296.52
财务费用		−1,987,186.07	−78,354.92
资产减值损失		1,620,330.71	−400,671.97
加：公允价值变动收益（损失以"−"号填列）			
投资收益（损失以"−"号填列）			
其中：对联营企业和合营企业的投资收益			

汇兑收益(损失以“-”号填列)		
三、营业利润(亏损以“-”号填列)	43,833,217.16	-12,181,601.47
加:营业外收入	48,450.63	741,780.48
减:营业外支出	32,905.00	656,350.00
其中:非流动资产处置净损失		
四、利润总额(亏损总额以“-”号填列)	43,848,762.79	-12,096,170.99
减:所得税费用	10,271,322.50	
五、净利润(净亏损以“-”号填列)	33,577,440.29	-12,096,170.99
归属于母公司所有者的净利润	33,577,440.29	-11,056,826.98
少数股东损益		-1,039,344.01
六、每股收益:		
(一)基本每股收益	0.11	-0.05
(二)稀释每股收益	0.11	-0.05

公司法定代表人:张恺顒　　主管会计工作负责人:何昕　　会计机构负责人:宇文睿

母公司利润表

2009 年 1-6 月

单位:元 币种:人民币

项目	附注	本期金额	上期金额
一、营业收入			2,219,772.74
减:营业成本			1,518,268.53
营业税金及附加			
销售费用			130,854.88
管理费用		3,091,381.56	7,197,458.25
财务费用		-153,690.15	-222,385.20
资产减值损失		872,566.72	-46,690.08
加:公允价值变动收益(损失以“-”号填列)			
投资收益(损失以“-”号填列)			
其中:对联营企业和合营企业的投资收益			
二、营业利润(亏损以“-”号填列)		-3,810,258.13	-6,357,733.64
加:营业外收入			33,720.00
减:营业外支出			640,000.00
其中:非流动资产处置净损失			
三、利润总额(亏损总额以“-”号填列)		-3,810,258.13	-6,964,013.64
减:所得税费用			
四、净利润(净亏损以“-”号填列)		-3,810,258.13	-6,964,013.64

公司法定代表人:张恺顒　　主管会计工作负责人:何昕　　会计机构负责人:宇文睿

合并现金流量表

2009 年 1-6 月

单位:元 币种:人民币

项目	附注	本期金额	上期金额
一、经营活动产生的现金流量:			
销售商品、提供劳务收到的现金		1,009,414,070.19	18,271,449.80
客户存款和同业存放款项净增加额			
向中央银行借款净增加额			
向其他金融机构拆入资金净增加额			
收到原保险合同保费取得的现金			
收到再保险业务现金净额			
保户储金及投资款净增加额			
处置交易性金融资产净增加额			
收取利息、手续费及佣金的现金			
拆入资金净增加额			
回购业务资金净增加额			
收到的税费返还			
收到其他与经营活动有关的现金		48,604,514.47	75,836,891.42
经营活动现金流入小计		1,058,018,584.66	94,108,341.22
购买商品、接受劳务支付的现金		923,305,392.13	13,113,580.84
客户贷款及垫款净增加额			
存放中央银行和同业款项净增加额			
支付原保险合同赔付款项的现金			
支付利息、手续费及佣金的现金			
支付保单红利的现金			
支付给职工以及为职工支付的现金		87,858,919.28	3,590,896.31
支付的各项税费		47,839,190.39	1,303,396.85
支付其他与经营活动有关的现金		15,148,169.96	77,168,736.00
经营活动现金流出小计		1,074,151,671.76	95,176,610.00
经营活动产生的现金流量净额		-16,133,087.10	-1,068,268.78
二、投资活动产生的现金流量:			
收回投资收到的现金			
取得投资收益收到的现金			
处置固定资产、无形资产和其他长期资产收回的现金净额		33,625.98	
处置子公司及其他营业单位收到的现金净额			
收到其他与投资活动有关的现金			
投资活动现金流入小计		33,625.98	
购建固定资产、无形资产和其他长期资产支付的现金		8,900,001.44	
投资支付的现金			
质押贷款净增加额			
取得子公司及其他营业单位支付的现金净额			
支付其他与投资活动有关的现金			
投资活动现金流出小计		8,900,001.44	
投资活动产生的现金流量净额		-8,866,375.46	
三、筹资活动产生的现金流量:			
吸收投资收到的现金			
其中:子公司吸收少数股东投资收到的现金			
取得借款收到的现金			750,000.00
发行债券收到的现金			
收到其他与筹资活动有关的现金		20,000,000.00	
筹资活动现金流入小计		20,000,000.00	750,000.00
偿还债务支付的现金			1,050,000.00
分配股利、利润或偿付利息支付的现金		186,208.67	136,242.20
其中:子公司支付给少数股东的股利、利润			
支付其他与筹资活动有关的现金		5,335,404.36	
筹资活动现金流出小计		5,521,613.03	1,186,242.20
筹资活动产生的现金流量净额		14,478,386.97	-436,242.20
四、汇率变动对现金及现金等价物的影响			
五、现金及现金等价物净增加额		-10,521,075.59	-1,504,510.98
加:期初现金及现金等价物余额		600,064,275.90	12,245,658.09
六、期末现金及现金等价物余额		589,543,200.31	10,741,147.11

公司法定代表人:张恺顒　　主管会计工作负责人:何昕　　会计机构负责人:宇文睿

母公司现金流量表

2009 年 1-6 月

单位:元 币种:人民币

项目	附注	本期金额	上期金额
一、经营活动产生的现金流量:			
销售商品、提供劳务收到的现金			2,717,865.77
收到的税费返还			
收到其他与经营活动有关的现金		1,127,794.89	69,298,562.02
经营活动现金流入小计		1,127,794.89	72,016,427.79
购买商品、接受劳务支付的现金			1,854,780.51
支付给职工以及为职工支付的现金		783,179.40	1,280,123.07
支付的各项税费			41,296.39
支付其他与经营活动有关的现金		93,623,243.53	68,151,128.97
经营活动现金流出小计		94,406,422.93	71,327,328.94
经营活动产生的现金流量净额		-93,278,628.04	689,098.85
二、投资活动产生的现金流量:			
收回投资收到的现金			
取得投资收益收到的现金			
处置固定资产、无形资产和其他长期资产收回的现金净额			
处置子公司及其他营业单位收到的现金净额			
收到其他与投资活动有关的现金			
投资活动现金流入小计			
购建固定资产、无形资产和其他长期资产支付的现金		9,450.00	
投资支付的现金			
取得子公司及其他营业单位支付的现金净额			
支付其他与投资活动有关的现金			
投资活动现金流出小计		9,450.00	
投资活动产生的现金流量净额		-9,450.00	
三、筹资活动产生的现金流量:			
吸收投资收到的现金			
取得借款收到的现金			
收到其他与筹资活动有关的现金		20,000,000.00	
筹资活动现金流入小计		20,000,000.00	
偿还债务支付的现金			
分配股利、利润或偿付利息支付的现金			
支付其他与筹资活动有关的现金		4,085,404.36	
筹资活动现金流出小计		4,085,404.36	
筹资活动产生的现金流量净额		15,914,595.64	
四、汇率变动对现金及现金等价物的影响			
五、现金及现金等价物净增加额		-77,373,482.40	689,098.85
加:期初现金及现金等价物余额		77,517,195.33	691,894.94
六、期末现金及现金等价物余额		143,712.93	1,380,993.79

公司法定代表人:张恺顒　　主管会计工作负责人:何昕　　会计机构负责人:宇文睿

合并所有者权益变动表

2009 年 1-6 月

单位:元 币种:人民币

	本期金额								
	归属于母公司所有者权益								
项目	股本	资本公积	减:库存股	盈余公积	专项储备	未分配利润	其他	少数股东权益	所有者权益合计
一、上年年末余额	202,852,000.00	551,967,316.20		12,237,126.31		-313,527,113.69			453,529,328.82
加:同一控制下企业合并产生的追溯调整									
会计政策变更					11,993,768.57	-11,993,768.57			
前期差错更正									
其他									
二、本年年初余额	202,852,000.00	551,967,316.20		12,237,126.31	11,993,768.57	-325,520,882.26			453,529,328.82

项目	股本	资本公积	减:库存股	盈余公积	专项储备	未分配利润	其他	少数股东权益	所有者权益合计
三、本期增减变动金额									
(减少以"-"号填列)	101,426,000.00	-85,776,000.00			2,906,412.17	33,577,440.29			52,133,852.46
(一)净利润						33,577,440.29			33,577,440.29
(二)直接计入所有者									
权益的利得和损失					2,906,412.17				2,906,412.17
1.可供出售金融资产									
公允价值变动净额									
2.权益法下被投资单位其他									
所有者权益变动的影响									
3.与计入所有者权益项目									
相关的所得税影响									
4.其他					2,906,412.17				2,906,412.17
上述(一)和(二)小计					2,906,412.17	33,577,440.29			36,483,852.46
(三)所有者投入和减少资本		15,650,000.00							15,650,000.00
1.所有者投入资本									
2.股份支付计入所有者权益的金额									
3.其他		15,650,000.00							15,650,000.00
(四)利润分配									
1.提取盈余公积									
2.提取一般风险准备									
3.对所有者(或股东)的分配									
4.其他									
(五)所有者权益									
内部结转	101,426,000.00	-101,426,000.00							
1.资本公积转增									
资本(或股本)	101,426,000.00	-101,426,000.00							
2.盈余公积转增									
资本(或股本)									
3.盈余公积弥补亏损									
4.其他									
四、本期期末余额	304,278,000.00	466,191,316.20		12,237,126.31	14,900,180.74	-291,943,441.97			505,663,181.28

上年同期金额

项目	归属于母公司所有者权益 股本	资本公积	减:库存股	盈余公积	专项储备	未分配利润	其他	少数股东权益	所有者权益合计
一、上年年末余额	141,702,000.00	219,989,442.94		30,230,374.82		-391,134,779.42		14,770,744.99	15,557,783.33
加:同一控制下企业									
合并产生的追溯调整									
会计政策变更									
前期差错更正									
其他									
二、本年年初余额	141,702,000.00	219,989,442.94		30,230,374.82		-391,134,779.42		14,770,744.99	15,557,783.33
三、本期增减变动金额									
(减少以"-"号填列)	61,150,000.00	331,977,873.26		-17,993,248.51	11,993,768.57	65,613,897.16		-14,770,744.99	437,971,545.49
(一)净利润						34,028,604.96		-1,239,421.28	32,789,183.68
(二)直接计入所有者									
权益的利得和损失					11,993,768.57				11,993,768.57
1.可供出售金融资产									
公允价值变动净额									
2.权益法下被投资单位其他									
所有者权益变动的影响									
3.与计入所有者权益项目									
相关的所得税影响									
4.其他					11,993,768.57				11,993,768.57
上述(一)和(二)小计					11,993,768.57	34,028,604.96		-1,239,421.28	44,782,952.25
(三)所有者投入和									
减少资本	61,150,000.00	332,856,945.22							394,006,945.22
1.所有者投入资本	61,150,000.00	287,992,763.00							349,142,763.00
2.股份支付计入所有者权益的金额									
3.其他		44,864,182.22							44,864,182.22
(四)利润分配		-879,071.96		-17,993,248.51		31,585,292.20		-13,531,323.71	-818,351.98
1.提取盈余公积									
2.提取一般风险准备									
3.对所有者(或股东)的分配									
4.其他		-879,071.96		-17,993,248.51		31,585,292.20		-13,531,323.71	-818,351.98
(五)所有者权益内部结转									
1.资本公积转增资本(或股本)									
2.盈余公积转增资本(或股本)									
3.盈余公积弥补亏损									
4.其他									
四、本期期末余额	202,852,000.00	551,967,316.20		12,237,126.31	11,993,768.57	-325,520,882.26			453,529,328.82

公司法定代表人:张恺顒　　主管会计工作负责人:何昕　　会计机构负责人:宇文睿

母公司所有者权益变动表

2009 年 1-6 月

单位:元 币种:人民币

本期金额

项目	股本	资本公积	减:库存股	盈余公积	未分配利润	其它	所有者权益合计
一、上年年末余额	202,852,000.00	551,967,316.20		12,237,126.31	-352,060,244.17		414,996,198.34
加:会计政策变更							
前期差错更正							
其他							
二、本年年初余额	202,852,000.00	551,967,316.20		12,237,126.31	-352,060,244.17		414,996,198.34
三、本期增减变动金额							
(减少以"-"号填列)	101,426,000.00	-85,776,000.00			-3,810,258.13		11,839,741.87
(一)净利润					-3,810,258.13		-3,810,258.13
(二)直接计入所有者							
权益的利得和损失							
1.可供出售金融资产							
公允价值变动净额							
2.权益法下被投资单位其他							
所有者权益变动的影响							
3.与计入所有者权益项目							
相关的所得税影响							
4.其他							
上述(一)和(二)小计					-3,810,258.13		-3,810,258.13
(三)所有者投入和减少资本		15,650,000.00					15,650,000.00
1.所有者投入资本							
2.股份支付计入所有者权益的金额							
3.其他		15,650,000.00					15,650,000.00
(四)利润分配							
1.提取盈余公积							
2.对所有者(或股东)的分配							
3.其他							
(五)所有者权益							
内部结转	101,426,000.00	-101,426,000.00					
1.资本公积转增							
资本(或股本)	101,426,000.00	-101,426,000.00					
2.盈余公积转增							
资本(或股本)							
3.盈余公积弥补亏损							
4.其他							
四、本期期末余额	304,278,000.00	466,191,316.20		12,237,126.31	-355,870,502.30		426,835,940.21

上年同期金额

项目	股本	资本公积	减:库存股	盈余公积	未分配利润	其它	所有者权益合计
一、上年年末余额	141,702,000.00	219,110,370.98		12,237,126.31	-346,935,415.22		26,114,082.07
加:会计政策变更							
前期差错更正							
其他							
二、本年年初余额	141,702,000.00	219,110,370.98		12,237,126.31	-346,935,415.22		26,114,082.07
三、本期增减变动金额							
(减少以"-"号填列)	61,150,000.00	332,856,945.22			-5,124,828.95		388,882,116.27
(一)净利润					-5,124,828.95		-5,124,828.95
(二)直接计入所有者							
权益的利得和损失							
1.可供出售金融资产							
公允价值变动净额							
2.权益法下被投资单位其他							
所有者权益变动的影响							
3.与计入所有者权益项目							
相关的所得税影响							
4.其他							
上述(一)和(二)小计					-5,124,828.95		-5,124,828.95
(三)所有者投入和							
减少资本	61,150,000.00	332,856,945.22					394,006,945.22
1.所有者投入资本	61,150,000.00	287,992,763.00					349,142,763.00
2.股份支付计入所有者权益的金额							
3.其他		44,864,182.22					44,864,182.22
(四)利润分配							
1.提取盈余公积							
2.对所有者(或股东)的分配							
3.其他							
(五)所有者权益内部结转							
1.资本公积转增资本(或股本)							
2.盈余公积转增资本(或股本)							
3.盈余公积弥补亏损							
4.其他							
四、本期期末余额	202,852,000.00	551,967,316.20		12,237,126.31	-352,060,244.17		414,996,198.34

公司法定代表人:张恺顒　　主管会计工作负责人:何昕　　会计机构负责人:宇文睿

7.3 本报告期无会计政策、会计估计和核算方法变更。

7.4 本报告期无会计差错更正。

7.5 报告期内,公司财务报表合并范围未发生重大变化。

新疆冠农果茸股份有限公司

新疆冠农果茸股份有限公司 2008 年年度报告摘要

第一节 重要提示

1.1 本公司董事会、监事会及董事、监事、高级管理人员保证本报告所载资料不存在任何虚假记载、误导性陈述或者重大遗漏，并对其内容的真实性、准确性和完整性承担个别及连带责任。

本年度报告摘要摘自年度报告全文，投资者欲了解详细内容，应当仔细阅读年度报告全文。

1.2 公司全体董事出席董事会会议。

1.3 五洲松德联合会计师事务所为本公司出具了标准无保留意见的审计报告。

1.4 公司负责人李愈、主管会计工作负责人崔建文及会计机构负责人(会计主管人员)金建霞声明：保证年度报告中财务报告的真实、完整。

第二节 公司基本情况简介

2.1 基本情况简介

股票简称	冠农股份
股票代码	600251
上市交易所	上海证券交易所
公司注册地址和办公地址	新疆库尔勒团结南路冠农天府库尔勒工业园 新疆库尔勒市团结南路 48 号小区
邮政编码	841000
公司国际互联网网址	http://.gngf.cn
电子信箱	gn600251@126.com

2.2 联系人和联系方式

	董事会秘书
姓名	孟琳
联系地址	新疆库尔勒市团结南路 48 号小区
电话	0996-2113816
传真	0996-2113676
电子信箱	gn600251@126.com

第三节 会计数据和业务数据摘要

3.1 主要会计数据

单位：元 币种：人民币

	2008 年	2007 年	本年比上年增减(%)	2006 年
营业收入	560,636,041.68	517,984,967.95	8.23	295,173,260.97
利润总额	32,335,514.33	20,449,092.56	58.13	-27,469,276.33
归属于上市公司股东的净利润	28,753,027.14	13,846,010.58	107.66	-27,096,802.45
归属于上市公司股东的扣除非经常性损益的净利润	22,067,670.74	-7,469,407.32	395.44	-32,529,578.25
经营活动产生的现金流量净额	-129,145,165.58	34,062,014.29	-479.15	-66,553,451.02
	2008 年末	2007 年末	本年末比上年末增减(%)	2006 年末(注 2)
总资产	1,441,316,811.26	1,143,116,422.23	26.09	1,022,546,876.23
所有者权益(或股东权益)	816,049,159.13	378,296,131.99	115.72	364,445,503.87

3.2 主要财务指标

	2008 年	2007 年	本年比上年增减(%)	2006 年
基本每股收益(元/股)	0.12	0.06	100.00	-0.15
稀释每股收益(元/股)	0.12	0.06	100.00	-0.15
扣除非经常性损益后的基本每股收益(元/股)	0.09	-0.04	325.00	-0.18
全面摊薄净资产收益率(%)	3.52	3.62	减少 0.10 个百分点	-7.44
加权平均净资产收益率(%)	4.55	3.68	增加 0.87 个百分点	-7.13
扣除非经常性损益后全面摊薄净资产收益率(%)	2.70	-2.21	增加 4.91 个百分点	-8.93
扣除非经常性损益后的加权平均净资产收益率(%)	3.50	-2.25	增加 5.75 个百分点	-8.56
每股经营活动产生的现金流量净额(元/股)	-0.53	0.19	-378.95	-0.37
	2008 年末	2007 年末	本年末比上年末增减(%)	2006 年末
归属于上市公司股东的每股净资产(元/股)	3.38	2.10	60.95	2.02

非经常性损益项目

√适用 □不适用

单位：元 币种：人民币

非经常性损益项目	金额
非流动资产处置损益	388,766.75
越权审批，或无正式批准文件，或偶发性的税收返还、减免	
计入当期损益的政府补助，但与公司正常经营业务密切相关，符合国家政策规定、按照一定标准定额或定量持续享受的政府补助除外	6,721,414.84
除同公司正常经营业务相关的有效套期保值业务外，持有交易性金融资产、交易性金融负债产生的公允价值变动损益，以及处置交易性金融资产、交易性金融负债和可供出售金融资产取得的投资收益	89,776.17
除上述各项之外的其他营业外收入和支出	29,243.77
少数股东权益影响额	122,067.43
所得税影响额	421,777.70
合计	6,685,356.40

3.3 境内外会计准则差异：

□适用 √不适用

第四节 股本变动及股东情况

4.1 股份变动情况表

√适用 □不适用

单位：股

	本次变动前		本次变动增减(+,-)					本次变动后	
	数量	比例(%)	发行新股	送股	公积金转股	其他	小计	数量	比例(%)
一、有限售条件股份									
1、国家持股									
2、国有法人持股	73,448,712	40.8			22,034,614	-35,100,000	-13,065,386	60,383,326	39.55
3、其他内资持股			7,400,000				7,400,000	7,400,000	3.07
其中：境内非国有法人持股			7,400,000				7,400,000	7,400,000	3.07
境内自然人持股									
4、外资持股									
其中：境外法人持股									
境外自然人持股									
有限售条件股份合计	73,448,712	40.8	7,400,000		22,034,614	-35,100,000	-5,665,386	67,783,326	42.62
二、无限售条件流通股份									
1、人民币普通股	106,551,288	59.2			31,965,386	35,100,000	67,065,386	173,616,674	57.38
2、境内上市的外资股									
3、境外上市的外资股									
4、其他									
无限售条件流通股份合计	106,551,288	59.2			31,965,386	35,100,000	67,065,386	173,616,674	57.38
三、股份总数	180,000,000	100.00	7,400,000		54,000,000		61,400,000	241,400,000	100.00

限售股份变动情况表

√适用 □不适用

单位：股

股东名称	年初限售股数	本年解除限售股数	本年增加限售股数	年末限售股数	限售原因	解除限售日期
新疆生产建设兵团农业建设第二师二十九团	31,798,926	11,700,000	9,539,678	29,638,604	股权分置改革	2009-5-26
新疆生产建设兵团农业建设第二师二十八团	27,173,340	11,700,000	8,152,002	23,625,342	股权分置改革	2009-5-26
新疆生产建设兵团农业建设第二师三十团	14,476,446	11,700,000	4,342,934	7,119,380	股权分置改革	2009-5-26
中海能源策略混合型证券投资基金	0	0	1,500,000	1,500,000	定向增发	2009-6-4
上海证券有限责任公司	0	0	1,200,000	1,200,000	定向增发	2009-6-4
工银瑞信精选平衡混合型证券投资基金	0	0	1,200,000	1,200,000	定向增发	2009-6-4
广发小盘成长股票型证券投资基金	0	0	1,000,000	1,000,000	定向增发	2009-6-4
华夏平稳增长混合型						

证券投资基金	0	0	691,384	691,384	定向增发	2009-6-4
中海优质成长证券投资基金	0	0	500,000	500,000	定向增发	2009-6-4
华夏优势增长股票型证券投资基金	0	0	329,742	329,742	定向增发	2009-6-4
华夏华利混合型开放式证券投资基金	0	0	308,572	308,572	定向增发	2009-6-4
华夏回报证券投资基金	0	0	208,938	208,938	定向增发	2009-6-4
全国社保基金一零七组合	0	0	180,463	180,463	定向增发	2009-6-4
华夏回报二号证券投资基金	0	0	116,028	116,028	定向增发	2009-6-4
华夏蓝筹核心混合型证券投资基金	0	0	115,032	115,032	定向增发	2009-6-4
兴华证券投资基金	0	0	49,841	49,841	定向增发	2009-6-4
合计	73,448,712	35,100,000	29,434,614	67,783,326	/	/

4.2 股东数量和持股情况

单位:股

报告期末股东总数	18,932 户

前十名股东持股情况

股东名称	股东性质	持股比例(%)	持股总数	报告期内增减	持有有限售条件股份数量	质押或冻结的股份数量
新疆生产建设兵团农业建设第二师二十九团	国有法人	21.06	50,828,604	11,729,678	29,638,604	质押 20,000,000
新疆生产建设兵团农业建设第二师二十八团	国有法人	19.48	47,025,342	10,852,002	23,625,342	质押 15,000,000
新疆生产建设兵团农业建设第二师三十团	国有法人	11.76	28,391,930	6,551,984	7,119,380	质押 10,000,000
中国工商银行-南方绩优成长股票型证券投资基金	其他	2.80	6,768,886			无
中国民生银行股份有限公司-长信增利动态策略股票型证券投资基金	其他	2.42	5,838,898			无
全国社保基金一零九组合	其他	2.24	5,398,100			无
中国建设银行-工银瑞信精选平衡混合型证券投资基金	其他	1.27	3,049,175			无
上海浦东发展银行-广发小盘成长股票型证券投资基金	其他	1.24	3,000,593			无
中国工商银行-南方隆元产业主题股票型证券投资基金	其他	1.05	2,535,611			无
中国工商银行-诺安股票证券投资基金	其他	0.99	2,385,216			无

前十名无限售条件股东持股情况

股东名称	持有无限售条件股份的数量	股份种类
新疆生产建设兵团农业建设第二师二十八团	23,400,000	人民币普通
新疆生产建设兵团农业建设第二师三十团	21,272,550	人民币普通股
新疆生产建设兵团农业建设第二师二十九团	21,190,000	人民币普通
中国工商银行-南方绩优成长股票型证券投资基金	6,768,886	人民币普通
中国民生银行股份有限公司-长信增利动态策略股票型证券投资基金	5,838,898	人民币普通
全国社保基金一零九组合	5,398,100	人民币普通
中国工商银行-南方隆元产业主题股票型证券投资基金	2,535,611	人民币普通
中国工商银行-诺安股票证券投资基金	2,385,216	人民币普通
樊淑珍	2,218,203	人民币普通
中国农业银行-宝盈策略增长股票型证券投资基金	2,105,806	人民币普通

上述股东关联关系或一致行动的说明	公司前 10 名无限售条件股东中，国有法人股东无关联关系，也不属于《上市公司持股变动信息披露管理办法》中规定的一致行动人；国有法人股东与其他 7 名股东之间不存在关联关系。公司未知其他 7 名股东是否存在关联关系，也未知其是否属于《上市公司持股变动信息披露管理办法》中规定的一致行动人。

4.3 控股股东及实际控制人情况介绍

4.3.1 控股股东及实际控制人变更情况

□适用　　　√不适用

4.3.2 控股股东及实际控制人具体情况介绍

4.3.2.1 法人控股股东情况

单位:元 币种:人民币

名称	法定代表人	注册资本	成立日期	主营业务
新疆生产建设兵团农业建设第二师二十九团	梁永	57,057,000	1947 年 4 月 25 日	二十九团位于新疆库尔勒市天山西路，前身为 1947 年成立的山东渤海教导旅三团，1953 年整编为新疆生产建设第六团，1969 年 9 月 1 日由兵团统编为二十九团，主营棉花、水稻等种植、加工、销售，作物种籽的加工与销售，香梨的种植和销售，蔬菜的种植与销售，苗木培育与销售，羊、马鹿等牲畜的养殖和销售，食品、水泥、红砖、棉纱等工业产品的生产与销售，棉油、米糠、棉籽、棉柏、棉短绒等粮棉作物副产品及饲料的加工与销售，原煤等矿产品的生产与销售等。

第五节　董事、监事和高级管理人员

5.1 董事、监事和高级管理人员持股变动及报酬情况单位:股

姓名	职务	性别	年龄	任期起止日期	年初持股数	年末持股数	股份增减数	变动原因	是否在公司领取报酬津贴	报告期内从公司领取的报酬总额(万元)税前	是否在股东单位或其他关联单位领取薪酬
李　愈	董事长	男	54	2005-9-12~2010-12-27					是	7.99	否
崔建文	董事、总经理	男	45	2003-12-18~2010-12-27	98,406	127,928	29,522	公司实施资本公积金转增股本	是	6.79	否
孟　琳	董事、董秘、副总经理	男	47	2000-1-18~2010-12-27	76,824	99,871	23,047	公司实施资本公积金转增股本	是	5.93	否
梁　永	董事	男	44	2007-12-27~2010-12-27					是		是
魏鸿彬	董事	男	44	2007-12-27~2010-12-27					是		否
李建国	董事	男	44	2007-12-27~2010-12-27					是		否
马　浩	独立董事	男	46	2007-12-27~2010-12-27					是		否
王新安	独立董事	男	44	2007-12-27~2010-12-27					是		否
何　云	独立董事	男	40	2007-12-27~2010-12-27					是		否
贾书选	监事会主席	男	53	2006-7-14~2010-12-27					是	7.2	否
王春瑞	监事	男	47	2007-12-27~2010-12-27					是		是
程　伟	监事	男	44	2007-12-27~2010-12-27					是		否
陈　明	监事	男	42	2005-2-28~2010-12-27					是	5.04	否
李继先	监事	男	46	2005-2-28~2010-12-27					是	5.04	否
乔　军	副总经理	男	47	2003-1-27~2010-12-27					是	6.04	否
王旭明	副总经理	女	53	2003-1-27~2010-12-27					是	6.03	否
范爱军	副总经理	男	41	2004-4-26~2010-12-27	37,818	49,164	11,346	公司实施资本公积金转增股本	是	5.91	否
合　计	/	/	/	/	213,048	276,963	63,915	/	/	55.97	/

第六节　董事会报告

6.1 管理层讨论与分析

一、2008 年度整体经营情况

2008 年，在公司董事会、经营层带领及公司全体员工共同努力下，生产经营达到了公司成立以来的最好水平。截止 2008 年末，公司总资产 14.4 亿元，净资产 8.48 亿元，总股本 24140 万股，实现销售收入 5.6 亿元，实现净利润 2875.3 万元，在去年 1384.6 万元的基础上翻一番。进一步巩固了以果蔬加工、棉业、糖业为主的农业资源开发板块和以钾盐、水电为主的矿产和水电资源开发板块，为公司主业转型后的不断发展壮大奠定了基础。

一是在完成资产置换工作的基础上，向五家机构投资者以 58 元/股的价格非公开发行 740 万股，募集资金总额 4.29 亿元，扣除发行费用，实际募集资金 4.09 亿元。这次再融资成功，是公司经济发展进程上又一具有里程碑意义的重大标志事件。二是通过募集资金参与国投罗钾和国电开都河水电的增资，保持战略参股地位，使公司获得长期、稳定、丰厚的投资收益，为公司经济加快发展奠定了坚实的基础。三是确立了果蔬业的发展战略，即："适度规模，突出特色，做精做强。"绿原番茄项目、番茄丁、去皮整番茄、辣椒制品项目，酒精技改等项目建设和投产，拓展了农产品加工主业，公司农业产业化国家重点龙点企业的地位进一步得到增强，为南疆及二师农业产业化的发展做出了贡献。四是果蔬公司生产各类产品 2.62 万吨，实现销售收入 1.42 亿元，完成工业增加值 3603 万元，实现出口创汇 985 万美元，产品产量较上年增长 54.12%。五是绿原糖业进入冠农首年，实现产糖 4.06 万吨，生产酒精 3355 吨，生产颗粒粕 7159 吨，实现销售收入 1.85 亿元，净利润 635 .8 万元；在制糖行业全线不景气的局面下，取得了较好的经营业绩。六是冠农棉业全年共收购籽棉 3.91 万吨，加工皮棉 1.26 万吨，累计销售皮棉 1.3947 万吨，完成销售收入 2.1 亿元，实现净利润 314.2 万元；加工皮棉总量、销售收入、较上年分别增长 5%、31.25%。七是进出口公司全面恢复经营，管理工作出现了新的面貌；房地产公司经营步入正轨，拟开发的冠农公园联邦住宅小区项目建设已通过各级政府的审批，项目各类招标工作已完成，目前已进入开工程序；包装分公司经营运行正常。八是国投罗钾公司 2008 年累计生产硫酸钾产品 13.64 万吨，销售硫酸钾产品 13.92 万吨，实现销售收入 4.43 亿元，实现利润 2.72 亿元。120 万吨钾肥项目已于

2008 年 11 月 18 日投产试车成功，并举行了二期 300 万吨钾肥工程奠基开工仪式。察汗乌苏水电站工程(3★103MW)三台机组目前已全部发电,2008 年全年累计完成售电量 81485.3 万千瓦时，主营业务收入 15，924.47 万元，实现利润 1551.04 万元。柳树沟水电站(2★90MW)已于 2008 年 2 月 3 日经新疆自治区发改委核准,并全面开工建设。钾盐和水电投资 2008 年已为公司创造较高的利润,今后可为公司形成丰厚稳定的投资收益,大幅提高公司的赢利水平。

2008 年,公司共有八个新建、改扩建及技改项目开工建设,实际完成项目投资 1.49 亿元。其中:与农二师二十二团、二十四团合作的新疆绿原番茄制品有限公司共投资 6400 万元新建了两条日处理 1500 吨番茄生产线、投资 3037 万元新建一条年产 8000 吨番茄丁生产线、投资 108 万元新建一条年产 2000 吨辣椒制品生产线,投资 3500 万元绿原糖业 3 万吨酒精技改一期项目,以上重点项目均实现了当年建设、当年投产、当年见效的目标,为做精做强公司农产品加工板块、巩固公司农业产业化国家重点龙点企业的地位以及促进二师的农业产业化发展起到了积极的推动作用。

在充分肯定成绩的同时,我们也清醒地看到工作中还存在一些突出的矛盾和问题没有得到根本解决:一是与巴州地区"两红一白"发展战略结合不够紧密,对巴州地区的经济拉动力还不强,农产品加工业的经济效益还没充分显现。二是企业管理还有待于加强,绩效考核缺乏激励性,还有待于进一步改善并与责权利挂钩。要加强成本核算和控制,降低料耗比,提高资产收益率,提高盈利能力和经济效益。三是公司企业文化建设还比较薄弱,还有待加强。四是营销机制还有待调整,市场网络建设还有待加强。加强销售队伍和人才培养、努力开拓市场、建立稳定的客户群、防范市场风险是我们必须在经营中长期要抓的重要工作。五是公司各种实用人才缺口较大,在今后较长一段时期内,培养和引进各类实用人才是重要的任务。六是原料收购和基地建设相对薄弱。七是公司发展的项目储备不足,尚缺乏发展后劲。八是新产品研发、科技创新和实用技术引进还有待加强。

二、2009 年度经营目标

2009 年公司的主要任务和目标是:实现销售收入 6 亿元以上,其中主要:冠农果蔬实现销售收入 2.4 亿元;冠农棉业实现销售收入 1.5 亿元,;绿原糖业实现销售收入 1.8 亿元。随着公司各大投资项目陆续进入盈利期，特别是国投罗钾公司 120 万吨钾盐项目和国电开都河公司察汗乌苏水电项目的全面投产运营,2009 年公司的净利润将会有较大幅度的增长。

为实现以上奋斗目标,公司上下要齐心协力努力做好以下工作:第一、以新增项目建设、增加产品种类、扩大产能促发展;第二、以充分发挥现有设备产能,提高产品产量,确保产品质量促发展;第三、以调整市场营销机制、加强产品营销工作促发展;第四、以加强内部管理,落实目标责任促发展;第五、加强纪检、监察工作力度,完善党风廉政建设责任制;第六、以财务管理为核心,加强资金管理和监督检查,强化财务制度的贯彻执行;第七、进一步加大项目论证和申报工作力度,促进公司产业的发展;第八、加大科技工作力度,确保环保目标实施;第九、进一步加强党政工团的基层组织建设,发挥好监督保障作用。

与公允价值计量相关的项目

□适用　　√不适用

持有外币金融资产、金融负债情况

□适用　　√不适用

6.2 主营业务分行业、产品情况表

单位:万元 币种:人民币

分行业或分产品	营业收入	营业成本	营业利润率(%)	营业收入比上年增减(%)	营业成本比上年增减(%)	营业利润率比上年增减(%)
分行业						
糖业	18,564.09	15,226.96	17.98	1,950.67	2,310.02	减少 12.23 个百分点
棉花初加工	18,247.66	16,995.91	6.86	29.37	25.42	增加 2.93 个百分点
果蔬加工	9,266.75	6,309.90	31.91	0.87	−15.23	增加 12.94 个百分点
分产品						
白砂糖	16,032.50	13,748.70	14.24	3,198.12	3,597.48	减少 9.26 个百分点
皮棉	18,247.66	16,995.91	6.86	29.37	25.42	增加 2.93 个百分点
果蔬制品	9,266.75	6,309.90	31.91	0.87	−15.23	增加 12.94 个百分点

6.3 主营业务分地区情况表

单位:万元 币种:人民币

地区	营业收入	营业收入比上年增减(%)
新疆以内地区	18,962.90	−37.46
新疆以外地区	32,155.72	83.25

6.4 募集资金使用情况

√适用 □不适用

单位:元 币种:人民币

募集资金总额	409,000,000.00	本年度已使用募集资金总额	271,997,750.00
		已累计使用募集资金总额	271,997,750.00

承诺项目名称	是否变更项目	拟投入金额	实际投入金额	是否符合计划	项目进度	预计收益	产生收益情况	是否符合预计收益
参与国投罗钾增资扩股,用于补充"国投新疆罗布泊钾盐有限责任公司年产120 万吨钾肥项目"项目资本金	否	173,610,000.00	73,942,750.00	是	2008 年 12 月 18 日,国投新疆罗布泊钾盐有限责任公司 300 万吨钾肥项目一期年产 120 万吨硫酸钾工程投料试车	129,920,000.00	国投新疆罗布泊钾盐有限责任公司年产 120 万吨钾肥项目 2008 年 12 月 18 日投料试车,因此,本年无收益	是
参与国电开都河水电增资扩股,用于补充"国电新疆开都河流域水电开发有限公司察汗乌苏 30 万 kW 水电站项目"项目资本	否	83,750,000.00	74,975,000.00	是	已投产	26,490,000.00	国电新疆开都河流域水电开发有限公金司察汗乌苏 30 万 kW 水电站项目是正式投产的第一年,尚未达产,产生收益 1551.04 万元	是
对全资子公司绿原糖业增资,用于"新疆绿原糖业有限公司年产 3 万吨酒精技改扩建及酒精废液制有机复混肥工程"项目	否	63,560,000.00	35,000,000.00	是	2008 年完成年产 3 万吨酒精技改扩建项目 1 万吨酒精技改项目,8 月 28 日调试生产,10 月 1 日项目竣工,符合项目进度	18,543,000.00	1 万吨酒精技改项目完成后,2008 年 10 −12 月生产销售酒精产生利润 195.78 万元,全年预计产生利润 780 万元	是
补充公司流动资金	否	88,080,000.00	88,080,000.00	是	全部完成	5,620,000.00	2008 年 6−12 月实现收益 417.37 万元,全年可增加收益 833.98 万元	是
合计	/	409,000,000.00	271,997,750.00	/	/	180,573,000.00	/	/

变更项目情况

□适用 √不适用

6.5 非募集资金项目情况

√适用　　□不适用

单位:元 币种:人民币

项目名称	项目金额	项目进度	项目收益情况
小罐番茄丁加工项目	30,373,717.41	2009 年 9 月 1 日投产	2008 年生产 3023 吨,受金融危机的影响,未实现销售
绿原番茄生产线项目	64,000,000.00	2009 年 8 月 10 日投产	2008 年生产并实现销售,产生利润 353.50 万元
合计	94,373,717.41	/	/

6.6 董事会对会计师事务所"非标准审计报告"的说明

□适用　　√不适用

6.7 董事会本次利润分配或资本公积金转增股本预案

1、利润分配预案

经五洲松德联合会计师事务所审计("五洲审字[2009]8−128 号"《审计报告》),公司 2008 年度共实现净利润 30,226,595.43 元，其中：母公司实现净利润 15,449,626.05 元，加上年初未分配利润 45,565,093.33 元,实际可供分配利润 61,014,719.38 元,按照《公司法》和《公司章程》的有关规定,按当年母公司净利润 15,449,626.05 元的 10%提取法定盈余公积金 1,544,962.61 元;本年度可供股东分配的利润 59,469,756.77 元。

2008 年度利润分配预案为:按 2008 年末总股本 241,400,000 股为基数,向全体股东每 10 股派发现金红利 1 元(含税),共计分配现金红利 24,140,000.00 元,余额 35,329,756.77 元结转以后年度分配。

2、资本公积金转增股本预案

根据"五洲审字 [2009]8−128 号"《审计报告》，公司 2008 年年末合并资本公积金余额为 500,216,318.71 元,盈余公积金余额为 25,827,615.18 元;母公司资本公积金余额为 496,694,397.16 元,盈余公积金余额为 23,511,294.71 元。2008 年度资本公积金转增股本预案为:以母公司 2008 年 12 月 31 日经审计的资本公积金 496,694,397.16 元,按 2008 年末总股本 241,400,000 股为基数,以每 10 股转增 5 股,向全体股东实施资本公积金转增股本,共计转增 120,700,000 股(每股面值 1 元)。公司总股本变为 362,100,000 股。本次转增完成后,公司资本公积金余额为 379,516,318.71 元,母公司资本公积金余额为 375,994,397.16 元。

公司本报告期内盈利但未提出现金利润分配预案

□适用　　√不适用

第七节　重要事项

7.1 收购资产

□适用　　√不适用

7.2 出售资产

□适用　　√不适用

7.3 重大担保

√适用　　□不适用

单位:元 币种:人民币

公司对子公司的担保情况

报告期内对子公司担保发生额合计	13,500,000.00
报告期末对子公司担保余额合计	13,500,000.00

公司担保总额情况(包括对子公司的担保)

担保总额	13,500,000.00
担保总额占公司净资产的比例(%)	1.57
其中：	
上述三项担保金额合计	13,500,000.00

7.4 重大关联交易

7.4.1 与日常经营相关的关联交易

□适用　　√不适用

7.4.2 关联债权债务往来

□适用　　√不适用

7.4.3 2008 年资金被占用情况及清欠进展情况

□适用　　√不适用

截止 2008 年末，上市公司未完成非经营性资金占用的清欠工作的，董事会提出的责任追究方案

□适用　　√不适用

7.5 委托理财

□适用　　√不适用

7.6 承诺事项履行情况

7.6.1 公司或持股 5%以上股东在报告期内或持续到报告期内的承诺事项

√适用　　□不适用

承诺事项	承诺内容	履行情况
股改承诺	公司控股股东四川公路桥梁建有限	5%以上股份股东均
股改承诺	持有的非流通股股份自股权分置改革方案实施之日起，在十二个月内不上市交易。在前项承诺期满后，通过证券交易所挂牌交易出售的股份数量占公司股份总数的比例在十二个月内不超过百分之五，在二十四个月内不超过百分之十。	公司原非流通股东农二师二十八团、二十九团、三十团所承诺事项正在履行中；农二师永兴供销有限责任公司、天润农业生产资料有限责任公司所承诺事项已履行完毕。2008 年 8 月 14 日，公司收到公司国有法人股股东二十八团、二十九团、三十团承诺于 2009 年 5 月 26 日解禁上市流通的共计 60,383,326 股(其中：二十八团 23,625,342 股、二十九团 29,638,604 股、三十团 7,119,380 股)新疆冠农果茸股份有限公司股份，自解禁之日(2009 年 5 月 26 日)起自愿继续锁定三年。

7.6.2 公司资产或项目存在盈利预测，且报告期仍处在盈利预测期间，公司就资产或项目是否达到原盈利预测及其原因作出说明：

□适用　　√不适用

7.7 重大诉讼仲裁事项

□适用　　√不适用

7.8 其他重大事项及其影响和解决方案的分析说明

7.8.1 证券投资情况

□适用　　√不适用

7.8.2 持有其他上市公司股权情况

□适用　　√不适用

7.8.3 持有非上市金融企业股权情况

□适用　　√不适用

7.8.4 买卖其他上市公司股份的情况

□适用　　√不适用

第八节　监事会报告

监事会认为公司依法运作、公司财务情况、公司募集资金使用、公司收购、出售资产交易和关联交易不存在问题。

8.1 监事会对公司最近一次募集资金实际投入情况的独立意见

报告期内，公司募集资金的使用与公开信息披露的情况一致。

第九节　财务会计报告

9.1 审计意见

财务报告	□未经审计	√审计
审计意见	√标准无保留意见	□非标意见

审计意见全文

审计报告

五洲审字[2009]8-128 号

新疆冠农果茸股份有限公司全体股东:：

我们审计了后附的新疆冠农果茸股份有限公司(以下简称“贵公司”)财务报表，包括 2008 年 12 月 31 日的资产负债表，2008 年度的利润表、所有者权益变动表和现金流量表以及财务报表附注。

一、管理层对财务报表的责任

按照企业会计准则的规定编制财务报表是贵公司管理层的责任。这种责任包括：

(1)设计、实施和维护与财务报表编制相关的内部控制，以使财务报表不存在由于舞弊或错误而导致的重大错报；

(2)选择和运用恰当的会计政策；

(3)做出合理的会计估计。

二、注册会计师的责任

我们的责任是在实施审计工作的基础上对财务报表发表审计意见。我们按照中国注册会计师审计准则的规定执行了审计工作。中国注册会计师审计准则要求我们遵守职业道德规范，计划和实施审计工作以对财务报表是否不存在重大错报获取合理保证。

审计工作涉及实施审计程序，以获取有关财务报表金额和披露的审计证据。选择的审计程序取决于注册会计师的判断，包括对由于舞弊或错误导致的财务报表重大错报风险的评估。在进行风险评估时，我们考虑与财务报表编制相关的内部控制，以设计恰当的审计程序，但目的并非对内部控制的有效性发表意见。审计工作还包括评价管理层选用会计政策的恰当性和作出会计估计的合理性，以及评价财务报表的总体列报。

我们相信，我们获取的审计证据是充分的、适当的，为发表审计意见提供了基础。

我们认为，贵公司财务报表已经按照企业会计准则的规定编制，在所有重大方面公允反映了贵公司 2008 年 12 月 31 日的财务状况以及 2008 年度的经营成果和现金流量。

五洲松德联合会计师事务所　　　　中国注册会计师：石明霞、张　燕

新疆乌鲁木齐市解放北路 30 号财联大厦十、十一楼　　　　2009 年 3 月 20 日

9.2 财务报表

合并资产负债表

2008 年 12 月 31 日

编制单位:新疆冠农果茸股份有限公司　　　　单位:元 币种:人民币

项目	附注	期末余额	年初余额
流动资产：			
货币资金		130,317,411.62	73,603,117.47
结算备付金			
拆出资金			
交易性金融资产			930.00
应收票据		1,468,610.00	1,845,000.00
应收账款		37,163,266.07	22,873,303.67
预付款项		156,007,877.36	140,345,527.55
应收保费			
应收分保账款			
应收分保合同准备金			
应收利息			
应收股利			
其他应收款		3,637,347.29	22,418,225.91
买入返售金融资产			
存货		351,450,015.92	286,812,922.11
一年内到期的非流动资产			
其他流动资产		70,671.36	32,344.14
流动资产合计		680,115,199.62	547,931,370.85
非流动资产：			
发放贷款及垫款		0	
可供出售金融资产		0	
持有至到期投资		0	
长期应收款		0	
长期股权投资		212,792,936.71	167,645,712.61
投资性房地产		14,693,967.17	23,096,183.08
固定资产			
在建工程		33,475,715.85	13,382,916.47
工程物资		0	
固定资产清理		0	
生产性生物资产		0	
油气资产		0	
无形资产		3,892,448.29	3,044,821.67
开发支出		0	
商誉		13,835,546.53	13,835,546.53
长期待摊费用			
递延所得税资产		1,123,089.53	110,223.28
其他非流动资产		2,579,085.17	2,992,385.56
非流动资产合计		761,201,611.64	595,185,051.38
资产总计		1,441,316,811.26	1,143,116,422.23
流动负债：			
短期借款		326,150,000.00	330,051,431.00
向中央银行借款			
吸收存款及同业存放			
拆入资金			
交易性金融负债			
应付票据			
应付账款		54,879,709.62	25,471,132.87
预收款项		95,117,859.99	187,491,271.03
卖出回购金融资产款			
应付手续费及佣金			
应付职工薪酬		5,626,208.96	5,832,579.53
应交税费		−37,351,941.89	−34,352,826.90
应付利息		1,739,276.69	191,700.00
应付股利		68,306.00	68,306.00
其他应付款		87,218,897.02	174,091,635.22
应付分保账款			

保险合同准备金		
代理买卖证券款		
代理承销证券款		
一年内到期的非流动负债		30,000,000.00
其他流动负债		
流动负债合计	533,448,316.39	718,845,228.75
非流动负债：		
长期借款	39,000,000.00	17,000,000.00
应付债券		
长期应付款		
专项应付款		
预计负债		
递延所得税负债		
其他非流动负债	21,102,051.21	18,602,566.05
非流动负债合计	60,102,051.21	35,602,566.05
负债合计	593,550,367.60	754,447,794.80
股东权益：		
股本	241,400,000.00	180,000,000.00
资本公积	500,216,318.71	152,616,318.71
减：库存股		
盈余公积	25,827,615.18	24,282,652.57
一般风险准备		
未分配利润	48,605,225.24	21,397,160.71
外币报表折算差额		
归属于母公司所有者权益合计	816,049,159.13	378,296,131.99
少数股东权益	31,717,284.53	10,372,495.44
股东权益合计	847,766,443.66	388,668,627.43
负债和股东权益合计	1,441,316,811.26	1,143,116,422.23

公司法定代表人：李愈　　主管会计工作负责人：崔建文　　会计机构负责人：金建霞

母公司资产负债表

2008 年 12 月 31 日

编制单位：新疆冠农果茸股份有限公司　　单位：元 币种：人民币

项目	附注	期末余额	年初余额
流动资产：			
货币资金		62,939,608.98	9,676,450.54
交易性金融资产			930.00
应收票据			
应收账款		2,496,718.06	4,218,940.12
预付款项		149,765,373.58	83,907,636.94
应收利息			
应收股利			
其他应收款		312,185,699.98	151,106,666.80
存货		4,068,998.59	6,816,249.71
一年内到期的非流动资产			
其他流动资产			
流动资产合计		531,456,399.19	255,726,874.11
非流动资产：			
可供出售金融资产		0	
持有至到期投资		0	
长期应收款		0	
长期股权投资		546,477,736.67	464,521,977.95
投资性房地产		14,693,967.17	9,029,587.58
固定资产		13,245,883.40	20,050,100.46
在建工程		0	
工程物资		0	
固定资产清理		0	
生产性生物资产		0	
油气资产		0	
无形资产		130,500.00	145,000.00
开发支出			
商誉			
长期待摊费用			
递延所得税资产		305,989.78	97,026.40
其他非流动资产			
非流动资产合计		574,854,077.02	493,843,692.39
资产总计		1,106,310,476.21	749,570,566.50
流动负债：			
短期借款		220,000,000.00	196,900,000.00
交易性金融负债			
应付票据			
应付账款		3,035,858.65	2,914,844.64
预收款项		192,014.72	358,463.21
应付职工薪酬		1,793,838.34	2,020,125.13
应交税费		233,437.75	438,942.50
应付利息		1,645,269.19	
应付股利		68,306.00	68,306.00
其他应付款		28,266,302.92	117,944,062.43
一年内到期的非流动负债			30,000,000.00
其他流动负债			
流动负债合计		255,235,027.57	350,644,743.91
非流动负债：			
长期借款		30,000,000.00	
应付债券			
长期应付款			
专项应付款			
预计负债			
递延所得税负债			
其他非流动负债			2,300,000.00
非流动负债合计		30,000,000.00	2,300,000.00
负债合计		285,235,027.57	352,944,743.91
股东权益：			
股本		241,400,000.00	180,000,000.00
资本公积		496,694,397.16	149,094,397.16
减：库存股			
盈余公积		23,511,294.71	21,966,332.10
未分配利润		59,469,756.77	45,565,093.33
外币报表折算差额			
股东权益合计		821,075,448.64	396,625,822.59
负债和股东权益合计		1,106,310,476.21	749,570,566.50

公司法定代表人：李愈　　主管会计工作负责人：崔建文　　会计机构负责人：金建霞

合并利润表

2008 年 1—12 月

单位：元 币种：人民币

项目	附注	本期金额	上期金额
一、营业总收入		560,636,041.68	517,984,967.95
其中：营业收入		560,636,041.68	517,984,967.95
利息收入			
已赚保费			
手续费及佣金收入			
二、营业总成本		594,489,911.43	536,971,476.43
其中：营业成本		483,112,071.55	433,411,280.11
利息支出			
手续费及佣金支出			
退保金			
赔付支出净额			
提取保险合同准备金净额			
保单红利支出			
分保费用			
营业税金及附加		1,301,770.08	2,186,179.87
销售费用		26,192,738.60	50,229,791.65
管理费用		40,764,239.05	33,410,757.64
财务费用		33,437,952.21	20,466,347.07
资产减值损失		9,681,139.94	−2,732,879.91
加：公允价值变动收益（损失以“－”号填列）		0.00	127.00
投资收益（损失以“－”号填列）		59,049,958.72	19,228,734.99
其中：对联营企业和合营企业的投资收益		58,822,685.90	11,061,242.61
汇兑收益（损失以“－”号填列）			
三、营业利润（亏损以“－”号填列）		25,196,088.97	242,353.51
加：营业外收入		9,820,029.90	20,707,003.55
减：营业外支出		2,680,604.54	500,264.50
其中：非流动资产处置净损失		6,086.43	22,171.95
四、利润总额（亏损总额以“－”号填列）		32,335,514.33	20,449,092.56
减：所得税费用		2,108,918.90	313,183.86
五、净利润（净亏损以“－”号填列）		30,226,595.43	20,135,908.70
归属于母公司所有者的净利润		28,753,027.14	13,846,010.58
少数股东损益		1,473,568.29	6,289,898.12
六、每股收益：			
（一）基本每股收益		0.12	0.06
（二）稀释每股收益		0.12	0.06

公司法定代表人：李愈　　主管会计工作负责人：崔建文　　会计机构负责人：金建霞

母公司利润表

2008 年 1—12 月

单位：元 币种：人民币

项目	附注	本期金额	上期金额
一、营业收入		3,912,561.39	6,378,180.78
减：营业成本		4,890,745.68	8,643,724.79
营业税金及附加		59,540.03	814,755.09
销售费用		402,209.43	197,722.90
管理费用		11,545,450.44	6,606,496.87

财务费用	24,636,621.13	10,227,029.73
资产减值损失	9,200,473.74	−217,649.62
加:公允价值变动收益(损失以“−”号填列)		127.00
投资收益(损失以“−”号填列)	59,015,179.96	29,607,045.02
其中:对联营企业和合营企业的投资收益	58,822,685.90	10,461,603.53
二、营业利润(亏损以“−”号填列)	12,192,700.90	9,713,273.04
加:营业外收入	5,357,626.69	10,720,085.06
减:营业外支出	2,297,939.18	59,571.95
其中:非流动资产处置净损失	6,086.43	15,331.65
三、利润总额(亏损总额以“−”号填列)	15,252,388.41	20,373,786.15
减:所得税费用	−197,237.64	105,228.54
四、净利润(净亏损以“−”号填列)	15,449,626.05	20,268,557.61

公司法定代表人:李愈　　主管会计工作负责人:崔建文　　会计机构负责人:金建霞

合并现金流量表

2008 年 1—12 月

单位:元 币种:人民币

项目	附注	本期金额	上期金额
一、经营活动产生的现金流量:			
销售商品、提供劳务收到的现金		530,521,910.91	674,008,513.55
客户存款和同业存放款项净增加额			
向中央银行借款净增加额			
向其他金融机构拆入资金净增加额			
收到原保险合同保费取得的现金			
收到再保险业务现金净额			
保户储金及投资款净增加额			
处置交易性金融资产净增加额			
收取利息、手续费及佣金的现金			
拆入资金净增加额			
回购业务资金净增加额			
收到的税费返还		7,544,619.47	5,638,916.05
收到其他与经营活动有关的现金		33,700,834.60	111,870,692.07
经营活动现金流入小计		571,767,364.98	791,518,121.67
购买商品、接受劳务支付的现金		505,556,810.97	620,537,422.92
客户贷款及垫款净增加额			
存放中央银行和同业款项净增加额			
支付原保险合同赔付款项的现金			
支付利息、手续费及佣金的现金			
支付保单红利的现金			
支付给职工以及为职工支付的现金		39,040,397.48	32,821,909.42
支付的各项税费		17,913,215.11	19,422,837.65
支付其他与经营活动有关的现金		138,402,107.00	84,673,937.39
经营活动现金流出小计		700,912,530.56	757,456,107.38
经营活动产生的现金流量净额		−129,145,165.58	34,062,014.29
二、投资活动产生的现金流量:			
收回投资收到的现金		35,252.73	
取得投资收益收到的现金		11,728,994.39	8,078,221.14
处置固定资产、无形资产和其他长期资产收回的现金净额		586,000.00	
处置子公司及其他营业单位收到的现金净额		102,809.75	
收到其他与投资活动有关的现金			27,407,205.60
投资活动现金流入小计		12,453,056.87	35,485,426.74
购建固定资产、无形资产和其他长期资产支付的现金		147,208,980.13	10,466,622.17
投资支付的现金		62,434,036.55	101,016,580.00
质押贷款净增加额			
取得子公司及其他营业单位支付的现金净额			
支付其他与投资活动有关的现金			14,626,766.34
投资活动现金流出小计		209,643,016.68	126,109,968.51
投资活动产生的现金流量净额		−197,189,959.81	−90,624,541.77
三、筹资活动产生的现金流量:			
吸收投资收到的现金		429,090,000.00	1,200,000.00
其中:子公司吸收少数股东投资收到的现金		20,090,000.00	1,200,000.00
取得借款收到的现金		495,630,000.00	358,350,000.00
发行债券收到的现金			
收到其他与筹资活动有关的现金			
筹资活动现金流入小计		924,720,000.00	359,550,000.00
偿还债务支付的现金		507,531,431.00	347,638,569.00
分配股利、利润或偿付利息支付的现金		34,139,149.46	20,197,484.10
其中:子公司支付给少数股东的股利、利润			
支付其他与筹资活动有关的现金			
筹资活动现金流出小计		541,670,580.46	367,836,053.10
筹资活动产生的现金流量净额		383,049,419.54	−8,286,053.10
四、汇率变动对现金及现金等价物的影响			
五、现金及现金等价物净增加额		56,714,294.15	−64,848,580.58
加:期初现金及现金等价物余额		73,603,117.47	138,451,698.05
六、期末现金及现金等价物余额		130,317,411.62	73,603,117.47

公司法定代表人:李愈　　主管会计工作负责人:崔建文　　会计机构负责人:金建霞

母公司现金流量表

2008 年 1—12 月

单位:元 币种:人民币

项目	附注	本期金额	上期金额
一、经营活动产生的现金流量:			
销售商品、提供劳务收到的现金		5,052,516.09	7,871,825.34
收到的税费返还		0.00	
收到其他与经营活动有关的现金		28,886,876.51	57,933,868.79
经营活动现金流入小计		33,939,392.60	65,805,694.13
购买商品、接受劳务支付的现金		4,509,033.54	2,844,047.07
支付给职工以及为职工支付的现金		3,577,807.14	4,175,262.25
支付的各项税费		843,429.19	1,151,302.55
支付其他与经营活动有关的现金		180,754,387.21	15,284,749.16
经营活动现金流出小计		189,684,657.08	23,455,361.03
经营活动产生的现金流量净额		−155,745,264.48	42,350,333.10
二、投资活动产生的现金流量:			
收回投资收到的现金		930.00	
取得投资收益收到的现金		11,803,703.35	8,078,221.14
处置固定资产、无形资产和其他长期资产收回的现金净额		350,000.00	
处置子公司及其他营业单位收到的现金净额		255,717.89	
收到其他与投资活动有关的现金			
投资活动现金流入小计		12,410,351.24	8,078,221.14
购建固定资产、无形资产和其他长期资产支付的现金		1,543,149.50	420,679.92
投资支付的现金		207,112,584.93	101,016,580.00
取得子公司及其他营业单位支付的现金净额			
支付其他与投资活动有关的现金			
投资活动现金流出小计		208,655,734.43	101,437,259.92
投资活动产生的现金流量净额		−196,245,383.19	−93,359,038.78
三、筹资活动产生的现金流量:			
吸收投资收到的现金		409,000,000.00	
取得借款收到的现金		300,000,000.00	186,900,000.00
收到其他与筹资活动有关的现金			
筹资活动现金流入小计		709,000,000.00	186,900,000.00
偿还债务支付的现金		276,900,000.00	206,000,000.00
分配股利、利润或偿付利息支付的现金		26,846,193.89	11,910,484.75
支付其他与筹资活动有关的现金			
筹资活动现金流出小计		303,746,193.89	217,910,484.75
筹资活动产生的现金流量净额		405,253,806.11	−31,010,484.75
四、汇率变动对现金及现金等价物的影响			
五、现金及现金等价物净增加额		53,263,158.44	−82,019,190.43
加:期初现金及现金等价物余额		9,676,450.54	91,695,640.97
六、期末现金及现金等价物余额		62,939,608.98	9,676,450.54

公司法定代表人:李愈　　主管会计工作负责人:崔建文　　会计机构负责人:金建霞

合并所有者权益变动表

2008 年 1—12 月

单位:元 币种:人民币

	本年金额								
	归属于母公司所有者权益								
项目	股本	资本公积	减:库存股	盈余公积	一般风险准备	未分配利润	其他	少数股东权益	所有者权益合计
一、上年年末余额	180,000,000.00	152,616,318.71		24,282,652.57		21,397,160.71		10,372,495.44	388,668,627.43
加:同一控制下企业合并产生的追溯调整									
会计政策变更									
前期差错更正									
其他									
二、本年年初余额	180,000,000.00	152,616,318.71		24,282,652.57		21,397,160.71		10,372,495.44	388,668,627.43
三、本年增减变动金额(减少以“−”号填列)	61,400,000.00	347,600,000.00		1,544,962.61		27,208,064.53		21,344,789.09	459,097,816.23
(一)净利润						28,753,027.14		1,473,568.29	30,226,595.43
(二)直接计入所有者权益的利得和损失									
1.可供出售金融资产公允价值变动净额									
2.权益法下被投资单位其他所有者权益变动的影响									
3.与计入所有者权益项目相关的所得税影响									
4.其他									
上述(一)和(二)小计						28,753,027.14		1,473,568.29	30,226,595.43
(三)所有者投入和减少资本	7,400,000.00	401,600,000.00						19,871,220.80	428,871,220.80
1.所有者投入资本	7,400,000.00	401,600,000.00						20,090,000.00	429,090,000.00
2.股份支付计入所有者权益的金额									
3.其他								−218,779.20	−218,779.20
(四)利润分配				1,544,962.61		−1,544,962.61			
1.提取盈余公积				1,544,962.61		−1,544,962.61			
2.提取一般风险准备									

3.对所有者(或股东)的分配									
4.其他									
(五)所有者权益									
内部结转	54,000,000.00	−54,000,000.00							
1.资本公积转增资									
本(或股本)	54,000,000.00	−54,000,000.00							
2.盈余公积转增资本									
(或股本)									
3.盈余公积弥补亏损									
4.其他									
四、本期期末余额	241,400,000.00	500,216,318.71		25,827,615.18		48,605,225.24		31,717,284.53	847,766,443.66

上年金额

归属于母公司所有者权益

项目	股本	资本公积	减:库存股	盈余公积	一般风险准备	未分配利润	其他	少数股东权益	所有者权益合计
一、上年年末余额	180,000,000.00	152,616,318.71		22,255,796.81		9,578,005.89		4,082,597.32	368,532,718.73
加:同一控制下企业合并产生的追溯调整									
会计政策变更									
前期差错更正									
其他									
二、本年年初余额	180,000,000.00	152,616,318.71		22,255,796.81		9,578,005.89		4,082,597.32	368,532,718.73
三、本年增减变动金额									
(减少以"-"号填列)				2,026,855.76		11,819,154.82		6,289,898.12	20,135,908.70
(一)净利润						13,846,010.58		6,289,898.12	20,135,908.70
(二)直接计入所有者									
权益的利得和损失									
1.可供出售金融资产									
公允价值变动净额									
2.权益法下被投资单位									
其他所有者权益变动的影响									
3.与计入所有者权益项目									
相关的所得税影响									
4.其他									
上述(一)和(二)小计						13,846,010.58		6,289,898.12	20,135,908.70
(三)所有者投入和减少资本									
1.所有者投入资本									
2.股份支付计入所有者权益的金额									
3.其他									
(四)利润分配				2,026,855.76		−2,026,855.76			
1.提取盈余公积				2,026,855.76		−2,026,855.76			
2.提取一般风险准备									
3.对所有者(或股东)的分配									
4.其他									
(五)所有者权益内部结转									
1.资本公积转增资本(或股本)									
2.盈余公积转增资本(或股本)									
3.盈余公积弥补亏损									
4.其他									
四、本期期末余额	180,000,000.00	152,616,318.71		24,282,652.57		21,397,160.71		10,372,495.44	388,668,627.43

公司法定代表人:李愈　　主管会计工作负责人:崔建文　　会计机构负责人:金建霞

母公司所有者权益变动表

2008 年 1—12 月

单位:元 币种:人民币

本年金额

项目	股本	资本公积	减:库存股	盈余公积	未分配利润	所有者权益合计
一、上年年末余额	180,000,000.00	149,094,397.16		21,966,332.10	45,565,093.33	396,625,822.59
加:会计政策变更						
前期差错更正						
其他						
二、本年年初余额	180,000,000.00	149,094,397.16		21,966,332.10	45,565,093.33	396,625,822.59
三、本年增减变动金额						
(减少以"-"号填列)	61,400,000.00	347,600,000.00		1,544,962.61	13,904,663.44	424,449,626.05
(一)净利润					15,449,626.05	15,449,626.05
(二)直接计入所有者						
权益的利得和损失						
1.可供出售金融资产						
公允价值变动净额						
2.权益法下被投资单位其他						
所有者权益变动的影响						
3.与计入所有者权益项目						
相关的所得税影响						
4.其他						
上述(一)和(二)小计					15,449,626.05	15,449,626.05
(三)所有者投入和						
减少资本	7,400,000.00	347,600,000.00				355,000,000.00
1.所有者投入资本	7,400,000.00	347,600,000.00				355,000,000.00
2.股份支付计入所有者						
权益的金额						
3.其他						
(四)利润分配				1,544,962.61	−1,544,962.61	
1.提取盈余公积				1,544,962.61	−1,544,962.61	
2.对所有者(或股东)的分配						
3.其他						
(五)所有者权益						
内部结转	54,000,000.00					54,000,000.00
1.资本公积转增资本						
(或股本)	54,000,000.00					54,000,000.00
2.盈余公积转增资本						
(或股本)						
3.盈余公积弥补亏损						
4.其他						
四、本期期末余额	241,400,000.00	496,694,397.16		23,511,294.71	59,469,756.77	821,075,448.64

上年金额

项目	股本	资本公积	减:库存股	盈余公积	未分配利润	所有者权益合计
一、上年年末余额	180,000,000.00	149,094,397.16		19,939,476.34	27,323,391.48	376,357,264.98
加:会计政策变更						
前期差错更正						
其他						
二、本年年初余额	180,000,000.00	149,094,397.16		19,939,476.34	27,323,391.48	376,357,264.98
三、本年增减变动金额						
(减少以"-"号填列)				2,026,855.76	18,241,701.85	20,268,557.61
(一)净利润					20,268,557.61	20,268,557.61
(二)直接计入所有者						
权益的利得和损失						
1.可供出售金融资产						
公允价值变动净额						
2.权益法下被投资单位其他						
所有者权益变动的影响						
3.与计入所有者权益项目						
相关的所得税影响						
4.其他						
上述(一)和(二)小计					20,268,557.61	20,268,557.61
(三)所有者投入和减少资本						
1.所有者投入资本						
2.股份支付计入所有者权益的金额						
3.其他						
(四)利润分配				2,026,855.76	−2,026,855.76	
1.提取盈余公积				2,026,855.76	−2,026,855.76	
2.对所有者(或股东)的分配						
3.其他						
(五)所有者权益内部结转						
1.资本公积转增资本(或股本)						
2.盈余公积转增资本(或股本)						
3.盈余公积弥补亏损						
4.其他						
四、本期期末余额	180,000,000.00	149,094,397.16		21,966,332.10	45,565,093.33	396,625,822.59

公司法定代表人:李愈　　主管会计工作负责人:崔建文　　会计机构负责人:金建霞

9.3 本报告期无会计政策、会计估计和核算方法变更。

9.4 本报告期无会计差错更正。

9.5 报告期内,公司财务报表合并范围未发生重大变化。

董事长:李愈

新疆冠农果茸股份有限公司

2009 年 3 月 20 日

南京钢铁股份有限公司

南京钢铁股份有限公司2008年年度报告摘要

第一节　重要提示

1.1 本公司董事会、监事会及董事、监事、高级管理人员保证本报告所载资料不存在任何虚假记载、误导性陈述或者重大遗漏，并对其内容的真实性、准确性和完整性承担个别及连带责任。

本年度报告摘要摘自年度报告全文，投资者欲了解详细内容，应当仔细阅读年度报告全文。

1.2 公司全体董事出席董事会会议。

1.3 江苏天衡会计师事务所有限公司为本公司出具了标准无保留意见的审计报告。

1.4 公司董事长杨思明先生、总经理秦勇先生、总会计师兼财务部经理梅家秀先生声明：保证年度报告中财务报告的真实、完整。

第二节　公司基本情况简介

2.1 基本情况简介

股票简称	南钢股份
股票代码	600282
上市交易所	上海证券交易所
公司注册地址和办公地址	江苏省南京市六合区卸甲甸
邮政编码	210035
公司国际互联网网址	http://www.600282.net
电子信箱	webmaster@600282.net

2.2 联系人和联系方式

	董事会秘书	证券事务代表
姓名	徐　林	张善康
联系地址	江苏省南京市六合区卸甲甸	江苏省南京市六合区卸甲甸
电话	025-57056780	025-57797742
传真	025-57052184	025-57797742
电子信箱	nggf@600282.net	nggf@600282.net

第三节　会计数据和业务数据摘要

3.1 主要会计数据

单位：元　币种：人民币

	2008年	2007年	本年比上年增减(%)	2006年
营业收入	28,354,366,451.17	22,004,651,011.85	28.86	15,951,652,417.15
利润总额	145,299,620.87	1,336,915,114.82	-89.13	558,663,789.19
归属于上市公司股东的净利润	123,203,482.73	1,030,852,907.68	-88.05	390,572,685.79
归属于上市公司股东的扣除非经常性损益的净利润	103,616,916.41	980,345,855.19	-89.43	376,493,646.66
经营活动产生的现金流量净额	495,133,951.60	1,189,306,217.80	-58.37	-57,379,169.42
	2008年末	2007年末	本年末比上年末增减(%)	2006年末
总资产	11,182,751,978.58	10,903,255,005.31	2.56	9,336,787,038.35
所有者权益(或股东权益)	4,363,245,082.46	4,333,641,599.73	0.68	3,490,188,692.05

3.2 主要财务指标

	2008年	2007年	本年比上年增减(%)	2006年
基本每股收益(元/股)	0.07	0.61	-88.04	0.232
稀释每股收益(元/股)	0.07	0.61	-88.04	0.232
扣除非经常性损益后的基本每股收益(元/股)	0.062	0.582	-89.43	0.223
全面摊薄净资产收益率(%)	2.82	23.79	减少20.97个百分点	11.19
加权平均净资产收益率(%)	2.84	26.46	减少23.62个百分点	10.82
扣除非经常性损益后全面摊薄净资产收益率(%)	2.37	22.62	减少20.25个百分点	10.79
扣除非经常性损益后的加权平均净资产收益率(%)	2.39	25.16	减少22.77个百分点	10.43
每股经营活动产生的现金流量净额(元/股)	0.29	0.71	-58.35	-0.03
主要财务指标	2008年末	2007年末	本年末比上年末增减(%)	2006年末
归属于上市公司股东的每股净资产(元/股)	2.59	2.57	0.68	2.07

非经常性损益项目

√适用　□不适用

单位：元　币种：人民币

非经常性损益项目	金额
非流动资产处置损益	-1,145,572.76
计入当期损益的政府补助，但与公司正常经营业务密切相关，符合国家政策规定、按照一定标准定额或定量持续享受的政府补助除外	10,029,287.00
除上述各项之外的其他营业外收入和支出	11,236,884.17
所得税影响额	-6,674,724.00
处置交易性金融资产、交易型金融负债和可供出售金融资产取得的投资收益	20,488.39
其他非经常性损益项目(存货盘盈)	6,120,203.52
合计	19,586,566.32

3.3 境内外会计准则差异：

□适用　√不适用

第四节　股本变动及股东情况

4.1 股份变动情况表

√适用　□不适用

单位：股

	本次变动前		本次变动增减(+,-)					本次变动后	
	数量	比例(%)	发行新股	送股	公积金转股	其他	小计	数量	比例(%)
一、有限售条件股份									
1、国家持股									
2、国有法人持股									
3、其他内资持股	489,600,000	52.31		195,840,000	195,840,000	-84,240,000	307,440,000	797,040,000	47.31
其中：境内非国有法人持股	489,600,000	52.31		195,840,000	195,840,000	-84,240,000	307,440,000	797,040,000	47.31
境内自然人持股									
4、外资持股									
其中：境外法人持股									
境外自然人持股									
有限售条件股份合计	489,600,000	52.31		195,840,000	195,840,000	-84,240,000	307,440,000	797,040,000	47.31
二、无限售条件流通股份									
1、人民币普通股	446,400,000	47.69		178,560,000	178,560,000	84,240,000	441,360,000	887,760,000	52.69
2、境内上市的外资股									
3、境外上市的外资股									
4、其他									
无限售条件流通股份合计	446,400,000	47.69		178,560,000	178,560,000	84,240,000	441,360,000	887,760,000	52.69
三、股份总数	936,000,000	100.00		374,400,000	374,400,000	0	748,800,000	1,684,800,000	100.00

限售股份变动情况表

√适用　□不适用

单位：股

股东名称	年初限售股数注	本年解除限售股数	本年增加限售股数	年末限售股数	限售原因	解除限售日期
南京钢铁联合有限公司	489,600,000	84,240,000	84,240,000	797,040,000	股权分置改革	2008-10-27
合计	489,600,000	84,240,000	84,240,000	797,040,000	/	/

4.2 股东数量和持股情况

单位：股

报告期末股东总数	100,889户

前十名股东持股情况

股东名称	股东性质	持股比例(%)	持股总数	报告期内增减	持有有限售条件的股份数量	质押或冻结的股份数量
南京钢铁联合有限公司	境内非国有法人	62.69	1,056,120,000	453,740,000	797,040,000	无
宝钢集团有限公司	国有法人	2.10	35,383,090	35,383,090		未知
中国工商银行-华安中小盘成长股票型证券投资基金	未知	2.02	34,053,978	6,103,978		未知
中国建设银行-鹏华价值优势股票型证券投资基金	未知	0.85	14,254,388	9,199,250		未知
中国平安人寿保险股份有限公司-分红-个险分红	未知	0.69	11,639,900	11,639,900		未知
太平人寿保险有限公司-传统-普通保险产品-022L-CT001沪	未知	0.39	6,499,831	6,499,831		未知
中国建设银行-信诚精萃成长股票型证券投资基金	未知	0.36	6,000,000	6,000,000		未知
华夏银行股份有限公司-益民红利成长混合型证券投资基金	未知	0.31	5,296,559	5,296,559		未知
中国光大银行股份有限公司-中融景气行业证券投资基金	未知	0.29	4,883,937	384,077		未知
北京北方银通房地产开发有限公司	未知	0.28	4,656,060	4,656,060		未知

前十名无限售条件股东持股情况

股东名称	持有无限售条件股份数量	股份种类
南京钢铁联合有限公司	259,080,000	人民币普通股
宝钢集团有限公司	35,383,090	人民币普通股
中国工商银行-华安中小盘成长股票型证券投资基金	34,053,978	人民币普通股
中国建设银行-鹏华价值优势股票型证券投资基金	14,254,388	人民币普通股
中国平安人寿保险股份有限公司-分红-个险分红	11,639,900	人民币普通股
太平人寿保险有限公司-传统-普通保险产品-022L-CT001 沪	6,499,831	人民币普通股
中国建设银行-信诚精萃成长股票型证券投资基金	6,000,000	人民币普通股
华夏银行股份有限公司-益民红利成长混合型证券投资基金	5,296,559	人民币普通股
中国光大银行股份有限公司-中融景气行业证券投资基金	4,883,937	人民币普通股
北京北方银通房地产开发有限公司	4,656,060	人民币普通股
上述股东关联关系或一致行动的说明	前十大流通股股东与前十大股东相同。其中,控股股东南京钢铁联合有限公司与其他流通股股东之间不存在关联关系,也不属于《上市公司收购管理办法》中规定的一致行动人。本公司未知其他流通股股东相互间是否存在关联关系,也未知其相互间是否属于《上市公司收购管理办法》中规定的一致行动人。	

4.3 控股股东及实际控制人情况介绍

4.3.1 控股股东及实际控制人变更情况

□适用　　√不适用

4.3.2 控股股东及实际控制人具体情况介绍

4.3.2.1 法人控股股东情况

单位:万元　币种:人民币

名称	法定代表人	注册资本	成立日期	主营业务
南京钢铁联合有限公司	杨思明	275,000	2003-3-24	许可经营项目:其他印刷品印刷、内部资料印刷。气瓶检测、充装;氧[压缩的]、氮[压缩的]、氩[压缩的]、氧及医用氧[液化的]、氮[液化的]、氩[液化的]、煤气、煤焦油、苯、硫磺的生产及自产产品销售; 一般经营项目:钢铁冶炼、钢材轧制、自产钢材销售;耐火材料,建筑材料生产;自产产品销售;装卸、搬运;自营和代理各类商品及技术的进出口业务(国家限定公司经营和禁止进出口的商品和技术除外)。

4.3.2.2 自然人实际控制人情况

姓名	国籍	是否取得其他国家或地区居留权	最近五年内的职业	最近五年内的职务
郭广昌	中国	否		郭广昌,1994 年起任上海复星高科技(集团)有限公司董事长;1995 年起任上海复星医药(集团)股份有限公司董事,其中 1995 年至 2007 年 10 月任董事长;1998 年起任复地(集团)股份有限公司董事长;2001 年起任上海复星产业投资有限公司董事长;2001 年至 2007 年任上海豫园旅游商城股份有限公司董事;2003 年起任南京钢铁联合有限公司副董事长、国药控股有限公司副董事长;2004 年至 2007 年 4 月任招金矿业股份有限公司董事,2004 年 12 月起任复星国际有限公司董事长、首席执行官。

第五节　董事、监事和高级管理人员

5.1 董事、监事和高级管理人员持股变动及报酬

单位:股

姓名	职务	性别	年龄	任期起止日期	年初持股数	年末持股数	股份增减数	变动原因	是否在公司领取报酬、津贴	报告期内从公司领取的报酬总额(万元)税前	是否在股东单位或其他关联单位领取薪酬
杨思明	董事长	男	55	2008-9-26~2011-9-25					否		是
肖同友	原董事长	男	61	2005-4-22~2008-9-26					否		是
吕　鹏	副董事长	男	46	2008-9-26~2011-9-25					否		是
秦　勇	董事、总经理	男	46	2008-9-26~2011-9-25					是	42	否
陶　魄	董事	男	50	2008-9-26~2011-9-25					否		是
黄一新	董事	男	43	2008-9-26~2011-9-25					否		是
孙亦民	董事	男	38	2008-9-26~2011-9-25					否		是
郎秋燕	原董事	男	59	2005-4-22~2008-9-26					是	28	否
黄旭芒	独立董事	男	51	2008-9-26~2011-9-25					是	2.5	否
陈传明	独立董事	男	51	2008-9-26~2011-9-25					是	2.5	否
应文禄	独立董事	男	43	2008-9-26~2011-9-25					是	2.5	否
杨国祥	原独立董事	男	56	2005-4-22~2008-9-26					是	5	否
何次琴	原独立董事	女	61	2005-4-22~2008-9-26					是	5	否
宋颂兴	原独立董事	男	61	2005-4-22~2008-9-26					是	5	否
吕庆明	监事会主席	男	54	2008-9-26~2011-9-25					否		是
刘中豪	监事	男	47	2008-9-26~2011-9-25					否		是
魏慕东	监事	男	52	2008-9-26~2011-9-25					否		是
潘长根	原监事	男	59	2007-4-25~2008-9-25					否		是
王永玉	职工代表监事	男	54	2008-9-26~2011-9-25					是	17	否
蒋筱春	职工代表监事	男	51	2008-9-26~2011-9-25					是	30	否
王经民	副总经理	男	59	2008-9-26~2011-9-25					是	40	否
朱金宝	副总经理	男	43	2008-9-26~2011-9-25					是	28	否
徐　林	董事会秘书	男	44	2008-9-26~2011-9-25					是	17	否
梅家秀	总会计师	男	36	2008-9-26~2011-9-25					是	13	否
王瑞祥	原总会计师	男	43	2005-4-22~2008-3-26					是	4.25	否
合　计										241.75	

第六节　董事会报告

6.1 管理层讨论与分析

(一)报告期内公司经营情况的回顾

1、公司报告期内总体经营情况

2008 年,国内外钢材市场发生了剧烈变化,钢材价格大起大落。1-7 月份国内外钢材市场供需两旺,钢材价格持续走高。自 8 月份开始,受全球性金融危机以及国内经济增长大幅放缓等诸多因素叠加影响,钢材市场需求及价格持续下降。尤其是进入第四季度之后,钢材价格急剧下降、市场需求极度萎缩,导致钢铁行业效益大幅度下滑。

面对复杂多变的市场形势,公司一是坚持以效益为中心,以市场为导向,适时调整经营策略,科学组织生产。1-7 月份,公司抓住钢材市场旺销的有利时机,在资源保障、合同评审、生产组织、成本控制等方面做了大量卓有成效的工作,生产水平不断得到提高。8 月份以后钢材市场突变,价格大幅度下滑,订单严重不足,产品销售困难,公司见事早、行动快,果断改变生产组织观念,按照"动态测算效益、及时调整生产"的方针,对生产方式进行灵活调整,8、9 月份在全行业出现亏损的情况下,公司仍然实现盈利。10 月份后,钢材价格急剧下降、市场需求极度萎缩,10、11 月份公司进行了限产,12 月份鉴于市场已逐步企稳,在有效控制工序成本的前提下,逐步恢复了生产。全年生产组织基本实现了"上得去、下得来、控得住"的目标。全年公司钢产量为 496.53 万吨,同比降低 3.29%;生铁产量为 514.09 万吨,同比降低 4.73%;钢材产量为 425.10 万吨,同比增长 2.30%。中板和中厚板卷产量 303.60 万吨,同比增长 11.76%,产量行业排名第五(产量排名据《中国钢铁工业统计月报》,下同)。

二是强化产品研发能力,优化产品结构,完善产品质量体系,提高产品竞争力。报告期内,公司共投入 4.2 亿元研发资金,先后开发出 X100 管线钢、09MnNiDR 容器板、38CrMoAl 齿轮钢等 7 大系列 20 个高附加值新钢种。全年品种钢材产量和比例继续提高,产量为 364.93 万吨,同比增长 11.29%;比例为 85.85%,比上年增加 12.07 个百分点。其中板材品种材比例为 91.39%,比上年增加 8.04 个百分点。船用钢板产量 148.91 万吨,同比增长 55.28%,产量行业排名第五;桥梁板 25.95 万吨,同比增长 34.18%,产量行业排名第二;锅炉容器板 17.49 万吨,同比增长 39.70%,产量行业排名第四。报告期,公司船用钢板顺利通过了最大厚度 40mm、最高钢级 FH40 的九国船级社工厂扩大认证,管线钢质量体系通过美国石油协会认证、获得 API Q1 认证证书,压力容器板通过了欧盟 PED 认证,热轧建筑用钢板通过了出口欧洲国家的 CE 认证,为公司产品进一步开拓国际市场奠定了基础;桥梁钢板、船用钢板荣获冶金产品实物质量"金杯奖"称号;管线钢荣获冶金行业"品质卓越产品"称号;桥梁钢板、碳素结构钢热轧钢板和锅炉压力容器板被评为江苏省名牌产品;X 100 管线钢通过省级科技成果和新产品鉴定;宽中厚板卷生产关键技术获得省、市科技进步奖。

三是抓住机遇、迎接挑战,努力提高营销工作水平。在市场顺境中,公司抓住有利时机,大力开拓市场,进一步提高大订单、中长期订单和高附加值订单的比例。管线钢、船板等传统优势产品成功打入西南管线,国内首条 30 万吨油轮等国家重点工程和标志性项目。在市场逆境中,公司迅速调整工作思路:一方面加快发货速度,压缩钢材库存,降低跌价损失;另一方面调整考核导向,加大压力、加强考核,明确目标,及时从客户资金、运输管理、市场价格协调三方面着手,加强接订单和销售出库工作,全年钢材产销率达到 100%,资金回笼率 100%。尽管受全球金融危机的影响,但出口工作仍取得较好成绩,全年出口钢材 64.09 万吨,比上一年度增长 10.54%。其中,中板及中厚板卷 63.89 万吨,比上一年度增长 20.03%。

四是抓好技改项目建设,增强企业发展后劲。中板厂二期技术改造竣工投产后,仅两个月就达到了年产 180 万吨的设计能力;中厚板卷厂钢板热处理项目 2007 年 12 月建成投产后,2008 年热处理钢板接近 14 万吨;中厚板卷 2# 加热炉建成投用后,月加热坯料稳定在 4.5 万以上。上述技术改造项目的投用,使得公司品种钢和品种材产量得到进一步提升。

五是积极开展循环经济、环境保护和节能降耗工作,保持企业可持续发展。2008 年,公司环保设施同步运行率达到 99%,污染物排放指标已经达到或接近清洁生产一级水平。环保指标继续改善,全年吨钢二氧化硫排放量较上年下降 17.6%,吨钢烟粉尘排放量较上年下降 4.8%,吨钢化学耗氧量较上年下降 77.3%。全年万元产值能耗 1.46 吨标煤,较上年下降 27.1%;吨钢新水消耗 4.85m3/t,较上年下降 36.4%;中厚板卷厂大转炉通过煤气回收发电持续实现负能炼钢。

尽管公司采取了上述一系列积极应对措施,但受国际金融危机的影响,公司 2008 年的经营业绩仍大幅度下滑,未能实现公司生产经营计划设定的目标。报告期,公司实现营业收入 283.54 亿元,同比增长 28.86%;实现营业利润 1.25 亿元,同比降低 90.69%;实现净利润 1.23 亿元,同比降低 88.05%。

公司经营计划的完成情况:2008 年度经营计划目标为钢产量 537 万吨、生铁产量 590 万吨、钢材产量 451 万吨;营业收入 247.11 亿元、营业成本 233.40 亿元、营业毛利 13.71 亿元。受全球性金融危机以及国内经济增长大幅放缓等诸多因素叠加影响,公司全年产钢 496.53 万吨、产生铁 514.09 万吨、产钢材 425.10 万吨,分别完成年度计划的 92.46%、87.13%、94.26%;实现营业收入 283.54 亿元、营业成本 271.05 亿元、营业毛利 12.49 亿元,营业毛利低于计划目标 8.90%。

2、公司主营业务及其经营状况

(1)主营业务分行业、产品情况表

单位:元　币种:人民币

分行业或分产品	营业收入	营业成本	营业利润(%)	营业收入率比上年增减(%)	营业成本比上年增减(%)	营业利润率比上年增减(%)
分行业						
黑色金属冶炼及压延加工	28,203,596,942.96	26,983,780,103.19	4.33	29.21	35.25	减少 4.27 个百分点
分产品						

棒材钢材	3,425,990,070.98	3,415,223,970.04	0.31	15.08	17.31	减少1.89个百分点
带钢钢材	2,039,153,781.80	2,031,741,132.12	0.36	3.78	7.20	减少3.18个百分点
中板钢材	8,592,162,654.60	8,118,056,734.59	5.52	47.80	59.67	减少7.02个百分点
中厚板卷钢材	8,757,443,155.97	8,089,387,934.55	7.63	42.73	53.52	减少6.49个百分点
钢坯、生铁	3,609,127,814.86	3,594,570,592.83	0.40	−1.67	0.20	减少1.86个百分点

(2)主营业务分地区情况

单位:万元 币种:人民币

地　　区	营业收入	营业收入比上年增减(%)
南京等江苏地区	1,047,921.09	27.33
上海地区	301,761.29	54.19
杭州等浙江地区	206,314.37	24.65
北京、广东等及其他地区	264,332.97	−6.75
境外(出口)	377,947.95	71.22

注:指钢材产品的销售收入。

主营业务收入主要来自于华东地区。

报告期,公司主营业务收入全部来自于黑色金属冶炼及压延加工业;按品种分为钢材、钢坯和生铁以及焦化副产品和煤气等其他产品。

(3)公司主要供应商、客户情况

单位:万元 币种:人民币

前五名供应商采购金额合计	1,129,942.82
占采购总额比重(%)	41.69
前五名销售客户销售金额合计	957,523.79
占销售总额比重(%)	33.95

(4)公司主要产品市场占有率情况

公司钢材产品在国内的主要销售市场为华东区域。报告期,公司棒材产品在华东地区市场占有率约为7.63%,国内市场占有率约为3.91%;中板和中厚板卷产品在华东地区市场占有率约为16.82%,国内市场占有率约为7.00%,钢带产品在华东地区市场占有率约为7.79%,国内市场占有率约为3.11%。

(5)公司主营业务及其结构、主营业务盈利能力较前一报告期变化情况

报告期,本公司主营业务及其结构未发生变化。

报告期营业收入、营业成本、销售费用、管理费用、财务费用、资产减值损失、营业利润、营业外收入、营业外支出、所得税费用和净利润的变化情况:

单位:元 币种:人民币

项　目	2008年度	2007年度	本年度比上年度增减(%)
营业收入	28,354,366,451.17	22,004,651,011.85	28.86
营业成本	27,105,236,178.70	20,129,114,002.47	34.66
销售费用	172,855,257.42	134,224,170.80	28.78
管理费用	209,540,567.91	101,874,134.03	105.69
财务费用	223,085,569.40	199,549,547.01	11.79
资产减值损失	434,308,479.45	6,391,612.08	6,694.98
营业利润	125,179,022.46	1,344,772,963.58	−90.69
营业外收入	29,031,260.78	13,353,454.45	117.41
营业外支出	8,910,662.37	21,211,303.21	−57.99
所得税费用	22,096,138.14	306,062,207.14	−92.78
净利润	123,203,482.73	1,030,852,907.68	−88.05

变动原因说明:

1)营业收入增长28.86%,主要系报告期公司钢材产品的产销量增加及产品综合平均销售价格上升所致;

2)营业成本增长34.66%,主要系报告期公司钢材产品的产销量增加及主要原燃材料采购价格上升所致;

3)销售费用增长28.78%,主要系报告期公司钢材产品出口量销量增加,出口费用相应增加所致;

4)管理费用增长105.69%,主要系上一报告期公司冲回以前年度职工福利费结余所致;

5)财务费用增长11.79%,主要系报告期公司银行借款平均利率上升所致;

6)资产减值损失增长6,694.98%,主要系受全球性金融危机以及国内经济增长大幅放缓等诸多因素叠加影响,报告期钢材价格急剧下降所致;

7)营业利润下降90.69%,主要系报告期公司原燃料采购成本上升对毛利的影响程度大于产品售价上升、品种结构优化因素,计提资产减值损失大幅上升且期间费用同比增加所致;

8)营业外收入增长117.41%,主要系报告期公司收到的财政补助资金及处理的不需支付的应付款项同比增加所致;

9)营业外支出下降57.99%,主要系报告期公司对外捐赠同比大幅减少所致;

10)所得税费用下降92.78%、净利润下降88.05%,主要系报告期营业利润大幅下降所致。

3、报告期公司资产构成情况

单位:元 币种:人民币

	2008年12月31日 金　额	占总资产比重	2007年12月31日 金　额	产比重占总资
应收票据	923,082,667.54	8.25	721,614,283.35	6.62
应收账款	196,744,291.12	1.76	199,494,659.87	1.83
预付款项	143,551,381.72	1.28	397,299,336.42	3.64
其他流动资产	83,071,171.47	0.74	11,248,337.34	0.10
存货	4,591,026,769.23	41.05	4,333,041,388.29	39.74
长期股权投资	85,750,000.00	0.77	85,750,000.00	0.79
固定资产	3,613,094,910.87	32.31	3,415,705,932.73	31.33
在建工程	120,540,617.57	1.08	513,347,272.27	4.71
递延所得税资产	183,380,424.90	1.64	56,947,605.38	0.52
短期借款	2,310,000,000.00	20.66	2,020,000,000.00	18.53
应付账款	1,862,201,972.43	16.65	1,438,717,289.27	13.20
应付票据	1,109,560,859.37	9.92	50,000,000.00	0.46
预收款项	983,279,783.63	8.79	1,831,860,565.73	16.80
一年内到期的非流动负债	50,000,000.00	0.45	523,046,000.00	4.80
长期借款	289,975,562.00	2.59	548,231,462.00	5.03
股本	1,684,800,000.00	15.07	936,000,000.00	8.58
资本公积	747,969,821.37	6.69	1,122,369,821.37	10.29
未分配利润	1,276,527,945.61	11.42	1,638,060,240.24	15.02
总资产	11,182,751,978.58	100.00	10,903,255,005.31	100.00

报告期公司应收款项、存货、长期股权投资、固定资产、短期借款占总资产的比重同比均未发生重大变化,占总资产比重同比发生重大变化的项目分析如下:

(1)应收票据增加主要系报告期公司销售客户以银行承兑汇票结算货款的比例上升所致;

(2)预付款项减少主要系报告期国内原燃料市场呈调整态势,公司适时调整采购货款的结算方式所致;

(3)其他流动资产增加主要随着中板厂改造项目的达产及产品品种结构的优化,报告期公司生产所需的在线轧辊的数量、品种和质量要求提高所致;

(4)在建工程减少主要系报告期公司中板厂一、二期改造、中厚板卷厂填平补齐等项目完工转入固定资产所致;

(5)递延所得税资产增加主要系公司对报告期增提的存货跌价准备和控股子公司能够结转以后年度抵扣的亏损确认递延所得税资产所致;

(6)应付账款增加主要系报告期公司针对国内原燃料市场变化,适时调整采购货款的结算方式所致;

(7)应付票据增加主要系报告期公司针对国内原燃料市场变化,采取开具银行承兑汇票方式支付采购货款所致;

(8)预收账款减少主要系因报告期钢材价格急剧下降,公司销售客户预付购货款减少所致;

(9)一年内到期的非流动负债及长期借款减少主要系报告期公司按期归还到期银行借款所致;

(10)股本增加主要系报告期公司实施2007年度利润分配和公积金转增股本方案,以2007年12月31日总股本93,600万股为基数,向全体股东按每10股送红股4股、每10股转增4股所致;

(11)资本公积减少主要系报告期公司实施2007年度公积金转增股本方案所致;

(12)未分配利润减少主要系报告期公司实施2007年度利润分配方案所致。

4、报告期公司现金流构成情况

单位:元 币种:人民币

项目	2008年	2007年	增减(+、−)
经营活动产生的现金流量净额	495,133,951.60	1,189,306,217.80	−694,172,266.20
投资活动产生的现金流量净额	−113,340,661.72	−180,471,860.67	67,131,198.95
筹资活动产生的现金流量净额	−748,682,707.26	−869,675,248.73	120,992,541.47
现金及现金等价物净增加额	−366,889,417.38	139,048,637.34	−505,938,054.72

(1)经营活动产生的现金流量净额减少主要系报告期公司实现净利润同比大幅下降所致;

(2)投资活动产生的现金流量净额增加主要系报告期公司固定资产购建投入同比降低所致;

(3)筹资活动产生的现金流量净额增加主要系报告期公司偿还银行借款净额同比降低所致。

5、主要控股公司及参股公司的经营情况及业绩分析

(1)主要控股子公司的经营情况

单位:元 币种:人民币

控股公司名称	业务性质	主要产品或服务	注册资本	总资产	净资产	净利润
南京钢铁集团经销有限公司	商业	钢材经销	50,000,000.00	129,073,344.53	84,526,258.31	−1,220,289.22
宁波南钢钢材销售有限公司	商业	钢材经销	550,000.00	11,746,462.35	−12,778,144.90	−13,349,043.36
扬州宁钢钢材销售有限公司	商业	钢材经销	500,000.00	35,546,500.37	−1,899,641.95	−4,361,834.01
杭州南钢钢材销售有限公司	商业	钢材经销	30,000,000.00	25,734,394.55	19,975,550.51	−9,866,127.07
无锡建宁钢材销售有限公司	商业	钢材经销	1,260,000.00	4,667,015.20	2,326,269.45	121,385.09
上海南钢钢材销售有限公司	商业	钢材经销	1,000,000.00	60,164,878.70	−17,115,426.35	−22,406,937.00
南通南钢钢材销售有限公司	商业	钢材经销	5,000,000.00	26,981,685.04	−9,286,726.29	−14,538,197.44
深圳市宁特钢材销售有限公司	商业	钢材经销	10,000,000.00	31,535,333.58	545,029.60	−9,377,563.68
重庆南钢钢材销售有限公司	商业	钢材经销	10,000,000.00	11,600,850.38	10,534,311.39	764,325.55
北京南钢金易贸易有限公司	商业	钢材经销	10,000,000.00	25,009,596.62	9,652,310.62	−456,245.27
上海金沿达钢材销售有限公司	商业	钢材经销	20,000,000.00	168,345,973.71	86,537,088.94	41,843,329.64
江苏南钢钢材现货贸易有限公司	商业	钢材经销	50,000,000.00	95,345,945.11	49,976,514.16	−23,485.84

(2)主要参股公司的经营情况

参股公司名称	业务性质	注册资本	占被投资单位注册资本比例	总资产	净资产	净利润
临涣焦化股份有限公司	商业	600,000,000.00	14.00%	2,572,474,755.40	601,813,573.78	1,813,573.78

(3)对公司净利润影响达10%以上的主要控股子公司的经营情况

公司名称	主要产品或服务	营业收入	营业利润	净利润	占上市公司净利润的比重
宁波南钢钢材销售有限公司	钢材经销	272,896,718.62	-16,914,019.40	-13,349,043.36	-10.83%
上海南钢钢材销售有限公司	钢材经销	294,579,305.01	-29,873,110.85	-22,406,937.00	-18.19%
南通南钢钢材销售有限公司	钢材经销	359,602,096.70	-19,333,584.05	-14,538,197.44	-11.80%
上海金沿达钢材销售有限公司	钢材经销	2,074,833,861.29	51,769,798.12	41,843,329.64	33.96%

1)宁波南钢钢材销售有限公司、上海南钢钢材销售有限公司、南通南钢钢材销售有限公司 2008 年实现净利润同比分别下降 1595.49%、762.99%、5881.26%,主要系报告期末钢材价格急剧下降,上述三家子公司为期末存货计提资产减值准备金额较大所致;

2) 上海金沿达钢材销售有限公司设立于 2007 年 3 月末,2008 年实现净利润同比增加 69.45%,主要系该公司与其销售客户所签订合同均为锁定价格的长期订单,因而未受钢材市场波动影响。

(二)对公司未来发展的展望

1、行业总体发展趋势

2009 年是钢铁市场形势十分严峻的一年。钢铁市场的走向不但受国际、国内宏观经济发展态势影响,而且还要取决于国家拉动内需政策的力度及成效。钢铁行业将认真落实《钢铁产业调整和振兴计划》,按照"保增长、扩内需、调结构"的总体要求,统筹国内外两个市场,以控制总量、淘汰落后、联合重组、技术改造、优化布局为重点,着力推动钢铁产业结构调整和优化升级,进一步增强企业竞争力,保持行业健康稳定发展。

2、公司发展的机遇和面临的挑战

发展机遇:

(1)中央实施积极的财政政策和适度宽松的货币政策,市场资金状况将有所好转,并将对国内钢材市场形成较强支撑。

(2)随着国家出台一系列"保增长、扩内需、调结构"的措施,诸多涉及民生的基础设施工程将开工建设,对钢铁产品的需求会产生积极影响。

(3)国家日前出台了《钢铁产业调整和振兴规划》,钢铁行业制订了《进口铁矿石贸易秩序自律公约》和《规范国内钢市秩序自律公约》,为钢铁行业健康发展创造了有利条件。

(4)公司实施的品牌战略、大营销战略、国际化战略和差异化战略,有助于企业实现又好又快发展。

面临挑战:

(1)全球金融危机所造成的影响正进一步扩大,其严重后果还会进一步显现。当前发达国家经济进入衰退,新兴经济体经济明显下滑,国际市场进一步萎缩,贸易保护主义抬头,我国钢材直接出口和间接出口将大幅度下降。

(2)受全球金融危机影响,世界经济面临明显下行压力。金融危机对我国经济的影响正日益显露,国内经济增长放缓,国内主要用钢行业需求明显减弱。

(3)由于国际钢材市场需求萎缩,国内钢材市场供过于求,将导致市场竞争更加激烈,钢价维持低位运行。

3、公司发展战略

依据国家产业政策和技术政策,以市场为导向,以提升企业盈利能力、竞争能力和可持续发展能力为目标,大力推进品牌战略、大营销战略、国际化战略和差异化战略等四大战略,将公司建设成为国际先进、国内一流的现代化、高强度精品专用板材生产供应基地。

4、公司 2009 年度经营计划

2009 年公司生产经营的指导思想:以钢铁产业调整和振兴规划为指导,坚持走品种质量效益型发展道路;强化产品研发能力,优化品种结构,努力提升产品档次,完善质量保障体系,提高产品实物质量;积极发展循环经济,促进节能降耗;继续开展用户满意工程,不断提高营销工作水平;深入开展管理对标工作,持续推行卓越绩效管理;提升信息化管理效能,全面增强企业综合竞争能力。

2009 年生产经营的主要目标为:

(1)实现钢产量 512 万吨,生铁产量 533 万吨,钢材产量 431 万吨;

(2)实现营业收入 239.92 亿元(营业成本预算 228.65 亿元);

(3)实现钢材产品产销率 100%;

(4)完成固定资产投资计划 4.52 亿元(含固定资产大修);

(5)环保设施同步运行率达到 99%以上,主要污染物全面达标排放;

(6)实现安全文明生产。

为实现上述目标,公司将重点做好以下工作:

(1)以创新的思路和措施,开创营销工作新局面。一是要紧紧抓住国家扩大投资、拉动内需的有利时机,关注跟踪重点行业与用户的用钢需求;以"抓大行业、抓大用户、抓大订单、抓大服务"为抓手,做好重点工程、重点行业的跟踪服务工作,全力争取能够支撑效益的高附加值订单;坚定不移地发展直接用户,进一步巩固与石油、石化、港机及造船等行业现有大用户的关系,下大力气再培养一批能真正长期合作、风险共担的直接用户和战略用户,力争战略用户与重点用户资源达到 80%以上。二是要继续深化用户满意工程,力争客户满意度达 95%以上。推行钢材远送代收代付集中管理制度,加强出口产品集港发运过程中的监督管理,为用户提供一站式服务,实现精品物流目标。要积极发挥现货贸易公司作用,大幅提升余材销售效益。三是要注重研究国家出口方面的政策,加强市场调研与拓展,在巩固韩国、日本、欧洲等原有市场的同时,加大力度开辟中东、南美等新兴市场,全年力争完成 56 万吨钢材的出口计划。

(2)以系统降本为重点,全力抓好生产组织工作。要紧贴市场变化,对煤、焦、矿、废钢、合金等大宗原燃料的市场走势准确把握,加快资源评审工作,及时组织优质低价原燃料的增量采购。密切关注国内外海运市场动向,选择最优的运输方式和运输路线,减少运输过程中的储运滞港费用。要以技术降本为突破口,以企业历史最好水平、国内先进水平为标准,做好对标挖潜和技经指标"超三赶一"工作。加强水、电、风、气的动态平衡,为生产稳定和产量提高创造条件。

(3)加大品种研发力度,开发优势主导产品。在中厚板平台,积极拓展宽薄板、特厚板的两端产品。要充分发挥中厚板卷厂装备优势,提高炉卷轧机的轧制效率,加大力度开发 6-8mm 厚度的宽、薄规格产品,力争全年达 24 万吨。对新区 2# 连铸机铸坯工艺进行技术攻关,提高铸坯质量,加大力度在中板厂开发厚度 40-60mm 的厚规格产品,力争全年达 12 万吨。积极抢抓国家拉动内需的机遇,进一步巩固船板、管线、风塔用钢三大支柱产品市场的同时,加大球罐、海洋工程、桥梁、高层建筑、核电用钢等高附加值专用板材的研制开发力度,积极打造板材平台新的效益支柱产品。对中厚板卷厂热处理线进行工艺优化,充分发挥热处理能力,力争全年板材热处理量(正火)达到 20 万吨。

(4)稳步提高产品质量水平,不断提升产品品牌形象。要强化全员的质量意识、品牌意识,形成促进质量提升的良好氛围。积极抓好质量保证体系的完善,积极发挥质量保证体系作用,实现质量管理的严格、规范和精细。加强原燃料质量把关,从源头上保证生产顺行和质量稳定。加强生产过程的质量控制,着力解决突出的质量问题。切实抓好产品仓储、运输及交付过程的质量保障,实现质量管理的无缝衔接,杜绝非实物质量事故发生。继续抓好产品认证和成果鉴定工作,抓紧推进高级别船用厚板、海洋工程板、容器板等认证工作,为上述产品迅速打入市场创造条件。

(5)切实做好节能降耗和循环经济工作。做好煤气、氧气、水等能源介质的动态平衡与管理,努力提高能源利用率,确保全面完成各项能耗指标。加强节能新技术研究与应用工作,加大节能技改项目投入,为进一步降低吨钢综合能耗创造条件。进一步提高热装热送水平,力争热装比例提高到 55%以上,热装温度比 2008 年提高 50℃。抓好环保设施运行管理,环保设施同步运行率要达到 99%,主要污染物全面达标排放。

5、公司 2009 年资金需求、使用计划以及资金来源情况

按照公司年度经营计划,2009 年公司计划安排固定资产投资 4.52 亿元(含固定资产大修)。其中,中厚板卷厂 180 万吨板卷配套改造、板材配售中心等重点项目计划用款 9,000 万元,节能、环保项目计划用款 8,140 万元,产品研发、质量提高等项目计划用款 13,460 万元,大修及隐患治理计划用款 5,440 万元,其他技改项目计划用款 9,120 万元。上述资金来源为自有资金、银行贷款等。

6、公司经营面临的风险因素分析

原燃料采购风险:钢铁原燃料及海运市场仍面临不确定、不稳定因素,相对于钢材市场价格而言,公司成本压力仍然很大。

对策:公司将重视国内外两个市场、两种资源的利用,坚持可比性、长期性的原则,尽可能准确把握煤、焦、矿、废钢、合金等大宗原燃料的市场走势,加快资源评审工作,及时组织优质低价原燃料的增量采购;密切关注国内外海运市场动向,选择最优的运输方式和运输路线,减少运输过程中的储运滞港费用,最大限度地降低采购成本。

经营决策风险:一方面新增先进钢铁产能不断释放,另一方面淘汰落后产能、落后产品尚待时日,钢铁产能过剩的矛盾十分突出。钢铁产品恢复合理价位将受到国内需求变化和国际钢材市场价格波动的制约。

对策:公司将实施差异化战略,坚持走品种质量效益型道路;积极巩固自身优势,加大力度开发优势主导产品;进一步强化"质量第一"观念,稳步提高产品质量水平,不断提升产品品牌形象;紧紧抓住国家扩大投资、拉动内需的有利时机,关注跟踪重点行业与用户的用钢需求,及时捕捉市场机会,强化市场细分,全力做好市场开拓。

6.2 募集资金使用情况

□适用 √不适用

变更项目情况

□适用 √不适用

6.3 非募集资金项目情况

√适用 □不适用

单位:元 币种:人民币

项目名称	报告期投入数	项目进度
中板厂一期技术改造	7,016,892.13	已完工
中板厂二期技术改造	46,477,666.56	已完工
中厚板卷厂新建大型备件库	1,271,529.44	已完工
中厚板卷厂炉卷轧机填平补齐项目	35,123,313.05	79.63%
中厚板卷厂轧辊磨床项目	30,000.00	3.98%
中厚板卷厂废钢库物流项目	9,579,028.09	已完工
炼钢厂新建 3# 精炼炉	3,079,775.00	已完工
炼钢厂 3# 铸机加流改造	425,833.46	已完工
炼钢厂 3# 连铸机新增圆坯和大矩坯断面技改	6,700,000.00	74.44%
其他改造项目	90,077,977.06	--
合　计	199,782,014.79	--

6.4 董事会对会计师事务所"非标准审计报告"的说明

□适用 √不适用

6.5 董事会本次利润分配或资本公积金转增股本预案

经江苏天衡会计师事务所有限公司审计,公司 2008 年度实现净利润 123,203,482.73 元。根据《公司章程》的规定,公司拟按母公司净利润 151,410,044.30 元的 10%,计提提取法定盈余公积金 15,141,004.43 元;另外根据国家财政部财会函[2008]60 号《关于做好执行会计准则企业 2008 年年报工作的通知》"企业依照国家有关规定提取的安全生产费用以及具有类似性质的各项费用,应当在所有者权益中的'盈余公积'项下以'专项储备'项目单独反映"的规定,公司需要对焦化生产过程回收的副产品计提提取盈余公积-专项储备 1,594,772.93 元。

提取上述公积金及专项储备后,本次可供股东分配的利润为 106,467,705.37 元,加上 2008 年年初转入的未分配利润 1,638,060,240.24 元,扣除在本期实施的 2007 年度现金股利及派送红股分配 468,000,000.00 元(每 10 股派发现金红利 1 元、每 10 股派送红股 4 股),本次累计可供股东分配的利润为 1,276,527,945.61 元(其中报告期实现可供股东分配的利润为 106,467,705.37 元)。拟按以下方案进行分配:以 2008 年 12 月 31 日的总股本 168,480 万股为基数,向全体股东按每 10 股派发现金 0.40 元(含税),本次实际用于分配的利润共计 67,392,000 元,占当年实现可供股东分配利润的 63.30%,符合公司股改说明书中非流通股股东作出的承诺。本次利润分配后的剩余未分配利润 1,209,135,945.61 元全部转入下一年度。

上述利润分配预案尚需提请公司二○○八年年度股东大会批准后实施。

公司本报告期内盈利但未提出现金利润分配预案

□适用 √不适用

第七节　重要事项

7.1 收购资产

□适用 √不适用

7.2 出售资产

□适用 √不适用

7.3 重大担保

□适用 √不适用

7.4 重大关联交易

7.4.1 与日常经营相关的关联交易

√适用 □不适用

①销售商品(人民币单位:万元)

关联方	交易事项	定价原则	2008 年度	2007 年度
南京钢铁联合有限公司	销售产品、材料	市场价	2,876.71	1,661.20
南京钢铁联合有限公司	销售产品	成本加成	17,734.11	17,304.82
南京钢铁有限公司	销售产品及材料	市场价	178,731.85	193,206.54
南京钢铁集团国际贸易有限公司	销售产品	市场价	377,947.95	139,962.31
南京金腾钢铁有限公司	销售产品及材料	市场价	118,138.01	88,807.41
张家港保税区汇达实业公司	销售产品	市场价	4,441.95	422.02
南京钢铁集团无锡金鑫轧钢有限公司	销售产品	市场价	49,187.16	23,466.73
合计			749,057.74	464,831.03

②购买商品(人民币单位:万元)

关联方	交易事项	定价原则	2008 年度	2007 年度
南京钢铁有限公司	采购废钢、石灰等	市场价	10,173.03	10,012.65
南京钢铁有限公司	采购钢材	市场价	51,105.34	38,220.79
南京钢铁联合有限公司	采购材料	市场价	48,689.19	20,093.24
南京金腾钢铁有限公司	采购钢坯	市场价	96,719.39	76,107.36
南京钢铁集团废金属采购有限公司	采购废钢	市场价	5,064.07	6,447.82
南京钢铁联合有限公司	购入水	市场价	11,673.23	27,893.21
南京钢铁联合有限公司	转供电、蒸汽	成本加成	27,517.79	22,416.88
南京钢铁联合有限公司	购入氧、氮、氩气	成本加成	22,201.00	25,740.45
安徽东方钙业有限公司	购入石灰	市场价	3,008.66	2,391.03
南京钢铁集团国际贸易有限公司	采购原料	市场价	519,728.69	174,342.23
安徽金安矿业有限公司	采购原料	市场价	82,895.99	30,278.78
海南矿业联合有限公司	采购原料	市场价	38,516.16	
合计			917,292.54	433,944.44

③接受劳务(人民币单位:万元)

关联方	交易事项	定价原则	2008 年度	20076 年度
南京钢铁联合有限公司	接受运输劳务	成本加成	6,102.63	6,226.24
南京钢铁联合有限公司	煤气加工	成本加成	7,809.86	6,123.33
南京钢铁有限公司	混匀料加工	成本加成	14,002.61	13,392.54
南京钢铁有限公司	球团矿加工	市场价	34,371.78	42,875.64
南京钢铁集团国际贸易有限公司	委托代理进出口	协议价	1,585.18	1,136.68
南京钢铁联合有限公司	综合服务	协议价	3,486.60	3,422.28
南京钢铁联合有限公司	焦碳、铁水、烧结矿加工	市场价	140,571.73	160,756.24
南京钢铁联合有限公司	循环水加工	成本加成	27,038.50	10,158.69
南京钢铁联合有限公司	中厚板坯加工	市场价	17,516.42	25,895.60
南京鑫源招标咨询有限公司	招投标服务	协议价	1,183.32	1,671.65
合　计			253,668.63	271,658.890

④租赁资产(人民币单位:万元)

关联方	交易事项	定价原则	2008 年度	2007 年度
南京钢铁联合有限公司	租赁	协议价	1,025.05	1,025.05
合计			1,025.05	1,025.05

7.4.2 关联债权债务往来

□适用　　√不适用

7.4.3 2008 年资金被占用情况及清欠进展情况

□适用　　√不适用

截止 2008 年末，上市公司未完成非经营性资金占用的清欠工作的，董事会提出的责任追究方案

□适用　　√不适用

7.5 委托理财

□适用　　√不适用

7.6 承诺事项履行情况

7.6.1 公司或持股 5%以上股东在报告期内或持续到报告期内的承诺事项

√适用　　□不适用

承诺事项	承诺内容	履行情况
股改承诺	自 2006 年起，连续三年向南钢股份董事会提出以公司现金分红或股票分红比例不低于当年实现可分配利润 50%的年度分配预案，并保证在股东大会表决时对该议案投赞成票。	正在履行

7.6.2 公司资产或项目存在盈利预测，且报告期仍处在盈利预测期间，公司就资产或项目是否达到原盈利预测及其原因作出说明：

□适用　　√不适用

7.7 重大诉讼仲裁事项

□适用　　√不适用

7.8 其他重大事项及其影响和解决方案的分析说明

7.8.1 证券投资情况

□适用　　√不适用

7.8.2 持有其他上市公司股权情况

□适用　　√不适用

7.8.3 持有非上市金融企业股权情况

□适用　　√不适用

7.8.4 买卖其他上市公司股份的情况

□适用　　√不适用

7.8.5 与公允价值计量相关的项目

□适用　　√不适用

7.8.6 持有外币金融资产、金融负债情况

□适用　　√不适用

7.9 公司董事会对公司内部控制出具了自我评估报告，审计机构出具了评价意见，详见公司 2008 年年度报告全文。

7.10 公司披露了履行社会责任报告，详见年报全文。

第八节　监事会报告

监事会认为公司依法运作、公司财务情况、公司募集资金使用、公司收购、出售资产交易和关联交易不存在问题。

8.1 监事会对公司依法运作情况的独立意见

报告期，公司监事列席了公司召开的董事会、股东大会，并根据有关法律、法规，对董事会、股东大会的召开程序、决议事项、决策程序、董事会对股东大会的决议的执行情况、公司董事和高级管理人员执行公司职务的情况及公司内部控制制度等进行了监督。监事会认为，公司董事会能够按照《公司法》、《证券法》、《上市公司治理准则》和《上海证券交易所股票上市规则》等法律法规和规章制度的要求规范运作，严格执行股东大会的各项决议，决策程序科学、合法。公司根据有关法律、法规以及中国证监会《上市公司信息披露管理办法》、上海证券交易所《上市公司内部控制指引》结合公司实际情况，建立了较为完善的内部控制制度，并能有效贯彻和执行各项内部控制制度，保障了公司治理状况符合上市公司治理的规范要求。公司董事和高级管理人员诚信勤勉、恪尽职守，树立了公司良好的社会形象。公司监事会未发现公司董事和高级管理人员在执行职务时有违反法律法规、《公司章程》和损害公司利益的行为。

8.2 监事会对检查公司财务情况的独立意见

报告期，公司监事会对公司财务进行了检查，认为公司财务制度健全，执行有效；财务结构合理，财务状况良好。2008 年年度财务报告真实、客观地反映了公司的财务状况和经营成果，江苏天衡会计师事务所有限公司已对公司出具了标准无保留意见的审计报告。

8.3 监事会对公司最近一次募集资金实际投入情况的独立意见

报告期，公司无未使用完毕的募集资金。

8.4 监事会对公司收购、出售资产情况的独立意见

报告期，公司无收购、出售资产事项。

8.5 监事会对公司关联交易情况的独立意见

报告期，公司及其子公司与关联方签署了相关关联交易合同/协议，包括：公司与南京钢铁联合有限公司签署的《〈能源供应合同〉之补充协议》、《综合服务协议》、《蒸汽销售协议》；公司子公司北京南钢金易贸易有限公司、上海金沿达钢材销售有限公司、南通南钢钢材销售有限公司、深圳市宁特钢材销售有限公司、重庆南钢钢材销售有限公司分别与南京钢铁有限公司签署的《钢材采购协议》；公司与南京钢铁有限公司签署的《钢材销售协议》；公司与南京钢铁联合有限公司及其子公司—南京钢铁有限公司、南京金腾钢铁有限公司、南京钢铁集团废金属采购有限责任公司、南京钢铁集团无锡金鑫轧钢有限公司、安徽东方钙业有限公司签署的《关于对相关关联交易合同/协议所涉及的结算基准价格进行修改的补充协议》；公司与安徽草楼矿业有限责任公司签署的《〈铁精粉供应合同〉之补充协议》；公司与其实际控制人复星集团控股的海南矿业联合有限公司签署的《铁矿石供应合同》。以上合同/协议都履行了必要的审批和披露程序。

公司董事会对 2008 年度的日常关联交易进行了梳理，形成了《关于公司二〇〇八年度日常关联交易的议案》，并得到了年度股东大会批准。2008 年度，公司各项关联交易均遵循了"公平、公正、公允"和"有偿服务"的原则，交易作价符合《关联交易管理办法》的规定，不存在损害公司和非关联股东利益的情形。

第九节　财务会计报告

9.1 审计意见

财务报告	□未经审计	√审计
审计意见	√标准无保留意见	□非标意见

审计意见全文

审计报告

天衡审字(2009)048 号

南京钢铁股份有限公司全体股东：

我们审计了后附的南京钢铁股份有限公司财务报表，包括 2008 年 12 月 31 日母公司及合并资产负债表，2008 年度母公司及合并利润表、母公司及合并现金流量表和母公司及合并股东权益变动表以及财务报表附注。

一、管理层对财务报表的责任

按照企业会计准则的规定编制财务报表是南京钢铁股份有限公司管理层的责任。这种责任包括：(1)设计、实施和维护与财务报表编制相关的内部控制，以使财务报表不存在由于舞弊或错误而导致的重大错报；(2)选择和运用恰当的会计政策；(3)作出合理的会计估计。

二、注册会计师的责任

我们的责任是在实施审计工作的基础上对财务报表发表审计意见。我们按照中国注册会计师审计准则的规定执行了审计工作。中国注册会计师审计准则要求我们遵守职业道德规范，计划和实施审计工作以对财务报表是否不存在重大错报获取合理保证。

审计工作涉及实施审计程序，以获取有关财务报表金额和披露的审计证据。选择的审计程序取决于注册会计师的判断，包括对由于舞弊或错误导致的财务报表重大错报风险的评估。在进行风险评估时，我们考虑与财务报表编制相关的内部控制，以设计恰当的审计程序，但目的并非对内部控制的有效性发表意见。审计工作还包括评价管理层选用会计政策的恰当性和作出会计估计的合理性，以及评价财务报表的总体列报。

我们相信，我们获取的审计证据是充分、适当的，为发表审计意见提供了基础。

我们认为，南京钢铁股份有限公司财务报表已经按照企业会计准则的规定编制，在所有重大方面公允反映了南京钢铁股份有限公司 2008 年 12 月 31 日的财务状况以及 2008 年度的经营成果和现金流量。

江苏天衡会计师事务所有限公司　　　　中国注册会计师：狄云龙

中国·南京　　　　中国注册会计师：虞丽新

2009 年 3 月 9 日

9.2 财务报表

合并资产负债表

2008 年 12 月 31 日

编制单位：南京钢铁股份有限公司　　　　单位：元 币种：人民币

项目	附注	期末余额	年初余额
流动资产：			
货币资金	八、1	1,215,865,408.11	1,143,095,552.12

结算备付金			
拆出资金			
交易性金融资产			
应收票据	八、2	923,082,667.54	721,614,283.35
应收账款	八、3	196,744,291.12	199,494,659.87
预付款项	八、4	143,551,381.72	397,299,336.42
应收保费			
应收分保账款			
应收分保合同准备金			
应收利息			
应收股利			
其他应收款	八、5	9,438,303.24	6,915,466.13
买入返售金融资产			
存货	八、6	4,591,026,769.23	4,333,041,388.29
一年内到期的非流动资产			
其他流动资产	八、7	83,071,171.47	11,248,337.34
流动资产合计		7,162,779,992.43	6,812,709,023.52
非流动资产：			
发放贷款及垫款			
可供出售金融资产			
持有至到期投资			
长期应收款			
长期股权投资	八、8	85,750,000.00	85,750,000.00
投资性房地产			
固定资产	八、9	3,613,094,910.87	3,415,705,932.73
在建工程	八、10	120,540,617.57	513,347,272.27
工程物资			
固定资产清理			
生产性生物资产			
油气资产			
无形资产		27,600.00	38,400.00
开发支出			
商誉			
长期待摊费用			
递延所得税资产	八、11	183,380,424.90	56,947,605.38
其他非流动资产	八、12	17,178,432.81	18,756,771.41
非流动资产合计		4,019,971,986.15	4,090,545,981.79
资产总计		11,182,751,978.58	10,903,255,005.31
流动负债：			
短期借款	八、13	2,310,000,000.00	2,020,000,000.00
向中央银行借款			
吸收存款及同业存放			
拆入资金			
交易性金融负债			
应付票据	八、14	1,109,560,859.37	50,000,000.00
应付账款	八、15	1,862,201,972.43	1,438,717,289.27
预收款项	八、16	983,279,783.63	1,831,860,565.73
卖出回购金融资产款			
应付手续费及佣金			
应付职工薪酬	八、17	197,680,506.29	215,523,584.91
应交税费	八、18	−130,410,475.72	−148,293,832.91
应付利息		9,331,855.62	5,277,940.07
应付股利			
其他应付款	八、19	42,559,635.92	44,429,770.49
应付分保账款			
保险合同准备金			
代理买卖证券款			
代理承销证券款			
一年内到期的非流动负债	八、20	50,000,000.00	523,046,000.00
其他流动负债	八、21	91,097,196.58	40,820,626.02
流动负债合计		6,525,301,334.12	6,021,381,943.58
非流动负债：			
长期借款	八、22	289,975,562.00	545,131,462.00
应付债券			
长期应付款			
专项应付款			
预计负债			
递延所得税负债			
其他非流动负债		4,230,000.00	3,100,000.00
非流动负债合计		294,205,562.00	548,231,462.00
负债合计		6,819,506,896.12	6,569,613,405.58
股东权益：			
股本	八、24	1,684,800,000.00	936,000,000.00
资本公积	八、25	747,969,821.37	1,122,369,821.37
减：库存股			
盈余公积	八、26	653,947,315.48	637,211,538.12
一般风险准备			
未分配利润	八、27	1,276,527,945.61	1,638,060,240.24
外币报表折算差额			
归属于母公司所有者权益合计		4,363,245,082.46	4,333,641,599.73
少数股东权益			
股东权益合计		4,363,245,082.46	4,333,641,599.73
负债和股东权益合计		11,182,751,978.58	10,903,255,005.31

公司法定代表人：杨思明　　主管会计工作负责人：梅家秀　　会计机构负责人：梅家秀

母公司资产负债表

2008 年 12 月 31 日

编制单位：南京钢铁股份有限公司　　单位：元 币种：人民币

项目	附注	期末余额	年初余额
流动资产：			
货币资金		1,164,227,565.63	1,112,206,341.67
交易性金融资产			
应收票据		911,137,417.54	719,684,283.35
应收账款	九、1	368,145,466.32	301,302,250.89
预付款项		113,317,826.84	382,101,635.19
应收利息			
应收股利			
其他应收款	九、2	8,695,939.12	5,707,876.03
存货		4,383,186,051.87	4,024,818,418.75
一年内到期的非流动资产			
其他流动资产		83,003,742.47	11,193,195.74
流动资产合计		7,031,714,009.79	6,557,014,001.62
非流动资产：			
可供出售金融资产			
持有至到期投资			
长期应收款			
长期股权投资	九、3	280,777,407.12	230,777,407.12
投资性房地产			
固定资产		3,605,743,990.15	3,408,239,503.33
在建工程		120,540,617.57	513,347,272.27
工程物资			
固定资产清理			
生产性生物资产			
油气资产			
无形资产			
开发支出			
商誉			
长期待摊费用			
递延所得税资产		159,323,639.50	56,347,451.64
其他非流动资产		17,178,432.81	18,756,771.41
非流动资产合计		4,183,564,087.15	4,227,468,405.77
资产总计		11,215,278,096.94	10,784,482,407.39
流动负债：			
短期借款		2,310,000,000.00	2,020,000,000.00
交易性金融负债			
应付票据		1,064,560,859.37	
应付账款		1,790,368,049.24	1,446,045,589.90
预收款项		1,123,981,291.88	1,777,921,838.76
应付职工薪酬		197,359,330.26	215,308,040.67
应交税费		−84,128,019.02	−106,753,809.35
应付利息		9,331,855.62	5,277,940.07
应付股利		180,000.00	
其他应付款		38,365,730.74	42,258,523.35
一年内到期的非流动负债		50,000,000.00	523,046,000.00
其他流动负债		90,917,196.58	40,820,626.02
流动负债合计		6,590,936,294.67	5,963,924,749.42
非流动负债：			
长期借款		289,975,562.00	545,131,462.00
应付债券			
长期应付款			
专项应付款			
预计负债			
递延所得税负债			
其他非流动负债		4,230,000.00	3,100,000.00
非流动负债合计		294,205,562.00	548,231,462.00
负债合计		6,885,141,856.67	6,512,156,211.42
股东权益：			
股本		1,684,800,000.00	936,000,000.00
资本公积		747,969,821.37	1,122,369,821.37
减：库存股			
盈余公积		653,947,315.48	637,211,538.12
未分配利润		1,243,419,103.42	1,576,744,836.48
外币报表折算差额			
股东权益合计		4,330,136,240.27	4,272,326,195.97
负债和股东权益合计		11,215,278,096.94	10,784,482,407.39

公司法定代表人：杨思明　　主管会计工作负责人：梅家秀　　会计机构负责人：梅家秀

合并利润表

2008 年 1－12 月

单位：元 币种：人民币

项目	附注	本期金额	上期金额
一、营业总收入		28,354,366,451.17	22,004,651,011.85
其中：营业收入	–	28,354,366,451.17	22,004,651,011.85
利息收入			
已赚保费			
手续费及佣金收入			
二、营业总成本		28,238,081,973.22	20,676,415,754.90
其中：营业成本	八、28	27,105,236,178.70	20,129,114,002.47
利息支出			
手续费及佣金支出			
退保金			
赔付支出净额			
提取保险合同准备金净额			
保单红利支出			
分保费用			
营业税金及附加	八、29	93,055,920.34	105,262,288.51
销售费用		172,855,257.42	134,224,170.80
管理费用	八、30	209,540,567.91	101,874,134.03
财务费用	八、31	223,085,569.40	199,549,547.01
资产减值损失	八、32	434,308,479.45	6,391,612.08
加：公允价值变动收益(损失以"–"号填列)			
投资收益(损失以"–"号填列)	八、33	20,488.39	4,383,468.82
其中：对联营企业和合营企业的投资收益			
汇兑收益(损失以"–"号填列)		8,874,056.12	12,154,237.81
三、营业利润(亏损以"–"号填列)		125,179,022.46	1,344,772,963.58
加：营业外收入	八、34	29,031,260.78	13,353,454.45
减：营业外支出	八、35	8,910,662.37	21,211,303.21
其中：非流动资产处置净损失		1,804,897.67	9,564,777.08
四、利润总额(亏损总额以"–"号填列)		145,299,620.87	1,336,915,114.82
减：所得税费用	八、36	22,096,138.14	306,062,207.14
五、净利润(净亏损以"–"号填列)		123,203,482.73	1,030,852,907.68
归属于母公司所有者的净利润		123,203,482.73	1,030,852,907.68
少数股东损益			
六、每股收益：			
(一)基本每股收益		0.07	0.61
(二)稀释每股收益		0.07	0.61

公司法定代表人：杨思明　　主管会计工作负责人：梅家秀　　会计机构负责人：梅家秀

母公司利润表

2008 年 1–12 月

单位：元 币种：人民币

项目	附注	本期金额	上期金额
一、营业收入	九、4	27,508,935,034.16	21,519,134,427.12
减：营业成本	九、4	26,370,184,801.08	19,740,501,504.48
营业税金及附加		83,625,583.59	99,517,510.22
销售费用		146,665,469.13	114,089,437.73
管理费用		197,487,731.74	93,024,238.58
财务费用		209,174,805.14	187,461,634.32
资产减值损失		339,310,232.48	13,246,596.52
加：公允价值变动收益(损失以"–"号填列)			
投资收益(损失以"–"号填列)	九、5	1,631,338.42	10,338,550.20
其中：对联营企业和合营企业的投资收益			
二、营业利润(亏损以"–"号填列)		164,117,749.42	1,281,632,055.47
加：营业外收入		24,815,952.14	12,061,522.19
减：营业外支出		8,119,104.78	20,557,925.68
其中：非流动资产处置净损失			9,557,796.34
三、利润总额(亏损总额以"–"号填列)		180,814,596.78	1,273,135,651.98
减：所得税费用		29,404,552.48	290,390,678.95
四、净利润(净亏损以"–"号填列)		151,410,044.30	982,744,973.03

公司法定代表人：杨思明　　主管会计工作负责人：梅家秀　　会计机构负责人：梅家秀

合并现金流量表

2008 年 1–12 月

单位：元 币种：人民币

项目	附注	本期金额	上期金额
一、经营活动产生的现金流量：			
销售商品、提供劳务收到的现金		18,826,918,100.01	16,539,188,037.33
客户存款和同业存放款项净增加额			
向中央银行借款净增加额			
向其他金融机构拆入资金净增加额			
收到原保险合同保费取得的现金			
收到再保险业务现金净额			
保户储金及投资款净增加额			
处置交易性金融资产净增加额			
收取利息、手续费及佣金的现金			
拆入资金净增加额			
回购业务资金净增加额			
收到的税费返还		886,650.51	7,348,967.45
收到其他与经营活动有关的现金	八、37	38,774,833.35	33,949,612.54
经营活动现金流入小计		18,866,579,583.87	16,580,486,617.32
购买商品、接受劳务支付的现金		16,766,523,148.36	13,474,032,717.18
客户贷款及垫款净增加额			
存放中央银行和同业款项净增加额			
支付原保险合同赔付款项的现金			
支付利息、手续费及佣金的现金			
支付保单红利的现金			
支付给职工以及为职工支付的现金		433,229,599.65	388,550,333.53
支付的各项税费		989,660,915.59	1,298,578,713.29
支付其他与经营活动有关的现金	八、38	182,031,968.67	230,018,635.52
经营活动现金流出小计		18,371,445,632.27	15,391,180,399.52
经营活动产生的现金流量净额		495,133,951.60	1,189,306,217.80
二、投资活动产生的现金流量：			
收回投资收到的现金		75,653.39	9,102,413.83
取得投资收益收到的现金			
处置固定资产、无形资产和其他长期资产收回的现金净额		1,302,290.18	11,954,078.06
处置子公司及其他营业单位收到的现金净额			
收到其他与投资活动有关的现金			
投资活动现金流入小计		1,377,943.57	21,056,491.89
购建固定资产、无形资产和其他长期资产支付的现金		114,663,440.29	196,809,407.56
投资支付的现金		55,165.00	4,718,945.00
质押贷款净增加额			
取得子公司及其他营业单位支付的现金净额			
支付其他与投资活动有关的现金			
投资活动现金流出小计		114,718,605.29	201,528,352.56
投资活动产生的现金流量净额		–113,340,661.72	–180,471,860.67
三、筹资活动产生的现金流量：			
吸收投资收到的现金			
其中：子公司吸收少数股东投资收到的现金			
取得借款收到的现金		5,070,000,000.00	3,710,000,000.00
发行债券收到的现金			
收到其他与筹资活动有关的现金			
筹资活动现金流入小计		5,070,000,000.00	3,710,000,000.00
偿还债务支付的现金		5,498,368,000.00	4,180,086,400.00
分配股利、利润或偿付利息支付的现金		320,314,707.26	399,588,848.73
其中：子公司支付给少数股东的股利、利润			
支付其他与筹资活动有关的现金			
筹资活动现金流出小计		5,818,682,707.26	4,579,675,248.73
筹资活动产生的现金流量净额		–748,682,707.26	–869,675,248.73
四、汇率变动对现金及现金等价物的影响			–110,471.06
五、现金及现金等价物净增加额	八、39	–366,889,417.38	139,048,637.34
加：期初现金及现金等价物余额	八、39	1,128,095,552.12	989,046,914.78
六、期末现金及现金等价物余额	八、39	761,206,134.74	1,128,095,552.12

公司法定代表人：杨思明　　主管会计工作负责人：梅家秀　　会计机构负责人：梅家秀

母公司现金流量表

2008 年 1–12 月

单位：元 币种：人民币

项目	附注	本期金额	上期金额
一、经营活动产生的现金流量：			
销售商品、提供劳务收到的现金		18,044,759,806.24	15,588,344,238.65
收到的税费返还			
收到其他与经营活动有关的现金		33,783,650.13	24,217,661.79
经营活动现金流入小计		18,078,543,456.37	15,612,561,900.44
购买商品、接受劳务支付的现金		16,018,185,049.42	12,459,533,721.16
支付给职工以及为职工支付的现金		427,942,255.07	381,902,777.82
支付的各项税费		937,516,358.93	1,273,190,149.61
支付其他与经营活动有关的现金		152,618,220.87	203,469,095.48
经营活动现金流出小计		17,536,261,884.29	14,318,095,744.07
经营活动产生的现金流量净额		542,281,572.08	1,294,466,156.37
二、投资活动产生的现金流量：			
收回投资收到的现金		75,653.39	9,102,413.83
取得投资收益收到的现金			
处置固定资产、无形资产和其他长期资产收回的现金净额		1,262,882.00	10,807,515.44
处置子公司及其他营业单位收到的现金净额		1,610,850.03	33,015,837.53
收到其他与投资活动有关的现金			
投资活动现金流入小计		2,949,385.42	52,925,766.80
购建固定资产、无形资产和其他长期资产支付的现金		113,631,134.65	195,151,614.72
投资支付的现金		50,055,165.00	4,718,945.00
取得子公司及其他营业单位支付的现金净额			91,789,900.00
支付其他与投资活动有关的现金			
投资活动现金流出小计		163,686,299.65	291,660,459.72
投资活动产生的现金流量净额		–160,736,914.23	–238,734,692.92
三、筹资活动产生的现金流量：			
吸收投资收到的现金			
取得借款收到的现金		5,070,000,000.00	3,710,000,000.00
收到其他与筹资活动有关的现金			
筹资活动现金流入小计		5,070,000,000.00	3,710,000,000.00
偿还债务支付的现金		5,498,368,000.00	4,180,086,400.00
分配股利、利润或偿付利息支付的现金		320,314,707.26	399,586,988.73
支付其他与筹资活动有关的现金			

筹资活动现金流出小计	5,818,682,707.26	4,579,673,388.73
筹资活动产生的现金流量净额	−748,682,707.26	−869,673,388.73
四、汇率变动对现金及现金等价物的影响		−110,471.06
五、现金及现金等价物净增加额	−367,138,049.41	185,947,603.66
加:期初现金及现金等价物余额	1,112,206,341.67	926,258,738.01
六、期末现金及现金等价物余额	745,068,292.26	1,112,206,341.67

公司法定代表人:杨思明　　主管会计工作负责人:梅家秀　　会计机构负责人:梅家秀

合并所有者权益变动表

2008 年 1−12 月

单位:元 币种:人民币

本年金额

项目	股本	资本公积	减:库存股	盈余公积	一般风险准备	未分配利润	其他	少数股东权益	所有者权益合计
	归属于母公司所有者权益								
一、上年年末余额	936,000,000.00	1,122,369,821.37		637,211,538.12		1,638,060,240.24			4,333,641,599.73
加:同一控制下企业合并产生的追溯调整									
加:会计政策变更									
前期差错更正									
其他									
二、本年年初余额	936,000,000.00	1,122,369,821.37		637,211,538.12		1,638,060,240.24			4,333,641,599.73
三、本年增减变动金额									
(减少以"−"号填列)	748,800,000.00	−374,400,000.00		16,735,777.36		−361,532,294.63			29,603,482.73
(一)净利润						123,203,482.73			123,203,482.73
(二)直接计入所有者权益的利得和损失									
1.可供出售金融资产公允价值变动净额									
2.权益法下被投资单位其他所有者权益变动的影响									
3.与计入所有者权益项目相关的所得税影响									
4.其他									
上述(一)和(二)小计						123,203,482.73			123,203,482.73
(三)所有者投入和减少资本									
1.所有者投入资本									
2.股份支付计入所有者权益的金额									
3.其他									
(四)利润分配	374,400,000.00			16,735,777.36		−484,735,777.36			−93,600,000.00
1.提取盈余公积				15,141,004.43		−15,141,004.43			
2.提取一般风险准备									
3.对所有者									
(或股东)的分配	374,400,000.00					−468,000,000.00			−93,600,000.00
4.其他				1,594,772.93		−1,594,772.93			
(五)所有者权益									
内部结转	374,400,000.00	−374,400,000.00							
1.资本公积转增资本									
(或股本)	374,400,000.00	−374,400,000.00							
2.盈余公积转增资本(或股本)									
3.盈余公积弥补亏损									
4.其他									
四、本期期末余额	1,684,800,000.00	747,969,821.37		653,947,315.48		1,276,527,945.61			4,363,245,082.4

上年金额

项目	股本	资本公积	减:库存股	盈余公积	一般风险准备	未分配利润	其他	少数股东权益	所有者权益合计
	归属于母公司所有者权益								
一、上年年末余额	936,000,000.00	1,128,310,685.57		538,113,531.56		890,391,485.98			3,493,015,703.11
加:同一控制下企业合并产生的追溯调整									
加:会计政策变更		−5,940,864.20		823,509.26		2,290,343.88			−2,827,011.06
前期差错更正									
其他									
二、本年年初余额	936,000,000.00	1,122,369,821.37		538,937,040.82		892,681,829.86			3,490,188,692.05
三、本年增减变动金额									
(减少以"−"号填列)				98,274,497.30		745,378,410.38			843,452,907.68
(一)净利润						1,030,852,907.68			1,030,852,907.68
(二)直接计入所有者权益的利得和损失									
1.可供出售金融资产公允价值变动净额									
2.权益法下被投资单位其他所有者权益变动的影响									
3.与计入所有者权益项目相关的所得税影响									
4.其他									
上述(一)和(二)小计						1,030,852,907.68			1,030,852,907.68
(三)所有者投入和减少资本									−200,000.00
1.所有者投入资本									−200,000.00
2.股份支付计入所有者权益的金额									
3.其他									
(四)利润分配				98,274,497.30		−285,474,497.30			−187,200,000.00
1.提取盈余公积				98,274,497.30		−98,274,497.30			
2.提取一般风险准备									
3.对所有者(或股东)的分配						−187,200,000.00			−187,200,000.00
4.其他									
(五)所有者权益内部结转									
1.资本公积转增资本(或股本)									
2.盈余公积转增资本(或股本)									
3.盈余公积弥补亏损									
4.其他									
四、本期期末余额	936,000,000.00	1,122,369,821.37		637,211,538.12		1,638,060,240.24			4,333,641,599.73

公司法定代表人:杨思明　　主管会计工作负责人:梅家秀　　会计机构负责人:梅家秀

母公司所有者权益变动表

2008 年 1−12 月

单位:元 币种:人民币

本年金额

项目	股本	资本公积	减:库存股	盈余公积	未分配利润	所有者权益合计
一、上年年末余额	936,000,000.00	1,122,369,821.37		637,211,538.12	1,576,744,836.48	4,272,326,195.97
加:会计政策变更						
前期差错更正						
其他						
二、本年年初余额	936,000,000.00	1,122,369,821.37		637,211,538.12	1,576,744,836.48	4,272,326,195.97
三、本年增减变动金额						
(减少以"−"号填列)	748,800,000.00	−374,400,000.00		16,735,777.36	−333,325,733.06	57,810,044.30
(一)净利润					151,410,044.30	151,410,044.30
(二)直接计入所有者权益的利得和损失						
1.可供出售金融资产公允价值变动净额						
2.权益法下被投资单位其他所有者权益变动的影响						
3.与计入所有者权益项目相关的所得税影响						
4.其他						
上述(一)和(二)小计					151,410,044.30	151,410,044.30
(三)所有者投入和减少资本						
1.所有者投入资本						
2.股份支付计入所有者权益的金额						
3.其他						
(四)利润分配	374,400,000.00			16,735,777.36	−484,735,777.36	−93,600,000.00
1.提取盈余公积				15,141,004.43	−15,141,004.43	
2.对所有者(或股东)						
的分配	374,400,000.00				−468,000,000.00	−93,600,000.00
3.其他				1,594,772.93	−1,594,772.93	
(五)所有者权益						
内部结转	374,400,000.00	−374,400,000.00				
1.资本公积转增资本						
(或股本)	374,400,000.00	−374,400,000.00				
2.盈余公积转增资本(或股本)						
3.盈余公积弥补亏损						
4.其他						
四、本期期末余额	1,684,800,000.00	747,969,821.37		653,947,315.48	1,243,419,103.42	4,330,136,240.27

上年金额

项目	股本	资本公积	减:库存股	盈余公积	未分配利润	所有者权益合计
一、上年年末余额	936,000,000.00	1,128,310,685.57		538,113,531.56	894,588,116.77	3,497,012,333.90
加:会计政策变更		−5,940,864.20		823,509.26	−15,113,756.02	−20,231,110.96
前期差错更正						
其他						
二、本年年初余额	936,000,000.00	1,122,369,821.37		538,937,040.82	879,474,360.75	3,476,781,222.94
三、本年增减变动金额						
(减少以"−"号填列)				98,274,497.30	697,270,475.73	795,544,973.03
(一)净利润					982,744,973.03	982,744,973.03
(二)直接计入所有者权益的利得和损失						
1.可供出售金融资产公允价值变动净额						
2.权益法下被投资单位其他所有者权益变动的影响						
3.与计入所有者权益项目相关的所得税影响						
4.其他						
上述(一)和(二)小计					982,744,973.03	982,744,973.03
(三)所有者投入和减少资本						
1.所有者投入资本						
2.股份支付计入所有者权益的金额						
3.其他						
(四)利润分配				98,274,497.30	−285,474,497.30	−187,200,000.00
1.提取盈余公积				98,274,497.30	−98,274,497.30	
2.对所有者(或股东)的分配						
3.其他					−187,200,000.00	−187,200,000.00
(五)所有者权益内部结转						
1.资本公积转增资本(或股本)						
2.盈余公积转增资本(或股本)						
3.盈余公积弥补亏损						
4.其他						
四、本期期末余额	936,000,000.00	1,122,369,821.37		637,211,538.12	1,576,744,836.48	4,272,326,195.97

公司法定代表人:杨思明　　主管会计工作负责人:梅家秀　　会计机构负责人:梅家秀

9.3 本报告期无会计政策、会计估计和核算方法变更。

9.4 本报告期无会计差错更正。

9.5 与最近一期年度报告相比,合并范围发生变化的具体说明

经公司第四届董事会第二次会议批准,设立全资子公司江苏南钢钢材现货销售有限公司,注册资本 5,000.00 万元,江苏南钢钢材现货销售有限公司于 2008 年 10 月 21 日成立,并自成立之日起纳入合并财务报表;经公司第四届董事会第二次会议批准,泰州南钢钢材销售有限公司终止经营,该公司已于 2008 年 6 月 30 日经工商行政管理机关批准办妥注销手续。

维维食品饮料股份有限公司

维维食品饮料股份有限公司 2008 年年度报告摘要

第一节　重要提示

1.1 本公司董事会、监事会及董事、监事、高级管理人员保证本报告所载资料不存在任何虚假记载、误导性陈述或者重大遗漏，并对其内容的真实性、准确性和完整性承担个别及连带责任。

本年度报告摘要摘自年度报告全文，投资者欲了解详细内容，应当仔细阅读年度报告全文。

1.2 如有董事未出席董事会，应当单独列示其姓名

未出席董事职务	未出席董事姓名	未出席董事的说明
董事	张一	因公未能出席董事会，委托黑木直树董事代为出席并行使表决权 。

1.3 立信会计师事务所有限公司为本公司出具了标准无保留意见的审计报告。

1.4 公司负责人杨启典、主管会计工作负责人张明扬及会计机构负责人（会计主管人员）杨恋恋声明：保证年度报告中财务报告的真实、完整。

第二节　公司基本情况简介

2.1 基本情况简介

股票简称	维维股份
股票代码	600300
上市交易所	上海证券交易所公司
注册地址和办公地址	江苏省徐州市维维大道 300 号　江苏省徐州市维维大道 300 号
邮政编码	221111
公司国际互联网网址	www.vvgroup.com
电子信箱	vvzqb@vvgroup.com

2.2 联系人和联系方式

	董事会秘书	证券事务代表
姓名	丁金礼	詹其安
联系地址	江苏省徐州市维维大道 300 号	江苏省徐州市维维大道 300 号
电话	0516-83290169	0516-83398890
传真	0516-83394888	0516-83394888
电子信箱	dingjl@vvgroup.com	zhanqa@vvgroup.com

第三节　会计数据和业务数据摘要

3.1 主要会计数据

单位：元 币种：人民币

	2008 年	2007 年	本年比上年增减(%)	2006 年
营业收入	2,833,812,863.51	3,181,247,143.87	−10.92	3,441,921,299.62
利润总额	61,094,158.19	128,329,707.99	−52.39	112,855,951.70
归属于上市公司股东的净利润	50,673,232.02	85,629,607.55	−40.82	71,075,910.82
归属于上市公司股东的扣除非经常性损益的净利润	18,635,783.90	76,197,779.07	−75.54	64,932,410.17
经营活动产生的现金流量净额	164,111,122.24	166,911,707.04	−1.68	121,558,837.16
	2008 年末	2007 年末	本年末比上年末增减(%)	2006 年末（注 2）
总资产	3,632,823,276.00	2,978,477,815.36	21.97	2,653,991,071.13
所有者权益(或股东权益)	2,202,718,500.71	1,497,882,248.29	47.06	1,448,769,816.21

3.2 主要财务指标

	2008 年	2007 年	本年比上年增减(%)	2006 年
基本每股收益(元/股)	0.07	0.13	−46.15	0.11
稀释每股收益(元/股)	0.07	0.13	−46.15	0.11
扣除非经常性损益后的基本每股收益(元/股)	0.03	0.12	−75.00	0.1
全面摊薄净资产收益率(%)	2.30	5.72	减少 3.42 个百分点	4.91
加权平均净资产收益率(%)	2.65	5.83	减少 3.18 个百分点	4.95
扣除非经常性损益后全面摊薄净资产收益率(%)	0.85	5.09	减少 4.24 个百分点	4.48
扣除非经常性损益后的加权平均净资产收益率(%)	0.97	5.19	减少 4.22 个百分点	4.52
每股经营活动产生的现金流量净额(元/股)	0.22	0.25	−12.00	0.18
	2008 年末	2007 年末	本年比末上年末增减(%)	2006 年末
归属于上市公司股东的每股净资产(元/股)	2.90	2.27	27.75	2.20

非经常性损益项目

√适用　　□不适用

单位：元 币种：人民币

非经常性损益项目	金额
非流动资产处置损益	5,076,993.73
计入当期损益的政府补助，但与公司正常经营业务密切相关，符合国家政策规定、按照一定标准定额或定量持续享受的政府补助除外	19,665,921.14
债务重组损益	1,185,078.23
除同公司正常经营业务相关的有效套期保值业务外，持有交易性金融资产、交易性金融负债产生的公允价值变动损益，以及处置交易性金融资产、交易性金融负债和可供出售金融资产取得的投资收益	17,656,171.45
除上述各项之外的其他营业外收入和支出	−7,724,395.04
少数股东权益影响额	4,623,567.78
所得税影响额	−8,445,889.17
合计	32,037,448.12

3.3 境内外会计准则差异：

□适用　　√不适用

第四节　股本变动及股东情况

4.1 股份变动情况表

√适用　　□不适用

单位：股

	本次变动前		本次变动增减(+,−)					本次变动后	
	数量	比例(%)	发行新股	送股	公积金转股	其他	小计	数量	比例(%)
一、有限售条件股份									
1、国家持股									
2、国有法人持股									
3、其他内资持股	227,386,783	34.45	80,000,000				80,000,000	307,386,783	40.45
其中：境内非国有法人持股	227,386,783	34.45	80,000,000				80,000,000	307,386,783	40.45
境内自然人持股									
4、外资持股	171,605,217	26.00	20,000,000				20,000,000	191,605,217	25.21
其中：境外法人持股	171,605,217	26.00	20,000,000				20,000,000	191,605,217	25.21
境外自然人持股									
有限售条件股份合计	398,992,000	60.45	100,000,000				100,000,000	498,992,000	65.66
二、无限售条件流通股份									
1、人民币普通股	261,008,000	39.55						261,008,000	34.34
2、境内上市的外资股									
3、境外上市的外资股									
4、其他									
无限售条件流通股份合计	261,008,000	39.55						261,008,000	34.34
三、股份总数	660,000,000	100	100,000,000				100,000,000	760,000,000	100

限售股份变动情况表

√适用　　□不适用

单位：股

股东名称	年初限售股数	本年解除限售股数	本年增加限售股数	年末限售股数	限售原因	解除限售日期
维维集团股份有限公司	227,386,783		10,000,000	237,386,783	股改承诺及定向增发承诺	2009−1−16，新增部分到 2011−5−22
GIANT HARVEST LIMITED	144,000,000		0	144,000,000	股改承诺	2009−1−16
大冢(中国)投资有限公司	27,605,217		20,000,000	47,605,217	股改承诺及定向增发承诺	2009−1−16，新增部分到 2011−5−22
吉林省通化振国药业有限公司	0		20,000,000	20,000,000	定向增发承诺	2009−5−22
北京鼎龙博远科技有限公司	0		20,000,000	20,000,000	定向增发承诺	2009−5−22
东海证券有限责任公司	0		10,000,000	10,000,000	定向增发承诺	2009−5−22
宁波金球投资有限公司	0		10,000,000	10,000,000	定向增发承诺	2009−5−22
北京中亿邦经贸有限公司	0		10,000,000	10,000,000	定向增发承诺	2009−5−22
合计	398,992,000		100,000,000	498,992,000	/	/

4.2 股东数量和持股情况

单位：股

报告期末股东总数　55,728 户

前十名股东持股情况

股东名称	股东性质	持股比例(%)	持股总数	持有有限售条件股份数量	质押或冻结的股份数量

维维集团股份有限公司	其他	31.97	242,967,484	237,386,783	质押 237,000,000
GIANT HARVEST LIMITED	境外法人	18.95	144,000,000	144,000,000	未知
大冢(中国)投资有限公司	境外法人	6.26	47,605,217	47,605,217	未知
东海证券有限责任公司	其他	4.58	34,814,199	10,000,000	未知
吉林省通化振国药业有限公司	其他	2.63	20,000,000	20,000,000	未知
北京鼎龙博远科技有限公司	其他	2.63	20,000,000	20,000,000	质押 20,000,000
北京中亿邦经贸有限公司	其他	1.32	10,000,000	10,000,000	未知
宁波金球投资有限公司	其他	1.32	10,000,000	10,000,000	未知
东方证券股份有限公司	其他	0.55	4,154,924	0	未知
中国建设银行-上投摩根双息平衡混合型证券投资基金	其他	0.50	3,817,800	0	未知

前十名无限售条件股东持股情况

股东名称	持有无限售条件股份的数量	股份种类
东海证券有限责任公司	24,814,199	人民币普通股
中国建设银行-上投摩根双息平衡混合型证券投资基金	3,817,800	人民币普通股
中国银行-工银瑞信核心价值股票型证券投资基金	3,800,000	人民币普通股
中国工商银行-申万巴黎新经济混合型证券投资基金	3,043,651	人民币普通股
韩云霞	2,857,822	人民币普通股
招商银行股份有限公司-上证红利交易型开放式指数证券投资基金	2,383,781	人民币普通股
海通-交行-海通稳健增值型集合资产管理计划	1,999,991	人民币普通股
苏州工业园区元鼎管理咨询有限公司	1,825,780	人民币普通股
施艳芳	1,771,200	人民币普通股
张　俊	1,676,300	人民币普通股
上述股东关联关系或一致行动的说明	本公司未知前10名流通股股东之间是否存在关联关系，未知其是否属于《上市公司股东持股变动信息披露管理办法》规定的一致行动人	

4.3 控股股东及实际控制人情况介绍

4.3.1 控股股东及实际控制人变更情况

□适用　　√不适用

4.3.2 控股股东及实际控制人具体情况介绍

4.3.2.1 法人控股股东情况

单位:元 币种:人民币

名称	法定代表人	注册资本	成立日期	主营业务
维维集团股份有限公司	崔桂亮	161,080,200	1992 年 11 月 17 日	豆奶系列产品、非酒精饮料、其他食品(领取许可证后经营)的生产、加工、销售;建筑材料装潢;金属材料、大豆、白糖、防腐材料的销售;食用油的生产、加工、销售;汽车货运服务。粮食收购(限自用粮)。

4.3.2.2 法人实际控制人情况

单位:元 币种:人民币

名称	法定代表人	注册资本	成立日期	主营业务
维维控股有限公司	崔桂亮	60,000,000	2000 年 2 月 1 日	对外投资(国家政策规定禁止投资的行业除外)

4.3.2.3 自然人控股股东情况

名称	法定代表人	注册资本	成立日期	主营业务
维维控股有限公司	崔桂亮	60,000,000	2000 年 2 月 1 日	对外投资(国家政策规定禁止

4.3.2.4 自然人实际控制人情况

姓名	国籍	是否取得其他国家或地区居留权	最近五年内的职业	最近五年内的职务
崔焕礼	中国	无	行政	曾任维维集团股份有限公司党委副书记，现已退休.
杨启典	中国	无	行政	曾任维维集团股份有限公司董事长、维维食品饮料股份有限公司监事、监事会召集人、维维食品饮料股份有限公司董事。现任维维食品饮料股份有限公司董事长。
魏伯玲	中国	无	经理	曾任维维集团股份有限公司副总经理、总经理;维维食品饮料股份有限公司董事、维维食品饮料股份有限公司监事、监事会召集人。现任维维六朝松面粉产业有限公司董事长。
胡云峰	中国	无	经理	曾任维维食品饮料股份有限公司总经理、维维食品饮料股份有限公司董事长。现任维维集团股份有限公司总经理、维维茗酒坊有限公司总经理。
张桂宣	中国	无	经理	曾任密山金源油脂油料有限责任公司副总经理，现已退休。
庞政堂	中国	无	经理	2001 年至今任维维食品饮料股份有限公司研发中心顾问。
曹荣开	中国	无	经理	曾任维维食品饮料股份有限公司副总经理、董事。现任珠海维维大亨乳业有限公司董事长。

第五节　董事、监事和高级管理人员

5.1 董事、监事和高级管理人员持股变动及报酬情况

单位:股

姓名	职务	性别	年龄	任期起止日期	年初持股数	年末持股数	变动原因	报告期内从公司领取的报酬总额(万元)	报告期被授予的股权激励情况 可行权股数	已行权数量	行权价(元)	期末股票市价(元)	是否在股东单位或其他关联领取薪酬
杨启典	董事长	男	51	2008-8-1~2011-8-1				0					是
崔桂亮	董事	男	47	2008-8-1~2011-8-1				0					是
梅野雅之	副董事长	男	58	2008-8-1~2011-8-1				0					是
张　一	董事	男	41	2008-8-1~2011-8-1				0					是
黑木直树	董事、副经理	男	43	2008-8-1~2011-8-1				7					是
熊铁虹	董事、总经理	男	52	2008-8-1~2011-8-1				53.91					否
丁金礼	董事、董事会秘书	男	47	2008-8-1~2011-8-1				15.55					否
张玉明	独立董事	男	47	2008-8-1~2011-8-1				5					否
张泽源	独立董事	男	46	2008-8-1~2011-8-1				5					否
罗栋梁	独立董事	男	37	2008-8-1~2011-8-1				2.08					否
马占国	独立董事	男	37	2008-8-1~2011-8-1				2.08					否
孟召永	监事、监事会召集人	男	37	2008-8-1~2011-8-1				0					是
孙洪斌	监事	男	34	2008-8-1~2011-8-1				0					是
张俊玲	监事	女	37	2008-8-1~2011-8-1				5.83					否
赵惠卿	常务副经理	男	43	2008-8-1~2011-8-1				18.14					否
李　军	副经理	男	48	2008-8-1~2011-8-1				20.74					否
刘　莉	副经理	女	44	2008-8-1~2011-8-1				20.74					否
武平仁	副经理	男	54	2008-8-1~2011-8-1				18.14					否
张明扬	财务总监	男	48	2008-8-1~2011-8-1				20.74					否
合　计	/	/	/	/			/	194.95			/	/	/

第六节　董事会报告

6.1 管理层讨论与分析

一、公司经营情况回顾

(1)总体经营情况分析：

本公司的主要产品为豆奶粉系列产品及乳品系列产品，所属的行业为食品制造业。

公司 2008 年共生产豆奶粉系列产品 79,220 吨，比去年同期减少 6,948 吨，比去年同期下降 8.06%;公司 2008 年共生产乳品系列饮料 170,039 吨，比去年同期减少 31,966 吨，比去年同期下降 15.82%;公司 2008 年共生产奶粉产品 6,073 吨，比去年同期增加 1,300 吨，比去年同期增长 27.24%。

公司 2008 年完成营业收入 283,381.29 万元，同比下降 10.92%，营业利润 4,530.32 万元，同比下降 60.39%;净利润 5,067.32 万元，同比下降 40.82%。公司各项经营指标下降的主要原因如下：

受国际金融危机影响，公司商品贸易业务收入 42,396.59 万元，比上年同期下降 42.24%，造成公司营业收入比上年同期下降 10.92%，公司主业豆奶销售和牛奶销售和上年同期相比基本持平。

2008 年上半年，农副产品价格及能源价格大幅上涨，公司主要生产用原材料、包装物价格也大幅上涨。其中大豆价格平均上涨 90%、鲜奶价格上涨 22%，为了弥补原材料价格上涨对公司利润的影响，公司上调了部分产品销售价格，但销售价格上调弥补不了部分原材料价格上涨对公司利润的影响。

由于金融危机、三聚氰胺事件及国内市场环境的变化，对乳制品行业产生了巨大的影响，使得公司主产品豆奶和牛奶销量降低，其中：豆奶粉 2008 年产量比上年同期下降 8.06%，乳品系列产量比去年同期下降 15.82%。销量的下降造成了公司毛利的降低，导致利润的下降。

(2)报告期公司的财务状况与经营成果分析：

	2008 年	2007 年	增减比例
主营业务收入	2,611,690,388.51	2,933,857,153.12	−10.98%
营业利润	45,303,172.05	114,360,007.22	−60.39%
利润总额	61,094,158.19	128,329,707.99	−52.39%
净利润	50,673,232.02	85,629,607.55	−40.82%
销售费用	258,677,746.31	262,218,786.05	−1.35%
管理费用	133,427,357.96	118,589,885.54	12.51%
财务费用	60,518,253.18	39,342,841.97	53.82%

主营业务收入下降的主要原因是：由于金融危机影响，公司贸易性业务收入减少。

营业利润及净利润下降的主要原因：一、由于原材料价格大幅上涨，使得公司乳业产品毛利率下降;二、由于“三聚氰胺”事件影响，公司产品销售量下降，使得公司毛利减少。三、由于银行贷款额增加，使得公司财务费用增加。

(3)报告期末公司资产构成发生重大变化的说明

项目	2008 年 金额	占总资产比重	2007 年 金额	占总资产比重	增减变动
货币资金	94,789.64	26.09%	49,884.31	16.75%	90.02%
预付款项	17,440.81	4.80%	28,583.92	9.60%	−38.98%
其他应收款	10,934.84	3.01%	4,053.92	1.36%	169.73%
存货	44,440.59	12.23%	31,130.06	10.45%	42.76%
长期股权投资	16,058.90	4.42%	11,030.91	3.70%	45.58%
应交税金	947.62	0.26%	3,364.12	1.13%	−71.83%
其他应付款	9,251.24	2.55%	17,225.46	5.78%	−46.29%

变动原因的说明：

货币资金：增加的原因为公司 2008 年 5 月份完成非公开募集资金，专项资金余额较大。

预付款项：减少的原因是公司根据原材料市场行情的变化，减少原材料采购量。

其他应收款：增加的原因一是 08 年公司拟注册成立商贸公司，已付投资款 3400 万但相关注册手续未完成;二是公司预付土地转让金;

存货：增加的原因一是贸易类商品存货增加 3000 万;二是子公司花生油生产线投产，由于该产品生产期集中，所以期末产成品存货较大。

长期股权投资：增加的原因一是对联营企业双沟酒业股份有限公司增资;二是投资 2700 万持有徐州城郊信用合作社 10%的股份。

应交税金：减少的原因为本年度利润总额减少，所得税减少;

其他应付款：减少的原因为上年度公司收到的无锡维维超级咖啡有限公司及中粮维维置地有限公司款项，由于本年相关手续办妥而结转。

(4)报告期主要财务数据发生重大变化的说明

	2008 年	2007 年	增减额	增减变动
财务费用	6,051.83	3,934.28	2,117.54	53.82%
资产减值损失	2,904.92	1,260.74	1,644.18	130.41%
投资收益	4,417.87	164.94	4,252.92	2578.41%
营业利润	4,530.32	11,436.00	－6,905.68	−60.39%
营业外收入	3,441.64	2,341.02	1,100.62	47.01%
营业外支出	1,862.54	944.05	918.49	97.29%
所得税费用	1,740.10	3,968.69	－2,228.59	−56.15%
净利润	5,067.32	8,562.96	－3,495.64	−40.82%

原因分析：

财务费用：增加的主要原因是 2008 年公司贷款规模的增加及一到三季度银行贷款利率较高；

资产减值损失：增加的主要原因应收帐款坏账准备计提增加；

投资收益；增加的原因一是联营企业双沟酒业股份有限公司 08 年利润大幅上涨；二是交易性金融资产收益；

营业外收入：增加的主要原因一是由于公司为农业产业化龙头企业，08 年支持农业产业政策较多，公司得到补贴收入增加；二是公司处置非流动资产收益；

营业外支出：增加的原因为公益性捐赠

所得税费用：减少原因为利润总额降低及所得税税率降低的原因。

(5)报告期现金流量构成：

	2008 年	2007 年	增减额	增减变动
经营性现金流量净额	16,411.11	16,691.17	－280.06	−1.68%
投资性现金流量净额	−35,941.44	−12,792.55	－23,148.88	180.96%
筹资性现金流量净额	63,342.37	7,781.69	55,560.68	713.99%

变动原因：

投资性现金流量：减少的主要原因为交易性金融资产的投资及固定资产投资增加；

筹资性现金流量：增加的主要原因为 2008 年 5 月份非公开发行股票。

2008 年公司进行了豆奶粉产品的更新换代、开发了乳品系列新品、开发的谷动系列饮料已于 2008 年 11 月投放市场、新建的正阳油脂基地于 2008 年 11 月正式投入生产，花生油系列产品已于同期投放市场、营养棒开发了新产品，形成了系列化，2008 年公司加大了新产品的市场推广力度，加大了宣传力度。使新产品的销售呈现良好的势头。

根据中国商业联合会、中华全国商业信息中心 2008 年度最新统计监测结果显示：本公司主产品"维维"牌豆奶粉名列 2008 年中国同类商品市场综合占有率第一位。

根据国家统计局中国行业企业信息发布中心最新统计结果显示：本公司主产品"维维"牌豆奶粉，2008 年度荣列全国同类产品销量第一位。

(6)公司主要子公司,参股公司的经营情况及业绩分析:

单位:万元 币种:人民币

公司名称	业务性质	主要产品或服务	注册资本	主营业务收入	净利润
维维乳业有限公司	加工制造	乳品系列饮料及豆奶	2,999 万美元	84,918.93	−116.75
维维创新投资有限公司	投资	行业及项目投资		21,000	1283.99
西安维维资源有限公司	加工制造奶牛养殖,鲜奶收购、加工		23,980.00	7,080.37	135.39
维维泸州豆奶粉厂	加工制造豆奶粉		100.00	12003.7	982.15
维国际贸易有限公司	贸易国内国际贸易		10,000.00	33834.63	288.79

公司联营企业双沟酒业股份有限公司主要业务为白酒生产销售，2008 年实现净利润 7,335.46 万元，比上年同期增长 269.23%。公司按享有的权益确认投资收益 2942.74 万元。双沟股份 2008 年实际实现销售收入 99,963.51 万元，销售收入增长的主要原因：一是销售量的增长；二是上调了部分产品销售价格，增强了公司的盈利能力。

(7)与公允价值相关的内部控制情况

公司目前与公允价值计量相关的资产主要交易性金融资产—股票投资和期货合约，除此之外，公司无其他按公允价值计量的资产。由于这两项资产有公开的市场价格，公司采用其公开市价做为公允值.公司将按照《企业内部控制基本规范》的要求，做好公司同公允价值相关的内控制度的建设。

二、不断完善公司的法人治理结构

公司按照《公司法》、《证券法》和中国证监会有关法律法规的要求，不断完善公司法人治理结构，适应现代企业制度，规范公司运作。按照中国证监会和国家经贸委发布的《上市公司治理准则》不断完善公司治理结构。.

报告期内，对董事会审计委员会、提名委员会、薪酬与考核委员会、战略发展委员会四个专业委员会的人员进行了调整。

报告期内，经公司董事会和股东大会审议并通过，对公司《董事会议事规则》、《股东大会议事规则》按照中国证监会的相关规定进行了修订。制定了《维维食品饮料股份有限公司 2008 年公司债券专项偿债资金管理制度》、《维维食品饮料股份有限公司独立董事年报工作制度》，修订了《维维食品饮料股份有限公司对外投资管理制度》和《信息披露管理制度》。

报告期内，经公司监事会和股东大会审议并通过，对公司《监事会议事规则》按照中国证监会的相关规定进行了修订。

按照中国证券监督管理委员会证监公司字[2007]28 号《关于开展加强上市公司治理专项活动有关事的通知》及江苏证监局苏证监公司字[2007]104 号《关于开展加强上市公司治理专项活动相关工作的通知》的要求和部署，公司按期完成了公司治理专项活动，按期完成了整改。

三、对公司未来发展的展望

1、所处的行业发展趋势及未来发展机遇和挑战。公司所处的行业为食品饮料行业，其主产品为豆奶粉及乳品饮料，是国家鼓励和支持发展的产业。所处的行业市场竞争都十分激烈。豆奶粉行业发展比较平稳，本公司多年来处于行业龙头地位。

2008 年遭遇金融危机、三聚氰胺事件的影响，给中国经济的发展造成了极大的影响，对食品饮料行业也受到了不同程度的影响。三聚氰胺事件对刚刚发展起来的中国乳业造成了极大的打击，本公司的豆奶牛奶主业也受到了较大影响。

目前国内原材料价格以比去年有所下降，产品原材料成本将有所下降，会不同程度的提高产品利润率，效益会有所提升。对公司未来发展十分有利。

面对激烈的市场竞争环境，机遇和挑战并存。(1)豆奶粉产业仍然具有较大的市场发展空间，一是国家鼓励和支持发展的产业，国家在政策上给予扶持；二是随着国民经济的发展，人民生活水平的提高，消费观念的转变，广大的农村市场，具有很大的潜在购买力。充分发挥本公司品牌和行业龙头作用以及现有的市场网络优势，更好的拓展本公司的市场空间，扩大豆奶粉的销售规模。

(2)国内乳品行业同样也是国家支持发展的产业，有着巨大的发展空间。公司把发展乳业作为第二大支柱产业，经过几年来的发展，已初具规模，其"天山雪"品牌荣获"中国名牌"称号，其产品已覆盖国内三分之二的地区。为进一步扩大市场，扩大销售规模，奠定了良好的基础。

(3)公司立足食品饮料产业，稳固发展豆奶和乳品两大主导产业，确保豆奶行业龙头地位，大力拓展乳业，提高乳产品的市场占有率。加大技术创新力度，开发市场需求的豆奶类、牛奶类、糊类、系列饮料、淀粉糖等新产品。在做大做强豆奶和乳品两大主导产业的同时，发展维维食用油及维维酒业。

2、未来发展的不利因素及对策

(1)原材料价格风险

公司豆奶产品所需原材料均属大宗农产品，需要外购，其中：大豆原料主要来自于东北，白糖绝大部分来自于广西，花生油在本地和山东供应，鲜奶主要由公司下属各乳品公司的周边地区。原材料成本占公司产品成本相当大的比例，因此，上游原材料价格的波动会对企业经营造成较大的影响。目前，公司通过与原材料供应商形成稳定的供销关系，乳品子公司建立自有牧场来影响和稳定当地鲜奶采购价格的办法，进一步抓好成本管理，同时，挖掘企业的内部潜力，搞好技术改造和革新，节能降耗，最大限度的降低产品成本及费用。

(2)市场风险

公司的两大主要产品为豆奶粉和乳制品，市场竞争风险有较大差异。公司目前的豆奶产品以豆奶粉为主，公司与主要竞争对手均以豆奶粉为主要产品。虽然，整个豆奶行业前景乐观，公司十几年来均保持行业龙头地位，但近年来的销量增加较少，除了公司产能受到一定限制的原因外，其他竞争对手挤占市场的影响也是重要原因。

针对目前的竞争状况，公司的应对措施是继续加大豆奶业务投入，一方面提高公司豆奶产品的有效产能，调整产品结构，抓好豆奶粉产品的更新换代，另一方面提高管理和营销的水平，做好豆奶粉的市场细分和深度分销，努力提高豆奶粉的销量，确保公司在国内豆奶行业的绝对领先地位。公司通过豆奶粉技术改造，提高公司豆奶产品的有效产能，提高产品质量和档次，加强适合大型商超渠道产品的开发和推广力度，增加产品的市场竞争力。公司乳品产业还处在一个相对弱势的地位，作为一支从 2000 年以后才开始进入乳品行业的新生力量，公司在短短几年的发展过程中，在各地新建及收购乳品生产企业，并在管理能力、人才培养以及资源整合方面都作了不少的努力，取得了一定的成绩，其在乳品行业第二梯队的地位已经确立；

随着市场集中度逐渐提高和竞争的加剧，公司的竞争压力增大，盈利能力仍然有待提升。公司面临成本控制不占优势、产品价格又难以提升的困难，但公司乳品业务已经开始整体获得盈利，公司在乳品行业的竞争中实行的差异化策略取得了效果，能够在激烈的市场竞争中生存和发展，并不断壮大。

针对目前的竞争状况，公司的应对措施主要包括：

加强成本控制，苦练内功，公司将进一步加强内部管理、降低成本费用。提高产品毛利：充分发挥本公司的各种资源和优势，开发推广具有差异化的新产品，公司以本次募集资金投资建设婴儿配方乳饮料和婴儿配方奶粉项目，婴儿配方乳饮料和婴儿配方奶粉属高附加值产品，毛利率要较普通鲜奶和工业奶粉高，将较大程度提升公司乳品业务的盈利能力。营销差异化：以公司具备较强品牌影响力和市场营销基础、且人均消费能力较强的华东地区作为重点营销区域，提高"天山雪"品牌在重点地区的知名度和产品推广力度，通过提升营销投入和产出的效益比，进一步拓展市场，提高市场占有率，扩大营销规模，以化解市场竞争风险。

(3)产品质量风险

公司作为一家食品饮料生产企业，始终视产品质量为企业的生命。公司始终坚持质量第一的方针，千方百计地抓好质量管理，严格执行 ISO9001：2000 质量管理体系，加强生产现场管理，严格考核，确保产品质量的稳定提高。目前，公司采用的生产设备、技术、工艺大部分属于国际国内领先水平，产品质量严格执行国家标准。本次募集资金项目投向中有一亿元投向豆奶粉技改项目，很大一部分原因是为了淘汰旧设备，用更先进的装备保证产品质量的稳定和提高。

(4)技术风险

公司采用的生产设备、技术、工艺处于国际国内领先水平，公司有自己的专门研发机构，是省级功能与营养研发中心和省级技术中心。主要从事本公司的新产品开发和技术改造。确保本公司技术进步。

(5)财务风险

本公司规模较大，子公司较多，资金需求量较大。正常经营和投资所需资金，用银行贷款及自筹解决。但增加了公司的财务费用，影响了公司效益增长。为此，公司加强财务管理，挖掘企业的内部潜力，最大限度的降低产品成本及费用，控制管理费用支出。新上项目的投资所需资金采取非公开发行股票方式募集解决。在保证正常经营情况下，压缩流动资金贷款规模，以降低财务费用支出。

(6)政策风险

公司所处的行业为食品饮料行业，其主产品为豆奶粉及乳制品，是国家鼓励和支持发展的产业。

四、新年度的重点工作

公司将进一步完善企业的内部管理，抓好新产品开发、市场开拓及新项目建设等重点工作，在确保主产品豆奶粉生产的同时，着重抓好乳业的发展，力争取得更好的业绩。2009 年将重点做好以下工作：

(1)抓好新产品的开发。2009 年继续抓好豆奶粉产品的更新换代、乳品系列产品、OHB 营养棒产品、食用油及谷动系列饮料等开发。

(2)巩固提高主产品豆奶粉系列产品的国内市场占有率，做好豆奶粉的市场细分和深度分销，努力提高豆奶粉的销量，确保豆奶粉的行业龙头地位。重点抓好液体乳品系列饮料及谷动系列饮料的市场开发。进一步提高维维"天山雪"乳品的市场占有率。扩大乳品、谷动系列饮料的宣传，进一步提升维维"天山雪"品牌的知名度。

(3)抓好企业的资金管理、成本管理，挖掘企业的内部潜力，搞好企业的技术改造和革新，抓好节能降耗，最大限度的降低产品成本及费用。

(4)深化企业内部改革，进一步完善内部管理、内部分配制度及内部承包责任制，鼓励创新和改革。

(5) 做好公司新产品 OHB 营养棒、食用油及谷动系列饮料等的推广及宣传工作，加快营销网络的建设，扩大销售规模。

(6)公司进军白酒行业作为战略性投资，适时发展维维酒业。在公司战略发展和提高收益的前提下，对于投资规模不大，发展前景较好，投资收益和回报较高的项目及具有投资价值的股票、证券、拟上市公司股权等开展部分对外投资业务。

(7)根据市场情况和公司的总体发展战略，抓好募集资金等投资项目建设，以尽快投入生产，形成公司新的利润增长点。为提高公司收益，提高公司的盈利能力，推动公司主业的发展，在抓好主业的同时，适时参与资源类产业的投资。

(8)公司拟发行不超过 7.2 亿元人民币公司债券的申请于 2008 年 11 月 28 日获得中国证券监督管理委员会发行审核委员会审核有条件通过。但公司尚未收到中国证券监督管理委员会作出予以核准或不予核准的通知。待收到中国证券监督管理委员会核准通知后，公司将尽快完成公司债券的发行工作。

五、进一步完善公司的内控制度，形成完整的内控制度体系

公司十分重视内部控制制度建设，不断完善公司法人治理结构。公司三会、经营层之间形成了有效的决策、监督和执行的制约机制。公司董事会各专业委员会，按照职责开展工作。公司在产、供、销、财务、人事、行政、信息披露、对外投资、对控股子公司的管理等方面建立了一系列管理制度。公司管理层认为公司制订的内部控制制度符合公司目前的经营和管理需要，有效的降低了公司的经营风险。在新年度，公司将按照中国证监会、上海证券交易所的有关规定和要求及国家有关法律法规逐步完善，结合公司经营发展的需要，不断完善和改进内部控制制度，形成内控制度体系。进一步提高公司的内控水平，维护股东的利益，确保公司长期稳健发展。

六、做好董事会的日常工作

1、按照中国证监会、上海证券交易所及江苏证监局的有关规定及要求，认真组织公司董监事及高管人员参加上海证券交易所及江苏监管局举办的有关业务培训，不断提高公司董监事及高管人员法制观念和相关业务水平。

2、按期完成股东大会的各项决议。

3、按期完成中国证监会、上海证券交易所及江苏证监局布置的各项工作。

4、组织好新年度的董事会会议和股东大会的各项事务。

与公允价值计量相关的项目

√适用 □不适用

单位:万元

项目 (1)	期初金额 (2)	本期公允价值变动损益(3)	计入权益的累计公允价值变动(4)	本期计提的减值 (5)	期末金额 (6)
金融资产					
其中:1.以公允价值计量且其变动计入当期损益的金融资产		-265.77			11,508.77
其中:衍生金融资产					
2.可供出售金融资产					
金融资产小计					
合计		-265.77			11,508.77

持有外币金融资产、金融负债情况

□适用 √不适用

6.2 主营业务分行业、产品情况表

单位:万元 币种:人民币

分行业或分产品	营业收入	营业成本	营业利润率(%)	营业收入比上年增减(%)	营业成本比上年增减(%)	营业利润率比上年增减(%)
分行业						
食品饮料	218,772.45	171,904.27	21.42	-0.55	0.33	减少 0.69 个百分点
商品贸易	42,396.59	41,960.47	1.03	-42.24	-41.93	减少 0.54 个百分点
分产品						
豆奶销售	106,081.63	78,410.92	26.08	-0.91	-0.94	增加 0.02 个百分点
牛奶销售	95,279.05	77,566.12	18.59	0.49	3.11	减少 2.07 个百分点
非生产型贸易	38,023.36	38,041.72	-0.05	-45.82	-45.00	减少 1.49 个百分点

6.3 主营业务分地区情况表

单位:元 币种:人民币

地区	营业收入	营业收入比上年增减(%)
东北	58,185,859.56	-0.88
华北	285,822,287.06	15.09
华东	1,427,382,571.15	-20.62
华中	223,638,018.81	-5.30
西北	309,052,736.22	10.94
西南	198,421,304.30	-0.88
华南	101,280,996.67	-9.97
印尼	7,906,614.74	586.64
合计	2,611,690,388.51	-10.98

6.4 募集资金使用情况

√适用 □不适用

单位:万元 币种:人民币

募集资金总额	680,563,020.40	本年度已使用募集资金总额	29,559,156.18
		已累计使用募集资金总额	29,559,156.18

承诺项目	是否变更项目	拟投入金额	实际投入金额	是否符合计划进度	预计收益	产生收益情况
氨基酸保健饮料项目	否	15,350	1,873.94	否	2,845	未投产
新建塑料彩印外袋及纸箱生产线项目	否	15,051	0	否	950	尚未投入
豆奶粉技改项目	否	10,713	1,060.75	否	1,832	未投产
婴儿食品饮料及婴儿配方奶粉项目	否	20,000	0	否	1,619	尚未投入
功能性营养食品(营养棒)生产项目	否	15,046	21.22	否	1,828	未投产
合计	/	76,160		/	9,074	/

未达到计划进度和预计收益的说明(分具体项目)

尚未使用的募集资金用途及去向

变更项目情况

□适用 √不适用

6.5 非募集资金项目情况

√适用 □不适用

单位:万元 币种:人民币

项目名称	项目金额	项目进度	项目收益情况
参与徐州市郊信用合作社	2,700	已完成	
合计	2,700	/	/

6.6 董事会对会计师事务所"非标准审计报告"的说明

□适用 √不适用

6.7 董事会本次利润分配或资本公积金转增股本预案

(1)公司 2008 年度利润分配预案

经审计，公司 2008 年度母公司实现净利润 41,618,232.06 元，按 10%提公积金 4,161,823.21 元，当年实现可供分配的利润为 37,456,408.85 元，加年初未分配利润 49,034,352.39 元，公司 2008 年 3 月份分配现金股利 26,400,000.00 元，累计可供分配的利润为 60,090,761.24 元。合并报表本年度未分配利润为 171,322,126.78 元。公司本年度实现的可供分配利润为 37,456,408.85 元，合并报表本年实现可供分配利润为 46,511,408.81 元。

公司拟按 2008 年末总股本 76000 万股为基数，每 10 股派发现金红利 0.3 元(社会公众股含个人所得税)，计派发现金红利 22,800,000.00 元。占本年实现可供分配利润的 60.87%，尚余未分配利润 14,656,408.85 元，结转下年度。

(2)资本公积金转增股本预案

经审计，公司 2008 年末母公司资本公积为 1,143,211,113.74 元，公司拟按 2008 年末总股本 76000 万股为基数，每 10 股转增 12 股的比例转增股本，共使用资本公积 912,000,000 元，结余资本公积 231,211,113.74 元，结转下年度。转增后，本公司股本总额由 760,000,000 股增加到 1,672,000,000 股。

该预案需提交 2008 年年度股东大会审议通过后实施。

公司本报告期内盈利但未提出现金利润分配预案

□适用 √不适用

第七节 重要事项

7.1 收购资产

□适用 √不适用

7.2 出售资产

□适用 √不适用

7.3 重大担保

√适用 □不适用

单位:万元 币种:人民币

公司对子公司的担保情况	
报告期内对子公司担保发生额合计	1,000
报告期末对子公司担保余额合计	1,000
公司担保总额情况(包括对子公司的担保)	
担保总额	1,000
担保总额占公司净资产的比例(%)	0.45
其中:	
为股东、实际控制人及其关联方提供担保的金额	0
直接或间接为资产负债率超过 70%的被担保对象提供的债务担保金额	0
担保总额超过净资产 50%部分的金额	0
上述三项担保金额合计	0

7.4 重大关联交易

7.4.1 与日常经营相关的关联交易

□适用 √不适用

7.4.2 关联债权债务往来

□适用 √不适用

7.4.3 2008 年资金被占用情况及清欠进展情况

□适用 √不适用

截止 2008 年末，上市公司未完成非经营性资金占用的清欠工作的，董事会提出的责任追究方案

□适用 √不适用

7.5 委托理财

□适用 √不适用

7.6 承诺事项履行情况

7.6.1 公司或持股 5%以上股东在报告期内或持续到报告期内的承诺事项

√适用 □不适用

承诺事项	承诺内容	履行情况
股改承诺	维维集团股份有限公司、GIANT HARVEST LIMITED、大冢(中国)投资有限公司持有的维维股份非流通股股份自取得流通权之日起，在 36 个月内不上市交易;维维集团股份有限公司、GIANT HARVEST LIMITED、大冢(中国)投资有限在上述 36 个月禁售期满后的 24 个月内，通过上海证券交易所交易系统出售维维股份股票的价格不低于 4.00 元(如果自非	履行承诺

流通股获得流通权之日起至该等期间发生派
息、送股、资本公积转增股本等导致股价除权的
情况发生，则该承诺出售价格相应除权）。

7.6.2 公司资产或项目存在盈利预测，且报告期仍处在盈利预测期间，公司就资产或项目是否达到原盈利预测及其原因作出说明：

□适用　　√不适用

7.7 重大诉讼仲裁事项

□适用　　√不适用

7.8 其他重大事项及其影响和解决方案的分析说明

7.8.1 证券投资情况

√适用　　□不适用

序号	证券品种	证券代码	证券简称	初始投资金额(元)	持有数量	期末账面值	占期末证券投资比例(%)	报告期损益
1.	A股	600030	中信证券	85,591,114.10	4,483,959	80,576,743.23	79.35	−5,014,370.87
2.	A股	601009	南京银行	22,063,114.19	2,500,000	20,975,000.00	20.65	−1,088,114.19
报告期已出售证券投资损益				/	/	/	/	27,213,269.80
合计				107,654,228.29	/	101,551,743.23	100%	21,110,784.74

7.8.2 持有其他上市公司股权情况

□适用 √不适用

7.8.3 持有非上市金融企业股权情况

√适用 □不适用

所持对象名称	初始投资金额	持有数量	占该公司股权比例	期末账面值	报告期损益	报告期所有者权益变动	会计核算科目	股份来源
徐州市郊农村信用合作联社	2,700	2,700	10	2,700			长期股权投资	信用合作社增发
合计	2,700	2,700	/	2,700			/	/

7.8.4 买卖其他上市公司股份的情况

√适用　　□不适用

股份名称	期初股份数量	报告期买入/卖出股份数量	期末股份数　量	使用的资金数量	产生的投资收益
贵州茅台	0.00	48,265	0.00	4,640,567.15	42,238.06
海南椰岛	0.00	2,884,531	0.00	15,066,822.11	656,528.83
南京银行	0.00	11,561,599	2,500,000.00	101,120,067.42	6,810,627.05
山西焦化	0.00	300,000	0.00	1,611,007.55	−137,327.55
豫园商城	0.00	851,220	0.00	7,765,481.83	304,314.18
中国远洋	0.00	20,000	0.00	166,854.00	−2,086.00
中信证券	0.00	15,564,601	4,483,959.00	295,649,152.70	13,436,490.17
合计	0.00	26,746,257	6,983,959.00	426,019,952.76	21,110,784.74

报告期内卖出申购取得的新股产生的投资收益总额 0.00 元。

7.9 公司是否披露履行社会责任的报告：否

第八节　监事会报告

监事会认为公司依法运作、公司财务情况、公司募集资金使用、公司收购、出售资产交易和关联交易不存在问题。

8.1 监事会对公司依法运作情况的独立意见

公司按照《公司法》、《证券法》等法律法规及《公司章程》有关规定规范运作，公司决策程序合法，内部控制制度较为健全并不断完善，公司董事及高级管理人员在经营管理中依法工作，在行使职权时能够自觉维护公司的利益，履行诚信和勤勉的义务。未发生违规、违法、违反《公司章程》及损害公司利益的行为 。

8.2 监事会对检查公司财务情况的独立意见

立信会计师事务所有限公司为公司出具的无保留意见的《2008 年度审计报告》，真实、客观、准确地反映了公司的财务状况和经营成果。

8.3 监事会对公司最近一次募集资金实际投入情况的独立意见

公司募集资金的使用与《招股说明书》承诺的投资项目基本一致。由于金融危机和市场情况的变化，公司谨慎考虑，个别募集资金投资项目的进度与计划进度有所差距。为充分发挥募集资金效益，公司将部份闲置募集资金暂时补充公司流动资金，经过了公司董事会、监事会及股东大会审议通过，程序合法。符合中国证监会、上海证券交易所及公司募集资金存放和使用的管理规定等上市公司募集资金管理规定的相关规定。

8.4 监事会对公司收购、出售资产情况的独立意见

公司收购、出售资产交易价格合理、合法，未发现内幕交易，无损害部分股东的权益或造成公司资产流失的行为。

8.5 监事会对公司关联交易情况的独立意见

公司关联交易严格按照国家有关规定办理，做到公平交易、合理、合法，未有内幕交易和损害部分股东权益或造成公司资产流失的行为。

第九节　财务会计报告

9.1 审计意见

财务报告	□未经审计	√审计
审计意见	√标准无保留意见	□非标意见

审计意见全文

审计报告

信会师报字(2009)第 10730 号

维维食品饮料股份有限公司：

我们审计了后附的维维食品饮料股份有限公司(以下简称公司)财务报表，包括 2008 年 12 月 31 日的资产负债表和合并资产负债表、2008 年度的利润表和合并利润表、2008 年度的现金流量表和合并现金流量表、2008 年度的所有者权益变动表和合并所有者权益变动表以及财务报表附注。

按照企业会计准则的规定编制财务报表是公司管理层的责任。这种责任包括：(1)设计、实施和维护与财务报表编制相关的内部控制，以使财务报表不存在由于舞弊或错误而导致的重大错报；(2)选择和运用恰当的会计政策；(3)作出合理的会计估计。

我们的责任是在实施审计工作的基础上对财务报表发表审计意见。我们按照中国注册会计师审计准则的规定执行了审计工作。中国注册会计师审计准则要求我们遵守职业道德规范，计划和实施审计工作以对财务报表是否不存在重大错报获取合理保证。

审计工作涉及实施审计程序，以获取有关财务报表金额和披露的审计证据。选择的审计程序取决于注册会计师的判断，包括对由于舞弊或错误导致的财务报表重大错报风险的评估。在进行风险评估时，我们考虑与财务报表编制相关的内部控制，以设计恰当的审计程序，但目的并非对内部控制的有效性发表意见。

审计工作还包括评价管理层选用会计政策的恰当性和作出会计估计的合理性，以及评价财务报表的总体列报。

我们相信，我们获取的审计证据是充分、适当的，为发表审计意见提供了基础。

我们认为，公司财务报表已经按照企业会计准则的规定编制，在所有重大方面公允反映了公司 2008 年 12 月 31 日的财务状况以及 2008 年度的经营成果和现金流量。

信会计师事务所有限公司　　　　中国注册会计师：陆国豪、冯蕾
中国·上海　　　　2009 年 3 月 26 日

9.2 财务报表

合并资产负债表

2008 年 12 月 31 日

编制单位：维维食品饮料股份有限公司　　　　单位：元 币种：人民币

项目	附注	期末余额	年初余额
流动资产：			
货币资金	(一)	947,896,366.36	498,843,053.61
结算备付金			
拆出资金			
交易性金融资产	(二)	115,087,739.23	
应收票据	(三)	38,940,162.96	55,104,110.91
应收账款	(四)	172,176,395.88	212,287,126.03
预付款项	(五)	174,408,143.07	285,839,178.52
应收保费			
应收分保账款			
应收分保合同准备金			
应收利息			
应收股利	(六)		10,103,280.00
其他应收款	(七)	109,348,418.73	40,539,247.19
买入返售金融资产			
存货	(八)	444,405,874.26	311,300,641.39
一年内到期的非流动资产			
其他流动资产			
流动资产合计		2,002,263,100.49	1,414,016,637.65
非流动资产：			
发放贷款及垫款			
可供出售金融资产			
持有至到期投资			
长期应收款			
长期股权投资	(九)	160,588,996.30	110,309,074.75
投资性房地产			
固定资产	(十)	1,108,252,447.12	1,044,418,825.48
在建工程	(十一)	61,798,987.24	109,916,900.69
工程物资	(十二)	298,178.76	220,861.40
固定资产清理			
生产性生物资产	(十三)	109,474,644.26	122,989,325.00
油气资产			
无形资产	(十四)	180,153,405.39	170,286,958.16
开发支出			
商誉			
长期待摊费用	(十五)	1,742,079.90	2,324,878.77
递延所得税资产	(十六)	8,251,436.54	3,994,353.46
其他非流动资产			
非流动资产合计		1,630,560,175.51	1,564,461,177.71
资产总计		3,632,823,276.00	2,978,477,815.36
流动负债：			
短期借款	(十八)	795,000,000.00	758,000,000.00
向中央银行借款			
吸收存款及同业存放			
拆入资金			
交易性金融负债			
应付票据			
应付账款	(十九)	286,342,743.30	238,146,088.93
预收款项	(二十)	64,304,998.42	44,262,066.86
卖出回购金融资产款			
应付手续费及佣金			

应付职工薪酬	(二十一)	8,582,613.74	10,363,443.04
应交税费	(二十二)	9,476,238.27	33,641,194.95
应付利息			
应付股利	(二十三)	2,973,309.97	2,973,309.97
其他应付款	(二十四)	92,512,357.90	172,254,615.98
应付分保账款			
保险合同准备金			
代理买卖证券款			
代理承销证券款			
一年内到期的非流动负债			
其他流动负债	(二十五)	8,237,770.00	2,550,000.00
流动负债合计		1,267,430,031.60	1,262,190,719.73
非流动负债:			
长期借款	(二十六)	3,960,000.00	7,442,915.39
应付债券			
长期应付款			
专项应付款			
预计负债			
递延所得税负债	(十六)	861,197.50	
其他非流动负债			
非流动负债合计		4,821,197.50	7,442,915.39
负债合计		1,272,251,229.10	1,269,633,635.12
股东权益:			
股本	(二十七)	760,000,000.00	660,000,000.00
资本公积	(二十八)	1,156,304,182.21	575,741,161.81
减:库存股			
盈余公积	(二十九)	115,092,191.72	110,930,368.51
一般风险准备			
未分配利润	(三十)	171,322,126.78	151,210,717.97
外币报表折算差额			
归属于母公司所有者权益合计		2,202,718,500.71	1,497,882,248.29
少数股东权益		157,853,546.19	210,961,931.95
股东权益合计		2,360,572,046.90	1,708,844,180.24
负债和股东权益合计		3,632,823,276.00	2,978,477,815.36

公司法定代表人:杨启典　主管会计工作负责人:张明扬　会计机构负责人:杨恋恋

母公司资产负债表

2008 年 12 月 31 日

编制单位:维维食品饮料股份有限公司　单位:元 币种:人民币

项目	附注	期末余额	年初余额
流动资产:			
货币资金		706,903,372.48	303,813,748.92
交易性金融资产			
应收票据		37,393,712.96	47,689,633.22
应收账款	(一)	66,247,429.04	107,827,757.20
预付款项		114,127,603.71	198,446,914.55
应收利息			
应收股利			10,103,280.00
其他应收款	(二)	676,498,083.48	400,383,568.42
存货		86,640,510.04	68,070,401.72
一年内到期的非流动资产			
其他流动资产			
流动资产合计		1,687,810,711.71	1,136,335,304.03
非流动资产:			
可供出售金融资产			
持有至到期投资			
长期应收款			
长期股权投资	(三)	1,351,840,679.80	1,189,526,320.11
投资性房地产		70,009,615.25	49,460,633.20
固定资产		187,925,688.23	150,965,660.39
在建工程		17,392,709.66	29,997,070.07
工程物资			
固定资产清理			
生产性生物资产			
油气资产			
无形资产		84,526,173.74	72,741,418.54
开发支出			
商誉			
长期待摊费用		293,333.36	513,333.36
递延所得税资产		6,725,815.27	3,994,353.46
其他非流动资产			
非流动资产合计		1,718,714,015.31	1,497,198,789.13
资产总计		3,406,524,727.02	2,633,534,093.16
流动负债:			
短期借款		660,000,000.00	580,000,000.00
交易性金融负债			
应付票据		110,000,000.00	120,000,000.00
应付账款		262,829,499.16	211,953,289.12
预收款项		61,957,197.75	28,685,020.58
应付职工薪酬		3,334,122.58	5,277,759.76
应交税费		4,267,821.89	20,648,466.77
应付利息			
应付股利		473,309.97	473,309.97
其他应付款		222,473,708.97	283,333,432.72
一年内到期的非流动负债			
其他流动负债		2,795,000.00	550,000.00
流动负债合计		1,328,130,660.32	1,250,921,278.92
非流动负债:			
长期借款			
应付债券			
长期应付款			
专项应付款			
预计负债			
递延所得税负债			
其他非流动负债			
非流动负债合计			
负债合计		1,328,130,660.32	1,250,921,278.92
股东权益:			
股本		760,000,000.00	660,000,000.00
资本公积		1,143,211,113.74	562,648,093.34
减:库存股			
盈余公积		115,092,191.72	110,930,368.51
未分配利润		60,090,761.24	49,034,352.39
外币报表折算差额			
股东权益合计		2,078,394,066.70	1,382,612,814.24
负债和股东权益合计		3,406,524,727.02	2,633,534,093.16

公司法定代表人:杨启典　主管会计工作负责人:张明扬　会计机构负责人:杨恋恋

合并利润表

2008 年 1—12 月

单位:元 币种:人民币

项目	附注	本期金额	上期金额
一、营业总收入		2,833,812,863.51	3,181,247,143.87
其中:营业收入	(三十一)	2,833,812,863.51	3,181,247,143.87
利息收入			
已赚保费			
手续费及佣金收入			
二、营业总成本		2,830,030,656.94	3,068,536,569.99
其中:营业成本	(三十一)	2,343,455,288.11	2,629,347,900.57
利息支出			
手续费及佣金支出			
退保金			
赔付支出净额			
提取保险合同准备金净额			
保单红利支出			
分保费用			
营业税金及附加	(三十二)	4,902,787.19	6,429,774.81
销售费用		258,677,746.31	262,218,786.05
管理费用		133,427,357.96	118,589,885.54
财务费用	(三十三)	60,518,253.18	39,342,841.97
资产减值损失	(三十四)	29,049,224.19	12,607,381.05
加:公允价值变动收益(损失以"-"号填列)	(三十五)	-2,657,695.06	
投资收益(损失以"-"号填列)	(三十六)	44,178,660.54	1,649,433.34
其中:对联营企业和合营企业的投资收益		29,427,436.24	7,673,098.28
汇兑收益(损失以"-"号填列)			
三、营业利润(亏损以"-"号填列)		45,303,172.05	114,360,007.22
加:营业外收入	(三十七)	34,416,405.48	23,410,236.88
减:营业外支出	(三十八)	18,625,419.34	9,440,536.11
其中:非流动资产处置净损失		5,683,746.20	5,683,746.20
四、利润总额(亏损总额以"-"号填列)		61,094,158.19	128,329,707.99
减:所得税费用	(三十九)	17,401,002.26	39,686,904.41
五、净利润(净亏损以"-"号填列)		43,693,155.93	88,642,803.58
归属于母公司所有者的净利润		50,673,232.02	85,629,607.55
少数股东损益		-6,980,076.09	3,013,196.03
六、每股收益:			
(一)基本每股收益		0.07	0.13
(二)稀释每股收益		0.07	0.13

公司法定代表人:杨启典　主管会计工作负责人:张明扬　会计机构负责人:杨恋恋

母公司利润表

2008 年 1—12 月

单位:元 币种:人民币

项目	附注	本期金额	上期金额
一、营业收入	(四)	1,476,196,813.07	1,444,223,143.12
减:营业成本	(四)	1,227,521,305.89	1,196,633,246.03
营业税金及附加		1,436,827.55	2,080,612.64
销售费用		102,008,794.28	95,692,931.77
管理费用		66,939,062.23	59,906,141.22

项目	附注	本期金额	上期金额
财务费用		49,231,366.98	32,144,057.56
资产减值损失		17,630,425.84	7,319,205.02
加:公允价值变动收益(损失以"-"号填列)			
投资收益(损失以"-"号填列)	(五)	24,235,442.13	-134,824.38
其中:对联营企业和合营企业的投资收益		29,427,436.24	7,603,091.54
二、营业利润(亏损以"-"号填列)		35,664,472.43	50,312,124.50
加:营业外收入		20,088,008.18	15,845,430.93
减:营业外支出		7,274,318.80	590,605.18
其中:非流动资产处置净损失		100,568.38	278,605.18
三、利润总额(亏损总额以"-"号填列)		48,478,161.81	65,566,950.25
减:所得税费用		6,859,929.75	18,222,842.32
四、净利润(净亏损以"-"号填列)		41,618,232.06	47,344,107.93

公司法定代表人:杨启典　主管会计工作负责人:张明扬　会计机构负责人:杨恋恋

合并现金流量表

2008 年 1—12 月

单位:元 币种:人民币

项目	附注	本期金额	上期金额
一、经营活动产生的现金流量:			
销售商品、提供劳务收到的现金		3,656,733,016.01	3,776,629,742.30
客户存款和同业存放款项净增加额			
向中央银行借款净增加额			
向其他金融机构拆入资金净增加额			
收到原保险合同保费取得的现金			
收到再保险业务现金净额			
保户储金及投资款净增加额			
处置交易性金融资产净增加额			
收取利息、手续费及佣金的现金			
拆入资金净增加额			
回购业务资金净增加额			
收到的税费返还		668,187.28	127,200.00
收到其他与经营活动有关的现金	(四十一/1)	31,678,132.47	24,277,789.93
经营活动现金流入小计		3,689,079,335.76	3,801,034,732.23
购买商品、接受劳务支付的现金		3,067,014,786.30	3,189,515,678.60
客户贷款及垫款净增加额			
存放中央银行和同业款项净增加额			
支付原保险合同赔付款项的现金			
支付利息、手续费及佣金的现金			
支付保单红利的现金			
支付给职工以及为职工支付的现金		160,891,773.18	157,321,550.53
支付的各项税费		151,200,558.90	172,209,839.56
支付其他与经营活动有关的现金	(四十一/2)	145,861,095.14	115,075,956.50
经营活动现金流出小计		3,524,968,213.52	3,634,123,025.19
经营活动产生的现金流量净额		164,111,122.24	166,911,707.04
二、投资活动产生的现金流量:			
收回投资收到的现金		70,098,171.88	4,643,990.29
取得投资收益收到的现金		16,226,480.00	102,800.00
处置固定资产、无形资产和其他长期资产收回的现金净额		29,522,465.28	17,574,437.15
处置子公司及其他营业单位收到的现金净额		42,434,636.13	
收到其他与投资活动有关的现金			80,954,276.79
投资活动现金流入小计		158,281,753.29	103,275,504.23
购建固定资产、无形资产和其他长期资产支付的现金		241,865,384.02	181,060,661.65
投资支付的现金		235,855,734.68	50,140,358.71
质押贷款净增加额			
取得子公司及其他营业单位支付的现金净额			
支付其他与投资活动有关的现金	(四十一/3)	39,975,000.00	
投资活动现金流出小计		517,696,118.70	231,201,020.36
投资活动产生的现金流量净额		-359,414,365.41	-127,925,516.13
三、筹资活动产生的现金流量:			
吸收投资收到的现金		682,283,020.40	8,090,000.00
其中:子公司吸收少数股东投资收到的现金		1,720,000.00	8,090,000.00
取得借款收到的现金		1,198,960,000.00	969,000,000.00
发行债券收到的现金			
收到其他与筹资活动有关的现金	(四十一/4)	12,142,770.00	18,400,000.00
筹资活动现金流入小计		1,893,385,790.40	995,490,000.00
偿还债务支付的现金		1,163,662,964.54	834,167,123.32
分配股利、利润或偿付利息支付的现金		96,299,144.37	83,505,993.85
其中:子公司支付给少数股东的股利、利润		26,400,000.00	39,923,813.88
支付其他与筹资活动有关的现金			
筹资活动现金流出小计		1,259,962,108.91	917,673,117.17
筹资活动产生的现金流量净额		633,423,681.49	77,816,882.83
四、汇率变动对现金及现金等价物的影响		-769,154.09	-114,416.60
五、现金及现金等价物净增加额		437,351,284.23	116,688,657.14
加:期初现金及现金等价物余额	(四十一/6)	438,843,053.61	322,154,396.47
六、期末现金及现金等价物余额	(四十一/6)	876,194,337.84	438,843,053.61

公司法定代表人:杨启典　主管会计工作负责人:张明扬　会计机构负责人:杨恋恋

母公司现金流量表

2008 年 1—12 月

单位:元 币种:人民币

项目	附注	本期金额	上期金额
一、经营活动产生的现金流量:			
销售商品、提供劳务收到的现金		1,395,325,975.49	1,309,952,887.64
收到的税费返还		178,407.05	
收到其他与经营活动有关的现金		22,659,803.36	17,707,331.65
经营活动现金流入小计		1,418,164,185.90	1,327,660,219.29
购买商品、接受劳务支付的现金		1,081,932,317.84	931,691,653.61
支付给职工以及为职工支付的现金		63,821,711.75	55,764,816.08
支付的各项税费		65,628,510.44	65,366,634.76
支付其他与经营活动有关的现金		84,498,268.81	69,289,235.87
经营活动现金流出小计		1,295,880,808.84	1,122,112,340.32
经营活动产生的现金流量净额		122,283,377.06	205,547,878.97
二、投资活动产生的现金流量:			
收回投资收到的现金		28,622,947.10	3,126,521.47
取得投资收益收到的现金		16,226,480.00	7,500,000.00
处置固定资产、无形资产和其他长期资产收回的现金净额		5,483,987.87	938,730.56
处置子公司及其他营业单位收到的现金净额			
收到其他与投资活动有关的现金		8,482,676.52	621,616.36
投资活动现金流入小计		58,816,091.49	12,186,868.39
购建固定资产、无形资产和其他长期资产支付的现金		80,367,898.81	48,654,408.37
投资支付的现金		172,948,237.39	181,101,758.71
取得子公司及其他营业单位支付的现金净额			
支付其他与投资活动有关的现金		196,480,132.61	32,773,007.79
投资活动现金流出小计		449,796,268.81	262,529,174.87
投资活动产生的现金流量净额		-390,980,177.32	-250,342,306.48
三、筹资活动产生的现金流量:			
吸收投资收到的现金		680,563,020.40	
取得借款收到的现金		1,050,000,000.00	767,000,000.00
收到其他与筹资活动有关的现金		16,402,855.05	169,948,134.24
筹资活动现金流入小计		1,746,965,875.45	936,948,134.24
偿还债务支付的现金		970,000,000.00	718,000,000.00
分配股利、利润或偿付利息支付的现金		81,799,803.24	73,488,816.25
支付其他与筹资活动有关的现金		34,343,680.00	60,525,257.57
筹资活动现金流出小计		1,086,143,483.24	852,014,073.82
筹资活动产生的现金流量净额		660,822,392.21	84,934,060.42
四、汇率变动对现金及现金等价物的影响		-737,996.91	-87,940.72
五、现金及现金等价物净增加额		391,387,595.04	40,051,692.19
加:期初现金及现金等价物余额		243,813,748.92	203,762,056.73
六、期末现金及现金等价物余额		635,201,343.96	243,813,748.92

公司法定代表人:杨启典　主管会计工作负责人:张明扬　会计机构负责人:杨恋恋

合并所有者权益变动表

2008 年 1—12 月

单位:元 币种:人民币

	本年金额								
	归属于母公司所有者权益								
项目	股本	资本公积	减:库存股	盈余公积	一般风险准备	未分配利润	其他	少数股东权益	所有者权益合计
一、上年年末余额	660,000,000.00	575,741,161.81		110,930,368.51		151,210,717.97		210,961,931.95	1,708,844,180.24
加:同一控制下企业合并产生的追溯调整									
会计政策变更									
前期差错更正									
其他									
二、本年年初余额	660,000,000.00	575,741,161.81		110,930,368.51		151,210,717.97		210,961,931.95	1,708,844,180.24
三、本年增减变动金额									
(减少以"-"号填列)	100,000,000.00	580,563,020.40		4,161,823.21		20,111,408.81		-53,108,385.76	651,727,866.66
(一)净利润						50,673,232.02		-6,980,076.09	43,693,155.93
(二)直接计入所有者									
权益的利得和损失								-47,848,309.67	-47,848,309.67
1.可供出售金融资产公允价值变动净额									
2.权益法下被投资单位其他									
所有者权益变动的影响								-48,000.00	-48,000.00
3.与计入所有者权益项目									
相关的所得税影响									
4.其他								-47,800,309.67	-47,800,309.67
上述(一)和(二)小计						50,673,232.02		-54,828,385.76	-4,155,153.74
(三)所有者投入和									
减少资本	100,000,000.00	580,563,020.40						1,720,000.00	682,283,020.40
1.所有者投入资本	100,000,000.00	580,563,020.40						1,720,000.00	682,283,020.40
2.股份支付计入所有者权益的金额									
3.其他									
(四)利润分配				4,161,823.21		-30,561,823.21			-26,400,000.00
1.提取盈余公积				4,161,823.21		-4,161,823.21			
2.提取一般风险准备									
3.对所有者(或股东)的分配						-26,400,000.00			-26,400,000.00
4.其他									
(五)所有者权益内部结转									
1.资本公积转增资本(或股本)									
2.盈余公积转增资本(或股本)									
3.盈余公积弥补亏损									
4.其他									
四、本期期末余额	760,000,000.00	1,156,304,182.21		115,092,191.72		171,322,126.78		157,853,546.19	2,360,572,046.90

上年金额

项目	股本	资本公积	减:库存股	盈余公积	一般风险准备	未分配利润	其他	少数股东权益	所有者权益合计
	归属于母公司所有者权益								
一、上年年末余额	660,000,000.00	572,658,337.28		132,276,664.19		85,773,806.14			1,450,708,807.61
加:同一控制下企业合并产生的追溯调整									
会计政策变更				-26,080,706.47		24,141,715.07		215,106,146.11	213,167,154.71
前期差错更正									
其他									
二、本年年初余额	660,000,000.00	572,658,337.28		106,195,957.72		109,915,521.21		215,106,146.11	1,663,875,962.32
三、本年增减变动金额									
(减少以“-”号填列)		3,082,824.53		4,734,410.79		41,295,196.76		-4,144,214.16	44,968,217.92
(一)净利润						85,629,607.55		3,013,196.03	88,642,803.58
(二)直接计入所有者									
权益的利得和损失		3,082,824.53						521,340.76	3,604,165.29
1.可供出售金融资产公允价值变动净额									
2.权益法下被投资单位其他									
所有者权益变动的影响		3,082,824.53						558,274.84	3,641,099.37
3.与计入所有者权益项目相关的所得税影响									
4.其他								-36,934.08	-36,934.08
上述(一)和(二)小计		3,082,824.53				85,629,607.55		3,534,536.79	92,246,968.87
(三)所有者投入和减少资本								-7,354,937.07	-7,354,937.07
1.所有者投入资本								8,090,000.00	8,090,000.00
2.股份支付计入所有者权益的金额									
3.其他								-15,444,937.07	-15,444,937.07
(四)利润分配				4,734,410.79		-44,334,410.79		-323,813.88	-39,923,813.88
1.提取盈余公积				4,734,410.79		-4,734,410.79			
2.提取一般风险准备									
3.对所有者(或股东)的分配						-39,600,000.00		-323,813.88	-39,923,813.88
4.其他									
(五)所有者权益内部结转									
1.资本公积转增资本(或股本)									
2.盈余公积转增资本(或股本)									
3.盈余公积弥补亏损									
4.其他									
四、本期期末余额	660,000,000.00	575,741,161.81		110,930,368.51		151,210,717.97		210,961,931.95	1,708,844,180.24

公司法定代表人:杨启典　主管会计工作负责人:张明扬　会计机构负责人:杨恋恋

母公司所有者权益变动表

2008 年 1—12 月

单位:元 币种:人民币

本年金额

项目	股本	资本公积	减:库存股	盈余公积	未分配利润	所有者权益合计
一、上年年末余额	660,000,000.00	562,648,093.34		110,930,368.51	49,034,352.39	1,382,612,814.24
加:会计政策变更						
前期差错更正						
其他						
二、本年年初余额	660,000,000.00	562,648,093.34		110,930,368.51	49,034,352.39	1,382,612,814.24
三、本年增减变动金额						
(减少以“-”号填列)	100,000,000.00	580,563,020.40		4,161,823.21	11,056,408.85	695,781,252.46
(一)净利润					41,618,232.06	41,618,232.06
(二)直接计入所有者权益的利得和损失						
1.可供出售金融资产公允价值变动净额						
2.权益法下被投资单位其他所有者权益变动的影响						
3.与计入所有者权益项目相关的所得税影响						
4.其他						
上述(一)和(二)小计					41,618,232.06	41,618,232.06
(三)所有者投入和						
减少资本	100,000,000.00	580,563,020.40				680,563,020.40
1.所有者投入资本	100,000,000.00	580,563,020.40				680,563,020.40
2.股份支付计入所有者权益的金额						
3.其他						
(四)利润分配				4,161,823.21	-30,561,823.21	-26,400,000.00
1.提取盈余公积				4,161,823.21	-4,161,823.21	
2.对所有者(或股东)的分配					-26,400,000.00	-26,400,000.00
3.其他						
(五)所有者权益内部结转						
1.资本公积转增资本(或股本)						
2.盈余公积转增资本(或股本)						
3.盈余公积弥补亏损						
4.其他						
四、本期期末余额	760,000,000.00	1,143,211,113.74		115,092,191.72	60,090,761.24	2,078,394,066.70

上年金额

项目	股本	资本公积	减:库存股	盈余公积	未分配利润	所有者权益合计
一、上年年末余额	660,000,000.00	572,658,337.28		113,788,094.06	114,353,882.33	1,460,800,313.67
加:会计政策变更		-10,010,243.94		-7,592,136.34	-68,329,227.08	-85,931,607.36
前期差错更正						
其他						
二、本年年初余额	660,000,000.00	562,648,093.34		106,195,957.72	46,024,655.25	1,374,868,706.31
三、本年增减变动金额						
(减少以“-”号填列)				4,734,410.79	3,009,697.14	7,744,107.93
(一)净利润					47,344,107.93	47,344,107.93
(二)直接计入所有者权益的利得和损失						
1.可供出售金融资产公允价值变动净额						
2.权益法下被投资单位其他所有者权益变动的影响						
3.与计入所有者权益项目相关的所得税影响						
4.其他						
上述(一)和(二)小计					47,344,107.93	47,344,107.93
(三)所有者投入和减少资本						
1.所有者投入资本						
2.股份支付计入所有者权益的金额						
3.其他						
(四)利润分配				4,734,410.79	-44,334,410.79	-39,600,000.00
1.提取盈余公积				4,734,410.79	-4,734,410.79	
2.对所有者(或股东)的分配					-39,600,000.00	-39,600,000.00
3.其他						
(五)所有者权益内部结转						
1.资本公积转增资本(或股本)						
2.盈余公积转增资本(或股本)						
3.盈余公积弥补亏损						
4.其他						
四、本期期末余额	660,000,000.00	562,648,093.34		110,930,368.51	49,034,352.39	1,382,612,814.24

公司法定代表人:杨启典　主管会计工作负责人:张明扬　会计机构负责人:杨恋恋

9.3 本报告期无会计政策、会计估计和核算方法变更。

9.4 本报告期无会计差错更正。

9.5 与最近一期年度报告相比,合并范围发生变化的具体说明

*1:维维创新投资有限公司原名维维全佳超市连锁有限公司。

*2:泸州维维食品饮料有限公司原名维维泸州豆奶粉厂。

*3 :宁夏维维农牧科技有限公司原名宁夏东方八里桥奶牛养殖有限公司。

(二)本年发生增减变动子公司情况

1、无同一控制下企业合并增加的子公司情况

2、无非同一控制下的购买股权而增加的子公司情况

3、非同一控制下出售股权而减少的子公司情况

子公司名称出售日出售日的确定方法公允价值的确定方法备 注

无锡超科食品有限公司 2008 年 1 月 4 日办妥营业执照变更手续参考资产评估报告确认的价值由江苏天华大彭会计师事务所有限公司出具苏华彭会徐评【2007】42 号资产评估报告书

(三)无纳入合并范围但母公司拥有其半数或半数以下表决权的子公司及其纳入合并范围的原因

(四)无母公司拥有半数以上表决权,但未能对其形成控制的被投资单位及其原因

(五)本年合并报表范围的变更情况

1、与上年相比本年新增合并单位 6 家,原因为:

(1)江苏维维商业总配售有限公司于 2008 年 11 月 25 日新设成立;

(2)维维川王酒业有限公司于 2008 年 12 月 8 日新设成立;

(3)徐州维维丰沛商贸有限公司于 2008 年 3 月 24 日新设成立;

(4)新疆维维农牧科技有限公司于 2008 年 7 月 3 日新设成立;

(5)新疆维维西部农牧科技有限公司于 2008 年 12 月 18 日新设成立;

(6)徐州维维商业配售有限公司于 2008 年 1 月 25 日新设成立。

2、本年减少合并单位 8 家,原因为:

(1)子公司江苏维维粮油食品有限公司于 2008 年注销而退出合并范围;

(2)子公司徐州维维粮油贸易有限公司于 2008 年注销而退出合并范围;

(3)子公司徐州维维方便面有限公司于 2008 年注销而退出合并范围;

(4)子公司郑州维维商业配售有限公司于 2008 年注销而退出合并范围;

(5)子公司济南维维食品饮料销售有限公司于 2008 年注销而退出合并范围;

(6)子公司成都维维物流配售有限公司于 2008 年注销而退出合并范围;

(7)子公司徐州维维运输有限公司于 2008 年注销而退出合并范围;

(8)子公司无锡超科食品有限公司于 2008 年因股权转让后公司持股比例从 51%减至 10%而退出合并范围。

3、报告期内新纳入合并范围公司情况

子公司名称合计持股比例年末净资产备 注

江苏维维商业总配售有限公司 100%49,857,975.97 新设成立

维维川王酒业有限公司 100%50,008,997.02 新设成立

徐州维维丰沛商贸有限公司 60%278,502.83 新设成立

新疆维维农牧科技有限公司 100%9,560,963.43 新设成立

新疆维维西部农牧科技有限公司 100%3,000,000.00 新设成立

徐州维维商业配售有限公司 100%1,000,000.00 新设成立

4、报告期内不再纳入合并范围公司情况

子公司名称原合计持股比例年初净资产处置日净资产年初至处置日净利润备 注

江苏维维粮油食品有限公司 100%-1,376,306.68------注销

徐州维维粮油贸易有限公司 100%2,965,348.82------注销

徐州维维方便面有限公司 70%3,229,694.33------注销

郑州维维商业配售有限公司 100%978,218.23------注销

济南维维食品饮料销售有限公司 100%980,302.55------注销

成都维维物流配售有限公司 100%33,428,851.54------注销

徐州维维运输有限公司 100%-1,625,576.98------注销

无锡超科食品有限公司 51%95,909,461.4695,909,461.46---股权转让

董事长:杨启典

维维食品饮料股份有限公司

2009 年 3 月 26 日

营口港务股份有限公司

营口港务股份有限公司2008年年度报告摘要

第一节　重要提示

1.1 本公司董事会、监事会及董事、监事、高级管理人员保证本报告所载资料不存在任何虚假记载、误导性陈述或者重大遗漏，并对其内容的真实性、准确性和完整性承担个别及连带责任。

本年度报告摘要摘自年度报告全文，投资者欲了解详细内容，应当仔细阅读年度报告全文。

1.2 公司全体董事出席董事会会议。

1.3 华普天健高商会计师事务所(北京)有限公司为本公司出具了标准无保留意见的审计报告。

1.4 公司负责人高宝玉、主管会计工作负责人潘维胜及会计机构负责人(会计主管人员)蒋辉声明：保证年度报告中财务报告的真实、完整。

第二节　公司基本情况简介

2.1 基本情况简介

股票简称	营口港
股票代码	600317
上市交易所	上海证券交易所
公司注册地址和办公地址	辽宁省营口市鲅鱼圈区新港大路1号 辽宁省营口市鲅鱼圈区新港大路1号
邮政编码	115007
公司国际互联网网址	http://.ykplc.com
电子信箱	ykplc@ykport.com.cn.cn

2.2 联系人和联系方式

	董事会秘书	证券事务代表
姓名	杨会君	李丽
联系地址	辽宁省营口市鲅鱼圈区新港大路1号	辽宁省营口市鲅鱼圈区新港大路1号
电话	0417-6268506	0417-6268506
传真	0417-6268506	0417-6268506
电子信箱	yhj-ykplc@ykport.com.cn	lili_ykp@ykport.com.cn

第三节　会计数据和业务数据摘要

3.1 主要会计数据

单位：元　币种：人民币

	2008年	2007年	本年比上年增减(%)	2006年
营业收入	1,950,796,727.02	1,273,590,575.76	53.173	897,149,283.15
利润总额	368,493,139.97	267,212,829.17	37.90	201,315,352.01
归属于上市公司股东的净利润	299,723,373.96	198,706,119.79	50.83	161,694,771.29
归属于上市公司股东的扣除非经常性损益的净利润	234,322,075.49	184,204,776.63	27.20	165,606,625.11
经营活动产生的现金流量净额	295,283,697.16	162,862,522.87	81.30	99,283,502.60
	2008年末	2007年末	本年末比上年末增减(%)	2006年末(注2)
总资产	8,950,717,441.06	7,274,296,948.27	23.04	2,984,590,711.57
所有者权益(或股东权益)	3,099,264,051.07	3,154,791,802.02	-1.76	1,132,408,073.41

3.2 主要财务指标

	2008年	2007年	本年比上年增减(%)	2006年
基本每股收益(元/股)	0.55	0.38	44.73	0.64
稀释每股收益(元/股)	0.55	0.38	44.73	0.49
扣除非经常性损益后的基本每股收益(元/股)	0.43	0.35	22.85	0.65
全面摊薄净资产收益率(%)	9.67	6.30	增加3.37个百分点	14.28
加权平均净资产收益率(%)	9.52	6.91	增加2.61个百分点	15.40
扣除非经常性损益后全面摊薄净资产收益率(%)	7.56	5.84	增加1.72个百分点	14.62
扣除非经常性损益后的加权平均净资产收益率(%)	7.45	6.41	增加1.04个百分点	15.77
每股经营活动产生的现金流量净额(元/股)	0.5381	0.30	79.36	0.40
	2008年末	2007年末	本年末比上年末增减(%)	2006年末
归属于上市公司股东的每股净资产(元/股)	5.65	5.75	-1.73	4.40

非经常性损益项目

√适用　□不适用

单位：元　币种：人民币

非经常性损益项目	金额
非流动资产处置损益	-125,364.75
同一控制下企业合并产生的子公司期初至合并日的当期净损益	65,568,307.93
除上述各项之外的其他营业外收入和支出	-97,314.53
所得税影响额	55,669.82
合计	65,401,298.47

3.3 境内外会计准则差异：

□适用　√不适用

第四节　股本变动及股东情况

4.1 股份变动情况表

√适用　□不适用

单位：股

	本次变动前		本次变动增减(+,-)					本次变动后	
	数量	比例(%)	发行新股	送股	公积金转股	其他	小计	数量	比例(%)
一、有限售条件股份									
1、国家持股	122,465,832	35.11	200,000,000			-6,445,570	193,554,430	316,020,262	57.59
2、国有法人持股									
3、其他内资持股									
其中：境内非国有法人持股									
境内自然人持股									
4、外资持股									
其中：境外法人持股									
境外自然人持股									
有限售条件股份合计	122,465,832	35.11	200,000,000			-6,445,570	193,554,430	316,020,262	57.59
二、无限售条件流通股份									
1、人民币普通股	226,319,981	64.89				6,445,570	6,445,570	232,765,551	42.41
2、境内上市的外资股									
3、境外上市的外资股									
4、其他									
无限售条件流通股份合计	226,319,981	64.89				6,445,570	6,445,570	232,765,551	42.41
三、股份总数	348,785,813	100.00	200,000,000			0	200,000,000	548,785,813	100.00

限售股份变动情况表

√适用　□不适用

单位：股

股东名称	年初限售股数	本年解除限售股数	本年增加限售股数	年末限售股数	限售原因	解除限售日期
营口港务集团有限公司	120,983,832	6,367,570	200,000,000	314,616,262	股改	2008-1-17
上海轩卓物资有限公司	1,482,000	78,000	0	1,404,000	股改	2008-1-17
合计	122,465,832	6,445,570	200,000,000	316,020,262	/	/

4.2 股东数量和持股情况

单位：股

报告期末股东总数	57,462户

前十名股东持股情况

股东名称	股东性质	持股比例(%)	持股总数	持有有限售条件股份数量	质押或冻结的股份数量	
营口港务集团有限公司	国有法人	59.65	327,351,402	314,616,262	无	0
营口鑫达投资有限公司	未知	2.44	13,373,737		无	0
营口金鑫投资有限公司	未知	0.91	4,977,528		无	0
中国银行-友邦华泰积极成长混合型证券投资基金	未知	0.70	3,814,620		无	0
江苏卓众投资管理有限责任公司	未知	0.49	2,698,000		无	0
朱长利	未知	0.37	2,043,391		无	0
李军	未知	0.31	1,674,199		无	0
上海轩卓物资有限公司	未知	0.27	1,482,000	1,404,000	无	0
陈海钿	未知	0.25	1,360,000		无	0
冼锐其	未知	0.19	1,028,100		无	0

前十名无限售条件股东持股情况

股东名称	持有无限售条件股份的数量	股份种类
营口鑫达投资有限公司	13,373,737	人民币普通股

营口港务集团有限公司	12,735,140	人民币普通股
营口金鑫投资有限公司	4,977,528	人民币普通股
中国银行-友邦华泰积极成长混合型证券投资基金	3,814,620	人民币普通股
江苏卓众投资管理有限责任公司	2,698,000	人民币普通股
朱长利	2,043,391	人民币普通股
李　军	1,674,199	人民币普通股
陈海钿	1,360,000	人民币普通股
冼锐其	1,028,100	人民币普通股
金　乐	810,400	人民币普通股
上述股东关联关系或一致行动的说明	前10名股东中，第一大股东营口港务集团有限公司与其他股东之间不存在关联关系；公司未知其他股东之间是否存在关联关系或属于《上市公司股东持股变动信息披露管理办法》规定的一致行动人。	

4.3 控股股东及实际控制人情况介绍

4.3.1 控股股东及实际控制人变更情况

□适用　　√不适用

4.3.2 控股股东及实际控制人具体情况介绍

4.3.2.1 法人控股股东情况

单位:元 币种:人民币

名称	法定代表人	注册资本	成立日期	主营业务
营口港务集团有限公司	高宝玉	1,700,000,000	2003年4月17日	港口装卸、仓储、服务、船舶物资供应；进口本企业生产、科研所需的原辅材料、机械设备、仪器仪表及零部件，出口本企业生产的海产品、滑石、镁砂、编制袋、食品、木制品、服装、针织品；代办货物包装、托运、水路运输、非金属矿石、生铁销售、塑料包装制品、植物油。

4.3.2.2 法人实际控制人情况

单位: 元 币种:人民币

名称	法定代表人	注册资本	成立日期	主营业务
营口市人民政府				

第五节　董事、监事和高级管理人员

5.1 董事、监事和高级管理人员持股变动及报酬情况

单位:股

姓名	职务	性别	年龄	任期起止日期	年初持股数	年末持股数	是否在公司领取报酬津贴	报告期内从公司领取的报酬总额(万元)税前	是否在股东单位或其他关联单位领取薪酬
高宝玉	董事长	男	55	2006-10-27~2009-10-27	0	0	否		是
李　松	副董事长	男	58	2006-10-27~2009-10-27	0	0	否		是
潘维胜	董事、总经理	男	54	2006-10-27~2009-10-27	0	0	是	44.88	否
宫　成	董事	男	45	2006-10-27~2009-10-27	0	0	否		是
苗则忠	董事	男	58	2006-10-27~2009-10-27	0	0	否		是
仲维良	董事	男	44	2006-10-27~2009-10-27	0	0	否		是
司　政	董事	男	45	2006-10-27~2009-10-27	0	0	否		是
王　来	董事	男	48	2006-10-27~2009-10-27	0	0	否		是
刘　晔	独立董事	男	45	2006-10-27~2009-10-27	0	0	是	4.00	否
陈玉清	独立董事	女	62	2006-10-27~2009-10-27	0	0	是	4.00	否
陈树文	独立董事	男	54	2006-10-27~2009-10-27	0	0	是	4.00	否
陈　燕	独立董事	女	57	2006-10-27~2009-10-27	0	0	是	4.00	否
毛玉兰	监事会主席	女	52	2006-10-27~2009-10-27	0	0	否		是
闫淑君	监事	女	46	2006-10-27~2009-10-27	0	0	否		是
崔贝强	监事	男	39	2006-10-27~2009-10-27	0	0	是	13.29	否
颜令国	副总经理	男	49	2006-10-27~2009-10-27	0	0	是	14.11	否
毕太文	副总经理	男	43	2006-10-27~2009-10-27	0	0	是	13.52	否
彭福奎	副总经理	男	45	2006-10-27~2009-10-27	0	0	是	14.00	否
蒋　辉	财务经理	女	44	2006-10-27~2009-10-27	0	0	是	11.62	否
杨会君	董事会秘书	男	37	2006-10-27~2009-10-27	0	0	是	11.54	否
合　计	/	/	/	/			/	138.96	/

注:公司未实行股权激励,公司董事、监事和高级管理人员均未持有公司股票期权或被授予限制性股票。

第六节　董事会报告

6.1 管理层讨论与分析

(一) 管理层讨论与分析

1、整体经营情况的回顾与分析

报告期内,随着国际金融危机的不断蔓延,国内外经济环境中不确定不稳定因素不断增多,带给港口的影响和冲击也不断显现。公司采取措施,积极克服金融危机的不利影响。

2008年,公司通过定向发行股份和支付现金相结合的方式,购买了大股东营口港务集团有限公司7个泊位的资产和业务,从而避免了与大股东之间的同业竞争,减少了关联交易,并扩大了公司的生产规模,提高了竞争能力。同时,公司进一步加强货源组织,不断开发新的市场和货种,科学组织生产,加强经营管理和安全管理,不断提高生产效率和服务水平;加强企业文化建设,实施诚信服务,培育员工共同的核心价值观;公司发展稳健,各项工作取得较好成果,基本完成年初经营计划。

2008年度,公司实现合并报表营业收入195,080万元,同比增长53.17%;实现合并报表利润总额36,849万元,同比增长37.90%;实现合并报表净利润30,554万元,同比增长53.76%。营业收入增加主要是因为公司通过重大资产购买扩大了生产规模,增加了货物吞吐量;利润总额及净利润增加皆是由于营业收入增加所致。

公司本年度拟订的经营计划中,母公司营业收入为168,810万元,实际完成172,593万元,完成经营计划的102%;拟订的母公司营业成本为109,690万元,实际发生117,744万元,完成计划的107%;拟订的母公司利润总额为35,500万元,实际完成29,017万元,完成计划的82%。现对主要指标分析如下:

(1)报告期内购并营口港务集团有限公司泊位资产和业务,导致业务量增长,同时费率提高,所以营业收入较计划增加3,783万元。

(2)报告期内公司完成重大资产购买,导致生产规模扩大;同时苫垫物资、倒运费、租费增加,燃料价格上涨,所以营业成本较计划增加8,054万元。

(3)由于公司在管理费用上加强控制,通过责任费用承包等方式压缩支出,管理费用较计划节支601万元。

(4)由于借款增加导致利息支出等借款费用增加,导致财务费用较计划增加2,018万元。

(5)2008年财务预算对营口新世纪集装箱码头有限公司投资收益单独列示,由于该公司的效益以合并报表形式反映,故投资收益较预算减少803万元。

2、公司存在的主要优势和困难,经营和盈利能力的连续性和稳定性

报告期内公司完成重大资产购买后,生产规模进一步扩大,货物吞吐能力进一步增强,为公司未来发展奠定了坚实的基础。公司所处环渤海经济圈与东北经济区的交界点,具有非常明显的自然条件和区位优势,是东北地区最近的内陆出海口,且周边交通比较发达。公司能够为客户提供优质、全面的服务。随着东北老工业基地的振兴,辽宁"五点一线"沿海产业基地的建设,预计公司吞吐量将保持增长,因此公司的经营和盈利能力具有连续性和稳定性的特点。

随着周边港口的激烈竞争及腹地经济的快速发展,公司吞吐量尚需提高,规模尚需扩大,以满足不断增长的货源要求;全球金融危机的逐步蔓延,公司要采取积极的应对措施,以使公司健康发展。公司将逐步扩大生产规模,健全港口功能,优化业务结构,提高综合竞争力。同时,进一步加大市场开发力度,加强营销策划与管理。不断改进装卸工艺,提高接卸效率,合理安排生产作业流程,科学安排货物堆存。

3、报告期公司主营业务及其经营情况

(1)公司主营业务的范围及其经营情况

①主营业务范围

本公司主营港口装卸、堆存和运输服务,经营的散杂货种主要有金属矿石、钢铁、石油及制品、煤炭、非金属矿石、粮食等;专业化货种有集装箱、成品油及液体化工品、滚装汽车业务等。

②公司主营业务生产经营情况

报告期内,公司加大货源开发力度,重点货种市场份额有效提升,共完成货物吞吐量7003万吨。从货类来看,金属矿石、钢铁、粮食、非矿等吞吐量有所增长,金属矿石仍占据最大货类的地位。受市场因素影响,粮价上涨,加之部分期货粮变现,导致粮食吞吐量有所增加;由于2008年煤炭产量增加且需求放缓,导致公司煤炭吞吐量较去年有所减少。公司将继续夯实现有货源基础,同时不断开发新客户及新货种,扩大市场份额,进一步提高吞吐量的增长水平。

③主营业务分行业、产品情况表

单位:元 币种:人民币

分行业或分产品	营业收入	营业成本	营业利润率(%)	营业收入比上年增减(%)	营业成本比上年增减(%)	营业利润率比上年增减(%)
分行业						
装卸业务	1,832,225,114.78	1,236,555,203.69	32.51	59.50	52.27	增加3.21个百分点

④主营业务分地区情况表

单位:元 币种:人民币

地区	营业收入	营业收入比上年增减(%)
辽宁	1,832,225,114.78	59.50

本公司的主营业务经营全部在辽宁省内,无其他地区分布。

⑤占主营业务收入或主营业务利润总额10%以上的主要产品

本公司的主营业务收入全部为装卸业务收入,无其他业务分类。

⑥主要供应商、客户情况

单位:元 币种:人民币

前五名供应商采购金额合计	797,782,458.24	占采购总额比重	28.55%
前五名销售客户销售金额合计	727,66,1022.86	占销售总额比重	37.25%

(2)报告期公司资产构成同比发生重大变动的说明

单位:元 币种:人民币

资产项目名称	本报告期 期末数	本报告期 占资产的比重(%)	上年度期末 期末数	上年度期末 占资产的比重(%)	同比变化情况 变动金额	同比变化情况 增减(%)
货币资金	262,692,312.27	2.93	107,231,911.99	1.47	155,460,400.28	144.98
应收票据	6,636,676.28	0.07	0	0.00	6,636,676.28	100.00
应收账款	294,279,666.15	3.29	206,279,445.75	2.84	88,000,220.40	42.66
预付款项	27,702,245.77	0.31	3,814,317.65	0.05	23,887,928.12	626.27
其他应收款	2,498,012.32	0.03	2,880,233.71	0.04	-382,221.39	-13.27
存货	91,178,649.85	1.02	47,894,969.96	0.66	43,283,679.89	90.37
长期股权投资	208,073,289.72	2.32	206,016,648.61	2.83	2,056,641.11	1.00
固定资产	7,179,353,338.58	80.21	6,687,091,984.46	91.93	492,261,354.12	7.36
在建工程	31,929,945.10	0.36	11,826,929.00	0.16	20,103,016.10	169.98
无形资产	844,120,444.53	9.43	0.00	0.00	844,120,444.53	100.00
长期待摊费用	1,879,755.46	0.02	0.00	0.00	1,879,755.46	100.00

递延所得税资产	373,105.03	0.00	1,260,507.14	0.02	−887,402.11	−70.40

说明：

①货币资金较年初增加 144.98%，主要是由于公司购并港务集团泊位资产导致业务规模扩大、经营活动产生的现金净流量增加所致；

②应收票据较年初增加 100.00%，主要是由于尚未收到的银行承兑汇票所致；

③预付款项较年初增加 626.27%，主要是由于尚未结算的设备购置款增加所致；

④存货较年初增加 90.37%，主要是由于公司购并港务集团泊位资产导致资产规模扩大，相应的维修用备品备件加大，以及公司所属实业发展分公司尚未完工的工程项目增加所致；

⑤在建工程较年初增加 169.98%，主要是由于报告期内新建煤输送系统变电所、新 1#、2# 散粮库等工程所致。

(3)报告期公司主要财务数据同比发生重大变化的说明

单位:元　币种:人民币

项目名称	2008 年度	2007 年度	增减金额	增减比例(%)
主营业务收入	1,832,225,114.78	1,148,698,192.20	683,526,922.58	59.50
利润总额	368,493,139.97	267,212,829.17	101,280,310.80	37.90
归属于上市公司股东的净利润	299,723,373.96	198,706,119.79	101,017,254.17	50.84
归属于上市公司股东的扣除非经常性损益的净利润	234,322,075.49	184,204,776.63	50,117,298.86	27.21
经营活动产生的现金流量净额	295,283,697.16	162,862,522.87	132,421,174.29	81.31
总资产	8,950,717,441.06	7,274,296,948.27	1,676,420,492.79	23.05
股东权益(不含少数股东权益)	3,099,264,051.07	3,154,791,802.02	−55,527,7750.95	−1.76
基本每股收益	0.55	0.38	0.17	44.74
稀释每股收益	0.55	0.38	0.17	44.74
扣除非经常性损益后的基本每股收益	0.43	0.35	0.08	22.86
全面摊薄净资产收益率	9.67%	6.30%	3.37%	53.49
加权平均净资产收益率	9.52%	6.91%	2.61%	37.77
扣除非经常性损益后全面摊薄净资产收益率	7.56%	5.84%	1.72%	29.45
扣除非经常性损益后加权平均净资产收益率	7.45%	6.41%	1.04%	16.22
每股经营活动产生的现金流量净额	0.54	0.30	0.24	80.00
归属于上市公司股东的每股净资产	5.65	5.75	−0.1	−1.74

说明：

①主营业务收入增加 59.50%，主要是由于报告期内购并港务集团资产导致业务量增长及费率提高所致；

②股东权益 (不含少数股东权益) 较 07 年末减少 1.76%，全面摊薄净资产收益率较 07 年增加 53.49%，加权平均净资产收益率较 07 年增加 37.77%，扣除非经常性损益后全面摊薄净资产收益率较 07 年增加 29.45%，扣除非经常性损益后加权平均净资产收益率较 07 年增加 16.22%，主要由于本期进行重大资产购买所致。

(4)报告期公司现金流量构成情况、同比发生重大变化的情况及与报告期净利润存在重大差异的原因说明

单位:元　币种:人民币

项目名称	2008 年度	2007 年度	增减金额	增减比例(%)
销售商品、提供劳务收到的现金	1,396,818,014.39	995,708,202.72	401,109,811.67	40.28
收到其他与经营活动有关的现金	19,284,646.65	178,696,076.06	−159,411,429.41	−89.21
购买商品、接受劳务支付的现金	554,775,081.06	489,705,503.49	65,069,577.57	13.29
支付给职工以及为职工支付的现金	206,532,781.41	155,403,360.01	51,129,421.40	32.90
支付的各项税费	296,686,279.44	238,475,899.90	58,210,379.54	24.41
支付其他与经营活动有关的现金	62,824,821.97	127,956,992.51	−65,132,170.54	−50.90
取得投资收益收到的现金	28,216,940.83	19,112,733.82	9,104,207.01	47.63
处置固定资产、无形资产和其他长期资产收回的现金净额	16,229.95	0.00	16,229.95	100.00
购建固定资产、无形资产和其他长期资产支付的现金	617,326,075.63	84,695,217.39	532,630,858.24	628.88
投资支付的现金	24,000,000.00	0.00	24,000,000.00	100.00
取得借款收到的现金	2,154,500,000.00	905,000,000.00	1,249,500,000	138.07
偿还债务支付的现金	1,335,000,000.00	934,133,324.30	400,866,676	42.91
分配股利、利润或偿付利息支付的现金	346,230,392.03	60,731,974.28	285,498,417.75	470.10

说明：

①收到其他与经营活动有关的现金较 07 年减少 89.21%，支付其他与经营活动有关的现金较 07 年减少 50.90%，主要是因为代收、代付港务集团港口费所致；

②取得投资收益收到的现金较 07 年增长 47.63%，主要由于合营公司营口集装箱码头有限公司本期分配利润额增加所致；

③处置固定资产、无形资产和其他长期资产收回的现金净额较 07 年增长 100.00%，主要是因为向船货代公司出售计算机、打印机取得现金所致；

④购建固定资产、无形资产和其他长期资产支付的现金较 07 年增长 628.88%，主要由于本期进行重大资产购买和收购油罐区购置装卸机械及设备增加所致；

⑤分配股利、利润或偿付利息支付的现金较 07 年增长 470.10%，主要是本期进行了利润分配所致。

(5)控股和参股公司的经营情况

公司名称	注册地	注册资本(万元)	出资比例	总资产(万元)	净资产(万元)	净利润(万元)	经营范围
营口新世纪集装箱码头有限公司	营口经济开发区	4,000	60%	9,161.70	5,454.07	1,150.82	集装箱船舶的装卸作业、国际集装箱中转、堆放、拆装箱、修洗箱揽货及其他相关业务
营口集装箱码头有限公司	营口经济开发区	800	50%	8,248.14	8,049.06	4,024.60	集装箱船舶的装卸作业、国际集装箱中转、堆放、拆装箱、修洗箱揽货及其他相关业务
营口中储粮储运有限责任公司	营口经济开发区	28,447	48.3%	100,208.78	35,976.77	2,126.16	粮油产品的储运、收购、中转、加工、贸易等业务。

4、同公允价值计量相关的内部控制制度情况

公司有关公允价值的内控制度由明确责任机构、清晰获取公允价值途径，以及内部审核、外部评价几方面构成。

公司的相关管理部门对公允价值的计量和披露的真实性承担责任，依据会计准则制订出公允价值计量和披露的程序，收集证实计量所使用假设和估计的证据，最后选择适当的估价方法进行估价。关于获取公允价值的途径方面，通过根据确认的账户归属公允价值的计量层次，提出公允价值的具体取得途径。在内部审核方面，公司培训专业人员具体进行公允价值会计和内部审计工作。同时，公司接受外部审计的内控评价，改进公司内部控制的一些缺陷。

(二)对公司未来发展的展望

1、公司是否编制并披露新年度的盈利预测：否

2、公司所处行业的发展趋势及公司面临的市场竞争格局。

(1)行业发展趋势

港口属于投资密集型的基础设施行业。目前我国正在加快主枢纽港的发展和基础设施的建设，尽快提高码头泊位大型化和专业化水平，进一步增深进出港航道，规划建设集约化程度高、容现代港口功能于一体的大规模专业化港区。我国港口行业正面临投资多元化、功能现代化、经营专业化和市场化的发展趋势。随着政府投入 4 万亿资金加快基础行业建设，有利于港口行业的进一步发展。

(2)公司面临的市场竞争格局

港口经营市场化的直接结果是港口之间的竞争加剧。不同区域港口之间的竞争随着改革的深入和经营者自主意识的加强而日趋激烈，环渤海的港口竞争也将加剧。营口港所在东北重工业基地，资源丰富，工业基础雄厚，但相对于诸多港口而言，腹地市场容量还是较为有限，货源还不是十分丰富，特别是金融危机带来的不良影响，都将对本公司的发展带来严峻挑战。党中央制定的振兴东北老工业基地的国策，为营口港的发展提供了良好的外部环境和政策支持。营口港位于环渤海经济圈与东北经济区的交界点，是距东北三省及内蒙东四盟腹地最近的出海口，其陆路运输成本较周边港口相对较低，具有非常明显的区位优势。国家在面对经济危机时所采取的积极政策、《东北地区振兴规划》、辽宁"五点一线"沿海经济带的建设、沈阳经济区发展战略的贯彻实施，将为营口港的发展带来全新的机遇。

3、发展战略和业务规划

(1)总体发展战略

公司在充分发挥港口区位优势、自然条件优势等优势的基础上，健全港口主体功能，向专业化、大型化、集装箱化的现代化港口方向发展，生产经营泊位由通用型向大型化、深水化、专业化泊位转化，以满足新时期发展的需要；坚持以生产经营为中心，对内坚持优质服务，将优质服务作为巩固货源、开发货源的主要手段；对外分析市场定位，全力加强货源组织和钢铁、金属矿和非金属矿等货源的重点开发；市场开发战略上，广泛收集货源、航线信息，开发新货种，开发新航线；努力降低客户的货物运输综合成本，努力打造物流成本最低、速度最快、服务最好的口岸形象，提高公司的综合竞争力。

(2)业务规划

散杂货业务是公司最成熟、最稳定的的业务，巩固和发展该项业务是保持公司可持续发展的重要基础。集装箱业务是公司发展的重点领域，也顺应了行业发展的需要。油品业务是发展前景较好的项目，具有良好的投资收益。公司在稳定原有货种的基础上，将进一步完善市场研究机制，开展对各主要货种的专项市场调查，总结和分析市场动向；继续加大揽货力度，巩固和发展客户网络，进一步改善货源结构，提高高附加值的货源比例。

(3)新年度经营计划：根据公司 2008 年度生产经营实际完成情况、以及 2009 年度公司货源开发、生产经营、投资等经营发展目标，公司制订 2009 年度财务预算如下：营业收入 216,460 万元；营业成本 144,510 万元；利润总额 25,760 万元。

2009 年度公司将进一步加强管理，创新经营，降低成本；稳定现有货源，开发新货源，进一步扩大市场占有率和行业竞争力。

①扩大市场份额，打造货源品牌

当前全球经济增速放缓，内贸需求下滑，外贸持续低迷，辽宁港口群资源整合导致竞争格局产生重大变化，2009 年海运货源形势有可能比新世纪以来任何一年都要严峻。公司将分析形势，克服畏难情绪，视竞争压力为动力，打破传统的思维模式和思维定式，创新旧有的工作方式和方法，探索具有时效性、针对性的新举措。及时掌握国家拉动内需相关政策方向、市场动态，分析和研究有利于公司发展的条件和因素，借助特殊经济时期诸多产业重新洗牌调整、货源结构发生变化的机会，严密跟踪既有客户和潜在客户的发展动向，抢抓市场占有率，不断开发新货源，确保市场份额。

②完善制度管理，打造服务品牌

要加大宣传教育和规范管理力度，制订服务标准，明确服务要求；加大监督考核和投诉处理力度；加强制度建设，配套实施服务质量奖惩办法、工资二次分配管理办法、劳动定额管理办法、岗位技能考核规定、岗位创纪录奖励实施办法、技术创新奖励实施办法、船舶在港停时考核办法等各项考核激励制度等。

③科学组织生产，打造效率品牌

2009 年要大力压缩非生产作业时间，缩短船舶在港停时。要切实完善工艺标准和操作规程，增强科学调度，统筹安排，合理配置生产资源；加强船舶计划兑现考核；加强各环节的沟通和协调；加强设备管理，切实提高设备利用率和完好率，切实提高台时效率。

④完善港口功能，打造物流品牌

要进一步完善港口基础功能；强化信息化建设，完善管理信息系统；继续强化内贸优势；不断改进生产工艺，降低生产成本，有效整合各作业环节，最大限度降低综合费用，努力打造物流成本最低、速度最快、服务最好的口岸形象，形成物流品牌。

⑤强化节支增效，打造经营品牌

2009 年公司将全面加强基础管理，强化成本控制，增强赢利能力和抗风险能力，提高管理形象，打造经营品牌。要深化全面预算管理，加强预算执行过程的控制、监督，完善考核评价体系；加强采购管理，强化固定资产和低值易耗品的管理；科学谋划资本运营。

⑥拓展合作领域，打造双赢品牌

战略合作已经成为当前港口竞争的重要内容，要进一步拓宽合作领域，加强战略联盟。寻求战略投资者。通过合作促进货源结构调整升级，扩大港口影响力和市场占有率，打造双赢品牌。

⑦加强事故预控，打造安全品牌

2009 年继续加强安全文化建设，实行安全管理标准化，加大监督检查力度，努力消除各类事故隐患，避免各类重大事故的发生。

⑧推进节能绿化，打造环保品牌

2009 年要继续加强环境建设，进一步落实节能减排工作，加大环境治理与绿化投入，打造节能环保港口品牌。要进一步提高对水、电、土地、能源的节约利用和有效开发，大力推广节能技术，降低能耗；合理划分港口功能区域，使生产布局日趋合理；适时启动防尘网建设工程，结合煤炭等污染货种的转移集中堆存，结合中水喷淋等措施，实现污染货种的封闭作业，降低粉尘污染；加大污水处理管理力度，尽快实现港口全部污水经处理后的达标排放，实施中水回用处理，提高中水利用率；进一步加大港区绿化投入，增加绿化面积。

⑨全力推导落地，打造文化品牌

伴随着港口的发展，公司形成了一种既包容港口发展的历史内涵，又体现时代精神和营口港自身特点的企业文化。要做好企业文化理念的宣传推导工作，采取措施确保企业文化理念有效落地，不断总结丰富企业文化底蕴，树立营口港鲜明独特的文化品牌。

国际金融危机对公司的具体影响强度与持续时间当前还无法准确估量，当前我国政府审时度势，果断调整宏观经济政策，出台一系列扩大内需举措。东北三省及内蒙古经济腹地必将把握时机，扎实推进振兴大业，辽宁省五点一线沿海经济带发展战略亦将继续全面实施，作为沈阳经济区最近出海口的营口港必将迎来新一轮发展机遇。

4、为实现未来发展战略所需资金需求及使用计划、资金来源情况

为实现公司未来发展战略，公司将积极筹措资金，创新融资方式，继续加大与国有商业银行的合作，主动争取股份制银行的支持。在经营方式上，积极开展合资合作、租赁经营等，开辟新的融资渠道。

5、可能对公司未来发展战略和经营目标产生不利影响的风险因素

(1)港口竞争形势进一步升级，市场竞争加剧。公司所处环渤海地区有大连、营口、秦皇岛、天津、烟台共 5 个主枢纽港，市场竞争激烈，随着港口间同行业竞争的日益加剧，将对公司的发展带来严峻挑战。

(2)全球金融危机的影响。2009 年，国际金融危机带来的不利影响在不断深入和加剧，将对公司的发展带来巨大的挑战。

对策：公司将进一步研究和探讨金融危机所带来的影响，积极应对国内外市场变化带来的困难和挑战，及时制定应对措施；进一步解放思想，大力实施品牌战略，全面创新各项工作，全面强化经营管理；利用主枢纽港的有利地位和公司的区位优势，不断改进装卸工艺，提高接卸效率；发挥综合成本优势，开拓货源，提高竞争能力；加强信息化建设、不断优化港区配套服务的软环境，全员全过程提高服务水平，扩大优势。

6.2 主营业务分行业、产品情况表

请见前述 6.1

6.3 主营业务分地区情况表

请见前述 6.1

6.4 募集资金使用情况

□适用 √不适用

变更项目情况

□适用 √不适用

6.5 非募集资金项目情况

□适用 √不适用

单位:万元 币种:人民币

项目名称	项目金额	项目进度
16#、17#、22#、46#、47#、52#、53# 共计 7 个泊位的资产和业务	570,104.42	已经完成转让手续
营口新世纪集装箱码头有限公司 60%的股权	2,400.00	已经完成转让手续
成品油罐区、墩台山罐区资产及矿石码头的土地使用权	151,099.71	已经完成转让手续
合计	723,604.13	/

6.6 董事会对会计师事务所"非标准审计报告"的说明

□适用 √不适用

6.7 董事会本次利润分配或资本公积金转增股本预案

经华普天健高商会计师事务所（北京）有限公司审计，本公司 2008 年度实现净利润人民币 232,334,502.25 元，按照本公司章程的规定，提取 10%的法定盈余公积金人民币 23,233,450.23 元，加年初未分配利润结余 338,105,023.10 元，减 2008 年已分配利润 219,735,063.80 元，本年度可分配利润为 327,471,011.32 元。

根据公司目前经营发展的需要，考虑到公司流动资金的情况，为实现公司长期、持续的发展目标，公司决定 2008 年度剩余未分配利润 327,471,011.32 元不进行分配。

公司本报告期内盈利但未提出现金利润分配预案

√适用 □不适用

本报告期内盈利但未提出现金利润分配预案的原因	未用于分红的资金留存公司的用途
根据公司目前经营发展的需要，考虑到公司流动资金的情况，为实现公司长期、持续的发展目标，公司决定 2008 年度剩余未分配利润不进行分配。	公司未分配利润主要用于补充流动资金和公司再投入。

第七节 重要事项

7.1 收购资产

√适用 □不适用

单位:万元 币种:人民币

交易对方或最终控制方	被收购资产	购买日	收购价格	是否为关联交易(如是，说明定价原则)	所涉及的资产产权是否已全部过户	所涉及的债权债务是否已全部转移
营口港务集团有限公司	16#、17#、22#、46#、47#、52#、53#7 个泊位的资产和业务	2008 年 5 月 31 日	570,104.43	是 收购资产评估值减去自评估基准日至交割日按照资产评估值计算的折旧值及其它差异后的余额	是 是	是 是
营口港务集团有限公司	营口新世纪集装箱码头有限公司 60%股权	2008 年 6 月 30 日	2,400.00	是 港务集团对新世纪公司的初始投资		
营口港务集团有限公司	成品油罐区、墩台山罐区资产及矿石码头的土地使用权	2008 年 6 月 30 日	151,099.71	是 资产评估值减去自评估基准日至交割日按照资产评估值计算的折	是	是

7.2 出售资产

□适用 √不适用

7.3 重大担保

□适用 √不适用

7.4 重大关联交易

7.4.1 与日常经营相关的关联交易

√适用 □不适用

单位:万元 币种:人民币

关联方	向关联方销售产品和提供劳务		向关联方采购产品和接受劳务	
	交易金额	占同类交易金额的比例	交易金额	占同类交易金额的比例
营口港船货代理有限责任公司	616.76	0.32	781.25	0.60
营口港务集团(营口港埠公司)	596.86	0.31		
营口港务集团(第五港务公司)	985.78	0.51	161.07	34.29
营口港务集团(基础工程公司)	21.62	0.01		
营口港务集团(第二港务公司)	6,524.56	3.34		
营口港务集团(所属其他分公司)	124.01	0.06		
营口港务集团(信息公司)			950.61	0.73
营口港务集团(物业管理公司)			36.00	0.03
营口中理外轮理货有限责任公司			1,812.07	1.39
营口港务集团(港口服务公司)			141.32	0.11
营口中储粮储运有限公司			289.34	0.22
营口安顺物流有限公司			3,572.66	2.74
营口益港储运有限公司			856.69	0.66
营口港务集团(轮驳公司)			418.1	0.32
营口港船舶燃料供应有限责任公司			5,167.17	3.96
营口港务集团(水电公司)			5,500.96	4.23
营口港务集团(物业管理公司)			38.43	0.03
营口港务集团所属其他分公司			216.99	0.17
合计	8,869.59		19,942.66	

其中：报告期内公司向控股股东及其子公司销售产品或提供劳务的关联交易金额 88,695,711.83 元。

7.4.2 关联债权债务往来

√适用 □不适用

单位:万元 币种:人民币

关联方	向关联方提供资金		关联方向公司提供资金	
	发生额	余额	发生额	余额
营口港船货代理有限责任公司	4,075.36	36.16		
营口辽滨港务有限责任公司	49.1			
营口外轮代理有限公司	144.01			
沈阳营口港港务有限公司	302.75	36.43		
营口安顺物流有限公司	148.9	41.83		
营口港船舶燃料供应有限责任公司	18.97		368.95	368.95
营口港丰大酒店有限公司	14.27			
营口万瀛物流有限公司	66.49			
中国营口外轮代理有限公司	470.01	321.11		
辽宁港丰物流有限公司	987.31	346.4		
营口港务集团(营口港埠公司)	1,519.03	243.32		
营口港务集团(轮驳公司)	133.16		87.46	87.46
营口港务集团(水电公司)	204.54		124.25	153.16
营口港务集团(基础工程公司)	242.83			
营口港务集团(第五港务公司)	1,206.94	89.61	7.67	34.29
营口港务集团(服务公司)	20.41		546.83	546.83
营口港务集团(第二港务公司)	7,653.48	1,003.07		
营口港港隆工程服务中心	238.67	45.58		

营口港务集团有限公司	1,199.99	765.13	284,680.74	292,556.3
营口益港储运有限公司			18.22	30.7
合计	18,696.22	2,928.64	285,834.12	293,777.69

其中：报告期内公司向控股股东及其子公司提供资金的发生额 186,962,294.65 元，余额 29,286,438.77 元。

7.4.3 2008 年资金被占用情况及清欠进展情况

□适用　　√不适用

截止 2008 年末，上市公司未完成非经营性资金占用的清欠工作的，董事会提出的责任追究方案

□适用　　√不适用

7.5 委托理财

□适用　　√不适用

7.6 承诺事项履行情况

7.6.1 公司或持股 5%以上股东在报告期内或持续到报告期内的承诺事项

√适用　　□不适用

承诺事项	承诺内容	履行情况
股改承诺	维维集团股份有限公司、GIANT	履行承诺
股改承诺	营口港务集团有限公司、上海轩卓物资有限公司承诺股权分置改革方案实施后三年内的减持价格不低于 13.48 元。	营口港务集团有限公司严格按照承诺履行；上海轩卓物资有限公司出具了遵守股改承诺的函，但截至本报告出具日尚未按照股改承诺将所持股份托管到公司保荐机构广发证券有限责任公司。
收购报告书或权益变动报告书中所作承诺	营口港务集团有限公司收购报告书中承诺：港务集团所持上市公司的股份，自本次交易完成之日起三十六个月内不进行转让。	营口港务集团有限公司完全履行所承诺的内容。

7.6.2 公司资产或项目存在盈利预测，且报告期仍处在盈利预测期间，公司就资产或项目是否达到原盈利预测及其原因作出说明：

□适用　　√不适用

7.7 重大诉讼仲裁事项

□适用　　√不适用

7.8 其他重大事项及其影响和解决方案的分析说明

7.8.1 证券投资情况

□适用　　√不适用

7.8.2 持有其他上市公司股权情况

□适用　　√不适用

7.8.3 持有非上市金融企业股权情况

□适用　　√不适用

7.8.4 买卖其他上市公司股份的情况

□适用　　√不适用

7.9 公司董事会对公司内部控制出具了自我评估报告，审计机构出具了评价意见，详见公司 2008 年年度报告全文。

7.10 公司披露了履行社会责任报告，详见年报全文。

第八节　监事会报告

监事会认为公司依法运作、公司财务情况、公司募集资金使用、公司收购、出售资产交易和关联交易不存在问题。

8.1 监事会对公司依法运作情况的独立意见

在报告期内的生产经营活动中，公司严格遵守国家各项法律、法规和公司章程，依法运作，树立了良好的社会形象。公司的决策严格按照《公司法》、《公司章程》规定的程序进行，并已建立了完善的内部控制制度。公司董事、经理工作严谨，认真履行股东大会的决议和公司章程规定的义务，具有很强的责任心和业务能力，在执行公司职务时遵纪守法，没有违反公司章程或损害公司利益的行为。

8.2 监事会对检查公司财务情况的独立意见

监事会对公司财务进行了内部审计与监督，认为公司已按照"五分开"的原则，建立了独立的财务账册，设有独立的财务人员，财务报告如实反映了公司的财务状况和经营成果，华普天健高商会计师事务所(北京)有限公司就公司财务报告出具的无保留的审计报告是公正、客观、合法的。

8.3 监事会对公司最近一次募集资金实际投入情况的独立意见

公司最近一次募集资金实际投入项目与募集说明书中披露情况一致。

8.4 监事会对公司收购、出售资产情况的独立意见

公司 2008 年度发生的收购资产行为，均严格履行了法定审批程序和信息披露义务，不存在违法、违规的情况。

8.5 监事会对公司关联交易情况的独立意见

报告期内，公司发生的关联交易是在公平、互利的基础上进行的，严格执行相关协议价格，遵守有关规定，履行合法程序，关联交易及定价原则公平、合理，没有损害公司及股东的利益。

第九节　财务会计报告

9.1 审计意见

财务报告	□未经审计	√审计
审计意见	√标准无保留意见	□非标意见

审计意见全文

审计报告

会审字[2009] 6008 号

营口港务股份有限公司全体股东：

我们审计了后附的营口港务股份有限公司(以下简称营口港)财务报表，包括 2008 年 12 月 31 日的资产负债表和合并资产负债表，2008 年度的利润表和合并利润表、股东权益变动表和合并股东权益变动表、现金流量表和合并现金流量表以及财务报表附注。

一、管理层对财务报表的责任

按照企业会计准则的规定编制财务报表是营口港管理层的责任。这种责任包括：(1)设计、实施和维护与财务报表编制相关的内部控制，以使财务报表不存在由于舞弊或错误而导致的重大错报；(2)选择和运用恰当的会计政策；(3)做出合理的会计估计。

二、注册会计师的责任

我们的责任是在实施审计工作的基础上对财务报表发表审计意见。我们按照中国注册会计师审计准则的规定执行了审计工作。中国注册会计师审计准则要求我们遵守职业道德规范，计划和实施审计工作以对财务报表是否不存在重大错报获取合理保证。

审计工作涉及实施审计程序，以获取有关财务报表金额和披露的审计证据。选择的审计程序取决于注册会计师的判断，包括对由于舞弊或错误导致的财务报表重大错报风险的评估。在进行风险评估时，我们考虑与财务报表编制相关的内部控制，以设计恰当的审计程序，但目的并非对内部控制的有效性发表意见。审计工作还包括评价管理层选用会计政策的恰当性和做出会计估计的合理性，以及评价财务报表的总体列报。

我们相信，我们获取的审计证据是充分、适当的，为发表审计意见提供了基础。

三、审计意见

我们认为，营口港财务报表已经按照企业会计准则的规定编制，在所有重大方面公允反映了营口港 2008 年 12 月 31 日的财务状况以及 2008 年度的经营成果和现金流量。

华普天健高商会计师事务所(北京)有限公司　　中国注册会计师：张欣、陆红

北京市西城区西直门南大街 2 号成铭大厦 C21 层　　2008 年 2 月 6 日

9.2 财务报表

合并资产负债表

2008 年 12 月 31 日

编制单位：营口港务股份有限公司　　单位：元 币种：人民币

项目	附注	期末余额	年初余额
流动资产：			
货币资金		262,692,312.27	107,231,911.99
结算备付金			
拆出资金			
交易性金融资产			
应收票据		6,636,676.28	
应收账款		294,279,666.15	206,279,445.75
预付款项		27,702,245.77	3,814,317.65
应收保费			
应收分保账款			
应收分保合同准备金			
应收利息			
应收股利			
其他应收款		2,498,012.32	2,880,233.71
买入返售金融资产			
存货		91,178,649.85	47,894,969.96
一年内到期的非流动资产			
其他流动资产			
流动资产合计		684,987,562.64	368,100,879.06
非流动资产：			
发放贷款及垫款			
可供出售金融资产			
持有至到期投资			
长期应收款			
长期股权投资		208,073,289.72	206,016,648.61
投资性房地产			
固定资产		7,179,353,338.58	6,687,091,984.46
在建工程		31,929,945.10	11,826,929.00
工程物资			
固定资产清理			
生产性生物资产			
油气资产			
无形资产		844,120,444.53	
开发支出			
商誉			
长期待摊费用		1,879,755.46	
递延所得税资产		373,105.03	1,260,507.14
其他非流动资产			
非流动资产合计		8,265,729,878.42	6,906,196,069.21
资产总计		8,950,717,441.06	7,274,296,948.27
流动负债：			
短期借款		1,690,000,000.00	480,000,000.00
向中央银行借款			
吸收存款及同业存放			
拆入资金			
交易性金融负债			
应付票据		150,000,000.00	
应付账款		82,743,206.91	44,569,819.84
预收款项		34,157,039.66	43,292,648.37
卖出回购金融资产款			
应付手续费及佣金			
应付职工薪酬		1,051,399.91	1,162,902.81
应交税费		56,421,525.40	37,756,620.47
应付利息		4,073,483.75	1,935,678.25

应付股利		
其他应付款	2,952,690,450.31	2,965,787,476.51
应付分保账款		
保险合同准备金		
代理买卖证券款		
代理承销证券款		
一年内到期的非流动负债	68,500,000.00	255,000,000.00
其他流动负债		
流动负债合计	5,039,637,105.94	3,829,505,146.25
非流动负债：		
长期借款	790,000,000.00	274,000,000.00
应付债券		
长期应付款		
专项应付款		
预计负债		
递延所得税负债		
其他非流动负债		
非流动负债合计	790,000,000.00	274,000,000.00
负债合计	5,829,637,105.94	4,103,505,146.25
股东权益：		
股本	548,785,813.00	348,785,813.00
资本公积	2,085,932,723.74	2,355,880,476.92
减:库存股		
盈余公积	135,253,939.23	112,020,489.00
一般风险准备		
未分配利润	329,291,575.10	338,105,023.10
外币报表折算差额		
归属于母公司所有者权益合计	3,099,264,051.07	3,154,791,802.02
少数股东权益	21,816,284.05	16,000,000.00
股东权益合计	3,121,080,335.12	3,170,791,802.02
负债和股东权益合计	8,950,717,441.06	7,274,296,948.27

公司法定代表人:高宝玉　　主管会计工作负责人:潘维胜　　会计机构负责人:蒋辉

母公司资产负债表

2008 年 12 月 31 日

编制单位:营口港务股份有限公司　　单位:元 币种:人民币

项目	附注	期末余额	年初余额
流动资产：			
货币资金		246,410,031.96	67,231,911.99
交易性金融资产			
应收票据			
应收账款		281,533,326.23	206,279,445.75
预付款项		27,328,347.46	3,814,317.65
应收利息			
应收股利			
其他应收款		2,475,630.89	2,880,233.71
存货		89,546,848.90	47,894,969.96
一年内到期的非流动资产			
其他流动资产			
流动资产合计		647,294,185.44	328,100,879.06
非流动资产：			
可供出售金融资产			
持有至到期投资			
长期应收款			
长期股权投资		238,978,227.02	206,016,648.61
投资性房地产			
固定资产		7,138,823,776.28	2,690,561,108.06
在建工程		31,929,945.10	11,826,929.00
工程物资			
固定资产清理			
生产性生物资产			
油气资产			
无形资产		843,983,277.86	
开发支出			
商誉			
长期待摊费用			
递延所得税资产		356,795.17	1,260,507.14
其他非流动资产			
非流动资产合计		8,254,072,021.43	2,909,665,192.81
资产总计		8,901,366,206.87	3,237,766,071.87
流动负债：			
短期借款		1,690,000,000.00	480,000,000.00
交易性金融负债			
应付票据		150,000,000.00	
应付账款		81,313,698.25	44,569,819.84
预收款项		34,157,039.66	43,292,648.37
应付职工薪酬		1,051,399.91	1,162,902.81
应交税费		54,216,516.20	37,756,620.47
应付利息		4,073,483.75	1,935,678.25
应付股利			
其他应付款		2,930,610,581.81	130,459,703.01
一年内到期的非流动负债		68,500,000.00	255,000,000.00
其他流动负债			
流动负债合计		5,013,922,719.58	994,177,372.75
非流动负债：			
长期借款		790,000,000.00	274,000,000.00
应付债券			
长期应付款			
专项应付款			
预计负债			
递延所得税负债			
其他非流动负债			
非流动负债合计		790,000,000.00	274,000,000.00
负债合计		5,803,922,719.58	1,268,177,372.75
股东权益：			
股本		548,785,813.00	348,785,813.00
资本公积		2,085,932,723.74	1,170,677,374.02
减:库存股			
盈余公积		135,253,939.23	112,020,489.00
未分配利润		327,471,011.32	338,105,023.10
外币报表折算差额			
股东权益合计		3,097,443,487.29	1,969,588,699.12
负债和股东权益合计		8,901,366,206.87	3,237,766,071.87

公司法定代表人:高宝玉　　主管会计工作负责人:潘维胜　　会计机构负责人:蒋辉

合并利润表

2008 年 1—12 月

单位:元 币种:人民币

项目	附注	本期金额	上期金额
一、营业总收入		1,950,796,727.02	1,273,590,575.76
其中:营业收入		1,950,796,727.02	1,273,590,575.76
利息收入			
已赚保费			
手续费及佣金收入			
二、营业总成本		1,612,354,489.71	1,042,830,289.06
其中:营业成本		1,301,730,004.79	877,291,120.91
利息支出			
手续费及佣金支出			
退保金			
赔付支出净额			
提取保险合同准备金净额			
保单红利支出			
分保费用			
营业税金及附加		62,058,327.67	42,343,863.52
销售费用			
管理费用		106,166,342.90	60,716,539.59
财务费用		141,959,522.90	62,496,531.41
资产减值损失		440,291.45	-17,766.37
加:公允价值变动收益(损失以"-"号填列)			
投资收益(损失以"-"号填列)		30,273,581.94	35,827,967.15
其中:对联营企业和合营企业的投资收益		30,273,581.94	35,827,967.15
汇兑收益(损失以"-"号填列)			
三、营业利润(亏损以"-"号填列)		368,715,819.25	266,588,253.85
加:营业外收入		3,073.00	668,850.27
减:营业外支出		225,752.28	44,274.95
其中:非流动资产处置净损失		125,364.75	44,274.95
四、利润总额(亏损总额以"-"号填列)		368,493,139.97	267,212,829.17
减:所得税费用		62,953,481.96	68,506,709.38
五、净利润(净亏损以"-"号填列)		305,539,658.01	198,706,119.79
被合并方在合并前实现的净利润		65,568,307.93	14,082,877.70
归属于母公司所有者的净利润		299,723,373.96	198,706,119.79
少数股东损益		5,816,284.05	
六、每股收益：			
(一)基本每股收益(元/股)		0.55	0.38
(二)稀释每股收益(元/股)		0.55	0.38

本期发生同一控制下企业合并的,被合并方在合并前实现的净利润为:65,568,307.93 元。

公司法定代表人:高宝玉　　主管会计工作负责人:潘维胜　　会计机构负责人:蒋辉

母公司利润表

2008 年 1—12 月

单位:元 币种:人民币

项目	附注	本期金额	上期金额
一、营业收入		1,725,933,266.41	1,081,615,364.64
减:营业成本		1,177,442,530.81	725,185,904.68
营业税金及附加		52,832,377.57	34,737,070.62
销售费用			
管理费用		93,186,327.29	49,472,558.05
财务费用		142,075,000.70	62,496,531.41

资产减值损失	376,127.02	−17,766.37
加:公允价值变动收益(损失以"−"号填列)		
投资收益(损失以"−"号填列)	30,273,581.94	35,827,967.15
其中:对联营企业和合营企业的投资收益	30,273,581.94	35,827,967.15
二、营业利润(亏损以"−"号填列)	290,294,484.96	245,569,033.40
加:营业外收入		668,850.27
减:营业外支出	125,364.75	44,274.95
其中:非流动资产处置净损失	125,364.75	44,274.95
三、利润总额(亏损总额以"−"号填列)	290,169,120.21	246,193,608.72
减:所得税费用	57,834,617.96	61,570,366.63
四、净利润(净亏损以"−"号填列)	232,334,502.25	184,623,242.09

公司法定代表人:高宝玉　　主管会计工作负责人:潘维胜　　会计机构负责人:蒋辉

合并现金流量表

2008 年 1—12 月

单位:元 币种:人民币

项目	附注	本期金额	上期金额
一、经营活动产生的现金流量:			
销售商品、提供劳务收到的现金		1,396,818,014.39	995,708,202.72
客户存款和同业存放款项净增加额			
向中央银行借款净增加额			
向其他金融机构拆入资金净增加额			
收到原保险合同保费取得的现金			
收到再保险业务现金净额			
保户储金及投资款净增加额			
处置交易性金融资产净增加额			
收取利息、手续费及佣金的现金			
拆入资金净增加额			
回购业务资金净增加额			
收到的税费返还			
收到其他与经营活动有关的现金		19,284,646.65	178,696,076.06
经营活动现金流入小计		1,416,102,661.04	1,174,404,278.78
购买商品、接受劳务支付的现金		554,775,081.06	489,705,503.49
客户贷款及垫款净增加额			
存放中央银行和同业款项净增加额			
支付原保险合同赔付款项的现金			
支付利息、手续费及佣金的现金			
支付保单红利的现金			
支付给职工以及为职工支付的现金		206,532,781.41	155,403,360.01
支付的各项税费		296,686,279.44	238,475,899.90
支付其他与经营活动有关的现金		62,824,821.97	127,956,992.51
经营活动现金流出小计		1,120,818,963.88	1,011,541,755.91
经营活动产生的现金流量净额		295,283,697.16	162,862,522.87
二、投资活动产生的现金流量:			
收回投资收到的现金			
取得投资收益收到的现金		28,216,940.83	19,112,733.82
处置固定资产、无形资产和其他长期资产收回的现金净额		16,229.95	
处置子公司及其他营业单位收到的现金净额			
收到其他与投资活动有关的现金			
投资活动现金流入小计		28,233,170.78	19,112,733.82
购建固定资产、无形资产和其他长期资产支付的现金		617,326,075.63	84,695,217.39
投资支付的现金		24,000,000.00	
质押贷款净增加额			
取得子公司及其他营业单位支付的现金净额			
支付其他与投资活动有关的现金			
投资活动现金流出小计		641,326,075.63	84,695,217.39
投资活动产生的现金流量净额		−613,092,904.85	−65,582,483.57
三、筹资活动产生的现金流量:			
吸收投资收到的现金			40,000,000.00
其中:子公司吸收少数股东投资收到的现金			16,000,000.00
取得借款收到的现金		2,154,500,000.00	905,000,000.00
发行债券收到的现金			
收到其他与筹资活动有关的现金			
筹资活动现金流入小计		2,154,500,000.00	945,000,000.00
偿还债务支付的现金		1,335,000,000.00	934,133,324.30
分配股利、利润或偿付利息支付的现金		346,230,392.03	60,731,974.28
其中:子公司支付给少数股东的股利、利润			
支付其他与筹资活动有关的现金			
筹资活动现金流出小计		1,681,230,392.03	994,865,298.58
筹资活动产生的现金流量净额		473,269,607.97	−49,865,298.58
四、汇率变动对现金及现金等价物的影响			
五、现金及现金等价物净增加额		155,460,400.28	47,414,740.72
加:期初现金及现金等价物余额		107,231,911.99	59,817,171.27
六、期末现金及现金等价物余额		262,692,312.27	107,231,911.99

公司法定代表人:高宝玉　　主管会计工作负责人:潘维胜　　会计机构负责人:蒋辉

母公司现金流量表

2008 年 1—12 月

单位:元 币种:人民币

项目	附注	本期金额	上期金额
一、经营活动产生的现金流量:			
销售商品、提供劳务收到的现金		1,257,175,293.98	801,757,054.50
收到的税费返还			
收到其他与经营活动有关的现金		18,546,268.30	178,520,548.52
经营活动现金流入小计		1,275,721,562.28	980,277,603.02
购买商品、接受劳务支付的现金		525,724,291.24	384,037,078.84
支付给职工以及为职工支付的现金		170,621,275.22	83,968,208.76
支付的各项税费		258,348,814.17	233,013,598.79
支付其他与经营活动有关的现金		44,970,431.71	119,276,944.81
经营活动现金流出小计		999,664,812.34	820,295,831.20
经营活动产生的现金流量净额		276,056,749.94	159,981,771.82
二、投资活动产生的现金流量:			
收回投资收到的现金			
取得投资收益收到的现金		28,216,940.83	19,112,733.82
处置固定资产、无形资产和其他长期资产收回的现金净额		16,229.95	
处置子公司及其他营业单位收到的现金净额			
收到其他与投资活动有关的现金			
投资活动现金流入小计		28,233,170.78	19,112,733.82
购建固定资产、无形资产和其他长期资产支付的现金		574,381,408.72	81,814,466.34
投资支付的现金		24,000,000.00	
取得子公司及其他营业单位支付的现金净额			
支付其他与投资活动有关的现金			
投资活动现金流出小计		598,381,408.72	81,814,466.34
投资活动产生的现金流量净额		−570,148,237.94	−62,701,732.52
三、筹资活动产生的现金流量:			
吸收投资收到的现金			
取得借款收到的现金		2,154,500,000.00	905,000,000.00
收到其他与筹资活动有关的现金			
筹资活动现金流入小计		2,154,500,000.00	905,000,000.00
偿还债务支付的现金		1,335,000,000.00	934,133,324.30
分配股利、利润或偿付利息支付的现金		346,230,392.03	60,731,974.28
支付其他与筹资活动有关的现金			
筹资活动现金流出小计		1,681,230,392.03	994,865,298.58
筹资活动产生的现金流量净额		473,269,607.97	−89,865,298.58
四、汇率变动对现金及现金等价物的影响			
五、现金及现金等价物净增加额		179,178,119.97	7,414,740.72
加:期初现金及现金等价物余额		67,231,911.99	59,817,171.27
六、期末现金及现金等价物余额		246,410,031.96	67,231,911.99

公司法定代表人:高宝玉　　主管会计工作负责人:潘维胜　　会计机构负责人:蒋辉

合并所有者权益变动表

2008 年 1—12 月

单位:元 币种:人民币

项目	本年金额								
	归属于母公司所有者权益								
	股本	资本公积	减:库存股	盈余公积	一般风险准备	未分配利润	其他	少数股东权益	所有者权益合计
一、上年年末余额	348,785,813.00	2,355,880,476.92		112,020,489.00		338,105,023.10		16,000,000.00	3,170,791,802.02
加:同一控制下企业合并产生的追溯调整									
加:会计政策变更									
前期差错更正									
其他									
二、本年年初余额	348,785,813.00	2,355,880,476.92		112,020,489.00		338,105,023.10		16,000,000.00	3,170,791,802.02
三、本年增减变动金额(减少以"−"号填列)	200,000,000.00	−269,947,753.18		23,233,450.23		−8,813,448.00		5,816,284.05	−49,711,466.90
(一)净利润						299,723,373.96		5,816,284.05	305,539,658.01
(二)直接计入所有者权益的利得和损失		−1,185,203,102.90							−1,185,203,102.90
1.可供出售金融资产公允价值变动净额									
2.权益法下被投资单位其他所有者权益变动的影响									
3.与计入所有者权益项目相关的所得税影响									
4.其他		−1,185,203,102.90							−1,185,203,102.90
上述(一)和(二)小计		−1,185,203,102.90				299,723,373.96		5,816,284.05	−879,663,444.89
(三)所有者投入和减少资本	200,000,000.00	915,255,349.72							1,115,255,349.72
1.所有者投入资本	200,000,000.00	915,255,349.72							1,115,255,349.72
2.股份支付计入所有者权益的金额									
3.其他									
(四)利润分配				23,233,450.23		−308,536,821.96			−285,303,371.73
1.提取盈余公积				23,233,450.23		−23,233,450.23			
2.提取一般风险准备									
3.对所有者(或股东)的分配						−219,735,063.80			−219,735,063.80
4.其他						−65,568,307.93			−65,568,307.93
(五)所有者权益内部结转									
1.资本公积转增资本(或股本)									
2.盈余公积转增资本(或股本)									
3.盈余公积弥补亏损									
4.其他									
四、本期期末余额	548,785,813.00	2,085,932,723.74		135,253,939.23		329,291,575.10		21,816,284.05	3,121,080,335.12

项目	股本	资本公积	减:库存股	盈余公积	一般风险准备	未分配利润	其他	少数股东权益	所有者权益合计
	上年金额								
	归属于母公司所有者权益								
一、上年年末余额	257,081,648.00	609,824,155.40		93,558,164.79		171,944,105.22			1,132,408,073.41
加:同一控制下企业合并产生的追溯调整		1,205,527,189.68							1,205,527,189.68
加:会计政策变更									
前期差错更正									
其他									
二、本年年初余额	257,081,648.00	1,815,351,345.08		93,558,164.79		171,944,105.22			2,337,935,263.09
三、本年增减变动金额(减少以"-"号填列)	91,704,165.00	540,529,131.84		18,462,324.21		166,160,917.88		16,000,000.00	832,856,538.93
(一)净利润						198,706,119.79			198,706,119.79
(二)直接计入所有者权益的利得和损失									
1.可供出售金融资产公允价值变动净额									
2.权益法下被投资单位其他所有者权益变动的影响									
3.与计入所有者权益项目相关的所得税影响									
4.其他									
上述(一)和(二)小计						198,706,119.79			198,706,119.79
(三)所有者投入和减少资本	91,704,165.00	540,529,131.84						16,000,000.00	648,233,296.84
1.所有者投入资本	91,704,165.00	540,529,131.84						16,000,000.00	648,233,296.84
2.股份支付计入所有者权益的金额									
3.其他									
(四)利润分配				18,462,324.21		-32,545,201.91			-14,082,877.70
1.提取盈余公积				18,462,324.21		-18,462,324.21			
2.提取一般风险准备									
3.对所有者(或股东)的分配									
4.其他						-14,082,877.70			-14,082,877.70
(五)所有者权益内部结转									
1.资本公积转增资本(或股本)									
2.盈余公积转增资本(或股本)									
3.盈余公积弥补亏损									
4.其他									
四、本期期末余额	348,785,813.00	2,355,880,476.92		112,020,489.00		338,105,023.10		16,000,000.00	3,170,791,802.02

公司法定代表人:高宝玉　　主管会计工作负责人:潘维胜　　会计机构负责人:蒋辉

母公司所有者权益变动表

2008 年 1—12 月

单位:元 币种:人民币

项目	股本	资本公积	减:库存股	盈余公积	未分配利润	所有者权益合计
	本年金额					
一、上年年末余额	348,785,813.00	1,170,677,374.02		112,020,489.00	338,105,023.10	1,969,588,699.12
加:会计政策变更						
前期差错更正						
其他						
二、本年年初余额	348,785,813.00	1,170,677,374.02		112,020,489.00	338,105,023.10	1,969,588,699.12
三、本年增减变动金额(减少以"-"号填列)	200,000,000.00	915,255,349.72		23,233,450.23	-10,634,011.78	1,127,854,788.17
(一)净利润					232,334,502.25	232,334,502.25
(二)直接计入所有者权益的利得和损失		915,255,349.72				915,255,349.72
1.可供出售金融资产公允价值变动净额						
2.权益法下被投资单位其他所有者权益变动的影响						
3.与计入所有者权益项目相关的所得税影响						
4.其他		915,255,349.72				915,255,349.72
上述(一)和(二)小计		915,255,349.72			232,334,502.25	1,147,589,851.97
(三)所有者投入和减少资本	200,000,000.00					200,000,000.00
1.所有者投入资本	200,000,000.00					200,000,000.00
2.股份支付计入所有者权益的金额						
3.其他						
(四)利润分配				23,233,450.23	-242,968,514.03	-219,735,063.80
1.提取盈余公积				23,233,450.23	-23,233,450.23	
2.对所有者(或股东)的分配					-219,735,063.80	-219,735,063.80
3.其他						
(五)所有者权益内部结转						
1.资本公积转增资本(或股本)						
2.盈余公积转增资本(或股本)						
3.盈余公积弥补亏损						
4.其他						
四、本期期末余额	548,785,813.00	2,085,932,723.74		135,253,939.23	327,471,011.32	3,097,443,487.29

项目	股本	资本公积	减:库存股	盈余公积	未分配利润	所有者权益合计
	上年金额					
一、上年年末余额	257,081,648.00	609,824,155.40		93,558,164.79	171,944,105.22	1,132,408,073.41
加:会计政策变更						
前期差错更正						
其他						
二、本年年初余额	257,081,648.00	609,824,155.40		93,558,164.79	171,944,105.22	1,132,408,073.41
三、本年增减变动金额(减少以"-"号填列)	91,704,165.00	560,853,218.62		18,462,324.21	166,160,917.88	837,180,625.71
(一)净利润					184,623,242.09	184,623,242.09
(二)直接计入所有者权益的利得和损失		560,853,218.62				560,853,218.62
1.可供出售金融资产公允价值变动净额						
2.权益法下被投资单位其他所有者权益变动的影响						
3.与计入所有者权益项目相关的所得税影响						
4.其他		560,853,218.62				560,853,218.62
上述(一)和(二)小计		560,853,218.62			184,623,242.09	745,476,460.71
(三)所有者投入和减少资本	91,704,165.00					91,704,165.00
1.所有者投入资本	91,704,165.00					91,704,165.00
2.股份支付计入所有者权益的金额						
3.其他						
(四)利润分配				18,462,324.21	-18,462,324.21	
1.提取盈余公积				18,462,324.21	-18,462,324.21	
2.对所有者(或股东)的分配						
3.其他						
(五)所有者权益内部结转						
1.资本公积转增资本(或股本)						
2.盈余公积转增资本(或股本)						
3.盈余公积弥补亏损						
4.其他						
四、本期期末余额	348,785,813.00	1,170,677,374.02		112,020,489.00	338,105,023.10	1,969,588,699.12

公司法定代表人:高宝玉　　主管会计工作负责人:潘维胜　　会计机构负责人:蒋辉

9.3 本报告期无会计政策、会计估计和核算方法变更。

9.4 本报告期无会计差错更正。

9.5 与最近一期年度报告相比,合并范围发生变化的具体说明

(1)受让营口新世纪集装箱码头有限公司 60%股权

为避免本公司与港务集团之间形成同业竞争,本公司 2008 年第一次临时股东大会于 2008 年 8 月 12 日决议通过了《关于受让营口新世纪集装箱码头有限公司 60%股权的议案》,本公司以 30,904,937.30 元的价格受让港务集团持有的新世纪公司 60%股权。新世纪公司成为本公司的控股子公司。就该合并事项本公司按同一控制下的企业合并处理。

①新世纪公司的基本情况

新世纪公司是 2007 年 12 月 14 日经营口市工商行政管理局注册登记,营业执照注册号为 210800004026555,法定代表人高宝玉。公司注册资本为 4,000 万元,由营口港务集团有限公司(持有 60%股权)与中海集装箱运输股份有限公司(持有 40%股权)共同出资组建。

公司经营范围:集装箱码头内的装卸、驳运、仓储经营(应经审批的除外);集装箱拆装箱、集装箱维修及清洗。

②属于同一控制下企业合并的判断依据

本公司与新世纪公司在合并前后均受港务集团控制,且该控制并非暂时性的。

③合并日

根据公司与港务集团就受让新世纪公司 60%股权所达成的相关协议,双方确定 2008 年 6 月 30 日为收购基准日,新世纪公司自成立日起至收购日期间形成的利润由港务集团按 60%的投资比例享有,收购日后起形成的利润由本公司按 60%的投资比例享有。

④新世纪公司执行财政部 2006 年 2 月 15 日颁布的企业会计准则,其会计政策与本公司一致。

(2)收购港务集团 7 个泊位资产和相关业务

2008 年 5 月 5 日经中国证券监督管理委员会证监许可[2008]616 号文核准,公司于 2008 年 5 月 31 日向港务集团定向发行人民币普通股 2 亿股及支付现金 2,791,044,272.29 元,用以购买港务集团在鲅鱼圈港区 16#、17#、22#、46#、47#、52#、53# 共计 7 个泊位的资产和相关业务。就该业务合并事项本公司按同一控制下的企业合并处理。

①属于同一控制下企业合并的判断依据

本公司与被合并主体实际控制人均为港务集团,且该控制并非暂时性的。

②合并日

截止 2008 年 5 月 31 日,本项合并业务业经中国证券监督管理委员会证监许可[2008]616 号文核准,相关资产的实际控制权已转移至本公司,并已完成定向增发且支付了相应的款项,因此公司以 2008 年 5 月 31 日作为合并基准日。

③被合并方自合并当期期初至合并日的收入、净利润、现金流量等情况

被合并主体 2008 年 1-5 月的收入合计为 146,149,829.98 元,净利润为 58,663,370.63 元,经营活动现金流量净额为 2,057,408.42 元。

④收购资产在合并日的账面价值及评估价值

被收购资产在合并日的账面原值为 4,514,746,958.49 元,累计折旧为 598,447,336.48 元,账面净值为 3,916,299,622.01 元;评估原值为 6,462,876,206.00 元,评估累计折旧为 761,831,933.71 元,评估净值为 5,701,044,272.29 元。

⑤对于上述业务合并所涉及的资产、负债本公司按其在合并日(2008 年 5 月 31 日)的原账面价值入账。辽宁天健会计师事务所有限公司出具了辽天会证审字 [2008]S193 号标准无保留意见的审计报。

营口港务股份有限公司

2009 年 2 月 6 日

天津市房地产发展(集团)股份有限公司

天津市房地产发展(集团)股份有限公司2008年年度报告摘要

第一节　重要提示

1.1 本公司董事会、监事会及董事、监事、高级管理人员保证本报告所载资料不存在任何虚假记载、误导性陈述或者重大遗漏,并对其内容的真实性、准确性和完整性承担个别及连带责任。

本年度报告摘要摘自年度报告全文,投资者欲了解详细内容,应当仔细阅读年度报告全文。

1.2 如有董事未出席董事会,应当单独列示其姓名

未出席董事职务	未出席董事姓名	未出席董事的说明
独立董事	王建忠	因病去世

1.3 中喜会计师事务所有限责任公司 为本公司出具了标准无保留意见的审计报告。

1.4 公司负责人张勇、主管会计工作负责人王大铮及会计机构负责人(会计主管人员)纪建刚声明:保证年度报告中财务报告的真实、完整。

第二节　公司基本情况简介

2.1 基本情况简介

股票简称	天房发展	
股票代码	600322	
上市交易所	上海证券交易所	
公司注册地址和办公地址	天津市和平区常德道80号	天津市和平区常德道80号
邮政编码	300050	
公司国际互联网网址	http://www.tffzgroup.cn	
电子信箱	tffz@sina.com	

2.2 联系人和联系方式

	董事会秘书	证券事务代表
姓名	陈长来	杨新喆
联系地址	天津市和平区常德道80号	天津市和平区常德道80号
电话	022-23317185	022-23317185
传真	022-23317185	022-23317185
电子信箱	tffz@sina.com	tffz@sina.com

第三节　会计数据和业务数据摘要

3.1 主要会计数据

单位:元 币种:人民币

	2008年	2007年	本年比上年增减(%)	2006年
营业收入	1,505,268,145.95	1,819,050,001.63	−17.25	990,349,445.74
利润总额	176,666,773.68	87,229,347.58	102.53	52,760,098.92
归属于上市公司股东的净利润	112,364,598.92	51,769,596.85	117.05	37,028,140.65
归属于上市公司股东的扣除非经常性损益的净利润	101,789,111.26	50,227,021.05	102.66	37,889,871.51
经营活动产生的现金流量净额	−1,853,731,358.68	−1,750,787,422.54	−5.88	−189,172,312.53
	2008年末	2007年末	本年末比上年末增减(%)	2006年末(注2)
总资产	9,520,443,481.46	8,127,144,152.02	17.14	5,079,862,041.60
所有者权益(或股东权益)	3,703,755,038.84	3,642,319,680.62	1.69	1,712,061,978.48

3.2 主要财务指标

	2008年	2007年	本年比上年增减(%)	2006年
基本每股收益(元/股)	0.10	0.06	66.67	0.04
稀释每股收益(元/股)	0.10	0.06	66.67	0.04
扣除非经常性损益后的基本每股收益(元/股)	0.09	0.06	50.00	0.04
全面摊薄净资产收益率(%)	3.03	1.42	增加1.61个百分点	1.93
加权平均净资产收益率(%)	3.06	2.53	增加0.53个百分点	2.04
扣除非经常性损益后全面摊薄净资产收益率(%)	2.75	1.38	增加1.37个百分点	1.98
扣除非经常性损益后的加权平均净资产收益率(%)	2.78	2.46	增加0.32个百分点	2.09
每股经营活动产生的现金流量净额(元/股)	−1.677	−1.583	−5.94	−0.223
	2008年末	2007年末	本年末比上年末增减(%)	2006年末
归属于上市公司股东的每股净资产(元/股)	3.350	3.294	1.70	2.020

非经常性损益项目

√适用　□不适用

单位:元 币种:人民币

非经常性损益项目	金额
非流动资产处置损益	650,408.17
计入当期损益的政府补助,但与公司正常经营业务密切相关,符合国家政策规定、按照一定标准定额或定量持续享受的政府补助除外	31,166,173.06
除上述各项之外的其他营业外收入和支出	−3,663,653.27
其他符合非经常性损益定义的损益项目	984,321.22
少数股东权益影响额	−15,036,598.95
所得税影响额	−3,525,162.57
合计	10,575,487.66

3.3 境内外会计准则差异:

□适用 √不适用

第四节　股本变动及股东情况

4.1 股份变动情况表

□适用　√不适用

限售股份变动情况表

√适用　□不适用

单位:股

股东名称	年初限售股数	本年解除限售股数	本年增加限售股数	年末限售股数	限售原因	解除限售日期
天津市房地产开发经营集团有限公司	212,776,524			212,776,524	股改	2009-3-28
天津市房地产开发经营集团有限公司	64,885,166			64,885,166	非公开发行	2010-10-20
渤海证券有限责任公司	24,000,000	24,000,000			非公开发行	2008-10-20
上海锦江国际投资管理有限公司	20,000,000	20,000,000			非公开发行	2008-10-20
南方工业资产管理有限公司	25,000,000	25,000,000			非公开发行	2008-10-20
宏大兴业投资控股有限公司	20,000,000	20,000,000			非公开发行	2008-10-20
深圳市津房物业发展有限公司	20,000,000	20,000,000			非公开发行	2008-10-20
易方达基金管理有限公司	25,000,000	25,000,000			非公开发行	2008-10-20
齐鲁证券有限公司	22,000,000	22,000,000			非公开发行	2008-10-20
深圳建设(集团)有限公司	20,000,000	20,000,000			非公开发行	2008-10-20
长江证券有限责任公司	17,400,000	17,400,000			非公开发行	2008-10-20
合计	471,061,690	193,400,000		277,661,690	/	/

4.2 股东数量和持股情况

单位:股

报告期末股东总数	178,750户

前十名股东持股情况

股东名称	股东性质	持股比例(%)	持股总数	持有有限售条件股份数量	质押或冻结的股份数量
天津市房地产开发经营集团有限公司	国有法人	25.11	277,661,690	277,661,690	质押129,770,332
南方工业资产管理有限责任公司	国有法人	2.26	25,000,000		
齐鲁证券有限公司	未知	1.99	22,000,000		
深圳市建设(集团)有限公司	国有法人	1.81	20,000,000		质押20,000,000
深圳市津房物业发展有限公司	国有法人	1.81	20,000,000		
上海锦江国际投资管理有限公司	国有法人	1.81	20,000,000		
北京东方家园经贸有限公司	未知	1.81	20,000,000		
长江证券股份有限公司	未知	1.57	17,400,000		
中国工商银行-易方达价值成长混合型证券投资基金	未知	0.63	6,999,799		
全国社保基金一零九组合	未知	0.44	4,820,000		

前十名无限售条件股东持股情况

股东名称	持有无限售条件股份的数量	股份种类
南方工业资产管理有限责任公司	25,000,000	人民币普通股

齐鲁证券有限公司	22,000,000	人民币普通股
北京东方家园经贸有限公司	20,000,000	人民币普通股
深圳市建设(集团)有限公司	20,000,000	人民币普通股
深圳市津房物业发展有限公司	20,000,000	人民币普通股
上海锦江国际投资管理有限公司	20,000,000	人民币普通股
长江证券股份有限公司	17,400,000	人民币普通股
中国工商银行-易方达价值成长混合型证券投资基金	6,999,799	人民币普通股
全国社保基金一零九组合	4,820,000	人民币普通股
中国农业银行-益民创新优势混合型证券投资基金	2,318,385	人民币普通股
上述股东关联关系或一致行动的说明	未知前十名无限售条件股东和前十名股东之间有何关联关系或属于《上市公司股东持股变动信息披露管理办法》规定的一致行动人。	

4.3 控股股东及实际控制人情况介绍

4.3.1 控股股东及实际控制人变更情况

□适用　　√不适用

4.3.2 控股股东及实际控制人具体情况介绍

4.3.2.1 法人控股股东情况

单位:元 币种:人民币

名称	法定代表人	注册资本	成立日期	主营业务
天津市房地产开发经营集团有限公司	马鹤亭	540,080,000	1999 年 7 月 6 日	国家授权资产投资、控股;房地产、销售等

第五节　董事、监事和高级管理人员

5.1 董事、监事和高级管理人员持股变动及报酬情况

单位:股

姓名	职务	性别	年龄	任期起止日期	年初持股数	年末持股数	变动原因	报告期内从公司领取的报酬总额(万元)	报告期被授予的股权激励情况 可行权股数	已行权数量	行权价(元)	期末股票市价(元)	是否在股东单位或其他关联领取薪酬
张　勇	董事长	男	44	2008-4-8~2011-4-7									是
张建台	董事、总经理	男	53	2008-4-8~2011-4-7				24.1					否
孙建峰	董事、副总经理	男	45	2008-4-8~2011-4-7				20.3					否
王大铮	董事、总会计师	男	55	2008-4-8~2011-4-7	8,220	8,220		20.3					否
陈长来	董事、董事会秘书	男	55	2008-4-8~2011-4-7				20.3					否
周永斌	董事	男	56	2008-4-8~2011-4-7				14.6					否
乔小明	董事	男	55	2008-4-8~2011-4-7	23,290	23,290							是
武　静	董事	女	49	2008-4-8~2011-4-7									是
常修泽	独立董事	男	63	2008-4-8~2011-4-7	6,850	6,850		8					否
漆腊水	独立董事	男	60	2008-4-8~2011-4-7				8					否
王天举	独立董事	男	53	2008-4-8~2011-4-7				8					否
张云集	独立董事	男	54	2008-4-8~2011-4-7				8					否
王建忠	独立董事	男	51	2008-4-8~2011-4-7				8					否
兰国茗	监事会主席	男	52	2008-4-8~2011-4-7									是
毛　铁	监事	男	48	2008-4-8~2011-4-7				16.8					否
王培光	监事	男	55	2008-4-8~2011-4-7	8,220	8,220		13.7					否
纪建刚	监事	男	46	2008-4-8~2011-4-7				13.7					否
李　越	副总经理	男	48	2008-4-8~2011-4-7	9,590	9,590		19.2					否
杨　宾	总工程师	男	43	2008-4-8~2011-4-7	8,220	8,220		20.5					否
张界义	总经济师	男	52	2008-4-8~2011-4-7	2,740	2,740		20.3					否
合　计	/	/	/	/	67,130	67,130	/	243.8	/	/	/		

第六节　董事会报告

6.1 管理层讨论与分析

[一]报告期经营情况的讨论与分析

1、整体经营情况的回顾与分析

受全球金融危机蔓延、宏观经济增速放缓、房地产市场进入调整期、市场观望气息浓厚等因素的影响,2008 年房地产市场成交量萎缩,多个城市房价也不同程度出现下调。来自天津市统计局最新的统计资料显示:2008 年,天津市商品房平均价格指数是 105.8,比上年同期回落 1.3 点。天津市商品房累计销售 1252 万平方米,销售额 753.16 亿元,同比分别下降 19.3%和 16.3%。2008 年,天津房地产销售市场观望气氛浓厚,特别是下半年销售面积持续下降超过 20%。受市场销售低迷影响,天津市商品房空置面积呈逐步增加趋势。截至去年 12 月末,全市商品房空置面积 281 万平方米,比上年末增加 142 万平方米,其中,住宅空置面积 199 万平方米,比上年末增加 121 万平方米。

2008 年,面对新问题、新挑战,公司积极贯彻董事会的决策部署,努力拓展融资渠道,适度调整工程建设节奏,千方百计加大销售力度,经受住了市场和资金的严峻考验,主要经济指标同比均有较大幅度增长,很好地完成了主要生产经营任务。报告期内,公司实现主营业务收入 150526.82 万元,与去年同期相比下降 17%;实现归属于母公司净利润 11236.46 万元,比去年同期调整前增长 100.01%,比去年同期调整后增长 117.05%。截至报告期末,公司资产总额 952044.35 万元,比上年末增长 17.14%;归属于母公司的净资产 370375.50 万元,比上年末增长 1.69%。

工程建设方面,报告期内,公司在施工面积 174.50 万平方米,新开工面积 77.65 万平方米,全配套竣工面积 20.14 万平方米。在建项目有天房美域、吉利经典、晴川花园、双港 123#、华明经济适用房 03 号、滨海新区核心区汉沽河西老城改造、翠海家园(滨海新区核心区空港物流配套住宅)等项目。公司将 2008 年确定为产品质量年,紧紧围绕"全面提升工程质量和管理能力"的目标要求,及时调整工作思路,积极采取创新举措,推动工程质量管理见成效、上水平。公司制定了《房屋分户验收细则》和《房屋使用合格证》两项制度,开始推行工程质量检查考评管理规定,改进工程建设管理模式,使工程质量和安全管理更加规范,取得良好成效。所有竣工项目均为一次性备案验收合格,安全施工全部达标。

经营销售方面,报告期内公司加大力度拓展营销渠道,以"联合造势、活动营销"为主线,在住宅产品差异化市场竞争中,根据项目特点制订实施有针对性的推广策略,取得了良好的市场反响。住宅市场低迷的时期,公司着重加强了对项目商业公建部分的推广和策划,提升了项目内在价值。在日趋激烈的市场竞争中,公司经营销售工作得到了有效延伸,通过有效的市场反馈,为产品规划设计和工程施工提供有益建议,提高了产品品质和市场竞争力。全年房屋销售面积 15.05 万平方米。

项目储备方面,报告期公司增加了本市东丽区昆俞路地块项目,此项目两幅地块共计 277 亩,总建筑规模 36.6 万平方米,50%用于建设社会保障住房。公司与河东区政府协议合作投资开发沙柳路经济适用房项目,该项目规划总建筑面积约 21.7 万平方米,一期建筑面积 10.6 万平方米,用于建设定向安置经济适用房。两个保障性住房项目的获得,使公司能够在商品房市场低迷的时期,利用政府推动保障性住房刺激消费的契机,在提高市场占有率、增加现金流方面获得更多的益处。

融资和资金管理方面,报告期内,面对信贷收缩的金融政策,公司积极采取措施缓解资金压力。一方面利用资本市场筹集资金,通过发行公司债券的方式筹集资金,发行三亿公司债券的申请已经过证监会发审委的审核,待获得核准发行的批文即可完成发行。二方面是在银行收缩房地产项目贷款的情况下,加强与各大银行间的战略合作,对已经获得的授信额度公司将积极落实贷款的专项要求,全年新增贷款 26.55 亿元,归还贷款 19 亿元。三方面是确保资金运作动态平衡,根据公司综合计划,注重资金使用的统筹安排,每月、每季度都做好资金调配保证收支平衡。

加强管理方面,公司不断完善管理制度、优化业务流程、创新管理思路,从提高管理水平上挖潜增效,一是根据市场变化和现代企业制度的管理要求,组织管控模式逐步实现由过去的分公司组织结构向以项目经理为主的项目部制过渡,逐步实现统一决策、集中调控、专业分工、责任到人相结合的运营模式,实现资源配置的利益最大化。二是进一步加强公司成本管理和售后服务,通过专门成立成本管理部和客户服务部予以组织和体制保障。三是进一步对子公司管理、供方管理、绩效考核等方面深化和细化了管理措施,取得很好的管理效果。四是进一步将产品规划设计品质、工程建设质量、客户服务和品牌建设四者有机结合起来,着力提高企业核心竞争力和市场影响力。

2、报告期公司主营业务及其经营情况

(1)公司主营业务经营情况的说明

公司主营业务集中在房地产的开发经营、销售与出租等方面,是一家以房地产开发经营为主,物业管理为辅,集建筑设计、建筑材料经营、商品房销售、房屋出租和咨询服务为一体的房地产综合性大型企业。

2008 年度公司实现主营业务收入 15.05 亿元,较上年同期下降 17%,实现主营业务利润 4.19 亿元,较上年同期增长 18.18%。

(2)主营业务分行业、分产品情况表

单位:元 币种:人民币

分行业或分产品	主营营业收入	主营业务成本	主营业务利润率%	主营业务收入比上年增减%	主营业务成本比上年增减%	主营业务利润率上年增减%
行业						
房地产开发经营	1,337,831,890.80	951,661,301.33	28.87	−21.78	−31.63	增加 10.26 个百分点
建筑材料	114,793,977.54	113,172,972.45	1.41	99	97.78	增加 0.6 个百分点
出租	42,066,149.55	13,641,401.24	67.57	−13.97	−7.86	减少 2.15 个百分点
产品						
商品房销售	1,337,831,890.80	951,661,301.33	28.87	−21.78	−31.63	增加 10.26 个百分点
建筑材料	114,793,977.54	113,172,972.45	1.41	99	97.78	增加 0.6 个百分点
房屋出租	42,066,149.55	13,641,401.24	67.57	−13.97	−7.86	减少 2.15 个百分点

(3)主营业务分地区情况表

单位:元 币种:人民币

分地区	主营业务收入	占主营业务收入比例(%)	主营业务利润	占主营业务利润比例(%)
天津市	1,505,268,145.95	100.00	418,719,382.9	100.00

(4)占主营业务收入或主营业务利润总额 10%以上的主要产品

单位:元 币种:人民币

分行业或分产品	主营业务收入	主营业务成本	毛利率(%)
商品房销售	1,337,831,890.80	951,661,301.33	28.87
房屋出租	42,066,149.55	13,641,401.24	67.57

公司商品房销售收入分为商品房收入和经济适用房收入两大部分。其中商品房主营业务收入为 1,335,365,905.80 元,主营业务成本为 949,511,271.67 元,销售毛利率为 28.90%;经济适用房主营业务收入为 2,465,985.00 元,主营业务成本为 2,150,029.66 元,销售毛利率为 12.81%。

公司商品房销售毛利率较 2007 年增加 10.26 个百分点,主要是本年度销售构成中毛利率较高的商品房部分占 99.82%,使得公司毛利率大幅上升。

3、公司资产和利润构成变动情况的说明

(1)资产变动情况。截止 2008 年 12 月 31 日,公司资产总额为 952044.35 万元,比上年同期增长 17.14%。资产构成中较上年末增长较大的是存货、长期股权投资和投资性房地产。

存货较上年末增加 198254.34 万元,主要由于报告期内公司在建项目和土地储备增加所致;

长期股权投资较上年末增加 19410.81 万元,主要由于报告期内对联营公司津茂置业增资所致;

投资性房地产较上年末增加 19277.61 万元,主要由于公司将部分开发产品由销售变为出租,将开发产品转入投资性房地产所致。

(2)利润变动情况。报告期内,公司实现归属于母公司净利润 11236.46 万元,比去年同期调整前增长 100.01%,比去年同期调整后增长 117.05%。利润构成中与上年同期相比变化较大的是主营业务利润、营业外收入。

主营业务利润比去年同期增加 6442.40 万元,主要是本年度销售构成中毛利率较高的商品房部分占 99.82%,使得公司毛利率大幅上升;

营业外收入比去年同期增加 2666.69 万元,主要是由于控股公司发生退税款增加所致。

4、现金流量情况分析

单位:元 币种:人民币

项目	2008 年度	2007 年度
一、经营活动		

现金流入总额	2,256,812,607.41	2,449,596,738.90
现金流出总额	4,110,543,966.09	4,200,384,161.44
现金流量净额	−1,853,731,358.68	−1,750,787,422.54
二、投资活动		
现金流入总额	273,924.00	1,200.00
现金流出总额	33,302,016.41	30,411,958.21
现金流量净额	−33,028,092.41	−30,410,758.21
三、筹资活动:		
现金流入总额	3,620,000,000.00	4,962,956,768.32
现金流出总额	2,635,131,184.44	1,830,707,392.69
现金流量净额	984,868,815.56	3,132,249,375.63

说明:①经营活动现金流量净额减少是由于商品房销售不畅,流入减少所致;

②筹资活动现金流量净额减少是由于本年度未进行资本市场融资所致。

5、主要控股和参股公司的经营情况及业绩分析

单位:元 币种:人民币

公司名称	业务性质	主要产品或服务	注册资本	资产规模	净利润
天津吉利大厦有限公司	服务业	房屋出租	66,618,000.00	106,755,015.25	554,092.05
天津市华驰租赁有限公司	服务业	房屋出租	3,000,000.00	15,950,324.09	51.55
天津海景实业有限公司	房地产业	房地产开发	500,000,000.00	1,516,246,488.50	32,477,166.06
天津市华升物业管理有限公司	服务业	物业管理	500,000.00	2,808,225.94	196,094.32
天津市凯泰建材经营有限公司	建筑业	建筑材料与构件	50,000,000.00	582,808,984.76	1,240,109.11
天津市天房海滨建设发展有限公司	房地产业	房地产开发及市政开发	1,200,000,000.00	2,509,373,975.13	−1,990,356.38
天津市华兆房地产开发有限公司	房地产业	房地产开发	500,000,000.00	1,197,965,309.45	
天津市华亨房地产开发有限公司	房地产业	房地产开发	500,000,000.00	1,626,840,363.29	

[二]公司未来发展的展望

1、所处行业发展趋势及公司面临的市场竞争格局。

2008 年全年天津市商品住宅成交量 1252 万平方米,同比下降 19.3%。特别是下半年以来,市场成交情况持续恶化,消费者信心不足,销售价格开始深度调整,直接降价也由个别楼盘向区域内楼盘快速蔓延,虽然年末中央和地方政府出台了各种利好政策,但消费者信心全面回升和市场的回暖仍需相当一段时间。

不利方面:2008 年市场存量房增大,众多潜在供应项目面对市场情况纷纷推迟上市时间,而保障性住房政策的推出将使 09 年住宅市场供应量持续放大。受经济下滑影响,人们对于未来经济前景、收入预期不看好,市场信心难以很快恢复,市场成交量难以全面上升,且经过此轮调整人们对于房价、购房置业看法将更为理性。天津房地产市场 07 年曾出现过的繁荣景象已不复存在,开发商销售压力巨大,正经历前所未有的“冬天”。受到资金链紧张影响,部分楼盘仍会坚持降价促销追求回款,部分开发商在此轮调整中将会被淘汰。

有利方面:随着全球性的金融危机,引发经济快速回落,国家宏调政策由“一防一控”转向“保增长、扩内需”,以至出台历史罕见的百日内五次降息。为发挥房地产业对经济的拉动作用,国家及各地方政府从“10.22”到“12.21”相继出台了一系列保证房地产市场稳定健康发展的调税减息政策,营造相对宽松的信贷环境,拉动内需和保增长的一系列政策措施对房地产业复苏和振兴将产生积极作用和有利影响。随着国家刺激经济发展的各项政策效果的逐渐释放,及针对房地产市场的政策效果的逐渐显现,天津地区房地产市场整体走稳的可能性会加大,市场成交会逐渐放大,价格经过震荡盘整会更加趋于理性。经过此次调整,未来天津市商品住宅市场将进入更为健康、良性的发展轨道。开发企业经过一轮洗牌,也将实现结构性调整,住宅市场长期发展看好。

2、公司未来发展机遇和新年度的经营目标。

(1)未来发展机遇

从外部因素来看,公司现主要业务均在天津市,随着天津市滨海新区纳入国家发展战略以来,滨海新区开发开放势头强劲,围绕建设成为国际港口城市、北方经济中心和生态城市的目标,各项建设蒸蒸日上,2008 年全市引入 80 项重大工业项目,已形成航空航天产业、电子信息产业、装备制造业、汽车工业、化学工业、冶金工业、新能源产业、生物制药与现代医药产业、循环经济类工业、轻工业、国防科技工业等众多领域,平均每个项目投资规模 54.5 亿元,新增总投资 4358 亿元,建成投产后将为本市贡献 1.3 万亿元的经济增量。这些产业的建设在加大基础设施投入、增加拆迁安置需求的同时,也将使外来人口带动的城市人口增长呈加速态势,天津正在承担中国城市化进程中中国北方经济中心的角色,随着滨海新区开发开放的逐步深入,天津的外来人口将加速上升,根据模拟分析,未来三年,天津市外来人口增加年均达到 50 万人以上。外来人口的大幅度增长将对天津未来的房地产市场起到巨大拉动作用。

从内部因素来看,在市场低迷的时期,公司着重内部挖潜,提升产品质量和品质,向质量要效益,通过提升品质提高产品附加值。报告期内,公司产品研究和品牌战略实施取得了可喜的成绩。一是从项目入手深入产品研究,充分利用 90/70 新政。在技术层面上达到新标准,探索具有天房品牌特点的中小套型住宅的建设模式,为今后的具体项目开发提供了技术支持。在上年完成《中小套型系列产品研究》的基础上,编制完成了《天房品牌系列产品研究之二——洋房系列》。结合公司品牌建设的特点,对洋房的产品要素、建筑形态、外在形象、产品部件及配置等方面皆进行了认真总结和提炼,为项目的实施树立了规范。二是从标准产品设计储备与产品创新两方面开展产品标准设计研究。根据经济适用房、限价商品房、商品房的不同定位,将主力户型、建造标准进行模块化和标准化设计,以体现设计成果价值传递效应。开展了产品优化与局部创新,制定了配套标准及编制设计任务书标准。三是完成规划设计工作成果汇编,始终把完善住宅功能设计,改进产品设计缺陷作为重点质量管理目标之一。相继开展了产品质量缺陷防治、质量缺陷专题设计、在建项目施工图联合审查等研究工作。四是积极推动公司品牌建设工作,完成《房地产品牌建设研究报告》及《天房品牌建设与实施纲要》,树立“和谐地产,责任天房”的良好企业形象。五是建立客户服务体系,从客户服务的角度检查在建工程产品质量、审查设计图纸,促进和保障了产品品质。通过以上措施,进一步提升了公司产品品质和市场竞争力。

(2)新年度的经营目标

从目前国内总体经济形势看,房地产市场回暖还有待时日。2009 年公司面临市场和资金的更大考验,全年工作的总体目标任务是:(1)高质量完成保障房和商品房施工计划,优化工程安全质量管理。严格贯彻分户验收制度,完善质量档案资料管理工作,强化主要工程分项、分部项目的过程验收,确保在售或在施商品房项目按时竣工交付。(2)全方位开展商品房销售推广活动。经营销售工作将是本年工作的重中之重,将着力抓好以下几个重点环节,一是充分利用政府资源,加强和政府在保障住房领域的合作,提高公司现有保障性住房项目销售量,最大限度满足公司对现金流的需求。二是充分运用市场手段,加强商品房项目营销力度。利用项目现房优势,提高市场关注度,提早在春节前启动营销预案,尝试创新营销策略,在公司项目推广上实现联动,形成有机的整体销售规模。(3)打破常规加大项目前期工作力度。加快保障性住房项目的前期工作进度。根据 2009 年国家拉动内需、加大固定资产投资、放宽金融等政策陆续实施,未来几年天津市住宅规划中,社会保障用房建设将占据主要比例(2008—2012 年我市将建设社会保障住房 120—140 万套)。2009 年将以昆俞路、华明 07 号经济适用房、双港 123# 限价房及沙柳路等保障性住房项目为重点,力促保障性住房项目加快建设,抓紧销售,成为公司现金流支撑点。

2009 年主要经济计划指标:全年计划施工面积 175 万平方米;计划竣工面积 48 万平方米;完成商品房销售面积 35 万平方米;完成营业收入 16 亿元。

3、为实现 2009 年度经营目标所需资金需求及使用计划

2009 年,公司资金仍然处于紧张局面,各类资金需求约为 35 亿元。为做好支付工程款准备,计划年内新增融资 15 亿元,归还贷款 15.6 亿元,努力实现收支平衡,缓解公司资金压力。面对不乐观的资金形势,新的一年,公司将充分利用国家积极的财政政策和从宽的货币金融政策,以创新的举措破解资金难题。一是创新融资方式,开辟新的融资渠道,争取以有限金融资源,争取更多的信贷资金。二是与金融机构紧密接触,争取增加开发贷款额度,为 2009 年公司更大的资金需求提供保障。三是以销售环节为突破口,寻求资金快速回笼良策,加快现金流回收速度,努力提高资金周转效率。四是尽早完成公司债券发行工作,使债券资金尽快到位。

4、公司面临的风险因素的分析。

(1)行业政策风险

几年来,针对房价上涨较快、住房供应结构不合理等问题,国务院采取了一系列政策措施,加强房地产市场调控,但随着全球经济的快速回落政府的调控目标已经掉转方向,由“一防一控”转向“保增长、扩内需”。从目前中央政府和各地出台的救市政策来看,方向已经明显转变,但力度还不够,还只是以“放松”为主。2009 年房地产市场将继续调整,沿此总体调控思路,政府将会出台“鼓励”性的政策稳定房地产市场。从各地政策出台前后的成交情况来看,有的仍然继续下降,有的则已齐稳,救市政策的效果具体如何,有待进一步观察。

(2)同业竞争风险

随着国家正式将滨海新区纳入“十一五”整体战略发展规划当中,以及新一轮《天津市城市总体规划》和《“十一五”住房建设规划》的实施,城市开发投资环境的日益改善,由此带来天津楼市迅速升温,天津市房地产市场的巨大发展潜力带动和吸引了大批异地开发商的关注,已有近 30 家外地企业在津正式投资房地产项目,同时本市一些原本不是以房地产开发为主业的企业也在调整战略,都介入进来,并且各自都有独特的优势所在,竞争越来越激烈,这将对公司在本地的开发形成竞争压力。公司将充分利用多年本地开发的经验和自身优势,通过产品创新、营销创新和管理创新形成自身的核心竞争力,化解和利用同业竞争的影响。

(3)经营风险

市场化的提高、宏观政策的调控以及市场竞争的加剧,对开发商在产品创新、成本控制、资金运营以及日常管理等环节提出更高的要求,公司将通过继续深化改革、优化资源配置、加强内控管理以提高自身实力。

(4)市场单一风险

公司作为天津市第一家房地产开发上市企业,多年来一直专注于本地市场的开发和拓展。目前公司所有开发项目均在天津市,没有异地开发项目。天津房地产市场的变化将直接影响公司经营业绩,存在市场单一风险,公司将充分利用熟悉本地市场的优势,敏锐察觉市场变化,及时制定应对措施,保证公司的稳步发展。

(5)财务风险

房地产行业有“开发投资大、开发周期长”的特点,开发资金主要依赖于融资和销售回款,资产负债率与其他行业相比较高,如果房地产市场持续低迷不能有所回暖,销售回款不及时,将直接影响公司资金链的正常运转,存在一定财务风险。公司一向重视对财务风险的控制,加大项目资金回收,资产负债率一直保持行业平均水平,合理利用财务杠杆提高公司盈利水平。

6.2 主营业务分行业、产品情况表

请见前述 6.1

6.3 主营业务分地区情况表

请见前述 6.1

6.4 募集资金使用情况

√适用 □不适用

单位:万元 币种:人民币

募集资金总额	190,461.68	本年度已使用募集资金总额	17,280.45
		已累计使用募集资金总额	174,720.87

承诺项目	是否变更项目	拟投入金额	实际投入金额	是否符合计划进度	预计收益	产生收益情况
增资天津市天房海滨建设发展有限公司	否	100,000	100,045	是	112,100	尚未产生收益
空港物流服务区 10.7 万㎡住宅项目	否	35,000	19,258.87	是	18,000	尚未产生收益
补充流动资金	否	55,462	55,462	是		
合计	/	190,462	174,765.87	/	130,100	/

未达到计划进度和预计收益的说明(分具体项目) 经济危机楼市交易大幅萎缩

经济危机楼市交易大幅萎缩

尚未使用的募集资金用途及去向 专户存储

变更项目情况

□适用 √不适用

6.5 非募集资金项目情况

√适用 □不适用

单位:亿元 币种:人民币

项目名称	项目金额	项目进度	项目收益情况
城南新世家	6.53	住宅已售罄,公建改造中	
天房美域	13.67	销售中	

吉利经典	2.5	销售中
晴川花园	4.28	销售中
翠海家园(滨海新区空港物流配套加工服务区住宅项目)	6.9	主体施工中
融邦大厦	1.6	正在办理规划变更的前期手续
华明新家园 03 号项目	4.9	主体施工
华明新家园 06 号项目	15	前期手续办理中
双港新家园 123 号项目	8.2	基础施工
双港新家园 124 号项目	12.9	前期手续办理中
双港新家园 125 号项目	13	前期手续办理中
昆俞路项目	21.24	基础施工
沙柳路项目	5.1	前期手续办理中
滨海新区核心区天津汉沽河西老城综合开发建设项目	43.49	还迁房建设中
天津湾	46	住宅项目主体施工
合计	205.31	/ /

6.6 董事会对会计师事务所"非标准审计报告"的说明

□适用 √不适用

6.7 董事会本次利润分配或资本公积金转增股本预案

2008 年母公司实现净利润为 96,608,954.05 元，加年初未分配利润 131,760,591.19 元，扣除提取盈余公积 11,236,459.89 元和已分配普通股利 55,285,000.00 元，截至 2008 年 12 月 31 日可供分配利润为 161,848,085.35 元，公司决定以 2008 年 12 月 31 日现有股本 1,105,700,000.00 股为基数，向全体股东每 10 股分配现金股利 0.30 元(含税)，需用分红资金 33,171,000.00 元，剩余未分配利润结转至以后年度分配。

公司本报告期内盈利但未提出现金利润分配预案

□适用 √不适用

第七节　重要事项

7.1 收购资产

□适用 √不适用

7.2 出售资产

□适用 √不适用

7.3 重大担保

√适用 □不适用

单位:元 币种:人民币

公司对子公司的担保情况	
报告期内对子公司担保发生额合计	1,025,000,000
报告期末对子公司担保余额合计	1,125,000,000
公司担保总额情况(包括对子公司的担保)	
担保总额	1,125,000,000
担保总额占公司净资产的比例(%)	30.37

7.4 重大关联交易

7.4.1 与日常经营相关的关联交易

□适用 √不适用

7.4.2 关联债权债务往来

□适用 √不适用

7.4.3 2008 年资金被占用情况及清欠进展情况

□适用 √不适用

截止 2008 年末，上市公司未完成非经营性资金占用的清欠工作的，董事会提出的责任追究方案。

□适用 √不适用

7.5 委托理财

□适用 √不适用

7.6 承诺事项履行情况

7.6.1 公司或持股 5%以上股东在报告期内或持续到报告期内的承诺事项

√适用 □不适用

承诺事项	承诺内容	履行情况
股改承诺	1.天津市房地产开发经营集团有限公司承诺，所持有的本公司非流通股股份取得流通权后，在十二个月法定锁定期满后的二十四个月内，不通过证券交易所挂牌交易方式出售。2、所持有的本公司非流通股股份取得流通权后，在三十六个月的承诺锁定期满后的三十六个月内，当价格低于 5.0 元/股(若自非流通股股份获得流通权之日起至出售股份期间有派息、送股、资本公积转增股本、增资扩股等事项，则对该价格作相应调整)时，不通过证券交易所挂牌交易方式出售	按照承诺履行义务
发行时所作承诺	非公开发行认购股份，自发行股份登记之日起锁定 36 个月	按照承诺履行义务

7.6.2 公司资产或项目存在盈利预测，且报告期仍处在盈利预测期间，公司就资产或项目是否达到原盈利预测及其原因作出说明：

□适用 √不适用

7.7 重大诉讼仲裁事项

□适用 √不适用

7.8 其他重大事项及其影响和解决方案的分析说明

7.8.1 证券投资情况

□适用 √不适用

7.8.2 持有其他上市公司股权情况

□适用 √不适用

7.8.3 持有非上市金融企业股权情况

√适用 □不适用

所持对象名称	初始投资金额	持有数量	占该公司股权比例	期末账面值	报告期损益	报告期所有者权益变动	会计核算科目	股份来源
天津银行股份有限公司	800,000	800,000	0.02	800,000				
合计	800,000	800,000	/	800,000	/	/		

7.8.4 买卖其他上市公司股份的情况

□适用 √不适用

7.9 公司董事会对公司内部控制出具了自我评估报告，审计机构出具了评价意见，详见公司 2008 年年度报告全文。

7.10 公司披露了履行社会责任报告，详见年报全文。

第八节　监事会报告

监事会认为公司依法运作、公司财务情况、公司募集资金使用、公司收购、出售资产交易和关联交易不存在问题。

8.1 监事会对公司依法运作情况的独立意见

2008 年度监事会成员分别列席了各次董事会议，对公司决策和运作情况进行了监督。监事会认为：本年度公司各项决策程序合法，公司董事会认真执行了《公司法》和《公司章程》所赋予的职权，公司董事、经理及其他管理人员执行公司职务没有违反法律、法规、公司章程或损害公司利益的行为。

8.2 监事会对检查公司财务情况的独立意见

监事会对公司的 2008 年度的财务状况进行了监督检查，并确认中喜会计师事务所出具的 2008 年度财务审计报告，真实地反映了公司 2008 年度财务状况和经营成果。

8.3 监事会对公司最近一次募集资金实际投入情况的独立意见

① 以募集资金 17,280.45 万元投入空港物流服务区 10.7 万㎡住宅项目；

② 募集资金专用账户 2008 年利息收入扣除手续费支出后 111.10 万元，投入天津市天房海滨建设发展有限公司 45 万元，2008 年当年结余 66.10 万元。

综上，截至 2008 年 12 月 31 日，募集资金累计投入金额为 174,720.87 万元，募集资金专户余额为 15,903.62 万元(其中募集资金 15,741.13 万元，专户存储累计利息扣除手续费支出上年及本年累计结余 162.49 万元)。募集资金的使用完全按照承诺项目进行。

8.4 监事会对公司关联交易情况的独立意见

报告期内公司继续执行上年度的关联交易合同，监事会认为，该交易过程中双方遵循了平等、自愿、等价、有偿的原则，定价依据充分、合理，没有损害公司和股东的利益。

第九节　财务会计报告

9.1 审计意见

财务报告	□未经审计	√审计
审计意见	√标准无保留意见	□非标意见

审计意见全文

审计报告

中喜审字[2009]第 01042 号

天津市房地产发展(集团)股份有限公司全体股东：

我们审计了后附的天津市房地产发展(集团)股份有限公司(以下简称"天房发展")财务报表，包括 2008 年 12 月 31 日的资产负债表和合并资产负债表，2008 年度的利润表和合并利润表、股东权益变动表和合并股东权益变动表，现金流量表和合并现金流量表以及财务报表附注。

按照企业会计准则的规定编制财务报表是天房发展管理层的责任。这种责任包括：(1)设计、实施和维护与财务报表编制相关的内部控制，以使财务报表不存在由于舞弊或错误而导致的重大错报；(2)选择和运用恰当的会计政策；(3)作出合理的会计估计。

我们的责任是在实施审计工作的基础上对财务报表发表审计意见。我们按照中国注册会计师审计准则的规定执行了审计工作。中国注册会计师审计准则要求我们遵守职业道德规范，计划和实施审计工作以对财务报表是否不存在重大错报获取合理保证。

审计工作涉及实施审计程序，以获取有关财务报表金额和披露的审计证据。选择的审计程序取决于注册会计师的判断，包括对由于舞弊或错误导致的财务报表重大错报风险的评估。在进行风险评估时，我们考虑与财务报表编制相关的内部控制，以设计恰当的审计程序，但目的并非对内部控制的有效性发表意见。审计工作还包括评价管理层选用会计政策的恰当性和作出会计估计的合理性，以及评价财务报表的总体列报。

我们相信，我们获取的审计证据是充分、适当的，为发表审计意见提供了基础。

我们认为，天房发展财务报表已经按照企业会计准则的规定编制，在所有重大方面公允反映了天房发展 2008 年 12 月 31 日的财务状况以及 2008 年度的经营成果和现金流量。

中喜会计师事务所有限责任公司　　中国注册会计师：王会栓、田钰山

北京市西城区西长安街 88 号首都时代广场 422 室　　2009 年 2 月 26 日

9.2 财务报表

合并资产负债表

2008 年 12 月 31 日

编制单位:天津市房地产发展(集团)股份有限公司　　单位:元 币种:人民币

项目	附注	期末余额	年初余额
流动资产：			
货币资金		1,003,510,557.02	1,905,401,192.55
结算备付金			
拆出资金			
交易性金融资产			
应收票据			

应收账款	11,189,030.78	10,912,006.26
预付款项	186,861,736.02	217,719,518.22
应收保费		
应收分保账款		
应收分保合同准备金		
应收利息		
应收股利		
其他应收款	55,937,258.86	83,856,721.01
买入返售金融资产		
存货	7,312,990,262.50	5,330,476,896.49
一年内到期的非流动资产		
其他流动资产	860,580.00	621,530.00
流动资产合计	8,571,349,425.18	7,548,987,864.53
非流动资产：		
发放贷款及垫款		
可供出售金融资产		
持有至到期投资		
长期应收款		
长期股权投资	301,066,073.49	106,958,001.42
投资性房地产	452,793,760.15	260,017,651.57
固定资产	148,400,292.17	155,559,448.31
在建工程	2,459,031.60	
工程物资		
固定资产清理		
生产性生物资产		
油气资产		
无形资产	333.15	1,133.19
开发支出		
商誉	10,548,333.22	10,548,333.22
长期待摊费用	10,247,653.22	7,560,804.78
递延所得税资产	10,328,760.88	18,418,983.40
其他非流动资产	15,708,850.00	16,632,900.00
非流动资产合计	949,094,056.28	578,156,287.49
资产总计	9,520,443,481.46	8,127,144,152.02
流动负债：		
短期借款	642,000,000.00	1,220,000,000.00
向中央银行借款		
吸收存款及同业存放		
拆入资金		
交易性金融负债		
应付票据	375,500,000.00	76,450,000.00
应付账款	481,801,097.25	462,539,205.76
预收款项	213,467,579.98	690,062,764.90
卖出回购金融资产款		
应付手续费及佣金		
应付职工薪酬	5,042,320.04	4,422,401.18
应交税费	−27,702,453.55	−9,341,829.64
应付利息		
应付股利	38,494,406.19	26,131,453.31
其他应付款	529,729,411.13	355,477,224.35
应付分保账款		
保险合同准备金		
代理买卖证券款		
代理承销证券款		
一年内到期的非流动负债	1,009,880,000.00	246,406,000.00
其他流动负债	767,539.78	698,218.75
流动负债合计	3,268,979,900.82	3,072,845,438.61
非流动负债：		
长期借款	2,239,123,000.00	1,119,660,000.00
应付债券		
长期应付款		
预计负债	17,214,253.45	17,214,253.45
递延所得税负债	1,815,734.67	1,815,734.67
其他非流动负债	8,020,246.16	8,020,246.16
非流动负债合计	2,266,173,234.28	1,146,710,234.28
负债合计	5,535,153,135.10	4,219,555,672.89
股东权益：		
股本	1,105,700,000.00	1,105,700,000.00
资本公积	2,205,241,832.32	2,200,863,909.34
减：库存股		
盈余公积	221,571,035.69	210,309,641.66
一般风险准备		
未分配利润	171,242,170.83	125,446,129.62
外币报表折算差额		
归属于母公司所有者权益合计	3,703,755,038.84	3,642,319,680.62
少数股东权益	281,535,307.52	265,268,798.51
股东权益合计	3,985,290,346.36	3,907,588,479.13
负债和股东权益合计	9,520,443,481.46	8,127,144,152.02

公司法定代表人：张勇　　主管会计工作负责人：王大铮　　会计机构负责人：纪建刚

母公司资产负债表

2008 年 12 月 31 日

编制单位：天津市房地产发展（集团）股份有限公司　　单位：元 币种：人民币

项目	附注	期末余额	年初余额
流动资产：			
货币资金		242,674,694.83	869,523,712.67
交易性金融资产			
应收票据			
应收账款		9,099,030.78	10,912,006.26
预付款项		119,308,074.43	191,376,944.26
应收利息			
应收股利		12,406,243.72	22,032,231.58
其他应收款		1,669,167,750.38	338,938,014.09
存货		2,165,568,814.73	3,298,330,395.65
一年内到期的非流动资产			
其他流动资产			
流动资产合计		4,218,224,608.87	4,731,113,304.51
非流动资产：			
可供出售金融资产			
持有至到期投资			
长期应收款			
长期股权投资		2,866,097,033.45	1,671,988,961.38
投资性房地产		402,941,734.21	201,025,558.71
固定资产		107,317,023.43	112,385,185.33
在建工程			
工程物资			
固定资产清理			
生产性生物资产			
油气资产			
无形资产			
开发支出			
商誉			
长期待摊费用		7,160,804.78	7,560,804.78
递延所得税资产		10,238,059.95	16,324,999.51
其他非流动资产		15,708,850.00	16,632,900.00
非流动资产合计		3,409,463,505.82	2,025,918,409.71
资产总计		7,627,688,114.69	6,757,031,714.22
流动负债：			
短期借款		402,000,000.00	920,000,000.00
交易性金融负债			
应付票据			
应付账款		376,347,104.78	306,939,458.29
预收款项		72,368,552.17	360,197,770.40
应付职工薪酬		4,748,292.68	4,278,259.47
应交税费		1,385,144.75	12,214,343.85
应付利息			
应付股利		38,369,735.48	24,458,580.03
其他应付款		1,633,836,778.51	338,949,672.89
一年内到期的非流动负债		869,220,000.00	146,406,000.00
其他流动负债		619,764.86	619,764.86
流动负债合计		3,398,895,373.23	2,114,063,849.79
非流动负债：			
长期借款		519,123,000.00	979,000,000.00
应付债券			
长期应付款			
专项应付款			
预计负债		17,214,253.45	17,214,253.45
递延所得税负债		1,815,734.67	1,815,734.67
其他非流动负债			
非流动负债合计		538,152,988.12	998,029,988.12
负债合计		3,937,048,361.35	3,112,093,837.91
股东权益：			
股本		1,105,700,000.00	1,105,700,000.00
资本公积		2,205,127,733.83	2,200,749,810.85
减：库存股			
盈余公积		217,963,934.16	206,727,474.27
未分配利润		161,848,085.35	131,760,591.19
外币报表折算差额			
股东权益合计		3,690,639,753.34	3,644,937,876.31
负债和股东权益合计		7,627,688,114.69	6,757,031,714.22

公司法定代表人：张勇　　主管会计工作负责人：王大铮　　会计机构负责人：纪建刚

合并利润表

2008 年 1—12 月

单位：元 币种：人民币

项目	附注	本期金额	上期金额
一、营业总收入		1,505,268,145.95	1,819,050,001.63
其中：营业收入		1,505,268,145.95	1,819,050,001.63
利息收入			
已赚保费			

手续费及佣金收入		
二、营业总成本	1,348,260,570.85	1,734,646,421.14
其中:营业成本	1,086,548,763.05	1,464,754,657.77
利息支出		
手续费及佣金支出		
退保金		
赔付支出净额		
提取保险合同准备金净额		
保单红利支出		
分保费用		
营业税金及附加	88,942,312.63	98,948,322.08
销售费用	46,613,892.30	61,363,463.37
管理费用	78,791,143.79	66,813,429.27
财务费用	52,663,478.66	40,972,026.37
资产减值损失	−5,299,019.58	1,794,522.28
加:公允价值变动收益(损失以"−"号填列)		
投资收益(损失以"−"号填列)	−8,493,729.38	−2,056,221.68
其中:对联营企业和合营企业的投资收益	−9,749,524.60	−1,239,076.51
汇兑收益(损失以"−"号填列)		
三、营业利润(亏损以"−"号填列)	148,513,845.72	82,347,358.81
加:营业外收入	31,906,522.28	5,239,588.84
减:营业外支出	3,753,594.32	357,600.07
其中:非流动资产处置净损失	−650,408.17	−908,043.43
四、利润总额(亏损总额以"−"号填列)	176,666,773.68	87,229,347.58
减:所得税费用	47,910,995.06	33,192,408.40
五、净利润(净亏损以"−"号填列)	128,755,778.62	54,036,939.18
归属于母公司所有者的净利润	112,364,598.92	51,769,596.85
少数股东损益	16,391,179.70	2,267,342.33
六、每股收益:		
(一)基本每股收益(元/股)	0.10	0.06
(二)稀释每股收益(元/股)	0.10	0.06

公司法定代表人:张勇　　主管会计工作负责人:王大铮　　会计机构负责人:纪建刚

母公司利润表

2008 年 1—12 月

单位:元 币种:人民币

项目	附注	本期金额	上期金额
一、营业收入		844,874,751.69	1,770,387,873.87
减:营业成本		516,558,892.19	1,459,688,906.01
营业税金及附加		53,999,069.86	98,439,503.79
销售费用		40,118,924.51	48,988,626.62
管理费用		40,475,016.78	36,779,736.06
财务费用		56,450,747.93	41,724,103.61
资产减值损失		−5,548,576.31	1,733,303.91
加:公允价值变动收益(损失以"−"号填列)			
投资收益(损失以"−"号填列)		−8,119,717.24	−3,205,223.92
其中:对联营企业和合营企业的投资收益		−9,749,524.60	−7,406,698.59
二、营业利润(亏损以"−"号填列)		134,700,959.49	79,828,469.95
加:营业外收入		546,916.01	1,312,718.90
减:营业外支出		2,501,345.00	12,000.00
其中:非流动资产处置净损失		−471,916.01	−1,252,718.90
三、利润总额(亏损总额以"−"号填列)		132,746,530.50	81,129,188.85
减:所得税费用		36,137,576.45	30,263,421.34
四、净利润(净亏损以"−"号填列)		96,608,954.05	50,865,767.51

公司法定代表人:张勇　　主管会计工作负责人:王大铮　　会计机构负责人:纪建刚

合并现金流量表

2008 年 1—12 月

单位:元 币种:人民币

项目	附注	本期金额	上期金额
一、经营活动产生的现金流量:			
销售商品、提供劳务收到的现金		945,018,219.10	1,417,804,176.17
客户存款和同业存放款项净增加额			
向中央银行借款净增加额			
向其他金融机构拆入资金净增加额			
收到原保险合同保费取得的现金			
收到再保险业务现金净额			
保户储金及投资款净增加额			
处置交易性金融资产净增加额			
收取利息、手续费及佣金的现金			
拆入资金净增加额			
回购业务资金净增加额			
收到的税费返还		30,678,000.00	3,525,000.00
收到其他与经营活动有关的现金		1,281,116,388.31	1,028,267,562.73
经营活动现金流入小计		2,256,812,607.41	2,449,596,738.90
购买商品、接受劳务支付的现金		3,039,787,000.15	2,993,919,021.75
客户贷款及垫款净增加额			
存放中央银行和同业款项净增加额			
支付原保险合同赔付款项的现金			
支付利息、手续费及佣金的现金			
支付保单红利的现金			
支付给职工以及为职工支付的现金		47,042,989.89	31,551,532.80
支付的各项税费		155,243,114.94	149,095,764.15
支付其他与经营活动有关的现金		868,470,861.11	1,025,817,842.74
经营活动现金流出小计		4,110,543,966.09	4,200,384,161.44
经营活动产生的现金流量净额		−1,853,731,358.68	−1,750,787,422.54
二、投资活动产生的现金流量:			
收回投资收到的现金			
取得投资收益收到的现金		271,474.00	
处置固定资产、无形资产和其他长期资产收回的现金净额		2,450.00	1,200.00
处置子公司及其他营业单位收到的现金净额			
收到其他与投资活动有关的现金			
投资活动现金流入小计		273,924.00	1,200.00
购建固定资产、无形资产和其他长期资产支付的现金		2,302,016.41	8,916,297.46
投资支付的现金		31,000,000.00	2,316,500.00
质押贷款净增加额			
取得子公司及其他营业单位支付的现金净额			
支付其他与投资活动有关的现金			19,179,160.75
投资活动现金流出小计		33,302,016.41	30,411,958.21
投资活动产生的现金流量净额		−33,028,092.41	−30,410,758.21
三、筹资活动产生的现金流量:			
吸收投资收到的现金			2,004,616,768.32
其中:子公司吸收少数股东投资收到的现金			100,000,000.00
取得借款收到的现金		3,620,000,000.00	2,958,340,000.00
发行债券收到的现金			
收到其他与筹资活动有关的现金			
筹资活动现金流入小计		3,620,000,000.00	4,962,956,768.32
偿还债务支付的现金		2,315,063,000.00	1,691,301,000.00
分配股利、利润或偿付利息支付的现金		315,091,767.09	134,743,224.40
其中:子公司支付给少数股东的股利、利润		1,672,873.28	1,513,438.21
支付其他与筹资活动有关的现金		4,976,417.35	4,663,168.29
筹资活动现金流出小计		2,635,131,184.44	1,830,707,392.69
筹资活动产生的现金流量净额		984,868,815.56	3,132,249,375.63
四、汇率变动对现金及现金等价物的影响			
五、现金及现金等价物净增加额		−901,890,635.53	1,351,051,194.88
加:期初现金及现金等价物余额		1,905,401,192.55	554,349,997.67
六、期末现金及现金等价物余额		1,003,510,557.02	1,905,401,192.55

公司法定代表人:张勇　　主管会计工作负责人:王大铮　　会计机构负责人:纪建刚

母公司现金流量表

2008 年 1—12 月

单位:元 币种:人民币

项目	附注	本期金额	上期金额
一、经营活动产生的现金流量:			
销售商品、提供劳务收到的现金		589,645,090.24	1,286,607,781.56
收到的税费返还			
收到其他与经营活动有关的现金		4,354,954,137.27	3,815,480,576.67
经营活动现金流入小计		4,944,599,227.51	5,102,088,358.23
购买商品、接受劳务支付的现金		1,889,907,463.53	2,363,372,054.95
支付给职工以及为职工支付的现金		28,238,131.32	15,755,100.18
支付的各项税费		93,816,063.44	110,295,645.75
支付其他与经营活动有关的现金		2,050,264,485.89	3,420,412,688.61
经营活动现金流出小计		4,062,226,144.18	5,909,835,489.49
经营活动产生的现金流量净额		882,373,083.33	−807,747,131.26
二、投资活动产生的现金流量:			
收回投资收到的现金			
取得投资收益收到的现金		10,271,474.00	5,000,000.00
处置固定资产、无形资产和其他长期资产收回的现金净额		2,450.00	1,200.00
处置子公司及其他营业单位收到的现金净额			
收到其他与投资活动有关的现金			
投资活动现金流入小计		10,273,924.00	5,001,200.00
购建固定资产、无形资产和其他长期资产支付的现金		1,044,208.10	322,747.55
投资支付的现金		1,031,000,000.00	1,352,316,500.00
取得子公司及其他营业单位支付的现金净额			
支付其他与投资活动有关的现金			
投资活动现金流出小计		1,032,044,208.10	1,352,639,247.55
投资活动产生的现金流量净额		−1,021,770,284.10	−1,347,638,047.55
三、筹资活动产生的现金流量:			
吸收投资收到的现金			1,904,616,768.32
取得借款收到的现金		1,570,000,000.00	2,025,000,000.00
收到其他与筹资活动有关的现金			
筹资活动现金流入小计		1,570,000,000.00	3,929,616,768.32
偿还债务支付的现金		1,825,063,000.00	1,251,301,000.00
分配股利、利润或偿付利息支付的现金		227,963,473.12	100,218,109.90
支付其他与筹资活动有关的现金		4,425,343.95	4,613,168.29
筹资活动现金流出小计		2,057,451,817.07	1,356,132,278.19
筹资活动产生的现金流量净额		−487,451,817.07	2,573,484,490.13
四、汇率变动对现金及现金等价物的影响			
五、现金及现金等价物净增加额		−626,849,017.84	418,099,311.32
加:期初现金及现金等价物余额		869,523,712.67	451,424,401.35

六、期末现金及现金等价物余额	242,674,694.83	869,523,712.67

公司法定代表人:张勇　　主管会计工作负责人:王大铮　　会计机构负责人:纪建刚

合并所有者权益变动表

2008 年 1—12 月

单位:元 币种:人民币

本年金额

项目	股本	资本公积	减:库存股	盈余公积	一般风险准备	未分配利润	其他	少数股东权益	所有者权益合计
	归属于母公司所有者权益								
一、上年年末余额	1,105,700,000.00	2,200,863,909.34		210,750,605.67		129,414,805.76		265,268,798.51	3,911,998,119.28
加:同一控制下企业合并产生的追溯调整									
加:会计政策变更									
前期差错更正				−440,964.01		−3,968,676.14			−4,409,640.15
其他									
二、本年年初余额	1,105,700,000.00	2,200,863,909.34		210,309,641.66		125,446,129.62		265,268,798.51	3,907,588,479.13
三、本年增减变动金额									
(减少以"−"号填列)		4,377,922.98		11,261,394.03		45,796,041.21		16,266,509.01	77,701,867.23
(一)净利润						112,364,598.92		16,391,179.70	128,755,778.62
(二)直接计入所有者权益的利得和损失									
1.可供出售金融资产公允价值变动净额									
2.权益法下被投资单位其他所有者权益变动的影响									
3.与计入所有者权益项目相关的所得税影响									
4.其他									
上述(一)和(二)小计						112,364,598.92		16,391,179.70	128,755,778.62
(三)所有者投入和减少资本		4,377,922.98							4,377,922.98
1.所有者投入资本									
2.股份支付计入所有者权益的金额									
3.其他		4,377,922.98							4,377,922.98
(四)利润分配				11,261,394.03		−66,568,557.71		−124,670.69	−55,431,834.37
1.提取盈余公积				11,261,394.03		−11,261,394.03			
2.提取一般风险准备									
3.对所有者(或股东)的分配						−55,285,000.00		−124,670.69	−55,409,670.69
4.其他						−22,163.68			−22,163.68
(五)所有者权益内部结转									
1.资本公积转增资本(或股本)									
2.盈余公积转增资本(或股本)									
3.盈余公积弥补亏损									
4.其他									
四、本期期末余额	1,105,700,000.00	2,205,241,832.32		221,571,035.69		171,242,170.83		281,535,307.52	3,985,290,346.36

上年金额

项目	股本	资本公积	减:库存股	盈余公积	一般风险准备	未分配利润	其他	少数股东权益	所有者权益合计
	归属于母公司所有者权益								
一、上年年末余额	423,707,417.00	978,648,542.34		203,531,369.15		77,981,038.90		199,683,148.09	1,883,551,515.48
加:同一控制下企业合并产生的追溯调整									
加:会计政策变更				1,266,738.16		26,926,872.93		2,081,173.31	30,274,784.40
前期差错更正									
其他									
二、本年年初余额	423,707,417.00	978,648,542.34		204,798,107.31		104,907,911.83		201,764,321.40	1,913,826,299.88
三、本年增减变动金额									
(减少以"−"号填列)	681,992,583.00	1,222,215,367.00		5,952,498.36		24,506,893.93		63,504,477.11	1,998,171,819.40
(一)净利润	56,179,237.00	2,267,342.3358,446,579.33							
(二)直接计入所有者权益的利得和损失		5,327,950.00							5,327,950.00
1.可供出售金融资产公允价值变动净额									
2.权益法下被投资单位其他所有者权益变动的影响									
3.与计入所有者权益项目相关的所得税影响									
4.其他									
上述(一)和(二)小计		5,327,950.00				56,179,237.00		2,267,342.33	63,774,529.33
(三)所有者投入和减少资本	258,285,166.00	1,640,594,834.00					62,910,008.061,961,790,008.06		
1.所有者投入资本	258,285,166.00	1,640,594,834.00					100,000,000.001,998,880,000.00		
2.股份支付计入所有者权益的金额									
3.其他							−37,089,991.94	−37,089,991.94	
(四)利润分配				5,952,498.36		−31,672,343.07		−1,672,873.28	−27,392,717.99
1.提取盈余公积				5,952,498.36		−5,952,498.36			
2.提取一般风险准备									
3.对所有者(或股东)的分配						−25,422,445.02		−1,672,873.28	−27,095,318.30
4.其他	−297,399.69	−297,399.69							
(五)所有者权益内部结转	423,707,417.00	−423,707,417.00							
1.资本公积转增资本(或股本)	423,707,417.00	−423,707,417.00							
2.盈余公积转增资本(或股本)									
3.盈余公积弥补亏损									
4.其他									
四、本期期末余额	1,105,700,000.00	2,200,863,909.34		210,750,605.67		129,414,805.76		265,268,798.51	3,911,998,119.28

公司法定代表人:张勇　　主管会计工作负责人:王大铮　　会计机构负责人:纪建刚

母公司所有者权益变动表

2008 年 1—12 月

单位:元 币种:人民币

本年金额

项目	股本	资本公积	减:库存股	盈余公积	未分配利润	所有者权益合计
一、上年年末余额	1,105,700,000.00	2,200,749,810.85		207,168,438.28	135,729,267.33	3,649,347,516.46
加:会计政策变更				−440,964.01	−3,968,676.14	−4,409,640.15
前期差错更正						
其他						
二、本年年初余额	1,105,700,000.00	2,200,749,810.85		206,727,474.27	131,760,591.19	3,644,937,876.31
三、本年增减变动金额						
(减少以"−"号填列)		4,377,922.98		11,236,459.89	30,087,494.16	45,701,877.03
(一)净利润					96,608,954.05	96,608,954.05
(二)直接计入所有者权益的利得和损失						
1.可供出售金融资产公允价值变动净额						
2.权益法下被投资单位其他所有者权益变动的影响						
3.与计入所有者权益项目相关的所得税影响						
4.其他						
上述(一)和(二)小计					96,608,954.05	96,608,954.05
(三)所有者投入和减少资本		4,377,922.98				4,377,922.98
1.所有者投入资本						
2.股份支付计入所有者权益的金额						
3.其他		4,377,922.98				4,377,922.98
(四)利润分配				11,236,459.89	−66,521,459.89	−55,285,000.00
1.提取盈余公积				11,236,459.89	−11,236,459.89	
2.对所有者(或股东)的分配					−55,285,000.00	−55,285,000.00
3.其他						
(五)所有者权益内部结转						
1.资本公积转增资本(或股本)						
2.盈余公积转增资本(或股本)						
3.盈余公积弥补亏损						
4.其他						
四、本期期末余额	1,105,700,000.00	2,205,127,733.83		217,963,934.16	161,848,085.35	3,690,639,753.34

上年金额

项目	股本	资本公积	减:库存股	盈余公积	未分配利润	所有者权益合计
一、上年年末余额	423,707,417.00	978,648,542.34		200,283,776.42	82,773,981.33	1,685,413,717.09
加:会计政策变更		−114,098.49		1,266,738.16	28,720,247.06	29,872,886.73
前期差错更正						
其他						
二、本年年初余额	423,707,417.00	978,534,443.85		201,550,514.58	111,494,228.39	1,715,286,603.82
三、本年增减变动金额						
(减少以"−"号填列)	681,992,583.00	1,222,215,367.00		5,617,923.70	24,235,038.94	1,934,060,912.64
(一)净利润					55,275,407.66	55,275,407.66
(二)直接计入所有者权益的利得和损失		5,327,950.00				5,327,950.00
1.可供出售金融资产公允价值变动净额						
2.权益法下被投资单位其他所有者权益变动的影响						
3.与计入所有者权益项目相关的所得税影响						
4.其他		5,327,950.00				5,327,950.00
上述(一)和(二)小计		5,327,950.00			55,275,407.66	60,603,357.66
(三)所有者投入和减少资本	258,285,166.00	1,640,594,834.00				1,898,880,000.00
1.所有者投入资本	258,285,166.00	1,640,594,834.00				1,898,880,000.00
2.股份支付计入所有者权益的金额						
3.其他						
(四)利润分配				5,617,923.70	−31,040,368.72	−25,422,445.02
1.提取盈余公积				5,617,923.70	−5,617,923.70	
2.对所有者(或股东)的分配					−25,422,445.02	−25,422,445.02
3.其他						
(五)所有者权益内部结转	423,707,417.00	−423,707,417.00				
1.资本公积转增资本(或股本)	423,707,417.00	−423,707,417.00				
2.盈余公积转增资本(或股本)						
3.盈余公积弥补亏损						
4.其他						
四、本期期末余额	1,105,700,000.00	2,200,749,810.85		207,168,438.28	135,729,267.33	3,649,347,516.46

公司法定代表人:张勇　　主管会计工作负责人:王大铮　　会计机构负责人:纪建刚

9.3 本报告期无会计政策、会计估计和核算方法变更。

9.4 会计差错更正

单位:元 币种:人民币

会计差错更正的内容	差错更正金额	会计差错的原因及其影响
联营企业未实现内部交易收益	5,879,520.20	本期调减期初长期股权投资 5,879,520.20 元,期初未分配利润 3,968,676.14 元,期初盈余公积 440,964.01 元,调增期初递延所得税资产 1,469,880.05 元。

9.5 与最近一期年度报告相比,合并范围发生变化的具体说明

报告期内本公司新成立全资子公司天津市华亨房地产开发有限公司和天津市华兆房地产开发有限公司,本公司能够对上述公司实施控制,从成立之日起纳入合并范围。

天津市房地产发展(集团)股份有限公司

董事长:张勇

2009 年 2 月 28 日

西藏天路股份有限公司

西藏天路股份有限公司 2008 年年度报告摘要

第一节 重要提示

1.1 本公司董事会、监事会及董事、监事、高级管理人员保证本报告所载资料不存在任何虚假记载、误导性陈述或者重大遗漏,并对其内容的真实性、准确性和完整性承担个别及连带责任。

本年度报告摘要摘自年度报告全文,投资者欲了解详细内容,应当仔细阅读年度报告全文。

1.2 如有董事未出席董事会,应当单独列示其姓名

未出席董事职务	未出席董事姓名	未出席董事的说明
独立董事	边巴次仁	因事出差在外未能出席公司第三届董事会第三十一次会议,全权委托公司独立董事唐光兴先生代为行使表决权,并对所审议的各项提案发表了明确意见。

1.3 中审亚太会计师事务所为本公司出具了标准无保留意见的审计报告。

1.4 公司负责人多吉罗布、主管会计工作负责人汪波及会计机构负责人(会计主管人员)央珍声明:保证年度报告中财务报告的真实、完整。

公司负责人:
西藏天路股份有限公司

第二节 公司基本情况简介

2.1 基本情况简介

股票简称	西藏天路
股票代码	600326
上市交易所	上海证券交易所
公司注册地址和办公地址	西藏拉萨市夺底路 14 号 西藏拉萨市夺底路 14 号
邮政编码	850000
公司国际互联网网址	http://.xztianlu.com
电子信箱	xztlgf@263.net/xztl@xztianlu.com

2.2 联系人和联系方式

	董事会秘书
姓名	王启云
联系地址	西藏拉萨市夺底路 14 号
电话	0891-6902700
传真	0891-6903003

第三节 会计数据和业务数据摘要

3.1 主要会计数据

单位:元 币种:人民币

	2008 年	2007 年	本年比上年增减(%)	2006 年
营业收入	619,718,438.86	680,830,936.44	−8.98	615,897,648.93
利润总额	14,249,899.35	76,779,944.41	−81.44	35,885,094.06
归属于上市公司股东的净利润	8,100,600.44	46,677,847.95	−82.65	15,218,705.85
归属于上市公司股东的扣除非经常性损益的净利润	3,123,978.48	−36,746,880.30		15,553,781.03
经营活动产生的现金流量净额	−20,747,438.55	12,353,415.31		51,950,510.64
	2008 年末	2007 年末	本年末比上年末增减(%)	2006 年末(注 2)
总资产	1,976,816,418.33	1,963,599,526.80	0.67	1,541,874,954.97
所有者权益(或股东权益)	918,926,392.75	910,825,792.31	0.89	464,244,603.61

3.2 主要财务指标

	2008 年	2007 年	本年比上年增减(%)	2006 年
基本每股收益(元/股)	0.018	0.119	−84.87	0.085
稀释每股收益(元/股)	0.018	0.119	−84.87	0.085
扣除非经常性损益后的基本每股收益(元/股)	0.007	−0.095		0.086
全面摊薄净资产收益率(%)	0.88	5.12	减少 4.24 个百分点	3.28
加权平均净资产收益率(%)	0.89	6.79	减少 5.90 个百分点	3.36
扣除非经常性损益后全面摊薄净资产收益率(%)	0.34	−4.07		3.35
扣除非经常性损益后的加权平均净资产收益率(%)	0.34	−5.39		3.44
每股经营活动产生的现金流量净额(元/股)	−0.0455	0.0542		0.2886
	2008 年末	2007 年末	本年末比上年末增减(%)	2006 年末
归属于上市公司股东的每股净资产(元/股)	2.0152	3.9948	−49.55	2.5791

非经常性损益项目

√适用 □不适用

单位:元 币种:人民币

非经常性损益项目	金额
非流动资产处置损益	−214,895.64
计入当期损益的政府补助,但与公司正常经营业务密切相关,符合国家政策规定、按照一定标准定额或定量持续享受的政府补助除外	12,672,300.00
委托他人投资或管理资产的损益	2,849,220.00
除同公司正常经营业务相关的有效套期保值业务外,持有交易性金融资产、交易性金融负债产生的公允价值变动损益,以及处置交易性金融资产、交易性金融负债和可供出售金融资产取得的投资收益	−2,314,991.00
除上述各项之外的其他营业外收入和支出	−6,978,863.21
少数股东权益影响额	−969,305.23
所得税影响额	−66,842.96
合计	4,976,621.96

3.3 境内外会计准则差异:

□适用 √不适用

第四节 股本变动及股东情况

4.1 股份变动情况表

√适用 □不适用

单位:股

	本次变动前		本次变动增减(+,−)					本次变动后	
	数量	比例(%)	发行新股	送股	公积金转股	其他	小计	数量	比例(%)
一、有限售条件股份									
1、国家持股									
2、国有法人持股	87,840,000	38.53			87,840,000			175,680,000	38.53
3、其他内资持股									
其中:境内非国有法人持股									
境内自然人持股									
4、外资持股									
其中:境外法人持股									
境外自然人持股									
有限售条件股份合计	87,840,000	38.53			87,840,000			175,680,000	38.53
二、无限售条件流通股份									
1、人民币普通股	140,160,000	61.47			140,160,000			280,320,000	61.47
2、境内上市的外资股									
3、境外上市的外资股									
4、其他									
无限售条件流通股份合计	140,160,000	61.47			140,160,000			280,320,000	61.47
三、股份总数	228,000,000	100			228,000,000			456,000,000	100

限售股份变动情况表

√适用 □不适用

单位:股

股东名称	年初限售股数	本年解除限售股数	本年增加限售股数	年末限售股数	限售原因	解除限售日期
西藏公路工程总公司	9,000,000	0	9,000,000	18,000,000	股改	2009-4-23
	9,000,000	0	9,000,000	18,000,000	前非	2010-4-23
	45,929,805	0	45,929,805	91,859,610	流通股	2011-4-23
小计	63,929,805	/	63,929,805	127,859,610	/	/
西藏自治区交通	9,000,000	0	9,000,000	18,000,000	股改前	2009-4-23
工业总公司	3,808,243	0	3,808,243	7,616,486	非流通股	2010-4-23
小计	12,808,243	/	12,808,243	25,616,486	/	/
西藏拉萨汽车	9,000,000	0	9,000,000	18,000,000	股改前	2009-4-23
运输总公司	1,471,846	0	1,471,846	2,943,692	非流通股	2010-4-23
小计	10,471,846	/	10,471,846	20,943,692	/	/
西藏自治区交通厅	630,106	0	630,106	1,260,212	股改前	2009-4-23
格尔木运输总公司					非流通股	
巨人投资有限公司	8,000,000	16,000,000	8,000,000	0	非公开发行股票	2008-9-5

西藏坤泰投资管理有限公司	7,000,000	14,000,000	7,000,000	0	非公开发行股票	2008-9-5
北京国仁天志投资顾问有限公司	6,000,000	12,000,000	6,000,000	0	非公开发行股票	2008-9-5
北京信特盛石油科技有限公司	6,000,000	12,000,000	6,000,000	0	非公开发行股票	2008-9-5
新华人寿保险股份有限公司	6,000,000	12,000,000	6,000,000	0	非公开发行股票	2008-9-5
上海远达软件有限公司	5,000,000	10,000,000	5,000,000	0	非公开发行股票	2008-9-5
海南智灵通网络信息有限公司	4,000,000	8,000,000	4,000,000	0	非公开发行股票	2008-9-5
北京汇鑫伟业投资有限公司	3,000,000	6,000,000	3,000,000	0	非公开发行股票	2008-9-5
北京浩成投资管理有限公司	3,000,000	6,000,000	3,000,000	0	非公开发行股票	2008-9-5
合计	135,840,000	96,000,000	135,840,000	175,680,000	/	/

4.2 股东数量和持股情况

单位:股

报告期末股东总数					55,387 户
前十名股东持股情况					
股东名称	股东性质	持股比例(%)	持股总数	持有有限售条件股份数量	质押或冻结的股份数量
西藏公路工程总公司	国有法人	28.04	127,859,610	127,859,610	无
西藏自治区交通工业总公司	国有法人	5.62	25,616,486	25,616,486	无
西藏拉萨汽车运输总公司	国有法人	4.59	20,943,692	20,943,692	无
巨人投资有限公司	未知	2.30	10,500,000	0	未知
北京信特盛石油科技有限公司	未知	1.25	5,700,000	0	未知
北京浩成投资管理有限公司	未知	0.99	4,500,000	0	未知
上海远达软件有限公司	未知	0.53	2,400,250	0	未知
西藏自治区交通厅格尔木运输总公司	国有法人	0.28	1,260,212	1,260,212	无
海南裕景环境艺术工程有限公司	未知	0.26	1,203,550	0	未知
西藏圣地投资有限公司	未知	0.24	1,113,300	0	未知

前十名无限售条件股东持股情况		
股东名称	持有无限售条件股份的数量	股份种类
巨人投资有限公司	10,500,000	人民币普通股
北京信特盛石油科技有限公司	5,700,000	人民币普通股
北京浩成投资管理有限公司	4,500,000	人民币普通股
上海远达软件有限公司	2,400,250	人民币普通股
海南裕景环境艺术工程有限公司	1,203,550	人民币普通股
西藏圣地投资有限公司	1,113,300	人民币普通股
蔡树立	1,026,340	人民币普通股
北京汇鑫伟业投资有限公司	850,000	人民币普通股
次吉拉姆	818,400	人民币普通股
冯小龙	800,000	人民币普通股
上述股东关联关系或一致行动的说明	上述股东中,前10名无限售条件股份股东之间公司未知其是否存在关联关系,也未知其是否属于《上市公司股东持股变动信息披露管理办法》规定的一致行动人。	

4.3 控股股东及实际控制人情况介绍

4.3.1 控股股东及实际控制人变更情况

□适用　　√不适用

第五节　董事、监事和高级管理人员

5.1 董事、监事和高级管理人员持股变动及报酬情况

单位:股

姓名	职务	性别	年龄	任期起始止期	年初持股数	年末持股数	变动原因	报告期内从公司领取的报酬总额(万元)	报告期被授予的股权激励情况：可行权股数	已行权数量	行权价(元)	期末股票市价(元)	是否在股东单位或其他关联单位领取报酬、津贴	持有本公司的股票期权	被授予的限制性股票数量
扎西江措	党委书记、董事长(已离任)	男	42	2005-9-18~2008-9-18	0	0		14.63	0	0	0	0	否	0	0
多吉罗布	党委副书记、副董事长、总经理(履行董事长职责)	男	35	2005-9-18~2008-9-18	0	0		14.63	0	0	0	0	否	0	0
徐玉华	党委副书记、副董事长	女	42	2006-9-18~2008-9-18	0	0		11.7	0	0	0	0	否	0	0
李　忠	董事	男	41	2006-9-18~2008-9-18	0	0		0	0	0	0	0	是	0	0
边巴次仁	董事	女	46	2005-9-18~2008-9-18	0	0		4	0	0	0	0	是	0	0
张德川	董事	男	53	2005-9-18~2008-9-18	0	0		4	0	0	0	0	是	0	0
唐光兴	独立董事	男	42	2005-9-18~2008-9-18	0	0		5	0	0	0	0	否	0	0
范文理	独立董事	男	63	2005-9-18~2008-9-18	0	0		5	0	0	0	0	否	0	0
边巴次仁	独立董事	男	40	2005-9-18~2008-9-18	0	0		5	0	0	0	0	否	0	0
洛桑曲加	监事会主席	男	59	2005-9-18~2008-9-18	0	0		0	0	0	0	0	是	0	0
李素萍	监事	女	40	2005-9-18~2008-9-18	0	0		2	0	0	0	0	是	0	0
次　央	监事(职工代表)	女	40	2005-9-18~2008-9-18	0	0		5.76	0	0	0	0	否	0	0
舒成高	副总经理、总工程师	男	45	2005-9-18~2008-9-18	0	0		10.97	0	0	0	0	否	0	0
边连仲	副总经理	男	55	2005-9-18~2008-9-18	0	0		8.78	0	0	0	0	否	0	0
杨　弋	副总经理	男	46	2005-9-18~2008-9-18	0	0		10.97	0	0	0	0	否	0	0
田庆潮	副总经理	男	42	2008-4-18~2008-9-18	0	0		6.62	0	0	0	0	否	0	0
梅　珍	董事会秘书、副总经理(已离任)	女	39	2005-9-18~2008-9-18	0	0		7.31	0	0	0	0	是	0	0
王启云	董事会秘书、董事会办公室主任	男	45	2008-4-18~2008-9-18	0	0		8.8	0	0	0	0	否	0	0
汪　波	财务负责人	男	35	2008-4-18~2008-9-18	0	0		8.45	0	0	0	0	否	0	0
合　计	/	/	/	/	0	0	/	133.62	0	0	/	/	/	/	0

第六节　董事会报告

6.1 管理层讨论与分析

报告期内公司主营业务未发生变化,公司主营业务公路工程基础设施的建设,主要承担区内的公路、桥梁建设任务,其桥梁施工能力、工程施工质量、高等级公路施工市场占有率、工程机械设备的先进程度及拥有量,在区内一直处于领先地位。

2008年面对全球金融经济危机、5.12汶川地震以及在拉萨发生的特殊事件和原材料价格持续上涨等诸多不利因素,公司董事会和经营班子及时调整经营策略,不断开拓创新经营思路,推出积极应对举措,全面落实科学发展观,充分发挥各种资源优势,强化公司内部信息分析,科学决策,牢牢抓住物资采购、组织生产、工程建设成本等关键环节,严抓细管,增强市场形势的预见与判断能力,努力实现公司经营成果的最大化。

截止2008年12月31日,公司总资产已达197,682万元,其中固定资产52,206万元,流动资产100,252万元,净资产91,893万元;实现营业收入61,972万元,较上年68,083万元减少6,111万元,减幅8.96%;营业成本51,958万元,较上年58,013万元减少6,055万元,减幅10.44%;利润总额1,425万元,较上年7,678万元减少6,253万元,减幅82.65%;实现净利润810万元,较上年4,668万元减少3,858万元,减幅82.65%;净资产收益率0.89%,较上年6.79减少5.90个百分点;每股收益2.0152元,较上年3.9948元减少49.55%,上缴税金1,885万元,较上年3,028万元减少1,143万元减幅37.75%。

报告期内,公司根据"巩固建筑业、配套建材业、大力发展矿产业"的发展战略,2007年通过非公开发行4,800万股普通股股票,投资西藏高争建材股份有限公司第二条日产2000吨水泥熟料生产线项目和收购公路工程总公司持有高争股份的股权,使公司持有高争建材股份的股权增至71.82%,实现了公司建筑、建材业协同发展的格局。2008年10月投资的高争建材股份有限公司第二条日产2000吨水泥熟料生产线建设项目有负荷试车,在回转窑烘炉运行正常的情况下,11月实现有负荷试生产,设计、厂家以及安装单位在有负荷试生产运行过程中随时发现和处理各种问题,以确保整个系统的安全正常运行。有负荷试生产完成且二线生产达标达产后,公司将实现年产120万吨水泥的生产目标,成为西藏自治区规模最大、最具实力的水泥生产国有骨干企业和建材行业龙头企业。

根据公司发展战略,正确把握形势,立足资源优势,因地制宜,因势利导,突出发展特色优势矿产业。公司自2007年5月以来,就投资控股开发西藏自治区拉萨市尼木县冲江及冲江西铜矿事项,与西藏自治区地质矿产勘查开发局第二地质大队共同积极推进合作勘查开发进度,重点利用钻探等工作手段查明冲江矿区矿体的分布形态、规模、品位变化、矿石质量、分布深度等情况,同时开展地形测量和水文工程地质工作,确定首采地段,勘探程度为详查。截至报告期,钻孔总进尺21700米,采集矿石化学分析样品9500件,已提交综合岩矿测试专业机构进行检测以及光、薄片鉴定。2009年仍将继续后续野外钻探详查工作。将继续加强矿区矿产地质勘察工作和建厂进度,尽快完成详查工作,获取采矿权,组建冲江铜矿开发有限公司,抓紧实施项目建设,确定首采地段,制定建设方案,正式投产开采,缩短建设周期,力争尽早产出效益,促进企业持续稳步健康发展,将公司打造成为以特色资源为依托的集建筑、建材、矿业开发为一体的大型现代化企业。

公司将继续秉承"人和天路兴"的企业文化精髓,坚持"发展企业,服务社会,造福西藏"的企业宗旨和"树诚信意识,做精品工程,创天路品牌"的质量方针,巩固建筑业,完善上至水泥生产,下至公路工程建设的产业结构。形成建筑、建材生产协同经营、共同增长的战略格局和产业框架。把公司建设成为主业突出、资产优良、股权多元、技术创新、管理科学、文化独特,具有强大市场竞争力的集建筑、建材、矿业为一体,以特色资源为依托的现代化企业。

同公允价值计量相关的内部控制制度情况

公司有关公允价值的内控制度由责任明确的部门获取公允价值,并通过内部审核和外聘专业机构的评估、评价几方面构成。公司的相关管理部门对公允价值的计量和披露的真实性承担责任,依据会计准则制订出公允价值计量和披露的程序,收集证实计量所使用假设和估计的证据,最后选择适当的估价方法进行估价。在内部审核方面,公司培训专业人员具体进行公允价值会计和内部审计工作。同时,公司接受外部审计的内控评价,改进公司内部控制的一些缺陷。

与公允价值计量相关的项目

√适用　　□不适用

单位:万元

项目(1)	期初金额(2)	本期公允价值变动损益(3)	计入权益的累计公允价值变动(4)	本期计提的减值(5)	期末金额(6)
金融资产					
其中:1.以公允价值计量且其变动计入当期损益的金融资产	3,435,915	−2,314,991	0	0	1,120,924
其中:衍生金融资产					
2.可供出售金融资产					
金融资产小计					

持有外币金融资产、金融负债情况

□适用　　√不适用

6.2 主营业务分行业、产品情况表

单位:元 币种:人民币

分行业或分产品	营业收入	营业成本	营业利润率(%)	营业收入比上年增减(%)	营业成本比上年增减(%)	营业利润率比上年增减(%)
分行业						
公路工程	318,639,788.36	286,838,500.98	−4.85	6.47	−1.28	增加 4.19 个百分点
房建工程	39,310,125.77	32,587,643.33	2.28	−74.88	−75.46	减少 0.91 个百分点
水泥销售	244,601,317.42	190,756,107.96	7.19	20.20	32.50	减少 10.10 个百分点
商砼销售	12,832,197.29	8,548,614.04	18.56	−26.63	−29.57	减少 0.08 个百分点
氧气收入	920,077.50	489,350.12	31.99	35.82	41.27	减少 4.91 个百分点
合 计	616,303,506.34	519,220,216.43	1.42	−9.02	−10.44	减少 1.48 个百分点
分产品						
公路工程	318,639,788.36	286,838,500.98	−4.85	6.47	−1.28	增加 4.19 个百分点
房建工程	39,310,125.77	32,587,643.33	2.28	−74.88	−75.46	减少 0.91 个百分点
水泥销售	244,601,317.42	190,756,107.96	7.19	20.20	32.50	减少 10.10 个百分点
商砼销售	12,832,197.29	8,548,614.04	18.56	−26.63	−29.57	减少 0.08 个百分点
氧气收入	920,077.50	489,350.12	31.99	35.82	41.27	减少 4.91 个百分点
合 计	616,303,506.34	519,220,216.43	1.42	−9.02	−10.44	减少 1.48 个百分点

6.3 主营业务分地区情况表

单位:元 币种:人民币

地区	营业收入	营业收入比上年增减(%)
西藏地区	616,303,506.34	−9.02
合计	616,303,506.34	−9.02

6.4 募集资金使用情况

√适用 □不适用

单位:万元 币种:人民币

承诺项目	是否变更项目	拟投入金额	实际投入金额	是否符合计划进度	预计收益	产生收益情况
1000t/d 级带改进型分解炉的五级预热预分解窑水泥生产线改扩建项目	是	14,103.31	6,910.62	否		
工程施工机械设备技改项目	否	4,900.00	6,335.22	是		
汽车修理厂改扩建项目	是	4,713.00	0	否		
更新大吨位载货车辆项目	否	2,500.00	687.50	否		
投资西藏高争建材股份有限公司第二条水泥熟料生产线	否	28,000.00	28,000.00	是		
收购西藏公路工程总公司所持西藏高争建材股份有限公司股权	否	7,981.023	7,981.023	是		
补充公司流动资金	否	5,376.337	5,376.337	是		
合计	/	67,573.67	55,290.70	/		/

变更原因及变更程序说明(分具体项目)	项目拟投入 14,103.31 万元,实际投入 6,910.62 万元,占 49%,此项目未达计划进度,根据政策与市场分析,公司采取与西藏高争建材股份有限公司共同承担该项目,组建了西藏高天水泥有限责任公司,并且将 1000t/d 扩大为 2000t/d 的生产规模,按照实际情况,我公司投资 6,910.62 万元已达到项目要求 。 项目拟投入 4,900.00 万元,实际投入 6,335.22 万元,占 129.29%,此项目超过计划进度 。 项目拟投入 4,713.00 万元,实际投入 0 万元,占 0.00%,此项目未达计划进度,由于市场因素变更,实际投资项目改为收购四川省邛崃市自来水有限责任公司 。 项目拟投入 2,500.00 万元,实际投入 687.50 万元,占 27.50%,此项目未达计划进度,由于青藏铁路的建设,势必会造成运输市场格局的变化,公司放慢了该项目的实施进度 。 项目拟投入 28,000.00 万元,实际投入 28,000.00 万元目前西藏高争建材股份有限公司第二条水泥熟料生产线主体工程建设已完成 。 项目拟投入 7,981.023 万元,实际投入 7,981.023 万元公司已完成收购西藏公路工程总公司所持西藏高争建材股份有限公司股权 。 项目拟投入 5,376.337 万元,实际投入 5,376.337 万元按募集资金承诺发行实际募集资金超过投资项目实际所需金额将用于补充公司流动资金 。
尚未使用的募集资金用途及去向	尚未使用募集资金仍足额存放在本公司指定的银行帐户中。

变更项目情况

√适用 □不适用

单位:元 币种:人民币

变更后的项目	对应的原承诺项目	变更项目拟投入金额	实际投入金额	是否符合计划进度	变更项目的预计收益	产生收益情况
西藏高天水泥有限责任公司	1000t/d 级带改进型分解炉的五级预热预分解窑水泥生产线改扩建项目	6,910.62	6,910.62	是		
西藏高争建材股份有限公司	1000t/d 级带改进型分解炉的五级预热预分解窑水泥生产线改扩建项目	2,040.00	2,040.00	是		
汽车展场改扩建项目	1000t/d 级带改进型分解炉的五级预热预分解窑水泥生产线改扩建项目	400.00	414.70	是		
西藏云天工程建筑有限责任公司	1000t/d 级带改进型分解炉的五级预热预分解窑水泥生产线改扩建项目	1,200.00	1,200.00	是		
西藏天路邛崃水业有限责任公司	汽车修理厂改扩建项目	3,438.00	3,438.00	是		
高争股份单方增资扩股和收购西藏高争建材股份有限公司四家股东的股份	使用募集资金余额 5,204.97 万元	4,565.858	4,565.858	是		
合计	/	18,554.478	18,569.178	/		/

6.5 非募集资金项目情况

□适用 √不适用

6.6 董事会对会计师事务所"非标准审计报告"的说明

□适用 √不适用

6.7 董事会本次利润分配或资本公积金转增股本预案

公司 2008 年度财务会计报表经中审亚太会计师事务所审计，公司 2008 年度实现净利润 8,100,600.44 元,按《公司章程》的有关规定计提 10%的法定盈余公积金 72,705.11 元,加上 2007 年度剩余未分配利润 107,325,190.39 元,2008 年度可供投资者分配的利润为 115,353,085.72 元,期末资本公积金 300,240,255.51 元。

由于公司 2008 年下半年新中标公路工程建设项目较多，前期开工需要垫付大量流动资金,加之公司于 2007 年、2008 年委托地矿部门开展冲江及冲江西铜矿矿区矿产勘查，前期勘探及样品分析测试还需支付大量费用。为缓解流动资金压力,确保公司各工程项目建设进度,集中资金用于后续工程项目建设。保证公司持续、健康、快速发展,做强做大主营业务。公司 2008 年度不进行分红(现金或股票),不转增股本。截止 2008 年 12 月 31 日公司未分配利润 115,353,085.72 元结转以后年度分配。

公司本报告期内盈利但未提出现金利润分配预案

√适用 □不适用

本报告期内盈利但未提出现金利润分配预案的原因未用于分红的资金留存公司的用途

是鉴于公司发展以及新项目开工保证资金供给,公司 2008 年度不进行现金利润分配。主要用于新建和续建项目前期开工垫付资金,以及矿业勘探支出等。

第七节 重要事项

7.1 收购资产

□适用 √不适用

7.2 出售资产

□适用 √不适用

7.3 重大担保

□适用 √不适用

7.4 重大关联交易

7.4.1 与日常经营相关的关联交易

□适用 √不适用

7.4.2 关联债权债务往来

√适用 □不适用

单位:万元 币种:人民币

关联方	向关联方提供资金 发生额	向关联方提供资金 余额	关联方向公司提供资金 发生额	关联方向公司提供资金 余额
西藏拉萨汽车运输总公司	0	0		
西藏交通厅格尔木运输总公司	46,777.83	0		
西藏公路工程总公司	−18,132,587.06	−660,204.41		
西藏天源路桥有限责任公司	6,058,116.73	30,145,336.59		
宗山水泥有限责任公司	0	0		
西藏高争建材股份有限公司	−2,499,654.29	3,538,566.2		
西藏交通工业总公司			125,648.64	699,945.98
合计	−14,527,346.79	33,023,698.38	125,648.64	699,945.98

其中:报告期内公司向控股股东及其子公司提供资金的发生额 3,291,258.44 元,余额 0 元。

7.4.3 2008 年资金被占用情况及清欠进展情况

√适用 □不适用

大股东及其附属企业非经营性占用上市公司资金的余额(万元) 期初	期末	报告期清欠总额(万元)
1,751	0	2,080

清欠方式	清欠金额（万元）	清欠时间（月份）
现金清偿	2,080	11
大股东及其附属企业非经营性占用上市公司资金及清欠情况的具体说明	系公司为控股股东西藏公路工程总公司垫付的部分人工费用，金额为20,800,960.39元，已于2008年11月24日完成此笔资金的清欠工作。	

截止2008年末，上市公司未完成非经营性资金占用的清欠工作的，董事会提出的责任追究方案

□适用　√不适用

7.5 委托理财

□适用　√不适用

7.6 承诺事项履行情况

7.6.1 公司或持股5%以上股东在报告期内或持续到报告期内的承诺事项

√适用　□不适用

承诺事项	承诺内容	履行情况
股改承诺	(1)公司的非流通股股东工程公司、工业公司、拉运公司、格运公司承诺：其持有的原非流通股股份自获得上市流通权之日起至2007年报公告之日不上市交易。(2)在前述规定期满后，工程公司、工业公司、拉运公司、格运公司承诺：自2007年年报公告日后第一个交易日起十二个月内，其持有的原西藏天路非流通股股份不上市交易；在前述承诺期满后，工程公司、工业公司、拉运公司承诺其通过证券交易所挂牌交易出售原非流通股股份，出售数量占西藏天路股份总数的比例在十二个月内不超过百分之五，在二十四个月内不超过百分之十。	本公司全体有限售条件的流通股股东(原非流通股股东)严格依照股权分置改期期间承诺及关法律法规之规定，在承诺期限内没有上市交易。
发行时所作承诺	公司2007年度非公开发行股票禁售12个月，禁售期自2007年9月4日开始计算，即发行的股份登记于中国证券登记结算有限公司上海分公司之日。	严格依照公司2007年非公开发行股票禁售12个月的承诺及关法律法规之规定，在承诺期限内没有上市交易。2008年9月5日解除限售，上市流通。

7.6.2 公司资产或项目存在盈利预测，且报告期仍处在盈利预测期间，公司就资产或项目是否达到原盈利预测及其原因作出说明：

□适用　√不适用

7.7 重大诉讼仲裁事项

□适用　√不适用

7.8 其他重大事项及其影响和解决方案的分析说明

7.8.1 证券投资情况

√适用　□不适用

序号	证券品种	证券代码	证券简称	初始投资金额(元)	持有数量	期末账面值	占期末证券投资比例(%)	报告期损益
1	股票	600489	中金黄金	3,435,915.00	30,100	1,120,924.00	100	−2,314,991.00
合　计				3,435,915.00	/	1,120,924.00	100%	−2,314,991.00

7.8.2 持有其他上市公司股权情况

□适用　√不适用

7.8.3 持有非上市金融企业股权情况

□适用　√不适用

7.8.4 买卖其他上市公司股份的情况

□适用　√不适用

7.9 公司是否披露履行社会责任的报告：否

第八节　监事会报告

监事会认为公司依法运作、公司财务情况、公司募集资金使用、公司收购、出售资产交易和关联交易不存在问题。

8.1 监事会对公司依法运作情况的独立意见

报告期内，公司监事会依据国家有关法律、法规对公司股东大会、董事会召集召开程序、表决事项、董事会对股东大会决议的执行情况、公司高级管理人员执行职务情况、对公司各项管理制度执行情况进行了监督，认为公司董事会决策程序符合《公司法》及《公司章程》规定。公司董事及高级管理人员在担任公司职务期间认真履行职责，严格遵守国家各项法律、法规和《公司章程》规定，没有发生违反法律、法规、《公司章程》和损害公司利益的行为。公司董事会认真履行《公司章程》规定的职责，严格执行了股东大会的各项决议。

8.2 监事会对检查公司财务情况的独立意见

报告期内，监事会对公司财务状况进行了认真、细致的检查，认为公司财务报告真实地反映了公司2008年度的财务状况和经营成果，公司财务核算体系健全，财务管理规范、有序，财务决算报告的编制及公司所执行的会计制度符合会计准则要求。

8.3 监事会对公司最近一次募集资金实际投入情况的独立意见

报告期内，公司未进行募集资金投入。

2007年度公司非公开发行股票工作于2007年9月3日完成，公司向特定机构投资者非公开发行普通股4,800万股，共募集资金42,432万元，扣除发行费用后募集资金净额41,357万元按规定时间到达指定帐户，公司募集资金实际投入项目与承诺投资项目一致。

8.4 监事会对公司收购、出售资产情况的独立意见

报告期内，公司未发生收购、出售资产。

8.5 监事会对公司关联交易情况的独立意见

报告期内，公司不存在关联交易情况。

8.6 监事会对会计师事务所非标意见的独立意见

报告期内，中审亚太会计师事务所所出具的标准无保留意见的审计报告和对有关事项作出的评价是客观公正的。

第九节　财务会计报告

9.1 审计意见

财务报告	□未经审计	√审计
审计意见	√标准无保留意见	□非标意见

审计意见全文

审计报告

中审亚太审字[2009]010154号

西藏天路股份有限公司全体股东：

我们审计了后附的西藏天路股份有限公司(以下简称“西藏天路”)财务报表，包括2008年12月31日的资产负债表、2008年度的利润表、股东权益变动表和现金流量表以及财务报表附注。

一、管理层对财务报表的责任

按照企业会计准则的规定编制财务报表是西藏天路管理层的责任。这种责任包括：(1)设计、实施和维护与财务报表编制相关的内部控制，以使财务报表不存在由于舞弊或错误而导致的重大错报；(2)选择和运用恰当的会计政策；(3)作出合理的会计估计。

二、注册会计师的责任

我们的责任是在实施审计工作的基础上对财务报表发表审计意见。我们按照中国注册会计师审计准则的规定执行了审计工作。中国注册会计师审计准则要求我们遵守职业道德规范，计划和实施审计工作以对财务报表是否不存在重大错报获取合理保证。

审计工作涉及实施审计程序，以获取有关财务报表金额和披露的审计证据。选择的审计程序取决于注册会计师的判断，包括对由于舞弊或错误导致的财务报表重大错报风险的评估。在进行风险评估时，我们考虑与财务报表编制相关的内部控制，以设计恰当的审计程序，但目的并非对内部控制的有效性发表意见。审计工作还包括评价管理层选用会计政策的恰当性和作出会计估计的合理性，以及评价财务报表的总体列报。

我们相信，我们获取的审计证据是充分、适当的，为发表审计意见提供了基础。

三、审计意见

我们认为，西藏天路财务报表已经按照企业会计准则的规定编制，在所有重大方面公允反映了西藏天路2008年12月31日的财务状况以及2008年度的经营成果和现金流量。

中审亚太会计师事务所有限公司　　中国注册会计师：李志林、辛志高

中国·北京　　2009年3月14日

9.2 财务报表

合并资产负债表

2008年12月31日

编制单位：西藏天路股份有限公司　　单位：元　币种：人民币

项目	附注	期末余额	年初余额
流动资产：			
货币资金		252,126,133.52	339,914,758.48
结算备付金			
拆出资金			
交易性金融资产		1,120,924.00	3,435,915.00
应收票据			
应收账款		187,041,643.43	177,376,493.76
预付款项		155,469,000.94	235,790,342.64
应收保费			
应收分保账款			
应收分保合同准备金			
应收利息			
应收股利			
其他应收款		69,677,262.39	63,703,870.66
买入返售金融资产			
存货		337,086,506.07	362,220,095.65
一年内到期的非流动资产			
其他流动资产			
流动资产合计		1,002,521,470.35	1,182,441,476.19
非流动资产：			
发放贷款及垫款			
可供出售金融资产			
持有至到期投资			
长期应收款			
长期股权投资		48,149,296.45	48,517,805.62
投资性房地产			
固定资产		522,058,826.92	564,796,669.88
在建工程		308,841,802.93	75,505,619.50
工程物资			
固定资产清理		0.00	207,388.00
生产性生物资产			
油气资产			
无形资产		89,253,419.53	86,972,711.33
开发支出			

商誉		
长期待摊费用	50,000.00	250,000.00
递延所得税资产	5,941,602.15	4,907,856.28
其他非流动资产		
非流动资产合计	974,294,947.98	781,158,050.61
资产总计	1,976,816,418.33	1,963,599,526.80
流动负债：		
短期借款	60,000,000.00	100,000,000.00
向中央银行借款		
吸收存款及同业存放		
拆入资金		
交易性金融负债		
应付票据		
应付账款	192,976,082.26	244,647,035.09
预收款项	58,714,716.59	52,995,458.44
卖出回购金融资产款		
应付手续费及佣金		
应付职工薪酬	6,717,616.04	8,886,426.95
应交税费	4,658,502.73	33,017,562.50
应付利息		
应付股利	1,005,057.00	1,005,057.00
其他应付款	83,423,475.19	103,715,302.74
应付分保账款		
保险合同准备金		
代理买卖证券款		
代理承销证券款		
一年内到期的非流动负债	200,000,000.00	
其他流动负债		
流动负债合计	607,495,449.81	544,266,842.72
非流动负债：		
长期借款	170,000,000.00	230,000,000.00
应付债券		
长期应付款	50,000,000.00	50,000,000.00
专项应付款		
预计负债		
递延所得税负债		
其他非流动负债		
非流动负债合计	220,000,000.00	280,000,000.00
负债合计	827,495,449.81	824,266,842.72
股东权益：		
股本	456,000,000.00	228,000,000.00
资本公积	300,240,255.51	528,240,255.51
减：库存股		
盈余公积	47,333,051.52	47,260,346.41
一般风险准备		
未分配利润	115,353,085.72	107,325,190.39
外币报表折算差额		
归属于母公司所有者权益合计	918,926,392.75	910,825,792.31
少数股东权益	230,394,575.77	228,506,891.77
股东权益合计	1,149,320,968.52	1,139,332,684.08
负债和股东权益合计	1,976,816,418.33	1,963,599,526.80

公司负责人：多吉罗布　　主管会计工作负责人：汪波　　会计机构负责人：央珍

母公司资产负债表

2008 年 12 月 31 日

编制单位：西藏天路股份有限公司　　单位：元 币种：人民币

项目	附注	期末余额	年初余额
流动资产：			
货币资金		183,255,188.08	135,022,933.82
交易性金融资产		1,120,924.00	3,435,915.00
应收票据			
应收账款		127,234,215.39	119,890,845.32
预付款项		118,890,782.28	105,394,750.55
应收利息			
应收股利			
其他应收款		74,447,421.42	82,626,900.54
存货		223,889,764.13	272,628,535.23
一年内到期的非流动资产			
其他流动资产			
流动资产合计		728,838,295.30	718,999,880.46
非流动资产：			
可供出售金融资产			
持有至到期投资			
长期应收款			
长期股权投资		575,328,600.58	575,697,109.75
投资性房地产			
固定资产		104,769,177.17	112,011,585.26
在建工程			
工程物资			
固定资产清理			
生产性生物资产			
油气资产			
无形资产		59,100,000.00	60,000,000.00
开发支出			
商誉			
长期待摊费用			
递延所得税资产		3,835,228.48	3,366,110.19
其他非流动资产			
非流动资产合计		743,033,006.23	751,074,805.20
资产总计		1,471,871,301.53	1,470,074,685.66
流动负债：			
短期借款		60,000,000.00	100,000,000.00
交易性金融负债			
应付票据			
应付账款		152,042,483.41	213,804,142.07
预收款项		17,223,874.11	17,871,444.22
应付职工薪酬		1,087,634.72	2,451,221.98
应交税费		5,528,035.96	23,738,324.92
应付利息			
应付股利		387,057.00	387,057.00
其他应付款		108,501,399.64	125,448,729.89
一年内到期的非流动负债		50,000,000.00	
其他流动负债			
流动负债合计		394,770,484.84	483,700,920.08
非流动负债：			
长期借款		170,000,000.00	80,000,000.00
应付债券			
长期应付款			
专项应付款			
预计负债			
递延所得税负债			
其他非流动负债			
非流动负债合计		170,000,000.00	80,000,000.00
负债合计		564,770,484.84	563,700,920.08
股东权益：			
股本		456,000,000.00	228,000,000.00
资本公积		326,012,229.11	554,012,229.11
减：库存股			
盈余公积		40,649,398.24	40,576,693.13
未分配利润		84,439,189.34	83,784,843.34
外币报表折算差额			
股东权益合计		907,100,816.69	906,373,765.58
负债和股东权益合计		1,471,871,301.53	1,470,074,685.66

公司负责人：多吉罗布　　主管会计工作负责人：汪波　　会计机构负责人：央珍

合并利润表

2008 年 1—12 月

单位：元 币种：人民币

项目	附注	本期金额	上期金额
一、营业总收入		619,718,438.86	680,830,936.44
其中：营业收入		619,718,438.86	680,830,936.44
利息收入			
已赚保费			
手续费及佣金收入			
二、营业总成本		608,263,580.49	660,859,782.63
其中：营业成本		519,580,216.43	580,130,488.04
利息支出			
手续费及佣金支出			
退保金			
赔付支出净额			
提取保险合同准备金净额			
保单红利支出			
分保费用			
营业税金及附加		14,584,672.22	17,040,072.10
销售费用		4,186,251.15	4,366,239.34
管理费用		46,478,029.65	41,716,276.22
财务费用		19,401,450.96	14,153,881.79
资产减值损失		4,032,960.08	3,452,825.14
加：公允价值变动收益(损失以"－"号填列)		－2,314,991.00	313,134.47
投资收益(损失以"－"号填列)		－368,509.17	－618,626.23
其中：对联营企业和合营企业的投资收益			
汇兑收益(损失以"－"号填列)			
三、营业利润(亏损以"－"号填列)		8,771,358.20	19,665,662.05
加：营业外收入		12,822,235.65	61,137,123.48
减：营业外支出		7,343,694.50	4,022,841.12
其中：非流动资产处置净损失			

四、利润总额(亏损总额以"-"号填列)	14,249,899.35	76,779,944.41
减:所得税费用	4,261,614.91	13,240,663.63
五、净利润(净亏损以"-"号填列)	9,988,284.44	63,539,280.78
归属于母公司所有者的净利润	8,100,600.44	46,677,847.95
少数股东损益	1,887,684.00	16,861,432.83
六、每股收益:		
(一)基本每股收益	0.018	0.119
(二)稀释每股收益	0.018	0.119

本期发生同一控制下企业合并的,被合并方在合并前实现的净利润为:0.00 元。

公司负责人:多吉罗布　　主管会计工作负责人:汪波　　会计机构负责人:央珍

母公司利润表

2008 年 1—12 月

单位:元 币种:人民币

项目	附注	本期金额	上期金额
一、营业收入		339,045,422.19	421,627,109.21
减:营业成本		295,096,128.02	380,722,806.54
营业税金及附加		10,615,626.29	13,526,234.21
销售费用		426,943.59	457,107.72
管理费用		19,664,658.11	20,655,814.00
财务费用		11,535,971.89	7,092,888.77
资产减值损失		489,080.17	3,068,745.56
加:公允价值变动收益(损失以"-"号填列)		-2,314,991.00	313,134.47
投资收益(损失以"-"号填列)		-368,509.17	-618,626.23
其中:对联营企业和合营企业的投资收益			
二、营业利润(亏损以"-"号填列)		-1,466,486.05	-4,201,979.35
加:营业外收入		4,111,498.65	57,101,629.81
减:营业外支出		1,680,021.36	116,193.84
其中:非流动资产处置净损失			
三、利润总额(亏损总额以"-"号填列)		964,991.24	52,783,456.62
减:所得税费用		237,940.13	7,789,848.93
四、净利润(净亏损以"-"号填列)		727,051.11	44,993,607.69

公司负责人:多吉罗布　　主管会计工作负责人:汪波　　会计机构负责人:央珍

合并现金流量表

2008 年 1—12 月

单位:元 币种:人民币

项目	附注	本期金额	上期金额
一、经营活动产生的现金流量:			
销售商品、提供劳务收到的现金		712,375,086.42	650,352,139.78
客户存款和同业存放款项净增加额			
向中央银行借款净增加额			
向其他金融机构拆入资金净增加额			
收到原保险合同保费取得的现金			
收到再保险业务现金净额			
保户储金及投资款净增加额			
处置交易性金融资产净增加额			
收取利息、手续费及佣金的现金			
拆入资金净增加额			
回购业务资金净增加额			
收到的税费返还		8,598,300.00	
收到其他与经营活动有关的现金		29,888,375.62	32,014,706.89
经营活动现金流入小计		750,861,762.04	682,366,846.67
购买商品、接受劳务支付的现金		511,077,018.55	514,045,532.00
客户贷款及垫款净增加额			
存放中央银行和同业款项净增加额			
支付原保险合同赔付款项的现金			
支付利息、手续费及佣金的现金			
支付保单红利的现金			
支付给职工以及为职工支付的现金		136,978,102.21	58,281,182.26
支付的各项税费		72,867,666.06	37,155,710.33
支付其他与经营活动有关的现金		50,686,413.77	60,531,006.77
经营活动现金流出小计		771,609,200.59	670,013,431.36
经营活动产生的现金流量净额		-20,747,438.55	12,353,415.31
二、投资活动产生的现金流量:			
收回投资收到的现金			795,175.00
取得投资收益收到的现金		2,000,000.00	28,546,009.31
处置固定资产、无形资产和其他长期资产收回的现金净额		1,270,000.00	7,403,002.48
处置子公司及其他营业单位收到的现金净额			
收到其他与投资活动有关的现金			
投资活动现金流入小计		3,270,000.00	36,744,186.79
购建固定资产、无形资产和其他长期资产支付的现金		150,232,587.81	189,079,127.12
投资支付的现金			96,984,789.98
质押贷款净增加额			
取得子公司及其他营业单位支付的现金净额			
支付其他与投资活动有关的现金			
投资活动现金流出小计		150,232,587.81	286,063,917.10
投资活动产生的现金流量净额		-146,962,587.81	-249,319,730.31
三、筹资活动产生的现金流量:			
吸收投资收到的现金			416,573,600.00
其中:子公司吸收少数股东投资收到的现金			
取得借款收到的现金		230,000,000.00	150,000,000.00
发行债券收到的现金			
收到其他与筹资活动有关的现金			
筹资活动现金流入小计		230,000,000.00	566,573,600.00
偿还债务支付的现金		130,000,000.00	120,000,000.00
分配股利、利润或偿付利息支付的现金		20,078,598.60	76,663,786.95
其中:子公司支付给少数股东的股利、利润			
支付其他与筹资活动有关的现金			
筹资活动现金流出小计		150,078,598.60	196,663,786.95
筹资活动产生的现金流量净额		79,921,401.40	369,909,813.05
四、汇率变动对现金及现金等价物的影响			
五、现金及现金等价物净增加额		-87,788,624.96	132,943,498.05
加:期初现金及现金等价物余额		339,914,758.48	206,971,260.43
六、期末现金及现金等价物余额		252,126,133.52	339,914,758.48

公司负责人:多吉罗布　　主管会计工作负责人:汪波　　会计机构负责人:央珍

母公司现金流量表

2008 年 1—12 月

单位:元 币种:人民币

项目	附注	本期金额	上期金额
一、经营活动产生的现金流量:			
销售商品、提供劳务收到的现金		372,989,960.55	301,060,908.03
收到的税费返还			
收到其他与经营活动有关的现金		23,674,056.31	64,211,111.94
经营活动现金流入小计		396,664,016.86	365,272,019.97
购买商品、接受劳务支付的现金		282,620,220.68	315,643,379.51
支付给职工以及为职工支付的现金		86,169,681.86	14,022,309.70
支付的各项税费		29,698,558.52	6,734,470.69
支付其他与经营活动有关的现金		21,576,949.48	53,187,595.99
经营活动现金流出小计		420,065,410.54	389,587,755.89
经营活动产生的现金流量净额		-23,401,393.68	-24,315,735.92
二、投资活动产生的现金流量:			
收回投资收到的现金			795,175.00
取得投资收益收到的现金		2,000,000.00	28,546,009.31
处置固定资产、无形资产和其他长期资产收回的现金净额		1,270,000.00	7,139,002.48
处置子公司及其他营业单位收到的现金净额			
收到其他与投资活动有关的现金			
投资活动现金流入小计		3,270,000.00	36,480,186.79
购建固定资产、无形资产和其他长期资产支付的现金		19,704,138.85	5,428,165.99
投资支付的现金			376,984,789.98
取得子公司及其他营业单位支付的现金净额			
支付其他与投资活动有关的现金			
投资活动现金流出小计		19,704,138.85	382,412,955.97
投资活动产生的现金流量净额		-16,434,138.85	-345,932,769.18
三、筹资活动产生的现金流量:			
吸收投资收到的现金			413,573,600.00
取得借款收到的现金		230,000,000.00	100,000,000.00
收到其他与筹资活动有关的现金			
筹资活动现金流入小计		230,000,000.00	513,573,600.00
偿还债务支付的现金		130,000,000.00	90,000,000.00
分配股利、利润或偿付利息支付的现金		11,932,213.21	27,044,345.80
支付其他与筹资活动有关的现金			
筹资活动现金流出小计		141,932,213.21	117,044,345.80
筹资活动产生的现金流量净额		88,067,786.79	396,529,254.20
四、汇率变动对现金及现金等价物的影响			
五、现金及现金等价物净增加额		48,232,254.26	26,280,749.10
加:期初现金及现金等价物余额		135,022,933.82	108,742,184.72
六、期末现金及现金等价物余额		183,255,188.08	135,022,933.82

公司负责人:多吉罗布　　主管会计工作负责人:汪波　　会计机构负责人:央珍

合并所有者权益变动表

2008 年 1—12 月

单位:元 币种:人民币

项目	本年金额								
	归属于母公司所有者权益								
	股本	资本公积	减:库存股	盈余公积	一般风险准备	未分配利润	其他	少数股东权益	所有者权益合计
一、上年年末余额	228,000,000.00	528,240,255.51		47,639,192.28		110,734,803.27		228,506,891.77	1,143,121,142.83
加:同一控制下企业合并产生的追溯调整									
加:会计政策变更									
前期差错更正				-378,845.87		-3,409,612.88			-3,788,458.75
其他									
二、本年年初余额	228,000,000.00	528,240,255.51		47,260,346.41		107,325,190.39		228,506,891.77	1,139,332,684.08
三、本年增减变动金额									
(减少以"-"号填列)	228,000,000.00	-228,000,000.00		72,705.11		8,027,895.33		1,887,684.00	9,988,284.44
(一)净利润						8,100,600.44		1,887,684.00	9,988,284.44
(二)直接计入所有者权益的利得和损失									

1.可供出售金融资产公允价值变动净额									
2.权益法下被投资单位其他所有者权益变动的影响									
3.与计入所有者权益项目相关的所得税影响									
4.其他									
上述(一)和(二)小计						8,100,600.44		1,887,684.00	9,988,284.44
(三)所有者投入和减少资本									
1.所有者投入资本									
2.股份支付计入所有者权益的金额									
3.其他									
(四)利润分配				72,705.11		−72,705.11			
1.提取盈余公积				72,705.11		−72,705.11			
2.提取一般风险准备									
3.对所有者(或股东)的分配									
4.其他									
(五)所有者权益内部结转	228,000,000.00	−228,000,000.00							
1.资本公积转增资本(或股本)	228,000,000.00	−228,000,000.00							
2.盈余公积转增资本(或股本)									
3.盈余公积弥补亏损									
4.其他									
四、本期期末余额	456,000,000.00	300,240,255.51		47,333,051.52		115,353,085.72		230,394,575.77	1,149,320,968.52

上年金额

项目	归属于母公司所有者权益 股本	资本公积	减:库存股	盈余公积	一般风险准备	未分配利润	其他	少数股东权益	所有者权益合计
一、上年年末余额	180,000,000.00	179,589,143.55		36,869,352.45		67,069,901.36		293,517,166.73	757,045,564.09
加:同一控制下企业合并产生的追溯调整									
加:会计政策变更		−21,230,155.44		5,677,680.22		19,400,955.31			3,848,480.09
前期差错更正				−313,227.38		−2,819,046.46			−3,132,273.84
其他									
二、本年年初余额	180,000,000.00	158,358,988.11		42,233,805.29		83,651,810.21		293,517,166.73	757,761,770.34
三、本年增减变动金额(减少以"−"号填列)	48,000,000.00	369,881,267.40		5,026,541.12		23,673,380.18		−65,010,274.96	381,570,913.74
(一)净利润						46,677,847.95		16,861,432.83	63,539,280.78
(二)直接计入所有者权益的利得和损失		8,849,485.56							8,849,485.56
1.可供出售金融资产公允价值变动净额									
2.权益法下被投资单位其他所有者权益变动的影响		8,849,485.56							8,849,485.56
3.与计入所有者权益项目相关的所得税影响									
4.其他									
上述(一)和(二)小计		8,849,485.56				46,677,847.95		16,861,432.83	72,388,766.34
(三)所有者投入和减少资本	48,000,000.00	365,573,600.00						−81,871,707.79	331,701,892.21
1.所有者投入资本	48,000,000.00	365,573,600.00							413,573,600.00
2.股份支付计入所有者权益的金额									
3.其他								−81,871,707.79	−81,871,707.79
(四)利润分配				4,555,255.92		−23,004,467.77			−18,449,211.85
1.提取盈余公积				4,555,255.92		−4,555,255.92			
2.提取一般风险准备									
3.对所有者(或股东)的分配						−18,000,000.00			−18,000,000.00
4.其他						−449,211.85			−449,211.85
(五)所有者权益内部结转		−4,541,818.16		471,285.20					−4,070,532.96
1.资本公积转增资本(或股本)									
2.盈余公积转增资本(或股本)		−4,541,818.16		471,285.20					−4,070,532.96
3.盈余公积弥补亏损									
4.其他									
四、本期期末余额	228,000,000.00	528,240,255.51		47,260,346.41		107,325,190.39		228,506,891.77	1,139,332,684.08

公司负责人:多吉罗布　　主管会计工作负责人:汪波　　会计机构负责人:央珍

母公司所有者权益变动表

2008 年 1—12 月

单位:元 币种:人民币

本年金额

项目	股本	资本公积	减:库存股	盈余公积	未分配利润	所有者权益合计
一、上年年末余额	228,000,000.00	554,012,229.11		40,955,539.00	87,194,456.22	910,162,224.33
加:会计政策变更						
前期差错更正				−378,845.87	−3,409,612.88	−3,788,458.75
其他						
二、本年年初余额	228,000,000.00	554,012,229.11		40,576,693.13	83,784,843.34	906,373,765.58
三、本年增减变动金额(减少以"−"号填列)	228,000,000.00	−228,000,000.00		72,705.11	654,346.00	727,051.11
(一)净利润					727,051.11	727,051.11
(二)直接计入所有者权益的利得和损失						
1.可供出售金融资产公允价值变动净额						
2.权益法下被投资单位其他所有者权益变动的影响						
3.与计入所有者权益项目相关的所得税影响						
4.其他						
上述(一)和(二)小计					727,051.11	727,051.11
(三)所有者投入和减少资本						
1.所有者投入资本						
2.股份支付计入所有者权益的金额						
3.其他						
(四)利润分配				72,705.11	−72,705.11	
1.提取盈余公积				72,705.11	−72,705.11	
2.对所有者(或股东)的分配						
3.其他						
(五)所有者权益内部结转	228,000,000.00	−228,000,000.00				
1.资本公积转增资本(或股本)	228,000,000.00	−228,000,000.00				
2.盈余公积转增资本(或股本)						
3.盈余公积弥补亏损						
4.其他						
四、本期期末余额	456,000,000.00	326,012,229.11		40,649,398.24	84,439,189.34	907,100,816.69

上年金额

项目	股本	资本公积	减:库存股	盈余公积	未分配利润	所有者权益合计
一、上年年末余额	180,000,000.00	179,589,143.55		36,334,664.59	72,962,386.77	468,886,194.91
加:会计政策变更					−8,796,848.74	−8,796,848.74
前期差错更正				−313,227.38	−2,819,046.46	−3,132,273.84
其他						
二、本年年初余额	180,000,000.00	179,589,143.55		36,021,437.21	61,346,491.57	456,957,072.33
三、本年增减变动金额(减少以"−"号填列)	48,000,000.00	374,423,085.56		4,555,255.92	22,438,351.77	449,416,693.25
(一)净利润					44,993,607.69	44,993,607.69
(二)直接计入所有者权益的利得和损失		8,849,485.56				8,849,485.56
1.可供出售金融资产公允价值变动净额						
2.权益法下被投资单位其他所有者权益变动的影响		8,849,485.56				8,849,485.56
3.与计入所有者权益项目相关的所得税影响						
4.其他						
上述(一)和(二)小计		8,849,485.56			44,993,607.69	53,843,093.25
(三)所有者投入和减少资本	48,000,000.00	365,573,600.00				413,573,600.00
1.所有者投入资本	48,000,000.00	365,573,600.00				413,573,600.00
2.股份支付计入所有者权益的金额						
3.其他						
(四)利润分配				4,555,255.92	−22,555,255.92	−18,000,000.00
1.提取盈余公积				4,555,255.92	−4,555,255.92	
2.对所有者(或股东)的分配					−18,000,000.00	−18,000,000.00
3.其他						
(五)所有者权益内部结转						
1.资本公积转增资本(或股本)						
2.盈余公积转增资本(或股本)						
3.盈余公积弥补亏损						
4.其他						
四、本期期末余额	228,000,000.00	554,012,229.11		40,576,693.13	83,784,843.34	906,373,765.58

公司负责人:多吉罗布　　主管会计工作负责人:汪波　　会计机构负责人:央珍

9.3 本报告期无会计政策、会计估计和核算方法变更。

9.4 本报告期无会计差错更正。

9.5 与最近一期年度报告相比,合并范围发生变化的具体说明

报告期内,公司财务报表合并范围未发生重大变化。

山西国阳新能股份有限公司

山西国阳新能股份有限公司 2008 年年度报告摘要

第一节　重要提示

1.1 本公司董事会、监事会及董事、监事、高级管理人员保证本报告所载资料不存在任何虚假记载、误导性陈述或者重大遗漏，并对其内容的真实性、准确性和完整性承担个别及连带责任。

本年度报告摘要摘自年度报告全文，投资者欲了解详细内容，应当仔细阅读年度报告全文。

1.2 公司全体董事出席董事会会议。

1.3 立信会计师事务所有限公司为本公司出具了标准无保留意见的审计报告。

1.4 公司负责人石盛奎、主管会计工作负责人及会计机构负责人(会计主管人员)张思维声明：保证年度报告中财务报告的真实、完整。

第二节　公司基本情况简介

2.1 基本情况简介

股票简称	国阳新能
股票代码	600348
上市交易所	上海证券交易所
公司注册地址和办公地址	山西省阳泉市北大街 5 号
邮政编码	045000
公司国际互联网网址	http://.gyne.com.cn
电子信箱	ligj@vip.sina.com

2.2 联系人和联系方式

	董事会秘书	证券事务代表
姓名	李国基	王平浩
联系地址	山西省阳泉市北大街 5 号	山西省阳泉市北大街 5 号
电话	0353-7078728	0353-7080590
传真	0353-7078718	0353-7080589
电子信箱	ligj@vip.sina.com	Wph-72@163.com

第三节　会计数据和业务数据摘要

3.1 主要会计数据

单位：元 币种：人民币

	2008 年	2007 年	本年比上年增减(%)	2006 年
营业收入	17,033,136,483.46	10,775,772,654.47	58.07	9,321,032,836.00
利润总额	1,915,290,912.18	1,145,945,027.38	67.14	1,421,226,244.52
归属于上市公司股东的净利润	1,454,518,136.72	791,553,515.09	83.75	1,051,884,044.47
归属于上市公司股东的扣除非经常性损益的净利润	1,413,662,066.92	787,722,101.01	79.46	1,054,003,926.21
经营活动产生的现金流量净额	3,594,991,258.74	1,440,635,039.04	149.54	1,016,621,999.73
	2008 年末	2007 年末	本年末比上年末增减(%)	2006 年末(注 2)
总资产	10,662,923,006.39	8,444,881,828.67	26.26	7,010,797,310.95
所有者权益(或股东权益)	4,623,722,326.88	4,694,647,031.19	-1.51	4,246,130,510.27

3.2 主要财务指标

	2008 年	2007 年	本年比上年增减(%)	2006 年
基本每股收益(元/股)	1.51	0.82	84.15	1.09
稀释每股收益(元/股)	1.51	0.82	84.15	1.09
扣除非经常性损益后的基本每股收益(元/股)	1.47	0.82	79.27	1.10
全面摊薄净资产收益率(%)	31.46	16.86	增加 14.60 个百分点	24.77
加权平均净资产收益率(%)	30.23	17.55	增加 12.68 个百分点	27.04
扣除非经常性损益后全面摊薄净资产收益率(%)	30.57	16.78	增加 13.79 个百分点	24.82
扣除非经常性损益后的加权平均净资产收益率(%)	29.50	17.48	增加 12.02 个百分点	27.09
每股经营活动产生的现金流量净额(元/股)	3.74	1.50	149.33	1.06
	2008 年末	2007 年末	本年末比上年末增减(%)	2006 年末
归属于上市公司股东的每股净资产(元/股)	4.81	4.88	-1.43	4.41

非经常性损益项目

√适用　　□不适用

单位：元 币种：人民币

非经常性损益项目	金额
非流动资产处置损益	-15,983,445.40
计入当期损益的政府补助，但与公司正常经营业务密切相关，符合国家政策规定、按照一定标准定额或定量持续享受的政府补助除外	1,100,000.00
同一控制下企业合并产生的子公司期初至合并日的当期净损益	63,757,832.40
受托经营取得的托管费收入	2,835,000.00
除上述各项之外的其他营业外收入和支出	-17,328,783.99
所得税影响额	6,475,466.79
合计	40,856,069.80

3.3 境内外会计准则差异：

□适用　　√不适用

第四节　股本变动及股东情况

4.1 股份变动情况表

√适用　　□不适用

单位：股

	本次变动前		本次变动增减(+,-)					本次变动后	
	数量	比例(%)	发行新股	送股	公积金转股	其他	小计	数量	比例(%)
一、有限售条件股份									
1、国家持股	280,607,648	58.34		140,303,824	140,303,824	-561,215,296	-280,607,648	0	0
2、国有法人持股									
3、其他内资持股									
其中：境内非国有法人持股									
境内自然人持股									
4、外资持股									
其中：境外法人持股									
境外自然人持股									
有限售条件股份合计									
二、无限售条件流通股份									
1、人民币普通股	200,392,352	41.66		100,196,176	100,196,176	561,215,296	761,607,648	962,000,000	100
2、境内上市的外资股									
3、境外上市的外资股									
4、其他									
无限售条件流通股份合计									
三、股份总数	481,000,000.00	100		240,500,000.00	240,500,000.00	0	481,000,000.00	962,000,000.00	100

限售股份变动情况表

√适用　　□不适用

单位：股

股东名称	年初限售股数	本年解除限售股数	本年增加限售股数	年末限售股数	限售原因	解除限售日期
阳泉煤业(集团)有限责任公司	280,607,648	561,215,296	280,607,648	0	承诺期满解除限售	2008-12-29
合计					/	/

4.2 股东数量和持股情况

单位：股

报告期末股东总数	73,448 户

前十名股东持股情况

股东名称	股东性质	持股比例(%)	持股总数	持有有限售条件股份数量	质押或冻结的股份数量
阳泉煤业(集团)有限责任公司	国有法人	58.34	561,215,296	0	
中国农业银行-中邮核心成长股票型证券投资基金	其他	2.56	24,668,823	0	未知
兴业银行股份有限公司-兴业趋势投资混合型证券投资基金	其他	1.11	10,655,182	0	未知
中国农业银行-富兰克林国海弹性市值股票型证券投资基金	其他	1.04	10,000,232	0	未知
中国农业银行-中邮核心优选股票型证券投资基金	其他	1.04	9,997,000	0	未知
中国工商银行-诺安股票证券投资基金	其他	0.94	9,997,000	0	未知
中国农业银行-富国天瑞强势地区精选混合型开放式证券投资基金	其他	0.68	6,547,586	0	未知
中信实业银行-招商优质成长股					

票型证券投资基金	其他	0.64	6,114,921	0	未知
中国银行-华夏行业精选股票型证券投资基金(LOF)	其他	0.56	5,413,302	0	未知
中国人寿保险股份有限公司-分红-个人分红-005L-FH002 沪	其他	0.54	5,225,216	0	未知

前十名无限售条件股东持股情况

股东名称	持有无限售条件股份的数量	股份种类
阳泉煤业(集团)有限责任公司	561,215,296	人民币普通股
中国农业银行-中邮核心成长股票型证券投资基金	24,668,823	人民币普通股
兴业银行股份有限公司-兴业趋势投资混合型证券投资基金	10,655,182	人民币普通股
中国农业银行-富兰克林国海弹性市值股票型证券投资基金	10,000,232	人民币普通股
中国农业银行-中邮核心优选股票型证券投资基金	9,997,000	人民币普通股
中国工商银行-诺安股票证券投资基金	9,040,068	人民币普通股
中国农业银行-富国天瑞强势地区精选混合型开放式证券投资基金	6,547,586	人民币普通股
中信实业银行-招商优质成长股票型证券投资基金	6,114,921	人民币普通股
中国银行-华夏行业精选股票型证券投资基金(LOF)	5,413,302	人民币普通股
中国人寿保险股份有限公司-分红-个人分红-005L-FH002 沪	5,225,216	人民币普通股
上述股东关联关系或一致行动的说明	(1)持有本公司 5%(含 5%)以上股份的股东为阳泉煤业(集团)有限责任公司。报告期内,公司实施 2007 年度利润分配及资本公积转增股本方案,其持有的公司股份数量由 280,607,648 股增至 561,215,296 股。至 2008 年 12 月 29 日,阳泉煤业(集团)有限责任公司限售承诺履行完毕,其持有的公司限售股份 561,215,296 股,于 2008 年 12 月 29 日解除限售并上市流通。所持股份无质押或冻结的情况; (2) 阳泉煤业(集团)有限责任公司与其他 9 名股东之间不存在关联关系,也不属于《上市公司股东持股变动信息披露管理办法》规定的一致行动人关系。其他股东中,中邮核心成长股票型证券投资基金和中邮核心优选股票型证券投资基金的基金持有人为中邮创业基金管理有限公司,其他流通股股东未知是否存在关联关系,也未知是否属于《上市公司持股变动信息披露管理办法》规定的一致行动人。	

4.3 控股股东及实际控制人情况介绍

4.3.1 控股股东及实际控制人变更情况

□适用　　√不适用

4.3.2 控股股东及实际控制人具体情况介绍

4.3.2.1 法人控股股东情况

单位:元 币种:人民币

名称	法定代表人	注册资本	成立日期	主营业务
阳泉煤业(集团)有限责任公司	任福耀	7,580,372,300	1950 年 1 月 3 日	原煤开采(限分支机构)及加工、煤层气开发、建筑安装、勘察设计、物资供销、铁路公路运输、煤气、电力生产、仓储服务、房地产经营、矿石开采、加工。饮食、住宿、文化娱乐服务。机械修造。加工木材、建材、钢材、磁材、化工产品、金属制品、服装、劳保用品、矿灯、广告制作、印刷、消防器材、医疗器械修理、销售。汽车修理、种植、养殖(除国家限制禁止种养的动植物)。园林营造。本企业自产的磁材、铝材、玛钢建、服装的出口。进口本企业生产、可研所需的原辅材料、机械设备、仪器仪表及零配件。房屋、场地及机械设备租赁、制造、加工、销售煤矿机械配件、橡胶制品、输送带、升降带、带芯(以上经营范围,涉及凭许可证经营的,凭许可证经营)

4.3.2.2 法人实际控制人情况

山西省国有资产监督管理委员会

第五节　董事、监事和高级管理人员

5.1 董事、监事和高级管理人员持股变动及报酬情况

单位:股

姓名	职务	性别	年龄	任期起止日期	年初持股数	年末持股数	变动原因	报告期内从公司领取的报酬总额(万元)税前	是否在股东单位或其他关联单位领取薪酬
石盛奎	董事长	男	60	2006-9-26~2009-9-25				61.05	否
白英	副董事长、总经理	男	52	2006-9-26~2009-9-25				44.98	否
李国基	董事、董事会秘	男	60	2006-9-26~2009-9-25				23.8	否
李宝玉	董事	男	63	2006-9-26~2009-9-25				0.00	是
张仁	董事	男	53	2006-9-26~2009-9-25				0.00	是
孙康	董事	男	45	2006-9-26~2009-9-25				0.00	是
马忠智	独立董事	男	65	2006-9-26~2009-9-25				6.00	否
邹小蕙	独立董事	女	48	2006-9-26~2009-9-25				6.00	否
刘志远	独立董事	男	46	2006-9-26~2009-9-25				6.00	否
李彦璧	监事会主席	男	57	2006-9-26~2009-9-25				0.00	是
廉贤	监事	男	52	2006-9-26~2009-9-25				0.00	是
余建全	监事	男	53	2006-9-26~2009-9-25				0.00	是
吴景厚	监事	男	56	2006-9-26~2009-9-25				0.00	是
段千寿	监事	男	57	2006-9-26~2009-9-25				25.65	否
白富元	监事	男	59	2006-9-26~2009-9-25				19.83	否
周瑞福	监事	男	57	2006-9-26~2009-9-25				18.1	否
李伟林	总工程师	男	53	2006-9-26~2009-9-25				26.01	否
杨乃时	副总经理	男	46	2008-8-15~2009-9-25				19.42	否
张庆恒	副总经理	男	46	2007-4-14~2009-9-25				26.17	否
张思维	财务总监	男	53	2006-9-26~2009-9-25				16.73	否
王平浩	证券事务代表	女	37	2006-9-26~2009-9-25				12.8	否

第六节　董事会报告

6.1 管理层讨论与分析

1、报告期内公司经营情况回顾

2008 年我国煤炭市场经历了大幅波动,呈现出先紧后松的格局。年初,受到冰雪灾害、奥运前煤矿安全督察专项活动的开展以及国家大力关停小煤矿,淘汰落后产能的影响,国内煤炭供应持续偏紧;同时,上半年国际煤炭价格的一路飘红,也刺激了国内煤炭价格的不断攀升。进入八月份,由美国次贷危机引发的全球金融危机进一步恶化,我国实体经济也受到冲击,大量煤炭下游企业减产、停产甚至倒闭,直接导致国内煤炭需求的急剧萎缩。

面对复杂的市场环境,公司坚持科学发展观,积极应对政策和市场环境的变化,稳定煤炭产量和销量,优化产品结构,加强成本控制。报告期内,由于煤炭综合售价同比大幅上涨,公司超额完成 2008 年度经营计划。

(1)紧抓市场机遇,经营业绩稳步增长

报告期内,公司紧抓煤炭市场机遇,积极合理地安排生产任务,产量稳步增长。公司原煤产量完成 1,774 万吨,采购集团及其子公司煤炭 1,873 万吨,其中收购集团原料煤 1,525 万吨。销售煤炭 3,633 万吨,同比增长 13.84%。其中块煤 435 万吨,同比增长 2.61%;喷粉煤 396 万吨,同比增长 9.15%;选末煤 2,737 万吨,同比增长 17.04%;煤泥产量 65 万吨,同比减少 1.65%。发电量完成 103,340.98 万千瓦时,供热完成 312.98 万百万千焦。

煤炭综合售价 439.24 元/吨,同比上升 39.30%。主要原因是煤炭需求旺盛,煤炭价格上涨所致。

营业收入 1,703,314 万元,同比增长 58.07%,其中煤炭产品销售收入 1,595,890 万元,同比增长 58.58%;

营业成本 1,315,295 万元,同比增长 54.88%,其中煤炭产品销售成本 1,214,285 万元,同比增长 55.29%;

利润总额 191,529 万元,同比增加 76,935 万元,同比增长 67.14%;

净利润 151,644 万元,同比增加 71,915 万元,同比增长 90.2%。

归属于母公司的净利润 145,452 万元,同比增长 83.75%,比调整前增加 95,893 万元,同比增长 193.49%。

(2)聚焦煤炭主业,积极推进资本运作

报告期内,面对上半年国内煤炭市场的持续走俏,公司及时变更部分募集资金投资项目用以收购开元公司股权,不仅丰富了煤炭品种,为公司增加新的利润增长点,而且履行了避免同业竞争,减少关联交易的承诺,符合公司迅速做大做强煤炭主业的战略要求。通过对煤炭资源的整合,进一步巩固了公司的竞争优势,提升了公司在煤炭市场的整体实力和地位。

为了拓宽筹资渠道,降低资金成本,公司与阳泉煤业(集团)有限责任公司和山西三维股份有限公司拟共同投资组建阳煤集团财务有限公司。财务公司的成立可能为公司提供长期稳定、有力的资金支持,有利于进一步保障公司战略目标的实现,提升财务管理水平和资本运营能力。公司还成立国际贸易有限责任公司,为将来更好地开展国际贸易业务奠定了基础。

积极利用资本市场,开展债券融资。公司发行不超过人民币 14 亿元公司债券的申请经中国证券监督管理委员会发行审核委员会 2008 年 10 月 23 日会议审核获得有条件通过,将对公司优化债务结构、降低资金成本等产生积极作用。

与公允价值计量相关的项目

□适用　　√不适用

持有外币金融资产、金融负债情况

□适用　　√不适用

6.2 主营业务分行业、产品情况表

单位:元 币种:人民币

分行业或分产品	营业收入	营业成本	营业利润率(%)	营业收入比上年增减(%)	营业成本比上年增减(%)	营业利润率比上年增减(%)
分行业						
煤炭	15,958,896,109.75	12,142,845,835.80	23.91	58.58	55.29	增加 1.61 个百分点
供电	130,758,188.93	151,339,914.22	-15.74	-46.89	-36.22	减少 19.36 个

						百分点
供热	33,799,185.17	60,691,286.72	−79.56	−14.10	85.53	减少 96.43 个百分点
小计	16,123,453,483.85	12,354,877,036.74	23.37	55.79	52.73	增加 1.54 个百分点
分产品						
洗块煤	3,030,144,185.43	1,733,384,378.88	42.80	34.47	43.66	减少 3.66 个百分点
洗粉煤	3,644,842,186.87	1,645,985,244.04	54.84	108.75	62.95	增加 12.69 个百分点
洗末煤	9,176,969,789.67	8,763,476,212.88	4.51	54.05	56.41	减少 1.44 个百分点
煤泥	106,939,947.78		100.00	−0.22		
供电	130,758,188.93	151,339,914.22	−15.74	−46.89	−36.22	减少 19.36 个百分点
供热	33,799,185.17	60,691,286.72	−79.56	−14.10	85.53	减少 96.43 个百分点
合计	16,123,453,483.85	12,354,877,036.74	23.37	55.79	52.73	增加 1.54 个百分点

6.3 主营业务分地区情况表

单位:元 币种:人民币

地区	营业收入	营业收入比上年增减(%)
国内	14,835,956,266.54	51.53
国外	1,287,497,217.31	130.66
合计	16,123,453,483.85	55.79

主营业务分部门情况

单位:元 币种:人民币

部 门	主营业务收入	主营业务成本	销售数量	单价	单位成本
母公司	12,644,912,302.74	9,681,287,747.90	28,205,036	448.32	343.25
天成公司	1,455,764,111.02	1,372,422,722.35	4,000,101	363.93	343.10
天元公司	2,822,368,349.88	2,800,415,328.62	7,404,708	381.16	378.19
平舒公司	592,571,103.67	301,909,183.56	1,669,108	355.02	180.88
开元公司	1,055,354,975.31	665,282,473.73	3,214,136	328.35	206.99
左权公司	75,796,433.57	75,621,899.32	196,504	385.72	384.84
国际贸易公司	826,542,917.48	683,906,179.76	587,890	1,405.95	1,163.32
合并抵消	−3,514,414,083.92	−3,437,999,699.44	−8,944,616		
合计	15,958,896,109.75	12,142,845,835.80	36,332,867	439.24	334.21

主要供应商及客户

单位:元 币种:人民币

前五名供应商采购金额合计	331,260,673.01	占采购总额比重(%)	23.31%
前五名销售客户销售金额合计	3,969,562,851.70	占销售总额比重(%)	24.25%

报告期内公司资产构成发生重大变动情况

项目	2008 年 12 月		2007 年 12 月		比上年增减	
	金额	占总资产的比重(%)	金额	占总资产的比重(%)	金额	增减变化(%)
资产总计	1066292	100.00	844488	100.00	221804	26.26
流动资产合计	421177	39.50	265489	31.44	155688	58.64
货币资金	222704	20.89	70071	8.30	152633	217.83
预付款项	15536	1.46	26651	3.16	−11115	−41.71
非流动资产合计	645115	60.50	578999	68.56	66116	11.42
在建工程	11869	1.11	23177	2.74	−11308	−48.79
工程物资	23	0.00	1166	0.14	−1143	−98.03
无形资产	78107	7.33	57716	6.83	20391	35.33
递延所得税资产	18262	1.71	3084	0.37	15178	492.15
负债合计	566677	53.14	351253	41.59	215424	61.33
流动负债合计	470322	44.10	268166	31.75	202155	75.38
短期借款	50000	4.69			50000	
应付账款	141634	13.28	69845	8.27	71789	102.78
预收款项	60463	5.67	36647	4.34	23816	64.99
应付职工薪酬	54672	5.13	11871	1.41	42801	360.55
非流动负债合计	96355	9.04	83086	9.84	13269	15.97
长期应付款	6934	0.65	8097	0.96	−1163	−14.36
递延所得税负债	62635	5.87	45695	5.41	16940	37.07
股东权益合计	499616	46.86	493236	58.41	6380	1.29
归属于母公司所有者权益合计	462372	43.36	469465	55.59	−7093	−1.51
股本	96200	9.02	48100	5.70	48100	100.00
资本公积	1900	0.18	155887	18.46	−153987	−98.78
盈余公积	183064	17.17	133306	15.79	49757	37.33
未分配利润	181209	16.99	132172	15.65	49037	37.10
少数股东权益	37244	3.49	23771	2.81	13473	56.68

项目	2008 年	2007 年	比上年增减(万元)	比上年增减(%)
营业税金及附加	20586	10880	9706	89.21
管理费用	114004	64521	49483	76.69
财务费用	5591	392	5199	1326.28
资产减值损失	14379	3803	10576	278.10
减:所得税费用	39885	34865	5020	14.40

项目	2008 年	2007 年	比上年增减(万元)	比上年增减(%)
经营活动产生的现金流量净额	359499	144064	215435	149.54
投资活动产生的现金流量净额	−231512	−149200	−82312	55.17
筹资活动产生的现金流量净额	22609	−26049	48658	−186.79

6.4 募集资金使用情况

√适用　□不适用

单位:元 币种:人民币

募集资金总额	118,328.00	本年度已使用募集资金总额	29,016.97
		已累计使用募集资金总额	118,328.00

承诺项目	是否变更项目	拟投入金额	实际投入金额	是否符合计划进度	预计收益	产生收益情况
新建 5 万吨/年甲醇项目	是	257,340,000.00	8,797,713.84	否		

变更项目情况

√适用　□不适用

单位:元 币种:人民币

变更后的项目	对应的原承诺项目	变更项目拟投入金额	实际投入金额	是否符合计划进度	变更项目的预计收益	产生收益情况
收购开元公司 100%股权	新建 5 万吨/年甲醇项目	290,169,700.00	290,169,700.00	是		75914862.36
合计	/	290,169,700.00	290,169,700.00	/		/

6.5 非募集资金项目情况

√适用　□不适用

报告期内,公司完成洗煤厂技术改造等项目投资 1,353 万元,安全生产技术改造和采煤方法改革支出 29,212 万元,采掘设备投入 27,824 万元,主要用于矿井安全生产和技术改造。

6.6 董事会对会计师事务所"非标准审计报告"的说明

□适用　√不适用

6.7 董事会本次利润分配或资本公积金转增股本预案

经立信会计师事务所审计,公司 2008 年度实现净利润 1,255,557,728.04 元,加上 2007 年末分配利润 1,072,697,917.23 元,公司 2008 年度可供分配的利润为 2,328,255,645.27 元。根据《公司法》和《公司章程》规定,公司按当年实现的净利润提取 10%法定盈余公积金,计 125,555,772.80 元;提取安全、维简、环保、转产四项基金 740,771,610.00 元,使用 368,752,396.43 元,结余 372,019,213.57 元。扣除上述各项,当年可供股东分配的利润为 757,982,741.67 元。董事会拟以 2008 年度净利润提取相应法定盈余公积金以及专项储备后,以 2008 年 12 月 31 日总股本 962,000,000 股为基数,向全体股东每 10 股派发现金红利 4.50 元(含税),共计 432,900,000.00 元,剩余 1,397,780,658.90 元结转下一年度。

公司本报告期内盈利但未提出现金利润分配预案

□适用　√不适用

第七节　重要事项

7.1 收购资产

√适用　□不适用

单位:元 币种:人民币

交易对方或最终控制方	被收购资产	购买日	收购价格	自购买日起至本年末为公司贡献的净利润	本年初至本年末为公司贡献的净利润(适用于同一控制下的企业合并)	是否为关联交易(如是,说明定价原则)	所涉及的资产产权是否已全部过户	所涉及的债权债务是否已全部转移
阳泉煤业(集团)有限责任公司	寿阳开元矿业有限责任公司	2008 年 7 月 1 日	1,299,372,841.66	75,914,862.36	139,672,694.76	是,审计评估	是	是

7.2 出售资产

□适用　√不适用

7.3 重大担保

□适用　√不适用

7.4 重大关联交易

7.4.1 与日常经营相关的关联交易

□适用　√不适用

7.4.2 关联债权债务往来

√适用　□不适用

单位:元 币种:人民币

关联方	向关联方提供资金		关联方向公司提供资金	
	发生额	余额	发生额	余额
集团公司	458,813,707.22	61,532,763.77	6,341,071,887.01	231,156,808.71
三矿			2,165,988,126.58	315,988,126.58
华越公司	46,787,069.17	28,123,579.4	111,420,677.74	13,898,494.54
亚美公司	37,246,262.95	4,831,121.33	79,680	355,972
兆丰铝业	431,397,474.64	120,459,415.74	61,194	61,194
升华通信	0	0	523,741.96	475,748.32
威虎化工	437,745	0	762,500	140,343.31
岩土公司	1,124,241.9	454,895.12	15,646,319.72	9,238,926.37

辰诚公司	0	0	4,191,954.56	7,477,578.01
石港公司	7,773,570.17	11,654,121.94	85,452,746	48,014
新元公司	203,611,592.14	108,903,821.06	1,806,707,720.98	297,447,377.48
氯碱化工	1,776,258.98	0	15,486,230.23	1,067,810.16
寺家庄煤业	4,846,326.78	5,247,760.57	412,500	7,704.71
宏厦总公司	0	0	0	1,735,899.33
宏厦一公司	3,376,550.93	3,094,607.93	469,781,690.02	84,229,674.64
宏厦三公司	204,975.3	153,144	45,074,239	42,288,097.06
太行地产	0	0	6,221,446.32	2,221,446.32
青岛化工	19,921,113.05	2,047,082.89	0	0
深州化肥	37,190,297.98	5,345,133.22	0	0
丰喜化肥	293,634,207.49	51,764,033.98	0	0
烟台巨力	11,290,691.98	4,805,073.4	0	0
齐鲁一化	53,385,573.46	10,108,918.33	0	0
科林公司	0	0	632,556.2	91,830.8
京宇磁材	10,844,386.15	1,803,770.58	0	0
物业公司	0	0	4,323.82	1,823.52
物资经销	1,469,039.56	1,469,039.56	13,780,979.17	1,838,602.22
合计	1,625,131,084.85	421,798,282.82	11,083,300,513.31	1,009,771,472.08

其中：报告期内公司向控股股东及其子公司提供资金的发生额 1,625,131,084.85 元，余额 421,798,282.82 元。

7.4.3 2008 年资金被占用情况及清欠进展情况

□适用　　√不适用

截止 2008 年末，上市公司未完成非经营性资金占用的清欠工作的，董事会提出的责任追究方案

□适用　　√不适用

7.5 委托理财

□适用　　√不适用

7.6 承诺事项履行情况

7.6.1 公司或持股 5%以上股东在报告期内或持续到报告期内的承诺事项

□适用　　√不适用

7.6.2 公司资产或项目存在盈利预测，且报告期仍处在盈利预测期间，公司就资产或项目是否达到原盈利预测及其原因作出说明：

□适用　　√不适用

7.7 重大诉讼仲裁事项

√适用　　□不适用

山西国阳新能股份有限公司于 2009 年 1 月 16 日收到山西省阳泉市中级人民法院(下称：阳泉中院)两份《民事裁定书》，就阳泉煤业(集团)有限责任公司(下称：阳泉集团)的全资子公司阳泉煤业集团三矿煤业有限责任公司(下称：三矿公司)向阳泉中院申请破产清算一案(法院已于同日宣告同意)，阳泉中院分别于 2008 年 12 月 25 日、31 日作出裁定：确认三矿公司欠 100 家债权人 22991 万元；同意管理人提出的三矿公司破产财产分配方案，即：公司作为一般债权人，申报债权人民币 117047329.70 元的清偿率为零。

三矿公司此次破产为政策性破产，不停产，所欠公司债务系因履行阳泉集团与公司签署的《原煤收购协议》产生，现仍然履行该协议，并且三矿公司向公司承诺并保证将依照上述协议的约定，通过向公司支付原煤的形式向公司足额补偿，或以公司认可的其他形式足额偿还所欠公司的上述债务。

2008 年，三矿公司已通过向公司支付原煤的形式补偿 96814150 元，剩余 20233179.70 元将于 2009 年通过上述方式补偿。

7.8 其他重大事项及其影响和解决方案的分析说明

7.8.1 证券投资情况

□适用　　√不适用

7.8.2 持有其他上市公司股权情况

□适用　　√不适用

7.8.3 持有非上市金融企业股权情况

√适用　　□不适用

所持对象名称	初始投资金额	持有数量	占该公司股权比 例	期末账面值	报告期损益	报告期所有者权益变动	会计核算科目	股份来源
东海证券	6,000,000.00	6,000,000.00	0.3593	6,000,000.00			长期股权投资	
合计	6,000,000.00	6,000,000.00	/	6,000,000.00			/	/

7.8.4 买卖其他上市公司股份的情况

□适用　　√不适用

7.9 公司是否披露履行社会责任的报告：否

第八节　监事会报告

监事会认为公司依法运作、公司财务情况、公司募集资金使用、公司收购、出售资产交易和关联交易不存在问题。

8.1 监事会对公司依法运作情况的独立意见

报告期内，监事会出席了公司历次董事会和股东大会会议，并对董事会和股东大会会议召开程序、决议事项、董事会对股东大会执行情况、公司高管人员履职情况进行了认真的监督和检查。

监事会认为：公司董事会和经理班子能够严格按照《公司法》、《证券法》和《公司章程》及其他法律、法规的要求规范运作，严格执行股东大会的各项决议，履行诚信勤勉义务，工作认真负责，重大决策依据充分，决策程序科学、合法。报告期内，能够依据公司发展和监管要求不断加强制度建设，公司董事和经理成员在执行公司职务时没有违反法律、法规、公司章程和损害公司利益的行为。

8.2 监事会对检查公司财务情况的独立意见

监事会认为：公司财务制度健全，财务管理规范，财务运行状况良好，会计核算能够严格按照企业会计制度和会计准则以及其它相关财务规定的要求执行，未发现有违反财务管理制度的行为。

立信会计师事务所有限公司对公司本年度财务报告出具的标准无保留意见的审计报告是客观公正的，公司财务报告真实、完整地反映了公司的财务状况和经营成果。

8.3 监事会对公司最近一次募集资金实际投入情况的独立意见

2008 年 6 月 30 日召开的 2007 年度股东大会审议通过公司变更部分募集资金投资项目的议案。根据战略发展规划，公司将投资新建 5 万吨/年甲醇项目的募集资金以及收购阳泉煤业(集团)有限责任公司(以下简称“阳煤集团”)洗选煤分公司和发供电分公司项目结余的部分募集资金，用于收购阳煤集团寿阳开元矿业有限责任公司 100%的股权。监事会认为本次公司变更部分募集资金用途程序合法，关联董事在审议该项议案时回避表决，表决程序符合有关法律、法规和公司章程的规定，未发现有损害公司股东和公司利益的行为。

8.4 监事会对公司收购、出售资产情况的独立意见

报告期内，公司变更部分募集资金投资项目用于对开元公司的股权收购。监事会认为通过此次收购，有利于巩固公司的竞争优势和市场地位，为公司增加新的利润增长来源，进一步提升公司在煤炭市场的整体实力。

8.5 监事会对公司关联交易情况的独立意见

报告期内，公司关联交易价格公允，关联交易决策程序合法，没有损害公司和其他股东利益。

8.6 监事会对会计师事务所非标意见的独立意见

报告期内，监事会未发现所聘会计师事务所出具有强调事项、保留意见、无法表示意见或否定意见的审计报告。

第九节　财务会计报告

9.1 审计意见

财务报告	□未经审计	√审计
审计意见	√标准无保留意见	□非标意见

审计意见全文

审计报告

信会师报字(2009)第 11029 号

山西国阳新能股份有限公司全体股东：

我们审计了后附的山西国阳新能股份有限公司(以下简称“国阳新能公司”)财务报表，包括 2008 年 12 月 31 日的资产负债表和合并资产负债表，2008 年度的利润表和合并利润表、现金流量表和合并现金流量表、所有者权益变动表和合并所有者权益变动表以及财务报表附注。

一、管理层对财务报表的责任

按照企业会计准则的规定编制财务报表是国阳新能公司管理层的责任。这种责任包括：(1)设计、实施和维护与财务报表编制相关的内部控制，以使财务报表不存在由于舞弊或错误而导致的重大错报；(2)选择和运用恰当的会计政策；(3)作出合理的会计估计。

二、注册会计师的责任

我们的责任是在实施审计工作的基础上对财务报表发表审计意见。我们按照中国注册会计师审计准则的规定执行了审计工作。中国注册会计师审计准则要求我们遵守职业道德规范，计划和实施审计工作以对财务报表是否不存在重大错报获取合理保证。

审计工作涉及实施审计程序，以获取有关财务报表金额和披露的审计证据。选择的审计程序取决于注册会计师的判断，包括对由于舞弊或错误导致的财务报表重大错报风险的评估。在进行风险评估时，我们考虑与财务报表编制相关的内部控制，以设计恰当的审计程序，但目的并非对内部控制的有效性发表意见。审计工作还包括评价管理层选用会计政策的恰当性和作出会计估计的合理性，以及评价财务报表的总体列报。

我们相信，我们获取的审计证据是充分、适当的，为发表审计意见提供了基础。

三、审计意见

我们认为，国阳新能公司财务报表已经按照企业会计准则的规定编制，在所有重大方面公允反映了国阳新能公司 2008 年 12 月 31 日的财务状况以及 2008 年度的经营成果和现金流量。

立信会计师事务所有限公司　　　中国注册会计师：刘　旻、李建勋、尹　巍

上海南京东路 61 号新黄埔金融大厦 4 楼　　　2009 年 4 月 16 日

9.2 财务报表

合并资产负债表

2008 年 12 月 31 日

编制单位：山西国阳新能股份有限公司　　　单位：元 币种：人民币

项目	附注	期末余额	年初余额
流动资产：			
货币资金		2,227,041,704.09	700,705,345.19
结算备付金			
拆出资金			
交易性金融资产			
应收票据		601,955,555.44	523,376,565.38
应收账款		852,765,038.62	673,088,206.66
预付款项		155,361,643.83	266,509,440.69
应收保费			
应收分保账款			
应收分保合同准备金			
应收利息			
应收股利			
其他应收款		59,474,655.23	139,035,088.61
买入返售金融资产			
存货		315,170,363.99	352,174,009.32
一年内到期的非流动资产			
其他流动资产			
流动资产合计		4,211,768,961.20	2,654,888,655.85
非流动资产：			
发放贷款及垫款			
可供出售金融资产			

持有至到期投资		
长期应收款		
长期股权投资	6,000,000.00	6,000,000.00
投资性房地产		
固定资产	5,338,047,480.28	4,932,569,808.39
在建工程	118,689,149.23	231,765,065.51
工程物资	228,000.00	11,657,727.68
固定资产清理		
生产性生物资产		
油气资产		
无形资产	781,073,896.66	577,160,558.45
开发支出		
商誉	24,275,822.42	0.00
长期待摊费用	224,636.00	
递延所得税资产	182,615,060.60	30,840,012.79
其他非流动资产		
非流动资产合计	6,451,154,045.19	5,789,993,172.82
资产总计	10,662,923,006.39	8,444,881,828.67
流动负债：		
短期借款	500,000,000.00	0.00
向中央银行借款		
吸收存款及同业存放		
拆入资金		
交易性金融负债		
应付票据		
应付账款	1,416,337,503.55	698,449,161.64
预收款项	604,631,826.71	366,469,443.33
卖出回购金融资产款		
应付手续费及佣金		
应付职工薪酬	546,717,797.91	118,710,395.74
应交税费	427,249,885.39	441,609,046.31
应付利息		
应付股利		
其他应付款	1,148,282,248.74	1,001,426,503.27
应付分保账款		
保险合同准备金		
代理买卖证券款		
代理承销证券款		
一年内到期的非流动负债	60,000,000.00	55,000,000.00
其他流动负债		
流动负债合计	4,703,219,262.30	2,681,664,550.29
非流动负债：		
长期借款	263,657,220.97	292,840,970.61
应付债券		
长期应付款	69,335,900.00	80,968,200.00
专项应付款		
预计负债		
递延所得税负债	626,352,683.47	456,951,618.03
其他非流动负债	4,200,000.00	100,000.00
非流动负债合计	963,545,804.44	830,860,788.64
负债合计	5,666,765,066.74	3,512,525,338.93
所有者权益(或股东权益)：		
实收资本(或股本)	962,000,000.00	481,000,000.00
资本公积	18,997,088.45	1,558,869,929.48
减：库存股		
盈余公积	1,830,636,744.01	1,333,061,757.64
一般风险准备		
未分配利润	1,812,088,494.42	1,321,715,344.07
外币报表折算差额		
归属于母公司所有者权益合计	4,623,722,326.88	4,694,647,031.19
少数股东权益	372,435,612.77	237,709,458.55
所有者权益合计	4,996,157,939.65	4,932,356,489.74
负债和所有者权益总计	10,662,923,006.39	8,444,881,828.67

公司法定代表人:石盛奎　　主管会计工作负责人:张思维　　会计机构负责人:张思维

母公司资产负债表

2008 年 12 月 31 日

编制单位: 山西国阳新能股份有限公司　　单位: 元 币种:人民币

项目	附注	期末余额	年初余额
流动资产：			
货币资金		1,561,215,027.63	609,970,555.41
交易性金融资产			
应收票据		543,997,171.44	491,526,565.38
应收账款		953,973,183.43	579,345,913.39
预付款项		134,151,232.51	251,952,959.27
应收利息			
应收股利			
其他应收款		457,564,032.21	118,516,482.12
存货		196,996,456.44	296,006,107.17
一年内到期的非流动资产			
其他流动资产			
流动资产合计		3,847,897,103.66	2,347,318,582.74
非流动资产：			
可供出售金融资产			
持有至到期投资			
长期应收款			
长期股权投资		788,650,198.63	307,106,200.00
投资性房地产			
固定资产		4,188,604,468.94	4,024,364,509.92
在建工程		19,248,341.54	5,639,848.01
工程物资		0.00	11,657,727.68
固定资产清理			
生产性生物资产			
油气资产			
无形资产		84,425,437.76	88,262,958.08
开发支出			
商誉			
长期待摊费用			
递延所得税资产		147,091,467.71	23,922,469.86
其他非流动资产			
非流动资产合计		5,228,019,914.58	4,460,953,713.55
资产总计		9,075,917,018.24	6,808,272,296.29
流动负债：			
短期借款		500,000,000.00	
交易性金融负债			
应付票据			
应付账款		1,244,155,249.56	472,648,683.35
预收款项		435,762,309.10	246,485,047.21
应付职工薪酬		492,349,154.81	99,710,865.80
应交税费		281,327,178.72	400,050,335.82
应付利息			
应付股利			
其他应付款		1,081,655,748.98	681,477,240.83
一年内到期的非流动负债			
其他流动负债			
流动负债合计		4,035,249,641.17	1,900,372,173.01
非流动负债：			
长期借款			
应付债券			
长期应付款			
专项应付款			
预计负债			
递延所得税负债		553,006,314.00	423,870,045.85
其他非流动负债		4,200,000.00	100,000.00
非流动负债合计		557,206,314.00	423,970,045.85
负债合计		4,592,455,955.17	2,324,342,218.86
所有者权益(或股东权益)：			
实收资本(或股本)		962,000,000.00	481,000,000.00
资本公积		1,211,536,690.21	
减：库存股			
盈余公积		1,690,780,404.17	1,252,125,469.99
未分配利润		1,830,680,658.90	1,539,267,917.23
所有者权益(或股东权益)合计		4,483,461,063.07	4,483,930,077.43
负债和所有者权益(或股东权益)总计		9,075,917,018.24	6,808,272,296.29

公司法定代表人:石盛奎　　主管会计工作负责人:张思维　　会计机构负责人:张思维

合并利润表

2008 年 1—12 月

编制单位: 山西国阳新能股份有限公司　　单位: 元 币种:人民币

项目	附注	本期金额	上期金额
一、营业总收入		17,033,136,483.46	10,775,772,654.47
其中：营业收入		17,033,136,483.46	10,775,772,654.47
利息收入			
已赚保费			
手续费及佣金收入			
二、营业总成本		15,078,461,870.77	9,619,810,473.09
其中：营业成本		13,152,954,928.70	8,492,216,348.04
利息支出			
手续费及佣金支出			
退保金			
赔付支出净额			
提取保险合同准备金净额			
保单红利支出			
分保费用			
营业税金及附加		205,857,873.85	108,800,604.60
销售费用		379,908,204.01	331,637,426.01
管理费用		1,140,041,690.72	645,206,062.77
财务费用		55,910,434.26	3,916,624.14

资产减值损失	143,788,739.23	38,033,407.53
加:公允价值变动收益(损失以"-"号填列)		
投资收益(损失以"-"号填列)	960,000.00	868,200.00
其中:对联营企业和合营企业的投资收益		
汇兑收益(损失以"-"号填列)		
三、营业利润(亏损以"-"号填列)	1,955,634,612.69	1,156,830,381.38
加:营业外收入	4,485,095.52	9,246,525.51
减:营业外支出	44,828,796.03	20,131,879.51
其中:非流动资产处置损失		
四、利润总额(亏损总额以"-"号填列)	1,915,290,912.18	1,145,945,027.38
减:所得税费用	398,854,797.35	348,654,136.66
五、净利润(净亏损以"-"号填列)	1,516,436,114.83	797,290,890.72
归属于母公司所有者的净利润	1,454,518,136.72	791,553,515.09
少数股东损益	61,917,978.11	5,737,375.63
六、每股收益:		
(一)基本每股收益	1.51	0.82
(二)稀释每股收益	1.51	0.82

公司法定代表人:石盛奎　　主管会计工作负责人:张思维　　会计机构负责人:张思维

母公司利润表

2008 年 1-12 月

编制单位: 山西国阳新能股份有限公司　　单位: 元 币种:人民币

项目	附注	本期金额	上期金额
一、营业收入		13,816,941,925.38	9,595,833,174.75
减:营业成本		10,788,846,756.79	7,498,979,958.64
营业税金及附加		134,496,586.73	98,874,480.51
销售费用		198,733,035.31	272,694,554.47
管理费用		967,295,913.38	564,911,297.65
财务费用		7,824,676.46	-2,508,537.01
资产减值损失		165,736,358.91	35,546,319.86
加:公允价值变动收益(损失以"-"号填列)			
投资收益(损失以"-"号填列)		5,550,000.00	868,200.00
其中:对联营企业和合营企业的投资收益			
二、营业利润(亏损以"-"号填列)		1,559,558,597.80	1,128,203,300.63
加:营业外收入		3,760,335.58	9,139,086.51
减:营业外支出		7,379,292.45	14,735,118.11
其中:非流动资产处置净损失			
三、利润总额(亏损总额以"-"号填列)		1,555,939,640.93	1,122,607,269.03
减:所得税费用		300,381,912.89	317,048,188.45
四、净利润(净亏损以"-"号填列)		1,255,557,728.04	805,559,080.58

公司法定代表人:石盛奎　　主管会计工作负责人:张思维　　会计机构负责人:张思维

合并现金流量表

2008 年 1-12 月

编制单位: 山西国阳新能股份有限公司　　单位:元 币种:人民币

一、经营活动产生的现金流量:		
销售商品、提供劳务收到的现金	17,263,399,111.46	12,313,417,325.45
客户存款和同业存放款项净增加额		
向中央银行借款净增加额		
向其他金融机构拆入资金净增加额		
收到原保险合同保费取得的现金		
收到再保险业务现金净额		
保户储金及投资款净增加额		
处置交易性金融资产净增加额		
收取利息、手续费及佣金的现金		
拆入资金净增加额		
回购业务资金净增加额		
收到的税费返还	3,378,558.33	
收到其他与经营活动有关的现金	16,661,199.61	21,576,158.46
经营活动现金流入小计	17,280,060,311.07	12,338,372,042.24
购买商品、接受劳务支付的现金	9,033,478,198.54	8,112,432,445.80
客户贷款及垫款净增加额		
存放中央银行和同业款项净增加额		
支付原保险合同赔付款项的现金		
支付利息、手续费及佣金的现金		
支付保单红利的现金		
支付给职工以及为职工支付的现金	1,722,257,362.99	1,547,778,426.83
支付的各项税费	2,055,274,606.29	983,414,707.94
支付其他与经营活动有关的现金	874,058,884.51	254,111,422.63
经营活动现金流出小计	13,685,069,052.33	10,897,737,003.20
经营活动产生的现金流量净额	3,594,991,258.74	1,440,635,039.04
二、投资活动产生的现金流量:		
收回投资收到的现金		
取得投资收益收到的现金	960,000.00	868,200.00
处置固定资产、无形资产和其他长期资产收回的现金净额	4,139,768.34	976,191.00
处置子公司及其他营业单位收到的现金净额		
收到其他与投资活动有关的现金	4,162,232.06	159,498,010.02
投资活动现金流入小计	9,262,000.40	161,342,401.02
购建固定资产、无形资产和其他长期资产支付的现金	1,024,718,493.41	1,416,835,947.29
投资支付的现金		236,506,200.00
质押贷款净增加额		
取得子公司及其他营业单位支付的现金净额	1,299,372,841.03	
支付其他与投资活动有关的现金	288,112.00	
投资活动现金流出小计	2,324,379,446.44	1,653,342,147.29
投资活动产生的现金流量净额	-2,315,117,446.04	-1,491,999,746.27
三、筹资活动产生的现金流量:		
吸收投资收到的现金	74,272,100.00	
其中:子公司吸收少数股东投资收到的现金	74,272,100.00	
取得借款收到的现金	500,000,000.00	88,600,000.00
发行债券收到的现金		
收到其他与筹资活动有关的现金	5,200,000.00	
筹资活动现金流入小计	579,472,100.00	88,600,000.00
偿还债务支付的现金	55,200,000.00	19,980,000.00
分配股利、利润或偿付利息支付的现金	298,181,829.12	329,112,278.39
其中:子公司支付给少数股东的股利、利润		
支付其他与筹资活动有关的现金		
筹资活动现金流出小计	353,381,829.12	349,092,278.39
筹资活动产生的现金流量净额	226,090,270.88	-260,492,278.39
四、汇率变动对现金及现金等价物的影响	1,236,277.44	
五、现金及现金等价物净增加额	1,507,200,361.02	-311,856,985.62
加:期初现金及现金等价物余额	700,705,345.19	1,012,562,330.81
六、期末现金及现金等价物余额	2,207,905,706.21	700,705,345.19

公司法定代表人:石盛奎　　主管会计工作负责人:张思维　　会计机构负责人:张思维

母公司现金流量表

2008 年 1-12 月

编制单位: 山西国阳新能股份有限公司　　单位:元 币种:人民币

项目	附注	本期金额	上期金额
一、经营活动产生的现金流量:			
销售商品、提供劳务收到的现金		13,542,917,335.04	10,865,689,079.62
收到的税费返还			3,378,558.33
收到其他与经营活动有关的现金		20,250,594.44	20,371,788.77
经营活动现金流入小计		13,563,167,929.48	10,889,439,426.72
购买商品、接受劳务支付的现金		6,904,211,118.76	7,035,150,047.41
支付给职工以及为职工支付的现金		1,429,251,534.47	1,361,723,994.54
支付的各项税费		1,673,163,428.58	867,114,284.25
支付其他与经营活动有关的现金		641,873,634.35	214,804,771.73
经营活动现金流出小计		10,648,499,716.16	9,478,793,097.93
经营活动产生的现金流量净额		2,914,668,213.32	1,410,646,328.79
二、投资活动产生的现金流量:			
收回投资收到的现金			
取得投资收益收到的现金		5,550,000.00	868,200.00
处置固定资产、无形资产和其他长期资产收回的现金净额		868,175.00	913,081.00
处置子公司及其他营业单位收到的现金净额		3,600,000.00	
收到其他与投资活动有关的现金			
投资活动现金流入小计		10,018,175.00	1,781,281.00
购建固定资产、无形资产和其他长期资产支付的现金		710,418,713.76	1,144,192,424.11
投资支付的现金		215,727,900.00	250,106,200.00
取得子公司及其他营业单位支付的现金净额		1,299,372,841.03	
支付其他与投资活动有关的现金			
投资活动现金流出小计		2,225,519,454.79	1,394,298,624.11
投资活动产生的现金流量净额		-2,215,501,279.79	-1,392,517,343.11
三、筹资活动产生的现金流量:			
吸收投资收到的现金			
取得借款收到的现金		500,000,000.00	
收到其他与筹资活动有关的现金		5,200,000.00	
筹资活动现金流入小计		505,200,000.00	
偿还债务支付的现金			
分配股利、利润或偿付利息支付的现金		253,122,461.31	324,406,243.79
支付其他与筹资活动有关的现金			
筹资活动现金流出小计		253,122,461.31	324,406,243.79
筹资活动产生的现金流量净额		252,077,538.69	-324,406,243.79
四、汇率变动对现金及现金等价物的影响			
五、现金及现金等价物净增加额		951,244,472.22	-306,277,258.11
加:期初现金及现金等价物余额		609,970,555.41	916,247,813.52
六、期末现金及现金等价物余额		1,561,215,027.63	609,970,555.41

公司法定代表人:石盛奎　　主管会计工作负责人:张思维　　会计机构负责人:张思维

合并所有者权益变动表

2008 年 1-12 月

编制单位: 山西国阳新能股份有限公司　　单位:元 币种:人民币

项目	本期金额								
	归属于母公司所有者权益								
	实收资本(或股本)	资本公积	减:库存股	盈余公积	一般风险准备	未分配利润	其他	少数股东权益	所有者权益合计
一、上年年末余额	481,000,000.00	1,211,536,690.21		427,579,359.98		1,201,850,930.10		237,709,458.55	3,559,676,438.84
加:同一控制下企业合并									
产生的追溯调整		347,333,239.27		273,680.01		-249,187,083.31			98,419,835.97
会计政策变更				905,208,717.65		369,051,497.28			1,274,260,214.93

前期差错更正									
其他									
二、本年年初余额	481,000,000.00	1,558,869,929.48		1,333,061,757.64		1,321,715,344.07		237,709,458.55	4,932,356,489.74
三、本年增减变动金额									
(减少以"-"号填列)	481,000,000.00	-1,539,872,841.03		497,574,986.37		490,373,150.35		134,726,154.22	63,801,449.91
(一)净利润						1,454,518,136.72		61,917,978.11	1,516,436,114.83
(二)直接计入所有者									
权益的利得和损失		-1,299,372,841.03							-1,299,372,841.03
1.可供出售金融资产公允价值变动净额									
2.权益法下被投资单位其他所有者权益变动的影响									
3.与计入所有者权益项目相关的所得税影响									
4.其他		-1,299,372,841.03							-1,299,372,841.03
上述(一)和(二)小计		-1,299,372,841.03				1,454,518,136.72		61,917,978.11	217,063,273.80
(三)所有者投入和减少资本								77,218,176.11	77,218,176.11
1.所有者投入资本								87,622,100.00	87,622,100.00
2.股份支付计入所有者权益的金额									
3.其他								-10,403,923.89	-10,403,923.89
(四)利润分配	240,500,000.00			125,555,772.80		-592,125,772.80		-4,410,000.00	-230,480,000.00
1.提取盈余公积				125,555,772.80		-125,555,772.80			
2.提取一般风险准备									
3.对所有者									
(或股东)的分配	240,500,000.00					-466,570,000.00		-4,410,000.00	-230,480,000.00
4.其他									
(五)所有者权益									
内部结转	240,500,000.00	-240,500,000.00		372,019,213.57		-372,019,213.57			
1.资本公积转增资本									
(或股本)	240,500,000.00	-240,500,000.00							
2.盈余公积转增资本(或股本)									
3.盈余公积弥补亏损									
4.其他				372,019,213.57		-372,019,213.57			
四、本期期末余额	962,000,000.00	18,997,088.45		1,830,636,744.01		1,812,088,494.42		372,435,612.77	4,996,157,939.65

上年同期金额

归属于母公司所有者权益

项目	实收资本(或股本)	资本公积	减:库存股	盈余公积	一般风险准备	未分配利润	其他	少数股东权益	所有者权益合计
一、上年年末余额	481,000,000.00	1,211,536,690.21		375,600,814.39		1,045,471,990.56			3,113,609,495.16
加:同一控制下企业合并									
产生的追溯调整		375,315,233.44		47,268,943.17		-170,749,664.42			251,834,512.19
会计政策变更				633,919,287.67		246,767,215.25		48,460,368.67	929,146,871.59
前期差错更正									
其他									
二、本年年初余额	481,000,000.00	1,586,851,923.65		1,056,789,045.23		1,121,489,541.39		48,460,368.67	4,294,590,878.94
三、本年增减变动金额									
(减少以"-"号填列)		-27,981,994.17		276,272,712.41		200,225,802.68		189,249,089.88	637,765,610.80
(一)净利润						791,553,515.09		5,737,375.63	797,290,890.72
(二)直接计入所有者权益的利得和损失									
1.可供出售金融资产公允价值变动净额									
2.权益法下被投资单位其他所有者权益变动的影响									
3.与计入所有者权益项目相关的所得税影响									
4.其他									
上述(一)和(二)小计						791,553,515.09		5,737,375.63	797,290,890.72
(三)所有者投入和减少资本		-27,981,994.17		33,667,344.48		-33,667,344.48		183,511,714.25	155,529,720.08
1.所有者投入资本								183,511,714.25	183,511,714.25
2.股份支付计入所有者权益的金额									
3.其他		-27,981,994.17		33,667,344.48		-33,667,344.48			-27,981,994.17
(四)利润分配				80,555,908.06		-395,610,908.06			-315,055,000.00
1.提取盈余公积				80,555,908.06		-80,555,908.06			
2.提取一般风险准备									
3.对所有者(或股东)的分配					-315,055,000.00			-315,055,000.00	
4.其他									
(五)所有者权益内部结转				162,049,459.87		-162,049,459.87			
1.资本公积转增资本(或股本)									
2.盈余公积转增资本(或股本)									
3.盈余公积弥补亏损									
4.其他				162,049,459.87		-162,049,459.87			
四、本期期末余额	481,000,000.00	1,558,869,929.48		1,333,061,757.64		1,321,715,344.07		237,709,458.55	4,932,356,489.74

公司法定代表人:石盛奎　　主管会计工作负责人:张思维　　会计机构负责人:张思维

母公司所有者权益变动表

2008 年 1-12 月

编制单位: 山西国阳新能股份有限公司　　单位:元 币种:人民币

本期金额

项目	实收资本(或股本)	资本公积	减:库存股	盈余公积	未分配利润	所有者权益合计
一、上年年末余额	481,000,000.00	1,211,536,690.21		427,579,359.98	1,196,792,242.57	3,316,908,292.76
加:会计政策变更				824,546,110.01	342,475,674.66	1,167,021,784.67
前期差错更正						
其他						
二、本年年初余额	481,000,000.00	1,211,536,690.21		1,252,125,469.99	1,539,267,917.23	4,483,930,077.43
三、本年增减变动金额						
(减少以"-"号填列)					481,000,000.00	-1,211,536,690.21
	438,654,934.18	291,412,741.67	-469,014.36			
(一)净利润	1,255,557,728.04	1,255,557,728.04				
(二)直接计入所有者权益的利得和损失						
1.可供出售金融资产公允价值变动净额						
2.权益法下被投资单位其他所有者权益变动的影响						
3.与计入所有者权益项目相关的所得税影响						
4.其他						
上述(一)和(二)小计					1,255,557,728.04	1,255,557,728.04
(三)所有者投入和减少资本		-971,036,690.21		-58,920,052.19		-1,029,956,742.40
1.所有者投入资本						
2.股份支付计入所有者权益的金额						
3.其他		-971,036,690.21		-58,920,052.19		-1,029,956,742.40
(四)利润分配	240,500,000.00			125,555,772.80	-592,125,772.80	-226,070,000.00
1.提取盈余公积				125,555,772.80	-125,555,772.80	
2.对所有者						
(或股东)的分配	240,500,000.00				-466,570,000.00	-226,070,000.00
3.其他						
(五)所有者权益						
内部结转	240,500,000.00	-240,500,000.00		372,019,213.57	-372,019,213.57	
1.资本公积转增资本						
(或股本)	240,500,000.00	-240,500,000.00				
2.盈余公积转增资本(或股本)						
3.盈余公积弥补亏损						
4.其他				372,019,213.57	-372,019,213.57	
四、本期期末余额	962,000,000.00			1,690,780,404.17	1,830,680,658.90	4,483,461,063.07

上年同期金额

项目	实收资本(或股本)	资本公积	减:库存股	盈余公积	未分配利润	所有者权益合计
一、上年年末余额	481,000,000.00	1,211,536,690.21		375,600,814.39	1,044,040,332.22	3,112,177,836.82
加:会计政策变更				633,919,287.67	247,328,872.36	881,248,160.03
前期差错更正						
其他						
二、本年年初余额	481,000,000.00	1,211,536,690.21		1,009,520,102.06	1,291,369,204.58	3,993,425,996.85
三、本年增减变动金额						
(减少以"-"号填列)				242,605,367.93	247,898,712.65	490,504,080.58
(一)净利润					805,559,080.58	805,559,080.58
(二)直接计入所有者权益的利得和损失						
1.可供出售金融资产公允价值变动净额						
2.权益法下被投资单位其他所有者权益变动的影响						
3.与计入所有者权益项目相关的所得税影响						
4.其他						
上述(一)和(二)小计					805,559,080.58	805,559,080.58
(三)所有者投入和减少资本						
1.所有者投入资本						
2.股份支付计入所有者权益的金额						
3.其他						
(四)利润分配				80,555,908.06	-395,610,908.06	-315,055,000.00
1.提取盈余公积				80,555,908.06	-80,555,908.06	
2.对所有者(或股东)的分配					-315,055,000.00	-315,055,000.00
3.其他						
(五)所有者权益内部结转				162,049,459.87	-162,049,459.87	
1.资本公积转增资本(或股本)						
2.盈余公积转增资本(或股本)						
3.盈余公积弥补亏损						
4.其他				162,049,459.87	-162,049,459.87	
四、本期期末余额	481,000,000.00	1,211,536,690.21		1,252,125,469.99	1,539,267,917.23	4,483,930,077.43

公司法定代表人:石盛奎　　主管会计工作负责人:张思维　　会计机构负责人:张思维

9.4 本报告期无会计差错更正。

9.5 与最近一期年度报告相比,合并范围发生变化的具体说明

与上年相比本年新增合并单位 5 家,减少 1 家,原因为:

1.公司于本年内收购了开元公司 100%的股权,完成同一控制下企业合并。

2.公司于本年内独资设立国贸公司、阳涉公司和左权公司。

3.控股子公司开元公司收购景福煤业公司 70%的股权,完成非同一控制下企业合并。

4.2007 年本公司与阳泉市鑫盛工程机械租赁有限公司签订出资协议,共同组建阳泉市鑫盛机械施工有限公司(以下简称鑫盛公司),本公司认缴首期出资 360 万元。2008 年鑫盛工程机械租赁有限公司因项目经理人数没有达到要求,无法办理施工资质,导致设立失败,本公司收回首期出资款。2008 年 5 月 26 日鑫盛公司第三次股东会已作出注销该公司决议。

本公司在编制合并报表时,将同一控制下企业合并新增子公司开元公司纳入期初合并报表,已对合并资产负债表的期初数进行调整,同时对比较报表相关项目进行调整,视同合并后的报告主体在以前期间业已存在。

董事长:石盛奎

山西国阳新能股份有限公司

二〇〇九年四月十六日

广西五洲交通股份有限公司

广西五洲交通股份有限公司 2008 年年度报告摘要

第一节 重要提示

1.1 本公司董事会、监事会及董事、监事、高级管理人员保证本报告所载资料不存在任何虚假记载、误导性陈述或者重大遗漏,并对其内容的真实性、准确性和完整性承担个别及连带责任。

本年度报告摘要摘自年度报告全文,投资者欲了解详细内容,应当仔细阅读年度报告全文。

1.2 如有董事未出席董事会,应当单独列示其姓名

未出席董事职务	未出席董事姓名	未出席董事的说明
独立董事	孟勤国	因其他公务未能亲自出席公司第六届董事会第八次会议,书面委托独立董事何以全董事出席会议并表决。

1.3 深圳市鹏城会计师事务所有限公司为本公司出具了标准无保留意见的审计报告。

1.4 公司负责人何国纯、主管会计工作负责人覃绍生及会计机构负责人(会计主管人员)傅应华声明:保证年度报告中财务报告的真实、完整。

第二节 公司基本情况简介

2.1 基本情况简介

股票简称	五洲交通	
股票代码	600368	
上市交易所	上海证券交易所	
公司注册地址和办公地址	广西南宁市金湖路 53 号	广西南宁市金湖路 53 号
邮政编码	530028	
电子信箱	wzjt600368@shou.com	

2.2 联系人和联系方式

	董事会秘书	证券事务代表
姓名	王权	林明
联系地址	广西南宁市金湖路 53 号	广西南宁市金湖路 53 号
电话	0771-5520235	0771-5520235
传真	0771-5518383	0771-5518383
电子信箱	wzjt600368@shou.com	wzjt600368@shou.com

第三节 会计数据和业务数据摘要

3.1 主要会计数据

单位:元 币种:人民币

	2008 年	2007 年	本年比上年增减(%)	2006 年
营业收入	208,889,672.34	207,318,294.81	0.76	188,475,086.00
利润总额	102,440,781.98	118,627,920.46	-13.65	89,441,159.15
归属于上市公司股东的净利润	88,496,224.78	99,482,285.14	-11.04	75,264,417.49
归属于上市公司股东的扣除非经常性损益的净利润	92,422,907.71	99,410,061.45	-7.03	76,694,192.47
经营活动产生的现金流量净额	117,384,406.84	256,117,156.69	-54.17	-6,298,812.16
	2008 年末	2007 年末	本年末比上年末增减(%)	2006 年末(注 2)
总资产	2,870,007,808.60	1,886,641,929.50	52.12	1,661,548,640.78
所有者权益(或股东权益)	1,704,029,064.89	1,433,283,578.99	18.89	1,391,151,526.68

3.2 主要财务指标

	2008 年	2007 年	本年比上年增减(%)	2006 年
基本每股收益(元/股)	0.20	0.23	-13.04	0.17
稀释每股收益(元/股)	0.16	0.23	-30.43	0.17
扣除非经常性损益后的基本每股收益(元/股)	0.21	0.23	-8.70	0.17
全面摊薄净资产收益率(%)	5.19	6.80	减少 1.61 个百分点	5.47
加权平均净资产收益率(%)	5.72	6.94	减少 1.22 个百分点	5.63
扣除非经常性损益后全面摊薄净资产收益率(%)	5.42	6.79	减少 1.37 个百分点	5.62
扣除非经常性损益后的加权平均净资产收益率(%)	5.97	6.97	减少 1.00 个百分点	5.78
每股经营活动产生的现金流量净额(元/股)	0.25	0.58	-56.90	-0.014
	2008 年末	2007 年末	本年末比上年末增减(%)	2006 年末
归属于上市公司股东的每股净资产(元/股)	3.62	3.24	11.73	3.09

非经常性损益项目

√适用 □不适用

单位:元 币种:人民币

非经常性损益项目	金额
非流动资产处置损益	-34,326.29
受托经营取得的托管费收入	360,441.52
除上述各项之外的其他营业外收入和支出	-4,227,991.88
非经常性损益相应的所得税	-48,917.28
少数股东享有的部分	24,111.00
合计	-3,926,682.93

3.3 境内外会计准则差异:

□适用 √不适用

第四节 股本变动及股东情况

4.1 股份变动情况表

√适用 □不适用

单位:股

	本次变动前		本次变动增减(+,-)					本次变动后	
	数量	比例(%)	发行新股	送股	公积金转股	其他	小计	数量	比例(%)
一、有限售条件股份									
1、国家持股	22,419,200	5.07	0	0	0	0	0	22,419,200	4.76
2、国有法人持股	209,600,800	47.42	0	0	0	-63,684,000	-63,684,000	145,916,800	30.96
3、其他内资持股									
其中:境内非国有法人持股									
境内自然人持股									
4、外资持股									
其中:境外法人持股									
境外自然人持股									
有限售条件股份合计	232,020,000	52.49	0	0	0	-63,684,000	-63,684,000	168,336,000	35.72
二、无限售条件流通股份									
1、人民币普通股	209,980,000	47.51	0	0	0	92,909,596	92,909,596	302,889,596	64.28
2、境内上市的外资股									
3、境外上市的外资股									
4、其他									
无限售条件流通股份合计	209,980,000	47.51	0	0	0	92,909,596	92,909,596	302,889,596	64.28
三、股份总数	442,000,000	100.00	0	0	0	29,225,596	29,225,596	471,225,596	100.00

限售股份变动情况表

√适用 □不适用

单位:股

股东名称	年初限售股数	本年解除限售股数	本年增加限售股数	年末限售股数	限售原因	解除限售日期
广西壮族自治区高速公路管理局	121,859,200	0		121,859,200	股权分置改革	2009-7-5
华建交通经济开发中心	54,920,800	22,100,000		32,820,800	股权分置改革	2008-7-7
广西壮族自治区公路管理局	35,756,000	22,100,000		13,656,000	股权分置改革	2008-7-7
广西民族经济发展资金管理局	19,484,000	19,484,000		0	股权分置改革	2008-7-7
合计	232,020,000	63,684,000		168,336,000	/	/

4.2 股东数量和持股情况

单位:股

报告期末股东总数	53,619 户

前十名股东持股情况

股东名称	股东性质	持股比例(%)	持股总数	持有有限售条件股份数量	质押或冻结的股份数量
广西壮族自治区高速公路管理局	国有法人	25.86	121,859,200	121,859,200	无
华建交通经济开发中心	国有法人	16.34	77,020,800	32,820,800	无
广西壮族自治区公路管理局	国有法人	12.28	57,856,000	13,656,000	无

广西国宏经济发展集团有限公司	国有法人	8.82	41,580,000	41,580,000	无
广西壮族自治区道路运输管理局	国有法人	1.92	9,040,000	9,040,000	无
国际金融－渣打－CITIGROUP GLOBAL MARKETS LIMITED	未知	0.74	3,504,780	0	未知
中国工商银行－兴业可转债混合型证券投资基金	未知	0.21	1,000,000	0	未知
林荣	未知	0.18	830,000	0	未知
林胜伟	未知	0.11	500,000	0	未知
钱德礼	未知	0.10	471,000	0	未知

前十名无限售条件股东持股情况

股东名称	持有无限售条件股份的数量	股份种类
华建交通经济开发中心	44,200,000	人民币普通股
广西壮族自治区公路管理局	44,200,000	人民币普通股
广西国宏经济发展集团有限公司	41,580,000	人民币普通股
广西壮族自治区道路运输管理局	9,040,000	人民币普通股
国际金融－渣打－CITIGROUP GLOBAL MARKETS LIMITED	3,504,780	人民币普通股
中国工商银行－兴业可转债混合型证券投资基金	1,000,000	人民币普通股
林荣	830,000	人民币普通股
林胜伟	500,000	人民币普通股
钱德礼	471,000	人民币普通股
南京中宁机电焊接设备成套有限公司	400,000	人民币普通股
上述股东关联关系或一致行动的说明	1、前十名股东中，第一名至第五名股东即广西壮族自治区高速公路管理局、华建交通经济开发中心、广西壮族自治区公路管理局、广西国宏经济发展集团有限公司和广西壮族自治区道路运输管理局之间不存在关联关系。 2、第六至第十名股东未知其是否存在关联关系，未知其所持股份是否发生质押或冻结情况，也未知其是否属于《上市公司股东持股变动信息披露管理办法》中规定的一致行动人。	

4.3 控股股东及实际控制人情况介绍

4.3.1 控股股东及实际控制人变更情况

□适用　　　√不适用

4.3.2 控股股东及实际控制人具体情况介绍

4.3.2.1 法人控股股东情况

单位:元 币种:人民币

名称	法定代表人	注册资本	成立日期	主营业务
广西壮族自治区高速公路管理局	罗华芝	4,742,200	1996 年 12 月 18 日	全区高速公路(含一级汽车专用公路)及其设施、建设、养护、收费、服务。

4.3.2.2 法人实际控制人情况

单位:元 币种:人民币

名称	法定代表人	注册资本	成立日期	主营业务
广西壮族自治区交通厅	黄华宽			广西壮族自治区交通厅是公司控股股东广西壮族自治区高速公路管理局的上级主管部门，是广西壮族自治区人民政府的交通行业主管部门。

第五节　董事、监事和高级管理人员

5.1 董事、监事和高级管理人员持股变动及报酬情况

单位:股

姓名	职务	性别	年龄	任期起止日期	年初持股数(股)	年末持股数(股)	股份增减数	变动原因	是否在公司领取报酬津贴	报告期内从公司领取的报酬总额(万元)税前	是否在股东单位或其他关联单位领取薪酬
何国纯	董事长	男	50	2008-7-29~2011-7-29	0	0			是	4.80	否
刘先福	副董事长	男	44	2007-11-13~2011-7-29	0	0			否	5.04	是
饶东平	董事、总经理	男	50	2005-12-15~2011-7-29	0	0			是	21.98	否
王　权	董事、董秘、副总	男	40	2008-7-29~2011-7-29	10,560	10,560			是	17.45	否
罗华芝	董事	男	53	2008-10-14~2011-7-29	3,260	3,260			否	1.17	是
黄克助	董事	男	58	2005-5-26~2011-7-29	10,200	10,200			否	4.68	是
宋振雄	董事	男	53	2008-10-14~2011-7-29	0	0			否	1.17	是
孟　杰	董事	男	31	2005-5-26~2011-7-29	0	0			否	4.68	是
赵　振	独立董事	男	42	2008-7-29~2011-7-29	0	0			否	1.75	否
何以全	独立董事	男	50	2008-7-29~2011-7-29	0	0			否	1.75	否
孟勤国	独立董事	男	51	2008-7-29~2011-7-29	0	0			否	1.75	否
董　威	独立董事	男	44	2007-4-13~2011-7-29	0	0			否	4.68	否
高力生	监事会主席	男	49	2008-10-14~2011-7-29	0	0			否	1.35	是
黄天国	监事会副主席	男	51	2008-7-29~2011-7-29	0	0			否	1.89	是
赖海燕	监事	女	40	2008-10-14~2011-7-29	0	0			否	1.12	是
罗　翼	监事	女	36	2005-5-26~2011-7-29	0	0			否	4.50	是
孔庆丰	职工监事	男	58	2005-5-26~2011-7-29	5,000	5,000			是	14.34	否
邓北陵	职工监事	男	51	2005-5-26~2011-7-29	10,000	10,000			是	14.00	否
李宁国	副总经理	男	56	2005-5-26~2011-7-29	0	0			是	17.94	否
徐　德	副总经理	男	41	2006-12-26~2011-7-29	3,300	3,300			是	17.46	否
覃绍生	财务总监	男	42	2008-9-23~2011-7-29	0	0			是	3.31	否
曾庆智	原副董事长	女	51	2007-11-13~2008-10-14	0	0			否	3.99	是
周志刚	原董事	男	44	2005-5-26~2008-10-14	0	0			否	3.70	是
付　健	原董事	男	56	2005-5-26~2008-7-29	0	0			否	2.73	是
陈仕岳	原董事、总经理	男	53	2005-5-26~2008-7-29	6,600	6,600			是	21.54	否
张国军	原独立董事	男	47	2005-5-26~2008-7-29	0	0			否	2.73	否
邓远志	原独立董事	男	39	2005-5-26~2008-7-29	3,300	3,300			否	2.73	否
梁桂香	原独立董事	女	64	2005-5-26~2008-7-29	8,580	8,580			否	2.73	否
罗建诚	原监事会主席	男	60	2005-5-26~2008-10-14	10,560	10,560			否	4.27	是
张丽桂	原监事会副主席	女	49	2005-5-26~2008-7-29	7,260	7,260			否	2.94	否
黄金木	原监事	男	51	2005-5-26~2008-7-29	40,600	40,600			否	2.62	是
张　宏	原监事	男	40	2008-7-29~2008-10-14	0	0			否	1.68	是
吴庆辉	原总会计师	男	44	2005-5-26~2008-1-17	52,140	52,140			是	9.30	否
李　东	原总会计师	男	45	2008-1-17~2008-9-23	0	0			是	8.93	否
合　计	/	/	/	/	171,360	171,360		/	/	216.70	/

第六节　董事会报告

6.1 管理层讨论与分析

1、报告期内公司经营情况的回顾

(1)公司报告期内总体经营情况

2008 年公司实现营业收入 208,889,672.34 元，较上年增加 1,571,377.53 元，提高 0.76%，与上年相比，虽然少了南梧路木乐至苍梧路段的委托经营管理收入，由于平王路通行费收入的持续稳定增长，营业收入仍较上年基本持平；实现营业利润 106,703,100.15 元，较上年减少 11,929,920.31 元，下降 10.06%；实现利润总额 102,440,781.98 元，较上年减少 16,187,138.48 元，下降 13.65%；实现净利润 87,651,532.89 元，较上年减少 12,330,518.12 元，下降 12.33%。收入基本持平而利润减少的原因主要是销售费用、管理费用、财务费用增加。报告期公司利润构成及来源主要是公司经营的平王路、金宜路、南梧路部分路段的通行费收入以及公司参股投资广西南宁(坛洛)至百色高速公路(坛百高速公路)实现的投资收益，公司利润构成及来源较上年增加坛百高速公路的投资收益，坛百高速公路情况详见本报告“公司主要子公司、参股公司的经营情况及业绩分析”以及“公司投资情况”。截至 2008 年 12 月 31 日，公司总资产为 2,870,007,808.60 元，较上年增加 983,365,879.10 元，提高 52.12%，主要是公司发行可转换公司债券 5.4 亿元及银行贷款增加所致；归属于母公司股东权益为 1,704,029,064.89 元，较上年增加 270,745,485.90 元，提高 18.89%。2008 年公司扣除非经常性损益后的全面摊薄净资产收益率为 5.42%，扣除非经常性损益后的加权平均净资产收益率为 5.97%；扣除非经常性损益后基本每股收益 0.21 元，扣除非经常性损益后稀释每股收益 0.17 元。

2008 年虽然冰雪、地震、洪涝等自然灾害以及金融危机、市场通缩等经济环境的变化，给公司的经营和建设带来种种困难和挑战，公司管理层紧紧围绕董事会制订的全年经营目标任务，力抓主业不放松。公司主营业务是经营收费公路，所经营路段的通行费收入是公司的主要经济来源，公司通过召开收费工作会议以及公司年度、下半年工作会议，把经营目标细分到各收费站，各收费站以治理收费秩序为重点，全力以赴抓征收。面临新问题、新形势，公司管理层及相关业务部门多次深入收费一线调查研究，部署应对措施，要求各收费站在面临种种困难和挑战的情况下，加大稽查力度，最大限度地堵塞征收漏洞，把抓好堵漏增收工作作为确保完成年度任务的重要手段。公司向各收费站发出紧急通知，重申了严格执行自治区有关车辆通行费减免范围的规定，各收费站采取自查与互查、全面与单项等多种稽查方式，做好依法收费、堵漏征收工作，并在当地政府、公路局的支持下，加强相关政策宣传。在公司全体员工共同努力下，比照董事会制定的年度主要经营指标计划，在扣除桥圩收费站委托经营管理业务产生收入、净利润后，公司 2008 年主营业务收入、净利润分别实现 206,889,672.34 元和 87,291,091.37 元，分别完成董事会 2008 年度主营业务收入目标 16,750 万元的 123.52%、净利润目标 6,280 万元的 139.00%。净资产收益率实现 4.88%，完成计划 4.20%的 116.19%。实际完成数较经营计划高 20%以上的原因主要是通行费收入增加、投资收益增加。

按照公司年度经营工作计划报告期完成了以下几项工作：1、较好完成董事会主要经营指标任务；2、筋竹至岑溪高速公路项目完成年度投资计划 101.50%，占总投资的 41.20%；3、获得广西自治区政府批复同意公司收购广西高速公路管理局持有 68%的坛百高速公路股权；4、抓紧完成中国东盟自由贸易区凭祥国际物流园一期工程、现代国际房地产项目结算工作；5、加大中国东盟自由贸易区凭祥国际物流园项目二、三期工程、南宁金桥农产品批发市场项目、五洲国际房地产项目的前期工作力度并完成了相关工作。

公司经营目前存在的问题及困难主要有：1、公司主营业务公路资产中高速公路资产偏少、部分资产收费年限将近，资产收购、优化资产结构有待进一步推进。2、新项目投资回报不能在近期显现、项目开发建设需要投入大量资金等原因，造成财务成本提升。3、2009 年将继续面临全球经济明显减速，国内经济发展形势严峻，对公司的经营和建设来说面临着多方面的困难和挑战。对此，一是在确保 2009 年底筋竹至岑溪高速公路建成通车的基础上，力争收购更多的高速公路资产，优化公司资产结构，提升公司资产的整体回报率，提升公司持续发展能力和竞争力。二是做好现有公路资产的运营管理，下大力气确保主营收入稳步增长。三是通过拓宽融资渠道筹措资金，降低财务成本，提升公司盈利。四是加大征管力度，做好稽查工作，维持收费收入稳定。此外，按照广西收费公路实施货车计重收费的要求，公司各收费站正在进行货车计重收费设施改造和设备安装工作。

2008 年公司实现了投资收益 16,342,162.43 元，其中包括坛百高速公路通车产生效益 13,142,162.43 元，获得其他收益 3,200,000 元。未来随着公司投资项目陆续建成投产及公司现有营运公路收入的增长，公司盈利和经营业绩也将持续稳定发展。

(2)公司主营业务及其经营状况

① 主营业务分行业和分产品构成情况

分行业	营业收入	营业成本	毛利率	营业收入比上年同期增减(%)	营业成本比上年同期增减(%)	毛利率比上年同期增减(%)
交通行业	191,668,033.00	44,797,811.33	76.63	9.11	2.22	增加 1.58 个百分点
物流行业	13,407,221.00	6,819,137.01	49.14	31.69	－	减少 50.86 个百分点

分行业	营业收入	营业成本	毛利率	营业收入比上年同期增减(%)	营业成本比上年同期增减(%)	毛利率比上年同期增减(%)
平王路	71,973,877.00	11,646,365.58	83.82	29.95	−19.03	增加 9.79 个百分点
金宜路	33,479,422.00	15,231,242.99	54.51	−5.00	32.84	减少 12.96 个百分点
南梧路	86,214,734.00	17,920,202.76	79.21	1.38	0	增加 0.28 个百分点
中国东盟自由贸易区凭祥国际物流园	13,407,221.00	6,819,137.01	49.14	31.69	−	减少 50.86 个百分点

本公司主营业务为经营收费公路，属交通行业，经营的三条收费公路为平王路、金宜路和南梧路部分路段。平王路是广西南宁至柳州高速公路小平阳至王灵段，全长 29.44 公里；金宜路起于广西宜州市城西收费站，终于广西河池市东面的百旺村，全长 67.73 公里；南梧路全长 384 公里，公司拥有南梧路五塘至新桥路(全长 47.196 公里)、黎塘绕城路(全长 22.258 公里)、贵港绕城路(全长 21.253 公里)。2008 年公司取得通行费收入 191,668,033.00 元，较上年增加 15,995,845 元，提高 9.11%。

公司控股子公司广西万通国际物流有限公司属物流行业，报告期取得营业收入主要是其全资子公司广西凭祥万通国际物流有限公司中国东盟自由贸易区凭祥国际物流园一期经营取得的设施有偿使用费收入 11,952,530.00 元，较上年增加 2,722,927.00 元，提高 29.50%。此外，其全资子公司广西凭祥万通报关行有限公司取得代理报关收入 1,454,691.00 元，较上年增加 503,408 元，提高 52.92%。

②主营业务分地区情况

地区	营业收入(元)	营业收入比上年增减(%)
广西壮族自治区	205,075,254.00	10.34

报告期公司主营业务经营均在广西进行。

③主要供应商、客户情况

公司投资修建道路等所用的建筑材料主要由广西区内市场供应，区内市场基本能够满足公司投资建设项目对建筑材料的需求，报告期没有特定或明确的主要供应商。

公司的服务对象为经过公司收费公路的过往车辆车主和乘客，没有特定的主要客户。

(3)公司资产构成同比发生重大变动的说明及公司财务数据同比发生重大变动的说明

①资产构成同比变动情况及原因说明

单位：元

项目	2008 年末	占总资产的比重(%)	2007 年末	占总资产的比重(%)	增减比例(%)	占总资产比重的变动
货币资金	499,047,915.09	17.39	182,753,426.95	9.69	173.07	增加 7.7 个百分点
应收帐款	3,773,562.14	0.13	12,517,525.11	0.66	−69.85	减少 0.53 个百分点
预付款项	370,296,127.40	12.90	139,657,095.53	7.40	165.15	增加 5.5 个百分点
其他应收款	2,727,317.60	0.10	5,332,513.73	0.28	−48.85	减少 0.18 个百分点
存货	285,082,659.03	9.93	85,212,257.10	4.52	234.56	增加 5.41 个百分点
在建工程	167,786,245.98	5.85	73,249,649.07	3.88	129.06	增加 1.97 个百分点
无形资产	50,984,473.26	1.78	2,051,370.97	0.11	2385.39	增加 1.67 个百分点
递延所得税资产	67,887.63	0.002	141,429.46	0.007	−52.00	减少 0.005 个百分点
短期借款	135,000,000.00	4.70	50,000,000.00	2.65	170	增加 2.05 个百分点
应付账款	5,555,205.41	0.19	1,169,410.06	0.06	375.04	增加 0.13 个百分点
预收款项	1,428,734.00	0.05	2,196,930.00	0.12	−34.97	减少 0.07 个百分点
应付职工薪酬	544,462.85	0.02	298,898.18	0.02	82.16	无增减
应交税费	3,172,353.20	0.11	6,069,467.09	0.32	−47.73	减少 0.21 个百分点
应付股利	2,910,880.00	0.10	0	0	0.10	增加 0.10 个百分点
其他应付款	221,469,571.88	7.72	97,995,012.31	5.19	126.00	增加 2.53 个百分点
长期借款	100,000,000.00	3.48	0	0		增加 3.48 个百分点
应付债券	337,673,935.51	11.77	0	0		增加 11.77 个百分点
专项应付款	−	−	7,000,000.00	0.37	−100	减少 0.37 个百分点

报告期公司主要资产采用的计量属性为历史成本计量模式，较上年无发生重大变化。无采用公允价值计量的主要报表项目。

货币资金占总资产比重较上年末增加主要是发行可转换公司债券 5.4 亿元、新增贷款资金到位及通行费收入现金流入所致。

应收账款占总资产比重较上年末减少主要是通行费收入及委托管理收入资金回笼所致。

预付款项占总资产比重较上年末增加主要是报告期内子公司广西万通国际物流有限公司、广西岑罗高速公路有限责任公司、南宁金桥农产品有限公司预付项目工程款增加所致。

其他应收款占总资产比重较上年末减少主要是报告期内收回部分流动资金所致。

存货占总资产比重较上年末增加主要是报告期内增加南宁金桥农产品批发市场购置的项目用地所致。

在建工程占总资产比重较上年末增加主要是子公司广西岑罗高速公路有限责任公司增加筋竹至岑溪高速公路工程款所致。

无形资产占总资产比重较上年末增加主要是广西凭祥万通国际物流有限公司增加土地使用权所致。

递延所得税资产占总资产比重较上年末减少主要是报告期内坏帐准备金计提数减少所致。

短期借款占总资产比重较上年末增加主要是公司向银行贷入 1.35 亿的流动资金所致。

应付账款占总资产比重较上年末增加主要是本期应付未付的代管收费站的通行费收入及五塘收费站代收进城费余额增加所致。

预收款项占总资产比重较上年末减少主要是公司 2008 年末预收通行费月票收入减少所致。

应付职工薪酬较上年末增加的原因主要是计提的工会经费增加所致。

应交税费占总资产比重较上年末减少的原因主要是缴纳税金增加所致。

应付股利占总资产比重较上年末增加的原因是应付未付广西民族经济发展资金管理局的 2007 年度的股利。

其他应付款占总资产比重较上年末增加主要是子公司广西岑罗高速公路有限责任公司收到广西高速公路管理局向其追加的投资款 89,740,000 元，南宁金桥农产品有限公司收到南宁威宁公司投资款 40,000,000 元，因尚未办理验资和工商变更手续，故暂挂帐所致。

长期借款占总资产比重较上年末增加主要是子公司广西岑罗高速公路有限责任公司项目增加长期贷款所致。

应付债券占总资产比重较上年末增加主要是报告期发行可转换公司债券 5.4 亿元而上年无此项内容所致。

专项应付款占总资产比重较上年末减少的原因是将原专项应付款按新会计准则进入其他非流动负债所致。

②主要财务指标同比重大变动情况及原因说明

单位：元

项目	2008 年度	2007 年度	增减(%)
销售费用	22,271,887.16	15,476,465.73	43.91
财务费用	4,504,559.72	−7,179,431.30	162.74
资产减值损失	−730,962.21	−1,171,052.39	37.58
投资收益	16,342,162.43	0	
营业外支出	4,264,898.17	5,100.00	83525.45
少数股东损益	−844,691.89	499,765.87	−269.02

销售费用较上年增加主要是公司及子公司广西凭祥万通国际物流有限公司的人员用工成本及维护经营设施费用增加所致。

财务费用较上年增加主要是公司流动贷款所支付的贷款利息增加所致。

资产减值损失较上年增加主要是应收帐款及其他应收款挂帐较上年有所减少，计提坏账也减少所致。

投资收益较上年增加主要是公司参股经营的广西坛百高速公路项目 2008 年经营获利所致。

营业外支出较上年增加主要是公司为项目终止支付的违约金，上年无此项内容所致。

少数股东损益较上年减少主要是广西凭祥万通国际物流有限公司亏损所致。

(4)公司现金流量构成情况、同比发生重大变动的情况及与报告期净利润存在重大差异的原因说明

①现金流量构成情况以及同比变动情况及原因说明

单位：元

项目	2008 年度	2007 年度	增减(%)
一、经营活动产生的现金流量			
现金流入量	228,643,220.38	340,443,271.09	−32.84
现金流出量	111,258,813.54	84,326,114.40	31.94
现金流量净额	117,384,406.84	256,117,156.69	−54.17
二、投资活动产生的现金流量			
现金流入量	18,256,008.82	0	
现金流出量	618,630,624.50	648,316,678.03	−4.58
现金流量净额	−600,374,615.68	−648,316,678.03	7.39
三、筹资活动产生的现金流量			
现金流入量	934,186,896.14	60,500,000.00	1444.11
现金流出量	134,902,199.16	30,940,000.00	336.01
现金流量净额	799,284,696.98	29,560,000.00	2603.94

经营活动产生的现金流入量较上年减少的原因是本期广西凭祥万通国际物流有限公司收到友谊关联检中心基础设施建设资金 1888 万元，上年广西万通国际物流有限公司收到追加投资款 2520 万元及友谊关联检中心基础建设资金 200 万元、公司收到“清沁园”项目投资款 2868 万元及收到广西龙基公司往来款 700 万元。

经营活动产生的现金流出量较上年增加的原因是公司用工成本增加、发行可转换公司债券支付中介咨询费、交通差旅费增加及支付新办公楼装修款。

投资活动产生的现金流入量较上年增加的原因是公司收到现代国际项目资本金 1000 万元及子公司广西岑罗高速公路有限责任公司收取工程投标抵押金。

投资活动产生的现金流出量较上年减少的原因是本年投资活动投资现金比上年同期减少所致。

筹资活动产生的现金流入量较上年增加的原因是增加银行贷款及发行公司可转换公司债券所致，上年无此项内容。

筹资活动产生的现金流出量较上年增加的原因是支付发行可转换公司债券费用及归还银行贷款，上年无此项内容。

② 2008 年公司经营活动产生的现金流量净额为 117,384,406.84 元，公司实现净利润为 87,651,532.89 元，二者存在较大差异的原因主要是收到代收通行费收入、项目投标押金、项目银行存款利息冲减成本等，这类资金并不能产生利润。

(5)本公司主营业务为经营收费公路，报告期无公司设备利用情况、订单获取情况、产品的销售或积压情况，主要技术人员也无发生较大变动。

(6)公司主要子公司、参股公司的经营情况及业绩分析

①广西岑罗高速公路有限责任公司

广西岑罗高速公路有限责任公司成立于 2006 年 8 月，注册资本 60,693,600 元，主要负责广西筋竹至岑溪高速公路的建设及经营管理，主营业务范围：高速公路建设投资；国内贸易(具备经营场所后方可开展经营活动，国家有专项规定除外)。该公司为本公司与广西高速公路管理局共同出资成立，本公司持有 70.74%的股份，广西高速公路管理局持有 29.26%的股份。

广西筋竹至岑溪高速公路 2007 年 10 月开工建设，计划于 2010 年 2 月竣工通车。为应对金融危机，国家作出扩大内需、促进增长的决策部署，按照地方政府及主管部门的要求，该公路将在 2009 年底建成通车。

广西筋竹至岑溪高速公路项目情况见本报告“公司投资情况”。

②广西万通国际物流有限公司

广西万通国际物流有限公司成立于 2005 年 10 月，注册资本 90,000,000 元，是以口岸基础设施和物流基础设施投资、一站式综合物流服务(融国际货运、仓储、搬运装卸、报关、报检、进出口贸易代理等为一体)为主导的第三方物流企业，主营业务范围：对物流基础设施建设的投资、管理；提供国际货运、仓储、搬运装卸、报关、报检、进出口贸易的代理服务；国内贸易(国家有专项规定除外)；机动车配件销售。该公司为本公司与广西道路运输管理局共同出资成立，本公司持有 70%股份，广西道路运输管理局持有 30%的股份。

2006 年 1 月广西万通国际物流有限公司设立全资子公司广西凭祥万通国际物流有限公司，作为项目业主投资建设和经营中国东盟自由贸易区凭祥物流园。2006 年 9 月设立全资子公司广西凭祥万通报关行有限公司，开展代理进出口货物报关报检、经营陆路国际货运代理业务。

中国东盟自由贸易区凭祥国际物流园座落于广西凭祥边境经济合作区南山工业园区南友高速公路旁，距友谊关约10公里，总占地面积约2000亩，总投资约11亿元，分三期建设，其中一期建设友谊关前置核放区、进出口货物通关服务区、进出口货物车辆候检区、物流信息服务中心、综合办公区以及配套路网工程及绿化景观工程，已于2006年11月基本建成投入使用。

报告期广西万通国际物流有限公司收入来源主要是广西凭祥万通国际物流有限公司对中国东盟自由贸易区凭祥国际物流园一期经营获得的设施有偿使用费收入及广西凭祥万通报关行有限公司的代理报关业务收入，2008年实现营业收入15,296,595.30元，较上年增加4,613,513.20元，提高43.19%；实现营业利润-2,382,791.14元，较上年减少4,050,777.37元，下降242.85%；实现利润总额-2,463,161.14元，较上年减少4,129,047.37元，下降247.86%；实现净利润-2,515,635.30元，较上年减少4,181,521.53元，下降251.01%。营业收入增加而利润减少主要是一期在建工程转估后转入固定资产计提折旧大幅增加所致。截至2008年12月31日，广西万通国际物流有限公司总资产为252,402,908.80元，净资产为87,184,360.36元。

随着全球金融风暴向实体经济蔓延，对物流园经营的影响也将加大，随着中央及自治区扩大内需、促进增长决策部署的重大举措逐步落实，广西万通国际物流有限公司将认真谋划物流园的经营和建设，通过积极引进战略投资者和合作伙伴，加紧二、三期工程建设，争取早日实现预期效益。

中国东盟自由贸易区凭祥物流园项目情况见本报告"公司投资情况"。

③南宁金桥农产品有限公司

南宁金桥农产品有限公司成立于2007年4月，注册资本30,000万元，经营范围：农副土特产品(除粮油批发)的销售、房地产开发、建筑工程(凭资质证经营)、仓储及保管服务(国家有规定的除外)、物流管理咨询服务；农产品的加工、包装；对市场开发的投资。目前主要负责南宁金桥农产品批发市场的建设与经营。报告期公司以增资扩股方式持有南宁金桥农产品有限公司70%的股权，南宁威宁资产经营有限责任公司持有30%的股权。

南宁金桥农产品有限公司报告期主要开展南宁金桥农产品批发市场的征地、规划定点等前期工作。南宁金桥农产品批发市场项目情况见本报告"公司投资情况"。

④广西坛百高速公路有限公司

广西坛百高速公路有限公司是广西南宁（坛洛）至百色高速公路项目公司，成立于2007年7月，注册资本1000万元，经营范围：高速公路建设、施工、管理、养护的筹建；工程技术咨询与服务；建筑材料、机械设备、电器产品、汽车配件、日用百货的购销代理(国家有专项规定除外)。该公司为本公司与广西高速公路管理局共同出资成立，本公司持有32%的股份，广西高速公路管理局持有68%的股权。

广西南宁(坛洛)至百色高速公路于2007年12月28日建成通车，全长187.62公里，共设13个收费站、4对服务区和3对停车区。2008年实现营业收入300,485,481.64元，实现营业利润53,560,751.50元，实现利润总额54,759,010.13元，实现净利润41,069,257.59元，按照32%的持股比例，公司获得13,142,162.43元的投资收益。截至2008年12月31日，广西坛百高速公路有限公司总资产为5,679,223,639.36元，净资产为1,676,069,257.59元。

广西坛百高速公路项目情况见本报告"公司投资情况"。

(7)公司报告期无公司控制的特殊目的主体

2、对公司未来发展的展望

(1)公司所处行业的发展趋势及公司面临的市场竞争格局及其变化对公司可能的影响程度

①行业发展趋势

2008年国务院批准实施《广西北部湾经济区发展规划》，以及为应对金融危机中央作出了扩大内需促进经济增长的重大决策，把加快交通基础设施和民生工程建设作为扩大内需的重要举措，并在资金投入、项目审批等方面予以倾斜，中央研究制定了扶持加快广西经济社会发展的相关政策，其中交通、物流是国家进一步扶持的重点。广西自治区党委、政府也作出了加快交通建设、掀起交通建设新高潮的决定，制定了科学发展三年计划和交通优先发展战略，出台了支持交通发展的政策措施，并提出2009年重点推进一批重大公路水运项目建设，尽力把今后几年开工的项目提前集中到2009年开工建设的重大决策部署。广西交通发展面临着大好机遇，对于紧抓交通主业发展同时大力拓展物流业务的公司来说也是很好的机会。

②市场竞争格局

公司目前所经营公路面临着非本公司拥有的其他公路的竞争，其中南柳高速公路南宁到王灵段、六景至兴业高速公路、水任至南宁高速公路对公司南梧路和金宜路的车流量有分流影响。未来随着高速公路路网日趋完善，金宜路还将面临新的分流问题。此外，随着国家实现燃油税费改革，二级以下政府收费还贷公路将逐步取消收费，未来这些不收费公路也会分流经营性收费公路的车流量。

对此，公司已深有意识，决定收购优良的高速公路资产来提升市场竞争能力。2008年10月，广西自治区政府发函同意我公司收购坛百路中广西高速公路管理局所持有的68%股权。

(2)公司发展战略和业务发展规划

按照公司已制订的中长期发展规划，在相当长的一段时间内，公司仍将继续专注于收费高速公路的投资、建设和经营。

2008年随着北部湾经济区发展规划的实施以及广西掀起交通建设新高潮给广西交通建设和公司经营发展带来了难得的机遇和空间，公司管理层研究制订了《公司关于加快发展的设想与建议》，明确提出了提升主业，稳步推动多元化经营的发展目标，公司将充分发挥自身优势，通过项目收购与再融资相结合资本运作，把公司做强做大。一是建设好广西筋竹至岑溪高速公路，完成对广西坛洛至百色高速公路广西高速公路管理局持有股份的收购，争取收购其他效益较好的高速公路，优化公司资产结构，提升公司持续发展力和竞争力；二是稳步推进并加快在投非主业项目的建设，加大对项目投资、建设、运营的监督、管理力度，力争早日实现预期效益。

(3)公司新年度经营计划

2009年是国家第"十一五"规划的第四年，既是广西实施交通发展再上新台阶的重要之年，也是我公司利用上市公司的融资功能，加快收购高速公路资产，优化公司资产结构关键之年。2009年公司工作的总体思路是：围绕科学发展、和谐发展、跨越发展的总体要求，精心谋划公司发展目标，全力加快公司发展步伐，全面落实公司发展措施，充分展现公司发展成果。公司董事会将继续以投资交通、服务交通、发展交通为宗旨，规范、科学、创新、高效地开展工作，争取在新的一年里取得良好的经营业绩。

①继续加强对经营收费公路的管理，不断提高征收管理水平和经济效益

坚持《公司收费站目标管理责任制度》，促进各收费站在通行征收、劳动用工管理、财务管理、设备管理、专项工程、稽核稽查等方面的工作再上新台阶。继续做好南梧路、平王路、金宜路、坛百路车辆通行费的征收和稽查工作，进一步建立和完善征费管理制度，及时合理制定征收计划，完善激励机制，特别是要进一步加大稽查力度，最大限度地堵塞征收漏洞；保持公司总部与各收费站信息畅通，及时了解和解决各站点出现的困难和问题，为各站点提供优质的人性化服务；重点加强收费站各项经费的计划制定和使用监督，做到计划科学、合理使用。

②严格管好用好募集资金，确保筋竹至岑溪高速路年底通车

根据公司募集资金管理制度和使用管理办法，对募集资金实行专户存放，专款专用，投入到筋竹至岑溪高速公路建设。公司将岑罗高速项目的建设作为今年工作的重点。抓好工程质量、安全、工期、投资控制各项工作，确保完成筋竹至岑溪高速公路投资11.4亿元并于今年12月底建成通车。

③加快高速公路项目收购，优化资产结构

为了改善公司的资产结构，提高公路资产中高速公路的比例，拓展公司的主营业务，公司将积极向广西的相关政府部门沟通，积极稳步推进坛百路等高速公路项目股权收购工作，争取年内完成其中一条路的股权收购。

④加快凭祥物流园建设，稳步推进金桥、房地产项目的实施进程

抓紧完成凭祥物流园的二、三期规划，力争部分项目动工，抓好该项目的经营管理工作，提高经济效益；确保金桥农产品市场年内基本完成项目一期工程主体工程，完成固定资产投资约2.1亿元；五洲国际房地产项目完成项目投资6,247万元，完成工程施工面积71,889m2；尽快完成现代国际项目结算和1-4层物业的处置。

⑤完善管理制度，确保规范经营

不折不扣执行现行的内控制度并与时俱进的加以完善，提高公司风险管理水平，提高公司经营效果与效率，增强公司信息披露的可靠性，确保公司规范经营。加强和完善对控股、参股公司以及合作项目的管理机制，加强资金和预算管理，有效降低经营成本和控制投资风险。

⑥提高公司员工素质，增强企业竞争力

加大对员工的教育培训力度，鼓励员工参加自学、自考，让员工多渠道地学习新知识，掌握新本领，提高业务素质；积极引进高素质人才，为公司的多元化经营和发展壮大做好人才储备。

⑦坚定攻坚克难信心，完成新年度经营任务

国际国内各种迹象表明，2009年将是经济发展困难重重的一年，也是公司面临多方面挑战的一年。公司全体职工将以坚定的信心，顽强的拼搏精神，在新的形势下，寻求发展机遇，确保公司稳健经营，力争实现2009年度营业总收入203,000,000元，净利润83,480,000元，净资产收益率4.30%。

(4)实现未来发展战略的资金需求、使用计划及资金来源情况

本公司目前在投项目的资金需求、使用计划及资金来源情况为：

①广西筋竹至岑溪高速公路项目

项目总投资18.5亿元，其中项目资本金82,019.36万元，由广西高速公路管理局出资24,000万元，本公司出资58,019.36万元，其余资金通过项目贷款解决。本公司出资来源为2008年发行5.4亿元可转换公司债券扣除发行费用后募集资金53,000万元以及公司前期投入资金5,019.36万元。资金使用情况具体可见本报告"公司投资情况"中相关募集资金使用情况。

②广西南宁(坛洛)至百色高速公路项目

项目总投资51.53亿元，其中项目资本金18.04亿元，由广西高速公路管理局出资12.22亿元，本公司出资5.815亿元，其余资金通过项目贷款解决。截至报告期末公司已投入5.232亿元，全部以公司自有资金投入，余下资金计划于2009年投入。

2008年9月，广西壮族自治区政府批复同意本公司收购广西高速公路管理局持有的坛百高速公路的股份。目前公司已聘请中介机构展开收购准备工作，所需资金公司拟通过资本市场融资解决。

③中国东盟自由贸易区凭祥物流园

项目总估算约11亿元，其中一期工程总投资2.5亿元，由本公司投入1.75亿元，广西道路运输管理局投入0.75亿元，二、三期投资资金由广西万通国际物流有限公司自筹。截至报告期末公司已投入资金1.377亿元。

④南宁金桥农产品批发市场项目

项目总投资12亿元，项目公司注册资本金3亿元，由本公司出资2.1亿元，占70%的股权；南宁威宁资产经营有限责任公司出资0.9亿元，占30%股权。余下资金由项目公司自筹。截至报告期末公司已投入资金2.1亿元。

⑤五洲国际房地产项目

该项目为公司独资开发的项目，预计投资额2.5亿元，截至2008年末公司已投入资金9462.69万元，余下资金按照项目建设工程进度，除公司自有资金投入外主要通过项目销售收入和银行贷款解决。

未来公司还计划收购其他高速公路资产，公司将根据实际情况，通过自有资金、银行贷款并结合资本市场融资解决资金需求。

(5)对公司未来发展战略和经营目标的实现产生不利影响的风险因素及对策措施

①经营风险

公路收费经营权有时间限制，在公司目前经营的公路资产中，南梧路五塘至新桥段路段只剩5年经营期、黎塘绕城线和贵港绕城线还剩10年，2008年南梧路的营业收入占公司营业收入的41.27%，这些路段如果经营期满而又未有新的项目收入弥补，就会对公司的经营将产生较大的影响。对此，公司已积极采取措施避免不利影响，一是参股南宁坛洛至百色高速公路，该路已于2007年12月建成通车，同时公司已获批收购该路其他股权；二是投资建设筋竹至岑溪高速公路，并争取在2009年底建成通车。公司还将争取收购其他优良公路资产。

此外，公司经营的公路如果进行大、中修，一是如果维修时间过长，则会影响车辆通行，二是将增加公司营运成本。对此公司一是委托专业道路养护队伍进行养护，以确保养护质量，缩短维修时间。二是尽可能协商降低养护费用及大、中修费用支出。

②行业风险

假冒豁免收费车辆的影响，主要是指假冒鲜活农产品运输车辆，此外假冒月票车、"大吨小标"车也会对公司的通行费收入有一定影响。对此公司要求各收费站全面规范和强化收费操作流程，规范假月票、假吨位等查验流程，积极采取多种稽查方式，开展专项治理活动，确保通行费应征不漏。

车辆分流影响。随着高速路网的日趋完善，新开通高速公路对非高速公路通行车辆的分流以及未来取消收费的公路对收费公路通行车辆的分流都不可避免，对此，公司要求收费站加大稽查力度，通过确保通行费应征不漏来提高通行费收入，同时通过投资建设或收购新的高速公路项目，优化资产结构，提高公司持续发展能力。

④政策风险

目前，公司根据有关规定享有一定的税收优惠政策。一是根据《财政部、国家税务总局关于公路

经营企业车辆通行费收入营业税政策的通知》(财税【2005】77 号文),目前公司平王路及金宜路的车辆通行费收入统一减按 3%的税率缴纳营业税。二是根据《财政部、国家税务总局、海关总署关于西部大开发税收优惠问题的通知》(财税【2001】202 号文)规定,在 2001 年至 2010 年期间,公司减按 15%的税率缴纳企业所得税。根据《国务院关于实施企业所得税过渡优惠政策的通知》(国发【2007】39 号)文,《财政部、国家税务总局、海关总署关于西部大开发税收优惠问题的通知》中规定的西部大开发企业所得税优惠政策继续执行。未来如果公司不再享有低税率的优惠政策,对公司业绩会产生一定影响。对此公司将努力保持业绩稳定增长以应对政策变化的影响并积极争取继续享有优惠政策。

3、报告期公司不存在与公允价值计量相关的项目,也尚未制定同公允价值计量相关的内部控制制度。

4、报告期公司未持有外币金融资产、金融负债。

同公允价值计量相关的内部控制制度情况

报告期公司尚未制定同公允价值计量相关的内部控制制度。

与公允价值计量相关的项目

□适用 √不适用

持有外币金融资产、金融负债情况

□适用 √不适用

6.2 主营业务分行业、产品情况表

请见前述 6.1

6.3 主营业务分地区情况表

请见前述 6.1

6.4 募集资金使用情况

√适用 □不适用

单位:元 币种:人民币

募集资金总额	540,000,000	本年度已使用募集资金总额	224,500,000
		已累计使用募集资金总额	273,500,000

承诺项目	是否变更项目	拟投入金额	实际投入金额	是否符合计划进度	产生收益情况
广西筋竹至岑溪高速公路	否	580,193,600	580,193,600	是	尚未产生收益
合计	/	580,193,600	580,193,600	/	/
尚未使用的募集资金用途及去向	专户存储				

上述已累计使用募集资金总额为截至 2009 年 1 月底的数据。

变更项目情况

□适用 √不适用

6.5 非募集资金项目情况

√适用 □不适用

单位:元 币种:人民币

项目名称	项目金额	项目进度	项目收益情况
参与徐州市郊信用合作社	2,700	已完成	
南宁(坛洛)至百色高速公路	581,500,000	于 2007 年 12 月 28 日竣工通车	2008 年实现投资收益 13,142,162.43 元
中国东盟自由贸易区凭祥国际物流园	175,000,000	一期工程已竣工并投入运营,二、三期工程总平规划方案已通过专家评审。	2008 年实现营业收入 15,296,595.30 元;实现利润总额-2,068,190.75 元;实现净利润 -2,123,111.65 元。
南宁金桥农产品批发市场	210,000,000	项目前期工作已基本完成,并取得一期 285 亩土地及二期 1177 亩土地的《建设用地规划许可证》,其中一期 227.58 亩土地已落户南宁金桥农产品有限公司并取得土地证,已完成二期征地约 389 亩并完成场地清表工作。	2008 年尚未实现收益
五洲国际房地产项目	250,000,000	已完成了大部分报建工作。	2008 年尚未实现收益
现代国际房地产项目	50,000,000	截至 2008 年末,除 1-4 层商铺整体出租外其他楼层已全部销售完毕。	截至 2008 年末,该项目已收回投资 50,000,000 元,项目结算正在进行中。
合计	1,266,500,000	/	/

6.6 董事会对会计师事务所"非标准审计报告"的说明

□适用 √不适用

6.7 董事会本次利润分配或资本公积金转增股本预案

公司 2008 年度的财务状况业经深圳市鹏城会计师事务所审计,根据《公司章程》规定和公司 2008 年度财务决算报告,经公司董事会研究,制订 2008 年度利润分配预案如下:

2008 年度公司按照合并报表实现归属于上市公司股东的净利润 88,496,224.78 元,母公司实现净利润 90,167,168.19 元,按母公司实现的净利润计提 10%法定盈余公积金 9,016,716.82 元,加上股东未分配利润年初余额 407,886,705.53 元,扣除已支付的 2007 年度普通股股利 30,940,000.00 元,可供分配的利润年末余额为 456,426,213.49 元。公司拟按每 10 股派发现金红利 0.6 元(含税)进行分配。

由于公司存在可转债转股情况,因此,派发现金红利总股本基数以派发时股权登记日的总股本数为基数,剩余未分配利润结转下年度。

本年度不送红股也不进行公积金转增股本。

公司本报告期内盈利但未提出现金利润分配预案

□适用 √不适用

第七节 重要事项

7.1 收购资产

√适用 □不适用

单位:万元 币种:人民币

交易对方或最终控制方	被收购资产	购买日	收购价格	自购买日起至本年末为公司贡献的净利润	本年初至本年末为公司贡献的净利润(适用于同一控制下的企业合并)	是否为关联交易(如是,说明定价原则)	所涉及的资产产权是否已全部过户	所涉及的债权债务是否已全部转移
现代国际大厦	现代国际大厦 24-28 层	2006 年 4 月 8 日	5,240	0	0	否	是	是

7.2 出售资产

□适用 √不适用

7.3 重大担保

□适用 √不适用

7.4 重大关联交易

7.4.1 与日常经营相关的关联交易

√适用 □不适用

单位:万元 币种:人民币

关联方	向关联方销售产品和提供劳务		向关联方采购产品和接受劳务	
	交易金额	占同类交易金额的比例	交易金额	占同类交易金额的比例
广西壮族自治区高速公路管理局			176.65	27.15%
广西壮族自治区高速公路管理局			100	100.00%
广西壮族自治区公路管理局			270	41.50%
合计			546.65	

7.4.2 关联债权债务往来

√适用 □不适用

单位:万元 币种:人民币

关联方	向关联方提供资金		关联方向公司提供资金	
	发生额	余额	发生额	余额
广西壮族自治区高速公路管理局	346.56	346.56	34,095.86	34,095.86
广西壮族自治区道路运输管理局			4,000	4,000
广西坛百高速公路有限公司			1,000	1,000
合计	346.56	346.56	39,095.86	39,095.86

7.4.3 2008 年资金被占用情况及清欠进展情况

□适用 √不适用

截止 2008 年末,上市公司未完成非经营性资金占用的清欠工作的,董事会提出的责任追究方案

□适用 √不适用

7.5 委托理财

□适用 √不适用

7.6 承诺事项履行情况

7.6.1 公司或持股 5%以上股东在报告期内或持续到报告期内的承诺事项

√适用 □不适用

承诺事项	承诺内容	履行情况
股改承诺	(1)公司的非流通股股东工程公司、工业公	本公司全体有限售条件的流
股改承诺	1)控股股东广西壮族自治区高速公路管理局承诺,其所持有的非流通股股份自非流通股获得流通权之日起三十六个月内不通过上海证券交易所挂牌交易。 2)华建交通经济开发中心、广西壮族自治区公路管理局、广西民族经济发展资金管理局和广西壮族自治区道路运输管理局承诺:自股改方案获得通过非流通股获得上市流通权之日(2006 年 7 月 5 日)起,在 12 个月内不上市流通或转让。在获得上市流通权之日起的第 12 个月后到第 24 个月期间,非流通股股东所持股份上市流通数量不超过总股本的 5%。在获得上市流通权之日起的第 24 个月后到第 36 个月期间,非流通股股东所持股份上市流通数量不超过总股本的 10%。	截止报告期末,上述股东均信守承诺,没有违反承诺的情况发生。
发行时所作承诺	经中国证监会批准,公司于 2008 年 2 月 29 日在上海证券交易所公开发行 5.4 亿可转换公司债券,募集资金扣除承销费后按照募集说明书中承诺投入筋竹至岑溪高速公路的建设。截止报告期末,已投入资金 22,450 万元。	公司信守承诺,没有违反承诺的情况发生。
其他对公司中小股东所作承诺	2006 年公司与控股股东广西壮族自治区高速公路管理局(以下简称高管局)合资成	公司信守承诺,没有违反承诺的情况发生。

立广西坛百高速公路有限公司，用以投资建设南宁(坛洛)至百色高速公路。投资双方在《广西坛洛至百色高速公路项目合资经营合同书》中承诺：高管局出资12.22亿元，占68%股份；公司出资5.82亿元，占32%股份。截止2008年12月31日公司已投入资金5.232亿元。

7.6.2 公司资产或项目存在盈利预测，且报告期仍处在盈利预测期间，公司就资产或项目是否达到原盈利预测及其原因作出说明：

□适用　√不适用

7.7 重大诉讼仲裁事项

√适用　□不适用

我公司曾于2005年5月与广西博瀚房地产开发有限公司(以下简称：博瀚公司)签订《房地产联合开发合同》，博瀚公司以土地作为联合开发用地、我公司出资6000万元共同开发"五洲花园小区"(后改为南湖清沁园)房地产项目。博瀚公司在故意隐瞒我公司的情况下，骗取了湛江市粤西建筑工程公司南宁分公司(以下简称粤西南宁分公司)工程保证金300万元。粤西南宁分公司随后向南宁市中级人民法院提起诉讼，法院作出一审判决如下：1、被告博瀚公司向原告粤西南宁分公司返还300万元及其利息(利息的计算，从2005年10月26起至2005年11月14日止以100万元为基数、从2005年11月15日起至本案生效判决规定的履行期限最后一日止以300万元为基数，均按中国人民银行规定的同期流动资金贷款利率分段计付；2、被告广西五洲交通股份有限公司对被告博瀚公司的上述债务向原告粤西南宁分公司承担连带清偿责任。3、驳回原告粤西南宁分公司的其它诉讼请求。我公司接到一审判决后，不服判决，于2008年2月22日向区高院提起上诉，广西区高级法院于2008年6月3日作出"驳回上诉，维持原判"的判决(详见2008年8月19日在上海证券交易所网站披露的公司2008年半年度报告以及在《中国证券报》和《上海证券报》披露的公司2008年半年度报告摘要)。

公司于2008年9月11日收到南宁市中级人民法院《民事裁定书》(南市执字第202—1号)，依据已生效的判决，南宁市中级人民法院扣划了公司3,658,655.50元(其中工程保证金3,000,000元，利息等658,655.50元)。我公司保留申诉和向博瀚公司追究法律责任权利。

7.8 其他重大事项及其影响和解决方案的分析说明

7.8.1 证券投资情况

□适用　√不适用

7.8.2 持有其他上市公司股权情况

□适用　√不适用

7.8.3 持有非上市金融企业股权情况

□适用　√不适用

7.8.4 买卖其他上市公司股份的情况

□适用　√不适用

7.9 公司是否披露履行社会责任的报告：否

第八节　监事会报告

监事会认为公司依法运作、公司财务情况、公司募集资金使用、公司收购、出售资产交易和关联交易不存在问题。

8.1 监事会对公司依法运作情况的独立意见

公司监事会依据国家有关法律、法规，对公司股东大会、董事会的召开程序、决议事项、董事会对股东大会决议的执行情况、公司高级管理人员执行职务的情况以及公司的管理制度进行了检查和监督，认为：公司董事会在报告期内能严格按照《公司法》、《证券法》、《上海证券交易所股票上市规则》、《公司章程》及其它法规制度进行运作，建立健全了投资者关系管理制度，进一步建立和完善了内部控制制度，设立了公司内审部。公司董事和高级管理人员执行职务时没有违反法律、法规、公司章程或损害公司利益的行为。

8.2 监事会对检查公司财务情况的独立意见

公司监事会会同董事会审计委员会定期对公司的财务制度和财务状况进行了认真细致的检查，在每次定期报告提交董事会审议前，公司监事会均会同董事会审计委员会对公司财务报表、账册和会计原始凭证进行全面的检查和审核并向公司财务主管提出改进意见。经过对公司2008年度财务报告的审核，监事会认为该财务报告能够真实地反映公司的财务状况和经营成果，深圳市鹏城会计师事务所出具的《审计报告》和对有关事项作出的评价和判断是客观公正的。

8.3 监事会对公司最近一次募集资金实际投入情况的独立意见

根据中国证监会《关于核准广西五洲交通股份有限公司公开发行可转换公司债券的批复》(证监许可[2008]161号)，公司于2008年2月29日公开发行可转换公司债券，募集资金54,000万元。2008年3月6日，公司本次公开发行可转换公司债券所募集资金全部到位，并经上海东华会计师事务所有限责任公司东华桂验字[2008]18—1号验资报告验证。本次募集资金扣除发行费用后全部投入广西筋竹(粤桂界)至岑溪高速公路项目。公司按照中国证监会及上海证券交易所有关规定制定了《募集资金管理办法》并得到严格执行；公司严格按照规定存储和使用募集资金。2008年7月31日，公司与保荐人及商业银行签订了《募集资金专户存储三方监管协议》，协议履行情况良好。

公司募集资金严格按照《募集说明书》承诺的项目使用，没有发生变更募投项目的情况。公司按照规定及时、真实、准确、完整地披露募集资金存储、使用和管理的相关信息，不存在违规情形。

本次募资资金在2008年已使用金额22,450万元。

8.4 监事会对公司关联交易情况的独立意见

报告期内公司与关联方交易主要为：

(1)南梧路部分路段、平王路的营运养护和公司所属公路的土地租赁

养护费用标准及土地租金标准依照养护过程中实际发生的费用并参照同类公路上市公司的相关标准按公平、公正、合理的原则确定，报告期上述三项关联交易业经公司六届六次董事会审议批准。在董事会审议以上议案时，关联董事黄克助、罗华芝均按照规定分别对相关议案回避表决，符合相关法律法规的要求。

(2)投资控股广西万通国际物流有限公司

根据公司2004年度股东大会对董事会投资决策权限的授权，经公司五届三次董事会会议审议批准，公司与广西壮族自治区道路运输管理局(以下简称运管局)签订《合资成立广西万通国际物流有限公司协议书》。根据协议书，确定广西万通国际物流有限公司的注册资本总额为9,000万元，其中本公司出资6,300万元，占出资额的70%；运管局出资2,700万元，占出资额的30%。根据项目的进展情况，经公司五届十二次董事会审议并经公司2006年第二次临时股东大会批准，按照原定的比例，公司对广西万通国际物流有限公司进行了5,000万元的追加投资。经公司五届三十一次董事会审议并经公司2008年第二次临时股东大会批准，公司再次对该项目增加投资6,200万元。截止报告期末，公司在该项目的投资1.75亿元，占70%，运管局投资0.75亿元，占30%。在董事会和股东大会审议以上议案时，关联董事付健和关联股东运管局均按照规定回避表决，符合相关法律法规的要求。

(3)投资控股广西岑罗高速公路有限责任公司

公司与广西壮族自治区高速公路管理局(以下简称高管局)合作投资筋竹至岑溪高速公路，双方成立项目公司—广西岑罗高速公路有限责任公司进行管理。公司占项目公司70.74%的股权，高管局占项目公司29.26%的股权。公司在报告期内发行可转换公司债券募集资金扣除发行费用后全部投资该项目。

合作方高管局属关联股东。因此，根据相关规定，《公司关于发行可转换公司债券募集资金投资项目的议案》提交公司董事会和股东大会表决时，关联董事周志刚和关联股东广西壮族自治区高速公路管理局对该议案回避表决，符合相关法律法规的要求。

上述关联交易是公平合理的，没有损害公司和中小股东的利益。

第九节　财务会计报告

9.1 审计意见

财务报告	□未经审计	√审计
审计意见	√标准无保留意见	□非标意见

审计意见全文

审计报告

深鹏所股审字[2009]069号

广西五洲交通股份有限公司全体股东：：

我们审计了后附的广西五洲交通股份有限公司(以下简称"五洲交通")的财务报表，包括2008年12月31日的公司及合并资产负债表，2008年度的公司及合并利润表、公司及合并股东权益变动表和公司及合并现金流量表以及财务报表附注。

一、管理层对财务报表的责任

按照企业会计准则的规定编制财务报表是五洲交通管理层的责任。这种责任包括：(1)设计、实施和维护与财务报表编制相关的内部控制，以使财务报表不存在由于舞弊或错误而导致的重大错报；(2)选择和运用恰当的会计政策；(3)作出合理的会计估计。

二、注册会计师的责任

我们的责任是在实施审计工作的基础上对财务报表发表审计意见。我们按照中国注册会计师审计准则的规定执行了审计工作。中国注册会计师审计准则要求我们遵守职业道德规范，计划和实施审计工作以对财务报表是否不存在重大错报获取合理保证。

审计工作涉及实施审计程序，以获取有关财务报表金额和披露的审计证据。选择的审计程序取决于注册会计师的判断，包括对由于舞弊或错误导致的财务报表重大错报风险的评估。在进行风险评估时，我们考虑与财务报表编制相关的内部控制，以设计恰当的审计程序，但目的并非对内部控制的有效性发表意见。审计工作还包括评价管理层选用会计政策的恰当性和作出会计估计的合理性，以及评价财务报表的总体列报。

我们相信，我们获取的审计证据是充分、适当的，为发表审计意见提供了基础。

三、审计意见

我们认为，五洲交通财务报表已经按照企业会计准则的规定编制，在所有重大方面公允反映了五洲交通公司及合并2008年12月31日的财务状况以及2008年度的经营成果和现金流量。

深圳市鹏城会计师事务所有限公司　　中国注册会计师：李萍、凌松梅

中国深圳市福田区滨河大道5022号联合广场A座7楼　　2009年4月9日

9.2 财务报表

合并资产负债表

2008年12月31日

编制单位:广西五洲交通股份有限公司　　单位:元 币种:人民币

项目	附注	期末余额	年初余额
流动资产：			
货币资金	1	499,047,915.09	182,753,426.95
结算备付金			
拆出资金			
交易性金融资产			
应收票据			
应收账款	2	3,773,562.14	12,517,525.11
预付款项	3	370,296,127.40	139,657,095.53
应收保费			
应收分保账款			
应收分保合同准备金			
应收利息			
应收股利			
其他应收款	4	2,727,317.60	5,332,513.73
买入返售金融资产			
存货	5	285,082,659.03	85,212,257.10
一年内到期的非流动资产			
其他流动资产			
流动资产合计		1,160,927,581.26	425,472,818.42
非流动资产：			
发放贷款及垫款			

可供出售金融资产			
持有至到期投资			
长期应收款			
长期股权投资	6	536,342,162.43	473,200,000.00
投资性房地产			
固定资产	7	952,775,380.96	912,526,661.58
在建工程	8	167,786,245.98	73,249,649.07
工程物资			
固定资产清理			
生产性生物资产			
油气资产			
无形资产	9	50,984,473.26	2,051,370.97
开发支出			
商誉	10	1,124,077.08	
长期待摊费用			
递延所得税资产	11	67,887.63	141,429.46
其他非流动资产			
非流动资产合计		1,709,080,227.34	1,461,169,111.08
资产总计		2,870,007,808.60	1,886,641,929.50
流动负债：			
短期借款	13	135,000,000.00	50,000,000.00
向中央银行借款			
吸收存款及同业存放			
拆入资金			
交易性金融负债			
应付票据			
应付账款	14	5,555,205.41	1,169,410.06
预收款项	15	1,428,734.00	2,196,930.00
卖出回购金融资产款			
应付手续费及佣金			
应付职工薪酬	16	544,462.85	298,898.18
应交税费	17	3,172,353.20	6,069,467.09
应付利息			
应付股利	18	2,910,880.00	
其他应付款	19	221,469,571.88	97,995,012.31
应付分保账款			
保险合同准备金			
代理买卖证券款			
代理承销证券款			
一年内到期的非流动负债			
其他流动负债	20	200,000.00	
流动负债合计		370,281,207.34	157,729,717.64
非流动负债：			
长期借款	21	100,000,000.00	
应付债券	22	337,673,935.51	
长期应付款	23	251,218,641.37	251,218,641.37
专项应付款			7,000,000.00
预计负债			
递延所得税负债			
其他非流动负债		20,721,400.00	
非流动负债合计		709,613,976.88	258,218,641.37
负债合计		1,079,895,184.22	415,948,359.01
股东权益：			
股本	24	471,225,596.00	442,000,000.00
资本公积	25	552,030,144.16	368,066,479.04
减：库存股			
盈余公积	26	224,347,111.24	215,330,394.42
一般风险准备			
未分配利润	27	456,426,213.49	407,886,705.53
外币报表折算差额			
归属于母公司所有者权益合计		1,704,029,064.89	1,433,283,578.99
少数股东权益	28	86,083,559.49	37,409,991.50
股东权益合计		1,790,112,624.38	1,470,693,570.49
负债和股东权益总计		2,870,007,808.60	1,886,641,929.50

公司法定代表人：何国纯　主管会计工作负责人：覃绍生　会计机构负责人：傅应华

母公司资产负债表

2008 年 12 月 31 日

编制单位：广西五洲交通股份有限公司　单位：元 币种：人民币

项目	附注	期末余额	年初余额
流动资产：			
货币资金		398,306,637.47	145,852,989.33
交易性金融资产			
应收票据			
应收账款	1	3,387,400.74	12,512,825.11
预付款项		225,654,195.97	
应收利息			
应收股利			
其他应收款	2	92,763,254.77	52,573,773.48
存货		88,706,170.05	85,212,257.10
一年内到期的非流动资产			
其他流动资产			
流动资产合计		808,817,659.00	296,151,845.02
非流动资产：			
可供出售金融资产			
持有至到期投资			
长期应收款			
长期股权投资	3	859,535,762.43	586,393,607.20
投资性房地产			
固定资产	4	774,310,312.23	813,304,597.94
在建工程		2,331,910.35	0
工程物资			
固定资产清理			
生产性生物资产			
油气资产			
无形资产		2,107,388.60	2,051,370.97
开发支出			
商誉			
长期待摊费用			
递延所得税资产		48,511.30	141,429.46
其他非流动资产			
非流动资产合计		1,638,333,884.91	1,401,891,005.57
资产总计		2,447,151,543.91	1,698,042,850.59
流动负债：			
短期借款		135,000,000.00	
交易性金融负债			
应付票据			
应付账款		4,043,521.08	980,168.72
预收款项		1,352,534.00	2,120,730.00
应付职工薪酬		447,481.09	226,094.53
应交税费		2,812,711.25	5,882,577.02
应付利息			
应付股利		2,910,880.00	
其他应付款		5,174,770.18	3,713,998.83
一年内到期的非流动负债			
其他流动负债		200,000.00	
流动负债合计		151,941,897.60	12,923,569.10
非流动负债：			
长期借款			
应付债券		337,673,935.51	
长期应付款		251,218,641.37	251,218,641.37
专项应付款			
预计负债			
递延所得税负债			
其他非流动负债			
非流动负债合计		588,892,576.88	251,218,641.37
负债合计		740,834,474.48	264,142,210.47
股东权益：			
股本		471,225,596.00	442,000,000.00
资本公积		552,030,144.16	368,066,479.04
减：库存股			
盈余公积		224,347,111.24	215,330,394.42
未分配利润		458,714,218.03	408,503,766.66
外币报表折算差额			
股东权益合计		1,706,317,069.43	1,433,900,640.12
负债和股东权益合计		2,447,151,543.91	1,698,042,850.59

公司法定代表人：何国纯　主管会计工作负责人：覃绍生　会计机构负责人：傅应华

合并利润表

2008 年 1—12 月

单位：元 币种：人民币

项目	附注	本期金额	上期金额
一、营业总收入		208,889,672.34	207,318,294.81
其中：营业收入	29	208,889,672.34	207,318,294.81
利息收入			
已赚保费			
手续费及佣金收入			
二、营业总成本		118,528,734.62	88,685,274.35
其中：营业成本	29	54,170,283.60	50,624,543.64
利息支出			
手续费及佣金支出			
退保金			
赔付支出净额			
提取保险合同准备金净额			
保单红利支出			
分保费用			

营业税金及附加	30	9,243,417.10	8,438,540.18
销售费用		22,271,887.16	15,476,465.73
管理费用		29,069,549.25	22,496,208.49
财务费用	31	4,504,559.72	−7,179,431.30
资产减值损失	32	−730,962.21	−1,171,052.39
加:公允价值变动收益(损失以"−"号填列)			
投资收益(损失以"−"号填列)	33	16,342,162.43	
其中:对联营企业和合营企业的投资收益			
汇兑收益(损失以"−"号填列)			
三、营业利润(亏损以"−"号填列)		106,703,100.15	118,633,020.46
加:营业外收入	34	2,580.00	
减:营业外支出	35	4,264,898.17	5,100.00
其中:非流动资产处置净损失			
四、利润总额(亏损总额以"−"号填列)		102,440,781.98	118,627,920.46
减:所得税费用	36	14,789,249.09	18,645,869.45
五、净利润(净亏损以"−"号填列)		87,651,532.89	99,982,051.01
归属于母公司所有者的净利润		88,496,224.78	99,482,285.14
少数股东损益		−844,691.89	499,765.87
六、每股收益:			
(一)基本每股收益		0.20	0.23
(二)稀释每股收益		0.16	0.23

公司法定代表人:何国纯　　主管会计工作负责人:覃绍生　　会计机构负责人:傅应华

母公司利润表

2008 年 1—12 月

单位:元 币种:人民币

项目	附注	本期金额	上期金额
一、营业收入	5	193,593,077.04	196,635,212.71
减:营业成本	5	46,880,262.81	50,624,543.64
营业税金及附加		8,416,631.63	7,842,224.94
销售费用		18,156,676.14	15,199,406.73
管理费用		23,486,836.07	14,244,783.99
财务费用		4,553,395.95	−7,145,756.99
资产减值损失		−644,454.42	−1,095,023.83
加:公允价值变动收益(损失以"−"号填列)			
投资收益(损失以"−"号填列)	6	16,342,162.43	0
其中:对联营企业和合营企业的投资收益			
二、营业利润(亏损以"−"号填列)		109,085,891.29	116,965,034.23
加:营业外收入		2,580.00	
减:营业外支出		4,184,528.17	3,000.00
其中:非流动资产处置净损失			
三、利润总额(亏损总额以"−"号填列)		104,903,943.12	116,962,034.23
减:所得税费用		14,736,774.93	18,645,869.45
四、净利润(净亏损以"−"号填列)		90,167,168.19	98,316,164.78

公司法定代表人:何国纯　　主管会计工作负责人:覃绍生　　会计机构负责人:傅应华

合并现金流量表

2008 年 1—12 月

单位:元 币种:人民币

项目	附注	本期金额	上期金额
一、经营活动产生的现金流量:			
销售商品、提供劳务收到的现金		216,160,522.56	193,874,984.96
客户存款和同业存放款项净增加额			
向中央银行借款净增加额			
向其他金融机构拆入资金净增加额			
收到原保险合同保费取得的现金			
收到再保险业务现金净额			
保户储金及投资款净增加额			
处置交易性金融资产净增加额			
收取利息、手续费及佣金的现金			
拆入资金净增加额			
回购业务资金净增加额			
收到的税费返还			
收到其他与经营活动有关的现金	37	12,482,697.82	146,568,286.13
经营活动现金流入小计		228,643,220.38	340,443,271.09
购买商品、接受劳务支付的现金		16,246,944.89	12,691,529.06
客户贷款及垫款净增加额			
存放中央银行和同业款项净增加额			
支付原保险合同赔付款项的现金			
支付利息、手续费及佣金的现金			
支付保单红利的现金			
支付给职工以及为职工支付的现金		29,183,957.96	23,126,089.67
支付的各项税费		25,459,196.29	33,687,138.02
支付其他与经营活动有关的现金	38	40,368,714.40	14,821,357.65
经营活动现金流出小计		111,258,813.54	84,326,114.40
经营活动产生的现金流量净额		117,384,406.84	256,117,156.69
二、投资活动产生的现金流量:			
收回投资收到的现金		10,000,000.00	
取得投资收益收到的现金		3,200,000.00	
处置固定资产、无形资产和其他长期资产收回的现金净额		2,580.00	
处置子公司及其他营业单位收到的现金净额			
收到其他与投资活动有关的现金	39	5,053,428.82	
投资活动现金流入小计		18,256,008.82	
购建固定资产、无形资产和其他长期资产支付的现金		365,590,533.20	185,116,678.03
投资支付的现金		270,000,000.00	463,200,000.00
质押贷款净增加额			
取得子公司及其他营业单位支付的现金净额		−29,731,655.70	
支付其他与投资活动有关的现金	40	12,771,747.00	
投资活动现金流出小计		618,630,624.50	648,316,678.03
投资活动产生的现金流量净额		−600,374,615.68	−648,316,678.03
三、筹资活动产生的现金流量:			
吸收投资收到的现金		89,740,000.00	10,500,000.00
其中:子公司吸收少数股东投资收到的现金			
取得借款收到的现金		285,000,000.00	50,000,000.00
发行债券收到的现金		531,900,000.00	
收到其他与筹资活动有关的现金	41	27,546,896.14	
筹资活动现金流入小计		934,186,896.14	60,500,000.00
偿还债务支付的现金		100,000,000.00	
分配股利、利润或偿付利息支付的现金		31,377,962.32	30,940,000.00
其中:子公司支付给少数股东的股利、利润			
支付其他与筹资活动有关的现金	42	3,524,236.84	
筹资活动现金流出小计		134,902,199.16	30,940,000.00
筹资活动产生的现金流量净额		799,284,696.98	29,560,000.00
四、汇率变动对现金及现金等价物的影响			
五、现金及现金等价物净增加额		316,294,488.14	−362,639,521.34
加:期初现金及现金等价物余额		182,753,426.95	545,392,948.29
六、期末现金及现金等价物余额		499,047,915.09	182,753,426.95

公司法定代表人:何国纯　　主管会计工作负责人:覃绍生　　会计机构负责人:傅应华

母公司现金流量表

2008 年 1—12 月

单位:元 币种:人民币

项目	附注	本期金额	上期金额
一、经营活动产生的现金流量:			
销售商品、提供劳务收到的现金		201,260,726.46	183,431,562.86
收到的税费返还			
收到其他与经营活动有关的现金		10,605,976.28	39,915,880.45
经营活动现金流入小计		211,866,702.74	223,347,443.31
购买商品、接受劳务支付的现金		13,915,265.14	12,691,529.06
支付给职工以及为职工支付的现金		25,860,413.88	19,111,274.39
支付的各项税费		24,497,023.75	33,142,020.47
支付其他与经营活动有关的现金		51,768,146.46	8,597,149.75
经营活动现金流出小计		116,040,849.23	73,541,973.67
经营活动产生的现金流量净额		95,825,853.51	149,805,469.64
二、投资活动产生的现金流量:			
收回投资收到的现金		10,000,000.00	
取得投资收益收到的现金		3,200,000.00	
处置固定资产、无形资产和其他长期资产收回的现金净额		2,580.00	
处置子公司及其他营业单位收到的现金净额			
收到其他与投资活动有关的现金		1,100,000.00	
投资活动现金流入小计		14,302,580.00	
购建固定资产、无形资产和其他长期资产支付的现金		2,775,680.96	2,580,640.58
投资支付的现金		494,500,000.00	493,893,600.00
取得子公司及其他营业单位支付的现金净额			
支付其他与投资活动有关的现金		700,000.00	
投资活动现金流出小计		497,975,680.96	496,474,240.58
投资活动产生的现金流量净额		−483,673,100.96	−496,474,240.58
三、筹资活动产生的现金流量:			
吸收投资收到的现金			
取得借款收到的现金		135,000,000.00	
收到其他与筹资活动有关的现金		540,203,094.75	
筹资活动现金流入小计		675,203,094.75	
偿还债务支付的现金			
分配股利、利润或偿付利息支付的现金		31,377,962.32	30,940,000.00
支付其他与筹资活动有关的现金		3,524,236.84	
筹资活动现金流出小计		34,902,199.16	30,940,000.00
筹资活动产生的现金流量净额		640,300,895.59	−30,940,000.00
四、汇率变动对现金及现金等价物的影响			
五、现金及现金等价物净增加额		252,453,648.14	−377,608,770.94
加:期初现金及现金等价物余额		145,852,989.33	523,461,760.27
六、期末现金及现金等价物余额		398,306,637.47	145,852,989.33

公司法定代表人:何国纯　　主管会计工作负责人:覃绍生　　会计机构负责人:傅应华

合并所有者权益变动表

2008 年 1—12 月

单位:元 币种:人民币

本年金额

归属于母公司所有者权益

项目	股本	资本公积	减:库存股	盈余公积	一般风险准备	未分配利润	其他	少数股东权益	所有者权益合计
一、上年年末余额	442,000,000.00	368,066,479.04		215,330,394.42		407,886,705.53		37,409,991.50	1,470,693,570.49
加:同一控制下企业合并产生的追溯调整									
会计政策变更									
前期差错更正									
其他									
二、本年年初余额	442,000,000.00	368,066,479.04		215,330,394.42		407,886,705.53		37,409,991.50	1,470,693,570.49
三、本年增减变动金额									
(减少以"-"号填列)	29,225,596.00	183,963,665.12		9,016,716.82		48,539,507.96		48,673,567.99	319,419,053.89
(一)净利润						88,496,224.78		-844,691.89	87,651,532.89
(二)直接计入所有者									
权益的利得和损失	29,225,596.00	183,963,665.12							213,189,261.12
1.可供出售金融资产公允价值变动净额									
2.权益法下被投资单位其他所有者权益变动的影响									
3.与计入所有者权益项目相关的所得税影响									
4.其他	29,225,596.00	183,963,665.12							213,189,261.12
上述(一)和(二)小计	29,225,596.00	183,963,665.12				88,496,224.78		-844,691.89	300,840,794.01
(三)所有者投入和减少资本									
1.所有者投入资本									
2.股份支付计入所有者权益的金额									
3.其他									
(四)利润分配				9,016,716.82		-39,956,716.82			-30,940,000.00
1.提取盈余公积				9,016,716.82		-9,016,716.82			
2.提取一般风险准备									
3.对所有者(或股东)的分配						-30,940,000.00			-30,940,000.00
4.其他									
(五)所有者权益内部结转								49,518,259.88	49,518,259.88
1.资本公积转增资本(或股本)									
2.盈余公积转增资本(或股本)									
3.盈余公积弥补亏损									
4.其他								49,518,259.88	49,518,259.88
四、本期期末余额	471,225,596.00	552,030,144.16		224,347,111.24		456,426,213.49		86,083,559.49	1,790,112,624.38

上年金额

归属于母公司所有者权益

项目	股本	资本公积	减:库存股	盈余公积	一般风险准备	未分配利润	其他	少数股东权益	所有者权益合计
一、上年年末余额	442,000,000.00	368,066,479.04		205,498,777.94		348,869,010.61		26,410,232.83	1,390,844,500.42
加:同一控制下企业合并产生的追溯调整									
会计政策变更						307,026.26			307,026.26
前期差错更正									
其他									
二、本年年初余额	442,000,000.00	368,066,479.04		205,498,777.94		349,176,036.87		26,410,232.83	1,391,151,526.68
三、本年增减变动金额									
(减少以"-"号填列)				9,831,616.48		58,710,668.66		10,999,758.67	79,542,043.81
(一)净利润						99,482,285.14		499,765.87	99,982,051.01
(二)直接计入所有者权益的利得和损失									
1.可供出售金融资产公允价值变动净额									
2.权益法下被投资单位其他所有者权益变动的影响									
3.与计入所有者权益项目相关的所得税影响									
4.其他									
上述(一)和(二)小计						99,482,285.14		499,765.87	99,982,051.01
(三)所有者投入和减少资本									
1.所有者投入资本									
2.股份支付计入所有者权益的金额									
3.其他									
(四)利润分配				9,831,616.48		-40,771,616.48			-30,940,000.00
1.提取盈余公积				9,831,616.48		-9,831,616.48			
2.提取一般风险准备									
3.对所有者(或股东)的分配						-30,940,000.00			-30,940,000.00
4.其他									
(五)所有者权益内部结转								10,499,992.80	10,499,992.80
1.资本公积转增资本(或股本)									
2.盈余公积转增资本(或股本)									
3.盈余公积弥补亏损									
4.其他								10,499,992.80	10,499,992.80
四、本期期末余额	442,000,000.00	368,066,479.04		215,330,394.42		407,886,705.53		37,409,991.50	1,470,693,570.49

公司法定代表人:何国纯　　主管会计工作负责人:覃绍生　　会计机构负责人:傅应华

母公司所有者权益变动表

2008 年 1—12 月

单位:元 币种:人民币

本年金额

项目	股本	资本公积	减:库存股	盈余公积	未分配利润	所有者权益合计
一、上年年末余额	442,000,000.00	368,066,479.04		215,330,394.42	408,503,766.66	1,433,900,640.12
加:会计政策变更						
前期差错更正						
其他						
二、本年年初余额	442,000,000.00	368,066,479.04		215,330,394.42	408,503,766.66	1,433,900,640.12
三、本年增减变动金额						
(减少以"-"号填列)	29,225,596.00	183,963,665.12		9,016,716.82	50,210,451.37	272,416,429.31
(一)净利润					90,167,168.19	90,167,168.19
(二)直接计入所有者						
权益的利得和损失	29,225,596.00	183,963,665.12				213,189,261.12
1.可供出售金融资产公允价值变动净额						
2.权益法下被投资单位其他所有者权益变动的影响						
3.与计入所有者权益项目相关的所得税影响						
4.其他	29,225,596.00	183,963,665.12				213,189,261.12
上述(一)和(二)小计	29,225,596.00	183,963,665.12			90,167,168.19	303,356,429.31
(三)所有者投入和减少资本						
1.所有者投入资本						
2.股份支付计入所有者权益的金额						
3.其他						
(四)利润分配				9,016,716.82	-39,956,716.82	-30,940,000.00
1.提取盈余公积				9,016,716.82	-9,016,716.82	
2.对所有者(或股东)的分配					-30,940,000.00	-30,940,000.00
3.其他						
(五)所有者权益内部结转						
1.资本公积转增资本(或股本)						
2.盈余公积转增资本(或股本)						
3.盈余公积弥补亏损						
4.其他						
四、本期期末余额	471,225,596.00	552,030,144.16		224,347,111.24	458,714,218.03	1,706,317,069.43

上年金额

项目	股本	资本公积	减:库存股	盈余公积	未分配利润	所有者权益合计
一、上年年末余额	442,000,000.00	368,066,479.04		205,498,777.94	350,959,218.36	1,366,524,475.34
加:会计政策变更						
前期差错更正						
其他						
二、本年年初余额	442,000,000.00	368,066,479.04		205,498,777.94	350,959,218.36	1,366,524,475.34
三、本年增减变动金额						
(减少以"-"号填列)				9,831,616.48	57,544,548.30	67,376,164.78
(一)净利润					98,316,164.78	98,316,164.78
(二)直接计入所有者权益的利得和损失						
1.可供出售金融资产公允价值变动净额						
2.权益法下被投资单位其他所有者权益变动的影响						
3.与计入所有者权益项目相关的所得税影响						
4.其他						
上述(一)和(二)小计					98,316,164.78	98,316,164.78
(三)所有者投入和减少资本						
1.所有者投入资本						
2.股份支付计入所有者权益的金额						
3.其他						
(四)利润分配				9,831,616.48	-40,771,616.48	-30,940,000.00
1.提取盈余公积				9,831,616.48	-9,831,616.48	
2.对所有者(或股东)的分配					-30,940,000.00	-30,940,000.00
3.其他						
(五)所有者权益内部结转						
1.资本公积转增资本(或股本)						
2.盈余公积转增资本(或股本)						
3.盈余公积弥补亏损						
4.其他						
四、本期期末余额	442,000,000.00	368,066,479.04		215,330,394.42	408,503,766.66	1,433,900,640.12

公司法定代表人:何国纯　　主管会计工作负责人:覃绍生　　会计机构负责人:傅应华

9.3 会计政策、会计估计和核算方法变更的说明

根据公司的会计政策,对准高速公路和高速公路按照车流量法计提折旧,每三年根据实际车流量进行测算,如与预测变化较大,导致在批准的经营期内不能收回投资,将对单车折旧进行调整。本年度为上次测算后的第三年,公司聘请专业机构对金宜路及平王路的车流量重新进行预测,按照重新测算的车流量计算单位折旧为:金宜路 2.70 元/车,平王路 1.91 元/车。此项会计估计的变更使 2008 年的利润总额增加 3,018,152.41 元。

9.4 本报告期无会计差错更正。

9.5 与最近一期年度报告相比,合并范围发生变化的具体说明

本公司合并财务报表的合并范围按以控制为基础加以确定。

控制,是指一个企业能够决定另一个企业的财务和经营政策,并能据以从另一个企业的经营活动中获取利益的权利。

本公司纳入合并范围的子公司全部为本公司拥有其半数以上的表决权的被投资单位。

董事长:何国纯

广西五洲交通股份有限公司董事会

2009 年 4 月 9 日

西南证券股份有限公司

西南证券股份有限公司2009年半年度报告摘要

第一节 重要提示

1.1 本公司董事会、监事会及董事、监事、高级管理人员保证本报告所载资料不存在任何虚假记载、误导性陈述或者重大遗漏,并对其内容的真实性、准确性和完整性承担个别及连带责任。

本半年度报告摘要摘自半年度报告全文,投资者欲了解详细内容,应当仔细阅读半年度报告全文。

本公司半年度报告全文刊登于上海证券交易所网站(http://www.sse.com.cn)。

1.2 本报告已经公司第六届董事会第六次会议审议通过。第六届董事会第六次会议应到董事8人,实到董事6人,刘萍独立董事因工作原因未能亲自出席,委托张宗益独立董事出席会议并代为行使表决权和签署相关文件,刘晶董事因生病未能亲自出席,委托蒋辉董事长出席会议并代为行使表决权和签署相关文件。没有董事、监事、高级管理人员对本报告内容的真实性、准确性和完整性无法保证或存在异议。

1.3 公司半年度财务报告未经审计。

1.4 本公司不存在被控股股东及其关联方非经营性占用资金情况。

1.5 本公司不存在违反规定决策程序对外提供担保的情况。

1.6 公司负责人王珠林先生、主管会计工作负责人王珠林先生及会计机构负责人(会计主管人员)邓勇先生声明:保证本半年度报告中财务报告的真实、完整。

第二节 公司基本情况简介

2.1 基本情况简介

股票简称	西南证券	
股票代码	600369	
股票上市交易所	上海证券交易所	
	董事会秘书	证券事务代表
姓名	徐鸣镝	
联系地址	重庆市渝中区临江支路2号合景国际大厦A幢24层	
电话	023-63786433	
传真	023-63786477	
电子信箱	xmd@swsc.com.cn	

2.2 主要财务数据和指标

2.2.1 主要会计数据和财务指标

单位:元 币种:人民币

	本报告期末	上年度期末	本报告期末比上年度期末增减(%)
总资产	9,859,762,365.56	8,027,473,487.88	22.83
所有者权益(或股东权益)	3,939,892,256.89	3,315,938,187.45	18.82
每股净资产(元)	2.07	1.74	
	报告期(1-6月)	上年同期	本报告期比上年同期增减(%)
营业利润	537,335,662.95	180,154,038.31	198.26
利润总额	533,875,569.33	183,817,584.13	190.44
净利润	430,630,321.37	139,659,260.29	208.34
扣除非经常性损益后的净利润	433,225,391.58	136,911,600.93	216.43
基本每股收益(元)	0.23	0.07	228.57
扣除非经常性损益后的基本每股收益(元)	0.23	0.07	228.57
稀释每股收益(元)	0.23	0.07	228.57
净资产收益率(%)	10.93	4.17	增加6.76个百分点
经营活动产生的现金流量净额	-5,915,401.24	-170,203,597.77	-
每股经营活动产生的现金流量净额(元)	-0.003	-0.09	-

注:上年度期末及上年同期的主要会计数据和财务指标为原西南证券有限责任公司数据,并根据公司吸收合并西南证券有限责任公司后的总股本1,903,854,562股进行计算。

2.2.2 非经常性损益项目和金额

√适用 □不适用

单位:元 币种:人民币

非经常性损益项目	金额
非流动资产处置损益	-3,359,386.71
除上述各项之外的其他营业外收入和支出	-100,706.91
小计	-3,460,093.62
所得税影响额	865,023.41
扣除所得税影响后的非经常性损益	-2,595,070.21
其中:归属于上市公司股东的非经常性损益	-2,595,070.21
归属于少数股东的非经常性损益	-

2.2.3 境内外会计准则差异

□适用 √不适用

第三节 股本变动及股东情况

3.1 股份变动情况表

√适用 □不适用

2009年1月20日,经中国证券监督管理委员会(以下简称中国证监会)以证监许可[2009]62号文《关于核准重庆长江水运股份有限公司重大资产重组及吸收合并西南证券有限责任公司的批复》核准,本公司新增股份1,658,997,062股以换取西南证券有限责任公司(以下简称西南有限)股东持有的西南有限全部权益,吸收合并西南有限。

单位:股

	本次变动前		本次变动增减(+,-)					本次变动后	
	数量	比例(%)	发行新股	送股	公积金转股	其他	小计	数量	比例(%)
一、有限售条件股份									
1、国家持股	16,645,171	6.80%				-12,242,875	-12,242,875	4,402,296	0.23%
2、国有法人持股			1,288,344,792				1,288,344,792	1,288,344,792	67.67%
3、其他内资持股	21,679,329	8.85%	370,652,270			-21,679,329	348,972,941	370,652,270	19.47%
其中:境内非国有法人持股	21,679,329	8.85%	370,652,270			-21,679,329	348,972,941	370,652,270	19.47%
境内自然人持股									
4、外资持股									
其中:境外法人持股									
境外自然人持股									
有限售条件股份合计	38,324,500	15.65%	1,658,997,062			-33,922,204	1,625,074,858	1,663,399,358	87.37%
二、无限售条件流通股份									
1、人民币普通股	206,533,000	84.35%				33,922,204	33,922,204	240,455,204	
2、境内上市的外资股									
4、其他									
无限售条件流通股份合计	206,533,000	84.35%				33,922,204	33,922,204	240,455,204	12.63%
三、股份总数	244,857,500	100%	1,658,997,062			0	1,658,997,062	1,903,854,562	100%

3.2 股东数量和持股情况

单位:股

报告期末股东总数	5,294户

前十名股东持股情况

股东名称	股东性质	持股比例(%)	持股总数	报告期内增减	持有有限售条件股份数量	质押或冻结的股份数量
重庆渝富资产经营管理有限公司		49.35	939,536,796	939,536,796	939,536,796	无
中国建银投资有限责任公司	国有法人	8.63	164,213,506	164,213,506	164,213,506	无
重庆国际信托有限公司	境内非国有法人	6.04	114,934,587	114,934,587	114,934,587	无
重庆市水务资产经营有限公司	国有法人	4.05	77,065,345	77,065,345	77,065,345	无
海南珠江控股股份有限公司	境内非国有法人	2.80	53,250,000	53,250,000	53,250,000	质押 53,250,000
北京新富投资有限公司	境内非国有法人		46,150,000	46,150,000	46,150,000	质押 46,150,000
常州大亚投资担保有限公司	境内非国有法人	1.49	28,399,999	28,399,999	28,399,999	质押 14,500,000
重庆市涪陵区城乡资产管理有限公司		1.42	26,972,900	26,972,900	26,972,900	无
重庆啤酒(集团)有限责任公司	国有法人	1.38	26,308,695	26,308,695	26,308,695	无
重庆长江水运股份有限公司未确认持有人证券专用账户(注1)	未知	1.29	24,537,245	24,537,245	24,537,245	无

前10名无限售条件股东持股情况

股东名称	持有无限售条件股份的数量	股份种类
重庆市涪陵区资产经营公司	8,925,238	人民币普通股
中国银行-工银瑞信核心价值股票型证券投资基金	4,491,588	人民币普通股
四川省港航开发有限责任公司	3,864,996	
姚丽群	1,879,932	人民币普通股
华融投资有限公司	1,730,000	人民币普通股
国泰君安证券股份有限公司	1,450,000	人民币普通股

李如祥	1,007,795	人民币普通股
日信证券有限责任公司	700,000	人民币普通股
上海华鹏广告有限公司	500,100	人民币普通股
刘东辉	500,000	人民币普通股
上述股东关联关系或一致行动的说明	公司前十名股东中，重庆渝富资产经营管理有限公司(以下简称重庆渝富)与中国建银投资有限责任公司(以下简称中国建投)于 2007 年 9 月 5 日签署了《关于重庆长江水运股份有限公司吸收合并西南证券有限责任公司涉及上市公司收购相关事宜之一致行动协议》，承诺在本公司吸收合并西南有限以实现西南有限借壳上市过程中采取一致行动。同时，前十大股东中的重庆国际信托有限公司、海南珠江控股股份有限公司、北京新富投资有限公司、重庆市涪陵区城乡资产管理有限公司、重庆啤酒(集团)有限责任公司、重庆长江水运股份有限公司未确认持有人证券专用账户(包括重庆市开发投资公司、重庆银桥物业有限公司)因在原西南有限 2006 年增资扩股时与重庆渝富签定了《股权托管协议》，而在本次收购中与重庆渝富、中国建投形成一致行动关系。	

3.3 控股股东及实际控制人变更情况

√适用　　□不适用

新控股股东名称：重庆渝富资产经营管理有限公司

新实际控制人名称：重庆市国有资产监督管理委员会

变更日期：2009 年 2 月 17 日

刊登日期和报刊：2009 年 2 月 19 日上海证券报、中国证券报

第四节　董事、监事和高级管理人员情况

4.1 董事、监事和高级管理人员持股变动

□适用　　√不适用

第五节　董事会报告

5.1 主营业务分行业、产品情况表

单位：元 币种：人民币

分行业或分产品	营业收入	营业成本	营业利润率(%)	营业收入比上年增减(%)	营业成本比上年增减(%)	营业利润率比上年增减(%)
分行业						
证券经纪业务	408,780,853.21	89,471,105.82	78.11	11.92	5.36	增加 1.78 个百分点
证券投资业务	267,685,997.74	16,537,091.31	93.82	–	695.76	–
投资银行业务	129,911,050.13	81,039,137.86	37.62	569.09	10.63	–

其中：报告期内上市公司向控股股东及其子公司销售产品和提供劳务的关联交易总金额 0 万元。

5.2 主营业务分地区情况表

单位：元 币种：人民币

地区	营业收入	营业收入比上年增减(%)
重庆	226,896,854.10	17.49
广东	36,338,339.16	−5.33
上海	43,018,921.86	3.25
北京	42,994,207.25	4.08
四川	11,519,966.28	41.97
浙江	17,554,794.28	18.98
山东	7,221,424.35	19.74
云南	11,822,021.00	5.45
山西	3,295,627.71	−23.30
江苏	8,118,697.29	27.57
公司本部	457,789,019.15	567.25
合计	866,569,872.43	99.74

5.3 主营业务及其结构发生重大变化的原因说明

√适用　　□不适用

经中国证监会以证监许可[2009]62 号文《关于核准重庆长江水运股份有限公司重大资产重组及吸收合并西南证券有限责任公司的批复》核准，公司完成本次合并完成后，公司的主营业务从长江干支流客、货运输及旅游服务转变为证券类金融业务，公司转型为证券公司，公司经营范围变更为：证券经纪、证券投资咨询、与证券交易、证券投资活动有关的财务顾问、证券承销与保荐、证券自营、证券资产管理、证券投资基金代销。

5.4 主营业务盈利能力(毛利率)与上年相比发生重大变化的原因说明

√适用　　□不适用

经中国证监会以证监许可[2009]62 号文《关于核准重庆长江水运股份有限公司重大资产重组及吸收合并西南证券有限责任公司的批复》核准，公司完成本次合并完成后，公司的主营业务从长江干支流客、货运输及旅游服务转变为证券类金融业务，公司转型为证券公司，公司经营范围变更为：证券经纪、证券投资咨询、与证券交易、证券投资活动有关的财务顾问、证券承销与保荐、证券自营、证券资产管理、证券投资基金代销。

5.5 利润构成与上年度相比发生重大变化的原因分析

√适用　　□不适用

经中国证监会以证监许可[2009]62 号文《关于核准重庆长江水运股份有限公司重大资产重组及吸收合并西南证券有限责任公司的批复》核准，公司完成本次合并完成后，公司的主营业务从长江干支流客、货运输及旅游服务转变为证券类金融业务，公司转型为证券公司，公司经营范围变更为：证券经纪、证券投资咨询、与证券交易、证券投资活动有关的财务顾问、证券承销与保荐、证券自营、证券资产管理、证券投资基金代销。

5.6 募集资金使用情况

5.6.1 募集资金运用

√适用　　□不适用

单位：元 币种：人民币

募集资金总额	4,263,622,449.34	本报告期已使用募集资金总额	4,263,622,449.34
		已累计使用募集资金总额	4,263,622,449.34
尚未使用的募集资金用途及去向	/		

5.6.2 变更项目情况

□适用　　√不适用

5.7 董事会下半年的经营计划修改计划

□适用　　√不适用

5.8 预测年初至下一报告期期末的累计净利润可能为亏损或者与上年同期相比发生大幅度变动的警示及说明

□适用　　√不适用

5.9 公司董事会对会计师事务所本报告期“非标准审计报告”的说明

□适用　　√不适用

5.10 公司董事会对会计师事务所上年度“非标准审计报告”涉及事项的变化及处理情况的说明

□适用　　√不适用

第六节　重要事项

6.1 收购、出售资产及资产重组

6.1.1 收购资产

□适用　　√不适用

6.1.2 出售资产

□适用　　√不适用

6.1.3 自资产重组报告书或收购出售资产公告刊登后，该事项的进展情况及对报告期经营成果与财务状况的影响

□适用　　√不适用

6.1.4 吸收合并情况

2009 年 1 月 20 日，经中国证券监督管理委员会以证监许可[2009]62 号文《关于核准重庆长江水运股份有限公司重大资产重组及吸收合并西南证券有限责任公司的批复》核准，本公司实施了重大资产重组及吸收合并西南有限的重组方案（具体方案详见 2009 年 2 月 4 日上海证券交易所网站(http://www.sse.com.cn)《重庆长江水运股份有限公司重大资产出售暨新增股份吸收合并西南证券有限责任公司报告书》）。2009 年 2 月 14 日，公司完成与西南有限以及重庆长江水运有限责任公司的资产、人员交割手续。2009 年 2 月 17 日，公司新增 1,658,997,062 股股份已在中国证券登记结算有限责任公司上海分公司办理完毕股份登记手续。通过本次重大资产重组暨吸收合并，公司将原有缺乏持续盈利能力的资产置出公司，承接了西南有限的全部资产、业务和人员，彻底改变了公司原有业务盈利能力不足、持续经营困难的状况，扩大了公司资产规模、优化了公司资产结构和盈利模式，为公司业绩持续增长奠定了坚实基础。

6.2 担保事项

□适用　　√不适用

6.3 非经营性关联债权债务往来

□适用　　√不适用

6.4 重大诉讼仲裁事项

√适用　　□不适用

1、本报告期公司无重大诉讼、仲裁事项。

2、公司以前年度未结案的重大诉讼、仲裁事项如下：

2004 年 6 月，紫光创新投资有限公司(以下简称紫光创投)及 8 个自然人(账户名义持有人)向重庆市第一中级人民法院起诉公司股票交易纠纷案，要求公司赔偿损失约 8,700 万元（共 8 起案件)。2007 年 7 月，法院驳回了其中二起案件的诉讼请求，二原告已向重庆市高级人民法院提起上诉，二审在审理中。其他 6 个自然人的案件尚未判决。

上述未结案的诉讼事项系西南有限 2006 年重组前的遗留问题，根据西南有限 2006 年重组时公司全体股东签订的《西南证券有限责任公司增资重组框架协议》、《西南证券有限责任公司增资扩股协议》约定，因重组前遗留问题而导致的诉讼、仲裁或行政处罚等产生的损失由公司重组前老股东承担，老股东应分得红利须先用于弥补上述损失。在公司吸收合并西南有限的重组方案中，西南有限重组前老股东就继续履行原承诺和约定出具了相关承诺，因此，上述案件的审理结果不会对本公司净利润构成影响。该事项本公司在《重庆长江水运股份有限公司重大资产出售暨新增股份吸收合并西南证券有限责任公司报告书》中进行了披露。

6.5 其他重大事项及其影响和解决方案的分析说明

6.5.1 证券投资情况

√适用　　□不适用

序号	证券品种	证券代码	证券简称	初始投资金额(元)	持有数量	期末账面值	占期末证券投资比例(%)	报告期损益
1	LOF 基金	150007	同庆 B	331,657,446.44	335,718,820.00	325,647,255.40	54.55	
2	LOF 基金	150006	同庆 A	194,000,299.63	194,009,988.00	200,412,317.60	33.57	6,669,457.14
3	公司债券		08 金发债	12,606,452.99	116,880.00	13,384,313.06	2.24	925,727.62

4	公司债券	126018	08 江铜债	17,547,000.00	175,470.00	12,932,595.70	2.17	189,482.76
5	认购权证	580026	江铜 CWB1	7,077,623.51	3,824,950.00	12,312,514.05	2.06	19,381,581.55
6	股票	601318	中国平安	11,055,917.16	230,000.00	11,375,800.00	1.91	5,609,498.81
7	股票	601857	中国石油	6,217,021.69	450,000.00	6,516,000.00	1.09	532,046.40
8		122991	08 海航债	5,114,000.00	51,140.00	5,638,807.09	0.94	819,695.94
9	公司债券	126015	08 康美债	3,816,604.25	47,920.00	3,840,709.23	0.64	82,825.94
10	股票	600132	重庆啤酒	251,976.33	79,845.00	1,577,737.20	0.26	23,031,137.09
期末持有的其他证券投资				2,734,143.78	/	3,331,405.36	0.56	39,955,445.83
报告期已出售证券投资损益				/	/	/	/	150,673,087.24
合计				592,078,485.78		596,969,454.69	100	240,589,053.32

6.5.2 持有其他上市公司股权情况

√适用 □不适用

单位:元

证券代码	证券简称	初始投资金额	占该公司股权比例(%)	期末账面值	报告期损益	报告期所有者权益变动	会计核算科目	股份来源
000718	苏宁环球	171,000,000	2.11	372,909,600	0	218,409,600	可供出售金融资产	非公开增发
000725	京东方 A	699,999,998.40		749,249,010	0	49,249,012	可供出售金融资产	非公开增发

6.5.3 持有非上市金融企业股权情况

√适用 □不适用

所持对象名称	初始投资金额(元)	持有数量(股)	占该公司股权比例(%)	期末账面值(元)	报告期损益(元)	报告期所有者权益变动(元)	会计核算科目	股份来源
重庆银行股份有限公司	1,000,000	975,516	0.048	1,000,000	–	–	长期股权投资	股权投资
银华基金管理有限公司	29,000,000	58,000,000	29	182,735,822.06	34,100,005.46	−16,113,533.19	长期股权投资	发起人

6.5.4 其他重大事项及其影响和解决方案的分析说明

√适用 □不适用

报告期后,本摘要 6.4 重大诉讼仲裁事项所述紫光创投及 8 个自然人股票交易纠纷案进展如下:2009 年 7 月,重庆市高级人民法院分别出具(2009)渝高法民终字第 55 号判决书、(2009)渝高法民终字第 56 号民事判决书,驳回了二原告的诉讼请求(诉讼标的 30,335,798.49)。

第七节 财务报告

7.1 审计意见

财务报告 √未经审计 □审计

7.2 财务报表(附后)

7.3 报告附注

7.3.1 如果出现会计政策、会计估计变更或会计差错更正的,说明有关内容、原因及影响数。

□适用 √不适用

7.3.2 如果财务报表合并范围发生重大变化的,说明原因及影响数。

□适用 √不适用

7.3.3 如果被出具非标准审计报告,列示涉及事项的有关附注。

□适用 √不适用

西南证券股份有限公司

董事长:蒋 辉

总 裁:王珠林

二〇〇九年八月十四日

附:财务报表(未经审计)

资产负债表(未经审计)

编制单位:西南证券股份有限公司 单位:人民币元

资 产	注释	2009 年 6 月 30 日	2008 年 12 月 31 日
资产:			
货币资金	六、1	5,693,861,660.95	5,210,435,344.09
其中:客户资金存款		4,946,902,177.39	3,370,663,842.28
结算备付金			1,296,849,928.10
其中:客户备付金		676,379,247.57	1,211,859,340.66
拆出资金			
交易性金融资产	六、3	1,483,071,551.95	316,838,574.54
衍生金融资产			
买入返售金融资产			
应收利息			
存出保证金	六、4	81,115,348.30	49,783,769.76
可供出售金融资产	六、5	1,124,413,610.15	473,528,499.70
长期股权投资	六、6	215,161,683.18	229,692,532.60
投资性房地产	六、7	10,626,964.15	10,880,303.41
固定资产	六、8	345,976,705.15	373,804,303.66
无形资产	六、9	6,361,240.31	8,521,539.82
其中:交易席位费		3,502,074.02	4,833,373.45
递延所得税资产	六、11	6,707,192.91	36,447,933.56
其他资产	六、10	37,553,294.01	20,690,758.64
资产总计		9,859,762,365.56	8,027,473,487.88
负债:			
其中:质押借款			
其中:质押借款			
拆入资金			
交易性金融负债			
衍生金融负债			
卖出回购金融资产款			
代理买卖证券款	六、13	5,474,614,474.22	4,435,332,555.28
代理承销证券款			
应付职工薪酬	六、14		76,061,540.74
应交税费	六、15	116,056,662.90	50,285,164.08
应付利息			
预计负债			3,300,000.00
长期借款	六、16	819,911.00	856,151.00
应付债券			
递延所得税负债	六、11	63,615,883.08	9,237,978.89
其他负债	六、17	116,418,095.30	136,461,910.44
负债合计		5,919,870,108.67	4,711,535,300.43
所有者权益:			
实收资本	六、18	1,903,854,562.00	1,903,854,562.00
资本公积	六、19	1,556,429,056.74	1,363,105,308.67
减:库存股			
盈余公积	六、20	97,455,092.73	97,455,092.73
一般风险准备	六、21	58,965,098.53	58,965,098.53
交易风险准备	六、22	58,965,098.53	58,965,098.53
未分配利润	六、23	264,223,348.36	−166,406,973.01
所有者权益合计		3,939,892,256.89	3,315,938,187.45
负债和所有者权益总计		9,859,762,365.56	8,027,473,487.88

公司法定代表人:王珠林 主管会计工作的公司负责人:王珠林 公司会计机构负责人:邓勇

利润表(未经审计)

2009 年 1–6 月

编制单位:西南证券股份有限公司 单位:人民币元

项 目	注释	2009 年 1–6 月	2008 年 1–6 月(调整后)
一、营业收入		866,569,872.43	433,845,935.04
手续费及佣金净收入	六、24	498,731,012.14	354,566,638.52
其中:代理买卖证券业务净收入		378,855,398.21	327,180,515.73
证券承销业务净收入		101,550,480.57	11,913,526.62
受托客户资产管理业务净收入			
利息净收入	六、24	51,471,138.09	53,962,456.53
投资收益(损失以"–"号填列)	六、25	283,515,611.22	38,858,432.72
其中:对联营企业和合营企业的投资收益			48,124,742.24
公允价值变动收益(损失以"–"号填列)	六、26	30,916,192.81	−12,459,609.06
汇兑收益(损失以"–"号填列)		9,439.23	−3,249,045.83
其它业务收入		1,926,478.94	2,167,062.16
二、营业支出		329,234,209.48	253,691,896.73
营业税金及附加	六、27		21,395,008.91
业务及管理费	六、28	286,854,880.57	232,043,548.56
资产减值损失		–	–
其他业务成本		253,339.26	253,339.26
三、营业利润(亏损以"–"号填列)		537,335,662.95	180,154,038.31
加:营业外收入	六、29		5,808,218.26
减:营业外支出	六、30	3,517,621.36	2,144,672.44
四、利润总额(亏损以"–"号填列)		533,875,569.33	183,817,584.13
减:所得税费用	六、31	103,245,247.96	44,158,323.84
五、净利润(净亏损以"–"号填列)			139,659,260.29
六、每股收益			
(一)基本每股收益		0.23	0.07
(二)稀释每股收益		0.23	0.07
七、其他综合收益	六、32	197,360,568.23	−19,107,833.23
八、综合收益总额		627,990,889.60	120,551,427.06
归属于母公司所有者的综合收益总额		627,990,889.60	120,551,427.06
归属于少数股东的综合收益总额			

公司法定代表人:王珠林 主管会计工作的公司负责人:王珠林 公司会计机构负责人:邓勇

现金流量表(未经审计)

2009 年 1–6 月

编制单位:西南证券股份有限公司 单位:人民币元

项目	注释	2009 年 1–6 月	2008 年 1–6 月
一、经营活动产生的现金流量:			
处置交易性金融资产净增加额		239,193,923.20	

收取利息、手续费及佣金的现金		613,581,687.38	513,172,095.83
拆入资金净增加额			
回购业务资金净增加额			
收到其他与经营活动有关的现金	六、33	1,204,901,404.54	124,175,402.09
经营活动现金流入小计			637,347,497.92
处置交易性金融资产净减少额			18,629,410.08
支付利息、手续费及佣金的现金		63,379,536.50	104,643,000.78
支付给职工以及为职工支付的现金		76,677,447.47	176,748,960.02
支付的各项税费		157,330,159.85	274,323,939.64
支付的其他与经营活动有关的现金	六、34	1,766,205,272.54	233,205,785.17
经营活动现金流出小计		2,063,592,416.36	807,551,095.69
经营活动产生的现金流量净额		−5,915,401.24	−170,203,597.77
二、投资活动产生的现金流量：			
收回投资收到的现金			
取得投资收益收到的现金		50,213,538.65	65,770,129.08
收到的其他与投资活动有关的现金			
投资活动现金流入小计		50,213,538.65	65,770,129.08
投资支付的现金			
购建固定资产、无形资产和			
其他长期资产支付的现金		2,772,394.15	8,502,349.22
投资活动现金流出小计		2,772,394.15	8,502,349.22
投资活动产生的现金流量净额		47,441,144.50	57,267,779.86
三、筹资活动产生的现金流量：			
吸收投资收到的现金			
发行债券收到的现金			
收到的其他与筹资活动有关的现金			
筹资活动现金流入小计			
偿还债务支付的现金		36,240.00	2,869,572.00
分配股利、利润或偿付利息支付的现金			
支付的其他与筹资活动有关的现金			
筹资活动现金流出小计		36,240.00	2,869,572.00
筹资活动产生的现金流量净额		−36,240.00	−2,869,572.00
四、汇率变动对现金及现金等价物的影响			
五、现金及现金等价物净增加额	六、35	41,489,503.26	−115,805,389.91
加：期初现金及现金等价物余额		6,507,285,272.19	9,820,704,928.64
六、期末现金及现金等价物余额		6,548,774,775.45	9,704,899,538.73

公司法定代表人：王珠林　　主管会计工作的公司负责人：王珠林　　公司会计机构负责人：邓勇

所有者权益变动表(未经审计)

2009 年 1−6 月

编制单位：西南证券股份有限公司　　单位：人民币元

项目	实收资本	资本公积	减：库存股	盈余公积	一般风险准备	交易风险准备	未分配利润	所有者权益合计
一、上年年末余额	1,903,854,562.00	1,415,278,764.58		83,248,840.46	44,758,846.26	44,758,846.26	−265,850,738.85	3,226,049,120.71
加：会计政策变更								
前期差错更正								
二、本年年初余额	1,903,854,562.00	1,415,278,764.58		83,248,840.46	44,758,846.26	44,758,846.26	−265,850,738.85	3,226,049,120.71
三、本年增减变动金额								
(减少以"—"号填列)		−19,107,833.23					139,659,260.29	120,551,427.06
(一)净利润							139,659,260.29	139,659,260.29
(二)直接计入所有者								
权益的利得和损失		−19,107,833.23						−19,107,833.23
1.可供出售金融资产								
公允价值变动净额		−19,107,833.23						−19,107,833.23
(1)计入所有者权益的金额		−19,107,833.23						−19,107,833.23
(2)转入当期损益的金额								
2.现金流量套期工具								
公允价值变动净额								(1)计入所有者权益
的金额								
(2)转入当期损益的金额								
(3)计入被套期项目初始								
确认金额中的金额								
3.权益法下被投资单位其他								
所有者权益变动的影响								
4.与计入所有者权益项目								
相关的所得税影响								
5.其他								
上述(一)和(二)小计		−19,107,833.23					139,659,260.29	120,551,427.06
(三)所有者投入和减少资本								
1.所有者投入资本								
2.股份支付计入所有者权益的金额								
3.其他								
(四)利润分配								
1.提取盈余公积								
2.提取一般风险准备								
3.提取交易风险准备								
4.对所有者(或股东)的分配								
(五)所有者权益(或股东权益)内部结转								
1.资本公积转增资本(或股本)								
2.盈余公积转增资本(或股本)								
3.盈余公积弥补亏损								
4.一般风险准备弥补亏损								
5.其他								
四、本年年末余额	1,903,854,562.00	1,396,170,931.35		83,248,840.46	44,758,846.26		−126,191,478.56	3,346,600,547.77

公司法定代表人：王珠林　　主管会计工作的公司负责人：王珠林　　公司会计机构负责人：邓勇

所有者权益变动表(未经审计)

2009 年 1−6 月

编制单位：西南证券股份有限公司　　单位：人民币元

一、上年年末余额	1,903,854,562.00			97,455,092.73	58,965,098.53	58,965,098.53	−166,406,973.01	3,315,938,187.45
加：会计政策变更								
前期差错更正								
二、本年年初余额	1,903,854,562.00			97,455,092.73	58,965,098.53	58,965,098.53	−166,406,973.01	3,315,938,187.45
三、本年增减变动金额								
(减少以"—"号填列)							430,630,321.37	623,954,069.44
(一)净利润							430,630,321.37	430,630,321.37
(二)直接计入所有者								
权益的利得和损失		193,323,748.07						193,323,748.07
1.可供出售金融资产								
公允价值变动净额		193,323,748.07						
(1)计入所有者权益的金额		193,323,748.07						193,323,748.07
(2)转入当期损益的金额								
2.现金流量套期工具								
公允价值变动净额								
(1)计入所有者权益的金额								
(2)转入当期损益的金额								
(3)计入被套期项目初始								
确认金额中的金额								
3.权益法下被投资单位其他								
所有者权益变动的影响								
4.与计入所有者权益项目								
相关的所得税影响								
5.其他								
上述(一)和(二)小计		193,323,748.07					430,630,321.37	623,954,069.44
(三)所有者投入和减少资本								
1.所有者投入资本								
2.股份支付计入所有者权益的金额								
3.其他								
(四)利润分配								
1.提取盈余公积								
2.提取一般风险准备								
3.提取交易风险准备								
4.对所有者(或股东)的分配								
5.其他								
(五)所有者权益(或股东权益)内部结转								
1.资本公积转增资本(或股本)								
2.盈余公积转增资本(或股本)								
3.盈余公积弥补亏损								
4.一般风险准备弥补亏损								
5.其他								
四、本年年末余额	1,903,854,562.00	1,556,429,056.74		97,455,092.73	58,965,098.53	58,965,098.53	264,223,348.36	3,939,892,256.89

公司法定代表人：王珠林　　主管会计工作的公司负责人：王珠林　　公司会计机构负责人：邓勇

江苏宁沪高速公路股份有限公司

江苏宁沪高速公路股份有限公司2008年年度报告摘要

第一节 重要提示

1.1 本公司董事会、监事会及董事、监事、高级管理人员保证本报告所载资料不存在任何虚假记载、误导性陈述或者重大遗漏，并对其内容的真实性、准确性和完整性承担个别及连带责任。

本年度报告摘要摘自年度报告全文，报告全文同时刊载于上海证券交易所网站：.sse.com.cn、香港交易所网站.hkex.com.hk及本公司网站.jsexpressway.com，投资者欲了解详细内容，请仔细阅读年度报告全文。

1.2 独立董事方镫先生未出席本次董事会，授权独立董事张永珍女士代为表决。

1.3 德勤华永会计师事务所有限公司和德勤·关黄陈方会计师行分别按照中国企业会计准则及香港公认会计原则为本公司出具了标准无保留意见的审计报告。

1.4 本公司董事长沈长全先生、董事总经理钱永祥先生、副总经理兼财务总监刘伟女士声明：保证年度报告中财务报告的真实、完整。本年度财务报告经审核委员会审阅。

第二节 上市公司基本情况简介

2.1 基本情况简介

股票简称	宁沪高速(A股)	江苏宁沪(H股)	JEXWW(ADR)
股票代码	600377	0177	477373104
上市交易所	上海证券交易所	香港联合交易所	美国
注册地址	江苏省南京市马群大道6号		
办公地址	江苏省南京市马群大道6号		
邮政编码	210049		
公司国际互联网网址	http://www.jsexpressway.com		
电子信箱	nhgs@public1.ptt.js.cn		

2.2 联系人和联系方式

	董事会秘书	证券事务代表
姓名	姚永嘉	江涛、楼庆
联系地址	江苏省南京市马群大道6号	
电话	8625-8446 9332	8625-84362700-301835、301836
传真	8625-8446 6643	
电子信箱	nhgs@jsexpressway.com	

第三节 会计数据和财务指标摘要

主要会计数据

单位：人民币千元

项目	2008年	2007年	本年比上年增减(%)	2006年
营业收入	5,277,1399	5,309,835	−0.62	4,100,824
利润总额	2,101,741	2,408,549	−12.74	1,728,116
归属上市公司股东的净利润	1,554,011	1,600,827	−2.92	1,139,809
归属上市公司股东的扣除非经常性损益后的净利润	1,556,241	1,592,160	−2.26	1,143,220
经营活动产生的现金流量净额	2,765,104	3,157,808	−12.44	2,442,479
	2008年末	2007年末	本年末比上年末增减(%)	2006年末
总资产	24,775,429	25,937,848	−4.48	26,459,242
归属上市公司股东权益	15,968,921	15,708,385	1.66	15,064,730

主要财务指标

单位：人民币元

主要财务指标	2008年	2007年	本年比上年增减(%)	2006年
基本每股收益	0.308	0.318	−2.92	0.226
稀释每股收益	0.308	0.318	−2.92	0.226
扣除非经常性损益后的基本每股收益	0.309	0.316	−2.26	0.227
全面摊薄净资产收益率(%)	9.73	10.21	−4.70	7.57
加权平均净资产收益率(%)	10.03	10.45	−4.02	7.67
扣除非经常性损益后全面摊薄净资产收益率(%)	9.75	10.15	−3.94	7.59
扣除非经常性损益后加权平均净资产收益率(%)	10.04	10.39	−3.37	7.69
每股经营活动产生的现金流量净额	0.55	0.63	−12.44	0.48
	2008年末	2007年末	本年末比上年末增减(%)	2006年末
归属于公司股东的每股净资产	3.17	3.12	1.66	2.99

非经常性损益项目

√适用 □不适用

单位：人民币千元

项目	金额	说明
处置子公司产生的收益	1,072	处置现代路桥股权收益
处置非流动资产产生的损失	(1,374)	固定资产报废、处置损失
公允价值变动损失	(1,500)	交易性金融资产公允价值变动损失
交易性金融资产收益	22	投资股票、黄金等交易性金融资产产生的收益
以前年度已经计提各项减值准备的转回	2,416	转回已经计提的减值准备
其他营业外收支净额	(4,325)	除上述各项之外的其他营业外收支净额
所得税影响	1,151	非经常性损益的所得税影响
少数股东损益影响	308	−
合计	(2,230)	−

3.3 国内外会计准则差异

√适用 □不适用

单位：人民币千元

	净利润		净资产	
	2008年度	2007年度	2008年12月31日	2007年12月31日
按中国企业会计准则	1,599,424	1,638,989	16,407,736	16,137,720
按香港财务报告准则所作调整：				
−固定资产/收费公路经营权评估增值及其折旧/摊销	38,198	41,504	(1,333,573)	(1,371,771)
按香港财务报告准则调整后的余额	1,637,622	1,680,493	15,074,163	14,765,949

本公司于A股发行时，对固定资产及收费公路经营权重新进行了评估，评估增值部分已载入相应中国企业会计准则编制的财务报表，但按照香港财务报告准则，此类评估增值部分不予确认。由于该等差异，从而导致上述调整事项。

第四节 股本变动及股东情况

4.1 股份变动情况表

报告期内，本公司股份总数未发生变化。自2007年5月16日起，本公司有限售条件的流通股共计286,399,104股限售期满后分批上市流通，本公司股份结构发生变动。

单位：股

	本次变动前		本次变动增减(+,−)	本次变动后	
	数量	比例	偿还股份对价及限售期满流通	数量	比例
一、有限售条件股份					
1、国家持股	2,742,578,825	54.44%	0	2,742,578,825	54.44%
2、国有法人持股	589,059,077	11.69%	0	589,059,077	11.69%
3、其他内资持股	134,955,718	2.68%	−71,732,200	63,223,518	1.25%
其中：境内法人持股	134,955,718	2.68%	−71,732,200	63,223,518	1.25%
有限售条件股份合计	3,466,593,620	68.81%	−71,732,200	3,394,861,420	67.39%
二、无限售条件流通股份					
1、人民币普通股	349,153,880	6.93%	+71,732,200	420,886,080	8.35%
2、境外上市外资股	1,222,000,000	24.26%	0	1,222,000,000	24.26%
无限售条件流通股份合计	1,571,153,880	31.19%	+71,732,200	1,642,860,080	32.61%
三、股份总数	5,037,747,500	100%	0	5,037,747,500	100%

4.2 限售股份变动情况表

单位：股

股东名称	年初限售股数	本年解除限售股数	本年增加限售股数	年末限售股数余额	限售原因	解除限售日期
江苏交通控股有限公司	2,742,578,825	0	0	2,742,578,825	限售期未满	2011-5-16
华建交通经济开发中心	589,059,077	0	0	589,059,077	限售期未满	2011-5-16
境内法人股东	134,955,718	71,732,200	0	63,223,518	未办理完有关上市流通手续	2007-5-16
合计	3,466,593,620	71,732,200	0	3,394,861,420	−	−

4.3 前十名股东、前十名A股流通股股东持股表

报告期末股东总数	截至2008年12月31日，列于本公司股东名册上的境内外股东共计52,913户。其中境内股东52,383户，外资股股东530户。

前十名股东持股情况

股东名称(全称)	年度内增减	年末持股数量	比例(%)	持有有限售条件股份数量	质押或冻结的股份数量	股份性质

江苏交通控股有限公司	0	2,742,578,825	54.44	2,742,578,825	0	国有法人
华建交通经济开发中心	0	589,059,077	11.69	589,059,077	0	国有法人
Capital Research and Management Campany	111,338,000	111,338,000	2.21	0	未知	境外法人
FIL Limited	−36,726,000	97,695,987	1.94	0		境外法人
Bank of America Corporation	10,694,000	96,294,000	1.91	0	未知	境外法人
Halbis Capital Management (Hong Kong) Limited	−22,842,000	61,816,000	1.23	0	未知	境外法人
汇添富均衡增长股票型证券投资基金	10,194,695	20,488,488	0.41	0	未知	其他
申银万国证券股份有限公司	−500,000	13,950,000	0.28	0	未知	国有法人
上海海基投资发展有限公司	−1,500,000	12,650,000	0.25	0	未知	国有法人
博时新兴成长股票型证券投资基金	−4,662,675	12,357,067	0.24	0	未知	其他

前十名 A 股流通股股东持股情况

股东名称(全称)	年末持有流通股的数量	种类
汇添富均衡增长股票型证券投资基金	20,488,488	人民币普通股
申银万国证券股份有限公司	13,950,000	人民币普通股
上海海基投资发展有限公司	12,650,000	人民币普通股
博时新兴成长股票型证券投资基金	12,357,067	人民币普通股
嘉实稳健开放式证券投资基金	11,000,000	人民币普通股
易方达价值精选股票型证券投资基金	8,755,922	人民币普通股
江苏高科技投资集团有限公司	8,350,000	人民币普通股
汇添富成长焦点股票型证券投资基金	7,700,228	人民币普通股
昆山市土地开发中心	7,500,000	人民币普通股
华夏行业精选股票型证券投资基金	6,940,230	人民币普通股
上述股东关联关系或一致行动的说明	本公司未知前十名 A 股流通股股东与前十名股东之间存在关联关系。	

4.3 控股股东及实际控制人

4.3.1 控股股东及实际控制人变更情况

□适用　　√不适用

4.3.2 控股股东及实际控制人具体情况介绍

名称	法定代表人	注册资本	成立日期	主营业务
江苏交通控股有限公司	沈长全	168 亿元	2000-9-15	在省政府授权范围内,从事国有资产经营、管理;有关交通基础设施、交通运输及相关产业的投资、建设、经营和管理,按章对通行车辆收费;实业投资,国内贸易。

第五节　董事、监事和高级管理人员

5.1 董事、监事和高级管理人员持股变动

姓名	职务	性别	年龄	任期起止日期	年初持股数	年末持股数	报告期内薪酬总额(元)	是否在股东单位或其他关联单位领取
沈长全	董事长	男	61	2006 年 6 月至 2009 年	0	0	−	是
钱永祥	执行董事、总经理	男	45	2009 年 3 月至 2009 年	0	0	331,170	否
张　杨	非执行董事	女	45	2007 年 11 月至 2009 年	0	0	−	是
孙宏宁	非执行董事	男	48	2006 年 6 月至 2009 年	0	0	−	是
陈祥辉	非执行董事	男	46	2006 年 6 月至 2009 年	0	0	−	是
杜文毅	非执行董事	男	46	2008 年 6 月至 2009 年	0	0	−	是
崔小龙	非执行董事	男	48	2006 年 6 月至 2009 年	0	0	−	是
张永珍	独立董事	女	77	2006 年 6 月至 2009 年	0	0	176,000	否
方　铿	独立董事	男	71	2006 年 6 月至 2009 年	0	0	176,000	否
杨雄胜	独立董事	男	49	2006 年 6 月至 2009 年	0	0	50,000	否
范从来	独立董事	男	47	2006 年 6 月至 2009 年	0	0	50,000	否
杨根林	监事会主席	男	56	2009 年 3 月至 2009 年	0	0	−	是
张承育	监事	男	58	2006 年 6 月至 2009 年	0	0	−	是
罗　翼	监事	女	37	2007 年 11 月至 2009 年	0	0	−	是
严师民	监事	男	55	2008 年 6 月至 2011 年	0	0	262,170	否
邵　莉	监事	女	31	2008 年 6 月至 2011 年	0	0	240,570	否
刘　伟	副总经理、财务总监	女	53	2007 年 1 月至 2009 年 12 月	0	0	298,170	否
赵佳军	副总经理	男	42	2007 年 1 月至 2009 年 12 月	0	0	298,170	否
尚　红	总经理助理	女	46	2008 年 1 月至 2009 年 12 月	0	0	298,170	否
姚永嘉	董事会秘书	男	45	2007 年 1 月至 2009 年 12 月	0	0	298,170	否
李慧芬	香港公司秘书	女	48	2008 年 6 月至 2009 年 5 月	0	0	−	否
谢家全★	董事总经理	男	58	2006 年 6 月至 2008 年 10 月	0	0	406,170	否
周浩翔★	监事	男	61	2006 年 6 月至 2008 年 3 月	0	0	65,543	否

1、谢家全先生于 2008 年 10 月辞任本公司董事、总经理,其薪酬为本公司支付的任期内管理薪酬。

2、周浩翔先生于 2008 年 3 月辞任本公司监事,其薪酬为本公司支付的任期内管理薪酬。

报告期内,本公司董事、监事及高级管理人员均未持有本公司股票、股票期权以及被授予的限制性股票。

第六节　董事会报告

6.1 管理层讨论与分析

2008 年,公司管理层按照董事会设定的经营管理目标,带领全体员工积极进取、稳健经营,扎实推进各项工作,努力应对因市场环境的变化而遇到的各类挑战与难题,实施了一系列具体有效的策略措施,在道路营运管理、内部综合管理、财务融资管理、项目投资管理等方面取得显著成效,道路服务水平继续保持行业领先地位,公司规范化、精细化管理水平进一步提高,企业文化建设取得新的成果,在面对诸多复杂与不利经营环境下,实现的经营收入与业绩都达到了预期目标。

报告期内,本集团累计实现营业总收入约人民币 5,277,139 千元,比 2007 年同期减少约 0.62%,其中,实现道路通行费收入约人民币 4,006,776 千元,比 2007 年同期减少约 5.15%,配套业务收入约人民币 1,231,987 千元,比 2007 年同期增长约 23.29%,其他业务收入约人民币 38,376 千元,比 2007 年同期下降约 55.60%;按照中国会计准则,报告期内本集团实现营业利润约人民币 2,107,440 千元,比 2007 年同期下降约 12.46%;由于从 2008 年 1 月 1 日起所得税税率调整,归属于母公司股东的净利润约为人民币 1,554,011 千元,每股盈利约人民币 0.308 元,比 2007 年同期下降约 2.92%。按香港会计准则,本公司股东除税后溢利约为人民币 1,592,209 千元,每股盈利约为人民币 0.316 元,比上年同期下降约 3.05%。

1、路桥资产经营活动

2008 年度,受金融危机与全球经济环境影响,国内宏观经济增速放缓,经济活动的活跃度下降,本集团各收费路桥项目在年初冰雪灾害、上半年物价指数持续上扬、沪宁高速公路上海段扩建、动车组分流、绿色通道和抗震救灾免费放行等诸多不利因素的综合影响下,交通流量及通行费收入出现增幅放缓或下降趋势。2008 年,本集团实现路桥收费收入约人民币 4,006,776 千元,比 2007 年同期下降约 5.15%,约占集团业务总收入 75.93%,同比下降了 3.62 个百分点。各路桥项目经营表现如下:

路桥项目	日均车流量(辆/日)			日均收费额(千元/日)		
	2008 年	2007 年	增减%	2008 年	2007 年	增减%
沪宁高速公路	46,315	48,374	−4.26	8,752.8	9,348.4	−6.37
312 国道沪宁段	27,924	29,184	−4.32	488.7	486.2	0.51
宁连公路南京段	6,018	7,361	−18.24	113.4	171.5	−33.88
广靖高速公路	34,971	34,705	0.77	572.4	578.1	−0.98
锡澄高速公路	36,808	35,231	4.48	1,020.2	988.7	3.19
江阴长江公路大桥	39,599	38,165	3.76	1,981.1	1,919.3	3.22
苏嘉杭高速公路	27,137	21,387	26.88	1,870.4	1,628.8	14.83

客货流量与收入比例

路桥项目	客货流量比例		客货收入比例		日均全程单车收入(元/日)		
	2008 年	2007 年	2008 年	2007 年	2008 年	2007 年	增减%
沪宁高速公路	66.6:33.4	66.3:33.7	46.6:53.4	46.1:53.9	189	193.3	−2.2
312 国道沪宁段	51.2:48.8	49.7:50.3	30.2:69.8	33.4:66.6	17.5	16.6	5.4
宁连公路南京段	49.5:50.5	42.1:57.9	30:70	21.7:78.3	18.8	23.3	−19.3
广靖高速公路	63.3:36.7	64.4:35.6	43.1:56.9	44.2:55.8	16.4	16.6	−1.2
锡澄高速公路	66.4:33.6	68:32	48.3:51.7	49.1:50.9	27.8	28.1	−1.1
江阴长江公路大桥	65.2:34.8	67.2:32.8	39.2:60.8	41.4:58.6	50	50.3	−0.6
苏嘉杭高速公路	57:43	52.8:47.2	39:61	35.9:64.1	68.9	76.1	−9.5

(1)沪宁高速公路

2008 年,沪宁高速公路实现通行费收入总额约人民币 3,203,537 千元,约占集团通行费总收入 79.95%,约占集团业务总收入 60.71%,日均交通流量及通行费收入分别比去年同期下降约 4.26%及 6.37%,但车型结构基本保持稳定。除受经济发展环境变化的影响之外,还受到其他的主要负面影响因素包括:

上海段扩建:沪宁高速公路江苏段于 2006 年完成了 8 车道的扩建工程,上海市为加强与江苏省的公路联系,于 2007 年开始了沪宁高速上海段的拓宽改造工程。施工期间由于阶段性的交通管治,部分流量通过其他道路分流,对交通流量产生负面影响,特别是苏州枢纽以东路段的流量影响比较明显。

动车组分流:2007 年 4 月,沪宁铁路动车组全面提速,保持 200 公里/小时的速度,后期沪宁铁路动车组的发车密度逐步提高,到 2008 年,原有的沪宁高速公路与沪宁铁路较为稳定的分工合作关系出现的新的格局,铁路吸引了大量的客流,公路客运班车运量被压缩,对沪宁通道上公路的客车流量产生了一定的负面影响。

路网变化影响:2008 年 5 月苏通长江大桥正式通车,使原有的过江流量格局发生了变化。苏通大桥对沪宁高速的影响主要体现在对沪宁东段上,间接通过对江阴大桥的影响传递过来。原来过往江阴大桥的流量中约有 30%经过沪宁高速公路无锡枢纽以东路段,其中有部分被苏通大桥分流。此外,于 2007 年 10 月底开通的宁常高速与镇溧高速在本年度交通流量基本趋于稳定,路网格局的变化对沪宁高速公路也有轻微分流影响。

雪灾影响:2008 年 1 月底和 2 月初,江苏省遭受重大雪灾,雪灾期间严重的道路积雪致使绝大部分道路和桥梁难以通行,以及灾后一段时间内路网交通出行大幅减少,使 1、2 月份道路收费水平比正常运行状态下有较大幅度下降。

收费政策影响及偶发事件:自 2008 年 3 月 3 日起,江苏省对"一纵二横"高速公路执行鲜活农产品运输"绿色通道"免收通行费优惠政策,沪宁高速公路属于免费路网范围。四川地震发生后,收费公路对运送抗震救灾物资车辆执行免费政策。2008 年,沪宁高速公路执行救灾物资免费放行与"绿色通道"优惠政策累计免费车辆 402,033 辆,累计减免通行费收入约 47,764 千元。此外,奥运期间由于安保和反恐的需要,实行了比较严格的安全检查,对车辆出行产生了一定的限制。

由于以上综合影响,导致了本公司核心资产自开通营运以来出现了首次下降(扩建施工期间除外)。

(2)312 国道沪宁段

312 国道沪宁段的总过站收费交通量是由沿线的 6 个主线收费站、2 个支线收费点的过站收费交通量构成的,由于 312 国道是开放式道路,收费站点又多位于开发区内部、城市边缘甚至是城市内部,因此收费站周边的局部路网非常复杂,车辆可以在收费站前后通过其他周边道路绕过收费站,从而避免了缴费。从目前经过收费站的缴费车辆构成来看,以不经常出行的中长途过境车辆为

主。

2008年度，312国道的车辆绕逃通行费的现象并未得到明显改善，同时由于经济影响，导致其报告期内的收费流量继续下降，日均过站流量27,924辆，比去年同期下降约4.32%；日均收费额人民币约488.7千元，比去年同期增长约0.51%，主要是因为在年初雪灾期间承担了大量的交通分流而有小幅上升。

(3)宁连公路南京段

2006年底由于宁连高速公路的开通，导致宁连公路2007年的流量出现了大幅的下降。在2008年，道路日均交通流量及日均收费额仍分别比去年同期下降约18.24%及33.88%。通过分析各种车型的变化，发现客车各车型在2008年已经逐步稳定并有小幅增长，货车中除特大型货车外，其余仍在下降，货车比例同比下降7.4个百分点。

(4)广靖、锡澄高速公路及江阴大桥

广靖、锡澄高速公路及江阴长江公路大桥作为一个项目整体，路段的流量分布与结构具有较高的相关性。

2008年，在年初雪灾与宏观经济发展环境变化等因素的影响下，该三个项目的交通流量的增速都出现放缓，特别是5月份连接南通和苏州常熟之间的苏通大桥开通后，在下半年对广靖、锡澄高速公路及江阴长江大桥产生了直接分流，有关分流影响在2009年上半年仍将继续反映。

(5)苏嘉杭高速公路

报告期内，苏嘉杭高速公路虽然同样受到雪灾以及经济环境的负面影响，但5月份连接苏嘉杭高速公路北端的苏通大桥开通后，整个沿海大通道已完全贯通，对该路流量带来了明显的促进作用，本年内营运表现突出，日均全程交通量及日均收费额人民币分别同比增长约26.88%及14.83%。

2、配套服务

配套服务主要包括沪宁高速公路沿线六个服务区的油品销售、餐饮、商品零售及其他相关业务。配套服务收入的变化主要依赖于各服务区客流量的变化，与沪宁高速公路交通流量的变动密切相关。

2008年，公司实现配套服务收入约人民币1,231,987千元，比去年同期增长约23.29%，主要是由于油价上涨和油品销售量增加所致。其中油品销售收入约人民币1,089,589千元，比去年同期增长约27.12%，约占配套服务总收入的88.44%。其他包括餐饮、商品零售等业务收入为人民币142,398千元，比去年同期增长约0.18%。

3、其他业务经营

本公司其他业务主要包括子公司宁沪置业与宁沪投资公司的项目开发与经营。

宁沪置业主要从事房地产开发与经营，于2008年7月注册成立，在本年度新纳入公司合并报表范围，至本年度末尚未有相关业务的实质性进展。

宁沪投资公司主要从事沪宁高速公路沿线的广告媒体发布以及其他实业的投资，2008年实现收入人民币35,563千元，同比增长29.73%，全部来自于广告业务收入。

2008年本公司实现其他业务收入共计人民币38,376千元，由于在本年度原子公司现代路桥公司调整为按成本法核算的联营公司，导致其他业务收入总体同比下降55.6%。

4、附属公司经营情况及业绩

单位：人民币 千元

公司名称	主要业务	投资成本	公司权益%	总资产	净资产	净利润	占本公司净利润的比重%	净利润同比增减%
江苏广靖锡澄高速公路有限责任公司	江苏广靖、锡澄高速公路兴建、管理、养护及收费	2,125,000	85	2,946,541	2,881,691	299,074	18.70	19.68
江苏宁沪投资发展有限责任公司	各类基础设施、实业与产业的投资	95,000	95	311,208	131,220	11,059	0.69	−16.40
江苏宁沪置业有限责任公司	房地产开发与经营、咨询	200,000	100	203,001	202,354	2,354	0.15	−

5、经营成果及财务状况分析

(1)经营成果分析

项目	2008年	2007年	同比增减%	变动原因
营业收入	5,277,139	5,309,835	−0.62	报告期内受国内外经济环境及诸多负面因素影响，占集团业务总收入75.93%的收费路桥业务收入同比下降约5.15%；油品销售等配套收入虽然受油价上涨、销量增加等因素影响同比增加232,708千元，上升23.29%，但仍无法弥补主营业务收入的下滑。
营业利润	2,107,440	2,407,380	−12.46	报告期内营业收入同比减少0.62%，另外受油品销量增加和物价上涨因素的影响，油品销售成本上升，报告期内配套业务成本共计1,208,731千元，同比增加26.17%；受上半年货币紧缩政策的影响，报告期内较长时间执行的是去年人民银行上调的贷款利率，导致财务费用同比增加7.54%。
净利润	1,599,424	1,638,989	−2.41	受益于法定所得税税率自2008年起从33%下调为25%，报告期内所得税费用同比减少267,242千元，下降34.73%。虽然营业利润同比下降12.46%，但净利润只减少2.41%。

营业收入与成本变动

本集团于2008年度营业收入累计约人民币5,277,139千元，比2007年同期减少约0.62%；营业成本累计约人民币2,474,071千元，比2007年同期增长约11.27%。

收费公路营业成本项目	2008年人民币千元	所占比例%	2007年人民币千元	所占比例%	同比增减%
折旧及摊销	810,783	64.78	818,093	68.19	−0.89
征收业务成本	315,297	25.19	251,417	20.96	25.41
道桥养护成本	106,376	8.50	110,885	9.24	−4.07
系统维护	19,121	1.53	19,386	1.61	−1.37
合计	1,251,577	100	1,199,781	1004.32	

从收费公路成本项目看，本财务年度征收业务成本增幅较大，增加的主要原因一是受年初恶劣天气影响，雪灾抢修成本增加；二是《劳动合同法》颁布实施后相应增加了员工成本。

投资收益

2008年度本集团参股的各联营公司贡献投资收益约人民币151,412千元，约占本集团净利润的9.47%，比2007年度增加16.90%，主要参股公司经营业绩如下：

单位：人民币 千元

公司名称	主要业务	投资成本	本公司应占股本权益	净利润	贡献的投资收益	占本公司净利润的比重%
苏州苏嘉杭高速公路有限责任公司	苏嘉杭高速公路江苏段的管理和经营业务	526,091	33.33	115,216	38,057	2.38
江苏快鹿汽车运输股份有限公司	公路运输，汽车修理，汽车及零配件销售	49,900	33.2	3,917	1	−
江苏扬子大桥股份有限公司	主要负责江阴长江公路大桥的管理和经营	631,159	26.66	390,036	103,542	6.47

管理费用

2008年度，本集团累计发生管理费用约人民币161,751千元，比2007年同期增长约0.26%，与去年基本持平。

财务费用

至2008年12月31日，本集团有息债务总额约人民币7,563,678千元，比2007年同期减少676,448千元。由于2007年的连续加息导致2008年度较长时间执行较高的银行贷款基准利率，报告期内本集团累计发生财务费用约人民币542,388千元，同比增加人民币38,020千元，上升7.54%。

所得税

报告期内利润总额减少306,807千元，且根据2007年3月16日发布的《中华人民共和国企业所得税法》的规定，自2008年1月1日起，本公司及子公司法定所得税率由33%下降到25%。2008年度累计所得税费用约人民币502,317千元，比2007年同期减少267,242千元，下降约34.73%。

(2)财务状况分析

集团资本结构

项目	2008年12月31日 人民币千元	%	2007年12月31日 人民币千元	%
流动负债	3,654,733	14.75	6,514,393	25.11
非流动负债	4,712,959	19.02	3,285,736	12.67
固定利率债务	3,739,811	15.09	4,753,930	18.33
浮动利率债务	3,823,867	15.43	3,486,196	13.44
无息债务	804,014	3.25	1,560,003	6.01
归属于母公司股东权益	15,968,921	64.46	15,708,385	60.56
少数股东权益	438,816	1.77	429,334	1.66
总资产	24,775,429	100.00	25,937,848	100.00
资产负债率：		33.77		37.78

财务杠杆比率基准：有息债务/总资产

本年度流动负债同比下降43.9%，主要是本年度集团通过发行利率较低、期限较长的公司债券、邮储贷款等融资产品，归还了部分短期借款，以及沪宁高速公路扩建工程款的逐步支付，应付账款大幅减少，同比下降743,483千元，下降幅度82.77%；

非流动负债同比上升43.44%，主要是本年度集团发行了利率较低、期限较长的公司债券、邮储贷款等融资产品；

固定利率债务同比下降21.33%，主要是本年度新增浮动利率邮储贷款归还部分固定利率的短期借款；

浮动利率债务同比上升9.69%，主要是本年度新增浮动利率邮储贷款；

无息债务同比下降48.46%，主要是本年度沪宁高速公路扩建工程款的逐步支付，应付账款大幅减少。

资产流动性与财政资源

本集团主要业务为收费路桥经营，日常收费业务的经营活动提供了大量稳定的现金流入，具有极强的支付能力。2008年度，本集团经营活动现金流入总量约为人民币5,618,951千元，经营活动净现金流入约为人民币2,765,104千元。总资产负债率33.77%处于相对合理的水平，账面货币资金约为人民币460,593千元。截至2008年12月31日，本公司共获得银行授信额度为人民币153亿元，已使用人民币23.4亿元，尚未使用的银行授信额度为人民币129.6亿元。因此，管理层认为本集团未有任何资金流动性问题。

现金及现金等价物与借款如下表所示

项目	2006年12月31日 本集团(人民币千元)	2005年12月31日 本集团(人民币千元)
现金及现金等价物		
库存现金	405	613
银行存款	460,188	1,128,334
合计：	460,593	1,128,947
借款		
短期银行借款	2,650,000	4,753,930
一年内到期的长期借款	201,693	201,810
长期银行借款	3,622,174	3,284,386
应付债券	1,089,811	−
合计	7,563,678	8,240,126

主要现金来源与运用

单位：人民币千元

	2008 年	2007 年
经营活动现金流量净额	2,765,104	3,157,808
投资活动产生的现金流量净额	(897,540)	(641,651)
筹资活动产生的现金流量净额	(2,535,918)	(2,186,088)
现金及现金等价物净增加额	(668,354)	330,069

经营活动净现金流同比减少 392,704 千元，主要由于油品销售等配套收入上升，导致经营活动现金流入同比增加 101,156 千元；但物价上涨及成品油等销量增长同时又导致本年度购买商品、接受劳务支付的现金增加 425,566 千元，以及《劳动合同法》颁布实施后相应增加了支付给职工以及为职工支付的现金 67,762 千元，报告期经营活动现金流出同比共增加 493,860 千元；

投资活动净现金流同比减少 255,889 千元，主要由于投资活动现金流入同比减少 150,773 千元，其中：交易性金融资产收益降低，导致收回投资收到的现金同比减少 45,843 千元；2007 年因处置交通大厦房屋资产导致本年度处置固定资产收回的现金净额同比减少 42,397 千元；2008 年处置路桥公司股权导致处置子公司收到的现金净额同比减少 64,577 千元；另外，本年度投资南林饭店 1.6 亿元导致投资活动现金流出同比增加 105,116 千元；

筹资活动净现金流同比减少 349,830 千元，主要由于集团在利用外部借贷资金保证经营需要的同时，尽量充分运用自有资金，导致本年度筹资活动现金流入同比减少 238,980 千元及分红比例提高等导致筹资活动现金流出同比增加 110,850 千元。

资本开支情况

2008 年度，本集团已实施计划中的资本开支约为人民币 827,418 千元，比 2007 年度约人民币 837,218 千元减少 9,801 千元，下降幅度 1.17%，主要构成情况如下：

资本开支项目	人民币千元
沪宁高速公路扩建	717,271
其他	110,147
合计	827,418

融资活动及财务成本

2008 年度，本公司凭借稳健的财务状况、稳定的现金流、良好的信贷记录和行业声誉，保持融资渠道的通畅，并享受中国人民银行规定的商业贷款的优惠利率，持续获得较低的融资成本。

同时，本公司充分利用上述优势实施积极进取的财务融资策略，把握市场机遇，抓住资本市场、金融机构不断推出新融资品种的有利时机，拓宽融资渠道，增加直接融资、中长期融资和固定成本融资的比例，致力降低财务成本，提升盈利能力。

于 2008 年度，本公司主要的融资活动包括：

融资品种	融资日期	产品期限	融资金额 人民币 亿元	发行利率 %	当期银行 基准利率 %	融资成本 下降幅度 %
短期融资券	2008-01-16	一年期	10	5.45	7.47	27.04
民生信托	2008-06-10	三个月	4.4966	6.2415	6.57	5
公司债券	2008-07-28	三年期	11	5.40	7.56	28.57

公司通过上述融资活动的安排，2008 年度综合借贷成本为 6.06%，低于同期银行贷款利率约 1.04 个百分点，但由于本年度较长时期内执行较高的银行利率，综合借贷成本比 2007 年上升了 0.18 个百分点。

外汇风险

本集团主要经营业务均在中国，除了 H 股股息支付外，公司的经营收入和资本支出均以人民币结算，不存在重大外汇风险。本集团于 1998 年获得 9,800,000 美元西班牙政府贷款，于 2027 年 7 月 18 日到期，截至 2008 年 12 月 31 日，该贷款余额折合人民币约为 33,867 千元，且本公司并无就此作出任何外汇对冲安排，汇率波动对公司业绩无重大影响。

资产抵押

截至 2008 年 12 月 31 日，本公司未有任何资产抵押。

或有负债

截至 2008 年 12 月 31 日，本公司未有任何或有负债。

委托存款

截至 2008 年 12 月 31 日，本公司未有存放于中国境内金融机构的委托存款，亦未出现定期存款到期而不能收回的情况。

委托贷款

至 2008 年 12 月 31 日，本公司于关联公司获得的委托贷款余额为人民币 6.4 亿元。

与公允价值计量相关的项目

√适用　□不适用

单位：人民币千元

项目	期初金额	报告期内公允价值变动损益	计入权益的累计公允价值变动	报告期内计提的减值	期末金额
金融资产					
其中：1、以公允价值计量且其变动计入当期损益的金融资产	42,345	-1,500			39,967
2、可供出售金融资产					
合计	42,345	-1,500	–	–	39,967

报告期内本集团持有的采用公允价值计量的金融资产为集团所属子公司宁沪投资投资的交易性金融资产，其中："交易性权益工具投资"年末公允价值为 21 千元，系申购新股中签的成本，截至 2008 年 12 月 31 日该股票尚未正式上市交易；"黄金现货投资"年末公允价值为 39,946 千元，成本为 36,048 千元。上述投资的期末市价及相关信息来源于上海证券交易所及上海黄金交易所公布的价格。报告期内本公司未持有采用公允价值计量的金融负债。

持有外币金融资产、金融负债情况

√适用　□不适用

单位：人民币千元

项目	期初金额	报告期内公允价值变动损益	计入权益的累计公允价值变动	报告期内计提的减值	期末金额
金融资产	–	–	–	–	–
金融负债	36,196	–	–	–	33,867

报告期内本公司持有的外币金融负债年末数为 33,867 千元，本公司于 1998 年自中国银行江苏省分行取得约 980 万美元的借款额度，用于购买进口机器设备及技术。该借款额度包括买方信贷约 490 万美元及西班牙政府贷款约 490 万美元，买方信贷借款已于 2006 年偿付，西班牙政府贷款按实际提款金额自 2009 年 1 月起分 40 次每半年等额偿还。报告期内本公司未持有外币金融资产。

6、报告期内投资情况

单位：人民币千元

报告期内公司投资额	360,800
报告期内公司投资额比上年增减数	360,800
报告期内公司投资额增减幅度%	–

被投资的公司情况

被投资的公司名称	主要经营活动	占被投资公司权益的比例%
江苏宁沪置业有限责任公司	房地产开发与经营、咨询	100
苏州南林饭店有限责任公司	酒店经营	41.73
江苏高速公路联网收费技术服务公司	路网收费技术服务	8.84

7、业务发展计划

发展环境

展望 2009 年，受全球金融危机对实体经济的冲击，国际国内宏观经济形势仍不容乐观。江苏尤其苏南地区以外向型经济为主，受到的冲击和影响更大，经济活动活跃度的下降将对交通流量带来直接影响。在政策层面上，高速公路的社会效益越来越受到关注，如何协调高速公路经营企业自身的经济效益和社会责任之间的关系、找准两者之间的平衡点显得尤为重要。同时，随着执行燃油税费改革措施以及江苏省内政府还贷二级以下道路取消收费政策的实施，交通运输结构也会出现新的变化，公司面临的经营环境将更为复杂，存在着较多的不确定因素，经营压力也将更大。

尽管如此，本集团的业务发展前景也依然存在着机遇和潜力。加快交通基础设施建设，是"保增长、扩内需、调结构"的重要举措之一，国家为应对金融危机，刺激经济发展，采取了一系列扩大内需、保持经济平稳较快增长的政策措施，实行积极的财政政策和适度宽松的货币政策，明确提出加快交通运输基础设施建设。随着 4 万亿投资拉动经济计划的逐步实施，省内的交通基础设施建设也在进一步加快推进，为公司的业务扩展带来了新的机遇。

在业务经营方面，沪宁高速公路上海段的扩建工程已于 2008 年底基本完成，对交通的负面影响已经消除；沪宁线动车组、苏通大桥及其他路网的分流影响在 2009 年虽然仍会有部分延续，但影响程度将会逐步趋于平稳。整体的经营环境比 2008 年略有好转，一旦经济形势出现回暖，道路交通流量也将会逐步恢复。

发展策略

在面对未来机遇与挑战并存的市场环境，公司将制定有效的应对措施，寻求新的发展机会，推动公司持续、健康、稳定的发展。

本公司是高速公路的管理和维护者，保证道路的安全畅通，为客户提供安全、快捷、舒适的通行环境是我们的责任和义务，在任何时候，"保安全、保畅通、保供给、保服务"都是我们一切管理工作的立足点和出发点。公司要通过加强对员工的教育、培养、管理和爱护，保持稳定的员工队伍，充分调动员工的敬业精神和工作热情，一如既往地以高度的社会责任感做好营运管理和服务工作，保证道路品质、安全畅通、文明服务和应急反应能力，持久、有效地推动管理的提升。

今后一段时期，随着负债率的逐步下降，宁沪公司要积极探索市场经济环境下新的经营管理模式和投资发展方向，提升综合竞争力，成为具有活力和创造力的现代大型上市公司。公司要充分把握目前的市场机遇，立足收费公路主业的分析与研究，关注国家加大基础设施投资政策执行后带来的投资机会，为进一步扩展主业寻找合适时机。同时，积极关注主业以外符合公司发展战略的其他产业的发展动态，在不影响公司主业发展的前提下，适度进行多元化的探索和尝试，积极培育新的利润增长点，找准企业后续发展方向。

在今后的发展中，宁沪公司将紧紧围绕这个战略目标，加强人力资源的储备，打造更具市场化、更有进取精神、更加专业尽职的管理团队，积极探索宁沪公司的发展新路，实现公司利益与股东利益的共同成长。

6.2 主营业务分行业、产品情况表

单位：人民币千元

项目	营业收入 2008 年 人民币千元	营业收入 同比增减(%)	营业成本 2008 年 人民币千元	营业成本 同比增减(%)	毛利率(%) 2008 年	毛利率(%) 同比增减(%)
收费公路	4,006,776	-5.15	1,251,577	4.32	68.76	下降 2.84 个百分点
沪宁高速公路	3,203,537	-6.11	745,670	0.73	76.72	下降 1.58 个百分点
312 国道沪宁段	178,868	0.79	298,190	18.38	-66.71	下降 24.77 个百分点
宁连公路南京段	41,489	-33.74	22,042	-20.30	46.87	下降 8.96 个百分点
广靖锡澄高速公路	582,882	1.92	185,675	3.18	68.15	下降 0.38 个百分点
配套服务	1,231,987	23.29	1,208,731	26.17	1.89	下降 2.24 个百分点
其他业务	38,376	-55.60	13,763	-79.01	64.14	增加 40.02 个百分点
合计	5,277,139	-0.62	2,474,071	11.27	53.12	下降 5.01 个百分点

成本变动的原因及分析说明：

312 国道营业成本的增加主要来自道桥资产摊销，由于 312 国道实际车流量与原预测车流量之间存在一定差异，报告期内按新预测流量计提道桥资产摊销，导致道桥资产摊销额增加，报告期内营业成本中资产折旧和摊销同比增加约 37,696 千元，增幅为 19.33%；收入增长幅度低于成本上升幅度导致毛利率下降。

因其他公路分流的影响，宁连公路报告期内流量有所下降，养护成本同比减少 3,568 千元，下降 33.52%；按照重新测定的流量计算宁连路道桥资产摊销，同比减少 2,048 千元，下降 12.04%；收入同比减少幅度超过成本下降幅度导致毛利率下降。

广靖锡澄高速公路营业成本的增加，主要由于车流量增加后道桥资产摊销也相应增长，资产折旧和摊销同比增加 2,923 千元，增幅 3.53%。

受油品销量增加和成品油采购成本上涨因素的影响，油品采购成本上升，报告期内配套业务成本共计 1,208,731 千元，同比增加 26.17%。

于 2008 年度，本集团转让了经营毛利率水平较低的现代路桥现代路桥约 86%的股权，因此现代路桥已不再纳入合并范围,导致其他业务成本同比下降79.01%,毛利率上升40.02个百分点。

6.3 主营业务分地区情况

单位:人民币千元

分地区	主营业务收入	主营业务收入比上年增减(%)
江苏省内业务	5,238,763	1.02

6.4 募集资金使用情况

□适用　√不适用

变更项目情况

□适用　√不适用

6.5 非募集资金项目情况

□适用　√不适用

6.6 董事会对会计师事务所"非标意见"的说明

□适用　√不适用

6.7 董事会本次利润分配或资本公积金转增股本预案

经核数师审计,2008年度,本集团实现归属于母公司股东的净利润按照中国企业会计准则为人民币1,554,011千元,每股盈利约为人民币0.308元;按照香港财务报告准则为人民币1,592,209千元,每股盈利约为人民币0.316元。根据财政部有关规定和本公司章程,当按中国企业会计准则与按香港财务报告准则计算的可分配股东利润有差异时,以低者为准。

本年度,本公司董事会以总股本5,037,747,500股为基数,建议向全体股东派发末期股息每股人民币0.27元(含税)。以上董事会建议之利润分配预案,将提呈2008年度股东周年大会审议批准,派发末期股息的具体日期和程序另行公告。。

第七节 重要事项

7.1 收购资产

√适用　□不适用

1、成立江苏宁沪置业有限责任公司

2008年7月9日,本公司全资设立的江苏宁沪置业有限责任公司完成工商注册登记,注册资本人民币2亿元,经营范围为房地产开发与经营,以及房地产咨询、房屋租赁、室内装饰及物业管理。自2008年7月起,宁沪置业纳入本公司合并报表范围。

2、参股南林饭店

2008年8月22日,本公司持有85%股权的附属公司广靖锡澄公司与交通控股公司、沿江高速订立有关苏州南林饭店有限责任公司增资扩股合同,广靖锡澄公司以总代价人民币1.6亿元投资南林饭店,约占2008年度本公司利润总额的7.61%,持有南林饭店增资扩股后注册资本总额的41.73%,交易金额以南林饭店2008年6月30日净资产评估价值作价入股。增资扩股完成后,交通控股及沿江高速分别持有南林饭店46.62%及11.65%股权。

7.2 出售资产

□适用　√不适用

7.3 重大担保

□适用　√不适用

7.4 重大关联交易

7.4.1 与日常经营相关的关联交易

√适用　□不适用

关联方	向关联方销售产品或提供服务		向关联方采购产品或接受服务	
	交易金额 人民币千元	占同类交易金额的比例(%)	交易金额 人民币千元	占同类交易金额的比例(%)
现代路桥	563	10.69	38,183	88.4
联网公司	1,487	28.23	5,010	11.6
江苏高速石油公司	3,218	61.08	–	–
合计	5,268	100	43,193	100

7.4.2 关联债权债务往来

√适用　□不适用

单位:人民币千元

关联方	向关联方提供资金		关联方向上市公司提供资金	
	发生额	余额	发生额	余额
广靖锡澄公司	0	0	200,000	450,000
宁沪置业	0	0	190,000	190,000
合计	0	0	890,000	640,000

7.4.3 2007年资金被占用情况及清欠进展情况

□适用　√不适用

7.5 委托理财

□适用　√不适用

7.6 承诺事项履行情况

7.6.1 公司或持股5%以上股东在报告期内或持续到报告期内的承诺事项

√适用　□不适用

承诺事项	承诺内容	履行情况
股改承诺	本公司持股5%以上股东江苏交通控股有限公司及华建交通经济开发中心股改时承诺: 1、所持有的本公司原非流通股份自获得上市流通权之日起,60个月内不通过上海证券交易所挂牌交易出售。 2、在本公司2005-2008年年度股东大会上提议并投赞成票;宁沪高速当年的现金分红比例将不低于当年实现的可供投资者分配利润的85%。	本公司未获悉该股东在报告期内有违反相关承诺的情况
其他对公司中小股东所作承诺	本公司董事会对2008年度利润分配承诺:2008年度分配现金红利一次,分配比例不低于该年度可分配利润的85%。	已经履行

7.6.2 公司资产或项目存在盈利预测,且报告期仍处于盈利预测期间,公司就资产或项目是否达到原盈利预测及其原因作出说明

□适用　√不适用

7.7 重大诉讼仲裁事项

□适用　√不适用

7.8 其他重大事项及其影响和解决方案的分析说明

7.8.1 证券投资情况

□适用　√不适用

7.8.2 持有其他上市公司股权情况

□适用　√不适用

7.8.3 持有非上市金融企业股权情况

□适用　√不适用

7.8.4 买卖其他上市公司股份的情况

□适用　√不适用

7.9 公司董事会对公司内部控制出具了自我评估报告,详见公司2008年年度报告全文。

7.10 公司披露了履行社会责任的报告,详见公司2008年年度报告全文。

第八节 监事会报告

监事会认为公司依法运作、公司财务情况、公司募集资金使用、公司收购、出售资产交易和关联交易不存在问题。

第九节 财务报告

9.1 审计意见

财务报告	□未经审计	√经审计
审计意见	√标准无保留意见 审计报告	□非标意见

9.2 财务报表(附后)

9.3 报告期内中国会计政策、会计估计和核算方法的变更说明

1、关于《企业会计准则解释2号》的调整及影响

本集团根据《企业会计准则解释第2号》及香港(IFRIC) - 诠释第12号《服务特许权安排》关于建设经营移交方式(BOT)参与公共基础设施建设业务的规定对本集团会计政策做出如下变更:

自2008年1月1日起,对于建设经营移交方式(BOT)参与公共设施建设业务,于项目建造期间对所提供的建造服务按照《企业会计准则第15号—建造合同》确认相关的收入和费用;基础设施建成后,按照《企业会计准则第14号-收入》确认与后续经营服务相关的收入和费用。建造合同收入按照应收取对价的公允价值计量。当项目合同规定本集团在有关基础设施建成后,在从事经营的一定期间内有权利向获取服务的对象收取费用,但收费金额不确定的,且该权利不构成一项无条件收取现金的权利,在确认收入的同时确认无形资产。

上述会计政策的变更导致的影响如下:

本集团	2008年12月31日 人民币千元	2007年12月31日 人民币千元
固定资产原值的减少	(23,391,317)	(23,327,245)
固定资产累计折旧的减少	3,862,251	3,181,866
无形资产原值的增加	23,391,317	23,327,245
无形资产累计摊销的增加	(3,862,251)	(3,181,866)
本公司	**2008年12月31日 人民币千元**	**2007年12月31日 人民币千元**
固定资产原值的减少	(21,151,383)	(21,087,312)
固定资产累计折旧的减少	3,481,063	2,868,930
无形资产原值的增加	21,151,383	21,087,312
无形资产累计摊销的增加	(3,481,063)	(2,868,930)

2、会计估计变更说明

于本年度,本集团委托独立交通咨询评估机构对本集团所拥有的收费道路的预测剩余收费期限内的车流量重新作出评估,并根据评估后的结果调整每标准车流量应计提的摊销额。该会计估计变更调增2008年度收费公路经营权摊销额人民币51,089千元,并将对收费公路经营权在未来剩余收费期限内的每年摊销额的分布产生影响。

9.4 本报告期无会计差错变更

9.5 合并报表范围变化情况

本公司及广靖锡澄于2007年12月18日与江苏交通控股有限公司等公司订立《江苏现代路桥有限公司股权转让及增资扩股合同》,股权转让及增资完成后本公司及广靖锡澄持有现代路桥的股权比例各为7.5%,因此,报告期内未将现代路桥公司纳入合并财务报表合并范围。

本公司全资设立的江苏宁沪置业有限责任公司于2008年7月9日完成工商注册登记,自2008年7月起,宁沪置业纳入本公司合并报表范围。

本公司、江苏宁沪置业有限责任公司、江苏宁沪投资发展有限责任公司、江苏广靖锡澄高速公路有限责任公司、合称为本集团。

董事长:沈长全

江苏宁沪高速公路股份有限公司

2009年3月27日

合并资产负债表

2008年12月31日

编制单位:江苏宁沪高速公路股份有限公司　　单位:元 币种:人民币

项目	期末余额	年初余额
流动资产:		

货币资金	460,593,264	1,128,947,375
结算备付金		
拆出资金		
交易性金融资产	39,967,473	42,344,753
应收票据		700,000
应收账款	33,589,820	69,063,298
预付款项	6,859,797	1,091,479
应收保费		
应收分保账款		
应收分保合同准备金		
应收利息		
应收股利	3,000,000	5,488,956
其他应收款	14,580,051	31,132,263
买入返售金融资产		
存货	116,902,195	54,890,686
一年内到期的非流动资产		
其他流动资产		
流动资产合计	675,492,600	1,333,658,810
非流动资产：		
发放贷款及垫款		
可供出售金融资产		
持有至到期投资		
长期应收款		
长期股权投资	1,884,431,542	1,609,396,812
投资性房地产		
固定资产	1,477,285,956	1,566,854,631
在建工程	42,913,323	50,872,234
工程物资		
固定资产清理		
生产性生物资产		
油气资产		
无形资产	20,689,606,885	21,371,201,238
开发支出		
商誉		
长期待摊费用	361,814	0
递延所得税资产	5,336,470	5,864,545
其他非流动资产		
非流动资产合计	24,099,935,990	24,604,189,460
资产总计	24,775,428,590	25,937,848,270
流动负债：		
短期借款	2,650,000,000	4,753,930,000
向中央银行借款		
吸收存款及同业存放		
拆入资金		
交易性金融负债		
应付票据		
应付账款	154,802,268	898,285,082
预收款项	160,077,170	55,423,866
卖出回购金融资产款		
应付手续费及佣金		
应付职工薪酬	25,644,295	32,471,020
应交税费	169,624,177	296,767,010
应付利息	86,668,366	15,252,150
应付股利	32,735,315	19,472,404
其他应付款	173,488,502	240,981,745
应付分保账款		
保险合同准备金		
代理买卖证券款		
代理承销证券款		
一年内到期的非流动负债	201,693,348	201,809,795
其他流动负债		
流动负债合计	3,654,733,441	6,514,393,072
非流动负债：		
长期借款	3,622,173,603	3,284,386,108
应付债券	1,089,811,250	
长期应付款		
专项应付款		
预计负债		
递延所得税负债	974,409	1,349,557
其他非流动负债		
非流动负债合计	4,712,959,262	3,285,735,665
负债合计	8,367,692,703	9,800,128,737
股东权益：		
股本	5,037,747,500	5,037,747,500
资本公积	7,555,403,465	7,488,686,684
减：库存股		
盈余公积	1,524,823,121	1,350,007,603
一般风险准备		
未分配利润	1,850,947,206	1,831,943,451
外币报表折算差额		
归属于母公司所有者权益合计	15,968,921,292	15,708,385,238
少数股东权益	438,814,595	429,334,295
股东权益合计	16,407,735,887	16,137,719,533
负债和股东权益合计	24,775,428,590	25,937,848,270

公司法定代表人：沈长全　　主管会计工作负责人：刘伟　　会计机构负责人：于兰英

母公司资产负债表

2008 年 12 月 31 日

编制单位：江苏宁沪高速公路股份有限公司　　单位：元 币种：人民币

项目	期末余额	年初余额
流动资产：		
货币资金	224,385,656	669,887,657
交易性金融资产		
应收票据		
应收账款	27,840,743	33,253,677
预付款项	6,586,584	214,657
应收利息		
应收股利		5,488,956
其他应收款	12,190,678	32,866,314
存货	9,563,065	8,477,378
一年内到期的非流动资产		
其他流动资产		
流动资产合计	280,566,726	750,188,639
非流动资产：		
可供出售金融资产		
持有至到期投资		
长期应收款		
长期股权投资	4,007,014,082	3,727,373,792
投资性房地产		
固定资产	1,263,049,544	1,325,431,592
在建工程	14,763,624	13,083,633
工程物资		
固定资产清理		
生产性生物资产		
油气资产		
无形资产	18,814,213,556	19,426,758,090
开发支出		
商誉		
长期待摊费用		
递延所得税资产	5,129,735	5,622,468
其他非流动资产		
非流动资产合计	24,104,170,541	24,498,269,575
资产总计	24,384,737,267	25,248,458,214
流动负债：		
短期借款	3,290,000,000	4,983,930,000
交易性金融负债		
应付票据		
应付账款	132,877,204	868,643,087
预收款项	3,053,541	2,456,817
应付职工薪酬	19,618,645	22,983,180
应交税费	130,175,672	253,264,048
应付利息	86,997,366	15,252,150
应付股利	32,735,315	19,472,404
其他应付款	154,819,928	186,197,421
一年内到期的非流动负债	201,693,348	201,809,795
其他流动负债		
流动负债合计	4,051,971,019	6,554,008,902
非流动负债：		
长期借款	3,622,173,603	3,284,386,108
应付债券	1,089,811,250	
长期应付款		
专项应付款		
预计负债		
递延所得税负债		
其他非流动负债		
非流动负债合计	4,711,984,853	3,284,386,108
负债合计	8,763,955,872	9,838,395,010
股东权益：		
股本	5,037,747,500	5,037,747,500
资本公积	7,555,403,465	7,488,686,684
减：库存股		
盈余公积	1,331,349,724	1,180,930,400
未分配利润	1,696,280,706	1,702,698,620
外币报表折算差额		

股东权益合计	15,620,781,395	15,410,063,204
负债和股东权益合计	24,384,737,267	25,248,458,214

公司法定代表人:沈长全 主管会计工作负责人:刘伟 会计机构负责人:于兰英

合并利润表

2008 年 1-12 月

单位:元 币种:人民币

项目	本期金额	上期金额
一、营业总收入	5,277,139,477	5,309,835,317
其中:营业收入	5,277,139,477	5,309,835,317
利息收入		
已赚保费		
手续费及佣金收入		
二、营业总成本	3,320,904,448	3,041,776,344
其中:营业成本	2,474,070,658	2,223,415,550
利息支出		
手续费及佣金支出		
退保金		
赔付支出净额		
提取保险合同准备金净额		
保单红利支出		
分保费用		
营业税金及附加	143,407,346	151,128,860
销售费用	1,702,940	2,420,110
管理费用	161,751,221	161,328,172
财务费用	542,388,491	504,368,605
资产减值损失	−2,416,208	−884,953
加:公允价值变动收益(损失以"−"号填列)	−1,500,590	5,398,226
投资收益(损失以"−"号填列)	152,705,407	133,922,714
其中:对联营企业和合营企业的投资收益	151,411,903	129,527,368
汇兑收益(损失以"−"号填列)		
三、营业利润(亏损以"−"号填列)	2,107,439,846	2,407,379,913
加:营业外收入	16,971,433	31,901,069
减:营业外支出	22,670,122	30,732,454
其中:非流动资产处置净损失	1,823,508	5,637,413
四、利润总额(亏损总额以"−"号填列)	2,101,741,157	2,408,548,528
减:所得税费用	502,317,499	769,559,721
五、净利润(净亏损以"−"号填列)	1,599,423,658	1,638,988,807
归属于母公司所有者的净利润	1,554,011,098	1,600,827,143
少数股东损益	45,412,560	38,161,664
六、每股收益:		
(一)基本每股收益	0.308	0.318
(二)稀释每股收益	0.308	0.318

公司法定代表人:沈长全 主管会计工作负责人:刘伟 会计机构负责人:于兰英

母公司利润表

2008 年 1-12 月

单位:元 币种:人民币

项目	本期金额	上期金额
一、营业收入	4,636,840,273	4,634,097,082
减:营业成本	2,248,761,340	1,949,410,323
营业税金及附加	123,997,392	131,909,025
销售费用		
管理费用	143,580,208	136,970,068
财务费用	573,696,257	523,856,437
资产减值损失	−2,416,208	−800,304
加:公允价值变动收益(损失以"−"号填列)		
投资收益(损失以"−"号填列)	358,291,301	328,220,229
其中:对联营企业和合营企业的投资收益	141,599,463	120,511,507
二、营业利润(亏损以"−"号填列)	1,907,512,585	2,220,971,762
加:营业外收入	15,373,015	29,833,880
减:营业外支出	18,710,626	21,962,562
其中:非流动资产处置净损失	1,604,627	4,006,862
三、利润总额(亏损总额以"−"号填列)	1,904,174,974	2,228,843,080
减:所得税费用	399,981,739	644,621,215
四、净利润(净亏损以"−"号填列)	1,504,193,235	1,584,221,865

公司法定代表人:沈长全 主管会计工作负责人:刘伟 会计机构负责人:于兰英

合并现金流量表

2008 年 1—12 月

单位:元 币种:人民币

项目	本期金额	上期金额
一、经营活动产生的现金流量:		
销售商品、提供劳务收到的现金	5,579,634,237	5,494,990,006
客户存款和同业存放款项净增加额		
向中央银行借款净增加额		
向其他金融机构拆入资金净增加额		
收到原保险合同保费取得的现金		
收到再保险业务现金净额		
保户储金及投资款净增加额		
处置交易性金融资产净增加额		
收取利息、手续费及佣金的现金		
拆入资金净增加额		
回购业务资金净增加额		
收到的税费返还		
收到其他与经营活动有关的现金	39,316,795	22,805,262
经营活动现金流入小计	5,618,951,032	5,517,795,268
购买商品、接受劳务支付的现金	1,695,735,387	1,270,169,067
客户贷款及垫款净增加额		
存放中央银行和同业款项净增加额		
支付原保险合同赔付款项的现金		
支付利息、手续费及佣金的现金		
支付保单红利的现金		
支付给职工以及为职工支付的现金	319,330,745	251,568,649
支付的各项税费	789,325,279	773,401,525
支付其他与经营活动有关的现金	49,455,364	64,848,098
经营活动现金流出小计	2,853,846,775	2,359,987,339
经营活动产生的现金流量净额	2,765,104,257	3,157,807,929
二、投资活动产生的现金流量:		
收回投资收到的现金	2,582,835	48,426,055
取得投资收益收到的现金	113,972,176	111,927,843
处置固定资产、无形资产和其他长期资产收回的现金净额	514,975	42,912,308
处置子公司及其他营业单位收到的现金净额	−24,686,686	39,890,000
收到其他与投资活动有关的现金		
投资活动现金流入小计	92,383,300	243,156,206
购建固定资产、无形资产和其他长期资产支付的现金	827,417,760	837,218,452
投资支付的现金	162,506,145	47,588,982
质押贷款净增加额		
取得子公司及其他营业单位支付的现金净额		
支付其他与投资活动有关的现金		
投资活动现金流出小计	989,923,905	884,807,434
投资活动产生的现金流量净额	−897,540,605	−641,651,228
三、筹资活动产生的现金流量:		
吸收投资收到的现金		
其中:子公司吸收少数股东投资收到的现金		
取得借款收到的现金	6,119,660,000	8,423,930,000
发行债券收到的现金	2,088,300,000	
收到其他与筹资活动有关的现金		23,010,000
筹资活动现金流入小计	8,207,960,000	8,446,940,000
偿还债务支付的现金	8,883,590,000	9,130,000,000
分配股利、利润或偿付利息支付的现金	1,846,888,843	1,503,027,798
其中:子公司支付给少数股东的股利、利润	35,932,260	36,654,516
支付其他与筹资活动有关的现金	13,398,920	
筹资活动现金流出小计	10,743,877,763	10,633,027,798
筹资活动产生的现金流量净额	−2,535,917,763	−2,186,087,798
四、汇率变动对现金及现金等价物的影响		
五、现金及现金等价物净增加额	−668,354,111	330,068,903
加:期初现金及现金等价物余额	1,128,947,375	798,878,472
六、期末现金及现金等价物余额	460,593,264	1,128,947,375

公司法定代表人:沈长全 主管会计工作负责人:刘伟 会计机构负责人:于兰英

母公司现金流量表

2008 年 1—12 月

单位:元 币种:人民币

项目	本期金额	上期金额
一、经营活动产生的现金流量:		
销售商品、提供劳务收到的现金	4,831,997,650	4,781,260,554
收到的税费返还		
收到其他与经营活动有关的现金	42,279,507	19,502,363
经营活动现金流入小计	4,874,277,157	4,800,762,917
购买商品、接受劳务支付的现金	1,522,875,275	1,136,852,656
支付给职工以及为职工支付的现金	270,458,285	205,285,984
支付的各项税费	663,298,939	640,454,504
支付其他与经营活动有关的现金	46,014,015	75,724,328
经营活动现金流出小计	2,502,646,514	2,058,317,472
经营活动产生的现金流量净额	2,371,630,643	2,742,445,445
二、投资活动产生的现金流量:		
收回投资收到的现金		
取得投资收益收到的现金	313,502,584	312,241,218
处置固定资产、无形资产和其他长期资产收回的现金净额	453,766	42,763,300
处置子公司及其他营业单位收到的现金净额		
收到其他与投资活动有关的现金		33,890,000
投资活动现金流入小计	313,956,350	388,894,518
购建固定资产、无形资产和其他长期资产支付的现金	813,100,891	814,220,361

投资支付的现金	200,400,000	
取得子公司及其他营业单位支付的现金净额		
支付其他与投资活动有关的现金		
投资活动现金流出小计	1,013,500,891	814,220,361
投资活动产生的现金流量净额	−699,544,541	−425,325,843
三、筹资活动产生的现金流量：		
吸收投资收到的现金	6,759,660,000	
取得借款收到的现金	8,847,960,000	8,833,930,000
发行债券收到的现金	2,088,300,000	−
收到其他与筹资活动有关的现金		
筹资活动现金流入小计	8,847,960,000	8,833,930,000
偿还债务支付的现金	9,113,590,000	9,600,000,000
分配股利、利润或偿付利息支付的现金	1,838,559,183	1,483,343,916
支付其他与筹资活动有关的现金	13,398,920	
筹资活动现金流出小计	10,965,548,103	11,083,343,916
筹资活动产生的现金流量净额	−2,117,588,103	−2,249,413,916
四、汇率变动对现金及现金等价物的影响		
五、现金及现金等价物净增加额	−445,502,001	67,705,686
加：期初现金及现金等价物余额	669,887,657	602,181,971
六、期末现金及现金等价物余额	224,385,656	669,887,657

公司法定代表人：沈长全　　主管会计工作负责人：刘伟　　会计机构负责人：于兰英

合并所有者权益变动表

2008 年 1—12 月

单位:元 币种:人民币

本年金额

项目	股本	资本公积	减:库存股	盈余公积	一般风险准备	未分配利润	其他	少数股东权益	所有者权益合计
	归属于母公司所有者权益								
一、上年年末余额	5,037,747,500	7,488,686,684		1,350,007,603		1,831,943,451		429,334,295	16,137,719,533
加:同一控制下企业合并产生的追溯调整									
会计政策变更									
前期差错更正									
其他									
二、本年年初余额	5,037,747,500	7,488,686,684		1,350,007,603		1,831,943,451		429,334,295	16,137,719,533
三、本年增减变动金额(减少以"−"号填列)									
(一)净利润						1,554,011,098		45,412,560	1,599,423,658
(二)直接计入所有者权益的利得和损失									
1.可供出售金融资产公允价值变动净额									
2.权益法下被投资单位其他所有者权益变动的影响		66,716,781							66,716,781
3.与计入所有者权益项目相关的所得税影响									
4.其他									
上述(一)和(二)小计		66,716,781				1,554,011,098		45,412,560	1,666,140,439
(三)所有者投入和减少资本									
1.所有者投入资本									
2.股份支付计入所有者权益的金额									
3.其他									
(四)利润分配									
1.提取盈余公积				177,339,316		−177,339,316			
2.提取一般风险准备									
3.对所有者(或股东)的分配						−1,360,191,825		−35,932,260	−1,396,124,085
4.其他				−2,523,798		2,523,798			
(五)所有者权益内部结转									
1.资本公积转增资本(或股本)									
2.盈余公积转增资本(或股本)									
3.盈余公积弥补亏损									
4.其他									
四、本期期末余额	5,037,747,500	7,555,403,465		1,524,823,121		1,850,947,206		438,814,595	16,407,735,887

上年金额

项目	股本	资本公积	减:库存股	盈余公积	一般风险准备	未分配利润	其他	少数股东权益	所有者权益合计
	归属于母公司所有者权益								
一、上年年末余额	5,037,747,500	7,488,686,684		1,168,876,392		1,369,419,544		427,827,147	15,492,557,267
加:同一控制下企业合并产生的追溯调整									
会计政策变更									
前期差错更正									
其他									
二、本年年初余额	5,037,747,500	7,488,686,684		1,168,876,392		1,369,419,544		427,827,147	15,492,557,267
三、本年增减变动金额(减少以"−"号填列)									
(一)净利润						1,600,827,143		38,161,664	1,638,988,807
(二)直接计入所有者权益的利得和损失									
1.可供出售金融资产公允价值变动净额									
2.权益法下被投资单位其他所有者权益变动的影响									
3.与计入所有者权益项目相关的所得税影响									
4.其他									
上述(一)和(二)小计						1,600,827,143		38,161,664	1,638,988,807
(三)所有者投入和减少资本									
1.所有者投入资本									
2.股份支付计入所有者权益的金额									
3.其他									
(四)利润分配									
1.提取盈余公积				181,131,211		−181,131,211			
2.提取一般风险准备									
3.对所有者(或股东)的分配						−957,172,025		−36,654,516	−993,826,541
4.其他									
(五)所有者权益内部结转									
1.资本公积转增资本(或股本)									
2.盈余公积转增资本(或股本)									
3.盈余公积弥补亏损									
4.其他									
四、本期期末余额	5,037,747,500	7,488,686,684		1,350,007,603		1,831,943,451		429,334,295	16,137,719,533

公司法定代表人：沈长全　　主管会计工作负责人：刘伟　　会计机构负责人：于兰英

母公司所有者权益变动表

2008 年 1−12 月

单位:元 币种:人民币

本年金额

项目	股本	资本公积	减:库存股	盈余公积	未分配利润	所有者权益合计
一、上年年末余额	5,037,747,500	7,488,686,684		1,180,930,400	1,702,698,620	15,410,063,204
加:会计政策变更						
前期差错更正						
其他						
二、本年年初余额	5,037,747,500	7,488,686,684		1,180,930,400	1,702,698,620	15,410,063,204
三、本年增减变动金额(减少以"−"号填列)						
(一)净利润					1,504,193,235	1,504,193,235
(二)直接计入所有者权益的利得和损失						
1.可供出售金融资产公允价值变动净额						
2.权益法下被投资单位其他所有者权益变动的影响		66,716,781				66,716,781
3.与计入所有者权益项目相关的所得税影响						
4.其他						
上述(一)和(二)小计		66,716,781			1,504,193,235	1,570,910,016
(三)所有者投入和减少资本						
1.所有者投入资本						
2.股份支付计入所有者权益的金额						
3.其他						
(四)利润分配						
1.提取盈余公积				150,419,324	−150,419,324	
2.对所有者(或股东)的分配					−1,360,191,825	−1,360,191,825
3.其他						
(五)所有者权益内部结转						
1.资本公积转增资本(或股本)						
2.盈余公积转增资本(或股本)						
3.盈余公积弥补亏损						
4.其他						
四、本期期末余额	5,037,747,500	7,555,403,465		1,331,349,724	1,696,280,706	15,620,781,395

上年金额

项目	股本	资本公积	减:库存股	盈余公积	未分配利润	所有者权益合计
一、上年年末余额	5,037,747,500	7,488,686,684		1,022,508,213	1,234,070,967	14,783,013,364
加:会计政策变更						
前期差错更正						
其他						
二、本年年初余额	5,037,747,500	7,488,686,684		1,022,508,213	1,234,070,967	14,783,013,364
三、本年增减变动金额(减少以"−"号填列)						
(一)净利润					1,584,221,865	1,584,221,865
(二)直接计入所有者权益的利得和损失						
1.可供出售金融资产公允价值变动净额						
2.权益法下被投资单位其他所有者权益变动的影响						
3.与计入所有者权益项目相关的所得税影响						
4.其他						
上述(一)和(二)小计					1,584,221,865	1,584,221,865
(三)所有者投入和减少资本						
1.所有者投入资本						
2.股份支付计入所有者权益的金额						
3.其他						
(四)利润分配						
1.提取盈余公积				158,422,187	−158,422,187	
2.对所有者(或股东)的分配					−957,172,025	−957,172,025
3.其他						
(五)所有者权益内部结转						
1.资本公积转增资本(或股本)						
2.盈余公积转增资本(或股本)						
3.盈余公积弥补亏损						
4.其他						
四、本期期末余额	5,037,747,500	7,488,686,684		1,180,930,400	1,702,698,620	15,410,063,204

公司法定代表人：沈长全　　主管会计工作负责人：刘伟　　会计机构负责人：于兰英

四川天一科技股份有限公司

四川天一科技股份有限公司 2008 年度报告摘要

第一节　重要提示

1.1 本公司董事会、监事会及董事、监事、高级管理人员保证本报告所载资料不存在任何虚假记载、误导性陈述或者重大遗漏，并对其内容的真实性、准确性和完整性承担个别及连带责任。

本年度报告摘要摘自年度报告全文，投资者欲了解详细内容，应当仔细阅读年度报告全文。

1.2 公司全体董事出席董事会会议。

1.3 天职国际会计师事务所为本公司出具了标准无保留意见的审计报告。

1.4 公司负责人陈宝通、主管会计工作负责人曾加及会计机构负责人(会计主管人员)聂英声明：保证年度报告中财务报告的真实、完整。

第二节　公司基本情况简介

2.1 基本情况简介

股票简称	天科股份
股票代码	600378
上市交易所	上海证券交易所
公司注册地址	成都市高新区高朋大道 5 号
办公地址	四川省成都市机场路 445 信箱
邮政编码	610225
公司国际互联网网址	http://www.tianke.com
电子信箱	ctyc@tianke.com

2.2 联系人和联系方式

	董事会秘书	证券事务代表
姓名	魏丹	魏冬梅
联系地址	四川省成都市机场路 445 信箱	四川省成都市机场路 445 信箱
电话	028-85963417	028-85963659
传真	028-85963659	028-85963659

第三节　会计数据和业务数据摘要

3.1 主要会计数据

单位：元　币种：人民币

	2008 年	2007 年	本年比上年增减(%)	2006 年
营业收入	602,722,678.60	495,160,239.37	21.72	372,195,341.07
利润总额	71,238,713.08	42,657,147.24	67.00	−23,828,883.13
归属于上市公司股东的净利润	56,408,733.10	23,743,702.87	137.57	−30,725,668.87
归属于上市公司股东的扣除非经常性损益的净利润	50,397,448.91	27,938,009.50	80.39	−22,624,385.86
经营活动产生的现金流量净额	66,086,352.83	79,271,962.40	−16.63	49,645,390.15
	2008 年末	2007 年末	本年末比上年末增减(%)	2006 年末
总资产	694,507,915.21	649,042,126.36	7.01	562,711,207.45
所有者权益(或股东权益)	431,126,732.08	374,717,998.98	15.05	349,865,496.11

3.2 主要财务指标

单位：元　币种：人民币

	2008 年	2007 年	本年比上年增减(%)	2006 年
基本每股收益(元/股)	0.23	0.10	130.00	−0.13
稀释每股收益(元/股)	0.23	0.10	130.00	−0.13
扣除非经常性损益后的基本每股收益(元/股)	0.21	0.11	90.91	−0.09
全面摊薄净资产收益率(%)	13.08	6.34	增加 6.74 个百分点	−8.78
加权平均净资产收益率(%)	14.00	6.56	增加 7.44 个百分点	−8.27
扣除非经常性损益后全面摊薄净资产收益率(%)	11.69	7.46	增加 4.23 个百分点	−6.47
扣除非经常性损益后的加权平均净资产收益率(%)	12.51	7.72	增加 4.79 个百分点	−6.09
每股经营活动产生的现金流量净额(元/股)	0.27	0.32	−15.63	0.20
	2008 年末	2007 年末	本年末比上年末增减(%)	2006 年末
归属于上市公司股东的每股净资产(元/股)	1.76	1.53	15.03	1.42

非经常性损益项目

√适用　□不适用

单位：元　币种：人民币

非经常性损益项目	金额
非流动资产处置损益	−1,121,217.69
计入当期损益的政府补助，但与公司正常经营业务密切相关，符合国家政策规定、按照一定标准定额或定量持续享受的政府补助除外	5,711,214.29
单独进行减值测试的应收款项减值准备转回	2,212,796.31
除上述各项之外的其他营业外收入和支出	−503,372.29
其他符合非经常性损益定义的损益项目	1,176,613.96
少数股东权益影响额	−185,359.95
所得税影响额	−1,279,390.44
合计	6,011,284.19

3.3 境内外会计准则差异：

□适用　√不适用

第四节　股本变动及股东情况

4.1 股份变动情况表

√适用　□不适用

单位：股

	本次变动前		本次变动增减(+,−)					本次变动后	
	数量	比例(%)	发行新股	送股	公积金转股	其他	小计	数量	比例(%)
一、有限售条件股份									
1、国家持股									
2、国有法人持股	44,540,578	18.13				−12,280,714	−12,280,714	32,259,864	13.13
3、其他内资持股	28,789,697	11.72				−12,280,714	−12,280,714	16,508,983	6.72
其中：境内非国有法人持股	28,789,697	11.72				−12,280,714	−12,280,714	16,508,983	6.72
境内自然人持股									
4、外资持股									
其中：境外法人持股									
境外自然人持股									
有限售条件股份合计	73,330,275	29.86				−24,561,428	−24,561,428	48,768,847	19.86
二、无限售条件流通股份									
1、人民币普通股	172,284,016	70.14				24,561,428	24,561,428	196,845,444	80.14
2、境内上市的外资股								196,845,444	
3、境外上市的外资股									
4、其他									
无限售条件流通股份合计	172,284,016	70.14				24,561,428	24,561,428	196,845,444	80.14
三、股份总数	245,614,291	100						245,614,291	100

限售股份变动情况表

√适用　□不适用

单位：股

股东名称	年初限售股数	本年解除限售股数	本年增加限售股数	年末限售股数	限售原因	解除限售日期
中国昊华化工(集团)总公司	44,540,578	12,280,714	0	32,259,864	股改承诺	2008-12-4
深圳盈投投资有限公司	28,789,697	12,280,714	0	16,508,983	股改承诺	2008-12-4
合计	73,330,275	24,561,428	0	48,768,847	/	/

4.2 股东数量和持股情况

单位：股

报告期末股东总数	27,738

前十名股东持股情况

股东名称	股东性质	持股比例(%)	持股总数	报告期内增减	持有非流通股数量	质押或冻结的股份数量
中国昊华化工(集团)总公司	国家	23.13	56,821,293	0	32,259,864	无
深圳市盈投投资有限公司	境内非国有法人	21.63	53,127,724	53,127,724	16,508,983	质押 51070412
沈阳易捷电子机械有限公司	境内非国有法人	0.75	1,833,675	−3,923,325		无
邹东达	境内自然人	0.48	1,169,210	1,169,210		未知
中化化工科学技术研究总院	国有法人	0.34	836,550	0		无
中蓝晨光化工研究院有限公司	国有法人	0.34	836,550	0		无
中橡集团炭黑工业						

研究设计院	国有法人	0.34	836,550	0	无
顾铭桓	境内自然人	0.31	758,641	90,000	未知
要彦彬	境内自然人	0.31	750,000	750,000	未知
王路新	境内自然人	0.29	710,000	52,300	未知

前十名无限售条件股东持股情况

股东名称	持有无限售条件股份数量	股份种类
深圳市盈投投资有限公司	36,618,741	人民币普通股
中国昊华化工(集团)总公司	24,561,429	人民币普通股
沈阳易捷电子机械有限公司	1,833,675	人民币普通股
邹东达	1,169,210	人民币普通股
中蓝晨光化工研究院有限公司	836,550	人民币普通股
中橡集团炭黑工业研究设计院	836,550	人民币普通股
中化化工科学技术研究总院	836,550	人民币普通股
顾铭桓	758,641	人民币普通股
要彦彬	750,000	人民币普通股
王路新	710,000	人民币普通股
上述股东关联关系或一致行动关系的说明	前十名股东中中国昊华化工(集团)总公司与中化化工科学技术研究总院、中蓝晨光化工研究院有限公司、中橡集团炭黑工业研究设计院 存在关联关系,均为实际控制人的全资子公司;公司未知其余股东之间是否存在关联关系和一致行动人关系。	

4.3 控股股东及实际控制人情况介绍

4.3.1 控股股东及实际控制人变更情况

□适用　　√不适用

4.3.2 控股股东及实际控制人具体情况介绍

4.3.2.1 法人控股股东情况

单位:元 币种:人民币

名称	法定代表人	注册资本	成立日期	主营业务
中国昊华化工(集团)总公司	傅向升	3,733,280,000	1993.2.10(工商登记)	化工原料、化工产品、化学矿、石油化工、化工装备、机械、电子产品、仪器仪表、建材、纺织品、轻工产品、林产品、林化产品的组织生产、仓储、销售;汽车及零配件、家用电器、钢材、钢坯、生铁、铜、铝、铅、锌、锡、镍、镁、铜材、铝材、铂族金属的销售;承包经批准的国内石油化工工程;进出口业务;技术咨询、技术服务、信息服务;设备租赁。

4.3.2.2 法人实际控制人情况

单位:元 币种:人民币

名称	法定代表人	注册资本	成立日期	主营业务
中国化工集团公司	任建新	8,897,497,000	2004.4.26(工商登记)	化工原料、化工产品、化学矿、塑料、轮胎、橡胶制品、膜设备、化工装备的生产与销售;机械产品、电子产品、仪器仪表、建材、纺织品、轻工产品、林产品、林化产品的生产和销售;化工装备、化学清洗、防腐、石油化工、水处理技术的研究、开发、设计和施工;技术咨询、信息服务、设备租赁。

第五节　董事、监事和高级管理人员

5.1 董事、监事和高级管理人员持股变动及报酬情况

单位:股

姓名	职务	性别	年龄	任期起始日期	任期终止日期	年初持股数	年末持股数	报告期内从公司领取的报酬总额(万元)税后	是否在股东单位或其他关联单位领取薪酬
陈宝通	董事长	男	53	2007-11-15	2008-12-24	0	0	0	是
曾　加	副总经理	男	51	2007-11-15	2008-12-24	0	0	15	否
	财务负责人			2008-1-1	2008-12-24				
	副董事长			2008-4-23	2008-12-24				
李书箱	董事兼常务副总经理	男	36	2005-12-24	2008-12-24	0	0	16	否
	副董事长			2007-11-15	2008-12-24	0	0		
苏　伟	董事	女	45	2007-11-15	2008-12-24	0	0	0	是
周江宁	董事兼副总经理	男	51	2005-12-24	2008-12-24	0	0	12	否
魏　丹	董事会秘书	男	45	2005-12-24	2008-12-24	0	0	12	否
	董事			2006-5-26	2008-12-24				
何建国	独立董事	男	43	2005-12-24	2008-12-24	0	0	10	否
林万祥	独立董事	男	71	2008-4-23	2008-12-24	0	0	7.5	否
张鑫淼	独立董事	女	40	2006-12-1	2008-12-24	0	0	10	否
李　波	监事会主席	男	46	2007-11-15	2008-12-24	0	0	0	是
杨宗杰	监事	男	52	2007-11-30	2008-12-24	0	0	0	是
张　进	监事	女	52	2005-12-24	2008-12-24	0	0	0	是
	监事会副主席			2008-4-23	2008-12-24				
郜豫川	监事	男	48	2005-12-24	2008-12-24	0	0	6.23	否
焦永笃	监事	男	32	2007-11-30	2008-12-24	0	0	0	是
聂　勇	监事	男	45	2005-12-24	2008-12-24	0	0	6.56	否
黄维柱	监事	男	51	2005-12-24	2008-12-24	0	0	6.54	否
王学再	总经理	男	50	2005-12-24	2008-12-24	0	0	15	否
杨重谊	副总经理	男	49	2005-12-24	2008-12-24	0	0	12	否
申小南	副总经理	男	52	2005-12-24	2008-12-24	0	0	12	否
黄　琼	副总经理	女	40	2006-3-7	2008-12-24	0	0	12	否
汤　洪	总工程师	男	47	2005-12-24	2008-12-24	0	0	12	否
合　计	/	/	/	/	/	0	0	164.83	

第六节　董事会报告

6.1 管理层讨论与分析

2008 年是公司规范运作,坚持科技创新,保持持续发展,历经挫折而最终取得辉煌成绩的一年。2008 年,尽管受到自然灾害的严重影响,受到金融海啸的冲击,但公司在董事会的正确领导下,准确把握市场环境巨变带来的机遇与挑战,以经济工作为重点,抓住机遇开拓市场,克服自然灾害、金融危机的负面影响,超额完成年度计划,实现经营业绩历史性的突破。

报告期内,公司继续保持了传统主营业务的竞争优势,公司的主要收入来源于公司的变压吸附产业和工程设计、工程承包以及催化剂产业。2008 上半年,面对良好的市场环境,积极培育新的利润增长点,重点加强了对国家鼓励和支持的二甲醚代用燃料项目的经营推广工作,使公司产品的市场推广量及利润持续增加,取得了良好的成绩。公司的催化剂产业在 2008 年有了长足的进步,生产经营又上新台阶;2008 下半年,特别是进入第四季度,金融危机向实体经济快速蔓延,公司对外合同急剧下降,在建工程缓建,收款难度增大,公司发展势头遭到一定程度遏制。

报告期内,公司主要产业的对外销售合同额和销售收入均创历史新高,全年实现营业收入为 602,722,678.60 元,比上年同期增长 21.72%;实现净利润 56,408,733.10 元,比上年同期增长 137.57 %。

1、公司主营业务及其经营状况

2007 年度公司的主营业务中,石油化工及基础化工产品,主营业务收入增加,主营业务利润率增加;科研开发及服务设计的主营业务收入,主营业务利润率略有下降。

(1) 主营业务分行业、产品情况表

单位:元 币种:人民币

分产品	营业收入	营业成本	营业利润率(%)	营业收入比上年增减(%)	营业成本比上年增减(%)	营业利润率比上年增减(%)
石油化工及基础化工产品	223,329,540.78	157,701,598.21	29.39	119.21	82.16	增加 14.37 个百分点
科研开发及服务设计	369,378,073.59	285,172,324.93	22.80	−4.80	1.92	减少 5.09 个百分点
合计	592,707,614.37	442,873,923.14	25.28	20.99	20.88	增加 0.07 个百分点

(2) 主营业务分地区情况表

单位:元 币种:人民币

地区	营业收入	营业收入比上年增减(%)
西南地区	592,707,614.37	20.99

(3)主要控股公司及参股公司的经营情况及业绩

单位:万元

公司名称	主要产品或服务	注册资本	资产规模	净利润
四川天科投资有限公司	项目投资;资产经营管理;财务管理;计算机技术服务业;国内商品批发与零售	3000	3000	已停业并收回资金,正在办理注销手续。
四平市天科气体有限公司	工业气体及配套产品的生产销售。氧气、氮气及氩气等	3758.06	5288.3	634.41
四川贡嘎神汤温泉有限公司	旅游服务、浴洗、旅游商品、日用百货、针纺织品、住宿、中餐、西餐、小吃、烟、酒	4180	4542.62	−182.04
武汉天科气体发展有限公司	工业气体、标准气体、高纯气体、特种气体等系列气体产品的生产销售、研制、开发、技术服务	500	869.63	−48.98
内江天科化工有限责任公司	PSA−H2 及环己酮产品的生产、销售、服务	4400	24599.13	290.65
宜宾天科煤化工有限责任公司	煤制合成气、;甲醇及下游产品制造、销售;项目邮资,汽车货运	10000	20649.55	−1997.34

(4)主要供应商、客户情况:

单位:元

前五名供应商采购金额合计	120,218,989.01	占采购总额比重	26.85%
前五名销售客户销售金额合计	81,660,500.91	占销售总额比重	13.55%

(5)告期公司资产构成同比发生重大变动,应当说明产生变化的主要影响因素,

单位:元

项目	2007.12.31 金额	2007.12.31 占总资产比重	2008.12.31 金额	2008.12.31 占总资产比重	增减数	增减比例	重大变动原因
货币资金	176,443,929.87	27.19%	243,609,766.69	35.08%	67,165,836.82	38.07%	本公司的泸州分公司业

未分配利润	−40,483,235.78	−6.24%	15,149,452.03	2.18%	55,632,687.81	–	务量大幅上升造成本公司利润增加,已弥补完以前年度亏损

报告期费用变动情况 ：

单位:元

项目	期末账面余额/本期数	年初数	变动比例%	变动情况及原因
营业税金及附加	6,523,476.83	4,256,531.26	53.26	系本期营业收入较上期增加以致
销售费用	20,345,478.76	13,920,393.71	46.16	收入增加费用相应增加
资产减值损失	1,041,578.48	17,385,293.55	−94.01	主要系上期按照个别认定法计提了应收账款–坏账准备所致。
营业外支出	2,341,515.71	11,471,605.41	−79.59	主要系上年在年终对固定资产进行清理,处置了大量固定资产以致。

(6)报告期公司主要财务数据同比发生重大变动的说明(增减 30%以上科目表及说明)

单位:元

项目	期末账面数余额/本期	期初账面数余额/上期	差异变动金额	差异变动幅度(%)	变动原因
货币资金	243,609,766.69	176,443,929.87	67,165,836.82	38.07	主要系本期营业收入增加,销售回款后,货币资金较上期增加。
应收票据	42,185,186.35	64,538,617.12	−22,353,430.77	−34.64	主要系期初的应收票据在期末前陆续到期以致。
应收账款	86,942,934.74	61,481,944.50	25,460,990.24	41.41	变动原因主要系本期营业收入较上期增长以致。
预付款项	15,888,703.97	28,654,701.41	−12,765,997.44	−44.55	系采购的货物陆续到货结转存货以致。
在建工程	1,362,893.03	4,668,948.44	−3,306,055.41	−70.81	转入固定资产等原因所到致
应付职工薪酬	65,682,193.51	48,759,829.95	16,922,363.56	34.71	系本期公司业绩增加,员工薪酬相应增加以致。
未分配利润	15,149,452.03	−40,483,235.78	55,632,687.81		利润增加所致
营业税金及附加	6,523,476.83	4,256,531.26	2,266,945.57	53.26	系本期营业收入较上期增加以致
销售费用	20,345,478.76	13,920,393.71	6,425,085.05	46.16	收入增加费用相应增加
资产减值损失	1,041,578.48	17,385,293.55	−16,343,715.07	−94.01	主要系上期按照个别认定法计提了应收账款–坏账准备以致。
营业外支出	2,341,515.71	11,471,605.41	−9,130,089.70	−79.59	主要系上年在年终对固定资产进行清理,处置了大量固定资产所致。
净利润	58,819,499.16	26,098,678.73	32,720,820.43	125.37	主要系本期营业收入较上期增加所致
投资活动产生的现金流量净额	−10,815,122.58	−3,579,945.04	−7,235,177.54	202.10	购建固定资产增加所致

(7)报告期公司现金流量构成情况、同比发生重大变动的情况、及与报告期净利润存在重大差异的原因说明

项目	2008 年度	2007 年度	增减值	增减率%	变动原因
投资活动产生的现金流量净额	−10,815,122.58	−3,579,945.04	−7,235,177.54	202.10	购建固定资产增加所致

报告期内,公司经营活动产生的现金流量与公司净利润不存在重大差异。

2、对公司未来发展的展望

1 行业的发展趋势、公司面临的竞争格局

1) 行业的发展趋势

本公司为化工行业的科技型企业,主要收入来源是转让技术和围绕这些技术所做的工程设计、工程承包等工程服务以及产品生产销售。因此,公司的核心资产是技术成果。技术成果拥有的数量、先进性、排他性,直接影响公司的销售收入和赢利能力。2008 年,公司在科技创新方面取得了斐然的成绩;公司"催化裂化干气中回收乙烯"工业化成套技术,获国家科技进步二等奖和中石化科技进步一等奖;2008 年,公司获纵横向科研项目经费 333 万元,比 2007 年有大幅度提高;2008 年获得授权专利 8 项,其中,发明专利 4 项,实用新型专利 4 项;申请专利 7 项等。

面对成绩,公司一直保持忧患意识。公司将抓住机遇,在加大自主技术成果的转让和应用力度的同时,狠抓技术创新、知识产权保护工作,为公司的产业发展提供更加有力的技术支持,进一步提高公司的核心竞争力。

a)变压吸附产业

有一定影响力和技术优势,市场占有率较高,分离提纯气体品种多,但应加大推广力度,特别是重视往环保与节能降耗领域的推广。

b)催化剂产业

镍系催化剂优势明显,市场占有率大,公司一方面要进一步加强生产管理,控制成本,另一方面,还要跟踪市场需求和变化趋势,积极进行技术升级与新产品的研发,保持产品的市场优势;

铜系催化剂市场份额在 2008 年有很大的提高,还要积极做好宣传、销售工作与技术服务工作,提高产品生产与技术服务的质量。

脱硫剂发展空间大,利润率高,应重点发展。

c)工程设计与工程承包产业

项目绝大部分是公司自有技术的工程设计和工程承包,依赖性强,应加强横向联合,争取承接更多自有技术以外的项目,并加大工程总承包的力度。

d)气体产业

拓展省外市场,发掘市场潜力,加快新品种的研发与市场开拓能力。

e)参股控股产业

强化监督管理,争取更大赢利。

2) 公司面临的竞争格局

a) PSA 产业的竞争对手主要是成都的数十家规模不一的 PSA 公司。其中在 PSA 提纯氢气项目、脱碳项目、一氧化碳提纯项目在国内有强劲竞争对手。

b) 镍系催化剂产品、铜系催化剂产品的主要对手是国内、外大公司。在生产技术、产品性能上不分伯仲。

c) 工程设计与工程承包的对手都很强大,主要是大型设计院与大型工程公司。业务的发展依赖客户的信任度。要加强人才培养,配齐专业,向大型化工程设计与工程承包领域迈进。

d) 气体产业在四川省内虽然有一些对手,但仍有较强的竞争力。但原气体生产地受城市规划与安全规范的限制,要求搬迁,对气体产业有一定的影响。

3) 相关变化趋势及对公司可能的影响程度

公司的主要技术与产品直接面对生产型用户,因此经济环境的好坏直接影响公司的主营业务。一方面,这次金融危机对公司的影响是直接的、严重的,另一方面,国家扩大内需政策和产业振兴计划也给公司带来了机遇。

2、公司未来的发展机遇与挑战,发展战略等,各项业务的发展规划

1)变压吸附气体分离技术转让和成套装置工程承包:该产业是本公司销售收入最高的产业,带动了一部分公司产业的发展,故其发展的好坏直接影响公司的经济效益。由于前几年本公司流出技术和流出人员形成了公司的竞争对手,已直接影响本公司在该领域的占有市场份额。这些竞争对手的特点是技术信息渠道多、模仿能力强、推销机制灵活,个别对手还有自主创新能力。这对本公司来说是极大的挑战。面对如此众多强大的竞争对手,应加强变压吸附领域的技术创新和知识产权保护力度,保持技术优势;积极调整经营策略,加强环保领域与节能降耗领域的技术推广,进一步提高市场占有率。

2)镍系催化剂生产与销售:国内市场公司拥有较大的市场份额,公司一方面要控制成本,另一方面加快产品的升级换代。对国际市场,公司要以催化剂出口数量增加为契机,进一步拓展转化催化剂的国际市场 。

3)铜系催化剂生产与销售:2008 年铜系催化剂的销售情况很好,销售量大于生产量,市场占有率大幅度提高。在面对国外跨国公司的激烈竞争下,应提高产品与技术服务的质量,以保住现有的市场份额。

4)技术创新:对本公司这种科技型企业来说,技术创新、拥有排他性的先进技术是企业持续发展的前提。本公司技术创新的主要领域是变压吸附气体分离技术用吸附剂研究开发、拓宽变压吸附气体分离提纯气体品种,变压吸附气体分离专用程控阀研究开发、镍系和铜系催化剂的改性研究开发、碳一化学产品和其他有机产品的生产技术开发等。近年来,国家进一步加大知识产权司法保护力度,公司为维护自己的权利,已经拿起了法律武器。公司将加大技术创新资金投入力度,健全、完善技术创新与知识产权保护体系,加强专利后续管理,在已有创新成果的基础上,进一步往纵深方面延伸创新,保持该领域的领先优势。以专利的公开保护和技术诀窍的秘密保护有机结合的方法,维持创新成果的竞争力,以提高公司的核心竞争力。

5)2008 年地震与金融危机的影响

5.12 汶川大地震,对公司销售收入产生了短暂的不利影响;年底的金融危机使部分客户停产,部分工程缓建,导致公司应收账款增加、存货增加,销售收入下降。

3、新年度工作计划

(1)积极应对金融危机

受金融危机影响,从 2008 年底至 2009 年初公司对外合同额下降、应收款增加,业主停产、在建工程缓建等诸多不利因素开始对公司产生不利影响,2009 年未来的趋势也不明朗。面对困境,公司将知难而进,针对自身的产业特点,准备采取如下措施:

1)认真研究国家扩大内需、保增长的相关政策,找准自身产业的市场结合点,抓市场、抓合同,紧跟市场求生存,扩大总承包的领域和规模,拓宽市场;

2)加强营销管理和财务管理,完善公司应收款管理,加大收款力度,严格控制成本和开支,厉行节约,降低工程与产品成本。

3)强化忧患意识,树立精品思想。要改进和优化工艺、设备等,提高产品、工程的质量,并做成精品和样板工程,增强市场竞争力,树立公司品牌。

(2)加快建立和完善公司研发体系,提高技术创新能力

和其他化工类上市公司相比,公司的根基和比较优势在于公司自身独到技术优势、研发能力及科技成果的转化能力。公司将致力于进一步提升研发能力,建立和完善公司研发体系。为公司抵御金融危机和更快的发展奠定扎实的基础。

1) 根据现有的产业技术特点和行业演变,加快技术进步,进一步强化公司创新能力和新技术研发能力,建立完整的技术研发中心。加强新工艺的工程开发力度,潜心研究和开发新技术、新工艺、新产品,苦练内功,开发出新技术和新产品,寻找新的增长点;

2)面对金融危机,公司要在国家经济结构调整和产业升级中找准方向,做好定位工作,突出优势,早做规划,为在经济复苏时抢占先机,赢得市场。

3)对以科技为本的公司来说,发展的源泉在于人才。2009 年,一方面,公司要大力培养各专业学术带头人,开展各类人员的培训,另一方面,要制定更科学,更合理的激励制度,完善激励机制,吸引社会上的优秀人才聚集到天科股份,提高公司的核心竞争力。

4、未来发展所需资金和使用计划,资金来源

为确保公司催化剂产业的竞争优势,计划适度扩大催化剂生产规模,预计 2009 年的资金需求为 RMB12000 万元,资金来源主要渠道为:

1)利用剩余募集资金

5、对公司未来发展目标的实现产生不利影响的所有风险因素及拟采取的对策和措施

1) 产业政策风险

本公司为科技型企业,技术转让和成套装置工程承包是主要经济来源,而且涉及的行业很多,如石油、化工、医药、冶金、电子通讯等。如国家压缩基本建设投资,则销售收入会受到严重影响。而对催化剂的产品销售来说,一是受到催化剂生产装置产量的制约,二是受到国家宏观经济政策与金融危机的影响。销售收入与国家宏观经济建设投入有正相关关系。

2）市场或业务经营风险

对现有自主技术而言，其市场风险在于市场占有率的消长与受金融危机带来的产业的状况有关。市场占有率越大，成果推广和产品销售越容易，反之则可能走下坡路。因此加大新产品的开发与经营力度、千方百计提高市场占有率是规避风险的关键。

3）财务风险

目前公司资金较充裕，负债率低，财务状况稳健，但受金融危机影响，公司对外合同急剧下降，在建工程缓建，收款难度增大延缓了资金回笼速度。若公司的资金紧张，将影响公司正常的生产经营和未来的发展计划。为此，公司确定了谨慎投资和加强资金管理的原则，同时通过加大销售回款的力度，合理使用财务杠杆等方式拓宽资金来源，充分利用上市公司的平台，借助多种融资方式，保证公司未来的发展。

4）技术和产品质量风险

如对科研开发与创新的投入力度不够，则存在技术与产品优势逐渐丧失，从而影响成果推广和产品销售的风险。产品质量差则会由于信誉受损而影响产品销售。

5）利润总额增长受到局限的风险

利润总额增长受到局限的风险：公司利润总额的增长与国家经济复苏程度有关，与新技术应用和推广的力度有关，与公司内部管理和激励机制是否有效有关。目前全球经济增长明显放缓，国内经济增速回调，导致未来利润总额增长前景不容乐观。与此同时，国家推出十大产业振兴计划，特别是石化行业振兴计划，也给公司带来了新机遇。公司将加强内部管理，制定行之有效的激励机制。面对新机遇，主动出击，占领市场。同时，加快公司核心技术的升级和新技术的推广和产业化进程。

6）大股东控制的风险

公司目前的股东结构有利于股东间的相互制约性和互补性，报告期内，公司不断完善法人治理，形成更完善、有效的内控制度，进一步规范了公司实际控制人及控股股东的行为。

公司的总体发展战略是：加大技术创新和知识产权保护力度，提高企业核心竞争力；强化规范管理，完善各项制度和工作程序，提高工作效率和决策执行力；成为有技术垄断优势、工程设计和承包能力强，管理规范的上市公司，成为在化工细分行业、环保产业中的佼佼者。

公司未来的发展机遇在于：化"危"为"机"，紧紧抓住国家扩内需、保增长，采取积极的财政与金融政策和推出十大行业振兴计划的契机，加大技术创新，提高企业核心竞争力；要强化规范管理，完善各项制度和工作程序，提高工作效率和决策执行力；要以市场，以用户为根，以技术进步为本，克服金融危机带来种种困难，抓住国家政策导向和产业结构调整和升级的机遇，在金融风暴的黑暗中，苦练内功，辛勤耕耘，为给股东带去光明和希望，给股东一个好的回报。

与公允价值计量相关的项目

□适用　√不适用

持有外币金融资产、金融负债情况

□适用　√不适用

6.4 募集资金使用情况

√适用　□不适用

单位：元　币种：人民币

承诺项目	是否变更项目	拟投入金额	实际投入金额	是否符合计划进度	预计收益	产生收益情况
变压吸附供气中心项目	是	4,570	5,814.58	是	735	未达到预期目标
PSA专用吸附剂项目	是	3,975	1,491.78	否	723	未达到预期目标
PSA特种阀门项目	是	2,155	2,370.47	是	340	达到预期目标
催化剂生产装置改扩建项目	否	2,975	3,539.34	是	804	达到预期目标
年产3000吨二乙甲酯项目	是	4,946	727.79	否	860	未达到预期目标
CO超临界萃取天然植物有效成份装置	是	4,680	739.55	否	1,405	未达到预期目标
年产3万吨超微细重质碳酸钙湿法生产装置	是	4,710	251.52	否	787	未达到预期目标
四平天科项目	是	2330	2330	是	600	达到预期目标
补充公司流动资金		310.60	328.57	是		
合计	/	30,651.60	17,593.60	/		/

未达到计划进度和预计收益的说明（分具体项目）	PSA专用吸附剂项目正在开发新型吸附剂，尚未产业化。年产3000吨二乙甲酯项目因市场情况终止CO2超临界萃取天然植物有效成份装置因市场情况终止年产3万吨超微细重质碳酸钙湿法生产装置因市场情况终止 变压吸附供气中心项目：未达到预计收益的主要原因是武汉烽火通讯公司光纤项目用气量大幅下降，导致武汉供气分公司收益与原计划相比大幅下降。
变更原因及变更程序说明（分具体项目）	四平天科项目：变压吸附供气中心项目在2008年第二次临时股东会决议纳入四平天科项目，资金量增加2330万元。 PSA专用吸附剂项目因原材料问题实施地址变动到宁夏PSA特种阀门项目实施地址变动到成都。 年产3000吨二乙甲酯项目因市场原因，于2008年临时股东会决议终止。 CO2超临界萃取天然植物有效成份装置因市场原因，于2008年临时股东会决议终止。 年产3万吨超微细重质碳酸钙湿法生产装置因市场原因，于2008年临时股东会决议终止
尚未使用的募集资金用途及去向	其中6000万元暂补充流动资金，余额存入专户

变更项目情况

√适用　□不适用

单位：元　币种：人民币

变更后的项目	对应的原承诺项目	变更项目拟投入金额	实际投入金额	是否符合计划进度	变更项目的预计收益	产生收益情况
终止	年产3000吨二乙甲酯项目	4,946	727.79	否	860	未达到预期效益
终止	CO超临界萃取天然植物有效成份装置	4,680	739.55	否	1,405	未达到预期效益
终止	年产3万吨超微细重质碳酸钙湿法生产装置	4,710	251.52	否	787	未达到预期效益
变压吸附供气中心项目	变压吸附供气中心项目	4,570	8,144.58	是	735	未达到预期效益
PSA专用吸附剂项目	PSA专用吸附剂项目	3,975	1,491.78	否	723	未达到预期效益
PSA特种阀门项目	PSA特种阀门项目	2,155	2,370.47	是	340	达到预期效益
四平天科项目		2330	2330	是	600	达到预期效益

未达到计划进度和预计收益的说明（分具体项目）	年产3000吨二乙甲酯项目因市场情况终止CO超临界萃取天然植物有效成份装置因市场情况终止 年产3万吨超微细重质碳酸钙湿法生产装置因市场情况终止 变压吸附供气中心项目原因同上表 PSA专用吸附剂项目正在开发新型吸附剂，尚未产业化。 四平天科项目2008年第二次临时股东大会决议，同意将公司用自有资金投入到四平天科项目的2330万元变更为募集资金投资。

6.5 非募集资金项目情况

√适用　□不适用

单位：元　币种：人民币

项目名称	投入金额	项目进度	项目收益情况
宜宾天科煤化工公司8万吨/年煤制甲醇项目	2,240	已完工	-1997.34
内江天科化工公司环己酮及PSA制氢项目	900	已完工	290.65
武汉天科气体公司1万吨/年食品级二氧化碳项目	320	已完工	-48.98
贡嘎神汤温泉有限公司	1,152	已完工	-182.04
四川制动科技股份有限公司	100	已完工	
广州天一石化科技有限公司	10	已完工	-17.06
合计	4,722	/	/

6.6 董事会对会计师事务所"非标准审计报告"的说明

□适用　√不适用

6.7 董事会本次利润分配或资本公积金转增股本预案

公司本报告期内盈利但未提出现金利润分配预案

√适用　□不适用

本报告期内盈利但未提出现金利润分配预案的原因	未用于分红的资金留存公司的用途
经天职国际会计师事务所审计确认，公司2008年度母公司实现净利润54,228,798.34元，弥补完公司以前年度亏损后，可供全体股东分配的利润为6,984,407.59元。考虑到公司刚刚消化完以前年度的亏损，可分配利润较少，同时兼顾公司发展的需要，因此公司本年度不进行现金红利分配，也不进行资本公积金转增。	用于公司科研生产、经营发展所需资金

第七节　重要事项

7.1 收购资产

□适用　√不适用

7.2 出售资产

□适用　√不适用

7.3 重大担保

√适用　□不适用

单位：元　币种：人民币

公司对外担保情况（不包括对子公司的担保）

担保对象名称	担保发生日期（协议签署日）	担保金额	担保类型	担保期	担保是否履行完毕	是否为关联方担保
内江天科化工有限责任公司	2002-9-29	14,400,000.00	连带责任担保	2002-9-29~2008-9-28	是	

7.4 重大关联交易

7.4.1 与日常经营相关的关联交易

√适用　□不适用

单位：元　币种：人民币

关联方	向关联方销售产品和提供劳务		向关联方采购产品和接受劳务	
	交易金额	占同类交易金额的比例(%)	交易金额	占同类交易金额的比例(%)
沧州大化TDI有限公司	3,201,905.21	0.53		
成都天宇自动化有限公司	13,972.78	0	86,000	0.02
成都天宇自动化有限公司			531,500	0.15
河南骏化化肥有限公司	2,580,000	0.43		
内江天科化工有限责任公司	50,000	0.01		
内江天科化工有限责任公司	650,000	0.11		
南京蓝星化工新材料有限公司	2,587,050	0.43		
双流天祥公司	275,468	0.05		
天兴物业公司	150,416.9	0.02		
西南化工研究设计院	9,072,000	1.51	601,575.91	0.17

西南化工研究院	80,250	0.01	39,943,210	11.4
西南化工研究院第一试验厂	776,692.44	0.13	21,143,353.57	6.03
西南化工研究院第一试验厂			125,838.32	0.04
西南化工研究院脱硫剂厂	640	0		
宜宾天科煤化工有限公司	64,079	0.01		
中蓝晨光化工研究院	42,478.3	0.01		
中蓝晨光化工研究院	173,035.41	0.03	169,000	0.05
自贡鸿鹤化工公司	1,024,200	0.17		
自贡天立压力容器制造有限公司			7,209,265.35	2.06
沧州大化公司	4,974,358.97	0.83		
合计	25,716,547.01		69,809,743.15	

其中：报告期内公司向控股股东及其子公司销售产品或提供劳务的关联交易金额25,716,547.01元。

7.4.2 关联债权债务往来

√适用　　□不适用

单位：元 币种：人民币

关联方	向关联方提供资金		关联方向公司提供资金	
	发生额	余额	发生额	余额
泸州市纳溪区天兴物业管理有限公司	65,950.77			
西南化工研究设计院	6,904,500	28,240	45,570,886.34	1,338,608.08
西南化工研究院第一试验厂	776,692.44		21,143,353.57	310,822.31
成都天宇自动化控制有限公司	61,972.78	48,000	376,050	24,000
成都市西化院天祥化工有限公司	196,738.5		148,905.36	
宜宾天科煤化工有限责任公司	4,079	3,328,320	60,000	
河南骏化发展股份有限公司	1,120,380		1,459,620	
自贡鸿鹤化工公司	1,024,200	64,987.52		
自贡天立压力容器制造有限公司	7,376,508.79	1,190,456.77	505,213.33	121,000
中昊财务有限责任公司		15,769,072.26		
贵州水晶有机化工(集团)有限公司		35,000		
中蓝晨光化工研究院			247,851.27	4.24
沧州大化集团有限责任公司	580,000	580,000	5,240,000	
沧州大化 TDI 有限责任公司		841,239	3,331,900	13,510
蓝星化工有限公司		266,225		
南京蓝星化工新材料有限公司			2,587,050	
内江天科化工有限责任公司	150,000	486,930.66	121,106.35	476,106.35
合计	18,261,022.28	22,638,471.21	80,791,936.22	2,284,050.98

其中：报告期内公司向控股股东及其子公司提供资金的发生额18,111,022.28元，余额22,151,540.55元。

7.4.3 2008年资金被占用情况及清欠进展情况

□适用　　√不适用

截止2008年末，上市公司未完成非经营性资金占用的清欠工作的，董事会提出的责任追究方案

□适用　　√不适用

7.5 委托理财

□适用　　√不适用

7.6 承诺事项履行情况

7.6.1 公司或持股5%以上股东在报告期内或持续到报告期内的承诺事项

□适用　　√不适用

7.6.2 公司资产或项目存在盈利预测，且报告期仍处在盈利预测期间，公司就资产或项目是否达到原盈利预测及其原因作出说明：

□适用　　√不适用

7.7 重大诉讼仲裁事项

□适用　　√不适用

7.8 其他重大事项及其影响和解决方案的分析说明

7.8.1 证券投资情况

□适用　　√不适用

7.8.2 持有其他上市公司股权情况

□适用　　√不适用

7.8.3 持有非上市金融企业股权情况

□适用　　√不适用

7.8.4 买卖其他上市公司股份的情况

□适用　　√不适用

7.9 公司是否披露履行社会责任的报告：否

第八节　监事会报告

监事会认为公司依法运作、公司财务情况、公司募集资金使用、公司收购、出售资产交易和关联交易不存在问题。

8.1 监事会对公司依法运作情况的独立意见

在2008年度，公司决策程序基本合法，内部控制制度在进一步加强和完善。未发现公司董事、高级管理人员执行公司职务时有违反法律、法规、公司章程或损害公司利益的行为。

8.2 监事会对检查公司财务情况的独立意见

公司2008年度财务报告经天职国际会计师事务所审计，并出具了标准无保留意见的审计报告。监事会认为：该报告真实客观地反映了公司的财务状况和2008年的经营情况。

8.3 监事会对公司最近一次募集资金实际投入情况的独立意见

第三届第十七次监事会(通讯)会议于2008年8月29日审议通过了"关于将部分剩余募集资金用于补充流动资金的决议及关于变更四平天科公司投资资金为募集资金的决议"。决议公告刊登在2008年9月3日的《中国证券报》、《上海证券报》、《证券日报》。第三届第十九次监事会(通讯)会议于2008年11月12日审议通过了"关于确认将PSA专用吸附剂项目剩余资金用于其他募集资金投资项目的决议"。决议公告刊登在2008年11月14日的《中国证券报》、《上海证券报》、《证券日报》。

8.4 监事会对公司收购、出售资产情况的独立意见

报告期内公司没有发生重大的资产收购事项。

经核查，2008年本公司参股的内江天科根据自身发展思路进行重组整合。因本公司不再增资，持股比例由20.45%下降为6.41%。监事会认为：该重组有利于内江天科的发展壮大，公司作为内江天科的小股东也将从中收益。

8.5 监事会对公司关联交易情况的独立意见

在2008年度，公司有少量的关联交易，经核查，交易公平合理，没有损害公司利益。

第九节　财务会计报告

9.1 审计意见

财务报告	□未经审计	√审计
审计意见	√标准无保留意见	□非标意见

审计意见全文

四川天一科技股份有限公司全体股东：

我们审计了后附的四川天一科技股份有限公司(以下简称"天科股份公司")财务报表，包括2008年12月31日的资产负债表及合并资产负债表，2008年度的利润表及合并利润表、所有者权益变动表及合并所有者权益变动表和现金流量表及合并现金流量表以及财务报表附注。

一、管理层对财务报表的责任

按照《企业会计准则》(财政部2006年2月15日颁布)的规定编制财务报表是天科股份公司管理层的责任。这种责任包括：(1)设计、实施和维护与财务报表编制相关的内部控制，以使财务报表不存在由于舞弊或错误而导致的重大错报；(2)选择和运用恰当的会计政策；(3)作出合理的会计估计。

二、注册会计师的责任

我们的责任是在实施审计工作的基础上对财务报表发表审计意见。我们按照中国注册会计师审计准则的规定执行了审计工作。中国注册会计师审计准则要求我们遵守职业道德规范，计划和实施审计工作以对财务报表是否不存在重大错报获取合理保证。

审计工作涉及实施审计程序，以获取有关财务报表金额和披露的审计证据。选择的审计程序取决于注册会计师的判断，包括对由于舞弊或错误导致的财务报表重大错报风险的评估。在进行风险评估时，我们考虑与财务报表编制相关的内部控制，以设计恰当的审计程序，但目的并非对内部控制的有效性发表意见。审计工作还包括评价管理层选用会计政策的恰当性和作出会计估计的合理性，以及评价财务报表的总体列报。

我们相信，我们获取的审计证据是充分、适当的，为发表审计意见提供了基础。

三、审计意见

我们认为，天科股份公司财务报表已经按照《企业会计准则》(财政部2006年2月15日颁布)的规定编制，在所有重大方面公允反映了天科股份公司2008年12月31日的财务状况及合并财务状况、2008年度的经营成果和现金流量及合并经营成果和合并现金流量。

天职国际会计师事务所有限公司　　中国注册会计师：申军、周薇英

中国北京海淀区车公庄西路乙19号华通大厦B座二楼　　2008年3月14日

9.2 财务报表

合并资产负债表

2008年12月31日

编制单位：四川天一科技股份有限公司　　单位：元 币种：人民币

项目	期末余额	年初余额
流动资产：		
货币资金	243,609,766.69	176,443,929.87
结算备付金		
拆出资金		
交易性金融资产		
应收票据	42,185,186.35	64,538,617.12
应收账款	86,942,934.74	61,481,944.50
预付款项	15,888,703.97	28,654,701.41
应收保费		
应收分保账款		
应收分保合同准备金		
应收利息		
应收股利		
其他应收款	9,018,846.48	11,168,944.98
买入返售金融资产		
存货	73,302,492.07	70,752,578.16
一年内到期的非流动资产		
其他流动资产		
流动资产合计	470,947,930.30	413,040,716.04
非流动资产：		
发放贷款及垫款		
可供出售金融资产		
持有至到期投资		
长期应收款		
长期股权投资	44,359,809.59	48,635,384.31
投资性房地产		
固定资产	162,989,294.09	167,831,109.10

在建工程	1,362,893.03	4,668,948.44
工程物资		86,911.00
固定资产清理		
生产性生物资产		
油气资产		
无形资产	4,489,487.58	4,706,938.04
开发支出		
商誉		
长期待摊费用		
递延所得税资产	10,358,500.62	10,072,119.43
其他非流动资产		
非流动资产合计	223,559,984.91	236,001,410.32
资产总计	694,507,915.21	649,042,126.36
流动负债：		
短期借款		
向中央银行借款		
吸收存款及同业存放		
拆入资金		
交易性金融负债		
应付票据		
应付账款	99,817,785.92	103,213,340.20
预收款项	53,693,255.74	65,352,878.53
卖出回购金融资产款		
应付手续费及佣金		
应付职工薪酬	65,682,193.51	48,759,829.95
应交税费	16,889,779.73	18,670,254.55
应付利息		
应付股利		
其他应付款	6,471,400.45	16,092,116.98
应付分保账款		
保险合同准备金		
代理买卖证券款		
代理承销证券款		
一年内到期的非流动负债		
其他流动负债		
流动负债合计	242,554,415.35	252,088,420.21
非流动负债：		
长期借款		
应付债券		
长期应付款		
专项应付款		
预计负债		
递延所得税负债		
其他非流动负债	1,541,785.71	
非流动负债合计	1,541,785.71	
负债合计	244,096,201.06	252,088,420.21
股东权益：		
股本	245,614,291.00	245,614,291.00
资本公积	153,085,649.44	153,085,649.44
减：库存股		
盈余公积	17,277,339.61	16,501,294.32
一般风险准备		
未分配利润	15,149,452.03	−40,483,235.78
外币报表折算差额		
归属于母公司所有者权益合计	431,126,732.08	374,717,998.98
少数股东权益	19,284,982.07	22,235,707.17
股东权益合计	450,411,714.15	396,953,706.15
负债和股东权益合计	694,507,915.21	649,042,126.36

公司法定代表人：陈宝通　　主管会计工作负责人：曾加　　会计机构负责人：聂英

母公司资产负债表

2008 年 12 月 31 日

编制单位：四川天一科技股份有限公司　　单位：元 币种：人民币

项目	期末余额	年初余额
流动资产：		
货币资金	239,599,011.49	170,959,022.55
交易性金融资产		
应收票据	30,615,186.35	51,796,729.12
应收账款	84,947,947.07	59,593,642.40
预付款项	15,429,703.97	28,654,701.41
应收利息		
应收股利		
其他应收款	8,996,253.58	11,161,417.78
存货	72,817,833.92	70,215,761.63
一年内到期的非流动资产		
其他流动资产		
流动资产合计	452,405,936.38	392,381,274.89
非流动资产：		
可供出售金融资产		
持有至到期投资		
长期应收款		
长期股权投资	67,659,809.59	101,635,384.31
投资性房地产		
固定资产	129,636,999.36	131,457,762.44
在建工程	1,362,893.03	4,668,948.44
工程物资		86,911.00
固定资产清理		
生产性生物资产		
油气资产		
无形资产	4,489,487.58	4,706,938.04
开发支出		
商誉		
长期待摊费用		
递延所得税资产	10,331,953.50	10,043,700.67
其他非流动资产		
非流动资产合计	213,481,143.06	252,599,644.90
资产总计	665,887,079.44	644,980,919.79
流动负债：		
短期借款		
交易性金融负债		
应付票据		
应付账款	99,798,285.92	102,201,137.70
预收款项	53,693,255.74	65,352,878.53
应付职工薪酬	65,099,923.06	48,697,469.35
应交税费	16,386,464.09	16,526,795.12
应付利息		
应付股利		
其他应付款	6,405,677.28	43,469,749.79
一年内到期的非流动负债		
其他流动负债		
流动负债合计	241,383,606.09	276,248,030.49
非流动负债：		
长期借款		
应付债券		
长期应付款		
专项应付款		
预计负债		
递延所得税负债		
其他非流动负债	1,541,785.71	
非流动负债合计	1,541,785.71	
负债合计	242,925,391.80	276,248,030.49
股东权益：		
股本	245,614,291.00	245,614,291.00
资本公积	153,085,649.44	153,085,649.44
减：库存股		
盈余公积	17,277,339.61	16,501,294.32
未分配利润	6,984,407.59	−46,468,345.46
外币报表折算差额		
股东权益合计	422,961,687.64	368,732,889.30
负债和股东权益合计	665,887,079.44	644,980,919.79

公司法定代表人：陈宝通　　主管会计工作负责人：曾加　　会计机构负责人：聂英

合并利润表

2008 年 1—12 月

单位：元 币种：人民币

项目	本期金额	上期金额
一、营业总收入	602,722,678.60	495,160,239.37
其中：营业收入	602,722,678.60	495,160,239.37
利息收入		
已赚保费		
手续费及佣金收入		
二、营业总成本	533,045,198.63	452,541,193.64
其中：营业成本	447,801,321.49	369,737,117.53
利息支出		
手续费及佣金支出		
退保金		
赔付支出净额		
提取保险合同准备金净额		
保单红利支出		
分保费用		
营业税金及附加	6,523,476.83	4,256,531.26
销售费用	20,345,478.76	13,920,393.71
管理费用	58,886,002.51	48,618,840.19

财务费用	−1,552,659.44	−1,376,982.60
资产减值损失	1,041,578.48	17,385,293.55
加:公允价值变动收益(损失以“−”号填列)		
投资收益(损失以“−”号填列)	−2,898,960.77	4,559,538.45
其中:对联营企业和合营企业的投资收益	−4,075,574.73	4,559,538.45
汇兑收益(损失以“−”号填列)		
三、营业利润(亏损以“−”号填列)	66,778,519.20	47,178,584.18
加:营业外收入	6,801,709.59	6,950,168.47
减:营业外支出	2,341,515.71	11,471,605.41
其中:非流动资产处置净损失	759,191.62	11,004,612.51
四、利润总额(亏损总额以“−”号填列)	71,238,713.08	42,657,147.24
减:所得税费用	12,419,213.92	16,558,468.51
五、净利润(净亏损以“−”号填列)	58,819,499.16	26,098,678.73
归属于母公司所有者的净利润	56,408,733.10	23,743,702.87
少数股东损益	2,410,766.06	2,354,975.86
六、每股收益:		
(一)基本每股收益(元/股)	0.23	0.10
(二)稀释每股收益(元/股)	0.23	0.10

公司法定代表人:陈宝通　　主管会计工作负责人:曾加　　会计机构负责人:聂英

母公司利润表

2008 年 1—12 月

单位:元 币种:人民币

项目	本期金额	上期金额
一、营业收入	589,100,155.51	481,977,457.32
减:营业成本	443,285,496.98	366,041,581.06
营业税金及附加	6,296,686.19	4,020,239.39
销售费用	20,284,674.60	13,830,864.36
管理费用	57,480,627.11	47,734,138.48
财务费用	−1,491,035.41	−1,355,092.13
资产减值损失	1,059,399.17	18,247,569.60
加:公允价值变动收益(损失以“−”号填列)		
投资收益(损失以“−”号填列)	−1,145,540.38	4,559,538.45
其中:对联营企业和合营企业的投资收益	−4,075,574.73	4,559,538.45
二、营业利润(亏损以“−”号填列)	61,038,766.49	38,017,695.01
加:营业外收入	6,151,008.59	6,138,869.47
减:营业外支出	2,341,200.49	11,468,141.73
其中:非流动资产处置净损失	759,191.62	11,004,612.51
三、利润总额(亏损总额以“−”号填列)	64,848,574.59	32,688,422.75
减:所得税费用	10,619,776.25	13,412,552.99
四、净利润(净亏损以“−”号填列)	54,228,798.34	19,275,869.76

公司法定代表人:陈宝通　　主管会计工作负责人:曾加　　会计机构负责人:聂英

合并现金流量表

2008 年 1—12 月

单位:元 币种:人民币

项目	本期金额	上期金额
一、经营活动产生的现金流量:		
销售商品、提供劳务收到的现金	613,461,731.04	439,865,403.99
客户存款和同业存放款项净增加额		
向中央银行借款净增加额		
向其他金融机构拆入资金净增加额		
收到原保险合同保费取得的现金		
收到再保险业务现金净额		
保户储金及投资款净增加额		
处置交易性金融资产净增加额		
收取利息、手续费及佣金的现金		
拆入资金净增加额		
回购业务资金净增加额		
收到的税费返还	186,830.56	1,430,400.11
收到其他与经营活动有关的现金	9,247,525.86	4,149,694.17
经营活动现金流入小计	622,896,087.46	445,445,498.27
购买商品、接受劳务支付的现金	371,759,448.24	213,896,314.69
客户贷款及垫款净增加额		
存放中央银行和同业款项净增加额		
支付原保险合同赔付款项的现金		
支付利息、手续费及佣金的现金		
支付保单红利的现金		
支付给职工以及为职工支付的现金	105,828,571.18	94,159,599.88
支付的各项税费	46,381,758.75	43,034,290.14
支付其他与经营活动有关的现金	32,839,956.46	15,083,331.16
经营活动现金流出小计	556,809,734.63	366,173,535.87
经营活动产生的现金流量净额	66,086,352.83	79,271,962.40
二、投资活动产生的现金流量:		
收回投资收到的现金		
取得投资收益收到的现金	200,000.00	160,000.00
处置固定资产、无形资产和其他长期资产收回的现金净额	11,543.50	3,444,592.95
处置子公司及其他营业单位收到的现金净额		
收到其他与投资活动有关的现金		
投资活动现金流入小计	211,543.50	3,604,592.95
购建固定资产、无形资产和其他长期资产支付的现金	11,026,666.08	7,184,537.99
投资支付的现金		
质押贷款净增加额		
取得子公司及其他营业单位支付的现金净额		
支付其他与投资活动有关的现金		
投资活动现金流出小计	11,026,666.08	7,184,537.99
投资活动产生的现金流量净额	−10,815,122.58	−3,579,945.04
三、筹资活动产生的现金流量:		
吸收投资收到的现金		
其中:子公司吸收少数股东投资收到的现金		
取得借款收到的现金		2,000,000.00
发行债券收到的现金		
收到其他与筹资活动有关的现金		
筹资活动现金流入小计		2,000,000.00
偿还债务支付的现金		2,000,000.00
分配股利、利润或偿付利息支付的现金		5,919.45
其中:子公司支付给少数股东的股利、利润		
支付其他与筹资活动有关的现金		
筹资活动现金流出小计		2,005,919.45
筹资活动产生的现金流量净额		−5,919.45
四、汇率变动对现金及现金等价物的影响	63,746.37	−128,080.26
五、现金及现金等价物净增加额	55,334,976.62	75,558,017.65
加:期初现金及现金等价物余额	176,443,929.87	100,885,912.22
六、期末现金及现金等价物余额	231,778,906.49	176,443,929.87

公司法定代表人:陈宝通　　主管会计工作负责人:曾加　　会计机构负责人:聂英

母公司现金流量表

2008 年 1—12 月

单位:元 币种:人民币

项目	本期金额	上期金额
一、经营活动产生的现金流量:		
销售商品、提供劳务收到的现金	596,502,585.04	428,338,103.99
收到的税费返还	186,830.56	383,410.66
收到其他与经营活动有关的现金	9,184,333.12	3,268,092.72
经营活动现金流入小计	605,873,748.72	431,989,607.37
购买商品、接受劳务支付的现金	371,337,542.74	213,341,467.99
支付给职工以及为职工支付的现金	103,825,047.98	92,951,653.73
支付的各项税费	40,547,005.61	38,163,916.32
支付其他与经营活动有关的现金	30,360,567.43	14,387,506.83
经营活动现金流出小计	546,070,163.76	358,844,544.87
经营活动产生的现金流量净额	59,803,584.96	73,145,062.50
二、投资活动产生的现金流量:		
收回投资收到的现金		
取得投资收益收到的现金	3,920,000.00	160,000.00
处置固定资产、无形资产和其他长期资产收回的现金净额	11,543.50	3,444,592.95
处置子公司及其他营业单位收到的现金净额		
收到其他与投资活动有关的现金		
投资活动现金流入小计	3,931,543.50	3,604,592.95
购建固定资产、无形资产和其他长期资产支付的现金	6,989,746.09	4,444,035.99
投资支付的现金		
取得子公司及其他营业单位支付的现金净额		
支付其他与投资活动有关的现金		
投资活动现金流出小计	6,989,746.09	4,444,035.99
投资活动产生的现金流量净额	−3,058,202.59	−839,443.04
三、筹资活动产生的现金流量:		
吸收投资收到的现金		
取得借款收到的现金		
收到其他与筹资活动有关的现金		2,000,000.00
筹资活动现金流入小计		2,000,000.00
偿还债务支付的现金		2,000,000.00
分配股利、利润或偿付利息支付的现金		5,919.45
支付其他与筹资活动有关的现金		
筹资活动现金流出小计		2,005,919.45
筹资活动产生的现金流量净额		−5,919.45
四、汇率变动对现金及现金等价物的影响	63,746.37	−128,080.26
五、现金及现金等价物净增加额	56,809,128.74	72,171,619.75
加:期初现金及现金等价物余额	170,959,022.55	98,787,402.80
六、期末现金及现金等价物余额	227,768,151.29	170,959,022.55

公司法定代表人:陈宝通　　主管会计工作负责人:曾加　　会计机构负责人:聂英

合并所有者权益变动表

2008 年 1—12 月

单位:元 币种:人民币

本年金额

项目	股本	资本公积	减:库存股	盈余公积	一般风险准备	未分配利润	其他	少数股东权益	所有者权益合计
	归属于母公司所有者权益								
一、上年年末余额	245,614,291.00	153,085,649.44		16,501,294.32		−40,483,235.78		22,235,707.17	396,953,706.15
加:同一控制下企业合并产生的追溯调整									
加:会计政策变更									
前期差错更正									
其他									
二、本年年初余额	245,614,291.00	153,085,649.44		16,501,294.32		−40,483,235.78		22,235,707.17	396,953,706.15
三、本年增减变动金额									
(减少以"−"号填列)				776,045.29		55,632,687.81		−2,950,725.10	53,458,008.00
(一)净利润						56,408,733.10		2,410,766.06	58,819,499.16
(二)直接计入所有者权益的利得和损失									
1.可供出售金融资产公允价值变动净额									
2.权益法下被投资单位其他所有者权益变动的影响									
3.与计入所有者权益项目相关的所得税影响									
4.其他									
上述(一)和(二)小计						56,408,733.10		2,410,766.06	58,819,499.16
(三)所有者投入和减少资本								−3,081,491.16	−3,081,491.16
1.所有者投入资本									
2.股份支付计入所有者权益的金额									
3.其他								−3,081,491.16	−3,081,491.16
(四)利润分配				776,045.29		−776,045.29		−2,280,000.00	−2,280,000.00
1.提取盈余公积				776,045.29		−776,045.29			
2.提取一般风险准备									
3.对所有者(或股东)的分配								−2,280,000.00	−2,280,000.00
4.其他									
(五)所有者权益内部结转									
1.资本公积转增资本(或股本)									
2.盈余公积转增资本(或股本)									
3.盈余公积弥补亏损									
4.其他									
四、本期期末余额	245,614,291.00	153,085,649.44		17,277,339.61		15,149,452.03		19,284,982.07	450,411,714.15

上年金额

项目	股本	资本公积	减:库存股	盈余公积	一般风险准备	未分配利润	其他	少数股东权益	所有者权益合计
	归属于母公司所有者权益								
一、上年年末余额	245,614,291.00	151,976,849.44		16,813,096.58		−67,079,405.27		19,870,492.73	367,195,324.48
加:同一控制下企业合并产生的追溯调整									
加:会计政策变更				−311,802.26		2,852,466.62		10,106.58	2,550,770.94
前期差错更正									
其他									
二、本年年初余额	245,614,291.00	151,976,849.44		16,501,294.32		−64,226,938.65		19,880,599.31	369,746,095.42
三、本年增减变动金额									
(减少以"−"号填列)		1,108,800.00				23,743,702.87		2,355,107.86	27,207,610.73
(一)净利润						23,743,702.87		2,354,975.86	26,098,678.73
(二)直接计入所有者									
权益的利得和损失		1,108,800.00						132.00	1,108,932
1.可供出售金融资产公允价值变动净额									
2.权益法下被投资单位其他									
所有者权益变动的影响		1,108,800.00							1,108,800.00
3.与计入所有者权益项目相关的所得税影响									
4.其他								132.00	132.00
上述(一)和(二)小计		1,108,800.00				23,743,702.87		2,355,107.86	27,207,610.73
(三)所有者投入和减少资本									
1.所有者投入资本									
2.股份支付计入所有者权益的金额									
3.其他									
(四)利润分配									
1.提取盈余公积									
2.提取一般风险准备									
3.对所有者(或股东)的分配									
4.其他									
(五)所有者权益内部结转									
1.资本公积转增资本(或股本)									
2.盈余公积转增资本(或股本)									
3.盈余公积弥补亏损									
4.其他									
四、本期期末余额	245,614,291.00	153,085,649.44		16,501,294.32		−40,483,235.78		22,235,707.17	396,953,706.15

公司法定代表人:陈宝通　　主管会计工作负责人:曾加　　会计机构负责人:聂英

母公司所有者权益变动表

2008 年 1—12 月

单位:元 币种:人民币

本年金额

项目	股本	资本公积	减:库存股	盈余公积	未分配利润	所有者权益合计
一、上年年末余额	245,614,291.00	153,085,649.44		16,501,294.32	−46,468,345.46	368,732,889.30
加:会计政策变更						
前期差错更正						
其他						
二、本年年初余额	245,614,291.00	153,085,649.44		16,501,294.32	−46,468,345.46	368,732,889.30
三、本年增减变动金额						
(减少以"−"号填列)				776,045.29	53,452,753.05	54,228,798.34
(一)净利润					54,228,798.34	54,228,798.34
(二)直接计入所有者权益的利得和损失						
1.可供出售金融资产公允价值变动净额						
2.权益法下被投资单位其他所有者权益变动的影响						
3.与计入所有者权益项目相关的所得税影响						
4.其他						
上述(一)和(二)小计					54,228,798.34	54,228,798.34
(三)所有者投入和减少资本						
1.所有者投入资本						
2.股份支付计入所有者权益的金额						
3.其他						
(四)利润分配				776,045.29	−776,045.29	
1.提取盈余公积				776,045.29	−776,045.29	
2.对所有者(或股东)的分配						
3.其他						
(五)所有者权益内部结转						
1.资本公积转增资本(或股本)						
2.盈余公积转增资本(或股本)						
3.盈余公积弥补亏损						
4.其他						
四、本期期末余额	245,614,291.00	153,085,649.44		17,277,339.61	6,984,407.59	422,961,687.64

上年金额

项目	股本	资本公积	减:库存股	盈余公积	未分配利润	所有者权益合计
一、上年年末余额	245,614,291.00	151,976,849.44		16,501,294.32	−66,767,471.01	347,324,963.75
加:会计政策变更					1,023,255.79	1,023,255.79
前期差错更正						
其他						
二、本年年初余额	245,614,291.00	151,976,849.44		16,501,294.32	−65,744,215.22	348,348,219.54
三、本年增减变动金额						
(减少以"−"号填列)		1,108,800.00			19,275,869.76	20,384,669.76
(一)净利润					19,275,869.76	19,275,869.76
(二)直接计入所有者						
权益的利得和损失		1,108,800.00				1,108,800.00
1.可供出售金融资产公允价值变动净额						
2.权益法下被投资单位其他						
所有者权益变动的影响		1,108,800.00				1,108,800.00
3.与计入所有者权益项目相关的所得税影响						
4.其他						
上述(一)和(二)小计		1,108,800.00			19,275,869.76	20,384,669.76
(三)所有者投入和减少资本						
1.所有者投入资本						
2.股份支付计入所有者权益的金额						
3.其他						
(四)利润分配						
1.提取盈余公积						
2.对所有者(或股东)的分配						
3.其他						
(五)所有者权益内部结转						
1.资本公积转增资本(或股本)						
2.盈余公积转增资本(或股本)						
3.盈余公积弥补亏损						
4.其他						
四、本期期末余额	245,614,291.00	153,085,649.44		16,501,294.32	−46,468,345.46	368,732,889.30

公司法定代表人:陈宝通　　主管会计工作负责人:曾加　　会计机构负责人:聂英

9.3 会计政策、会计估计和核算方法变更的说明

本公司本年度无会计政策变更。

会计估计的变更:

根据本公司第三届董事会第三十八次会议决议:公司自 2008 年 1 月 1 日起,应收款项的坏账计提方法,由原"个别认定与余额百分比法相结合"的方法变更为帐龄分析法。此项会计估计变更减少本期利润总额 169.46 万元。

9.4 本报告期无会计差错更正。

9.5 报告期内,公司财务报表合并范围未发生重大变化。

董事长:陈宝通

四川天一科技股份有限公司

2009 年 3 月 17 日

浙江中国小商品城集团股份有限公司

浙江中国小商品城集团股份有限公司 2008 年年度报告摘要

第一节　重要提示

1.1 本公司董事会、监事会及董事、监事、高级管理人员保证本报告所载资料不存在任何虚假记载、误导性陈述或者重大遗漏，并对其内容的真实性、准确性和完整性承担个别及连带责任。

本年度报告摘要摘自年度报告全文，投资者欲了解详细内容，应当仔细阅读年度报告全文。

1.2 公司第五届二十一次董事局会议审议了该报告，会议应到董事 15 名，实到董事 12 名，董事胡根法、独立董事陶琲、樊勇明因故请假，分别委托董事陈荣根、独立董事黄廉熙、吕长江出席并代为行使表决权，以 15 票同意通过。

1.3 安永华明会计师事务所上海分所为本公司出具了标准无保留意见的审计报告。

1.4 公司负责人金方平、主管会计工作负责人吴波成及会计机构负责人（会计主管人员）朱碧云声明：保证年度报告中财务报告的真实、完整。

第二节　公司基本情况简介

2.1 基本情况简介

股票简称	小商品城
股票代码	600415
上市交易所	上海证券交易所
公司注册地址和办公地址	浙江省义乌市福田路 105 号海洋商务写字楼 浙江省义乌市福田路 105 号海洋商务写字楼
邮政编码	322000
公司国际互联网网址	www.cccgroup.com.cn
电子信箱	600415@cccgroup.com.cn

2.2 联系人和联系方式

	董事会秘书	证券事务代表
姓名	陈荣根	龚燕
联系地址	浙江省义乌市福田路 105 号海洋商务写字楼	浙江省义乌市福田路 105 号海洋商务写字楼
电话	0579-85198800	0579-85182812
传真	0579-85197755	0579-85197755
电子信箱	600415@cccgroup.com.cn	600415@cccgroup.com.cn

第三节　会计数据和业务数据摘要

3.1 主要会计数据

单位：元 币种：人民币

	2008 年	2007 年	本年比上年增减(%)	2006 年
营业收入	2,640,024,151.48	2,906,188,617.22	-9.16	1,887,670,950.28
利润总额	835,978,804.20	565,227,214.26	47.90	455,371,712.26
归属于上市公司股东的净利润	608,552,322.67	362,492,449.06	67.88	301,776,092.10
归属于上市公司股东的扣除非经常性损益的净利润	596,919,446.50	361,779,585.26	65.00	298,761,654.19
经营活动产生的现金流量净额	1,335,333,899.94	329,357,750.58	305.44	542,631,765.11
	2008 年末	2007 年末	本年末比上年末增减(%)	2006 年末
总资产	12,096,924,864.66	4,796,967,246.65	152.18	5,055,876,054.66
所有者权益(或股东权益)	5,527,412,467.62	1,520,286,144.95	263.58	1,157,793,695.89

3.2 主要财务指标

	2008 年	2007 年	本年比上年增减(%)	2006 年
基本每股收益(元/股)	2.17	1.45	49.66	1.21
稀释每股收益(元/股)	2.17	1.45	49.66	1.21
扣除非经常性损益后的基本每股收益(元/股)	2.12	1.45	46.21	1.20
全面摊薄净资产收益率(%)	11.01	23.84	减少 12.83 个百分点	26.06
加权平均净资产收益率(%)	20.32	27.07	减少 6.75 个百分点	26.22
扣除非经常性损益后全面摊薄净资产收益率(%)	10.80	23.80	减少 13.00 个百分点	25.80
扣除非经常性损益后的加权平均净资产收益率(%)	19.93	27.02	减少 7.09 个百分点	25.96
每股经营活动产生的现金流量净额(元/股)	4.75	1.32	197.73	2.17
	2008 年末	2007 年末	本年末比上年末增减(%)	2006 年末
归属于上市公司股东的每股净资产(元/股)	19.67	6.08	223.52	4.63

注：因本期实施定向增发及公积金 10 转增 10，为增加可比性，每股现金流及每股净资产指标的计算与基本每股收益一致，即 2007 年与 2006 年考虑公积金 10 转增 10 因素，2008 年的股数计算为：124968637×2+45131806×2×126/366=281011632.23 股）。则本期每股经营活动产生的现金流量为 4.75 元/股，2007 年为 1.32 元/股，2006 年为 2.17 元/股，本期归属于上市公司股东的每股净资产为 19.67 元/股，2007 年为 6.08 元/股，2006 年为 4.63 元/股。

非经常性损益项目

√适用　　□不适用

单位：元 币种：人民币

非经常性损益项目	金额
非流动资产处置损益	-171,422.23
计入当期损益的政府补助，但与公司正常经营业务密切相关，符合国家政策规定、按照一定标准定额或定量持续享受的政府补助除外	1,325,668.00
除同公司正常经营业务相关的有效套期保值业务外，持有交易性金融资产、交易性金融负债产生的公允价值变动损益，以及处置交易性金融资产、交易性金融负债和可供出售金融资产取得的投资收益	4,081,126.69
除上述各项之外的其他营业外收入和支出	-541,257.83
其他符合非经常性损益定义的损益项目	10,800,000.00
少数股东权益影响额	12,290.20
所得税影响额	-3,873,528.66
合计	11,632,876.17

3.3 境内外会计准则差异：

□适用　　√不适用

第四节　股本变动及股东情况

4.1 股份变动情况表

√适用　　□不适用

单位：股

	本次变动前		本次变动增减(+,-)					本次变动后	
	数量	比例(%)	发行新股	送股	公积金转股	其他	小计	数量	比例(%)
一、有限售条件股份									
1、国家持股									
2、国有法人持股	49,810,641	39.86	45,131,806	0	94,943,106	659	140,075,571	189,886,212	55.82
3、其他内资持股	3,300	0.0003	0	0	0	-3,300	-3,300	0	0
其中：境内非国有法人持股	3,300	0.0003	0	0	0	-3,300	-3,300	0	0
境内自然人持股									
4、外资持股									
其中：境外法人持股									
境外自然人持股									
有限售条件股份合计	49,813,941	39.86	45,131,806	0	94,943,106	-2,641	140,072,271	189,886,212	55.82
二、无限售条件流通股份									
1、人民币普通股	75,154,696	60.14	0	0	75,157,337	2,641	75,159,978	150,314,674	44.18
2、境内上市的外资股									
3、境外上市的外资股									
4、其他									
无限售条件流通股份合计	75,154,696	60.14	0	0	75,157,337	2,641	75,159,978	150,314,674	44.18
三、股份总数	124,968,637	100	45,131,806	0	170,100,443.00	0	215,232,249	340,200,886	100

限售股份变动情况表

√适用　　□不适用

股东名称	年初限售股数	本年解除限售股数	本年增加限售股数	年末限售股数	限售原因	解除限售日期
义乌市国有资产投资控股有限公司	0	0	90,263,612	90,263,612	非公开发行股票，锁定期为三年。	2011-8-29
义乌中国小商品城恒大开发总公司	43,210,641	-659	43,211,300	86,422,600	股改承诺	2012-8-14
义乌市财务开发公司	6,600,000	0	6,600,000	13,200,000	股改承诺	2012-8-14
临海商业机械厂	3,300	3,300	0	0	根据股改承诺，偿还大股东垫付的股份后方可流通。	2008-6-6
合计	49,813,941	2,641	140,074,912	189,886,212	/	/

4.2 股东数量和持股情况

	单位:股
报告期末股东总数	6,145 户

前十名股东持股情况

股东名称	股东性质	持股比例(%)	持股总数	持有有限售条件股份数量	质押或冻结的股份数量
义乌市国有资产投资控股有限公司	国有法人	26.53	90,263,612	90,263,612	无
义乌中国小商品城恒大开发总公司	境内非国有法人	25.41	86,422,600	86,422,600	无
义乌市财务开发公司	境内非国有法人	3.88	13,200,000	13,200,000	无
中国工商银行-汇添富均衡增长股票型证券投资基金	境内非国有法人	2.94	10,011,536	0	无
浙江省财务开发公司	境内非国有法人	2.71	9,216,658	0	无
浙江省国信企业(集团)公司	境内非国有法人	2.59	8,802,048	0	无
中国银行-工银瑞信核心价值股票型证券投资基金	境内非国有法人	2.58	8,780,118	0	无
全国社保基金一零六组合	境内非国有法人	1.89	6,433,277	0	无
中国工商银行-汇添富成长焦点股票型证券投资基金	境内非国有法人	1.88	6,403,527	0	无
中国银行-嘉实服务增值行业证券投资基金	境内非国有法人	1.83	6,236,802	0	无

前十名无限售条件股东持股情况

股东名称	持有无限售条件股份数量	股份种类
中国工商银行-汇添富均衡增长股票型证券投资基金	10,011,536	人民币普通股
浙江省财务开发公司	9,216,658	人民币普通股
浙江省国信企业(集团)公司	8,802,048	人民币普通股
中国银行-工银瑞信核心价值股票型证券投资基金	8,780,118	人民币普通股
全国社保基金一零六组合	6,433,277	人民币普通股
中国工商银行-汇添富成长焦点股票型证券投资基金	6,403,527	人民币普通股
中国银行-嘉实服务增值行业证券投资基金	6,236,802	人民币普通股
中国工商银行-博时第三产业成长股票型证券投资基金	6,071,349	人民币普通股
中国银行-海富通股票证券投资基金	5,000,000	人民币普通股
中国工商银行-汇添富优势精选混合型证券投资基金	4,855,782	人民币普通股
上述股东关联关系或一致行动的说明	中国工商银行-汇添富均衡增长股票型证券投资基金与中国工商银行-汇添富成长焦点股票型证券投资基金、中国工商银行-汇添富优势精选混合型证券投资基金均同属汇添富基金管理公司管理运作;全国社保基金一零六组合与中国银行-嘉实服务增值行业证券投资基金同属嘉实基金管理公司管理运作。	

4.3 控股股东及实际控制人情况介绍

4.3.1 控股股东及实际控制人变更情况

√适用 □不适用

新控股股东名称	义乌市国有资产投资控股有限公司
变更日期	2008 年 8 月 28 日

4.3.2 控股股东及实际控制人具体情况介绍

4.3.2.1 法人控股股东情况

单位:万元 币种:人民币

名称	法定代表人	注册资本	成立日期	主营业务
义乌市国有资产投资控股有限公司	龚国宏	52,100	2001 年 10 月 19 日	市政府管理权限范围内的国有资产经营管理投资。

第五节 董事、监事和高级管理人员

5.1 董事、监事和高级管理人员持股变动及报酬情况

单位:股

姓名	职务	性别	年龄	任期起止日期	年初持股数	年末持股数	持有本公司的股票期权	被授予的限制性股票数量	股份增减数	变动原因	是否在公司领取报酬、津贴	报告期内从公司领取的报酬总额(万元)税后	是否在股东单位或其他关联单位领取薪酬	持有风险抵押的虚拟股权(万股)
金方平	董事局主席	男	40	2006-11-17~2009-11-16	0	0	0	0	0		是	80.73	否	24.00
吴波成	董事局副主席兼总裁	男	46	2006-11-17~2009-11-16	0	0	0	0	0		是	110.57	否	24.00
金永华	董事、副书记	男	48	2006-11-17~2009-11-16	0	0	0	0	0		是	75.32	否	21.60
龚国宏	董事	男	45	2008-4-17~2009-11-16	0	0	0	0	0		否	0	是	0
林子宙	董事、副总裁	男	51	2006-11-17~2009-11-16	7,000	14,000	0	0	7,000	中期公积金转增	是	89.9	否	19.20
赵金池	董事	男	50	2006-11-17~2009-11-16	9,539	19,078	0	0	9,539	中期公积金转增	否	0	是	0
陈荣根	董事、董秘	男	45	2006-11-17~2009-11-16	2,777	5,554	0	0	2,777	中期公积金转增	是	77.1	否	16.32
汪一兵	董事	女	43	2008-8-12~2009-11-16	0	0	0	0	0		否	0	是	0
胡根法	董事	男	54	2008-8-12~2009-11-16	0	0	0	0	0		否	0	是	0
曹中堃	董事	男	61	2006-11-17~2009-11-16	0	0	0	0	0		否	0	是	0
徐来兴	董事	男	42	2006-11-17~2008-7-25	0	0	0	0	0		否	0	是	0
蒉建政	董事	男	50	2006-11-17~2008-7-25	0	0	0	0	0		否	0	是	0
郑勇军	独立董事	男	43	2006-11-17~2009-11-16	0	0	0	0	0		是	4.03	否	0
黄廉熙	独立董事	女	46	2006-11-17~2009-11-16	0	0	0	0	0		是	4.03	否	0
陶 琲	独立董事	女	73	2006-11-17~2009-11-16	0	0	0	0	0		是	4.03	否	0
吕长江	独立董事	男	43	2006-11-176~2009-11-1	0	0	0	0	0		是	4.03	否	0
樊勇明	独立董事	男	59	2006-11-176~2009-11-1	0	0	0	0	0		是	4.03	否	0
刘 佳	监事局主席	女	50	2006-11-17~2009-11-16	0	0	0	0	0		否	0	是	0
王 青	监事	女	43	2006-11-17~2009-11-16	534	1,068	0	0	534	中期公积金转增	否	0	否	0
王竞天	监事	男	48	2006-11-17~2009-11-16	0	0	0	0	0		否	0	是	0
胡衍虎	职工监事	男	44	2006-11-17~2009-11-16	7,587	12,174	0	0	4,587	中期公积金转增及二级市场卖出	是	19.71	否	0
陈德占	职工监事	男	38	2006-11-17~2009-11-16	0	0	0	0	0		是	24.52	否	0
孙永富	副总裁	男	51	2006-11-17~2009-11-16	4,127	8,254	0	0	4,127	中期公积金转增	是	89.96	否	19.20
丁云峰	副总裁	男	46	2006-11-17~2009-11-16	0	0	0	0	0		是	89.96	否	19.20
赵文阁	总裁助理	男	41	2007-7-16~2009-11-16	0	0	0	0	0		是	58.99	否	16.32
杨剑峰	总裁助理	男	41	2007-7-16~2009-11-16	0	0	0	0	0		是	58.99	否	16.32
朱碧云	财务负责人	女	52	2006-11-17~2009-11-16	4,562	9,124	0	0	4,562	中期公积金转增	是	77.1	否	16.32
合 计	/	/	/	/	36,126	69,252	/	0	33,126	/	/	873.01	/	273.60

说明:以上领取的薪酬为扣除个人所得税后的实际薪酬总额,因年度内实施了每 10 股转增 10 股的公积金转增方案,故风险抵押的虚拟股权数作了相应转增。

第六节 董事会报告

6.1 管理层讨论与分析

1、报告期内经营情况的回顾

(1)报告期内总体经营情况

2008 年是公司重大资产并购重组之年。08 年 7 月 2 日获中国证监会第 10 次并购重组发审核委会议全票通过。8 月 30 日顺利完成三期市场定向增发工作，国资公司持有公司股权比例增至 55.82%,公司发展环境进一步优化,同时也使公司在全国同行业中的龙头地位更加巩固。三期市场注入消除了义乌国资与上市公司之间的同业竞争，市场优质资源进一步向公司集中并实现市场业务的整体上市,有利于提高公司质量,有利于义乌市场长期持续稳定发展。

公司的主营业务是市场商位使用费收入，按目前的经营模式是通过预收 2 至 5 年不等的期限进行,因此,面对 2008 年席卷全球的金融危机风暴,对公司的盈利影响并非很大。本报告期实现主营业务收入 264002.42 万元，剔除房地产销售收入，其他收入同比增长 13.76%；本期完成净利润 62668.17 万元,同比增长 67.36%,超额完成年初制定的各项主要经济目标。其中,国际商贸城三期一阶段项目本年度实现营业收入为人民币 212,010,108.30 元,实现净利润人民币 59,622,849.39 元。

(2)公司主营业务范围及经营情况

公司主营业务为市场网点经营、房地产销售、酒店服务和商品销售等。

1)主营业务收入及主营业务利润的构成情况：

业务种类	主营业务收入构成比例%	主营业务利润构成比例
市场经营	46.48	66.76

房地产销售	21.81	22.26
酒店服务	5.94	7.09
商品销售	21.94	0.88
展览广告	3.17	2.67
其他服务	0.66	0.34

2)按行业分主营业务收入构成　　单位:元

分行业	主营业务收入	主营业务成本	主营业务利润率%	主营业务收入比上年同期增减(%)	主营业务成本比上年同期增减(%)	主营业务利润率比上年同期增减
市场经营	1,162,696,995.16	399,135,959.25	60.07	18.74	5.91	增加 4.16 个百分点
房地产销售	545,613,038.55	249,464,722.21	42.67	−48.33	−70.36	增长 27.9 个百分点
酒店服务	148,487,076.54	74,349,770.84	44.33	7.04	−2.25	增加 4.36 个百分点
商品销售	548,804,409.64	539,549,165.65	1.68	6.67	6.65	增加 0.01 个百分点

变动原因说明:

①市场经营收入与成本均较上年增加,系本年 10 月份国际商贸城四区(三期一阶段)投入运营,实现主营业务收入 20236.28 万元,同时发生主营业务成本 9059.99 万元。

②房地产销售收入与成本均较上期减少,分别减少 48.33%和 70.36%,系上年交付使用的"金桥人家"项目销售面积大,实现了较多收入;本年实现销售的是"荷塘雅居"项目、"商城世纪村"二期及"金桥人家"等项目剩余部分车位等,销售面积相对较少。

③酒店收入同比增长而成本同比减少。收入同比增长主要是银都酒店餐饮区块上年改造完成,餐饮收入同比大幅增加,而成本同比减少主要是银都酒店改造费用与及海洋酒店折旧同比减少。(本年起酒店折旧与修理费等支出自"销售费用"调整至"主营业务成本"核算,上期数已作相应调整)

④商品销售收入同比增加,系面对宏观经济紧缩和世界金融危机等不利因素,公司推出了市场采购业务补贴和新业务奖励相结合的激励办法,确保了外贸出口业务的增长。

3)本公司的以上业务除房地产开发在江西南昌有销售外,其余均在义乌本地实现。

(3)报告期公司资产、费用等财务数据、变动情况及原因分析

单位:元

资产负债表项目	2008−12−31 金额	2008−12−31 占资产比%	2007−12−31 金额	2007−12−31 占资产比%	占资产比例变动幅度%
总资产	12,096,924,864.66	−	4,796,967,246.65	−	
应收帐款	77,617,862.12	0.64	51,011,359.69	1.06	−0.42
预付帐款	39,957,809.34	0.33	595,362,713.93	12.41	−12.08
其他应收款	36,524,848.12	0.30	22,066,929.03	0.46	−0.16
存货	2,948,414,465.18	24.37	412,333,697.72	8.60	15.77
投资性房地产	181,708,453.09	1.50	144,445,995.05	3.01	−1.51
长期股权投资	4,491,990.31	0.04	11,783,549.20	0.25	−0.21
固定资产	3,722,858,013.58	30.78	1,866,452,501.81	38.91	−8.13
在建工程	252,078,806.61	2.08	98,321.00	0.00	2.08
无形资产	3,898,473,126.01	32.23	774,066,052.80	16.14	16.09
长期待摊费用	239,722,568.02	1.98	45,186,166.37	0.94	1.04
短期借款	157,949,836.16	1.31	0.00	0.00	1.31
应付账款	772,879,406.03	6.39	294,664,090.66	6.14	0.25
应付职工薪酬	119,797,759.79	0.99	184,392,785.50	3.84	−2.85
预收帐款	4,345,126,865.45	35.92	2,366,886,706.30	49.34	−13.42
其他应付款	820,331,450.70	6.78	320,574,654.58	6.68	0.10
长期借款	200,000,000.00	1.65	0.00	0.00	1.65
股本	340,200,886.00	2.81	124,968,637.00	2.61	0.20
资本公积	3,528,931,930.19	29.17	345,590,179.19	7.20	21.97
盈余公积	262,816,136.55	2.17	196,704,878.24	4.10	−1.93
未分配利润	1,395,463,514.88	11.54	853,022,450.52	17.78	−6.24
利润表项目	2008 年度		2007 年度		变动
	金额	占利润比%	金额	占利润比%	幅度%
营业收入	2,640,024,151.48	315.80	2,906,188,617.22	514.16	−198.36
营业成本	1,327,661,119.70	158.82	1,872,652,497.19	331.31	−172.49
销售费用	119,752,129.07	14.32	125,120,602.17	22.14	−7.82
管理费用	213,364,218.96	25.52	224,192,785.80	39.66	−14.14
财务费用	11,157,836.26	1.33	−3,713,492.16	−0.66	1.99
所得税	209,297,110.00	25.04	190,778,771.43	33.75	−8.71
利润总额	835,978,804.20	−	565,227,214.27	−	−

变动原因分析:

(1)其他应收款期末数较期初数增加 1445.79 万元,主要系本期支付新国际会展中心五星级酒店项目动工保证金 600 万元,支付义乌市房管处项目物业保证金 396.06 万元。

(2)应收账款期末数较期初数增加 2660.65 万元主要系商城外贸应收货款增加。

(3)预付款项期末数较期初数减少 5.55 亿元,主要系上年子公司义乌中国小商品城房地产开发有限公司预付土地出让金 5.72 亿元所致。

(4)存货期末数较期初数增加 25.36 亿元,主要系本年子公司商城房产支付荷叶塘地块土地款及支付各开发项目工程款等所致。

(5)投资性房产、固定资产与无形资产较年初增加 50.18 亿元,系本期新增国际商贸城四区资产及三期土地 51.94 亿元。

(6)长期股权投资 449.20 万元,比上年末减少 729.15 万元,主要是义乌市医疗投资有限公司本期 800 万元股权转让及义乌市自来水公司增资 70.84 万元所致;

(7)短期及长期借款年末数为 3.58 亿元,年初无借款,系本期投资项目较多而借入的银行借款。

(8)预收款项期末数较期初数增长 19.78 亿元,主要系预收市场商位费较年初增加 24.44 亿元,主要系本期国际商贸城四区招商取得预收商位费收入 30 余亿元;而预收售房款较年初减少 4.706 亿元,主要系预收售房款本期转收入。

(9)其他应付款期末较期初数增加 49975.69 万元,主要是应付押金保证金增加 8799.59 万元,售房预约金增加 35552.89 万元;

(10)股本及资本公积分别较年初增加 2.15 亿元及 31.83 亿元,系本期实施定向增发及公积金十转增十所致。

(11)营业收入本期较上年同期减少 2.66 亿元,主要系房地产销售收入同比减少 5.09 亿元,市场经营收入同比增加 1.91 亿元,主要是本年 10 月份国际商贸城四区开业及篁园市场因需重建而停止经营。

(12)营业成本同比减少 5.44 亿元,主要系房地产销售成本同比减少 5.87 亿元所致。

(13)销售费用与管理费用同比减少 2394 万元,主要是系上年实行工效挂钩而本年工资按实列支,工资费用同比减少较大。

(14)财务费用本期数较上年同期数增加,主要系本期支付借款利息所致。

(4)公司现金流量表相关数据、变动情况及主要影响因素分析

单位:元

	2008 年度	2007 年度	增减幅度%
经营活动产生的现金流量净额	1,335,333,899.94	329,357,750.58	305.44
投资活动产生的现金流量净额	−1,849,733,942.22	316,707.27	
筹资活动产生的现金流量净额	317,387,630.84	4,666,451.70	6701.48
现金及现金等价物增加额	−197,012,411.44	334,340,909.55	

变动原因分析:

①经营活动产生的现金流量净额较上年增加 10.06 亿,主要是本期国际商贸城四区招商收取预收商位费等 30 余亿元及本期支付荷叶塘地块土地出让金 20.82 亿元。

②投资活动产生的现金流量净额同比变动较大,主要是本期支付国际商贸城四区等工程款 18.47 亿;

③筹资活动产生的现金流量净额同比变动较大,主要是本期因投资额较大借入银行借款,而上年同期取得的借款在期内全部归还。

(5)公司主要子公司、参股公司的经营情况及业绩分析

单位:万元

公司名称	主要产品和服务	注册资本	总资产	净资产	主营业务收入	主营业务利润	净利润
义乌中国小商品城房地产开发有限公司	房地产开发、销售、租赁等	5,000	311,423.82	26,515.36	54,561.30	22,355.92	14353.73
义乌中国小商品城物流有限公司	货运	1,500	1,725.10	1,356.75	370.22	307.58	137.88
浙江商博置业有限公司	房地产开发、销售	5,000.23	26,762.37	4920.98	0	0	−79.17
义乌中国小商品城配送有限公司	百货配送、代理采购服务	1,000	951.71	746.46	20.92	19.75	−199.79
义乌市商城工联置业有限公司	房地产开发	1,000	1940.98	538.18	0	0	−75.26
义乌国际商贸城物业有限公司	市场建设及物业管理	800	0.00	0.00	827.69	1,001.50	4413.04
义乌中国小商品城展览有限公司	会展服务等	800	1,572.60	1,131.76	1,594.14	652.82	64.97
浙江义乌中国小商品城贸易有限责任公司	日用百货等批发零售、货物进出口、技术进出口	500	16,594.51	1,269.22	54,880.44	919.33	360.25
义乌中国小商品城信息技术有限公司	计算机软件研制开发等	200	461.19	384.45	404.08	381.43	159.68
浙江义乌中国小商品城广告有限责任公司	设计、制作、发布代理国内各类广告	200	3,020.01	1190.99	2,508.43	1,470.52	331.17

2、对公司未来发展的展望

(1)公司所处的行业发展趋势及面临的市场竞争格局

公司所处的行业是提供商品贸易平台和现代贸易服务。义乌市场是具有国际影响力的、我国最大的商品贸易平台之一,是广大中小生产企业和商贸企业共享式的分销平台,是广大采购商的采购渠道。在当前和今后相当长的时期内,义乌市场将会继续保持行业领先优势。主要理由:1、义乌市场在金融危机中竞争优势明显。一是商品优势。义乌市场上的商品大多是生活必需品和一些日常消费品,国际金融危机对此类商品的需求影响小。二是集聚优势。义乌市场采购商和供应商高度集聚,信息高度集中,贸易机会多;供给信息和需求信息完全对称,并传递迅速,贸易效率高,并呈现出由"买全国、卖全国"向"买全球、卖全球"发展的趋势。2、义乌市场是全省乃至全国的中小企业共享式平台。在此次金融危机中,义乌市场独特的贸易方式强势彰显,市场继续保持良好的运行态势,金融危机成为了义乌市场加速转型升级的强大推力。

今后一个时期公司所处的行业主要面临两个方面的压力:1、扩内压力。国内市场网格化分割,电子商务、企业直销、配送中心、展会订单贸易等新兴商业业态快速发展,全国同质市场异军突起,冲击义乌市场。2、拓外压力。国际市场分化,欧、美、日等重点市场消费需求持续疲软,越南、印度等新兴出口体加入竞争。

(2)公司未来发展的机遇和挑战

未来一个时期,是公司实现转型升级,做强做大的重要机遇期。1、在金融危机中,义乌市场抗风险能力和应变能力稳步提升,逆势增长,备受中央领导关注。去年 11 月份以来,吴邦国委员长、温家宝总理、贾庆林主席都亲临义乌市场、关注义乌市场发展,对义乌市场的发展给予充分肯定,为公司今后发展奠定了政策性基础。2、在金融危机背景下,义乌市委市政府高度重视义乌市场发展,抓转

型升级、抓企业服务、抓市场开拓，出台了系列政策和措施，帮助市场主体拓外扩内，为公司长远发展提供了一种历史性机遇。3、近期义乌市委市政府出台了义乌市国有资产管理体制改革方案，成立了四家市属国有企业，旨在提升国有企业核心竞争力，为公司做强做大提供了更为广阔的发展空间。4、未来三年，公司将完成既定的国际商贸城三期二阶段与国际博览中心，篁园市场拆除重建等重大项目，市场体系不断完善，市场中心集聚能力进一步增强，为电子商务、物流配送、会展展览等相关行业发展提供了更多的资源。

但是，公司发展也面临严峻挑战。1、外贸需求疲软，内贸竞争加剧，上下游供应链冲击加大，行业与经营户出现两极分化，不同行业不同区块发展不平衡，公司面临增支出强服务、保稳定促繁荣压力。2、短期内房地产、酒店、物流、广告、会展等各相关行业的经营环境、景气度受到冲击将会加大，预计部分业务收缩会出现利润减少。3、支持市场服务业发展的高层次人才引进困难，电子商务、物流配送、购物旅游等新的服务业市场化运作的机制、条件尚不具备。

(3)公司09年度经营计划及主要工作

2009年，公司在三大重点工程项目建设的拉动下，进入新一轮重要基本建设期、市场提速发展转型升级期。公司将继续解放思想、创业创新，提服务、重协调，做大做强市场主业，统筹相关行业快速发展，实现市场和公司又好又快发展。2009年，公司经营计划目标：营业收入：312210万元，费用场2800万元，利润总额：105500万元。主要工作：

(一)抓住机遇，做强做大企业

公司、市场和城市三者共同发展是公司的追求。近期义乌市委市政府出台了义乌市国有资产管理体制改革方案，成立了义乌市国资局及下属四大国有独资公司，明确以公司为核心企业组建小商品城恒大开发有限责任公司，为公司做强做大提供了一种历史性机遇。公司将以国资改革为契机，抓住机遇，不断提升企业的核心竞争力，做强做大企业。同时，公司作为一家上市公司，将进一步发挥上市公司的融资功能、和良好资信等级，通过短期融资券、公司债等工具，筹集公司未来一段时期的建设发展资金，争取在年内拿到短期融资券和公司债的注册备案和行政许可。

(二)加快战略研究，提升完善公司战略

2009年，是极为复杂，也是蕴含重大机遇的一年。2008年7月，义乌市委市政府提出了建设国际商贸名城的战略目标，要把义乌建设成为国际小商品城流通中心、会展中心、创造中心，同时要把义乌打造成区域金融高地、物流高地。近期，作为建设国际商贸名城的一项重要战略举措，推出了义乌市国有资产管理体制改革方案，为公司提升完善公司战略提出了新的要求和指导意见。公司将以深入学习实践科学发展观活动为契机，按照科学发展观第一要义是发展，核心是以人为本的要求，立足全球化视野，从整个义乌市的社会经济角度来审视公司的可持续发展要件，加快战略研究，在根植义乌的外部环境上取得战略上的协同，从更高的起点谋划公司新发展，尽早提出适合自身实际的公司发展战略构想和目标。

(三)进一步完善公司治理，开展内控规范建设

随着内外环境的变化和公司业务、资产规模的扩张，随着公司战略的提升和研究，迫切需要一个与战略相适应的公司治理结构。2009年董事局将按照《企业国有资产法》、《公司法》和现代企业制度要求，修订公司章程和各项议事规则，明确董事会、监事会的权责和经营管层的权责，健全完善责权统一、运转协调、有效制衡的法人治理结构。形成权力机构、决策机构、监督机构和经营管理者之间的制衡机制；强化战略发展、提名、审计、薪酬与考核四个专门委员会工作，诚信履行信息披露义务，加强投资者关系管理，促进公司与投资者的良性互动。2009年，公司将组建内控建设项目管理办公室和项目推进小组，聘请相应机构指导工作，按财政部等五部委及上海证券交易所颁布的内控规范要求，达到内控体系制度健全、执行有效，创新内部运营机制，形成责任落实和压力传递的工作机制，改进公司激励和约束机制，建立人力资源培训、考核、使用一体化机制，提高企业的综合素质，提高企业的管控能力和应对市场经济变化的快速反应能力。

(四)继续开展社会责任探索，营造更好的发展环境

公司是义乌最优质的市场资源的培育者、建设者和管理者，也是市场经营主体及其配套组织的服务者，承担着保增长、保民生、保稳定等方面的社会责任。2009年，是"市场开拓年"、"企业服务年"和"综合改革年"，公司将在"开拓、服务、改革"三大背景下，提升服务内涵，加大服务力度，提升服务效能，以服务创新开拓市场，通过强化服务，为公司发展营造更好的外部环境。通过做强做大自身，然后集中反哺于义乌市场，实现市场的持续繁荣，积极为提升义乌市经济社会发展水平作出更大贡献，为加快建设国际商贸名城提供有力支撑，通过我们努力和用心做事赢得利益相关者的理解和认可，在良好的环境中求得更好更快的发展。

公司将在2008年自愿披露"社会责任报告"的基础上，继续深入开展社会责任探索。通过不断总结和实践，牢固树立企业社会责任理念，提高履行社会责任能力，并将其融入到市场工作中，融入到公司的日常经营活动中，努力实现社会效益、企业利益和员工价值三者综合效应的最大化，进一步为公司未来营造更好的发展环境。

(五)强化公司日常经营管理

1、推进市场基础建设

①争取国际博览中心项目的展馆部分在2009年博览会投入使用。以"工程质量、工程进度和施工安全"为抓手，将国际博览中心场馆建成为义乌市的形象工程、优质工程，提升会展的承载力。

②争取国际商贸城三期二阶段年内节点工程有序推进。秉承三期一阶段采用的"绿色、环保和节能"理念，吸收历次市场建设经验，广泛听取专家、部门和市场经营户等各方面意见，引进国际大型商业建筑先进元素，高标准、高质量、高效率推进三期二阶段工程建设。

③争取篁园市场项目的市场部分年内尽早奠基开工。充分估计改造工程项目地质条件恶劣、施工环境受限等困难，科学分析施工的难点和关键点，加强协调合理安排，力争工程的进度、质量、安全、投资控制效果最大化。

2、规范市场经营秩序

①加强商品管理。加强重点行业的常态化质量管理，建立重点商品的行业自律公约。推动引导市场经营户开展产品质量认证。筹办优势行业商品流行趋势发布会，举办新产品信息发布会。

②加强商人管理。强化诚信文明积分考核制度，建立退出机制。开放信用信息查询服务。提高经营户诚信经营、守法经营的意识。

③加强商位管理。调整商位流转管理办法，促进商位中间流转规范化；进一步改进市场招商机制和商位招投标办法，建立从市场准入到退出的全程管理办法。

3、建设"六个市场服务中心"

积极建设小商品编码中心、国际商贸城培训中心、三期市场购物旅游中心、采购商服务中心、金融服务促进中心和产品质量与知识产权监管服务中心。

4、发展现代服务业

①加快发展无形市场。引进具有开发经验和具备金融支付领域运营经验的战略投资者，提高科技创新和自主研发能力，开发适应义乌市场的具有义乌特色的电子商务系统。丰富完善信息发布平台，开发推广拨浪鼓工作平台，稳步推进网上支付平台。设立小商品城网站境外服务器。

②加快分销渠道建设。发展"现代物流、连锁配送、代理采购"，推进代理采购、连锁配送渠道建设规模化、组织化、市场化。深化与省外商会组织合作，在国内重点市场和区域建立物流配送体系，建立以义乌市场为"母市场"的商品分销体系。

③拓展展览会展空间。做大做强义博会、文博会、森博会和旅博会。协助举办侨商大会。加大组团参加境外展会力度，健全国际营销网络。做好首个义博会迪拜展。吸引外地有实力的会展企业来义乌单独办展或联合办展。做好国际博览中心运营后的项目储备。

5、确保市场稳定安全

①加强群团组织建设。进一步加强商会工作的组织建设和领导，优化工作联系机制，拓展群防群治工作新内涵，提升商会工作层次，把商会作为保市场拓市场的重要推手。提高群团组织行业自律、协助公司管理市场、服务市场的能力。

②确保安全生产。围绕"和谐市场、平安市场"的目标，探索新形势下的安全生产工作新模式。建立"预防性"矛盾纠纷调处机制。进一步完善公安、商检、税务、工商、综合执法等安全生产协同管理新机制。

6、提升对外开放层次

①大力开拓国际市场。增设境外办事处，强化办事处功能。设立德国子公司。充分利用出口信用保险规避金融风险。

②确保年内进口商品馆整体开业。做大做强转口贸易，加快发展进口贸易，引导市场由出口向进、出口并举转变。增强与各国商业机构、经济团体的联系，选择适销对口、符合国家产业政策的行业开展招商合作，加快建设进口商品馆，确保年内整体开业。

7、培育经济新增长点

①提高房地产建设和销售能力。稳步推进嘉和广场和杭州东城印象项目，研究促进存货销售方法，把握嘉和广场项目办理按揭手续时机，加快资金回笼。准确研判房地产市场发展态势，审慎寻找、储备新项目。

②提高酒店业管理与盈利能力。完成国际博览中心五星级酒店引牌。加大销售宣传力度，加强跟相关销售渠道合作。深化客商服务功能，创造经营新卖点，提高营业收入，提升品牌形象。

③提高市场广告服务与开发能力。高质量完成国际博览中心VI导示系统工程的设置和广告媒体开发，创新义博会环境布置。积极对外争取广告资源，提高对外业务的比重。

④提高体育文化产业市场运作能力。做好游泳馆开业前准备工作，实现游泳馆项目移交管理并试运行。加强梅湖健身中心经营管理。配合综合开发项目中标承租单位开展工程施工、安全管理，提高体育中心市场化运作能力。

(5)影响公司未来发展和经营的风险因素及对策

1)风险：

公司主营业务是市场商位使用费收入，预收2到5年不等，因此，从短期来看，国内外市场形势变化、信贷政策调整、汇率利率变动、成本要素价格变化等对公司本年度和未来财务状况和经营成果影响不大；从长期来看，若国外市场持续低糜，国内市场竞争加剧，义乌市场不能保持持续繁荣，则对公司的商位使用费收入的提高会产生影响。

2)对策：

强化市场服务，完善市场体系，创新市场功能，推进市场转型升级，提升市场和产业的组合力，增强义乌市场的附着力和集聚力。

与公允价值计量相关的项目

□适用　　√不适用

持有外币金融资产、金融负债情况

□适用　　√不适用

新年度经营计划

√适用　　□不适用

收入计划(亿元)	费用计划(亿元)	新年度经营目标	为达目标拟采取的策略和行动
31.22	4.28	预计实现利润总额10.55亿元	

6.2 募集资金使用情况

√适用　　□不适用

募集年份	募集方式	募集资金总　额	本年度已使用募集资金总额	已累计使用募集资金总额	尚未使用募集资金总额	尚未使用募集资金用途及去向
2008	非公开发行	3,407,000,000	3,407,000,000	3,407,000,000	0	/
合计	/	3,407,000,000	3,407,000,000	3,407,000,000	0	/

变更项目情况

□适用　　√不适用

6.3 非募集资金项目情况

√适用　　□不适用

单位:元 币种:人民币

项目名称	项目金额	项目进度	项目收益情况
义乌国际小商品博览会场馆工程	243,993,379.62	13.5%	0

6.4 董事会对会计师事务所"非标准审计报告"的说明

□适用　　√不适用

6.5 董事会本次利润分配或资本公积金转增股本预案

按母公司实现的净利润进行分配，08母公司净利润661,112,583.06元，加上年初未分配利润647,655,832.86元，可供分配利润1,308,768,415.92元，提取法定盈余公积10%为66,111,258.31元，可供投资者分配的利润为1,242,657,157.61元。以2008年度末总股本340,200,886股为基数，向全体股东每10股送红股10股，并派现金2.00元(含税)，共计派发现金68,040,177.20元，剩余未分配利润834,416,094.41元结转以后年度分配，实施后，公司总股本为680,401,772股。

公司本报告期内盈利但未提出现金利润分配预案

□适用　　√不适用

第七节　重要事项

7.1 收购资产

√适用　　□不适用

单位:元 币种:人民币

交易对方或最终控制方	被收购资产	购买日	收购价格	自购买日起至本年末为公司贡献的净利润	本年初至本年末为公司贡献的净利润（适用于同一控制下的企业合并）	是否为关联交易(如是,说明定价原则)	所涉及的资产产权是否已全部过户	所涉及的债权债务是否已全部转移
义乌市国有资产投资控股有限公司	国际商贸城三期市场土地及在建工程	2008年8月27日	3,407,000,000	59,622,800.00		是,项目的土地使用权部分以现行市场价格取得同等地块的土地使用权的必要成本,采用基准地价修正法和假设开发法进行评估;在建工程部分按现行市场价格的工程投入估算。	是	是

7.2 出售资产

√适用　　□不适用

单位:元 币种:人民币

交易对方	被出售资产	出售日	出售价格	本年初起至出售日该出售资产为公司贡献的净利润	出售产生的损益	是否为关联交易(如是,说明定价原则)	所涉及的资产产权是否已全部过户	所涉及的债权债务是否已全部转移
义乌市国有资产投资控股有限公司	义乌市医疗投资有限公司800万股权	2008年10月23日	18,800,000.00	0	8,100,000.00	资产在评估基准日公开市场上最佳使用条件下资产可能实现的交换价值的估计值	是	是

7.3 重大担保

□适用　　√不适用

7.4 重大关联交易

7.4.1 与日常经营相关的关联交易

√适用　　□不适用

关联方	向关联方销售产品和提供劳务 交易金额	占同类交易金额的比例(%)	向关联方采购产品和接受劳务 交易金额	占同类交易金额的比例(%)
浙江义乌中国小商品城广告有限责任公司	3,000,000	100		
浙江义乌中国小商品城广告有限责任公司			5,620,819.7	39
浙江义乌中国小商品城展览有限责任公司	2,972,840	25		
浙江义乌中国小商品城广告有限责任公司	1,283,349.36	13.77		
浙江义乌中国小商品城贸易有限责任公司	394,128	4.05		
义乌中国小商品城房地产开发有限公司	26,997,275	100		
浙江义乌中国小商品城物流有限公司			1,234,281.45	68.46
浙江义乌中国小商品城配送有限公司			6,842.47	0.38
浙江义乌中国小商品城展览有限公司			561,690.89	31.16
合计	34,647,592.36		7,423,634.51	

7.4.2 关联债权债务往来

□适用　　√不适用

7.4.3 2008 年资金被占用情况及清欠进展情况

□适用　　√不适用

截止 2008 年末,上市公司未完成非经营性资金占用的清欠工作的,董事会提出的责任追究方案

□适用　　√不适用

7.5 委托理财

√适用　　□不适用

2008 年 10 月 18 日公司第五届十九次董事局会议审议通过了”利用间隙资金实施委托理财计划”的议案,至报告期末未有实际投入。

7.6 承诺事项履行情况

7.6.1 公司或持股 5%以上股东在报告期内或持续到报告期内的承诺事项

√适用　　□不适用

承诺事项	承诺内容	履行情况
股改承诺	义乌中国小商品城恒大开发公司承诺其持有的 86422600 股有限售条件流通股在 2012 年 8 月 14 日前不通过上交所系统挂牌出售其所持的股份。	至本报告期末,该股份未发生变化。
收购报告书或权益变动报告书中所作承诺	(1)义乌国资公司关于注入资产最低保障的承诺 本次交易中,中介机构已为目标资产出具了相应的资产评估报告、审计报告、盈利预测报告及公司的合并盈利预测报告。根据资产评估报告及目标资产盈利预测报告,义乌国资公司为本次交易出具了《关于注入资产未达到盈利预测用现金补足的承诺函》,承诺义乌国际商贸城三期项目在 2008 年 10-12 月所产生的净利润不低于 35,771,865.38 元、2009 年至 2011 年每年所产生的净利润不低于 143,087,386.52 元。如果相关年度经审计的净利润低于上述数据,在相关审计报告出具后的 60 个工作日内,义乌国资公司将以货币资金补足差额。	根据安永安永华明会计师事务所出具的安永华明(2009)审字第 60709629-B01 号《审计报告》,国际商贸城三期一阶段项目在 2008 年 10-12 月所产生的净利润为 5962.28 万元,超出承诺的净利润 3577.19 万元。
	(2)国资公司承诺国际商贸城三期一阶段商位 70%按计划租金出租,租金价格为 2,343 元/年·㎡。	截止 2008 年 10 月 5 日,义乌国际商贸城三期一阶段的招(选)商工作已告一段落,从实际招(选)商情况来看,原计划定价部分商位平均使用费计划为 2343 元/平方米·年,现实际为 2774 元/平方米·年,比原预测情况要好。该事项的详细情况已在 2008 年 10 月 14 日《中国证券报》、《上海证券报》及上交所网站披露。
	(3)义乌国资公司关于关联交易的承诺 义乌国资公司除上市公司以外的其他控股子公司与上市公司及其控股子公司之间将尽可能的避免和减少发生关联交易,对于无法避免或者有合理原因而发生的关联交易,义乌国资公司除上市公司以外的其他控股子公司将遵循市场公正、公平、公开的原则,并依法签订协议,履行合法程序,按照上市公司章程、有关法律、法规和规范性文件等有关规定履行信息披露义务和办理有关报批程序。义乌国资公司除上市公司以外的其他控股子公司保证不通过关联交易损害上市公司及其他股东的合法权益。	2008 年 8 月 28 日,公司第五届十五次董事局(临时)会议(通讯方式)决定将国际商贸城三期市场一阶段工程委托国资公司继续建设,项目建设的所有费用由国资公司垫付,待工程全部竣工并通过综合验收后,公司一次性支付经审计后的除换取股份外的全部工程费用后,将项目移交给公司。 此次交易,公司与义乌国资公司签订了《委托建设国际商贸城三期市场一阶段工程协议》内容合法,并经公司 2008 年第三次临时股东大会审议通过,审议该交易的关联公司与关联董事对议案的表决进行了回避,表决程序符合有关法律、法规和公司章程的规定。协议对委托权限、委托期限、费用控制、付款方式等双方权利、义务进行约束,本次交易是公开、公平、合理的,没有损害公司和全体股东的利益。因国际商贸城三期市场一阶段仍为在建工程,本次交易有利于工程如期交付投运,同时能尽快完成定向增发的股份发行工作。 目前,国际商贸城三期市场一阶段工程已经正式投入运营,相关的工程款也已全部还清。工程的相关资料正在整理、备案、归档过程中。

	(4)义乌国资公司关于股份不转让的承诺 义乌国资公司认购的股份自发行结束之日起 36 个月内(即 2011 年 8 月 29 日前)不得上市交易或转让。	本次交易发行的股份已于 2008 年 8 月 28 日登记至国资公司名下，至本报告期末，该部分股份已由中国证券登记结算公司上海分公司技术锁定，未上市交易或转让。
	(5)义乌国资公司关于土地抵押解除的承诺 义乌国际商贸城三期土地使用权在资产收购前存在抵押情况，在资产交割日前承诺解除该土地的抵押。	至资产交割日 2008 年 8 月 27 日，该土地的抵押已经解除，并且已经过户登记在本公司名下。
	(6)义乌国资公司关于国际商贸城三期土地评估相关问题的承诺 在双方签订的以资产认购股份的合同中约定以目前资产的评估值作价认购公司发行的股份，该评估值中土地使用权的评估值为 31.03 亿元。国资公司承诺：交易完成，土地使用权注入公司后，在 2008 年、2009 年、2010 年三年中，该土地使用权的价值在三年中的年终审计的减值测试中若发生了减值，赔偿相应的减值部分。	根据上海长信资产评估有限公司长信评报字根(2009)第 1028 号测算报告书，经测算，至测算基准日 2008 年 12 月 31 日，公司所属国际商贸城三期土地使用权评估总价为 3,457,423,553.52 元，不低于资产认购股份的目标资产中土地部份的评估值 31.03 亿元，未发生减值，因此无需赔偿。
	(7)义乌国资公司关于国际商贸城三期二阶段相关问题的承诺 在双方签订的以资产认购股份的合同中约定以目前资产的评估值作价认购公司发行的股份，该评估值的其中一个前提条件是国际商贸城三期二阶段于 2012 年 1 月 1 日开始产生收益，如果迟于 2012 年 1 月 1 日产生收益将导致评估值减少。故作出承诺： ①若国际商贸城三期二阶段项目延迟运营 1 年，即于 2013 年 1 月 1 日还未开始营业，假设开发法计算的目标资产评估结果将减少 0.95 亿元，我公司于 2013 年 1 月赔偿小商品城 0.95 亿元。 ②若三期二阶段房地产迟延交付 2 年，即于 2014 年 1 月 1 日还未开始营业，假设开发法计算的目标资产评估结果将减少 1.59 亿元，我公司于 2014 年 1 月再赔偿小商品城 1.59−0.95=0.64 亿元。 ③若三期二阶段房地产迟延交付 3 年，即于 2015 年 1 月 1 日还未交付营业，假设开发法计算的目标资产评估结果将减少 2.18 亿元，我公司于 2015 年 1 月再赔偿小商品城 2.18−1.59=0.59 亿元。 如果义乌国际商贸城三期二阶段开始运营时间介于 2012 年与 2013 年之间，则赔偿金额按延迟的月份占 12 个月的比例乘该年赔偿总金额计算。其他年份以此类推。如遇不可抗力，则以上承诺失效。	2008 年 12 月 29 日公司 2008 年第四次临时股东大会审议通过"投资建设国际商贸城三期二阶段市场项目工程的议案"，目前，项目的土建工程已经动工，预计将于 2010 年 6 月底竣工交付使用，7 月开始实现收益。
其他对公司中小股东所作承诺	2002 年 3 月 20 日，义乌市财政局、义乌市体育发展局(甲方)与本公司(乙方)签订了《义乌市体育中心场馆租赁协议》，甲方经义乌市人民政府授权，将义乌市体育中心场馆及所属辖区周边地段租赁给乙方经营管理，租赁期限为自 2002 年 7 月 1 日起至 2017 年 6 月 30 日止，租金计算如下：2002 年 7 月 1 日至 2005 年 6 月 30 日为建设期，免交租金；2005 年 7 月 1 日至 2008 年 6 月 30 日，每年上交义乌市财政租金 100 万元；2008 年 7 月 1 日至 2017 年 6 月 30 日，每年上交义乌市财政租金 450 万元。上述租赁费总额按租赁期 15 年计算，平均每年分摊 290 万元。本公司 2008 年度列支租赁费 290 万元。	截至 2008 年 12 月 31 日累计列支 1,885 万元，累计已支付 1885 万元。

7.6.2 公司资产或项目存在盈利预测，且报告期仍处在盈利预测期间，公司就资产或项目是否达到原盈利预测及其原因作出说明：

√适用　　□不适用

报告期内，公司向义乌市国有资产投资控股有限公司定向增发 45,131,806 股普通股，收购义乌国际商贸城三期项目的土地使用权及在建工程资产，上述目标资产的盈利预测业经上海众华沪银会计师事务所有限公司审计并出具"沪众会字(2008)2077 号"和"沪众会字(2008)2075 号"盈利预测审核报告，义乌国际商贸城三期一阶段项目 2008 年 10-12 月净利润预测数为 3655.12 万元；2008 年公司合并盈利预测数为 51946.22 万元。

根据经安永华明会计师事务所专项审计并出具安永华明(2009)专字第 60709629_B01 号审计报告的本公司编制的"上市公司及本次重大资产重组购买的相关资产的 2008 年度实际盈利数与利润预测数、相关资产的实际盈利数与评估报告中利润预测数的差异情况表"，义乌国际商贸城三期一阶段项目 2008 年 10-12 月(项目于 2008 年 10 月投产)所产生的净利润为 5962.28 万元，超过了原 3655.12 万元的盈利预测；2008 年公司合并净利润为 60855.23 万元，超过了原 51946.22 万元的盈利预测。

7.7 重大诉讼仲裁事项

□适用　　√不适用

7.8 其他重大事项及其影响和解决方案的分析说明

7.8.1 证券投资情况

□适用　　√不适用

7.8.2 持有其他上市公司股权情况

□适用　　√不适用

7.8.3 持有非上市金融企业股权情况

□适用　　√不适用

7.8.4 买卖其他上市公司股份的情况

□适用　　√不适用

7.9 公司董事会对公司内部控制出具了自我评估报告，详见公司 2008 年年度报告全文。

7.10 公司披露了履行社会责任报告，详见年报全文。

第八节　监事会报告

监事局认为公司依法运作、公司财务情况、公司募集资金使用、公司收购、出售资产交易和关联交易不存在问题。

8.1 监事会对公司依法运作情况的独立意见

监事局认为，2008 年公司董事和经营班子能严格依据《公司法》、《证券法》和中国证监会有关法律法规的要求及《公司章程》的有关规定进行经营决策，依法规范运作，决策程序符合《公司章程》的有关规定，公司董事、总裁和其他高级管理人员在执行职务时无违反法律、法规、公司或损害利益的行为。

8.2 监事会对检查公司财务情况的独立意见

监事局认为，公司 2008 年度会计报表公允地反映了公司本年度的财务状况和经营成果，经安永华明会计师事务所上海分所审计的公司 2008 年度审计报告是实事求是、客观公正的，监事局同意安永华明会计师事务所上海分所出具的标准无保留审计报告。

第九节　财务会计报告

9.1 审计意见

财务报告	□未经审计	√审计
审计意见	√标准无保留意见	□非标意见

审计意见全文

审计报告

安永华明(2009)审字第 60709629_B01 号

浙江中国小商品城集团股份有限公司全体股东：

我们审计了后附的浙江中国小商品城集团股份有限公司("贵公司")及其子公司(统称"贵集团")财务报表，包括 2008 年 12 月 31 日的合并及公司资产负债表，2008 年度的合并及公司利润表、股东权益变动表和现金流量表以及财务报表附注。

一、管理层对财务报表的责任

按照企业会计准则的规定编制财务报表是贵公司管理层的责任。这种责任包括：(1)设计、实施和维护与财务报表编制相关的内部控制，以使财务报表不存在由于舞弊或错误而导致的重大错报；(2)选择和运用恰当的会计政策；(3)作出合理的会计估计。

二、注册会计师的责任

我们的责任是在实施审计工作的基础上对财务报表发表审计意见。我们按照中国注册会计师审计准则的规定执行了审计工作。中国注册会计师审计准则要求我们遵守职业道德规范，计划和实施审计工作以对财务报表是否不存在重大错报获取合理保证。

审计工作涉及实施审计程序，以获取有关财务报表金额和披露的审计证据。选择的审计程序取决于注册会计师的判断，包括对由于舞弊或错误导致的财务报表重大错报风险的评估。在进行风险评估时，我们考虑与财务报表编制相关的内部控制，以设计恰当的审计程序，但目的并非对内部控制的有效性发表意见。审计工作还包括评价管理层选用会计政策的恰当性和作出会计估计的合理性，以及评价财务报表的总体列报。

我们相信，我们获取的审计证据是充分的、适当的，为发表审计意见提供了基础。

三、审计意见

我们认为，上述财务报表已经按照企业会计准则的规定编制，在所有重大方面公允地反映了贵集团和贵公司 2008 年 12 月 31 日的财务状况以及 2008 年度的经营成果和现金流量。

安永华明会计师事务所　　　　中国注册会计师　张明益

中国　北京　　　　中国注册会计师　殷国炜

2009 年 4 月 23 日

9.2 财务报表

合并资产负债表

2008 年 12 月 31 日

浙江中国小商品城集团股份有限公司　　　　人民币元

资产	2008 年	2007 年
流动资产：		
货币资金	673,655,470.31	849,352,009.71
应收账款	77,617,862.12	51,011,359.69
预付款项	39,957,809.34	595,362,713.93
其他应收款	36,524,848.12	22,066,929.03

存货	2,948,414,465.18	412,333,697.72
流动资产合计	3,776,170,455.07	1,930,126,710.08
非流动资产:		
长期股权投资	4,491,990.31	11,783,549.20
投资性房地产	181,708,453.09	144,445,995.05
固定资产	3,722,858,013.58	1,866,452,501.81
在建工程	252,078,806.61	98,321.00
无形资产	3,898,473,126.01	774,066,052.80
长期待摊费用	239,722,568.02	45,186,166.37
递延所得税资产	21,421,451.97	24,807,950.34
非流动资产合计	8,320,754,409.59	2,866,840,536.57
资产总计	12,096,924,864.66	4,796,967,246.65
流动负债:		
短期借款	157,949,836.16	–
应付账款	772,879,406.03	294,664,090.66
预收款项	4,345,126,865.45	2,366,886,706.30
应付职工薪酬	119,797,759.79	184,392,785.50
应交税费	105,508,126.15	73,118,169.63
其他应付款	820,331,450.70	320,574,654.58
其他流动负债	2,083,112.65	2,088,226.45
流动负债合计	6,323,676,556.93	3,241,724,633.12
非流动负债:		
长期借款	200,000,000.00	–
非流动负债合计	200,000,000.00	–
负债合计	6,523,676,556.93	3,241,724,633.12
股东权益:		
股本	340,200,886.00	124,968,637.00
资本公积	3,528,931,930.19	345,590,179.19
盈余公积	262,816,136.55	196,704,878.24
未分配利润	1,395,463,514.88	853,022,450.52
归属于母公司股东权益合计	5,527,412,467.62	1,520,286,144.95
少数股东权益	45,835,840.11	34,956,468.58
股东权益合计	5,573,248,307.73	1,555,242,613.53
负债和股东权益总计	12,096,924,864.66	4,796,967,246.65

法定代表人:金方平　　主管会计工作负责人:吴波成　　会计机构负责人:朱碧云

合并利润表

2008 年度

浙江中国小商品城集团股份有限公司　　人民币元

	2008 年	2007 年
一、营业收入	2,640,024,151.48	2,906,188,617.22
减:营业成本	1,327,661,119.70	1,872,652,497.19
营业税金及附加	148,935,723.51	132,867,194.85
销售费用	119,752,129.07	125,120,602.17
管理费用	213,364,218.96	224,192,785.80
财务费用	11,157,836.26	(3,713,492.16)
资产减值损失	(952,779.19)	(1,816,848.88)
加:投资收益	15,259,913.09	11,368,109.98
二、营业利润	835,365,816.26	568,253,988.23
加:营业外收入	3,982,524.23	10,180,472.44
减:营业外支出	3,369,536.29	13,207,246.41
其中:非流动资产处置损失	171,422.23	140,435.97
三、利润总额	835,978,804.20	565,227,214.26
减:所得税费用	209,297,110.00	190,778,771.43
四、净利润	626,681,694.20	374,448,442.83
归属于母公司股东的净利润	608,552,322.67	362,492,449.06
少数股东损益	18,129,371.53	11,955,993.77
五、每股收益		
(一)基本每股收益	2.17	1.45

法定代表人:金方平　　主管会计工作负责人:吴波成　　会计机构负责人:朱碧云

合并现金流量表

2008 年度

浙江中国小商品城集团股份有限公司　　人民币元

	2008 年	2007 年
一、经营活动产生的现金流量:		
销售商品、提供劳务收到的现金	4,948,497,197.31	2,265,289,117.32
收到的税费返还	42,178,944.27	62,364,068.51
收到其他与经营活动有关的现金	62,418,926.30	130,467,196.78
经营活动现金流入小计	5,053,095,067.88	2,458,120,382.61
购买商品、接受劳务支付的现金	3,005,758,244.91	1,567,112,915.07
支付给职工以及为职工支付的现金	198,995,851.24	158,684,174.26
支付的各项税费	408,824,961.57	314,879,998.39
支付其他与经营活动有关的现金	104,182,110.22	88,085,544.31
经营活动现金流出小计	3,717,761,167.94	2,128,762,632.03
经营活动产生的现金流量净额	1,335,333,899.94	329,357,750.58
二、投资活动产生的现金流量:		
收回投资收到的现金	22,881,126.69	22,792,393.39
取得投资收益收到的现金	378,786.40	668,000.00
处置固定资产、无形资产和其他长期资产收回的现金净额	2,476,726.23	155,231.80
收到的其他与投资活动有关的现金	–	7,489,642.30
投资活动现金流入小计	25,736,639.32	31,105,267.49
购建固定资产、无形资产和其他长期资产支付的现金	1,847,446,268.39	23,424,220.22
投资支付的现金	708,441.11	7,364,340.00
支付的其他与投资活动有关的现金	27,315,872.04	–
投资活动现金流出小计	1,875,470,581.54	30,788,560.22
投资活动产生的现金流量净额	(1,849,733,942.22)	316,707.27

浙江中国小商品城集团股份有限公司

三、筹资活动产生的现金流量:		
吸收投资收到的现金	800,000.00	–
其中:子公司吸收少数股东投资收到的现金	800,000.00	–
取得借款收到的现金	1,551,519,825.96	270,000,000.00
收到其他与筹资活动有关的现金	–	7,448,701.70
筹资活动现金流入小计	1,552,319,825.96	277,448,701.70
偿还债务支付的现金	1,193,569,989.80	270,000,000.00
分配股利、利润或偿付利息支付的现金	32,936,205.32	2,782,250.00
其中:子公司支付给少数股东的股利、利润	8,050,000.00	943,000.00
支付的其他与筹资活动有关的现金	8,426,000.00	–
筹资活动现金流出小计	1,234,932,195.12	272,782,250.00
筹资活动产生的现金流量净额	317,387,630.84	4,666,451.70
四、现金及现金等价物净增加/(减少)额	(197,012,411.44)	334,340,909.55
加:期初现金及现金等价物余额	842,609,381.40	508,268,471.85
五、期末现金及现金等价物余额	645,596,969.96	842,609,381.40

法定代表人:金方平　　主管会计工作负责人:吴波成　　会计机构负责人:朱碧云

资产负债表

2008 年 12 月 31 日

浙江中国小商品城集团股份有限公司　　人民币元

资产	2008 年	2007 年
流动资产:		
货币资金	497,612,623.46	681,941,263.78
应收账款	3,168,890.99	5,552,527.20
预付款项	470,532.05	784,088.50
其他应收款	2,252,924,665.20	242,261,657.27
存货	4,693,930.73	4,326,151.95
流动资产合计	2,758,870,642.43	934,865,688.70
非流动资产:		
长期股权投资	129,395,990.31	143,887,549.20
投资性房地产	162,420,129.47	133,982,815.74
固定资产	3,709,055,371.54	1,801,534,960.92
在建工程	252,078,806.61	98,321.00
无形资产	3,897,747,579.57	773,324,366.87
长期待摊费用	232,157,769.36	41,218,748.46
递延所得税资产	16,025,694.86	12,188,594.94
非流动资产合计	8,398,881,341.72	2,906,235,357.13
资产总计	11,157,751,984.15	3,841,101,045.83
流动负债:		
短期借款	145,000,000.00	–
应付账款	627,457,795.66	100,819,009.29
预收款项	4,284,016,124.30	1,230,473,435.94
应付职工薪酬	99,833,889.92	176,464,446.84
应交税费	75,373,992.44	47,706,237.57
其他应付款	449,434,434.66	968,683,638.28
其他流动负债	2,083,112.65	2,088,226.45
流动负债合计	5,683,199,349.63	2,526,234,994.37
非流动负债:		
长期借款	100,000,000.00	–
非流动负债合计	100,000,000.00	–
负债合计	5,783,199,349.63	2,526,234,994.37
股东权益:		
股本	340,200,886.00	124,968,637.00
资本公积	3,528,931,930.19	345,590,179.19
盈余公积	262,762,660.72	196,651,402.41
未分配利润	1,242,657,157.61	647,655,832.86
股东权益合计	5,374,552,634.52	1,314,866,051.46
负债和股东权益总计	11,157,751,984.15	3,841,101,045.83

法定代表人:金方平　　主管会计工作负责人:吴波成　　会计机构负责人:朱碧云

利润表

2008 年度

浙江中国小商品城集团股份有限公司		人民币元
	2008 年	2007 年
一、营业收入	1,489,320,082.32	1,197,518,880.25
减:营业成本	514,903,801.73	471,119,520.92
营业税金及附加	81,657,733.30	65,723,000.09
销售费用	112,732,862.58	123,848,916.32
管理费用	167,914,225.77	182,323,643.06
财务费用	(9,978,912.40)	555,310.39
资产减值损失	(13,876,272.25)	12,674,180.88
加:投资收益	184,110,497.53	10,470,106.81
二、营业利润	820,077,141.12	351,744,415.40
加:营业外收入	3,121,209.00	8,356,486.94
减:营业外支出	2,029,672.37	11,486,461.40
其中:非流动资产处置损失	163,796.39	140,435.97
三、利润总额	821,168,677.75	348,614,440.94
减:所得税费用	160,056,094.69	120,607,159.47
四、净利润	661,112,583.06	228,007,281.47

法定代表人:金方平　　主管会计工作负责人:吴波成　　会计机构负责人:朱碧云

现金流量表

2008 年度

浙江中国小商品城集团股份有限公司		人民币元
	2008 年	2007 年
一、经营活动产生的现金流量:		
销售商品、提供劳务收到的现金	3,937,098,449.95	940,440,017.50
收到的税费返还	1,000,000.00	–
收到其他与经营活动有关的现金	82,912,511.40	579,263,403.00
经营活动现金流入小计	4,021,010,961.35	1,519,703,420.50
购买商品、接受劳务支付的现金	151,076,314.83	312,289,461.34
支付给职工以及为职工支付的现金	144,918,621.76	134,102,200.75
支付的各项税费	262,467,526.28	213,661,330.07
支付其他与经营活动有关的现金	2,058,336,725.36	311,203,207.04
经营活动现金流出小计	2,616,799,188.23	971,256,199.20
经营活动产生的现金流量净额	1,404,211,773.12	548,447,221.30
二、投资活动产生的现金流量:		
收回投资收到的现金	29,679,521.90	17,787,915.21
取得投资收益收到的现金	378,786.40	2,379,000.00
处置固定资产、无形资产和其他		
长期资产收回的现金净额	2,475,688.43	150,874.00
收到的其他与投资活动有关的现金	–	2,673,876.62
投资活动现金流入小计	32,533,996.73	22,991,665.83
购建固定资产、无形资产和其他		
长期资产支付的现金	1,832,161,280.07	20,769,303.65
投资支付的现金	708,441.11	4,968,865.00
支付的其他与投资活动有关的现金	–	10,000,000.00
投资活动现金流出小计	1,832,869,721.18	35,738,168.65
投资活动产生的现金流量净额	(1,800,335,724.45)	(12,746,502.82)
三、筹资活动产生的现金流量:		
取得借款收到的现金	1,435,000,000.00	270,000,000.00
收到其他与筹资活动有关的现金	–	7,448,701.70
筹资活动现金流入小计	1,435,000,000.00	277,448,701.70
偿还债务支付的现金	1,190,000,000.00	270,000,000.00
分配股利、利润或偿付利息支付的现金	24,778,688.99	1,883,250.00
支付的其他与筹资活动有关的现金	8,426,000.00	–
筹资活动现金流出小计	1,223,204,688.99	271,883,250.00
筹资活动产生的现金流量净额	211,795,311.01	5,565,451.70
四、现金及现金等价物净增加/(减少)额	(184,328,640.32)	541,266,170.18
加:期初现金及现金等价物余额	681,941,263.78	140,675,093.60
五、期末现金及现金等价物余额	497,612,623.46	681,941,263.78

法定代表人:金方平　　主管会计工作负责人:吴波成　　会计机构负责人:朱碧云

合并股东权益变动表

2008 年度

浙江中国小商品城集团股份有限公司　　人民币元

2008 年

	归属于母公司股东权益						
	股本	资本公积	盈余公积	未分配利润	小计	少数股东权益	股东权益合计
一、本年年初余额	124,968,637.00	345,590,179.19	196,704,878.24	853,022,450.52	1,520,286,144.95	34,956,468.58	1,555,242,613.53
二、本年增减变动金额	215,232,249.00	3,183,341,751.00	66,111,258.31	542,441,064.36	4,007,126,322.67	10,879,371.53	4,018,005,694.20
(一)净利润	–	–	–	608,552,322.67	608,552,322.67	18,129,371.53	626,681,694.20
(二)股东投入资本	45,131,806.00	3,353,442,194.00	–	–	3,398,574,000.00	800,000.00	3,399,374,000.00
(三)利润分配	–	–	66,111,258.31	(66,111,258.31)	–	(8,050,000.00)	(8,050,000.00)
–提取盈余公积	–	–	66,111,258.31	(66,111,258.31)	–	–	–
–对股东的分配	–	–	–	–	–	(8,050,000.00)	(8,050,000.00)
(四)股东权益内部结转	170,100,443.00	(170,100,443.00)	–	–	–	–	–
–资本公积转增股本	170,100,443.00	(170,100,443.00)	–	–	–	–	–
三、本年年末余额	340,200,886.00	3,528,931,930.19	262,816,136.55	1,395,463,514.88	5,527,412,467.62	45,835,840.11	5,573,248,307.73

2007 年

	归属于母公司股东权益						
	股本	资本公积	盈余公积	未分配利润	小计	少数股东权益	股东权益合计
一、本年年初余额	124,968,637.00	345,590,179.19	173,904,150.09	513,330,729.61	1,157,793,695.89	23,943,474.81	1,181,737,170.70
二、本年增减变动金额	–	–	22,800,728.15	339,691,720.91	362,492,449.06	11,012,993.77	373,505,442.83
(一)净利润	–	–	–	362,492,449.06	362,492,449.06	11,955,993.77	374,448,442.83
(二)利润分配	–	–	22,800,728.15	(22,800,728.15)	–	(943,000.00)	(943,000.00)
–提取盈余公积	–	–	22,800,728.15	(22,800,728.15)	–	–	–
–对股东的分配	–	–	–	–	–	(943,000.00)	(943,000.00)
三、本年年末余额	124,968,637.00	345,590,179.19	196,704,878.24	853,022,450.52	1,520,286,144.95	34,956,468.58	1,555,242,613.53

法定代表人:金方平　　主管会计工作负责人:吴波成　　会计机构负责人:朱碧云

股东权益变动表

2008 年度

浙江中国小商品城集团股份有限公司　　人民币元

2008 年

	股本	资本公积	盈余公积	未分配利润	股东权益合计
一、本年年初余额	124,968,637.00	345,590,179.19	196,651,402.41	647,655,832.86	1,314,866,051.46
二、本年增减变动金额	215,232,249.00	3,183,341,751.00	66,111,258.31	595,001,324.75	4,059,686,583.06
(一)净利润	661,112,583.06	661,112,583.06			
(二)股东投入资本	45,131,806.00	3,353,442,194.00	–	–	3,398,574,000.00
(三)利润分配	–	–	66,111,258.31	(66,111,258.31)	–
–提取盈余公积	–	–	66,111,258.31	(66,111,258.31)	–
(四)股东权益内部结转	170,100,443.00	(170,100,443.00)	–	–	–
–资本公积转增股本	170,100,443.00	(170,100,443.00)	–	–	–
三、本年年末余额	340,200,886.00	3,528,931,930.19	262,762,660.72	1,242,657,157.61	5,374,552,634.52

2007 年

	股本	资本公积	盈余公积	未分配利润	股东权益合计
一、本年年初余额	124,968,637.00	345,590,179.19	173,850,674.26	442,449,279.54	1,086,858,769.99
二、本年增减变动金额	–	–	22,800,728.15	205,206,553.32	228,007,281.47
(一)净利润	–	–	–	228,007,281.47	228,007,281.47
(二)利润分配	–	–	22,800,728.15	(22,800,728.15)	–
–提取盈余公积	–	–	22,800,728.15	(22,800,728.15)	–
三、本年年末余额	124,968,637.00	345,590,179.19	196,651,402.41	647,655,832.86	1,314,866,051.46

9.3本报告期无会计政策、会计估计和核算方法变更。

9.4本报告期无会计差错更正。

9.5报告期内,公司财务报表合并范围未发生重大变化。

浙江中国小商品城集团股份有限公司

中兵光电科技股份有限公司

中兵光电科技股份有限公司2008年年度报告摘要

第一节　重要提示

1.1 本公司董事会、监事会及董事、监事、高级管理人员保证本报告所载资料不存在任何虚假记载、误导性陈述或者重大遗漏，并对其内容的真实性、准确性和完整性承担个别及连带责任。

本年度报告摘要摘自年度报告全文，投资者欲了解详细内容，应当仔细阅读年度报告全文。

1.2 公司全体董事出席董事会会议。

1.3 中瑞岳华会计师事务所有限公司为本公司出具了标准无保留意见的审计报告。

1.4 公司负责人李保平、主管会计工作负责人李俊巍及会计机构负责人(会计主管人员)李君伟声明：保证年度报告中财务报告的真实、完整。

第二节　公司基本情况

2.1 基本情况简介

股票简称	中兵光电
股票代码	600435
上市交易所	上海证券交易所
公司注册地址和办公地址	北京亦庄经济技术开发区科创十五街2号
邮政编码	100076
公司国际互联网网址	www.zbgd.net.cn0H
电子信箱	1Hzbgd600435@sina.com

2.2 联系人和联系方式

	董事会秘书	证券事务代表
姓名	赵晗	张春东
联系地址	北京市丰台区科学城星火路7号	北京市丰台区科学城星火路7号
电话	010-83682722	010-83682722
传真	010-63729771	010-63729771
电子信箱	zbgd600435@sina.com	zbgd600435@sina.com

第三节　会计数据和业务数据摘要

3.1 主要会计数据

单位：元 币种：人民币

	2008年	2007年	本年比上年增减(%)	2006年
营业收入	1,150,569,449.41	1,256,633,951.16	-8.44	412,596,379.95
利润总额	189,224,560.77	160,167,314.55	18.14	27,539,147.07
归属于上市公司股东的净利润	167,240,293.02	124,417,119.21	34.42	14,787,426.68
归属于上市公司股东的扣除非经常性损益的净利润	76,317,627.19	-37,573,405.56	不适用	14,977,437.40
经营活动产生的现金流量净额	-192,499,875.48	63,618,584.33	不适用	-8,183,537.15
	2008年末	2007年末	本年末比上年末增减(%)	2006年末(注2)
总资产	2,089,960,758.35	2,085,221,756.35	0.23	818,583,765.32
所有者权益(或股东权益)	1,043,150,820.91	883,611,405.17	18.06	555,233,439.06

3.2 主要财务指标

	2008年	2007年	本年比上年增减(%)	2006年
基本每股收益(元/股)	0.75	0.56	33.93	0.10
稀释每股收益(元/股)	0.75	0.56	33.93	0.10
扣除非经常性损益后的基本每股收益(元/股)	0.34	-0.17	不适用	0.10
全面摊薄净资产收益率(%)	16.03	14.08	增加1.95个百分点	2.66
加权平均净资产收益率(%)	17.29	18.06	减少0.77个百分点	2.68
扣除非经常性损益后全面摊薄净资产收益率(%)	7.31	-4.24	增加11.55个百分点	2.69
扣除非经常性损益后的加权平均净资产收益率(%)	7.89	-5.44	增加13.33个百分点	2.71
每股经营活动产生的现金流量净额(元/股)	-0.86	0.29	不适用	-0.06
	2008年末	2007年末	本年末比上年末增减(%)	2006年末
归属于上市公司股东的每股净资产(元/股)	4.68	3.97	17.88	3.86

企业会计准则讲解(2008版)规定："同一控制下的吸收合并中，……如果合并方在合并当期期末需要编制合并财务报表的，在编制前期比较合并财务报表时，应将吸收合并取得的被合并方前期有关财务状况、经营成果及现金流量等并入合并方前期合并财务报表。"本公司本次重大资产重组的企业合并比照同一控制下的吸收合并处理。在编制2007年比较合并财务表时，将吸收合并取得的被合并方前期有关财务状况、经营成果及现金流量等并入2007年合并财务报表。

非经常性损益项目

√适用　□不适用

单位：元 币种：人民币

非经常性损益项目	金额
非流动资产处置损益	-160,388.65
计入当期损益的政府补助，但与公司正常经营业务密切相关，符合国家政策规定、按照一定标准定额或定量持续享受的政府补助除外	602,000.00
企业取得子公司、联营企业及合营企业的投资成本小于取得投资时应享有被投资单位可辨认净资产公允价值产生的收益	106,618.07
同一控制下企业合并产生的子公司期初至合并日的当期净损益	90,492,844.67
除上述各项之外的其他营业外收入和支出	2,242.44
少数股东权益影响额	-15,688.26
所得税影响额	-104,962.44
合计	90,922,665.83

3.3 境内外会计准则差异：

□适用　√不适用

第四节　股本变动及股东情况

4.1 股份变动情况表

√适用 □不适用

单位：股

	本次变动前		本次变动增减(+,-)					本次变动后	
	数量	比例(%)	发行新股	送股	公积金转股	其他	小计	数量	比例(%)
一、有限售条件股份									
1、国家持股									
2、国有法人持股	48,915,256	33.97	78,717,518				78,717,518	127,632,774	57.31
3、其他内资持股									
其中：境内非国有法人持股									
境内自然人持股									
4、外资持股									
其中：境外法人持股									
境外自然人持股									
有限售条件股份合计	48,915,256	33.97	78,717,518				78,717,518	127,632,774	57.31
二、无限售条件流通股份									
1、人民币普通股	95,084,744	66.03						95,084,744	42.69
2、境内上市的外资股									
3、境外上市的外资股									
4、其他									
无限售条件流通股份合计	95,084,744	66.03						95,084,744	42.69
三、股份总数	144,000,000	100	78,717,518				78,717,518	222,717,518	100

限售股份变动情况表

√适用　□不适用

单位：股

股东名称	年初限售股数	本年增加限售股数	年末限售股数	限售原因	解除限售日期
北京华北光学仪器有限公司	48,915,256	78,717,518	127,632,774	报告期内，公司完成了向特定对象(华北光学)发行股份购买资产的关联交易。在次非公本开发行中，华北光学承诺本次非公开发行完成之日起36个月内不转让其所拥有的中兵光电权益的股份。	2011-12-5
合计	48,915,256	78,717,518	127,632,774	/	/

注：北京华北光学仪器有限公司本年解除限售股数为0股。

4.2 股东数量和持股情况

单位：股

报告期末股东总数	11,830户

前十名股东持股情况

股东名称	股东性质	持股比例(%)	持股总数	报告期内增减	持有有限售条件股份数量	质押或冻结的股份数量

北京华北光学仪器有限公司	国有法人	57.31	127,632,774	78,717,518	127,632,774	无
金顺法	未知	3.23	7,198,571			未知
民生证券有限责任公司	未知	1.76	3,910,971			未知
沈浩平	未知	1.22	2,722,319			未知
金小红	未知	0.80	1,786,363			未知
中国建设银行–工银瑞信精选平衡混合型证券投资基金	未知	0.75	1,679,005			未知
唐建平	未知	0.66	1,472,495			未知
唐建纯	未知	0.63	1,405,409			未知
王建新	未知	0.63	1,395,281			未知
中国工商银行–东吴嘉禾优势精选混合型开放式证券投资基金	未知	0.57	1,271,750			未知

前十名无限售条件股东持股情况

股东名称	持有无限售条件股份的数量	股份种类
金顺法	7,198,571	人民币普通股
民生证券有限责任公司	3,910,971	人民币普通股
沈浩平	2,722,319	人民币普通股
金小红	1,786,363	人民币普通股
中国建设银行–工银瑞信精选平衡混合型证券投资基金	1,679,005	人民币普通股
唐建平	1,472,495	人民币普通股
唐建纯	1,405,409	人民币普通股
王建新	1,395,281	人民币普通股
中国工商银行–东吴嘉禾优势精选混合型开放式证券投资基金	1,271,750	人民币普通股
窦晓春	1,250,800	人民币普通股
上述股东关联关系或一致行动的说明	未知上述股东是否存在关联关系或一致行动。	

4.3 控股股东及实际控制人情况介绍

4.3.1 控股股东及实际控制人变更情况

□适用　　√不适用

4.3.2 控股股东及实际控制人具体情况介绍

4.3.2.1 法人控股股东情况

单位:元 币种:人民币

名称	法定代表人	注册资本	成立日期	主营业务
北京华北光学仪器有限公司	刘斌	76,810,000	1981 年 3 月 11 日	光机电一体化产品、信息技术产品、光学电子仪器、非球面光学产品等的开发、制造、销售。

第五节　董事、监事和高级管理人员

5.1 董事、监事和高级管理人员持股变动及报酬情况

单位:股

姓　名	职务	性别	年龄	任期起止日期	股份增减数	变动原因	是否在公司领取报酬津贴	报告期内从公司领取的报酬总额(万元)税前	是否在股东单位或其他关联单位领取薪酬
李保平	董事长	男	45	2006-9-27~2009-9-27	0	无	否	--	是
辛永献	董事、总经理	男	47	2006-9-27~2009-9-27	0	无	是	24.16	否
李晓兰	董事	女	48	2006-9-27~2009-9-27	0	无	否	--	是
张学军	董事、常务副总经理	男	50	2006-9-27~2009-9-27	0	无	是	19.36	否
李俊巍	董事财务总监	男	44	2006-9-27~2009-9-27	0	无	是	19.23	否
王建明	董事	男	46	2006-9-27~2009-9-27	0	无	否	--	是
潘寿华	董事	男	46	2006-9-27~2009-9-27	0	无	否	--	否
刘文鹏	独立董事	男	37	2006-9-27~2009-9-27	0	无	是	3	否
田宏杰	独立董事	女	39	2006-9-27~2009-9-27	0	无	是	3	否
王承康	独立董事	男	64	2006-9-27~2009-9-27	0	无	是	3	否
张焕军	独立董事	男	62	2006-9-27~2009-9-27	0	无	是	3	否
董　敏	监事会主席	女	52	2006-9-27~2009-9-27	0	无	否	--	是
张　涛	监事	男	35	2006-9-27~2009-9-27	0	无	是	14.16	否
寇丽丽	职工监事	女	45	2006-9-27~2009-9-27	0	无	是	14.61	否
赵　晗	副总经理、董事会秘书	男	41	2006-9-27~2009-9-27	0	无	是	18.97	否
王向东	副总经理	男	41	2006-9-27~2009-9-27	0	无	是	19.61	否
钱晓刚	副总经理	男	46	2007-11-10~2009-9-27	0	无	是	9.82	否
合　计								151.92	

注:报告期内,上述全部董事、监事、高级管理人员年初持股数为 0、年末持股数为 0、持有本公司的股票期权为 0、被授予的限制性股票数量为 0。

第六节　董事会报告

6.1 管理层讨论与分析

6.1.1 报告期内公司经营情况回顾

报告期内,公司通过新增股份购买大股东军品资产方式实现了业务转型,主营业务从以电脑刺绣机的研发、生产和销售为主,转变为以军品二、三、四级配套产品及军民两用技术产品的研发、生产、销售为主的业务框架。公司行业属性转为军工制造业为主、纺织机械制造业为辅。完成业务转型后公司扭亏为盈,净利润比去年有大幅度提升。

2008 年实现营业总收入 1,150,569,449.41 元;实现利润总额 189,224,560.77 元;实现股属于母公司所有者的净利润 167,240,293.02 元;实现基本每股收益 0.75 元(全面摊薄)。

1、公司的优势、盈利能力的稳定性以及面临的困难

(1)公司的优势和盈利能力的稳定性

报告期内,公司完成以发行股份购买资产的重组后,军品及军民两用产业构架方面,已形成支撑未来发展的四大核心业务(远程压制、航空稳瞄、武器火控、制导与控制)和以场景观测平台产品、智能机器人、稳瞄系列、温控技术、惯导、低成本导引头为代表的六大核心技术。民品虽然受行业和整体经济形势影响与往年相比出现下滑,但在行业内的相对竞争优势有所提高。

公司综合管理持续改进提高。质量管理上,按照 C2F 管理要求重点构建质量目标责任体系,加强质量文化建设,建立完善质量问题快速反应、快速处理、快速整改机制,强化质量问题"双归零"管理。在安全管理方面,持续开展反"三违"、"员工互监管理"、"安全生产月"、"安康杯"等活动,组织对各项技改建设项目职业病危害控制效果评价与安全性评审,开展应急救援预案培训与突发事件的紧急处置等。在财务管理方面,不断加强成本管理,健全各项成本管理制度。在人力资源管理方面,正在加快建设适应公司发展所需要的人才队伍。信息化建设的增强也为公司可持续发展提供了信息化手段。

总之,公司将加快创新体制机制,着力提升发展能力和发展质量,着力提升产业集中度与产业竞争力,努力实现又好又快发展。

(2)面临的困难及对策

公司于 2008 年内完成了以股份认购华北光学资产之重大资产重组。新注入业务受信贷政策调整和汇率利率变动之影响相对较小,但对公司原有的主营业务电脑刺绣机行业的影响较大。2008 年,由于世界金融危机等多种不利因素的影响,我国纺织服装行业持续走低,与之相关联的纺织服装机械制造行业更是困难重重,公司的电脑刺绣机等民品生产经营同样也受到了比较大的冲击。

2008 年上半年,延续 2007 年利率上升、钢材等大宗原材料成本上涨等因素影响,公司电脑刺绣机业务的国内需求迅速下降,行业的国内销售规模较上年同期下降约 40%;同时,由于人民币升值等综合因素的影响,出口业务的规模也迅速下降。到 2008 年下半年,受利率上涨和材料成本上涨因素的影响由于国家产业政策的调整逐步减小,但因国际金融形势的变化,产品市场需求萎缩,行业整体下滑趋势依旧明显。

针对以上情况,公司采取多种举措,积极应对市场挑战。在强化国内市场营销工作方面,主要从销售渠道、销售流程、销售队伍、激励政策四个大的方面进行了改革调整。同时加大开拓国际市场,实施了"代理+自营"的营销模式,针对一些空白市场,加大外贸自营出口的工作力度,取得了良好的自营出口业绩;而在国外终端地区销售过程中,公司利用"北方天鸟"、"达美"两个品牌采取了双代理制,甚至多代理制,建立起终端地区代理竞争机制。本年度外贸出口交货值同比增长 14.3%。总之,年内公司电脑刺绣机业务较以前年度在业务规模和利润上都没有大的突破,但基于公司在业内的技术和市场网络优势,通过不断努力,公司电脑刺绣机业务在行业内的地位得到提升。

2、公司主营业务及经营状况分析

(1)报告期公司主要经营范围:精密光机电一体化产品、遥感信息系统技术产品、智能控制技术产品、新光源电子元器件、纺织服装业自动化成套设备及零配件、电子计算机软硬件及外部设备的技术开发、制造、销售、技术服务等。

(2) 主营业务分行业、产品情况表

单位:元 币种:人民币

分行业或分产品	营业收入	营业成本	营业利润率(%)	营业收入比上年增减(%)	营业成本比上年增减(%)	营业利润率比上年增减(%)
分行业						
军民两用产品	885,436,237.86	523,385,046.30	40.89	-9.85	-20.23	增加 7.69 个百分点
电脑刺绣机	134,539,991.38	121,505,748.54	9.69	-48.57	-44.71	减少 6.31 个百分点
化工液化气	129,315,135.92	125,818,886.49	2.70	--	--	

(3) 主营业务分地区情况表

单位:元 币种:人民币

地区	营业收入	营业收入比上年增减(%)
北京地区	913,883,903.81	-14.86
天津地区	54,107,376.11	-38.19
武汉地区	21,152,231.54	-4.48
衡阳地区	60,010,955.66	70.08
西安地区	129,315,135.92	--
减:公司内各地区抵销数	29,178,237.88	
总计	1,149,291,365.16	

报告期内,公司通过新增股份购买大股东军品资产方式实现了业务转型,主营业务从以电脑刺绣机的研发、生产和销售为主,转变为以军品二、三、四级配套产品及军民两用技术产品的研发、生产、销售为主的业务框架。

(4)主要供应商、客户情况

单位:元 币种:人民币

前五名供应商采购金额合计	173,228,400.00	占采购总额比重	29.33%
前五名销售客户销售金额合计	767,678,033.80	占销售总额比重	66.72%

(5)占主营业务收入或主营业务利润总额 10%以上的主要产品

单位:元 币种:人民币

分行业或分产品	主营业务收入	主营业务成本	毛利率(%)
军民两用产品	885,436,237.86	523,385,046.30	40.89
电脑刺绣机	134,539,991.38	121,505,748.54	9.69
化工液化气	129,315,135.92	125,818,886.49	2.70

(6)报告期公司资产构成同比发生重大变动的说明

1) 货币资金:货币资金年末数比年初数减少 64.28%,其主要原因是本期增加对固定资产等长期资产的投入所致。

2) 应收票据:增幅 80.44%。主要原因是期末本公司销售大量使用票据结算。

3) 应收账款:应收账款年末数比年初数增加 41.07%,其主要原因是公司军品业务收入集中在

本年度第四季度确认，产生了大额应收账款。

4)预付账款：预付款项年末数比年初数增加 120.94%，其主要原因是预付材料款增加与预付的智能机器人项目研发费用。

5)应收利息：降幅 77.38%。主要原因是由于本年度国家调整利率政策连续降息所致。

6)其他应收款：增幅 68.14%，主要原因是备用金借款增加和合并报表范围变更所致。

7)存货：降幅 21.18%，销售完毕，备产量下降。

8)可供出售金融资产：降幅 64.22%。主要原因是万科 A 股票市值下跌。

9)无形资产：增幅 43.04%。主要原因是本公司控股子公司衡阳北方光电信息公司在本期收购陕西华润化工有限责任公司，并将其归入衡阳北方光电信息公司的合并范围。

10)开发支出：增幅 71.63%。主要原因是 2007 年资本化的 13 个项目本年仍有研发支出，同时 2008 年新增 6 个项目的研发支出。

11)递延所得税资产：增幅 54.29%。主要原因是本期应收账款余额增加。

(7)与负债有关的数据同比发生重大变动的说明

1)短期借款：增加 70.65%。主要原因是本期在信用额度内增大了短期借款。

2)应付票据：降幅 30.82%。主要原因是年末年初应付票据集中到期付款。

3)应付账款：应付账款年末数比年初数减少 35.60%，其主要原因是公司在 2008 年与供应商进行了结算，支付前期原材料采购款所致。

4)预收账款：预收账款年末数比年初数减少 90.11%，其主要原因是公司 2009 年度的军品业务部分订单签订时间比以前年度时间推迟，截至本年末尚未收到军品订单的预收账款所致。

5)应交税费：应交税费年末数比年初数减少 56.39%，其主要原因是本公司 2008 年度取得高新技术企业认证，所得税税率降至 15%。

6)其他应付款：降幅 27.36%，主要原因是本年度结算技术支持费所致。

7)未分配利润：增幅 123.22%，主要原因是本年度实现的利润。

(8)报告期公司主要财务数据同比发生重大变动的说明

1)销售费用：降幅 52.45%。主要原因是电脑刺绣机业务量下降，本年度销售有所减少，同时本公司缩减广告费用的开支所致。

2)财务费用：增幅 467.8 4%。主要原因是本年借款增加，相应的利息支出增加。财务费用其他支出系未确认的融资费用。

3)资产减值损失：降幅 47.03%。主要原因是上年度本公司对部分取得证据的应收账款全额计提了坏账准备。

4)投资收益：降幅 113.61%。主要原因是本年没有委托贷款收益。

5)营业外收入：增幅 22.09%。主要原因是本年清理长期无法支付的债务，转为营业外收入。

6)营业外支出：降幅 48.71%。主要原因是上年度本公司对部分取得证据的资产盘亏进行了处理。

7)所得税费用：降幅 43.49%。主要原因是本年度主分公司合并汇算清缴纳税使得分公司的亏损可以由主公司抵扣后缴纳；同时本年度母公司在本年度内获得高新技术认证，其所得税税率由 25%降为 15%所致。

(9)报告期公司现金流构成情况、同比发生重大变动的情况及与报告期净利润存在重大差异的原因说明

1)经营活动现金净流量：降幅 402.58%，主要原因是期末本公司销售大量使用票据结算；本年技术开发及服务费支出增加。

2)投资活动现金净流量：增幅 23.01%。主要原因是上年收回委托贷款以及购建固定资产、无形资产和其他长期资产支付的现金支出增加。

3)筹资活动现金净流量：增幅 102.77%，主要原因是本期在信用额度内增大了短期借款。

(10)主要控股公司及参股公司的经营情况及业绩分析

单位：元　币种：人民币

公司名称	业务性质	主要产品或服务	注册资本	资产规模	净利润
衡阳北方光电信息技术有限公司	控股子公司	光机电一体化产品、信息技术产品、电子测量仪器和应用电子产品的制造和销售。	75,180,000.00	223,363,771.63	14,543,329.87
武汉北方天鸟佳美电脑绣花机制造有限公司	控股子公司	绣花机技术开发、生产、销售。	30,000,000.00	75,622,230.35	−7,283,970.42
北京天鸟一和数控设备有限责任公司	控股子公司	电脑刺绣机电脑控制系统的研发、制造、销售。	5,000,000.00	8,132,954.54	−748,103.73
北京驰意无人数字感知技术有限公司	控股子公司	研究、开发智能机器人技术；生产智能机器人产品；提供自行开发技术的技术咨询、技术培训、技术服务、技术转让	100 万欧元	11,164,097.23	−1,357,960.25

6.1.2 对公司未来发展的展望

1、公司未来的发展规划

2008 年公司实现了由原来的电脑刺绣机生产企业向"信息化与精确打击"高科技军工企业的战略转型。业务转型后的产业布局将包括军品系列、军转民技术产品、电脑刺绣机产品和能源产品。公司将以资本运作和技术研发为基础，以国防资产证券化为契机，综合发挥产业运作和资本运作能力，稳步推进产品结构调整和升级，把公司建设成为以资本为纽带的军民结合型的集团化公司。

产品定位方面，首先公司将发挥新注入业务之长期从事高新技术武器装备的研制的优势，利用在激光制导、稳定跟踪、精确打击等方面拥有国际领先核心技术的优势，大力发展军品二、三、四级配套产品及军民两用技术产品，主要包括远程控制技术产品、稳定技术产品、火控技术产品、惯导与光电控制技术产品、智能机器人技术产品、场景观测平台技术产品等六大系列产品。其次将把握行业周期特征，进一步提高包括电脑刺绣机和能源产品在内的民用产品的市场竞争力。

2、2009 年工作计划

公司 2009 年重点工作将围绕要全面完成军品生产交付任务、加快科技创新、增强上市公司盈利能力、扩展国际化经营规模等几方面展开：

首先，将根据产品布局调整的大势，加快战略转型。公司重大重组已经完成，顺应调整趋势，将进一步清晰公司的发展战略、产业发展布局与专业化操作路径，着力构建支撑上市公司实现可持续发展的核心技术与领跑产业，增强公司的市场竞争力和影响力。

其次，将创新体制机制，形成既体现军工特点又符合上市公司规范运作要求的法人治理结构，加快构建快速反应市场、确保目标精准实现的管控模式，充分利用资本市场整合优势资源，加快发展核心产业，提高公司运营质量和盈利水平。

再次，坚持打造一流的品牌和市场营销体系不动摇，稳步提升民品业务的市场占有率。2009 年，仍将坚持科技创新，加快推动电脑刺绣机、横机产品结构调整和换代升级，打造一流产品品牌。在国内销售上巩固已有的中端市场份额，强力挺进高端市场，有选择性地进入中低端市场，提高公司产品的综合市场占有率。在外贸销售方面继续推行"出口导向型"的销售策略，实行"代理+自营"相结合、终端双代理分销的营销模式，并针对个性化国际市场的需求推出"特供机"，迅速抢占大容量市场。

最后，将加快构建有中兵光电特征的人才梯队和企业文化，按照加快发展核心业务的需要调整人员结构，提高全员素质，使人才队伍建设适应公司发展要求。

6.1.3 同公允价值计量相关的内部控制制度情况

公司有关公允价值的内控制度由明确责任机构、清晰获取公允价值途径，以及内部审核、外部评价几方面构成。

公司的相关管理部门对公允价值的计量和披露的真实性承担责任，依据会计准则制订出公允价值计量和披露的程序，收集证实计量所使用假设和估计的证据，最后选择适当的估价方法进行估价。关于获取公允价值的途径方面，通过根据确认的账户归属公允价值的计量层次，提出公允价值的具体取得途径。在内部审核方面，公司培训专业人员具体进行公允价值会计和内部审计工作。同时，公司接受外部审计的内控评价，改进公司内部控制的一些缺陷。

与公允价值计量相关的项目

单位：万元

项目 (1)	期初金额 (2)	本期公允价值变动损益(3)	计入权益的累计公允价值变动(4)	本期计提的减值 (5)	期末金额 (6)
金融资产					
其中：1.以公允价值计量且其变动计入当期损益的金融资产					
其中：衍生金融资产					
2.可供出售金融资产	1,415.5	8.83	−785.65	0	506.52

6.1.4 持有外币金融资产、金融负债情况

□适用　√不适用

6.2 募集资金使用情况

√适用　□不适用

单位：万元　币种：人民币

承诺项目	是否变更项目	拟投入金　额	实际投入金　额	是否符合计划划进度	预计收益	产生收益情况
电脑针织横机生产线技术改造项目	是	19,600	8,031.11	否		−251.98
电脑刺绣机北京外贸生产基地项目	是	2,950	1,475.34	否		120.80
横糊电脑电控系统技术改造项目	是	3,300	0	否		
电脑绗缝机生产线技术改造项目	是	3,797	380	否		
服装设计生产自动化成套设备生产线技术改造项目	是	2,900	0	否		
合计	/	32,547.00	9,886.45	/	/	

承诺项目名称	未达到计划进度和收益说明	变更原因及募集资金变更程序说明
电脑针织横机生产线技术改造项目	报告期内，电脑针织横机已经开始小批量投放市场，并根据市场反馈，进一步提升了产品的质量和性能。2008 年内对针板结构、三角部件等进行了重点改进，在市场上获得了较好评价。但由于受国内外经济运行环境的影响，纺织行业需求锐减，目前暂未形成批量的市场销售。	公司于 2006 年 7 月 22 日召开 2006 年第一次临时股东大会，审议通过了《关于建设科研办公大楼改变募集资金用途的议案》，变更电脑针织横机生产线技术改造项目已投入的部分土地使用权的用途用于建设科研办公大楼项目。相关公告见 2007 年 4 月 14 日《中国证券报》、《上海证券报》。2008 年 1 月 24 日召开的 2008 年第一次临时股东大会，审议通过了《关于变更募集资金用途的议案》，本次变更"电脑针织横机生产线技术改造项目"、"电脑刺绣机上海外贸生产基地项目""服装设计生产自动化成套设备生产线技术改造项目"。其中原招股说明书承诺的"横糊电脑电控系统技术改造项目"、"电脑绗缝机生产线技术改造项目"已经决策程序变更，本次将该两项目的剩余资金也全部投入"场景观测平台批生产一期建设项目"。相关公告见 2008 年 1 月 8 日、1 月 25 日《中国证券报》、《上海证券报》。
电脑刺绣机北京外贸生产基地项目	报告期内，受全球经济形势的影响，电脑刺绣机产品的销售及利润均出现了全行业性的下滑。	公司 2007 年 8 月 25 日召开的三届八次董事会审议通过了《关于上海外贸生产基地项目实施地点变更并撤销上海分公司的议案》的决议，决定将外贸基地项目的实施地点变更为北京(有关公告内容详见 2007 年 8 月 28 日《上海证券报》、《中国证

		券报》)。
模糊电脑电控系统技术改造项目	该项目已经公司决策程序停止并变更。	公司对模糊电脑电控系统技术改造项目实施方式予以变更,2003 年 10 月 4 日公司 2003 年第一次临时股东大会审议通过了《关于募集资金变更的议案--关于模糊电脑电控系统技术改造项目实施方式变更的议案》(有关公告内容详见 2003 年 10 月 9 日《上海证券报》、《中国证券报》)。该募集资金项目实施方式由股份公司直接投资调整为控股子公司投资。拟以人民币 3060 万元募集资金联合河北太行机械工业有限公司共同投资组建河北太行纺织机械有限公司,因涉及关联交易,该投资方案又提交公司 2004 年第一次临时股东大会审议,此项议案未获通过(有关公告内容详见 2004 年 6 月 29 日《上海证券报》、《中国证券报》),致使该项目资金仍处于闲置状态。为了保证投资收益,保护股东权益,经调研、论证,公司于 2005 年 12 月 3 日召开 2005 年第二次临时股东大会,审议通过了正式停止对模糊电脑电控系统技术改造项目的投资,变更投资方向为收购衡阳无线电总厂的项目。(有关公告内容详见 2005 年 12 月 6 日《上海证券报》、《中国证券报》)
电脑绗缝机生产线技术改造项目	该项目已经公司决策程序停止并变更。	《电脑绗缝机生产线技术改造项目》在募集资金到位前于 2002 年已进入小批试生产阶段。2003 年募集资金到位后,公司追加了 380 万元投入到电脑绗缝机生产线技术改造,机器质量有所改善,但市场销售量却没有明显提高。本着审慎原则,进一步调研、分析后,发现市场发生变化,市场容量正在收缩,加之原材料价格上涨,成本提高,如果继续实施该项目将无法实现预期收入。为了保证投资收益,保护股东权益,经调研、论证,公司于 2005 年 12 月 3 日召开 2005 年第二次临时股东大会,审议通过了停止对电脑绗缝机生产线技术改造项目的投资,变更投资方向为成立武汉北方天鸟佳美电脑绣花机制造有限公司的项目(有关公告内容详见 2005 年 12 月 6 日《上海证券报》、《中国证券报》)。
服装设计生产自动化成套设备生产线技术改造项目	该项目已经公司决策程序停止并变更。	服装设计生产自动化成套设备生产线技术改造项目因考虑到市场时机不成熟,已作变更。

注:除上述变更外,2008 年 1 月 24 日召开的 2008 年第一次临时股东大会,审议通过了《关于变更募集资金用途的议案》,本次变更"电脑针织横机生产线技术改造项目"、"电脑刺绣机上海外贸生产基地项目""服装设计生产自动化成套设备生产线技术改造项目"。其中原招股说明书承诺的"模糊电脑电控系统技术改造项目"、"电脑绗缝机生产线技术改造项目"已经决策程序变更,本次将该两项目的剩余资金也全部投入"场景观测平台批生产一期建设项目"。相关公告见 2008 年 1 月 8 日、1 月 25 日《中国证券报》、《上海证券报》。

尚未使用的募集资金用途及去向:尚未使用募集资金暂存银行,为场景观测平台一期建设项目尚未使用的资金,将根据项目建设进度要求投入使用。按照《招股说明书》(2003 年 6 月 16 日刊载)中的募集资金运用方案,多于投资项目总额的募集资金 4222.6 万已做为公司日常流动资金;2008 年 10 月 23 日公司三届二十五次董事会决议通过了《以闲置募集资金暂补充流动资金的议案》,本次使用的额度不超过 3500 万元,期限不超过 6 月。上述两项流动资金合计 7722.6 万元。

变更项目情况

√适用 □不适用

单位:万元 币种:人民币

变更后的项目	对应的原承诺项目	变更项目拟投入金额	实际投入金额	是否符合计划进度	产生收益情况
收购衡阳无线电总厂项目	模糊电脑电控系统技术改造项目	3,000	3,000	是	1454.33
对衡阳北方光电信息技术有限公司进行增资扩股项目	场景观测平台批生产一期建设项目	3,600	3,600	是	1454.33
成立武汉北方天鸟佳美电脑绣花机制造有限公司项目	电脑绗缝机生产线技术改造项目	1,500	1,500	是	−728.40
成立北京天鸟一和数控设备有限公司项目	模糊电脑电控系统技术改造项目	175	175	是	−74.81
建设科研大楼项目	电脑针织横机生产线技术改造项目(部分土地)	1,460	0	否	
场景观测平台批生产一期建设项目	电脑针织横机生产线技术改造项目、电脑刺绣机上海外贸生产基地项目、服装设计生产自动化成套设备生产线技术改造项目、模糊电脑电控系统技术改造项目、电脑绗缝机生产线技术改造项目	13,581.85	7,508	是	651.12
合计	/	23,316.85	15,783	/	/

未达到计划进度和预计收益的说明(分具体项目):

1、成立武汉北方天鸟佳美电脑绣花机制造有限公司项目:

年内由于受到宏观经济环境的影响,全行业的销售及利润均出现下滑,因此项目收益未能符合计划。

2、成立北京天鸟一和数控设备有限公司项目:

其主要产品电脑电控有一定的特殊性,需要与所安装的电脑刺绣机进行联机调试,只有在调试结果稳定后才可能开始规模化生产和销售,因此该公司目前的主要工作为产品开发、联机调试阶段。

3、建设科研大楼项目:

经 2007 年 4 月 26 日召开的 2006 年度股东大会审议通过,已与合作方中色发展投资有限公司签订了有关合作的《框架协议》,后因公司重大资产重组事项,该项目暂停实施。

6.3 非募集资金项目情况

√适用 □不适用

单位:万元 币种:人民币

项目名称	项目金额	项目进度	项目收益情况
陕西华润化工有限责任公司项目	3,500	已完成	62

6.6 董事会对会计师事务所"非标准审计报告"的说明

□适用 √不适用

6.4 董事会本次利润分配或资本公积金转增股本预案

经中瑞岳华会计师事务所有限公司审计,2008 年度公司实现合并报表归属于母公司所有者的净利润为 167,240,293.02 元,减去本年提取的法定盈余公积金 7,011,160.20 元后,本年度未分配利润为 160,229,132.82 元,加上本年期初未分配利润余额 130,038,763.61 元,累计未分配利润为 290,267,896.43 元。

由于公司年度内实施了向特定对象发行股份购买资产的交易,公司的基本面发生重大变化,为了促进公司更好发展,公司计划用本年度利润补充生产经营上所需资金。2008 年度的分配预案为:不分配,累计未分配利润 290,267,896.43 元结转下一年度。

经中瑞岳华会计师事务所有限公司审计,2008 年度公司合并报表期初资本公积余额为 570,552,337.79 元,本年增加 155,605.29 元,本年减少 86,574,000.57 元,累计资本公积余额 484,133,942.51 元。

依据《公司法》、《公司章程》的有关规定,拟向全体股东以资本公积金转增股本,具体方案如下:

拟以现有公司总股本 222,717,518 股为基数,向全体股东以资本公积金每 10 股转增 10 股,共计转增 222,717,518 股,占资本公积金余额的 46%,剩余资本公积 261,416,424.51 元。转增后公司总股本将达到 445,435,036 股。

公司本报告期内盈利但未提出现金利润分配预案

√适用 □不适用

本报告期内盈利但未提出现金利润分配预案的原因	未用于分红的资金留存公司的用途
由于公司年度内实施了向特定对象发行股份购买资产的交易,公司的基本面发生重大变化,为了促进公司更好发展,公司计划用本年度利润补充生产经营上所需资金。2008 年度的分配预案为:不分配,累计未分配利润 290,267,896.43 元结转下一年度。	公司计划用本年度利润补充生产经营上所需资金。

第七节 重要事项

7.1 收购资产

√适用 □不适用

单位:万元 币种:人民币

交易对方或最终控制方	北京华北光学仪器有限公司	北京华北光学仪器有限公司
被收购资产	衡阳北方光电信息技术有限公司 35.09%的股权	北京驰意无人数字感知技术有限公司 45%股权
购买日	2008 年 9 月 30 日	2008 年 9 月 30 日
资产收购价格	3,693.96	504.0
是否为关联交易(如是,说明定价原则)	是	是
资产收购定价原则	按评估结果定价	以评估为基础,双方协商定价。
所涉及的资产产权是否已全部过户	是	是
所涉及的债权债务是否已全部转移	是	是
关联关系	母公司	母公司

7.2 出售资产

□适用 √不适用

7.3 重大担保

□适用 √不适用

7.4.1 与日常经营相关的关联交易

√适用 □不适用

单位:万元 币种:人民币

关联方	向关联方销售产品和提供劳务		向关联方采购产品和接受劳务	
	交易金额	占同类交易金额的比例(%)	交易金额	占同类交易金额的比例(%)
北京始信峰信息技术有限公司			1,554.7	8.01
中国兵器工业集团系统内单位			17,822.77	91.86
中国兵器工业集团系统内单位			25.34	0.13
温州先达科技有限公司	283.43	0.36		
中国兵器工业集团系统内单位	74,035.96	93.63		
中国兵器工业集团系统内单位	4,752.41	6.01		
合计	79,071.8	100.00	19,402.81	100.00

7.4.2 关联债权债务往来

√适用　　　　□不适用

单位：万元　币种：人民币

关联方	向关联方提供资金		关联方向公司提供资金	
	发生额	余额	发生额	余额
兵器集团系统内企业	125,941.39	37,066.17	13,574.02	7,136.04
温州先达科技有限公司	644.39	240.7		
北京始信峰信息技术有限公司	686.13	10.96	302.2	302.3
北京北方天鸟科技发展有限责任公司		2.07		
合计	127,271.91	37,319.9	13,876.22	7,438.34

以上为经营中形成的债权债务往来，其中：报告期内公司向控股股东及其子公司提供资金的发生额 686.13 万元，余额 10.96 万元。

7.4.3 2008 年资金被占用情况及清欠进展情况

□适用　　　　√不适用

7.4.3 关联方之间特殊交易（直接捐赠现金或者实物、直接豁免或者代为清偿等）的会计处理

□适用　　　　√不适用

截止 2008 年末，上市公司未完成非经营性资金占用的清欠工作的，董事会提出的责任追究方案

□适用　　　　√不适用

7.5 委托理财

□适用　　　　√不适用

7.6 承诺事项履行情况

7.6.1 公司或持股 5%以上股东在报告期内或持续到报告期内的承诺事项

√适用　　　　□不适用

承诺事项	承诺内容	履行情况
股改承诺	控股股东北京华北光学仪器有限公司在股改中承诺，所持股份自获得上市流通权之日起三十六个月内不通过证券交易所挂牌交易。	华北光学仍按照承诺履行，所持股份未通过证券交易所交易。
发行时所作承诺	报告期内，公司完成了向特定对象（华北光学）发行股份购买资产暨关联交易事项，根据中恒信德威出具的中恒信德威评报字（2007）第 154 号《资产评估报告书》，中兵光电与华北光学确认并同意目标资产（以成本法评估的衡阳北方光信息技术有限公司 35.09%股权除外）2008 年、2009 年、2010 年的税后净利润预测数为人民币 16,097.58 万元、17,750.06 万元、18,772.27 万元。如目标资产 2008 年、2009 年、2010 年经审计机构所审计的净利润数低于上述预测数，华北光学承诺将补足该差额。华北光学同意在经中兵光电股东大会批准的上市公司年度报告披露后的 30 日内就不足部分以现金方式全额补偿予中兵光电。具体见 2008 年 6 月 19 日《中国证券报》、《上海证券报》相关公告。	本报告期，目标资产盈利达到原有预测。
	报告期内，公司完成了向华北发行股份购买资产的关联交易事项，华北光学承诺，本次非公开发行完成之日起 36 个月内不转让其所拥有的中兵光电权益的股份。	华北光学仍按照承诺履行，所持股份未通过证券交易所交易。

7.6.2 公司资产或项目存在盈利预测，且报告期仍处在盈利预测期间，公司就资产或项目是否达到原盈利预测及其原因作出说明：

本公司在重大资产重组时，提供了“中兵光电科技股份有限公司备考盈利预测审核报告（报告号：中瑞岳华审字[2008]第 896 号）”及“北京华北光电仪器有限公司拟认购股份之资产盈利预测审核报告（报告号：中瑞岳华审字[2008]第 895 号）”，预测了 2008 年度至 2009 年度盈利情况；另外，资产评估机构以未来收益预期的估值方法对拟收购资产进行评估，公司作为定价参考依据，其评估报告中预测了 2008 年度至 2010 年度盈利情况（以下统称“评估报告的盈利预测”）。盈利预测本年度全部实现。

7.7 重大诉讼仲裁事项

□适用　　　　√不适用

7.8 其他重大事项及其影响和解决方案的分析说明

7.8.1 证券投资情况

√适用　　　　□不适用

单位：元

序号	证券品种	证券代码	证券简称	初始投资金额（元）	持有数量	期末账面值	占期末证券投资比例（%）	报告期损益
1.	深市 A 股	000002	万科 A	32,000	785,299	5,065,178.55	100	88,346.16

7.8.2 持有其他上市公司股权情况

√适用 □不适用

单位：元

证券代码	证券简称	初始投资金额	占该公司股权比例（%）	期末账面值	报告期损益	报告期所有者权益变动	会计核算科目	股份来源
000002	万科 A	32,000	0.007	5,065,178.55	88,346.16	−7,856,482.57	可供出售金融资产	发起人股

7.8.3 持有非上市金融企业股权情况

□适用　　　　√不适用

7.8.4 买卖其他上市公司股份的情况

□适用　　　　√不适用

7.9 公司董事会对公司内部控制出具了自我评估报告，审计机构出具了评价意见，详见公司 2008 年年度报告全文。

7.10 公司是否披露履行社会责任的报告：否

第八节　监事会报告

监事会认为公司依法运作、公司财务情况、公司募集资金使用、公司收购、出售资产交易和关联交易不存在问题。

8.1 监事会对公司依法运作情况的独立意见

报告期内，根据《公司法》等相关法律法规和《公司章程》的有关规定，监事会成员通过列席公司董事会会议、股东大会会议等参与了公司重大经营决策的讨论，并对公司财务状况、经营情况进行了监督。监事会认为：2008 年度，公司能严格按照《公司法》、《公司章程》及其他有关法规制度规范运作，经营决策合理有效。公司内部控制制度得到进一步完善，内控机制运行良好。公司董事、高级管理人员在执行公司职务时，均能勤勉尽职，遵守国家法律、法规和公司章程、制度，维护公司和股东利益。

8.2 监事会对检查公司财务情况的独立意见

监事会认为，报告期内公司财务行为是严格遵照公司财务管理及内控制度进行的，公司财务报告真实、完整地反映了公司报告期内的财务状况和经营成果。中瑞岳华会计师事务所出具了无保留意见的审计报告。

8.3 监事会对公司最近一次募集资金实际投入情况的独立意见

在募集资金的管理上，公司严格按照《募集资金管理办法》的要求执行，募集资金的使用及变更符合公司项目计划和决策审批程序，未发现违规占用募集资金行为。

8.4 监事会对公司收购、出售资产情况的独立意见

报告期内，公司完成了重大资产重组工作。公司以定向增发 7,872 万股购买大股东华北光学拥有的军品二、三、四级配套产品和军民两用技术产品及对应的相关资产和负债。重组后，公司主营业务由原来的电脑刺绣机生产、销售为主转变为远程控制技术产品、稳定技术产品、火控技术产品、惯性制导与光电控制技术产品、智能机器人产品、无人机产品研制与生产等，成为国内第一家军工光电防务资产整体上市的公司。公司重大资产重组的成功实施，拓展了主营业务范围，提升了公司的综合实力，为公司今后的快速发展奠定了基础。本次交易价格公允合理，不存在损害中小股东利益的情况。

8.5 监事会对公司关联交易情况的独立意见

监事会对公司 2008 年度发生的关联交易进行了监督和核查，认为：公司发生的关联交易均按市场公平交易的原则进行，定价公允，程序合规，不存在损害公司和关联股东利益的情形。

第九节　财务会计报告

9.1 审计意见

财务报告	□未经审计	√审计
审计意见	√标准无保留意见	□非标意见

审计意见全文

中瑞岳华审字[2009]第 00013 号

中兵光电科技股份有限公司全体股东：

我们审计了后附的中兵光电科技股份有限公司（以下简称“中兵光电公司”）财务报表，包括 2008 年 12 月 31 日的资产负债表和合并资产负债表，2008 年度的利润表和合并利润表、股东权益变动表和合并股东权益变动表、现金流量表和合并现金流量表以及财务报表附注。

一、管理层对财务报表的责任

按照企业会计准则的规定编制财务报表是中兵光电公司管理层的责任。这种责任包括：(1)设计、实施和维护与财务报表编制相关的内部控制，以使财务报表不存在由于舞弊或错误而导致的重大错报；(2)选择和运用恰当的会计政策；(3)作出合理的会计估计。

二、注册会计师的责任

我们的责任是在实施审计工作的基础上对财务报表发表审计意见。我们按照中国注册会计师审计准则的规定执行了审计工作。中国注册会计师审计准则要求我们遵守职业道德规范，计划和实施审计工作以对财务报表是否不存在重大错报获取合理保证。

审计工作涉及实施审计程序，以获取有关财务报表金额和披露的审计证据。选择的审计程序取决于注册会计师的判断，包括对由于舞弊或错误导致的财务报表重大错报风险的评估。在进行风险评估时，我们考虑与财务报表编制相关的内部控制，以设计恰当的审计程序，但目的并非对内部控制的有效性发表意见。审计工作还包括评价管理层选用会计政策的恰当性和作出会计估计的合理性，以及评价财务报表的总体列报。

我们相信，我们获取的审计证据是充分、适当的，为发表审计意见提供了基础。

三、审计意见

我们认为，中兵光电公司财务报表已经按照企业会计准则的规定编制，在所有重大方面公允反映了中兵光电公司 2008 年 12 月 31 日的财务状况、合并财务状况以及 2008 年度的经营成果、合并经营成果和现金流量、合并现金流量。

中瑞岳华会计师事务所有限公司　　　　中国注册会计师：姜斌 张海霞

北京市西城区金融大街 35 号国际企业大厦 A 座 8 层　　　　2009 年 1 月 13 日

9.2 财务报表

合并资产负债表

2008 年 12 月 31 日

编制单位：中兵光电科技股份有限公司　　　　单位：元 币种：人民币

项目	附注	期末余额	年初余额
流动资产：			
货币资金		184,663,010.26	516,986,455.27
结算备付金			
拆出资金			
交易性金融资产			
应收票据		187,806,900.00	104,080,000.00
应收账款		346,756,809.45	245,800,385.69
预付款项		86,780,566.91	39,278,391.95
应收保费			
应收分保账款			

应收分保合同准备金		
应收利息	476,845.10	2,108,033.38
应收股利		
其他应收款	41,468,797.28	24,663,175.36
买入返售金融资产		
存货	251,814,779.42	319,480,165.12
一年内到期的非流动资产		
其他流动资产		
流动资产合计	1,099,767,708.42	1,252,396,606.77
非流动资产：		
发放贷款及垫款		
可供出售金融资产	5,065,178.55	14,155,018.08
持有至到期投资		
长期应收款		
长期股权投资	2,124,612.84	2,179,838.40
投资性房地产	2,379,789.96	2,457,793.44
固定资产	512,597,699.74	466,996,433.37
在建工程	223,847,236.38	188,794,575.65
工程物资	2,467.00	
固定资产清理		
生产性生物资产		
油气资产		
无形资产	114,468,740.96	80,024,226.08
开发支出	110,944,544.83	64,640,846.21
商誉	1,216,906.39	1,216,906.39
长期待摊费用	1,097,315.50	1,698,360.58
递延所得税资产	16,448,557.78	10,661,151.38
其他非流动资产		
非流动资产合计	990,193,049.93	832,825,149.58
资产总计	2,089,960,758.35	2,085,221,756.35
流动负债：		
短期借款	364,000,000.00	213,300,000.00
向中央银行借款		
吸收存款及同业存放		
拆入资金		
交易性金融负债		
应付票据	76,173,138.30	110,102,473.44
应付账款	323,119,954.70	501,741,693.91
预收款项	10,338,231.96	104,561,160.59
卖出回购金融资产款		
应付手续费及佣金		
应付职工薪酬	61,158,064.98	58,290,288.14
应交税费	8,511,231.10	19,515,446.99
应付利息		
应付股利		
其他应付款	59,600,646.83	82,045,103.14
应付分保账款		
保险合同准备金		
代理买卖证券款		
代理承销证券款		
一年内到期的非流动负债		
其他流动负债		
流动负债合计	902,901,267.87	1,089,556,166.21
非流动负债：		
长期借款	50,000,000.00	54,260,000.00
应付债券		
长期应付款		
专项应付款	18,982,623.05	18,140,149.41
预计负债		
递延所得税负债	10,451,103.71	11,697,728.13
其他非流动负债		
非流动负债合计	79,433,726.76	84,097,877.54
负债合计	982,334,994.63	1,173,654,043.75
股东权益：		
股本	222,717,518.00	144,000,000.00
资本公积	484,133,942.51	570,552,337.79
减：库存股		
盈余公积	46,031,463.97	39,020,303.77
一般风险准备		
未分配利润	290,267,896.43	130,038,763.61
外币报表折算差额		
归属于母公司所有者权益合计	1,043,150,820.91	883,611,405.17
少数股东权益	64,474,942.81	27,956,307.43
股东权益合计	1,107,625,763.72	911,567,712.60
负债和股东权益合计	2,089,960,758.35	2,085,221,756.35

母公司资产负债表

2008 年 12 月 31 日

编制单位：中兵光电科技股份有限公司 单位：元 币种：人民币

项目	附注	期末余额	年初余额
流动资产：			
货币资金		143,364,047.40	192,896,320.22
交易性金融资产			
应收票据		187,706,900.00	10,100,000.00
应收账款		275,488,465.13	97,230,081.02
预付款项		87,114,350.26	14,177,178.75
应收利息		476,845.10	2,108,033.38
应收股利			
其他应收款		30,484,266.72	19,109,144.60
存货		215,199,646.06	103,075,185.37
一年内到期的非流动资产			
其他流动资产			
流动资产合计		939,834,520.67	438,695,943.34
非流动资产：			
可供出售金融资产		5,065,178.55	
持有至到期投资			
长期应收款			
长期股权投资		118,983,950.43	49,279,838.40
投资性房地产		2,379,789.96	2,457,793.44
固定资产		476,974,596.05	72,632,375.54
在建工程		163,752,296.73	7,557,188.88
工程物资			
固定资产清理			
生产性生物资产			
油气资产			
无形资产		71,589,917.53	32,593,952.01
开发支出		110,362,064.15	2,107,884.73
商誉			
长期待摊费用		1,097,315.50	1,698,360.58
递延所得税资产		15,325,809.88	5,336,103.96
其他非流动资产			
非流动资产合计		965,530,918.78	173,663,497.54
资产总计		1,905,365,439.45	612,359,440.88
流动负债：			
短期借款		362,000,000.00	37,800,000.00
交易性金融负债			
应付票据		75,107,138.30	20,116,037.70
应付账款		271,801,587.70	32,605,417.28
预收款项		6,095,680.80	8,657,674.80
应付职工薪酬		60,772,451.24	3,254,461.59
应交税费		934,981.34	−2,963,794.06
应付利息			
应付股利			781,546.26
其他应付款		36,061,816.19	3,520,960.52
一年内到期的非流动负债			
其他流动负债			
流动负债合计		812,773,655.57	103,772,304.09
非流动负债：			
长期借款		50,000,000.00	
应付债券			
长期应付款			
专项应付款		7,442,623.05	2,600,000.00
预计负债			
递延所得税负债		10,399,624.77	316,182.71
其他非流动负债			
非流动负债合计		67,842,247.82	2,916,182.71
负债合计		880,615,903.39	106,688,486.80
股东权益：			
股本		222,717,518.00	144,000,000.00
资本公积		703,335,993.44	333,086,531.46
减：库存股			
盈余公积		30,508,953.65	23,497,793.45
未分配利润		68,187,070.97	5,086,629.17
外币报表折算差额			
股东权益合计		1,024,749,536.06	505,670,954.08
负债和股东权益合计		1,905,365,439.45	612,359,440.88

合并利润表

2008 年 1—12 月

单位：元 币种：人民币

项目	附注	本期金额	上期金额
一、营业总收入		1,150,569,449.41	1,256,633,951.16
其中：营业收入		1,150,569,449.41	1,256,633,951.16
利息收入			
已赚保费			
手续费及佣金收入			
二、营业总成本		968,583,198.95	1,117,144,806.30
其中：营业成本		770,803,799.47	882,642,484.40

利息支出			
手续费及佣金支出			
退保金			
赔付支出净额			
提取保险合同准备金净额			
保单红利支出			
分保费用			
营业税金及附加		1,015,402.56	1,205,921.35
销售费用		15,982,906.55	33,613,571.82
管理费用		146,501,314.72	169,286,584.95
财务费用		20,094,638.26	3,618,071.57
资产减值损失		14,185,137.39	26,778,172.21
加:公允价值变动收益(损失以"−"号填列)			
投资收益(损失以"−"号填列)		−40,022.19	293,970.48
其中:对联营企业和合营企业的投资收益		−128,368.35	−60,758.88
汇兑收益(损失以"−"号填列)			
三、营业利润(亏损以"−"号填列)		181,946,228.27	139,783,115.34
加:营业外收入		8,229,216.60	22,237,960.80
减:营业外支出		950,884.10	1,853,761.59
其中:非流动资产处置净损失		160,388.65	873,054.97
四、利润总额(亏损总额以"−"号填列)		189,224,560.77	160,167,314.55
减:所得税费用		24,948,069.59	36,392,286.13
五、净利润(净亏损以"−"号填列)		164,276,491.18	123,775,028.42
其中:同一控制下企业合并被合并方在合并日前实现的净利润		90,492,844.67	162,431,753.21
归属于母公司所有者的净利润		167,240,293.02	124,417,119.21
少数股东损益		−2,963,801.84	−642,090.79
六、每股收益:			
(一)基本每股收益(元/股)		0.75	0.56
(二)稀释每股收益(元/股)		0.75	0.56

母公司利润表

2008 年 1—12 月

单位:元 币种:人民币

项目	附注	本期金额	上期金额
一、营业收入		393,953,427.80	181,428,389.70
减:营业成本		258,980,103.12	152,393,898.17
营业税金及附加		439,528.20	595,074.35
销售费用		10,191,982.06	21,757,362.23
管理费用		41,144,257.16	21,997,287.45
财务费用		10,479,648.77	−1,618,620.88
资产减值损失		10,337,988.76	28,255,745.33
加:公允价值变动收益(损失以"−"号填列)			
投资收益(损失以"−"号填列)		33,177.19	−60,758.88
其中:对联营企业和合营企业的投资收益		−55,168.97	−60,758.88
二、营业利润(亏损以"−"号填列)		62,413,096.92	−42,013,115.83
加:营业外收入		477,098.14	308,039.25
减:营业外支出		106,895.33	789,268.68
其中:非流动资产处置净损失		106,895.33	369,247.15
三、利润总额(亏损总额以"−"号填列)		62,783,299.73	−42,494,345.26
减:所得税费用		−7,328,302.27	−1,763,425.04
四、净利润(净亏损以"−"号填列)		70,111,602.00	−40,730,920.22
五、每股收益			
(一)基本每股收益		0.35	−0.28
(二)稀释每股收益		0.35	−0.28

合并现金流量表

2008 年 1—12 月

单位:元 币种:人民币

项目	附注	本期金额	上期金额
一、经营活动产生的现金流量:			
销售商品、提供劳务收到的现金		890,795,365.25	1,061,434,452.02
客户存款和同业存放款项净增加额			
向中央银行借款净增加额			
向其他金融机构拆入资金净增加额			
收到原保险合同保费取得的现金			
收到再保险业务现金净额			
保户储金及投资款净增加额			
处置交易性金融资产净增加额			
收取利息、手续费及佣金的现金			
拆入资金净增加额			
回购业务资金净增加额			
收到的税费返还			1,000.00
收到其他与经营活动有关的现金		20,752,908.38	31,901,013.91
经营活动现金流入小计		911,548,273.63	1,093,336,465.93
购买商品、接受劳务支付的现金		807,589,522.34	760,103,485.09
客户贷款及垫款净增加额			
存放中央银行和同业款项净增加额			
支付原保险合同赔付款项的现金			
支付利息、手续费及佣金的现金			
支付保单红利的现金			
支付给职工以及为职工支付的现金		138,260,548.46	148,164,472.30
支付的各项税费		57,751,101.73	45,208,441.60
支付其他与经营活动有关的现金		100,446,976.58	76,241,482.61
经营活动现金流出小计		1,104,048,149.11	1,029,717,881.60
经营活动产生的现金流量净额		−192,499,875.48	63,618,584.33
二、投资活动产生的现金流量:			
收回投资收到的现金			16,000,000.00
取得投资收益收到的现金			500,389.44
处置固定资产、无形资产和其他长期资产收回的现金净额		365,500.00	848,107.65
处置子公司及其他营业单位收到的现金净额			
收到其他与投资活动有关的现金			200,000.00
投资活动现金流入小计		365,500.00	17,548,497.09
购建固定资产、无形资产和其他长期资产支付的现金		261,411,460.42	229,882,037.42
投资支付的现金		150,000.00	
质押贷款净增加额			
取得子公司及其他营业单位支付的现金净额			
支付其他与投资活动有关的现金			
投资活动现金流出小计		261,561,460.42	229,882,037.42
投资活动产生的现金流量净额		−261,195,960.42	−212,333,540.33
三、筹资活动产生的现金流量:			
吸收投资收到的现金		6,001,260.00	
其中:子公司吸收少数股东投资收到的现金		6,001,260.00	
取得借款收到的现金		553,400,000.00	328,614,629.59
发行债券收到的现金			
收到其他与筹资活动有关的现金			600,000.00
筹资活动现金流入小计		559,401,260.00	329,214,629.59
偿还债务支付的现金		413,596,142.93	231,717,900.00
分配股利、利润或偿付利息支付的现金		24,314,089.33	36,823,337.24
其中:子公司支付给少数股东的股利、利润			
支付其他与筹资活动有关的现金		112,313.52	813,900.00
筹资活动现金流出小计		438,022,545.78	269,355,137.24
筹资活动产生的现金流量净额		121,378,714.22	59,859,492.35
四、汇率变动对现金及现金等价物的影响		−6,323.33	−34,714.47
五、现金及现金等价物净增加额		−332,323,445.01	−88,890,178.12
加:期初现金及现金等价物余额		516,986,455.27	605,876,633.39
六、期末现金及现金等价物余额		184,663,010.26	516,986,455.27

母公司现金流量表

2008 年 1—12 月

单位:元 币种:人民币

项目	附注	本期金额	上期金额
一、经营活动产生的现金流量:			
销售商品、提供劳务收到的现金		213,251,306.56	222,641,508.86
收到的税费返还			1,000.00
收到其他与经营活动有关的现金		9,910,525.07	6,957,555.67
经营活动现金流入小计		223,161,831.63	229,600,064.53
购买商品、接受劳务支付的现金		146,473,135.42	185,135,371.47
支付给职工以及为职工支付的现金		56,298,275.18	31,060,172.40
支付的各项税费		18,160,839.40	11,935,553.98
支付其他与经营活动有关的现金		51,959,970.01	29,890,365.62
经营活动现金流出小计		272,892,220.01	258,021,463.47
经营活动产生的现金流量净额		−49,730,388.38	−28,421,398.94
二、投资活动产生的现金流量:			
收回投资收到的现金			
取得投资收益收到的现金			
处置固定资产、无形资产和其他长期资产收回的现金净额		163,000.00	40,455.00
处置子公司及其他营业单位收到的现金净额			
收到其他与投资活动有关的现金			200,000.00
投资活动现金流入小计		163,000.00	240,455.00
购建固定资产、无形资产和其他长期资产支付的现金		112,767,613.87	3,083,166.34
投资支付的现金		36,000,000.00	
取得子公司及其他营业单位支付的现金净额			
支付其他与投资活动有关的现金			
投资活动现金流出小计		148,767,613.87	3,083,166.34
投资活动产生的现金流量净额		−148,604,613.87	−2,842,711.34
三、筹资活动产生的现金流量:			
吸收投资收到的现金		120,768,589.65	
取得借款收到的现金		360,000,000.00	100,854,629.59
收到其他与筹资活动有关的现金			600,000.00
筹资活动现金流入小计		480,768,589.65	101,454,629.59
偿还债务支付的现金		321,063,650.00	121,717,900.00
分配股利、利润或偿付利息支付的现金		10,895,886.89	2,180,522.63
支付其他与筹资活动有关的现金			
筹资活动现金流出小计		331,959,536.89	123,898,422.63
筹资活动产生的现金流量净额		148,809,052.76	−22,443,793.04
四、汇率变动对现金及现金等价物的影响		−6,323.33	−32,552.66
五、现金及现金等价物净增加额		−49,532,272.82	−53,740,455.98
加:期初现金及现金等价物余额		192,896,320.22	246,636,776.20

六、期末现金及现金等价物余额 143,364,047.40 192,896,320.22

公司法定代表人:李保平 主管会计工作负责人:李俊巍 会计机构负责人:李君伟

合并所有者权益变动表

2008 年 1—12 月

单位:元 币种:人民币

本年金额

项目	股本	资本公积	减:库存股	盈余公积	一般风险准备	未分配利润	其他	少数股东权益	所有者权益合计
	归属于母公司所有者权益								
一、上年年末余额	144,000,000	570,552,337.79		39,020,303.77		130,038,763.61		27,956,307.43	911,567,712.60
加:同一控制下企业合并产生的追溯调整									
加:会计政策变更									
前期差错更正									
其他									
二、本年年初余额	144,000,000	570,552,337.79		39,020,303.77		130,038,763.61		27,956,307.43	911,567,712.60
三、本年增减变动金额									
(减少以"-"号填列)	78,717,518	-86,418,395.28		7,011,160.20		160,229,132.82		36,518,635.38	196,058,051.12
(一)净利润						167,240,293.02		-2,963,801.84	164,276,491.18
(二)直接计入所有者									
权益的利得和损失		-7,700,877.28							-7,700,877.28
1.可供出售金融资产									
公允价值变动净额		-9,089,839.53							-8,969,688.78
2.权益法下被投资单位其他									
所有者权益变动的影响		155,605.29							155,605.29
3.与计入所有者权益									
项目相关的所得税影响		1,233,356.96							1,113,206.21
4.其他									
上述(一)和(二)小计		-7,700,877.28				167,240,293.02		-2,963,801.84	156,575,613.90
(三)所有者投入和									
减少资本	78,717,518	-78,717,518.00						39,482,437.22	39,482,437.22
1.所有者投入资本	78,717,518	-78,717,518.00						39,482,437.22	39,482,437.22
2.股份支付计入所有者权益的金额									
3.其他									
(四)利润分配				7,011,160.20		-7,011,160.20			
1.提取盈余公积				7,011,160.20		-7,011,160.20			
2.提取一般风险准备									
3.对所有者(或股东)的分配									
4.其他									
(五)所有者权益内部结转									
1.资本公积转增资本(或股本)									
2.盈余公积转增资本(或股本)									
3.盈余公积弥补亏损									
4.其他									
四、本期期末余额	222,717,518	484,133,942.51		46,031,463.97	290,267,896.43			64,474,942.8	11,107,625,763.72

上年金额

项目	股本	资本公积	减:库存股	盈余公积	一般风险准备	未分配利润	其他	少数股东权益	所有者权益合计
	归属于母公司所有者权益								
一、上年年末余额	144,000,000	411,804,049.46		25,153,690.30		42,597,661.57		-23,308,680.22	600,246,721.11
加:同一控制下企业合并产生的追溯调整									
加:会计政策变更				-1,655,896.85		4,966,493.15		52,028,769.08	55,339,365.38
前期差错更正									
其他									
二、本年年初余额	144,000,000	411,804,049.46		23,497,793.45		47,564,154.72		28,720,088.86	655,586,086.49
三、本年增减变动金额									
(减少以"-"号填列)		158,748,288.33		15,522,510.32		82,474,608.89		-763,781.43	255,981,626.11
(一)净利润						124,417,119.21		-642,090.79	123,775,028.42
(二)直接计入所有者									
权益的利得和损失		158,748,288.33							158,748,288.33
1.可供出售金融资产									
公允价值变动净额		9,102,926.56							9,102,926.56
2.权益法下被投资单位其他所有者权益变动的影响									
3.与计入所有者权益									
项目相关的所得税影响		-1,365,438.98							-1,365,438.98
4.其他		151,010,800.75							151,010,800.75
上述(一)和(二)小计		158,748,288.33				124,417,119.21		-642,090.79	282,523,316.75
(三)所有者投入和减少资本								-121,690.64	-121,690.64
1.所有者投入资本								-121,690.64	-121,690.64
2.股份支付计入所有者权益的金额									
3.其他									
(四)利润分配				15,522,510.32		-41,942,510.32			-26,420,000.00
1.提取盈余公积				15,522,510.32		-15,522,510.32			
2.提取一般风险准备									
3.对所有者(或股东)的分配									
4.其他						-26,420,000.00			-26,420,000.00
(五)所有者权益内部结转									
1.资本公积转增资本(或股本)									
2.盈余公积转增资本(或股本)									
3.盈余公积弥补亏损									
4.其他									
四、本期期末余额	144,000,000	570,552,337.79		39,020,303.77		130,038,763.61		27,956,307.43	911,567,712.60

公司法定代表人:李保平 主管会计工作负责人:李俊巍 会计机构负责人:李君伟

母公司所有者权益变动表

2008 年 1—12 月

单位:元 币种:人民币

本年金额

项目	股本	资本公积	减:库存股	盈余公积	未分配利润	所有者权益合计
一、上年年末余额	144,000,000.00	333,086,531.46		23,497,793.45	5,086,629.17	505,670,954.08
加:会计政策变更						
前期差错更正						
其他						
二、本年年初余额	144,000,000.00	333,086,531.46		23,497,793.45	5,086,629.17	505,670,954.08
三、本年增减变动金额						
(减少以"-"号填列)	78,717,518.00	370,249,461.98		7,011,160.20	63,100,441.80	519,078,581.98
(一)净利润					70,111,602.00	70,111,602.00
(二)直接计入所有者						
权益的利得和损失		6,308.07				6,308.07
1.可供出售金融资产						
公允价值变动净额		-62,823.92				-62,823.92
2.权益法下被投资单位						
其他所有者权益变动的影响		59,708.40				59,708.40
3.与计入所有者权益						
项目相关的所得税影响		9,423.59				9,423.59
4.其他						
上述(一)和(二)小计		6,308.07			70,111,602.00	70,117,910.07
(三)所有者投入和						
减少资本	78,717,518.00	370,243,153.91				448,960,671.91
1.所有者投入资本	78,717,518.00	370,243,153.91				448,960,671.91
2.股份支付计入所有者权益的金额						
3.其他						
(四)利润分配				7,011,160.20	-7,011,160.20	
1.提取盈余公积				7,011,160.20	-7,011,160.20	
2.对所有者(或股东)的分配						
3.其他						
(五)所有者权益内部结转						
1.资本公积转增资本(或股本)						
2.盈余公积转增资本(或股本)						
3.盈余公积弥补亏损						
4.其他						
四、本期期末余额	222,717,518.00	703,335,993.44		30,508,953.65	68,187,070.97	1,024,749,536.06

上年金额

项目	股本	资本公积	减:库存股	盈余公积	未分配利润	所有者权益合计
一、上年年末余额	144,000,000.00	333,086,531.46		24,059,226.69	50,870,448.47	552,016,206.62
加:会计政策变更				-561,433.24	-5,052,899.08	-5,614,332.32
前期差错更正						
其他						
二、本年年初余额	144,000,000.00	333,086,531.46		23,497,793.45	45,817,549.39	546,401,874.30
三、本年增减变动金额						
(减少以"-"号填列)					-40,730,920.22	-40,730,920.22
(一)净利润					-40,730,920.22	-40,730,920.22
(二)直接计入所有者权益的利得和损失						
1.可供出售金融资产公允价值变动净额						
2.权益法下被投资单位其他所有者权益变动的影响						
3.与计入所有者权益项目相关的所得税影响						
4.其他						
上述(一)和(二)小计					-40,730,920.22	-40,730,920.22
(三)所有者投入和减少资本						
1.所有者投入资本						
2.股份支付计入所有者权益的金额						
3.其他						
(四)利润分配						
1.提取盈余公积						
2.对所有者(或股东)						
的分配						
3.其他						
(五)所有者权益内部结转						
1.资本公积转增资本(或股本)						
2.盈余公积转增资本(或股本)						
3.盈余公积弥补亏损						
4.其他						
四、本期期末余额	144,000,000.00	333,086,531.46		23,497,793.45	5,086,629.17	505,670,954.08

9.3 本报告期无会计政策、会计估计和核算方法变更。

9.4 本报告期无会计差错更正。

9.5 与最近一期年度报告相比,合并范围发生变化的具体说明

本公司根据与华北光学签署的《新增股份购买资产协议》将目标资产在本年度新投资设立的北京驰意无人数字感知技术有限公司纳入合并范围。

董事长:李保平

中兵光电科技股份有限公司

2009 年 1 月 13 日

山东好当家海洋发展股份有限公司

山东好当家海洋发展股份有限公司2008年年度报告摘要

第一节　重要提示

1.1 本公司董事会、监事会及董事、监事、高级管理人员保证本报告所载资料不存在任何虚假记载、误导性陈述或者重大遗漏，并对其内容的真实性、准确性和完整性承担个别及连带责任。

本年度报告摘要摘自年度报告全文，投资者欲了解详细内容，应当仔细阅读年度报告全文。

1.2 公司全体董事出席董事会会议。

1.3 山东汇德会计师事务所有限公司为本公司出具了标准无保留意见的审计报告。

1.4 公司负责人李鹏程、主管会计工作负责人冯永东及会计机构负责人(会计主管人员)宋荣超声明：保证年度报告中财务报告的真实、完整。

第二节　公司基本情况简介

2.1 基本情况简介

股票简称	好当家
股票代码	600467
上市交易所	上海证券交易所
公司注册地址和办公地址	山东省威海荣成市虎山镇沙咀子 山东省威海荣成市虎山镇沙咀子
邮政编码	264305
公司国际互联网网址	http://www.sdhaodangjia.com
电子信箱	ehaodangjia@sdhaodangjia.com

2.2 联系人和联系方式

	董事会秘书	证券事务代表
姓名	戚燕	宋荣超
联系地址	山东省威海荣成市虎山镇沙咀子	山东省威海荣成市虎山镇
电话	0631-7438073	0631-7438533
传真	0631-7438073	0631-7438073
电子信箱	hdj_600467@sina.com	syc20070809@sina.com

第三节　会计数据和业务数据摘要

3.1 主要会计数据

单位：元　币种：人民币

	2008年	2007年	本年比上年增减(%)	2006年
营业收入	474,956,113.94	773,877,230.91	−38.63	660,278,030.17
利润总额	129,966,797.21	211,341,633.16	−38.50	100,663,351.87
归属于上市公司股东的净利润	124,457,082.66	201,579,547.58	−38.26	93,494,064.90
归属于上市公司股东的扣除非经常性损益的净利润	117,376,221.17	202,382,822.78	−42.00	92,313,301.20
经营活动产生的现金流量净额	135,209,184.11	189,873,356.14	−28.79	158,105,075.64

	2008年末	2007年末	本年末比上年末增减(%)	2006年末(注2)
总资产	1,568,360,558.12	1,516,469,264.09	3.42	1,371,207,249.78
所有者权益(或股东权益)	1,209,351,554.30	1,084,894,471.64	11.47	916,974,924.06

3.2 主要财务指标

	2008年	2007年	本年比上年增减(%)	2006年
基本每股收益(元/股)	0.20	0.32	−37.5	0.24
稀释每股收益(元/股)	0.20	0.32	−37.5	0.24
扣除非经常性损益后的基本每股收益(元/股)	0.19	0.32	−40.63	0.24
全面摊薄净资产收益率(%)	10.29	18.58	减少8.29个百分点	10.20
加权平均净资产收益率(%)	10.85	20.10	减少9.25个百分点	12.15
扣除非经常性损益后全面摊薄净资产收益率(%)	9.71	18.69	减少8.98个百分点	10.18
扣除非经常性损益后的加权平均净资产收益率(%)	10.23	20.22	减少9.99个百分点	12.13
每股经营活动产生的现金流量净额(元/股)	0.21	0.30	−30.00	0.25

	2008年末	2007年末	本年比上年末增减(%)	2006年末
归属于上市公司股东的每股净资产(元/股)	1.91	1.71	11.70	2.31

非经常性损益项目

√适用　　□不适用

单位：元　币种：人民币

非经常性损益项目	金额
非流动资产处置损益	−886,724.13
计入当期损益的政府补助，但与公司正常经营业务密切相关，符合国家政策规定、按照一定标准定额或定量持续享受的政府补助除外	9,796,394.40
除上述各项之外的其他营业外收入和支出	814,554.43
少数股东权益影响额	−101,570.40
所得税影响额	−2,541,792.81
合计	7,080,861.49

3.3 境内外会计准则差异：

□适用　　√不适用

第四节　股本变动及股东情况

4.1 股份变动情况表

√适用　　□不适用

单位：股

	本次变动前		本次变动增减(+,−)					本次变动后	
	数量	比例(%)	发行新股	送股	公积金转股	其他	小计	数量	比例(%)
一、有限售条件股份									
1、国家持股									
2、国有法人持股									
3、其他内资持股	287,964,800	45.45				−31,680,000	−31,680,000	256,284,800	40.45
其中：境内非国有法人持股	287,964,800	45.45				−31,680,000	−31,680,000	256,284,800	40.45
境内自然人持股									
4、外资持股									
其中：境外法人持股									
境外自然人持股									
有限售条件股份合计	287,964,800	45.45				−31,680,000	−31,680,000	256,284,800	40.45
二、无限售条件流通股份									
1、人民币普通股	345,635,200	54.55				31,680,000	31,680,000	377,315,200	59.55
2、境内上市的外资股									
3、境外上市的外资股									
4、其他									
无限售条件流通股份合计	345,635,200	54.55				31,680,000	31,680,000	377,315,200	59.55
三、股份总数	633,600,000	100						633,600,000	100

限售股份变动情况表

√适用　　□不适用

单位：股

股东名称	年初限售股数	本年解除限售股数	本年增加限售股数	年末限售股数	限售原因	解除限售日期
好当家集团有限公司	287,964,800	31,680,000		256,284,800	股权分置改革	2009-6-6
合计	287,964,800	31,680,000		256,284,800	/	/

4.2 股东数量和持股情况

单位：股

报告期末股东总数	115,794户

前十名股东持股情况

股东名称	股东性质	持股比例(%)	持股总数	持有有限售条件股份数量	质押或冻结的股份数量
好当家集团有限公司	境内非国有法人	47.76	302,624,800	256,284,800	托管 256,284,800
中国建设银行-工银瑞信红利股票型证券投资基金	未知	1.24	7,979,722		未知
中国建设银行-海富通风格优势股票型证券投资基金	未知	0.95	6,000,000		未知
中国银行-泰信优质生活股票型					

证券投资基金	未知	0.64	4,036,326	未知
中国银行-景顺长城动力平衡证券投资基金	未知	0.55	3,474,664	未知
中国光大银行股份有限公司-巨田资源优选混合型证券投资基金	未知	0.51	3,203,001	未知
中国建设银行-工银瑞信稳健成长股票型证券投资基金	其他	0.50	3,146,168	未知
中国银行-易方达策略成长证券投资基金	其他	0.36	2,300,000	未知
中国银行-易方达策略成长二号混合型证券投资基金	未知	0.36	2,299,937	托管
中国银行-华宝兴业动力组合股票型证券投资基金	未知	0.27	1,716,610	未知

前十名无限售条件股东持股情况

股东名称	持有无限售条件股份的数量	股份种类
好当家集团有限公司	46,340,000	人民币普通股
中国建设银行-工银瑞信红利股票型证券投资基金	7,979,722	人民币普通股
中国建设银行-海富通风格优势股票型证券投资基金	6,000,000	人民币普通股
中国银行-泰信优质生活股票型证券投资基金	4,036,326	人民币普通股
中国银行-景顺长城动力平衡证券投资基金	3,474,664	人民币普通股
中国光大银行股份有限公司-巨田资源优选混合型证券投资基金	3,203,001	人民币普通股
中国建设银行-工银瑞信稳健成长股票型证券投资基金	3,146,168	人民币普通股
中国银行-易方达策略成长证券投资基金	2,300,000	人民币普通股
中国银行-易方达策略成长二号混合型证券投资基金	2,299,937	人民币普通股
中国银行-华宝兴业动力组合股票型证券投资基金	1,716,610	人民币普通股
上述股东关联关系或一致行动的说明	前十名无限售条件股东中未知其是否有关联关系或属于《上市公司股东持股变动信息披露管理办法》规定的一致行动人。	

4.3 控股股东及实际控制人情况介绍

4.3.1 控股股东及实际控制人变更情况

□适用 √不适用

4.3.2 控股股东及实际控制人具体情况介绍

4.3.2.1 法人控股股东情况

单位:元 币种:人民币

名称	法定代表人	注册资本	成立日期	主营业务
好当家集团有限公司	唐传勤	862,769,000	2000 年 2 月 23 日	水产品加工销售;批发零售金属材料、五金交电化工(不含化学危险品)、百货;经营进出口业务(凭进出口企业资格证书经营);纸制品生产销售;零售石油制品(含铅汽油除外);污水处理;煤灰砖加工销售;普通货物装卸、驳运。

第五节 董事、监事和高级管理人员

5.1 董事、监事和高级管理人员持股变动及报酬情况

单位:股

姓名	职务	性别	年龄	任期起止日期	年初持股数	年末持股数	变动原因	报告期内从公司领取的报酬总额(万元)	报告期被授予的股权激励情况 可行权股数	已行权数量	行权价	期末股票市价	是否在股东单位或其他关联领取薪酬
李鹏程	董事长	男	36	2008-5-9~2011-5-9	0	0		180,000					否
张术森	副董事长兼总经理	男	40	2008-5-9~2011-5-9	268,800	268,800		180,000					否
冯永东	董事兼财务总监	男	43	2008-5-9~2011-5-9	224,000	224,000		90,000					否
唐聚德	董事	男	46	2008-5-9~2011-5-9	0	0							是
宋俊芳	董事	女	46	2008-5-9~2011-5-9	0	0							是
唐建华	董事	男	45	2008-5-9~2011-5-9	0	0		33,000					否
唐爱国	董事	男	34	2006-4-3~2008-5-9	0	0		30,000					否
岳颂东	独立董事	男	62	2008-5-9~2011-5-9	0	0		20,000					否
王清印	独立董事	男	56	2008-5-9~2011-5-9	0	0		20,000					否
侯建厂	独立董事	男	49	2008-5-9~2011-5-9	0	0		20,000					否
戚燕	董事会秘书	女	43	2008-5-9~2011-5-9	0	0		90,000					否
孙宗辉	监事会主席	男	35	2008-5-9~2011-5-9	0	0		36,000					否
王道刚	监事	男	39	2008-5-9~2011-5-9	0	0							是
王国震	监事	男	54	2008-5-9~2011-5-9	0	0		32,000					否
王玉法	监事	男	40	2005-2-9~2008-5-9	0	0							是
合计	/	/	/	/			/	731,000			/	/	/

第六节 董事会报告

6.1 管理层讨论与分析

(一)报告期内公司经营情况的回顾

1、公司报告期内总体经营情况:

(1)总体情况

报告期内,受金融危机影响,公司养殖产业与食品加工业都受到了比较严重的冲击,公司管理层根据董事会的统一安排和部署,坚持以经济效益为重点,加强成本节约管理,强化食品安全管理,在困难面前逆势进取,主动适应国际国内社会经济发展的新形势,努力克服汇率不稳定、消费市场不稳定等不利因素造成的影响,开拓创新,扎实工作,依托完整的产业链和资源优势,体现了较强的市场竞争力。

报告期内实现营业收入 474,956,113.94 元,同比下降 38.63%;实现营业利润 120,242,572.51 元,同比下降 43.43%;实现归属于母公司所有者净利润 124,457,082.66 元,同比下降 38.26%。2007 年度海参累计捕捞 1290 吨,年平均销售价格 170 元/公斤,海蜇累计捕捞 4168 吨,年平均销售价格 10.40 元/公斤;2008 年度海参累计捕捞 1145 吨,比去年同期降 11.24%,年平均销售价格 155 元/公斤,比去年同期降 8.82%;海蜇累计捕捞 4977 吨,比去年同期增 19.41%,年平均销售价格 9.89 元/公斤,比去年同期降 4.9%。

(2)主要优势

自然优势:公司地处黄海之滨,养殖区域营养盐类丰富,海水理化因子稳定,水质肥沃,水温、流速、盐度适中,具有发展名优海珍品最得天独厚的自然条件。2008 年 3 月,公司新增确权海域 10 万亩,本次海域扩大为公司未来持续发展提供资源保障。具有重要的战略意义。到 2008 年末,公司的养殖海域增加到了 24 万多亩,实现了海参、海蜇、杂色蛤等名优特海产品的规模化养殖。

区位优势:公司生产基地交通便利,距威海机场 30 公里,距烟台机场 120 公里,距威海火车站 50 公里。周围与青威、烟威高速相连接,同时公司临近石岛港和龙眼港两个国家级一类开放港,对日本、韩国及东南亚各国的海陆空交通发达。

技术优势:公司现为山东省高新技术企业,建有水产研究所、食品研究所,技术创新系完善,同时与中科院海洋研究所、中国水产科学院黄海水产研究所、青岛海洋大学等 10 多家重点海洋研究院校建立长期的技术协作关系,具备很强的科研能力和持续创新能力。

(3)经营和盈利能力的连续性和稳定性

公司主要从事海水鲜活产品的养殖与销售、海洋捕捞、加工与销售和冷冻食品的加工与销售,是农业产业化国家重点龙头企业,具有海域资源、质量技术、规模等核心竞争优势。随着人们对海洋食品的越发青睐,市场对水产品的需求在不断增加,水产品的消费量也在逐年提高,公司主营业务相关的政策支持、海域资源优势等保证了公司海水养殖和海洋捕捞经营的连续性和可持续发展的稳定性。

2、主要控股公司经营情况及业绩分析分析

单位名称	经营范围	注册资本	总资产	净利润
荣成荣东食品有限公司	食品加工销售	200 万美元	4204.4	-450.3
荣成荣山食品有限公司	食品加工销售	200 万美元	2865.5	-25.9
荣成荣康食品有限公司	食品加工销售	1200 万美元	10715.5	-403.1
荣成荣建食品有限公司	食品加工销售	80 万美元	5107.1	408.4
山东好当家海洋捕捞有限公司	海洋捕捞	1000 万人民币	15756.6	1359.5
山东好当家海洋食品销售有限公司	食品销售	500 万人民币	925.9	-694.9

3、报告期公司主要财务数据同比发生较大变动说明

会计科目	注释	报告期	同期	增减(%)
货币资金	注 1	43,576,872.00	74,516,341.78	-41.52
应收票据		850,000.00		
应收账款	注 2	10,651,887.26	17,643,377.34	-39.63
预付款项	注 3	9,879,920.86	4,383,570.25	125.39
其他应收款	注 4	7,594,907.46	13,740,973.91	-44.73
应收补贴款	注 5	1,344,323.67	4,608,222.27	-70.83
存货		352,504,273.05	281,043,127.12	25.43
其他流动资产			170,566.49	-100.00
长期股权投资		43,000,000.00	43,000,000.00	
固定资产		1,011,329,947.26	1,014,216,607.42	-0.28
在建工程	注 6	25,786,046.75	2,038,108.38	1165.20
无形资产		58,957,898.46	58,764,125.71	0.33
长期待摊费用	注 7	681,700.69	339,925.21	100.54
递延所得税资产		2,202,780.66	2,004,318.21	9.90
短期借款	注 8	149,000,000.00	207,000,000.00	-28.02
应付票据	注 8	24,000,000.00	37,000,000.00	-35.14
应付账款		29,808,784.50	39,442,245.91	-24.42
预收款项	注 9	8,267,395.95	6,136,701.94	34.72
应付职工薪酬	注 10	43,804,634.33	32,939,556.70	32.98
应交税费	注 11	1,199,098.58	525,636.47	128.12
应付利息		293,289.25	589,798.75	-50.27
应付股利	注 12	6,976,957.10	4,648,903.60	50.08
其他应付款	注 13	3,970,386.19	1,182,785.96	235.68
一年内到期的非流动负债	注 8	18,000,000.00	17,000,000.00	5.88
其他流动负债	注 14	6,252,248.50	1,847,114.80	238.49
长期借款	注 8	10,000,000.00	28,000,000.00	-64.29
长期应付款		6,605,018.00	6,605,018.00	
递延收益	注 15	6,096,350.00		
股本		633,600,000.00	633,600,000.00	
资本公积		135,595,226.43	135,595,226.43	
盈余公积		106,416,221.60	91,083,014.93	16.83
未分配利润	注 16	333,740,106.27	224,616,230.28	48.58
少数股东权益		44,734,841.42	48,657,030.32	-8.06
营业收入	注 17	474,956,113.94	773,877,230.91	-38.63
营业成本	注 18	273,024,932.15	514,414,840.02	-46.93

营业税金及附加		1,631,473.61	1,808,003.96	-9.76
销售费用		7,112,360.73	6,210,643.22	14.52
管理费用	注 19	36,887,240.13	18,636,343.13	97.93
财务费用	注 20	12,255,786.79	18,817,949.93	-34.87
资产减值损失	注 21	23,801,748.02	1,448,899.28	1542.75
营业外收入	注 22	11,148,040.61	614,235.04	1714.95
营业外支出		1,423,815.91	1,813,153.25	-21.47
所得税费用		7,045,849.94	7,046,341.56	-0.01
归属于母公司所有者的净利润		124,457,082.66	201,579,547.58	-38.26
少数股东损益		-1,536,135.39	2,715,744.02	-156.56
经营活动产生的现金流量净额	注 23	135,209,184.11	189,873,356.14	-28.79
投资活动产生的现金流量净额		-69,552,809.04	-62,861,987.51	10.64
筹资活动产生的现金流量净额		-90,273,540.70	-109,406,985.87	-17.49

注 1:货币资金报告期比同期降 41.52%,主要原因报告期内国际市场不景气,出口受抑制,国内消费市场疲软,消费能力下降,导致产品价格下降(公司主导产品海参价格比同期降 8.82%),产量下降(公司主导产品海参产量比同期减少 145 吨),影响销售收入,造成现金流净流出所致;

注 2:应收帐款报告期比同期下降 39.63%,因报告期内收回赊销货款所致;

注 3:预付帐款报告期比同期增 125.39%,因报告期内公司展厅工程预付设备工程款 524.5 万元,及控股子公司(捕捞公司)预付购燃油款所致;

注 4:其他应收款比同期下降 44.73%,因报告期内个人性质借款清还所致;

注 5:应收补贴款比同期下降 70.83%,因控股子公司报告期内收到出口退税补贴款所致;

注 6:在建工程比同期增 1165.2%,因报告期内有参池改造、防潮堤项目工程、金海湾大坝工程、展厅工程发生,部分工程未完工或继续发生,期间内累计发生 100,424,638.53 元,在建工程转固定资产 76,676,700.16 元所致;

注 7:长期待摊费用比同期增 100.54%,因报告期内控股子公司山东好当家海洋食品销售有限公司开专卖店而发生的装修费用三年待摊所致;

注 8:短期借款、应付票据、一年内到期的非流动负债、长期借款根据报告期内银行贷款利率变动情况而进行不同种类的借贷;

注 9:预收帐款比同期增 34.72%,系控股子公司山东好当家海洋食品销售有限公司报告期内对外销售货物卡款扣减消费后余款所致;

注 10:应付职工薪酬比同期增 32.98%,系报告期内计提职工工资未全部支付所致;

注 11:应交税费比同期增 128.12%,因报告期内计提各项税费与上缴税款后增加余额所致;

注 12:应付股利比同期增 50.08%,系报告期内对 2007 年度的未分配进行分配,尚欠少数股东的股利所致;

注 13:其他应付款比同期增 235.68%,系报告期内在建工程欠付工程设备款及欠付的部分专项资金所致;

注 14:其他流动负债比同期增 238.49%,系报告期内依据荣成市人民政府"荣政发[2005]24 号"文件《关于荣成市海域使用金征收使用权管理暂行办法》的征收标准计提的 2008 年度尚未缴纳的海域使用费用所致;

注 15:递延收益比同期增 6,096,350.00 元,系报告期内收到的 3 个未完工项目资金所致(详见审计报告附注);

注 16:未分配利润比同期增 48.58%,系报告期内形成未分配利润所致;

注 17:营业收入比同期下降 38.63%,主要原因是:第一:受国际市场影响,出口企业对外销售收入大幅下降;第二:受国内消费市场影响,海产品价格下降,产量减少,导致销售收入减少;

注 18:营业成本比同期下降 46.93%,因销售收入减少,产量下降,其直接成本、间接成本也随之下降;

注 19:管理费用比同期增 97.93%,因报告期内办公费、管理人员的工资有所增加以及 2007 年度按照会计准则的要求转回无列支计划的职工福利费所致;

注 20:财务费用比同期降 34.87%,系报告期内银行借款总额减少,银行贷款利率调整所致;

注 21:资产减值损失比同期增 1542.75%,系报告期内对荣兴食品厂、荣华食品厂、荣泰食品厂多年不盈利而计提固定资产减值准备所致;

注 22:营业外收入比同期增 1714.95%,系报告期内控股子公司(好当家捕捞公司)收到的燃油补贴款(558.9 万元)和捞浒苔补助款(420.7 万元)所致;

注 23:经营活动产生的现金净流量比同期减少 28.79%,主要因为受经济危机影响,收入减少,现金流入减少,但原材料、人工等支出费用上升,现金流出增加,从而导致现金净额的流出。

4、主要供应商、客户情况

公司 2008 年度营业收入前五名单位金额合计为 131,919,034.02 元,占 2008 年度营业收入总额的比例为 27.77%。;

公司 2008 年度前五名供应商采购累计金额 90,328,683.83 元,占公司全部采购总额的 18.16%;

(二)对公司未来发展的展望

1、分析公司所处行业的发展趋势及公司面临的市场竞争格局等相关变化趋势以及对公司可能造成的影响程度

公司所属行业为农业,属于国家重点扶持和鼓励发展的行业,而公司主要从事海水养殖、海洋捕捞和冷冻食品的加工。市场对水产品的需求空间一直很大,其产品的市场消费份额也在不断增加。冷冻食品加工也是利用国内的农副资源进行加工出口,随着国内食品加工企业的增多,市场竞争激烈。公司会利用国家给予的各项优惠政策,充分发挥自身优势,增强竞争力。

2、未来的发展机遇和挑战,发展战略等以及各项业务的发展规划

(1)未来的发展机遇

一是行业政策环境。国家确定海洋渔业发展的战略重点为海水养殖和水产品精深加工,制订了"压缩近海捕捞,大力发展养殖,拓展水产加工"的渔业产业结构调整思路。《全国海洋经济发展规划纲要》确立的海洋渔业发展方向为:积极推进渔业和渔区经济结构的战略性调整,推动传统渔业向现代渔业转变,实现数量型渔业向质量型渔业转变。加快发展养殖业,养护和合理利用近海渔业资源,积极发展远洋渔业,发展水产品深加工及配套服务产业,努力增加渔民收入,实现海洋渔业可持续发展。行业宏观政策为公司发展海水养殖业务和水产品加工业务提供了良好的外部环境。

二是市场空间广阔,消费环境良好。随着居民收入水平的不断提高,水产品在食品消费中的地位总体上逐步上升。2004 年城镇居民家中购买的食品中水产品大约占到 9%,较 2000 年提高了近一个百分点。2000 年至 2004 年,城镇居民人均家中购买的水产品数量和人均消费量年均增长约 8%,同期农村居民人均消费的水产品数量年均增长约 5%。人们对水产品的消费需求越来越多。近年来,国际上禽流感、疯牛病、口蹄疫等牲畜家禽传染病时有发生,受其影响,人们对水产品的需求增长,使水产品成为餐桌上的"主角"。这对公司的水产养殖业再发展形成了一个良好的契机。

(一)水产品:联合国粮农组织、美国国际食品政策研究会和世界渔业中心发表的《2020 年世界渔业展望》称,至 2020 年世界水产品消量将达到 12780 万吨,比 1997 年的 9080 万吨增长高达近 41%,其中发展中国家的消费量将从 6270 万吨增长到 9860 万吨,增幅高达 57%。从国内情况来看,国家公布的《2010 年食物发展纲要》中指出,至 2010 年全国水产品人均占有量将还要增加 10 公斤。因此无论从全球而言还是从国内形势来看,未来 10 年到 20 年内,中国水产业仍将快速稳定发展,其前景和空间非常广阔。作为公司主要养殖品种之一的海参,自古以来一直被认为是海珍上品,市场十分广阔。我国是海参生产大国,也是海参消费大国,刺参消费在我国尤其是在我国北方有着悠久的历史,作为名贵海珍品,刺参养殖发展前景极为可观。

(二)冷冻食品加工业:在国际市场上,以冷冻食品为主的方便食品如今在美国、日本及欧盟国家占整个食品类 89%的份额。全美餐馆协会的调查显示,96%的餐馆业主将会长期使用冷冻食品,而快餐业者则表示百分之百会使用冷冻食品。美国食品界人士预测,从 1995 至 2010 年,美国的西语裔人口将增长 96%,亚裔则预期增长 110%,人口结构的转变有助于各族裔冷冻食品的普及。在日本,随着日本冷冻食品消费需求的持续增长,冷冻食品进口增多。整个国际市场对冷冻食品的需求量在不断增加,也增加了市场空间。就国内市场面而言,由于城镇居民消费水平和消费观念的提升,生活水平提高和生活节奏加快为速冻食品提供巨大的市场空间;城市超市化的转变,加速了速冻产业的发展。随着城市超市化进程的加速,特别是大中城市生活观念转变和生活节奏的加快,同时为配餐提供广阔的市场前景。

(2)面临的挑战

公司属于劳动密集型产业,持续高速的发展,对公司的运营管理、资金和技术提出了更高的要求,这将是公司以后发展面临的主要挑战。

捕捞业属于自然资源依赖型产业,近海资源的枯竭将直接对公司的捕捞业的发展构成挑战。

(3)总体发展战略

海水养殖业:充分利用公司有利的海域环境,大力发展海水养殖业务,优化产业结构和海水养殖产品结构,扩大利润空间大的产品的养殖规模,提高主导产品的核心竞争力;加大技术投入,不断开发新产品,实现产品利润最大化。

冷冻食品业:开拓国内国际市场,以量补价,加强内部管理,提高原材料利用率,降低生产成本。

海洋捕捞业:降低成本,开拓新海域资源,进行精深加工增值。

(4)各项业务的发展规划

为落实公司总体发展战略,公司今后将进行以下具体项目的投入:

一是利用现有资源加大对海参、海蜇等高利润产品的资源投入、技术投入,实现从育苗至销售一体化,提高产量,同时加大对市场终端销售的开发,实现利润最大化。

二是加大对海水养殖产品的精深加工增值及市场开发,即食海参、海参口服液等各种即食产品将是公司重点发展的项目。

三是冷冻食品加工业要继续加强与外商的合作,开发新产品,提高原材料利用率,合理利用现有资源,满足国际市场需求。为了顺应目前国家刺激经济增长、拉动内需的要求,加大对国内市场的销售力度,从新产品研发到品牌建设以内销为主。

四是海洋捕捞将不断开拓新的鱼场,进行精深加工增值,同时面对各项资源成本上升,要充分利用市场调控时机,降低成本。

3、新年度经营计划

2009 年,围绕公司的发展战略,公司全体员工都更要加倍努力,我们将力争实现整体经营业绩的全面提升,在实现主营业务收入和主营业务利润增长的同时,继续保持公司在海水养殖领域的竞争优势,努力开拓新的经济领域和发展空间,在 2009 年取得令广大股东满意的成绩!

2009 年公司将重点做好以下几方面工作:

(1)加强公司内部的经营管理,保证产品的产量与质量,保质保量地完成生产任务,使产品能够 100%达到合格标准。

(2)面向国内市场,全面拓展销售渠道,形成辐射全国的销售网络。要通过扩大加盟商队伍及商超代理业务,继续开拓新市场。在国际市场方面,要继续扩大在国外市场的销售量,并开辟出新的市场空间,增加出口创汇额。

(3)创造品牌效应,优化产品结构,提高产品档次,提高市场占有率。2009 年,公司继续把"名牌经营"作为食品加工业的重点工作,公司将加强产品广告的宣传力度,深化"好当家"品牌在投资者心目中的形象,提高品牌知名度。

(4)积极做好技术创新工作。科技是第一生产力,企业要想继续发展下去,必须走科技创新之路。2009 年将通过科技创新、产品创新、管理创新来增加经济效益;我们要加大科技投入力度,引进高新技术人才,优化人才知识结构,完善科研设施,充分发挥科研技术人员的作用,向科技要效益。

(5)进一步做好企业文化建设,使公司的经营效率和员工的精神风貌再上新台阶。

4、对公司未来发展战略和经营目标的实现产生不利影响的所有风险因素以及采取的对策和措施

(1)行业内部竞争风险

山东省及周边地区都是水产养殖发达之地,行业壁垒较低,造成行业内企业众多,竞争较为激烈。若公司养殖的各种产品在质量、品种、价格上不能保持较强的市场竞争力,将影响公司的持续稳定发展,进而影响公司的收益。

对策:公司多年从事海水养殖,现已成为全国最大的海珍品养殖基地,形成了规模经济。公司目前已拥有多项养殖新技术,建立了"育苗-养成-加工-销售"一体化体系,已形成了规模、技术、区域、成本、营销等核心竞争优势,利用现有的养殖资源进行产品的精深加工,生产以海参为主的高效无副作用的海洋保健食品,提高产品附加值,使公司在同行业中始终保持领先地位。另外,公司将断续扩大增养殖海域面积,使公司的海水产品不断更新,为公司可持续发展提供保障。

(2)汇率风险

公司冷冻食品大部分出口日本,用日元结算,因此,汇率的波动将影响到公司的盈利水平。

对策：密切关注和研究国际外汇市场的发展动态，并据此选择最有力的货款结算币种和结算方式；进一步增强外汇风险意识，提高对外汇市场的研究和预测能力，加强进出口的业务管理，尽量开展远期结汇、售汇业务，以规避人民币升值和汇率变动风险。

(3)融资风险

公司快速发展需要强大的资金支持，如果融资能力不足，将极大地影响公司各项业务的开展。

对策：一是通过各种手段提高资金的使用效率和周转速度，减轻资金使用上的压力；二是继续保持与各银行间的良好合作关系，加强与外资银行间的合作，拓宽银行贷款融资渠道；三是通过证券市场融资渠道，促进公司稳步发展。

(4)自然资源风险

我国是沿海大国，海域辽阔，浅海渔场占世界浅海渔场的四分之一，其中生物种类繁多，渔业资源丰富。然而海洋渔业资源并非是取之不尽，用之不竭的。由于沿海各地过分强调发展海洋捕捞业，导致海洋渔业资源逐年严重衰退，并严重威胁着我国海洋渔业的可持续发展。

对策：1995 年我国在东海、黄海开始实行伏季休渔制度，1999 年我国南海也开始实行了伏季休渔制度，这为鱼类生长繁育提供了时间和空间，有效地保护了主要经济鱼类资源。在开展保护的同时，政府还不断加强水生生物资源增殖和生态环境修复工作。除了休渔制度，我国还采用了规定捕捞定额，控制捕捞强度，发展远洋捕捞等手段，使我国渔业资源量明显增加。这一系列政策有利于公司海洋捕捞业的发展，而且能促进公司养殖业的进一步发展。

(5)税收政策变更的风险

公司是农业产业化国家重点龙头企业，目前享受所得税减免优惠政策。若未来公司执行的税收政策发生变动，将对公司经营业绩产生影响。

拟采取的对策和措施：

目前，根据《农业产业化国家重点龙头企业认定和运行监测管理暂行办法》的有关规定：对农业产业化国家重点龙头企业实行两年一次的监测评价制度。动态监测合格的国家重点龙头企业，将继续享受有关优惠政策；对检测不合格者，收回证书，取消其国家重点龙头企业资格，不再享受有关优惠政策。因此，本公司将严格按照农业产业化国家重点龙头企业的标准进一步提高公司的经营和管理水平，力争两年一次的动态监测获得合格，从而可以继续获得农业产业化国家重点龙头企业享受的税收优惠政策。

另外，公司还将进一步关注国家税收政策的变化，通过节能降耗等措施降低运营成本，以抵消可能发生的税收优惠政策变化对公司经营业绩产生的不良影响。

与公允价值计量相关的项目

□适用　　√不适用

持有外币金融资产、金融负债情况

□适用　　√不适用

6.2 主营业务分行业、产品情况表

单位:元　币种:人民币

分行业或分产品	营业收入	营业成本	营业利润率(%)	营业收入比上年增减(%)	营业成本比上年增减(%)	营业利润率比上年增减(%)
养殖业	248,799,312.57	83,143,775.46	66.58	−26.55	−39.24	增加 2.12 个百分点
食品加工业	155,418,800.13	153,242,556.98	1.40	−58.45	−57.68	减少 2.54 个百分点
捕捞业	66,957,807.00	55,938,023.20	16.45	16.59	28.06	增加 5.17 个百分点
分产品						
海参	140,800,342.06	53,564,129.98	61.95	−37.63	−36.38	减少 0.76 个百分点
海蜇	49,243,024.66	10,803,465.43	78.06	13.26	33.82	减少 3.37 个百分点

6.3 主营业务分地区情况表

单位:元　币种:人民币

地区	营业收入	营业收入比上年增减(%)
国际	86,478,345.06	−78.55
国内	384,697,574.64	4.84

6.4 募集资金使用情况

√适用 □不适用

单位:万元　币种:人民币

承诺项目	是否变更项目	拟投入金额	实际投入金额	是否符合计划进度	预计收益	产生收益情况
全雌牙鲆鱼工厂化养殖项目	是	17,508.10				
海湾投礁鲍参混养项目	否	17,058.90	19,968.96	是		本报告期内累计实现销售收入 6699 万元，实现主营业务利润 5051 万元
食品综合加工项目	否	9,847.00	10,099.94	是		本报告期内累计实现销售收入 1987.9 万元，实现主营业务利润 −2238.9 万元
合计	/	44,414.00	30,068.90	/		/

变更项目情况

√适用　　□不适用

单位:元　币种:人民币

变更后的项目	对应的原承诺项目	变更项目拟投入金额	实际投入金额	是否符合计划进度	变更项目的预计收益	产生收益情况
收购荣成荣康食品有限公司 75%股权	全雌牙鲆鱼工厂化养殖项目	8,393.96	8,393.96		是	本报告期内累计实现销售收入 1469.3 万元，累计实现利润−403.1 万元
合计	/	8,393.96	8,393.96	/		/

6.5 非募集资金项目情况

□适用　　√不适用

6.6 董事会对会计师事务所"非标准审计报告"的说明

□适用　　√不适用

6.7 董事会本次利润分配或资本公积金转增股本预案

公司本报告期内盈利但未提出现金利润分配预案

√适用　　□不适用

本报告期内盈利但未提出现金利润分配预案的原因	未用于分红的资金留存公司的用途
为保持公司可持续发展，提高公司竞争能力，谋求更大的经营利润。	用于生产经营，补充公司流动资金。

第七节　重要事项

7.1 收购资产

□适用　　√不适用

7.2 出售资产

□适用　　√不适用

7.3 重大担保

□适用　　√不适用

7.4 重大关联交易

7.4.1 与日常经营相关的关联交易

√适用　　□不适用

单位:万元　币种:人民币

关联方	向关联方销售产品和提供劳务 交易金额	占同类交易金额的比例(%)	向关联方采购产品和接受劳务 交易金额	占同类交易金额的比例(%)
荣成邱家水产有限公司			2698.6	42.90
荣成加荣食品有限公司			533.9	8.49
荣成荣盛包装材料有限公司			616.4	9.80
好当家集团有限公司			911.9	14.50
荣成宇洲水产食品有限公司			197.9	3.15
荣成荣安建筑工程有限公司			1231.0	19.57
荣成东保汽车维修服务有限公司			100.0	1.59
荣成荣茂水产开发有限公司	664.2	51.25		
荣成加荣食品有限公司	171.8	13.26		
荣成荣研食品有限公司	134.2	10.36		
好当家集团有限公司	172.8	13.34		
山东邱家实业公司	95.1	7.34		
威海好当家闻涛度假旅游服务有限公司	57.7	4.45		
合计	1295.8	100	6289.7	100

其中：报告期内公司向控股股东及其子公司销售产品或提供劳务的关联交易金额 12,958,940.59 元。

7.4.2 关联债权债务往来

□适用　　√不适用

7.4.3 2008 年资金被占用情况及清欠进展情况

□适用　　√不适用

截止 2008 年末，上市公司未完成非经营性资金占用的清欠工作的，董事会提出的责任追究方案

□适用　　√不适用

7.5 委托理财

□适用　　√不适用

7.6 承诺事项履行情况

7.6.1 公司或持股 5%以上股东在报告期内或持续到报告期内的承诺事项

√适用　　□不适用

7.6.2 公司资产或项目存在盈利预测，且报告期仍处在盈利预测期间，公司就资产或项目是否达到原盈利预测及其原因作出说明：

□适用　　√不适用

7.7 重大诉讼仲裁事项

□适用　　√不适用

7.8 其他重大事项及其影响和解决方案的分析说明

7.8.1 证券投资情况

□适用　　√不适用

7.8.2 持有其他上市公司股权情况

□适用　　√不适用

7.8.3 持有非上市金融企业股权情况

√适用　　　　□不适用

所持对象名称	初始投资金额	持有数量	占该公司股权比例	期末账面值	报告期损益	报告期所有者权益变动	会计核算科目	股份来源
威海市商业银行股份有限公司	43,000,000.00	43,000,000	3.31					
合计	43,000,000.00	43,000,000	/	/	/			

7.8.4 买卖其他上市公司股份的情况

□适用　　　　√不适用

7.9 公司董事会对公司内部控制出具了自我评估报告，详见公司 2008 年年度报告全文。

7.10 公司披露了履行社会责任报告，详见年报全文。

第八节　监事会报告

监事会认为公司依法运作、公司财务情况、公司募集资金使用、公司收购、出售资产交易和关联交易不存在问题。

8.1 监事会对公司依法运作情况的独立意见

公司监事会对公司董事会成员和高级管理人员履行职责情况进行监督，认为公司董事会成员、公司总经理和其他高管人员在执行公司职务时，本着对全体股东负责及为股东争取更大回报的态度，真诚地以公司最大利益为出发点，忠实履行《公司章程》规定的职责，认真贯彻公司股东大会和董事会、监事会的各项决议，严格公司规范运作，未发现有损害股东利益的行为。

8.2 监事会对检查公司财务情况的独立意见

公司监事会听取了公司董事会关于 2008 年度经营情况的工作报告，并认真审核了公司 2008 年度财务决算报告和 2008 年度财务报告，认为财务报告真实反映了公司的财务状况和经营成果。

8.3 监事会对公司最近一次募集资金实际投入情况的独立意见

公司募集资金使用严格按照国家相关规定和公司制定的《募集资金管理办法》来执行运作，各募集资金项目实施顺利，均已完成并投入生产。

8.4 监事会对公司收购、出售资产情况的独立意见

报告期内，公司监事会未发现公司有重大收购、出售资产的行为；未发现公司有内幕交易的行为；无损害部分股东的权益或造成公司资产流失的情形。

8.5 监事会对公司关联交易情况的独立意见

报告期内公司的关联交易均遵循市场公允原则，关联交易价格公平合理，没有损害公司和股东的利益，也无违反法规或董事会、股东大会决议的情况发生。

8.6 监事会对会计师事务所非标意见的独立意见

山东汇德会计师事务所对公司出具的 2008 年度无保留意见审计报告，真实、客观、准确地反映了公司 2008 年度的财务状况、经营成果、资产负债等情况。

第九节　财务会计报告

9.1 审计意见

财务报告	□未经审计	√审计
审计意见	√标准无保留意见	□非标意见

审计意见全文

审计报告

(2009)汇所审字第 6-038 号

山东好当家海洋发展股份有限公司全体股东：

我们审计了后附的山东好当家海洋发展股份有限公司(以下简称"贵公司")财务报表，包括 2008 年 12 月 31 日的资产负债表及合并资产负债表，2008 年度的利润表及合并利润表，2008 年度所有者权益变动表及合并所有者权益变动表，2008 年度现金流量表及合并现金流量表以及财务报表附注。

一、管理层对财务报表的责任

按照企业会计准则的规定编制财务报表是贵公司管理层的责任。这种责任包括：(1)设计、实施和维护与财务报表编制相关的内部控制，以使财务报表不存在由于舞弊或错误而导致的重大错报；(2)选择和运用恰当的会计政策；(3)作出合理的会计估计。

二、注册会计师的责任

我们的责任是在实施审计工作的基础上对备考财务报表发表审计意见。我们按照中国注册会计师审计准则的规定执行了审计工作。中国注册会计师审计准则要求我们遵守职业道德规范，计划和实施审计工作以对财务报表是否不存在重大错报获取合理保证。

审计工作涉及实施审计程序，以获取有关备考财务报表金额和披露的审计证据。选择的审计程序取决于注册会计师的判断，包括对由于舞弊或错误导致的财务报表重大错报风险的评估。在进行风险评估时，我们考虑与财务报表编制相关的内部控制，以设计恰当的审计程序，但目的并非对内部控制的有效性发表意见。审计工作还包括评价管理层选用会计政策的恰当性和作出会计估计的合理性，以及评价财务报表的总体列报。

我们相信，我们获取的审计证据是充分、适当的，为发表审计意见提供了基础。我们认为，贵公司财务报表已经按照企业会计准则的规定编制，在所有重大方面公允反映了贵公司 2008 年 12 月 31 日的财务状况以及 2008 年度的经营成果、股东权益的变动以及现金流量。

山东汇德会计师事务所有限公司　　　　中国注册会计师：谭正嘉、张青雷

山东青岛东海西路 39 号世纪大厦 26-27 层　　　　2009 年 4 月 27 日

9.2 财务报表

合并资产负债表

2008 年 12 月 31 日

编制单位：山东好当家海洋发展股份有限公司　　　　单位：元 币种：人民币

项目	附注	期末余额	年初余额
流动资产：			
货币资金		43,576,872.00	74,516,341.78
结算备付金			
拆出资金			
交易性金融资产			
应收票据		850,000.00	
应收账款		10,651,887.26	17,643,377.34
预付款项		9,879,920.86	4,383,570.25
应收保费			
应收分保账款			
应收分保合同准备金			
应收利息			
应收股利			
其他应收款		8,939,231.13	18,349,196.18
买入返售金融资产			
存货		352,504,273.05	281,043,127.12
一年内到期的非流动资产			
其他流动资产		170,566.49	
流动资产合计		426,402,184.30	396,106,179.16
非流动资产：			
发放贷款及垫款			
可供出售金融资产			
持有至到期投资			
长期应收款			
长期股权投资		43,000,000.00	43,000,000.00
投资性房地产			
固定资产		1,011,329,947.26	1,014,216,607.42
在建工程		25,786,046.75	2,038,108.38
工程物资			
固定资产清理			
生产性生物资产			
油气资产			
无形资产		58,957,898.46	58,764,125.71
开发支出			
商誉			
长期待摊费用		681,700.69	339,925.21
递延所得税资产		2,202,780.66	2,004,318.21
其他非流动资产			
非流动资产合计		1,141,958,373.82	1,120,363,084.93
资产总计		1,568,360,558.12	1,516,469,264.09
流动负债：			
短期借款		149,000,000.00	207,000,000.00
向中央银行借款			
吸收存款及同业存放			
拆入资金			
交易性金融负债			
应付票据		24,000,000.00	37,000,000.00
应付账款		29,808,784.50	39,442,245.91
预收款项		8,267,395.95	6,136,701.94
卖出回购金融资产款			
应付手续费及佣金			
应付职工薪酬		43,804,634.33	32,939,556.70
应交税费		1,199,098.58	525,636.47
应付利息		293,289.25	589,798.75
应付股利		6,976,957.10	4,648,903.60
其他应付款		3,970,386.19	1,182,785.96
应付分保账款			
保险合同准备金			
代理买卖证券款			
代理承销证券款			
一年内到期的非流动负债		18,000,000.00	17,000,000.00
其他流动负债		6,252,248.50	1,847,114.80
流动负债合计		291,572,794.40	348,312,744.13
非流动负债：			
长期借款		10,000,000.00	28,000,000.00
应付债券			
长期应付款		6,605,018.00	6,605,018.00
专项应付款			
预计负债			
递延所得税负债		6,096,350.00	
其他非流动负债			
非流动负债合计		22,701,368.00	34,605,018.00
负债合计		314,274,162.40	382,917,762.13
股东权益：			
股本		633,600,000.00	633,600,000.00
资本公积		135,595,226.43	135,595,226.43
减：库存股			

盈余公积	106,416,221.60	91,083,014.93
一般风险准备		
未分配利润	333,740,106.27	224,616,230.28
外币报表折算差额		
归属于母公司所有者权益合计	1,209,351,554.30	1,084,894,471.64
少数股东权益	44,734,841.42	48,657,030.32
股东权益合计	1,254,086,395.72	1,133,551,501.96
负债和股东权益合计	1,568,360,558.12	1,516,469,264.09

公司法定代表人:李鹏程　　主管会计工作负责人:冯永东　　会计机构负责人:宋荣超

母公司资产负债表

2008 年 12 月 31 日

编制单位:山东好当家海洋发展股份有限公司　　单位:元 币种:人民币

项目	附注	期末余额	年初余额
流动资产:			
货币资金		17,231,464.50	43,492,239.35
交易性金融资产			
应收票据			
应收账款		911,991.80	1,761,529.33
预付款项		7,072,777.53	1,981,948.90
应收利息			
应收股利		478,221.11	2,752,878.55
其他应收款		61,386,861.97	73,730,355.53
存货		292,565,884.34	222,687,621.56
一年内到期的非流动资产			
其他流动资产		170,566.49	
流动资产合计		379,647,201.25	346,577,139.71
非流动资产:			
可供出售金融资产			
持有至到期投资			
长期应收款			
长期股权投资		266,978,185.99	266,978,185.99
投资性房地产			
固定资产		797,062,019.47	790,174,106.71
在建工程		25,560,060.81	1,269,034.03
工程物资			
固定资产清理			
生产性生物资产			
油气资产			
无形资产		54,584,764.69	54,294,448.46
开发支出			
商誉			
长期待摊费用		431,400.00	
递延所得税资产		1,524,087.50	1,024,826.71
其他非流动资产			
非流动资产合计		1,146,140,518.46	1,113,740,601.90
资产总计		1,525,787,719.71	1,460,317,741.61
流动负债:			
短期借款		149,000,000.00	207,000,000.00
交易性金融负债			
应付票据		24,000,000.00	37,000,000.00
应付账款		13,226,262.17	23,624,556.38
预收款项		387,283.04	325,774.43
应付职工薪酬		9,238,680.37	9,657,339.38
应交税费		1,591,737.47	3,076,269.01
应付利息		293,289.25	589,798.75
应付股利			
其他应付款		62,525,467.12	60,513,499.30
一年内到期的非流动负债		18,000,000.00	17,000,000.00
其他流动负债		5,383,119.52	817,040.30
流动负债合计		283,645,838.94	359,604,277.55
非流动负债:			
长期借款		10,000,000.00	28,000,000.00
应付债券			
长期应付款		6,605,018.00	6,605,018.00
专项应付款			
预计负债			
递延所得税负债		6,096,350.00	
其他非流动负债			
非流动负债合计		22,701,368.00	34,605,018.00
负债合计		306,347,206.94	394,209,295.55
股东权益:			
股本		633,600,000.00	633,600,000.00
资本公积		135,595,226.43	135,595,226.43
减:库存股			
盈余公积		101,262,223.00	85,929,016.33
未分配利润		348,983,063.34	210,984,203.30
外币报表折算差额			
股东权益合计		1,219,440,512.77	1,066,108,446.06
负债和股东权益合计		1,525,787,719.71	1,460,317,741.61

公司法定代表人:李鹏程　　主管会计工作负责人:冯永东　　会计机构负责人:宋荣超

合并利润表

2008 年 1—12 月

单位:元 币种:人民币

项目	附注	本期金额	上期金额
一、营业总收入		474,956,113.94	773,877,230.91
其中:营业收入		474,956,113.94	773,877,230.91
利息收入			
已赚保费			
手续费及佣金收入			
二、营业总成本		354,713,541.43	561,336,679.54
其中:营业成本		273,024,932.15	514,414,840.02
利息支出			
手续费及佣金支出			
退保金			
赔付支出净额			
提取保险合同准备金净额			
保单红利支出			
分保费用			
营业税金及附加		1,631,473.61	1,808,003.96
销售费用		7,112,360.73	6,210,643.22
管理费用		36,887,240.13	18,636,343.13
财务费用		12,255,786.79	18,817,949.93
资产减值损失		23,801,748.02	1,448,899.28
加:公允价值变动收益(损失以"-"号填列)			
投资收益(损失以"-"号填列)			
其中:对联营企业和合营企业的投资收益			
汇兑收益(损失以"-"号填列)			
三、营业利润(亏损以"-"号填列)		120,242,572.51	212,540,551.37
加:营业外收入		11,148,040.61	614,235.04
减:营业外支出		1,423,815.91	1,813,153.25
其中:非流动资产处置净损失			
四、利润总额(亏损总额以"-"号填列)		129,966,797.21	211,341,633.16
减:所得税费用		7,045,849.94	7,046,341.56
五、净利润(净亏损以"-"号填列)		122,920,947.27	204,295,291.60
归属于母公司所有者的净利润		124,457,082.66	201,579,547.58
少数股东损益		-1,536,135.39	2,715,744.02
六、每股收益:			
(一)基本每股收益		0.20	0.32
(二)稀释每股收益		0.20	0.32

本期发生同一控制下企业合并的,被合并方在合并前实现的净利润为:1,936,112.50 元.

公司法定代表人:李鹏程　　主管会计工作负责人:冯永东　　会计机构负责人:宋荣超

母公司利润表

2008 年 1—12 月

单位:元 币种:人民币

项目	附注	本期金额	上期金额
一、营业收入		305,397,466.39	366,950,604.63
减:营业成本		110,931,078.80	144,646,345.25
营业税金及附加		1,294,696.95	1,490,295.79
销售费用		990,628.26	1,359,375.26
管理费用		16,847,311.07	7,354,300.17
财务费用		14,452,204.84	19,316,065.95
资产减值损失		22,970,955.99	2,837,805.91
加:公允价值变动收益(损失以"-"号填列)			
投资收益(损失以"-"号填列)		18,156,487.77	2,752,878.55
其中:对联营企业和合营企业的投资收益			
二、营业利润(亏损以"-"号填列)		156,067,078.25	192,699,294.85
加:营业外收入		705,531.76	326,333.83
减:营业外支出		1,232,090.43	1,402,387.26
其中:非流动资产处置净损失			
三、利润总额(亏损总额以"-"号填列)		155,540,519.58	191,623,241.42
减:所得税费用		2,208,452.87	25,347.25
四、净利润(净亏损以"-"号填列)		153,332,066.71	191,597,894.17

公司法定代表人:李鹏程　　主管会计工作负责人:冯永东　　会计机构负责人:宋荣超

合并现金流量表

2008 年 1—12 月

单位:元 币种:人民币

项目	附注	本期金额	上期金额
一、经营活动产生的现金流量:			
销售商品、提供劳务收到的现金		512,273,230.15	754,745,583.14

客户存款和同业存放款项净增加额		
向中央银行借款净增加额		
向其他金融机构拆入资金净增加额		
收到原保险合同保费取得的现金		
收到再保险业务现金净额		
保户储金及投资款净增加额		
处置交易性金融资产净增加额		
收取利息、手续费及佣金的现金		
拆入资金净增加额		
回购业务资金净增加额		
收到的税费返还	14,863,842.52	26,541,283.54
收到其他与经营活动有关的现金	20,580,653.80	5,599,636.33
经营活动现金流入小计	547,717,726.47	786,886,503.01
购买商品、接受劳务支付的现金	303,987,813.59	476,941,947.94
客户贷款及垫款净增加额		
存放中央银行和同业款项净增加额		
支付原保险合同赔付款项的现金		
支付利息、手续费及佣金的现金		
支付保单红利的现金		
支付给职工以及为职工支付的现金	74,750,733.49	85,015,882.48
支付的各项税费	16,987,247.49	16,342,233.69
支付其他与经营活动有关的现金	16,782,747.79	18,713,082.76
经营活动现金流出小计	412,508,542.36	597,013,146.87
经营活动产生的现金流量净额	135,209,184.11	189,873,356.14
二、投资活动产生的现金流量：		
收回投资收到的现金		
取得投资收益收到的现金		
处置固定资产、无形资产和其他长期资产收回的现金净额	5,697,494.77	1,000,000.00
处置子公司及其他营业单位收到的现金净额		
收到其他与投资活动有关的现金		
投资活动现金流入小计	5,697,494.77	1,000,000.00
购建固定资产、无形资产和其他长期资产支付的现金	75,250,303.81	63,861,987.51
投资支付的现金		
质押贷款净增加额		
取得子公司及其他营业单位支付的现金净额		
支付其他与投资活动有关的现金		
投资活动现金流出小计	75,250,303.81	63,861,987.51
投资活动产生的现金流量净额	−69,552,809.04	−62,861,987.51
三、筹资活动产生的现金流量：		
吸收投资收到的现金		
其中：子公司吸收少数股东投资收到的现金	276,000,000.00	342,000,000.00
取得借款收到的现金		
发行债券收到的现金		
收到其他与筹资活动		
有关的现金		
筹资活动现金流入小计	276,000,000.00	342,000,000.00
偿还债务支付的现金	351,000,000.00	395,000,000.00
分配股利、利润或偿付利息支付的现金	15,273,540.70	56,406,985.87
其中：子公司支付给少数股东的股利、利润		58,001.01
539,509.61		
支付其他与筹资活动有关的现金		
筹资活动现金流出小计	366,273,540.70	451,406,985.87
筹资活动产生的现金流量净额	−90,273,540.70	−109,406,985.87
四、汇率变动对现金及现金等价物的影响	336,720.34	
五、现金及现金等价物净增加额	−24,280,445.29	17,604,382.76
加：期初现金及现金等价物余额	59,400,905.44	41,796,522.68
六、期末现金及现金等价物余额	35,120,460.15	59,400,905.44

公司法定代表人：李鹏程　　主管会计工作负责人：冯永东　　会计机构负责人：宋荣超

母公司现金流量表

2008 年 1—12 月

单位:元 币种:人民币

项目	附注	本期金额	上期金额
一、经营活动产生的现金流量：			
销售商品、提供劳务收到的现金		331,375,618.22	367,160,464.61
收到的税费返还		91,149.09	124,610.58
收到其他与经营活动有关的现金		6,504,649.20	2,831,032.26
经营活动现金流入小计		337,971,416.51	370,116,107.45
购买商品、接受劳务支付的现金		170,596,839.16	138,350,820.97
支付给职工以及为职工支付的现金		37,424,816.11	39,544,088.38
支付的各项税费		7,722,621.06	3,513,789.98
支付其他与经营活动有关的现金		12,433,260.08	7,014,192.61
经营活动现金流出小计		228,177,536.41	188,422,891.94
经营活动产生的现金流量净额		109,793,880.10	181,693,215.51
二、投资活动产生的现金流量：			
收回投资收到的现金			
取得投资收益收到的现金		17,678,266.66	
处置固定资产、无形资产和其他长期资产收回的现金净额		404,661.37	
处置子公司及其他营业单位收到的现金净额			
收到其他与投资活动有关的现金			
投资活动现金流入小计		18,082,928.03	
购建固定资产、无形资产和其他长期资产支付的现金		57,153,797.48	57,665,284.11
投资支付的现金			
取得子公司及其他营业单位支付的现金净额			
支付其他与投资活动有关的现金			
投资活动现金流出小计		57,153,797.48	57,665,284.11
投资活动产生的现金流量净额		−39,070,869.45	−57,665,284.11
三、筹资活动产生的现金流量：			
吸收投资收到的现金			
取得借款收到的现金		276,000,000.00	342,000,000.00
收到其他与筹资活动有关的现金			
筹资活动现金流入小计		276,000,000.00	342,000,000.00
偿还债务支付的现金		351,000,000.00	395,000,000.00
分配股利、利润或偿付利息支付的现金		15,273,540.70	55,867,476.26
支付其他与筹资活动有关的现金			9,506,072.79
筹资活动现金流出小计		366,273,540.70	460,373,549.05
筹资活动产生的现金流量净额		−90,273,540.70	−118,373,549.05
四、汇率变动对现金及现金等价物的影响		−51,220.31	
五、现金及现金等价物净增加额		−19,601,750.36	5,654,382.35
加：期初现金及现金等价物余额		28,376,803.01	22,722,420.66
六、期末现金及现金等价物余额		8,775,052.65	28,376,803.01

公司法定代表人：李鹏程　　主管会计工作负责人：冯永东　　会计机构负责人：宋荣超

合并所有者权益变动表

2008 年 1—12 月

单位:元 币种:人民币

本年金额

项目	归属于母公司所有者权益							少数股东权益	所有者权益合计
	股本	资本公积	减：库存股	盈余公积	一般风险准备	未分配利润	其他		
一、上年年末余额	633,600,000.00	135,595,226.43		91,083,014.93		224,616,230.28		48,657,030.32	1,133,551,501.96
加：同一控制下企业合并									
产生的追溯调整									
会计政策变更									
前期差错更正									
其他									
二、本年年初余额	633,600,000.00	135,595,226.43		91,083,014.93		224,616,230.28		48,657,030.32	1,133,551,501.96
三、本年增减变动金额									
(减少以"−"号填列)				15,333,206.67		109,123,875.99		−3,922,188.90	120,534,893.76
(一)净利润						124,457,082.66		−1,536,135.39	122,920,947.27
(二)直接计入所有者									
权益的利得和损失									
1.可供出售金融资产									
公允价值变动净额									
2.权益法下被投资单位其他									
所有者权益变动的影响									
3.与计入所有者权益项目									
相关的所得税影响									
4.其他									
上述(一)和(二)小计						124,457,082.66		−1,536,135.39	122,920,947.27
(三)所有者投入和减少资本									
1.所有者投入资本									
2.股份支付计入所有者权益的金额									
3.其他									
(四)利润分配				15,333,206.67		−15,333,206.67		−2,386,053.51	−2,386,053.51
1.提取盈余公积				15,333,206.67		−15,333,206.67			
2.提取一般风险准备									
3.对所有者(或股东)的分配								−2,386,053.51	−2,386,053.51
4.其他									
(五)所有者权益内部结转									
1.资本公积转增资本(或股本)									
2.盈余公积转增资本(或股本)									
3.盈余公积弥补亏损									
4.其他									
四、本期期末余额	633,600,000.00	135,595,226.43		106,416,221.60	333,740,106.27			44,734,841.421,254,086,395.72	

上年金额

项目	归属于母公司所有者权益							少数股东权益	所有者权益合计
	股本	资本公积	减：库存股	盈余公积	一般风险准备	未分配利润	其他		
一、上年年末余额	396,000,000.00	254,395,226.43		72,867,376.18		192,611,161.90		48,053,392.59	963,927,157.10
加：同一控制下企业合并									
产生的追溯调整									
会计政策变更				−944,150.67		2,045,310.22		41,378.63	1,142,538.18
前期差错更正									
其他									
二、本年年初余额	396,000,000.00	254,395,226.43		71,923,225.51		194,656,472.12		48,094,771.22	965,069,695.28
三、本年增减变动金额									
(减少以"−"号填列)	237,600,000.00	−118,800,000.00		19,159,789.42		29,959,758.16		562,259.10	168,481,806.68
(一)净利润	201,579,547.58	2,715,744.02204,295,291.60							

(二)直接计入所有者权益的利得和损失									
1.可供出售金融资产公允价值变动净额									
2.权益法下被投资单位其他所有者权益变动的影响									
3.与计入所有者权益项目相关的所得税影响									
4.其他									
上述(一)和(二)小计						201,579,547.58		2,715,744.02	204,295,291.60
(三)所有者投入和减少资本									
1.所有者投入资本									
2.股份支付计入所有者权益的金额									
3.其他									
(四)利润分配	118,800,000.00			19,159,789.42		−171,619,789.42		−2,153,484.92	−35,813,484.92
1.提取盈余公积				19,159,789.42		−19,159,789.42			
2.提取一般风险准备									
3.对所有者(或股东)的分配	118,800,000.00					−152,460,000.00		−2,153,484.92	−35,813,484.92
4.其他									
(五)所有者权益内部结转	118,800,000.00	−118,800,000.00							
1.资本公积转增资本(或股本)	118,800,000.00	−118,800,000.00							
2.盈余公积转增资本(或股本)									
3.盈余公积弥补亏损									
4.其他									
四、本期期末余额	633,600,000.00	135,595,226.43		91,083,014.93		224,616,230.28		48,657,030.32	1,133,551,501.96

公司法定代表人:李鹏程　　主管会计工作负责人:冯永东　　会计机构负责人:宋荣超

母公司所有者权益变动表

2008 年 1—12 月

单位:元 币种:人民币

本年金额

项目	股本	资本公积	减:库存股	盈余公积	未分配利润	所有者权益合计
一、上年年末余额	633,600,000.00	135,595,226.43		85,929,016.33	210,984,203.30	1,066,108,446.06
加:会计政策变更						
前期差错更正						
其他						
二、本年年初余额	633,600,000.00	135,595,226.43		85,929,016.33	210,984,203.30	1,066,108,446.06
三、本年增减变动金额(减少以"−"号填列)				15,333,206.67	137,998,860.04	153,332,066.71
(一)净利润					153,332,066.71	153,332,066.71
(二)直接计入所有者权益的利得和损失						
1.可供出售金融资产公允价值变动净额						
2.权益法下被投资单位其他所有者权益变动的影响						
3.与计入所有者权益项目相关的所得税影响						
4.其他						
上述(一)和(二)小计					153,332,066.71	153,332,066.71
(三)所有者投入和减少资本						
1.所有者投入资本						
2.股份支付计入所有者权益的金额						
3.其他						
(四)利润分配				15,333,206.67	−15,333,206.67	
1.提取盈余公积				15,333,206.67	−15,333,206.67	
2.对所有者(或股东)的分配						
3.其他						
(五)所有者权益内部结转						
1.资本公积转增资本(或股本)						
2.盈余公积转增资本(或股本)						
3.盈余公积弥补亏损						
4.其他						
四、本期期末余额	633,600,000.00	135,595,226.43		101,262,223.00	348,983,063.34	1,219,440,512.77

上年金额

项目	股本	资本公积	减:库存股	盈余公积	未分配利润	所有者权益合计
一、上年年末余额	396,000,000.00	254,395,226.43		67,713,377.58	199,503,454.53	917,612,058.54
加:会计政策变更				−944,150.67	−8,497,355.98	−9,441,506.65
前期差错更正						
其他						
二、本年年初余额	396,000,000.00	254,395,226.43		66,769,226.91	191,006,098.55	908,170,551.89
三、本年增减变动金额(减少以"−"号填列)	237,600,000.00	−118,800,000.00		19,159,789.42	19,978,104.75	157,937,894.17
(一)净利润					191,597,894.17	191,597,894.17
(二)直接计入所有者权益的利得和损失						
1.可供出售金融资产公允价值变动净额						
2.权益法下被投资单位其他所有者权益变动的影响						
3.与计入所有者权益项目相关的所得税影响						
4.其他						
上述(一)和(二)小计					191,597,894.17	191,597,894.17
(三)所有者投入和减少资本						
1.所有者投入资本						
2.股份支付计入所有者权益的金额						
3.其他						
(四)利润分配	118,800,000.00			19,159,789.42	−171,619,789.42	−33,660,000.00
1.提取盈余公积				19,159,789.42	−19,159,789.42	
2.对所有者(或股东)的分配	118,800,000.00				−152,460,000.00	−33,660,000.00
3.其他						
(五)所有者权益内部结转	118,800,000.00	−118,800,000.00				
1.资本公积转增资本(或股本)	118,800,000.00	−118,800,000.00				
2.盈余公积转增资本(或股本)						
3.盈余公积弥补亏损						
4.其他						
四、本期期末余额	633,600,000.00	135,595,226.43		85,929,016.33	210,984,203.30	1,066,108,446.06

公司法定代表人:李鹏程　　主管会计工作负责人:冯永东　　会计机构负责人:宋荣超

9.3 本报告期无会计政策、会计估计和核算方法变更。

9.4 本报告期无会计差错更正。

9.5 与最近一期年度报告相比,合并范围发生变化的具体说明

报告期内,公司财务报表合并范围未发生重大变化。

董事长:李鹏程

山东好当家海洋发展股份有限公司

2009 年 4 月 29 日

南京栖霞建设股份有限公司

南京栖霞建设股份有限公司2008年年度报告摘要

第一节　重要提示

1.1 本公司董事会、监事会及董事、监事、高级管理人员保证本报告所载资料不存在任何虚假记载、误导性陈述或者重大遗漏，并对其内容的真实性、准确性和完整性承担个别及连带责任。

本年度报告摘要摘自年度报告全文，投资者欲了解详细内容，应当仔细阅读年度报告全文。

1.2 公司董事长陈兴汉女士、江劲松董事、范业铭董事、徐益民董事和独立董事沈坤荣先生、李启明先生亲自出席本次董事会会议，独立董事王跃堂先生因公出国未能亲自出席本次董事会会议，授权独立董事沈坤荣先生代为出席本次董事会会议并行使表决权。

1.3 南京立信永华会计师事务所有限公司为本公司出具了标准无保留意见的审计报告。

1.4 公司负责人陈兴汉女士、主管会计工作负责人干泳星女士及会计机构负责人(会计主管人员)袁翠玲女士声明：保证年度报告中财务报告的真实、完整。

第二节　公司基本情况简介

2.1 基本情况简介

股票简称	栖霞建设
股票代码	600533
上市交易所	上海证券交易所
公司注册地址和办公地址	南京市和燕路251号　南京市龙蟠路9号
邮政编码	210037
公司国际互联网网址	www.chixia.com
电子信箱	600533@chixia.com

2.2 联系人和联系方式

	董事会秘书	证券事务代表
姓名	王建优先生	周文龙先生
联系地址	江苏省南京市龙蟠路9号兴隆大厦21楼证券投资部	江苏省南京市龙蟠路9号兴隆大厦21楼证券投资部
电话	025-85600533	025-85600533
传真	025-85502482	025-85502482
电子信箱	invest@chixia.com	invest@chixia.com

第三节　会计数据和业务数据摘要

3.1 主要会计数据

单位：元　币种：人民币

	2008年	2007年	本年比上年增减(%)	2006年
营业收入	1,591,606,981.76	2,856,800,795.95	−44.29	2,312,659,434.60
利润总额	317,805,453.73	630,740,151.40	−49.61	370,824,618.76
归属于上市公司股东的净利润	187,856,185.00	343,518,368.24	−45.31	231,641,363.42
归属于上市公司股东的扣除非经常性损益的净利润	187,259,202.03	343,539,525.30	−45.49	225,980,791.84
经营活动产生的现金流量净额	−909,664,868.28	−726,420,801.70	−25.23	209,089,938.74
	2008年末	2007年末	本年末比上年末增减(%)	2006年末
总资产	7,317,456,080.95	6,389,991,940.80	14.51	4,869,366,435.41
所有者权益(或股东权益)	2,590,846,184.07	1,628,971,999.07	59.05	1,431,253,630.83

3.2 主要财务指标

	2008年	2007年	本年比上年增减(%)	2006年
本每股收益(元/股)	0.1917	0.4241	−54.80	0.635
释每股收益(元/股)	0.1917	0.4241	−54.80	0.635
除非经常性损益后的基本每股收益(元/股)	0.1911	0.4241	−54.94	0.619
面摊薄净资产收益率(%)	7.25	21.09	减少13.84个百分点	16.18
权平均净资产收益率(%)	9.35	22.81	减少13.46个百分点	24.73
除非经常性损益后全面摊薄净资产收益率(%)	7.23	21.09	减少13.86个百分点	15.79
除非经常性损益后的加权平均净资产收益率(%)	9.32	22.81	减少13.49个百分点	24.12
股经营活动产生的现金流量净额(元/股)	−0.866	−1.794	51.73	0.516
	2008年末	2007年末	本年末比上年末增减(%)	2006年末
属于上市公司股东的每股净资产(元/股)	2.47	4.02	−38.56	3.53

2008年7月14日，公司公开增发人民币普通股股票12,000万股，股本总额增加至52,500万股；2008年中期，公司实施了资本公积转增股本方案，以52,500万股为基数，以资本公积金每10股转增10股，转增后股本总数为105,000万股。表中报告期每股净资产和每股经营活动产生的现金流量净额以10.5亿股为基数计算；上年同期每股净资产和每股经营活动产生的现金流量净额以4.05亿股为基数计算。如按同一口径(以上年度4.05亿股为基数)计算，公司每股净资产为6.40元，同比增加59.20%；每股经营活动产生的现金流量净额为−2.246元，同比下降25.20%。表中报告期基本每股收益以加权后的9.8亿股为基数计算，上年同期基本每股收益以加权后的8.1亿股基数计算，如按同一口径(以上年度4.05亿股为基数)计算，当期每股收益为0.4638元，上年同期每股收益为0.842元。

非经常性损益项目

√适用　　□不适用

单位：元　币种：人民币

非经常性损益项目	金额
非流动资产处置损益	5,408.39
计入当期损益的政府补助	3,480,029.00
除上述各项之外的其他营业外收入和支出	−1,894,096.56
少数股东权益影响额	−1,597,908.02
所得税影响额	−429,691.78
处置交易性金融资产取得的投资收益	1,033,241.94
合计	596,982.97

3.3 境内外会计准则差异：

□适用　　√不适用

第四节　股本变动及股东情况

4.1 股份变动情况表

√适用　　□不适用

单位：股

	本次变动前		本次变动增减(+,−)					本次变动后	
	数量	比例(%)	发行新股	送股	公积金转股	其他	小计	数量	比例(%)
一、有限售条件股份									
1、国家持股									
2、国有法人持股	162,732,600	40.18	32,797,440		163,987,200	−31,542,840	165,241,800	327,974,400	31.24
3、其他内资持股									
其中：									
境内法人持股									
境内自然人持股									
4、外资持股									
其中：									
境外法人持股									
境外自然人持股									
有限售条件股份合计	162,732,600	40.18	32,797,440		163,987,200	−31,542,840	165,241,800	327,974,400	31.24
二、无限售条件流通股份									
1、人民币普通股	242,267,400	59.82	87,202,560		361,012,800	31,542,840	479,758,200	722,025,600	68.76
2、境内上市的外资股									
3、境外上市的外资股									
4、其他									
无限售条件流通股份合计	242,267,400	59.82	87,202,560		361,012,800	31,542,840	479,758,200	722,025,600	68.76
三、股份总数	405,000,000	100.00	120,000,000		525,000,000	0	645,000,000	1,050,000,000	100

限售股份变动情况表

√适用　　□不适用

单位：股

股东名称	年初限售股数	本年解除限售股数	本年增加限售股数	年末限售股数	限售原因	解除限售日期
南京栖霞建设集团有限公司	120,018,240	15,750,000	156,402,360	260,670,600	股权分置改革、公开增发、转增	2008-1-23
南京新港高科技股份有限公司	42,671,520	15,750,000	40,382,280	67,303,800	股权分置改革、公开增发、转增	2008-1-23
南京市栖霞区国有资产投资中心	18,000	18,000			股权分置改革	2008-3-19
南京市园林实业	18,000	18,000			股权分置	2008-3-19

总公司					改革	
南京栖霞建设集团物资供销有限公司	6,840	6,840			股权分置改革	2008-3-19
合计	162,732,600	31,542,840	196,784,640	327,974,400	/	/

4.2 股东数量和持股情况

单位:股

报告期末股东总数					68,827 户
前十名股东持股情况					
股东名称	股东性质	持股比例(%)	持股总数	持有有限售条件股份数量	质押或冻结的股份数量
南京栖霞建设集团有限公司	国有法人	32.33	339,420,600	260,670,600	无
南京新港高科技股份有限公司	国有法人	13.91	146,053,800	67,303,800	无
中国建设银行-鹏华价值优势股票型证券投资基金	其他	2.48	26,078,768	0	无
中国工商银行-易方达价值成长混合型证券投资基金	其他	2.17	22,794,268	0	无
上海浦东发展银行-广发小盘成长股票型证券投资基金	其他	1.82	19,083,284	0	无
南京仙林房地产开发有限公司	其他	1.79	18,750,000		无
中国建设银行-南方盛元红利股票型证券投资基金	其他	1.43	14,994,172	0	无
中国工商银行-广发聚丰股票型证券投资基金	其他	1.00	10,507,884	0	无
中国工商银行-天元证券投资基金	其他	0.99	10,371,030	0	无
中国工商银行-广发大盘成长混合型证券投资基金	其他	0.90	9,502,428	0	无

前十名无限售条件股东持股情况

股东名称	持有无限售条件股份数量	股份种类
南京栖霞建设集团有限公司	78,750,000	人民币普通股
南京新港高科技股份有限公司	78,750,000	人民币普通股
中国建设银行-鹏华价值优势股票型证券投资基金	26,078,768	人民币普通股
中国工商银行-易方达价值成长混合型证券投资基金	22,794,268	人民币普通股
上海浦东发展银行-广发小盘成长股票型证券投资基金	19,083,284	人民币普通股
南京仙林房地产开发有限公司	18,750,000	人民币普通股
中国建设银行-南方盛元红利股票型证券投资基金	14,994,172	人民币普通股
中国工商银行-广发聚丰股票型证券投资基金	10,507,884	人民币普通股
中国工商银行-天元证券投资基金	10,371,030	人民币普通股
中国工商银行-广发大盘成长混合型证券投资基金	9,502,428	人民币普通股
上述股东关联关系或一致行动的说明	前十名股东和前十名无限售条件股东中,南京新港高科技股份有限公司系南京仙林房地产开发有限公司的控股股东,广发小盘成长股票型证券投资基金、广发聚丰股票型证券投资基金和广发大盘成长混合型证券投资基金均为广发基金管理有限公司旗下的基金,南方盛元红利股票型证券投资基金和天元证券投资基金均为南方基金管理有限公司旗下的基金,其他股东间未知是否存在关联关系或属于《上市公司股东持股变动信息披露管理办法》规定的一致行动人。	

4.3 控股股东及实际控制人情况介绍

4.3.1 控股股东及实际控制人变更情况

□适用　√不适用

4.3.2 控股股东及实际控制人具体情况介绍

4.3.2.1 控股股东情况

单位:元 币种:人民币

名称	法定代表人	注册资本	成立日期	主营业务
南京栖霞建设集团有限公司	江劲松	189,625,000	1993-9-7	房地产项目开发、建设、销售、租赁及售后服务;工程建设管理;建筑材料、装饰材料、照明灯具、金属材料、百货销售,室内装饰设计、实业投资。

4.3.2.2 实际控制人情况

单位: 元 币种:人民币

名称	法定代表人	注册资本	成立日期	主营业务
南京市栖霞区国有资产投资中心	陈发喜	500,000,000	1999-10-13	受区政府委托,负责管理、经营区属国有经营性资产;持有授权范围内公司、企业的国有产权;决定授权范围内国有资产转让、兼并,向各类企业进行投资。参股、控股等资本经营活动;收缴国有资产收益。

第五节 董事、监事和高级管理人员

5.1 董事、监事和高级管理人员持股变动及报酬情况

单位:股

姓名	职务	性别	年龄	任期起止日期	年初持股数	年末持股数	变动原因	是否在公司领取报酬、津贴	报告期内从公司领取的报酬总额(万元)税前	是否在股东单位或其他关联单位领取薪酬
陈兴汉	董事长	女	62	2005-12-23~2012-1-20				是	65.05	否
江劲松	董事	男	40	2005-12-23~2012-1-20				是	58.34	否
范业铭	董事	男	45	2005-12-23~2012-1-20				是	46.54	否
徐益民	董事	男	47	2005-12-23~2012-1-20				否		是
刘志彪	独立董事	男	50	2005-12-23~2009-1-21				是	5	否
安同良	独立董事	男	43	2005-12-23~2009-1-21				是	5	否
王跃堂	独立董事	男	45	2005-12-23~2012-1-20				是	5	否
李　云	监事会主席	男	56	2005-12-23~2012-1-20				是	26.03	否
徐水炎	监事	男	45	2007-9-17~2012-1-20	3,000	4,500	部分售出及资本公积金转增	否		是
陆阳俊	监事	男	38	2006-12-5~2012-1-20				否		是
江劲松	总裁	男	40	2006-11-15~2012-1-20				是		否
范业铭	常务副总裁	男	45	2005-12-23~2012-1-20				是		否
干泳星	副总裁兼总会计师	女	52	2005-12-23~2012-1-20				是	37.55	否
王建优	副总裁兼董事会秘书	男	45	2005-12-23~2012-1-20				是	39.1	否

第六节 董事会报告

6.1 管理层讨论与分析

(一)市场环境变化与管理层的看法

从 2007 年第四季度开始至 2008 年,我国房地产行业经历了一个深幅调整的过程。根据国家统计局的数据,2008 年全国商品房销售面积 6.21 亿平方米,同比下降 19.7%(其中商品住宅销售面积 5.59 亿平方米,同比下降 20.3%);商品房销售金额 24071 亿元,同比下降 19.5%(其中商品住宅销售金额 20424 亿元,同比下降 20.1%)。受惯性影响,2008 年房地产开发投资 30580 亿元,仍同比增长 20.9%,但增速比 2007 年下降了 9.3 个百分比。对于房地产市场相对较成熟的大中型城市来讲,调整则更为剧烈。公司项目所在地南京、苏州和无锡三个城市,商品房销售面积下降幅度最高达到 50%。

2008 年南京、苏州、无锡三市市区商品房登记销售情况

	商品房销售面积(万平方米)	同比增长	商品住宅销售面积(万平方米)	同比增长	年末商品房累计可售(万平方米)	同比增长	年末商品住宅累计可售(万平方米)	同比增长
南京	624.17	−46.90%	514.25	−50.91%	1088.8	53.85%	740.29	77.34%
苏州	408.11	−50.08%	335.12	−50.67%	662.83	95.79%	463.78	111.56%
无锡	347.9	−30.69%	286.87	−35.26%	869.18	111.90%	536.53	145.64%

注:数据来源于江苏省商品房网上交易备案系统

我们认为,2008 年的行业调整, 其内因是 2007 年房地产市场过热之后的理性回归, 其外因是 2008 年国际金融危机引起的国内经济波动。

2008 年,因国内外金融、经济形势的巨大变化,我国宏观调控政策也经历了急速转变,由上半年的"控总量、稳物价、调结构、促平衡"转变为下半年的"保增长、放松货币政策"。房地产行业作为我国国民经济的支柱产业,自然成为了政府刺激经济增长的重要途径。2008 年 9 月以来,中央及地方政府陆续出台了金融、税收、土地等一系列政策,以促进房地产市场和宏观经济的健康发展。在金融政策上,央行连续 5 次降息,4 次下调存款准备金率,调增银行信贷规模,降低首次置业和购买改善型住房的首付比例,下调商业按揭贷款和住房公积金贷款利率;在税收政策上,下调了购房契税和二手房转让的营业税、土地增值税,并放宽二手房转让的条件;针对保障性住房建设,政府出台了三年 9000 亿元的建设计划,以加大保障性住房的建设力度,改善低收入群体的居住环境,促进房地产行业的长期健康稳定发展。同时,各地政府也通过放宽公积金贷款条件、降低交易税费、直接给予财政补贴、缓解开发商资金压力等多种手段,促进房地产市场尽快恢复,刺激经济平稳健康发展。

2009 年一季度,在一系列刺激政策的共同作用下,消费者的信心开始恢复,合理的刚性需求开始得到有效释放,商品房的成交量开始明显回暖。管理层认为,我国房地产行业长期向好的趋势并没有发生根本性转变,我国的城市化进程、经济发展潜力、人口红利等因素仍可给房地产行业带来长期持续的景气空间。房地产行业最艰难的时刻已经过去,2009 年,市场将迎来深幅调整之后的逐步恢复。

2009 年一季度南京、苏州、无锡三市市区商品房登记销售情况

	商品房销售面积(万平方米)	同比增长	商品住宅销售面积(万平方米)	同比增长	季末商品房累计可售(万平方米)	同比增长	季末商品住宅累计可售(万平方米)	同比增长
南京	188.46	9.39%	172.77	19.53%	1037.19	30.02%	688.15	43.27%
苏州	142.66	72.92%	117.87	77.25%	621.74	60.06%	425.35	69.55%

无锡	109.54	41.07%	93.84	53.91%	843.36	62.20%	519.27	85.95%

注：数据来源于江苏省商品房网上交易备案系统

然而，我们也认识到，市场的恢复不是一帆风顺的，国内外的经济形势变化仍有很大的不确定性，市场积压存货的消化仍需要一个过程。根据南京、苏州、无锡三市市区商品房登记销售情况统计，源于2008年的市场销售下滑，截至2008年末商品房累计可售面积同比增加了一倍左右。可见，在接下来的2009年，市场的销售压力仍然不容忽视，房价需要等待消费者收入水平的提高从而不断提升吸引力，存货需要等待刚性需求的不断释放来消化从而刺激新的投资。我们相信，市场经过一个深幅调整之后，供方已通过减少土地购买、延缓开发进度等途径压缩未来的市场供给，需求也将在信心提升、收入水平提高的过程中逐步得到恢复，供给与需求将在不久的将来达到新的平衡。

（二）报告期内公司经营情况的回顾

1、报告期内总体经营情况

报告期内，公司秉承"以南京为中心的三小时经济圈，发展成为长三角地区的房地产龙头企业"的发展战略，坚持走区域化、专业化、信息化、产业化发展道路，在国家持续的宏观调控、国际金融危机蔓延、国内经济下滑、资本市场震荡引致的系统性的行业低迷时期，审时度势，尽最大努力克服其对公司的不利影响，培养自身对市场的感知能力和反应能力，不断增强公司对市场变化的应对能力。

报告期内，面对市场的持续低迷，公司多方努力，积极应对。鉴于公司在售老楼盘居多，公开降价会触动老业主的利益，带来极大的社会矛盾，并给潜在消费者带来新的恐慌，加重观望情绪，因此公司没有一味采用降价的促销策略，而是在不激化矛盾的前提下，根据南京、苏州、无锡三地的具体情况，择机推出了一系列针对性的商品房促销措施。由于公司的项目品牌优势明显，且位置优越，随着城市地铁的投入运行，一些项目预计将有较大的升值空间，因此报告期内公司基本保持了销售价格的稳定。

公司的策略选择，决定了公司2008年的销售并没有获得超出市场平均水平的业绩。公司2008年合同销售面积12.3万平方米，合同销售金额11.9亿元，分别同比下降了64%和57%。然而，公司稳定销售价格的策略，保持了公司较高的销售利润率。公司2008年结算毛利率为40.4%，同比增加了5个百分点。2009年一季度，随着市场的回暖，公司项目的品牌优势开始显现。一季度公司合同销售面积7.57万平方米，合同销售金额6.19亿元，分别同比增长了206%和149%，不但远远超过了区域市场的平均增长率，甚至超过了公司2007年同期的销售水平。

2008年，面对宏观调控和行业调整的严峻形势，国内的开发企业普遍面临较大的资金压力。为了适应市场环境的变化，保证公司财务状况的安全和稳健，公司在中期及时调整了2008年全年的项目开发和销售计划。然而，市场调整的时间和深度最终超出了我们的预期，使得公司2008年实际开发和销售情况均未达到原来的计划水平。公司原计划2008年新开工面积62万平方米，实际完成38.21万平方米；计划竣工面积50万平方米，实际完成39.74万平方米；计划合同销售金额20亿元，实际完成11.9亿元。

报告期内，公司顺利完成了公开增发股票的计划。4月，公司公开增发股票申请获得中国证监会发审委审核通过。7月2日，公司正式收到中国证监会的核准批文。7月10日，公司及时启动了公开增发。在房地产行业调整和股票市场低迷的双重考验下，公司及主承销商经过努力，最终顺利完成增发12000万股普通股的融资计划，成功融资约10亿元人民币。此次权益融资的成功，大大降低了公司的资产负债率，提高了公司的抗风险能力，为公司的未来发展提供了更广阔的空间。报告期内，公司还多方面积极拓宽融资渠道，密切融洽银企合作关系，多途径争取银行支持，在利率下调的时候，公司积极抓住银行向优质房地产企业利率倾斜的机遇，调整公司债务结构，降低财务费用，有效解决了南京、苏州、无锡等公司的资金需求。

报告期内，公司坚持审慎的投资策略，探索于打通产业链的上下游，拓宽公司的盈利渠道。为了提高公司的园林建设水平和降低工程成本，7月，公司以战略投资者的身份投资参股了业务合作伙伴广东棕榈园林股份有限公司，成为其第三大股东，进一步密切了与合作伙伴的关系。

出于对未来市场的谨慎判断，公司在2008年并未增加新的项目储备，而是将工作重点放在现有项目的精耕细作以及项目的盘活上。作为市场中的一员，公司在2007年也难以独立于当时的市场氛围，在无锡和南京增加了两个成本相对偏高的土地储备，因此公司2008年的工作重点之一是如何盘活这些土地储备，2009年3月，公司与无锡市国土管理部门达成协议，解除了无锡第九棉纺织厂地块的土地出让合同，从而一定程度上减轻了无锡公司的经营压力。此外，根据企业会计准则，报告期公司对南京仙林2007G84地块计提了存货跌价准备2,380万元。

报告期内，公司共实现营业收入15.92亿元，同比上年减少44.29%；实现利润总额3.18亿元，比上年减少49.61%；实现归属于母公司所有者的净利润1.88亿元，比上年减少45.31%；每股收益0.19元。截至2008年12月31日，公司总资产73.17亿元，比上年增长14.51 %；归属于母公司所有者权益25.91亿元，比上年增长59.05%。

2、主营业务及其经营情况分析

（1）主营业务分行业、产品情况

单位：元 币种：人民币

分行业或分产品	营业收入	营业成本	毛利率(%)	营业收入比上年同期增减(%)	营业成本比上年同期增减(%)	毛利率比上年同期增减(%)	结算面积(万平方米)
行业							
房地产开发经营	1,552,283,143.54	937,242,171.77	39.62	−45.06	−48.62	增加4.17个百分点	17.28
产品							
天泓山庄	203,400,766.00	91,699,653.76	54.92	−79.14	−84.06	增加13.92个百分点	1.69
栖园	191,522,249.80	120,738,017.88	36.96	−31.04	−28.36	减少2.36个百分点	1.52
东方天郡	214,016,974.00	136,375,104.80	36.28	−59.55	−65.13	增加10.21个百分点	2.38
自由水岸	139,808,970.00	96,849,740.97	30.73	−48.11	−51.73	增加5.19个百分点	1.86
瑜憬湾	537,213,088.01	374,653,384.01	30.26	221.87	193.71	增加6.69个百分点	7.2
汇林绿洲	82,229,263.40	24,529,340. 28	70.17	−20.84	−45.28	增加13.33个百分点	0.46

（2）主营业务分地区情况

单位：元 币种：人民币

地区	营业收入	营业收入比上年增减(%)
南京	864,355,539.88	−58.53
苏州	150,714,515.65	−73.75
无锡	537,213,088.01	221.87

（3）主要项目开发、销售进度情况

①2008年公司主要项目开发情况

单位：万平方米

项目名称	位置	权益	占地面积	规划建筑面积	08年开工面积	08年竣工面积	截至08年末累计竣工面积
南京							
栖园	南京市仙林新市区	100%	22.54	22.30	0	11.22	18.36
东方天郡	南京市仙林新市区	51%	14.38	38.05	0	7.16	31.92
上城风景一期南片	南京市栖霞区	75%	6.06	9.31	0	2.03	9.31
上城风景一期北片	南京市栖霞区	75%	2.02	3.61	3.61	0	0
上城风景二期	南京市栖霞区	100%	5.80	11.14	0	0	0
百水芊城二期	南京市栖霞区	100%	11.12	16.59	2.67	0	0
栖庭(奥体B5)	南京市建邺区	100%	2.04	7.82	7.82	0	0
仙林G84号地块	南京市仙林新市区	100%	10.47	23.55	0	0	0
南京合计			74.43	132.37	14.10	20.41	57.65
苏州							
枫情水岸	苏州工业园区	50%	15.28	33.43	13.53	0	19.70
自由水岸	苏州工业园区	50%	9.87	25.66	0	5.54	18.23
苏州合计			25.15	59.09	13.53	5.54	37.93
无锡							
瑜憬湾	无锡市滨湖区	70%	23.86	56.66	10.58	13.79	18.03
无锡栖园	无锡市滨湖区	70%	11.26	23.98	0	0	0
东北塘地块	无锡市锡山区	100%	61.63	128.13	0	0	0
无锡合计			96.75	208.77	10.58	13.79	18.03
总合计			196.33	400.23	38.21.	39.74	115.55

②2009年主要项目开竣工情况

项目名称	位置	权益	占地面积	规划建筑面积	09年计划开工面积	09年计划竣工面积	08年末未开工规划建筑面积
南京							
栖园	南京市仙林新市区	100%	22.54	22.30	0	3.94	0
东方天郡	南京市仙林新市区	51%	14.38	38.05	0	6.13	0
上城风景一期南片	南京市栖霞区	75%	6.06	9.31	0	0	
上城风景一期北片	南京市栖霞区	75%	2.02	3.61	0	0	0
上城风景二期	南京市栖霞区	100%	5.80	11.14	0	11.14	0
百水芊城二期	南京市栖霞区	100%	11.12	16.59	13.92	2.67	13.92
栖庭(奥体B5)	南京市建邺区	100%	2.04	7.82	0	0	0
仙林G84号地块	南京市仙林新市区	100%	10.47	23.55	0	0	23.55
南京合计	南京市仙林新市区		74.43	132.37	13.92	23.88	37.47
苏州							
枫情水岸	苏州工业园区	50%	15.28	33.43	0.20	0	0
自由水岸	苏州工业园区	50%	9.87	25.66	0	7.43	0
苏州合计			25.15	59.09	0.20	7.43	0
无锡							
瑜憬湾	无锡市滨湖区	70%	23.86	56.66	8.08	0	28.05
无锡栖园	无锡市滨湖区	70%	11.26	23.98	16.70	0	23.98
东北塘地块	无锡市锡山区	100%	61.63	128.13	0	0	128.13
无锡合计			96.75	208.77	24.78	0	180.16
总合计			196.33	400.23	38.90	31.31	217.63

（4）主要供应商\客户情况

报告期内，本公司前五名供应商合计的采购额20,944.62万元，占本期采购总额的43.36%。报告期内，本公司前五名客户合计的销售额3,894.79万元，占本期销售总额的2.51%。

3、财务状况、经营成果和现金流量重大变化情况

（1）资产构成同比发生变动的分析

单位：元 币种：人民币

项目	2008年金额	2008年占总资产的比重(%)	2007年金额	2007年占总资产的比重(%)	期末比期初占总资产的比重的增减数
存货	5,730,138,328.10	78.31	4,939,158,031.39	77.30	增加1.01个百分点

长期股权投资	21,000,000.00	0.29	0	0	增加 0.29 个百分点
应付账款	170,448,002.09	2.33	208,099,826.00	3.26	减少 0.93 个百分点
预收款项	208,589,654.93	2.85	588,359,663.28	9.21	减少 6.36 个百分点
应交税费	50,937,329.40	0.70	124,055,504.06	1.94	减少 1.24 个百分点
其他应付款	271,610,468.08	3.71	131,739,796.69	2.06	增加 1.65 个百分点
一年内到期的非流动负债	1,300,000,000.00	17.77	1,084,000,000.00	16.96	增加 0.81 个百分点

①存货变化的原因：项目投入增加所致。

②长期股权投资变化的原因:以现金出资 2100 万元认购广东棕榈园林股份有限公司 870 万股新增股份所致。

③应付账款变化的原因:施工工程结算,本期支付工程款增加。

④预收款项变化的原因:期内受宏观调控和行业调整影响,住宅交易量减少,同时瑜憬湾等项目竣工交付结转收入。

⑤应交税费变化的原因:本期所得税率降低,利润减少,应纳所得税减少所致。

⑥其他应付款变化的原因：向南京置业担保有限公司借款所致。

⑦一年内到期的非流动负债变化的原因：本期到期的长期借款增加所致。

(2)经营成果及三费分析

单位:元 币种:人民币

项目	2008 年	2007 年	增减幅度(%)	变化原因
营业收入	1,591,606,981.76	2,856,800,795.95	−44.29	期内受宏观调控和行业调整影响,住宅销售量下降
营业成本	948,037,681.53	1,845,011,309.90	−48.62	本期营业收入减少所致
营业税金及附加	129,579,156.49	271,960,398.33	−52.35	本期营业收入减少所致
财务费用	60,198,487.00	17,365,563.35	246.65	利息支出费用化比例增加所致
资产减值损失	24,713,771.32	520,487.80	4648.19	仙林 2007G84 地块计提存货跌价准备所致
投资净收益	1,033,241.94	10,405,041.99	−90.07	子公司参与新股申购获得证券收益减少所致
营业利润	319,014,680.00	632,604,996.94	−49.57	期内受宏观调控和行业调整影响,住宅销售量下降
营业外收入	3,673,146.12	429,511.12	755.19	子公司取得补贴收入
营业外支出	4,882,372.39	2,294,356.66	112.8	政府收取基金及汶川地震灾区捐款增加
所得税	80,983,351.57	218,127,530.32	−62.87	利润减少,所得税率降低
净利润	236,822,102.16	412,612,621.08	−42.6	期内受宏观调控和行业调整影响,住宅销售量下降

(3)现金流量表同比发生变动的分析

单位:元 币种:人民币

项目	2008 年	2007 年	增减幅度(%)	变化原因
销售商品、提供劳务收到的现金	1,209,071,399.26	2,913,897,449.58	−58.51	期内受宏观调控和行业调整影响,住宅销售量下降
购买商品、接受劳务支付的现金	1,680,298,328.05	3,178,623,183.23	−47.14	期内土地储备支出减少
经营活动产生的现金流量净额	−909,664,868.28	−726,420,801.70	−25.23	本期项目投入增加
投资活动产生的现金流量净额	−22,915,829.83	6,206,595.35	−469.22	期内投资广东棕榈园林股份有限公司
筹资活动产生的现金流量净额	845,887,220.44	617,931,301.61	36.89	本期公开增发 12000 万股新股

4、子公司经营情况及业绩分析

(1)子公司基本情况如下

公司名称	业务性质	主要产品或服务	注册资本	本公司拥有权益(%)	主要开发项目及服务
南京东方房地产开发有限公司	房地产开发	商品房	2,520,000 美元	75	上城风景一期
南京栖霞建设物业有限公司	物业管理	物业管理	5,000,000 元人民币	70	各小区物业管理
无锡栖霞建设有限公司 、	房地产开发	商品房	200,000,000 元人民币	70	瑜憬湾、无锡栖园
苏州栖霞建设有限责任公司	房地产开发	商品房	360,000,000 元人民币	50	枫情水岸、自由水岸
南京栖霞建设仙林有限公司	房地产开发	商品房	200,000,000 元人民币	51	东方天郡
无锡锡山栖霞建设有限公司	房地产开发	商品房	50,000,000 元人民币	100	无锡东北塘地块

(2)子公司经营业绩情况如下

单位:人民币元

公司名称	总资产	净资产	营业收入	营业利润	净利润
南京东方房地产开发有限公司	214,836,705.24	85,961,354.27	115,882,915.00	23,031,570.11	17,159,380.10
南京栖霞建设物业有限公司	36,655,503.11	9,111,951.50	37,011,186.49	1,036,661.56	234,953.03
无锡栖霞建设有限公司	1,456,345,228.04	258,702,098.14	537,213,088.01	90,925,078.39	66,316,600.86
苏州栖霞建设有限责任公司	933,361,408.02	465,735,970.30	151,818,265.66	15,318,936.51	13,061,908.04
南京栖霞建设仙林有限公司	883,714,569.51	312,855,417.33	214,016,974.00	49,853,398.93	37,101,330.50
无锡锡山栖霞建设有限公司	984,462,519.74	49,725,035.24		−193,613.35	−158,892.26

5、投资情况

(1)对外投资情况

单位:万元 币种:人民币

报告期内公司投资额	2,100
报告期内公司投资额比上年增减数	−2,900
报告期内公司投资额增减幅度(%)	−58

被投资的公司情况

被投资的公司名称	主要经营活动	占被投资公司权益的比例(%)	备注
广东棕榈园林股份有限公司	园林设计、园林工程施工、园林苗木产销	9.67	根据公司第三届董事会第三十四次会议决议,司以现金出资 2100 万元人民币,作为战略投资者认购广东棕榈园林股份有限公司 870 万股新增股份,增资后该公司总股本变更为 8770 万股,公司成为广东棕榈园林股份有限公司的第三大股东。截止目前该公司总股本为 9000 万元,公司持股比例下降为 9.67%。

(2)募集资金使用情况

①募集资金总体使用情况

单位:万元 币种:人民币

募集年份	募集方式	募集资金净额	本年度已使用募集资金总额	已累计使用募集资金总额	尚未使用募集资金总额	尚未使用募集资金用途及去向
2008	增发	99,676.8	68,557.55	68,557.55	31,359.45	活期存款、暂时补充流动资金

②承诺项目使用情况

单位:万元 币种:人民币

承诺项目名称	是否变更项目	拟投入金额	实际投入金额	是否符合计划进度	项目进度	预计收益	产生收益情况	是否符合预计收益	未达到计划进度和收益说明	变更原因及募集资金变更程序说明
南京 B5 地块	否	30,000	606.72	是	已开工,尚未开始销售	8,768	尚未开始销售	是		
南京上城风景二期	否	30,000	8,274.03	是	已全面开工,尚未竣工	5,691	本年合同预售金额 1355 万元	是		
无锡瑜憬湾三期	是	30,000	0	否					否	2008 年,因受国家经济形势变化及房地产行业调整的影响,公司对无锡瑜憬湾三期等项目的投资计划进行了调整。根据公司经营需要,并经公司 2008 年第五次临时股东大会决议通过,公司取消了无锡瑜憬湾三期的募集资金投资,相应的募集资金用作补充公司流动资金。无锡瑜憬湾三期的投资将根据公司调整过的开竣工计划,通过其他融资方式解决。

根据 2008 年 11 月 28 日召开的公司 2008 年第五次临时股东大会决议,公司将南京 B5 地块投资项目的闲置募集资金 1.2 亿元、南京上城风景二期投资项目的闲置募集资金 0.8 亿元,暂时用于补充公司流动资金,补充流动资金的时间不超过 6 个月。

截至 2008 年 12 月 31 日,上述暂时补充流动资金的募集资金 2 亿元已全部使用,这些资金尚未到期归还。

③募集资金变更项目情况

单位:万元 币种:人民币

变更投资项目资金总额	30,000

变更后的项目名称	对应的原承诺项目	变更项目拟投入金额	实际投入金额	是否符合计划进度	变更项目的预计收益	产生收益情况	项目进度	是否符合预计收益	未达到计划进度和收益说明
补充公司流动资金	无锡瑜憬湾三期	30,000	30,000						

④新增项目储备情况

报告期内,公司无新增储备项目。

6、公司管理回顾

报告期内,鉴于市场的复杂性和行业不确定性不断增加,住宅商品日现同质化,市场竞争压力日趋加大。产品的高性价比、企业的诚信度、服务的个性化,都成为公司优化管理的有效路径。公司推行审慎的经营及投资政策,加强项目开发过程控制与管理,将消化库存和革新盈利模式作为重点,把工作重心放在企业核心竞争力的提升中,从管理提升、人才培养、产品创新、技术集成等方面入手,化危机为契机,打造公司在逆境中发展壮大的内生能力。

报告期内,公司继续强化公司的管理标准化建设,在贯彻企业原有的质量管理标准、产品标准、服务标准的基础上,适时引入和建立了新的管理标准。进一步提高质量控制的幅度和深度,重新修订和完善了《内部控制体系》,全员、全过程、全企业覆盖,实现了质量保证体系、成本控制体系、全装修管理体系与巴塞尔项目管理信息门户的融合,切实提高了企业的执行力。同时,在公司和各子公司启动"强基工程",为企业长远发展提供强有力支撑。

公司对所开发的项目,坚持已有产品的自主创新模式,并结合推陈出新的市场特点,力求准确地把握市场定位,勇于创新,将研发创新的重点放在提升前期规划水平与产品品质、强化资源整合与成本控制、实现项目经济效益和社会效益共赢等环节上,精益求精,不断提高产品附加值。项目建设过程中,积极推广应用"四节一环保"新技术、新材料、新工艺和新设备,强化过程控制,保证工程质量。

报告期内,公司向社会发布了《2007年栖霞建设企业公民报告》,并于2009年3月发布了《2008年栖霞建设企业公民报告》。这两份报告均被中国社会工作协会企业公民委员会认定为"中国优秀企业公民报告"。作为我省和全行业内的第一家企业公民报告书,它使社会各界对栖霞建设的品牌认知由好房子、好景观的感性层次提升到了企业"使命感、责任感"的理性层面。公司将其视作企业文化创新的一个重要组成部分,将其打造为企业品牌、信誉和形象的战略延伸。

报告期内,公司依据中长期发展战略,继续推进住宅产业化,大力发展节能省地环保型建筑的建设和应用。2008年5月,建设部"2008省地节能环保型住宅国家康居示范工程技术创新大会"再一次以公司项目为蓝本在南京召开,开幕式上举行了南京栖霞建设国家住宅产业化基地授牌仪式。

7、社会认同度

报告期内,公司被建设部表彰为"住宅创新成效突出单位"。在2007-2008年度中国房地产年会上,公司当选"中国房地产20年20强企业"。在证券时报社和南方基金联合主办的"2007年度上市公司主板价值百强"评选中,公司荣获"价值百强"荣誉奖项。报告期内公司再登"2007中国房产百强企业"金榜,并入选"盈利性TOP10"。此外,公司还被中国社工协会企业公民委员会授予"2008中国优秀企业公民"称号。

报告期内,南京天泓山庄、东方天郡、上城风景等14项工程获2008年度"金陵杯"奖,占南京市全部优质工程奖的10%。天泓山庄被建设部授予"省地节能环保型住宅国家康居示范工程"。天泓山庄还荣获建设部首届"广厦奖",成功当选"中国房地产20年——最佳生态园林开发模式"小区,并入选"中国最美丽的100个楼盘"。东方天郡被评为"江苏省住宅工程质量分户验收示范小区"。无锡瑜憬湾项目5项工程获得无锡市优质工程奖,同时被评为"江苏优秀住宅"。苏州枫情水岸项目荣获苏州"2008年度最具品质楼盘",并被评为苏州"2008年度最具影响力楼盘"。

作为住宅产品的延展,物业管理对提升房地产公司的竞争力至关重要。报告期内,物业公司在南京第四届房地产文化节上被授予"品牌物业奖",汇林绿洲项目和云锦美地项目分别获得南京市物业管理行业"十大好管家"称号。汇林绿洲、天泓山庄项目被国家建设部誉为"全国物业管理优秀示范住宅小区",极大提升了栖霞建设的后续服务品质。

2008年11月份,第四届世界城市论坛在南京召开,作为官方合作伙伴,公司与建设部住宅产业化促进中心、江苏省建设厅联合主办"推进住宅产业现代化,建设节能省地环保住宅"特别论坛,展示了公司住宅产业化建设的成果,受到了各国与会嘉宾的好评,为此联合国人居署特向公司颁发了"城市可持续发展特别贡献奖"。

公司被南京市委、市政府授予"南京市有功单位"称号,并再次收获"中国优秀企业公民"的荣誉。作为房地产行业的代表,公司董事长陈兴汉同志被评为"江苏省优秀创业企业家"和"南京市企业改革开放30周年杰出贡献企业家"。

8、未来展望

2009年,公司迎来成立伊始的第一个10周年。期间,经历了行业的变迁,见证了市场的潮起潮落,公司秉承"诚信、人本、责任、创新"的核心价值观,以"给您一个温馨舒适的家"为已任,因此,我们把"品牌指引家的方向"作为10周年庆的主题,它更是公司十年发展历程的写照。而建设百年企业,铸就基业长青,则是我们永不懈怠的追求。

(1)公司未来发展战略

按照"企业主导、专家介入、全员参与"的原则,全方位地研究外部环境变化对房地产企业发展方式的深刻影响,不断丰富"企业管理现代化+住宅产业现代化+资本运作现代化"发展战略的新内涵,继续推行"专业化、区域化、信息化、产业化、国际化"的主业拓展思路,坚定不移地作专业的住宅开发商,将企业发展模式由机会导向型转变为战略驱动型,将市场低潮期转变为公司战略机遇期。

加大市场研究力度,增加市场研究力量,提升产品定位能力,切实建成"从客户中来,到客户中去"的端到端的业务流程,发挥客户需求在企业技术创新、设计创新和服务创新中的导向作用。加大中小户型的设计创新力度,走差异化竞争道路,建立自己的信息库,为推动户型设计标准化、平面结构模块化和缩短设计周期奠定坚实基础。为提高公司专业化水平,改变营销模式,实现销售业务基本外包,以降低销售费用,提升营销成果。

在控制成本的基础上,进一步发挥博士后科研工作站的平台优势,加大《冬冷夏热地区"四节一环保"导则》的推广力度,提高"新材料、新技术、新工艺、新设备"的集成应用水平,进一步克服质量通病,提升住宅品质。继续引进国内外成熟的四新技术,为产品创新提供强有力的支撑,从而更好地满足市场需求,切实推动国家住宅产业化基地建设的进程。

伴随着国家、省、市政府保增长、扩内需、重民生等各项措施的出台,城市建设投资规模和拆迁量将大幅增加,保障房建设项目将明显增多。公司将充分利用自身在经济适用房开发建设方面的丰富经验,积极争取政府各项保障房建设,以实现公司业务的合理分布,降低经营风险。

(2)2009年度公司经营计划

2009年,我们对市场谨慎乐观,预计房地产市场将处于缓慢的恢复过程。公司将继续通过提高产品性价比和超值服务等手段促进销售,消化存货,力争促进业绩增长。2009年,公司继续精耕细作,对项目进行更认真的市场调研,通过产品的差异化、精细化提高产品的市场竞争能力。

2009年,公司计划全年新开工面积38.9万平方米,竣工31.31万平方米。2009年,公司的可售房源比较充足,因此在项目开发上将灵活应对,开发节奏随市场形势的变化随时进行调整。当市场形势持续转好时,公司随时可以增加新的开工面积。此外,公司也将在行业低迷期密切关注土地市场的变化,抓住时机,适时增加一些具有良好发展前景的土地储备。

6.2 主营业务分行业、产品情况表

详见管理层讨论与分析

6.3 主营业务分地区情况表

详见管理层讨论与分析

6.4 募集资金使用情况

√适用 □不适用

详见管理层讨论与分析

变更项目情况

√适用 □不适用

详见管理层讨论与分析

6.5 非募集资金项目情况

□适用 √不适用

报告期内,公司无新增储备项目。

6.6 董事会对会计师事务所"非标准审计报告"的说明

□适用 √不适用

6.7 董事会本次利润分配或资本公积金转增股本预案

公司(母公司)2008年度实现净利润101,038,881.30元,提取10%的法定盈余公积金10,103,888.13元,加上年初未分配利润332,965,324.79元,扣除本期派发现金股利222,750,000.00元,年末实际可供股东分配的净利润为201,150,317.96元。决定以2008年年末股份总数105,000万股为基数,向全体股东每10股派发现金红利1元(含税),共计派发现金105,000,000.00元。

公司本报告期内盈利但未提出现金利润分配预案

□适用 √不适用

第七节 重要事项

7.1 收购资产

□适用 √不适用

7.2 出售资产

□适用 √不适用

7.3 重大担保

√适用 □不适用

单位:万元 币种:人民币

公司对外担保情况(不包括对子公司的担保)

担保对象名称	担保发生日期(协议签署日)	担保金额	担保类型	担保期	担保是否履行完毕	是否为关联方担保
南京栖霞建设集团有限公司	2008-10-29	10,000	连带责任担保	2008-10-29~2010-10-28	否	是
南京栖霞建设集团有限公司	2008-11-28	17,000	连带责任担保	2008-11-28~2010-11-27	否	是
南京栖霞建设集团有限公司	2008-12-31	5,000	连带责任担保	2008-12-31~2011-12-31	否	是
南京栖霞建设集团有限公司	2008-1-18	5,000	连带责任担保	2008-1-18~2009-1-17	否	是
南京栖霞建设集团有限公司	2008-7-31	1,000	连带责任担保	2008-7-31~2009-7-31	否	是
南京栖霞建设集团有限公司	2008-10-24	1,000	连带责任担保	2008-10-24~2009-10-24	否	是
南京栖霞建设集团有限公司	2008-9-28	3,000	连带责任担保	2008-9-28~2009-9-27	否	是
南京栖霞建设集团有限公司	2008-9-28	7,000	连带责任担保	2008-9-28~2009-9-27	否	是
南京栖霞建设集团有限公司	2008-2-29	3,000	连带责任担保	2008-2-29~2008-11-26	是	是
南京栖霞建设集团有限公司	2008-2-19	3,000	连带责任担保	2008-2-19~2009-2-18	否	是
报告期内担保发生额合计						55,000
报告期末担保余额合计						82,000

公司对子公司的担保情况

报告期内对子公司担保发生额合计	20,000
报告期末对子公司担保余额合计	61,100

公司担保总额情况(包括对子公司的担保)

担保总额	143,100
担保总额占公司净资产的比例(%)	55.23
其中：	
为股东、实际控制人及其关联方提供担保的金额	82,000
直接或间接为资产负债率超过 70%的被担保对象提供的债务担保金额	20,000
担保总额超过净资产 50%部分的金额	13,558
上述三项担保金额合计	115,558

7.4 重大关联交易

7.4.1 与日常经营相关的关联交易

□适用 √不适用

7.4.2 关联债权债务往来

□适用 √不适用

7.4.3 2008 年资金被占用情况及清欠进展情况

□适用 √不适用

截止 2008 年末,上市公司未完成非经营性资金占用的清欠工作的,董事会提出的责任追究方案

□适用 √不适用

7.5 委托理财

□适用 √不适用

7.6 承诺事项履行情况

7.6.1 公司或持股 5%以上股东在报告期内或持续到报告期内的承诺事项

√适用 □不适用

承诺事项	承诺内容	履行情况
股改承诺	(1)南京栖霞建设集团有限公司(以下简称"公司")所持非流通股股份自获得上市流通权之日起十二个月内不上市交易或者转让,上述承诺期期满后,通过证券交易所挂牌交易出售原非流通股股份,出售数量占公司股份总数的比例在十二个月内不超过百分之五,在二十四个月内不超过百分之十,其所持非流通股股份在自获得上市流通权之日起三十六个月内交易或者转让的价格不低于 8 元/股。(遇除权、除息情形时做相应调整)。(2)2005 年至 2007 年,三年内公司的原非流通股股东将在年度股东会议上提出按照不低于 70%的比率分配当年的可分配利润议案,并对该项议案投赞成票,以保障该议案获得年度股东会议的审议通过。(3)2006 至 2007 年,公司年度净利润以 2005 年为基数年均复合增长率不低于 30%。如公司 2006 年和 2007 年度未实现净利润年均 30%的复合增长率,或公司 2006 年、2007 年中任意一年年度财务报告被出具标准无保留意见以外的审计意见,公司非流通股股东将在 2007 年度股东大会审议通过相应年度报告后的 10 个工作日内,向无限售条件的流通股股东追加赠送股份,追加赠送股份总额为 120 万股,按照股改时流通股股本规模(6000 万股)计算,等同于每 10 股追送 0.2 股。如在追送股份的承诺期内公司实施送股、转增股本、全体股东同比例缩股等事项,则公司非流通股将对追加赠送的股份总数进行调整。如在追送股份的承诺期内公司实施再融资计划或发行权证,将不调整追送股份总额。	报告期内,南京栖霞建设集团公司和其他公司股东均认真履行承诺。
发行时所作承诺	公司控股股东南京栖霞建设集团有限公司[更名前为南京栖霞建设(集团)公司]分别于 1999 年 12 月、2001 年 9 月向本公司出具《不竞争承诺函》,承诺:该公司以及该公司现有或将来成立的全资子公司、控股公司和其它受该公司控制的公司将不直接和间接从事与股份公司有竞争的业务;如该公司的参股公司或该公司附属公司的参股公司从事的业务与股份公司有竞争,则该公司或该公司的附属公司将对此事实施否决权;该公司在房地产开发和经营市场中,除承接委建项目和原有办公楼的租赁及销售业务外,将不再从事任何房地产开发和经营业务。	报告期内,南京栖霞建设集团有限公司严格履行承诺。
增发时所作承诺	2008 年 7 月,南京栖霞建设集团有限公司和南京新港高科技股份有限公司参与了公司的公开增发股票,上述两大股东均承诺其持有的本公司股份在 6 个月内不卖出。	报告期内,南京栖霞建设集团有限公司和南京新港高科技股份有限公司均严格履行承诺。

7.6.2 公司资产或项目存在盈利预测,且报告期仍处在盈利预测期间,公司就资产或项目是否达到原盈利预测及其原因作出说明:

□适用 √不适用

7.7 重大诉讼仲裁事项

□适用 √不适用

7.8 其他重大事项及其影响和解决方案的分析说明

7.8.1 证券投资情况

□适用 √不适用

报告期内卖出申购取得的新股产生的投资收益总额 1,033,241.94 元。

7.8.2 持有其他上市公司股权情况

□适用 √不适用

7.8.3 持有非上市金融企业股权情况

□适用 √不适用

7.8.4 买卖其他上市公司股份的情况

□适用 √不适用

7.9 公司董事会对公司内部控制出具了自我评估报告,详见公司 2008 年年度报告全文。

7.10 公司披露了履行社会责任报告,详见年报全文。

第八节 监事会报告

监事会认为公司依法运作、公司财务情况、公司募集资金使用、公司收购、出售资产交易和关联交易不存在问题。

8.1 监事会对公司依法运作情况的独立意见

报告期内,监事会成员出席了公司股东大会,并列席了期间召开的十一次董事会会议,对公司决策和运作情况进行了监督;职工代表监事亲自参与公司各种内部制度的建设。监事会认为,公司有完善的法人治理结构和内部控制制度,经营运作规范,决策程序合法,公司董事、高级管理人员在执行公司职务时能够尽心尽职,未发现有违反法律、法规、公司章程或损害公司利益的行为。

8.2 监事会对检查公司财务情况的独立意见

2008 年,监事会成员列席了审议公司对外提供担保等事项的董事会会议;审核了董事会提交的年度报告及其他文件。监事会认为,公司 2008 年财务状况良好,公司财务报告及南京立信永华会计师事务所有限公司出具的标准无保留意见的审计报告真实、客观、公正地反映了公司的财务状况和经营成果。

8.3 监事会对公司最近一次募集资金实际投入情况的独立意见

公司于 2008 年 7 月公开增发人民币普通股股票 12,000 万股,共募集资金总额 103,440 万元,扣除发行费用后的募集资金净额为 99,676.8 万元。因受国家经济形势变化及房地产行业调整的影响,公司对无锡瑜憬湾三期等项目的投资计划进行了调整。根据公司经营需要,并经公司 2008 年第五次临时股东大会决议通过,公司取消了无锡瑜憬湾三期的募集资金投资,相应的募集资金用作补充公司流动资金。根据 2008 年 11 月 28 日召开的公司 2008 年第五次临时股东大会决议,公司将南京 B5 地块投资项目的闲置募集资金 1.2 亿元、南京上城风景二期投资项目的闲置募集资金 0.8 亿元,暂时用于补充公司流动资金,补充流动资金的时间不超过 6 个月。截至 2008 年 12 月 31 日,上述暂时补充流动资金的募集资金 2 亿元已全部使用,这些资金尚未到期归还。其余募集资金均按照计划投入。监事会认为董事会关于募集资金使用情况的说明是客观、真实、准确、完整的。

8.4 监事会对公司关联交易情况的独立意见

监事会认为,公司与关联方的关联交易均能遵循公开、公平、公正的原则,按市场价格进行交易,因此关联交易未损害公司利益。

第九节 财务会计报告

9.1 审计意见

财务报告	□未经审计	√审计
审计意见	√标准无保留意见	□非标意见

审计意见全文

审计报告

宁信会审字(2009)0336 号

南京栖霞建设股份有限公司全体股东:

我们审计了后附的南京栖霞建设股份有限公司(以下简称栖霞建设)财务报表,包括 2008 年 12 月 31 日的合并资产负债表及资产负债表,2008 年度的合并利润表及利润表、合并现金流量表及现金流量表和合并股东权益变动表及股东权益变动表,以及财务报表附注。

按照企业会计准则的规定编制财务报表是栖霞建设管理层的责任。这种责任包括:(1)设计、实施和维护与财务报表编制相关的内部控制,以使财务报表不存在由于舞弊或错误而导致的重大错报;(2)选择和运用恰当的会计政策;(3)作出合理的会计估计。

我们的责任是在实施审计工作的基础上对财务报表发表审计意见。我们按照中国注册会计师审计准则的规定执行了审计工作。中国注册会计师审计准则要求我们遵守职业道德规范,计划和实施审计工作以对财务报表是否不存在重大错报获取合理保证。

审计工作涉及实施审计程序,以获取有关财务报表金额和披露的审计证据。选择的审计程序取决于注册会计师的判断,包括对由于舞弊或错误导致的财务报表重大错报风险的评估。在进行风险评估时,我们考虑与财务报表编制相关的内部控制,以设计恰当的审计程序,但目的并非对内部控制的有效性发表意见。审计工作还包括评价管理层选用会计政策的恰当性和作出会计估计的合理性,以及评价财务报表的总体列报。

我们相信,我们获取的审计证据是充分、适当的,为发表审计意见提供了基础。

我们认为,栖霞建设财务报表已经按照企业会计准则的规定编制,在所有重大方面公允反映了栖霞建设 2008 年 12 月 31 日的财务状况以及 2008 年度的经营成果和现金流量。

南京立信永华会计师事务所有限公司 中国注册会计师:诸旭敏、束哲民

中国 南京 2009 年 4 月 26 日

9.2 财务报表

合并资产负债表

2008 年 12 月 31 日

编制单位:南京栖霞建设股份有限公司 单位:元 币种:人民币

项目	附注	期末余额	年初余额
流动资产:			
货币资金		1,105,229,604.57	1,156,324,877.05

交易性金融资产	0.00	0.00
应收票据	0.00	0.00
应收账款	1,169,132.27	4,817.48
预付款项	194,410,484.97	174,633,676.42
应收利息	0.00	0.00
应收股利	0.00	0.00
其他应收款	164,169,225.20	10,807,688.34
存货	5,730,138,328.10	4,939,158,031.39
一年内到期的非流动资产	0.00	0.00
其他流动资产	0.00	0.00
流动资产合计	7,195,116,775.11	6,280,929,090.68
非流动资产：		
可供出售金融资产	0.00	0.00
持有至到期投资	0.00	0.00
长期应收款	0.00	0.00
投资性房地产	15,682,771.42	15,064,705.29
长期股权投资	21,000,000.00	0.00
固定资产	35,575,413.50	38,174,432.84
在建工程	0.00	0.00
工程物资	0.00	0.00
固定资产清理	0.00	0.00
生产性生物资产	0.00	0.00
油气资产	0.00	0.00
无形资产	602,723.64	1,115,452.00
开发支出	0.00	0.00
商誉	0.00	0.00
长期待摊费用	484,656.51	672,265.47
递延所得税资产	48,993,740.77	54,035,994.52
其他非流动资产	0.00	0.00
非流动资产合计	122,339,305.84	109,062,850.12
资产总计	7,317,456,080.95	6,389,991,940.80
流动负债：		
短期借款	888,000,000.00	765,000,000.00
交易性金融负债	0.00	0.00
应付票据	20,000,000.00	0.00
应付账款	170,448,002.09	208,099,826.00
预收款项	208,589,654.93	588,359,663.28
应付职工薪酬	4,602,283.85	4,273,702.93
应交税费	50,937,329.40	124,055,504.06
应付利息	0.00	0.00
应付股利	0.00	0.00
其他应付款	271,610,468.08	131,739,796.69
一年内到期的非流动负债	1,300,000,000.00	1,084,000,000.00
其他流动负债	0.00	0.00
流动负债合计	2,914,187,738.35	2,905,528,492.96
非流动负债：		
长期借款	1,318,000,000.00	1,410,000,000.00
应付债券	0.00	0.00
长期应付款	2,958,165.42	2,993,372.82
专项应付款	0.00	0.00
预计负债	0.00	0.00
递延所得税负债	0.00	0.00
其他非流动负债	3,462,300.00	3,462,300.00
非流动负债合计	1,324,420,465.42	1,416,455,672.82
负债合计	4,238,608,203.77	4,321,984,165.78
所有者权益(或股东权益)：		
实收资本(或股本)	1,050,000,000.00	405,000,000.00
资本公积	1,026,468,953.19	674,700,953.19
减：库存股	0.00	0.00
盈余公积	113,313,945.34	103,210,057.21
未分配利润	401,063,285.54	446,060,988.67
归属于母公司所有者权益合计	2,590,846,184.07	1,628,971,999.07
少数股东权益	488,001,693.11	439,035,775.95
负债和所有者权益总计	7,317,456,080.95	6,389,991,940.80

公司法定代表人：陈兴汉女士　主管会计工作负责人：干泳星女士　会计机构负责人：袁翠玲女士

母公司资产负债表

2008年12月31日

编制单位：南京栖霞建设股份有限公司　　　　单位：元 币种：人民币

项目	附注	期末余额	年初余额
流动资产：			
货币资金		611,660,630.74	471,542,768.55
交易性金融资产		0.00	0.00
应收票据		0.00	0.00
应收账款		4,027.00	4,027.60
预付款项		68,933,815.08	92,639,520.64
应收股利		0.00	0.00
其他应收款		937,073,418.02	879,262,981.65
存货		2,146,645,446.74	1,530,553,938.04
一年内到期的非流动资产		0.00	0.00
其他流动资产		350,000,000.00	200,000,000.00
流动资产合计		4,114,317,337.58	3,174,003,236.48
非流动资产：			
可供出售金融资产		0.00	0.00
持有至到期投资		0.00	0.00
长期应收款		0.00	0.00
投资性房地产		15,202,020.82	14,554,006.29
长期股权投资		509,232,068.34	488,232,068.34
固定资产		28,354,589.34	31,899,908.26
在建工程		0.00	0.00
工程物资		0.00	0.00
固定资产清理		0.00	0.00
无形资产		117,831.89	603,520.66
开发支出		0.00	0.00
商誉		0.00	0.00
长期待摊费用		484,656.51	672,265.47
递延所得税资产		30,771,507.61	19,347,404.14
其他非流动资产		0.00	0.00
非流动资产合计		584,162,674.51	555,309,173.16
资产总计		4,698,480,012.09	3,729,312,409.64
流动负债：			
短期借款		630,000,000.00	925,000,000.00
交易性金融负债		0.00	0.00
应付票据		0.00	0.00
应付账款		45,858,109.17	143,422,465.32
预收款项		72,937,103.71	36,334,139.13
应付职工薪酬		787,276.42	856,489.57
应交税费		34,041,828.95	108,195,625.87
应付利息		0.00	0.00
应付股利		0.00	0.00
其他应付款		84,172,499.26	79,877,376.47
一年内到期的非流动负债		590,000,000.00	530,000,000.00
其他流动负债		0.00	0.00
流动负债合计		1,457,796,817.51	1,823,686,096.36
非流动负债：			
长期借款		850,000,000.00	390,000,000.00
应付债券		0.00	0.00
长期应付款		0.00	0.00
专项应付款		0.00	0.00
预计负债		0.00	0.00
递延所得税负债		0.00	0.00
其他非流动负债		0.00	0.00
非流动负债合计		850,000,000.00	390,000,000.00
负债合计		2,307,796,817.51	2,213,686,096.36
所有者权益(或股东权益)：			
实收资本(或股本)		1,050,000,000.00	405,000,000.00
资本公积		1,026,218,931.28	674,450,931.28
减：库存股		0.00	0.00
盈余公积		113,313,945.34	103,210,057.21
未分配利润		201,150,317.96	332,965,324.79
所有者权益(或股东权益)合计		2,390,683,194.58	1,515,626,313.28
负债和所有者权益(或股东权益)总计		4,698,480,012.09	3,729,312,409.64

公司法定代表人：陈兴汉女士　主管会计工作负责人：干泳星女士　会计机构负责人：袁翠玲女士

合并利润表

2008年1-12月

编制单位：南京栖霞建设股份有限公司　　　　单位：元 币种：人民币

项目	附注	本期金额	上期金额
一、营业收入		1,591,606,981.76	2,856,800,795.95
减：营业成本		948,037,681.53	1,845,011,309.90
营业税金及附加		129,579,156.49	271,960,398.33
销售费用		36,138,954.44	36,373,261.49
管理费用		74,957,492.92	63,369,820.13
财务费用		60,198,487.00	17,365,563.35
资产减值损失		24,713,771.32	520,487.80
加：公允价值变动收益(损失以"-"号填列)		0.00	0.00
投资收益(损失以"-"号填列)		1,033,241.94	10,405,041.99
其中：对联营企业和合营企业的投资收益		0.00	0.00

二、营业利润(亏损以"-"号填列)	319,014,680.00	632,604,996.94
加:营业外收入	3,673,146.12	429,511.12
减:营业外支出	4,882,372.39	2,294,356.66
其中:非流动资产处置损失	0.00	0.00
四、利润总额(亏损总额以"-"号填列)	317,805,453.73	630,740,151.40
减:所得税费用	80,983,351.57	218,127,530.32
五、净利润(净亏损以"-"号填列)	236,822,102.16	412,612,621.08
归属于母公司所有者的净利润	187,856,185.00	343,518,368.24
少数股东损益	48,965,917.16	69,094,252.84
六、每股收益:		
(一)基本每股收益	0.1917	0.4241
(二)稀释每股收益	0.1917	0.4241

公司法定代表人:陈兴汉女士　主管会计工作负责人:干泳星女士　会计机构负责人:袁翠玲女士

母公司利润表

2008 年 1-12 月

编制单位: 南京栖霞建设股份有限公司　单位: 元 币种:人民币

项目	附注	本期金额	上期金额
一、营业收入		540,152,215.07	1,465,668,360.75
减:营业成本		252,498,165.67	832,433,008.08
营业税金及附加		46,527,460.18	165,737,546.61
销售费用		13,071,514.66	9,919,504.65
管理费用		50,028,791.44	45,435,297.10
财务费用		36,018,545.24	7,814,869.12
资产减值损失		23,841,823.67	68,013.53
加:公允价值变动收益(损失以"-"号填列)		0.00	0.00
投资收益(损失以"-"号填列)		18,075,322.33	14,846,327.04
其中:对联营企业和合营企业的投资收益		0.00	0.00
二、营业利润(亏损以"-"号填列)		136,241,236.54	419,106,448.70
加:营业外收入		100,000.00	202,892.00
减:营业外支出		1,197,385.52	1,288,531.76
其中:非流动资产处置净损失		0.00	0.00
三、利润总额(亏损总额以"-"号填列)		135,143,851.02	418,020,808.94
减:所得税费用		34,104,969.72	143,864,465.80
四、净利润(净亏损以"-"号填列)		101,038,881.30	274,156,343.14
五、每股收益			
(一)基本每股收益		0.1031	0.3385
(二)稀释每股收益		0.1031	0.3385

公司法定代表人:陈兴汉女士　主管会计工作负责人:干泳星女士　会计机构负责人:袁翠玲女士

合并现金流量表

2008 年 1-12 月

单位:元 币种:人民币

项目	附注	本期金额	上期金额
一、经营活动产生的现金流量:			
销售商品、提供劳务收到的现金		1,209,071,399.26	2,913,897,449.58
收到的税费返还		2,150,121.52	62,489.00
收到其他与经营活动有关的现金		19,624,360.55	17,779,205.08
经营活动现金流入小计		1,230,845,881.33	2,931,739,143.66
购买商品、接受劳务支付的现金		1,680,298,328.05	3,178,623,183.23
支付给职工以及为职工支付的现金		69,167,587.55	54,463,256.92
支付的各项税费		286,890,236.92	321,501,788.07
支付其他与经营活动有关的现金		104,154,597.09	103,571,717.14
经营活动现金流出小计		2,140,510,749.61	3,658,159,945.36
经营活动产生的现金流量净额		−909,664,868.28	−726,420,801.70
二、投资活动产生的现金流量:			
收回投资收到的现金		3,188,681.94	9,247,630.00
取得投资收益收到的现金		0.00	10,405,041.99
处置固定资产、无形资产和其他长期资产收回的现金净额		38,000.00	800.00
处置子公司及其他营业单位收到的现金净额		0.00	0.00
收到其他与投资活动有关的现金		0.00	0.00
投资活动现金流入小计		3,226,681.94	19,653,471.99
购建固定资产、无形资产和其他长期资产支付的现金		2,987,071.77	4,199,246.64
投资支付的现金		23,155,440.00	9,247,630.00
取得子公司及其他营业单位支付的现金净额		0.00	0.00
支付其他与投资活动有关的现金		0.00	0.00
投资活动现金流出小计		26,142,511.77	13,446,876.64
投资活动产生的现金流量净额		−22,915,829.83	6,206,595.35
三、筹资活动产生的现金流量:			
吸收投资收到的现金		1,001,368,000.00	0.00
其中:子公司吸收少数股东权益性投资收到的现金		0.00	0.00
取得借款收到的现金		2,671,490,000.00	2,990,000,000.00
收到其他与筹资活动有关的现金		0.00	0.00
筹资活动现金流入小计		3,672,858,000.00	2,990,000,000.00
偿还债务支付的现金		2,289,050,000.00	2,048,220,000.00
分配股利、利润或偿付利息支付的现金		535,912,179.56	323,653,698.39
其中:子公司支付给少数股东的股利		0.00	0.00
支付其他与筹资活动有关的现金		2,008,600.00	195,000.00
筹资活动现金流出小计		2,826,970,779.56	2,372,068,698.39
筹资活动产生的现金流量净额		845,887,220.44	617,931,301.61
四、汇率变动对现金及现金等价物的影响		−45,220.67	−49,306.41
五、现金及现金等价物净增加额		−86,738,698.34	−102,332,211.15
加:期初现金及现金等价物余额		1,156,324,877.05	1,258,657,088.20
六、期末现金及现金等价物余额		1,069,586,178.71	1,156,324,877.05

公司法定代表人:陈兴汉女士　主管会计工作负责人:干泳星女士　会计机构负责人:袁翠玲女士

母公司现金流量表

2008 年 1-12 月

单位:元 币种:人民币

项目	附注	本期金额	上期金额
一、经营活动产生的现金流量:			
销售商品、提供劳务收到的现金		576,382,179.65	1,118,384,586.38
收到的税费返还		0.00	0.00
收到其他与经营活动有关的现金		7,718,714.86	39,306,046.77
经营活动现金流入小计		584,100,894.51	1,157,690,633.15
购买商品、接受劳务支付的现金		874,067,648.11	1,945,507,822.83
支付给职工以及为职工支付的现金		27,846,340.80	22,754,330.60
支付的各项税费		167,591,881.28	158,531,693.07
支付其他与经营活动有关的现金		34,475,575.86	27,787,917.03
经营活动现金流出小计		1,103,981,446.05	2,154,581,763.53
经营活动产生的现金流量净额		−519,880,551.54	−996,891,130.38
二、投资活动产生的现金流量:			
收回投资收到的现金		250,000,000.00	250,000,000.00
取得投资收益收到的现金		18,075,322.33	14,846,327.04
处置固定资产、无形资产和其他长期资产收回的现金净额		0.00	.00
处置子公司及其他营业单位收到的现金净额		0.00	0.00
收到其他与投资活动有关的现金		0.00	0.00
投资活动现金流入小计		268,075,322.33	264,846,327.04
购建固定资产、无形资产和其他长期资产支付的现金		334,712.00	2,127,697.01
投资支付的现金		421,000,000.00	250,000,000.00
取得子公司及其他营业单位支付的现金净额		0.00	0.00
支付其他与投资活动有关的现金		0.00	0.00
投资活动现金流出小计		421,334,712.00	252,127,697.01
投资活动产生的现金流量净额		−153,259,389.67	12,718,630.03
三、筹资活动产生的现金流量:			
吸收投资收到的现金		1,001,368,000.00	0.00
取得借款收到的现金		2,270,000,000.00	1,650,000,000.00
收到其他与筹资活动有关的现金		0.00	0.00
筹资活动现金流入小计		3,271,368,000.00	1,650,000,000.00
偿还债务支付的现金		2,045,000,000.00	990,000,000.00
分配股利、利润或偿付利息支付的现金		411,451,596.60	219,827,464.72
支付其他与筹资活动有关的现金		1,658,600.00	145,000.00
筹资活动现金流出小计		2,458,110,196.60	1,209,972,464.72
筹资活动产生的现金流量净额		813,257,803.40	440,027,535.28
四、汇率变动对现金及现金等价物的影响		0.00	0.00
五、现金及现金等价物净增加额		140,117,862.19	−544,144,965.07
加:期初现金及现金等价物余额		471,542,768.55	1,015,687,733.62
六、期末现金及现金等价物余额		611,660,630.744	71,542,768.55

公司法定代表人:陈兴汉女士　主管会计工作负责人:干泳星女士　会计机构负责人:袁翠玲女士

合并所有者权益变动表

2008 年 1-12 月

单位:元 币种:人民币

	本期金额						
	归属于母公司股东权益						
项目	实收资本(或股本)	资本公积	减:库存股	盈余公积	未分配利润	少数股东权益	所有者权益合计
一、上年年末余额	405,000,000.00	674,700,953.19		103,210,057.21	446,060,988.67	439,035,775.95	2,068,007,775.02
加:会计政策变更							0.00
前期差错更正							0.00
二、本年年初余额	405,000,000.00	674,700,953.19	0.00	103,210,057.21	446,060,988.67	439,035,775.95	2,068,007,775.02
三、本年增减变动金额(减少以"-"号填列)	645,000,000.00	351,768,000.00		10,103,888.13	−44,997,703.13	48,965,917.16	1,010,840,102.16
(一)净利润					187,856,185.00	48,965,917.16	236,822,102.16
(二)直接计入所有者权益的利得和损失	0.00	0.00	0.00	0.00	0.00	0.00	0.00
1.可供出售金融资产公允价值变动净额							0.00
2.现金流量套期工具							

公允价值变动净额							0.00
3.与计入所有者权益项目							
相关的所得税影响							0.00
4.其他							0.00
上述(一)和(二)小计	0.00	0.00	0.00	0.00	187,856,185.00	48,965,917.16	236,822,102.16
(三)所有者投入和							
减少资本	120,000,000.00	876,768,000.00	0.00	0.00	0.00	0.00	996,768,000.00
1.所有者本期投入资本	120,000,000.00	876,768,000.00					996,768,000.00
2.股份支付计入所有者权益的金额							0.00
3.其他							0.00
(四)利润分配	0.00	0.00	0.00	10,103,888.13	−232,853,888.13	0.00	−222,750,000.00
1.提取盈余公积				10,103,888.13	−10,103,888.13		0.00
2.对所有者(或股东)的分配					−222,750,000.00		−222,750,000.00
3.其他							0.00
(五)所有者权益							
内部结转	525,000,000.00	−525,000,000.00	0.00	0.00	0.00	0.00	0.00
1.资本公积转增							
资本(或股本)	525,000,000.00	−525,000,000.00					0.00
2.盈余公积转增资本(或股本)							0.00
3.盈余公积弥补亏损							0.00
4.其他							0.00
四、本期期末余额	1,050,000,000.00	1,026,468,953.19	0.00	113,313,945.34	401,063,285.54	488,001,693.11	3,078,847,877.18

上年同期金额

项目	归属于母公司股东权益						
	实收资本(或股本)	资本公积	减:库存股	盈余公积	未分配利润	少数股东权益	所有者权益合计
一、上年年末余额	405,000,000.00	674,700,953.19		75,794,422.90	275,758,254.74	369,941,523.11	1,801,195,153.94
加:会计政策变更							0.00
前期差错更正							0.00
二、本年年初余额	405,000,000.00	674,700,953.19	0.00	75,794,422.90	75,758,254.74	369,941,523.11	1,801,195,153.94
三、本年增减变动金额							
(减少以"−"号填列)	0.00	0.00	0.00	27,415,634.31	170,302,733.93	69,094,252.84	266,812,621.08
(一)净利润					343,518,368.24	69,094,252.84	412,612,621.08
(二)直接计入所有者							
权益的利得和损失	0.00	0.00	0.00	0.00	0.00	0.00	0.00
1.可供出售金融资产公允价值变动净额							0.00
2.现金流量套期工具公允价值变动净额							0.00
3.与计入所有者权益项目相关的所得税影响							0.00
4.其他							0.00
上述(一)和(二)小计	0.00	0.00	0.00	0.00	343,518,368.24	69,094,252.84	412,612,621.08
(三)所有者投入和减少资本	0.00	0.00	0.00	0.00	0.00	0.00	0.00
1.所有者投入资本							0.00
2.股份支付计入所有者权益的金额							0.00
3.其他							0.00
(四)利润分配	0.00	0.00	0.00	27,415,634.31	−173,215,634.31	0.00	−145,800,000.00
1.提取盈余公积				27,415,634.31	−27,415,634.31		0.00
2.对所有者(或股东)的分配					−145,800,000.00		−145,800,000.00
3.其他							0.00
(五)所有者权益内部结转	0.00	0.00	0.00	0.00	0.00	0.00	0.00
1.资本公积转增资本(或股本)							0.00
2.盈余公积转增资本(或股本)							0.00
3.盈余公积弥补亏损							0.00
4.其他							0.00
四、本期期末余额	405,000,000.00	674,700,953.19	0.00	103,210,057.21	446,060,988.67	439,035,775.95	2,068,007,775.02

公司法定代表人:陈兴汉女士　主管会计工作负责人:干泳星女士　会计机构负责人:袁翠玲女士

母公司所有者权益变动表

2008 年 1−12 月

单位:元 币种:人民币

本期金额

项目	实收资本(或股本)	资本公积	减:库存股	盈余公积	未分配利润	所有者权益合计
一、上年年末余额	405,000,000.00	674,450,931.28	0.00	103,210,057.21	332,965,324.79	1,515,626,313.28
加:会计政策变更						0.00
前期差错更正						0.00
二、本年年初余额	405,000,000.00	674,450,931.28	0.00	103,210,057.21	332,965,324.79	1,515,626,313.28
三、本年增减变动金额						
(减少以"−"号填列)	645,000,000.00	351,768,000.00	0.00	10,103,888.13	−131,815,006.83	875,056,881.30
(一)净利润					101,038,881.30	101,038,881.30
(二)直接计入所有者						
权益的利得和损失	0.00	0.00	0.00	0.00	0.00	0.00
1.可供出售金融资产公允价值变动净额						0.00
2.现金流量套期工具公允价值变动净额						0.00
3.与计入所有者权益项目相关的所得税影响						0.00
4.其他						0.00
上述(一)和(二)小计	0.00	0.00	0.00	0.00	101,038,881.30	101,038,881.30
(三)所有者投入和						
减少资本	120,000,000.00	876,768,000.00	0.00	0.00	0.00	996,768,000.00
1.所有者投入资本	120,000,000.00	876,768,000.00				996,768,000.00
2.股份支付计入						
所有者权益的金额						0.00
3.其他						0.00
(四)利润分配	0.00	0.00	0.00	10,103,888.13	−232,853,888.13	−222,750,000.00
1.提取盈余公积				10,103,888.13	−10,103,888.13	0.00
2.对所有者(或股东)的分配					−222,750,000.00	−222,750,000.00
3.其他					0.00	0.00
(五)所有者权益						
内部结转	525,000,000.00	−525,000,000.00	0.00	0.00	0.00	0.00
1.资本公积						
转增资本	525,000,000.00	−525,000,000.00				0.00
2.盈余公积转增资本						0.00
3.盈余公积弥补亏损						0.00
4.其他						0.00
四、本期期末余额	1,050,000,000.00	1,026,218,931.28	0.00	113,313,945.34	201,150,317.96	2,390,683,194.58

上年同期金额

项目	实收资本(或股本)	资本公积	减:库存股	盈余公积	未分配利润	所有者权益合计
一、上年年末余额	405,000,000.00	674,450,931.28	0.00	75,794,422.90	232,024,615.96	1,387,269,970.14
加:会计政策变更						0.00
前期差错更正						0.00
二、本年年初余额	405,000,000.00	674,450,931.28	0.00	75,794,422.90	232,024,615.96	1,387,269,970.14
三、本年增减变动金额						
(减少以"−"号填列)	0.00	0.00	0.00	27,415,634.31	100,940,708.83	128,356,343.14
(一)净利润					274,156,343.14	274,156,343.14
(二)直接计入所有者						
权益的利得和损失	0.00	0.00	0.00	0.00	0.00	0.00
1.可供出售金融资产公允价值变动净额						0.00
2.现金流量套期工具公允价值变动净额						0.00
3.与计入所有者权益项目相关的所得税影响						0.00
4.其他						0.00
上述(一)和(二)小计	0.00	0.00	0.00	0.00	274,156,343.14	274,156,343.14
(三)所有者投入和减少资本	0.00	0.00	0.00	0.00	0.00	0.00
1.所有者投入资本						0.00
2.股份支付计入所有者权益的金额						0.00
3.其他						0.00
(四)利润分配	0.00	0.00	0.00	27,415,634.31	−173,215,634.31	−145,800,000.00
1.提取盈余公积				27,415,634.31	−27,415,634.31	0.00
2.对所有者(或股东)的分配					−145,800,000.00	−145,800,000.00
3.其他						0.00
(五)所有者权益内部结转	0.00	0.00	0.00	0.00	0.00	0.00
1.资本公积转增资本						0.00
2.盈余公积转增资本						0.00
3.盈余公积弥补亏损						0.00
4.其他						0.00
四、本期期末余额	405,000,000.00	674,450,931.28	0.00	103,210,057.21	332,965,324.79	1,515,626,313.28

公司法定代表人:陈兴汉女士　主管会计工作负责人:干泳星女士 会计机构负责人:袁翠玲女士

9.3 本报告期无会计政策、会计估计和核算方法变更。

9.4 本报告期无会计差错更正。

9.5 报告期内,公司财务报表合并范围未发生重大变化。

天津天士力制药股份有限公司

天津天士力制药股份有限公司 2008 年度报告摘要

第一节　重要提示

1.1 本公司董事会、监事会及董事、监事、高级管理人员保证本报告所载资料不存在任何虚假记载、误导性陈述或者重大遗漏，并对其内容的真实性、准确性和完整性承担个别及连带责任。

本年度报告摘要摘自年度报告全文，投资者欲了解详细内容，应当仔细阅读年度报告全文。

1.2 独立董事王永炎先生因工作原因未能出席本公司第四届董事会第二次会议，书面委托独立董事王爱俭女士代为行使表决权。

1.3 浙江天健东方会计师事务所为本公司出具了标准无保留意见的审计报告。

1.4 公司董事长闫希军先生，总经理李文先生及财务总监王瑞华先生声明：保证年度报告中财务报告的真实、完整。

第二节　公司基本情况简介

2.1 基本情况简介

股票简称	天士力
股票代码	600535
上市交易所	上海证券交易所
公司注册地址	天津市北辰科技园
办公地址	天津市北辰区普济河东道 2 号天士力现代中药城
邮政编码	300410
公司国际互联网网址	http://www.tasly.com
电子信箱	stock@tasly.com

2.2 联系人和联系方式

	董事会秘书	证券事务代表
姓名	刘俊峰	赵颖
联系地址	天津北辰区普济河东道 2 号天士力现代中药城	天津北辰区普济河东道 2 号天士力现代中药城
电话	022-26736999	022-26736999
传真	022-26736721	022-26736721
电子信箱	liujf@tasly.com	zhaoying@tasly.com

第三节　会计数据和业务数据摘要

3.1 主要会计数据

单位：元 币种：人民币

	2008 年	2007 年	本年比上年增减(%)	2006 年
营业收入	3,434,215,527.41	2,818,819,597.18	21.83	2,445,848,426.13
利润总额	314,590,585.23	237,344,938.15	32.55(注)	268,503,184.83
归属于上市公司股东的净利润	255,887,518.48	185,877,884.12	37.66(注)	212,474,062.74
归属于上市公司股东的扣除非经常性损益的净利润	259,848,911.40	152,507,162.56	70.38(注)	206,720,998.24
经营活动产生的现金流量净额	260,207,628.97	223,390,450.89	16.48	142,398,876.86
	2008 年末	2007 年末	本年末比上年末增减(%)	2006 年末
总资产	3,448,124,882.53	3,231,385,490.11	6.71	3,405,951,535.14
所有者权益(或股东权益)	1,911,867,612.24	1,895,610,161.15	0.86	1,521,429,655.98

3.2 主要财务指标

	2008 年	2007 年	本年比上年增减(%)	2006 年
基本每股收益(元/股)	0.52	0.38	36.84(注)	0.47
稀释每股收益(元/股)	0.52	0.38	36.84(注)	0.47
扣除非经常性损益后的基本每股收益(元/股)	0.53	0.31	70.97(注)	0.45
全面摊薄净资产收益率(%)	13.38	9.81	增加 3.57 个百分点	13.97
加权平均净资产收益率(%)	13.58	10.21	增加 3.37 个百分点	13.58
扣除非经常性损益后全面摊薄净资产收益率(%)	13.59	8.05	增加 5.54 个百分点	13.59
扣除非经常性损益后的加权平均净资产收益率(%)	13.79	8.38	增加 5.41 个百分点	13.21
每股经营活动产生的现金流量净额(元/股)	0.53	0.46	16.48	0.50
	2008 年末	2007 年末	本年末比上年末增减(%)	2006 年末
归属于上市公司股东的每股净资产(元/股)	3.92	3.88	0.86	5.34

注：报告期内，公司经营状况良好，销售收入增加，盈利增加；另外，公司于 2007 年 1 月 1 日执行新会计准则，将开办费等转入管理费用，本报告期不存在上述事项影响，故本报告期公司利润总额、归属于上市公司股东的净利润与少数股东损益均高于去年同期。相应地，扣除非经常性损益后归属于上市公司的净利润，及每股收益等项目也高于去年同期。

非经常性损益项目

√适用　　□不适用

单位：元 币种：人民币

非经常性损益项目	金额
非流动资产处置损益	-592,534.10
计入当期损益的政府补助，但与公司正常经营业务密切相关，符合国家政策规定、按照一定标准定额或定量持续享受的政府补助除外	5,941,631.82
同一控制下企业合并产生的子公司期初至合并日的当期净损益	1,975,209.64
除上述各项之外的其他营业外收入和支出	-7,272,540.64
减：企业所得税影响数(所得税减少以“-”表示)	1,902,060.24
少数股东所占份额	2,111,099.40
合计	-3,961,392.92

3.3 境内外会计准则差异：

□适用　　√不适用

第四节　股本变动及股东情况

4.1 股份变动情况表

√适用　　□不适用

单位：股

	本次变动前		本次变动增减(+,-)					本次变动后	
	数量	比例(%)	发行新股	送股	公积金转股	其他	小计	数量	比例(%)
一、有限售条件股份									
1、国家持股									
2、国有法人持股									
3、其他内资持股	274,681,982	56.29				-33,941,429	-33,941,429	240,740,553	49.33
其中：境内非国有法人持股	274,681,982	56.29				-33,941,429	-33,941,429	240,740,553	49.33
境内自然人持股									
4、外资持股									
其中：境外法人持股									
境外自然人持股									
有限售条件股份合计	274,681,982	56.29				-33,941,429	-33,941,429	240,740,553	49.33
二、无限售条件流通股份									
1、人民币普通股	213,318,018	43.71				33,941,429	33,941,429	247,259,447	50.67
2、境内上市的外资股									
3、境外上市的外资股									
4、其他									
无限售条件流通股份合计	213,318,018	43.71				33,941,429	33,941,429	247,259,447	50.67
三、股份总数	488,000,000	100				0	0	488,000,000	100

注：天津天士力集团有限公司持有的有限售条件流通股 240,740,553 股，已于 2009 年 1 月 5 日上市流通。

限售股份变动情况表

√适用　　□不适用

单位：股

股东名称	年初限售股数	本年解除限售股数	本年增加限售股数	年末限售股数	限售原因	解除限售日期
天津天士力集团有限公司	240,740,553	0	0	240,740,553	股改	2009-1-5
揭东县振凯贸易有限公司	1,941,429	1,941,429	0	0	股改	2008-1-2
光大证券有限责任公司—中国光大银行股份有限公司—光大阳光集合资产管理计划	6,240,000	6,240,000	0	0	定向增发	2008-1-24
中国人寿保险(集团)公司-传统-普通保险产品	4,800,000	4,800,000	0	0	定向增发	2008-1-24
嘉实基金管理有限公司						

—嘉实策略增长混合型基金	3,200,000	3,200,000	0	0	定向增发	2008-1-24
通用技术集团投资管理有限公司	3,200,000	3,200,000	0	0	定向增发	2008-1-24
无锡国联创业投资有限公司	3,200,000	3,200,000	0	0	定向增发	2008-1-24
深圳华强鼎信担保投资有限公司(原名:深圳市鼎信担保投资有限公司)	3,200,000	3,200,000	0	0	定向增发	2008-1-24
广发基金管理有限公司-广发小盘成长股票型证券投资基金	2,560,000	2,560,000	0	0	定向增发	2008-1-24
南京证券有限责任公司	2,400,000	2,400,000	0	0	定向增发	2008-1-24
渤海证券有限责任公司	1,600,000	1,600,000	0	0	定向增发	2008-1-24
江苏瑞华投资发展有限公司	1,600,000	1,600,000	0	0	定向增发	2008-1-24
合计	274,681,982	33,941,429	0	240,740,553	/	/

4.2 股东数量和持股情况

单位:股

报告期末股东总数					27,564 户
前十名股东持股情况					
股东名称	股东性质	持股比例(%)	持股总数	持有有限售条件股份数量	质押或冻结的股份数量
天津天士力集团有限公司	其他	50.02	244,100,553	240,740,553	
上海浦东发展银行-广发小盘成长股票型证券投资基金	其他	3.26	15,900,057	0	未知
中国工商银行-博时第三产业成长股票证券投资基金	其他	3.04	14,855,307	0	未知
中国人寿保险(集团)公司-传统-普通保险产品	其他	1.97	9,637,242	0	未知
中国银行-易方达积极成长证券投资基金	其他	1.93	9,440,000	0	未知
中国人寿保险股份有限公司-分红-个人分红-005L-FH002 沪	其他	1.52	7,421,344	0	未知
中国银行-嘉实稳健开放式证券投资基金	其他	1.38	6,717,600	0	未知
中国工商银行-广发大盘成长混合型证券投资基金	其他	1.11	5,411,372	0	未知
中国工商银行-鹏华优质治理股票型证券投资基金(LOF)	其他	1.04	5,100,000	0	未知
金鑫证券投资基金	其他	0.93	4,553,329	0	未知

前十名无限售条件股东持股情况

股东名称	持有无限售条件股份数量	股份种类
上海浦东发展银行-广发小盘成长股票型证券投资基金	15,900,057	人民币普通股
中国工商银行-博时第三产业成长股票证券投资基金	14,855,307	人民币普通股
中国人寿保险(集团)公司-传统-普通保险产品	9,637,242	人民币普通股
中国银行-易方达积极成长证券投资基金	9,440,000	人民币普通股
中国人寿保险股份有限公司-分红-个人分红-005L-FH002 沪	7,421,344	人民币普通股
中国银行-嘉实稳健开放式证券投资基金	6,717,600	人民币普通股
中国工商银行-广发大盘成长混合型证券投资基金	5,411,372	人民币普通股
中国工商银行-鹏华优质治理股票型证券投资基金(LOF)	5,100,000	人民币普通股
金鑫证券投资基金	4,553,329	人民币普通股
中国建设银行-鹏华价值优势股票型证券投资基金	4,457,917	人民币普通股
上述股东关联关系或一致行动的说明	公司第一大股东与其他股东之间不存在关联关系;公司未知其余社会公众股股东是否属于《上市公司股东持股变动信息披露管理办法》规定的一致行动人。	

4.3 控股股东及实际控制人情况介绍

4.3.1 控股股东及实际控制人变更情况

□适用　　√不适用

4.3.2 控股股东及实际控制人具体情况介绍

4.3.2.1 法人控股股东情况

单位:元 币种:人民币

名称	法定代表人	注册资本	成立日期	主营业务
天津天士力集团有限公司	吴迺峰	227,880,000	2000-3-30	对外投资、控股;天然植物药种植及相关加工,分离;组织所属企业开展产品的生产、科研、销售、进出口经营业务;各类商品、物资(含医疗器械)的批发、零售;技术开发、咨询、服务、转让生物技术(不含药品生产与销售)及产品;自有设备、房屋的租赁;各类经济信息咨询。

4.3.2.2 法人实际控制人情况

单位: 元 币种:人民币

名称	法定代表人	注册资本	成立日期	主营业务
天津帝士力投资控股集团有限公司	闫希军	35,000,000	1998-11-12	技术开发、咨询、服务、转让生物技术(不含药品生产与销售)及产品,以自有资金对保健食品、高科技行业投资。

4.3.2.3 自然人实际控制人情况

姓名	国籍	是否取得其他国家或地区居留权	最近五年内的职务
闫希军	中国	否	曾任天津天士力制药集团有限公司董事长兼总经理。现任本公司董事长、天津天士力集团有限公司董事兼总裁、天津帝士力投资控股集团有限公司董事长等职务。第十一届全国人大代表,第十四届、第十五届天津市人大代表,并任中国药学会药事管理专业委员会副主任委员、环渤海企业合作促进会会长等职务、天津市工商业联合会副主席、天津市企业家协会副会长、天津市上市公司协会副会长、中国药学会药事管理专业委员会副主任委员、环渤海企业合作促进会会长等职务。

第五节　董事、监事和高级管理人员

5.1 董事、监事和高级管理人员持股变动及报酬情况

单位:股

姓名	职务	性别	年龄	任期起止日期	年初持股数	年末持股数	变动原因	报告期内从公司领取的报酬总额(万元)注	是否在股东单位或其他关联单位领取薪酬	持有本公司的股票期权	被授予的限制性股票数量
闫希军	董事长	男	55	2008-12-13~2011-12-13	0	0	-	232.34	否	0	0
蒋晓萌	副董事长	男	46	2008-12-13~2011-12-13	0	0	-	0	否	0	0
吴迺峰	董事	女	56	2008-12-13~2011-12-13	0	0	-	215.5	是	0	0
李　文	董事	男	42	2008-12-13~2011-12-13	0	0	-	142.75	否	0	0
王永炎	独立董事	男	70	2008-12-13~2011-12-13	0	0	-	0	否	0	0
王国刚	独立董事	男	54	2008-12-13~2011-12-13	0	0	-	22.31	否	0	0
王爱俭	独立董事	女	55	2008-12-13~2011-12-13	0	0	-	0	否	0	0
张建忠	监事会主席	男	56	2006-5-18~2009-5-18	0	0	-	107.75	是	0	0
傅得清	监事	男	64	2006-5-18~2009-5-18	0	0	-	37.24	是	0	0
李　丽	监事	女	41	2006-5-18~2009-5-18	0	0	-	32.18	是	0	0
刘金平	监事	男	48	2006-5-18~2009-5-18	0	0	-	62.18	否	0	0
蔡金勇	监事	男	37	2006-5-18~2009-5-18	0	0	-	47.31	否	0	0
王瑞华	财务总监	男	46	2008-12-13~2011-12-13	0	0	-	107.48	否	0	0
刘俊峰	董事会秘书	男	41	2008-12-13~2011-12-13	0	0	-	99.76	否	0	0
杜自强(离任)	副董事长	男	71	2005-9-9~2008-12-13	0	0	-	107.75	否	0	0
张振有(离任)	董事	男	50	2005-9-9~2008-12-13	0	0	-	107.75	否	0	0
张伯礼(离任)	独立董事	男	61	2005-9-9~2008-12-13	0	0	-	37.18	否	0	0
于玉林(离任)	独立董事	男	75	2005-9-9~2008-12-13	0	0	-	42.24	否	0	0
合　计	/	/	/	/	0	0	/	1,401.72	/	/	0

公司所有董事、监事、高级管理人员持有本公司的股票期权及被授予的限制性股票数量均为 0。

注:含公司发放的高管风险津贴及风险准备金,每年度按上年合并净利润的 2.60%提取,具体支付方式为在经董事会提名、薪酬与考核委员会对公司高级管理人员考核,无违反法律法规及聘任合同规定及失职行为、未给公司造成损失的,按年度发放高管风险津贴及风险准备金的 50%,剩余 50%待高级管理人员在任期结束及离任评估完成后一次性核发。本期,公司董事会进行了换届,由公司董事会提名、薪酬与考核委员会对高级管理人员考核后,公司发放了历年计提的未付高管风险津贴及风险准备金。

第六节　董事会报告

6.1 管理层讨论与分析

6.1.1 报告期内经营业绩回顾

2008 年度公司各项工作稳步推进,顺利实现全年各项目标。

一、完成 2008 年度经济计划情况

2008 年度实现营业总收入 343,422 万元,增长 21.83%,净利润(归属于上市公司股东)25,589 万元,比去年同期增长 37.66%。医药工业实现销售收入 146,529 万元,比上年同期增长 16.64%;经营活动产生的现金流量净额 26,021 万元,比上年同期增长 16.48%。

二、2008 年度主要工作业绩

(一)现代中药产业板块保持快速增长

报告期内,紧紧围绕"以现代中药制造为核心,集药材种植、药物研发、中间提取、药品制造、市场营销及售后服务于一体的"现代中药产业链建设,以制药股份公司为龙头,组建了现代中药产业链管理委员会,下设质量、技术、生产、物流、财务、人力资源六个专业委员会,按照职责与功能,建立了"标准统一、流程对接、统筹规划、资源协调、智慧共享"的工作原则,全面实现了流程化和系统化,并在以下方面取得突出成效。

生产制造:

1.推广准时、精益生产,设备及工艺技术不断创新,成效显著。报告期内,现代中药产业链各公司大力推广精益生产的活动,消除各个生产环节的浪费,通过岗位分析,通过设备能力评估和改造,提升运行效率,降低停机率,节省能源消耗。建立了统一的精益生产和节能降耗实施模式和验收标准,并在制药板块各公司推动实施精益生产项目 30 个,有效的降低了生产成本。

2.产业链内各公司共同推进并通过"清洁生产审核",实现全面节约环保的"清洁生产"。公司及公司控股子公司天士力中药资源有限公司、天津天士力天之骄药业有限公司三家共同顺利通过清洁生产审核,是天津市首批 16 家通过清洁生产审核的企业,并成为天津市 8 家清洁生产示范企业之一,强化了公司清洁发展、环保优先、环境友好的重要价值观,公司用实际行动实践了"科学

发展观",履行了环境保护的社会责任。

3. 顺利完成消渴清颗粒、板兰根泡腾片等新产品投产。公司控股子公司天津天士力之骄药业有限公司注射用益气复脉(冻干)投产以来,完成了从试生产到批量生产、阶段性生产向连续性生产的转变;作为各方重点关注的新产品,注射用丹参总酚酸(冻干)目前报审工作进展顺利。

技术创新:

公司技术创新工作延伸至产业链全局,共计完成30项技术改进项目,15项新品研究技术改进点,8项新制剂新技术创新。技改成果的应用促进了车间产能的增加和产品质量的提升,巩固了公司在现代中药产业化技术上的领先地位。

截至目前,本公司及公司控股子公司天津天士力现代中药资源有限公司、天津博科林药品包装技术有限公司、上海天士力药业有限公司四家公司均已取得高新技术企业证书。

质量管理:

2008年各主要在产产品质量投诉率保持持续降低的趋势,核心产品的成品一次合格率继续保持100%达标。

1. 实施复方丹参滴丸产业链质量管理的一体化,统一评估、制定,丹参药材和提取物的质量控制,降低了产品系统质量风险。实施质量、环境、安全三体系整合认证,提高体系管理效率。

2. 质量评估与不良反应报告系统得以有效运行。公司设有专人负责对不良反应进行追踪和报告。800服务电话反映的情况直接转到总经理,由专人在省级地市级4小时内、地市以下级12小时内上门核实并向公司和当地不良反应中心报告。

(二)生物药产业化进程加速

上海天士力药业有限公司尿激酶原项目技术创新稳步推进,工艺的稳定性、质量的恒定性得以提升,新药证书和生产批文正在审评过程中。

天士力金纳生物技术(天津)有限公司亚单位流感疫苗已顺利完成临床试验,已正式申报生产。

(三)科研与专利工作进入新阶段

科研系统坚持面向市场,全面推行项目化管理,实施科学指数量化考核体系初现成效。组分中药技术工程中心揭牌,创建了世界上最大的标准中药组分库。报告期内,消渴清颗粒、丹参滴丸获新药证书/注册批件;养血清脑丸、柴胡滴丸获得OTC批件。

2008年度公司及控股子公司共进行新专利申请100项,其中发明专利91项,实用新型专利9项;专利授权58项,其中发明专利40项,实用新型专利6项,外观设计专利12项。另外,本年度申请PCT(Patent Cooperation Treaty)5项,授权的境外专利12个。

复方丹参滴丸FDA项目目前正按计划在美国佛罗里达、德克萨斯等五个临床中心进行多剂量、随机双盲、空白对照等涉及多方面内容的二期临床试验。

(四)坚持模式创新,销售稳定增长

天士力医药营销集团有限公司(简称"天士力营销集团")根据市场目标和市场环境的变化,调整营销观念,创新营销模式,整合营销资源,大力开发城乡市场、社区市场,完善营销网络,构建核心竞争优势。

天士力营销集团继续以学术营销为主,加大学术深度营销,结合品牌拉动促进医护人员对公司产品,尤其是新上市品种的认知程度。

报告期内公司继续积极拓展国际市场,目前天士力主打产品复方丹参滴丸以药品、保健食品等不同身份进入了世界各大洲27个国家、地区的药品和保健品市场;以药品身份进入了俄罗斯、加拿大、韩国、越南、阿联酋等12个国家和地区,其中以处方药身份进入了俄罗斯、韩国、越南等八个国家,于2008年度被加拿大卫生部批准为OTC药,并进入越南医疗保险品种目录。

(五)公司治理、投资者关系建设取得成效

报告期内,公司继续完善公司治理结构,建立了《子公司综合管理制度》,修订了《关联交易制度》,形成了完善并有效的公司治理制度体系,顺利完成了第三届董事会换届选举工作。2008年度,公司荣获第四届中国上市公司董事会"金圆桌奖最佳董事会奖",是为唯一一家被评为2008年度"中国最佳上市公司治理奖"的民营上市公司,并荣膺"2008年度中国财经风云榜"最佳投资者关系上市公司。公司于2008年1月2日入选上海证券交易所首次推出的"上证公司治理板块"样本股。

三、主要会计数据:

资产类科目:

单位:元

项目	期末数	期初数	增减比例
货币资金	403,556,497.44	268,426,532.03	50.34%
应收票据	144,465,977.56	259,430,079.71	-44.31%
应收账款	519,137,464.59	392,286,623.32	32.34%
在建工程	223,324,892.20	327,858,222.75	-31.88%

1、货币资金期末数较期初数增长50.34%,主要系随着生产销售规模的扩大,公司流动资金需求增加,相应期末货币资金余额增加。

2、应收票据期末数较期初数下降44.31%,主要系:为了缓解资金压力,公司将收取的银行承兑汇票较多地向银行申请了贴现;公司本期向外部客户单位收取的商业承兑汇票减少,相应期末应收商业承兑汇票余额减少。

3、应收账款期末数较期初数增长32.34%,主要系随着销售规模的不断扩大和营业收入的增长,公司期末应收账款余额相应增加。

4、在建工程期末数较期初数下降31.88%,主要系上海重组人尿激酶原项目、现代中药技术改造项目、天之骄冻干粉针项目和商洛中药材提取及饮片加工项目部分工程达到预定可使用状态转固所致。

负债类科目:

单位:元

项目	期末数	期初数	增减比例
短期借款	620,560,520.00	316,791,700.00	95.89%
应付票据	316,977,647.50	166,696,073.74	90.15%
应交税费	1,753,414.64	48,104,462.32	-96.35%
长期借款	100,000,000.00	195,000,000.00	-48.72%

1、短期借款期末数较期初数增长95.89%,期末数较期初数差额占期末资产总额的比例达到8.81%,主要系随着生产销售规模的不断扩大,流动资金需求增加,相应短期借款增加。

2、应付票据期末数较期初数增长90.15%,主要系随着生产销售规模的不断扩大,流动资金需求增加,为缓解资金压力,增加了票据结算货款方式所致。

3、应交税费期末数较期初数下降96.35%,主要系本公司本期企业所得税享受高新技术企业的税收优惠政策,减按15%的税率计缴,但公司实际按25%的税率预缴,导致应交所得税余额出现负数,并较期初数大幅下降。

4、长期借款期末数较期初数下降48.72%,主要系随着银行贷款利率的下降,为节约资金成本,公司提前偿还了部分长期借款而相应借入短期借款所致。

损益类科目:

单位:元

项目	本期数	上期数	增减比例
财务费用	70,781,213.09	42,612,205.07	66.11%
资产减值损失	1,710,330.84	13,754,749.90	-87.57%
营业外支出	9,319,162.34	2,408,916.70	286.86%

1、财务费用本期数较上年同期数增长66.11%,主要系:随着生产、销售规模的不断扩大,公司经营资金需求增加,相应借款平均余额增长,导致借款利息支出增加;因本期平均银行贷款利率较高,导致借款利息支出也相应增加。

2、资产减值损失本期数较上年同期数下降87.57%,主要系随着应收款项余额和账龄结构的变化,计提的坏账损失减少所致。

3、营业外支出本期数较上年同期数增长2.87倍,主要系捐赠支出增加所致。

四、主要控股和参股公司的经营状况及业绩分析

a、天津天士力医药营销集团有限公司

该公司注册资本金为7,900万元,本公司持有其70%股权。该公司主营业务范围为:化学原料药批发、零售;中成药、中药饮片、中药材、化学药制剂、抗生素、生化药品、生物制品、诊断药品批发(危险化学品除外);化学原料(化学危险品及易制毒品除外)批发、零售业务;自营和代理各类商品及技术的进出口业务、但国家限定公司经营或禁止进出口的商品和技术除外;经营进料加工和"三来一补"业务;经营对销贸易和转口贸易;保健食品、化妆品销售(以上范围内国家有专营专项规定的按规定办理)。2008年底该公司总资产70695.65万元,净资产16392.99万元,2008年度实现净利润2579.96万元,同比增长51.61%。

b、天津天士力现代中药资源有限公司

该公司注册资本金为18,539万元,本公司持有其100%股权。该公司主营业务范围为:中药数字仪器、制药设备及技术的开发生产、销售;中药数字化检测分析及相关技术咨询服务;中药材、日用化学品提物的加工及销售(食品、药品及化学危险品、易制毒品除外);中草药采购;流浸膏剂(中间体);原料药(穿心莲内酯)生产;进出口业务(以上范围内国家有专营专项规定的按规定办理)。2008年底该公司总资产24939.83万元,净资产23550.72万元,2008年度实现净利润1047.05万元,同比降低7.05%。

c、陕西天士力植物药业有限责任公司

该公司注册资本金为6,406.60万元,本公司持有其85.48%股权。该公司主营业务范围为:中药材(国家管理品种除外)种植、购销;中药饮片加工、销售(凭药品生产经营许可证经营)。2008年底该公司总资产8682.17万元,净资产6892.77万元,2008年度实现净利润8.26万元,同比降低44.22%。

五、经营中存在的问题及解决办法

美国金融危机不断加深,导致整个金融市场和全球经济陷入一场危机之中。这次危机已经不可避免的通过各种渠道传递到中国来,影响我国经济建设和发展。对于天士力,这次危机的影响还会通过利率变化、物流成本、资源型产品价格的波动来影响公司整个产业链的运行效率。公司管理层以及财务系统、营销系统深刻思考、积极应对,有效加强资金管理、降低各项成本。

6.1.2 对公司未来的发展展望

(1)行业发展趋势

国务院总理温家宝2009年1月21日主持召开国务院常务会议,审议并原则通过了《关于深化医药卫生改革的意见》(简称"意见")和《2009-2011年深化医药卫生体制改革实施方案》。医改新政意味着,从2009年到2011年,政府将大幅度提高城镇居民医保和新型农村合作医疗的补助标准,并加大支出,推进基本药物体系建设,推动基础药品市场整合,健全基层医疗卫生体系,改革公立医院。

此次医改是中国医药卫生事业历史上空前的一次革命,医改方案的出台,意味着医改将迈出实质性的一部,我国医药行业可望在不断改善的市场环境中迎来新的发展机遇,继续运行在向上的通道中,呈现持续向好的发展态势。主要体现在:

首先,国家投入继续加大,必然促进医药市场扩容,在一定程度上保证了医药市场容量的增长。

其次,医药工业领域,基本药物制度将给入围产品带来规模化扩张机会,而核心医院市场的专科用药面临替代进口、医保制度等发展机遇。

再次,医药商业领域,基本药物统一配送引发低端用药市场渠道的被动整合,集中度将逐渐加大。

中药行业作为国家重点发展的行业,一直受到政策扶持,具体表现在品牌产品的定价权、多层次的中药品种保护手段等等。而本次医改更明确提出"充分发挥包括民族医药在内的中医药在疾病预防控制、应对突发公共卫生事件、医疗服务中的作用。"

随着我国逐渐进入老龄化社会,医疗保健的费用支出将会不断增长。此次医疗体制改革,势必成为医药行业发展的催化剂,促进我国医药行业健康、稳定发展。

(2)2009年度主要经营计划

2009年公司将积极应对全球经济危机的影响,适应改革开放新形势和科学发展观的要求,适应医药卫生体制改革的新变化,抓住滨海新区发展的历史机遇,继续突出创新和变革的主题,推动组织管理体制的调整和梯队建设,以优良的业绩回报投资者。

a.继续全面推进新药研发工作

以组分中药技术工程中心的建立为契机,公司的研发工作应进一步适应市场的发展与变化。建立符合国际化要求的研发SOP标准体系。进一步强化市场化运作机制,增强研发平台的自身造血功能,部分研发平台率先进行市场化运作,继续推出疗效确切,定位准确的大病种新药。

b.中药产业板块进一步功能细化

中药产业板块产业链整体研究、整体协调、整体行动,继续提高整体效率。明确各专业公司各自承担的具体责任,以及相关配套支持系统的协同配合。公司以及各下属子公司对产业链上下接口问题进一步深入研究,确保每一批每一瓶产品质量100%合格。

c.建立适应集团化管理的质量机制

以GAP、GEP、GMP为标准,质量控制从源头入手,使种植--提取--制剂质量控制切实做到上

下游无缝衔接,实现重点质量信息的一体化控制。完善药品安全信息平台和不良反应发生情况信息档案,及时对产品产生的不良反应进行报告和研究分析,指导消费者正确使用,确保消费者用药安全放心。

d.加强生物药板块建设

稳步推进尿激酶原项目和亚单位流感疫苗项目申报工作,继续打造符合生物药技术特征和国际先进标准的产业化技术以及管理团队。

e.建立动态财务运营报告系统,及时控制成本

建立反映现代中药、生物药和医药商业不同业务板块的财务运营报告系统,每月召开责任成本分析会议,反映公司业务运营状况及成本变动,及时控制异常变化,为管理层提供决策支持

6.1.3 面临的风险因素

首先,"新医改"目标在实现的过程中,需要在"理论+实践"的过程中逐步探索和推进,但改革的大方向是明确的。因此,产业链的梳理将进一步导致一轮新的产业变革——产业加速洗牌、集中度提高,行业竞争由混乱走向有序。同时,药品的研发、制造、流通、使用等环节势必日益规范,公司将根据行业发展和环境变化,加强管理、不断创新。

其次,全球性爆发的经济危机还处在发展过程中,还会不同程度地影响公司整个产业的运行。公司管理层将在董事会领导下,高度警惕,实时跟踪,准确、及时、有效采取措施,保障公司业务稳定、持续、快速增长。

6.2 主营业务分行业、产品情况表

单位:元 币种:人民币

分行业或分产品	营业收入	营业成本	营业利润率(%)	营业收入比上年增减(%)	营业成本比上年增减(%)	营业利润率比上年增减(%)
分行业						
医药工业	1,465,288,486.42	414,544,377.24	19.36	16.64	15.65	增加 2.94 个百分点
医药商业	1,954,701,897.10	1,869,314,572.24	1.58	26.12	23.82	增加 0.20 个百分点

6.2 主营业务分地区情况表

单位:元 币种:人民币

地区	营业收入	营业收入比上年增减(%)
天津市	1,544,101,488.18	9.11
北京市	257,738,876.29	14.07
广东省广州市	278,813,331.73	9.14
山东省济南市	246,973,239.31	46.42
陕西省西安市	755,983,334.53	19.83
陕西省商洛市	30,458,124.94	148.96
云南省文山市	9,150,442.49	187.61
湖南省湘潭市	486,778,741.30	4.25
辽宁省沈阳市	397,124,050.29	323.55
吉林省长春市	4,397,927.40	1,708.04
小计	4,011,519,556.46	22.58
抵消	591,529,172.94	26.81
合计	3,419,990,383.52	21.88

6.3 募集资金使用情况

□适用　□√不适用

变更项目情况

□适用　□√不适用

6.4 非募集资金项目情况

□适用　□√不适用

6.5 董事会对会计师事务所"非标准审计报告"的说明

□适用　√不适用

6.6 董事会本次利润分配或资本公积金转增股本预案

根据公司第四届董事会第二次会议通过的 2008 年度利润分配预案,按 2008 年度实现净利润提取 10%的法定盈余公积,每 10 股派发现金股利 4.00 元(含税)。

公司本报告期内盈利但未提出现金利润分配预案

□适用　√不适用

第七节　重要事项

7.1 收购资产

√适用　□不适用

单位:万元 币种:人民币

交易对方或最终控制方	被收购资产	购买日	资产收购价格	自本年初至本年末为上市公司贡献的净利润(适用于同一控制下的企业合并)	是否为关联交易(如是,说明定价原则)	资产收购定价原则	所涉及的资产产权是否已全部过户	所涉及的债权债务是否已全部转移	该资产为上市公司贡献的净利润占利润总额的比例(%)	关联关系
宝士力(天津)科技发展有限公司	天津博科林包装技术有限公司	2008-5-6 和 2008-5-26	9,020.50	981.26	是	评估价	是	是	3.83	其他

本公司已于 2008 年 5 月 6 日和 2008 年 5 月 26 日分别支付股权转让款 5,000.00 万元和 4,020.50 万元,并办理了相应的财产交接手续,于 2008 年 5 月 6 日起拥有该公司的实质控制权,故将该日确定为合并日,将其纳入合并财务报表范围,并相应调整了合并财务报表的比较数据。

因本公司及本公司控股股东单位的高级管理人员在宝士力(天津)科技发展有限公司的董事会中享有 3/5 以上表决权而构成关联交易,并已经公司 2008 年 4 月 18 日召开的第三届 18 次董事会审议批准。本公司独立董事对上述关联交易事项进行了专项审核,并发表如下意见:本次关联交易属合理、合法的经济行为,交易价格经双方协商确定,交易定价客观、公允,本公司及其他股东不会因此项关联交易遭受任何的损害。本年度公司无重大关联交易事项。

7.2 出售资产

□适用　√不适用

7.3 重大担保

□适用　√不适用

单位:元 币种:人民币

公司对外担保情况(不包括对子公司的担保)	
报告期内担保发生额合计(不包括对子公司的担保)	0
报告期末担保余额合计(不包括对子公司的担保)	0
公司对子公司的担保情况	
报告期内对子公司担保发生额合计	1,732,929.57
报告期末对子公司担保余额合计	91,732,929.57
公司担保总额情况(包括对子公司的担保)	
担保总额	91,732,929.57
担保总额占公司净资产的比例(%)	4.80
其中:	
为股东、实际控制人及其关联方提供担保的金额	0
直接或间接为资产负债率超过 70%的被担保对象提供的债务担保金额	71,732,929.57
担保总额超过净资产 50%部分的金额	0
上述三项担保金额合计	71,732,929.57

上述直接或间接为资产负债率超过 70%的被担保对象提供的债务担保金额 71,732,929.57 元,均系对子公司提供的担保金额,其中:

被担保单位	担保余额(单位:元)
山东天士力医药有限公司	10,381,280.56
湖南天士力民生药业有限公司	19,418,226.72
广东天士力医药有限公司	8,008,940.80
陕西天士力医药有限公司	4,925,000.00
辽宁天士力医药有限公司	28,999,481.49

7.4 重大关联交易

7.4.1 与日常经营相关的关联交易

√适用　□不适用

单位:万元 币种:人民币

关联方	向关联方销售产品和提供劳务		向关联方采购产品和接受劳务	
	交易金额	占同类交易金额的比例(%)	交易金额	占同类交易金额的比例(%)
江苏天士力帝益药业有限公司	–	–	10,900.35	3.90
合计	–	–	10,900.35	3.90

其中:报告期内公司向控股股东及其子公司销售产品或提供劳务的关联交易金额 2,807.81 万元。

7.4.2 关联债权债务往来

□适用　√不适用

7.4.3 2008 年资金被占用情况及清欠进展情况

□适用　√不适用

截止 2008 年末,上市公司未完成非经营性资金占用的清欠工作的,董事会提出的责任追究方案

□适用　√不适用

7.5 委托理财

□适用　√不适用

7.6 承诺事项履行情况

7.6.1 公司或持股 5%以上股东在报告期内或持续到报告期内的承诺事项

√适用　□不适用

承诺事项	承诺内容	履行情况
股改承诺	天津天士力集团有限公司承诺:持有的本公司非流通股股份自获得上市流通权之日起,在 36 个月内(2008 年 12 月 30 日前)不上市交易或转让	履行完毕

7.6.2 公司资产或项目存在盈利预测,且报告期仍处在盈利预测期间,公司就资产或项目是否达到原盈利预测及其原因作出说明:

□适用　√不适用

7.7 重大诉讼仲裁事项

□适用　√不适用

7.8 其他重大事项及其影响和解决方案的分析说明

7.8.1 证券投资情况

□适用　√不适用

7.8.2 持有其他上市公司股权情况

□适用　√不适用

7.8.3 持有非上市金融企业股权情况

□适用　√不适用

7.8.4 买卖其他上市公司股份的情况

□适用　√不适用

7.9 公司董事会对公司内部控制出具了自我评估报告,审计机构出具了评价意见,详见公司 2008 年年度报告全文。

7.10 公司披露了履行社会责任报告,详见年报全文。

第八节　监事会报告

监事会认为公司依法运作、公司财务情况、公司募集资金使用、公司收购、出售资产交易和关联交易不存在问题。

8.1 监事会对公司依法运作情况的独立意见

监事会成员列席了本年度召开的各次股东大会和董事会，会议通知、会议召集、股东和董事出席会议情况、会议审议事项及表决结果等均符合法律规定的程序。各次会议所作决议均符合法律、法规和《公司章程》的规定，未发现有损害公司和股东利益的情况。

监事会认为，公司董事会和管理层 2008 年度的工作能严格按照《公司法》、《公司章程》等有关法规制度进行规范运作，认真履行股东大会有关决议，经营决策科学合理，工作认真负责，未发现有违反法律、法规和《公司章程》或损害公司利益的行为。

8.2 监事会对检查公司财务情况的独立意见

监事会通过对公司 2008 年度决算报告认真核查后认为：公司财务报告真实地反映了本公司 2008 年度的财务状况和经营成果，浙江天健东方会计师事务所真实、客观地对本公司 2008 年度财务报告出具了标准无保留意见的审计报告。

8.3 监事会对公司最近一次募集资金实际投入情况的独立意见

公司于 2007 年通过非公开发行股票方式募集资金 281,714,000.00 元，截至报告期末已累计使用 281,714,000.00 元，全部使用完毕。

8.4 监事会对公司收购、出售资产情况的独立意见

监事会认为公司在报告期内的收购出售资产行为审批程序合法、价格合理、决策有效，没有发现内幕交易和损害公司及股东利益或造成公司资产流失的行为，并有利于公司资源整合，符合公司发展战略。

8.5 监事会对公司关联交易情况的独立意见

公司 2008 年度所发生关联交易事项均属合理、必要，交易定价合理有据、客观公允，公司及其股东并未因关联交易遭受任何损害。上述关联交易事项均已按相关法律法规办理了相关的授权、批准、登记或备案手续，交易事项合法合规、真实有效。

第九节　财务会计报告

9.1 审计意见

财务报告	□未经审计	√审计
审计意见	√标准无保留意见	□非标意见

审计意见全文

审　计　报　告

浙天会审〔2009〕100 号

天津天士力制药股份有限公司全体股东：

我们审计了后附的天津天士力制药股份有限公司(以下简称天士力公司)财务报表，包括 2008 年 12 月 31 日的资产负债表和合并资产负债表，2008 年度的利润表和合并利润表，2008 年度的现金流量表和合并现金流量表，2008 年度的股东权益变动表和合并股东权益变动表，以及财务报表附注。

一、管理层对财务报表的责任

按照企业会计准则的规定编制财务报表是天士力公司管理层的责任。这种责任包括：(1) 设计、实施和维护与财务报表编制相关的内部控制，以使财务报表不存在由于舞弊或错误而导致的重大错报；(2) 选择和运用恰当的会计政策；(3) 作出合理的会计估计。

二、注册会计师的责任

我们的责任是在实施审计工作的基础上对财务报表发表审计意见。我们按照中国注册会计师审计准则的规定执行了审计工作。中国注册会计师审计准则要求我们遵守职业道德规范，计划和实施审计工作以对财务报表是否不存在重大错报获取合理保证。

审计工作涉及实施审计程序，以获取有关财务报表金额和披露的审计证据。选择的审计程序取决于注册会计师的判断，包括对由于舞弊或错误导致的财务报表重大错报风险的评估。在进行风险评估时，我们考虑与财务报表编制相关的内部控制，以设计恰当的审计程序，但目的并非对内部控制的有效性发表意见。审计工作还包括评价管理层选用会计政策的恰当性和作出会计估计的合理性，以及评价财务报表的总体列报。

我们相信，我们获取的审计证据是充分、适当的，为发表审计意见提供了基础。

三、审计意见

我们认为，天士力公司财务报表已经按照企业会计准则的规定编制，在所有重大方面公允反映了天士力公司 2008 年 12 月 31 日的财务状况以及 2008 年度的经营成果和现金流量。

中国注册会计师：王越豪、王强

9.2 财务报表

合并资产负债表

2008 年 12 月 31 日

编制单位:天津天士力制药股份有限公司　　单位:元 币种:人民币

项目	附注	期末余额	年初余额
流动资产：			
货币资金		403,556,497.44	268,426,532.03
结算备付金			
拆出资金			
交易性金融资产			
应收票据		144,465,977.56	259,430,079.71
应收账款		519,137,464.59	392,286,623.32
预付款项		88,930,785.44	80,655,569.77
应收保费			
应收分保账款			
应收分保合同准备金			
应收利息			
应收股利			
其他应收款		41,709,153.17	56,035,235.49
买入返售金融资产			
存货		313,340,831.58	244,393,241.98
一年内到期的非流动资产			
其他流动资产			
流动资产合计		1,511,140,709.78	1,301,227,282.30
非流动资产：			
发放贷款及垫款			
可供出售金融资产			
持有至到期投资			
长期应收款			
长期股权投资		172,458,288.03	172,399,652.63
投资性房地产		28,143,515.64	27,722,178.18
固定资产		1,121,401,456.35	1,012,804,385.77
在建工程		223,324,892.20	327,858,222.75
工程物资		80,451.40	1,177,152.30
固定资产清理			
生产性生物资产			
油气资产			
无形资产		195,319,165.47	209,872,638.22
开发支出		162,057,407.75	145,591,355.41
商誉		14,502,693.55	14,502,693.55
长期待摊费用		8,670,240.49	2,373,656.11
递延所得税资产		11,026,061.87	15,856,272.89
其他非流动资产			
非流动资产合计		1,936,984,172.75	1,930,158,207.81
资产总计		3,448,124,882.53	3,231,385,490.11
流动负债：			
短期借款		620,560,520.00	316,791,700.00
向中央银行借款			
吸收存款及同业存放			
拆入资金			
交易性金融负债			
应付票据		316,977,647.50	166,696,073.74
应付账款		178,156,788.18	182,829,644.87
预收款项		17,380,563.42	22,228,613.32
卖出回购金融资产款			
应付手续费及佣金			
应付职工薪酬		27,586,601.09	22,181,137.03
应交税费		1,753,414.64	48,104,462.32
应付利息		949,770.56	3,245,801.10
应付股利			
其他应付款		72,915,292.73	74,489,390.99
应付分保账款			
保险合同准备金			
代理买卖证券款			
代理承销证券款			
一年内到期的非流动负债			102,000,000.00
其他流动负债			
流动负债合计		1,236,280,598.12	938,566,823.37
非流动负债：			
长期借款		100,000,000.00	195,000,000.00
应付债券			
长期应付款		4,000,000.00	10,000,000.00
专项应付款		400,000.00	400,000.00
预计负债			
递延所得税负债			
其他非流动负债		14,540,246.02	8,599,361.84
非流动负债合计		118,940,246.02	213,999,361.84
负债合计		1,355,220,844.14	1,152,566,185.21
股东权益：			
股本		488,000,000.00	488,000,000.00
资本公积		564,426,891.07	657,472,632.73
减：库存股			
盈余公积		188,284,063.16	164,805,700.64
一般风险准备			
未分配利润		671,986,757.32	585,977,601.36
外币报表折算差额		−830,099.31	−645,773.58
归属于母公司所有者权益合计		1,911,867,612.24	1,895,610,161.15
少数股东权益		181,036,426.15	183,209,143.75
股东权益合计		2,092,904,038.39	2,078,819,304.90
负债和股东权益合计		3,448,124,882.53	3,231,385,490.11

公司法定代表人：闫希军　　主管会计工作负责人：王瑞华　　会计机构负责人：王瑞华

母公司资产负债表

2008 年 12 月 31 日

编制单位:天津天士力制药股份有限公司　　单位:元 币种:人民币

项目	附注	期末余额	年初余额
流动资产：			
货币资金		136,088,627.47	40,888,214.55
交易性金融资产			
应收票据		207,726,894.78	171,504,554.04
应收账款		409,284,265.24	492,361,206.98
预付款项		23,445,285.43	19,447,534.23
应收利息		3,848,516.58	51,562.50
应收股利			
其他应收款		144,482,792.00	52,136,478.74
存货		58,066,559.91	31,374,731.66
一年内到期的非流动资产		25,000,000.00	
其他流动资产			
流动资产合计		1,007,942,941.41	807,764,282.70
非流动资产：			
可供出售金融资产			
持有至到期投资			
长期应收款			25,000,000.00
长期股权投资		955,735,901.79	876,639,160.35
投资性房地产		28,143,515.64	27,722,178.18
固定资产		496,011,284.30	526,406,496.52
在建工程		5,340,220.00	8,162,571.08
工程物资		80,451.40	1,177,152.30
固定资产清理			
生产性生物资产			
油气资产			
无形资产		73,191,162.02	78,671,534.85
开发支出		125,129,387.29	113,035,807.56
商誉			
长期待摊费用			
递延所得税资产		4,099,114.32	3,845,734.43
其他非流动资产			
非流动资产合计		1,687,731,036.76	1,660,660,635.27
资产总计		2,695,673,978.17	2,468,424,917.97
流动负债：			
短期借款		595,000,000.00	280,000,000.00
交易性金融负债			
应付票据		103,000,000.00	44,330,000.00
应付账款		66,677,825.94	113,636,931.48
预收款项		1,481,726.06	1,045,694.06
应付职工薪酬		20,722,183.33	19,270,189.36
应交税费		−10,273,606.17	41,253,537.80
应付利息		743,961.88	2,756,703.50
应付股利			
其他应付款		21,614,688.18	45,105,894.02
一年内到期的非流动负债			52,000,000.00
其他流动负债			
流动负债合计		798,966,779.22	599,398,950.22
非流动负债：			
长期借款			45,000,000.00
应付债券			
长期应付款		4,000,000.00	10,000,000.00
专项应付款			
预计负债			
递延所得税负债			
其他非流动负债		1,622,500.00	2,920,500.00
非流动负债合计		5,622,500.00	57,920,500.00
负债合计		804,589,279.22	657,319,450.22
股东权益：			
股本		488,000,000.00	488,000,000.00
资本公积		643,206,409.95	651,610,803.91
减：库存股			
盈余公积		179,109,764.98	155,631,402.46
未分配利润		580,768,524.02	515,863,261.38
外币报表折算差额			
股东权益合计		1,891,084,698.95	1,811,105,467.75
负债和股东权益合计		2,695,673,978.17	2,468,424,917.97

公司法定代表人：闫希军　　主管会计工作负责人：王瑞华　　会计机构负责人：王瑞华

合并利润表

2008 年 1—12 月

单位：元 币种：人民币

项目	附注	本期金额	上期金额
一、营业总收入		3,434,215,527.41	2,818,819,597.18
其中：营业收入		3,434,215,527.41	2,818,819,597.18
利息收入			
已赚保费			
手续费及佣金收入			
二、营业总成本		3,117,350,006.34	2,595,146,733.93
其中：营业成本		2,295,739,830.66	1,874,729,836.85
利息支出			
手续费及佣金支出			
退保金			
赔付支出净额			
提取保险合同准备金净额			
保单红利支出			
分保费用			
营业税金及附加		23,206,538.10	20,921,270.00
销售费用		496,046,268.87	412,046,981.20
管理费用		229,865,824.78	231,081,690.91
财务费用		70,781,213.09	42,612,205.07
资产减值损失		1,710,330.84	13,754,749.90
加：公允价值变动收益（损失以“−”号填列）			
投资收益（损失以“−”号填列）		178,135.40	1,876,128.16
其中：对联营企业和合营企业的投资收益		58,635.40	−703.09
汇兑收益（损失以“−”号填列）			
三、营业利润（亏损以“−”号填列）		317,043,656.47	225,548,991.41
加：营业外收入		6,866,091.10	14,204,863.44
减：营业外支出		9,319,162.34	2,408,916.70
其中：非流动资产处置净损失		911,410.29	253,757.59
四、利润总额（亏损总额以“−”号填列）		314,590,585.23	237,344,938.15
减：所得税费用		64,214,284.84	63,211,280.76
五、净利润（净亏损以“−”号填列）		250,376,300.39	174,133,657.39
归属于母公司所有者的净利润		255,887,518.48	185,877,884.12
其中：被合并方在合并前实现的净利润		1,975,209.64	11,159,545.12
少数股东损益		−5,511,218.09	−11,744,226.73
六、每股收益：			
（一）基本每股收益（元/股）		0.52	0.38
（二）稀释每股收益（元/股）		0.52	0.38

本期发生同一控制下企业合并的，被合并方在合并前实现的净利润为：1,975,209.64 元。

公司法定代表人：闫希军　　主管会计工作负责人：王瑞华　　会计机构负责人：王瑞华

母公司利润表

2008 年 1—12 月

单位：元 币种：人民币

项目	附注	本期金额	上期金额
一、营业收入		1,290,286,919.55	1,140,721,922.42
减：营业成本		441,429,112.17	415,110,967.68
营业税金及附加		17,036,645.27	15,629,671.11
销售费用		387,154,379.47	345,770,592.08
管理费用		112,254,330.90	87,675,594.86
财务费用		52,308,441.36	36,651,499.22
资产减值损失		5,159,647.29	−706,544.58
加：公允价值变动收益（损失以“−”号填列）			
投资收益（损失以“−”号填列）		1,429,940.20	4,977,204.29
其中：对联营企业和合营企业的投资收益		58,635.40	−703.09
二、营业利润（亏损以“−”号填列）		276,374,303.29	245,567,346.34
加：营业外收入		2,223,255.59	6,010,540.91
减：营业外支出		8,202,460.40	1,737,726.55
其中：非流动资产处置净损失		708,844.59	219,112.02
三、利润总额（亏损总额以“−”号填列）		270,395,098.48	249,840,160.70
减：所得税费用		35,611,473.32	34,992,508.94
四、净利润（净亏损以“−”号填列）		234,783,625.16	214,847,651.76

公司法定代表人：闫希军　　主管会计工作负责人：王瑞华　　会计机构负责人：王瑞华

合并现金流量表

2008 年 1—12 月

单位：元 币种：人民币

项目	附注	本期金额	上期金额
一、经营活动产生的现金流量：			
销售商品、提供劳务收到的现金		3,919,532,613.74	3,210,784,581.88
客户存款和同业存放款项净增加额			
向中央银行借款净增加额			
向其他金融机构拆入资金净增加额			
收到原保险合同保费取得的现金			
收到再保险业务现金净额			
保户储金及投资款净增加额			
处置交易性金融资产净增加额			
收取利息、手续费及佣金的现金			
拆入资金净增加额			
回购业务资金净增加额			
收到的税费返还			

收到其他与经营活动有关的现金		55,019,278.83	42,991,898.40
经营活动现金流入小计		3,974,551,892.57	3,253,776,480.28
购买商品、接受劳务支付的现金		2,550,954,856.42	2,094,567,960.71
客户贷款及垫款净增加额			
存放中央银行和同业款项净增加额			
支付原保险合同赔付款项的现金			
支付利息、手续费及佣金的现金			
支付保单红利的现金			
支付给职工以及为职工支付的现金		234,689,875.76	162,153,045.13
支付的各项税费		367,369,353.60	284,454,510.66
支付其他与经营活动有关的现金		561,330,177.82	489,210,512.89
经营活动现金流出小计		3,714,344,263.60	3,030,386,029.39
经营活动产生的现金流量净额		260,207,628.97	223,390,450.89
二、投资活动产生的现金流量：			
收回投资收到的现金		20,503,800.00	54,175,887.60
取得投资收益收到的现金		119,500.00	1,061,475.29
处置固定资产、无形资产和其他			
长期资产收回的现金净额	3,239,400.57	1,573,722.36	
处置子公司及其他营业单位			
收到的现金净额			
收到其他与投资活动有关的现金		6,287,211.30	11,328,681.29
投资活动现金流入小计		30,149,911.87	68,139,766.54
购建固定资产、无形资产和其他			
长期资产支付的现金		114,512,812.36	205,408,866.21
投资支付的现金		4,900,000.00	11,567,300.00
质押贷款净增加额			
取得子公司及其他营业单位支付的现金净额		90,205,000.00	
支付其他与投资活动有关的现金			106,783,646.09
投资活动现金流出小计		209,617,812.36	323,759,812.30
投资活动产生的现金流量净额		−179,467,900.49	−255,620,045.76
三、筹资活动产生的现金流量：			
吸收投资收到的现金		5,900,000.00	291,904,000.00
其中：子公司吸收少数股东投资收到的现金		5,900,000.00	10,190,000.00
取得借款收到的现金		1,532,160,520.00	635,791,700.00
发行债券收到的现金			
收到其他与筹资活动有关的现金		177,306,996.16	94,200,000.00
筹资活动现金流入小计		1,715,367,516.16	1,021,895,700.00
偿还债务支付的现金		1,460,305,050.00	1,113,965,700.09
分配股利、利润或偿付利息支付的现金		207,467,340.99	126,918,846.69
其中：子公司支付给少数股东的股利、利润		502,241.17	
支付其他与筹资活动有关的现金		42,309,447.71	12,233,002.00
筹资活动现金流出小计		1,710,081,838.70	1,253,117,548.78
筹资活动产生的现金流量净额		5,285,677.46	−231,221,848.78
四、汇率变动对现金及现金等价物的影响		−227,664.16	−414,649.73
五、现金及现金等价物净增加额		85,797,741.78	−263,866,093.38
加：期初现金及现金等价物余额		245,521,725.14	509,387,818.52
六、期末现金及现金等价物余额		331,319,466.92	245,521,725.14

公司法定代表人：闫希军　　主管会计工作负责人：王瑞华　　会计机构负责人：王瑞华

母公司现金流量表

2008 年 1—12 月

单位:元 币种:人民币

项目	附注	本期金额	上期金额
一、经营活动产生的现金流量：			
销售商品、提供劳务收到的现金		1,512,724,570.42	1,172,692,983.11
收到的税费返还			
收到其他与经营活动有关的现金		5,714,863.03	13,286,536.67
经营活动现金流入小计		1,518,439,433.45	1,185,979,519.78
购买商品、接受劳务支付的现金		383,219,371.08	482,512,015.68
支付给职工以及为职工支付的现金		154,438,105.92	126,704,871.72
支付的各项税费		275,274,400.98	205,624,258.59
支付其他与经营活动有关的现金		403,651,216.13	328,218,012.79
经营活动现金流出小计		1,216,583,094.11	1,143,059,158.78
经营活动产生的现金流量净额		301,856,339.34	42,920,361.00
二、投资活动产生的现金流量：			
收回投资收到的现金		22,954,893.00	130,000,000.00
取得投资收益收到的现金		1,682,711.80	4,872,049.74
处置固定资产、无形资产和其他长期资产收回的现金净额		884,241.86	96,458.86
处置子公司及其他营业单位收到的现金净额			65,285,595.14
收到其他与投资活动有关的现金		3,142,610.78	4,629,425.08
投资活动现金流入小计		28,664,457.44	204,883,528.82
购建固定资产、无形资产和其他长期资产支付的现金		49,617,053.55	42,590,583.93
投资支付的现金			168,593,300.00
取得子公司及其他营业单位支付的现金净额		90,205,000.00	
支付其他与投资活动有关的现金		99,350,984.65	
投资活动现金流出小计		239,173,038.20	211,183,883.93
投资活动产生的现金流量净额		−210,508,580.76	−6,300,355.11
三、筹资活动产生的现金流量：			
吸收投资收到的现金			281,714,000.00
取得借款收到的现金		1,497,000,000.00	580,555,942.01
收到其他与筹资活动有关的现金			
筹资活动现金流入小计		1,497,000,000.00	862,269,942.01
偿还债务支付的现金		1,313,913,350.00	936,000,000.00
分配股利、利润或偿付利息支付的现金		191,596,486.45	109,231,832.46
支付其他与筹资活动有关的现金			
筹资活动现金流出小计		1,505,509,836.45	1,045,231,832.46
筹资活动产生的现金流量净额		−8,509,836.45	−182,961,890.45
四、汇率变动对现金及现金等价物的影响		−37,442.54	17,251.81
五、现金及现金等价物净增加额		82,800,479.59	−146,324,632.75
加：期初现金及现金等价物余额		40,888,124.55	187,212,757.30
六、期末现金及现金等价物余额		123,688,604.14	40,888,124.55

公司法定代表人：闫希军　　主管会计工作负责人：王瑞华　　会计机构负责人：王瑞华

合并所有者权益变动表

2008 年 1—12 月

单位:元 币种:人民币

本年金额

项目	归属于母公司所有者权益 股本	资本公积	减:库存股	盈余公积	一般风险准备	未分配利润	其他	少数股东权益	所有者权益合计
一、上年年末余额	488,000,000.00	657,472,632.73		164,805,700.64		585,977,601.36	−645,773.58	183,209,143.75	2,078,819,304.90
加：同一控制下企业合并产生的追溯调整									
加：会计政策变更前期差错更正									
其他									
二、本年年初余额	488,000,000.00	657,472,632.73		164,805,700.64		585,977,601.36	−645,773.58	183,209,143.75	2,078,819,304.90
三、本年增减变动金额(减少以"−"号填列)		−93,045,741.66		23,478,362.52		86,009,155.96	−184,325.73	−2,172,717.60	14,084,733.49
(一)净利润						255,887,518.48		−5,511,218.09	250,376,300.39
(二)直接计入所有者权益的利得和损失		−93,045,741.66					−184,325.73		−93,230,067.39
1.可供出售金融资产公允价值变动净额									
2.权益法下被投资单位其他所有者权益变动的影响									
3.与计入所有者权益项目相关的所得税影响									
4.其他		−93,045,741.66					−184,325.73		−93,230,067.39
上述(一)和(二)小计		−93,045,741.66				255,887,518.48	−184,325.73	−5,511,218.09	157,146,233.00
(三)所有者投入和减少资本								3,840,741.66	3,840,741.66
1.所有者投入资本								1,000,000.00	1,000,000.00
2.股份支付计入所有者权益的金额									
3.其他								2,840,741.66	2,840,741.66
(四)利润分配				23,478,362.52		−169,878,362.52		−502,241.17	−146,902,241.17
1.提取盈余公积				23,478,362.52		−23,478,362.52			
2.提取一般风险准备									
3.对所有者(或股东)的分配						−146,400,000.00		−502,241.17	−146,902,241.17
4.其他									
(五)所有者权益内部结转									
1.资本公积转增资本(或股本)									
2.盈余公积转增资本(或股本)									
3.盈余公积弥补亏损									
4.其他									
四、本期期末余额	488,000,000.00	564,426,891.07		188,284,063.16		671,986,757.32	−830,099.31	181,036,426.15	2,092,904,038.39

上年金额

项目	归属于母公司所有者权益 股本	资本公积	减:库存股	盈余公积	一般风险准备	未分配利润	其他	少数股东权益	所有者权益合计
一、上年年末余额	285,000,000.00	586,312,126.47		142,413,396.53		507,983,532.98	−279,400.00	317,665,607.75	1,839,095,263.73
加：同一控制下企业合并产生的追溯调整									
加：会计政策变更前期差错更正									
其他									
二、本年年初余额	285,000,000.00	586,312,126.47		142,413,396.53		507,983,532.98	−279,400.00	317,665,607.75	1,839,095,263.73
三、本年增减变动金额(减少以"−"号填列)	203,000,000.00	71,160,506.26		22,392,304.11		77,994,068.38	−366,373.58	−134,456,464.00	239,724,041.17
(一)净利润						185,877,884.12		−11,744,226.73	174,133,657.39
(二)直接计入所有者权益的利得和损失		−7,553,493.74					−366,373.58		−7,919,867.32
1.可供出售金融资产公允价值变动净额									
2.权益法下被投资单位其他所有者权益变动的影响									
3.与计入所有者权益项目相关的所得税影响									
4.其他		−7,553,493.74					−366,373.58		−7,919,867.32
上述(一)和(二)小计		−7,553,493.74				185,877,884.12	−366,373.58	−11,744,226.73	166,213,790.07
(三)所有者投入和									

减少资本	20,000,000.00	261,714,000.00					-122,712,237.27	159,001,762.73
1.所有者投入资本	20,000,000.00	261,714,000.00					10,190,000.00	291,904,000.00
2.股份支付计入所有者权益的金额								
3.其他							-132,902,237.27	-132,902,237.27
(四)利润分配				21,484,765.18	-106,976,276.81			-85,491,511.63
1.提取盈余公积				21,484,765.18	-21,484,765.18			
2.提取一般风险准备								
3.对所有者(或股东)的分配					-85,491,511.63			-85,491,511.63
4.其他								
(五)所有者权益内部结转	183,000,000.00	-183,000,000.00		907,538.93	-907,538.93			
1.资本公积转增资本(或股本)	183,000,000.00	-183,000,000.00						
2.盈余公积转增资本(或股本)								
3.盈余公积弥补亏损								
4.其他				907,538.93	-907,538.93			
四、本期期末余额	488,000,000.00	657,472,632.73		164,805,700.64	585,977,601.36	-645,773.58	183,209,143.75	2,078,819,304.90

公司法定代表人:闫希军　　主管会计工作负责人:王瑞华　　会计机构负责人:王瑞华

母公司所有者权益变动表

2008 年 1—12 月

单位:元 币种:人民币

项目	本年金额 股本	资本公积	减:库存股	盈余公积	未分配利润	所有者权益合计
一、上年年末余额	488,000,000.00	651,610,803.91		155,631,402.46	515,863,261.38	1,811,105,467.75
加:会计政策变更						
前期差错更正						
其他						
二、本年年初余额	488,000,000.00	651,610,803.91		155,631,402.46	515,863,261.38	1,811,105,467.75
三、本年增减变动金额(减少以"-"号填列)		-8,404,393.96		23,478,362.52	64,905,262.64	79,979,231.20
(一)净利润					234,783,625.16	234,783,625.16
(二)直接计入所有者权益的利得和损失		-8,404,393.96				-8,404,393.96
1.可供出售金融资产公允价值变动净额						
2.权益法下被投资单位其他所有者权益变动的影响						
3.与计入所有者权益项目相关的所得税影响						
4.其他		-8,404,393.96				-8,404,393.96
上述(一)和(二)小计		-8,404,393.96			234,783,625.16	226,379,231.20
(三)所有者投入和减少资本						
1.所有者投入资本						
2.股份支付计入所有者权益的金额						
3.其他						
(四)利润分配				23,478,362.52	-169,878,362.52	-146,400,000.00
1.提取盈余公积				23,478,362.52	-23,478,362.52	
2.对所有者(或股东)的分配					-146,400,000.00	-146,400,000.00
3.其他						
(五)所有者权益内部结转						
1.资本公积转增资本(或股本)						
2.盈余公积转增资本(或股本)						
3.盈余公积弥补亏损						
4.其他						
四、本期期末余额	488,000,000.00	643,206,409.95		179,109,764.98	580,768,524.02	1,891,084,698.95

项目	上年金额 股本	资本公积	减:库存股	盈余公积	未分配利润	所有者权益合计
一、上年年末余额	285,000,000.00	572,896,803.91		134,146,637.28	407,991,886.43	1,400,035,327.62
加:会计政策变更						
前期差错更正						
其他						
二、本年年初余额	285,000,000.00	572,896,803.91		134,146,637.28	407,991,886.43	1,400,035,327.62
三、本年增减变动金额(减少以"-"号填列)	203,000,000.00	78,714,000.00		21,484,765.18	107,871,374.95	411,070,140.13
(一)净利润					214,847,651.76	214,847,651.76
(二)直接计入所有者权益的利得和损失						
1.可供出售金融资产公允价值变动净额						
2.权益法下被投资单位其他所有者权益变动的影响						
3.与计入所有者权益项目相关的所得税影响						
4.其他						
上述(一)和(二)小计					214,847,651.76	214,847,651.76
(三)所有者投入和减少资本	20,000,000.00	261,714,000.00				281,714,000.00
1.所有者投入资本	20,000,000.00	261,714,000.00				281,714,000.00
2.股份支付计入所有者权益的金额						
3.其他						
(四)利润分配				21,484,765.18	-106,976,276.81	-85,491,511.63
1.提取盈余公积				21,484,765.18	-21,484,765.18	
2.对所有者(或股东)的分配					-85,491,511.63	-85,491,511.63
3.其他						
(五)所有者权益内部结转	183,000,000.00	-183,000,000.00				
1.资本公积转增资本(或股本)	183,000,000.00	-183,000,000.00				
2.盈余公积转增资本(或股本)						
3.盈余公积弥补亏损						
4.其他						
四、本期期末余额	488,000,000.00	651,610,803.91		155,631,402.46	515,863,261.38	1,811,105,467.75

公司法定代表人:闫希军　　主管会计工作负责人:王瑞华　　会计机构负责人:王瑞华

9.3 本报告期无会计政策、会计估计和核算方法变更。

9.4 本报告期无会计差错更正。

9.5 与最近一期年度报告相比,合并范围发生变化的具体说明

1.报告期新纳入合并财务报表范围的子公司

因同一控制下企业合并而增加子公司的情况说明

根据本公司与宝士力(天津)科技发展有限公司于 2008 年 4 月 18 日签订的《出资转让协议》,并经天津博科林药品包装技术有限公司董事会以及本公司董事会决议通过,本公司以 9,020.50 万元受让宝士力(天津)科技发展有限公司持有的天津博科林药品包装技术有限公司 75%股权,股权转让基准日为 2007 年 12 月 31 日。由于本公司最终控制人为闫希军,宝士力(天津)科技发展有限公司同受其控制,且该等控制均非暂时的,故该项合并为同一控制下企业合并。本公司已于 2008 年 5 月 6 日和 2008 年 5 月 26 日分别支付股权转让款 5,000.00 万元 4,020.50 万元,并办理了相应的财产权交接手续,本公司于 2008 年 5 月 6 日起拥有该公司的实质控制权,故将该日确定为合并日,将其纳入合并财务报表范围,并相应调整了合并财务报表的比较数据。公司相关财务数据如下:

项 目	合并日数	年初数
资产	128,261,684.49	145,048,152.90
负债	19,194,209.77	37,955,887.82
净资产	109,067,474.72	107,092,265.08
项 目		年初至合并日发生额
收入		19,886,298.35
净利润		1,975,209.64
经营活动产生的现金流量净额		9,877,073.66
现金及现金等价物净增加额		-11,261,681.60

第十节　备查文件目录

1、载有法定代表人、主管会计工作负责人、会计机构负责人签名并盖章的会计报表

2、载有会计师事务所盖章、注册会计师签名并盖章的审计报告原件

3、报告期内在中国证监会指定报纸上公开披露过的所有公司文件的正文及公告的原稿

董事长:闫希军

天津天士力制药股份有限公司

2009 年 2 月 14 日

安徽山鹰纸业股份有限公司

安徽山鹰纸业股份有限公司 2008 年年度报告摘要

第一节　重要提示

1.1 本公司董事会、监事会及董事、监事、高级管理人员保证本报告所载资料不存在任何虚假记载、误导性陈述或者重大遗漏，并对其内容的真实性、准确性和完整性承担个别及连带责任。

本年度报告摘要摘自年度报告全文，投资者欲了解详细内容，应当仔细阅读年度报告全文。

1.2 公司全体董事出席董事会会议。

1.3 利安达会计师事务所有限责任公司为本公司出具了标准无保留意见的审计报告。

1.4 公司负责人王德贤、主管会计工作负责人汤涌泉及会计机构负责人(会计主管人员)何加宇声明：保证年度报告中财务报告的真实、完整。

第二节　公司基本情况简介

2.1 基本情况简介

股票简称	山鹰纸业
股票代码	600567
上市交易所	上海证券交易所
转债简称	山鹰转债
转债代码	110567
上市交易所	上海证券交易所
公司注册地址和办公地址	安徽省马鞍山市勤俭路 3 号 安徽省马鞍山市勤俭路 3 号
邮政编码	243021
公司国际互联网网址	http://.shanyingpaper.com
电子信箱	stock@shanyingpaper.com

2.2 联系人和联系方式

	董事会秘书
姓名	孙红莉
联系地址	安徽省马鞍山市勤俭路 3 号证券部
电话	0555-2826275
传真	0555-2826369
电子信箱	stock@shanyingpaper.com

第三节　会计数据和业务数据摘要

3.1 主要会计数据

单位：元 币种：人民币

	2008 年	2007 年	本年比上年增减(%)	2006 年
营业收入	2,858,835,048.74	1,899,868,781.67	50.48	1,689,926,897.08
利润总额	18,746,004.35	69,848,637.78	-73.16	124,285,333.63
归属于上市公司股东的净利润	4,006,728.04	59,723,472.84	-93.29	114,905,654.40
归属于上市公司股东的扣除非经常性损益的净利润	1,703,360.78	63,056,405.05	-97.30	101,495,508.43
经营活动产生的现金流量净额	449,065,185.10	-182,450,707.44	不适用	123,768,242.40

	2008 年末	2007 年末	本年末比上年末增减(%)	2006 年末(注 2)
总资产	4,657,169,348.77	4,144,475,504.84	12.37	2,523,125,676.30
所有者权益(或股东权益)	1,301,930,083.84	1,275,097,941.73	2.10	1,214,149,946.46

3.2 主要财务指标

	2008 年	2007 年	本年比上年增减(%)	2006 年
基本每股收益(元/股)	0.01	0.14	-92.86	0.28
稀释每股收益(元/股)	0.01	0.14	-92.86	0.27
扣除非经常性损益后的基本每股收益(元/股)	0.004	0.15	-97.33	0.25
全面摊薄净资产收益率(%)	0.30	4.68	减少 4.38 个百分点	9.46
加权平均净资产收益率(%)	0.31	4.85	减少 4.54 个百分点	11.54
扣除非经常性损益后全面摊薄净资产收益率(%)	0.13	4.95	减少 4.82 个百分点	8.36
扣除非经常性损益后的加权平均净资产收益率(%)	0.13	5.12	减少 4.99 个百分点	10.20
每股经营活动产生的现金流量净额(元/股)	1.05	-0.43	不适用	0.29

	2008 年末	2007 年末	本年末比上年末增减(%)	2006 年末
归属于上市公司股东的每股净资产(元/股)	3.03	2.99	1.34	2.85

非经常性损益项目

√适用　　□不适用

单位：元 币种：人民币

非经常性损益项目	金额
非流动资产处置损益	-14,442.15
计入当期损益的政府补助，但与公司正常经营业务密切相关，符合国家政策规定、按照一定标准定额或定量持续享受的政府补助除外	2,209,904.85
除上述各项之外的其他营业外收入和支出	1,019,137.40
其他符合非经常性损益定义的损益项目	-442,485.30
少数股东权益影响额	9,184,247.43
所得税影响额	-428,335.58
合计	11,528,026.65

3.3 境内外会计准则差异：

□适用　　√不适用

第四节　股本变动及股东情况

4.1 股份变动情况表

√适用　　□不适用

单位：股

	本次变动前		本次变动增减(+,-)					本次变动后	
	数量	比例(%)	发行新股	送股	公积金转股	其他	小计	数量	比例(%)
一、有限售条件股份									
1、国家持股	59,157,540	13.86						59,157,540	13.77
2、国有法人持股									
3、其他内资持股									
其中：境内非国有法人持股									
境内自然人持股									
4、外资持股									
其中：境外法人持股									
境外自然人持股									
有限售条件股份合计	59,157,540	13.86						59,157,540	13.77
二、无限售条件流通股份									
1、人民币普通股	367,573,294	86.14				2,867,620	2,867,620	370,440,914	86.23
2、境内上市的外资股									
3、境外上市的外资股									
4、其他									
无限售条件流通股份合计	367,573,294	86.14				2,867,620	2,867,620	370,440,914	86.23
三、股份总数	426,730,834	100				2,867,620	2,867,620	429,598,454	100

限售股份变动情况表

□适用　　√不适用

4.2 股东数量和持股情况

单位：股

报告期末股东总数　　97,803 户

前十名股东持股情况

股东名称	股东性质	持股比例(%)	持股总数	报告期内增减	持有有限售条件股份数量	质押或冻结的股份数量
马鞍山山鹰纸业集团有限公司	国家	13.77	59,157,540		59,157,540	无
宋连成	境内自然人	0.74	3,165,000		0	未知
杨艳娟	境内自然人	0.27	1,175,150		0	未知
郑书珍	境内自然人	0.26	1,118,570		0	未知
陈格美	境内自然人	0.23	969,839		0	未知
苏毅	境内自然人	0.17	725,124		0	未知
杜云波	境内自然人	0.17	710,500		0	未知
童世英	境内自然人	0.16	696,200		0	未知
宋新东	境内自然人	0.15	624,800		0	未知
马鞍山港口(集团)有限责任公司	国有法人	0.14	603,980		0	未知

前十名无限售条件股东持股情况

股东名称	持有无限售条件股份的数量	股份种类
宋连成	3,165,000	人民币普通股

杨艳娟	1,175,150	人民币普通股
郑书珍	1,118,570	人民币普通股
陈格美	969,839	人民币普通股
苏毅	725,124	人民币普通股
杜云波	710,500	人民币普通股
童世英	696,200	人民币普通股
宋新东	624,800	人民币普通股
马鞍山港口(集团)有限责任公司	603,980	人民币普通股
顾五庆	588,727	人民币普通股
上述股东关联关系或一致行动的说明	公司控股股东马鞍山山鹰纸业集团有限公司与上述其他股东无关联关系,公司未知其他股东之间是否存在关联关系或属于《上市公司股东持股变动信息披露管理办法》规定的一致行动人。	

4.3 控股股东及实际控制人情况介绍

4.3.1 控股股东及实际控制人变更情况

□适用　　√不适用

4.3.2 控股股东及实际控制人具体情况介绍

4.3.2.1 法人控股股东情况

单位:万元 币种:人民币

名称	法定代表人	注册资本	成立日期	主营业务
马鞍山山鹰纸业集团有限公司	周著青	23,000	1997 年 8 月 1 日	持有、管理并运作公司的各项资产,科研开发,能源开发,物业管理,后勤服务,贸易,本企业产品、技术出口及本企业所需技术、设备、原辅材料进口。

4.3.2.2 法人实际控制人情况

单位: 元 币种:人民币

名称	法定代表人	注册资本	成立日期	主营业务
马鞍山市人民政府				

第五节　董事、监事和高级管理人员

5.1 董事、监事和高级管理人员持股变动及报酬情况

单位:股

姓　名	职务	性别	年龄	任期起止日期	是否在公司领取报酬、津贴	报告期内从公司领取的报酬总额(万元)税前	是否在股东单位或其他关联单位领取报酬、津贴
王德贤	董事长	男	62	2008-10-24~2011-10-23	是	24.56	否
汤涌泉	董事、总经理	男	55	2008-10-24~2011-10-23	是	21.46	否
夏　林	董事、副总经理	男	52	2008-10-24~2011-10-23	是	17.18	否
杨义传	董事、副总经理	男	56	2008-10-24~2011-10-23	是	17.15	否
沈晓卿	董事、副总经理	女	44	2008-10-24~2011-10-23	是	17.15	否
王黄来	董事	男	47	2008-10-24~2011-10-23	是	15.13	否
李昌斌	董事	男	34	2008-10-24~2011-10-23	是	14.8	否
席彦群	独立董事	男	45	2008-10-24~2011-10-23	是	0	否
江益民	独立董事	男	50	2008-10-24~2011-10-23	是	0	否
方一苗	独立董事	男	45	2008-10-24~2011-10-23	是	3	否
戴红旗	独立董事	男	45	2008-10-24~2011-10-23	是	3	否
田永霞	监事会主席	女	55	2008-10-24~2011-10-23	是	11.41	否
朱皖苏	监事	女	39	2008-10-24~2011-10-23	是	6.95	否
江　胜	监事	男	28	2008-10-24~2011-10-23	是	3.48	否
方　敏	副总经理	男	41	2008-10-24~2011-10-23	是	17.15	否
鲁招金	副总经理	男	44	2008-10-24~2011-10-23	是	13.58	否
王居才	副总经理	男	46	2008-10-24~2011-10-23	是	7.69	否
孙后一	副总经理	男	40	2008-10-24~2011-10-23	是	16.39	否
何加宇	财务负责人	男	31	2008-10-24~2011-10-23	是	8.71	否
孙红莉	董事会秘书	女	31	2008-10-24~2011-10-23	是	6.88	否
合　计	/	/	/	/	/	225.67	/

第六节　董事会报告

6.1 管理层讨论与分析

(A)报告期内公司经营情况的回顾

1、报告期内公司总体经营情况

2008 年是市场环境发生巨大变化的一年。在此期间,公司业务上取得两大进展。30 万吨项目的投产,标志着公司主导产品已形成包装纸板、新闻纸和瓦楞箱板纸箱三大系列;控股子公司山鹰置业房地产项目的部分交付结转,是公司业务的另一利润增长点。前三季度,公司紧跟市场需求,充分发挥自身优势,合理组织生产,优化经营管理,加快新项目的投产达产进程,总体经营情况良好。第四季度,受 2008 年下半年国际金融危机影响,国内实体经济受到巨大冲击。整个造纸行业面临销售萎缩、库存增长、价格下降的不利局面。面对种种困难,公司董事会和管理层积极应对,从调整产品结构、稳定产品质量、努力降低消耗、深入加强管理、充分发挥子公司用纸优势多方面入手,在行业内纷纷限产停产的情况下,基本做到了满负荷生产。

2008 年度,公司实现营业收入 285,883.50 万元,比去年同期增长 50.48%;实现利润总额 1,874.60 万元,比去年同期下降 73.16%;实现归属于股东的净利润 400.67 万元,比去年同期下降 93.29%%。利润下降主要原因:一是前三季度原材料、燃料、辅助材料大幅涨价,使公司成本大幅上涨;二是四季度市场需求萎缩,产品售价巨幅下跌,同时仍需消化前期进口的高价原材料库存;三是产品及原材料价格巨幅下跌后,需计提的原材料、产成品存货跌价准备大幅增加;四是公司经营规模扩大,本年度贷款利率多次提高,财务费用增加。

2、主营业务及其经营状况分析

公司属于造纸企业,经营范围为:纸、纸板、纸箱制造,本公司生产产品出口及本公司生产、科研所需的原辅材料、机械设备、仪器仪表、零配件进口。公司主营"山鹰牌"各类包装纸板、新闻纸、瓦楞箱板纸箱及其它纸制品的生产和销售。多年来,公司始终坚持"发展生态纸业,走循环经济道路",以废纸为主要原料生产再生纸和纸板,在发展造纸的同时持续扩大纸箱经营规模,积极向造纸下游产业链延伸,并建有铁路专用线、水运专用码头、废纸收购网络和自备电站等一系列较完善的配套设施,经过不懈努力,公司生产规模稳步提高,综合竞争实力持续提升。

(1)主营业务分行业、分产品情况表

单位:元 币种:人民币

分行业或分产品	主营营业收　入	主营业务成　本	主营业务利润率%	主营业务收入比上年增减%	主营业务成本比上年增减%	主营业务利润率上年增减%
行业						
造纸	1,689,817,066.53	1,430,124,649.36	14.82	93.08	87.00	3.09
包装	1,033,623,281.11	931,522,322.71	9.38	1.64	9.50	−6.76
房地产	120,136,104.00	89,027,298.50	21.60			
产品						
包装纸板	974,001,295.58	845,901,022.91	12.61	11.29	10.61	0.88
瓦楞箱板纸箱	1,033,623,281.11	931,522,322.71	9.38	1.64	9.50	−6.76
新闻纸	646,325,469.09	533,249,997.29	16.95			
文化纸	69,490,301.86	50,973,629.16	26.10			
房地产	120,136,104.00	89,027,298.50	21.60			

(2)主营业务分地区情况表

地区	主营业务收入	主营业务收入比上年增减(%)
国内	2,843,576,451.64	50.29
国外	0	0

(3)生产经营的主要产品情况表

单位:元 币种:人民币

产品名称	主营业务收入	主营业务成本	毛利率(%)
包装纸板	974,001,295.58	845,901,022.91	15.14
瓦楞箱板纸箱	1,033,623,281.11	931,522,322.71	10.96
新闻纸	646,325,469.09	533,249,997.29	21.20

(4)主要供应商、客户情况

单位:元 币种:人民币

前五名供应商采购金额合计	300,419,320.23	占采购总额比重	11.70%
前五名销售客户销售金额合计	38,503,930.84	占销售总额比重	10.35%

3、报告期公司财务报表项目变动说明

单位:元 币种:人民币

资产负债表项目	年末数	年初数	变动幅度(%)	差异原因
货币资金	494,877,370.36	378,460,564.25	30.76	(1)
应收票据	81,438,511.09	264,135,193.73	−69.17	(2)
应收账款	319,155,087.90	233,689,792.22	36.57	(3)
预付款项	30,391,505.81	145,708,165.70	−79.14	(4)
其他应收款	9,311,555.17	6,597,115.01	41.15	(5)
存货	447,469,327.12	283,775,430.61	57.68	(6)
长期股权投资	39,668,000.00	27,668,000.00	43.37	(7)
固定资产	2,410,908,304.37	1,263,483,124.91	90.81	(8)
在建工程	707,962,665.77	1,480,428,174.58	−52.18	(9)
无形资产	105,952,653.73	54,353,702.67	94.93	(10)
递延所得税资产	8,808,025.10	4,872,098.17	80.79	(11)
应付票据	161,979,553.73	95,149,543.29	70.24	(12)
应付职工薪酬	7,483,013.95	4,357,616.21	71.72	(13)
其他应付款	9,165,556.63	15,167,943.39	−39.57	(14)
其他流动负债	17,942,499.35	12,342,507.97	45.37	(15)
少数股东权益	18,287,328.03	9,032,447.41	102.46	(16)
利润表项目	2007 年度	2006 年度	变动幅度(%)	差异原因
营业收入	2,858,835,048.74	1,899,868,781.67	50.48	(17)
营业成本	2,459,172,476.42	1,617,353,557.16	52.05	(18)
营业税金及附加	19,511,450.46	11,505,467.83	69.58	(19)
销售费用	107,812,292.31	77,007,237.00	40.00	(20)
财务费用	172,974,433.81	76,663,711.11	125.63	(21)
资产减值损失	22,912,557.45	4,660,456.40	391.64	(22)
投资收益	2,030,893.18	8,138,057.41	−75.04	(23)
营业外收入	20,027,705.98	32,313,648.73	−38.02	(24)
营业外支出	1,076,359.15	14,198,142.09	−92.42	(25)
现金流量表项目	2008 年度	2007 年度	变动额(万元)	差异原因
经营活动产生的现金流量净额	449,065,185.10	−182,450,707.44	63,151.59	(26)

(1)货币资金年末较期初增加 30.76%,主要原因是短期借款增长和经营活动净流入产生。

(2)应收票据年末较期初减少 69.17%,主要原因是公司为提高资金使用效率,应收票据背书转让和贴现金额大幅增长。

(3)应收账款年末较期初增长 36.57%,主要是由于 2008 年营业收入较 2007 年增长 50%,而部分客户也更多的采取了银行票据付款方式,所以期末应收账款出现较大增长。

(4)预付款项年末余额较期初减少 79.14%,主要原因是本公司 30 万吨项目、马鞍山山鹰公司一期纸箱工程均于 2008 年竣工投产并结转固定资产,其预付的工程款也结转减少。

(5)其他应收款年末较期初增长 41.15%,主要构成:a、母公司预付给马鞍山市人才交流中心的劳务用工人事代理费 107.97 万元;b、天福公司应收的福利企业定额增值税返还 99.75 万元;c、母公司支付给中国证券登记结算有限责任公司上海分公司可转债找零备用款 49.08 万元

(6)存货年末余额较期初增加 57.68%,主要原因是山鹰置业开发的房地产项目年末建成陆续交房以及 30 万吨项目投产增加产品库存。

(7)长期股权投资年末余额较期初增加 43.37%,是由于 2008 年度联营企业马鞍山天顺港口有限责任公司增加注册资本,本公司追加投资 1,200 万元。

(8)固定资产年末余额较期初增加 90.81%,主要原因是公司 30 万吨项目和马鞍山山鹰一期纸箱工程由在建工程转固。

(9)在建工程年末余额较期初减少 52.18%,主要原因是 30 万吨项目建成结转固定资产。

(10)无形资产年末余额较期初增加 94.93%,主要是增加了 30 万吨项目和马鞍山山鹰一期纸箱工程项目用地的土地使用权。

(11)递延所得税资产年末余额较期初增加 80.79%,主要原因是 2008 年公司计提了金额较大的存货跌价准备,可转债形成的递延所得税 2008 年末也分类到递延所得税资产列示。

(12)应付票据年末余额较期初增加 70.24%,主要原因是公司 30 万吨项目投产,对外采购增长,同时为提高资金使用效率,公司更多的采用了银行票据付款方式。

(13)应付职工薪酬年末余额较期初增加 71.72%,主要原因是公司 30 万吨项目投产,员工人数增加,工资、工会经费、教育经费等随之增加。

(14)其他应付款年末余额较期初减少 39.57%,主要原因:a、母公司将水利建设基金 1,986,950.09 元重分类到应交税费核算;b、可转债发行费用本年支付了 1,074,895.00 元;c、天福公司支付了 2,869,435.03 元项目工程款。

(15)其他流动负债年末余额较期初增加 45.37%,主要原因是 30 万吨项目投产,产量大幅增加,所耗用水、电、蒸汽等也随之增加。

(16)少数股东权益年末余额较期初增加 102.46%,主要原因是本期马鞍山山鹰置业有限公司经营净利润增加。

(17)营业收入较 2007 年增长 50.48%,主要原因:30 万吨项目投产、马鞍山山鹰一期纸箱工程投产、山鹰置业实现商品房销售收入。

(18)营业成本较 2007 年增长 52.05%,主要是由于公司新的生产线投产,营业收入大幅增长,营业成本随之增长。

(19)营业税金及附加较 2007 年度增长 69.58%,主要原因是营业收入本期较 2007 年度大幅增长,税金及附加随之增长。

(20)销售费用较 2007 年度增长 40%,主要原因是营业收入本期较 2007 年度大幅增长,销售费用随之增长。

(21)财务费用较 2007 年度增长 125.63%,主要是由于利息支出大幅增长。

(22)资产减值损失较 2007 年度增长 391.64%,主要原因是存货跌价准备和固定资产减值损失增加。

(23)投资收益较 2007 年度减少 75.04%,主要是 NDF 交割收益减少,2008 年度无此类业务发生。

(24)营业外收入较 2007 年度减少 38.02%,主要原因是政府补助中的增值税返还大幅减少,另:杭州山鹰去年收到余杭经济开发区扶持基金,2008 年没有此项政府补助。

(25)营业外支出较 2007 年度减少 92.42%,主要原因是 2008 年公司没有大的固定资产报废或处置行为。

(26)经营活动产生的现金流量净额较上年度增加 63,151.59 万元,主要原因是:公司为了提高资金使用效率,大幅提高了应收票据贴现比例。

4、对公司设备利用情况、订单的获取情况、产品的销售或积压情况、主要技术人员变动情况等与公司经营相关的重要信息的讨论与分析

(1)公司生产设备利用较充分,运转情况良好。

(2)公司基本保持产销平衡,造纸全年产量 63.13 万吨,全年销量 60.90 万吨,产销率 96.47%;瓦楞箱板纸箱全年产量 48,418.96 万平方米,全年销量 48,445.70 万平方米,产销率 100.06%。公司产品库存维持在合理范围内,销售市场和地区分布没有发生重大变化。

(3)公司主要生产技术及管理人员稳定,没有发生重大变动。

5 、公司主要控股公司及参股公司的经营情况及业绩分析

单位:元 币种:人民币

公司名称	主营业务	注册资本(万元)	资产规模	净利润
马鞍山市蓝天废旧物资回收有限公司	购销造纸原料、辅助材料	244	39,591,858.61	−1,529,828.32
马鞍山山鹰置业有限公司	房地产开发与经营、物业管理	2,000	184,431,482.75	19,011,708.14
马鞍山市天福纸箱纸品有限公司	生产销售纸制品、纸箱、分切纸	13,500	611,396,878.96	22,819,267.43
扬州山鹰纸业包装有限公司	生产销售包装制品、塑料制品、纸张印刷	7,000	253,556,500.36	11,700,248.63
苏州山鹰纸业纸品有限公司	生产纸制品、纸箱商标印刷	6,000	126,387,494.20	4,340,181.69
杭州山鹰纸业纸品有限公司	瓦楞纸箱板、销售箱纸板、纱管纸生产销售	2,000	143,943,858.20	−125,196.56
嘉善山鹰纸业纸品有限公司	纸制品生产销售	10,000	102,232,139.37	−767,129.29
马鞍山天顺港口有限责任公司	港口业	7,000	152,097,237.60	

6、报告期内,公司技术创新、节能减排及自主创新情况

报告期内,公司在自主研发与技术创新方面做了大量的工作,立项并实施的 3 个研发项目在 2008 年实现科技成果转化,分别是年产 20 万吨超低定量高强瓦楞原纸、造纸废水深度处理技术开发与应用和 AAA−1 纸研发试用项目。项目涉及新产品的研发、新技术新工艺的研究应用及节能减排技术的应用,这些创新项目的实施带动了公司整体技术水平的提高,推动了国家"十一五"节能减排目标的实现,促进了公司的可持续发展。

(B)对公司未来发展的展望

1、所处行业的发展趋势及公司面临的市场竞争格局

造纸工业发展与国民经济及社会发展密切相关。 2008 年上半年,受原材料、燃料、辅助材料价格大幅上涨影响,造纸行业成本上升至历史最高水平。进入下半年,金融危机迅速波及到造纸行业,出口萎缩,内需不足,市场低迷。在供求关系变化、新增产能等多重因素影响下,造纸产业链出现失衡,造纸产品市场呈现量价齐跌态势。2008 年是我国造纸业有史以来波动最大的一年,也是对以进口原料为主的造纸企业影响最大的一年。长期来看,随着人们生活、生产等多方面对纸的需求增加,以及中国造纸业参与国际竞争能力的提高、议价能力的提升,纸业景气度必然会回升。目前来讲,造纸行业已有企稳迹象,但尚未出现明显好转,2009 年市场形势依旧复杂、不够明朗。

经过多年积累,本公司已具备技术装备先进、产业链协同发展、配套设施完善等多重经营优势。此次国际金融危机虽然给公司生产经营造成了影响,但由于公司适时调整产品结构、加大销售和资金回笼力度,已将影响程度控制在较低范围内。未来,公司将依托产业政策,通过加大节能减排和技术创新力度、提高产品质量、优化产品结构、加强纵深管理等多项措施,推动企业更快更好发展。

2、公司未来发展机遇、发展战略和新年度经营计划

(1)公司发展战略为:发挥技术及区位优势,继续利用废纸发展高档包装纸板和新闻纸等品种,并向纸箱等下游产业链延伸,增强企业在同行业中的竞争能力。在发展过程中着重提高企业的装备水平,坚持严格的企业管理,始终以市场为导向灵活经营,努力取得良好的经济效益,使企业不断发展壮大。坚持发展循环经济,发展生态纸业,加强环境治理,进一步实现清洁生产,走可持续发展道路,把公司建设成为现代化高效环保型造纸企业。

(2)公司 2009 年总体经营目标为:造纸产量完成 78 万吨,其中包装纸产量 62 万吨,新闻纸和文化纸产量 16 万吨;瓦楞箱板纸箱产销量完成 52,000 万平方米。力争 2009 年实现营业收入 26 亿元以上,三项费用总额控制在 3.30 亿元以内,其中:营业费用 1.10 亿元,管理费用 8000 万元,财务费用 1.40 亿元。

(3)为实现上述经营目标,公司将采取如下措施:

①加快 20 万吨项目的调试工作,力求尽快投入生产,使纸板新增产量不低于 15 万吨;抓好嘉善纸箱的市场开拓,扩大纸箱产量,使投资早日见效。

② 以市场为导向,围绕客户进行产品结构调整,努力提高产品质量,力求在市场需求萎缩的情况下,满负荷生产。

③抓好原材料、辅料采购,充分利用招标、议标,比价采购,实行采购质量、价格挂钩考核机制,降低采购成本。

④ 抓好增产降耗、节能减排,进一步建立健全内部考核责任制,使增产降耗指标与员工考核紧密结合,与员工收入挂起钩来,调动员工积极性,努力降低生产成本。

⑤ 加强对下属纸箱公司的管理。公司下属 6 个纸箱公司, 年用纸板量占公司纸板产量的 40%以上,加强纸箱公司的业务拓展,提高纸箱产量不仅可提高纸箱公司的经济效益,还可加大对公司纸板的用量,缓解纸板销售压力。近几年,纸箱公司通过技术改造,装备水平、技术力量明显提升,为提高 2009 年的产能及效益奠定了良好的基础, 因此 2009 年公司将加大对纸箱公司的管理及目标考核,使纸箱公司保持较大增幅。

⑥ 加强产品销售及资金回笼,将全年纸板销量分解到人,销量及资金回笼考核到人。结合市场的变化及时调整营销策略,使市场占有率进一步扩大。

3、资金需求及使用计划

造纸行业属于资金密集型行业,公司主要资金需求如下:

(1)流动资金,保证公司生产经营的正常需要;

(2)建设项目资金,保证公司内部技改项目的顺利进行。

为保证公司经营计划目标的实现和项目建设的顺利进行, 公司将采取以下有效措施保证资金供应:

(1)积极发展主业,增加销售资金回笼力度,减小存货周转周期,减少资金占用,提高自有资金利用率。

(2)积极与当地银行建立良好关系,通过银行信贷方式筹集资金,保证公司流动资金和项目资金需求。

4、对公司未来发展战略和经营目标的实现产生不利影响的所有风险因素以及已(或拟)采取的对策和措施

公司面临的主要风险因素:一是近年来行业产能扩张迅速,导致市场竞争异常激烈;二是公司生产所用原料主要是国内外废纸,原材料的价格波动直接影响本公司的经营成本,进而影响公司的毛利率水平。

针对上述风险,公司采取的主要措施:一是积极发展下游产业链;二是通过项目建设发挥规模效应;三是提高产品质量、优化产品结构;四是完善废纸收购网络,与多家供应商保持长期稳定合作关系,努力降低采购成本。

与公允价值计量相关的项目

□适用 √不适用

持有外币金融资产、金融负债情况

□适用 √不适用

6.2 主营业务分行业、产品情况表

请见前述 6.1

6.3 主营业务分地区情况表

请见前述 6.1

6.4 募集资金使用情况

√适用 □不适用

单位:万元 币种:人民币

承诺项目	是否变更项目	拟投入金额	实际投入金额	是否符合计划进度	预计收益	产生收益情况
年产 20 万吨高强瓦楞原纸技改工程项目	否	35,000.00	35,000.00	是		无
2500mm 五层瓦楞纸板及	否	9,912.00	10,000.00	是		详见表

全自动纸箱印刷系统项目	下说明
尚未使用的募集资金用途及去向	拟补充项目流动资金

(1)年产20万吨高强瓦楞原纸技改工程项目目前处于调试生产阶段,公司将尽快促使其投产达产。

(2)2500mm五层瓦楞纸板及全自动纸箱印刷系统项目,又称之为马鞍山山鹰一期纸箱工程,已于2008年元月份完工投产,2008年全年完成产量9,479.61万平方米,实现销售收21,614.54万元,成本19,863.06万元,销售利润1,751.48万元。

变更项目情况

□适用 √不适用

6.5 非募集资金项目情况

√适用 □不适用

嘉善山鹰项目自2008年4月开工建设,截止到2008年12月31日,已累计投入6586万元。目前,该项目钢结构厂房和厂区道路建设基本完工,宿舍和餐厅正在装潢,BHS生产线已经安装完毕,于2009年1月份开机调试,计划2009年4月份进行试生产。

6.6 董事会对会计师事务所"非标准审计报告"的说明

□适用 √不适用

6.7 董事会本次利润分配或资本公积金转增股本预案

经利安达会计师事务所有限责任公司审计,公司(母公司)2008年度实现净利润情况为亏损39,856,745.58元元,加上年初未分配利润127,393,672.80元,本年度可供全体股东分配的利润为87,536,927.22元。

考虑公司实际情况和发展需要,拟定2008年度的利润分配预案为不分配,也不进行资本公积金转增股本。公司本年度未分配利润结转以后年度分配。

以上利润分配预案须提交2008年度股东大会审议通过后实施。

公司本报告期内盈利但未提出现金利润分配预案

√适用 □不适用

本报告期内盈利但未提出现金利润分配预案的原因	未用于分红的资金留存公司的用途
造纸行业属资金密集型行业,近两年公司项目建设投入较大,且2008年度由于受金融危机影响母公司亏损	拟用于补充公司流动资金和项目建设资金。

第七节 重要事项

7.1 收购资产

□适用 √不适用

7.2 出售资产

□适用 √不适用

7.3 重大担保

√适用 □不适用

单位:元 币种:人民币

公司对外担保情况(不包括对子公司的担保)

担保对象名称	发生日期(协议签署日)	担保金额	担保类型	担保期	担保是否已经履行完毕	是否为关联方担保
马鞍山天顺港口有限责任公司	2008-7-15	47,000,000	连带责任担保	2008-7-15~2015-7-14	否	是
报告期内担保发生额合计						47,000,000
报告期末担保余额合计						47,000,000

公司对子公司的担保情况

报告期内对子公司担保发生额合计	364,230,000
报告期末对子公司担保余额合计	267,160,000

公司担保总额情况(包括对子公司的担保)

担保总额	314,160,000
担保总额占公司净资产的比例(%)	24.13
其中:	
为股东、实际控制人及其关联方提供担保的金额	0
直接或间接为资产负债率超过70%的被担保对象提供的债务担保金额	65,250,000
担保总额超过净资产50%部分的金额	0
上述三项担保金额合计	65,250,000

7.4 重大关联交易

7.4.1 与日常经营相关的关联交易

√适用 □不适用

单位:万元 币种:人民币

关联方	向关联方销售产品和提供劳务		向关联方采购产品和接受劳务	
	交易金额	占同类交易金额的比例(%)	交易金额	占同类交易金额的比例(%)
马鞍山市民政印刷有限公司	1890.241618	0.66	1188.288976	0.48

其中:报告期内公司向控股股东及其子公司销售产品或提供劳务的关联交易金额0元。

7.4.2 关联债权债务往来

□适用 √不适用

7.4.3 2008年资金被占用情况及清欠进展情况

□适用 √不适用

截止2008年末,上市公司未完成非经营性资金占用的清欠工作的,董事会提出的责任追究方案

□适用 √不适用

7.5 委托理财

□适用 √不适用

7.6 承诺事项履行情况

7.6.1 公司或持股5%以上股东在报告期内或持续到报告期内的承诺事项

√适用 □不适用

承诺事项	承诺内容	履行情况
股改承诺	马鞍山山鹰纸业集团有限公司持有山鹰纸业的非流通股股份自获得上市流通权之日起,在36个月内不上市交易或转让,在该项承诺期满后,通过上海证券交易所挂牌交易出售股份,出售数量占公司股份总数的比例在12个月内不超过5%,在24个月内不超过10%。	严格履行

7.6.2 公司资产或项目存在盈利预测,且报告期仍处在盈利预测期间,公司就资产或项目是否达到原盈利预测及其原因作出说明:

□适用 √不适用

7.7 重大诉讼仲裁事项

□适用 √不适用

7.8 其他重大事项及其影响和解决方案的分析说明

7.8.1 证券投资情况

□适用 √不适用

7.8.2 持有其他上市公司股权情况

□适用 √不适用

7.8.3 持有非上市金融企业股权情况

√适用 □不适用

所持对象名称	初始投资金额	占该公司股权比例	期末账面值	会计核算科目变动	股份来源
徽商银行股份有限公司	7,668,000.00	0.36	7,668,000.00	长期股权投资	购买

7.8.4 买卖其他上市公司股份的情况

□适用 √不适用

7.9 公司是否披露履行社会责任的报告:否

第八节 监事会报告

监事会认为公司依法运作、公司财务情况、公司募集资金使用、公司收购、出售资产交易和关联交易不存在问题。

8.1 监事会对公司依法运作情况的独立意见

公司决策程序规范、合法、有效,并且已建立了较为完善的内部控制制度,公司董事、高级管理人员履行职务时没有违反法律法规、《公司章程》或损害公司利益和投资者利益的行为。

8.2 监事会对检查公司财务情况的独立意见

公司财务制度健全,管理规范,2008年度财务报告能够真实地反映公司的财务状况和经营成果,利安达会计师事务所有限责任公司出具的审计意见和对所涉及事项作出的评价是真实、公允的。

8.3 监事会对公司最近一次募集资金实际投入情况的独立意见

公司募集资金实际投入与承诺投入基本相符,募集资金使用情况良好。

8.4 监事会对公司收购、出售资产情况的独立意见

2008年度公司无重大债务重组事项,无重大非货币性交易事项,无重大资产置换、收购、转让及出售事项,无其它对投资者决策有影响的重要事项,至今未发现内幕交易,也未发现损害公司及股东权益或造成公司资产流失的情况。

8.5 监事会对公司关联交易情况的独立意见

公司关联交易遵循市场公允原则,均按照有关关联交易协议执行,未发生损害公司及股东利益的情况。

8.6 监事会对会计师事务所非标意见的独立意见

公司财务报告均被出具了标准无保留意见,未发生过被出具非标意见的情形。

8.7 监事会对公司利润实现与预测存在较大差异的独立意见

2008年度,公司未做盈利预测,不存在利润实现与预测存在较大差异的情形。

第九节 财务会计报告

9.1 审计意见

财务报告	□未经审计	√审计
审计意见	√标准无保留意见	□非标意见

审计意见全文

审计报告

利安达审字【2009】第1069号

安徽山鹰纸业股份有限公司全体股东:

我们审计了后附的安徽山鹰纸业股份有限公司(以下简称山鹰公司)财务报表,包括2008年12月31日的资产负债表及合并资产负债表,2008年度的利润表及合并利润表、现金流量表及合并现金流量表、股东权益变动表及合并股东权益变动表以及财务报表附注。

一、管理层对财务报表的责任

按照企业会计准则的规定编制财务报表是山鹰公司管理层的责任。这种责任包括:(1)设计、实施和维护与财务报表编制相关的内部控制,以使财务报表不存在由于舞弊或错误而导致的重大错报;(2)选择和运用恰当的会计政策;(3)作出合理的会计估计。

二、注册会计师的责任

我们的责任是在实施审计工作的基础上对财务报表发表审计意见。我们按照中国注册会计师审计准则的规定执行了审计工作。中国注册会计师审计准则要求我们遵守职业道德规范,计划和实施审计工作以对财务报表是否不存在重大错报获取合理保证。

审计工作涉及实施审计程序,以获取有关财务报表金额和披露的审计证据。选择的审计程序取决于注册会计师的判断,包括对由于舞弊或错误导致的财务报表重大错报风险的评估。在进行风险评估时,我们考虑与财务报表编制相关的内部控制,以设计恰当的审计程序,但目的并非对内部控制的有效性发表意见。审计工作还包括评价管理层选用会计政策的恰当性和作出会计估计的合理性,以及评价财务报表的总体列报。

我们相信,我们获取的审计证据是充分、适当的,为发表审计意见提供了基础。

三、审计意见

我们认为，山鹰公司财务报表已经按照企业会计准则的规定编制，在所有重大方面公允反映了山鹰公司 2008 年 12 月 31 日的财务状况以及 2008 年度的经营成果和现金流量。

利安达会计师事务所 有限责任公司　　中国注册会计师：吴建敏

中国·北京　　中国注册会计师：孙永伟

二〇〇九年三月二十七日

9.2 财务报表

合并资产负债表

2008 年 12 月 31 日

编制单位：安徽山鹰纸业股份有限公司　　单位：元 币种：人民币

项目	附注	期末余额	年初余额
流动资产：			
货币资金	九、1	494,877,370.36	378,460,564.25
交易性金融资产	九、2		25,955.00
应收票据	九、3	81,438,511.09	264,135,193.73
应收账款	九、4	319,155,087.90	233,689,792.22
预付款项	九、6	30,391,505.81	145,708,165.70
应收利息			
应收股利			
其他应收款	九、5	9,311,555.17	6,597,115.01
存货	九、7	447,469,327.12	283,775,430.61
一年内到期的非流动资产			
其他流动资产			
流动资产合计		1,382,643,357.45	1,312,392,216.52
非流动资产：			
可供出售金融资产			
持有至到期投资			
长期应收款			
长期股权投资	九、8	39,668,000.00	27,668,000.00
投资性房地产	九、9	1,226,342.35	1,278,187.99
固定资产	九、10	2,410,908,304.37	1,263,483,124.91
在建工程	九、11	707,962,665.77	1,480,428,174.58
工程物资			
固定资产清理			
生产性生物资产			
油气资产			
无形资产	九、12	105,952,653.73	54,353,702.67
开发支出			
商誉			
长期待摊费用			
递延所得税资产	九、13	8,808,025.10	4,872,098.17
其他非流动资产			
非流动资产合计		3,274,525,991.32	2,832,083,288.32
资产总计		4,657,169,348.77	4,144,475,504.84
流动负债：			
短期借款	九、16	1,597,920,000.00	1,238,699,350.24
交易性金融负债			
应付票据	九、17	161,979,553.73	95,149,543.29
应付账款	九、18	342,496,054.69	275,563,871.20
预收款项	九、19	48,000,921.60	43,884,183.66
应付职工薪酬	九、20	7,483,013.95	4,357,616.21
应交税费	九、22	19,607,123.04	19,848,402.32
应付利息	九、23	2,446,944.09	2,109,205.48
应付股利	九、21	8,455.72	8,455.72
其他应付款	九、24	9,165,556.63	15,167,943.39
一年内到期的非流动负债	九、25	60,000,000.00	55,000,000.00
其他流动负债	九、26	17,942,499.35	12,342,507.97
流动负债合计		2,267,050,122.80	1,762,131,079.48
非流动负债：			
长期借款	九、27	648,670,000.00	668,670,000.00
应付债券	九、28	411,811,814.10	414,257,306.53
长期应付款			
专项应付款	九、29	9,420,000.00	9,420,000.00
预计负债			
递延所得税负债	九、30		5,866,729.69
其他非流动负债			
非流动负债合计		1,069,901,814.10	1,098,214,036.22
负债合计		3,336,951,936.90	2,860,345,115.70
股东权益：			
股本	九、31	429,598,454.00	426,730,834.00
资本公积	九、32	579,024,228.23	559,035,557.22
减：库存股			
盈余公积	九、33	43,672,444.36	43,672,444.36
未分配利润	九、34	249,634,957.25	245,659,106.15
外币报表折算差额			
归属于母公司所有者权益合计		1,301,930,083.84	1,275,097,941.73
少数股东权益	九、35	18,287,328.03	9,032,447.41
股东权益合计		1,320,217,411.87	1,284,130,389.14
负债和股东权益合计		4,657,169,348.77	4,144,475,504.84

公司法定代表人：王德贤　　主管会计工作负责人：汤涌泉　　会计机构负责人：何加宇

母公司资产负债表

2008 年 12 月 31 日

编制单位：安徽山鹰纸业股份有限公司　　单位：元 币种：人民币

项目	附注	期末余额	年初余额
流动资产：			
货币资金		343,453,051.13	276,961,001.00
交易性金融资产			
应收票据		110,375,677.10	302,989,400.13
应收账款	十、1	309,401,495.43	228,817,540.38
预付款项		24,171,769.59	69,651,096.59
应收利息			
应收股利			
其他应收款	十、2	15,619,246.99	70,813,828.10
存货		169,130,328.24	145,119,200.60
一年内到期的非流动资产			
其他流动资产			
流动资产合计		972,151,568.48	1,094,352,066.80
非流动资产：			
可供出售金融资产			
持有至到期投资		95,000,000.00	95,000,000.00
长期应收款			
长期股权投资	十、3	375,606,000.00	336,606,000.00
投资性房地产		1,226,342.35	6,527,356.05
固定资产		1,781,448,101.61	801,662,256.73
在建工程		619,644,856.22	1,355,819,513.79
工程物资			
固定资产清理			
生产性生物资产			
油气资产			
无形资产		64,155,159.14	150,000.00
开发支出			
商誉			
长期待摊费用			
递延所得税资产		3,174,213.48	1,392,441.01
其他非流动资产			
非流动资产合计		2,940,254,672.80	2,597,157,567.58
资产总计		3,912,406,241.28	3,691,509,634.38
流动负债：			
短期借款		908,000,000.00	801,992,409.76
交易性金融负债			
应付票据		506,600,000.00	293,056,483.77
应付账款		215,822,487.32	234,644,925.71
预收款项		32,056,650.91	37,395,148.76
应付职工薪酬		2,393,923.81	2,193,156.92
应交税费		10,310,511.03	11,456,174.94
应付利息		2,446,944.09	2,109,205.48
应付股利		8,455.72	8,455.72
其他应付款		12,822,003.94	52,028,004.55
一年内到期的非流动负债		20,000,000.00	55,000,000.00
其他流动负债		14,228,085.65	8,595,157.55
流动负债合计		1,724,689,062.47	1,498,479,123.16
非流动负债：			
长期借款		626,990,000.00	606,990,000.00
应付债券		411,811,814.10	414,257,306.53
长期应付款			
专项应付款		9,420,000.00	9,420,000.00
预计负债			
递延所得税负债			5,866,729.69
其他非流动负债			
非流动负债合计		1,048,221,814.10	1,036,534,036.22
负债合计		2,772,910,876.57	2,535,013,159.38
股东权益：			
股本		429,598,454.00	426,730,834.00
资本公积		578,687,539.13	558,699,523.84
减：库存股			
盈余公积		43,672,444.36	43,672,444.36
未分配利润		87,536,927.22	127,393,672.80
外币报表折算差额			
股东权益合计		1,139,495,364.71	1,156,496,475.00
负债和股东权益合计		3,912,406,241.28	3,691,509,634.38

公司法定代表人：王德贤　　主管会计工作负责人：汤涌泉　　会计机构负责人：何加宇

合并利润表

2008 年 1—12 月

单位:元 币种:人民币

项　　目	附注	本年金额	上年金额
一、营业收入	九、36	2,858,835,048.74	1,899,868,781.67
减:营业成本	九、36	2,459,172,476.42	1,617,353,557.16
营业税金及附加	九、37	19,511,450.46	11,505,467.83
销售费用		107,812,292.31	77,007,237.00
管理费用		78,688,073.95	59,767,867.94
财务费用	九、38	172,974,433.81	76,663,711.11
资产减值损失	九、40	22,912,557.45	4,660,456.40
加:公允价值变动收益(损失以"-"号填列)		–	−9,315,410.50
投资收益(损失以"-"号填列)	九、39	2,030,893.18	8,138,057.41
其中:对联营企业和合营企业的投资收益			
二、营业利润(亏损以"-"号填列)		−205,342.48	51,733,131.14
加:营业外收入	九、41	20,027,705.98	32,313,648.73
减:营业外支出	九、42	1,076,359.15	14,198,142.09
其中:非流动资产处置损失			
三、利润总额(亏损总额以"-"号填列)		18,746,004.35	69,848,637.78
减:所得税费用	九、43	5,514,616.92	10,970,484.49
四、净利润(净亏损以"-"号填列)		13,231,387.43	58,878,153.29
归属于母公司所有者的净利润		4,006,728.04	59,723,472.84
少数股东损益		9,224,659.39	−845,319.55
五、每股收益:			
(一)基本每股收益	十七	0.01	0.14
(二)稀释每股收益	十七	0.01	0.14

公司法定代表人:王德贤　　主管会计工作负责人:汤涌泉　　会计机构负责人:何加宇

母公司利润表

2008 年 1—12 月

单位:元 币种:人民币

项目	附注	本期金额	上期金额
一、营业收入	十、4	2,054,100,582.68	1,448,277,596.67
减:营业成本	十、4	1,835,856,179.22	1,287,099,881.41
营业税金及附加		9,204,911.05	6,526,211.04
销售费用		61,998,206.83	49,497,032.49
管理费用		40,380,816.24	36,946,772.79
财务费用		143,232,975.72	58,763,582.98
资产减值损失		17,904,623.39	1,441,729.24
加:公允价值变动收益			−9,330,815.50
投资收益	十、5	10,138,645.32	108,047,531.76
其中:对联营企业和合营企业的投资收益			
二、营业利润(亏损以"-"号填列)		−44,338,484.45	106,719,102.98
加:营业外收入		1,632,520.36	5,351,330.59
减:营业外支出		399,928.52	4,302,077.91
其中:非流动资产处置损失			2,702,833.02
三、利润总额(亏损总额以"-"号填列)		−43,105,892.61	107,768,355.66
减:所得税费用		−3,249,147.03	4,051,101.54
四、净利润(净亏损以"-"号填列)		−39,856,745.58	103,717,254.12
五、每股收益:			
(一)基本每股收益		−0.09	0.24
(二)稀释每股收益		−0.09	0.24

公司法定代表人:王德贤　　主管会计工作负责人:汤涌泉　　会计机构负责人:何加宇

合并现金流量表

2008 年 1—12 月

单位:元 币种:人民币

项目	附注	本期金额	上期金额
一、经营活动产生的现金流量:			
销售商品、提供劳务收到的现金		3,269,924,246.89	2,046,834,820.04
收到的税费返还		15,215,182.30	47,869,054.28
收到其他与经营活动有关的现金	九、45	18,081,144.33	17,494,200.20
经营活动现金流入小计		3,303,220,573.52	2,112,198,074.52
购买商品、接受劳务支付的现金		2,448,243,911.05	2,017,354,773.23
支付给职工以及为职工支付的现金		122,906,068.08	90,165,476.22
支付的各项税费		161,351,924.82	88,216,794.45
支付其他与经营活动有关的现金	九、46	121,653,484.47	98,911,738.06
经营活动现金流出小计		2,854,155,388.42	2,294,648,781.96
经营活动产生的现金流量净额		449,065,185.10	−182,450,707.44
二、投资活动产生的现金流量:			
收回投资收到的现金		25,098.18	
取得投资收益收到的现金		3,084,705.59	8,138,057.41
处置固定资产、无形资产和其他长期资产收回的现金净额		46,855.00	4,582,150.70
处置子公司及其他营业单位收到的现金净额	九、48	275,821.28	
收到其他与投资活动有关的现金			
投资活动现金流入小计		3,432,480.05	12,720,208.11
购建固定资产、无形资产和其他长期资产支付的现金		531,223,366.04	1,062,617,408.93
投资支付的现金		12,000,000.00	10,010,550.00
质押贷款净增加额			
取得子公司及其他营业单位支付的现金净额			
支付其他与投资活动有关的现金			
投资活动现金流出小计		543,223,366.04	1,072,627,958.93
投资活动产生的现金流量净额		−539,790,885.99	−1,059,907,750.82
三、筹资活动产生的现金流量:			
吸收投资收到的现金			
取得借款收到的现金		1,884,241,978.44	2,253,369,350.24
发行债券收到的现金			
收到其他与筹资活动有关的现金			
筹资活动现金流入小计		1,884,241,978.44	2,253,369,350.24
偿还债务支付的现金		1,540,021,328.68	769,348,062.49
分配股利、利润或偿付利息支付的现金		139,027,741.28	109,701,639.44
其中:子公司支付给少数股东的股利、利润			
支付其他与筹资活动有关的现金			
筹资活动现金流出小计		1,679,049,069.96	879,049,701.93
筹资活动产生的现金流量净额		205,192,908.48	1,374,319,648.31
四、汇率变动对现金及现金等价物的影响		1,949,598.52	
五、现金及现金等价物净增加额		116,416,806.11	131,961,190.05
加:期初现金及现金等价物余额		378,460,564.25	246,499,374.20
六、期末现金及现金等价物余额	九、49	494,877,370.36	378,460,564.25

公司法定代表人:王德贤　　主管会计工作负责人:汤涌泉　　会计机构负责人:何加宇

母公司现金流量表

2008 年 1—12 月

单位:元 币种:人民币

项目	附注	本期金额	上期金额
一、经营活动产生的现金流量:			
销售商品、提供劳务收到的现金		2,560,920,518.97	1,514,610,011.29
收到的税费返还			22,903,561.96
收到其他与经营活动有关的现金		12,514,204.85	13,094,859.56
经营活动现金流入小计		2,573,434,723.82	1,550,608,432.81
购买商品、接受劳务支付的现金		1,786,590,526.80	1,357,931,914.79
支付给职工以及为职工支付的现金		62,231,369.92	54,786,848.92
支付的各项税费		103,395,179.22	72,220,559.60
支付其他与经营活动有关的现金		89,090,247.94	62,582,234.36
经营活动现金流出小计		2,041,307,323.88	1,547,521,557.67
经营活动产生的现金流量净额		532,127,399.94	3,086,875.14
二、投资活动产生的现金流量:			
收回投资收到的现金		387,458.59	55,000,000.00
取得投资收益收到的现金		9,751,186.73	108,047,531.76
处置固定资产、无形资产和其他长期资产收回的现金净额		5,400.00	903,862.06
处置子公司及其他营业单位收到的现金净额		4,948,317.15	
收到其他与投资活动有关的现金			
投资活动现金流入小计		15,092,362.47	163,951,393.82
购建固定资产、无形资产和其他长期资产支付的现金		380,509,731.28	986,717,779.22
投资支付的现金		74,000,000.00	208,504,644.13
取得子公司及其他营业单位支付的现金净额			
支付其他与投资活动有关的现金			
投资活动现金流出小计		454,509,731.28	1,195,222,423.35
投资活动产生的现金流量净额		−439,417,368.81	−1,031,271,029.53
三、筹资活动产生的现金流量:			
吸收投资收到的现金			
取得借款收到的现金		998,821,978.44	1,843,982,409.76
收到其他与筹资活动有关的现金			
筹资活动现金流入小计		998,821,978.44	1,843,982,409.76
偿还债务支付的现金		907,814,388.20	600,848,062.48
分配股利、利润或偿付利息支付的现金		119,175,169.76	113,736,928.80
支付其他与筹资活动有关的现金			
筹资活动现金流出小计		1,026,989,557.96	714,584,991.28
筹资活动产生的现金流量净额		−28,167,579.52	1,129,397,418.48
四、汇率变动对现金及现金等价物的影响		1,949,598.52	
五、现金及现金等价物净增加额		66,492,050.13	101,213,264.09
加:期初现金及现金等价物余额		276,961,001.00	175,747,736.91
六、期末现金及现金等价物余额		343,453,051.13	276,961,001.00

公司法定代表人:王德贤　　主管会计工作负责人:汤涌泉　　会计机构负责人:何加宇

合并所有者权益变动表

2008 年 1—12 月

单位:元 币种:人民币

项目	本年金额								
	归属于母公司所有者权益								
	股本	资本公积	减:库存股	盈余公积	一般风险准备	未分配利润	其他	少数股东权益	所有者权益合计
一、上年年末余额	426,730,834.00	559,035,557.22		43,672,444.36		245,659,106.15		9,032,447.41	1,284,130,389.14
加:同一控制下企业合并产生的追溯调整									
会计政策变更									

前期差错更正									
其他									
二、本年年初余额	426,730,834.00	559,035,557.22		43,672,444.36		245,659,106.15		9,032,447.41	1,284,130,389.14
三、本年增减变动金额	2,867,620.00	19,988,671.01				3,975,851.10		9,254,880.62	36,087,022.73
(一)净利润						4,006,728.04		9,224,659.39	13,231,387.43
(二)直接计入所有者									
权益的利得和损失		655.72							655.72
1.可供出售金融资产公允价值变动净额									
2.权益法下被投资单位其他所有者权益变动的影响									
3.与计入所有者权益项目相关的所得税影响									
4.其他		655.72							
上述(一)和(二)小计		655.72				4,006,728.04		9,224,659.39	13,232,043.15
(三)所有者投入和									
减少资本	2,867,620.00	19,988,015.29				−30,876.94		30,221.23	22,854,979.58
1.所有者投入资本									
2.股份支付计入所有者权益的金额									
3.其他	2,867,620.00	19,988,015.29				−30,876.94		30,221.23	22,854,979.58
(四)利润分配									
1.提取盈余公积									
2.提取一般风险准备									
3.对所有者(或股东)的分配									
4.其他									
(五)所有者权益内部结转									
1.资本公积转增资本(或股本)									
2.盈余公积转增资本(或股本)									
3.盈余公积弥补亏损									
4.其他									
四、本期期末余额	429,598,454.00	579,024,228.23		43,672,444.36		249,634,957.25		18,287,328.03	1,320,217,411.87

上年金额

项目	归属于母公司所有者权益							少数股东权益	所有者权益合计
	股本	资本公积	减:库存股	盈余公积	一般风险准备	未分配利润	其他		
一、上年年末余额	426,641,022.00	528,029,683.62		33,300,718.95		226,178,521.89		10,490,771.71	1,224,640,718.17
加:同一控制下企业合并产生的追溯调整									
会计政策变更									
前期差错更正									
其他									
二、本年年初余额	426,641,022.00	528,029,683.62		33,300,718.95		226,178,521.89		10,490,771.71	1,224,640,718.17
三、本年增减变动金额									
(减少以"−"号填列)	89,812.00	31,005,873.60		10,371,725.41		19,480,584.26		−1,458,324.30	59,489,670.97
(一)净利润						59,723,472.84		−845,319.55	58,878,153.29
(二)直接计入所有者									
权益的利得和损失								−613,004.75	−613,004.75
1.可供出售金融资产公允价值变动净额									
2.权益法下被投资单位其他所有者权益变动的影响									
3.与计入所有者权益项目相关的所得税影响									
4.其他								−613,004.75	−613,004.75
上述(一)和(二)小计						59,723,472.84		−1,458,324.30	58,265,148.54
(三)所有者投入和									
减少资本	89,812.00	31,005,873.60							31,095,685.60
1.所有者投入资本									
2.股份支付计入所有者权益的金额									
3.其他	89,812.00	31,005,873.60							31,095,685.60
(四)利润分配				10,371,725.41		−40,242,888.58			−29,871,163.17
1.提取盈余公积				10,371,725.41		−10,371,725.41			
2.提取一般风险准备									
3.对所有者(或股东)的分配						−29,871,163.17			−29,871,163.17
4.其他									
(五)所有者权益内部结转									
1.资本公积转增资本(或股本)									
2.盈余公积转增资本(或股本)									
3.盈余公积弥补亏损									
4.其他									
四、本期期末余额	426,730,834.00	559,035,557.22		43,672,444.36		245,659,106.15		9,032,447.41	1,284,130,389.14

公司法定代表人:王德贤　　主管会计工作负责人:汤涌泉　　会计机构负责人:何加宇

母公司所有者权益变动表

2008 年 1—12 月

单位:元 币种:人民币

本年金额

项目	股本	资本公积	减:库存股	盈余公积	未分配利润	所有者权益合计
一、上年年末余额						
加:会计政策变更						
前期差错更正						
其他						
二、本年年初余额	426,730,834.00	558,699,523.84		43,672,444.36	127,393,672.80	1,156,496,475.00
三、本年增减变动金额						
(减少以"−"号填列)	2,867,620.00	19,988,015.29			−39,856,745.58	−17,001,110.29
(一)净利润					−39,856,745.58	−39,856,745.58
(二)直接计入所有者权益的利得和损失						
1.可供出售金融资产公允价值变动净额						
2.权益法下被投资单位其他所有者权益变动的影响						
3.与计入所有者权益项目相关的所得税影响						
4.其他						
上述(一)和(二)小计					−39,856,745.58	−39,856,745.58
(三)所有者投入和						
减少资本	2,867,620.00	19,988,015.29				22,855,635.29
1.所有者投入资本						
2.股份支付计入所有者权益的金额						
3.其他	2,867,620.00	19,988,015.29				22,855,635.29
(四)利润分配						
1.提取盈余公积						
2.对所有者(或股东)的分配						
3.其他						
(五)所有者权益内部结转						
1.资本公积转增资本(或股本)						
2.盈余公积转增资本(或股本)						
3.盈余公积弥补亏损						
4.其他						
四、本期期末余额	429,598,454.00	578,687,539.13		43,672,444.36	87,536,927.22	1,139,495,364.71

上年金额

项目	股本	资本公积	减:库存股	盈余公积	未分配利润	所有者权益合计
一、上年年末余额	426,641,022.00	527,693,650.24		33,300,718.95	63,919,307.26	1,051,554,698.45
加:会计政策变更						
前期差错更正						
其他						
二、本年年初余额	426,641,022.00	527,693,650.24		33,300,718.95	63,919,307.26	1,051,554,698.45
三、本年增减变动金额						
(减少以"−"号填列)	89,812.00	31,005,873.60		10,371,725.41	63,474,365.54	104,941,776.55
(一)净利润					103,717,254.12	103,717,254.12
(二)直接计入所有者权益的利得和损失						
1.可供出售金融资产公允价值变动净额						
2.权益法下被投资单位其他所有者权益变动的影响						
3.与计入所有者权益项目相关的所得税影响						
4.其他						
上述(一)和(二)小计					103,717,254.12	103,717,254.12
(三)所有者投入和						
减少资本	89,812.00	31,005,873.60				31,095,685.60
1.所有者投入资本						
2.股份支付计入所有者权益的金额						
3.其他	89,812.00	31,005,873.60				31,095,685.60
(四)利润分配				10,371,725.41	−40,242,888.58	−29,871,163.17
1.提取盈余公积				10,371,725.41	−10,371,725.41	
2.对所有者(或股东)的分配					−29,871,163.17	−29,871,163.17
3.其他						
(五)所有者权益内部结转						
1.资本公积转增资本(或股本)						
2.盈余公积转增资本(或股本)						
3.盈余公积弥补亏损						
4.其他						
四、本期期末余额	426,730,834.00	558,699,523.84		43,672,444.36	127,393,672.80	1,156,496,475.00

公司法定代表人:王德贤　　主管会计工作负责人:汤涌泉　　会计机构负责人:何加宇

9.3 本报告期无会计政策、会计估计和核算方法变更。

9.4 本报告期无会计差错更正。

9.5 与最近一期年度报告相比,合并范围发生变化的具体说明

本期合并范围减少 2 家。

马鞍山市山鹰物业管理有限公司(简称物业公司)为本公司的控股子公司马鞍山山鹰置业有限公司(简称山鹰置业)的全资子公司,2008 年山鹰置业将物业公司 100%股权转让给马鞍山市华侨物业发展有限责任公司,转让价格为物业公司 2008 年 7 月 31 日账面净资产金额。

上虞山鹰纸业有限公司(简称上虞山鹰)为本公司的全资子公司,本公司于 2008 年 1 月 15 日召开第三届董事会第二十次会议审议通过关于解散上虞山鹰纸业有限公司的议案。2008 年 3 月 31 日上虞山鹰解散后的资产已全部转到本公司,不再有任何经营活动。2008 年上虞山鹰已完成了工商、税务注销手续。

董事长:王德贤

安徽山鹰纸业股份有限公司

2009 年 3 月 27 日

用友软件股份有限公司

用友软件股份有限公司2008年年度报告摘要

第一节　重要提示

1.1 本公司董事会、监事会及董事、监事、高级管理人员保证本报告所载资料不存在任何虚假记载、误导性陈述或者重大遗漏，并对其内容的真实性、准确性和完整性承担个别及连带责任。

本年度报告摘要摘自年度报告全文，投资者欲了解详细内容，应当仔细阅读年度报告全文。

1.2 公司全体董事出席董事会会议。

1.3 安永华明会计师事务所为本公司出具了标准无保留意见的审计报告。

1.4 公司董事长兼总裁王文京先生、副董事长兼财务总监郭新平先生及总会计师王仕平先生声明：保证年度报告中财务报告的真实、完整。

第二节　公司基本情况简介

2.1 基本情况简介

股票简称	用友软件
股票代码	600588
上市交易所	上海证券交易所
公司注册地址和办公地址	北京市海淀区北清路68号
邮政编码	100094
公司国际互联网网址	http://.ufida.com.cn
电子信箱	ir@ufida.com.cn

2.2 联系人和联系方式

	董事会秘书	证券事务代表
姓名	欧阳青	蔡益华
联系地址	北京市海淀区北清路68号	北京市海淀区北清路68号
电话	010-62436838	010-62436637
传真	010-62436639	010-62436639
电子信箱	oyq@ufida.com.cn	caiyh@ufida.com.cn

第三节　会计数据和业务数据摘要

3.1 主要会计数据

单位：元 币种：人民币

	2008年	2007年	本年比上年增减(%)	2006年
营业收入	1,725,632,957	1,356,849,693	27.18	1,113,567,923
利润总额	468,062,101	387,796,587	20.70	187,470,560
归属于上市公司股东的净利润	395,425,428	360,451,392	9.70	171,713,543
归属于上市公司股东的扣除非经常性损益的净利润	229,479,617	214,893,636	6.79	132,201,586
归属于上市公司股东的扣除非经常性损益和股权激励成本的净利润	267,723,417	221,381,927	20.93	132,201,586
经营活动产生的现金流量净额	363,411,453	343,115,812	5.92	219,518,233
	2008年末	2007年末	本年末比上年末增减(%)	2006年末(注2)
总资产	3,109,971,860	3,030,494,422	2.62	1,614,768,817
所有者权益(或股东权益)	2,087,661,414	2,408,501,866	−13.32	1,298,188,177

注：公司对非经常性损益项目的确认依照中国证券监督管理委员会公告[2008]43号《公开发行证券的公司信息披露解释性公告第1号—非经常性损益(2008)》的规定执行。以前年度比较数据已按该公告调整。

3.2 主要财务指标

	2008年	2007年	本年比上年增减(%)	2006年
基本每股收益(元/股)	0.85	0.80	6.85	0.41
稀释每股收益(元/股)	0.85	0.80	6.85	0.41
扣除非经常性损益后的基本每股收益(元/股)	0.50	0.48	4.01	0.32
扣除非经常性损益和股权激励成本后的基本每股收益(元/股)	0.58	0.49	17.85	0.32
全面摊薄净资产收益率(%)	18.94	14.97	增加3.97个百分点	13.23
加权平均净资产收益率(%)	17.56	22.32	减少4.76个百分点	13.94
扣除非经常性损益后全面摊薄净资产收益率(%)	10.99	8.92	增加2.07个百分点	10.18
扣除非经常性损益后的加权平均净资产收益率(%)	10.19	13.31	减少3.12个百分点	10.73
每股经营活动产生的现金流量净额(元/股)	0.78	0.76	3.21	0.53
	2008年末	2007年末	本年比末上年末增减(%)	2006年末
归属于上市公司股东的每股净资产(元/股)	4.51	5.33	−15.53	3.13

注：基本每股收益、稀释每股收益、每股经营活动产生的现金流量净额和归属于上市公司股东的每股净资产以报告期加权平均股本为基数计算，本报告期加权平均股数为463,344,929股，2007年调整后的加权平均股数为451,526,400股，2006年调整后的加权平均股数为414,720,000股。

非经常性损益项目

√适用　　□不适用

单位：元 币种：人民币

非经常性损益项目	金额
交易性金融资产、交易性金融负债产生的公允价值变动损益	−76,497,547
处置交易性金融资产、交易性金融负债和可供出售金融资产取得的投资收益	193,173,851
处置固定资产收益	53,567,510
计入当期损益的政府补助	35,152,380
除上述各项之外的其他营业外收支净额	−3,596,245
非经常性损益的所得税影响数	−35,854,138
合计	165,945,811

3.3 境内外会计准则差异：

□适用　　√不适用

第四节　股本变动及股东情况

4.1 股份变动情况表

√适用　　□不适用

单位：股

	本次变动前		本次变动增减(+,−)					本次变动后	
	数量	比例(%)	增发	送股	公积金转股	其他	小计	数量	比例(%)
一、有限售条件股份									
1、国家持股									
2、国有法人持股									
3、其他内资持股	95,191,200	41.14	0	0	67,093,200	−32,175,145	34,918,055	130,109,255	27.88
其中：境内非国有法人持股	88,452,000	38.23			60,372,000	−28,080,000	32,292,000	120,744,000	25.87
境内自然人持股	6,739,200	2.91			6,721,200	−4,095,145	2,626,055	9,365,255	2.01
4、外资持股									
其中：境外法人持股									
境外自然人持股									
有限售条件股份合计	95,191,200	41.14	0	0	67,093,200	−32,175,145	34,918,055	130,109,255	27.88
二、无限售条件流通股份									
1、人民币普通股	136,188,000	58.86			164,268,000	36,118,320	200,386,320	336,574,320	72.12
2、境内上市的外资股									
3、境外上市的外资股									
4、其他									
无限售条件流通股份合计	136,188,000	58.86	0	0	164,268,000	36,118,320	200,386,320	336,574,320	72.12
三、股份总数	231,379,200	100.00	0	0	231,361,200	3,943,175	235,304,375	466,683,575	100.00

限售股份变动情况表

√适用　　□不适用

单位：股

股东名称	年初限售股数	本年解除限售股数	本年增加限售股数	年末限售股数	限售原因	解除限售日期
北京用友科技有限公司	58,968,000	11,232,000	47,736,000	95,472,000	股权分置改革承诺	2010.2.28
上海用友科技咨询有限公司	23,868,000	11,232,000	12,636,000	25,272,000	股权分置改革承诺	2009.3.2
北京用友企业管理研究所有限公司	2,808,000	2,808,000	0	0		
上海益倍管理咨询有限公司	2,808,000	2,808,000	0	0		
小计	88,452,000	28,080,000	60,372,000	120,744,000	—	—

4.2 控股股东及实际控制人情况介绍

4.2.1 控股股东及实际控制人变更情况

□适用　　√不适用

第五节 董事、监事和高级管理人员

5.1 董事、监事和高级管理人员持股变动及报酬情况

单位:股

姓名	职务	性别	年龄	任期起始日期	任期终止日期	年初持股数	年末持股数	被授予的限制性股票数量	股份增减数	变动原因	报告期内从公司领取的报酬(万元)税前
王文京	董事长	男	44	2008-3-25	注 1						148.32
	总裁			2008-3-25	注 1						
郭新平	副董事长	男	45	2008-3-25	注 1						205.99
	财务总监			2008-3-25	注 2						
吴政平	董事	男	44	2008-3-25	注 1						127.51
秦荣生	独立董事	男	46	2008-3-25	注 1						6.00
王明富	独立董事	男	42	2008-3-25	注 1						6.00
陈丕宏	独立董事	男	51	2008-3-25	注 1						6.00
许建钢	监事会主席	男	48	2008-3-25	注 1	39,500	79,000	31,600	39,500	注 2	58.01
邵　凯	监事	男	44	2008-3-25	注 1				0		0
严绍业	监事	男	45	2008-3-25	注 1	11,200	22,400	8,960	11,200	注 2	39.78
贾文新	监事	男	42	2008-3-25	注 1	31,300	53,300	25,040	22,000	注 2	38.98
乔　海	监事	男	38	2008-3-25	注 1	10,900	21,800	8,720	10,900	注 2	32.46
杨祉雄	高级副总裁	男	43	2008-3-25	注 1	1,010	2,020	0	1,010	注 2	111.23
章培林	高级副总裁	男	44	2008-3-25	注 1	97,400	181,380	93,720	83,980	注 2	113.36
郭延生	高级副总裁	男	42	2008-3-25	注 1	118,300	285,500	173,540	167,200	注 2	122.43
李　友	高级副总裁	男	44	2008-3-25	注 1	108,000	255,800	158,400	147,800	注 2	132.81
曾志勇	高级副总裁	男	40	2008-3-25	注 1	99,200	189,360	99,360	90,160	注 2	100.83
吴健	高级副总裁	男	43	2008-3-25	注 1	101,100	250,800	148,280	149,700	注 2	104.04
吴晓冬	副总裁	男	40	2008-3-25	注 1	97,400	193,540	106,560	96,140	注 2	122.83
卢　刚	副总裁	男	46	2008-3-25	注 1	51,400	92,700	41,120	41,300	注 2	74.50
陈巧红	副总裁	女	44	2008-3-25	注 1	102,869	241,338	147,140	138,469	注 2	101.56
蒋蜀革	副总裁	男	40	2008-3-25	注 1	79,100	142,470	71,280	63,370	注 2	84.21
郑雨林	副总裁	男	43	2008-3-25	注 1	79,300	157,600	85,440	78,300	注 2	94.93
何景霄	副总裁	男	47	2008-3-25	注 1	79,300	160,440	83,440	81,140	注 2	89.40
向奇汉	副总裁	男	43	2008-3-25	注 1	74,200	161,400	89,360	87,200	注 2	72.58
欧阳青	副总裁	男	43	2008-3-25	注 1	65,400	167,600	95,920	102,200	注 2	84.99
	董事会秘书			2008-3-25	注 1						
黄义璋	首席应用										
	架构师	男	55	2008-3-25	注 1	84,600	225,600	124,080	141,000	注 2	45.83
朱铁生	副总裁	男	34	2008-3-25	注 1	55,800	127,315	78,535	71,515	注 2	100.66
季学庆	副总裁	男	37	2008-3-25	注 1	66,500	166,500	108,300	100,000	注 2	81.84
合　计	/	/	/	/	/	1,453,779	3,177,863	1,778,795	1,724,084	/	2,307.09

注 1:公司于 2008 年 3 月 25 日召开公司第四届董事会 2008 年第一次会议,选举王文京为公司董事长,选举郭新平为公司副董事长,聘任王文京为公司总裁,聘任郭新平为公司财务总监,聘任杨祉雄、章培林、郭延生、李友、曾志勇、吴健为公司高级副总裁,聘任吴晓冬、卢刚、陈巧红、蒋蜀革、郑雨林、何景霄、向奇汉、欧阳青、朱铁生、季学庆为公司副总裁,聘任黄义璋为公司首席应用架构师(副总裁级),聘任欧阳青为公司董事会秘书,上述人员任期自 2008 年 3 月 25 日起至公司 2010 年年度股东大会选举出新一届董事会之日止。

注 2:本年股份变动原因包括因资本公积转增股本而增加,本年度新增获授股权激励股份以及从二级市场买卖的股份。

上述人员均未在股东单位或其他关联单位领取报酬。

第六节 董事会报告

6.1 管理层讨论与分析

(一)报告期内公司经营情况的回顾

1、报告期内公司总体经营情况

2008 年,用友公司建立 20 周年,12 月 27 日,国务院总理温家宝来到公司视察并讲话,鼓励公司发展要有信心。2008 年确实是不平凡的一年。公司按照年初确定的"突破收入增长、提高客户满意度和员工满意度"三项年度目标,坚决执行"客户经营、加大投入、伙伴发展、收购兼并"四项经营策略,经过公司全体干部、员工一年的努力工作,克服各种困难,特别是三季度后金融危机带来的不利影响,仍然取得了较好的经营业绩,继续在同业中建立了较好的业务基础和竞争优势。

报告期内,公司实现营业收入 1,725,632,957 元人民币、归属于上市公司股东的净利润 395,425,428 元人民币、扣除非经常性损益后的净利润 229,479,617 元人民币、扣除非经常性损益和股权激励成本后的净利润 267,723,417 元人民币,同比分别增长 27.18%、9.70%、6.79%、20.93%。

报告期末公司资产负债结构良好,货币资金占总资产的 35%,其他流动资产可变现性强,不存在重大不良资产。

(1)公司各项业务发展情况

1) 各产品业务线发展情况

① 中端 ERP 业务

用友 ERP-U8 业务

报告期内,用友 ERP-U8 业务按照"标准化行业解决方案,提升客户应用价值"的经营策略,进一步提升产品规模化和行业化水平,加强老客户经营,突破重点地区成长,加强渠道伙伴业务,实现了销售收入的突破增长;在运维服务方面,开展客户全生命周期经营,全面推广联动营销模式,升级服务产品体系,强化服务品牌,提高支持服务响应速度,提升客户满意度。

报告期内,公司发版了 ERP-U8 V8.71、ERP-U8 V8.72、ERP-U8 V8.71 汽配行业版、电子行业版、医药行业版、服装鞋帽版、化工行业版等多个行业版本、ERP-U8 V8.71 公共应用插件、网络分销管理系统、商业智能等产品。

UFIDA U9 业务

报告期内,公司于 4 月 18 日发布上市了全球第一款完全基于 SOA 架构的新一代企业管理软件产品 UFIDA U9。公司 2003 年决定并启动研发 U9,历时四年多,该产品融合了中国企业最佳经营管理实践和世界先进的管理思想与模式,实现了中国软件业在产品技术上首次领先全球的创新。UFIDA U9 的上市填补了国产企业管理软件在多组织制造管理领域的空白,标志着国内管理软件技术进入世界先进行列。为此,公司加大了 UFIDA U9 业务的投入,并制定了较为详尽的市场策略、能力提升、业绩突破增长等工作计划,加强了市场营销和实施交付工作。

报告期内,公司发版了 U9 商业应用套件 V1.0、U9 企业管理软件 V1.1、U9 企业管理软件 V1.5 等产品。

② 高端集团与行业解决方案 ERP-NC 业务

报告期内,用友 ERP-NC 业务按照"国际化集团管控,行业化解决方案,平台化应用集成"的策略,已形成了集团管控 6 大领域及金融、地产和烟草等 10 大行业的 38 个解决方案;在运维服务方面,用友 ERP-NC 业务围绕全产品服务营销和客户价值经营,加强了实施体系建设,项目交付能力得到提升,老客户运维服务收效显著,高端业务收入占公司主营业务收入比重继续上升。

报告期内,公司发版了用友 ERP-NC V5.02、用友 ERP-NC V5.5、用友 ERP-NC V5.02 生产制造与成本管理、流通业配送管理、证券行业管理和广电行业责任会计等行业版本等产品。

③ 高端集团 e-HR 业务

报告期内,公司发版了 e-HR V5.2、e-HR V5.3 等产品,e-HR 业务聚焦重点区域、重点行业和高端客户,深入开展客户经营,提升产品和服务再销售与持续经营能力,不断丰富服务内容,积极开展与咨询伙伴的合作,业务策略准确,团队贴近一线,连续 3 年实现高增长。

④小型管理软件业务

报告期内,公司将原来 ERP 普及版规划到小型管理软件业务中,加强了小型管理软件业务,制定了产品、市场、渠道和服务等策略。小型管理软件业务贴近用户,加强了产品的开发,确定了伙伴客户经营地图,实践了与伙伴的联动经营,拓展了服务网络,新建南昌呼叫中心,扩大伙伴支持,提升了伙伴能力。

报告期内,公司发版了用友通标准版 10.3、用友普及型 ERP-U6 V3.2、商贸通食品版等产品,进一步丰富了公司面向小型企业市场的产品线。

⑤在线服务业务

报告期内,公司通过激活伟库网(http://.wecoo.com),正式推出基于 SaaS(Software as a Service 软件即是服务)模式的新一代在线应用服务业务。用友在线服务业务基于 SaaS 模式和理念,以互联网和移动互联网等为载体,将软件、运营和服务整合为一体,推出了网上记账平台、网上订货平台、网上进销存、现金管理以及用友移动快报、用友 MERP-U6、用友 MERP-U8、用友 MERP-NC、用友移动 CRM 等产品,完成了在线业务布局,构建了规模化的销售体系与能力,发展了 SaaS 新型渠道 127 家。

⑥培训教育业务

报告期内,公司围绕企业培训、院校教育与人才服务等方面开展培训教育业务,重点开拓了市场潜力较大的企业培训信息化市场,提出企业信息化系统与人员能力和谐建设的先进理念,推出包括 e-Learning 等国内领先的企业培训信息化产品与服务,体现了客户经营与服务领先的公司战略;在院校合作方面,与占全国 40%以上的上千所大中专院校合作,与学校共同建设 ERP 实验室,将用友软件用于学校的实训教学,为社会培养了大量掌握管理信息化的应用人才,同时也为公司培养了丰富的潜在客户。公司培训教育业务收入保持较快增长。

2) 销售管理及分公司平台化情况

报告期内,公司全面推行客户经营模式,全员客户经营意识得到加强,客户经营组织化和体系化开展。行业客户经营取得成效,客户满意度提高,老客户收入比重提高。在销售管理方面,公司进一步完善了营销机构管理体系,有针对性地对营销机构及客户经理进行了指导和支持,提升了营销机构及客户经理的营销能力。市场秩序整治继续加强,销售管理信息化取得进展。

3) 集团市场和业务发展情况

报告期内,公司在上海成功举办了 2008 年度企业经营与管理创新峰会(用户年会),策划实施协力中国企业应对金融危机的"中国企业转型升级加速器"等市场活动,在高端、中端和低端业务上同步进行了大范围的市场传播活动,中国企业管理软件第一品牌的形象进一步得以提升。

报告期内,公司有力地推进了与富士通、微软、IBM 等战略伙伴合作业务,公司与微软公司签署微软全球独立软件开发商合作伙伴备忘录,成为在中国第一家也是目前唯一的一家微软全球独立软件开发商合作伙伴。

报告期内,公司加大力度积极实施了产业购并。合计使用 4.5 亿元现金成功收购了北京方正春元科技发展有限公司(中国最大财政应用方案及综合服务提供商)、特博深信息科技公司(中国最大 CRM 解决方案及产品提供商)、南京宏图天安软件信息系统有限公司(地税软件及服务主要提供商之一)、上海天诺科技有限责任公司和上海坛网软件有限公司(中型房地产解决方案提供商之一)四家公司。

4)研发管理情况

报告期内,公司优化分层研发模式,将研发纳入各事业部序列,并在事业部内形成了平台开发、产品及标准解决方案开发、行业产品及解决方案开发、个性化开发的多层次研发体系。在研发管理方面,公司升级了全产品开发过程规范文件,规范了前期立项和后期发版上市流程;公司优化了公司产品质量标准,严格执行立项与发版审核;公司建立了全产品级易用性标准,发布了新产品安装易用性标准,全员产品易用性意识得到大幅提升。

报告期内,公司完成了著作权登记 38 项、发明专利 10 项,并成为北京知识产权保护协会会员单位,获得了 2008 中国软件生产力二十强企业称号。

5)控股的产品与服务子公司发展情况

报告期内,北京用友政务软件有限公司抓住财政管理软件市场大发展的机遇,聚焦财政管理软件市场,完善财政管理软件及解决方案,发版了用友 R9i、A++V5.2、R_MIS 报表信息管理系统,加强了重点客户的营销,实现了经营业绩高成长,主营业务收入突破了亿元关。

报告期内,北京方正春元科技发展有限公司继续专注于财政部门及行政事业单位的公共财政市场领域,核心自主产品财政国库集中支付系统继续占据市场龙头地位;公司中标了财政部"财税库银横向联网系统",成为财政部指定的横向联网接口系统的开发商;公司在深圳、宁波、吉林、河南等地实施的财政综合业务系统项目顺利通过验收,财政综合业务系统进入快速发展阶段。

报告期内,厦门用友烟草软件有限责任公司中标了中国烟草总公司烟草行业统一会计核算软

件项目，公司以该项目的实施交付为核心，持续加强系统集成服务、WAS、DB2 等应用软件的销售，促进了业绩快速增长。

报告期内，北京用友艾福斯软件系统有限公司实施客户经营，加强渠道建设和管理，完善行业解决方案，重点推广发电企业 EAM/ERP 全面解决方案，抓住水电、核电等领域机会，签订了二滩水电开发有限公司、三门核电有限公司、华电集团等具有战略意义的客户。

报告期内，北京用友华表软件技术有限公司发版了票据通、Cell 组\插件、用友 E-CELL 新产品，优化了业务设计与运行系统，加强了各项业务推进，保持了业务增长势头，经营收入较快增长。

6)投资情况

报告期内，公司采取稳健的投资策略，防范了重大投资风险，但主要受到资本市场巨幅波动等因素的影响，公司短期投资有一定程度的亏损。

7)员工发展情况

公司作为高科技企业，人才是最宝贵的资源。2008 年，公司更加重视人力资源工作，加大了对人力资源的投入，战略加强人力资源管理工作。公司正式成立"用友大学"，规模、系统、专业地培训内部干部和员工。

结合公司建立 20 周年，公司总结了前 20 年的文化，并升级了企业文化，发布了用友文化 2.0V。确立了"为梦想奋斗"、"做客户信赖的长期合作伙伴"、"专业化生存"三大核心价值观和"持续创新、均衡发展"、"用心经营"等基本行为方针。

报告期内，为进一步完善公司激励机制与体系，增强公司的人才竞争力，根据公司股东大会的授权，公司董事会于 2008 年 9 月 26 日向符合授予条件的股权激励对象授予了《用友软件股份有限公司股权激励计划（修订稿）》中的标的股票，截至 2008 年 12 月 10 日，实际授出股权激励股份 400.6375 万股，915 名公司骨干员工获授股权激励，截至 2008 年 12 月 25 日，公司已完成相关股份的登记事宜。

(2)公司的行业地位及区域市场地位

公司是亚太本土第一大企业管理软件供应商，中国最大的管理软件、ERP 软件、财务软件、客户管理软件、财政软件、金融企业管理软件、资产管理软件供应商，也是中国最大的独立软件供应商。

报告期内，公司荣获了赛迪顾问股份有限公司(CCID)评选的"2008-2009 中国管理软件市场年度成功企业"、"2008-2009 中国 ERP 软件市场年度成功企业"、"2008-2009 中国 HR 软件市场年度成功企业"、"2008-2009 中国 CRM 软件市场年度成功企业"、"2008-2009 中国集团管理软件市场年度成功企业"、"2008-2009 中国小型管理软件市场年度成功企业"等 11 项大奖，其中"中国 HR 软件市场年度成功企业"和"中国 CRM 软件市场年度成功企业"是公司首次获得，显示了公司在 HR 软件和 CRM 软件领域的高速增长和领先优势。用友 U9 产品还成为"2008-2009 中国管理软件市场创新产品"。公司依靠优异的市场表现和持续不断的产品创新持续领先本土管理软件企业。

①公司存在的主要优势

公司经过 20 年的发展，形成了包括 ERP、集团与行业解决方案和小型企业管理软件包的企业管理软件，财政、金融和烟草等行业应用软件，在线应用和培训教育服务业务板块，已成为中国管理软件市场份额最大、产品线最丰富、成功应用最多、行业覆盖最广、服务网络最大、交付能力最强的亚太本土第一大企业管理软件供应商，中国最大的管理软件、ERP 软件、财务软件、财政软件、金融企业管理软件供应商，也是中国最大的独立软件供应商，公司在中国以及亚洲的企业管理软件市场具有明显优势。公司积累了 20 年的软件企业管理经验，秉承持续创新、均衡发展的经营理念，在产品技术、售前、销售、实施、支持服务、市场推广等各条业务线上保持良好发展，实力均衡。另外，公司重视员工发展，逐渐建立并完善了激励与约束机制，拥有管理软件行业亚洲一流、中国领先的应用、技术、服务、营销和管理人才。公司财务稳健，资产优良，现金流充足，为主营业务发展提供坚实保证。

②公司面临的主要困难

宏观经济的变化给公司 2008 年 4 季度的业务带来一定的影响。不断变化的金融危机和宏观经济形势给公司 2009 年的发展带来一定的不确定性；另外，公司还面临如何不断提升与客户经营模式相适应的管理软件专业能力问题，为此，公司将加强对市场的洞察和把握，及时响应市场变化，采取灵活多变的经营策略应对金融危机带来的影响。同时，贯彻"专业化生存"文化，采取多种措施加强能力建设，加快提升员工的专业能力。

(3)公司经营和盈利能力的连续性和稳定性分析

报告期内，公司克服金融危机带来的不利影响，快节奏高效率地开展各项工作，主营业务持续健康发展，公司已在同业中建立起了良好的业务基础。未来公司将抓住中国经济结构调整、转型升级对信息化发展的机遇，发挥既有业务基础和优势，根据稳健积极的增长策略，通过优化经营结构，改进企业管理，提高效率和效益，继续深化客户经营，提高客户满意度，进一步提升差异化竞争优势，促进业绩增长。公司未来几年将具有连续及相对稳定的主营业务经营和盈利能力。

(4)公司承担社会责任情况

报告期内，公司披露了公司《2008 年度社会责任报告书》，报告了公司 2008 年度在落实科学发展观，构建和谐社会，推进经济社会可持续全面发展等方面，对公司股东、员工、客户、消费者、供应商、债权人、社区等利益相关者积极承担相应社会责任的总体情况。公司秉持持续创新的理念，以先进产品助推中国企业转型升级，自成立以来始终坚持做用户之友，做客户信赖的长期合作伙伴，以优良业绩，回报股东，以人为本，与员工共成长，注重环境保护，促进可持续发展，造福社会，自觉履行社会责任。5 月 12 日，四川地区发生了罕见的大地震，公司及员工积极参与"抗震救灾"工作，公司及员工累计向四川地震灾区捐款 1000 多万元现金，其中公司董事长兼总裁王文京先生个人捐款 500 万元，公司副董事长兼财务总监郭新平先生个人捐款 80 万元，公司董事吴政平先生个人捐款 50 万元。此外，公司还向灾区医疗救援组织捐赠了价值超过 500 万元的管理软件，用于救灾物资管理。在 12 月 25 日召开的全国工商联抗震救灾表彰大会上，公司被授予"抗震救灾先进集体"称号。

2、主营业务分行业、产品情况表

单位:元　币种:人民币

分行业或分产品	主营营业收入	主营业务成本	主营业务利润率%	主营业务收入比上年增减%	主营业务成本比上年增减%	主营业务利润率上年增减%
分行业						
软件行业	1,669,011,903	209,315,757	87.46	26.70	40.64	-1.24
分产品						
软件销售	1,123,670,997	28,602,091	97.45	24.56	24.20	-
技术服务及培训	463,074,145	115,754,709	75.00	28.28	52.18	-3.93
软件配套用品销售	82,266,761	64,958,957	21.04	51.83	30.60	12.84

软件销售收入具体如下：

单位:元　币种:人民币

产品	主营业务收入
用友 ERP-NC	388,793,382
用友 ERP-U8/U	9359,108,428
用友 Tong/ERP-U	6233,242,859
其他产品	142,526,328

注:主营业务收入已扣除主营业务税金及附加

3、占主营业务收入(已扣除主营业务税金及附加)或主营业务利润总额 10%以上的主要产品及服务销售情况

单位:元　币种:人民币

产品及服务名称	销售收入	占主营业务收入比例	产品销售成本	毛利率
ERP 软件	981,144,669	58.79%	21,451,569	97.81%
技术服务及培训	463,074,145	27.75%	115,754,709	75.00%

4、主要产品的市场占有率情况

报告期内，公司主营业务不断增长，产品市场份额继续扩大，巩固了公司作为中国 ERP 等企业管理软件产业链中核心企业的领导厂商地位。根据赛迪顾问股份有限公司(CCID)发布的"2008-2009 年中国管理软件市场研究年度总报告"，公司在中国 ERP 软件领域的市场占有率为 25.6%，连续七年摘得 ERP 市场第一桂冠；公司在中国财务管理软件市场的市场占有率为 27.6%，连续十八年保持中国市场占有率最高；公司在中国管理软件市场的市场占有率为 21.3%，连续七年成为中国市场占有率最高的管理软件厂商。在中国管理软件、ERP 软件和财务软件领域，2008 年用友软件市场份额均超过市场第二、第三位的总和。公司控股子公司北京用友艾福斯软件系统有限公司在 EAM(资产管理)软件市场占有率为 17.1%，连续四年获得 EAM 软件市场占有率第一。公司参股子公司北京用友致远软件技术有限公司连续五年获得协同应用管理软件市场占有率第一。

5、主要供应商、客户情况

单位:元　币种:人民币

前五名供应商采购金额合计	22,916,477	占年度采购总额比重	24.49%
前五名销售客户销售金额合计	38,433,490	占年度销售总额比重	2.22%

6、报告期内，公司资产构成及主要会计数据同比发生重大变动的说明

报告期内资产构成的重大变动项目及原因如下：单位:元　币种:人民币

资产负债表项目	期末余额	期初余额	增减幅度	变动原因
货币资金	1,085,138,211	909,403,286	19%	公司实施股权激励计划，激励对象按照激励计划标的股票授予价格支付购买款项共计 55,693,081 元，以及本年收入增加及支付企业合并成本的净影响所致。
交易性金融资产	60,503,942	137,966,401	-56%	主要由于交易性金融资产公允价值变动损失 76,497,547 元所致。
应收账款	278,343,391	106,618,313	161%	主要由于本年收入增加及并购方正春元所增加的应收账款所致。
预付账款	3,147,610	1,788,359	76%	主要由于 2008 年末预付项目合作方的经费增加所致。
其他应收款	83,874,210	29,683,152	183%	主要由于公司处置用友大厦产生应收款项 22,560,000 元以及新增大型项目所支付投标保证金等原因所致。
存货	14,476,921	5,721,478	153%	主要是由于本公司为项目需要增加部分库存外购商品所致。
可供出售金融资产	276,210,000	953,993,250	-71%	主要是由于本年度出售原投资于北京银行的部分股权以及公允价值变动产生的影响所致。
无形资产	325,289,229	100,804,536	223%	主要是由于本年所支付的软件园二期的土地开发建设费 68,807,372 元以及原计入固定资产及在建工程的软件园一期和二期的土地开发建设费 100,987,500 元及 40,000,000 元及其相关的累计折旧 1,798,840 元重分类至无形资产-土地使用权所致。
商誉	361,458,036	17,402,025	1977%	主要是由于本公司本年进行了一系列的股权收购活动和业务收购活动，合并成本大于合并中取得的被购买方可辨认净资产公允价值份额的差额 344,056,011 元所致。
递延所得税资产	10,658,589	6,088,495	75%	主要是由于本年交易性金融资产公允价值变动损失 76,497,547 元而产生可抵减暂时性差异及 2007 年内部交易未实现销售利润而产生的

				暂时性差异于本年度转回所致。
其他非流动资产	–	10,000,000	−100%	主要是由于2008年收到本公司原董事邵凯先生按照《股权转让协议》的约定支付收购用友工程的股权转让价款10,000,000元所致。
应付账款	41,045,621	10,165,193	304%	主要是由于随着本年业务规模的增加，应付采购款也相应增加。
预收账款	240,405,608	124,013,677	94%	主要是由于随着本年收入增加，预收客户款也相应增加。
应交税费	110,522,706	59,844,576	85%	主要是由于随着本年收入及员工薪酬的增加，各项应付税金也相应增加。
应付股利	9,846,406	–	–	主要是由于本公司之子公司方正春元于2008年11月7日之前利润分配方案中尚未向股东支付的现金股利8,612,500元和本公司之子公司深圳用友科技应付少数股东金额1,211,271元所致。
其他应付款	340,819,908	125,032,787	173%	主要是由于本公司本年进行了一系列的股权收购活动和业务收购活动而产生的应付并购款186,900,000元以及应付北京中关村永丰基地发展有限公司土地开发建设费89,596,620元所致。
其他流动负债	4,508,692	7,868,137	−43%	主要是由于本公司于2008年度支付了在2007年末预提的已发生但应给合作方的咨询费用4,236,145元所致。
递延所得税负债	22,840,955	91,207,082	−75%	主要是由于2007年交易性金融资产公允价值变动收益产生的应纳税暂时性差异转回及2007年可供出售金融资产公允价值变动收益所产生的应纳税暂时性差异转回所致。
股本	466,683,575	231,379,200	102%	主要是由于本年集团将资本公积转增股本，共计转增231,361,200股以及授予激励对象股权激励计划股份4,006,375股所致。
资本公积	981,643,397	1,700,273,925	−42%	主要是由于本年公司将资本公积转增股本所减少的资本公积231,361,200元；本公司出售可供出售金融资产和以公允价值计量该投资产生的公允价值变动损益所减少的资本公积576,525,333元；本公司实施股权激励计划员工认购标的股票价格与股本账面价值差额51,686,706元及因该计划的实施而应于2008年计入资本公积的成本38,243,800元所致。
少数股东权益	32,631,593	14,806,171	120%	主要是由于本年度本公司收购方正春元和处置厦门用友所增加的少数股权以及本年少数股东所分享的本年收益所致。

报告期利润表项目重大变化及原因如下：

单位：元　　币种：人民币

项目	2008年	2007年	增减幅度	变动原因
营业收入	1,725,632,957	1,356,849,693	27.2%	主要是由于本年度主营业务软件产品销售收入及实施维护和培训服务收入继续取得稳定增长所致。
营业成本	212,324,120	150,801,178	40.8%	主要是由于为扩大市场份额，本公司鼓励实施项目外包，导致支付给外包单位的成本费用增长所致。
营业税金及附加	48,024,159	35,646,857	34.7%	主要是由于本年度服务及培训收入增长较大，导致相应税金增长所致。
销售费用	778,892,912	606,683,042	28.4%	主要是由于经营规模的扩大和人员增加，以及销售人员工资奖金总额的增长所致。
管理费用	565,651,056	440,797,275	28.3%	主要是由于由于经营规模的扩大和人员增加以及管理人员工资奖金总额的增长所致。
资产减值损失	7,003,092	4,327,881	61.8%	主要是由于本公司于2008年度根据应收款项的账龄和将客户划分为不同的具有类似信用风险特征的应收款项组合，根据其过往回款状况及目前业务交易状况计提坏账准备7,003,092元所致。
公允价值变动损益	−76,497,547	43,560,503	−275.6%	主要是由于本年受国际金融危机的影响，国内投资市场剧烈波动，导致本公司于2008年12月31日持有的交易性金融资产的公允价值变动所致。
投资收益	204,346,958	108,205,756	88.9%	主要是由于本年度处置可供出售金融资产产生的收益189,519,537元以及处置和转让子公司股权产生的收益7,364,590元所致。
营业外收入	224,380,308	114,340,083	96.2%	主要包含本公司收到的增值税退税返还133,066,473元，这与收入增长比例保持一致。本公司出售用友大厦及相关大型IT设备的净收益50,259,946元。另外本公司于本年度收到北京市支持高新技术产业发展财政专项资金26,849,600元，本公司于收到时记入营业外收入。
营业外支出	6,190,190	2,805,737	120.6%	主要是本年度本公司向汶川地震灾区捐款3,049,405元及固定资产清理损失2,345,070元所致。
所得税	60,302,243	28,149,036	114.2%	主要是由于利润总额总体增加所致。
少数股东损益	12,334,431	−803,841	−1634.4%	主要是由于本公司本年度收购方正春元和处置厦门用友所增加的少数股权所致。

7、报告期内，公司现金流量构成情况及分析

单位：元　币种：人民币

项目	2008年	2007年	同比增减情况	变动原因
投资活动产生的现金流量净额	−5,002,662	−115,970,862	−96%	主要是本期处置交易性金融资产、可供出售金融资产带来的现金流入量同比增长1.32亿元、出售固定资产所带来的现金流入量同比增长6300万元、收购子公司支出的现金同比增长1.46亿元所致。
筹资活动产生的现金流量净额	−181,555,354	−30,303,936	499%	主要由于两年增发股权激励股票带来的现金、股利分配所支付的现金差异所致。

8、主要控股子公司和参股公司的经营情况及业绩

单位：元　币种：人民币

公司名称	注册资本	主要产品或服务	经营范围	公司直接持股比例	主营业务收入	总资产	净利润（净损失）
武汉用友软件有限责任公司	500,000	软件产品销售、服务	计算机软件、电子技术的开发、研制、技术服务及咨询；计算机及配件、电子元器件批发兼零售；信息服务	95%	14,393,156	8,545,264	−1,961,536
天津用友软件技术有限公司	500,001	软件产品销售、服务	技术开发、咨询、服务、转让、培训（电子与信息、机电一体化的技术及产品）；计算机软件、文化办公机械批发兼零售	90%	36,246,773	24,232,658	1,429,859
广东用友软件有限公司	5,000,000	软件产品销售、服务	电子计算机软硬件、网络工程的技术服务、技术转让、信息咨询、技术培训、数据库服务；销售电子计算机及配件、办公设备、电子产品及通信	90%	73,585,721	31,017,852	−12,857,183

			设备(不含广播、电视接收、发射设备);企业管理咨询				
深圳市用友科技实业有限公司	1,000,000	软件产品销售、服务	电脑软件的技术开发及销售	90%		93,978	−42,931
深圳用友软件有限公司	5,000,000	软件产品销售、服务	计算机软件硬件及外部设备的技术开发、技术咨询及购销;打印纸、计算机耗材的购销;企业管理咨询	90%	60,961,497	30,148,240	−13,702,616
重庆用友软件有限公司	800,000	软件产品销售、服务	计算机软、硬件及外围设备的开发、销售和技术服务;财会电算化管理服务。(法律、法规禁止经营的,不得经营;法律、法规规定需审批或许可的,取得审批或许可后,方可经营)	81.88%	23,390,457	8,980,442	105,830
安徽用友软件有限公司	1,200,000	软件产品销售、服务	会计电算化、电子化推广与技术服务,计算机软件开发及网络工程施工,电子计算机及软件销售、培训	82%	11,018,239	8,032,426	491,762
浙江用友软件有限公司	5,000,000	软件产品销售、服务	技术开发、技术咨询、技术服务、技术培训、成果转让;计算机软件、硬件及外部设备批发、零售;计算机软、硬件及外部设备、打印纸、计算机耗材;企业管理咨询;其他无需报经审批的一切合法项目。	90%	45,682,708	13,060,572	1,308,656
沈阳用友软件有限公司	3,000,000	软件产品销售、服务	电子计算机软件、硬件及外部设备的技术开发、技术咨询、技术转让、技术服务、技术培训;电子计算机软硬件及外部设备、计算机耗材、打印纸销售;企业管理咨询;数据库服务	90%	11,729,244	10,564,527	−901,327
大连用友软件有限公司	3,000,000	软件产品销售、服务	电子计算机软件、硬件的技术开发、技术咨询、技术转让、技术服务;企业管理咨询;电子计算机软硬件及外围设备、打印纸的销售	90%	15,368,751	6,392,063	1,429,795
广西用友软件有限公司	3,000,000	软件产品销售、服务	计算机软件、硬件及外部设备的技术开发、技术咨询、技术转让、技术服务;数据库服务;企业管理咨询;计算机硬件及外部设备、打印纸及耗材的销售;企业管理培训(除职业技能培训)。凡涉及许可证的凭证经营	90%	10,289,257	6,526,799	−346,603
苏州用友软件有限公司	3,000,000	软件产品销售、服务	电子计算机软件、硬件及外部设备的技术开发、技术咨询、技术转让、技术服务;企业管理咨询;数据库服务;销售电子计算机软、硬件及外部设备	90%		3,000,000	
山东用友软件技术有限公司	5,000,000	软件产品销售、服务	计算机软、硬件及外部设备的技术开发、咨询服务;技术转让,技术培训及数据库服务;企业管理咨询;进出口业务;计算机软、硬件及外部设备、耗材、打印纸销售	90%	23,685,113	5,825,502	−3,087,358
北京用友华表软件技术有限公司	3,000,000	软件产品销售、服务	经营本企业和成员企业自产产品及技术出口业务;本企业和成员企业生产所需的原辅材料、仪器仪表、机械设备、零配件及技术的进口业务(国家限定公司经营和国家禁止进出口的商品除外);经营进料加工和“三来一补”的业务。(法律、法规禁止的,不得经营;应经审批的,未获审批前不得经营;法律、法规未规定审批的,企业自主选择经营项目,开展经营活动)	70%	8,330,384	14,831,471	498,465
北京用友艾福斯软件系统有限公司	1,333,334美元	软件产品销售、服务	研制、开发、生产计算机硬件;提供自产产品的技术咨询、技术服务;销售自产产品	75%	18,999,389	15,673,911	1,536,523
UF INTERNATIONAL HOLDINGS., LTD.	10,000美元	计算机软件开发和技术转让	投资控股,计算机软件开发和技术转让	100%	7,377,778	10,545,763	−540,666
北京用友政务软件有限公司	26,700,000	软件产品销售、服务	法律、行政法规、国务院决定禁止的,不得经营;法律、行政法规、国务院决定应经许可的,经审批机关批准并经工商行政管理机关登记注册后方可经营;法律、行政法规、国务院决定未规定许可的,自主选择经营项目开展经营活动	68%	119,597,545	97,553,224	12,030,784
北京用友金融软件系统有限公司	30,000,000	软件产品定制开发、销售及相关服务	金融软件及计算机网络技术开发;销售计算机软硬件;计算机系统集成;技术咨询、技术服务、技术培训	100%	3,563,494	44,954,167	1,357,857
厦门用友烟草软件有限责任公司	20,000,000	软件产品定制开发、销售及相关服务	烟草软件及其它相关软件开发、设计,硬件制造、销售,并提供烟草行业信息化咨询服务。以上经营范围涉及许可经营项目的,应在取得有关部门的许可后方可经营。	79%	56,129,412	37,697,223	21,136,688
江西用友软件有限公司	20,000,000	软件产品销售、服务	计算机软件硬件及外部设备的技术开发、技术咨询、技术转让、技术服务;企业管理咨询;数据库服务;系统集成;计算机软硬件及外部设备、打印纸、计算机耗材销售	100%	7,117,164	27,316,938	−3,442,385
湖南用友软件有限公司	3,000,000	软件产品销售、服务	计算机软硬件及配件的开发,技术咨询,技术转让及销售数据库服务,企业管理咨询	90%		2,981,359	
内蒙古用友软件有限公司	3,000,000	软件产品销售、服务	软件业;计算机服务业;计算机,软件及辅助设备销售;企业管理咨询	90%		3,000,000	
北京方正春元科技发展有限公司	11,078,600	软件产品定制开发、销售及相关服务	主要从事计算机软件技术开发及销售,网络系统工程设计,技术安装服务,技术咨询和技术转让等	85%	159,082,719	11,532,411	29,493,627

注:报告期内,公司未有来源于单个参股公司的投资收益对公司净利润影响达到10%以上的情况。

(二)公司新年度工作计划及对未来的展望

为提升公司核心竞争力,实现公司中长期的战略目标,公司对主营业务发展进行了认真分析与总结,并对中国及亚洲管理软件市场发展趋势进行洞察与展望,找出了公司在业务发展中的差距与机会,进一步明确了公司发展战略意图,确定了公司2009年度经营策略为稳健积极增长,深化客户经营,加快产品发展,优化经营结构,改进企业管理,提高效率效益,提升专业能力,积极实施合适对象的并购。在优化公司业务设计和组织结构的基础上,部署了公司年度关键任务,具体情况如下:

2009 年公司将充分估计宏观经济形势对公司业务发展可能带来的不利影响，同时抓住新的经济形势下的有利机遇，发挥公司在同行中已经建立起来的良好业务基础和优势，根据稳健积极的增长策略，通过优化经营结构，改进企业管理，提高效率和效益，继续深化客户经营，提高客户满意度，进一步提升差异化竞争优势，促进业绩增长。

2009 年公司将继续加快产品发展，加大产品控制力度，加强产品质量管理，推进企业信息化标准战略。高端业务的发展策略是"国际化集团管控，行业化解决方案，平台化应用集成"，执行"业务结构优化、客户经营深化、经营重效益化"的经营策略；中端业务的策略是"优化客户经营模式，项目经营行业化，水平经营规模化"；低端业务的策略是"专注小型企业，以比竞争对手更快的速度、更低的成本响应渠道和客户"；对入门级企业客户创新在线服务，完善客户全生命周期经营平台，为客户提供商务应用服务。全面推进实施"中国企业转型升级加速器"计划。

2009 年公司将优化经营结构，以业务结构优化、人员结构优化、组织结构优化和工作方式优化为核心，加强优势业务快速发展，加大开展伙伴合作，严格业务关键环节控制，继续完善客户经营组织，提升全面业务能力。改进企业管理，继续战略加强人力资源管理，优化客户经营机构绩效考核模式，加强升级后的企业文化传播执行，贯彻"专业化生存"文化，完善内控体系，控制公司风险。

2009 年公司将抓住有利时机，积极实施合适对象的并购，购并领域/行业互补性企业以及竞争性企业，加强对并购业务的整合工作，提高并购效益。

2009 年公司将继续实施《用友软件股份有限公司股权激励计划(修订稿)》，实施用友产业基地的二期建设。

与公允价值计量相关的项目

√适用　　□不适用

项目名称	期初余额	期末余额	当期变动	对当期利润的影响金额
交易性金融资产	137,966,401	60,503,942	−77,462,459	−65,558,910
可供出售金融资产	953,993,250	276,210,000	−677,783,250	170,567,583
合计	1,091,959,651	336,713,942	−755,245,709	105,008,673

持有外币金融资产、金融负债情况

□适用　　√不适用

6.2 募集资金使用情况

√适用　　□不适用

公司于 2001 年通过首次发行募集资金 88,750 万元人民币，截止 2006 年 12 月 31 日公司募集资金已全部使用完毕。

变更项目情况

□适用　　√不适用

6.3 非募集资金项目情况

√适用　　□不适用

(1)公司继续推进用友软件园项目建设，截至报告期末，已累计投资人民币 6.5 亿元。

(2)短期投资情况

报告期末，公司持有开放式基金 25,117,550 份，市值为 20,754,058 元；

报告期末，公司封闭式基金投资市值为 39,749,884 元。

6.4 董事会对会计师事务所"非标准审计报告"的说明

□适用　　√不适用

6.5 董事会本次利润分配或资本公积金转增股本预案

公司于 2009 年 3 月 19 日召开第四届董事会 2009 年第二次会议，通过公司 2008 年度利润分配议案：经安永华明会计师事务所审计确认，截至 2008 年 12 月 31 日，公司实现净利润 399,548,568 元。公司以 2008 年度净利润 399,548,568 元为基数，提取 10%的法定盈余公积金 39,954,857 元，提取 5%任意盈余公积金 19,977,428 元，加扣除 2007 年度分配之现金股利的年初未分配利润 147,201,499 元，本次实际可供分配的利润为 486,817,782 元。公司以 2008 年末总股本扣除截止到 2009 年 3 月 19 日回购的股权激励股份后的 466,662,975 股为基数，拟向全体股东每 10 股派发现金股利 3 元(含税)，共计派发现金股利 139,998,893 元。

公司以 2008 年末总股本扣除截止到 2009 年 3 月 19 日回购的股权激励股份后的 466,662,975 股为基数，拟向全体股东每 10 股转增 3 股，共计转增 139,998,893 股，转增股本后，公司资本公积余额 848,623,411 元。

上述议案需经 2008 年度股东大会审议通过后实施。

公司本报告期内盈利但未提出现金利润分配预案

□适用　　√不适用

第七节　重要事项

7.1 收购资产

√适用　　□不适用

单位:元 币种:人民币

交易对方关联或最终关系控制方	被收购资产	购买日	资产收购价格	自购买日起至本年末为公司贡献的净利润	自本年初至本年末为公司贡献的净润(适利用于同一控制下的企业合并)	是否为关联交易(如是，说明定价原则)	资产收购定价原则	所涉及的资产产权是否已全部过户	所涉及的债权债务是否已全部转移	该资产为上市公司贡献的净利润占利润总额的比例(%)	关联关系
杨英、杨岩等 18 名自然人和北大方正投资有限公司	北京方正春元科技发展有限公司全部股权	2008.10.27	380,000,000	18,567,517		否		否	否	4.70	

7.2 出售资产

√适用　　□不适用

单位:元 币种:人民币

交易对方	被出售资产	出售日	出售价格	本年初起至出售日该资产为上市公司贡献的净利润	出售产生的损益	是否为关联交易(如是，说明定价原则)	资产出售定价原则	所涉及的资产产权是否已全部过户	所涉及的债权债务是否已全部转移	资产出售为上市公司贡献的净利润占利润总额的比例(%)	关联关系
北京用友企业管理研究所有限公司	北京用友移动商务科技有限公司 100%股权	2008.3.3	10,000,000	−1,406,382	3,371,319	是	按投资成本	是	是	0	第四大股东
高岩等 34 人	北京用友软件工程有限公司 1.07%股权	2008.8.28	537,400	0	0	否		是	是	0	
肖　晖	厦门用友烟草软件有限责任公司 16%股权	2008.10.28	3,200,000	−546,021	3,042,492	否		是	是	0	
许　翔	厦门用友烟草软件有限责任公司 5%股权	2008.10.28	1,000,000	−170,632	950,779	否		是	是	0	
黄林霄	珠海用友软件有限公司 18%股权	2008.10.25	144,000	0	0	否		是	是	0	
郭万魁	平顶山用友软件有限公司 20%股权	2008.10.25	100,000	0	0	否		是	是	0	
吴松庭	连云港用友软件有限公司 18%股权	2008.10.31	90,000	0	0	否		是	是	0	
李承志	市用友软件有限公司 18%股权	2008.10.25	90,000	0	0	否		是	是	0	
孙杰亮	保定市用友软件有限公司 18%股权	2008.10.24	90,000	0	0	否		是	是	0	

7.3 重大担保

□适用　　√不适用

7.4 重大关联交易

7.4.1 与日常经营相关的关联交易

□适用　　√不适用

7.4.2 关联债权债务往来

□适用　　√不适用

7.4.3 2008 年资金被占用情况及清欠进展情况

□适用　　√不适用

截止 2008 年末，上市公司未完成非经营性资金占用的清欠工作的，董事会提出的责任追究方案

□适用　　√不适用

7.5 委托理财

□适用　　√不适用

7.6 承诺事项履行情况

7.6.1 公司或持股 5%以上股东在报告期内或持续到报告期内的承诺事项

√适用　　□不适用

原非流通股东在股权分置改革过程中做出的承诺事项及其履行情况：

股东名称	承诺事项	承诺履行情况
北京用友科技有限公司 上海用友科技咨询有限公司 北京用友企业管理研究所有限公司 上海益倍管理咨询有限公司	①其持有的用友软件非流通股股份自改革方案实施之日起，在十二个月内不上市交易或者转让；②在上述承诺期满后，通过上海证券交易所挂牌交易出售原非流通股股份数量占公司股份总数的比例在十二个月内不超过百分之五，在二十四个月内不超过百分之十；③通过上海证券交易所挂牌交易出售的用友软件股份数量，每达到用友软件股份总数百分之一时，自该事实发生之日起两个工作日内做出公告，但公告期间无需停止出售股份。	全面履行了承诺。

7.6.2 公司资产或项目存在盈利预测，且报告期仍处在盈利预测期间，公司就资产或项目是否达到原盈利预测及其原因作出说明：

□适用　　√不适用

7.7 重大诉讼仲裁事项

□适用　　√不适用

7.8 其他重大事项及其影响和解决方案的分析说明

7.8.1 证券投资情况

√适用　　□不适用

序号	证券品种	证券代码	证券简称	初始投资金额(元)	期末持有数量(股)	期末账面值(元)	占期末证券总投资比例	报告期损益(元)
1	基金	500009	基金安顺	44,092,958	22,644,720	18,953,631	31.33%	−7,819,261
2	基金	500056	基金科瑞	40,644,000	16,548,260	11,451,396	18.93%	−10,724,502
3	基金	110001	易方达平稳	10,030,000	10,000,000	12,150,000	20.08%	−6,901,715
4	基金	110029	易方达科讯	10,123,512	11,614,400	6,638,791	10.97%	−3,488,260
5	基金	160314	华夏行业	3,500,000	3,503,150	1,965,267	3.25%	−1,534,733
6	基金	150003	建信优势	20,000,000	20,010,400	9,344,857	15.45%	−10,655,143
报告期已出售证券投资损益				−	−	−	−	−31,719,619
合计				128,390,470	−	60,503,942	100.00%	−72,843,233

7.8.2 持有其他上市公司股权情况

√适用　　□不适用

证券代码	证券简称	初始投资金额	占该公司股权比例(%)	期末账面值	报告期损益	报告期所有者权益变动	会计核算科目	股份来源
601169	北京银行	47,800,453	0.5	276,210,000	3,720,000	−234,248,400	可供出售金融资产	原始认购

7.8.3 持有非上市金融企业股权情况

□适用　　√不适用

7.8.4 买卖其他上市公司股份的情况

√适用　　□不适用

	股份名称	期初股份数量(股)	报告期买入/卖出股份数量(股)	期末股份数量(股)	使用的资金数量(元)	产生的投资收益(元)
卖出	北京银行	55,125,000	24,125,000	31,000,000		185,799,537

7.9 公司董事会对公司内部控制出具了自我评估报告，审计机构出具了评价意见，详见公司2008年年度报告全文。

7.10 公司披露了履行社会责任报告，详见2008年年度年报全文。

第八节　监事会报告

监事会认为公司依法运作、公司财务情况、公司募集资金使用、公司收购、出售资产交易和关联交易不存在问题。

第九节　财务会计报告

9.1 审计意见

财务报告　　□未经审计　　√审计

审计意见　　√标准无保留意见　　□非标意见

审计意见全文

审计报告

安永华明(2009)审字第60469423_A01号

用友软件股份有限公司全体股东：

我们审计了后附的用友软件股份有限公司（"贵公司"）及其子公司(统称"贵集团")的财务报表，包括2008年12月31日的合并及公司的资产负债表，2008年度合并及公司的利润表、股东权益变动表和现金流量表以及财务报表附注。

一、管理层对财务报表的责任

按照企业会计准则的规定编制财务报表是贵公司管理层的责任。这种责任包括：(1)设计、实施和维护与财务报表编制相关的内部控制，以使财务报表不存在由于舞弊或错误而导致的重大错报；(2)选择和运用恰当的会计政策；(3)作出合理的会计估计。

二、注册会计师的责任

我们的责任是在实施审计工作的基础上对财务报表发表审计意见。我们按照中国注册会计师审计准则的规定执行了审计工作。中国注册会计师审计准则要求我们遵守职业道德规范，计划和实施审计工作以对财务报表是否不存在重大错报获取合理保证。

审计工作涉及实施审计程序，以获取有关财务报表金额和披露的审计证据。选择的审计程序取决于注册会计师的判断，包括对由于舞弊或错误导致的财务报表重大错报风险的评估。在进行风险评估时，我们考虑与财务报表编制相关的内部控制，以设计恰当的审计程序，但目的并非对内部控制的有效性发表意见。审计工作还包括评价管理层选用会计政策的恰当性和作出会计估计的合理性，以及评价财务报表的总体列报。

我们相信，我们获取的审计证据是充分的、适当的，为发表审计意见提供了基础。

三、审计意见

我们认为，上述财务报表已经按照企业会计准则的规定编制，在所有重大方面公允地反映了贵集团和贵公司2008年12月31日的财务状况以及2008年度的经营成果和现金流量。

安永华明会计师事务所　　中国注册会计师：杨淑娟、闫凌阳

2009年3月19日

9.2 财务报表

合并资产负债表

2008年12月31日

编制单位:用友软件股份有限公司　　单位:元 币种:人民币

资产	附注六	2008年12月31日	2007年12月31日
流动资产:			
货币资金	1	1,085,138,211	909,403,286
交易性金融资产	2	60,503,942	137,966,401
应收票据	3	2,353,314	−
应收账款	4	278,343,391	106,618,313
预付款项	5	3,147,610	1,788,359
其他应收款	6	83,874,210	29,683,152
存货	7	14,476,921	5,721,478
其他流动资产	8	1,272,541	1,575,942
流动资产合计		1,529,110,140	1,192,756,931
非流动资产:			
可供出售金融资产	9	276,210,000	953,993,250
长期股权投资	10	34,647,825	31,756,558
固定资产	11	510,300,363	652,650,280
在建工程	12	37,532,692	40,621,840
无形资产	13	325,289,229	100,804,536
商誉	14	361,458,036	17,402,025
长期待摊费用	15	24,764,986	24,420,507
递延所得税资产	16	10,658,589	6,088,495
其他非流动资产	17	−	10,000,000
非流动资产合计		1,580,861,720	1,837,737,491
资产总计		3,109,971,860	3,030,494,422
流动负债:			
应付账款	20	41,045,621	10,165,193
预收款项	21	240,405,608	124,013,677
应付职工薪酬	22	193,851,923	167,129,433
应交税费	23	110,690,706	59,844,576
应付股利	24	9,846,406	−
其他应付款	25	340,819,908	125,032,787
其他流动负债	26	4,508,692	7,868,137
流动负债合计		941,168,864	494,053,803
非流动负债:			
递延收益	27	25,669,034	21,925,500
递延所得税负债	16	22,840,955	91,207,082
非流动负债合计		48,509,989	113,132,582
负债总计		989,678,853	607,186,385
股东权益:			
股本	28	466,683,575	231,379,200
资本公积	29	981,643,397	1,700,273,925
盈余公积	30	189,550,229	129,617,944
未分配利润	31	450,562,569	348,342,966
外币报表折算差额		−778,356	−1,112,169
归属于母公司股东权益合计		2,087,661,414	2,408,501,866
少数股东权益	33	32,631,593	14,806,171
股东权益合计		2,120,293,007	2,423,308,037
负债及股东权益总计		3,109,971,860	3,030,494,422

法定代表人：王文京　　主管会计工作负责人:郭新平　　会计机构负责人:王仕平

母公司资产负债表

2008年12月31日

编制单位:用友软件股份有限公司　　单位:元 币种:人民币

资产	附注十三	2008年12月31日	2007年12月31日
流动资产:			
货币资金	1	801,267,103	714,784,655
交易性金融资产	2	57,615,883	122,122,091
应收票据	3	1,800,000	−
应收账款	4	152,289,900	71,548,194
预付款项	5	1,473,928	981,149
其他应收款	6	141,124,379	103,392,323
存货	7	7,964,479	4,727,185
其他流动资产	8	878,612	1,046,896
流动资产合计		1,164,414,284	1,018,602,493
非流动资产:			
可供出售金融资产	附注六、9	276,210,000	953,993,250
长期股权投资	9	528,179,349	185,730,947
固定资产	10	492,377,230	635,718,723
在建工程	附注六、12	37,532,692	40,621,840
无形资产	11	303,002,482	92,423,559
商誉	12	50,738,937	−
长期待摊费用	13	22,528,954	22,346,353
递延所得税资产	14	7,694,308	4,863,865
其他非流动资产	附注六、17	−	10,000,000
非流动资产合计		1,718,263,952	1,945,698,537
资产总计		2,882,678,236	2,964,301,030
负债及股东权益	附注十三	2008年12月31日	2007年12月31日
流动负债:			
应付账款	17	7,708,331	3,988,805
预收款项	18	160,871,522	76,087,007

应付职工薪酬	19	126,812,364	127,671,553
应交税费	20	78,851,452	44,365,556
其他应付款	21	329,205,411	148,461,857
其他流动负债	22	2,362,240	6,880,766
流动负债合计		705,811,320	407,455,544
非流动负债:			
递延收益	23	22,391,800	19,275,500
递延所得税负债	14	22,840,955	90,797,040
非流动负债合计		45,232,755	110,072,540
负债合计		751,044,075	517,528,084
股东权益:			
股本	附注六、27	466,683,575	231,379,200
资本公积	24	988,622,304	1,707,252,832
盈余公积	25	189,510,500	129,578,215
未分配利润	26	486,817,782	378,562,699
股东权益合计		2,131,634,161	2,446,772,946
负债及股东权益总计		2,882,678,236	2,964,301,030

法定代表人: 王文京　　主管会计工作负责人:郭新平　　会计机构负责人:王仕平

合并利润表

2008 年 1—12 月

编制单位:用友软件股份有限公司　　单位:元 币种:人民币

项目	附注六	2008 年	2007 年
一、营业收入	34	1,725,632,957	1,356,849,693
减:营业成本	34	212,324,120	150,801,178
营业税金及附加	35	48,024,159	35,646,857
销售费用		778,892,912	606,683,042
管理费用	36	565,651,056	440,797,275
财务费用	37	−8,284,954	−5,902,522
资产减值损失	38	7,003,092	4,327,881
加:公允价值变动(损失)/收益	39	−76,497,547	43,560,503
投资收益	40	204,346,958	108,205,756
其中:对联营企业和合营企业的投资收益		3,625,057	5,144,499
二、营业利润		249,871,983	276,262,241
加:营业外收入	41	224,380,308	114,340,083
减:营业外支出	42	6,190,190	2,805,737
其中:非流动资产处置损失		2,345,070	355,215
三、利润总额		468,062,101	387,796,587
减:所得税费用	43	60,302,243	28,149,036
四、净利润		407,759,858	359,647,551
归属于母公司股东的净利润		395,425,428	360,451,392
少数股东收益/(亏损)		12,334,430	−803,841
五、每股收益			
基本每股收益	45	0.85	0.80
稀释每股收益	45	0.85	0.80

法定代表人: 王文京　　主管会计工作负责人:郭新平　　会计机构负责人:王仕平

母公司利润表

2008 年 1—12 月

编制单位:用友软件股份有限公司　　单位:元 币种:人民币

项目	附注十三	2008 年	2007 年
一、营业收入	27	1,263,795,106	1,045,551,093
减:营业成本	27	134,033,086	106,875,089
营业税金及附加	28	33,937,134	24,702,176
销售费用		557,782,542	451,984,489
管理费用	29	432,632,683	343,445,800
财务费用	30	−7,151,599	−4,563,467
资产减值损失	31	4,258,488	4,079,309
加:公允价值变动(损失)/收益	32	−74,232,671	38,977,151
投资收益	33	215,766,149	108,305,756
其中:对联营企业和合营企业的投资收益		3,578,802	5,144,499
二、营业利润		249,836,250	266,310,604
加:营业外收入	34	208,969,356	103,962,485
减:营业外支出	35	5,936,734	226,906
其中:非流动资产处置损失		2,235,131	177,985
三、利润总额		452,868,872	370,046,183
减:所得税费用	36	53,320,304	25,525,424
四、净利润		399,548,568	344,520,759
五、每股收益			
(一)基本每股收益		0.86	0.76
(二)稀释每股收益		0.86	0.76

法定代表人: 王文京　　主管会计工作负责人:郭新平　　会计机构负责人:王仕平

合并现金流量表

2008 年 1—12 月

编制单位:用友软件股份有限公司　　单位:元 币种:人民币

项目	附注六	本期金额	上期金额
一、经营活动产生的现金流量:			
销售商品、提供劳务收到的现金		2,025,373,550	1,591,058,001
收到的税费返还		133,066,473	104,615,189
收到其他与经营活动有关的现金		48,788,753	20,350,473
经营活动现金流入小计		2,207,228,776	1,716,023,663
购买商品、接受劳务支付的现金		204,702,523	146,491,210
支付给职工以及为职工支付的现金		853,637,115	603,064,568
支付的各项税费		386,897,822	272,049,958
支付其他与经营活动有关的现金		398,579,863	351,302,115
经营活动现金流出小计		1,843,817,323	1,372,907,851
经营活动产生的现金流量净额		363,411,453	343,115,812
二、投资活动产生的现金流量:			
收回投资收到的现金		129,011,583	90,058,840
取得投资收益收到的现金		193,357,312	103,161,256
取得存款利息收入所收到的现金		10,681,618	6,159,000
处置固定资产、无形资产和其他长期资产收回的现金净额		63,485,151	2,022,147
处置子公司及其他营业单位收到的现金净额		13,700,000	10,000,000
收到其他与投资活动有关的现金		−	730,000
投资活动现金流入小计		410,235,664	212,131,243
购建固定资产、无形资产和其他长期资产支付的现金		114,169,274	197,146,147
投资支付的现金		140,880,519	130,955,958
取得子公司及其他营业单位支付的现金净额		146,044,828	
支付其他与投资活动有关的现金		14,143,705	
投资活动现金流出小计		415,238,326	328,102,105
投资活动产生的现金流量净额		−5,002,662	−115,970,862
三、筹资活动产生的现金流量:			
吸收投资收到的现金		55,693,081	122,451,264
筹资活动现金流入小计		55,693,081	122,451,264
分配股利、利润或偿付利息支付的现金		236,539,634	152,755,200
支付的其他与筹资活动有关的现金		708,801	−
筹资活动现金流出小计		237,248,435	152,755,200
筹资活动产生的现金流量净额		−181,555,354	−30,303,936
四、汇率变动对现金及现金等价物的影响		−1,118,512	−640,400
五、现金及现金等价物净增加额		175,734,925	196,200,614
加:期初现金及现金等价物余额		909,403,286	713,202,672
六、期末现金及现金等价物余额	48	1,085,138,211	909,403,286

法定代表人: 王文京　　主管会计工作负责人:郭新平　　会计机构负责人:王仕平

母公司现金流量表

2008 年 1—12 月

编制单位:用友软件股份有限公司　　单位:元 币种:人民币

项目	附注	本期金额	上期金额
一、经营活动产生的现金流量:			
销售商品、提供劳务收到的现金		1,491,779,947	1,226,464,270
收到的税费返还		118,002,740	100,270,725
收到其他与经营活动有关的现金		47,988,811	13,584,081
经营活动现金流入小计		1,657,771,498	1,340,319,076
购买商品、接受劳务支付的现金		133,186,147	105,601,525
支付给职工以及为职工支付的现金		649,021,622	455,122,508
支付的各项税费		302,672,857	219,068,879
支付其他与经营活动有关的现金		274,729,691	263,750,982
经营活动现金流出小计		1,359,610,317	1,043,543,894
经营活动产生的现金流量净额		298,161,181	296,775,182
二、投资活动产生的现金流量:			
收回投资收到的现金		116,749,436	90,058,841
取得投资收益收到的现金		212,187,348	103,161,256
取得存款利息收入所收到的现金		9,354,346	4,901,337
处置固定资产、无形资产和其他长期资产收回的现金净额		62,338,129	2,347,907
处置子公司及其他营业单位收到的现金净额		23,700,000	10,000,000
收到其他与投资活动有关的现金			730,000
投资活动现金流入小计		424,329,259	211,199,341
购建固定资产、无形资产和其他长期资产支付的现金		106,154,240	189,807,397
投资支付的现金		188,828,527	119,395,000
取得子公司及其他营业单位支付的现金净额		163,180,000	
支付其他与投资活动有关的现金			
投资活动现金流出小计		458,162,767	309,202,397
投资活动产生的现金流量净额		−33,833,508	−98,003,056
三、筹资活动产生的现金流量:			
吸收投资收到的现金		55,693,081	122,451,264
筹资活动现金流入小计		55,693,081	122,451,264
分配股利、利润或偿付利息支付的现金		231,361,200	152,755,200
支付其他与筹资活动有关的现金		728,700	
筹资活动现金流出小计		232,089,900	152,755,200
筹资活动产生的现金流量净额		−176,396,819	−30,303,936

四、汇率变动对现金及现金等价物的影响	−1,448,406	−5,691
五、现金及现金等价物净增加额	86,482,448	168,462,499
加:期初现金及现金等价物余额	714,784,655	546,322,156
六、期末现金及现金等价物余额	801,267,103	714,784,655

法定代表人: 王文京　　主管会计工作负责人:郭新平　　会计机构负责人:王仕平

合并所有者权益变动表

2008 年 12 月 31 日

编制单位:用友软件股份有限公司　　单位:元 币种:人民币

本年金额

项目	股本	资本公积	减:库存股	盈余公积	一般风险准备	未分配利润	其他	少数股东权益	所有者权益合计
	归属于母公司所有者权益								
一、上年年末余额									
二、本年年初余额	231,379,200	1,700,273,925		129,617,944		348,342,966	−1,112,169	14,806,171	2,423,308,037
三、本年增减变动金额									
(一)净利润						395,425,428		12,334,430	407,759,858
(二)直接计入所有者权益的利得和损失									
1.可供出售金融资产公允价值变动净额		−640,583,703							−640,583,703
2.与计入所有者权益项目相关的所得税影响		64,058,370							64,058,370
3.其他							333,813		333,813
(三)所有者投入和减少资本									
1.所有者投入资本	4,006,375	51,686,706							55,693,081
2.股份支付计入所有者权益的金额	−63,200	37,569,299							37,506,099
3.其他								5,490,992	5,490,992
(四)利润分配									
1.提取盈余公积				59,932,285		−59,932,285			
2.提取一般风险准备									
3.对所有者(或股东)的分配						−233,273,540			−233,273,540
(五)所有者权益内部结转									
1.资本公积转增资本(或股本)	231,361,200	−231,361,200							
2.其他									
四、本期期末余额	466,683,575	981,643,397		189,550,229		450,562,569	−778,356	32,631,593	2,120,293,007

上年金额

项目	股本	资本公积	减:库存股	盈余公积	一般风险准备	未分配利润	其他	少数股东权益	所有者权益合计
	归属于母公司所有者权益								
一、上年年末余额	224,640,000	803,758,552		86,523,179	0	175,617,965	−475,093	19,586,099	1,309,650,702
加:会计政策变更					0	8,123,574		45,006	8,168,580
二、本年年初余额	224,640,000	803,758,552		86,523,179	0	183,741,539	−475,093	19,631,105	1,317,819,282
三、本年增减变动金额(减少以"−"号填列)									
(一)净利润						360,451,392	0	−803,841	359,647,551
(二)直接计入所有者权益的利得和损失									
1.可供出售金融资产公允价值变动净额		868,993,250							868,993,250
2.与计入所有者权益项目相关的所得税影响		−86,899,325							−86,899,325
3.其他							−637,076		−637,076
(三)所有者投入和减少资本									
1.所有者投入资本	6,739,200	115,712,064						0	122,451,264
2.股份支付计入所有者权益的金额		6,488,291						0	6,488,291
3.其他		−7,778,907						−4,021,093	−11,800,000
(四)利润分配									
1.提取盈余公积				43,094,765		−43,094,765			0
2.对所有者(或股东)的分配						−152,755,200			−152,755,200
(五)所有者权益内部结转									
1.资本公积转增资本(或股本)									
2.其他									
四、本期期末余额	231,379,200	1,700,273,925		129,617,944		348,342,966	−1,112,169	14,806,171	2,423,308,037

法定代表人: 王文京　　主管会计工作负责人:郭新平　　会计机构负责人:王仕平

母公司所有者权益变动表

2008 年 12 月 31 日

编制单位:用友软件股份有限公司　　单位:元 币种:人民币

本年金额

项目	股本	资本公积	减:库存股	盈余公积	未分配利润	所有者权益合计
一、上年年末余额						
二、本年年初余额	231,379,200	1,707,252,832		129,578,215	378,562,699	2,446,772,946
三、本年增减变动金额						
(一)净利润					399,548,568	399,548,568
(二)直接计入所有者权益的利得和损失						
1.可供出售金融资产公允价值变动净额		−640,583,703				−640,583,703
2.与计入所有者权益项目相关的所得税影响		64,058,370				64,058,370
3.其他						
(三)所有者投入和减少资本						
1.所有者投入资本	4,006,375	51,686,706				55,693,081
2.股份支付计入所有者权益的金额	−63,200	37,569,299				37,506,099
3.其他						
(四)利润分配						
1.提取盈余公积				59,932,285	−59,932,285	
2.对所有者(或股东)的分配					−231,361,200	−231,361,200
3.其他						
(五)所有者权益内部结转						
1.资本公积转增资本(或股本)	231,361,200	−231,361,200				
2.其他						
四、本期期末余额	466,683,575	988,622,304		189,510,500	486,817,782	2,131,634,161

上年金额

项目	股本	资本公积	减:库存股	盈余公积	未分配利润	所有者权益合计
一、上年年末余额	224,640,000	803,758,552		86,483,450	175,260,407	1,290,142,409
加:会计政策变更		−800,000			54,631,498	53,831,498
前期差错更正						
其他						
二、本年年初余额	224,640,000	802,958,552		86,483,450	229,891,905	1,343,973,907
三、本年增减变动金额(减少以"−"号填列)						
(一)净利润					344,520,759	344,520,759
(二)直接计入所有者权益的利得和损失						
1.可供出售金融资产公允价值变动净额		868,993,250				868,993,250
2.权益法下被投资单位其他所有者权益变动的影响						
3.与计入所有者权益项目相关的所得税影响		−86,899,325				−86,899,325
4.其他						
上述(一)和(二)小计						
(三)所有者投入和减少资本						
1.所有者投入资本	6,739,200	115,712,064				122,451,264
2.股份支付计入所有者权益的金额		6,488,291				6,488,291
3.其他						
(四)利润分配						
1.提取盈余公积				43,094,765	−43,094,765	0
2.对所有者(或股东)的分配					−152,755,200	−152,755,200
3.其他						
(五)所有者权益内部结转						
1.资本公积转增股本						
4.其他						
四、本期期末余额	231,379,200	1,707,252,832		129,578,215	378,562,699	2,446,772,946

法定代表人: 王文京　　主管会计工作负责人:郭新平　　会计机构负责人:王仕平

9.3 本报告期无会计政策、会计估计和核算方法变更。

9.4 本报告期无会计差错更正。

9.5 报告期内,公司财务报表合并范围变化情况

2008 年 3 月 3 日公司与北京用友企业管理研究所有限公司签署了《股权转让协议》,公司将持有的北京用友移动商务科技有限公司股权按其注册资本人民币 1,000 万元全部转让给用友研究所。故自 2008 年 3 月 3 日起,公司不再将北京用友移动商务科技有限公司纳入合并范围。

公司的子公司湖南用友、内蒙古用友、江西用友因系 2008 年度内新设立的子公司,因此 2008 年首次将其纳入合并范围。

2008 年 10 月 27 日,公司与北京方正春元科技发展有限公司的 18 名自然人股东和北大方正投资有限公司(以下统称"转让方")签署股权并购框架协议。根据该协议规定,转让方将合计持有的北京方正春元科技发展有限公司 100%股权转让给本公司,故 2008 年公司首次将其纳入合并范围。

用友软件股份有限公司董事会

董事长:王文京

二零零九年三月十九日

泰 豪 科 技 股 份 有 限 公 司

泰豪科技股份有限公司 2008 年年度报告摘要

第一节 重要提示

1.1 本公司董事会、监事会及董事、监事、高级管理人员保证本报告所载资料不存在任何虚假记载、误导性陈述或者重大遗漏，并对其内容的真实性、准确性和完整性承担个别及连带责任。

本年度报告摘要摘自年度报告全文，投资者欲了解详细内容，应当仔细阅读年度报告全文。

1.2 公司全体董事出席董事会会议。

1.3 中磊会计师事务所有限责任公司为本公司出具了标准无保留意见的审计报告。

1.4 公司负责人毛勇、主管会计工作负责人李自强及会计机构负责人(会计主管人员)吴菊林声明：保证年度报告中财务报告的真实、完整。

第二节 公司基本情况简介

2.1 基本情况简介

股票简称	泰豪科技
股票代码	600590
上市交易所	上海证券交易所
公司注册地址和办公地址	江西省南昌高新开发区清华泰豪大楼 江西省南昌高新开发区泰豪大厦
邮政编码	330096
公司国际互联网网址	http://.tellhow.com
电子信箱	tsinghua@tellhow.com

2.2 联系人和联系方式

	董事会秘书	证券事务代表
姓名	杨骏	杨浩芸
联系地址	江西省南昌高新开发区泰豪大厦	江西省南昌高新开发区泰豪大厦
电话	0791-8110590	0791-8110590
传真	0791-8110590	0791-8110590
电子信箱	stock@tellhow.com	stock@tellhow.com

第三节 会计数据和业务数据摘要

3.1 主要会计数据

单位：元 币种：人民币

	2008 年	2007 年	本年比上年增减(%)	2006 年
营业收入	2,279,790,832.58	1,999,737,136.69	14.00	1,638,577,337.96
利润总额	107,088,463.71	108,241,051.73	-1.06	83,465,377.16
归属于上市公司股东的净利润	91,486,228.14	84,191,881.09	8.66	64,272,552.22
归属于上市公司股东的扣除非经常性损益的净利润	82,992,907.66	72,620,691.15	14.28	59,201,776.83
经营活动产生的现金流量净额	147,156,352.99	136,059,745.02	8.16	60,597,483.78
	2008 年末	2007 年末	本年末比上年末增减(%)	2006 年末(注 2)
总资产	3,341,801,647.50	3,095,329,598.09	7.96	2,419,944,605.36
所有者权益(或股东权益)	981,451,131.81	909,597,944.67	7.90	866,537,541.68

3.2 主要财务指标

	2008 年	2007 年	本年比上年增减(%)	2006 年
基本每股收益(元/股)	0.311	0.286	8.74	0.247
稀释每股收益(元/股)	0.311	0.286	8.74	0.247
扣除非经常性损益后的基本每股收益(元/股)	0.282	0.247	14.17	0.227
全面摊薄净资产收益率(%)	9.32	9.26	增加 0.06 个百分点	7.42
加权平均净资产收益率(%)	9.69	9.27	增加 0.42 个百分点	9.40
扣除非经常性损益后全面摊薄净资产收益率(%)	8.46	7.98	增加 0.48 个百分点	6.83
扣除非经常性损益后的加权平均净资产收益率(%)	8.79	7.99	增加 0.80 个百分点	8.66
每股经营活动产生的现金流量净额(元/股)	0.4997	0.69	-27.58	0.31

	2008 年末	2007 年末	本年比末上年末增减(%)	2006 年末
归属于上市公司股东的每股净资产(元/股)	3.33	4.63	-28.08	4.41

非经常性损益项目

√适用 □不适用

单位：元 币种：人民币

非经常性损益项目	金额
非流动资产处置损益	286,770.07
计入当期损益的政府补助，但与公司正常经营业务密切相关，符合国家政策规定、按照一定标准定额或定量持续享受的政府补助除外	9,314,444.73
债务重组损益	54,130.40
除上述各项之外的其他营业外收入和支出	-3,094,239.33
其他符合非经常性损益定义的损益项目	7,643,042.33
少数股东权益影响额	-4,722,757.64
所得税影响额	-988,070.08
合计	8,493,320.48

3.3 境内外会计准则差异：

□适用 √不适用

第四节 股本变动及股东情况

4.1 股份变动情况表

√适用 □不适用

单位：股

	本次变动前		本次变动增减(+,-)					本次变动后	
	数量	比例(%)	发行新股	送股	公积金转股	其他	小计	数量	比例(%)
一、有限售条件股份									
1、国家持股									
2、国有法人持股									
3、其他内资持股	57,829,547	29.46			28,914,773	-22,609,560	6,305,213	64,134,760	21.78
其中：境内非国有法人持股	57,829,547	29.46			28,914,773	-22,609,560	6,305,213	64,134,760	21.78
境内自然人持股									
4、外资持股									
其中：境外法人持股									
境外自然人持股									
有限售条件股份合计	57,829,547	29.46			28,914,773	-22,609,560	6,305,213	64,134,760	21.78
二、无限售条件流通股份									
1、人民币普通股	138,500,863	70.54			69,250,432	22,609,560	91,859,992	230,360,855	78.22
2、境内上市的外资股									
3、境外上市的外资股									
4、其他									
无限售条件流通股份合计	138,500,863	70.54			69,250,432	22,609,560	91,859,992	230,360,855	78.22
三、股份总数	196,330,410	100			98,165,205	0	98,165,205	294,495,615	100

限售股份变动情况表

√适用 □不适用

单位：股

股东名称	年初限售股数	本年解除限售股数	本年增加限售股数	年末限售股数	限售原因	解除限售日期
同方股份有限公司	30,705,644	11,304,780	15,352,822	34,753,686	股权分置改革	2008-10-27
泰豪集团有限公司	27,123,903	11,304,780	13,561,951	29,381,074	股权分置改革	2008-10-27
合计	57,829,547	22,609,560	28,914,773	64,134,760	/	/

4.2 股东数量和持股情况

单位：股

报告期末股东总数(户) 38,276

前十名股东持股情况

股东名称	股东性质	持股比例(%)	持股总数	报告期内增减	持有有限售条件股份数量	质押或冻结的股份数量
同方股份有限公司	境内非国有法人	23.38	68,865,896	22,955,299	34,753,686	无
泰豪集团有限公司	境内非国有法人	15.52	45,702,994	12,842,571	29,381,074	质押 44,200,000
江西三和电力股份						

有限公司	境内非国有法人	1.29	3,795,000	1,265,000	0	无
中国工商银行-融通动力先锋股票型证券投资基金	未知	0.68	2,000,000	2,000,000	0	未知
中国光大银行股份有限公司-泰信先行策略开放式证券投资	未知	0.64	1,874,880	1,874,880	0	未知
王祥宝	未知	0.52	1,542,000	483,000	0	未知
中国建设银行-上投摩根双息平衡混合型证券投资基金	未知	0.50	1,467,975	1,467,975	0	未知
华宝信托有限责任公司-集合类资金信托	未知	0.46	1,344,500	1,344,500	0	未知
华宝信托有限责任公司-单一类资金信托	未知	0.36	1,050,000	1,050,000	0	未知
丁金香	未知	0.25	750,000	750,000	0	未知

前十名无限售条件股东持股情况

股东名称	持有无限售条件股份的数量	股份种类
同方股份有限公司	34,112,210	人民币普通股
泰豪集团有限公司	16,321,920	人民币普通股
江西三和电力股份有限公司	3,795,000	人民币普通股
中国工商银行-融通动力先锋股票型证券投资基金	2,000,000	人民币普通股
中国光大银行股份有限公司-泰信先行策略开放式证券投资	1,874,880	人民币普通股
王祥宝	1,542,000	人民币普通股
中国建设银行-上投摩根双息平衡混合型证券投资基金	1,467,975	人民币普通股
华宝信托有限责任公司-集合类资金信托 R2008JH021	1,344,500	人民币普通股
华宝信托有限责任公司-单一类资金信托 R2008ZX012	1,050,000	人民币普通股
丁金香	750,000	人民币普通股
上述股东关联关系或一致行动关系的说明	前十名股东之间以及前十名无限售条件股东之间未知是否存在关联关系或是否属于一致行动人。	

4.3 控股股东及实际控制人情况介绍

4.3.1 控股股东及实际控制人变更情况

□适用　　√不适用

4.3.2 控股股东及实际控制人具体情况介绍

4.3.2.1 法人控股股东情况

单位:元 币种:人民币

名称	法定代表人	注册资本	成立日期	主营业务
同方股份有限公司	荣泳霖	976,970,554	1997 年 6 月 25 日	信息技术、人工环境等领域产品的生产和销售

4.3.2.2 法人实际控制人情况

单位: 元 币种:人民币

名称	法定代表人	注册资本	成立日期	主营业务
清华控股有限公司	宋军	2,000,000,000	1992 年 8 月 26 日	资产管理;资产受托管理;实业投资管理;企业收购、兼并、资产重组的策划;科技、经济及相关业务的咨询及人员培训

第五节　董事、监事和高级管理人员

5.1 董事、监事和高级管理人员持股变动及报酬情况

单位:股

姓名	职务	性别	年龄	任期起止日期	年初持股数	年末持股数	股份增减数	变动原因	是否在公司领取报酬津贴	报告期内从公司领取的报酬总额(万元)税前	是否在股东单位或其他关联单位领取薪酬
陆致成	董事长	男	60	2006-6-29~2009-6-29	0	0	0		否	0	是
黄代放	副董事长	男	46	2006-6-29~2009-6-29	330,000	717,800	387,800	公积金转增股本、二级市场买入	是	24	否
张宇宙	董事	男	47	2008-3-21~2009-6-29	0	0	0		否	0	是
范　新	董事	男	49	2007-5-26~2009-6-29	0	0	0		是	30	否
曾亨炎	独立董事	男	69	2006-6-29~2009-6-29	0	0	0		是	5	否
王　芸	独立董事	女	43	2006-6-29~2009-6-29	0	0	0		是	5	否
周钟山	独立董事	男	35	2006-6-29~2009-6-29	0	0	0		是	5	否
万晓民	监事会主席	男	52	2007-5-26~2009-6-29	58,500	87,750	29,250	公积金转增股本	是	22.2	否
饶兰秀	监事	女	51	2006-6-29~2009-6-29	111,000	166,500	55,500	公积金转增股本	否	0	是
孙　岷	监事	男	41	2006-6-29~2009-6-29	0	0	0		否	0	是
毛　勇	总裁	男	45	2007-12-12~2009-6-29	68,500	102,750	34,250	公积金转增股本	是	23.3	否
邵建生	副总裁	男	56	2006-6-29~2009-6-29	67,600	101,400	33,800	公积金转增股本	是	21.8	否
李春生	副总裁	男	46	2007-4-19~2009-6-29	0	0	0		是	21.3	否
邹映明	副总裁	男	46	2006-6-29~2009-6-29	68,600	102,900	34,300	公积金转增股本	是	19.2	否
洪小华	副总裁	男	45	2006-6-29~2009-6-29	37,100	55,650	18,550	公积金转增股本	是	16.7	否
邹卫明	副总裁	男	37	2006-6-29~2009-6-29	0	0	0		是	19	否
杨　骏	副总裁兼董事会秘书	男	48	2006-6-29~2009-6-29	65,000	97,500	32,500	公积金转增股本	是	17.1	否
李自强	财务总监(财务负责人)	男	38	2006-6-29~2009-6-29	68,300	102,450	34,150	公积金转增股本	是	16.9	否

第六节　董事会报告

6.1 管理层讨论与分析

1、公司报告期内总体经营情况

2008 年是不平凡的一年,面对我国自然灾害及全球金融风暴的影响和冲击,公司积极应对发生重大变化的经营环境,围绕"创新思路,实现公司更好发展"的发展主题,以重大项目工程为抓手,进一步落实绩效管理,加大"清收降库"力度,提高运营能力。报告期内,公司较好地完成了各项经济指标和既定的经营任务,资产状况和经营业绩保持了持续较快增长。2008 年公司实现营业收入 227,979 万元,归属于上市公司股东的净利润 9,149 万元,分别比上年同期增长 14.00%和 8.66%。

经过多年的整合和调整,公司确立了"以智能建筑电气为主体,以发电机及电源和装备信息产品为两翼"的发展战略。报告期内,公司凭借在智能建筑电气领域的技术和品牌优势,继北京奥运会后在上海世博会和广州亚运会等重点场馆智能化工程招标中屡屡中标,智能建筑电气业务发展势头良好;公司通过大力发展国内行业客户,克服经济危机对发电机及电源产品出口的不利影响,发电机及电源业务也实现了增长;装备信息业务保持相对稳定。2008 年公司"智能建筑电气、发电机及电源、装备信息产品"分别实现销售收入 13.21 亿元、4.5 亿元、4.7 亿元,其中智能建筑电气产品销售收入较去年同期增长 24.86%。

报告期内,公司积极推进技术创新工作,自主创新能力得到进一步提升。公司实现国家级技术创新项目 6 项,省级项目 51 项;专利受理 60 件、授权 50 件。在获得"博士后工作站"和"国家级企业技术中心"的基础上,公司获批建设"国家级电站动员中心",公司及多家子公司被认定为高新技术企业。公司十分重视技术研发投入,本年度研发投入费用均保持在较高水平,有效保证了公司技术研究和产品开发的顺利实施。

报告期内,公司无募集资金或前期募集资金使用到本期的情况。2008 年,公司通过并购重组实现产业扩张,公司先后增资江西泰豪电源技术有限公司、江西清华泰豪三波电机有限公司、收购济南吉美乐电源技术有限公司,公司产业布局得到进一步优化。

公司作为"创导节能、智能生活"的节能建筑专家,一直专注于我国建筑电气节能技术和产品的研发、推广和应用,在建筑电气节能设备、建筑电气集成设计以及能源运行管理方面形成了独有的优势。公司作为中国节能协会节能服务产业委员会的常务委员单位,将积极参与推进国内建筑节能改造市场的标准制定,推动我国节能减排事业的发展。

2、公司存在的主要优势和困难、经营和赢利能力的持续性和稳定性

(1)主要优势

第一,技术及品牌优势:公司是国内智能建筑电气产业领域首家上市公司和国家高新技术企业,是国内智能建筑电气领域为数不多的同时具备"三甲"资质(建筑智能化工程专业承包壹级资质、建筑智能化系统集成设计甲级单位和计算机信息系统集成一级单位)的企业之一,也是目前国内唯一能生产智能建筑电气全系列产品的企业。凭借技术优势,公司中标并顺利实施人民大会堂智能化改造项目、国家体育场(鸟巢)应急电源系统、奥运会国际广播中心和主新闻中心智能化工程、中国气象大厦智能化整体解决方案等多个重点工程项目,在智能建筑电气领域强化了良好的品牌形象。

第二,管理优势:公司股权结构相对分散,股东控制权集中度不高,形成了良好的法人治理结构;公司建立了科学规范的企业管理体系,同时将泰豪的"承担责任实现"核心价值与企业的管理有机融合,为企业的发展提供了内在动力。

第三,财务优势:随着智能建筑电气行业的快速发展,公司收入呈现快速增长态势,同时公司注重成本控制,综合毛利率及分产品毛利率一直保持相对稳定,净利润保持较快速度增长,同时公司资金回笼快,具有良好的现金流。

(2)主要困难

虽然公司财务状况良好,但一批有利于公司长久发展的项目由于投资需求较大,存在资金缺口,单纯依靠自有资金难以解决,需通过直接融资加快项目进度,为股东提供更好的回报。

(3)经营和赢利能力

随着全社会对建筑节能意识的逐步增强以及建筑节能标准的逐步推进,未来 3-5 年建筑智能行业发展空间非常巨大。随着公司加强成本和费用的控制,公司的盈利能力将持续增长。

3、对公司未来发展的展望

(1)行业发展趋势和市场竞争格局

继 2007 年政府加快节能政策推行速度和《智能建筑设计标准》开始实施后,2008 年《民用建筑节能条例》和《公共机构节能条例》正式颁布实施,标志建筑节能方面的法律框架已基本构建完成,特别是《公共机构节能条例》的出台,标志着政府机构节能实现了从倡议到强制执行的过渡,中国的建筑节能工作正在逐步迎来全面、快速发展的新局面,预计 2010 年前将维持年均 20%左右的增长态势。

从智能建筑电气市场整体来看,销售额位居前列的企业大都集中在北京、上海、深圳等主要发达城市和沿海城市,主要企业的生产总产值累计占整个智能建筑电气市场规模的比例很小,行业集中度不高,市场成熟度较低。未来行业集中度将逐渐提高,本公司将充分利用自身的技术和品牌优势,加快发展,成为国内智能建筑电气产业的领军企业。

(2)战略规划

公司的战略目标为:致力信息技术应用,创导智能科技生活;使本公司成为引领中国智能建筑电气产业发展的企业并实现电机产业的专业国际化。

(3)新年度工作计划

2009 年,公司确定了"创新思路 优化结构 保持公司稳定发展"的主题,将着力推进和抓好以下

工作:推动公司绩效管理进一步落实到位,推动公司重大项目技术创新工程,力争完成配股再融资工作,积极抓住国家拉动内需对电信网、电力网、铁路网投入带来的市场机遇,促进公司较快发展。

(4)资金需求及使用计划

2009 年公司资金主要来源于:(1)配股资金;(2)公司自有资金;(3)银行贷款。

(5)风险因素及采取的对策和措施

①汇率风险:随着公司对外销售和采购的金额进一步增加,外汇汇率的波动将直接影响公司自营出口产品的销售价格和进口原材料采购成本。因此,公司存在一定程度的外汇汇率变动风险。

对策:公司一方面加强培养汇率风险控制意识;另一方面,通过提高产品议价能力,以规避汇率风险。

②市场风险:公司主营产品覆盖智能建筑电气、电力、信息产业等多个行业的多种产品,涉及市场范围较广,不可控因素较多,因此公司面临了一定的市场风险。

对策:公司确立了"以智能建筑电气为主体,以发电机及电源和装备信息产品为两翼"的发展战略,产品分类清晰,且以智能建筑电气为主,能有效分散和降低单一产品带来的市场风险。

③管理风险:公司子公司数量较多、地域跨度大,随着业务规模的迅速扩张和分支机构的增设会给公司带来一定的管理风险。

对策:公司实行主干产业本部管理机制,通过建立统一有序的财务体系,加强对各核算单位的服务、监督和考核。公司制定了一系列风险防范和管理的制度,建立了有效的风险防范机制。

6.2 主营业务分行业、产品情况表

单位:元 币种:人民币

分行业或分产品	营业收入	营业成本	营业利润率(%)	营业收入比上年同期增减(%)	营业成本比上年同期增减(%)	营业利润率比上年增减(%)
分行业						
制造业	2,241,000,706.21	1,769,958,629.31	21.02	13.45	10.05	增加 2.44 个百分点
商业				−100.00	−100.00	
分产品						
智能建筑电气	1,321,039,611.77	1,024,801,588.65	22.42	24.82	19.69	增加 3.32 个百分点
发电机及电源	450,954,799.55	366,953,390.84	18.63	0.26	−5.01	增加 4.52 个百分点
装备信息产品	469,006,294.89	378,203,649.82	19.36	−1.57	0.85	减少 1.93 个百分点

6.3 主营业务分地区情况表

单位:元 币种:人民币

地区	营业收入	营业收入比上年增减(%)
国内	2,052,666,760.50	17.44
国外	188,333,945.71	−20.44

6.4 募集资金使用情况

√适用 □不适用

单位:万元 币种:人民币

承诺项目	是否变更项目	拟投入金额	实际投入金额	是否符合计划进度	预计收益	产生收益情况
600−2000KW 出口发电机建设项目	否	14,158.50	16,638.95	是		3086.34
智能配电设备研发制造项目	否	12,223.00	12,259.10	是		3807.84
地面移动电站建设项目	否	6,026.43	4,989.04	是		2413.69
合计	/	32,407.93	33,887.09	/		/

变更项目情况

□适用 √不适用

6.5 非募集资金项目情况

√适用 □不适用

单位:元 币种:人民币

项目名称	项目金额	项目进度	项目收益情况
车载通信指挥系统改造项目	24,975,524.78	16.48%	
特种电机制造技改项目	4,178,916.00	100%	

6.6 董事会对会计师事务所"非标准审计报告"的说明

□适用 √适用

6.7 董事会本次利润分配或资本公积金转增股本预案

经公司聘请的审计机构——中磊会计师事务所有限责任公司的审计,2008 年末公司实现净利润 91,486,228.14 元,提取 10%的法定盈余公积金 7,342,639.90 元,加上年初未分配利润 225,929,966.54 元,减去公司 2008 年实施的 2007 年普通股现金股利 19,633,041 元,本年度累计可向股东分配的未分配利润共计 320,440,543.78 元。

2008 年度利润分配预案如下:以 2008 年 12 月 31 日总股本 294,495,615 股为基数,向全体股东按每 10 股派现金红利 0.50 元(含税),共计分配 14,724,780.75 元,剩余未分配利润结转下一年度。

公司本报告期内盈利但未提出现金利润分配预案

□适用 √不适用

第七节 重要事项

7.1 收购资产

□适用 √不适用

7.2 出售资产

□适用 √不适用

7.3 重大担保

√适用 □不适用

单位:万元 币种:人民币

公司对外担保情况(不包括对子公司的担保)

担保方	担保方与上市公司的关系	被担保方	担保金额	担保起始日	担保到期日	担保类型	担保是否已经履行完毕	担保是否逾期	是否存在反担保	是否为关联方担保	关联关系
泰豪科技股份有限公司	公司本部	江西汇仁集团医药科研营销有限责任公司	2,000	2008-1-14	2009-1-13	连带责任担保	否	否	是	否	
泰豪科技股份有限公司	公司本部	江西汇仁集团医药科研营销有限责任公司	2,500	2008-1-16	2009-1-15	连带责任担保	否	否	是	否	
泰豪科技股份有限公司	公司本部	江西汇仁药业有限公司	3,500	2008-10-10	2009-4-10	连带责任担保	否	否	是	否	
泰豪科技股份有限公司	公司本部	江西特种电机股份有限公司	2,000	2008-5-20	2009-5-19	连带责任担保	否	否	是	否	
泰豪科技股份有限公司	公司本部	泰豪软件股份有限公司	3,000	2007-8-14	2010-8-13	连带责任担保	否	否	是	是	其他关联人
泰豪科技股份有限公司	公司本部	泰豪软件股份有限公司	900	2008-7-24	2009-7-23	连带责任担保	否	否	是	是	其他关联人
泰豪科技股份有限公司	公司本部	泰豪软件股份有限公司	469	2008-11-17	2009-6-12	连带责任担保	否	否	是	是	其他关联人

报告期内担保发生额合计(不包括对子公司的担保)	11,500
报告期末担保余额合计(不包括对子公司的担保)	14,369
公司对子公司的担保情况	
报告期内对子公司担保发生额合计	18,452
报告期末对子公司担保余额合计	24,452
公司担保总额情况(包括对子公司的担保)	
担保总额	38,821
其中:	
为股东、实际控制人及其关联方提供担保的金额	4,369
直接或间接为资产负债率超过 70%的被担保对象提供的债务担保金额	0
担保总额超过净资产 50%部分的金额	0
上述三项担保金额合计	4,369

7.4 重大关联交易

7.4.1 与日常经营相关的关联交易

√适用 □不适用

单位:元 币种:人民币

关联方	向关联方销售产品和提供劳务 交易金额	占同类交易金额的比例(%)	向关联方采购产品和接受劳务 交易金额	占同类交易金额的比例(%)
同方股份有限公司	7,612,827.84	0.58		
同方股份有限公司			2,834,193.1	23.13
无锡同方创新科技园有限公司			5,436,095.94	44.38
北京同方洁净技术有限公司	12,154,526.78	0.92		
南昌 ABB 泰豪发电机有限公司	1,188,094.02	0.26		
南昌 ABB 泰豪发电机有限公司	5,055,270.74	28.38		
北京同方洁净技术有限公司			1,075,748.38	0.14
同方物业管理有限公司			1,044,350.66	0.16
北京同方房地产开发有限公司			974,484.48	0.13
南昌 ABB 泰豪发电机有限公司			14,158,120.42	4.31
天津清华泰豪智能科技有限公司			3,106,084	0.40
上海信业通讯网络有限公司			798,589.44	0.10
泰豪软件股份有限公司			3,832,000	0.50
合计	26,010,719.38		33,259,666.42	

其中:报告期内公司向控股股东及其子公司销售产品或提供劳务的关联交易金额 17,250,638.25 元。

7.4.2 关联债权债务往来

√适用 □不适用

单位:元 币种:人民币

关联方	向关联方提供资金 发生额	向关联方提供资金 余额	关联方向公司提供资金 发生额	关联方向公司提供资金 余额
同方股份有限公司	1,481,508.87	3,578,877.59		
同方股份有限公司	1,402.36	255,248.87		
北京同方洁净技术有限公司	−3,027,797.12	2,449,923.55		
南昌 ABB 泰豪发电机有限公司	−1,873,313.91	1,390,070		
南昌 ABB 泰豪发电机有限公司	1,124,484.72	1,141,775.78		
天津清华泰豪智能科技有限公司	18,134	18,134		
上海信业通讯网络有限公司	165,148.8	165,148.8		
同方股份有限公司				80,540,377.92
同方股份有限公司				3,640
同方股份有限公司				57,763.13

北京同方洁净技术有限公司			343,016
南昌 ABB 泰豪发电机有限公司	290,047.11	290,047.11	
南昌 ABB 泰豪发电机有限公司			100,637.53
无锡同方创新科技园有限公司	−103,160.4	7,272	
北京清华同方物业管理有限公司			3,351,946.47
天津清华泰豪智能科技有限公司			2,590,000
上海信业通讯网络有限公司			326,554.85
无锡同方创新科技园有限公司	−1,000,000		
北京同方洁净技术有限公司	−1,454,235.27		
北京同方洁净技术有限公司	−226,410.6		
合计	−4,604,191.44	9,296,497.7	87,313,935.9

其中:报告期内公司向控股股东及其子公司提供资金的发生额 379,750.83 元,余额 3,841,398.46 元。

7.4.3 2008 年资金被占用情况及清欠进展情况

□适用　　√不适用

截止 2008 年末,上市公司未完成非经营性资金占用的清欠工作的,董事会提出的责任追究方案

□适用　　√不适用

7.5 委托理财

□适用　　√不适用

7.6 承诺事项履行情况

7.6.1 公司或持股 5%以上股东在报告期内或持续到报告期内的承诺事项

√适用　　□不适用

1、公司或持股 5%以上股东在报告期内或持续到报告期内的承诺事项

同方股份有限公司和泰豪集团有限公司承诺:其持有的非流通股股份自股权分置改革方案实施之日起,在 24 个月内不上市交易或者转让,在上述禁售期满后的 12 个月内通过上海证券交易所挂牌交易出售股份数量占泰豪科技股份总数的比例不超过 5%,24 个月内不超过 10%。并且,在上述禁售期满后的第一个 12 个月内,减持股份的价格不低于 7.42 元/股(期内若公司发生派息、送配股、资本公积金转增股权等除权除息事项的,对前述承诺的公司股价作除权除息处理)。如果在上述禁售期满后第一个 12 个月内减持价格低于 7.42 元/股,则以出售股票价值之 30%之金额作为违约金全部支付给泰豪科技。(因公司 2005 年度、2006 年度实施利润分配,2007 年度实施利润分配及公积金转增股本,上述减持价格调整为 4.80 元/股。)

泰豪集团有限公司承诺于 2008 年 10 月 27 日解禁上市流通的 11,304,780 股本公司股份,自 2008 年 10 月 28 日起自愿继续锁定一年,至 2009 年 10 月 27 日。在此期间不再通过上海证券交易所交易系统出售该部分股份。

截止日前,有限售条件的流通股股东没有发生违反相关承诺事项的情况。

7.6.2 公司资产或项目存在盈利预测,且报告期仍处在盈利预测期间,公司就资产或项目是否达到原盈利预测及其原因作出说明:

□适用　　√不适用

7.7 重大诉讼仲裁事项

□适用　　√不适用

7.8 其他重大事项及其影响和解决方案的分析说明

7.8.1 证券投资情况

□适用　　√不适用

7.8.2 持有其他上市公司股权情况

□适用　　√不适用

7.8.3 持有非上市金融企业股权情况

□适用　　√不适用

7.8.4 买卖其他上市公司股份的情况

□适用　　√不适用

7.9 公司是否披露履行社会责任的报告:否

第八节　监事会报告

监事会认为公司依法运作、公司财务情况、公司募集资金使用、公司收购、出售资产交易和关联交易不存在问题。

8.1 监事会对公司依法运作情况的独立意见

报告期内,董事会和经营层能够依照法律法规和公司章程规范运作,决策程序合法,五违反法律、法规和公司章程或损害公司利益的行为。

8.2 监事会对检查公司财务情况的独立意见

报告期内,公司能够严格执行相关法律法规和公司财务制度,财务运作情况正常,中磊会计师事务所有限责任公司对 2007 年度会计报表审计出具的标准无保留意见的审计报告,真实公允地反映了公司财务状况而后经营成果。

8.3 监事会对公司最近一次募集资金实际投入情况的独立意见

报告期内,公司募集资金投资项目按计划进行,公司在募集资金使用和管理过程中没有违规行为。

8.4 监事会对公司收购、出售资产情况的独立意见

报告期内,公司收购出售资产行为的审批程序合法。公司实施的投资行为是公司产业发展的需要。

8.5 监事会对公司关联交易情况的独立意见

公司的关联交易均严格遵循公正、公平、公开的原则进行,且履行了相关的审批程序。公司日常关联交易不存在损害公司利益的情形。

第九节　财务会计报告

9.1 审计意见

财务报告	□未经审计	√审计
审计意见	√标准无保留意见	□非标意见

审计意见全文

审计报告

中磊审字[2009]第 0043 号

泰豪科技股份有限公司全体股东:

我们审计了后附的泰豪科技股份有限公司(以下简称公司)财务报表,包括 2008 年 12 月 31 日的资产负债表和合并资产负债表,2008 年度利润表和合并利润表,2008 年度股东权益变动表和合并股东权益变动表,2008 年度现金流量表和合并现金流量表以及财务报表附注。

一、管理层对财务报表的责任

按照《企业会计准则》的规定编制财务报表是公司管理层的责任。这种责任包括:(1)设计、实施和维护与财务报表编制相关的内部控制,以使财务报表不存在由于舞弊或错误而导致的重大错报;(2)选择和运用恰当的会计政策;(3)作出合理的会计估计。

二、注册会计师的责任

我们的责任是在实施审计工作的基础上对财务报表发表审计意见。我们按照中国注册会计师审计准则的规定执行了审计工作。中国注册会计师审计准则要求我们遵守职业道德规范,计划和实施审计工作以对财务报表是否不存在重大错报获取合理保证。

审计工作涉及实施审计程序,以获取有关财务报表金额和披露的审计证据。选择的审计程序取决于注册会计师的判断,包括对由于舞弊或错误导致的财务报表重大错报风险的评估。在进行风险评估时,我们考虑与财务报表编制相关的内部控制,以设计恰当的审计程序,但目的并非对内部控制的有效性发表意见。审计工作还包括评价管理层选用会计政策的恰当性和作出会计估计的合理性,以及评价财务报表的总体列报。

我们相信,我们获取的审计证据是充分、适当的,为发表审计意见提供了基础。

我们认为,公司财务报表已经按照《企业会计准则》的规定编制,在所有重大方面公允反映了公司 2008 年 12 月 31 日财务状况以及 2008 年度的经营成果和现金流量。

中磊会计事务所有限责任公司　　　　中国注册会计师:胡平、李国平

北京丰台区星火路 1 号昌宁大厦 8 层　　　　2009 年 2 月 19 日

9.2 财务报表

合并资产负债表

2008 年 12 月 31 日

编制单位:泰豪科技股份有限公司　　　　单位:元 币种:人民币

项目	附注	期末余额	年初余额
流动资产:			
货币资金		390,204,736.04	418,915,777.81
结算备付金			
拆出资金			
交易性金融资产			
应收票据		21,356,985.50	23,512,652.77
应收账款		727,788,057.90	651,982,284.11
预付款项		189,165,788.14	158,945,021.63
应收保费			
应收分保账款			
应收分保合同准备金			
应收利息			
应收股利			
其他应收款		182,835,776.02	161,835,673.33
买入返售金融资产			
存货		568,023,341.56	488,607,715.38
一年内到期的非流动资产			
其他流动资产			
流动资产合计		2,079,374,685.16	1,903,799,125.03
非流动资产:			
发放贷款及垫款			
可供出售金融资产			
持有至到期投资			20,000,000.00
长期应收款			
长期股权投资		42,414,628.96	56,080,428.72
投资性房地产		37,220,022.24	38,663,844.41
固定资产		738,513,130.45	675,664,443.90
在建工程		138,167,585.73	109,473,621.31
工程物资			1,715,219.83
固定资产清理			
生产性生物资产			
油气资产			
无形资产		247,761,374.52	243,368,167.81
开发支出		28,547,209.61	17,756,171.49
商誉		12,793,416.03	12,793,416.03
长期待摊费用		3,070,837.45	5,083,172.92
递延所得税资产		13,938,757.35	10,931,986.64
其他非流动资产			
非流动资产合计		1,262,426,962.34	1,191,530,473.06
资产总计		3,341,801,647.50	3,095,329,598.09
流动负债:			
短期借款		609,900,000.00	583,060,000.00
向中央银行借款			
吸收存款及同业存放			
拆入资金			

交易性金融负债			
应付票据		212,255,008.96	183,303,505.87
应付账款		556,549,798.21	568,722,070.54
预收款项		134,474,967.62	124,648,682.37
卖出回购金融资产款			
应付手续费及佣金			
应付职工薪酬		8,372,229.94	6,973,379.73
应交税费		46,671,101.88	35,702,046.64
应付利息		1,344,226.86	986,555.89
应付股利			
其他应付款		223,687,256.49	155,779,890.28
应付分保账款			
保险合同准备金			
代理买卖证券款			
代理承销证券款			
一年内到期的非流动负债		85,000,000.00	17,000,000.00
其他流动负债			
流动负债合计		1,878,254,589.96	1,676,176,131.32
非流动负债：			
长期借款		141,120,000.00	176,620,000.00
应付债券			
长期应付款		5,381,700.00	5,311,000.00
专项应付款		104,400.40	
预计负债			
递延所得税负债		2,351,184.15	2,662,796.25
其他非流动负债		22,537,039.00	14,642,000.00
非流动负债合计		171,494,323.55	199,235,796.25
负债合计		2,049,748,913.51	1,875,411,927.57
股东权益：			
股本		294,495,615.00	196,330,410.00
资本公积		323,220,217.95	421,385,422.95
减：库存股			
盈余公积		43,294,755.08	35,952,115.18
一般风险准备			
未分配利润		320,440,543.78	255,929,996.54
外币报表折算差额			
归属于母公司所有者权益合计		981,451,131.81	909,597,944.67
少数股东权益		310,601,602.18	310,319,725.85
股东权益合计		1,292,052,733.99	1,219,917,670.52
负债和股东权益合计		3,341,801,647.50	3,095,329,598.09

公司法定代表人：毛勇　　主管会计工作负责人：李自强　　会计机构负责人：吴菊林

母公司资产负债表

2008 年 12 月 31 日

编制单位：泰豪科技股份有限公司　　单位：元 币种：人民币

项目	附注	期末余额	年初余额
流动资产：			
货币资金		84,442,239.79	79,756,313.95
交易性金融资产			
应收票据		6,305,937.40	10,391,776.00
应收账款		292,823,787.65	219,651,589.75
预付款项		106,165,273.20	86,886,010.45
应收利息			
应收股利			
其他应收款		242,709,958.36	151,019,014.59
存货		138,982,054.09	142,880,791.36
一年内到期的非流动资产			
其他流动资产			
流动资产合计		871,429,250.49	690,585,496.10
非流动资产：			
可供出售金融资产			
持有至到期投资			
长期应收款			
长期股权投资		827,790,395.17	726,433,715.60
投资性房地产		12,427,181.89	13,002,814.09
固定资产		157,046,238.41	165,471,182.96
在建工程		60,048,199.31	32,959,526.67
工程物资			
固定资产清理			
生产性生物资产			
油气资产			
无形资产		36,382,358.59	49,184,771.11
开发支出		12,253,361.19	
商誉			
长期待摊费用		52,250.00	79,394.89
递延所得税资产		2,973,909.61	2,459,678.26
其他非流动资产			
非流动资产合计		1,108,973,894.17	989,591,083.58
资产总计		1,980,403,144.66	1,680,176,579.68
流动负债：			
短期借款		363,400,000.00	370,660,000.00
交易性金融负债			
应付票据		167,835,099.03	118,779,804.94
应付账款		177,189,850.58	138,512,857.06
预收款项		41,185,832.48	44,651,190.12
应付职工薪酬		2,372,386.62	710,033.73
应交税费		25,698,607.59	15,088,524.84
应付利息		915,900.00	777,063.00
应付股利			
其他应付款		231,693,400.23	130,016,395.85
一年内到期的非流动负债		50,000,000.00	
其他流动负债			
流动负债合计		1,060,291,076.53	819,195,869.54
非流动负债：			
长期借款		51,620,000.00	51,620,000.00
应付债券			
长期应付款			
专项应付款			
预计负债			
递延所得税负债			
其他非流动负债		10,458,000.00	5,120,000.00
非流动负债合计		62,078,000.00	56,740,000.00
负债合计		1,122,369,076.53	875,935,869.54
股东权益：			
股本		294,495,615.00	196,330,410.00
资本公积		330,381,772.69	428,546,977.69
减：库存股			
盈余公积		40,748,801.24	33,406,161.34
未分配利润		192,407,879.20	145,957,161.11
外币报表折算差额			
股东权益合计		858,034,068.13	804,240,710.14
负债和股东权益合计		1,980,403,144.66	1,680,176,579.68

公司法定代表人：毛勇　　主管会计工作负责人：李自强　　会计机构负责人：吴菊林

合并利润表

2008 年 1—12 月

单位：元 币种：人民币

项目	附注	本期金额	上期金额
一、营业总收入		2,279,790,832.58	1,999,737,136.69
其中：营业收入		2,279,790,832.58	1,999,737,136.69
利息收入			
已赚保费			
手续费及佣金收入			
二、营业总成本		2,173,992,467.31	1,893,384,087.94
其中：营业成本		1,789,560,726.53	1,624,184,692.14
利息支出			
手续费及佣金支出			
退保金			
赔付支出净额			
提取保险合同准备金净额			
保单红利支出			
分保费用			
营业税金及附加		28,797,829.45	15,895,848.13
销售费用		142,717,248.43	111,057,949.24
管理费用		140,820,148.61	86,888,402.63
财务费用		55,488,428.54	42,418,555.83
资产减值损失		16,608,085.75	12,938,639.97
加：公允价值变动收益(损失以“－”号填列)			
投资收益(损失以“－”号填列)		−12,560,966.06	−4,605,056.80
其中：对联营企业和合营企业的投资收益		−13,603,395.74	−3,924,323.11
汇兑收益(损失以“－”号填列)			
三、营业利润(亏损以“－”号填列)		93,237,399.21	101,747,991.95
加：营业外收入		18,376,702.97	10,223,100.16
减：营业外支出		4,525,638.47	3,730,040.38
其中：非流动资产处置净损失			
四、利润总额(亏损总额以“－”号填列)		107,088,463.71	108,241,051.73
减：所得税费用		14,269,519.25	19,952,228.78
五、净利润(净亏损以“－”号填列)		92,818,944.46	88,288,822.95
归属于母公司所有者的净利润		91,486,228.14	84,191,881.09
少数股东损益		1,332,716.32	4,096,941.86
六、每股收益：			
(一)基本每股收益(元/股)		0.311	0.286
(二)稀释每股收益(元/股)		0.311	0.286

公司法定代表人：毛勇　　主管会计工作负责人：李自强　　会计机构负责人：吴菊林

母公司利润表

2008 年 1—12 月

单位:元　币种:人民币

项目	附注	本期金额	上期金额
一、营业收入		924,803,692.37	796,154,229.98
减:营业成本		750,289,892.56	665,606,119.97
营业税金及附加		14,112,772.85	8,643,160.17
销售费用		28,250,754.33	21,474,120.72
管理费用		35,600,701.26	29,265,001.39
财务费用		26,809,191.97	27,931,452.48
资产减值损失		3,043,600.23	4,254,664.93
加:公允价值变动收益(损失以"-"号填列)			
投资收益(损失以"-"号填列)		13,396,948.23	21,444,018.94
其中:对联营企业和合营企业的投资收益		-14,043,341.19	-4,539,473.58
二、营业利润(亏损以"-"号填列)		80,093,727.40	60,423,729.26
加:营业外收入		4,607,600.49	4,114,119.16
减:营业外支出		3,392,082.84	2,013,674.59
其中:非流动资产处置净损失			
三、利润总额(亏损总额以"-"号填列)		81,309,245.05	62,524,173.83
减:所得税费用		7,882,846.06	6,872,584.83
四、净利润(净亏损以"-"号填列)		73,426,398.99	55,651,589.00

公司法定代表人:毛勇　　主管会计工作负责人:李自强　　会计机构负责人:吴菊林

合并现金流量表

2008 年 1—12 月

单位:元　币种:人民币

项目	附注	本期金额	上期金额
一、经营活动产生的现金流量:			
销售商品、提供劳务收到的现金		2,406,548,664.50	1,827,462,220.87
客户存款和同业存放款项净增加额			
向中央银行借款净增加额			
向其他金融机构拆入资金净增加额			
收到原保险合同保费取得的现金			
收到再保险业务现金净额			
保户储金及投资款净增加额			
处置交易性金融资产净增加额			
收取利息、手续费及佣金的现金			
拆入资金净增加额			
回购业务资金净增加额			
收到的税费返还		19,647,702.75	11,245,017.03
收到其他与经营活动有关的现金		336,951,876.09	347,649,001.69
经营活动现金流入小计		2,763,148,243.34	2,186,356,239.59
购买商品、接受劳务支付的现金		1,853,426,642.97	1,355,123,118.91
客户贷款及垫款净增加额			
存放中央银行和同业款项净增加额			
支付原保险合同赔付款项的现金			
支付利息、手续费及佣金的现金			
支付保单红利的现金			
支付给职工以及为职工支付的现金		176,124,571.71	151,987,162.03
支付的各项税费		90,061,405.36	83,372,386.31
支付其他与经营活动有关的现金		496,379,270.31	459,813,827.32
经营活动现金流出小计		2,615,991,890.35	2,050,296,494.57
经营活动产生的现金流量净额		147,156,352.99	136,059,745.02
二、投资活动产生的现金流量:			
收回投资收到的现金		100,351,750.00	3,783,740.00
取得投资收益收到的现金			
处置固定资产、无形资产和其他长期资产收回的现金净额		15,072,119.03	890,094.03
处置子公司及其他营业单位收到的现金净额			-3,678,653.17
收到其他与投资活动有关的现金			
投资活动现金流入小计		101,241,844.03	15,177,205.86
购建固定资产、无形资产和其他长期资产支付的现金		140,797,857.68	137,193,662.73
投资支付的现金		93,500,000.00	49,720,806.00
质押贷款净增加额			
取得子公司及其他营业单位支付的现金净额		26,554,711.53	26,687,951.24
支付其他与投资活动有关的现金			
投资活动现金流出小计		260,852,569.21	213,602,419.97
投资活动产生的现金流量净额		-159,610,725.18	-198,425,214.11
三、筹资活动产生的现金流量:			
吸收投资收到的现金			
其中:子公司吸收少数股东投资收到的现金			
取得借款收到的现金		908,919,011.88	761,410,000.00
发行债券收到的现金			
收到其他与筹资活动有关的现金			
筹资活动现金流入小计		908,919,011.88	761,410,000.00
偿还债务支付的现金		849,579,011.88	525,725,994.14
分配股利、利润或偿付利息支付的现金		77,932,236.94	55,962,871.08
其中:子公司支付给少数股东的股利、利润		1,050,839.99	
支付其他与筹资活动有关的现金			
筹资活动现金流出小计		927,511,248.82	581,688,865.22
筹资活动产生的现金流量净额		-18,592,236.94	179,721,134.78
四、汇率变动对现金及现金等价物的影响		2,335,567.36	-1,049,755.42
五、现金及现金等价物净增加额		-28,711,041.77	116,305,910.27
加:期初现金及现金等价物余额		418,915,777.81	302,609,867.54
六、期末现金及现金等价物余额		390,204,736.04	418,915,777.81

公司法定代表人:毛勇　　主管会计工作负责人:李自强　　会计机构负责人:吴菊林

母公司现金流量表

2008 年 1—12 月

单位:元　币种:人民币

项目	附注	本期金额	上期金额
一、经营活动产生的现金流量:			
销售商品、提供劳务收到的现金		965,567,748.24	565,397,739.55
收到的税费返还		12,291,984.47	11,005,643.54
收到其他与经营活动有关的现金		164,454,265.21	407,357,032.97
经营活动现金流入小计		1,142,313,997.92	983,760,416.06
购买商品、接受劳务支付的现金		759,278,566.05	467,276,745.02
支付给职工以及为职工支付的现金		30,353,895.85	31,990,219.52
支付的各项税费		13,008,516.53	20,907,580.28
支付其他与经营活动有关的现金		193,556,095.24	341,233,376.83
经营活动现金流出小计		996,197,073.67	861,407,921.65
经营活动产生的现金流量净额		146,116,924.25	122,352,494.41
二、投资活动产生的现金流量:			
收回投资收到的现金			3,750,000.00
取得投资收益收到的现金		27,440,289.42	
处置固定资产、无形资产和其他长期资产收回的现金净额		2,700.00	14,813,043.63
处置子公司及其他营业单位收到的现金净额			6,396,000.00
收到其他与投资活动有关的现金			
投资活动现金流入小计		27,442,989.42	24,959,043.63
购建固定资产、无形资产和其他长期资产支付的现金		76,278,717.43	54,422,960.96
投资支付的现金		87,633,621.72	175,727,806.00
取得子公司及其他营业单位支付的现金净额			51,204,800.00
支付其他与投资活动有关的现金			
投资活动现金流出小计		163,912,339.15	281,355,566.96
投资活动产生的现金流量净额		-136,469,349.73	-256,396,523.33
三、筹资活动产生的现金流量:			
吸收投资收到的现金			
取得借款收到的现金		491,419,011.88	463,510,000.00
收到其他与筹资活动有关的现金			
筹资活动现金流入小计		491,419,011.88	463,510,000.00
偿还债务支付的现金		448,679,011.88	331,850,000.00
分配股利、利润或偿付利息支付的现金		50,075,155.87	36,580,015.29
支付其他与筹资活动有关的现金			
筹资活动现金流出小计		498,754,167.75	368,430,015.29
筹资活动产生的现金流量净额		-7,335,155.87	95,079,984.71
四、汇率变动对现金及现金等价物的影响		2,373,507.19	-584,587.54
五、现金及现金等价物净增加额		4,685,925.84	-39,548,631.75
加:期初现金及现金等价物余额		79,756,313.95	119,304,945.70
六、期末现金及现金等价物余额		84,442,239.79	79,756,313.95

公司法定代表人:毛勇　　主管会计工作负责人:李自强　　会计机构负责人:吴菊林

合并所有者权益变动表

2008 年 1—12 月

单位:元　币种:人民币

项目	本年金额 归属于母公司所有者权益 股本	资本公积	减:库存股	盈余公积	一般风险准备	未分配利润	其他	少数股东权益	所有者权益合计
一、上年年末余额	196,330,410.00	421,385,422.95		35,952,115.18		255,929,996.54		310,319,725.85	1,219,917,670.52
加:同一控制下企业合并产生的追溯调整									
加:会计政策变更									
前期差错更正									
其他									
二、本年年初余额	196,330,410.00	421,385,422.95		35,952,115.18		255,929,996.54		310,319,725.85	1,219,917,670.52
三、本年增减变动金额(减少以"-"号填列)	98,165,205.00	-98,165,205.00		7,342,639.90		64,510,547.24		281,876.33	72,135,063.47
(一)净利润						91,486,228.14		1,332,716.32	92,818,944.46
(二)直接计入所有者权益的利得和损失									
1.可供出售金融资产公允价值变动净额									
2.权益法下被投资单位其他所有者权益变动的影响									
3.与计入所有者权益项目相关的所得税影响									
4.其他									
上述(一)和(二)小计						91,486,228.14		1,332,716.32	92,818,944.46
(三)所有者投入和减少资本									
1.所有者投入资本									
2.股份支付计入所有者权益的金额									

项目	股本	资本公积	减:库存股	盈余公积	一般风险准备	未分配利润	其他	少数股东权益	所有者权益合计
3.其他									
(四)利润分配				7,342,639.90		−26,975,680.90		−1,050,839.99	−20,683,880.99
1.提取盈余公积				7,342,639.90		−7,342,639.90			
2.提取一般风险准备									
3.对所有者(或股东)的分配						−19,633,041.00		−1,050,839.99	−20,683,880.99
4.其他									
(五)所有者权益									
内部结转	98,165,205.00	−98,165,205.00							
1.资本公积转增资本									
(或股本)	98,165,205.00	−98,165,205.00							
2.盈余公积转增资本									
(或股本)									
3.盈余公积弥补亏损									
4.其他									
四、本期期末余额	294,495,615.00	323,220,217.95		43,294,755.08		320,440,543.78		310,601,602.18	1,292,052,733.99

上年金额

项目	股本	资本公积	减:库存股	盈余公积	一般风险准备	未分配利润	其他	少数股东权益	所有者权益合计
	归属于母公司所有者权益								
一、上年年末余额	196,330,410.00	430,661,729.27		34,325,163.31		172,422,971.18		66,339,786.72	900,080,060.48
加:同一控制下企业合并									
产生的追溯调整									
加:会计政策变更		20,075,347.18		−3,938,207.02		16,660,127.76		207,136,371.27	239,933,639.19
前期差错更正									
其他									
二、本年年初余额	196,330,410.00	450,737,076.45		30,386,956.29		189,083,098.94		273,476,157.99	1,140,013,699.67
三、本年增减变动金额									
(减少以"−"号填列)		−29,351,653.50		5,565,158.89		66,846,897.60		36,843,567.86	79,903,970.85
(一)净利润						84,191,881.09		4,096,941.86	88,288,822.95
(二)直接计入所有者									
权益的利得和损失		−176,965.68							−176,965.68
1.可供出售金融资产									
公允价值变动净额									
2.权益法下被投资单位									
其他所有者权益变动的影响		−176,965.68							−176,965.68
3.与计入所有者权益项目									
相关的所得税影响									
4.其他									
上述(一)和(二)小计		−176,965.68				84,191,881.09		4,096,941.86	88,111,857.27
(三)所有者投入和减少资本		−29,174,687.82						32,746,626.00	3,571,938.18
1.所有者投入资本									
2.股份支付计入所有者权益的金额									
3.其他		−29,174,687.82						32,746,626.00	3,571,938.18
(四)利润分配				5,565,158.89		−17,344,983.49			−11,779,824.60
1.提取盈余公积				5,565,158.89		−5,565,158.89			
2.提取一般风险准备									
3.对所有者(或股东)的分配						−11,779,824.60			−11,779,824.60
4.其他									
(五)所有者权益内部结转									
1.资本公积转增资本(或股本)									
2.盈余公积转增资本(或股本)									
3.盈余公积弥补亏损									
4.其他									
四、本期期末余额	196,330,410.00	421,385,422.95		35,952,115.18		255,929,996.54		310,319,725.85	1,219,917,670.52

公司法定代表人:毛勇　　主管会计工作负责人:李自强　　会计机构负责人:吴菊林

母公司所有者权益变动表

2008 年 1—12 月

单位:元 币种:人民币

本年金额

项目	股本	资本公积	减:库存股	盈余公积	未分配利润	所有者权益合计
一、上年年末余额	196,330,410.00	428,546,977.69		33,406,161.34	145,957,161.11	804,240,710.14
加:会计政策变更						
前期差错更正						
其他						
二、本年年初余额	196,330,410.00	428,546,977.69		33,406,161.34	145,957,161.11	804,240,710.14
三、本年增减变动金额						
(减少以"−"号填列)	98,165,205.00	−98,165,205.00		7,342,639.90	46,450,718.09	53,793,357.99
(一)净利润					73,426,398.99	73,426,398.99
(二)直接计入所有者						
权益的利得和损失						
1.可供出售金融资产						
公允价值变动净额						
2.权益法下被投资单位其他						
所有者权益变动的影响						
3.与计入所有者权益项目						
相关的所得税影响						
4.其他						
上述(一)和(二)小计					73,426,398.99	73,426,398.99
(三)所有者投入和减少资本						
1.所有者投入资本						
2.股份支付计入所有者权益的金额						
3.其他						
(四)利润分配				7,342,639.90	−26,975,680.90	−19,633,041.00
1.提取盈余公积				7,342,639.90	−7,342,639.90	
2.对所有者(或股东)的分配					−19,633,041.00	−19,633,041.00
3.其他						
(五)所有者权益						
内部结转	98,165,205.00	−98,165,205.00				
1.资本公积转增资本						
(或股本)	98,165,205.00	−98,165,205.00				
2.盈余公积转增资本						
(或股本)						
3.盈余公积弥补亏损						
4.其他						
四、本期期末余额	294,495,615.00	330,381,772.69		40,748,801.24	192,407,879.20	858,034,068.13

上年金额

项目	股本	资本公积	减:库存股	盈余公积	未分配利润	所有者权益合计
一、上年年末余额	196,330,410.00	431,415,420.26		34,325,163.31	166,008,003.35	828,078,996.92
加:会计政策变更		−1,877,121.92		−6,484,160.86	−58,357,447.75	−66,718,730.53
前期差错更正						
其他						
二、本年年初余额	196,330,410.00	429,538,298.34		27,841,002.45	107,650,555.60	761,360,266.39
三、本年增减变动金额						
(减少以"−"号填列)		−991,320.65		5,565,158.89	38,306,605.51	42,880,443.75
(一)净利润					55,651,589.00	55,651,589.00
(二)直接计入所有者						
权益的利得和损失		−991,320.65				−991,320.65
1.可供出售金融资产						
公允价值变动净额						
2.权益法下被投资单位其他						
所有者权益变动的影响		−991,320.65				−991,320.65
3.与计入所有者权益项目						
相关的所得税影响						
4.其他						
上述(一)和(二)小计		−991,320.65			55,651,589.00	54,660,268.35
(三)所有者投入和减少资本						
1.所有者投入资本						
2.股份支付计入所有者权益的金额						
3.其他						
(四)利润分配				5,565,158.89	−17,344,983.49	−11,779,824.60
1.提取盈余公积				5,565,158.89	−5,565,158.89	
2.对所有者(或股东)的分配					−11,779,824.60	−11,779,824.60
3.其他						
(五)所有者权益内部结转						
1.资本公积转增资本(或股本)						
2.盈余公积转增资本(或股本)						
3.盈余公积弥补亏损						
4.其他						
四、本期期末余额	196,330,410.00	428,546,977.69		33,406,161.34	145,957,161.11	804,240,710.14

公司法定代表人:毛勇　　主管会计工作负责人:李自强　　会计机构负责人:吴菊林

9.3 本报告期无会计政策、会计估计和核算方法变更。

9.4 本报告期无会计差错更正。

9.5 与最近一期年度报告相比,合并范围发生变化的具体说明

注 1:2008 年 11 月 28 日本公司第三届董事会第三十一次临时会议通过了《关于收购济南吉美乐电源技术有限公司》的议案,济南吉美乐电源技术有限公司属于本公司控股子公司山东吉美乐有限公司全资子公司。2008 年本公司与山东吉美乐有限公司签订股权转让协议,收购其持有济南吉美乐电源技术有限公司 100%股权,受让价格为 15,400,020.76 元,收购完成后济南吉美乐电源技术有限公司为本公司全资子公司。

注 2: 本公司控股子公司衡阳泰豪通信车辆有限公司本年以货币资金 1000 万元出资设立了衡阳泰豪置业有限公司,持股比例为 100%。衡阳泰豪置业有限公司经营范围为:房地产开发经营、物业管理(以上凭资质经营);金属材料、建筑材料、五金的销售。衡阳泰豪通信车辆有限公司本期始将其纳入合并报表范围。

注 3:2008 年 6 月 6 日本公司第三届董事会第二十三次临时会议通过了《关于增资江西泰豪电源技术有限公司》的议案,本公司以货币资金出资 5000 万元,增资后持股比例仍为 100%。

注 4:2008 年本公司以货币资金、房屋建筑物、土地使用权对全资子公司江西清华泰豪三波电机有限公司增资 5000 万元,增资后持股比例仍为 100%。

董事长:陆致成

泰豪科技股份有限公司

2009 年 2 月 19 日

大连圣亚旅游控股股份有限公司

大连圣亚旅游控股股份有限公司2008年年度报告摘要

第一节　重要提示

1.1 本公司董事会、监事会及董事、监事、高级管理人员保证本报告所载资料不存在任何虚假记载、误导性陈述或者重大遗漏，并对其内容的真实性、准确性和完整性承担个别及连带责任。

本年度报告摘要摘自年度报告全文，投资者欲了解详细内容，应当仔细阅读年度报告全文。

1.2 公司全体董事出席董事会会议。

1.3 中准会计师事务所为本公司出具了标准无保留意见的审计报告。

1.4 公司负责人刘达、主管会计工作负责人周昱今及会计机构负责人(会计主管人员)朱平君声明：保证年度报告中财务报告的真实、完整。

第二节　公司基本情况简介

2.1 基本情况简介

股票简称	大连圣亚
股票代码	600593
上市交易所	上海证券交易所
公司注册地址和办公地址	中国辽宁省大连市沙河口区中山路608-6-8号 中国辽宁省大连市沙河口区中山路608-6-8号
邮政编码	116023
公司国际互联网网址	www.sunasia.com
电子信箱	tzb@sunasia.com

2.2 联系人和联系方式

	董事会秘书	证券事务代表
姓名	肖峰	孙宇
联系地址	中国辽宁省大连市 沙河口区中山路608-6-8号	大连市沙河口区 中山路608-6-8号
电话	0411-84685225	0411-84685225
传真	0411-84685217	0411-84685217
电子信箱	xf@sunasia.com	sunyu@sunasia.com

第三节　会计数据和业务数据摘要

3.1 主要会计数据

单位：元 币种：人民币

	2008年	2007年	本年比上年增减(%)	2006年
营业收入	110,233,854.10	109,057,053.12	1.08	96,724,155.27
利润总额	2,850,212.10	-964,033.50	395.65	-43,751,919.21
归属于上市公司股东的净利润	3,636,261.68	2,889,136.29	25.86	-41,788,295.95
归属于上市公司股东的扣除非经常性损益的净利润	-809,054.54	-12,464,167.51	93.51	-42,643,189.66
经营活动产生的现金流量净额	36,677,960.79	42,672,004.24	-14.05	23,186,541.85
	2008年末	2007年末	本年末比上年末增减(%)	2006年末
总资产	600,945,343.10	606,229,834.43	-0.87	656,100,014.64
所有者权益(或股东权益)	265,700,353.23	262,064,091.55	1.39	259,174,955.26

3.2 主要财务指标

	2008年	2007年	本年比上年增减(%)	2006年
基本每股收益(元/股)	0.04	0.03	33.33	-0.45
稀释每股收益(元/股)	0.04	0.03	33.33	-0.45
扣除非经常性损益后的基本每股收益(元/股)	-0.01	-0.14	92.86	-0.46
全面摊薄净资产收益率(%)	1.37	1.10	增加0.27个百分点	-16.12
加权平均净资产收益率(%)	1.38	1.11	增加0.27个百分点	-14.81
扣除非经常性损益后全面摊薄净资产收益率(%)	-0.30	-4.76	增加4.46个百分点	-16.45
扣除非经常性损益后的加权平均净资产收益率(%)	-0.31	-4.79	增加4.48个百分点	-15.11
每股经营活动产生的现金流量净额(元/股)	0.40	0.46	-13.04	0.25
	2008年末	2007年末	本年末比上年末增减(%)	2006年末
归属于上市公司股东的每股净资产(元/股)	2.89	2.85	1.40	2.82

非经常性损益项目

√适用　　□不适用

单位：元 币种：人民币

非经常性损益项目	金额
非流动资产处置损益	848,703.27
计入当期损益的政府补助，但与公司正常经营业务密切相关，符合国家政策规定、按照一定标准定额或定量持续享受的政府补助除外	200,000.00
企业取得子公司、联营企业及合营企业的投资成本小于取得投资时应享有被投资单位可辨认净资产公允价值产生的收益	3,770,000.00
除上述各项之外的其他营业外收入和支出	-325,095.96
少数股东权益影响额	5,564.03
所得税影响额	-53,855.12
合计	4,445,316.22

3.3 境内外会计准则差异：

□适用　　√不适用

第四节　股本变动及股东情况

4.1 股份变动情况表

√适用　　□不适用

单位：万股

	本次变动前		本次变动增减(+,-)					本次变动后	
	数量	比例(%)	发行新股	送股	公积金转股	其他	小计	数量	比例(%)
一、有限售条件股份									
1、国家持股	1,750.4000	19.03				-460.0000	-460.0000	1,290.4000	14.03
2、国有法人持股	768.0000	8.35				-460.0000	-460.0000	308.0000	3.35
3、其他内资持股									
其中：境内非国有法人持股									
境内自然人持股									
4、外资持股	308.0000	3.35				-308.0000	-308.0000	0	
其中：境外法人持股	308.0000	3.35				-308.0000	-308.0000	0	
境外自然人持股									
有限售条件股份合计	2,826.4000	30.73				-1,228.0000	-1,228.0000	1,598.4000	17.38
二、无限售条件流通股份									
1、人民币普通股	6,373.6000	69.27				1,228.0000	1,228.0000	7,601.6000	82.62
2、境内上市的外资股									
3、境外上市的外资股									
4、其他									
无限售条件流通股份合计	6,373.6000	69.27				1,228.0000	1,228.0000	7,601.6000	82.62
三、股份总数	9,200.0000	100				0	0	9,200.0000	100

限售股份变动情况表

√适用　　□不适用

单位：股

股东名称	年初限售股数	本年解除限售股数	本年增加限售股数	年末限售股数	限售原因	解除限售日期
中国石油辽阳石油化纤公司	17,504,000	4,600,000		12,904,000		2008-8-15
辽宁迈克集团股份有限公司	7,680,000	4,600,000		3,080,000		2008-8-15
新西兰海底世界工程开发有限公司	2,768,000	2,768,000		0		2008-8-15
香港世隆国际有限公司	312,000	312,000		0		2008-8-15
合计	28,264,000	12,280,000		15,984,000	/	/

4.2 股东数量和持股情况

单位：股

报告期末股东总数	12,941户

前十名股东持股情况

股东名称	股东性质	持股比例	持股总数	持有有限售条件	质押或冻结的

		(%)		股份数量	股份数量
中国石油辽阳石油化纤公司	国有法人	24.03	22,104,000	12,904,000	无
辽宁迈克集团股份有限公司	境内非国有法人	10.30	9,480,000	3,080,000	无
N.Z. UNDERWATER WORLD ENGINEERING AND DEVELOPMENT CO LIMITED	境外法人	8.01	7,368,000	0	无
世隆国际有限公司	境内非国有法人	4.36	4,012,000	0	无
大连神洲游艺公司	境内非国有法人	2.67	2,456,000	0	无
北京宝仕奥莎贸易有限公司	境内非国有法人	2.51	2,311,400	0	未知
李晓晖	境内自然人	0.91	842,225	0	未知
张少衡	境内自然人	0.91	839,792	0	未知
徐先土	境内自然人	0.60	550,000	0	未知
方修满	境内自然人	0.52	479,200	0	未知

前十名无限售条件股东持股情况

股东名称	持有无限售条件股份的数量	股份种类
中国石油辽阳石油化纤公司	9,200,000	人民币普通股
N.Z. UNDERWATER WORLD ENGINEERING AND DEVELOPMENT CO LIMITED	7,368,000	境内上市外资股
辽宁迈克集团股份有限公司	6,400,000	人民币普通股
世隆国际有限公司	4,012,000	人民币普通股
大连神洲游艺公司	2,456,000	人民币普通股
北京宝仕奥莎贸易有限公司	2,311,400	人民币普通股
李晓晖	842,225	人民币普通股
张少衡	839,792	人民币普通股
徐先土	550,000	人民币普通股
方修满	479,200	人民币普通股
上述股东关联关系或一致行动的说明	前五名股东中中国石油辽阳石油化纤公司持有世隆国际有限公司 65%的股权，其它股东间不存在关联关系。公司未知前十名股东中其他股东是否存在关联关系。	

4.3 控股股东及实际控制人情况介绍

4.3.1 控股股东及实际控制人变更情况

□适用　　√不适用

4.3.2 控股股东及实际控制人具体情况介绍

4.3.2.1 法人控股股东情况

单位:万元 币种:人民币

名称	法定代表人	注册资本	成立日期	主营业务
中国石油辽阳石油化纤公司	耿承辉	233,500	1998 年 10 月 16 日	主营范围为化纤，化纤单体塑料原料，石油化工原料，承包境外石化工程及所需的设备、材料出口和派遣境外工程所需的劳务人员，境内国际招标工程。

4.3.2.2 法人实际控制人情况

单位: 万元 币种:人民币

名称	法定代表人	注册资本	成立日期	主营业务
中国石油天然气集团公司	蒋洁敏	11,490,000	1998 年 7 月 27 日	原油和天然气的勘探、开发、生产和销售；原油和石油产品的炼制、运输、储存和销售；基本石油化工产品、衍生化工产品及其他化工产品的生产和销售；天然气、原油和成品油的输送及天然气的销售。

第五节　董事、监事和高级管理人员

5.1 董事、监事和高级管理人员持股变动及报酬情况

单位:股

姓名	职务	性别	年龄	任期起始止期	年初持股数	年末持股数	变动原因	报告期内从公司领取的报酬总额(万元)	报告期被授予的股权激励情况 可行权股数	已行权数量	行权价(元)	期末股票市价(元)	是否在股东单位或其他关联单位领取报酬、津贴	持有本公司的股票期权	被授予的限制性股票数量
张光臣	董事长	男	54	2006-8-26~2009-3-12	0	0	0						是	0	0
王双宏	副董事长	男	51	2006-8-26~2009-6-30	0	0	0						是	0	0
周昱今	副董事长、总经理	男	49	2006-8-26~2009-6-30	0	0	0	32.91					否	0	0
赵国耀	董事	男	55	2007-5-25~2009-3-12	0	0	0						是	0	0
李正	董事	男	51	2006-8-26~2009-3-12	0	0	0						否	0	0
刘德义	董事	男	50	2006-8-26~2009-6-30	0	0	0						是	0	0
袁琳	独立董事	女	49	2006-8-26~2009-3-12	0	0	0	5					否	0	0
王盛军	独立董事	男	39	2006-8-26~2009-3-12	0	0	0	5					否	0	0
邹牧	独立董事	男	44	2006-8-26~2009-3-12	0	0	0	5					否	0	0
卢丽平	监事会主席	女	48	2007-5-25~2009-3-12	0	0	0						否	0	0
刘自刚	监事	男	37	2006-8-26~2009-3-12	0	0	0						是	0	0
Ricci Gordon Jakamarra Simpson Simo	监事	男		2007-5-25~2009-6-30	0	0	0						是	0	0
范力	监事	男	41	2006-8-26~2009-6-30	0	0	0						是	0	0
李绍君	职工监事	男	39	2007-5-25~2009-6-30	0	0	0	8.05					否	0	0
赵成东	职工监事	男	40	2007-5-25~2009-6-30	0	0	0	8.15					否	0	0
肖峰	董事会秘书、副总经理	男	40	2006-8-26	0	0	0	13.6					否	0	0
陆红	副总经理	女	38	2006-8-26	0	0	0	13.27					否	0	0
朱平君	财务总监	男	37	2006-8-26	0	0	0	13.54					否	0	0
谭文成	副总经理	男	38	2006-8-26	0	0	0	13.56					否	0	0
合计	/	/	/	/			/	118.08			/	/	/	/	

第六节　董事会报告

6.1 管理层讨论与分析

一、报告期内公司经营情况的回顾

2008 年，是圣亚自成立以来处境较为复杂、面临变革较多的一年，2007 年总经理工作报告中提及的公司面临的困难和危机依然存在，即公司所面临的市场竞争依然激烈，主营业务几无拓展空间，公司不具备再融资条件，资金困境无法摆脱，同时汶川地震、南方雪灾等大型自然灾害给公司经营带来了持续不利影响，国家对假期的调整给公司的经营带来了更多不可测的因素，年度内公司原第一大股东中国石油辽阳石油化纤公司以公开征集方式转让其直接持有全部公司股份，虽未对公司正常经营产生大的影响，却使公司成为资本市场关注的焦点。而世界性金融危机所带来的系统风险，也给公司经营带来了巨大的压力。

在如此多的困难和挑战面前，公司坚持按照年初制定的"积极寻求较低风险、较高收益且资金回笼较快的主营业务上下游相关业务开展机会"的年度经营计划进行经营，实现了年度盈利的经营目标。

二、对公司未来发展的展望

(一)旅游行业及公司所处人造景观行业的发展趋势分析

经济发展水平及其由其所决定的居民收入水平是决定旅游消费(即旅游收入)的最主要因素，而实证检验表明旅游消费确实与宏观经济成较强的正相关关系。因此，经济减速对旅游行业产生较大的负面影响，导致其增速出现较明显放缓，甚至负增长。尤其是对入境游市场、出境游市场、人造景观行业等的负面影响更为明显。从子市场来看，我们预计未来国内旅游市场仍将保持较快增长，出境游市场仍有望保持低速增长，而未来入境游市场将基本保持稳定；从子行业来看，人造景观行业难言乐观。

(二)公司目前面临的风险及对策

公司面临的风险：

第一大问题依然是公司主营业务单一，抵抗不可控力、市场变化、市场竞争等风险的能力弱。2008 年是一个比较特殊的年份，四川地震、北京奥运等重大事件的发生，使全国旅游整体环境受到了影响，游客的出游形式、时间及地点都发生了一定的变化，在客流不稳定、市场变量因素增加的情况下，公司的经营工作更加困难。

第二大问题是主营业务市场饱和、市场竞争愈演愈烈、成本费用成刚性无法调节，公司的同城竞争对手带给公司经营的压力依然存在。

第三大问题是资金紧缺的问题依然存在。

第四大问题是世界性金融危机使游客的消费心理和消费习惯发生变化，给公司经营带来更多不可预测的因素。

解决对策：

1.在公司大股东的支持下进行资产和业务重组，充分发挥公司拥有的在专业理念和专业技术上已经达到国际一流水准的专业化团队优势，开发能够满足消费者多层次需要又具备较完整产业链的复合旅游项目，提高公司盈利能力、抗风险能力。

2.充分利用上市公司资源平台，获取有利于公司发展的与公司主营业务相关的优质资产、引进战略投资者，通过并购、重组等资本运作方式，拓展公司生存和发展空间。

3.控制公司成本费用支出，2009 年公司已采取相应的预算缩减的方法从各个环节加强了成本费用的控制。

(三)公司二〇〇九年的经营计划和主要目标

1.实现现有主营业务收入的稳定，拓展与主营业务相关的上下游业务，开发能够满足消费者多层次需要又具备较完整产业链的复合旅游项目，提高产品的市场竞争力，维护现有市场份额。

2.年内采用资产置换、并购等方式，对公司资产和业务进行重组，提高公司盈利能力和抗风险能力。

3.进一步建立和健全现代企业制度，加强内控制度体系的建立和完善。

(四)资金需求及筹措

为应对当前复杂的经济形势，保障公司健康、平稳的运营，综合考虑公司运营及发展的需要，公司在 2009 年 3 月 12 日的二〇〇九年第二次董事会会议同时提交二〇〇九年第一次临时股东大会审议通过了《关于公司 2009 年信贷额度的议案》，支持公司补充流动资金。

2009 年公司将积极利用资本市场的平台通过引入战略投资者等多种形式拓展再融资渠道。

同公允价值计量相关的内部控制制度情况

公司遵循谨慎性原则，严格按照企业会计准则规定，合理预计并确定公允价值。

与公允价值计量相关的项目

√适用　　□不适用

单位:万元

项目(1)	期初金额(2)	本期公允价值变动损益(3)	计入权益的累计公允价值变动(4)	本期计提的减值(5)	期末金额(6)
金融资产					
其中:1.以公允价值计量且其变动计入当期损益的金融资产					
其中:衍生金融资产					
2.可供出售金融资产	50.17				0
金融资产小计	50.17				0
合计	50.17				0

持有外币金融资产、金融负债情况

□适用　　√不适用

6.2 主营业务分行业、产品情况表

单位:元 币种:人民币

分行业或分产品	营业收入	营业成本	营业利润率(%)	营业收入比上年增减(%)	营业成本比上年增减(%)	营业利润率比上年增减(%)
分行业						
旅游业收入	105,510,784.10	57,716,817.81	45.30	5.70	−10.03	增加 9.57 个百分点

6.3 主营业务分地区情况表

单位:元　币种:人民币

地区	营业收入	营业收入比上年增减(%)
大连地区	72,153,264.60	−8.85
其他地区	33,357,519.50	19.56

6.4 募集资金使用情况

□适用　　√不适用

变更项目情况

□适用　　√不适用

6.5 非募集资金项目情况

□适用　　√不适用

6.6 董事会对会计师事务所"非标准审计报告"的说明

□适用　　√不适用

6.7 董事会本次利润分配或资本公积金转增股本预案

经中准会计师事务所有限公司审定,本公司 2008 年度实现净利润 3,636,261.68 元,加上以前年度结转未分配利润−46,617,023.64 元,公司本年度未分配利润−42,980,761.96 元,公司本年度不分配利润、不进行公积金转赠。

公司本报告期内盈利但未提出现金利润分配预案

√适用　　□不适用

本报告期内盈利但未提出现金利润分配预案的原因	未用于分红的资金留存公司的用途
弥补以前年度亏损。	日常经营。

第七节　重要事项

7.1 收购资产

□适用　　√不适用

7.2 出售资产

□适用　　√不适用

7.3 重大担保

√适用　　□不适用

单位:万元 币种:人民币

公司对外担保情况(不包括对子公司的担保)	
报告期内担保发生额合计	0
报告期末担保余额合计	0
公司对子公司的担保情况	
报告期内对子公司担保发生额合计	1,700
报告期末对子公司担保余额合计	3,700
公司担保总额情况(包括对子公司的担保)	
担保总额	3,700
担保总额占公司净资产的比例(%)	13.92
其中:	
为股东、实际控制人及其关联方提供担保的金额	0
直接或间接为资产负债率超过 70%的被担保对象提供的债务担保金额	0
上述三项担保金额合计	0

7.4 重大关联交易

7.4.1 与日常经营相关的关联交易

□适用　　√不适用

7.4.2 关联债权债务往来

□适用　　√不适用

7.4.3 2008 年资金被占用情况及清欠进展情况

□适用　　√不适用

截止 2008 年末,上市公司未完成非经营性资金占用的清欠工作的,董事会提出的责任追究方案

□适用　　√不适用

7.5 委托理财

□适用　　√不适用

7.6 承诺事项履行情况

7.6.1 公司或持股 5%以上股东在报告期内或持续到报告期内的承诺事项

√适用　　□不适用

承诺事项	承诺内容	履行情况
收购报告书或权益变动报告书中所作承诺	为了保护上市公司的合法利益,保证上市公司的独立运作,维护广大投资者特别是中小投资者的合法权益,公司新的第一大股东大连市星海湾金融商务区投资管理股份有限公司及其大股东大连星海实业发展总公司已向上市公司出具了《关于"五分开"的承诺函》,承诺将保证与上市公司在人员、资产、财务、机构、业务等方面相互独立。具体承诺如下: (一)保证大连圣亚的人员独立 1、保证大连圣亚的总经理、副总经理、财务负责人、董事会秘书等高级管理人员在大连圣亚专职工作,不在本公司、本公司之控股子公司或其他为本公司控制的企业之间双重任职。 2、保证大连圣亚拥有完整独立的劳动、人事及薪酬管理体系,该等系和本公司之间完全独立。 (二)保证大连圣亚的资产独立完整 1、保证大连圣亚具有独立完整的资产,大连圣亚的资产全部能处于大连圣亚的控制之下,并为大连圣亚独立拥有和运营。 2、保证本公司及本公司之控股子公司或其他为本公司控制的企业不以任何方式违法违规占有大连圣亚的资金、资产。 3、保证不以大连圣亚的资产为本公司及本公司之控股子公司或其他为本公司控制的企业的债务提供担保。 (三)保证大连圣亚的财务独立 1、保证大连圣亚建立独立的财务部门和独立的财务核算体系。 2、保证大连圣亚具有规范、独立的财务会计制度和对分公司、子公司的财务管理制度。 3、保证大连圣亚独立在银行开户,不与本公司共用一个银行帐户。 4、保证大连圣亚能够作出独立的财务决策,本公司不通过违法违规的方式干预大连圣亚的资金使用调度。 5、保证大连圣亚的财务人员独立,不在本公司兼职和领取报酬。 6、保证大连圣亚依法独立纳税。 (四)保证大连圣亚的机构独立 1、保证大连圣亚建立健全股份公司法人治理结构,拥有独立、完整的组织机构。 2、保证大连圣亚的股东大会、董事会、独立董事、监事会、总经理等依照法律、法规和公司章程独立行使职权。 (五) 保证大连圣亚的业务独立 1、保证大连圣亚拥有独立开展经营活动的资产、人员、资质和能力,具有面向市场独立自主持续经营的能力。 2、保证本公司除通过行使股东权利之外,不对大连圣亚的业务活动进行干预。	按承诺履行。

7.6.2 公司资产或项目存在盈利预测,且报告期仍处在盈利预测期间,公司就资产或项目是否达到原盈利预测及其原因作出说明:

□适用　　√不适用

7.7 重大诉讼仲裁事项

√适用　　□不适用

单位:万元 币种:人民币

诉讼(仲裁)基本情况	诉讼(仲裁)涉及金额	诉讼(仲裁)进展	诉讼(仲裁)审理结果及影响	诉讼(仲裁)判决执行情况
	1,100	尚未结案		

2002 年 8 月,公司与珠海晶艺玻璃工程有限公司(以下简称"晶艺公司")签定了装饰工程合同,2003 年 4 月上述工程基本完工。双方在工程决算过程中对部分工程量及工程单价未能够达成共识,2005 年 6 月 20 日晶艺公司向大连市中级人民法院提起诉讼,要求公司支付其工程款 14,152,112.47 元及损失 257,584.32 元。公司认为依据实际工程量及市场平均价格所做出的测算,其工程款已足额支付,同时由于工程存在严重质量问题,公司就此案件向法院提出反诉,就工程款结算事项与质量问题产生的损失 1,100 万元请求对方偿付。此案已经法院多次开庭审理,法院已就工程价款、工程质量问题及因质量问题产生的损失等事项委托相关部门进行司法鉴定。目

前尚未结案。

7.8 其他重大事项及其影响和解决方案的分析说明

7.8.1 证券投资情况

□适用 √不适用

7.8.2 持有其他上市公司股权情况

□适用 √不适用

7.8.3 持有非上市金融企业股权情况

√适用 □不适用

所持对象名称	初始投资金额	持有数量	占该公司股权比例	期末账面值	报告期损益	报告期所有者权益变动	会计核算科目	股份来源
大连银行股份有限公司	19,000,000	10,000,000	0.25	19,000,000	0	0	长期股权投资	购入

7.8.4 买卖其他上市公司股份的情况

√适用 □不适用

7.9 公司是否披露履行社会责任的报告:否

第八节 监事会报告

监事会认为公司依法运作、公司财务情况、公司募集资金使用、公司收购、出售资产交易和关联交易不存在问题。

第九节 财务会计报告

9.1 审计意见

财务报告 □未经审计 √审计

审计意见 √标准无保留意见 □非标意见

审计意见全文

审计报告

中准审字【2009】6037 号

大连圣亚旅游控股股份有限公司全体股东:

我们审计了后附的大连圣亚旅游控股股份有限公司(以下简称"贵公司")财务报表,包括2008 年 12 月 31 日的合并资产负债表和母公司资产负债表,2008 年度的合并利润表和母公司利润表、合并现金流量表和母公司现金流量表、合并股东权益变动表和母公司股东权益变动表以及财务报表附注。

一、管理层对财务报表的责任

按照企业会计准则的规定编制财务报表是贵公司管理层的责任。

这种责任包括:(1)设计、实施和维护与财务报表编制相关的内部控制,以使财务报表不存在由于舞弊或错误而导致的重大错报;(2)选择和运用恰当的会计政策;(3)作出合理的会计估计。

二、注册会计师的责任

我们的责任是在实施审计工作的基础上对财务报表发表审计意见。我们按照中国注册会计师审计准则的规定执行了审计工作。中国注册会计师审计准则要求我们遵守职业道德规范,计划和实施审计工作以对财务报表是否不存在重大错报获取合理保证。

审计工作涉及实施审计程序,以获取有关财务报表金额和披露的审计证据。选择的审计程序取决于注册会计师的判断,包括对由于舞弊或错误导致的财务报表重大错报风险的评估。在进行风险评估时,我们考虑与财务报表编制相关的内部控制,以设计恰当的审计程序,但目的并非对内部控制的有效性发表意见。审计工作还包括评价管理层选用会计政策的恰当性和作出会计估计的合理性,以及评价财务报表的总体列报。

我们相信,我们获取的审计证据是充分、适当的,为发表审计意见提供了基础。

我们认为,贵公司财务报表已经按照企业会计准则的规定编制,在所有重大方面公允反映了贵公司 2008 年 12 月 31 日的财务状况以及 2008 年度的经营成果和现金流量。

中准会计师事务所有限公司 中国注册会计师:王秀玉、刘璐

北京市海淀区首体南路 22 号国兴大厦四层

9.2 财务报表

合并资产负债表

2008 年 12 月 31 日

编制单位:大连圣亚旅游控股股份有限公司 单位:元 币种:人民币

项目	附注	期末余额	年初余额
流动资产:			
货币资金	七.1	21,565,440.27	35,231,262.51
结算备付金			
拆出资金			
交易性金融资产	七.2		501,722.58
应收票据			
应收账款			
预付款项	七.5	30,733,254.94	15,660,820.84
应收保费			
应收分保账款			
应收分保合同准备金			
应收利息			
应收股利			
其他应收款	七.4	41,907,215.48	40,287,227.84
买入返售金融资产			
存货	七.6	3,052,454.12	1,634,972.17
一年内到期的非流动资产			
其他流动资产		234,482.14	192,598.00
流动资产合计		97,492,846.95	93,508,603.94
非流动资产:			
发放贷款及垫款			
可供出售金融资产			
持有至到期投资			
长期应收款			
长期股权投资	七.8	78,852,679.16	59,906,280.30
投资性房地产			
固定资产	七.9	278,078,303.25	295,428,721.57
在建工程			
工程物资			
固定资产清理			
生产性生物资产	七.10	7,911,618.20	11,634,214.29
油气资产			
无形资产	七.11	57,258,820.39	59,256,004.81
开发支出			
商誉			
长期待摊费用	七.12	81,043,453.30	86,105,836.14
递延所得税资产	七.13	307,621.85	390,173.38
其他非流动资产			
非流动资产合计		503,452,496.15	512,721,230.49
资产总计		600,945,343.10	606,229,834.43
流动负债:			
短期借款	七.15	172,000,000.00	112,000,000.00
向中央银行借款			
吸收存款及同业存放			
拆入资金			
交易性金融负债			
应付票据			
应付账款	七.16	1,164,145.77	1,424,869.38
预收款项		20,195.00	11,000.00
卖出回购金融资产款			
应付手续费及佣金			
应付职工薪酬	七.17	335,369.61	297,491.87
应交税费	七.18	1,415,078.88	3,060,518.90
应付利息			
应付股利	七.19	36,937,299.01	36,937,299.01
其他应付款	七.20	44,228,529.46	77,779,292.94
应付分保账款			
保险合同准备金			
代理买卖证券款			
代理承销证券款			
一年内到期的非流动负债	七.21	10,000,000.00	20,370,000.00
其他流动负债			
流动负债合计		266,100,617.73	251,880,472.10
非流动负债:			
长期借款	七.22	43,000,000.00	78,000,000.00
应付债券			
长期应付款			
专项应付款			
预计负债			
递延所得税负债			101,278.45
其他非流动负债			
非流动负债合计		43,000,000.00	78,101,278.45
负债合计		309,100,617.73	329,981,750.55
股东权益:			
股本	七.23	92,000,000.00	92,000,000.00
资本公积	七.24	203,349,737.88	203,349,737.88
减:库存股			
盈余公积	七.25	13,331,377.31	13,331,377.31
一般风险准备			
未分配利润	七.26	-42,980,761.96	-46,617,023.64
外币报表折算差额			
归属于母公司所有者权益合计		265,700,353.23	262,064,091.55
少数股东权益		26,144,372.14	14,183,992.33
股东权益合计		291,844,725.37	276,248,083.88
负债和股东权益合计		600,945,343.10	606,229,834.43

公司法定代表人:刘达 主管会计工作负责人:周昱今 会计机构负责人:朱平君

母公司资产负债表

2008 年 12 月 31 日

编制单位:大连圣亚旅游控股股份有限公司　　单位:元 币种:人民币

项目	附注	期末余额	年初余额
流动资产:			
货币资金	八.2	19,571,555.02	33,748,486.88
交易性金融资产			501,722.58
应收票据			
应收账款			
预付款项		8,917,500.74	9,183,320.84
应收利息			
应收股利			
其他应收款		58,477,990.84	31,302,391.10
存货		1,255,286.44	488,991.12
一年内到期的非流动资产			
其他流动资产			
流动资产合计		88,222,333.04	75,224,912.52
非流动资产:			
可供出售金融资产			
持有至到期投资			
长期应收款			
长期股权投资	八.3	172,786,770.16	162,840,371.31
投资性房地产			
固定资产		156,819,796.56	168,991,677.19
在建工程			
工程物资			
固定资产清理			
生产性生物资产		7,234,338.67	10,788,619.85
油气资产			
无形资产		35,130,280.94	36,165,278.48
开发支出			
商誉			
长期待摊费用		81,043,453.30	86,105,836.14
递延所得税资产			
其他非流动资产			
非流动资产合计		453,014,639.63	464,891,782.97
资产总计		541,236,972.67	540,116,695.49
流动负债:			
短期借款		155,000,000.00	100,000,000.00
交易性金融负债			
应付票据			
应付账款		471,229.64	853,050.18
预收款项			
应付职工薪酬		185,078.61	123,729.24
应交税费		−201,876.50	1,650,971.79
应付利息			
应付股利		36,937,299.01	36,937,299.01
其他应付款		47,504,814.76	64,428,516.17
一年内到期的非流动负债			20,370,000.00
其他流动负债			
流动负债合计		239,896,545.52	224,363,566.39
非流动负债:			
长期借款		33,000,000.00	48,000,000.00
应付债券			
长期应付款			
专项应付款			
预计负债			
递延所得税负债			430.64
其他非流动负债			
非流动负债合计		33,000,000.00	48,000,430.64
负债合计		272,896,545.52	272,363,997.03
股东权益:			
股本		92,000,000.00	92,000,000.00
资本公积		203,296,428.92	203,296,428.92
减:库存股			
盈余公积		13,617,418.11	13,617,418.11
未分配利润		−40,573,419.88	−41,161,148.57
外币报表折算差额			
股东权益合计		268,340,427.15	267,752,698.46
负债和股东权益合计		541,236,972.67	540,116,695.49

公司法定代表人:刘达　　主管会计工作负责人:周昱今　　会计机构负责人:朱平君

合并利润表

2008 年 1—12 月

单位:元 币种:人民币

项目	附注	本期金额	上期金额
一、营业总收入	七.27	110,233,854.10	109,057,053.12
其中:营业收入		110,233,854.10	109,057,053.12
利息收入			
已赚保费			
手续费及佣金收入			
二、营业总成本		115,935,057.85	128,070,437.79
其中:营业成本	七.27	57,716,817.81	69,837,093.04
利息支出			
手续费及佣金支出			
退保金			
赔付支出净额			
提取保险合同准备金净额			
保单红利支出			
分保费用			
营业税金及附加	七.28	3,548,727.26	3,452,494.90
销售费用		7,950,655.49	9,011,675.15
管理费用		24,985,610.22	25,734,006.18
财务费用		19,246,808.37	15,226,586.73
资产减值损失	七.31	2,486,438.70	4,808,581.79
加:公允价值变动收益(损失以"−"号填列)	七.29		−337,365.18
投资收益(损失以"−"号填列)	七.30	4,057,808.54	14,204,534.07
其中:对联营企业和合营企业的投资收益		−53,601.15	−322,460.11
汇兑收益(损失以"−"号填列)			
三、营业利润(亏损以"−"号填列)		−1,643,395.21	−5,146,215.78
加:营业外收入	七.32	4,825,350.42	4,308,282.28
减:营业外支出	七.33	331,743.11	126,100.00
其中:非流动资产处置净损失			
四、利润总额(亏损总额以"−"号填列)		2,850,212.1	−964,033.50
减:所得税费用	七.34	450,052.91	405,751.49
五、净利润(净亏损以"−"号填列)		2,400,159.19	−1,369,784.99
归属于母公司所有者的净利润		3,636,261.68	2,889,136.29
少数股东损益		−1,236,102.49	−4,258,921.28
六、每股收益:			
(一)基本每股收益	七.35	0.04	0.03
(二)稀释每股收益	七.35	0.04	0.03

公司法定代表人:刘达　　主管会计工作负责人:周昱今　　会计机构负责人:朱平君

母公司利润表

2008 年 1—12 月

单位:元 币种:人民币

项目	附注	本期金额	上期金额
一、营业收入		78,608,761.20	73,208,676.82
减:营业成本		43,676,784.71	50,319,455.73
营业税金及附加		2,403,474.03	2,240,188.66
销售费用		4,337,310.05	5,807,729.96
管理费用		16,829,988.04	13,260,194.15
财务费用		14,854,895.38	11,612,249.59
资产减值损失		453,028.86	1,451,379.51
加:公允价值变动收益(损失以"−"号填列)		−337,365.18	
投资收益(损失以"−"号填列)		3,997,742.16	14,298,977.25
其中:对联营企业和合营企业的投资收益		−53,601.15	−322,460.10
二、营业利润(亏损以"−"号填列)		51,022.29	2,479,091.29
加:营业外收入		836,275.76	2,022,234.87
减:营业外支出		300,000	100,000
其中:非流动资产处置净损失			
三、利润总额(亏损总额以"−"号填列)		587,298.05	4,401,326.16
减:所得税费用		−430.64	−124,668.91
四、净利润(净亏损以"−"号填列)		587,728.69	4,525,995.07

公司法定代表人:刘达　　主管会计工作负责人:周昱今　　会计机构负责人:朱平君

合并现金流量表

2008 年 1—12 月

单位:元 币种:人民币

项目	附注	本期金额	上期金额
一、经营活动产生的现金			
流量:			
销售商品、提供劳务收到的现金		109,620,349.10	113,687,452.10
客户存款和同业存放款项净增加额			
向中央银行借款净增加额			
向其他金融机构拆入资金净增加额			
收到原保险合同保费取得的现金			
收到再保险业务现金净额			

保户储金及投资款净增加额			
处置交易性金融资产净增加额			
收取利息、手续费及佣金的现金			
拆入资金净增加额			
回购业务资金净增加额			
收到的税费返还			
收到其他与经营活动有关的现金	七.36(1)	9,075,504.40	4,636,397.44
经营活动现金流入小计		118,695,853.50	118,323,849.54
购买商品、接受劳务支付的现金		27,252,506.71	40,075,348.88
客户贷款及垫款净增加额			
存放中央银行和同业款项净增加额			
支付原保险合同赔付款项的现金			
支付利息、手续费及佣金的现金			
支付保单红利的现金			
支付给职工以及为职工支付的现金		14,411,629.92	15,978,046.59
支付的各项税费		8,347,473.88	5,035,596.17
支付其他与经营活动有关的现金	七.36(2)	32,006,282.20	14,562,853.66
经营活动现金流出小计		82,017,892.71	75,651,845.30
经营活动产生的现金流量净额		36,677,960.79	42,672,004.24
二、投资活动产生的现金流量：			
收回投资收到的现金		9,353,065.89	13,000,000.00
取得投资收益收到的现金		4,200,000.00	3,822,545.99
处置固定资产、无形资产和其他长期资产收回的现金净额		636,275.76	3,500,000.00
处置子公司及其他营业单位收到的现金净额		−9,005,459.66	2,466,276.03
收到其他与投资活动有关的现金			
投资活动现金流入小计		5,183,881.99	22,788,822.02
购建固定资产、无形资产和其他长期资产支付的现金		42,591,518.49	10,976,326.17
投资支付的现金			
质押贷款净增加额			
取得子公司及其他营业单位支付的现金净额		−7,000,000.00	
支付其他与投资活动有关的现金			
投资活动现金流出小计		35,591,518.49	10,976,326.17
投资活动产生的现金流量净额		−30,407,636.50	11,812,495.85
三、筹资活动产生的现金流量：			
吸收投资收到的现金			
其中：子公司吸收少数股东投资收到的现金			
取得借款收到的现金		197,000,000.00	142,000,000.00
发行债券收到的现金			
收到其他与筹资活动有关的现金			
筹资活动现金流入小计		197,000,000.00	142,000,000.00
偿还债务支付的现金		197,370,000.00	183,000,000.00
分配股利、利润或偿付利息支付的现金		19,545,299.57	15,632,224.21
其中：子公司支付给少数股东的股利、利润			
支付其他与筹资活动有关的现金			
筹资活动现金流出小计		216,915,299.57	198,632,224.21
筹资活动产生的现金流量净额		−19,915,299.57	−56,632,224.21
四、汇率变动对现金及现金等价物的影响		−20,846.96	−23,615.63
五、现金及现金等价物净增加额		−13,665,822.24	−2,171,339.75
加：期初现金及现金等价物余额		35,231,262.51	37,402,602.26
六、期末现金及现金等价物余额		21,565,440.27	35,231,262.51

公司法定代表人：刘达　　主管会计工作负责人：周昱今　　会计机构负责人：朱平君

母公司现金流量表

2008 年 1—12 月

单位:元 币种:人民币

项目	附注	本期金额	上期金额
一、经营活动产生的现金流量：			
销售商品、提供劳务收到的现金		76,126,581.20	72,902,676.82
收到的税费返还			
收到其他与经营活动有关的现金		26,621,058.65	5,708,083.10
经营活动现金流入小计		102,747,639.85	78,610,759.92
购买商品、接受劳务支付的现金		18,398,943.63	24,721,716.81
支付给职工以及为职工支付的现金		11,012,109.45	11,893,792.13
支付的各项税费		5,934,973.81	3,269,904.44
支付其他与经营活动有关的现金		63,587,347.38	11,657,038.39
经营活动现金流出小计		98,933,374.27	51,542,451.77
经营活动产生的现金流量净额		3,814,265.58	27,068,308.15
二、投资活动产生的现金流量：			
收回投资收到的现金		9,353,065.89	13,000,000.00
取得投资收益收到的现金		4,200,000.00	3,822,545.99
处置固定资产、无形资产和其他长期资产收回的现金净额		636,275.76	
处置子公司及其他营业单位收到的现金净额			6,500,000.00
收到其他与投资活动有关的现金			
投资活动现金流入小计		14,189,341.65	23,322,545.99
购建固定资产、无形资产和其他长期资产支付的现金		10,841,645.58	8,791,585.67
投资支付的现金		10,000,000.00	
取得子公司及其他营业单位支付的现金净额			
支付其他与投资活动有关的现金			
投资活动现金流出小计		20,841,645.58	8,791,585.67
投资活动产生的现金流量净额		−6,652,303.93	14,530,960.32
三、筹资活动产生的现金流量：			
吸收投资收到的现金			
取得借款收到的现金		180,000,000.00	130,000,000.00
收到其他与筹资活动有关的现金			
筹资活动现金流入小计		180,000,000.00	130,000,000.00
偿还债务支付的现金		175,370,000.00	160,000,000.00
分配股利、利润或偿付利息支付的现金		15,948,046.55	11,992,635.71
支付其他与筹资活动有关的现金			
筹资活动现金流出小计		191,318,046.55	171,992,635.71
筹资活动产生的现金流量净额		−11,318,046.55	−41,992,635.71
四、汇率变动对现金及现金等价物的影响		−20,846.96	−23,615.63
五、现金及现金等价物净增加额		−14,176,931.86	−416,982.87
加：期初现金及现金等价物余额		33,748,486.88	34,165,469.75
六、期末现金及现金等价物余额		19,571,555.02	33,748,486.88

公司法定代表人：刘达　　主管会计工作负责人：周昱今　　会计机构负责人：朱平君

合并所有者权益变动表

2008 年 1—12 月

单位:元 币种:人民币

本年金额

项目	归属于母公司所有者权益 股本	资本公积	减：库存股	盈余公积	一般风险准备	未分配利润	其他	少数股东权益	所有者权益合计
一、上年年末余额	92,000,000.00	203,349,737.88		13,331,377.31		−46,617,023.64		14,183,992.33	276,248,083.88
加：同一控制下企业合并产生的追溯调整									
会计政策变更									
前期差错更正									
其他									
二、本年年初余额	92,000,000.00	203,349,737.88		13,331,377.31		−46,617,023.64		14,183,992.33	276,248,083.88
三、本年增减变动金额（减少以"−"号填列）						3,636,261.68		11,960,379.81	15,596,641.49
(一)净利润						3,636,261.68		−1,236,102.49	2,400,159.19
(二)直接计入所有者权益的利得和损失									
1.可供出售金融资产公允价值变动净额									
2.权益法下被投资单位其他所有者权益变动的影响									
3.与计入所有者权益项目相关的所得税影响									
4.其他									
上述(一)和(二)小计						3,636,261.68		−1,236,102.49	2,400,159.19
(三)所有者投入和减少资本								13,196,482.30	13,196,482.30
1.所有者投入资本								13,196,482.30	13,196,482.30
2.股份支付计入所有者权益的金额									
3.其他									
(四)利润分配									
1.提取盈余公积									
2.提取一般风险准备									
3.对所有者(或股东)的分配									
4.其他									
(五)所有者权益内部结转									
1.资本公积转增资本(或股本)									
2.盈余公积转增资本(或股本)									
3.盈余公积弥补亏损									
4.其他									
四、本期期末余额	92,000,000.00	203,349,737.88		13,331,377.31		−42,980,761.96		26,144,372.14	291,844,725.37

上年金额

项目	归属于母公司所有者权益 股本	资本公积	减：库存股	盈余公积	一般风险准备	未分配利润	其他	少数股东权益	所有者权益合计
一、上年年末余额	92,000,000.00	203,349,737.88		13,331,377.31		−49,506,159.93		21,292,913.61	280,467,868.87
加：同一控制下企业合并产生的追溯调整									
会计政策变更									
前期差错更正									
其他									
二、本年年初余额	92,000,000.00	203,349,737.88		13,331,377.31		−49,506,159.93		21,292,913.61	280,467,868.87
三、本年增减变动金额（减少以"−"号填列）						2,889,136.29		−7,108,921.28	−4,219,784.99
(一)净利润						2,889,136.29		−4,258,921.28	−1,369,784.99
(二)直接计入所有者									

权益的利得和损失						
1.可供出售金融资产						
公允价值变动净额						
2.权益法下被投资单位其他						
所有者权益变动的影响						
3.与计入所有者权益项目						
相关的所得税影响						
4.其他						
上述(一)和(二)小计				2,889,136.29	−4,258,921.28	−1,369,784.99
(三)所有者投入和减少资本					−2,850,000.00	−2,850,000.00
1.所有者投入资本					−2,850,000.00	−2,850,000.00
2.股份支付计入所有者权益的金额						
3.其他						
(四)利润分配						
1.提取盈余公积						
2.提取一般风险准备						
3.对所有者(或股东)的分配						
4.其他						
(五)所有者权益内部结转						
1.资本公积转增资本(或股本)						
2.盈余公积转增资本(或股本)						
3.盈余公积弥补亏损 4.其他						
四、本期期末余额	92,000,000.00	203,349,737.88	13,331,377.31	−46,617,023.64	14,183,992.33	276,248,083.88

公司法定代表人:刘达　　主管会计工作负责人:周昱今　　会计机构负责人:朱平君

母公司所有者权益变动表

2008 年 1—12 月

单位:元 币种:人民币

本年金额

项目	股本	资本公积	减:库存股	盈余公积	未分配利润	所有者权益合计
一、上年年末余额	92,000,000.00	203,296,428.92		13,617,418.11	−41,161,148.57	267,752,698.46
加:会计政策变更						
前期差错更正						
其他						
二、本年年初余额	92,000,000.00	203,296,428.92		13,617,418.11	−41,161,148.57	267,752,698.46
三、本年增减变动金额						
(减少以"−"号填列)					587,728.69	587,728.69
(一)净利润					587,728.69	587,728.69
(二)直接计入所有者						
权益的利得和损失						
1.可供出售金融资产						
公允价值变动净额						
2.权益法下被投资单位其他						
所有者权益变动的影响						
3.与计入所有者权益项目						
相关的所得税影响						
4.其他						
上述(一)和(二)小计					587,728.69	587,728.69
(三)所有者投入和减少资本						
1.所有者投入资本						
2.股份支付计入所有者权益的金额						
3.其他						
(四)利润分配						
1.提取盈余公积						
2.对所有者(或股东)的分配						
3.其他大						
(五)所有者权益内部结转						
1.资本公积转增资本(或股本)						
2.盈余公积转增资本(或股本)						
3.盈余公积弥补亏损						
4.其他						
四、本期期末余额	92,000,000.00	203,296,428.92		13,617,418.11	−40,573,419.88	268,340,427.15

上年金额

项目	股本	资本公积	减:库存股	盈余公积	未分配利润	所有者权益合计
一、上年年末余额	92,000,000.00	203,296,428.92		13,617,418.11	−45,687,143.64	263,226,703.39
加:会计政策变更						
前期差错更正						
其他						
二、本年年初余额	92,000,000.00	203,296,428.92		13,617,418.11	−45,687,143.64	263,226,703.39
三、本年增减变动金额						
(减少以"−"号填列)					4,525,995.07	4,525,995.07
(一)净利润					4,525,995.07	4,525,995.07
(二)直接计入所有者						
权益的利得和损失						
1.可供出售金融资产						
公允价值变动净额						
2.权益法下被投资单位其他						
所有者权益变动的影响						
3.与计入所有者权益项目						
相关的所得税影响						
4.其他						
上述(一)和(二)小计					4,525,995.07	4,525,995.07
(三)所有者投入和减少资本						
1.所有者投入资本						
2.股份支付计入所有者权益的金额						
3.其他						
(四)利润分配						
1.提取盈余公积						
2.对所有者(或股东)的分配						
3.其他						
(五)所有者权益内部结转						
1.资本公积转增资本(或股本)						
2.盈余公积转增资本(或股本)						
3.盈余公积弥补亏损						
4.其他						
四、本期期末余额	92,000,000.00	203,296,428.92		13,617,418.11	−41,161,148.57	267,752,698.46

公司法定代表人:刘达　　主管会计工作负责人:周昱今　　会计机构负责人:朱平君

9.3 本报告期无会计政策、会计估计和核算方法变更。

9.4 本报告期无会计差错更正。

9.5 与最近一期年度报告相比,合并范围发生变化的具体说明

由于本期公司的控股子公司大连星海湾商务区圣亚旅游管理有限公司将其持有的大连星海世博旅行社有限公司的 85%股权以 27 万元的价格转让给个人,该股权转让完成日为 2008 年 2 月 29 日,因此,本期期末该公司的资产负债表不再纳入本公司的合并报表范围,仅将该公司 2008 年 1-2 月的利润表和现金流量表纳入公司的合并报表范围。截止 2008 年 2 月 29 日,该转让公司的资产总额为 356,497.29 元;净资产为 223,451.33 元;1-2 月的净利润为-8,154.95 元。

2007 年 12 月,公司与北京双桥信达科技开发有限公司签订《股权转让协议》,以 1000 万元的价格受让该公司持有的大连昊丰房地产开发有限公司 51%股权,大连昊丰房地产开发有限公司已经于 2008 年 1 月 4 日对该股权转让事项办理了工商登记变更手续,该笔转让价款已于 2008 年 1 月 23 日支付完毕。形成了非同一控制下的企业合并。公司将 2008 年 1 月 23 日确定为股权购买日。

光明乳业股份有限公司

光明乳业股份有限公司 2008 年年度报告摘要

第一节 重要提示

1.1 本公司董事会、监事会及董事、监事、高级管理人员保证本报告所载资料不存在任何虚假记载、误导性陈述或者重大遗漏，并对其内容的真实性、准确性和完整性承担个别及连带责任。本年度报告摘要摘自年度报告全文，投资者欲了解详细内容，应当仔细阅读年度报告全文。

1.2 2 公司独立董事石良平先生因公未能亲自出席本次董事会会议，委托独立董事陈信元先生代为出席并行使表决权。公司独立董事傅鼎生先生因公未能亲自出席本次董事会会议，委托独立董事刘向东先生代为出席并行使表决权。公司其余董事均亲自出席董事会会议。

1.3 德勤华永会计师事务所有限公司为本公司出具了标准无保留意见的审计报告。

1.4 公司负责人赵柏礼、主管会计工作负责人董宗泊及会计机构负责人(会计主管人员)姚第兴声明：保证年度报告中财务报告的真实、完整。

第二节 公司基本情况简介

2.1 基本情况简介

股票简称	光明乳业
股票代码	600597
上市交易所	上海证券交易所
公司注册地址和办公地址	上海市吴中路 578 号
邮政编码	201103
公司国际互联网网址	www.brightdairy.com
电子信箱	600597@brightdairy.com

2.2 联系人和联系方式

	董事会秘书	证券事务代表
姓名	朱建毅	沈小燕
联系地址	上海市吴中路 578 号	上海市吴中路 578 号
电话	021-54584520	021-54584520
传真	021-64013337	021-64013337
电子信箱	600597@brightdairy.com	shenxiaoyan@brightdairy.com

第三节 会计数据和业务数据摘要

3.1 主要会计数据

单位：元 币种：人民币

	2008 年	2007 年	本年比上年增减(%)	2006 年
营业收入	7,358,544,348	8,206,011,404	-10.33	7,443,429,169
利润总额	-319,543,911	273,285,760	-216.93	230,579,496
归属于上市公司股东的净利润	-285,994,374	212,880,608	-234.34	160,582,461
归属于上市公司股东的扣除非经常性损益的净利润	-420,331,957	-145,248,129	-189.39	152,692,767
经营活动产生的现金流量净额	166,156,861	309,262,524	-46.27	391,065,767
	2008 年末	2007 年末	本年末比上年末增减(%)	2006 年末
总资产	4,037,663,243	4,161,495,966	-2.98	3,981,898,408
所有者权益(或股东权益)	1,984,683,544	2,385,286,100	-16.79	2,276,594,748

3.2 主要财务指标

	2008 年	2007 年	本年比上年增减(%)	2006 年
基本每股收益(元/股)	-0.27	0.20	-234.34	0.15
稀释每股收益(元/股)	-0.27	0.20	-234.34	0.15
扣除非经常性损益后的基本每股收益(元/股)	-0.4	-0.14	-189.39	0.15
全面摊薄净资产收益率(%)	-14	9	减少 23 个百分点	7
加权平均净资产收益率(%)	-13	9	减少 22 个百分点	7
扣除非经常性损益后全面摊薄净资产收益率(%)	-21	-6	减少 15 个百分点	7
扣除非经常性损益后的加权平均净资产收益率(%)	-19	-6	减少 13 个百分点	7
每股经营活动产生的现金流量净额(元/股)	0.16	0.3	-46.27	0.38
	2008 年末	2007 年末	本年末比上年末增减(%)	2006 年末
归属于上市公司股东的每股净资产(元/股)	1.9	2.29	-16.79	2.19

非经常性损益项目

√适用 □不适用

单位：元 币种：人民币

非经常性损益项目	金额
非流动资产处置损益	-743,420
计入当期损益的政府补贴	18,547,922
处置交易性金融资产取得的投资损益	1,914,800
其他应扣除的营业外收入	161,449,633
其他应扣除的营业外支出	-11,114,126
非经常性损益的所得税影响数	-34,183,892
非经常性损益的少数股东影响数	-1,533,334
合计	134,337,583

3.3 境内外会计准则差异：

□适用 √不适用

第四节 股本变动及股东情况

4.1 股份变动情况表

√适用 □不适用

单位：股

	本次变动前		本次变动增减(+,-)					本次变动后	
	数量	比例(%)	发行新股	送股	公积金转股	其他	小计	数量	比例(%)
一、有限售条件股份									
1、国家持股									
2、国有法人持股	262,257,616	25.17				104,241,351	104,241,351	366,498,967	35.176
3、其他内资持股									
其中：境内非国有法人持股									
境内自然人持股									
4、外资持股	470,740,317	45.18				-104,241,351	-104,241,351	366,498,966	35.176
其中：境外法人持股	470,740,317	45.18				-104,241,351	-104,241,351	366,498,966	35.176
境外自然人持股									
有限售条件股份合计	732,997,933	70.35						732,997,933	70.352
二、无限售条件流通股份									
1、人民币普通股	308,894,627	29.65						308,894,627	29.648
2、境内上市的外资股									
3、境外上市的外资股									
4、其他									
无限售条件流通股份合计	308,894,627	29.65							
三、股份总数	1,041,892,560	100						1,041,892,560	100

限售股份变动情况表

√适用 □不适用

单位：股

股东名称	年初限售股数	本年解除限售股数	本年增加限售股数	年末限售股数	限售原因
上海牛奶(集团)有限公司	262,257,616	0	104,241,351	366,498,967	限售原因是股改。本年增加的限售股份 104,241,351 股股份，是因为牛奶集团受让达能亚洲股份，牛奶集团承诺：收购人在本次收购完成后的十二个月内，不转让其所持有的光明乳业股份。牛奶集团受让股份过户手续于 2008 年 9 月 12 日完成。
上实食品控股有限公司	262,257,616	0	104,241,350	366,498,966	限售原因是股改。本年增加的限售股份 104,241,350 股股份是因为上实食品受让达能亚洲股份，上实食品承诺：收购人在本次收购完成后的十二个月内，不转让其所持有的光明乳业股份。上实食品受让股份过户手续于 2008 年 6 月 3 日完成。

4.2 股东数量和持股情况

单位:股

报告期末股东总数	74,729 户

前十名股东持股情况

股东名称	股东性质	持股比例(%)	持股总数	持有有限售条件股份数量	质押或冻结的股份数量
上海牛奶(集团)有限公司	国有法人	35.272	367,498,967	366,498,967	无
上实食品控股有限公司	境外法人	35.176	366,498,966	366,498,966	无
东方希望集团有限公司	境内非国有法人	3.85	40,094,627	0	未知
中融国际信托有限公司–中融建行财富四号–001	未知	1.20	12,483,885	0	未知
中国工商银行–诺安股票证券投资基金	未知	0.54	5,674,902	0	未知
华润深国投信托有限公司–景林稳健	未知	0.51	5,288,629	0	未知
交通银行–泰达荷银价值优化型成长类行业证券投资基金	未知	0.44	4,574,573	0	未知
中国太平洋人寿保险股份有限公司–分红–个人分红	未知	0.34	3,561,370	0	未知
中国工商银行–浦银安盛价值成长股票型证券投资基金	未知	0.22	2,250,202	0	未知
中国银行–嘉实沪深 300 指数证券投资基金	未知	0.19	1,993,161	0	未知

前十名无限售条件股东持股情况

股东名称	持有无限售条件股份的数量	股份种类
东方希望集团有限公司	40,094,627	人民币普通股
中融国际信托有限公司–中融建行财富四号–001	12,483,885	人民币普通股
中国工商银行–诺安股票证券投资基金	5,674,902	人民币普通股
华润深国投信托有限公司–景林稳健	5,288,629	人民币普通股
交通银行–泰达荷银价值优化型成长类行业证券投资基金	4,574,573	人民币普通股
中国太平洋人寿保险股份有限公司–分红–个人分红	3,561,370	人民币普通股
中国工商银行–浦银安盛价值成长股票型证券投资基金	2,250,202	人民币普通股
中国银行–嘉实沪深 300 指数证券投资基金	1,993,161	人民币普通股
陈理洪	1,656,550	人民币普通股
韩秀珍	1,515,327	人民币普通股
上述股东关联关系或一致行动的说明	上述股东未知是否存在一致行动人关系。	

4.3 控股股东及实际控制人情况介绍

4.3.1 控股股东及实际控制人变更情况

□适用　√不适用

4.3.2 控股股东及实际控制人具体情况介绍

4.3.2.1 法人控股股东情况

单位:元 币种:人民币

名称	法定代表人	注册资本	成立日期	主营业务
上海牛奶(集团)有限公司	赵柏礼	502,800,000	1997 年 6 月 2 日	经营生产、加工、销售乳制品,奶牛,牛奶,冰淇淋,饮料,食品,糖果,橡胶制品,生物制品,畜牧机械,乳品食品加工机械,塑料及纸制包装容器,饮用水,上述范围的科研和咨询服务,实业投资,自有房屋租赁,附设分支机构。
上实食品控股有限公司	周杰(董事)	1 美元	1996 年 10 月 2 日	投资控股

4.3.2.2 法人实际控制人情况

单位: 亿元 币种:人民币

名称	法定代表人	注册资本	成立日期	主营业务
光明食品(集团)有限公司	王宗南	34.3	2006 年 8 月 8 日	食品销售管理(非实物方式),国有资产的经营与管理,实业投资,农、林、牧、渔、水利及其服务业,国内商业批发零售(除专项规定),货物及技术进出口业务,产权经纪。
上海实业控股有限公司	滕一龙(董事长)	107,643,500 港元(截至 2008 年 12 月 31 日止)	1996 年 1 月 9 日	基建、医药、消费品和房地产业务。

第五节　董事、监事和高级管理人员

5.1 董事、监事和高级管理人员持股变动及报酬情况

单位:股

姓名	职务	性别	年龄	任期起止日期	年初持股数	年末持股数	报告期内从公司领取的报酬总额(万元)税前	是否在股东单位或其他关联单位领取报酬津贴
赵柏礼	董事长	男	59	2007-4-26				是
汪正纲	副董事长	男	58	2007-4-26				是
徐晓冰	董事	男	42	2007-4-26				是
季建忠	董事	男	52	2008-4-28				是
陈馥蓀	董事	男	62	2008-4-28				是
郭本恒	董事、总经理	男	45	2007-4-26	104,272	104,272	91.1	否
陆耀华	董事、副总经理	男	43	2008-4-28			84.1	否
刘向东	独立董事	男	57	2007-4-26			10	否
石良平	独立董事	男	53	2007-4-26			10	否
陈信元	独立董事	男	44	2007-4-26			10	否
傅鼎生	独立董事	男	56	2007-4-26			10	否
周杰	监事长	男	41	2007-4-26				是
沈伟平	监事	男	46	2007-4-26				是
王瑛	监事	女	53	2007-4-26			26.7	否
张华富	副总经理	男	60	2007-4-26	161,840	161,840	63	否
梁永平	副总经理	男	51	2007-4-26	55,216	55,216	62.1	否
董宗泊	财务总监	男	53	2007-4-26			41.6	否
朱建毅	董事会秘书	男	54	2007-4-26	48,496	48,496	52.3	否
王佳芬(注)	董事长	女	57	2007-4-26~2008-3-21	513,741	513,741	92.6	否
陈宝金	董事	女	42	2007-4-26~2008-4-10				是
罗杰	董事	男	46	2007-4-26~2008-4-10				是
合计	/	/	/	/	883,565	883,565	553.5	/

注:原董事长王佳芬女士报告期内领取的报酬包括任期内以前年度暂缓发放的绩效考核薪酬,本次离任时一并发放。

第六节　董事会报告

6.1 管理层讨论与分析

一、总体经营情况

2008 年度,公司经历了严峻的考验。席卷全球,波及国内的金融危机,使消费者需求下降,乳制品市场也受到一定程度的冲击;雪灾、地震等自然灾害使华南、华中等地区正常经营受到影响;9 月份的"三聚氰胺事件"使乳品行业遭遇了前所未有的危机,短期内,公司部分产品销量急剧下降。面对种种不利因素,公司在董事会的领导下,在全体员工的共同努力下,克服种种困难,力争把损失降到最低。

2008 年度公司实现营业收入 73.59 亿元,同比增长 13.44%(剔除 07 年商业零售后同口径比较);归属于上市公司股东的净利润 –2.86 亿元,同比下降 234%。2008 年度影响公司业绩的主要因素是"三聚氰胺事件"。

二、报告期内财务状况分析

1)经营成果分析

项目	金额(元) 2008 年	2007 年	增减额	增减比率(%)
管理费用	462,540,730	281,300,817	181,239,913	64.43
投资收益	8,115,056	208,943,723	–200,828,667	–96.12
营业外收支	168,140,009	233,902,574	–65,762,565	–28.12
所得税费用	–51,985,500	72,431,022	–124,416,522	–171.77
净利润	–267,558,411	200,854,738	–468,413,149	–233.21
归属于母公司股东的利润	–285,994,374	212,880,608	–498,874,982	–234.34
少数股东损益	18,435,963	–12,025,870	30,461,833	–

注:变动的主要原因

1.管理费用增加主要原因是本期存货报废损失。

2.投资收益减少主要原因是去年出售可的便利店有限公司。

3.营业外收支减少主要原因是收到达能日尔维公司的补偿款减少。

4.所得税费用减少主要原因是本年度亏损。

5.净利润减少主要原因是"三聚氰胺事件"造成损失和费用的增加。

6.少数股东损益增加主要原因是江西英雄少数股东损益变动增加。

2)财务状况分析

项目	金额(元) 2008 年	2007 年	增减额	增减比率(%)
总资产	4,037,663,243	4,161,495,966	–123,832,723	–2.98
归属于母公司所有者权益	1,984,683,544	2,385,286,100	–400,602,556	–16.79
长期股权投资	15,883,992	7,908,736	7,975,256	100.84
递延所得税资产	128,403,553	84,001,035	44,402,518	52.86
应交税费	9,424,633	75,839,784	–66,415,151	–87.57
一年内到期的非流动负债	51,181,215	13,103,982	38,077,233	290.58

注:变动的主要原因

1. 递延所得税增加主要原因是可抵扣暂时性差异及可抵扣亏损的增加。

2. 应交税费减少主要原因是应交企业所得税费用减少。

3. 一年内到期的非流动负债增加的主要原因是一年内到期长期借款增加。

4. 长期股权投资增加的主要原因是子公司投资内蒙古天和荷斯坦有限公司。

3)现金流量分析

项目	金额(元) 2008 年	2007 年	增减额
经营活动产生的现金流量净额	166,156,861	309,262,524	–143,105,663
投资活动产生的现金流量净额	–202,374,559	–26,669,752	–175,704,807
筹资活动产生的现金流量净额	–94,565,174	–98,489,760	3,924,586

注:变动的主要原因

1. 经营活动产生的现金流量净额减少主要原因是期间费用支出增加。

2. 投资活动产生的现金流量净额减少主要原因是转让上海可的便利店有限公司收益的减少。

3. 筹资活动产生的现金流量净额增加主要原因是信用借款增加。

4)主要供应商客户情况表

前 5 名供应商采购金额	71,297 万元	占采购比例	12.96%
前 5 名客户销售金额	73,963 万元	占销售比例	10%

三、公司主要控股公司情况

单位:万元

公司名称	业务性质	主要产品或服务	注册资本	资产规模	净利润
上海邀请电子商务有限公司	网上乳品销售	网站开发、经营和服务	3,000	7,940	−4,770
上海乳品四厂有限公司	制造	乳品加工、销售	4,452	23,195	10,907
黑龙江省光明松鹤乳品有限责任公司	制造	乳品加工、销售	21,810	54,865	−657
成都光明乳业有限公司	制造	乳品加工、销售	4,200	7,900	−1,950
光明乳业(泾阳)有限公司	制造	乳品加工、销售	2,000	8,920	643
北京光明健能乳业有限公司	制造	乳品加工、销售	11,959	27,038	−1,284
湖南光明乳品有限公司	制造	乳品加工、销售	2,500	4,575	−495
天津光明梦得乳品有限公司	制造	乳品加工、销售	1,500	20,981	3,541
武汉光明乳品有限公司	制造	乳品加工、销售	2,160	14,538	1,666
上海光明荷斯坦牧业有限公司	牧业	外购、自产鲜奶	10,000	58,218	−253
广州光明乳品有限公司	制造	乳品加工、销售	2,000	15,761	−149
上海光明奶酪黄油有限公司	制造	乳品加工、销售	2,000	17,312	1,323

四、报告期技术创新情况

报告期内,公司技术创新的两大要务是开发新品、降低成本。2008 年度,公司成功开发了"小小光明"、红枣牛奶、莫斯利安等多个产品,其中莫斯利安是国内首款无须冷藏的高端常温酸奶,此款酸奶的开发进一步巩固了公司在酸奶领域的领先优势。2008 年度,公司通过改进工艺、改良产品、创新包装等方式节约成本共计 2000 多万元,有效的提高了公司产品的竞争能力。2008 年度,公司下属各工厂实施的节能减排技改项目共 21 项,年节约费用约 500 多万元,有效节约能源,降低碳排放量。

报告期内,公司获教育部科学进步奖一等奖 1 项,获中国轻工业联合会科学技术发明奖二等奖 1 项,获上海市职工技术创新成果二等奖 1 项,3 项市级成果通过验收,获得国际发明专利 1 项,新申请发明专利 14 项,发表论文 50 余篇,同时还获得上海市"工人先锋号"和"上海市第一批创新示范企业"荣誉称号。

五、对未来的展望

1、行业发展趋势

2009 年,宏观经济层面仍然存在许多不定因素,世界金融危机对实体经济的影响仍未见底,我国宏观经济政策将继续以扩大内需、保持经济稳步增长为第一要务。2009 年,乳制品行业在经历了"三聚氰胺事件"后面临着规范行业运作,提升消费者信心,扩大乳制品需求的艰巨任务,而且受世界金融危机的影响,国际奶粉价格下降必将对国内乳业造成冲击。虽然乳制品行业面临种种困难,但是从长远看,国内乳制品需求上升的趋势未变,乳品行业仍然充满希望。

2、公司发展战略

2009 年度,公司将在董事会领导下,继续坚持"聚焦乳业、做强新鲜、突破常温、实现百亿"的战略目标,以市场恢复为第一要务,坚定区域发展和品类发展策略,坚持产品质量安全放在首位的方针,建设品牌资产,提升销售质量,严控各类费用,提高盈利能力,全年争取实现主营业务收入 82.64 亿元,利润总额 1.62 亿元,净资产回报率 5.8%。

3、资金需求及使用计划

为实现 2009 年经营目标,预计全年固定资产投资及技术改造费用约 1.6 亿元,重点支持奶源基地建设、增加产能、技术改造、降低成本、研发新品、提高质量和环保标准、提高劳动生产率、建设销售网络等项目。

4、公司面临风险因素分析

公司对未来发展的展望及拟定新年度的经营计划所依据的假设条件为:所遵循的现行法律、法规以及国家有关行业政策将不会有重大改变;国民经济平稳发展的大环境不会有大的波动;所在行业的市场环境不会有重大改变;不会发生对公司经营业务造成重大不利影响以及导致公司财产重大损失的任何不可抗力事件和任何不可预见的因素等等。公司未来面临的主要风险因素有:

(1)行业风险。2009 年度,提升消费者信心,扩大乳制品需求仍是乳业的第一要务。相关管理部门、行业协会正在酝酿各项规范运作、提升产品质量的规章制度,所以乳业仍然存在许多不定因素。公司将充分利用现有的资源和优势,不断拓展市场,扩大经营规模;同时,公司将进一步加强产品质量管理、成本管理、对下属子公司管理,同时严格控制各项费用,以增强企业的生存和发展能力。

(2)牛只疫病和防疫的风险。牛只疫病在世界范围内常有发生,特别是人们对生活质量的日益关心和当代媒体的信息快速传播能力,使发生疾病造成的社会影响大大超过了疾病的本身。牛只疾病将会对乳制品行业和牧业带来风险,但是可控的。公司历来十分重视牛只疾病的防疫工作,建立了以牛只饲料和牛只健康为中心的防病体系和危机处理系统,并将进一步加强相关技术研究,提高防范牛只疾病和防疫风险的能力。

(3)财务风险。公司属于快速消费品行业,对资产的流动性要求较高。但由于能够影响资产流动性的因素众多,不排除在公司今后的生产经营中出现资产流动性风险的可能。为了降低资产流动性可能带来的风险,公司将加快应收账款的回收速度和存货管理,并根据公司实际情况和市场行情,加强销售、减少库存、减少资金占用,提高资产的流动性。

(4)产品质量风险。公司历来高度重视产品的质量,公司提倡无抗奶,提倡欧盟标准,目前使用的主要设备和工艺均达到当今国际领先水平。但是乳制品的质量与人民生活和身体健康息息相关,生产过程中出现任何问题,都可能给消费者的身体健康带来危害。因此,公司将继续加大质量控制的力度,不断完善质量控制体系,对奶源、收奶、运输、生产、配送等各环节进行实时监控,保证产品质量安全。

与公允价值计量相关的项目

□适用　　√不适用

持有外币金融资产、金融负债情况

□适用　　√不适用

6.2 主营业务分行业、产品情况表

单位:元 币种:人民币

分行业或分产品	营业收入	营业成本	营业利润率(%)	营业收入比上年增减(%)	营业成本比上年增减(%)	营业利润率比上年增减(%)
分行业						
商业零售	−	−	−	−	−	−
乳制品等	7,199,283,902	4,801,044,962	33.31	12.51	13.85	减少 0.78 个百分点
分产品						
乳制品	6,945,888,412	4,610,376,698	33.62	12.79	14.64	减少 1.08 个百分点
其他	253,395,490	190,668,264	24.75	5.42	−2.53	增加 6.13 个百分点

6.3 主营业务分地区情况表

单位:万元 币种:人民币

地区	营业收入	营业收入比上年增减(%)
上海	244,963	21.09
外地	474,965	8.55

6.4 募集资金使用情况

□适用　　√不适用

变更项目情况

□适用　　√不适用

6.5 非募集资金项目情况

√适用　　□不适用

单位:万元 币种:人民币

项目名称	项目金额	项目进度
乳品八厂长效酸奶项目	4,679	至本报告期末实际已投入 4,103 万元

6.6 董事会对会计师事务所"非标准审计报告"的说明

□适用　　√不适用

6.7 董事会本次利润分配或资本公积金转增股本预案

2009 年 3 月 27 日,本公司第三届董事会第十五次会议审议通过了《2008 年度利润分配预案》。本公司 2008 年度税后净利润为−285,994,374 元(已经审计)。2008 年末未分配利润递减为 281,653,195 元(已经审计)。鉴于本公司 2008 年度亏损及 2009 年度的资金需求,建议公司 2008 年度不进行利润分配,也不进行公积金转增股本。

公司本报告期内盈利但未提出现金利润分配预案

□适用　　√不适用

第七节　重要事项

7.1 收购资产

□适用　　√不适用

7.2 出售资产

□适用　　√不适用

7.3 重大担保

√适用　　□不适用

单位:万元 币种:人民币

公司对外担保情况(不包括对子公司的担保)	
报告期内担保发生额合计	0
报告期末担保余额合计	0
公司对子公司的担保情况	
报告期内对子公司担保发生额合计	0
报告期末对子公司担保余额合计	10,000.02
公司担保总额情况(包括对子公司的担保)	
担保总额	10,000.02
担保总额占公司净资产的比例(%)	5.04
其中:	
为股东、实际控制人及其关联方提供担保的金额	0
直接或间接为资产负债率超过 70%的被担保对象提供的债务担保金额	0
担保总额超过净资产 50%部分的金额	0
上述三项担保金额合计	0

7.4 重大关联交易

7.4.1 与日常经营相关的关联交易

√适用　　□不适用

单位:元 币种:人民币

关联方	向关联方销售产品和提供劳务		向关联方采购产品和接受劳务	
	交易金额	占同类交易金额的比例(%)	交易金额	占同类交易金额的比例(%)
牛奶集团下属牧场	10,246,394	4.46	223,780,403	11.13
上海东海乳品有限公司			12,166,267	0.6
东方先导糖酒有限公司			45,242,761	79.47
光明食品集团下属公司	336,777,435	4.83		

7.4.2 关联债权债务往来

□适用　　√不适用

7.4.3 2008 年资金被占用情况及清欠进展情况

□适用　　√不适用

截止 2008 年末,上市公司未完成非经营性资金占用的清欠工作的,董事会提出的责任追究方案

□适用　　√不适用

7.5 委托理财

□适用　　√不适用

7.6 承诺事项履行情况

7.6.1 公司或持股 5%以上股东在报告期内或持续到报告期内的承诺事项

√适用　　□不适用

承诺事项	承诺内容	履行情况
股改承诺	股东上海牛奶(集团)有限公司股改时承诺: 1、若东方希望不能履行相关股东会议表决通过的股权分置改革方案中规定的支付对价的义务	严格履行承诺

	时，将垫付其按股权分置改革方案确定承担的对价。若此后该等股东所持的原非流通股股份上市流通，须向垫付方支付所垫付的对价及补偿金，或在取得垫付方的书面同意后，由光明乳业董事会向上海证券交易所提出该等股份的上市流通申请。2、自获得上市流通权之日起，在二十四个月内不上市交易。上述期满后，十二个月内通过证券交易所挂牌交易出售的股份占光明乳业总股本的比例不超过百分之五；二十四个月内通过证券交易所挂牌交易出售的股份占光明乳业总股本的比例不超过百分之十。3、在2006年、2007年、2008年光明乳业年度股东大会上将联合提议现金分红比例不低于当年经审计后净利润可分配部分的50%，并对此提案投赞成票。4、为了增强流通股股东的持股信心，激励管理层的积极性，使管理层与公司股东的利益相统一，将推动公司在股权分置改革完成后按有关规定制订管理层激励计划。 股东上实食品控股有限公司在股改时承诺：1、自获得上市流通权之日起，在二十四个月内不上市交易。上述期满后，十二个月内通过证券交易所挂牌交易出售的股份占光明乳业总股本的比例不超过百分之五；二十四个月内通过证券交易所挂牌交易出售的股份占光明乳业总股本的比例不超过百分之十。2、在2006年、2007年、2008年光明乳业年度股东大会上将联合提议现金分红比例不低于当年经审计后净利润可分配部分的50%，并对此提案投赞成票。3、为了增强流通股股东的持股信心，激励管理层的积极性，使管理层与公司股东的利益相统一，将推动公司在股权分置改革完成后按有关规定制订管理层激励计划。	
收购报告书或权益变动报告书中所作承诺	2007年10月份，上海牛奶(集团)有限公司和上实食品控股有限公司作为一致行动人共同收购达能亚洲有限公司持有的光明乳业股份有限公司股份。上海牛奶(集团)有限公司与上实食品控股有限公司承诺：收购人在本次收购完成后的十二个月内，不转让其所持有的光明乳业股份。	严格履行承诺
其他对公司中小股东所作承诺	2008年9月23日，股东上海牛奶(集团)有限公司通过股票二级市场增持本公司股份1,000,000股。牛奶集团承诺，在增持期间及法定期限内，不减持其持有的光明乳业股份有限公司股份。	严格履行承诺

7.6.2 公司资产或项目存在盈利预测，且报告期仍处在盈利预测期间，公司就资产或项目是否达到原盈利预测及其原因作出说明：

□适用　　√不适用

7.7 重大诉讼仲裁事项

□适用　　√不适用

7.8 其他重大事项及其影响和解决方案的分析说明

7.8.1 证券投资情况

√适用　　□不适用

报告期内卖出申购新股取得的投资收益金额为1,914,800元。

7.8.2 持有其他上市公司股权情况

□适用　　√不适用

7.8.3 持有非上市金融企业股权情况

□适用　　√不适用

7.8.4 买卖其他上市公司股份的情况

□适用　　√不适用

7.9 公司董事会对公司内部控制出具了自我评估报告，详见公司2008年年度报告全文。

7.10 公司披露了履行社会责任报告，详见公司2008年年度报告全文。

第八节　监事会报告

8.1 监事会对公司依法运作情况的独立意见

报告期内，公司能够依据《公司法》、《证券法》、《上市公司治理准则》、《上海证券交易所股票上市规则》以及《公司章程》等规定规范运作。公司决策程序合法，内部控制制度较完善。监事会至今未发现公司董事、经理执行公司职务时有违反法律、法规、公司章程的行为。

8.2 监事会对检查公司财务情况的独立意见

报告期内，监事会对公司的财务报告进行了认真审核，监事会认为2008年度财务报告真实地反映了公司的财务状况和经营成果，德勤华永会计师事务所出具的标准无保留意见的审计报告是客观公正的。

8.3 监事会对公司最近一次募集资金实际投入情况的独立意见

监事会认为公司的募集资金投入项目、金额、进度与公司承诺的投入项目、金额、进度相符。

8.4 监事会对公司收购、出售资产情况的独立意见

监事会认为公司出售资产交易价格合理，至今未发现内幕交易行为及损害股东权益或造成公司资产流失的行为。

8.5 监事会对公司关联交易情况的独立意见

报告期内，公司关联交易条件公平合理，至今未发现损害公司利益及股东利益的情形发生。

8.6 监事会对公司利润实现与预测存在较大差异的独立意见

2008年9月"三聚氰胺事件"引发的危机使整个乳制品行业面临困境，对公司也造成了相当大的影响，直接导致公司利润实现与年初制定的经营计划存在较大差异。"三聚氰胺事件"的经验和教训使人刻骨铭心，公司应该吸取教训，认真梳理奶源管理系统、加大奶源监控力度，从源头上杜绝三聚氰胺。从长期看，公司在日常经营中要加强和重视供应链建设，改善和加强产品质量安全管理体系，正确认识质量同规模与效益之间的关系，必须在确保产品质量安全万无一失的前提下，做大公司规模、做出公司效益。2009年，希望公司以安心奶源作为核心竞争力建设的抓手，力争取得新的突破。

第九节　财务会计报告

9.1 审计意见

财务报告	□未经审计	√审计
审计意见	√标准无保留意见	□非标意见

审计意见全文

审计报告

德师报(审)字(09)第P0261号

光明乳业股份有限公司全体股东：

我们审计了后附的光明乳业股份有限公司(以下简称"光明乳业")的财务报表，包括2008年12月31日的公司及合并资产负债表、2008年度的公司及合并利润表、公司及合并股东权益变动表和公司及合并现金流量表以及财务报表附注。

一、管理层对财务报表的责任

按照企业会计准则的规定编制财务报表是光明乳业管理层的责任。这种责任包括：(1)设计、实施和维护与财务报表编制相关的内部控制，以使财务报表不存在由于舞弊或错误而导致的重大错报；(2)选择和运用恰当的会计政策；(3)作出合理的会计估计。

二、注册会计师的责任

我们的责任是在实施审计工作的基础上对财务报表发表审计意见。我们按照中国注册会计师审计准则的规定执行了审计工作。中国注册会计师审计准则要求我们遵守职业道德规范，计划和实施审计工作以对财务报表是否不存在重大错报获取合理保证。

审计工作涉及实施审计程序，以获取有关财务报表金额和披露的审计证据。选择的审计程序取决于注册会计师的判断，包括对由于舞弊或错误导致的财务报表重大错报风险的评估。在进行风险评估时，我们考虑与财务报表编制相关的内部控制，以设计恰当的审计程序，但目的并非对内部控制的有效性发表意见。审计工作还包括评价管理层选用会计政策的恰当性和作出会计估计的合理性，以及评价财务报表的总体列报。

我们相信，我们获取的审计证据是充分、适当的，为发表审计意见提供了基础。

三、审计意见

我们认为，光明乳业财务报表已经按照企业会计准则的规定编制，在所有重大方面公允反映了光明乳业2008年12月31日的公司及合并财务状况以及2008年度的公司及合并经营成果和公司及合并现金流量。

德勤华永会计师事务所有限公司　　中国注册会计师　吴晓辉　许育荪

中国 上海　　2009年3月27日

9.2 财务报表

资产负债表

2008年12月31日

单位：人民币元

项目	合并		公司	
	年末数	年初数	年末数	年初数
资产				
流动资产				
货币资金	700,889,809	831,223,656	440,950,182	578,881,506
应收票据	3,111,860	1,621,156	–	–
应收账款	536,628,577	569,026,666	678,374,656	650,799,897
预付款项	92,513,207	124,242,110	12,495,096	71,806,126
应收股利	1,225,000	–	3,069,657	1,844,657
其他应收款	42,852,159	64,728,067	541,839,751	550,769,114
存货	607,353,545	555,763,813	205,707,547	140,691,695
流动资产合计	1,984,574,157	2,146,605,468	1,882,436,889	1,994,792,995
非流动资产				
长期股权投资	15,883,992	7,908,736	708,516,555	745,108,270
投资性房地产	1,470,620	1,488,640	567,318	585,338
固定资产	1,553,052,432	1,557,141,216	461,283,864	497,455,489
在建工程	80,481,186	106,159,971	50,931,717	21,299,715
生产性生物资产	100,771,305	80,608,700	–	–
无形资产	118,636,678	119,739,376	38,741,125	40,765,544
商誉	54,389,320	57,842,824	–	–
递延所得税资产	128,403,553	84,001,035	207,767,078	145,456,422
非流动资产合计	2,053,089,086	2,014,890,498	1,467,807,657	1,450,670,778
资产总计	4,037,663,243	4,161,495,966	3,350,244,546	3,445,463,773
负债及股东权益				
流动负债				
短期借款	247,000,000	183,000,000	–	–
应付票据	449,025	1,931,138	–	–
应付账款	695,664,379	567,532,694	977,262,155	939,269,705
预收款项	229,262,226	215,632,714	139,462,555	147,770,741
应付职工薪酬	85,924,769	70,427,018	38,819,488	29,281,160
应交税费	9,424,633	75,839,784	47,556,688	81,377,543
应付利息	699,731	683,422	–	–
其他应付款	483,448,637	379,993,333	524,504,523	426,197,281
一年内到期的非流动负债	51,181,215	13,103,982	7,553,160	7,722,840
流动负债合计	1,803,054,615	1,508,144,085	1,735,158,569	1,631,619,270
非流动负债				
长期借款	108,046,075	161,706,396	11,538,775	13,156,196
长期应付款	1,022,500	1,022,500	–	–
专项应付款	700,000	1,050,000	700,000	1,050,000

其他非流动负债	45,367,111	22,979,504	7,116,570	5,240,570
非流动负债合计	155,135,686	186,758,400	19,355,345	19,446,766
负债合计	1,958,190,301	1,694,902,485	1,754,513,914	1,651,066,036
股东权益				
股本	1,041,892,560	1,041,892,560	1,041,892,560	1,041,892,560
资本公积	426,719,880	426,719,880	403,217,562	403,217,562
盈余公积	234,417,909	234,417,909	234,417,909	234,417,909
未分配利润	281,653,195	682,255,751	(83,797,399)	114,869,706
归属于母公司股东权益合计	1,984,683,544	2,385,286,100	1,595,730,632	1,794,397,737
少数股东权益	94,789,398	81,307,381	–	–
股东权益合计	2,079,472,942	2,466,593,481	1,595,730,632	1,794,397,737
负债和股东权益总计	4,037,663,243	4,161,495,966	3,350,244,546	3,445,463,773

公司法定代表人:赵柏礼　　主管会计工作负责人:董宗泊　　会计机构负责人:姚第兴

利 润 表

2008 年 12 月 31 日止年度

单位:人民币元

项目	合并		公司	
	本年累计数	上年累计数	本年累计数	上年累计数
一、营业收入	7,358,544,348	8,206,011,404	5,409,165,814	4,642,243,495
减:营业成本	4,956,471,410	5,601,069,254	4,241,145,164	3,489,936,165
营业税金及附加	21,180,045	28,628,886	225,095	175,585
销售费用	2,318,096,686	2,389,388,256	1,325,446,570	1,179,696,651
管理费用	462,540,730	281,300,817	139,135,423	118,460,374
财务费用	16,386,030	13,709,822	(5,657,388)	(1,359,228)
资产减值损失	79,668,423	61,474,906	355,758,172	161,592,790
加:投资收益	8,115,056	208,943,723	328,267,163	234,815,643
其中:对联营企业和合营企业的投资收益	6,200,256	1,502,588	1,340,620	1,502,588
二、营业利润	(487,683,920)	39,383,186	(318,620,059)	(71,443,199)
加:营业外收入	193,020,192	271,400,977	161,227,253	236,640,922
减:营业外支出	24,880,183	37,498,403	9,241,390	2,043,453
其中:非流动资产处置损失	13,766,057	26,049,932	2,462,357	247,190
三、利润总额	(319,543,911)	273,285,760	(166,634,196)	163,154,270
减:所得税费用	(51,985,500)	72,431,022	(82,575,273)	515,002
四、净利润	(267,558,411)	200,854,738	(84,058,923)	162,639,268
归属于母公司股东的净利润	(285,994,374)	212,880,608	(84,058,923)	162,639,268
少数股东损益	18,435,963	(12,025,870)	–	–
五、每股收益(亏损)				
(一)基本每股收益(亏损)	(0.27)	0.20		
(二)稀释每股收益(亏损)	不适用	不适用		

公司法定代表人:赵柏礼　　主管会计工作负责人:董宗泊　　会计机构负责人:姚第兴

现金流量表

2008 年 12 月 31 日止年度

单位:人民币元

项目	合并		公司	
	本年累计数	上年累计数	本年累计数	上年累计数
一、经营活动产生的现金流量				
销售商品、提供劳务收到的现金	8,513,715,887	9,296,660,776	6,033,844,715	5,393,591,538
收到的税费返还	887,663	22,736,280	–	–
收到的其他与经营活动有关的现金	187,169,497	258,251,313	161,522,325	384,370,399
经营活动现金流入小计	8,701,773,047	9,577,648,369	6,195,367,040	5,777,961,937
购买商品、接受劳务支付的现金	5,502,714,191	5,881,101,784	4,724,044,601	3,972,555,175
支付给职工以及为职工支付的现金	469,892,213	522,073,979	200,555,052	172,896,807
支付的各项税费	462,814,007	399,254,274	214,729,150	190,180,619
支付的其他与经营活动有关的现金	2,100,195,775	2,465,955,808	1,331,758,472	1,137,321,152
经营活动现金流出小计	8,535,616,186	9,268,385,845	6,471,087,275	5,472,953,753
经营活动产生的现金流量净额	166,156,861	309,262,524	(275,720,235)	305,008,184
二、投资活动产生的现金流量				
出售子公司收到的现金	–	211,022,874	–	226,800,000
收回投资收到的现金	4,538,810	38,127,590	4,538,810	33,671,910
取得投资收益收到的现金	1,914,800	31,451,421	326,926,543	55,791,548
处置固定资产、无形资产和其他长期资产收回的现金净额	32,293,574	40,124,546	5,888,719	1,642,207
收到其他与投资活动有关的现金	34,835,529	9,000,524	3,457,000	5,518,458
投资活动现金流入小计	73,582,713	329,726,955	340,811,072	323,424,123
购建固定资产、无形资产和其他长期资产支付的现金	267,368,462	307,769,785	79,218,509	106,093,257
投资支付的现金	7,538,810	35,471,910	4,538,810	190,444,093
支付其他与投资活动有关的现金	1,050,000	–	1,050,000	–
购买少数股东股权支付的现金	–	13,155,012	–	–
投资活动现金流出小计	275,957,272	356,396,707	84,807,319	296,537,350
投资活动产生的现金流量净额	(202,374,559)	(26,669,752)	256,003,753	26,886,773
三、筹资活动产生的现金流量				
取得借款收到的现金	287,000,000	205,133,897	–	–
筹资活动现金流入小计	287,000,000	205,133,897	–	–
偿还债务所支付的现金	240,673,117	174,940,995	3,606,660	7,413,784
分配股利、利润和偿付利息支付的现金	140,443,032	128,682,662	114,608,182	104,189,256
其中:子公司支付给少数股东的股利、利润	1,912,840	–	–	–
支付其他与筹资活动有关的现金	449,025	–	–	–
筹资活动现金流出小计	381,565,174	303,623,657	118,214,842	111,603,040
筹资活动产生的现金流量净额	(94,565,174)	(98,489,760)	(118,214,842)	(111,603,040)
四、汇率变动对现金及现金等价物的影响	–	–	–	–
五、现金及现金等价物净增加额	(130,782,872)	184,103,012	(137,931,324)	220,291,917
加:期初现金及现金等价物余额	831,223,656	647,120,644	578,881,506	358,589,589
六、期末现金及现金等价物余额	700,440,784	831,223,656	440,950,182	578,881,506

公司法定代表人:赵柏礼　　主管会计工作负责人:董宗泊　　会计机构负责人:姚第兴

所有者权益变动表

2008 年 1—12 月

单位:人民币元

合并

	股本	资本公积	盈余公积	未分配利润	股东权益	少数股东权益	股东权益合计
一、2008年1月1日余额	1,041,892,560	426,719,880	234,417,909	682,255,751	2,385,286,100	81,307,381	2,466,593,481
二、本年增减变动金额							
(一)净利润	–	–	–	(285,994,374)	(285,994,374)	18,435,963	(267,558,411)
(二)利润分配							
1.对股东的分配	–	–	–	(114,608,182)	(114,608,182)	(4,953,946)	(119,562,128)
	–	–	–	(400,602,556)	(400,602,556)	13,482,017	(387,120,539)
三、2008年12月31日余额	1,041,892,560	426,719,880	234,417,909	281,653,195	1,984,683,544	94,789,398	2,079,472,942

公司

	股本	资本公积	盈余公积	未分配利润	股东权益合计
一、2008年1月1日余额	1,041,892,560	403,217,562	234,417,909	114,869,706	1,794,397,737
二、本年增减变动金额					
(一)净利润	–	–	–	(84,058,923)	(84,058,923)
(二)利润分配					
1.对股东的分配	–	–	–	(114,608,182)	(114,608,182)
	–	–	–	(198,667,105)	(198,667,105)
三、2008年12月31日余额	1,041,892,560	403,217,562	234,417,909	(83,797,399)	1,595,730,632

合并

	股本	资本公积	盈余公积	未分配利润	股东权益	少数股东权益	股东权益合计
一、2006年12月31日余额	1,041,892,560	426,719,880	389,803,652	314,079,031	2,172,495,123	121,916,067	2,294,411,190
会计政策变更	–	–	(171,649,669)	275,749,294	104,099,625	824,506	104,924,131
二、2007年1月1日余额	1,041,892,560	426,719,880	218,153,983	589,828,325	2,276,594,748	122,740,573	2,399,335,321
三、本年增减变动金额							
(一)净利润	–	–	–	212,880,608	212,880,608	(12,025,870)	200,854,738
(二)所有者投入和减少资本							
1.其他—股份出售	–	–	–	–	–	(23,666,866)	(23,666,866)
(一)和(二)小计	–	–	–	212,880,608	212,880,608	(35,692,736)	177,187,872
(三)利润分配							
1.提取盈余公积	–	–	16,263,926	(16,263,926)	–	–	–
2.对股东的分配	–	–	–	(104,189,256)		(104,189,256)	(5,740,456)
(109,929,712)							
四、2007年12月31日余额	1,041,892,560	426,719,880	234,417,909	682,255,751	2,385,286,100	81,307,381	2,466,593,481

公司

	股本	资本公积	盈余公积	未分配利润	股东权益合计
一、2006年12月31日余额	1,041,892,560	435,099,864	259,819,866	447,676,567	2,184,488,857
会计政策变更	–	(31,882,302)	(41,665,883)	(374,992,947)	(448,541,132)
二、2007年1月1日余额	1,041,892,560	403,217,562	218,153,983	72,683,620	1,735,947,725
三、本年增减变动金额					
(一)净利润	–	–	–	162,639,268	162,639,268
(二)所有者投入和减少资本					
1.其他—股份出售	–	–	–	–	–
(一)和(二)小计	–	–	–	162,639,268	162,639,268
(三)利润分配					
1.提取盈余公积	–	–	16,263,926	(16,263,926)	–
2.对股东的分配	–	–	–	(104,189,256)	(104,189,256)
四、2007年12月31日余额	1,041,892,560	403,217,562	234,417,909	114,869,706	1,794,397,737

公司法定代表人:赵柏礼　　主管会计工作负责人:董宗泊　　会计机构负责人:姚第兴

9.3 本报告期无会计政策、会计估计和核算方法变更。

9.4 本报告期无会计差错更正。

9.5 报告期内,公司财务报表合并范围未发生重大变化。

董事长:赵柏礼

光明乳业股份有限公司

2009 年 3 月 27 日

黑龙江北大荒农业股份有限公司

黑龙江北大荒农业股份有限公司2008年年度报告摘要

第一节 重要提示

1.1 本公司董事会、监事会及董事、监事、高级管理人员保证本报告所载资料不存在任何虚假记载、误导性陈述或者重大遗漏,并对其内容的真实性、准确性和完整性承担个别及连带责任。

本年度报告摘要摘自年度报告全文,投资者欲了解详细内容,应当仔细阅读年度报告全文。

1.2 公司全体董事出席董事会会议。

1.3 信永中和会计师事务所为本公司出具了标准无保留意见的审计报告。

1.4 公司负责人奚河滨、主管会计工作负责人高建国及会计机构负责人(会计主管人员)顾 坚声明:保证年度报告中财务报告的真实、完整。

第二节 公司基本情况简介

2.1 基本情况简介

股票简称	北大荒
股票代码	600598
上市交易所	上海证券交易所
公司注册地址和办公地址	哈尔滨市南岗区汉水路263号 哈尔滨市南岗区汉水路263号
邮政编码	150090
公司国际互联网网址	http://www.hacl.cn
电子信箱	hacl@haclbdh.com.cn

2.2 联系人和联系方式

	董事会秘书	证券事务代表
姓名	史晓丹	赵义军
联系地址	哈尔滨市南岗区汉水路263号	哈尔滨市南岗区汉水路263号
电话	0451-55195980	0451-55195980
传真	0451-55195993	0451-55195963
电子信箱	hacl@haclbdh.com.cn	hacl@haclbdh.com.cn

第三节 会计数据和业务数据摘要

3.1 主要会计数据

单位:元 币种:人民币

	2008年	2007年	本年比上年增减(%)	2006年
营业收入	5,610,025,153.25	5,434,203,752.79	3.24	4,958,668,116.90
利润总额	560,561,039.19	544,083,319.75	3.03	538,243,070.46
归属于上市公司股东的净利润	588,060,813.52	536,819,977.40	9.55	525,746,798.97
归属于上市公司股东的扣除非经常性损益的净利润	547,418,285.98	445,658,376.11	22.83	489,095,298.01
经营活动产生的现金流量净额	909,747,752.59	987,811,357.15	-7.9	944,014,457.48
	2008年末	2007年末	本年末比上年末增减(%)	2006年末
总资产	10,193,213,012.28	10,712,551,000.10	-4.85	9,642,124,364.05
所有者权益(或股东权益)	4,731,510,357.35	4,227,710,344.28	11.92	3,832,712,140.56

3.2 主要财务指标

	2008年	2007年	本年比上年增减(%)	2006年
基本每股收益(元/股)	0.36	0.33	9.09	0.32
稀释每股收益(元/股)	0.36	0.33	9.09	0.32
扣除非经常性损益后的基本每股收益(元/股)	0.33	0.27	22.22	0.29
全面摊薄净资产收益率(%)	12.43	12.70	减少0.27个百分点	13.72
加权平均净资产收益率(%)	13.53	13.81	减少0.28个百分点	13.24
扣除非经常性损益后全面摊薄净资产收益率(%)	11.57	10.54	增加1.03个百分点	12.76
扣除非经常性损益后的加权平均净资产收益率(%)	12.59	11.46	增加1.13个百分点	12.32
每股经营活动产生的现金流量净额(元/股)	0.54	0.60	-10	0.58
	2008年末	2007年末	本年比末上年末增减(%)	2006年末
归属于上市公司股东的每股净资产(元/股)	2.82	2.59	8.88	2.35

非经常性损益项目

√适用 □不适用

单位:元 币种:人民币

非经常性损益项目	金额
非流动资产处置损益	-277,104.89
计入当期损益的政府补助,但与公司正常经营业务密切相关,符合国家政策规定、按照一定标准定额或定量持续享受的政府补助除外	729,733.33
计入当期损益的对非金融企业收取的资金占用费	486,874.91
债务重组损益	40,000,000.00
除同公司正常经营业务相关的有效套期保值业务外,持有交易性金融资产、交易性金融负债产生的公允价值变动损益,以及处置交易性金融资产、交易性金融负债和可供出售金融资产取得的投资收益	-2,264,574.00
除上述各项之外的其他营业外收入和支出	22,960,158.18
少数股东权益影响额	-20,511,671.76
所得税影响额	-480,888.23
合计	40,642,527.54

3.3 境内外会计准则差异:

□适用 √不适用

第四节 股本变动及股东情况

4.1 股份变动情况表

√适用 □不适用

单位:股

	本次变动前		本次变动增减(+,-)					本次变动后	
	数量	比例(%)	发行新股	送股	公积金转股	其他	小计	数量	比例(%)
一、有限售条件股份									
1、国家持股	1,151,892,000	70.48				-81,714,600	-81,714,600	1,070,177,400	63.84
2、国有法人持股									
3、其他内资持股									
其中:境内非国有法人持股									
境内自然人持股									
4、外资持股									
其中:境外法人持股									
境外自然人持股									
有限售条件股份合计	1,151,892,000	70.48				-81,714,600	-81,714,600	1,070,177,400	63.84
二、无限售条件流通股份									
1、人民币普通股	482,400,000	29.52				123,730,187	123,730,187	606,130,187	36.16
2、境内上市的外资股									
3、境外上市的外资股									
4、其他						/			
无限售条件流通股份合计	482,400,000	29.52				123,730,187	123,730,187	606,130,187	36.16
三、股份总数	1,634,292,000.00	100				42,015,587.00	42,015,587.00	1,676,307,587.00	100

限售股份变动情况表

√适用 □不适用

单位:股

股东名称	年初限售股数	本年解除限售股数	本年增加限售股数	年末限售股数	限售原因	解除限售日期
黑龙江北大荒农垦集团总公司	1,151,892,000	81,714,600	0	1,070,177,400	股权分置改革	2009年1月4日
合计	1,151,892,000	81,714,600	0	1,070,177,400	/	/

4.2 股东数量和持股情况

单位:股

报告期末股东总数	182,637户

前十名股东持股情况

股东名称	股东性质	持股比例(%)	持股总数	持有有限售条件股份数量	质押或冻结的股份数量
黑龙江北大荒农垦集团总公司	国家	68.64	1,150,658,421	1,070,177,400	无
中国工商银行-南方隆元产业主题股票型证券投资基金	其他	1.56	26,232,579	0	未知
中国工商银行-开元证券投资基金	其他	0.47	7,921,000	0	未知
中国民生银行股份有限公司-华商领先企业混合型证券投资基金	其他	0.36	6,000,000	0	未知
中国平安人寿保险股份有限公司-分红-团险分红	其他	0.32	5,407,339	0	未知
招商银行股份有限公司-上证红利交易型开放式指数证券投资基金	其他	0.31	5,207,899	0	未知
中国银行-南方高增长股票型开放式证券投资基金	其他	0.26	4,298,830	0	未知
中国银行-嘉实沪深 300 指数证券投资基金	其他	0.25	4,212,319	0	未知
中国工商银行-申万巴黎新经济混合型证券投资基金	其他	0.25	4,136,171	0	未知
中国农业银行-大成积极成长股票型证券投资基金	其他	0.24	4,000,000	0	未知

前十名无限售条件股东持股情况

股东名称	持有无限售条件股份的数量	股份种类
黑龙江北大荒农垦集团总公司	80,481,021	人民币普通股
中国工商银行-南方隆元产业主题股票型证券投资基金	26,232,579	人民币普通股
中国工商银行-开元证券投资基金	7,921,000	人民币普通股
中国民生银行股份有限公司-华商领先企业混合型证券投资基金	6,000,000	人民币普通股
中国平安人寿保险股份有限公司-分红-团险分红	5,407,339	人民币普通股
招商银行股份有限公司-上证红利交易型开放式指数证券投资基金	5,207,899	人民币普通股
中国银行-南方高增长股票型开放式证券投资基金	4,298,830	人民币普通股
国银行-嘉实沪深 300 指数证券投资基金	4,212,319	人民币普通股
中国工商银行-申万巴黎新经济混合型证券投资基金	4,136,171	人民币普通股
中国农业银行-大成积极成长股票型证券投资基金	4,000,000	人民币普通股
上述股东关联关系或一致行动的说明	公司控股股东黑龙江北大荒农垦集团总公司与上述其他股东无关联 关系,本公司未知上述无限售条件股东之间是否存在关联关系或属于《上市公司股东持股变动信息披露管理办法》规定的一致行动人。	

4.3 控股股东及实际控制人情况介绍

4.3.1 控股股东及实际控制人变更情况

□适用　　√不适用

4.3.2 控股股东及实际控制人具体情况介绍

4.3.2.1 法人控股股东情况

单位:亿元 币种:人民币

名称	法定代表人	注册资本	成立日期	主营业务
黑龙江北大荒农垦集团总公司	隋凤富	60	1994 年 4 月 9 日	农林牧渔业、采掘、生产加工、交通运输、建筑工程、房地产开发、物资供销、仓储、金融保险业、文教卫生、社会服务业;承接境外农业工程和境内国际招标工程,及工程所需的设备、材料出口;对外派遣农业行业所需的劳务人员。

第五节　董事、监事和高级管理人员

5.1 董事、监事和高级管理人员持股变动及报酬情况

单位:股

姓名	职务	性别	年龄	任期起止日期	年初持股数	年末持股数	变动原因	报告期内从公司领取的报酬总额(万元)	报告期被授予的股权激励情况				是否在股东单位或其他关联单位领取薪酬
									可行权股数	已行权数量	行权价(元)	期末股票市价(元)	
奚河滨	董事长、总经理	男	50	2007-6-13~2009-6-13	0	0		43.83					否
赵广民	董事	男	54	2007-6-13~2009-6-13	0	0							是
贺天元	董事	男	46	2007-6-13~2009-6-13	0	0							是
王金会	董事	男	49	2007-6-13~2009-6-13	0	0							是
侯培耀	董事	男	51	2007-6-13~2009-6-13	0	0							是
宋颀年	董事	男	46	2007-6-13~2009-6-13	0	0		31.65					否
朱小平	独立董事	男	60	2007-6-13~2009-6-13	0	0		3.68					否
于逸生	独立董事	男	57	2007-6-13~2009-6-13	0	0		3.68					否
李一军	独立董事	男	52	2007-6-13~2009-6-13	0	0		3.68					否
赵世君	独立董事	男	42	2007-6-13~2009-6-13	0	0		3.68					否
王志威	监事会主席	男	60	2005-7-4~2008-7-4	0	0		33.68					否
于国良	监事	男	47	2005-7-4~2008-7-4	0	0							是
孙文斌	监事	男	52	2005-7-4~2008-7-4	0	0							否
史晓丹	董事会秘书、副总经理	男	49	2007-6-13~2009-6-13	0	0		31.30					否
陈玉林	副总经理	男	45	2007-6-13~2009-6-13	0	0		31.30					否
高建国	总会计师	男	37	2007-6-13~2009-6-13	0	0		31.03					否
姜夏	原董事长	男	61	2007-6-13~2009-6-13	0	0		18.57					否
合计	/	/	/	/			/	236.08			/	/	/

第六节　董事会报告

6.1 管理层讨论与分析

1、报告期内经营情况的回顾

(1)报告期总体经营情况

2008 年公司紧紧围绕实现"从资源优势向经济强势的转变、从工业大企向工业强企的转变、从投资拉动向创新推动的转变"这条主线,扎实工作、锐意进取,克服重重困难,全面完成了各项经营指标。2008 年公司实现营业收入 56.10 亿元,比上年增长 3.2%、营业利润 4.9 亿元,比上年减少 7.2%、净利润 5.9 亿元,比上年增长 9.6%;基本每股收益 0.36 元,比上年增长 9.1%;加权平均净资产收益率 13.53%,比上年降低 0.28 个百分点。2008 年末公司资产总额 101.9 亿元,比上年减少 4.9%;净资产 49.3 亿元,比上年增长 11.9%;每股净资产 2.82 元,比上年增长 8.9%;资产负债率 51.6%,同比下降 7.2 个百分点。

①现代农业建设成效显著。2008 年公司大力推进现代农业建设成效显著,使粮豆综合生产能力实现稳步增长,全年实现粮豆总产 457 万吨,比 2007 年增长 9.9%;粮豆单产 502 公斤,比 2007 年增长 5.9%。建设农业部现代农业示范区 3 个、垦区现代农业示范区 7 个,建设科技示范带 265.8 万亩;在农业部与垦区粮油作物高产创建活动中,八五二、七星分公司分别取得了大豆高产攻关全国第一、玉米和水稻高产攻关黑龙江垦区第一,七星分公司被农业部授予全国粮食生产标兵单位,七星、八五二、八五三、八五四、八五六等五个分公司被农业部授予全国粮食生产先进单位。

②工业企业受金融危机影响效益下滑。2008 年工业企业在克服金融危机影响的情况下实现营业收入 33.3 亿元,比上年降低 4.6%,实现净利润-5434 万元,比上年减少 6790 万元;其中:浩良河化肥分公司增产技改项目已经投产,达到年产尿素 31.3 万吨、甲醇 6.8 万吨的生产能力,尿素产能增长 57%,产能排名省内第二。2008 年浩良河化肥分公司生产尿素 20.5 万吨、甲醇 8.6 万吨,分别销售 20.6 万吨、8 万吨,实现营业收入 5.28 亿元,比上年增长 21.1%,实现净利润 595 万元,比上年增加 582 万元。浩良河分公司利润增长的主要原因是尿素生产系统实现了长周期、稳定生产、产量增加,成本降低所致。

2008 年北大荒米业产能布局战略调整稳步推进,迎春 30 万吨稻谷综合加工项目完成扩建。北大荒米业公司全年生产大米 42.4 万吨、副产品 9.1 万吨,共销售大米 43 万吨、副产品 9.7 万吨、水稻及其他 57.1 万吨。实现营业收入 21.3 亿元,比上年减少 1 亿元,降低 4.9%,实现净利润 1703 万元,比上年增加 1435 万元,增长 435.4%。该公司利润增长的主要原因是所属省外分子公司取得的中央财政给予的运费补贴。按照相关规定,为鼓励北粮南运,到东北三省采购新粳稻(含大米),运粮人关到本省(自治区、直辖市)销售或充实地方储备的,中央财政给予适当的运费补贴。

2008 年龙垦麦芽以 9,280.74 万元收购秦皇岛麦芽 100%股权,实现低成本扩张 10 万吨产能,产能增长 40%达到 35 万吨,居全国第三位,完成了辐射京津冀、长三角优势销售区域和上游进口原料的战略布局。2008 年度生产麦芽 16.3 万吨,销售 13.3 万吨,实现营业收入 4.7 亿元,比上年减少 1.7 亿元,净利润-7351 万元,比上年减少 8384 万元。该公司利润下降的主要原因是上一原料收购期大麦成本较高,下半年受宏观经济影响,啤酒消耗量低于预期,而大宗客户又千方百计把危机转嫁给麦芽企业,致使合同未履约,销量大幅降低,库存原料成本较高,年末提取存货跌价准备而形成。

2008 年北大荒纸业新纸机提速达到 350 米/分的设计能力,全面达产达效。北大荒纸业公司本年度生产纸张 4.8 万吨、销售 3.9 万吨,实现营业收入 2 亿元,比上年增长 11.6%;实现净利润-338 万元,比上年减少 380 万元。造成利润下降的主要原因是由于受经济危机影响,下半年市场销售下滑,市场价格下降,年末提取存货跌价准备所致。

③引进战略投资者取得重大突破。公司与韩国希杰集团合资 2.1 亿元成立了北大荒希杰食品科技有限责任公司,公司控股 51%,促进了公司产业升级和产业集群发展。

④公司新兴产业开局良好。公司以北大荒鑫亚经贸公司为平台,整合公司流通资源要素,推动营销流通由分散粗放型经营向规模集约型经营转变,构建起统分结合的经营流通体系。公司审时度势科学决策,与黑龙江红旗农场、香坊农场联手,整合哈尔滨市内土地资源优势和公司资本优势,合资成立了北大荒鑫都房地产公司及建筑工程公司,向高利润产业要回报,提高了公司发展潜力。

⑤财务运营体系不断完善。推进和完善了以资金为核心的财务、投资管理体制改革,对公司资金流、盈亏预算进行了一体化管理,建立完善了资金管理体系、核算管理体系和内控管理体系。2008 年公司集中管理资金达 30 亿元,节约财务费用 3000 余万元。积极开展筹融资产品创新,先后通过银行成功发行 5 亿元"利得盈"、2 亿元"利多多"信托理财产品,借款利率在银行同期利率的基础上分别下浮 15%和 14%,并成为 2008 年省内第一家利用银行中间产品进行融资的企业。

⑥积极履行社会责任。北大荒股份作为上市公司在关注自身经济效益、保护股东利益的同时,积极承担了社会责任。公司在为股东、员工、客户创造经济效益的同时,积极参与社会公益事业,践行了社会责任,在职工卫生、安全环保和节能减排方面加大了投入,促进了公司与社会、环境、股东及其他利益相关者的和谐发展。2008 年"5.12"汶川大地震发生后,经董事会研究同意,公司仅用 3

天时间就完成为四川灾区捐助 2,400 吨大米的紧急加工调运，履行了作为公众公司的社会责任，在资本市场和社会各界树立了良好的企业形象。

⑦资本市场声誉良好。良好的发展业绩和成长性，使公司在资本市场的声誉始终处于最佳时期，已入选上证 180 指数股、上证红利指数股、沪深 300 指数股、道琼斯中国指数股、道琼斯上海指数股；2008 年 5 月，经中国蓝筹公司年会组委会评议，公司荣登“2008 年中国蓝筹公司百强榜”；并连续第三次入选黑龙江企业 50 强。

(2)主要供应商、客户情况

2008 年前五名供应商采购金额合计 47057 万元，占全年总采购金额的 4.92%，年内向前五名销售商销售金额合计 26255 万元，占全年总销售收入的 9.76%。

(3)年末资产、负债及股东权益构成重大变动情况

①货币资金 10.13 亿元，比上年末减少 8.71 亿元，减少的主要原因是 2007 年底募集到位的可转债资金在 2008 年陆续投入使用。

②应收票据 1090.53 万元，比上年末减少 1.25 亿元，减少的主要原因是 2008 年采用银行承兑汇票结算方式减少。

③预付账款 3.63 亿元，比上年末增加 1.66 亿元，增加的主要原因是公司 2008 年预付原材料采购款较多。

④其他流动资产 2544 万元，比上年末减少 3500 万元，减少的主要原因是待认证进项税已抵扣形成。

⑤应付账款 3.08 亿元，比上年末增加 6109 万元，增加的主要原因是利用信用期暂未付的购买生产原料款。

⑥预收账款 5.43 亿元，比上年末增加 1.58 亿元，增加的主要原因是农业分公司预收 2009 年度承包费形成。

⑦长期借款 1298.54 万元，比上年末减少 2958 万元，减少的主要原因是本期偿还集团公司借款。

⑧应付债券 8.5 亿元，比上年末减少 3.54 亿元，减少的原因是可转换公司债券本期开始转股。

⑨资本公积 16.53 亿元，比上年末增加 3.18 亿元，增加的主要原因是可转换公司债券本期开始转股，转股溢价部分。

(4)年度主要财务数据重大变动情况

①管理费用 7.78 亿元，同比增加 1.62 亿元，增长增加的主要原因是 2007 年福利费余额冲回 6,954 万元，以及本年职工薪酬有所提高。

②财务费用 1.5 亿元，同比减少 3351 万元，减少的主要原因是 2007 年底可转债募集资金到位后，公司减少了对外借款，相应的利息支出有所减少。

③营业外收入 8241 万元，同比增加 5729 万元，增加的主要原因是公司所属子公司麦芽公司与黑龙江省农垦总局红兴隆分局签订的债务重组协议，黑龙江省农垦总局红兴隆分局豁免麦芽公司 4000 万债务。

④营业外支出 865 万元，同比增加 324 万元，增加的主要原因是为地震灾区捐赠支出形成。

(5)公司现金流量构成情况分析

经营活动产生的现金流量净额为 9.09 亿元，比上年略有下降。

投资活动产生的现金流量净额为−5.88 亿元，同比减少 2.52 亿元，主要为可转债项目投资及公司之子公司麦芽公司收购秦皇岛麦芽股权形成。

筹资活动产生的现金流量净额为−12.1 亿元，同比减少 15 亿元，主要是本年度利用可转债资金减少了向银行借款形成。

(6)公司设备利用情况、订单的获取情况、产品的销售或积压情况、主要技术人员变动情况分析。

报告期内公司生产设备利用比较充分、运转良好。报告期内受市场影响公司销售下降，公司产品库存增加，但销售市场和地区分没有发生重大变化。公司主要生产技术人员稳定。

(7)主要控股和参股公司的经营情况及业绩分析

公司名称	业务性质	主要产品或服务	注册资本（万元）	总资产（万元）	净资产（万元）	净利润（万元）
黑龙江北大荒米业有限公司	加工业	水稻生产加工、销售等	51,000	306,462	60,706	1,703
黑龙江北大荒纸业有限责任公司	加工业	文化用纸及其他纸制品生产、加工、销售	6,000	37,810	6,539	−338
哈尔滨龙垦麦芽有限公司	加工业	麦芽的生产、销售；大麦经营等	38,500	138,826	32,475	−7,351
北大荒鑫亚经贸有限公司	流通业	粮食及农资购销等业务	5,000	22,043	5,181	181
北大荒希杰食品科技有限公司	加工业	米糠油及米糠蛋白项目	21,000	5,370	5,356	−44
北大荒鑫都房地产开发有限公司	房地产业	房地产开发业务	5,000	5,001	5,001	1

(8)2008 年以来国内外市场形势变化、信贷政策调整、汇率利率变动、成本要素价格变化及自然灾害等对公司本年度和未来财务状况和经营成果的影响；2008 年以来随着国际金融危机的不断延伸和加剧，国内宏观经济环境发生了巨大变化，各行各业均不同程度受到影响。为了应对国际金融危机，中国全面实施了促进经济平稳较快发展的一揽子刺激计划，目前中国经济已经出现了积极的变化，但当前中国经济仍面临很大困难。其中国内出口萎缩、内需不足，市场低迷，而公司纸业、麦芽等的原料成本及价格受到不同程度影响。

2、公司未来发展展望

(1)所处行业的发展趋势及公司面临的市场竞争格局

公司是目前我国最大的以粮食生产、精深加工和销售为主的上市公司。长远来看，我国农业发展趋势是继续稳定粮食生产、确保粮食安全；加快推进优势区域布局，大力调整产业结构，提高水利化、机械化和信息化水平，提高土地产出率；积极推进农业产业化经营，形成产前、产中和产后紧密连接的现代农业产业系统，培育一批竞争力强的农业产业化龙头企业，带动产业结构升级。我国农产品面临着国内市场国际化与农产品市场全面开放的严峻挑战，国内农产品与世界农产品市场联系更加紧密，农业行业面临的市场竞争将进一步显现，优势农业企业面临着更多的机遇，而劣势经营者将受到较大的冲击。

(2)公司未来发展机遇、发展战略和新年度的经营计划

自 2003 年国家取消农业税开始，我国农业政策向支持和保护农业转变，2004 年以来出台 6 个与农业相关的“一号文件”，而 2008 年党的十七届三中全会更明确提出“工业反哺农业”，预示着中国农业将迎来一场新的革命性发展及新一轮发展的高峰。尤其应对当前严峻的国际、国内经济形势，中央 4 万亿元大规模经济刺激计划、全国新增 1000 亿斤粮食生产能力规划等系列措施的出台和实施，彰显了国家在政策层面上对农业给予了高度重视、长期支持与保护。加之人们对农产品的需求日益增长、食品安全问题及全球农产品价格持续攀升，可以预期农产品价格将继续走高，这给以粮食生产为主导的农业上市公司创造了难得的机遇。

公司未来发展战略是：将充分利用自身的优势，灵活运用上市公司的经营机制，以农业为基础，以市场为导向，以农业高新技术研发与应用为手段，以实现利润最大化为目标，突出北大荒绿色产品的品牌优势，大力拓展以水稻为主的农产品精深加工，实现种植业向农产品加工、传统农业向现代农业转变，使公司成为国内最大、国际有影响的农业高新技术示范基地、农产品精深加工基地、绿色(有机)产品生产基地和经营稳健、效益显著、成长良好的现代化农业企业。

2009 年公司将重点围绕现代农业、新型工业、建筑业、流通业四大产业，继续强化管理、明晰目标、调整策略、全力推进，扎实做好各项工作，用优异的成绩回报股东。公司 2009 年总体工作目标是：力争实现公司营业收入 62 亿元，利润总额 5.8 亿元，和谐推动和建设区域内社会事业。

为实现 2009 年发展目标，公司各企业应当高度重视应收账款和预付账款管理，强化合同订单管理；加强货款回收管理，落实催收责任，提高应收款周转速度；树立过紧日子的思想，强化精细管理，推进挖潜增效，降低企业成本费用水平；采取综合措施，有效缓解企业库存压力，不断提高企业产销率；努力缩短资金循环周期，防范资金风险，保障资金运转安全。

(3)未来发展战略所需的资金需求及使用计划

由于公司控股子公司米业公司、麦芽公司农产品加工业的特点，决定了本公司需要大量采购并储存原料，每年的原料收购资金需求在 30 亿元左右。公司将充分利用自身优势，加大资金集中管理的力度，加强销售资金回笼，减少存货周转期，提高自有资金利用率。同时在合理利用自有资金的基础上，以银行信贷等方式筹集资金等保证 2009 年公司资金需求。

(4)公司面临的风险及对策

宏观政策风险：公司作为农业类上市公司，受国家有关农业及粮食产业政策的扶持，并享受税收方面的优惠，国家宏观政策的导向将会对公司的经营产生直接影响。 对策是：公司将适时根据政策导向调整公司的经营战略，加强公司的经营管理，以减少国家产业政策调整及税收政策调整可能给公司带来的不利影响。

市场风险：日益激烈的市场竞争对公司的生产经营带来一定的风险。对策是：公司将继续实施品牌战略，发挥已有的产品和技术优势，努力提高产品质量，降低产品成本，不断增强产品的竞争力。

与公允价值计量相关的项目

√适用 □不适用

单位：万元

项目 (1)	期初金额 (2)	本期公允价值变动损益(3)	计入权益的累计公允价值变动(4)	本期计提的减值 (5)	期末金额 (6)
金融资产					
其中：1.以公允价值计量且其变动计入当期损益的金融资产	0	49.5			444.31
其中：衍生金融资产	0	49.5			444.31
2.可供出售金融资产					
金融资产小计	0	49.5			444.31
合计	0	49.5			444.31

持有外币金融资产、金融负债情况

□适用 √不适用

6.2 主营业务分行业、产品情况表

单位:元 币种:人民币

分行业或分产品	营业收入	营业成本	营业利润率(%)	营业收入比上年增减(%)	营业成本比上年增减(%)	营业利润率比上年增减(%)
分行业						
农业	2,284,066,501.60	1,653,511,115.67	38.13	10.23	10.24	增加 10.52 个百分点
米业	2,126,504,682.33	2,065,998,001.04	2.93	−4.92	−4.40	增加 2.85 个百分点
化肥	528,102,649.36	509,551,254.20	3.64	21.07	18.21	增加 3.51 个百分点
麦芽	470,553,084.43	544,889,828.85	−13.94	−26.38	−7.86	减少 15.80 个百分点
分产品						
土地承包收入	1,292,959,902.27	0	100.00	6.7	0	增加 0 个百分点
农产品销售	2,883,590,405.77	2,593,790,601.74	10.05	5.66	5.38	增加 2.4 个百分点

6.3 募集资金使用情况

√适用 □不适用

单位:万元 币种:人民币

募集资金总额	146,436	本年度已使用募集资金总额	99,644
		已累计使用募集资金总额	99,644

承诺项目	是否变更项目	拟投入金额	实际投入金额	是否符合计划进度	预计收益	产生收益情况
150 万亩优质水稻生产基地建设项目	否	40,665	22,802	是	5,730	1700
浩化分公司年增产 11.3 万吨尿素项目	否	18,159	16,480	是	3,390	0
米业公司优质大米加工技改项目	是	24,020	0	是	4,928	0
米业公司迎春制米厂年综合加工 30 万吨稻谷技改项目	否	9,002	0	是	1,868	0
米业公司年产 8,000 吨米糠蛋白项目	是	12,010	3,342	是	2,792	0
公司营销网络建设项目	否	9,120	0	是	2,613	0
补充流动资金	否	38,000	57,020	是	1,448	1416
合计	/	150,976	99,644	/	22,769	/
尚未使用的募集资金用途及去向	存于公司募集资金专户					

变更项目情况

√适用 □不适用

单位:万元 币种:人民币

变更后的项目	对应的原承诺项目	变更项目拟投入金额	实际投入金额	是否符合计划进度	变更项目的预计收益	产生收益情况
补充流动资金	米业公司优质大米加工技改项目	24,020	24,020	是	1,665	151
合资建设米糠深加工项目	米业公司年产 8,000 吨米糠蛋白项目	14,310	9,342	是	5,665	
合计	/	38,330	33,362	/	7,330	/

6.4 非募集资金项目情况

□适用 √不适用

6.5 董事会对会计师事务所"非标准审计报告"的说明

□适用 √不适用

6.6 董事会本次利润分配或资本公积金转增股本预案

2009 年 4 月 21 日,本公司第四届董事会第十六次会议通过有关 2008 年度利润分配预案,根据公司章程分别按 10%、5%的比例提取法定盈余公积金、任意盈余公积金后,以 2008 年 12 月 31 日总股本 1,676,307,587 股为基数,向全体股东派发现金红利每股派 0.274 元(含税),如在分红派息股权登记日股本总数发生变化,以变化后的股本重新计算每股现金红利,该 2008 年度利润分配预案尚需经股东大会批准。

公司本报告期内盈利但未提出现金利润分配预案

□适用 √不适用

第七节 重要事项

7.1 收购资产

□适用 √不适用

7.2 出售资产

□适用 √不适用

7.3 重大担保

√适用 □不适用

单位:亿元 币种:人民币

公司对子公司的担保情况	
报告期内对子公司担保发生额合计	24.20
报告期末对子公司担保余额合计	18.40
公司担保总额情况(包括对子公司的担保)	
担保总额	18.40
担保总额占公司净资产的比例(%)	38.89
其中:	
直接或间接为资产负债率超过 70%的被担保对象提供的债务担保金额	18.40
上述三项担保金额合计	18.40

7.4 重大关联交易

7.4.1 与日常经营相关的关联交易

□适用 √不适用

单位:万元 币种:人民币

关联方	向关联方销售产品和提供劳务 交易金额	向关联方销售产品和提供劳务 占同类交易金额的比例(%)	向关联方采购产品和接受劳务 交易金额	向关联方采购产品和接受劳务 占同类交易金额的比例(%)
黑龙江北大荒农垦集团总公司所属企业	5,372.42	0.96	69.55	0.02
黑龙江北大荒农垦集团总公司	8,208.94	1.46	45	0.01
黑龙江北大荒农垦集团总公司所属企业			11,197.4	2.88
黑龙江北大荒农垦集团总公司			7,950.55	2.05
黑龙江北大荒农垦集团总公司	61.71	0.01	1,734.48	0.45
黑龙江北大荒农垦集团总公司所属企业			1,767.9	0.45
黑龙江信德贸易有限公司	3.55	7.29		
哈尔滨北米科技发展有限公司	154.4	0.03		
哈尔滨北米粮油有限公司	3,874.62	0.69		
普宁市北大荒米业有限公司	610.03	0.11		
普宁市北大荒米业有限公司	19.75	40.56		
黑龙江省讷河市北龙米业有限公司	25.39	52.15		
合计	18,330.81	22,764.88		

其中:报告期内公司向控股股东及其子公司销售产品或提供劳务的关联交易金额 410,956,866.25 元。

7.4.2 关联债权债务往来

√适用 □不适用

单位:万元 币种:人民币

关联方	向关联方提供资金 发生额	向关联方提供资金 余额	关联方向公司提供资金 发生额	关联方向公司提供资金 余额
黑龙江信德贸易有限公司	3.55	1,544.01		
普宁市北大荒米业有限公司	3,127.69	2,616.78		
哈尔滨北米科技发展有限公司	320.5	440.5		
哈尔滨北米粮油有限公司	4,816.74	853.68		
黑龙江省讷河市北龙米业有限公司	25.39			
合计	8,293.87	5,454.97		

其中:报告期内公司向控股股东及其子公司提供资金的发生额 0 元,余额 0 元。

7.4.3 2008 年资金被占用情况及清欠进展情况

□适用 √不适用

截止 2008 年末,上市公司未完成非经营性资金占用的清欠工作的,董事会提出的责任追究方案

□适用 √不适用

7.5 委托理财

□适用 √不适用

7.6 承诺事项履行情况

7.6.1 公司或持股 5%以上股东在报告期内或持续到报告期内的承诺事项

√适用 □不适用

承诺事项	承诺内容	履行情况
股改承诺	股东上海牛奶(集团)有限公司股改时承诺:(1)集团公司所持有的本公司非流通股股份自获得上市流通权之日(2006 年 1 月 4 日)起,除为解决大股东占用资金问题而进行的定向回购外,至少 24 个月内不上市交易或者转让。(2)集团公司所持有的本公司非流通股股份自获得上市流通权之日(2006 年 1 月 4 日)起,除为解决大股东占用资金问题而进行的定向回购外,至少 24 个月内不上市交易或者转让的承诺期满后,通过上海证券交易所挂牌交易出售的股份数量占本公司股份总数的比例在 12 个月内不超过 5%。(3)本公司未来 5 年每年的现金分红不低于当年实现的可分配利润的 50%。	严格按承诺履行。

7.6.2 公司资产或项目存在盈利预测,且报告期仍处在盈利预测期间,公司就资产或项目是否达到原盈利预测及其原因作出说明:

□适用 √不适用

7.7 重大诉讼仲裁事项

□适用 √不适用

7.8 其他重大事项及其影响和解决方案的分析说明

7.8.1 证券投资情况

□适用 √不适用

7.8.2 持有其他上市公司股权情况

□适用 √不适用

7.8.3 持有非上市金融企业股权情况

□适用 √不适用

7.8.4 买卖其他上市公司股份的情况

□适用 √不适用

7.9 公司是否披露履行社会责任的报告:否

第八节 监事会报告

监事会认为公司依法运作、公司财务情况、公司募集资金使用、公司收购、出售资产交易和关联交易不存在问题。

8.1 监事会对公司依法运作情况的独立意见

报告期内公司监事会对公司执行国家有关法律、法规情况,执行股东大会、董事会决议情况实

施了监督,未发现公司董事会、高级管理层在执行职务时有违反国家法律、法规、公司章程及管理制度的情况,没有发生任何损害公司利益和股东权益的行为。

8.2 监事会对检查公司财务情况的独立意见

报告期内监事会在对公司财务制度执行情况和财务状况进行了认真的检查，通过审阅公司财务报表及其他会计资料,监事会认为公司账目清楚,会计核算、会计政策变更和财务管理均符合有关规定,未发现重大差错与问题。认为公司2008年度财务报告真实地反映了公司的财务状况和经营成果,信永中和会计师事务所出具的标准无保留意见的审计报告公正、客观、真实、可靠,未发现虚假与重大遗漏。

8.3 监事会对公司最近一次募集资金实际投入情况的独立意见

公司最近一次募集资金投资项目及实际投资金额与相关文件相符，项目变更时也及时履行了相关法律程序及披露义务,没有违反法律、法规及损害股东利益的行为发生。

8.4 监事会对公司收购、出售资产情况的独立意见

报告期内公司无重大资产收购、出售等情况,不存在内幕交易,未发生损害股东利益或造成公司资产流失的情况。

8.5 监事会对公司关联交易情况的独立意见

报告期内公司与关联方均签订一系列合同及协议,本着公开、公平、公正的原则,按正常的商业往来进行交易,未发现损害公司利益的情况,也未发现给公司资产造成损失的情况。

8.6 监事会对会计师事务所非标意见的独立意见

信永中和会计师事务所对公司本年度财务报告出具了标准无保留意见的审计报告。

第九节　财务会计报告

9.1 审计意见

财务报告	□未经审计	√审计
审计意见	√标准无保留意见	□非标意见

审计意见全文

审计报告

XYZH/2008A1021

黑龙江北大荒农业股份有限公司全体股东 ：

我们审计了后附的黑龙江北大荒农业股份有限公司(以下简称"北大荒公司")合并及母公司财务报表,包括2008年12月31日的资产负债表,2008年度的利润表、现金流量表、股东权益变动表及财务报表附注。

一、管理层对财务报表的责任

按照企业会计准则的规定编制财务报表是北大荒公司管理层的责任。这种责任包括:(1)设计、实施和维护与财务报表编制相关的内部控制，以使财务报表不存在由于舞弊或错误而导致的重大错报;(2)选择和运用恰当的会计政策;(3)作出合理的会计估计。

二、注册会计师的责任

我们的责任是在实施审计工作的基础上对财务报表发表审计意见。我们按照中国注册会计师审计准则的规定执行了审计工作。中国注册会计师审计准则要求我们遵守职业道德规范,计划和实施审计工作以对财务报表是否不存在重大错报获取合理保证。

审计工作涉及实施审计程序,以获取有关财务报表金额和披露的审计证据。选择的审计程序取决于注册会计师的判断,包括对由于舞弊或错误导致的财务报表重大错报风险的评估。在进行风险评估时,我们考虑与财务报表编制相关的内部控制,以设计恰当的审计程序,但目的并非对内部控制的有效性发表意见。审计工作还包括评价管理层选用会计政策的恰当性和作出会计估计的合理性,以及评价财务报表的总体列报。

我们相信,我们获取的审计证据是充分、适当的,为发表审计意见提供了基础。

三、审计意见

我们认为,北大荒公司财务报表已经按照企业会计准则的规定编制,在所有重大方面公允反映了北大荒公司2008年12月31日的财务状况以及2008年度的经营成果和现金流量。

信永中和会计师事务所　　　　中国注册会计师:唐 炫、张新卫

北京市东城区朝阳门北大街8号富华大厦A座9层　　　　2009年4月21日

9.2 财务报表

合并资产负债表

2008年12月31日

编制单位:黑龙江北大荒农业股份有限公司　　　　单位:元 币种:人民币

项目	附注	期末余额	年初余额
流动资产:			
货币资金		1,013,894,589.59	1,885,008,205.09
结算备付金			
拆出资金			
交易性金融资产		4,443,120.00	
应收票据		10,905,263.85	135,702,697.91
应收账款		849,339,383.28	805,833,199.22
预付款项		362,706,186.51	196,448,241.37
应收保费			
应收分保账款			
应收分保合同准备金			
应收利息			
应收股利		62,166.81	62,166.81
其他应收款		225,836,945.85	296,141,353.06
买入返售金融资产			
存货		2,528,115,782.25	2,496,986,356.04
一年内到期的非流动资产		6,949,512.42	7,004,775.54
其他流动资产		25,441,146.88	60,445,926.24
流动资产合计		5,027,694,097.44	5,883,632,921.28
非流动资产:			
发放贷款及垫款			
可供出售金融资产			
持有至到期投资			
长期应收款			
长期股权投资		4,446,766.53	3,698,381.05
投资性房地产		10,275,559.91	10,721,107.67
固定资产		4,570,175,807.29	4,342,908,623.64
在建工程		368,789,472.00	268,232,886.88
工程物资		0	361,830.95
固定资产清理			
生产性生物资产			
油气资产			
无形资产		199,557,408.90	193,001,162.46
开发支出			
商誉			
长期待摊费用		9,536,123.07	8,679,938.30
递延所得税资产		2,737,777.14	1,314,147.87
其他非流动资产			
非流动资产合计		5,165,518,914.84	4,828,918,078.82
资产总计		10,193,213,012.28	10,712,551,000.10
流动负债:			
短期借款		2,639,850,000.00	3,192,256,669.85
向中央银行借款			
吸收存款及同业存放			
拆入资金			
交易性金融负债			
应付票据			
应付账款		307,697,895.63	246,604,206.97
预收款项		542,905,253.78	384,710,836.72
卖出回购金融资产款			
应付手续费及佣金			
应付职工薪酬		219,728,974.84	242,670,802.50
应交税费		−241,523,989.22	−232,563,102.84
应付利息		7,037,823.71	7,413,365.33
应付股利		380,302.83	333,641.23
其他应付款		907,506,848.10	1,037,013,187.06
应付分保账款			
保险合同准备金			
代理买卖证券款			
代理承销证券款			
一年内到期的非流动负债			164,308,839.44
其他流动负债			
流动负债合计		4,383,583,109.67	5,042,748,446.26
非流动负债:			
长期借款		12,985,429.96	42,567,127.48
应付债券		850,194,962.07	1,204,662,630.22
长期应付款		137,271.31	137,271.31
专项应付款			
预计负债			
递延所得税负债			
其他非流动负债		12,948,826.37	12,716,956.48
非流动负债合计		876,266,489.71	1,260,083,985.49
负债合计		5,259,849,599.38	6,302,832,431.75
股东权益:			
股本		1,676,307,587.00	1,634,292,000.00
资本公积		1,653,325,791.94	1,335,074,755.39
减:库存股			
盈余公积		673,718,072.88	581,815,746.36
一般风险准备			
未分配利润		728,158,905.53	676,527,842.53
外币报表折算差额			
归属于母公司所有者权益合计		4,731,510,357.35	4,227,710,344.28
少数股东权益		201,853,055.55	182,008,224.07
股东权益合计		4,933,363,412.90	4,409,718,568.35
负债和股东权益合计		10,193,213,012.28	10,712,551,000.10

公司法定代表人:奚河滨　　主管会计工作负责人:高建国　　会计机构负责人:顾 坚

母公司资产负债表

2008 年 12 月 31 日

编制单位:黑龙江北大荒农业股份有限公司　　单位:元 币种:人民币

项目	附注	期末余额	年初余额
流动资产:			
货币资金		694,186,856.12	1,612,596,269.69
交易性金融资产			
应收票据		4,477,379.91	34,214,997.91
应收账款		313,290,473.07	180,152,452.45
预付款项		59,547,331.23	80,539,983.17
应收利息			
应收股利			
其他应收款		2,233,722,873.73	1,571,225,883.71
存货		543,325,765.11	551,778,289.80
一年内到期的非流动资产		4,090,983.02	3,428,561.81
其他流动资产			352,998.50
流动资产合计		3,852,641,662.19	4,034,289,437.04
非流动资产:			
可供出售金融资产			
持有至到期投资			
长期应收款			
长期股权投资		872,579,129.02	641,772,378.52
投资性房地产			
固定资产		3,002,708,538.91	2,765,797,769.28
在建工程		170,429,226.74	49,494,081.97
工程物资			
固定资产清理			
生产性生物资产			
油气资产			
无形资产		99,808,032.96	107,488,174.06
开发支出			
商誉			
长期待摊费用		3,264,277.04	2,468,256.10
递延所得税资产		2,737,777.14	1,311,515.61
其他非流动资产			
非流动资产合计		4,151,526,981.81	3,568,332,175.54
资产总计		8,004,168,644.00	7,602,621,612.58
流动负债:			
短期借款		799,850,000.00	702,256,669.85
交易性金融负债			
应付票据			
应付账款		140,567,912.76	126,025,672.68
预收款项		473,089,726.37	300,621,786.88
应付职工薪酬		192,033,741.54	229,998,182.26
应交税费		9,262,170.81	−15,644,051.20
应付利息		4,366,098.71	2,835,771.58
应付股利		62,999.35	62,995.25
其他应付款		868,256,532.51	842,690,177.56
一年内到期的非流动负债			105,252,180.22
其他流动负债			
流动负债合计		2,487,489,182.05	2,294,099,385.08
非流动负债:			
长期借款		12,985,429.96	18,823,457.70
应付债券		850,194,962.07	1,204,662,630.22
长期应付款		137,271.31	137,271.31
专项应付款			
预计负债			
递延所得税负债			
其他非流动负债			6,300,000.00
非流动负债合计		863,317,663.34	1,229,923,359.23
负债合计		3,350,806,845.39	3,524,022,744.31
股东权益:			
股本		1,676,307,587.00	1,634,292,000.00
资本公积		1,644,308,245.89	1,279,715,655.39
减:库存股			
盈余公积		660,683,317.59	568,780,991.07
未分配利润		672,062,648.13	595,810,221.81
外币报表折算差额			
股东权益合计		4,653,361,798.61	4,078,598,868.27
负债和股东权益合计		8,004,168,644.00	7,602,621,612.58

公司法定代表人:奚河滨　　主管会计工作负责人:高建国　　会计机构负责人:顾 坚

合并利润表

2008 年 1—12 月

单位:元 币种:人民币

项目	附注	本期金额	上期金额
一、营业总收入		5,610,025,153.25	5,434,203,752.79
其中:营业收入		5,610,025,153.25	5,434,203,752.79
利息收入			
已赚保费			
手续费及佣金收入			
二、营业总成本		5,120,888,004.06	4,909,179,226.26
其中:营业成本		3,886,527,922.01	3,764,734,124.71
利息支出			
手续费及佣金支出			
退保金			
赔付支出净额			
提取保险合同准备金净额			
保单红利支出			
分保费用			
营业税金及附加		3,216,755.45	2,093,930.95
销售费用		208,669,793.09	217,332,635.25
管理费用		777,799,248.53	616,076,938.98
财务费用		150,112,414.48	183,625,409.64
资产减值损失		94,561,870.50	125,316,186.73
加:公允价值变动收益(损失以"−"号填列)		495,000.00	
投资收益(损失以"−"号填列)		−2,838,106.30	−660,405.74
其中:对联营企业和合营企业的投资收益		1,026,802.44	−650,762.84
汇兑收益(损失以"−"号填列)			
三、营业利润(亏损以"−"号填列)		486,794,042.89	524,364,120.79
加:营业外收入		82,414,586.34	25,125,238.20
减:营业外支出		8,647,590.04	5,406,039.24
其中:非流动资产处置净损失		2,853,804.75	1,517,416.15
四、利润总额(亏损总额以"−"号填列)		560,561,039.19	544,083,319.75
减:所得税费用		8,831,919.75	2,655,160.56
五、净利润(净亏损以"−"号填列)		551,729,119.44	541,428,159.19
归属于母公司所有者的净利润		588,060,813.52	536,819,977.40
少数股东损益		−36,331,694.08	4,608,181.79
六、每股收益:			
(一)基本每股收益		0.36	0.33
(二)稀释每股收益		0.36	0.33

公司法定代表人:奚河滨　　主管会计工作负责人:高建国　　会计机构负责人:顾 坚

母公司利润表

2008 年 1—12 月

单位:元 币种:人民币

项目	附注	本期金额	上期金额
一、营业收入		2,689,372,706.26	2,482,204,754.17
减:营业成本		1,247,007,513.64	1,166,524,818.65
营业税金及附加		2,019,978.47	1,485,880.84
销售费用		61,015,272.24	54,140,605.13
管理费用		721,917,198.47	565,479,800.28
财务费用		−18,931,490.04	−2,001,316.24
资产减值损失		12,022,151.50	117,205,361.56
加:公允价值变动收益(损失以"−"号填列)			
投资收益(损失以"−"号填列)		−339,311.00	460,472.43
其中:对联营企业和合营企业的投资收益		−339,311.00	7,867.19
二、营业利润(亏损以"−"号填列)		663,982,770.98	579,830,076.38
加:营业外收入		16,078,098.55	19,858,915.95
减:营业外支出		62,117,636.86	72,499,093.83
其中:非流动资产处置净损失		2,458,365.00	1,399,839.57
三、利润总额(亏损总额以"−"号填列)		617,943,232.67	527,189,898.50
减:所得税费用		5,261,055.83	3,610,082.13
四、净利润(净亏损以"−"号填列)		612,682,176.84	523,579,816.37

公司法定代表人:奚河滨　　主管会计工作负责人:高建国　　会计机构负责人:顾 坚

合并现金流量表

2008 年 1—12 月

单位:元 币种:人民币

项目	附注	本期金额	上期金额
一、经营活动产生的现金流量:			
销售商品、提供劳务收到的现金		6,110,942,578.53	5,550,202,422.25
客户存款和同业存放款项净增加额			

向中央银行借款净增加额		
向其他金融机构拆入资金净增加额		
收到原保险合同保费取得的现金		
收到再保险业务现金净额		
保户储金及投资款净增加额		
处置交易性金融资产净增加额		
收取利息、手续费及佣金的现金		
拆入资金净增加额		
回购业务资金净增加额		
收到的税费返还	25,353,682.73	13,758,284.19
收到其他与经营活动有关的现金	108,137,945.27	390,571,598.77
经营活动现金流入小计	6,244,434,206.53	5,954,532,305.21
购买商品、接受劳务支付的现金	4,198,276,941.04	4,058,304,646.56
客户贷款及垫款净增加额		
存放中央银行和同业款项净增加额		
支付原保险合同赔付款项的现金		
支付利息、手续费及佣金的现金		
支付保单红利的现金		
支付给职工以及为职工支付的现金	458,563,867.83	363,035,738.75
支付的各项税费	74,160,845.58	65,068,094.39
支付其他与经营活动有关的现金	603,684,799.49	480,312,468.36
经营活动现金流出小计	5,334,686,453.94	4,966,720,948.06
经营活动产生的现金流量净额	909,747,752.59	987,811,357.15
二、投资活动产生的现金流量：		
收回投资收到的现金		
取得投资收益收到的现金	1,492,730.00	
处置固定资产、无形资产和其他长期资产收回的现金净额	7,004,896.51	1,405,129.03
处置子公司及其他营业单位收到的现金净额	300,000.00	
收到其他与投资活动有关的现金		
投资活动现金流入小计	8,797,626.51	1,405,129.03
购建固定资产、无形资产和其他长期资产支付的现金	495,375,087.76	334,844,569.98
投资支付的现金	8,200,424.00	
质押贷款净增加额		
取得子公司及其他营业单位支付的现金净额	92,907,400.00	
支付其他与投资活动有关的现金		3,270,973.30
投资活动现金流出小计	596,482,911.76	338,115,543.28
投资活动产生的现金流量净额	−587,685,285.25	−336,710,414.25
三、筹资活动产生的现金流量：		
吸收投资收到的现金	100,580,000.00	500,000.00
其中：子公司吸收少数股东投资收到的现金	100,580,000.00	500,000.00
取得借款收到的现金	3,229,850,000.00	4,948,604,468.00
发行债券收到的现金		
收到其他与筹资活动有关的现金		
筹资活动现金流入小计	3,330,430,000.00	4,949,104,468.00
偿还债务支付的现金	3,965,654,520.16	4,057,568,661.56
分配股利、利润或偿付利息支付的现金	571,984,947.94	597,953,361.92
其中：子公司支付给少数股东的股利、利润	240,000.00	
支付其他与筹资活动有关的现金		2,024,114.87
筹资活动现金流出小计	4,537,639,468.10	4,657,546,138.35
筹资活动产生的现金流量净额	−1,207,209,468.10	291,558,329.65
四、汇率变动对现金及现金等价物的影响	34.95	
五、现金及现金等价物净增加额	−885,146,965.81	942,659,272.55
加：期初现金及现金等价物余额	1,885,008,205.09	942,348,932.54
六、期末现金及现金等价物余额	999,861,239.28	1,885,008,205.09

公司法定代表人：奚河滨　　主管会计工作负责人：高建国　　会计机构负责人：顾 坚

母公司现金流量表

2008 年 1—12 月

单位:元 币种:人民币

项目	附注	本期金额	上期金额
一、经营活动产生的现金流量：			
销售商品、提供劳务收到的现金		2,626,358,992.33	2,380,011,788.22
收到的税费返还		17,824,145.21	11,725,622.68
收到其他与经营活动有关的现金		80,324,329.76	679,908,786.97
经营活动现金流入小计		2,724,507,467.30	3,071,646,197.87
购买商品、接受劳务支付的现金		950,430,339.81	1,091,170,702.01
支付给职工以及为职工支付的现金		383,646,014.88	289,546,416.41
支付的各项税费		46,055,124.87	49,009,461.85
支付其他与经营活动有关的现金		1,117,813,310.42	415,761,721.07
经营活动现金流出小计		2,497,944,789.98	1,845,488,301.34
经营活动产生的现金流量净额		226,562,677.32	1,226,157,896.53
二、投资活动产生的现金流量：			
收回投资收到的现金			
取得投资收益收到的现金			
处置固定资产、无形资产和其他长期资产收回的现金净额		6,297,866.51	1,145,133.03
处置子公司及其他营业单位收到的现金净额			5,000,000.00
收到其他与投资活动有关的现金			
投资活动现金流入小计		6,297,866.51	6,145,133.03
购建固定资产、无形资产和其他长期资产支付的现金		412,498,099.02	239,572,568.20
投资支付的现金		233,420,000.00	
取得子公司及其他营业单位支付的现金净额			
支付其他与投资活动有关的现金			
投资活动现金流出小计		645,918,099.02	239,572,568.20
投资活动产生的现金流量净额		−639,620,232.51	−233,427,435.17
三、筹资活动产生的现金流量：			
吸收投资收到的现金			
取得借款收到的现金		999,850,000.00	2,167,600,000.00
收到其他与筹资活动有关的现金			
筹资活动现金流入小计		999,850,000.00	2,167,600,000.00
偿还债务支付的现金		1,016,448,120.16	1,712,166,086.56
分配股利、利润或偿付利息支付的现金		488,753,738.22	460,443,269.39
支付其他与筹资活动有关的现金			1,924,114.87
筹资活动现金流出小计		1,505,201,858.38	2,174,533,470.82
筹资活动产生的现金流量净额		−505,351,858.38	−6,933,470.82
四、汇率变动对现金及现金等价物的影响			
五、现金及现金等价物净增加额		−918,409,413.57	985,796,990.54
加：期初现金及现金等价物余额		1,612,596,269.69	626,799,279.15
六、期末现金及现金等价物余额		694,186,856.12	1,612,596,269.69

公司法定代表人：奚河滨　　主管会计工作负责人：高建国　　会计机构负责人：顾 坚

合并所有者权益变动表

2008 年 1—12 月

单位:元 币种:人民币

本年金额

项目	归属于母公司所有者权益							少数股东权益	所有者权益合计
	股本	资本公积	减:库存股	盈余公积	一般风险准备	未分配利润	其他		
一、上年年末余额	1,634,292,000.00	1,335,074,755.39		581,815,746.36		676,527,842.53		182,008,224.07	4,409,718,568.35
加：同一控制下企业合并产生的追溯调整									
会计政策变更									
前期差错更正									
其他									
二、本年年初余额	1,634,292,000.00	1,335,074,755.39		581,815,746.36		676,527,842.53182,008,224.074,409,718,568.35			
三、本年增减变动金额(减少以"−"号填列)	42,015,587.00	318,251,036.55		91,902,326.52		51,631,063.00		19,844,831.48	523,644,844.55
(一)净利润						588,060,813.52		−36,331,694.08	551,729,119.44
(二)直接计入所有者权益的利得和损失		4,878,446.05							4,878,446.05
1.可供出售金融资产公允价值变动净额									
2.权益法下被投资单位其他所有者权益变动的影响									
3.与计入所有者权益项目相关的所得税影响									
4.其他		4,878,446.05							4,878,446.05
上述(一)和(二)小计		4,878,446.05				588,060,813.52		−36,331,694.08	556,607,565.49
(三)所有者投入和减少资本	42,015,587.00	313,372,590.50						56,463,183.06	411,851,360.56
1.所有者投入资本	42,015,587.00	313,372,590.50						56,463,183.06	411,851,360.56
2.股份支付计入所有者权益的金额									
3.其他									
(四)利润分配				91,902,326.52		−536,429,750.52		−286,657.50	−444,814,081.50
1.提取盈余公积				91,902,326.52		−91,902,326.52			
2.提取一般风险准备									
3.对所有者(或股东)的分配						−444,527,424.00		−286,657.50	−444,814,081.50
4.其他									
(五)所有者权益内部结转									
1.资本公积转增资本(或股本)									
2.盈余公积转增资本(或股本)									
3.盈余公积弥补亏损									
4.其他									
四、本期期末余额	1,676,307,587.00	1,653,325,791.94		673,718,072.88		728,158,905.53		201,853,055.55	4,933,363,412.90

上年金额

项目	归属于母公司所有者权益							少数股东权益	所有者权益合计
	股本	资本公积	减:库存股	盈余公积	一般风险准备	未分配利润	其他		

一、上年年末余额	1,634,292,000.00	1,073,783,353.07	503,278,773.90	672,578,013.59	179,970,454.36	4,063,902,594.92
加:同一控制下企业合并						
产生的追溯调整						
会计政策变更						
前期差错更正						
其他						
二、本年年初余额	1,634,292,000.00	1,073,783,353.07	503,278,773.90	672,578,013.59	179,970,454.36	4,063,902,594.92
三、本年增减变动金额						
(减少以"-"号填列)		261,291,402.32	78,536,972.46	3,949,828.94	2,037,769.71	345,815,973.43
(一)净利润				536,819,977.40	4,608,181.79	541,428,159.19
(二)直接计入所有者						
权益的利得和损失		261,291,402.32				261,291,402.32
1.可供出售金融资产						
公允价值变动净额						
2.权益法下被投资单位其他						
所有者权益变动的影响						
3.与计入所有者权益项目						
相关的所得税影响						
4.其他		261,291,402.32		536,819,977.40	4,608,181.79	802,719,561.51
(三)所有者投入和减少资本					−2,433,723.00	−2,433,723.00
1.所有者投入资本					−2,433,723.00	−2,433,723.00
2.股份支付计入所有者权益的金额						
3.其他						
(四)利润分配			78,536,972.46	−532,870,148.46	−136,689.08	−454,469,865.08
1.提取盈余公积			78,536,972.46	−78,536,972.46		
2.提取一般风险准备						
3.对所有者(或股东)的分配				−454,333,176.00	−136,689.08	−454,469,865.08
4.其他						
(五)所有者权益内部结转						
1.资本公积转增资本(或股本)						
2.盈余公积转增资本(或股本)						
3.盈余公积弥补亏损						
4.其他						
四、本期期末余额	1,634,292,000.00	1,335,074,755.39	581,815,746.36	676,527,842.53	182,008,224.07	4,409,718,568.35

公司法定代表人:奚河滨　　主管会计工作负责人:高建国　　会计机构负责人:顾 坚

母公司所有者权益变动表

2008 年 1—12 月

单位:元 币种:人民币

项目	本年金额 股本	资本公积	减:库存股	盈余公积	未分配利润	所有者权益合计
一、上年年末余额	1,634,292,000.00	1,279,715,655.39		568,780,991.07	595,810,221.81	4,078,598,868.27
加:会计政策变更						
前期差错更正						
其他						
二、本年年初余额	1,634,292,000.00	1,279,715,655.39		568,780,991.07	595,810,221.81	4,078,598,868.27
三、本年增减变动金额						
(减少以"-"号填列)	42,015,587.00	364,592,590.50		91,902,326.52	76,252,426.32	574,762,930.34
(一)净利润	612,682,176.84	612,682,176.84				
(二)直接计入所有者						
权益的利得和损失						
1.可供出售金融资产						
公允价值变动净额						
2.权益法下被投资单位其他						
所有者权益变动的影响						
3.与计入所有者权益项目						
相关的所得税影响						
4.其他						
上述(一)和(二)小计					612,682,176.84	612,682,176.84
(三)所有者投入和减少资本	42,015,587.00	364,592,590.50				406,608,177.50
1.所有者投入资本	42,015,587.00	364,592,590.50				406,608,177.50
2.股份支付计入所有者权益的金额						
3.其他						
(四)利润分配				91,902,326.52	−536,429,750.52	−444,527,424.00
1.提取盈余公积				91,902,326.52	−91,902,326.52	
2.对所有者(或股东)的分配					−444,527,424.00	−444,527,424.00
3.其他						
(五)所有者权益内部结转						
1.资本公积转增资本(或股本)						
2.盈余公积转增资本(或股本)						
3.盈余公积弥补亏损						
4.其他						
四、本期期末余额	1,676,307,587.00	1,644,308,245.89		660,683,317.59	672,062,648.13	4,653,361,798.61

项目	上年金额 股本	资本公积	减:库存股	盈余公积	未分配利润	所有者权益合计
一、上年年末余额	1,634,292,000.00	1,018,424,253.07		490,244,018.61	605,100,553.90	3,748,060,825.58
加:会计政策变更						
前期差错更正						
其他						
二、本年年初余额	1,634,292,000.00	1,018,424,253.07		490,244,018.61	605,100,553.90	3,748,060,825.58
三、本年增减变动金额						
(减少以"-"号填列)		261,291,402.32		78,536,972.46	−9,290,332.09	330,538,042.69
(一)净利润					523,579,816.37	523,579,816.37
(二)直接计入所有者						
权益的利得和损失		261,291,402.32				261,291,402.32
1.可供出售金融资产						
公允价值变动净额						
2.权益法下被投资单位其他						
所有者权益变动的影响						
3.与计入所有者权益项目						
相关的所得税影响						
4.其他		261,291,402.32				261,291,402.32
上述(一)和(二)小计		261,291,402.32			523,579,816.37	784,871,218.69
(三)所有者投入和减少资本						
1.所有者投入资本						
2.股份支付计入所有者权益的金额						
3.其他						
(四)利润分配				78,536,972.46	−532,870,148.46	−454,333,176.00
1.提取盈余公积				78,536,972.46	−78,536,972.46	
2.对所有者(或股东)的分配					−454,333,176.00	−454,333,176.00
3.其他						
(五)所有者权益内部结转						
1.资本公积转增资本(或股本)						
2.盈余公积转增资本(或股本)						
3.盈余公积弥补亏损						
4.其他						
四、本期期末余额	1,634,292,000.00	1,279,715,655.39		568,780,991.07	595,810,221.81	4,078,598,868.27

公司法定代表人:奚河滨　　主管会计工作负责人:高建国　　会计机构负责人:顾 坚

9.3 本报告期无会计政策、会计估计和核算方法变更。

9.4 本报告期无会计差错更正。

9.5 报告期内,公司财务报表合并范围未发生重大变化。

辽宁成大股份有限公司

辽宁成大股份有限公司2008年年度报告摘要

第一节　重要提示

1.1 本公司董事会、监事会及董事、监事、高级管理人员保证本报告所载资料不存在任何虚假记载、误导性陈述或者重大遗漏，并对其内容的真实性、准确性和完整性承担个别及连带责任。

本年度报告摘要摘自年度报告全文，投资者欲了解详细内容，应当仔细阅读年度报告全文。

1.2 独立董事艾洪德先生因出差在外未出席董事会会议，授权委托独立董事李延喜先生代为出席并行使表决权。

1.3 华普天健高商会计师事务所(北京)有限公司为本公司出具了标准无保留意见的审计报告。

1.4 公司负责人尚书志先生、主管会计工作负责人李宁先生及会计机构负责人(会计主管人员)高武女士声明：保证年度报告中财务报告的真实、完整。

第二节　公司基本情况简介

2.1 基本情况简介

股票简称	辽宁成大
股票代码	600739
上市交易所	上海证券交易所
公司注册地址和办公地址	大连市中山区人民路71号
邮政编码	116001
公司国际互联网网址	http://www.chengda.com.cn
电子信箱	stocks@chengda.com.cn

2.2 联系人和联系方式

	董事会秘书	证券事务代表
姓名	于占洋	王红云
联系地址	大连市中山区人民路71号	大连市中山区人民路71号
电话	0411-82512731	0411-82512618
传真	0411-82691187	0411-82691187
电子信箱	yuzy@chengda.com.cn	why@chengda.com.cn

第三节　会计数据和业务数据摘要

3.1 主要会计数据

单位：元　币种：人民币

	2008年	2007年	本年比上年增减(%)	2006年
营业收入	5,118,992,210.87	5,473,973,049.54	-6.48	5,568,872,731.52
利润总额	1,054,600,480.87	2,325,747,901.61	-54.66	616,700,353.28
归属于上市公司股东的净利润	939,483,726.27	2,113,354,952.19	-55.55	515,431,510.41
归属于上市公司股东的扣除非经常性损益的净利润	949,074,149.61	2,090,709,387.74	-54.61	514,446,695.49
经营活动产生的现金流量净额	95,742,552.39	262,216,721.90	-63.49	38,798,795.85
	2008年末	2007年末	本年末比上年末增减(%)	2006年末
总资产	6,578,480,198.80	6,476,885,352.16	1.57	3,806,055,149.58
所有者权益(或股东权益)	4,958,247,989.14	4,620,945,956.59	7.30	1,895,854,742.18

3.2 主要财务指标

	2008年	2007年	本年比上年增减(%)	2006年
基本每股收益(元/股)	1.0468	2.3555	-55.56	0.5745
稀释每股收益(元/股)	1.0376	2.2765	-54.42	0.5720
扣除非经常性损益后的基本每股收益(元/股)	1.0575	2.3302	-54.62	0.5369
全面摊薄净资产收益率(%)	18.95	45.73	减少26.78个百分点	27.19
加权平均净资产收益率(%)	19.64	64.95	减少45.31个百分点	32.61
扣除非经常性损益后全面摊薄净资产收益率(%)	19.14	45.24	减少26.10个百分点	25.41
扣除非经常性损益后的加权平均净资产收益率(%)	19.84	64.26	减少44.42个百分点	30.48
每股经营活动产生的现金流量净额(元/股)	0.11	0.29	-62.07	0.08
	2008年末	2007年末	本年比上年末增减(%)	2006年末
归属于上市公司股东的每股净资产(元/股)	5.51	5.15	6.99	3.80

非经常性损益项目

√适用　□不适用

单位：元　币种：人民币

非经常性损益项目	金额
非流动资产处置损益	-533,026.64
计入当期损益的政府补助，但与公司正常经营业务密切相关，符合国家政策规定、按照一定标准定额或定量持续享受的政府补助除外	9,617,498.25
除同公司正常经营业务相关的有效套期保值业务外，持有交易性金融资产、交易性金融负债产生的公允价值变动损益，以及处置交易性金融资产、交易性金融负债和可供出售金融资产取得的投资收益	-10,840,228.64
根据税收、会计等法律、法规的要求对当期损益进行一次性调整对当期损益的影响	6,671,922.05
除上述各项之外的其他营业外收入和支出	-11,316,919.31
少数股东权益影响额	-2,416,140.70
所得税影响额	-773,528.35
合计	-9,590,423.34

3.3 境内外会计准则差异：

□适用　√不适用

第四节　股本变动及股东情况

4.1 股份变动情况表

√适用　□不适用

单位：股

	本次变动前		本次变动增减(+,-)					本次变动后	
	数量	比例(%)	发行新股	送股	公积金转股	其他	小计	数量	比例(%)
一、有限售条件股份									
1、国家持股	78,246,182	8.72				-44,860,327	-44,860,327	33,385,855	3.71
2、国有法人持股									
3、其他内资持股	84,930,340	9.47				-61,572,964	-61,572,964	23,357,376	2.59
其中：境内非国有法人持股	84,930,340	9.47				-61,572,964	-61,572,964	23,357,376	2.59
境内自然人持股									
4、外资持股									
其中：境外法人持股									
境外自然人持股									
有限售条件股份合计	163,176,522	18.19				-106,433,291	-106,433,291	56,743,231	6.30
二、无限售条件流通股份									
1、人民币普通股	734,030,022	81.81	3,279,000			106,433,291	109,712,291	843,742,313	93.70
2、境内上市的外资股									
3、境外上市的外资股									
4、其他									
无限售条件流通股份合计	734,030,022	81.81	3,279,000			106,433,291	109,712,291	843,742,313	93.70
三、股份总数	897,206,544	100	3,279,000			0	3,279,000	900,485,544	100

限售股份变动情况表

√适用　□不适用

单位：股

股东名称	年初限售股数	本年解除限售股数	本年增加限售股数	年末限售股数	限售原因	解除限售日期
辽宁成大集团有限公司	75,148,983	43,084,633		32,064,350	股改承诺	2008-1-24
深圳吉富创业投资股份有限公司	68,217,703	44,860,327		23,357,376	股改承诺	2008-1-24
深圳宜发创业投资有限公司	16,712,637	16,712,637		0	股改承诺	2008-1-24
中国东方资产管理公司	3,097,199	1,775,694		1,321,505	股改承诺	2008-1-24
合计	163,176,522	106,433,291		56,743,231	/	/

4.2 股东数量和持股情况

单位：股

报告期末股东总数	104,548户

前十名股东持股情况

股东名称	股东性质	持股比例(%)	持股总数	报告期内增减	持有有限售条件股份数量	质押或冻结的股份数量
辽宁成大集团有限公司	国家	12.76	114,906,270	377,287	32,064,350	无
中国农业银行-中邮核心成长股票型证券投资基金	其他	4.77	42,944,556	-1,838,997		无
中国农业银行-中邮核心优选股票型证券投资基金	其他	4.60	41,462,736	10,581,319		无
深圳吉富创业投资股份有限公司	其他	3.39	30,557,376	-37,660,327	23,357,376	无
深圳宜发创业投资有限公司	其他	1.91	17,212,637			无
中国工商银行-南方隆元产业主题股票型证券投资基金	其他	1.82	16,430,094			无
中国工商银行-南方稳健成长证券投资基金	其他	1.82	16,368,892			无
中国工商银行-南方成份精选股票型证券投资基金	其他	1.56	14,062,395			无
中国建设银行-华夏红利混合型开放式证券投资基金	其他	1.47	13,269,728			无
福建省闽发证券有限公司	其他	1.30	11,700,000			冻结 11,700,000

前十名无限售条件股东持股情况

股东名称	持有无限售条件股份的数量	股份种类
辽宁成大集团有限公司	82,841,920	人民币普通股
中国农业银行-中邮核心成长股票型证券投资基金	42,944,556	人民币普通股
中国农业银行-中邮核心优选股票型证券投资基金	41,462,736	人民币普通股
深圳宜发创业投资有限公司	17,212,637	人民币普通股
中国工商银行-南方隆元产业主题股票型证券投资基金	16,430,094	人民币普通股
中国工商银行-南方稳健成长证券投资基金	16,368,892	人民币普通股
中国工商银行-南方成份精选股票型证券投资基金	14,062,395	人民币普通股
中国建设银行-华夏红利混合型开放式证券投资基金	13,269,728	人民币普通股
福建省闽发证券有限公司	11,700,000	人民币普通股
中国工商银行-南方稳健成长贰号证券投资基金	11,387,761	人民币普通股
上述股东关联关系或一致行动的说明	公司前十名股东中,辽宁成大集团有限公司持有深圳宜发创业投资有限公司 5%的股权。 公司前十名无限售条件股东中,中国农业银行-中邮核心成长股票型证券投资基金、中国农业银行-中邮核心成长股票型证券投资基金的管理人为中邮创业基金管理有限公司,中国工商银行-南方隆元产业主题股票型证券投资基金、中国工商银行-南方稳健成长证券投资基金、中国工商银行-南方成份精选股票型证券投资基金、中国工商银行-南方稳健成长贰号证券投资基金的管理人为南方基金管理有限公司。 除此以外,公司未知其他股东之间是否存在关联关系或属于《上市公司收购管理办法》规定的一致行动人。	

4.3 控股股东及实际控制人情况介绍

4.3.1 控股股东及实际控制人变更情况

□适用　　√不适用

4.3.2 控股股东及实际控制人具体情况介绍

4.3.2.1 法人控股股东情况

单位:万元 币种:人民币

名称	法定代表人	注册资本	成立日期	主营业务
辽宁成大集团有限公司	尚书志	16,800	1995 年 9 月 28 日	自营和代理货物及技术进出口(国家禁止的不得经营,限制的品种办理许可证后方可经营),经营进料加工和"三来一补"业务及对销贸易和转口贸易;服装及纺织原料制作、加工,汽车货运、仓储服务,物业管理及电子计算机技术服务、销售,煤炭批发经营。

4.3.2.2 法人实际控制人情况

公司实际控制人为辽宁省人民政府国有资产监督管理委员会。

第五节　董事、监事和高级管理人员

5.1 董事、监事和高级管理人员持股变动及报酬情况

单位:股

姓名	职务	性别	年龄	任期起止日期	年初持股数	年末持股数	持有本公司的股票期权	股份增减数	变动原因
尚书志	董事长	男	56	2006-5-16~2009-5-16	526,500	726,500	1,296,000	200,000	股权激励行权
张德仲	副董事长	男	56	2006-5-16~2009-5-16	421,463	781,463	1,080,000	360,000	股权激励行权
葛　郁	董事、总裁	男	46	2006-5-16~2009-5-16	240,013	600,013	1,080,000	360,000	股权激励行权
李　宁	董事、副总裁、财务总监	男	40	2006-5-16~2009-5-16	202,122	327,122	648,000	125,000	股权激励行权
张志范	董事	男	46	2006-5-16~2008-5-21			648,000		
徐茂谦	董事	男	59	2006-5-16~2008-5-21					
于延琦	独立董事	男	46	2006-5-16~2008-5-21					
李延喜	独立董事	男	39	2006-5-16~2009-5-16					
艾洪德	独立董事	男	54	2006-5-16~2009-5-16					
罗启库	监事会主席	男	56	2006-5-16~2009-5-16	228,231	336,231	324,000	108,000	股权激励行权
何宇霆	监事	男	38	2006-5-16~2009-5-16	20,698	44,698	72,000	24,000	股权激励行权
许雨平	监事	女	45	2006-5-16~2009-5-16	20,772	44,772	72,000	24,000	股权激励行权
张志范	副总裁	男	46	2008-5-21~2009-5-16			648,000		
白秋林	副总裁	女	53	2006-5-16~2009-5-16	269,338	485,338	648,000	216,000	股权激励行权
王玉辉	副总裁	男	52	2006-5-16~2009-5-16		150,000	648,000	150,000	股权激励行权
曹靖筠	副总裁	男	52	2006-5-16~2009-5-16		144,000	432,000	144,000	股权激励行权
全龙锡	副总裁	男	44	2006-5-16~2009-5-16		144,000	432,000	144,000	股权激励行权
于占洋	董事会秘书	男	37	2006-5-16~2009-5-16		20,000	144,000	20,000	股权激励行权
合　计	/	/	/	/	1,929,137	3,804,137	/	1,875,000	/

姓名	是否在公司领取报酬、津贴	报告期内从公司领取的报酬总额(万元)(税前)注	报告期被授予的股权激励情况				是否在股东单位或其他关联单位领取报酬、津贴
			可行权股数	已行权数量	行权价(元)	期末股票市价(元)	
尚书志	是	260	864,000	200,000	4.82	12.16	否
张德仲	否		720,000	360,000	4.82	12.16	是
葛　郁	是	160	720,000	360,000	4.82	12.16	否
李　宁	是	96	432,000	125,000	4.82	12.16	否
张志范	否		432,000				是
徐茂谦	否						是
于延琦	否						否
李延喜	是	10					否
艾洪德	是	10					否
罗启库	是	51	216,000	108,000	4.82	12.16	否
何宇霆	是	19	48,000	24,000	4.82	12.16	否
许雨平	是	13	48,000	24,000	4.82	12.16	否
张志范	是	98	432,000				否
白秋林	是	103	432,000	216,000	4.82	12.16	否
王玉辉	是	110	432,000	150,000	4.82	12.16	否
曹靖筠	是	76	288,000	144,000	4.82	12.16	否
全龙锡	是	94	288,000	144,000	4.82	12.16	否
于占洋	是	43	96,000	20,000	4.82	12.16	否
合　计	/	1,143	5,448,000	1,875,000	/	/	/

注:报告期内,公司董事、监事及高级管理人员从公司领取的报酬较 2007 年有所增加,一是 2007 年公司经营业绩创历史新高,故绩效奖金也创新高,而 2007 年绩效奖金在 2008 年支付,因此 2008 年发放的奖金亦为历史新高;二是由于 2008 年 1 月 1 日起,公司合理调整薪酬结构,适当增加了静态的基本工资比例,降低了动态的绩效奖金比例,故 2008 年基本工资有所增加。根据 2008 年度绩效考核结果,公司董事、监事及高级管理人员的薪酬水平都有不同幅度下降,其中董事长薪酬下降 38%。

第六节　董事会报告

6.1 管理层讨论与分析

(一)报告期内公司经营情况的回顾

2008 年,公司通过适度多元化投资,着力构筑的"国内国外两个市场两种资源相互依存、利润与现金流平衡、成长性与稳定性并重"的产业结构进一步清晰;国际国内贸易、医药零售连锁、生物疫苗生产、金融投资(广发证券)、商业投资(家乐福连锁)五项业务进一步走向成熟,形成可持续发

展的良好势头；能源开发项目已经取得若干关键性突破。虽然与2007年相比，市场系统性的负面因素导致总体经营业绩下降，但在各个经营领域内与同行业横向比较，仍呈现出稳定的发展势头，局部领域还有所增长。因此，总体上客观分析，公司仍然取得了较好的经营业绩，处于历史上的较高水平。

国内外贸易。2008年的上半年与下半年比较，贸易的经营环境可谓"冰火两重天"。上半年人民币兑美元加速升值，国家基于抑制通货膨胀的目标，采取一系列的货币政策和财政政策进行宏观调控，对出口产生了一定的负面影响；美元贬值等系列因素导致基础原材料价格非理性上涨。下半年美国金融危机爆发，引发经济危机，导致美国、欧洲、日本三大经济体的需求剧烈萎缩；国内宏观调控政策转向滞后，出现通货紧缩现象。在变化如此剧烈的环境下，公司采取了积极的应对策略，一是上半年抓住人民币对欧元等其它货币贬值的机会，大力开拓欧洲市场和日本市场；二是加强研究宏观经济走势，对宏观经济的拐点判断比较准确，及时实现了销售；三是对于备货性质的大宗商品业务，坚持以渠道经营为主，大力推行一手货源、终端客户的经营模式。贸易与去年同期相比，利润总额平稳中略有增长。

医药连锁零售。公司所属辽宁成大方圆医药连锁有限公司，总体上依然保持了稳健发展的势头。在规模扩张过程中，尤其是跨省扩张过程中，成大方圆遇到的主要困难是地方保护的壁垒，使得竞争环境复杂化，影响了规模扩张。成大方圆一方面在辽宁省内进行规模扩张；另一方面加强内功修炼，"采、定、付"分离机制基本形成；IT升级与流程再造方案付诸实施；自有品牌推进工作有序进行；实现GSP再认证工作一次性通过。尤其值得一提的是，成大方圆作为奥运会分赛场沈阳市医药零售行业的龙头企业，以责任感和使命感积极配合政府，忠实履行企业的社会责任，圆满完成奥运会兴奋剂专项治理工作，成为辽宁省内四大医药连锁中唯一荣获奥运"特殊贡献奖"的企业。

生物疫苗。2008年的人用狂犬病疫苗市场严重供大于求，竞争白热化。公司凭借自身的优势继续狠抓销售规模的提升和抓产品质量的提高；销售收入、市场占有率和利润指标在国内狂犬病疫苗行业排名中名列榜首。公司在北京、天津等地区市场占有率超过50%，并呈上升趋势；在其他销售目标区域的销售网络已覆盖到县级疾控中心。FDA车间和研发大楼相继建成；乙脑疫苗车间改造完成了GMP认证工作，"成大利宝"乙脑疫苗，实现了工业化生产并推向市场，结束了成大生物单一品种销售的历史；出血热疫苗、狂犬病疫苗211免疫法、流感疫苗等，都取得很好的进展。

金融投资。在证券行业和资本市场遭遇了很大的系统性风险的情况下，广发证券以其稳健经营作风和良好的风险控制能力依然取得了令人满意的经营成果，各项经营指标在全国行业排位稳居前列，为股东创造了丰厚的回报。

能源开发。能源开发项目已经取得关键性进展。落实的矿产资源储量进一步增加，基本上解除了持续开发的后顾之忧；环评已由吉林省环保局予以批复，项目核准工作已由吉林省发改委予以批复；干馏工艺、技术研发取得重大突破，新型干馏工艺技术装置研发成功，17项主要技术指标达到国内领先水平，国家知识产权局已经受理了成大弘晟申报的8项技术专利，为油页岩项目优质开发奠定了技术基础。2009年计划一期工程实现部分投产，达到年处理150万吨页岩矿，年产10万吨页岩油的生产能力。

报告期内，实现营业收入51.19亿元，同比下降6.49%；主要是由于成大生物、成大三霖以及进出口贸易的营业收入下降所致；实现营业利润10.57亿元，同比下降54.53%；实现归属于母公司的净利润9.39亿元，同比下降55.55%。营业利润和净利润大幅下降，主要是因为资本市场的大幅波动导致广发证券的投资收益大幅下降。

（二）公司主营业务及其经营状况

1、公司主营业务经营情况的说明

公司主营针、棉、毛织品、服装进出口业务及国家统一经营外的商品进出口业务，同时经营医药连锁、生物制药、金融投资、商业投资和外经业务。

2、主营业务分行业、地区情况表

(1)主营业务分行业情况表

单位:元 币种:人民币

分行业	营业收入	营业成本	营业利润率(%)	营业收入比上年同期增减(%)	营业成本比上年同期增减(%)	营业利润率比上年同期增减(%) 分行业
进出口贸易	1,456,886,431.39	1,200,194,094.10	17.62	−16.67	−25.42	115.58
商品流通	3,213,027,272.88	3,059,827,180.98	4.77	0.17	2.97	−35.19
加工制造业	3,341,497.32	6,239,124.67	−86.72	−85.99	−76.62	628.9
生物制药	322,640,650.08	32,187,510.67	90.2	−18.97	−12.51	−0.81
其他	50,742,555.33	66,931,903.31	−31.9	−3.5	56.37	−271.55

(2)主营业务分地区情况

单位:元 币种:人民币

地区	营业收入	营业收入比上年增减(%)
中国地区	3,562,421,881.08	−11.1
欧洲地区	518,534,867.60	−9.75
美洲地区	251,504,454.33	−33.54
亚洲地区	711,598,739.10	51.22
非洲地区	2,041,359.58	
大洋洲地区	537,105.29	

3、报告期公司资产和利润构成变动情况

(1)公司资产构成变动情况

项目	年末数	年初数	增减幅度(%)
长期股权投资	336,341.48	391,581.48	−14.11

长期股权投资减少的主要原因是被投资单位——广发证券股份有限公司分红及其他权益变动所致。

(2)公司利润构成变动情况

单位:万元 币种:人民币

项目	本年数	上年数	增减幅度(%)
投资收益	85,105.02	206,225.23	−58.73
营业利润	105,696.67	232,463.21	−54.53

投资收益下降较大主要系公司从广发证券股份有限公司取得的投资收益大幅下降所致。营业利润减少主要系投资收益下降、医药连锁销售、生物制药期间费用增加以及国内外贸易毛利下降所致。

4、公司现金流量情况分析

单位:元 币种:人民币

项目	2008年	2007年	同比增减情况(%)
经营活动产生的现金流量净额	95,742,552.39	262,216,721.90	−63.49
投资活动产生的现金流量净额	274,634,046.32	−135,903,567.55	
筹资活动产生的现金流量净额	−180,632,708.67	−80,425,642.42	124.60
现金及现金等价物净增加额	186,343,956.65	46,066,021.40	304.52

(1)经营活动产生的现金流量净额同比减少主要是付现销售费用、管理费用增加所致。

(2)投资活动产生的现金流量净额同比增加主要是收到广发证券分红款及吉林成大弘晟支付项目投资款所致。

(3)筹资活动产生的现金流量净额同比减少主要是公司银行贷款规模下降所致。

5、主要控股公司及参股公司的经营情况及业绩

(1)主要控股公司的经营情况及业绩

单位:元 币种:人民币

公司名称	业务性质	注册资本	资产规模	净利润
辽宁成大医药投资管理有限公司	医药连锁销售	76,000,000.00	94,303,495.96	4,942,769.71
辽宁成大方圆医药连锁有限公司	医药连锁销售	145,000,000.00	534,929,381.26	34,618,704.65
辽宁成大佳园商业连锁有限公司	国内外贸易	30,000,000.00	252,410,783.62	5,737,084.27
辽宁成大生物股份有限公司	生物制药	100,000,000.00	562,444,120.32	144,572,212.08
辽宁成大三霖钢铁贸易有限公司	国内外贸易	10,000,000.00	308,826,380.75	16,348,901.19
辽宁成大贸易发展有限公司	国内外贸易	100,000,000.00	302,604,974.82	4,726,772.60

(2)投资收益对公司净利润影响达到10%以上的参股公司的经营情况及业绩

单位:元 币种:人民币

公司名称	主要产品或服务	净利润	参股公司贡献的投资收益	占上市公司净利润的比重(%)
广发证券股份有限公司	从事证券及其相关业务	3,151,949,571.24	817,647,238.28	87.03

6、主要供应商、客户情况

单位:万元 币种:人民币

前五名销售客户销售金额合计	124,893	占销售总额比重(%)	24.40

（三）对公司未来的展望

1、公司所处行业的发展趋势和市场竞争格局

(1)国内外贸易。2009年与2008年相比，国内外贸易的宏观环境可能更加困难，主要是因为金融危机对实体经济的影响可能会进一步加深，市场需求会在一个低水平的状态下徘徊。在这种状态下，市场优胜劣汰的过程会加速。而对于具有品牌优势、管理优势、客户资源优势、资金优势的企业，在市场需求恢复时会占居先机，率先占领市场。

(2)医药连锁。中国人口向老龄化演变、庞大的人口基数等基本因素决定药品市场需求空间巨大；而医药生产厂家集中度低的客观事实为形成规模的医药连锁企业利用渠道优势向消费者提供价廉物美的药品提供了有利条件；医药连锁行业发展空间仍然诱人。在拓展规模的同时，要关注盈利模式的创新。与此同时，行业的优胜劣汰将持续。

(3)生物疫苗。2009年在政府主导下，市场经营环境，竞争环境将逐

渐变得有序。公司人用狂犬病疫苗的市场份额将会有所提高，但不会提高很大。乙脑疫苗处于市场导入期，在竞争格局复杂的情况下，需要时间赢得市场和政府相关部门的认可。

(4)能源开发。我国是石油消费大国，预计2020年我国石油需求将有60%以上依赖进口。相对石油资源，我国油页岩资源较为丰富。公司已落实的矿产资源出油率高、炼油工艺先进，市场前景看好。同时，为符合公司、股东等各方长期利益，公司根据国内外经济形势变化(包括原油价格变动及钢材等原材料价格下降等因素)，进行了广泛调研，经慎重考虑并征求各方意见，决定把握节奏，降低成本，夯实基础工作，出油时间预计延至2009年第四季度。

(5)金融投资。资本市场的战略地位已经获得国家认可，其在拉动经济走出低谷，促进经济发展的过程中发挥着不可替代的作用。广发证券是在市场环境下经过摸爬滚打成长起来的券商，竞争力在全国名列前茅。预计2009年公司的投资收益仍维持在较高水平。

(6)商业投资。家乐福的品牌优势、网络优势以及国家促进消费的一系列政策措施将使公司的投资收益保持平稳增长。

2、未来公司发展机遇和挑战

2009年面临的主要挑战来自于国际市场的需求不足和国际市场石油价格低迷。但总体看，公司有能力主动迎接挑战，化挑战为机遇，实现更大发展。

国内外贸易方面抓住经营环境剧烈变化、行业内部优胜劣汰调整加速的局面，在做好风险防范的前提下，利用公司的资金和品牌等优势，坚定不移的做好供应链组织者和管理者，实现规模和效益的快速稳定发展。

医药连锁要坚定不移的贯彻"总成本领先"的竞争战略和"自营连锁"为主的经营方针，不断完善"采，订，付"分离机制，千方百计扩大零售规模，提升销售网络价值，确保第一集团军地位。

成大生物要继续走自主研发和引进，吸收，再创新相结合的世界先进技术发展道路，奋力拓展国内国际两个市场，通过FDA认证工作，全面提高管理能力，做好新产品的研发工作，不断加大投入力度，确保国内行业龙头地位。

成大弘晟要在确保安全，降低成本，夯实基础的原则上，科学合理的把握好各项工作节奏和进度，稳步推进各项工作，保质保量完成年度计划和目标。

金融投资要全力支持和推动广发证券上市和机制、管理、业务创新，不断提升其在行业内的竞争力和影响力，以获取更大的投资回报。

商业投资方面要不断深化公司与家乐福的战略合作伙伴关系，以实现投资收益最大化。学习和借鉴其先进的管理理念和管理模式，促进公司贸易发展。

3、2009 年公司经营计划

2009 年主要经营指标：销售收入 51 亿元；税后利润 9 亿元。

4、资金需求

能源开发预计资本性支出 8.7 亿元。其中矿井改扩建支出 3.4 亿元，炼油厂支出 3.6 亿元，费用 1.7 亿元。

5、主要风险因素及对策

主要风险在于管理上的风险。公司已经涉足多项领域，管理机制必须随着经营体制的变化进行重大调整。公司正在积极理清新体制下的发展战略和实施规划，以战略为基础建立集团管控体系，实现公司在更高层次上协调发展。

同公允价值计量相关的内部控制制度情况

公司依据企业会计准则的规定，履行了必要的与公允价值计量相关的内部控制程序，主要包括：公允价值计量范围的界定、公允价值计量的谨慎性原则、采用估值技术的程序等方面的控制。

与公允价值计量相关的项目

√适用 □不适用

单位：元

项目 (1)	期初金额 (2)	本期公允价值变动损益(3)	计入权益的累计公允价值变动(4)	本期计提的减值 (5)	期末金额 (6)
金融资产					
其中：1.以公允价值计量且其变动计入当期损益的金融资产	62,697,992.49	−1,701,623.36			836,224
其中：衍生金融资产					
2.可供出售金融资产					
金融资产小计	62,697,992.49	−1,701,623.36			836,224
合计	62,697,992.49	−1,701,623.36			836,224

持有外币金融资产、金融负债情况

□适用 √不适用

6.2 募集资金使用情况

□适用 √不适用

变更项目情况

□适用 √不适用

6.3 非募集资金项目情况

√适用 □不适用

单位：万元 币种：人民币

项目名称	项目金额	项目进度	项目收益情况
辽宁成大生物股份有限公司增加注册资本	3,079	100%	7921 万元
辽宁成大贸易发展有限公司增加注册资本	8,569	100%	367 万元
沈阳家乐福商业有限公司增加实收资本	759	100%	2083 万元
沈阳家乐福商业有限公司增加注册资本	163.9	20%	
长春家乐福商业有限公司增加实收资本	800	100%	−259 万元
合计	13,370.9	/	/

沈阳家乐福 759 万元系该公司 2007 年增加注册资本时的实缴资本金额，余额结转到 2008 年执行。

沈阳家乐福 163.9 万元系该公司 2008 年 12 月再增资时，增资金额的 20%即 163.9 万元在 2008 年执行。

6.4 董事会对会计师事务所"非标准审计报告"的说明

□适用 √不适用

6.5 董事会本次利润分配或资本公积金转增股本预案

公司本报告期内盈利但未提出现金利润分配预案

√适用 □不适用

因公司 2009 年将继续以自筹资金投入与阜新矿业（集团）有限责任公司合作开发吉林市桦甸油页岩综合项目，鉴于该项目资金需求量大，公司拟定 2008 年度不进行现金利润分配，也不进行送股，尚未分配的利润公司将用于公司业务发展及以后年度分配。

本年度不进行资本公积金转增股本。

第七节　重要事项

7.1 收购资产

√适用 □不适用

单位：万元 币种：人民币

交易对方或最终控制方	被收购资产	购买日	资产收购价格	自购日起至本年末为上市公司贡献的净利润	自本年初至本年末为上市公司贡献的净利润（适用于同一控制下的企业合并）	是否为关联交易（如是，说明定价原则）	资产收购定价原则	所涉及的资产产权是否已全部过户	所涉及的债权债务是否已全部转移	该资产为上市公司贡献的净利润占利润总额的比例(%)
辽宁万恒集团有限公司	成大大厦 20、21 层办公楼	2008-9-18	1,827.7			否	协议	否	是	
林强、杨昭斌、李荣良、范大勇、张伟、高晓云、	辽宁成大广润进出口有限公司 101 万元股权	2008-6-30	148.8	1.94	4.93	否	账面价值	是	是	0.005
李岚、宋元玲、姜丽华、李峰、王忠慧、于军、王泰廉、孙其汉、李连胜、朴明花、李程、于秋平、陈蕾、范春玉、黄湘群	辽宁成大嘉润进出口有限公司 243 万元股权	2008-6-30	271.9	41.07	68.04	否	账面价值	是	是	0.064
孙成杰、吴一源、解洪瑞	辽宁成大丝绸进出口有限公司 170 万元股权	2008-1-1	258.8	23.46	23.46	否	账面价值	是	是	0.065

7.2 出售资产

√适用 □不适用

单位：万元 币种：人民币

交易对方	被出售资产	出售日	出售价格	本年初起至出售日该资产为上市公司贡献的净利润	出售产生的损益	是否为关联交易（如是，说明定价原则）	资产出售定价原则	所涉及的资产产权是否已全部过户	所涉及的债权债务是否已全部转移	资产为上市公司贡献净利润占利润总额的比例(%)
百安居（中国）投资有限公司	杭州百安居装饰建材有限公司股权	2008-11-28	1,012.19		107.15	否	协议	是	是	

7.3 重大担保

√适用 □不适用

单位：万元 币种：人民币

公司对子公司的担保情况	
报告期内对子公司担保发生额合计	117,600
报告期末对子公司担保余额合计	54,900
公司担保总额情况（包括对子公司的担保）	
担保总额	54,900
担保总额占公司净资产的比例(%)	10.34
其中：	
为股东、实际控制人及其关联方提供担保的金额	0
直接或间接为资产负债率超过 70%的被担保对象提供的债务担保金额	1,500
担保总额超过净资产 50%部分的金额	0
上述三项担保金额合计	1,500

7.4 重大关联交易

7.4.1 与日常经营相关的关联交易

□适用 √不适用

7.4.2 关联债权债务往来

□适用 √不适用

7.4.3 2008 年资金被占用情况及清欠进展情况

□适用 √不适用

截止 2008 年末，上市公司未完成非经营性资金占用的清欠工作的，董事会提出的责任追究方案

□适用 √不适用

7.5 委托理财

□适用 √不适用

7.6 承诺事项履行情况

7.6.1 公司或持股 5%以上股东在报告期内或持续到报告期内的承诺事项

√适用 □不适用

承诺事项	承诺内容	履行情况
股改承诺	2006 年 1 月 16 日，公司召开股权分置改革相关股东会议，审议通过了《辽宁成大股份有限公司股权分置改革方案》。持股比例超过 5%的公司原非流通股股东辽宁成大集团有限公司、深圳吉富创业投资股份有限公司和深圳宜发创业投资有限公司承诺：持有的股票自获得上市流通权之日起 12 个月内不上市交易或者转让；上述期限届满后，通过证券交易所挂牌交易出售股份的数量在 12 个月内不超过辽宁成大股份总数的 5%、24 个月内不超过 10%，且出售价格不低于 3.8 元/股，如违反承诺出售股份，则出售股份所得收入归辽宁成大所有。其他原非流通股股东承诺：持有的股票自获得上市流通权之日起 12 个月内不上市交易或者转让。	在报告期内，以上股东均按照承诺事项履行承诺。
其他对公司中小股东所作承诺	公司股权激励首次行权的新增股份 3,279,000 股于 2008 年 12 月 10 日在上海证券交易所上市流通，其中参与激励的董事、监事、高级管理人员行权新增股份 1,875,000 股按照相关法律法规和本	在报告期内，以上激励对象均按照承诺事项履行承诺。

公司的股权激励计划方案自本次股份上市之日起锁定六个月，且在任职期间每年转让的股份不得超过其所持有本公司股份总数的 25%，离职后半年内不得转让其所持有的本公司股份，不得将其持有的公司股票在买入后六个月内卖出，或者在卖出后六个月内又买入，由此所得收益归公司所有，公司董事会将收回其所得收益。

7.6.2 公司资产或项目存在盈利预测，且报告期仍处在盈利预测期间，公司就资产或项目是否达到原盈利预测及其原因作出说明：

□适用　　√不适用

7.7 重大诉讼仲裁事项

□适用　　√不适用

7.8 其他重大事项及其影响和解决方案的分析说明

7.8.1 证券投资情况

√适用　　□不适用

序号	证券品种	证券代码	证券简称	初始投资金额（元）	持有数量	期末账面值	占期末证券投资比例（%）	报告期损益
1.	A 股	000885	同力水泥	1,003,318.06	134,800	826,324	98.82	−176,994.06
2.	A 股	000401	冀东水泥	8,298.32	1,000	9,900	1.18	1,601.68
合计				1,011,616.38	/	836,224	100%	−175,392.38

7.8.2 持有其他上市公司股权情况

□适用　　√不适用

7.8.3 持有非上市金融企业股权情况

√适用　　□不适用

所持对象名称	初始投资金额（元）	持有数量（股）	占该公司股权比例（%）	期末账面值（元）	报告期损益（元）	报告期所有者权益变动（元）
广发证券股份有限公司	573,665,483.49	518,813,946	25.941	3,187,622,091.37	831,240,551.02	211,279,663.60
合计	573,665,483.49	518,813,946	/	3,187,622,091.37	831,240,551.02	211,279,663.60

7.8.4 买卖其他上市公司股份的情况

√适用　　□不适用

	股份名称	期初股份数量（股）	报告期买入/卖出股份数量（股）	期末股份数量（股）	使用的资金数量（元）	产生的投资收益（元）
买入	大冷股份	80,000.00	0		928,988.12	
卖出	大冷股份		80,000.00	0		−572,280.80
买入	武钢股份	280,000.00	400,000.00		13,189,751.52	
卖出	武钢股份		680,000.00	0		814,033.30
买入	浦发银行	0	339,405.00		10,322,568.12	
卖出	浦发银行		339,405.00	0		−948,758.92
买入	锌业股份	1,140,398.00	0		20,862,019.43	
卖出	锌业股份		1,140,398.00	0		554,288.65
买入	科陆电子	9,100.00	0		369,395.78	
卖出	科陆电子		9,100.00			−25,693.25
买入	新都酒店	286,300.00	0		2,013,889.98	
卖出	新都酒店		286,300.00	0		126,716.42
买入	武汉凡谷	1,500.00	0		31,650.00	
卖出	武汉凡谷		1,500.00	0		8,111.95
买入	东晶电子	1,000.00	0		8,800.00	
卖出	东晶电子		1,000.00	0		2,539.10
买入	冠农股份	4,200.00	0		165,720.67	
卖出	冠农股份		4,200.00	0		95,377.80
买入	好当家	592,448.00	363,833.00		16,098,037.20	
卖出	好当家		956,281.00	0		757,377.51
买入	大商股份	201,700.00	26,800.00		11,345,200.03	
卖出	大商股份		228,500.00	0		362,011.79
买入	中国中铁	1,000,000.00	0		10,043,785.29	
卖出	中国中铁		1,000,000.00	0		−2,655.48
买入	中国太保	16,000.00	0		480,000.00	
卖出	中国太保		16,000.00	0		−31,224.06
买入	国投新集	35,000.00	0		205,800.00	
卖出	国投新集		35,000.00	0		−9,593.00
买入	嘉应制药	1,500.00	0		8,985.00	
卖出	嘉应制药		1,500.00	0		−25,062.72
买入	方正电机	500	0		3,740.00	
卖出	方正电机		500	0		−8,794.53
买入	金风科技	500	0		18,000.00	
卖出	金风科技		500	0		−51,605.29
买入	南方隆元	991,162.78	0		1,000,000.00	
卖出	南方隆元		991,162.78	0		−573,377.76
买入	达意隆	0	4,500.00		19,080.00	
卖出	达意隆		4,500.00	0		63,147.79
买入	武钢 CWB1	0	4,608,846.00		51,412,335.80	
卖出	武钢 CWB1		4,608,846.00	0		−12,268,672.02
买入	联合化工	0	3,000.00		34,170.00	
卖出	联合化工		3,000.00	0		46,007.10
买入	南洋股份	0	1,000.00		15,120.00	
卖出	南洋股份		1,000.00	0		12,799.70
买入	四川美丰	0	314,034.00		8,650,894.45	
卖出	四川美丰		314,034.00	0		286,839.71
买入	中煤能源	0	31,000.00		521,730.00	
卖出	中煤能源		31,000.00	0		85,321.34
买入	中山公用	0	4,067.00		112,442.58	
卖出	中山公用		4,067.00	0		−2,366.67
买入	飞马国际	0	3,000.00		23,370.00	
卖出	飞马国际		3,000.00	0		49,804.28
买入	独一味	0	1,000.00		6,180.00	
卖出	独一味		1,000.00	0		20,416.35
买入	福晶科技	0	2,500.00		19,475.00	
卖出	福晶科技		2,500.00	0		13,703.27
买入	中国中铁	0	49,000.00		444,920.00	
卖出	中国中铁		49,000.00	0		93,286.20
买入	华锐铸钢	0	500		5,390.00	
卖出	华锐铸钢		500	0		244.18
买入	东华能源	0	1,000.00		5,690.00	
卖出	东华能源		1,000.00	0		−1,362.15
买入	联化科技	0	9,500.00		99,940.00	
卖出	联化科技		9,500.00	0		3,678.21
买入	上海莱士	0	4,000.00		51,240.00	
卖出	上海莱士		4,000.00	0		31,590.76
买入	海陆重工	0	2,500.00		26,150.00	
卖出	海陆重工		2,500.00	0		22,952.25
买入	彩虹精化	0	2,000.00		25,120.00	
卖出	彩虹精化		2,000.00	0		901.7
买入	冀东水泥	0	553,150.00		4,590,215.11	
卖出	冀东水泥		552,150.00	1,000.00		408,031.78
买入	四川金顶	0	113,000.00		679,208.48	
卖出	四川金顶		113,000.00	0		−71,345.48
买入	同力水泥	0	638,412.00		5,147,880.27	
卖出	同力水泥		503,612.00	134,800.00		−236,392.81
买入	中国石化	0	84,222.00		703,056.62	
卖出	中国石化		84,222.00	0		13,957.27
买入	六国化工	0	274,374.00		5,440,601.54	
卖出	六国化工		274,374.00	0		−62,601.54
买入	申购	0	42,000.00		370,745.00	
卖出	申购		42,000.00	0		178,419.43

报告期内卖出申购取得的新股产生的投资收益总额 173,263.24 元。

7.9 公司是否披露履行社会责任的报告：否

第八节　监事会报告

监事会认为公司依法运作、公司财务情况、公司募集资金使用、公司收购、出售资产交易和关联交易不存在问题。

8.1 监事会对公司依法运作情况的独立意见

依照《公司法》、《上市公司治理准则》和《公司章程》及其他法律、法规赋予的职责，本着对全体股东负责，维护全体所有者权益的宗旨，公司监事会成员对公司股东大会、董事会的召开和执行情况，对公司财务以及公司董事履行职责的合法合规性进行了监督。认为公司能够严格按照相关的法律法规、公司章程规范运作，经营决策科学合理，内部管理和内部控制制度完善，公司董事、总裁执行公司职务时无违反法律、法规、公司章程和损害股东利益的行为。

8.2 监事会对检查公司财务情况的独立意见

公司经营业绩已经华普天健高商会计师事务所（北京）有限公司审计，2008 年度资产负债表、利润及利润分配表、现金流量表等已经华普天健高商会计师事务所（北京）有限公司审计并出具了标准无保留意见的审计报告，真实反映了公司的财务状况和经营成果。

8.3 监事会对公司最近一次募集资金实际投入情况的独立意见

公司最近一次募集资金实际投入项目与承诺投入项目一致。

8.4 监事会对公司收购、出售资产情况的独立意见

报告期内公司运作规范，交易公允，监事会未发现任何内幕交易，也没有发现损害股东权益或造成公司资产流失的情况。

8.5 监事会对公司关联交易情况的独立意见

公司关联交易本着公平、公开、公正的原则，没有损害上市公司的利益。

8.6 监事会对会计师事务所非标意见的独立意见

公司财务报告未被会计师事务所出具非标意见。

8.7 监事会对公司利润实现与预测存在较大差异的独立意见

公司在 2007 年年度报告中披露了公司 2008 年度的经营计划。

报告期内，由于金融危机、公司对广发证券股份有限公司投资收益下降等原因，公司实现的净利润较计划减少 37.33%，无重大差异。

第九节　财务会计报告

9.1 审计意见

财务报告	□未经审计	√审计
审计意见	√标准无保留意见	□非标意见

审计意见全文

会审字[2009]6138 号

审 计 报 告

辽宁成大股份有限公司全体股东：

我们审计了后附的辽宁成大股份有限公司(以下简称辽宁成大公司)财务报表，包括 2008 年 12 月 31 日的资产负债表和合并资产负债表，2008 年度的利润表和合并利润表、股东权益变动表和合并股东权益变动表、现金流量表和合并现金流量表以及财务报表附注。

一、管理层对财务报表的责任

按照企业会计准则的规定编制财务报表是辽宁成大公司管理层的责任。这种责任包括：(1)设计、实施和维护与财务报表编制相关的内部控制，以使财务报表不存在由于舞弊或错误而导致的重大错报；(2)选择和运用恰当的会计政策；(3)作出合理的会计估计。

二、注册会计师的责任

我们的责任是在实施审计工作的基础上对财务报表发表审计意见。我们按照中国注册会计师审计准则的规定执行了审计工作。中国注册会计师审计准则要求我们遵守职业道德规范，计划和实施审计工作以对财务报表是否不存在重大错报获取合理保证。

审计工作涉及实施审计程序，以获取有关财务报表金额和披露的审计证据。选择的审计程序取决于注册会计师的判断，包括对由于舞弊或错误导致的财务报表重大错报风险的评估。在进行风险评估时，我们考虑与财务报表编制相关的内部控制，以设计恰当的审计程序，但目的并非对内部控制的有效性发表意见。审计工作还包括评价管理层选用会计政策的恰当性和作出会计估计的合理性，以及评价财务报表的总体列报。

我们相信，我们获取的审计证据是充分、适当的，为发表审计意见提供了基础。

三、审计意见

我们认为，辽宁成大公司财务报表已经按照企业会计准则的规定编制，在所有重大方面公允反映了辽宁成大公司 2008 年 12 月 31 日的财务状况以及 2008 年度的经营成果和现金流量。

华普天健高商会计师事务所(北京)有限公司　　　　中国注册会计师：李晓刚

中国·北京　　　　中国注册会计师：黄　骁

二○○九年四月十六日

9.2 财务报表

合并资产负债表

2008 年 12 月 31 日

编制单位：辽宁成大股份有限公司　　　　单位：元 币种：人民币

项目	附注	期末余额	年初余额
流动资产：			
货币资金		560,369,632.61	374,025,675.96
结算备付金			
拆出资金			
交易性金融资产		836,224.00	62,697,992.49
应收票据		73,827,061.14	30,712,884.99
应收账款		363,960,395.66	386,619,239.49
预付款项		592,242,204.07	665,334,428.75
应收保费			
应收分保账款			
应收分保合同准备金			
应收利息			
应收股利			
其他应收款		62,953,895.94	44,755,107.79
买入返售金融资产			
存货		417,041,227.29	458,007,887.13
一年内到期的非流动资产			
其他流动资产			
流动资产合计		2,071,230,640.71	2,022,153,216.60
非流动资产：			
发放贷款及垫款			
可供出售金融资产			
持有至到期投资			
长期应收款		11,897,871.45	11,897,871.45
长期股权投资		3,363,414,794.92	3,915,814,803.13
投资性房地产		155,260,322.88	157,283,761.24
固定资产		498,618,976.95	239,155,539.61
在建工程		253,895,594.08	41,458,466.14
工程物资		27,880,588.50	
固定资产清理			
生产性生物资产			
油气资产			
无形资产		139,502,631.55	31,500,765.54
开发支出			
商誉		22,302,543.43	22,302,543.43
长期待摊费用		15,361,585.44	12,671,362.00
递延所得税资产		19,114,648.89	22,647,023.02
其他非流动资产			
非流动资产合计		4,507,249,558.09	4,454,732,135.56
资产总计		6,578,480,198.80	6,476,885,352.16
流动负债：			
短期借款		518,865,000.00	766,161,000.00
向中央银行借款			
吸收存款及同业存放			
拆入资金			
交易性金融负债			
应付票据		189,541,737.80	281,316,824.32
应付账款		387,626,726.72	398,936,526.41
预收款项		60,505,532.68	86,097,005.32
卖出回购金融资产款			
应付手续费及佣金			
应付职工薪酬		42,002,285.99	23,397,124.84
应交税费		−1,447,028.95	35,060,676.65
应付利息			
应付股利		1,364,027.75	1,350,853.49
其他应付款		55,365,326.84	46,371,711.35
应付分保账款			
保险合同准备金			
代理买卖证券款			
代理承销证券款			
一年内到期的非流动负债			
其他流动负债			
流动负债合计		1,253,823,608.83	1,638,691,722.38
非流动负债：			
长期借款			
应付债券			
长期应付款			
专项应付款		5,508,500.00	5,508,500.00
预计负债			
递延所得税负债		391,218.76	381,557.75
其他非流动负债		8,644,999.99	
非流动负债合计		14,544,718.75	5,890,057.75
负债合计		1,268,368,327.58	1,644,581,780.13
股东权益：			
股本		900,485,544.00	897,206,544.00
资本公积		224,440,104.27	829,837,382.19
减：库存股			
盈余公积		507,986,373.02	507,986,373.02
一般风险准备			
未分配利润		3,325,788,831.91	2,386,305,105.64
外币报表折算差额		−452,864.06	−389,448.26
归属于母公司所有者权益合计		4,958,247,989.14	4,620,945,956.59
少数股东权益		351,863,882.08	211,357,615.44
股东权益合计		5,310,111,871.22	4,832,303,572.03
负债和股东权益合计		6,578,480,198.80	6,476,885,352.16

公司法定代表人：尚书志　　主管会计工作负责人：李宁　　会计机构负责人：高武

母公司资产负债表

2008 年 12 月 31 日

编制单位：辽宁成大股份有限公司　　　　单位：元 币种：人民币

项目	附注	期末余额	年初余额
流动资产：			
货币资金		270,521,504.06	141,267,009.05
交易性金融资产		836,224.00	62,697,992.49
应收票据			
应收账款		73,346,946.15	163,561,615.77
预付款项		5,855,716.60	44,728,881.50
应收利息			
应收股利			
其他应收款		582,106,046.03	412,270,473.81
存货		9,324,254.79	49,175,390.30
一年内到期的非流动资产			
其他流动资产			
流动资产合计		941,990,691.63	873,701,362.92

非流动资产：		
可供出售金融资产		
持有至到期投资		
长期应收款	11,897,871.45	11,897,871.45
长期股权投资	3,936,284,669.17	4,218,465,973.67
投资性房地产	152,359,042.67	157,283,761.24
固定资产	69,639,292.23	51,905,093.06
在建工程	1,140,000.00	
工程物资		
固定资产清理		
生产性生物资产		
油气资产		
无形资产	5,716,167.97	5,191,241.44
开发支出		
商誉		
长期待摊费用		
递延所得税资产	12,845,942.77	17,820,457.63
其他非流动资产		
非流动资产合计	4,189,882,986.26	4,462,564,398.49
资产总计	5,131,873,677.89	5,336,265,761.41
流动负债：		
短期借款	350,361,200.00	554,747,200.00
交易性金融负债		
应付票据	1,390,343.50	128,168,463.68
应付账款	28,310,186.43	165,740,358.49
预收款项	1,700,759.46	31,181,494.51
应付职工薪酬	18,697,909.04	1,834,478.42
应交税费	−1,042,911.80	18,402,152.63
应付利息		
应付股利	1,350,853.49	1,350,853.49
其他应付款	64,204,151.22	99,062,372.93
一年内到期的非流动负债		
其他流动负债		
流动负债合计	464,972,491.34	1,000,487,374.15
非流动负债：		
长期借款		
应付债券		
长期应付款		
专项应付款		
预计负债		
递延所得税负债	381,557.75	
其他非流动负债		
非流动负债合计	381,557.75	
负债合计	464,972,491.34	1,000,868,931.90
股东权益：		
股本	900,485,544.00	897,206,544.00
资本公积	217,683,630.66	823,080,908.58
减：库存股		
盈余公积	507,986,373.02	507,986,373.02
未分配利润	3,040,745,638.87	2,107,123,003.91
外币报表折算差额		
股东权益合计	4,666,901,186.55	4,335,396,829.51
负债和股东权益合计	5,131,873,677.89	5,336,265,761.41

公司法定代表人：尚书志　　主管会计工作负责人：李宁　　会计机构负责人：高武

合并利润表

2008 年 1—12 月

编制单位：辽宁成大股份有限公司　　单位：元 币种：人民币

项目	附注	本期金额	上期金额
一、营业总收入		5,118,992,210.87	5,473,973,049.54
其中：营业收入		5,118,992,210.87	5,473,973,049.54
利息收入			
已赚保费			
手续费及佣金收入			
二、营业总成本		4,911,374,105.51	5,199,326,728.02
其中：营业成本		4,402,635,212.47	4,696,052,447.34
利息支出			
手续费及佣金支出			
退保金			
赔付支出净额			
提取保险合同准备金净额			
保单红利支出			
分保费用			
营业税金及附加		11,058,508.89	10,919,562.14
销售费用		297,660,893.04	238,386,721.03
管理费用		186,254,379.13	184,320,181.53
财务费用		−625,920.68	37,734,784.75
资产减值损失		14,391,032.66	31,913,031.23
加：公允价值变动收益（损失以“−”号填列）		−1,701,623.36	−12,266,517.27
投资收益（损失以“−”号填列）		851,050,198.14	2,062,252,273.45
其中：对联营企业和合营企业的投资收益		857,817,165.29	1,988,904,440.99
汇兑收益（损失以“−”号填列）			
三、营业利润（亏损以“−”号填列）		1,056,966,680.14	2,324,632,077.70
加：营业外收入		10,271,547.12	10,165,952.15
减：营业外支出		12,637,746.39	9,050,128.24
其中：非流动资产处置净损失		1,071,521.70	776,294.16
四、利润总额（亏损总额以“−”号填列）		1,054,600,480.87	2,325,747,901.61
减：所得税费用		56,182,847.26	95,657,358.39
五、净利润（净亏损以“−”号填列）		998,417,633.61	2,230,090,543.22
归属于母公司所有者的净利润		939,483,726.27	2,113,354,952.19
少数股东损益		58,933,907.34	116,735,591.03
六、每股收益：			
（一）基本每股收益		1.0468	2.3555
（二）稀释每股收益		1.0376	2.2765

公司法定代表人：尚书志　　主管会计工作负责人：李宁　　会计机构负责人：高武

母公司利润表

2008 年 1—12 月

编制单位：辽宁成大股份有限公司　　单位：元 币种：人民币

项目	附注	本期金额	上期金额
一、营业收入		1,197,011,138.94	1,449,539,569.81
减：营业成本		1,081,460,472.87	1,328,642,138.07
营业税金及附加		2,172,180.84	1,708,653.29
销售费用		41,226,154.13	35,762,027.21
管理费用		97,297,973.32	121,276,518.17
财务费用		−32,631,155.31	21,688,058.51
资产减值损失		5,584,534.54	28,966,432.46
加：公允价值变动收益（损失以“−”号填列）		−1,701,623.36	−12,266,517.27
投资收益（损失以“−”号填列）		940,690,554.77	2,078,564,125.28
其中：对联营企业和合营企业的投资收益		857,817,165.29	1,988,904,440.99
二、营业利润（亏损以“−”号填列）		940,889,909.96	1,977,793,350.11
加：营业外收入			191,022.31
减：营业外支出		8,933,153.81	7,252,161.94
其中：非流动资产处置净损失		478,760.21	
三、利润总额（亏损总额以“−”号填列）		931,956,756.15	1,970,732,210.48
减：所得税费用		−1,665,878.81	16,299,360.42
四、净利润（净亏损以“−”号填列）		933,622,634.96	1,954,432,850.06

公司法定代表人：尚书志　　主管会计工作负责人：李宁　　会计机构负责人：高武

合并现金流量表

2008 年 1—12 月

单位：元 币种：人民币

项目	附注	本期金额	上期金额
一、经营活动产生的现金流量：			
销售商品、提供劳务收到的现金		4,744,570,319.20	4,809,279,043.44
客户存款和同业存放款项净增加额			
向中央银行借款净增加额			
向其他金融机构拆入资金净增加额			
收到原保险合同保费取得的现金			
收到再保险业务现金净额			
保户储金及投资款净增加额			
处置交易性金融资产净增加额			
收取利息、手续费及佣金的现金			
拆入资金净增加额			
回购业务资金净增加额			
收到的税费返还		116,827,185.76	124,798,491.56
收到其他与经营活动有关的现金		85,869,038.76	176,817,707.16
经营活动现金流入小计		4,947,266,543.72	5,110,895,242.16
购买商品、接受劳务支付的现金		4,079,532,152.01	4,334,122,371.65
客户贷款及垫款净增加额			
存放中央银行和同业款项净增加额			
支付原保险合同赔付款项的现金			
支付利息、手续费及佣金的现金			
支付保单红利的现金			
支付给职工以及为职工支付的现金		189,384,378.13	118,862,870.53
支付的各项税费		183,859,595.66	161,678,849.07
支付其他与经营活动有关的现金		398,747,865.53	234,014,429.01
经营活动现金流出小计		4,851,523,991.33	4,848,678,520.26

经营活动产生的现金流量净额	95,742,552.39	262,216,721.90
二、投资活动产生的现金流量:		
收回投资收到的现金	165,466,618.64	821,503,986.74
取得投资收益收到的现金	801,387,304.81	22,890,059.88
处置固定资产、无形资产和其他长期资产收回的现金净额	1,116,386.23	2,969,002.49
处置子公司及其他营业单位收到的现金净额		
收到其他与投资活动有关的现金		
投资活动现金流入小计	967,970,309.68	847,363,049.11
购建固定资产、无形资产和其他长期资产支付的现金	563,479,976.25	200,096,160.99
投资支付的现金	128,529,965.51	783,170,455.67
质押贷款净增加额		
取得子公司及其他营业单位支付的现金净额		
支付其他与投资活动有关的现金	1,326,321.60	
投资活动现金流出小计	693,336,263.36	983,266,616.66
投资活动产生的现金流量净额	274,634,046.32	−135,903,567.55
三、筹资活动产生的现金流量:		
吸收投资收到的现金	147,667,355.00	1,470,000.00
其中:子公司吸收少数股东投资收到的现金	131,862,575.00	1,470,000.00
取得借款收到的现金	943,038,900.00	1,151,441,739.02
发行债券收到的现金		
收到其他与筹资活动有关的现金		
筹资活动现金流入小计	1,090,706,255.00	1,152,911,739.02
偿还债务支付的现金	1,175,333,300.00	1,105,131,567.47
分配股利、利润或偿付利息支付的现金	96,005,663.67	128,205,813.97
其中:子公司支付给少数股东的股利、利润	40,161,647.59	
支付其他与筹资活动有关的现金		
筹资活动现金流出小计	1,271,338,963.67	1,233,337,381.44
筹资活动产生的现金流量净额	−180,632,708.67	−80,425,642.42
四、汇率变动对现金及现金等价物的影响	−3,399,933.39	178,509.47
五、现金及现金等价物净增加额	186,343,956.65	46,066,021.40
加:期初现金及现金等价物余额	374,025,675.96	327,959,654.56
六、期末现金及现金等价物余额	560,369,632.61	374,025,675.96

公司法定代表人:尚书志　　主管会计工作负责人:李宁　　会计机构负责人:高武

母公司现金流量表

2008 年 1—12 月

编制单位:辽宁成大股份有限公司　　单位:元 币种:人民币

项目	附注	本期金额	上期金额
一、经营活动产生的现金流量:			
销售商品、提供劳务收到的现金		1,103,684,913.10	1,396,752,867.39
收到的税费返还		91,041,520.13	106,636,472.97
收到其他与经营活动有关的现金		42,578,144.79	97,552,806.09
经营活动现金流入小计		1,237,304,578.02	1,600,942,146.45
购买商品、接受劳务支付的现金		891,845,672.47	1,148,271,081.58
支付给职工以及为职工支付的现金		41,695,449.36	29,019,253.44
支付的各项税费		32,019,649.16	17,641,197.97
支付其他与经营活动有关的现金		524,872,762.47	423,330,509.75
经营活动现金流出小计		1,490,433,533.46	1,618,262,042.74
经营活动产生的现金流量净额		−253,128,955.44	−17,319,896.29
二、投资活动产生的现金流量:			
收回投资收到的现金		165,466,618.64	821,505,785.74
取得投资收益收到的现金		847,808,272.08	76,064,267.26
处置固定资产、无形资产和其他长期资产收回的现金净额		112,500.00	106,700.00
处置子公司及其他营业单位收到的现金净额			
收到其他与投资活动有关的现金			
投资活动现金流入小计		1,013,387,390.72	897,676,753.00
购建固定资产、无形资产和其他长期资产支付的现金		14,221,972.69	14,283,185.00
投资支付的现金		402,082,390.51	783,170,455.67
取得子公司及其他营业单位支付的现金净额			
支付其他与投资活动有关的现金			
投资活动现金流出小计		416,304,363.20	797,453,640.67
投资活动产生的现金流量净额		597,083,027.52	100,223,112.33
三、筹资活动产生的现金流量:			
吸收投资收到的现金		15,804,780.00	
取得借款收到的现金		667,235,100.00	753,217,900.00
收到其他与筹资活动有关的现金			
筹资活动现金流入小计		683,039,880.00	753,217,900.00
偿还债务支付的现金		856,619,500.00	737,007,600.00
分配股利、利润或偿付利息支付的现金		39,261,777.50	79,145,481.91
支付其他与筹资活动有关的现金			
筹资活动现金流出小计		895,881,277.50	816,153,081.91
筹资活动产生的现金流量净额		−212,841,397.50	−62,935,181.91
四、汇率变动对现金及现金等价物的影响		−1,858,179.57	−535,517.65
五、现金及现金等价物净增加额		129,254,495.01	19,432,516.48
加:期初现金及现金等价物余额		141,267,009.05	121,834,492.57
六、期末现金及现金等价物余额		270,521,504.06	141,267,009.05

公司法定代表人:尚书志　　主管会计工作负责人:李宁　　会计机构负责人:高武

合并所有者权益变动表

2008 年 1—12 月

单位:元 币种:人民币

本年金额

项目	归属于母公司所有者权益 股本	资本公积	减:库存股	盈余公积	一般风险准备	未分配利润	其他	少数股东权益	所有者权益合计
一、上年年末余额	897,206,544.00	829,837,382.19		507,986,373.02		2,386,305,105.64	−389,448.26	211,357,615.44	4,832,303,572.03
加:同一控制下企业合并产生的追溯调整									
会计政策变更									
前期差错更正									
其他									
二、本年年初余额	897,206,544.00	829,837,382.19		507,986,373.02		2,386,305,105.64	−389,448.26	211,357,615.44	4,832,303,572.03
三、本年增减变动金额(减少以"−"号填列)	3,279,000.00	−605,397,277.92				939,483,726.27	−63,415.80	140,506,266.64	477,808,299.19
(一)净利润						939,483,726.27		59,203,242.24	998,686,968.51
(二)直接计入所有者权益的利得和损失		−619,960,887.42					−63,415.80	−15,853.95	−620,040,157.17
1.可供出售金融资产公允价值变动净额									
2.权益法下被投资单位其他所有者权益变动的影响		−619,960,887.42							−619,960,887.42
3.与计入所有者权益项目相关的所得税影响									
4.其他								−63,415.80	−15,853.95
−79,26975									
上述(一)和(二)小计		−619,960,887.42				939,483,726.27	−63,415.80	59,187,388.29	378,646,811.34
(三)所有者投入和减少资本	3,279,000.00	14,563,609.50						147,573,612.76	165,416,222.26
1.所有者投入资本	3,279,000.00	12,525,780.00						157,278,504.10	173,083,284.10
2.股份支付计入所有者权益的金额		2,037,829.50							2,037,829.50
3.其他								−9,704,891.34	−9,704,891.34
(四)利润分配								−66,254,734.41	−66,254,734.41
1.提取盈余公积									
2.提取一般风险准备									
3.对所有者(或股东)的分配								−66,254,734.41	−66,254,734.41
4.其他									
(五)所有者权益内部结转									
1.资本公积转增资本(或股本)									
2.盈余公积转增资本(或股本)									
3.盈余公积弥补亏损									
4.其他									
四、本期期末余额	900,485,544.00	224,440,104.27		507,986,373.02		3,325,788,831.91	−452,864.06	351,863,882.08	5,310,111,871.22

上年金额

项目	归属于母公司所有者权益 股本	资本公积	减:库存股	盈余公积	一般风险准备	未分配利润	其他	少数股东权益	所有者权益合计
一、上年年末余额	498,448,080.00	106,213,097.19		510,786,426.74		530,063,099.33		101,077,935.31	1,746,588,638.57
加:同一控制下企业合并产生的追溯调整									
会计政策变更		153,552,273.39		−2,800,053.72		99,776,339.25	−184,520.00	1,940,875.81	252,284,914.73
前期差错更正									
其他									
二、本年年初余额	498,448,080.00	259,765,370.58		507,986,373.02		629,839,438.58	−184,520.00	103,018,811.12	1,998,873,553.30
三、本年增减变动金额(减少以"−"号填列)	398,758,464.00	570,072,011.61				1,756,465,667.06	−204,928.26	108,338,804.32	2,833,430,018.73
(一)净利润						2,113,354,952.19		116,735,591.03	2,230,090,543.22
(二)直接计入所有者权益的利得和损失		575,698,623.61					−204,928.26	−51,232.07	575,442,463.28
1.可供出售金融资产公允价值变动净额		−5,331,400.00							−5,331,400.00
2.权益法下被投资单位其他所有者权益变动的影响		581,030,023.61							581,030,023.61
3.与计入所有者权益项目相关的所得税影响									
4.其他							−204,928.26	−51,232.07	−256,160.33
上述(一)和(二)小计		575,698,623.61				2,113,354,952.19	−204,928.26	116,684,358.96	2,805,533,006.50
(三)所有者投入和减少资本		69,140,600.00				3,488,676.71		−6,406,734.93	66,222,541.78
1.所有者投入资本								1,470,000.00	1,470,000.00
2.股份支付计入所有者权益的金额		69,140,600.00							69,140,600.00
3.其他						3,488,676.71		−7,876,734.93	−4,388,058.22
(四)利润分配	323,991,252.00					−360,377,961.84		−1,938,819.71	−38,325,529.55
1.提取盈余公积									
2.提取一般风险准备									
3.对所有者									

(或股东)的分配	323,991,252.00				-360,377,961.84		-1,938,819.71	-38,325,529.55
4.其他								
(五)所有者权益								
内部结转	74,767,212.00	-74,767,212.00						
1.资本公积转增资本								
(或股本)	74,767,212.00	-74,767,212.00						
2.盈余公积转增资本(或								
股本)								
3.盈余公积弥补亏损								
4.其他								
四、本期期末余额	897,206,544.00	829,837,382.19		507,986,373.02	2,386,305,105.64	-389,448.26	211,357,615.44	4,832,303,572.03

公司法定代表人:尚书志　　主管会计工作负责人:李宁　　会计机构负责人:高武

母公司所有者权益变动表

2008 年 1—12 月

单位:元 币种:人民币

本年金额

项目	股本	资本公积	减:库存股	盈余公积	未分配利润	所有者权益合计
一、上年年末余额	897,206,544.00	823,080,908.58		507,986,373.02	2,107,123,003.91	4,335,396,829.51
加:会计政策变更						
前期差错更正						
其他						
二、本年年初余额	897,206,544.00	823,080,908.58		507,986,373.02	2,107,123,003.91	4,335,396,829.51
三、本年增减变动金额						
(减少以"-"号填列)	3,279,000.00	-605,397,277.92			933,622,634.96	331,504,357.04
(一)净利润					933,622,634.96	933,622,634.96
(二)直接计入所有者						
权益的利得和损失		-619,960,887.42				-619,960,887.42
1.可供出售金融资产						
公允价值变动净额						
2.权益法下被投资单位其他						
所有者权益变动的影响		-619,960,887.42				-619,960,887.42
3.与计入所有者权益项目						
相关的所得税影响						
4.其他						
上述(一)和(二)小计		-619,960,887.42			933,622,634.96	313,661,747.54
(三)所有者投入和						
减少资本	3,279,000.00	14,563,609.50				17,842,609.50
1.所有者投入资本	3,279,000.00	12,525,780.00				15,804,780.00
2.股份支付计入所有者						
权益的金额		2,037,829.50				2,037,829.50
3.其他						
(四)利润分配						
1.提取盈余公积						
2.对所有者(或股东)的分配						
3.其他						
(五)所有者权益内部结转						
1.资本公积转增资本(或股本)						
2.盈余公积转增资本(或股本)						
3.盈余公积弥补亏损						
4.其他						
四、本期期末余额	900,485,544.00	217,683,630.66		507,986,373.02	3,040,745,638.87	4,666,901,186.55

上年金额

项目	股本	资本公积	减:库存股	盈余公积	未分配利润	所有者权益合计
一、上年年末余额	498,448,080.00	106,213,097.19		510,786,426.74	538,268,599.10	1,653,716,203.03
加:会计政策变更		146,795,799.78		-2,800,053.72	-25,200,483.41	118,795,262.65
前期差错更正						
其他						
二、本年年初余额	498,448,080.00	253,008,896.97		507,986,373.02	513,068,115.69	1,772,511,465.68
三、本年增减变动金额						
(减少以"-"号填列)	398,758,464.00	570,072,011.61			1,594,054,888.22	2,562,885,363.83
(一)净利润					1,954,432,850.06	1,954,432,850.06
(二)直接计入所有者						
权益的利得和损失		575,698,623.61				575,698,623.61
1.可供出售金融资产公						
允价值变动净额		-5,331,400.00				-5,331,400.00
2.权益法下被投资单位其他						
所有者权益变动的影响		581,030,023.61				581,030,023.61
3.与计入所有者权益项目						
相关的所得税影响						
4.其他						
上述(一)和(二)小计		575,698,623.61			1,954,432,850.06	2,530,131,473.67
(三)所有者投入和减少资本		69,140,600.00				69,140,600.00
1.所有者投入资本						
2.股份支付计入所有者						
权益的金额		69,140,600.00				69,140,600.00
3.其他						
(四)利润分配	323,991,252.00				-360,377,961.84	-36,386,709.84
1.提取盈余公积						
2.对所有者						
(或股东)的分配	323,991,252.00				-360,377,961.84	-36,386,709.84
3.其他						
(五)所有者权益						
内部结转	74,767,212.00	-74,767,212.00				
1.资本公积转增资本						
(或股本)	74,767,212.00	-74,767,212.00				
2.盈余公积转增资本						
(或股本)						
3.盈余公积弥补亏损						
4.其他						
四、本期期末余额	897,206,544.00	823,080,908.58		507,986,373.02	2,107,123,003.91	4,335,396,829.51

公司法定代表人:尚书志　　主管会计工作负责人:李宁　　会计机构负责人:高武

9.3 本报告期无会计政策、会计估计和核算方法变更。

9.4 本报告期无会计差错更正。

9.5 与最近一期年度报告相比,合并范围发生变化的具体说明

(1) 与前一报告期相比,本报告期合并财务报表范围新增四家控股子公司具体变化如下:

①报告期新增吉林成大弘晟能源有限公司,注册资本 30,000 万元,该公司系本公司直接投资 18,000 万元,占其注册资本的 60%,于 2007 年 12 月份成立并本期纳入合并范围。

②报告期新增沈阳成大弘晟能源研究院有限公司,注册资本 108 万元,该公司系本公司的控股子公司吉林成大弘晟能源有限公司投资 81 万元,占其注册资本的 75%,于 2008 年 6 月份成立并纳入合并范围。

③本报告期新增汪清成大弘晟能源有限公司,注册资本 4000 万元,该公司系本公司的控股子公司吉林成大弘晟能源有限公司投资 4000 万元,占其注册资本的 100%,于 2008 年 11 月份成立并纳入合并范围。

④本报告期新增辽宁成大方圆职业技术培训学校,注册资本 200 万元,该公司系本公司的控股子公司辽宁成大方圆医药连锁有限公司投资 200 万元,占其注册资本的 100%,于 2008 年 12 月份成立并纳入合并范围。

(2) 与前一报告期相比,本报告期合并财务报表范围减少五家控股子公司具体变化如下:

①本报告期减少辽宁成大医药器械有限公司,注册资本 1000 万元,该公司系本公司的控股子公司辽宁成大医药投资管理有限公司直接投资 510 万元,占其注册资本的 51%,于 2008 年 1 月份出售。

②本报告期减少辽宁省国资公物拍卖有限公司,注册资本 100 万元,该公司系本公司的控股子公司辽宁成大佳园商业连锁有限公司直接投资 75 万元,占其注册资本的 75%,于 2008 年 1 月份出售。

③本报告期减少大连保税区成大国际贸易有限公司,注册资本 800 万元,该公司系本公司的控股子公司辽宁成大佳园商业连锁有限公司直接投资 760 万元、原控股子公司辽宁省国资公物拍卖有限公司直接投资 40 万元,合计占其注册资本的 100%,于 2008 年 12 月份注销。

④本报告期减少满洲里成大嘉润进出口有限公司,注册资本 100 万元,该公司系本公司的控股子公司辽宁成大嘉润进出口有限公司直接投资 100 万元,占其注册资本的 100%,于 2008 年 11 月份注销。

⑤本报告期减少辽宁成大集团满洲里有限公司,注册资本 500 万元,该公司系本公司直接投资 500 万元,占其注册资本的 100%,于 2008 年 11 月份注销。

董事长:尚书志

辽宁成大股份有限公司

2009 年 4 月 16 日

华远地产股份有限公司

华远地产股份有限公司 2008 年年度报告摘要

第一节 重要提示

1.1 本公司董事会、监事会及董事、监事、高级管理人员保证本报告所载资料不存在任何虚假记载、误导性陈述或者重大遗漏，并对其内容的真实性、准确性和完整性承担个别及连带责任。

本年度报告摘要摘自年度报告全文，投资者欲了解详细内容，应当仔细阅读年度报告全文。

1.2 公司全体董事出席董事会会议。其中董事唐军先生、独立董事宁高宁先生因公务原因未能亲自出席会议，唐军先生授权董事王立华先生代为出席并行使表决权，宁高宁先生授权独立董事张富根先生代为出席并行使表决权。

1.3 立信会计师事务所有限公司为本公司出具了标准无保留意见的审计报告。

1.4 公司负责人任志强、主管会计工作负责人袁绍华及会计机构负责人（会计主管人员）焦瑞云声明：保证年度报告中财务报告的真实、完整。

第二节 公司基本情况简介

2.1 基本情况简介

股票简称	ST 幸福
股票代码	600743
上市交易所	上海证券交易所
公司注册地址和办公地址	湖北省潜江市园林办事处章华南路 28 号 1 楼 北京市西城区北展北街 11 号华远企业号 11 号楼
邮政编码	100044
公司国际互联网网址	www.hy-online.com
电子信箱	xieq@hy-online.com

2.2 联系人和联系方式

	董事会秘书	证券事务代表
姓名	窦志康	谢青
联系地址	北京市西城区北展北街 11 号华远企业号 11 号楼 B 座 2 层	北京市西城区北展北街 11 号华远企业号 11 号楼 B 座 2 层
电话	010-68036966	010-68036688-526
传真	010-68012167	010-68012167
电子信箱	douzk@hy-online.com	xieq@hy-online.com

第三节 会计数据和业务数据摘要

3.1 主要会计数据

特别说明：2008 年 1 月，中国证监会批准了湖北幸福实业股份有限公司重大资产出售暨定向发行股份换股吸收合并北京市华远地产股份有限公司（以下简称"北京华远"）方案，2008 年 8 月重组方案实施完成。由于公司原有资产负债已由名流投资集团有限公司全部收购，原北京华远全部资产负债因吸收合并归属本公司，按照《企业会计准则第 20 号-企业合并》及《企业会计准则讲解》2008 版中关于反向购买的处理原则，公司会计主体变更为北京华远。所以，除特别注明外，本报告所用所有会计数据均有如下变更：本报告期初及以前年度会计数据均为原北京华远期初及以前年度数据，报告期末数据以原湖北幸福实业股份有限公司账面留存的 4,000 万元现金及 4,000 万元净资产与原北京华远财务数据相合并所得。

单位：元 币种：人民币

	2008 年	2007 年	本年比上年增减(%)	2006 年
营业收入	2,256,027,167.29	697,352,023.96	223.51	1,146,445,177.14
利润总额	552,326,502.82	486,357,519.07	13.56	420,084,792.39
归属于上市公司股东的净利润	404,038,394.32	306,134,698.95	31.98	247,027,237.83
归属于上市公司股东的扣除非经常性损益的净利润	399,138,430.65	299,510,012.95	33.26	243,873,947.47
经营活动产生的现金流量净额	342,599,690.25	811,945,084.99	-57.81	-1,035,315,271.68
	2008 年末	2007 年末	本年末比上年末增减(%)	2006 年末
总资产	4,889,815,640.34	5,957,161,898.52	-17.92	4,778,794,528.01
所有者权益(或股东权益)	1,547,137,774.62	1,103,099,380.30	40.25	796,943,858.84

3.2 主要财务指标

	2008 年	2007 年	本年比上年增减(%)	2006 年
基本每股收益(元/股)	0.68	0.61	11.48	0.49
稀释每股收益(元/股)	0.68	0.61	11.48	0.49
扣除非经常性损益后的基本每股收益(元/股)	0.67	0.60	11.67	0.49
全面摊薄净资产收益率(%)	26.12	27.75	减少 1.63 个百分点	31.00
加权平均净资产收益率(%)	28.91	32.22	减少 3.31 个百分点	36.68
扣除非经常性损益后全面摊薄净资产收益率(%)	25.80	27.15	减少 1.35 个百分点	30.60
扣除非经常性损益后的加权平均净资产收益率(%)	28.56	31.53	减少 2.97 个百分点	36.21
每股经营活动产生的现金流量净额(元/股)	0.44	1.62	-72.84	-2.07
	2008 年末	2007 年末	本年末比上年末增减(%)	2006 年末
归属于上市公司股东的每股净资产(元/股)	1.99	2.20	-9.55	1.59

非经常性损益项目

√适用 □不适用

单位：元 币种：人民币

非经常性损益项目	金额
非流动资产处置损益	196,068.74
计入当期损益的政府补助，但与公司正常经营业务密切相关，符合国家政策规定、按照一定标准定额或定量持续享受的政府补助除外	7,350,000
除同公司正常经营业务相关的有效套期保值业务外，持有交易性金融资产、交易性金融负债产生的公允价值变动损益，以及处置交易性金融资产、交易性金融负债和可供出售金融资产取得的投资收益	-382,286.77
除上述各项之外的其他营业外收入和支出	-65,065.07
少数股东权益影响额	-565,432.00
所得税影响额	-1,633,321.23
合计	4,899,963.67

3.3 境内外会计准则差异：

□适用 √不适用

第四节 股本变动及股东情况

4.1 股份变动情况表

√适用 □不适用

单位：股

	本次变动前		本次变动增减(+,-)					本次变动后	
	数量	比例(%)	发行新股	送股	公积金转股	其他	小计	数量	比例(%)
一、有限售条件股份									
1、国家持股									
2、国有法人持股	431,028,378	86.06			66,489,164	14,113,602	80,602,766	511,631,144	65.75
3、其他内资持股	69,829,622	13.94			38,741,962	79,726,398	118,468,360	188,297,982	24.20
其中：境内非国有法人持股	69,829,622	13.94			38,741,962	79,726,398	118,468,360	188,297,982	24.20
境内自然人持股									
4、外资持股									
其中：境外法人持股									
境外自然人持股									
有限售条件股份合计	500,858,000	100			105,231,126	93,840,000	199,071,126	699,929,126	89.95
二、无限售条件流通股份									
1、人民币普通股					46,920,000	31,280,000	78,200,000	78,200,000	10.05
2、境内上市的外资股									
3、境外上市的外资股									
4、其他									
无限售条件流通股份合计					46,920,000	31,280,000	78,200,000	78,200,000	10.05
三、股份总数	500,858,000	100			152,151,126	125,120,000	277,271,126	778,129,126	100

注：关于上表中股本变动情况的说明如下：

公司截至 2007 年 12 月 31 日总股本为 31,280 万股，其中非流通股 23,460 万股，流通股 7,820 万股。由于公司重大资产重组后会计主体变更为北京华远，上表所列变动前股本数据均为北京华远期初股本数据；变动后数据为公司本报告期末股本数据；变动增减数据为以北京华远为会计主体所作的会计处理，其中"其他"项下股本数据为原湖北幸福实业股份有限公司重大资产重组后并入的股本。

限售股份变动情况表

√适用 □不适用

单位：股

股东名称	年初限售股数	本年解除限售股数	本年增加限售股数	年末限售股数	限售原因	解除限售日期
北京市华远集团公司	0	0	357,336,152	357,336,152	重大资产	2013-8-28

					重组中以原持有的北京华远股份换购新增发公司股份	
北京华远浩利投资股份有限公司	0	0	78,267,943	78,267,943	同上	2011-8-28
北京京泰投资管理中心	0	0	70,090,695	70,090,695	同上	2011-8-28
北京首创阳光房地产有限责任公司	0	0	70,090,695	70,090,695	同上	2011-8-28
北京市华远国际旅游有限公司	0	0	3,165,763	3,165,763	同上	2011-8-28
名流置业集团股份有限公司	0	0	22,000,000	22,000,000	重大资产重组中获得的补偿股份	2011-8-28
名流置业集团股份有限公司	60,000,000	0	−36,000,000	24,000,000	股权分置改革	2009-8-28
深圳市君利得商贸有限公司	38,000,000	0	−22,800,000	15,200,000	股权分置改革	2009-8-28
国泰君安证券股份有限公司	35,284,005	0	−21,170,403	14,113,602	股权分置改革	2009-8-28
潜江市信用合作社联合社	28,266,200	0	−16,959,720	11,306,480	股权分置改革	2009-8-28
其他限售股东(原非流通股股东)	73,049,795	0	−38,691,999	34,357,796	股权分置改革	2009-8-28
合计	234,600,000	0	465,329,126	699,929,126	/	/

注:关于上表中的限售股份说明如下:

1、因公司于报告期内完成重大资产重组暨股权分置改革,按照相关方案,全体非流通股东以每1股减为0.4股的方式减少所持股份,因此上表中除新增的北京市华远集团公司等原北京华远五位股东之外,其余原非流通股股东在重组及股改完成之后,所持股份数均变更为原持股数的40%。但因公司股东北京新财基业投资顾问有限公司和华夏证券有限公司所持有的部分股份处于冻结状态无法减持,北京市华远集团公司代为缩减共计5,137,878股公司股份。北京新财基业投资顾问有限公司和华夏证券有限公司未来需在偿还北京市华远集团公司代为缩减的股份或取得北京市华远集团公司书面同意后,其持有的本公司股份方可上市流通;

2、作为对公司原控股股东名流投资集团有限公司在重大资产重组中以4,000万元现金购买本公司原有全部资产、负债,并接收、安置本公司原有全部员工的补偿,原北京华远五位股东将向名流置业集团股份有限公司(以下简称"名流置业")支付其持有的北京华远股份16,874,000股,并按照每0.767股北京华远股份折合为1股本公司股份的比例折合为2200万股本公司股份,在重组完成后直接过户登记到名流置业名下。该2200万股的限售期为36个月。名流置业原持有的本公司6000万股在重组完成后缩减至2400万股,该2400万股的限售期为12个月。

3、为方便广大投资人了解股权分置改革前后公司限售股份实际变化情况,上表中限售股份变动情况均按公司实际情况填列,未按公司会计主体变更为北京华远的原则做调整。

4.2 股东数量和持股情况

单位:股

报告期末股东总数	14,267户

前十名股东持股情况

股东名称	股东性质	持股比例(%)	持股总数	持有有限售条件股份数量	质押或冻结的股份数量
北京市华远集团公司	国有法人	45.92	357,336,152	357,336,152	冻结 6,844,120
北京华远浩利投资股份有限公司	境内非国有法人	10.06	78,267,943	78,267,943	无
北京京泰投资管理中心	国有法人	9.01	70,090,695	70,090,695	无
北京首创阳光房地产有限责任公司	国有法人	9.01	70,090,695	70,090,695	无
名流置业集团股份有限公司	境内非国有法人	5.91	46,000,000	46,000,000	无
深圳市君利得商贸有限公司	境内非国有法人	1.95	15,200,000	15,200,000	无
国泰君安证券股份有限公司	国有法人	1.81	14,113,602	14,113,602	无
潜江市信用合作社联合社	境内非国有法人	1.45	11,306,480	11,306,480	无
北京新财基业投资顾问有限公司	境内非国有法人	0.93	7,200,000	7,200,000	冻结 7,200,000
湖北华明实业股份有限公司	境内非国有法人	0.66	5,120,000	5,120,000	无

前十名无限售条件股东持股情况

股东名称	持有无限售条件股份的数量	股份种类
王继昌	911,400	人民币普通股
谭俊宁	898,988	人民币普通股
翟厥芬	872,070	人民币普通股
舒逸民	871,145	人民币普通股
何正君	745,000	人民币普通股
王秀芹	578,700	人民币普通股
赵　芬	535,000	人民币普通股
查　骏	463,200	人民币普通股
魏建东	444,280	人民币普通股
陆　峰	438,800	人民币普通股
上述股东关联关系或一致行动的说明	公司第一大股东北京市华远集团公司与第二大股东北京华远浩利投资股份有限公司为一致行动人关系,公司未知以上其他前十名股东之间以及前十名无限售条件股东之间是否存在关联关系或一致行动人关系。	

注:为实际反映公司大股东持股变化情况,本表中前十名股东持股及变动情况均按报告期各大股东持有公司股份实际变动情况填列,未按公司会计主体变更为北京华远的原则做调整。

4.3 控股股东及实际控制人情况介绍

4.3.1 控股股东及实际控制人变更情况

√适用　　□不适用

新控股股东名称	北京市华远集团公司
新实际控制人名称	北京市华远集团公司
变更日期	2008年8月26日
刊登日期和报刊	2008年8月25日《中国证券报》、《上海证券报》、《证券时报》

4.3.2 控股股东及实际控制人具体情况介绍

4.3.2.1 法人控股股东情况

单位:元 币种:人民币

名称	法定代表人	注册资本	成立日期	主营业务
北京市华远集团公司	任志强	1,000,971,000	1993年9月28日	投资及投资管理;城市建设开发;信息咨询服务(中介除外);销售百货、针纺织品、计算机软硬件、钢材、木材、水泥、工艺美术品、五金交电;仓储服务。

4.3.2.2 法人实际控制人情况

单位:元 币种:人民币

名称	法定代表人	注册资本	成立日期	主营业务
北京市华远集团公司	任志强	1,000,971,000	1993年9月28日	投资及投资管理;城市建设开发;信息咨询服务(中介除外);销售百货、针纺织品、计算机软硬件、钢材、木材、水泥、工艺美术品、五金交电;仓储服务。

第五节　董事、监事和高级管理人员

5.1 董事、监事和高级管理人员持股变动及报酬情况

单位:股

姓名	职务	性别	年龄	任期起始止期	年初持股数	年末持股数	报告期内从公司领取的报酬总额(万元)	报告期被授予的股权激励情况 可行权股数	已行权数量	行权价(元)	期末股票市价(元)	是否在股东单位或其他关联单位领取报酬、津贴	持有本公司的股票期权	被授予的限制性股票数量
任志强	董事长	男	58	2008-10-9~2011-10-8	0	0	774.3	0	0			否	0	0
杜凤超	副董事长	男	47	2008-10-9~2011-10-8	0	0		0	0			是	0	0
孙秋艳	董事、总经理	女	47	2008-10-9~2011-10-8	0	0	499.7	0	0			否	0	0
王立华	董事	男	45	2008-10-9~2011-10-8	0	0		0	0			是	0	0
唐　军	董事	男	50	2008-10-9~2011-10-8	0	0		0	0			是	0	0
冯　娴	董事	女	28	2008-10-9~2011-10-8	0	0		0	0			是	0	0
宁高宁	独立董事	男	51	2008-10-9~2011-10-8	0	0		0	0			否	0	0
刘淀生	独立董事	男	62	2008-10-9~2011-10-8	0	0		0	0			否	0	0
张富根	独立董事	男	48	2008-10-9~2011-10-8	0	0		0	0			否	0	0
刘丽云	监事会主席	女	49	2008-10-9~2011-10-8	0	0		0	0			是	0	0
杨治昌	监事	男	40	2008-10-9~2011-10-8	0	0		0	0			是	0	0
张馥香	监事	女	48	2008-10-9~2011-10-8	0	0		0	0			是	0	0
刘　香	职工监事	女	51	2008-10-9~2011-10-8	0	0	42.7	0	0			否	0	0
赵立文	职工监事	女	42	2008-10-9~2011-10-8	0	0	27.9	0	0			否	0	0
许智来	副总经理	男	42	2008-10-9~2011-10-8	0	0	112.3	0	0			否	0	0
刘　康	副总经理	男	50	2008-10-9~2011-10-8	0	0	102.5	0	0			否	0	0
袁绍华	财务总监	女	54	2008-10-9~2011-10-8	0	0	128	0	0			否	0	0
窦志康	董事会秘书	男	54	2008-10-9~2011-10-8	0	0	99.9	0	0			否	0	0
肖新才	董事长(已卸任)	男	56	2004-3-21~2007-3-21	0	0		0	0			是	0	0
谢顺模	董事总经理(已卸任)	男	56	2005-12-30~2007-3-21	0	0		0	0			是	0	0
刘战明	董事(已卸任)	男	37	2004-3-21~2007-3-21	0	0		0	0			是	0	0
查　松	董事(已卸任)	男	37	2004-3-21~2007-3-21	0	0		0	0			是	0	0
李德军	独立董事(已卸任)	男	52	2004-3-21~2007-3-21	0	0	2.5	0	0			否	0	0
覃有土	独立董事(已卸任)	男	64	2004-3-21~2007-3-21	0	0	2.5	0	0			否	0	0
张龙平	独立董事(已卸任)	男	42	2004-3-21~2007-3-21	0	0	2.5	0	0			否	0	0
彭少民	监事长(已卸任)	男	70	2004-3-21~2007-3-21	0	0	2.5	0	0			否	0	0
刘　飞	监事(已卸任)	男	35	2004-3-21~2007-3-21	0	0		0	0			是	0	0
郭琨	监事(已卸任)	男	38	2004-3-21~2007-3-21	0	0		0	0			是	0	0
孙同文	副总经理(已卸任)	男	56	2004-3-21~2007-3-21	0	0	7.65	0	0			否	0	0
许良成	财务总监(已卸任)	男	47	2005-4-23~2007-3-21	0	0	7.65	0	0			否	0	0
李　军	董事会秘书(已卸任)	男	37	2004-3-21~2007-3-21	0	0	12.4	0	0			否	0	0
合　计	/	/	/	/	0	0	1,825	0	0	/	/	/	/	0

第六节　董事会报告

6.1 管理层讨论与分析

1、房地产行业政策及市场变化

2008年是全国房地产行业跌宕起伏的一年。房地产市场可谓一路坎坷,虽然政府也陆续出台了

一系列的政策刺激楼市发展，但总体看来，截止到年底，市场观望气氛依旧浓厚，购房者持币待购，市场成交低迷，开发商资金紧张，销售严重萎缩，这种市场低迷观望的形势预计2009年还会持续一段时间。

2008年的宏观政策经历了从控制通胀到保持增长的转折，一至三季度政策持续收紧，呈现通胀控制常态，自四季度开始，央行连续降息，地方政府纷纷出台"救市"措施，政策"风向"明显转向，但因任何政策发挥效力都有一个较长的滞后期，所以针对2008年政策出台稳定经济增长的目标而言，还未能体现出较好的效果。

统计数据表明，2008年8月，全国房价开始出现负增长，全国70个大中城市房屋价格指数环比增幅为-0.1%，为近几年首次出现负增长；9月、10月、11月房价环比增幅依次为-0.1%、-0.3%、-0.5%，房价下跌呈加速趋势；同时，市场成交量也持续下滑。国家统计局数据表明，商品房销售面积、销售额同比下降均超过10%以上。公司项目所在城市北京、西安、青岛、长沙均受到不同程度的影响。

公司管理层认为，从长远来看，基于中国城市化和工业化的高速发展、社会财富积累和投资理财需求的上升等市场驱动力来判断，房地产行业中、长期向好的趋势并没有改变，我们仍然可以坚定不移地看好行业的未来前景。目前市场波动属于从过热向理性的回归，将有助于行业获得更为稳定、健康的发展环境；并且，对专业、规范的品牌企业而言，既是调整也是机遇。

华远地产20年的发展历程，在市场经济的浪潮中几经考验，充分练就了在困境中求变革，在竞争中求发展的本领。公司将一直坚定地走市场化发展、产业经营和资本经营并举之路。目前公司的战略方针仍然是：不以开发规模取胜，而是以盈利能力取胜。

面对纷繁复杂的市场环境，公司在经营过程中采取了谨慎策略，重点保障投融资安全，严格控制财务风险，进行可靠的现金流规划，制定了严格的控制成本及费用支出计划，做到量力而行，量入而出。确保了公司经营活动的顺利开展。

2、公司战略规划

华远地产致力成为一个令人信任和尊敬的负责任的房地产品牌企业。未来要在业务发展规模，盈利水平，品牌实力等方面努力进入中国地产业的先进行列。

"责任地产，品质建筑"是华远地产的企业使命，也是使华远基业常青的根本。"责任地产，品质建筑"是华远品牌的主要内涵，是华远地产的品牌价值进一步提升、品牌的社会影响力日益扩大、企业健康持续发展的重要基石，是华远人的责任和承诺。

公司将以开发品质建筑为主导，充分利用资本运营平台，通过经营市场化，管理现代化，业务操作专业化，产业规模化的房地产开发模式，在为所有股东带来稳定的经济效益及资本价值、保障业主权益的同时，让员工利益得到进一步保障，人才价值得到更充分的发挥，使企业和员工共同发展。在健康持续发展的同时，公司还将致力于房地产业的规范发展，为行业进步发挥积极的促进和带动作用，积极地回馈社会，履行企业义务，做负责任的优秀的企业公民。

(1)企业规模发展策略：

公司坚持以北京为核心发展城市、带动在全国其他城市(和区域)的规模化投资发展的策略。

基于北京的首都地位，且仍存在较大的市场机遇，结合公司对北京市场环境及政策的熟悉和把握，稳固北京现有的发展基础，保持一定的持续开发规模，建造代表性的产品，并使之发挥全面的带动作用。同时，还将利用各种条件，巩固并拓展融资渠道，稳固信用基础，为向全国其他地市拓展提供各种资源保障。

积极拓展北京以外的跨区域开发，在已进入的二线城市(青岛、西安、长沙)已有项目的基础上继续增加投入，在积极推进已有项目进程的同时，选择投资量和土地价值适度的项目保持持续发展态势和滚动开发能力，在不断增大经济效益的同时扩大品牌影响力。

同时，公司也将关注其它二、三线城市的市场环境，充分研究并评估各种机会和风险因素，在条件具备时适时进入。

土地储备的方式主要以项目转让、公司收购及公司合作为主，土地公开市场招拍挂为辅。土地储备的类型主要以住宅为主，兼顾办及商业项目。土地储备量原则上以保持三至四年的开发量进行滚动储备。

随着规模的扩大，公司还将逐步适时调整业务结构，适度增加商业地产比重，规避单一业态发展所带来的局限，利用产品结构的多元化平衡市场风险，使公司具有持续经营收益的基本保障。

(2)企业融资及资本运作策略：

融资及资本运营是公司实现未来发展目标的重要支持。在政策及市场允许的情况下，公司将通过股权融资、债权融资、项目融资等多渠道融资，结合公司自有资金以保证对公司发展的支持。

在此基础上，也要以改善公司财务结构、降低公司财务风险为原则选择好金融工具和融资手段的类型及组合。

主要手段为：一、实施股权融资和发行公司债券等多重手段；二、拓展信托、基金等未来房地产重点融资渠道，建立新的融资链条；三、维护现有良好的市场信用，继续积极发展银行信贷业务。

同时，公司将寻找和培育战略投资者或合作者，包括同行优秀企业及其它有实力投资者参与公司投资或项目投资。

公司将继续利用控股股东的资金优势和品牌优势，在融资和项目获取等方面继续得到支持。

公司将根据各阶段的发展规划有针对性地制定具体的融资方案和计划。

(3)产品策略：

公司的产品策略将始终遵循以"做品质建筑"为本，以"让公司的产品经得起时间的考验"为目标。

品质建筑也是公司企业使命的核心，品质是华远地产始终如一的追求，公司将它贯穿于产品营造的每个环节和工作的每个细节，让高品质成为华远的企业标识。

在工作中，公司将以符合市场需求和未来生活发展趋势为产品定位准则。以为客户着想，对客户负责，更好地为客户提供服务为出发点来保证建筑品质，以精益求精作为华远的工作标准，在公司现有产品标准的基础上不断补充完善，以符合以上要求；并将此项工作继续以更高的标准持续开展。为客户、为社会创造出更多更好的产品，并使产品附加值不断增加。

公司将大力发展战略合作伙伴计划，通过选择开发供应链中优秀的企业，与华远形成资源互补，互利共赢，为产品的品质提供更广泛的资源和技术保障，在降低成本的同时提高效率。

公司还应积极的推进节能环保、健康生态建筑的研究和产品引入，不断提升产品建造的科技水平，增加产品的技术含量，做推动城市发展和行业进步的表率。

3、2008年公司经营业绩回顾

(1)房地产开发经营情况说明

2008年虽然受到房地产市场萎缩、行业低迷的宏观经济环境影响，但公司上下通过积极努力，仍然超额完成了董事会下达的3.9亿元的利润指标，实际完成利润4.04亿元，与2007年同比增长32%，实现了公司重大资产重组中关于2008年利润的承诺。

报告期内，公司实现开复工面积43.2万平方米，比2007年增长48%，其中新开工26.6万平方米。

报告期内实现项目竣工16.7万平方米。

销售方面，报告期内实现销售签约8.72亿元、回款10.75亿元；项目转让股权收入0.97亿元、项目转让债权收入10.56亿元；合计实现项目收款22.28亿元。

报告期内，随着西安君城一期项目的开工和开盘销售、青岛汇丰名车项目开始基础施工、长沙金外滩项目开始土地整合及规划调整等工作的深入进行，标志着公司"跨区域开发"的战略部署进入具体实施阶段；在京项目中，精装公寓裘马都项目2008年顺利实现了竣工入住，为公司结利提供了有力保障；同时，其它拟建项目在08年分别进行了规划设计、前期报审、项目开发条件落实等多项工作，并均取得了一定进展。

报告期内，公司按计划签约并取得长沙金外滩项目97万平方米的土地储备。

公司2008年度主要开发项目及其进展情况如下：

①已完工在售项目

裘马都项目

位于北京市朝阳区三元桥国门区域，紧邻燕莎商圈、连接CBD和亚运村，占地面积约4.88万平方米，总建筑面积约16.7万平方米，规划性质为住宅及商业。该项目由北京新威房地产开发有限责任公司负责开发，公司享有100%权益，项目已于2008年10月全部竣工，项目销售已完成80%，部分客户已办理入住。

昆仑项目

项目地处北京燕莎商圈核心，南至亮马河及使馆区100米，东至昆仑饭店10米，距东三环路220米，西临京城俱乐部咫尺之遥，占地面积5552平方米，总建筑面积约3万平方米，规划性质为酒店公寓和高档商场，是燕莎商业区内具代表性的顶级公寓及配套综合性建筑。该项目由北京华远嘉利房地产开发有限公司开发，公司享有60%权益。项目公寓部分已销售70%，部分客户已办理入住，商场为出租经营。

企业号项目

位于北京市西城区北京展览馆北侧，选址于享有七百年历史的明、清两代皇家御用倚虹堂码头之东，京城十八里历史文化水系的长河南岸。与北京展览馆、莫斯科餐厅、北展剧场、北展宾馆为邻。总占地面积约1.78万平方米，总建筑面积8.5万平方米，规划性质为写字楼项目，由六座颇具现代建筑风格、彼此相对独立又相连的建筑组成。

华远·企业号是公司主要办公地址所在地。除自用办公8000多平方米外，已基本销售完成。

②在建项目

西安君城一期项目

位于未央区太原路南，项目总体建设规模约84万平方米，规划性质为住宅、商业，计划分五期开发。其中一期占地约5万平方米，总建筑面积约17.3万平方米。该项目由西安万华房地产开发有限公司负责开发，公司享有99%权益。一期截至本报告期末正在进行地上工程结构施工。项目已于2008年11月开盘销售。

青岛汇丰名车世界项目

位于青岛市市北区东部，城市南北主干路福州北路路东、依兰路南，是集高档公寓、精品商业为一体的综合项目，占地面积约1.5万平方米，总建筑面积约8.7万平米。该项目由青岛市华安房地产开发有限公司负责开发，公司享有51%权益，截至本报告期末正在进行基础施工。

②拟建项目

莱太项目

地处北京著名的燕莎商务中心区和正在建设中的北京第三外交使馆区核心位置，西邻城市主干道东三环路和北京国际机场高速公路的市区入口，南临美国大使馆等17个国家的驻华大使馆，并紧靠北京最大的城市绿化公园朝阳公园。项目占地面积约1.6万平方米，总建筑面积约10万平方米，规划性质为住宅、公寓及商业。该项目由北京金秋莱太房地产开发有限公司负责开发，公司享有100%权益。

西安君城二~五期项目

紧邻西安君城一期项目，占地约12.4万平方米，总建筑面积约67.5万平方米，由西安万华房地产开发有限公司负责开发，公司享有99%权益。

西安1001厂项目

项目位于西安市南二环外，雁塔区小寨西路与含光路交汇处东南角，地处西安城南文化教育区，是城市第二大商圈小寨商圈的西门户。项目占地约2.77万平方米，总建筑面积约32万平方米，是一个集购物、休闲、娱乐、餐饮、商务、公寓一体的国际时尚文化主题的新都市生活综合项目。该项目由西安立丰御海置业有限公司负责开发，公司享有80%权益。

长沙金外滩项目

位于长沙市湘江大道，总占地面积约10万平方米，总建筑面积约97万平方米，拟建为包括住宅、酒店式公寓、商业、写字楼和酒店在内的，以旅游、观光、办公、住宿及休闲娱乐为一体的城市综合体。该项目由长沙地韵投资有限公司、长沙人韵投资有限公司、长沙橘韵投资有限公司共同负责开发，公司分别享有三个公司86%权益。

以上拟建项目2008年主要进行了项目前期手续办理、规划设计等工作。

(2)主要下属公司情况说明

公司重大资产重组完成之后，公司下属唯一一家子公司为北京市华远置业有限公司(下称"北京置业")，且由公司全资持有。北京置业投资参股和控股了多家子公司，其中包括北京新威房地产开发有限责任公司、北京华远嘉利房地产开发有限公司等多家项目开发公司。公司的多个项目均通过这些下属公司负责开发。

报告期内公司形成主要利润来源的下属公司情况如下：

北京市华远置业有限公司

原名北京首旅华远房地产开发有限公司，2008年进行了增资和更名，是公司的全资子公司。主要业务为房地产开发销售，2008年度主要经营开发企业号项目。资产总额为363,673.75万元，收入总额为32,870.68万元，占收入总比为14.58%；利润总额为12,163.36万元，实现净利润9,351.22万元，占净利润总比为21.88%。

北京新威房地产开发有限责任公司

主要业务为房地产开发销售，经营开发裘马都项目。公司所占权益比例为100%。2008年度资产总额为162,062.69万元，收入总额为133,917.05万元，占收入总比59.40%；利润总额为39,272.57万元，实现净利润29,698.60万元，占净利润总比69.49%，为2008年度利润主要来源公司。

北京华远嘉利房地产开发有限公司

主要业务为房地产开发销售,经营开发昆仑公寓项目。公司所占权益比例为60%。2008年度资产总额为44,489.53万元,收入总额为34,951.78万元,占收入总比为15.50%;利润总额为4,265.10万元,实现净利润3,091.77万元,占净利润总比为7.23%。

北京华远盈都房地产开发有限公司

主要业务为房地产开发销售,目前经营租赁盈都大厦。公司所占权益比例为100%。2008年度资产总额为29,838.30万元,收入总额为4,617.75万元,主要是盈都大厦的租赁收入,占收入总比为2.05%;利润总额为797.29万元,实现净利润597.97万元,占净利润总比为1.40%。

4、财务状况分析

(1)主要财务状况、经营成果指标比较情况

单位:万元 币种:人民币

项目	期末数	期初数	增减额	增减幅度	主要原因
货币资金	59,310.31	114,163.24	−54,852.93	−48.05%	为本期支付项目开发费用和偿还银行借款所致
应收账款	0.00	419.83	−419.83	−100.00%	应收款项收回
其他应收款	48,081.15	74,762.00	−26,680.85	−35.69%	本期收回部分欠款所致
固定资产	14,930.25	857.76	14,072.49	1640.61%	本期子公司华远置业将其开发产品—华远企业号B座和C座转为自用固定资产
短期借款	2,800.00	45,000.00	−42,200.00	−93.78%	本期偿还到期借款所致
应付账款	5,228.97	12,368.75	−7,139.78	−57.72%	本期支付部分工程款所致
预收账款	120,645.21	224,664.26	−104,019.05	−46.30%	前期预售房本年办理入住结转收入所致
其他应付款	63,874.53	14,395.05	49,479.48	343.73%	本期向股东华远集团借款及收购长沙项目按协议尚未付完全款所致
一年内到期的非流动负债	91,000.00	53,000.00	38,000.00	71.70%	一年内到期的长期借款增加
长期借款	32,788.24	112,972.94	−80,184.70	−70.98%	归还银行贷款及重分类转至一年内到期的长期借款
实收资本(或股本)	77,812.91	50,085.80	27,727.11	55.36%	按重组方案合并调整所致
资本公积	0.00	292.08	−292.08	−100.00%	按重组方案合并调整所致
盈余公积	1,449.60	9,961.60	−8,512.00	−85.45%	按重组方案合并调整所致
未分配利润	75,451.27	49,970.46	25,480.81	50.99%	利润增加
归属于母公司所有者权益	154,713.78	110,309.94	44,403.84	40.25%	按重组方案合并调整增加,以及本期新增净利润

项目	本期数	上年同期	增减额	增减幅度	主要原因
营业收入	225,602.72	69,735.20	155,867.52	223.51%	本期裘马都、昆仑项目确认销售收入所致
营业成本	139,613.36	50,151.48	89,461.88	178.38%	本期裘马都、昆仑项目确认收入结转成本所致
营业税金及附加	24,104.16	3,835.24	20,268.92	528.49%	本期销售收入增长相应税金随之增长所致
投资收益	8,305.66	48,780.27	−40,474.61	−82.97%	本年较上年减少了股权处置收益所致
营业利润	54,484.55	47,646.99	6,837.56	14.35%	本期利润增加
所得税费用	13,666.02	17,235.30	−3,569.28	−20.71%	本年税率降至25%所致
归属于母公司所有者的净利润	40,403.84	30,613.47	9,790.37	31.98%	本年利润增加
经营活动产生的现金流量净额	34,259.97	81,194.51	−46,934.54	−57.81%	继续投入项目建设所致

(2)总体财务状况分析

报告期内,公司主营业务是房地产开发销售,继续加大在建项目的开发建设和土地储备投资。截止2008年底,资产总额为488,982万元。公司资产质量优良,存货、投资性房地产等具备较强升值能力的经营性资产占总资产的66%,其他资产除货币资金外,大部分为流动性较强的应收款项。报告期内,公司实现了较好的盈利,公司所有者权益为165,909万元,比上年末增长31%。年末资产负债率为66%,呈不断下降趋势。截止2008年底,公司负债总额为323,073万元,其中不需要对外实际现金支付的预收账款为120,645万元,占负债总额的37%;银行等金融机构借款合计126,588万元,占负债总额的39%,其中短期借款和一年内到期的长期借款为93,800万元,占金融机构借款的74%,长期借款32,788万元,占金融机构借款的26%,公司的负债水平和结构比较合理。

报告期内,公司营业收入和净利润继续增加。截止2008年底,营业收入达225,603万元,比上年末增长224%,营业收入大幅增长的原因是公司控股子公司北京新威房地产开发有限责任公司开发的裘马都项目于报告期内达到了收入确认条件。同时属于母公司所有者的净利润为40,404万元,同比增幅32%,公司盈利能力进一步增强。

报告期内,公司经营活动现金流净额为34,260万元,报告期内公司销售商品、提供劳务收到的现金约90,017万元,满足了公司业务发展所需资金,同时保证了公司顺畅的资金运作和偿债能力。

5、公司管理建设

2008年公司启动了企业文化咨询项目,梳理确定了"诚信、责任、坚韧、进取"的企业价值观、"总体最优、价值创造、高效执行"的工作理念以及"责任地产、品质建筑"的企业使命;开展了公司品牌建设研究,明确了"责任地产、品质建筑"的华远地产品牌形象。同时,以"整合资源、优化运营体系、促进团队成长"为目标,研究、确定了"地产总部—城市公司"的"两级管控"模式。

在核心竞争力的培养上,为更好地保证建筑品质,公司一方面持续推进产品标准的执行,另一方面重点进行了产品、技术及标准化建设等方面的研究工作;继续开展"业权分配"、"工程保证担保"、"客户满意度提升"、"战略合作"等多项工作,不断提升公司核心竞争力。

6、2009年公司经营情况展望

(1)外部环境及行业趋势

2008年,在房地产行业进行理性回归的同时,又遇到了前所未有的全球性金融危机,在此国际宏观经济下行的背景下,中国房地产市场已开始进入全面下调的深度调整期。2008年11月份,随着国家和地方一些购房利好政策的出台,购房税费和贷款利率下调幅度加大,一定程度刺激了市场需求的释放,但是市场整体形势依然低迷。在长期看好、短期不乐观的大环境下,2009年的房地产市场的彻底回暖尚待一定时间。但同时应该看到,由于我国的经济高速增长、城市化进程的不断加快等长期基础的存在,房地产行业作为支柱行业的地位不会改变,房地产行业的发展空间仍然很大。2009年,随着政府限价房等低端产品的陆续入市,房地产产品竞争格局将产生巨大变化,国内房地产企业都将面临重大挑战。

2009年公司将审时度势,在保证资金平衡的基础上保持适度发展规模,同时公司将不断提高综合管理水平,提升开发效益,提高公司开发产品的品质,变挑战为机遇。同时,进一步加强市场调研,寻找可能出现的潜在机遇,谨慎投资,在资金保证安全的基础上保持适度的开发规模。

(2)公司未来发展的风险分析及对策

政策风险:2008年四季度,国家针对房地产行业政策进行了由持续从紧到刺激房地产消费的方向调整,针对宏观经济形势,中央及各地方政府相继出台了一系列促进经济增长、扩大内需,加大基础建设投资,保持房地产行业稳步发展的调控政策,这些利好政策效果将会在2009年得以逐步显现。因此,2009年公司将密切关注宏观形势,加强对政策的研究及跟踪,深入分析影响开发的各项政策因素,降低政策风险对公司经营影响的同时,充分把握时机,利用政策变化带来的新的机遇,找出公司在土地储备、项目开发、市场销售方面的应对策略,确保公司稳健发展,并实现预期收益。

市场风险:当前房地产市场出现了购房人对于市场预期的悲观判断,市场信心缺失造成市场销量的大幅下挫,但随着政府利好政策的逐步落实,将不断刺激市场需求的释放,重振市场信心。对此,公司将根据市场及政策的变化,针对开发项目所处的不同开发阶段,分别分析应对策略,积极、快速进行市场应变;以适应本阶段市场需求为准则,制定行动方案。在为客户、为社会创造出更多、更好、并具有高附加值的产品的同时,合理规避市场风险。

财务风险:针对市场销售回款进度仍然在一定时间内比较迟缓的现状,公司也充分认识到了保持合理的现金流量对公司经营的重要性。为此,在09年的经营过程中,公司仍将采取谨慎策略,一方面严格控制项目投资节奏,加强全过程成本管理,做好现金流动态规划和支出计划;另一方面采取措施,加大在售项目销售及回款力度;以降低财务风险。同时,在政策及市场允许的情况下,充分利用多元渠道融资,结合公司自有资金以保证对公司持续、稳步发展的支持。

(3)2009年经营计划

公司年度经营计划如下:

2009年公司主要开发项目总建筑规模232万平方米,计划开工面积48.6万平方米,同比增长12.5%。其中新开工22.7万平方米。全年无竣工项目。

2009年度计划开发的房地产项目如下:

北京莱太项目新开工约10万平方米;

青岛汇丰名车世界项目复工8.7万平方米;

西安君城一期本年复工17.2万平方米、新开约0.7万平方米(配套学校);

西安君城二期本年新开工约12万平方米;

西安1001厂项目、长沙金外滩项目进行项目开发前期准备工作,视工作进展安排项目启动工作。

2009年在售项目为北京裘马都项目、北京昆仑公寓项目、北京莱太项目、西安君城一期项目及青岛汇丰名车世界,其中,北京莱太项目、青岛汇丰名车世界项目为2009年将新开盘销售项目。

7、2009年公司投资计划

(1)股权投资:

公司计划向子公司北京市华远置业有限公司增资4亿元,使其注册资本扩大到10亿元,以便于其开展业务。

(2)房地产直接投资:

根据公司发展规划和2009年经营计划,2009年公司计划房地产直接投资总额约19−21亿元。其中,在建及已完工项目约9亿元,主要包括:西安君城一期项目、青岛汇丰名车世界项目、北京裘马都项目、昆仑项目等;拟建项目约7亿元,主要包括:北京莱太项目,西安君城二~五期项目、西安1001厂项目,长沙金外滩项目等;新项目拓展约3−5亿元。

董事会提请股东大会授权管理层具体执行2009年度投资计划,并给予如下具体授权:

1、在不超出年度投资计划总额的前提下,授权管理层根据具体情况适当调整各项目之间的投资。

2、授权董事会视公司2009年度资金情况及项目拓展需要,在不超过年度投资计划20%的范围内增加总投资。

与公允价值计量相关的项目

单位:万元

项目 (1)	期初金额 (2)	本期公允价值变动损益(3)	计入权益的累计公允价值变动(4)	本期计提的减值 (5)	期末金额 (6)
金融资产					
其中:1.以公允价值计量且其变动计入当期损益的金融资产	198.36	−95.73			145.69
其中:衍生金融资产					
2.可供出售金融资产					
金融资产小计					
合计	198.36	−95.73			145.69

6.2 主营业务分行业、产品情况表

单位:元 币种:人民币

分行业或分产品	营业收入	营业成本	营业利润率(%)	营业收入比上年增减(%)	营业成本比上年增减(%)	营业利润率比上年增减(%)
分行业						
房地产	2,253,154,426.31	1,396,133,556.48	38.04	235.85	182.39	增加11.73个百分点
其他	2,872,740.98					

6.3 主营业务分地区情况表

单位:元 币种:人民币

地区	营业收入	营业收入比上年增减(%)
北京地区	2,256,027,167.29	223.51

6.4 募集资金使用情况

□适用 √不适用

、变更项目情况

□适用 √不适用

6.5 非募集资金项目情况

√适用 □不适用

公司本年度投资均通过向下属公司增加注册资金投入来完成，其中包括向北京市华远置业有限公司增资 45,231 万元,向西安万华房地产开发有限公司增资 4,590.22 万元,向长沙人韵投资有限公司增资 8,056 万元，向长沙地韵投资有限公司增资 11,704 万元，向长沙橘韵投资有限公司增资 17,328 万元。所增投的注册资金均由各下属公司用于所属项目开发建设。报告期内具体投资额见下表：

报告期内公司投资额	86,909
报告期内公司投资额比上年增减数	24,569
报告期内公司投资额增减幅度(%)	39.41

6.6 董事会对会计师事务所"非标准审计报告"的说明

□适用 √不适用

6.7 董事会本次利润分配或资本公积金转增股本预案

根据立信会计师事务所有限公司出具的审计报告,公司 2008 年度合并利润中归属于母公司所有者的净利润 404,038,394.32 元，期末未分配利润余额 754,512,668.99 元。公司 2008 年度母公司实现净利润-4,160,744.41 元,加母公司以前年度未分配利润 221,395,077.37 元,母公司 2008 年可供分配利润总计为 217,234,332.96 元。根据《公司章程》按本年净利润的 10%提取法定盈余公积金 0 元，母公司期末可供股东分配利润为 217,234,332.96 元。

公司拟定的分红预案为：以母公司为主体进行利润分配，按 2008 年 12 月 31 日公司 778,129,126 股总股本为基数，每 10 股派发现金股利 2.5 元（含税），共计派发现金股利 194,532,281.50 元。本次分红方案实施后母公司未分配利润余额 22,702,051.46 元,全部结转以后年度分配。

本次分红方案需经公司股东大会审议并通过后方可实施。

公司本报告期内盈利但未提出现金利润分配预案

□适用 √不适用

第七节 重要事项

7.1 收购资产

□适用 √不适用

7.2 出售资产

□适用 √不适用

7.3 重大担保

√适用 □不适用

截止报告期末,公司除日常业务必须的为购房客户提供的按揭担保之外,公司及控股子公司无对外担保事项;公司未对子公司提供担保;控股子公司也未对公司提供担保;控股子公司之间提供的担保总额为 49,588 万元，主要为北京市华远置业有限公司向北京华远盈都房地产开发有限公司提供的担保,担保余额为 14,588 万元(同时以盈都大厦 D 座 D110 室抵押担保)；北京新威房地产开发有限责任公司向北京市华远置业有限公司提供的担保(与北京市华远集团共同担保)，担保余额为 35,000 万元。无逾期担保事项。

7.4 重大关联交易

7.4.1 重大关联交易

□适用 √不适用

7.4.2 关联债权债务往来

□适用 √不适用

7.4.3 2008 年资金被占用情况及清欠进展情况

□适用 √不适用

截止 2008 年末，上市公司未完成非经营性资金占用的清欠工作的，董事会提出的责任追究方案

□适用 √不适用

7.5 委托理财

□适用 √不适用

7.6 承诺事项履行情况

7.6.1 公司或持股 5%以上股东在报告期内或持续到报告期内的承诺事项

√适用 □不适用

承诺事项	承诺内容	履行情况
股改承诺	一、北京市华远集团公司(以下简称"华远集团")承诺:(1)本次重大资产重组暨股权分置改革完成后,华远集团所持有的本公司有限售条件的流通股,自股权分置改革方案实施之日起,在 60 个月内不上市交易或者转让。(2)若下列任一情况发生,华远集团所持有的本公司股份自股权分置改革方案实施之日起 60 个月内不转让,120 个月不上市交易:①本次通过新增股份换股吸收合并进入本公司的北京华远资产,2007 年度实现净利润低于经审核的北京华远盈利预测报告数 29,675.95 万元,或本公司 2007 年财务报告被出具标准无保留意见以外的审计意见,或未能按法定披露时间披露 2007 年年度报告;②本公司 2008 年度实现净利润低于 3.9 亿元,或本公司 2008 年财务报告被出具标准无保留意见以外的审计意见,或未能按法定披露时间披露 2008 年年度报告。(3)在股权分置改革实施后,华远集团将根据相关法律法规,适时提议启动幸福实业股权激励计划。(4)华远集团将严格遵守不竞争承诺,并将未来可能获得的房地产业的重要商业机会全部提供给重组后的本公司,以确保公司全体股东利益。(5)作为重组后的本公司控股股东,华远集团将在重组完成后 2008 年度股东大会召开前向本公司股东大会提议进行分红,并在公司 2008 年度股东大会审议利润分配方案时投赞成票;并特别承诺:在本次重大资产重组完成后,华远集团以从重组后的本公司获得的现金分红回赠予本公司 4000 万元,自本公司有现金分红之日起,直至赠满为止; 二、北京华远浩利投资股份有限公司承诺:自本公司股权分置改革方案实施之日起,在 36 个月内不转让所持有的本公司股份;在前述期限届满后,所持有的本公司股份的上市交易和转让将严格按照《中华人民共和国公司法》、《上市公司董事、监事和高级管理人员所持本公司股份及其变动管理规则》、《上海证券交易所股票上市规则》等法律、法规、部门规章和规范性文件所规定的上市公司董事、监事和高级管理人员所持本公司股份上市交易和转让方式执行; 三、北京市华远国际旅游有限公司、北京京泰投资管理中心、北京首创阳光房地产有限责任公司承诺:自本公司股权分置改革方案实施之日起,在 36 个月内不转让所持有的本公司股份; 四、名流置业集团股份有限公司承诺,其通过接受北京华远五位股东对名流投资集团股份有限公司的补偿股份而获得的本公司股份,自本公司股权分置改革实施之日起,36 个月内不上市交易或转让。	一、(1)华远集团将严格遵守限售股票锁定期限制;(2)北京华远 2007 年度实现净利润 31,400.45 万元(其中归属于母公司所有者的净利润为 30,613.47 万元);本公司 2008 年度净利润为 41,566.63 万元(其中归属于母公司所有者的净利润为 40,403.84 万元),均超过了股改承诺数据;本公司 2007、2008 年度报告均为标准无保留意见报告,且均按时披露。(3)华远集团将在适当时机提议启动本公司股权激励计划。(4)华远集团继续严格履行不竞争承诺;(5)公司已提出 2008 年度分配预案,若获得股东大会通过,华远集团将遵守承诺,将获得的现金分红回赠予本公司 4,000 万元。 二、依承诺履行。 三、依承诺履行。 四、依承诺履行。
收购报告书或权益变动报告书中所作承诺	同上一至三条	同上一至三条
其他对公司中小股东所作承诺	一、除上述承诺外,公司重大资产重组中华远集团及其一致行动人还出具了如下承诺:1、避免同业竞争;2、减少及规范关联交易;3、与上市公司"五分开",确保上市公司人员独立、资产独立、业务独立、财务独立、机构独立;4、不违反"证监发[2005]120 号文"及"证监发[2003]56 号文";5、严守新增股份的锁定期;6、向上市公司无偿转让"华远"商标使用权。 二、另外,因重大资产重组截至吸收合并基准日 2006 年 10 月 31 日北京华远存在两个约 1000 万元标的的诉讼尚未了结,北京华远原五位股东承诺如果上述诉讼造成北京华远的损失,将由五位股东按照各自所占北京华远股权比例承担全部责任,弥补因上述诉讼造成的全部损失。	一、依承诺履行。 二、目前该 2 件诉讼尚未了结,待了结后如对本公司造成损失,五位股东将严格履行承诺,承担相关损失。原北京华远五位股东已同意:按各自持股比例预留 2008 年度来自公司的分红所得合计 1,000 万元在公司账户中,用于公司因上述诉讼可能产生的损失。待这两个诉讼结案后,若公司因诉讼实际产生的损失大于 1,000 万元,由原北京华远五位股东按各自持股比例补给公司;若公司因诉讼实际产生的损失少于 1,000 万元,由公司按各自持股比例退回原北京华远五位股东。

7.6.2 公司资产或项目存在盈利预测，且报告期仍处在盈利预测期间，公司就资产或项目是否达到原盈利预测及其原因作出说明：

□适用 √不适用

7.7 重大诉讼仲裁事项

√适用 □不适用

关于公司重大资产重组报告书中披露原北京华远两项诉讼案件，现将后续情况说明如下：

1、尚都国际项目刘国立一案：公司下属公司北京建华置地有限公司(以下简称"建华置地")向刘国立出售的位于北京市朝阳区东大桥路甲 8 号尚都国际中心 A 座的八套房屋(1801、1805、1806、1807、1808、1809、18015 和 18016)，因为刘国立与第三方的经济纠纷被法院查封。因房屋尚未办理完毕抵押登记手续，建华置地需要向银行承担担保责任；建华置地享有对刘国立的追偿权，已就该等债权的追偿陆续向法院提起了诉讼，相关各项诉讼进展如下：

(1)2008 年 4 月，中信银行股份有限公司北京国际大厦支行向朝阳区人民法院提起诉讼，要求刘国立偿还尚都 1808、1809 号两套房屋全部银行按揭款共计约 524 万元，建华置地承担担保责任。目前此案正在审理中，截至本报告日，尚未有结果。

(2)2008 年 4 月 28 日，招商银行北京分行向朝阳区人民法院提起诉讼，要求刘国立偿还尚都 1805 号房屋全部银行按揭款共计约 300 万元，建华置地承担担保责任，此案于 2008 年 6 月 12 日开庭，经朝阳法院审理，一审判决免除建华置地的担保责任，二审法院维持原判。

(3)2008 年 6 月，中国农业银行北京市西城区支行向西城区人民法院提起诉讼，要求刘国立偿还尚都 1812 号房屋全部银行按揭款共计约 320 万元，建华置地承担担保责任。此案于 2008 年 7 月 7 日开庭，经西城区人民法院审理，一审判决免除建华置地的担保责任。

(4)2008 年 11 月，中国光大银行股份有限公司北京天宁寺支行向西城区人民法院提起诉讼，要求刘国立偿还尚都 1816 号房屋全部银行按揭款共计约 312 万元，建华置地承担担保责任，此案于 2008 年 12 月 18 日开庭，经西城区人民法院审理，一审判决免除建华置地的担保责任。

(5)2008 年 11 月，中国银行股份有限公司北京市分行向北京仲裁委提出仲裁申请，要求刘国立偿还尚都 1807 号房屋全部银行按揭款共计约 220 万元，建华置地承担担保责任，此案于 2009 年 1 月 12 日开庭，北京仲裁委尚未出具裁决书。

(6)2008 年 11 月，中国银行股份有限公司北京市分行向北京仲裁委提出仲裁申请，要求刘国立偿还尚都 1815 号房屋全部银行按揭款共计约 199 万元，建华置地承担担保责任，此案于 2009 年 1 月 12 日开庭，北京仲裁委尚未出具裁决书。

2、后海北沿 27 号院一案(此案未列明标的)

2006 年 6 月，原告蔡潜向西城区人民法院提起诉讼，北京华远列为被告，申请法院拆除其私有房院内鸦儿胡同 54 号院内的违章建筑。2006 年 11 月 20 日，北京西城法院以该建筑对被申请人生活造成影响为由，判决北京华远将房屋直接交予被申请人，并由蔡潜补偿北京华远 380 万。北京华远于 2006 年 12 月 4 日向北京市第一中级人民法院提出上诉，要求二审法院撤销原审判决，2007 年 4 月 26 日，二审法院做出了维持一审的终审判决。后因北京华远认为原审法院存在事实认定不清、证据不足等错误，故向北京市高级人民法院提出申诉。2007 年 7 月，北京市高院以原审认定事实的主要证据不足且适用法律错误，要求北京市第一中级人民法院对此案进行再审，同时中止了原判决执行。2008 年 12 月 15 日，北京市第一中级人民法院以原审认定事实不清且判决结果超出原告诉讼请求等原因，撤销原一、二审判决，并将该案发回西城区人民法院重审。目前此案尚未开庭审理。

由于上述两个未结诉讼在公司重大资产重组基准日 2006 年 10 月 31 日之前发生，原北京华远五位股东已同意承担该诉讼可能给本公司造成的全部损失，为此，北京华远五位股东将按各自持股比例预留 2008 年度来自本公司的分红所得合计 1000 万元在本公司账户中，用于补偿本公司因上述诉讼可能产生的损失。待这两个诉讼结案后，若本公司因诉讼实际产生的损失大于 1000 万元，由原北京华远五位股东按各自持股比例补给本公司；若本公司因诉讼实际产生的损失少于 1000 万元，由本公司按各自持股比例退回原北京华远五位股东。

除此之外公司无任何其他重大诉讼或仲裁事项。

7.8 其他重大事项及其影响和解决方案的分析说明

7.8.1 证券投资情况

□适用 √不适用

7.8.2 持有其他上市公司股权情况

□适用 √不适用

7.8.3 持有非上市金融企业股权情况

□适用 √不适用

7.8.4 买卖其他上市公司股份的情况

□适用 √不适用

7.9 公司是否披露履行社会责任的报告：否

第八节 监事会报告

监事会认为公司依法运作、公司财务情况、公司募集资金使用、公司收购、出售资产交易和关联交易不存在问题。

8.1 监事会对公司依法运作情况的独立意见

报告期内，监事会依照《中华人民共和国公司法》、《公司章程》等有关法律法规认真履行职责，通过列席公司董事会会议、股东大会会议等参与了公司重大经营决策的讨论，并对公司财务状况、经营情况进行了监督。监事会认为，2008 年度公司严格依法运作，各项决策合法有效，公司内控制度不断完善，内部控制状况良好，公司董事、高级管理人员执行公司职务时均能勤勉尽职，遵守国家法律、法规、《公司章程》，维护公司利益。

8.2 监事会对检查公司财务情况的独立意见

监事会认为，报告期内公司财务行为严格遵守了国家相关法律法规和公司财务管理制度，公司财务报告真实、公允地反映了公司财务状况和经营情况。立信会计师事务所有限公司为公司出具的标准无保留意见的审计报告是客观和公正的。

8.3 监事会对公司最近一次募集资金实际投入情况的独立意见

公司自 1998 年以来无募集资金，也没有募集资金使用延续到报告期的情况发生。

8.4 监事会对公司收购、出售资产情况的独立意见

报告期内公司完成了重大资产重组，以增发股份换股吸收合并北京市华远地产股份有限公司。重组完成后公司原有资产、负债全部转出，原北京市华远地产股份有限公司全部资产、负债转入，公司变更为以房地产开发经营为主营业务的企业，并具有了较强的综合实力与长期发展能力。本次交易价格公允合理，没有发现内幕交易及损害部分股东的权益或造成公司资产流失的情况。

8.5 监事会对公司关联交易情况的独立意见

监事会对报告期内发生的关联交易进行了监督和核查，认为：公司发生的关联交易均按市场公平交易的原则进行，定价公允，程序合规，不存在损害公司和关联股东利益的情况发生。

第九节 财务会计报告

9.1 审计意见

财务报告	□未经审计	√审计
审计意见	√标准无保留意见	□非标意见

审计意见全文

信会师报字(2009)第 80077 号

华远地产股份有限公司全体股东：

我们审计了后附的华远地产股份有限公司(以下简称“华远地产”)财务报表，包括 2008 年 12 月 31 日的资产负债表和合并资产负债表，2008 年度的利润表和合并利润表、股东权益变动表和合并股东权益变动表、现金流量表和合并现金流量表以及财务报表附注。

一、管理层对财务报表的责任

按照企业会计准则的规定编制财务报表是华远地产管理层的责任。这种责任包括：(1)设计、实施和维护与财务报表编制相关的内部控制，以使财务报表不存在由于舞弊或错误而导致的重大错报；(2)选择和运用恰当的会计政策；(3)作出合理的会计估计。

二、注册会计师的责任

我们的责任是在实施审计工作的基础上对财务报表发表审计意见。我们按照中国注册会计师审计准则的规定执行了审计工作。中国注册会计师审计准则要求我们遵守职业道德规范，计划和实施审计工作以对财务报表是否不存在重大错报获取合理保证。

审计工作涉及实施审计程序，以获取有关财务报表金额和披露的审计证据。选择的审计程序取决于注册会计师的判断，包括对由于舞弊或错误导致的财务报表重大错报风险的评估。在进行风险评估时，我们考虑与财务报表编制相关的内部控制，以设计恰当的审计程序，但目的并非对内部控制的有效性发表意见。审计工作还包括评价管理层选用会计政策的恰当性和作出会计估计的合理性，以及评价财务报表的总体列报。

我们相信，我们获取的审计证据是充分、适当的，为发表审计意见提供了基础。

三、审计意见

我们认为，华远地产财务报表已经按照企业会计准则的规定编制，在所有重大方面公允反映了华远地产 2008 年 12 月 31 日的财务状况以及 2008 年度的经营成果和现金流量。

立信会计师事务所有限公司	中国注册会计师：王云成、蒋雪莲
上海市南京东路 61 号新黄浦金融大厦 4 楼	2009 年 3 月 4 日

9.2 财务报表

合并资产负债表

2008 年 12 月 31 日

编制单位：华远地产股份有限公司 单位：元 币种：人民币

项目	附注	期末余额	年初余额
流动资产：			
货币资金	(七)、1	593,103,081.50	1,141,632,380.00
结算备付金			
拆出资金			
交易性金融资产	(七)、2	1,456,888.01	1,983,607.71
应收票据			
应收账款	(七)、3		4,198,284.00
预付款项	(七)、5	6,990,282.18	7,174,088.14
应收保费			
应收分保账款			
应收分保合同准备金			
应收利息			
应收股利			
其他应收款	(七)、4	480,811,521.07	747,619,999.75
买入返售金融资产			
存货	(七)、6	2,726,443,977.63	3,054,244,968.99
一年内到期的非流动资产			
其他流动资产			
流动资产合计		3,808,805,750.39	4,956,853,328.59
非流动资产：			
发放贷款及垫款			
可供出售金融资产			
持有至到期投资			
长期应收款			
长期股权投资	(七)、8	340,738,128.20	355,898,175.68
投资性房地产	(七)、9	499,238,724.51	507,877,472.81
固定资产	(七)、10	149,302,459.09	8,577,576.68
在建工程			
工程物资			
固定资产清理			
生产性生物资产			
油气资产			
无形资产	(七)、11		255,371.69
开发支出			
商誉	(七)、12	46,782,083.37	43,759,234.07
长期待摊费用			72,687.69
递延所得税资产	(七)、13	44,948,494.78	83,868,051.31
其他非流动资产			
非流动资产合计		1,081,009,889.95	1,000,308,569.93
资产总计		4,889,815,640.34	5,957,161,898.52
流动负债：			
短期借款	(七)、15	28,000,000.00	450,000,000.00
向中央银行借款			
吸收存款及同业存放			
拆入资金			
交易性金融负债			
应付票据			
应付账款	(七)、16	52,289,664.51	123,687,462.91
预收款项	(七)、17	1,206,452,104.69	2,246,642,644.00
卖出回购金融资产款			
应付手续费及佣金			
应付职工薪酬	(七)、18	873,751.92	958,125.24
应交税费	(七)、19	66,485,905.01	59,607,020.23

应付利息			
应付股利			
其他应付款	(七)、20	638,745,256.50	143,950,473.08
应付分保账款			
保险合同准备金			
代理买卖证券款			
代理承销证券款			
一年内到期的非流动负债	(七)、21	910,000,000.00	530,000,000.00
其他流动负债			
流动负债合计		2,902,846,682.63	3,554,845,725.46
非流动负债:			
长期借款	(七)、22	327,882,426.14	1,129,729,432.20
应付债券			
长期应付款			
专项应付款			
预计负债			
递延所得税负债	(七)、23		312,451.93
其他非流动负债			
非流动负债合计		327,882,426.14	1,130,041,884.13
负债合计		3,230,729,108.77	4,684,887,609.59
股东权益:			
股本	(七)、24	778,129,126.00	500,858,000.00
资本公积	(七)、25		2,920,822.51
减:库存股			
盈余公积	(七)、26	14,495,979.63	99,615,979.63
一般风险准备			
未分配利润	(七)、27	754,512,668.99	499,704,578.16
外币报表折算差额			
归属于母公司所有者权益合计		1,547,137,774.62	1,103,099,380.30
少数股东权益		111,948,756.95	169,174,908.63
股东权益合计		1,659,086,531.57	1,272,274,288.93
负债和股东权益合计		4,889,815,640.34	5,957,161,898.52

公司法定代表人:任志强　　主管会计工作负责人:袁绍华　　会计机构负责人:焦瑞云

母公司资产负债表

2008 年 12 月 31 日

编制单位:华远地产股份有限公司　　单位:元 币种:人民币

项目	附注	期末余额	年初余额
流动资产:			
货币资金		23,893,388.30	761,896,045.34
交易性金融资产			1,983,607.71
应收票据			
应收账款	(八)、1		
预付款项			1,178,861.00
应收利息			
应收股利			
其他应收款	(八)、2	339,183,966.92	2,082,467,253.92
存货			155,600,000.00
一年内到期的非流动资产			
其他流动资产			
流动资产合计		363,077,355.22	3,003,125,767.97
非流动资产:			
可供出售金融资产			
持有至到期投资			
长期应收款			
长期股权投资	(八)、3	646,782,083.37	1,059,844,925.59
投资性房地产			
固定资产			7,588,759.48
在建工程			
工程物资			
固定资产清理			
生产性生物资产			
油气资产			
无形资产			255,371.69
开发支出			
商誉			
长期待摊费用			
递延所得税资产			561,775.83
其他非流动资产			
非流动资产合计		646,782,083.37	1,068,250,832.59
资产总计		1,009,859,438.59	4,071,376,600.56
流动负债:			
短期借款			450,000,000.00
交易性金融负债			
应付票据			
应付账款			72,810.55
预收款项			38,000,000.00
应付职工薪酬			888,978.62
应交税费			137,606,219.13
应付利息			
应付股利			
其他应付款			1,140,475,957.33
一年内到期的非流动负债			380,000,000.00
其他流动负债			
流动负债合计			2,147,043,965.63
非流动负债:			
长期借款			950,000,000.00
应付债券			
长期应付款			
专项应付款			
预计负债			
递延所得税负债			312,451.93
其他非流动负债			
非流动负债合计			950,312,451.93
负债合计			3,097,356,417.56
股东权益:			
股本		778,129,126.00	500,858,000.00
资本公积			2,920,822.51
减:库存股			
盈余公积		14,495,979.63	99,615,979.63
未分配利润		217,234,332.96	370,625,380.86
外币报表折算差额			
股东权益合计		1,009,859,438.59	974,020,183.00
负债和股东权益合计		1,009,859,438.59	4,071,376,600.56

公司法定代表人:任志强　　主管会计工作负责人:袁绍华　　会计机构负责人:焦瑞云

合并利润表

2008 年 1—12 月

单位:元 币种:人民币

项目	附注	本期金额	上期金额
一、营业总收入	(七)、28	2,256,027,167.29	697,352,023.96
其中:营业收入		2,256,027,167.29	697,352,023.96
利息收入			
已赚保费			
手续费及佣金收入			
二、营业总成本		1,793,280,902.09	709,855,213.40
其中:营业成本	(七)、28	1,396,133,556.48	501,514,838.67
利息支出			
手续费及佣金支出			
退保金			
赔付支出净额			
提取保险合同准备金净额			
保单红利支出			
分保费用			
营业税金及附加	(七)、29	241,041,564.50	38,352,366.45
销售费用		41,955,854.17	65,488,336.80
管理费用		82,288,186.00	65,949,122.42
财务费用		28,138,410.95	38,043,122.40
资产减值损失	(七)、32	3,723,329.99	507,426.66
加:公允价值变动收益(损失以"-"号填列)	(七)、30	-957,338.99	1,170,431.90
投资收益(损失以"-"号填列)	(七)、31	83,056,572.94	487,802,685.57
其中:对联营企业和合营企业的投资收益			
汇兑收益(损失以"-"号填列)			
三、营业利润(亏损以"-"号填列)		544,845,499.15	476,469,928.03
加:营业外收入	(七)、33	7,977,391.06	9,919,901.86
减:营业外支出	(七)、34	496,387.39	32,310.82
其中:非流动资产处置净损失		89,967.39	
四、利润总额(亏损总额以"-"号填列)		552,326,502.82	486,357,519.07
减:所得税费用	(七)、35	136,660,232.27	172,353,032.77
五、净利润(净亏损以"-"号填列)		415,666,270.55	314,004,486.30
归属于母公司所有者的净利润		404,038,394.32	306,134,698.95
少数股东损益		11,627,876.23	7,869,787.35
六、每股收益:			
(一)基本每股收益(元/股)		0.68	0.61
(二)稀释每股收益(元/股)		0.68	0.61

公司法定代表人:任志强　　主管会计工作负责人:袁绍华　　会计机构负责人:焦瑞云

母公司利润表

2008 年 1—12 月

单位:元 币种:人民币

项目	附注	本期金额	上期金额
一、营业收入	(八)、4	190,882,400.00	15,465,671.19
减:营业成本	(八)、4	156,640,675.25	
营业税金及附加		11,664,432.00	850,611.92

销售费用			
管理费用		27,762,895.92	37,736,919.69
财务费用		−1,375,477.05	−861,482.57
资产减值损失			2,267,911.89
加:公允价值变动收益(损失以"−"号填列)		−432,066.44	1,170,431.90
投资收益(损失以"−"号填列)	(八)、5	81,273.56	479,429,402.01
其中:对联营企业和合营企业的投资收益			
二、营业利润(亏损以"−"号填列)		−4,160,919.00	456,071,544.17
加:营业外收入		174.59	48,389.77
减:营业外支出			10,015.36
其中:非流动资产处置净损失			
三、利润总额(亏损总额以"−"号填列)		−4,160,744.41	456,109,918.58
减:所得税费用			148,007,008.01
四、净利润(净亏损以"−"号填列)		−4,160,744.41	308,102,910.57

公司法定代表人:任志强　　主管会计工作负责人:袁绍华　　会计机构负责人:焦瑞云

合并现金流量表

2008 年 1—12 月

单位:元 币种:人民币

项目	附注	本期金额	上期金额
一、经营活动产生的现金流量:			
销售商品、提供劳务收到的现金		900,168,557.55	2,501,522,383.66
客户存款和同业存放款项净增加额			
向中央银行借款净增加额			
向其他金融机构拆入资金净增加额			
收到原保险合同保费取得的现金			
收到再保险业务现金净额			
保户储金及投资款净增加额			
处置交易性金融资产净增加额			
收取利息、手续费及佣金的现金			
拆入资金净增加额			
回购业务资金净增加额			
收到的税费返还			
收到其他与经营活动有关的现金	(七)、38	1,889,058,560.88	3,093,548,202.12
经营活动现金流入小计		2,789,227,118.43	5,595,070,585.78
购买商品、接受劳务支付的现金		719,523,953.16	851,806,591.32
客户贷款及垫款净增加额			
存放中央银行和同业款项净增加额			
支付原保险合同赔付款项的现金			
支付利息、手续费及佣金的现金			
支付保单红利的现金			
支付给职工以及为职工支付的现金		60,438,778.82	56,346,176.50
支付的各项税费		362,755,328.97	362,953,115.85
支付其他与经营活动有关的现金	(七)、38	1,303,909,367.23	3,512,019,617.12
经营活动现金流出小计		2,446,627,428.18	4,783,125,500.79
经营活动产生的现金流量净额		342,599,690.25	811,945,084.99
二、投资活动产生的现金流量:			
收回投资收到的现金		547,200,000.00	708,414,345.63
取得投资收益收到的现金		77,372,956.06	476,273,722.20
处置固定资产、无形资产和其他长期资产收回的现金净额			335,700.00
处置子公司及其他营业单位收到的现金净额			
收到其他与投资活动有关的现金			
投资活动现金流入小计		624,908,656.06	1,184,688,067.83
购建固定资产、无形资产和其他长期资产支付的现金		2,596,466.70	1,318,044.00
投资支付的现金		756,673,300.00	586,924,690.00
质押贷款净增加额			
取得子公司及其他营业单位支付的现金净额			
支付其他与投资活动有关的现金			
投资活动现金流出小计		759,269,766.70	588,242,734.00
投资活动产生的现金流量净额		−134,361,110.64	596,445,333.83
三、筹资活动产生的现金流量:			
吸收投资收到的现金		39,490,000.00	
其中:子公司吸收少数股东投资收到的现金			
取得借款收到的现金		533,000,000.00	1,490,000,000.00
发行债券收到的现金			
收到其他与筹资活动有关的现金			
筹资活动现金流入小计		572,490,000.00	1,490,000,000.00
偿还债务支付的现金		1,141,847,006.06	1,829,672,357.84
分配股利、利润或偿付利息支付的现金		126,930,371.79	161,375,549.35
其中:子公司支付给少数股东的股利、利润			
支付其他与筹资活动有关的现金	(七)、38	28,546,700.00	
筹资活动现金流出小计		1,297,324,077.85	1,991,047,907.19
筹资活动产生的现金流量净额		−724,834,077.85	−501,047,907.19
四、汇率变动对现金及现金等价物的影响		−18,180.86	−91,932.71
五、现金及现金等价物净增加额		−516,613,679.10	907,250,578.92
加:期初现金及现金等价物余额		1,066,480,832.01	159,230,253.09
六、期末现金及现金等价物余额		549,867,152.91	1,066,480,832.01

公司法定代表人:任志强　　主管会计工作负责人:袁绍华　　会计机构负责人:焦瑞云

母公司现金流量表

2008 年 1—12 月

单位:元 币种:人民币

项目	附注	本期金额	上期金额
一、经营活动产生的现金流量:			
销售商品、提供劳务收到的现金		152,000,000.00	51,592,640.00
收到的税费返还			
收到其他与经营活动有关的现金		2,159,180,753.12	8,335,639,779.29
经营活动现金流入小计		2,311,180,753.12	8,387,232,419.29
购买商品、接受劳务支付的现金		1,158,433.85	157,188,151.78
支付给职工以及为职工支付的现金		33,352,506.34	41,868,086.19
支付的各项税费		159,197,323.24	42,815,769.91
支付其他与经营活动有关的现金		1,503,087,249.85	7,468,352,577.69
经营活动现金流出小计		1,696,795,513.28	7,710,224,585.57
经营活动产生的现金流量净额		614,385,239.84	677,007,833.72
二、投资活动产生的现金流量:			
收回投资收到的现金		347,200,000.00	709,957,806.98
取得投资收益收到的现金		76,123,150.62	476,273,722.20
处置固定资产、无形资产和其他长期资产收回的现金净额			
处置子公司及其他营业单位收到的现金净额			
收到其他与投资活动有关的现金			
投资活动现金流入小计		423,323,150.62	1,186,231,529.18
购建固定资产、无形资产和其他长期资产支付的现金		78,460.00	1,073,800.00
投资支付的现金		1,101,873,300.00	871,428,690.00
取得子公司及其他营业单位支付的现金净额			
支付其他与投资活动有关的现金			
投资活动现金流出小计		1,101,951,760.00	872,502,490.00
投资活动产生的现金流量净额		−678,628,609.38	313,729,039.18
三、筹资活动产生的现金流量:			
吸收投资收到的现金		39,490,000.00	
取得借款收到的现金		60,000,000.00	1,190,000,000.00
收到其他与筹资活动有关的现金			
筹资活动现金流入小计		99,490,000.00	1,190,000,000.00
偿还债务支付的现金		720,000,000.00	1,320,000,000.00
分配股利、利润或偿付利息支付的现金		53,011,471.55	113,850,618.75
支付其他与筹资活动有关的现金		1,720,000.00	
筹资活动现金流出小计		774,731,471.55	1,433,850,618.75
筹资活动产生的现金流量净额		−675,241,471.55	−243,850,618.75
四、汇率变动对现金及现金等价物的影响		−17,815.95	−23,640.24
五、现金及现金等价物净增加额		−739,502,657.04	746,862,613.91
加:期初现金及现金等价物余额		763,396,045.34	16,533,431.43
六、期末现金及现金等价物余额		23,893,388.30	763,396,045.34

公司法定代表人:任志强　　主管会计工作负责人:袁绍华　　会计机构负责人:焦瑞云

合并所有者权益变动表

2008 年 1—12 月

单位:元 币种:人民币

	本年金额								
	归属于母公司所有者权益								
项目	股本	资本公积	减:库存股	盈余公积	一般风险准备	未分配利润	其他	少数股东权益	所有者权益合计
一、上年年末余额	500,858,000.00	2,920,822.51		99,517,331.99		498,816,749.46		169,174,908.63	1,271,287,812.59
加:同一控制下企业合并产生的追溯调整									
加:会计政策变更									
前期差错更正				98,647.64		887,828.70			986,476.34
其他									
二、本年年初余额	500,858,000.00	2,920,822.51		99,615,979.63		499,704,578.16		169,174,908.63	1,272,274,288.93
三、本年增减变动金额									
(减少以"−"号填列)	277,271,126.00	−2,920,822.51		−85,120,000.00		254,808,090.83		−57,226,151.68	386,812,242.64
(一)净利润						404,038,394.32		11,627,876.23	415,666,270.55
(二)直接计入所有者权益的利得和损失									
1.可供出售金融资产公允价值变动净额									
2.权益法下被投资单位其他所有者权益变动的影响									
3.与计入所有者权益项目相关的所得税影响									
4.其他									
上述(一)和(二)小计						404,038,394.32		11,627,876.23	415,666,270.55
(三)所有者投入和									
减少资本	40,000,000.00							−66,934,027.91	−26,934,027.91
1.所有者投入资本	40,000,000.00							−66,934,027.91	−26,934,027.91
2.股份支付计入所有者权益的金额									
3.其他									
(四)利润分配								−1,920,000.00	−1,920,000
1.提取盈余公积									
2.提取一般风险准备									
3.对所有者(或股东)的分配								−1,920,000.00	−1,920,000.00
4.其他									
(五)所有者权益									
内部结转	237,271,126	−2,920,822.51		−85,120,000.00		−149,230,303.49			
1.资本公积转增资本									

项目	股本	资本公积	减:库存股	盈余公积	一般风险准备	未分配利润	其他	少数股东权益	所有者权益合计
(或股本)	2,920,822.51	-2,920,822.51							
2.盈余公积转增资本									
(或股本)	85,120,000.00			-85,120,000.00					
3.盈余公积弥补亏损									
4.其他	149,230,303.49					-149,230,303.49			
四、本期期末余额	778,129,126.00			14,495,979.63		754,512,668.99		111,948,756.95	1,659,086,531.57

上年金额

项目	归属于母公司所有者权益							少数股东权益	所有者权益合计
	股本	资本公积	减:库存股	盈余公积	一般风险准备	未分配利润	其他		
一、上年年末余额	500,858,000.00	2,900,000.00		68,958,431.75		215,455,394.96		206,798,315.53	994,970,142.24
加:同一控制下企业合并产生的追溯调整									
加:会计政策变更									
前期差错更正				-152,743.18		8,924,775.31			8,772,032.13
其他									
二、本年年初余额	500,858,000.00	2,900,000.00		68,805,688.57		224,380,170.27		206,798,315.53	1,003,742,174.37
三、本年增减变动金额									
(减少以"-"号填列)		20,822.51		30,711,643.42		274,436,579.19		-37,623,406.90	267,545,638.22
(一)净利润						305,148,222.61		7,869,787.35	313,018,009.96
(二)直接计入所有者									
权益的利得和损失		20,822.51							20,822.51
1.可供出售金融资产公允价值变动净额									
2.权益法下被投资单位其他									
所有者权益变动的影响		20,822.51							20,822.51
3.与计入所有者权益项目相关的所得税影响									
4.其他									
上述(一)和(二)小计		20,822.51				305,148,222.61		7,869,787.35	313,038,832.47
(三)所有者投入和减少资本				30,711,643.42		-30,711,643.42		-45,493,194.25	-45,493,194.25
1.所有者投入资本				30,711,643.42		-30,711,643.42		-44,660,387.15	-44,660,387.15
2.股份支付计入所有者权益的金额									
3.其他								-832,807.10	-832,807.10
(四)利润分配									
1.提取盈余公积									
2.提取一般风险准备									
3.对所有者(或股东)的分配									
4.其他									
(五)所有者权益内部结转									
1.资本公积转增资本(或股本)									
2.盈余公积转增资本(或股本)									
3.盈余公积弥补亏损									
4.其他									
四、本期期末余额	500,858,000.00	2,920,822.51		99,517,331.99		498,816,749.46		169,174,908.63	1,271,287,812.59

公司法定代表人:任志强　　主管会计工作负责人:袁绍华　　会计机构负责人:焦瑞云

母公司所有者权益变动表

2008 年 1—12 月

单位:元 币种:人民币

本年金额

项目	股本	资本公积	减:库存股	盈余公积	未分配利润	所有者权益合计
一、上年年末余额	500,858,000	2,920,822.51		99,517,331.99	369,737,552.16	973,033,706.66
加:会计政策变更						
前期差错更正				98,647.64	887,828.70	986,476.34
其他						
二、本年年初余额	500,858,000.00	2,920,822.51		99,615,979.63	370,625,380.86	974,020,183.00
三、本年增减变动金额						
(减少以"-"号填列)	277,271,126.00	-2,920,822.51		-85,120,000.00	-153,391,047.90	35,839,255.59
(一)净利润					-4,160,744.41	-4,160,744.41
(二)直接计入所有者权益的利得和损失						
1.可供出售金融资产公允价值变动净额						
2.权益法下被投资单位其他所有者权益变动的影响						
3.与计入所有者权益项目相关的所得税影响						
4.其他						
上述(一)和(二)小计					-4,160,744.41	-4,160,744.41
(三)所有者投入和						
减少资本	40,000,000.00					40,000,000.00
1.所有者投入资本	40,000,000.00					40,000,000.00
2.股份支付计入所有者权益的金额						
3.其他						
(四)利润分配						
1.提取盈余公积						
2.对所有者(或股东)的分配						
3.其他						
(五)所有者权益						
内部结转	237,271,126.00	-2,920,822.51		-85,120,000.00	-149,230,303.49	
1.资本公积转增资本						
(或股本)	2,920,822.51	-2,920,822.51				
2.盈余公积转增资本						
(或股本)	85,120,000.00			-85,120,000.00		
3.盈余公积弥补亏损						
4.其他	149,230,303.49				-149,230,303.49	
四、本期期末余额	778,129,126.00			14,495,979.63	217,234,332.96	1,009,859,438.59

上年金额

项目	股本	资本公积	减:库存股	盈余公积	未分配利润	所有者权益合计
一、上年年末余额	500,858,000.00	2,900,000.00		68,958,431.75	94,707,449.93	667,423,881.68
加:会计政策变更						
前期差错更正				-152,743.18	-1,374,688.58	-1,527,431.76
其他						
二、本年年初余额	500,858,000.00	2,900,000.00		68,805,688.57	93,332,761.35	665,896,449.92
三、本年增减变动金额						
(减少以"-"号填列)		20,822.51		30,711,643.42	276,404,790.81	307,137,256.74
(一)净利润					307,116,434.23	307,116,434.23
(二)直接计入所有者						
权益的利得和损失		20,822.51				20,822.51
1.可供出售金融资产公允价值变动净额						
2.权益法下被投资单位其他						
所有者权益变动的影响		20,822.51				20,822.51
3.与计入所有者权益项目相关的所得税影响						
4.其他						
上述(一)和(二)小计		20,822.51			307,116,434.23	307,137,256.74
(三)所有者投入和减少资本						
1.所有者投入资本						
2.股份支付计入所有者权益的金额						
3.其他						
(四)利润分配				30,711,643.42	-30,711,643.42	
1.提取盈余公积				30,711,643.42	-30,711,643.42	
2.对所有者(或股东)的分配						
3.其他						
(五)所有者权益内部结转						
1.资本公积转增资本(或股本)						
2.盈余公积转增资本(或股本)						
3.盈余公积弥补亏损						
4.其他						
四、本期期末余额	500,858,000	2,920,822.51		99,517,331.99	369,737,552.16	973,033,706.66

公司法定代表人:任志强　　主管会计工作负责人:袁绍华　　会计机构负责人:焦瑞云

9.3 本报告期无会计政策、会计估计和核算方法变更。

9.4 会计差错更正

单位:元 币种:人民币

会计差错更正的内容	差错更正金额	会计差错的原因及其影响
所得税费用	8,777,013.43	2007 年 9 月,原控股子公司北京建华置地有限公司对其开发的"尚都一期"项目进行了所得税汇算清缴,并由北京明达顺天税务师事务所有限公司出具了明达顺天审字(2007)037 号鉴证报告,经其鉴证尚都一期 2002 年 9 月至 2007 年 8 月 31 日期间应缴纳所得税 95,837,475.70 元,与公司此期间实际计提的所得税费用差额为 8,777,013.43 元,本期将应交税费冲回,增加年初留存收益 8,777,013.43 元。

9.5 与最近一期年度报告相比,合并范围发生变化的具体说明

与上年相比本年新增合并报表单位 3 家,原因为:

本年度投资设立长沙人韵投资有限公司,子公司北京市华远置业有限公司持有其 86%的股权,湖南青和投资集团有限公司、江苏一德集团有限公司各持有其 7%的股权,故将其纳入合并报表的范围。

本年度投资设立长沙地韵投资有限公司,子公司北京市华远置业有限公司持有其 86%的股权,湖南青和投资集团有限公司、江苏一德集团有限公司各持有其 7%的股权,故将其纳入合并报表的范围。

本年度投资设立长沙橘韵投资有限公司,子公司北京市华远置业有限公司持有其 86%的股权,湖南青和投资集团有限公司、江苏一德集团有限公司各持有其 7%的股权,故将其纳入合并报表的范围。

董事长:任志强

华远地产股份有限公司

2009 年 3 月 4 日

鲁银投资集团股份有限公司

鲁银投资集团股份有限公司2008年年度报告摘要

第一节 重要提示

1.1 本公司董事会、监事会及董事、监事、高级管理人员保证本报告所载资料不存在任何虚假记载、误导性陈述或者重大遗漏，并对其内容的真实性、准确性和完整性承担个别及连带责任。

本年度报告摘要摘自年度报告全文，投资者欲了解详细内容，应当仔细阅读年度报告全文。

1.2 如有董事未出席董事会，应当单独列示其姓名

未出席董事职务	未出席董事姓名	未出席董事的说明
独立董事	张秋生	因工作原因，无法亲自出席会议，授权委托独立董事赵黎明先生出席会议并行使表决权。

1.3 大信会计师事务有限公司为本公司出具了标准无保留意见的审计报告。

1.4 公司负责人刘相学，主管会计工作负责人李春林，总会计师张林田及会计机构负责人(会计主管人员)陈瑞强声明：保证年度报告中财务报告的真实、完整。

第二节 公司基本情况简介

2.1 基本情况简介

股票简称	鲁银投资
股票代码	600784
上市交易所	上海证券交易所
公司注册地址和办公地址	济南市经十路128号 济南市经十路128号
邮政编码	250001
公司国际互联网网址	www.luyin.cn
电子信箱	luyin784@163.com

2.2 联系人和联系方式

	董事会秘书	证券事务代表
姓名	孙凯	张俊
联系地址	济南市经十路128号	济南市经十路128号
电话	0531-82024156	0531-82071608
传真	0531-82024179	0531-82024179
电子信箱	luyin784@163.com	济南市经十路128号

第三节 会计数据和业务数据摘要

3.1 主要会计数据

单位：元 币种：人民币

	2008年	2007年	本年比上年增减(%)	2006年
营业收入	4,575,313,079.47	4,117,853,222.54	11.11	3,176,867,675.19
利润总额	40,472,462.51	53,001,542.30	−23.64	8,871,526.96
归属于上市公司股东的净利润	30,516,707.21	27,462,880.30	11.12	17,498,891.40
归属于上市公司股东的扣除非经常性损益的净利润	22,417,992.74	28,595,267.20	−21.60	20,661,986.81
经营活动产生的现金流量净额	−59,326,499.81	180,827,811.91	−132.81	159,788,765.08
	2008年末	2007年末	本年末比上年末增减(%)	2006年末
总资产	1,506,332,535.45	1,625,546,241.88	−7.33	1,532,183,116.64
所有者权益(或股东权益)	391,101,354.83	362,446,555.97	7.91	336,374,294.44

3.2 主要财务指标

	2008年	2007年	本年比上年增减(%)	2006年
基本每股收益(元/股)	0.12	0.11	9.09	0.07
稀释每股收益(元/股)	0.12	0.11	9.09	0.07
扣除非经常性损益后的基本每股收益(元/股)	0.09	0.12	−25.00	0.08
全面摊薄净资产收益率(%)	7.80	7.58	增加0.22个百分点	4.96
加权平均净资产收益率(%)	8.12	7.81	增加0.31个百分点	5.63
扣除非经常性损益后全面摊薄净资产收益率(%)	5.73	7.89	减少2.16个百分点	5.86
扣除非经常性损益后的加权平均净资产收益率(%)	5.96	8.15	减少2.19个百分点	6.61
每股经营活动产生的现金流量净额(元/股)	−0.2389	0.7282	−132.81	0.64
	2008年末	2007年末	本年比末上年末增减(%)	2006年末
归属于上市公司股东的每股净资产(元/股)	1.58	1.46	8.22	1.35

非经常性损益项目

√适用 □不适用

单位：元 币种：人民币

非经常性损益项目	金额
非流动资产处置损益	7,569,507.55
除上述各项之外的其他营业外收入和支出	−1,190,951.04
其他符合非经常性损益定义的损益项目	4,928,500.40
少数股东权益影响额	91,917.75
所得税影响额	−3,300,260.19
合计	8,098,714.47

3.3 境内外会计准则差异：

□适用 √不适用

第四节 股本变动及股东情况

4.1 股份变动情况表

□适用 √不适用

限售股份变动情况表

□适用 √不适用

4.2 股东数量和持股情况

单位：股

报告期末股东总数	50,781户

前十名股东持股情况

股东名称	股东性质	持股比例(%)	持股总数	持有有限售条件股份数量	质押或冻结的股份数量
莱芜钢铁集团有限公司	国有法人	14.52	36,065,633	36,065,633	无
上海银炬实业发展有限公司	境内非国有法人	4.79	11,889,769	11,889,769	无
朱煜	未知	0.75	1,864,800		未知
陈家礼	未知	0.47	1,161,700		未知
李光荣	未知	0.46	1,130,804		未知
胡成榛	未知	0.41	1,008,492		未知
成臻	未知	0.4	992,000		未知
赵昆红	未知	0.39	974,483		未知
何雪萍	未知	0.36	900,000		未知
陈文生	未知	0.34	839,300		未知

前十名无限售条件股东持股情况

股东名称	持有无限售条件股份的数量	股份种类
朱煜	1,864,800	人民币普通股
陈家礼	1,161,700	人民币普通股
李光荣	1,130,804	人民币普通股
胡成榛	1,008,492	人民币普通股
成臻	992,000	人民币普通股
赵昆红	974,483	人民币普通股
何雪萍	900,000	人民币普通股
陈文生	839,300	人民币普通股
计科平	714,800	人民币普通股
张曦	600,000	人民币普通股
上述股东关联关系或一致行动的说明	公司法人股东之间无关联关系，也不存在一致行动关系；流通股股东之间是否存在关联关系或一致行动关系未知。	

4.3 控股股东及实际控制人情况介绍

4.3.1 控股股东及实际控制人变更情况

□适用 √不适用

4.3.2 控股股东及实际控制人具体情况介绍

4.3.2.1 法人控股股东情况

单位：万元 币种：人民币

名称	法定代表人	注册资本	成立日期	主营业务
莱芜钢铁集团有限公司	宋兰祥	312,269.33	1999 年 5 月 6 日	黑色金属冶炼、压延、加工；铜、焦及焦化产品、建筑材料的生产、销售；铸锻件机电设备制造，机械加工；批准范围的商品进出口及对外派遣劳务人员，承包本行业境外工程及境内国际招标工程等

4.3.2.2 法人实际控制人情况

单位：元 币种：人民币

名称	法定代表人	注册资本	成立日期	主营业务
山东省国有资产监督管理委员会				

第五节　董事、监事和高级管理人员

（一）董事、监事、高级管理人员的情况

单位：股

姓名	职务	性别	年龄	任期起止日期	年初持股数	年末持股数	被授予的限制性股票数量	股份增减数	变动原因	是否在公司领取报酬津贴	报告期内从公司领取的报酬总额(万元)税前	是否在股东单位或其他关联单位领取薪酬
魏佑山	董事长	男	58	2007-8-22~2010-8-21						是	3.75	是
翟凤银	副董事长	男	54	2007-8-22~2010-8-21						是	50.57	否
刘相学	董事、总经理	男	54	2007-8-22~2010-8-21						是	48.37	否
裴建光	董事	男	48	2007-8-22~2010-8-21						是	3.75	是
崔建民	董事	男	53	2007-8-22~2010-8-21						是	13.99	否
李春林	董事、副总经理	男	49	2007-8-22~2010-8-21	2,598	2,598	2,598			是	22.69	否
刘世合	董事、副总经理	男	48	2007-8-22~2010-8-21	2,598	2,598	2,598			是	22.49	否
潘春梅	董事	女	31	2007-8-22~2010-8-21						是	3.75	是
胡积健	独立董事	男	66	2007-8-22~2008-9-10						是	0	否
张秋生	独立董事	男	39	2007-8-22~2010-8-21						是	5	否
赵黎明	独立董事	男	56	2007-8-22~2010-8-21						是	5	否
李江宁	独立董事	男	49	2008-1-31~2010-8-21						是	0	否
任　辉	独立董事	男	63	2008-9-10~2010-8-21						是	5	否
赵京玲	监事长	女	46	2007-8-22~2010-8-21						是	3.75	是
梁　婧	监事	女	37	2007-8-22~2010-8-21						是	3.75	是
于乐川	监事	男	36	2007-8-22~2010-8-21						是	12.35	否
王丽丽	副总经理	女	44	2007-8-22~2010-8-21						是	15.8	否
孙佃民	总经济师	男	46	2007-8-22~2010-8-21						是	20.52	否
张林田	总会计师	男	47	2007-8-22~2010-8-21						是	20.31	否
孙　凯	董事会秘书	男	44	2007-8-22~2010-8-21	2,598	2,598	2,598			是	20.51	否
合　计	/	/	/	/					/	/	281.35	/

第六节　董事会报告

6.1 管理层讨论与分析

1、报告期内公司经营情况的回顾

1.1、公司总体经营情况。

2008 年面对全球金融危机和国内经济形势下滑的不利局面，公司紧紧围绕董事会年初确定的各项经营目标，以经济效益为中心，以市场为导向，以科学发展观为指导，积极应对经济形势和市场变化，团结一致、扎实工作，生产经营各项工作都取得了显著的成绩，资产质量和经济效益进一步提高，各项工作保持了平稳、健康的发展态势。

报告期内，公司实现营业收入 45.75 亿元，同比增长 11.11%；实现营业利润 3414.39 万元，同比减少 35.98%；实现归属于母公司所有者的净利润 3,051.67 万元，同比增长 11.12%。营业收入的增加主要系公司钢铁产业 2008 年前三季度销售价格高位运行和销售数量增加所致。2008 年公司钢铁产业实现主营业务收入 40.78 亿元，比去年同期增长了 9.98%。营业利润的减少主要系公司投资收益比去年同期减少所致。2008 年公司实现投资收益 2,559.17 万元，比去年同期减少 63.03%。投资收益减少的主要原因是 2007 年公司控股子公司山东省鲁邦房地产开发有限公司对青岛青大电缆有限公司按享有的现金权益确认 2,254.10 万元的投资收益，以及可供出售金融资产转让实现 951.59 万元投资收益，上述投资收益均为一次性收益，2008 年没有此类收益项目。实现归属于母公司所有者的净利润增加主要是因为公司营业收入的增加、营业外收入的增加以及所得税费用减少所致，报告期内公司实现营业外收入 1383.33 万元，比上年增加 363.99%，主要是本期公司控股子公司山东省鲁邦房地产开发有限公司出售固定资产实现营业外收入 1219.76 万元；报告期内公司所得税费用为 772.52 万元，比上年减少 67.93%，主要是由于 2008 年 1 月 1 日执行新的企业所得税法后所得税率由 33%降低为 25%和公司控股子公司粉末冶金有限公司本期被认定为高新技术企业，执行 15%的优惠所得税率，以及递延所得税费用的影响，导致今年所得税费用的下降。

公司主要产业包括钢铁、粉末冶金及制品、房地产开发、羊绒纺织和制药五部分。

公司下属的带钢分公司资产优良、生产平稳、效益稳定、市场占有率高，每年可以为公司提供稳定的利润贡献和充足的现金流量，虽然 2008 年受全球金融危机的影响，钢铁市场销售价格在 2008 年第四季度大幅下降，但由于公司存货处于较低的水平，对公司生产经营的总体影响较小，从长远来看带钢分公司仍然是公司未来一段时期内持续发展的基石。

公司下属的粉末冶金产业分为制粉和制品两部分，拥有粉末冶金有限公司和鲁银禹城粉末冶金制品有限公司，已经具备了较强的生产能力和研发能力，初步形成了比较良好的产业链和产业布局。粉末冶金有限公司铁粉产量居国内首位，具有良好的品牌效应和技术优势，市场占有率较高，能够为企业提供稳定的利润贡献；粉末冶金制品公司经过两年多的市场开拓和产品开发，已经积累了一定的客户资源。如何在保持粉末冶金材料国内领头羊地位的同时，积极开拓粉末制品市场，扩大客户群，解决好技术和人才瓶颈，提高市场占有率和行业影响力，是粉末冶金产业进一步发展的重点。

公司下属的房地产公司是公司利润和现金流量的有益补充，由于资金实力和土地储备有限，该产业利润贡献呈阶段性特征。目前公司正在积极推进济南市历下区经十东路项目开发工作和青岛城阳区项目的论证工作，随着国家对房地产市场的逐步规范，以及国家对房地产行业的信贷支持和税收优惠支持，该产业将为公司今后的发展带来新的机遇。

公司羊绒产业经过扩建和技术革新，实力不断增强，已经具备了一定的规模优势和技术优势，负责完成了《半精纺毛针织纱线》行业标准的起草工作，经国家标委会发布于 2008 年 9 月 1 日正式实施，结束了半精纺行业无标准的历史，对提升公司品牌和形象，开拓国内国外市场起到重要的推动作用。受全球金融危机的影响，公司 2008 年的生产经营尤其是出口业务受到了一定的影响，但公司积极开拓新的市场，不断开发新的产品，内部积极挖潜增效，该产业在 2008 年表现出了良好的发展势头，营业收入与上年同期基本持平。

公司医药产业受市场、研发技术、以及历史遗留问题等多种因素的影响，目前仍处于亏损状态，如何让医药产业尽快整合，是目前公司需要持续关注和追切解决的问题。

1.2、公司主营业务及其经营状况。

公司的主营业务为钢铁、纺织、房地产、商贸、医药等。

（1）主营业务分行业情况

单位：元

行业	营业收入	营业成本	营业利润率(%)	营业收入比上年增减(%)	营业成本比上年增减(%)	营业利润率比上年增减(%)
钢铁	3,762,729,375.94	3,655,469,895.46	2.85	8.54	9.61	−0.95
钢铁粉末及制品	315,332,214.57	259,239,707.80	17.79	30.38	30.87	−0.31
纺织	197,005,252.89	167,839,643.10	14.80	−2.05	−3.57	1.34
房地产	120,242,914.67	80,449,427.78	33.09	76.59	52.07	10.79
商贸	104,385,743.73	100,425,363.09	3.79	215.03	241.79	−7.53
医药	37,706,854.29	28,998,015.35	23.10	−15.36	−21.97	6.51
其他	10,946,232.17	6,503,589.35	40.59	−63.80	−57.78	−8.48
合计	4,548,348,588.26	4,298,925,641.93	5.48	11.33	11.89	−0.48

钢铁行业主营业务收入和主营业务成本增加系前三季度销售价格的高位运行所致；粉末及粉末冶金的主营业务收入和主营业务成本增加系粉末冶金材料销售量和销售价格的提高所致；房地产业主营业务利润率提高系房地产项目不同导致利润率差异所致；商贸产业主营业务利润率减少系受下半年钢铁价格下滑铁矿石价格剧烈波动所致；医药行业主营业务利润率提高系品种结构调整所致；其他餐饮服务等产业销售收入和成本大幅度下降系去年 11 月份青岛鲁邦国宴厨房有限公司股权转让所致。

（2）主营业务分地区情况

单位：元

地区	营业收入	营业收入比上年增减(%)
国内	4,488,341,948.24	11.47
国外	60,006,640.02	1.76
合计	4,548,348,588.26	11.33

公司属于多元不相关的产业结构布局，不适用地区分部，故仅划分为国内、国外两个分部，本期公司粉末冶金和纺织产业受全球金融危机的影响，出口业务受阻，但前三季度表现良好，全年仍有小幅度增长。

1.3、报告期公司资产构成情况和财务数据变化情况

（1）公司资产构成情况

单位：元

项目	期末余额 金额	期末余额 占总资产比重(%)	期初余额 金额	期初余额 占总资产比重(%)	与期初占总资产比重变动(%)
应收票据	62,154,151.36	4.13	12,254,955.79	0.75	3.38
预付账款	124,859,034.88	8.29	33,010,992.05	2.03	6.26
其他应收款	41,878,129.57	2.78	92,197,039.99	5.67	−2.89
可供出售金融资产	1,455,441.92	0.10	4,879,015.23	0.30	−0.2
在建工程	14,330,601.63	0.95	9,758,819.17	0.60	0.35
应付票据	279,800,000.00	18.57	165,400,000.00	10.18	8.39
应付账款	70,339,016.03	4.67	168,097,278.58	10.34	−5.67
预收账款	91,227,259.77	6.06	151,686,891.90	9.33	−3.27
一年内到期的非流动负债	0.00	0.00	57,490,000.00	3.54	−3.54
长期借款	385,750.00	0.03	20,385,750.00	1.25	−1.22

变动原因分析：

1）应收票据占总资产的比重比期初增加 3.38 个百分点，主要是由于本期公司销售收入增加，为减少信用风险，采用银行承兑汇票结算方式所致。

2）预付账款占总资产的比重比期初增加 6.26 个百分点，主要是由于公司控股子公司山东省鲁邦房地产开发有限公司预付项目开发土地款增加所致。

3)其他应收款占总资产的比重比期初减少 2.89 个百分点,主要是控股子公司粉末冶金有限公司收回对莱芜市钢城区财政局暂借款,以及控股子公司山东省鲁邦房地产有限公司收回良友金都美食城往来款所致。

4)可供出售金融资产占总资产的比重比期初减少 0.2 个百分点,主要是可供出售金融资产公允价值变动所致。

5)在建工程占总资产的比重比期初增加 0.35 个百分点,主要是公司下属带钢分公司生产线固定资产改造所致。

6)应付票据占总资产的比重比期初增加 8.39 个百分点,主要是本期公司为提高资金利用效率,对外支付采用票据结算增加所致。

7)应付账款占总资产的比重比期初减少 5.67 个百分点,主要是本期公司为提高资金利用效率,对外支付采用票据结算增加所致。

8)预收账款占总资产的比重比期初减少 3.27 个百分点,主要是公司控股子公司山东省鲁邦房地产开发有限公司预收购房款本期达到收入确认条件,结转收入所致。

9)一年内到期的非流动负债占总资产的比重比期初减少 3.54 个百分点,主要是本期控股子公司山东省鲁邦房地产开发有限公司归还了于 2008 年 9 月到期的银行借款所致。

10)长期借款占总资产的比重比期初减少 1.22 个百分点,主要是控股子公司粉末冶金有限公司本期提前偿还 2,000.00 万元长期借款所致。

(2)采用公允价值计量的主要报表项目

公司采用公允价值计量的报表项目只有可供出售金融资产一项,其明细项目如下:

可供出售金融资产明细表

单位:元

证券代码	名称	数量	期末数	期初数
200992	中鲁 b	130,000.00	161,650.44	520,717.11
200152	山航 b	199,000.00	303,608.27	1,289,314.75
530001	建信恒久价值	1885704.07	990,183.21	3,068,983.37
合计			1,455,441.92	4,879,015.23

公司可供出售金融资产公允价值按 2008 年 12 月 31 日的市场交易价格和人民币汇率中间价计算,本期由于其市场交易价格变化较大,其期末数比期初数减少 342.36 万元,减少的金额计入公司资本公积项目,对公司财务状况和经营成果没有重大影响。

(3)报告期公司财务数据变化情况

单位:元

项目	本期金额	上期金额	与上期增减百分比(%)
营业税金及附加	19,747,515.85	15,955,014.74	23.77
投资收益	25,591,681.11	69,222,426.37	-63.03
营业外收入	13,833,308.58	2,981,359.14	363.99
营业外支出	7,504,752.07	3,312,693.70	126.55
所得税费用	7,725,219.49	24,088,042.45	-67.93

变动原因分析:

1)营业税金及附加比上期增加 23.77%,主要是本期营业收入增加所致。

2)投资收益比上期减少 63.03%,主要是因为上期公司控股子公司山东省鲁邦房地产开发有限公司对青岛青大电缆有限公司按享有的现金权益确认 2,254.10 万元的投资收益,以及上期可供出售金融资产转让实现 951.59 万元投资收益,本期没有此类收益。

3)营业外收入比上期增加 363.99%,主要是本期公司控股子公司山东省鲁邦房地产开发有限公司出售固定资产实现营业外收入 1219.76 万元。

4)营业外支出比上期增加 126.55%,主要是本期控股子公司烟台鲁银药业有限公司报废固定资产损失增长所致。

5)所得税费用比上期减少 67.93%,主要是由于 2008 年 1 月 1 日执行新的企业所得税法后所得税率由 33%降低为 25%以及公司控股子公司莱钢集团粉末冶金有限公司本期被认定为高新技术企业,执行 15%的优惠所得税率,以及递延所得税费用的影响,致所得税费用下降。

1.4、报告期公司现金流量构成情况

金额:元

项目	本期金额	上期金额	比上期增减(%)
经营活动产生的现金流量净额	-59,326,499.81	180,827,811.91	-132.81
投资活动产生的现金流量净额	-21,601,602.68	-15,597,075.23	-38.50
筹资活动产生的现金流量净额	-136,831,115.13	-58,006,447.26	-135.89

变动原因分析:

1)经营活动产生的现金流量净额比上年减少主要是因为本期公司控股子公司山东省鲁邦房地产开发有限公司和济南鲁邦置业有限公司购买土地支付土地款所致。

2)投资活动产生的现金流量净额比上年减少主要是因为本期公司控股子公司粉末冶金有限公司固定资产投资支付现金所致。

3)筹资活动产生的现金流量净额比上年减少主要是本期归还长期借款以及融资减少所致。

4)报告期公司经营活动产生的现金流量净额与报告期净利润存在较大差异,主要是本期公司控股子公司山东省鲁邦房地产开发有限公司和济南鲁邦置业有限公司购买土地支付土地款所致。

1.5、公司主要子公司、参股公司的经营情况及业绩分析

单位:元

公司名称	业务性质	主要产品	注册资本	总资产	净资产	净利润
山东省鲁邦房地产开发有限公司	房地产	房地产开发	100,000,000.00	307,081,445.91	182,890,394.59	27,884,407.35
莱芜钢铁集团粉末冶金有限公司	生产制造	铁粉	36,225,515.29	284,050,218.28	137,183,160.41	17,788,206.07
山东鲁银国际经贸有限公司	商贸	商贸	30,000,000.00	134,347,712.33	29,144,024.26	98,118.50
鲁银集团禹城羊绒纺织有限公司	生产制造	羊绒纺织	60,000,000.00	189,969,901.33	86,741,575.29	7,837,564.64
烟台万润精细化工有限责任公司	生产制造	化工产品	103,360,000.00	483,663,347.31	243,696,136.63	93,624,269.39

1.6、本年取得和处置子公司情况

公司本年注册成立子公司济南鲁邦置业有限公司,该公司为房地产项目开发公司,注册资本 5,000 万元,主要运作济南市历下区经十东路房地产开发项目。目前项目正处于投入开发期,短期内对公司的整体生产经营和业绩不会产生重大影响。

公司本年处置子公司青岛鲁邦国际展览公司,该公司注册资本 50 万元,以公司注销方式处置,注销之前该公司处于停业状态。该公司的处置对公司的整体生产经营和经营业绩基本不产生影响。

1.7、对公司净利润影响达 10%以上子公司或参股公司的经营情况

单位:元

公司名称	主营业务收入	主营业务利润	净利润
山东省鲁邦房地产开发有限公司	120,320,664.67	39,871,236.89	27,884,407.35
莱芜钢铁集团粉末冶金有限公司	301,604,659.70	50,968,383.50	17,788,206.07
鲁银集团禹城羊绒纺织有限公司	184,287,727.59	24,729,545.62	7,837,564.64
烟台鲁银药业有限公司	37,706,854.29	8,708,838.94	-35,212,457.59
烟台万润精细化工有限责任公司	505,052,321.26	175,182,203.31	93,624,269.39

1.8、报告期内技术创新情况

报告期内公司将技术创新作为工作的突破口列入了重要的议事议程,把新产品开发列入重要的考核内容,把技术创新作为提高公司经营效益的重要手段。各子分公司结合行业特点和市场情况,加大了新产品研发工作力度,技术创新意识不断增强。

莱芜钢铁集团粉末有限公司钢带防粘结铁粉、LRP80.23(II)、LRP80.25(II)两个牌号铁粉通过调整工艺,大幅度降低了工艺消耗,提高了生产效率;开发出了 LAP100.29S 易切削钢粉,提高了高附加值产品生产比例。鲁银集团粉末冶金制品有限公司先后开发了上海通用汽车变速箱同步器齿毂、B5A 汽车变速箱同步器齿毂和其他汽车零部件,代替了进口汽车零部件,为公司的发展打下了良好的基础。羊绒产业今年共开发了 15 种 (项目)23 个型号的新产品,PTT 混纺产品顺利进入市场销售,实现了批量生产。技术创新较好的提高了公司的经济效益和产品市场竞争力。

2、对公司未来发展的展望

2.1 行业的发展趋势及公司面临的市场竞争格局

公司产业主要包括钢铁、粉末冶金及制品、房地产、羊绒纺织和制药。

2009 年将是钢铁行业接受严峻考验的一年。受全球经济危机和经济衰退的影响,钢铁市场将会面临巨大的冲击,但随着国家出台了一系列拉动内需的政策,效果将逐渐显现。由于钢价在 2008 年第四季度大幅下降,已经处于历史低位,钢价继续下跌空间有限,加上国家钢铁产业振兴规划等一系列利好政策的出台,钢价有望企稳反弹。

公司粉末冶金产业中包括粉末冶金材料和粉末冶金制品两部分,粉末冶金公司作为钢铁辅料的资源综合利用企业,也受到了一定的冲击,2009 年上半年产销量将受一定程度的影响,随着价格的调整和市场的回暖,有望在二季度扭转当前的不利局面,实现满负荷生产。粉末冶金制品公司作为产业链的下游企业随着微车市场的启动,有望恢复到去年的产销水平并有所增长。

2009 年房地产行业面临着世界经济危机影响扩大、国内宏观经济增长放缓和房地产市场价格下跌、销量萎缩等诸多不利因素,预计仍将延续 2008 年的调整格局。受国家加大固定资产投资、大力刺激消费和相对宽松的货币政策等利好因素影响,房地产市场将不会出现快速、大幅度的下跌,市场将会出现相对的平衡。长期来看,政府保持经济平稳增长和维持房地产行业健康发展的政策不会改变,随着持续利好政策的出台,市场信心将会得到恢复,我们仍然看好房地产行业的中长期发展前景。2009 年,公司将重点抓好青岛市城阳区和济南市历下区经十东路两个项目的开发工作。

公司羊绒半精纺产业已经具备了一定的规模优势和技术优势,随着半精纺行业标准的出台,作为制定半精纺行业标准的参与者,公司面临着较大的发展机遇,但价格整体下滑的趋势比较明显,必须以规模优势来弥补。2009 年公司将重点抓好产品结构优化和市场开发,积极开发国际市场,扩大一手订单的份额,注重产品创新、技术研发和工艺改进,积极打造自主品牌,力争在品牌经营上有所突破,提升综合竞争力。

公司医药产业受市场、研发技术、历史包袱等多种因素的影响,经营状况持续恶化,经营压力依然很大,公司将对医药产业采取积极有效的措施,尽快消除对公司的负面影响。

2.2、公司 2009 年经营思路及工作重点

公司 2009 年经营工作的指导思想是:认真贯彻落实中央及全省经济工作会议精神,认真践行科学发展观,以经济效益为中心,努力提高公司创新能力、经营能力和运营质量,推进集团公司又好又快可持续发展。

(1)坚持以经济效益为中心。

坚持以经济效益为中心,对外不断巩固和开拓市场,对内挖潜降耗,控制费用开支,提高市场竞争力。完善财务管理制度,整合财务资源,落实资金集中统管,增强资金统筹能力,控制并降低财务风险,提高资金使用效率。

加强资金管理。要树立"现金为王"的经营理念,在资金使用上精打细算,杜绝一切不必要的开支。要强化管理职能,加强对费用开支的监督制约,使费用管理更加程序化、规范化、精细化和预算化。

强化资产管理。加强对子分公司重大投资、重大交易活动的监控,建立并落实好资产定期清查制度,完善资产处置程序,积极处理历史上形成的不良资产,盘活呆滞资产,同时防止产生新的不良资产,强调资产的保值增值。

(2)深挖内潜,强化精细化管理

从产供销各环节入手,坚持全方位、全流程、全价值链地系统降成本。一要严格控制采购成本。逐步完善科学、规范的原材料招标采购制度,严把原材料采购关,抵御市场因素带来的不利影响。二要优化生产组织和运行方式,控制消耗降低工序成本。通过技术革新,积极改进生产工艺,提高规范化操作水平,提高产品合格率。三要根据市场需求,优化产品品种结构。在全集团内推行品种效益测算工作,以测算结果指导生产,优化产品结构,促进高附加值产品的生产销售。四是努力控制管理成本。在经济困难时期,要树立全员过紧日子的思想,严格控制费用开支,大力压缩非生产性支出。

(3)提高创新能力,增强发展后劲

创新是企业发展的动力,是保持企业基业常青的灵魂,也是公司的工作重点之一。管理创新上,重点在运行机制、经营模式、业务流程再造上取得突破。建立起以市场为导向的管理模式,向集约型增长方式转变。重点研究营销机制问题,建设好营销队伍,在巩固老客户、开发新客户、维护重点客户方面有所作为。产品、技术创新上,突出工艺优化,重视新产品开发工作。并把工艺创新和产品创新纳入年度考核计划,并明确新产品在销售收入中的比重。

(4)强化政策研究和调研,提高经营水平

潜心研究国家宏观经济政策和产业政策,积极争取国家优惠政策的支持,密切关注政策变化,善于从中发现商机、抓住商机。重点利用好国家关于税收综合利用、新产品免税、技术开发投入抵税、出口退税和增值税转型等方面优惠政策。

(5)建立和完善内控制度建设,提升规范化运作水平

在管控模式上进行研究探索,建立和完善公司内部控制制度,实现集团管控的信息畅通。在严格规范"三会一层"法人治理结构的基础上,实现对所属公司的有效管理,优化集团资源的聚集整合功能和管理协同效应。突出母公司主导地位,发挥母公司决策中心、投资中心和资源统筹中心的作用,实现整体效益最大化。

强化公司规范运作意识,树立法规意识、责任意识、诚信意识和风险意识,严格按照《公司法》等法规要求规范运作。进一步完善内控制度,从计划、投资、财务等各方面进一步规范工作程序;同时加强审计监督,建立完善定期审计制度,将审计工作重点放在子分公司内控建设和预算执行与法律规章执行评价上,抓好审计结果的整改和落实。

2.3、公司 2009 年经营计划及资金使用计划

公司在科学分析了公司内外部经营环境的基础上,经过细致测算,制订了 2009 年度财务预算,主要指标为:营业收入:30 亿元,利润总额:3940 万元,净利润:2990 万元。

为完成 2009 年的经营计划和工作目标,除自身经营资金节余外,公司需通过项目贷款筹集资金 1.5-2.5 亿元,解决项目资金不足的问题。

与公允价值计量相关的项目

单位:万元

项目 (1)	期初金额 (2)	本期公允价值变动损益(3)	计入权益的累计公允价值变动(4)	本期计提的减值 (5)	期末金额 (6)
金融资产					
其中:1.以公允价值计量且其变动计入当期损益的金融资产					
其中:衍生金融资产					
2.可供出售金融资产	487.9	342.36	5.54		145.54
金融资产小计	487.9	342.36	5.54		145.54
合计	487.9	342.36	5.54		145.54

6.2 主营业务分行业、产品情况表

请见前述 6.1

6.3 主营业务分地区情况表

请见前述 6.1

6.4 募集资金使用情况

□适用　　√不适用

变更项目情况

□适用　　√不适用

6.5 非募集资金项目情况

□适用　　√不适用

6.6 董事会对会计师事务所"非标准审计报告"的说明

□适用　　√不适用

6.7 董事会本次利润分配或资本公积金转增股本预案

公司本报告期内盈利但未提出现金利润分配预案

√适用　　□不适用

本报告期内盈利但未提出现金利润分配预案的原因	未用于分红的资金留存公司的用途
由于目前钢铁主业现金流量状况不佳,加之房地产项目需要大量资金投入,从公司长远发展需要出发,经董事会研究,本年度不进行利润分配,也不进行资本公积转增股本。	用于公司的生产经营发展。

第七节　重要事项

7.1 收购资产

□适用　　√不适用

7.2 出售资产

□适用　　√不适用

7.3 重大担保

√适用　　□不适用

单位:万元 币种:人民币

公司对外担保情况(不包括对子公司的担保)

担保对象名称	担保发生日期(协议签署日)	担保金额	担保类型	担保期	担保是否已经履行完毕	是否为关联方担保
德州市德信资产管理有限公司	2000-12-25	8,600.00	连带责任担保	2000-12-27~2008-12-26	否	是
报告期末担保余额合计						8,600.00

公司对子公司的担保情况

报告期内对子公司担保发生额合计	450.00
报告期末对子公司担保余额合计	450.00

公司担保总额情况(包括对子公司的担保)

担保总额	9,050.00
担保总额占公司净资产的比例(%)	20.92
其中:	
直接或间接为资产负债率超过 70%的被担保对象提供的债务担保金额	8,600.00
上述三项担保金额合计	8,600.00

7.4 重大关联交易

7.4.1 与日常经营相关的关联交易

√适用　　□不适用

单位:万元 币种:人民币

关联方	向关联方销售产品和提供劳务		向关联方采购产品和接受劳务	
	交易金额	占同类交易金额的比例(%)	交易金额	占同类交易金额的比例(%)
莱芜钢铁股份有限公司	2,780.11	0.68		
莱钢无锡经贸公司	48,874.01	11.98		
莱钢广东经贸公司	9,197.24	2.25		
莱芜利达物流有限公司	19,558.03	4.79		
莱钢上海经贸有限公司	1,936.46	0.47		
青岛信莱粉末冶金有限公司	253.88	0.06		
莱芜钢铁集团有限公司				
泰东实业有限公司	2,303.32	0.56		
齐鲁证券有限公司	560	100.00		
莱芜钢铁股份有限公司			356,731.21	96.99
莱芜钢铁股份有限公司			1,411.53	0.38
莱芜钢铁股份有限公司			2,415.55	0.66
莱芜钢铁集团有限公司			5,115.32	0.86
莱芜钢铁集团有限公司			1,142.42	0.31
莱钢天元气体有限公司			149.35	0.04
莱钢银山型钢有限公司			2,479.01	0.67
莱芜钢铁集团有限公司			19.1	100
山东省冶金设计院有限责任公司			43.83	100
合计	85,463.05		369,507.32	

其中:报告期内公司向控股股东及其子公司销售产品或提供劳务的关联交易金额 854,630,500 元。

7.4.2 关联债权债务往来

√适用　　□不适用

单位:万元 币种:人民币

关联方	向关联方提供资金		关联方向公司提供资金	
	发生额	余额	发生额	余额
德州市德信资产管理有限公司	-68.8	77.56		
芜钢铁集团有限公司	161.75	236.97		
齐鲁证券有限公司	-490	0		
深圳鲁银投资发展公司	0	250		
莱芜钢铁集团有限公司	750.91	750.91		
莱芜天元气体有限公司	0	5.76		
山东莱钢冶金建设有限公司			-30.81	0
芜钢铁集团有限公司			108.3	109.74
莱芜钢铁股份有限公司			-32.84	0
莱钢银山型钢有限公司			22.13	22.13
莱钢广东经贸有限公司			-534.32	0
莱钢无锡经贸有限公司			-238.46	0
莱芜钢铁集团有限公司泰东实业有限公司			87.78	87.78
德州市德信资产管理有限公司			279.79	279.79
莱芜钢铁集团有限公司			-379.3	478.18
山东省齐鲁资产管理有限公司			0	408.94
青岛青大电缆有限公司			0	7,886.64
合计	353.86	1,321.2	-717.73	9,273.2

其中:报告期内公司向控股股东及其子公司提供资金的发生额 3,538,567.10 元,余额 13,211,975.26 元。

7.4.3 2008 年资金被占用情况及清欠进展情况

□适用　　√不适用

截止 2008 年末,上市公司未完成非经营性资金占用的清欠工作的,董事会提出的责任追究方案

□适用　　√不适用

7.5 委托理财

□适用　　√不适用

7.6 承诺事项履行情况

7.6.1 公司或持股 5%以上股东在报告期内或持续到报告期内的承诺事项

√适用　　□不适用

承诺事项	承诺内容	履行情况
股改承诺	莱钢集团承诺:自获得上市流通权之日起,在	截止本报告期末,两家

	莱钢集团作为第一大股东期间,在六十个月内不上市交易或者转让,在前项承诺的限售期结束后的二十四个月内,通过上海证券交易所挂牌交易出售的鲁银投资股票价格不低于5.50元人民币。上海银炬实业发展有限公司承诺自获得上市流通权之日起,在十二个月内不上市交易或者转让,在上述期限届满后,四十八个月内上不市交易。	法人股东均未上市交易或者转让。
资产置换时所作承诺	公司大股东莱芜钢铁集团有限公司承诺:由于资产置换完成后,鲁银投资涉足热轧带钢生产,为避免同业竞争,莱钢集团将不从事同时也促使其直接或间接控制的下属企业不从事任何与鲁银投资有可能构成同业竞争的业务或活动。	未发现莱钢集团有违反该承诺的行为发生。

7.6.2 公司资产或项目存在盈利预测,且报告期仍处在盈利预测期间,公司就资产或项目是否达到原盈利预测及其原因作出说明:

□适用　　√不适用

7.7 重大诉讼仲裁事项

□适用　　√不适用

7.8 其他重大事项及其影响和解决方案的分析说明

7.8.1 证券投资情况

□适用　　√不适用

7.8.2 持有其他上市公司股权情况

□适用　　√不适用

7.8.3 持有非上市金融企业股权情况

□适用　　√不适用

7.8.4 买卖其他上市公司股份的情况

□适用　　√不适用

7.9 公司是否披露履行社会责任的报告:否

第八节　监事会报告

监事会认为公司依法运作、公司财务情况、公司募集资金使用、公司收购、出售资产交易和关联交易不存在问题。

8.1 监事会对公司依法运作情况的独立意见

监事会认为:公司按照《公司法》、《证券法》等法律法规及《公司章程》等有关规定,规范运作,公司决策程序科学合理,内控制度得以继续健全和完善。公司董事和高级管理人员在经营管理中依法工作,在行使职权时能够自觉维护公司和股东利益,履行诚信和勤勉的义务,未发生违反法律、法规、公司章程或损害公司利益的行为。

8.2 监事会对检查公司财务情况的独立意见

监事会认真审查了公司《2008年度报告及摘要》、《2008年度财务决算》、《关于2008年度利润分配的预案》等材料。认为:公司2008年度财务报告真实可靠,大信会计师事务有限公司出具的标准无保留意见的审计报告,真实、客观、准确地反映了公司的财务状况和经营成果。

8.3 监事会对公司最近一次募集资金实际投入情况的独立意见

截止报告期末最近三年,公司未募集资金。公司最近一次募集资金使用方向已经按合法程序进行了变更。

8.4 监事会对公司收购、出售资产情况的独立意见

报告期内,公司未发生收购出售资产情况。

8.5 监事会对公司关联交易情况的独立意见

报告期内,公司与关联方关联交易主要包括购买货物和销售货物等,其中采购货物369,444.39万元,占年度购货比例99.91%;销售货物84,903.05万元,占同类销货的比例为20.79%。

监事会认为,公司上述日常生产经营关联交易行为符合有关规定,体现了公开、公平、公正、公允的原则,关联交易价格合理,不存在内幕交易和损害公司或股东利益的行为。

第九节　财务会计报告

9.1 审计意见

财务报告□未经审计　　　　√审计

审计意见√标准无保留意见　　　　□非标意见

审计意见全文

审计报告

大信审字(2009)第3-0016号

鲁银投资集团股份有限公司全体股东:

我们审计了后附的鲁银投资集团股份有限公司(以下简称"贵公司")财务报表,包括2008年12月31日的资产负债表及合并资产负债表、2008年度的利润表及合并利润表、2008年度的股东权益变动表以及合并股东权益变动表、2008年度的现金流量表及合并现金流量表以及财务报表附注。

一、管理层对财务报表的责任

按照企业会计准则的规定编制财务报表是贵公司管理层的责任。这种责任包括:(1)设计、实施和维护与财务报表编制相关的内部控制,以使财务报表不存在由于舞弊或错误而导致的重大错报;(2)选择和运用恰当的会计政策;(3)作出合理的会计估计。

二、注册会计师的责任

我们的责任是在实施审计工作的基础上对财务报表发表审计意见。我们按照中国注册会计师审计准则的规定执行了审计工作。中国注册会计师审计准则要求我们遵守职业道德规范,计划和实施审计工作以对财务报表是否不存在重大错报获取合理保证。

审计工作涉及实施审计程序,以获取有关财务报表金额和披露的审计证据。选择的审计程序取决于注册会计师的判断,包括对由于舞弊或错误导致的财务报表重大错报风险的评估。在进行风险评估时,我们考虑与财务报表编制相关的内部控制,以设计恰当的审计程序,但目的并非对内部控制的有效性发表意见。审计工作还包括评价管理层选用会计政策的恰当性和作出会计估计的合理性,以及评价财务报表的总体列报。

我们相信,我们获取的审计证据是充分、适当的,为发表审计意见提供了基础。

三、审计意见

我们认为,贵公司财务报表已经按照企业会计准则的规定编制,在所有重大方面公允反映了贵公司2008年12月31日的财务状况以及2008年度的经营成果和现金流量。

大信会计师事务有限公司　　　　中国注册会计师:胡咏华、刘昌柏

中国　武汉　　　　2009年3月5日

9.2 财务报表

合并资产负债表

2008年12月31日

编制单位:鲁银投资集团股份有限公司　　　　单位:元 币种:人民币

项目	附注	期末余额	年初余额
流动资产:			
货币资金		220,191,211.33	364,095,383.47
结算备付金			
拆出资金			
交易性金融资产			
应收票据		62,154,151.36	12,254,955.79
应收账款		60,807,249.91	66,003,293.82
预付款项		124,859,034.88	33,010,992.05
应收保费			
应收分保账款			
应收分保合同准备金			
应收利息			
应收股利			
其他应收款		41,878,129.57	92,197,039.99
买入返售金融资产			
存货		220,017,981.37	286,139,825.62
一年内到期的非流动资产			
其他流动资产			
流动资产合计		729,907,758.42	853,701,490.74
非流动资产:			
发放贷款及垫款			
可供出售金融资产		1,455,441.92	4,879,015.23
持有至到期投资		45,000.00	45,000.00
长期应收款			
长期股权投资		180,393,952.95	180,069,113.52
投资性房地产		96,767,788.31	99,863,984.75
固定资产		458,034,948.33	454,420,471.95
在建工程		14,330,601.63	9,758,819.17
工程物资			
固定资产清理			
生产性生物资产			
油气资产			
无形资产		12,694,758.98	12,038,896.10
开发支出			
商誉			
长期待摊费用		4,018,225.76	3,273,500.00
递延所得税资产		8,684,059.15	7,495,950.42
其他非流动资产			
非流动资产合计		776,424,777.03	771,844,751.14
资产总计		1,506,332,535.45	1,625,546,241.88
流动负债:			
短期借款		434,529,937.74	445,560,000.00
向中央银行借款			
吸收存款及同业存放			
拆入资金			
交易性金融负债			
应付票据		279,800,000.00	165,400,000.00
应付账款		70,339,016.03	168,097,278.58
预收款项		91,227,259.77	151,686,891.90
卖出回购金融资产款			
应付手续费及佣金			
应付职工薪酬		24,262,856.65	23,774,467.94
应交税费		36,447,472.66	47,300,230.53
应付利息		4,155,211.12	56,000.00
应付股利		1,911,195.04	1,911,195.04
其他应付款		146,603,065.69	158,848,991.81
应付分保账款			
保险合同准备金			

代理买卖证券款		
代理承销证券款		
一年内到期的非流动负债		57,490,000.00
其他流动负债		
流动负债合计	1,089,276,014.70	1,220,125,055.80
非流动负债：		
长期借款	385,750.00	20,385,750.00
应付债券		
长期应付款		
专项应付款	5,540,000.00	4,790,000.00
预计负债		
递延所得税负债		
其他非流动负债		
非流动负债合计	5,925,750.00	25,175,750.00
负债合计	1,095,201,764.70	1,245,300,805.80
股东权益：		
股本	248,306,873.00	248,306,873.00
资本公积	32,272,339.49	35,695,912.80
减:库存股		
盈余公积	23,632,020.14	23,632,020.14
一般风险准备		
未分配利润	86,890,122.20	54,811,750.03
外币报表折算差额		
归属于母公司所有者权益合计	391,101,354.83	362,446,555.97
少数股东权益	20,029,415.92	17,798,880.11
股东权益合计	411,130,770.75	380,245,436.08
负债和股东权益合计	1,506,332,535.45	1,625,546,241.88

公司法定代表人:刘相学　主管会计工作负责人:李春林,总会计师张林田　会计机构负责人:陈瑞强

母公司资产负债表

2008 年 12 月 31 日

编制单位:鲁银投资集团股份有限公司单位:　　元　币种:人民币

项目	附注	期末余额	年初余额
流动资产：			
货币资金		100,948,117.16	155,825,279.91
交易性金融资产			
应收票据		40,974,953.17	
应收账款		7,254,545.05	12,013,548.62
预付款项		200,000.00	408.61
应收利息			
应收股利			
其他应收款		259,017,617.27	167,791,822.31
存货		5,246,301.94	77,266,420.28
一年内到期的非流动资产			
其他流动资产			
流动资产合计		413,641,534.59	412,897,479.73
非流动资产：			
可供出售金融资产		1,455,441.92	4,879,015.23
持有至到期投资			
长期应收款			
长期股权投资		474,082,382.14	469,789,968.66
投资性房地产		19,725,872.31	20,445,126.87
固定资产		106,797,429.21	115,808,641.75
在建工程		6,463,148.13	1,093,377.93
工程物资			
固定资产清理			
生产性生物资产			
油气资产			
无形资产			
开发支出			
商誉			
长期待摊费用			
递延所得税资产		6,832,123.13	6,356,741.28
其他非流动资产			
非流动资产合计		615,356,396.84	618,372,871.72
资产总计		1,028,997,931.43	1,031,270,351.45
流动负债：			
短期借款		336,150,000.00	329,960,000.00
交易性金融负债			
应付票据		120,000,000.00	110,000,000.00
应付账款		4,345,408.87	108,097,801.13
预收款项		55,929,901.08	51,710,782.20
应付职工薪酬		4,862,852.87	5,080,690.11
应交税费		19,568,945.54	20,360,793.91
应付利息		584,778.08	
应付股利		1,911,195.04	1,911,195.04
其他应付款		214,737,140.88	144,843,477.32
一年内到期的非流动负债			
其他流动负债			
流动负债合计		758,090,222.36	771,964,739.71
非流动负债：			
长期借款			
应付债券			
长期应付款			
专项应付款			
预计负债			
递延所得税负债			
其他非流动负债			
非流动负债合计			
负债合计		758,090,222.36	771,964,739.71
股东权益：			
股本		248,306,873.00	248,306,873.00
资本公积		14,374,171.25	17,797,744.56
减:库存股			
盈余公积		23,632,020.14	23,632,020.14
未分配利润		−15,405,355.32	−30,431,025.96
外币报表折算差额			
股东权益合计		270,907,709.07	259,305,611.74
负债和股东权益合计		1,028,997,931.43	1,031,270,351.45

公司法定代表人:刘相学　主管会计工作负责人:李春林,总会计师张林田　会计机构负责人:陈瑞强

合并利润表

2008 年 1—12 月

单位:元　币种:人民币

项目	附注	本期金额	上期金额
一、营业总收入		4,575,313,079.47	4,117,853,222.54
其中：营业收入		4,575,313,079.47	4,117,853,222.54
利息收入			
已赚保费			
手续费及佣金收入			
二、营业总成本		4,566,760,854.58	4,133,742,772.05
其中：营业成本		4,314,886,305.87	3,869,834,875.19
利息支出			
手续费及佣金支出			
退保金			
赔付支出净额			
提取保险合同准备金净额			
保单红利支出			
分保费用			
营业税金及附加		19,747,515.85	15,955,014.74
销售费用		76,242,465.92	93,918,644.94
管理费用		89,293,873.33	88,418,130.27
财务费用		42,418,936.34	38,437,241.95
资产减值损失		24,171,757.27	27,178,864.96
加:公允价值变动收益(损失以"−"号填列)			
投资收益(损失以"−"号填列)		25,591,681.11	69,222,426.37
其中:对联营企业和合营企业的投资收益			
汇兑收益(损失以"−"号填列)			
三、营业利润(亏损以"−"号填列)		34,143,906.00	53,332,876.86
加:营业外收入		13,833,308.58	2,981,359.14
减:营业外支出		7,504,752.07	3,312,693.70
其中:非流动资产处置净损失			
四、利润总额(亏损总额以"−"号填列)		40,472,462.51	53,001,542.30
减:所得税费用		7,725,219.49	24,088,042.45
五、净利润(净亏损以"−"号填列)		32,747,243.02	28,913,499.85
归属于母公司所有者的净利润		30,516,707.21	27,462,880.30
少数股东损益		2,230,535.81	1,450,619.55
六、每股收益：			
(一)基本每股收益(元/股)		0.12	0.11
(二)稀释每股收益(元/股)		0.12	0.11

公司法定代表人:刘相学　主管会计工作负责人:李春林,总会计师张林田　会计机构负责人:陈瑞强

母公司利润表

2008 年 1—12 月

单位:元　币种:人民币

项目	附注	本期金额	上期金额
一、营业收入		3,768,429,275.94	3,469,410,747.90
减:营业成本		3,656,189,150.02	3,344,728,750.81

营业税金及附加	3,278,507.07	3,741,967.15
销售费用	49,971,378.24	50,476,382.57
管理费用	31,932,903.55	37,891,411.18
财务费用	30,659,585.27	21,509,213.82
资产减值损失	−29,790.88	14,389,740.73
加:公允价值变动收益(损失以"−"号填列)		
投资收益(损失以"−"号填列)	18,481,430.78	30,450,486.25
其中:对联营企业和合营企业的投资收益		
二、营业利润(亏损以"−"号填列)	14,908,973.45	27,123,767.89
加:营业外收入	0	4,047.62
减:营业外支出	358,684.66	902,011.48
其中:非流动资产处置净损失		
三、利润总额(亏损总额以"−"号填列)	14,550,288.79	26,225,804.03
减:所得税费用	−475,381.85	11,034,080.46
四、净利润(净亏损以"−"号填列)	15,025,670.64	15,191,723.57

公司法定代表人:刘相学　主管会计工作负责人:李春林,总会计师张林田　会计机构负责人:陈瑞强

合并现金流量表

2008 年 1—12 月

单位:元 币种:人民币

项目	附注	本期金额	上期金额
一、经营活动产生的现金流量:			
销售商品、提供劳务收到的现金		5,277,786,030.47	4,798,045,893.10
客户存款和同业存放款项净增加额			
向中央银行借款净增加额			
向其他金融机构拆入资金净增加额			
收到原保险合同保费取得的现金			
收到再保险业务现金净额			
保户储金及投资款净增加额			
处置交易性金融资产净增加额			
收取利息、手续费及佣金的现金			
拆入资金净增加额			
回购业务资金净增加额			
收到的税费返还			2,201,399.51
收到其他与经营活动有关的现金		62,072,833.04	11,663,360.63
经营活动现金流入小计		5,339,858,863.51	4,811,910,653.24
购买商品、接受劳务支付的现金		5,082,536,061.60	4,261,827,005.78
客户贷款及垫款净增加额			
存放中央银行和同业款项净增加额			
支付原保险合同赔付款项的现金			
支付利息、手续费及佣金的现金			
支付保单红利的现金			
支付给职工以及为职工支付的现金		126,073,683.75	109,928,141.13
支付的各项税费		96,131,319.58	84,792,788.63
支付其他与经营活动有关的现金		94,444,298.39	174,534,905.79
经营活动现金流出小计		5,399,185,363.32	4,631,082,841.33
经营活动产生的现金流量净额		−59,326,499.81	180,827,811.91
二、投资活动产生的现金流量:			
收回投资收到的现金		100,000.00	9,859,651.40
取得投资收益收到的现金		13,590,343.98	20,817,579.25
处置固定资产、无形资产和其他长期资产收回的现金净额		21,458,500.99	
处置子公司及其他营业单位收到的现金净额			
收到其他与投资活动有关的现金			
投资活动现金流入小计		35,148,844.97	30,677,230.65
购建固定资产、无形资产和其他长期资产支付的现金		56,750,447.65	30,274,305.88
投资支付的现金			16,000,000.00
质押贷款净增加额			
取得子公司及其他营业单位支付的现金净额			
支付其他与投资活动有关的现金			
投资活动现金流出小计		56,750,447.65	46,274,305.88
投资活动产生的现金流量净额		−21,601,602.68	−15,597,075.23
三、筹资活动产生的现金流量:			
吸收投资收到的现金			
其中:子公司吸收少数股东投资收到的现金			
取得借款收到的现金		438,550,000.00	481,560,000.00
发行债券收到的现金			
收到其他与筹资活动有关的现金			
筹资活动现金流入小计		438,550,000.00	481,560,000.00
偿还债务支付的现金		539,070,062.26	497,255,402.00
分配股利、利润或偿付利息支付的现金		36,311,052.87	40,736,332.84
其中:子公司支付给少数股东的股利、利润			
支付其他与筹资活动有关的现金			1,574,712.42
筹资活动现金流出小计		575,381,115.13	539,566,447.26
筹资活动产生的现金流量净额		−136,831,115.13	−58,006,447.26
四、汇率变动对现金及现金等价物的影响		−28,500.00	−72,410.00
五、现金及现金等价物净增加额		−217,787,717.62	107,151,879.42
加:期初现金及现金等价物余额		364,095,383.47	256,943,504.05
六、期末现金及现金等价物余额		146,307,665.85	364,095,383.47

公司法定代表人:刘相学　主管会计工作负责人:李春林,总会计师张林田　会计机构负责人:陈瑞强

母公司现金流量表

2008 年 1—12 月

单位:元 币种:人民币

项目	附注	本期金额	上期金额
一、经营活动产生的现金流量:			
销售商品、提供劳务收到的现金		4,436,957,875.81	4,047,118,518.22
收到的税费返还			
收到其他与经营活动有关的现金		10,632,778.84	6,507,161.48
经营活动现金流入小计		4,447,590,654.65	4,053,625,679.70
购买商品、接受劳务支付的现金		4,286,574,788.34	3,817,047,440.95
支付给职工以及为职工支付的现金		55,227,171.56	43,741,705.95
支付的各项税费		30,196,656.67	32,254,126.24
支付其他与经营活动有关的现金		163,862,524.75	111,963,624.23
经营活动现金流出小计		4,535,861,141.32	4,005,006,897.37
经营活动产生的现金流量净额		−88,270,486.67	48,618,782.33
二、投资活动产生的现金流量:			
收回投资收到的现金		100,000.00	7,754,262.89
取得投资收益收到的现金		10,089,017.30	17,579,042.11
处置固定资产、无形资产和其他长期资产收回的现金净额			
处置子公司及其他营业单位收到的现金净额			
收到其他与投资活动有关的现金			
投资活动现金流入小计		10,189,017.30	25,333,305.00
购建固定资产、无形资产和其他长期资产支付的现金		6,952,220.38	1,464,587.93
投资支付的现金			
取得子公司及其他营业单位支付的现金净额			
支付其他与投资活动有关的现金			
投资活动现金流出小计		6,952,220.38	1,464,587.93
投资活动产生的现金流量净额		3,236,796.92	23,868,717.07
三、筹资活动产生的现金流量:			
吸收投资收到的现金			
取得借款收到的现金		356,150,000.00	369,960,000.00
收到其他与筹资活动有关的现金			
筹资活动现金流入小计		356,150,000.00	369,960,000.00
偿还债务支付的现金		349,960,000.00	365,600,000.00
分配股利、利润或偿付利息支付的现金		26,073,473.00	27,898,771.88
支付其他与筹资活动有关的现金			
筹资活动现金流出小计		376,033,473.00	393,498,771.88
筹资活动产生的现金流量净额		−19,883,473.00	−23,538,771.88
四、汇率变动对现金及现金等价物的影响			
五、现金及现金等价物净增加额		−104,917,162.75	48,948,727.52
加:期初现金及现金等价物余额		155,825,279.91	106,876,552.39
六、期末现金及现金等价物余额		50,908,117.16	155,825,279.91

公司法定代表人:刘相学　主管会计工作负责人:李春林,总会计师张林田　会计机构负责人:陈瑞强

合并所有者权益变动表

2008 年 1—12 月

单位:元 币种:人民币

项目	本年金额								
	归属于母公司所有者权益								
	股本	资本公积	减:库存股	盈余公积	一般风险准备	未分配利润	其他	少数股东权益	所有者权益合计
一、上年年末余额	248,306,873.00	35,695,912.80		23,632,020.14		54,811,750.03		17,798,880.11	380,245,436.08
加:同一控制下企业合并产生的追溯调整									
加:会计政策变更									
前期差错更正									
其他									
二、本年年初余额	248,306,873.00	35,695,912.80		23,632,020.14		54,811,750.03		17,798,880.11	380,245,436.08
三、本年增减变动金额(减少以"−"号填列)		−3,423,573.31				32,078,372.17		2,230,535.81	30,885,334.67
(一)净利润						30,516,707.21		2,230,535.81	32,747,243.02
(二)直接计入所有者权益的利得和损失		−3,423,573.31				1,561,664.96			−1,861,908.35
1.可供出售金融资产公允价值变动净额		−3,423,573.31							−3,423,573.31
2.权益法下被投资单位其他所有者权益变动的影响									
3.与计入所有者权益项目相关的所得税影响									
4.其他						1,561,664.96			1,561,664.96
上述(一)和(二)小计		−3,423,573.31				32,078,372.17		2,230,535.81	30,885,334.67

项目	股本	资本公积	减:库存股	盈余公积	一般风险准备	未分配利润	其他	少数股东权益	所有者权益合计
(三)所有者投入和减少资本									
1.所有者投入资本									
2.股份支付计入所有者权益的金额									
3.其他									
(四)利润分配									
1.提取盈余公积									
2.提取一般风险准备									
3.对所有者(或股东)的分配									
4.其他									
(五)所有者权益内部结转									
1.资本公积转增资本(或股本)									
2.盈余公积转增资本(或股本)									
3.盈余公积弥补亏损									
4.其他									
四、本期期末余额	248,306,873.00	32,272,339.49		23,632,020.14		86,890,122.20		20,029,415.92	411,130,770.75

上年金额

项目	归属于母公司所有者权益								
	股本	资本公积	减:库存股	盈余公积	一般风险准备	未分配利润	其他	少数股东权益	所有者权益合计
一、上年年末余额	248,306,873.00	37,086,531.57		23,632,020.14		27,348,869.73		16,348,260.56	352,722,555.00
加:同一控制下企业合并产生的追溯调整									
加:会计政策变更									
前期差错更正									
其他									
二、本年年初余额	248,306,873.00	37,086,531.57		23,632,020.14		27,348,869.73		16,348,260.56	352,722,555.00
三、本年增减变动金额(减少以"-"号填列)		-1,390,618.77				27,462,880.30		1,450,619.55	27,522,881.08
(一)净利润						27,462,880.30		1,450,619.55	28,913,499.85
(二)直接计入所有者权益的利得和损失		-1,390,618.77							-1,390,618.77
1.可供出售金融资产公允价值变动净额		-1,390,618.77							-1,390,618.77
2.权益法下被投资单位其他所有者权益变动的影响									
3.与计入所有者权益项目相关的所得税影响									
4.其他									
上述(一)和(二)小计		-1,390,618.77				27,462,880.30		1,450,619.55	27,522,881.08
(三)所有者投入和减少资本									
1.所有者投入资本									
2.股份支付计入所有者权益的金额									
3.其他									
(四)利润分配									
1.提取盈余公积									
2.提取一般风险准备									
3.对所有者(或股东)的分配									
4.其他									
(五)所有者权益内部结转									
1.资本公积转增资本(或股本)									
2.盈余公积转增资本(或股本)									
3.盈余公积弥补亏损									
4.其他									
四、本期期末余额	248,306,873.00	35,695,912.80		23,632,020.14		54,811,750.03		17,798,880.11	380,245,436.08

公司法定代表人:刘相学　主管会计工作负责人:李春林,总会计师张林田　会计机构负责人:陈瑞强

母公司所有者权益变动表

2008 年 1—12 月

单位:元 币种:人民币

本年金额

项目	股本	资本公积	减:库存股	盈余公积	未分配利润	所有者权益合计
一、上年年末余额	248,306,873.00	17,797,744.56		23,632,020.14	-30,431,025.96	259,305,611.74
加:会计政策变更						
前期差错更正						
其他						
二、本年年初余额	248,306,873.00	17,797,744.56		23,632,020.14	-30,431,025.96	259,305,611.74
三、本年增减变动金额(减少以"-"号填列)		-3,423,573.31			15,025,670.64	11,602,097.33
(一)净利润					15,025,670.64	15,025,670.64
(二)直接计入所有者权益的利得和损失		-3,423,573.31				-3,423,573.31
1.可供出售金融资产公允价值变动净额		-3,423,573.31				-3,423,573.31
2.权益法下被投资单位其他所有者权益变动的影响						
3.与计入所有者权益项目相关的所得税影响						
4.其他						
上述(一)和(二)小计		-3,423,573.31			15,025,670.64	11,602,097.33
(三)所有者投入和减少资本						
1.所有者投入资本						
2.股份支付计入所有者权益的金额						
3.其他						
(四)利润分配						
1.提取盈余公积						
2.对所有者(或股东)的分配						
3.其他						
(五)所有者权益内部结转						
1.资本公积转增资本(或股本)						
2.盈余公积转增资本(或股本)						
3.盈余公积弥补亏损						
4.其他						
四、本期期末余额	248,306,873.00	14,374,171.25		23,632,020.14	-15,405,355.32	270,907,709.07

上年金额

项目	股本	资本公积	减:库存股	盈余公积	未分配利润	所有者权益合计
一、上年年末余额	248,306,873.00	19,188,363.33		23,632,020.14	-45,622,749.53	245,504,506.94
加:会计政策变更						
前期差错更正						
其他						
二、本年年初余额	248,306,873.00	19,188,363.33		23,632,020.14	-45,622,749.53	245,504,506.94
三、本年增减变动金额(减少以"-"号填列)		-1,390,618.77			15,191,723.57	13,801,104.80
(一)净利润					15,191,723.57	15,191,723.57
(二)直接计入所有者权益的利得和损失		-1,390,618.77				-1,390,618.77
1.可供出售金融资产公允价值变动净额		-1,390,618.77				-1,390,618.77
2.权益法下被投资单位其他所有者权益变动的影响						
3.与计入所有者权益项目相关的所得税影响						
4.其他						
上述(一)和(二)小计		-1,390,618.77			15,191,723.57	13,801,104.80
(三)所有者投入和减少资本						
1.所有者投入资本						
2.股份支付计入所有者权益的金额						
3.其他						
(四)利润分配						
1.提取盈余公积						
2.对所有者(或股东)的分配						
3.其他						
(五)所有者权益内部结转						
1.资本公积转增资本(或股本)						
2.盈余公积转增资本(或股本)						
3.盈余公积弥补亏损						
4.其他						
四、本期期末余额	248,306,873.00	17,797,744.56		23,632,020.14	-30,431,025.96	259,305,611.74

公司法定代表人:刘相学　主管会计工作负责人:李春林,总会计师张林田　会计机构负责人:陈瑞强

9.3 本报告期无会计政策、会计估计和核算方法变更。

9.4 本报告期无会计差错更正。

9.5 与最近一期年度报告相比,合并范围发生变化的具体说明

报告期本公司子公司山东省鲁邦房地产开发有限公司投资 5000 万元人民币,设立全资子公司济南鲁邦置业有限公司,进行房地产开发,本期纳入合并范围。

报告期本公司将下属子公司青岛鲁邦国际展览有限公司进行了注销,青岛鲁邦国际展览有限公司初始投资人民币 400,000.00 元,该公司截止注销日止净资产为-1,690,166.36 元,本期减少合并范围。

湖南新五丰股份有限公司

湖南新五丰股份有限公司2008年年度报告摘要

第一节　重要提示

1.1 本公司董事会、监事会及董事、监事、高级管理人员保证本报告所载资料不存在任何虚假记载、误导性陈述或者重大遗漏，并对其内容的真实性、准确性和完整性承担个别及连带责任。

本年度报告摘要摘自年度报告全文，投资者欲了解详细内容，应当仔细阅读年度报告全文。

1.2 如有董事未出席董事会，应当单独列示其姓名

未出席董事职务	未出席董事姓名	未出席董事的说明
独立董事	刘仲华	因工作原因无法到会，授权舒强兴独立董事代为表决。

1.3 开元信德会计师事务所有限公司为本公司出具了标准无保留意见的审计报告。

1.4 公司负责人张跃文、主管会计工作负责人朱为及会计机构负责人(会计主管人员)肖立新声明：保证年度报告中财务报告的真实、完整。

第二节　公司基本情况简介

2.1 基本情况简介

股票简称	新五丰
股票代码	600975
上市交易所	上海证券交易所
公司注册地址和办公地址	湖南省长沙市高新技术产业开发区麓谷基地麓龙路8号 湖南省长沙市五一西路2号"第一大道"19、20楼
邮政编码	410005
公司国际互联网网址	www.newwf.com
电子信箱	irmnewwf@126.com

2.2 联系人和联系方式

	董事会秘书	证券事务代表
姓名	袁端淇	罗雁飞
联系地址	湖南省长沙市五一西路2号"第一大道"19楼	湖南省长沙市五一西路2号"第一大道"19楼
电话	0731-4449588-811	0731-4449588-811
传真	0731-4449593	0731-4449593
电子信箱	irmnewwf@126.com	irmnewwf@126.com

第三节　会计数据和业务数据摘要

3.1 主要会计数据

单位：元 币种：人民币

	2008年	2007年	本年比上年增减(%)	2006年
营业收入	773,143,793.10	567,455,661.72	36.25	469,951,329.98
利润总额	11,055,182.12	25,099,620.53	-55.95	30,860,898.01
归属于上市公司股东的净利润	8,136,043.31	18,725,470.29	-56.55	25,716,221.24
归属于上市公司股东的扣除非经常性损益的净利润	15,775,148.33	1,673,398.34	842.70	28,799,306.67
经营活动产生的现金流量净额	7,865,669.20	3,191,989.23	146.42	27,252,309.77
	2008年末	2007年末	本年末比上年末增减(%)	2006年末
所有者权益(或股东权益)	443,285,840.06	469,402,430.55	-5.56	465,900,045.26

3.2 主要财务指标

	2008年	2007年	本年比上年增减(%)	2006年
基本每股收益(元/股)	0.05	0.1	-50	0.14
稀释每股收益(元/股)	0.05	0.1	-50	0.14
扣除非经常性损益后的基本每股收益(元/股)	0.09	0.01	800	0.16
全面摊薄净资产收益率(%)	1.84	3.99	减少2.15个百分点	5.52
加权平均净资产收益率(%)	1.76	4.01	减少2.25个百分点	5.53
扣除非经常性损益后全面摊薄净资产收益率(%)	3.56	0.36	增加3.2个百分点	6.18
扣除非经常性损益后的加权平均净资产收益率(%)	3.41	0.36	增加3.05个百分点	6.18
每股经营活动产生的现金流量净额(元/股)	0.044	0.018	144.44	0.15
	2008年末	2007年末	本年末比上年末增减(%)	2006年末
归属于上市公司股东的每股净资产(元/股)	2.46	2.60	-5.38	2.58

非经常性损益项目

√适用　　□不适用

单位：元 币种：人民币

非经常性损益项目	金额
非流动资产处置损益	2,239,904.8
除同公司正常经营业务相关的有效套期保值业务外，持有交易性金融资产、交易性金融负债产生的公允价值变动损益，以及处置交易性金融资产、交易性金融负债和可供出售金融资产取得的投资收益	-17,313,947.33
对外委托贷款取得的损益	7,597,666.46
其他符合非经常性损益定义的损益项目	-116,451.67
少数股东权益影响额	-13,697.24
所得税影响额	-32,580.04
合计	-7,639,105.02

3.3 境内外会计准则差异：

□适用　　√不适用

第四节　股本变动及股东情况

4.1 股份变动情况表

√适用　　□不适用

单位：股

	本次变动前		本次变动增减(+,-)					本次变动后	
	数量	比例(%)	发行新股	送股	公积金转股	其他	小计	数量	比例(%)
一、有限售条件股份									
1、国家持股									
2、国有法人持股	64,143,455	35.58	0	0	0	-9,013,851	-9,013,851	55,129,604	30.58
3、其他内资持股									
其中：境内非国有法人持股									
境内自然人持股									
4、外资持股	9,986,566	5.54	0	0	0	-9,013,851	-9,013,851	972,715	0.54
其中：境外法人持股	9,986,566	5.54	0	0		-9,013,851	-9,013,851	972,715	0.54
境外自然人持股									
有限售条件股份合计	74,130,021	41.12	0	0	0	-18,027,702	-18,027,702	56,102,319	31.12
二、无限售条件流通股份									
1、人民币普通股	106,146,999	58.88	0	0	0	18,027,702	18,027,702	124,174,701	68.88
2、境内上市的外资股									
3、境外上市的外资股									
4、其他									
无限售条件流通股份合计	106,146,999	58.88	0	0	0	18,027,702	18,027,702	124,174,701	68.88
三、股份总数	180,277,020	100	0	0	0	0	0	180,277,020	100

限售股份变动情况表

√适用　　□不适用

单位：股

股东名称	年初限售股数	本年解除限售股数	本年增加限售股数	年末限售股数	限售原因	解除限售日期
湖南省粮油食品进出口集团有限公司	64,143,455	9,013,851	0	55,129,604	履行股权分置改革承诺	2008-9-6
五丰行有限公司	9,986,566	9,013,851	0	972,715	履行股权分置改革承诺	2008-9-6
合计	74,130,021	18,027,702	0	56,102,319	/	/

4.2 股东数量和持股情况

单位：股

报告期末股东总数	55,676户

前十名股东持股情况

股东名称	股东性质	持股比例(%)	持股总数	持有有限售条件股份数量	质押或冻结的股份数量
湖南省粮油食品进出口集团有限公司	国有法人	38.14	68,759,385	55,129,604	无
五丰行有限公司	境外法人	5.57	10,039,566	972,715	无
中国农业大学	国有法人	1.22	2,192,355	0	无
应强振	境内自然人	0.32	580,000	0	未知
NAM KWONG CEREALS OILS AND FOODSTUFFS COMPANY LIMITED	境外法人	0.24	438,471	0	无
耿嘉琳	境内自然人	0.23	410,700	0	未知
张珂	境内自然人	0.17	313,259	0	未知
朱芳莹	境内自然人	0.16	298,005	0	未知
沈其荣	境内自然人	0.12	217,800	0	未知

盛珮	境内自然人	0.11	200,000	0 未知

前十名无限售条件股东持股情况

股东名称	持有无限售条件股份数量	股份种类
湖南省粮油食品进出口集团有限公司	13,629,781	人民币普通股
五丰行有限公司	9,066,851	人民币普通股
中国农业大学	2,192,355	人民币普通股
应强振	580,000	人民币普通股
NAM KWONG CEREALS OILS AND FOODSTUFFS COMPANY LIMITED	438,471	人民币普通股
耿嘉琳	410,700	人民币普通股
张珂	313,259	人民币普通股
朱芳莹	298,005	人民币普通股
沈其荣	217,800	人民币普通股
盛珮	200,000	人民币普通股
上述股东关联关系或一致行动的说明	公司未知上述流通股东之间是否存在关联关系或属于《上市公司股东持股变动信息披露管理办法》规定的一致行动人。	

4.3 控股股东及实际控制人情况介绍

4.3.1 控股股东及实际控制人变更情况

□适用　　√不适用

4.3.2 控股股东及实际控制人具体情况介绍

4.3.2.1 法人控股股东情况

单位:元 币种:人民币

名称	法定代表人	注册资本	成立日期	主营业务
湖南省粮油食品进出口集团有限公司	邱卫	140,587,000	1952-12-1	经贸部审批的粮油食品等商品的进出口业务和批准数量内食糖的进出口业务,经营转口和代理进出口业务,承办中外合资经营、合作生产、"三来一补"业务;经营法律法规和政策允许的上述商品的国内贸易、矿产品、百货、纺织品、日杂、五金、交电、化工(不含危险及监控化学品)、陶瓷产品、仪器仪表、工艺美术品、普通机械、电子产品、饲料加工原料;收购、销售政策允许的农副产品;承办中国粮油食品进出口总公司委托的外国酒、啤酒、饮料零售业务。

4.3.2.2 法人实际控制人情况

单位: 元 币种:人民币

名称	法定代表人	注册资本	成立日期	主营业务
湖南省商务厅	刘捷(厅长)			湖南省商务厅是主管全省内外贸易和国际经济合作的省政府职能部门。经湖南省国有资产管理局湘国资企字[1998]35 号《关于同意省外经贸委对其直属企业国有资产暂时行使投资主体职能的批复》批准,商务厅(原省外经贸委)对湖南粮油行使投资主体职能。

第五节 董事、监事和高级管理人员

5.1 董事、监事和高级管理人员持股变动及报酬情况

单位:股

姓名	职务	性别	年龄	任期起止日期	年初持股数	年末持股数	变动原因	报告期内从公司领取的报酬总额(万元)	报告期被授予的股权激励情况 可行权股数	已行权数量	行权价(元)	期末股票市价(元)	是否在股东单位或其他关联单位领取薪酬	持有本公司的股票期权	被授予的限制性股票数量
张跃文	董事长	男	45	2004-7-9	0	0		30.16					是	0	0
邱 卫	董事	男	48	2007-11-14	0	0		5.70					是	0	0
朱志方	董事	男	37	2007-11-14	0	0		5.70					是	0	0
谢晓娅	董事	女	52	2004-7-9	0	0		5.70					是	0	0
熊艳艳	董事	女	37	2004-7-9	0	0		22.49					否	0	0
舒强兴	独立董事	男	60	2004-7-9	0	0		6.90					否	0	0
曾德明	独立董事	男	50	2004-7-9	0	0		6.90					否	0	0
刘仲华	独立董事	男	43	2004-7-9	0	0		6.90					否	0	0
文 锋	监事会主席	男	38	2004-7-9	0	0		10.50					否	0	0
蔡辉益	监事	男	45	2004-7-9	0	0		2.53					是	0	0
高仲元	监事	男	54	2004-7-9	0	0		2.53					是	0	0
郑观民	监事	男	54	2004-7-9	0	0		2.53					是	0	0
秦宪斌	监事	男	35	2004-7-9	0	0		11.77					否	0	0
朱永胜	总经理	男	39	2007-7-16	0	0		22.87					否	0	0
乔春生	副总经理	男	49	2005-3-26	0	0		20.22					否	0	0
厉奕锋	副总经理	男	38	2007-4-11	0	0		19.50					否	0	0
袁端淇	董事会秘书	男	44	2004-7-9	0	0		14.92					否	0	0
朱 为	财务总监	男	34	2007-10-26	0	0		17.30					否	0	0

第六节 董事会报告

6.1 管理层讨论与分析

1、报告期内公司总体经营情况的回顾

(1)报告期内公司总体经营情况

2008 年,面对国际金融危机加速蔓延、宏观经济不确定性因素增加、特大冰冻灾害发生、生猪收购价格及原料价格在相对高位区间内大幅波动、供港生猪出口配额管理方式调整、代理行政策变革、人民币大幅升值等一系列严峻的挑战,公司高举"二次创业"的大旗,倡导"一家人文化",加强主动人力资源管理,贯彻"稳定、突破、创新"的工作方针,稳定中求提高,调整中求发展,坚定不移地进一步推进"安全优质生猪产业化"发展战略。2008 年主业经营逆势而上,实现了主营业务收入和主营业务利润双双大幅增长。主营业务收入 7.71 亿元,较上年增长 36.37%,主营业务净利润 6,598.98 万元,较上年增长 59.07%。由于国际、国内金融市场环境动荡影响,公司在资本市场的投资收益受到影响,实现归属于母公司所有者的净利润 813.60 万元,同比上年下降 56.55%。

报告期内,湖南出现了近五十年来最严重的冰雪天气。受此影响,公司在原料购进、饲料生产和销售、生猪养殖及供港澳出口方面都面临一定的困难,冰灾造成相关损失和成本上升共计 800 多万元。对此公司及时制定了应急预案,积极采取以下应对措施,解决生产、物流等问题:(1)在饲料方面重点确保自有猪场的供应;(2)利用备用发电机等设备解决猪场停电问题,启动猪场取暖设备,同时采取烧木炭、煤球等临时有针对性的保暖措施,确保生猪不受冻;(3)与主管部门及各代理行及时沟通,反馈目前的供应情况,并为确保港澳供应,紧急从广东及自有猪场临时调配;(4)积极关注路面变化,临时调度运输车辆赶运生猪。通过上述应对措施的实施,公司确保了恶劣气候对公司生产经营不构成重大影响。

报告期内,人民币持续升值,对公司出口结汇的影响巨大,公司在报告期初,与主要收汇银行签订了远期结汇协议,减少了部份结汇损失。报告期较上年同期汇率比,少结汇人民币 3,600 多万元。

报告期主要农产品原料价格大幅上升,在主要原料玉米年初锁定成本的情况下,玉米和豆粕较上年同比增加采购成本 1,130 万元。

报告期内,国际金融危机对我国经济的影响逐步显现、加深和蔓延。但由于我国畜牧业属传统的内销型畜牧业,大部分依赖内部消费,且是劳动密集型行业,属轻资本型行业,资本所占的力量较弱,较对资金依赖程度比较高的行业,本公司所属畜牧业总体上受本次金融危机冲击的影响较小。对本公司而言,主营业务为供港澳活猪出口,港澳总体消费较为稳定,此次金融危机对本公司供港澳活猪业务的影响不大。同时,受国际金融危机影响,世界能源、原材料价格纷纷回落,反而降低了畜牧业由于饲料、兽药等原料上涨而带来的成本压力,对本公司的发展也可能是一种机会。

报告期内,公司做了如下主要工作:

第一,主营业务稳步提升,核心竞争力再上台阶

1.1 供港业务顺应变化,积极调整

报告期内,供港业务面临配额管理、代理行制度、供港活猪自营出口经营权改革等三大政策变化。业务量较上年度有所下降,全年完成出口 23.86 万头,较上年减少 3.68 万头,下降 13.37 %,其中自有猪场出口 6.55 万头,较上年增加 1.58 万头,上升 31.88%,收购社会猪场生猪出口较上年下降 23.33 %。报告期内,国内生猪收购价格波动较大,并呈持续上升趋势,而香港市场因代理行制度放开形成无序竞争的局面没有改观,长期出现购销价格倒挂,收购社会猪场生猪出口业务报告期内出现亏损。

面对全新市场情况,公司以变化为契机,顺势而为,积极调整,首先,提高自身生猪出口业务的整体竞争力。认真分析近年以来生猪价格走势、与注册猪场合作的相关交易数据,对注册猪场实行分类管理,围绕货源准备、基地建设,采取价格、货源结构与布局调整的策略,客观务实地与各利益团体加强沟通与协调、通过多种业务组合提供增值服务措施(大宗原料服务性集中采购配套、动保产品联合议价采购、疫病防控指导等),进一步提高供港澳商品猪出口体系整体稳定性和竞争力。并通过饲养管理、营养调节、发运挑选等手段,提升供港活猪的质量;其次,公司直面代理行改革,加强与代理行之间的沟通和及时反馈,争取提升卖价;同时,公司密切关注内外生猪市场价格和数量变化,充分做好出口调节准备工作,灵活把握出口数量。

1.2 养殖板块苦练内功、势头良好

报告期内,国内生猪产业上半年出现了一波由低到高的行情,带动了公司种猪和仔猪销售,除完成上述出口猪外,公司完成国内销售收入 6,064.58 万元,实现主营业务利润 1,215 万元,其中种猪出栏 12,049 头,较上年增长 60.93% ,仔猪出栏 26,991 头,较上年增长 7.49%。

养殖板块管理团队统一思想,坚定信念,以积极的心态从事生产经营管理,实现了安全生产、效率提升、成本意识增强。报告期内,从各分公司第一负责人出发,以生产为第一要务,对生产上的重点问题深入讨论研究,优化了岗位编制,有效改善员工基本薪酬待遇;搭建员工职业晋升的平台和通道;改良考核方式,推广二、三级考核方案,将考核的重心下沉到各个岗位,将考核的时段细化到周,把"赢在执行"的理念更深入地贯彻到日常生产中,从管理者到员工形成"言必信,行必果"的意识;同时,定期并有针对性的进行员工调查。通过员工态度,责任感、归属感、满意度等方面的调查,务实地评价第一负责负责人的工作业绩;宣传、树立标兵等手段提升全员成本意识,为实现"成本领先"打下坚实基础。

1.3 饲料业务明确定位、拓展有力

报告期内,完成饲料销售 34,243.78 吨,较上年度增长 35.30%,完成销售收入 8,160.30 万元,收入与去年同期比上升 108.06%;实现利润 78.98 万元。

报告期内,公司加大了饲料营销力度,销售量较上年度有明显的上升。根据饲料行业发展趋势及公司战略需要,确定了"高品质的生猪饲料及服务的提供者"的市场定位,强调技术服务,利用公司资源将公司塑造成为一个养猪综合服务供应商。从预混料、兽药的销售、种猪产品、大宗饲料及原料、生猪的流通,到养殖防疫技术服务支持,给养殖客户提供更多增值服务,进一步巩固了产品高档定位。同时,公司坚持节流,多层面降低成本,提高投入产出效率。由于公司在报告期初对大宗原料采用代购代储方式锁定了成本,在国内粮食产品价格大幅上升的情况下,公司饲料产品的原料成本没有水涨船高,保证了饲料产品的销售毛利。

1.4 晨丰鲜肉全面突破,实现盈利

作为公司生猪产业链的终端,公司一直致力于对鲜肉市场的培育和开发,确保有效拉通生猪产业链,以应对不断变化的生猪出口市场,保证生猪产业链的安全和高效,报告期内,公司从狠抓内功入手,在不断巩固现有市场的同时,积极开拓新的市场,摸索新的盈利模式,全年完成销售收入 5,681.73 万元,较上年增长 107.99%,实现利润 157.69 万元。

报告期内，深圳晨丰采取了稳扎稳打的营销战略，搭建"一站式"物流配送中心，实现产品结构均衡销售，内外资源有效整合，强化内部管理与控制，各项损耗大幅降低，实现高效率运行；基础管理制度逐步完善，对员工的行为和目标起到规范和导向作用，团队执行力、凝聚力、向心力得到加强；市场拓展能力和管理能力提高，开发了系列优质客户，渠道盈利能力提升；与跨国零售渠道等大流通渠道进行品牌战略合作，构建战略合作伙伴关系，大大增强了渠道影响力、辐射力，公司品牌知名度、美誉度有较大提高。

1.5 耒阳畜牧生态园竣工，产能翻番

耒阳畜牧生态园借鉴国外养猪发达国家经验，充分利用四大绿化防疫隔离区，防止了猪场污染物对环境的负面影响，建立和谐的生态循环，粪污处理费用较低，经济效益和社会效益更高。耒阳畜牧生态园设计规模为14.4万头/年，其完工和投产，使公司生猪产能达到30万头左右，实现成倍增长，有效突破公司产能不足的瓶颈，为公司未来生猪内销规模的扩大打下了良好的发展基础。

第二，加强企业文化建设，完善授权分权管理，持续提升企业战斗力。

在"二次创业"的关键时刻，公司加强了"一家人"的企业文化建设，继续推动"积极主动人力资源管理"活动，以能否完成目标任务为依据，以"德为先、在状态、干成事"为标准，突出中、高层的带头作用，敢于用人，用好人，敢于淘汰不胜任岗位的员工，并进一步明晰战略、目标、管控模式，规范流程，部门与岗位职责及权责分配，以人为本、做实考核评价工作，营造良好的工作氛围。

报告期内，公司在公司完善的制度体系基础上，确保风险控制的前提下，简化审批流程，先后出台全方位指导公司生产经营的《公司授权分权管理办法》一、二期，使公司生产经营管理活动相关事项的审核、批准程序做到了有章可循，明确了各级批准权限，提高了运营效率。

第三，增强危机意识、做好内控建设、确保公司运行安全

随着金融风暴的深入传导，加之养殖行业高风险的特点，公司所处外围环境表现出不确定性，为此公司加大了危机管理的力度，提高全员危机意识，确保公司运行安全。公司出台《公司内部控制整体框架》和第一、二期各业务环节的内部控制指引，为公司的战略性决策和公司层面的管理，以及建立健全和有效实施内部控制做出了原则性的指导和具体业务的操作指南。制订和完善了公司的《信用风险管理制度》、《财务管理制度》、《奖惩管理制度》等制度，规范业务操作，加强财务管理，控制各项费用的开支、规避运营风险。

第四，用足用好惠农政策、补贴收入创历史新高

抓住国家对畜牧业大力扶植的机遇，报告期内，公司加大政策资源运用和补贴申报力度，补贴收入实现突破，先后取得了农轻纺产品贸易促进资金补贴、农业专项补贴、生猪储备补贴、能繁母猪补贴等1000万多元的补贴，给主业以强有力的支撑。

(2)公司营业务及经营状况

2.1、主营业务分行业、分产品情况表

单位：元 币种：人民币

分行业或分产品	营业收入	营业成本	营业利润率(%)	营业收入比上年增减(%)	营业成本比上年增减(%)	营业利润率比上年增减(%)
分行业						
畜牧业	447,294,445.70	405,242,678.31	9.40	−7.03	−9.39	增加2.36个百分点
饲料加工	81,602,957.47	69,274,747.12	15.11	108.06	108.83	减少0.31个百分点
批发和零售	242,399,289.81	230,789,420.62	4.79	435.50	428.03	增加1.35个百分点
分产品						
生猪出口收入	386,648,672.77	356,746,890.94	7.73	−7.26	−10.13	增加2.94个百分点
生猪内销收入	60,645,772.93	48,495,787.37	20.03	−5.52	−3.51	减少1.67个百分点
饲料销售	81,602,957.47	69,274,747.12	15.11	108.06	108.83	减少0.31个百分点
鱼粉及其他商品销售	185,582,027.49	180,142,639.11	2.93	933.98	949.86	减少1.47个百分点
鲜肉收入	56,817,262.32	50,646,781.51	10.86	107.99	90.77	增加8.04个百分点

批发和零售业主要包括鱼粉等饲料原料的销售及公司控股子公司深圳晨丰食品有限公司的鲜肉批发和零售。

2.2、主营业务分地区情况表

单位：元 币种：人民币

地区	营业收入	营业收入比上年增减(%)
港、澳地区	386,648,672.77	−7.26
国内	384,648,020.21	158.72

港、澳地区主营业务为活猪出口。

2.3、主营业务构成情况的说明：

1)报告期畜牧业营业收入占主营业务收入的比例为57.99%，比上年度减少27.07个百分点。原因：08年年初的冰冻天气，原料的上涨，产生了较大的影响。

2)报告期饲料销售收入占主营业收入的比例为10.58%，比上年度上升3.65个百分点。原因：公司加大了饲料营销力度，销售量较上年度有明显的上升。

3)报告期鱼粉等其它商品的营业收入占主营业务收入总额的31.43%，比上年度增加23.43个百分点，主要是由于本年度鱼粉销售业务增加所致。

4)报告期内，公司前五名客户销售收入的总额为41,342.42万元，占本公司本年全部销售收入总额的53.60%。

(3)资产构成变动情况说明

发生重大变动的资产、负债项目	年末数 金额(万元)	年末数 占总资产的比重(%)	年初数 金额(万元)	年初数 占总资产的比重(%)	变动情况 增减金额(万元)	变动情况 增减幅度(%)
货币资金	12,488.47	21.28	30,163.25	48.32	−17,674.78	−58.60
交易性金融资产	251.52	0.43	42.72	0.07	208.80	488.76
应收账款	1,666.09	2.84	2,364.46	3.79	−698.37	−29.54
其他应收款	1,384.97	2.36	1,487.91	2.38	−102.94	−6.92
预付账款	1,538.06	2.62	1,743.17	2.79	−205.11	−11.77
存货	8,628.93	14.70	4,860.74	7.79	3,768.19	77.52
长期股权投资	2,128.04	3.63	1,077.41	1.73	1,050.63	97.51
固定资产	21,162.91	36.05	13,659.87	21.88	7,503.04	54.93
在建工程	862.68	1.47	4,357.05	6.98	−3,494.37	−80.20
生产性生物资产	1,117.34	1.90	653.76	1.05	463.58	70.91
无形资产	1,895.78	3.23	1,941.93	3.11	−46.15	−2.38
资产总计	58,697.93	100.00	62,418.31	100.00	−3,720.38	−5.96

3.1 货币资金年末比年初减少17,674.78万元。主要系扩大养殖经营，分、子公司固定资产、生产性生物资产及库存商品增加，同时公司子公司湖南润丰投资置业有限公司对外增加投资1,000万元及委托贷款增加5,250万元所致。

3.2 交易性金融资产期末比期初增加208.80万元，主要系期货投资资产增加。

3.3、应收账款期末比期初减少698.37万元，的主要原因是：加强应收款项的收回。

3.4、存货期末比期初增加3,768.19万元，增加77.52%，主要系本期优质商品猪生产基地项目初步投产，导致原料料、消耗性生物资产增加。本公司存货年末不存在可变现净值低于成本的情况。

3.5、固定资产期末比期初增加7,503.04万元，主要是在建工程转入。

3.6 在建工程期末比期初减少3,494.37万元，减少80.20%，系耒阳畜牧生态园项目部分完工转入固定资产。

3.7 生产性生物资产期末比期初增加463.58万元，主要系本期优质商品猪生产基地项目初步投产。

3.8 营业收入期末比期初增加20,568.81万元，增加36.25%，主要系扩大经营饲料、鱼粉及其他原料、鲜肉销售。

3.9 营业成本期末比期初增加17,924.10万元，增加34.07%，主要系扩大经营饲料、鱼粉及其他原料、鲜肉销售。

3.10 营业费用本年比上年增加597万元，增幅为32%，原因主要系：各类产品销售收入增加使营业费用增加所致。

3.11 财务费用本年发生511.4万元，主要是短期借款的利息支出和金融机构手续费。

(4)现金流量的构成情况

本年度公司现金及现金等价物净增加额−21,488.34万元，其中经营活动产生的现金流量净额为786.57万元，比上年增加467.37万元，主要原因是本年度公司收到的税费返还及补贴收入的增加。本年投资活动产生的现金流量净额为−17,008.92万元，上年同期为−2,827.64万元，本年比上年增加投资14,181.29万元，主要原因为公司证券投资5,000多万，其他货币资金5,000多万元，同时，子公司湖南润丰投资置业有限公司2008年4月24日与招商银行股份有限公司长沙分行签订的《委托贷款委托合同》，以自有资金委托该银行向湖南新外滩房地产开发投资有限公司投资500万元，提供贷款2,350万元，2008年4月24日与招商银行股份有限公司长沙分行签订的《委托贷款委托合同》，以自有资金委托该银行向长沙纵横置业发展有限公司投资500万元，提供贷款2,900万元。

筹资活动产生的现金流量净额为−5,265.97万元，主要是归还银行借款1亿元，向股东支付股利4,069.53万元，同时，增加8,803.55千万元的银行借款。

(5)主要控股子公司经营情况

单位：万元

子公司名称	成立时间	注册资本	法定代表人	公司持股比例(%)	主要经营范围	业务收入	营业利润	净利润
深圳市晨丰食品有限公司	2004−11	500	朱永胜	90	食品批发、生猪购销(不含屠宰)、经营进出口业务、国内商业(不含专营、专控、专卖商品)	17,027.31	1,170.46	1,073.25
湖南韶山长丰畜牧有限公司	1997−07	384	乔春生	100	生猪饲养、发运、销售及各种饲料的原材料销售	424.36	390.09	427.34
衡阳新五丰畜牧发展有限公司	2005−01	260	乔春生	60	畜牧的养殖、收购和销售；政策允许的农副产品收购和销售；饲料加工；养殖技术和管理输出	766.26	195.23	217.85
湖南润丰投资置业有限公司	2007−06	5000	张跃文	99.9	高新技术成果产业化和高新技术投资，房地产项目的投资和房地产开发、经营(凭有效的资质证经营)，投资管理、财务管理，资本运营的咨询服务。	135.85	−906.79	−931.79
湖南惠尔丰工贸有限公司	2007−11	300	熊艳艳	100	饲料原料、饲料添加剂的销售，自营和代理各类商品和技术的进出口，但国家限定公司经营或禁止进出口的除外。	1,672.09	−53.35	−53.37

注：湖南正大畜牧有限公司本年度未纳入合并报表范围。

2、对公司未来发展的展望

(1)所处行业的发展趋势及公司面临的市场竞争格局

公司主要从事安全优质生猪养殖和贸易，公司生猪参照欧盟标准饲养，管理水平、产品品质同业领先。公司拥有的"浏阳河"、"湘宝"等系列品牌猪是内地在香港的生猪活体品牌；"晨丰"鲜肉品牌是深圳市政府首批向市民推荐的三大安全鲜肉品牌之一。近年公司年均供港出口生猪为30万头左右，在全国供港生猪口岸和公司中名列前茅，规模优势明显。公司在安全优质生猪规模养殖技术、生产设备、生产指标、产品质量等方面在同行业中领先，行业地位突出。

生猪系鲜活商品，具有生产周期长、均衡生产、易残损、易死亡等特点，为维护正常的出口经营秩序，使供港澳生猪做到优质、适量、均衡、应时，确保港澳市场的繁荣稳定，从上个世纪五十年代开始，原外贸部决定，内地供应香港、澳门活猪实行出口主动配额管理。在相当长的一段时间内，供港澳生猪出口业务不仅是经济行为，亦定位为保持港澳地区繁荣稳定的一项政治任务。随着港澳活猪出口业务不断市场化，供港澳生猪出口业务的管理体系和市场竞争格局有所变化。

报告期内，商务部下发《商务部办公厅关于供港活大猪月度配额安排有关问题的通知》，取消日配额管理，配额管理更趋市场化，但在一定时期内，香港市场缺乏协调，价格波动较大，业务经营难度加大；报告期内，商务部、国家质检总局授予多家企业供港活猪自营出口经营权，本行业的市场参与者有所增加，加剧了生猪供港业务竞争；原统一代理模式取消，新增代理行开始运营，公司活猪供港渠道多元化选择成为可能。行业相关政策的调整直接导致内地活猪供港销售机制发生变化，将导致行业原竞争格局发生变化，对公司而言既是挑战也是机遇。

(2)未来公司发展机遇和挑战及公司发展战略

2008 年“三鹿事件”引发全社会对“食品安全”的空前关注，党中央、国务院和各级政府职能部门一如既往地对“农业”给予重视，未来公司可能面临较大的发展机遇。

2009 年 2 月 1 日出台的《中共中央国务院关于 2009 年促进农业稳定发展农民持续增收的若干意见》表示：要加快发展畜牧水产规模化标准化健康养殖，严格农产品质量安全全程监控，加强农产品进出口调控。首次明确提出采取期货交易等措施稳定发展生猪产业。从 07 年国务院出台的进一步扶持生猪发展的十条举措到此次《意见》等一系列惠农政策的陆续出台，有更多的政策、资金向农业倾斜，体现了国务院对农业的重视，为支持农业产业化发展，促使优势产业集群发展提供了保障，进而为公司未来的发展提供了强有力的政策支持。

此外，《轻工业振兴规划草案》特别提及包括“强化食品安全”在内的五方面内容。强调要建立从饲养场到产品出口全过程标准化生产体系，建立可溯源系统，运用信息化技术进行监管。2009 年 2 月 28 日出台的《食品安全法》表示将成立“食品安全委员会”，提高食品行业的准入门槛，加大对食品违规行为的处罚力度。可以预见，食品行业及相关畜牧行业的行业规范程度将大幅提升，相关行业可能面对一次大洗牌。对于长期致力于“安全优质生猪”养殖的本公司而言机遇大于挑战。

在此背景下，本行业发展趋势预测如下：1、猪肉仍将是我国肉类消费中的最重要的品种，绝对消费量将持续增长；2、随着人民生活的不断改善，市场及消费者对猪肉及其产品品质要求越来越高，安全卫生的无公害猪肉将有广阔市场前景；3、食品安全立法的出台，将提高行业门槛，促进行业和市场的规范，部分规模小、抗风险能力弱、不诚信的经营者将退出相关行业；4、猪肉消费将朝品牌化方向发展，标准逐渐与国际接轨；4、生猪养殖将加快从以传统的农户散养为主导逐步向以公司+农户、标准化规模化饲养等为主导的模式转变。

对此，公司总体战略发展思路为：公司发展战略定位于立足现有资源优势，突出主业和区域特色，实现生产与贸易并重、资本与产业并举、高科技与传统产业相结合、国内市场与国外市场一体化，向生猪的品种改良、肉类食品深加工两端延伸，建立“安全优质猪、肉品产业化可追溯体系”，逐步形成有市场竞争力的产业带和产业群体。

(3)新年度的经营计划以及为达到上述经营目标拟采取的策略和行动

2009 年将是公司发展关键的一年，面对机遇和挑战，公司的工作思路和重点工作将全面遵循和体现“稳定、创新、突破”的六字方针。公司 2009 年经营目标是计划营业收入为 69,000 万元，期间费用 6,800 万元，可实现利润总额 2,000 万元。

为全面实现公司 2009 年整体经营目标，公司管理层将组织各部门、分子公司分别制定了为保证目标实现的重点工作计划，一方面稳定自有猪场生产，稳定供港澳生猪配额，争取各项政策补贴，使主营业务健康稳步发展；另一方面寻求辅业的适时增长，获取较好的投资收益。同时使目标量化和指标化，使目标转化为切实可行的实际工作。

(4)公司资金需求及使用计划

为实现未来发展战略，公司将按照招股说明书的承诺做好募集资金项目的投资，使用、管理好募集资金。2009 年度，公司计划根据市场情况继续向肉产品营销和物流网络项目、猪场扩展、实业投资等方面投入 1.2 亿元左右的资金。2009 年度在中国银行湖南省分行等银行共计拥有 8.2 亿元授信额度，可以确保公司其他项目发展需要。

(5)公司生产经营面临的风险及对策

1)生猪疾病疫情的风险

生猪在规模养殖过程中，由于多种原因一般将导致 15%左右的死亡，即全程成活率一般为 85%左右。公司需防范并控制的生猪疾病风险主要分两类，一是自有注册猪场在养殖过程中生猪发生疾病或在运输过程中生猪发生疾病给公司带来的风险；二是生猪养殖行业爆发大规模疫病或出现安全事件给公司带来的风险。由于畜牧业疫情的复杂化、严重化，对畜牧业产生了重大影响，公司面临较大的防疫压力。

风险对策：

公司加大疫情监控的力度，做到“三及时”：及时监测、及时预防、及时处理。引导疫情考核指标列入绩效目标，采取一票否决制，同时坚持防疫投资优先原则；严格执行“100-1=0”的防疫理念，通过严格管理和组织内外攻关加强疫病防控、保育猪转栏和尝试分胎多点式饲养等方式，将疫病带来的损失控制到最低。

2)活猪配额管理体系变化对公司经营的风险

本公司为外向型农业产业化企业，目前主要业务为生产和经营供港澳生猪产品。配额管理制度对公司供港澳生猪业务经营有较大的影响。

近年来，供港活猪配额管理日趋市场化：配额下发由年度内一次下发变为二次下发；取消日配额管理；多家企业获得供港活猪自营出口经营权；企业可根据实际情况进行随时申请；不再硬性规定配额必须执行到位，企业可根据市场情况和企业自身状况灵活执行。以上变化改变了原有市场竞争格局，打破了原有配额控制下的市场供需平衡状态，在一定时期内，难免会出现供港数量难以预测，供港生猪价格较以往呈现较大波动等情形，给公司此项业务经营带来风险。

风险对策：

配额管理市场化是必然趋势，配额的灵活管理加剧行业竞争、增大了经营难度，原有经营模式受到挑战，但同时，也使有规模优势的公司更好的开拓市场成为可能，企业可以通过出口数量控制，改善、提升业务盈利水平，有利于改善“内外销价格倒挂”的情形。公司将积极面对，因势利导，发挥自身优势，调整经营思路，适应新形势变化。

1.1 本公司在业务人才资源、出口实绩、配额完成率、产品质量、生产能力、货源规模、销售状况、品牌优势等方面有着其他竞争者短期内难以逾越的优势，近几年活大猪年均出口保持在 30 万头左右，居全国前茅。在港澳市场上，本公司的“浏阳河”及“湘宝”两个品牌的生猪已经具备一定的知名度。配额管理体系变化后，产品质量优良、养殖技术先进、养殖规模较大、贸易实践经验丰富、营销网络较健全、货源基地较近及品牌形象突出等优势将得到进一步发挥，有可能争取更大的市场占有率。

1.2 对内地口岸来说，供应港澳的生猪来源于有丰富安全管理经验和严格质量控制体系的注册猪场，拥有合格货源将成为扩大市场的基础。湖南注册猪场数目及其生产的生猪规模全国第一，本公司有着众多紧密合作猪场。加上拥有年产 30 万头左右的优质生猪的自有基地，这一优势将随着配额的取消而得到充分发挥。

1.3 加强市场跟踪预测。针对政策变革带来的市场变化，公司立即调整原有经营方式，每日观察和分析市场情况，预测未来几天的市场需求，调节到货数量，保证供货量保持在一个比较合理的范围内。

1.4 有多方面优势的广东省，因地租、用水、劳动力成本高、环保压力大、农村城市化的进程加快、产业结构调整等原因，养猪产业转向内地，显然湖南将有更多的优势和机遇承接此轮产业转移。因此，配额取消后，不论是在成本上，还是在发展机遇上，本公司都具有较大竞争优势。

1.5 加强口岸企业之间、代理行之间协调，增强与出口岸企业和代理行之间的友好关系和密切协商，创造良好的市场环境。

1.6 大力拓展生猪及其制品的国内贸易，通过内销业务抵御供港活猪配额管理体系变化对公司整体经营带来的影响，逐步改变对港、澳市场依赖程度过高的业务格局。

与公允价值计量相关的项目

□适用　　√不适用

持有外币金融资产、金融负债情况

□适用　　√不适用

6.2 主营业务分行业、产品情况表

请见前述 6.1

6.3 主营业务分地区情况表

请见前述 6.1

6.4 募集资金使用情况

√适用　　□不适用

单位:万元 币种:人民币

募集资金总额	30,512.44	本年度已使用募集资金总额	8,334.49
		已累计使用募集资金总额	18,173.91

承诺项目	是否变更项目	拟投入金额	实际投入金额	是否符合计划进度	预计收益	产生收益情况
安全优质种猪繁育中心项目	否	2,322.6	1,979.17	否	1,405.8	278.78
安全冷却肉加工建设项目	否	3,391.33	0	否	1,805.13	0
18 万吨/年安全饲料工程项目	否	4,200.06	2,651.71	否	1,189.37	466.71
优质商品猪生产基地项目	否	13,138.2	13,093.03	否	3,762	−205.86
安全西式低温肉制品加工建设项目	否	2,831.87	0	否	1,131.04	0
肉产品营销和物流网络项目	否	4,628.24	450	否	1,833.48	141.92
合计	/	30,512.3	18,173.91	/	11,126.82	/
未达到计划进度和预计收益的说明(分具体项目)			详见年报全文			
尚未使用的募集资金用途及去向			用于募集资金项目的使用			

变更项目情况

√适用　　□不适用

于招股说明书中披露的相关项目立项时间较长、市场发生变化较大，为降低募集资金投入风险，保证广大股民的利益，根据谨慎性原则，公司对各项目进行了审慎的再评估，并根据评估结果推进了部分募集资金投资项目。

为扩大生猪自有养殖规模，进一步发挥我公司在生猪养殖方面的技术、管理、营销优势，提高产品质量，加强产品安全的可控性，降低经营成本，增加公司收益，公司在耒阳的项目选址上调整养殖模式，采用分点式饲养方式，结合配套项目建设，整体实施第三期工程，继而全面完成“优质商品猪生产基地项目”的投资计划。

相对于招股说明书披露的募集资金投资计划和 2005 年 9 月 16 日召开的公司 2005 年第二次临时股东大会审议通过的《关于利用募集资金在耒阳部分实施“优质商品猪基地建设项目”的预案》，本项目对投资地点、部分投资方式、部分工艺设计(主要是养殖模式)三个方面作了调整，项目其他内容并未发生改变：仍然是安全优质商品猪的生产基地建设，仍然是实现不低于 14.4 万头商品猪的生产规模，产品仍然是供港澳出口的活大猪，投资总额未发生突破。

6.5 非募集资金项目情况

√适用　　□不适用

单位:万元 币种:人民币

项目名称	项目金额	项目进度	项目收益情况
湖南新外滩房地产开发投资有限公司	2,850	进展顺利	340.09
长沙纵横置业发展有限公司	3,400	进展顺利	419.68
湖南润丰投资置业有限公司	230.78	进展顺利	0
合计	6,480.78	/	/

6.6 董事会对会计师事务所“非标准审计报告”的说明

□适用　　√不适用

6.7 董事会本次利润分配或资本公积金转增股本预案

经开元信德会计师事务所有限公司审计确认，母公司 2008 年度 1-12 月实现净利润 43,079,766.52 元，年初结转的未分配利润 1,701,356.74 元，提取法定盈余公积 4,307,976.65 元，2008 年中期派发现金红利 34,252,633.80 元，母公司累计可供股东分配的未分配利润为 6,220,512.81 元。

根据母公司利润实现情况，2008 年可供分配利润金额不大，且 2008 年中期已进行了现金股利分配，为抵御金融风暴可能产生对公司经营业绩的影响，董事会拟定 2008 年度利润分配预案为：2008 年度不进行利润分配，也不用资本公积金转增股本。直接用于公司正常运营用流动资金。

公司本报告期内盈利但未提出现金利润分配预案

√适用

本报告期内盈利但未提出现金利润分配预案的原因	未用于分红的资金留存公司的用途
根据母公司利润实际情况，2008 年可供分配的利润金额不	直接用于公司正常运营用流动资金。

大，且2008年中期已进行了现金股利分配，为抵御金融风暴可能产生对公司经营业绩的影响，董事会拟定2008年度不进行利润分配，也不用资本公积金转增股本。

第七节　重要事项

7.1 收购资产

□适用　√不适用

7.2 出售资产

□适用　√不适用

7.3 重大担保

□适用　√不适用

7.4 重大关联交易

7.4.1 与日常经营相关的关联交易

√适用　□不适用

单位:万元 币种:人民币

关联方	向关联方销售产品和提供劳务		向关联方采购产品和接受劳务	
	交易金额	占同类交易金额的比例(%)	交易金额	占同类交易金额的比例(%)
五丰行	42,746,171.5	11.06		
合计	42,746,171.5	11.06		

其中：报告期内公司向控股股东及其子公司销售产品或提供劳务的关联交易金额0元。

7.4.2 关联债权债务往来

□适用　√不适用

7.4.3 2008年资金被占用情况及清欠进展情况

□适用　√不适用

截止2008年末，上市公司未完成非经营性资金占用的清欠工作的，董事会提出的责任追究方案

□适用　√不适用

7.5 委托理财

□适用　√不适用

7.6 承诺事项履行情况

7.6.1 公司或持股5%以上股东在报告期内或持续到报告期内的承诺事项

√适用　□不适用

承诺事项	承诺内容	履行情况
股改承诺	自获得流通权之日起，在十二个月限售期满后，通过证券交易所挂牌交易出售原非流通股股份，出售数量占该公司股份总数的比例在十二个月内不得超过百分之五，出售数量占该公司股份总数的比例在二十四个月内不得超过百分之十，在三十六个月之后不再有限售条件。	未发生违反相关承诺的事项。
发行时所作承诺	在公司上市两个月内，解决董事长双重任职问题。	于2008年1月湖南新五丰股份有限公司董事长张跃文先生辞去湖南省粮油食品进出口集团有限公司董事长职务，解决董事长双重任职。

7.6.2 公司资产或项目存在盈利预测，且报告期仍处在盈利预测期间，公司就资产或项目是否达到原盈利预测及其原因作出说明：

□适用　√不适用

7.7 重大诉讼仲裁事项

□适用　√不适用

7.8 其他重大事项及其影响和解决方案的分析说明

7.8.1 证券投资情况

√适用　□不适用

序号	证券品种	证券代码	证券简称	初始投资金额(元)	持有数量	期末账面值	占期末证券投资比例(%)	报告期损益
1.	股票	000422	湖北宜化	117,800	10,000	77,300	100	−40,500
合计				117,800	/	77,300	100%	−40,500

7.8.2 持有其他上市公司股权情况

□适用　√不适用

7.8.3 持有非上市金融企业股权情况

□适用　√不适用

7.8.4 买卖其他上市公司股份的情况

□适用　√不适用

7.9 公司董事会对公司内部控制出具了自我评估报告，审计机构出具了评价意见，详见公司2008年年度报告全文。

第八节　监事会报告

8.1 监事会对公司依法运作情况的独立意见

监事会成员列席了本年度召开的各次股东大会和董事会，会议通知、会议召集、股东和董事出席会议情况、会议审议事项及表决结果等均符合法律规定的程序。各次会议所做决议均符合法律、法规和《公司章程》的规定，未发现有损害公司和股东利益的情况。

监事会认为，公司董事会和管理层2008年的工作能严格按照《公司法》、《公司章程》等有关法规制度进行规范运作，认真履行股东大会有关决议，经营决策科学合理，工作认真负责，未发现有违反法律、法规和《公司章程》或损害公司利益的行为。

8.2 监事会对检查公司财务情况的独立意见

监事会通过对公司2008年度决算报告认真核查后认为：公司财务报告真实地反映了公司2008年度的财务状况和经营成果，开元信德会计师事务所有限公司对公司出具了标准无保留意见审计报告是真实、客观的。

8.3 监事会对公司最近一次募集资金实际投入情况的独立意见

为扩大生猪自有养殖规模，进一步发挥公司在生猪养殖方面的技术、管理、营销优势，提高产品质量，加强产品安全的可控性，降低经营成本，增加公司收益，公司调整实施"优质商品猪基地建设项目"第三期工程，在耒阳的项目选址上调整养殖模式，采用分点式饲养方式，结合配套项目建设，整体实施第三期工程，继而全面完成"优质商品猪生产基地项目"的投资计划。

相对于招股说明书披露的募集资金投资计划和2005年9月16日召开的公司2005年第二次临时股东大会审议通过的《关于利用募集资金在耒阳部分实施"优质商品猪基地建设项目"的预案》，本项目对投资地点、部分投资方式、部分工艺设计(主要是养殖模式)三个方面作了调整，项目其他内容并未发生改变；仍然是安全优质商品猪的生产基地建设，仍然是实现不低于14.4万头商品猪的生产规模，产品仍然是供港澳出口的活大猪，投资总额未发生突破。该项目调整已经2005年度股东大会审议通过。

监事会认为上述事项履行了必要的决策程序，符合公司生产经营的实际情况。

8.4 监事会对公司关联交易情况的独立意见

本公司与五丰行之间存在销售代理的关联交易，根据证监会及交易所的相关规定，本公司与五丰行于2002年5月26日签订了《湖南新五丰股份有限公司与五丰行有限公司供港活猪出口代理协议》，该协议已于2005年5月25日到期，未能续签。

由于从2007年二季度开始，商务部开始对供港活猪代理体制进行改革。商务部于2007年7月21日、2007年10月22日，分别下发商贸函(2007)65号《商务部关于进一步做好供港活猪出口代理及其他相关工作的通知》、2007年第82号《关于赋予香港农业专区有限公司内地供港活猪代理资格的公告》，赋予香港粤海(集团)有限公司广南行、香港农业专区有限公司代理内地供港活猪资格，与香港华润(集团)有限公司五丰行享有同等代理权限。五丰行、广南行、香港农业专区有限公司，与内地供港活猪出口企业可双向自主选择代理。根据商务部供港活猪工作改革的精神，出口企业可以在三家代理行之间自主选择。

公司需与五丰行完善相关交易手续，以协议的形式确定双方的权利和义务。

第九节　财务会计报告

9.1 审计意见

财务报告	□未经审计	√审计
审计意见	√标准无保留意见	□非标意见

审计意见全文

开元信德湘审字(2009)第026

湖南新五丰股份有限公司全体股东：

我们审计了后附的湖南新五丰股份有限公司(以下简称"新五丰公司")财务报表，包括2008年12月31日合并及母公司的资产负债表，2008年度的合并及母公司利润表、合并及母公司现金流量表、合并及母公司所有者权益变动表以及财务报表附注。

一、管理层对财务报表的责任

按照企业会计准则的规定编制财务报表是新五丰公司管理层的责任。这种责任包括：(1)设计、实施和维护与财务报表编制相关的内部控制，以使财务报表不存在由于舞弊或错误而导致的重大错报；(2)选择和运用恰当的会计政策；(3)作出合理的会计估计。

二、注册会计师的责任

我们的责任是在实施审计工作的基础上对财务报表发表审计意见。我们按照中国注册会计师审计准则的规定执行了审计工作。中国注册会计师审计准则要求我们遵守职业道德规范，计划和实施审计工作以对财务报表是否不存在重大错报获取合理保证。

审计工作涉及实施审计程序，以获取有关财务报表金额和披露的审计证据。选择的审计程序取决于注册会计师的判断，包括对由于舞弊或错误导致的财务报表重大错报风险的评估。在进行风险评估时，我们考虑与财务报表编制相关的内部控制，以设计恰当的审计程序，但目的并非对内部控制的有效性发表意见。审计工作还包括评价管理层选用会计政策的恰当性和作出会计估计的合理性，以及评价财务报表的总体列报。

我们相信，我们获取的审计证据是充分、适当的，为发表审计意见提供了基础。

三、审计意见

我们认为，新五丰公司财务报表已按照企业会计准则的规定编制，在所有重大方面公允反映了新五丰公司2008年12月31日合并及母公司的财务状况、2008年度合并及母公司的经营成果和现金流量。

开元信德会计师事务所有限公司　　中国注册会计师：毛育晖 魏五军

中国　北京　　2009年4月16日

9.2 财务报表

合并资产负债表

2008年12月31日

编制单位:湖南新五丰股份有限公司　　单位:元 币种:人民币

项目	附注	期末余额	年初余额
流动资产：			
货币资金	八-1	124,884,665.24	301,632,542.94
结算备付金			
拆出资金			
交易性金融资产	八-2	2,515,245.5	427,240
应收票据			
应收账款	八-3	16,660,932.72	23,644,585.29
预付款项	八-4	15,380,613.66	17,431,671.75
应收保费			

应收分保账款			
应收分保合同准备金			
应收利息		1,168,149.42	
应收股利			
其他应收款	八-5	13,849,728.96	14,879,057.89
买入返售金融资产			
存货	八-6	86,289,266.16	48,607,354.03
一年内到期的非流动资产			
其他流动资产		52,500,000	
流动资产合计		313,248,601.66	406,622,451.9
非流动资产：			
发放贷款及垫款			
可供出售金融资产			
持有至到期投资			
长期应收款			
长期股权投资	八-8	21,280,374.26	10,774,120.78
投资性房地产			
固定资产	八-9	211,629,119.26	136,598,730.59
在建工程	八-10	8,626,838.05	43,570,463.75
工程物资			
固定资产清理			
生产性生物资产	八-11	11,173,394.02	6,537,585.45
油气资产			
无形资产	八-12	18,957,819.22	19,419,343.1
开发支出			
商誉			
长期待摊费用		957,427.16	
递延所得税资产	八-13	1,105,740.47	660,427.32
其他非流动资产			
非流动资产合计		273,730,712.44	217,560,670.99
资产总计		586,979,314.1	624,183,122.89
流动负债：			
短期借款	八-15	86,876,767.76	100,000,000
向中央银行借款			
吸收存款及同业存放			
拆入资金			
交易性金融负债			
应付票据			
应付账款	八-16	18,713,426.31	19,012,784.33
预收款项	八-17	12,065,411.37	10,993,791.86
卖出回购金融资产款			
应付手续费及佣金			
应付职工薪酬	八-18	8,920,907.02	10,555,595.54
应交税费	八-19	-2,359,091.67	1,670,216.84
应付利息	八-20	1,518,447.76	
应付股利	八-21		
其他应付款	八-22	14,341,437.98	9,339,531.71
应付分保账款			
保险合同准备金			
代理买卖证券款			
代理承销证券款			
一年内到期的非流动负债			
其他流动负债			
流动负债合计		140,077,306.53	151,571,920.28
非流动负债：			
长期借款			
应付债券			
长期应付款			
专项应付款			
预计负债			
递延所得税负债		536,462.36	
其他非流动负债		1,616,504.2	
非流动负债合计		2,152,966.56	
负债合计		142,230,273.09	151,571,920.28
股东权益：			
股本	八-23	180,277,020.00	180,277,020
资本公积	八-24	222,348,685.79	222,348,685.79
减：库存股			
盈余公积	八-25	26,046,886.04	21,738,909.39
一般风险准备			
未分配利润	八-26	14,613,248.23	45,037,815.37
外币报表折算差额			
归属于母公司所有者权益合计		443,285,840.06	469,402,430.55
少数股东权益		1,463,200.95	3,208,772.06
股东权益合计		444,749,041.01	472,611,202.61
负债和股东权益合计		586,979,314.1	624,183,122.89

公司法定代表人：张跃文　　主管会计工作负责人：朱为　　会计机构负责人：肖立新

母公司资产负债表

2008 年 12 月 31 日

编制单位：湖南新五丰股份有限公司　　单位：元 币种：人民币

项目	附注	期末余额	年初余额
流动资产：			
货币资金		115,530,843.99	220,825,984.97
交易性金融资产		2,437,945.5	427,240
应收票据			
应收账款	十-1	12,120,966.19	21,274,039.99
预付款项		15,956,842.52	16,839,433
应收利息		1,168,149.42	
应收股利			
其他应收款	十-2	23,033,105.91	15,234,963.73
存货		81,267,928.44	47,090,374.36
一年内到期的非流动资产			
其他流动资产			
流动资产合计		251,515,781.97	321,692,036.05
非流动资产：			
可供出售金融资产			
持有至到期投资			
长期应收款			
长期股权投资	十-3	75,825,830.36	73,011,742.77
投资性房地产			
固定资产	十-4	206,904,450.54	132,276,590.21
在建工程		8,605,863.92	43,134,463.75
工程物资			
固定资产清理			
生产性生物资产		10,655,378.25	5,962,084.35
油气资产			
无形资产		18,660,622.65	19,104,558.23
开发支出			
商誉			
长期待摊费用		957,427.16	
递延所得税资产		1,131,168.05	523,247.59
其他非流动资产			
非流动资产合计		322,740,740.93	274,012,686.9
资产总计		574,256,522.9	595,704,722.95
流动负债：			
短期借款		86,876,767.76	100,000,000
交易性金融负债			
应付票据			
应付账款		17,637,786.11	42,342,756.18
预收款项		12,507,125.66	10,993,791.86
应付职工薪酬		7,948,750.65	9,454,250.87
应交税费		-2,421,456.47	-2,298,835.69
应付利息		1,518,447.76	
应付股利			
其他应付款		13,143,030.23	9,146,787.81
一年内到期的非流动负债			
其他流动负债			
流动负债合计		137,210,451.7	169,638,751.03
非流动负债：			
长期借款			
应付债券			
长期应付款			
专项应付款			
预计负债			
递延所得税负债		536,462.36	
其他非流动负债		1,616,504.2	
非流动负债合计		2,152,966.56	
负债合计		139,363,418.26	169,638,751.03
股东权益：			
股本		180,277,020	180,277,020
资本公积		222,348,685.79	222,348,685.79
减：库存股			
盈余公积		26,046,886.04	21,738,909.39
未分配利润		6,220,512.81	1,701,356.74
外币报表折算差额			
股东权益合计		434,893,104.64	426,065,971.92
负债和股东权益合计		574,256,522.9	595,704,722.95

公司法定代表人：张跃文　　主管会计工作负责人：朱为　　会计机构负责人：肖立新

合并利润表

2008 年 1-12 月

单位：元 币种：人民币

项目	附注	本期金额	上期金额
一、营业总收入		773,143,793.1	567,455,661.72

其中:营业收入	八-27	773,143,793.1	567,455,661.72
利息收入			
已赚保费			
手续费及佣金收入			
二、营业总成本		765,950,014.72	569,153,562.66
其中:营业成本	八-28	705,398,431.3	526,157,453.83
利息支出			
手续费及佣金支出			
退保金			
赔付支出净额			
提取保险合同准备金净额			
保单红利支出			
分保费用			
营业税金及附加	八-29	94,804.4	42,576.72
销售费用	八-30	24,623,796.17	18,654,044.3
管理费用	八-30	31,091,271.48	26,014,769.11
财务费用	八-31	5,114,014.57	−2,085,611.82
资产减值损失	八-32	−372,303.2	370,330.52
加:公允价值变动收益(损失以“−”号填列)	八-33	950,510	−256,220
投资收益(损失以“−”号填列)	八-34	−9,210,027.39	21,208,439.54
其中:对联营企业和合营企业的投资收益		506,253.48	1,302,223.75
汇兑收益(损失以“−”号填列)			
三、营业利润(亏损以“−”号填列)		−1,065,739.01	19,254,318.6
加:营业外收入	八-35	13,668,470.11	7,063,290.95
减:营业外支出	八-36	1,547,548.98	1,217,989.02
其中:非流动资产处置净损失		985,354.75	361,381.94
四、利润总额(亏损总额以“−”号填列)		11,055,182.12	25,099,620.53
减:所得税费用	八-37	2,214,709.92	5,917,806.25
五、净利润(净亏损以“−”号填列)		8,840,472.2	19,181,814.28
归属于母公司所有者的净利润		8,136,043.31	18,725,470.29
少数股东损益		704,428.89	456,343.99
六、每股收益:			
(一)基本每股收益		0.05	0.1
(二)稀释每股收益		0.05	0.1

公司法定代表人:张跃文　　主管会计工作负责人:朱为　　会计机构负责人:肖立新

母公司利润表

2008 年 1−12 月

单位:元 币种:人民币

项目	附注	本期金额	上期金额
一、营业收入	十-6	695,470,180.83	531,438,381.19
减:营业成本	十-7	649,106,417.01	514,160,360.11
营业税金及附加		7,704.05	
销售费用		19,165,641.13	15,247,294.44
管理费用		26,496,600.28	23,171,555.16
财务费用		5,386,573.52	−1,854,055.58
资产减值损失		−42,616.81	40,649.78
加:公允价值变动收益(损失以“−”号填列)		991,010	−256,220
投资收益(损失以“−”号填列)		36,329,019.99	1,418,566.02
其中:对联营企业和合营企业的投资收益		506,253.48	1,302,223.75
二、营业利润(亏损以“−”号填列)		32,669,891.64	−18,165,076.7
加:营业外收入		11,788,239.62	6,564,439.91
减:营业外支出		1,449,822.84	606,996.69
其中:非流动资产处置净损失		952,106.43	127,838.08
三、利润总额(亏损总额以“−”号填列)		43,008,308.42	−12,207,633.48
减:所得税费用		−71,458.1	−642,341.69
四、净利润(净亏损以“−”号填列)		43,079,766.52	−11,565,291.79

公司法定代表人:张跃文　　主管会计工作负责人:朱为　　会计机构负责人:肖立新

合并现金流量表

2008 年 1−12 月

单位:元 币种:人民币

项目	附注	本期金额	上期金额
一、经营活动产生的现金流量:			
销售商品、提供劳务收到的现金		792,125,406.42	584,551,405.5
客户存款和同业存放款项净增加额			
向中央银行借款净增加额			
向其他金融机构拆入资金净增加额			
收到原保险合同保费取得的现金			
收到再保险业务现金净额			
保户储金及投资款净增加额			
处置交易性金融资产净增加额			
收取利息、手续费及佣金的现金			
拆入资金净增加额			
回购业务资金净增加额			
收到的税费返还		24,835,894.42	13,116,085.01
收到其他与经营活动有关的现金	八-42	15,587,447.6	9,966,505.68
经营活动现金流入小计		832,548,748.44	607,633,996.19
购买商品、接受劳务支付的现金		762,619,837.43	548,681,551.14
客户贷款及垫款净增加额			
存放中央银行和同业款项净增加额			
支付原保险合同赔付款项的现金			
支付利息、手续费及佣金的现金			
支付保单红利的现金			
支付给职工以及为职工支付的现金		29,350,604.33	20,286,718.43
支付的各项税费		7,368,489.75	14,125,862.75
支付其他与经营活动有关的现金	八-42	25,344,147.73	21,347,874.64
经营活动现金流出小计		824,683,079.24	604,442,006.96
经营活动产生的现金流量净额		7,865,669.2	3,191,989.23
二、投资活动产生的现金流量:			
收回投资收到的现金		55,839,887.11	78,669,691.39
取得投资收益收到的现金			
处置固定资产、无形资产和其他长期资产收回的现金净额		4,964,174.57	3,172,799.86
处置子公司及其他营业单位收到的现金净额			
收到其他与投资活动有关的现金	八-42	8,229,375	1,910,386.74
投资活动现金流入小计		69,033,436.68	83,752,877.99
购建固定资产、无形资产和其他长期资产支付的现金		62,061,263.99	53,818,943.8
投资支付的现金		177,061,414.01	58,210,312
质押贷款净增加额			
取得子公司及其他营业单位支付的现金净额			
支付其他与投资活动有关的现金			
投资活动现金流出小计		239,122,678	112,029,255.8
投资活动产生的现金流量净额		−170,089,241.32	−28,276,377.81
三、筹资活动产生的现金流量:			
吸收投资收到的现金			2,500,000
其中:子公司吸收少数股东投资收到的现金			2,500,000
取得借款收到的现金		88,035,477.52	100,000,000
发行债券收到的现金			
收到其他与筹资活动有关的现金			
筹资活动现金流入小计		88,035,477.52	102,500,000
偿还债务支付的现金		100,000,000	
分配股利、利润或偿付利息支付的现金		40,695,261.1	16,389,965
其中:子公司支付给少数股东的股利、利润			
支付其他与筹资活动有关的现金			1,300,000
筹资活动现金流出小计		140,695,261.1	17,689,965
筹资活动产生的现金流量净额		−52,659,783.58	84,810,035
四、汇率变动对现金及现金等价物的影响			
五、现金及现金等价物净增加额		−214,883,355.7	59,725,646.42
加:期初现金及现金等价物余额		301,632,542.94	241,906,896.52
六、期末现金及现金等价物余额		86,749,187.24	301,632,542.94

公司法定代表人:张跃文　　主管会计工作负责人:朱为　　会计机构负责人:肖立新

母公司现金流量表

2008 年 1−12 月

单位:元 币种:人民币

项目	附注	本期金额	上期金额
一、经营活动产生的现金流量:			
销售商品、提供劳务收到的现金		714,927,427.98	545,631,066.51
收到的税费返还		24,835,894.42	13,116,085.01
收到其他与经营活动有关的现金		12,922,968.58	9,450,861.88
经营活动现金流入小计		752,686,290.98	568,198,013.4
购买商品、接受劳务支付的现金		730,350,208.57	527,233,954.96
支付给职工以及为职工支付的现金		24,396,419.34	15,901,784.35
支付的各项税费		615,791.76	9,600,266.95
支付其他与经营活动有关的现金		26,838,837.99	18,761,550.98
经营活动现金流出小计		782,201,257.66	571,497,557.24
经营活动产生的现金流量净额		−29,514,966.68	−3,299,543.84
二、投资活动产生的现金流量:			
收回投资收到的现金		18,570,519.16	1,820,296.1
取得投资收益收到的现金		35,359,200.51	
处置固定资产、无形资产和其他长期资产收回的现金净额		4,588,553.37	2,829,174.5
处置子公司及其他营业单位收到的现金净额			
收到其他与投资活动有关的现金			1,910,386.74
投资活动现金流入小计		58,518,273.04	6,559,857.34
购建固定资产、无形资产和其他长期资产支付的现金		60,460,400.99	53,132,654.5
投资支付的现金		59,313,740.77	51,650,790.23
取得子公司及其他营业单位支付的现金净额			
支付其他与投资活动有关的现金			
投资活动现金流出小计		119,774,141.76	104,783,444.73
投资活动产生的现金流量净额		−61,255,868.72	−98,223,587.39
三、筹资活动产生的现金流量:			
吸收投资收到的现金			
取得借款收到的现金		88,035,477.52	100,000,000
收到其他与筹资活动有关的现金			

筹资活动现金流入小计	88,035,477.52	100,000,000
偿还债务支付的现金	100,000,000	
分配股利、利润或偿付利息支付的现金	40,695,261.1	16,389,965
支付其他与筹资活动有关的现金		1,300,000
筹资活动现金流出小计	140,695,261.1	17,689,965
筹资活动产生的现金流量净额	−52,659,783.58	82,310,035
四、汇率变动对现金及现金等价物的影响		
五、现金及现金等价物净增加额	−143,430,618.98	−19,213,096.23
加:期初现金及现金等价物余额	220,825,984.97	240,039,081.2
六、期末现金及现金等价物余额	77,395,365.99	220,825,984.97

公司法定代表人:张跃文　　主管会计工作负责人:朱为　　会计机构负责人:肖立新

合并所有者权益变动表

2008 年 1-2 月

单位:元 币种:人民币

本年金额

项目	股本	资本公积	减:库存股	盈余公积	一般风险准备	未分配利润	其他	少数股东权益	所有者权益合计
	归属于母公司所有者权益								
一、上年年末余额	180,277,020	222,348,685.79		21,738,909.39		45,037,815.37		3,208,772.06	472,611,202.61
加:同一控制下企业合并产生的追溯调整									
会计政策变更									
前期差错更正									
其他									
二、本年年初余额	180,277,020	222,348,685.79		21,738,909.39		45,037,815.37		3,208,772.06	472,611,202.61
三、本年增减变动金额									
(减少以"−"号填列)				4,307,976.65		−30,424,567.14		−1,745,571.11	−27,862,161.60
(一)净利润						8,136,043.31		704,428.89	8,840,472.20
(二)直接计入所有者权益的利得和损失									
1.可供出售金融资产公允价值变动净额									
2.权益法下被投资单位其他所有者权益变动的影响									
3.与计入所有者权益项目相关的所得税影响									
4.其他									
上述(一)和(二)小计						8,136,043.31		704,428.89	8,840,472.20
(三)所有者投入和减少资本								−2,307,834.11	−2,307,834.11
1.所有者投入资本								−2,307,834.11	−2,307,834.11
2.股份支付计入所有者权益的金额									
3.其他									
(四)利润分配				4,307,976.65		−38,560,610.45		−142,165.89	−34,394,799.69
1.提取盈余公积				4,307,976.65		−4,307,976.65			
2.提取一般风险准备									
3.对所有者(或股东)的分配						−34,252,633.80		−142,165.89	−34,394,799.69
4.其他									
(五)所有者权益内部结转									
1.资本公积转增资本(或股本)									
2.盈余公积转增资本(或股本)									
3.盈余公积弥补亏损									
4.其他									
四、本期期末余额	180,277,020	222,348,685.79		26,046,886.04		14,613,248.23		1,463,200.95	444,749,041.01

上年金额

项目	股本	资本公积	减:库存股	盈余公积	一般风险准备	未分配利润	其他	少数股东权益	所有者权益合计
	归属于母公司所有者权益								
一、上年年末余额	100,153,900.00	302,671,805.79		24,749,035.03		37,187,729.13		252,428.07	465,014,898.02
加:同一控制下企业合并产生的追溯调整									
会计政策变更				−3,010,125.64		4,147,700.95			1,137,575.31
前期差错更正									
其他									
二、本年年初余额	100,153,900.00	302,671,805.79		21,738,909.39		41,335,430.08		252,428.07	466,152,473.33
三、本年增减变动金额									
(减少以"−"号填列)	80,123,120.00	−80,323,120.00				3,702,385.29		2,956,343.99	6,458,729.28
(一)净利润						18,725,470.29		456,343.99	19,181,814.28
(二)直接计入所有者									
权益的利得和损失		−200,000.00							−200,000.00
1.可供出售金融资产公允价值变动净额									
2.权益法下被投资单位其他所有者权益变动的影响									
3.与计入所有者权益项目相关的所得税影响									
4.其他		−200,000.00							−200,000.00
上述(一)和(二)小计		−200,000.00				18,725,470.29		456,343.99	18,981,814.28
(三)所有者投入和减少资本								2,500,000.00	2,500,000.00
1.所有者投入资本								2,500,000.00	2,500,000.00
2.股份支付计入所有者权益的金额									
3.其他									
(四)利润分配						−15,023,085.00			−15,023,085.00
1.提取盈余公积									
2.提取一般风险准备									
3.对所有者(或股东)的分配						−15,023,085.00			−15,023,085.00
4.其他	0								
(五)所有者权益内部结转	80,123,120	−80,123,120							
1.资本公积转增资本									
(或股本)	80,123,120	−80,123,120							
2.盈余公积转增资本(或股本)									
3.盈余公积弥补亏损									
4.其他									
四、本期期末余额	180,277,020	222,348,685.79		21,738,909.39		45,037,815.37		3,208,772.06	472,611,202.61

公司法定代表人:张跃文　　主管会计工作负责人:朱为　　会计机构负责人:肖立新

母公司所有者权益变动表

2008 年 1—12 月

单位:元 币种:人民币

本年金额

项目	股本	资本公积	减:库存股	盈余公积	未分配利润	所有者权益合计
一、上年年末余额	180,277,020.00	222,348,685.79		21,738,909.39	1,701,356.74	426,065,971.92
加:会计政策变更						
前期差错更正						
其他						
二、本年年初余额	180,277,020	222,348,685.79		21,738,909.39	1,701,356.74	426,065,971.92
三、本年增减变动金额						
(减少以"−"号填列)				4,307,976.65	4,519,156.07	8,827,132.72
(一)净利润					43,079,766.52	43,079,766.52
(二)直接计入所有者权益的利得和损失						
1.可供出售金融资产公允价值变动净额						
2.权益法下被投资单位其他所有者权益变动的影响						
3.与计入所有者权益项目相关的所得税影响						
4.其他						
上述(一)和(二)小计					43,079,766.52	43,079,766.52
(三)所有者投入和减少资本						
1.所有者投入资本						
2.股份支付计入所有者权益的金额						
3.其他						
(四)利润分配				4,307,976.65	−38,560,610.45	−34,252,633.8
1.提取盈余公积				4,307,976.65	−4,307,976.65	
2.对所有者(或股东)的分配					−34,252,633.8	−34,252,633.8
3.其他						
(五)所有者权益内部结转						
1.资本公积转增资本(或股本)						
2.盈余公积转增资本(或股本)						
3.盈余公积弥补亏损						
4.其他						
四、本期期末余额	180,277,020	222,348,685.79		26,046,886.04	6,220,512.81	434,893,104.64

上年金额

项目	股本	资本公积	减:库存股	盈余公积	未分配利润	所有者权益合计
一、上年年末余额	100,153,900.00	302,671,805.79		22,976,850.01	36,983,923.72	462,786,479.52
加:会计政策变更				−1,237,940.62	−8,694,190.19	−9,932,130.81
前期差错更正						
其他						
二、本年年初余额	100,153,900.00	302,671,805.79		21,738,909.39	28,289,733.53	452,854,348.71
三、本年增减变动金额						
(减少以"−"号填列)	80,123,120.00	−80,323,120.00			−26,588,376.79	−26,788,376.79
(一)净利润					−11,565,291.79	−11,565,291.79
(二)直接计入所有者						
权益的利得和损失		−200,000				−200,000
1.可供出售金融资产公允价值变动净额						
2.权益法下被投资单位其他所有者权益变动的影响						
3.与计入所有者权益项目相关的所得税影响						
4.其他		−200,000				−200,000
上述(一)和(二)小计		−200,000			−11,565,291.79	−11,765,291.79
(三)所有者投入和减少资本						
1.所有者投入资本						
2.股份支付计入所有者权益的金额						
3.其他						
(四)利润分配					−15,023,085	−15,023,085
1.提取盈余公积						
2.对所有者(或股东)的分配					−15,023,085	−15,023,085
3.其他						
(五)所有者权益内部结转	80,123,120	−80,123,120				
1.资本公积转增资本						
(或股本)	80,123,120	−80,123,120				
2.盈余公积转增资本(或股本)						
3.盈余公积弥补亏损						
4.其他						
四、本期期末余额	180,277,020	222,348,685.79		21,738,909.39	1,701,356.74	426,065,971.92

公司法定代表人:张跃文　　主管会计工作负责人:朱为　　会计机构负责人:肖立新

9.3 本报告期无会计政策、会计估计和核算方法变更。

9.4 本报告期无会计差错更正。

9.5 报告期内,公司财务报表合并范围未发生重大变化。

湖南长丰汽车制造股份有限公司

湖南长丰汽车制造股份有限公司2008年年度报告摘要

第一节　重要提示

1.1 本公司董事会、监事会及董事、监事、高级管理人员保证本报告所载资料不存在任何虚假记载、误导性陈述或者重大遗漏，并对其内容的真实性、准确性和完整性承担个别及连带责任。

本年度报告摘要摘自年度报告全文，投资者欲了解详细内容，应当仔细阅读年度报告全文。

1.2 如有董事未出席董事会，应当单独列示其姓名

未出席董事职务	未出席董事姓名	未出席董事的说明
董事	水本明彦	因故未出席董事会，委托董事铃木道幸先生代为行使表决权
独立董事	漆多俊	因故未出席董事会，委托独立董事龚光明先生代为行使表决权

1.3 中瑞岳华会计师事务所有限公司为本公司出具了标准无保留意见的审计报告。

1.4 公司负责人李建新先生、主管会计工作负责人李昌斌先生及会计机构负责人(会计主管人员)李建英女士声明：保证年度报告中财务报告的真实、完整。

第二节　公司基本情况简介

2.1 基本情况简介

股票简称	长丰汽车
股票代码	600991
上市交易所	上海证券交易所
公司注册地址和办公地址	湖南省长沙经济技术开发区漓湘路1号 湖南省长沙市芙蓉中路2段111号华菱大厦8层
邮政编码	410011
公司国际互联网网址	http://www.cfmotors.com
电子信箱	cfa@cfmotors.com

2.2 联系人和联系方式

	董事会秘书	证券事务代表
姓名	蒋建国	王天君
联系地址	湖南省长沙市芙蓉中路2段111号华菱大厦8层	湖南省长沙市芙蓉中路2段111号华菱大厦8层
电话	0731-2881959	0731-2881901
传真	0731-2881957	0731-2881957
电子信箱	mmouse99@vip.sina.com	13974602062@sina.com

第三节　会计数据和业务数据摘要

3.1 主要会计数据

单位：元 币种：人民币

	2008年	2007年	本年比上年增减(%)	2006年
营业收入	4,708,454,852.67	4,561,335,192.52	3.23	4,197,333,604.25
利润总额	179,243,557.57	184,589,298.35	−2.90	26,670,009.92
归属于上市公司股东的净利润	140,792,285.31	183,886,546.44	−23.44	21,079,938.80
归属于上市公司股东的扣除非经常性损益的净利润	91,746,422.83	157,422,613.34	−41.72	13,531,010.97
经营活动产生的现金流量净额	301,293,320.72	362,462,899.65	−16.88	407,064,330.54
	2008年末	2007年末	本年末比上年末增减(%)	2006年末
总资产	5,972,693,922.11	5,710,423,553.09	4.59	4,801,146,917.34
所有者权益(或股东权益)	2,291,124,831.10	2,149,353,181.99	6.60	1,951,588,209.78

3.2 主要财务指标

	2008年	2007年	本年比上年增减(%)	2006年
基本每股收益(元/股)	0.35	0.46	−23.91	0.05
稀释每股收益(元/股)	0.35	0.46	−23.91	0.05
扣除非经常性损益后的基本每股收益(元/股)	0.23	0.39	−41.03	0.03
全面摊薄净资产收益率(%)	6.15	8.56	减少2.41个百分点	1.08
加权平均净资产收益率(%)	6.34	8.97	减少2.63个百分点	1.09
扣除非经常性损益后全面摊薄净资产收益率(%)	4.00	7.33	减少3.33个百分点	0.69
扣除非经常性损益后的加权平均净资产收益率(%)	4.13	7.68	减少3.55个百分点	0.70
每股经营活动产生的现金流量净额(元/股)0.75	0.90	−16.67	1.02	
	2008年末	2007年末	本年末比上年末增减(%)	2006年末
归属于上市公司股东的每股净资产(元/股)	5.72	5.36	6.72	4.87

非经常性损益项目

√适用　　□不适用

单位：元 币种：人民币

非经常性损益项目	金额
非流动资产处置损益	−2,535,161.42
计入当期损益的政府补助，但与公司正常经营业务密切相关，符合国家政策规定、按照一定标准定额或定量持续享受的政府补助除外	65,390,561.91
除上述各项之外的其他营业外收入和支出	−1,473,241.51
少数股东权益影响额	−1,690,815.41
所得税影响额	−10,645,481.09
合计	49,045,862.48

3.3 境内外会计准则差异：

□适用　　√不适用

第四节　股本变动及股东情况

4.1 股份变动情况表

√适用　　□不适用

单位：股

	本次变动前		本次变动增减(+,−)					本次变动后	
	数量	比例(%)	发行新股	送股	公积金转股	其他	小计	数量	比例(%)
一、有限售条件股份									
1、国家持股									
2、国有法人持股	198,190,265	49.47				−14,614,994	−14,614,994	183,575,271	45.82
3、其他内资持股									
其中：境内非国有法人持股									
境内自然人持股									
4、外资持股	38,426,371	9.59				−20,033,515	−20,033,515	18,392,856	4.59
其中：境外法人持股	38,426,371	9.59				−20,033,515	−20,033,515	18,392,856	4.59
境外自然人持股									
有限售条件股份合计	236,616,636	59.06				−34,648,509	−34,648,509	201,968,127	50.41
二、无限售条件流通股份									
1、人民币普通股	164,053,664	40.94				34,648,509	34,648,509	198,702,173	49.59
2、境内上市的外资股									
3、境外上市的外资股									
4、其他									
无限售条件流通股份合计	164,053,664	40.94				34,648,509	34,648,509	198,702,173	49.59
三、股份总数	400,670,300	100						400,670,300	100

股份变动的批准情况：

公司于2008年2月25日和2008年8月25日各安排了一次有限售条件(股权分置改革形成)的流通股上市。

限售股份变动情况表

√适用　　□不适用

单位：股

股东名称	年初限售股数	本年解除限售股数	本年增加限售股数	年末限售股数	限售原因	解除限售日期
长丰(集团)有限责任公司	182,096,965	1,478,306	183,575,271		股改承诺	2009-7-27
三菱自动车工业株式会社	38,426,371	20,033,515	18,392,856		股改承诺	2008-8-25
湖南省信托有限责任公司	16,093,300	14,614,994	−1,478,306	0	股改承诺	2008-2-25
合计	236,616,636	34,648,509	0	201,968,127	/	/

4.2 股东数量和持股情况

报告期末股东总数	32,950 户

前十名股东持股情况

股东名称	股东性质	持股比例(%)	持股总数	报告期内增减	持有有限售条件股份数量	质押或冻结的股份数量
长丰(集团)有限责任公司	国有法人	50.98	204,247,711	1,478,306	183,575,271	无
三菱自动车工业株式会社	境外法人	14.59	58,459,886	0	18,392,856	无
湖南省信托有限责任公司	国有法人	3.65	14,614,994	−1,478,306	0	质押 14,614,994
汪丹辉	境内自然人	0.42	1,700,000	1,185,100	0	未知
邓春华	境内自然人	0.34	1,365,930	1,365,930	0	未知
张勇乾	境内自然人	0.25	1,000,000	733,950	0	未知
邢康	境内自然人	0.18	740,000	0	0	未知
赵大慧	境内自然人	0.14	580,022	0	0	未知
刘诚	境内自然人	0.14	569,100	569,100	0	未知
孟志良	境内自然人	0.13	536,210	536,210	0	未知

前十名无限售条件股东持股情况

股东名称	持有无限售条件股份的数量	股份种类
三菱自动车工业株式会社	40,067,030	人民币普通股
长丰(集团)有限责任公司	20,672,440	人民币普通股
湖南省信托有限责任公司	14,614,994	人民币普通股
汪丹辉	1,700,000	人民币普通股
邓春华	1,365,930	人民币普通股
张勇乾	1,000,000	人民币普通股
邢　康	740,000	人民币普通股
赵大慧	580,022	人民币普通股
刘　诚	569,100	人民币普通股
孟志良	536,210	人民币普通股
上述股东关联关系或一致行动关系的说明	在上述股东中，公司控股股东长丰(集团)有限责任公司与其他股东之间不存在关联关系，也不属于《上市公司持股变动信息披露管理办法》规定的一致行动人；公司未知其他股东之间是否存在关联关系或属于《上市公司股东持股变动信息披露管理办法》规定的一致行动人。	

4.3 控股股东及实际控制人情况介绍

4.3.1 控股股东及实际控制人变更情况

□适用　　√不适用

4.3.2 控股股东及实际控制人具体情况介绍

4.3.2.1 法人控股股东情况

单位:万元 币种:人民币

名称	法定代表人	注册资本	成立日期	主营业务
长丰(集团)有限责任公司	李建新	17,980	1996 年 9 月 5 日	汽车及零配件、橡胶制品制造、修理、销售；武器配件制造；销售机械电子设备、五金、交电、化工产品(不含危险及监控化学品)、纺织品、日用百货、日用杂品、工艺美术品；经营本企业《中华人民共和国进出口企业资格证书》核定范围内的进出口业务。

4.3.2.2 法人实际控制人情况

实际控制人名称：湖南省人民政府国有资产监督管理委员会

第五节　董事、监事和高级管理人员

5.1 董事、监事和高级管理人员持股变动及报酬情况

单位:股

姓　名	职务	性别	年龄	任期起止日期	年初持股数	年末持股数	报告期内从公司领取的报酬总额(万元)税前	是否在股东单位或其他关联单位领取报酬津贴
李建新	董事长	男	55	2006-11-17~2009-11-16	0	0	0	是
陈正初	董事、总经理	男	48	2006-11-17~2009-11-16	0	0	31.90	否
王河广	董事、党委书记	男	54	2006-11-17~2009-11-16	0	0	0	是
欧裕华	董事、常务副总经理	男	54	2006-11-17~2009-11-16	0	0	30.15	否
刘康林	董事	男	46	2008-4-18~2009-11-16	0	0	0	是
铃木道幸	董事、副总经理	男	50	2006-11-17~2009-11-16	0	0	30.26	是
水本明彦	董事	男	50	2008-12-19~2009-11-16	0	0	0	是
漆多俊	独立董事	男	70	2006-11-17~2009-11-16	0	0	5.00	否
彭光武	独立董事	男	61	2006-11-17~2009-11-16	0	0	5.00	否
龚光明	独立董事	男	46	2008-4-18~2009-11-16	0	0	3.75	否
张建伟	独立董事	男	50	2008-4-18~2009-11-16	0	0	3.75	否
郜金根	监事会主席	男	58	2006-11-17~2009-11-16	0	0	22.43	否
何伟杰	监事	男	57	2007-5-09~2009-11-16	0	0	19.12	否
周　维	监事	男	31	2008-4-18~2009-11-16	0	0	0	是
廖　强	监事	男	31	2008-12-19~2009-11-16	0	0	0	是
罗和平	监事	男	44	2008-12-19~2009-11-16	0	0	0	否
李昌斌	财务总监	男	35	2007-4-16~2010-4-15	0	0	23.10	否
吴敬培	副总经理	男	55	2007-4-16~2010-4-15	0	0	27.75	否
章卫群	副总经理	男	51	2007-4-16~2010-4-15	0	0	26.52	否
姚志辉	副总经理	男	40	2007-4-16~2010-4-15	0	0	27.54	否
王河莉	副总经理	女	47	2008-3-26~2010-4-15	0	0	23.47	否
蒋建国	董事会秘书	男	39	2008-3-26~2010-4-15	0	0	10.81	否
藤泽俊彦	副总经理	男	53	2007-4-16~2010-4-15	0	0	21.28	是
川野边章	副总经理	男	59	2007-4-16~2010-4-15	0	0	21.47	是
姜景文	董事、董事会秘书	男	59	2006-11-17~2008-4-18	0	0	27.82	否
葛城慎辅	董事	男	52	2006-11-17~2008-4-18	0	0	0	是
服部俊彦	董事	男	56	2008-4-18~2008-12-19	0	0	0	是
傅　军	董事	男	51	2006-11-17~2008-4-18	0	0	0	是
安井毅	董事	男	48	2006-11-17~2008-4-18	0	0	0	是
胡　军	董事	男	45	2006-11-17~2008-4-18	0	0	0	否
赵　航	独立董事	男	53	2006-11-17~2008-4-18	0	0	1.25	否
郭孔辉	独立董事	男	73	2006-11-17~2008-4-18	0	0	1.25	否
伍中信	独立董事	男	42	2006-11-17~2008-4-18	0	0	1.25	否
张海秀	监事	女	50	2006-11-17~2008-4-18	0	0	0	否
吴　涛	监事	男	50	2006-11-17~2008-4-18	0	0	0	否
刘祁雄	监事	男	47	2007-5-23~2008-8-26	0	0	0	否
欧秋生	监事	男	42	2008-4-18~2008-12-19	0	0	0	是
汪学高	监事	男	42	2008-8-26~2008-12-19	0	0	0	否
黄雁峰	副总经理	男	50	2007-4-16~2008-3-26	0	0	16.57	否
合　计	/	/	/	/	0	0	381.44	/

董事、监事、高级管理人员报酬情况的说明

1、本公司未实施股权激励。

2、所填报的报酬为 2008 年度董事、监事、高级管理人员实际领取的报酬(其中包括预发 2008 年年薪和补发部分 2006 年年薪)，待具体的 2008 年度薪酬方案制定并经董事会、股东大会审议通过后，再按薪酬分配方案实施发放。

第六节　董事会报告

6.1 管理层讨论与分析

一.报告期内公司经营情况回顾

1、报告期内公司总体经营情况

报告期内，面对复杂多变的经济环境和不断加剧的行业竞争，公司继续坚持“精益管理、打造精品、改革创新、流程顺畅、重点突破、整体提升”方针，全面贯彻落实科学发展观，更新管理理念，加强生产经营的计划管理和信息化管理，积极推进营销变革，狠抓产品开发，强化内部管理，打造精品工程，企业保持了稳健地发展态势。

报告期内，公司进一步加强了品牌推广工作，积极扩展营销网络，完善配件供应，改善整车物流，全面启用了 DMS 营销管理信息系统，规范订单管理，加大营销力度并积极推进产品出口工作；强力推行精益生产，以实施 ERP 为手段，完善配供流程，努力提高产品质量和生产效率；加大研发投入，培养和引进先进的技术人才和管理人才，完善激励机制，努力提高公司的自主研发能力和技术创新能力，加快新产品研发和技改工程建设进度；加强成本费用控制，提高全员节约意识，狠抓节能减耗，报告期内 CK 车消除整车特征获得通过，降低了 CK 车进口零部件采购成本。2008 年公司共销售整车 26,816 台，比上年同期增长 4.01%；实现营业收入 470,845.49 万元，比上年同期增长 3.23%，实现净利润 14,079.23 万元，比上年同期减少 23.44%。

2、公司实际经营业绩较曾公开披露过的本年度盈利预测或经营计划是否低 20%以上或高 20%以上：是

公司 2008 年实现营业收入 470,845.49 万元，未能达到年度经营计划制定的销售收入的目标，主要原因是：(1)公司的营销能力尚需进一步提高。公司营销网络虽然扩张速度较快，但是经销商的整体实力不强，同时公司在境外市场拓展方面没能取得实质性进展。年内的冰雪灾害对公司销售也造成一定影响。(2)2008 年受到国际金融危机的冲击，国内经济增速放缓，股市财富效应退却，人们持币抵御风险的意识增强，致使国内汽车行业增长明显放缓，同时购车者对 SUV 这种售价及使用成本相对较高的产品消费意愿有所降低。

3、技术创新和研发投入情况

公司在自主研发和技术创新方面，坚持“完善机制、提升能力、着眼未来、快速发展”的十六字方针，以客户为中心，以市场为导向，制定和实施经营战略，加强与科研院校和世界一流的设计公司的合作，学习先进的工程开发技术及整车开发项目管理经验，引进和培养先进的技术人才和管理人才，充分利用长沙和北京两个研发公司的资源优势，努力提升自主研发和技术创新能力，大力发展自主品牌。

公司 2008 年投入研发费用约 1.84 亿元，占营业收入的 4%。目前长沙研发公司基本实现准市场化运作，通过打造价值共享平台、建立数据库、编制产品设计和试验规范文件、创建 CAE 工作平台，提高了新车型的研发能力和为在线产品提供持续改进、技术服务能力；北京研发公司重点抓新产品开发与人才队伍建设，实现了从初创型公司向成长型公司的转变。2007 年 10 月，由公司自主研发的 SUV 产品 CF2(CS6)成功下线，并已开始批量生产；公司拥有自主知识产权的城市型 SUV 猎豹 CS7 也将于 2009 年上市。

4、节能减排情况

报告期内，公司通过开展节能宣传教育活动，使全员节能意识得到进一步深化，同时通过深入

挖潜，技术改造等手段，实现了从常规节能向技术节能的转变。公司对生产厂区内所有水管道进行了测漏检修，并安装了锅炉冷凝水回收器，对电力进行可行性减容，全年水、电、煤用量比去年都有大幅度下降。

5、信贷政策调整、汇率利率变动、成本要素价格变化等对公司财务状况和经营成果的影响

(1)信贷政策调整：

报告期内，国家信贷政策经历了由从"从紧"到"调整"的转变，2008年前三季度，存款准备金率和银行存贷款利率均处于较高水平，取得银行贷款难度加大，而且贷款利息负担加重，导致公司2008年的利息支出较2007年度增加了3307.33万元。随着存款准备金率和银行贷款利率的逐步下调，将有利于公司积极、稳妥地推进银行融资工作，缓解资金压力和降低财务费用。

(2)汇率变动：

公司从日本进口的汽车零部件是以日元结算的，报告期内日元汇率上升，导致公司2008年进口零部件成本比2007年增加4,627.80万元，汇兑损失3,217.35万元。

(3)成本要素价格变化：

报告期内，公司CK车(CFA2031系列)消除整车特征获得通过，CK车的零部件进口关税税率降低，使公司进口零部件采购成本下降了10,146.55万元。

6、公司的主要优势和困难

(1)公司的主要优势

①品牌优势

三菱汽车的PAJERO车型在国际上享有崇高盛誉，国际著名的巴黎—达拉喀接力赛多年总分第一名。从1995年起，三菱汽车向公司转让PAJERO V31、V32、V33、IO、V73、V77多项产品技术，在国内轻型越野汽车品牌知名度较高。从1996年以来，公司为军队提供军师团指挥车数万辆，为市场提供高中档轻型越野车十几万辆。公司产品知名度高，性价比高，具有较强的品牌影响力。

②产品系列化

公司产品系列为国内最全的SUV生产厂家，现有两大系列。挂三菱商标的高档轻型越野车有V73、V77，动力在3.0—3.8升，价格29.8万—47.8万元之间，具有相当强的竞争力。是公司的主要获利产品。挂猎豹商标的中档轻型越野汽车排量为1.99—3.0升，价格9.98万—24.7万元之间，有汽油机和柴油机，排放均达到国家标准，能满足市场不同消费者需要。

③客户群稳定

本公司长期以来与军队、武警、公、检、法、政府机关以及抢险、油田、地质勘探等特需部门，还与邮电、银行、水利、矿业农业、林业、畜牧业等存在大量野外作业的国民经济部门保持着良好的客户关系。其中公司在基本车型基础上开发改装的包括指挥车、囚车、警车等专用车已经广泛应用于部队、公安、司法、交警等部门，这些客户较强的购买力使长丰汽车在今后的市场争夺中占有一定的优势。在客户资源上，本公司的用户中约60%为军队、各级政府部门及企事业单位，这部分用户购买力相对稳定，为公司中高端产品的销售打下了良好基础。公司对单一客户的依赖度不大。未来随着国内SUV消费结构的转变、公司新车型的推出，公司私人用户的销售比例将呈上升趋势。

④政府优惠政策

2001年9月公司由军队移交地方，成为湖南省省属企业，并被湖南省列入推进全省工业化进程的十大标志性企业之一和省政府重点扶持的大型企业集团，已成为湖南省汽车工业的龙头企业。公司在税收方面享受一系列优惠政策，公司作为军队三线企业，享受增值税超基数部分按60%的比例退税的税收优惠政策；根据有关规定公司生产的军用特种车辆免征增值税、消费税，已征收入库的可以以后期间应缴纳税款中抵减，不足抵减的，可办理退库。

(2)主要困难及对策

①SUV行业竞争日益剧烈，公司产品销量没有取得大幅增长。

对策：加强营销队伍建设及作风建设，学习和掌握现代营销知识，不断提高对企业的忠诚度、对客户的忠诚度，加强市场调研分析工作，准确掌握产品的客户群和市场空间，制定系统、科学、清晰的营销模式。拓宽销售渠道，改善策划水平，加强品牌推广和广告投入；积极拓展海外市场。进一步加强与国际知名汽车制造商、设计商的合资合作，加大技术引进力度，努力提高自主研发能力，加快新产品开发和上市，丰富产品品种。

②受国际性金融危机影响，融资难度增加。

对策：进一步加强与银行的合作关系，积极筹集资金；提升财务管理能力，增强风险意识，加强预算执行控制和考核，严格预算的刚性执行，提高项目可行性分析和预算的水平，科学决策，合理投资，加强成本费用控制。进一步完善公司治理结构，规范公司运作管理，争取按计划完成公司债发行工作，并适时推进向特定对象非公开发行股票工作。

7、主要供应商、客户情况

单位：人民币万元

前五名供应商采购金额合计	146,484.82	占采购总额比例	42.46%
前五名销售客户销售金额合计	139,063.08	占销售总额比例	29.53%

8、报告期公司资产构成变动情况

单位：人民币万元

项目	期末数	期初数	增减比例(%)
其他流动资产	220.97	99.34	122.43
开发支出	21,115.44	4,244.23	397.51
递延所得税资产	458.74	2,392.17	−80.82
应付票据	73,057.69	40,859.00	78.80
应交税费	7,477.20	13,181.36	−43.27
一年内到期的非流动负债	14,470.33	6,500.00	122.62
其他流动负债	1,676.71	959.58	74.73
长期应付款	548.63	7,201.25	−92.38
递延所得税负债	146.29	7.51	1,848.26
未分配利润	32,949.74	19,968.66	65.01

(1)其他流动资产增加主要是公司待摊货架费用增加所致。

(2)开发支出增加主要是因为公司CP2项目研发支出和CS6车型改进支出增加所致。

(3)递延所得税资产减少主要是因为公司被认定为高新技术企业，企业所得税税率由25%降为15%所致。

(4)应付票据增加主要是公司本年度采用银行承兑汇票结算方式增多所致。

(5)应交税费减少主要是应交增值税和消费税减少所致。

(6)一年内到期的非流动负债增加主要是因为一年内到期的长期借款和一年内到期长期应付款到期转入本项目增加所致。

(7)其他流动负债增加主要是预提技术提成费增加所致。

(8)长期应付款减少主要是期末将一年内到期的长期应付款重分类至一年内到期的非流动负债所致。

(9)递延所得税负债增加主要是因资产的账面价值与计税基础不同而形成的递延所得税负债增加所致。

(10)未分配利润增加的主要原因是报告期内新增可分配利润。

9、报告期公司利润表项目变动情况

单位：人民币万元

项目	本期数	上年同期数	增减比例(%)
财务费用	22,169.93	14,439.51	53.54
投资收益	16.14	−507.14	不适用
营业外收入	7,461.63	3,980.84	87.44
营业外支出	1,323.41	2,871.96	−53.92

所得税费用 3,079.88 −284.16 不适用

(1)财务费用增加主要是本期利率上升导致利息支出增加以及日元汇率上升导致的汇兑损益增加。

(2)投资收益增加主要是本期处置的对子公司的股权投资所产生的损失较上年同期减少。

(3)营业外收入增加主要是本期收到的政府补助款较上年同期增加。

(4)营业外支出减少主要为固定资产报废损失减少所致。

(5)所得税费用增加主要是公司资产形成的可抵扣暂时性差异增长较大。

10、报告期现金流量变动情况

单位：人民币万元

项目	本期数	上年同期数	增减比例(%)
经营活动产生的现金流量净额	30,129.33	36,246.29	−16.88
投资活动产生的现金流量净额	−31,970.44	−48,032.60	不适用
筹资活动产生的现金流量净额	−13,956.32	49,834.70	−128.01

(1)经营活动产生的现金流量净额减少的主要原因是报告期内支付的各项税款增加。

(2)投资活动产生的现金流量净增加的主要原因是本期对固定资产及新项目以现金支付的投资较上年同期有所减少。

(3)筹资活动产生的现金流量净额减少的主要原因是本期的银行借款有所减少。

11、主要控股公司及参股公司的经营情况及业绩

单位：人民币万元

公司名称	主要产品或服务	注册资本	公司权益比例(%)	总资产	净利润
长沙长丰汽车制造有限责任公司	生产CFA2031及猎豹飞腾等车型	8,833.00	53.30	5,494.97	−410.34
衡阳风顺车桥有限公司	汽车车桥制造、销售及售后服务	31,800.00	99.39	81,481.61	2,383.54
长丰汽车(惠州)有限公司	汽车动力转向器	13,033.28	68.98	15,539.49	101.23
湖南长丰汽车研发股份有限公司	汽车及相关产品技术开发、试制	2,000.00	86.75	5,386.57	713.58

二、对公司未来发展的展望

1、行业发展趋势和市场竞争格局

随着国民经济的持续健康发展、城市化率的提高、新农村改革的深化、居民收入的稳定增长、消费结构升级，人们对汽车的消费需求逐渐增强。据中国汽车工业协会统计分析，2008年在宏观调控、特大自然灾害、股市财富效应消失等一系列不利因素的影响下，我国汽车产销依然保持增长的势头，全年汽车累计产销934.51万辆和938.05万辆，同比增长5.21%和6.70%。2009年，受国际金融危机蔓延和国内经济增速趋缓的影响，人们对未来经济形势的悲观情绪尚未消除，消费意愿不强，制约了汽车消费，预计汽车行业的发展速度也将放缓。

2、公司未来发展机遇和挑战，发展战略及规划

公司未来发展的机遇：(1)国民经济持续健康发展，居民收入连年增长，人们生活水平不断提高，这给汽车消费带来巨大的潜力。(2)我国公路交通发展迅速，尤其是国家加快建设社会主义新农村，加大对农村道路建设的投入，对汽车消费产生了积极的推动作用；同时由于我国山地多、道路条件较差等原因，公司生产的SUV车对复杂路况高度的适应能力、通过性能和高机动性是轿车和其他车型所不能比拟的，SUV车的市场需求是轿车和其他车型难以取代的。(3)国家"十一五"规划强调科技发展要坚持自主创新、重点跨越、支撑发展、引领未来的方针，不断增强企业的创新能力。国家对自主创新的高度重视并加大对自主创新能力企业的扶持力度，将为公司带来长足发展的机遇。(4)国家出台了4万亿经济刺激计划，加快公路基础设施建设，完善高速公路网等，积极推行惠农富民政策等措施，将促进汽车需求量增加。《汽车行业调整振兴规划》的出台也将促进汽车行业长期健康发展。

发展规划：公司未来将继续巩固和拓展越野型SUV市场，积极参与城市型SUV市场的竞争，实施产品的相关多元化战略，进入皮卡和轿车领域，开拓国际市场，控制并做强做大车桥、汽车变分器等关键零部件。长丰汽车未来业务发展目标是：实现产销汽车整车15万辆的规模，打造长丰猎豹等国际知名品牌，成为中国最强、国际一流的SUV生产基地和具备一定规模的皮卡、轿车生产基地。

3、公司新年度经营计划

2009年公司将坚持以科学发展观为指导，着力深化营销变革，提高研发效能，加强融资管理，推行集中采购，持续打造精品，强化绩效管理，着力提升营销能力、研发能力、制造能力和管理能力，确保实现整车产销量大跨越，实现SUV领域向轿车领域大跨越。公司争取2009年实现销售收入606,653.42万元，预计主营业务成本为453,657.36万元，预计主营业务税金及附加为59,624.81万元，预计营业费用27,486.08万元，管理费用32,512.61万元，财务费用18,548.00万元。为实现2009年生产经营目标，公司将重点做好以下几方面工作：

(1)深化营销变革,突破营销瓶颈,进一步通过营销架构、营销模式与营销管理的变革,确保营销目标的完成。通过制定系统的营销模式和营销流程,构建起销售、备件与维修的立体营销网络,建设一支忠诚度高、作风优良、能征善战、训练有素的营销团队,找准市场定位,推出精品策划,坚持市场导向和全员营销思想,增强系统支持、快速应变的组织竞争能力,持续优化营销网络,加强调研分析,精心策划实施新产品上市工作;加强品牌推广,提升长丰汽车品牌形象;稳步推进出口工作,积极储备技术和海外服务人才,努力开拓境外市场。

(2)强化成本目标与质量目标并重的开发意识,实现产品开发成本与质量目标的协调达成,切实提高新产品开发达产的效率和速度,重视现有产品的持续发展,做好技术和产品的战略储备。提高研发效能,加强对新产品开发的阶段性控制,确保新产品开发的五个过程(可行性分析、总体开发方案部署、产品设计和开发、产品试验试制、产品量产和市场投放)在质量、时间和成本上达到高标准。要从经济、技术、人才培养、项目管理等方面加强对研发项目的绩效评价,重视在产品开发过程中积累技术和管理经验。推进全新车型和零部件产品开发和现有车型改进,加速新品上市,推进国产化进程,降低整车成本。

(3)加强融资管理,强化资金保障,积极筹措资金,进一步加强银企合作,争取更大的融资支持;根据证券市场的情况,稳步推进公司债券发行和向特定对象非公开发行股票工作;加强资金管理。坚持"以收定支、量入为出"的原则,科学合理使用资金,加强预算执行控制和考核;改善产销衔接,降低库存,盘活资金。

(4)持续打造精品,提升产品质量强化作业的规范性和工艺、流程的执行力,提高装配质量。强化对配套零部件生产厂家的质量监察,提高零部件质量。推行集中采购,优化供应体系,将国内配套件采购、KD 件进口、维修备件采购,部品检验等职能整合,成立采购中心,充分发挥集中采购优势。根据 TQCS 四要素(时间、质量、成本、服务),建立健全供应商开发与评价体系。

4、资金计划及来源

为实现长远规划和战略目标,公司需要持续的资金投入,公司将根据市场环境和项目的可行性合理投资。公司将继续与商业银行等金融机构保持良好的合作关系,稳定银行间接融资渠道,利用并拓宽各种融资渠道,保持良好的现金流量,降低财务风险,努力提高公司业绩。公司将通过以下方式筹集资金,保证公司发展需要:一是利用公司自有资金;二是向银行贷款;三是通过资本市场进行融资。

5、对公司未来发展战略和经营目标的实现产生不利影响的风险因素及对策措施(1)经济发展的周期性变化及相关行业的发展产生的风险。汽车消费与宏观经济的波动周期在时间上和振幅上有一定的对应关系,宏观经济运行呈现出一定的周期性,经济增长时期,消费者购买力强;经济不景气时期,则消费者购买力减弱。越野汽车产品属高档消费品,其市场状况比较容易受到经济发展周期的影响。

对策:公司将加强对国家宏观政策的分析和预测,加强与政府部门的沟通,及时了解和掌握国家有关政策。公司将合理制定发展战略,充分运用各项优惠政策,推进技术创新、加速科技成果产业化,形成公司的技术优势和产业优势,增强公司的政策适应能力。进一步完善产品结构,为满足市场需求,本公司目前已形成了排量立体性产品布局,健全了高端、中端、低端全系列产品,极大地适应了当前市场的变化。公司将谨慎地、有计划地开展多元化经营,改变目前公司产品及业务相对集中的局面,增强抗风险能力。

(2)技术风险。公司的 SUV 产品具有技术含量高、工艺相对复杂的特点,目前公司的一些主要产品如 CFA2031 系列(CK 车)等车型的关键技术是从日本三菱自动车工业株式会社引进的,在产品的技术研究开发方面对三菱汽车存在一定的依赖关系。

对策:公司将加强技术改造,加快对原有车型的国产化进程;积极引进和培养先进的技术、管理人才,加大对研发的投入,提高公司自主研发、技术创新的能力;继续加强与国际先进汽车制造商的合作,建立长期、稳定的战略合作关系。

(3)汇率风险。公司部分车型的关键零部件需要从日本进口,且交易金额较大。汇率由市场供求关系决定,汇率的变动将对公司的生产成本和产品的毛利率有较大的影响。

对策:公司将密切关注外汇市场变化,积极采取多种风险管理手段和工具,在适当的时候利用一些有效的金融产品(如远期结售汇、套期保值等)来规避汇率风险。根据汇率的变化及时调整产品内外销的比例,提高创汇水平,减少外汇汇率波动的影响。以国产件代替进口件,公司将加大技术开发,进一步提高整车国产化率,在不影响整车质量、性能的前提下,尽可能以国产件替代进口件,以规避汇率风险。

6、公司是否编制并披露新年度的盈利预测:否

6.2 主营业务分行业、产品情况表

单位:元 币种:人民币

分行业或分产品	营业收入	营业成本	营业利润率(%)	营业收入比上年增减(%)	营业成本比上年增减(%)	营业利润率比上年增减(%)
分行业						
汽车制造行业	4,517,460,677.80	3,217,096,801.03	17.38	3.17	1.23	增加 1.65 个百分点
分产品						
汽车整车产品	4,517,460,677.80	3,217,096,801.03	17.38	3.17	1.23	增加 1.65 个百分点

6.3 主营业务分地区情况表

单位:元 币种:人民币

地区	营业收入	营业收入比上年增减(%)
四川	497,182,170.94	-1.97
云南	422,835,259.06	8.55
湖南	396,886,409.32	0.72
重庆	244,338,290.67	2.98
北京	190,468,674.37	4.82
广东	182,363,702.51	-11.76
贵州	177,425,528.17	-8.06
其他	2,405,960,642.76	6.03

与公允价值计量相关的项目

单位:万元

项目 (1)	期初金额 (2)	本期公允价值变动损益(3)	计入权益的累计公允价值变动(4)	本期计提的减值 (5)	期末金额 (6)
金融资产					
其中:1.以公允价值计量且其变动计入当期损益的金融资产	0	0	0	0	0
其中:衍生金融资产	0	0	0	0	0
2.可供出售金融资产	0	0	0	0	0
金融资产小计	0	0	0	0	0
金融负债	0	0	0	0	0
投资性房地产	0	0	0	0	0
生产性生物资产	0	0	0	0	0
其他	0	0	0	0	0
合计	0	0	0	0	0

持有外币金融资产、金融负债情况

单位:万元

项目 (1)	期初金额 (2)	本期公允价值变动损益(3)	计入权益的累计公允价值变动(4)	本期计提的减值 (5)	期末金额 (6)
金融资产					
其中:1.以公允价值计量且其变动计入当期损益的金融资产	0	0	0	0	0
其中:衍生金融资产	0	0	0	0	0
2.贷款和应收款	0	0	0	0	0
3.可供出售金融资产	0	0	0	0	0
4.持有至到期投资	0	0	0	0	0
金融资产小计	0	0	0	0	0
金融负债	0	0	0	0	0

6.4 募集资金使用情况

√适用 □不适用

单位:万元 币种:人民币

募集资金总额	105,841	本年度已使用募集资金总额	744.89
		已累计使用募集资金总额	102,266.50

承诺项目	是否变更项目	拟投入金额	实际投入金额	是否符合计划进度	产生收益情况
增强越野汽车技术开发能力技术改造项目	否	10,228	10,228	是	收益无法分割计算
轻型越野汽车车桥技术改造项目	否	30,370	30,370	是	2,239.69
汽车动力转向器技术改造项目	否	8,990	5,415.50	否	101.24
补充流动资金	否	28,000	28,000	是	降低了财务费用
CFA2030 型(V6-3000)轻型越野汽车技术改造项目	是	4,656.17	4,656.17	是	1,052.74
市场营销网络建设项目	是	24,128	0		
合计	/	78,669.67	/	/	

未达到计划进度和预计收益的说明(分具体项目)	1、汽车动力转向器技术改造项目。负责项目实施的长丰汽车(惠州)有限公司自身研发实力需要进一步加强、技术创新不够,产品质量需进一步提高,长丰汽车(惠州)有限公司对此进行了整改,影响了整个项目的进度。 2、CFA2030 型(V6-3000)轻型越野汽车技术改造项目未达到预计收益。公司将本项目预计使用的募集资金从 10823 万元缩减为 4656.17 万元,相应减少了本项目的后期营销投入,对项目产品的销售产生了一定影响。同时由于 SUV 市场竞争激烈,新车型推出节奏加快,单个车型的生命周期缩短,因此公司加快了新车型的推出速度。公司近年陆续开发推出了 CFA2031、CS6 等系列车型,部分替代了本项目产品的市场,也影响了本项目产品的销售。本项目投入的募集资金已全部收回。
变更原因及变更程序说明(分具体项目)	1、CFA2030 型(V6—3000)轻型越野汽车技术改造项目。项目已建设完成,公司永州基地已具备了年产 5 万辆 SUV 的生产能力,其生产线完全能满足本项目的生产需要,本项目不需再投入资金建设。2005 年 4 月 26 日,经公司 2004 年度股东大会审议通过,不再向本项目投入募集资金,将本项目剩余的募集资金 4407.89 万元投入到引进技术生产 CFA2031 系列新型越野汽车技术项目。 2、市场营销网络建设项目。公司已具备了较完善的市场营销网络,为整合公司资源,减少投资成本,规避投资风险,提高募集资金的使用效率,降低销售成本,2005 年 4 月 26 日经公司 2004 年度股东大会审议通过,决定不再向该项目投入募集资金,将本项目剩余的募集资金 24128 万元投入到引进技术生产 CFA2031 系列新型越野汽车技术项目。
尚未使用的募集资金用途及去向	存放在公司募集资金专用银行账户

变更项目情况

√适用 □不适用

单位:万元 币种:人民币

变更投资项目资金总额					28,535.89
变更后的项目	对应的原承诺项目	变更项目拟投入金额	实际投入金额	是否符合计划进度	产生收益情况
引进技术生产 CFA2031 系列新型越野汽车技术改造项目	CFA2030 型(V6-3000)轻型越野汽车技术改造项目及市场营销网络建设项目	28,535.89	23,596.83	是	CFA2031 系列车本期实现利润总额 8737.10 万元
合计	/	28,535.89	23,596.83	/	/

6.5 非募集资金项目情况

√适用 □不适用

单位:万元 币种:人民币

项目名称	项目金额(累计投入)	项目进度	项目收益情况
猎豹汽车新产品开发项目	64,073.81	本项目产品猎豹 CS6(CF2)于 2007 年 10 月 16 日下线,并已开始批量生产	本报告期猎豹 CS6 产品实现销售收入 54,661.72 万元
猎豹 C1(CS7)车型开发及技术改造工程投资项目	18,750.62	已经完成了样车试制和实车耐久试验以及项目技术支持相关工作,已通过产品认证试验并获得国家产品公告,国家环保目录及地方环保目录申报已完成并通过	尚未产生收益
长丰 CP2(三厢/两厢)自主品牌轿车投资项目	19,381.96	前期设计工作全部完成,CP2 车型的模型已经确定,目前正在进行样车试制工作	尚未产生收益
长丰 CM1 车型产品投资项目	751.41	前期预研工作已经全部完成	尚未产生收益
建设自动变分器项目	3,540.66	土建工程开始动工,完成了配套发动机台架实验、AMT 软件和集成开发工作	尚未产生收益
开发生产长丰 CP3 自主品牌经济型轿车投资项目	63.88	正在进行前期预研工作	尚未产生收益

6.6 董事会对会计师事务所"非标准审计报告"的说明

□适用 √不适用

6.7 董事会本次利润分配或资本公积金转增股本预案

经中瑞岳华会计师事务所有限公司审计确认,公司(母公司)2008 年实现净利润为 118,329,512.52 元(合并归属于母公司所有者的净利润为 140,792,285.31 元),根据《公司法》和《公司章程》规定,提取法定盈余公积金 11,832,951.25 元,加上年初未分配利润 189,627,002.23 元,本期可供股东分配利润为 296,123,563.50 元;资本公积金为 1,028,216,529.08 元。

公司 2008 年度利润分配及资本公积金转增预案为:公司拟以 2008 年 12 月 31 日总股本 400,670,300 股为基数,向全体股东按每 10 股派送现金 1.00 元(含税)发放现金股利,剩余的未分配利润 256,056,533.50 元结转下一年度;同时以资本公积金向全体股东每 10 股转增 3 股,共计转增 120,201,090 股,本次实施资本公积金转增股本后公司总股本将由目前的 400,670,300 股增加至 520,871,390 股,剩余的资本公积金余额为 908,015,439.08 元。

该预案尚需提交公司股东大会审议通过。

公司本报告期内盈利但未提出现金利润分配预案

□ 适用 √不适用

第七节 重要事项

7.1 收购资产

□适用 √不适用

7.2 出售资产

□适用 √不适用

7.3 重大担保

□适用 √不适用

7.4 重大关联交易

7.4.1 与日常经营相关的关联交易

√适用 □不适用

单位:万元 币种:人民币

关联方	向关联方销售产品和提供劳务		向关联方采购产品和接受劳务	
	交易金额	占同类交易金额的比例(%)	交易金额	占同类交易金额的比例(%)
长丰(集团)有限责任公司	1,125,470.08	0.02		
湖南长丰汽车服务有限责任公司	61,054,333.79	1.32		
湖南长丰国际贸易有限公司	8,906,904.39	0.19		
湖南长丰投资开发有限公司	115,470.09	0.01		
安徽长丰扬子汽车制造有限责任公司	23,703,258.17	5.68		
湖南长丰动力有限责任公司	384,017.09	0.01		
湖南长丰汽车科技有限公司	73,161,542.74	1.58	1,390,791.51	100
湖南长丰汽车沙发有限责任公司	1,592,315.29	0.03	195,027,531.59	100
湖南长丰汽车零部件有限责任公司			60,119,180.46	100
湖南长丰汽车内装饰有限公司			39,861,227.98	100
湖南长丰汽车塑料制品有限公司			39,783,355.06	91.88
湖南长丰汽车空调有限公司			64,613,560.19	83.17
湖南长丰六和铝镁制品有限公司			38,790,884.56	100
永州长怡汽车电子有限公司			10,262,248.01	90.93
长沙长丰联成汽车模具有限公司			4,716,353.03	30.72
三菱自动车工业株式会社			10,775,642.90	100
合计	170,043,311.64		465,340,775.29	

其中:报告期内公司向控股股东及其子公司销售产品或提供劳务的关联交易金额 170,043,311.64 元。

7.4.2 关联债权债务往来

√适用 □不适用

单位:万元 币种:人民币

关联方	向关联方提供资金		关联方向公司提供资金	
	发生额	余额	发生额	余额
长丰(集团)有限责任公司	0	0	-129.25	831.14
合计	0	0	-129.25	831.14

7.4.3 2008 年资金被占用情况及清欠进展情况

□适用 √不适用

截止 2008 年末,上市公司未完成非经营性资金占用的清欠工作的,董事会提出的责任追究方案

□适用 √不适用

7.5 委托理财

□适用 √不适用

7.6 承诺事项履行情况

7.6.1 公司或持股 5%以上股东在报告期内或持续到报告期内的承诺事项

√适用 □不适用

股改承诺及履行情况:

股东名称	承诺事项	承诺履行情况
长丰(集团)有限责任公司	1、持有的原非流通股股份自改革方案实施之日起,在 36 个月内不上市交易或者转让。	严格履行承诺
	2、自改革方案实施之日起,36 个月期满后,长丰集团在 24 个月内通过证券交易所挂牌交易出售股份的价格将不低于每股人民币 7.00 元(若自股权分置改革方案实施后首个交易日起至出售股份期间发生派息、送股、资本公积金转增股份等除权事项,应对该价格进行除权处理)。	
	3、自股权分置改革方案实施之日起两个月内,如长丰汽车股票价格低于每股 4.30 元,长丰集团将投入累计不超过人民币 1 亿元的资金通过上海证券交易所集中竞价的交易方式来增持长丰汽车社会公众股。在增持股份计划完成后的六个月内,长丰集团将不出售所增持的股份并将履行相关信息披露义务。	严格履行承诺,详见公司于 2006 年 9 月 28 日、2007 年 4 月 21 日、2007 年 6 月 28 日披露的公告
三菱自动车工业株式会社	自改革方案实施之日起,在 12 个月内不上市交易;在前项规定期满后,通过证券交易所挂牌交易出售原非流通股股份,出售数量占该公司股份总数的比例在 12 个月内不超过 5%,在 24 个月内不超过 10%。	严格履行承诺

7.6.2 公司资产或项目存在盈利预测,且报告期仍处在盈利预测期间,公司就资产或项目是否达到原盈利预测及其原因作出说明:

□适用 √不适用

7.7 重大诉讼仲裁事项

□适用 √不适用

7.8 其他重大事项及其影响和解决方案的分析说明

7.8.1 证券投资情况

□适用 √不适用

7.8.2 持有其他上市公司股权情况

□适用 √不适用

7.8.3 持有非上市金融企业股权情况

□适用 √不适用

7.8.4 买卖其他上市公司股份的情况

□适用 √不适用

7.9 公司是否披露履行社会责任的报告:否

第八节 监事会报告

监事会认为公司依法运作、公司财务情况、公司募集资金使用、公司收购、出售资产交易和关联交易不存在问题。

8.1 监事会对公司依法运作情况的独立意见

公司按照《公司法》、《上市公司治理准则》、《公司章程》及其他相关法规制度规范运作,切实履行股东大会的有关决议,公司进一步完善了内部控制制度,决策程序符合法律法规的要求。公司董事及高级管理人员勤勉尽责,没有违反法律、法规或损害公司及股东利益的行为。

8.2 监事会对检查公司财务情况的独立意见

(1)公司的财务管理工作能够严格遵守会计准则和公司的有关财务制度,未发现会计信息虚假的情形。

(2)公司第四届董事会第十四次会议审议通过了《关于修改公司会计政策、会计估计部分条款的议案》,对应收款项减值测试金额进行了调整,能更稳健地反映公司财务状况,本次会计政策变更符合公司的实际情况,能更公允的反映公司的经营成果,不会对公司的总资产、净资产、净利润等指标产生实质性的影响,是合理的。

(3)中瑞岳华会计师事务所有限公司对公司2008年度财务报告出具的标准无保留意见的审计报告,客观、公正、真实、准确地反映了公司的财务状况和经营成果。

8.3 监事会对公司最近一次募集资金实际投入情况的独立意见

公司严格按照《公司募集资金管理制度》管理使用募集资金。公司于2004年通过首次发行募集资金105,841万元人民币,截止2008年12月31日累计使用102,266.50万元,尚未使用的募集资金存放在募集资金专用银行账户;公司募集资金使用符合国家法律法规的规定,没有发现违规使用募集资金的情况,不存在侵害公司和股东利益的情形。

8.4 监事会对公司收购、出售资产情况的独立意见

2008年度公司没有重大收购和出售资产的行为。

8.5 监事会对公司关联交易情况的独立意见

公司的关联交易符合公平、公开、公正的原则,交易价格遵循市场价格原则,协商确定,公平交易,不存在损害公司和股东利益的情形。

第九节 财务会计报告

9.1 审计意见

财务报告	□未经审计	√审计
审计意见	√标准无保留意见	□非标意见

审计意见全文

审计报告

中瑞岳华审字[2009]第00464号

湖南长丰汽车制造股份有限公司全体股东:

我们审计了后附的湖南长丰汽车制造股份有限公司(以下简称"长丰汽车")财务报表,包括2008年12月31日的资产负债表和合并资产负债表,2008年度的利润表和合并利润表、股东权益变动表和合并股东权益变动表、现金流量表和合并现金流量表以及财务报表附注。

一、管理层对财务报表的责任

按照企业会计准则的规定编制财务报表是长丰汽车管理层的责任。这种责任包括:(1)设计、实施和维护与财务报表编制相关的内部控制,以使财务报表不存在由于舞弊或错误而导致的重大错报;(2)选择和运用恰当的会计政策;(3)作出合理的会计估计。

二、注册会计师的责任

我们的责任是在实施审计工作的基础上对财务报表发表审计意见。我们按照中国注册会计师审计准则的规定执行了审计工作。中国注册会计师审计准则要求我们遵守职业道德规范,计划和实施审计工作以对财务报表是否不存在重大错报获取合理保证。

审计工作涉及实施审计程序,以获取有关财务报表金额和披露的审计证据。选择的审计程序取决于注册会计师的判断,包括对由于舞弊或错误导致的财务报表重大错报风险的评估。在进行风险评估时,我们考虑与财务报表编制相关的内部控制,以设计恰当的审计程序,但目的并非对内部控制的有效性发表意见。审计工作还包括评价管理层选用会计政策的恰当性和作出会计估计的合理性,以及评价财务报表的总体列报。

我们相信,我们获取的审计证据是充分、适当的,为发表审计意见提供了基础。

三、审计意见

我们认为,长丰汽车财务报表已经按照企业会计准则的规定编制,在所有重大方面公允反映了长丰汽车2008年12月31日的财务状况、合并财务状况以及2008年度的经营成果、合并经营成果和现金流量、合并现金流量。

中瑞岳华会计师事务所有限公司　　中国注册会计师:张富根

中国·北京　　中国注册会计师:崔　迎

二〇〇九年二月二十六日

9.2 财务报表

合并资产负债表

2008年12月31日

编制单位:湖南长丰汽车制造股份有限公司　　单位:元 币种:人民币

项目	附注	期末余额	年初余额
流动资产:			
货币资金	七、1	796,473,028.73	952,601,737.64
结算备付金			
拆出资金			
交易性金融资产			
应收票据	七、2	417,167,385.36	371,904,956.00
应收账款	七、3	114,901,911.57	159,841,337.72
预付款项	七、4	38,793,023.15	30,835,200.62
应收保费			
应收分保账款			
应收分保合同准备金			
应收利息			
应收股利			
其他应收款	七、5	57,039,890.60	71,255,898.05
买入返售金融资产			
存货	七、6	651,831,543.60	558,310,986.01
一年内到期的非流动资产			
其他流动资产	七、7	2,209,673.57	993,433.32
流动资产合计		2,078,416,456.58	2,145,743,549.36
非流动资产:			
发放贷款及垫款			
可供出售金融资产			
持有至到期投资			
长期应收款			
长期股权投资	七、8	17,712,578.38	26,345,967.54
投资性房地产	七、9	8,238,573.70	8,521,973.98
固定资产	七、10	3,098,941,957.23	2,908,050,362.20
在建工程	七、11	353,781,365.82	316,820,234.96
工程物资			
固定资产清理	七、12	−2,893.76	77,250.70
生产性生物资产			
油气资产			
无形资产	七、13	180,834,645.89	217,646,712.17
开发支出	七、14	211,154,392.54	42,442,270.83
商誉			
长期待摊费用	七、15	19,029,487.03	20,853,566.80
递延所得税资产	七、16	4,587,358.70	23,921,664.55
其他非流动资产			
非流动资产合计		3,894,277,465.53	3,564,680,003.73
资产总计		5,972,693,922.11	5,710,423,553.09
流动负债:			
短期借款	七、18	1,512,274,945.18	1,491,463,046.46
向中央银行借款			
吸收存款及同业存放			
拆入资金			
交易性金融负债			
应付票据	七、19	730,576,883.20	408,590,043.00
应付账款	七、20	649,021,004.31	772,538,029.57
预收款项	七、21	49,060,764.39	69,241,362.39
卖出回购金融资产款			
应付手续费及佣金			
应付职工薪酬	七、22	18,923,443.52	21,702,522.85
应交税费	七、23	74,771,956.60	131,813,648.81
应付利息			
应付股利	七、24		60,409.99
其他应付款	七、25	251,985,136.55	306,884,688.55
应付分保账款			
保险合同准备金			
代理买卖证券款			
代理承销证券款			
一年内到期的非流动负债	七、26	144,703,284.53	65,000,000.00
其他流动负债	七、27	16,767,104.84	9,595,821.57
流动负债合计		3,448,084,523.12	3,276,889,573.19
非流动负债:			
长期借款	七、28	160,000,000.00	150,000,000.00
应付债券			
长期应付款	七、29	5,486,285.04	72,012,496.15
专项应付款	七、30	3,728,000.00	4,000,000.00
预计负债			
递延所得税负债	七、31	1,462,889.55	75,086.86
其他非流动负债			
非流动负债合计		170,677,174.59	226,087,583.01
负债合计		3,618,761,697.71	3,502,977,156.20
股东权益:			
股本	七、32	400,670,300.00	400,670,300.00
资本公积	七、33	1,031,159,130.38	1,031,031,248.80
减:库存股			
盈余公积	七、34	529,797,977.54	517,965,026.29
一般风险准备			
未分配利润	七、35	329,497,423.18	199,686,606.90
外币报表折算差额			
归属于母公司所有者权益合计		2,291,124,831.10	2,149,353,181.99
少数股东权益	六、2	62,807,393.30	58,093,214.90
股东权益合计		2,353,932,224.40	2,207,446,396.89
负债和股东权益合计		5,972,693,922.11	5,710,423,553.09

公司法定代表人:李建新　　主管会计工作负责人:李昌斌　　会计机构负责人:李建英

母公司资产负债表

2008年12月31日

编制单位:湖南长丰汽车制造股份有限公司　　单位:元 币种:人民币

项目	附注	期末余额	年初余额
流动资产:			
货币资金		699,034,742.58	838,143,722.97

交易性金融资产			
应收票据		289,803,900.00	335,472,349.00
应收账款	八、1	175,770,204.75	212,164,083.13
预付款项		34,974,311.11	29,449,985.17
应收利息			
应收股利			
其他应收款	八、2	93,579,164.22	68,920,574.31
存货		612,101,724.26	501,863,853.29
一年内到期的非流动资产			
其他流动资产		2,109,925.17	694,660.14
流动资产合计		1,907,373,972.09	1,986,709,228.01
非流动资产：			
可供出售金融资产			
持有至到期投资			
长期应收款			
长期股权投资	八、3	428,227,564.13	437,300,953.29
投资性房地产			
固定资产		2,606,344,077.84	2,538,145,187.59
在建工程		295,822,831.59	169,023,938.86
工程物资			
固定资产清理		−2,893.76	−2,893.76
生产性生物资产			
油气资产			
无形资产		128,721,180.71	164,566,994.23
开发支出		191,875,044.45	48,520,970.83
商誉			
长期待摊费用		18,767,948.67	20,134,336.08
递延所得税资产		24,158,785.75	56,586,103.31
其他非流动资产			
非流动资产合计		3,693,914,539.38	3,434,275,590.43
资产总计		5,601,288,511.47	5,420,984,818.44
流动负债：			
短期借款		1,464,274,945.18	1,451,463,046.46
交易性金融负债			
应付票据		680,427,605.00	383,058,043.00
应付账款		576,609,843.95	723,557,448.62
预收款项		42,461,168.11	68,832,089.02
应付职工薪酬		16,574,874.75	14,575,885.90
应交税费		66,673,778.65	130,576,427.67
应付利息			
应付股利			60,409.99
其他应付款		262,533,201.30	300,774,292.46
一年内到期的非流动负债		114,703,284.53	50,000,000.00
其他流动负债		16,735,154.84	9,595,821.57
流动负债合计		3,240,993,856.31	3,132,493,464.69
非流动负债：			
长期借款		100,000,000.00	80,000,000.00
应付债券			
长期应付款		5,486,285.04	72,012,496.15
专项应付款			
预计负债			
递延所得税负债			
其他非流动负债			
非流动负债合计		105,486,285.04	152,012,496.15
负债合计		3,346,480,141.35	3,284,505,960.84
股东权益：			
股本		400,670,300.00	400,670,300.00
资本公积		1,028,216,529.08	1,028,216,529.08
减：库存股			
盈余公积		529,797,977.54	517,965,026.29
未分配利润		296,123,563.50	189,627,002.23
外币报表折算差额			
股东权益合计		2,254,808,370.12	2,136,478,857.60
负债和股东权益合计		5,601,288,511.47	5,420,984,818.44

公司法定代表人：李建新　　主管会计工作负责人：李昌斌　　会计机构负责人：李建英

合并利润表

2008 年 1—12 月

单位：元 币种：人民币

项目	附注	本期金额	上期金额
一、营业总收入		4,708,454,852.67	4,561,335,192.52
其中：营业收入	七、36	4,708,454,852.67	4,561,335,192.52
利息收入			
已赚保费			
手续费及佣金收入			
二、营业总成本		4,590,754,847.09	4,382,763,283.31
其中：营业成本	七、36	3,379,441,636.53	3,306,956,397.17
利息支出			
手续费及佣金支出			
退保金			
赔付支出净额			
提取保险合同准备金净额			
保单红利支出			
分保费用			
营业税金及附加	七、37	515,131,275.32	511,573,110.42
销售费用	七、38	207,564,318.98	195,103,979.48
管理费用	七、39	260,277,475.84	215,284,066.61
财务费用	七、40	221,699,335.51	144,395,130.70
资产减值损失	七、41	6,640,804.91	9,450,598.93
加：公允价值变动收益(损失以“−”号填列)			
投资收益(损失以“−”号填列)	七、42	161,393.01	−5,071,426.78
其中：对联营企业和合营企业的投资收益	七、42	1,558,859.27	414,217.90
汇兑收益(损失以“−”号填列)			
三、营业利润(亏损以“−”号填列)		117,861,398.59	173,500,482.43
加：营业外收入	七、43	74,616,289.74	39,808,416.79
减：营业外支出	七、44	13,234,130.76	28,719,600.87
其中：非流动资产处置净损失	七、44	2,566,692.24	21,148,529.94
四、利润总额(亏损总额以“−”号填列)		179,243,557.57	184,589,298.35
减：所得税费用	七、45	30,798,804.70	−2,841,558.35
五、净利润(净亏损以“−”号填列)		148,444,752.87	187,430,856.70
归属于母公司所有者的净利润		140,792,285.31	183,886,546.44
少数股东损益		7,652,467.56	3,544,310.26
六、每股收益：			
(一)基本每股收益(元/股)		0.35	0.46
(二)稀释每股收益(元/股)		0.35	0.46

本期发生同一控制下企业合并的，被合并方在合并前实现的净利润为：0 元。

公司法定代表人：李建新　　主管会计工作负责人：李昌斌　　会计机构负责人：李建英

母公司利润表

2008 年 1—12 月

单位：元 币种：人民币

项目	附注	本期金额	上期金额
一、营业收入	八、4	4,635,430,326.85	4,471,000,829.61
减：营业成本	八、4	3,400,362,701.68	3,295,898,966.86
营业税金及附加		512,325,232.13	508,632,006.88
销售费用		197,429,038.78	188,220,351.65
管理费用		198,935,182.36	177,655,213.78
财务费用		210,996,779.70	138,227,042.42
资产减值损失		4,288,124.61	32,899,987.14
加：公允价值变动收益(损失以“−”号填列)			
投资收益(损失以“−”号填列)	八、5	161,393.01	−5,091,676.78
其中：对联营企业和合营企业的投资收益	八、5	1,558,859.27	414,217.90
二、营业利润(亏损以“−”号填列)		111,254,660.60	124,375,584.10
加：营业外收入		55,308,040.34	37,923,584.64
减：营业外支出		12,309,730.33	25,993,283.86
其中：非流动资产处置净损失		2,270,457.64	14,267,760.02
三、利润总额(亏损总额以“−”号填列)		154,252,970.61	136,305,884.88
减：所得税费用		35,923,458.09	−8,930,364.08
四、净利润(净亏损以“−”号填列)		118,329,512.52	145,236,248.96

公司法定代表人：李建新　　主管会计工作负责人：李昌斌　　会计机构负责人：李建英

合并现金流量表

2008 年 1—12 月

单位：元 币种：人民币

项目	附注	本期金额	上期金额
一、经营活动产生的现金流量：			
销售商品、提供劳务收到的现金		3,690,461,837.18	4,209,954,753.79
客户存款和同业存放款项净增加额			
向中央银行借款净增加额			
向其他金融机构拆入资金净增加额			
收到原保险合同保费取得的现金			
收到再保险业务现金净额			
保户储金及投资款净增加额			
处置交易性金融资产净增加额			
收取利息、手续费及佣金的现金			
拆入资金净增加额			
回购业务资金净增加额			
收到的税费返还		29,195,560.81	41,879,693.49
收到其他与经营活动有关的现金	七、47	48,105,832.46	92,502,949.16
经营活动现金流入小计		3,767,763,230.45	4,344,337,396.44
购买商品、接受劳务支付的现金		2,083,290,698.52	2,639,217,298.97
客户贷款及垫款净增加额			

存放中央银行和同业款项净增加额			
支付原保险合同赔付款项的现金			
支付利息、手续费及佣金的现金			
支付保单红利的现金			
支付给职工以及为职工支付的现金		222,852,358.42	179,815,938.30
支付的各项税费		971,874,429.74	897,161,977.84
支付其他与经营活动有关的现金	七、48	188,452,423.05	265,679,281.68
经营活动现金流出小计		3,466,469,909.73	3,981,874,496.79
经营活动产生的现金流量净额		301,293,320.72	362,462,899.65
二、投资活动产生的现金流量：			
收回投资收到的现金			3,000,000.00
取得投资收益收到的现金			20,250.00
处置固定资产、无形资产和其他长期资产收回的现金净额		261,141.00	495,071.95
处置子公司及其他营业单位收到的现金净额			1,000,000.00
收到其他与投资活动有关的现金		443,766.35	184,031.37
投资活动现金流入小计		704,907.35	4,699,353.32
购建固定资产、无形资产和其他长期资产支付的现金		320,409,349.57	478,808,552.60
投资支付的现金			3,000,000.00
质押贷款净增加额			
取得子公司及其他营业单位支付的现金净额			
支付其他与投资活动有关的现金			3,216,826.84
投资活动现金流出小计		320,409,349.57	485,025,379.44
投资活动产生的现金流量净额		−319,704,442.22	−480,326,026.12
三、筹资活动产生的现金流量：			
吸收投资收到的现金		5,390,000.00	2,650,000.00
其中：子公司吸收少数股东投资收到的现金		5,390,000.00	2,650,000.00
取得借款收到的现金		2,007,788,842.41	2,077,362,584.08
发行债券收到的现金			
收到其他与筹资活动有关的现金			68,850,570.72
筹资活动现金流入小计		2,013,178,842.41	2,148,863,154.80
偿还债务支付的现金		1,996,738,842.41	1,558,598,916.17
分配股利、利润或偿付利息支付的现金		113,259,923.75	90,582,202.98
其中：子公司支付给少数股东的股利、利润		4,730,000.00	
支付其他与筹资活动有关的现金	七、49	42,743,240.71	1,335,000.00
筹资活动现金流出小计		2,152,742,006.87	1,650,516,119.15
筹资活动产生的现金流量净额		−139,563,164.46	498,347,035.65
四、汇率变动对现金及现金等价物的影响		1,845,577.05	−979,899.43
五、现金及现金等价物净增加额		−156,128,708.91	379,504,009.75
加：期初现金及现金等价物余额	七、1	952,601,737.64	573,097,727.89
六、期末现金及现金等价物余额	七、1	796,473,028.73	952,601,737.64

公司法定代表人：李建新　　主管会计工作负责人：李昌斌　　会计机构负责人：李建英

母公司现金流量表

2008 年 1—12 月

单位:元 币种:人民币

项目	附注	本期金额	上期金额
一、经营活动产生的现金流量：			
销售商品、提供劳务收到的现金		3,598,068,514.88	3,962,379,602.90
收到的税费返还		26,000,000.00	27,737,549.55
收到其他与经营活动有关的现金		41,428,135.91	76,460,639.06
经营活动现金流入小计		3,665,496,650.79	4,066,577,791.51
购买商品、接受劳务支付的现金		2,091,590,931.32	2,593,845,499.11
支付给职工以及为职工支付的现金		147,644,763.05	134,872,684.99
支付的各项税费		937,949,431.42	843,578,087.65
支付其他与经营活动有关的现金		179,490,618.17	218,297,096.15
经营活动现金流出小计		3,356,675,743.96	3,790,593,367.90
经营活动产生的现金流量净额		308,820,906.83	275,984,423.61
二、投资活动产生的现金流量：			
收回投资收到的现金			
取得投资收益收到的现金			
处置固定资产、无形资产和其他长期资产收回的现金净额		261,141.00	228,822.95
处置子公司及其他营业单位收到的现金净额			1,000,000.00
收到其他与投资活动有关的现金			
投资活动现金流入小计		261,141.00	1,228,822.95
购建固定资产、无形资产和其他长期资产支付的现金		305,459,099.09	404,895,374.22
投资支付的现金			10,682,500.00
取得子公司及其他营业单位支付的现金净额			
支付其他与投资活动有关的现金			300,000.00
投资活动现金流出小计		305,459,099.09	415,877,874.22
投资活动产生的现金流量净额		−305,197,958.09	−414,649,051.27
三、筹资活动产生的现金流量：			
吸收投资收到的现金			
取得借款收到的现金		1,931,048,842.41	1,932,362,584.08
收到其他与筹资活动有关的现金		68,850,570.72	
筹资活动现金流入小计		1,931,048,842.41	2,001,213,154.80
偿还债务支付的现金		1,932,998,842.41	1,426,328,916.17
分配股利、利润或偿付利息支付的现金		99,929,095.45	85,670,621.98
支付其他与筹资活动有关的现金		42,698,533.58	
筹资活动现金流出小计		2,075,626,471.44	1,511,999,538.15
筹资活动产生的现金流量净额		−144,577,629.03	489,213,616.65
四、汇率变动对现金及现金等价物的影响		1,845,699.90	−979,899.43
五、现金及现金等价物净增加额		−139,108,980.39	349,569,089.56
加：期初现金及现金等价物余额		838,143,722.97	488,574,633.41
六、期末现金及现金等价物余额		699,034,742.58	838,143,722.97

公司法定代表人：李建新　　主管会计工作负责人：李昌斌　　会计机构负责人：李建英

合并所有者权益变动表

2008 年 1—12 月

单位:元 币种:人民币

本年金额

项目	归属于母公司所有者权益 股本	资本公积	减：库存股	盈余公积	一般风险准备	未分配利润	其他	少数股东权益	所有者权益合计
一、上年年末余额	400,670,300.00	1,031,031,248.80		513,023,698.36		210,143,300.08		55,725,112.39	221,0593,659.63
加：同一控制下企业合并产生的追溯调整									
加：会计政策变更								1,546,228.83	1,546,228.83
前期差错更正				4,941,327.93		−10,456,693.18		821,873.68	−4,693,491.57
其他									
二、本年年初余额	400,670,300.00	1,031,031,248.80		517,965,026.29		199,686,606.90		58,093,214.90	2,207,446,396.89
三、本年增减变动金额(减少以“−”号填列)		127,881.58		11,832,951.25		129,810,816.28		4,714,178.40	146,485,827.51
(一)净利润						140,792,285.31		7,652,467.56	148,444,752.87
(二)直接计入所有者权益的利得和损失									
1.可供出售金融资产公允价值变动净额									
2.权益法下被投资单位其他所有者权益变动的影响									
3.与计入所有者权益项目相关的所得税影响									
4.其他									
上述(一)和(二)小计						140,792,285.31		7,652,467.56	148,444,752.87
(三)所有者投入和减少资本		127,881.58				851,482.22	1,791,710.84	2,771,074.64	
1.所有者投入资本		127,881.58						1,154,538.00	1,282,419.58
2.股份支付计入所有者权益的金额									
3.其他						851,482.22		637,172.84	1,488,655.06
(四)利润分配				11,832,951.25		−11,832,951.25		−4,730,000.00	−4,730,000.00
1.提取盈余公积				11,832,951.25		−11,832,951.25			
2.提取一般风险准备								−4,730,000.00	−4,730,000.00
3.对所有者(或股东)的分配									
4.其他									
(五)所有者权益内部结转									
1.资本公积转增资本(或股本)									
2.盈余公积转增资本(或股本)									
3.盈余公积弥补亏损									
4.其他									
四、本期期末余额	400,670,300.00	1,031,159,130.38		529,797,977.54		329,497,423.18		62,807,393.30	2,353,932,224.40

上年金额

项目	归属于母公司所有者权益 股本	资本公积	减：库存股	盈余公积	一般风险准备	未分配利润	其他	少数股东权益	所有者权益合计
一、上年年末余额	400,670,300.00	1,045,727,163.11		512,661,952.37		29,295,267.18			1,988,354,682.66
加：同一控制下企业合并产生的追溯调整									
加：会计政策变更		−15,966,698.31		−9,742,670.41		−2,061,013.53		52,886,272.59	25,115,890.34
前期差错更正				522,119.43		−9,518,210.06		108,505.26	−8,887,585.37
其他									
二、本年年初余额	400,670,300.00	1,029,760,464.80		503,441,401.39		17,716,043.59		52,994,777.85	2,004,582,987.63
三、本年增减变动金额(减少以“−”号填列)		1,270,784.00		14,523,624.90		181,970,563.31		5,098,437.05	202,863,409.26
(一)净利润						183,886,546.44		3,544,310.26	187,430,856.70
(二)直接计入所有者权益的利得和损失		1,270,784.00				12,607,641.77		329,216.00	14,207,641.77
1.可供出售金融资产公允价值变动净额									
2.权益法下被投资单位其他所有者权益变动的影响		1,270,784.00						329,216.00	1,600,000.00
3.与计入所有者权益项目相关的所得税影响									
4.其他						12,607,641.77			12,607,641.77
上述(一)和(二)小计		1,270,784.00				196,494,188.21		3,873,526.26	201,638,498.47
(三)所有者投入和减少资本								1,224,910.79	1,224,910.79
1.所有者投入资本								2,650,000.00	2,650,000.00
2.股份支付计入所有者权益的金额									
3.其他								−1,425,089.21	−1,425,089.21
(四)利润分配				14,523,624.90		−14,523,624.90			
1.提取盈余公积				14,523,624.90		−14,523,624.90			
2.提取一般风险准备									

3.对所有者(或股东)的分配								
4.其他								
(五)所有者权益内部结转								
1.资本公积转增资本(或股本)								
2.盈余公积转增资本(或股本)								
3.盈余公积弥补亏损								
4.其他								
四、本期期末余额	400,670,300.00	1,031,031,248.80		517,965,026.29	199,686,606.90		58,093,214.90	2,207,446,396.89

公司法定代表人:李建新　　主管会计工作负责人:李昌斌　　会计机构负责人:李建英

母公司所有者权益变动表

2008 年 1—12 月

单位:元 币种:人民币

项目	本年金额 股本	资本公积	减:库存股	盈余公积	未分配利润	所有者权益合计
一、上年年末余额	400,670,300.00	1,028,216,529.08		513,023,698.36	193,265,475.33	2,135,176,002.77
加:会计政策变更						
前期差错更正				4,941,327.93	−3,638,473.10	1,302,854.83
其他						
二、本年年初余额	400,670,300.00	1,028,216,529.08		517,965,026.29	189,627,002.23	2,136,478,857.60
三、本年增减变动金额						
(减少以"−"号填列)				11,832,951.25	106,496,561.27	118,329,512.52
(一)净利润					118,329,512.52	118,329,512.52
(二)直接计入所有者						
权益的利得和损失						
1.可供出售金融资产						
公允价值变动净额						
2.权益法下被投资单位其他						
所有者权益变动的影响						
3.与计入所有者权益项目						
相关的所得税影响						
4.其他						
上述(一)和(二)小计					118,329,512.52	118,329,512.52
(三)所有者投入和减少资本						
1.所有者投入资本						
2.股份支付计入所有者权益的金额						
3.其他						
(四)利润分配				11,832,951.25	−11,832,951.25	
1.提取盈余公积				11,832,951.25	−11,832,951.25	
2.对所有者(或股东)的分配						
3.其他						
(五)所有者权益内部结转						
1.资本公积转增资本(或股本)						
2.盈余公积转增资本(或股本)						
3.盈余公积弥补亏损						
4.其他						
四、本期期末余额	400,670,300.00	1,028,216,529.08		529,797,977.54	296,123,563.50	2,254,808,370.12

项目	上年金额 股本	资本公积	减:库存股	盈余公积	未分配利润	所有者权益合计
一、上年年末余额	400,670,300.00	1,045,727,163.11		496,184,331.42	61,770,234.33	2,004,352,028.86
加:会计政策变更		−17,510,634.03		6,734,950.54	40,555,493.40	29,779,809.91
前期差错更正				522,119.43	−43,411,349.56	−42,889,230.13
其他						
二、本年年初余额	400,670,300.00	1,028,216,529.08		503,441,401.39	58,914,378.17	1,991,242,608.64
三、本年增减变动金额						
(减少以"−"号填列)				14,523,624.90	130,712,624.06	145,236,248.96
(一)净利润					145,236,248.96	145,236,248.96
(二)直接计入所有者						
权益的利得和损失						
1.可供出售金融资产						
公允价值变动净额						
2.权益法下被投资单位其他						
所有者权益变动的影响						
3.与计入所有者权益项目						
相关的所得税影响						
4.其他						
上述(一)和(二)小计					145,236,248.96	145,236,248.96
(三)所有者投入和减少资本						
1.所有者投入资本						
2.股份支付计入所有者权益的金额						
3.其他						
(四)利润分配				14,523,624.90	−14,523,624.90	
1.提取盈余公积				14,523,624.90	−14,523,624.90	
2.对所有者(或股东)的分配						
3.其他						
(五)所有者权益内部结转						
1.资本公积转增资本(或股本)						
2.盈余公积转增资本(或股本)						
3.盈余公积弥补亏损						
4.其他						
四、本期期末余额	400,670,300.00	1,028,216,529.08		517,965,026.29	189,627,002.23	2,136,478,857.60

公司法定代表人:李建新　　主管会计工作负责人:李昌斌　　会计机构负责人:李建英

9.3 会计政策、会计估计和核算方法变更的说明

(1)会计政策变更

2008 年 8 月 7 日财政部发布《企业会计准则解释第 2 号》,其中要求投资企业对于与其他投资方一起实施共同控制的被投资单位,应当采用权益法核算,不应采用比例合并法。2008 年 10 月 28 日经公司第四届董事会第十一次会议审议通过,公司不再将共同控制的惠州市津惠汽车线束有限公司(公司持有其 50%的股权)纳入合并范围,并对期初可比数据进行调整。

(2)会计估计变更

2009 年 2 月 26 日公司第四届董事会第十四次会议审议通过《关于修改<公司会计政策及会计估计>部分条款的议案》,将应收款项减值测试金额由"在资产负债表日,公司对单项超过 1000 万元的应收账款、单项超过 200 万元的其他应收款单独进行减值测试"调整为"在资产负债表日,公司对单项超过 200 万元的应收账款、单项超过 100 万元的其他应收款单独进行减值测试"。

公司本次会计估计变更能更稳健地反映公司的财务状况和经营成果,不会对公司的总资产、净资产、净利润等指标产生实质性的影响,未损害公司和全体股东利益。

9.4 会计差错更正

公司于 2009 年 1 月 20 日以通讯方式召开了公司第四届董事会第十三次会议,会议审议通过了《关于对会计差错进行更正的议案》。公司根据财政部驻湖南省财政监察专员办事处 2008 年 12 月 31 日《行政处罚决定书》(财驻湘监[2008]117 号)的要求以及拟恢复成立湖南长丰汽车销售有限责任公司的实际情况,按照《公开发行证券的公司信息披露编报规则第 19 号—财务信息的更正及相关披露》的规定,对 2007 年度财务报告和 2008 年第三季度财务报告的会计差错进行了更正。

9.5 与最近一期年度报告相比,合并范围发生变化的具体说明

(1)合并范围增加:新华联(香港)国际贸易有限公司。该公司注册资金为 165 万元港币,本公司持有其 60%的股权,2006 年因新华联(香港)国际贸易有限公司没有经营业务,无营业收入且资产总额较小,公司从 2006 年起未将其纳入合并范围。鉴于公司对其具有控制权,按照财政部《企业会计准则解释第 2 号》的规定,公司将新华联(香港)国际贸易有限公司纳入 2008 年度财务报表的合并范围。

(2)合并范围减少:惠州市津惠汽车线束有限公司。公司持有合营公司惠州市津惠汽车线束有限公司 50%的股权,2007 年度及以前年度根据会计准则讲解"在合并报表中,企业在目前也可以根据实际情况采用比例合并法对合营企业报表进行合并"的规定对该公司比例合并。2008 年 8 月 7 日财政部发布《企业会计准则解释第 2 号》,其中要求投资企业对于与其他投资方一起实施共同控制的被投资单位,应当采用权益法核算,不应采用比例合并法。经第公司四届董事会第十一次会议审议,不再将共同控制的惠州市津惠汽车线束有限公司纳入合并范围,并对期初可比数据进行调整。

董事长:李建新

湖南长丰汽车制造股份有限公司

2009 年 2 月 26 日

马应龙药业集团股份有限公司

马应龙药业集团股份有限公司2008年度报告摘要

第一节　重要提示

1.1 本公司董事会、监事会及董事、监事、高级管理人员保证本报告所载资料不存在任何虚假记载、误导性陈述或者重大遗漏，并对其内容的真实性、准确性和完整性承担个别及连带责任。

本年度报告摘要摘自年度报告全文，投资者欲了解详细内容，应当仔细阅读年度报告全文。

1.2 公司全体董事出席董事会会议。

1.3 武汉众环会计师事务所有限责任公司为本公司出具了标准无保留意见的审计报告。

1.4 公司负责人陈平、总经理苏光祥、主管会计工作负责人钱文洒及会计机构负责人（会计主管人员）朱顺萍声明：保证年度报告中财务报告的真实、完整。

第二节　公司基本情况简介

2.1 基本情况简介

股票简称	马应龙
股票代码	600993
上市交易所	上海证券交易所
公司注册地址和办公地址	武汉武昌南湖周家湾 100 号
邮政编码	430064
公司国际互联网网址	www.mayinglong.cn
电子信箱	stock@myl1582.com

2.2 联系人和联系方式

	董事会秘书	证券事务代表
姓名	李加林	马倩
联系地址	武汉武昌南湖周家湾 100 号	武汉武昌南湖周家湾 100 号
电话	027-87389583、87291519	027-87389583、87291519
传真	027-87291724	027-87291724
电子信箱	lijialin3905@sina.com	maqian1582@sohu.com

第三节　会计数据和业务数据摘要

3.1 主要会计数据

单位：元　币种：人民币

	2008 年	2007 年	本年比上年增减(%)	2006 年
营业收入	809,630,970.50	548,633,980.06	47.57	538,328,906.92
利润总额	89,448,981.02	184,765,703.14	-51.59	91,944,885.80
归属于上市公司股东的净利润	80,429,493.75	133,403,761.26	-39.71	71,597,758.94
归属于上市公司股东的扣除非经常性损益的净利润	69,277,328.85	34,852,790.46	98.77	67,074,805.33
经营活动产生的现金流量净额	102,586,327.54	6,485,044.06	1,481.89	81,138,558.12
	2008 年末	2007 年末	本年末比上年末增减(%)	2006 年末
总资产	1,162,889,531.16	1,091,649,413.93	不适用	917,922,427.39
所有者权益(或股东权益)	780,575,855.76	718,553,196.66	8.63	603,294,647.57

3.2 主要财务指标

	2008 年	2007 年	本年比上年增减(%)	2006 年
基本每股收益(元/股)	0.87	1.45	-40.00	0.78
稀释每股收益(元/股)	0.87	1.45	-40.00	0.78
扣除非经常性损益后的基本每股收益(元/股)	0.75	0.38	97.37	0.73
全面摊薄净资产收益率(%)	10.30	18.57	减少 8.27 个百分点	11.87
加权平均净资产收益率(%)	10.73	20.26	不适用	12.16
扣除非经常性损益后全面摊薄净资产收益率(%)	8.88	4.85	增加 4.03 个百分点	11.12
扣除非经常性损益后的加权平均净资产收益率(%)	9.24	5.29	增加 3.95 个百分点	11.39
每股经营活动产生的现金流量净额(元/股)	1.11	0.07	1,485.71	0.88
	2008 年末	2007 年末	本年末比上年末增减(%)	2006 年末
归属于上市公司股东的每股净资产(元/股)	8.47	7.80	8.59	6.55

非经常性损益项目

√适用　　□不适用

单位：元　币种：人民币

非经常性损益项目	金额
非流动资产处置损益	376,830.85
计入当期损益的政府补助，但与公司正常经营业务密切相关，符合国家政策规定、按照一定标准定额或定量持续享受的政府补助除外	4,915,000.00
除同公司正常经营业务相关的有效套期保值业务外，持有交易性金融资产、交易性金融负债产生的公允价值变动损益，以及处置交易性金融资产、交易性金融负债和可供出售金融资产取得的投资收益	5,600,809.35
除上述各项之外的其他营业外收入和支出	-1,808,622.13
少数股东权益影响额	7,347,759.43
所得税影响额	-5,279,612.60
合计	11,152,164.90

3.3 境内外会计准则差异：

□适用　　√不适用

第四节　股本变动及股东情况

4.1 股份变动情况表

√适用　　□不适用

单位：股

	本次变动前		本次变动增减(+,-)					本次变动后	
	数量	比例(%)	发行新股	送股	公积金转股	其他	小计	数量	比例(%)
一、有限售条件股份									
1、国家持股	6,557,663	10.68		3,278,832		-4,605,277	-1,326,445	5,231,218	5.68
2、国有法人持股									
3、其他内资持股	18,886,272	30.76		9,354,661		-9,414,140	-59,479	18,826,793	20.44
其中：境内非国有法人持股	18,507,360	30.14		9,264,445		-9,185,780	78,665	18,586,025	20.18
境内自然人持股	378,912	0.62		90,216		-228,360	-138,144	240,768	0.26
4、外资持股									
其中：境外法人持股									
境外自然人持股									
有限售条件股份合计	25,443,935	41.44		12,633,493		-14,019,417	-1,385,924	24,058,011	26.12
二、无限售条件流通股份									
1、人民币普通股									
2、境内上市的外资股									
3、境外上市的外资股									
4、其他									
无限售条件流通股份合计	35,959,753	58.56		18,068,351		14,019,417	32,087,768	68,047,521	73.88
三、股份总数	61,403,688	100.00		30,701,844		0	30,701,844	92,105,532	100

限售股份变动情况表

√适用　　□不适用

单位：股

股东名称	年初限售股数	本年解除限售股数	本年增加限售股数	年末限售股数	限售原因	解除限售日期
中国宝安集团股份有限公司	14,901,798	4,605,277	7,450,899	17,747,420	股权分置改革	2008-10-15
武汉国有资产经营公司	6,557,663	4,605,277	3,278,832	5,231,218	股权分置改革	2008-10-15
武汉华汉投资管理有限公司	3,605,562	4,605,277	1,838,320	838,605	股权分置改革	2008-10-15
个人股	378,912	203,586	90,216	240,768	股权分置改革	2008-3-28 2008-10-15
合计	25,443,935	14,019,417	12,658,267	24,058,011	/	/

4.2 股东数量和持股情况

单位：股

报告期末股东总数	15,110 户

前十名股东持股情况

股东名称	股东性质	持股比例(%)	持股总数	持有有限售条件股份数量	质押或冻结的股份数量
中国宝安集团股份有限公司	境内非国有法人	29.27	26,957,973	17,747,420	质押 26,957,973
武汉国有资产经营公司	国家	12.63	11,631,218	5,231,218	无
武汉华汉投资管理有限公司	境内非国有法人	7.96	7,333,605	838,605	无
全国社保基金一零九组合	未知	3.75	3,454,000		无
中国平安人寿保险股份有限公司-分红-团险分红	未知	1.63	1,499,858		无
中国工商银行-招商核心价值混合型证券投资基金	未知	1.58	1,453,318		无
招商证券-渣打-ING BANK N.V.	未知	1.44	1,326,235		无
全国社保基金六零二组合	未知	1.22	1,128,003		无
全国社保基金六零四组合	未知	1.20	1,107,061		无
兴业银行股份有限公司-兴业全球视野股票型证券投资基金	未知	1.20	1,102,805		无

前十名无限售条件股东持股情况

股东名称	持有无限售条件股份数量	股份种类
中国宝安集团股份有限公司	9,210,553	人民币普通股
武汉华汉投资管理有限公司	6,495,000	人民币普通股
武汉国有资产经营公司	6,400,000	人民币普通股
全国社保基金一零九组合	3,454,000	人民币普通股
中国平安人寿保险股份有限公司-分红-团险分红	1,499,858	人民币普通股
中国工商银行-招商核心价值混合型证券投资基金	1,453,318	人民币普通股
招商证券-渣打-ING BANK N.V.	1,326,235	人民币普通股
全国社保基金六零二组合	1,128,003	人民币普通股
全国社保基金六零四组合	1,107,061	人民币普通股
兴业银行股份有限公司-兴业全球视野股票型证券投资基金	1,102,805	人民币普通股
上述股东关联关系或一致行动的说明	前十名无限售条件股东中，武汉华汉投资管理有限公司与武汉国有资产经营公司为一致行动人；未知其他前十名流通股股东之间存在关联关系。	

4.3 控股股东及实际控制人情况介绍

4.3.1 控股股东及实际控制人变更情况

□适用 √不适用

4.3.2 控股股东及实际控制人具体情况介绍

4.3.2.1 法人控股股东情况

单位：元 币种：人民币

名称	法定代表人	注册资本	成立日期	主营业务
中国宝安集团股份有限公司	陈政立	1,038,810,028	1990-10-8	国内商业、物资供销业(不含专营、专控、专卖商品)；投资兴办工业，引进三来一补；进出口贸易业务(按深贸管审证第094号文规定办理)；房地产开发，仓储、运输、酒店等服务业，文化业(以上各项须政府有关部门或领取许可证后方可经营)。

4.3.2.2 自然人实际控制人情况

实际控制人姓名：丘兆忠

国籍：中国

第五节 董事、监事和高级管理人员

5.1 董事、监事和高级管理人员持股变动及报酬情况

单位：股

姓名	职务	性别	年龄	任期起止日期	是否在公司领取报酬、津贴	报告期内从公司领取的报酬总额(万元)税前	是否在股东单位或其他关联单位领取报酬、津贴
陈平	董事长	男	47	2007-5-19~2010-5-18	否	0	是
曾广胜	副董事长	男	43	2007-5-19~2010-5-18	否	0	是
苏光祥	董事、总经理	男	47	2007-5-19~2010-5-18	是	26	否
王宪斌	董事	男	59	2007-5-19~2010-5-18	否	0	是
陈继勇	独立董事	男	57	2007-5-19~2010-5-18	是	4.4	否
刘祥青	独立董事	男	49	2007-5-19~2010-5-18	是	4.4	否
奚衣葆	独立董事	男	68	2007-5-19~2010-5-18	是	4.4	否
王方明	监事长	男	51	2007-5-19~2010-5-18	是	18	否
彭曙	监事	女	42	2007-5-19~2008-5-16	否	0	是
翟曹敏	监事	男	34	2008-5-16~2010-5-18	否	0	是
徐建平	监事	男	33	2007-5-19~2010-5-18	是	7.2	否
田正军	常务副总经理	男	41	2007-5-19~2010-5-18	是	20	否
钱文酒	副总经理、财务总监	男	45	2007-5-19~2010-5-18	是	18.6	否
马健驹	副总经理	男	50	2007-12-21~2010-5-18	是	19.2	否
夏军副	总经理、质量总监	男	45	2007-5-19~2010-5-18	是	16.8	否
李加林	副总经理、董事会秘书	男	47	2007-5-19~2010-5-18	是	16.8	否
王虹	副总经理	女	47	2007-5-19~2010-5-18	是	17.4	否
合计	/	/	/	/	/	173.2	/

第六节 董事会报告

6.1 管理层讨论与分析

1、报告期内经营情况回顾

2008年马应龙继续围绕"在发展中调整，在调整中提高"的经营方针，深化实施品牌经营战略，全方位开展增量推进工作，主营业务收入和经营性净利润均实现较大幅度增长，各项事业取得明显进步。

(1)本报告期内公司共实现营业收入809,630,970.50元，同比增长47.57%，其中母公司实现营业收入322,439,019.55元，同比增长39.90%。公司共实现归属于母公司所有者的净利润为80,429,493.75元，其中实现的经营性净利润为92,773,302.42元，同比增长166.19%。旗下各子公司经营情况正常，其中大药房实现主营业务收入3.75亿元，同比增长94.95%；实现净利润855.56万元，同比增长48.35%。

(2)公司品牌价值不断提升。公司始终致力于品牌建设，连续五年上榜中国最具价值品牌500强，位次逐年提高，品牌价值不断积累增值；在世界品牌实验室评估的2008年度中国最具价值品牌500强中，马应龙以35.08亿元人民币的品牌价值再次入选，排名214位。

(3)治痔类系列化产品结构基本成型。推动肛肠治痔药品系列化整体发展，明确综合治痔主张和各产品差异化互补化定位，系统开展营销策划。治痔新产品地奥司明片、痔炎消片、金玄痔科熏洗剂、聚乙二醇4000散陆续上市销售，肛肠治痔类系列化产品结构基本成型。首家肛肠医院将顺利开业营运，正式介入肛肠诊疗领域。

(4)强化渠道终端分线管理模式，终端开发能力不断提高。切实强化渠道成员的评估分析和渠道网络的规划设计，巩固加深与核心经销商的战略联盟关系，强化终端人员的增量激励与考核。医院网络实施区域市场开发策略，精耕细作区域市场，推行目标计划管理，在学术推广上下功夫，创新推广模式，拓展临床专家人脉。OTC网络以区域市场建设为重点，与具备一定规模的零售连锁公司开展深度合作，扩大品牌产品销售和新产品销售。

(5)产品研发取得突破性进展。2008年，公司加大对产品研发的投入，有4个新产品先后获得国家药监局生产批件，分别是肛肠治痔类产品金玄痔科熏洗散、聚乙二醇4000散；妇科类产品环吡酮胺阴道栓；镇痛药物硫酸吗啡栓。目前金玄痔科熏洗散、聚乙二醇4000散、硫酸吗啡栓已通过省药监局生产现场检查，获准上市销售。

(6)推进品质文化建设，坚持不懈强化生产质量安全。系统开展药品法规、实施标准等强化培训，增强管理人员及生产操作人员的质量管理意识，提高GMP、GSP管理水平。切实落实质量受权人制度及质量责任制，明确规定了质量受权人的资格标准、职责、权限，保障了质量受权人在质量管理活动中更好的发挥作用。成立安全工作委员会，定期组织隐患排查，提出整改意见和措施，确保全年无重大安全事故。

(7)药品流通行业规模扩张取得成效。公司控股子公司马应龙大药房以现金出资3269万元成功受让复星药业所持湖北天下明2620.78万股权。交易双方于2008年8月27日签署《股权转让协议书》。股权转让完成后，马应龙大药房持有湖北天下明51%的股权。药品流通行业采配能力明显提高，规模扩张取得成效。

(8)大力推行"和谐马应龙"的发展理念，积极承担社会责任。公司努力履行环保职责，积极采用先进的生产工艺、技术和设备，提高资源综合利用率，减少环境污染，在市环保局推行的在线实时查询环保实施动态的企业监控模式中，马应龙被作为环保标杆企业纳入首批试点。建立马应龙慈善基金，与当地高等院校协作开展系列助学活动，帮扶救助弱势群体，历次社会大灾大难均积极捐赠，其中对于汶川大地震的捐赠就达到612.77万。

2、外部环境变化及对策

2009年国际国内宏观经济环境的严酷形势无庸质疑，国内经济内生性变化、周期性调整的压力明显加大，医药卫生体制改革已经起航，任重道远但渐行渐近，医药行业"转折加复苏"的阶段特征面临严峻考验。

(1)医药监管政策趋向严格。行业门槛提高，法律风险增大；营运成本上升，产品研发费用增加、周期延长、风险加大；企业并购须增加工艺技术、产品质量、产品设计的风险评估。

(2)医药企业两极分化更加显著，企业数量进一步减少。资源向具有规模经济优势和市场细分优势的企业集中，规模经营与特色经营成为市场主流；收购兼并对于目标企业的选择标准要细化，避免目标企业落入淘汰序列；企业、产品市场集中度提高，品种上量规模决定企业前途。

(3)多层次医药保障体系的建立，国家基本药物制度的推行以及规范的公立医疗管理制度的实施，将使医药市场迎来新的发展契机，市场需求将出现结构性的扩大。尽早应对在国家基本药物制度框架下采购招标等政策变化；深入分析医药市场扩容、购买力的增加及其结构性变化；高度重视居民消费方式的变化对销售渠道的影响。

(4)医药分离体制、社区医疗体系、新农合体系的建立，将促使医药分销渠道发生格局性变化。承接经营医院内大药房是药品零售企业的战略性目标；药品零售和社区医疗的市场比重逐步提高。

(5)整顿药品价格秩序、规范药品价格行为，将是国家调整与监管的长期任务。市场运行机制下的价格传导机制短期内难以形成，努力降低成本、实现规模经营仍是增加收益的主要途径；进一步

开发新品，调整产品价格结构应是坚持不懈的战略任务。

(6)整顿和规范医药市场秩序仍将持续。进一步促进产品推广模式的创新；市场短期行为对企业的影响不容忽视，须采取有效措施策略应对；进一步明确品牌经营是马应龙发展战略的必然抉择。

3、2009年发展展望

2009年全力推行"找差距、下功夫、促增量"的经营方针，深化实施加减法基本策略。对照先进标杆"找差距"，深化推广标杆管理，将标杆管理切实转化为快速提升经营管理能力的基本方法，从结果、方法、思想、行为、体制、机制等方面全方位进行对标分析，找对找准差距环节，分级分类开展全员对标学习，通过学习标杆实现赶超标杆。瞄准关键环节"下功夫"，从客户、股东、人才、品牌、产品、网络、资金、模式、设计、成本等方面提高思想境界，创新方法模式，优化组织体制，转化经营机制，内修外炼，狠下苦功。聚焦重点领域"促增量"，集中资源聚焦重点领域，开拓可持续的增量来源，深化实施加减法策略，调整产业结构，优化经营功能，创新经营模式，打造核心竞争力，提升营运效率和盈利能力。

(1)不断完善公司法人治理结构，切实维护股东权益，营造和谐、协作、互动、共进的股东关系，强化投资者关系工作，优化与各方股东的交流沟通。

(2)满足多层次多样化的客户需求，不断创造客户价值，培育客户忠诚。全面实施客户分类分级管理，与各方客户或合作伙伴构建战略合作关系。

(3)从战略上高度重视创意设计工作，优化包装设计，突出感知质量，强化品牌识别，丰富品牌内涵。优化产品研发、生产工艺设计，降低生产成本。优化组织结构、业务流程设计，提高营运效率。

(4)深化实施品牌经营战略，坚持以肛肠治痔及下消化道领域为核心定位，策略发展妇科、皮肤科领域，加快发展定位差异化、功能互补化、剂型多样化、梯队合理化的产品系列。努力塑造品牌内涵，突出鲜明形象，不断叠加、积累、丰富品牌价值，逐步形成独具特色的市场形象。

(5)继续推进整合式研发方式，强化国际间项目合作和项目引进。立足于技术创新、用药方式创新、产品创新，实现产品创新与商业模式创新相结合。积极寻求与国内外高层次的研发机构的战略合作，抢占技术至高点，提高产品技术含量，合作组建国家级实验室。

(6)继续坚持"安全稳定、保质保量"的工作方针，强化全面质量管理，以创新方法健全精细化成本管控体系，严格推行订单式生产组织方式，延伸优化供应链管理模式，及时保质保量满足客户需求，持之以恒确保品质安全和生产安全。

(7)继续推进成本控制体系的建设，加强预算计划、流程控制、精细化管理和标准化管理，动态跟踪分析成本变化。生产成本管控向上游业务环节前置，通过产品设计、工艺设计寻求降低成本的途径。不断创新招标管理的实施方法，降低物料损耗率，优化存货管理。

(8)寻求产业经营中的商业模式创新，完善目标客户一元化、服务功能多样化的延伸发展模式，利用客户资源延伸整合产业链。购并企业的管控模式创新，财务投资与战略投资相结合，依环境条件变化调整转化。

(9)坚持"推行稳健财务政策，追求有效经营成果"的基本方针，以财务为主轴协同建立资源计划体系，梳理完善内部控制体系，健全基于产业控股型集团公司架构的财务管理体系。巩固银企合作关系，增加信用额度，积极筹备发行公司债券或增发配股，吸收战略投资者，健全经营性融资机制，盘活应收票据。

(10)贯彻人力资源经营理念，深化建设三力系统并向一线、基层延伸，开展引进一批、培养一批、稳定一批、淘汰一批的"四批工程"，组织增加见识、学识、胆识的"三识"主题活动，完善岗位任职资格管理，优化人力资源结构。

与公允价值计量相关的项目

□适用　　√不适用

持有外币金融资产、金融负债情况

□适用　　√不适用

6.2 主营业务分行业、产品情况表

单位：元 币种：人民币

分行业或分产品	营业收入	营业成本	营业利润率(%)	营业收入比上年增减(%)	营业成本比上年增减(%)	营业利润率比上年增减(%)
分行业						
药品生产	354,390,582.73	109,727,613.79	69.04	13.68	-8.80	增加7.63个百分点
药品零售批发	447,461,639.32	384,921,829.44	13.98	90.10	100.90	减少4.62个百分点
分产品						
治痔类	279,087,012.35	69,343,290.99	75.15	45.94	53.50	减少1.22个百分点
其他类	75,303,570.38	40,384,322.80	46.37	-37.52	-46.26	增加8.72个百分点
药品零售批发	447,461,639.32	384,921,829.44	13.98	90.10	100.90	减少4.62个百分点

6.3 主营业务分地区情况表

单位：元 币种：人民币

地区	营业收入	营业收入比上年增减(%)
华北地区	146,046,032.62	78.51
华东地区	76,995,855.96	4.78
华南地区	84,491,168.53	62.16
华中地区	390,494,309.41	34.61
其它地区	103,824,855.53	109.10

6.4 募集资金使用情况

√适用　　□不适用

1、募集资金总体使用情况

单位：元 币种：人民币

募集年份	募集方式	募集资金总额	本年度已使用募集资金总额	已累计使用募集资金总额	尚未使用募集资金总额	尚未使用募集资金用途及去向
2004	首次发行	280,265,670.00	5,297,200.00	249,337,400.00	30,928,270.00	存放于银行
合计	/	280,265,670.00	5,297,200.00	249,337,400.00	30,928,270.00	/

2、承诺项目使用情况

单位：元 币种：人民币

承诺项目名称	是否变更项目	拟投入金额	实际投入金额	是否符合计划进度	是否符合预计收益	未达到计划进度和收益说明	变更原因及募集资金变更程序说明
软膏车间GMP技术改造	否	35,400,000.00	35,400,000.00	是	是		
固体制剂车间GMP技术改造	否	38,000,000.00	38,000,000.00	是	是		
增资深圳大佛药业有限公司	是	40,000,000.00		否	否	变更投向	经2006年6月29日股东大会批准
建设武汉马应龙大药房连锁有限公司连锁药店	否	41,600,000.00	41,600,000.00	是	是		
建设马应龙新药中试基地	否	38,000,000.00	12,492,300.00	否	否	在建	
扩建公司销售网络	否	33,490,000.00	31,291,100.00	是	是		
开发"马应龙"系列产品	否	33,780,000.00	33,780,000.00	是	是		
建设武汉马应龙大药房连锁有限公司物流中心	是	16,774,000.00		否	否	变更投向	经2006年6月29日股东大会批准
合计	/	277,044,000.00	187,266,200.00	/	/	/	/

变更项目情况

√适用　　□不适用

单位：元 币种：人民币

变更后的项目	对应的原承诺项目	变更项目拟投入金额	实际投入金额	是否符合计划进度	变更项目的预计收益	产生收益情况
设立'武汉马应龙医药物流有限公司'	武汉马应龙大药房连锁有限公司物流中心	16,774,000.00	16,774,000.00	是		
设立武汉马应龙医院投资管理有限公司	增资深圳大佛药业有限公司	40,000,000.00	40,000,000.00	是		
合计	/	56,774,000.00	56,774,000.00	/		/

6.5 非募集资金项目情况

□适用　　√不适用

6.6 董事会对会计师事务所"非标准审计报告"的说明

□适用　　√不适用

6.7 董事会本次利润分配或资本公积金转增股本预案

经武汉众环会计师事务所有限责任公司审计，公司2008年度实现净利润99,672,250.07元(为母公司数，下皆为母公司数)，加上2008年初公司未分配利润228,420,589.37元，减去发放的2007年度现金股利18,421,106.40元和股票股利30,701,844.00元，2008年末本公司可供股东分配的利润为278,969,889.04元。

公司2008年度拟实施利润分配方案如下：

1、按照2008年度净利润的10%提取法定盈余公积9,967,225.01元。

2、以2008年12月31日的股本92,105,532股为基数，在派息公告中确认的股权登记日在册的全体股东派发股利为：每10股派发现金股利1元(含税)，派发现金红利总额为9,210,553.20元；每10股送红股4股(含税)，派发股票红利总额为36,842,213元。

3、公司2008年末资本公积金余额为257,212,174.04元，本次拟利用资本公积金转增股本，以2008年末公司的总股本92,105,532.00股为基数，每10股转增4股，共计转增36,842,213股。

公司前三年分红情况：

单位：元 币种：人民币

分红年度	现金分红的数额(含税)	分红年度的净利润	比率(%)
2005年	33,260,331	60,060,146.49	55.38
2006年	15,350,922	71,871,238.70	21.36
2007年	18,421,106.40	133,403,761.26	13.81

公司本报告期内盈利但未提出现金利润分配预案

□适用　　√不适用

第七节　重要事项

7.1 收购资产

√适用　　□不适用

单位:元 币种:人民币

交易对方或最终控制方	被收购资产	购买日	收购价格	自购买日起至本年末为公司贡献的净利润	本年初至本年末为公司贡献的净利润(适用于同一控制下的企业合并)	是否为关联交易(如是,说明定价原则)	所涉及的资产产权是否已全部过户	所涉及的债权债务是否已全部转移
上海复星药业有限公司	湖北天下明药业有限公司51%的股权	2008年8月27日	32,690,000	318,875.03		否	是	是

7.2 出售资产

□适用　　√不适用

7.3 重大担保

√适用　　□不适用

单位:元 币种:人民币

公司对子公司的担保情况	
报告期内对子公司担保发生额合计	135,000,000.00
报告期末对子公司担保余额合计	70,000,000.00
公司担保总额情况(包括对子公司的担保)	
担保总额	70,000,000.00
担保总额占公司净资产的比例(%)	8.97

7.4 重大关联交易

7.4.1 与日常经营相关的关联交易

□适用　　√不适用

7.4.2 关联债权债务往来

□适用　　√不适用

7.4.3 2008年资金被占用情况及清欠进展情况

□适用　　√不适用

截止2008年末,上市公司未完成非经营性资金占用的清欠工作的,董事会提出的责任追究方案

□适用　　√不适用

7.5 委托理财

□适用　　√不适用

7.6 承诺事项履行情况

7.6.1 公司或持股5%以上股东在报告期内或持续到报告期内的承诺事项

√适用　　□不适用

承诺事项	承诺内容	履行情况
股改承诺	在本次股权分置改革方案实施后所持有的马应龙的股份自获得A股市场上市流通权之日起,在十二个月内不在上海证券交易所上市交易或者转让。在前项承诺期满后,通过上海证券交易所挂牌出售的股份数量占马应龙股份总数的比例(按目前股本计算)在十二个月内不超过5%,在二十四个月内不超过10%。通过上海证券交易所挂牌交易出售的股份数量,每达到马应龙的股份总数百分之一时,在该事实发生之日起两个工作日内做出公告,公告期间无须停止出售股份。	公司股东均严格遵守了股改的有关承诺,在二级市场中均未超比例减持马应龙股票。

7.6.2 公司资产或项目存在盈利预测,且报告期仍处在盈利预测期间,公司就资产或项目是否达到原盈利预测及其原因作出说明:

□适用　　√不适用

7.7 重大诉讼仲裁事项

□适用　　√不适用

7.8 其他重大事项及其影响和解决方案的分析说明

7.8.1 证券投资情况

√适用　　□不适用

序号	证券品种	证券代码	证券简称	初始投资金额(元)	持有数量(股)	期末账面值(元)	占期末证券总投资比例(%)	报告期损益(元)
1	A股	000952	广济药业	78,054,113.38	10,330,000	83,259,800.00	54.87	11,728,958.30
2	A股	600285	羚锐股份	53,542,038.53	10,036,000	60,517,080.00	39.88	6,975,041.47
3	A股	600804	鹏博士	2,100,355.76	279,160.00	2,716,226.80	1.79	615,871.04
4	A股	600597	光明乳业	1,294,971.90	400,000.00	1,700,000.00	1.12	405,028.10
5	A股	600683	银泰股份	1,083,959.60	260,000.00	1,219,400.00	0.81	135,440.40
6	A股	600030	中信证券	1,119,257.20	66,000.00	1,186,020.00	0.78	66,762.80
7	A股	000786	北新建材	1,039,563.96	221,210.00	993,232.90	0.66	-46,331.06
8	A股	601088	中国神华	132,944.11	7,000.00	122,780.00	0.08	-10,164.11
9	A股	002257	立立电子	21,810.00	1,000.00	21,810.00	0.01	0.00
报告期已出售证券投资损益				/	/	/	/	-14,269,797.59
合计				138,389,014.44	/	151,736,349.70	100	5,600,809.35

7.8.2 持有其他上市公司股权情况

□适用　　√不适用

7.8.3 持有非上市金融企业股权情况

□适用　　√不适用

7.8.4 买卖其他上市公司股份的情况

√适用　　□不适用

	股份名称	期初股份数量	报告期买入/卖出股份数量	期末股份数量	使用的资金数量	产生的投资收益
买入	达安基因	500,000	4,606,405		59,653,474.42	
买入	科华生物		326,457		12,036,032.53	
买入	华东医药		2,856,670		42,868,833.66	
买入	天药股份		12,047,092		132,942,803.82	
买入	江中药业		3,636,506		45,436,999.38	
买入	美罗药业		290,000		3,158,230.50	
买入	三精制药		1,214,039		23,125,480.61	
买入	云南白药		534,673		17,626,875.99	
买入	通化东宝		1,222,550		17,283,607.52	
买入	复星医药		666,900		8,015,146.11	
买入	*ST中新		2,001,739		20,047,967.85	
买入	万科A		2,152		42,273.35	
买入	西南合成		970,000		4,841,359.62	
买入	国元证券		1,018,320		20,454,347.51	
买入	招商银行		1,000,000		14,762,140.47	
买入	海通证券		540,000		11,279,943.95	
卖出	达安基因		5,106,405			-3,911,503.06
卖出	科华生物		326,457			302,031.00
卖出	华东医药		2,856,670			156,392.02
卖出	天药股份		12,047,092			1,091,613.37
卖出	江中药业		3,636,506			1,885,239.62
卖出	美罗药业		290,000			545,263.08
卖出	三精制药		1,214,039			-2,710,627.11
卖出	云南白药		534,673			-1,608,019.63
卖出	通化东宝		1,222,550			1,966,279.08
卖出	复星医药		666,900			59,753.31
卖出	*ST中新		2,001,739			-2,595,481.04
卖出	万科A		2,152			-28,207.36
卖出	西南合成		970,000			428,757.23
卖出	国元证券		1,018,320			-5,494,598.73
卖出	招商银行		1,000,000			-3,576,860.22
卖出	海通证券		540,000			-4,522,583.04

报告期内卖出申购取得的新股产生的投资收益总额5,916,095.95元。

7.9 公司董事会对公司内部控制出具了自我评估报告，审计机构出具了评价意见，详见公司2008年年度报告全文。

7.10 公司披露了履行社会责任报告,详见年报全文。

第八节 监事会报告

监事会认为公司依法运作、公司财务情况、公司募集资金使用、公司收购、出售资产交易和关联交易不存在问题。

8.1 监事会对公司依法运作情况的独立意见

监事会成员出席了年内召开的股东大会和列席了历次董事会,会议通知、会议召集、股东和董事出席会议情况、会议表决程序均符合法律规定的程序,各次会议所作的决议均符合法律、法规和《公司章程》的规定,未发现有损害公司和股东利益的情况。报告期内,公司决策程序合法,建立了较完善的内部控制制度。公司按照国家法律、法规和公司章程的规定,坚持规范运作。公司董事及高管能在履行职务中尽职尽责,认真履行股东大会和董事会的决议,未发现上述人员在执行公司职务时有违反法律、法规和公司章程规定以及损害公司利益的行为。

8.2 监事会对检查公司财务情况的独立意见

2008年度。监事会根据相关法律法规的规定,对公司的财务进行了认真、细致的核查,对公司季报、半年报和年报的编制工作,对财务管理存在的问题提出了看法和建议。通过对财务工作的检查,监事会认为,公司财务管理规范,内控制度得到有效的贯彻执行,保证了公司生产经营的健康运行。公司财务状况良好,经营规模、净利润稳步增长,给股东创造了良好的经济效益。公司通过会计事务所审计的财务报告能够真实反映公司的财务状况和经营成果,出具的无保留意见审计报告是真实、客观、公正的。

8.3 监事会对公司最近一次募集资金实际投入情况的独立意见

监事会依据相关规定,对公司募集资金的投入情况、变更募集资金进行了认真细致的审核,监事会认为公司在募集资金管理上采取了有效的控制措施，严格按照招股说明书及内部控制制度使用募集资金,未出现违规使用募集资金情况发生。公司变更募集项目程序合规、符合法律、法规和公司章程的规定,符合公司及全体股东的利益。

8.4 监事会对公司收购、出售资产情况的独立意见

监事会认为报告期内公司对外投资及出售资产行为审批程序合法、价格合理、决策有效,没有发现内幕交易和损害部分股东权益及公司资产流失的行为,并有利于公司资源整合,符合公司长远发展。

8.5 监事会对公司关联交易情况的独立意见

监事会认为报告期内公司发生的关联交易体现了公开、公平、公正的原则，符合公司和全体股东的利益，没有损害公司中小股东的利益，有利于公司的长远发展 。

第九节　财务会计报告

9.1 审计意见

武汉众环会计师事务所有限责任公司为我公司出具了“众环审字(2009)401 号”审计报告，审计意见为标准无保留意见。

9.2 财务报表

合并资产负债表

2008 年 12 月 31 日

编制单位：马应龙药业集团股份有限公司　　　　单位：元 币种：人民币

项目	附注	期末余额	年初余额
流动资产：			
货币资金	(八).1	348,018,028.69	498,798,091.13
结算备付金			
拆出资金			
交易性金融资产	(八).2	151,736,349.70	40,841,666.92
应收票据	(八).3	78,493,531.56	89,851,222.25
应收账款	(八).4	100,570,200.35	61,081,518.42
预付款项	(八).5	32,574,008.27	15,280,790.21
应收保费			
应收分保账款			
应收分保合同准备金			
应收利息			
应收股利			
其他应收款	(八).6	11,169,861.79	19,860,821.07
买入返售金融资产			
存货	(八).7	129,675,060.49	86,500,137.27
一年内到期的非流动资产	(八).8	2,602,151.35	1,368,626.92
其他流动资产			
流动资产合计		854,839,192.20	813,582,874.19
非流动资产：			
发放贷款及垫款			
可供出售金融资产			
持有至到期投资			
长期应收款			
长期股权投资	(八).9	46,455,731.04	19,093,907.25
投资性房地产			0
固定资产	(八).10	183,699,298.76	191,942,993.59
在建工程	(八).11	21,550,074.27	19,238,028.07
工程物资	(八).12	2,930,607.42	212,625.21
固定资产清理			
生产性生物资产			
油气资产			
无形资产	(八).13	32,043,497.76	34,343,040.61
开发支出	(八).14	1,655,004.65	0
商誉	(八).15	7,080,483.90	2,111,668.62
长期待摊费用	(八).16	7,160,950.37	6,314,531.96
递延所得税资产	(八).17	5,474,690.79	4,403,873.93
其他非流动资产	(八).16		405,870.50
非流动资产合计		308,050,338.96	278,066,539.74
资产总计		1,162,889,531.16	1 091,649,413.93
流动负债：			
短期借款	(八).20	45,500,000.00	22,000,000.00
向中央银行借款			
吸收存款及同业存放			
拆入资金			
交易性金融负债			
应付票据	(八).21	44,016,698.36	36,885,356.18
应付账款	(八).22	86,310,133.67	59,755,929.80
预收款项	(八).23	41,879,892.44	32,030,346.99
卖出回购金融资产款			
应付手续费及佣金			
应付职工薪酬	(八).24	5,328,931.90	5,020,916.13
应交税费	(八).25	12,803,168.65	21,865,417.52
应付利息			
应付股利	(八).26	3,470,303.34	184,953.23
其他应付款	(八).27	48,556,449.03	59,078,267.96
应付分保账款			
保险合同准备金			
代理买卖证券款			
代理承销证券款			
一年内到期的非流动负债			
其他流动负债			
流动负债合计		287,865,577.39	236,821,187.81
非流动负债：			
长期借款			
应付债券			
长期应付款			
专项应付款			
预计负债			
递延所得税负债	(八).28	2,118,761.00	1,071,469.26
其他非流动负债	(八).29	1,480,000.00	640,000.00
非流动负债合计		3,598,761.00	1,711,469.26
负债合计		291,464,338.39	238,532,657.07
股东权益：			
股本	(八).30	92,105,532.00	61,403,688.00
资本公积	(八).31	254,976,391.16	254,927,380.43
减：库存股		0	534,881.00
盈余公积	(八).33	165,398,047.67	155,430,822.66
一般风险准备		0	0
未分配利润	(八).34	269,273,214.42	248,023,043.08
外币报表折算差额		−1,177,329.49	−696,856.51
归属于母公司所有者权益合计		780,575,855.76	718,553,196.66
少数股东权益		90,849,337.01	134,563,560.20
股东权益合计		871,425,192.77	853,116,756.86
负债和股东权益合计		1,162,889,531.16	1,091,649,413.93

公司法定代表人：陈平　　主管会计工作负责人：钱文洒　　会计机构负责人：朱顺萍

母公司资产负债表

2008 年 12 月 31 日

编制单位：马应龙药业集团股份有限公司　　　　单位：元 币种：人民币

项目	附注	期末余额	年初余额
流动资产：			
货币资金		221,208,067.08	294,207,723.84
交易性金融资产		143,776,880.00	10,665,000.00
应收票据		78,412,328.56	83,600,098.09
应收账款	(九).1	9,643,862.38	9,087,645.11
预付款项		8,274,526.18	4,152,024.55
应收利息			
应收股利			
其他应收款	(九).2	15,817,568.18	3,156,231.74
存货		23,071,815.79	26,105,941.82
一年内到期的非流动资产			
其他流动资产			
流动资产合计		500,205,048.17	430,974,665.15
非流动资产：			
可供出售金融资产			
持有至到期投资			
长期应收款			
长期股权投资	(九).3	252,286,611.97	234,745,127.46
投资性房地产			
固定资产		91,656,748.19	97,772,294.24
在建工程		8,596,171.00	4,878,793.08
工程物资		2,930,607.42	212,625.21
固定资产清理			
生产性生物资产			
油气资产			
无形资产		10,433,458.66	11,154,708.71
开发支出		1,655,004.65	
商誉			
长期待摊费用			
递延所得税资产		3,147,129.90	1,953,963.35
其他非流动资产			
非流动资产合计		370,705,731.79	350,717,512.05
资产总计		870,910,779.96	781,692,177.20
流动负债：			
短期借款			
交易性金融负债			
应付票据			
应付账款		10,265,779.20	9,136,519.94
预收款项		25,927,234.64	14,802,145.10
应付职工薪酬		1,809,489.63	241,781.64
应交税费		7,814,275.47	13,354,242.94
应付利息			

应付股利	3,470,303.34	384,953.23
其他应付款	34,598,170.73	39,906,363.14
一年内到期的非流动负债		
其他流动负债		
流动负债合计	83,885,253.01	77,826,005.99
非流动负债：		
长期借款		
应付债券		
长期应付款		
专项应付款		
预计负债		
递延所得税负债	1,827,109.21	758,897.14
其他非流动负债	1,480,000.00	640,000.00
非流动负债合计	3,307,109.21	1,398,897.14
负债合计	87,192,362.22	79,224,903.13
股东权益：		
股本	92,105,532.00	61,403,688.00
资本公积	257,212,174.04	257,212,174.04
减：库存股	0	0
盈余公积	165,398,047.67	155,430,822.66
未分配利润	269,002,664.03	228,420,589.37
外币报表折算差额		
股东权益合计	783,718,417.74	702,467,274.07
负债和股东权益合计	870,910,779.96	781,692,177.20

公司法定代表人：陈平　　主管会计工作负责人：钱文洒　　会计机构负责人：朱顺萍

合并利润表

2008 年 1—12 月

单位：元 币种：人民币

项目	附注	本期金额	上期金额
一、营业总收入		809,630,970.50	548,633,980.06
其中：营业收入	(八).35	809,630,970.50	548,633,980.06
利息收入			
已赚保费			
手续费及佣金收入			
二、营业总成本		706,641,262.83	499,137,057.54
其中：营业成本	(八).35	494,726,617.05	312,281,853.03
利息支出			
手续费及佣金支出			
退保金			
赔付支出净额			
提取保险合同准备金净额			
保单红利支出			
分保费用			
营业税金及附加	(八).36	8,069,478.61	5,739,227.26
销售费用	(八).37	148,779,479.27	118,010,754.06
管理费用	(八).38	54,621,525.29	59,359,202.52
财务费用	(八).39	16,697.09	1,710,439.63
资产减值损失	(八).40	427,465.52	2,035,581.04
加：公允价值变动收益(损失以"—"号填列)	(八).41	10,396,234.20	2,935,918.34
投资收益(损失以"—"号填列)	(八).42	−27,420,169.57	133,601,947.80
其中：对联营企业和合营企业的投资收益		−22,624,744.72	−1,675,466.18
汇兑收益(损失以"—"号填列)			
三、营业利润(亏损以"—"号填列)		85,965,772.30	186,034,788.66
加：营业外收入	(八).43	5,653,019.92	4,954,789.78
减：营业外支出	(八).44	2,169,811.20	6,223,875.30
其中：非流动资产处置净损失		267,598.08	184,382.50
四、利润总额(亏损总额以"—"号填列)		89,448,981.02	184,765,703.14
减：所得税费用	(八).45	17,452,274.24	33,763,948.59
五、净利润(净亏损以"—"号填列)		71,996,706.78	151,001,754.55
归属于母公司所有者的净利润		80,429,493.75	133,403,761.26
少数股东损益		−8,432,786.97	17,597,993.29
六、每股收益：			
(一)基本每股收益	(八).47	0.87	1.45
(二)稀释每股收益	(八).47	0.87	1.45

公司法定代表人：陈平　　主管会计工作负责人：钱文洒　　会计机构负责人：朱顺萍

母公司利润表

2008 年 1—12 月

单位：元 币种：人民币

项目	附注	本期金额	上期金额
一、营业收入	(九).4	322,439,019.55	230,471,936.12
减：营业成本	(九).4	104,068,624.89	76,020,236.71
营业税金及附加		5,836,244.37	3,837,527.58
销售费用		86,928,624.32	71,508,059.40
管理费用		32,292,834.38	36,763,446.06
财务费用		−815,278.25	−209,713.03
资产减值损失		739,666.38	−619,494.05
加：公允价值变动收益(损失以"—"号填列)		9,145,139.53	3,035,588.56
投资收益(损失以"—"号填列)	(九).5	7,862,756.93	88,099,091.69
其中：对联营企业和合营企业的投资收益			
二、营业利润(亏损以"—"号填列)		110,396,199.92	134,306,553.70
加：营业外收入		4,083,805.70	1,928,751.70
减：营业外支出		1,752,946.48	506,369.33
其中：非流动资产处置净损失		153,567.89	
三、利润总额(亏损总额以"—"号填列)		112,727,059.14	135,728,936.07
减：所得税费用		13,054,809.07	20,601,836.90
四、净利润(净亏损以"—"号填列)		99,672,250.07	115,127,099.17

公司法定代表人：陈平　　主管会计工作负责人：钱文洒　　会计机构负责人：朱顺萍

合并现金流量表

2008 年 1—12 月

单位：元 币种：人民币

项目	附注	本期金额	上期金额
一、经营活动产生的现金流量：			
销售商品、提供劳务收到的现金		988,065,076.76	641,789,091.87
客户存款和同业存放款项净增加额			
向中央银行借款净增加额			
向其他金融机构拆入资金净增加额			
收到原保险合同保费取得的现金			
收到再保险业务现金净额			
保户储金及投资款净增加额			
处置交易性金融资产净增加额			
收取利息、手续费及佣金的现金			
拆入资金净增加额			
回购业务资金净增加额			
收到的税费返还		641,929.59	17,980.69
收到其他与经营活动有关的现金	(八).48	11,655,173.68	10,204,616.76
经营活动现金流入小计		1,000,362,180.03	652,011,689.32
购买商品、接受劳务支付的现金		591,970,286.85	381,966,160.49
客户贷款及垫款净增加额			
存放中央银行和同业款项净增加额			
支付原保险合同赔付款项的现金			
支付利息、手续费及佣金的现金			
支付保单红利的现金			
支付给职工以及为职工支付的现金		80,335,989.20	62,694,416.14
支付的各项税费		88,918,665.42	74,813,754.79
支付其他与经营活动有关的现金	(八).48	136,550,911.02	126,052,313.84
经营活动现金流出小计		897,775,852.49	645,526,645.26
经营活动产生的现金流量净额		102,586,327.54	6,485,044.06
二、投资活动产生的现金流量：			
收回投资收到的现金		786,692,078.48	626,914,280.81
取得投资收益收到的现金			
处置固定资产、无形资产和其他长期资产收回的现金净额		770,530.77	277,996.31
处置子公司及其他营业单位收到的现金净额			
收到其他与投资活动有关的现金	(八).48		1,713,306.81
投资活动现金流入小计		787,462,609.25	628,905,583.93
购建固定资产、无形资产和其他长期资产支付的现金		32,838,836.34	24,646,006.96
投资支付的现金		925,068,383.91	561,131,751.50
质押贷款净增加额			
取得子公司及其他营业单位支付的现金净额	(八).48	13,682,287.93	
支付其他与投资活动有关的现金	(八).48	45,250,719.89	6,874,565.88
投资活动现金流出小计		1,016,840,228.07	592,652,324.34
投资活动产生的现金流量净额		−229,377,618.82	36,253,259.59
三、筹资活动产生的现金流量：			
吸收投资收到的现金		3,293,105.97	21,600,000.00
其中：子公司吸收少数股东投资收到的现金		3,293,105.97	21,600,000.00
取得借款收到的现金		283,800,000.00	769,756,400.00
发行债券收到的现金			
收到其他与筹资活动有关的现金			
筹资活动现金流入小计		287,093,105.97	791,356,400.00
偿还债务支付的现金		290,109,746.00	779,756,400.00
分配股利、利润或偿付利息支付的现金		20,654,248.12	23,892,218.22
其中：子公司支付给少数股东的股利、利润			465,500.00
支付其他与筹资活动有关的现金			
筹资活动现金流出小计		310,763,994.12	803,648,618.22
筹资活动产生的现金流量净额		−23,670,888.15	−12,292,218.22

四、汇率变动对现金及现金等价物的影响	-317,883.01	-341,511.70
五、现金及现金等价物净增加额	-150,780,062.44	30,104,573.73
加:期初现金及现金等价物余额	498,798,091.13	468,693,517.40
六、期末现金及现金等价物余额	348,018,028.69	498,798,091.13

公司法定代表人:陈平　　主管会计工作负责人:钱文洒　　会计机构负责人:朱顺萍

母公司现金流量表

2008 年 1-12 月

单位:元 币种:人民币

项目	附注	本期金额	上期金额
一、经营活动产生的现金流量:			
销售商品、提供劳务收到的现金		394,371,073.42	250,713,540.17
收到的税费返还			
收到其他与经营活动有关的现金	(九).6	7,596,013.35	4,909,907.70
经营活动现金流入小计		401,967,086.77	255,623,447.87
购买商品、接受劳务支付的现金		93,328,407.86	79,341,329.10
支付给职工以及为职工支付的现金		45,908,780.35	35,125,848.05
支付的各项税费		68,376,298.94	49,230,583.58
支付其他与经营活动有关的现金	(九).6	104,589,515.34	70,411,165.21
经营活动现金流出小计		312,203,002.49	234,108,925.94
经营活动产生的现金流量净额		89,764,084.28	31,514,521.93
二、投资活动产生的现金流量:			
收回投资收到的现金		732,075,674.60	432,638,341.45
取得投资收益收到的现金			
处置固定资产、无形资产和其他			
长期资产收回的现金净额		639,470.00	149,176.31
处置子公司及其他营业单位收到的现金净额			
收到其他与投资活动有关的现金			
投资活动现金流入小计		732,715,144.60	432,787,517.76
购建固定资产、无形资产和其他长期资产支付的现金		12,122,063.83	9,799,257.51
投资支付的现金		865,721,142.65	362,368,661.20
取得子公司及其他营业单位支付的现金净额			1,385,000.00
支付其他与投资活动有关的现金			
投资活动现金流出小计		877,843,206.48	373,552,918.71
投资活动产生的现金流量净额		-145,128,061.88	59,234,599.05
三、筹资活动产生的现金流量:			
吸收投资收到的现金			
取得借款收到的现金		210,000,000.00	590,000,000.00
收到其他与筹资活动有关的现金			
筹资活动现金流入小计		210,000,000.00	590,000,000.00
偿还债务支付的现金		210,000,000.00	590,000,000.00
分配股利、利润或偿付利息支付的现金		17,635,679.16	18,959,375.97
支付其他与筹资活动有关的现金			
筹资活动现金流出小计		227,635,679.16	708,959,375.97
筹资活动产生的现金流量净额		-17,635,679.16	-18,959,375.97
四、汇率变动对现金及现金等价物的影响			
五、现金及现金等价物净增加额		-72,999,656.76	71,789,745.01
加:期初现金及现金等价物余额		294,207,723.84	222,417,978.83
六、期末现金及现金等价物余额		221,208,067.08	294,207,723.84

公司法定代表人:陈平　　主管会计工作负责人:钱文洒　　会计机构负责人:朱顺萍

合并所有者权益变动表

2008 年 1-12 月

单位:元 币种:人民币

本年金额

项目	归属于母公司所有者权益							少数股东权益	所有者权益合计
	股本	资本公积	减:库存股	盈余公积	一般风险准备	未分配利润	其他		
一、上年年末余额	61,403,688.00	254,927,380.43	534,881.00	155,430,822.66	0	248,023,043.08	-696,856.51	134,563,560.20	853,116,756.86
加:同一控制下企业									
合并产生的追溯调整									
会计政策变更									0.00
前期差错更正									0.00
其他									
二、本年年初余额	61,403,688.00	254,927,380.43	534,881.00	155,430,822.66	0	248,023,043.08	-696,856.51	134,563,560.20	853,116,756.86
三、本年增减变动金额									
(减少以"-"号填列)	30,701,844.00	49,010.73	-534,881.00	9,967,225.01	0	21,250,171.34	-480,472.98	-43,714,223.19	18,308,435.91
(一)净利润						80,429,493.75		-8,432,786.97	71,996,706.78
(二)直接计入所有者									
权益的利得和损失	0	49,010.73	-534,881.00	0	0	-89,147.00	-480,472.98	-67,651,823.96	-67,637,552.21
1.可供出售金融资产									
公允价值变动净额									0.00
2.权益法下被投资单位									
其他所有者权益变动的影响									0.00
3.与计入所有者权益项目									
相关的所得税影响									0.00
4.其他		49,010.73	-534,881.00			-89,147.00	-480,472.98	-67,651,823.96	-67,637,552.21
上述(一)和(二)小计	0	49,010.73	-534,881.00	0	0	80,340,346.75	-480,472.98	-76,084,610.93	4,359,154.57
(三)所有者投入和减少资本	0	0	0	0	0	0	0	32,370,387.74	32,370,387.74
1.所有者投入资本								32,370,387.74	32,370,387.74
2.股份支付计入所有者权益的金额									0.00
3.其他									0.00
(四)利润分配	30,701,844.00	0	0	9,967,225.01	0	-59,090,175.41	0	0.00	-18,421,106.40
1.提取盈余公积				9,967,225.01		-9,967,225.01			0.00
2.提取一般风险准备									0.00
3.对所有者									
(或股东)的分配	30,701,844.00					-49,122,950.40			-18,421,106.40
4.其他									0.00
(五)所有者权益内部结转	0	0	0	0	0	0	0	0.00	0.00
1.资本公积转增资本(或股本)									0.00
2.盈余公积转增资本(或股本)									0.00
3.盈余公积弥补亏损									0.00
4.其他									0.00
四、本期期末余额	92,105,532.00	254,976,391.16	0	165,398,047.67	0	269,273,214.42	-1,177,329.49	90,849,337.01	871,425,192.77

上年金额

项目	归属于母公司所有者权益							少数股东权益	所有者权益合计
	股本	资本公积	减:库存股	盈余公积	一般风险准备	未分配利润	其他		
一、上年年末余额	51,169,740.00	259,790,217.24	0	151,039,590.87		143,970,898.37	-1,290,251.73	66,861,586.49	671,541,781.24
加:同一控制下企业									
合并产生的追溯调整									0.00
会计政策变更	0	-2,357,254.36	445,734.00	-7,121,478.13		7,523,096.17	1,015,823.14	-4,494,811.58	-5,880,358.76
前期差错更正									
其他									
二、本年年初余额	51,169,740.00	257,432,962.88	445,734.00	143,918,112.74	0	151,493,994.54	-274,428.59	62,366,774.91	665,661,422.48
三、本年增减变动金额									
(减少以"-"号填列)	10,233,948.00	-2,505,582.45	89,147.00	11,512,709.92	0	96,529,048.54	-422,427.92	72,196,785.29	187,455,334.38
(一)净利润						133,403,761.26	0.00	17,597,993.29	151,001,754.55
(二)直接计入所有者									
权益的利得和损失	0	-2,505,582.45	0	0	0	0	-422,427.92	80,916.22	-2,847,094.15
1.可供出售金融资产									
公允价值变动净额									0.00
2.权益法下被投资单位其他									
所有者权益变动的影响		-1,874,026.20							-1,874,026.20
3.与计入所有者权益项目									
相关的所得税影响									0.00
4.其他		-631,556.25					-422,427.92	80,916.22	-973,067.95
上述(一)和(二)小计	0	-2,505,582.45	0	0	0	133,403,761.26	-422,427.92	17,678,909.51	148,154,660.40
(三)所有者投入和减少资本	0	0	0	0	0	0		54,983,375.78	54,983,375.78
1.所有者投入资本								54,983,375.78	54,983,375.78
2.股份支付计入所有者权益的金额									0.00
3.其他									0.00
(四)利润分配	10,233,948.00	0	89,147.00	11,512,709.92	0	-36,874,712.72		-465,500.00	-15,682,701.80
1.提取盈余公积				11,512,709.92		-11,512,709.92			0.00
2.提取一般风险准备									0.00
3.对所有者									
(或股东)的分配	10,233,948.00		89,147.00			-25,362,002.80		-465,500.00	-15,682,701.80
4.其他									0.00
(五)所有者权益内部结转	0	0	0	0	0	0		0.00	0.00
1.资本公积转增资本(或股本)									0.00
2.盈余公积转增资本(或股本)									0.00
3.盈余公积弥补亏损									0.00
4.其他									0.00
四、本期期末余额	61,403,688.00	254,927,380.43	534,881.00	155,430,822.66	0	248,023,043.08	-696,856.51	134,563,560.20	853,116,756.86

公司法定代表人:陈平　　主管会计工作负责人:钱文洒　　会计机构负责人:朱顺萍

母公司所有者权益变动表

2008 年 1-12 月

单位:元 币种:人民币

本年金额

项目	股本	资本公积	减:库存股	盈余公积	未分配利润	所有者权益合计
一、上年年末余额	61,403,688.00	257,212,174.04	0	155,430,822.66	228,420,589.37	702,467,274.07
加:会计政策变更						0
前期差错更正						0
其他						
二、本年年初余额	61,403,688.00	257,212,174.04	0	155,430,822.66	228,420,589.37	702,467,274.07
三、本年增减变动金额						
(减少以"-"号填列)	30,701,844.00	0	0	9,967,225.01	40,582,074.66	81,251,143.67
(一)净利润					99,672,250.07	99,672,250.07
(二)直接计入所有者						
权益的利得和损失						0
1.可供出售金融资产						
公允价值变动净额						0
2.权益法下被投资单位其他						

所有者权益变动的影响						0
3.与计入所有者权益项目相关的所得税影响						0
4.其他						0
上述(一)和(二)小计	0	0	0	0	99,672,250.07	99,672,250.07
(三)所有者投入和减少资本	0	0	0	0	0	0
1.所有者投入资本						0
2.股份支付计入所有者权益的金额						0
3.其他						0
(四)利润分配	30,701,844.00	0	0	9,967,225.01	-59,090,175.41	-18,421,106.40
1.提取盈余公积				9,967,225.01	-9,967,225.01	0
2.对所有者(或股东)的分配	30,701,844.00				-49,122,950.40	-18,421,106.40
3.其他						0
(五)所有者权益内部结转	0	0	0	0	0	0
1.资本公积转增资本(或股本)						0
2.盈余公积转增资本(或股本)						0
3.盈余公积弥补亏损						0
4.其他						0
四、本期期末余额	92,105,532.00	257,212,174.04	0	165,398,047.67	269,002,664.03	783,718,417.74

上年金额

项目	股本	资本公积	减:库存股	盈余公积	未分配利润	所有者权益合计
一、上年年末余额	51,169,740.00	259,789,265.35	0	142,036,212.76	151,115,021.02	604,110,239.13
加:会计政策变更		-2,577,091.31		1,881,899.98	-723,950.90	-1,419,142.23
前期差错更正						0
其他						
二、本年年初余额	51,169,740.00	257,212,174.04	0	143,918,112.74	150,391,070.12	602,691,096.90
三、本年增减变动金额(减少以"-"号填列)	10,233,948.00	0	0	11,512,709.92	78,029,519.25	99,776,177.17
(一)净利润					115,127,099.17	115,127,099.17
(二)直接计入所有者权益的利得和损失						0
1.可供出售金融资产公允价值变动净额						0
2.权益法下被投资单位其他所有者权益变动的影响						0
3.与计入所有者权益项目相关的所得税影响						0
4.其他						0
上述(一)和(二)小计	0	0	0	0	115,127,099.17	115,127,099.17
(三)所有者投入和减少资本	0	0	0	0	0	0
1.所有者投入资本						0
2.股份支付计入所有者权益的金额						0
3.其他						0
(四)利润分配	10,233,948.00	0	0	11,512,709.92	-37,097,579.92	-15,350,922.00
1.提取盈余公积				11,512,709.92	-11,512,709.92	0
2.对所有者(或股东)的分配	10,233,948.00				-25,584,870.00	-15,350,922.00
3.其他						0
(五)所有者权益内部结转	0	0	0	0	0	0
1.资本公积转增资本(或股本)						0
2.盈余公积转增资本(或股本)						0
3.盈余公积弥补亏损						0
4.其他						0
四、本期期末余额	61,403,688.00	257,212,174.04	0	155,430,822.66	228,420,589.37	702,467,274.07

公司法定代表人:陈平　　主管会计工作负责人:钱文洒　会计机构负责人:朱顺萍

9.3 本报告期无会计政策、会计估计和核算方法变更。

9.4 本报告期无会计差错更正。

9.5 与最近一期年度报告相比,合并范围发生变化的具体说明

(1)报告期内新纳入合并范围公司

公司名称	变更原因	变更日期	收购日至本期期末净利润	期末净资产
武汉马应龙爱欣大药房连锁有限公司	股权收购及增资	2008年1月1日	-1,266,660.21	6,529,315.86
湖北天下明药业有限公司	股权收购	2008年9月1日	625,245.16	56,720,144.26
湖北天下明大药房有限公司	股权收购	2008年9月1日	-91,193.56	4,037,374.91
武汉马应龙达安基因诊断技术有限公司	新设	公司设立日	-17,360.23	4,982,639.77

注1:2007年12月11日,公司控股子公司武汉马应龙大药房连锁有限公司与武汉中商集团股份有限公司、武汉中南和记实业开发有限公司就武汉爱欣大药房连锁有限公司股权签署了增资及股权转让协议,武汉马应龙大药房连锁有限公司支付投资款共计7,000,001.00元。协议实施后,武汉马应龙大药房连锁有限公司将持有该公司股权比例为78%。2008年1月,上述事项的相关工商变更登记手续已办理完毕。

注2:2008年8月27日,公司控股子公司武汉马应龙大药房连锁有限公司与上海复星药业有限公司签订股权转让协议,以现金出资3,269万元收购上海复星药业有限公司所持湖北天下明药业有限公司51%的股权。2008年9月3日,上述事项的相关工商变更登记手续已办理完毕。同时,公司控股子公司武汉马应龙大药房连锁有限公司通过湖北天下明药业有限公司间接持有其全资子公司湖北天下明大药房有限公司100%的股权。

注3:2007年12月25日,公司及控股子公司武汉马应龙医院投资管理有限公司、中山大学达安基因股份有限公司在武汉达成协议,共同出资设立武汉马应龙达安基因诊断技术有限公司。该公司注册资本为人民币1,000万元,协议各方均以现金方式出资。其中中山大学达安基因股份有限公司出资490万元,占注册资本的49%;武汉马应龙医院投资管理有限公司出资360万元,占注册资本的36%;本公司出资150万元,占注册资本的15%。2008年6月3日,上述事项的相关工商变更登记手续已办理完毕,上述出资各方均已按协议缴纳了第一期出资总计500万元。

(2)报告期内不再纳入合并范围公司

①报告期内不再纳入合并范围的原子公司基本情况

公司名称	注册地	业务性质	上年净利润	上年期末净资产
唐人药业有限公司	深圳市罗湖区笋岗东路1002号宝安广场A座2806室	项目投资	24,308,170.62	106,056,372.57
华一发展有限公司	RM 411 NEW EAST OCEAN CTP 9 SCIENCE MUSEUM RD TST EAST KL	项目投资	-24,364.17	10,360,065.96
安徽精方药业股份有限公司	宣城市精方路8号	药品生产	6,403,910.65	62,598,805.52
宣城精方医药化工有限公司	宣城市宣州工业园区	药品生产	-1,145,808.02	820,506.50
宣城市精方中药种植科技发展有限公司	宣城市精方路8号	药材种植	-57,045.32	733,382.68

②其他相关信息

公司名称	变更原因	变更日期	母公司原持股比例	母公司原表决权比例	本期期初至处置日净利润	处置日净资产
唐人药业有限公司				66.67%		106,056,372.57
华一发展有限公司				100%		10,360,065.96
安徽精方药业股份有限公司	控制权变更	2008年1月1日		52.26%		62,598,805.52
宣城精方医药化工有限公司				84.00%		820,506.50
宣城市精方中药种植科技发展有限公司				85.00%		733,382.68

注:公司控股子公司武汉天一医药科技投资有限公司持有唐人药业有限公司50%的股权,2008年1月,经唐人药业有限公司2008年度第一次股东会决议通过关于更换公司董事的议案,本公司及控股子公司武汉天一医药科技投资有限公司在唐人药业有限公司董事会中只具备33%的表决权,故自2008年1月1日起不再将其纳入本公司合并范围。相应的,唐人药业有限公司之全资子公司华一发展有限公司、控股子公司安徽精方药业股份有限公司及安徽精方药业股份有限公司之控股子公司宣城精方医药化工有限公司、宣城市精方中药种植科技发展有限公司自2008年1月1日起也不再纳入本公司合并范围。

招商证券股份有限公司

招商证券股份有限公司首次公开发行A股股票上市公告书

第一节 重要声明与提示

招商证券股份有限公司(以下简称“招商证券”、“本公司”、“公司”或“发行人”)及全体董事、监事、高级管理人员保证上市公告书的真实性、准确性、完整性,承诺上市公告书不存在虚假记载、误导性陈述或重大遗漏,并承担个别和连带的法律责任。

上海证券交易所、其他政府机关对本公司股票上市及有关事项的意见,均不表明对本公司的任何保证。

本公司提醒广大投资者注意,凡本上市公告书未涉及的有关内容,请投资者查阅刊载于上海证券交易所网站(http://www.sse.com.cn)的本公司招股说明书全文。

本公司董事、监事与高级管理人员均未以任何方式直接或间接持有本公司的股份,并承诺将严格遵守《中华人民共和国公司法》(以下简称《公司法》)、《中华人民共和国证券法》(以下简称“《证券法》”)和《上海证券交易所股票上市规则》等有关法律、法规关于公司董事、监事和高级管理人员持股及锁定的有关规定。

第二节 股票上市情况

一、本上市公告书系根据《公司法》、《证券法》和《上海证券交易所股票上市规则》等有关法律法规规定,按照上海证券交易所《股票上市公告书内容与格式指引》编制而成,旨在向投资者提供有关本公司首次公开发行股票(A股)上市的基本情况。

二、本公司首次公开发行A股股票(以下简称“本次发行”)经中国证券监督管理委员会(以下简称“中国证监会”)证监许可[2009]1132号文核准。本次发行采用网下向询价对象询价配售与网上资金申购发行相结合的方式。

三、本公司A股股票上市经上海证券交易所上证发字[2009]18号文批准。

本公司发行的A股股票在上海证券交易所上市,证券简称“招商证券”,证券代码“600999”;其中本次发行中网上资金申购发行的286,837,000股股票将于2009年11月17日起上市交易。

四、股票上市相关信息

1、上市地点:上海证券交易所

2、上市时间:2009年11月17日

3、股票简称:招商证券

4、股票代码:600999

5、本次发行后总股本:3,585,461,407股

6、本次A股发行的股份数:358,546,141股

7、本次发行前股东所持股份的流通限制及期限

根据《公司法》的规定,公司公开发行股份前已发行的股份,自公司股票在证券交易所上市交易之日起一年内不得转让。

根据《境内证券市场转持部分国有股充实全国社会保障基金实施办法》的有关规定,在本次发行上市时转由全国社会保障基金理事会持有的本公司国有股,全国社会保障基金理事会应承继原国有股东的禁售义务。

8、本次发行前股东对所持股份自愿锁定的承诺

本公司控股股东深圳市集盛投资发展有限公司(以下简称“集盛投资”)、第二大股东深圳市招融投资控股有限公司(以下简称“招融投资”)、第八大股东招商局轮船股份有限公司(以下简称“招商局轮船”)均为本公司实际控制人招商局集团有限公司(以下简称“招商局集团”)控制的企业,该三家股东已分别承诺:自本公司股票在证券交易所上市之日起36个月内,不转让或者委托他人管理其持有的本公司股份,也不由本公司回购该等股份。

本公司的实际控制人招商局集团承诺:自本公司首次公开发行的股票在中国境内的证券交易所上市之日起36个月内,不转让或者委托他人管理其间接持有的本公司股份,也不由本公司回购该等股份。

海南航空股份有限公司就其受让海航集团有限公司所持本公司29,772,496股股份(占本次发行前本公司总股本的0.9226%)而根据中国证监会相关规定出具承诺:海南航空股份有限公司成为本公司股东后,自持股日起36个月内不转让所持本公司股权(因本公司发生合并、分立、重组、风险处置等特殊原因,所持股权经证监会批准发生转让或者变更的除外)。该“持股日”指中国证监会深圳监管局对上述股份受让出具无异议函的日期(即2009年6月18日)。

9、本次上市股份的其他锁定安排:本次发行网下向询价对象询价配售的71,709,141股股份锁定期为3个月,锁定期自本次网上资金申购发行的股票在上海证券交易所上市交易之日起计算。

10、本次上市的无流通限制及锁定安排的股份:本次发行网上资金申购发行的286,837,000股股份无流通限制及锁定安排。

11、股票登记机构:中国证券登记结算有限责任公司上海分公司

12、上市保荐机构:高盛高华证券有限责任公司、瑞银证券有限责任公司

第三节 发行人、股东和实际控制人情况

一、发行人基本情况

1、中文名称:招商证券股份有限公司

2、英文名称:CHINA MERCHANTS SECURITIES CO., LTD.

3、注册资本:322,691.5266万元(本次发行前)

4、法定代表人:宫少林

5、住所:深圳市福田区益田路江苏大厦A座38至45层

6、业务范围:证券经纪;证券投资咨询;与证券交易、证券投资活动有关的财务顾问;证券承销与保荐;证券自营;证券资产管理;证券投资基金代销;为期货公司提供中间介绍业务。

7、主营业务:证券经纪、投资银行、资产管理、基金管理、证券自营、证券投资管理、直接投资等

8、所属行业:证券业

9、电话号码:(0755)8294 3666

10、传真号码:(0755)8294 4669

11、互联网网址:www.newone.com.cn及www.cmsc.com.cn

12、电子信箱:ir@cmschina.com.cn

13、董事会秘书:郭健

14、董事、监事、高级管理人员名单及持有本公司股票、债券情况

(1)董事名单及持有本公司股票、债券情况

姓 名	在本公司任职	是否持有本公司股票、债券
宫少林	董事长	否
杨 鹧	董事、总裁	否
洪小源	董事	否
付刚峰	董事	否
丁安华	董事	否
朱立伟	董事	否
彭 磊	董事	否
孙月英	董事	否
蔡 昀	董事	否
刘 冲	董事	否
万建华	独立董事	否
郑洪庆	独立董事	否
王 沅	独立董事	否
马铁生	独立董事	否
李曙光	独立董事	否

(2)监事名单及持有本公司股票、债券情况

姓 名	在本公司任职	是否持有本公司股票、债券
姜路明	监事、监事会主席(注)	否
吴慧峰	监事	否
郭西锟	监事	否
蔡 鑫	监事	否
朱海彬	监事	否
牛自波	监事(注)	否
赵 斌	监事、零售经纪总部董事总经理	否
尹虹艳	监事、运行管理部副总经理	否
何 敏	监事	否

注:姜路明先生的监事、监事会主席任职资格及牛自波先生的监事任职资格目前正在向证券监督管理机构办理相应的审核手续。

(3)高级管理人员名单及持有本公司股票、债券情况

姓 名	在本公司任职	是否持有本公司股票、债券
杨 鹧	董事、总裁	否
余维佳	常务副总裁	否
熊剑涛	副总裁	否
邓晓力	副总裁	否
汤维清	副总裁	否
孙议政	副总裁(注)	否
郭 健	董事会秘书	否
张卫华	合规总监	否

注：孙议政先生的任职尚待报证券监督管理机构备案审查后正式任命。

二、控股股东及实际控制人情况

(一)控股股东

本次发行后，集盛投资持有本公司1,031,829,231股股份，占本公司总股本的28.78%，是本公司的控股股东。

集盛投资是2001年12月11日在深圳市工商行政管理局注册成立的有限责任公司，住所为深圳南山区蛇口工业区龟山路明华国际会议中心写字楼(二号楼)C1504-E，法定代表人为吴慧峰，注册资本及实收资本均为6亿元，股东为深圳市楚源投资发展有限公司和深圳市晏清投资发展有限公司，各持有50%股权。

(二)实际控制人

本次发行后，招商局集团间接持有本公司控股股东集盛投资(其持有本公司1,031,829,231股股份，占总股本的28.78%)的100%股权，并直接及间接持有本公司第二大股东招融投资(其持有本公司476,770,787股股份，占总股本的13.30%)的100%股权、直接持有本公司第八大股东招商局轮船(其持有本公司136,342,271股股份，占总股本的3.80%)的100%股权。因此，招商局集团通过集盛投资、招融投资和招商局轮船间接持有本公司1,644,942,289股股份，占本公司总股本的45.88%，是本公司的实际控制人。

此外，招商局集团还间接持有中国国际海运集装箱(集团)股份有限公司(其持有本公司32,291,152股股份，占本公司总股本的1.0007%)的股份。

招商局集团于1986年10月15日在国家工商行政管理局注册成立，是国务院国资委代表国务院履行出资人职责的企业，也是国务院国资委直接管理的国有重要企业之一，注册资金为63亿元，住所位于北京市朝阳区建国路118号招商局中心招商大厦五层A区，法定代表人为秦晓。

三、股东情况

本次发行后、上市前公司前十名股东的持股情况如下表所列：

序号	股东名称	持股数量(股)	持股比例
1	集盛投资	1,031,829,231	28.78%
2	招融投资	476,770,787	13.30%
3	中国远洋运输(集团)总公司	389,193,732	10.85%
4	河北港口集团有限公司	173,174,834	4.83%
5	中国交通建设股份有限公司	164,844,266	4.60%
6	上海重阳投资有限公司	150,000,000	4.18%
7	广州海运(集团)有限公司	144,407,517	4.03%
8	招商局轮船	136,342,271	3.80%
9	深圳华强新城市发展有限公司	129,076,610	3.60%
10	中粮地产(集团)股份有限公司	111,756,693	3.12%
合　计		2,907,395,941	81.09%

第四节　股票发行情况

一、发行数量：358,546,141股

二、发行价格：31.00元/股

三、发行方式

本次发行采用网下向询价对象询价配售与网上资金申购发行相结合的方式进行，其中网下向询价对象配售71,709,141股，网上向社会公众投资者发行286,837,000股。

四、本次发行募集资金总额及注册会计师对资金到位的验证情况

1、本次发行募集资金总额为11,114,930,371.00元。

2、天职国际会计师事务所有限公司于2009年11月13日对本次发行的资金到位情况进行了审验，并出具了《验资报告》(天职京核字[2009]2142号)。

五、发行费用总额及项目、每股发行费用

1、本次发行费用总计为231,569,240.13元，包括：

(1)承销及保荐费用：200,068,746.68元

(2)审计费用：3,248,325.95元

(3)律师费用：1,200,000.00元

(4)发行手续费用：935,546.14元

(5)询价路演推介及信息披露费：20,674,940.80元

(6)印花税5,441,680.56元

2、本次发行每股发行费用为0.65元。

六、本次发行募集资金净额：10,883,361,130.87元。

七、发行后每股净资产：5.63元((本公司2009年6月30日经审计的归属于母公司所有者权益+本次发行募集资金净额)/本次发行后总股本)。

八、发行后每股收益：0.55元(2008年度本公司经审计的扣除非经常性损益前后孰低的归属母公司所有者的净利润除以本次发行后总股本)。

第五节　其他重要事项

本公司在招股意向书刊登日(2009年11月3日)至上市公告书刊登前，没有发生可能对本公司有较大影响的重要事项，具体如下：

1、本公司主营业务目标进展情况正常。

2、本公司所处行业和市场未发生重大变化。

3、本公司接受或提供的产品及服务价格未发生重大变化。

4、本公司没有发生未履行法定程序的关联交易，且没有发生未在招股说明书中披露的重大关联交易。

5、本公司未进行重大投资。

6、本公司未发生重大资产(或股权)购买、出售及置换。

7、本公司住所没有变更。

8、本公司董事、监事、高级管理人员没有变化。

9、本公司未发生重大诉讼、仲裁事项。

10、本公司未发生除正常经营业务之外的重大对外担保等或有事项。

11、本公司的财务状况和经营成果未发生重大变化。

12、本公司未发生其他应披露的重大事项。

第六节　上市保荐机构及其意见

一、上市保荐机构基本情况

1、高盛高华证券有限责任公司

法定代表人：蔡金勇

住所：北京市西城区金融大街7号英蓝国际金融中心18层1807-1819室

电话：(010)6627 3333

传真：(010)6627 3300

保荐代表人：李星、陈亿律

2、瑞银证券有限责任公司

法定代表人：刘弘

住所：北京市西城区金融大街7号英蓝国际金融中心12层、15层

电话：(010)5832 8888

传真：(010)5832 8964

保荐代表人：赵驹、高轶文

二、上市保荐机构的推荐意见

上市保荐机构认为，发行人申请其A股股票上市符合《公司法》、《证券法》及《上海证券交易所股票上市规则》等法律、法规的有关规定，发行人A股股票具备在上海证券交易所上市的条件。联席保荐人高盛高华证券有限责任公司、瑞银证券有限责任公司同意推荐发行人的A股股票在上海证券交易所上市交易。

发行人：招商证券股份有限公司

联席保荐人(主承销商)：高盛高华证券有限责任公司

瑞银证券有限责任公司

2009年11月16日

大同煤业股份有限公司

大同煤业股份有限公司 2008 年年度报告摘要

第一节　重要提示

1.1 本公司董事会、监事会及董事、监事、高级管理人员保证本报告所载资料不存在任何虚假记载、误导性陈述或者重大遗漏，并对其内容的真实性、准确性和完整性承担个别及连带责任。

本年度报告摘要摘自年度报告全文，投资者欲了解详细内容，应当仔细阅读年度报告全文。

1.2 公司全体董事出席董事会会议。

1.3 信永中和会计师事务所为本公司出具了标准无保留意见的审计报告。

1.4 公司负责人吴永平、主管会计工作负责人刘福忠及会计机构负责人（会计主管人员）刘大公声明：保证年度报告中财务报告的真实、完整。

第二节　公司基本情况简介

2.1 基本情况简介

股票简称	大同煤业
股票代码	601001
上市交易所	上海证券交易所
公司注册地址和办公地址	山西省工商行政管理局 山西省大同市矿区新平旺
邮政编码	037003
公司国际互联网网址	http://www.dtmy.com.cn
电子信箱	public@dtmy.con.cn

2.2 联系人和联系方式

	董事会秘书	证券事务代表
姓名	钱建军	刘宏兵
联系地址	山西省大同市矿区新平旺 大同煤业股份有限公司	山西省大同市矿区新平旺 大同煤业股份有限公司
电话	0352-7010476	0352-7010167
传真	0352-7011070	0352-7011070
电子信箱	dtqianjianjun@126.com	yjpdcrgw-LHB@126.com

第三节　会计数据和业务数据摘要

3.1 主要会计数据

单位：元 币种：人民币

	2008 年	2007 年	本年比上年增减(%)	2006 年
营业收入	8,395,195,960.08	5,109,439,173.69	64.3[illegible]	3,930,146,397.35
利润总额	3,615,889,685.30	1,214,171,576.66	197.8[illegible]	940,444,611.18
归属于上市公司股东的净利润	2,009,932,702.80	742,382,101.33	170.74	604,009,658.92
归属于上市公司股东的扣除非经常性损益的净利润	2,000,690,511.00	710,080,231.42	181.76	604,480,646.29
经营活动产生的现金流量净额	4,306,439,058.37	668,039,689.05	544.64	1,267,523,715.40
	2008 年末	2007 年末	本年末比上年末增减(%)	2006 年末
总资产	12,879,381,867.13	8,357,112,401.00	54.11	7,263,825,544.45
所有者权益(或股东权益)	6,343,740,398.30	4,467,703,695.50	41.99	3,855,033,345.42

3.2 主要财务指标

	2008 年	2007 年	本年比上年增减(%)	2006 年
基本每股收益(元/股)	2.40	0.89	169.66	0.87
稀释每股收益(元/股)	2.40	0.89	169.66	0.87
扣除非经常性损益后的基本每股收益(元/股)	2.39	0.85	181.18	0.87
全面摊薄净资产收益率(%)	31.68	16.62	增加 15.06 个百分点	15.68
加权平均净资产收益率(%)	37.26	17.84	增加 19.42 个百分点	32.49
扣除非经常性损益后全面摊薄净资产收益率(%)	31.54	15.89	增加 15.65 个百分点	15.70
扣除非经常性损益后的加权平均净资产收益率(%)	37.09	17.06	增加 20.03 个百分点	32.51
每股经营活动产生的现金流量净额(元/股)	5.15	0.80	543.75	1.51
	2008 年末	2007 年末	本年末比上年末增减(%)	2006 年末
归属于上市公司股东的每股净资产(元/股)	7.58	5.34	41.95	4.60

非经常性损益项目

√适用　　□不适用

单位：元 币种：人民币

非经常性损益项目	金额
非流动资产处置损益	-12,719,680.47
计入当期损益的政府补助，但与公司正常经营业务密切相关，符合国家政策规定、按照一定标准定额或定量持续享受的政府补助除外	27,145,763.31
受托经营取得的托管费收入	1,888,500.00
除上述各项之外的其他营业外收入和支出	-7,083,039.01
所得税影响额	10,647.97
合计	9,242,191.80

3.3 境内外会计准则差异：

□适用　　√不适用

第四节　股本变动及股东情况

4.1 股份变动情况表

□适用　　√不适用

限售股份变动情况表

□适用　　√不适用

4.2 股东数量和持股情况

单位：股

报告期末股东总数	65,536 户

前十名股东持股情况

股东名称	股东性质	持股比例(%)	持股总数	持有有限售条件股份数量	质押或冻结的股份数量
大同煤矿集团有限责任公司	国家	60.48	506,100,000	506,100,000	
中国中煤能源集团公司	国有法人	1.74	14,546,247		
秦皇岛港务集团有限公司	国有法人	1.67	14,000,000		
中国建设银行-国泰金马稳健回报证券投资基金	未知	1.47	12,285,437		
中国建设银行-国泰金鼎价值精选混合型证券投资基金	未知	1.35	11,313,930		
DEUTSCHE BANK AKTIENGESELLSCHAFT	未知	1.16	9,698,788		
中信证券-工行-CREDIT SUISSE (HONG KONG) LIMITED	未知	1.11	9,323,558		
兴业银行股份有限公司-兴业趋势投资混合型证券投资基金	未知	1.08	9,023,860		
中国建设银行-交银施罗德蓝筹股票证券投资基金	未知	0.88	7,400,000		
中信证券-建行-中信证券股债双赢集合资产管理计划	未知	0.71	5,947,400		

前十名无限售条件股东持股情况

股东名称	持有无限售条件股份的数量	股份种类
中国中煤能源集团公司	14,546,247	人民币普通股
秦皇岛港务集团有限公司	14,000,000	人民币普通股
中国建设银行-国泰金马稳健回报证券投资基金	12,285,437	人民币普通股
中国建设银行-国泰金鼎价值精选混合型证券投资基金	11,313,930	人民币普通股
DEUTSCHE BANK AKTIENGESELLSCHAFT	9,698,788	人民币普通股
中信证券-工行-CREDIT SUISSE (HONG KONG) LIMITED	9,323,558	人民币普通股
兴业银行股份有限公司-兴业趋势投资混合型证券投资基金	9,023,860	人民币普通股
中国建设银行-交银施罗德蓝筹股票证券投资基金	7,400,000	人民币普通股
中信证券-建行-中信证券股债双赢集合资产管理计划	5,947,400	人民币普通股
上海浦东发展银行-广发小盘成长股票型证券投资基金	5,500,000	人民币普通股
上述股东关联关系或一致行动的说明	公司第一大股东大同煤矿集团有限责任公司，持有公司国家股 50610 万股，占公司总股本的 60.48%，其持有的股份为限售流通股，截止报告期末未被质押、冻结或托管，与其它股东之间不存在关联关系，也不属于《上市公司股东持股变动信息披露管理办法》规定的一致行动人；未知其他股东之间	

是否存在关联关系，也未知其它股东是否属于《上市公司股东持股变动信息披露管理办法》规定的一致行动人。

4.3 控股股东及实际控制人情况介绍

4.3.1 控股股东及实际控制人变更情况

□适用　　√不适用

4.3.2 控股股东及实际控制人具体情况介绍

4.3.2.1 法人控股股东情况

单位:元 币种:人民币

名称	法定代表人	注册资本	成立日期	主营业务
大同煤矿集团有限责任公司	吴永平	17,034,641,600	1949 年 8 月 30 日	经营范围主要为煤炭生产加工、机械制造、工程建筑施工等

4.3.2.2 法人实际控制人情况

单位: 元 币种:人民币

名称	法定代表人	注册资本	成立日期	主营业务
山西省国有资产监督管理委员会	张崇慧			

第五节　董事、监事和高级管理人员

5.1 董事、监事和高级管理人员持股变动及报酬情况

单位:股

姓名	职务	性别	年龄	任期起始止期	年初持股数	年末持股数	变动原因	报告期内从公司领取的报酬总额(万元)	报告期被授予的股权激励情况 可行权股数	已行权数量	行权价(元)	期末股票市价(元)	是否在股东单位或其他关联单位领取报酬、津贴	持有本公司的股票期权
吴永平	董事长	男	50	2008-5-20~2011-5-20	0	0							是	0
李泽民	副董事长、总经理	男	57	2008-5-20~2011-5-20	0	0		23.4416					否	0
王保玉	副董事长	男	56	2008-5-20~2011-5-20	0	0		26.34					否	0
张忠义	董事	男	53	2008-5-20~2011-5-20	0	0							是	0
曹贤庆	董事	男	44	2008-5-20~2011-5-20	0	0							是	0
贾海棠	董事	男	55	2008-5-20~2011-5-20	0	0		28.1377					是	0
许全平	董事	男	51	2008-5-20~2011-5-20	0	0		19.737					否	0
李成生	董事	男	48	2008-5-20~2011-5-20	0	0		18.3714					否	0
张宝山	董事	男	56	2008-5-20~2011-5-20	0	0							否	0
赵　克	董事	男	53	2008-5-20~2011-5-20	0	0							否	0
朱晓喜	独立董事	男	67	2008-5-20~2009-11-15	0	0							否	0
邓万凰	独立董事	女	69	2008-5-20~2009-11-15	0	0							否	0
王稼琼	独立董事	男	45	2008-5-20~2009-9-25	0	0							否	0
祁永忠	独立董事	男	48	2008-5-20~2009-9-25	0	0							否	0
余志强	独立董事	男	48	2008-5-20~2009-11-15	0	0							否	0
张立和	监事会主席	男	58	2008-5-20~2011-5-20	0	0							是	0
吴建明	职工监事	男	53	2008-5-20~2011-5-20	0	0		18.3714					否	0
王　宏	职工监事	男	51	2008-5-20~2011-5-20	0	0		19.6963					否	0
张宽礼	职工监事	男	46	2008-5-20~2011-5-20	0	0		6.7246					否	0
白新哲	股东监事	男	39	2008-5-20~2011-5-20	0	0							是	0
刘福忠	总会计师	男	49	2005-10-10	0	0		11.3659					否	0
钱建军	董事会秘书	男	46	2003-7-9	0	0		11.3659					否	0

第六节　董事会报告

6.1 管理层讨论与分析

(一)、报告期内公司经营情况的回顾

1、公司总体经营情况

2008 年，是大同煤业规范运营、强化管理，实现跨越式发展的一年，公司全体员工同心同德，面对煤炭市场剧烈波动，迎难而进，不断提高公司规模和产能，实现公司经济效益持续提升，并紧紧围绕公司发展战略思路，深入贯彻落实党的十七大和中央经济工作会议精神，以科学发展观为指导，按照"树立新思想、实施新战略、建设新同煤"总体思路和"81620"发展战略体系，以"做强同煤、造福员工"为奋斗目标，以"心齐人和、重建扩源、创新提升、共同富裕"为发展方略，以"尽心履职责、主动抓工作、提高执行力、落实全过程"为工作行为要求。圆满实现了全年奋斗目标，经营业绩创历史新水平，巩固了公司在煤炭行业的地位和在资本市场的竞争优势，报告期内合并实现利润总额 361,589 万元，归属母公司净利润 200,993 万元。

2008 年公司煤炭总产量：全公司生产煤炭 20,260,516 吨，其中：母公司产量 10,005,558 吨；煤炭总销量：全公司煤炭销售 17,308,959 吨，其中：母公司销量 9,758,456 吨。煤炭销售构成：地销 895,516 吨；外销 16,413,443 吨，包括选煤 9,252,836 吨，洗煤 7,160,606 吨。全年出口煤炭 51,561 吨；投资控股的同煤大唐塔山煤矿全年生产煤炭 10,254,958 吨。

主要经营指标比较如下：

项目	2007 年 未调整	2008 年 追溯调整	实际调整	比较
煤炭产量(万吨)	1,747.09	1,747.09	2026.05	278.96
生产成本(元/吨)	148.64	148.64	148.93	0.29
煤炭销量(万吨)	1,525.82	1,525.82	1730.89	205.07
平均售价(元/吨)	333.15	333.15	478.71	145.56
利润总额(万元)	87,769.65	121,417	361,589	240,172
归母公司净利润(万元)	49,926.23	74,238	200,993	126,755
总资产(万元)	822,332.23	835,711	1,287,938	452,227
归母公司净资产(万元)	384,478	446,770	634,374	187,604
净资产收益率	12.99	16.62	31.68	15.06
每股收益(元/股)	0.60	0.89	2.40	1.51

2008 年公司的主要成绩：

1)心齐人和、凝聚力量、为国出力、彰显责任，煤炭产量创新高

一年来，煤炭生产张弛有度，出色地完成了上级交给的任务，彰显同煤作为国家能源基地在关键时刻发挥的中流砥柱作用和舍小家顾大家的精神风范。一年来，生产系统努力克服种种不利因素，精心组织生产，特别是在一季度抗击冰雪支援南方、二季度支援震灾、三季度保奥运的特殊时期，合理生产布局，实施精采细采，发挥设备效能，科学组织有力地保障了电煤供应。创出年产、月产、日产历史最好水平。公司直属的四个矿完成 1000.56 万吨，塔山矿作为全国第一个设计能力达到 1500 万吨的井工矿井，单面月产 5 次突破百万吨，提前 118 天完成全年 800 万吨考核计划，提前 31 天实现 1000 万吨奋斗目标。

2)重建扩源、强基固本、量质并重、资源战略取得突破

募集资金新建项目全面推进，塔山煤矿已具备 1500 万吨的生产条件，顺利通过国家整体竣工验收，于 2008 年 12 月 18 日正式投产。塔山洗煤厂、塔山铁路专用线两年多稳定运转，全国规模最大的 5 万吨煤系高岭土项目已开始设备安装，塔山循环经济工业园区已初步建成，展示新型现代化矿井新形象。

资源扩充强势突破，立足当前，谋划长远，在充分挖掘现有矿井资源潜力的同时，积极争取新建矿区煤炭资源，加强煤炭资源的占有和储备，进一步强化公司资源优势，保证发展后劲。经过大量调研、论证工作，2008 年 2 月收购了内蒙古准格尔华富、召富煤矿两座露天煤矿，召富煤矿已经开工，华富开始征地。2008 年投资的内蒙古色连煤矿拿到国家发改委开工路条，外延式扩张取得了实质性进展。

3)创新提升、激发活力、强化落实、经营管理效果显著

强化落实，安全工作持续稳定。去年是安全投入最多、检查力度最大、制度考核最严的一年，也是安全最平稳的一年。一年来，不断强化安全是企业最大的经济效益、安全是员工最大的福利的思想认识，突出制度、方化治安，初步形成了以"人人都是通风员"为核心的安全工作体系，培养了全员共同的安全价值观，有效提升了安全工作的文化力和执行力。加强全过程管理和责任落实，建立了全安全责任集体问责和个人问责制，完善应急救援预案，提高了处置突发事件的应对能力，实现了安全管理由事后追查向过程控制的转变。全面推行"岗位就近、班组全程、安全程序化"三项管理，不断引深安全质量标准化建设，增强员工遵章作业意识，规范员工操作行为，安全实现了低控目标。

(1)灵活营销，销售效益明显。在去年国内煤价出现大幅波动时期，我们充分发挥规模优势、品牌优势和"稀缺资源"优势，年初适时调整售价，果断实施分段计价、以质论价。在年中煤价不断走高的情况下，准确把握市场走向，及时调整营销策略，合理配煤配销，实现销售效益最大化。特别是在电煤紧张的各个特殊时期，多次组织慰问团，主动走访五大电力公司和南方电厂用户，送服务、送支持，供需双方建立了深厚感情和良好合作关系。从源头上把好煤质关，不断优化产品结构，强化港口煤质全过程监督，完善科学合理的检验程序，推行以我方化验结果为基准的结算方式，实现了煤质增收创效。

(2)规范有力、经营管理效果显著。紧紧围绕"精打细算、当家理财、企业是我家、第一为企业"等理念，从细节管理上提升，强化过程控制，严细结果考核，强化以经营目标责任制为主的财务预算管理。加强了以综采搬家费用为重点的成本管理，综采搬家费用同比降低，提高了经济效益。进一步理顺财务关系，及时规范公司的财务管理和会计核算行为，完成了新会计准则的执行。加强以采购为重点的经营管理，进一步完善了采供管理体制。加大代储量，减少资金占用量。加强了资金管理，规范了资金使用程序，保证了高效运作。

(3)引深培训、开展技术创新。不断引深以"人人都是通风员"为核心内容的培训活动，以班组长、区队长为重点，通过在岗培训、脱产培训等方式，发挥培训机构的作用，大力开展"师带徒"和集中培训活动，有效提高了员工安全意识和操作技能。大力推进自主研发和科技应用，为安全高效生产提供强有力的技术支撑。以创建科技同煤为目标，开展了多学科的技术创新研究并应用到生产实践中。完成了"特厚煤层大采高综放技术与装备研发"等一批重点项目的研发。

2、公司主营业务及其经营状况

①公司主营业务情况说明

公司是以煤炭采掘、洗选加工、销售为主业的大型企业。

②报告期内，公司主营业务没有发生变化。主导产品煤炭占公司主营业务收入的 100%。2008 年实现主营业务收入 833,347.3 万元，主营业务成本 295,673.12 万元，主营业务利润 522,654.35 万元。

(1) 主营业务分行业、产品情况

分行业或分产品	营业收入	营业成本	营业利润率(%)	营业收入比上年增减(%)	营业成本比上年增减(%)	营业利润率比上年增减(%)
分行业						
煤炭行业	8,333,473,022.69	2,956,731,224.77	64.52	63.94	29.80	增加 16.91 个百分点
分产品						
选煤	5,833,431,115.89	2,061,899,342.27	64.65	79.48	23.47	减少 3.92 个百分点
洗煤	2,500,041,906.80	894,931,882.50	64.21	36.38	47.18	增加 32.97 个百分点
合计						

2008 年煤炭销量实际完成 17,308,959 吨，商品煤总收入 833,582.26 万元，平均售价达到 481.59 元/吨。母公司外销煤炭 8,863,620.06 吨，平均价格达到 460.76 元/吨。其中：直达煤 7,374,815.90 吨，平均价格 432.13 元/吨，与上年同期 4,676,692.24 吨比较，增加 2,698,123.66 吨；下水煤 1,437,243.16 吨，平均价格 594.14 元/吨，与上年同期 3,909,474.吨比较，减少 2,472,230.84 吨；出口煤 51,561 吨，平均价格 836.42 元/吨，与上年同期 247,904 吨比较，减少 196,343 吨。

主营业务成本完成 314,186.33 万元，吨煤达到 181.52 元/吨。

主营业务税金及附加完成 15,019.83 万元，吨煤达到 8.68 元/吨。

本年主营产品销售毛利 519,395.93 万元，毛利率 62.31%。

(2) 主营业务分地区情况

地区	营业收入	营业收入比上年增减(%)
国内销售	8,290,346,271.20	66.85
国外销售	43,126,751.49	−62.39
合计		

③主要供应商、客户情况

报告期内，公司向前五名供应商合计的采购金额为 8583.25 万元，占年度采购总额的 24.15 %。

公司前五名供应商的情况：

供应商名称	本期采购总额	占本期材料采购的比例
大同同安电线电缆有限责任公	21036041.16	5.92%
北京中大业恒科技有限公司	19341481.4	5.44%
大同云雁石化有限公司	17459058.45	4.91%
石油化工股份有限公司山西大同石油分公司	14565859.16	4.10%
大同市盛通实业有限责任公司	13430021.36	3.78%

报告期内，本年公司前五名客户销售收入总额 327,411.90 万元，占本年全部销售收入总额的 39%。

公司前五名的客户的情况：

客户名称	本期销售总额	占本期销售收入的比例
浙江工业\大唐乌沙山发电厂	1,089,220,633.94	13%
福建大唐国际宁德发电有限责任公司	796,460,617.38	10%
广东大唐国际潮州发电有限责任公司	614,380,818.50	7%
浙江浙能富兴燃料有限公司	411,573,256.20	5%
国电燃料有限公司	362,483,597.83	4%

3、报告期公司资产构成情况

项　目	2008 年度	2007 年度	增减幅度(%)
资产总额	12,879,381,867.13	8,357,112,401.00	54.11
应收款项净额	267,415,294.96	99,389,542.02	169.05
存货净额	367,407,664.78	311,143,743.90	18.08
长期投资净额	22,575,000.00	6,450,000.00	250.00
固定资产净值	3,984,649,207.47	3,028,045,752.47	31.59
在建工程	378,483,681.94	327,291,565.07	15.64
短期借款	397,550,000.00	397,550,000.00	
长期借款	1,021,000,000	1,141,000,000.00	−10.52
股东权益	8,381,987,803.60	5,003,457,893.14	67.52

说明：公司资产总额增加的主要原因是本年应收账款、存货、长期股权投资、固定资产增加：

①应收款项净额增加的主要原因一是本年度产销量增加；二是大唐发电和塔山发电厂用煤在年末正常未结算款项，形成应收煤款增加。②存货净额增加的主要原因是一是原材料库存增加；二是期末库存煤量增加使库存煤结存成本增加。③长期股权投资增加是对准朔铁路有限责任公司追加投资。④固定资产净值增加的主要原因是塔山煤矿增加一套综采设备和塔山洗煤厂项目由在建工程转入。⑤股东权益增加的主要原因：一是盈余公积调整增加；二是本期提取法定盈余公积；三是本年利润增加。

4、报告期公司营业费用、管理费用、财务费用及资产减值损失情况

项　目	2008 年度	2007 年度	增减幅度(%)
营业费用	972,388,930.72	1,069,801,617.43	−9.11
管理费用	543,768,495.52	356,099,384.55	52.70
财务费用	93,177,215.57	74,146,767.91	25.67
资产减值损失	2,494,387.37	2,306,763.53	8.13

说明：①营业费用减少主要是母公司本年销售结构变动(下水煤、出口煤减少，直达煤增加)影响费用降低。②管理费用增加的主要原因一是本年管理人员工资及附加费增加；二是本年销售收入增加影响矿产资源补偿费增加；三是本年采矿权摊销和土地租赁费较上年同期增加。③财务费用增加的主要原因是塔山煤矿借款利息支出增加。④资产减值损失为本年对应收款项提取的坏账准备。

5、公司现金流量相关数据

项　目	2008 年度	2007 年度
经营活动产生的现金流量总金额	4,306,439,058.37	668,039,689.05
投资活动产生的现金流量总金额	−4,380,843,341.43	−869,699,171.46
筹资活动产生的现金流量总金额	283,605,382.63	−162,371,562.12

说明：①经营活动产生的现金流量净额增加一是本年煤炭销售价格、销售收入增加，形成现金流量增加；二是在销售策略上加大预收货款发煤管理。②投资活动产生的现金流量净额减少的主要原因是本年购建固定资产、无形资产所支付的现金增加。③筹资活动产生的现金流量净额增加的主要原因是本年塔山煤矿吸收投资增加。

6、公司主要控股公司及参股公司情况

公司名称	企业类型	注册地	经营范围	注册资本	总资产	净资产	净利润	持股
同煤大唐塔山煤矿有限公司	有限责任公司	大同市南郊区口泉交通街	煤矿及选煤厂筹建	64,546	59.09	38.07	14.38	51%
金宇高岭土化工有限公司	有限责任公司	大同煤矿集团塔山工业园	高岭土生产加工销售	2,000				100%
准格尔旗召富煤炭有限责任公司	有限责任公司	鄂尔多斯市准格尔旗窑沟乡	技改矿，只许技改	1,000				80%
准格尔旗华富煤炭有限责任公司	有限责任公司	准旗窑沟乡牛光屹旦村	技改矿，只许技改	1,100				80%

主要参股公司：准朔铁路有限责任公司。

该公司目前负责准格尔—朔州新建铁路线的前期准备工作，本年度公司以货币资金形式追加投资 1,612.5 万元。

7、技术创新和节能减排情况

1) 技术创新情况

2008 年，公司科技创新工作的总体思路是：全面贯彻落实科学发展观，紧紧围绕和服务于公司“心齐人和，重建扩源，创新提升，共同富裕”的发展战略，以技术创新为主线，强化技术基础管理，着力提高技术人员综合素质，大力构建长效可靠的技术管理平台和先进实用的技术创新平台，为实现公司的可持续发展和安全高效生产提供强有力的技术支撑。公司与国内多家知名科研院所建立了长期的战略合作关系，形成了多项科技成果。坚硬顶板与煤岩层动力灾害条件下安全开采技术和大同两硬条件薄煤层综采成套技术研究分别获得 2008 年煤炭工业协会科学技术一等奖和三等奖。公司煤层开采技术日趋完善。石炭系塔山矿综采放顶煤技术开创了我国特厚煤层综放技术的先例。2008 年，公司加大了科技投入，在采煤方法、采掘机械、通风安全、矿山电气及科学管理等领域进行了大量科技攻关，取得了众多科技成果。在开采装备、采煤工艺、顶板控制等方面均取得了重大技术突破，达到国际先进水平。目前，公司生产矿井使用的综采设备在全国煤炭生产企业中，在数量、种类上都是占有绝对优势的。

公司依靠自主开发和产学研结合的方式，多方面推进煤炭生产、安全、企业信息化的科技创新工作，取得了显著效果。建立了以企业为主体、市场为导向、产学研相结合的科技创新体系，制定了公司科技管理办法，有针对性的按照生产、安全及发展的需要，进行产学研合作，加大科技成果的引进、推广、应用和向生产力的转化。与中国矿业大学合作，在塔山矿建立了“资源开采与安全国家实验室的现场实验室”。

2)节能减排情况

公司坚持以科学管理为基础，遵循发展循环经济的内在需求，贯彻落实十七大提出的加强能源资源节约和生态环境保护，增强可持续发展能力，把资源节约型、环境友好型社会放在工业化，现代化发展战略的突出位置。全面落实节能减排工作责任制，实现公司工业污染源全面达标。综合公司实际情况，制定了公司环境保护管理考核办法，规范节能减排管理、明确节能减排任务，部署节能减排目标，分解节能减排任务，把节能减排作为一项考核指标去完成。2008 年公司所属煤峪口矿、同家梁矿、四老沟矿、忻州窑矿及控股子公司塔山煤矿经过技术改造更换脱硫除尘器 92 台，453.5 蒸吨，减少 SO_2 排放 798 吨，SO_2 总量控制在大同市环保局下达的 2008 年度重点工业企业总量控制指标范围内。上述五个矿矿井废水经净化站处理后，全部回用井下，用于洒水灭尘，不外排。年底煤峪口矿、同家梁矿、四老沟矿、忻州窑矿通过工业污染源全面达标验收。公司的控股子公司塔山煤矿，在工业园区建设的总体发展思路上遵循以市场为导向，以经济效益中心，以科教兴煤为手段，以可持续发展为准则的原则，突出“以煤为主，多种经营，全面发展”的矿区发展指导思想。对主业煤炭生产做大、做强、做精，引进新理念，采用新技术、新装备、实现高产高效，正在走出一条循环经济的发展模式。以资源的再生，循环利用和无害化处理为手段。从生产产品延伸到废弃物的回收处理和再生，实现资源消耗的减量化、再利用和资源再生化，从而减少了因资源开发对环境的影响，变废为宝。使矿区发展走向环保、高效、经济的可持续发展道路，实现最佳的经济和社会效益。

(二)对公司未来发展的展望

1、公司所处行业的发展趋势及竞争格局

当前，全球金融危机已经波及到各个国家、地区和行业，国内外的经济形势复杂多变，经济增速持续下滑，外部经济环境非常严峻。2009 年我们面临的挑战前所未有：一是受全球金融危机影响，国际国内经济进入调整期，企业经营的外部环境发生变化；二是煤炭需求减弱，预计 09 年煤炭需求增速较 08 年明显下降，煤炭供求形势将总体宽松，加之进口较多，出口下降，都对煤炭价格下行压力加大；三是国内矿产品增值税提高，国家正酝酿资源税将由从量计征改为从价计征、取消出口退税等给企业运行带来更多增支因素。

我们也看到 09 年机遇与挑战并存，目前我国仍处于重要战略机遇期，经济社会发展的基本面和长期向好的趋势没有变，今年以来国家相继出台一系列经济刺激计划，提出了今年经济工作保持平稳较快发展，确定了 GDP 保持 8%的目标，并出台了投资 4 万亿元拉动内需刺激方案，以及采取积极的财政政策和适度宽松的货币政策，将有力促进经济运行环境的改善，拉动能源需求。这些都将对经济运行和行业发展产生积极深远的影响。

从行业角度看，煤炭占中国国内一次能源消费量 69%，预计到“十二五”这个比例都不会改变。所以煤炭在我国能源消费中的主体地位短时期内不会改变，山西作为国家煤炭大省和重要能源基地的突出地位不会改变。煤炭作为我国基础能源，国家调控力度将进一步加大，特别是省政府为应对金融危机给山西煤炭行业造成的全线冲击，对煤炭生产实行总量控制，加大小煤窑的关停力度，对煤炭销售提出了“保市场、保运力、保价格、保货款回收、保增长速度”的五保原则，将对我省煤炭经济的健康发展创造条件。

机遇与挑战并存，困难与希望同在。在新形势下，我们要坚定落实科学发展观的信心不动摇，坚定抢抓机遇的信心不动摇，统一思想，振奋精神，迎难而上。我们坚信，2009 年，公司在全体股东的大力支持下，管理层和全体员工的共同努力下，一定会战胜市场危机，开创大同煤业更加辉煌的明天。

2、公司发展计划

公司 2009 年总体发展思路：公司将充分利用自身资源、品牌、区位、管理等方面的优势，依托或借助同煤集团强大资源平台和其在我国能源开发战略中的特殊地位，不断扩大和提升公司核心竞争优势；坚持科学发展观，全面实施战略管理，实现公司可持续发展。在提升煤炭产业规模和生产效率的同时，整合收购资源丰富、具有发展前景的煤矿资源，提高煤炭资源储备，不断加强在煤炭采选领域的竞争优势和整体实力，五到十年内将公司建设成为国内一流的煤炭采选及深加工企业和具有国际竞争优势的大型现代化煤炭企业。

1)强问责，确保安全工作持续稳定，重落实，提升本质保障能力。

安全工作贵在坚持，要充分认识老矿井开采条件越来越差、上级和广大员工对安全工作的要求越来越高的实际情况，今年要做到“一降一问三杜绝”即：最大限度地降低事故隐患；强化问责；坚决杜绝发生重大安全事故，坚决杜绝发生多人安全事故，坚决杜绝在敏感时期发生安全事故。以“居安思安、居安想安、居安干安、居安紧安”为主线，把“安全第一、超前预防、贯穿全程、关键落实”落到实处，以打造安全本质型矿井为目标，建设“人员无缺位、设备无故障、系统无缺陷、管理无漏洞”的零事故现场和零事故环境。深化、细化“人人都是通风员”为核心的安全工作体系，坚持理念渗透与行为养成的不间断、实施“文化兴安”。扎实推进以安全质量标准化和“三项管理”为重点的安全基础基层管理，实施行为规范、现场管理质量达标。落实区队长、班组长、技术员等准入制度，加强员工安全培训，继续强化安全问责，落实安全责任，提高安全工作的执行力，促进安全工作稳定发展。

2)拓市场，提高销售效益，稳生产，奠定企业发展基础。

突出抓好煤炭营销。煤炭销售是全年工作的重头戏，必须迎难而上，稳扎稳打。要建立以市场为导向的营销策略，根据市场情况和用户情况，适时调节煤价，争取效益最大化。不断优化销售结构、

用户结构,巩固可靠用户,发展诚信用户,建立稳定的合作关系,对已签合同的用户要紧盯不放,确保销售计划按日、按月兑现。要制定相应措施,做好未签合同煤炭的销售,充分发挥集团规模和优质动力煤两大优势,提升市场占有率和竞争力。建立健全货款回收责任制,货款按月回收,不得拖欠。密切路矿协作,保证车皮稳定供应。

精心组织生产,确保全年生产任务的完成。侏罗纪煤炭是我们最宝贵的稀缺资源,要倍加珍惜,特别是要加大"三下"及薄煤层开采力度,实现精采细采。以优化采掘接替和现场管理为重点,合理开采工艺,做到采掘协调。抓好设备的日常维护和保养,提高设备的使用效率,实现均衡生产。直属四个矿要完成 855 万吨,塔山矿要完成 1500 万吨生产任务,并在年底具备 2000 万吨的生产能力。召富矿上半年试生产,华富和色连矿上半年开工建设。

3)重建设,培育企业新增长点,扩资源,打造企业核心竞争力

加速推进新建项目建设。以"六个典范"为标准,提高新井建设速度。确保内蒙古准格尔召富煤矿上半年试生产,华富和色连矿上半年开工建设。继续完善塔山园区循环经济建设,塔山煤矿要继续加强石炭二叠纪特厚煤层综放成套工艺研究,确保两个综放工作面达到 1500 万吨能力的达产格局;超前安排矿井运输、通风、供电、供水、监控、安全工程等系统能力核定及建设,保证年底前各大系统具备 2000 万吨生产能力;塔山 5 万吨高岭土项目加快设备安装、调试,提前做好队伍组建和人员培训,在上半年竣工投产,确保募集资金项目年内全部建成投产,为企业培育新的增长点。

低成本整合煤炭资源。要充分抓住市场变化给资源整合带来的契机,通过多种途径,推进资源整合,对储量丰富的区域实施"以点带面"策略,通过先期整合井田内的中小煤矿,逐步实现控制周边资源的目的,为公司可持续发展提供资源保障。

4)强化考核,提升管理水平,确保企业平稳运行

以考核促进管理,构建有效的激励约束机制。为促进今年经营目标责任的落实,建立有效的激励约束机制,要严格按《领导人员年度工作业绩考核管理办法》,公平、公正、实事求是的原则进行考核,做到奖罚分明。充分发挥督察和考核作用,实行一般工作日常督察考核,重点工作跟踪督察考核。各职能部门要主动深入基层,开展送服务、送支持、送帮助活动,提高办事效率,解决挡手问题,推进各项工作。

纵深推进企业文化建设,促进企业和谐发展。大力弘扬"爱企敬业、创新发展"的企业精神,推行"快乐工作法",引导员工心系于企业、力用于工作、智献于发展。强化经营,挖掘内部潜力,降耗增效。深化"精打细算,当家理财"、"企业是我家,第一为企业"等经营理念,全面加强经营管理。要加强经营基础建设,健全全面预算体系,科学合理制定成本费用指标,并实行分级计划、分级管理,分级考核。加大节能工作力度,建立健全节能责任制度及考核体系,抓好生产设备的节能技术改造和高耗能设备的节能监测等工作,杜绝各种浪费现象。进一步建立健全质量管理体系,严格落实产品质量责任追究制,坚持过程质量控制,加强对产品的质量跟踪,要从生产源头抓起,加大生产现场的质量控制,保证原煤质量。

5)确保再融资工作的顺利实施

密切关注证券市场形势发展和发行监管部门的政策动向,与相关中介机构紧密配合,及时、高效地完成公司再融资方案及全套申请文件的制作,在严格履行法定决策程序的基础上,积极争取监管部门的核准,做好与机构投资者的沟通工作,适时、及时地实施完成再融资工作,加快落实公司首发上市时的承诺。

3、2009 年公司经营计划

2009 年全年预计煤炭产量为 2355 万吨,预计煤炭销量为 1935 万吨,预计全年实现营业收入为 89.01 亿元。

4、资金需求及使用计划

根据公司发展规划,未来几年公司将通过境内外融资、引入战略投资者、银行贷款等多种融资方式,解决公司发展的资金需求。

(1)公司计划充分利用资本市场的平台,于 2008 年采取国内 A 股定向增发的形式,募集资金用于收购集团公司部分矿井,保持煤炭产能稳定并扩大煤炭资源储备;使公司收入规模和盈利能力得到提升,努力实现公司经济又好又快发展。

(2)为保持公司稳定和可持续发展,增加公司资源储备,公司 2008 年收购王福厚先生持有准格尔旗华富煤炭有限责任公司 80%的股权和准格尔旗召富煤炭有限责任公司 80%的股权,并对目标矿进行增资建设,需投资约 12 亿元左右。截至 2008 年 12 月 31 日,公司已向召富公司支付 294,910,800.00 元,向华富公司支付 387,682,900.00 元,并完成本公司持股 80%的企业信息变更登记。

(3)2004 年度股东大会批准公司投资参股准格尔–朔州新建铁路线,承诺公司出资总额 3 亿元左右,2006 年公司已出资 645 万元,本年度追加投资 1,612.5 万元。

(4)公司第三届董事会第八次会议审议通过关于收购内蒙古鄂尔多斯投资控股集团有限公司股权的议案,公司向内蒙古鄂尔多斯投资控股集团有限公司收购内蒙古同煤鄂尔多斯矿业投资有限公司(以下简称"矿业公司")70%的股权,支付控股集团持有的矿业公司股权款项 46045.87 万元。公司取得矿业公司的股东身份后,有权按照矿业公司章程等有关规定,组建矿业公司的董事会等管理机构,负责矿业公司的决策和经营管理工作。截至 2008 年 12 月 31 日,本公司已按照相关协议约定预付股权转让款 46,545.87 万元,现矿业公司相关资产评估尚未进行,最终的股权转让价款未能确定,且未进行股权变更、矿业公司章程修改等相关变更登记手续。

5、风险因素及对策

1)公司在生产经营中的困难及采取的对策和措施

公司在生产经营中存在的问题和困难是:(1)煤炭市场波动风险。2009 年,受整体经济形势的影响,煤炭市场的供需状况仍存在不确定性,煤炭价格仍可能有一定的调整,对公司的整体经营业绩将可能存在一定的影响。(2)政策的压力。煤炭是重要的基础资源,国家和地方政府近年来加大了煤炭产业调整力度,从 2009 年起上调煤炭行业增值税,未来资源税征收办法可能由从量计征改为从价计征。以上政策的实施将对公司经营带来一定影响。(3)行业内部的竞争。(4)环境保护的风险。随着国家环保工作力度的进一步加大,节能减排有关政策的不断出台,煤炭类能耗较高行业将会受到越来越严格的环保监管。

针对上述问题,公司将通过自身努力,提高经营管理水平,严格控制成本,精打细算挖潜力,在重点环节上力求节支增收,消化各项增支因素及市场变化带来的不利因素。二是按照科学发展观的要求,在生产组织上创新,提升产能效率和资源回收率。三是在质量管理上创新,提升品牌实力。深入开展质量管理体系贯标认证工作。四是充分发挥大型煤炭企业和优质动力煤及"大友"品牌等优势,按照适销对路的原则,适时调整销售策略,从而最大限度地减少市场变化对公司经营造成的风险。

2)安全生产的风险及对策。

针对公司各矿井在煤炭开采中存在瓦斯、煤尘、火、水、顶板五大自然灾害等不安全因素。公司将以构建本质安全型企业为目标,严格执行和落实安全领导责任制,形成有效的安全管理体系和安全监管措施,一是认真贯彻落实《矿山安全法》、《煤矿安全规程》,足额提取安全费用,实行专款专用,大力整治薄弱环节,深入贯彻"人人都是安全员,人人都是通风员"的安全理念,加大安全治理和监控力度,强化安全责任追究制度、隐患排查制度的落实和重大灾害性事故的预防,有效减少和控制各类安全事故的发生。二是以质量标准化为基础,加强过程管理、现场管理,增强员工遵章作业意识,规范员工操作行为。全力营造安全氛围,建立安全长效机制。

与公允价值计量相关的项目

□适用　　　√不适用

持有外币金融资产、金融负债情况

□适用　　　√不适用

6.2 主营业务分行业、产品情况表

请见前述 6.1

6.3 主营业务分地区情况表

请见前述 6.1

6.4 募集资金使用情况

√适用　　　□不适用

单位:万元 币种:人民币

承诺项目	是否变更项目	拟投入金额	实际投入金额	是否符合计划计划进度	预计收益	产生收益情况
年产 1500 万吨塔山矿井及配套洗煤厂项目	否	103,745.00	105,700.00	是		
塔山煤系高岭岩加工厂项目	否	26,313.63	12,084.02	否		
塔山矿区铁路专用线项目	否	48,792.23	42,732.93	是		
同家梁主立井提升能力及筛选系统技术改造项目	否	2,870.00		否		
合计		181,720.86	160,516.95			/

变更项目情况

□适用　　　√不适用

6.5 非募集资金项目情况

√适用　　　□不适用

单位:元 币种:人民币

项目名称	项目金额	项目进度	项目收益情况
准格尔旗召富煤炭有限责任公司	294,910,800.00		
准格尔旗华富煤炭有限责任公司	395,682,900.00		
准朔铁路有限责任公司	16,125,000.00		

6.6 董事会对会计师事务所"非标准审计报告"的说明

□适用　　　√不适用

6.7 董事会本次利润分配或资本公积金转增股本预案

经信永中和会计师事务所审计,公司 2008 年度实现净利润 2,009,932,702.80 元。按照《公司章程》等有关规定,提取 10%法定公积金 200,993,270.28 元。提取安全费、维简费、环境治理保证金、煤矿转产发展资金共 694,083,448.28 元,可供股东分配的利润为 1,114,855,984.24 元。

公司拟定了以 2008 年 12 月 31 日的总股本 83,685 万股为基数向全体股东按每 10 股派现金红利 4.00 元(含税),合计分配利润 334,740,000.00 元,未分配利润余额结转入下一年度作为公司发展用资金。上述利润分配预案须经本公司 2008 年度股东大会通过方可实施。

公司本报告期内盈利但未提出现金利润分配预案

□适用　　　√不适用

第七节　重要事项

7.1 收购资产

√适用　　　□不适用

7.2 出售资产

□适用　　　√不适用

7.3 重大担保

□适用　　　√不适用

7.4 重大关联交易

7.4.1 与日常经营相关的关联交易

□适用　　　√不适用

7.4.2 关联债权债务往来

□适用　　　√不适用

7.4.3 2008 年资金被占用情况及清欠进展情况

□适用　　　√不适用

截止 2008 年末,上市公司未完成非经营性资金占用的清欠工作的,董事会提出的责任追究方案

□适用　　　√不适用

7.5 委托理财

□适用　　　√不适用

7.6 承诺事项履行情况

7.6.1 公司或持股 5%以上股东在报告期内或持续到报告期内的承诺事项

□适用　　　√不适用

7.6.2 公司资产或项目存在盈利预测,且报告期仍处在盈利预测期间,公司就资产或项目是否达到原盈利预测及其原因作出说明:

□适用　　　√不适用

7.7 重大诉讼仲裁事项

□适用　　　√不适用

7.8 其他重大事项及其影响和解决方案的分析说明

7.8.1 证券投资情况

□适用　　　√不适用

7.8.2 持有其他上市公司股权情况

□适用　　　√不适用

7.8.3 持有非上市金融企业股权情况

□适用　　　√不适用

7.8.4 买卖其他上市公司股份的情况

□适用　　　√不适用

7.9 公司是否披露履行社会责任的报告：否

第八节　监事会报告

监事会认为公司依法运作、公司财务情况、公司募集资金使用、公司收购、出售资产交易和关联交易不存在问题。

8.1 监事会对公司依法运作情况的独立意见

报告期内，监事会共召开 4 次会议，监事还列席和出席了各次董事会和股东大会。公司股东大会、董事会的召开、表决程序、记录、内容及决议签署等相关事宜符合法律、行政法规、规章和公司章程的规定。董事会认真贯彻执行股东大会决议，保证了公司的依法运作；公司进一步完善了法人治理细则和内部管理制度；公司在本年度经营活动中严格执行了《公司法》和《公司章程》，无任何违规现象、无损害公司利益行为、无损害股东权益行为和造成公司资产流失现象发生。公司制定的内部控制制度和各项管理制度，符合国家有关规定和公司实际情况。在公司治理专项活动中，能严格按照中国证监会《关于开展加强上市公司治理专项活动有关事项的通知》的要求和安排，认真开展公司治理的自查、整改，有效促进公司治理水平的提高。公司董事会和经营管理人员能够依法运作；公司董事、经理执行公司职务时，无违反纪律、法规、公司章程或损害公司利益的行为。

8.2 监事会对检查公司财务情况的独立意见

监事会对本年度公司财务管理进行了监督、核查，认真审核了公司的财务报表、审计报告和其他会计资料。监事会认为：公司财务制度符合《会计法》、《企业会计准则》等法律、法规的有关规定。公司财务状况良好，管理规范。公司的各项财务数据独立完整、客观真实，无重大遗漏和虚假记载。公司 2008 年年度报告严格执行了中国证监会和《新会计准则》的相关规定和 要求，真实、准确、完整地反映了公司的财务状况、经营成果、现金流量和股东权益情况。信永中和会计师事务所有限公司审计意见客观、公正。同意该事务所出具的标准无保留意见的审计报告。2008 年财务报告，真实客观反映了公司 2008 年财务状况和经营成果。

8.3 监事会对公司最近一次募集资金实际投入情况的独立意见

报告期内，公司共使用募集资金 93,025.56 万元。尚未使用的募集资金进行了专户存储和专项管理，存于募集资金专户。募集资金的使用无违规改变募集资金用途、挪用募集资金的行为。

8.4 监事会对公司收购、出售资产情况的独立意见

报告期内公司无重大收购、出售资产事项发生。

8.5 监事会对公司关联交易情况的独立意见

监事会对公司全年关联交易事项进行了认真审查和监督。通过审查，监事会认为：报告期内公司发生的关联交易事项履行了相应的决策程序，决策程序合法、合规，是在公平、公正的基础上进行的，完全符合中国证监会、上海证券交易所及公司《关联交易准则》的相关要求，没有发现有损害公司和其他股东利益的行为。

第九节　财务会计报告

9.1 审计意见

财务报告　　　□未经审计　　　√审计

审计意见　　　√标准无保留意见　　　□非标意见

审计意见全文

XYZH/2008A6035

大同煤业股份有限公司：

一、管理层对财务报表的责任

我们审计了后附的大同煤业股份有限公司（以下简称"大同煤业公司"）合并及母公司财务报表，包括 2008 年 12 月 31 日的资产负债表，2008 年度的利润表、现金流量表、股东权益变动表及财务报表附注。

按照企业会计准则的规定编制财务报表是大同煤业公司管理层的责任。这种责任包括：(1)设计、实施和维护与财务报表编制相关的内部控制，以使财务报表不存在由于舞弊或错误而导致的重大错报；(2)选择和运用恰当的会计政策；(3)作出合理的会计估计。

二、注册会计师的责任

我们的责任是在实施审计工作的基础上对财务报表发表审计意见。我们按照中国注册会计师审计准则的规定执行了审计工作。中国注册会计师审计准则要求我们遵守职业道德规范，计划和实施审计工作以对财务报表是否不存在重大错报获取合理保证。

审计工作涉及实施审计程序，以获取有关财务报表金额和披露的审计证据。选择的审计程序取决于注册会计师的判断，包括对由于舞弊或错误导致的财务报表重大错报风险的评估。在进行风险评估时，我们考虑与财务报表编制相关的内部控制，以设计恰当的审计程序，但目的并非对内部控制的有效性发表意见。审计工作还包括评价管理层选用会计政策的恰当性和作出会计估计的合理性，以及评价财务报表的总体列报。

我们相信，我们获取的审计证据是充分、适当的，为发表审计意见提供了基础。

三、审计意见

我们认为，大同煤业公司财务报表已经按照企业会计准则的规定编制，在所有重大方面公允反映了大同煤业公司 2008 年 12 月 31 日的财务状况以及 2008 年度的经营成果和现金流量。

信永中和会计师事务所　　　中国注册会计师：周莉　祝自宏

北京市东城区朝阳门北大街　　　2009 年 4 月 26 日

9.2 财务报表

合并资产负债表

2008 年 12 月 31 日

编制单位：大同煤业股份有限公司　　　单位：元 币种：人民币

项目	附注	期末余额	年初余额
流动资产：			
货币资金		3,422,374,513.17	3,211,673,413.60
结算备付金			
拆出资金			
交易性金融资产			
应收票据		46,500,000.00	
应收账款		267,415,294.96	99,389,542.02
预付款项		620,601,638.25	27,282,317.51
应收保费			
应收分保账款			
应收分保合同准备金			
应收利息			
应收股利			
其他应收款		218,180,806.03	840,579,988.73
买入返售金融资产			
存货		367,407,664.78	311,143,743.90
一年内到期的非流动资产			
其他流动资产			
流动资产合计		4,942,479,917.19	4,490,069,005.76
非流动资产：			
发放贷款及垫款			
可供出售金融资产			
持有至到期投资			
长期应收款			
长期股权投资		22,575,000.00	6,450,000.00
投资性房地产			
固定资产		3,984,649,207.47	3,028,045,752.47
在建工程		378,483,681.94	327,291,565.07
工程物资		152,275,199.15	369,955,731.39
固定资产清理			
生产性生物资产			
油气资产			
无形资产		3,352,210,903.00	82,056,755.83
开发支出			
商誉			
长期待摊费用			
递延所得税资产		46,707,958.38	53,243,590.48
其他非流动资产			
非流动资产合计		7,936,901,949.94	3,867,043,395.24
资产总计		12,879,381,867.13	8,357,112,401.00
流动负债：			
短期借款		397,550,000.00	397,550,000.00
向中央银行借款			
吸收存款及同业存放			
拆入资金			
交易性金融负债			
应付票据			
应付账款		750,144,967.81	580,165,961.66
预收款项		246,999,819.50	155,870,987.62
卖出回购金融资产款			
应付手续费及佣金			
应付职工薪酬		157,894,560.13	148,395,271.87
应交税费		581,377,736.09	320,420,030.24
应付利息			
应付股利			
其他应付款		721,790,413.76	284,066,504.52
应付分保账款			
保险合同准备金			
代理买卖证券款			
代理承销证券款			
一年内到期的非流动负债		120,000,000.00	94,000,000.00
其他流动负债		1,980,901.8	1,980,901.80
流动负债合计		2,977,738,399.09	1,982,449,657.71
非流动负债：			
长期借款		1,021,000,000.00	1,141,000,000.00
应付债券			
长期应付款			
专项应付款			
预计负债			
递延所得税负债		489,099,321.44	230,204,850.15
其他非流动负债		9,556,343.00	

非流动负债合计	1,519,655,664.44	1,371,204,850.15
负债合计	4,497,394,063.53	3,353,654,507.86
股东权益：		
股本	836,850,000.00	836,850,000.00
资本公积	1,839,971,778.17	1,839,971,778.17
减：库存股		
盈余公积	1,997,615,295.41	1,102,538,576.85
一般风险准备		
未分配利润	1,669,303,324.72	688,343,340.48
外币报表折算差额		
归属于母公司所有者权益合计	6,343,740,398.30	4,467,703,695.50
少数股东权益	2,038,247,405.30	535,754,197.64
股东权益合计	8,381,987,803.60	5,003,457,893.14
负债和股东权益合计	12,879,381,867.13	8,357,112,401.00

公司法定代表人：吴永平 主管会计工作负责人：刘福忠 会计机构负责人：刘大公

母公司资产负债表

2008 年 12 月 31 日

编制单位:大同煤业股份有限公司 单位:元 币种:人民币

项目	附注	期末余额	年初余额
流动资产：			
货币资金		3,072,506,643.24	3,161,527,441.83
交易性金融资产			
应收票据		46,500,000.00	
应收账款		110,805,152.51	25,072,780.32
预付款项		468,016,386.27	2,719,828.54
应收利息			
应收股利			
其他应收款		450,503,979.43	841,645,324.80
存货		284,350,883.24	236,312,406.30
一年内到期的非流动资产			
其他流动资产			
流动资产合计		4,432,683,044.69	4,267,277,781.79
非流动资产：			
可供出售金融资产			
持有至到期投资			
长期应收款			
长期股权投资		1,790,168,700.00	355,630,000.00
投资性房地产			
固定资产		1,409,902,789.51	1,367,882,399.82
在建工程			
工程物资		830,016.00	372,064.59
固定资产清理			
生产性生物资产			
油气资产			
无形资产		103,648,585.79	82,056,755.83
开发支出			
商誉			
长期待摊费用			
递延所得税资产		39,873,919.55	30,565,442.86
其他非流动资产			
非流动资产合计		3,344,424,010.85	1,836,506,663.10
资产总计		7,777,107,055.54	6,103,784,444.89
流动负债：			
短期借款		397,550,000.00	397,550,000.00
交易性金融负债			
应付票据			
应付账款		494,944,956.82	703,061,319.87
预收款项		246,999,819.50	155,870,987.62
应付职工薪酬		145,916,699.70	141,061,651.74
应交税费		304,634,411.99	159,859,391.82
应付利息			
应付股利			
其他应付款		433,348,103.28	122,785,240.08
一年内到期的非流动负债			
其他流动负债			
流动负债合计		2,023,393,991.29	1,680,188,591.13
非流动负债：			
长期借款			
应付债券			
长期应付款			
专项应付款			
预计负债			
递延所得税负债		285,680,827.62	184,159,081.32
其他非流动负债			
非流动负债合计		285,680,827.62	184,159,081.32
负债合计		2,309,074,818.91	1,864,347,672.45
股东权益：			
股本		836,850,000.00	836,850,000.00
资本公积		1,839,874,751.30	1,839,874,751.30
减：库存股			
盈余公积		1,514,002,468.67	995,691,196.42
未分配利润		1,277,305,016.66	567,020,824.72
外币报表折算差额			
股东权益合计		5,468,032,236.63	4,239,436,772.44
负债和股东权益合计		7,777,107,055.54	6,103,784,444.89

公司法定代表人：吴永平 主管会计工作负责人：刘福忠 会计机构负责人：刘大公

合并利润表

2008 年 1—12 月

单位:元 币种:人民币

项目	附注	本期金额	上期金额
一、营业总收入		8,395,195,960.08	5,109,439,173.69
其中：营业收入		8,395,195,960.08	5,109,439,173.69
利息收入			
已赚保费			
手续费及佣金收入			
二、营业总成本		4,770,353,205.98	3,909,748,922.54
其中：营业成本		3,004,871,411.71	2,303,217,067.74
利息支出			
手续费及佣金支出			
退保金			
赔付支出净额			
提取保险合同准备金净额			
保单红利支出			
分保费用			
营业税金及附加		153,652,765.09	104,177,321.38
销售费用		972,388,930.72	1,069,801,617.43
管理费用		543,768,495.52	356,099,384.55
财务费用		93,177,215.57	74,146,767.91
资产减值损失		2,494,387.37	2,306,763.53
加：公允价值变动收益(损失以"-"号填列)			
投资收益(损失以"-"号填列)			
其中：对联营企业和合营企业的投资收益			
汇兑收益(损失以"-"号填列)			
三、营业利润(亏损以"-"号填列)		3,624,842,754.10	1,199,690,251.15
加：营业外收入		27,230,308.81	25,743,910.67
减：营业外支出		36,183,377.61	11,262,585.16
其中：非流动资产处置净损失		12,741,601.47	
四、利润总额(亏损总额以"-"号填列)		3,615,889,685.30	1,214,171,576.66
减：所得税费用		902,727,558.73	308,932,020.57
五、净利润(净亏损以"-"号填列)		2,713,162,126.57	905,239,556.09
归属于母公司所有者的净利润		2,009,932,702.80	742,382,101.33
少数股东损益		703,229,423.77	162,857,454.76
六、每股收益：			
(一)基本每股收益		2.40	0.89
(二)稀释每股收益		2.40	0.89

公司法定代表人：吴永平 主管会计工作负责人：刘福忠 会计机构负责人：刘大公

母公司利润表

2008 年 1—12 月

单位:元 币种:人民币

项目	附注	本期金额	上期金额
一、营业收入		4,525,630,563.52	3,359,083,764.26
减：营业成本		2,160,084,910.07	1,816,782,294.07
营业税金及附加		85,275,192.91	64,697,859.52
销售费用		313,389,459.28	554,165,321.71
管理费用		261,089,534.14	175,480,023.89
财务费用		3,301,113.03	44,080.91
资产减值损失		2,494,387.37	2,306,763.53
加：公允价值变动收益			
(损失以"-"号填列)			
投资收益(损失以"-"号填列)		78,732,241.44	
其中：对联营企业和合营企业的投资收益			
二、营业利润(亏损以"-"号填列)		1,778,728,208.16	745,607,420.63
加：营业外收入		26,288,251.81	25,743,910.67
减：营业外支出		21,527,441.42	6,484,973.05
其中：非流动资产处置净损失		12,741,601.47	
三、利润总额(亏损总额以"-"号填列)		1,783,489,018.55	764,866,358.25
减：所得税费用		420,997,554.36	191,823,549.64
四、净利润(净亏损以"-"号填列)		1,362,491,464.19	573,042,808.61

公司法定代表人：吴永平 主管会计工作负责人：刘福忠 会计机构负责人：刘大公

合并现金流量表

2008 年 1—12 月

单位:元 币种:人民币

项目	附注	本期金额	上期金额
一、经营活动产生的现金流量:			
销售商品、提供劳务收到的现金		9,147,434,734.91	5,190,756,642.03
客户存款和同业存放款项净增加额			
向中央银行借款净增加额			
向其他金融机构拆入资金净增加额			
收到原保险合同保费取得的现金			
收到再保险业务现金净额			
保户储金及投资款净增加额			
处置交易性金融资产净增加额			
收取利息、手续费及佣金的现金			
拆入资金净增加额			
回购业务资金净增加额			
收到的税费返还		51,864,001.03	42,225,060.08
收到其他与经营活动有关的现金		870,842,057.80	48,062,102.65
经营活动现金流入小计		10,070,140,793.74	5,281,043,804.76
购买商品、接受劳务支付的现金		2,277,699,764.28	2,100,653,890.18
客户贷款及垫款净增加额			
存放中央银行和同业款项净增加额			
支付原保险合同赔付款项的现金			
支付利息、手续费及佣金的现金			
支付保单红利的现金			
支付给职工以及为职工支付的现金		1,500,643,694.88	1,005,003,110.00
支付的各项税费		1,859,645,000.32	1,078,426,763.52
支付其他与经营活动有关的现金		125,713,275.89	428,920,352.01
经营活动现金流出小计		5,763,701,735.37	4,613,004,115.71
经营活动产生的现金流量净额		4,306,439,058.37	668,039,689.05
二、投资活动产生的现金流量:			
收回投资收到的现金			
取得投资收益收到的现金			
处置固定资产、无形资产和其他长期资产收回的现金净额			
处置子公司及其他营业单位收到的现金净额			
收到其他与投资活动有关的现金			
投资活动现金流入小计			
购建固定资产、无形资产和其他长期资产支付的现金		3,394,346,401.45	869,509,155.56
投资支付的现金		957,585,500.00	
质押贷款净增加额			
取得子公司及其他营业单位支付的现金净额			
支付其他与投资活动有关的现金		28,911,440.00	190,015.90
投资活动现金流出小计		4,380,843,341.45	869,699,171.46
投资活动产生的现金流量净额		−4,380,843,341.45	−869,699,171.46
三、筹资活动产生的现金流量:			
吸收投资收到的现金		704,260,000.00	127,240,000.00
其中:子公司吸收少数股东投资收到的现金			
取得借款收到的现金		397,550,000.00	397,550,000.00
发行债券收到的现金			
收到其他与筹资活动有关的现金			
筹资活动现金流入小计		1,101,810,000.00	524,790,000.00
偿还债务支付的现金		491,550,000.00	462,550,000.00
分配股利、利润或偿付利息支付的现金		326,654,617.37	224,611,562.12
其中:子公司支付给少数股东的股利、利润			
支付其他与筹资活动有关的现金			
筹资活动现金流出小计		818,204,617.37	687,161,562.12
筹资活动产生的现金流量净额		283,605,382.63	−162,371,562.12
四、汇率变动对现金及现金等价物的影响			
五、现金及现金等价物净增加额		209,201,099.57	−364,031,044.53
加:期初现金及现金等价物余额		3,211,673,413.60	3,575,704,458.13
六、期末现金及现金等价物余额		3,420,874,513.17	3,211,673,413.60

公司法定代表人:吴永平　　主管会计工作负责人:刘福忠　　会计机构负责人:刘大公

母公司现金流量表

2008 年 1—12 月

单位:元 币种:人民币

项目	附注	本期金额	上期金额
一、经营活动产生的现金流量:			
销售商品、提供劳务收到的现金		5,355,647,313.70	3,738,408,616.68
收到的税费返还		22,029,746.67	17,550,899.83
收到其他与经营活动有关的现金		872,976,368.38	238,995,390.72
经营活动现金流入小计		6,250,653,428.75	3,994,954,907.23
购买商品、接受劳务支付的现金		1,654,007,907.38	1,565,477,564.82
支付给职工以及为职工支付的现金		1,393,135,725.09	942,361,684.66
支付的各项税费		959,900,210.47	728,349,254.54
支付其他与经营活动有关的现金		263,754,950.43	418,774,665.05
经营活动现金流出小计		4,270,798,793.37	3,654,963,169.07
经营活动产生的现金流量净额		1,979,854,635.38	339,991,738.16
二、投资活动产生的现金流量:			
收回投资收到的现金			
取得投资收益收到的现金		78,732,241.44	
处置固定资产、无形资产和其他长期资产收回的现金净额			
处置子公司及其他营业单位收到的现金净额			
收到其他与投资活动有关的现金			
投资活动现金流入小计		78,732,241.44	
购建固定资产、无形资产和其他长期资产支付的现金		178,455,737.10	231,713,874.53
投资支付的现金		1,808,245,740.00	152,430,000.00
取得子公司及其他营业单位支付的现金净额			
支付其他与投资活动有关的现金			6,000,000.00
投资活动现金流出小计		1,986,701,477.10	390,143,874.53
投资活动产生的现金流量净额		−1,907,969,235.66	−390,143,874.53
三、筹资活动产生的现金流量:			
吸收投资收到的现金			
取得借款收到的现金		397,550,000.00	397,550,000.00
收到其他与筹资活动			
有关的现金			
筹资活动现金流入小计		397,550,000.00	397,550,000.00
偿还债务支付的现金			397,550,000.00
397,550,000.00			
分配股利、利润或偿付利息支付的现金		160,906,198.31	149,507,547.12
支付其他与筹资活动有关的现金			
筹资活动现金流出小计		558,456,198.31	547,057,547.12
筹资活动产生的现金流量净额		−160,906,198.31	−149,507,547.12
四、汇率变动对现金及现金等价物的影响			
五、现金及现金等价物净增加额		−89,020,798.59	−199,659,683.49
加:期初现金及现金等价物余额		3,161,527,441.83	3,361,187,125.32
六、期末现金及现金等价物余额		3,072,506,643.24	3,161,527,441.83

公司法定代表人:吴永平　　主管会计工作负责人:刘福忠　　会计机构负责人:刘大公

合并所有者权益变动表

2008 年 1—12 月

单位:元　币种:人民币

本年金额

项目	归属于母公司所有者权益 股本	资本公积	减:库存股	盈余公积	一般风险准备	未分配利润	其他	少数股东权益	所有者权益合计
一、上年年末余额	836,850,000.00	1,877,198,619.51		332,646,732.62		798,081,073.15		468,066,917.47	4,312,843,342.75
加:同一控制下企业									
合并产生的追溯调整		−37,226,841.34		769,891,844.23		−109,737,732.67		67,687,280.17	690,614,550.39
会计政策变更									
前期差错更正									
其他									
二、本年年初余额	836,850,000.00	1,839,971,778.17		1,102,538,576.85		688,343,340.48		535,754,197.64	5,003,457,893.14
三、本年增减变动金额									
(减少以"−"号填列)				895,076,718.56		980,959,984.24		1,502,493,207.66	3,378,529,910.46
(一)净利润						2,009,932,702.80		703,229,423.77	2,713,162,126.57
(二)直接计入所有者权益的利得和损失									
1.可供出售金融资产公允价值变动净额									
2.权益法下被投资单位其他所有者权益变动的影响									
3.与计入所有者权益项目相关的所得税影响									
4.其他									
上述(一)和(二)小计						2,009,932,702.80		703,229,423.77	2,713,162,126.57
(三)所有者投入和减少资本								874,908,486.45	874,908,486.45
1.所有者投入资本								874,908,486.45	874,908,486.45
2.股份支付计入所有者权益的金额									
3.其他									
(四)利润分配				1,092,049,105.46		−1,225,945,105.46		−75,644,702.56	−209,540,702.56
1.提取盈余公积				200,993,270.28		−200,993,270.28			
2.提取一般风险准备									
3.对所有者(或股东)的分配						−133,896,000.00		−75,644,702.56	−209,540,702.56
4.其他				891,055,835.18		−891,055,835.18			
(五)所有者权益内部结转				−196,972,386.90		196,972,386.90			
1.资本公积转增资本(或股本)									
2.盈余公积转增资本(或股本)									
3.盈余公积弥补亏损									
4.其他				−196,972,386.90		196,972,386.90			
四、本期期末余额	836,850,000.00	1,839,971,778.17		1,997,615,295.41		1,669,303,324.72		2,038,247,405.30	8,381,987,803.60

上年金额

项目	归属于母公司所有者权益 股本	资本公积	减:库存股	盈余公积	一般风险准备	未分配利润	其他	少数股东权益	所有者权益合计
一、上年年末余额	836,850,000.00	1,839,971,778.17		282,720,505.89		478,456,783.84		223,421,164.38	3,661,420,232.28
加:同一控制下企业合并产生的追溯调整									
会计政策变更				565,024,229.90		−147,989,952.39		22,235,578.50	439,269,856.01
前期差错更正									
其他									

二、本年年初余额	836,850,000.00	1,839,971,778.17	847,744,735.79	330,466,831.45	245,656,742.88	4,100,690,088.29
三、本年增减变动金额						
(减少以"-"号填列)			254,793,841.06	357,876,509.03	290,097,454.76	902,767,804.85
(一)净利润				742,382,101.33	162,857,454.76	905,239,556.09
(二)直接计入所有者权益的利得和损失						
1.可供出售金融资产公允价值变动净额						
2.权益法下被投资单位其他所有者权益变动的影响						
3.与计入所有者权益项目相关的所得税影响						
4.其他						
上述(一)和(二)小计				742,382,101.33	162,857,454.76	905,239,556.09
(三)所有者投入和减少资本					127,240,000.00	127,240,000.00
1.所有者投入资本					127,240,000.00	127,240,000.00
2.股份支付计入所有者权益的金额						
3.其他						
(四)利润分配			420,112,434.81	−549,824,186.05		−129,711,751.24
1.提取盈余公积			74,238,210.13	−74,238,210.13		
2.提取一般风险准备						
3.对所有者(或股东)的分配				−129,711,751.24		−129,711,751.24
4.其他			345,874,224.68	−345,874,224.68		
(五)所有者权益内部结转			−165,318,593.75	165,318,593.75		
1.资本公积转增资本(或股本)						
2.盈余公积转增资本(或股本)						
3.盈余公积弥补亏损						
4.其他			−165,318,593.75	165,318,593.75		
四、本期期末余额	836,850,000.00	1,839,971,778.17	1,102,538,576.85	688,343,340.48	535,754,197.64	5,003,457,893.14

公司法定代表人:吴永平　　主管会计工作负责人:刘福忠　　会计机构负责人:刘大公

母公司所有者权益变动表

2008 年 1—12 月

单位:元　币种:人民币

本年金额

项目	股本	资本公积	减:库存股	盈余公积	未分配利润	所有者权益合计
一、上年年末余额		1,843,529,919.27		322,749,957.53	683,829,651.71	3,686,959,528.51
加:会计政策变更		−3,655,167.97		672,941,238.89	−116,808,826.99	552,477,243.93
前期差错更正						
其他						
二、本年年初余额	836,850,000.00	1,839,874,751.30		995,691,196.42	567,020,824.72	4,239,436,772.44
三、本年增减变动金额						
(减少以"-"号填列)				518,311,272.25	710,284,191.94	1,228,595,464.19
(一)净利润					1,362,491,464.19	1,362,491,464.19
(二)直接计入所有者权益的利得和损失						
1.可供出售金融资产公允价值变动净额						
2.权益法下被投资单位其他所有者权益变动的影响						
3.与计入所有者权益项目相关的所得税影响						
4.其他						
上述(一)和(二)小计					1,362,491,464.19	1,362,491,464.19
(三)所有者投入和减少资本						
1.所有者投入资本						
2.股份支付计入所有者权益的金额						
3.其他						
(四)利润分配				655,972,952.42	−789,868,952.42	−133,896,000.00
1.提取盈余公积				136,249,146.42	−136,249,146.42	
2.对所有者(或股东)的分配					−133,896,000.00	−133,896,000.00
3.其他				519,723,806.00	−519,723,806.00	
(五)所有者权益内部结转				−137,661,680.17	137,661,680.17	
1.资本公积转增资本(或股本)						
2.盈余公积转增资本(或股本)						
3.盈余公积弥补亏损						
4.其他				−137,661,680.17	137,661,680.17	
四、本期期末余额	836,850,000.00	1,839,874,751.30		1,514,002,468.67	1,277,305,016.66	5,468,032,236.63

上年金额

项目	股本	资本公积	减:库存股	盈余公积	未分配利润	所有者权益合计
一、上年年末余额	836,850,000.00	1,839,874,751.30		281,669,805.42	443,820,033.96	3,402,214,590.68
加:会计政策变更				528,337,203.38	−134,446,078.99	393,891,124.39
前期差错更正						
其他						
二、本年年初余额	836,850,000.00	1,839,874,751.30		810,007,008.80	309,373,954.97	3,796,105,715.07
三、本年增减变动金额						
(减少以"-"号填列)				185,684,187.62	257,646,869.75	443,331,057.37
(一)净利润					573,042,808.61	573,042,808.61
(二)直接计入所有者权益的利得和损失						
1.可供出售金融资产公允价值变动净额						
2.权益法下被投资单位其他所有者权益变动的影响						
3.与计入所有者权益项目相关的所得税影响						
4.其他						
上述(一)和(二)小计					573,042,808.61	573,042,808.61
(三)所有者投入和减少资本						
1.所有者投入资本						
2.股份支付计入所有者权益的金额						
3.其他						
(四)利润分配				300,805,125.37	−430,516,876.61	−129,711,751.24
1.提取盈余公积				57,304,280.87	−57,304,280.87	
2.对所有者(或股东)的分配					−129,711,751.24	−129,711,751.24
3.其他				243,500,844.50	−243,500,844.50	
(五)所有者权益内部结转					−115,120,937.75	115,120,937.75
1.资本公积转增资本(或股本)						
2.盈余公积转增资本(或股本)						
3.盈余公积弥补亏损						
4.其他				−115,120,937.75	115,120,937.75	
四、本期期末余额	836,850,000.00	1,839,874,751.30		995,691,196.42	567,020,824.72	4,239,436,772.44

9.3 会计政策、会计估计和核算方法变更的说明

财政部财会函[2008]60 号规定:"高危行业企业按照规定提取的安全生产费用,应当按照《企业会计准则讲解(2008)》中的具体要求处理,在所有者权益"盈余公积"项下以"专项储备"项目单独列报,不再作为负债列示。煤炭企业在固定资产折旧外计提的维简费,应当比照安全生产费用的原则处理",并追溯调整。

安全费维简费等四项费用调整对 2007 年度合并净利润的影响

安全费维简费等四项费用调整对 2007 年度母公司净利润的影响

本公司于 2008 年 11 月 21 日召开第三届董事会第六次会议,审议通过了《关于公司调整煤炭生产安全费用计提标准的议案》,自 2008 年 1 月 1 日起将安全费用计提标准由 15 元/吨提高为 30 元/吨。塔山公司根据其第二届董事会第四次会议,由 15 元/吨提高至 50 元/吨。不影响本期净利润及所有者权益。

9.4 本报告期无会计差错更正。

9.5 与最近一期年度报告相比,合并范围发生变化的具体说明

2008 年本公司合并财务报表发生变化,新增召富和华富两个控股子公司:

*1、准格尔旗召富煤炭有限责任公司(以下简称"召富公司")

(1)购买日为 2008 年 7 月 31 日,确定依据为:

1)本公司于 2008 年 1 月 30 日与王福厚签署了《准格尔旗召富煤炭有限责任公司股权转让协议》,该协议已经公司第二届董事会第十七次会议决议审核通过;

2)2007 年 12 月 26 日山西省人民政府国有资产监督管理委员会下发了晋国资产权函[2007]462 号《关于大同煤业股份有限公司收购内蒙露天煤矿的批复》的文件,同意本公司收购召富公司 80%的股权;2008 年 1 月 29 日山西省人民政府国有资产监督管理委员会下发了晋国资产权函[2008]31 号文件,对本公司收购召富公司 80%股权的资产评估项目予以核准。

3)本公司于 2008 年 7 月 31 日与召富公司原自然人股东王福厚办理完相关财产权交接手续;

4)截至 2008 年 7 月 31 日,本公司已支付了股权转让款 235,928,640.00 元,占购买价款的 80%;

5)召富公司于 2008 年 7 月 23 日完成本公司持股 80%的企业信息变更登记,本公司从该日起实际上已经控制了召富公司的财务和经营政策,并享有相应的收益和风险。

(2) 此次收购的合并成本为本公司支付现金对价共计 294,910,800.00 元,该对价以召富公司 2007 年 12 月 31 日为基准日的资产评估价值为准。

*2、准格尔旗华富煤炭有限责任公司(以下简称"华富公司")

(1)购买日为 2008 年 7 月 31 日,确定依据为:

1)本公司于 2008 年 1 月 30 日与王福厚签署了《准格尔旗华富煤炭有限责任公司股权转让协议》,该协议已经公司第二届董事会第十七次会议决议审核通过;

2)2007 年 12 月 26 日山西省人民政府国有资产监督管理委员会下发了晋国资产权函[2007]462 号《关于大同煤业股份有限公司收购内蒙露天煤矿的批复》的文件,同意本公司收购华富公司 80%的股权;2008 年 1 月 29 日山西省人民政府国有资产监督管理委员会下发了晋国资产权函[2008]30 号文件,对本公司收购华富公司 80%股权的资产评估项目予以核准。

3)本公司于 2008 年 7 月 31 日与华富公司原自然人股东王福厚办理完相关财产权交接手续;

4)截至 2008 年 7 月 31 日,本公司已支付了股权转让款 88,768,290.00 元,占购买价款的 23%,截至 2008 年 12 月 31 日,本公司已支付了股权转让款 245,073,160.00 元,占购买价款的 63%;

5)华富公司于 2008 年 7 月 23 日完成本公司持股 80%的企业信息变更登记,本公司从该日起实际上已经控制了华富公司的财务和经营政策,并享有相应的收益和风险。

(2) 此次收购的合并成本为本公司支付现金对价共计 387,682,900.00 元,该对价以华富公司 2007 年 12 月 31 日为基准日的资产评估价值为准。

晋亿实业股份有限公司

晋亿实业股份有限公司2008年年度报告摘要

第一节 重要提示

1.1 本公司董事会、监事会及董事、监事、高级管理人员保证本报告所载资料不存在任何虚假记载、误导性陈述或者重大遗漏，并对其内容的真实性、准确性和完整性承担个别及连带责任。

本年度报告摘要摘自年度报告全文，投资者欲了解详细内容，应当仔细阅读年度报告全文。

1.2 如有董事未出席董事会，应当单独列示其姓名

未出席董事职务	未出席董事姓名	未出席董事的说明
董事	蔡雯婷	因工作原因出国在外未能亲自参加会议，委托董事蔡林玉华代为出席会议并行使表决权。

1.3 浙江天健东方会计师事务所有限公司为本公司出具了标准无保留意见的审计报告。

1.4 公司负责人蔡永龙、主管会计工作负责人薛玲及会计机构负责人(会计主管人员)薛玲声明：保证年度报告中财务报告的真实、完整。

第二节 公司基本情况简介

2.1 基本情况简介

股票简称	晋亿实业
股票代码	601002
上市交易所	上海证券交易所
公司注册地址和办公地址	浙江省嘉善经济开发区晋亿大道8号 浙江省嘉善经济开发区晋亿大道8号
邮政编码	314100
公司国际互联网网址	www.GEM-YEAR.com
电子信箱	admin@gem-year.net

2.2 联系人和联系方式

	董事会秘书	证券事务代表
姓名	涂志清	张忠娟
联系地址	浙江省嘉善经济开发区晋亿大道8号	浙江省嘉善经济开发区晋亿大道8号
电话	0573-84185042	0573-84185001-630
传真	0573-84184488	0573-84184488
电子信箱	tzq@gem-year.net	zzj@gem-year.net

第三节 会计数据和业务数据摘要

3.1 主要会计数据

单位：元 币种：人民币

	2008年	2007年	本年比上年增减(%)	2006年
营业收入	1,875,053,810.41	1,276,915,551.16	46.84	1,296,901,233.70
利润总额	112,355,958.11	45,454,388.06	147.18	106,384,482.67
归属于上市公司股东的净利润	93,911,189.05	37,520,611.34	150.29	89,824,652.65
归属于上市公司股东的扣除非经常性损益的净利润	97,486,841.25	32,464,835.23	200.28	88,195,766.78
经营活动产生的现金流量净额	-17,044,975.02	-121,234,722.02	不适用	192,697,967.59
	2008年末	2007年末	本年末比上年末增减(%)	2006年末
总资产	3,079,995,640.69	2,706,938,991.65	13.78	1,866,727,245.02
所有者权益(或股东权益)	1,616,766,934.44	1,522,855,745.39	6.17	758,304,141.05

3.2 主要财务指标

	2008年	2007年	本年比上年增减(%)	2006年
基本每股收益(元/股)	0.127	0.052	144.23	0.170
稀释每股收益(元/股)	0.127	0.052	144.23	0.170
扣除非经常性损益后的基本每股收益(元/股)	0.132	0.044	200.00	0.167
全面摊薄净资产收益率(%)	5.81	2.46	增加3.35个百分点	11.85
加权平均净资产收益率(%)	5.98	2.50	增加3.48个百分点	12.08
扣除非经常性损益后全面摊薄净资产收益率(%)	6.03	2.13	增加3.90个百分点	11.63
扣除非经常性损益后的加权平均净资产收益率(%)	6.21	2.16	增加4.05个百分点	11.86
每股经营活动产生的现金流量净额(元/股)	-0.03	-0.16	不适用	0.36
	2008年末	2007年末	本年比末上年末增减(%)	2006年末
归属于上市公司股东的每股净资产(元/股)	2.19	2.06	6.31	1.43

非经常性损益项目

√适用 □不适用

单位：元 币种：人民币

非经常性损益项目	金额
非流动资产处置损益	-408,617.97
计入当期损益的政府补助，但与公司正常经营业务密切相关，符合国家政策规定、按照一定标准定额或定量持续享受的政府补助除外	2,804,858.00
除同公司正常经营业务相关的有效套期保值业务外，持有交易性金融资产、交易性金融负债产生的公允价值变动损益，以及处置交易性金融资产、交易性金融负债和可供出售金融资产取得的投资收益	-3,233,440.00
根据税收、会计等法律、法规的要求对当期损益进行一次性调整对当期损益的影响	196,161.50
除上述各项之外的其他营业外收入和支出	-3,835,768.66
少数股东权益影响额	302,938.90
所得税影响额	598,216.04
合计	-3,575,652.19

3.3 境内外会计准则差异：

□适用 √不适用

第四节 股本变动及股东情况

4.1 股份变动情况表

√适用 □不适用

单位：万股

	本次变动前		本次变动增减(+,-)					本次变动后	
	数量	比例(%)	发行新股	送股	公积金转股	其他	小计	数量	比例(%)
一、有限售条件股份									
1、国家持股									
2、国有法人持股									
3、其他内资持股	730	0.99				-730	-730	0	0
其中：境内非国有法人持股	730	0.99				-730	-730	0	0
境内自然人持股									
4、外资持股	52,117	70.57				-8,400	-8,400	43,717	59.20
其中：境外法人持股	43,717	59.20				0	0	43,717	59.20
境外自然人持股	8,400	11.37				-8,400	-8,400	0	0
有限售条件股份合计	52,847	71.56				-9,130	-9,130	43,717	59.20
二、无限售条件流通股份									
1、人民币普通股	21,000	28.44				9,130	9,130	30,130	40.80
2、境内上市的外资股									
3、境外上市的外资股									
4、其他									
无限售条件流通股份合计	21,000	28.44				9,130	9,130	30,130	40.80
三、股份总数	73,847.0000	100						73,847.0000	100

限售股份变动情况表

√适用 □不适用

单位：万股

股东名称	年初限售股数	本年解除限售股数	本年增加限售股数	年末限售股数	限售原因	解除限售日期
CHIN CHAMP ENTERPRISE CO., LTD.	43,717	0	0	43,717	首次公开发行股票	2010-1-26
丁建中	8,400	8,400	0	0	首次公开发行股票	2008-1-26
鸿亿机械工业(浙江)有限公司	330	330	0	0	首次公开发行股票	2008-1-26
嘉善三永电炉工业有限公司	200	200	0	0	首次公开发行股票	2008-1-26
加胜运动器材(浙江)有限公司	100	100	0	0	首次公开发行股票	2008-1-26

江苏张俞实业集团有限公司	100	100	0	0	首次公开发行股票	2008-1-26
合计	52,847	9,130	0	43,717	/	/

4.2 股东数量和持股情况

单位：股

报告期末股东总数	59,572 户

前十名股东持股情况

股东名称	股东性质	持股比例(%)	持股总数	持有有限售条件股份数量	质押或冻结的股份数量
CHIN CHAMP ENTERPRISE CO., LTD.	境外法人	59.20	437,170,000	437,170,000	无
丁建中	境外自然人	11.09	81,925,100	0	质押 58,000,000
国信-农行-"金理财"价值增长股票精选集合资产管理计划	未知	0.66	4,847,124	0	
鸿亿机械工业(浙江)有限公司	境内非国有法人	0.45	3,300,000	0	
中国平安人寿保险股份有限公司-分红-个险分红	未知	0.41	2,999,961	0	
嘉善三永电炉工业有限公司	境内非国有法人	0.27	2,000,000	0	
全力	境内自然人	0.16	1,170,000	0	
邵雅珍	境内自然人	0.14	1,050,000	0	
江苏张俞实业集团有限公司	境内非国有法人	0.135	1,000,000	0	
加胜运动器材(浙江)有限公司	境内非国有法人	0.135	1,000,000	0	

前十名无限售条件股东持股情况

股东名称	持有无限售条件股份数量	股份种类
丁建中	81,925,100	人民币普通股
国信-农行-"金理财"价值增长股票精选集合资产管理计划	4,847,124	人民币普通股
鸿亿机械工业(浙江)有限公司	3,300,000	人民币普通股
中国平安人寿保险股份有限公司-分红-个险分红	2,999,961	人民币普通股
嘉善三永电炉工业有限公司	2,000,000	人民币普通股
全力	1,170,000	人民币普通股
邵雅珍	1,050,000	人民币普通股
江苏张俞实业集团有限公司	1,000,000	人民币普通股
加胜运动器材(浙江)有限公司	1,000,000	人民币普通股
陈英霞	903,600	人民币普通股

上述股东关联关系或一致行动的说明　　无

4.3 控股股东及实际控制人情况介绍

4.3.1 控股股东及实际控制人变更情况

□适用 √不适用

4.3.2 控股股东及实际控制人具体情况介绍

4.3.2.1 法人控股股东情况

单位：万元 币种：美元

名称	法定代表人	注册资本	成立日期	主营业务
晋正企业股份有限公司	蔡林玉华	6,200	1995 年 12 月 11 日	从事国际商务

4.3.2.2 自然人实际控制人情况

姓名	国籍	是否取得其他国家或地区居留权	最近五年内的职业	最近五年内的职务
蔡永龙	中国台湾	否	参见董事、监事和高级管理人员最近 5 年的主要工作经历	
蔡林玉华	中国台湾	否	参见董事、监事和高级管理人员最近 5 年的主要工作经历	
蔡永泉	中国台湾	否	晋纬紧固件股份有限公司董事经理，晋纬服务股份有限公司董事经理，晋禾工业股份有限公司董事经理，晋纬螺丝(越南)有限公司董事主席，晋正企业股份有限公司董事，晋纬控股股份有限公司董事，美国永龙扣件物流公司董事。	
蔡张秀香	中国台湾	否	晋纬控股股份有限公司董事，晋纬紧固件股份有限公司董事，晋纬服务股份有限公司董事，晋禾工业股份有限公司董事，晋纬螺丝(越南)有限公司董事。	
蔡永裕	中国台湾	否	晋禾企业股份有限公司董事长，晋正企业股份有限公司董事，晋纬控股股份有限公司董事，晋纬紧固件股份有限公司董事，晋纬螺丝(越南)有限公司董事，美国永龙扣件物流公司董事。	
陈锡惠	中国台湾	否	无	

第五节　董事、监事和高级管理人员

5.1 董事、监事和高级管理人员持股变动及报酬情况

姓名	职务	性别	年龄	任期起止日期	年初持股数	年末持股数	变动原因	报告期内从公司领取的报酬总额(万元)	报告期被授予的股权激励情况 可行权股数	已行权数量	行权价(元)	期末股票市价(元)	是否在股东单位或其他关联领取薪酬
蔡永龙	董事长	男	55	2006-10-18~2009-10-18	0	0		248					否
蔡林玉华	董事、副总经理	女	52	2006-10-18~2009-10-18	0	0		47.8					否
丁建中	董事	男	52	2006-10-18~2009-10-18	84,000,000	81,925,100							是
阮连坤	董事	男	53	2006-10-18~2009-10-18	0	0							是
蔡登録	董事	男	59	2006-10-18~2009-10-18	0	0							是
蔡雯婷	董事、副总经理	女	31	2006-10-18~2009-10-18	0	0		40.5					否
戴祥波	独立董事	男	48	2006-10-18~2009-10-18	0	0		6					是
斯伟江	独立董事	男	40	2006-10-18~2009-10-18	0	0		6					是
陈银燕	独立董事	男	63	2006-10-18~2009-10-18	0	0		6					是
陈锡缓	监事	女	48	2007-4-30~2009-10-18	0	0		26.4					否
丁吕美环	监事	女	51	2006-10-18~2009-10-18	0	0							是
曾进凯	监事会主席	男	49	2006-10-18~2009-10-18	0	0		27.4					否
蔡晋彰	总经理	男	30	2006-10-18~2009-10-18	0	0		63					否
欧元程	副总经理	男	50	2006-10-18~2009-10-18	0	0		40					否
涂志清	副总经理、董事会秘书	男	54	2006-10-18~2009-10-18	0	0		29.4					否
薛　玲	财务负责人	女	48	2006-10-18~2009-10-18	0	0		18					否
合　计	/	/	/	/			/	558.5			/	/	/

第六节　董事会报告

6.1 管理层讨论与分析

一、报告期内公司经营情况的回顾

报告期内，公司所属行业一方面受国内宏观经济政策调控和国际金融危机的间接影响，一方面受钢铁市场大起大落、价格"倒 U 型"急速变化的直接影响，行业整体发展走势呈显快速递减的态势，尤其是出口导向型的企业首当其冲，不少企业已经出现亏损、裁员、停业、转产、倒闭的情况，而且数量还在日益增加。本公司不无例外，也面临较大的压力和挑战。根据国内外经济形势的变化，公司密切关注市场新情况、新变化，努力适应国家宏观调控政策，坚持产品适度出口的战略选择，以结构调整为主线，全力抓好高铁扣件系统的配套生产，努力拓宽现有各类产品的营销渠道，加强成本管理和控制，积极盘活各种存量资金，努力提升企业内外综合竞争能力，为公司持续稳定健康发展创造了较好的条件。在董事会、经营班子和全体员工的共同努力下，较好的完成了年初制定的各项工作目标。

1、经营业绩方面：截至报告期末，公司实现营业收入 187505.38 万元，同比增长 46.84%；其中内销 108749.27 万元，同比增长 67.29%，外销 78756.11 万元，同比增长 25.64%；实现利润总额 11235.60 万元，同比增长 147.18%；净利润为 8784.49 万元，同比增长 148.52%；归属于母公司股东的净利润为 9391.12.万元，同比增长 150.29%；每股收益 0.127 元，同比增长 144.56%；扣除非经常性损益的每股收益为 0.132 元，同比增长 200%。

2、业务拓展方面：适应市场变化，积极调整营销策略和产品结构，报告期内销占比和高强度异型紧固件产品占比逐步上升。销售网络建设方面，根据公司总体规划，新设立国内 11 个分公司和代表处，新开发国外 11 个新客户；同时，公司电子商务中心正式启动，利用网络媒体联系开发新客户和拓展新业务，并通过互联网络、企事业媒体的宣传平台，提升公司产品在国内外市场的品牌影响力和知名度，积极推进公司业务销售和管理运作的电子化进程。

3、技术创新方面：以提高现有产品市场竞争力，储备成熟技术和产品、抢占未来市场为目标，完成技术改造、技术开发项目 6 个，总投资 8909.12 万元，占报告期营业收入的 4.75%；开发新产品 112 项，年内已经量产 62 项，产品涵盖轨道交通、电力、工程机械、汽车、建筑钢结构、家用电器等六大系列，尤其是不断完善了高铁扣件系统各类配套产品。高铁扣件所有受检产品经铁道部权威部门检验合格，获得了铁道部工程管理中心颁发的满足客运专线扣件自主研发要求的"自主研发考核合格证书"。知识产权保护方面，新注册商标 1 件，申请专利 2 项，已经批准 1 项；公司"晋亿"商标被司法认定为"中国驰名商标"。

4、节能减排方面：公司在快速发展的同时，坚持走新型工业化道路，加大节能减排的力度，实施循环经济。报告期内，公司综合能源消耗量 27756.31 吨标煤，同比增长 9.26%；万元产值综合能耗 0.15 吨标煤，同比下降 28.91%；在公司工业总产值同比增长 53.46%的情况下，工业废水排放量同比减排 40.46%，COD 年排放量同比下降 40.47%，工业固体废物同比下降 5%；水重复利用率 30%，同比提高 10 个百分点。中水回用系统工程通过环保部门达标验收。

5、2008 年，公司注册商标被浙江省对外贸易经济合作厅认定为"浙江出口名牌"，公司被中共嘉善县委、县人民政府授予"嘉善县十强工业企业"和"嘉善县工业企业纳税大户"以及被中共嘉兴市委、市人民政府特别授予"2008 年度走新型工业化道路十强企业"等荣誉称号。

二、报告期董事会主要工作概况

2008 年，董事会自觉贯彻落实上市公司规范运作的法律、法规及相关要求，特别是在认真做好信息披露工作、加强与监管机构和交易所的沟通与联络、协调公司与投资者的关系、促进和保证公司规范运作方面做了大量的工作，取得了明显的进步和成效，促进了公司生产经营以及各项管理工作能够正常有序进行，尤其是公司经营业绩从 2008 年第二季度开始扭转了自 2007 年下半年以来持续大幅下滑的趋势，确保了公司全年销售增长 25%以上、利润增长 50%以上的经营目标。主要工作如下：

(一)公司规范运作方面的内部制度建设情况

根据中国证监会、浙江监管局和上交所的有关精神，2008 年公司新制订了《独立董事年报工作

制度》、《审计委员会年报工作规程》，旨在充分发挥独立董事和审计委员会的作用，认真做好年报工作；新制订了《内部信息保密制度》，并由证券部向公司各部门机构下发《关于发布〈晋亿实业股份有限公司内部信息保密制度〉的通知》，统计公司内幕信息知情人名单，并督促行政部门做好内幕信息知情人员及时签订保密协议并备案。为配合新劳动合同法的实施和适应现代管理以及加强对子公司、分公司管理的需要，本年度新增加和修改完善各项管理制度46个，确保公司制度的及时更新和有效性，促进公司在规范运作方面又上了一个台阶。

(二)信息披露事务工作情况

2008年，认真完成了2007年度、2008年第一季度、2008年半年度报告、2008年第三季度四次定期报告以及37次临时公告的编制和报送，并在上交所网站和上海证券报、证券日报披露。披露的定期报告没有发生更正和补充披露的情况。披露的临时公告仅发生一次更正披露的情况，主要是2008年9月26日公司发布《关于2008年第三季度业绩预增的公告》时，公司财务部门预测2008年三季度业绩时由于工作失误，没有将2007年下半年出口退税率与2008年下半年出口退税率的差异因素加以考虑，造成业绩预告与实际情况差异较大。发现后于2008年10月23日发布了《关于2008年第三季度业绩预告更正公告》。其他方面公司未发生重大信息泄漏事件。

(三)投资者关系管理开展情况

主要通过公司董事会秘书、证券事务代表并积极依靠证券部、财务部、研发中心等有关职能部门的密切配合，认真做好投资者的接待来访工作。2008年，共接待机构和普通投资者来访41人次；来电咨询165人次；通过网站、邮件方式答复投资者提问41人次，接待参加公司股东大会的股东8人次，赴上海、长沙、青岛等地应邀参加银河证券、申银万国、海通证券和兴业证券专题投资洽谈和说明会4次。通过以上途径的各种工作和活动，进一步加强了公司与投资者之间的沟通和交流，加深了投资者对公司的了解和认同，提高了公司的透明度，与投资者保持良好的关系，获得部分机构和个人投资者的好评。

(四)股东大会、董事会会议筹备组织情况

2008年，共筹备组织召开了股东大会4次、董事会10次、协助组织监事会4次、薪酬与考核委员会1次、审计委员会2次、战略委员会1次。董事会秘书和证券事务代表都能够在会前充分准备会议资料以及做好与公司股东、董事、监事、高管、中介机构等的联络与沟通工作；会中认真做好记录，积极参加讨论并努力引导大家踊跃发言；会后能够及时完成资料修改及上报公告等手续。

(五)组织安排董事、监事和高管学习培训及合规工作情况

认真做好公司董、监、高人员培训的报名和联系工作，今年共安排了3名董事、1名监事、1名高管接受了上交所及监管部门的专业培训，并获得培训合格证书。公司董、监、高人员参训比例已经达到100%。与此同时，根据要求，今年还制定《关于开展法治宣传教育活动的方案》，组织公司股东、董事、监事、高管人员认真学习浙江证监局要求的相关文件；编辑各种学习要点题目，分发公司股东、董事、监事、高管人员平时练习，促使其合规经营、忠诚勤勉地履行职责。

(六)对公司规范运作提出的建议及实施情况

1、按照中国证监会和浙江证监局《关于公司治理专项活动公告的通知》，在认真编写公司《关于公司治理整改报告中所列整改情况的说明》之前，认真检查，逐条对照并书面向公司董事长、总经理提出公司存在的问题以及如何加以解决的建议和办法。如针对公司董事长、总经理、副总经理等人员在子公司和关联企业中兼职较多的问题，建议结合公司转型升级的战略目标和总体计划，在集团内部进行必要的整合、分工和调整。如：虽然公司早已制定了《控股子公司管理制度》等制度，但控股子公司的相关制度尚未及时、配套修订，因此，建议公司发文提出修订要求，并由证券部督促各控股子公司认真做好此项工作的相关事宜。

2、根据证券监管部门《关于开展上市公司信息披露自查自纠活动的通知》，在认真组织自查和编写《信息披露自查报告》的同时，为加强信息披露事务的管理，2008年开始实行在编制定期报告和临时公告时采用《公告内部流转单》制度，明确公司内部信息传递流程和责任人，既保证信息披露内容真实、准确、完整，又能做到信息披露报告有据可查。

3、根据证券监管部门《关于开展大股东占用上市公司资金问题的通知》，虽然本公司不存在大股东占用上市公司资金问题，但在清理活动时，根据本公司的实际情况，建议并要求公司着重解决和规范控股子公司拖欠母公司资金的问题。经过半年多时间的努力，使控股子公司拖欠母公司资金的数额至年底下降了76.11%以上。

4、根据证券监管部门的有关规定，为规范本公司董事、监事、高级管理人员买卖本公司股票的行为，防止内幕交易和短线交易等各种违规违法行为的发生，下发了《关于董、监、高人员买卖公司股票有关规定的通知》，将《公司法》、《证券法》、《股票上市规则》等法律法规以及中国证监会的相关规定摘编印发给本公司各位董事、监事和高级管理人员，并督促其认真学习，严格自律，依法规范自己及其关联人的交易行为，以免不当违规、违法而受到处罚。

5、根据中国证监会《上市公司解除限售存量股份转让指导意见》和上海证券交易所《关于督促上市公司股东认真执行减持解除限售存量股份的规定的通知》等文件，为规范本公司1%以上限售股份的股东减持解除限售存量股份的行为，防止各种违规违法行为的发生，下发了《关于本公司1%以上限售股份的股东认真执行减持解除限售存量股份的规定的通知》，公司董秘和证券事务代表还以个人名义向公司所有股东、董事、监事和高级管理人员下发了一份通知和相关学习资料，提醒控股股东、第二大股东以及所有董事、监事和高级管理人员认真学习上述文件，熟悉有关规则，并认真执行相关规则。

(七)落实证券监管部门限期整改等监管意见和其他监管文件要求的情况

1、根据中国证监会〔2008〕27号《关于公司治理专项活动公告的通知》精神，结合公司整改情况落实公司证券部下发了《关于要求认真做好公司治理专项工作的通知》，并督促各控股子公司认真做好此项工作的相关事宜。公司于2008年7月18日在上交所网站披露了《关于公司治理整改报告中所列整改情况的说明》。

2、根据中国证监会浙江监管局《关于做好防范大股东资金占用问题的通知》精神，于2008年7月16日至7月23日，公司董事会审计委员会组织专人对2008年上半年度公司大股东资金占用情况进行了一次全面的检查，并于2008年8月5日在上交所网站披露了《晋亿实业关于大股东资金占用情况的自查报告》。

(八)董事会工作还存在的、有待进一步改进的问题

报告期内，公司董事会虽然作了大量的工作，也取得了明显的成效，但也存在一些不足。一是在公司治理上还存在一些薄弱环节，特别是董事会、监事会及各专委会与管理层之间的沟通交流比较少，监管不够有力，内控制度执行中还存在一些问题；二是董事会对董事、高管人员的业绩考核和管理还存在较大差距；三是董事主动参与企业管理的积极性以及参与企业管理的工作质量有待进一步提高，董事会的决策能力和决策水平也有待进一步提升。

三、报告期内资产结构及主要财务数据发生的重要变化

1、主营业务分产品情况表

分产品	主营营业收入	主营业务成本	主营业务利润率%	主营业务收入比上年增减%	主营业务成本比上年增减%	主营业务利润率上年增减%
紧固件销售	1371393324	1163626359	15.15	45.48	25.63	6.95
精线	361406647	276265283	23.56	28.59	10.99	11.05
加工收入	3293988	1576367	52.14	−46.89	−18.25	−17.80
合计	1736093958	1441468009	16.97	41.15	22.78	7.48

2、主营业务分地区情况表

单位：元 币种：人民币

地区	主营业务收入	比上年增减%
美洲	347,870,158.49	18.85
欧洲	21,201,643.81	−20.36
亚洲	418,489,290.34	36.08
国内	948,532,865.44	57.27
合计	1,736,093,958.08	41.15

3、主要供应商、客户情况

报告期内，公司向前五大供应商采购原材料10.34亿元，占年采购总额55.21%；2007年为7.70亿元，占当年采购总额57.30%。

报告期内，公司向前五大客户的销售额合计5.63亿元，占年销售总额30.03%。2007年为3.40亿元，占当年销售总额26.63%。

4、报告期内资产负债表、利润表、现金流量表变化较大项目的情况说明

(1) 合并资产负债表项目大幅变动的情况及原因

序号	项目	期末余额	期初余额	变动幅度
1	货币资金	141,014,071.74	316,853,380.53	−55.50%
2	预付款项	127,058,862.14	206,265,380.57	−38.40%
3	其他应收款	8,420,383.69	14,153,876.31	−40.51%
4	存货	1,119,044,546.90	787,479,319.37	42.10%
5	长期股权投资	25,758,784.96	3,000,000.00	758.63%
6	递延所得税资产	12,129,023.52	6,009,811.70	101.82%
7	预收款项	109,692,506.94	14,590,845.69	651.79%
8	应交税费	−9,122,872.50	−3,921,819.05	−132.62%
9	应付利息	5,569,351.71	436,530.60	1175.82%
10	其他流动负债	74,805,545.70	120,338,167.70	−37.84%
11	其他应付款	105,169,542.32	31,122,364.89	237.92%
12	未分配利润	140,830,576.02	57,753,433.74	170.72%

原因分析：

1、货币资金：主要是募集资金的使用而减少；

2、预付款项：主要是第四季度盘元采购量大幅下降而相应减少预付款；

3、其他应收款：主要是应收出口退税款减少；

4、存货：主要是子公司开始批量生产而增加存货；

5、长期股权投资：主要是新增对联营企业的投资；

6、递延所得税资产：主要是计提减值准备金增加引起递延所得税资产的增加；

7、预收款项：主要是铁扣订单项下预收款的增加；

8、应交税费：主要是子公司开始批量生产增加存货而使进项税增加所致；

9、应付利息：主要是借款增加所致；

10、其他流动负债：主要是支付以前年度应付未付股东晋正企业的股利所致；

11、其他应付款：主要是长期应付款转入所致；

12、未分配利润：主要是本年利润增加所致；

13、少数股东权益：主要是本年利润增加所致。

(2)合并利润表项目大幅变动的情况及原因

序号	项目	本报告期	去年同期	变动幅度
1	营业收入	1,875,053,810.41	1,276,915,551.16	46.84%
2	营业成本	1,521,280,967.54	1,122,177,511.09	35.57%
3	营业税金及附加	1,022,133.14	594,212.74	72.01%
4	管理费用	80,072,181.53	45,944,063.23	74.28%
5	财务费用	18,686,146.20	2,086,166.06	795.72%
6	资产减值损失	67,129,498.06	10,278,757.79	553.09%
7	营业利润	114,374,392.82	43,362,630.94	163.76%
8	营业外支出	5,515,218.56	1,689,608.42	226.42%
9	所得税费用	24,511,079.15	10,107,623.75	142.50%
10	净利润	87,844,878.96	35,346,764.31	162.42%
11	归属于母公司股东的净利润	93,911,189.05	37,520,611.34	162.78%
12	少数股东损益	−6,066,310.09	−2,173,847.03	−168.72%

原因分析：

1、营业收入：主要原因是销售价格的提升及内销业务量的增加；

2、营业成本：主要原因是销售成本的提升及内销业务量的增加；

3、营业税金及附加：主要是因应交增值税的增加而增加；

4、管理费用：主要是研发费用的增加；

5、财务费用：主要是利息支出及汇兑损失的增加；

6、资产减值损失：主要是计提的存货减值损失；

7、营业利润：主要是销售利润率的提升及内务量的扩大；

8、营业外支出：主要是子公司罚款损失增加；

9、所得税费用：主要是利润总额及今年所得税率的提高；

10、净利润：主要是利润总额的增加所致；

11、归属于母公司股东的净利润：主要是净利润增加所致；

12、少数股东损益：主要子公司亏损增加所致。

(3)合并现金流量表项目大幅变动的情况及原因

序号	项　目	年初至本报告期末金额	去年同期	变动幅度
1	销售商品、提供劳务收到的现金	2,106,579,875.88	1,367,924,417.97	54.00%
2	收到的税费返还	12,388,037.10	53,546,404.18	−76.86%
3	支付的各项税费	43,199,871.93	23,856,464.61	81.08%
4	支付其他与经营活动有关的现金	172,010,545.18	83,693,788.48	105.52%
5	收到其他与投资活动有关的现金	238,538,052.18	4,575,348.71	5113.55%
6	取得子公司及其他营业单位支付的现金净额	26,000,000.00	0	
7	支付其他与投资活动有关的现金	11,000,000.00	224,128,519.53	−95.09%
8	投资活动产生的现金流量净额	−101,845,873.28	−665,793,314.30	84.70%
9	吸收投资收到的现金	68,151,631.60	970,800,534.18	−92.98%
10	收到其他与筹资活动有关的现金	7,500,000.00	5,000,000.00	50.00%

原因分析：

1、销售商品、提供劳务收到的现金：主要是销售收入的增加及预收货款的增加；

2、收到的税费返还：主要是出口退税率减低所致；

3、支付的各项税费：主要是销售及利润的增加所致；

4、支付其他与经营活动有关的现金：主要是支付的销售费及管理费用增加所至；

5、收到其他与投资活动有关的现金：去年做的定期存款在本年到期转入所致；

6、取得子公司及其他营业单位支付的现金净额：主要是对联营企业的投资；

7、支付其他与投资活动有关的现金：短期定存支出减少所致；

8、投资活动产生的现金流量净额：主要转回银行定存及固定资产投资减少所致；

9、吸收投资收到的现金：子公司收到外方投资款减少所致；

10、收到其他与筹资活动有关的现金：其他借入款增加所致。

四、公司主要子公司的经营情况及业绩分析

公司名称	注册地	业务性质	注册资本（万美元）	持股比例（%）	年末净资产（万元）	本年营业收入（万元）	本年净利润（万元）
山东晋德	山东平原	紧固件制造	7980	75	55447	27387	−1832
浙江晋吉	浙江嘉善	紧固件制造	3373	75	19176	7622	−528
上海晋凯	上海外高桥	贸易	500 万元	90	2083	2839	410
广州晋亿	广州经济开发区	紧固件制造	1500	75	5849	0	−71
慧高电子	上海闵行	电子产品制造	678	20	9210	19453	106

五、对公司未来发展的展望

1、行业发展的基本现状

首先，紧固件是国民经济各部门、各行业应用范围最广、使用数量最多、而且也是不可缺少的“工业之米”。改革开放三十年的发展，我国已经建成了全球规模最大、品种规格齐全、质量上乘的紧固件专业生产体系，并已成为全球最大的紧固件生产和出口基地。这是任何力量都无法改变的事实，也是任何力量都难以攻克的坚实基础。其次，国内紧固件产业目前正在经历从中低端产品为主迈向高端产品的关键进程，不仅需要坚持走资源节约型、环境友好型、循环经济型的自主创新之路，不断改变紧固件行业的经济增长方式；而且也需要学习和引进国际先进技术和设备，增添各种自动检测仪器，不断提高工艺、技术和装备水平，不断提高劳动密集型产品的科技含量。尤其是国务院已经通过的装备制造业调整振兴规划中明确了五个发展重点，其中之一就是夯实产业发展基础，提高基础配套件和基础工艺水平，这对整个机械通用零部件行业来说，是一个极大的利好。同时，也充分表明，国家在大力倡导和鼓励振兴装备制造业的同时，更离不开作为机械基础件之一的紧固件产品工艺、质量和档次的提升。

2、行业发展趋势及公司面临的市场竞争格局

2009 年，将是本行业近十年保持持续快速发展以来所遇到的国内外市场形势最为严峻的一年。国际金融危机对实体经济所造成的冲击程度已经大大超出了人们的想象。从国内市场看，除铁路、公路、机场等少数重大公共基础设施建设行业基本不受影响外，其它行业对紧固件的需求出现了阶段性的萎缩。尽管国家已经出台了一系列拉动内需的政策措施，但必然需要经过一段时间才能显现出来。从国际市场看，形势更为严峻。本行业的主要出口区域——美欧、日韩等国恰恰又是遭遇本次危机影响的重灾区。从 2008 年四季度看，绝大多数出口企业的外销订单需求已降至正常水平的 70%以下，而预计 2009 年上半年的需求将继续下滑。同时，这些国家的货币贬值，进一步恶化了本行业的出口环境。主要出口国经济衰退，增长前景不容乐观，由此带来贸易保护主义日益盛行，滥用反倾销、反补贴以及临时保障措施，使国际贸易秩序受到了严重冲击。

此外，本行业所生产的紧固件产品被国内误导为“二高一资”产品，国家原本鼓励本行业产品出口和内外资引进先进技术和设备等各种优惠政策及措施，经过不断调整已经几乎全部取消；同时，本行业出口产品退税率大幅下调，而生产所需除钢材以外的各种材料价格、环保治理费用和人员工资福利、劳动保护等费用大幅提升以及开征土地使用税，造成企业生产经营的各项成本不断攀升，本行业本已微薄的盈利空间进一步压缩。所有这些，无疑将对本行业当前和今后一个时期的经营环境，尤其是出口形势和企业的经营业绩带来极为不利的预测。由此，行业内各企业之间为生存而展开的以价格为主的各类竞争也将空前惨烈。因此，如果国家对本行业的有关政策，特别是出口退税政策保持不调整，结合我国本行业整体上大而不强、众而分散、广而不精，尤其是技术装备还比较落后、科技创新能力还比较薄弱、产业结构和配套能力还不尽合理，导致附加值低的中低端产品比重较大等现实情况，整个行业的竞争力必将进一步落后于国内外市场发展的需要，与国际先进发达国家的水平差距也将进一步拉大，从而必将对我国紧固件产业造成剧烈的震动和压力。可以预见，中国紧固件行业的发展，在未来几年中必将逐步呈现不同以往的发展格局。

3、公司未来发展的机遇和发展战略

这场危机对于本行业来说，意味着将会发生对原有秩序的重新洗牌，同时也意味着对于作好准备的企业将面临更多的机会；而本行业出口导向型的企业既是这场危机最大的受害者，同时也是作好准备的企业最有机会的胜算者。

从今年我国中央政府对保增长、扩内需等宏观经济、金融、财税政策和措施的一系列部署以及近几年我国经济增长的基本趋势来看，我国经济仍将保持平稳增长的态势，尤其是我国加大对铁路、公路、电力、能源、机械装备、家用电器、电子通讯等主要行业的投资以后，必将给本公司带来能够继续较快发展的良好机遇。公司作为我国目前紧固件行业最大规模的专业制造企业，十年来秉承“诚信、敬业、创新，以最佳紧固件紧固全球之产业”的经营理念，走出了一条超常规、跳跃式、不断创新竞争优势的经营发展路子，已经形成了相对比较明显的规模优势、产品优势、管理优势、技术装备优势、研发优势和品牌优势，并且具备了较强的开发能力、创新能力和增效能力以及抵御市场风险的能力，特别是近年来以股票发行上市、实施募集资金项目为契机，加快公司转型升级步伐，新建高铁扣件系统生产基地，充分具备了高铁扣件系统中的弹条、紧固件、橡胶、塑料、铸铁件以及弹性体等各种零配件产品的开发、生产、检测以及整套扣件系统的集成配套和物流能力。通过持续参与高铁扣件系统的招投标，使公司已经成为国内高速铁路扣件系统的主要供应商。在全球经济增速放缓的背景下，国家通过加大基础设施等固定资产投资拉动经济，铁路无疑是这次反周期政策的重头戏。可以预见，本公司专业生产的高铁扣件系统产品受到的冲击相对较小，只要公司稳步扩大这类产品的产能规模，进一步提升这些产品的质量档次和加强配套能力，完全可以弥补外销受阻所带来的影响，确保公司正常生产经营。根据我国当前和未来五年铁路建设、尤其是客运专线和城际快速铁路加快建设、迅猛发展的大好形势，铁路扣件系统的各类产品作为铁路运输、轨道交通的关键部件，其需求量必将保持快速、持续、稳定的增长。

为此，充分发挥企业自身的各种优势，紧跟时代步伐，适应市场需求，制订灵活策略，加强内部管理，努力开发具有市场潜力的各类紧固件产品，不断稳定产品质量，提高服务质量，公司一定能在当前和今后激烈的市场竞争中占领市场、提高市场占有率，在这场百年难遇的危机中化“危”为“机”，进而在新一轮的行业和企业重新洗牌中紧紧抓住机遇，率先发展，促进企业在现有基础上继续做强做大，使公司真正成为国内具有重要影响力、并具备较强国际竞争力的紧固件专业生产企业。

六、公司 2009 年度经营目标、工作思路和重点措施

2009 年公司全年生产经营目标为：销售收入计划人民币 21.68 亿元，比上年增长 15.6%；成本费用计划 20 亿元，比上年增长 13.8%；利润计划比上年增长 30%以上。

2009 年以及今后一个时期，公司经营工作的总体思路是要加快由“外”向“内”转型，不断创新主导产品优势，增强企业核心竞争力。重点是要“两手抓”：

一是要抓由过去主要依靠外延型为主发展向内涵型为主发展转变。改变过去重在增加投入、上规模，追求数量、产值、速度，而要眼光向内，主要依靠技术改造、产品开发、科技创新、加强企业内部各项管理，提高全要素生产率；通过产品结构升级、市场的细化和深化，注重产品质量及经济效益的提高，谋求和改善企业发展速度和效率的提高、技术的进步以及制度化的改革，由外延型、粗放型的发展向内涵增长转变。

二是要抓由过去主要依靠外向型出口增长向内需型增长转变。这次国际金融危机及其对实体经济的影响，客观上为我们扩大内需、调整结构、加快改革转型，提供了比较强有力的倒逼机制。从国家自去年下半年相继出台的一系列旨在扩大内需、促进经济发展和改善民生的政策措施来看，紧固件行业持续增长的基本面并没有从根本上发生改变。正因如此，公司要紧紧抓住国家扩大内需的机遇，通过产品研发、技术创新、品牌建设以及积极参与产业链的发展等措施，全面进入以服务内需为主的各个紧固件领域，从而继续保持企业经营业绩的稳步增长，为企业更好更快的发展奠定坚实的基础。具体措施：

1、密切关注市场变化，坚定巩固国内、国际两个市场。深化营销体制及考核机制的改革，充分利用集团的规模、实力和品牌优势，增加新的销售模式，拓展国内外销售渠道。

2、扎实做好科技创新工作，提高现有产品市场竞争力，储备成熟技术，抢占未来市场。加大节能、环保型、关键零部件等高附加值产品的开发，加快信息化、智能化科技成果的提升与推广应用，完善现有产品的技术性能和可靠性，满足用户对产品多样化的需求。

3、适应现代化、集团化、国际化发展的要求，提高企业综合管理能力。按照市场化的要求，加强职能管理的制度建设，努力提高分公司、子公司和职能部门的组织、策划、协调、监控和防范风险的能力，进一步适应外部经济环境、形势变化和市场竞争的需求。

4、强化市场管理理念，严格成本控制。引入市场机制，锁定生产、技术、管理、采购、销售、质量等六个重要环节，制定措施，落实责任制，充分运用和发挥公司 ERP 系统的功能及作用，建立及时的信息反馈制度，实施对各个环节的有效监控，挖掘内部潜力，严控各项成本费用支出，不断增加企业的盈利能力。同时，为保证公司生产经营正常运作所需资金，计划与金融机构联手，通过建立集团资金池，解决集团子公司资金调度困难的问题，提高集团资金使用效率，不断降低筹资成本和财务费用。

5、坚持合规经营，不断优化公司治理机制。以落实《上海证券交易所上市公司内部控制指引》以及财政部等五部委《企业内部控制基本规范》等法律、规范为契机，启动建立健全内控体系工作，以期提升经营管理水平，加强风险防范能力。

6、加强干部员工培训，不断提高员工素质。一是要引导干部员工树立科学发展观，真正把发展的本质由以物为中心向以人为中心转变，发展的内涵向注重经济增长质量、注重经济与社会、环境及人之间的协调发展转变。二是要提高干部员工对转变发展方式和促进企业转型升级的认识，重点围绕提高企业自主创新能力、推进产品优化升级、加强资源节约与环境保护及协调发展等企业转型升级的重点内容，推进企业技术跨越、品牌建设、知识产权保护、标准化建设和节能降耗等。三是加强现代企业制度建设，以多种形式和途径，促进企业管理由家族制度管理向现代企业制度管理转变，逐步实现企业管理的制度化、规范化和精细化。

七、公司发展面临的主要风险和对策

1、市场风险。公司目前产品应用范围很广，由于国际金融危机对实体经济的影响，内在投资欲望并不十分强烈，将影响公司主导产品的订货。面对不利的市场形势，公司将加强对市场的调研，积极分析市场动态，在不放弃原有应用行业市场的基础上，调整产品市场开发领域，加大对风力发电、特高压电网、新能源、铁路、地铁、环保以及重大装备制造业等国家鼓励投资的行业市场开发力度，

确保公司 2009 年生产经营的平稳进行。

2、市场竞争日益加剧的风险。发达国家自身产品需求的下降，将导致跨国企业在中国寻求更大的市场机遇，国内企业出口产品转内销，将加剧国内本行业的市场竞争。针对市场竞争趋势，公司将进一步调整产品结构，转变发展方式，形成独特的竞争优势。一是根据行业发展态势及市场需求，坚持技术创新，持续进行主导产品的技术升级；二是按照公司产品定位，结合国家扩大内需、促进经济增长的项目措施，不断创新开发一批行业适用性强的优势产品，延伸产业链。

3、产品出口频频遭遇国外反倾销措施的风险

当前，国际金融危机仍在继续蔓延，欧美等国贸易保护主义抬头，对我出口产品频频发起反倾销、反补贴和保障措施调查。面对严峻形势，公司将紧紧依靠各级政府和行业协会的支持，主动配合调查，坚决应诉抗辩，团结国内外业界更多的企业和组织，积极开展行业对话交流，自觉运用 WTO 规则等多种法律武器，努力维护企业自身和行业的合法权益。

4、汇率变动的风险

2009 年国际经济形势仍处于变动调整状态，人民币汇率变动将成为公司经营的又一影响因素。公司将在签定出口定单时，将充分考虑汇率变动因素对赢利的影响，在出口价格及交货条件中做出相关限定，尽力消除汇率变动对公司的负面影响；同时，加强收结汇工作，有效运用远期交易工具，锁定外汇成本。

5、环保风险：公司生产过程中产生的废气废水废渣等污染物的排放虽经处理后已达到国家和地方的排放标准，但随着国家对环保要求的不断提高，环保标准越来越严格，仍将存在一定的风险。公司对此将一如既往加大环保投入，切实加强治理，推进清洁生产，扩大中水回用，实现生产环境的持续改进。

同公允价值计量相关的内部控制制度情况

公司不存在同公允价值计量相关的项目

与公允价值计量相关的项目

□适用　　√不适用

持有外币金融资产、金融负债情况

√适用　　□不适用

单位：万元人民币

项目 (1)	期初金额 (2)	本期公允价值变动损益(3)	计入权益的累计公允价值变动(4)	本期计提的减值 (5)	期末金额 (6)
金融资产					
其中：1.以公允价值计量且其变动计入当期损益的金融资产					
其中：衍生金融资产					
2.贷款和应收款					
3.可供出售金融资产					
4.持有至到期投资					
金融资产小计					
金融负债		323.344			

6.2 主营业务分行业、产品情况表

请见前述 6.1

6.3 主营业务分地区情况表

请见前述 6.1

6.4 募集资金使用情况

√适用　　□不适用

单位:万元　币种:人民币

承诺项目	是否变更项目	拟投入金额	实际投入金额	是否符合计划进度	预计收益	产生收益情况
新建高强度异型和汽车专用紧固件项目	否	81,981	73,766	是	20,927	4600
合计	/	81,981	73,766	/	20,927	/

变更项目情况

□适用　　√不适用

6.5 非募集资金项目情况

□适用　　√不适用

6.6 董事会对会计师事务所“非标准审计报告”的说明

□适用　　√不适用

6.7 董事会本次利润分配或资本公积金转增股本预案

公司本报告期内盈利但未提出现金利润分配预案

√适用　　□不适用

本报告期内盈利但未提出现金利润分配预案的原因	未用于分红的资金留存公司的用途
鉴于目前面临的国际金融危机对实体经济的影响，从公司近期和长远发展需要出发，为降低资金成本，平稳渡过公司转型升级周期，确保完成董事会制定的发展规划，建议 2008 年度利润不予分配，也不进行资本公积金转增股本。	累计未分配利润计划用于暂时补充流动资金并转入以后年度分配。

第七节　重要事项

7.1 收购资产

√适用　　□不适用

公司第二届董事会第九次会议审议通过了《关于对上海慧高精密电子工业有限公司股权投资的议案》，同意公司出资人民币 2600 万元，参股投资上海慧高精密电子工业有限公司并认购该公司 20%的股权。此次对该公司的股权投资不属于关联交易，具体内容详见 2008 年 6 月 7 日临时公告“2008-019 号”。公司于 2008 年 6 月和 7 月分二次将出资额汇入该公司指定的银行验资账户，报告期内，该公司已经办妥了增资项目的全部手续并在积极准备公司股份制改造。

7.2 出售资产

□适用　　√不适用

7.3 重大担保

√适用　　□不适用

单位:万元　币种:人民币

公司对子公司的担保情况	
报告期内对子公司担保发生额合计	22,915
报告期末对子公司担保余额合计	14,580
公司担保总额情况（包括对子公司的担保）	
担保总额	14,580
担保总额占公司净资产的比例(%)	8.88

7.4 重大关联交易

7.4.1 与日常经营相关的关联交易

√适用　　□不适用

单位:万元　币种:人民币

关联方	向关联方销售产品和提供劳务		向关联方采购产品和接受劳务	
	交易金额	占同类交易金额的比例(%)	交易金额	占同类交易金额的比例(%)
晋正自动化工程（浙江）有限公司	20.72	0.01		
浙江晋椿五金配件有限公司	640.95	0.34	42.02	0.02
晋禾企业股份有限公司			499.79	0.25
鸿亿机械工业（浙江）有限公司			148	0.07

其中：报告期内公司向控股股东及其子公司销售产品或提供劳务的关联交易金额 0 元。

7.4.2 关联债权债务往来

□适用　　√不适用

7.4.3 2008 年资金被占用情况及清欠进展情况

□适用　　√不适用

截止 2008 年末，上市公司未完成非经营性资金占用的清欠工作的，董事会提出的责任追究方案

□适用　　√不适用

7.5 委托理财

□适用　　√不适用

7.6 承诺事项履行情况

7.6.1 公司或持股 5%以上股东在报告期内或持续到报告期内的承诺事项

√适用　　□不适用

1、晋正企业股份有限公司承诺自发行人股票上市之日起三十六个月内，不转让或者委托他人管理其已直接和间接持有的发行人股份，也不由发行人收购该部分股份。目前按照承诺履行锁定义务，报告期内未发生违反承诺的情形。

2、丁建中承诺自股票上市交易之日起一年内和离职后半年内，不转让持有的发行人股份；在任职期间，每年转让的股份不得超过持有的发行人股份总数的 25%，并且在卖出后六个月内不得再行买入发行人股份，买入后六个月内不得再行卖出发行人股份。2008 年 1 月 28 日限售期到期。报告期内，丁建中已将其质押给中国银行股份有限公司嘉善支行的 8,400 万股中的 600 万股、2,000 万股境外自然人股分别于 2008 年 7 月 1 日、2008 年 12 月 5 日解除质押，余下 5,800 万股继续质押。解除质押的 2,600 万股可上市流通，丁建中通过二级市场累计减持 2,074,900 股。报告期内未发生违反承诺的情形。

3、晋正企业股份有限公司、公司实际控制人蔡永龙、蔡林玉华、蔡永泉、蔡张秀香、蔡永裕、陈锡惠承诺晋亿股份首次发行股票的募集资金将按照《晋亿实业股份有限公司募集资金使用管理制度》和招股说明书的披露内容进行管理和使用，上述募集资金不用于偿还晋亿股份应付控股股东晋正企业股份有限公司的款项。报告期内晋正企业已按照承诺书出具日锁定金额的 10% 向公司申请提取该款，已获本公司核准支付。报告期内未发生违反承诺的情形。

4、持有本公司 5%以上股权的股东、实际控制人承诺在约定的分割市场内，将采取合法及有效的措施，不从事或参与从事与本公司相同或相似的产品及商品的生产经营，在今后的商业活动中，避免与本公司构成新的直接或间接的同业竞争，不损害本公司利益。目前按照承诺履行相关义务，报告期内未发生违反承诺的情形。

7.6.2 公司资产或项目存在盈利预测，且报告期仍处在盈利预测期间，公司就资产或项目是否达到原盈利预测及其原因作出说明：

□适用　　√不适用

7.7 重大诉讼仲裁事项

√适用　　□不适用

1、2008 年 9 月 28 日，公司因与鋐祥五金制品（深圳）有限公司拖欠货款纠纷一案，向深圳市宝安区人民法院提起民事诉讼。鋐祥五金制品（深圳）有限公司欠本公司线材货款金额为 230 万元。2008 年 11 月 19 日，深圳市宝安区人民法院作出一审判决，判决如下：鋐祥五金制品（深圳）有限公司于(2008)深宝法民二初字第 3534 号判决书生效之日起三日内支付 230 万元，本案正在执行过程中。

2、2008 年 12 月 9 日，公司因与杭州海升轴承机械厂拖欠货款纠纷一案，向杭州市西湖区人民法院提起民事诉讼。杭州海升轴承机械厂欠本公司钢材及五金件货款金额为 1156067 元。2009 年 2 月 25 日，杭州市西湖区人民法院已作出一审判决，判决结果与公司的诉讼请求一致。判决如下：杭州海升轴承机械厂于（2008）杭西民二初字第 2758 号判决书生效之日起十日内支付本公司货款 1156067 元，如未按本判决指定的期间履行给付金钱义务，加倍支付迟延履行期间的债务利息。目前公司正在向杭州市西湖区人民法院申请强制执行。

3、自 2007 年 11 月 9 日欧盟委员会发布公告，对来自中国的部分钢铁紧固件产品发起反倾销

调查以来，本公司积极应诉，主动配合调查，积极参与行业协会的无损害抗辩活动，并于2007年11月15日、2008年8月8日在指定报刊和网站公告了应诉欧盟紧固件反倾销的有关情况。2009年1月31日，欧盟委员会发布终裁公告，本公司的税率为77.5%，具体内容详见2009年2月4日临时公告"2009-003号"。

4、2008年9月16日，加拿大边境服务署(CBSA)发布公告，对原产于或出口自中国的碳钢紧固件的正常价值、出口价格和补贴量进行期中复审立案调查。这是该案2005年1月7日终裁后CBSA发起的第二次再调查。调查期为2007年1月1日至2008年6月30日。我公司积极配合此次调查，认真填写关于倾销和补贴的问卷，已于2008年10月22日前提交了全部答卷。

7.8 其他重大事项及其影响和解决方案的分析说明

7.8.1 证券投资情况

□适用　　　√不适用

7.8.2 持有其他上市公司股权情况

□适用　　　√不适用

7.8.3 持有非上市金融企业股权情况

□适用　　　√不适用

7.8.4 买卖其他上市公司股份的情况

□适用　　　√不适用

7.9 公司是否披露履行社会责任的报告：否

第八节　监事会报告

监事会认为公司依法运作、公司财务情况、公司募集资金使用、公司收购、出售资产交易和关联交易不存在问题。

8.1 监事会对公司依法运作情况的独立意见

报告期内，公司监事会根据有关法律、法规及上市公司治理的规范性文件，对公司股东大会、董事会的召开程序、决议事项、董事会对股东大会决议的执行、公司高级管理人员履行职务等情况进行了监督。认为，2008年度公司能严格按照有关法律、法规及各项管理制度规范运作，依法经营，决策程序合法，公司内部控制制度较为完善；公司董事、总经理及高级管理人员履行职务时能勤勉尽职，没有发现违反法律、法规、公司章程或损害公司利益以及侵犯股东权益的行为。

8.2 监事会对检查公司财务情况的独立意见

报告期内，公司监事会对公司财务制度和财务状况进行了检查。认为，公司的会计政策符合《企业会计制度》、《企业会计准则》和财政部的有关规定，公司严格遵守财务管理制度及内控制度的相关规定，公司2008年度财务报告能够真实地反映公司的财务状况和经营成果，浙江天健东方会计师事务所有限公司出具的标准无保留意见的审计报告是客观、公正的。

8.3 监事会对公司最近一次募集资金实际投入情况的独立意见

公司严格按照《募集资金管理制度》的规定执行，募集资金的使用完全符合公司项目计划和决策审批程序，不存在违规占用募集资金的情况。

8.4 监事会对公司收购、出售资产情况的独立意见

公司监事会对公司关于对上海慧高精密电子工业有限公司股权投资的的情况进行了监督，认为公司股权投资行为交易价格合理、公允，对本公司经营业绩不会产生重大影响，未损害公司全体股东的利益特别是公司中小股东的利益。

8.5 监事会对公司关联交易情况的独立意见

报告期内，公司在关联交易中体现了公平、公正、公开的原则，没有损害公司和全体股东的利益。

第九节　财务会计报告

9.1 审计意见

财务报告	□未经审计	√审计
审计意见	√标准无保留意见	□非标意见

审计意见全文

审计报告

浙天会审〔2009〕1895号

晋亿实业股份有限公司全体股东：

我们审计了后附的晋亿实业股份有限公司(以下简称晋亿公司)财务报表，包括2008年12月31日的资产负债表和合并资产负债表，2008年度的利润表和合并利润表，2008年度的现金流量表和合并现金流量表，2008年度的股东权益变动表和合并股东权益变动表，以及财务报表附注。

一、管理层对财务报表的责任

按照企业会计准则的规定编制财务报表是晋亿公司管理层的责任。这种责任包括：(1)设计、实施和维护与财务报表编制相关的内部控制，以使财务报表不存在由于舞弊或错误而导致的重大错报；(2)选择和运用恰当的会计政策；(3)作出合理的会计估计。

二、注册会计师的责任

我们的责任是在实施审计工作的基础上对财务报表发表审计意见。我们按照中国注册会计师审计准则的规定执行了审计工作。中国注册会计师审计准则要求我们遵守职业道德规范，计划和实施审计工作以对财务报表是否不存在重大错报获取合理保证。

审计工作涉及实施审计程序，以获取有关财务报表金额和披露的审计证据。选择的审计程序取决于注册会计师的判断，包括对由于舞弊或错误导致的财务报表重大错报风险的评估。在进行风险评估时，我们考虑与财务报表编制相关的内部控制，以设计恰当的审计程序，但目的并非对内部控制的有效性发表意见。审计工作还包括评价管理层选用会计政策的恰当性和作出会计估计的合理性，以及评价财务报表的总体列报。

我们相信，我们获取的审计证据是充分、适当的，为发表审计意见提供了基础。

三、审计意见

我们认为，晋亿公司财务报表已经按照企业会计准则的规定编制，在所有重大方面公允反映了晋亿公司2008年12月31日的财务状况以及2008年度的经营成果和现金流量。

浙江天健东方会计师事务所有限公司　　　　中国注册会计师：傅芳芳、程志刚

中国　杭州　　　　2009年4月12日

9.2 财务报表

合并资产负债表

2008年12月31日

编制单位:晋亿实业股份有限公司　　　　单位:元 币种:人民币

项目	附注	期末余额	年初余额
流动资产：			
货币资金		141,014,071.74	316,853,380.53
结算备付金			
拆出资金			
交易性金融资产			
应收票据		12,676,635.31	10,823,033.12
应收账款		261,650,287.49	207,815,096.08
预付款项		127,058,862.14	206,265,380.57
应收保费			
应收分保账款			
应收分保合同准备金			
应收利息			5,220,887.67
应收股利			
其他应收款		8,420,383.69	14,153,876.31
买入返售金融资产			
存货		1,119,044,546.90	787,479,319.37
一年内到期的非流动资产			
其他流动资产		1,126,972.27	1,093,773.64
流动资产合计		1,670,991,759.54	1,549,704,747.29
非流动资产：			
发放贷款及垫款			
可供出售金融资产			
持有至到期投资			
长期应收款			
长期股权投资		25,758,784.96	3,000,000.00
投资性房地产			
固定资产		1,176,591,712.35	934,477,576.85
在建工程		152,300,878.13	173,258,205.36
工程物资			
固定资产清理			
生产性生物资产			
油气资产			
无形资产		37,109,319.02	35,374,487.28
开发支出			
商誉		5,114,163.17	5,114,163.17
长期待摊费用			
递延所得税资产		12,129,023.52	6,009,811.70
其他非流动资产			
非流动资产合计		1,409,003,881.15	1,157,234,244.36
资产总计		3,079,995,640.69	2,706,938,991.65
流动负债：			
短期借款		275,503,612.00	230,733,220.00
向中央银行借款			
吸收存款及同业存放			
拆入资金			
交易性金融负债		3,233,440.00	
应付票据		300,427,527.00	306,491,350.00
应付账款		127,085,768.02	99,797,589.87
预收款项		109,692,506.94	14,590,845.69
卖出回购金融资产款			
应付手续费及佣金			
应付职工薪酬		11,046,303.13	10,838,917.06
应交税费		-9,122,872.50	-3,921,819.05
应付利息		5,569,351.71	436,530.60
应付股利			
其他应付款		105,169,542.32	31,122,364.89
应付分保账款			
保险合同准备金			
代理买卖证券款			
代理承销证券款			
一年内到期的非流动负债		54,676,800.00	22,426,035.08
其他流动负债		74,805,545.70	120,338,167.70
流动负债合计		1,058,087,524.32	832,853,201.84
非流动负债：			
长期借款		81,741,816.00	
应付债券			

项目	附注	期末余额	年初余额
长期应付款		112,395,947.59	202,311,947.59
专项应付款			
预计负债			
递延所得税负债			
其他非流动负债			
非流动负债合计		194,137,763.59	202,311,947.59
负债合计		1,252,225,287.91	1,035,165,149.43
股东权益：			
股本		738,470,000.00	738,470,000.00
资本公积		657,913,943.71	657,913,943.71
减：库存股			
盈余公积		79,552,414.71	68,718,367.94
一般风险准备			
未分配利润		140,830,576.02	57,753,433.74
外币报表折算差额			
归属于母公司所有者权益合计		1,616,766,934.44	1,522,855,745.39
少数股东权益		211,003,418.34	148,918,096.83
股东权益合计		1,827,770,352.78	1,671,773,842.22
负债和股东权益合计		3,079,995,640.69	2,706,938,991.65

公司法定代表人：蔡永龙　主管会计工作负责人：薛玲　会计机构负责人：薛玲

母公司资产负债表

2008 年 12 月 31 日

编制单位：晋亿实业股份有限公司　单位：元 币种：人民币

项目	附注	期末余额	年初余额
流动资产：			
货币资金		56,072,773.86	260,762,743.67
交易性金融资产			
应收票据		10,473,445.15	10,073,033.12
应收账款		272,152,845.74	247,096,922.52
预付款项		95,336,017.24	189,330,007.14
应收利息		5,220,887.67	
应收股利			
其他应收款		12,128,048.43	18,131,922.71
存货		816,721,812.95	656,447,869.70
一年内到期的非流动资产			
其他流动资产		1,120,305.54	1,087,106.95
流动资产合计		1,264,005,248.93	1,388,150,493.48
非流动资产：			
可供出售金融资产			
持有至到期投资			
长期应收款			
长期股权投资		668,909,019.69	462,223,469.73
投资性房地产			
固定资产		523,122,333.47	552,949,690.17
在建工程		76,303,039.41	43,406,337.83
工程物资			
固定资产清理			
生产性生物资产			
油气资产			
无形资产		23,770,718.35	24,904,254.01
开发支出			
商誉			
长期待摊费用			
递延所得税资产		11,601,443.93	5,614,637.95
其他非流动资产			
非流动资产合计		1,303,706,554.85	1,089,098,389.69
资产总计		2,567,711,803.78	2,477,248,883.17
流动负债：			
短期借款		150,503,612.00	205,733,220.00
交易性金融负债		3,233,440.00	
应付票据		256,927,527.00	286,520,100.00
应付账款		99,560,894.50	82,257,957.28
预收款项		108,575,782.63	8,933,043.35
应付职工薪酬		9,710,381.52	9,113,420.68
应交税费		17,615,114.50	2,975,281.03
应付利息		213,209.50	396,655.60
应付股利		74,805,545.70	120,338,167.70
其他应付款		91,410,008.25	24,249,216.81
一年内到期的非流动负债			
其他流动负债			
流动负债合计		812,555,515.40	740,517,062.45
非流动负债：			
长期借款			
应付债券			
长期应付款		112,395,947.59	202,311,947.59
专项应付款			
预计负债			
递延所得税负债			
其他非流动负债			
非流动负债合计		112,395,947.59	202,311,947.59
负债合计		924,951,462.99	942,829,010.04
股东权益：			
股本		738,470,000.00	738,470,000.00
资本公积		657,913,943.71	657,913,943.71
减：库存股			
盈余公积		79,552,414.71	68,718,367.94
未分配利润		166,823,982.37	69,317,561.48
外币报表折算差额			
股东权益合计		1,642,760,340.79	1,534,419,873.13
负债和股东权益合计		2,567,711,803.78	2,477,248,883.17

公司法定代表人：蔡永龙　主管会计工作负责人：薛玲　会计机构负责人：薛玲

合并利润表

2008 年 1—12 月

单位：元 币种：人民币

项目	附注	本期金额	上期金额
一、营业总收入		1,875,053,810.41	1,276,915,551.16
其中：营业收入		1,875,053,810.41	1,276,915,551.16
利息收入			
已赚保费			
手续费及佣金收入			
二、营业总成本		1,757,204,762.55	1,236,904,903.22
其中：营业成本		1,521,280,967.54	1,122,177,511.09
利息支出			
手续费及佣金支出			
退保金			
赔付支出净额			
提取保险合同准备金净额			
保单红利支出			
分保费用			
营业税金及附加		1,022,133.14	594,212.74
销售费用		69,013,836.08	55,824,192.31
管理费用		80,072,181.53	45,944,063.23
财务费用		18,686,146.20	2,086,166.06
资产减值损失		67,129,498.06	10,278,757.79
加：公允价值变动收益（损失以"－"号填列）		−3,233,440.00	
投资收益（损失以"－"号填列）		−241,215.04	3,351,983.00
其中：对联营企业和合营企业的投资收益		−241,215.04	
汇兑收益（损失以"－"号填列）			
三、营业利润（亏损以"－"号填列）		114,374,392.82	43,362,630.94
加：营业外收入		3,496,783.85	3,781,365.54
减：营业外支出		5,515,218.56	1,689,608.42
其中：非流动资产处置净损失		512,540.04	61,362.73
四、利润总额（亏损总额以"－"号填列）		112,355,958.11	45,454,388.06
减：所得税费用		24,511,079.15	10,107,623.75
五、净利润（净亏损以"－"号填列）		87,844,878.96	35,346,764.31
归属于母公司所有者的净利润		93,911,189.05	37,520,611.34
少数股东损益		−6,066,310.09	−2,173,847.03
六、每股收益：			
（一）基本每股收益		0.127	0.052
（二）稀释每股收益		0.127	0.052

公司法定代表人：蔡永龙　主管会计工作负责人：薛玲　会计机构负责人：薛玲

母公司利润表

2008 年 1—12 月

单位：元 币种：人民币

项目	附注	本期金额	上期金额
一、营业收入		1,869,621,883.81	1,295,399,800.41
减：营业成本		1,561,309,272.49	1,150,572,830.48
营业税金及附加		963,975.73	567,686.16
销售费用		56,724,028.76	52,188,182.92
管理费用		63,470,990.38	33,569,140.74
财务费用		12,850,810.48	801,124.93
资产减值损失		37,676,453.42	8,814,721.45
加：公允价值变动收益（损失以"－"号填列）		−3,233,440.00	

投资收益(损失以"－"号填列)	−241,215.04	3,351,983.00
其中:对联营企业和合营企业的投资收益		
二、营业利润(亏损以"－"号填列)	133,151,697.51	52,238,096.73
加:营业外收入	1,153,591.58	3,650,838.54
减:营业外支出	2,233,556.21	1,489,312.54
其中:非流动资产处置净损失	511,857.89	61,362.73
三、利润总额(亏损总额以"－"号填列)	132,071,732.88	54,399,622.73
减:所得税费用	23,731,265.22	10,245,708.38
四、净利润(净亏损以"－"号填列)	108,340,467.66	44,153,914.35

公司法定代表人:蔡永龙　　主管会计工作负责人:薛玲　　会计机构负责人:薛玲

合并现金流量表

2008 年 1—12 月

单位:元 币种:人民币

项目	附注	本期金额	上期金额
一、经营活动产生的现金流量:			
销售商品、提供劳务收到的现金		2,106,579,875.88	1,367,924,417.97
客户存款和同业存放款项净增加额			
向中央银行借款净增加额			
向其他金融机构拆入资金净增加额			
收到原保险合同保费取得的现金			
收到再保险业务现金净额			
保户储金及投资款净增加额			
处置交易性金融资产净增加额			
收取利息、手续费及佣金的现金			
拆入资金净增加额			
回购业务资金净增加额			
收到的税费返还		12,388,037.10	53,546,404.18
收到其他与经营活动有关的现金		50,802,184.80	55,521,286.48
经营活动现金流入小计		2,169,770,097.78	1,476,992,108.63
购买商品、接受劳务支付的现金		1,871,953,239.78	1,417,585,007.09
客户贷款及垫款净增加额			
存放中央银行和同业款项净增加额			
支付原保险合同赔付款项的现金			
支付利息、手续费及佣金的现金			
支付保单红利的现金			
支付给职工以及为职工支付的现金		99,651,415.91	73,091,570.47
支付的各项税费		43,199,871.93	23,856,464.61
支付其他与经营活动有关的现金		172,010,545.18	83,693,788.48
经营活动现金流出小计		2,186,815,072.80	1,598,226,830.65
经营活动产生的现金流量净额		−17,044,975.02	−121,234,722.02
二、投资活动产生的现金流量:			
收回投资收到的现金			
取得投资收益收到的现金			
处置固定资产、无形资产和其他长期资产收回的现金净额		1,424,062.72	2,192,775.91
处置子公司及其他营业单位收到的现金净额		3,000,000.00	
收到其他与投资活动有关的现金		238,538,052.18	4,575,348.71
投资活动现金流入小计		242,962,114.90	6,768,124.62
购建固定资产、无形资产和其他长期资产支付的现金		307,807,988.18	445,432,919.39
投资支付的现金			3,000,000.00
质押贷款净增加额			
取得子公司及其他营业单位支付的现金净额		26,000,000.00	
支付其他与投资活动有关的现金		11,000,000.00	224,128,519.53
投资活动现金流出小计		344,807,988.18	672,561,438.92
投资活动产生的现金流量净额		−101,845,873.28	−665,793,314.30
三、筹资活动产生的现金流量:			
吸收投资收到的现金		68,151,631.60	970,800,534.18
其中:子公司吸收少数股东投资收到的现金		68,151,631.60	96,996,894.18
取得借款收到的现金		766,374,692.10	488,048,748.90
发行债券收到的现金			
收到其他与筹资活动有关的现金		7,500,000.00	5,000,000.00
筹资活动现金流入小计		842,026,323.70	1,463,849,283.08
偿还债务支付的现金		598,435,012.30	492,860,138.90
分配股利、利润或偿付利息支付的现金		85,272,502.70	132,892,439.32
其中:子公司支付给少数股东的股利、利润			
支付其他与筹资活动有关的现金		1,500,000.00	2,356,208.91
筹资活动现金流出小计		685,207,515.00	628,108,787.13
筹资活动产生的现金流量净额		156,818,808.70	835,740,495.95
四、汇率变动对现金及现金等价物的影响		−6,078,982.11	−3,132,190.30
五、现金及现金等价物净增加额		31,848,978.29	45,580,269.33
加:期初现金及现金等价物余额		90,862,005.53	45,281,736.20
六、期末现金及现金等价物余额		122,710,983.82	90,862,005.53

公司法定代表人:蔡永龙　　主管会计工作负责人:薛玲　　会计机构负责人:薛玲

母公司现金流量表

2008 年 1—12 月

单位:元 币种:人民币

项目	附注	本期金额	上期金额
一、经营活动产生的现金流量:			
销售商品、提供劳务收到的现金		2,144,561,116.85	1,349,693,374.37
收到的税费返还		11,336,608.87	50,563,361.51
收到其他与经营活动有关的现金		1,856,520.89	54,317,091.54
经营活动现金流入小计		2,157,754,246.61	1,454,573,827.42
购买商品、接受劳务支付的现金		1,730,950,660.61	1,410,984,784.58
支付给职工以及为职工支付的现金		81,913,816.07	65,641,977.08
支付的各项税费		39,192,179.74	21,430,343.68
支付其他与经营活动有关的现金		95,931,061.26	69,171,700.26
经营活动现金流出小计		1,947,987,717.68	1,567,228,805.60
经营活动产生的现金流量净额		209,766,528.93	−112,654,978.18
二、投资活动产生的现金流量:			
收回投资收到的现金			
取得投资收益收到的现金			
处置固定资产、无形资产和其他长期资产收回的现金净额		4,357,177.64	2,192,775.91
处置子公司及其他营业单位收到的现金净额		3,000,000.00	14,525,258.00
收到其他与投资活动有关的现金		245,291,612.34	38,001,259.90
投资活动现金流入小计		252,648,789.98	54,719,293.81
购建固定资产、无形资产和其他长期资产支付的现金		83,467,859.59	134,539,644.88
投资支付的现金		183,926,765.00	271,081,108.87
取得子公司及其他营业单位支付的现金净额		26,000,000.00	
支付其他与投资活动有关的现金		19,500,000.00	259,238,658.96
投资活动现金流出小计		312,894,624.59	664,859,412.71
投资活动产生的现金流量净额		−60,245,834.61	−610,140,118.90
三、筹资活动产生的现金流量:			
吸收投资收到的现金			873,803,640.00
取得借款收到的现金		452,862,984.30	453,048,748.90
收到其他与筹资活动有关的现金		10,959,400.00	
筹资活动现金流入小计		452,862,984.30	1,337,811,788.90
偿还债务支付的现金		508,092,592.30	452,915,528.90
分配股利、利润或偿付利息支付的现金		78,416,521.96	130,218,107.56
支付其他与筹资活动有关的现金			13,315,608.91
筹资活动现金流出小计		586,509,114.26	596,449,245.37
筹资活动产生的现金流量净额		−133,646,129.96	741,362,543.53
四、汇率变动对现金及现金等价物的影响		−3,526,726.09	−2,770,054.61
五、现金及现金等价物净增加额		12,347,838.27	15,797,391.84
加:期初现金及现金等价物余额		40,762,743.67	24,965,351.83
六、期末现金及现金等价物余额		53,110,581.94	40,762,743.67

公司法定代表人:蔡永龙　　主管会计工作负责人:薛玲　　会计机构负责人:薛玲

合并所有者权益变动表

2008 年 1—12 月

单位:元 币种:人民币

项目	本年金额								
	归属于母公司所有者权益								
	股本	资本公积	减:库存股	盈余公积	一般风险准备	未分配利润	其他	少数股东权益	所有者权益合计
一、上年年末余额	738,470,000.00	657,913,943.71		68,718,367.94		57,753,433.74		148,918,096.83	1,671,773,842.22
加:同一控制下企业合并产生的追溯调整									
会计政策变更									
前期差错更正									
其他									
二、本年年初余额	738,470,000.00	657,913,943.71		68,718,367.94		57,753,433.74		148,918,096.83	1,671,773,842.22
三、本年增减变动金额(减少以"－"号填列)				10,834,046.77		83,077,142.28		62,085,321.51	155,996,510.56
(一)净利润						93,911,189.05		−6,066,310.09	87,844,878.96
(二)直接计入所有者权益的利得和损失									
1.可供出售金融资产公允价值变动净额									
2.权益法下被投资单位其他所有者权益变动的影响									
3.与计入所有者权益项目相关的所得税影响									
4.其他									
上述(一)和(二)小计						93,911,189.05		−6,066,310.09	87,844,878.96
(三)所有者投入和减少资本								68,151,631.60	68,151,631.60
1.所有者投入资本								68,151,631.60	68,151,631.60
2.股份支付计入所有者权益的金额									
3.其他									
(四)利润分配				10,834,046.77		−10,834,046.77			
1.提取盈余公积				10,834,046.77		−10,834,046.77			

项目	股本	资本公积	减:库存股	盈余公积	一般风险准备	未分配利润	其他	少数股东权益	所有者权益合计
2.提取一般风险准备									
3.对所有者(或股东)的分配									
4.其他									
(五)所有者权益内部结转									
1.资本公积转增资本(或股本)									
2.盈余公积转增资本(或股本)									
3.盈余公积弥补亏损									
4.其他									
四、本期期末余额	738,470,000.00	657,913,943.71		79,552,414.71		140,830,576.02		211,003,418.34	1,827,770,352.78

上年金额

归属于母公司所有者权益

项目	股本	资本公积	减:库存股	盈余公积	一般风险准备	未分配利润	其他	少数股东权益	所有者权益合计
一、上年年末余额	528,470,000.00	573,650.71		64,302,976.50		164,957,513.84		66,651,131.66	824,955,272.71
加:同一控制下企业合并									
产生的追溯调整									
会计政策变更									
前期差错更正									
其他									
二、本年年初余额	528,470,000.00	573,650.71			64,302,976.50	164,957,513.84		66,651,131.66	824,955,272.71
三、本年增减变动金额									
(减少以"-"号填列)	210,000,000.00	657,340,293.00		4,415,391.44		-107,204,080.10		82,266,965.17	846,818,569.51
(一)净利润	37,520,611.34	-2,173,847.0335,346,764.31							
(二)直接计入所有者									
权益的利得和损失									
1.可供出售金融资产									
公允价值变动净额									
2.权益法下被投资单位其他									
所有者权益变动的影响									
3.与计入所有者权益项目									
相关的所得税影响									
4.其他									
上述(一)和(二)小计						37,520,611.34		-2,173,847.03	35,346,764.31
(三)所有者投入和									
减少资本	210,000,000.00	657,340,293.00						84,375,309.18	951,715,602.18
1.所有者投入资本	210,000,000.00	657,340,293.00						96,996,894.18	964,337,187.18
2.股份支付计入所有者权益的金额									
3.其他								-12,621,585.00	-12,621,585.00
(四)利润分配				4,415,391.44		-144,724,691.44		65,503.02	-140,243,796.98
1.提取盈余公积				4,415,391.44		-4,415,391.44			
2.提取一般风险准备									
3.对所有者(或股东)的分配						-140,309,300.00			-140,309,300.00
4.其他								65,503.02	65,503.02
(五)所有者权益内部结转									
1.资本公积转增资本(或股本)									
2.盈余公积转增资本(或股本)									
3.盈余公积弥补亏损									
4.其他									
四、本期期末余额	738,470,000.00	657,913,943.71		68,718,367.94		57,753,433.74		148,918,096.83	1,671,773,842.22

公司法定代表人:蔡永龙　　主管会计工作负责人:薛玲　　会计机构负责人:薛玲

母公司所有者权益变动表

2008 年 1—12 月

单位:元 币种:人民币

本年金额

项目	股本	资本公积	减:库存股	盈余公积	未分配利润	所有者权益合计
一、上年年末余额	738,470,000.00	657,913,943.71		68,718,367.94	69,317,561.48	1,534,419,873.13
加:会计政策变更						
前期差错更正						
其他						
二、本年年初余额	738,470,000.00	657,913,943.71		68,718,367.94	69,317,561.48	1,534,419,873.13
三、本年增减变动金额						
(减少以"-"号填列)				10,834,046.77	97,50[illegible],420.89	108,340,467.66
(一)净利润					108,34[illegible],467.66	108,340,467.66
(二)直接计入所有者						
权益的利得和损失						
1.可供出售金融资产						
公允价值变动净额						
2.权益法下被投资单位其他						
所有者权益变动的影响						
3.与计入所有者权益项目						
相关的所得税影响						
4.其他						
上述(一)和(二)小计					108,340,467.66	108,340,467.66
(三)所有者投入和减少资本						
1.所有者投入资本						
2.股份支付计入所有者权益的金额						
3.其他						
(四)利润分配				10,834,046.77	-10,834,046.77	
1.提取盈余公积				10,834,046.77	-10,834,046.77	
2.对所有者(或股东)的分配						
3.其他						
(五)所有者权益内部结转						
1.资本公积转增资本(或股本)						
2.盈余公积转增资本(或股本)						
3.盈余公积弥补亏损						
4.其他						
四、本期期末余额	738,470,000.00	657,913,943.71		79,552,414.71	166,823,982.37	1,642,760,340.79

上年金额

项目	股本	资本公积	减:库存股	盈余公积	未分配利润	所有者权益合计
一、上年年末余额	528,470,000.00	573,650.71		64,302,976.50	169,888,338.57	763,234,965.78
加:会计政策变更						
前期差错更正						
其他						
二、本年年初余额	528,470,000.00	573,650.71		64,302,976.50	169,888,338.57	763,234,965.78
三、本年增减变动金额						
(减少以"-"号填列)	210,000,000.00	657,340,293.00		4,415,391.44	-100,570,777.09	771,184,907.35
(一)净利润					44,153,914.35	44,153,914.35
(二)直接计入所有者						
权益的利得和损失						
1.可供出售金融资产						
公允价值变动净额						
2.权益法下被投资单位其他						
所有者权益变动的影响						
3.与计入所有者权益项目						
相关的所得税影响						
4.其他						
上述(一)和(二)小计					44,153,914.35	44,153,914.35
(三)所有者投入和						
减少资本	210,000,000.00	657,340,293.00				867,340,293.00
1.所有者投入资本	210,000,000.00	657,340,293.00				867,340,293.00
2.股份支付计入所有者权益的金额						
3.其他						
(四)利润分配				4,415,391.44	-144,724,691.44	-140,309,300.00
1.提取盈余公积				4,415,391.44	-4,415,391.44	
2.对所有者(或股东)的分配					-140,309,300.00	-140,309,300.00
3.其他						
(五)所有者权益内部结转						
1.资本公积转增资本(或股本)						
2.盈余公积转增资本(或股本)						
3.盈余公积弥补亏损						
4.其他						
四、本期期末余额	738,470,000.00	657,913,943.71		68,718,367.94	69,317,561.48	1,534,419,873.13

公司法定代表人:蔡永龙　　主管会计工作负责人:薛玲　　会计机构负责人:薛玲

9.3 本报告期无会计政策、会计估计和核算方法变更。

9.4 本报告期无会计差错更正。

9.5 报告期内,公司财务报表合并范围未发生重大变化。

大秦铁路股份有限公司

大秦铁路股份有限公司2008年年度报告摘要

第一节　重要提示

1、本公司董事会、监事会及董事、监事、高级管理人员保证本报告所载资料不存在任何虚假记载、误导性陈述或者重大遗漏，并对其内容的真实性、准确性和完整性承担个别及连带责任。

2、公司全体董事出席董事会会议。

3、普华永道中天会计师事务所有限公司为本公司出具了标准无保留意见的审计报告。

4、公司董事长武汛先生、总经理关柏林先生，主管会计工作负责人李琳先生，会计机构负责人（会计主管人员）田惠民先生声明：保证本年度报告中财务报告的真实、完整。

第二节　公司基本情况简介

2.1 基本情况简介

股票代码	601006
上市交易所	上海证券交易所
注册地址和办公地址	山西省大同市站北街14号
邮政编码	037005
公司国际互联网网址	http://www.daqintielu.com
电子信箱	dqtl@daqintielu.com

2.2 联系人和联系方式

	董事会秘书	证券事务代表
姓名	黄松青	张利荣
联系地址	山西省大同市站北街14号	山西省大同市站北街14号
电话	0352-7121248	0352-7121248
传真	0352-7121990	0352-7121990
电子信箱	dqtl@daqintielu.com	dqtl@daqintielu.com

第三节　会计数据和业务数据摘要

3.1 主要会计数据

单位：元 币种：人民币

主要会计数据	2008年	2007年	本年比上年增减(%)	2006年
营业收入	22,595,317,577	20,860,262,089	8.32	16,570,719,962
利润总额	8,920,026,971	9,198,891,467	-3.03	6,528,591,949
归属于上市公司股东的净利润	6,679,516,467	6,109,405,216	9.33	4,415,397,053
归属于上市公司股东的扣除非经常性损益的净利润	6,642,753,488	6,175,708,127	7.56	4,451,091,448
	2008年末	2007年末	本年末比上年末增减(%)	2006年末
总资产	62,424,338,894	51,107,589,240	22.14	41,076,474,414
所有者权益(或股东权益)	40,320,486,488	37,533,997,159	7.42	35,317,619,081

3.2 主要财务指标

单位：元 币种：人民币

主要财务指标	2008年	2007年	本年比上年增减(%)	2006年
基本每股收益	0.51	0.47	8.51	0.39
稀释每股收益	0.51	0.47	8.51	0.39
扣除非经常性损益后的基本每股收益	0.51	0.48	6.25	0.40
全面摊薄净资产收益率	16.57%	16.28%	增加0.29个百分点	12.50%
加权平均净资产收益率	17.16%	16.92%	增加0.24个百分点	17.16%
扣除非经常性损益后全面摊薄净资产收益率	16.47%	16.45%	增加0.02个百分点	12.60%
扣除非经常性损益后的加权平均净资产收益率	17.06%	17.11%	减少0.05个百分点	17.30%
经营活动产生的现金流量净额	8,747,383,174	9,132,967,053	-4.22	5,102,891,768
每股经营活动产生的现金流量净额	0.67	0.70	-4.29	0.39
	2008年末	2007年末	本年末比上年末增减(%)	2006年末
归属于上市公司股东的每股净资产	3.11	2.89	7.61	2.72

非经常性损益项目

√适用　□不适用

扣除非经常性损益项目和金额

单位：元 币种：人民币

非经常性损益项目	金额
处置非流动资产净收益	-56,435,936
其他营业外收支净额	-1,488,864
所得税影响数	21,161,821
合计	-36,762,979

采用公允价值计量的项目

□适用　√不适用

3.3 境内外会计准则差异

□适用　√不适用

第四节　股本变动及股东情况

4.1 股份变动情况表

√适用　□不适用

单位：：股

	本次变动前		本次变动增减(+,-)					本次变动后	
	数量	比例(%)	发行新股	送股	公积金转股	其他	小计	数量	比例(%)
一、有限售条件股份									
1、国家持股									
2、国有法人持股	9,815,099,097	75.64				-349,645,000	-349,645,000	9,465,454,097	72.94
3、其他内资持股	559,432,000	4.31				-559,432,000	-559,432,000	0	
其中：									
境内法人持股	559,432,000	4.31				-559,432,000	-559,432,000	0	
境内自然人持股									
4、外资持股									
其中：									
境外法人持股									
境外自然人持股									
有限售条件股份合计	10,374,531,097	79.95				-909,077,000	-909,077,000	9,465,454,097	72.94
二、无限售条件流通股份									
1、人民币普通股	2,602,226,030	20.05				+909,077,000	+909,077,000	3,511,303,030	27.06
2、境内上市的外资股									
3、境外上市的外资股									
4、其他									
无限售条件流通股份合计	2,602,226,030	20.05				+909,077,000	+909,077,000	3,511,303,030	27.06
三、股份总数	12,976,757,127	100.00						12,976,757,127	100.00

公司认为必要或证券监管机构要求披露的其他内容

注1：按照发行上市股份的锁定安排，2008年2月1日，向战略投资者配售股票90,907.7万股上市流通，。相关事宜请查阅公司2008年1月29日发布的《大秦铁路股份有限公司战略投资者配售股票（锁定期18个月）上市流通的提示性公告》（临2008-001）。

限售股份变动情况表

√适用　□不适用

单位：股

时间	限售期满新增可上市交易股份数量	有限售条件股份数量余额	无限售条件股份数量余额	说明
2009年8月1日	9,465,454,097	0	12,976,757,127	公司控股股东太原铁路局所持股票上市流通

单位：股

股东名称	年初限售股数	本年解除限售股数	本年增加限售股数	年末限售股数	限售原因	解除限售日期
太原铁路局	9,465,454,097	0	0	9,465,454,097	注1	注1
中国平安人寿保险股份有限公司-传统-普通保险产品	139,858,000	139,858,000	0	0	注2	注2

中国人寿保险股份有限公司-传统-普通保险产品-005L-CT001 沪	109,555,000	109,555,000	0	0	注 2	注 2
大唐国际发电股份有限公司	69,929,000	69,929,000	0	0	注 2	注 2
中国华能集团公司	69,929,000	69,929,000	0	0	注 2	注 2
秦皇岛港务集团有限公司	69,929,000	69,929,000	0	0	注 2	注 2
中国中煤能源集团公司	69,929,000	69,929,000	0	0	注 2	注 2
中国太平洋人寿保险股份有限公司-传统-普通保险产品	69,929,000	69,929,000	0	0	注 2	注 2
新华人寿保险股份有限公司-分红-团体分红-018LFH001 沪	69,929,000	69,929,000	0	0	注 2	注 2
中国铁路建设投资公司	69,929,000	69,929,000	0	0	注 2	注 2
中国中信集团公司	69,929,000	69,929,000	0	0	注 2	注 2
全国社会保障基金理事会	69,929,000	69,929,000	0	0	注 2	注 2
泰康人寿保险股份有限公司-分红-个人分红-019LFH002 沪	30,303,000	30,303,000	0	0	注 2	注 2
合计	10,374,531,097	909,077,000	0	9,465,454,097		

注 1:限售原因:公司控股股东太原铁路局承诺自公司上市之日(即 2006 年 8 月 1 日)起三十六个月内,不转让或者委托他人管理太原铁路局持有的大秦铁路股份,解除限售日期为 2009 年 8 月 1 日。

注 2:限售原因:战略投资者的配售的公司股份,解除限售日期为 2008 年 2 月 1 日。2006 年 7 月 20 日在《大秦铁路股份有限公司首次公开发行 A 股网下申购情况及定价结果公告》中公布 A 股战略投资者的配售结果,A 股战略投资者获配股票的锁定期为 18 个月,该部分股票已于 2008 年 2 月 1 日起开始上市流通。

4.2 股东数量和持股情况

单位:股

报告期末股东总数 231,902

前十名股东持股情况

股东名称	股东性质	持股比例(%)	持股总数	年度内增减	持有有限售条件股份数量	质押或冻结的股份数量
太原铁路局	国有股东	72.94	9,465,454,097	0	9,465,454,097	无
中国华能集团公司	国有股东	1.29%	167,429,000	0	0	未知
中国中煤能源集团公司	国有股东	1.09%	141,524,000	0	0	未知
秦皇岛港务集团有限公司	国有股东	1.09%	141,429,000	0	0	未知
中国建设银行-博时主题行业股票证券投资基金	未知	0.84%	108,410,257	+87,601,543	0	未知
中国人寿保险股份有限公司-传统-普通保险产品-005LCT001 沪	未知	0.72%	93,484,800	+87,497,300	0	未知
大同煤矿集团有限责任公司	国有股东	0.55%	71,500,000	0	0	未知
同方投资有限公司	其他	0.55%	71,500,000	0	0	未知
中国铁路建设投资公司	国有股东	0.54%	69,929,000	0	0	未知
中国工商银行-景顺长城精选蓝筹股票型证券投资基金	未知	0.43%	55,517,625	+40,593,922	0	未知

前十名无限售条件股东持股情况

股东名称	持有无限售条件股份数量	股份种类
中国华能集团公司	167,429,000	人民币普通股
中国中煤能源集团公司	141,524,000	人民币普通股
秦皇岛港务集团有限公司	141,429,000	人民币普通股
中国建设银行-博时主题行业股票证券投资基金	108,410,257	人民币普通股
中国人寿保险股份有限公司-传统-普通保险产品-005L-CT001 沪	93,484,800	人民币普通股
大同煤矿集团有限责任公司	71,500,000	人民币普通股
同方投资有限公司	71,500,000	人民币普通股
中国铁路建设投资公司	69,929,000	人民币普通股
中国工商银行-景顺长城精选蓝筹股票型证券投资基金	55,517,625	人民币普通股
交通银行-博时新兴成长股票型证券投资基金	50,208,409	人民币普通股
上述股东关联关系或一致行动关系的说明	未知流通股股东间是否存在关联关系,也未知流通股股东间是否属于《上市公司持股变动信息披露管理办法》中规定的一致行动人。	

4.3 控股股东及实际控制人情况介绍

4.3.1 控股股东及实际控制人变更情况

□适用　　√不适用

4.3.2 控股股东及实际控制人简介

(1) 法人控股股东情况

控股股东名称:太原铁路局

法定代表人:武汛

注册资本:305.3 亿元

成立日期:2005 年 4 月 29 日

主要经营业务或管理活动:铁路客货运输、装卸、仓储;铁路运输设备、设施、配件的制造、安装、维修;建设项目发包;工程勘测、设计、施工的组织协调与管理;与上述业务相关的原材料、燃料、配件的采购、供应、销售、仓储;生活服务与设施的经营与管理。

(2) 法人实际控制人情况

实际控制人名称:铁道部

(3) 控股股东及实际控制人变更情况

本报告期内公司控股股东及实际控制人没有发生变更。

第五节　董事、监事和高级管理人员

单位:股　币种:人民币

姓名	职务	性别	年龄	任期起止日期	任期终止日期	年初持股数	年末持股数	股份增减数	报告期内从公司领取的报酬总额(万元)税前
武　汛	董事长	男	54	2008.05.29	2011.05.29	0	0	0	3.5
杨月江	副董事长	男	54	2008.05.29	2011.05.29	0	0	0	3.5
俞　蒙	董事	男	51	2008.05.29	2011.05.29	0	0	0	3.5
王保国注 1	董事	男	44	2008.05.29	2009.02.10				
	总经理			2005.09.05	2008.12.30	0	0	0	27.08
关柏林注 1	总经理	男	48	2008.12.30	–	0	0	0	不适用
窦进忠	董事	男	51	2008.05.29	2011.05.29	0	0	0	11.52
黄松青	董事、董事会秘书	男	49	2008.05.29	2011.05.29	0	0	0	19.73
杨洪明	董事	男	62	2008.05.29	2011.05.29	0	86000	0	3.5
王稼琼注 2	独立董事	男	44	2008.05.29	注 2	0	0	0	8.75
于长春	独立董事	男	56	2008.05.29	2010.10.26	0	0	0	8.75
周春生	独立董事	男	42	2008.05.29	2010.10.26	0	0	0	8.75
肖　序	独立董事	男	54	2008.05.29	2010.10.26	0	0	0	8.75
郑继荣	监事会主席	男	47	2008.05.29	2011.05.29	0	0	0	2.5
段凯荣	监事	男	59	2008.05.29	2011.05.29	0	0	0	2.5
刘子月	监事	男	59	2008.05.29	2011.05.29	0	0	0	2.5
张忠义	监事	男	52	2008.05.29	2011.05.29	0	0	0	1.5
孙禹文	职工代表监事	男	44	2008.05.29	2011.05.29	0	0	0	14.70
杜建中	职工代表监事	男	47	2008.05.29	2011.05.29	0	0	0	13.41
马　彪	职工代表监事	男	52	2008.05.29	2011.05.29	0	0	0	11.29
靳　忠注 3	副总经理	男	51	2004.10.26	2009.03.02	0	0	0	14.73
高　悦注 3	副总经理	男	53	2005.08.05	2009.03.02	0	0	0	14.84
王和平	副总经理	男	55	2005.08.05	–	0	0	0	20.73
薛泉增	副总经理	男	54	2009.03.02	–	0	0	0	不适用
李　琳注 3	总会计师	男	43	2007.04.25	–	0	0	0	19.11
合　计	/	/	/	/	/	0	0	0	225.14

大秦铁路股份有限公司于 2008 年 5 月 29 日召开的 2007 年年度股东大会审议通过了董事会、监事会换届的议案，选举产生了公司第二届董事会和监事会。第二届董事会、监事会任职期限自 2008 年 5 月 29 日起至 2011 年 5 月 29 日止。

注 1：大秦铁路股份有限公司于 2008 年 12 月 30 日召开了第二届董事会第六次会议。在本次会议上,王保国先生辞去大秦铁路股份有限公司总经理,聘任关柏林先生大秦铁路股份有限公司总经理。详细内容见《大秦铁路股份有限公司二届六次董事会决议公告》【临 2008-022】。

2009 年 2 月 10 日,公司董事王保国先生辞去公司董事职务。详细内容见《大秦铁路股份有限公司董事辞职公告》【临 2009-001】。

注 2：公司董事会于 2009 年 4 月 13 日收到独立董事王稼琼先生辞去公司独立董事的函，根据《在上市公司建立独立董事制度的指导意见》的规定,王稼琼先生的辞职应在公司股东大会选举新任独立董事补其缺额后生效。因此在公司股东大会选举产生新任独立董事前,王稼琼先生将继续履行独立董事职责。详细内容见《大秦铁路股份有限公司独立董事辞职公告》【临 2009-003】。

注 3:大秦铁路股份有限公司于 2009 年 3 月 2 日召开了第二届董事会第七次会议。会议决议解聘靳忠先生、高悦先生公司副总经理,聘任薛泉增先生为公司副总经理;同时聘任李琳先生为总会计师,李琳先生不再任公司总经理助理。详细内容见《大秦铁路股份有限公司第二届董事会第七次会议决议公告》【临 2009-002】。

第六节　董事会报告

6.1 管理层讨论与分析

2008 年是我国发展进程中极不平凡的一年,经济社会发展经受了重大挑战和考验,也是大秦铁路积极应对考验、努力推进发展的一年。一年来,公司董事会围绕年度经营方针和目标,以胡锦涛总书记视察大秦铁路为动力,坚持内涵扩大再生产,持续提升安全管理和保障能力,全面推进技术装备水平升级换代,不断优化运输组织结构,大力推行精细化管理,实现了平稳较快发展。

6.1.1 报告期内公司经营情况回顾

1、市场经营环境情况

2008 年,在国际金融危机影响下,我国经济形势出现较大波动,从前三季度平稳较快增长转为第四季度增速放缓。煤炭供需状况与宏观经济走势密切相关,也呈现前紧后松的态势。前 8 个月,国内经济持续增长，国际能源价格快速上涨，加之年初百年不遇的冰雪灾害增加了对取暖、动力用煤的需求，煤炭市场供需两旺、价格持续上扬；进入9月份后，随着金融危机影响的蔓延，以出口为主导的东南沿海地区中小企业受到深度冲击，开工不足，用电量大幅下降。同时，国内房地产市场陷入低迷，钢铁、化工等行业增长乏力，火电发电量快速回落。国家统计局数据显示，9月份以来，四大耗煤行业除水泥产量略有增长外，火电发电量同比回落速度在7.9%左右，生铁产量同比下降超过12.1%，化肥产量也出现了7.8%的降低。煤炭需求大幅放缓，企业煤炭库存量高企，秦皇岛等主要港口压港严重。

铁路运输方面，2008年煤炭总运量继续保持增长，但增速出现回落。国家发改委公布的统计数据显示，08年全国铁路、主要港口运输煤炭分别为13.4亿吨和5.09亿吨，比上年分别增长8.4%和9.9%，增速同比回落0.6和4.2个百分点。其中，第四季度铁路煤运量同比增长0.3%，远低于年平均增幅。大秦铁路主要承担晋北、蒙西和陕西北部地区的煤炭运输，通过秦皇岛地区各港口及迁曹线、段甲岭等分流口运往东南沿海地区、华北地区及东北地区。在运送的煤炭中，动力煤占90%以上，主要满足电力、钢铁企业的用煤需求。2008年公司煤炭运输业务受煤炭市场供需影响，出现较大波动。前三季度继续保持稳步发展，1-9月大秦线累计完成运输量25,854.3万吨，同比增长15.9%；第四季度随着国际金融危机影响加剧，公司外部经营形势发生较大变化，电煤需求急剧下降，公司煤炭运输业务受到较大影响，大秦线完成运输量8,171.2万吨，同比增长1.3个百分点，增速出现明显回落。

2、公司总体经营情况与分析

2008年，公司坚持运输组织为经济效益服务，按照市场要求不断优化生产组织流程。面对重重考验，加大"全员营销、全面挖潜"的力度，努力抵销煤炭需求减弱对公司运输的影响。全年，公司累计完成煤炭运输量35,450.6万吨，占全国铁路煤炭运输总量的26.4%；日均装车10,054.2车（日均装煤9,835.2车），日均卸车8,106.2车；货车周转时间2.27天，静载重73.9吨。其中，大秦线完成运量34,025.5万吨，同比增运3,646万吨，增长12.0%；大秦线日均开行重车85.8列（2万吨列车29.8列，单元万吨列车16.4列，组合列车39.6列），日均运量93.2万吨，最高日运量105万吨。

报告期内，公司强化经营管理，积极推进集约经营，将全面预算管理贯穿于经营工作的全过程，在全力增运增收的同时，多渠道节支降耗，大力压缩非生产性支出，进一步降低物资采购成本，经营业绩保持稳定。全年公司完成营业收入225.95亿元，同比增长8.32%；实现主营业务收入219.34亿元，同比增长8.38%。主营业务收入占营业收入的比例为97.07%。营业收入和主营业务收入增长的原因是报告期内公司运量继续保持增长。报告期内，主营业务成本支出111.00亿元，同比增长16.91%，增加的主要原因是固定资产规模扩大导致折旧增加、与运量相关的货车使用费增加以及新增排空车费用。实现营业利润88.62亿元，同比减少4.42%。实现主营业务利润101.14亿元，同比增长0.34%；实现净利润66.80亿元，同比增长9.33%，净利润实现增长的原因是2008年1月1日企业所得税率从33%调整为25%，公司总体纳税额出现下降。2008年，公司实现每股收益0.51元，全面摊薄净资产收益率16.57%。

3、安全生产情况

公司严格执行铁道部关于质量控制和安全生产的标准，全面提升安全管理理念，以"1233"安全工作法为核心，形成解决安全问题不过夜的务实作风，紧紧围绕重载、施工、人身、路外等安全重点，积极研究新情况、探索新规律、完善新机制，安全关键得到有效控制。通过深入开展安全大反思大检查和安全生产专项整治活动，解决了一大批影响运输安全的突出问题和隐患；不断加大安全投入，划拨专项资金用于固定资产改造、主要行车设备大修整治、道口平改立、沿线车站安全封闭等项目，有效提高了生产一线的防控能力；大力加强专业管理，加大现场检查、过程控制和监督考核力度，安全基础得到进一步巩固和夯实。以安全年的实现为标志，公司确保了安全稳定的生产局面，全年未发生特别重大事故、重大事故。

4、公司研发投入和技术创新情况

在技术创新和开发方面，公司不断深化LOCOTROL机车同步操控系统、"5T"设备、GSM-R等先进技术及新型机车车辆的引进、运用和吸收消化再创新。以具备世界先进技术的HXD型交流传动大功率电力机车为核心，着力构建规模开行2万吨重载组合列车的运输组织方案、安全技术标准和设备保障体系。通过重载运输成套技术中一系列创新成果的研究和运用，解决了铁路重载运输发展中的一系列关键问题，促进了一批高新技术装备的开发、研制、生产及产业化，大秦铁路重载列车速度、密度、重量匹配，达到了世界先进水平。2009年1月9日，在北京举行的国家科技奖励大会上，"大秦铁路重载成套技术应用"荣获2008年度国家科技进步一等奖。

6.1.2 对公司未来发展的展望

1、经营环境分析

新的一年，公司将面对严峻的经营形势。从宏观层面看，国内煤炭市场的起落，仍将与世界和中国经济的景气度紧密相联。受世界经济短期内难以复苏和国内经济增速放缓的影响，预计国内东南沿海地区出口形势仍将面临困难局面，由此引发的企业开工不足，用电量下滑将继续导致电煤需求难以迅速增加。总体判断，2009年公司主要经济辐射区的煤炭需求将继续在低位运行。另外，随着山西省压缩矿井数量、淘汰落后产能等政策的实施，加之公司主要货源增量地内蒙古自治区煤炭外运量受既有线路制约短期内难以迅速放大，2009年公司管内经济吸引区可能出现阶段性货源紧张的局面。受此影响，大秦线2009年运量将随煤炭供需形势出现较大波动，预计公司全年总体运量较2008年将有所减少。此外，2009年公司固定资产规模扩大导致的折旧和财务费用增加，也将给公司经营业绩带来一定压力。

尽管2009年公司经营环境复杂，形势严峻，但也存在诸多有利因素。面对国际金融危机给我国经济和社会发展内外部环境带来的重大变化，党和国家审时度势、果断决策，及时对经济政策作出战略性调整，提出了2009年国内生产总值增长8%左右的目标，出台了大规模扩内需、保增长的政策措施。国务院公布的4万亿投资计划中约有2.5万亿投向公路、铁路等基础设施领域，将直接带动钢铁、水泥、电力等高耗能行业的需求，煤炭需求有望在下半年出现好转。同时，作为扩内需、保增长的"火车头"和国家基础建设的重要组成，铁路建设将迎来投资旺盛期，作为"西煤东运"的战略通道，随着新线的大规模开工建设，路网结构的进一步完善，公司煤炭运输的吸引区和辐射区将在未来继续延伸，为公司的长期发展、战略发展营造了良好的外部环境。

2、2009年经营目标

基于对2009年公司主要经济辐射区的煤炭需求将继续在低位运行的总体判断，公司2009年度主要经营目标为：大秦线年运量目标3.1亿吨，预计实现主营业务收入190亿元。公司将通过实施更加灵活的营销策略，大力度的节支降耗，尽可能减少货物发送量和运输收入下滑对公司经营业绩带来的影响。

3、重点工作

第一、坚持安全发展，强化基础建设，确保运输安全持续稳定。一是公司上下要牢固树立安全发展理念，大力弘扬"事不过夜"的风气，不断提升安全驾驭能力和控制水平；二是不断探索安全发展规律，结合自身实际，认真查找制约安全发展的关键因素，针对安全顽症和惯性问题，反复抓、抓反复，在动态中加强，在变化中巩固；三是加大对安全政绩的考核，逐级逐层落实责任，使各级干部在安全管理中真正实现"责权利"的有机统一；四是深化创新安全基础建设，从安全管理、设备质量、人员素质三个方面作强作实；五是严格盯控安全关键环节，不断研究攻克重载运输中的难题，掌握新设备运用、检修规律，确保重载列车运行安全；六是把营业线施工安全摆在突出位置，针对既有线施工的特点，认真执行施工安全管理办法，提高天窗兑现率和利用率。

第二、加强货运营销，为大秦线提供可靠货源保障。公司全体干部员工要确立长期营销的思想，构建全员营销的格局，拓展全方位营销渠道。在货源组织中，既要抓住大企业、大厂矿、大煤站，也要尽量满足中小企业包括个体经营户的运输需求；既要"揽得回"，又要"放得开"，切实简化货运办理手续，最大限度方便货主，不断扩大铁路运输的市场占有率，保证大秦线煤炭货源的充足、稳定。

第三、精细运输组织，不断提高运输效率和质量。大秦线承担着满足国民经济需求，是铁道部确定的"一主两翼两线三区域"战略规划的重要组成。公司将以此为重点，及时、合理地调整好装车去向、空重车流结构和管内外车流比例，打满运能，用足运力。做好大秦车流上线工作，加大重载列车开行比例，加大2万吨重载列车的开行对数，全力接好古店口万吨列车，增加大秦线有效车流，进一步增加茶坞站直通列车对数，用好迁曹铁路能力，畅通车流出口。积极争取铁道部支持，加强与相邻铁路局的联系，合理使用机车，实现机列紧密衔接，保证大秦线运量的需求。提高日班计划的编制质量，从车流预计、现在车和货源分布及结构入手，合理分配运输通道和枢纽能力，最大限度地组织均衡运输，保证干线和枢纽畅通。加强作业组织，合理安排机车和运力，减少车辆等部门的重复作业和无效作业，加强满轴满长列车组织，减少欠重列车开行，提高运输效率。扩大路企直通运输，增加循环直达运输比重。进一步推进战略装车点建设，深化大客户战略，努力实现运力资源利用的最大化。

第四、强化经营管理，全面提升公司经营质量。一是加强成本控制，创新成本管理方式，实现对成本的刚性约束和科学规范管理；二是深化落实全面预算管理，围绕支出标准规范、预算考核制度、预算外支出管理、预算执行情况实时监控等关键环节，强化制度建设和有效落实，不断增强全面预算管理统筹配置公司内部资源的作用；三是根据货源变化，进一步挖潜提效，提高机车、车辆使用效率。加强与相关各方的联系沟通，完善资产处置程序，盘活存量资产，提高资产使用效益。四是把节支降耗作为成本控制的核心工作，加强支出大户、支出大项的控制，进一步降低物资采购成本。

第五、加强科技创新，推进素质建设，继续巩固公司在技术装备方面的领先地位。一是加快新技术新装备引进、消化和吸收，不断完善重载运输技术标准体系，形成标准和规范；二是加大科技研发和推广运用的力度，以提高"速度、密度、载重"并举条件下的运输组织水平，解决影响运输安全的关键难题为目标，加快实现各类保障系统的资源共享，积极开发和采用新的安全保障技术装备，加强运输装备、运输组织、节能环保、安全监测、防灾减灾和事故救援等技术领域的科技攻关，增强科技对运输和安全的保障能力；三是在充分整合利用现有业务信息资源的基础上，加快信息化建设，实现远程控制、信息共享，为运输组织、安全生产和经营管理提供技术支持和辅助平台；四是进一步完善科技创新管理机制，设立一定额度的科研基金，专题立项攻关日常运输生产中出现的急难课题。加强与科研院、所合作，组成产、学、研联合体，进行联合攻关，提高科研成果的科技含量。深入开展群众性合理化建议活动，挖掘和开发群众参与科技创新的潜力。五是加强人才队伍建设，积极创造条件，强化培养选拔，促进各类人才脱颖而出。充分利用好新增的人力资源，提高运输主专业大学生的接收比例。加快专业培训基地建设，为员工提供功能齐全、设施完备、管理配套的素质训练场所。

第六、进一步提高公司治理水平，创新投资者关系管理工作。新的一年，公司将把加强相关人员培训作为提高规范治理水平的一件大事，以上市公司规范运作、各类法律法规以及证监会、上交所、证监局关于公司治理的相关规定为主要内容，通过即时学习、定期沟通、电子邮件、集中座谈等多种方式进行培训，使董、监事，高管和相关人员及时了解政策动向，不断提高规范治理的意识和能力。不断提高信息披露质量，严格按照《信息披露管理办法》和实施细则的规定，优化信息收集、汇报、审批、披露流程，确保信息披露的及时、准确、真实、完整。创新投资者关系管理工作，建立并持续优化投资者关系管理数据库，优化信息采集流程，根据公司最新经营情况，结合宏观热点问题，不断补充完善日常经营数据库、投资者关心问题数据库和分析报告数据库，满足各类投资者的不同关注点；针对不同沟通对象，采用业绩推介会、团队推介会、电话会议、参加投资者论坛等多种方式，积极向投资者传递公司最新状况；同时，公司还将选择部分装车点和编组站作为反向路演基地，为广大投资者提供现场参观和实地考察的机会，增强投资者对公司业务的感性认识；主动加强与中小投资者的沟通，推动公司投资者关系工作不断前行。

4、公司2009年资金需求、使用计划以及资金来源情况

2009年，除日常经营性现金支出外，公司资金需求预计约235亿元，主要包括：(1)支付360台HXD型大功率交流传动电力机车购置款约155亿元；(2)支付8000辆C80B型运煤专用敞车购置余款约20亿元；(3)更新改造工程款约6亿元，其它结转工程款约15亿元；(4)分配2008年度股利约39亿元等。

上述资金将主要来源于：(1)公司经营性现金流入；(2)发行135亿元的公司债券；(3)贷款融资35亿元。

6.1.3 公司经营情况

1、业务量指标完成情况

单位：万吨

	2008年	2007年
货物发送量	27,179	27,168

其中:煤炭	26,732	26,693
货物到达量	22,828	21,975
其中:煤炭	22,232	21,436
货物运输量	40,588	37,866
其中:煤炭	35,451	32,500
货物周转量(亿吨公里)	2,166	1,948
其中:煤炭	2,136	1,869
大秦线运输量	34,025	30,380

2、公司经济吸引区所占市场份额分析

单位:万吨

	2008 年	2007 年
晋北、蒙西煤炭外运量	39,346	35,273
大秦公司运输市场占有率	90.1%	90.2%
公路运输市场占有率	9.9%	9.8%

与公允价值计量相关的项目

□适用 √不适用

持有外币金融资产、金融负债情况

□适用 √不适用

6.2 主营业务分行业、产品情况表

单位:元 币种:人民币

分行业或分产品	营业收入	营业成本	营业利润率(%)	营业收入比上年增减(%)	营业成本比上年增减(%)	营业利润率比上年增减(%)
分行业						
货运业务	20,525,368,057					
客运业务	710,876,230					
其他业务	697,979,264					
合计	21,934,223,551	11,099,546,208	46.11	8.38	16.91	增加 3.69 个百分点

6.2.1 公司资产和利润构成变动情况

1、资产构成发生重大变动的分析

单位:元 币种:人民币

项目	2008 年金额	2008 年占总资产比例	2007 年金额	2007 年占总资产比例	占总资产比重增长百分点	说明
货币资金	4,677,747,639	7.49%	7,789,551,415	15.24%	−7.75	货币资金比上年末减少 31.12 亿元,主要原因是 2008 年支付 C80 货车及改造工程款。
其他应收款	1,280,112,557	2.05%	95,026,956	0.19%	1.86	其他应收款比上年末增加 11.85 亿元,主要原因是出售 SS4 型等电力机车和 C61Y 货车应收相关铁路局款项等增加。
存货	675,097,409	1.08%	190,216,238	0.37%	0.71	本期存货比上年末增加 4.85 亿元,主要是因为本期点收了旧轨料,随运量增长日常线上料增加。
固定资产	46,452,245,989	74.41%	34,142,005,444	66.80%	7.61	固定资产比上年末增加 123.10 亿元,主要原因是机车车辆购置,大秦线、北同蒲线扩能改造工程完工转固等。
在建工程	3,798,405,996	6.08%	3,049,860,372	5.97%	0.11	在建工程比上年末增加 7.49 亿元,主要是 2008 年安排的大秦、北同蒲线扩能改造项目支出。

2、主要财务数据发生重大变动的分析

单位:元 币种:人民币

项目	2008 年	2007 年	增减幅度	变化原因
营业成本	11,708,828,992	10,061,194,227	16.38%	固定资产规模扩大导致折旧增加、与运量相关的货车使用费增加以及新增排空车费用
所得税	2,240,510,504	3,089,486,251	−27.48%	本期所得税费用减少是由于本期所得税税率由上期的 33%降至 25%

6.2.2 公司现金流量情况分析

单位:元 币种:人民币

项目	2008 年	2007 年	增减幅度	变化原因
经营活动产生的现金流量净额	8,747,383,174	9,132,967,053	−4.22%	本期支付的各项税费、货车使用费及房屋土地租赁费较多
投资活动产生的现金流量净额	−7,906,837,434	−3,506,734,271	125.48%	本期工程建设及机车车辆购置较多,因此投资活动产生的现金流出增加
筹资活动产生的现金流量净额	−3,952,349,516	−4,274,192,475	−7.53%	本期支付的代管资金减少

6.3 募集资金使用情况

□适用 √不适用

变更项目情况

□适用 √不适用

6.4 非募集资金项目情况

√适用 □不适用

单位:亿元 币种:人民币

项目名称	项目金额	项目进度
HXD 机车	154.00	正实施,当年投资额已完成
C80B 型大轴重运煤专用货车	96.08	正实施,当年投资额已完成
大同枢纽古店至大东联络工程	7.31	正实施,当年投资额已完成
4 亿吨牵引供电改造	3.62	正实施,当年投资额已完成
大秦线 4 亿吨配套站场扩能改造工程	6.74	正实施,当年投资额已完成
北同蒲 2 万吨改造工程	3.73	正实施,当年投资额已完成
大秦 2 亿吨扩能湖东机车车辆配套	5.52	正实施,当年投资额已完成
大同南至湖东增建四线工程	4.53	已完成
朔州至宁武增二线工程	5.15	已完成
大型养路设备	1.73	已完成
合计	288.41	/

6.5 董事会对会计师事务所"非标准审计报告"的说明

□适用 √不适用

6.6 董事会本次利润分配或资本公积金转增股本预案

根据相关法律法规及公司章程规定,充分考虑股东利益及公司长远发展需求,董事会向股东大会提交 2008 年利润分配预案如下:提取法定盈余公积金 10%,即 667,951,646 元;以 2008 年末公司总股本 12,976,757,127 股为基数,每股派现金股利 0.30 元(含税)。共分配现金股利人民币 3,893,027,138 元,当年剩余未分配利润结转到下年度。

公司本报告期内盈利但未提出现金利润分配预案

□适用 √不适用

第七节 重要事项

7.1 收购资产

□适用 √不适用

7.2 出售资产

□适用 √不适用

7.3 重大担保

□适用 √不适用

7.4 重大关联交易

7.4.1 与日常经营相关的关联交易

√适用 □不适用

(1)购买商品、接受劳务的重大关联交易

单位:元 币种:人民币

关联方	关联交易内容	关联交易定价原则	关联交易金额	关联交易结算方式	关联交易对公司利润的影响
太原铁路局及其下属单位	①运输服务支出	注 1	299,431,570	与关联方独立签订关联交易协议,结算方式按照铁道部规定的结算方式进行月度或季度清算,无规定的按照双方约定清算。	−
太原铁路局及其下属单位	②后勤服务	注 1	610,123,433	与关联方独立签订关联交易协议,结算方式按照协议约定每季度进行一次清算。	−
太原铁路局	③综合管理服务	结算期产生的换算周转量乘以综合管理服务费单价,目前执行标准为 9.59 元/万	204,833,718	与关联方独立签订关联交易协议,结算方式按照协议约定以季度为结算期,每季度结束后 10 日内清算完毕。	−

		换算吨公里			
太原铁路局	④土地使用租赁	注 1	79,893,853	与关联方独立签订关联交易协议，结算方式按照协议约定以年确定租金标准，按季度支付。	–
太原铁路局	⑤房屋使用租赁	注 1	10,369,406	与关联方独立签订关联交易协议，结算方式按照协议约定以年确定租金标准，按季度支付。	–
太原铁路局	资金占用费	–	32,000,000	–	–
合计	–	–	1,236,651,980	–	–

①本公司向控股股东太原铁路局及其下属单位支付运输服务费用。

②本公司向控股股东太原铁路局及其下属单位支付后勤服务费用。

③本公司向控股股东太原铁路局支付综合管理服务费用。

④本公司向控股股东太原铁路局支付土地使用租赁费用。

⑤本公司向控股股东太原铁路局支付房屋使用租赁费用。

根据铁资金函[2005]644 号《关于设立大秦公司铁路资金结算所的批复》，本公司于 2005 年 9 月成立了结算所，管理内部站段存款，并代管太原铁路局下属其他单位及其他铁路系统内部的非关联方资金。详见《大秦铁路股份有限公司 2008 年度会计报表及审计报告》附注六(14)注 2。

(2)销售商品、提供劳务的重大关联交易单位：元 币种：人民币

关联方	关联交易内容	关联交易定价原则	关联交易金额	关联交易结算方式	关联交易对公司利润的影响
太原铁路局及其下属单位	①运输服务收入	注 1	278,728,147	与关联方独立签订关联交易协议，结算方式按照铁道部规定的结算方式进行月度或季度清算，无规定的按照双方约定清算。	–
合计	–	–	278,728,147	–	–

①本公司向控股股东太原铁路局及其下属单位收取运输服务费用。

注 1：

经常性关联交易的定价原则：

a 政府定价，即国家或地方政府有统一收费标准的，执行国家或地方政府统一规定；

b 政府指导价，即国家或地方政府有指导性收费标准的，在政府指导价的范围内协商确定收费标准；

c 除实行政府定价或政府指导价外，有可比的市场价格或收费标准的，优先参考该市场价格或收费标准确定交易价格；

d 没有上述三项标准时，应参考关联方与独立于关联方的第三方发生的非关联交易价格确定；

e 既无可比的市场价格又无独立的非关联交易价格可供参考的，应依据提供服务的实际全部成本加合理利润以及实际缴纳的税金和附加费后确定收费标准；

f 没有上述五项标准时，可以上一会计年度提供服务的实际收费金额为标准，但以后每年服务费用增长率不应超过同期商品零售价格指数的增长幅度。

2、关联交易说明

由于铁路运输具有"全程全网"、多工种、多环节密切配合的特点，需要集中、统一的调度、指挥系统。因此，公司与控股股东太原铁路局间存在的运输服务、后勤服务、综合管理服务、土地使用权租赁、房屋租赁等关联交易。双方关联交易透明，通过协议约定，按照实际发生的工作量和成本相互进行结算。关联交易遵守"公正、公平、公开"的原则，协议条款及价格公允、合理，并履行了法定的批准程序。关联交易未损害公司及其股东，特别是中小股东的合法权益，也未对公司独立性产生影响。

7.4.2 关联债权债务往来

□适用　　√不适用

7.4.3 2008 年资金被占用情况及清欠进展情况

□适用　　√不适用

截止 2008 年末，上市公司未完成非经营性资金占用的清欠工作的，董事会提出的责任追究方案

□适用　　√不适用

7.5 委托理财情况

□适用　　√不适用

7.6 承诺事项履行情况

7.6.1 公司或持股 5%以上股东在报告期内或持续到报告期内的承诺事项

√适用　　□不适用

1、公司控股股东太原铁路局承诺自公司上市之日起三十六个月内，不转让或者委托他人管理太原铁路局持有的大秦铁路股份。

2、公司承诺事项详见会计报表附注八。

3、上述承诺均正常履行，无违反承诺的情况存在。

7.6.2 公司资产或项目存在盈利预测，且报告期仍处在盈利预测期间，公司就资产或项目是否达到原盈利预测及其原因作出说明

□适用　　√不适用

7.7 重大诉讼仲裁事项

□适用　　√不适用

7.8 其它重大事项及其影响和解决方案的分析说明

7.8.1 证券投资情况

□适用　　√不适用

7.8.2 持有其他上市公司股权情况

□适用　　√不适用

7.8.3 持有非上市金融企业股权情况

□适用　　√不适用

7.8.4 买卖其他上市公司股份的情况

□适用　　√不适用

第八节　监事会报告

监事会认为公司依法运作、公司财务情况、公司募集资金使用、公司收购、出售资产交易和关联交易不存在问题。

第九节　财务报告

9.1 审计意见

财务报告	□未经审计	√审计
审计意见	√标准无保留意见	□非标意见

审计意见全文

审计报告

普华永道中天审字(2009)第 10043 号

大秦铁路股份有限公司全体股东：

我们审计了后附的大秦铁路股份有限公司(以下简称"大秦铁路公司")的财务报表，包括 2008 年 12 月 31 日的资产负债表以及 2008 年度的利润表、现金流量表、股东权益变动表和财务报表附注。

一、管理层对财务报表的责任

按照企业会计准则的规定编制财务报表是大秦铁路公司管理层的责任。这种责任包括：

(1) 设计、实施和维护与财务报表编制相关的内部控制，以使财务报表不存在由于舞弊或错误而导致的重大错报；

(2) 选择和运用恰当的会计政策；

(3) 作出合理的会计估计。

二、注册会计师的责任

我们的责任是在实施审计工作的基础上对财务报表发表审计意见。我们按照中国注册会计师审计准则的规定执行了审计工作。中国注册会计师审计准则要求我们遵守职业道德规范，计划和实施审计工作以对财务报表是否不存在重大错报获取合理保证。

审计工作涉及实施审计程序，以获取有关财务报表金额和披露的审计证据。选择的审计程序取决于注册会计师的判断，包括对由于舞弊或错误导致的财务报表重大错报风险的评估。在进行风险评估时，我们考虑与财务报表编制相关的内部控制，以设计恰当的审计程序，但目的并非对内部控制的有效性发表意见。审计工作还包括评价管理层选用会计政策的恰当性和作出会计估计的合理性，以及评价财务报表的总体列报。

我们相信，我们获取的审计证据是充分、适当的，为发表审计意见提供了基础。

三、审计意见

我们认为，上述大秦铁路公司的财务报表已经按照企业会计准则的规定编制，在所有重大方面公允反映了大秦铁路公司 2008 年 12 月 31 日的财务状况以及 2008 年度的经营成果和现金流量。

普华永道中天会计师事务所有限公司　　中国注册会计师：罗占恩

中国·上海市　　中国注册会计师：田　伟

2009 年 4 月 27 日

9.2 财务报表

9.3 与最近一期年度报告相比，会计政策、会计估计和核算方法发生变化的具体说明。

□适用　　√不适用

9.4 重大会计差错的内容、更正金额、原因及其影响。

□适用　　√不适用

9.5 与最近一期年度报告相比，合并范围发生变化的具体说明。

□适用　　√不适用

董事长：武汛

大秦铁路股份有限公司

2009 年 4 月 27 日

2008 年 12 月 31 日资产负债表

(除特别注明外，金额单位为人民币元)

资产	附注	2008 年 12 月 31 日	2007 年 12 月 31 日
流动资产			
货币资金	六(1)	4,677,747,639	7,789,551,415
应收账款	六(2) (a)、七(4)	656,208,338	918,487,345
预付款项	六(3)	1,563,540	1,731,484
其他应收款	六(2) (b)、七(4)	1,280,112,557	95,026,956
存货	六(4)	675,097,409	190,216,238
流动资产合计		7,290,729,483	8,995,013,438
非流动资产			

长期股权投资	六(5)	65,158,697	–
固定资产	六(6)	46,452,245,989	34,142,005,444
在建工程	六(7)	3,798,405,996	3,049,860,372
无形资产	六(8)	4,726,640,123	4,830,601,903
长期待摊费用	六(9)	10,008,748	8,358,225
递延所得税资产	六(15)	81,149,858	81,749,858
非流动资产合计		55,133,609,411	42,112,575,802
资产总计		62,424,338,894	51,107,589,240
负 债 及 股 东 权 益			
流动负债			
应付账款	六(10)、七(4)	1,918,297,902	1,187,297,891
预收款项	六(11)	108,506,822	167,325,003
应付职工薪酬	六(12)	604,654,595	552,672,418
应付股利		–	–
应交税费	六(13)	887,243,861	1,669,170,424
其他应付款	六(14)、七(4)	18,584,557,056	9,995,187,143
流动负债合计		22,103,260,236	13,571,652,879
非流动负债			
专项应付款		592,170	539,202
其他长期负债		–	1,400,000
非流动负债合计		592,170	1,939,202
负债合计		22,103,852,406	13,573,592,081
股东权益			
股本	六(16)	12,976,757,127	12,976,757,127
资本公积	六(17)	17,130,215,368	17,130,215,368
盈余公积	六(18)	2,502,638,745	1,834,687,099
未分配利润		7,710,875,248	5,592,337,565
股东权益合计		40,320,486,488	37,533,997,159
负债及股东权益总计		62,424,338,894	51,107,589,240

法定代表人:武汛　总经理:关柏林　主管会计工作负责人:李琳　会计机构负责人:田惠民

2008 年度利润表

(除特别注明外,金额单位为人民币元)

项 目	附注	2008 年度	2007 年度
一、营业收入	六(20)	22,595,317,577	20,860,262,089
减:营业成本	六(20)	(11,708,828,992)	(10,061,194,227)
营业税金及附加	六(21)	(743,330,934)	(693,033,813)
管理费用	六(22)	(1,128,531,363)	(882,315,983)
财务(费用)/收入–净额	六(23)	(152,553,237)	48,538,798
资产减值损失	六(24)	29,120	(199,414)
二、营业利润		8,862,102,171	9,272,057,450
加:营业外收入	六(25) (a)	161,097,584	36,417,509
减:营业外支出	六(25) (b)	(103,172,784)	(109,583,492)
其中:非流动资产处置损失	(97,878,715)	(109,061,846)	
三、利润总额	8,920,026,971	9,198,891,467	
减:所得税费用	六(26)	(2,240,510,504)	(3,089,486,251)
四、净利润		6,679,516,467	6,109,405,216
五、每股收益			
基本每股收益	六(27) (a)	0.51	0.47
稀释每股收益	六(27) (b)	0.51	0.47

法定代表人:武汛　总经理:关柏林　主管会计工作负责人:李琳　会计机构负责人:田惠民

2008 年度现金流量表

(除特别注明外,金额单位为人民币元)

项　目	附注	2008 年度	2007 年度
一、经营活动产生的现金流量			
销售商品、提供劳务收到的现金		21,192,248,524	19,746,845,685
收到其他与经营活动有关的现金		122,330,789	582,861,803
经营活动现金流入小计		21,314,579,313	20,329,707,488
购买商品、接受劳务支付的现金		(5,287,023,304)	(4,936,902,146)
支付给职工以及为职工支付的现金		(2,324,378,401)	(2,099,958,008)
支付的各项税费		(3,839,646,083)	(3,285,292,360)
支付其他与经营活动有关的现金	六(28) (e)	(1,116,148,351)	(874,587,921)
经营活动现金流出小计		(12,567,196,139)	(11,196,740,435)
经营活动产生的现金流量净额	六(28) (a)	8,747,383,174	9,132,967,053
二、投资活动产生的现金流量			
处置固定资产、无形资产和其他长期资产收回的现金净额		13,761,445	28,355
收到其他与投资活动有关的现金		79,818,120	82,921,173
投资活动现金流入小计		93,579,565	82,949,528
投资所支付的现金		(65,158,697)	–
购建固定资产、无形资产和其他长期资产支付的现金		(7,935,258,302)	(3,565,589,205)
支付的其他与投资活动有关的现金		–	(24,094,594)
投资活动现金流出小计		(8,000,416,999)	(3,589,683,799)
投资活动产生的现金流量净额		(7,906,837,434)	(3,506,734,271)
三、筹资活动产生的现金流量			
吸收投资所收到的现金		–	–
借款所收到的现金		–	–
筹资活动现金流入小计		–	–
偿还债务所支付的现金		–	–
分配股利、利润或偿付利息支付的现金		(3,910,527,138)	(3,893,027,138)
支付的代管资金净额		(41,822,378)	(381,165,337)
筹资活动现金流出小计		(3,952,349,516)	(4,274,192,475)
筹资活动产生的现金流量净额		(3,952,349,516)	(4,274,192,475)
四、汇率变动对现金的影响		–	–
五、现金净(减少)/增加额	六(28) (c)	(3,111,803,776)	1,352,040,307
加:年初现金余额		7,789,551,415	6,437,511,108
六、年末现金余额		4,677,747,639	7,789,551,415

法定代表人:武汛　总经理:关柏林　主管会计工作负责人:李琳　会计机构负责人:田惠民

2008 年度股东权益变动表

(除特别注明外,金额单位为人民币元)

项目	附注	股本	资本公积	盈余公积	未分配利润	股东权益合计
2007 年 1 月 1 日年初余额		12,976,757,127	17,130,215,368	1,223,746,577	3,986,900,009	35,317,619,081
2007 年度增减变动额						
净利润		–	–	–	6,109,405,216	6,109,405,216
股东投入和减少资本		–	–	–	–	–
利润分配–对股东的分配		–	–	–	(3,893,027,138)	(3,893,027,138)
利润分配–提取盈余公积		–	–	610,940,522	(610,940,522)	–
2007 年 12 月 31 日年末余额		12,976,757,127	17,130,215,368	1,834,687,099	5,592,337,565	37,533,997,159
2008 年 1 月 1 日年初余额		12,976,757,127	17,130,215,368	1,834,687,099	5,592,337,565	37,533,997,159
2008 年度增减变动额						
净利润		–	–	–	6,679,516,467	6,679,516,467
股东投入和减少资本		–	–	–	–	–
利润分配–对股东的分配	六(19)	–	–	–	(3,893,027,138)	(3,893,027,138)
利润分配–提取盈余公积	六(18)	–	–	667,951,646	(667,951,646)	–
2008 年 12 月 31 日年末余额		12,976,757,127	17,130,215,368	2,502,638,745	7,710,875,248	40,320,486,488

法定代表人:武汛　总经理:关柏林　主管会计工作负责人:李琳　会计机构负责人:田惠民

南京银行股份有限公司

南京银行股份有限公司2008年年度报告摘要

第一节　重要提示

1.1 本公司董事会、监事会及董事、监事、高级管理人员保证本报告所载资料不存在任何虚假记载、误导性陈述或者重大遗漏，并对其内容的真实性、准确性和完整性承担个别及连带责任。

本年度报告摘要摘自年度报告全文，投资者欲了解详细内容，应当仔细阅读年度报告全文。

1.2 公司全体董事出席董事会会议。

1.3 南京立信永华会计师事务所有限公司为本公司出具了标准无保留意见的审计报告。

1.4 公司负责人林复、夏平、主管会计工作负责人禹志强及会计机构负责人(会计主管人员)肖炎声明：保证年度报告中财务报告的真实、完整。

第二节　公司基本情况简介

2.1 基本情况简介

股票简称	南京银行
股票代码	601009
上市交易所	上海证券交易所
公司注册地址和办公地址	江苏省南京市白下区淮海路50号
邮政编码	210005
公司国际互联网网址	http://www.njcb.com.cn
电子信箱	boardoffice@njcb.com.cn

2.2 联系人和联系方式

	董事会秘书
姓名	汤哲新
联系地址	江苏省南京市白下区淮海路50号　南京银行董事会办公室
电话	025-84551009
传真	025-84553505
电子信箱	boardoffice@njcb.com.cn

第三节　会计数据和业务数据摘要

3.1 主要会计数据

单位:千元 币种:人民币

项目	2008年	2007年	本年比上年增减(%)	2006年
营业收入	3,223,670.00	1,925,679.00	67.40	1,509,086.00
利润总额	1,740,609.00	1,063,295.00	63.70	770,817.00
归属于上市公司股东的净利润	1,456,095.00	909,494.00	60.10	594,634.00
归属于上市公司股东的扣除非经常性损益的净利润	1,440,644.00	887,154.00	62.39	598,969.00
经营活动产生的现金流量净额	6,189,101.00	773,060.00	700.60	2,307,800.00
项目	2008年末	2007年末	本年末比上年末增减(%)	2006年末
总资产	93,706,071.00	76,063,711.00	23.19	57,987,003.00
所有者权益(或股东权益)	11,345,595.00	9,942,463.00	14.11	2,624,335.00

3.2 主要财务指标

主要财务指标	2008年	2007年	本年比上年增减(%)	2006年
基本每股收益(元/股)	0.79	0.62	27.42	0.49
稀释每股收益(元/股)	0.79	0.62	27.42	0.49
扣除非经常性损益后的基本每股收益(元/股)	0.78	0.60	30.00	0.50
全面摊薄净资产收益率(%)	12.89	9.15	增加3.74个百分点	22.66
加权平均净资产收益率(%)	13.71	15.95	减少2.24个百分点	25.31
扣除非经常性损益后全面摊薄净资产收益率(%)	12.75	8.92	增加3.83个百分点	22.82
扣除非经常性损益后的加权平均净资产收益率(%)	13.57	15.56	减少1.99个百分点	25.49
每股经营活动产生的现金流量净额(元/股)	3.37	0.42	702.38	1.91
主要财务指标	2008年末	2007年末	本年末比上年末增减(%)	2006年末
归属于上市公司股东的每股净资产(元/股)	6.15	5.41	13.68	2.17

非经常性损益项目

单位:千元 币种:人民币

非经常性损益项目	金额
非流动资产处置损益	4,470
债务重组损益	15,561
除上述各项之外的其他营业外收入和支出	953
所得税影响额	5,533
合计	15,452

3.3 境内外会计准则差异：

□适用　√不适用

第四节　商业银行信息披露内容

4.1 商业银行前三年主要财务会计数据

单位:千元 币种:人民币

项　目	2008年	2007年	2006年
资产总额	93,706,071.36723	76,063,711	57,987,003
负债总额	82,360,476.79084	66,121,249	55,362,668
存款总额	62,730,991.16925	50,931,532	43,858,155
其中：			
企业活期存款	25,821,350	27,255,488	21,602,322
企业定期存款	18,223,201	11,651,340	10,444,051
储蓄活期存款	2,881,321	2,318,252	2,440,977
储蓄定期存款	7,654,505	4,708,950	4,474,640
贷款总额	40,179,527	30,629,237	25,504,997
其中：			
正常贷款	39,519,640	30,080,763	24,875,403
不良贷款	659,887	548,474	629,594
同业拆入	3,056,000	796,000	966,000
资本净额	11,915,614	10,434,760	3,295,215
其中：			
核心资本净额	10,219,228	9,296,150	2,361,570
附属资本净额	1,821,525	1,233,890	1,003,170
加权风险资产净额	49,406,288	34,619,868	28,092,375
贷款损失准备	1,122,142	805,602	675,209

4.2 商业银行前三年主要财务指标

项目(%)	标准值	2008年		2007年		2006年	
		期末	平均	期末	平均	期末	平均
资产利润率	/	1.55	1.94	1.20	1.16	1.03	0.72
资本利润率	/	12.89	15.53	9.15	19.18	22.71	24.64
资本充足率	≥8	24.12	25.02	30.14	19.25	11.73	10.82
核心资本充足率	/	20.68	21.97	26.85	16.35	8.41	6.99
不良贷款率	/	1.64	1.54	1.79	1.97	2.47	2.63
人民币资产流动性比例	≥25	50.24	47.07	43.80	56.27	79.76	80.65
外币资产流动性比例	≥60	206.32	214.46	148.89	111.60	28.84	40.23
人民币存贷比	≤75	61.53	61.55	59.74	56.47	52.07	48.90
外币存贷比	≤85	73.28	136.4	119.46	84.23	57.57	59.04
单一最大客户贷款比率	≤10	3.36	3.53	3.96	6.62	8.04	8.80
最大十家客户贷款比率	≤50	26.62	26.91	25.54	49.97	64.83	71.60
拨备覆盖率	/	170.05	170.76	146.88	125.42	107.25	111.49
成本收入比	/	25.39	23.50	30.28	31.42	35.15	41.31

项目(%)	2008年	2007年	2006年
正常贷款迁徙率	8.80	1.62	-
关注类贷款迁徙率	6.92	19.94	-
次级类贷款迁徙率	3.04	11.64	-
可疑类贷款迁徙率	0.35	3.88	-

4.3 公司分支机构基本情况

序号	机构名称	地址	员工数	总资产(千元)
1	总行	南京市白下区淮海路50号	508	21,540,527
2	总行营业部	南京市白下区淮海路50号	46	10,085,794
3	光华支行	南京市白下区大光路11号	79	2,726,941
4	普德支行	南京市白下区长白街52号	15	327,345
5	白下支行	南京市白下区苜蓿园大街81号	12	686,621
6	夫子庙支行	南京市秦淮区瞻园路68号	13	883,223
7	秦淮支行	南京市秦淮区中华路298号	17	524,087
8	金陵支行	南京市白下区解放路46号	12	514,371
9	雨花支行	南京市雨花台区雨花西路210号	16	1,473,026
10	江宁支行	南京市江宁区江宁胜太路77号	11	785,560
11	城东支行	南京市白下区龙蟠中路311号	77	2,353,779
12	中山南路支行	南京市白下区中山南路219号	13	504,204
13	建邺支行	南京市白下区中山南路华美大厦A栋一楼	14	779,521
14	金信支行	南京市白下区太平南路421号	13	583,198
15	大明路支行	南京市秦淮区大明路118号	11	444,371
16	建康路支行	南京市白下区太平南路532号	13	373,027
17	水西门支行	南京市秦淮区升州路205号	14	627,829
18	鸡鸣寺支行	南京市玄武区成贤街119-1号	88	2,144,728
19	玄武支行	南京市玄武区太平门街10号	14	627,381
20	紫金支行	南京市玄武区太平北路104号	19	684,406
21	后宰门支行	南京市玄武区珠江路691号	10	239,833
22	黄埔支行	南京市玄武区珠江路655号	19	479,655
23	珠江支行	南京市玄武区中山路268号	11	1,596,820
24	和燕路支行	南京市栖霞区和燕路365号	19	1,298,676

25	百子亭支行	南京市玄武区中央路 6 号	10	669,673
26	洪武支行	南京市玄武区洪武北路 125 号	81	2,302,864
27	大行宫支行	南京市白下区中山东路 200 号	14	816,028
28	淮海支行	南京市白下区洪武路 326 号	11	663,435
29	北清支行	南京市白下区长白街 482 号	9	280,599
30	中山东路支行	南京市白下区中山东路 412 号	12	401,411
31	新蕾支行	南京市白下区游府西街 2 号	8	335,902
32	丹凤街支行	南京市玄武区鱼市街 57 号	12	209,684
33	新街口支行	南京市白下区汉中路 89-4 号	70	2,663,696
34	朝天宫支行	南京市白下区莫愁路 396 号	15	833,796
35	汉中路支行	南京市鼓楼区汉中路 254 号	11	1,044,095
36	汉中西路支行	南京市鼓楼区汉中门大街 42 号	16	390,167
37	南湖支行	南京市建邺区水西门大街 153-9 号	14	700,513
38	鸿信大厦支行	南京市白下区建邺路 100 号	16	996,394
39	河西支行	南京市建邺区应天西路 168 号	14	408,469
40	奥体支行	南京市建邺区庐山路 130 号	14	1,204,157
41	钟山支行	南京市鼓楼区上海路 91 号	60	2,113,516
42	西康路支行	南京市鼓楼区西康路 7 号	8	1,258,342
43	华侨路支行	南京市鼓楼区华侨路 26 号	11	710,238
44	江东北路支行	南京市鼓楼区江东北路 388-1 号	12	181,131
45	阳光广场支行	南京市鼓楼区龙江花园阳光广场综合楼 7 号	12	485,618
46	山西路支行	南京市鼓楼区山西路 112 号	13	1,532,667
47	清凉门支行	清凉门大街 8 号西城岚湾一楼	9	158,858
48	城北支行	南京市鼓楼区湖北路 85 号	81	851,472
49	新港支行	南京新港经济开发区出口加工区综合大楼 B1 幢	5	1,367,232
50	江南大厦支行	南京市玄武区中央路 258 号	13	466,506
51	云南路支行	南京市鼓楼区云南路 20 号	14	514,267
52	虹桥支行	南京市鼓楼区中山北路 209-2 号	9	454,293
53	和会街支行	南京市鼓楼区三牌楼大街 33 号	10	487,205
54	热河支行	南京市下关区热河路 33 号	75	2,295,848
55	大厂支行	南京市六合区新华路 139 号	27	1,044,063
56	浦口支行	南京市浦口区文德东路 2 号	17	1,122,538
57	下关支行	南京市下关区建宁路 118 号	14	309,963
58	长江支行	南京市鼓楼区中山北路 285 号	20	941,729
59	虎踞北路支行	南京市鼓楼区虎踞北路 39 号	8	128,642
60	泰州分行	泰州市五一路 80 号	75	2,428,408
61	上海分行	上海市徐家汇路 518 号	102	4,569,138
62	无锡分行	无锡市人民中路 220 号	84	3,304,964
63	靖江支行	靖江市江平路 262 号	16	612,528
64	高港支行	泰州市高港区金港中路 222 号	14	49,319
合计	–	–	2,100	93,706,071

注:总行人员包括各直属经营机构人员

4.4 报告期贷款资产质量情况

单位:元 币种:人民币

五级分类	金额	占比(%)	与上年同期相比增减(%)
正常贷款	36,452,841	90.73	8,414,817
关注贷款	3,066,799	7.63	1,024,060
次级贷款	342,148	0.85	110,935
可疑贷款	301,821	0.75	90,853
损失贷款	15,918	0.04	-90,374
合计	40,179,527	100	9,550,290

公司重组贷款和逾期贷款情况

单位:千元 币种:人民币

分类	期初余额	期末余额	所占比例(%)
重组贷款	160,080	412,599	1.03
逾期贷款	543,350	316,198	0.78

4.5 贷款呆账准备金计提和核销情况

单位:人民币千元

计提方法	未来现金流量折现法
期初余额	805,602
报告期计提	400,415
报告期转出	
报告期核销	99,379
本期收回以前年度核销	15,561
汇率影响	-57
期末余额	1,122,142

4.6 表内表外应收利息的增减情况及应收利息、其他应收款坏帐准备的计提情况

单位:人民币千元

项目	期初余额	本期增加数额	本期收回数额	期末余额
表内应收利息	452,750	10,087,409	9,874,081	666,078
表外应收利息	216,961	43,278	78,933	181,306

单位:人民币千元

项目	金额	损失准备金	计提方法
应收利息	666,078	0	未来现金流折现法
其他应收款	56,470	7,257	可收回金额低于其账面价值

4.7 公司贷款投放情况

单位:人民币千元

行业	2008-12-31		2007-12-31	
	余额	比例	余额	比例
租赁和商务服务业	7,691,158	19.14%	4,837,670	15.79%
制造业	5,544,612	13.80%	4,872,500	15.91%
批发和零售业	4,141,556	10.30%	3,552,131	11.60%
房地产业	3,401,578	8.47%	2,265,859	7.40%
教育	2,541,320	6.32%	2,715,930	8.87%
交通运输、仓储和邮政业	1,545,848	3.85%	1,218,005	3.98%
水利、环境和公共设施管理业	1,521,800	3.79%	597,080	1.95%
建筑业	1,176,320	2.93%	1,176,219	3.84%
电力、煤气和水的生产和供应业	1,084,000	2.70%	618,000	2.02%
公共管理和社会组织	570,500	1.42%	150,000	0.49%

单位:人民币千元

地区	2008-12-31		2007-12-31	
	余额	比例	余额	比例
南京地区	31,698,541	78.89%	29,365,043	95.87%
泰州地区	2,303,391	5.73%	1,264,194	4.13%
无锡地区	2,626,050	6.54%	–	–
上海地区	3,551,545	8.84%	–	–
合计	40,179,527	100.00%	30,629,237	100%

4.8 贷款担保方式分布情况

单位:人民币千元

担保方式	2008-12-31		2007-12-31	
	金额	比例(%)	金额	比例(%)
信用贷款	6,403,160	15.94	5,439,899	17.76
保证贷款	15,765,583	39.24	11,449,242	37.38
抵押贷款	12,885,736	32.06	11,008,897	35.94
质押贷款	5,125,048	12.76	2,731,199	8.92
贷款和垫款总额	40,179,527	100	30,629,237	100

4.9 前十名客户贷款

报告期末,公司前十大客户贷款余额为 31.72 亿元,占期末贷款总额的 7.90%,占期末资本净额的 26.62%。

单位:人民币千元

客户名称	贷款金额	占贷款总额比例(%)	占资本净额比例(%)
南京市城市建设投资控股(集团)有限责任公司	400,000.00	1.00	3.36
中冶置业南京有限责任公司	388,457.78	0.97	3.26
南京商茂房地产开发有限责任公司	329,000.00	0.82	2.76
江苏海事职业技术学院	328,000.00	0.82	2.75
南京市浦口区土地储备中心	300,000.00	0.75	2.52
上海上实(集团)有限公司	300,000.00	0.75	2.52
宁波城建投资控股有限公司	300,000.00	0.75	2.52
上海金山城市建设投资有限公司	299,000.00	0.74	2.51
上海市普陀区国有资产经营有限公司	268,000.00	0.67	2.25
南京江宁科学园发展有限公司	260,000.00	0.65	2.18
合计	3,172,457.78	7.90	26.62

4.10 公司面临的各种风险及相应对策

公司作为经营货币的特殊企业,所面临的风险主要包括信用风险、市场风险、操作风险、流动性风险及法律与合规风险。

1、信用风险及对策

公司面临的信用风险是指因客户或交易对手违约、信用质量下降而给公司造成损失的可能性。公司信用风险主要存在于贷款、承兑、担保等公司类授信业务、个人类授信业务以及债券投资业务等表内、表外业务。

2008 年公司持续加强信用风险管理,至报告期末不良贷款余额为 6.59 亿元,不良贷款率降至 1.64%。公司各项授信集中度、贷款集中度和关联度指标均符合监管要求。

2008 年度公司重点在以下方面加强信用风险管理:

(1)完善信用风险管理政策和制度体系建设。2008 年度,在总体信用风险政策的指引下,公司紧密结合国家宏观政策和经济环境的变化,制定了年度信贷工作指导意见和期间信贷投向调整意见,加强了公司在业务结构和客户结构上的优化调整;同时进一步完善了公司在限额管理、集团客户授信风险管理、风险分类、风险监测报告、不良贷款处置等方面的管理制度,确保公司信用风险政策体系、制度体系和管理流程得到持续健全与完善。

(2)加强信用风险管理组织结构建设。随着公司新设异地分支机构的增加,公司重点加强对分行的风险管理和指导,健全与优化信用风险岗位与人员配置,深化分行的风险管理职能;按照区域特点与风险管理能力,对分支机构实行差别化授权;持续强化信用风险状况的监测、报告和监督检查职能,每季向公司董事会和高级管理层提交信用风险监测报告,及时开展风险预警工作,重点开展信用风险限额管理、压力测试等方面的专项工作,健全完善了公司的信用风险管理职能,进一步提高公司在信用风险评估、计量、监测和控制等方面能力。

(3)持续推进全面风险资产质量评价和管理机制的建设。2008 年公司继续深化风险资产的质量评价工作:一是修订信贷资产风险分类制度,细化了各类授信业务的风险分类标准和分类方法,全面推行信贷资产十级细分工作;二是健全了公司非信贷资产风险分类管理机制,进一步扩大了非信贷资产分类范围,资产风险分类范围涵盖了信贷资产、债券资产、固定资产、同业债权资产等主要资产;三是积极运用压力测试手段,评估公司不同资产组合的经营风险,为公司有针对性地加强信用风险管理、制定明确的风险管理策略提供了依据;四是完善不良资产管理机制,修订了呆账核销管理办法,通过现金收回、贷款重组和核销等方式,加大不良贷款的清收和核销力度,降低了公司的经营风险。

(4)进一步加强授信业务基础管理工作,持续完善统一授信管理、授权管理、集团客户授信管理,全面实行授信业务无纸化电子审批流程,加强风险排查以及信贷检查问责等日常信用风险管理工作,优化改造现有授信业务相关系统,持续提高公司的信用风险综合管理能力。

2、市场风险及对策

市场风险是指因市场价格(利率、汇率、股票价格和商品价格)的不利变动而使公司表内和表外业务发生损失的风险。目前公司所承担的市场风险主要包括因利率的不利变动所引发的利率风险和因汇率的不利变动所引发的汇率风险两类。

2008 年末,公司承担利率风险的业务主要为交易账户和可供出售账户中的本外币债券资产。公司利率风险敏感度指标为-14.09%,较 2007 年有所好转。公司累计外汇敞口头寸比例指标为 1.56%,符合监管要求。

2008 年,公司重点在以下方面加强市场风险管理:

(1)完善市场风险管理政策与制度体系建设。2008年度,公司在市场风险管理政策的指引下,结合市场环境变化和监管要求,制定了《南京银行风险管理限额体系建设规划》、《南京银行信用、市场、流动性风险限额管理规程(试行)》、《南京银行债券资产市值重估实施细则(试行)》;修订了《南京银行债券投资交易业务管理办法》、《南京银行债券结算代理业务管理办法》、《南京银行 Shibor 报价管理办法》等,进一步完善了相关业务经营与风险管理制度,确保了公司市场风险管理政策与制度体系得到持续健全与完善。

(2)加强市场风险识别、计量、监测和报告工作。2008年度,公司进一步完善市场风险识别、计量、监测和报告体系,按季完成了市场风险监测报告和债券资产风险分类报告;制定了市场风险限额,并开展了市场风险限额试运行工作;开展市场风险压力测试及每日市值重估工作。

(3)加强国际业务风险管理。由于2008年以来国际金融市场信用风险和外汇流动性风险加大,公司在外汇资金业务操作上及时调整资产结构,加强了国际业务风险管理,明确了具体风险管理措施。

(4)加强市场风险管理组织建设与授权管理。为加强承担市场风险业务的经营管理与风险管理,公司实施了本外币资金交易业务的集中化运作和管理,并相应调整和加强了承担市场风险业务的授权管理。

(5)推动市场风险管理信息系统建设。2008年度,公司完成风险管理系统咨询项目,其中含市场风险管理系统;进一步完善现有资金交易与风险管理系统升级工作;顺利完成新建资金交易系统的第一阶段实施工作。

3、操作风险及对策

操作风险主要是指由于人员、信息科技系统、不完善或有问题的内部流程及外部事件给本公司造成损失的风险。

2008年,公司围绕操作风险管理主要开展了以下几方面工作:

(1)进一步加强员工操作风险管理。一是持续强化业务培训和道德教育,密切关注员工"八小时内外"行为动态,提高全员综合素质和从业技能;二是开展"关键岗位人员轮岗、交流执行情况检查",加强对关键人员的管控;三是修订问责管理办法,完善问责管理机制,有效实施开展各项问责工作,充分发挥问责"惩戒与威慑"作用。

(2)进一步加强信息科技系统操作风险管理。一是稳步推进业务系统升级改造,持续加大电子化建设投入,实现灾备存储切换,更新重要网络设备,实施服务器监控系统等;二是加强管理信息系统建设,实现了客户关系、人力资源、办公和门户、财务、信贷电子审批流、合同等管理系统上线工作;三是加强网上银行管理,规范网上银行业务;四是开展信息系统风险评估工作,从 IT 服务连续性、系统运行安全、信息系统应急管理及相关系统压力测试等方面开展评估,提高公司系统安全运行能力。

(3)进一步加强流程操作风险管理。一是制定了《2008年度制度制订与维护计划》,将公司各个条线的制度制订工作纳入日常化管理轨道,并定期进行总结与督导;二是梳理与维护各项制度,更新完善了《内控手册》,确保其时效性与全面性;三是制定(修订)了《信贷资产风险分类实施细则》、《授信业务电子审批流程管理办法》、《反洗钱工作管理办法 (试行)》、《债券投资交易业务管理办法》、《内部审计工作制度》等90余项内控制度;四是依据现有内控制度体系框架,制定了分行制度体系建设管理规范,明确了分行制度体系建设的基本内容和建设要求,推进了分行级内控制度体系的健全与完善。

(4)进一步加强外部事件操作风险管理。一是制定(修订)《突发金融风险应急处置办法》、《流动性风险应急预案(草案)》、《重要信息系统突发事件应急处置预案》,完善了公司应急预案体系;二是持续加强营业网点安全管理,通过加大监控和报警系统建设投入,加强"人防"和"技防"手段和方法,提高各营业网点的安全防范能力;三是制定《反洗钱工作管理办法(试行)》、《客户或账户风险等级分类规程(试行)》,持续完善反洗钱工作机制,深化公司反洗钱工作;四是对具备条件的应急预案实施演练,有效提升公司应对突发事件的处置能力。

4、流动性风险及对策

流动性风险是指公司无法在不增加成本或资产价值不发生损失的条件下及时满足客户流动性需求的可能性。

2008年末,公司流动性缺口率指标为26.41%,流动性比例指标为51.49%,核心负债依存度指标为62.69%,较2007年末均出现明显上升,表明公司具备较好的流动性,资产负债在期限结构上进一步趋于合理。

2008年度公司重点在以下方面加强流动性风险管理:

(1)持续完善公司流动性风险管理的政策与制度体系建设。2008年度,公司在流动性风险管理政策的指引下,结合外部环境变化和监管要求,制定了《南京银行流动性风险应急预案(草案)》、《南京银行风险管理限额体系建设规划》和《南京银行信用、市场、流动性风险限额管理规程(试行)》等,进一步完善了流动性风险管理制度,确保了公司流动性风险管理政策与制度体系得到持续健全与完善。

(2)加强流动性风险识别、计量、监测和报告工作。2008年度,公司进一步完善流动性风险识别、计量、监测和报告体系,按月完成流动性风险监测指标分析报告,按季完成流动性风险监测报告;制定了流动性风险限额,并开展了流动性风险限额试运行工作;开展了流动性风险压力测试工作。

(3)进一步加强流动性风险管理的基础工作。2008年度,公司持续加强各项流动性管理工作,提升头寸管理水平;强化公司负债期限结构分析,合理安排融资结构,推动资产负债结构调整与期限匹配;加大同业存款的组织力度,拓展公司负债来源;实施流动性风险管理状况专项审计;推动流动性风险管理信息系统建设。

5、法律与合规风险及对策

法律风险指公司违反法律或行政法规而导致经济损失、合同无法实现或者产生诉讼纠纷的风险。合规风险指公司因没有遵循法律、规则和准则可能遭受法律制裁、监管处罚、重大财务损失和声誉损失的风险。

为防范可能出现的法律与合规风险,2008年公司主要采取了以下控制措施:

(1)进一步完善法律与合规风险管理政策和制度体系建设。2008年度,在《南京银行法律与合规风险管理政策》指引下,公司制定了《南京银行法律诉讼事务管理办法》与《南京银行法律事务外包管理办法》,进一步完善了法律与合规风险管理制度体系。

(2)加强法律与合规风险监测、报告体系建设。2008年度,公司制定了法律与合规风险监测报告实施要点,持续加强法律与合规风险管理状况的监测。同时根据监管要求及本公司实际管理需要改进完善监测指标,适时扩大监测指标的范围,加强法律与合规风险的监测与报告工作。

(3)持续深化合同法律风险管理。2008年度,公司进一步完善格式合同,制定颁发格式合同使用指南;持续开展非格式合同法律审查工作;开发建设合同管理系统,确保各项业务、事务的合法合规。

(4)进一步加强法律与合规风险日常管理工作。2008年度,公司切实开展创新业务法律与合规论证,为业务创新提供法律与合规支持;建立健全合规绩效考核指标,开展专项合规检查;强化授权管理工作;持续关注法律、规则和准则的变化,识别与评估法律与合规风险;加强公司经营管理活动的法律与合规咨询,有效指导经营管理活动的合法合规开展;持续开展法律与合规培训,提升全员的守法合规意识,营造良好的合规文化氛围。

第五节 股本变动及股东情况

5.1 股份变动情况表

单位:股

	本次变动前		本次变动增减(+,-)		本次变动后	
	数量	比例(%)	其他	小计	数量	比例(%)
一、有限售条件股份						
1、国家股	325,806,150	17.74	-87,166,150	-87,166,150	238,640,000	12.99
2、国有法人股	337,700,523	18.38	-132,500,523	-132,500,523	205,200,000	11.17
3、其他内资持股	251,214,700	13.68	-251,214,700	-251,214,700	0	0
其中:境内法人股	156,324,004	8.51	-156,324,004	-156,324,004	0	0
境内自然人股	94,890,696	5.17	-94,890,696	-94,890,696	0	0
4、外资持股	292,029,967	15.90	-60,324,866	-60,324,866	231,705,101	12.62
其中:境外法人股	292,029,967	15.90	-6,0324,866	-6,0324,866	231,705,101	12.62
境外自然人股	-	-	-	-	-	-
二、无限售条件股份						
1、人民币普通股	630,000,000	34.30	531,206,239	531,206,239	1,161,206,239	63.22
2、境内上市的外资股	-	-	-	-	-	-
3、境外上市的外资股	-	-	-	-	-	-
4、其他	-	-	-	-	-	-
合计	1,836,751,340	100.00	0	0	1,836,751,340	100.00

限售股份变动情况表

单位:股

股东名称	年初限售股数	本年解除限售股数	本年增加限售股数	年末限售股数	限售原因	解除限售日期
南京市国有资产投资管理控股(集团)有限责任公司	238,640,000	0	0	238,640,000	首次发行新股	2010-7-19
BNP PARIBAS	231,705,101	0	0	231,705,101	首次发行新股	2010-7-19
南京新港高科技股份有限公司	205,200,000	0	0	205,200,000	首次发行新股	2010-7-19
国际金融公司	60,324,866	60,324,866	0	0	首次发行新股	2008-7-19
南京金陵制药(集团)有限公司	20,800,000	20,800,000	0	0	首次发行新股	2008-7-19
中国石化财务有限责任公司	20,684,950	20,684,950	0	0	首次发行新股	2008-7-19
南京纺织产业(集团)有限公司	20,000,000	20,000,000	0	0	首次发行新股	2008-7-19
江苏省盐业集团有限责任公司	20,000,000	20,000,000	0	0	首次发行新股	2008-7-19
江苏省国有资产经营(控股)有限公司	19,630,000	19,630,000	0	0	首次发行新股	2008-7-19
其它持股数不足1%的股东	369,766,423	369,766,423	0	0	首次发行新股	2008-7-19
合计	1,206,751,340	531,206,239	0	675,545,101	/	/

5.2 股东数量和持股情况

单位:股

报告期末股东总数 190,523 户

前十名股东持股情况

股东名称	股东性质	持股比例(%)	持股总数	持有有限售条件股份数量	质押或冻结的股份数量
南京市国有资产投资管理控股(集团)有限责任公司	国家	13.35	245,140,000	238,640,000	0
BNP PARIBAS	境外法人	12.61	231,705,101	231,705,101	0
南京新港高科技股份有限公司	国有法人	11.17	205,200,000	205,200,000	0
国际金融公司	境外法人	2.40	44,026,999	0	0
南京金陵制药(集团)有限公司	国家	1.13	20,800,000	0	0
中国石化财务有限责任公司	国有法人	1.13	20,684,950	0	0
南京纺织产业(集团)有限公司	国家	1.09	20,000,000	0	0
江苏省国信资产管理集团有限公司	国家	1.07	19,630,000	0	0
江苏省盐业集团有限责任公司	国家	0.83	15,200,000	0	0
安邦财产保险股份有限公司-传统保险产品	其他	0.60	10,999,946	0	0

前十名无限售条件股东持股情况

股东名称	持有无限售条件股份数量	股份种类
国际金融公司	44,026,999	人民币普通股
南京金陵制药(集团)有限公司	20,800,000	人民币普通股
中国石化财务有限责任公司	20,684,950	人民币普通股
南京纺织产业(集团)有限公司	20,000,000	人民币普通股
江苏省国信资产管理集团有限公司	19,630,000	人民币普通股
江苏省盐业集团有限责任公司	15,200,000	人民币普通股
安邦财产保险股份有限公司-传统保险产品	10,999,946	人民币普通股
南京市白下区国有资产经营中心	10,273,470	人民币普通股
中国银行-招商先锋证券投资基金	9,508,685	人民币普通股
南京胜必克贸易有限公司	9,170,370	人民币普通股

5.3 控股股东及实际控制人情况介绍

5.3.1 控股股东及实际控制人变更情况

□适用 √不适用

5.3.2 持有公司股权 5%以上的股东情况

单位:人民币元

法人股东名称	法人股东法人股东	法人股东注册资本	法人股东	法人股东主要经营管理活动
南京市国有资产投资管理控股(集团)有限责任公司	严肃	3,000,000,000	2002-9-3	授权资产的营运与监管、资本运营、资产委托经营、产权经营、项目评估分析、风险投资、实业投资、项目开发、物业管理、不良资产处置、债权清收、财务顾问及其他按法律规定可以从事的和市政府委托的相关经营业务
BNP PARIBAS	Michel Pébereau	1,824,192,214(欧元)	2000-5-23	零售银行业务、公司金融、证券、保险、资金交易以及基金管理等
南京新港高科技股份有限公司	徐益民	344,145,900	1992-7-4	高新技术产业开发投资、开发;市政基础设施建设、投资及管理;土地成片开发;建筑安装工程;商品房开发、销售;物业管理;国内贸易;工程设计;咨询服务;污水管理、环保项目建设、投资及管理

第六节 董事、监事和高级管理人员

6.1 董事、监事和高级管理人员持股变动

单位:股

姓 名	职务	性别	年龄	任期起止日期(年/月)	年初持股数量(股)	年末持股数量(股)	是否在股东单位或其他关联单位领取报酬
林 复	董事长	男	52	2008/06-2011/06	120,000	120,000	否
王海涛	董事	男	47	2008/06-2011/06	36,000	36,000	是
徐益民	董事	男	46	2008/06-2011/06	0	0	是
谢华礼	董事	男	57	2008/06-2011/06	0	0	是
罗 强	董事	男	58	2008/06-2011/06	0	0	是
唐富春	董事	女	48	2008/06-2011/06	120,000	120,000	是
晏仲华	董事	男	56	2008/06-2011/06	120,000	120,000	是
章 宁	董事	男	58	2008/06-2009/01	120,000	120,000	否
	行长			2005/07-2009/01			
禹志强	董事	男	54	2008/06-2011/06	120,000	120,000	否
	副行长、财务负责人			2009/02-2011/06			
周小祺	董事	男	52	2008/06-2011/06	240,000	240,000	否
	副行长			2009/02-2011/06			
白世春	独立董事	男	64	2008/06-2011/06	0	0	否
谢满林	独立董事	男	45	2008/06-2011/06	0	0	否
裴 平	独立董事	男	51	2008/06-2011/06	0	0	否
颜 延	独立董事	男	36	2008/06-2011/06	0	0	否
陈胜利	监事长	男	62	2008/06-2009/03	0	0	否
裘愉昇	外部监事	男	68	2008/06-2011/06	0	0	否
余新平	外部监事	男	52	2008/06-2011/06	0	0	否
谢 南	监事	女	55	2008/06-2011/06	14,500	14,500	是
王家宝	监事	男	50	2008/06-2011/06	0	0	是
郭家林	监事	男	53	2008/06-2011/06	111,438	111,438	否
朱 峰	监事	男	43	2008/06-2011/06	87,700	87,700	否
陈敬民	副行长	男	46	2009/02-2011/06	240,000	240,000	否
艾飞立	副行长	男	51	2009/02-2011/06	0	0	是
束行农	副行长	男	45	2009/02-2011/06	111,438	111,438	否
汤哲新	董事会秘书	男	47	2008/06-2011/06	113,658	113,658	否
朱 钢	行长助理	男	40	2009/02-2011/06	111,438	111,438	否
周文凯	行长助理	男	40	2009/02-2011/06	40,000	40,000	否

6.2 董事、监事和高级管理人员报酬情况

现任董事、监事、高级管理人员 2008 年度在公司领取薪酬的共 18,其中执行董事 4 人,独立董事 4 人,职工监事 2 人,外部监事 2 人,非董事高级管理人员 6 人。公司 2007 年度支付全部董事、监事及高级管理人员的税前报酬总额为 1287.10 万元人民币。其中,20 万以下 6 人,20 万至 100 万的 5 人,100 万至 200 万的 7 人。

第七节 董事会报告

7.1 管理层讨论与分析

(一)主营业务范围

公司经营范围包括:吸收公众存款;发放短期、中期和长期贷款;办理国内外结算;办理票据承兑与贴现;发行金融债券;代理发行、代理兑付、承销政府债券;买卖政府债券、金融债券;从事同业拆借;买卖、代理买卖外汇;从事银行卡业务;提供信用证服务及担保;代理收付款项及代理保险业务;提供保管箱服务;经中国银行业监督管理委员会批准的其他业务。

(二)报告期内经营情况分析

2008 年,公司依据科学发展观的要求,认真贯彻落实董事会确定的发展战略,全面完成了董事会下达的各项经营指标和工作任务。

(1)资产规模继续保持快速增长。截至报告期末,公司资产总额 937.06 亿元,同比增加 176.42 亿元,增长 23.19%,贷款总额 401.80 亿元。

(2)盈利能力大幅提升。截至报告期末,公司实现税前利润 17.40 亿元,同比增加 6.77 亿元,增长 63.70%;实现净利润 14.56 亿元,同比增加 5.47 亿元,增长 60.10%;基本每股收益 0.79 元,同比增长 27.42%。

其中中间业务实现快速增长,报告期内,公司中间业务净收入 2.20 亿元,较去年同期增加 1.54 亿元,增长 233.33%。

(3)成本控制成效显著。报告期内,公司成本收入比为 25.39%,比去年同期下降了 4.89 个百分点。其中,公司发生业务及管理费用 8.18 亿元,比去年同期增长 40.42%;营业收入 32.24 亿元,比去年同期增长 67.40%。

(4)经营风险控制有效。报告期内,面对恶劣的国内外经济形势,公司积极采取措施,加强产业政策和行业研究,改善信贷投向;重视发展小企业贷款,优化贷款结构;加大信贷检查力度,抓好不良资产清收。截至报告期末,"五级分类"口径不良贷款余额 6.59 亿元,比年初增加 1.11 亿元,不良贷款率 1.64%,比年初下降 0.15 个百分点;准备金覆盖率 170.05%,同比提高 23.46 个百分点。

截至报告期末,公司资本充足率 24.12%,比年初下降 6.02 个百分点,其中核心资本充足率 20.68%,比年初下降 6.17 个百分点。

(5)机构建设进展顺利。报告期内,公司新设的上海分行、无锡分行、泰州分行靖江支行和高港支行均顺利开业,北京分行获批筹建,宜兴阳羡村镇银行有限责任公司获准开业,参股江苏金融租赁取得进展。同时,设立投资银行部,增加公司赢利点。

(6)改革创新力度加大。

2008 年,公司加大改革创新力度,在制度建设、产品设计、产品开发、产品推广等都得到较大进展,取得较好的业绩。

第一,完善制度建设,规范业务发展,推动产品创新。报告期内,在原有制度基础上,公司先后又制定了《银团贷款业务管理办法(试行)》、《证券公司机构客户交易结算资金第三方存管业务暂行管理办法》、产品创新会商机制工作方案等制度办法,对产品业务创新、防范业务风险起到推动作用。

第二,努力提高产品开发效率,积极开拓表外业务,促进新产品推广应用。报告期内,公司开发办理了"厂商银"授信业务、国内有追索权保理业务、国内信用证同业代付业务、应收帐款池等新型业务;积极与信托公司、保险公司、证券公司等进行新业务合作,公司已与八家证券公司开展第三方存管业务合作等。此外,公司已获得短期融资券承销资格、基金代销资格等。

第三,建立理财产品线,开发理财产品,满足投资者多元化需求。报告期内,累计发行"聚金、聚财、聚富"等理财产品 20 期,发行规模超过 26 亿元,累计比去年同期增加四倍以上;并于 2008 年 1 月 15 日起在各营业网点正式对外办理柜台记账式国债交易业务,为广大投资者提供更加广阔的投资渠道。

第四,设立投资银行部,建立创新开发新渠道。报告期内,公司作为主承销商成功发行了 20 亿的江苏银行次级债券,这是继承销日照商行、莱商银行次级债后公司第三次成功在银行间市场作为主承销商发行次级债券;同时公司获得发行短期融资券主承销资格,并成功发行了苏龙发电 6 亿元短期融资券,扩大了公司在银行间市场的影响力。此外,公司将在风险投资、股权投资、企业年金、并购贷款等方面加大创新力度。

(1)个人银行业务

公司坚持"市民银行"的市场定位,重点发展个人银行业务,为市民提供优良、便捷的金融服务。目前公司为个人客户提供了丰富、多样的金融产品和服务,包括个人本外币储蓄存款;各类个人住房类贷款;各类个人消费类贷款;创新便捷的"易贷"类产品,如信易贷、购易贷、平安易贷、房易贷等;广为接受的金梅花本外币理财产品、代售国债、保险、信托等;品种齐全的便民代理业务:代收各类话费、管道煤气费、有线电视费、自来水费、电费、自由职业者养老保险金和医疗保险金,代发工资、失业金、养老金等个人理财及中间代理业务等;品种多样的梅花银行卡产品:梅花借记卡、梅花社保卡、梅花贷记卡、商务卡等。

个人贷款情况:截至报告期末,公司个人贷款余额为 46.31 亿元,个人贷款在公司各项贷款中占比 12.89%。

个人存款情况:截至报告期末,公司储蓄存款余额 105.37 亿元,比年初增加 51.07%,在公司各项存款中占比 16.85%。

理财业务情况:截至报告期末,公司共发行理财产品 20 期,累计销售 26.39 亿万元;共组织发行了五期凭证式国债,累计金额 10.4 亿元;代收各项公用事业费 4.17 亿元,代发养老金、失业金、代收社保、代售保险等代理业务 23.20 亿元。

银行卡业务情况:截至报告期末,借记卡累计发卡 158.46 万张,较年初增加 28.44 万张,增幅 21.87%;贷记卡累计发卡 1.72 万张。

此外,2008 年公司与八家证券公司建立第三方存管业务合作,截至报告期末,开户数已达 12622 户;公司于 2008 年底获得中国证券会正式颁布的基金代销资格。

(2)公司银行业务

公司坚持"中小企业银行"市场定位,向企业、金融机构和政府机构客户,特别是中小企业,提供广泛的公司银行产品和服务。

截至报告期末,公司存款余额为 438.51 亿元(不含保证金和财政性存款),比去年增长 50.09 亿元,增幅为 12.9%,在各项存款中占比为 70.12%。其中公司活期存款为 279.38 万元,在公司存款中占比为 63.71%。

公司贷款总额为人民币 355.32 亿元,比去年增加 100.21 亿元,增幅为 39.28%,占客户贷款总额的 88.43%。其中小企业贷款总额 72.95 亿元,比去年增加 18.75 亿元,增幅为 34.59%,占贷款总额的 18.15%。

公司票据贴现总额为人民币 39.70 亿元,比去年增长 22.06 亿元,增幅为 125.06%。

(3)资金业务

公司坚持"货币市场特色银行"定位,充分发挥债券业务优势。在 2008 年复杂的经济金融形势下,公司充分考虑国际金融危机给全球经济带来的不确定性,以及我国宏观经济形势年中急转,从"双防"到"一保一控"等宏观形势的变化,给债券投资、资金业务的开展带来的极大挑战,积极研究对策,提前做好债券资产的摆布计划,把握市场波段机会,提高资产运作效益,给公司创造了较高的业绩。

截止报告期末,本外币资金业务收入 9.32 亿元,较去年同期增加 7.66 亿元,增幅为 461.45% 。

2008 年,公司债券交易量达到 21098.21 亿元,在中国外汇交易中心"2008 年度银行间市场交易活跃前 100 强"排名中位居第 6,在中央国债登记结算公司的现券交易量排名中位居第 9;债券代理结算量 6799.81 亿元,列全国第三,代理结算笔数 5841 笔,列全国第二;在全国做市商做市情况排名中,名列第二。

7.2 与公允价值计量相关的项目

单位:万元

项目(1)	期初金额(2)	本期公允价值变动损益(3)	计入权益的累计公允价值变动(4)	本期计提的减值(5)	期末金额(6)
金融资产					
其中:1.以公允价值计量且其变动					

计入当期损益的金融资产	674,064	21,330	–	–	781,578
其中:衍生金融资产	–	–	–	–	–
2.可供出售金融资产	853,283	59,742	32,158	8,875	1,045,548
金融资产小计	1,527,347	81,072	32,158	8,875	1,827,126

持有外币金融资产、金融负债情况

单位:万元

项目(1)	期初金额(2)	本期公允价值变动损益(3)	计入权益的累计公允价值变动(4)	本期计提的减值(5)	期末金额(6)
金融资产					
其中:1.以公允价值计量且其变动					
计入当期损益的金融资产	–	–	–	–	–
其中:衍生金融资产	–	–	–	–	–
2.贷款和应收款	40,119	–	–	–	28,567
3.可供出售金融资产	61,872	127	49	8,875	16,874
4.持有至到期投资	–	–	–	–	–
金融资产小计	101,257	127	49	8,875	45,022
金融负债	–	–	–	–	–

7.3 主营业务分行业、产品情况表单位:千元 币种:人民币

业务种类	2008 年金额	占比(%)	2007 年金额	占比(%)	同比增长(%)
贷款	2,788,283	58.45	2,065,045	59.37	−0.92
拆借	30,636	0.64	18,167	0.520	0.12
存放央行	154,423	3.24	95,411	2.74	0.49
存放同业	97,592	2.05	61,158	1.76	0.29
资金业务	1,465,216	30.71	1,159,867	33.35	−2.63
其中:债券投资	1,171,654	24.56	964,707	27.74	−3.18
手续费	234,296	4.91	78,635	2.26	2.65

7.4 主营业务分地区情况表

单位:千元 币种:人民币

地区	营业收入	营业收入比上年增减(%)
南京地区	2,964,687	57.16
泰州地区	150,538	283.48
无锡地区	65,380	–
上海地区	43,065	–

7.5 募集资金使用情况

2007 年 7 月 12 日,公司首次向社会公开发行人民币普通股 6.3 亿股,每股发行价格 11.00 元,扣除发行费用 2.16 亿元,实际募集资金 67.14 亿元。所募集资金已按金融监管机构的批复认定,全部用于充实公司资本金。

变更项目情况

□适用　√不适用

7.6 非募集资金项目情况

□适用　√不适用

7.7 董事会对会计师事务所"非标准审计报告"的说明

□适用　√不适用

7.8 前三年利润分配方案及 2008 年期末利润分配预案

年度	现金分红比例	现金分红数额	现金分红与净利润
2005 年度	股本金的 8%	96,540,107.2 元	26.29%
2006 年度	股本金的 10%	120,675,134 元	20.29%
2007 年度	股本金的 30%	551,025,402 元	60.59%

公司 2008 年度税前利润总额为 174061 万元,缴纳企业所得税 28451 万元,当年实现的净利润余额为 145610 万元。

按照当年净利润额的 10%提取盈余公积金 14561 万元;根据财政部的规定,按照风险资产 1%提取一般风险准备,应计提 62975 万元,上年已计提 49981 万元,本年实际计提 12994 万元;以上两项计提后,本年度可供股东分配的利润为 118055 万元,再加上年帐面未分配利润 126489 万元,并按 2007 年年度股东大会通过的 2007 年分红方案,扣减 2007 年分配股利 55102.5 万元后,2008 年末可供分配的利润余额为 189441.5 万元。

2008 年公司利润分配预案为:每 10 股分配现金股利 3 元(含税),共计分配现金股利 55102.5 千元。公司未分配利润结转以后年度分配。

第八节　重要事项

8.1 收购资产

□适用　√不适用

8.2 出售资产

□适用　√不适用

8.3 重大担保

□适用　√不适用

8.4 重大关联交易

报告期内,公司无重大关联交易事项。

8.4.1 与日常经营相关的关联交易

交易款项	2008 年末余额(千元)	占比(%)	2007 年末余额(千元)	占比(%)
关联方贷款	80,000	0.20	60,000	0.20
关联方存款	71,343	0.11	90,394	0.18
卖出回购金融资产款	0	0	105,303	1.64
债券投资	20,072	0.18	0	0
买入返售金融资产余额	255,000	4.06	1,430,986	23.25
同业及其他金融机构存放资金余额	82,817	0.98	25,749	0.73

8.4.2 关联债权债务往来

□适用　√不适用

8.4.3 2008 年资金被占用情况及清欠进展情况

□适用　√不适用

截止 2008 年末,上市公司未完成非经营性资金占用的清欠工作的,董事会提出的责任追究方案

□适用　√不适用

8.5 委托理财

□适用　√不适用

8.6 承诺事项履行情况

8.6.1 公司发行时所作承诺及履行情况

公司第一大股东南京市国有资产投资管理控股(集团)有限责任公司、第二大股东法国巴黎银行、第三大股东南京新港高科技股份有限公司分别承诺:"自南京银行股票上市之日起三十六个月内,不转让或者委托他人管理本公司持有的南京银行股份,也不由南京银行回购本公司持有的股份。"

南京市国有资产投资管理控股(集团)有限责任公司、南京新港高科技股份有限公司出具了避免同业竞争的承诺。

2007 年 6 月 8 日,巴黎银行出具《承诺函》,同意与持有公司类似股权比例的中国股东享有同等的地位,承诺自公司首次公开发行股票并上市之日起,放弃与公司《战略联盟合作协议》项下包括"巴黎银行持续持股"、"需磋商事项"及"巴黎银行的代表与借调人员"等条款规定的相关特殊权力的行使。

上述承诺均得到严格履行。

8.6.2 资本性支出承诺

单位:人民币千元

资本性支出承诺	合同金额	2008-12-31 已付款金额	2007-12-31 尚未支付金额
办公及营业用房	754,045	471,157	282,888
系统软件	74,402	63,403	10,999
合 计	828,447	534,560	293,887

本行管理信息系统建设于 2007 年 5 月 29 日正式签约启动,合同总价 24,511 千元。其中与国际商业机器全球服务(中国)有限公司签定 IBM 业务咨询及系统整合服务协议,合同 12,418 千元;与北京高伟达科技发展有限公司签定 Oracle 产品采购合同,合同价款 8,513 千元;与凯捷咨询(上海)有限公司签定客户关系管理系统项目咨询服务协议,合同价款 3,580 千元。

8.6.3 租赁承诺

房屋租赁承诺主要反映公司根据需要租赁的营业场所及办公楼应支付的租金。截止 2007 年 12 月 31 日,租赁合同约定的租金情况如下:

单位:人民币千元

项　目	2008-12-31	2007-12-31
1 年以内(含 1 年)	22,039	19,547
1-2 年(含 2 年)	16,181	14,493
2-3 年(含 3 年)	13,887	9,607
3 年以上	25,430	19,018
合计	77,537	62,665

8.6.4 债券承销承诺

项目	2008-12-31	2007-12-31
已承销但未到划款日	–	2,050,000

8.7 公司资产或项目存在盈利预测,且报告期仍处在盈利预测期间,公司就资产或项目是否达到原盈利预测及其原因作出说明:

□适用　√不适用

8.8 重大诉讼仲裁事项

□适用　√不适用

8.9 其他重大事项及其影响和解决方案的分析说明

8.9.1 证券投资情况

□适用　√不适用

8.9.2 持有其他上市公司股权情况

□适用　√不适用

8.9.3 持有非上市金融企业股权情况

所持对象名称	初始投资金额(千元)	持有数量(万股)	占该公司股权比例(%)	期末账面值(千元)	报告期损益(千元)	报告期所有者权益变动(千元)	会计核算科目	股份来源
日照商行	158,751	9,000	18	250,279	59,722	–	长期股权投资	购买股份
宜兴村镇银行	50,000	5,000	50	50,000	–	–	长期股权投资	参股
合计	208,751	14,000	–	300,279	59,722	–	–	–

注:日照商行全称为日照市商业银行,宜兴村镇银行全称为宜兴阳羡村镇银行有限责任公司。

8.9.4 买卖其他上市公司股份的情况

□适用　√不适用

8.10 公司董事会对公司内部控制出具了自我评估报告,审计机构出具了评价意见,详见公司 2008 年年度报告全文。

8.11 公司披露了履行社会责任报告,详见年报全文。

第九节　监事会报告

监事会认为公司依法运作、公司财务情况、公司募集资金使用、公司收购、出售资产交易和关联交易不存在问题。

第十节　财务报告

10.1 审计意见

审 计 报 告

宁信会审字(2009)0239 号

南京银行股份有限公司全体股东:

我们审计了后附的南京银行股份有限公司 2008 年 12 月 31 日的资产负债表及合并资产负债表、2008 年度的利润表及合并利润表、2008 年度的股东权益变动表及合并股东权益变动表、2008 年度的现金流量表及合并现金流量表及财务报表附注。

一、管理层对财务报表的责任

按照企业会计准则的规定编制财务报表是南京银行股份有限公司管理层的责任。这种责任包括：(1)设计、实施和维护与财务报表编制相关的内部控制，以使财务报表不存在由于舞弊或错误而导致的重大错报；(2)选择和运用恰当的会计政策；(3)作出合理的会计估计。

二、注册会计师的责任

我们的责任是在实施审计工作的基础上对财务报表发表审计意见。我们按照中国注册会计师审计准则的规定执行了审计工作。中国注册会计师审计准则要求我们遵守职业道德规范，计划和实施审计工作以对财务报表是否不存在重大错报获取合理保证。

审计工作涉及实施审计程序，以获取有关财务报表金额和披露的审计证据。选择的审计程序取决于注册会计师的判断，包括对由于舞弊或错误导致的财务报表重大错报风险的评估。在进行风险评估时，我们考虑与财务报表编制相关的内部控制，以设计恰当的审计程序，但目的并非对内部控制的有效性发表意见。审计工作还包括评价管理层选用会计政策的恰当性和作出会计估计的合理性，以及评价财务报表的总体列报。

我们相信，我们获取的审计证据是充分、适当的，为发表审计意见提供了基础。

三、审计意见

我们认为，南京银行股份有限公司财务报表已经按照企业会计准则的规定编制，在所有重大方面公允反映了南京银行股份有限公司2008年12月31日的财务状况以及2008年度的经营成果和2008年度的现金流量情况。

南京立信永华会计师事务所有限公司　　　　中国注册会计师：孙晓爽 朱晓洁

10.2 财务报表(见附件)

10.3 本报告期无会计政策、会计估计和核算方法变更。

10.4 本报告期无会计差错更正。

10.5 报告期内，公司财务报表合并范围未发生重大变化。

第十一节　备查文件目录

11.1 载有本公司董事、高级管理人员签名的年度报告正本。

11.2 载有法定代表人、行长、财务负责人、财务机构负责人签名并盖章的会计报表。

11.3 载有会计师事务所盖章、注册会计师签名并盖章的审计报告原件。

11.4 报告期内公司在《上海证券报》公开披露过的所有文件正本及公告原件。

11.5《南京银行股份有限公司章程》。

董事长：林复

南京银行股份有限公司董事会

2009年4月28日

合并资产负债表

2008年12月31日

编制单位：南京银行股份有限公司　　　　单位：元 币种：人民币

项目	附注	期末余额	年初余额
资产：			
现金及存放中央银行款项	七-1	8,834,007,192.48	7,471,214,544.15
存放同业款项	七-2	1,780,093,181.49	1,691,730,700.54
贵金属		–	–
拆出资金	七-3	610,000,000.00	306,048,799.33
交易性金融资产	七-4	7,815,781,075.81	6,740,641,513.76
衍生金融资产		–	–
买入返售金融资产	七-5	6,277,196,947.96	6,154,947,205.38
应收利息	七-6	666,077,758.39	452,749,303.06
发放贷款和垫款	七-7	39,057,384,712.09	29,823,635,291.14
可供出售金融资产	七-8	10,455,476,146.46	8,532,829,666.91
持有至到期投资	七-9	12,343,217,656.36	10,188,280,217.96
证券投资-贷款及应收款项	七-10	2,546,676,019.62	2,585,610,496.31
长期股权投资	七-11	258,879,179.60	199,156,781.54
投资性房地产		–	–
固定资产	七-12	913,175,166.43	495,031,609.85
无形资产	七-13	44,211,689.28	17,914,006.32
递延所得税资产	七-14	213,161,623.33	158,694,355.14
其他资产	七-15	1,890,733,017.93	1,245,227,290.63
资产总计		93,706,071,367.23	76,063,711,782.02
负债：			
向中央银行借款			
同业及其他金融机构存放款项	七-16	8,469,480,135.59	3,523,901,833.29
拆入资金	七-17	3,056,000,000.00	796,000,000.00
交易性金融负债		–	–
衍生金融负债		–	–
卖出回购金融资产款	七-18	2,881,551,334.07	7,156,718,494.60
吸收存款	七-19	62,730,991,169.25	50,931,531,682.91
应付职工薪酬	七-20	269003507.25	205,703,977.85
应交税费	七-21	311263648.46	93,447,597.86
应付利息	七-22	474,874,621.42	295,669,062.79
预计负债		–	–
应付债券	七-23	800,000,000.00	800,000,000.00
递延所得税负债	七-14	153,678,088.37	4,925,192.58
其他负债	七-24	3,213,634,286.43	2,313,350,850.58
负债合计		82,360,476,790.84	66,121,248,692.46
所有者权益(或股东权益)：			
实收资本(或股本)	七-25	1,836,751,340.00	1,836,751,340.00
资本公积	七-26	6,457,940,481.92	6,009,878,607.68
减：库存股		–	–
盈余公积	七-27	331,131,245.94	331,131,245.94
一般风险准备	七-28	499,808,812.50	499,808,812.50
未分配利润	七-29	2,169,962,696.03	1,264,893,083.44
外币报表折算差额			
归属于母公司所有者权益合计		11,295,594,576.39	9,942,463,089.56
少数股东权益		50,000,000.00	–
股东权益合计		11,345,594,576.39	9,942,463,089.56
负债和股东权益总计		93,706,071,367.23	76,063,711,782.02

公司法定代表人：林复　　主管会计工作负责人：禹志强　　会计机构负责人：肖炎

母公司资产负债表

2008年12月31日

编制单位：南京银行股份有限公司　　　　单位：元 币种：人民币

项目	附注	期末余额	年初余额
资产：			
现金及存放中央银行款项	七-1	8,834,007,192.48	7,471,214,544.15
存放同业款项	七-2	1,740,093,181.49	1,691,730,700.54
贵金属		–	–
拆出资金	七-3	610,000,000.00	306,048,799.33
交易性金融资产	七-4	7,815,781,075.81	6,740,641,513.76
衍生金融资产		–	–
买入返售金融资产	七-5	6,277,196,947.96	6,154,947,205.38
应收利息	七-6	666,077,758.39	452,749,303.06
发放贷款和垫款	七-7	39,057,384,712.09	29,823,635,291.14
可供出售金融资产	七-8	10,455,476,146.46	8,532,829,666.91
持有至到期投资	七-9	12,343,217,656.36	10,188,280,217.96
证券投资—贷款及应收款项		2,546,676,019.62	2,585,610,496.31
长期股权投资	七-11	308,879,179.60	199,156,781.54
投资性房地产		–	–
固定资产	七-12	913,175,166.43	495,031,609.85
无形资产	七-13	44,211,689.28	17,914,006.32
递延所得税资产	七-14	213,161,623.33	158,694,355.14
其他资产	七-15	1,890,733,017.93	1,245,227,290.63
资产总计		93,716,071,367.23	76,063,711,782.02
负债：			
向中央银行借款		–	–
同业及其他金融机构存放款项	七-16	8,529,480,135.59	3,523,901,833.29
拆入资金	七-17	3,056,000,000.00	796,000,000.00
交易性金融负债		–	–
衍生金融负债		–	–
卖出回购金融资产款	七-18	2,881,551,334.07	7,156,718,494.60
吸收存款	七-19	62,730,991,169.25	50,931,531,682.91
应付职工薪酬	七-20	269,003,507.25	205,703,977.85
应交税费	七-21	311,263,648.46	93,447,597.86
应付利息	七-22	474,874,621.42	295,669,062.79
预计负债		–	–
应付债券	七-23	800,000,000.00	800,000,000.00
递延所得税负债	七-14	153,678,088.37	4,925,192.58
其他负债	七-24	3,213,634,286.43	2,313,350,850.58
负债合计		80,625,722,310.24	64,946,294,183.95
所有者权益(或股东权益)：			
实收资本(或股本)	七-25	1,836,751,340.00	1,836,751,340.00
资本公积	七-26	6,457,940,481.92	6,009,878,607.68
减：库存股			–
盈余公积	七-27	331,131,245.94	331,131,245.94
一般风险准备	七-28	499,808,812.50	499,808,812.50
未分配利润	七-29	2,169,962,696.03	1,264,893,083.44
所有者权益(或股东权益)合计		11,295,594,576.39	9,942,463,089.56
负债和所有者权益(或股东权益)总计		93,716,071,367.23	76,063,711,782.02

公司法定代表人：林复　　主管会计工作负责人：禹志强　　会计机构负责人：肖炎

合并利润表

2008年1-12月

编制单位：南京银行股份有限公司　　　　单位：元 币种：人民币

项目	附注	本期金额	上期金额
一、营业收入		3,223,670,027.38	1,925,679,366.10
利息净收入	七-30	2,596,164,947.57	1,956,236,693.17
利息收入		4,538,919,863.55	3,402,930,326.59
利息支出		1,942,754,915.98	1,446,693,633.42
手续费及佣金净收入	七-31	220,382,723.61	65,708,223.24
手续费及佣金收入		234,295,432.27	78,635,062.92
手续费及佣金支出		13,912,708.66	12,926,839.68
投资收益(损失以"-"号填列)	七-32	144,252,172.03	21,076,834.35
其中：对联营企业和合营企业的投资收益		70,522,298.06	40,806,011.21
公允价值变动收益(损失以"-"号填列)	七-33	213,301,541.94	-121,501,327.00
汇兑收益(损失以"-"号填列)		45,291,506.13	-291,736.66
其他业务收入		4,277,136.10	4,450,679.00
二、营业支出		1,488,484,337.22	888,575,044.37
营业税金及附加	七-34	181,765,544.61	117,566,384.33
业务及管理费	七-35	817,552,160.06	582,238,021.33
资产减值损失	七-36	488,280,792.21	187,934,224.04
其他业务成本		885,840.34	836,414.67
三、营业利润(亏损以"-"号填列)		1,735,185,690.16	1,037,104,321.73

加：营业外收入	七－37	11,066,108.42	30,082,283.03
减：营业外支出	七－38	5,643,253.13	3,891,176.32
四、利润总额（亏损总额以"－"号填列）		1,740,608,545.45	1,063,295,428.44
减：所得税费用	七－39	284,513,530.86	153,801,026.89
五、净利润（净亏损以"－"号填列）		1,456,095,014.59	909,494,401.55
归属于母公司所有者的净利润		1,456,095,014.59	909,494,401.55
少数股东损益			
六、每股收益：			
（一）基本每股收益（元/股）		0.79	0.62
（二）稀释每股收益（元/股）		0.79	0.62

公司法定代表人：林复　　主管会计工作负责人：禹志强　　会计机构负责人：肖炎

母公司利润表

2008 年 1－12 月

编制单位：南京银行股份有限公司　　单位：元 币种：人民币

项目	附注	本期金额	上期金额
一、营业收入		3,223,670,027.38	1,925,679,366.10
利息净收入	七－30	2,596,164,947.57	1,956,236,693.17
利息收入		4,538,919,863.55	3,402,930,326.59
利息支出		1,942,754,915.98	1,446,693,633.42
手续费及佣金净收入	七－31	220,382,723.61	65,708,223.24
手续费及佣金收入		234,295,432.27	78,635,062.92
手续费及佣金支出		13,912,708.66	12,926,839.68
投资收益（损失以"－"号填列）	七－32	144,252,172.03	21,076,834.35
其中：对联营企业和合营企业的投资收益		70,522,298.06	40,806,011.21
公允价值变动收益（损失以"－"号填列）	七－33	213,301,541.94	－121,501,327.00
汇兑收益（损失以"－"号填列）		45,291,506.13	－291,736.66
其他业务收入		4,277,136.10	4,450,679.00
二、营业支出		1,488,484,337.22	888,575,044.37
营业税金及附加	七－34	181,765,544.61	117,566,384.33
业务及管理费	七－35	817,552,160.06	582,238,021.33
资产减值损失	七－36	488,280,792.21	187,934,224.04
其他业务成本		885,840.34	836,414.67
三、营业利润（亏损以"－"号填列）		1,735,185,690.16	1,037,104,321.73
加：营业外收入	七－37	11,066,108.42	30,082,283.03
减：营业外支出	七－38	5,643,253.13	3,891,176.32
四、利润总额（亏损总额以"－"号填列）		1,740,608,545.45	1,063,295,428.44
减：所得税费用	七－39	284,513,530.86	153,801,026.89
五、净利润（净亏损以"－"号填列）		1,456,095,014.59	909,494,401.55

公司法定代表人：林复　　主管会计工作负责人：禹志强　　会计机构负责人：肖炎

合并现金流量表

2008 年 1－12 月

编制单位：南京银行股份有限公司　　单位：元 币种：人民币

项目	附注	本期金额	上期金额
一、经营活动产生的现金流量：			
销售商品、提供劳务收到的现金			
客户存款和同业存放款项净增加额		16,745,037,788.64	5,041,956,237.37
向中央银行借款净增加额			
向其他金融机构拆入资金净增加额		－2,441,368,103.78	3,241,004,597.34
收到原保险合同保费取得的现金			
收到再保险业务现金净额			
保户储金及投资款净增加额			
处置交易性金融资产净增加额			
收取利息、手续费及佣金的现金		2,789,712,159.84	1,807,709,700.18
拆入资金净增加额			
回购业务资金净增加额			
收到的税费返还			
收到其他与经营活动有关的现金	七－41	379,396,213.77	54,637,500.58
经营活动现金流入小计		17,472,778,058.47	10,145,308,035.47
购买商品、接受劳务支付的现金			
客户贷款及垫款净增加额		9,634,164,053.11	5,181,928,639.97
存放中央银行和同业款项净增加额		617,261,216.47	3,111,086,084.41
支付原保险合同赔付款项的现金			
支付利息、手续费及佣金的现金		13,912,708.66	12,926,839.68
支付保单红利的现金			
支付给职工以及为职工支付的现金		390,617,589.90	285,192,671.30
支付的各项税费		313,926,492.89	338,176,882.83
支付其他与经营活动有关的现金	七－41	313,795,392.23	442,937,296.83
经营活动现金流出小计		11,283,677,453.26	9,372,248,415.02
经营活动产生的现金流量净额		6,189,100,605.21	773,059,620.45
二、投资活动产生的现金流量：			
收回投资收到的现金		1,106,630,559,444.85	270,588,953,781.86
取得投资收益收到的现金		84,529,773.97	7,973,742.71
处置固定资产、无形资产和其他长期资产收回的现金净额			
处置子公司及其他营业单位收到的现金净额			
收到其他与投资活动有关的现金	七－41	201,332.66	39,953.72
投资活动现金流入小计		1,106,715,290,551.48	270,596,967,478.29
购建固定资产、无形资产和其他长期资产支付的现金		490,686,451.83	130,384,503.01
投资支付的现金		1,110,980,629,878.76	276,660,041,501.92
质押贷款净增加额			
取得子公司及其他营业单位支付的现金净额			
支付其他与投资活动有关的现金		－	－
投资活动现金流出小计		1,111,471,316,330.59	276,790,426,004.93
投资活动产生的现金流量净额		－4,756,025,779.11	－6,193,458,526.64
三、筹资活动产生的现金流量：			
吸收投资收到的现金		50,000,000.00	6,713,572,915.52
其中：子公司吸收少数股东投资收到的现金		50,000,000.00	
取得借款收到的现金			
发行债券收到的现金			
收到其他与筹资活动有关的现金			
筹资活动现金流入小计		50,000,000.00	6,713,572,915.52
偿还债务支付的现金			
分配股利、利润或偿付利息支付的现金		577,651,919.81	153,492,455.10
其中：子公司支付给少数股东的股利、利润			
支付其他与筹资活动有关的现金			
筹资活动现金流出小计		577,651,919.81	153,492,455.10
筹资活动产生的现金流量净额		－527,651,919.81	6,560,080,460.42
四、汇率变动对现金及现金等价物的影响		－71,528,993.48	－36,533,874.93
五、现金及现金等价物净增加额		833,893,912.81	1,103,147,679.30
加：期初现金及现金等价物余额	七－41	2,429,915,256.94	1,326,767,577.64
六、期末现金及现金等价物余额	七－41	3,263,809,169.75	2,429,915,256.94

公司法定代表人：林复　　主管会计工作负责人：禹志强　　会计机构负责人：肖炎

母公司现金流量表

2008 年 1－12 月

编制单位：南京银行股份有限公司　　单位：元 币种：人民币

项目	附注	本期金额	上期金额
一、经营活动产生的现金流量：			
客户存款和同业存放款项净增加额		16,805,037,788.64	5,041,956,237.37
向中央银行借款净增加额			－
向其他金融机构拆入资金净增加额		－2,441,368,103.78	3,241,004,597.34
收取利息、手续费及佣金的现金		2,789,712,159.84	1,807,709,700.18
收到其他与经营活动有关的现金	七－41	379,396,213.77	54,637,500.58
经营活动现金流入小计		17,532,778,058.47	10,145,308,035.47
客户贷款及垫款净增加额		9,634,164,053.11	5,181,928,639.97
存放中央银行和同业款项净增加额		617,261,216.47	3,111,086,084.41
支付手续费及佣金的现金		13,912,708.66	12,926,839.68
支付给职工以及为职工支付的现金		390,617,589.90	285,192,671.30
支付的各项税费		313,926,492.89	338,176,882.83
支付其他与经营活动有关的现金	七－41	313,795,392.23	442,937,296.83
经营活动现金流出小计		11,283,677,453.26	9,372,248,415.02
经营活动产生的现金流量净额		6,249,100,605.21	773,059,620.45
二、投资活动产生的现金流量：			
收回投资收到的现金		1,106,630,559,444.85	270,588,953,781.86
取得投资收益收到的现金		84,529,773.97	7,973,742.71
收到其他与投资活动有关的现金	七－41	201,332.66	39,953.72
投资活动现金流入小计		1,106,715,290,551.48	270,596,967,478.29
投资支付的现金		1,111,030,629,878.76	276,660,041,501.92
购建固定资产、无形资产和其他长期资产支付的现金		490,686,451.83	130,384,503.01
支付其他与投资活动有关的现金		－	－
投资活动现金流出小计		1,111,521,316,330.59	276,790,426,004.93
投资活动产生的现金流量净额		－4,806,025,779.11	－6,193,458,526.64
三、筹资活动产生的现金流量：			
吸收投资收到的现金		－	6,713,572,915.52
发行债券收到的现金		－	－
收到其他与筹资活动有关的现金		－	－
筹资活动现金流入小计		－	6,713,572,915.52
偿还债务支付的现金		－	－
分配股利、利润或偿付利息支付的现金		577,651,919.81	153,492,455.10
支付其他与筹资活动有关的现金	－	－	
筹资活动现金流出小计		577,651,919.81	153,492,455.10
筹资活动产生的现金流量净额		－577,651,919.81	6,560,080,460.42
四、汇率变动对现金及现金等价物的影响		－71,528,993.48	－36,533,874.93
五、现金及现金等价物净增加额		793,893,912.81	1,103,147,679.30
加：期初现金及现金等价物余额	七－41	2,429,915,256.94	1,326,767,577.64
六、期末现金及现金等价物余额	七－41	3,223,809,169.75	2,429,915,256.94

公司法定代表人：林复　　主管会计工作负责人：禹志强　　会计机构负责人：肖炎

合并所有者权益变动表

2008 年 1－12

编制单位：南京银行股份有限公司　　单位：元币种：人民币

项目	本期金额								
	归属于母公司所有者权益								
	股本	资本公积	减：库存股	盈余公积	一般风险准备	未分配利润	其他	少数股东权益	所有者权益合计
一、上年年末余额	1,836,751,340.00	6,009,878,607.68	－	331,131,245.94	499,808,812.50	1,264,893,083.44	－	－	9,942,463,089.56
加：同一控制下企业合并产生的追溯调整	－	－	－	－	－	－	－	－	－
会计政策变更	－	－	－	－	－	－	－	－	－
前期差错更正	－	－	－	－	－	－	－	－	－
其他	－	－	－	－	－	－	－	－	－
二、本年年初余额	1,836,751,340.00	6,009,878,607.68	－	331,131,245.94	499,808,812.50	1,264,893,083.44	－	－	9,942,463,089.56
三、本期增减变动金额（减少以"－"号填列）	－	448,061,874.24	－	－	－	905,069,612.59		50,000,000.00	1,403,131,486.83

(一)净利润	-	-	-	-	-	1,456,095,014.59	-	-	1,456,095,014.59
(二)直接计入所有者									
权益的利得和损失	-	448,061,874.24	-	-	-	-		-	448,061,874.2435
1.可供出售金融资产									
公允价值变动净额	-	599,740,104.15	-	-	-	-		-	599,740,104.15
(1)计入所有者									
权益的金额	-	603,025,308.41	-	-	-	-	-	-	603,025,308.41
(2)转入当期损益的金额	-	-3,285,204.26	-	-	-	-	-	-	-3,285,204.26
2.现金流量套期工具									
公允价值变动净额	-	-	-	-	-	-	-	-	-
(1)计入所有者权益的金额	-	-	-	-	-	-	-	-	-
(2)转入当期损益的金额	-	-	-	-	-	-	-	-	-
(3)计入被套期项目初始									
确认金额中的金额	-	-	-	-	-	-	-	-	-
3.权益法下被投资单位其他									
所有者权益变动的影响	-	-	-	-	-	-	-	-	-
4.与计入所有者权益项目									
相关的所得税影响		-151,678,229.91							-151,678,229.9136
5.其他									-
上述(一)和(二)小计	-	448,061,874.24	-	-	-	1,456,095,014.59		-	1,904,156,888.83
(三)所有者投入和减少资本	-	-	-	-	-		-	50,000,000.00	50,000,000.00
1.所有者投入资本								50,000,000.00	50,000,000.00
2.股份支付计入所有者权益的金额									-
3.其他									-
(四)利润分配	-	-	-	-	-	-551,025,402.00		-	-551,025,402.00
1.提取盈余公积									-
2.提取一般风险准备									-
3.对所有者(或股东)的分配						-551,025,402.00			-551,025,402.00
4.其他									-
(五)所有者权益内部结转	-	-	-	-	-	-		-	-
1.资本公积转增资本(或股本)									-
2.盈余公积转增资本(或股本)									-
3.盈余公积弥补亏损									
4.一般风险准备弥补亏损									-
5.其他									-
四、本期期末余额	1,836,751,340.00	6,457,940,481.92	-	331,131,245.94	499,808,812.50	2,169,962,696.03		50,000,000.00	11,345,594,576.3938

公司法定代表人:林复　　主管会计工作负责人:禹志强　　会计机构负责人:肖炎

股东权益变动表

2007 年度

编制单位:南京银行股份有限公司　　单位:元币种:人民币

项目	上年同期金额								
	归属于母公司所有者权益								
	股本	资本公积	减:库存股	盈余公积	一般风险准备	未分配利润	其他	少数股东权益	所有者权益合计
一、上年年末余额	1,206,751,340.00	110,570,086.68	-	240,181,805.78	426,101,604.13	640,730,464.42		-	2,624,335,301.01
加:同一控制下企业合并产生的追溯调整									
会计政策变更									
前期差错更正									
其他									
二、本年年初余额	1,206,751,340.00	110,570,086.68	-	240,181,805.78	426,101,604.13	640,730,464.42		-	2,624,335,301.01
三、本期增减变动金额									
(减少以"-"号填列)	630,000,000.00	5,899,308,521.00	-	90,949,440.16	73,707,208.37	624,162,619.02		-	7,318,127,788.55
(一)净利润						909,494,401.55			909,494,401.55
(二)直接计入所有者									
权益的利得和损失	-	-184,264,394.52	-	-	-	-		-	-184,264,394.52
1.可供出售金融资产									
公允价值变动净额	-	-266,120,799.80	-	-	-	-		-	-266,120,799.80
(1)计入所有者									
权益的金额		-263,605,625.04							-263,605,625.04
(2)转入当期									
损益的金额		-2,515,174.76							-2,515,174.76
2.现金流量套期工具公允价值变动净额									
(1)计入所有者权益的金额									
(2)转入当期损益的金额									
(3)计入被套期项目初始确认金额中的金额									
3.权益法下被投资单位其他所有者权益变动的影响									-
4.与计入所有者权益项目									
相关的所得税影响		81,856,405.28							81,856,405.2840
5.其他									-
上述(一)和(二)小计	-	-184,264,394.52	-	-	-	909,494,401.55		-	725,230,007.03
(三)所有者投入									
和减少资本	630,000,000.00	6,083,572,915.52	-	-	-	-		-	6,713,572,915.52
1.所有者									
投入资本	630,000,000.00	6,083,572,915.52							6,713,572,915.52
2.股份支付计入所有者权益的金额									-
3.其他									-
(四)利润分配	-	-	-	90,949,440.16	73,707,208.37	-285,331,782.53		-	-120,675,134.00
1.提取盈余公积				90,949,440.16		-90,949,440.16			-
2.提取一般风险准备					73,707,208.37	-73,707,208.37			-
3.对所有者(或股东)的分配						-120,675,134.00			-120,675,134.00
4.其他									
(五)所有者权益									
内部结转	-	-	-	-	-	-		-	-
1.资本公积转增资本(或股本)									-
2.盈余公积转增资本(或股本)									-
3.盈余公积弥补亏损									-
4.一般风险准备弥补亏损									
5.其他									-
四、本期期末余额	1,836,751,340.00	6,009,878,607.68	-	331,131,245.94	499,808,812.50	1,264,893,083.44		-	9,942,463,089.56

公司法定代表人:林复　　主管会计工作负责人:禹志强　　会计机构负责人:肖炎

母公司所有者权益变动表

2008 年 1-12 月

编制单位:南京银行股份有限公司　　单位:元币种:人民币

项目	本期						
	股本	资本公积	减:库存股	盈余公积	一般风险准备	未分配利润	所有者权益合计
一、上年年末余额	1,836,751,340.00	6,009,878,607.68	-	331,131,245.94	499,808,812.50	1,264,893,083.44	9,942,463,089.56
加:会计政策变更							-
前期差错更正							-
二、本年年初余额	1,836,751,340.00	6,009,878,607.68	-	331,131,245.94	499,808,812.50	1,264,893,083.44	9,942,463,089.56
三、本年增减变动金额							
(减少以"-"号填列)	-	448,061,874.24	-	-	-	905,069,612.5	1,353,131,486.83
(一)净利润						1,456,095,014.59	1,456,095,014.59
(二)直接计入所有者							
权益的利得和损失	-	448,061,874.24	-	-	-	-	448,061,874.24
1.可供出售金融资产							
公允价值变动净额	-	599,740,104.15	-	-	-	-	599,740,104.15
计入股东权益的金额		603,025,308.41					603,025,308.41
转入当期损益的金额		-3,285,204.26					-3,285,204.26
2.权益法下被投资单位							
其他所有者权益变动的影响							-
3.与计入所有者权益							
项目相关的所得税影响		-151,678,229.91					-151,678,229.91
4.其他							-
上述(一)和(二)小计	-	448,061,874.24	-	-	-	1,456,095,014.59	1,904,156,888.83
(三)所有者投入和减少资本	-	-	-	-	-	-	-
1.所有者投入资本							-
2.股份支付计入所有者权益的金额							-
3.其他							-
(四)利润分配	-	-	-	-	-	-551,025,402.00	-551,025,402.00
1.提取盈余公积							-
2.提取一般风险准备							-
3.分配现金股利						-551,025,402.00	-551,025,402.00
4.分配股票股利							-
(五)所有者权益内部结转	-	-	-	-	-	-	-
1.资本公积转增股本							-
2.盈余公积转增股本							-
3.盈余公积弥补亏损							-
4.其他							-
四、本年年末余额	1,836,751,340.00	6,457,940,481.92	-	331,131,245.94	499,808,812.50	2,169,962,696.03	11,295,594,576.39

法定代表人:林复　　行长:夏平　　财务负责人:禹志强

股东权益变动表

2007 年度

编制单位:南京银行股份有限公司　　单位:元币种:人民币

项目	股本	资本公积	减:库存股	盈余公积	一般风险准备	未分配利润	所有者权益合计
一、上年年末余额	1,206,751,340.00	110,570,086.68	-	240,181,805.78	426,101,604.13	640,730,464.42	2,624,335,301.01
加:会计政策变更							-
前期差错更正							-
二、本年年初余额	1,206,751,340.00	110,570,086.68	-	240,181,805.78	426,101,604.13	640,730,464.42	2,624,335,301.01
三、本年增减变动金额							
(减少以"-"号填列)	630,000,000.00	5,899,308,521.00	-	90,949,440.16	73,707,208.37	624,162,619.02	7,318,127,788.55
(一)净利润						909,494,401.55	909,494,401.55
(二)直接计入所有者							
权益的利得和损失	-	-184,264,394.52	-	-	-	-	-184,264,394.52
1.可供出售金融资产							
公允价值变动净额	-	-266,120,799.80	-	-	-	-	-266,120,799.80
计入股东权益的金额		-263,605,625.04					-263,605,625.04
转入当期损益的金额		-2,515,174.76					-2,515,174.76
2.权益法下被投资单位其他							
所有者权益变动的影响							-
3.与计入所有者权益项目							
相关的所得税影响		81,856,405.28					81,856,405.28
4.其他							-
上述(一)和(二)小计	-	-184,264,394.52	-	-	-	909,494,401.55	725,230,007.03
(三)所有者投入							
和减少资本	630,000,000.00	6,083,572,915.52	-	-	-	-	6,713,572,915.52
1.所有者投入资本	630,000,000.00	6,083,572,915.52					6,713,572,915.52
2.股份支付计入所有者权益的金额							-
3.其他							-
(四)利润分配	-	-	-	90,949,440.16	73,707,208.37	-285,331,782.53	-120,675,134.00
1.提取盈余公积				90,949,440.16		-90,949,440.16	-
2.提取一般风险准备					73,707,208.37	-73,707,208.37	-
3.分配现金股利						-120,675,134.00	-120,675,134.00
4.分配股票股利							-
(五)所有者权益内部结转	-	-	-	-	-	-	-
1.资本公积转增股本							-
2.盈余公积转增股本							-
3.盈余公积弥补亏损							-
4.其他							-
四、本年年末余额	1,836,751,340.00	6,009,878,607.68	-	331,131,245.94	499,808,812.50	1,264,893,083.44	9,942,463,089.56

法定代表人:林复　　行长:夏平　　财务负责人:禹志强

四川成渝高速公路股份有限公司

四川成渝高速公路股份有限公司首次公开发行A股股票上市公告书

第一节 重要声明与提示

四川成渝高速公路股份有限公司(以下简称"四川成渝"、"本公司"、"发行人")及全体董事、监事、高级管理人员保证上市公告书的真实性、准确性、完整性,承诺上市公告书不存在虚假记载、误导性陈述或重大遗漏,并承担个别和连带的法律责任。

证券交易所、其他政府机关对本公司股票上市及有关事项的意见,均不表明对本公司的任何保证。

本公司提醒广大投资者注意,凡本上市公告书未涉及的有关内容,请投资者查阅刊载于上海证券交易所网站(www.sse.com.cn)的本公司招股说明书全文。

本公司董事、监事和高级管理人员目前未持有本公司股票,并承诺将严格遵守《中华人民共和国公司法》、《中华人民共和国证券法》和《上海证券交易所股票上市规则》等有关法律、法规关于公司董事、监事和高级管理人员持股及锁定的有关规定。

第二节 股票上市情况

一、本上市公告书系根据《中华人民共和国证券法》、《中华人民共和国公司法》和《上海证券交易所股票上市规则》等有关法律法规规定,按照上海证券交易所《股票上市公告书内容与格式指引》编制而成,旨在向投资者提供有关本公司首次公开发行A股股票上市的基本情况。

二、本公司首次公开发行A股股票(以下简称"本次发行")经中国证券监督管理委员会证监许可[2009]584号文核准。

三、本公司A股股票上市经上海证券交易所上证发字[2009]5号文批准。

四、股票上市的相关信息

(一)上市地点:上海证券交易所

(二)上市时间:2009年7月27日

(三)股票简称:四川成渝

(四)股票代码:601107

(五)总股本(本次发行完成后):3,058,060,000股

(六)首次公开发行股票增加的股份:5亿股

(七)发行前股东所持股份的流通限制及期限:根据《公司法》、《上海证券交易所上市规则》的规定,本次发行前本公司控股股东四川高速公路建设开发总公司(以下简称"川高公司")持有的股份锁定期为上市交易之日起36个月,股东华建交通经济开发中心(以下简称"华建中心")持有股份锁定期为上市交易之日起12个月。本公司本次A股发行成功后,国有股东川高公司和华建中心按照《境内证券市场转持部分国有股充实全国社会保障基金实施办法》(财企[2009]94号)划转给全国社会保障基金理事会持有的股份,由全国社会保障基金理事会承继其锁定承诺。

(八)发行前股东对所持股份自愿锁定的承诺:本公司控股股东川高公司承诺,自本公司A股股票上市之日起三十六个月内,不转让或者委托他人管理其已直接或间接持有本公司股份,也不由本公司收购该部分股份;股东华建中心承诺,自本公司A股股票上市之日起十二个月内,不转让或者委托他人管理其已直接或间接持有本公司股份,也不由本公司收购该部分股份。

(九)本次上市股份的其他锁定安排:本次发行中网下向配售对象配售的1.25亿股股份自本次网上资金申购发行的股票在上海证券交易所上市交易之日起锁定3个月。

(十)本次上市的无流通限制及锁定安排的股份:本次发行中网上资金申购发行的3.75亿股股份无流通限制和锁定安排,自2009年7月27日起上市交易。

(十一)股票登记机构:中国证券登记结算有限责任公司上海分公司

(十二)上市保荐人:中国银河证券股份有限公司

第三节 发行人、股东和实际控制人情况

一、发行人基本情况

中文名称:四川成渝高速公路股份有限公司

英文名称:Sichuan Expressway Company Limited

注册资本:2,558,060,000元(本次发行前)

法定代表人:唐勇

住所:中国四川成都市武侯祠大街252号

经营范围:高等级公路、桥梁、隧道等基础设施的投资、设计、建设、收费、养护、管理、技术咨询及配套服务;兼营业务范围为:与高等级公路配套的汽车加油站建设及资产管理、汽车拯救及维修、清洗、仓储、租赁、旅游和沿线房地产开发、广告位建设及资产管理、建设材料供应等相关业务。

主营业务:高速公路的运营管理和投资建设

所属行业:公路管理及养护业

电话:(028) 85527510,85527526

传真:(028) 85530753

电子邮箱:cygszh@163.com

董事会秘书:张永年

截至本上市公告书出具之日,本公司公司董事、监事、高级管理人员的姓名:

董事:唐勇、张志英、张杨、高淳、周黎明、王栓铭、刘明礼、刘先福、罗霞(独立董事)、冯建(独立董事)、赵泽松(独立董事)、谢邦珠(独立董事);

监事:冯兵、侯斌、欧阳华杰、简世西、杨劲帆、罗翼;

高级管理人员:张志英、刘明礼、甘勇义、罗茂泉、刘俊杰、张永年、李国刚。

发行人董事、监事、高级管理人员持有发行人的股票、债券情况:

截至本上市公告书签署之日,本公司董事、监事、高级管理人员不持有本公司股票或债券。

二、发行人控股股东及实际控制人的情况

公司控股股东及实际控制人是川高公司。

川高公司注册资本为87,445.80万元,经营范围为:公路建设筹集资金,公路建设及开发,征收过路费,洗车费;建设项目的技术服务和咨询,公路有关的服务性设施,引进新技术和材料;兼营建筑材料的销售,摄影,摄像;道路绿化工程;机场建设项目投资。截至2008年12月31日,川高公司总资产79,275,989,660.38元,净资产(不含少数股东权益)22,195,921,369.50元,2008年度营业收入4,619,114,158.66元,净利润-2,331,816,258.23元(以上数据已经信永中和会计师事务所审计)。

三、前十名A股股东的名称、持股数量及持股比例(本次发行后)

第四节 股票发行情况

一、发行数量

本次发行总股数为5亿股

二、发行价格

本次发行价格为3.60元/股

三、发行方式

本次发行采用网下向询价对象询价配售和网上资金申购发行相结合的方式,其中网下向询价对象配售12,500万股,网上向社会公众投资者发行37,500万股。

四、募集资金总额及注册会计师对资金到位的验证情况

本次发行募集资金总额18亿元。四川君和会计师事务所有限公司对本次发行的资金到账情况进行了审验,并于2009年7月20日出具了君和验字(2009)第1015号验资报告。

五、发行费用

1、发行费用总额为58,996,187.27元,其中承销费、上市推荐费和保荐费用45,600,000元;审计验资及其他中介机构费用5,015,428.75元;律师费904,126.33元、证券登记费及上市初费686,274.00元、信息披露及路演推介费6,790,358.19元。

2、每股发行费用:0.12元(每股发行费用=发行费用总额/本次发行股本)

六、募集资金净额

本次发行募集资金净额为1,741,003,812.73元

七、发行后每股净资产

本次发行后每股净资产为2.47元(按本次发行后净资产与总股数之比计算,净资产按本公司截至2008年12月31日经审计的归属于母公司所有者权益和本次募集资金净额之和计算)。

八、发行后每股收益

本次发行后每股收益为0.18元(2008年度归属于母公司所有者扣除非经常性损益前后孰低的净利润与发行后总股本之比)。

第五节 其他重要事项

国有股转持事项:根据《境内证券市场转持部分国有股充实全国社会保障基金实施办法》(财企[2009]94号)规定和《四川省政府国有资产监督管理委员会关于四川成渝高速公路股份有限公司A股首次上市划转部分国有股有关问题的批复》(川国资产权[2009]39号)的批复,本公司本次5亿股A股发行成功后,国有股东川高公司将其所持的30,229,922股发行人股份转由全国社会保障基金理事会持有,国有股东华建中心将其所持19,770,078股发行人股份转由全国社会保障基金理事会持有。上述两家划转由全国社会保障基金理事会持有的股份合计5,000万股,为本次发行股份数量的10%,并由全国社会保障基金理事会承继原川高公司和华建中心的锁定承诺。本次股份划转后,川高公司的持股比例为31.88%,继续保持第一大股东地位。

除上述国有股转持事项外,本公司在招股意向书刊登日至上市公告书刊登前,没有发生可能对本公司有较大影响的重要事项,主要包括:

(一)主要业务发展目标的进展正常;

(二)所处行业或市场未发生重大变化;

(三)原材料采购价格和产品销售价格的未发生重大变化;

(四)未发生重大关联交易事项;

(五)未进行重大投资;

(六)未进行重大资产(或股权)购买、出售及置换;

(七)住所未发生变更;

(八)董事、监事、高级管理人员及核心技术人员未发生变化;

(九)未发生重大诉讼、仲裁事项;

(十)未发生对外担保等或有事项;

(十一)财务状况和经营成果未发生重大变化;

(十二)未发生其他应披露的重大事项。

第六节 上市保荐人及其意见

一、上市保荐人基本情况

保荐人(主承销商):中国银河证券股份有限公司

法定代表人:胡长生

住　　所:北京市西城区金融大街35号国际企业大厦C座2-6层

联系电话:(010)66568888

传　　真:(010)66568857

保荐代表人:张涛 王红兵

二、上市保荐人的推荐意见

上市保荐人中国银河证券股份有限公司认为,发行人申请其A股股票上市符合《证券法》及《上海证券交易所股票上市规则》规定的上市条件,同意推荐四川成渝高速公路股份公司的股票在上海证券交易所上市交易。

四川成渝高速公路股份有限公司

2009年7月24日

中国化学工程股份有限公司

中国化学工程股份有限公司首次公开发行股票上市公告书

第一节　重要声明与提示

中国化学工程股份有限公司(以下简称"本公司"或"公司")及全体董事、监事、高级管理人员保证上市公告书的真实性、准确性、完整性,承诺上市公告书不存在虚假记载、误导性陈述或重大遗漏,并承担个别和连带的法律责任。

上海证券交易所、其他政府机关对本公司股票上市及有关事项的意见,均不表明对本公司的任何保证。

本公司提醒广大投资者注意,凡本上市公告书未涉及的有关内容,请投资者查阅刊载于上海证券交易所网站(http://www.sse.com.cn)的本公司招股意向书书全文。

本公司董事、监事和其他高级管理人员均不存在直接或间接持有本公司股份的情况,并承诺将严格遵守《中华人民共和国公司法》、《中华人民共和国证券法》和《上海证券交易所股票上市规则》等有关法律、法规关于公司董事、监事和高级管理人员持股及锁定的有关规定。

如无特别说明,本上市公告书中的简称或名词的释义与本公司首次公开发行股票招股意向书中的相同。

第二节　股票上市情况

一、本上市公告书系根据《中华人民共和国公司法》、《中华人民共和国证券法》和《上海证券交易所股票上市规则》等有关法律法规规定,按照《上海证券交易所股票上市公告书内容与格式指引》编制而成,旨在向投资者说明本公司首次公开发行股票上市的基本情况。

二、本公司首次公开发行股票(简称"本次发行")经中国证券监督管理委员会证监许可[2009]1272 号文核准。本次发行采用网下向询价对象询价配售与网上资金申购发行相结合的方式。

三、本公司股票上市经上海证券交易所上证发字[2010]1 号文批准。证券简 2 称"中国化学",证券代码"601117"。本次公开发行中网上资金申购发行 92,475 万股股票将于 2010 年 1 月 7 日起上市交易。

四、股票上市概况

1、上市地点:上海证券交易所

2、上市时间:2010 年 1 月 7 日

3、股票简称:中国化学

4、股票代码:601117

5、本次发行完成后总股本:493,300 万股

6、本次发行的股份数:123,300 万股

7、本次发行前股东所持股份的流通限制及期限

(1)公司控股股东和实际控制人中国化学工程集团承诺:自本公司股票上市之日起三十六个月内,不转让或委托他人管理其已直接和间接持有的本公司股份,也不由本公司收购该部分股份。其他发起人神华集团、中国中化集团均承诺:自本公司工商登记日(2008 年 9 月 23 日)起三十六个月内,不转让其持有的本公司在工商登记日向其发行的全部普通股股份。

(2)根据《境内证券市场转持部分国有股充实全国社会保障基金实施办法》(财企[2009]94 号)的有关规定,本公司首次公开发行股票并上市后,由本公司国有股股东中国化学工程集团、神华集团和中国中化集团转由全国社会保障基金理事会持有的本公司国有股,全国社会保障基金理事会将承继原国有股东的禁售期义务。

8、本次上市股份的其他锁定安排:本次发行中网下向询价对象询价配售的 30,825 万股股份锁定期为三个月,锁定期自本次网上资金申购发行的股票在上海证券交易所上市交易之日起计算。

9、本次上市的无流通限制及锁定安排的股份:本次发行中网上资金申购发行的 92,475 万股股份无流通限制及锁定安排。

10、股票登记机构:中国证券登记结算有限责任公司上海分公司

11、上市保荐人:中信建投证券有限责任公司

第三节　发行人、股东和实际控制人情况

一、公司基本情况

中文名称:中国化学工程股份有限公司

英文名称:China National Chemical Engineering CO., LTD.

注册资本:493,300 万元(本次发行后)

法定代表人:金克宁住所:北京市朝阳区安苑路 20 号

经营范围:建筑工程、基础设施工程和境外工程的承包;化工、石油、医药、电力、煤炭工业工程的承包;工程咨询、勘察、设计、施工及项目管理和服务;环境治理;技术研发及成果推广;管线、线路及设备成套的制造安装;进出口业务;房地产开发经营;工业装置和基础设施的投资和管理。

主营业务:工程承包,勘察、设计及服务

所属行业:建筑业

电话:010-5976 5555

传真:010-5976 5588

电子信箱:cncec@cncec.com.cn

董事会秘书:张云普

董事会成员:本公司董事会共有董事 7 名,其中独立董事 4 人。

姓　名	在本公司职位
金克宁	董事长
陆红星	董事、总经理
邹　健	职工董事
郑　鸿	独立董事
刘根元	独立董事
余　波	独立董事
王　璞	独立董事

监事会成员:本公司监事会由 3 名成员组成,其中股东代表监事 2 名,职工代表监事 1 名。

姓　名	在本公司职位
韩志华	监事会主席
石援朝	监事
刁春杰	职工监事

高级管理人员:本公司共有高级管理人员 8 名。

姓　名	在本公司职位
陆红星	董事、总经理
余津勃	副总经理
赵显棣	副总经理
刘　毅	副总经理、总会计师
敦亿岚	副总经理
汪寿建	总工程师
周耀君	总经济师
张云普	董事会秘书

截至本上市公告书刊登之日,本公司董事、监事和高级管理人员均不存在持有本公司股份和债券的情况。

二、控股股东情况

发行人控股股东及实际控制人为中国化学工程集团公司,在本次发行前持有本公司 92.00%的股份,本次发行后持有本公司 66.70%的股份。中国化学工程集团公司系国务院国资委直接管理的大型工业工程建设企业集团,系国家授权投资的机构。

中国化学工程集团公司注册资本人民币 134,847 万元,主营业务包括承包国内建筑工程,化工

建筑、化工工程、石油化工工程、线路、管道、设备的勘察、设计、施工和安装，承包境外工程及境内国际招标工程等。发起设立本公司后，集团公司主要从事股权管理和资产管理。

三、股本结构及前十名股东情况

1、本次A股发行前后本公司的股本结构

股东名称	本次股票发行前		本次股票发行后	
	持股数（万股）	持股比例	持股数（万股）	持股比例
中国化学工程集团公司（SS）	340,400	92.00%	329,056.40	66.70%
神华集团有限责任公司（SS）	14,800	4.00%	14,306.80	2.90%
中国中化集团公司（SS）	14,800	4.00%	14,306.80	2.90%
公众投资者（A股）	–	–	123,300.00	25.00%
全国社会保障基金理事会	–	–	12,330.00	2.50%
合计	370,000	100.00%	493,300	100.00%

注：SS代表State-own Shareholder，指国有股股东。

本次A股公开发行123,300万股，根据国务院国资委《关于中国化学工程股份有限公司国有股转持有关问题的批复》（国资产权[2009]504号），在本公司境内发行A股并上市后，将本公司国有股股东中国化学工程集团、神华集团和中国中化集团分别持有的本公司11,343.6万股、493.2万股、493.2万股（合计12,330万股）股份划转给全国社会保障基金理事会。

2、本次发行后、上市前前十大股东持股情况

名次	股东名称	持股数量（股）	占本次发行后总股本比例
1	中国化学工程集团公司（SS）	3,290,564,000	66.70%
2	神华集团有限责任公司（SS）	143,068,000	2.90%
2	中国中化集团公司（SS）	143,068,000	2.90%
4	全国社会保障基金理事会	123,300,000	2.50%
5	中船重工财务有限责任公司	9,009,632	0.18%
6	中国人寿保险股份有限公司–传统–普通保险产品–005L–CT001沪	9,009,582	0.18%
6	方正证券有限责任公司	9,009,582	0.18%
6	中国人寿保险（集团）公司–传统–普通保险产品	9,009,582	0.18%
6	中国人寿保险股份有限公司–分红–团体分红–005L–FH001沪	9,009,582	0.18%
6	国都证券有限责任公司	9,009,582	0.18%
6	中国人寿保险股份有限公司–分红–个人分红–005L–FH002沪	9,009,582	0.18%

第四节　股票发行情况

一、发行数量：123,300万股

二、发行价格：5.43元/股

三、发行方式：本次发行采用网下向询价对象询价配售与网上资金申购发行6相结合的方式，其中网下向询价对象配售30,825万股，网上向社会公众投资者发行92,475万股。

四、募集资金总额及注册会计师对资金到位的验证情况：本次发行募集资金总额为669,519万元。大信会计师事务有限公司于2009年12月30日对本次发行的资金到位情况进行了审验，并出具了大信验字[2009]第1-0042号验资报告。

五、发行费用

1、本次发行费用总额为13,254.67万元，包括：承销保荐费用11,042.79万元，审计及验资费用399.00万元，评估费用494.00万元，律师费用240.00万元，路演推介费650.22万元，发行手续费用100.53万元，印花税328.13万元。

2、本次发行每股发行费用为0.11元。

六、本次发行募集资金净额：656,264.33万元。

七、发行后全面摊薄每股净资产：2.15元（按本次发行后净资产除以本次发行后总股本计算，其中，本次发行后的净资产为2009年6月30日经审计的合并财务报表中归属于母公司的所有者权益和本次发行募集资金净额之和）

八、发行后全面摊薄每股收益：0.12元（按2008年度经审计的扣除非经常性损益前后孰低的归属于母公司的净利润除以本次发行后总股本计算）

第五节　其他重要事项

根据《上海证券交易所上市公司募集资金管理规定》，本公司将在募集资金到账后两周内与保荐人中信建投证券有限责任公司和存放募集资金的商业银行签订《募集资金专户存储三方监管协议》，并在该协议签订后两个交易日内公开披露该协议的主要内容。

本公司在招股意向书刊登日（2009年12月18日）至上市公告书刊登前，没有发生可能对本公司有较大影响的重要事项，具体如下：

1、本公司主营业务目标进展情况正常。

2、本公司所处行业和市场未发生重大变化。

3、本公司服务和产品的采购价格以及产品销售价格未发生重大变化。

4、本公司与关联方未发生重大关联交易。

5、本公司未进行重大投资。

6、本公司未发生重大资产（或股权）购买、出售及置换。

7、本公司住所没有变更。

8、本公司董事、监事、高级管理人员没有变化。

9、本公司未发生重大诉讼、仲裁事项。

10、本公司未发生重大对外担保等或有事项。

11、本公司的财务状况和经营成果未发生重大变化。

12、本公司未发生其他应披露的重大事项。

第六节　上市保荐人及其意见

一、保荐人基本情况

保荐人：中信建投证券有限责任公司

住所：北京市朝阳区安立路66号4号楼

联系地址：深圳市深南东路深业中心2204、2205

法定代表人：张佑君

电话：0755-2591 9020

传真：0755-2591 9086

保荐代表人：宋永祎、董曦明

二、保荐人的推荐意见上市保荐人认为，发行人申请其A股股票上市符合《公司法》、《证券法》及《上海证券交易所股票上市规则》等国家法律、法规的有关规定，发行人A股股票具备在上海证券交易所上市的条件。中信建投证券有限责任公司同意推荐中国化学工程股份有限公司A股股票在上海证券交易所上市。

发行人：中国化学工程股份有限公司

保荐人（主承销商）：中信建投证券有限责任公司

2010年1月6日

深圳市燃气集团股份有限公司

深圳市燃气集团股份有限公司首次公开发行A股股票上市公告书

第一节 重要声明与提示

深圳市燃气集团股份有限公司(以下简称"深圳燃气"、"本公司"、"公司"或"发行人")及全体董事、监事、高级管理人员保证上市公告书的真实性、准确性、完整性,承诺上市公告书不存在虚假记载、误导性陈述或重大遗漏,并承担个别和连带的法律责任。

上海证券交易所、其他政府机关对本公司股票上市及有关事项的意见,均不表明对本公司的任何保证。

本公司提醒广大投资者注意,凡本上市公告书未涉及的有关内容,请投资者查阅刊载于上海证券交易所网站(http://www.sse.com.cn)的本公司招股说明书全文。

本公司董事、监事与高级管理人员均未以任何方式直接或间接持有本公司的股份,并承诺将严格遵守《中华人民共和国公司法》(以下简称"《公司法》")、《中华人民共和国证券法》(以下简称"《证券法》")和《上海证券交易所股票上市规则》等有关法律、法规关于公司董事、监事和高级管理人员持股及锁定的有关规定。

第二节 股票上市情况

一、本上市公告书系根据《公司法》、《证券法》和《上海证券交易所股票上市规则》等有关法律法规规定,按照上海证券交易所《股票上市公告书内容与格式指引》编制而成,旨在向投资者提供有关本公司首次公开发行股票(A股)上市的基本情况。

二、本公司首次公开发行A股股票(以下简称"本次发行")经中国证券监督管理委员会(以下简称"中国证监会")证监许可[2009]1269号文核准。本次发行采用网下向询价对象询价配售与网上资金申购发行相结合的方式。

三、本公司A股股票上市经上海证券交易所上证发字[2009]21号文核准。

本公司发行的A股股票在上海证券交易所上市,证券简称"深圳燃气",证券代码"601139";其中本次发行中网上资金申购发行的10,400万股股票将于2009年12月25日起上市交易。

四、股票上市相关信息

1、上市地点:上海证券交易所

2、上市时间:2009年12月25日

3、股票简称:深圳燃气

4、股票代码:601139

5、本次发行后总股本:1,230,000,000股

6、本次A股发行的股份数:130,000,000股

7、本次发行前股东所持股份的流通限制及期限

(1)本公司控股股东深圳市国资局承诺:自本公司股票在证券交易所上市交易之日起三十六个月内不转让、不减持、不委托他人管理所持有的发行人股份,也不由发行人回购。

(2)公司其他股东中华煤气投资、港华投资、中华煤气(深圳)、新希望集团和联华信托分别承诺:自发行人股票在证券交易所上市交易之日起十二个月内不转让、不减持、不委托他人管理所持有的发行人股份,也不由发行人回购。

(3)根据《境内证券市场转持部分国有股充实全国社会保障基金实施办法》的有关规定,在本次发行上市时转由全国社会保障基金理事会持有的本公司国有股,全国社会保障基金理事会应承继原国有股东的禁售义务。

8、本次上市股份的其他锁定安排:本次发行网下向询价对象询价配售的2,600万股股份锁定期为3个月,锁定期自本次网上资金申购发行的股票在上海证券交易所上市交易之日起计算。

9、本次上市的无流通限制及锁定安排的股份:本次发行网上资金申购发行的10,400万股股份无流通限制及锁定安排。

10、股票登记机构:中国证券登记结算有限责任公司上海分公司

11、上市保荐机构:国信证券股份有限公司

第三节 发行人、股东和实际控制人情况

一、发行人基本情况

1、中文名称:深圳市燃气集团股份有限公司

2、英文名称:Shenzhen Gas Corporation Ltd.

3、注册资本:110,000万元(本次发行前)

4、法定代表人:包德元

5、住所:深圳市福田区深南大道6021号喜年中心B座101

6、业务范围:管道燃气业务的经营,包括以管道输送形式向用户供应液化石油气、液化天然气、天然气、掺混气、人工煤气及其他气体燃料,并提供相关服务;燃气输配管网的投资、建设和经营;深圳市城市天然气利用工程的开发、建设和经营;液化石油气,天然气,燃气,燃气用具,钢瓶检测;经营性道路危险货物(液化石油气、液化天然气)运输;承担燃气管道安装工程。

7、主营业务:从事深圳市管道燃气供应、液化石油气批发、瓶装液化石油气零售、燃气投资业务。

8、所属行业:公用事业(2466.585,10.26,0.42%)

9、电话号码:(0755)83601139

10、传真号码:(0755)83458639

11、互联网网址:www.szgas.com.cn

12、电子信箱:guojj@szgas.com.cn

13、董事会秘书:郭加京

14、董事、监事、高级管理人员

(1)董事

本公司董事会由15名董事组成,其中独立董事5名。各董事的具体情况如下:

姓 名	性别	国籍	本公司董事会任职
包德元	男	中国	董事长
陈永坚	男	中国	副董事长
欧大江	男	中国	董事
刘秋辉	男	中国	董事
钟绍星	男	中国	董事
张小东	男	中国	董事
吕 华	男	中国	董事
关育材	男	中国	董事
黄维义	男	中国	董事
张 涛	男	中国	董事
俞伟峰	男	加拿大	独立董事
张建军	男	中国	独立董事
王晓东	男	中国	独立董事
刘 磅	男	中国	独立董事
李黑虎	男	中国	独立董事

(2)监事

本公司现在共有监事5名,所有的监事均经选举产生,各监事基本情况如下表。

姓 名	性别	国籍	本公司监事会任职
施佑生	男	中国	监事会主席
杨松坤	男	中国	监事
邓中富	男	中国	监事

陈长征	女	中国	职工代表监事
骆文建	男	中国	职工代表监事

(3)高级管理人员

本公司高级管理人员有8人,其基本情况如下表:

姓　名	性别	国籍	本公司任职
欧大江	男	中国	董事、总经理
陈秋雄	男	中国	副总经理
李勇坚	男	中国	副总经理
李青平	男	中国	副总经理
黄至仁	男	中国	副总经理兼财务总监
孙平贵	男	中国	总会计师
薛　波	男	中国	总经济师
郭加京	男	中国	董事会秘书

15、董事、监事、高级管理人员持有本公司股票、债券情况

截至本上市公告书刊登之日,本公司董事、监事和其他高级管理人员均不存在直接或间接持有本公司股票、债券的情况。

二、控股股东及实际控制人情况

深圳市国资局持有本公司60%的股份,是本公司的控股股东和实际控制人。深圳市国资委系根据《中共广东省委、广东省人民政府关于深圳市深化行政管理体制改革试点方案的批复》(粤委[2004]6号)设置的深圳市政府直属特设机构,其主要职能为根据深圳市政府授权,依照《公司法》、《企业国有资产监督管理暂行条例》等法律和行政法规的规定,代表深圳市政府履行出资人职责。2009年7月31日,中共深圳市委、深圳市人民政府印发经中央机构编制委员会和广东省机构编制委员会批准的《深圳市机构改革方案》,深圳市国资委更名为深圳市国资局。深圳市国资局已取得深圳市质量技术监督局颁发的《中华人民共和国组织机构代码证》,代码为K3172806-7,机构类型为机关法人,现任负责人为张晓莉。

三、股东情况

本次发行后、上市前公司前十名股东的持股情况如下表所列:

序号	股东名称	持股数量(股)	持股比例
1	深圳市国有资产管理局	647,000,000	52.60%
2	香港中华煤气投资有限公司	220,000,000	17.89%
3	港华投资有限公司	99,000,000	8.05%
4	联华国际信托投资有限公司-深圳燃气股权资金信托	99,000,000	8.05%
5	全国社会保障基金理事会转持三户	13,000,000	1.06%
6	新希望集团有限公司	11,000,000	0.89%
7	香港中华煤气(深圳)有限公司	11,000,000	0.89%
8	中国石油天然气集团公司企业年金计划-中国工商银行	454,436	0.04%
9	中国工商银行股份有限公司企业年金计划-中国建设银行	406,370	0.03%
10	中国南方电网公司企业年金计划-中国工商银行	373,161	0.03%

第四节　股票发行情况

一、发行数量:13,000万股

二、发行价格:6.95元/股

三、发行方式

本次发行采用网下向询价对象询价配售与网上资金申购发行相结合的方式进行,其中网下向询价对象配售2,600万股,网上向社会公众投资者发行10,400万股。

四、本次发行募集资金总额及注册会计师对资金到位的验证情况

1、本次发行募集资金总额为90,350万元。

2、德勤华永会计师事务所有限公司于2009年12月16日对本次发行的资金到位情况进行了审验,并出具了德师报(验)字(09)第0044号《验资报告》。

五、发行费用总额及项目、每股发行费用

1、本次发行费用总计为3,748.83万元,包括:

(1)承销及保荐费用:2,458.75万元

(2)审计费用:257.46万元

(3)律师费用:72万元

(4)发行手续费用:57.30万元

(5)询价路演推介及信息披露费:860万元

(6)印花税:43.32万元

2、本次发行每股发行费用为0.29元。

六、本次发行募集资金净额:86,601.17万元。

七、发行后每股净资产:1.90元(本公司2009年6月30日经审计的归属于母公司所有者权益+本次发行募集资金净额)/本次发行后总股本)。

八、发行后每股收益:0.14元(2008年度本公司经审计的扣除非经常性损益前后孰低的归属母公司所有者的净利润除以本次发行后总股本)。

第五节　其他重要事项

本公司在招股意向书刊登日(2009年12月3日)至上市公告书刊登前,没有发生可能对本公司有较大影响的重要事项,具体如下:

1、本公司主营业务目标进展情况正常。

2、本公司所处行业和市场未发生重大变化。

3、本公司接受或提供的产品及服务价格未发生重大变化。

4、本公司没有发生未履行法定程序的关联交易,且没有发生未在招股说明书中披露的重大关联交易。

5、本公司未进行重大投资。

6、本公司未发生重大资产(或股权)购买、出售及置换。

7、本公司住所没有变更。

8、本公司董事、监事、高级管理人员没有变化。

9、本公司未发生重大诉讼、仲裁事项。

10、本公司未发生除正常经营业务之外的重大对外担保等或有事项。

11、本公司的财务状况和经营成果未发生重大变化。

12、本公司未发生其他应披露的重大事项。

第六节　上市保荐机构及其意见

一、上市保荐机构基本情况

名称:国信证券股份有限公司

法定代表人:何如

注 册 地 址:深圳市红岭中路1012号国信证券大厦

电话:0755-82130833

传真:0755-82130620

保荐代表人:徐浪、张俊杰

二、上市保荐机构的推荐意见

上市保荐机构认为,发行人申请其A股股票上市符合《公司法》、《证券法》及《上海证券交易所股票上市规则》等法律、法规的有关规定,发行人A股股票具备在上海证券交易所上市的条件。国信证券股份有限公司同意推荐发行人的A股股票在上海证券交易所上市交易。

深圳市燃气集团股份有限公司

国信证券股份有限公司

2009年12月24日

西部矿业股份有限公司

西部矿业股份有限公司2008年年度报告摘要

第一节　重要提示

1.1 本公司董事会、监事会及董事、监事、高级管理人员保证本报告所载资料不存在任何虚假记载、误导性陈述或者重大遗漏，并对其内容的真实性、准确性和完整性承担个别及连带责任。

本年度报告摘要摘自年度报告全文，投资者欲了解详细内容，应当仔细阅读年度报告全文。

1.2 如有董事未出席董事会，应当单独列示其姓名

未出席董事职务	未出席董事姓名	未出席董事的说明
董事	Joe Singer	因公未能出席，授权委托王昕董事代为表决；
独立董事	高德柱	因公未能出席，授权委托姚立中独立董事代为表决；
独立董事	郭琳广	因公未能出席。

1.3 安永华明会计师事务所为本公司出具了标准无保留意见的审计报告。

1.4 公司负责人毛小兵、主管会计工作负责人刘惠君及会计机构负责人(会计主管人员)刘伟雄声明：保证年度报告中财务报告的真实、完整。

第二节　公司基本情况简介

2.1 基本情况简介

股票简称	西部矿业
股票代码	601168
上市交易所	上海证券交易所
公司注册地址和办公地址	青海省西宁市五四大街52号　青海省西宁市五四大街52号
邮政编码	810001
公司国际互联网网址	www.westming.com
电子信箱	wm@westmining.com

2.2 联系人和联系方式

	董事会秘书	证券事务代表
姓名	李伍波	胡寒冬
联系地址	青海省西宁市五四大街52号公司董事会办公室	
电话	0971-6108188	
传真	0971-6122926	
电子信箱	liwb@westmining.com	huhd@westmining.com

第三节　会计数据和业务数据摘要

3.1 主要会计数据

单位：元　币种：人民币

	2008年	2007年	本年比上年增减(%)	2006年
营业收入	12,619,226,032.00	8,709,307,156.00	44.90	8,221,883,320.00
利润总额	601,267,924.00	2,310,463,801.00	-73.98	1,992,367,210.00
归属于上市公司股东的净利润	570,067,808.00	1,742,983,223.00	-67.29	1,538,866,329.00
归属于上市公司股东的扣除非经常性损益的净利润	186,983,893.00	1,662,020,982.00	-88.75	1,567,361,610.00
经营活动产生的现金流量净额	184,720,322.00	2,658,464,781.00	-93.05	1,091,303,474.00
	2008年末	2007年末	本年末比上年末增减(%)	2006年末
总资产	17,407,317,269.00	15,785,921,164.00	10.27	9,232,469,499.00
所有者权益(或股东权益)	10,031,119,647.00	10,149,995,817.00	-1.17	2,690,476,645.00

3.2 主要财务指标

	2008年	2007年	本年比上年增减(%)	2006年
基本每股收益(元/股)	0.24	0.81	-70.37	0.8
稀释每股收益(元/股)			不适用	
扣除非经常性损益后的基本每股收益(元/股)	0.08	0.77	-89.61	0.82
全面摊薄净资产收益率(%)	5.68	16.28	减少10.60个百分点	57.2
加权平均净资产收益率(%)	5.65	29.69	减少24.04个百分点	70.88
扣除非经常性损益后全面摊薄净资产收益率(%)	1.86	15.52	减少13.66个百分点	58.26
扣除非经常性损益后的加权平均净资产收益率(%)	1.85	28.31	减少26.46个百分点	72.19
每股经营活动产生的现金流量净额(元/股)	0.08	1.12	-92.86	0.57
	2008年末	2007年末	本年末比上年末增减(%)	2006年末
归属于上市公司股东的每股净资产(元/股)	4.21	4.26	-1.17	1.40

非经常性损益项目

√适用　□不适用

单位：元　币种：人民币

非经常性损益项目	金额
非流动资产处置损益	-937,995
计入当期损益的政府补助，但与公司正常经营业务密切相关，符合国家政策规定、按照一定标准定额或定量持续享受的政府补助除外	8,228,500
除同公司正常经营业务相关的有效套期保值业务外，持有交易性金融资产、交易性金融负债产生的公允价值变动损益，以及处置交易性金融资产、交易性金融负债和可供出售金融资产取得的投资收益	495,878,529
除上述各项之外的其他营业外收入和支出	-53,737,194
少数股东权益影响额	1,066,851
所得税影响额	-67,414,776
合计	383,083,915

3.3 境内外会计准则差异：

□适用　√不适用

第四节　股本变动及股东情况

4.1 股份变动情况表

√适用　□不适用

单位：股

	本次变动前		本次变动增减(+,-)					本次变动后	
	数量	比例(%)	发行新股	送股	公积金转股	其他	小计	数量	比例(%)
一、有限售条件股份									
1、国家持股									
2、国有法人持股									
3、其他内资持股	1,499,940,000	62.95				-827,640,000	-827,640,000	672,300,000	28.21
其中：境内非国有法人持股	1,499,940,000	62.95				-827,640,000	-827,640,000	672,300,000	28.21
境内自然人持股									
4、外资持股	423,060,000	17.75				-423,060,000	-423,060,000	0	0
其中：境外法人持股	423,060,000	17.75				-423,060,000	-423,060,000	0	0
境外自然人持股									
有限售条件股份合计	1,923,000,000	80.70				-1,250,700,000	-1,250,700,000	672,300,000	28.21
二、无限售条件流通股份									
1、人民币普通股	460,000,000	19.30				1,250,700,000	1,250,700,000	1,710,700,000	71.79
2、境内上市的外资股									
3、境外上市的外资股									
4、其他									
无限售条件流通股份合计	460,000,000	19.30				1,250,700,000	1,250,700,000	1,710,700,000	71.79
三、股份总数	2,383,000,000	100.00				0	0	2,383,000,000	100.00

限售股份变动情况表

√适用　□不适用

单位：万股

股东名称	年初限售股数	本年解除限售股数	本年增加限售股数	年末限售股数	限售原因	解除限售日期
西部矿业集团有限公司	67,230	0		67,230	公司首次公开发行之发起人股东承诺锁定	2010-7-12
宁波安瑞盛科技有限公司	26,922	26,922		0	公司首次公开发行之发起人股东承诺锁定	2008-7-15
上海安尚实业有限公司	24,999	24,999		0	公司首次公开发行之发起人股东承诺锁定	2008-7-15
Goldman Sachs Strategic	19,230	19,230		0	公司首次公开发行之	

Investments (Delaware) L.L.C.				发起人股东承诺锁定	2008-7-15
Newmargin Mining Co., Limited	13,461	13,461	0	公司首次公开发行之发起人股东承诺锁定	2008-7-15
新疆塔城国际资源有限公司	9,615	9,615	0	公司首次公开发行之发起人股东承诺锁定	2008-7-15
China Mining Partners Ltd.	9,615	9,615	0	公司首次公开发行之发起人股东承诺锁定	2008-7-15
上海联创创业投资有限公司	5,769	5,769	0	公司首次公开发行之发起人股东承诺锁定	2008-7-15
北京康桥投资有限公司	4,590	4,590	0	公司首次公开发行之发起人股东承诺锁定	2008-7-15
青海新力绒纺对外贸易股份有限公司	3,429	3,429	0	公司首次公开发行之发起人股东承诺锁定	2008-7-15
株洲冶炼集团有限责任公司	2,700	2,700	0	公司首次公开发行之发起人股东承诺锁定	2008-7-15
上海海成物资有限公司	2,700	2,700	0	公司首次公开发行之发起人股东承诺锁定	2008-7-15
广州保税区瑞丰实业有限公司	1,080	1,080	0	公司首次公开发行之发起人股东承诺锁定	2008-7-15
湟中盛源矿业有限责任公司	960	960	0	公司首次公开发行之发起人股东承诺锁定	2008-7-15
合计	192,300	125,070	67,230	/	/

4.2 股东数量和持股情况

单位:股

报告期末股东总数	284,420 户

前十名股东持股情况

股东名称	股东性质	持股比例(%)	持股总数	报告期内增减	持有有限售条件股份数量	质押或冻结的股份数量
西部矿业集团有限公司	境内非国有法人	28.21	672,300,000	0	672,300,000	质押 341,000,000
Newmargin Mining Co., Limited	境外法人	5.65	134,610,000	0	0	无
Goldman Sachs Strategic Investments (Delaware) L.L.C.	境外法人	5.01	119,259,032	−73,040,968	0	无
上海安尚实业有限公司	境内非国有法人	4.14	98,690,000	−151,300,000	0	质押 96,000,000
新疆塔城国际资源有限公司	境内非国有法人	3.91	93,150,000	−3,000,000	0	质押 88,350,000
上海联创创业投资有限公司	境内非国有法人	2.42	57,690,000	0	0	无
China Mining Partners Ltd.	境外法人	2.34	55,827,799	−40,322,201	0	无
宁波安瑞盛科技有限公司	境内非国有法人	1.97	46,850,000	−222,370,000	0	质押 46,850,000
上海同裕投资有限公司	未知	1.36	32,497,407	32,497,407	0	无
上海海成物资有限公司	境内非国有法人	1.04	24,670,000	−2,330,000	0	质押 24,670,000

前十名无限售条件股东持股情况

股东名称	持有无限售条件股份数量	股份种类
Newmargin Mining Co., Limited	134,610,000	人民币普通股
Goldman Sachs Strategic Investments (Delaware) L.L.C.	119,259,032	人民币普通股
上海安尚实业有限公司	98,690,000	人民币普通股
新疆塔城国际资源有限公司	93,150,000	人民币普通股
上海联创创业投资有限公司	57,690,000	人民币普通股
China Mining Partners Ltd.	55,827,799	人民币普通股
宁波安瑞盛科技有限公司	46,850,000	人民币普通股
上海同裕投资有限公司	32,497,407	人民币普通股
上海海成物资有限公司	24,670,000	人民币普通股
株洲冶炼集团股份有限公司	17,000,000	人民币普通股

上述股东关联关系或一致行动的说明	(1)公司股东 Newmargin Mining Co., Limited 和上海联创创业投资有限公司构成一致行动关系,两者在报告期末合并持有本公司 8.07%的股份; (2)公司股东上海海成物资有限公司持有新疆塔城国际资源有限公司 11.6%的股份,且两公司属同一自然人控制,两者在报告期末合并持有本公司 4.95%的股份; (3)公司未知其他股东之间是否存在关联关系和属于《上市公司收购管理办法》规定的一致行动人。

4.3 控股股东及实际控制人情况介绍

4.3.1 控股股东及实际控制人变更情况

□适用 √不适用

4.3.2 控股股东及实际控制人具体情况介绍

4.3.2.1 法人控股股东情况

单位:元 币种:人民币

名称	法定代表人	注册资本	成立日期	主营业务
西部矿业集团有限公司	毛小兵	1,600,000,000	2000 年 5 月 8 日	投资和经营矿产资源项目(国家法律法规所禁止的除外,涉及资质证和许可证经营的除外);经营国家禁止和制定公司经营意外的进出口商品;经营净出口代理业务。

4.3.2.2 法人实际控制人情况

单位: 元 币种:人民币

名称	法定代表人	注册资本	成立日期	主营业务
青海省政府国有资产监督管理委员会				

第五节 董事、监事和高级管理人员

5.1 董事、监事和高级管理人员持股变动及报酬情况

单位:股

姓 名	职务	性别	年龄	任期起止日期	是否在公司领取报酬津贴	报告期内从公司领取的报酬总额(万元)(税前)	是否在股东单位或其他关联单位领取报酬津贴
毛小兵	董事长	男	44	2007-9-8~2010-9-7	是	95.52	否
孙永贵	副董事长,总裁	男	56	2007-9-8~2010-9-7	是	67.59	否
邓吉牛	董事	男	46	2007-9-8~2008-4-28	否	0	是
汪金彪	董事	男	45	2007-9-8~2010-9-7	是	3	是
赵风茂	董事	男	65	2007-9-8~2010-9-7	是	3	是
周宏亮	董事	男	45	2007-9-8~2010-9-7	是	3	否
张 奕	董事	男	39	2007-9-8~2008-1-11	否	0	否
冯 涛	董事	男	42	2007-9-8~2010-9-7	是	3	否
黄建荣	董事	男	52	2007-9-8~2010-9-7	是	3	是
Joe Singer	董事	男	48	2007-9-8~2010-9-7	是	3	否
王 昕	董事	男	47	2008-9-26~2010-9-7	是	11.27	否
高德柱	独立董事	男	69	2007-9-8~2010-9-7	是	25	否
古德生	独立董事	男	72	2007-9-8~2010-9-7	是	25	否
姚立中	独立董事	男	68	2007-9-8~2010-9-7	是	25	否
张宜生	独立董事	男	57	2007-9-8~2010-9-7	是	25	否
郭琳广	独立董事	男	54	2007-9-8~2010-9-7	是	25	否
王 键	监事会主席	男	47	2007-9-8~2008-4-25	是	1	否
彭 莉	职工代表监事	女	41	2007-9-8~2010-9-7	是	26.12	否
岳艳珍	职工代表监事	女	45	2007-9-8~2010-9-7	是	22.53	否
陈有凯	监事	男	47	2007-9-8~2010-9-7	否	0	是
李华云	监事	男	55	2007-9-8~2010-9-7	是	3	是
范建明	副总裁	男	44	2006-11-25~2009-11-24	是	31.92	否
刘惠君	副总裁,财务总监	女	44	2006-11-25~2009-11-24	是	31.92	否
刘春武	总工程师	男	57	2006-11-25~2009-11-24	是	29.02	否
李伍波	董事会秘书,副总裁	男	37	2006-11-25~2009-11-24	是	29.02	否
林大泽	副总裁	男	46	2006-11-25~2009-11-24	是	29.02	否
王景光	副总裁	男	54	2006-11-25~2009-11-24	是	29.02	否
李全学	副总裁	男	43	2006-11-25~2009-11-24	是	29.02	否
李准容	副总裁	男	48	2006-11-25~2009-11-24	是	29.02	否
刘昭衡	副总裁	男	35	2006-11-25~2009-11-24	是	31.92	否
骆凤鸣	副总裁级	男	45	2006-11-25~2009-11-24	是	29.02	否
吕秉财	副总裁级	男	44	2006-11-25~2009-11-24	是	29.02	否
合 计	/	/	/	/	/	697.95	/

第六节 董事会报告

6.1 管理层讨论与分析

1.公司 2008 年度总体经营情况

报告期内,公司共生产铅精矿(金属量,下同)7.23 万吨、锌精矿 10.28 万吨、铜精矿 2.81 万吨、电解铝 10.99 万吨、锌锭 4.73 万吨、粗铅和电铅 1.87 万吨、锰片 1.34 万吨。公司 2008 年度实现营业收入 126 亿元,较上年同期增长 45%;实现归属于母公司股东的净利润 5.7 亿元,较上年同期下降 67%。

公司营业收入的大幅增长主要来源于贸易业务,虽然营业收入增长,但营业毛利却出现较大幅度的下降,主要原因是受国际金融危机影响,有色金属产品价格出现大幅下跌,致使公司营业毛利大幅减少。

报告期内,公司主要产品锌精矿的平均销售价格较上年同期下降了 55%,铜精矿的平均销售价格较上年同期下降了 10%,铅精矿的平均销售价格较上年同期下降了 11%,而公司的主要

利润贡献仍以矿山为主,但矿山的采选成本具有一定的刚性,能够降低成本的措施有限,在矿产品价格下跌的情况下,直接吞噬了公司的利润。

虽然公司的产品价格出现了较大幅度的下跌,尤其是从 2008 年 10 月开始甚至出现暴跌,直到 2009 年 2 月也没有改观的迹象,但公司董事会在年初即制定了加大保值力度的计划,保值计划得到有效执行,效果明显。2008 年度,公司产品保值共实现平仓盈利 4.8 亿元,其中生产保值盈利 2.8 亿元,贸易保值盈利 2 亿元。保值的盈利部分弥补了现货价格下跌对公司业绩造成的影响。由于会计准则对保值有效性的认定有比较严格的规定,公司的保值业务不能完全适用套期保值会计进行核算,这些保值盈利只能作为投资收益处理,而不能作为增加对应业务的营业收入处理,但其实质是相当于公司产品卖出了更高的价格。

2.报告期同比发生重大变化的资产负债表项目及原因

项目	2008 年度	2007 年度	本年较上手增减	增减率
应收账款	492,202,756	279,037,260	213,165,496	76.39%
预付款项	409,860,693	226,121,701	183,738,992	81.26%
长期股权投资	1,661,668,578	182,988,672	1,478,679,906	808.07%
商誉	89,027,350	46,776,213	42,251,137	90.33%
递延所得税资产	142,834,487	22,503,333	120,331,154	534.73%
其他非流动资产	78,006,816	168,205,790	-90,198,974	-53.62%
应付账款	213,612,248	145,636,972	67,975,276	46.67%
应交税费	448,546,394	769,964,672	-321,418,278	-41.74%
长期借款	2,527,545,840	1,379,800,000	1,147,745,840	83.18%

上述资产负债表项目的变动,主要原因如下:

(1)应收账款年末较年初增加主要是香港公司贸易业务的应收款项尚未收回,这些应收款有信用证作保证,且期后的回款正常;

(2)预付账款年末较年初增加主要是随着工程项目的开展,预付的工程设备款增加;

(3)长期股权投资年末较年初大幅增加主要是公司以 11.07 亿元的对价收购西钢集团 39.4%股权在年末完成,以及 2008 年内对巴彦淖尔紫金公司投资 2.4 亿元,持有其 20%股权;

(4)商誉年末较年初增加主要是公司收购了再生资源公司和宜昌西部化工公司,收购价格超过了其净资产的公允价值;

(5)递延所得税资产年末较年初大幅增加主要是公司本期计提了很大的资产减值损失,这部分计提的损失按税法要求需要递延确认;

(6)其他非流动资产年末较年初减少主要是预付的长期资产购买款下降,年初的余额中主要是预付的购买再生资源公司股权款,本年已转入长期投资核算,年末的余额主要是预付的购买四川夏塞股权款;

(7)应付账款年末较年初增加主要是公司工程物资及设备等的采购结算以及冶炼厂的部分大宗物资的采购结算大多是货到之后过一段时间才付款;

(8)应交税费年末较年初减少主要是因为有色金属价格下滑,公司业绩下降,应计的增值税和企业所得税大幅下降,但实际缴纳的税金同比并没有减少,故导致应交税费的余额下降;

(9)长期借款年末较年初增加主要是公司为改善债务结构减少了短期借款,同时将部分短期借款置换为长期借款。

3.报告期内发生重大变动的利润表项目及原因

单位:元

项目	2008 年度	2007 年度	本年较上年增减	增减率
营业收入	12,619,226,032	8,709,307,156	3,909,918,876	44.89%
营业成本	11,097,629,221	5,532,512,643	5,570,468,366	100.59%
毛利率	12.06%	36.48%		下降 24.42 个百分点
资产减值损失	403,782,000	22,622,289	381,159,711	1684.89%
公允价值变动收益	13,976,928	66,401,524	-52,424,596	-78.95%
投资收益	500,488,158	25,633,504	474,854,654	1852.48%
营业外支出	57,684,638	18,730,799	38,953,839	207.97%

(1)2008 年度的营业收入增长主要是贸易业务收入大幅增加。采选冶业务营业收入与上年同期相比基本持平,虽然有色金属价格大幅下降,导致公司矿产品的营业收入下降,但公司冶炼产品规模有所增长。

(2)综合毛利率本年较上年同期下降 24.42 个百分点的主要原因是:①由于有色金属价格本年较上年同期出现较大幅度下降,导致矿山产品的毛利率较上年同期下降;②公司贸易业务增幅较大,导致营业收入基数增大,但贸易业务的毛利贡献较少,摊薄了整体的毛利率;③本期新增合并单位再生资源公司和天津大通铜业公司等单位,虽然使合并报表的营业收入有所增加,但由于其毛利贡献少,反而摊薄了整体的毛利率。

(3)资产减值损失本期较上年同期增加 38,116 万元,增长 1685%,主要原因是有色金属价格从 2008 年第 4 季度开始出现暴跌,且从 2008 年末至 2009 年 2 月间也没有较大的改观,因此仅公司的存货就计提了 3.77 亿元的跌价损失。

(4)公允价值变动收益本期较上年同期减少 5,242 万元,下降 79%,上年度的公允价值变动收益 6,640 万元是上年初计提的境外期货浮亏在上年度转回,本年度的公允价值变动收益 1,018 万元是公司境外期货持仓的浮动盈利;

(5)投资收益本期较上年同期增加 47,485 万元,增长 1852%,主要原因是本期的投资收益构成中主要是期货平仓的收益;

(6)营业外支出本年度较上年同期增加 3,895 万元,增长 208%,主要原因是公司本期公益性捐赠较上年同期增加了 3,773 万元,包括对四川地震灾区的捐赠和对青海牧区医疗改善的捐赠,另外公司资产处置的损失较上年同期有所增加。

4.主要控股子公司的经营情况(单位:万元)

控股子公司	从事业务	持股比例	营业收入	净利润
四川鑫源矿业有限公司	矿山采选	76%	37,052	5,855
巴彦淖尔西部铜业有限公司	矿山采选	100%	103,375	32,678
青海西部矿业百河铝业有限公司	铝冶炼	100%	123,169	-7,626
青海赛什塘铜业有限公司	矿山采选	51%	25,010	12,797
中国有色金属工业再生资源公司	贸易	100%	89,772	1,822
天津大通铜业有限公司	铜冶炼	91.73%	101,145	-31,635

天津大通铜业有限公司出现大幅亏损的原因是未对存货进行保值,在 4 季度铜价出现暴跌的情况下计提了较大金额的存货跌价损失。

同公允价值计量相关的内部控制制度情况

公司适用公允价值计量的为衍生金融工具,即公司为保值需要而持有的期货和期权头寸。公司持有的期货和期权合约对应公司的自产产品和贸易商品,期货合约主要通过上海期货交易所的竞价系统交易,国内没有的期货品种如铅,则通过伦敦金属交易所交易。公司持有的期货和期权合约均有公开市场报价,在确定期末持有的期货和期权合约的公允价值时,先由公司负责期货结算的操作人员根据资产负债表日的收盘结算价计算期货和期权合约的公允价值,然后由相关财务人员进行复核,并确认计算结果是否准确。公司未参与复杂的衍生品交易,也未持有复杂的衍生工具,公司所持有的衍生工具是为了保值的需要。

与公允价值计量相关的项目

√适用　　□不适用

单位:万元

项目 (1)	期初金额 (2)	本期公允价值变动损益(3)	计入权益的累计公允价值变动(4)	本期计提的减值 (5)	期末金额 (6)
金融资产					
其中:1.以公允价值计量且其变动计入当期损益的金融资产		1,550			1,550
其中:衍生金融资产		1,550			1,550
2.可供出售金融资产					
金融资产小计		1,550			1,550
金融负债		152			152
合计		1,550			1,550

持有外币金融资产、金融负债情况

√适用　　□不适用

单位:万元

项目 (1)	期初金额 (2)	本期公允价值变动损益(3)	计入权益的累计公允价值变动(4)	本期计提的减值 (5)	期末金额 (6)
金融资产					
其中:1.以公允价值计量且其变动计入当期损益的金融资产	11,526				1,620
其中:衍生金融资产	266	546			546
2.贷款和应收款	27,553				42,354
3.可供出售金融资产					
4.持有至到期投资					
金融资产小计	39,345	546			43,974
金融负债	48,621				58,230

6.2 主营业务分行业、产品情况表

单位:元 币种:人民币

分行业或分产品	营业收入	营业成本	营业利润率(%)	营业收入比上年增减(%)	营业成本比上年增减(%)	营业利润率比上年增减(%)
分行业						
有色金属采选冶	6,231,436,755	4,497,205,511	27.83	0.26	45.75	减少 22.52 个百分点
金属贸易	6,124,834,890	6,238,717,218	-1.86	162.44	174.21	减少 4.39 个百分点
管理及其他	150,661,379	230,135,343	-52.75	104.97	145.40	减少 25.17 个百分点
合计	12,506,933,024	10,966,058,072	12.32	45.05	101.04	减少 24.42 个百分点
分产品						
铅类产品	1,183,042,083	446,543,510	62.25	9.41	204.14	减少 24.17 个百分点
锌类产品	1,575,046,413	1,221,375,477	22.47	-48.34	-32.76	减少 17.95 个百分点
铜类产品	5,358,031,791	4,650,582,626	13.20	203.79	382.17	减少 32.11 个百分点
铝类产品	3,258,694,302	3,485,811,504	-6.97	64.03	87.24	减少 13.27 个百分点
铁类产品	381,639,438	374,161,347	1.96			
其他	750,478,997	787,583,608	-4.94	1.16	18.42	减少 15.30 个百分点
合计	12,506,933,024	10,966,058,072	12.32	45.05	101.04	减少 24.42 个百分点

本公司的经营业务根据业务的性质以及所提供的产品和劳务分开组织和管理。本集团的每个业务分部提供面临不同于其他业务分部的风险并取得不同于其他业务分部的报酬的产品和服务。以下是对业务分部详细信息的概括:

①有色金属采选冶分部:有色金属矿的采矿、选矿和冶炼,主要包括锌、铅、铝和铜;

②金属贸易分部:有色金属贸易;

③公司管理及其他分部：供水、供电及提供公司管理服务。

6.3 主营业务分地区情况表

单位：元 币种：人民币

地区	营业收入	营业收入比上年增减（%）
国内	12,051,791,658	48.33
海外	455,141,366	-8.58
合计	12,506,933,024	45.05

6.4 募集资金使用情况

√适用　□不适用

单位：万元 币种：人民币

承诺项目名称	是否变更项目	拟投入金额	实际投入金额	是否符合计划进度	项目进度	预计	产生收益情况
锡铁山深部衔接工程	否	18,449	2,809.07	是	正常		
获各琦采矿技改扩建工程	否	37,696	9,302.83	是	正常		
5.5 万吨/年铅冶炼项目	否	31,559	2,713.62	否	因基于对市场因素的评估，公司主动调整了基建工作进度，将较原定计划滞后		
10 万吨/年电锌氧压浸出工程	否	49,682	1,730.38	否	因与技术引进的外方合同谈判与签署工作较原定计划滞后，将影响整体项目进展		
玉龙铜业股权收购及增资项目	否	45,425	45,425	是	正常		-3,830
鑫源矿业股权收购及增资项目	否	36,300	21,100	是	正常		5,855
再生资源股权收购及天津大通增资项目	否	75,000	75,000	是	正常		1,822
锡铁山铅锌矿矿山深部（2702 米以下）工程	否	23,638	0	是	正常		
巴彦淖尔紫金有色金属有限公司参股项目	否	24,000	24,000	是	正常		335
合计	/	341,749	182,080.9	/	/		/
尚未使用的募集资金用途及去向	存储于公司在银行开立的募集资金专户中						

变更项目情况

□适用　√不适用

6.5 非募集资金项目情况

√适用　□不适用

单位：万元 币种：人民币

项目名称	项目金额	项目进度
获各琦多金属矿采选工程	49,860	由公司全资子公司巴彦淖尔西部铜业有限公司承建，现处于基建阶段
获各琦铜矿 200 万吨/年选矿扩建工程	27,523	由公司全资子公司巴彦淖尔西部铜业有限公司承建，现处于试生产阶段
赛什塘铜矿 25 万吨/年选矿扩建工程	7,361	由公司控股子公司青海赛什塘铜业有限公司承建，现处于试生产阶段
玉龙铜矿采选冶工程	178,707	由公司控股子公司西藏玉龙铜业股份限公司承建，现处于一期一步试生产阶段
10 万吨/年粗铅冶炼项目	41,740.49	由公司控股子公司青海西豫有色金属有限公司承建，现处于基建阶段
认购澳大利亚 FerrAus 公司增发股份	14,030	由公司全资子公司中国西部矿业（香港）有限公司实施，现已完成股份登记
5 万吨/年电解铜项目	19,985.22	由公司全资子公司巴彦淖尔西部铜业有限公司的控股子公司巴彦淖尔西部铜材有限公司承建，现处于基建阶段
20 万吨/年磷酸一铵及配套项目	48,725.07	由公司全资子公司青海西部矿业科技有限公司的控股子公司宜昌西部化工有限公司承建，现处于基建阶段
100 万吨/磷矿选矿项目	7,952	由公司全资子公司青海西部矿业科技有限公司的控股子公司宜昌诚信工贸有限公司承建，现处于基建阶段
受让西宁特殊钢集团有限公司股权	110,693.79	已于 2008 年 12 月 19 日完成工商变更登记
合计	506,577.57	/

6.6 董事会对会计师事务所"非标准审计报告"的说明

□适用　√不适用

6.7 董事会本次利润分配或资本公积金转增股本预案

以 2008 年度末公司总股本 2,383,000,000 股为基数，向全体股东每 10 股派发现金股利 1 元（含税），无送股及转增；共计分配 238,300,000 元，占当年实现净利润 570,067,808 元的 41.80%，剩余未分配利润结转以后年度分配。

公司本报告期内盈利但未提出现金利润分配预案

□适用　√不适用

第七节　重要事项

7.1 收购资产

□适用　√不适用

7.2 出售资产

□适用　√不适用

7.3 重大担保

√适用　□不适用

单位：元 币种：人民币

公司对外担保情况（不包括对子公司的担保）	
报告期内担保发生额合计（不包括对子公司的担保）	0
报告期末担保余额合计（不包括对子公司的担保）	0
公司对子公司的担保情况	
报告期内对子公司担保发生额合计	195,229,757
报告期末对子公司担保余额合计	632,545,800
公司担保总额情况（包括对子公司的担保）	
担保总额	632,545,800
担保总额占公司净资产的比例（%）	5.88
其中：	
为股东、实际控制人及其关联方提供担保的金额	0
直接或间接为资产负债率超过 70%的被担保对象提供的债务担保金额	0
担保总额超过净资产 50%部分的金额	0
上述三项担保金额合计	0

7.4 重大关联交易

7.4.1 与日常经营相关的关联交易

√适用　□不适用

单位：万元 币种：人民币

关联方	向关联方销售产品和提供劳务		向关联方采购产品和接受劳务	
	交易金额	占同类交易金额的比例（%）	交易金额	占同类交易金额的比例（%）
青海珠峰锌业有限公司	8,444	16		
巴彦淖尔紫金金属有限公司	4,801	9		
青海西部碳素有限责任公司			23,903	100
青海珠峰锌业有限公司			8,098	1
青海西海煤电有限责任公司			5,785	9
合计	13,245		37,786	

其中：报告期内公司向控股股东及其子公司销售产品或提供劳务的关联交易金额 20,498,813 元。

7.4.2 关联债权债务往来

□适用　√不适用

7.4.3 2008 年资金被占用情况及清欠进展情况

□适用　√不适用

截止 2008 年末，上市公司未完成非经营性资金占用的清欠工作的，董事会提出的责任追究方案

□适用　√不适用

7.5 委托理财

□适用　√不适用

7.6 承诺事项履行情况

7.6.1 公司或持股 5%以上股东在报告期内或持续到报告期内的承诺事项

√适用　□不适用

承诺事项	承诺内容	履行情况
发行时所作承诺	(1)控股股东关于不竞争的承诺 根据本公司与控股股东西部矿业集团有限公司于 2007 年 4 月 9 日签署的《不竞争协议》，西矿集团同意其本身及其控股企业和参股企业不会以任何形式在中国境内从事与本公司或本公司控股企业的主营业务构成或可能构成直接或间接竞争关系的业务或活动，并授予本公司优先购买西矿集团有关竞争业务的权利。该承诺函自签署并经西矿集团股东会审议通过之日起生效，至西矿集团直接或间接持有本公司的股份少于本公司已发行股本 20%当日失效。 (2)主要股东就所持股份的流通限制和自愿锁定股份的承诺 本公司控股股东西矿集团已经出具承诺函，承诺其持有的本公司的股份将自本公司股票在上海证券交易所上市之日起 36 个月内不得转让或者委托他人管理，也不得由本公司回购。本公司除西矿集团之外	上述承诺如约履行，未有违反。

的其他股东亦已经出具承诺函，承诺自本公司股票在证券交易所上市交易之日起 12 个月内，不转让其持有的该部分股份。

7.6.2 公司资产或项目存在盈利预测，且报告期仍处在盈利预测期间，公司就资产或项目是否达到原盈利预测及其原因作出说明：

□适用 √不适用

7.7 重大诉讼仲裁事项

□适用 √不适用

7.8 其他重大事项及其影响和解决方案的分析说明

7.8.1 证券投资情况

□适用 √不适用

7.8.2 持有其他上市公司股权情况

□适用 √不适用

7.8.3 持有非上市金融企业股权情况

□适用 √不适用

7.8.4 买卖其他上市公司股份的情况

□适用 √不适用

7.9 公司是否披露履行社会责任的报告：否

第八节 监事会报告

监事会认为公司依法运作、公司财务情况、公司募集资金使用、公司收购、出售资产交易和关联交易不存在问题。

8.1 监事会对公司依法运作情况的独立意见

报告期内，公司日常运作决策程序合法，董事和高级管理人员执行股东大会决议得当，履行公司职责时能够做到恪尽职守，无违反法律、法规、《公司章程》和利用职权损害公司利益的行为。

8.2 监事会对检查公司财务情况的独立意见

经检查审核和对公司的 2008 年报审计工作进行了监督，监事会认为公司会计核算与财务管理遵守了《企业会计准则》和公司财务会计管理制度，安永华明会计师事务所为公司出具标准无保留意见的 2008 年度审计报告，真实、客观、准确的反映了公司的财务状况和经营成果。

8.3 监事会对公司最近一次募集资金实际投入情况的独立意见

报告期内，公司严格根据募集资金使用计划，合理运用募集资金，未发现违反法律、法规挪用募集资金及损害股东和公司利益的情形。

8.4 监事会对公司收购、出售资产情况的独立意见

报告期内，公司收购资产事项依据市场化原则，交易定价合理、公允，决策程序合法、合规，未发现有内幕交易、损害公司股东利益或造成公司资产流失的行为。

8.5 监事会对公司关联交易情况的独立意见

报告期内，公司的关联交易严格依照《公司章程》、公司《关联交易管理办法》和上海证券交易所《股票上市规则》履行了审批与信息披露程序，按照公平、公正、合理的原则进行处理，没有损害公司利益和非关联股东利益的情形。

第九节 财务会计报告

9.1 审计意见

财务报告	□未经审计	√审计
审计意见	√标准无保留意见	□非标意见

审计意见全文

审计报告

安永华明(2009)审字第 60468111_A01 号

西部矿业股份有限公司全体股东：

我们审计了后附的西部矿业股份有限公司(以下简称“贵公司”)及其子公司(以下统称“贵集团”)财务报表，包括 2008 年 12 月 31 日的合并及公司资产负债表，2008 年度合并及公司的利润表、股东权益变动表和现金流量表以及财务报表附注。

一、管理层对财务报表的责任

按照企业会计准则的规定，编制财务报表是贵公司管理层的责任。这种责任包括：(1)设计、实施和维护与财务报表编制相关的内部控制，以使财务报表不存在由于舞弊或错误而导致的重大错报；(2)选择和运用恰当的会计政策；(3)作出合理的会计估计。

二、注册会计师的责任

我们的责任是在实施审计工作的基础上对上述的财务报表发表审计意见。我们按照中国注册会计师审计准则的规定执行了审计工作。中国注册会计师审计准则要求我们遵守职业道德规范，计划和实施审计工作以对财务报表是否不存在重大错报获取合理保证。

审计工作涉及实施审计程序，以获取有关财务报表金额和披露的审计证据。选择的审计程序取决于注册会计师的判断，包括对由于舞弊或错误导致的财务报表重大错报风险的评估。在进行风险评估时，我们考虑与财务报表编制相关的内部控制，以设计恰当的审计程序，但目的并非对内部控制的有效性发表意见。审计工作还包括评价管理层选用会计政策的恰当性和作出会计估计的合理性，以及评价财务报表的总体列报。

我们相信，我们获取的审计证据是充分的、适当的，为发表审计意见提供了基础。

三、审计意见

我们认为，上述财务报表已经按照企业会计准则的规定编制，在所有重大方面公允地反映了贵集团和贵公司 2008 年 12 月 31 日的财务状况以及 2008 年度的经营成果和现金流量。

安永华明会计师事务所　　　　中国注册会计师：刘磊、黄意新

中国　北京　　　　2009 年 3 月 7 日

9.2 财务报表

合并资产负债表

2008 年 12 月 31 日

编制单位：西部矿业股份有限公司　　　　单位：元 币种：人民币

项目	附注	期末余额	年初余额
流动资产：			
货币资金	(七)1	5,010,598,618	6,141,394,155
结算备付金			
拆出资金			
交易性金融资产	(七)2	15,500,578	
应收票据	(七)3	132,328,116	120,752,975
应收账款	(七)4	492,202,756	279,037,260
预付款项	(七)6	409,860,693	226,121,701
应收保费			
应收分保账款			
应收分保合同准备金			
应收利息			
应收股利			
其他应收款	(七)5	441,638,515	389,825,269
买入返售金融资产			
存货	(七)7	1,032,218,325	1,195,499,999
一年内到期的非流动资产			
其他流动资产			
流动资产合计		7,534,347,601	8,352,631,359
非流动资产：			
发放贷款及垫款			
可供出售金融资产			
持有至到期投资			
长期应收款	(七)8	55,026,025	64,430,273
长期股权投资	(七)10	1,661,668,578	182,988,672
投资性房地产			
固定资产	(七)11	5,425,280,481	4,589,732,939
在建工程	(七)12	838,557,904	921,969,496
工程物资			
固定资产清理			
生产性生物资产			
油气资产			
无形资产	(七)13	1,582,568,027	1,436,683,089
开发支出			
商誉	(七)14	89,027,350	46,776,213
长期待摊费用			
递延所得税资产	(七)15	142,834,487	22,503,333
其他非流动资产	(七)16	78,006,816	168,205,790
非流动资产合计		9,872,969,668	7,433,289,805
资产总计		17,407,317,269	15,785,921,164
流动负债：			
短期借款	(七)18	1,964,237,202	1,522,466,493
向中央银行借款			
吸收存款及同业存放			
拆入资金			
交易性金融负债	(七)19	1,523,650	
应付票据	(七)20	10,000,000	
应付账款	(七)21	213,612,248	145,636,972
预收款项	(七)22	63,851,843	90,685,894
卖出回购金融资产款			
应付手续费及佣金			
应付职工薪酬	(七)23	134,434,884	149,278,354
应交税费	(七)24	448,546,394	769,964,672
应付利息			
应付股利	(七)25	4,530,700	4,530,700
其他应付款	(七)26	545,323,551	540,981,658
应付分保账款			
保险合同准备金			
代理买卖证券款			
代理承销证券款			
一年内到期的非流动负债	(七)27	466,400,000	310,000,000
其他流动负债			
流动负债合计		3,852,460,472	3,533,544,743
非流动负债：			
长期借款	(七)28	2,527,545,840	1,379,800,000
应付债券			
长期应付款	(七)29	39,260,000	80,000,616
专项应付款			
递延收益		55,787,627	48,517,918
预计负债			

递延所得税负债	(七)30	45,162,409	35,000,000
其他非流动负债		132,000,000	
非流动负债合计		2,799,755,876	1,543,318,534
负债合计		6,652,216,348	5,076,863,277
股东权益:			
股本	(七)32	2,383,000,000	2,383,000,000
资本公积	(七)33	5,577,229,062	5,566,435,923
减:库存股			
盈余公积	(七)34	367,321,912	277,409,727
一般风险准备			
未分配利润	(七)35	1,688,405,790	1,923,150,167
外币报表折算差额		15,162,883	
归属于母公司所有者权益合计		10,031,119,647	10,149,995,817
少数股东权益	(七)31	723,981,274	559,062,070
股东权益合计		10,755,100,921	10,709,057,887
负债和股东权益合计		17,407,317,269	15,785,921,164

公司法定代表人:毛小兵　　主管会计工作负责人:刘惠君　　会计机构负责人:刘伟雄

母公司资产负债表

2008 年 12 月 31 日

编制单位:西部矿业股份有限公司　　单位:元 币种:人民币

项目	附注	期末余额	年初余额
流动资产:			
货币资金		4,033,706,339	5,114,874,924
交易性金融资产		10,038,544	
应收票据		121,028,116	102,752,975
应收账款	(八)1	104,208,407	243,186,237
预付款项		436,642,154	154,475,739
应收利息			
应收股利			
其他应收款	(八)2	1,548,035,877	1,638,525,578
存货		439,731,348	780,348,564
一年内到期的非流动资产			
其他流动资产			
流动资产合计		6,693,390,785	8,034,164,017
非流动资产:			
可供出售金融资产			
持有至到期投资			
长期应收款		55,026,025	64,430,273
长期股权投资	(八)3	4,820,101,356	2,440,201,174
投资性房地产			
固定资产		2,353,155,997	2,381,484,048
在建工程		356,645,653	211,662,384
工程物资			
固定资产清理			
生产性生物资产			
油气资产			
无形资产		256,761,083	256,001,317
开发支出			
商誉			
长期待摊费用			
递延所得税资产		25,037,728	14,514,490
其他非流动资产		409,858,066	156,858,905
非流动资产合计		8,276,585,908	5,525,152,591
资产总计		14,969,976,693	13,559,316,608
流动负债:			
短期借款		1,496,978,000	1,130,000,000
交易性金融负债			
应付票据			
应付账款		286,010,861	164,309,590
预收款项		33,975,667	81,599,178
应付职工薪酬		80,074,083	127,202,000
应交税费		334,306,283	590,490,914
应付利息			
应付股利			
其他应付款		917,661,284	844,809,488
一年内到期的非流动负债		298,400,000	80,000,000
其他流动负债			
流动负债合计		3,447,406,178	3,018,411,170
非流动负债:			
长期借款		2,013,000,000	1,051,400,000
应付债券			
长期应付款			
专项应付款			
递延收益		12,350,000	4,530,000
预计负债			
递延所得税负债			
其他非流动负债			
非流动负债合计		2,025,350,000	1,055,930,000
负债合计		5,472,756,178	4,074,341,170
股东权益:			
股本		2,383,000,000	2,383,000,000
资本公积		5,612,979,062	5,602,185,923
减:库存股			
盈余公积		311,634,519	227,307,068
未分配利润		1,189,606,934	1,272,482,447
外币报表折算差额			
股东权益合计		9,497,220,515	9,484,975,438
负债和股东权益合计		14,969,976,693	13,559,316,608

公司法定代表人:毛小兵　　主管会计工作负责人:刘惠君　　会计机构负责人:刘伟雄

合并利润表

2008 年 1—12 月

单位:元 币种:人民币

项目	附注	本期金额	上期金额
一、营业总收入		12,619,226,032	8,709,307,156
其中:营业收入	(七)36	12,619,226,032	8,709,307,156
利息收入			
已赚保费			
手续费及佣金收入			
二、营业总成本		12,485,976,505	6,494,359,828
其中:营业成本		11,097,629,221	5,532,512,643
利息支出			
手续费及佣金支出			
退保金			
赔付支出净额			
提取保险合同准备金净额			
保单红利支出			
分保费用			
营业税金及附加	(七)37	60,631,965	61,003,641
销售费用		147,246,993	122,086,780
管理费用		621,944,783	589,528,704
财务费用		154,741,543	166,605,771
资产减值损失	(七)40	403,782,000	22,622,289
加:公允价值变动收益(损失以“-”号填列)	(七)38	13,976,928	66,401,524
投资收益(损失以“-”号填列)	(七)39	500,488,158	25,633,504
其中:对联营企业和合营企业的投资收益		535,080	-369,395
汇兑收益(损失以“-”号填列)			
三、营业利润(亏损以“-”号填列)		647,714,613	2,306,982,356
加:营业外收入	(七)41	11,237,949	22,212,244
减:营业外支出	(七)42	57,684,638	18,730,799
其中:非流动资产处置净损失		937,995	265,717
四、利润总额(亏损总额以“-”号填列)		601,267,924	2,310,463,801
减:所得税费用	(七)43	19,941,021	452,782,708
五、净利润(净亏损以“-”号填列)		581,326,903	1,857,681,093
归属于母公司所有者的净利润		570,067,808	1,742,983,223
少数股东损益		11,259,095	114,697,870
六、每股收益:			
(一)基本每股收益	(七)45	0.24	0.81
(二)稀释每股收益			

公司法定代表人:毛小兵　　主管会计工作负责人:刘惠君　　会计机构负责人:刘伟雄

母公司利润表

2008 年 1—12 月

单位:元 币种:人民币

项目	附注	本期金额	上期金额
一、营业收入		8,222,881,569	7,438,395,164
减:营业成本	(八)4	7,523,397,396	5,451,959,234
营业税金及附加		39,763,468	46,668,513
销售费用		83,709,070	51,505,571
管理费用		245,744,232	344,323,949
财务费用		75,504,267	91,895,303
资产减值损失		65,763,228	22,036,516
加:公允价值变动收益			
(损失以“-”号填列)		10,038,544	66,401,524
投资收益(损失以“-”号填列)	(八)5	657,420,133	126,238,268
其中:对联营企业和合营企业的投资收益		-774,373	-9,521,731
二、营业利润(亏损以“-”号填列)		856,458,585	1,622,645,870

加:营业外收入	1,541,523	12,111,980
减:营业外支出	52,385,907	25,549,146
其中:非流动资产处置净损失	538,065	
三、利润总额(亏损总额以"-"号填列)	805,614,201	1,609,208,704
减:所得税费用	78,461,712	322,681,710
四、净利润(净亏损以"-"号填列)	727,152,489	1,286,526,994

公司法定代表人:毛小兵　　主管会计工作负责人:刘惠君　　会计机构负责人:刘伟雄

合并现金流量表

2008 年 1—12 月

单位:元 币种:人民币

项目	附注	本期金额	上期金额
一、经营活动产生的现金流量:			
销售商品、提供劳务收到的现金		14,814,788,425	10,846,926,916
客户存款和同业存放款项净增加额			
向中央银行借款净增加额			
向其他金融机构拆入资金净增加额			
收到原保险合同保费取得的现金			
收到再保险业务现金净额			
保户储金及投资款净增加额			
处置交易性金融资产净增加额			
收取利息、手续费及佣金的现金			
拆入资金净增加额			
回购业务资金净增加额			
收到的税费返还			
收到其他与经营活动有关的现金		13,569,709	1,292,141
经营活动现金流入小计		14,828,358,134	10,848,219,057
购买商品、接受劳务支付的现金		12,570,993,455	6,499,997,597
客户贷款及垫款净增加额			
存放中央银行和同业款项净增加额			
支付原保险合同赔付款项的现金			
支付利息、手续费及佣金的现金			
支付保单红利的现金			
支付给职工以及为职工支付的现金		491,069,254	449,682,279
支付的各项税费		1,094,434,758	968,053,256
支付其他与经营活动有关的现金	(七)46	487,140,345	272,021,144
经营活动现金流出小计		14,643,637,812	8,189,754,276
经营活动产生的现金流量净额		184,720,322	2,658,464,781
二、投资活动产生的现金流量:			
收回投资收到的现金			
取得投资收益收到的现金		499,953,078	26,002,899
处置固定资产、无形资产和其他长期资产收回的现金净额		3,826,142	18,591,682
处置子公司及其他营业单位收到的现金净额			
取得子公司及其他营业单位收到的现金净额		183,933,285	
减少使用受限和定期存款所收到的现金		28,147,802	395,977,637
取得存款利息所收到的现金		100,248,241	39,524,204
收到其他与投资活动有关的现金			35,363,912
投资活动现金流入小计		816,108,548	515,460,334
购建固定资产、无形资产和其他长期资产支付的现金		1,272,774,624	1,657,393,244
投资支付的现金		1,398,141,553	593,630,338
质押贷款净增加额			
取得子公司及其他营业单位支付的现金净额			84,097,787
增加使用受限和定期存款所收到的现金		158,467,978	
支付其他与投资活动有关的现金			
投资活动现金流出小计		2,829,384,155	2,335,121,369
投资活动产生的现金流量净额		−2,013,275,607	−1,819,661,035
三、筹资活动产生的现金流量:			
吸收投资收到的现金		111,989,000	6,200,800,000
其中:子公司吸收少数股东投资收到的现金			
取得借款收到的现金		5,047,897,781	2,244,266,493
发行债券收到的现金			
收到其他与筹资活动有关的现金		132,000,000	
筹资活动现金流入小计		5,291,886,781	8,445,066,493
偿还债务支付的现金		3,749,075,248	3,627,516,219
分配股利、利润或偿付利息支付的现金		971,927,344	611,846,141
其中:子公司支付给少数股东的股利、利润		56,258,042	19,600,000
支付其他与筹资活动有关的现金			148,514,051
筹资活动现金流出小计		4,721,002,592	4,387,876,411
筹资活动产生的现金流量净额		570,884,189	4,057,190,082
四、汇率变动对现金及现金等价物的影响		−3,444,617	
五、现金及现金等价物净增加额		−1,261,115,713	4,895,993,828
加:期初现金及现金等价物余额		6,113,279,875	1,217,286,047
六、期末现金及现金等价物余额		4,852,164,162	6,113,279,875

公司法定代表人:毛小兵　　主管会计工作负责人:刘惠君　　会计机构负责人:刘伟雄

母公司现金流量表

2008 年 1—12 月

单位:元 币种:人民币

项目	附注	本期金额	上期金额
一、经营活动产生的现金流量:			
销售商品、提供劳务收到的现金		9,949,992,188	9,157,232,545
收到的税费返还			
收到其他与经营活动有关的现金		1,427,824	1,311,434
经营活动现金流入小计		9,951,420,012	9,158,543,979
购买商品、接受劳务支付的现金		8,677,669,230	6,803,263,585
支付给职工以及为职工支付的现金		222,958,963	308,962,605
支付的各项税费		618,902,191	568,083,429
支付其他与经营活动有关的现金		50,673,520	142,080,325
经营活动现金流出小计		9,570,203,904	7,822,389,944
经营活动产生的现金流量净额		381,216,108	1,336,154,035
二、投资活动产生的现金流量:			
收回投资收到的现金			
取得投资收益收到的现金		658,333,138	23,219,791
处置固定资产、无形资产和其他长期资产收回的现金净额		2,989,596	18,320,803
处置子公司及其他营业单位收到的现金净额			132,763,461
取得存款利息收入所收到的现金			69,883,846
减少使用受限和定期存款所收到的现金			136,611,525
收到其他与投资活动有关的现金		230,493,708	4,530,000
投资活动现金流入小计		891,816,442	385,329,426
购建固定资产、无形资产和其他长期资产支付的现金		333,464,047	471,365,290
投资支付的现金		2,665,408,655	903,419,846
取得子公司及其他营业单位支付的现金净额			
增加使用受限制和定期存款所支付的现金		156,430,500	
支付其他与投资活动有关的现金			
投资活动现金流出小计		3,155,303,202	1,374,785,136
投资活动产生的现金流量净额		−2,263,486,760	−989,455,710
三、筹资活动产生的现金流量:			
吸收投资收到的现金			6,200,800,000
取得借款收到的现金		2,896,978,000	1,671,400,000
收到其他与筹资活动有关的现金			20,400,000
筹资活动现金流入小计		2,896,978,000	7,892,600,000
偿还债务支付的现金		1,350,000,000	3,470,032,371
分配股利、利润或偿付利息支付的现金		902,306,433	502,156,519
支付其他与筹资活动有关的现金			148,514,051
筹资活动现金流出小计		2,252,306,433	4,120,702,941
筹资活动产生的现金流量净额		644,671,567	3,771,897,059
四、汇率变动对现金及现金等价物的影响			
五、现金及现金等价物净增加额		−1,237,599,085	4,118,595,384
加:期初现金及现金等价物余额		5,114,874,924	996,279,540
六、期末现金及现金等价物余额		3,877,275,839	5,114,874,924

公司法定代表人:毛小兵　　主管会计工作负责人:刘惠君　　会计机构负责人:刘伟雄

合并所有者权益变动表

2008 年 1—12 月

单位:元 币种:人民币

项目	本年金额								
	归属于母公司所有者权益								
	股本	资本公积	减:库存股	盈余公积	一般风险准备	未分配利润	其他	少数股东权益	所有者权益合计
一、上年年末余额	2,383,000,000	5,566,435,923		258,049,727		1,925,370,836		556,841,401	10,689,697,887
加:同一控制下企业合并产生的追溯调整									
加:会计政策变更				19,360,000		−2,220,669		2,220,669	19,360,000
前期差错更正									
其他									
二、本年年初余额	2,383,000,000	5,566,435,923		277,409,727		1,923,150,167		559,062,070	10,709,057,887
三、本年增减变动金额(减少以"-"号填列)		10,793,139		89,912,185		−234,744,377	15,162,883	164,919,204	46,043,034
(一)净利润						570,067,808		11,259,095	581,326,903
(二)直接计入所有者权益的利得和损失		10,793,139							10,793,139
1.可供出售金融资产公允价值变动净额									
2.权益法下被投资单位其他所有者权益变动的影响		10,793,139							10,793,139
3.与计入所有者权益项目相关的所得税影响									
4.其他									
上述(一)和(二)小计		10,793,139				570,067,808		11,259,095	592,120,042
(三)所有者投入和减少资本								209,918,151	209,918,151
1.所有者投入资本								115,421,275	115,421,275
2.股份支付计入所有者权益的金额									
3.其他								94,496,876	94,496,876

(四)利润分配				89,912,185		−804,812,185		−56,258,042	−771,158,042
1.提取盈余公积				72,715,249		−72,715,249			
2.提取一般风险准备									
3.对所有者(或股东)的分配						−714,900,000		−56,258,042	−771,158,042
4.其他				17,196,936		−17,196,936			
(五)所有者权益内部结转							15,162,883		15,162,883
1.资本公积转增资本(或股本)									
2.盈余公积转增资本(或股本)									
3.盈余公积弥补亏损									
4.其他							15,162,883		15,162,883
四、本期期末余额	2,383,000,000	5,577,229,062		367,321,912		1,688,405,790	15,162,883	723,981,274	10,755,100,921

上年金额

归属于母公司所有者权益

项目	股本	资本公积	减:库存股	盈余公积	一般风险准备	未分配利润	其他	少数股东权益	所有者权益合计
一、上年年末余额	320,500,000	394,499,974		226,494,338		1,803,332,470		636,037,202	3,380,863,984
加:同一控制下企业合并产生的追溯调整									
加:会计政策变更						−54,350,137		−5,586,581	−59,936,718
前期差错更正									
其他									
二、本年年初余额	320,500,000	394,499,974		226,494,338		1,748,982,333		630,450,621	3,320,927,266
三、本年增减变动金额(减少以"−"号填列)	2,062,500,000	5,171,935,949		31,555,389		176,388,503		−73,609,220	7,368,770,621
(一)净利润						1,725,843,892		112,477,201	1,838,321,093
(二)直接计入所有者权益的利得和损失									
1.可供出售金融资产公允价值变动净额									
2.权益法下被投资单位其他所有者权益变动的影响									
3.与计入所有者权益项目相关的所得税影响									
4.其他									
上述(一)和(二)小计						1,725,843,892		112,477,201	1,838,321,093
(三)所有者投入和减少资本	460,000,000	5,556,535,949						−166,486,421	5,850,049,528
1.所有者投入资本	460,000,000	5,592,285,949							6,052,285,949
2.股份支付计入所有者权益的金额									
3.其他		−35,750,000						−166,486,421	−202,236,421
(四)利润分配				127,705,389		−427,705,389		−19,600,000	−319,600,000
1.提取盈余公积				127,705,389		−127,705,389			
2.提取一般风险准备									
3.对所有者(或股东)的分配						−300,000,000		−19,600,000	−319,600,000
4.其他									
(五)所有者权益内部结转	1,602,500,000	−384,600,000		−96,150,000		−1,121,750,000			
1.资本公积转增资本(或股本)	384,600,000	−384,600,000							
2.盈余公积转增资本(或股本)	96,150,000			−96,150,000					
3.盈余公积弥补亏损									
4.其他	1,121,750,000					−1,121,750,000			
四、本期期末余额	2,383,000,000	5,566,435,923		258,049,727		1,925,370,836		556,841,401	10,689,697,887

公司法定代表人:毛小兵　　主管会计工作负责人:刘惠君　　会计机构负责人:刘伟雄

母公司所有者权益变动表

2008 年 1—12 月

单位:元 币种:人民币

本年金额

项目	股本	资本公积	减:库存股	盈余公积	未分配利润	所有者权益合计
一、上年年末余额	2,383,000,000	5,602,185,923		217,833,967	1,272,482,447	9,475,502,337
加:会计政策变更				9,473,101		9,473,101
前期差错更正						
其他						
二、本年年初余额	2,383,000,000	5,602,185,923		227,307,068	1,272,482,447	9,484,975,438
三、本年增减变动金额(减少以"−"号填列)		10,793,139		84,327,451	−82,875,513	12,245,077
(一)净利润					727,152,489	727,152,489
(二)直接计入所有者权益的利得和损失		10,793,139				10,793,139
1.可供出售金融资产公允价值变动净额						
2.权益法下被投资单位其他所有者权益变动的影响		10,793,139				10,793,139
3.与计入所有者权益项目相关的所得税影响						
4.其他						
上述(一)和(二)小计		10,793,139			727,152,489	737,945,628
(三)所有者投入和减少资本						
1.所有者投入资本						
2.股份支付计入所有者权益的金额						
3.其他						
(四)利润分配				84,327,451	−799,227,451	−714,900,000
1.提取盈余公积				72,715,249	−72,715,249	
2.对所有者(或股东)的分配					−714,900,000	−714,900,000
3.其他				11,612,202	−11,612,202	
(五)所有者权益内部结转					−10,800,551	−10,800,551
1.资本公积转增资本(或股本)						
2.盈余公积转增资本(或股本)						
3.盈余公积弥补亏损						
4.其他					−10,800,551	−10,800,551
四、本期期末余额	2,383,000,000	5,612,979,062		311,634,519	1,189,606,934	9,497,220,515

上年金额

项目	股本	资本公积	减:库存股	盈余公积	未分配利润	所有者权益合计
一、上年年末余额	320,500,000	397,442,379		186,278,578	1,979,084,889	2,883,305,846
加:会计政策变更		−2,942,405			−434,200,946	−437,143,351
前期差错更正						
其他						
二、本年年初余额	320,500,000	394,499,974		186,278,578	1,544,883,943	2,446,162,495
三、本年增减变动金额(减少以"−"号填列)	2,062,500,000	5,207,685,949		31,555,389	−272,401,496	7,029,339,842
(一)净利润					1,277,053,893	1,277,053,893
(二)直接计入所有者权益的利得和损失						
1.可供出售金融资产公允价值变动净额						
2.权益法下被投资单位其他所有者权益变动的影响						
3.与计入所有者权益项目相关的所得税影响						
4.其他						
上述(一)和(二)小计					1,277,053,893	1,277,053,893
(三)所有者投入和减少资本	460,000,000	5,592,285,949				6,052,285,949
1.所有者投入资本	460,000,000	5,592,285,949				6,052,285,949
2.股份支付计入所有者权益的金额						
3.其他						
(四)利润分配				127,705,389	−427,705,389	−300,000,000
1.提取盈余公积				127,705,389	−127,705,389	
2.对所有者(或股东)的分配					−300,000,000	−300,000,000
3.其他						
(五)所有者权益内部结转	1,602,500,000	−384,600,000		−96,150,000	−1,121,750,000	
1.资本公积转增资本(或股本)	384,600,000	−384,600,000				
2.盈余公积转增资本(或股本)	96,150,000			−96,150,000		
3.盈余公积弥补亏损	1,121,750,000				−1,121,750,000	
4.其他						
四、本期期末余额	2,383,000,000	5,602,185,923		217,833,967	1,272,482,447	9,475,502,337

公司法定代表人:毛小兵　　主管会计工作负责人:刘惠君　　会计机构负责人:刘伟雄

9.3 会计政策、会计估计和核算方法变更的说明

根据企业会计准则要求将提取安全生产费转入权益核算,并进行追溯调整。

9.4 本报告期无会计差错更正。

9.5 报告期内,公司财务报表合并范围未发生重大变化。

董事长:毛小兵

西部矿业股份有限公司

2009 年 3 月 7 日

北京银行股份有限公司

北京银行股份有限公司 2008 年度报告摘要

第一节 重要提示

本公司董事会、监事会及董事、监事和高级管理人员保证本报告所载资料不存在任何虚假记载、误导性陈述或者重大遗漏，并对其内容的真实性、准确性和完整性承担个别及连带责任。

本年度报告(正文及摘要)于 2009 年 4 月 25 日，本公司第三届董事会第十七次会议审议通过。

本公司按照中国企业会计准则编制的财务报告已经普华永道中天会计师事务所有限公司审计，并出具了标准无保留意见的审计报告。

本公司董事长闫冰竹、行长严晓燕、首席财务官杜志红、财务机构负责人梁岩保证年度报告中财务报告的真实、完整。

第二节 公司基本情况简介

2.1 基本情况简介

股票简称	北京银行
股票代码	601169
上市交易所	上海证券交易所
注册地址	北京市西城区金融大街甲 17 号首层
办公地址	中国北京市西城区金融大街丙 17 号
邮政编码	100140
公司国际互联网网址	http://www.bankofbeijing.com.cn
电子信箱	snow@bankofbeijing.com.cn

2.2 联系人和联系方式

	董事会秘书
姓名	杨书剑
联系地址	中国北京市西城区金融大街丙 17 号
电话	(86)10-66223826
传真	(86)10-66223833
董秘信箱	snow@bankofbeijing.com.cn

第三节 会计数据和业务数据摘要

3.1 主要会计数据

(单位:人民币千元)

	2008 年	2007 年	本年比上年增减(%)	2006 年
营业收入	12,304,055	7,641,862	61.01%	5,827,638
利润总额	6,945,176	4,629,084	50.03%	3,082,663
归属于上市公司股东的净利润	5,417,165	3,348,197	61.79%	2,140,408
归属于上市公司股东的扣除非经常性损益后的净利润	5,336,008	3,631,371	46.94%	2,126,928
每股经营活动产生的现金流量净额(元)	0.02	3.60	-99.44%	4.12
	2008 年末	2007 年末	本年末比上年末增减(%)	2006 年末
总资产	417,021,019	354,222,941	17.73%	272,968,890
归属于上市公司的股东权益	33,794,214	26,667,945	26.72%	9,840,292

注:1、报告期内数据除注明外为合并报表数据;上年比较数据为本行财务报表数据。

3.2 主要财务指标

3.2.1 前三年主要财务指标

(单位:人民币元)

	2008 年	2007 年	本年比上年增减(%)	2006 年
基本每股收益	0.87	0.63	38.10%	0.43
稀释每股收益	0.87	0.63	38.10%	0.43
扣除非经常性损益后的基本每股收益	0.86	0.63	36.51%	0.42
全面摊薄净资产收益率	16%	13%	23.08%	22%
加权平均净资产收益率	18%	23%	-21.74%	24%
扣除非经常性损益后的全面摊薄净资产收益率	16%	13%	23.08%	22%
扣除非经常性损益后的加权平均净资产收益率	18%	23%	-21.74%	24%
每股经营活动产生的现金流量净额	0.02	3.60	-99.44%	4.12
	2008 年末	2007 年末	本年末比上年末增减(%)	2006 年末
归属于上市公司股东的每股净资产	5.43	4.28	26.87%	1.96

注:1、基本每股收益根据《企业会计准则第 34 号-基本每股收益》计算。

2、其他有关指标根据《公开发行证券的公司信息披露内容与格式准则第 2 号(年度报告的内容与格式)》(2007 年修订)及《公开发行证券的公司信息披露编报规则第 9 号-净资产收益率和每股收益的计算及披露》(2007 年修订)规定计算。

3.2.2 非经常性损益项目

(单位:人民币千元)

非经常性损益	2008 年
久悬未取款项收入	18,623
资产处置收入	27,623
初始投资成本小于应享有联营企业可辨认净资产公允价值部分	24,910
其它	9,052
营业外收入	80,208
诉讼损失准备(转回)/计提	-37,426
其它	9,424
营业外支出	-28,002
营业外收支净额	108,210
减:非经常性损益所得税影响数	-27,053
合计	81,157

3.2.3 报告期末前三年补充财务指标

项目		标准值	2008 年 12 月 31 日	2007 年 12 月 31 日	2006 年 12 月 31 日
资产利润率(年化)(注 1)		/	1.40%	1.07%	0.85%
资本利润率(年化)(注 2)		/	17.91%	18.34%	24.21%
资本充足率		≥8%	19.66%	20.11%	12.76%
核心资本充足率		≥4%	16.42%	17.47%	8.57%
不良贷款率		≤5%	1.55%	2.06%	3.58%
拨备覆盖率		≥60%	180.23%	119.88%	87.28%
成本收入比		≤45%	23.40%	25.03%	27.35%
单一最大客户贷款比率		≤10%	7.83%	9.14%	14.10%
最大十家客户贷款比率		≤50%	40.89%	43.90%	85.57%
正常贷款迁徙率		-	7.71%	1.15%	9.31%
关注贷款迁徙率		-	0.39%	2.84%	12.77%
次级贷款迁徙率		-	58.04%	59.11%	36.98%
可疑贷款迁徙率		-	2.32%	32.80%	41.27%
存贷比(注 3)		≤75%	57.98%	59.44%	54.79%
利息回收率		-	96.93%	97.54%	98.24%
拆借资金比例	拆入资金比例	≤4%	0.48%	0.00%	0.00%
	拆出资金比例	≤8%	4.29%	3.08%	0.91%
流动性比例	人民币	≥25%	63.00%	72.01%	71.30%
	外币	≥60%	155.34%	91.00%	114.01%

注:1、资产利润率=净利润/[(期初总资产+期末总资产)/2];资本利润率=净利润/[(期初股东权益+期末股东权益)/2]

2、成本收入比=业务及管理费用/营业收入

3、根据中国人民银行出具的银市场许准予字[2008]第 29 号和银监会出具的银监复[2008]253 号文，本行发行金融债券募集资金发放的贷款不纳入存贷款比例指标;根据中国银监会《关于 2008 年非现场监管报表指标体系有关事项的通知》，从 2008 年开始，计算存贷比时贷款包含贴现数，以前年度作同口径调整。

4、其它指标根据中国银行业监管机构颁布的公式及依照监管口径计算

3.2.4 报告期业务收入及构成情况

(单位:人民币千元)

项目	金额	占比	同比增减(%)	变动原因
发放贷款及垫款利息收入	12,401,959	62.34%	47.27%	业务规模扩大，利息收入增长
拆出资金利息收入	382,840	1.92%	206.27%	拆出资金规模扩大，利息收入增长
买入返售金融资产利息收入	745,760	3.75%	19.87%	买入返售规模扩大，利息收入增长
存放中央银行利息收入	872,078	4.38%	65.19%	主要为存款规模扩大形成存放央行款项规模增加，利息收入增长
存放同业利息收入	274,003	1.38%	30.34%	存放同业规模扩大，利息收入增长
投资债券利息收入	3,901,391	19.61%	53.21%	投资债券规模扩大，利息收入增长
手续费收入	590,034	2.97%	47.94%	中间业务收入增长带动手续费收入增长
其他项目	726,589	3.65%	400.42%	公允价值变动收益等增加

合计	19,894,654	100.00%	53.07%	业务规模扩大,收入增大

3.2.5 采用公允价值计量的项目

（单位:人民币千元）

项目名称	期初余额	期末余额	当期变动	对当期利润的影响金额
交易性金融资产	6,254,853	16,811,309	10,556,456	378,368
可供出售金融资产	82,945,931	80,979,059	−1,966,872	138,170
衍生金融资产	12,831	51,716	38,885	127,722
衍生金融负债	59,178	26,762	−32,416	–
合计	89,272,793	97,868,846	8,596,053	644,260

注：衍生金融资产对当期利润的影响金额为衍生金融资产和衍生金融负债对当期利润影响的总和。

3.3 报告期末前三年主要业务信息及数据

（单位:人民币千元）

项目	2008 年末	2007 年末	2006 年末
存款总额	315,840,114	264,497,523	236,508,041
其中:活期储蓄存款	16,795,043	14,647,668	13,233,545
定期储蓄存款	37,326,252	27,945,036	30,182,638
活期对公存款	174,935,099	149,666,331	130,372,539
定期对公存款	80,182,925	67,427,721	59,301,539
保证金存款	6,600,795	4,810,767	3,417,780
贷款总额	193,073,700	157,208,101	129,577,317
其中:公司客户贷款	167,398,166	138,572,325	96,198,824
个人客户贷款	17,524,711	14,799,273	11,678,133
贴现	8,150,823	3,836,503	21,700,360
拆入资金	1,912,618	2,525,955	862,339
贷款损失准备	5,383,382	3,883,969	4,050,269

3.4 资本构成及变化情况

（单位:人民币千元）

项目	2008 年 12 月 31 日	2007 年 12 月 31 日	2006 年 12 月 31 日
资本净额	37,986,124	31,709,426	14,605,465
其中:核心资本净额	31,715,558	27,540,159	9,808,517
风险加权资产总额	188,052,859	157,646,395	114,451,494
市场风险资本	410,660	–	–
资本充足率	19.66%	20.11%	12.76%
核心资本充足率	16.42%	17.47%	8.57%

3.5 境内外会计准则差异

□适用　　√不适用

第四节　股本变动及股东情况

4.1 股份变动情况表

（单位:股）

股东名称	年初限售股数	本年解除限售股数	本年增加限售股数	年末限售股数	限售原因	解除限售日期
禁售期 12 个月首次公开上市前已发行股份	2,755,529,034	2,755,180,437	0	348,597	相关承诺	
其中:						
一、持股 1%以上法人股东情况						
中国对外经济贸易信托有限公司	236,842,105	236,842,105	0	0		2008.9.19
北京鸿智慧通实业有限公司	127,890,000	127,890,000	0	0		2008.9.19
中国纺织机械(集团)有限公司	110,250,000	110,250,000	0	0		2008.9.19
世纪金源投资集团有限公司	110,250,000	110,250,000	0	0		2008.9.19
北京市华远集团公司	83,157,032	83,157,032	0	0		2008.9.19
北京信息基础设施建设股份有限公司	63,945,000	63,945,000	0	0		2008.9.19
二、前 10 名个人股东情况						
吴振鹏	5,000,000	5,000,000	0	0		2008.9.19
石政民	5,000,000	5,000,000	0	0		2008.9.19
周　骏	2,800,000	2,800,000	0	0		2008.9.19
刘　莉	2,800,000	2,800,000	0	0		2008.9.19
朱伟英	2,710,479	2,710,479	0	0		2008.9.19
林健永	2,500,000	2,500,000	0	0		2008.9.19
李东声	2,500,000	2,500,000	0	0		2008.9.19
张　研	2,100,000	2,100,000	0	0		2008.9.19
李树宏	2,100,000	2,100,000	0	0		2008.9.19
方贤明	2,000,000	2,000,000	0	0		2008.9.19
黄宝玲	2,000,000	2,000,000	0	0		2008.9.19
其他禁售期为 12 个月的股东	1,991,684,418	1,991,335,821	0	348,597		2008.9.19
禁售期 36 个月首次公开上市前已发行股份	2,272,032,847	0	0	2,272,032,847	首次公开发行前发行股份及相关承诺	2,272,032,847
ING BANK N.V.	1,000,484,814	0	0	1,000,484,814		
北京市国有资产经营有限责任公司	647,962,689	0	0	647,962,689		
北京能源投资(集团)有限公司	372,207,250	0	0	372,207,250		
国际金融公司	251,378,094	0	0	251,378,094		
合计	5,027,561,881	2,755,180,437	0	2,272,381,444		

4.2 前 10 名股东、前 10 名流通股股东或无限售条件股东持股情况表

（单位:股）

股东总数　302,582 户

前 10 名股东持股情况

股东名称	股东性质	持股比例(%)	持股总数	持有有限售条件股份数量	质押或冻结的股份数量
ING BANK N.V.	外资股东	16.07%	1,000,484,814	1,000,484,814	
北京市国有资产经营有限责任公司	国有股东	10.4%	647,962,689	647,962,689	
北京能源投资(集团)有限公司	国有股东	5.98%	372,207,250	372,207,250	
国际金融公司	外资股东	4.04%	251,378,094	251,378,094	
中国对外经济贸易信托有限公司	其他	3.66%	227,993,441	0	
中国纺织机械(集团)有限公司	国有股东	1.77%	110,250,000	0	冻结 110250000
世纪金源投资集团有限公司	其他	1.77%	110,250,000	0	质押 110250000
北京鸿智慧通实业有限公司	其他	1.71%	106,243,417	0	质押 77890000
北京市华远集团公司	国有股东	1.34%	83,157,032	0	质押 41536016
北京信息基础设施建设股份有限公司	国有股东	0.97%	60,545,000	0	质押 21000000

前 10 名无限售条件股东持股情况

股东名称	持有无限售条件股份数量	股份种类
中国对外经济贸易信托有限公司	227,993,441	人民币普通股
中国纺织机械(集团)有限公司	110,250,000	人民币普通股
世纪金源投资集团有限公司	110,250,000	人民币普通股
北京鸿智慧通实业有限公司	106,243,417	人民币普通股
北京市华远集团公司	83,157,032	人民币普通股
北京信息基础设施建设股份有限公司	60,545,000	人民币普通股
交通银行−博时新兴成长股票型证券投资基金	59,999,951	人民币普通股
北京联东投资(集团)有限公司	57,000,000	人民币普通股
北京电信经济技术开发公司	53,519,525	人民币普通股
泰富德投资集团有限公司	52,805,765	人民币普通股
上述股东关联关系或一致行动的说明	上述无限售条件股东之间本行未知其关联关系	

4.3 控股股东及实际控制人情况介绍

4.3.1 控股股东及实际控制人变更情况

□适用　　√不适用

4.3.2 持股 5%以上股东情况

(一)ING 银行(ING Bank N.V.)

ING 银行是荷兰国际集团(ING 集团)的核心企业,已有 150 余年的历史,主要经营银行与保险业务,在比利时、荷兰、卢森堡经济区具有很强的商业地位,并已将业务扩展至全球多个国家和地区。

(二)北京市国有资产经营有限责任公司

北京市国有资产经营有限责任公司是经北京市人民政府授权的、专门从事资本运营的国有独资公司,注册资本人民币 50 亿元,主要经营业务为:货物进出口、技术进出口;代理进出口,法律、行政法规、国务院决定规定应经许可的,经审批机关批准并经工商行政管理机关登记注册后方可经营;法律、行政法规、国务院决定未规定许可的,自主选择经营项目开展经营活动。

(三)北京能源投资(集团)有限公司

北京能源投资(集团)有限公司于 2004 年 12 月 8 日由原北京国际电力开发投资公司和原北京市综合投资公司合并重组后成立，为北京市人民政府国有资产监督管理委员会出资设立的国有独资公司,注册资本人民币 88 亿元。

第五节　董事、监事、高级管理人员和员工情况

5.1 董事、监事和高级管理人员基本情况一览表

姓名	性别	出生年月	职务	任期	年初持股	年末持股	变动原因	2008 年从本行领取的税前报酬总额(单位:万元含单位负担的五险一金费用)	是否在股东单位或其他关联单位领取
闫冰竹	男	1953.7	董事长	2007.4−2010.4	453,544	453,544	–	240.75	–

严晓燕	女	1951.11	董事/行长	2007.4–2010.4	404,926	404,926	–	212	–
邢焕楼	男	1948.7	董事	2007.4–2010.40	0	–	–	是	
任志强	男	1951.3	董事	2007.4–2010.4	0	0	–	–	是
张征宇	男	1958.1	董事	2007.4–2010.4	0	0	–	15	是
姜德耀	男	1961.6	董事/副行长/运营总监/天津分行行长	2007.4–2010.4	391,684	391,684	–	218.2	–
高玉辉	女	1949.11	董事/首席风险官	2007.4–2010.4	185,002	185,002	–	202.74	–
张东宁	男	1960.10	董事/人力资源总监	2008.5–2010.4	234,684	234,684	–	179.06	–
侯德民(BrunoHoudmont)	男	1960.7	董事/副行长	2005.6–2008.6	0	0	–	241.64	–
森　华(BacharSamra)	男	1958.1	董事/行长助理	2005.6–2008.6	0	0	–	171.98	–
叶迈克(MichaelKnightIpson)	男	1947.1	董事	2005.6–2008.6	0	0	–	–	是
赵海宽	男	1930.9	独立董事	2007.4–2010.4	8,915	8,915	–	20	–
郝如玉	男	1948.7	独立董事	2007.4–2010.4	0	0	–	20	–
谢朝华	男	1958.3	独立董事	2007.4–2010.4	0	0	–	20	–
李保仁	男	1942.6	独立董事	2007.4–2010.4	0	0	–	20	–
吴晓球	男	1959.2	独立董事	2007.4–2010.4	0	0	–	20	–
何恒昌	男	1933.7	独立董事	2007.4–2010.4	141,304	141,304	–	20	–
史　元	男	1949.1	监事长	2007.4–2010.4	401,684	401,684	–	212.1	–
卢学勇	男	1940.8	监事	2007.4–2010.4	55,021	55,021	–	218.54	–
周一晨	男	1971.7	监事	2007.4–2010.4	500,000	500,400	报告期内通过二级市场买入400股	–	是
商和顺	男	1948.3	监事	2007.4–2010.4	0	0	–	–	是
吕瑞兰	女	1944.3	监事	2007.4–2010.4	154,688	154,688	–	2.26	–
李汉林	男	1953.11	监事	2007.4–2010.4	0	0	–	–	–
史建平	男	1961.11	监事	2007.4–2010.4	0	0	–	18	–
邢滨	女	1952.1	监事	2007.4–2010.4	406,669	406,669	–	103.66	–
张建荣	女	1959.9	监事	2007.4–2010.4	191,951	191,951	–	127.09	–
赵瑞安	男	1963.12	副行长、金融市场总监		300,000	250,000	锁定期满通过二级市场卖出5万股	201.67	–
刘建民	男	1955.8	副行长		391,684	391,684	–	180.69	–
许宁跃	男	1958.9	副行长、公司业务总监		391,684	391,684	–	283.38	–
杜志红	女	1961.5	行长助理、首席财务官		216,581	216,581	–	192.93	–
杨书剑	男	1969.8	董事会秘书		176,001	176,001	–	141.75	–

5.2 董事、监事及高管人员考评激励机制及年度薪酬情况

本行根据《关于提高董事、监事薪酬的决议》,为独立董事和外部监事提供薪酬;根据《北京银行薪酬制度》为其他董事和高级管理人员提供报酬;根据本行员工薪酬管理办法为职工监事提供报酬。

2008 年度在本行领取薪酬(税后)的董事、监事共计 23 人,高级管理人员 5 人,具体薪酬情况见上述基本情况一览表。

第六节　董事会报告

6.1 管理层讨论与分析

6.1.1 总体经营情况回顾

2008 年,面对国际经济金融形势复杂多变、国内宏观调控不断调整、市场发生深刻变化的经营环境,本行积极应对形势变化,全面贯彻落实国家政策,加强资产负债管理,加大结构调整,加速业务结构转型和产品创新,深入推进经营转型,以控制总量、优化结构、提升效益为重心,各项业务保持平稳较快发展,取得了优异的发展业绩。

(一)盈利保持快速增长。2008 年度,本行实现净利润 54.17 亿元,同比增加 20.69 亿元,增长 61.79%;实现利息净收入 110.89 亿元,同比增加 38.88 亿元,增长 54.00%;实现非息净收入 12.16 亿元,同比增加 7.74 亿元,增长 175.33%。基本每股盈利 0.87 元,同比增长 38.10%。盈利能力达到历史最好水平。利润大幅增长,主要受以下因素影响:一是生息资产规模增长,并适应市场形势变化积极转变经营策略、调整业务安排、优化资产负债结构,促进净利息收益率扩大,净利息收入快速增长;二是非利息收入继续保持快速增长;三是费用管理成效显著,费用投入转化为收入的能力不断提升;四是所得税率下降。

(二)资产负债规模平稳发展。截至 2008 年 12 月 31 日,本行资产总额 4170.21 亿元,比上年末增加 627.98 亿元,增长 17.73%;存款总额为 3158.40 亿元,比上年末增加 513.43 亿元,增长 19.41%;贷款总额(含贴现)1930.74 亿元,比上年末增加 358.66 亿元,增长 22.81%。

(三)成本收入比继续保持良好水平。报告期内,本行一方面合理安排资产业务的发展速度,调整资产业务结构,实现收入较快增长;另一方面,通过全成本管理系统,对全行费用实行集约化管理,提高费用使用的透明度和使用效率。并继续推行内部资金转移定价,根据市场利率变化及时调整,有效引导分支机构开展负债业务,合理控制资金成本。报告期内净利息收入大幅增长,净利息收入的增幅高于费用增幅。报告期内,本行成本收入比 23.40%,继续保持良好水平。

(四)风险管理能力持续提高。2008 年,在复杂的国内外经济、金融形势下,本行风险管理工作紧紧围绕"抓机遇、控风险、调结构"的整体思路,按照董事会和管理层既定的工作目标,分析形势,研究政策,规范管理,在风险管理架构、政策指导、流程控制、资本约束、风险监测等方面不断完善和强化,实现了风险管理和业务均衡、协调发展。报告期末,本行不良贷款继续保持"双降",不良贷款余额和比例分别较上年末下降 2.53 亿元和 0.51 个百分点,拨备覆盖率 180.23%,较上年末提高 60.35 个百分点。

(五)人力资源建设进一步完善。2008 年度,本行围绕品牌化经营、区域化布局、综合化发展总体战略和全年经营目标,以增强员工素质能力、优化员工队伍结构为重点,通过做好员工选、用、育、留、退等方面,人力资源管理体制机制得到进一步深化完善。

通过社会招聘、校园招聘、猎头挖掘、劳务派遣等多种人才引进机制,为公司各项业务拓展、异地分行建设和组织架构改革奠定基础;通过干部考察述职、民主测评、人员竞岗工作,进一步挖掘员工潜能,提高工作水平;推进绩效考核改革及完善薪酬激励,激发全员积极性;分层次、分类别加大培训开发力度,培养各层级优秀人才;组建奥运服务支持团队、实施"双语服务",全方位建立服务长效机制;完善规章制度、推进人力资源系统建设,不断提升人力资源科学化管理水平。

(六)分支机构建设稳步推进。2008 年,本行新增西安分行、深圳分行、杭州分行 3 家分行,分行总数达到 5 家。新增异地支行 5 家,异地分支机构达到 12 家,全国网络架构基本形成。2008 年 11 月 26 日,本行香港代表办事处正式开业,为本行参与国际金融市场提供了良好平台。截至 2008 年 12 月 31 日,公司设有 155 家分支机构(含总行营业部),并在香港开设了 1 家代表处。

(七)品牌影响力进一步提升。2008 年度,本行荣获"十佳最具成长前景上市公司奖"、"中国最具创新力企业"、"中国最佳城市商业银行"、"影响中国·改革开放 30 年百名杰出单位"、"2008 全球华商企业 500 强"、"年度最佳区域性银行"等奖项;公司董事长闫冰竹荣获"中国金融年度人物"、"30 年中国品牌人物贡献奖"、"中国企业最具创新力十大领军人物"、"十大中华经济英才"、"2008 全球华商领军人物"、"中国改革贡献人物"等荣誉称号;行长严晓燕荣获"中国经济十大杰出人物奖"、"中国银行业年度人物"、"中国自主创新风云人物奖"、"影响中国·改革开放 30 年十大影响力人物"等荣誉称号。

2008 年,在英国《银行家》杂志公布的全球 1000 家大银行最新排名中,公司按一级资本排名第 178 位,比 2007 年上升 211 位,按照资产规模排名第 207 位;在世界品牌实验室和世界经理人集团联合发布的 2008 年(第五届)世界品牌大会暨中国 500 最具价值品牌中,本行排名第 150 位,比 2007 年上升 16 位,成为全国唯一入围的城市商业银行;在 2008 年度亚洲银行家 300 强排行榜中,本行位居第 78 位,比 2007 年上升 28 位;在亚洲银行家 300 强最强势银行排名中,本行位居第 12 位,在中国银行业中位居第 3 位;在 2007 年度中国上市公司 100 强排行榜中,本行以总资产列第 15 位,利润总额列第 35 位,总市值列第 39 位,营业收入列第 79 位。2008 年度,本行取得优良业绩,品牌形象及市场地位大幅提升。

6.1.2 主要业务经营情况

(一)公司银行业务

1、主要经营成果

报告期内,本行公司业务加快经营方式和增长模式的转型。截至 2008 年 12 月 31 日,本行公司存款总额 2617 亿元,占全行存款总额的 82.86%;公司贷款(含贴现)总额为 1755 亿元,占全行贷款总额的 90.92%;中小企业贷款总额 545 亿元,比上年增长 20.3%,占公司贷款总额的 31.05%,中小企业贷款客户数 2308 户,较上年增加 348 户。全年实现公司业务非息净收入 2.55 亿元,较上年增长 1.15 亿元,增幅 82.42%;

2、公司银行业务发展措施

2008 年,本行重点通过五方面新举措,切实推进公司业务健康快速发展:(1)集团客户营销取得新进展。持续开展集团客户名单式营销,加大战略合作协议签订力度,加大上下联动营销力度,贯彻落实本行扩内需、保增长六项措施。(2)政府系统营销取得新进展。参加北京市财政授权支付投标,以第一名成绩在多家银行竞争中成功胜出;参加市财政非税投标,成功获得非税代理资格;推进与北京市人力资源和社会保障局合作,成功签订社会保障卡建设协议。(3)公司产品价值取得新提升。成功推出现金管理品牌"现金优管家",产品体系涵盖现金池管理、投资理财管理、全能账户管理、集团结算管理、融资管理、环球现金管理、风险管理共七大类解决方案三十二项产品和服务,提供契合不同类型客户个性化需求的专业化、个性化、综合化现金管理方案,有效帮助企业管理现金资源、改善流动性状况、降低财务成本和资金风险、增加现金收益。成功举办"贷动文化 创意无限"文化创意金融产品推介会以及"诚信为宝 成长之星""融信宝"信用贷款产品推介会。(4)中小企业运营构建新模式。建立中小企业前中后台运营模式,总行成立中小企业部,进一步强化对中小企业融资服务的集约化管理,持续推动中小企业产品盈利能力提高,推动分行中小企业业务发展。(5)管理推出新措施。深入开展结构调整,取得议价能力和行业组合的不断提升。

3、公司业务品牌建设

2008 年本行进一步完善"财富 1+1"金融服务产品体系,一是创新推出"现金优管家"、"资金快链"子品牌,荣获"中国金融服务最具公信力十大品牌"、"中国最佳品牌建设案例"贡献奖。二是总分行联动开发"供应链融资"项下国内保理、厂商银储、商银储、主动授信等新产品,推动供应链金融产品研发和试点工作。三是建立中小企业产品持续创新体系,与北京市科委合作开发知识产权质押贷款等新产品,不断深化和丰富中小企业金融服务品牌内涵;"小巨人"中小企业品牌荣获 2008 亚洲银行竞争力排名"中小企业融资特别贡献奖"、《银行家》杂志"2008 中国金融营销奖——城市商业银行和农村金融机构金融产品十佳奖"等奖项。并荣获中国银监会"2007 年度全国小企业金融服务先进单位"、北京银监局"2008 年度中小企业金融服务工作先进单位"称号。

(二)个人银行业务

1、主要经营成果

截至 2008 年 12 月 31 日,个人存款余额 541 亿元,占全行存款总额的 17.14%,较年初增长 115 亿元,增幅 27.07%;个人贷款余额 175 亿元,占全行贷款总额的 9.08%,较年初增长 27 亿元,不良贷款余额和比例继续实现双降。全年实现个人非息净收入 1.85 亿元,较上年增加 0.12 亿元,增长 6.62%。新增 VIP 客户 20,431 人,增幅 44%;新增郁金香客户 22,507 户,同比增长 131.6%;新增第三方存管客户 13,521 户,同比增长 82.5%;新增个人专业版网银客户 22,086 人,同比增长 67.88 %。

2、运营管理

为实现个人客户集约化和精细化管理,本行个人 CRM 系统于 2008 年 4 月份正式上线运行,为客户维护、营销管理、风险监测提供了保障,提升了本行客户关系管理的科学性和有效性。

3、产品创新和渠道建设

本行从客户需求出发,及时捕捉市场动态,提高产品研发创新力度,为吸引客户、开展交叉销售提供了产品支持平台。陆续推出香港精彩旅游信用卡和标准信用卡,半年时间,信用卡发卡达量 115,576 张;针对出国旅游人群推出"爱出行"个人出国旅游金融服务;针对女性客户推出女性专属信用卡"凝彩卡";针对高端客户推出"财富金"账户;针对融资需求客户推出个人经营性贷款、个人信用授信业务、个人二手车贷款等新产品,并增加分次提款、双周供、自定义还款等新的还款功能。

为实现支行从"交易主导型"向"营销服务型"网点的功能转变，本行继续推进社区银行建设，在分析总结2007年3家社区支行成功经验的基础上，确定社区银行的规模化推广与品牌化发展战略，截至2008年12月31日，本行共设立20家特色鲜明的社区支行，社区银行业绩评分高于北京地区支行评分平均值5.5个百分点。为保障社区银行战略有效实施，本行成立了支行硬件、营销工具、人员管理三个小组，形成一个完整的销售和管理闭环，并正式发布了"社区金管家"个人金融服务品牌，确定了"便利、亲和、专业"三大品牌内涵。同时，本行以奥运为契机，提升自助银行的服务能力和覆盖能力，完成自助机具运营中心监控系统的初期建设，实行自助机具集约化管理，荣获"支付环境建设先进集体"称号。

(三)资金业务

2008年，本行在确保全行交易资金安全、流动、高收益的前提下，严格执行授权授信和风险管理规定，积极开展各项资金业务。

1.经营概述

本行加大债券投资规模，优化债券资产结构，实现了投资利息收入的快速增长。2008年债券市场跌宕起伏，至年末本行持有债券资产规模达到1020.43亿元，较年初增加了89.22亿元，增幅9.58%，实现债券投资利息收入39.01亿元，实现债券买卖价差收入1.53亿元。随着市场利率变化，2008年末本行持有的可供出售债券资产的公允价值溢价为20.60亿元，达到历史最高水平。本行在全国银行间债券市场交易活跃，2008年在全国银行间市场的综合交易量排名第八位，同时，本行利用衍生产品业务资质的优势，择机开展了本外币利率掉期、债券期权等交易，共实现衍生产品交易净差价收入5636万元，比去年同期增长了352.90%。

2.业务创新和品牌建设

2008年本行先后推出了"现金流"可赎回型、Shibor挂钩型、买入返售资产型等产品，并完成同业现金管理、交易所债券理财产品等创新，丰富了产品结构，满足了不同风险偏好的客户需求，提高了市场竞争力。2008年，作为代理储蓄国债发售试点银行，本行进一步加强营销管理，提升发行服务工作水平，全年代理发行国债27亿元，实现手续费收入1976万元。其中，凭证式国债发行手续费收入占55%，储蓄国债(电子式)占16%，国债兑付手续费收入占29%。2008年6月，本行获得上海黄金交易所金融会员资格，目前正在积极筹备开办黄金自营和代客业务。作为SHIBOR报价团成员，本行积极开展SHIBOR相关工作。针对新考评办法，在年初制定SHIBOR报价、交易措施的基础上，开展同业授信工作，扩大了交易对手范围，进一步提高了交易量。

(四)中间业务

2008年度，本行实现非息净收入同比增长175.33%，大幅高于利息净收入增幅；占营业收入比重为9.88%，同比提升4.10个百分点。其中手续费及佣金净收入同比增长65.03%，占营业收入比重同比提升0.10个百分点的。本行中间业务增长主要来源于代理理财手续费收入、银行卡手续费收入等的增长。

2008年度，本行进一步加大中间业务发展力度，提升中间业务收入占比，促进经营转型，降低信贷紧缩对经营的影响。报告期内，本行根据市场形势变化，针对客户需求，加快中间业务产品创新力度，推进委托理财、融资顾问，各项代理及托管业务的发展。2008年，本行共包装发售个人理财产品588款，募集资金折合人民币370亿元，全行实现个人理财手续费收入7321万元人民币，同比增长63%；机构理财产品共募集资金340亿元人民币，全行实现机构理财手续费收入5929万元人民币，同比增长6倍。在《金融时报》与西南财经大学推出的全国银行综合理财能力评比中，本行多次获得国内银行理财业务综合实力排名第一的最高荣誉；个人理财业务在北京地区募集资金量市场排名第4位。发行主承销项目8个，额度91.7亿元，同比增长10.7亿元。获得基金托管业务资格，成为首家获得该资格的城市商业银行，期内托管各种理财产品达到15只。并大力推进信用卡业务的发展，陆续推出标准信用卡、香港精彩旅游信用卡、女性专属"凝彩卡"等，发卡量大幅增长，期内实现银行卡手续费收入0.85亿元，同比增长49.76%。

报告期内，本行进一步推进中间业务渠道建设与管理，通过丰富自助缴费终端功能、加大自助机具的布放力度、完善电子渠道产品体系，构建集物理网点、网上银行、自助银行为一体的立体交互式服务网络，促进中间业务的发展。

(五)科技建设与电子银行业务

本行注重运用信息技术来支持经营管理，推动各项业务发展。2008年度，本行加快了建立布局更加合理、功能更为完善的经营网络步伐，形成了较为成熟的全国性信息系统架构和计算机网络架构。以"信息科技风险奥运专项自查治理工作"为契机，全面提升了本行信息风险防范意识、技术保障手段和应急处理能力；适应本行业务发展和管理精细化需要，开发了集团客户现金管理系统、校园卡系统、电子票据系统、资产负债管理系统等，实现了从以业务处理系统为主到业务处理系统与管理决策系统并重的转变，有效提升了本行综合竞争力。

报告期内，本行电子银行业务整体发展良好，在2007年爆发式增长的基础上又上新台阶，企业网上银行共发生结算类交易55.89万笔，交易金额为4843亿元，企业网银交易量平均增长速度超过100%。企业网上银行活动客户数存量5678户，新增活动客户2013户(其中集团客户新增175户)，活动客户数增幅为54.92%。个人网上银行共发生结算类交易28.10万笔，交易金额53.52亿元，分别比去年同期增长了215.73%和423.68%。个人网上银行累计发展客户60.37万户，增幅为38.56%，其中证书客户增幅为81.55%。

2008年本行先后获得"中国网上银行十大影响力品牌"和由权威第三方认证机构CFCA颁发的"2008中国网上银行功能创新奖"等奖项。

6.1.3收入构成

(一)按业务种类划分

(单位：人民币千元)

项目	金额	占比	同比增减(%)
发放贷款及垫款利息收入	12,401,959	62.34%	47.27%
拆出资金利息收入	382,840	1.92%	206.27%
买入返售金融资产利息收入	745,760	3.75%	19.87%
存放中央银行利息收入	872,078	4.38%	65.19%
存放同业利息收入	274,003	1.38%	30.34%
投资债券利息收入	3,901,391	19.61%	53.21%
手续费收入	590,034	2.97%	47.94%
其他项目	726,589	3.65%	400.42%
合计	19,894,654	100.00%	53.07%

(二)按地区划分

(单位：人民币千元)

地区	营业收入	利润总额	资产总额
北京地区	11,605,936	6,818,558	384,529,230
天津地区	327,283	139,471	10,824,463
上海地区	287,292	56,382	11,237,708
西安地区	78,809	−18,208	7,351,325
深圳地区	4,915	−32,428	2,147,326
杭州地区	−180	−18,599	930,967
合计	12,304,055	6,945,176	417,021,019

6.1.4财务状况及经营成果

(一)主要财务指标增减变动幅度及原因

(单位：人民币千元)

主要财务指标	2008年末	较上期末增减(%)	简要原因
总资产	417,021,019	17.73%	主要为发放贷款和垫款、买入返售金融资产及交易性金融资产增加
总负债	383,207,386	16.99%	主要为吸收存款、同业及其他金融机构存放款项、应付债券增加
归属于上市公司股东的股东权益	33,794,214	26.72%	主要为本年实现利润增加
归属于上市公司股东的净利润	5,417,165	61.79%	业务规模扩大，净利润增长
现金及现金等价物净增加额	18,761,662	−12.00%	现金及现金等价物净增加额减少

(二)会计报表中变化幅度超过30%以上项目的情况

(单位：人民币千元)

资产	2008年12月31日	增减幅度	主要原因
拆出资金	14,977,765	30.15%	拆出资金增加
交易性金融资产	16,811,309	168.77%	交易性金融资产增加
衍生金融资产	51,716	303.06%	持有衍生金融资产规模扩大
买入返售金融资产	42,704,369	53.09%	买入返售金融资产增加
长期股权投资	216,728	608.26%	对廊坊银行股份有限公司的股权投资和银联的投资增加
递延所得税资产	85,443	−90.09%	递延所得税资产减少
其他资产	2,536,650	−43.88%	受托资产减少
同业及其他金融机构存放款项	36,271,814	116.97%	同业及其他金融机构存放款项增加
衍生金融负债	26,762	−54.78%	衍生金融负债规模减少
卖出回购金融资产款	11,426,781	−65.04%	卖出回购金融资产规模减少
应付职工薪酬	385,379	62.22%	应付职工薪酬增加
应付利息	2,139,448	44.32%	存款规模增长，成本率提升
预计负债	78,891	−49.68%	预计负债减少
应付债券	13,460,392	284.58%	本年度发行金融债券
其他负债	1,165,770	−76.71%	资金清算应付款减少
盈余公积	2,142,751	33.84%	本年提取盈余公积增加
一般风险准备	2,978,000	43.31%	本年提取一般风险准备增加
未分配利润	5,333,438	153.33%	本年实现净利润增加
少数股东权益	19,419	−	延庆村镇银行少数股东权益
利息收入	18,578,031	49.19%	业务规模扩大，收益率上升，利息收入增加
利息支出	−7,489,530	42.59%	业务规模扩大，成本率上升，利息支出增加
手续费及佣金收入	590,034	47.94%	手续费及佣金收入增加
投资收益	226,740	196.80%	投资收益增加
公允价值变动收益	434,961	−	本年为公允价值变动收益，上年为公允价值变动亏损
汇兑收益	−12,908	−	本年为汇兑亏损，上年为汇兑收益
其他业务收入	77,796	133.62%	其它业务收入增加
营业税金及附加	−729,123	52.81%	计税营业收入增加
业务及管理费	−2,878,974	50.49%	机构、人员及业务增加
资产减值损失	−1,847,299	219.11%	提取资产减值损失增加
营业利润	6,836,966	46.66%	业务规模扩大，营业利润增加
营业外收入	80,208	36.80%	营业外收入增加
营业外支出	28,002	−	预计诉讼损失准备转回导致营业外支出为正数，去年同期为负数。
利润总额	6,945,176	50.03%	业务规模扩大，利润总额增加
归属于上市公司股东的净利润	5,417,165	61.79%	业务规模扩大，净利润增加

6.1.5以公允价值计量的金融工具情况

(一)公允价值计量相关内部控制制度。本行针对公允价值决策程序制定了《资金业务公允价值管理办法〈试行〉》等制度，规定公允价值计量逐日进行，并明确包括市场成交价、市场双边报价、本行交易系统公允价值、外部咨询系统公允价值、手工计量公允价值在内的估值数据源的磷选次序。本行还建立了完善的公允价值决策程序，风险管理部对头寸进行估值，并就公允价值数据源、模型、结果征求业务部门意见。公允价值结果获得业务部门一致意见并由业务部门、风险管理部签字确认后，提交财务会计管理部门，进行入账处理。

(二)公允价值计算依据和政策。本行公允价值计算严格按照财政部《企业会计准则23号》及《北京银行资金业务公允价值管理办法(试行)》进行。

(三)与公允价值计量相关的项目

(单位：人民币千元)

项目(1)	期初金额(2)	本期公允价值变动损益(3)	计入权益的累计公允价值变动(4)	本期计提的减值(5)	期末金额(6)
金融资产					

其中:1.以公允价值计量且其变动计入当期损益的金融资产 2	6,267,684	461,723	0	0	16,863,025
其中:衍生金融资产	12,831	98,125	0	0	51,716
2.可供出售金融资产	82,945,931	0	1,569,134	−55,161	80,979,059
金融资产小计	89,213,615	461,723	1,569,134	−55,161	97,842,084
金融负债	−59,178	−26,762	0	0	−26,762
投资性房地产	0	0	0	0	0
生产性生物资产	0	0	0	0	0
其他	0	0	0	0	0
合计	−59,178	−26,762	0	0	−26,762

6.1.6 持有外币金融资产、金融负债情况

(一)外币金融资产的风险管理政策。本行针对外币债券投资制定了《债券投资信用风险管理办法(试行)》,对外币债券的券种准入、评级要求、授信管理、组合管理等进行了全面的规范。对于外汇交易头寸及外币衍生交易,本行的《投资与交易账户市场风险管理程序(试行)》中,对业务种类准入进行了明确规定。在限额内。对于外币信贷资产,本行则同人民币信贷资产采取相同的风险管理政策和程序,在授信申报、审批、贷后管理等多方面建立了完善的管理制度。对于外币同业资产,本行制定了《同业授信管理规定(试行)》、《信用额度使用监控管理办法(试行)》等制度,外币同业资产纳入同业综合授信管理,建立了完备的额度申报、审批、计量、监控程序。

(二)持有外币金融资产、金融负债情况

(单位:人民币千元)

项目 (1)	期初金额 (2)	本期公允价值变动损益(3) 金融资产	计入权益的累计公允价值变动(4)	本期计提的减值(5)	期末金额 (6)
其中:1.以公允价值计量且其变动计入当期损益的金融资产 2	12,831	11,853	0	0	11,853
其中:衍生金融资产	12,831	11,853	0	0	11,853
2.贷款和应收款 3	2,806	0	0	0	0
3.可供出售金融资产	2,615,949	0	8,373	−55,287	2,343,464
4.持有至到期投资 3	0	0	0	0	0
金融资产小计	2,631,586	11,853	8,373	−55,287	2,355,317
金融负债	−23,176	−7,744	0	0	−7,744

6.1.7 主要控股公司及参股公司

(一)中国银联股份有限公司

截至 2008 年 12 月 31 日,本行对中国银联股份有限公司投资 4,875 万元。

(二)廊坊市商业银行股份有限公司

2008 年 9 月 9 日,本行投资廊坊银行股份有限公司 7500 万股,持股比例 19.99%。

(三)延庆村镇银行股份有限公司

2008 年 11 月 25 日,本行与其他发起人共同发起设立延庆村镇银行。延庆村镇银行注册资本 3000 万元,本行持股比例为 33.33%。

6.1.8 新年度经营计划

2009 年,预计净利润与去年持平,总资产余额预计突破 5,000 亿元,存款余额预计达到 3,900 亿元,贷款余额预计达到 2,500 亿元,不良贷款率控制在 2%以内。

6.2、银行业务数据与指标

6.2.1 分支机构基本情况

机构名称	机构数量	营业地址	员工数(人)	资产规模(百万元)
总行	1	北京市西城区金融大街甲 17 号首层	1,096	133,164
北京地区支行	142	−	3752	251,366
天津分行	6	天津市和平区承德道 21 号	179	10,825
上海分行	3	上海市黄浦区河南南路 16 号	168	11,238
西安分行	1	西安市碑林区和平路 116 号	108	7,351
深圳分行	1	深圳市福田区深南大道 7006 号富春东方大厦一、二、十一、十七层	74	2,147
杭州分行	1	杭州市江干区庆春东路 78 号	74	931
香港代表办事处	1	香港中环港景街 1 号国际金融中心 1 期 35 楼 (35/F,ONE INT'L FINANCE CTR,1 HARBOUR VIEW ST,CENTRAL,HK)	−	−
合计	156		5451	417,022

注:1、表中总资产数为北京银行总资产数,未包含延庆村镇银行资产数。

2、香港代表办事处人员由深圳分行人员兼任。

6.2.2 贷款资产质量情况

(一)贷款五级分类情况

本行根据借款人的风险程度对全部信贷资产实施风险分类,风险分类基于借款人的偿还能力进行,同时也对诸如借款人的外部信用记录、在其他金融机构贷款分类状态、还款意愿、担保状况以及贷款逾期时间长短等因素予以考虑。

报告期末,本行贷款五级分类情况如下:

(单位:人民币百万元)

五级分类	2008 年 12 月 31 日 余额	占比(%)	2007 年 12 月 31 日 余额	占比(%)	本期变动(+、−)
正常	181,729	94.12	149,344	95.00	32,385
关注	8,358	4.33	4,624	2.94	3,734
次级	398	0.21	346	0.22	52
可疑	983	0.51	897	0.57	86
损失	1,606	0.83	1,997	1.27	−391
合计	193,074	100.00	157,208	100.00	35,866

报告期末,本行关注类贷款占比较年初增加 1.39 个百分点,主要是受经济下行影响,本行采用更为审慎的风险分类原则。报告期内,本行不良贷款余额和不良贷款比例继续实现双降;不良贷款余额 29.87 亿元,比年初下降 2.53 亿元;不良贷款比例 1.55%,比年初下降 0.51 个百分点。

(二)重组贷款及逾期贷款情况

(单位:人民币百万元)

项目	期初金额	期末余额	本期变动(+、−)	变动原因	占比
重组贷款①	992	825	−167	重组贷款收回	0.43%
逾期贷款②	3646	3317	−329	逾期贷款收回	1.73%

注:1、重组贷款指因借款人财务出现恶化或不能按期还款,而对原来的贷款条款进行调整,包括延长贷款期限,借新还旧和转化。

2、逾期贷款是指本金逾期的贷款的本金金额,利息逾期而本金未逾期的贷款未包括在内,就分期偿还的贷款而言,只要贷款出现逾期,未逾期部分本金金额也归入逾期贷款。

报告期末,本行重组贷款全部已逾期,且均为不良贷款。

6.2.3 贷款减值准备金计提和核销情况

(一)贷款减值准备金计提的依据和方法

本行信贷资产减值准备按照单项评估和资产组合评估两种方法计提。公司类不良贷款及垫款采用单项评估方法计提准备,对于正常和关注类公司贷款及个人贷款采用资产组合评估方法计提准备。本行对损失类公司贷款计提准备比率为 100%。

(二)贷款减值准备金变动情况

报告期末,本行信贷资产计提准备总额 53.83 亿元,不良贷款拨备覆盖率为 180.23%。准备金变动情况如下表所示:

(单位:人民币百万元)

期初余额	3,884
本期计提	1,725
本期核销	−309
本期收回已核销	108
本期释放的减值准备折现利息	−18
汇率变化及其他调整	−7
期末余额	5,383

6.2.4 前十名贷款客户情况

(单位:人民币百万元)

户名	期末余额	占全部贷款比
中华人民共和国铁道部(含铁道部财务司)	2,974	1.54%
中国国电集团公司	1,800	0.93%
北京公共交通控股(集团)有限公司	1,583	0.82%
北京市首都公路发展集团有限公司	1,500	0.78%
中国黄金集团公司	1,500	0.78%
中国铝业公司	1,500	0.78%
西安市基础设施建设投资总公司	1,281	0.66%
北京市国有资产经营有限责任公司	1,200	0.62%
中国冶金科工集团公司	1,100	0.57%
北京兴创投资有限公司	1,097	0.57%
合计	15,535	8.05%

6.2.5 贷款分布情况

(一)贷款前十大行业分布情况

(单位:人民币百万元)

行业类别	贷款余额	占全部贷款比例
综合业	41,913	21.71%
−−−水利、环境和公共设施管理业	30,058	15.57%
−−−电力、燃气及水的生产和供应业	11,495	5.95%
−−−公共管理和社会组织	360	0.19%
制造业	25,025	12.96%
租赁和商务服务业	22,799	11.81%
房地产业	22,328	11.56%
交通运输、仓储及邮政业	15,940	8.26%
贸易业	12,246	6.34%
建筑业	11,306	5.86%
金融业	8,744	4.53%
电脑软件业及电信业	6,466	3.35%
教育业	3,618	1.87%
小计	170,385	88.25%

(二)贷款按地区分布情况

(单位:人民币百万元)

贷款地区	贷款余额	占比
北京地区	162,709	84.27%
上海地区	10,908	5.65%
天津地区	10,578	5.48%
其他地区	8,879	4.60%
合计	193,074	100.00%

(三)贷款担保方式分布情况:

(单位:人民币百万元)

担保方式	贷款余额	占比
信用贷款	81,862	42.40%
保证贷款	67,421	34.92%
抵押贷款	33,932	17.58%
质押贷款	1,708	0.88%
贴现	8,151	4.22%
合计	193,074	100%

6.2.6 期末占贷款总额20%(含20%)以上贴息贷款情况

报告期内,本行没有上述业务发生。

6.2.7 主要贷款类别、月度平均余额及年均贷款利率

(单位:人民币百万元)

贷款类别		月平均余额	年平均利率
各项贷款月平均余额			
公司贷款	一年以内短期贷款	77,329	6.92%
	中长期贷款	79,673	7.27%
个人贷款	一年以内短期贷款	494	7.55%
	中长期贷款	15,816	6.88%
贴现及转贴现		3,814	6.31%

6.2.8 主要存款类别、月度平均余额及年均利率

(单位:人民币百万元)

存款类别	月平均余额	年平均利率
个人活期储蓄存款	15,333	0.61%
个人定期储蓄存款	33,767	3.69%
企业活期存款	156,994	0.81%
企业定期存款	78,208	3.80%

6.2.9 期末所持金融债券情况

(一)报告期末持有债券按类别分布情况

(单位:人民币百万元)

债券类别	金额
国债	26,919
政策性金融债券	40,415
商业银行金融债券	8,138
财务公司金融债券	380
其他	510
合计	76,362

(二)报告期末,本行持有金额重大金融债券情况

(单位:人民币百万元)

融债券类别	面值(万元)	年利率	到期日
1999 金融债券	50	浮动:R+1%-1.17%	2009-3-20 到 2010-1-15
2000 金融债券	1,015	浮动:R+0.58%-0.86%	2010-4-4 到 2010-11-23
2001 金融债券	604	浮动:R+0.65% 固定:3%-4.95%	2011-4-21 到 2032-1-12
2002 金融债券	1,035	浮动:R+0.65%-0.75% 固定:2.60%-3.63%	2009-7-20 到 2022-5-9
2003 金融债券	2,160	浮动:R+0.49%-1.05% 固定:2.77%-2.87%	2013-3-31 到 2013-11-13
2004 金融债券	1,869	浮动:R+0.76%-1.3% 固定:3.51%-4.95%	2009-7-12 到 2014-12-30
2005 金融债券	6,015	浮动:R+0.37%-0.72% 固定:2.56%-4.67%	2010-6-1 到 2035-10-11
2006 金融债券	15,035	浮动:R+0.47%-0.7% 固定:2.88%-3.79%	2009-5-22 到 2026-4-11
2007 金融债券	14,566	浮动:S3M_5A +0.18%-R+1.8% 固定:3.22%-4.94%	2009-5-22 到 2017-12-28
2008 金融债券	7,094	浮动:S3M_5A+0.18%-R+0.76% 固定:1.98%-6.2%	2009-4-24 到 2018-12-23
合计	49,443		

(三)报告期末,本行持有金额重大国债情况

(单位:人民币百万元)

融债券类别	面值(万元)	年利率	到期日
1999 国债	297	固定:4.72%	2009-4-29
2000 国债	300	浮动:R+0.47%	2010-9-21
2001 国债	945	浮动:R+0.52%-0.57% 固定:3.85%-4.71%	2011-3-23 到 2021-10-21
2002 国债	732	固定:2%-2.93%	2009-6-6 到 2032-5-24
2003 国债	214	固定:2.8%-4.18%	2013-4-19 到 2018-10-24
2004 国债	580	固定:4.3%-4.8%	2009-4-20 到 2011-11-25
2005 国债	1,640	固定:2.14%-3.65%	2010-10-20 到 2020-11-15
2006 国债	2,600	固定:2.12%-3.7%	2009-4-17 到 2026-6-26
2007 国债	10,421	固定:2.77%-4.69%	2010-4-16 到 2037-5-17
2008 国债	9,190	固定:1.28%-4.41%	2009-6-10 到 2038-10-23
合计	26,919		

(四)报告期末,本行所持衍生金融工具情况

(单位:人民币百万元)

类别	名义本金	公允价值 资产	负债
货币远期	491	4	-7
货币掉期	550	8	-1
利率掉期	1,230	40	-19
信用违约期权	834	-	-
价格指数期权	35	-	-
提前赎回权	4,000	-	-
远期协议	430	-	-
合计	-	52	-27

6.2.10 应收利息及其他应收款坏账准备的计提情况

(一)报告期末,本行应收利息情况

(单位:人民币千元)

项目	2008年12月31日	2007年12月31日	损失准备金
表内应收利息	1,723,244	1,479,999	0

本行对贷款、交易性金融资产、持有至到期投资、可供出售金融资产、存放中央银行款项、拆出资金、买入返售金融资产等计提应收利息。截至报告期末,本行未对表内应收利息计提坏账准备。如果表内应收利息发生减值,本行将其与当期利息收入对冲,全额冲销至表外核算。

(二)报告期末,本行其他应收款情况

(单位:人民币千元)

类别	2008年12月31日	2007年12月31日	本期变动
其他应收款	504,384	797,423	-293,039
坏帐准备	371,150	660,337	-289,187

6.2.11 抵债资产情况

报告期末,本行抵债资产原值4.24亿元,计提抵债资产减值准备3.13亿元,抵债资产净值1.11亿元。

(单位:人民币百万元)

类别	期初余额	期末余额	减值计提金额
房屋及建筑物	33	32	29
权利凭证	265	265	203
其他	82	127	81
合计	380	424	313

6.2.12 不良贷款情况及采取的相应措施

报告期末,本行不良贷款余额29.87亿元,比年初下降2.53亿元;不良贷款比例1.55%,比年初下降0.51个百分点。

本行主要采取如下措施,以应对宏观经济形势可能对本行资产质量产生的不利影响:

1、认真贯彻国家宏观调控政策,积极调整信贷投向,做好行业风险分析和预警,积极介入符合国家发展规划的基本建设、节能、环保等项目,加快限制行业贷款退出力度,有效防控系统性风险;

2、继续做好到期还款、分期还款、市场退出等贷后管理工作,加强贷后监控和贷后检查力度,强化风险预警,提前采取措施化解风险贷款;

3、坚持谨慎分类和责任追究原则,避免风险累积或滞后反映;

4、加强责任人约见制度,加大责任追究,进一步提高风险意识;

5、深化风险体制改革,加强风险管理,优化风险管理系统各项功能。

6.2.13 逾期未偿债务情况

报告期内,本行没有逾期未偿还债务情况。

6.2.14 可能对财务状况与经营成果造成重大影响的表外项目余额及其重要情况

报告期内,可能对本行财务状况与经营成果造成重大影响的表外业务主要包括:不可撤销贷款承诺、开出承兑汇票、保函、信用证、经营租赁承诺、资本性承诺等。

(单位:人民币百万元)

表外业务项目	2008年12月31日	2007年12月31日
信用承诺		
开出信用证	765	768
开出保函	7,820	4,725
承兑	11,502	9,331
不可撤销贷款承诺	-	-
未使用的信用卡额度	1,358	-
经营租赁承诺	1,187	840
已做质押资产	14,749	32,839
资本性支出承诺	114	109
已签约但尚未支付	38	26
已批准但尚未签约	76	83

6.3 面临的主要风险及相应对策

本行在经营活动中面临的主要风险包括信用风险、市场风险、流动性风险、操作风险和信息安全风险。

报告期内,本行根据战略发展需要,进行新的组织架构方案改革,以满足本行不断扩大的资产管理和经营地域的需要。通过此次组织架构调整,本行将原来的风险管理部细分为"一部两室",即信用风险部、市场风险室、操作风险室,建立起覆盖三大主要风险的全面风险管理组织架构,强化涵盖三大风险的组合管理能力。

6.3.1 信用风险

本行面临的信用风险主要来自贷款组合、投资组合、担保和其他支付承诺。

报告期内,本行开发完成并正式上线新客户信用评级系统,新评级系统将客户信用评级进一步细化为11个行业,12个信用级别。本行按照"定期测评、适时调整、分级认定"的原则,实施客户信用评级管理,通过监测客户信用评级变化,达到调整客户结构、及时风险预警的目的。

报告期内,本行组织开展重点行业、重点贷款客户的风险排查工作,涉及10个行业全部亿元以上贷款客户,通过制定排查问卷、排查状况表等方式,筛查重点贷款客户财务指标及经营状况变化,以及时发现金融经济形势变化对资产可能带来的不利影响,有效控制全行资产质量。

报告期内,根据中国银监会文件要求和本行实际情况,进行房地产贷款专项压力测试,确定压力测试业务范围,建立相关数据模型,结合专家经验判断,评估利率上升和房价下跌的压力情景下,房地产公司贷款、个人按揭贷款的风险状况。

报告期内,本行加大贷后现场检查力度,先后组织正常、关注类大额贷款全面检查,房地产开发项目贷款专项检查,房地产抵押融资和个人经营性贷款专项检查,分行贷款管理及重点项目现场检查等工作。对逾期贷款客户、关注贷款客户、欠息贷款客户实施针对性贷后监管;加强分期还款执行情况、个贷逾期迁徙监测;加大贷款卡信用记录查询、公共信息查询等工作力度,从多种渠道努力加大对借款客户真实状况的了解,及时做好风险防范措施。

报告期内,为避免因全球金融危机通过同业业务直接传导,本行在境外金融机构风险事件爆发后,及时对所有金融机构的授信额度重新评估,调整部分境外金融机构的授信额度,并根据金融机构风险状况调整产品范围。

报告期末,本行信用风险暴露情况如下:

未考虑抵押担保物及其他信用增级情况的最大信用风险暴露

(单位:人民币百万元)

	2008年12月31日	2007年12月31日
资产负债表项目的信用风险敞口包括:		

存放同业款项	13,928	14,177
拆出资金	14,978	11,508
交易性金融资产	16,811	6,255
衍生金融资产	52	13
买入返售金融资产	42,704	27,895
发放贷款和垫款	187,690	153,324
可供出售金融资产	80,979	82,946
应收款项类投资	4,255	3,922
长期股权投资	217	31
应收利息	1,723	1,480
其他资产	1,414	3,686
小计	364,751	305,237
开出信用证	765	768
开出保函	7,820	4,725
承兑	11,502	9,331
不可撤销贷款承诺	-	-
未使用信用卡额度	1,358	-
小计	21,445	14,824
合计	386,196	320,061

6.3.2 流动性风险

2008 年年初以来，中国人民银行首先实施了紧缩的货币政策，5 次上调存款准备金率至 17.5%的历史高位。其后，随着美国次贷危机带来的全球金融动荡和经济增长前景黯淡的复杂情况，货币政策转为适度宽松，中国人民银行 5 次降息、4 次下调存款准备金率。同时，人民币对美元汇率持续升值。上述政策的频繁变化对商业银行流动性风险管理带来巨大挑战。本行积极采取应对措施，强化流动性风险管理，提升风险管理水平，防范规避流动性风险，实现本行业务经营安全性、流动性及盈利性的统一。具体管理对策如下：

1、推进资产负债管理系统上线，建立起计量流动性风险的自动化手段，提升本行流动性风险管理水平。2008 年，本行大型管理系统---资产负债管理系统正式上线。系统的建立，不仅有助于本行加速建立现代商业银行的资产负债管理体系，而且能为全行的战略管理提供科学的、前瞻性的决策支持，从而最终提升全行整体的风险管理水平，强化本行的核心竞争力。

2、建立流动性缺口管理的定期监控机制，并积极进行流动性压力测试。借助于资产负债管理系统，定期进行流动性缺口监测，根据系统的计量结果，对流动性缺口率和期限错配情况进行分析，进行资产负债结构调整。聘请国际知名公司，与本行合作流动性压力测试项目，提出本行流动性风险管理的组织架构、政策、流程以及应急计划的框架，从而极大完善了本行的流动性风险管理体系，提升了本行流动性管理的整体水平以及应对流动性危机的能力。

3、积极发行金融债券，增强负债稳定性，提升流动性。2008 年度，本行成功发行 100 亿元金融债券，促进了资产负债期限的匹配。

报告期末，本行的流动性敞口如下：

(单位：人民币千元)

	1 个月内	1 个月至 3 个月	3 个月至 1 年	1 年至 5 年	5 年以上	合计
金融资产总计 (预计到期日)	123,865,649	28,028,799	113,460,846	124,684,122	74,692,681	464,732,097
金融负债总计 (合同到期日)	-256,992,958	-29,922,584	-58,616,461	-42,968,311	-3,999,534	-392,499,848
流动性敞口	-133,127,309	-1,893,785	54,844,385	81,715,811	70,693,147	72,232,249

6.3.3 市场风险

(一)利率风险

本行利率风险主要包括来自现行中国人民银行利率政策下存贷款业务的基差风险以及银行资产负债的重定价风险。

目前，中国利率市场化进一步深入，商业银行面临的利率风险进一步显现。报告期内，本行强化利率风险管理，进一步提高对利率风险及自身风险承受能力的预测分析水平，定期计量监测利率风险敏感度，并据以制定并调整业务结构，以限制利率变动对净利息收入的潜在负面影响。

(二)汇率风险

本行的外汇风险主要来自持有的非人民币资产、负债币种的错配。本行大部分是人民币业务，非人民币业务量较小。因本行非人民币业务规模小，因此汇率风险对本行影响并不重大。本行定期计量和分析外汇敞口的变化，并根据汇率变动趋势对外币汇率敞口进行相应的调整，以规避有关的外汇风险。

6.3.4 操作风险

报告期内，本行操作风险管理主要围绕操作与合规风险管理向基层推进工作开展，在全行各机构配备操作与合规风险管理员，负责本机构操作与合规风险管理工作，对管理员进行合规系统使用和操作风险识别评估方法及报告培训，通过开展全行范围的操作风险报告工作，明确本行操作风险易发领域，并对关键风险点进行跟踪，确保风险隐患得到有效控制。

报告期内，本行继续推动操作风险委员会各项工作，先后审议包括信息系统、新柜员系统和现金中心业务及信息安全等在内的 18 个议题，使高管层能够及时、全面了解本行操作风险状况。同时，本行不断完善操作风险管理政策体系，制定《操作风险政策管理程序》、《操作风险识别、评估、监测与控制操作规程》、《操作风险报告操作规程》等文件，并在合规系统中开发操作风险管理模块，为操作风险的系统化管理奠定基础。

6.3.5 信息安全风险

报告期内，本行重点开展全行业务持续性计划工作，针对全行重要信息系统，组织各部门完成业务持续性计划编制，并进行演练，使各单位熟悉业务持续性计划的内容、发生突发事件后的报告流程及处理机制。

本行已对 15 个重要信息系统进行灾难备份系统切换演练，设置相关情景，进行灾备中心系统的切换，并通过灾难备份系统进行业务测试。此外本行根据中国银行业监督管理委员会《商业银行信息科技风险管理指引》，结合本行实际情况，出台《北京银行信息科技风险管理政策》，从系统用户管理、系统运行管理、系统开发管理、业务持续性计划、外包风险管理等方面对信息科技风险管理工作予以规定。

6.4 内控制度完整性、合理性和有效性的说明

本行自成立以来，以防范风险、审慎经营、稳健发展为原则，逐步建立起一套较为科学、严密的内部控制制度体系。本行在业务不断发展、资产规模日益扩大的同时，始终高度重视制度建设，现行内控制度基本覆盖了现有的管理部门和营业机构，基本渗透到本行的主要管理流程、业务过程和操作环节。内部控制制度涉及业务涵盖授信业务、资金业务、存款和柜台业务、银行卡业务、结算业务、结售汇业务等，内容主要包括：机构岗位设置及职能界定、决策及审批程序、权限管理、印章管理、计算机系统风险控制、岗位任职和上岗资格及强制休假规定、安全保卫工作规定、机构及人员奖惩规定、监督和检查等各个方面。本行现行的内部控制制度在改善内部控制环境、增强风险识别与评估能力、改进内部控制措施、完善信息交流与反馈机制、强化监督评价与纠正机制等方面体现出了较好的完整性、合理性和有效性，能够对国家法律法规和银行监管规章的贯彻执行、对本行发展战略和经营目标的实现以及各项业务的持续稳健发展、对业务记录、财务信息和其他管理信息的及时、真实和完整提供合理保证。

2008 年，本行通过合规风险管理体系建设，对业务和管理活动中存在的风险点进行充分识别，以合规风险管理信息系统为载体，实现了风险点的自我评估和监测等管理功能，进一步提高了本行业务和管理活动的规范性和标准化程度。本行内审部门在新制度出台后，持续关注其执行情况，并根据实际情况定期或不定期开展后评价审计，提出改进建议，促进制度体系不断健全。

6.5 经营环境、宏观政策法规的变化及影响

6.5.1 关于国内外市场形势变化

2008 年度，国内外市场形势纷繁复杂。从国际环境看，年初以来，美国次贷危机的影响不断深化，并迅速向实体经济和其他经济体扩散，带来了巨大的冲击，美国、欧盟、日本等主要经济体相继出现负增长。因经济增长前景黯淡，原油、铁矿石、有色金属等大宗商品的价格年内也经历了暴涨暴跌的过程。世界正面临上世纪大萧条以来最严重的经济危机。从国内环境看，年初以来，先后遭受了南方严重的冰冻雨雪低温灾害、四川汶川特大地震灾害等自然地质灾害，面临国际经济金融危机冲击带来的外部需求萎缩、投资下降等挑战，股市大幅下挫，房地产市场持续低迷，经济增长面临较大冲击。

在国内外市场环境影响下，我国经济增长受到了严峻的挑战，呈现"先扬后抑"的态势。为缓冲国内外不利因素的影响，保持经济平稳较快发展，2008 年国家宏观政策"先紧后松"，实现了由"双防"到"一保一控"，再到"保增长"的转变。从紧货币政策期间，中国人民银行 5 次上调存款准备金率，累计上调 3 个百分点至 17.5%。当货币政策转为适度宽松后，中国人民银行 5 次降息、4 次下调存款准备金率。同时，国务院于 2008 年 11 月、12 月先后发布"国十条"新政措施、"金融国九条"，并提出促进金融平稳较快发展的三十条意见。

市场形势的纷繁复杂、宏观政策的频繁变化，使商业银行经营面临的不确定性增加。本行增强资产负债管理，积极研究分析市场形势及宏观政策，及早采取应对措施，减轻形势及政策变化对公司经营的冲击。

6.5.2 关于信贷政策调整

2008 年国家货币政策"先紧后松"。货币政策从紧期间，商业银行信贷紧缩；当货币政策转为适度宽松后，信贷政策相应调整，商业银行信贷转而宽松。

信贷政策的调整对商业银行经营方式及结构布局产生重大影响。本行积极贯彻落实信贷政策，合理安排全年贷款总量计划，择优贷款，促使贷款增量结构更趋合理和优化。并高度重视非信贷业务经营，大力发展中间业务，加快经营转型。

6.5.3 关于存贷款利率调整

2008 年度，自 9 月以来中国人民银行 5 次调整存贷款基准利率，1 年期人民币存款利率累计下调 1.89 个百分点；而 1 年期人民币贷款利率累计下降 2.16 个百分点，高于同期存款利率下调幅度 0.27 个百分点，直接对商业银行利差产生不利影响。

同时，持续降息令市场收益率大幅下降，货币市场利率、债券收益率相应下降，进一步降低商业银行利差，减少盈利。

2008 年货币市场利率走势

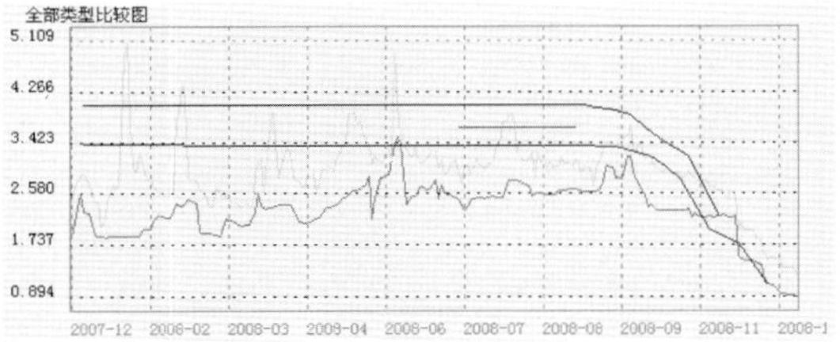

2008 年国债收益率曲线变化趋势

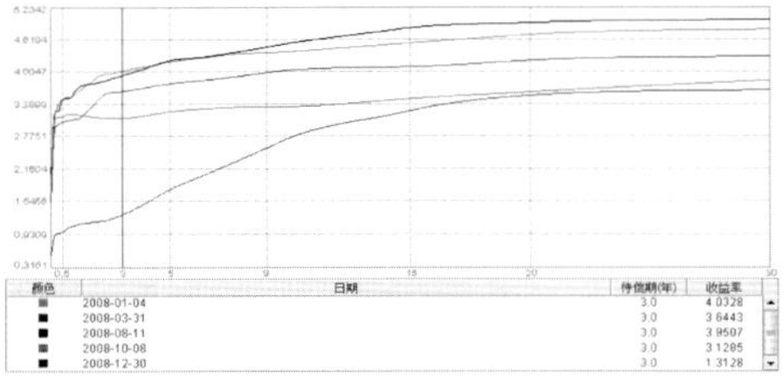

数据来源：www.chinabond.com.cn

商业银行目前主要利润来源为利差收入，利差降低对商业银行盈利能力产生重大影响。由于上述利率调整主要集中在 2008 年四季度，对商业银行 2008 年度盈利影响较小，其对盈利的影响将在 2009 年度继续体现。

本行积极应对利率变化，通过调整优化资产负债机构、加大中间业务发展力度，促进经营转型，降低利率调整对本行盈利的影响。

6.5.4 关于法定存款准备金率调整

2008年度,货币政策"先紧后松",实现了由"双防"到"一保一控",再到"保增长"的转变。在从紧的货币政策期间,中国人民银行曾5次上调存款准备金率,由年初的14.5%调升至17.5%,累计上调3个百分点。当货币政策转为适度宽松后,中国人民银行4次下调存款准备金率。中国人民银行已经连续4次下调存款准备金率,大型金融机构累计下调2个百分点,中小金融机构累计下调4个百分点。

货币政策从紧期间,中国人民银行大幅上调存款准备金率,减少商业银行可用资金。在货币政策从紧期间,市场收益率高于法定存款准备金利率,上调存款准备金率降低商业银行资金收益率,减少盈利。货币政策宽松期间,持续降息令市场收益率大幅下降,存款准备金率下调释放的资金收益率相应下降,接近法定存款准备金利率水平,对商业银行盈利影响较小。

本行积极应对存款准备金率变化,强化资金头寸管理,调整优化资产负债机构,降低存款准备金率调整对本行盈利的影响。

6.5.5 关于汇率变化

2008年是全球金融市场动荡的一年,在经济形势的冲击下,外汇市场跌宕起伏。主要交易币种汇率均出现了较大的波动,上半年美元兑欧元、英镑呈下行势态。三季度以后,本轮经济危机逐渐向世界范围扩散,流动性需求及避险情绪推动美元及低息货币日元上涨,欧元、英镑等高息货币一路下挫。

2008年上半年人民币兑美元延续了2005年汇改以来的升值趋势,曾上探至6.81的高点。下半年随着中国出口数据的恶化及外汇占款的减少,美元兑人民币呈现出一波小幅上涨的走势。

2008年美元兑人民币汇率曲线变化趋势

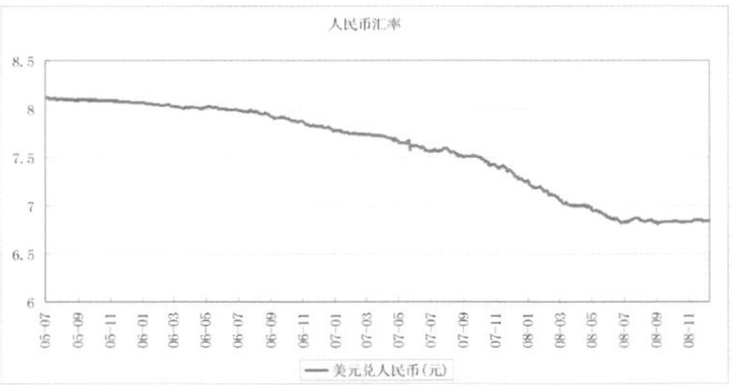

数据来源:www.chinabond.com.cn

外汇市场的跌宕起伏、汇率的大幅波动,对商业银行尤其是外汇业务规模较大的商业银行经营形成较大冲击。本行外汇业务规模较小,汇率的波动对本行经营影响较小。本行积极应对汇率波动影响,积极调整外币资产负债结构,缩小外汇风险敞口,降低汇率波动对本行经营的影响。

6.6 募集资金使用情况

本行于2007年9月实现首次公开发行人民币普通股12亿股,每股发行价12.5元,共筹集资金150亿元,扣除发行费用,净筹集资金147亿元。

本行首次公开发行募集资金在扣除发行费用后,全部用于补充本行核心资本,提高资本充足率,增强本行抵御风险能力和盈利能力,支持本行各项业务持续快速健康发展。在发行情况报告书中,本行未对募集资金在各具体用途上的投入做出承诺。截至2008年12月31日,本行募集资金项目款项已按照募集说明书的承诺使用完毕。本行募集资金运用情况如下:

(单位:人民币千元)

序号	承诺/实际项目	实际使用金额	实际投入时间
1	拨付分支机构营运资金	130,000	2007年9月至12月
2	信息技术建设投入	17,035	2007年9月至12月
3	债券投资	14,538,078	2007年9月至12月
合计		14,685,113	

变更项目情况

□适用 √不适用

6.7 非募集资金项目情况

□适用 √不适用

6.8 董事会对会计师事务所"非标准审计报告"的说明

□适用 √不适用

6.9 董事会本次利润分配或资本公积金转增股本预案

本行聘请的普华永道中天会计师事务所有限公司出具了标准无保留的审计报告,期初未分配利润21.05亿元,2008年度经审计的会计报表税后利润为54.17亿元。2008年度利润分配预案如下:

(一)按照2008年度审计后的净利润的10%提取法定盈余公积,计5.42亿元;

(二)根据《金融企业呆账准备提取管理办法》(财金[2005]49号)、《财政部关于呆账准备提取有关问题的通知》(财金[2005]90号),从当年净利润中计提一般风险准备9亿元;

(三)当年可供股东分配利润53.34亿元,以2008年62.28亿股为基数,每10股派发现金红利1.8元(含税),累计分配现金红利11.21亿元。

分配预算执行后,结余未分配利润留待以后年度进行分配。

以上利润分配预算须经公司2008年度股东大会审议通过后两个月内实施。

(四)公司前三年现金分红数额及与当年度年净利润的比率。

(单位:人民币千元)

	现金分红金额(含税)	归属于上市公司股东的净利润	现金分红占归属于上市公司股东的净利润的比率(%)
2005年度	240,583	1,685,595	14.27%
2006年度	301,653	2,140,408	14.09%
2007年度	747,307	3,348,197	22.32%

第七节 重要事项

7.1 收购资产

报告期内,本行资产收购事项为参股廊坊市商业银行股份有限公司,具体情况如下:

2008年4月3日,本行与廊坊市商业银行股份有限公司签署《股份认购协议》及《战略合作协议》。按照协议约定,本行以12,750万元认购廊坊市商业银行股份有限公司股份7,500万股,占廊坊市商业银行股份有限公司总股本的19.99%,双方还将在风险管理、IT技术及产品创新等10个方面展开合作。

2008年7月28日,我公司接到廊坊市商业银行股份有限公司转来的《中国银监会关于廊坊市商业银行增资扩股有关事宜的批复》(银监复〔2008〕297号),同意我公司入股廊坊市商业银行股份有限公司7,500万股,持股比例19.99%。

报告期内,本行已向廊坊市商业银行股份有限公司支付完毕12,750万元股份认购款,相关股权交割手续办理完毕。2008年11月13日,廊坊市商业银行股份有限公司变更工商注册资料并取得新的营业执照。2008年12月30日,廊坊市商业银行股份有限公司正式更名为廊坊银行股份有限公司。

7.2 出售资产

□适用 √不适用

7.3 重大担保

□适用 √不适用

7.4 重大关联交易事项

7.4.1 与日常经营相关的关联交易

本行与关联方的关联交易业务均由正常经营活动需要所产生,交易的条件及利率均执行本行业务管理和监管机构的一般规定,不存在优于一般借款人或交易对手的情形。

报告期内,本行与关联方发生的关联交易如下:

(一)贷款

(单位:人民币千元)

客户名称	2008年末	2007年末	本期变动
北京市国有资产经营有限责任公司	1,200,000	1,100,000	100,000
北京京丰燃气发电有限责任公司	550,000	980,000	-430,000
北京恒基伟业软件技术有限公司	0	30,000	-30,000
关联自然人	792	812	-20
合计	1,750,792	2,110,812	-360,020

(二)拆存放同业

报告期,本行与ING BANK N.V.及其分行累计办理同业拆借业务6亿元人民币、1.55亿欧元、2.8亿港元、5.85亿美元、0.65亿澳元。截至报告期末余额5.16亿元人民币。

(三)买入返售

报告期,本行与荷兰安智银行上海分行累计办理回购业务人民币24.5亿元,截至报告期末余额为零。

(四)表外业务

(单位:千元)

客户名称	业务品种	2008年末	2007年末	本期变动	币种
ING Bank N.V.	备用信用证保兑	19,250	19,250	0	USD
ING Bank N.V.	转开保函	6	0	6	EUR
ING Bank N.V.	接受融资性备用信用证	0	30,000	-30,000	USD

(五)资金业务

报告期,本行与ING BANK N.V.累计办理外汇买卖业务2.93亿美元;办理互换业务0.32亿美元;办理货币期权业务0.2亿美元。截至报告期末有0.04亿美元尚未交割。

7.4.2 其他关联交易

报告期,本行与关联方共同对外投资成立北京延庆村镇银行股份有限公司。详细情况见2008年11月29日《中国证券报》、《上海证券报》、《证券日报》和《证券时报》及上海证券交易所网站(www.sse.com.cn)刊登的《北京银行股份有限公司关于北京延庆村镇银行股份有限公司开业的公告》。

7.4.3 关联债权债务往来

□适用 √不适用

7.5 委托理财

□适用 √不适用

7.6 承诺事项履行情况

本公司IPO前持有公司5%以上股份的股东ING Bank N.V.、北京市国有资产经营有限责任公司、北京能源投资(集团)有限公司、国际金融公司(IFC)承诺自本公司上市之日起三十六个月内,不转让或者委托他人管理其持有的本公司股份,也不由本公司回购其持有的股份。报告期内上述股东切实履行了以上承诺事项。

本行2008年9月19日解禁股份情况详见2008年9月17日的《中国证券报》、《上海证券报》、《证券日报》和《证券时报》及上海证券交易所网站(www.sse.com.cn)。

7.7 重大诉讼、仲裁事项

报告期内,本行未发生对经营活动产生重大影响的诉讼、仲裁事项。

截至2008年12月31日,本行作为原告且争议标的本金在人民币1,000万元以上尚未了结的诉讼、仲裁案件共35宗,涉及金额约人民币18.07亿元。本行作为被告且争议标的在人民币1,000万元以上尚未了结的诉讼、仲裁案件共8宗,涉及金额约人民币1.15亿元、美元0.12亿元、港币0.02亿元。对于本行作为被告的未决诉讼案件预计发生的损失,本行已作为预计负债计入资产负债表中。

7.8 证券投资情况

□适用 √不适用

7.9 持有其他上市公司股权情况

□适用 √不适用

7.10 买卖其他上市公司股份的情况

□适用 √不适用

7.11 持有非上市金融企业股权情况

(一)中国银联股份有限公司

截至2008年12月31日,本行对中国银联股份有限公司投资4,875万元。

(二)持有廊坊市商业银行股份有限公司股权情况

2008年9月9日,本行持有廊坊银行股份有限公司7500万股,持股比例19.99%。

(三)持有延庆村镇银行股份有限公司股权情况

本行于 2008 年 11 月 25 日,本行与其他发起人共同发起设立延庆村镇银行。延庆村镇银行注册资本 3000 万元,本行持股比例为 33.33%。

7.12 控股股东及关联方非经营性资金占用及偿还情况。

□适用 √不适用

第八节 财务报告

(一)审计意见。

本公司按照中国企业会计准则编制的财务报表已经普华永道中天会计师事务所有限公司审计,并出具了标准无保留意见的审计报告。

(二)资产负债表、利润表、现金流量表和所有者权益变动表(见附表)

(三)与最近一期年度报告相比,会计政策、会计估计和核算方法发生变化及具体说明。

报告期内,本行未发生上述情形。

(四)与最近一期年度报告相比,合并范围发生变化及具体说明。

本行于 2008 年 11 月 25 日,与其他发起人共同发起设立延庆村镇银行。本行持股比例为 33.33%,但直接表决权为 80%,因此纳入我行的合并范围。

第九节 备查文件

(一)载有本行董事、高级管理人员签名的年度报告正文。

(二)载有本行法定代表人、财务负责人签名并盖章的会计报表。

(三)载有会计师事务所盖章、注册会计师签名并盖章的审计报告原件。

(四)载有会计师事务所盖章、注册会计师签名并盖章的内控审核报告原件。

(五)报告期内本行在《中国证券报》、《上海证券报》、《证券时报》、《证券日报》公开披露过的所有文件正本及公告的原稿。

(六)本行章程。

附表:资产负债表、利润表、现金流量表、股东权益变动表

董事长:闫冰竹

北京银行股份有限公司董事会

二零零九年四月二十八日

2008 年 12 月 31 日合并及公司资产负债表

(除特别注明外,金额单位均为人民币千元)

资产	附注七	合并 2008 年 12 月 31 日	北京银行 2008 年 12 月 31 日	2007 年 12 月 31 日
现金及存放中央银行款项	1	49,286,815	49,286,064	45,608,121
存放同业款项	2	13,928,483	13,927,759	14,177,452
拆出资金	3	14,977,765	14,977,765	11,508,360
交易性金融资产	4	16,811,309	16,811,309	6,254,853
衍生金融资产	5	51,716	51,716	12,831
买入返售金融资产	6	42,704,369	42,704,369	27,895,294
应收利息	7	1,723,244	1,723,244	1,479,999
发放贷款和垫款	8	187,690,318	187,690,318	153,324,132
可供出售金融资产	9	80,979,059	80,979,059	82,945,931
应收款项类投资	10	4,254,505	4,254,505	3,921,611
长期股权投资	11	216,728	226,728	30,600
投资性房地产	12	255,502	255,502	247,567
固定资产	13	1,519,113	1,518,328	1,433,948
递延所得税资产	14	85,443	85,443	861,830
其他资产	15	2,536,650	2,530,015	4,520,412
资产总计		417,021,019	417,022,124	354,222,941
负债:				
同业及其他金融机构存放款项	16	36,271,814	36,293,142	16,717,779
拆入资金	17	1,912,618	1,912,618	2,525,955
衍生金融负债	5	26,762	26,762	59,178
卖出回购金融资产款	18	11,426,781	11,426,781	32,684,500
吸收存款	19	315,840,114	315,839,009	264,497,523
应付职工薪酬		385,379	385,379	237,564
应交税费	20	499,417	499,417	688,126
应付利息	21	2,139,448	2,139,458	1,482,471
预计负债		78,891	78,891	156,782
应付债券	22	13,460,392	13,460,392	3,500,000
其他负债	23	1,165,770	1,165,770	5,005,118
负债合计		383,207,386	383,227,619	327,554,996
股东权益:				
股本	24	6,227,562	6,227,562	6,227,562
资本公积	25	17,112,463	17,112,463	14,656,052
盈余公积	26	2,142,751	2,142,751	1,601,005
一般风险准备	27	2,978,000	2,978,000	2,078,000
未分配利润		5,333,438	5,333,729	2,105,326
归属于母公司的股东权益合计		33,794,214		
少数股东权益	28	19,419		
股东权益合计		33,813,633	33,794,505	26,667,945
负债及股东权益总计		417,021,019	417,022,124	354,222,941

法定代表人、董事长:闫冰竹 行长:严晓燕 财务总监:杜志红

2008 年度合并及公司利润表

(除特别注明外,金额单位均为人民币千元)

资产	附注	合并 2008 年度	北京银行 2008 年度	2007 年度
一、营业收入				
利息收入	30	18,578,031	18,578,016	12,452,962
利息支出	30	(7,489,530)	(7,489,546)	(5,252,584)
利息净收入	30	11,088,501	11,088,470	7,200,378
手续费及佣金收入	31	590,034	590,034	398,845
手续费及佣金支出	31	(101,069)	(101,059)	(102,556)
手续费及佣金净收入	31	488,965	488,975	296,289
投资收益	32	226,740	226,740	76,394
其中:对联营企业的投资收益		15,284	15,284	–
公允价值变动收益/(损失)	33	434,961	434,961	(29,253)
汇兑(损失)/收益		(12,908)	(12,908)	64,754
其他业务收入	34	77,796	77,796	33,300
二、营业支出				
营业税金及附加	35	(729,123)	(729,123)	(477,150)
业务及管理费	36	(2,878,974)	(2,878,081)	(1,913,114)
资产减值损失	37	(1,847,299)	(1,847,299)	(578,882)
其他业务成本		(11,693)	(11,693)	(10,928)
三、营业利润		6,836,966	6,837,838	4,661,788
加:营业外收入	38	80,208	80,208	58,632
减:营业外支出	39	28,002	28,002	(91,336)
四、利润总额		6,945,176	6,946,048	4,629,084
减:所得税费用	40	(1,528,592)	(1,528,592)	(1,280,887)
五、净利润		5,416,584	5,417,456	3,348,197
归属于母公司股东的净利润		5,417,165		
少数股东损益		(581)		
六、每股收益				
(金额单位为人民币元每股)				
(一)基本每股收益	41		0.87	0.63
(二)稀释每股收益	41		0.87	0.63

法定代表人、董事长:闫冰竹 行长:严晓燕 财务总监:杜志红

2008 年度合并及公司现金流量表

(除特别注明外,金额单位均为人民币千元)

资产	附注七	合并 2008 年度	北京银行 2008 年度	2007 年度
一、经营活动产生的现金流量:				
客户存款和同业存放款项净增加额		70,915,249	70,935,472	32,894,476
向其他金融机构拆入资金净增加额		–	–	1,663,616
向其他金融机构拆出资金净减少额		–	–	26,238,799
收取利息的现金		14,586,730	14,586,715	9,727,875
收取手续费及佣金的现金		590,034	590,034	398,845
收到其他与经营活动有关的现金		171,832	171,832	5,780,323
经营活动现金流入小计		86,263,845	86,284,053	76,703,934
客户贷款及垫款净增加额		(36,066,203)	(36,066,203)	(28,114,817)
存放中央银行和同业款项净增加额		(4,358,582)	(4,358,511)	(17,175,720)
向其他金融机构拆入资金净减少额		(21,871,056)	(21,871,056)	–
向其他金融机构拆出资金净增加额		(1,568,635)	(1,568,635)	–
交易性金融资产净增加额		(10,178,090)	(10,178,090)	(466,338)
支付利息的现金		(6,689,995)	(6,690,001)	(4,665,043)
支付手续费及佣金的现金		(101,069)	(101,059)	(102,556)
支付给职工以及为职工支付的现金		(1,211,406)	(1,211,153)	(740,538)
支付的各项税费		(1,471,890)	(1,471,890)	(1,583,448)
支付其他与经营活动有关的现金		(2,604,218)	(2,603,691)	(4,669,132)
经营活动现金流出小计		(86,121,144)	(86,120,289)	(57,517,592)
经营活动产生的现金流量净额	42	142,701	163,764	19,186,342
二、投资活动产生的现金流量:				
收回投资收到的现金		136,299,782	136,299,782	29,564,353
取得投资收益收到的现金		3,869,043	3,869,043	2,224,061
处置固定资产和其他长期资产收到的现金		997	997	1,666
投资活动现金流入小计		140,169,822	140,169,822	31,790,080
投资支付的现金		(129,620,480)	(129,630,480)	(43,459,621)
购建固定资产和其他长期资产支付的现金		(943,144)	(935,611)	(469,032)
投资活动现金流出小计		(130,563,624)	(130,566,091)	(43,928,653)
投资活动产生的现金流量净额		9,606,198	9,603,731	(12,138,573)
三、筹资活动产生的现金流量:				
吸收投资收到的现金		20,000	–	–
发行债券收到的现金		9,958,000	9,958,000	–
发行股票收到的现金		–	–	14,685,113
筹资活动现金流入小计		9,978,000	9,958,000	14,685,113
偿付债券利息支付的现金		(140,166)	(140,166)	(139,300)
分配股利支付的现金		(789,110)	(789,110)	(272,208)
筹资活动现金流出小计		(929,276)	(929,276)	(411,508)
筹资活动产生的现金流量净额		9,048,724	9,028,724	14,273,605

四、汇率变动对现金及现金等价物的影响		(35,961)	(35,961)	(986)
五、现金及现金等价物净增加额	42	18,761,662	18,760,258	21,320,388
加:年初现金及现金等价物余额		54,991,519	54,991,519	33,671,131
六、年末现金及现金等价物余额	42	73,753,181	73,751,777	54,991,519

法定代表人、董事长:闫冰竹　　　　行长:严晓燕　　　　财务总监:杜志红

2008 年度合并股东权益变动表

(除特别注明外,金额单位均为人民币千元)

	合并							
	归属于母公司的股东权益							
	附注七	股本	资本公积	盈余公积	一般风险准备	未分配利润	少数股东权益	合计
一、2007 年 12 月 31 日余额		6,227,562	14,656,052	1,601,005	2,078,000	2,105,326	–	26,667,945
加:会计政策变更		–	–	–	–	–	–	–
前期差错更正		–	–	–	–	–	–	–
二、2008 年 1 月 1 日余额		6,227,562	14,656,052	1,601,005	2,078,000	2,105,326	–	26,667,945
三、本年增减变动金额								
(一)净利润		–	–	–	–	5,417,165	(581)	5,416,584
(二)直接计入股东权益的利得和损失								
1.可供出售金融资产公允价值变动净额								
(1)计入股东权益的金额		–	3,327,588	–	–	–	–	3,327,588
(2)转入当期损益的金额		–	(76,621)	–	–	–	–	(76,621)
2.现金流量套期工具公允价值变动净额								
(1)计入股东权益的金额		–	–	–	–	–	–	–
(2)转入当期损益的金额		–	–	–	–	–	–	–
(3)计入被套期项目初始确认金额中的金额		–	–	–	–	–	–	–
3.权益法下被投资单位其他股东权益变动的影响	11	–	(316)	–	–	–	–	(316)
4.与计入股东权益项目相关的所得税影响	14	–	(794,240)	–	–	–	–	(794,240)
5.其他		–	–	–	–	–	–	–
上述(一)和(二)小计		–	2,456,411	–	–	5,417,165	(581)	7,872,995
(三)股东投入和减少资本								
1.股东投入资本		–	–	–	–	–	20,000	20,000
2.股份支付计入股东权益的金额		–	–	–	–	–	–	–
3.其他		–	–	–	–	–	–	–
(四)利润分配								
1.提取盈余公积	26	–	–	541,746	–	(541,746)	–	–
2.提取一般风险准备	27	–	–	–	900,000	(900,000)	–	–
3.对股东的现金股利分配	29	–	–	–	–	(747,307)	–	(747,307)
4.其他		–	–	–	–	–	–	–
(五)股东权益内部结转								
1 资本公积转增股本		–	–	–	–	–	–	–
2 盈余公积转增股本		–	–	–	–	–	–	–
3 盈余公积弥补亏损		–	–	–	–	–	–	–
4 一般风险准备弥补亏损		–	–	–	–	–	–	–
5 其他		–	–	–	–	–	–	–
四、2008 年 12 月 31 日余额		6,227,562	17,112,463	2,142,751	2,978,000	5,333,438	19,419	33,813,633

法定代表人、董事长:闫冰竹　　　　行长:严晓燕　　　　财务总监:杜志红

2008 年度公司股东权益变动表

(除特别注明外,金额单位均为人民币千元)

	本行						
	附注七	股本	资本公积	盈余公积	一般风险准备	未分配利润	合计
一、2007 年 12 月 31 日余额		6,227,562	14,656,052	1,601,005	2,078,000	2,105,326	26,667,945
加:会计政策变更		–	–	–	–	–	–
前期差错更正		–	–	–	–	–	–
二、2008 年 1 月 1 日余额		6,227,562	14,656,052	1,601,005	2,078,000	2,105,326	26,667,945
三、本年增减变动金额							
(一)净利润		–	–	–	–	5,417,456	5,417,456
(二)直接计入股东权益的利得和损失							
1.可供出售金融资产公允价值变动净额							
(1)计入股东权益的金额		–	3,327,588	–	–	–	3,327,588
(2)转入当期损益的金额		–	(76,621)	–	–	–	(76,621)
2.现金流量套期工具公允价值变动净额							
(1)计入股东权益的金额		–	–	–	–	–	–
(2)转入当期损益的金额		–	–	–	–	–	–
(3)计入被套期项目初始确认金额中的金额		–	–	–	–	–	–
3.权益法下被投资单位其他股东权益变动的影响	11	–	(316)	–	–	–	(316)
4.与计入股东权益项目相关的所得税影响	14	–	(794,240)	–	–	–	(794,240)
5.其他			--	--	–		–
上述(一)和(二)小计		–	2,456,411	–	–	5,417,456	7,873,867
(三)股东投入和减少资本							
1.股东投入资本		–	–	–	–	–	–
2.股份支付计入股东权益的金额		–	–	–	–	–	–
3.其他		–	–	–	–	–	–
(四)利润分配							
1.提取盈余公积	26	–	–	541,746	–	(541,746)	–
2.提取一般风险准备	27	–	–	–	900,000	(900,000)	–
3.对股东的现金股利分配	29	–	–	–	–	(747,307)	(747,307)
4.其他		–	–	–	–	–	–
(五)股东权益内部结转							
1.资本公积转增股本		–	–	–	–	–	–
2.盈余公积转增股本		–	–	–	–	–	–
3.盈余公积弥补亏损		–	–	–	–	–	–
4.一般风险准备弥补亏损		–	–	–	–	–	–
5.其他		–	–	–	–	–	–
四、2008 年 12 月 31 日余额		6,227,562	17,112,463	2,142,751	2,978,000	5,333,729	33,794,505

法定代表人、董事长:闫冰竹　　　　行长:严晓燕　　　　财务总监:杜志红

2008 年度公司股东权益变动表

(除特别注明外,金额单位均为人民币千元)

	本行						
	附注七	股本	资本公积	盈余公积	一般风险准备	未分配利润	合计
一、2006 年 12 月 31 日余额		5,027,562	2,074,943	1,266,185	765,607	705,995	9,840,292
加:会计政策变更		–	–	–	–	–	–
前期差错更正		–	–	–	–	–	–
二、2007 年 1 月 1 日余额		5,027,562	2,074,943	1,266,185	765,607	705,995	9,840,292
三、本年增减变动金额							
(一)净利润		–	–	–	–	3,348,197	3,348,197
(二)直接计入股东权益的利得和损失							
1.可供出售金融资产公允价值变动净额							
(1)计入股东权益的金额		–	(1,118,773)	–	–	–	(1,118,773)
(2)转入当期损益的金额		–	(57,158)	–	–	–	(57,158)
2.现金流量套期工具公允价值变动净额							
(1)计入股东权益的金额		–	–	–	–	–	–
(2)转入当期损益的金额		–	–	–	–	–	–
(3)计入被套期项目初始确认金额中的金额		–	–	–	–	–	–
3.权益法下被投资单位其他股东权益变动的影响	11	–	–	–	–	–	–
4.与计入股东权益项目相关的所得税影响	14	–	271,942	–	–	–	271,942
5.其他		–	(15)	–	–	–	(15)
上述(一)和(二)小计		–	(904,004)	–	–	3,348,197	2,444,193
(三)股东投入和减少资本							
1.股东投入资本		1,200,000	13,485,113	–	–	–	14,685,113
2.股份支付计入股东权益的金额		–	–	–	–	–	–
3.其他		–	–	–	–	–	–
(四)利润分配							
1.提取盈余公积	26	–	–	334,820	–	(334,820)	–
2.提取一般风险准备	27	–	–	–	1,312,393	(1,312,393)	–
3.对股东的现金股利分配	29	–	–	–	–	(301,653)	(301,653)
4.其他		–	–	–	–	–	–
(五)股东权益内部结转							
1.资本公积转增股本		–	–	–	–	–	–
2.盈余公积转增股本		–	–	–	–	–	–
3.盈余公积弥补亏损		–	–	–	–	–	–
4.一般风险准备弥补亏损		–	–	–	–	–	–
5.其他		–	–	–	–	–	–
四、2007 年 12 月 31 日余额		6,227,562	14,656,052	1,601,005	2,078,000	2,105,326	26,667,945

法定代表人、董事长:闫冰竹　　　　行长:严晓燕　　　　财务总监:杜志红

中国铁建股份有限公司

中国铁建股份有限公司2008年年度报告摘要

第一节　重要提示

1、本公司董事会、监事会及董事、监事、高级管理人员保证本报告所载资料不存在任何虚假记载、误导性陈述或者重大遗漏，并对其内容的真实性、准确性和完整性承担个别及连带责任。

2、公司全体董事出席了于2009年4月27日-28日举行的董事会会议。

3、安永华明会计师事务所为本公司出具了标准无保留意见的审计报告。

3、公司董事长李国瑞，总会计师庄尚标及财务部部长余兴喜声明：保证本报告中财务报告的真实、完整。

第二节　公司基本情况简介

2.1 基本情况简介

股票简称	中国铁建
股票代码	601186
上市交易所	上海证券交易所
股票简称	中国铁建
股票代码	1186
上市交易所	香港联合交易所
注册地址和办公地址	北京市海淀区复兴路40号东院
邮政编码	100855
公司国际互联网网址	www.crcc.cn
电子信箱	ir@crcc.cn

2.2 联系人和联系方式

	董事会秘书
姓名	李廷柱
联系地址	北京市海淀区复兴路40号东院
电话	010-52688600
传真	010-52688302
电子信箱	ir@crcc.cn

第三节　会计数据和业务数据摘要

3.1 主要会计数据

(一)本报告期主要财务数据

单位：百万元

项目	金额
营业利润	4,701.75
利润总额	4,568.85
归属于上市公司股东的净利润	3,643.84
归属于上市公司股东的扣除非经常性损益后的净利润	3,569.58
经营活动产生的现金流量净额	7,299.85

3.2 主要财务指标

主要会计数据	2008年	2007年
营业收入(百万元)	226,140.71	177,487.29
利润总额(百万元)	4,568.85	4,976.79
归属于上市公司股东的净利润(百万元)	3,643.84	3,143.40
归属于上市公司股东的扣除非经常性损益后的净利润(百万元)	3,569.58	2,388.54
基本每股收益(元)	0.32	0.39
稀释每股收益(元)	不适用	不适用
扣除非经常性损益后的基本每股收益(元)	0.32	0.30
全面摊薄净资产收益率(%)	7.63	62.15
加权平均净资产收益率(%)	10.07	94.77
扣除非经常性损益后全面摊薄净资产收益率(%)	7.47	47.22
扣除非经常性损益后的加权平均净资产收益率(%)	9.86	72.01
经营活动产生的现金流量净额(百万元)	7,299.85	9,420.84
每股经营活动产生的现金流量净额(元)注	0.65	1.18
总资产(百万元)	220,101.54	156,877.78
归属于上市公司股东权益(百万元)	47,773.53	5,057.96
归属于上市公司股东的每股净资产(元)	3.87	0.63

注：每股经营活动产生的现金流量净额=经营活动产生的现金流量净额÷发行在外普通股加权平均数

非经常性损益项目

√适用　　□不适用

单位：百万元

项目	2008年	2007年
归属于公司普通股股东/所有者的净利润	3,643.84	3,143.40
加/(减)：非经常性损益项目		
固定资产、无形资产和其他长期资产处置损失/(收益)	-7.53	0.70
处置长期股权投资损失/(收益)	-155.43	-328.18
记入当期损益的政府补助(与公司正常经营业务密切相关、符合国家政策、能够定额或定量持续享受的政府补助除外)	-44.61	-32.98
非货币性资产交换损失/(收益)	-20.12	-
债务重组损益	0.15	-0.44
与公司正常经营业务无关的或有事项产生的损失	-	0.79
持有交易性金融资产产生的公允价值变动损失/(收益)	90.50	-52.39
处置交易性金融资产、可供出售金融资产取得的投资收益	-3.23	-48.98
单独进行减值测试的应收款项减值准备转回	-165.47	-251.55
税率变动对递延所得税资产和负债的影响	-	600.19
应付职工福利费余额调减管理费用和支出	-	-1,189.09
税率变动对递延所得税资产和负债的影响	-	600.19
除上述各项之外的其他营业外收入和支出	205.02	-53.24
小计	-100.72	-1,355.17
非经常性损益的所得税净影响数	25.18	599.47
归属于少数股东的非经常性损益的影响数	1.27	0.84
非经常性损益净影响额	-74.27	-754.86
扣除非经常性损益后归属于公司普通股股东/所有者的净利润	3,569.58	2,388.54

注：2007年数据按照2008年10月31日证监会公告[2008]43号《公开发行证券的公司信息披露解释性公告第1号-非经常性损益(2008)》追溯计算。

采用公允价值计量的项目

√适用　　□不适用

单位：百万元

项目名称	期初余额	期末余额	当期变动	对当期利润的影响金额
交易性金融资产	125.13	32.85	-92.28	-31.46
可供出售金融资产	343.99	200.27	-143.72	5.65
合计	469.12	233.12	-236.00	-25.81

3.3 境内外会计准则差异

√适用　　□不适用

单位：百万元

项目	净利润		净资产	
	本期数	上期数	期末数	期初数
根据中国企业会计准则编制	3,706.29	3,148.57	48,301.26	5,273.84
按国际财务报告准则调整：				
应付福利费	-	-1,189.09	-	-
递延所得税	-	346.46	-	-
根据国际财务报告准则编制	3,706.29	2,305.93	48,301.26	5,273.84

第四节　股本变动及股东情况

4.1 股份变动情况表

√适用 □不适用

与2007年12月31日相比较，本公司股权变动情况如下表：

单位：股

	本次变动前		本次变动增减(+,-)					本次变动后	
	数量	比例(%)	发行新股	送股	公积金转股	其他	小计	数量	比例(%)
一、有限售条件股份									
1、国家持股	8,000,000,000	100				-188,754,500	-188,754,500	7,811,245,500	63.31
2、国有法人持股									
3、其他内资持股									
其中：									
境内法人持股									
境内自然人持股									
4、外资持股									
其中：									
境外法人持股									
境外自然人持股									
有限售条件股份合计	8,000,000,000	100				-188,754,500	-188,754,500	7,811,245,500	63.31
二、无限售条件股份									
1、人民币普通股			2,450,000,000				2,450,000,000	2,450,000,000	19.86
2、境内上市的外资股									

3、境外上市的外资股		1,887,541,500		188,754,500	2,076,296,000	2,076,296,000	16.83
4、其他							
无限售条件股份合计		4,337,541,500		188,754,500	4,526,296,000	4,526,296,000	36.69
三、股份总数	8,000,000,000	1004,337,541,500		0	4,337,541,500	12,337,541,500	100

限售股份变动情况表

√适用 □不适用

单位:股

股东名称	年初限售股数	本年增加限售股数	本年解除限售股数	年末限售股数	限售原因	解除限售日期
中国铁道建筑总公司	0	7,811,245,500	0	7,811,245,500	自A股股票上市之日起三十六个月内,不转让或者委托他人管理其持有的股份	2011-3-10
网下询价对象	0	490,000,000	490,000,000	0	自A股股票上市之日起锁定三个月	2008-6-10
合计	0	8,301,245,500	490,000,000	7,811,245,500	/	/

4.2 股东数量和持股情况

单位:股

报告期末股东总数 268,769 户

前十名股东持股情况(持股5%以上股东情况)

股东名称	股东性质	持股比例(%)	持股总数	报告期内增减	持有有限售条件股份数量	质押或冻结的股份数量
中国铁道建筑总公司	国家股	63.31%	7,811,245,500	−188,754,500	7,811,245,500	0
HKSCC NOMINEES LIMITED	境外上市外资股	16.65%	2,054,087,000	2,054,087,000	0	0
中国工商银行-汇添富均衡增长股票型证券投资基金	A股	0.43%	52,540,264	52,540,264	0	0
中国农业银行-中邮核心成长股票型证券投资基金	A股	0.35%	43,596,118	43,596,118	0	0
中国工商银行-博时精选股票证券投资基金	A股	0.33%	40,473,588	40,473,588	0	0
交通银行-博时新兴成长股票型证券投资基金	A股	0.31%	38,241,842	38,241,842	0	0
中国工商银行-南方成份精选股票型证券投资基金	A股	0.30%	37,534,343	37,534,343	0	0
中国工商银行-南方绩优成长股票型证券投资基金	A股	0.30%	37,281,247	37,281,247	0	0
中国建设银行-华夏红利混合型开放式证券投资基金	A股	0.29%	35,234,808	35,234,808	0	0
中国工商银行-汇添富成长焦点股票型证券投资基金	A股	0.27%	33,738,143	33,738,143	0	0

前十名无限售条件股东持股情况

股东名称	期末持有无限售条件股份数量	股份种类
HKSCC NOMINEES LIMITED	2,054,087,000	H
中国工商银行-汇添富均衡增长股票型证券投资基金	52,540,264	A
中国农业银行-中邮核心成长股票型证券投资基金	43,596,118	A
中国工商银行-博时精选股票证券投资基金	40,473,588	A
交通银行-博时新兴成长股票型证券投资基金	38,241,842	A
中国工商银行-南方成份精选股票型证券投资基金	37,534,343	A
中国工商银行-南方绩优成长股票型证券投资基金	37,281,247	A
中国建设银行-华夏红利混合型开放式证券投资基金	35,234,808	A
中国工商银行-汇添富成长焦点股票型证券投资基金	33,738,143	A
博时价值增长证券投资基金	30,000,000	A

上述股东关联关系或一致行动关系的说明	上述股东中,中国工商银行-汇添富均衡增长股票型证券投资基金与中国工商银行-汇添富成长焦点股票型证券投资基金均由汇添富基金管理有限公司管理,中国工商银行-博时精选股票证券投资基金、交通银行-博时新兴成长股票型证券投资基金与博时价值增长证券投资基金均由博时基金管理有限公司管理,中国工商银行-南方成份精选股票型证券投资基金与中国工商银行-南方绩优成长股票型证券投资基金均由南方基金管理公司管理;未知其他股东是否存在关联关系或一致行动关系。

4.3 控股股东及实际控制人情况介绍

4.3.1 控股股东及实际控制人变更情况

□适用 √不适用

4.3.2 控股股东及实际控制人具体情况介绍

(1)法人控股股东情况

控股股东名称:中国铁道建筑总公司

法人代表:李国瑞

注册资本:5,780,230,000 元

成立日期:1990 年 8 月 28 日

主要经营业务或管理活动:股权管理和资产管理。

(2)法人实际控制人情况

实际控制人名称:国务院国有资产监督管理委员会

第五节 董事、监事和高级管理人员

5.1 董事、监事和高级管理人员持股变动及报酬情况

姓名	职务	性别	年龄	任期起始日期	任期终止日期	年初持股数	年末持股数	报告期内从公司领取的报酬总额(万元)税前[注]	是否在股东单位或其他关联单位领取薪酬
李国瑞	董事长	男	59	2007 年 11 月	2010 年 11 月	0	0	66.9	否
丁原臣	副董事长	男	59	2007 年 11 月	2010 年 11 月	0	0	57.3	否
金普庆	执行董事、总裁	男	59	2007 年 11 月	2009 年 4 月	0	0	66.9	否
霍金贵	非执行董事	男	58	2007 年 11 月	2010 年 11 月	0	0	57.3	否
吴晓华	非执行董事	男	62	2007 年 11 月	2009 年 2 月	0	0	7	否
李克成	独立非执行董事	男	65	2007 年 11 月	2010 年 11 月	0	0	8	否
赵广杰	独立非执行董事	男	63	2007 年 11 月	2010 年 11 月	0	0	8	否
吴太石	独立非执行董事	男	61	2007 年 11 月	2010 年 11 月	0	0	8	否
魏伟峰	独立非执行董事	男	47	2007 年 11 月	2010 年 11 月	0	0	7	否
彭树贵	监事会主席	男	54	2007 年 11 月	2010 年 11 月	0	0	57.3	否
黄少军	监事	男	52	2007 年 11 月	2010 年 11 月	0	0	32.3	否
于凤丽	职工监事	女	52	2007 年 11 月	2010 年 11 月	0	0	32.9	否
扈振衣	副总裁兼总经济师	男	54	2007 年 11 月	2010 年 11 月	0	0	57.3	否
夏国斌	副总裁兼总工程师	男	50	2007 年 11 月	2010 年 11 月	0	0	57.1	否
范 德	副总裁	男	55	2007 年 11 月	2010 年 11 月	0	0	57.3	否
赵广发	副总裁	男	56	2007 年 11 月	2009 年 4 月	0	0	57.3	否
周志亮	副总裁	男	44	2007 年 11 月	2010 年 11 月	0	0	56.8	否
庄尚标	副总裁、总会计师、总法律顾问	男	46	2007 年 11 月	2010 年 11 月	0	0	56.8	否
李廷柱	董事会秘书	男	58	2007 年 11 月	2010 年 11 月	0	0	33.2	否

注释:报告期内公司董事、监事、高级管理人员从公司领取的薪酬包括工资和绩效薪酬。

第六节 董事会报告

6.1 报告期内公司经营情况的回顾

6.1.2 公司总体经营情况

1、集团总体经营情况

2008 年是中国铁建发展史上极其重要、极不寻常的一年,是经受严峻考验、取得非凡成绩的一年,是具有里程碑意义的一年。这一年,在全球股市大幅震荡、众多公司纷纷取消上市计划的背景下,本集团逆势而上,主营业务整体重组改制,在上海证券交易所和香港联交所成功上市,囊括了《亚洲金融》、《亚洲货币》、《亚洲财务总监》等亚洲最具影响力的金融杂志所评选的 2008 年度"最佳股权交易"、"最佳首次公开发行"、"年度交易大奖"等多个奖项。本集团的整体成功上市,实现了由传统的相对封闭的国有企业向国有控股的公众公司的转变和股权多元化,使本集团的实力和竞争力明显增强。在前三季度境内外材料价格大幅上涨、第四季度金融危机席卷全球的严重冲击下,在南方雨雪冰冻、汶川地震等自然灾害和汇率大幅波动给企业造成较大损失的情况下,本集团凭借良好的市场信誉和品牌形象,紧抓国内外基建市场蓬勃发展的大好机遇,精心筹谋,优化布局,改善项目结构,深耕区域市场,提高经营质量,加大协调力度,使生产经营保持健康持续发展,主要经济技术指标均创历史新高,成功中标京沪高铁、石武客专、津秦客专、向莆铁路、贵广铁路、利比亚沿海铁路、安哥拉社会住房项目等一批重大工程项目。特别是本集团积极顺应国家政策调整,抓住政府加大基建投资力度的难得机遇,加大新项目拓展力度,加强各个方面资源的投入和配置,使 2008 年新签合同额和收入均超额完成年度计划指标。

(1)经营规模持续快速发展

2008 年本集团新签合同总额为 4,231.046 亿元,较 2007 年增长 47.42%,其中,海外新签合同额 421.697 亿元,占新签合同总额的 9.97%。截至 2008 年末,本集团未完工合同额合计达 4,710.890 亿元,较 2007 年增长 45.65%。主要运营指标如下:

单位:亿元

	新签合同额			未完合同额		
	2008 年	2007 年	增长	2008.12.31	2007.12.31	增长
工程承包	3,990.2286	2,656.5047	50.21%	4,590.9084	3,120.7977	47.11%
勘察设计监理	46.0893	36.5784	26.00%	24.2634	25.2386	−3.86%
工业制造	35.3416	63.2150	−44.09%	40.3974	63.1153	−35.99%

其它业务	159.3869	113.6923	40.19%	55.3210	25.1338	120.11%
总计	4,231.0464	2,869.9895	47.42%	4,710.8902	3,234.2854	45.65%

作为本集团的核心业务和优势板块，2008 年工程承包业务继续得到巩固和加强。全年工程承包业务新签合同额 3,990 亿元，占新签合同总额的 94.3%，比 2007 年增长 50.21%。为积极应对国际金融危机，中央确定投入 4 万亿实施扩大内需、促进经济增长的措施，其中对交通基础设施特别是铁路的投资建设力度空前加大。受此积极因素的影响，本集团 2008 年的铁路新签合同额所占份额大幅增长，新签铁路工程项目合同额达 2,541 亿元（其中，国内铁路工程项目为 2,296 亿元），占新签合同总额的 60.06%，创 15 年来的新高。公路市场作为既有市场，仍保持较大份额，2008 年公路业务新签合同额为 616 亿元，占本集团新签合同总额的 14.6%，增幅达 58.68%；城市轨道和市政的业务规模较 2007 年有大幅提升，新签合同额增幅分别达 92.02%、82.39%；房建规模提升也比较大，新签合同额增幅达 40.86%。

2008 年下半年，国家重新调整"十一五"铁路规划网，使勘察设计咨询市场进一步繁荣，公司勘察设计咨询板块新签合同额比 2007 年增长 26%。

2008 年，本集团的工业制造业务新签合同额为 35.3416 亿元人民币，较 2007 年减少 44.09%，主要原因是 2007 年新签合同额里包含了"十一五"规划任务。与 2006 年工业制造业务新签合同额为 10.6438 亿元相比，2008 年的增幅达到 232%。

本集团其他业务板块主要包括物流与物资贸易和房地产业务。2008 年物流与物资贸易板块新签合同额 144 亿元，占新签合同总额的 3.4%，比 2007 年增长 138.7%。

(2)经济效益稳步提升

2008 年本集团各业务板块的结构调整取得了明显成效，作为核心和优势板块的工程承包业务继续得到巩固和加强，其他创效板块也得到了较快发展。本集团全年实现营业收入 2,261.41 亿元，比上年同期增长 27.41%；实现净利润 37.06 亿元，同比增长 17.71%。

单位：百万元

主要运营与财务指标

项目	2008 年	2007 年	增长率
营业收入	226,140.71	177,487.29	27.41%
营业成本	203,607.08	160,598.33	26.78%
营业利润	4,701.75	4,890.82	-3.87%
营业利润率	2.08%	2.76%	减少 0.68 个百分点
净利润	3,706.29	3,148.57	17.71%

受人民币升值及国际金融危机的影响，2008 年公司 H 股募集资金和海外业务发生汇兑损失 8.50 亿元，是营业利润和营业利润率下降的主要原因。

(3)企业实力和竞争力明显增强

2008 年底与 2007 年底相比，本集团总资产由 1,568.8 亿元增加到 2,201.02 亿元，净资产由 52.74 亿元增加到 483.01 亿元；资产负债率由 96.64%下降到 78.06%；货币资金由 274.88 亿元增加到 574.70 亿元，银行借款由 257.96 亿元减少到 218.29 亿元；全年资本开支 121.03 亿元，主要用于盾构、提运架等设备购置，大大提升了本集团地下工程、客运专线及高速铁路等的施工能力。(4)产业调整向纵深发展，创效板块发展较快

经过几年的努力，本集团的业务已经从以施工承包为主发展成为具有可研、规划、勘察、设计、施工、监理、维护、运营和投融资的完善的行业产业链，具备了为业主提供一站式综合服务的能力。2008 年公司继续加大对创效板块的投入，勘察设计咨询、工业制造及物流与物资贸易三个板块实现营业收入 173.28 亿元（已扣除分部间交易），比上年增长 120.42%。

(5)海外业务发展态势良好

本集团的海外业务主要集中在亚洲、中东地区和非洲。2008 年，本集团继续贯彻国家"走出去"战略，着力构建"大海外"的战略格局，经营档次进一步提高，经营区域进一步拓展。同时，在信息跟踪、项目跟进、具体运作等各个环节上均加大组织协调力度，使得海外市场份额不断扩大。2008 年，本集团共承揽海外工程项目 163 个，海外新签合同额达人民币 421.697 亿元，承揽了包括利比亚铁路项目、阿尔及利亚铁路复线项目、沙特铁路复线项目、尼日利亚堤防、公路、房建及市政项目等在内的多项重大海外项目。公司全年的海外营业收入也大幅度提高，完成海外营业收入 172.02 亿元，占本集团 2008 年总收入的 7.61%，同比增长 170.5%。

单位：百万元

项目	2008 年	2007 年	增长率
境外市场营业收入	17,201.76	6,359.17	170.5%
境内市场营业收入	208,938.95	171,128.12	22.10%

(6)科技创新成果突出

2008 年本集团的科技创新取得了突出成果，特别是铁路、桥梁和隧道的设计修建技术实现了质的飞跃。全年本集团获得授权专利 102 项，共有 75 项科技成果通过省部级鉴定和评审，69 项工法被认定为国家二级工法，51 项获国家和省部级设计"四优"奖，18 项国优工程奖，8 项詹天佑土木工程大奖，属历年之最。其中，"青藏铁路工程"获国家科技进步特等奖，是本公司在近 20 年来获得的最高奖项；本公司所属子公司中铁建设集团有限公司的"建筑结构减振防灾关键技术与应用"和本公司所属子公司中铁十六局集团有限公司的"高海拔地区大型公路隧道建设与营运关键技术及应用"获国家科技进步二等奖。

6.1.2 各主营业务板块的经营情况

单位：百万元

各业务板块运营情况(未扣除分部间交易)

	营业收入		营业成本		毛利		毛利率	
项目	2008	2007	2008	2007	2008	2007	2008	2007
工程承包业务	207,330.34	168,181.53	187,893.47	153,306.68	19,436.87	14,874.85	9.37%	8.84%
勘察设计咨询业务	4,729.49	3,837.64	3,556.18	2,905.64	1,173.31	932.00	24.81%	24.29%
工业制造业务	4,848.03	1,886.88	4,162.05	1,551.88	685.98	335.00	14.15%	17.75%
其他业务	12,251.07	5,457.58	10,845.79	4,710.74	1,405.28	746.84	11.47%	13.68%
其中：房地产	1,083.02	739.56	715.48	508.56	367.54	231.00	33.94%	31.23%
物流与物资贸易	9,784.13	3,716.34	9,083.79	3,455.79	700.34	260.55	7.16%	7.01%
分部间抵销	-3,018.22	-1,876.34	-2,850.41	-1,876.62	-167.81	0.28	-	-
合计	226,140.71	177,487.29	203,607.08	160,598.33	22,533.63	16,888.96	9.96%	9.52%

由于 2007 年年报中各板块的数据是扣除分部间交易之后的数据，以下对比分析采用扣除分部间交易之后的数据。

(1)工程承包业务

工程承包业务是本集团核心及传统业务领域，业务种类覆盖铁路、公路、房屋建筑、市政公用、城市轨道、水利水电、桥梁、隧道、机场建设等多个领域。本集团在中国 31 个省市、自治区以及香港和澳门提供服务，并在非洲、亚洲、中东和欧洲等海外国家及地区参与基础设施建设工程项目。

报告期内，工程承包业务营业收入与毛利分别较上一年度增长 22.91%和 29.45%。

单位：百万元

工程承包业务(已扣除分部间交易)

项目	2008 年	2007 年	增长率
营业收入	206,345.61	167,884.63	22.91%
营业成本	187,067.79	152,992.62	22.27%
毛利	19,277.82	14,892.01	29.45%
毛利率	9.34%	8.87%	增长 0.47 个百分点

2008 年，本集团铁路市场的营业收入占本公司工程承包业务收入的 50.94%，占工程承包业务收入的比重较 2007 年增加了 5.55 个百分点，铁路市场营业收入的增长是本集团营业收入整体增长的主要因素。

(2)勘察设计咨询业务

勘察设计咨询业务是本集团另一项重要的收入来源，业务覆盖范围包括提供铁路、公路、城市轨道交通、水利及水电设施、机场、码头、工业与民用建筑和市政工程等土木工程和交通基础建设的勘察设计及咨询服务。

报告期内，本集团勘察设计咨询业务营业收入达 46.25 亿元，增长 27.57%，毛利较 2007 年增长 25.84%，毛利率基本保持稳定。

单位：百万元

勘察设计咨询业务(已扣除分部间交易)

项目	2008 年	2007 年	增长率
营业收入	4,624.93	3,625.42	27.57%
营业成本	3,451.62	2,693.00	28.17%
毛利	1,173.31	932.42	25.84%
毛利率	25.37%	25.72%	减少 0.35 个百分点

(3)工业制造业务

本集团的工业制造业务主要包括设计、研发、生产及保养大型养路机械设备与铁路、桥梁、轨枕及轨道系统零部件。

单位：百万元

工业制造业务(已扣除分部间交易)

项目	2008 年	2007 年	增长率
营业收入	4,415.19	1,411.76	212.74%
营业成本	3,729.21	1,077.62	246.06%
毛利	685.98	334.14	105.30%
毛利率	15.54%	23.67%	减少 8.13 个百分点

2008 年，本集团工业制造业务营业收入增幅较大，其主要原因如下：一是大型养路机械生产规模扩大及轨道系统部分新产品于 2008 年投产；二是公司 2008 年将所属子公司从事工业制造业务的工厂（桥梁厂、金属结构厂等）并入工业制造板块（这些工厂中有轨枕等混凝土制品），2008 年的对外销售收入约 8 亿元。由于新投产的国产化产品和混凝土制品毛利率低于大型养路机械和铁路辙叉等轨道系统零部件的毛利率，以及上半年原材料价格上涨导致成本加大，工业制造业务毛利率较上年度下降 8.13 个百分点。

(4)其他业务

本集团其他业务板块主要包括房地产开发、物流与物资贸易等业务。

单位：百万元

其他业务(已扣除分部间交易)

	2008 年	2007 年	增长率
营业收入	10,754.99	4,565.48	135.57%
其中：房地产	1,083.02	739.56	46.44%
物流与物资贸易	8,288.05	2,824.24	193.46%
营业成本	9,358.46	3,835.09	144.02%
毛利	1,396.53	730.39	91.20%
毛利率	12.98%	16.00%	减少 3.02 个百分点

2008 年房地产业务实现的营业收入较 2007 年增长 46.44%。未扣除分部间交易之前，2008 年房地产业务的毛利率为 33.94%，与 2007 年基本持平。

本集团主要从事建筑材料相关的物流与物资贸易业务。随着国内基建规模的扩大，公司物流和物资贸易业务实现大幅增长，利润贡献逐年上升。2008 年本集团物流和物资贸易业务实现的营业收入较 2007 年增长 193.46%。未扣除分部间交易之前，2008 年物流与物资贸易业务的毛利率为 7.16%，较 2007 年增长 0.15 个百分点。

6.1.3 主要客户及主要供应商情况

报告期内，本集团来自前五位客户的营业收入达 366.85 亿元，较 2007 年增长 47.89%，主要客户为铁道部所属的铁路局和铁路公司。本公司控股股东、实际控制人及其所控制的企业与主要客户无关联关系。

单位：百万元

项目	2008 年	2007 年
前五名客户收入总额合计	36,684.67	24,806.19
占全部营业收入的比例	16.22%	13.98%

报告期内，本集团向前五位原材料、能源供应商的采购总额达 38.15 亿元，较 2007 年增长 99.72%。上述供应商主要为国内的大型钢铁企业及物流贸易企业，本公司控股股东、实际控制人及其所控制的企业与主要供应商无关联关系。

单位:百万元

项目	2008 年	2007 年
前五名供应商采购金额合计	3,814.64	1,909.99
占采购总额的比例	1.87%	1.19%

6.1.4 主要成本及费用项目分析

报告期内，主要成本构成及变动如下表所示：

单位:百万元

项目	2008 年	2007 年	增长率
营业成本	203,607.08	160,598.33	26.78%
销售费用	848.89	696.11	21.95%
管理费用	8,724.93	5,326.35	63.81%
财务费用	1,061.51	860.19	23.40%
所得税费用	862.55	1,828.22	−52.82%

2008 年，本集团营业成本为 2,036.07 亿元，较 2007 年增长 26.78%。成本的变动主要与业务扩张导致的原材料、燃料及折旧费的增加相关，并与收入的增长相匹配。

2008 年，本集团管理费用为 87.25 亿元，较 2007 年增长 63.81%。管理费用增长的主要原因：一是根据《企业会计准则(2006)》，对于原按工资总额 14%计提的职工福利费在 2006 年末的余额予以转回，并相应冲减 2007 年度管理费用 11.89 亿元，扣除该因素影响，管理费用较上年增长 33.91%；二是本公司加大了对新技术的研发力度，研发费用增加较快，2008 年发生研发费用 15.10 亿元，较上年增长 457.2%。剔除上述两项因素影响，管理费用较上年增长 12.52%，低于营业收入的增长率。

2008 年，本集团财务费用为 10.62 亿元，较 2007 年增长 23.40%。财务费用增加主要原因是发生汇兑损失 8.5 亿元，较上年增加 7.58 亿元。

2008 年，本集团所得税费用为 8.63 亿元，较 2007 年降低 52.82%。所得税费用减少的主要原因：一是上年所得税费用中包括了由于税率变化一次性减少的递延所得税资产和负债净额 6 亿元；二是新的企业所得税法规定所得税税率自 2008 年 1 月 1 日起由 33%降至 25%；三是部分子公司获批准享受税收优惠。

单位:百万元

项目	2008 年	2007 年
当期所得税费用	338.49	962.01
递延所得税费用	524.06	866.21
所得税费用合计	862.55	1,828.22

6.1.5 利润表其他项目分析

(1)公允价值变动损益

报告期内，公司公允价值变动损失为 0.9 亿元，主要是由于本集团持有的权益性投资市价大幅减少所致。

(2)投资收益

报告期内，本集团共实现投资收益 2.35 亿元，占本集团 2008 年利润总额的 5.13%，较 2007 年减少 46.77%。其中，2008 年初，本公司下属中铁二十三局集团有限公司与伊泰集团签署协议转让持有的内蒙古呼准铁路有限公司 35%的股权，转让交易于 2008 年 1 季末前完成，并因此取得转让股权投资收益 1.44 亿元。此外，本公司于 2008 年持有的证券投资基金收取的收益及处置部分交易性金融资产和可供出售金融资产，产生投资收益 0.65 亿元，占利润总额的 1.42%。

6.1.6 资产负债分析

报告期末，本集团主要资产、负债金额及其变动情况如下：

单位:百万元

项目	2008 年		2007 年		增长率
	金额	占比	金额	占比	
资产总额	220,101.54	100%	156,877.78	100%	40.30%
主要资产类项目					
货币资金	57,470.06	26.11%	27,488.29	17.52%	109.07%
应收账款及长期应收账款	33,878.43	15.39%	31,136.73	19.85%	8.81%
预付款项	21,258.67	9.66%	13,392.91	8.54%	58.73%
其他应收款	14,905.11	6.77%	10,132.51	6.46%	47.10%
存货	22,149.69	10.06%	11,889.33	7.58%	86.30%
应收客户合同工程款项	36,317.26	16.50%	35,928.31	22.90%	1.08%
固定资产	19,689.43	8.95%	14,661.64	9.35%	34.29%
无形资产	6,978.96	3.17%	5,929.96	3.78%	17.69%
负债总额	171,800.27	100.00%	151,603.94	100%	13.32%
主要负债类项目					
短期借款	13,279.51	7.73%	17,571.66	11.59%	−24.43%
短期融资债券	346.60	0.20%	2,013.06	1.33%	−82.78%
应付账款及长期应付款	60,069.86	34.96%	42,864.96	28.27%	40.14%
预收款项	33,889.94	19.73%	32,624.87	21.52%	3.88%
应付客户合同工程款项	16,804.08	9.78%	17,391.76	11.47%	−3.38%
其他应付款	18,703.96	10.89%	12,981.69	8.56%	44.08%
长期借款	5,514.79	3.21%	5,108.75	3.37%	7.95%
一年内到期的非流动负债(长期借款)	2,688.37	1.56%	1,102.26	0.73%	143%
应付职工薪酬[注]	12,587.80	7.33%	12,481.36	8.23%	0.85%

注:“应付职工薪酬”为流动负债中的应付职工薪酬与长期负债中的应付职工薪酬的合计数。

本集团于 2008 年 3 月在上海和香港成功上市，募集资金净额约人民币 391 亿元。于 2008 年 12 月 31 日，货币资金余额 574.70 亿元，占总资产的 26.11%，较 2007 年末增长 109.07%。

本集团的预付款项主要为预付给供应商的材料款及预付给工程劳务或专业分包商的材料款、工程款。随着经营规模的扩大和工程项目的增多，以及为在较低的价格水平下锁定物资的采购价格，于 2008 年 12 月 31 日，预付款项余额 212.59 亿元，较 2007 年末增长 58.73%。

本集团的其他应收款主要是工程项目投标保证金、履约保证金等各类押金。随着经营规模的扩大，本集团投标及中标的工程项目大幅增加，投标保证金和履约保证金及相关的各类押金等款项相应增加。于 2008 年 12 月 31 日，其他应收款余额 149.05 亿元，较 2007 年末增长 47.10%。

存货项目中履行建造合同而采购的原材料及房地产开发成本是本集团存货项目的主要构成部分。2008 年 12 月 31 日，存货结余 221.50 亿元，较 2007 年末增长 86.30%。主要是由于全资子公司中铁房地产集团有限公司的房地产开发成本增加，以及由于工程施工规模的扩大对原材料需求的增加和储备所致。

报告期内，本集团固定资产呈现增长，主要是由于采购了大量现代化施工机械设备、运输设备、生产设备以及测量及试验设备以满足客运专线(高速铁路)建设及养路机械生产的需要。

2008 年 12 月 31 日，公司借款(短期借款、短期融资债券、长期借款、一年内到期的长期借款之和)较 2007 年减少 39.66 亿元，下降 15.38%，借款规模下降的主要原因是上市后公司资金压力有所减轻，且公司严格控制子公司借款规模。

2008 年 12 月 31 日，本集团应付账款及长期应付款较 2007 年增长 40.14%，增长主要是由于业务规模扩张所导致。

保证金和代垫费用是其他应付款的主要构成部分。2008 年末，上述二者占本集团其他应付款的比例为 53.57%。其他应付款中的代垫费用主要为工程项目其他参与方为本集团垫付的款项，保证金主要为本集团收取分包商的履约保证金及其他安全保证金等。除上述两者之外，其他应付款中，也包含应支付的维修费、装卸费、征地拆迁费等其他工程相关款项。

6.1.7 同公允价值计量相关的内部控制制度

公司严格按照企业会计准则的规定，规范和管理同公允价值计量相关的会计工作，并遵循谨慎性原则，采用适当、合理的方法确定公允价值。

与公允价值计量相关的项目

单位:百万元

项目 (1)	期初金额 (2)	本期公允价值变动损益(3)	计入权益的累计公允价值变动(4)	本期计提的减值 (5)	期末金额 (6)
金融资产					
其中：					
1、以公允价值计量且其变动计入当期损益的金融资产	125.13	−90.50			32.85
其中:衍生金融资产					
2、可供出售金融资产	343.99		−130.94		200.27
金融资产小计	469.12	−90.50	−130.94	0	233.12
金融负债					
投资性房地产					
生产性生物资产					
其他					
合计	469.12	−90.50	−130.94	0	233.12

6.1.8 报告期末金融资产情况

本公司主要依据自身业务特点、风险管理要求及持有金融资产的目的，对金融资产进行分类。于 2008 年 12 月 31 日，公司金融资产情况如下：

单位:百万元

项目	以公允价值计量且变动计入当期损益的金融资产	持有至到期投资	贷款和应收款项	可供出售金融资产	合计
持有至到期投资	−	17.29	−	−	17.29
可供出售金融资产	−	−	−	200.27	200.27
按成本法核算的长期股权投资	−	−	−	1,453.82	1,453.82
应收票据	−	−	131.79	−	131.79
应收账款	−	−	32,641.96	−	32,641.96
应收利息	−	−	155.49	−	155.49
应收股利	−	−	0.91	−	0.91
其他应收款	−	−	14,905.11	−	14,905.11
长期应收账款	−	−	1,236.47	−	1,236.47
交易性金融资产	32.85	−	−	−	32.85
货币资金	−	−	57,470.06	−	57,470.06
合计	32.85	17.29	106,541.79	1,654.09	108,246.02

6.1.9 持有外币金融资产、金融负债情况

单位:百万元

项目 (1)	期初金额 (2)	本期公允价值变动损益(3)	计入权益的累计公允价值变动(4)	本期计提的减值 (5)	期末金额 (6)
金融资产					
其中:1、以公允价值计量且其变动计入当期损益的金融资产	−	−	−	−	−
其中:衍生金融资产	−	−	−	−	−
2、贷款和应收款	3,284.37			−12.38	20,547.08

3、可供出售金融资产	0.75	–	–	–	3.83
4、持有至到期投资	–			–	–
金融资产小计	3,285.12	–	–	−12.38	20,550.91
金融负债					
短期借款	162.00				62.77
短期融资债券					
应付票据					
应付账款	274.63				589.19
应付利息					
应付股利					
其他应付款	740.58				1,421.52
一年内到期的非流动负债	143.39				44.69
长期借款	557.73				1,678.15
长期应付款	297.02				127.62
外币金融负债合计	2,175.36				3,923.93

6.1.10 现金流量变动分析

单位:百万元

项目	2008 年	2007 年	增长
经营活动产生的现金流量净额	7,299.85	9,420.84	−22.51%
投资活动产生的现金流量净额	−13,068.20	−12,182.61	7.27%
筹资活动产生的现金流量净额	32,286.54	7,631.00	323.10%

2008 年度,本集团经营活动的现金流入净额为 73.00 亿元,较 2007 年减少 22.51%。主要基于报告期净利润 37.06 亿元,就以下主要项目的调整:(1)固定资产折旧 40.67 亿元;(2)由于工程承包项目增加以致应付账款及应付票据增加 181.48 亿元;(3)其他经营性应付项目(主要包括其他应付款、应付职工薪酬、应交税金及预收账款等)增加 63.79 亿元;(4)本集团业务增长导致应收账款及应收票据增加 25.09 亿元;(5)本集团其他应收款等其他经营性项目有所增加,以致预付款项及其他应收款项增加 132.54 亿元;(6)存货增加 101.24 亿元,其中房地产开发产品及房地产开发成本增加 51.01 亿元。

2008 年度,本集团投资活动的现金流出净额为人民币 130.68 亿元,较 2007 年增长 7.27%。本集团投资活动的现金流出净额主要包括:(1)购买固定资产、在建工程、无形资产及其他长期资产支出 107.62 亿元;(2)投资支付的现金 10.88 亿元;(3)购买子公司和其他资产负债支出 4.05 亿元;(4)处置固定资产、无形资产、其他长期资产取得 11.86 亿元。

2008 年度,本集团筹资活动的现金流入净额为人民币 322.87 亿元,较 2007 年增长 323.10%。主要包括:(1)首次发行 A 股和 H 股募集资金净额 390.84 亿元;(2)新增银行借款及其他借款的现金 262.00 亿元;(3)偿还银行借款及其他借款支出 302.94 亿元;(4)支付股利及利息 27.71 亿元。

6.1.11 主要子公司的经营情况及业绩分析

报告期内,本公司主要子公司情况如下:

单位:百万元

2008 年主要财务指标

公司名称	注册资本	总资产	净资产	净利润	主营业务
中国土木工程集团有限公司	610.00	8,742.17	1,430.74	152.53	建筑施工
中铁十一局集团有限公司	431.85	12,022.66	973.37	204.87	建筑施工
中铁十二局集团有限公司	460.68	19,299.35	1,486.76	544.92	建筑施工
中铁十三局集团有限公司	444.81	10,165.39	660.83	103.37	建筑施工
中铁十四局集团有限公司	510.00	14,126.36	1,185.29	195.97	建筑施工
中铁十五局集团有限公司	517.21	11,563.24	553.90	94.88	建筑施工
中铁十六局集团有限公司	468.30	11,139.49	564.07	250.34	建筑施工
中铁十七局集团有限公司	444.21	11,476.45	935.66	237.95	建筑施工
中铁十八局集团有限公司	530.00	15,153.86	510.38	60.51	建筑施工
中铁十九局集团有限公司	495.46	8,650.39	621.84	187.08	建筑施工
中铁二十局集团有限公司	510.00	11,220.96	757.92	253.63	建筑施工
中铁二十一局集团有限公司	350.00	5,790.06	684.68	82.53	建筑施工
中铁二十二局集团有限公司	326.00	5,625.06	581.55	89.04	建筑施工
中铁二十三局集团有限公司	300.00	6,464.09	753.07	88.05	建筑施工
中铁二十四局集团有限公司	353.24	8,274.15	671.88	96.30	建筑施工
中铁二十五局集团有限公司	310.72	4,319.97	500.14	32.43	建筑施工
中铁建设集团有限公司	500.00	6,222.06	1,088.16	151.96	建筑施工
中铁建电气化局集团有限公司	110.00	4,925.49	303.31	103.61	建筑施工
昆明中铁大型养路机械集团有限公司	187.98	2,585.07	763.19	147.02	工业制造
中铁物资集团有限公司	81.30	5,330.43	428.66	113.17	物资采购销售
中铁第一勘察设计院集团有限公司	150.00	1,622.44	512.36	164.70	勘察设计
中铁第四勘察设计院集团有限公司	150.00	5,061.03	791.25	243.21	勘察设计
中铁第五勘察设计院集团有限公司	105.00	359.91	178.84	37.95	勘察设计
中铁上海设计院集团有限公司	80.00	289.24	172.05	29.94	勘察设计
北京铁城建设监理有限责任公司	6.00	74.71	21.08	5.11	工程监理
中铁房地产集团有限公司	2,000.00	11,769.71	2,278.92	−464.21	房地产开发
中铁轨道系统集团有限公司	520.00	1,714.45	757.87	48.71	工业制造
中国铁道建设(香港)有限公司	港币 6 百万元	52.21	13.15	2.87	建筑管理

其中:中铁十二局集团有限公司 2008 年主营业务收入 288.96 亿元,主营业务利润 21.39 亿元;中铁房地产集团有限公司 2008 年主营业务收入 6.70 亿元,主营业务利润 1.57 亿元。

6.2 对公司未来发展的展望

6.2.1 行业发展的趋势

1、行业发展的趋势

为积极应对国际金融危机,国家实施了进一步扩大内需、促进经济增长的十项措施,其中之一就是加快铁路、公路和机场等重大基础设施建设。作为一家综合性的建设集团,未来几年将是本集团难得的战略机遇期。

(1)铁路行业

在国家总额 4 万亿元投资扩大内需的计划中,铁路建设为拉动内需的主力军。根据通过国家批准的《中长期铁路网规划(2008 年调整)》,2020 年全国铁路营业里程规划目标由 10 万公里调整为 12 万公里以上,其中客运专线由 1.2 万公里调整为 1.6 万公里,电化率由 50%调整为 60%,主要繁忙干线实现客货分线,基本形成布局合理、结构清晰、功能完善、衔接顺畅的铁路网络,运输能力满足国民经济和社会发展需要,主要技术装备达到或接近国际先进水平。

(2)公路行业

按照《公路、水路交通"十一五"规划》及交通运输行业的中长期规划,国家对公路(含高速公路)建设的投资预计达 2.1 万亿元。在 2010 年前,年均投资规模约 1400 亿元,2010 年至 2020 年年均投资约 1000 亿元。受国家拉动内需,加大基础设施建设规模政策的影响,在保证原来的投资如期甚至提前完成的基础上,交通运输部又追加了 2 万亿以上规模,除了能够提前完成原有规划,还能够通过追加投资快速地拉动内需。到 2010 年,全国公路总里程将达到 230 万公里,全国高速公路通车里程达到 6.5 万公里,二级及以上公路里程达到 45 万公里,县乡公路达到 180 万公里。

(3)城市轨道交通行业

截至目前,我国 40 余城市在建或筹建地铁和轻轨等城市轨道交通设施,已获批的 15 个城市规划在 2015 年之前,建成 1700 公里的城市轨道交通,总投资超过 6000 亿元。筹备建设城轨的城市规划线路也超过了 1700 公里,加上目前在建的线路,我国城轨线路将达到 3400 公里,投资总额将超万亿。城市轨道交通建设已进入快速发展时期,在北京、上海、广州、深圳等 15 个城市近期规划的 60 多条线路中,规划建设地铁占 72%,轻轨占 10%。

(4)工业制造行业

受益于国家总额 4 万亿元的两年投资扩大内需的计划,特别是重点加快铁路建设的重大举措,昆明中铁大型养路机械集团有限公司和中铁轨道系统集团有限公司两个主要依托铁路发展的工业制造企业,迎来了一个难得的发展机遇期。

根据通过国家批准的《中长期铁路网规划(2008 年调整)》,2020 年全国铁路主要繁忙干线实现客货分线,基本形成布局合理、结构清晰、功能完善、衔接顺畅的铁路网络,主要技术装备达到或接近国际先进水平,作为生产大型养路机械、高速道岔等铁路设备的工业制造企业,发展前景广阔。

(5)物流行业

成品油费改税的实施以及国家对专项成品油配置价格的变化都将对成品油经营带来新的挑战,同时中央加大基础设施建设,加大铁路、公路投资,拉动内需给物流行业带来了快速发展的机遇。

08 年铁路建设物资管理模式进一步变革,部管物资的供应工作将由物资代理公司完成,以利于降低成本和提高供应效率。公司主要物流企业—物资集团全力以赴力争夺取物资代理公司资格,取得了铁道部部管物资 55 个项目的代理服务合同,将为包括京石客专在内的 55 个建设项目提供部管物资招标采购、组织供应、质量监控、驻厂监造等一体化服务,此举为更进一步扩大铁路建设市场物资销售份额开辟了一条捷径,同时为物资集团扩大工程物流业务搭建了有效平台。

(6)海外市场

海外建筑市场而言,受金融危机的影响,石油价格目前维持在较低的水平,非洲及中东地区石油输出国收入受到一定程度的影响,对基础设施需求的增长速度有所放缓。但是对当地经济发展而言,基础设施建设的需求仍然十分迫切,随着全球经济逐渐回暖,能源价格回升以及上述地区经济的增长,海外建筑市场的空间仍然巨大。

6.2.2 公司面临的机遇、挑战和风险

2009 年全球金融危机对世界经济和中国经济的影响将继续存在。但是对公司而言,既有挑战,更有难得的机遇,机遇大于挑战。

机遇表现在:

(1)工程承包业务机遇

工程承包是公司的主业,将决定公司的基本面。中央决策把大规模铁路建设作为扩内需保增长的火车头,未来三年,铁路基建投资达 2 万亿元,其中 2009 年开工项目的规模将达 1.5 万亿元,计划完成投资 6000 亿元;城市轨道交通、公路、水利、水电、机场、港口等基础设施和保障性住房建设投资巨大。中央政府推出了 4 万亿元规模的投资计划,基建行业将获得空前的发展机遇,迎来行业景气的巅峰。空前的投资规模给本公司提供了百年难得的历史机遇和前所未有的发展空间。

(2)结构调整的机遇

金融危机和经济衰退,为公司加快结构调整,培育创效板块提供了难得机遇。铁路建设的大发展和国家基建规模的扩大,将带来设计业务板块的快速发展,为工业制造和物流板块等相关产业带来很大的增长空间。

(3)财税金融政策机遇

国家为了应对金融危机、遏制经济快速下滑,已经并且还会继续出台为企业减负让利、鼓励企业发展的一系列优惠的财税和金融政策,包括在下调企业所得税之后,从 2009 年 1 月 1 日实行增值税转型的政策,调整出口退税的政策,支持产业结构调整优化升级的政策,支持企业自主创新的财税政策,支持节能减排的财税政策,支持企业走出去、增加用于出口买方信贷 500 亿美元专项资金的金融政策,设立中央国有资本经营预算境外重要矿产资源权益投资资金支持中央企业到境外开发重要矿产资源的政策,降息政策等。这些政策会对本集团产生直接、间接的有利影响。

挑战与风险:

(1)公司经营规模快速扩大,对设备、人才等资源的需求也随之增加。

公司在资金、技术、经验、设备等方面均处于业内领先地位,但各项资源的潜能还有待进一步挖掘。未来几年公司业务规模可能呈现快速增长,工程承包大项目增多,国家对建设方案、技术标准、工作效率和节能环保等方面的要求也日益提高。这些变化都将对公司资源配置能力、技术研发与创新以及人才需求等也将提出更高的要求。

(2) 公司基础建设工程业务的成功经营有赖于以合理的价格及合格的品质从供应商处购买充足的原材料和能源。受复杂的经济形势的影响,国内、国际市场的钢材、水泥、油料等主材价格仍然存在较大的不确定性。

(3)受金融危机和经济衰退的影响,海外业主和国内部分业主的支付能力将有所下降,尤其是房建业主结算滞后,所受影响比较明显。

(4)汇率风险

公司的汇率风险,一是汇率波动导致的境外上市募集资金产生的汇兑损失,二是海外业务规模较大,海外工程外币资产有一定存量,特别是公司的大项目主要集中在非洲、中东等石油输出国,石油价格的波动直接影响着当地货币的汇率。

(5)海外建筑市场可能受到影响

全球范围内,海外建筑业是金融危机中遭受冲击最大的行业之一。近几年,公司在国际市场的项目,主要分布在石油大国。受经济危机和石油价格下跌的影响,这些国家的基础设施建设速度可能放缓,公司海外经营的难度将会加大。

6.2.3 本集团 2009 年度的经营计划

为应对全球金融危机对中国经济的巨大冲击,国家相继推出了一系列扩大内需、加大基础设施设投资规模的政策措施,公司将迎来一个难得的发展机遇期。未来几年,公司将按照"抢抓机遇保增长,调整优化上水平,加强管控增效益,深化改革转机制"的发展思路,在继续巩固和发展工程承包核心业务的同时,进一步加大海外经营、勘察设计咨询、工业制造、物流贸易、资本运营和房地产开发等业务的市场培育力度,逐步形成新的经济增长点和利润增长点。在巩固本集团在我国建筑业领军地位的同时,积极转变经营思路,转换经营模式,实现由劳动密集型向管理技术资本密集型的转变,由粗放管理向精益生产、集约经营的转变,由单一国内建筑施工为主向海内外六大创效板块并重、协调发展的转变,由传统企业制度向现代企业制度的转变,努力把本集团发展成为全球最具竞争力的大型建设集团。

本集团 2009 年的经营计划是:实现新签合同额 3,221 亿元,实现营业收入 2,603 亿元,为实现上述目标, 2009 年乃至未来几年公司将主要做好以下几方面的工作:

(1)抢抓机遇保增长。

一是抓住铁路市场大发展的机遇,继续扩大公司铁路业务规模,同时,对于具有优势、收益良好的施工领域、地域,继续巩固和扩大。

二是解决好资源与规模的矛盾,有效配置公司内部资源,利用市场机制配置社会资源,使工程项目有序开展,在确保安全、质量和进度的同时,有效控制项目成本。

三是在经营策略上,及早谋划、筛选项目、锁定目标,把握好底线,对垫资项目、资金无保障的项目坚决放弃。

(2)调整优化上水平。

以加快创效板块成长为重点,进一步优化产业结构,使设计咨询、工业制造、物流与物资贸易、房地产开发和资本运营等创效板块的市场占有、营业收入和利润有明显的增长,同时提高创效板块对经济效益的贡献比重。由于海外业务毛利率高于国内市场,还要依托海外的成熟市场,加大经营力度,积极承揽新项目,实现海外业务的更大发展。

(3)加强管控增效益。

一是继续提高企业内部管理水平。在产值规模快速扩张的新形势下,持续不断地加强和改善企业内部经营管理,推动企业的经营决策、技术进步、工程公司建设、项目管理、内部控制和队伍全面建设再上水平。

二是继续加大资金管理、物资设备集中采购、推行架子队、责任成本管理和安全质量管理工作力度,确保营业收入与效益同步增长。在加强全面风险管理和内部控制方面,从股份公司、集团公司到工程公司都要建立健全全面风险管理体系和内部控制体系,特别强化财务和资金的内部控制,规避投资、汇兑等风险,确保投入就有回报。

(4)深化改革转机制

一是推进二级公司董事会规范运行试点工作,建立科学的公司治理机制,保证公司持续健康发展。

二是强化绩效考核,靠政策和机制调动全公司的积极性。

6.3 募集资金使用情况

√适用 □不适用

6.3.1 公司 A 股募集资金使用情况

公司 A 股于 2008 年 3 月 10 日在上海证券交易所上市,共募得资金净额 217.257 亿元。截至 2008 年 12 月 31 日,已累计使用 171.692 亿元募集资金,尚未使用 45.565 亿元。公司募集资金的使用与招股说明书中承诺的用途相一致。暂时未用的募集资金存放于公司募集资金专户,部分以通知存款及定期存款方式予以存放。截至 2008 年 12 月 31 日,公司 A 股募集资金项目的具体投资情况如下:

单位:百万元

募投项目	是否变更项目	拟投入金额	实际投入金额	未使用金额	是否符合计划进度	是否符合预计收益
1、购置国内工程施工所需的设备	否	10,500.00	7,393.52	3,106.48	基本符合	不适用
2、昆明中铁大型养路机械集团公司技术引进国产化项目改扩建工程	否	1,150.00	400.00	750.00	基本符合	不适用
3、中铁轨道系统集团公司轨道系统项目	否	320.00	320.00	-	是	是
4、长沙秀峰山庄项目	否	400.00	300.00	100.00	基本符合	不适用
5、石家庄——武汉铁路客专项目	否	1,500.00	900.00	600.00	快于计划进度	不适用
6、补充营运资金和还贷	否	7,855.66	7,855.66	-	是	不适用
合计		21,725.66	17,169.18	4,556.48		

截至 2008 年 12 月 31 日,部分募投项目进度超过计划:投入购买国内工程施工所需机械设备计 73.94 亿元,比计划进度 60 亿元多 13.94 亿元;投入石家庄——武汉铁路客运专线项目 9 亿元,比计划进度 2 亿元多 7 亿元,原因是被投资单位京广铁路客运专线河南有限公司对资本金投入的进度进行了调整。部分募投项目进度未达到原计划:投入昆明中铁大型养路机械集团有限公司技术引进国产化项目改扩建工程 4 亿元,比计划进度 6.5 亿元少 2.5 亿元,原因是付款期延后;投入长沙秀峰山庄项目 3 亿元,比计划进度 3.5 亿元少 0.5 亿元。

6.3.2 公司 H 股募集资金使用情况

本公司 H 股于 2008 年 3 月 13 日在香港联交所上市,共募得资金净额折合人民币 173.586 亿元。截至 2008 年 12 月 31 日,已累计使用折合人民币 25.737 亿元募集资金,发生净汇兑损失及利息 5.020 亿元,尚未使用折合人民币 142.829 亿元。公司募集资金的使用与招股说明书中承诺的用途相一致。暂时未用的募集资金存放于公司募集资金专户,部分以定期存款及结构性存款方式予以存放。截至 2008 年 12 月 31 日,公司 H 股募集资金项目的具体投资情况如下:

单位:百万元

募投项目	是否变更项目	拟投入金额	实际投入金额	未使用金额	是否符合计划进度	是否符合预计收益
1、购置设备	否	14,107.63	837.85	13,269.78	否	不适用
2、尼日利亚水泥厂	否	1,515.10	-	1,515.10	否	不适用
3、补充营运资金	否	1,735.86	1,735.86	-	是	不适用
4、汇兑损益及利息(损失以"-"表示)				-501.96		
合计		17,358.59	2,573.71	14,282.92		

原计划用于境外项目的施工设备采购款项 141.08 亿元应在两到三年内完成,受国际金融危机等因素的影响,截至 2008 年底用于海外项目施工设备采购的资金 8.38 亿元,占拟投入金额的 6%;受国际金融危机等因素的影响,尼日利亚水泥厂项目暂未实施。

变更项目情况

□适用 √不适用

6.5 非募集资金项目情况

√适用 □不适用

报告期内,已经公司董事会决议的投资和拟投资重大非募集资金投资项目情况如下:

(1)公司将对参股的承担尼日利亚拉格斯州莱基自贸区开发、运营、管理的中土北亚国际投资发展有限公司(以下简称"中土北亚公司")增资人民币 6,500 万元,公司全资子公司中国土木工程集团有限公司(以下简称"中国土木工程公司")将向中土北亚公司增资人民币 2,250 万元。公司和中国土木工程公司增资完成后,加上其他投资方的增资,中土北亚公司的注册资本将由人民币 5,000 万元增加到人民币 20,000 万元。公司对中土北亚公司的直接和间接出资合计为人民币 10,000 万元,占中土北亚公司全部注册资本的 50%,其中公司直接持股比例为 35%,中国土木工程公司持股比例为 15%。

(2)公司以增资方式投入全资子公司中铁轨道系统集团有限公司人民币 15,000 万元,用于新建高锰钢辙叉项目。

(3)公司出资受让全资子公司中铁十二局集团有限公司、中铁第四勘察设计院集团有限公司和中铁建设集团有限公司所持中铁房地产集团有限公司(以下简称"中铁房地产公司")共计 60%的股权,将中铁房地产公司变为公司直接持股的全资子公司。股权收购完成后,公司向中铁房地产公司增资,将中铁房地产公司注册资本由人民币 5 亿元增加至人民币 20 亿元。

(4)公司正在实施云南省昆明市主城东南二环快速系统改扩建工程第二标段 BT 项目。该标段全长 9.8 公里,投标总投资 240,228 万元;项目资本金为总投资的 35%,即 84,080 万元。

上述重大非募集资金投资项目已经公司第一届董事会第五次会议审议通过。

6.6 董事会对会计师事务所"非标准审计报告"的说明

□适用 √不适用

6.7 董事会本次利润分配或资本公积金转增预案

1、2008 年利润分配预案:

根据公司 2008 年度经审计财务报告,2008 年度母公司报表的净利润为 2,273,198,119.45 元,加上以前年度结转累计亏损 78,076,124.06 元,本年度累计可供分配的利润为 2,195,121,995.39 元。本年度按母公司可供分配利润的 10%提取法定盈余公积金 219,512,199.54 元,本年度可供股东分配的利润为 1,975,609,795.85 元。

本次利润分配预案为:公司拟按 2008 年 12 月 31 日总股本(12,337,541,500 股)为基数,每 10 股派发现金股利 1 元(含税),共分配现金股利 1,233,754,150 元,占母公司可供分配利润的 56.20%,占 2008 年合并报表归属于本公司股东净利润的 33.86%。分配后,母公司尚余未分配利润 741,855,645.85 元。

2、公司 2008 年无资本公积金转增股本预案。

6.8 公司前三年分红情况

分红年度	现金分红数额(含税)(千元)	分红年度净利润(千元)	现金分红占净利润比率(%)
Θ2007 年	2,423,883 注	3,143,404	77.11

注:2007 年根据公司重组安排向控股股东作出的特别分红

2007 年根据本公司的重组安排及 2007 年第二次临时股东大会会议决议,自本公司设立资产评估基准日(即 2006 年 12 月 31 日)至 2007 年 11 月 30 日期间的净利润(合并报表)归总公司所有,并拟以特别分红的方式派发。根据安永华明会计师事务所对本公司 2007 年 1-11 月财务报告的审计结果并经相关调整后,本公司确定特别分红金额为 24.2 亿元。上述股利已在公司 A 股上市前支付。

根据公司 2007 年第二次临时股东大会决议,公司 2007 年 12 月 1 日至 A 股发行前的滚存未分配利润由发行后的新老股东共享。根据公司 2007 年度股东大会决议,由于截至 2007 年 12 月 31 日只有一个月的时间,且公司的股票发行是在 2008 年 3 月,故公司不单独分配 2007 年 12 月 1 日至 2007 年 12 月 31 日的净利润,此部分净利润将按公司有关的股息政策及有关规定,与 2008 年实现的净利润一并分配,由新老股东共享。

第七节 重要事项

7.1 收购资产

√适用　　□不适用

交易对方或最终控制方	被收购标的	购买日	收购价格	自购买日起至本年末为公司贡献的净利润	本年初至本年末为公司贡献的净利润(适用于同一控制下的企业合并)	是否为关联交易(如是,说明定价原则)	所涉及的资产产权是否已全部过户	所涉及的债权债务是否已全部转移
湖南星沙实业发展有限公司	湖南星沙国际物流有限公司51%的股权	2008-3-31	20,000	-169	不适用	否	是	是
林西县通和矿业股东耿凤文	林西县通和矿业有限责任公司100%的股权	2008-8-13	20,500	0	不适用	否	是	是

7.2 出售资产

√适用　　□不适用

交易对方	被出售资产	出售日	出售价格	本年初起至出售日该出售资产为公司贡献的净利润	出售产生的损益	是否为关联交易(如是,说明定价原则)	所涉及的资产产权是否已全部过户	所涉及的债权债务是否已全部转移
内蒙古伊泰煤炭股份有限公司	中铁二十三局集团有限公司持有的内蒙古呼准铁路有限公司的35%股权	2008年3月	35,387.74	0	14,387.74	否	已过户	已转移(担保债务解除日2008年7月7日)

7.3 重大担保

√适用　　□不适用

公司对外担保情况(不包括对子公司的担保)

担保对象名称	发生日期(协议签署日)	担保金额(百万元)	担保类型	担保期	是否履行完毕	是否为关联方担保(是或否)
ChunWo-Henryvicy-CRCC-QueenslandRailJointVenture	2006.5.4	1.137	一般责任保证	2006.5.4-2010.8.8	否	是
CLPE-CRCC-HGJointVenture	2006.9.28	0.995	一般责任保证	2006.9.28-2009.6.30	否	是
四川纳叙铁路有限公司	2006.12.28	67.2	一般责任保证	2006.12.28-2026.12.28	否	是
四川纳叙铁路有限公司	2008.4.16	421	一般责任保证	2008.4.16-2028.4.16	否	是

报告期内担保发生额合计(百万元)	42
报告期末担保余额合计(百万元)	111.33
公司对子公司的担保情况	2
报告期内对子公司担保发生额合计(百万元)	3,839.93
报告期末对子公司担保余额合计(百万元)	13,303.24
公司担保总额情况(包括对子公司的担保)	
担保总额(百万元)	13,414.57
担保总额占公司合并净资产的比例	27.77%
其中:	
为股东、实际控制人及其关联方提供担保的金额(百万元)	0
直接或间接为资产负债率超过70%的被担保对象提供的债务担保金额(百万元)	12,940.64
担保总额超过净资产50%部分的金额(百万元)	0
上述三项担保金额合计	12,940.64

7.4 重大关联交易

7.4.1 与日常经营相关的关联交易

√适用　　□不适用

单位:千元

	2008年	2007年
(1)建造合同收入		
中信集团-中国铁建联合体	1,580,470	29,562
南京长江隧道有限责任公司	895,820	399,924
控股股东	120,571	93,776
重庆铁发遂渝高速公路有限公司	63,129	405,157
重庆单轨交通工程有限责任公司	21,137	-
西安天创房地产有限公司	11,008	-
内蒙古呼准铁路有限公司	-	101,410
北京通达京承高速公路有限公司	7,038	38,267
中铁焦电集贤有限公司(原集贤万邦焦化有限公司)	-	10,061
南昌铁路第二建筑工程公司	-	219
	2,699,173	1,078,376
占同类交易的比例	1.3%	低于1%
(2)勘察、设计及咨询收入		
南京长江隧道有限责任公司	36,041	7,000
控股股东	861	5,734
	36,902	12,734
占同类交易的比例	低于1%	低于1%
(3)其他关联方交易的收入		
中信集团-中国铁建联合体	45,411	47,564
CLPE-CRCC-HGJointVenture	1,249	5,492
ChunWo-Henryvicy-CRCC-QueenslandRailJointVenture	513	5,293
厦门新钢金属制品有限公司	-	240
中国铁道建筑(香港)有限公司	-	239
南京长江隧道有限责任公司	-	166
	47,173	58,994
占同类交易的比例	低于1%	低于1%
(4)接受劳务支出		
中信集团-中国铁建联合体	689,054	226,980
中铁交通国际工程技术有限公司	219,460	77,705
锦鲤资产管理中心	40,176	-
铁道第四勘察设计院图文印制中心	16,318	11,341
铁道第四勘察设计院保障服务中心	11,689	10,947
铁道第四勘察设计院会议接待中心	4,058	2,950
武汉绿茵草坪工程有限责任公司	3,905	1,800
上海先科桥梁隧道检测加固工程技术有限公司	500	-
	985,160	331,723
占同类交易的比例	低于1%	低于1%

7.4.2 关联债权债务往来

√适用　　□不适用

单位:千元

	2008年12月31日	2007年12月31日
应收账款		
重庆铁发遂渝高速公路有限公司	56,861	70,307
北京通达京承高速公路有限公司	35,055	33,215
重庆单轨交通工程有限责任公司	5,768	-
西安天创房地产有限公司	4,900	-
南昌铁路第二建筑工程公司	715	934
控股股东	419	-
内蒙古呼准铁路有限公司	-	46,061
南京长江隧道有限责任公司	-	3,562
Dragages-ChinaCivilVSLJV	-	2,718
ChunWo-Henryvicy-CRCC-QueenslandRailJointVenture	-	1,110
CLPE-CRCC-HGJointVenture	-	493
	103,718	158,400
应收账款坏账准备		
内蒙古呼准铁路有限公司	-	286
	-	286
应收客户合同工程款项		
控股股东	22,354	-
重庆铁发遂渝高速公路有限公司	20,528	57,044
北京通达京承高速公路有限公司	1,929	4,028
	44,811	61,072
预付款项		
武汉绿茵草坪工程有限公司	650	-
中铁交通国际工程技术有限公司	-	377,895
中信集团-中国铁建联合体	-	264,305
	650	642,200
其他应收款		
新华锦集团青岛锦源房地产开发有限公司	87,861	120,095
湖北万佳房地产开发有限公司	35,027	-
南昌新龙置业有限公司	33,436	-
南昌铁路第二建筑工程公司	6,102	3,313
中铁交通国际工程技术有限公司	5,299	33,980
陕西久正医药科技有限公司	1,042	-
CLPE-CRCC-HGJointVenture	472	3,358
江西宏达工程实业有限公司	78	33
重庆单轨交通工程有限责任公司	59	-
ChunWo-Henryvicy-CRCC-QueenslandRailJointVenture	-	167
	169,376	160,946
其他应收款坏账准备		
南昌新龙置业有限公司	180	-
	180	-

应付账款		
江西宏达工程实业有限公司	8,312	3,349
武汉绿茵草坪工程有限公司	391	–
南昌铁路第二建筑工程公司	381	1,089
中铁交通国际工程技术有限公司	–	95,963
重庆铁发遂渝高速公路有限公司	–	14,506
中国铁道建筑总公司鹰潭战备材料基地	–	340
	9,084	115,247
应付客户合同工程款项		
南京长江隧道有限责任公司	92,098	243,684
控股股东	2,025	–
北京通达京承高速公路有限公司	–	5,439
	94,123	249,123
预收款项		
中信集团-中国铁建联合体	751,340	–
南京长江隧道有限责任公司	121,232	285,246
控股股东	9,045	–
重庆单轨交通工程有限责任公司	5,786	3,000
内蒙古呼准铁路有限公司	–	41,106
重庆铁发遂渝高速公路有限公司	–	30,289
北京通达京承高速公路有限公司	–	1,558
	887,403	361,199
其他应付款		
中信集团-中国铁建联合体	689,054	94,171
控股股东	224,895	18,654
HKACEJointVenture	56,106	58,056
达喜有限公司	19,407	49,785
锦鲤资产管理中心	13,728	–
湖北万佳房地产开发有限公司	4,000	–
中国土木(香港)建筑有限公司	1,522	–
ChunWo-Henryvicy-CRCCJointVenture	1,202	–
中铁交通国际工程技术有限公司	–	36,429
上海铁城工程实业公司	–	3,720
	1,009,914	260,815
应付股利		
控股股东	–	1,023,883

7.4.3 2008 年资金被占用情况及清欠进展情况

√适用　　□不适用

大股东及其附属企业非经营性占用上市公司资金的余额(万元)

期初余额	期末余额
0	0

大股东及其附属企业非经营性占用上市公司资金及清欠情况的具体说明	本公司在各个会计期末不存在控股股东非经营性占用资金的问题,各个会计期间的发生额是本公司(包括所属子公司)与中国铁道建筑总公司(包括其下属子公司)由于存在代收代支问题而形成的账面借方发生额,本期共发生 87,777.8 万元,期末余额为零。代收代支主要原因:一是按月向离退休人员支付的统筹外费用等代支款项(按重组协议,本公司及下属各子公司在重组前存在的离退休人员统筹外费用由本公司下属各子公司代发,由中国铁道建筑总公司负担);二是由于我公司是主营业务整体上市,中国铁道建筑总公司的银行账户在股份公司成立时均划归股份公司使用,中国铁道建筑总公司要开展业务需要重新开户。因办理各类转移手续需要较长时间,因此造成中国铁道建筑总公司款项的收支在一段时间内只能由股份公司代为办理。
非经营性资金占用责任人和董事会拟定的解决措施	采取的措施: 1、本公司已下发通知,明确要求离退休人员统筹外费用不得由股份公司(包括所属子公司)代付,由中国铁道建筑总公司支付给各单位的专用账户后,各单位再支付给个人。所属各单位董事长、总经理、总会计师(财务总监)对本单位的资金占用问题负责。 2、公司已下发通知,要求各所属单位尽快对应收总公司各单位的各类债权进行彻底清理,并全部清偿,未清理完毕的将追究有关人员的责任。 3、公司要求各所属单位严格做到股份公司与总公司财务分开、账务分开,不得使用"内部往来"科目核算与总公司之间的往来,2008 年年底清偿之后,股份公司账中不得再出现任何其他应收、应付、内部往来总公司的任何款项。 4、公司已制定了《中国铁建股份有限公司关联交易决策制度》,明确规定了确认关联方关系和处理关联交易应遵循的原则、关联交易的认定、决策权限、表决回避和信息披露等,形成了较为完善的关联交易及其对外披露决策程序,从机制上有效防范了大股东占用资金问题的发生。

7.5 委托理财情况

□适用　　√不适用

7.6 承诺事项履行情况

√适用　　□不适用

1、于公司股票发行时,本公司控股股东总公司承诺 A 股股票上市之日起三十六个月内,不转让或者委托他人管理其持有的本公司股份,也不由本公司收购该部分股份。控股股东履行了该项承诺。

2、本公司在招股说明书中披露:公司拥有的土地共计 836 宗,其中:正在办理以国家作价出资方式获得土地使用权手续的原划拨土地有 349 宗,正在办理出让手续的土地有 53 宗。

报告期内,本公司持续推进土地使用权证的换证及办证工作。截至 2008 年 12 月 31 日,总计 300 宗以国家作价出资方式获得土地使用权手续的原划拨土地已经取得土地使用证,42 宗土地完成了土地出让手续的办理并已经取得土地使用证。本公司将进一步推进土地使用权证的完善,履行对股东的承诺。

7.7 重大诉讼仲裁事项

√适用　　□不适用

本公司所属全资子公司中铁十四局集团有限公司诉中国房地产开发集团济南军安工程有限公司,要求中国房地产开发集团济南军安工程有限公司支付工程欠款 46,527,133.79 元并赔偿各项经济损失 4,059,633.6 元的纠纷案,已由山东省高级人民法院开庭审理,并委托中介机构进行了造价鉴定,且采取了财务保全措施,目前仍在一审过程中。

报告期内,本集团发生标的额超过 1000 万元的未结诉讼仲裁案件共计 17 起,涉案金额合计 5.699 亿元。该 17 起诉讼仲裁案件单项案件金额较小,其中 9 起诉讼案件本集团为原告方,涉案金额合计 4.618 亿元,并且本集团已经对部分案件主动采取了诉讼财产保全措施,因此,上述案件不会对本集团造成较大经济损失,亦不会对本集团的经营和财务状况造成重大影响。

7.8 其它重大事项及其影响和解决方案的分析说明

7.8.1 持有其他上市公司股权情况

√适用　　□不适用

单位:千元

证券代码	证券简称	初始投资金额	占该公司股权比例(%)	期末账面值	报告期损益	报告期所有者权益变动	会计核算科目	股份来源
601939	建设银行	1,825.4	0.00012%	1,083.9	−1,703.7	–	交易性金融资产	新股申购
601088	中国神华	1,738.5	0.00024%	824.4	−2,259.3	–	交易性金融资产	新股申购
601857	中国石油	1,452.9	0.00005%	884.8	−1,808.7	–	交易性金融资产	新股申购
601328	交通银行	529.3	0.00014%	317.6	−729.0	–	交易性金融资产	新股申购
601169	北京银行	462.5	0.00059%	329.7	−423.7	–	交易性金融资产	新股申购
601998	中信银行	353.8	0.00016%	235.5	−383.7	–	交易性金融资产	新股申购
601866	中海集运	324.4	0.00042%	129.9	−465.5	–	交易性金融资产	新股申购
600028	中国石化	533.3	0.00016%	533.3	–	–	交易性金融资产	新股申购
184692	基金裕隆	20,569.8	0.66969%	13,862.6	−47,454.2	–	交易性金融资产	二级市场购买
500009	基金安顺	11,881.7	0.51000%	12,852.0	−25,841.7	–	交易性金融资产	二级市场购买
500011	基金金鑫	3,350.2	0.12000%	1,800.0	−6,980.4	–	交易性金融资产	二级市场购买
000639	金德发展	1,712.6	1.77274%	9,752.4	–	−10,950.8	可供出售金融资产	原始股
601328	交通银行	49,892.0	0.07016%	162,928.6	–	−99,636.7	可供出售金融资产	原始股
002159	三特索道	3,000.0	1.25000%	3,600.0	–	−7,090.0	可供出售金融资产	原始股
000759	武汉中百	1,057.7	0.14013%	7,383.1	–	−1,017.1	可供出售金融资产	原始股
600885	力诺太阳	1,440.0	0.71027%	8,386.6	–	−4,040.4	可供出售金融资产	原始股
600809	山西汾酒	708.1	0.04620%	2,170.0	–	−5,190.0	可供出售金融资产	原始股
000886	海南高速	3,414.1	0.12782%	4,968.8	–	−3,464.0	可供出售金融资产	原始股
600322	天房发展	160.0	0.02521%	320.0	–	−254.0	可供出售金融资产	原始股
合计	–	104,406.3	–	232,362.9	−88,049.9	−131,643.0	–	–

7.8.2 持有非上市金融企业股权情况

√适用　　□不适用

所持对象名称	初始投资金额(千元)	持有数量(股)	占该公司股权比例	期末账面值(千元)	报告期损益	报告期所有者权益变动	会计核算科目	股份来源
国泰君安证券股份有限公司	7,660	7,660,000	0.16%	7,660	–	–	长期股权投资	–
合计	7,660	7,660,000	0.16%	7,660	–	–	–	–

7.8.3 买卖其他上市公司股份的情况

	股份名称	期初股份数量(股)	报告期买入/卖出股份数量(股)	期末股份数量(股)	使用的资金数量(千元)	产生的投资收益(千元)
卖出	中国远洋	47,000	−47,000	–	398.6	328.2
	中海油服	15,000	−15,000	–	202.2	61.4
	中国中铁	79,000	−79,000	–	379.2	35.3
	其他[注]	–	–	–	869.7	267.1

注:"其他"主要是指:(1)2008 年 1 月,公司新股申购中煤能源 31,000 股,并于 2008 年 4 月全部

卖出；(2)2008 年 4 月，公司新股申购金钼股份 21,000 股，并于当月全部卖出。7.8.4 买卖其他上市公司股份的情况

第八节　监事会报告

监事会认为公司依法运作、公司财务情况、公司募集资金使用、公司收购、出售资产交易和关联交易不存在问题。

第九节　财务报告

9.1 审计意见

安永华明(2009)审字第 60618770_A01 号

中国铁建股份有限公司全体股东：

我们审计了后附的中国铁建股份有限公司(“贵公司”)及其子公司(统称“贵集团”)财务报表，包括 2008 年 12 月 31 日合并及公司的资产负债表、2008 年度合并及公司的利润表、股东变动表和现金流量表以及财务报表附注。

一、管理层对财务报表的责任

按照企业会计准则的规定编制财务报表是贵公司管理层的责任。这种责任包括：(1) 设计、实施和维护与财务报表编制相关的内部控制，以使财务报表不存在由于舞弊或错误而导致的重大错报；(2) 选择和运用恰当的会计政策；(3) 作出合理的会计估计。

二、注册会计师的责任

我们的责任是在实施审计工作的基础上对财务报表发表审计意见。我们按照中国注册会计师审计准则的规定执行了审计工作。中国注册会计师审计准则要求我们遵守职业道德规范，计划和实施审计工作以对财务报表是否不存在重大错报获取合理保证。

审计工作涉及实施审计程序，以获取有关财务报表金额和披露的审计证据。选择的审计程序取决于注册会计师的判断，包括对由于舞弊或错误导致的财务报表重大错报风险的评估。在进行风险评估时，我们考虑与财务报表编制相关的内部控制，以设计恰当的审计程序，但目的并非对内部控制的有效性发表意见。审计工作还包括评价管理层选用会计政策的恰当性和作出会计估计的合理性，以及评价财务报表的总体列报。

我们相信，我们获取的审计证据是充分的、适当的，为发表审计意见提供了基础。

三、审计意见

我们认为，上述财务报表已经按照企业会计准则的规定编制，在所有重大方面公允地反映了贵集团和贵公司于 2008 年 12 月 31 日的财务状况以及 2008 年度的经营成果和现金流量。

安永华明会计师事务所　　　　中国注册会计师：杨淑娟

中国　北京　　　　中国注册会计师：陈　静

2009 年 4 月 28 日

9.2 财务报告

合并资产负债表

2008 年 12 月 31 日

(除特别注明外，金额单位为人民币千元)

		2008 年 12 月 31 日	2007 年 12 月 31 日
资产			
流动资产：			
货币资金	1	57,470,064	27,488,294
交易性金融资产	2	32,853	125,131
持有至到期投资	12	10,000	25,000
应收票据	3	131,787	162,108
应收账款	4	32,641,956	30,102,895
预付款项	5	21,258,665	13,392,906
应收利息	6	155,493	17,166
应收股利	7	907	839
其他应收款	8	14,905,109	10,132,507
存货	9	22,149,687	11,889,329
应收客户合同工程款项	10	36,317,258	35,928,314
流动资产合计		185,073,779	129,264,489
非流动资产：			
可供出售金融资产	11	200,272	343,988
持有至到期投资	12	7,288	18,358
长期股权投资	13	1,898,442	1,067,215
长期应收账款	4	1,236,469	1,033,832
固定资产	14	19,689,425	14,661,637
在建工程	15	2,197,429	1,336,320
无形资产	16	6,978,960	5,929,956
长期待摊费用		64,684	81,750
递延所得税资产	17	2,754,787	3,140,236
非流动资产合计		35,027,756	27,613,292
资产总计		220,101,535	156,877,781
流动负债：			
短期借款	20	13,279,512	17,571,659
短期融资债券	21	346,599	2,013,057
应付票据	22	4,467,460	3,023,454
应付账款	23	58,356,924	41,653,339
预收款项	24	33,889,939	32,624,866
应付客户合同工程款项	10	16,804,081	17,391,764
应付职工薪酬	25	6,640,869	5,812,891
应交税费	26	2,662,599	2,747,023
应付利息		67,560	53,141
应付股利	27	12,619	1,036,586
其他应付款	28	18,703,956	12,981,694
预计负债	33	2,898	7,610
递延收益		18,138	18,079
一年内到期的非流动负债	29	2,815,723	1,206,337
流动负债合计		158,068,877	138,141,500
非流动负债：			
长期借款	30	5,514,787	5,108,747
长期应付款	31	1,712,940	1,211,618
专项应付款	32	98,222	100,922
递延收益		157,376	177,692
递延所得税负债	17	301,141	194,994
应付职工薪酬	25	5,946,929	6,668,470
非流动负债合计		13,731,395	13,462,443
负债合计		171,800,272	151,603,943
股东权益:			
股本	34	12,337,542	8,000,000
资本公积	35	31,386,638	(3,261,607)
盈余公积	36	219,512	–
未分配利润	37	3,716,446	292,115
外币报表折算差额		113,387	27,452
少数股东权益	38	527,738	215,878
股东权益合计		48,301,263	5,273,838
负债和股东权益总计		220,101,535	156,877,781

法定代表人：李国瑞　　主管会计工作负责人：庄尚标　　会计机构负责人：余兴喜

合并利润表

2008 年度

(除特别注明外，金额单位为人民币千元)

		2008 年	2007 年
营业收入	39	226,140,708	177,487,288
减：营业成本	39	203,607,081	160,598,330
营业税金及附加	40	6,730,520	5,489,878
销售费用		848,886	696,113
管理费用		8,724,927	5,326,349
财务费用	41	1,061,508	860,188
资产减值损失	42	610,076	118,642
加：公允价值变动收益/(损失)	43	(90,498)	52,390
投资收益	44	234,542	440,644
其中：对联营企业和合营企业的投资收益		(9,839)	38,634
营业利润		4,701,754	4,890,822
加：营业外收入	45	265,158	219,194
减：营业外支出	46	398,067	133,228
其中：非流动资产处置损失		37,388	61,346
利润总额		4,568,845	4,976,788
减：所得税费用	47	862,554	1,828,222
净利润		3,706,291	3,148,566
归属于母公司股东的净利润		3,643,843	3,143,404
少数股东损益		62,448	5,162
每股收益			
基本每股收益(人民币元/股)	50	0.32	0.39
稀释每股损益(人民币元/股)	50	不适用	不适用

法定代表人：李国瑞　　主管会计工作负责人：庄尚标　　会计机构负责人：余兴喜

合并股东权益变动表

(除特别注明外，金额单位为人民币千元)

2008 年度

	归属于母公司股东权益							
	股本	资本公积	盈余公积	未分配利润	外币报表折算差额	合计	少数股东权益	股东权益合计
一、本年年初余额	8,000,000	(3,261,607)	–	292,115	27,452	5,057,960	215,878	5,273,838
二、本年增减变动金额								
(一) 净利润	–	–	–	3,643,843	–	3,643,843	62,448	3,706,291
(二) 直接计入股东权益的利得和损失：			–					
可供出售金融资产公允价值变动	–	(130,938)	–	–	–	(130,938)	–	(130,938)
可供出售金融资产公允价值变动的递延所得税影响(附注六、17)	–	32,472	–	–	–	32,472	–	32,472
外币报表折算差额	–	–	–	–	85,935	85,935	62	85,997
上述(一)和(二)小计	–	(98,466)	–	3,643,843	85,935	3,631,312	62,510	3,693,822
(三) 股东投入和减少资本								

股东投入资本(附注六、34、35)	4,337,542	34,746,711	–	–	–	39,084,253	67,403	39,151,656
收购重要资产和负债 (附注六、56)	–	–	–	–	–	–	192,157	192,157
(四) 利润分配								
提取盈余公积	–	–	219,512	(219,512)	–	–	–	–
对股东的分配	–	–	–	–	–	–	(10,210	)(10,210)
三、本年年末余额	12,337,542	31,386,638	219,512	3,716,446	113,387	47,773,525	527,738	48,301,263

2007 年度

	归属于母公司股东权益							
	股本	资本公积	盈余公积	未分配利润	外币报表折算差额	合计	少数股东权益	股东权益合计
一、本年年初余额	1,961,087	–	–	–	–	1,961,087	884,048	2,845,135
二、本年增减变动金额								
(一) 净利润	2,851,289	–	–	292,115	–	3,143,404	5,162	3,148,566
(二) 直接计入股东/								
所有者权益的利得和损失：								
可供出售金融资产公允价值变动	247,637	–	21,991	–	–	269,628	–	269,628
可供出售金融资产公允价值变动的								
递延所得税影响(附注六、17)	(21,522)	–	(10,166)	–	–	(31,688)	–	(31,688)
外币报表折算差额	–	–	–	–	27,452	27,452	16	27,468
上述(一)和(二)小计	3,077,404	–	11,825	292,115	27,452	3,408,796	5,178	3,413,974
(三) 权益持有者投入/(减少)权益净额								
I. 受让少数股东股权(注 1)	(2,104,321)	–	–	–	–	(2,104,321)	(551,344)	(2,655,665)
II. 剥离部分资产及负债:								
(i) 从固定资产剥离(附注六、14)	(1,087,596)	–	–	–	–	(1,087,596)	–	(1,087,596)
(ii) 从在建工程剥离(附注六、15)	(23,667)	–	–	–	–	(23,667)	–	(23,667)
(iii) 从无形资产剥离(附注六、16)	(229,087)	–	–	–	–	(229,087)	–	(229,087)
(iv) 从其他资产剥离	(2,252,651)	–	–	–	–	(2,252,651)	–	(2,252,651)
(v) 应付补充退休福利剥离								
(附注六、25)	2,880,020	–	–	–	–	2,880,020	–	2,880,020
(vi) 应付补充退休福利相应的								
递延所得税资产剥离(附注六、17)	(846,670)	–	–	–	–	(846,670)	–	(846,670)
III.土地作价出资(注 2)	3,074,967	–	–	–	–	3,074,967	–	3,074,967
IV.重组期间产生的可抵税资产								
重估增值而确认的递延所得税								
资产(附注六、17)	1,002,420	–	–	–	–	1,002,420	48,883	1,051,303
V. 股东投入资本	2,400,000	–	–	–	–	2,400,000	–	2,400,000
VI.权益持有者投入/(减少)								
资本净额 (注 3)	(701,455)	–	–	–	–	(701,455)	86,198	(615,257)
(四) 利润分配								
对权益持有者的分配	–	–	–	–	–	–	(257,085)	(257,085)
根据重组安排向控股股东								
作出的特别分红(注 4)	(2,423,883)	–	–	–	–	(2,423,883)	–	(2,423,883)
(五) 根据重组安排折合为股本								
及资本公积	(4,726,568)	8,000,000	(3,273,432)	–	–	–	–	–
三、本年年末余额	–	8,000,000	(3,261,607)	292,115	27,452	5,057,960	215,878	5,273,838

法定代表人：李国瑞　　主管会计工作负责人：庄尚标　　会计机构负责人：余兴喜

注 1：本公司的若干子公司存在职工股股东的情况，于 2007 年度，本集团与上述职工股的相关股东持股会各自签署了股权转让协议及股权转让补充协议。根据股权转让协议及股权转让补充协议，双方同意，本集团享有自 2006 年 12 月 31 日起相应的被收购的职工股东记名持有的股权所对应的全部权利和义务，包括但不限于该等股权相对应的公司所产生的利润和亏损。本集团收购上述职工股的对价于股权收购基准日与归属于职工股股东的权益差额已冲减归属于母公司所有者权益。因此就收购少数股东权益而言，除了需冲减少数股东权益以外，亦需冲减归属于母公司所有者权益。上述收购交易于 2007 年度完成。

注 2：根据中华人民共和国国土资源部于 2007 年 10 月 17 日发出的《关于中国铁道建筑总公司重组改制土地资产处置的复函》，中华人民共和国国土资源部同意将上述批复所指的 349 宗土地的国有划拨土地使用权按原用途以国家作价出资方式投入本公司。据此，通过这项作价出资安排，本集团的净资产增加约人民币 30.7 亿元。

注 3：权益持有者减少资本净额主要为因本集团重组资产剥离原因，需冲减控股股东对本集团的权益投入，即冲减本集团的净资产，故此在编制本合并财务报表时，需予以冲减归属于母公司所有者权益。

注 4：根据本公司的重组安排及本公司 2007 年第二次临时股东大会会议决议及补充说明，自重组基准日(即 2006 年 12 月 31 日)至 2007 年 11 月 30 日止会计期间的净利润需返还给控股股东，并拟以特别分红的方式派发。因本集团于 2007 年 1 月 1 日至 11 月 30 日止会计期间已因上述注 3 所述冲减了部分控股股东对本集团的权益投入，因此在扣除这部分因素和其他相应调整后，本集团就上述重组安排仍需向控股股东返还的款项约为人民币 24.2 亿元。

合并现金流量表
2008 年度
(除特别注明外，金额单位为人民币千元)

		2008 年	2007 年
一、经营活动产生的现金流量：			
销售商品、提供劳务收到的现金		222,657,492	174,647,366
收到的税费返还		98,237	8,673
收到其他与经营活动有关的现金		1,600,044	1,207,184
经营活动现金流入小计		224,355,773	175,863,223
购买商品、接受劳务支付的现金		(192,633,740)	(146,423,802)
支付给职工以及为职工支付的现金		(13,548,467)	(11,113,493)
支付的各项税费		(7,683,482)	(6,213,485)
支付其他与经营活动有关的现金	51	(3,190,234)	(2,691,608)
经营活动现金流出小计		(217,055,923)	(166,442,388)
经营活动产生的现金流量净额	52	7,299,850	9,420,835
二、投资活动产生的现金流量：			
收回投资收到的现金		136,923	250,829
取得投资收益收到的现金		71,227	171,695
处置固定资产、无形资产和其他长期资产收回的现金净额		1,185,952	1,194,877
出售子公司收到的现金净额		–	117,228
减少已作质押的定期存款及其他使用受限的货币 资金		3,022,272	1,550,070
收到其他与投资活动有关的现金		1,507,241	913,887
投资活动现金流入小计		5,923,615	4,198,586
购建固定资产、无形资产和其他长期资产支付的现金		(10,761,833)	(10,190,359)
投资支付的现金		(1,087,776)	(193,328)
收购子公司少数股权支付的现金		–	(2,425,092)
收购子公司及其他资产和负债所支付的现金净额	55、56	(405,000)	–
增加存款期为三个月以上未作质押的定期存款		(2,548,979)	(414,450)
增加已作质押的定期存款及其他使用受限的货币 资金		(4,188,229)	(2,039,947)
支付其他与投资活动有关的现金		–	(1,118,023)
投资活动现金流出小计		(18,991,817)	(16,381,199)
投资活动产生的现金流量净额		(13,068,202)	(12,182,613)
三、筹资活动产生的现金流量：			
吸收投资收到的现金		39,151,656	2,400,000
其中：子公司吸收少数股东投资收到的现金		67,403	–
取得借款收到的现金		26,199,890	27,017,301
筹资活动现金流入小计		65,351,546	29,417,301
偿还债务支付的现金		(30,294,398)	(17,920,171)
分配股利、利润或偿付利息支付的现金		(2,770,607)	(3,164,673)
其中：子公司支付给少数股东的股利/利润		(10,210)	(257,085)
支付的其他与筹资活动有关的现金	–	(701,455)	
筹资活动现金流出小计		(33,065,005)	(21,786,299)
筹资活动产生的现金流量净额		32,286,541	7,631,002
四、汇率变动对现金及现金等价物的影响		(251,355)	(54,368)
五、现金及现金等价物净增加额		26,266,834	4,814,856
加：年初现金及现金等价物余额		23,188,491	18,373,635
六、年末现金及现金等价物余额	53	49,455,325	23,188,491

资产负债表
2008 年 12 月 31 日
(除特别注明外，金额单位为人民币千元)

		2008 年 12 月 31 日	2007 年 12 月 31 日
流动资产：			
货币资金		22,624,481	2,055,928
交易性金融资产		32,320	123,798
应收账款	1	8,906	11,743
预付款项		5,572,092	2,163,802
应收利息		137,966	97
应收股利		405,403	215,481
其他应收款	2	11,456,087	3,690,568
存货		29,169	3,778
应收客户合同工程款项		1,881,056	1,138,383
流动资产合计		42,147,480	9,403,578
非流动资产:			
可供出售金融资产		94,550	155,788
长期股权投资	3	19,080,010	12,092,988
固定资产		41,372	40,327
递延所得税资产		15,759	10,827
非流动资产合计		19,231,691	12,299,930
资产总计		61,379,171	21,703,508
负债和股东权益			
流动负债:			
短期借款		300,000	4,115,574
短期融资债券		–	2,013,057
应付账款		3,137,268	241,102
预收款项		656,368	1,720,748
应付职工薪酬		29,684	39,178
应交税费		(288,275)	(262,823)
应付股利		–	16,420

其他应付款	4,349,581	1,753,181
一年内到期的非流动负债	839,371	60,000
流动负债合计	9,023,997	9,696,437
非流动负债：		
长期借款	1,545,756	2,043,865
长期应付款	7,822	458,278
递延所得税负债	–	11,845
应付职工薪酬	33,870	36,880
非流动负债合计	1,587,448	2,550,868
负债合计	10,611,445	12,247,305
股东权益：		
股本	12,337,542	8,000,000
资本公积	36,235,062	1,534,279
盈余公积	219,512	–
未分配利润/(累计亏损)	1,975,610	(78,076)
股东权益合计	50,767,726	9,456,203
负债和股东权益总计	61,379,171	21,703,508

利润表

2008 年度

(除特别注明外，金额单位为人民币千元)

		2008 年	2007 年
营业收入	4	6,730,877	266,863
减：营业成本	4	6,325,872	210,810
营业税金及附加		118,389	5,337
销售费用		32,843	2
管理费用		213,955	97,725
财务费用/(收入)		(151,340)	28,979
加：公允价值变动收益/(损失)		(90,498)	6,549
投资收益	5	2,229,491	9,594
其中：对联营企业和合营 企业的投资收益		936	3,093
营业利润/(亏损)		2,330,151	(59,847)
加：营业外收入		704	526
减：营业外支出		5,252	2,335
利润/(亏损)总额		2,325,603	(61,656)
减：所得税费用		52,405	–
净利润/(亏损)		2,273,198	(61,656)

股东权益变动表

2008 年度

(除特别注明外，金额单位为人民币千元)

项目	股本	资本公积	盈余公积	未分配利润	股东权益合计
一、本年年初余额	8,000,000	1,534,279	–	(78,076)	9,456,203
二、本年增减变动金额					
(一) 净利润	–	–	–	2,273,198	2,273,198
(二) 直接计入股东权益的利得和损失：					
可供出售金融资产公允价值变动	–	(61,238)	–	–	(61,238)
可供出售金融资产公允价值变动的					
递延所得税影响	–	15,310	–	–	15,310
上述(一)、(二) 小计	–	(45,928)		2,273,198	2,227,270
(三) 股东投入和减少资本					
股东投入资本	4,337,542	34,746,711	–	–	39,084,253
(四) 利润分配					
提取盈余公积	–	–	219,512	(219,512)	–
三、本年年末余额	12,337,542	36,235,062	219,512	1,975,610	50,767,726

	股本	资本公积	累计亏损	股东权益合计
一、本期期初余额	–	–	–	–
二、本期增减变动金额				
(一) 本公司于注册成立日折合				
股本及资本公积(附注一)	8,000,000	1,498,744	–	9,498,744
(二) 净亏损	–	–	(61,656)	(61,656)
(三) 直接计入股东权益的利得和损失：				
可供出售金融资产公允价值变动	–	47,380	–	47,380
可供出售金融资产公允价值变动的递延所得税影响	–	(11,845)	–	(11,845)
(四) 利润分配				
根据重组安排向控股股东作出的特别分红(注)	–	–	(16,420)	(16,420)
三、期末余额	8,000,000	1,534,279	(78,076)	9,456,203

注：根据本公司的重组安排及本公司 2007 年第二次临时股东大会会议决议及补充说明，自 2007 年 11 月 5 日（公司注册成立日）至 2007 年 11 月 30 日止会计期间的净利润需返还给控股股东，并拟以特别分红的方式派发。本公司就上述重组安排需向控股股东返还的款项约为人民币 16,420 千元。

现金流量表

2008 年度

(除特别注明外，金额单位为人民币千元)

		2008 年	2007 年
一、经营活动产生的现金流量：			
销售商品、提供劳务收到的现金		4,880,514	208,802
收到的税费返还		95,002	–
收到其他与经营活动有关的现金		3,454,955	191,423
经营活动现金流入小计		8,430,471	400,225
购买商品、接受劳务支付的现金		(6,863,195)	(394,406)
支付给职工以及为职工支付的现金		(123,716)	(15,036)
支付的各项税费		(292,812)	(28,026)
支付其他与经营活动有关的现金		(2,459,527)	(513,917)
经营活动现金流出小计		(9,739,250)	(951,385)
经营活动产生的现金流量净额	6	(1,308,779)	(551,160)
二、投资活动产生的现金流量：			
处置固定资产、无形资产和其他长期资产收回的现金净额		479	–
取得投资收益所收到的现金		5,028	–
收回投资收到的现金		75,058	6,501
收到其他与投资活动有关的现金		1,163,406	77,297
投资活动现金流入小计		1,243,971	83,798
购建固定资产、无形资产和其他长期资产支付的现金		(11,226)	(6,049)
投资所支付的现金		(5,262,597)	(1,759,489)
增加存款期为三个月以上的定期存款		(2,942,082)	–
支付的其他与投资活动有关的现金		(6,944,520)	–
投资活动现金流出小计		(15,160,425)	(1,765,538)
投资活动产生的现金流量净额		(13,916,454)	(1,681,740)
三、筹资活动产生的现金流量：			
吸收投资所收到的现金		39,084,253	2,400,000
取得借款收到的现金		1,213,651	1,331,962
收到其他与筹资活动有关的现金		–	28,412
筹资活动现金流入小计		40,297,904	3,760,374
偿还债务支付的现金		(7,211,474)	(458,906)
分配股利、利润或偿付利息支付 的现金		(220,450)	(102,840)
支付的其他与筹资活动有关的现金		–	–
筹资活动现金流出小计		(7,431,924)	(561,746)
筹资活动产生的现金流量净额		32,865,980	3,198,628
四、汇率变动对现金及现金等价物的影响		(14,273)	(4,125)
五、现金及现金等价物净增加额		17,626,474	961,603
加：年/期初现金及现金等价物余额		2,015,928	1,054,325
六、年/期末现金及现金等价物余额	8	19,642,402	2,015,928

9.3 公司会计政策、会计估计变更或重大会计差错更正的原因及影响

根据财政部 2008 年 12 月 26 日发布的《关于做好执行会计准则企业 2008 年年报工作的通知》(财会函[2008]60 号)的规定：高危行业企业按照规定提取的安全生产费用，应当按照《企业会计准则讲解(2008)》的规定，改变安全生产费用计提的会计处理，将原计提时在成本费用中直接列支的安全生产费用改为按照利润分配进行会计处理，即安全生产费用计提时，在所有者权益"盈余公积–专项储备"项下列报。属于资本性的支出于完工后转入固定资产，并按规定计提折旧，计入有关成本费用；属于费用性的支出计入当期损益。同时，应当按照实际使用金额在所有者权益内部进行结转，但结转金额以"盈余公积–专项储备"科目余额冲减至零为限。据此本公司在编制 2008 年年度财务报表时对财务报表项目进行了追溯调整。

2007 年度按上述规定标准计提的安全生产费用为人民币 12.03 亿元，于当年实际使用的安全生产费用已超过人民币 12.03 亿元，因而年末盈余公积项下的专项储备基金无余额。

2008 年度按照上述规定标准计提的安全生产费用为人民币 16.36 亿元，于本年度实际使用的安全生产费用已超过人民币 16.36 亿元，因而年末盈余公积项下的专项储备基金无余额。

上述会计政策变更对 2008 年度和 2007 年度的净利润均无影响。

9.4 本报告期无会计差错更正。

9.5 报告期内，公司财务报表合并范围未发生重大变化。

二重集团(德阳)重型装备股份有限公司

二重集团(德阳)重型装备股份有限公司首次公开发行股票上市公告书

第一节　重要声明与提示

二重集团(德阳)重型装备股份有限公司(以下简称"本公司"或"发行人")及全体董事、监事、高级管理人员保证上市公告书的真实性、准确性、完整性,承诺上市公告书不存在虚假记载、误导性陈述或重大遗漏,并承担个别和连带的法律责任。

上海证券交易所、其他政府机关对本公司股票上市及有关事项的意见,均不表明对本公司的任何保证。

本公司提醒广大投资者注意,凡本上市公告书未涉及的有关内容,请投资者查阅刊载于上海证券交易所网站(www.sse.com.cn)的本公司招股说明书全文。

本公司董事、监事与高级管理人员均未以任何方式直接或间接持有本公司的股份,并承诺将严格遵守《公司法》、《证券法》和《上海证券交易所股票上市规则》等有关法律、法规关于公司董事、监事和高级管理人员持股及锁定的有关规定。

第二节 股票上市情况

一、本上市公告书是根据《中华人民共和国公司法》、《中华人民共和国证券法》、《首次公开发行股票并上市管理办法》和《上海证券交易所股票上市规则》等有关法律、法规规定,并按照上海证券交易所《股票上市公告书内容与格式指引》而编制,旨在向投资者提供有关本公司首次公开发行股票上市的基本情况。

二、本公司公开发行不超过30,000万股人民币普通股(A股)已经中国证券监督管理委员会证监许可[2010]64号文核准。本次发行采用网下向询价对象询价配售(以下简称"网下发行")与网上资金申购发行(以下简称"网上发行")相结合的方式;其中,网下发行6,000万股,网上定价发行24,000万股,发行价格为8.50元/股。

三、经上海证券交易所上证发字[2010]5号文批准,本公司发行的人民币普通股股票在上海证券交易所上市,证券简称"二重重装",证券代码"601268";其中本次公开发行中网上资金申购发行的24,000万股股票将于2010年2月2日起上市交易。

本公司本次发行的招股意向书、招股说明书全文及相关备查文件可以在上海证券交易所网站(www.sse.com.cn)查询。本公司招股意向书的披露距今不足一个月,故与其重复的内容不再重述,敬请投资者查阅上述内容。

四、公司股票上市概况

1、上市地点:上海证券交易所

2、上市时间:2010年2月2日

3、股票简称:二重重装

4、股票代码:601268

5、首次公开发行后总股本:169,000万股

6、首次公开发行股份数:30,000万股

7、发行前股东所持股份的流通限制及期限

控股股东中国第二重型机械集团公司(以下简称"中国二重")承诺:自本公司股票在证券交易所上市之日起三十六个月内,不转让或者委托他人管理其已持有的本公司股份,也不由本公司收购该部分股份。

中国华融资产管理公司承诺:自本公司股票在证券交易所上市之日起三十六个月内不转让或者委托他人管理其已持有的本公司股份,也不由本公司收购该部分股份。本公司股票在证券交易所上市之日起三十六个月后,其持有的股份每年通过证券交易系统的转让比例不超过总股本的3%,如其进行协议转让,中国第二重型机械集团公司享有优先受让权。若此间财政部对其股份转让有新的要求,中国第二重型机械集团公司应按当时市场价格受让其股份,否则,中国华融资产管理公司有权经相关审批程序后公开对外转让且不受上述每年3%的限制。

中国信达资产管理公司承诺:其持有的本公司股份,自本公司股票在证券交易所上市之日起十二个月内不转让。

根据《境内证券市场转持部分国有股充实全国社会保障基金实施办法》(财企[2009]94号),经国务院国有资产监督管理委员会《关于二重集团(德阳)重型装备股份有限公司国有股转持有关问题的批复》(国资产权[2009]583号)确认,本次公开发行A股3亿股,国有法人股东中国二重将所持的22,845,000股发行人股份转由全国社会保障基金理事会持有(按本次实际发行300,000,000股的10%扣除华融公司和信达公司应分别承担的6,540,000股和615,000股计算)。全国社会保障基金理事会所持有的本公司股份自本公司股票在证券交易所上市之日起三十六个月内不转让。

8、本次上市股份的其他锁定安排:本次公开发行中配售对象参与网下发行获配的6,000万股股票自本次网上发行的股票在上海证券交易所上市交易之日起锁定三个月。

9、本次上市的无流通限制及锁定安排的股份:本次公开发行中网上发行的24,000万股股份无流通限制及锁定安排。

10、股票登记机构:中国证券登记结算有限责任公司上海分公司

11、上市保荐人:宏源证券股份有限公司

第三节　发行人、股东和实际控制人情况

一、发行人基本情况公司

1、公司名称:

中文:二重集团(德阳)重型装备股份有限公司

英文:CHINA ERZHONG GROUP (DEYANG) HEAVY INDUSTRIES CO.,LTD.

2、注册资本:本次发行前139,000万元

本次发行后169,000万元

3、法定代表人:孙德润

4、设立日期:2001年12月30日

5、住所及邮政编码:四川省德阳市珠江西路460号　618000

6、业务范围:普通机械及成套设备,金属制品设计、制造、安装、修理;金属冶炼加工;计算机软硬件产品开发、销售;多媒体数字软硬件产品开发、销售;技术咨询服务;金属材料销售;计算机系统集成;计算机网络设计、安装、调试;氧、氮、氩气体产品生产、销售;工程勘察设计;进出口贸易;管道安装(必须取得相关行政许可证后,方可开展生产经营活动)。

7、所属行业:C7301　冶金、矿山、机电工业专用设备制造业

8、电话:0838-2343088　　传真:0838-2343066

9、互联网地址:http://www.china-erzhong.com

10、电子信箱:dsb@china-erzhong.com

11、董事会秘书:王煜

二、公司董事、监事、高级管理人员及其持有公司的股票情况

序号	姓　名	职　务	持股情况
1	石　柯	董事长	无
2	孙德润	副董事长、总经理	无
3	罗元福	董事	无
4	许　斌	董事	无
5	王克伟	职工董事	无
6	安德武	独立董事	无
7	李克成	独立董事	无
8	佟保安	独立董事	无
9	宋思忠	独立董事	无
10	马树扬	监事会主席	无
11	陶晓燕	职工监事	无
12	于　平	监事	无
13	胡　洪	副总经理	无
14	杨建辉	副总经理	无
15	曾祥东	副总经理	无
16	李瑞潮	副总经理	无
17	刘华学	总会计师	无
18	王　煜	董事会秘书	无

三、公司控股股东和实际控制人的情况

公司控股股东及实际控制人为中国第二重型机械集团公司。中国二重的前身是中国第二重型机器厂,始建于1958年,1971年全面投产。1993年8月,更名为中国第二重型机械集团公司。中国二重的注册地为四川省德阳市旌阳区,注册资本为58,000万元,法定代表人石柯。

中国二重是为国民经济和国防建设提供重大技术装备的国有重点骨干企业。

1993年被国家确定为全国120家试点企业集团,1995年被国家确定为57家计划单列企业集团,1999年被中央列为53户关系国家安全和国民经济命脉的重点骨干企业,是中国21家重大装备国产化基地之一,2008年被科学技术部、国务院国资委和全国总工会确定为国家级创新型试点企业。

截至2008年12月31日,该公司合并总资产15,966,515,639,97元,归属于母公司股东的净资产2,132,554,345.19元,2008年度归属于母公司股东的净利润417,741,089.18元(上述数据已经信永中和审计)。

公司实际控制人为国务院国资委。

四、公司前十名股东持有公司发行后股份情况

此次发行后，公司股东总人数为 238,236 户。

公司前 10 名股东持有公司发行后股份情况如下：

序号	股东名称	持股量(股)	持股比例(%)
1	中国第二重型机械集团公司	1,035,640,000	61.28%
2	中国华融资产管理公司	303,02[illegible],000	17.93%
3	中国信达资产管理公司	28,495,000	1.69%
4	全国社会保障基金理事会转持三户	22,845,000	1.35%
5	东海证券有限责任公司	694,625	0.04%
6	大成价值增长证券投资基金	694,551	0.04%
6	华泰人寿保险股份有限公司-万能-个险万能	694,551	0.04%
6	全国社保基金五零二组合	694,551	0.04%
6	中国农业银行-大成创新成长混合型证券投资基金	694,551	0.04%
6	中信建投证券有限责任公司	694,551	0.04%
6	华泰财产保险股份有限公司-传统-理财产品	694,551	0.04%
6	国信证券股份有限公司	694,551	0.04%
6	泰康人寿保险股份有限公司-万能-个险万能	694,551	0.04%
6	华泰人寿保险股份有限公司-分红-个险分红	694,551	0.04%
6	太平人寿保险有限公司-分红-个险分红	694,551	0.04%
6	东北证券股份有限公司	694,551	0.04%
6	泰康人寿保险股份有限公司-万能-团体万能	694,551	0.04%
6	嘉禾人寿保险股份有限公司-传统保险产品	694,551	0.04%
6	中船重工财务有限责任公司	694,551	0.04%
6	华泰资产管理有限公司-增值投资产品	694,551	0.04%
6	大通证券股份有限公司	694,551	0.04%
6	中国银行-大成蓝筹稳健证券投资基金	694,551	0.04%
6	泰康人寿保险股份有限公司-分红-个人分红-019L-FH002 沪	694,551	0.04%
6	泰康人寿保险股份有限公司-分红-团体分红-019L-FH001 沪	694,551	0.04%
6	中信信托有限责任公司-803	694,551	0.04%
6	中核财务有限责任公司	694,551	0.04%
6	全国社保基金五零一组合	694,551	0.04%
6	广发华福证券有限责任公司	694,551	0.04%
6	全国社保基金六零一组合	694,551	0.04%
6	国都证券有限责任公司	694,551	0.04%
6	兵器财务有限责任公司	694,551	0.04%
6	DEUTSCHE BANK AKTIENGESELLSCHAFT	694,551	0.04%
6	光大证券-光大银行-光大阳光基中宝(阳光 2 号二期)集合资产管理计划	694,551	0.04%
6	齐鲁证券有限公司	694,551	0.04%
6	中国银行-易方达策略成长证券投资基金	694,551	0.04%
6	太平人寿保险有限公司-分红-团险分红	694,551	0.04%
6	交通银行-科瑞证券投资基金	694,551	0.04%
6	平安证券有限责任公司	694,551	0.04%
6	中国银行-易方达积极成长证券投资基金	694,551	0.04%
6	中国银行-易方达策略成长二号混合型证券投资基金	694,551	0.04%
6	中国工商银行-富国天利增长债券投资基金	694,551	0.04%
6	太平人寿保险有限公司-万能-团险万能	694,551	0.04%
6	中国建设银行-工银瑞信信用添利债券型证券投资基金	694,551	0.04%
6	华泰证券股份有限公司	694,551	0.04%
6	太平人寿保险有限公司-万能-个险万能	694,551	0.04%
6	泰康人寿保险股份有限公司-投连-个险投连	694,551	0.04%
6	山西证券股份有限公司	694,551	0.04%
6	太平人寿保险有限公司-传统-普通保险产品-022L-CT001 沪	694,551	0.04%
6	中国建设银行-工银瑞信增强收益债券型证券投资基金	694,551	0.04%
6	华泰资产管理有限公司-策略投资产品	694,551	0.04%
6	泰康人寿保险股份有限公司-传统-普通保险产品-019L-CT001 沪	694,551	0.04%
6	上海浦东发展集团财务有限责任公司	694,551	0.04%
6	中信信托有限责任公司	694,551	0.04%
6	昆仑信托有限责任公司	694,551	0.04%
	合　计	1,424,728,624	84.30%

第四节　股票发行情况

1、发行数量：30,000 万股

2、发行价格：8.50 元/股

3、发行方式：本次发行采用网下向询价对象询价配售和网上资金申购发行相结合的方式。其中，网下发行 6,000 万股，网上向社会公众投资者发行 24,000 万股。

4、募集资金总额：255,000 万元

5、本次发行费用共 5,788.60 万元，每股发行费用 0.19 元，具体明细如下：

(1)承销保荐费用：3,885.00 万元

(2)审计费用：556.84 万元

(3)律师费用：117.60 万元

(4)评估师费用 117.00 万元

(5)发行手续费等 1,112.16 万元

6、募集资金净额：249,211.40 万元

信永中和会计师事务所有限责任公司已于 2010 年 1 月 28 日对公司首次公开发行股票的资金到位情况进行了审验，并出具了 XYZH/2009CDA1002-5《验资报告》。

7、发行后每股净资产：2.99 元/股(按公司截至 2009 年 6 月 30 日经审计的净资产加上本次筹资净额之和除以本次发行后总股本计算)

8、发行后每股收益：0.21 元/股(按照经会计师事务所审计的、遵照中国会计准则扣除非经常性损益前后孰低的 2008 年净利润除以本次发行后总股本计算)

第五节　其他重要事项

一、本公司已向上海证券交易所承诺，将严格按照上海证券交易所的有关规则，在公司股票上市后三个月内办理工商登记变更手续并相应完善公司章程等规章制度。

二、根据《上海证券交易所上市公司募集资金管理规定》，本公司将在募集资金到账后两周内与保荐人宏源证券股份有限公司和存放募集资金的商业银行签订《募集资金专户存储三方监管协议》，并在该协议签订后两个交易日内公开披露该协议的主要内容。

三、本公司自 2010 年 1 月 15 日刊登首次公开发行股票招股意向书至本上市公告书刊登前，没有发生可能对本公司有较大影响的重要事项，具体如下：

1、本公司严格依照《公司法》、《证券法》等法律法规的要求，规范运作，生产经营状况正常；主营业务目标进展情况正常；

2、本公司所处行业和市场未发生重大变化；

3、本公司原材料采购价格和产品销售价格未发生重大变化；

4、本公司未发生重大关联交易；

5、本公司未进行重大投资；

6、本公司未发生重大资产(或股权)购买、出售及置换；

7、本公司住所没有变更；

8、本公司董事、监事、高级管理人员及核心技术人员没有变化；

9、本公司未发生重大诉讼、仲裁事项；

10、本公司未发生对外担保等或有事项；

11、本公司的财务状况和经营成果未发生重大变化；

12、本公司无其他应披露的重大事项。

第六节　上市保荐人及其意见

一、上市保荐人基本情况

上市保荐人：宏源证券股份有限公司

法定代表人：冯戎

注册地址：乌鲁木齐市文艺路 233 号宏源大厦

联系地址：北京市西城区太平桥大街 19 号 B 座 5 层

保荐代表人：申克非、包建祥

项目协办人：邹颖

电　　话：010-88085770

传　　真：010-88085256

二、上市保荐人的推荐意见

上市保荐人宏源证券股份有限公司(以下简称"宏源证券")已向上海证券交易所提交了《宏源证券股份有限公司关于二重集团(德阳)重型装备股份有限公司 A 股上市保荐书》，上市保荐人的保荐意见如下：

二重集团(德阳)重型装备股份有限公司申请其股票上市符合《中华人民共和国公司法》、《中华人民共和国证券法》及《上海证券交易所股票上市规则》等国家有关法律、法规的有关规定，二重集团(德阳)重型装备股份有限公司股票具备在上海证券交易所上市的条件，宏源证券愿意推荐二重集团(德阳)重型装备股份有限公司股票在上海证券交易所上市交易，并承担相关保荐责任。

发行人：二重集团(德阳)重型装备股份有限公司

保荐机构(主承销商)：宏源证券股份有限公司

二〇一〇年二月一日

中国北车股份有限公司

中国北车股份有限公司首次公开发行A股股票上市公告书

第一节　重要声明与提示

中国北车股份有限公司(以下简称"中国北车"、"本公司"或"发行人")及全体董事、监事、高级管理人员保证上市公告书的真实性、准确性、完整性,承诺上市公告书不存在虚假记载、误导性陈述或重大遗漏,并承担个别和连带的法律责任。

上海证券交易所、其他政府机关对本公司股票上市及有关事项的意见,均不表明对本公司的任何保证。

本公司提醒广大投资者注意,凡本上市公告书未涉及的有关内容,请投资者查阅刊载于上海证券交易所网站(http://www.sse.com.cn)的本公司招股说明书全文。

本公司董事、监事和高级管理人员均不存在以任何形式直接或间接持有本公司股份的情况,并承诺将严格遵守《公司法》、《证券法》和《上海证券交易所股票上市规则》等有关法律、法规关于公司董事、监事和高级管理人员持股及锁定的有关规定。

如无特别说明,本上市公告书中的简称或名词的释义与本公司首次公开发行A股股票招股说明书中的相同。

第二节　股票上市情况

一、本上市公告书系根据《公司法》、《证券法》、《首次公开发行股票并上市管理办法》和《上海证券交易所股票上市规则》等有关法律法规规定,并按照上海证券交易所《股票上市公告书内容与格式指引》编制而成,旨在向投资者提供本公司首次公开发行A股股票上市的基本情况。

二、本公司首次公开发行A股股票(以下简称"本次发行")经中国证券监督管理委员会证监许可[2009]1270号文核准。

三、本公司A股上市经上海证券交易所上证发字2009[22]号文同意。

四、股票上市概况

1、上市地点:上海证券交易所

2、上市时间:2009年12月29日

3、股票简称:中国北车

4、股票代码:601299

5、本次发行完成后总股本:830,000万股

6、本次发行股份数:250,000万股

7、本次发行前股东所持股份的流通限制及期限:

本公司控股股东中国北方机车车辆工业集团公司(以下简称"北车集团")承诺:自本公司股票上市之日起三十六个月内,不转让或者委托他人管理其直接或间接持有的本公司首次公开发行股票前已发行股份,也不由本公司回购该部分股份。

持有本公司股份的股东大同前进投资有限责任公司(以下简称"前进投资")承诺:自本公司股票上市之日起三十六个月内,不转让或者委托他人管理其直接或间接持有的本公司首次公开发行股票前已发行股份,也不由本公司回购该部分股份。

持有本公司股份的股东中国诚通控股集团有限公司(以下简称"诚通集团")和中国华融资产管理公司(以下简称"华融公司")均承诺:自本公司股票上市之日起一年内,不转让其持有的发行人首次公开发行股票前已发行的股份。

根据《境内证券市场转持部分国有股充实全国社会保障基金实施办法》(财企[2009]94号)的有关规定,本公司首次公开发行股票并上市后,由本公司国有股股东北车集团、前进投资、诚通集团和华融公司转由全国社会保障基金理事会持有的本公司国有股,全国社会保障基金理事会将承继原国有股东的禁售期义务。

8、本次上市股份的其他锁定安排:本次发行中,网下向询价对象配售的87,500万股股份锁定期为3个月,锁定期自本次网上资金申购发行的股票在上海证券交易所上市交易之日起计算。

9、本次上市的无流通限制及锁定安排的股份:本次发行中,网上资金申购发行的162,500万股股份无流通限制及锁定安排。

10、股票登记机构:中国证券登记结算有限责任公司上海分公司

11、上市保荐人:中国国际金融有限公司

第三节　发行人、股东和实际控制人情况

一、发行人基本情况

1、中文名称:中国北车股份有限公司

中文简称:中国北车

英文名称:China CNR Corporation Limited

英文简称:CNR

2、法定代表人:崔殿国

3、成立日期:2008年6月26日

4、注册资本:58亿元(本次发行前)

5、住所:北京市丰台区芳城园一区15号楼

邮政编码:100078

6、经营范围:铁路机车车辆(含动车组)、城市轨道车辆、工程机械机电设备、电子设备及相关部件等产品的研发、设计、制造、维修及服务和相关产品销售、技术服务及设备租赁业务;进出口业务;与以上业务相关的实业投资;资产管理;信息咨询业务。

7、主营业务:轨道交通装备制造

8、所属行业:交通运输设备制造业

9、电话号码:(010)5189 7290

10、传真号码:(010)5260 8380

11、互联网网址:www.chinacnr.com

12、电子信箱:ir@chinacnr.com

13、董事会秘书:谢纪龙

14、董事、监事、高级管理人员

(1)董事

本公司共有董事9名,其中包括独立董事5名。本公司董事任期3年,可以连选连任:

姓　名	在本公司职位
崔殿国	董事长
王立刚	副董事长
奚国华	董事、总裁
林万里	职工董事
秦家铭	独立董事
张　忠	独立董事
陈丽芬	独立董事
邵　瑛	独立董事
张新民	独立董事

(2)监事

本公司共有监事3名,其中包括职工监事1名,职工监事由职工民主选举产生。本公司监事任期三年,可以连选连任:

姓　名	在本公司职位
刘克鲜	监事会主席
陈方平	职工监事
朱三华	监事

(3)高级管理人员

本公司共有高级管理人员6名:

姓　名	在本公司职位
奚国华	董事、总裁
赵光兴	副总裁
孙　镨	副总裁
高　志	副总裁、财务总监
孙永才	总工程师
谢纪龙	董事会秘书

15、董事、监事、高级管理人员及核心技术人员持有本公司股票、债券情况

本公司董事、监事、高级管理人员、核心技术人员及其近亲属均不存在直接或间接持有本公司股份、债券的情况。

二、控股股东情况

本公司的控股股东是北车集团。北车集团是根据国务院发布的《国务院关于组建中国北方机车车辆工业集团公司有关问题的批复》(国函[2002]18 号),在原中国铁路机车车辆工业总公司所属部分企事业单位的基础上组建的大型国有企业集团。北车集团成立于 2002 年 7 月 1 日,注册资金为 8,164,727,000 元。本公司成立后,北车集团主要业务为股权管理和资产管理。

三、股东情况

1、本次 A 股发行前后,本公司的股本结构

股东名称	发行前		发行后	
	股票数量(股)	持股比例	股票数量(股)	持股比例
北车集团(SS)	5,291,228,070	91.23%	5,063,157,924	61.00%
前进投资(SS)	451,111,111	7.78%	431,566,656	5.20%
诚通集团(SS)	33,918,129	0.58%	32,456,112	0.39%
华融公司(SS)	23,742,690	0.41%	22,719,308	0.28%
全国社会保障基金理事会	–	–	250,000,000	3.01%
A 股公众投资者	–	–	2,500,000,000	30.12%
合计	5,800,000,000	100%	8,300,000,000	100.00%

注:SS 代表国有股股东。

2、本次发行后、上市前十大 A 股股东持股情况

序号	名 称	持股数量(股)	占本次发行后总股本比例
1	中国北方机车车辆工业集团公司	5,063,157,924	61.00%
2	大同前进投资有限责任公司	431,666,656	5.20%
3	全国社会保障基金理事会转持三户	250,000,000	3.01%
4	中国诚通控股集团有限公司	32,456,112	0.39%
5	中国华融资产管理公司	22,740,308	0.27%
6	中国人寿保险股份有限公司-传统-普通保险产品-005L-CT001 沪	16,092,857	0.19%
7	安邦财产保险股份有限公司-传统保险产品	16,092,723	0.19%
7	中船财务有限责任公司	16,092,723	0.19%
7	中船重工财务有限责任公司	16,092,723	0.19%
7	泰康人寿保险股份有限公司-分红-个人分红-019L-FH002 沪	16,092,723	0.19%
7	光大证券股份有限公司	16,092,723	0.19%
7	中国人寿保险(集团)公司-传统-普通保险产品	16,092,723	0.19%
7	泰康人寿保险股份有限公司-分红-团体分红-019L-FH001 沪	16,092,723	0.19%
7	新华人寿保险股份有限公司-分红-个人分红-018L-FH002 沪	16,092,723	0.19%
7	泰康人寿保险股份有限公司-传统-普通保险产品-019L-CT001 沪	16,092,723	0.19%
7	泰康人寿保险股份有限公司-万能-个险万能	16,092,723	0.19%
7	新华人寿保险股份有限公司-分红-团体分红-018L-FH001 沪	16,092,723	0.19%

第四节 股票发行情况

一、发行数量:250,000 万股

二、发行价格:5.56 元/股

三、发行方式:本次发行采用网下向询价对象询价配售与网上资金申购发行相结合的方式,其中网下向询价对象配售 87,500 万股,网上向社会公众投资者发行 162,500 万股。

四、募集资金总额及注册会计师对资金到位的验证情况

本次发行募集资金总额为 13,900,000,000 元。

毕马威华振会计师事务所对本次发行的资金到位情况进行了审验,并于 2009 年 12 月 25 日出具了《中国北车股份有限公司验资报告》(KPMG-A(2009)CR NO.0022)。

五、发行费用总额及明细

本次发行费用总额 35,708 万元,包括:承销及保荐费用 25,941 万元、审计费用 5,068 万元、律师费用 510 万元、评估费用 794 万元、发行手续费用 1,076 万元、宣传推介费用 1,642 万元、印花税 677 万元。

本次发行每股发行费用为 0.14 元。

六、本次发行募集资金净额:13,542,924,626 元。

七、发行后全面摊薄每股净资产:2.44 元(按照 2009 年 6 月 30 日经审计的归属于母公司股东权益加上本次发行募集资金净额之和除以本次发行后总股本计算)

八、发行后全面摊薄每股收益:0.113 元(按照 2008 年度经审计的扣除非经常损益后孰低的归属于母公司股东的净利润除以本次 A 股发行后的总股本计算)

第五节 其他重要事项

本公司在招股意向书刊登日(2009 年 12 月 10 日)至上市公告书刊登前,没有发生可能对本公司有较大影响的重要事项,具体如下:

1、本公司主营业务发展目标进展情况正常。

2、本公司所处行业和市场未发生重大变化。

3、本公司接受或提供的产品及服务价格未发生重大变化。

4、本公司与关联方未发生重大关联交易。

5、本公司未进行重大投资。

6、本公司未发生重大资产(或股权)购买、出售及置换。

7、本公司住所没有变更。

8、本公司董事、监事、高级管理人员及核心技术人员没有变化。

9、本公司未发生重大诉讼、仲裁事项。

10、本公司未发生除正常经营业务之外的重大对外担保等或有事项。

11、本公司的财务状况和经营成果未发生重大变化。

12、本公司未发生其他应披露的重大事项。

第六节 上市保荐人及其意见

一、上市保荐人基本情况

名 称:中国国际金融有限公司

地 址:北京市建国门外大街 1 号国贸大厦 2 座 27 层及 28 层

法定代表人:李剑阁

电 话:(010)6505 1166

传 真:(010)6505 1156

保荐代表人:杨旋旋、徐磊

联系人:王曙光、陈镔

二、上市保荐人的推荐意见

上市保荐人认为,发行人申请其 A 股股票上市符合《公司法》、《证券法》及《上海证券交易所股票上市规则》等国家法律、法规的有关规定,发行人 A 股股票具备在上海证券交易所上市的条件。中国国际金融有限公司同意推荐中国北车股份有限公司 A 股股票在上海证券交易所上市。

华泰证券股份有限公司

华融证券股份有限公司

2009 年 12 月 28 日

广深铁路股份有限公司

广深铁路股份有限公司2008年年度报告摘要

第一节　重要提示

1.1 本公司董事会、监事会及其董事、监事、高级管理人员保证本报告所载资料不存在任何虚假记载、误导性陈述或者重大遗漏，并对其内容的真实性、准确性和完整性负个别及连带责任。本年度报告摘要摘自年度报告全文，报告全文同时刊载于www.sse.com.cn。投资者欲了解详细内容，应阅读年度报告全文。

1.2 本公司全体董事出席董事会会议。

1.3 普华永道中天会计师事务所有限公司为本公司按照中国会计准则编制的2008年年度财务报告出具了标准无保留意见的审计报告。

1.4 公司董事长何玉华先生、董事总经理申毅先生、总会计师唐向东先生、财务部长林闻生先生声明：保证年度报告中财务报告的真实、完整。

第二节　公司基本情况简介

2.1 基本情况简介

股票简称	广深铁路	—	
股票代码	601333	00525	GSH
上市证券交易所	上海证券交易所	香港联合交易所有限公司	纽约股票交易所
注册地址和办公地址	广东省深圳市和平路1052号		
邮政编码	518010		
公司国际互联网网址	www.gsrc.com		
电子邮箱	ir@gsrc.com		

2.2 联系人和联系方式

	董事会秘书
姓名	郭向东
联系地址	广东省深圳市和平路1052号
电话	0755-25587920/25588146
传真	0755-25591480
电子信箱	ir@gsrc.com

第三节　会计数据和业务数据摘要

3.1 主要会计数据

单位：元　币种：人民币

主要会计数据	2008年	2007年	本年比上年增减(%)	2006年 调整后	2006年 调整前
营业收入	11,688,654,739	10,508,503,495	11.23	3,630,012,590	3,563,968,939
利润总额	1,482,674,300	1,651,899,763	−10.24	880,835,995	841,420,585
归属于上市公司股东的净利润	1,211,827,625	1,430,835,500	−15.31	743,787,466	710,868,509
归属于上市公司股东的扣除非经常性损益后的净利润	1,227,290,462	1,401,620,861	−12.44	718,300,817	720,612,153
经营活动产生的现金流量净额	1,885,440,617	2,682,907,538	−29.72	1,274,225,366	1,274,225,366

主要会计数据	2008年末	2007年末	本年末比上年末增减(%)	2006年末 调整后	2006年末 调整前
总资产	28,927,198,897	27,448,541,066	5.39	25,117,287,040	25,071,352,687
股东权益(不含少数股东权益)	22,388,084,101	21,742,939,436	2.97	20,878,747,616	20,941,891,086

3.2 主要财务指标

单位：元　币种：人民币

主要会计数据	2008年	2007年	本年比上年增减(%)	2006年 调整后	2006年 调整前
基本每股收益	0.17	0.20	−15.00	0.17	0.16
稀释每股收益	0.17	0.20	−15.00	0.17	0.16
扣除非经常性损益后的基本每股收益	0.17	0.20	−15.00	0.17	0.17
全面摊薄净资产收益率(%)	5.41	6.58	减少1.17个百分点	3.56	3.40
加权平均净资产收益率(%)	5.49	6.71	减少1.22个百分点	6.96	6.68
扣除非经常性损益后全面摊薄净资产收益率(%)	5.48	6.45	减少0.97个百分点	3.44	3.44
扣除非经常性损益后加权平均净资产收益率(%)	5.56	6.58	减少1.02个百分点	6.72	6.77
每股经营活动产生的现金流量净额	0.27	0.38	−28.95	0.18	0.18

主要会计数据	2008年末	2007年末	本年末比上年末增减(%)	2006年末 调整后	2006年末 调整前
归属于上市公司股东的每股净资产	3.16	3.07	2.93	2.95	2.96

非经常性损益项目

√适用　□不适用

单位：元　币种：人民币

非经常性损益项目	金额
(1)处置固定资产的净损失	−31,582,489
(2)其他营业外收支净额	−3,696,200
(3)长期挂账债务的核销	21,562,421
(4)政府补助收入	3,963,016
(5)非经常性损益的所得税影响数	−5,710,281
(6)归属于少数股东的非经常性损益	696
合计	−15,462,837

采用公允价值计量的项目

□适用　√不适用

3.3 国内外会计准则差异

√适用　□不适用

单位：千元　币种：人民币

	净利润(含少数股东损益)	股东权益(含少数股东权益)
按中国会计准则核算	1,212,067	22,444,033
国际财务报告准则调整分项及合计：		
--按成本模式计量固定资产而产生的差异及其他(注)	18,988	−833,519
--上述差异形成的递延所得税影响	−6,687	228,641
12,301	−604,878	
按照国际财务报告准则核算	1,224,368	21,839,155

注：主要系公司在编制境内财务报表时，将首次公开发行股票时进行的资产评估产生的固定资产增值确认为成本，包括在固定资产的初始计量中；而在编制境外财务报表时，由于公司采用成本模式计量固定资产，根据国际财务报告准则的规定，该等评估增值不应包括在固定资产的初始计量中。由此造成2008年12月31日净资产及2008年度净利润的差异。

第四节　股本变动及股东情况

4.1 股份变动情况表

□适用　√不适用

限售股份变动情况表

□适用　√不适用

4.2 前10名股东、前10名流通股股东或无限售条件股东持股情况表

单位：股

股东总数　股东总数为546,096户，其中A股股东545,629户，H股股东467户。

前10名股东持股情况

股东名称	期末持股数量	持股比例(%)	持有有限售条件股份数量	质押或冻结的股份数量	股东性质
广州铁路(集团)公司	2,904,250,000	41.00	2,904,250,000	无	国有法人
HKSCC NOMINEES LIMITED(注)	1,399,670,831	19.76	—	未知	外资股东
中国人寿保险股份有限公司-传统-普通保险产品-005L-CT001沪	70,000,000	0.99	—	未知	其他
中船重工财务有限责任公司	53,191,000	0.75	—	未知	国有法人
太原钢铁(集团)有限公司	50,776,147	0.72	—	未知	国家
中国工商银行-上证50交易型开放式指数证券投资基金	39,840,977	0.56	—	未知	其他
申能股份有限公司	28,122,498	0.40	—	未知	国有法人
中国工商银行-诺安股票证券投资基金	27,619,769	0.39	—	未知	其他
中国银行-嘉实稳健开放式证券投资基金	25,105,876	0.35	—	未知	其他
中国工商银行-汇添富均衡增长股票型证券投资基金	21,971,278	0.31	—	未知	其他

前 10 名无限售条件股东持股情况

股东名称	期末持有无限售条件股份数量	股份种类
HKSCC NOMINEES LIMITED(注)	1,399,670,831	境外上市外资股
中国人寿保险股份有限公司-传统-普通保险产品-005L-CT001 沪	70,000,000	人民币普通股
中船重工财务有限责任公司	53,191,000	人民币普通股
太原钢铁(集团)有限公司	50,776,147	人民币普通股
中国工商银行-上证 50 交易型开放式指数证券投资基金	39,840,977	人民币普通股
中能股份有限公司	28,122,498	人民币普通股
中国工商银行-诺安股票证券投资基金	27,619,769	人民币普通股
中国银行-嘉实稳健开放式证券投资基金	25,105,876	人民币普通股
中国工商银行-汇添富均衡增长股票型证券投资基金	21,971,278	人民币普通股
中国建设银行-工银瑞信稳健成长股票型证券投资基金	21,035,485	人民币普通股
上述股东关联关系或一致行动的说明	本公司未知上述股东之间是否存在关联关系或属于《上市公司股东持股变动信息披露管理办法》规定的一致行动人。	

注:HKSCC NOMINEES LIMITED 即香港中央结算（代理人）有限公司持有的本公司 H 股 1,399,670,831 股,占本公司已发行 H 股股本的 97.79%,乃分别代表其多个客户持有。

4.3 第一大股东及实际控制人情况介绍

4.3.1 第一大股东及实际控制人变更情况

□适用　　√不适用

4.3.2 第一大股东及其实际控制人具体情况介绍

单位:万元 币种:人民币

名称	法定代表人	注册资本	成立日期	主营业务
广州铁路(集团)公司	何玉华	1993 年 2 月 8 日	4,413,289	组织管理铁路客货运输、科技与其他实业开发等。

第五节　董事、监事和高级管理人员

5.1 董事、监事和高级管理人员持股变动及报酬情况

姓名	职务	性别	年龄	任期起止日期	是否在公司领取报酬津贴	报告期内从公司领取的报酬总额(万元)(税前)	是否在股东单位或其他关联单位领取报酬津贴
何玉华	董事长	男	55	2008.06-2011.06	否	-	是
申　毅	董事、总经理	男	54	2008.10-2011.06	是	9.98	否
曹建国	董事	男	49	2008.06-2011.06	否	-	是
吴候辉	董事	男	60	2008.06-2011.06	否	-	是
俞志明	董事	男	50	2008.06-2011.06	否	-	是
刘　海	董事	男	55	2008.06-2011.06	是	32.02	否
戴其林	独立董事	男	41	2008.06-2011.06	是	5.60	否
周志伟	独立董事	男	47	2008.06-2011.06	是	14.95	否
吕玉辉	独立董事	男	54	2008.06-2011.06	是	5.60	否
姚木明	监事会主席	男	55	2008.06-2011.06	否	-	是
陈少宏	监事	男	47	2008.06-2011.06	否	-	是
王建平	监事	男	42	2008.06-2011.06	否	-	是
李志明	监事	男	52	2008.06-2011.06	否	-	是
黄利卡	职工监事	男	52	2008.04-2011.06	是	25.88	否
刘西林	职工监事	男	52	2008.04-2011.06	是	0.50	否
穆安云	副总经理	男	48	2009.02-至今	是	-	否
吴伟民	副总经理	男	51	2004.01-至今	是	36.38	否
唐向东	总会计师	男	40	2009.01-至今	是	-	否
郭向东	董事会秘书	男	43	2004.01-至今	是	28.78	否
罗建成	总经理助理	男	36	2006.01-至今	是	28.17	否

注:

1、上表所注任期终止日以选举产生新一届董事、(非职工代表)监事的股东大会通过决议日期为准。

2、报告期内,本公司董事、监事及高级管理人员均未持有或买卖本公司股票。

3、截至报告期末,本公司董事、监事及高级管理人员均未持有本公司的股票期权及被授予限制性股票数量。

第六节　董事会报告

6.1 管理层讨论与分析

一、报告期内公司经营情况的回顾

1、总体经营概况

二零零八年,受年初雨雪冰冻灾害、春季洪涝灾害和国际性金融危机的影响,同时因公司经营规模扩大、铁路生产资料价格持续上涨以及财务费用增加等因素使得经营成本上升,本公司经营管理面临较为严峻的挑战。在困难和压力面前,公司管理层和全体员工团结一心、共同努力,通过不断加强市场营销以增运增收,并整合优化运输资源以提高运输能力和运输效率,积极控制相关成本费用支出,尽可能克服诸多不利因素的影响,实现了运输生产的安全稳定,运输收入稳步增长。

二零零八年，本公司营业收入为人民币 116.89 亿元，比去年同期的人民币 105.09 亿元增长 11.23%,其中,客运、货运、路网清算及其他业务收入分别为人民币 67.59 亿元、13.25 亿元、27.38 亿元及 8.66 亿元,分别占总收入的 57.83%、11.33%、23.43%及 7.41%;营业利润为人民币 14.92 亿元,比去年同期的人民币 16.57 亿元下降 9.94%;归属于上市公司股东的净利润为人民币 12.12 亿元,比去年同期的人民币 14.31 亿元下降 15.31%。

2、业务及收入分析

(1)客运

客运是本公司最主要的运输业务,包括广深城际列车、长途列车、以及与香港铁路有限公司合作经营的广(州)九(龙)直通车运输业务。于二零零八年十二月三十一日,本公司列车运行图上每日共开行旅客列车 239.5 对,比二零零七年底增加 44.5 对,其中:广深城际列车 120 对(含备用线 34 对),增加 40 对;直通车 13 对;长途车 106.5 对,增加 4.5 对。下表所列为截至二零零八年十二月三十一日止年度客运收入及客运发送量与二零零七年度同期之比较:

	2008 年度	2007 年度	同比增减(%)
客运收入(人民币万元)	675,922.94	583,353.81	15.87
--广深城际列车	197,306.50	149,422.40	32.05
--直通车	38,031.50	43,054.60	-11.67
--长途车	440,584.94	390,876.81	12.72
客运发送量(万人)	8,382.47	7,305.34	14.74
--广深城际列车	3,208.27	2,472.47	29.76
--直通车	311.55	319.15	-2.38
--长途车	4,862.65	4,513.71	7.73
每名发送乘客收入(人民币元)	80.64	79.85	0.99
--广深城际列车	61.50	60.43	1.77
--直通车	122.07	134.90	-9.51
--长途车	90.61	86.60	4.63
总乘客--公里(百万人公里)	27,923.70	26,278.20	6.26
每乘客--公里收入(人民币元)	0.24	0.22	9.09

● 广深城际列车

广深城际列车旅客发送量及收入增长的主要原因为:(1)自二零零七年四月十八日“和谐号”动车组大量开行以来,广深城际列车“安全、舒适、快捷、正点”的优势,大大满足了旅客的出行需求,并改变了一部分旅客往返广深的出行习惯;(2)由于深圳—广州—坪石段运输资源的优化整合,广深城际列车与长途车之间的“长短接续”业务更为顺畅、更有效率高效的进行。(3)“清明”、“五一”、“端午”三个小长假的休假制度安排,带动了广深间短途双向客流的增长;

● 直通车

直通车旅客发送量及收入减少的主要原因为:(1)本公司广深城际列车的大量开行,分流了部分直通车客流;(2)受国际金融危机的影响,往来粤港之间的商务、旅游客流减少;(3)与去年同期相比,港币兑人民币的汇率较低,因此主要以港币结算的直通车客票收入兑换成人民币的收入减少。

● 长途车

尽管年初中国南方地区遭遇的持续性低温雨雪冰冻灾害导致春运期间长途旅客的发送量大幅减少,但整个报告期内长途车的旅客发送量仍有一定幅度增长。长途车旅客发送量及收入增长的主要原因为:(1)与去年同期相比,本公司先后于二零零八年三月、二零零八年七月组织开行深圳至韶关、广州至郑州的旅客列车,此外本公司先后于二零零七年四月、二零零七年八月组织开行的广州至上海、广州至西安的旅客列车于报告期内全年开行;(2)受国际金融危机和产业结构升级的影响,珠江三角洲地区部分企业出现减产、停业甚至倒闭的现象,第四季度大量外来务工人员较往年提早返乡。

(2)货运

货运是本公司重要的运输业务，包括深圳--广州--坪石间铁路货运以及过港直通货运业务。下表所列为截至二零零八年十二月三十一日止年度货运收入及货运量与二零零七年度同期之比较:

	2008 年度	2007 年度	同比增减(%)
货运收入(人民币万元)	132,470.06	132,644.98	-0.13
--货物发送	18,609.60	15,634.80	19.03
--货物接运(含到达及通过)	104,475.70	107,120.50	-2.47
--货运其他收入	9,384.76	9,889.68	-5.11
货运量(万吨)	7,014.11	7,101.03	-1.22
--货物发送	1,684.66	1,905.58	-11.59
--货物接运(含到达及通过)	5,329.45	5,195.46	2.58
每吨收入(人民币元)	18.89	18.68	1.12
--货物发送	11.05	8.20	34.76
--货物接运(含到达及通过)	19.60	20.62	-4.95
总吨--公里(百万吨公里)	15,557.37	15,306.90	1.64
每吨--公里收入(人民币元)	0.09	0.09	-

● 货物发送

受年初雨雪冰冻灾害、珠江三角洲地区产业结构升级及国际金融危机的影响,公司货物发送量同比出现下滑;但是,由于铁路货运价格提高,以及深加工、高附加值等高运价货物发送量增加,货物发送收入与去年同期相比有较大幅度增加。

● 货物接运(含到达及通过)

尽管年初发生的雨雪冰冻灾害、国际金融危机先后对货物接运量产生了较大的影响,但由于从二零零七年四月起广深四线工程建成通车后，本公司货物接运通过量尤其是 2 月至 9 月的接运通过量同比明显增加,因此整个报告期内货物接运总量仍有所增加;但是,货物接运总收入因接运到达收入减少而略有减少。

● 货运其他收入

随着货运量尤其是货物发送及接运到达量的减少，本公司货运其他收入减少。

(3)路网清算

本公司的路网清算收入主要包括提供机车牵引服务、线路使用服务、电力接触网使用服务、车辆挂运服务及其他服务等所取得的收入。下表所列为截至二零零八年十二月三十一日止年度路网清算收入与二零零七年度同期之比较：

	2008 年度	2007 年度	同比增减(%)
路网清算收入(人民币万元)	273,842.51	265,952.87	2.97
--机车牵引	111,424.88	115,526.33	-3.55
--线路使用	95,349.13	91,973.78	3.67
--电力接触网使用	28,177.72	21,117.74	33.43
--车辆挂运	22,404.67	21,656.09	3.46
--其它服务	16,486.11	15,678.93	5.15

路网清算收入增长的主要原因为：(1)由于其他铁路公司(局)开进本公司管内的长途车增加，因而相应的路网清算增加；(2)由于电力机车交路的改变，使得机车牵引收入减少，而电力接触网使用收入增加。

(4)其他业务

本公司其他业务主要包括存料及供应品销售、列车维修、列车餐饮、劳务服务及其他与铁路运输业务有关的业务。下表所列为截至二零零八年十二月三十一日止年度其他业务收入与二零零七年度同期之比较：

	2008 年度	2007 年度	同比增减(%)
其他业务收入(人民币万元)	86,629.96	68,898.69	25.74
--存料及供应品销售	22,774.90	10,381.98	119.37
--列车维修	22,550.99	23,916.14	-5.71
--列车餐饮	9,791.87	6,727.41	45.55
--劳务服务	6,221.75	4,967.69	25.24
--其他	25,290.45	22,905.47	10.41

其他业务收入增长的原因主要为：(1)部分开进本公司管内的长途车改为在本公司管内添加燃油；(2)公司改变部分列车餐营业务的经营方式，改由本公司自行运营，相应的收入增加。

3、营业成本和费用主要项目及分析

单位：元 币种：人民币

	2008 年度	2007 年度	同比增减(%)	主要变动原因分析
主营业务成本	8,163,065,972	7,401,357,731	10.29	-
--设备租赁及服务费	2,653	2,595	2.24	(1)年初受雪灾影响，本公司担当的长途列车调换机车及临时改线运行，造成路网支出增加；(2)公司于 2008 年 7 月新开行的广州至郑州车增加路网支出；(3)由于电力机车交路的改变，机车牵引费相应增加。
--工资及福利	1,532	1,351	13.38	(1)为提高员工收入水平，本年度提高了员工基本工资水平，福利水平也相应提高；(2)公司开行的列车对数增加，相关从业人员随之增加。
--物料及水电消耗	1,345	1,240	8.45	(1)燃油、电力及其他铁路生产资料价格上涨；(2)公司开行列车的对数增加，对材料、燃料及水电的消耗随之增加。
--固定资产折旧	1,174	1,000	17.39	随动车组转固及广深四线工程逐步转固而增加。
--维修及线路绿化费	670	460	45.66	(1)随着列车开行对数增加及公司业务的发展，对机车、车辆、房屋建筑物等的维修支出增加；(2)为稳固线路基础，本公司对铁路沿线空地进行造林绿化工作。
--铁路运输综合服务费	400	396	0.95	-
--其他	386	356	8.46	由于改装机车监控系统及提高部分通信技术，通信费用有所增加。
其他业务成本	720,454,385	465,089,108	54.91	(1)由于改变部分长途列车餐营方式，改由本公司自行运营，增加了相应的餐营支出；(2)部分其他局开行的长途车改为在本公司管内添加燃油，相应支出增加；(3)从事其他业务的员工工资水平及福利有所提高。
营业税金及附加	273,846,519	239,431,211	14.37	随公司营业收入的增加而增加。
管理费用	855,607,319	707,395,419	20.95	受新会计准则调整的影响，2007 年度的管理费用有部分被以前年度结余的福利费冲抵，而 2008 年度不存在此因素影响。
财务费用	181,558,619	37,424,544	385.13	本年度银行借款增加，且动车组及部分在建工程已大部分转固，导致利息费用资本化减少，因而财务费用增加。
所得税费用	270,607,450	221,623,991	22.10	公司承担的整体所得税税率提高所致。

4、公司主营业务及其经营状况

(1)主营业务分行业、产品分情况

单位：元 币种：人民币

分行业或分产品	营业收入	营业成本	毛利率(%)	营业收入比上年同期增减(%)	营业成本比上年同期增减(%)	毛利率比上年同期增减(%)
铁路运输	10,822,355,179	8163,065,972	24.57	10.21	10.29	-0.06

(2)主营业务分地区情况

单位：元 币种：人民币

地区	营业收入	营业收入比上年增减(%)
中国	10,822,355,179	10.21

5、财务状况分析

(1)下表所列为本公司及其附属公司二零零八年十二月三十一日与二零零七年十二月三十一日资产负债表主要项目：

单位：元 币种：人民币

	2008 年 12 月 31 日	2007 年 12 月 31 日	增减(%)
资产总额	28,927,198,897	27,448,541,066	5.39
非流动资产	26,788,109,204	24,611,309,178	8.84
流动资产	2,139,089,693	2,837,231,888	-24.61
负债总额	6,483,166,329	5,649,892,388	14.75
非流动负债	3,490,495,054	2,940,233,057	18.71
流动负债	2,992,671,275	2,709,659,331	10.44
股东权益	22,444,032,568	21,798,648,678	2.96

本公司资产总额为人民币 289.27 亿元，较二零零七年末增长 5.39%。其中非流动资产增长 8.84%，主要是因为动车组转固及部分广深四线工程转固；流动资产同比减少 24.61%，主要是由于本公司下属资金结算所吸收其他铁路局(公司)存放款项减少。

本公司负债总额为人民币 64.83 亿元，较二零零七年末增长 14.75%。其中非流动负债同比增长 18.71%，主要由于银行长期信用借款增加；流动负债同比增长 10.44%，主要是为购置机车车辆增加了短期银行借款。

于二零零八年末，本公司资产负债率(按负债期末余额除以总资产期末余额计算)为 22.41%。

于二零零八年十二月三十一日，本公司无任何资产担保和抵押情况。

(2)与公允价值计量相关的项目

公司不存在与公允价值计量相关的项目。

(3)持有外币金融资产、金融负债情况

于二零零八年十二月三十一日，本公司持有部分以美元及港币计价的现金，以及持有少量的以港元计价的其他应收款和以美元计价的应付账款，具体情况如下表：

单位：元 币种：人民币

项目	期初金额	本期公允价值变动损益	计入权益的累计公允价值变动	本期计提的减值	期末金额
金融资产					
其中：1.以公允价值计量且其变动计入当期损益的金融资产					
其中：衍生金融资产					
2.贷款和应收款	13,376,596				34,157,464
3.可供出售金融资产					
4.持有至到期投资					
金融资产小计	13,376,596				34,157,464
金融负债	1,004,956				940,294

6、现金流量分析

二零零八年，本公司的资金来源主要为经营活动收入和银行借款，资金运用主要为资本及经营性支出、缴纳税款和支付股息。本公司现金流量充足，公司认为有足够的营运资金和银行信贷满足经营发展的需要。

单位：元 币种：人民币

项目	2008 年度	2007 年度
经营活动产生的现金流量净额	1,885,440,617	2,682,907,538
投资活动产生的现金流量净额	-2,940,105,974	-6,154,497,268
筹资活动产生的现金流量净额	263,266,364	-40,202,381

二零零八年度经营活动产生的现金流量净额为净流入人民币 18.85 亿元，较二零零七年度减少 7.97 亿元，主要因为本年度实现的净利润较上年同期减少、经营性应收项目增加，经营性应付项目减少。

投资活动产生的现金流量净额为净流出人民币 29.40 亿元，较二零零七年度减少 32.14 亿元。投资活动产生现金净流出的主要原因为支付购买动车组款项、在建工程支出及购买固定资产预付款等。

筹资活动产生的现金流量净额为净流入人民币 2.63 亿元，较二零零七年度增加 3.03 亿元。筹资活动产生现金净流入的主要原因为本年度分别向银行进行长期信用借款和短期借款。

7、公司主要控股公司及参股公司的经营情况及业绩分析

单位：万元 币种：人民币

公司名称	业务性质	主要产品或服务	注册资本	拥有权益	资产规模	净利润
东莞市常盛实业有限公司	运输业	装卸、仓储	3,800	51%	9,656.42	19.68
深圳富源实业开发有限公司	商业	商业宾馆、写字楼出租、铁路运输业务咨询	1,850	100%	3,393.25	−166.66
深圳市平湖群亿铁路仓储装卸有限公司	运输业	货物转运、装卸、仓储	1,000	55%	2,774.73	26.17
深圳深铁物业管理有限公司	服务业	物业管理、园林绿化、高新技术产品开发、国内商业、物资供销业	300	100%	159.71	−192.40
深圳市深华胜储运有限公司	服务业	代办货运包装、运输、仓储	200	100%	443.81	49.52
深圳市广深铁路国际旅行社有限公司	服务业	旅游及相关业务	240	100%	687.42	95.35
深圳市南铁工程建设监理有限公司	建筑业	铁路、工业及民用建筑工程的监理	200	100%	324.10	113.20
深圳市广深铁路列车经贸实业有限公司	服务业	列车餐饮管理及食品、饮料、水果、百货、小家电的销售	200	100%	605.66	32.64
深圳市火车站服务有限公司	服务业	销售土产品、饮料等	150	100%	572.80	−40.88
广州市广深铁路东群实业有限公司	商业	日用百货的批发、零售	102	100%	1,452.72	431.70
广州铁联经济发展公司	运输业	代办货物运输、装卸、仓储业务、批发和零售贸易	100	50.5%	982.79	5.05
广州东群广告有限公司	服务业	广播、路牌、霓虹灯、橱窗广告等	50	100%	153.37	68.42
广州铁路黄埔服务公司	服务业	装卸、搬运货物、仓储	37.9	100%	315.64	28.62
★增城荔华股份有限公司	运输业	仓储、装卸	10,705.47	26.93%	28,589.81	−538.30
广州铁城实业有限公司	服务业	物业管理	34,305	49%	38,935.21	−411.73
深圳市广深铁路土木工程公司	建筑业	工程施工	5,500	49%	19,524.96	438.01

★由于增城荔华股份有限公司的经营状况恶化，本集团预计对该公司的投资已无法收回，故已于以前年度对其计提了全额减值准备。

二、对公司未来发展的展望

1、二零零九年经营环境及工作重点

二零零九年是国家采取措施积极应对国际金融危机，进一步扩大内需，努力保持宏观经济平稳较快发展的一年，是珠江三角洲地区实现经济结构转型和发展方式转变的关键时期，也是铁路运输行业加快自身发展，解决铁路运输供不应求矛盾的良好时机。公司将继续以科学发展观统领各项工作，紧紧抓住中国铁路发展的黄金机遇期，依托公司独有的区位优势和竞争优势，强化生产安全，规范经营管理，完善公司治理，大力发展铁路运输核心业务，全面推进"安全广深、效益广深、科技广深、和谐广深"建设。公司重点将抓好以下几个方面的工作：

(1)继续加强安全基础建设，强化安全管理，加大安全设备投入，确保公司运输生产长治久安；

(2)继续优化整合广深段和广坪段铁路运营资产，挖潜提效，降低经营成本，有效发挥规模经营效益，促进公司综合竞争能力和整体经营业绩提升，为公司快速发展和持续融资奠定基础；

(3)强化客货营销，加强运输组织协调，提高服务质量，进一步优化广深线城际列车公交化开行方案，积极推广"广深铁路牡丹IC卡"和"广深铁路快通卡"，并根据市场需求及时调整运输组织，合理配置运输资源，提高运输效率；

(4)继续推进公司内部控制体系建设，完善公司法人治理结构，规范公司经营管理。

二零零九年四月二十九日，本公司第五届董事会第十次会议审议通过公司二零零九年度经营预算。二零零九年本公司计划完成旅客周转量31,000百万人公里，货运周转量15,700百万吨公里。本公司二零零九年度固定资产投资主要用于安全基础设施建设、客运设施完善、生产能力扩充，所需资金本公司考虑通过公司自有积累和其它融资方式包括债务融资等解决。有关本公司截止二零零八年十二月三十一日资本性承诺和经营性承诺事项，参见财务报表附注九。

2、主要经营风险分析

本公司管理层高度重视公司所面临的各类风险，并不断积极探讨和采取相应防范措施，以实现公司的战略目标。然而，在不同的宏观经济环境及公司不同的发展阶段，公司面临的主要风险会有所不同，因此需要董事会和经理层持续的关注、识别和评估，并制订相应的防范措施，降低各类风险对公司可能产生的不利影响。现阶段本公司面临或存在的主要风险包括：

(1)经营环境风险：作为深圳-广州-坪石间铁路运输业务的主要供应商，本公司客货运服务吸引范围主要包括粤港两地，两地经济发展状况及经济增长水平直接影响本公司客货运业务的发展，如粤港经济增长放缓，将引起市场对本公司运输需求的不足，从而影响本公司的客货运输业务。

(2)市场竞争风险：本公司客货运输服务一直存在着与其他运输方式如公路、水运及航空的竞争，本公司在价格、便捷、发车频率、服务质量及安全等多方面与汽车运输公司、航运公司及航空公司间展开竞争。此外，中国境内在建多条高速铁路客运专线，珠三角地区轨道交通系统工程逐渐铺开，随着这些高速客运专线逐一建成通车并联网运营，以及珠三角地区轨道交通网络逐渐完善，本公司客货运服务区内的客货运输竞争格局将发生较大变化，这种格局将给本公司现有的客货运输业务带来较大的风险。

(3)运输价格波动及调整风险：运输价格是影响本公司营业收入的重要因素之一。若铁路运价政策发生调整，或运价政策因为市场等原因在执行上与预期存在出入，都将给公司经营带来一定风险。

(4)财务风险

汇率风险：由于本公司现时持有少量的美元及港币存款并有港币运输进款，本公司在向H股股东及美国存托凭证股东支付红利须使用港币，亦存在支付境外设备采购和境外中介服务的外币支付业务。若外币存款和支付方式发生变动，以及人民币的汇率发生较大波动，将对本公司经营业绩产生一定影响。

利率风险：本公司短期内不需要用的资金以活期或定期储蓄的形式，存于商业银行和铁道资金结算中心，且没有采用任何有市场风险的方式进行交易。同时本公司为满足大额资本开支的资金需求，有一定额度的商业银行借款。若相关存贷款利率发生较大波动，将对本公司的经营业绩产生一定影响。

流动性风险：由于本公司比以往年度负有较多的流动负债，存在一定的流动性风险。本公司需维持充足的现金及获得足够的信贷融资额度以保持可供使用的资金水平。本公司拟通过适当的成本控制、紧密的监督控制各项目支出，以及通过债务融资的途径等措施以满足经营性支出与资本性支出的需要，降低流动性风险。

(5)自然灾害风险：铁路运输较其他运输方式受自然灾害的影响较小，但是严重的自然灾害如大面积持续雨雪冰冻、洪水等将对铁路运输构成较大危害，给公司经营带来较大风险。

6.2 主营业务分行业、产品情况表

√适用　　□不适用

详见前述6.1管理层讨论与分析。

6.3 主营业务分地区情况

√适用　　□不适用

详见前述6.1管理层讨论与分析。

6.4 募集资金使用情况

□适用　　√不适用

变更项目情况

□适用　　√不适用

6.5 非募集资金项目情况

√适用　　□不适用

项目名称	项目金额	项目进度
购置20列新型电动车组	人民币25.8亿元	截至报告期末，已支付人民币约23.6亿元。

6.6 董事会对会计师事务所"非标准审计报告"的说明

□适用　　√不适用

6.7 董事本次利润分配或资本公积金转增股本预案

根据国家有关法规及本公司《章程》的规定，公司分配会计年度的税后利润以中国核数师和国际核数师审计后利润较少者为准，计提盈余公积以中国会计准则审计结果为准。按照国际会计准则审计的本公司税后利润为122,412.9万元人民币，按照中国会计准则审计的本公司税后利润为121,443.78万元人民币，本公司2008年末可分配利润为205,664.67万元人民币。

董事会提议以二零零八年十二月三十一日总股本7,083,537,000股为基数，向全体股东派发年度现金股利每10股人民币0.8元(含税)，共计人民币56,668.296万元。该预案尚需经二零零八年度股东周年大会审议通过。

根据二零零八年一月一日正式实施的《中华人民共和国企业所得税法》及《中华人民共和国企业所得税实施条例》，非居民企业应当就其来源于中国境内的所得缴纳企业所得税，适用税率为10%，由上市发行人代扣代缴。

扣除上述应缴纳的企业所得税，H股非居民企业股东实际收到的现金股利为每10股人民币0.72元。

公司本报告期内盈利但未提出现金利润分配预案

□适用 √不适用

6.8 公司前三年分红情况

单位：元 币种：人民币

分红年度	现金分红金额(含税)	归属于上市公司股东的净利润	现金分红占净利润的比例(%)
2007年度	566,682,960	1,430,835,500	39.61
2006年度	566,682,960	743,787,466	76.19
2005年度	520,266,000	611,472,507	85.08

6.8 资产负债表期后事项

二零零九年四月二十九日，公司董事会审议通过拟在境内发行不超过人民币40亿元中期票据的议案，此议案尚待股东大会批准。中期票据发行如获成功，可减少公司利息支出，降低财务费用。

第七节　重要事项

7.1 收购资产

□适用　　√不适用

7.2 出售资产

□适用　　√不适用

7.3 重大担保

□适用　　√不适用

7.4 重大关联交易

7.4.1 与日常经营相关的关联交易

√适用　　□不适用

单位：元 币种：人民币

关联交易方	关联关系	关联交易类型	关联交易内容	关联交易定价原则	关联交易金额
铁道部	第一大股东的控制方	提供劳务	由铁道部收取、处理及分配的收益	根据铁道部的统一费率或者按照铁道部提供的指引参考现行市场价格确定	9,776,261,374
广铁集团及其子公司	第一大股东及其子公司	提供劳务	列车服务	同上	402,950,808
广铁集团及铁道部	第一大股东及其控制方	提供劳务	货车维修服务	同上	148,321,887

铁道部	第一大股东的控制方	接受劳务	由铁道部处理及分配的设备租赁及服务费	同上	2,179,407,406
铁道部	第一大股东的控制方	其他流出	货运列车车辆使用费	同上	176,879,837
广铁集团及其子公司	第一大股东及其子公司	接受劳务	列车服务费	同上	235,302,750
广深实业以及羊城实业	第一大股东的子公司	接受劳务	运输综合服务费	根据以成本加利润确定的双方合约价格确认	440,602,392
广铁集团及其子公司	第一大股东及其子公司	购买商品	存料及供应品	基于签约双方参考铁道部的指引协商确定	398,230,000
广铁集团及其子公司	第一大股东及其子公司	接受劳务	维修及保养服务	根据铁道部的统一费率或者按照铁道部提供的指引参考现行市场价格确定	115,567,502
广铁集团	第一大股东	其他流出	土地租赁费	根据双方签署的《土地租赁协议》约定的价格确认	50,000,000
广铁青旅	第一大股东的子公司	接受劳务	承包服务费	由双方协商确定	15,279,817

7.4.2 关联债权债务往来

□适用　　√不适用

7.4.3 2008 年资金被占用情况及清欠进展情况

□适用　　√不适用

截止 2008 年末，上市公司未完成非经营性资金占用的清欠工作的，董事会提出的责任追究方案

□适用　　√不适用

7.5 委托理财

□适用　　√不适用

7.6 承诺事项履行情况

7.6.1 公司或持股 5%以上股东在报告期内或持续到报告期内的承诺事项

√适用　　□不适用

报告期内，本公司第一大股东广州铁路(集团)公司承诺事项如下：

(1)发行时所作承诺及履行情况：广州铁路(集团)公司作为本公司第一大股东，在本次公开发行 A 股前作出承诺：其所持有的本公司 2,904,250,000 股 A 股自本公司 A 股上市交易之日起三十六个月内，不转让或者委托他人管理，也不由发行人收购该部分股份。报告期内，上述承诺正常履行，无违反承诺的事项存在。

(2)广州铁路(集团)公司及其下属的任何其它成员将不会在本公司运营的线路范围内，以任何方式直接或间接从事任何在铁路运输及相关业务上对本公司有竞争的业务活动。广州铁路(集团)公司及其下属的任何其它成员在广坪段铁路运营资产及业务收购后也不与本公司存在同业竞争。

(3)广州铁路(集团)公司在与本公司的经营往来中，将尽量减少与本公司的关联交易，对于必不可少的关联交易，广州铁路(集团)公司将本着公开、公正、公平的原则履行关联交易，不会滥用大股东地位，作出损害本公司利益的行为。

报告期内，上述承诺正常履行，无违反承诺的事项存在。

7.6.2 公司资产或项目存在盈利预测，且报告期仍处在盈利预测期间，公司就资产或项目是否达到原盈利预测及其原因作出说明

□适用　　√不适用

7.7 重大诉讼仲裁事项

√适用　　□不适用

1、报告期内本公司无重大诉讼、仲裁事项。

2、报告期之前发生延续至报告期的联营公司或有事项

于二零零八年十二月三十一日，本公司在联营公司广州铁城实业有限公司(铁城)的长期股权投资计人民币 85,732,125 元。于一九九六年，铁城与一家于香港成立的公司共同设立一家中外合作企业广州冠天房地产开发有限公司(广州冠天)，并于本公司下属的一个火车站附近经营房地产业务。

于二零零零年十月二十七日，广州冠天与广州冠华房地产开发有限公司(广州冠华)及广州冠益房地产开发有限公司(广州冠益)同意为广州冠城房地产开发公司(广州冠城)欠一独立第三方的债务提供共同担保(广州冠华、广州冠益、广州冠城及广州冠天为关联公司，其董事长为同一人)。由于广州冠城无力偿还债务，根据于二零零一年十一月四日的法院判决，广州冠华、广州冠益及广州冠天需向该独立第三方支付约人民币 2.57 亿元及其利息，故此，如广州冠天须对该担保负责，则本公司于铁城的权益有可能需要提取相关的减值准备。

广州冠天就上述担保案向法院提起诉讼。二零零九年三月六日，最高人民法院就此案作出终审判决，判决"驳回广州市寺右实业有限公司提出的广州冠华房地产开发有限公司、广州冠天房地产开发有限公司、广州冠益房地产开发有限公司对广州冠城房地产开发有限公司所欠债务承担连带清偿责任的诉讼请求"。因此，铁城于广州冠天的权益不需提取相关的减值准备，本公司对铁城的长期股权投资相应不存在重大减值风险。

7.8 其他重大事项及其影响和解决方案的分析说明

7.8.1 证券投资情况

□适用　　√不适用

7.8.2 持有其他上市公司股权情况

□适用　　√不适用

7.8.3 持有非上市金融企业股权情况

□适用　　√不适用

7.8.4 买卖其他上市公司股权情况

□适用　　√不适用

7.9 公司披露了董事会对内部控制的自我评估报告，作为公司 2008 年年报附件同时在上海证券交易所网站(www.sse.com.cn)披露。

7.10 公司披露了 2008 年度社会责任报告，作为 2008 年年报附件同时在上海证券交易所网站(www.sse.com.cn)披露。

第八节　监事会报告

监事会认为公司依法运作、公司财务情况、公司募集资金使用、公司收购、出售资产交易和关联交易不存在问题。

第九节　财务报告

9.1 审计意见

本公司 2008 年年度财务会计报告经中国注册会计师普华永道中天会计师事务所有限公司审计，并出具了标准无保留意见的审计报告。

9.2 财务报表

(附后)

9.3 本报告期无会计政策、会计估计和核算方法变更。

9.4 本报告期无会计差错更正。

9.5 与最近一期年度报告相比，合并范围发生变化的具体说明

本公司之全资子公司深圳市景明工贸有限公司已于 2008 年进行清算，故未再将其纳入 2008 年度公司财务报表的合并范围。

广深铁路股份有限公司

公司法定代表人：何玉华

2009 年 4 月 29 日

合并及公司资产负债表

2008 年 12 月 31 日

编制单位: 广深铁路股份有限公司　　单位：人民币元

资产	合并		公司	
	年末数	年初数	年末数	年初数
流动资产：				
货币资金	1,568,251,957	2,352,350,950	1,540,157,915	2,327,940,188
应收股利	–	–	5,145,586	3,781,562
应收账款	272,049,660	130,562,532	269,264,104	129,723,419
预付款项	30,996,434	32,289,230	30,669,722	32,285,072
其他应收款	65,868,589	168,354,905	71,288,469	181,441,383
存货	201,923,053	153,674,271	198,816,991	150,985,315
流动资产合计	2,139,089,693	2,837,231,888	2,115,342,787	2,826,156,939
非流动资产：				
长期应收款	48,136,337	48,546,775	48,136,337	48,546,775
长期股权投资	169,031,033	170,958,204	247,587,148	251,624,319
固定资产	24,919,065,807	21,040,891,308	24,834,872,960	20,953,236,389
在建工程	504,774,924	1,422,634,541	504,774,924	1,422,634,541
预付工程款	151,971,656	880,276,220	151,971,656	880,253,664
工程物资	–	11,315,495	–	11,315,495
无形资产	595,867,953	612,843,729	561,052,447	577,425,444
商誉	281,254,606	281,254,606	281,254,606	281,254,606
长期待摊费用	14,909,839	38,995,048	14,602,289	38,574,865
递延所得税资产	103,097,049	103,593,252	101,470,218	103,593,252
非流动资产合计	26,788,109,204	24,611,309,178	26,745,722,585	24,568,459,350
资产总计	28,927,198,897	27,448,541,066	28,861,065,372	27,394,616,289
流动负债：				
短期借款	500,000,000	–	500,000,000	–
应付账款	1,405,465,566	854,738,208	1,400,294,385	850,307,128
预收款项	58,236,550	42,416,187	56,446,197	39,982,577
应付职工薪酬	353,813,604	441,689,870	340,843,531	433,647,445
应交税费	93,233,342	132,640,703	89,314,826	130,168,927
应付利息	7,157,033	5,720,468	7,157,033	5,720,468
应付股利	46,846	46,345	46,846	46,345
其他应付款	564,718,334	1,232,407,550	586,037,368	1,261,835,098
一年内到期的非流动负债	10,000,000	–	10,000,000	–
流动负债合计	2,992,671,275	2,709,659,331	2,990,140,186	2,721,707,988
非流动负债：				
长期借款	3,390,000,000	2,850,000,000	3,390,000,000	2,850,000,000
其他非流动负债	100,495,054	90,233,057	100,495,054	90,233,057
非流动负债合计	3,490,495,054	2,940,233,057	3,490,495,054	2,940,233,057
负债合计	6,483,166,329	5,649,892,388	6,480,635,240	5,661,941,045
股东权益：				
股本	7,083,537,000	7,083,537,000	7,083,537,000	7,083,537,000
资本公积	11,564,500,889	11,564,500,889	11,564,461,609	11,564,461,609

盈余公积	1,797,228,577	1,675,784,792	1,797,228 577	1,675,784,792
未分配利润	1,942,817,635	1,419,116,755	1,935,202 946	1,408,891,843
归属于母公司股东权益合计	22,388,084,101	21,742,939,436	22,380,430 132	21,732,675,244
少数股东权益	55,948,467	55,709,242	–	–
股东权益合计	22,444,032,568	21,798,648,678	22,380,430 132	21,732,675,244
负债和股东权益总计	28,927,198,897	27,448,541,066	28,861,065 372	27,394,616,289

公司法定代表人:何玉华　主管会计工作负责人:申毅　总会计师:唐向东　会计机构负责人:林闻生

合并及公司利润表

2008 年 12 月 31 日止年度

编制单位: 广深铁路股份有限公司　　单位:人民币元

项目	合并		公司	
	本年累计数	上年累计数	本年累计数	上年累计数
一、营业收入	11,688,654,739	10,508,503,495	11,530,435,131	10,365,955,881
减:营业成本	(8,883,520,357)	(7,866,446,839)	(8,789,576,295)	(7,782,636,779)
营业税金及附加	(273,846,519)	(239,431,211)	(268,197,557)	(234,314,873)
销售费用	(1,289,467)	(1,148,693)	–	–
管理费用	(855,607,319)	(707,395,419)	(804,446,987)	(665,067,626)
财务费用	(181,558,619)	(37,424,544)	(182,189,236)	(37,712,661)
资产减值损失	(2,766,097)	1,246,073	(2,279,907)	2,351,532
加:投资收益/(损失)	2,361,191	(833,918)	7,983,131	5,221,932
其中:对联营企业的投资收益	128,770	(833,918)	128,770	(833,918)
二、营业利润	1,492,427,552	1,657,068,944	1,491,728,280	1,653,797,406
加:营业外收入	32,988,072	7,847,917	32,946,587	7,487,290
减:营业外支出	(42,741,324)	(13,017,098)	(42,661,065)	(9,067,547)
其中:非流动资产处置损失	(36,997,908)	(3,415,468)	(36,997,908)	(3,391,273)
三、利润总额	1,482,674,300	1,651,899,763	1,482,013,802	1,652,217,149
减:所得税费用	(270,607,450)	(221,623,991)	(267,575,954)	(217,151,310)
四、净利润	1,212,066,850	1,430,275,772	1,214,437,848	1,435,065,839
归属母公司股东的净利润	1,211,827,625	1,430,835,500	1,214,437,848	1,435,065,839
少数股东损益	239,225	(559,728)	–	–
五、每股收益(基于归属于母公司普通股股东的合并净利润)				
(一)基本每股收益	0.17	0.20	–	–
(二)稀释每股收益	0.17	0.20	–	–

公司法定代表人:何玉华　主管会计工作负责人:申毅　总会计师:唐向东　会计机构负责人:林闻生

合并及公司现金流量表

2008 年 12 月 31 日止年度

编制单位: 广深铁路股份有限公司　　单位:人民币元

项目	合并		公司	
	本年累计数	上年累计数	本年累计数	上年累计数
一、经营活动产生的现金流量:				
销售商品、提供劳务收到的现金	9,422,651,983	10,492,441,724	9,267,128,178	10,346,395,305
收到其他与经营活动有关的现金	84,436,460	362,437,821	83,992,384	382,809,146
经营活动现金流入小计	9,507,088,443	10,854,879,545	9,351,120,562	10,729,204,451
购买商品、接受劳务支付的现金	(3,716,945,537)	(5,297,499,100)	(3,650,455,064)	(5,257,788,478)
支付给职工以及为职工支付的现金	(2,428,441,505)	(2,167,063,906)	(2,366,874,840)	(2,105,537,074)
支付的各项税费	(586,399,357)	(525,478,056)	(576,437,728)	(511,846,913)
支付其他与经营活动有关的现金	(889,861,427)	(181,930,945)	(880,454,967)	(167,130,611)
经营活动现金流出小计	(7,621,647,826)	(8,171,972,007)	(7,474,222,599)	(8,042,303,076)
经营活动产生的现金流量净额	1,885,440,617	2,682,907,538	1,876,897,963	2,686,901,375
二、投资活动产生的现金流量:				
处置固定资产收回的现金净额	11,357,908	57,057,857	11,020,563	56,828,202
取得投资收益所收到的现金	4,475,941	–	8,059,447	5,617,713
处置子公司收到的现金净额	–	–	–	25,144
收到的其他与投资活动有关的现金	–	195,189,215	–	195,189,215
投资活动现金流入小计	15,833,849	252,247,072	19,080,010	257,660,274
购建固定资产和其他长期资产支付的现金	(2,947,805,835)	(1,618,001,977)	(2,946,770,232)	(1,614,995,355)
收购羊城铁路业务支付的现金净额	–	(4,781,633,352)	–	(4,781,633,353)
处置子公司支付的现金净额	(833,988)	–	–	–
支付其他与投资活动有关的现金	(7,300,000)	(7,109,011)	–	–
投资活动现金流出小计	(2,955,939,823)	(6,406,744,340)	(2,946,770,232)	(6,396,628,708)
投资活动产生的现金流量净额	(2,940,105,974)	(6,154,497,268)	(2,927,690,222)	(6,138,968,434)
三、筹资活动产生的现金流量:				
取得借款所收到的现金	1,050,000,000	990,000,000	1,050,000,000	990,000,000
筹资活动现金流入小计	1,050,000,000	990,000,000	1,050,000,000	990,000,000
偿还债务支付的现金	–	(295,000,000)	–	(295,000,000)
分配股利、利润或偿付利息支付的现金	(786,733,636)	(735,202,381)	(786,990,014)	(734,834,783)
支付其他与筹资活动有关的现金	–	–	–	–
筹资活动现金流出小计	(786,733,636)	(1,030,202,381)	(786,990,014)	(1,029,834,783)
筹资活动产生的现金流量净额	263,266,364	(40,202,381)	263,009,986	(39,834,783)
四、汇率变动对现金的影响	–	(2,383,400)	–	(2,383,400)
五、现金净减少额	(791,398,993)	(3,514,175,511)	(787,782,273)	(3,494,285,242)
加:年初现金余额	2,352,350,950	5,866,526,461	2,327,940,188	5,822,225,430
六、年末现金余额	1,560,951,957	2,352,350,950	1,540,157,915	2,327,940,188

公司法定代表人:何玉华　主管会计工作负责人:申毅　总会计师:唐向东　会计机构负责人:林闻生

合并股东权益变动表

2008 年 12 月 31 日止年度

编制单位: 广深铁路股份有限公司　　单位:人民币元

项目	归属于母公司股东权益				少数股东权益	股东权益合计
	股本	资本公积	盈余公积	未分配利润		
2006 年 12 月 31 日年末余额	7,083,537,000	11,672,526,940	1,555,741,394	630,085,751	–	20,941,891,085
首次执行企业会计准则	–	(108,065,331)	(23,463,186)	68,385,048	56,704,191	(6,439,278)
2007 年 1 月 1 日年初余额	7,083,537,000	11,564,461,609	1,532,278,208	698,470,799	56,704,191	20,935,451,807
2007 年度增减变动额						
净利润/(亏损)	–	–	–	1,430,835,500	(559,728)	1,430,275,772
利润分配	–	–	143,506,584	(710,189,544)	(367,599)	(567,050,559)
提取盈余公积	–	–	143,506,584	(143,506,584)	–	–
对股东的分配	–	–	–	(566,682,960)	(367,599)	(567,050,559)
其他	–	39,280	–	–	(67,622)	(28,342)
2007 年 12 月 31 日年末余额	7,083,537,000	11,564,500,889	1,675,784,792	1,419,116,755	55,709,242	21,798,648,678
2008 年 1 月 1 日年初余额	7,083,537,000	11,564,500,889	1,675,784,792	1,419,116,755	55,709,242	21,798,648,678
2008 年度增减变动额						
净利润	–	–	–	1,211,827,625	239,225	1,212,066,850
利润分配	–	–	121,443,785	(688,126,745)	–	(566,682,960)
提取盈余公积	–	–	121,443,785	(121,443,785)	–	–
对股东的分配	–	–	–	(566,682,960)	–	(566,682,960)
2008 年 12 月 31 日年末余额	7,083,537,000	11,564,500,889	1,797,228,577	1,942,817,635	55,948,467	22,444,032,568

公司法定代表人:何玉华　主管会计工作负责人:申毅　总会计师:唐向东　会计机构负责人:林闻生

公司股东权益变动表

2008 年 12 月 31 日止年度

编制单位: 广深铁路股份有限公司　　单位:人民币元

项目	股本	资本公积	盈余公积	未分配利润	股东权益合计
2006 年 12 月 31 日年末余额	7,083,537,000	11,672,526,940	1,529,512,021	659,119,874	20,944,695,835
首次执行企业会计准则	–	(108,065,331)	2,766,187	24,895,674	(80,403,470)
2007 年 1 月 1 日年初余额	7,083,537,000	11,564,461,609	1,532,278,208	684,015,548	20,864,292,365
2007 年度增减变动额					
净利润	–	–	–	1,435,065,839	1,435,065,839
利润分配	–	–	143,506,584	(710,189,544)	(566,682,960)
提取盈余公积	–	–	143,506,584	(143,506,584)	–
对股东的分配	–	–	–	(566,682,960)	(566,682,960)
2007 年 12 月 31 日年末余额	7,083,537,000	11,564,461,609	1,675,784,792	1,408,891,843	21,732,675,244
2008 年 1 月 1 日年初余额	7,083,537,000	11,564,461,609	1,675,784,792	1,408,891,843	21,732,675,244
2008 年度增减变动额					
净利润	–	–	–	1,214,437,848	1,214,437,848
利润分配	–	–	121,443,785	(688,126,745)	(566,682,960)
提取盈余公积	–	–	121,443,785	(121,443,785)	–
对股东的分配	–	–	–	(566,682,960)	(566,682,960)
2008 年 12 月 31 日年末余额	7,083,537,000	11,564,461,609	1,797,228,577	1,935,202,946	22,380,430,132

公司法定代表人:何玉华　主管会计工作负责人:申毅　总会计师:唐向东　会计机构负责人:林闻生

中国中铁股份有限公司

中国中铁股份有限公司2008年年度报告摘要

第一节　重要提示

1.1 本公司董事会、监事会及董事、监事、高级管理人员保证本报告所载资料不存在任何虚假记载、误导性陈述或者重大遗漏，并对其内容的真实性、准确性和完整性承担个别及连带责任。

本年度报告摘要摘自年度报告全文，投资者欲了解详细内容，应当仔细阅读年度报告全文。

1.2 公司全体董事出席董事会会议。

1.3 德勤华永会计师事务所有限公司为本公司出具了标准无保留意见的审计报告。

1.4 公司负责人石大华、主管会计工作负责人李建生及会计机构负责人(会计主管人员)杨良声明：保证年度报告中财务报告的真实、完整。

第二节　公司基本情况简介

2.1 基本情况简介

股票简称	中国中铁
股票代码	601390
上市交易所	上海证券交易所
股票简称	中国中铁
股票代码	00390
上市交易所	香港联合交易所
公司注册地址和办公地址	北京市丰台区星火路1号　北京市丰台区莲花池南里26号
邮政编码	100055
公司国际互联网网址	www.crec.cn
电子信箱	ir@crec.cn

2.2 联系人和联系方式

	董事会秘书
姓名	于腾群
联系地址	北京市丰台区莲花池南里26号
电话	010-51845717
传真	010-51842057
电子信箱	ir@crec.cn

第三节　会计数据和业务数据摘要

3.1 主要会计数据

单位：千元 币种：人民币

	2008年	2007年	本年比上年增减(%)	2006年
营业收入	234,619,283.00	184,153,526.00	27.40	159,518,471.00
利润总额	1,933,200.00	4,423,923.00	-56.30	2,957,875.00
归属于上市公司股东的净利润	1,115,187.00	3,228,269.00	-65.46	1,646,282.00
归属于上市公司股东的扣除非经常性损益的净利润	4,549,673.00	930,182.00	389.12	1,324,056.00
经营活动产生的现金流量净额	780,112.00	-55,553.00	1,504.27	8,020,339.00
	2008年末	2007年末	本年末比上年末增减(%)	2006年末
总资产	252,095,731.00	216,514,577.00	16.43	143,427,794.00
所有者权益(或股东权益)	56,166,051	55,959,701	0.37	9,854,842.00

3.2 主要财务指标

	2008年	2007年	本年比上年增减(%)	2006年
基本每股收益(元/股)	0.05	0.24	-79.17	不适用
稀释每股收益(元/股)	不适用	不适用	不适用	不适用
扣除非经常性损益后的基本每股收益(元/股)	0.21	0.07	200.00	不适用
全面摊薄净资产收益率(%)	1.99	5.77	减少3.78个百分点	24.95
加权平均净资产收益率(%)	1.98	24.63	减少22.65个百分点	33.15
扣除非经常性损益后全面摊薄净资产收益率(%)	8.10	1.48	增加6.62个百分点	20.07
扣除非经常性损益后的加权平均净资产收益率(%)	8.09	6.33	增加1.76个百分点	26.66
每股经营活动产生的现金流量净额(元/股)	0.04	<0.01	不适用	不适用
	2008年末	2007年末	本年末比上年末增减(%)	2006年末
归属于上市公司股东的每股净资产(元/股)	2.87	2.81	2.14	不适用

非经常性损益项目

√适用　□不适用

单位：千元 币种：人民币

非经常性损益项目	金额
非流动资产处置损益	51,085
计入当期损益的政府补助，但与公司正常经营业务密切相关，符合国家政策规定、按照一定标准定额或定量持续享受的政府补助除外	81,803
债务重组损益	39,147
同一控制下企业合并产生的子公司期初至合并日的当期净损益	30,674
与公司正常经营业务无关的或有事项产生的损益	49,737
除同公司正常经营业务相关的有效套期保值业务外，持有交易性金融资产、交易性金融负债产生的公允价值变动损益，以及处置交易性金融资产、交易性金融负债和可供出售金融资产取得的投资收益	-32,211
除上述各项之外的其他营业外收入和支出	148,430
少数股东权益影响额	-7,019
所得税影响额	204,530
增持子公司股权确认的负商誉	2,966
处置长期股权投资收益	55,825
H股募集资金汇兑损失(注)	-4,136,873
贷款及应收款项投资收益	77,420
合计	-3,434,486

3.3 境内外会计准则差异：

√适用　□不适用

单位：千元 币种：人民币

	境内会计准则	境外会计准则
净利润	1,434,196	1,668,820
净资产	61,094,865	60,923,501

		2008年12月31日净资产人民币千元	2008年度净利润人民币千元
差异说明	根据中国企业会计准则编制的财务报表金额	61,094,865	1,434,196
	按国际财务报告准则调整：		
	-股权分置流通权	-171,364	
	-处置子公司部分股权	-	237,205
	-其他	-	-2,581
	根据国际财务报告准则编制财务报表金额	60,923,501	1,668,820

第四节　股本变动及股东情况

4.1 股份变动情况表

√适用　□不适用

单位：股

	本次变动前		本次变动增减(+,-)					本次变动后	
	数量	比例(%)	发行新股	送股	公积金转股	其他	小计	数量	比例(%)
一、有限售条件股份									
1、国家持股	12,417,510,000	58.30	0	0	0	0	0	12,417,510,000	58.30
2、国有法人持股									
3、其他内资持股	1,402,550,000	6.58	0	0	0	-1,402,550,000	-1,402,550,000	0	0
其中：境内非国有法人持股	1,402,550,000	6.58	0	0	0	-1,402,550,000	-1,402,550,000	0	0
境内自然人持股									
4、外资持股	550,172,000	2.58	0	0	0	-550,172,000	-550,172,000	0	0
其中：境外法人持股	550,172,000	2.58	0	0	0	-550,172,000	-550,172,000	0	0
境外自然人持股									
有限售条件股份合计	14,370,232,000	67.46	0	0	0	-1,952,722,000	-1,952,722,000	12,417,510,000	58.30
二、无限售条件流通股份									
1、人民币普通股	3,272,450,000	15.37	0	0	0	+1,402,550,000	+1,402,550,000	4,675,000,000	21.95
2、境内上市的外资股									
3、境外上市的外资股	3,657,218,000	17.17	0	0	0	+550,172,000	+550,172,000	4,207,390,000	19.75
4、其他									
无限售条件流通股份合计	6,929,668,000	32.54	0	0	0	+1,952,722,000	+1,952,722,000	8,882,390,000	41.70
三、股份总数	21,299,900,000	100						21,299,900,000	100

限售股份变动情况

√适用　□不适用

单位：股

股东名称	年初限售股数	本年解除限售股数	本年增加限售股数	年末限售股数	限售原因	解除限售日期
中国铁路工程总公司	12,417,510,000	0	0	12,417,510,000	发起人股东承诺A股股票上市后36	2010-12-3

					个月内限售	
网下配售 A 股股份	1,402,550,000	-1,402,550,000	0	0	A 股股票上市之日起 3 个月内限售	2008-3-3
H 股企业投资者	550,172,000	-550,172,000	0	0	H 股股票上市之日起 12 个月内限售	2008-12-7
合计	14,370,232,000	-1,952,722,000	0	12,417,510,000	/	/

4.2 股东数量和持股情况

单位:股

股东名称	股东性质	持股比例 (%)	持股总数	报告期内增减	持有有限售条件的股份数量	质押或冻结的股份数量
中国铁路工程总公司	国家股	58.30	12,417,510,000	0	12,417,510,000	0
HKSCC Nominees Limited(注 1)	其他	19.44	4,139,935,043	+35,766,043	0	0
交通银行-易方达 50 指数证券投资基金	其他	0.29	61,800,740	+61,800,740	0	0
中国工商银行-上证 50 交易型开放式指数证券投资基金	其他	0.22	47,127,592	+47,127,592	0	0
中国人寿保险股份有限公司-分红-个人分红-005L-FH002 沪	其他	0.22	46,740,639	+30,471,639	0	0
中国银行-景顺长城鼎益股票型开放式证券投资基金	其他	0.18	37,417,156	+19,617,155	0	0
中国建设银行-泰达荷银市值优选股票型证券投资基金	其他	0.17	35,184,483	+23,579,483	0	0
中国工商银行-博时精选股票证券投资基金	其他	0.16	33,999,866	+33,999,865	0	0
中国银行-嘉实沪深 300 指数证券投资基金	其他	0.15	3,236,0885	+3,236,0885	0	0
兴业银行股份有限公司-兴业趋势投资混合型证券投资基金	其他	0.14	30,689,015	+8,069,278	0	0
上述股东关联关系或一致行动的说明	第一大股东中国铁路工程总公司与上述其他 9 名股东之间不存在关联关系,也不属于一致行动人。公司未知前十名股东中其他股东之间是否存在关联关系或一致行动关系。					

注 1:HKSCC Nominees Limited(香港中央结算(代理人)有限公司)持有的 H 股乃代表多个客户持有。

3.前十名无限售股东持股情况单位:股

报告期末股东总数		1,137,992 户
前十名股东持股情况		
股东名称	持有无限售条件股份数量	股份种类
HKSCC Nominees Limited	4,139,935,043	境外上市外资股
交通银行-易方达 50 指数证券投资基金	61,800,740	人民币普通股
中国工商银行-上证 50 交易型开放式指数证券投资基金	47,127,592	人民币普通股
中国人寿保险股份有限公司-分红-个人分红-005L-FH002 沪	46,740,639	人民币普通股
中国银行-景顺长城鼎益股票型开放式证券投资基金	37,417,156	人民币普通股
中国建设银行-泰达荷银市值优选股票型证券投资基金	35,184,483	人民币普通股
中国工商银行-博时精选股票证券投资基金	33,999,866	人民币普通股
中国银行-嘉实沪深 300 指数证券投资基金	32,360,885	人民币普通股
兴业银行股份有限公司-兴业趋势投资混合型证券投资基金	30,689,015	人民币普通股
中国银行-大成财富管理 2020 生命周期证券投资基金	30,299,885	人民币普通股
上述股东关联关系或一致行动的说明	第一大股东中国铁路工程总公司与上述其他 9 名股东之间不存在关联关系,也不属于一致行动人。公司未知前十名股东中其他股东之间是否存在关联关系或一致行动关系。	
前十名无限售条件股东持股情况		
HKSCC Nominees Limited	4,139,935,043	境外上市外资股
交通银行-易方达 50 指数证券投资基金	61,800,740	人民币普通股
中国工商银行-上证 50 交易型开放式指数证券投资基金	47,127,592	人民币普通股
中国人寿保险股份有限公司-分红-个人分红-005L-FH002 沪	46,740,639	人民币普通股
中国银行-景顺长城鼎益股票型开放式证券投资基金	37,417,156	人民币普通股
中国建设银行-泰达荷银市值优选股票型证券投资基金	35,184,483	人民币普通股
中国工商银行-博时精选股票证券投资基金	33,999,865	人民币普通股
中国银行-嘉实沪深 300 指数证券投资基金	32,360,885	人民币普通股
兴业银行股份有限公司-兴业趋势投资混合型证券投资基金	30,689,015	人民币普通股
中国银行-大成财富管理 2020 生命周期证券投资基金	30,299,885	人民币普通股
上述股东关联关系或一致行动的说明	未知	

注 1:HKSCC Nominees Limited(香港中央结算(代理人)有限公司)持有的 H 股乃代表多个客户持有。

4.3 控股股东及实际控制人情况介绍

4.3.1 控股股东及实际控制人变更情况

□适用 √不适用

4.3.2 控股股东及实际控制人具体情况介绍

4.3.2.1 法人控股股东情况

单位:万元 币种:人民币

名称	法定代表人	注册资本	成立日期	主营业务
中国铁路工程总公司	石大华	1,081,492.5	1990-3-7	建筑工程,相关工程技术研究、勘察、设计、服务与专用设备制造,房地产开发经营

第五节 董事、监事和高级管理人员

5.1 董事、监事和高级管理人员持股变动及报酬情况

姓名	职务	性别	年龄	任期起止日期	年初持股数	年末持股数	变动原因	报告期内从公司领取的报酬总额(万元)	报告期被授予的股权激励情况 可行权股数	已行权数量	行权价(元)	期末股票市价(元)	是否在股东单位或其他关联领取薪酬
石大华	董事长、执行董事	男	57	2007-9-12~2010-9-12	0	100,000	二级市场购入	78.63					否
李长进	执行董事、总裁	男	50	2007-9-12~2010-9-12	0	105,700	二级市场购入	54.75					否
白中仁	执行董事、副总裁、总经济师	男	48	2007-9-12~2010-9-12	0	100,000	二级市场购入	50.85					否
王秋明	非执行董事	男	56	2007-9-12~2010-9-12	0	50,000	二级市场购入	49.74					否
贺 恭	独立董事	男	65	2007-9-12~2010-9-12	0	0	-	26.67					是
张青林	独立董事	男	66	2007-9-12~2010-9-12	0	0	-	26.67					是
贡华章	独立董事	男	63	2007-9-12~2010-9-12	0	0	-	26.67					是
王泰文	独立董事	男	62	2007-9-12~2010-9-12	0	0	-	26.67					是
辛定华	独立董事	男	50	2007-9-12~2010-9-12	0	0	-	26.67					是
高树堂	监事会主席	男	60	2007-9-12~2010-9-12	0	100,000	二级市场购入	51.16					否
季志华	监事	男	47	2007-9-12~2010-9-12	0	0	-	32.03					否
张喜学	监事	男	56	2007-9-12~2010-9-12	0	0	-	31.3					否
周玉清	监事	男	58	2007-9-12~2010-9-12	0	0	-	31.31					否
林隆彪	监事	男	51	2007-9-12~2010-9-12	0	0	-	30.62					否
李建生	副总裁、财务总监、总法律顾问	女	54	2007-9-12~2010-9-12	0	0	-	51.12					否
刘 辉	副总裁	男	49	2007-9-12~2010-9-12	0	100,500	二级市场购入	50.86					否
姚桂清	副总裁	男	54	2007-9-12~2010-9-12	0	100,112	二级市场购入	50.98					否
马 力	副总裁	男	51	2007-9-12~2010-9-12	0	100,000	二级市场购入	50.93					否
周孟波	副总裁	男	44	2007-9-12~2010-9-12	0	0	-	49.32					否
戴和根	副总裁	男	43	2007-9-12~2010-9-12	0	106,000	二级市场购入	49.29					否
段秀斌	副总裁	男	55	2007-9-12~2010-9-12	0	106,100	二级市场购入	49.35					否
于腾群	董事会秘书	男	39	2007-9-12~2010-9-12	0	50,069	二级市场购入	31.65					否
合 计	/	/	/	/	0	1,018,481	/	927.24			/	/	/

第六节 董事会报告

6.1 管理层讨论与分析

6.1.1 报告期内公司经营情况的回顾

(一)报告期内公司总体经营情况

2008 年,全公司积极应对重大自然灾害和全球金融危机的严峻挑战,牢牢抓住国家扩大内需、加大基础设施建设的机遇,在主营业务方面又取得了新的突破。

2008 年度,本公司新签合同额首次突破 4,000 亿元,达到 4,284.5 亿元,同比增长 72.42%;营业收入首次突破 2,000 亿元,达到 2,346.19 亿元,同比增长 27.40%,双双再创历史新高;实现归属上市公司股东的净利润 11.15 亿元,同比减少 65.46%;归属于上市公司股东的扣除非经常性损益的净利润为 45.50 亿元,同比增长 389.12%。营业收入位居全国建筑业第一。

(二)公司主营业务及其经营状况

1、公司主营业务情况

公司的主营业务为基建建设、勘察设计与咨询服务、工程设备和零部件制造、房地产开发以及其他业务。2008 年度,公司实现主营业务收入为 2,323. 49 亿元,同比增长 27.09%;新签合同额为 4,284.5 亿元,同比增长幅度高达 72.42%,其中 245.23 亿元来自于海外;截至 2008 年 12 月 31 日,本集团未完成合同额为 4,207.5 亿元,比 2007 年 12 月 31 日增长 94.4%。

(1)基建建设

2008 年,本公司参与了多项国家重点基建项目的建设,包括铁路、公路和市政工程建设项目等,基建建设业务板块继续保持了良好的增长势头。2008 年,本公司基建建设业务营业收入 2,082.70 亿元,同比增长 25.94%;新签合同额 3,834.80 亿元,同比增长 71.47%。截至 2008 年 12 月 31 日,本公司基建建设业务的未完成合同额为 3,992.25 亿元,比 2007 年 12 月 31 日增长 93.8%。

①铁路建设

2008 年,本公司共完成铁路建设新签合同额 2,303.19 亿元,共完成铁路正线铺轨(新线、复线)4,362 公里,完成电气化铁路接触网 3,697 正线公里,进一步巩固了在铁路建设市场上的主导地位。2008 年本公司作为主要承包商参与完成了我国第一条拥有完全自主知识产权、具有世界一流水平的高速铁路——京津城际铁路;设计并独立承建了中国首座高标准现代化的大型综合性交通枢纽北京南站,该站在设计上采用了交通客流模拟、声学处理、热电冷三联供+污水源热泵系统、太阳能光伏发电、客运服务系统等多项自主创新技术;参与完成了合肥至南京、青岛至济南、合肥至武汉等多个铁路客运专线项目。

②公路建设

2008年，本公司在公路建设方面取得良好业绩，新签合同额达469.90亿元，较上年增长28.7%，占全国公路市场份额的13%；共完成公路建设1,570公里，其中包括1,190公里的高速公路。本公司2008年主要参与完成的公路建设项目有岑兴、台缙、十漫等高速公路。

③市政工程和其他建设

随着中国城市化进程的加速，城市轨道交通市场正在不断发展，本公司在2008年继续加大市政工程建设项目开发力度，并取得良好经济效益。2008年，本公司共完成市政工程和其他建设新签合同额1,061.71亿元，其中城市轨道交通项目已占全国市场份额的52.6%。2008年，本公司共参与建设城市轻轨、地铁线路土建工程350公里，铺轨工程516公里。包括厦门公铁合建公路跨海大桥A标（杏林大桥）、北京地铁十号线一期工程、沈阳市五爱隧道等多个市政工程和其他项目。

(2)勘察设计与咨询服务业务

凭借着在勘察设计与咨询服务领域丰富的经验及行业领先的技术实力，本公司在2008年承接了多项勘察设计与咨询服务业务，巩固了本公司在该领域的行业龙头地位。2008年，本公司勘察设计与咨询服务业务营业收入46.52亿元，同比增长31.03%；新签合同额为38.10亿元，同比增加6.8%。截至2008年12月31日，本公司勘察设计与咨询服务业务的未完成合同额为68.43亿元，较2007年12月31日增长12.2%。2008年本公司参与完成的项目中，包括为世界上最长的跨海大桥杭州湾大桥，为京津城际铁路、北京南站、胶济铁路客运专线等多个建设项目提供工程设计与咨询服务。

(3)工程设备和零部件制造业务

2008年，本公司工程设备和零部件制造业务营业收入61.95亿元，同比增长56.67%；新签合同额为84.70亿元，同比增加46.7%。截至2008年12月31日，本公司工程设备和零部件制造业务的未完成合同额为55.35亿元，较2007年12月31日减少26.9%。2008年，本公司完成了国家“863计划”重点项目——我国首台自主研发制造的复合式土压平衡盾构机成功下线；本公司自主研发的客运专线道岔、高速道岔，达到了世界先进水平；本公司研制的无砟轨道铺装设备成功地应用于国内首条高速铁路——京津城际客运专线的施工，具有国内先进水平；“双向行驶无砟轨道运输车”等34项技术获得国家实用新型专利，“磁悬浮关节可挠道岔及转接方法”等4项技术获得国家发明专利。

(4)房地产开发业务

本公司设立全资子公司中铁置业集团有限公司，负责本公司房地产开发业务的发展和规划，协调多家子公司的房地产开发业务，取得显著成效。2008年，本公司房地产开发业务营业收入39.34亿元，同比增长36.59%；土地储备面积较2007年有显著增加。2008年本公司完成了河南省郑州市好望角国际公寓、湖北省武汉市金桥港湾花园等房地产项目的开发。

(5)其他业务

凭借现有业务所建立的平台，本公司还积极从事铁路与公路的BT、BOT等投资经营项目、矿产资源开发、物资贸易和其他多种业务。公司除继续开发现有矿山外，还在海外成立合资公司，以“项目换资源”的创新模式开发海外矿产资源及建设海外基础设施项目。2008年本公司还参与完成了云南富砚、广西岑梧、山东德商高速公路BOT项目以及北京地铁奥运支线BT项目等多个投资经营项目。

2. 主营业务按行业或产品的经营业绩分析

2008年度公司主营业务按行业或产品的的经营业绩以及其与上年度的比较情况如下表所示：

主营业务	主营业务收入（千元）	增长率(%)	主营业务成本（千元）	增长率(%)	主营业务毛利率(%)	主营业务毛利增长率(%)
基建建设	208,269,563	25.94	189,558,542	25.49	8.98	30.77
勘察设计与咨询服务	4,651,581	31.03	3,129,100	34.17	32.73	25.02
工程设备和零部件制造	6,195,075	56.67	5,094,523	60.33	17.76	41.66
房地产开发	3,934,420	36.59	2,659,690	38.17	32.40	33.41
其他	9,298,191	31.44	7,903,630	34.74	15.00	15.38
合计	232,348,830	27.09	208,345,485	26.76	10.33	29.98

提供基建建设服务是公司主营业务收入的最大单项来源，基建建设业务的营业收入对公司营业收入总额的贡献一直保持着较高的比例。公司基建建设业务的营业收入主要来自铁路、公路和市政工程建设。2008年度，公司基建建设的主营业务收入增长率和主营业务毛利增长率分别为25.94%和30.77%，保持了稳定的增长。基建建设业务毛利的稳步增长的原因在于：①本公司项目管理能力的提升；②原材料价格下降；③铁路项目概算水平有所改善。

勘察设计与咨询服务业务的营业收入主要来源于为基建建设项目提供全方位的勘察设计与咨询服务、研发、可行性研究和监理服务，基建建设的大量投资及多个重大项目的相继开工也为本公司勘察设计与咨询服务业务的发展提供了良好的机遇。2008年主营业务收入和主营业务毛利比2007年分别增长31.03%和25.02%，增速明显。该业务毛利率水平与2007年相比下降1.57个百分点。毛利率水平的变动主要原因有：①该业务板块的人工成本增加；②委外完成的项目成本增加；③毛利率较低的勘察业务增加。

2008年本公司工程设备与零部件制造业务主营业务收入达到61.95亿元，与2007年相比增长56.67%，主营业务毛利比2007年增长41.66%，铁路建设及其他基建项目的大规模投入使得市场对于铁路、桥梁设备以及其他工程建设设备，尤其是大型专业设备的需求不断增长。本公司的技术领先优势进一步提升了本公司在该板块的业务拓展能力。2008年本公司工程设备与零部件制造业务毛利率较2007年下降1.88个百分点，主要原因在于公司的道岔出口业务受到国际金融危机的影响。

房地产开发方面，本公司利用“中铁置业”这一业务平台，进一步整合旗下房地产资源，多项房地产项目的开工建设使得房地产开发业务的收入进一步提升，2008年主营业务收入达到39.34亿元，同比增长36.59%；毛利率较2007年下降0.8个百分点，主要是由于2008年房地产市场受到宏观经济影响，发展步伐放缓，但2008年上半年公司销售的北京西客站南广场和深圳诺德国际花园等项目土地成本相对较低、售价较高，抵消了部分影响。

在其他业务板块，本公司矿产资源开发业务也取得了重大进展，除继续开发现有矿山外，还在海外成立合资公司，以“项目换资源”的创新模式投资开发海外矿产资源。同时，本公司对BT、BOT等项目的投资也对主营业务的发展起到了积极的作用。2008年其它业务板块的主营业务收入达到92.98亿元，与2007年同比增长31.44%，主营业务毛利13.95亿元，同比增长15.38%，主要原因在于物资贸易业务的增长；毛利率较2007年下降2.09个百分点，主要原因是2008年新投产的BOT项目在经营初期产生亏损。

3.经营业务按地区的经营业绩分析

2008年度公司经营业务按地区的经营业绩以及其与上年度的比较情况如下表所示：

地区	营业收入(千元)	地区占比(%)	增长率(%)
中国内地	227,084,168	96.79	27.61
香港及澳门	205,540	0.09	186.01
海外	7,329,575	3.12	19.59
合计	234,619,283	100.00	27.40

公司继续采取积极稳妥的海外发展战略，海外业务较2007年有明显增长。

4.主要供应商及客户情况

2008年度，公司向前5名供应商合计的采购金额为39.62亿元，占年度采购总额的比例为4.42%；前5名客户的销售额合计为1,088.59亿元，占公司销售总额的比例为46.40%。客户集中度较高的原因在于铁道部是本公司最大的客户。

(三)公司资产发生重大变动情况

1.报告期内公司资产的重大变动情况

截至2008年12月31日，公司资产构成及同比变动情况如下表所示：

项目	2008年12月31日		2007年12月31日	
	金额(千元)	比例(%)	金额(千元)	比例(%)
应收款项	65,885,790	26.14	54,071,235	24.97
存货	63,626,896	25.24	49,379,037	22.81
交易性金融资产	141,206	0.06	165,792	0.08
可供出售金融资产	963,363	0.38	1,955,036	0.90
投资性房地产	1,819,504	0.72	902,873	0.42
长期股权投资	7,546,658	2.99	4,359,500	2.01
固定资产	19,985,378	7.93	16,935,200	7.82
在建工程	2,646,228	1.05	1,355,661	0.63
无形资产	20,896,169	8.29	14,292,743	6.60

截至2008年12月31日，应收款项(包括应收票据、应收账款、应收利息、应收股利、贷款及应收款项、长期应收款以及其他应收款）余额为658.86亿元，占总资产的比例为26.14%，同比增长为21.85%，产生上述变化的主要影响因素为应收账款的增长。应收账款同比增长为25.59%，其增长一方面与公司营业收入的增长相关联，另一方面，作为建筑企业，公司留存在客户处的应收质保金一般而言账龄都长达1-3年，收回较慢。

随着业务规模的扩大，应收账款中的质保金数额有所上升。

截至2008年12月31日，存货余额为636.27亿元，占总资产的比例为25.24%，同比增长为28.85%，增长主要是由于：1)本公司为配合基建建设业务及工程设备和零部件制造业务增长而增加购买原材料及消耗品；2)本公司房地产业务增长，在建楼盘增加，导致存货增加。

截至2008年12月31日，交易性金融资产和可供出售金融资产同比下降分别为14.83%和50.72%，这是因为交易性金融资产和可供出售金融资产的公允价值受市场环境变化影响比2007年同期出现较大幅度降低。

截至2008年12月31日，固定资产余额为199.85亿元，同比增长为18.01%，占总资产的比例为7.93%，这与公司业务发展的需要相一致。公司为了保证核心业务的竞争力和满足业务增长的需要，增加了对设备的购置。

截至2008年12月31日，无形资产余额为208.96亿元，同比增长为46.20%，这是因为公司增加了对特许经营权、土地使用权、软件和矿权的持有。

2.报告期内主要资产的计量属性

2008年度，公司主要资产采用的计量属性主要为历史成本法，部分采用公允价值法计量，采用公允价值计量的主要报表项目为金融资产、与股份支付相关的成本或费用、企业合并涉及的公允价值损益。主要资产计量属性在报告期内没有发生重大变化。

3.报告期内期间费用等财务数据的重大变动情况

2008年度，公司期间费用等财务数据及同期变动情况如下表所示：

单位：千元

项目	2008年度(千元)	2007年度(千元)	增长率(%)
营业费用	933,258	852,005	9.54
管理费用	9,192,754	7,667,743	19.89
财务费用	5,132,991	1,298,827	295.20
所得税	499,004	848,836	-41.21

2008年，公司管理费用为91.93亿元，比2007年增加19.89%，其主要原因是业务规模大幅增长导致管理费用增加，此外，公司在2007年上半年转回了原按工资总额14%计提的职工福利费在2006年末的余额，并相应冲减同期管理费用11.74亿元。剔除上期这一影响因素，实际上公司的管理费用率从2007年的4.80%下降为3.92%，体现出本公司管理费用控制和管理效率提高所取得的显著成效。

2008年度，公司财务费用为51.33亿元，比上年增加295.20%。主要是由于H股募集资金受外汇市场大幅波动的影响形成较大汇兑损失。此外，公司的借款余额上升也使得公司利息支出增加。

2008年度，公司所得税为4.99亿元，比上年减少3.50亿元，降幅为41.21%。主要是所得税费用比上年虽增加4.07亿元，但因税率变动和汇兑损失亏损等产生的递延所得税费用比2007年减少7.57亿元。

(四)报告期现金流量分析

现金流量	2008年度(千元)	2007年度(千元)	增长率(%)
经营活动产生的现金流量净额	780,112	-55,553	1,504.27
投资活动产生的现金流量净额	-20,182,599	-15,607,319	-29.31
筹资活动产生的现金流量净额	11,613,618	43,008,242	-73.00

2008年度，公司经营活动所产生的现金流净额为7.80亿元，较二零零七年经营活动所使用的现金流净额0.56亿元大幅改善，主要原因为：1)本公司的营业利润(剔除H股募集资金的汇兑损失)由2007年的43.67亿元大幅增加至2008年的57.50亿元；2)本公司在经营业务持续扩大的同时，继续加强对应收帐款的管理，取得满意的成果。

2008年度，公司投资活动所使用的现金净额为201.83亿元，较2007年的156.07亿元增长29.3%，主要原因为用于购买固定资产、无形资产和其他长期资产的现金增加35.41亿元。

2008年度，公司融资活动所产生的现金净额为116.14亿元，较2007年减少313.95亿元。融资活动现金流的减少主要原因为：1)本公司于二零零七年第四季度首次公开发行募集现金净额共计422.98亿元；2)本集团于二零零八年贷款净增加146.8亿元。

(五)主要技术人员变动情况

报告期内，本公司主要技术人员未发变生重大变动情况。

(六)公司主要子公司、参股公司的经营情况及业绩分析

2008年度，公司主要控股子公司的经营情况如下表所示：

序号	公司名称	主要产品或服务	注册资本（千元）	总资产（千元）	净资产（千元）	净利润（千元）
一、从事基建建设业务的控股子公司						
1	中国海外工程有限责任公司	基建工程承包	678,537	3,832,386	605,968	86,433
2	中铁一局集团有限公司	基建工程承包	1,436,223	18,030,189	2,077,357	342,340
3	中铁二局集团有限公司	基建工程承包	1,643,820	33,705,303	4,899,403	202,582
4	中铁三局集团有限公司	基建工程承包	1,553,690	15,991,666	1,689,785	253,318
5	中铁四局集团有限公司	基建工程承包	1,574,586	17,977,314	2,606,899	453,251
6	中铁五局(集团)有限公司	基建工程承包	1,731,587	13,739,683	2,554,310	265,376
7	中铁六局集团有限公司	基建工程承包	1,387,500	11,593,514	2,232,695	297,324
8	中铁七局集团有限公司	基建工程承包	1,075,542	9,727,643	1,545,325	218,664
9	中铁八局集团有限公司	基建工程承包	1,103,285	13,365,282	1,905,057	182,189
10	中铁九局集团有限公司	基建工程承包	937,797	7,683,574	807,172	141,704
11	中铁十局集团有限公司	基建工程承包	1,050,943	8,907,655	1,271,391	172,247
12	中铁大桥局集团有限公司	基建工程承包	1,668,906	13,594,305	2,802,444	426,055
13	中铁电气化局集团有限公司	基建工程承包	1,290,932	14,027,053	2,257,635	321,881
14	中铁建工集团有限公司	基建工程承包	1,053,613	10,531,032	1,624,579	236,040
15	中铁隧道集团有限公司	基建工程承包	1,109,347	10,926,328	1,800,377	292,610
16	中铁国际经济合作有限公司	基建工程承包	500,000	1,869,573	503,262	32,069
二、从事勘察设计业务的控股子公司						
17	中铁二院工程集团有限责任公司	工程设计与咨询服务	554,208	3,282,335	931,285	213,722
18	中铁工程设计咨询集团有限公司	工程勘察设计与咨询服务	329,860	953,909	434,260	65,749
19	中铁大桥勘测设计院有限公司	桥梁设计与咨询服务	50,404	157,964	74,926	15,693
20	中铁西北科学研究院有限公司	铁路及其他基础设施建设、科学研究与咨询服务	60,795	226,971	80,283	14,763
21	中铁西南科学研究院有限公司	铁路及其他基础设施建设、科学研究与咨询服务	54,318	152,808	78,562	7,477
22	华铁工程咨询有限责任公司	工程监理、咨询	20,000	82,946	26,417	5,073
三、从事工程设备和零部件制造业务的控股子公司						
23	中铁山桥集团有限公司	桥梁钢结构、建筑钢结构、铁路道岔制造、安装、销售	612,103	2,997,759	873,090	170,042
24	中铁宝桥股份有限公司	桥梁钢结构、铁路道岔、高锰钢辙叉生产与销售，建筑钢结构设计制造等	200,000	2,331,449	690,022	106,665
25	宝鸡中铁宝桥实业发展有限公司	社会事业综合服务	60,000	155,781	116,137	(10,890)
26	中铁宝工有限责任公司	其他铁路设备制造及设备修理	226,895	336,595	127,669	(63,684)
27	中铁科工集团有限公司	铁路专用设备器材制造	500,000	1,677,532	508,087	18,210
四、从事房地产开发业务的控股子公司						
28	中铁置业集团有限公司	房地产开发经营	2,100,000	7,023,875	2,545,185	210,870
五、从事其他业务的控股子公司						
29	中铁荷泽德商高速公路建设发展有限公司	投资与资产管理	100,000	3,232,175	83,245	(16,755)
30	广西岑兴高速公路发展有限有限公司	投资与资产管理	100,000	5,516,355	1,701,832	(4,908)
31	广西全兴高速公路发展有限有限公司	投资与资产管理	100,000	1,844,345	664,548	(4,063)
32	中铁西南投资管理有限公司	投资建设、经营、管理岑梧高速	200,000	2,490,330	135,595	(101,765)
33	中铁信托有限责任公司	金融信托与管理	1,200,000	1,728,260	1533,745	247,593
34	中铁程诚源财务服务有限责任公司	财务培训及软件开发	50,000	70,075	58,081	(2,156)
35	中铁资源有限公司	矿业开采	1,000,000	3,952,065	1,900,521	11,459
36	中铁南方投资发展有限公司	投资与资产管理	400,000	573,320	400,599	599
37	中铁佛山投资发展有限公司	投资与资产管理	150,000	757,222	150,000	–
38	中铁海西投资发展有限公司	投资与资产管理	200,000	197,918	195,900	(4,100)

(七)资本性开支情况

业务分部	2008 年度(千元)	2007 年度(千元)
基建建设	5,461,534	6,589,170
勘察设计与咨询服务	298,803	278,930
工程设备与零部件制造	634,480	452,711
房地产开发	295,015	123,048
其他	8,238,242	7,637,105
分部间相互抵消	(196,187)	–670,096
合　计	14,731,887	14,410,868

2008 年度公司资本性支出 147.32 亿元，其中用于在建工程支出 24.09 亿元，购置固定资产支出 51.11 亿元，购置无形资产支出 70.45 亿元，购置投资性物业支出 1.67 亿元。

(八)科研投入与科技成果

2008 年公司紧紧围绕高速铁路、铁路客运专线、城市轨道交通等国家重点工程建设所涉及的设计、施工、制造等环节的关键技术，新开科研项目 574 项，科研投入 7.7 亿元。

2008 年，公司在高速铁路、高原铁路、桥梁、隧道、电气化铁路修建，铁路道岔制造、勘察设计等技术方面取得了一大批具有国际领先和国际先进水平的科技成果；公司全年共通过省部级科技成果鉴定 54 项，其中 8 项成果达到国际领先水平，26 项达到国际先进水平，17 项达到国内领先水平，3 项达到国内先进水平；获国家科技进步奖 4 项，其中特等奖 1 项，一等奖 1 项，二等奖 2 项；省部级科技进步奖 41 项。取得了 103 项省部级工法、204 项专利。

自主创新科技成果的取得，大大促进了公司的科技进步，确保了公司在国内相关领域的领先水平地位，极大地提高了企业技术实力和核心竞争力，并荣获全国首批“创新型企业”、“中国企业信息化 500 强”、“全国建筑业科技进步与技术创新先进企业”等多个荣誉称号。

(九)同公允价值计量相关的内部控制制度情况

1、公司制定的与公允价值计量相关的内控制度建立情况

我公司采用公允价值计量的主要报表项目为金融资产、与股份支付相关的成本或费用和企业合并涉及的公允价值损益。我公司内部所有企业统一执行《中国中铁股份有限公司会计核算办法》，其中对有关公允价值计量的内容进行了明确规定。

2、与公允价值计量相关的项目

参见本报告第四节中的“四、采用公允价值计量的项目”。

(十)公司持有外币金融资产、金融负债情况

单位：万元

项目(1)	原币种(2)	期初金额(3)	本期公允价值变动损益(4)	计入权益的累计公允价值变动(5)	本期计提的减值(6)	期末金额(7)
金融资产						
其中：1.以公允价值计量且其变动计入当期损益的金融资产	欧元、港币	9,816	(6,628)	–	–	3,188
其中：衍生金融资产	欧元	901	(238)	–	–	663
2.贷款和应收款	美元/欧元/日元/澳元	107,255	–	–	–	236,802
3.可供出售金融资产	–	–	–	–	–	–
4.持有至到期投资	–	–	–	–	–	–
5.货币资金	美元/欧元/日元/澳元	2,092,394	–	–	–	1,651,949
金融资产小计	/	2,209,465	(6,628)	–	–	1,891,939
金融负债	–	–	–	–	–	–
1.借款	欧元、美元	146,171				140,477
2.应付款项	美元/欧元/日元/澳元 q	85,422				151,044
金融负债小计	/	231,593				291,521

6.1.2 对公司未来发展的展望

(一)公司所处行业的发展趋势与公司面临的市场竞争格局

1、国内市场方面

虽受国际金融危机影响，但“十一五”期间，我国整体国民经济仍继续保持平稳较快增长。到 2010 年，建筑业总产值(营业额)预计将超过 90,000 亿元，年均增长 7%，建筑业增加值将达到 15,000 亿元以上，年均增长 8%。

2008 年，在全球金融危机背景下，中国政府果断采取了扩张性政策以防止经济衰退，提出了扩大内需促进经济增长的十项措施，涉及投资总额高达 4 万亿，并明确强调要加快铁路、公路和机场等重大基础设施建设，确定了以基础设施建设拉动经济增长的思路。中央扩大内需保增长的策略，将显著拉动我国基建建设需求，进一步为本公司的业务发展提供广阔的空间及良好的机遇。

铁路建设方面，根据《铁路“十一五”规划》、《中长期铁路规划网》和目前国家通过铁路基建投资拉动经济增长的战略要求，未来几年铁路基建投资将保持快速增长势头，2009 年基建投资计划 6000 亿元，预计 2010~2011 年基建投资规模约 15000 亿元。

公路建设方面，国家高速公路网规划显示，根据静态投资预测，至 2020 年工程预算估计为 2 万亿元，其中，2010 年之前每年大约投入 1,400 亿元，之后直至 2020 年每年大约投入 1,000 亿元，发展前景稳定。

城市轨道交通建设方面，我国目前的城市轨道交通建设与发达国家相比，仍存在着较大的差距。但随着中国城市现代化进程的逐步加快，我国已进入城市轨道交通快速发展新时期。“十一五”期间，我国规划建设城市轨道交通总投资约 1,700 亿元，平均每年投资 340 亿元，城市轨道交通建设市场需求潜力巨大。

2、国际市场方面

全球金融危机的扩大可能对我国建筑业的国际业务市场产生一定冲击，这些冲击可能在未来 1-2 年内仍然存在，从而对本公司的海外业务发展带来一定的影响。本公司将认真研究国际市场的变化，及时调整国际化经营战略，加强各成员公司国际化经营的组织协调，充分发挥全公司整体优势与协同效应；并在加强汇兑、法律、税收等风险控制的前提下，进一步加大非洲和东南亚市场的开发力度，巩固和拓展中东及港澳地区的海外市场。

(二)公司管理层关注的未来公司发展机遇和挑战

公司发展面临良好的机遇：第一，随着中国扩大内需政策的深入实施，在今后的几年内，中国交通基础设施建设仍保持高速增长的趋势；第二，全球经济一体化和加入 WTO 将推动建筑业的技术进步、法律法规体系逐步完善、结构调整和项目管理模式变革，加速我国建筑业的市场化进程，促进建筑市场规范化，同时促进企业经营的国际化；第三，国家鼓励企业发展工程总承包和工程项目管理。

公司发展面临的主要挑战有：第一，中央采取扩大内需、促进经济增长的重大举措的实施，特别是国家加大基础设施建设，铁路建设大规模展开，对公司合理配置资源、加强项目管理、确保安全质量、提高经济效益提出了更高要求；第二，国际金融危机的日益蔓延，对公司进一步拓展海外市场带来严峻考验，也给公司刚刚起步的房地产、矿产资源业务带来一定影响；第三，建筑业的节能、环保等要求越来越高；第四，建设部出台了多个文件，对建筑企业资质政策进行调整；第五，行业利润率持续维持在较低水平。

(三)公司的发展战略及业务发展规划

公司将进一步加强在中国及亚洲建筑行业的领导地位，从而成为信誉卓著的、具有国际竞争力的建设集团。

公司的整体发展战略为：加强在中国发展迅速的基建建设市场的领先地位并扩大市场份额；凭借先进的技术能力和设备继续从事大规模、高利润的复杂项目和经营高利润产品；凭借在基建建设行业的实力，拓展基建投资及矿产资源开发业务；继续有选择地发掘新的海外发展机会；削减经营

成本,提高经营效率。

业务发展战略:

1、基建建设业务:巩固和扩大传统建筑业,进一步做强做大;注重发挥专业、人才、技术和设备优势,力求承揽一批科技含量高、社会影响力大、对市场营销有开拓意义的国内外重大项目,努力形成相对稳定的、具有主导性的区域市场和专业市场,不断扩大和提升基建建设业务板块的发展空间。

2、勘察设计与咨询服务业务:以铁路勘察设计为基础,发挥既有优势,巩固铁路市场,向其他领域拓展;以工程咨询为龙头,向工程总承包和工程项目管理发展,构建"大咨询"理念;加快与国际知名设计企业建立战略联盟,引进世界先进设计技术和手段,努力建设一批设计理论和设计技术达到国际一流水准的大型综合性设计企业;实施走出去战略,为公司国际化战略提供技术支持和保障。

3、工程设备和零部件制造业务:抓住机遇,统筹规划,精心组织,规范运行机制,积极整合和优化工业资源配置,加快工业产品经营布局和结构调整,实现工业企业之间的产品互补性和区域互补性,达到工业系统市场竞争力的快速提升,打造国内领先,具有国际竞争力和自主创新能力强的产、科、研一体化的工业企业集团。

4、房地产开发业务:以风险控制为前提,以综合效益为中心,以品牌建设为统领,以资本运作为纽带,强调分层开发,分级管理,调动中铁置业和其他成员企业的积极性,努力实现资源市场化、业务专业化、运作规范化、产品标准化,集中优势资源,立足区域,面向全国,走向海外,用五年左右时间,全力以赴做精、做专、做优、做大、做强中国中铁房地产业。

5、其他业务:充分发挥品牌、技术、管理和资金优势,积极进军矿产资源开发领域,打造"中铁资源"品牌,有效开拓市场,实现矿产资源开发领域的快速拓展,并为长远、持续和健康发展奠定基础。同时,积极发展物资贸易、BT/BOT等投资经营项目及其他多种业务。

(四)新年度经营计划

2009年公司计划实现营业收入2,784亿元,预计营业成本2,494亿元。2009年,本公司预计完成新签合同额3,900亿元。

为实现这一年度计划,本公司将抓住机遇,继续大力拓展市场,加强项目管理,提高经济效益,并切实加强安全质量工作。

(五)公司实现未来发展战略所需的资金需求、使用计划及来源情况

公司业务不断发展,资金需求也快速增长,预计2009年资本性开支131.49亿元,主要用于固定资产、在建工程、无形资产及其他非流动资产等方面。

公司已于2007年底通过公开发行募集资金用于未来战略发展,并正积极寻求通过发行公司债券、短期融资券等方式进一步满足公司资金需求,其余所需资金除通过加强生产经营和财务管理,充分挖掘内部资金潜力外,将通过银行直接贷款等多种方式融资解决。

(六)可能对公司未来发展战略和经营目标的实现产生不利影响的风险因素

本公司所面临的业务风险,包括于日常业务过程中的市场风险、经营风险、管理风险、政策风险、财务风险、投资风险、利率风险及汇率风险。

(1)市场风险:本公司业务在很大程度上依赖国家在交通以及其他基建等方面的开支,并受中国和地区经济增长水平以及相关行业增长的整体水平影响。另外,日益剧烈的市场竞争和原材料价格的波动可能会对公司业务造成不利影响。海外业务即可能受国外经济及政治不明朗因素的影响等。

(2)经营风险:定价能力有限、未能准确估计或控制成本以及工程范围和委聘劳务分包商从事施工业务是基建建设业务的经营风险。房地产开发业务即可能面临项目开发与销售风险、工程质量风险等。

(3)管理风险:组织架构复杂和无法全面控制非全资子公司所有行动是主要的管理风险。

(4)政策风险:由于中国外汇管理制度、税收优惠政策、房地产行业政策等变化带来的不利影响等。

(5)财务风险:客户延迟付款可能影响本公司的营运资金和现金流量;未获得足够的融资可能会对本公司的拓展计划和发展前景产生影响。

(6)投资风险:投资风险主要包括由于垫付项目的有关款项、政策变动造成非政府投资机构对基建项目的投资减少,在较长期间内动用大量营运资金等。

(7)利率风险:由于本公司并无重大计息资产,故本公司的收入及经营现金流量绝大部分不受市场利率变动的影响。本公司承受的利率变动风险主要来自其借款。浮息借款使本公司面对现金流量利率风险。定息借款则使本公司面对公允价值利率风险。本公司目前没有采取利率对冲措施。不过,管理层不断监控利率风险敞口;若有需要,也将考虑采取有效措施对冲重大的利率变动风险。

(8)汇率风险:本公司的功能货币为人民币,而大部分交易均以人民币结算。然而,本公司使用外币结算海外业务所发出的发票,结算本公司向海外供货商购买的机器及设备以及若干支出。此外,本公司若干银行借款,以及二零零七年底的H股公开发行募集资金,以外币计值。人民币不可自由兑换为其它外币,而人民币兑换为外币乃受中国政府颁布的外汇管制的规则及法规所限制。汇兑波动或会对本公司造成不利影响,致使本公司以外币计值的销售所产生的收入减少以及本公司以外币计值的借款增加。针对H股公开发行的募集资金,本公司利用多币种银行存款的模式来减低汇率波动所带来的影响。同时,本公司也计划将部分H股公开发行的募集资金结汇至人民币,并调回国内使用的申请,已获中国政府相关部门批准。除上述安排外,本公司目前没有采取外汇对冲措施。不过,管理层不断监控外汇风险敞口;若有需要,也将慎重考虑采取有效措施对冲重大的外汇风险。

6.2 主营业务分行业、产品情况表

请见前述6.1

6.3 主营业务分地区情况表

请见前述6.1

6.4 募集资金使用情况

√适用　　□不适用

单位:万元 币种:人民币

承诺项目名称	是否变更项目	拟投入金额	实际投入金额	是否符合计划	项目进度	预计收益	产生收益情况	是否符合预计收益	未达到计划进度和收益说明
A股									
补充流动资金和归还银行借款	否	1,343,400.00	1,343,400.00	符合	完成	不适用	不适用	不适用	不适用
西客站地下车库及商业开发	否	37,728.00	37,728.00	符合	完成	7,200	7,200	符合	
石家庄市中景四季花城	否	62,565.00	62,565.00	符合	在实施	目标收益率不低于15%	项目完成后才可明确	–	
购置设备	否	413,682.00	413,682.00	符合	完成	不适用	不适用	不适用	
安庆新城东苑花园	否	104,000.00	50,000.00	符合	在实施	目标收益率不低于15%	项目完成后才可明确	–	投入期
高速道岔技术改造项目	否	6,725.00	6,725.00	符合	在实施	目标收益率不低于15%	项目完成后才可明确	–	投入期
太中银铁路项目	否	200,000.00	200,000.00	符合	在实施	目标收益率不低于15%	项目完成后才可明确	–	建设期
大型钢结构生产基地项目	否	35,300.00	13,275.00	符合	在实施	目标收益率不低于15%	项目完成后才可明确	–	投入期
小计		2,203,400.00	2,127,375.00						
H股									
设备购置	否	1,344,805.91	13,988.24	符合	完成	不适用	不适用	不适用	
海外矿产资源开发	否	346,389.40	77,966.07	符合	在实施	目标收益率不低于15%	项目完成后才可明确	–	投入期
偿还银行贷款	否	142,630.93	–						
额外营运资金及其他	否	203,758.47	9,998.22	符合	完成	不适用	不适用	不适用	
小计		2,037,584.71	101,952.53						
合计	/	4,240,984.71	2,229,327.53	/	/		/	/	/

变更项目情况

□适用　　√不适用

6.5 非募集资金项目情况

√适用 □不适用

单位:亿元 币种:人民币

项目名称	项目金额	项目进度	项目收益情况
岑兴高速公路BOT项目	51.64	2005年开始,截止2008年末已投入47.2亿元,并于2008年12月20日开始试运营	刚刚进入试运营,尚未产生收益
北京地铁奥运支线BT项目	10.95	已于2008年12月9日由京投公司完成股权回购	本项目实现收益8,996万元
南京地铁一号线南延伸段PPP项目	17.89	截止2008年末完成投资2.35亿元	项目处于投入期,尚未产生收益
中铁诺德国际居住区	17.00	截止2008年末完成投资12.9亿元	截止2008年底,项目已确认销售收入5.2亿元,实现收益1.35亿元
深圳地铁5号线BT项目	95.00	截止2008年末完成投资22.72亿元,并实现一期回购13.69亿元	一期回购实现收益7838万元
合计	192.48		/

6.6 董事会对会计师事务所"非标准审计报告"的说明

□适用　　√不适用

6.7 董事会本次利润分配或资本公积金转增股本预案

本公司无足额的留存收益用以利润分配,因此2008年度不进行利润分配。

公司本报告期内盈利但未提出现金利润分配预案

√适用　　□不适用

本公司合并报表净利润14.34亿元。母公司当年亏损14.30亿元,累计未分配利润-19.19亿元。根据相关法律规定,本公司无足额的留存收益用以利润分配,因此2008年度不进行利润分配。

第七节　重要事项

7.1 收购资产

√适用　　□不适用

单位:万元 币种:人民币

交易对方或最终控制方	被收购资产	购买日	收购价格	自购买日起至本年末为公司贡献的净利润	本年初至本年末为公司贡献的净利润(适用于同一控制下的企业合并)	是否为关联交易(如是,说明定价原则)	所涉及的资产产权是否已全部过户	所涉及的债权债务是否已全部转移
中铁工	内蒙古华鑫矿	2008年	46,899.48			是,以经国务	是	是

业有限责任公司52%的股权、苏尼特左旗芒来矿业有限责任公司51%的股权、苏尼特左旗小白杨矿业有限责任公司51%的股权	11月16日	院国资委备案的各被转让股权公司资产评估报告所反映的净资产值为基础确定	

7.2 出售资产

√适用　　□不适用

单位:万元　币种:人民币

交易对方	被出售资产	出售日	出售价格	本年初起至出售日该出售资产为公司贡献的净利润	出售产生的损益	是否为关联交易(如是,说明定价原则)	所涉及的资产产权是否已全部过户	所涉及的债权债务是否已全部转移
北京地铁十号线投资有限责任公司	公司所持有的北京中铁工投资管理有限公司100%的股权	2008年12月9日	38,400		8,996	否	是	是

7.3 重大担保

√适用　　□不适用

单位:万元　币种:人民币

公司对外担保情况(不包括对子公司的担保)

担保对象名称	担保发生日期(协议签署日)	担保金额	担保类型	担保期	担保是否已经履行完毕	是否为关联方担保
临策铁路有限责任公司	2008-8-1	34,136.00	连带责任担保	2008-8-1~2025-6-20	否	是
中国水利电力对外总公司	2004-4-20	2,403.50	连带责任担保	2004-4-20~敞口	否	否
葫芦岛滨海新区投资有限公司	2007-4-6	10,000.00	连带责任担保	2007-4-6~2009-10-5	否	是
葫芦岛滨海新区投资有限公司	2007-4-1	2,000.00	连带责任担保	2007-4-1~2009-9-30	否	是
中铁渤海铁路轮渡有限责任公司	2004-12-24	17,000.00	连带责任担保	2004-12-24~2016-12-23	否	否
云南富砚高速公路有限公司	2007-4-5	349,600.00	连带责任担保	2007-4-5~2011-4-5	否	是
云南富砚高速公路有限公司	2007-8-30	100,000.00	连带责任担保	2007-8-30~2022-8-30	否	是
云南富砚高速公路有限公司	2007-12-20	80,000.00	连带责任担保	2007-12-20~2022-12-20	否	是
上海融联租赁股份有限公司	2007-12-28	11,494.10	连带责任担保	2007-12-28~2010-12-28	否	否
上海融联租赁股份有限公司	2008-6-27	25,839.40	连带责任担保	2008-6-27~2011-6-27	否	否
蜀郡项目购房业主	2008-1-4	5,604.00	连带责任担保	2008-1-4~房屋产权证交付银行抵押后终止	否	否
龙郡项目购房业主	2008-6-17	6,531.00	连带责任担保	2008-6-17~房屋产权证交付银行抵押后终止	否	否
新界项目购房业主	2007-10-12	11,979.70	连带责任担保	2007-10-12~房屋产权证交付银行抵押后终止	否	否
上河新城项目购房业主	2005-9-14	3,280.00	连带责任担保	2005-9-14~房屋产权证交付银行抵押后终止	否	否
石横新城项目购房业主	2007-7-4	2,013.80	连带责任担保	2007-7-4~房屋产权证交付银行抵押后终止	否	否
山西地方煤炭实业有限公司	2006-12-5	162.80	连带责任担保	2006-12-5~敞口(信用证)	否	否
兖矿集团有限公司	2004-2-3	5,235.30	连带责任担保	2004-2-3~敞口	否	否
淮南阳光城项目购房业主	2007-12-28	4,195.40	连带责任担保	2007-12-28~房屋产权证交付银行抵押后终止	否	否
彩虹新城项目购房业主	2008-8-1	6,800.00	连带责任担保	2008-8-1~房屋产权证交付银行抵押后终止	否	否
洞山九龙湾项目购房业主	2008-2-15	653.80	连带责任担保	2008-2-15~房屋产权证交付银行抵押后终止	否	否
珠江湾畔项目购房业主	2007-11-1	1,637.8	连带责任担保	2007-11-1~房屋产权证交付银行抵押后终止	否	否
兴隆二期项目购房业主	2007-11-1	1,600.00	连带责任担保	2007-11-1~房屋产权证交付银行抵押后终止	否	否
枫丹白鹭项目购房业主	2007-11-1	1,938.30	连带责任担保	2007-11-1~房屋产权证交付银行抵押后终止	否	否
中国河南国际合作集团有限公司	2006-4-29	415.00	连带责任担保	2006-4-29~敞口,项目竣工结算后28天	否	否
中国河南国际合作集团有限公司	2006-4-29	434.00	连带责任担保	2006-4-29~敞口,项目竣工结算后28天	否	否
中国河南国际合作集团有限公司	2006-8-10	1,141.00	连带责任担保	2006-8-10~敞口,项目竣工结算后29天	否	否
中铁双龙湾项目购房业主	2007-4-23	17,269.10	连带责任担保	2007-4-23~房屋产权证交付银行抵押后终止	否	否
西子香荷项目购房业主	2008-3-24	6,376.70	连带责任担保	2008-3-24~房屋产权证交付银行抵押后终止	否	否
中铁龙城项目购房业主	2007-1-12	4,398.20	连带责任担保	2007-1-12~房屋产权证交付银行抵押后终止	否	否
大邑中铁龙郡项目购房业主	2007-1-3	1,532.60	连带责任担保	2007-1-3~房屋产权证交付银行抵押后终止	否	否
瑞锦名城项目购房业主	2007-12-29	7,478.80	连带责任担保	2007-12-29~房屋产权证交付银行抵押后终止	否	否
花样-华项目购房业主	2006-5-24	2,339.30	连带责任担保	2006-5-24~房屋产权证交付银行抵押后终止	否	否
东海春城项目购房业主	2008-1-28	927.00	连带责任担保	2008-1-28~房屋产权证交付银行抵押后终止	否	否
中铁武桥重工股份有限公司	2008-6-23	3,000.00	连带责任担保	2008-6-23~2009-6-22	否	否
中铁武桥重工股份有限公司	2006-12-29	139.85	连带责任担保	2006-12-29~2010-9-9	否	否
中铁武桥重工股份有限公司	2007-8-6	30.00	连带责任担保	2007-8-6~敞口	否	否
中铁武桥重工股份有限公司	2007-10-31	60.10	连带责任担保	2007-10-31~2008-7-30	否	否
中铁武桥重工股份有限公司	2007-11-9	480.00	连带责任担保	2007-11-9~2008-5-31	否	否
中铁武桥重工股份有限公司	2007-12-17	536.00	连带责任担保	2007-12-17~敞口	否	否
中铁武桥重工股份有限公司	2008-1-24	57.50	连带责任担保	2008-1-24~2008-4-25	否	否
中铁武桥重工股份有限公司	2008-1-24	143.75	连带责任担保	2008-1-24~2008-4-25	否	否
中铁武桥重工股份有限公司	2008-3-12	70.00	连带责任担保	2008-3-12~敞口	否	否
中铁大桥<郑州>缆索有限公司	2008-6-23	350.00	连带责任担保	2008-6-23~2009-6-22	否	否
中国上海外经(集团)有限公司	2006-6-30	22,553.70	连带责任担保	2006-6-30~2011-12-29	否	否
中国上海外经(集团)有限公司	2007-1-1	13,533.00	连带责任担保	2007-1-1~2011-12-30	否	否
中铁建十五局集团有限公司	2003-10-6	7,674.30	连带责任担保	2004-10-6~2004.10▽	否	否
深圳旺海怡康实业发展有限公司	2005-12-21	22,000.00	连带责任担保	2005-12-21~2007-12-31	否	否
兰州北岸公馆项目购房业主	2007-5-18	2,401.00	连带责任担保	2007-5-18~房屋产权证交付银行抵押后终止	否	否
中景理想家项目购房业主	2006-1-1	4,016.00	连带责任担保	2006-1-1~房屋产权证交付银行抵押后终止	否	否
中景理想家项目购房业主	2006-1-1	6,650.00	连带责任担保	2006-1-1~房屋产权证交付银行抵押后终止	否	否
中景盛世长安项目购房业主	2007-4-28	3,966.00	连带责任担保	2007-4-28~房屋产权证交付	否	否

				银行抵押后终止		
中景盛世长安项目购房业主	2007-4-28	5,912.00	连带责任担保	2007-4-28~房屋产权证交付银行抵押后终止	否	否
中景盛世长安项目购房业主	2007-4-28	4,419.00	连带责任担保	2007-4-28~房屋产权证交付银行抵押后终止	否	否
中景盛世长安项目购房业主	2007-4-28	598.00	连带责任担保	2007-4-28~房屋产权证交付银行抵押后终止	否	否
中景盛世长安项目购房业主	2008-10-1	141.00	连带责任担保	2008-10-1~房屋产权证交付银行抵押后终止	否	否
伊萨贝拉项目购房业主	2008-11-2	439.50	连带责任担保	2008-11-2~房屋产权证交付银行抵押后终止	否	否
汪角金城项目购房业主	2008-12-6	7,245.00	连带责任担保	2008-12-6~自起始日六个月内	否	否
山海关卢堡啤酒有限公司	1995-12-22	400.00	连带责任担保	1995-12-22~1996-10-22	否	否
山海关卢堡啤酒有限公司	1996-3-13	500.00	连带责任担保	1996-3-13~1996-11-13	否	否
山海关卢堡啤酒有限公司	1995-11-21	800.00	连带责任担保	1995-11-21~1996-7-21	否	否
诺德假花园项目购房业主	2008-1-15	27,533.80	连带责任担保	2008-1-15~房屋产权证交付银行抵押后终止	否	否
西客站南广场业主	2007-6-8	4,633.10	连带责任担保	2007-6-8~房屋产权证交付银行抵押后终止	否	否

报告期内担保发生额合计	125,848.45
报告期末担保余额合计	866,699.20
公司对子公司的担保情况	
报告期内对子公司担保发生额合计	144,973.63
报告期末对子公司担保余额合计	557,299.80
公司担保总额情况(包括对子公司的担保)	
担保总额	1,423,999.00
担保总额占公司净资产的比例(%)	23.31
其中:	
为股东、实际控制人及其关联方提供担保的金额	575,736.00
直接或间接为资产负债率超过70%的被担保对象提供的债务担保金额	404,128.71
上述三项担保金额合计979,864.71	

7.4 重大关联交易

7.4.1 与日常经营相关的关联交易

√适用　　□不适用

单位:千元 币种:人民币

关联方	向关联方销售产品和提供劳务		向关联方采购产品和接受劳务	
	交易金额	占同类交易金额的比例(%)	交易金额	占同类交易金额的比例(%)
云南富砚高速公路有限公司	2,091,077	66.58		
临策铁路有限责任公司	399,263	12.71		
重庆垫忠高速公路有限公司	248,737	7.92		
成都华信大足房地产开发有限公司	204,146	6.50		
刚果公路管理公司	190,844	6.08		
新铁德奥道岔有限公司	6,689	0.21		
成都市龙泉驿区土地整理有限公司		–		
上海市北工业园区(集团)有限公司			15,001	7.49
中铁宏达资产管理中心			76,405	38.17
中铁宏达资产管理中心			37,990	18.98
成都中铁名人实业发展有限公司				
广厦重庆一建房地产开发有限公司				
铁道第三勘察设计院集团有限公司			31,916	15.95
江苏中泰钢结构有限责任公司			26,835	13.41
上海铁润建设工程有限公司			12,000	6.00
BWG Gesellschaft mbH @ &o KG				
合计	3,140,756	100	200,147	100

其中:报告期内公司向控股股东及其子公司销售产品或提供劳务的关联交易金额0元。

7.4.2 关联债权债务往来

√适用　　□不适用

单位:千元 币种:人民币

关联方	向关联方提供资金		关联方向公司提供资金	
	发生额	余额	发生额	余额
云南富砚高速公路有限公司	258,997	258,997		
刚果公路管理公司	114,734	114,734		
成都华信大足房地产开发有限公司	7,257	112,973		
成都市龙泉驿区土地整理有限公司	16,685	41,306		
临策铁路有限责任公司	−211,704	19,215		
重庆垫忠高速公路有限公司	−16,446	5,609		
重庆渝邻高速公路有限公司	−6,026			
福建中通投资有限公司	335,500	335,500		
刚果国际矿业公司	247,333	247,333		
绿砂矿业有限责任公司	17,665	17,665		
湖南奇凡胜置业有限公司	−2,898	110,611		
四川创宇投资有限公司	12,244	50,808		
青岛中金实业股份有限公司	46,805	46,805		
贵阳兴隆长青藤房地产开发有限公司	3,915	36,915		
重庆渝邻高速公路有限公司	17,500	17,500		
华刚矿业股份有限公司	15,462	15,462		
陕西北辰房地产开发有限公司	−3,487	13,953		
珠海市普华置业有限公司	13,752	13,752		
刚果公路管理公司	50,008	50,008		
成都元通铁路工程有限公司	6,708	6,708		
中铁宏达资产管理中心	−74,394			
贵阳白云铁五建房地产开发有限公司	5,000	5,000		
中铁二局永经堂印务有限公司	0	3,600		
重庆垫忠高速公路有限公司	−50,612	796		
成都市盈庭置业有限公司	−351,908			
成都市金马瑞城投资有限公司	−24,922			
广厦重庆一建房地产开发有限公司	−23,017			
保华中铁联营–垃圾处理项目	3,816	15,053		
MKM 矿业有限责任公司	2,890	15,867		
铜川华龙公司	−8,448			
云南龙润置业集团有限公司	118,442	118,442		
BWG Gesellschaft mbH & Co KG	−23,948			
成都元通铁路工程有限公司	−10,786			
江苏中泰钢结构有限责任公司	−7,000			
天津滨海旅游度假开发有限公司			125,459	125,459
刚果公路管理公司			34,843	34,843
新铁德奥道岔有限公司			−4,549	131
云南富砚高速公路有限公司			−838,228	
重庆垫忠高速公路有限公司			−17,005	
成都中铁名人实业发展有限公司			−13,213	
上海市北工业园区(集团)有限公司			15,677	313,545
中铁宏达资产管理中心			3,075	9,053
江苏中泰钢结构有限责任公司			14,583	14,583
上海铁润建设工程有限公司			8,000	8,000
铁道第三勘察设计院集团有限公司			−12,250	
广西壮族自治区交通基建管理局			−7,879	167,856
中铁宏达资产管理中心			13,987	102,677
杨国良			51,041	51,041
南昌铁路天集房地产有限责任公司青云明珠开发部			27,000	27,000
赤峰拓宇矿业投资有限公司			11,380	11,380
苏州浒新置业有限公司			10,800	10,800
成都华信大足房地产开发有限公司			−5	10,503
上海铁润建设工程有限公司			8,206	8,206
知铁机械工程有限公司			7,381	7,381
成都市龙泉驿区土地整理有限公司			0	7,000
成都市盈庭置业有限公司			−270,946	
新铁德奥道岔有限公司			−30,261	
中国铁路工程总公司			39,307	53,770
绿砂矿业有限责任公司			−12,071	
湖南奇凡胜置业有限公司			−10,000	
内江市鸿琛房地产开发有限公司			−572	
中国铁路工程总公司			20,000	20,000
北京市丰台区综合投资公司				18,000
北京澍和投资管理有限公司				4,500
华丰营造(北京)国际投资顾问有限公司			12,312	12,312
遂宁河东投资开发有限公司			101,600	101,600
刚果国家矿业公司	127,512	256,323		
上海市北工业园区(集团)有限公司	60,000	90,000		
刚果公路管理公司	5,489	5,489		
合计	672,118	2,026,424	−712,328	1,119,640

7.4.3 2008年资金被占用情况及清欠进展情况

√适用　　□不适用

大股东及其附属企业非经营性占用上市公司资金的余额(万元)		报告期清欠总额(万元)
期初	期末	
7,439.4	0	7,439.4
清欠方式	清欠金额(万元)	清欠时间(月份)
现金清偿	7,439.4	2008年5月20日
大股东及其附属企业非经营性占用上市公司资金及清欠情况的具体说明	截至2007年12月31日,公司"其他应收款"余额中,应收中铁宏达资产管理中心的款项为7,439.4万元;2008年5月对截至2007年末的控股股东及关联方资金占用进行了清理,截至5月20日,本公司应收中铁宏达资产管理中心的7,439.4万元已经全部收回。至2008年末,公司已无与控股股东及关联方的非经营相关的资金占用。	

截止2008年末,上市公司未完成非经营性资金占用的清欠工作的,董事会提出的责任追究方案

√适用　　□不适用

7.5 委托理财

□适用　　√不适用

7.6 承诺事项履行情况

7.6.1 公司或持股 5%以上股东在报告期内或持续到报告期内的承诺事项

√适用　　□不适用

承诺事项	承诺内容	履行情况
发行时所作承诺	1.自中国中铁股份有限公司 A 股股票在上海证券交易所上市之日起三十六个月内,中铁工不转让或者委托他人管理其持有的中国中铁 A 股股份。承诺期限届满后,上述股份可以上市流通和转让。但是,若中国中铁 H 股发行成功,中铁工在履行有关程序后将本公司所持股份公司的股份转为 H 股进行配售或流通不受上述时间限制。2.中国中铁依法成立之日起,中铁工及其除中国中铁外的其他附属企业不以任何形式直接或间接从事或参与、或协助从事或参与任何与中国中铁及其附属企业的主营业务构成或可能构成竞争的任何业务。如中铁工或其除中国中铁外的其他附属企业发现任何与中国中铁主营业务构成或可能构成直接或间接竞争的新业务机会,将立即书面通知中国中铁,并保证中国中铁或其附属企业对该业务机会的优先交易及选择权。如中铁工或其附属企业拟向第三方转让、出售、出租、许可使用或以其他方式转让或允许使用将来其可能获得的与主营业务构成或可能构成直接或间接相竞争的新业务、资产或权益,中铁工将保证中国中铁或其附属企业对该新业务、资产或权益的优先受让权。	中铁工严格按照以上承诺履行

7.6.2 公司资产或项目存在盈利预测,且报告期仍处在盈利预测期间,公司就资产或项目是否达到原盈利预测及其原因作出说明:

□适用　　√不适用

7.7 重大诉讼仲裁事项

√适用　　□不适用

单位:万元 币种:人民币

报告期内,公司已披露的中铁建工集团有限公司(以下简称"建工集团")为深圳市旺海怡康实业发展有限公司(以下简称"旺海怡康")在深圳发展银行宝安支行贷款 22000 万元人民币提供担保的重大诉讼事项的进展情况如下:

2007 年 12 月 22 日,广东省高级人民法院以"(2004)粤高法民二初字第 35 号《民事判决书》"对案件进行了判决。主要判决如下:一、被告旺海怡康应在本判决生效之日起 30 日内向原告深发展宝安支行清偿借款本金 22000 万元及相应利息;二、被告中铁建工对上述判决确定的债务承担连带清偿责任。建工集团清偿债务后,有权按《中华人民共和国担保法》第十二条规定,向被告旺海怡康追偿,或者要求承担连带责任的其他保证人清偿其应当承担的份额。虽然判决书载明的日期为 2007 年 12 月 22 日,但 2008 年 3 月 10 日,法院才向建工集团发出传票,通知建工集团 2008 年 3 月 18 日 15 时到法院当庭宣判。建工集团已于 2008 年 4 月 1 日向法院递交了上诉状。2008 年 11 月 30 日,最高人民法院以(2008)民一终字第 89 号判决书对此案做出终审判决,判决建工集团对贷款本金 22000 万元及相应利息承担连带担保责任。

2009 年 1 月 19 日,建工集团与深圳市绿景企业管理集团有限公司(以下简称"绿景集团")、深圳市绿景房地产开发有限公司(以下简称"绿景房地产公司")、深圳市金顺来投资发展有限公司(以下简称"金顺来公司")、旺海怡康、旺海怡康重整办公室就建工集团担保责任的解除或置换及反担保等事宜达成书面《协议书》。协议各方均同意以绿景房地产公司名下中城天邑项目的物业预售给深发展银行的方式或其他方式,置换中铁建工集团公司对旺海怡康公司向深发展银行贷款 22000 万元的担保,由宝安支行向建工集团出具解除担保责任的函;在建工集团的担保责任被解除前,绿景集团、绿景房地产公司及金顺来公司向建工集团提供连带责任保证反担保,如建工集团向宝安支行承担了担保责任,建工集团即有权要求上述三方中的任何一方承担全部责任。

2009 年 2 月 20 日,宝安支行就该担保事项向建工集团送达了《解除担保函》,主要内容如下:自 2009 年 2 月 20 日起,宝安支行解除建工集团对上述贷款的全部连带保证担保责任,建工集团不再承担广东省高级人民法院作出的(2004)粤高法民二初字第 35 号民事判决书及最高人民法院作出的(2008)民一终字第 89 号民事判决书所确认的担保义务。且此项解除是无条件、不可撤销的。

至此,建工集团为旺海怡康向宝安支行作出的 22000 万元保证担保责任已经解除,此案终结。

除此之外,报告期内公司无新发生的重大诉讼、仲裁事项。

7.8 其他重大事项及其影响和解决方案的分析说明

7.8.1 证券投资情况

√适用　　□不适用

序号	证券品种	证券代码	证券简称	初始投资金额(元)	持有数量	期末账面值	占期末证券投资比例(%)	报告期损益
1	股票	601168	西部矿业	69,767,267.73	7,550,000.00	47,489,500.00	60.38	−22,277,767.73
2	股票	600100	同方股份	3,040,000.00	247,000.00	2,452,710.00	3.12	−572,090.00
3	股票	000050	深天马 A	1,724,414.75	466,200.00	1,431,234.00	1.82	−293,180.75
4	股票	601186	中国铁建	653,760.00	72,000.00	722,880.00	0.92	69,120.00
5	股票	601099	太平洋	628,800.00	15,000.00	193,050.00	0.24	−435,750.00
6	股票	601398	工商银行	406,500.00	50,000.00	177,000.00	0.22	−229,500.00
7	股票	600050	中国联通	422,800.00	35,000.00	176,050.00	0.22	−246,750.00
8	股票	601601	中国太保	420,000.00	14,000.00	155,680.00	0.20	−264,320.00
9	股票	600202	哈空调	220,000.00	13,000.00	131,170.00	0.17	−88,830.00
10	股票	002049	晶源电子	231,300.00	22,500.00	105,075.00	0.13	−126,225.00
期末持有的其他证券投资				89,582,169.70	/	25,622,599.17	32.58	−58,769,986.87
报告期已出售证券投资损益				/	/	/	/	3,007,151.21
合计				167,097,012.18	/	78,656,948.17	100	−80,228,129.14

7.8.2 持有其他上市公司股权情况

√适用　　□不适用

单位:元

证券代码	证券简称	初始投资金额	占该公司股权比例(%)	期末账面值	报告期损益	报告期所有者权益变动	会计核算科目	股份来源
601328	交通银行	62,783,015.40	0.07	170,337,602.22	8,984,050.75	−390,985,888.64	可供出售金融资产	市场买入
000518	四环生物	5,000,000.00	0.83	18,606,393.75		−70,322,950.05	可供出售金融资产	市场买入
600978	宜华木业	72,600,000.00	1.30	37,323,000.00	174,000.00	−125,976,000.00	可供出售金融资产	市场买入
000050	深天马 A	178,164,315.00	4.74	83,633,707.50	−174,634.00	−176,759,989.60	可供出售金融资产	市场买入
600100	同方股份	185,600,000.00	1.06	103,272,000.00	−212,404,989.60	−51,763,010.40	可供出售金融资产	市场买入
601601	中国太保	7,644,000.00	0.7792	66,720,000.00	1,800,000.00	−229,980,000.00	可供出售金融资产	市场买入
合计		511,791,330.40	/	479,892,703.47	−201,621,572.85	−1,045,787,838.69	/	/

7.8.3 持有非上市金融企业股权情况

√适用　　□不适用

所持对象名称	初始投资金额(元)	持有数量(股)	占该公司股权比例(%)	期末账面值(元)	报告期损益(元)	报告期所有者权益变动(元)	会计核算科目	股份来源
中铁信托有限责任公司	1,156,046,706.36	−	92.70	1,156,046,706.36	225,115,959.34	−	长期股权投资	注资/成立
长城证券有限责任公司	102,000,000.00	−	小于 1.00	96,457,687.47	5,542,312.53	−	长期投资	购买
西部证券股份有限公司	10,000,000.00	10,000,000.00	小于 1.00	10,000,000.00	8,756,298.8	−	长期投资	购买
西部信托投资有限公司	9,094,630.00	−	1.82	9,094,630.00	254,054.18	−	长期投资	购买
合计	1,277,141,336.36	10,000,000.00	/	1,271,599,023.83	239,668,624.85	−	/	/

7.8.4 买卖其他上市公司股份的情况

√适用　　□不适用

报告期买入(股)	卖出股份数量(股)	期末股份数量(股)	使用的资金数量(元)	产生的投资收益(元)
1,789,014	2,513,514	18,161,500	22,010,866	−5,730,667.14

报告期内卖出申购取得的新股产生的投资收益总额 21,235,617.54 元。

7.9 公司董事会对公司内部控制出具了自我评估报告,详见公司 2008 年年度报告全文。

7.10 公司披露了履行社会责任报告,详见年报全文。

第八节　监事会报告

一、监事会的工作情况

报告期内,公司监事会能够根据《公司章程》所赋予的职权积极履职,全年共召开会议 5 次,会议的召集、召开程序均严格按照《公司章程》及《监事会议事规则》的规定进行。具体情况如下:

公司于 2008 年 4 月 24 日以现场会议方式召开第一届监事会第三次会议,会议审议通过了以下 5 项议案:《关于中国中铁股份有限公司 2007 年度监事会工作报告的议案》、《关于审议<2007 年 A 股年度报告及摘要、H 股年度报告及 2007 年度业绩公告>的议案》、《关于 2007 年度财务决算报告的议案》、《关于派发公司特别股息的议案》、《关于公司 2007 年度利润分配的预案》。

公司于 2008 年 4 月 29 日以现场会议方式召开第一届监事会第四次会议,会议审议通过了《关于中国中铁股份有限公司 2008 年第一季度报告的议案》。

公司于 2008 年 7 月 29 日以通讯表决方式召开第一届监事会第五次会议,会议审议通过了以下 3 项议案:《中国中铁股份有限公司关于公司治理专项活动的自查报告及整改计划》、《关于<中国中铁股份有限公司关于"防止资金占用"的自查报告及整改计划>的议案》、《关于<中国中铁股份有限公司关于合并报表范围内会计主体的自查工作报告>的议案》,并对公司董事会、经理层开展的公司治理及防止资金占用的自查情况出具了书面复核意见。

公司于 2008 年 8 月 28 日以现场会议方式召开第一届监事会第六次会议,会议审议通过了以下 3 项议案:《关于中国中铁股份有限公司发行公司债券的议案》、《关于中国中铁股份有限公司 2008 年上半年度财务报告的议案》、《关于中国中铁股份有限公司 2008 年 A 股半年度报告及摘要、H 股中期报告及业绩公告的议案》。

公司于 2008 年 10 月 29 日以现场会议方式召开第一届监事会第七次会议,会议审议通过了以下 3 项议案:《中国中铁股份有限公司 2008 年第三季度报告》、《关于执行<企业会计准则解释第 2 号>对 2008 年期初数进行调整的议案》、《关于<中国中铁股份有限公司关于公司治理专项活动的整改报告>的议案》。

2008 年,公司监事会列席了股份公司 2007 年度股东大会、2008 年度第一次临时股东大会以及年度内召开的全部董事会会议,对董事会会议召开程序、议题等进行了有效监督,没有发现董事会会议违法违规的现象。

二、监事会对公司依法运作情况的独立意见

报告期内,通过对公司董事及高级管理人员的监督,监事会认为:公司董事会能够严格按照《公司法》、《证券法》、《公司章程》及其他有关法律法规和制度的要求,依法经营。公司重大经营决策合理,其程序合法有效,为进一步规范运作,公司进一步建立健全了内部管理制度和内部控制机制;公司董事、高级管理人员在执行公司职务时,均能认真贯彻执行国家法律法规、《公司章程》和股东大会、董事会决议，忠于职守、兢兢业业、开拓进取。未发现公司董事、高级管理人员在执行公司职务时违反法律法规、公司章程或损害公司股东、公司利益的行为。

三、监事会对检查公司财务情况的独立意见

监事会成员通过听取公司财务负责人的专项汇报、审查公司财务报表、审议公司定期报告及会计师事务所审计报告、对董事会决策的重大投融资项目进行实地考察等方式，对公司财务运作情况进行检查、监督。监事会认为：本年度公司财务制度健全，各项费用提取合理。经德勤华永会计师事务所有限公司对公司的财务报告进行审计，并出具了无保留意见的审计报告，认定公司会计报告符合《企业会计准则》和《企业会计制度》的有关规定，客观、公正、真实、准确地反映了公司2008年度的财务状况和经营成果。

四、监事会对最近一次募集资金实际投入情况的独立意见

报告期内，公司监事会对本公司使用募集资金的情况进行监督，监事会认为：本公司认真按照《募集资金使用管理制度》的要求管理和使用募集资金，募集资金实际投入项目与承诺投入项目一致。募集资金的使用符合国家有关法律法规和《公司章程》的规定，不存在损害公司和股东的利益的行为。报告期内，公司未发生实际投资项目变更的情况。公司监事会将继续监督检查募集资金使用的进展情况。

五、监事会对公司重大收购、出售资产情况的独立意见

报告期内，公司无重大收购、出售资产及吸收合并的事项。

六、监事会对公司关联(连)交易情况的独立意见

报告期内，监事会对公司发生的关联(连)交易进行监督，监事会认为，公司所有关联(连)交易认真执行了《公司法》、《证券法》、《上海证券交易所股票上市规则》、《香港联合交易所有限公司证券上市规则》等法律法规及《公司章程》、《中国中铁股份有限公司关联交易管理制度》的规定，关联(连)交易都经公司董事会和经理层充分论证、谨慎决策，其公平性依据等价有偿、公允市价的原则定价，没有违反公开、公平、公正的原则，不存在损害上市公司和中小股东的利益的行为。

第九节 财务会计报告

9.1 审计意见

审计意见

财务报告	□未经审计	√审计
审计意见	√标准无保留意见	□非标意见

审计意见全文

审计报告

德师报(审)字(09)第P0836号

中国中铁股份有限公司全体股东：:

我们审计了后附的中国中铁股份有限公司的财务报表，包括2008年12月31日的公司及合并资产负债表，2008年度公司及合并利润表及现金流量表和股东权益变动表以及财务报表附注。

一、管理层对财务报表的责任

按照企业会计准则的规定编制财务报表是中国中铁股份有限公司管理层的责任。这种责任包括：(1)设计、实施和维护与财务报表编制相关的内部控制，以使财务报表不存在由于舞弊或错误而导致的重大错报；(2)选择和运用恰当的会计政策；(3)作出合理的会计估计。

二、注册会计师的责任

我们的责任是在实施审计工作的基础上对财务报表发表审计意见。我们按照中国注册会计师审计准则的规定执行了审计工作。中国注册会计师审计准则要求我们遵守职业道德规范，计划和实施审计工作以对财务报表是否不存在重大错报获取合理保证。

审计工作涉及实施审计程序，以获取有关财务报表金额和披露的审计证据。选择的审计程序取决于注册会计师的判断，包括对由于舞弊或错误导致的财务报表重大错报风险的评估。在进行风险评估时，我们考虑与财务报表编制相关的内部控制，以设计恰当的审计程序，但目的并非对内部控制的有效性发表意见。审计工作还包括评价管理层选用会计政策的恰当性和作出会计估计的合理性，以及评价财务报表的总体列报。

我们相信，我们获取的审计证据是充分、适当的，为发表审计意见提供了基础。

三、审计意见

我们认为，中国中铁股份有限公司的财务报表已经按照企业会计准则的规定编制，在所有重大方面公允反映了中国中铁股份有限公司2008年12月31日公司及合并的财务状况，2008年度公司及合并经营成果和现金流量。

德勤华永会计师事务所有限公司　　　　中国注册会计师：崔劲、徐斌

2009年4月28日

9.2 财务报表

合并资产负债表

2008年12月31日

编制单位：中国中铁股份有限公司　　　　单位：千元 币种：人民币

项目	附注	期末余额	年初余额
流动资产：			
货币资金		49,376,246	58,942,958
结算备付金			
拆出资金			
交易性金融资产		141,206	165,792
应收票据		487,819	515,161
应收账款		50,197,476	39,969,285
预付款项		14,258,150	10,565,225
应收保费			
应收分保账款			
应收分保合同准备金			
应收利息		18,351	112
应收股利		5,749	3,898
其他应收款		13,293,129	12,321,427
买入返售金融资产			
存货		63,626,896	49,379,037
一年内到期的贷款及应收款项		892,250	271,883
一年内到期的非流动资产			
其他流动资产			
流动资产合计		192,297,272	172,134,778
非流动资产：			
发放贷款及垫款			
可供出售金融资产		963,363	1,955,036
持有至到期投资			
贷款及应收款项		914,271	989,469
长期应收款		76,745	
长期股权投资		7,546,658	4,359,500
投资性房地产		1,819,504	902,873
固定资产		19,985,378	16,935,200
在建工程		2,646,228	1,355,661
工程物资		991,010	684,566
固定资产清理		2,098	5,118
生产性生物资产			
油气资产			
无形资产		20,896,169	14,292,743
开发支出		1,645	
商誉		835,542	797,680
长期待摊费用		41,529	25,843
递延所得税资产		2,553,630	1,924,557
其他非流动资产		524,689	151,553
非流动资产合计		59,798,459	44,379,799
资产总计		252,095,731	216,514,577
流动负债：			
短期借款		32,511,544	24,235,000
向中央银行借款			
吸收存款及同业存放			
拆入资金			
交易性金融负债		80,144	
短期应付债券		600,000	2,656,765
应付票据		3,530,336	3,297,315
应付账款		63,545,071	50,834,686
预收款项		39,627,597	33,291,851
卖出回购金融资产款			
应付手续费及佣金			
应付职工薪酬		1,942,367	1,982,278
应交税费		4,412,538	3,573,790
应付利息		111,962	7,016
应付股利		165,124	55,721
其他应付款		14,309,878	14,506,666
预计负债		2,708	10,725
应付分保账款			
保险合同准备金			
代理买卖证券款			
代理承销证券款			
一年内到期的非流动负债		4,700,564	2,033,697
委托存款		10,328	34,076
其他流动负债			
流动负债合计		165,550,161	136,519,586
非流动负债：			
长期借款		16,829,020	10,239,173
应付债券			
长期应付款		7,869,428	8,947,614
专项应付款		11,000	11,000
递延收益		137,678	208,586
预计负债		82,631	76,959
递延所得税负债		397,821	588,126
其他非流动负债		123,127	
非流动负债合计		25,450,705	20,071,458
负债合计		191,000,866	156,591,044
股东权益：			
股本		21,299,900	21,299,900
资本公积		30,622,339	31,437,484
减：库存股			
盈余公积		672,296	326,621
信托赔偿及风险准备金		60,810	19,849
一般风险准备			
未分配利润		3,521,685	2,899,767
外币报表折算差额		−10,979	−23,920
归属于母公司所有者权益合计		56,166,051	55,959,701
少数股东权益		4,928,814	3,963,832
股东权益合计		61,094,865	59,923,533
负债和股东权益合计		252,095,731	216,514,577

公司法定代表人：石大华　　主管会计工作负责人：李建生　　会计机构负责人：杨良

母公司资产负债表

2008 年 12 月 31 日

编制单位:中国中铁股份有限公司　　单位:千元 币种:人民币

项目	附注	期末余额	年初余额
流动资产:			
货币资金		17,582,147	30,257,375
交易性金融资产		31,883	98,512
应收票据		1,200	50,000
应收账款		3,307,294	1,054,793
预付款项		1,155,829	373,428
应收利息			
应收股利		325,753	168,293
其他应收款		3,740,278	2,275,130
存货		460,126	56,509
一年内到期的贷款及应收款项		45,480	
一年内到期的非流动资产			
其他流动资产			
流动资产合计		26,649,990	34,334,040
非流动资产:			
可供出售金融资产			
持有至到期投资			
长期应收款			
长期股权投资		46,578,238	39,356,853
投资性房地产			
固定资产		70,698	77,087
在建工程		748	17,002
工程物资			
固定资产清理			
生产性生物资产			
油气资产			
无形资产		33,948	9,038
开发支出			
商誉			
长期待摊费用			
贷款及应收款项		344,744	217,180
递延所得税资产		201,802	1,490,949
其他非流动资产		910,801	489,359
非流动资产合计		48,140,979	41,657,468
资产总计		74,790,969	75,991,508
流动负债:			
短期借款		479,113	60,000
交易性金融负债			
应付票据			
应付账款		2,649,310	795,147
预收款项		1,914,971	723,651
应付职工薪酬		8,336	6,479
应交税费		19,961	6,359
应付利息			
应付股利			
其他应付款		8,624,243	2,837,436
一年内到期的非流动负债		29,525	399,404
其他流动负债			
流动负债合计		13,725,459	4,828,476
非流动负债:			
长期借款		92,025	144,060
应付债券			
长期应付款		33,183	8,649,552
专项应付款			
递延收益		3,906	4,898
预计负债			
递延所得税负债			
其他非流动负债			
非流动负债合计		129,114	8,798,510
负债合计		13,854,573	13,626,986
股东权益:			
股本		21,299,900	21,299,900
资本公积		41,553,541	41,553,541
减:库存股			
盈余公积			
未分配利润		−1,919,050	−488,975
外币报表折算差额		2,005	56
股东权益合计		60,936,396	62,364,522
负债和股东权益合计		74,790,969	75,991,508

公司法定代表人:石大华　　主管会计工作负责人:李建生　　会计机构负责人:杨良

合并利润表

2008 年 1–12 月

单位:千元 币种:人民币

项目	附注	本期金额	上期金额
一、营业总收入		234,619,283	184,153,526
其中:营业收入		234,619,283	184,153,526
利息收入			
已赚保费			
手续费及佣金收入			
二、营业总成本		233,114,051	181,183,381
其中:营业成本		209,997,465	165,412,062
利息支出			
手续费及佣金支出			
退保金			
赔付支出净额			
提取保险合同准备金净额			
保单红利支出			
分保费用			
营业税金及附加		7,373,753	5,456,231
销售费用		933,258	852,005
管理费用		9,192,754	7,667,743
财务费用		5,132,991	1,298,827
资产减值损失		483,830	496,513
加:公允价值变动收益(损失以"−"号填列)		−134,333	24,332
投资收益(损失以"−"号填列)		241,836	1,125,694
其中:对联营企业和合营企业的投资收益		92,118	7,788
汇兑收益(损失以"−"号填列)			
三、营业利润(亏损以"−"号填列)		1,612,735	4,120,171
加:营业外收入		511,642	469,920
减:营业外支出		191,177	166,168
其中:非流动资产处置净损失		57,052	79,523
四、利润总额(亏损总额以"−"号填列)		1,933,200	4,423,923
减:所得税费用		499,004	848,836
五、净利润(净亏损以"−"号填列)		1,434,196	3,575,087
归属于母公司所有者的净利润		1,115,187	3,228,269
少数股东损益		319,009	346,818
六、每股收益:			
(一)基本每股收益		0.05	0.24
(二)稀释每股收益			

本期发生同一控制下企业合并的,被合并方在合并前实现的净利润为:30,674,000 元。

公司法定代表人:石大华　　主管会计工作负责人:李建生　　会计机构负责人:杨良

母公司利润表

2008 年 1–12 月

单位:千元 币种:人民币

项目	附注	本期金额	上期金额
一、营业收入		12,828,709	1,810,129
减:营业成本		12,332,929	1,701,639
营业税金及附加		89,447	25,311
销售费用			
管理费用		317,910	172,386
财务费用		3,207,907	187,287
资产减值损失		10,41245	
加:公允价值变动收益(损失以"−"号填列)		−58,962	−34,039
投资收益(损失以"−"号填列)		1,697,072	41,782
其中:对联营企业和合营企业的投资收益		56,542	13,669
二、营业利润(亏损以"−"号填列)		−1,491,786	−268,796
加:营业外收入		4,459	485
减:营业外支出		2,726	517
其中:非流动资产处置净损失			
三、利润总额(亏损总额以"−"号填列)		−1,490,053	−268,828
减:所得税费用		−59,978	−25,113
四、净利润(净亏损以"−"号填列)		−1,430,075	−243,715

公司法定代表人:石大华　　主管会计工作负责人:李建生　　会计机构负责人:杨良

合并现金流量表

2008 年 1–12 月

单位:千元 币种:人民币

项目	附注	本期金额	上期金额
一、经营活动产生的现金流量:			
销售商品、提供劳务收到的现金		235,997,794	174,659,418
客户存款和同业存放款项净增加额			
向中央银行借款净增加额			
向其他金融机构拆入资金净增加额			
收到原保险合同保费取得的现金			
收到再保险业务现金净额			
保户储金及投资款净增加额			
处置交易性金融资产净增加额			
收取利息、手续费及佣金的现金			
拆入资金净增加额			
回购业务资金净增加额			
收到的税费返还		81,796	64,225

收到其他与经营活动有关的现金	1,904,521	3,273,219
经营活动现金流入小计	237,984,111	177,996,862
购买商品、接受劳务支付的现金	206,930,460	151,329,572
客户贷款及垫款净增加额		
存放中央银行和同业款项净增加额		
支付原保险合同赔付款项的现金		
支付利息、手续费及佣金的现金		
支付保单红利的现金		
支付给职工以及为职工支付的现金	14,747,240	12,896,969
支付的各项税费	8,789,581	6,633,829
支付其他与经营活动有关的现金	6,736,718	7,192,045
经营活动现金流出小计	237,203,999	178,052,415
经营活动产生的现金流量净额	780,112	−55,553
二、投资活动产生的现金流量:		
收回投资收到的现金	1,207,334	2,162,357
取得投资收益收到的现金	1,350,803	724,968
处置固定资产、无形资产和其他长期资产收回的现金净额	669,815	121,252
处置子公司及其他营业单位收到的现金净额	18,304	65,654
收到其他与投资活动有关的现金	24,507	
投资活动现金流入小计	3,270,763	3,074,231
购建固定资产、无形资产和其他长期资产支付的现金	14,566,203	11,025,676
投资支付的现金	8,274,115	6,999,479
质押贷款净增加额		
取得子公司及其他营业单位支付的现金净额	613,044	656,395
支付其他与投资活动有关的现金		
投资活动现金流出小计	23,453,362	18,681,550
投资活动产生的现金流量净额	−20,182,599	−15,607,319
三、筹资活动产生的现金流量:		
吸收投资收到的现金	1,118,834	48,134,902
其中:子公司吸收少数股东投资收到的现金		
取得借款收到的现金	53,910,731	41,650,594
发行债券收到的现金		
收到其他与筹资活动有关的现金		
筹资活动现金流入小计	55,029,565	89,785,496
偿还债务支付的现金	39,872,621	43,960,785
分配股利、利润或偿付利息支付的现金	3,422,098	2,724,898
其中:子公司支付给少数股东的股利、利润		
支付其他与筹资活动有关的现金	121,228	91,571
筹资活动现金流出小计	43,415,947	46,777,254
筹资活动产生的现金流量净额	11,613,618	43,008,242
四、汇率变动对现金及现金等价物的影响	−2,136,937	−311,318
五、现金及现金等价物净增加额	−9,925,806	27,034,052
加:期初现金及现金等价物余额	56,772,201	29,738,149
六、期末现金及现金等价物余额	46,846,395	56,772,201

公司法定代表人:石大华　　主管会计工作负责人:李建生　　会计机构负责人:杨良

母公司现金流量表

2008 年 1-12 月

单位:千元 币种:人民币

项目	附注	本期金额	上期金额
一、经营活动产生的现金流量:			
销售商品、提供劳务收到的现金		11,403,078	1,766,891
收到的税费返还		27	334
收到其他与经营活动有关的现金		112,233	182,804
经营活动现金流入小计		11,515,338	1,950,029
购买商品、接受劳务支付的现金		11,273,392	1,270,644
支付给职工以及为职工支付的现金		116,378	21,630
支付的各项税费		75,088	28,461
支付其他与经营活动有关的现金		507,207	30,453
经营活动现金流出小计		11,972,065	1,351,188
经营活动产生的现金流量净额		−456,727	598,841
二、投资活动产生的现金流量:			
收回投资收到的现金		379,057	1,022,620
取得投资收益收到的现金		3,192,835	26,933
处置固定资产、无形资产和其他长期资产收回的现金净额		197,290	819
处置子公司及其他营业单位收到的现金净额			
收到其他与投资活动有关的现金			
投资活动现金流入小计		3,769,182	1,050,372
购建固定资产、无形资产和其他长期资产支付的现金		456,693	39,273
投资支付的现金		13,653,254	9,898,356
取得子公司及其他营业单位支付的现金净额			
支付其他与投资活动有关的现金			
投资活动现金流出小计		14,109,947	9,937,629
投资活动产生的现金流量净额		−10,340,765	−8,887,257
三、筹资活动产生的现金流量:			
吸收投资收到的现金			46,750,669
取得借款收到的现金		478,613	1,116,000
收到其他与筹资活动有关的现金			
筹资活动现金流入小计		478,613	47,866,669
偿还债务支付的现金		37,042	8,951,108
分配股利、利润或偿付利息支付的现金		16,035	31,104
支付其他与筹资活动有关的现金		121,228	91,571
筹资活动现金流出小计		174,305	9,073,783
筹资活动产生的现金流量净额		304,308	38,792,886
四、汇率变动对现金及现金等价物的影响		−2,182,044	−247,095
五、现金及现金等价物净增加额		−12,675,228	30,257,375
加:期初现金及现金等价物余额		30,257,375	
六、期末现金及现金等价物余额		17,582,147	30,257,375

公司法定代表人:石大华　　主管会计工作负责人:李建生　　会计机构负责人:杨良

合并所有者权益变动表

2008 年 1—12 月

单位:千元 币种:人民币

本年金额

归属于母公司所有者权益

项目	股本	资本公积	减:库存股	盈余公积	一般风险准备	未分配利润	其他	少数股东权益	所有者权益合计
一、上年年末余额	21,299,900	30,983,544		326,621		2,816,838	−4,071	3,506,637	58,929,469
加:同一控制下企业合并产生的追溯调整		453,940				22,924		457,195	934,059
会计政策变更						60,005			60,005
前期差错更正									
其他									
二、本年年初余额	21,299,900	31,437,484		326,621		2,899,767	−4,071	3,963,832	59,923,533
三、本年增减变动金额(减少以"−"号填列)		−815,145		345,675		621,918	53,902	964,982	1,171,332
(一)净利润						1,115,187		319,009	1,434,196
(二)直接计入所有者权益的利得和损失		−788,149					12,941	−120,203	−895,411
1.可供出售金融资产公允价值变动净额		−784,256						−117,113	−901,369
2.权益法下被投资单位其他所有者权益变动的影响		805							805
3.与计入所有者权益项目相关的所得税影响									
4.其他		−4,698					12,941	−3,090	5,153
上述(一)和(二)小计		−788,149				1,115,187	12,941	198,806	538,785
(三)所有者投入和减少资本		−26,996				−106,633		906,943	773,314
1.所有者投入资本								1,118,834	1,118,834
2.股份支付计入所有者权益的金额									
3.其他		−26,996				−106,633		−211,891	−345,520
(四)利润分配				345,675		−386,636	40,961	−140,767	−140,767
1.提取盈余公积				345,675		−345,675			
2.提取一般风险准备									
3.对所有者(或股东)的分配								−140,767	−140,767
4.其他						−40,961	40,961		
(五)所有者权益内部结转									
1.资本公积转增资本(或股本)									
2.盈余公积转增资本(或股本)									
3.盈余公积弥补亏损									
4.其他									
四、本期期末余额	21,299,900	30,622,339		672,296		3,521,685	49,831	4,928,814	61,094,865

上年金额

归属于母公司所有者权益

项目	股本	资本公积	减:库存股	盈余公积	一般风险准备	未分配利润	其他	少数股东权益	所有者权益合计
一、上年年末余额								3,256,665	3,256,665
加:同一控制下企业合并产生的追溯调整									
会计政策变更						17,968			17,968
前期差错更正									
其他									
二、本年年初余额						17,968		3,256,665	3,274,633
三、本年增减变动金额(减少以"−"号填列)	21,299,900	31,437,484		326,621		2,881,799	−4,071	707,167	56,648,900
(一)净利润						3,228,269		346,818	3,575,087
(二)直接计入所有者权益的利得和损失		917,986					−13,843	125,693	1,029,836
1.可供出售金融资产公允价值变动净额		885,297						124,853	1,010,150
2.权益法下被投资单位其他所有者权益变动的影响		395							395
3.与计入所有者权益项目相关的所得税影响									
4.其他		32,294					−13,843	840	19,291
上述(一)和(二)小计		917,986				3,228,269	−13,843	472,511	4,604,923
(三)所有者投入和减少资本	8,499,900	36,883,168	0	0	0	0	0	234,656	45,617,724
1.所有者投入资本	8,499,900	33,639,970						1,761,473	43,901,343
2.股份支付计入所有者权益的金额									
3.其他		3,243,198						−1,526,817	1,716,381
(四)利润分配				326,621		−346,470	19,849		
1.提取盈余公积				326,621		−326,621			
2.提取一般风险准备									
3.对所有者(或股东)的分配									
4.其他						−19,849	19,849		
(五)所有者权益内部结转	12,800,000	−6,363,670					−10,077		6,426,253
1.资本公积转增资本(或股本)									

2.盈余公积转增资本(或股本)							
3.盈余公积弥补亏损							
4.其他	12,800,000	-6,363,670			-10,077		6,426,253
四、本期期末余额	21,299,900	31,437,484	326,621	2,899,767	-4,071	3,963,832	59,923,533

公司法定代表人:石大华　　主管会计工作负责人:李建生　　会计机构负责人:杨良

母公司所有者权益变动表

2008 年 1-12 月

单位:千元 币种:人民币

本年金额

项目	股本	资本公积	减:库存股	盈余公积	未分配利润	所有者权益合计
一、上年年末余额	21,299,900	41,553,541		56	-488,975	62,364,522
加:会计政策变更						
前期差错更正						
其他						
二、本年年初余额	21,299,900	41,553,541			-488,975	62,364,522
三、本年增减变动金额						
(减少以"-"号填列)				1,949	-1,430,075	-1,428,126
(一)净利润					-1,430,075	-1,430,075
(二)直接计入所有者						
权益的利得和损失				1,949		1,949
1.可供出售金融资产公允价值变动净额						
2.权益法下被投资单位其他所有者权益变动的影响						
3.与计入所有者权益项目相关的所得税影响						
4.其他				1,949		1,949
上述(一)和(二)小计				1,949	-1,430,075	-1,428,126
(三)所有者投入和减少资本						
1.所有者投入资本						
2.股份支付计入所有者权益的金额						
3.其他						
(四)利润分配						
1.提取盈余公积						
2.对所有者(或股东)的分配						
3.其他						
(五)所有者权益内部结转						
1.资本公积转增资本(或股本)						
2.盈余公积转增资本(或股本)						
3.盈余公积弥补亏损						
4.其他						
四、本期期末余额	21,299,900	41,553,541			-1,919,050	60,936,396

上年金额

项目	股本	资本公积	减:库存股	盈余公积	未分配利润	所有者权益合计
一、上年年末余额					-245,260	-245,260
加:会计政策变更						
前期差错更正						
其他						
二、本年年初余额					-245,260	-245,260
三、本年增减变动金额						
(减少以"-"号填列)	21,299,900	41,553,541		56	-243,715	62,609,782
(一)净利润					-243,715	-243,715
(二)直接计入所有者						
权益的利得和损失				56		56
1.可供出售金融资产						
公允价值变动净额						
2.权益法下被投资单位其他						
所有者权益变动的影响						
3.与计入所有者权益项目						
相关的所得税影响						
4.其他				56		56
上述(一)和(二)小计				56	-243,715	-243,659
(三)所有者投入和						
减少资本	21,299,900	41,553,541	0	0	0	62,853,441
1.所有者投入资本	21,299,900	41,553,541				62,853,441
2.股份支付计入所有者权益的金额						
3.其他						
(四)利润分配						
1.提取盈余公积						
2.对所有者(或股东)的分配						
3.其他						
(五)所有者权益内部结转						
1.资本公积转增资本(或股本)						
2.盈余公积转增资本(或股本)						
3.盈余公积弥补亏损						
4.其他						
四、本期期末余额	21,299,900	41,553,541		56	-488,975	62,364,522

公司法定代表人:石大华　　主管会计工作负责人:李建生　　会计机构负责人:杨良

9.3 会计政策、会计估计和核算方法变更的说明

2008 年 8 月 7 日,财政部颁布了关于印发了《企业会计准则解释第 2 号》的通知(以下简称《解释第 2 号》),对于因执行《解释第 2 号》而发生的会计政策变更,本集团采用下述方法进行处理:

(1) 采用追溯调整法核算的会计政策变更

建设经营移交方式(BOT)参与公共设施建设

于 2008 年 1 月 1 日前,本集团对于建设经营移交方式(BOT)参与公共设施建设业务,于项目建造期间将其视为自营方式建造固定资产核算。

自 2008 年 1 月 1 日起,本集团对于建设经营移交方式(BOT)参与公共设施建设业务,于项目建造期间对所提供的建造服务按照《企业会计准则第 15 号-建造合同》确认相关的收入和费用;基础设施建成后,按照《企业会计准则第 14 号-收入》确认与后续经营服务相关的收入和费用。建造合同收入按照应收取对价的公允价值计量。当项目合同规定本集团在有关基础设施建成后,在从事经营的一定期间内有权利向获取服务的对象收取费用,但收费金额不确定的,且该权利不构成一项无条件收取现金的权利,在确认收入的同时确认无形资产。本集团对上述会计政策变更采用追溯调整法核算,对财务报表影响列示如下:

(a) 对合并利润表项目影响:

	本年累计数 人民币千元	上年累计数 人民币千元
调增营业收入	4,795,602	3,603,444
调增营业成本	4,722,781	3,547,395
调增所得税费用	18,655	14,012
调增净利润	54,166	42,037

(b) 对 2007 年 12 月 31 日合并资产负债表项目影响:

	2007 年 12 月 31 日 追溯调增(减) 人民币千元
无形资产	7,071,385
在建工程	(6,991,379)
递延所得税负债	20,001
未分配利润	60,005

(c) 对 2007 年 1 月 1 日合并资产负债表项目影响:

	2007 年 1 月 1 日 追溯调增(减) 人民币千元
无形资产	1,540,221
在建工程	(1,516,264)
递延所得税负债	5,989
未分配利润	17,968

(d) 以上追溯调整对 2007 年度基本每股收益的计算没有重大影响。

(2) 采用未来适用法核算的会计政策变更

2008 年 8 月 7 日执行《解释第 2 号》前,因购买少数股权新增加的长期股权投资成本,与按照新取得的股权比例计算确定应享有子公司自购买日(或合并日)开始持续计算的可辨认净资产份额之间的差额,除根据相关会计政策确认为商誉或记入当期损益的部分以外,应当调整合并资产负债表中的资本公积(资本溢价或股本溢价),资本公积(资本溢价或股本溢价)的余额不足冲减的,调整留存收益。

2008 年 8 月 7 日执行《解释第 2 号》后,因购买少数股权新取得的长期股权投资成本,与按照新取得的股权比例计算应享有子公司自购买日(或合并日)开始持续计算的净资产份额之间的差额,应当调整所有者权益(资本公积),资本公积不足冲减的,调整留存收益。

9.4 本报告期无会计差错更正。

9.5 与最近一期年度报告相比,合并范围发生变化的具体说明

中铁资源有限公司系 2008 年度本集团新设立子公司。本集团于 2008 年度将原直接持有的对青海中铁矿业发展有限公司及中铁工程苏尼特铁路有限责任公司的股权投资转由中铁资源有限公司持有。

中铁工程机械设计研究院有限公司于 2008 年 5 月 21 日更名为中铁科工集团有限公司,本集团于 2008 年度将原直接持有的对中铁重工有限公司股权投资转由中铁科工集团有限公司持有。

中铁国际经济合作有限公司系 2008 年度本集团新设立子公司,本集团于 2008 年度将原直接持有的对中国铁路工程(马来西亚)有限公司及中铁中东海事工程有限责任公司的股权投资转由中铁国际经济合作有限公司持有。

本集团于 2008 年 12 月转让其持有的北京中铁工投资管理有限公司全部股权。

中国中铁股份有限公司

董事长:石大华

2009 年 4 月 29 日

北京北辰实业股份有限公司

北京北辰实业股份有限公司2008年年度报告摘要

第一节　重要提示

1.1 本公司董事会、监事会及董事、监事、高级管理人员保证本报告所载资料不存在任何虚假记载、误导性陈述或者重大遗漏，并对其内容的真实性、准确性和完整性承担个别及连带责任。

本年度报告摘要摘自年度报告全文，投资者欲了解详细内容，应当仔细阅读年度报告全文。

1.2 公司全体董事出席董事会会议。

1.3 普华永道中天会计师事务所有限公司为本公司出具了标准无保留意见的审计报告。

1.4 公司负责人贺江川、主管会计工作负责人赵惠芝及会计机构负责人(会计主管人员)吴子辉声明：保证年度报告中财务报告的真实、完整。

第二节　公司基本情况简介

2.1 基本情况简介

股票简称	北辰实业
股票代码	601588
上市交易所	上海证券交易所
股票简称	北京北辰实业股份
股票代码	0588
上市交易所	香港交易所
股票简称	08北辰债
股票代码	122013
上市交易所	上海证券交易所
公司注册地址和办公地址	北京朝阳区北辰东路8号汇欣大厦A座707
邮政编码	100101
公司国际互联网网址	http://www.beijingns.com.cn
电子信箱	northstar@beijingns.com.cn

2.2 联系人和联系方式

	董事会秘书	证券事务代表
姓名	郭川	胡浩
联系地址	北京朝阳区北辰东路8号汇欣大厦A座707	北京朝阳区北辰东路8号汇欣大厦A座707
电话	010-64991277	010-64991277
传真	010-64991352	010-64991352
电子信箱	northstar@beijingns.com.cn	northstar@beijingns.com.cn

第三节　会计数据和业务数据摘要

3.1 主要会计数据

单位：元 币种：人民币

	2008年	2007年	本年比上年增减(%)	2006年
营业收入	4,181,270,618.00	3,999,559,170.00	4.54	2,843,644,991.00
利润总额	806,685,842.00	695,434,490.00	16.00	556,178,911.00
归属于上市公司股东的净利润	448,929,262.00	328,131,407.00	36.81	339,115,348.00
归属于上市公司股东的扣除非经常性损益的净利润	468,823,074.00	331,084,282.00	41.60	339,917,061.00
经营活动产生的现金流量净额	2,465,966,116.00	−5,866,684,167.00	142.03	861,587,897.00
	2008年末	2007年末	本年末比上年末增减(%)	2006年末
总资产	25,619,295,384.00	20,406,405,387.00	25.55	14,664,873,534.00
所有者权益(或股东权益)	8,586,279,207.00	8,231,593,767.00	4.31	8,039,795,230.00

3.2 主要财务指标

	2008年	2007年	本年比上年增减(%)	2006年
基本每股收益(元/股)	0.13	0.10	30.00	0.16
稀释每股收益(元/股)	0.13	0.10	30.00	0.16
扣除非经常性损益后的基本每股收益(元/股)	0.14	0.10	40.00	0.16
全面摊薄净资产收益率(%)	5.23	3.99	不适用	4.22
加权平均净资产收益率(%)	5.34	4.03	不适用	6.85
扣除非经常性损益后全面摊薄净资产收益率(%)	5.46	4.02	不适用	4.23
扣除非经常性损益后的加权平均净资产收益率(%)	5.58	4.07	不适用	6.87
每股经营活动产生的现金流量净额(元/股)	0.73	−1.74	142.03	0.26
	2008年末	2007年末	本年末比上年末增减(%)	2006年末
归属于上市公司股东的每股净资产(元/股)	2.55	2.44	4.31	2.39

非经常性损益项目

√适用　□不适用

单位：元 币种：人民币

非经常性损益项目	金额
非流动资产处置损益	8,720,785
除上述各项之外的其他营业外收入和支出	17,989,056
所得税影响额	−6,677,460
少数股东权益影响额	−138,569
合计	19,893,812

3.3 境内外会计准则差异：

√适用　□不适用

单位：元 币种：人民币

	净利润		净资产	
	本期数	上期数	期初数	期末数
按香港会计制度	1,164,781,000.00	517,110,000.00	9,313,747,000.00	10,384,284,000.00
按中国会计准则	448,929,262.00	328,131,407.00	8,231,593,767.00	8,586,279,207.00
按香港会计准则调整的分项及合计：				
1. 冲回中国会计准则下出租物业所计提折旧	53,726,738.00	91,717,593.00	607,755,233.00	661,481,793.00
2. 香港财务报告准则下出租物业评估值的变化对损益的影响	656,112,000.00	91,111,000.00	747,385,000.00	1,403,497,000.00
3. 国内评估师和国外评估师的评估值差异	6,013,000.00	11,122,000.00	−272,987,000.00	−266,974,000.00
4. 执行中国会计准则对股权投资差额递延税款的影响		−1,608,000.00		
5. 冲回中国准则下确认为损益的负商誉		−3,364,000.00		
按香港会计准则	1,164,781,000.00	517,110,000.00	9,313,747,000.00	10,384,284,000.00

第四节　股本变动及股东情况

4.1 股份变动情况表

□适用　√不适用

限售股份变动情况表

√适用　□不适用

单位：股

股东名称	年初限售股数	本年解除限售股数	本年增加限售股数	年末限售股数	限售原因	解除限售日期
北京北辰实业集团公司	1,160,000,000	0	0	1,160,000,000	控股股东北辰集团承诺，所持公司116000万股A股，自A股股票上市之日起三十六个月内，不转让或者委托他人管理其已直接和间接持有的本公司股份，也不由本公司收购该部分股份。	2009-10-16
北京北辰实业集团公司	0	0	1,000,031	1,000,031	二级市场增持。北辰集团承诺，在增持计划实	增持计划实施期间和法定期

				施期间和法定期限内，不减持其持有的本公司股份。	限结束后
合计	1,160,000,000	01,000,031	1,161,000,031	/	/

4.2 股东数量和持股情况

单位：股

报告期末股东总数	A 股 432495 户，H 股 2645 户

前十名股东持股情况

股东名称	股东性质	持股比例(%)	持股总数	持有有限售条件股份数量	质押或冻结的股份数量
北京北辰实业集团公司	国有法人	34.482	1,161,000,031	1,161,000,031	无
HKSCC NOMINEES LIMITED	境外法人	20.406	687,060,498	0	无
北京王府井百货(集团)股份有限公司	国有法人	4.422	148,900,000	0	无
中航鑫港担保有限公司	境内非国有法人	2.792	94,000,000	0	无
浙江海越股份有限公司	境内非国有法人	0.891	30,000,000	0	无
中国石化财务有限责任公司	国有法人	0.866	29,149,700	0	无
中国工商银行－上证 50 交易型开放式指数证券投资基金	境内非国有法人	0.630	21,205,482	0	无
中国银行－嘉实沪深 300 指数证券投资基金	境内非国有法人	0.302	10,177,255	0	无
浙江农资集团有限公司	境内非国有法人	0.255	8,600,000	0	无
中国建设银行－博时裕富证券投资基金	境内非国有法人	0.143	4,805,544	0	无

前十名无限售条件股东持股情况

股东名称	持有无限售条件股份数量	股份种类
HKSCC NOMINEES LIMITED	687,060,498	境外上市外资股
北京王府井百货(集团)股份有限公司	148,900,000	人民币普通股
中航鑫港担保有限公司	94,000,000	人民币普通股
浙江海越股份有限公司	30,000,000	人民币普通股
中国石化财务有限责任公司	29,149,700	人民币普通股
中国工商银行－上证 50 交易型开放式指数证券投资基金	21,205,482	人民币普通股
中国银行－嘉实沪深 300 指数证券投资基金	10,177,255	人民币普通股
浙江农资集团有限公司	8,600,000	人民币普通股
中国建设银行－博时裕富证券投资基金	4,805,544	人民币普通股
全国社保基金零零七组合	4,170,400	人民币普通股
上述股东关联关系或一致行动的说明	公司未知前十名股东存在关联关系或一致行动关系。	

4.3 控股股东及实际控制人情况介绍

4.3.1 控股股东及实际控制人变更情况

□适用 √不适用

4.3.2 控股股东及实际控制人具体情况介绍

4.3.2.1 法人控股股东情况

单位：元 币种：人民币

名称	法定代表人	注册资本	成立日期	主营业务
北京北辰实业集团公司	沙万泉	700,000,000	1992 年 8 月 3 日	承接会议、展览；接待国内外旅游者；出租汽车运营；房地产开发、商品房销售；承包土木建筑工程与绿化工程；设备维修、安装；经营代理国内和外商来华广告；文化娱乐；电讯服务等。

4.3.2.2 法人实际控制人情况

单位：元 币种：人民币

名称	法定代表人	注册资本	成立日期	主营业务
北京市国有资产监督管理委员会				

第五节 董事、监事和高级管理人员

5.1 董事、监事和高级管理人员持股变动及报酬情况

单位：股

姓名	职务	性别	年龄	任期起止日期	报告期内从公司领取的报酬总额(万元)(税前)	是否在股东单位或其他关联单位领取报酬津贴
贺江川	董事长	男	45	2006-5-16~2009-5-16	72	否
赵惠芝	董事、总经理	女	55	2006-5-16~2009-5-16	68.5	否
刘建平	董事	男	55	2006-5-16~2009-5-16	48	是
陈　冀	董事	男	57	2006-5-16~2009-5-16	48	是
孟　焰	独立非执行董事	男	54	2006-5-16~2009-5-16	8.6	否
余劲松	独立非执行董事	男	56	2006-5-16~2009-5-16	8.6	否
符耀文	独立非执行董事	男	54	2006-5-16~2009-5-16	0	否
何文玉	监事会主席	男	55	2007-7-2~2009-5-16	0	是
陈援朝	监事	男	56	2006-5-16~2009-5-16	0	是
柳耀中	监事	男	54	2006-5-16~2009-5-16	0	是
刘焕波	副总经理	男	51	2002-9-24~至今	59.2	否
刘铁林	副总经理	男	46	2002-9-24~至今	51.4	否
司海群	副总经理	男	54	2004-6-2~至今	149.1(注：含 2007-应发未发的 43.9 万元薪酬)	否
曾　劲	副总经理	男	39	2009-1-16~至今	64.7	否
郭　川	董事会秘书	男	40	2004-2-27~至今	47.5	否
合　计	/	/	/	/	625.6	/

报告期内，公司所有董事、监事和高级管理人员，均未买入、卖出或持有公司股票。此外，公司也未实施股权激励计划或授予公司任何一位董事、监事和高级管理人员限制性股票。

第六节 董事会报告

6.1 管理层讨论与分析

(一)致股东的信

各位股东：

二零零八年是公司成立以来建设任务最重、服务责任最大、经营业绩最好的一年。公司管理层和全体员工统筹兼顾，协调组织，辛勤努力，在圆满完成奥运任务的同时，依靠对宏观环境变化的正确分析、灵活应对以及对微观市场机遇的敏锐洞察和准确把握，经营业绩在二零零四年起连续四年保持稳定增长的基础上继续提升，再创历史新高。

截至二零零八年十二月三十一日，按照国内财务报告准则，公司实现营业额人民币 418127.1 万元，同比上升 4.5%。受结算房地产产品毛利率相对较高的因素影响，报告期内公司利润总额、净利润和归属母公司的净利润分别为人民币 80668.6 万元、60248.4 万元和 44892.9 万元，均较二零零七年大幅上涨 16.0%、30.5%和 36.8%。每股盈利为人民币 0.13 元，较二零零七年上升 30%。

北京奥运会，既是中华民族的百年盛事，又是中国向世界展示中国文化和经济发展的最佳时机。公司有幸建设奥运、服务奥运，是公司的光荣使命，更是公司义不容辞的社会责任。二零零八年，公司圆满完成了奥运建设任务和接待服务、运行保驾任务，受到国际、国内有关方面高度评价，公司品牌价值和行业内影响力亦获得了极大的提升。

回顾过去，改革开放三十年来，经济规模迅速扩大，市场化程度不断提高，国际贸易快速增长，日益强大的中国早已融入了变动发展的世界。二零零八年，次贷危机对资本市场的影响尚未消退，百年一遇的"金融危机"又接踵而至，从发达国家到发展中国家，从宏观环境到微观市场，从虚拟经济到实体经济，无不笼罩在"衰退"的阴影之下。

在全球经济一体化的今天，大国和世界经济的盛与衰已使今日的中国再也不可能置身事外，独善其身。就房地产而言，受市场观望气氛浓重和购房者信心不足影响，需求难以得到有效释放，销售价格随着供应结构的变化呈现波动走势，投资增速受成交量下降影响自下半年起快速回落，房地产市场进入阶段性调整。就投资物业和商业物业而言，供给、需求受奥运影响均快速增长，但四季度开始由金融危机引发的需求下降，导致部分业态供需矛盾显现，竞争日趋激烈。

面对风云变幻的经济形势和市场环境，公司积极应对，在"创建全国大型一流房地产综合运营企业"的战略目标指引下，紧握奥运商机，经营业绩持续增长。发展物业坚持以市场为导向、以客户需求为核心的策略，利用产品性价比高的优势，项目持续热销，经营业绩大幅度提升。长沙三角洲项目加快推进前期准备工作，于二零零八年十一月二十三日盛大奠基。投资物业在圆满完成奥运接待服务任务的同时，以奥运需求为契机，加大市场营销力度，经营业绩稳定增长。国家会议中心及其配套工程在奥运会后进入改造及装修阶段，开业筹备和经营准备工作均已有序展开。商业物业通过优化购物环境和加快调整商品结构，抓住奥运商机，经营业绩保持稳定。

二零零八年七月十八日，公司成功发行总额为人民币 17 亿元的公司债券，融资工作取得较大进展，有效改善了财务结构。同时，公司治理不断加强，内部控制不断完善，管理水平不断提高。

展望二零零九年，受金融危机的持续影响，国民经济的运行仍存在下行压力。国家将通过国民财富再分配、增加政府公共开支和有针对性的产业振兴，在外需不振的背景下，强力启动内需和投资，二零零九年经济稳定增长的态势仍将得以保持。

二零零九年，我国的房地产市场仍将处于阶段性调整，其根源是市场观望气氛浓重和购房人信心不足所引起的需求难以有效释放。这一局面短期内虽然难以结束，但由于中国国情的特殊性，巨大的刚性自住需求和改善性需求仍然存在，房地产行业赖以生存的根本性基础并未动摇，房地产行业的发展空间依然广阔。对于投资物业和商业物业而言，在国家启动内需、力保增长和产业升级、转型的刺激下，投资物业和商业物业运行的长期趋势并未改变，发展机遇和空间仍然存在。

二零零九年，公司将以稳定运营为基础，深入研究宏观经济和政策的变化，加强管控，进一步提高公司的综合竞争力。发展物业将在着力提高产品的性价比、合理安排开发建设节奏的同时，积极寻找市场机会，适时增加土地储备，继续提高盈利水平和可持续发展能力。长沙三角洲项目全力推进首开区主体结构的施工，积极展开沿江商业、公建的规划设计，并提前开展营销策划的准备工作。投资物业将以会展为龙头，充分发挥多业态的综合优势，实施"会展联销"的经营模式，实现各业态的效益共赢。同时，加速国家会议中心及其配套工程项目的赛后装修、改造，实现公司资产结构的优化和升级，确保增量资产高起点经营。商业物业根据准确定位，通过完善品

牌种类、调整商品结构和加大营销推广力度，提升收入水平。新增项目通过科学安排开业前的各项准备，尽早实现开业目标。

“诞生于亚运，腾飞于奥运”，“物业开发+物业投资”的业务模式和抗风险能力，使公司成为了房地产行业中的幸运儿；作为国内目前唯一一家A+H股地产类上市公司，两地融资平台，又为公司可持续发展提供了有力保障。面对二零零九年依然严峻的经济环境和仍将处于阶段性调整的房地产市场，公司有决心也有信心克服一切不利因素，在追求股东回报最大化的同时，为实现全体北辰人“创造物业价值，筑就百年基业”的历史使命和“创建全国大型一流房地产综合运营企业”的战略目标而努力奋斗。

最后，我谨代表公司董事会向一直以来支持公司发展的各位股东致以诚挚的谢意，并对公司董事会及监事会同仁的勤勉尽责，以及公司全体员工的辛勤工作表示衷心的感谢！

(二)管理层讨论与分析

1、经营环境

二零零八年，我国宏观经济和微观市场的运行在上半年和下半年表现出了截然不同的趋势。上半年，经济运行和市场走势相对平稳，但当来势汹汹的“金融海啸”演变成一场席卷全球的“金融危机”，下半年呈现出的内需增长放缓、房地产开发投资增速逐月下滑和外需迅速滑落的趋势，导致驱动国民经济增长的“三驾马车”——消费、投资和国际贸易的增幅均出现不同程度下降。尽管自二零零八年四季度开始，国家连续出台宽松的货币政策、积极的财政政策和产业刺激政策，例如百日内连续5次降息、出台4万亿巨额投资计划和制定支柱产业振兴计划等，但由于时间较短，政策效果难以迅速体现，国民经济仍不可避免的出现滑坡，GDP增长率由二零零七年的13.0%滑落至二零零八年的9.0%。

①发展物业

二零零八年，受之前年度国家金融调控和房地产宏观调控政策结果集中体现的影响，房地产市场观望气氛浓厚，需求难以得到有效释放，加之金融危机愈演愈烈对购房者预期和信心造成的打击，成交量、交易价格均出现波动走势，房地产市场进入阶段性调整。四季度，国家有关部门和各地方政府密集出台鼓励居民购买自住房屋、降低契税、营业税等有利于房地产健康发展的产业政策，部分城市房地产市场出现“回暖”迹象。

全国房地产市场商品住宅二零零八年平均交易价格较二零零七年微幅下降0.3%，运行趋势相对平稳，但由于交易面积和交易金额分别大幅下降19.1%和19.4%，致使二零零八年下半年起房地产开发投资增速逐月回落，并最终带动城镇固定资产投资增速出现下降。截至年末，全国商品住宅空置面积同比增长32.3%。全国房地产开发景气指数逐月回落，跌至100以下，房地产市场的发展面临严峻挑战。

北京房地产市场继二零零七年后，再次出现了“价升量缩”的走势。二零零八年全年，北京市商品住宅平均交易价格为11648.0元/平方米，同比上涨9.3%，涨幅有所放缓；分阶段比较，前八个月价格保持高位运行，九月份开始由于经济适用房、双限房等保障性住房供应迅速增加和部分企业对销售策略进行调整，市场交易价格有所下滑。受市场观望气氛和购房者信心不足影响，房地产市场成交量急剧下滑，全年北京市商品住宅成交面积仅为1031.4万平方米，同比大幅下降40.4%。年末，北京市商品住宅空置面积为522.7万平方米，同比增长26.9%。受价格因素和购房人心理预期影响，成交量在短期内仍难以有效放大，致使北京房地产市场面临较大的存量及新增供应销售压力。

相对于一线城市和其他二线城市，长沙房地产市场运行情况仍相对平稳。二零零八年长沙市商品住宅平均交易价格同比上涨0.3%，销售面积下跌17.9%，跌幅不仅低于全国总体水平，且远低于一线及同类二线城市，总体来看，长沙房地产市场泡沫较小，运行仍较为健康。逐月分析，在政策刺激下，十一月和十二月，长沙市商品房交易面积环比分别增长36.5%和51.8%，成交的回暖，表明长沙房地产市场的需求结构中，仍以“刚性需求”为主，并对宏观政策和产业刺激政策较为敏感。“两型社会”(**“两型社会”是指长株潭城市群获批称为为全国资源节约型和环境友好型社会建设综合配套改革试验区。**)建设不断推进，众多大型房地产企业纷纷进驻，长沙房地产开发投资、施工面积、新开工面积等实物量指标同比分别上涨13.7%、29.0%和20.1%，保持快速增长，呈现出长沙房地产市场的吸引力不断增强，发展潜力较大。

②投资物业(含酒店)

二零零八年，北京市投资物业市场集中放量，前三季度市场对各类型产品需求不断上升；写字楼市场由于需求依旧旺盛，租金继续小幅增长，空置率保持稳定；星级酒店供应市场为满足奥运会赛时需求增长较快，平均房价稍中有升，出租率保持平稳；得益于经济增长和奥运因素所带来的长、短期住宿需求的增加，服务式公寓市场整体的租金和出租率保持稳定增长，但因位置、硬件和服务等差异，具体项目之间经营情况存在一定差别。

二零零八年四季度，受金融危机影响，国际经济形势不断恶化，国内经济亦出现滑坡，导致市场对投资物业的需求迅速萎缩；写字楼市场受各企业压缩成本、盈利下降等因素影响，退租和减少租赁面积的行为普遍出现，空置率较年初提高6.3个百分点；星级酒店市场和服务式公寓市场受国内、外商务客户大幅减少及旅游淡季的影响，房价和出租率均出现了不同程度的下降。

③商业物业

二零零八年，虽然全国商业市场受金融危机影响，消费增幅从九月份开始连续下降，但北京市的整体运行情况仍相对稳定，各月的消费增幅始终保持高位运行。年内，北京市累计实现社会消费品零售额4589亿元，同比增长20.8%，城镇居民家庭人均可支配收入为24725元，同比增长12.4%。随着国家启动内需政策的逐步出台和落实，消费增长和消费升级将继续带动北京商业市场保持良好态势。由于房地产企业和商业连锁企业普遍加大了对商业地产的投入，二零零八年北京市新增商业面积超过150万平方米，致使市场竞争不断升级。

2、报告期经营情况回顾

面对严峻的宏观经济形势和竞争日趋激烈的微观市场环境，在“构建全国大型一流房地产综合运营企业”的战略目标指引下，公司通过对经营环境变化和市场供需特点进行系统性分析，紧握奥运商机，积极应对复杂多变的市场环境，通过多渠道融资和加强对现金流的分析、运用，有效降低前三季度信贷紧缩和利率居高不下的不利因素影响，新项目稳步推进，经营业绩持续增长。报告期内，公司实现营业额人民币418127.1万元，同比上升4.5%。受结算房地产产品毛利率相对较高的因素影响，报告期内公司利润总额、净利润和归属母公司的净利润分别为人民币80668.6万元、60248.4万元和44892.9万元，均较二零零七年大幅上涨16.0%、30.5%和36.8%。

①发展物业

公司发展物业坚持以市场为导向、以客户需求为核心的策略，积极应对市场变化，通过提高项目综合运作水平，利用项目区位、定位和高性价比的优势，采取灵活销售策略，项目持续热销，经营业绩大幅度提升。报告期内，发展物业实现主营业务收入人民币283858.3万元，虽然同比仅上升1.6%，但由于结算项目以绿色家园后期项目和高端别墅为主，产品毛利率相对较高，因此利润总额较二零零七年大幅提高。

二零零八年，发展物业实现新开工面积68.85万平方米，开复工面积达到167.15万平方米。年内，通过奥运媒体村及香山清琴项目的顺利推进和持续热销，发展物业实现合同销售金额及累计现金收入分别为人民币430570万元和428267万元，同比分别大幅增长38.42%和22.29%，销售面积达到37.53万平方米，大幅上涨80.48%，其中，合同销售金额及销售面积分别占二零零八年北京市商品住宅销售总额及销售面积的3.58%和3.64%，同比分别提高1.9个百分点和2.4个百分点，市场占有率大幅提高。

在普通住宅方面，报告期内，奥运媒体村根据市场情况，抓住奥运机遇，突出产品性价比高的特点，使项目持续热销，二期开盘创造了“4天销售7个亿”的优异成绩。奥运媒体村一、二期全年实现销售面积21.45万平方米(2071套)，合同销售金额262601万元，荣获二零零八年北京市销售排行榜第一。截至年末，媒体村项目的累计销售率为80.36%。北辰·香麓和北辰·福第(双限房项目)工程进展顺利，均已进入全面施工阶段，销售工作也相继启动，其中，北辰·福第从十月份开始预售，实现销售面积12.75万平方米(1563套)，合同销售金额75436万元。

在高端别墅方面，报告期内，香山清琴项目利用别墅产品的稀缺性和优越的地理位置，实现合同销售金额74947万元，销售面积1.93万平方米(58套)，销售价格再创新高。年内，碧海方舟及长河玉墅的后期项目虽然仍处于暂停状态，但根据市场形势对规划方案进行了优化调整，一旦获得相关许可，可迅速实现项目开工。

报告期内，公司加速推进长沙三角洲项目前期准备工作，制定了以“文化休闲为驱动，以商务商业为引领，以生态居住为主体，建成集文化、休闲、商务、居住、旅游为一体，代表长沙未来生活方式的都市游憩商业区”的项目总体定位，确定了“以市政道路、沿江景观先行，滨江商业、商务驱动，住宅开发有序推进，公建组团相对集中”的总体开发策略，完成了总体规划方案、一期立项、3公里防洪堤临时景观绿化工程和建设用地内的场地平整工程，十月底，湘江大道三角洲段工程开工建设。此外，通过对长沙房地产市场长期以来的认真分析和系统性研究，结合宏观经济环境，完成首开区位置、规模的确定和市场定位，积极推进规划、设计、报批等各项前期工作，长沙三角洲项目于十一月二十三日盛大奠基。

②投资物业(含酒店)

二零零八年，公司投资物业在圆满完成奥运接待服务任务的同时，以奥运需求为契机，精心打造专业化经营能力和专业市场品牌，加大市场营销力度，尽管四季度受金融危机和需求萎缩影响，酒店的平均价格、出租率均出现下降，但由于公司在奥运期间充分利用毗邻奥运中心区的地缘优势，成功把握住市场机遇，全年实现收入人民币83331.2万元，较二零零七年大幅增长20.6%，其中租金收入人民币33950.2万元，同比上升8.7%，酒店收入人民币49381.0万元，同比大幅提高30.3%。

五洲大酒店和北京国际会议中心为克服奥运会期间无法举办会展活动的不利局面，通过及时调整会展档期、积极开发新的客源市场和提高其他时段的场馆利用率等方式，经营业绩为五洲大酒店与北京国际会议中心自二零零四年整合经营以来的最好水平。

五洲皇冠假日酒店充分利用品牌优势，通过紧抓奥运商机，全年经营业绩保持快速增长，综合经营业绩更是在洲际集团旗下中国区117家酒店中排名第一。北辰洲际酒店在高效率完成开业筹备工作的同时，成功地完成了奥运媒体机构官员等高端客户的服务接待，市场形象得以充分展示，并在洲际集团北京地区新开业的高星级酒店中，平均房价和出租率处于领先水平。

汇欣、汇宾大厦利用区位优势，通过实施按楼层、户型和朝向的价格差异化销售策略，平均价格达到了各商圈同质写字楼的水平；北辰时代大厦通过引入市场化运作模式，签约价格接近了CBD商圈的平均水平，实现了高起点经营的既定目标。

公寓以努力挖掘长住和散客两个市场潜力为基础，通过差异化经营，紧抓奥运带来的中、短期住宿需求增加的市场机遇，成功抵消了西区6栋公寓停业改造的不利影响，经营收入和业绩稳定增长。

作为公司二零零九年将要新增的投资物业，国家会议中心及其配套工程在奥运会后即进入了改造及装修阶段，宣传推广、市场营销、远期会展预定等开业筹备和经营初期准备工作均已有序展开，其中，国家会议中心在完成奥运接待任务的同时，积极开拓国内外高端会展市场，通过与国际知名顾问公司的合作，会展预订工作或意向签约二零一零年前后的会展活动100余个。

③商业物业

商业物业通过加大优化购物环境，加快调整经营品牌和商品结构的进度，抓住奥运商机，在经营业绩保持稳定的同时，积极推进新项目筹建，为商业物业实施稳步扩张的业务策略提供了有力保障。

报告期内，受北辰购物中心一层超市奥运前停业改造和周边市场竞争激烈的影响，公司商业物业实现主营业务收入人民币33822.5万元。

④奥运建设接待任务圆满完成

二零零八年上半年，公司顺利完成了国家会议中心及其配套项目、绿色家园媒体村和汇园公寓媒体村改造等奥运建设任务。奥运期间，公司以“设施人性化、服务亲情化”为目标，高标准完成了“四店、两村、两中心、一场馆”(**四店是指五洲皇冠假日酒店、五洲大酒店、北辰洲际酒店和国家会议中心大酒店，两村是绿色家园和汇园公寓媒体村，两中心是指国家会议中心在奥运期间作为主新闻中心(MPC)和国际广播中心(IBC)使用，一场馆是指国家会议中心在奥运期间作为击剑馆使用，其中北辰洲际酒店和国家会议中心大酒店为国家会议中心配套项目。**)的奥运接待服务和运行保驾任务，其中，两个媒体村接待了近7000名媒体记者，两中心接待了28000名媒体记者，实现了运行平稳、高效，做到了“接待服务零投诉、安全运行零事故、各项工作链接零失误”，受到国际、国内有关方面的高度评价。

⑤融资工作

针对二零零八年上半年从紧的货币政策和全局性的宏观调控，公司在传统融资方式的基础上，利用两地上市和业务结构独特的优势，积极探索多元化、多渠道的融资模式，融资工作取得较大进展。二零零八年六月四日,公司发行不超过人民币17亿元公司债券的申请获得中国证监会发行审核委员会有条件通过。二零零八年七月十一日,公司收到中国证监会的批复核准。二零零八年七月十八日,公司成功发行并足额募集人民币17亿元公司债券。公司债券的成功发行,在调整公司负债结构的同时,提高了债务的稳定程度。

⑥综合实力

二零零八年,公司积极落实公司品牌规划纲要,借助奥运契机,极大提升了公司的品牌价值和在行业内的影响力。在由国务院发展研究中心、清华大学和中国指数研究院共同组成的中国房地产TOP10研究组发布的研究成果中,公司荣获中国房地产运营模式专业领先品牌,并荣获中国房地产百强企业抗风险能力TOP10和沪深房地产上市公司综合实力、经营规模和投资价值TOP10等多项殊荣,表明公司集发展物业、投资物业、商业物业为一体的复合地产的企业形象,在一定程度上得到了消费者和社会的认可。

⑦投资者关系

公司作为A+H股的上市公司,根据两地上市特点,注重投资者关系的培育和发展。二零零八年,公司通过非交易路演、定期组织大型投资推介会和参加投资者见面会的方式,提高了公司在资本市场的知名度和影响力。此外,二零零八年,公司共接待境内、外的基金及机构投资者300余人次的实地调研和项目实地考察,为投资者了解公司发展情况提供了便利条件。

⑧环保努力

公司所有发展中项目,均严格执行国家有关建筑节能标准,并取得一定成绩。例如,公司积极响应"绿色奥运"号召,在国家会议中心及其配套工程项目中,通过6万平方米的屋顶雨水回收系统,直接灌溉室外绿地,设置屋顶天窗,提高室内亮度,并通过其产生的温差加强空气的自然对流通风,大量减少空调使用。

对于已落成的持有型物业,公司在加强节能降耗宣传的同时,将节能环保指标作为选取拟更新设备的重要条件之一,节能减排,力求为环保事业做出贡献。

3、财务状况回顾与简要分析

①主要财务指标变动

	2008年	2007年	增减额	增减率%	变动原因
货币资金	5,012,714,464	2,340,019,264	2,672,695,200	114.22	预售房款增加及发行公司债券17亿元.
应收账款	55,936,519	28,319,572	27,616,947	97.52	主要为应收智运会收入款
其他应收款	182,267,073	70,835,987	111,431,086	157.31	主要为应收第29届奥林匹克运动会组织委员会工程补助款
长期股权投资	21,066,082				对嘉权时代合营公司投资
投资性房地产	1,955,685,064	654,002,769	1,301,682,295	199.03	北辰大厦完工转投资性房地产
固定资产	1,387,288,301	734,778,418	652,509,883	88.80	增加洲际酒店房产等
短期借款	650,000,000	2,130,000,000	−1,480,000,000	−69.48	归还短期借款
应付帐款	1,725,812,105	838,599,662	887,212,443	105.80	房地产项目和在建工程项目进一步开发使得应付工程款增加
预收款项	4,647,175,594	3,186,038,579	1,461,137,015	45.86	各房地产项目预收房款
应付利息	98,231,207	47,737,763	50,493,444	105.77	债券利息增加
长期借款	4,440,000,000	2,620,000,000	1,820,000,000	69.47	贷款增加
应付债券	3,152,812,121	1,481,760,096	1,671,052,025	112.77	发行17亿公司债券
未分配利润	990,451,291	672,472,926	317,978,365	47.28	本年利润增加
营业外支出	30,508,588	13,359,090	17,149,498	128.37	主要为雪灾、地震捐赠支出
归属于母公司股东的净利润	448,929,262	328,131,407	120,797,855	36.81	母公司利润增加

②现金流量分析

本公司2008年经营活动现金净流入2,465,966,116元,比2007年现金净流出5,866,684,167元增加8,332,650,283元,主要为公司2008年售房收入增加而产生现金流入增加,且2007年公司购置土地增加导致资金流出增大。

投资活动现金净流出1,344,908,660元,比2007年净流出1,069,012,776增加275,895,884元。主要是因为公司于2007年8月收到市政府支付奥运AB地块土地补偿款537,670,100元,以及2008年本公司用于购建固定资产支付的现金较2007年少291,939,716元。

筹资活动现金净流入1,553,025,873元,比2007年4,261,410,877元减少2,708,385,004元,主要为2008年公司偿还到期借款比上年较多。

单位:元

项目	2008年	2007年
经营活动产生的现金流量净额	2,465,966,116	−5,866,684,167
投资活动产生的现金流量净额	−1,344,908,660	−1,069,012,776
筹资活动产生的现金流量净额	1,553,025,873	4,261,410,877
现金净增加/(减少)额	2,674,083,329	−2,674,286,066

③主要供应商和客户情况

本集团2008年度前五名客户销售的收入总额为19,940.17万元(2007年度:10,246.70万元),占集团2008年度经营收入的4.77%(2007年度:2.6%)。

本集团2008年度前五名采购供应商采购金额合计为52,928.80万元(2007年度:78,493.13万元),占集团2008年度采购金额的16.66%(2007年度:21.71%)。

④主要控股公司经营情况和业绩

主要控股公司经营情况和业绩

单位:元

被投资单位全称	注册地	注册资	本业务性质及经营范围	本公司持有权益比例 直接%	间接%	本公司表决权比例 直接%	间接%	净资产	净利润
北京北辰房地产开发股份有限公司	北京市	500,180,000	房地产开发	97.06	−	97.06	−	917,200,461.00	136,171,348.00
北京兴荣基房地产开发有限公司	北京市	30,000,000	房地产开发	−	51	−	51	186,629,012.00	271,010,940.00
北京北辰会议中心发展有限公司	北京市	1,700,000,000	房地产开发	100	−	100	−	1,700,000,000.00	0.00
长沙北辰房地产开发有限公司	长沙市	100,000,000	房地产开发	80	−	80	−	91,160,213.00	−8,205,103.00
北京姜庄湖园林别墅开发有限公司	北京市	美元16,000,000	房地产开发	−	51	−	51	176,115,350.00	37,109,817.00

⑤总体财务状况分析

2008年公司发展物业加大项目开发与拓展力度,投资物业持续发展,商业物业蓄势待发。2008年度本集团共实现营业收入41.81亿元,实现利润总额8.07亿元,比去年同期增长16%。总资产256.19亿元,比上年期末增长25.55%。公司资产结构优良,存货占公司总资产53.83%,具备较强升值能力。投资性房地产、固定资产及在建工程项目占公司总资产的24.43%。报告期末,公司负债总额168.12亿元,其中预收帐款为46.47亿元,占负债总额的27.64%;银行借款62.9亿元,占负债总额的37.41%。公司资产负债率为65.62%,负债水平适中。

截至二零零八年十二月三十一日,公司货币资金为50.13亿元,不存在任何已发行债券的兑付兑息风险。此外,公司未进行任何金融产品和衍生产品的交易。

⑥计量属性

除特别说明采用公允价值、可变现净值、现值等计量属性之外,一般采用历史成本计量。

⑦根据财政部于2008年8月7日颁布的《企业会计准则解释第2号》的规定,作为同时发行A股和H股的上市公司,对于同一交易事项,应当在A股和H股财务报告中采用相同的会计政策进行确认、计量和报告。据此,本集团于2008年对零售商业业务中采用引厂进店模式的经营业务在企业会计准则下的收入确认方法进行了变更,即在引厂进店模式下本集团将只根据经销商已实现的销售收入按照协议约定的提成比例确认提成收入,而不再将经销商销售商品的成本包括在本集团零售业务的收入和成本中。此项会计政策变更采用追溯调整法,2007年比较财务报表已重新表述,相应调减合并及公司营业收入和营业成本各354,546,153元,不影响合并及公司净资产和净利润。

⑧公司减值准备主要为应收款项坏账准备与存货跌价准备。对于应收款项,公司于资产负债表日对其进行检查,当存在客观证据表明公司将无法按应收款项的原有条款收回款项时,根据其预计未来现金流量现值低于其账面价值的差额,计提坏账准备;对于存货,公司按日常活动中,以存货的估计售价减去至完工时估计将要发生的成本、估计的销售费用以及相关税费后的金额确定其可变现净值,将存货成本高于其可变现净值的差额计提存货跌价准备。

4、二零零九年经营环境展望及潜在影响

展望二零零九年,尽管世界各国均已采取措施提振经济,但由美国次贷危机引发的全球金融危机,其影响仍将深远、持久。就我国而言,二零零九年国家将继续通过积极的货币政策、财政政策和产业刺激政策,力保消费、投资和国际贸易稳定、持续增长,进而完成国民经济"保8%"的增长目标,特别是国家在今、明两年安排巨额资金强力启动投资,也为经济的平稳运行打下了坚实基础。国家实行积极的货币政策,作为资金密集型企业,可使公司有效降低财务成本,并在存款利率大幅降低和国家启动内需、鼓励消费的刺激下,对公司商业物业的稳定经营产生积极影响。此外,随着贷款政策的调整,尤其是取消信贷投放总量控制及允许商业银行对境内外企业发放并购贷款,将使传统融资渠道更加畅通,并为公司积极寻求房地产行业阶段性调整下的整合提供资金基础,继续扩大发展物业规模,提升可持续发展能力。

二零零九年,我国的房地产行业仍将处于阶段性调整阶段,但由于房地产行业在投资中的地位仅次于制造业,是国民经济中重要的支柱产业,加之房地产行业对其他产业强大的带动作用,预计国家和各地方政府将出台更多的房地产产业刺激政策,以稳定房地产市场,使有效需求逐步释放,进而保证房地产行业持续、稳定、健康的发展,并在拉动钢铁、建材、家电、家居等产业发展和维护我国金融业稳定等方面,发挥积极、重要的作用。同时,根据北京市政府规划,二零零九年北京市将全面落实国家促进房地产市场健康发展的政策措施,在抓好保障住房建设的同时,着力调整住房供应结构,鼓励居民自住型、改善型住房消费,加快发展存量房市场和住房租赁市场,加强市场监测、分析和信息发布,促进北京房地产业健康稳定发展。由于目前房地产市场面临的主要问题是观望气氛浓厚和购房人信心不足所引起的需求难以有效释放,二零零九年,国家及有关部门将会继续出台例如降低消费者的购买成本等更加有力的产业刺激政策,进而有利于房地产市场中的刚性需求的快速释放,并对公司加快房地产产品的销售带来积极影响。此外,为改变目前由于房地产开发投资增幅下降所导致的固定资产投资增幅同步下降的不利局面,刺激房地产开发企业通过提高新开工面积,加大房地产开发的投资力度,国家及有关部门可能会通过放松原有政策限制,加快项目审批。受政策审批限制,公司长河玉墅及碧海方舟项目目前处于暂停状态,一旦政府对低密度项目的政策出现松动,则有利于公司上述两个项目通过审批。

二零零九年,虽然金融危机对国民经济及有关行业的冲击和影响仍可能呈现扩大的趋势,但在国家启动内需、力保增长和产业升级、转型的政策刺激下,特别是在我国经济已经具有了庞大规模和雄厚基础的前提下,尽管投资物业短期需求下降的局面可能无法避免,但其运行的基本面和长期趋势并没有改变。同时,根据北京市政府规划,北京市将充分发挥奥运效应,完善总部经济发展促进政策,吸引国内外大企业在京设立总部机构,投资物业的发展机遇和空间仍然存在。由于公司投资物业均采取直线法计提折旧,在固定成本保持不变的情况下,如果二零零九年市场持续出现需求萎缩的局面,将会对公司投资物业的营业收入、利润水平和利润率产生负面影响。

5、二零零九年管理层应对

面对依然严峻的经济环境和仍处于阶段性调整的房地产市场，二零零九年，公司将以稳定运营为基础，积极应对宏观经济和政策的变化，加强成本控制，严控风险，强化管理，进一步提高公司的综合竞争力，全年力争实现营业收入41亿元，面对金融危机采取积极的应对措施，厉行节约成本、控制费用，努力压缩可控费用的10%，实现股东利益最大化的目标。

①发展物业

发展物业将进一步加强对国家经济形势、宏观政策和市场变化的分析及研究，着力提高产品的性价比，合理安排开发建设节奏，强化投资建设过程中的成本费用控制，创新营销模式，适时增加土地储备，继续提高盈利水平和可持续发展能力。

二零零九年，发展物业预计将实现开复工面积133万平方米，新开工面积47万平方米，竣工面积30万平方米，力争实现销售面积30万平方米，合同销售收入29亿元，其中，奥运媒体村充分利用奥运会的影响力，加快未售出部分的销售，并确保客户顺利入住；位于绿色家园B5区的北辰新纪元写字楼，在加强推广策划的同时，有针对性的开展目标营销工作；北辰·香麓以确保施工进度为基础，根据市场情况，制定符合项目自身特点的营销计划和销售策略，加快预售工作；北辰·福第通过加大对目标客户群体的宣传，在有关部门对购房者资格审核的基础上，提高签约率；香山清琴利用自然环境、区位优势和稀缺属性，继续提高项目收益水平；碧海方舟及长河玉墅未开工部分在前期工作已准备就绪的基础上，加强政策走势和客户需求的研究，加速完成各项手续的报批准备工作。

长沙三角洲项目以产品准确定位为基础，根据市场情况，合理拟定施工计划，全力推进首开区主体结构的施工，积极展开沿江商业、公建的规划设计，同时，根据市场变化趋势，提前开展营销策划的准备工作。

②投资物业(含酒店)

投资物业深化"一体化经营"，以会展为龙头，充分发挥投资物业多业态的综合优势，实施"会展联销"的经营模式，实现投资物业各业态的效益共赢，保持业绩持续增长。

针对金融危机影响，通过加快市场转移速度，主动出击，积极开拓新市场，力求"危中寻机"。其中，五洲大酒店和北京国际会议中心将以培训市场为开发重点，加强面向政府部门和企、事业单位的销售力度；五洲皇冠假日酒店以周边商务物业的客户群为目标加大开发力度，并通过与大型企业开展长期合作，使出租率保持稳定；北辰洲际酒店将克服新店开业的不利因素，全力拓展市场，利用洲际品牌的影响力，打造京城高端商务酒店形象；写字楼在保持原有项目稳定收益的基础上，利用北辰时代大厦与原有项目间的定位差异，将北京其他商圈中有意向转换办公场所的新客户作为重点，开展针对性市场营销，加大销售力度，继续扩大中、高端市场份额；公寓通过准确产品定位和实施差异化营销策略，在努力挖掘长住市场潜力、提高出租率的同时，积极开发散客、会议、旅游和高端商务市场。

对于二零零九年的新增物业，国家会议中心及其配套工程项目已经进入赛后装修、改造阶段。为保证其在投入使用后的高起点经营，国家会议中心和北辰世纪中心写字楼的项目推广、市场营销工作提前开展，其中，国家会议中心通过与顾问公司合作，在开发国内高端会展市场的同时，利用奥运接待服务时的国际知名度和顾问公司的渠道优势，重点开发拓展国际会议市场，树立高端会展中心形象，提高国际会议市场份额。

③商业物业

商业物业根据消费市场的趋势和特征进行准确定位，通过完善品牌种类、调整商品结构和加大营销推广力度，提升现有项目收入水平。新增项目通过科学安排开业前的各项准备，尽早实现开业目标。

④融资工作和资本开支

二零零九年，公司将把提高自身营运能力作为工作重点，通过加强成本管理、财务管理、销售管理和项目进度管理等方式，加强对现金流的分析和运用，利用两地上市和业务结构独特的优势，根据政策走向，积极探索包括REITs在内的多元化、多渠道融资模式，力争取得进展。

公司二零零九年预计固定资产投资14.5亿元，按工程进度付款，资金来源安排为自有资金和银行贷款，资金成本为同期银行贷款利率，在工程达到预定可使用状态前利息费用资本化。

6、公司优劣势、面临问题和风险因素分析

①公司发展的优势简要分析

面对日趋激烈的市场竞争，公司的优势主要体现在卓越的战略执行能力、准确的机会把握能力、独特业务结构的抗风险能力和综合运营能力。首先，在"围绕房地产投资产业链创造企业价值链，创建全国大型一流房地产综合运营企业"的战略目标指引下，坚决贯彻执行"发展物业加速发展、投资物业持续经营、商业物业稳步扩张"的业务策略，落实发展物业、投资物业、商业物业"五、三、二"的资本配置原则，经过几年来的努力，公司经营水平不断提高，利润水平连创新高。其次，公司对于房地产市场变化趋势具有较强的前瞻能力和把握能力，有效降低不利因素的影响，发展物业项目持续热销，市场占有率不断提高。再次，公司"物业开发+物业投资"的独特经营模式，既可以通过房地产开发获得快速增长收益，又能通过出租、经营物业获得长期稳定收益，抗风险能力强于单一业务的房地产开发企业。最后，公司集发展物业、投资物业和商业物业为一体的综合运营能力，使公司在大型项目和综合项目的房地产开发中，具有明显优势。

②公司发展的劣势简要分析

随着公司经营规模的不断扩大和大量持有型物业投入使用，人才需求快速上升和目前公司人才储备之间的缺口有待进一步弥补。

③公司发展面临的风险分析

公司发展面临的风险，主要来自于市场风险和公司增量资产的短期经营风险：(1)在发展物业方面，受成交低迷和购房者信心不足等不利因素影响，房地产市场短期走势仍具有较大的不确定性，对公司短期经营可能带来不利影响，此外，房地产项目运作时间较长，其间市场一旦出现大幅波动，将给公司带来较大的销售风险。在投资物业和商业物业方面，由于市场供给增长过快，加之金融危机引发需求下降，导致供需矛盾开始显现，市场竞争日趋激烈。(2)二零零九年，公司国家会议中心及配套工程将投入使用，在目前市场环境下，尤其是投资物业市场需求下降，致使公司增量资产可能面临短期经营风险。

针对上述可能出现的风险：(1)公司将以稳定运营为基础，积极应对宏观经济和政策的变化，加强成本控制，严控风险，强化管理，进一步提高公司的综合竞争力。发展物业将通过加强对房地产市场的研究和前瞻能力，着力提高产品的性价比，合理安排开发建设节奏，强化投资建设过程中的成本费用控制，继续提高盈利水平和可持续发展能力。投资物业深化"一体化经营"，以会展为龙头，充分发挥投资物业多业态的综合优势，实施"会展联销"的经营模式，实现投资物业各业态的效益共赢。商业物业根据消费市场的趋势和特征进行准确定位，通过完善品牌种类、调整商品结构和加大营销推广力度，提升收入水平。(2)对于增量资产，公司将在加强宣传推广、市场营销等开业筹备和经营初期准备工作的同时，充分发挥国家会议中心的带动作用，坚持"会展联销"的经营模式，实现增量资产的高起点经营，力争缩短增量物业的经营爬坡期。

④公司可持续发展能力分析

公司"进取不忘稳健，稳健不忘进取，在加速发展中控制风险，在控制风险中加速发展"的经营理念，是公司可持续发展的理论基础；投资物业和商业物业的持续经营和稳步扩张所产生的稳定现金流，是公司可持续发展的有力保障；与当前发展物业开发实力相匹配的适度土地储备规模，是公司可持续发展的必备条件。随着三大业务板块项目运作扎实推进，综合实力、发展潜力和行业影响力逐渐加大，公司可持续发展能力必将得到显著提高。

与公允价值计量相关的项目

□适用　　　√不适用

持有外币金融资产、金融负债情况

□适用　　　√不适用

6.2 主营业务分行业、产品情况表

单位:元 币种:人民币

分行业或分产品	营业收入	营业成本	营业利润率(%)	营业收入比上年增减(%)	营业成本比上年增减(%)	营业利润率比上年增减(%)
分行业						
出售开发产品	2,838,583,186	1,591,251,547	43.94	1.56	−11.80	增加8.49个百分点
零售商业	338,224,888	206,637,423	38.91	−12.55	−11.78	减少0.53个百分点
租赁业务	339,501,800	156,127,652	54.01	8.73	13.73	减少2.03个百分点
酒店业务	493,810,342	208,209,063	57.84	30.34	34.64	减少1.34个百分点
分产品						
绿色家园二期	10,351,312	2,049,644	80.20	1,625.22	583.21	增加30.20个百分点
绿色家园B1区	2,913,147	1,004,771	65.51	−75.48	−77.68	增加3.41个百分点
绿色家园C2区	1,642,598	639,689	61.06	−74.70	−75.41	增加1.12个百分点
绿色家园B3区	4,090,045	849,127	79.24	−72.69	−92.69	增加56.81个百分点
绿色家园C1区	12,959,122	8,984,653	30.67	−96.91	−96.63	减少5.69个百分点
绿色家园C3区	73,433,700	36,719,985	50.00	−81.51	−83.47	增加5.92个百分点
媒体村	1,589,243,692	924,370,238	41.84			
姜庄湖别墅公寓	147,981,152	74,328,709	49.77	4.66	10.68	减少2.73个百分点
长河花园一期	54,675,987	53,657,239	1.86	−80.99	−79.42	减少7.48个百分点
清琴山庄	935,665,420	498,891,564	46.68	−27.45	−39.72	增加10.85个百分点

6.3 募集资金使用情况

√适用　　　□不适用

单位:元 币种:人民币

募集资金总额	5,198,370,000	本年度已使用募集资金总额	2,231,690,000
		已累计使用募集资金总额	4,913,340,000

承诺项目	是否变更项目	拟投入金额	实际投入金额	是否符合计划进度	预计收益	产生收益情况
北辰大厦	否	1,282,130,000	997,100,000	否		租赁收入
减少债项	否	183,400,000	183,400,000	是		
一般营运资金	是	336,970,000	336,970,000	是		
奥运媒体村	否	1,714,570,000	1,714,570,000	是		
报告期结转收入15.89亿元						
偿还银行借款及补充流动资金	否	1,681,300,000	1,681,300,000	是		
合计	/	5,198,370,000	4,913,340,000	/		/

未达到计划进度和预计收益的说明(分具体项目)	由于募集资金到位时间较迟，故工程付款随之延后。
变更原因及变更程序说明(分具体项目)	2008年5月6日召开的2007年度股东大会批准，北辰大厦项目预计总投资由161910万元调减为128213万元，剩余募集资金33697万元，变更为一般营运资金。
尚未使用的募集资金用途及去向	随承诺项目开发进度逐步投入。

变更项目情况

√适用　　　□不适用

单位:元 币种:人民币

变更后的项目	对应的原承诺项目	变更项目拟投入金额	实际投入金额	是否符合计划进度	变更项目的预计收益	产生收益情况
一般营运资金	北辰大厦	336,970,000	336,970,000	是		
合计	/	336,970,000	336,970,000	/		/

6.4 非募集资金项目情况

□适用　　√不适用

6.5 董事会对会计师事务所"非标准审计报告"的说明

□适用　　√不适用

6.6 董事会本次利润分配或资本公积金转增股本预案

公司利润分配预案为每 10 股派 0.30 元(含税),不实施资本公积金转增。

公司利润分配原则:公司可通过现金或股票的形式分配股利。以中国会计准则为标准,公司每年分配的现金股利应不低于当年公司可供分配利润的 10%。公司利润分配政策应保持连续性和稳定性。

公司本报告期内盈利但未提出现金利润分配预案

□适用　　√不适用

第七节　重要事项

7.1 收购资产

√适用　　□不适用

(1)2008 年 3 月至 7 月,本公司陆续从子公司北辰房地产(截至 2007 年 12 月 31 日,本公司持有北辰房地产 90.92%的股权)的十一家少数股东,以资产评估报告净资产为转让价格的标准,合计受让了其持有的北辰房地产 6.14%的股份,购买上述股权支付的对价合计为 51,127,151 元,均为现金结算。上述股权均已完成过户,所涉及的债权债务已全部转移。自收购日起至本年末,该 6.14%的股权为上市公司贡献的净利润为 9,493,454 元。2008 年,该 6.14%的股权贡献的净利润占公司归属母公司利润的比例为 2.1%。截至 2008 年 12 月 31 日,本公司持有北辰房地产的股权合计为 97.06%。

(2)根据本公司和北京北辰实业集团公司(下称北辰集团)2008 年 3 月签订的协议,北辰集团将位于北京市朝阳区北辰东路 8 号的汇珍楼地上第三层房屋及建筑物转让给本公司,总建筑面积为 2,166.4 平方米,转让价款为 30,804,042 元,为现金结算。该交易属于关联交易,定价原则以北京中恒信德威评估有限责任公司采用市场比较法对该资产的市场价值作出的公允评估为基础,目前该资产的转让手续已经办理完成。该房产为公司自用。

(3)根据本公司和北辰集团 2008 年 4 月签订的协议,北辰集团将持有的北京北辰饭店管理公司的 100%股权转让给本公司,转让价款为 801,600 元,为现金结算。该交易属于关联交易,定价原则以北京中恒信德威评估有限责任公司采用成本法对该资产的价值作出的公允评估为基础。目前,股权转让手续尚在办理过程中。

(4)根据本公司子公司北京北辰信诚物业管理有限责任公司(下称信诚物业)和北辰集团 2008 年 4 月签订的协议,北辰集团将持有的北京北辰信诚物业管理公司的 100%股权转让给信诚物业,股权转让价款为 5,140,600 元,为现金结算。该交易属于关联交易,定价原则以北京中恒信德威评估有限责任公司通过资产的清查核实对该资产的市场价值作出的公允评估为基础。目前,股权转让手续尚在办理过程中。

7.2 出售资产

√适用　　□不适用

本公司拟将持有的北京北辰信和物业管理有限责任公司(下称信和物业)80%股权出售。该部分股权已于 2008 年 10 月挂牌,目前,公司尚未与任何潜在买家达成协议。

7.3 重大担保

√适用　　□不适用

单位:元 币种:人民币

公司对外担保情况(不包括对子公司的担保)	
报告期内担保发生额合计	0
报告期末担保余额合计	0
公司对子公司的担保情况	
报告期内对子公司担保发生额合计	0
报告期末对子公司担保余额合计	0
公司担保总额情况(包括对子公司的担保)	
担保总额	0
担保总额占公司净资产的比例(%)	0
其中:	
为股东、实际控制人及其关联方提供担保的金额	0
直接或间接为资产负债率超过 70%的被担保对象提供的债务担保金额	0
担保总额超过净资产 50%部分的金额	0
上述三项担保金额合计	0

本公司除按照房地产经营惯例为银行向购房客户发放的抵押贷款提供阶段性担保而形成的担保外,无其他形式的担保。

截至 2008 年 12 月 31 日,本公司为银行向购房客户发放的抵押贷款提供阶段性担保总额为 1,476,674,035 元。上述担保不会对本公司财务状况产生重大影响。

7.4 重大关联交易

7.4.1 与日常经营相关的关联交易

√适用　　□不适用

单位:万元 币种:人民币

关联方	向关联方销售产品和提供劳务		向关联方采购产品和接受劳务	
	交易金额	占同类交易金额的比例%	交易金额	占同类交易金额的比例%
北京北辰实业集团公司			土地、商标使用权、办公场所租赁,合计金额 1774.2 万元	占本公司租赁土地、办公场所和租赁商标使用权总费用的 94%
北京北辰实业集团公司	提供房屋租赁,合计金额 307.6 万元	占本公司租赁业务收入的 0.91%		
北京北辰实业集团公司	提供电力、电话服务,合计金额 4.9 万元	占本公司租赁业务和其他业务总收入的 0.01%		

其中:报告期内公司向控股股东及其子公司销售产品或提供劳务的关联交易金额 3,124,661 元。

7.4.2 关联债权债务往来

√适用　　□不适用

单位:万元 币种:人民币

关联方	向关联方提供资金		关联方向公司提供资金	
	发生额	余额	发生额	余额
北京北辰实业集团公司	0	0	516.3	3,313.2
北京北辰嘉权时代名门商业有限公司("北辰嘉权")	3,614.2	0	0	0
合计	3,614.2	0	516.3	3,313.2

其中:报告期内公司向控股股东及其子公司提供资金的发生额 0 元,余额 0 元。于 2008 年 7 月,本公司北辰置地分公司和百货分公司为本公司的合营公司北辰嘉权代垫前期装修工程款及开办费合计 36,141,749 元。于 2008 年 12 月 31 日,北辰嘉权已偿还上述代垫款项。

7.4.3 2008 年资金被占用情况及清欠进展情况

□适用　　√不适用

截止 2008 年末,上市公司未完成非经营性资金占用的清欠工作的,董事会提出的责任追究方案

□适用　　√不适用

7.5 委托理财

□适用　　√不适用

7.6 承诺事项履行情况

7.6.1 公司或持股 5%以上股东在报告期内或持续到报告期内的承诺事项

√适用　　□不适用

承诺事项	承诺内容	履行情况
发行时所作承诺	北京北辰实业集团公司承诺,所持公司 116,000 万股 A 股,自 A 股股票上市之日起三十六个月内,不转让或者委托他人管理其已直接和间接持有的本公司股份,也不由本公司收购该部分股份。	正常履行中
其他对公司中小股东所作承诺	截至 2008 年 12 月 31 日,公司控股股东北辰集团通过上海证券交易所证券交易系统增持行为,持有本公司股份 1,000,031 股。北辰集团承诺,在增持计划实施期间和法定期限内,不减持其持有的本公司股份。	正常履行中

7.6.2 公司资产或项目存在盈利预测,且报告期仍处在盈利预测期间,公司就资产或项目是否达到原盈利预测及其原因作出说明:

□适用　　√不适用

7.7 重大诉讼仲裁事项

□适用　　√不适用

7.8 其他重大事项及其影响和解决方案的分析说明

7.8.1 证券投资情况

□适用　　√不适用

7.8.2 持有其他上市公司股权情况

□适用　　√不适用

7.8.3 持有非上市金融企业股权情况

□适用　　√不适用

7.8.4 买卖其他上市公司股份的情况

□适用　　√不适用

7.9 公司董事会对公司内部控制出具了自我评估报告,详见公司 2008 年年度报告全文。

7.10 公司披露了履行社会责任报告,详见年报全文。

第八节　监事会报告

监事会认为公司依法运作、公司财务情况、公司募集资金使用、公司收购、出售资产交易和关联交易不存在问题。

8.1 监事会对公司依法运作情况的独立意见

公司的决策程序符合《中华人民共和国公司法》、香港有关法律法规及公司章程的规定,公司

的董事会、董事及高级管理人员严格遵守诚信原则，真诚的以股东最大利益为出发点行使职权，没有违反法律、法规、公司章程或损害公司利益的行为。

8.2 监事会对检查公司财务情况的独立意见

报告期内，公司财务状况良好、管理规范，财务报告能够真实、客观反应公司的财务状况和经营成果。

8.3 监事会对公司最近一次募集资金实际投入情况的独立意见

截至 2008 年 12 月 31 日止，公司 A 股募集资金均按规定投入使用。

8.4 监事会对公司收购、出售资产情况的独立意见

报告期内，公司收购、出售资产的交易价格公平、合理，无内幕交易、损害股东权益或造成公司资产流失的现象。

8.5 监事会对公司关联交易情况的独立意见

报告期内，公司发生的关联交易遵循了公正、公平的原则，决策程序和披露程序符合法律、法规和公司章程的规定，没有发生损害公司及股东利益的情况。

第九节　财务会计报告

9.1 审计意见

财务报告	□未经审计	√审计
审计意见	√标准无保留意见	□非标意见

审计意见全文

审计报告

普华永道中天审字(2009)第 10009 号

北京北辰实业股份有限公司全体股东：:

我们审计了后附的北京北辰实业股份有限公司(以下简称“北辰实业公司”)的财务报表，包括 2008 年 12 月 31 日的合并及公司资产负债表以及 2008 年度的合并及公司利润表、合并及公司现金流量表、合并及公司股东权益变动表和财务报表附注。

管理层对财务报表的责任：按照企业会计准则的规定编制财务报表是北辰实业公司管理层的责任。这种责任包括：

(1) 设计、实施和维护与财务报表编制相关的内部控制，以使财务报表不存在由于舞弊或错误而导致的重大错报；

(2) 选择和运用恰当的会计政策；

(3) 作出合理的会计估计。

注册会计师的责任：我们的责任是在实施审计工作的基础上对财务报表发表审计意见。我们按照中国注册会计师审计准则的规定执行了审计工作。中国注册会计师审计准则要求我们遵守职业道德规范，计划和实施审计工作以对财务报表是否不存在重大错报获取合理保证。

审计工作涉及实施审计程序，以获取有关财务报表金额和披露的审计证据。选择的审计程序取决于注册会计师的判断，包括对由于舞弊或错误导致的财务报表重大错报风险的评估。在进行风险评估时，我们考虑与财务报表编制相关的内部控制，以设计恰当的审计程序，但目的并非对内部控制的有效性发表意见。审计工作还包括评价管理层选用会计政策的恰当性和作出会计估计的合理性，以及评价财务报表的总体列报。

我们相信，我们获取的审计证据是充分、适当的，为发表审计意见提供了基础。

审计意见：我们认为，上述北辰实业公司的财务报表已经按照企业会计准则的规定编制，在所有重大方面公允反映了北辰实业公司 2008 年 12 月 31 日的合并及公司财务状况以及 2008 年度的合并及公司经营成果和现金流量。

普华永道中天会计师事务所有限公司　　　　中国注册会计师：涂益、徐涛

中国·上海市　　　　2009 年 3 月 18 日

9.2 财务报表

合并资产负债表

2008 年 12 月 31 日

编制单位:北京北辰实业股份有限公司　　　　单位:元 币种:人民币

项目	附注	期末余额	年初余额
流动资产：			
货币资金		5,012,714,464	2,340,019,264
结算备付金			
拆出资金			
交易性金融资产			
应收票据			
应收账款		55,936,519	28,319,572
预付款项		274,732,445	213,512,252
应收保费			
应收分保账款			
应收分保合同准备金			
应收利息			
应收股利			
其他应收款		182,267,073	70,835,987
买入返售金融资产			
存货		13,791,744,445	12,696,675,481
一年内到期的非流动资产			
其他流动资产			
流动资产合计		19,317,394,946	15,349,362,556
非流动资产：			
发放贷款及垫款			
可供出售金融资产			
持有至到期投资			
长期应收款			
长期股权投资		21,066,082	
投资性房地产		1,955,685,064	654,002,769
固定资产		1,387,288,301	734,778,418
在建工程		2,916,765,903	3,650,968,660
工程物资			
固定资产清理			
生产性生物资产			
油气资产			
无形资产		765,687	835,295
开发支出			
商誉			
长期待摊费用			
递延所得税资产		20,329,401	16,457,689
其他非流动资产			
非流动资产合计		6,301,900,438	5,057,042,831
资产总计		25,619,295,384	20,406,405,387
流动负债：			
短期借款		650,000,000	2,130,000,000
向中央银行借款			
吸收存款及同业存放			
拆入资金			
交易性金融负债			
应付票据			
应付账款		1,725,812,105	838,599,662
预收款项		4,647,175,594	3,186,038,579
卖出回购金融资产款			
应付手续费及佣金			
应付职工薪酬		47,921,913	27,784,931
应交税费		437,861,511	289,205,223
应付利息		98,231,207	47,737,763
应付股利		1,162,190	1,171,735
其他应付款		305,866,408	291,483,123
应付分保账款			
保险合同准备金			
代理买卖证券款			
代理承销证券款			
一年内到期的非流动负债		1,200,000,000	900,000,000
其他流动负债			
流动负债合计		9,114,030,928	7,712,021,016
非流动负债：			
长期借款		4,440,000,000	2,620,000,000
应付债券		3,152,812,121	1,481,760,096
长期应付款			
专项应付款		103,102,612	106,145,667
预计负债			
递延所得税负债			
其他非流动负债		2,550,000	
非流动负债合计		7,698,464,733	4,207,905,763
负债合计		16,812,495,661	11,919,926,779
股东权益：			
股本		3,367,020,000	3,367,020,000
资本公积		3,686,382,484	3,679,615,706
减：库存股			
盈余公积		542,425,432	512,485,135
一般风险准备			
未分配利润		990,451,291	672,472,926
外币报表折算差额			
归属于母公司所有者权益合计		8,586,279,207.00	8,231,593,767.00
少数股东权益		220,520,516	254,884,841
股东权益合计		8,806,799,723	8,486,478,608
负债和股东权益合计		25,619,295,384	20,406,405,387

公司法定代表人：贺江川　　主管会计工作负责人：赵惠芝　　会计机构负责人：吴子辉

母公司资产负债表

2008 年 12 月 31 日

编制单位:北京北辰实业股份有限公司　　　　单位:元 币种:人民币

项目	附注	期末余额	年初余额
流动资产：			
货币资金		4,169,064,667	1,432,475,144
交易性金融资产			
应收票据			

应收账款	34,755,076	15,152,404
预付款项	173,060,716	100,300,908
应收利息		
应收股利		
其他应收款	10,080,202,409	7,865,326,073
存货	6,100,175,430	5,001,515,656
一年内到期的非流动资产		
其他流动资产		
流动资产合计	20,557,258,298	14,414,770,185
非流动资产：		
可供出售金融资产		
持有至到期投资		
长期应收款		
长期股权投资	2,367,744,040	2,285,550,807
投资性房地产	1,955,685,064	654,002,769
固定资产	1,361,027,761	712,987,167
在建工程	16,101,096	860,921,411
工程物资		
固定资产清理		
生产性生物资产		
油气资产		
无形资产		
开发支出		
商誉		
长期待摊费用		
递延所得税资产	7,894,582	7,615,251
其他非流动资产		
非流动资产合计	5,708,452,543	4,521,077,405
资产总计	26,265,710,841	18,935,847,590
流动负债：		
短期借款	650,000,000	2,130,000,000
交易性金融负债		
应付票据		
应付账款	1,444,342,111	374,923,610
预收款项	3,629,262,412	1,830,714,850
应付职工薪酬	34,378,965	21,103,465
应交税费	243,695,551	139,873,647
应付利息	98,231,207	47,737,763
应付股利		
其他应付款	3,230,691,741	1,445,870,660
一年内到期的非流动负债	1,200,000,000	900,000,000
其他流动负债		
流动负债合计	10,530,601,987	6,890,223,995
非流动负债：		
长期借款	4,440,000,000	2,620,000,000
应付债券	3,152,812,121	1,481,760,096
长期应付款		
专项应付款		
预计负债		
递延所得税负债		
其他非流动负债		
非流动负债合计	7,592,812,121	4,101,760,096
负债合计	18,123,414,108	10,991,984,091
股东权益：		
股本	3,367,020,000	3,367,020,000
资本公积	3,681,308,639	3,681,267,776
减：库存股		
盈余公积	542,425,432	512,485,135
未分配利润	551,542,662	383,090,588
外币报表折算差额		
股东权益合计	8,142,296,733	7,943,863,499
负债和股东权益合计	26,265,710,841	18,935,847,590

公司法定代表人：贺江川　　主管会计工作负责人：赵惠芝　　会计机构负责人：吴子辉

合并利润表

2008 年 1—12 月

单位：元 币种：人民币

项目	附注	本期金额	上期金额
一、营业总收入		4,181,270,618	3,999,559,170
其中：营业收入		4,181,270,618	3,999,559,170
利息收入			
已赚保费			
手续费及佣金收入			
二、营业总成本		3,337,148,154	3,300,159,127
其中：营业成本		2,353,635,367	2,358,208,875
利息支出			
手续费及佣金支出			
退保金			
赔付支出净额			
提取保险合同准备金净额			
保单红利支出			
分保费用			
营业税金及附加		387,378,853	411,107,315
销售费用		141,600,130	164,437,983
管理费用		414,017,102	332,910,145
财务费用		39,059,477	34,178,668
资产减值损失		1,457,225	−683,859
加：公允价值变动收益(损失以“−”号填列)			
投资收益(损失以“−”号填列)		−10,726,781	
其中：对联营企业和合营企业的投资收益		−10,726,781	
汇兑收益(损失以“−”号填列)			
三、营业利润(亏损以“−”号填列)		833,395,683	699,400,043
加：营业外收入		3,798,747	9,393,537
减：营业外支出		30,508,588	13,359,090
其中：非流动资产处置净损失		8,720,785	1,079,344
四、利润总额(亏损总额以“−”号填列)		806,685,842	695,434,490
减：所得税费用		204,201,577	233,601,186
五、净利润(净亏损以“−”号填列)		602,484,265	461,833,304
归属于母公司所有者的净利润		448,929,262.00	328,131,407.00
少数股东损益		153,555,003	133,701,897
六、每股收益：			
(一)基本每股收益		0.13	0.10
(二)稀释每股收益		0.13	0.10

公司法定代表人：贺江川　　主管会计工作负责人：赵惠芝　　会计机构负责人：吴子辉

母公司利润表

2008 年 1—12 月

单位：元 币种：人民币

项目	附注	本期金额	上期金额
一、营业收入		2,910,463,405	2,049,884,154
减：营业成本		1,659,998,092	1,111,841,007
营业税金及附加		233,792,878	187,169,990
销售费用		115,396,584	76,086,738
管理费用		367,343,795	289,321,583
财务费用		99,716,283	63,388,151
资产减值损失		1,325,266	−571,546
加：公允价值变动收益(损失以“−”号填列)			
投资收益(损失以“−”号填列)		−10,726,781	
其中：对联营企业和合营企业的投资收益		−10,726,781	
二、营业利润(亏损以“−”号填列)		422,163,726	322,648,231
加：营业外收入		3,367,935	3,697,705
减：营业外支出		23,497,411	1,026,263
其中：非流动资产处置净损失		4,527,198	984,865
三、利润总额(亏损总额以“−”号填列)		402,034,250	325,319,673
减：所得税费用		102,631,279	109,941,793
四、净利润(净亏损以“−”号填列)		299,402,971	215,377,880

公司法定代表人：贺江川　　主管会计工作负责人：赵惠芝　　会计机构负责人：吴子辉

合并现金流量表

2008 年 1—12 月

单位：元 币种：人民币

项目	附注	本期金额	上期金额
一、经营活动产生的现金流量：			
销售商品、提供劳务收到的现金		5,685,221,203	5,252,183,009
客户存款和同业存放款项净增加额			
向中央银行借款净增加额			
向其他金融机构拆入资金净增加额			
收到原保险合同保费取得的现金			
收到再保险业务现金净额			
保户储金及投资款净增加额			
处置交易性金融资产净增加额			
收取利息、手续费及佣金的现金			
拆入资金净增加额			
回购业务资金净增加额			
收到的税费返还		2,562,000	160,000
收到其他与经营活动有关的现金		38,207,910	145,440,767
经营活动现金流入小计		5,725,991,113	5,397,783,776
购买商品、接受劳务支付的现金		2,355,852,522	10,408,120,914

客户贷款及垫款净增加额		
存放中央银行和同业款项净增加额		
支付原保险合同赔付款项的现金		
支付利息、手续费及佣金的现金		
支付保单红利的现金		
支付给职工以及为职工支付的现金	305,621,846	278,431,287
支付的各项税费	539,274,333	530,805,220
支付其他与经营活动有关的现金	59,276,296	47,110,522
经营活动现金流出小计	3,260,024,997	11,264,467,943
经营活动产生的现金流量净额	2,465,966,116	−5,866,684,167
二、投资活动产生的现金流量:		
收回投资收到的现金		
取得投资收益收到的现金		
处置固定资产、无形资产和其他长期资产收回的现金净额	2,063,062	538,011,397
处置子公司及其他营业单位收到的现金净额		
收到其他与投资活动有关的现金		600,000
投资活动现金流入小计	2,063,062	538,611,397
购建固定资产、无形资产和其他长期资产支付的现金	1,248,150,371	1,540,090,087
投资支付的现金	88,821,351	62,281,956
质押贷款净增加额		
取得子公司及其他营业单位支付的现金净额		5,252,130
支付其他与投资活动有关的现金	10,000,000	
投资活动现金流出小计	1,346,971,722	1,607,624,173
投资活动产生的现金流量净额	−1,344,908,660	−1,069,012,776
三、筹资活动产生的现金流量:		
吸收投资收到的现金		
其中:子公司吸收少数股东投资收到的现金		
取得借款收到的现金	6,584,405,000	5,330,000,000
发行债券收到的现金		
收到其他与筹资活动有关的现金		
筹资活动现金流入小计	6,584,405,000	5,330,000,000
偿还债务支付的现金	4,244,405,000	650,000,000
分配股利、利润或偿付利息支付的现金	754,484,367	418,589,123
其中:子公司支付给少数股东的股利、利润	130,075,807	17,854,265
支付其他与筹资活动有关的现金	32,489,760	
筹资活动现金流出小计	5,031,379,127	1,068,589,123
筹资活动产生的现金流量净额	1,553,025,873	4,261,410,877
四、汇率变动对现金及现金等价物的影响		
五、现金及现金等价物净增加额	2,674,083,329	−2,674,286,066
加:期初现金及现金等价物余额	2,255,545,856	4,929,831,922
六、期末现金及现金等价物余额	4,929,629,185	2,255,545,856

公司法定代表人:贺江川　　主管会计工作负责人:赵惠芝　　会计机构负责人:吴子辉

母公司现金流量表

2008 年 1—12 月

单位:元 币种:人民币

项目	附注	本期金额	上期金额
一、经营活动产生的现金流量:			
销售商品、提供劳务收到的现金		4,759,971,207	3,565,661,023
收到的税费返还			
收到其他与经营活动有关的现金		61,293,361	152,417,766
经营活动现金流入小计		4,821,264,568	3,718,078,789
购买商品、接受劳务支付的现金		1,600,575,820	3,931,102,049
支付给职工以及为职工支付的现金		219,373,747	197,430,050
支付的各项税费		352,744,511	248,943,237
支付其他与经营活动有关的现金		1,109,088,458	5,965,030,297
经营活动现金流出小计		3,281,782,536	10,342,505,633
经营活动产生的现金流量净额		1,539,482,032	−6,624,426,844
二、投资活动产生的现金流量:			
收回投资收到的现金			16,000,000
取得投资收益收到的现金			1,514,837
处置固定资产、无形资产和其他长期资产收回的现金净额		994,772	537,989,642
处置子公司及其他营业单位收到的现金净额			
收到其他与投资活动有关的现金			18,404,875
投资活动现金流入小计		994,772	573,909,354
购建固定资产、无形资产和其他长期资产支付的现金		755,410,288	267,395,797
投资支付的现金		93,680,751	1,540,810,807
取得子公司及其他营业单位支付的现金净额			
支付其他与投资活动有关的现金			
投资活动现金流出小计		849,091,039	1,808,206,604
投资活动产生的现金流量净额		−848,096,267	−1,234,297,250
三、筹资活动产生的现金流量:			
吸收投资收到的现金			
取得借款收到的现金		6,714,405,000	6,300,000,000
收到其他与筹资活动有关的现金			
筹资活动现金流入小计		6,714,405,000	6,300,000,000
偿还债务支付的现金		4,374,405,000	850,000,000
分配股利、利润或偿付利息支付的现金		219,739,639	486,486,552
支付其他与筹资活动有关的现金		32,489,760	
筹资活动现金流出小计		4,626,634,399	1,336,486,552
筹资活动产生的现金流量净额		2,087,770,601	4,963,513,448
四、汇率变动对现金及现金等价物的影响			
五、现金及现金等价物净增加额		2,779,156,366	−2,895,210,646
加:期初现金及现金等价物余额		1,380,486,159	4,275,696,805
六、期末现金及现金等价物余额		4,159,642,525	1,380,486,159

公司法定代表人:贺江川　　主管会计工作负责人:赵惠芝　　会计机构负责人:吴子辉

合并所有者权益变动表

2008 年 1—12 月

单位:元 币种:人民币

本年金额

项目	股本	资本公积	减:库存股	盈余公积	一般风险准备	未分配利润	其他	少数股东权益	所有者权益合计
	归属于母公司所有者权益								
一、上年年末余额	3,367,020,000	3,679,615,706		512,485,135		672,472,926		254,884,841	8,486,478,608
加:同一控制下企业合并产生的追溯调整									
会计政策变更									
前期差错更正									
其他									
二、本年年初余额	3,367,020,000	3,679,615,706		512,485,135		672,472,926		254,884,841	8,486,478,608
三、本年增减变动金额(减少以"-"号填列)		6,766,778		29,940,297		317,978,365		−34,364,325	320,321,115
(一)净利润						448,929,262		153,555,003	602,484,265
(二)直接计入所有者权益的利得和损失									
1.可供出售金融资产公允价值变动净额									
2.权益法下被投资单位其他所有者权益变动的影响									
3.与计入所有者权益项目相关的所得税影响									
4.其他									
上述(一)和(二)小计						448,929,262		153,555,003	602,484,265
(三)所有者投入和减少资本		6,766,778						−57,853,066	−51,086,288
1.所有者投入资本									
2.股份支付计入所有者权益的金额									
3.其他		6,766,778						−57,853,066	−51,086,288
(四)利润分配				29,940,297		−130,950,897		−130,066,262	−231,076,862
1.提取盈余公积				29,940,297		−29,940,297			
2.提取一般风险准备									
3.对所有者(或股东)的分配						−101,010,600		−130,066,262	−231,076,862
4.其他									
(五)所有者权益内部结转									
1.资本公积转增资本(或股本)									
2.盈余公积转增资本(或股本)									
3.盈余公积弥补亏损									
4.其他									
四、本期期末余额	3,367,020,000	3,686,382,484		542,425,432		990,451,291		220,520,516	8,806,799,723

上年金额

项目	股本	资本公积	减:库存股	盈余公积	一般风险准备	未分配利润	其他	少数股东权益	所有者权益合计
	归属于母公司所有者权益								
一、上年年末余额	3,367,020,000	3,681,267,776		582,649,414		413,834,339		183,031,968	8,227,803,497
加:同一控制下企业合并产生的追溯调整									
会计政策变更				−91,702,067		86,725,768			−4,976,299
前期差错更正									
其他									
二、本年年初余额	3,367,020,000	3,681,267,776		490,947,347		500,560,107		183,031,968	8,222,827,198
三、本年增减变动金额(减少以"-"号填列)		−1,652,070		21,537,788		171,912,819		71,852,873	263,651,410
(一)净利润						328,131,407		133,701,897	461,833,304
(二)直接计入所有者权益的利得和损失									
1.可供出售金融资产公允价值变动净额									
2.权益法下被投资单位其他所有者权益变动的影响									
3.与计入所有者权益项目相关的所得税影响									
4.其他									
上述(一)和(二)小计						328,131,407		133,701,897	461,833,304
(三)所有者投入和减少资本		−1,652,070						−43,994,759	−45,646,829

1.所有者投入资本					20,000,000	20,000,000
2.股份支付计入所有者权益的金额						
3.其他		−1,652,070			−63,994,759	−65,646,829
(四)利润分配			21,537,788	−156,218,588	−17,854,265	−152,535,065
1.提取盈余公积			21,537,788	−21,537,788		
2.提取一般风险准备						
3.对所有者(或股东)的分配				−134,680,800	−17,854,265	−152,535,065
4.其他						
(五)所有者权益内部结转						
1.资本公积转增资本(或股本)						
2.盈余公积转增资本(或股本)						
3.盈余公积弥补亏损						
4.其他						
四、本期期末余额	3,367,020,000	3,679,615,706	512,485,135	672,472,926	254,884,841	8,486,478,608

公司法定代表人:贺江川　　主管会计工作负责人:赵惠芝　　会计机构负责人:吴子辉

母公司所有者权益变动表

2008 年 1—12 月

单位:元 币种:人民币

本年金额

项目	股本	资本公积	减:库存股	盈余公积	未分配利润	所有者权益合计
一、上年年末余额	3,367,020,000	3,681,267,776		512,485,135	383,090,588	7,943,863,499
加:会计政策变更						
前期差错更正						
其他						
二、本年年初余额	3,367,020,000	3,681,267,776		512,485,135	383,090,588	7,943,863,499
三、本年增减变动金额(减少以"−"号填列)		40,863		29,940,297	168,452,074	198,433,234
(一)净利润					299,402,971	299,402,971
(二)直接计入所有者权益的利得和损失						
1.可供出售金融资产公允价值变动净额						
2.权益法下被投资单位其他所有者权益变动的影响						
3.与计入所有者权益项目相关的所得税影响						
4.其他						
上述(一)和(二)小计					299,402,971	299,402,971
(三)所有者投入和减少资本		40,863				40,863
1.所有者投入资本						
2.股份支付计入所有者权益的金额						
3.其他		40,863				40,863
(四)利润分配				29,940,297	−130,950,897	−101,010,600
1.提取盈余公积				29,940,297	−29,940,297	
2.对所有者(或股东)的分配					−101,010,600	−101,010,600
3.其他						
(五)所有者权益内部结转						
1.资本公积转增资本(或股本)						
2.盈余公积转增资本(或股本)						
3.盈余公积弥补亏损						
4.其他						
四、本期期末余额	3,367,020,000	3,681,308,639		542,425,432	551,542,662	8,142,296,733

上年金额

项目	股本	资本公积	减:库存股	盈余公积	未分配利润	所有者权益合计
一、上年年末余额	3,367,020,000	3,681,267,776		524,505,864	473,178,435	8,045,972,075
加:会计政策变更				−33,558,517	−148,306,710	−181,865,227
前期差错更正						
其他						
二、本年年初余额	3,367,020,000	3,681,267,776		490,947,347	324,871,725	7,864,106,848
三、本年增减变动金额(减少以"−"号填列)				21,537,788	58,213,863	79,756,651
(一)净利润					215,377,880	215,377,880
(二)直接计入所有者权益的利得和损失						
1.可供出售金融资产公允价值变动净额						
2.权益法下被投资单位其他所有者权益变动的影响						
3.与计入所有者权益项目相关的所得税影响						
4.其他						
上述(一)和(二)小计					215,377,880	215,377,880
(三)所有者投入和减少资本					−940,429	−940,429
1.所有者投入资本						
2.股份支付计入所有者权益的金额						
3.其他					−940,429	−940,429
(四)利润分配				21,537,788	−156,218,588	−134,680,800
1.提取盈余公积				21,537,788	−21,537,788	
2.对所有者(或股东)的分配					−134,680,800	−134,680,800
3.其他						
(五)所有者权益内部结转						
1.资本公积转增资本(或股本)						
2.盈余公积转增资本(或股本)						
3.盈余公积弥补亏损						
4.其他						
四、本期期末余额	3,367,020,000	3,681,267,776		512,485,135	383,090,588	7,943,863,499

公司法定代表人:贺江川　　主管会计工作负责人:赵惠芝　　会计机构负责人:吴子辉

9.3 会计政策、会计估计和核算方法变更的说明

根据财政部于 2008 年 8 月 7 日颁布的《企业会计准则解释第 2 号》的规定,作为同时发行 A 股和 H 股的上市公司,对于同一交易事项,应当在 A 股和 H 股财务报告中采用相同的会计政策进行确认、计量和报告。据此,本集团于 2008 年对零售商业业务中采用引厂进店模式的经营业务在企业会计准则下的收入确认方法进行了变更,即在引厂进店模式下本集团将只根据经销商已实现的销售收入按照协议约定的提成比例确认提成收入,而不再将经销商销售商品的成本包括在本集团零售业务的收入和成本中。此项会计政策变更采用追溯调整法,2007 年比较财务报表已重新表述,相应调减合并及公司营业收入和营业成本各 354,546,153 元,不影响合并及公司净资产和净利润。

9.4 本报告期无会计差错更正。

9.5 报告期内,公司财务报表合并范围未发生重大变化。

中国冶金科工股份有限公司

中国冶金科工股份有限公司首次公开发行A股股票上市公告书

第一节　重要声明与提示

中国冶金科工股份有限公司(简称"本公司"或"发行人")及全体董事、监事、高级管理人员保证本上市公告书的真实性、准确性、完整性,承诺本上市公告书不存在虚假记载、误导性陈述或重大遗漏,并承担个别和连带的法律责任。

上海证券交易所、其他政府机关对本公司股票上市及有关事项的意见,均不表明对本公司的任何保证。

本公司提醒广大投资者注意,凡本上市公告书未涉及的有关内容,请投资者查阅刊载于上海证券交易所网站(http://www.sse.com.cn)的本公司招股说明书全文。

本公司董事、监事和其他高级管理人员均不存在直接或间接持有本公司股份的情况,并承诺将严格遵守《中华人民共和国公司法》(简称"《公司法》")、《中华人民共和国证券法》(简称"《证券法》")和《上海证券交易所股票上市规则》(简称"《上市规则》")等有关法律、法规关于董事、监事和高级管理人员持股及锁定的有关规定。

如无特别说明,本上市公告书中的简称或名词的释义与本公司首次公开发行A股股票招股说明书中的相同。

第二节　股票上市情况

一、本上市公告书系根据《公司法》、《证券法》和《上市规则》等有关法律法规规定,按照上海证券交易所《股票上市公告书内容与格式指引》编制而成,旨在向投资者提供本公司首次公开发行A股股票及上市的基本情况。

二、本公司首次公开发行A股股票(简称"本次发行")已经中国证监会"证监许可[2009]863号文"核准。本次发行采用网下向询价对象询价配售与网上资金申购发行相结合的方式。

三、本公司A股上市已经上海证券交易所"上证发字[2009]13号文"批准。证券简称"中国中冶",证券代码"601618";其中本次公开发行中网上资金申购发行226,634.7万股股票将于2009年9月21日起上市交易。

四、股票上市概况

1、上市地点:上海证券交易所

2、上市时间:2009年9月21日

3、证券简称:中国中冶

4、证券代码:601618

5、本次发行完成后总股本:1,650,000万股

6、本次A股发行的股份数:350,000万股

7、本次发行前股东所持股份的流通限制及期限

(1)本公司控股股东中国冶金科工集团有限公司(简称"中冶集团")承诺:自本公司A股股票上市之日起三十六个月内,不转让或者委托他人管理其已直接和间接持有的本公司首次公开发行股票前已发行股份,也不由本公司收购该部分股份。

(2)本公司发行前股东宝钢集团有限公司(简称"宝钢集团")承诺:自本公司A股股票上市之日起十二个月内,不转让或者委托他人管理其已直接和间接持有的本公司首次公开发行股票前已发行股份,也不由本公司收购该部分股份。

(3)根据《境内证券市场转持部分国有股充实全国社会保障基金实施办法》(财企[2009]94号)的有关规定,本公司首次公开发行股票并上市后,由本公司国有股股东中冶集团、宝钢集团转由全国社会保障基金理事会持有的本公司国有股,全国社会保障基金理事会将承继原国有股东的禁售期义务。

8、本次上市股份的其他锁定安排:本次发行中网下向询价对象询价配售的123,365.3万股股份锁定期为三个月,锁定期自本次网上资金申购发行的股票在上海证券交易所上市交易之日起计算。

9、本次上市的无流通限制及锁定安排的股份:本次发行中网上资金申购发行的226,634.7万股股份无流通限制及锁定安排。

10、股票登记机构:中国证券登记结算有限责任公司上海分公司

11、上市保荐人:中信证券股份有限公司

第三节　发行人、股东和实际控制人情况

一、发行人基本情况

1、中文名称:中国冶金科工股份有限公司

中文简称:中国中冶

英文名称:Metallurgical Corporation of China Ltd.

英文缩写:MCC

2、法定代表人:沈鹤庭

3、成立日期:2008年12月1日

4、注册资本:13,000,000,000元(本次发行前)

5、住所:北京市海淀区高梁桥斜街11号

6、经营范围:国内外各类工程咨询、勘察、设计、总承包;工程技术咨询服务;工程设备的租赁;与工程建筑相关的新材料、新工艺、新产品的技术开发、技术服务、技术交流和技术转让;冶金工业所需设备的开发、生产、销售;建筑及机电设备安装工程规划、勘察、设计、监理和服务和相关研究;金属矿产品的投资、加工利用、销售;房地产开发、经营;招标代理;进出口业务;机电产品、小轿车、建筑材料、仪器仪表、五金交电的销售。

7、主营业务:工程承包、资源开发、装备制造及房地产开发等业务

8、所属行业:建筑业

9、联系电话:(010)62125518

10、传真号码:(010)62126818

11、互联网网址:www.mccchina.com

12、电子信箱:ir@mccchina.com

13、董事会秘书:黄丹

14、董事、监事、高级管理人员

(1)董事

本公司的董事会由9名成员组成,其中2名为执行董事,1名为非执行董事,1名为职工董事,5名为独立非执行董事。

姓　名	职位	提名人	任期
刘本仁	董事长、非执行董事	中冶集团	2008年11月-2011年11月
王为民	副董事长、执行董事	中冶集团	2008年11月-2011年11月
沈鹤庭	执行董事、总裁	中冶集团	2008年11月-2011年11月
国文清	职工董事	公司职工代表大会	2009年6月-2011年11月
蒋龙生	独立非执行董事	中冶集团	2008年11月-2011年11月
文克勤	独立非执行董事	中冶集团	2008年11月-2011年11月
刘　力	独立非执行董事	中冶集团	2008年11月-2011年11月
陈永宽	独立非执行董事	中冶集团	2008年11月-2011年11月
张钰明	独立非执行董事	中冶集团	2009年6月-2011年11月

(2)监事

本公司的监事会由3名监事组成,其中1名为职工代表监事。

姓　名	职位	提名人	任期
韩长林	监事会主席	中冶集团	2008年11月-2011年11月
彭海清	监事	中冶集团	2008年11月-2011年11月
邵金辉	职工代表监事	公司职工代表大会	2008年11月-2011年11月

(3)高级管理人员

本公司的高级管理人员如下:

姓　名	职位	任期
沈鹤庭	总裁	2008年11月-2011年11月
黄　丹	副总裁、董事会秘书	2008年11月-2011年11月
王永光	副总裁	2008年11月-2011年11月
李世钰	副总裁、总会计师(财务总监)	2008年11月-2011年11月
张兆祥	副总裁	2008年11月-2011年11月
王秀峰	副总裁	2008年11月-2011年11月

15、董事、监事、高级管理人员持有本公司股票、债券情况

截至本上市公告书刊登之日,本公司董事、监事和高级管理人员不存在直接或间接持有本公司股票的情况,也不存在直接或间接持有本公司债券的情况。

二、控股股东情况

本公司控股股东中冶集团,是国务院国资委监管的大型中央企业。中冶集团注册资金为7,492,861,000元,注册地址为北京市海淀区高梁桥斜街11号,法定代表人为王为民。本公司设立后,中冶集团作为本公司的控股股东,其主要职能为对本公司行使股东职责、经营纸业业务以及存续资产的处置和清理。

三、股东情况

1、本次A股发行前后,本公司的股权结构:

股东名称	本次A股发行前		本次A股发行后	
	持股数(万股)	持股比例	持股数(万股)	持股比例
中国冶金科工集团有限公司(SS)	1,287,000	99.00%	1,222,635	74.10%
中国冶金科工集团有限公司(SS注)	-	-	29,715	1.80%
宝钢集团有限公司(SS)	13,000	1.00%	12,350	0.75%
宝钢集团有限公司(SS注)	-	-	300	0.02%
全国社会保障基金理事会	-	-	35,000	2.12%
A股社会公众股	-	-	350,000	21.21%
合计	1,300,000	100.00%	1,650,000	100.00%

注:SS代表State-owned Shareholder,指国有股股东

本公司拟以先A后H的发行方式,分别在上海证券交易所和香港联合交易所发行A股和H股并上市,本公司的H股发行已于2009年8月27日获得中国证监会的批准并通过了香港联合交易所的聆讯,目前H股的发行正在进行中。本公司将发行不超过300,150万股H股(超额配售选择权行使后),H股发行完成后,按照国家有关国有股减持的规定并根据国务院国资委的相关批复,本公

司的国家股股东中冶集团以及宝钢集团须分别将其持有的本公司国有股股分 29,715 万股、300 万股(合计 30,015 万股)划转到全国社会保障基金理事会(按本次 H 股发行上限 300,150 万股的 10% 计算)。若本公司实际发行 H 股数量低于本次 H 股发行上限 300,150 万股,则中冶集团及宝钢集团应划转给全国社会保障基金理事会的股份数低于 30,015 万股的差额部分应在本公司 H 股发行结束后,按照相应持股比例从全国社会保障基金理事会回拨给中冶集团和宝钢集团分别持有。

根据《境内证券市场转持部分国有股充实全国社会保障基金实施办法》(财企[2009]94 号)的有关规定,经国务院国资委以《关于中国冶金科工股份有限公司国有股转持有关问题的批复》(国资产权[2009]460 号)批复,在本公司完成 A 股发行并上市后,国有股股东中冶集团、宝钢集团分别将持有本公司的 34,650 万股、350 万股划转给全国社会保障基金理事会持有。

2、本次发行后、上市前前十大 A 股股东持股情况

序号	股东名称	股份性质	持股数量(股)	持股比例(%)
1	中国冶金科工集团有限公司	A 股	12,226,350,000	75.90
2	全国社会保障基金理事会转持三户	A 股	350,000,000	2.12
3	宝钢集团有限公司	A 股	123,524,000 注	0.77
4	中国人寿保险股份有限公司-传统-普通保险产品-005L-CT001 沪	A 股	16,538,114	0.10
5	中国太平洋人寿保险股份有限公司-传统-普通保险产品	A 股	16,537,948	0.10
5	新华人寿保险股份有限公司-分红-团体分红-018L-FH001 沪	A 股	16,537,948	0.10
5	中船重工财务有限责任公司	A 股	16,537,948	0.10
5	光大证券股份有限公司	A 股	16,537,948	0.10
5	中国人民财产保险股份有限公司-传统-普通保险产品-008C-CT001 沪	A 股	16,537,948	0.10
5	泰康人寿保险股份有限公司-传统-普通保险产品-019L-CT001 沪	A 股	16,537,948	0.10
5	海通证券股份有限公司	A 股	16,537,948	0.10
5	新华人寿保险股份有限公司-分红-个人分红-018L-FH002 沪	A 股	16,537,948	0.10
5	中国太平洋人寿保险股份有限公司-万能-个人万能	A 股	16,537,948	0.10
5	中国人寿保险股份有限公司-分红-个人分红-005L-FH002 沪	A 股	16,537,948	0.10
5	泰康人寿保险股份有限公司-分红-团体分红-019L-FH001 沪	A 股	16,537,948	0.10
5	中国人民财产保险股份有限公司-传统-收益组合	A 股	16,537,948	0.10
5	中国平安人寿保险股份有限公司-传统-普通保险产品	A 股	16,537,948	0.10
5	安邦财产保险股份有限公司-传统-保险产品	A 股	16,537,948	0.10
5	华安财产保险股份有限公司-投资型保险产品	A 股	16,537,948	0.10
5	中国太平洋人寿保险股份有限公司-分红-团体分红	A 股	16,537,948	0.10
5	中国太平洋人寿保险股份有限公司-分红-个人分红	A 股	16,537,948	0.10
5	中国太平洋财产保险股份有限公司-传统-普通保险产品-013C-CT001 沪	A 股	16,537,948	0.10
5	中油财务有限责任公司	A 股	16,537,948	0.10
5	中国人寿保险股份有限公司-分红-团体分红-005L-FH001 沪	A 股	16,537,948	0.10
5	中国人寿保险(集团)公司-传统-普通保险产品	A 股	16,537,948	0.10
5	泰康人寿保险股份有限公司-分红-个人分红-019L-FH002 沪	A 股	16,537,948	0.10
5	中国电力财务有限公司	A 股	16,537,948	0.10
5	泰康人寿保险股份有限公司-万能-个险万能	A 股	16,537,948	0.10

注:除持有发起人股份外,宝钢集团有限公司在本次发行中通过资金申购获得本公司 A 股社会公众股 24,000 股

第四节　股票发行情况

一、发行数量:350,000 万股

二、发行价格:5.42 元/股

三、发行方式:本次发行采用网下向询价对象询价配售与网上资金申购发行相结合的方式,其中网下向询价对象配售 123,365.3 万股,网上向社会公众投资者发行 226,634.7 万股。

四、募集资金总额及注册会计师对资金到位的验证情况

本次发行募集资金总额为 1,897,000 万元。

利安达会计师事务所有限责任公司于 2009 年 9 月 14 日对本次发行的资金到位情况进行了审验,并出具了《验资报告》(利安达验字[2009]第 1035 号)。

五、发行费用

1、本次发行费用总额 61,102.76 万元,包括:

(1)承销及保荐费用:43,631.00 万元

(2)审计费用:5,127.80 万元

(3)评估费用:5,333.75 万元

(4)律师费用:1,880.00 万元

(5)发行手续费用:216.80 万元

(6)路演推介费:3,995.00 万元

(7)印花税:918.41 万元

2、本次发行每股发行费用为 0.1746 元。

六、本次发行募集资金净额:1,835,897.24 万元。

七、发行后全面摊薄每股净资产:1.35 元(按照 2009 年 6 月 30 日经审计归属于母公司股东的权益加上本次发行募集资金净额之和除以本次发行后总股本计算)

八、发行后全面摊薄每股收益:0.24 元(按经会计师事务所遵照中国会计准则审核的 2009 年度预测归属于母公司净利润除以本次发行后总股本计算)

若本公司 H 股成功发行,A 股和 H 股发行后每股收益:0.21 元(按照经会计师事务所遵照中国会计准则审核的 2009 年度预测归属于母公司净利润除以本次 A 股和 H 股发行后且全额行使 H 股超额配售选择权后的总股本计算)。

第五节　其他重要事项

根据《上海证券交易所上市公司募集资金管理规定》,本公司将在募集资金到账后两周内与保荐人中信证券股份有限公司和存放募集资金的商业银行签订《募集资金专户存储三方监管协议》,并在该协议签订后两个交易日内公开披露该协议的主要内容。

本公司在招股意向书刊登日(2009 年 8 月 31 日)至上市公告书刊登前,没有发生可能对本公司有较大影响的重要事项,具体如下:

1、本公司主营业务目标进展情况正常。

2、本公司所处行业和市场未发生重大变化。

3、本公司原材料采购价格、产品和服务的价格未发生重大变化。

4、本公司与关联方未发生重大关联交易。

5、本公司未进行重大投资。

6、本公司未发生重大资产(或股权)购买、出售及置换。

7、本公司住所没有变更。

8、本公司董事、监事、高级管理人员没有变化。

9、本公司未发生重大诉讼、仲裁事项。

10、本公司未发生除正常经营业务之外的重大对外担保等或有事项。

11、本公司的财务状况和经营成果未发生重大变化。

12、本公司的 H 股发行情况

本公司拟采用先 A 后 H 的发行方式,在上海证券交易所和香港联交所发行 A 股及 H 股并上市,本公司的 H 股发行已于 2009 年 8 月 27 日获得中国证监会的批准,并通过了香港联交所的聆讯。本公司 H 股发行的简要时间表如下:

时间	事　项
8 月 27 日	中国证监会核准 H 股发行
8 月 27 日	通过香港联交所聆讯
9 月 5 日	确定 H 股价格区间
9 月 7 日	开始国际路演
9 月 11 日	开始香港公开发行
9 月 18 日	网上公布定价公告

13、本公司未发生其他应披露的重大事项。

第六节　上市保荐人及其意见

一、上市保荐人基本情况

保荐人(主承销商):中信证券股份有限公司

地 址:深圳市福田区深南大道 7088 号招商银行大厦 A 层

法定代表人:王东明

电 话:(010)84588888

传 真:(010)84865023

保荐代表人:张炯、张剑

联系人:叶平平、刘晓光、刘日

二、上市保荐人的推荐意见

上市保荐人认为,发行人申请其 A 股股票上市符合《公司法》、《证券法》及《上市规则》等国家法律、法规的有关规定,发行人 A 股股票具备在上海证券交易所上市的条件。中信证券股份有限公司同意推荐中国冶金科工股份有限公司 A 股股票在上海证券交易所上市。

发行人:中国冶金科工股份有限公司
保荐人(主承销商):中信证券股份有限公司
2009 年 9 月 18 日

光大证券股份有限公司

光大证券股份有限公司首次公开发行A股股票上市公告书

第一节　重要声明与提示

光大证券股份有限公司(简称"本公司"或"发行人")及全体董事、监事、高级管理人员保证上市公告书的真实性、准确性、完整性,承诺上市公告书不存在虚假记载、误导性陈述或重大遗漏,并承担个别和连带的法律责任。

上海证券交易所、其他政府机关对本公司股票上市及有关事项的意见,均不表明对本公司的任何保证。

本公司提醒广大投资者注意,凡本上市公告书未涉及的有关内容,请投资者查阅刊载于上海证券交易所网站(http://www.sse.com.cn)的本公司招股意向书全文。

本公司董事、监事和其他高级管理人员目前均不存在直接持有本公司股份的情况,并承诺将严格遵守《中华人民共和国公司法》、《中华人民共和国证券法》和《上海证券交易所股票上市规则》等有关法律、法规关于公司董事、监事和高级管理人员持股及锁定的有关规定。

如无特别说明,本上市公告书中的简称或名词的释义与本公司首次公开发行股票招股意向书中的相同。

第二节　股票上市情况

一、本上市公告书系根据《公司法》、《证券法》和《上海证券交易所股票上市规则》等有关法律法规规定,按照上海证券交易所《股票上市公告书内容与格式指引》编制而成,旨在向投资者提供本公司首次公开发行A股股票上市的基本情况。

二、本公司首次公开发行A股股票(简称"本次发行")经中国证券监督管理委员会证监许可[2009]684号文核准。本次发行采用网下向询价对象询价配售与网上资金申购发行相结合的方式。

三、本公司A股上市经上海证券交易所上证发字[2009]10号文批准。证券简称"光大证券",证券代码"601788";其中本次公开发行网上资金申购发行34,080.1万股股票将于2009年8月18日起上市交易。

四、股票上市概况

1、上市地点:上海证券交易所

2、上市时间:2009年8月18日

3、股票简称:光大证券

4、股票代码:601788

5、本次发行后公司总股本:341,800万股

6、本次A股发行的股份数:52,000万股

7、本次发行前股东所持股份的流通限制及期限

(1)本次发行前全体股东对所持股份的流通限制承诺如下:根据《公司法》的有关规定,自本公司股票在上海证券交易所上市交易之日起一年内不进行转让或委托他人管理其已直接或间接持有的本公司股份,也不由本公司收购该等股份。

(2)本公司第一、第二大股东光大集团和中国光控还另行承诺:自本公司股票在上海证券交易所上市交易之日起三十六个月内,不转让或委托他人管理其已直接或间接持有的本公司股份,也不由本公司收购该等股份。

(3)根据《境内证券市场转持部分国有股充实全国社会保障基金实施办法》(财企[2009]94号)和《财政部关于光大证券股份有限公司国有股东确认及转持股份方案有关问题的批复》(财金函[2009]96号),由光大集团和上海兖矿投资划转为全国社会保障基金理事会持有的公司国有股,全国社会保障基金理事会承继原光大集团和上海兖矿投资的锁定承诺。

8、本次上市股份的其他锁定安排:本次发行网下向询价对象询价配售的17,919.9万股股份锁定期为三个月,锁定期自本次网上资金申购发行的股票在上海证券交易所上市交易之日起计算。

9、本次上市的无流通限制及锁定安排的股份:本次发行网上资金申购发行的34,080.1万股股份无流通限制及锁定安排。

10、股票登记机构:中国证券登记结算有限责任公司上海分公司

11、上市保荐人:东方证券股份有限公司

第三节　发行人、股东和实际控制人情况

一、发行人基本情况

1、中文名称:光大证券股份有限公司

中文简称:光大证券

2、英文名称:EVERBRIGHTSECURITIESCO.,LTD.

3、注册资本:289,800万元(本次发行前)

4、法定代表人:徐浩明

5、住所:上海市静安区新闸路1508号

6、经营范围:证券(含境内上市外资股)的代理买卖;代理证券的还本付息、分红派息;证券代保管、鉴证;代理登记开户;证券的自营买卖;证券(含境内上市外资股)承销与保荐(含主承销);证券投资咨询(含财务顾问);客户资产管理;直接投资业务;证监会批准的其他业务。

7、主营业务:证券经纪业务、投资银行业务、证券投资业务及资产管理业务等业务

8、所属行业:金融保险业

9、电话:021-22169999

10、传真:021-62151789

11、互联网网址:www.ebscn.com

12、电子信箱:ebs@ebscn.com

13、董事会秘书:梅键

14、董事、监事、高级管理人员名单及持有本公司股票、债券情况

截止本上市公告书出具之日,本公司董事、监事、高级管理人员的名单:

董事:唐双宁、罗哲夫、徐浩明、陈爽、邓子俊、马忠智、刘纪鹏(独立董事)、马国强(独立董事)、陈雨露(独立董事);

监事:刘济平、陈明坚、袁德宗、高坤、王继忠(职工代表监事)、王赐生(职工代表监事)、李海松(职工代表监事)、赵霄洛(外部监事);

高级管理人员:徐浩明、王卫民、刘剑、王宝庆、胡世明、杨赤忠、熊国兵、王翠婷、梅键、陈岚。

发行人董事、监事、高级管理人员持有发行人的股票、债券情况:

截止本上市公告书签署之日,公司董事、监事、高级管理人员均未直接持有本公司的股份,也不存在持有本公司债券的情况,但存在如下间接持有本公司股份的情况:

(一)监事袁德宗

监事袁德宗持有本公司股东东莞联景68%的股权,东莞联景持有本公司股份数为8,000万股,所以,监事袁德宗间接持有本公司5,440万股的股份,占本公司本次发行前总股本的比例为1.88%。

(二)监事高坤

监事高坤持有本公司股东南京鑫鼎60%的股权,南京鑫鼎持有本公司股份数为1,200万股,所以,监事高坤间接持有本公司720万股的股份,占本公司本次发行前总股本的比例为0.25%。

二、实际控制人的情况

1、中国光大(集团)总公司

光大集团是经国务院1990年9月25日国办通[1990]38号《国务院批准通知》批准设立,1990年11月12日在国家工商局登记注册的公司,注册资本2,000万元,全部由财政部出资,住所为北京市复兴门外大街6号,法定代表人唐双宁。光大集团经营范围主营为对银行、证券、保险、基金管理、信托投资、金银交易的企业进行投资及管理;兼营对非金融企业进行投资及管理。

目前,光大集团正在实施国家主导下的改革重组,根据国务院正式批复的光大集团改革重组方案,光大集团取得了国内第一张金融控股公司牌照。2007年11月30日,中央汇金投资有限公司向光大银行注资200亿元人民币的等值美元,占光大银行总股本的70.88%,光大集团持有光大银行的股权比例变更为7.59%;同日,光大集团与中国光大实业(集团)有限责任公司签署了资产负债划转协议,将与实业有关的资产负债划转到光大实业,2007年12月10日,该协议已经财政部批准生效。

光大集团持有本公司118,575万股股份,占发行前本公司总股本的40.92%。

2、中国光大集团有限公司

中国光大集团有限公司(以下简称"光大集团(香港)")是由国务院出资,于1983年5月在香港以民间形式注册成立的公司,注册资本为5亿港元,该公司股权的名义持有人为唐双宁、臧秋涛(光大集团副董事长),主营投资控股。截止2008年12月31日,光大集团(香港)通过其全资子公司DattenInvestmentsLimited的全资子公司HonorichHoldingLimited间接持有中国光控54.50%股份。

中国光控是一家在香港联合交易所有限公司上市的公司,前身为明辉发展有限公司(成立于1972年8月25日),中国光控的证券代码为0165.HK,法定股本为20亿港元,截止2008年12月31日已发行股本为1,591,011,712港元,注册地址为香港夏慤道16号远东金融中心四十楼4001室,董事局主席为唐双宁。截止2008年12月31日,光大集团(香港)通过其全资子公司DattenInvestmentsLimited的全资子公司HonorichHoldingLimited间接持有中国光控54.50%股份。多年来,中国光控立足香港市场、服务内地,全面参与商业银行、投资银行、资产管理、直接投资、证券及保险等业务。

中国光控持有本公司113,925万股股份,占发行前本公司总股本的39.31%。

光大集团的高级管理层成员由国务院任免,光大集团(香港)的高级管理层成员也是由国务院任免,并按照香港法律履行相关手续。光大集团和光大集团(香港)的部分高级管理层成员是重合的。

三、股东情况

1、本次A股发行前后,本公司的股本结构

股东及股份类型	本次发行前		本次发行后		
	股数(股)	比例(%)	股数(股)	比例(%)	锁定限制及期限
一、有限售条件流通股份					
中国光大(集团)总公司(SLS)	1,185,750,000	40.92%	1,159,456,183	33.92%	自上市之日起锁定三十六个月
中国光大控股有限公司(外资法人股)	1,139,250,000	39.31%	1,139,250,000	33.33%	自上市之日起锁定三十六个月
嘉峪关宏丰实业有限责任公司(PLS)	128,000,000	4.42%	128,000,000	3.74%	自上市之日起锁定十二个月
厦门新世基集团有限公司(PLS)	113,000,000	3.90%	113,000,000	3.31%	自上市之日起锁定十二个月
东莞市联景实业投资有限公司(PLS)	80,000,000	2.76%	80,000,000	2.34%	自上市之日起锁定十二个月

大众交通(集团)股份有限公司(PLS)	60,000,000	2.07%	60,000,000	1.76%	自上市之日起锁定十二个月
南昌洪城大厦股份有限公司(PLS)	55,000,000	1.90%	55,000,000	1.61%	自上市之日起锁定十二个月
亿阳集团股份有限公司(PLS)	40,000,000	1.38%	40,000,000	1.17%	自上市之日起锁定十二个月
上海良能建筑工程有限公司(PLS)	33,000,000	1.14%	33,000,000	0.97%	自上市之日起锁定十二个月
华夏董氏兄弟商贸(集团)有限责任公司(PLS)	20,000,000	0.69%	20,000,000	0.58%	自上市之日起锁定十二个月
上海兖矿投资有限公司(SLS)	20,000,000	0.69%	19,556,503	0.57%	自上市之日起锁定十二个月
上海宏普实业投资有限公司(PLS)	12,000,000	0.41%	12,000,000	0.35%	自上市之日起锁定十二个月
南京鑫鼎投资发展有限公司(PLS)	12,000,000	0.41%	12,000,000	0.35%	自上市之日起锁定十二个月
全国社会保障基金理事会	–	–	26,737,314	0.78%	由光大集团和上海兖矿投资划转为全国社会保障基金理事会持有的公司国有股,全国社会保障基金理事会承继原光大集团和上海兖矿投资的锁定承诺
本次网下发行社会公众股	–	–	179,199,000	5.24%	自上市之日起锁定3个月
小计	2,898,000,000	100.00%	3,077,199,000	90.03%	
二、无限售条件流通股份					
本次网上发行社会公众股	–	–	340,801,000	9.97%	
合计	2,898,000,000	100.00%	3,418,000,000	100.00%	

说明：

1、"SLS" 为 "State-ownLegal-personShareholder" 的缩写，指国有法人股；"PLS" 为 "Private-ownLegal-personShareholder"的缩写,指社会法人股股东。

2、本次发行后,嘉峪关宏丰实业有限责任公司与大众交通(集团)股份有限公司分别持有公司 128,000,000 股与 60,000,000 股的股份，均不包括其通过本次发行网上申购中签认购的 2,000 股。

3、根据《境内证券市场转持部分国有股充实全国社会保障基金实施办法》(财企[2009]94号)和《财政部关于光大证券股份有限公司国有股东确认及转持股份方案有关问题的批复》(财金函[2009]96 号)，本次拟发行 A 股 52,000 万股，国有股东光大集团应将所持的 26,293,817 股发行人股份划转由全国社会保障基金理事会持有；中国光控作为混合所有制国有股东，其转持股份义务由其国有出资人光大集团(香港)承担。光大集团(香港)应按照中国光控应划转股数 13,768,164 股乘以光大证券首次公开发行价格的等额现金，在光大证券上市后一次性缴清；国有股东上海兖矿投资应将所持 443,497 股发行人股份划转由全国社会保障基金理事会持有。发行人无其他国有股东，上述应划转由全国社会保障基金理事会持有的股份合计 26,737,314 股，为本次发行股份数量的 5.14%。

2、本次发行后、上市前十大 A 股股东持股情况

序号	名称	持股数(股)	比例(%)
1	中国光大(集团)总公司	1,159,456,183	33.92%
2	中国光大控股有限公司	1,139,250,000	33.33%
3	嘉峪关宏丰实业有限责任公司	128,002,000	3.74%
4	厦门新世基集团有限公司	113,000,000	3.31%
5	东莞市联景实业投资有限公司	80,000,000	2.34%
6	大众交通(集团)股份有限公司	60,002,000	1.76%
7	南昌洪城大厦股份有限公司	55,000,000	1.61%
8	亿阳集团股份有限公司	40,000,000	1.17%
9	上海良能建筑工程有限公司	33,000,000	0.97%
10	全国社会保障基金理事会转持三户	26,737,314	0.78%

注：

1、本次发行后，嘉峪关宏丰实业有限责任公司总计持有公司 128,002,000 股的股份，其中的 2,000 股为其通过本次发行网上申购中签认购的 2,000 股。

2、本次发行后，大众交通(集团)股份有限公司总计持有公司 60,002,000 股的股份，其中的 2,000 股为其通过本次发行网上申购中签认购的 2,000 股。

第四节　股票发行情况

一、发行数量：52,000 万股

二、发行价格：21.08 元/股

三、发行方式：本次发行采用网下向询价对象询价配售与网上资金申购发行相结合的方式，其中网下向询价对象配售 17,919.9 万股，网上向社会公众投资者发行 34,080.1 万股。

四、募集资金总额及注册会计师对资金到位的验证情况

本次发行募集资金总额为 1,096,160 万元。

立信会计师事务所有限公司于 2009 年 8 月 7 日对本次发行的资金到位情况进行了审验，并出具了《验资报告》(信会师报字(2009)第 11669 号)。

五、发行费用

1、本次发行费用总额 25,146.40 万元，包括：

(1)承销及保荐费用：21,923.20 万元

(2)审计及验资费用：520.00 万元

(3)律师费用：170.00 万元

(4)路演推介及信息披露费用：1,915.51 万元

(5)上市初费及登记费用：82.18 万元

(6)印花税：535.51 万元

2、本次发行每股发行费用为 0.48 元。

六、本次发行募集资金净额：1,071,013.60 万元。

七、发行后全面摊薄每股净资产：6.22 元(按照 2008 年 12 月 31 日经审计归属于母公司股东的权益加上本次发行募集资金净额之和除以本次发行后总股本计算)

八、发行后全面摊薄每股收益：0.36 元(按照 2008 年度经审计扣除非经常性损益前后孰低的净利润除以本次发行后总股本计算)

第五节　其他重要事项

根据《上海证券交易所上市公司募集资金管理规定》，本公司将在募集资金到账后两周内与保荐人东方证券股份有限公司和存放募集资金的商业银行签订《募集资金专户存储三方监管协议》，并在该协议签订后两个交易日内公开披露该协议的主要内容。

本公司在招股意向书刊登日(2009 年 7 月 27 日)至上市公告书刊登前，没有发生可能对本公司有较大影响的重要事项，具体如下：

1、本公司主营业务目标进展情况正常。

2、本公司所处行业和市场未发生重大变化。

3、本公司不存在原材料采购价格和产品销售价格变化的事项。

4、本公司与关联方未发生重大关联交易。

5、本公司未进行重大投资。

6、本公司未发生重大资产(或股权)购买、出售及置换。

7、本公司住所没有变更。

8、本公司董事、监事、高级管理人员没有变化。

9、本公司未发生重大诉讼、仲裁事项。

10、本公司未发生除正常经营业务之外的重大对外担保等或有事项。

11、本公司的财务状况和经营成果未发生重大变化。

12、本公司未发生其他应披露的重大事项。

第六节　上市保荐人及其意见

一、上市保荐人基本情况

1、东方证券股份有限公司

地址：上海市中山南路 318 号东方国际金融广场 2 号楼 21-29 楼

法定代表人：王益民

电话：(021)63325888

传真：(021)63326351

保荐代表人：段虎、韦荣祥

二、上市保荐人的推荐意见

上市保荐人认为，发行人申请其 A 股股票上市符合《公司法》、《证券法》及《上海证券交易所股票上市规则》等国家法律、法规的有关规定，发行人 A 股股票具备在上海证券交易所上市的条件。东方证券股份有限公司同意推荐光大证券股份有限公司 A 股股票在上海证券交易所上市。

发行人：光大证券股份有限公司

保荐人(主承销商)：东方证券股份有限公司

2009 年 8 月 14 日

中海油田服务股份有限公司

中海油田服务股份有限公司2008年年度报告摘要

第一节　重要提示

1.1 本公司董事会、监事会及董事、监事、高级管理人员保证本报告所载资料不存在任何虚假记载、误导性陈述或者重大遗漏，并对其内容的真实性、准确性和完整性承担个别及连带责任。

本年度报告摘要摘自年度报告全文，报告全文同时刊载于上海证券交易所网站(www.sse.com.cn)和本公司网站(www.cosl.com.cn)。投资者欲了解详细内容，应当仔细阅读年度报告全文。

1.2 公司全体董事均出席了本次审议年度报告的董事会会议。

1.3 安永华明会计师事务所和安永会计师事务所为本公司按中国会计准则和香港财务报告准则编制的2008年度财务报告出具了标准无保留意见的审计报告。

1.4 首席执行官刘健，执行副总裁兼首席财务官钟华及财务部总经理陈林亭声明：保证年度报告中财务报告的真实、准确、完整。

第二节　公司基本情况简介

2.1 基本情况简介

股票简称	中海油服	中海油田服务
股票代码	601808	2883
上市交易所	上海证券交易所	香港联合交易所有限公司
注册地址和办公地址	天津市塘沽海洋高新技术开发区河北路3-1516； 北京市朝阳门北大街25号海油大厦610室	
邮政编码	100010	
公司国际互联网网址	www.cosl.com.cn	
电子信箱	cosl@cnoocs.com	

2.2 联系人和联系方式

	董事会秘书	证券事务代表
姓名	陈卫东	杨海江
联系地址	北京市朝阳门北大街25号 海油大厦610室	北京市朝阳门北大街25号 海油大厦610室
电话	010-8452 1993	010-8452 1129
传真	010-8452 1325	010-8452 1325
电子信箱	chenwd@cnoocs.com	yanghj@cnoocs.com

第三节　会计数据和业务数据摘要

按中国企业会计准则编制的财务数据和业务数据摘要

3.1 报告期主要财务数据(合并报表)

单位:百万元 币种:人民币

项目	金额
营业利润	3,339.3
利润总额	3,307.3
归属于上市公司股东的净利润	3,102.2
归属于上市公司股东的扣除非经常性损益后的净利润	3,334.1
经营活动产生的现金流量净额	4,036.7

3.2 主要会计数据(合并报表)

单位:百万元 币种:人民币

主要会计数据	2008年	2007年	本年比上年增减(%)	2006年
营业收入	12,430.3	9,241.9	34.5	6,524.2
利润总额	3,307.3	2,866.6	15.4	1,450.2
归属于上市公司股东的净利润	3,102.2	2,237.6	38.6	1,128.0
归属于上市公司股东的扣除非经常性损益的净利润	3,334.1	2,232.4	49.4	1,111.2
经营活动产生的现金流量净额	4,036.7	2,964.3	36.2	1,822.0
	2008年末	2007年末	本年末比上年末增减(%)	2006年末
总资产	56,659.1	23,089.1	145.4	13,133.4
所有者权益(或股东权益)	19,797.8	17,225.0	14.9	8,618.6

3.3 主要财务指标(合并报表)

单位:元 币种:人民币

主要财务指标	2008年	2007年	本年比上年增减(%)	2006年
基本每股收益(人民币元)	0.69	0.54	27.8	0.28
稀释每股收益(人民币元)	-	-	-	-
扣除非经常性损益后的基本每股收益(人民币元)	0.74	0.54	37.0	0.28
全面摊薄净资产收益率(%)	15.67	12.99	2.68个百分点	13.09
加权平均净资产收益率(%)	16.76	19.86	-3.1个百分点	13.57
扣除非经常性损益后的全面摊薄净资产收益率(%)	16.84	12.96	3.88个百分点	12.89
扣除非经常性损益后的加权平均净资产收益率(%)	18.02	19.81	-1.79个百分点	13.36
每股经营活动产生的现金流量净额(人民币元)	0.90	0.72	25.0	0.46
	2008年末	2007年末	本年末比上年末增减(%)	2006年末
归属于上市公司股东的每股净资产(人民币元)	4.40	4.17	5.5	2.16

3.4 非经常性损益项目

单位:元 币种:人民币

非经常性损益项目	截至2008年12月31日止年度收入/(支出)
处置非流动资产损失	-53,429,454
政府补助	24,258,570
交易性金融负债公允价值变动损益	-52,983,938
掉期及远期汇率合同损失	-151,658,433
其他营业外收支净额	-2,805,149
非经常性损益合计	-236,618,404
相应税项调整	4,796,405
非经常性损益影响净额	-231,821,999

3.5 境内外会计准则差异的说明(合并报表)：

本公司认为在编制财务报表时，本集团按中国财政部于2006年颁布的企业会计准则编制的2008年度及2007年度财务报告，与本集团根据香港财务报告准则编制之同期的财务报告两者所采用的会计政策没有重大差异，故此本集团同期根据企业会计准则或香港财务报告准则编制的财务报告所呈报之净利润或净资产并无重大差异，因此无需做出调节。

第四节　股本变动及股东情况

4.1 股份变动情况表

□适用　√不适用

限售股份变动情况表

□适用　√不适用

4.2 股东数量和持股情况

单位:股

报告期末股东总数　A股:170,348　H股:259

前十名股东持股情况

股东名称	股东性质	持股比例(%)	持股总数	报告期内增减	持有有限售条件的股份数量	质押或冻结的股份数量
中国海洋石油总公司	国有股东	54.74	2,460,468,000	0	2,460,468,000	0
香港(中央结算)代理人有限公司	其他	34.08	1,531,783,899	-680,000	0	0
博时主题行业股票证券投资基金	其他	0.22	10,000,000	9,173,000	0	0
南方成份精选股票型证券投资基金	其他	0.21	9,560,807	-	0	0
鹏华中国50开放式证券投资基金	其他	0.21	9,467,311	-	0	0
嘉实策略增长混合型证券投资基金	其他	0.21	9,386,794	-	0	0
鹏华优质治理股票型证券投资基金(LOF)	其他	0.17	7,437,728	-	0	0
同德证券投资基金	其他	0.15	6,662,143	-	0	0
南方高增长股票型开放式证券投资基金	其他	0.14	6,342,494	-	0	0
普惠证券投资基金	其他	0.13	6,036,987	-	0	0

前十名无限售条件股东持股情况

股东名称	持有无限售条件股份数量	股份种类
香港(中央结算)代理人有限公司	1,531,783,899	境外上市外资股
博时主题行业股票证券投资基金	10,000,000	人民币普通股
南方成份精选股票型证券投资基金	9,560,807	人民币普通股
鹏华中国50开放式证券投资基金	9,467,311	人民币普通股
嘉实策略增长混合型证券投资基金	9,386,794	人民币普通股
鹏华优质治理股票型证券投资基金(LOF)	7,437,728	人民币普通股
同德证券投资基金	6,662,143	人民币普通股
南方高增长股票型开放式证券投资基金	6,342,494	人民币普通股
普惠证券投资基金	6,036,987	人民币普通股
鹏华动力增长混合型证券投资基金(LOF)	5,987,306	人民币普通股

说明：除鹏华中国50开放式证券投资基金、鹏华优质治理股票型证券投资基金(LOF)和鹏华动力增长混合型证券投资基金(LOF)同属鹏华基金管理有限公司管理、南方成份精选股票型证券投资

基金和南方高增长股票型开放式证券投资基金同属南方基金管理有限公司管理外，未知上述其他前 10 名股东之间、前 10 名无限售条件股东之间或前 10 名股东和前 10 名无限售条件股东之间存在关联关系或一致行动关系。

4.3 控股股东及实际控制人情况介绍

4.3.1 控股股东及实际控制人变更情况

□适用　　√不适用

4.3.2 控股股东及实际控制人情况的说明

(1) 控股股东和实际控制人情况

公司名称：中国海洋石油总公司(以下简称"中国海油")

法定代表人：傅成玉

成立日期：1982 年 2 月 15 日

注册资本：人民币 9,493,161.40 万元

主要经营业务或管理活动：根据国务院颁布的《中华人民共和国对外合作开采海洋石油资源条例》依法享有在中国海域对外合作开采海洋石油、天然气资源业务的专营权。主要业务是组织海上石油、天然气的勘探、开发、生产及炼油、石油化工和天然气的加工利用；石油、天然气、油气加工产品，石油化工产品及所属企业生产、加工产品的销售；为用户提供石油、天然气勘探、开发、生产、销售的服务；经批准的三类商品的进出口；接受本系统单位委托、代理上述进出口；本系统技术出口；原油进口；承办中外合资经营、合作生产；补偿贸易、转口贸易。

第五节　董事、监事和高级管理人员

5.1 董事、监事和高级管理人员持股变动及报酬情况

姓名	职务	性别	年龄	任期起止日期	年初持股数	年末持股数	变动原因	报告期内从公司领取的报酬总额(元)	报告期内股票增值权 可行权股数(万股)	年末价值(元)	是否在股东单位或其他关联单位领取
傅成玉	董事长	男	57	2005.9.20~2008.9.19	20,000	20,000	不适用	–	–	–	是
袁光宇	副董事长、执行董事、CEO 兼总裁	男	49	2005.9.20~2008.9.19	–	–	不适用	656,949	96.42	1,402,171	否
李　勇	执行董事、执行副总裁兼 COO	男	45	2006.5.26~2009.5.25	–	–	不适用	485,668	70.43	1,024,216	否
吴孟飞	非执行董事	男	53	2007.5.27~2010.5.26	–	–	不适用	–	–	–	是
邝志强	独立非执行董事	男	59	2005.10.30~2008.10.29	–	–	不适用	400,000	–	–	否
阎焱	独立非执行董事	男	51	2005.9.20~2008.9.19	–	–	不适用	400,000	–	–	否
蒋小明	独立非执行董事	男	55	2007.5.27~2010.5.26	–	–	不适用	400,000	–	–	否
张本春	监事会主席	男	58	2007.9.20~2010.9.19	–	–	不适用	–	—	–	是
张敦杰	独立监事	男	56	2006.5.26~2009.5.25	–	–	不适用	80,000	–	–	否
杨敬红	职工监事	男	44	2007.7.26~2010.7.25	–	–	不适用	438,878	–	–	否
钟　华	执行副总裁兼 CFO	男	48	2006.4~	–	–	不适用	538,082	70.43	1,024,216	否
陈卫东	执行副总裁、CSO 兼董事会秘书	男	53	2005.12~	–	–	不适用	583,567	70.43	1,024,216	否
董伟良	执行副总裁兼 CTO	男	51	2007.6~	–	–	不适用	595,530	–	–	否
李迅科	高级副总裁	男	52	2007.6~	–	–	不适用	528,186	65.69	955,285	否
徐雄飞	副总裁、工会主席	男	47	2007.6~	–	–	不适用	447,882	60.91	885,772	否
肖国庆	副总裁	男	59	2007.6~	–	–	不适用	556,121	–	–	否
于湛海	副总裁	男	54	2007.8~	–	–	不适用	541,181	–	–	否
合　计	/	/	/	/	20,000	20,000	/	6,652,044	434.41	6,315,876	/

第六节　董事会报告

6.1 管理层讨论与分析

(以下讨论及分析涉及的部分财务数据摘自本集团按照香港财务报告准则编制并经审计的财务报表)

行业回顾

由于受美国金融危机影响，2008 年世界经济深度调整。联合国在 2009 年 1 月 16 日发布的《2009 年世界经济形势与展望》2008 年世界经济增长率为 2.5%，低于近 10 年平均水平的 2.99%。中国经济上半年通胀，下半年受次贷危机影响出口呈现下滑，但国民经济仍保持了平稳较快发展的基本态势。国家统计局 2009 年 1 月 22 日公布本年度中国 GDP 同比增长 9.0%。

能源需求及国际油价方面，国际能源署(IEA)报告 2008 年全球原油日需求为 8,620 万桶，增幅将仅为 0.1%。国际油价则在 2008 年上演过山车，先扬后抑。纽约 WTI 原油价格从年初的 99.64 美元一路高涨至 147.27 美元，之后大幅回落 74%，年底收于 38.95 美元，全年平均油价达到 99 美元，较 2007 年平均油价上涨 38%。

虽然 2008 年金融风暴席卷全球，世界经济开始下滑，由于行业的滞后效应，油田服务行业受到的影响尚未显现。COSL 作为中国近海市场最具规模的综合油田服务供应商，在巩固有机发展的同时于本年 9 月通过其全资子公司 COSL Norwegian AS ("CNA") 完成了对挪威钻井公司 Awilco OffshoreASA(并购后更名为 COSL Drilling Europe AS，简称 CDE 公司)的收购，使得集团的国际化进程进一步加快。钻井、船舶、油田技术、物探四大业务全年业绩良好，营业额再创历史新高。海外业务也增势强劲，作业地区延伸至 20 个国家和地区。

业务回顾

钻井业务

我们是中国海洋钻井服务的主要供应商，也是国际钻井服务的重要参与者，主要提供海上钻井、模块钻机、陆地钻机和钻井平台管理等服务。截至 2008 年底，我们共运营和管理二十三艘钻井船(包括二十艘自升式钻井船(其中租用一艘，管理一艘)、三艘半潜式钻井船)和 2 艘生活支持平台。

2008 年 COSL 的钻井业务发展强劲。在立足原有市场的前提下，通过对挪威钻井公司 AwilcoOffshore ASA 的整体并购，钻井装备能力大大增强；COSL942 也于本年 9 月顺利投产，COSL 的钻井作业能力得到大幅提升。COSL 并购后的新增船只作业水深均在 300 尺以上，而且使整个钻井船队的性能结构和年龄结构大为改善。平均船龄由原来的 26 年降至 19 年。

截止到 2008 年 12 月 31 日，我们的钻井船，生活平台和陆地钻机在全球 8 个国家和地区进行作业。其中 10 艘钻井船在中国渤海作业，1 艘在中国黄海作业，5 艘在中国南海作业，1 艘在越南作业，1 艘在印度尼西亚海域作业。2 艘在澳大利亚海域作业。1 艘在沙特阿拉伯作业，2 艘在北海作业，1 艘在利比亚作业。另外有 4 台模块钻机在墨西哥海域作业。3 台陆地钻机在利比亚作业，1 台陆地钻机在中国新疆作业。此外我们还为伊朗客户提供钻井平台管理业务。

截至 2008 年 12 月 31 日，COSL 营运的 19 艘自升式钻井船全年合计作业 4,556 天，同比增加 328 天，日历天使用率为 91.1%；3 艘半潜式钻井船合计作业 1,098 天，同比增加 18 天，日历天使用率为 100.0%，同比增长 1.4%；生活平台合计作业 184 天，日历天使用率为 100.0%。其中，COSL 并购前运营的钻井船队(自升式 13 艘，半潜式钻井船 3 艘)全年共作业 5,164 天，同比减少 144 天。其中自升式减少 162 天，半潜式增加 18 天。自升式作业减少的原因主要是本期 COSL931 为提升作业能力进行升级改造增加修理 262 天，其他船只增加修理 29 天，抵消了新增船 COSL942 带来的作业 117 天和本年闰月影响增加的作业 12 天。半潜式作业增加的原因主要是 NH2 同比减少修理 15 天，本年受闰月影响又增加作业 3 天。2008 年，受自升式钻井船修理天数增加的影响，自有船队的日历天使用率降低 4.9%，降至 92.1%。其中自升式为 90.2%，半潜式为 100.0%。可用天使用率则与去年相同，仍为 100.0%。另外，2008 年 9 月 29 日起并入的 Awilco Offshore ASA 运营的 6 艘自升式钻井船和 2 艘生活平台，第四季度带来作业量 674 天。其中自升式作业 490 天，日历天使用率为 99.4%；生活平台作业 184 天，日历天使用率为 100.0%。

此外，为墨西哥湾客户作业的 4 套模块钻机全年运营 1,442 天，日历天使用率达 98.5%；利比亚陆地钻井市场的 3 台钻机和国内 1 台钻机带来运营量 751 天，日历天使用率和可用天使用率均达到 100.0%。

2008 年 COSL 的日费较去年同期有一定幅度上涨，具体情况如下表：

平均日费(万美元/日)	2008	2007	增幅	剔除汇率增幅
自升式	11.6	7.8	47.9%	38.9%
其中：COSL	10.5	7.8	33.5%	25.4%
其中：CDE(仅含第四季度)	18.0	N/A	N/A	N/A
半潜式	17.9	14.2	25.7%	18.0%
生活平台	16.7	N/A	N/A	N/A
合计(含 CDE)	12.9	9.1	41.6%	32.9%
合计(不含 CDE)	12.0	9.1	31.8%	23.7%

注：

1、2007 年 12 月 28 日美元兑人民币：1:7.3046，2008 年 12 月 28 日美元兑人民币 1:6.8346。

受海外并购、作业价格上涨、新增装备 COSL942、三台陆地钻机和墨西哥海湾四套模块钻机全年运营的影响下，2008 年钻井服务业务营业额达到人民币 5,919.9 百万元，较上年增长 51.0%。

油技业务

我们拥有 30 多年的海洋油田技术服务和 20 多年陆地油田技术服务的作业经验，我们的油田技术服务的主要客户包括中国的大型油气公司(如中海油、中石油等)和跨国油气公司(如英国石油、壳牌、康菲和雪佛龙等)。集团通过先进的技术、设备和优秀的管理队伍为客户提供完整的油田技术服务，包括测井、钻完井液、定向井、固井、完井、修井、油田增产等专业服务。

2008 年 COSL 的油技业务受惠于市场服务需求的增加，在为原有客户提供服务的基础上海外市场又有斩获：定向井工程技术服务取得为菲律宾客户提供 34 口地热井作业合同；COSL 自主知识产权的测井设备——ELIS 进入东南亚提供电缆测井服务；陆地裸眼电缆测井、射孔作业、钻井液、固井业务在本年也成功进入印尼市场为客户提供服务。

在海外市场开拓的同时，集团通过长期的技术研发使得新技术成为业务增长的又一助力。本年，钻井中途测试仪(FCT)工程样机测试成功，使得 COSL 成为全球第四家拥有该技术的公司；稠油热采技术在渤海油田实验取得良好效果，使得平均原油日产量增长 3–4 倍；合成基钻井液的研发使得钻井液服务成功进入海外印尼市场，该技术能在作业中将平均机械钻速提高 95%以上。

2008 年油技业务在新市场和高新技术的推动下营业额达到人民币 2,732.6 百万元，较上年同期的人民币 2,270.0 百万元增加了人民币 462.6 百万元，增幅为 20.4%。2008 年油田技术服务各业务营业额变动情况如下：

单位：人民币百万元

	2008 年	2007 年	变化%
测井	526.2	416.5	26.3%
定向井	465.3	350.8	32.6%
钻井液	435.8	386.6	12.7%
固井	435.6	364.7	19.4%
修井	712.8	543.6	31.1%
完井及其他油田增产	156.9	207.8	−24.5%
合计	2,732.6	2,270.0	20.4%

2008 年油田技术服务各业务作业量变动情况如下：

截至 12 月 31 日止 12 个月

油技业务	2008 年	2007 年	变化%
测井(井次)	1,010	865	16.8%
钻井液(井数)	355	290	22.4%
定向井(井次)	803	581	38.2%
固井(井数)	450	474	−5.1%
完井(井次)	556	487	14.2%
修井(队天)	20,858	15,944	30.8%

由上述两表可知，油田技术服务的各项业务累计实现收入人民币 2,732.6 百万元，同比增幅 20.4%。其中，测井业务因海外新增印尼、缅甸市场及国内新项目的开展使得营业额同比增幅 26.3%；定向井业务因海外新增菲律宾作业合同和国内新项目的开展促使营业额同比增长 32.6%；钻井液业务因海外新增印尼市场，国内成功开拓中石油泥浆服务市场使得营业额同比增加 12.7%；固井业务

虽作业量有所下降，但随着海外印尼市场的开拓和增加单位价值较高的探井、生产井作业使得营业额同比增长 19.4%；修井业务因国内业务量增长和新增项目开展使得营业额同比增长 31.1%；完井及其他油田增产业务海外市场需求量减少致使营业额同比减少 24.5%。

船舶服务

我们拥有并经营着中国最大、功能最齐全的近海工作运输船队。截至 2008 年 12 月 31 日，集团拥有各类工作船 75 艘，长期租用合营公司东方船务有限公司工作船 5 艘。同时还拥有油轮 4 艘，化学品船 5 艘，这些船主要在中国海域作业。近海工作船为近海油气田勘探、开发和生产提供服务，负责运送物资、货物及人员和海上守护，并为钻井平台移位和定位以及为近海工程船提供拖航、起抛锚等服务。

油轮负责运送原油和已提炼的油气产品。化学品船负责运送甲醇等化工产品。

2008 年 COSL 的工作船队进一步扩大，本年先后投产油田守护船 5 艘，多用途船 3 艘，另有 2 艘多用途船到期报废。于 2008 年 12 月 31 日止，集团自有工作船 75 条，其中油田守护船 43 艘，三用工作船 21 艘，平台供应船 5 艘，多用船 6 艘。在中国近海依然保持主导地位。

本年度集团自有工作船共作业 23,626 天，较去年同期减少 603 天或 2.5%。主要是本年 1 月和 11 月各有 1 艘船只到期做报废处理，此外新增船只投产日期相对较晚(9 月 2 条，11 月 2 条，12 月 4 条)，对本年作业量贡献较小。自有船只的平均可用天使用率达 99.3%，较去年同期下降 0.3%。日历天出租率为 94.8%，较去年同期微降 0.1%。集团长期租用的合营公司东方船务有限公司的 5 条平台供应船，全年作业 1,742 天，同比增加 1,100 天。此外，集团为满足市场需求积极租用外部船只 6 艘，累计作业 590 天。

2008 年工作船平均日费较去年同期提高了 22.4%，达到 0.82 万美元/天。通过服务价格的提升和积极发展外租船业务使得全年营业额达到人民币 1,613.9 百万元，上年同期为人民币 1,374.5 百万元，增幅 17.4%。

物探业务

我们是中国近海物探勘察服务的主要服务商，同时还在其它地区包括：南北美洲、中东地区、非洲及欧洲沿海提供服务。公司的物探勘察服务分为两大类：地震勘探服务和工程勘察服务。目前集团拥有 8 艘物探船和 4 艘综合性海洋工程勘察船。

2008 年中国海域的物探服务需求旺盛，COSL 顺应市场需求于本年 3 月 22 日投入 1 条八缆物探船 COSL719，该船全年运营良好，完成三维采集作业 3,113 平方公里。海外市场方面，COSL718 在冬季远赴东南亚完成三维采集作业 2,302 平方公里；滨海 517 船首次航行至北冰洋为客户完成二维采集作业 7,074 公里；数据资料处理业务在立足国内市场的前提下也取得来自澳大利亚的三维资料处理合同，完成处理量 990 平方公里。

在新装备投产和海外市场发展的共同带动下，2008 年集团物探业务营业额达到人民币 1,876.6 百万元，较去年同期的人民币 1,441.8 百万元增长了人民币 434.8 百万元，增幅达到 30.2%。

2008 年地球物理勘探业务作业量变动情况如下：

物探业务	2008 年	2007 年	增减率
二维			
采集(公里)	49,448	37,810	30.8%
资料处理(公里)	23,402	14,137	65.5%
三维			
采集(平方公里)	13,592	9,694	40.2%
资料处理(平方公里)	8,382	5,686	47.4%

2008 年我们的勘察业务继续稳步发展，4 条勘察船累计实现收入人民币 265.4 百万元，较上年同期人民币 258.0 百万元增加人民币 7.4 百万元，增幅为 2.9%。

一体化服务

一体化战略是 COSL 的四大核心战略之一，是我们独特的资源配置优势。2008 年集团实现一体化服务收入人民币 692.3 百万元，占集团营业额的 5.7%。

海外业务拓展

一直以来，我们积极寻找海外合作机会，至 2008 年底我们的业务已经覆盖了全球 20 个国家和地区。2008 年我们在巩固原有市场的基础上积极探索，开辟新市场并取得不俗成绩。2008 年 COSL 来源于海外市场的收入达到人民币 3,043.4 百万元，较 2007 年的人民币 1,645.0 百万元增加人民币 1,398.4 百万元，增幅 85.0%，创历史最高。海外收入占集团营业额的比重也由去年的 18.3%提高到 25.1%。

本年度，我们成功进行资本运作完成了对挪威钻井公司 Awilco Offshore ASA 的收购，使得钻井板块的装备能力增强，海外市场份额扩大，作业地区更是延伸至北海、地中海等地区。陆地钻机方面，我们共有 5 台钻机先后运往利比亚并已有 3 台开始为客户提供陆地钻井服务。在墨西哥湾为客户作业的 4 套模块钻机本年全年运营，运转顺利，累计作业 1,442 天。油技板块在 2008 年也收获颇多，获得在菲律宾作业的地热井定向井工程技术服务合同；COSL 自主知识产权的测井设备 ELIS 进入东南亚提供电缆测井服务；裸眼电缆测井、射孔作业、钻井液、固井业务也成功进入印尼市场提供服务。物探板块，COSL718 于年初在东南亚作业 2,302 平方公里；BH517 分别前往印尼、北极作业；资料处理业务方面也有突破，开辟海外新市场，取得来自澳大利亚的三维资料处理合同。船舶板块，本年有三条船前往东南亚为钻井作业进行支持服务。

科技和发展

技术驱动战略是我们的四大战略之一。多年来我们一直致力于提升科技研发能力，为集团可持续发展注入动力。2008 年，我们继续加大科研投入，加快科技转化，涌现出一批先进的研究成果——“海上高精度地震采集设备研制”取得重大进展，形成了国内第一套自主知识产权的海上拖缆地震采集系统和深度控制系统；自主研发、国内首创的“钻屑研磨成浆系统”顺利完成现场功能试验，为设备的国产化和钻井废弃物回注作业迈出了坚实的一步；“自升式平台桩腿弦管制造技术”取得重要突破，填补该项技术国内空白，成为支持 COSL 大型装备发展的重要保障；“旋转井壁取芯仪”多次海上实验性能稳定，该仪器的应用能大大节约现场操作时间，降低作业成本，提高岩芯收获率。此外，攻克了多项技术难题研制的具有自主知识产权的先进的、完整的 ELIS 测井系统于本年获得国家科技进步二等奖。2008 年，集团共取得专利 38 项，其中发明专利 9 项，累计取得有效专利 117 项，其中发明专利 34 项。

海外并购

2008 年 9 月 29 日，COSL 正式宣布持有挪威 Awilco Offshore ASA 公司 98.8%的股权。(此并购总值达 127 亿挪威克朗，约折合 23.3 亿美元或 159 亿元人民币)。于 2008 年 10 月 15 日，本集团收购剩余权益至持有 Awilco Offshore ASA(现改称 COSL Drilling Europe AS，“CDE”)100%的权益。2008 年 10 月 30 日，挪威奥斯陆证券交易所做出决定，批准挪威 Awilco Offshore ASA 从挪威奥斯陆证券交易所退市。至此，COSL 收购挪威 Awilco Offshore ASA 公司股权项目全部实施完毕。通过收购 Awilco Offshore ASA 公司，使得 COSL 的海上钻井能力和服务区域得到更大的提高和扩展。

新购入的 CDE 在本年为集团带来了 3 个月的业绩贡献，创造收入人民币 912.7 百万元。2008 年在 COSL 自身的良好运营和并购的 CDE 公司的共同作用下，集团总营业额同比增加人民币 3,135.0 百万元，增幅 34.8%；令集团总资产规模达到人民币 56,587.1 百万元，同比增加人民币 33,498.1 百万元，增幅 145.1%。

财务回顾

1.利润表分析

1.1 营业额

2008 年集团继续保持又好又快的发展态势，经营业绩再创历史新高，营业额达到人民币 12,142.9 百万元，较上年同期的人民币 9,008.0 百万元增加了人民币 3,134.9 百万元，增幅为 34.8%，其中服务价格的提升、随市场开发作业量的增加及新装备的投入运作使得 COSL 全年收入增加人民币 2,212.3 百万元。此外，本年新增并购后的 CDE 公司首季度收入人民币 912.7 百万元。

下表列示各板块收入情况：

单位：人民币百万元

业务	2008 年	2007 年	变动	变化%
钻井业务	5,919.9	3,921.7	1,998.2	51.0%
油技业务	2,732.6	2,270.0	462.6	20.4%
船舶业务	1,613.9	1,374.5	239.4	17.4%
物探业务	1,876.5	1,441.8	434.7	30.1%
合计	12,142.9	9,008.0	3,134.9	34.8%

1.2 其它收入

2008 年，其它收入为人民币 48.7 百万元，上年同期为人民币 38.6 百万元，增长 26.2%。主要是本期收到 2006 年营业税增量返还人民币 22.4 百万元，此外保险理赔收入较上年同期增加人民币 15.4 百万元。

1.3 经营支出

截至 2008 年 12 月 31 日止，集团经营支出为人民币 8,561.1 百万元，较上年同期的人民币 6,219.2 百万元增加了人民币 2,341.9 百万元，增幅为 37.7%。

下表列示了 2008 年、2007 年集团经营支出的明细对比：

单位：人民币百万元

	2008 年	2007 年	变动	变化%
折旧	1,563.5	1,042.1	521.4	50.0%
雇员薪酬成本	2,106.5	1,643.9	462.6	28.1%
维修及保养成本	420.3	317.6	102.7	32.3%
消耗物料、物资、燃料、服务及其他	2,720.1	2,003.6	716.5	35.8%
分包支出	542.2	357.2	185.0	51.8%
经营租赁支出	356.1	365.7	−9.6	−2.6%
其他销售、一般及行政支出	158.5	102.0	56.5	55.4%
其他经营支出	693.9	387.1	306.8	79.3%
总经营支出	8,561.1	6,219.2	2,341.9	37.7%

折旧费同比增长人民币 521.4 百万元，增幅 50.0%的原因是本期新增钻井船 COSL942、3 台陆地钻机、物探船 COSL719 并购买水下电缆和 LWD 等设备使得 COSL 折旧费增长人民币 327.0 百万元。此外，本期新增收购的 CDE 公司 8 条钻井船折旧费人民币 194.1 百万元。

雇员薪酬成本同比增长人民币 462.6 百万元，增幅 28.1%的主要原因是 COSL 随新设备的投入使用和集团业务的不断发展相应增加员工人数，使得雇员薪酬成本相应增加。此外本期新收购的 CDE 公司也使得雇员薪酬成本有较大增加。

维修及保养成本同比增长人民币 102.7 百万元，增幅 32.3%的主要原因是 COSL 钻井船修理天数增加相应增加了修理费人民币 77.3 百万元。此外，本期新增并购的 CDE 公司修理费人民币 25.4 百万元。

消耗物料、物资、燃料、服务及其他同比增长人民币 716.5 百万元，增幅 35.8%的原因主要是 COSL 随新设备 COSL942、3 台陆地钻机、物探船 COSL719 的投产和墨西哥湾四套模块钻机的全年运营相应增加物料消耗。此外，本期新增并购的 CDE 公司也使得物料消耗有所增加。

分包支出同比增长人民币 185.0 百万元，增幅 51.8%的原因主要是油技业务因工作量饱满且为扩大市场份额而增加了外包业务。

其他销售、一般及行政支出同比增长人民币 56.5 百万元，增幅 55.4%的原因是 COSL 随业务扩大增加管理费用人民币 19.0 百万元。此外，本期新增并购的 CDE 公司管理费用人民币 37.5 百万元。

其他经营支出同比增长人民币 306.8 百万元，增幅 79.2%的原因是 COSL 积极履行社会责任向四川灾区捐款和支付援建资金及捐款筹建希望小学累计支出人民币 24.7 百万元；按照个别认定法对存在收款风险的应收账款全额计提坏账准备及对部分存货计提减值准备等合计产生资产减值损失人民币 53.0 百万元；处理非流动资产损失增加人民币 34.6 百万元，其他增加人民币 9.9 百万元。此外，本期新增 CNA 公司其他经营支出人民币 184.6 百万元。

各板块的经营支出情况如下表：

单位：人民币百万元

业务	2008 年	2007 年	变化%
钻井业务	3,812.6	2,445.7	55.9%
油技业务	2,281.2	1,889.0	20.8%
船舶业务	1,128.6	971.6	16.2%
物探业务	1,338.7	912.9	46.6%
合计	8,561.1	6,219.2	37.7%

1.4 经营利润

2008 年集团的经营利润在钻井板块的强势带动下达到人民币 3,630.5 百万元，较上年同期人民币 2,827.4 百万元增加了人民币 803.1 百万元，增幅为 28.4%。

各板块的经营利润明细如下表：

单位：人民币百万元

业务	2008 年	2007 年	变动	变化%
钻井业务	2,117.9	1,489.4	628.5	42.2%
油技业务	470.8	390.5	80.3	20.5%
船舶业务	491.2	409.5	81.7	20.0%
物探业务	550.6	538.0	12.6	2.3%
合计	3,630.5	2,827.4	803.1	28.4%

1.5 财务支出

2008 年集团的财务支出明细如下表：

单位：人民币百万元

	2008 年	其中：CNA	2007 年	变动	变化%
汇兑损失/(收益)	91.4	−56.8	113.9	−22.5	−19.8%
财务费用	638.9	434.0	31.5	607.4	1,924.5%
利息收入	−191.4	−27.6	−71.4	−120.0	168.0%
合计	538.9	349.6	74.0	464.9	628.3%

2008 年财务支出为人民币 538.9 百万元，较上年的财务支出人民币 74.0 百万元增加了人民币 464.9 百万元，增幅 628.3%。

汇兑损失减少了人民币 22.5 百万元的原因是并购后的子公司 CNA 公司带来汇损收益人民币 56.8 百万元，此外 COSL(不含 CNA 公司)的汇兑损失同比增加了人民币 34.3 百万元。CNA 公司汇兑收益主要来自于美元兑挪威克朗升值引起的 CNA 挪威克朗债券账面价值的减少。COSL(不含 CNA)汇兑损失增加的原因主要是本年人民币对美元较去年同期升值及 COSL 海外业务的拓展，来自海外的以美元计价的收入有所增加。

财务费用增加人民币 607.4 百万元，主要是来自用于收购 CDE 公司的借款利息，数额为人民币 231.4 百万元，和其他部分债务产生的利息支出人民币 171.3 百万元；衍生工具利率掉期公允价值损失人民币 53.0 百万元和衍生工具远期合同已实现损失人民币 151.7 百万元。

利息收入增加人民币 120.0 百万元的原因是 COSL 去年发行 A 股后持有的货币资金有所增加使得利息收入同比增加人民币 92.4 百万元。此外本期新增 CNA 公司银行存款利息收入人民币 27.6 百万元。

1.6 应占共同控制实体的利润

2008 年，我们应占共同控制实体的利润为人民币 215.7 百万元，较上手同期的人民币 113.2 百万元增加了人民币 102.5 百万元，增幅为 90.6%。主要原因是本期中法渤海地质服务有限公司受新装备新技术的影响同比增长人民币 33.2 百万元；东方船务有限公司(Eastern Marine Services Ltd.)受修理减少，运营效率提高的影响同比增加人民币 80.5 百万元；中海艾普油气测试(天津)有限公司受作业量增加影响同比增长人民币 28.4 百万元，其他公司合计减少人民币 39.6 百万元。

1.7 税前利润

2008 年集团在钻井业务的强势带动下共取得税前利润人民币 3,307.3 百万元，较上年同期的人民币 2,866.6 百万元增长了人民币 440.7 百万元，增幅为 15.4%。

1.8 所得税

2008 年我们的所得税净支出为人民币 205.0 百万元，较 2007 年的人民币 629.0 百万元减少了人民币 424.0 百万元。其原因是本期我们获得高新技术企业资格认定，企业所得税税率按 15%计算，使得所得税费用减少。另外我们还获得了 2007 年高新技术企业所得税减免人民币 524.0 百万元，而 2007 年获得的 2006 年高新技术企业所得税减免额为人民币 272.3 百万元。

1.9 税后利润

2008 年，我们的税后利润为人民币 3,102.2 百万元，较上年同期的人民币 2,237.6 百万元增加了人民币 864.6 百万元，增幅为 38.6%。

1.10 股息

2008 年，公司董事会建议派发年末股息人民币 629,3 百万元，每股派息人民币 14 分。

此次并购对集团 2008 年 12 月 31 日的财务状况产生重大影响，其会充分体现在资产负债表和现金流量表中。下面是我们对资产负债表、现金流量表科目变动幅度较大的分析原因。

2.资产负债表分析

2.1 流动资产

截至 2008 年 12 月 31 日我们的流动资产为人民币 9,994.2 百万元，较 2007 年年末的人民币 11,425.8 百万元减少了人民币 1,431.6 百万元，减幅 12.5%。其中科目变动幅度较大的原因分析如下：

2.1.1 预付款项、按金及其他应收账款

截至 2008 年 12 月 31 日我们的预付款项、按金及其他应收账款为人民币 1,501.4 百万元，较 2007 年年末的人民币 209.6 百万元增加了人民币 1,291.8 百万元，增幅 616.3%。主要原因是本期预付账款增加人民币 1,232.9 百万元(主要预付钻井设备——2 条 350 英尺和 1 条 200 英尺钻井船相关款项以及预付深水三用工作船建造款。)

2.1.2 应收票据

截至 2008 年 12 月 31 日我们的应收票据为人民币 354.9 百万元，较 2007 年年末的人民币 2.3 百万元增加了人民币 352.6 百万元，增幅 15,672.0%。主要是应收中国海洋石油有限公司票据人民币 338.3 百万元，应收其他公司票据人民币 16.6 百万元。

2.1.3 应收账款

截至 2008 年 12 月 31 日我们的应收账款为人民币 2,735.0 百万元，较 2007 年年末的人民币 1,404.8 百万元增加人民币 1,330.2 百万元，增幅 94.7%，主要原因是随 COSL 收入规模的扩大、来源于海外市场的收入增多，客户群体多样性使得应收账款增加人民币 791.6 百万元。此外，本年新增并购的 CDE 公司应收帐款人民币 538.6 百万元。

2.1.4 现金及现金等价物

截至 2008 年 12 月 31 日我们的现金及现金等价物为人民币 4,563.8 百万元，较 2007 年年末的人民币 8,766.0 百万元减少人民币 4,202.2 百万元，降幅 47.9%。详见现金流量表分析。

2.2 非流动资产

截至 2008 年 12 月 31 日我们的非流动资产为人民币 46,592.9 百万元，较 2007 年年末的人民币 11,663.2 百万元增加了人民币 34,929.7 百万元，增幅 299.5%。其中科目变动幅度较大的原因分析如下：

2.2.1 物业、厂房及设备

截至 2008 年 12 月 31 日我们的物业、厂房及设备为人民币 41,855.7 百万元，较 2007 年年末的人民币 11,118.0 百万元增加人民币 30,737.7 百万元，增幅 276.5%。主要原因是 COSL 本年继续扩充装备增加了钻井船 COSL942、3 台陆地钻机、物探船 COSL719 和水下电缆、LWD 及为增加运营能力筹建的多个项目等。此外并购 CDE 公司又使得设备增加自升式钻井船 6 艘，生活平台 2 艘。

2.2.2 无形资产

截至 2008 年 12 月 31 日我们的无形资产为人民币 523.8 百万元，较 2007 年年末的人民币 52.1 百万元增加人民币 471.7 百万元，增幅 904.9%。主要是由 COSL 本年取得天津市塘沽区某土地使用权和并购 CDE 公司带来的。

2.2.3 商誉

2008 年我们将收购 Awilco Offshore ASA 公司的成本大于取得的其净资产公允价值的差额确认商誉人民币 3,480.5 百万元。并购成本的分摊有待资产和负债估值的最终确定。

2.3 流动负债

截至 2008 年 12 月 31 日我们的流动负债为人民币 12,314.6 百万元，较 2007 年年末的人民币 3,384.4 百万元增加了人民币 8,930.2 百万元，增幅 263.9%。其中科目变动幅度较大的原因分析如下：

2.3.1 贸易及其他应付账款

截至 2008 年 12 月 31 日我们的贸易及其他应付账款为人民币 3,759.3 百万元，较 2007 年年末的人民币 2,087.1 百万元增加人民币 1,672.2 百万元，增幅 80.1%，主要是本期应付票据增加人民币 366.8 百万元，主要是应付中国海洋石油有限公司票据；应付账款增加人民币 708.9 百万元，主要是随集团业务扩大相应增加应付账款人民币 503.4 百万元，此外本期还新增并购的 CDE 公司应付账款人民币 205.5 百万元，其中应付烟台莱佛士船业有限公司建造款人民币 140.4 百万元；其他应付款增加人民币 425.3 百万元，主要是并购的 CDE 公司带来的其他应付款的增加；同时受负债增加影响本年应付利息和其他合计增加人民币 171.2 百万元。

2.3.2 计息银行借款即期部分

截至 2008 年 12 月 31 日我们的计息银行借款即期部分为人民币 7,778.6 百万元，较 2007 年年末的人民币 200.0 百万元增加人民币 7,578.6 百万元，增幅 3,789.3%。本年的计息银行借款即期部分主要包括新增的子公司 CNA 增加短期借款为人民币 6,835.6 百万元；为建造墨西哥模块钻机向中国进出口银行借款人民币 944.0 百万元中有人民币 200.0 百万元为一年内到期；本年 11 月从中国进出口银行取得印度尼西亚承揽石油区块修井支持驳船服务项目贷款人民币 400.0 百万元，其中有人民币 44.0 百万元为一年内到期；并购的 CDE 公司带来 102.3 百万美元(折合人民币约 699.0 百万元)的一年内到期的非流动负债。

2.4 非流动负债

截至 2008 年 12 月 31 日我们的非流动负债为人民币 24,474.7 百万元，较 2007 年年末的人民币 2,479.6 百万元增加了人民币 21,995.1 百万元，增幅 887.1%。其中科目变动幅度较大的原因分析如下：

2.4.1 递延税项负债

截至 2008 年 12 月 31 日我们的递延税项负债为人民币 2,429.0 百万元，较 2007 年年末的人民币 235.6 百万元增加人民币 2,193.4 百万元，增幅 931.1%。主要是并购后的 CDE 公司资产评估增值人民币 12,219.9 百万元带来递延税项负债人民币 1,872.8 百万元。

2.4.2 计息银行借款长期部分

截至 2008 年 12 月 31 日我们的计息银行借款长期部分为人民币 16,355.4 百万元，较 2007 年年底的人民币 744.0 百万元增加人民币 15,611.4 百万元，增幅 2,098.3%，主要是 COSL 本年为收购挪威 Awilco Offshore ASA 公司向银行借款 2,200.0 百万美元(中国进出口银行借款 800 百万美元，境外银团借款 1,400 百万美元)，其中 1,266.7 百万美元为长期借款(折合人民币约 8,657.2 百万元)；本年 11 月从中国进出口银行取得印度尼西亚承揽石油区块修井支持驳船服务项目贷款人民币 400.0 百万元，其中有人民币 356.0 百万元为长期借款；本年新增并购的 CDE 公司长期借款 994.7 百万美元(折合人民币 6,798.2 百万元)，此外，本年已偿还部分中国进出口银行借款人民币 200.0 百万元。

2.4.3 长期债券

截至 2008 年 12 月 31 日我们的长期债券为人民币 4,028.3 百万元，较 2007 年年底的人民币 1,500.0 百万元增加人民币 2,528.3 百万元，增幅 168.6%，主要是本年新增并购的 CDE 公司应付债券人民币 2,528.3 百万元。

2.4.4 递延收益

截至 2008 年 12 月 31 日我们的递延收益为人民币 1,512.6 百万元。主要是因将并购的 CDE 公司原有获得的合同日费价格调整到并购交易日的公允价值而产生递延收益人民币 1,512.6 百万元。

3.现金流量表分析

2008 年期初我们持有现金及现金等价物人民币 6,797.1 百万元，本期经营活动净现金流入为人民币 4,037.8 百万元，投资活动净现金流出为人民币 20,625.5 百万元，融资活动净现金流入为人民币 14,239.9 百万元，汇率变动影响使得现金减少人民币 153.8 百万元。于 2008 年 12 月 31 日，我们的现金及现金等价物为人民币 4,295.5 百万元。

3.1 营业所得现金

2008 年，随集团业务的发展，经营活动流入现金人民币 4,456.8 百万元。扣除支付的中国大陆企业所得税人民币 418.9 百万元和海外地区所得税人民币 55.2 百万元后，本期我们又收到中国大陆企业所得税退还人民币 55.1 百万元。于 2008 年底，本集团的经营活动净现金流入人民币 4,037.8 百万元，较上年同期的人民币 2,973.9 百万元增加了人民币 1,063.9 百万元，增幅 35.8%。

3.2 投资活动产生的现金流

2008 年公司投资活动净现金流出为人民币 20,625.5 百万元，比上年同期人民币 5,354.1 百万元增加了人民币 15,271.4 百万元。主要是因为本期购买子公司 COSL Norwegian AS 公司支付了现金人民币 15,647.0 百万元。

3.3 资本性支出

2008 年 COSL 一如既往地加大投资力度，加强装备建设，全年资本性支出达到人民币 6,837.7 百万元，较上年同期人民币 3,465.5 百万元增加了人民币 3,372.3 百万元，增幅为 97.3%。

各业务资本性支出明细如下表：

单位：人民币百万元

业务	2008 年	2007 年	变动	变化%
钻井业务	3,754.6	1,825.6	1,929.1	105.7%
油技业务	1,287.3	651.4	635.8	97.6%
船舶业务	1,292.0	411.9	880.0	213.6%
物探业务	503.9	576.5	−72.7	−12.6%
合计	6,837.7	3,465.5	3,372.3	97.3%

其中：

钻井业务资本性支出为人民币 3,754.6 百万元，主要用于 2 条 350 英尺自升式钻井船、1 条 200 英尺自升式钻井船、5 台陆地钻机的建造及自升式钻井船 COSL931 的升级改造。油技业务资本性支出为人民币 1,287.3 百万元，主要用于 2 条多功能钻井平台(LIFTBOAT)的建造和无线随钻测井仪各类技术服务设备。船舶业务资本性支出为人民币 1,292.0 百万元，主要用于建造 18 艘油田工作船、三艘修井支持驳船。物探勘察服务业务的资本性支出为人民币 503.9 百万元，主要用于将 1 艘平台供应船改造为八缆物探船和建造一艘 12 缆物探船。

3.4 融资活动产生的现金流

2008 年公司融资活动现金流入净额为人民币 14,239.9 百万元。其融资来源为本年为收购挪威钻井公司 CDE 借款 22 亿美元(折合人民币约 15,036.1 百万元)，为建造 3 艘驳船借款人民币 400.0 百万元，CDE 公司流动资金贷款金额增加人民币 345.7 百万元以及本年收到科研专项拨款资金人

民币 55.0 百万元。

融资活动现金流出主要是本期偿还短期借款和偿还最终控股公司现金人民币 570.9 百万元，分配股利支付现金人民币 539.4 百万元，偿还利息支付现金人民币 408.7 百万元，同时支付其他与筹资活动有关事宜现金人民币 77.9 百万元。

其它

（以下讨论及分析涉及的部分财务数据摘自本集团按照中国企业会计准则编制并经审计的财务报表）

1)按上交所要求披露的主营业务分行业、分产品的情况

按中国会计准则编制的各业务板块的营业收入、营业费用、营业利润率情况如下表：

单位：百万元人民币

分行业或分产品	营业收入	营业费用	营业利润率	营业收入比上年同期增减(%)	营业成本比上年同期增减(%)	营业利润率比上年同期增减(%)
行业						
钻井业务	6,038.90	3,806.20	37%	33%	34%	0%
油技业务	2,798.40	2,333.80	17%	17%	17%	0%
船舶业务	1,665.40	1,173.00	30%	15%	14%	1%
物探业务	1,927.60	1,289.10	33%	23%	27%	−3%
未分配费用	−	489.00	106%			
合计	12,430.30	9,091.10	27%	26%	30%	−4%

2)主营业务分地区情况

按中国会计准则编制的营业收入分地区情况如下表：

单位：百万元人民币

主营业务收入	2008 年	2007 年
国内	9,386.9	7,596.9
海外	3,043.4	1,645.0
合计	12,430.3	9,241.9

3)与公允价值计量相关的会计和信息

单位：万元人民币

项目 1	期初金额−(资产/(负债))2	公允价值变动 本期公允价值变动损失 3	计入权益的累计公允价值变动 4	处置金融工具损失	本期计提的减值 5	期末金额−(资产/(负债))6
金融资产						
其中：1.以公允价值计量且其变动						
计入当期损益的金融资产	−	−	−	−	−	
其中：衍生金融资产	−	−	−	−	−	−
2.可供出售金融资产	60,733.8	−	−	−	−10,650.8	3,431.8
金融资产小计	60,733.8	−	−	−	−10,650.8	3,431.8
金融负债	−	−5,298.4	−	−15,165.8	−	−4,930.8
投资性房地产	−	−	−	−	−	−
生产性生物资产	−	−	−	−	−	−
其他	−	−	−	−	−	−
合计	60,733.8	−5,298.4	−	−15,165.8	−10,650.8	−1,499.0

4)本集团持有的外币金融资产、金融负债情况

单位：万元人民币

项目 1	期初金额(资产/(负债))2	本期公允价值变动损失 3	计入权益的累计公允价值变动 4	处置金融工具损失	本期计提的减值 5	期末金额(资产/(负债))6
金融资产						
其中：						
1.以公允价值计量且其变动						
计入当期损益的金融资产	−	−	−	−	−	−
其中：衍生金融资产	−	−	−	−	−	−
2.贷款和应收款	37,659.7	−	−	−	−323.5	128,484.7
3.可供出售金融资产	−	−	−	−	−10,650.8	3,431.8
4.持有至到期投资	−	−	−	−	−	11,735.3
金融资产小计	37,659.7	−	−	−	−10,974.3	143,651.8
金融负债	−	−5,298.4	−	−15,165.8	−	−4,930.8

展望：

展望 2009 年，受金融风暴袭击全球经济形势下调。联合国在 2009 年 1 月 16 日发布的《2009 年世界经济形势与展望》预计 2009 年全球经济增速将急剧减速到 1.0%。虽然全球经济开始下调，国际油价走低，但中国的能源需求依旧保持增长。COSL 的主要客户—中国海洋石油有限公司 09 年资本性支出预计在 68 亿美元左右，较 08 年上涨 19%。

面对充满困难与挑战的 2009 年，COSL 将继续扩大产能，进一步增强服务能力和市场竞争力。2009 年预计钻井板块将有 1 艘 200 英尺、1 艘 350 英尺、1 艘 375 英尺、1 艘 400 英尺钻井船投产；物探板块将建成海底电缆队，可执行 0–500 米水深范围的地震采集；船舶板块，将有 10 艘工作船和 3 艘驳船投入使用；油技板块，将加快 ELIS 和 FCT 的产业化、投产两艘多功能平台，引进 VSP、LWD、MWD 及酸化压裂船等设备。

同时，我们将继续致力于完善企业管治，建立全面的风险管控体系。我们将继续加大科技投入，健全完善 COSL 科研体系，其中包括推进与高等院校、科研院所共建实验室，促进科研成果及时产业化。我们将充分发挥成本领先优势，注重开源节流，制定 COSL 的大型装备能耗定额标准和公司节水节电管理办法。安全生产方面，我们将继续深化 QHSE 体系建设。我们将针对设备和人员急剧增加，人员素质、技术、经验摊薄，风险加大的现状，加大对员工的培养力度，制定有效的实施细则，消除作业安全隐患。此外，我们还将积极优化资本结构，通过利用外部资源，提高资产回报率。并在巩固国内市场的基础上，大力开拓海外市场，加快国际化进程和并购的后续整和工作。

我们将持续强化品牌建设，力争为股东创造更大的价值。同时积极承担社会责任，为社会做更大的贡献，做到与股东、客户、员工、伙伴实现共赢。

6.2 募集资金

6.2.1 募集资金使用情况

√适用　　□不适用

公司于 2007 年 9 月公开发行人民币普通股 5 亿股，募集资金总额人民币 6,740 百万元，净额为人民币 6,599 百万元，截止 2008 年末，已使用募集资金人民币 5,646 百万元，尚未投入使用的募集资金人民币 1,094 百万元存放在银行 A 股专用账户中，其安全性有足够保证。

单位：百万元

募集资金总额	6,740	本年度已使用募集资金总额		3,899
已累计使用募集资金总额	5,646			
承诺项目	拟投入金额	是否变更项目	实际投入金额	是否符合计划进度和预计收益
第二条 400 尺钻井船建造	1,448	否	1,302	是
多功能钻井平台建造	293	否	425	否(注 1)
第二艘多功能钻井平台建造	306	否	105	否(注 2)
建造 2+2 艘 300 英尺自升悬臂式钻井船	2,938	否	1,934	是
建造六型 18 艘油田工作船	1,923	否	1,380	是
建造深水三用工作船二艘	952	否	177	是
改建八缆物探船	530	否	517	是
建造十二缆物探船	1,149	否	80	是
建造深水工程勘察船	595	否	26	是
购置垂直地震测井仪	44	否	19	是
购置两套常规连续油管和氮气设备	41	否	3	否(注 3)
购置三套 LWD 设备项目	245	否	191	是
购置核磁共振测井仪	27	否	25	是
购置微电阻率扫描成像测井设备	32	否	19	是
合计	10,523	—	6,203	—

本年度已使用募集资金总额人民币 3,899 百元中包括闲置募集资金补充流动资金人民币 600 百万元，该笔补充流动资金于 2008 年 8 月 28 日由董事会批准，使用期限不超过 6 个月，从实际提款日起计算，到期归还募集资金专用账户。

承诺项目不符合计划进度的说明：

注 1: 多功能钻井平台建造项目从 2006 年 2 月开始实施，2006 年底签订建造合同，该项目进展有所推迟，预计 2009 年第二季度完工交船。

注 2: 第二艘多功能钻井平台建造项目从 2007 年第一季度开始实施，该项目进展有所推迟，预计 2009 年第三季度完工交船。

注 3: 本项目于 2007 年第二季度启动，已于 2009 年 3 月到货，目前正处于调试阶段

6.2.2 募集资金变更项目情况

□适用　　√不适用

6.3 非募集资金项目情况

√适用　　□不适用

1、公司于 2007 年 5 月 14 日公开发行企业债券人民币 15 亿元，主要用于钻井船、油田工作船的建造和物探船的升级改造等，其中多功能钻井平台建造项目和建造六型 18 艘油田工作船项目尚在进行中，931 钻井船的改造项目已于 2008 年第三季度完工，第二条 400 尺钻井船已于 2008 年第三季度完工交船。

2、本期为收购 Awilco Offshore ASA，公司向 BOC 银团借款 14 亿美元，向中国进出口银行借款 8 亿美元。2008 年 9 月 29 日，Awilco Offshore ASA 的 98.8%股权已经过户至要约人（本公司在挪威的子公司 COSL Norwegian AS）名下。于 2008 年 10 月 15 日，本集团收购剩余权益至持有 Awilco Offshore ASA100%的权益。2008 年 10 月 30 日，挪威奥斯陆证券交易所批准挪威 Awilco Offshore ASA 退市，COSL 收购挪威 Awilco Offshore ASA 公司股权项目全部实施完毕。

6.4 董事会对会计师事务所"非标准审计报告"的说明

□适用　　√不适用

6.5 董事会本次利润分配或资本公积金转增预案

√适用　　□不适用

经本公司审计师审计，集团 2008 年度共实现净利润 3,102,241,149 元，加上年初未分配利润 3,967,663,009 元，减去已提取的法定盈余公积 322,440,718 元，减去集团已于 2008 年 6 月份向全体股东分配的 2007 年度现金股利 539,438,400 元，截至 2008 年末集团可供分配的未分配利润为 6,208,025,040 元。集团拟以 2008 年末总股本 449,532 万股为基数，每 10 股派发现金红利 1.4 元(含税)。本次分配共将派发现金红利 629,344,800 元，未分配利润余额 5,578,680,240 元结转至以后年度分配。本次分配预案尚需提交公司 2008 年度股东大会审议。

6.6 公司本报告期内盈利但未提出现金利润分配预案

□ 适用　　√不适用

第七节　重要事项

7.1 收购资产

√适用　　□不适用

交易对方或最终控制方	被收购资产	购买日	资产收购价格	自收购日起至本年末为上市公司贡献的净利润	资产收购定价原则	所涉及的资产产权是否已全部过户	所涉及的债权债务是否已全部转移	该资产为上市公司贡献的净利润占净利润总额的比例(%)	关联关系
Awilco Offshore ASA	Awilco Offshore ASA100%股权	2008 年 9 月 29 日	要约价格为每股 85 克朗	人民币 189,870,832	市场定价	是	是	6%	其他

7.2 出售资产

□适用　　√不适用

7.3 重大担保

□适用　　√不适用

7.4 重大关联交易

7.4.1 与日常经营相关的关联交易

√适用　　□不适用

1. 根据本集团与中国海油或中国海油集团的其他成员的关联协议，关联交易具体包括下列各项：

(1)本集团向中国海油集团提供海上油田服务；

(2)中国海油集团向本集团提供物料、设施、劳动力和配套后勤服务；

(3)中国海油集团向本公司提供办公室及生产场地及相关物业管理服务。

单位:人民币元

财务报告(中国)	2008 年	2007 年
提供钻井服务		
中国海洋石油有限公司	3,321,950,060	2,568,661,979
中国海洋石油总公司风险勘探项目组	94,999,381	–
中海油能源发展股份有限公司油建装备分公司	4,198,500	3,421,026
海油总公司集团内其他关联公司	10,551,899	2,641,488
合营公司	4,688,951	5,262,461
小计	3,436,388,791	2,579,986,954
提供钻井服务对外交易收入总额	6,038,878,560	4,020,171,440
占同类交易的比例	57%	64%
提供油田技术服务		
中国海洋石油有限公司	2,132,006,625	1,797,711,242
中国海洋石油总公司风险勘探项目组	14,065,327	–
海油总公司集团内其他关联公司	3,391,665	4,342,338
合营公司	11,081,151	11,218,080
小计	2,160,544,768	1,813,271,660
提供油田技术服务对外交易收入总额	2,798,360,958	2,323,452,207
占同类交易的比例	77%	78%
提供船舶服务		
中国海洋石油有限公司	1,141,586,066	979,403,351
海洋石油工程股份有限公司	91,894,431	80,520,037
中海壳牌石油化工有限公司	62,054,501	60,150,462
中国海洋石油总公司风险勘探项目组	9,435,738	–
渤海物资供应有限责任公司	8,196,000	8,196,000
中海石油建滔化工有限公司	24,988,731	35,780,842
深圳市威晟海洋石油技术有限公司	7,840,381	–
海油总公司集团内其他关联公司	13,438,509	8,839,859
合营公司	4,637,273	2,848,242
小计	1,364,071,630	1,175,738,793
提供船舶服务对外交易收入总额	1,665,446,658	1,417,668,593
占同类交易的比例	82%	83%
提供物探服务		
中国海洋石油有限公司	1,013,630,433	484,805,704
海洋石油工程股份有限公司	119,534,593	132,518,503
渤海石油航务建筑工程公司	33,000	19,023,492
中海石油炼化东莞油品储运有限公司	8,611,301	3,817,123
中国海洋石油总公司风险勘探项目组	1,400,000	–
海油总公司集团内其他关联公司	5,539,455	2,702,223
合营公司	4,209,250	–
小计	1,152,958,032	642,867,045
提供物探服务对外交易收入总额	1,927,566,415	1,480,602,592
占同类交易的比例	60%	43%
与海油总公司集团内其他关联公司的交易		
	2008 年	2007 年
人员管理费	23,702,339	16,994,003
购买原料、工具和低值易耗品		
及支付公用设施使用费	229,210,428	236,587,787
支付运输费	2,980,996	8,062,168
支付房屋租赁费及船舶停泊费	69,519,340	65,750,657
支付维修费	13,795,278	24,529,697
支付物业管理费	53,513,100	6,923,061
接受建造工程服务	107,038,225	–
与中海石油财务有限责任公司的关联交易(注 1)		
利息收入	1,715,928	961
利息支出	836,347	779,625
贷款和偿还短期贷款	199,658,674	150,000,000

注 1 存放于中海石油财务有限责任公司的银行存款以商业银行同期利率计算利息收入，本年度从中海石油财务有限责任公司贷款年利率为 5.913%。

本年度内实际发生的关联交易的其它详情，请见本公司 2008 年年报全文按中国准则编制的财务报告关联方关系及其交易。

7.4.2 关联债权债务往来

√适用　　□不适用

本集团	2008 年 12 月 31 日	2007 年 12 月 31 日
应收账款		
中国海洋石油有限公司	1,236,112,535	822,815,876
中国海洋石油总公司	120,526,395	–
海洋石油工程股份有限公司	59,366,522	76,023,676
中海壳牌石油化工有限公司	5,962,685	14,200,360
中海辉固	1,875	47,961
Atlantis Deepwater	–	129,340
中海艾普	2,426,922	520,856
中法渤海	76,659	214,264
奥帝斯	25,134	125,600
麦克巴	623,444	1,761,225
阿特拉斯	45,284	61,725
其他	11,930,259	12,147,296
	1,437,097,714	928,048,179

本集团	2008 年 12 月 31 日	2007 年 12 月 31 日
应付账款		
中国海洋石油有限公司	1,071,670	–
中海实业公司	3,667,079	3,084,238
中海油能源发展股份有限公司北京人力资源服务分公司	13,190,000	–
海洋石油工程股份有限公司	952,652	9,057,080
中海辉固	8,332,671	9,278,428
中法渤海	3,156,492	64,427
麦克巴	10,489,073	7,113,736
Eastern	Marine	–
5,102,809		
中海艾普	212,800	2,800,000
阿特拉斯	26,786,115	2,463,274
其他	36,840,536	38,936,860
	104,699,088	77,900,852
应付海油总公司款		
海油总公司(注 1)	–	200,000,000
其中:一年内到期的非流动负债	–	200,000,000
存放于关联公司的存款		
中海石油财务有限责任公司	539,821,006	104,917

本集团	2008 年 12 月 31 日	2007 年 12 月 31 日
其他应收款		
中国海洋石油有限公司	921,417	1,572,137
中国海洋石油总公司	2,299,741	1,495,253
Atlantis Deepwater	26,694,570	–
Eastern Marine	–	3,915,266
中法渤海	2,555,940	1,715,799
中海艾普	1,651,610	92,714
奥帝斯	(120)	41,514
阿特拉斯	74,250	74,250
中海辉固	–	2,145,536
Premium	Drilling	AS
71,919,890	–	
其他	1,200,554	2,790,667
	07,317,852	13,843,136
其他应付款		
中国海洋石油有限公司	3,898,837	–
中国海洋石油总公司	3,248,229	3,248,229
中海国际石油工程有限责任公司	14,668,495	14,634,459
中法渤海地质服务有限公司	96,072	96,072
Premium Drilling AS	93,771,347	–
其他	16,496,087	9,837,666
	132,179,067	27,816,426
预收账款		
中国海洋石油有限公司	33,519,000	69,219,350
预付账款		
中海油能源发展股份有限公司	24,600,000	–
海洋石油工程股份有限公司	259,724,275	–
	284,324,275	–

本集团	2008 年 12 月 31 日	2007 年 12 月 31 日
应收票据		
中国海洋石油有限公司	338,269,985	–
应付票据		
海洋石油工程股份有限公司	366,762,500	–

注 1：

2007 年 12 月 31 日应付海油总公司款为无抵押及不计利息，还款期从 2005 年 5 月 1 日起分 3 年每年等额偿还人民币 200,000,000 元。本集团已于 2008 年 4 月 30 日前全部还清。

本集团及本公司除上述的长期应付海油总公司款之外，其余的应收及应付关联方款项均不计利息、无抵押，且无固定还款期。

7.4.3 2008 年资金被占用情况及清欠进展情况

□适用　　√不适用

7.4.4 截止 2008 年末，上市公司未完成非经营性资金占用的清欠工作，董事会提出的责任追究方案

□适用　　√不适用

7.5 委托理财情况

□适用　　√不适用

7.6 承诺事项履行情况

7.6.1 公司或持股 5%以上股东在报告期内或持续到报告期内的承诺事项

√适用　　□不适用

承诺事项	承诺内容	履行情况
发行时所作承诺	本公司控股股东中国海洋石油总公司承诺:自本公司 A 股股票上市之日三十六个月内，不转让或者委	报告期内，未出现违反上述承诺的情形。

托他人管理其已间接持有的本公司股份，也不由本
公司收购该股份。

7.6.2 公司资产或项目存在盈利预测，且报告期仍处在盈利预测期间，公司就资产或项目是否达到原盈利预测及其原因作出说明

□适用　　　√不适用

7.7 重大诉讼仲裁事项

□适用　　　√不适用

7.8 其它重大事项及其影响和解决方案的分析说明

7.8.1 证券投资情况

√适用　　　□不适用

序号	证券代码	证券简称	初始投资金额(元)	持有数量(股)	期末账面值(元)	占期末证券投资比例(%)	报告期损益(元)
1.	ISIN NO0010244346	JACK	207,118,792	11,994,030	34,317,535	100%	106,508,218
合计			207,118,792	/	34,317,535	100%	106,508,218

7.8.2 持有其他上市公司股权情况

□适用　　　√不适用

7.8.3 持有非上市金融企业股权情况

□适用　　　√不适用

7.8.4 买卖其他上市公司股份的情况

□适用　　　√不适用

7.9 公司董事会对公司内部控制出具了自我评估报告，审计机构出具了评价意见，详见公司2008年年度报告全文。

7.10 公司披露了履行社会责任报告，详见年报全文。

7.11 股票增值权计划

本公司在2006年11月22日第二次临时股东大会里，经表决通过了"中海油田服务股份有限公司高级管理人员股票增值权计划("股票增值权计划")。

在2007年6月6日，董事会已与所有合资格高管人员签署绩效指标合同，完成所有必要的授予股票增值权相关的法律程序，并按港币4.09元为授权价格。

股票增值权计划于2006年11月22日开始生效，按计划，符合资格高管人员实际得到的可行使的股票增值权数目与绩效考核结果指标挂钩，并于生效日起后的两年进行综合考核并确认当期实际授予行权比例数目。行使限制期为2年，自授予日起的第三年初、第四年初、第五年初和第六年初分四次平均行使。

股票增值权收益在执行价格高于授予价格港币0.99元时，超过部分按以下比例兑现：

1.港币0.99-1.50元：兑现比例为50%；

2.港币1.51-2.00元：兑现比例为30%；

3.港币2.01-3.00元：兑现比例为20%；及

4.港币3.01元或以上：兑现比例为15%。

股票增值权行权收益不得超过当年本公司净利润的10%。因行使股票增值权而产生的现金付款将存入有关承授人之个人账户，账户中的现金应有不低于20%的部分至有关承授人在本公司之任职期满考核合格后方可提取。

于2008年12月31日，本公司授予高级管理人员的股票增值权情况如下：

职务	姓名	股数	价值 年初数	本年增加	本年减少	年末数
总裁	袁光宇	96.42万股	1,560,395	–	(158,224)	1,402,171
执行副总裁	李　勇	70.43万股	1,139,791	–	(115,575)	1,024,216
执行副总裁	钟　华	70.43万股	1,139,791	–	(115,575)	1,024,216
执行副总裁	陈卫东	70.43万股	1,139,791	–	(115,575)	1,024,216
副总裁	李迅科	65.69万股	1,063,082	–	(107,797)	955,285
原职工监事	唐代治	65.69万股	281,774	–	–	281,774
工会主席	徐雄飞	60.91万股	985,724	–	(99,952)	885,772
		500.00万股	7,310,348	–	(712,698)	6,597,650

* 于2007年年内，唐代治辞去了本公司的监事职务并到海油总公司任职，依据股票增值权计划的相关规定，唐代治可享有的股票增值权按时间比例获得相应收益。

截至2008年12月31日止，本公司股票增值权计划已确认的预计负债为人民币6,597,650元。

第八节　监事会报告

监事会认为公司依法运作、公司财务情况、公司募集资金使用、公司收购、出售资产交易和关联交易不存在问题。

8.1 监事会对公司依法运作情况的独立意见

公司监事会通过对公司董事会和高级管理人员执行职务情况及公司管理制度进行的监督、检查后认为，报告期内股东大会及董事会会议的召集程序及做出的决议，均符合法律、法规及公司章程的规定。董事会及高级管理人员认真履行了诚信责任及勤勉行事的责任，同时认为公司建立了良好的内部控制制度，很好地防范了管理和财务风险，监事会没有发现董事、高级管理人员在执行公司职务时有违反法律、法规、公司章程及损害公司及股东利益的行为。

8.2 监事会对检查公司财务情况的独立意见

监事会通过参加董事会会议及董事会审计委员会会议，对公司的财务管理制度和财务情况进行了监督、检查，其间审阅了公司相关财务资料。通过这些工作监事会认为公司严格遵守了财经法规和财务制度，公司财务管理制度健全，执行有效，会计处理方法遵循了一贯性原则，财务报表真实、可靠。安永会计师事务所和安永华明会计师事务所按照境内外会计准则对公司2008年度财务报告进行了审计，并出具了无保留意见的审计报告，监事会认为该报告客观、公正地反映了公司的财务状况和经营成果。

8.3 监事会对公司最近一次募集资金实际投入情况的独立意见

监事会对报告期内公司于2007年发行A股所募集的资金(净值共计人民币65.99亿元)的使用情况进行了核查，认为该募集资金的使用符合招股说明书中的披露使用承诺及中国证监会的规定，未发生挤占和挪用资金的情况。

8.4 监事会对公司收购、出售资产情况的独立意见

公司在报告期内完成了对一家挪威钻井公司的收购(收购详情见公司披露的文件)，监事会列席了批准此项收购的董事会会议及听取了管理层就此项收购进行的汇报。监事会认为此项收购是董事会、监事会及股东均得到比较充分的信息的情况下做出的决定，公司严格按法律、法规和公司章程的规定进行了此项收购。报告期内未发现公司出售重要资产的情况。

8.5 监事会对公司关联交易情况的独立意见

报告期内，公司与中国海洋石油总公司及下属公司发生的关连交易，均满足香港联合交易所有限公司和上海证券交易所的有关规定，且这类交易符合公司生产经营的需要，交易价格公允，符合本公司及本公司股东的整体利益。

第九节　审计报告

9.1 审计意见

安永华明(2009)审字第60157570_A01号

中海油田服务股份有限公司全体股东：

我们审计了后附的中海油田服务股份有限公司("贵公司")及其子公司(统称"贵集团")财务报表，包括2008年12月31日的合并及公司的资产负债表，2008年度合并及公司的利润表、股东权益变动表和现金流量表以及财务报表附注。

一、管理层对财务报表的责任

按照企业会计准则的规定编制财务报表是贵公司管理层的责任。这种责任包括：(1)设计、实施和维护与财务报表编制相关的内部控制，以使财务报表不存在由于舞弊或错误而导致的重大错报；(2)选择和运用恰当的会计政策；(3)作出合理的会计估计。

二、注册会计师的责任

我们的责任是在实施审计工作的基础上对财务报表发表审计意见。我们按照中国注册会计师审计准则的规定执行了审计工作。中国注册会计师审计准则要求我们遵守职业道德规范，计划和实施审计工作以对财务报表是否不存在重大错报获取合理保证。

审计工作涉及实施审计程序，以获取有关财务报表金额和披露的审计证据。选择的审计程序取决于注册会计师的判断，包括对由于舞弊或错误导致的财务报表重大错报风险的评估。在进行风险评估时，我们考虑与财务报表编制相关的内部控制，以设计恰当的审计程序，但目的并非对内部控制的有效性发表意见。审计工作还包括评价管理层选用会计政策的恰当性和作出会计估计的合理性，以及评价财务报表的总体列报。

我们相信，我们获取的审计证据是充分的、适当的，为发表审计意见提供了基础。

三、审计意见

我们认为，上述财务报表已经按照企业会计准则的规定编制，在所有重大方面公允地反映了贵集团和贵公司2008年12月31日的财务状况以及2008年度的经营成果和现金流量。

安永华明会计师事务所　　　　中国注册会计师：葛　明

中国　北京　　　　中国注册会计师：刘　磊

2009年4月1日

9.2 财务报表

合并资产负债表

2008年12月31日

编制单位：中海油田服务股份有限公司　　　　单位：元 币种：人民币

资产	2008年12月31日	2007年12月31日
流动资产：		
货币资金	4,578,484,264	8,778,193,761
应收票据	354,869,985	2,250,000
应收账款	2,735,024,686	1,404,781,484
预付账款	1,281,548,540	48,641,339
应收利息	4,342,362	23,421,647
应收股利	16,391,075	21,287,114
其他应收款	306,469,550	130,102,922
存货	780,870,653	417,766,036
可供出售金融资产	–	607,337,984
一年内到期非流动资产	39,117,655	–
流动资产合计	10,097,118,770	11,433,782,287
非流动资产：		
可供出售金融资产	34,317,535	–
长期股权投资	589,449,106	485,171,185
持有至到期投资	78,235,318	–
固定资产	24,068,861,634	7,183,359,447
在建工程	17,007,742,511	3,665,892,052
无形资产	533,599,646	67,922,090
商誉	3,480,541,331	–
长期待摊费用	769,252,771	252,953,029
非流动资产合计	46,561,999,852	11,655,297,803
资产总计	56,659,118,622	23,089,080,090

合并资产负债表

2008年12月31日

编制单位：中海油田服务股份有限公司　　　　单位：元 币种：人民币

负债和股东权益	2008年12月31日	2007年12月31日
流动负债：		
短期借款	6,835,596,924	–
应付票据	366,762,500	–
应付账款	2,376,732,369	1,667,848,434
预收账款	38,818,223	78,080,001
应付职工薪酬	485,875,262	397,450,682
应交税费	343,298,457	528,338,656
应付利息	327,961,642	43,375,880

其他应付款	636,027,209	210,689,089
一年内到期的非流动负债	943,020,215	400,000,000
其他流动负债	54,381,067	58,720,187
流动负债合计	12,408,473,868	3,384,502,929
非流动负债：		
交易性金融负债	49,307,921	–
长期借款	16,355,446,023	744,000,000
应付债券	4,028,341,874	1,500,000,000
递延所得税负债	2,429,001,220	235,569,366
应付职工薪酬	5,663,626	–
其他非流动负债	1,585,039,930	–
非流动负债合计	24,452,800,594	2,479,569,366
负债合计	36,861,274,462	5,864,072,295
股东权益:		
股本	4,495,320,000	4,495,320,000
资本公积	8,074,565,725	8,074,565,726
盈余公积	1,000,055,663	677,614,950
未分配利润	6,208,025,040	3,967,663,009
其中：拟派发之现金股利	629,344,800	539,438,400
外币报表折算差额	19,877,725	9,844,110
归属于母公司股东权益	19,797,844,160	17,225,007,795
少数股东权益	–	–
股东权益合计	19,797,844,160	17,225,007,795
负债和股东权益总计	56,659,118,622	23,089,080,090

首席执行官:刘健　　执行副总裁兼首席财务官:钟华　　财务部总经理:陈林亭

母公司资产负债表

2008 年 12 月 31 日

编制单位: 中海油田服务股份有限公司　　单位: 元 币种:人民币

资产	2008 年 12 月 31 日	2007 年 12 月 31 日
流动资产：		
货币资金	3,042,002,086	8,335,437,789
应收票据	354,869,985	2,250,000
应收账款	3,316,608,684	2,059,546,704
预付账款	1,230,299,627	45,951,503
应收利息	3,024,938	23,421,647
应收股利	16,391,075	21,287,114
其他应收款	527,892,570	503,521,163
存货	650,306,338	409,223,797
可供出售金融资产	–	607,337,984
流动资产合计	9,141,395,303	12,007,977,701
非流动资产：		
长期股权投资	7,216,576,177	305,827,269
固定资产	10,289,703,965	6,998,092,402
在建工程	4,217,663,329	3,665,853,952
无形资产	324,345,191	67,922,090
长期待摊费用	754,460,662	252,953,029
非流动资产合计	22,802,749,524	11,290,648,742
资产总计	31,944,144,627	23,298,626,443

母公司资产负债表

2008 年 12 月 31 日

编制单位: 中海油田服务股份有限公司　　单位: 元 币种:人民币

负债和股东权益	2008 年 12 月 31 日	2007 年 12 月 31 日
流动负债：		
应付票据	366,762,500	–
应付账款	2,042,417,318	1,598,588,430
预收账款	38,778,581	78,080,001
应付职工薪酬	420,782,578	396,700,200
应交税费	249,251,395	511,807,272
应付利息	49,579,424	43,375,880
其他应付款	127,892,339	209,213,957
一年内到期的非流动负债	244,000,000	400,000,000
其他流动负债	54,175,828	58,720,187
流动负债合计	3,593,639,963	3,296,485,932
非流动负债：		
长期借款	6,367,680,000	744,000,000
应付债券	1,500,000,000	1,500,000,000
递延所得税负债	281,827,779	235,569,365
非流动负债合计	8,149,507,779	2,479,569,365
负债合计	11,743,147,742	5,776,055,298
股东权益：		
股本	4,495,320,000	4,495,320,000
资本公积	8,074,565,726	8,074,565,725
盈余公积	1,000,055,668	677,614,950
未分配利润	6,636,246,905	4,273,718,845
其中：拟派发之现金股利	629,344,800	539,438,400
外币报表折算差额	(5,191,414)	1,351,624
股东权益合计	20,200,996,885	17,522,571,145

负债及股东权益总计	31,944,144,627	23,298,626,443

首席执行官:刘健　　执行副总裁兼首席财务官:钟华　　财务部总经理:陈林亭

合并利润表

2008 年 1–12 月

编制单位: 中海油田服务股份有限公司　　单位: 元 币种:人民币

	2008 年	2007 年
一、营业收入	12,430,252,591	9,241,894,832
减：营业成本	7,929,906,369	5,890,435,187
营业税金及附加	287,308,569	233,907,439
销售费用	6,206,044	3,195,634
管理费用	378,653,079	284,383,687
财务费用	366,105,924	89,735,311
资产减值损失	159,493,125	6,450,718
公允价值变动损失	52,983,938	–
加：投资收益	89,666,903	125,036,694
其中：对合营企业的投资收益	215,707,167	113,152,456
二、营业利润	3,339,262,446	2,858,823,550
加：营业外收入	48,670,373	38,610,931
减：营业外支出	80,646,406	30,867,341
其中：非流动资产处置损失	55,541,786	18,868,802
三、利润总额	3,307,286,413	2,866,567,140
减：所得税费用	205,045,264	628,983,283
四、净利润	3,102,241,149	2,237,583,857
归属于母公司股东的净利润	3,102,241,149	2,237,583,857
少数股东损益	–	–
五、每股收益		
基本每股收益	0.69	0.54
稀释每股收益	不适用	不适用

母公司利润表

2008 年 1–12 月

编制单位:中海油田服务股份有限公司　　单位:元币种:人民币

	2008 年	2007 年
一、营业收入	10,462,547,470	8,563,898,999
减：营业成本	6,564,680,493	5,171,121,984
营业税金及附加	286,405,749	233,668,338
销售费用	3,106,140	2,117,897
管理费用	278,556,547	249,656,468
财务费用	193,443,623	102,420,574
资产减值损失	52,984,907	2,873,931
加：投资收益	238,225,395	136,688,429
其中：对合营企业的投资收益	208,246,552	124,804,192
二、营业利润	3,321,595,406	2,938,728,236
加：营业外收入	48,670,373	38,610,931
减：营业外支出	77,577,259	30,843,735
其中：非流动资产处置损失	52,484,965	18,868,802
三、利润总额	3,292,688,520	2,946,495,432
减：所得税费用	68,281,342	595,498,568
四、净利润	3,224,407,178	2,350,996,864

合并现金流量表

2008 年 1–12 月

编制单位: 中海油田服务股份有限公司　　单位: 元 币种:人民币

	2008 年	2007 年
一、经营活动产生的现金流量：		
销售商品、提供劳务收到的现金	10,833,451,160	8,852,457,196
收到的税费返还	79,371,980	319,286,114
收到的其它与经营活动有关的现金	22,504,710	76,303,892
经营活动现金流入小计	10,935,327,850	9,248,047,202
购买商品、接受劳务支付的现金	(3,323,599,106)	(3,294,988,215)
支付给职工以及为职工支付的现金	(2,130,827,606)	(1,554,342,261)
支付的各项税费	(772,859,396)	(916,253,032)
支付的其它与经营活动有关的现金	(671,379,872)	(518,185,656)
经营活动现金流出小计	(6,898,665,980)	(6,283,769,164)
经营活动产生的现金流量净额	4,036,661,870	2,964,278,038
二、投资活动产生的现金流量：		
收回投资收到的现金	3,358,075,649	175,000,000
取得投资收益所收到的现金	159,794,446	92,977,084
取得存款利息收入所收到的现金	183,697,977	38,738,832
处置固定资产所收到的现金	11,694,361	40,668,247
投资活动现金流入小计	3,713,262,433	347,384,163
购建固定资产和其它长期资产所支付的现	(7,630,571,357)	(3,128,404,366)
取得子公司支付的现金净额	(15,647,032,930)	(13,282,536)
取得其他投资支付的现金	(1,060,000,000)	(2,550,104,310)
投资活动现金流出小计	(24,337,604,287)	(5,691,791,212)
投资活动产生的现金流量净额	(20,624,341,854)	(5,344,407,049)
三、筹资活动产生的现金流量：		
科研专项拨款收到的现金	55,040,000	69,150,000

借款所收到的现金	15,781,718,567	1,994,000,000
吸收投资收到的现金	–	6,598,755,426
筹资活动现金流入小计	15,836,758,567	8,661,905,426
偿还债务所支付的现金	(570,865,000)	(1,350,000,000)
分配股利、利润所支付的现金	(539,438,400)	(239,719,200)
偿还利息所支付的现金	(408,705,878)	(43,719,646)
支付的其他与筹资活动有关的现金	(77,872,754)	(20,353,730)
筹资活动现金流出小计	(1,596,882,032)	(1,653,792,576)
筹资活动产生的现金流量净额	14,239,876,535	7,008,112,850
四、汇率变动对现金的影响额	(153,830,399)	(23,174,909)
五、现金及现金等价物净增加额	(2,501,633,848)	4,604,808,930
加：年初现金及现金等价物余额	6,797,121,900	2,192,312,970
六、年末现金及现金等价物余额	4,295,488,052	6,797,121,900

母公司现金流量表

2008 年 1–12 月

编制单位: 中海油田服务股份有限公司　　单位: 元 币种:人民币

	2008 年	2007 年
一、经营活动产生的现金流量：		
销售商品、提供劳务收到的现金	8,743,863,684	7,880,107,329
收到的税费返还	79,371,980	308,220,331
收到的其它与经营活动有关的现金	40,595,110	76,303,892
经营活动现金流入小计	8,863,830,774	8,264,631,552
购买商品、接受劳务支付的现金	(3,008,519,342)	(2,819,123,498)
支付给职工以及为职工支付的现金	(1,691,694,557)	(1,317,908,010)
支付的各项税费	(661,559,392)	(821,013,069)
支付的其它与经营活动有关的现金	(519,234,225)	(454,270,620)
经营活动现金流出小计	(5,881,007,516)	(5,412,319,197)
经营活动产生的现金流量净额	2,982,823,258	2,852,312,355
二、投资活动产生的现金流量：		
收回投资收到的现金	3,360,755,000	175,000,000
取得投资收益所收到的现金	159,794,446	92,977,084
取得存款利息收入所收到的现金	147,271,263	31,801,365
处置固定资产所收到的现金	9,684,256	33,727,579
投资活动现金流入小计	3,677,504,965	333,506,028
购建固定资产、无形资产和其它长期资产所支付的现金	(7,060,652,414)	(3,112,400,761)
取得其它投资所支付的现金	(1,060,000,000)	(2,552,074,571)
进行长期投资所支付的现金	(6,827,665,500)	–
投资活动现金流出小计	(14,948,317,914)	(5,664,475,332)
投资活动产生的现金流量净额	(11,270,812,949)	(5,330,969,304)
三、筹资活动产生的现金流量：		
科研专项拨款收到的现金	55,040,000	69,150,000
借款所收到的现金	5,867,600,000	1,994,000,000
吸收投资收到的现金	–	6,598,755,426
筹资活动现金流入小计	5,922,640,000	8,661,905,426
偿还债务所支付的现金	(400,000,000)	(1,350,000,000)
分配股利、利润所支付的现金	(539,438,400)	(239,719,200)
偿还利息所支付的现金	(192,894,262)	(43,516,955)
支付的其他与筹资活动有关的现金	(54,676,000)	(20,353,730)
筹资活动现金流出小计	(1,187,008,662)	(1,653,589,885)
筹资活动产生的现金流量净额	4,735,631,338	7,008,315,541
四、汇率变动对现金的影响额	(40,322,350)	(38,312,688)
五、现金及现金等价物净增加额	(3,592,680,703)	4,491,345,904
加：年初现金及现金等价物余额	6,362,919,489	1,871,573,585
六、年末现金及现金等价物余额	2,770,238,786	6,362,919,489

合并所有者权益变动表

2008 年 1–12 月

编制单位: 中海油田服务股份有限公司　　单位: 元 币种:人民币

2008 年

	归属于母公司股东权益							
	股本	资本公积	盈余公积	未分配利润	外币报表折算差额	小计	少数股东权益	股东权益合计
一、2008 年 1 月 1 日	4,495,320,000	8,074,565,726	677,614,950	3,967,663,009	9,844,110	17,225,007,795	–	17,225,007,795
二、本年增减变动金额								
(一)净利润	–	–	–	3,102,241,149	–	3,102,241,149	–	3,102,241,149
(二)直接计入股东权益的利得和损失	–	–	–	–	–	–	–	–
上述(一)和(二)小计	–	–	–	3,102,241,149	–	3,102,241,149	–	3,102,241,149
(三)利润分配								
1.提取盈余公积	–	–	322,440,718	(322,440,718)	–	–	–	–
2.对股东的分配	–	–	–	(539,438,400)	–	(539,438,400)	–	(539,438,400)
(四)收购子公司	–	–	–	–	–	–	181,033,794	181,033,794
(五)取得少数股东权益	–	–	–	–	–	–	(181,033,794)	(181,033,794)
三、外币报表折算差额	–	–	–	–	10,033,616	10,033,616	–	10,033,616
四、2008 年 12 月 31 日	4,495,320,000	8,074,565,726	1,000,055,668	6,208,025,040	19,877,726	19,797,844,160	–	19,797,844,160

2007 年

	归属于母公司股东权益							
	股本	资本公积	盈余公积	未分配利润	外币报表折算差额	小计	少数股东权益	股东权益合计
一、2007 年 1 月 1 日	3,995,320,000	1,975,810,300	442,515,264	2,204,898,038	67,674	8,618,611,276	–	8,618,611,276
二、本年增减变动金额								
(一)净利润	–	–	–	2,237,583,857	–	2,237,583,857	–	2,237,583,857
(二)直接计入股东权益的利得和损失	–	–	–	–	–	–	–	–
上述(一)和(二)小计	–	–	–	2,237,583,857	–	2,237,583,857	–	2,237,583,857
(三)股东投入和减少资本								
1.股东投入资本	500,000,000	6,098,755,426	–	–	–	6,598,755,426	–	6,598,755,426
(四)利润分配								
1.提取盈余公积	–	–	235,099,686	(235,099,686)	–	–	–	–
1.对股东的分配	–	–	–	(239,719,200)	–	(239,719,200)	–	(239,719,200)
三、外币报表折算差额	–	–	–	–	9,776,436	9,776,436	–	9,776,436
四、2007 年 12 月 31 日	4,495,320,000	8,074,565,726	677,614,950	3,967,663,009	9,844,110	17,225,007,795	–	17,225,007,795

母公司所有者权益变动表

2008 年 1–12 月

编制单位:中海油田服务股份有限公司　　单位:元币种:人民币

2008 年

	股本	资本公积	盈余公积	未分配利润	外币报表折算差额	所有者权益合计
一、2008 年 1 月 1 日	4,495,320,000	8,074,565,726	677,614,950	4,273,718,845	1,351,624	17,522,571,145
二、本年增减变动金额						
(一)净利润	–	–	–	3,224,407,178	–	3,224,407,178
(二)直接计入股东权益的利得和损失	–	–	–	–	–	–
上述(一)和(二)小计	–	–	–	3,224,407,178	–	3,224,407,178
(三)利润分配						
1.提取盈余公积	–	–	322,440,718	(322,440,718)	–	–
2.对股东的分配	–	–	–	(539,438,400)	–	(539,438,400)
三、外币报表折算差额	–	–	–	–	(6,543,038)	(6,543,038)
四、2008 年 12 月 31 日	4,495,320,000	8,074,565,726	1,000,055,668	6,636,246,905	(5,191,414)	20,200,996,885

2007 年

	股本	资本公积	盈余公积	未分配利润	外币报表折算差额	所有者权益合计
一、2007 年 1 月 1 日	3,995,320,000	1,975,810,300	442,515,264	2,397,540,867	67,674	8,811,254,105
二、本年增减变动金额						
(一)净利润	–	–	–	2,350,996,864	–	2,350,996,864
(二)直接计入股东权益的利得和损失	–	–	–	–	–	–
上述(一)和(二)小计	–	–	–	2,350,996,864	–	2,350,996,864
(三)股东投入和减少资本						
1.股东投入资本	500,000,000	6,098,755,426	–	–	–	6,598,755,426
(四)利润分配						
1.提取盈余公积	–	–	235,099,686	(235,099,686)	–	–
2.对股东的分配	–	–	–	(239,719,200)	–	(239,719,200)
三、外币报表折算差额	–	–	–	–	1,283,950	1,283,950
四、2007 年 12 月 31 日	4,495,320,000	8,074,565,726	677,614,950	4,273,718,845	1,351,624	17,522,571,145

9.3 本报告期无会计政策、会计估计和核算方法变更。

9.4 本报告期无会计差错更正。

9.5 与 2007 年相比，本年度通过非同一控制下的企业合并并购 CDE 后，合并报表范围增加 CDE 公司及其控制的子公司。

中海油田服务股份有限公司董事会

2009 年 4 月 1 日

中国石油天然气股份有限公司

中国石油天然气股份有限公司2008年年度报告摘要

第一节　重要提示

1.1 中国石油天然气股份有限公司(以下简称"本公司")董事会、监事会及董事、监事、高级管理人员保证本报告所载资料不存在任何虚假记载、误导性陈述或者重大遗漏 并对其内容的真实性、准确性和完整性负个别及连带责任。

本年度报告摘要摘自二零零八年度报告全文,投资者欲了解详细内容,应仔细阅读本公司二零零八年年度报告全文。年度报告全文同时刊载于上海证券交易所网站 (网址 http://www.sse.com.cn)、香港联合交易所有限公司(以下简称"香港联交所") 网站(网址 http://www.hkex.com.hk) 及本公司网站(网址 http://www.petrochina.com.cn)。

1.2 本年度报告摘要经本公司第四届董事会第四次会议一致审议通过, 所有董事均保证本年度报告摘要内容真实、准确、完整,不存在异议。

1.3 本公司所有董事均出席了第四届董事会第四次会议。

1.4 本公司及其附属公司(以下简称"本集团")分别按中国企业会计准则及国际财务报告准则编制财务报告。本集团按中国企业会计准则及国际财务报告准则编制的二零零八年度财务报告已分别经普华永道中天会计师事务所有限公司和罗兵咸永道会计师事务所进行审计并出具标准无保留意见的审计报告。

1.5 本公司不存在大股东非经营性资金占用情况。

1.6 本年度报告摘要所涉及 2006 年及 2007 年比较财务数据因执行《企业会计准则解释第2 号》(仅涉及按中国企业会计准则编制的财务数据) 及同一控制下业务合并等原因进行了重述。

1.7 本公司董事长蒋洁敏先生、副董事长兼总裁周吉平先生、财务总监兼会计机构负责人周明春先生保证本年度报告中财务报告的真实、完整。

第二节　公司基本情况简介

2.1 本公司基本情况简介

股票简称	中国石油	PetroChina	中国石油
股票代码	601857	PTR	601857
股票上市交易所	香港联交所	纽约证券交易所	上海证券交易所
公司法定代表人	蒋洁敏		
注册地址	中国北京东城区安德路 16 号洲际大厦		
邮政编码	100011		
办公地址	中国北京东城区东直门北大街 9 号		
邮政编码	100007		
公司国际互联网网址	http://www.petrochina.com.cn		
电子信箱	xwzou@petrochina.com.cn		
公司信息披露报纸名称	A 股参阅《中国证券报》、《上海证券报》、《证券时报》		
年度报告备置地点	中国北京东城区东直门北大街 9 号		

2.2 本公司联系人和联系方式

	董事会秘书	证券事务代表	香港代表处代表
姓名	李怀奇	梁刚	毛泽锋
联系地址	中国北京东城区东直门北大街 9 号		香港金钟道 89 号 力宝中心 2 座 3606 室
邮政编码	100007		
电话	86(10)5998 6223	86(10)5998 6959	(852)2899 2010
传真	86(10)6209 9557	86(10)6209 9559	(852)2899 2390
电子信箱	xwzou@petrochina.com.cn	liangg@petrochina.com.cn	hko@petrochina.com.hk3

第三节　会计数据和财务指标摘要

3.1 按国际财务报告准则编制的主要会计数据及财务指标

单位:人民币百万元

项 目	2008 年	2007 年	本年比上年增减(%)	2006 年
营业额	1,071,146	836,353	28.1	690,512
归属于本公司股东的净利润	114,431	146,750	(22.0)	143,511
经营活动产生的现金流量净额	170,506	205,243	(16.9)	200,692
基本及摊薄每股收益	0.63	0.82	(23.2)	0.80
每股经营活动产生的现金流量净额	0.93	1.14	(18.4)	1.12
项 目	2008 年末	2007 年末	本年末比上年末增减(%)	2006 年末
总资产	1,194,174	1,067,680	11.8	878,541
归属于本公司股东权益	790,838	738,204	7.1	590,423
归属于本公司股东的每股净资产	4.32	4.03	7.2	3.30

3.2 按中国企业会计准则编制的主要会计数据及财务指标

3.2.1 主要会计数据

单位:人民币百万元

项 目	2008 年	2007 年	本年比上年增减(%)	2006 年
营业收入	1,071,146	836,353	28.1	690,512
营业利润	149,332	206,019	(27.5)	202,825
利润总额	161,100	204,182	(21.1)	200,429
归属于本公司股东的净利润	113,798	145,867	(22.0)	141,787
归属于本公司股东的扣除非经常性损益后的净利润	99,274	140,412	(29.3)	141,509
经营活动产生的现金流量净额	176,803	212,213	(16.7)	208,002
项 目	2008 年末	2007 年末	本年比末上年末增减(%)	2006 年末
总资产	1,194,901	1,069,135	11.8	894,422
归属于本公司股东权益	791,619	739,616	7.0	592,6104

3.2.2 主要财务指标

项 目	2008 年	2007 年	本年比上年增减(%)	2006 年
基本每股收益	0.62	0.81	(23.5)	0.79
稀释每股收益	0.62	0.81	(23.5)	0.79
扣除非经常性损益后的基本每股收益	0.54	0.78	(30.8)	0.79
全面摊薄净资产收益率(%)	14.4	19.7	(5.3 个百分点)	23.9
加权平均净资产收益率(%)	14.8	22.5	(7.7 个百分点)	25.3
扣除非经常性损益后全面摊薄净资产收益率(%)	12.5	19.0	(6.5 个百分点)	23.9
扣除非经常性损益后加权平均净资产收益率(%)	12.9	21.7	(8.8 个百分点)	25.3
每股经营活动产生的现金流量净额	0.97	1.18	(17.8)	1.16
项 目	2008 年末	2007 年末	本年比末上年末增减(%)	2006 年末
归属于本公司股东的每股净资产(人民币元)	4.33	4.04	7.2	3.31

3.2.3 非经常性损益项目

√适用　　□不适用

单位:人民币百万元

非经常性损益项目	截至 2008 年 12 月 31 日止年度(收入)/支出
处置非流动资产净损失	2,598
处置可供出售金融资产净收益	(7)
其他营业外收入和支出	2,221
政府补助	(16,006)
同一控制下企业合并产生的子公司合并日前净利润	(3,934)
应收款项减值准备冲回	(184)
委托贷款利息收入	(146)
冲回未行权的股票期权	(1,400)
非经常性损益的所得税影响数	4,016
所得税税率变动的影响	(3,134)
合计	(15,976)
其中:影响本公司股东净利润的非经常性损益	(14,524)
影响少数股东净利润的非经常性损益	(1,452)5

3.2.4 采用公允价值计量的项目

√适用　　□不适用

单位:人民币百万元

项目	期初余额	期末余额	当期变动	对当期利润的影响金额
可供出售金融资产	484	125	(359)	-

3.3 国内外会计准则差异

√适用　　□不适用

单位:人民币百万元

	中国企业会计准则	国际财务报告准则
净利润(含少数股东损益)	125,946	126,651
股东权益(含少数股东权益)	847,725	847,126

3.3.1 按中国企业会计准则计算的净利润与按国际财务报告准则计算的净利润之间的差异分析

合并净利润	2008 年度	2007 年度
	人民币百万元	人民币百万元
按国际财务报告准则计算的净利润	126,651	155,176
差异调整:		

1999 年非固定资产、油气资产评估的摊销、处置	(171)	(457)
2003 年固定资产、油气资产评估的折旧、折耗及处置(194)	(162)	
长期资产减值准备冲回及其引起的处置影响	(18)	142
其他	(322)	(388)
按中国企业会计准则计算的净利润	125,946	154,3116

3.3.2 按中国企业会计准则计算的股东权益与按国际财务报告准则计算的股东权益之间的差异分析

合并股东权益	2008 年 12 月 31 日 人民币百万元	2007 年 12 月 31 日 人民币百万元
按国际财务报告准则计算的股东权益	847,126	782,100
差异调整：		
1999 年非固定资产、油气资产评估及其摊销、处置 238	409	
2003 年固定资产、油气资产评估及其折旧、折耗及处置	143	337
长期资产减值准备冲回及其引起的处置影响	(110)	(92)
其他	328	648
按中国企业会计准则计算的股东权益	847,725	783,4027

第四节　股本变动及股东情况

4.1 股份变动情况表

单位：股

	本次变动前		本次变动增减(+,-)					本次变动后	
	数量	比例(%)	发行新股	送股	公积金转股	其他(注)	小计	数量	比例(%)
一、有限售条件股份	158,922,077,818	86.83	-	-	-	-1,000,000,000	-1,000,000,000	157,922,077,818	86.29
1、国家持股	157,922,077,818	86.29	-	-	-	-	-	157,922,077,818	86.29
2、国有法人持股	-	-	-	-	-	-	-	-	-
3、其他内资持股	1,000,000,000	0.54	-	-	-	-1,000,000,000	-1,000,000,000	0	0
其中：									
境内非国有法人持股	1,000,000,000	0.54	-	-	-	-1,000,000,000	-1,000,000,000	0	0
境内自然人持股	-	-	-	-	-	-	-	-	-
4、外资持股	-	-	-	-	-	-	-	-	-
二、无限售条件股份	24,098,900,000	13.17	-	-	-	+1,000,000,000	+1,000,000,000	25,098,900,000	13.71
1、人民币普通股	3,000,000,000	1.64	-	-	-	+1,000,000,000	+1,000,000,000	4,000,000,000	2.18
2、境内上市的外资股	-	-	-	-	-	-	-	-	-
3、境外上市的外资股	21,098,900,000	11.53	-	-	-	-	-	21,098,900,000	11.53
4、其他	-	-	-	-	-	-	-	-	-
三、股份总数	183,020,977,818	100.00	-	-	-	-	-	183,020,977,818	100.00

注：二零零七年十月本公司首次公开发行人民币普通股股票(A 股)时，网下向询价对象配售的股份已于二零零八年二月五日起开始上市流通。

限售股份变动情况

单位：股

股东名称	年初限售股数	本年解除限售股数	本年增加限售股数	年末限售股数	限售原因	解除限售日期
中国石油天然气集团公司(以下简称"中国石油集团")	157,922,077,818	0	0	157,922,077,818	2007 年 10 月本公司首次公开发行人民币普通股股票(A 股)时，中国石油集团承诺："自中国石油 A 股股票在上海证券交易所上市之日起三十六个月内，我公司不转让或者委托他人管理我公司持有的中国石油 A 股股份，也不由中国石油回购我公司持有的 A 股股份。但经境内有权机构批准我公司持有的股份到境外交易场所上市流通部分，不受上述三十六个月锁定期限制。"	2010-11-5
网下配售股份	1,000,000,000	1,000,000,000	0	0		2008-2-5
合计	158,922,077,818	1,000,000,000	0	157,922,077,818		

4.2 股东数量和持股情况

于二零零八年十二月三十一日，本公司的股东数量为 1,828,261 名，其中境内 A 股股东 1,820,389 名，境外 H 股记名股东 7,872 名(包括美国存托证券股东 303 名)。本公司最低公众持股量已满足香港联交所《上市规则》规定。

4.2.1 前 10 名股东持股情况

单位：股

股东名称	股东性质	持股比例(%)	持股总数	报告期内增减(+,-)	持有有限售条件股份数量	质押或冻结的股份数量
中国石油集团	国家股	86.42(1)	158,164,597,259	+242,519,441	157,922,077,818	0
香港(中央结算)代理人有限公司(2)	H 股	11.40(3)	20,869,519,699	-68,234,453	0	0
交通银行-易方达 50 指数证券投资基金	A 股	0.029	53,233,434	+53,233,434	0	0
中国工商银行-上证 50 交易型开放式指数证券投资基金	A 股	0.026	47,178,809	+42,415,163	0	0
中国银行-嘉实沪深 300 指数证券投资基金	A 股	0.014	24,846,098	+10,810,672	0	0
中国人寿保险股份有限公司-分红-个人分红-005L-FH002 沪	A 股	0.013	23,519,614	-6,718,956	0	0
中国建设银行-上投摩根中国优势证券投资基金	A 股	0.011	20,943,434	+20,943,434	0	0
中国人寿保险股份有限公司-传统-普通保险产品-005L-CT001 沪	A 股	0.010	18,771,597	-6,297,403	0	0
UBS AG	A 股	0.010	18,032,575	+17,041,546	0	0
中国人寿保险(集团)公司-传统-普通保险产品	A 股	0.010	17,926,950	-38,870,050	0	0

注：

(1)二零零八年九月二十二日，中国石油集团通过上海证券交易所交易系统买入方式增持本公司股份 60,000,000 股 A 股股份，并拟在未来十二个月内(自二零零八年九月二十二日起算)以自身名义或通过一致行动人继续在二级市场增持本公司股份，累计增持比例不超过本公司已发行总股份的 2%。中国石油集团承诺，在增持期间及法定期限内不减持其持有的本公司股份。此数包括中国石油集团在报告期内通过二级市场增持的 242,519,441 股本公司 A 股股份，占公司股本总额的 0.13%。但并不包括中国石油集团通过境外全资附属公司 Fairy King Investments Limited 在报告期内间接持有的 535,704,000 股 H 股股份，占公司股本总额的 0.29%。

(2)香港(中央结算)代理人有限公司为香港联交所下属子公司，其主要业务为以代理人身份代其他公司或个人股东持有股票。

(3)中国石油集团通过境外全资附属公司 Fairy King Investments Limited 持有 535,704,000 股 H 股，占公司股本总额的 0.29%，该等股份包含在香港(中央结算)代理人有限公司持有的股份总数中。

4.2.2 前 10 名无限售条件股东持股情况

单位：股

排名	股东名称	持股数	股份种类
1	香港(中央结算)代理人有限公司	20,869,519,699	H 股
2	交通银行-易方达 50 指数证券投资基金	53,233,434	A 股
3	中国工商银行-上证 50 交易型开放式指数证券投资基金	47,178,809	A 股
4	中国银行-嘉实沪深 300 指数证券投资基金	24,846,098	A 股
5	中国人寿保险股份有限公司-分红-个人分红-005L-FH002 沪	23,519,614	A 股
6	中国建设银行-上投摩根中国优势证券投资基金	20,943,434	A 股
7	中国人寿保险股份有限公司-传统-普通保险产品-005L-CT001 沪	18,771,597	A 股
8	UBS AG	18,032,575	A 股
9	中国人寿保险(集团)公司-传统-普通保险产品	17,926,950	A 股
10	中国人民财产保险股份有限公司-传统-普通保险产品-008CCT001 沪	14,000,000	A 股

上述股东关联关系或一致行动的说明：除了中国人寿保险股份有限公司-分红-个人分红-005L-FH002 沪、中国人寿保险股份有限公司-传统-普通保险产品-005L-CT001 沪和中国人寿保险(集团)公司-传统-普通保险产品同属中国人寿资产管理有限公司管理外，本公司未知上述其他前 10 名股东之间、前 10 名无限售条件股东之间或前 10 名股东和前 10 名无限售条件股东之间存在关联关系或属于《上市公司收购管理办法》规定的一致行动人。

4.2.3 根据香港《证券及期货条例》披露主要股东持股情况

据董事所知，于二零零八年十二月三十一日，除本公司董事、监事或高级管理人员以外，以下人士在公司的股份或相关股份中拥有根据《证券及期货条例》第 XV 部第 2 及第 3 分部须予披露的权益或淡仓：

股东名称	持股性质	股份数目	持有身份	占同一类别股份已发行股本比例(%)	占总股本比例(%)
中国石油集团	A 股	158,164,597,259 (好仓)	实益拥有人	97.68	86.42
	H 股	535,704,000 (好仓)(1)	控制的公司权益	2.54	0.29
JPMorgan Chase& Co.(2)	H 股	1,171,215,091(好仓)	实益拥有人/投资经理保管机构/核准借出代理人	5.55	0.64
		408,786,658(淡仓)	实益拥有人	1.94	0.22
		749,723,597(借股)	保管机构/核准借出代理人	3.55	0.4111

注：

(1)中国石油集团通过境外全资附属公司 Fairy King Investments Limited 持有 535,704,000 股 H

股。中国石油集团被视为拥有 Fairy King Investments Limited 持有的 H 股。

(2)JPMorgan Chase & Co.透过其控制的公司持有本公司 H 股，其中 396,417,494 股 H 股(好仓)及 408,786,658 股 H 股（淡仓）为实益拥有；25,074,000 股 H 股（好仓）以投资经理的身份持有；749,723,597 股 H 股（好仓）以保管机构/核准借出代理人的身份持有。上述 1,171,215,091 股 H 股(好仓)权益已包括以实益拥有人、投资经理、保管机构/核准借出代理人身份持有的好仓权益。

于二零零八年十二月三十一日，据董事所知，除上述所披露者之外，概无任何人士(本公司董事、监事或高级管理人员除外)于《证券及期货条例》第 336 条规定存置的股份权益及淡仓登记册上记录权益。

4.3 控股股东及实际控制人情况介绍

4.3.1 控股股东及实际控制人变更情况

□适用　　　√不适用

4.3.2 控股股东及实际控制人具体情况介绍

本公司控股股东为中国石油集团，成立于一九九八年七月，是根据国务院机构改革方案，在原中国石油天然气总公司的基础上组建的特大型石油石化企业集团，是国家授权的投资机构和国家控股公司，注册资本为人民币 2,404.4002 亿元，法定代表人蒋洁敏先生。中国石油集团是集油气勘探开发、炼油化工、油品销售、油气储运、石油贸易、工程技术服务和石油装备制造于一体的综合性能源公司。

第五节　董事、监事和高级管理人员

5.1 董事、监事和高级管理人员持股变动及报酬情况

5.1.1 现任董事有关情况如下表：

姓　名	性别	年龄	职位	董事任期	2008 年在本公司领取的报酬总额(千元)	是否在股东单位领取报酬	持有本公司股份(股) 2007.12.31	2008.12.31
蒋洁敏	男	53	董事长	2008.05-2011.05	-	是	0	0
周吉平	男	56	副董事长、总裁	2008.05-2011.05	515	否	0	0
王宜林	男	52	非执行董事	2008.05-2011.05	-	是	0	0
曾玉康	男	58	非执行董事	2008.05-2011.05	-	是	0	0
王福成	男	58	非执行董事	2008.05-2011.05	-	是	0	0
李新华	男	55	非执行董事	2008.05-2011.05	-	是	0	0
廖永远	男	46	执行董事、副总裁	2008.05-2011.05	869	否	0	0
王国樑	男	56	非执行董事	2008.05-2011.05	-	是	0	0
蒋　凡	男	45	非执行董事	2008.05-2011.05	569	否	0	0
董建成	男	66	独立非执行董事	2008.05-2011.05	249	否	0	0
刘鸿儒	男	78	独立非执行董事	2008.05-2011.05	343	否	0	0
Franco Bernabè	男	60	独立非执行董事	2008.05-2011.05	243	否	0	0
李勇武	男	64	独立非执行董事	2008.05-2011.05	197	否	0	0
崔俊慧	男	62	独立非执行董事	2008.05-2011.05	331	否	0	0

5.1.2 现任监事有关情况如下表：

姓　名	性别	年龄	职位	监事任期	2008 年在本公司领取的报酬总额(千元)	是否在股东单位领取报酬	持有本公司股份(股) 2007.12.31	2008.12.31
陈　明	男	58	监事会主席	2008.05-2011.05	-	是	0	0
温青山	男	50	监事	2008.05-2011.05	-	是	0	0
孙先锋	男	56	监事	2008.05-2011.05	-	是	0	0
于毅波	男	45	监事	2008.05-2011.05	-	是	A 股 56,500	A 股 66,500★
王亚伟	男	54	职工监事	2008.05-2011.05	-	是	0	0
秦刚	男	55	职工监事	2008.05-2011.05	521	否	0	0
王莎莉	女	54	职工监事	2008.05-2011.05	-	是	A 股 7,000 H 股 18,000	A 股 7,000 H 股 18,000
吴志攀	男	52	独立监事	2008.05-2011.05	234	否	0	0
李　元	男	61	独立监事	2008.05-2011.05	124	否	0	0

★本报告期内，通过二级市场购买。

5.1.3 高级管理人员有关情况如下表：

姓　名	性别	年龄	职位	高级管理人员任期	2008 年在本公司领取的报酬总额(千元)	是否在股东单位领取报酬	持有本公司股份(股) 2007.12.31	2008.12.31
孙龙德	男	46	副总裁	2007.06-	690	否	0	0
沈殿成	男	49	副总裁	2007.06-	684	否	0	0
刘宏斌	男	45	副总裁	2007.06-	681	否	0	0
周明春	男	41	财务总监	2007.06-	681	否	0	0
李华林	男	46	副总裁	2007.11-	541	否	0	0
赵政璋	男	52	副总裁	2008.05-	317	否	0	0
蔺爱国	男	50	总工程师	2007.06-	684	否	0	0
王道富	男	53	总地质师	2008.05-	317	否	0	0
黄维和	男	51	总工程师	2008.05-	317	否	0	0
李怀奇	男	59	董事会秘书	2001.08-	676	否	0	0

本公司的高级管理人员(包括执行董事和监事)均已与本公司订立了业绩考核合同。本公司制定的高级管理人员薪酬制度将高级管理人员的经济利益与本公司的运营业绩和股票的市场表现结合。

第六节　董事会报告

6.1 报告期内整体经营情况的讨论与分析

6.1.1 经营业绩回顾

二零零八年，面对历史罕见的低温雨雪冰冻灾害和汶川特大地震等重大自然灾害，特别是国际金融危机蔓延、石油市场剧烈波动等国内外经营环境的各种变化，本公司科学筹划，积极应对，实现了主营业务持续发展，生产经营平稳运行，主要产品产量稳步增长，可持续发展能力进一步增强。剔除石油特别收益金及成品油价格宏观调控等政策性因素影响，公司经营效益继续保持较好水平。

1、市场回顾

(1)原油市场回顾

二零零八年国际原油价格剧烈波动。上半年受原油需求旺盛、美元疲软、投机炒作、库存下降、剩余产能短缺以及地缘政治不稳定等因素的影响，国际原油价格持续大幅上涨。二零零八年七月十一日，美国西德克萨斯中油(WTI)价格达到 147.27 美元/桶的历史高位。从八月份开始，受美国“次贷危机”蔓延及全球经济衰退的影响，原油需求预期开始下降，国际油价开始大幅回落。二零零八年十二月十九日，美国西德克萨斯中油(WTI)价格跌至 33.87 美元/桶，为近五年来的最低水平，与七月份历史高位相比下跌幅度超过 70%。从全年情况看，二零零八年美国西德克萨斯中油(WTI)和北海布伦特原油 (Brent) 平均价格分别为 100.06 美元/桶和 97.26 美元/桶，比上年同期上涨 38.66%和 34.37%。国内原油价格与国际原油价格走势基本一致。

据有关资料数据显示，二零零八年国内累计生产原油 1.90 亿吨，比上年同期增长 2.15%；全年净进口原油 1.75 亿吨，比上年同期增长 10.1%。

(2)成品油市场回顾

二零零八年国内成品油价格仍受国家宏观调控。国内汽、柴油全年平均出厂价格分别为人民币 5,890 元/吨和人民币 5,564 元/吨，比新加坡市场进口到岸完税价格分别低人民币 1,119 元/吨和人民币 2,357 元/吨。二零零八年上半年国际油价大幅上涨，国内加工企业出现较大亏损，部分地方炼厂停产，成品油市场供应一度紧张。二零零八年六月二十日，中国政府将汽油、柴油出厂价格每吨提高人民币 1,000 元，航空煤油出厂价格每吨提高人民币 1,500 元。二零零八年四季度，受国际金融危机蔓延及国内经济减速的影响，成品油消费需求下降，供大于求，市场进入量价齐跌时期，库存增加，给炼油生产带来了困难。二零零八年十二月十八日，中国政府发布了《关于实施成品油价格和税费改革的通知》，按照完善后的成品油价格形成机制，国内汽油、柴油和航空煤油出厂价格每吨分别下调人民币 900 元、1,100 元和 2,400 元。

据有关资料数据显示，二零零八年国内成品油表观消费量 2.05 亿吨，增幅 10.0%。

(3)化工市场回顾

二零零八年化工市场起伏较大。二零零八年一至九月份，由于发生冰冻雨雪、地震等自然灾害及举办奥运会，新建、重建基础设施拉动了国内化工市场的需求。而本年国内无重大新增产能投放市场，且为保障国内成品油市场的正常供应，石化生产企业降低乙烯裂解负荷，减少了化工基础原料的产量，进而导致了化工产品市场供应不足。同时，受原油价格持续高价位运行的影响，多数基础化工原料价格上涨至近二十年来的历史最高点，化工产品生产成本大幅提高，促使化工产品价格高位运行。二零零八年四季度，国际金融危机迅速蔓延，国内经济受到冲击，市场需求萎缩，化工产品价格全线回落，跌幅均超过 50%以上。

(4)天然气市场回顾

二零零八年，国内天然气市场仍保持快速发展，天然气需求增长强劲。本公司天然气对外销售量达到 511 亿立方米，同比增长 17.2%，天然气平均销售价格为人民币 813.16 元/千立方米，同比上涨 17.3%。

2、业务回顾

(1)勘探与生产

二零零八年本集团全面实施储量增长高峰期工程，继续深化整体研究、整体部署，强化新技术应用，加快老区精细勘探，大力推进预探和风险勘探，取得一批重要勘探成果，特别是在四川盆地、鄂尔多斯盆地、渤海湾盆地、准噶尔盆地和塔里木盆地均获得重要发现和突破。二零零八年，本集团油气综合储量接替率为 1.165。油气田开发强化生产组织协调，抗击低温、雨雪、冰冻、地震等自然灾害，积极转变开发方式，稳步推进老油田二次开发和精细挖潜，坚持整体高效开发新油田。科学组织生产运行，实现了原油产量稳定增长，天然气产量快速增长。二零零八年，本集团油气总产量为 1,181.5 百万桶油当量，其中原油 870.7 百万桶，可销售天然气 18,642 亿立方英尺。油气操作成本为 9.48 美元/桶，剔除汇率影响，同比增长 11.7%。

勘探与生产运营情况

	单位	2008 年	2007 年	同比增减(%)
原油产量	百万桶	870.7	846.0	2.9
可销售天然气产量	十亿立方英尺	1,864.2	1,627.7	14.5
油气当量产量	百万桶	1,181.5	1,117.4	5.7
原油探明储量	百万桶	11,221	11,706	(4.1)
天然气探明储量	十亿立方英尺	61,189	57,111	7.1
探明已开发原油储量	百万桶	8,324	9,047	(8.0)
探明已开发天然气储量	十亿立方英尺	26,667	26,047	2.4

(2)炼油与销售

二零零八年，本集团一批大型炼化基地相继建成投产，炼化规模实力大幅提升，原油加工量、炼化主要产品产量再创历史好水平。二零零八年前三季度，面对旺盛的市场需求，本集团充分发挥炼化一体化优势，大力推进资源整体优化，科学组织运行，开足马力生产，全力以赴增产增供；销售业务千方百计组织资源，科学组织投放，努力稳定市场供应。二零零八年四季度，市场需求大幅下降，本集团及时调整炼油加工负荷，销售业务积极应对市场变化，优化资源流向，扩大终端销售，努力增加销量。全年加工原油 8.498 亿桶，生产汽油、柴油和煤油约 7,397 万吨，炼油单位现金加工成本为每吨人民币 157 元。

炼油与销售生产情况

	单位	2008年	2007年	同比增减(%)
原油加工量	百万桶	849.8	823.6	3.2
汽、煤、柴油产量	千吨	73,968	71,381	3.6
其中:汽油	千吨	23,465	22,019	6.6
煤油	千吨	2,209	2,017	9.5
柴油	千吨	48,294	47,345	2.0
原油加工负荷率	%	94.9	97.7	(2.8个百分点)
轻油收率	%	73.58	73.99	(0.4个百分点)
石油产品综合商品收率	%	92.71	93.01	(0.3个百分点)
零售市场份额	%	37.5	37.0	0.5个百分点
加油站数量	座	17,456	18,648	(6.4)
其中:资产型加油站	座	16,725	17,070	(2.0)
单站加油量	吨/日	9.6	8.4	14.3

(3)化工与销售

二零零八年,本集团化工与销售深化生产受控管理,实现规模有效、安全平稳运行,各项主要技术经济指标持续改善,资源配置和产品结构进一步优化。面对化工市场的剧烈变化,积极推价促销降库,加强直销大用户开发,扩大产品出口。二零零八年本集团化工商品产量1,627万吨,同比增长4.6%,生产乙烯268万吨,同比增长3.7%。

化工与销售生产情况

主要化工产品产量	单位	2008年	2007年	同比增减(%)
乙烯	千吨	2,676	2,581	3.7
合成树脂	千吨	4,099	3,962	3.5
合成纤维原料及聚合物	千吨	1,637	1,459	12.2
合成橡胶	千吨	344	311	10.6
尿素	千吨	3,824	3,634	5.2

(4)天然气与管道

二零零八年,本集团油气管网及配套建设有序推进。油气战略通道建设取得重大突破,西气东输二线全线开工建设,国内一批重要油气管网相继建成或投产,城市燃气及天然气利用项目有序推进。天然气运行统一调度,有力保障了供气安全。天然气销售业务发挥管道联网优势,努力做好产运销储各环节的综合平衡,在实现向重点城市、公共事业和重点用户安全平稳供气的同时,保证了向北京奥运平稳供气,向南方雨雪冰冻灾区充足供气。在"5.12"汶川地震中,本公司的兰成渝成品油管道被誉为"抗震救灾的生命线"。在抗震救灾中,本公司努力维持该管道正常运转,有力支持了抗震救灾,有效保证了川渝地区成品油市场供应。

天然气与管道生产情况

	单位	2008年	2007年	同比增减(%)
原油管道	公里	11,028	10,559	4.4
成品油管道	公里	5,656	2,669	111.9
天然气管道	公里	24,037	22,043	9.0

6.1.2 管理层讨论与分析

以下讨论与分析应与本年度报告及其他章节所列之本集团经审计的财务报表及其附注同时阅读。

1、以下涉及的财务数据摘自本集团按国际财务报告准则编制并经过审计的财务报表

(1)合并经营业绩

受石油特别收益金增加、国内成品油价格受国家宏观调控以及国际金融危机蔓延等经济形势的综合影响,本集团二零零八年度经营业绩受到一定影响,实现税前利润人民币1,618.29亿元,同比下降21.0%,归属于本公司股东的利润为人民币1,144.31亿元,同比下降22.0%。但本集团总体发展态势是正常、有序、健康的,持续协调发展的基本面没有改变:油气勘探获得重大发现,油气产量再创历史新高;炼化生产销售平稳运行,有效保障市场资源供应;天然气管道业务快速发展,重点工程建设进展顺利;国际业务持续发展,经营规模和领域继续扩大。

营业额 营业额增长28.1%,从截至二零零七年十二月三十一日止十二个月的人民币8,363.53亿元增加到截至二零零八年十二月三十一日止十二个月的人民币10,711.46亿元,主要是由于原油、天然气及成品油等主要产品价格上升和销售量变化,以及本集团充分利用国际市场原油价格和石化产品价格高位运行的时机,努力扩大资源,拓展市场。另外,本年油品贸易业务增加也使得本集团营业额增加。下表列示了本集团二零零七年和二零零八年主要产品对外销售数量、平均实现价格以及各自的变化率。

	销售量(千吨)			平均实现价格(人民币元/吨)		
	2008年	2007年	变化率(%)	2008年	2007年	变化率(%)
原油★	20,465	18,730	9.3	4,264	3,594	18.6
天然气(亿立方米、人民币元/千立方米)	510.54	435.70	17.2	813	693	17.3
汽油	29,399	27,003	8.9	5,881	5,168	13.8
柴油	56,081	54,377	3.1	5,526	4,668	18.4
煤油	4,798	3,782	26.9	6,355	4,684	35.7
重油	7,061	8,772	(19.5)	3,541	2,519	40.6
聚乙烯	2,195	2,102	4.4	10,219	10,497	(2.6)
润滑油	2,003	2,378	(15.8)	7,515	6,420	17.1

★上表外销原油为本公司自产原油。

经营支出 经营支出增长43.5%,从截至二零零七年十二月三十一日止十二个月的人民币6,355.82亿元增加到截至二零零八年十二月三十一日止十二个月的人民币9,118.46亿元。其中:

采购、服务及其他支出 采购、服务及其他支出增长52.2%,从截至二零零七年十二月三十一日止十二个月的人民币3,692.19亿元增加到截至二零零八年十二月三十一日止十二个月的人民币5,621.22亿元。主要原因:一是外购原油、原料油及炼油产品等价格上涨及外购量增加,导致采购成本增加;二是国内材料、燃料、动力等生产资料价格上涨及本集团生产规模扩大,油田操作费及炼油加工费增加;三是根据市场情况,本期计提存货跌价损失人民币86.08亿元。另外,本年油品贸易业务增加也使得购买支出相应增加。

雇员酬金成本 截至二零零八年十二月三十一日止十二个月,本集团雇员酬金成本为人民币620.65亿元,剔除新建企业年金等因素影响,比上年同期增长11.7%,主要是根据国内物价水平相应调整了工资水平。

勘探费用 勘探费用增长4.4%,从截至二零零七年十二月三十一日止十二个月的人民币209.56亿元增加到截至二零零八年十二月三十一日止十二个月的人民币218.79亿元,主要原因是为进一步巩固油气资源基础,本集团适当加大了油气勘探投入。

折旧、折耗及摊销 折旧、折耗及摊销增长40.6%,从截至二零零七年十二月三十一日止十二个月的人民币672.74亿元增加到截至二零零八年十二月三十一日止十二个月的人民币946.03亿元,主要原因一是固定资产平均原值及油气资产平均净值增加,计提折旧折耗相应增加;二是由于二零零八年国际原油价格大幅波动,以及第四季度以来国内外整体经济状况下滑,导致部分资产可收回金额小于其账面价值,因此本集团二零零八年度计提了炼化装置减值准备人民币119.49亿元,油气资产减值准备人民币42.35亿元。

销售、一般性和管理费用 销售、一般性和管理费用增长13.8%,从截至二零零七年十二月三十一日止十二个月的人民币522.57亿元增加到截至二零零八年十二月三十一日止十二个月的人民币594.57亿元,主要是由于本集团生产规模扩大,业务拓展,导致运输费、修理费等相关费用增加。

除所得税外的其他税赋 除所得税外的其他税赋增长68.2%,从截至二零零七年十二月三十一日止十二个月的人民币737.92亿元增加到截至二零零八年十二月三十一日止十二个月的人民币1,241.15亿元,主要原因是二零零八年全年平均原油价格处于高位,本集团销售国内生产原油缴纳的石油特别收益金较上年增加人民币406.29亿元。

其他收入/(支出)净值 截至二零零八年十二月三十一日止十二个月,其他收入净值为人民币123.95亿元,而截至二零零七年十二月三十一日止十二个月其他支出净值为人民币12.21亿元,主要是本年确认国家为保障原油、成品油市场供应而给予本集团的财政扶持补贴人民币157亿元。

经营利润 由于上述原因,经营利润降低20.7%,从截至二零零七年十二月三十一日止十二个月的人民币2,007.71亿元减少到截至二零零八年十二月三十一日止十二个月的人民币1,593.00亿元。

外汇净损失 外汇净损失从截至二零零七年十二月三十一日止十二个月的人民币7.51亿元增加到截至二零零八年十二月三十一日止十二个月的人民币10.81亿元。外汇净损失增加主要是由于人民币对美元等币种升值综合影响所致。

利息净支出 利息净支出降低54.2%,从截至二零零七年十二月三十一日止十二个月的人民币15.05亿元减少到截至二零零八年十二月三十一日止十二个月的人民币6.89亿元。利息净支出减少主要是贷款平均利率大幅下降使利息支出减少以及平均存款余额增加使利息收入增加综合影响所致。

税前利润 税前利润降低21.0%,从截至二零零七年十二月三十一日止十二个月的人民币2,049.57亿元减少到截至二零零八年十二月三十一日止十二个月的人民币1,618.29亿元。

税项 税项下降29.3%,从截至二零零七年十二月三十一日止十二个月的人民币497.81亿元减少到截至二零零八年十二月三十一日止十二个月的人民币351.78亿元,主要是本年应纳税所得额减少和企业所得税税率降低综合影响所致。

本期利润 受上述因素影响,截至二零零八年十二月三十一日止十二个月本集团净利润为人民币1,266.51亿元,比上年同期人民币1,551.76亿元下降18.4%。

归属于少数股东的利润 截至二零零八年十二月三十一日止十二个月,归属于少数股东的利润为人民币122.20亿元,同比增长45.0%,主要是由于国际原油价格高企,中油勘探等子公司税前利润增幅较大。

归属于本公司股东的利润 受上述因素综合影响,归属于本公司股东的利润为人民币1,144.31亿元,比上年同期下降22.0%。

(2)板块资料

勘探与生产

营业额 营业额增长32.4%,从截至二零零七年十二月三十一日止十二个月的人民币4,719.28亿元增加到截至二零零八年十二月三十一日止十二个月的人民币6,249.09亿元,增加的主要原因是原油和天然气价格上升和销售量增加。二零零八年本集团平均实现原油价格87.55美元/桶,比二零零七年65.27美元/桶增长34.1%。

经营支出 经营支出增长45.5%,从截至二零零七年十二月三十一日止十二个月的人民币2,644.25亿元增加到截至二零零八年十二月三十一日止十二个月的人民币3,847.11亿元,增加的主要原因:一是本期进口原油支出大幅增加;二是二零零八年国际原油价格高位运行,本年度销售国产原油缴纳的石油特别收益金大幅增加;三是由于国际原油价格大幅波动,本期计提油气资产减值准备大幅增加。

经营利润 经营利润增长15.8%,从截至二零零七年十二月三十一日止十二个月的人民币2,075.03亿元增加到截至二零零八年十二月三十一日止十二个月的人民币2,401.98亿元。勘探与生产板块盈利再创历史好水平。

炼油与销售

营业额 营业额增长32.1%,从截至二零零七年十二月三十一日止十二个月的人民币6,708.44亿元增加到截至二零零八年十二月三十一日止十二个月的人民币8,864.72亿元,增加的主要原因是主要炼油产品价格上升和销售量增加及油品贸易业务增加。

经营支出 经营支出增长40.2%,从截至二零零七年十二月三十一日止十二个月的人民币6,915.24亿元增加到截至二零零八年十二月三十一日止十二个月的人民币9,694.42亿元,主要是由于外购原油、原料油及炼油产品的支出增加。另外,本期油品贸易业务增加也使得经营支出相应增加。

经营亏损 截至二零零八年十二月三十一日止十二个月本板块亏损人民币829.70亿元,与截至二零零七年十二月三十一日止十二个月相比增亏人民币622.90亿元,亏损的主要原因是二零零八年国际原油价格大幅上涨,而国内成品油价格受国家宏观调控影响,低于国际市场成品油价格。另外,本期计提存货跌价准备及炼油装置减值准备较上年同期大幅增长。

化工与销售

营业额 营业额增长7.9%,从截至二零零七年十二月三十一日止十二个月的人民币1,027.18亿元增加到截至二零零八年十二月三十一日止十二个月的人民币1,108.50亿元,增加的主要原因是部分化工产品价格上升和销售量变化影响。

经营支出 经营支出增长19.9%,从截至二零零七年十二月三十一日止十二个月的人民币948.87亿元增加到截至二零零八年十二月三十一日止十二个月的人民币1,137.27亿元,增加的主要原因是主要化工原料价格上涨。

经营亏损/利润 截至二零零八年十二月三十一日止十二个月本板块亏损人民币28.77亿元,而截至二零零七年十二月三十一日止十二个月本板块实现利润人民币78.31亿元。化工与销售板

块亏损主要是受国际金融危机影响,国内市场需求下降,导致化工产品价格大幅下跌,销售量下降。另外,本板块计提化工装置减值准备较上年同期大幅增长。

天然气与管道

营业额　营业额增长 26.5%,从截至二零零七年十二月三十一日止十二个月的人民币 500.66 亿元增加到截至二零零八年十二月三十一日止十二个月的人民币 633.15 亿元,增加的主要原因是天然气价格上升以及销售量、输气量增加。

经营支出　经营支出增长 25.8%,从截至二零零七年十二月三十一日止十二个月的人民币 375.71 亿元增加到截至二零零八年十二月三十一日止十二个月的人民币 472.58 亿元,增加的主要原因是购气支出及折旧费用增加。

经营利润　经营利润增长 28.5%,从截至二零零七年十二月三十一日止十二个月的人民币 124.95 亿元增加到截至二零零八年十二月三十一日止十二个月的人民币 160.57 亿元。天然气与管道业务快速发展,对本集团的盈利贡献不断增长。

(3)资产、负债及权益情况

下表列示本集团合并资产负债表中主要项目:

	2008 年 12 月 31 日	2007 年 12 月 31 日	变化率
	人民币百万元	人民币百万元	%
总资产	1,194,174	1,057,680	11.8
流动资产	224,473	235,549	(4.7)
非流动资产	969,701	832,131	16.5
总负债	347,048	285,580	21.5
流动负债	264,337	199,222	32.7
非流动负债	82,711	86,358	(4.2)
本公司股东权益	790,838	738,204	7.1
股本	183,021	183,021	–
储备	229,217	221,404	3.5
留存收益	378,600	333,779	13.4
权益合计	847,126	782,100	8.3

总资产人民币 11,941.74 亿元,比二零零七年末增长 11.8%。其中:

流动资产人民币 2,244.73 亿元,比二零零七年末降低 4.7%,降低的主要原因是受经营活动现金流入减少及投资活动现金支出增加影响,现金及现金等价物、三个月以上一年以内定期存款减少人民币 441.68 亿元。

非流动资产人民币 9,697.01 亿元,比二零零七年末增长 16.5%,增长的主要原因是由于投资增加,物业、厂房及机器设备(包括固定资产、油气资产等)增加人民币 1,329.76 亿元。

总负债人民币 3,470.48 亿元,比二零零七年末增长 21.5%。其中:

流动负债人民币 2,643.37 亿元,比二零零七年末增长 32.7%,增长的主要原因是短期借款增加人民币 618.27 亿元。

非流动负债人民币 827.11 亿元,比二零零七年末降低 4.2%,降低的主要原因是递延税项减少人民币 84.14 亿元。

本公司股东权益人民币 7,908.38 亿元,比二零零七年末增长 7.1%,增长的主要原因是留存收益增加人民币 448.21 亿元。

于二零零八年十二月三十一日,本集团外币金融资产、金融负债情况如下:

单位:人民币百万元

项目	期初金额	本期公允价值变动损益	计入权益的累计公允价值变动	本期计提的减值	期末金额
金融资产					
贷款和应收款	21,801	–	–	–	26,695
可供出售金融资产	124	–	13	–	35
金融资产小计	21,925	–	13	–	26,730
金融负债	27,768	–	–	–	39,672

(4)现金流量情况

本集团的主要资金来源是经营活动产生的现金、短期和长期借款等。本集团的资金主要用于经营活动、资本性支出、偿还短期和长期借款以及向本公司股东分配股利。

下表列出了本集团截至二零零八年十二月三十一日止十二个月和截至二零零七年十二月三十一日止十二个月的现金流量净额以及各个年末的现金及现金等价物。

	2008 年	2007 年
	人民币百万元	人民币百万元
经营活动产生的现金流量净额	170,506	205,243
投资活动使用的现金流量净额	(213,947)	(185,486)
融资活动产生/(使用)的现金流量净额	7,845	(1,630)
外币折算差额	(112)	(221)
年末现金及现金等价物	32,944	68,652

经营活动产生的现金流量净额

截至二零零八年十二月三十一日止十二个月,本集团经营活动产生的现金流量净额为人民币 1,705.06 亿元,与截至二零零七年十二月三十一日止十二个月的人民币 2,052.43 亿元相比,下降了 16.9%,主要是本年实现净利润比上年同期减少。二零零八年十二月三十一日本集团拥有的现金及现金等价物为人民币 329.44 亿元。现金及现金等价物的货币单位主要是人民币(人民币约占 67.7%,美元约占 32.3%)。

投资活动使用的现金流量净额

截至二零零八年十二月三十一日止十二个月本集团用于投资活动的现金流量净额为人民币 2,139.47 亿元,与截至二零零七年十二月三十一日止十二个月的人民币 1,854.86 亿元相比,上升 15.3%,主要是由于本年付现资本性支出增加。

融资活动产生/(使用)的现金流量净额

截至二零零八年十二月三十一日止十二个月本集团融资活动产生的现金流入净额为人民币 78.45 亿元,而截至二零零七年十二月三十一日止十二个月用于融资活动的现金支出净额为人民币 16.30 亿元,主要是由于本年借款净额及少数股东投入资本增加。

下表列出了本集团于二零零八年十二月三十一日和二零零七年十二月三十一日的借款净额:

	2008 年 12 月 31 日	2007 年 12 月 31 日
	人民币百万元	人民币百万元
短期债务(包括长期债务的流动部分)	92,761	30,934
长期债务	32,827	39,688
债务总额	125,588	70,622
减:现金和现金等价物	32,944	68,652
债务净额	92,644	1,970

本集团长期债务的到期情况如下:

	2008 年 12 月 31 日的本金	2007 年 12 月 31 日的本金
	人民币百万元	人民币百万元
须于一年内偿还	5,544	12,200
须于一至两年内偿还	15,417	5,754
须于两至五年内偿还	7,432	19,898
须于五年之后偿还	9,978	14,036
	38,371	51,888

本集团于二零零八年十二月三十一日的债务总额中约有 67.1%为固定利率借款,32.9%为浮动利率借款。二零零八年十二月三十一日的债务中,人民币债务约占 84.2%,美元债务约占 15.7%,欧元债务约占 0.1%。

二零零八年十二月三十一日,本集团资本负债率(资本负债率=有息债务/(有息债务+权益总额))为 12.9%(二零零七年十二月三十一日:8.3%)。

(5)资本性支出

截至二零零八年十二月三十一日止十二个月,本集团的资本性支出增长了 27.3%,从截至二零零七年十二月三十一日止十二个月的人民币 1,823.87 亿元增加到截至二零零八年十二月三十一日止十二个月的人民币 2,322.14 亿元,主要是二零零八年本集团加大了对油气勘探开发及天然气管道建设等方面的投入。另外,物价上涨也使投资增加。

销售量(千吨)　　平均实现价格(人民币元/吨)

	截至 12 月 31 日止 12 个月					
	2008 年		2007 年		2009 年预测值	
	人民币百万元	%	人民币百万元	%	人民币百万元	%
勘探与生产★	157,031	67.6	135,060	74.0	133,800	57.4
炼油与销售	20,274	8.7	26,546	14.6	27,500	11.8
化工与销售	15,319	6.6	8,165	4.5	15,700	6.7
天然气与管道	36,848	15.9	11,003	6.0	52,200	22.4
其他	2,742	1.2	1,613	0.9	3,900	1.7
合计	232,214	100.0	182,387	100.0	233,100	100.0

★如果包括与地质和地球物理勘探费用相关的投资部分,勘探与生产板块二零零七年和二零零八年的投资以及二零零九年投资的预测值分别为人民币 1,468.55 亿元、人民币 1,685.69 亿元和人民币 1,423.00 亿元。

勘探与生产

本集团大部分资本性支出与勘探与生产板块有关。截至二零零八年十二月三十一日止十二个月,勘探与生产板块资本性支出为人民币 1,570.31 亿元,其中人民币 257.87 亿元用于油气勘探活动,人民币 1,131.26 亿元用于油气开发活动。资本性支出主要用于长庆、大庆、西南等油气田的大型油气勘探项目和各个油气田的重点油气产能建设工程。

预计二零零九年本集团勘探与生产板块的资本性支出为人民币 1,338.00 亿元,约人民币 230.00 亿元用于油气勘探活动,约人民币 1,108.00 亿元用于油气开发活动。勘探工作将重点突出对松辽盆地、渤海湾盆地、鄂尔多斯盆地、四川盆地、塔里木盆地等重点油气区域的整体控制,开发工作将在加大新探明油气田建设力度的同时,重点做好大庆、长庆、西南等油气田的稳产上产工作。

炼油与销售

截至二零零八年十二月三十一日止十二个月,本集团炼油与销售板块的资本性支出为人民币 202.74 亿元,其中人民币 49.18 亿元用于扩建高效成品油零售网络和油品储存的基础设施,人民币 146.44 亿元用于炼油设施的改造。资本性支出主要用于独山子石化、广西石化等千万吨炼油项目建设。

预计二零零九年本集团炼油与销售板块的资本性支出为人民币 275.00 亿元,其中约人民币 200.00 亿元用于炼油设施建设和扩建,主要包括大连石化、独山子石化、广西石化、抚顺石化等大型炼油项目的建设;约人民币 75.00 亿元用于销售网络和油品存储基础设施建设。

化工与销售

截至二零零八年十二月三十一日止十二个月,化工与销售板块的资本性支出为人民币 153.19 亿元,主要用于独山子石化、抚顺石化等百万吨乙烯项目以及大庆石化乙烯改扩建等重点工程建设。

预计二零零九年本集团化工与销售板块的资本性支出为人民币 157.00 亿元,主要用于化工设施建设和扩建,包括独山子石化、大庆石化、抚顺石化及四川石化等大型乙烯等工程建设。

天然气与管道

截至二零零八年十二月三十一日止十二个月,天然气与管道板块的资本性支出为人民币 368.48 亿元,其中人民币 334.00 亿元用于长输管线的建设。资本性支出主要用于西气东输二线等天然气管道项目和兰州-郑州-长沙成品油管道等项目建设。

预计二零零九年本集团天然气与管道板块的资本性支出为人民币 522.00 亿元,主要用于西气东输二线、兰州-郑州-长沙成品油管道等重要的油气骨干输送通道项目和配套的储气库、LNG 等项目建设。

其他

截至二零零八年十二月三十一日止十二个月用于其他板块(包括研究与开发活动)的资本性支出为人民币 27.42 亿元。

预计二零零九年本集团用于其他板块的资本性支出为人民币 39.00 亿元,主要用于科研活动及信息系统的建设。

2、以下涉及的财务数据摘自本集团按中国企业会计准则编制并经过审计的财务报表

(1)按中国企业会计准则分不同业务板块的主营业务收入、主营业务成本及主营业务利润如下:

	2008年	2007年
	人民币百万元	人民币百万元
主营业务收入		
勘探与生产	609,890	458,997
炼油与销售	876,109	662,322
化工与销售	106,818	99,864
天然气与管道	62,440	49,299
其他	235	871
板块间抵销数	(615,818)	(460,921)
合并主营业务收入	1,039,674	810,432
主营业务成本		
勘探与生产	236,403	174,179
炼油与销售	888,807	620,758
化工与销售	97,222	83,699
天然气与管道	44,602	35,524
其他	152	211
板块间抵销数	(614,519)	(459,998)
合并主营业务成本	652,667	454,373
主营业务利润		
勘探与生产	274,757	232,750
炼油与销售	(28,367)	25,562
化工与销售	9,431	15,821
天然气与管道	16,987	13,077
其他	79	654
合并主营业务利润	272,887	287,864
归属于本公司股东净利润	113,798	145,867

(2)按中国企业会计准则编制的财务数据

	2008年12月31日	2007年12月31日	变化率
	人民币百万元	人民币百万元	%
总资产	1,194,901	1,069,135	11.8
流动资产	226,983	240,602	(5.7)
非流动资产	967,918	828,533	16.8
总负债	347,176	285,733	21.5
流动负债	264,337	199,222	32.7
非流动负债	82,839	86,511	(4.2)
本公司股东权益	791,619	739,616	7.0
权益合计	847,725	783,402	8.2

变动原因分析参见6.1.2中1(3)部分内容。

(3)按中国企业会计准则分行业、产品情况表

分行业	2008年度主营业务收入(百万元)	2008年度主营业务成本(百万元)	毛利率★(%)	主营业务收入比上年同期增减%	主营业务成本比上年同期增减%	毛利率增减百分点
勘探与生产	609,890	236,403	45.1	32.9	35.7	(5.6)
炼油与销售	876,109	888,807	(3.2)	32.3	43.2	(7.1)
化工与销售	106,818	97,222	8.8	7.0	16.2	(7.0)
天然气与管道	62,440	44,602	27.2	26.7	25.6	0.7
其他	235	152	–	–	–	–
板块间抵消数	(615,818)	(614,519)	–	–	–	–
合计	1,039,674	652,667	26.2	28.3	43.6	(9.3)

★毛利率=主营业务利润/主营业务收入

(4)按中国企业会计准则分地区情况表

营业收入	2008年	2007年	比上年增减
	人民币百万元	人民币百万元	%
中国	1,015,160	807,712	25.7
其他国家及地区	55,986	28,641	95.5
合计	1,071,146	836,353	28.1
资产总额			
中国	1,096,239	987,269	11.0
其他国家及地区	98,662	81,866	20.5
合计	1,194,901	1,069,135	11.8

(5)本集团主要子公司、参股公司情况

公司名称	注册资本	持股比例	资产总额	负债总额	净利润
	百万元	%	百万元	百万元	百万元
大庆油田有限责任公司	47,500	100.00	175,887	59,211	76,763
中油勘探开发有限公司	16,100	50.00	95,096	17,058	18,484
中石油香港有限公司	75.92亿港币	100.00	13,023	2,203	3,934
大连西太平洋石油化工有限公司	258百万美元	28.44	10,433	13,182	(5,660)
中国船舶燃料有限责任公司	1,000	50.00	6,619	3,972	392

6.2 对公司未来发展的展望

二零零九年，受国际金融危机影响，世界经济环境中不稳定不确定因素增多，中国经济增长放缓，国内石化产品市场需求萎缩。面对复杂多变的外部环境和日益激烈的市场竞争形势，本集团将灵活应对市场变化，科学组织生产经营，积极推进技术进步，不断强化企业管理，推动公司持续有效快速发展。

在勘探与生产方面，本集团将坚持把资源勘探放在首位，不断巩固上游业务国内主导地位。坚持油气并举，立足八大盆地，持续推进储量增长高峰期工程，努力发现更多的规模储量和优质储量，保持原油、天然气储量的增长态势。油田开发突出新油田整体开发，大力推进老油田二次开发工程，实现老油田稳产增产。

继续把天然气业务作为成长性、战略性和历史性工程，突出重点气区，保持天然气快速健康发展的良好势头。

在炼油与化工方面，本集团将抓住国内成品油定价机制改革的时机，充分发挥炼化一体化和集约经营的优势，加强资源的优化配置，推进装置结构调整、产品升级和技术进步，强化生产受控管理，保持平稳高效生产。坚持以市场为导向，增产适销对路的化工产品。有序推进炼化重点工程建设，合理把握新装置的建设和投产节奏，保持炼油加工能力按一定规模增长。

在成品油销售方面，本集团将积极适应市场变化，采取灵活有效的营销策略，强化产销衔接和调运组织，优化资源流向、市场投放和物流配送，着力开发高效市场。加快商业储备能力建设，强化零售管理，提高终端销售量和销售效益，努力扩大市场份额。

在天然气与管道建设方面，本集团将加快实施和建成投产一批重点油气管道项目，完善储运设施和调控能力，基本形成资源多元、调度灵活、供应稳定的全国性管网和供应体系。天然气销售业务着力开拓市场，特别是加强西气东输二线等长输管道及山东管网的市场开发，优化用气结构，努力保障重点城市、公共事业和重点工业用户的用气需求，提高销售效益。

在国际业务方面，本集团将继续加快推进国际能源互利合作，努力实现海外油气作业产量较快增长。继续立足现有资源基础，组织好已开发油田的稳定生产，同时加大新项目开发力度，全力增储上产。加快发展国际贸易，在控制风险、确保效益的前提下，继续扩大贸易规模，加快海外油气运营中心建设，努力提高国际化程度和国际化经营水平。

二零零九年，本集团将继续坚持科学发展、充分利用有利条件，积极应对各种挑战，坚持诚信稳健经营，不断提升公司价值，努力回报股东，回报社会，回报员工。

6.3 风险因素

本集团在生产经营过程中，积极采取各种措施规避各类风险，但在实际经营过程中仍无法完全排除各类风险和不确定性因素的发生。

1、行业监管及税费政策风险

与我国其他石油和天然气公司的经营活动一样，本集团的经营活动受到我国政府许多方面的监管。这些监管政策会影响本集团的经营活动，如勘探和生产许可证的颁发、行业特种税费、环保政策、安全标准等。中国政府关于石油和天然气行业的某些政策未来发生的变化也可能会对本集团的经营造成影响。

税费政策是影响本集团经营的重要外部因素之一。中国政府正积极稳妥地推进税费改革，与本集团经营相关的税费政策可能发生调整，进而对本集团的经营业绩产生影响。

2、原油及成品油价格波动风险

本集团从事广泛的与石油相关的业务。国际原油和成品油价格受全球及地区政治经济的变化、原油和成品油的供需状况及具有国际影响的突发政治事件和争端等多方面因素的影响。国内原油价格参照国际原油价格确定。二零零八年十二月十八日，完善后的国内成品油定价机制正式实施，国内成品油价格随国际市场原油价格变化而调整。

3、汇率风险

本集团主要以人民币开展业务。目前中国政府实行以市场供求为基础、参考一揽子货币进行调节、有管理的浮动汇率制度，人民币在资本项下仍处于管制状态。人民币的币值受国内和国际经济、政治形势和货币供求关系的影响，未来人民币兑其他货币的汇率可能与现行汇率产生较大差异，进而影响本集团经营成果和财务状况。

4、市场竞争风险

本集团的资源优势明显，在国内行业中占据主导地位。目前，本集团的主要竞争对手是国内其他大型石油石化生产和销售商。随着国内部分石油石化市场的逐步开放，国外大型石油石化公司在某些地区和领域已成为本集团的竞争对手。

本集团的勘探与生产业务以及天然气与管道业务在国内处于主导地位，但炼油化工及成品油销售业务面临着较为激烈的竞争。

5、油气储量不确定性风险

根据行业特点及国际惯例，本集团所披露的原油和天然气储量数据均为估计数字。本集团已聘请了具有国际认证资格的评估机构对本集团的原油和天然气储量进行定期评估，但储量估计的可靠性取决于多种因素、假设和变量，如技术和经济数据的质量与数量、本集团产品所适用的现行油气价格等，其中许多是无法控制的，并可能随着时间的推移而出现调整。评估日期后进行的钻探、测试和开采结果也可能导致对本集团的储量数据进行一定幅度的修正。

6、安全隐患及不可抗力风险

油气勘探、开采和储运以及成品油和化工产品生产、储运等涉及若干风险，可能导致人员伤亡、财产损失、环境损害及作业中断等不可预料或者危险的情况发生。随着经营规模和运营区域的逐步扩大，本集团面临的安全风险也相应增加。同时，近年来新的法规对安全生产提出了更高要求。本集团已实行了严格的HSE管理体系，努力规避各类事故的发生，但仍无法完全避免此类突发事件可能带来的经济损失。此外，地震、台风、海啸等自然灾害以及突发性公共卫生事件会对本集团的财产、人员造成损害，并有可能影响本集团的正常生产经营。

6.4 募集资金使用情况

√适用 □不适用

募集资金总额	本公司于二零零七年十月发行了40亿股A股，募集资金总额为人民币66,800百万元，募集资金净额为人民币66,243百万元。	本报告期已使用募集资金总额	10,400百万元
		已累计使用募集资金总额	52,817百万元

承诺项目	拟投入金额	是否变更项目	实际投入金额	产生收益情况	是否符合计划进度	是否符合预计收益
长庆油田原油产能建设项目	6,840	否	5,377	项目投产后才可明确	符合	项目投产后才可明确
大庆油田原油产能建设项目	5,930	否	3,520	项目投产后才可明确	符合	项目投产后才可明确
冀东油田原油产能建设项目	1,500	否	495	项目投产后才可明确	符合	项目投产后才可明确
独山子石化加工进口哈萨克斯坦含硫原油炼油及乙烯技	17,500	否	14,054	项目投产后才可明确	符合	项目投产后才可明确

术改造工程项目						
大庆石化 120 万吨/年乙烯改扩建工程	6,000	否	573	项目投产后才可明确	符合	项目投产后才可明确
合计	37,770		24,019			

未达到计划进度和预计收益的说明	—
变更原因及变更程序说明	—
尚未使用的募集资金用途及去向	募集资金中的未使用部分目前存放于本公司在银行开设的专用账户。

6.5 非募集资金项目情况

√适用　□不适用

单位:人民币百万元

项目名称	项目金额	项目进度	项目收益情况
大连石化 2000 万吨/年加工进口含硫原油技改工程	10,789	部分生产装置建成投产	项目投产后才可明确
广西石化 1000 万吨/年炼油工程	15,120	装置完成前期工作,开工建设	项目投产后才可明确
四川石化 80 万吨/年乙烯工程	22,049	装置完成前期工作,开工建设	项目投产后才可明确
抚顺石化 100 万吨/年乙烯技术改造工程	15,606	装置完成前期工作,开工建设	项目投产后才可明确
兰州-郑州-长沙成品油管道	11,900	装置完成前期工作,开工建设	项目投产后才可明确
西气东输二线	142,243	开始敷设管线	项目投产后才可明确
合计	217,707		

6.6 董事会对会计师事务所[非标意见]的说明

□适用　√不适用

6.7 新年度盈利预测

□适用　√不适用

6.8 董事会本次利润分配预案

6.8.1 前三年现金分红情况

单位:人民币百万元

分红年度	现金分红的数额(含税)	分红年度的净利润*	占净利润的比率(%)
2005	60,013	133,362	45.0
2006	64,001	142,224	45.0
2007	65,531	145,625	45.0

*净利润为分红当年经审计的国际财务报告准则归属于本公司股东的净利润

6.8.2 董事会本次利润分配预案

董事会建议按国际财务报告准则编制的截至二零零八年十二月三十一日止十二个月的净利润45%的数额扣除已于二零零八年十月十六日派发的二零零八年中期股息后的余额派发每股人民币0.14953 元(含适用税项)之末期股息。拟派发的末期股息须经股东于二零零九年五月十二日举行的股东周年大会审议通过。

末期股息派发予二零零九年五月二十七日结束办公时名列股东名册之股东。本公司将于二零零九年五月二十一日至二零零九年五月二十七日(包括首尾两天)暂停办理 H 股股份过户登记手续。若要取得末期股息资格,H 股股东就必须将所有股票过户文件连同有关股票于二零零九年五月二十日下午四时三十分前送达香港证券登记有限公司。截至二零零九年五月二十七日下午上海证券交易所收市后,在中国证券登记结算有限责任公司上海分公司登记在册的本公司全体 A 股股东可获得本次派发的股息。

根据《中国石油天然气股份有限公司章程》相关规定,本公司以人民币向股东宣布股息。A 股的股息以人民币支付,H 股的股息以港币支付。此港币值需按二零零九年五月十二日股东大会宣派股息日前一星期中国人民银行公布的人民币兑港币的平均收市价计算。

第七节　重大事项

7.1 收购资产

√适用　□不适用

交易对方及被收购资产	购买日	收购价格	自购买日起至本年末为本集团贡献的净利润	本年初至本年末为本集团贡献的净利润	是否为关联交易	所涉及的资产产权是否已全部过户	所涉及的债权债务是否已全部转移
向中国石油集团收购成品油销售业务及资产	2008-6-10	10.04 亿元	不适用	不适用	是,参考评估定价	否	否
向中国石油集团收购风险作业服务业务资产	2008-11-19	53.06 亿元	不适用	不适用	是,参考评估定价	是	是
向中国石油集团收购太阳世界有限公司从而间接持有中国(香港)石油有限公司的股权	2008-12-18-	66.93 亿元	不适用	39.34 亿元	是,参考市场价格	是	是

该事项不影响本集团业务的连续性及管理层的稳定性,有利于本集团未来财务状况和经营成果持续向好。

7.2 出售资产

□适用　√不适用

本报告期内,本集团无重大资产出售事项。

7.3 重大担保

□适用　√不适用

本报告期内,本集团无重大担保项目。

7.4 重大关联交易

7.4.1 关联交易销售和采购

√适用　□不适用

单位:人民币百万元

关联方	向关联方销售产品和提供劳务 交易金额	占同类交易金额的比例 %	向关联方采购产品和接受劳务 交易金额	占同类交易金额的比例 %
中国石油集团及其子公司	46,645	4.35	201,993	20.73
其他关联方	14,369	1.34	8,412	0.86
合计	61,014	5.69	210,405	21.59

7.4.2 关联债权债务往来

√适用　□不适用

单位:人民币百万元

关联方	向关联方提供资金 发生额	余额	关联方向本集团提供资资 发生额	余额
中国石油集团及其子公司	–	–	56,443	80,925
其他关联方	(1,601)	213	–	–
合计	(1,601)	213	56,443	80,925

7.4.3 二零零八年资金被占用情况及清欠进展情况

□适用　√不适用

7.4.4 截至二零零八年末,上市公司未完成非经营性资金占用的清欠工作,董事会提出的责任追究方案

□适用　√不适用

7.5 委托理财

□适用　√不适用

7.6 承诺事项履行情况

√适用　□不适用

本公司控股股东中国石油集团做出的特殊承诺及其截至二零零八年十二月三十一日止履行情况:

股东名称	承诺事项	承诺履行情况
中国石油集团	根据中国石油集团与本公司于 2000 年 3 月 10 日签订的《重组协议》,中国石油集团就《重组协议》中的部分事项产生和引起的任何索偿要求或费用向公司作出赔偿保证。	截至 2008 年 12 月 31 日,中国石油集团已办理《重组协议》中 28,649 宗土地中的 27,615 宗土地的土地使用权证书及一些房屋的所有权证书,但是加油站所处的集体土地的办理手续目前还未完成。本公司使用上述有关的土地、房屋及加油站进行有关的经营活动并没有因暂未取得有关的土地使用权证、房屋产权证明或因暂未完成所需的政府手续而受到任何影响。
中国石油集团	根据中国石油集团与本公司于 2000 年 3 月 10 日签署的《避免同业竞争及优先交易权协议》,中国石油集团向本公司承诺,中国石油集团不会,且将促使其附属公司不会在我国境内外单独或连同其他公司发展、经营或协助经营、参与从事与本集团核心业务构成竞争或可能导致竞争的任何业务。同时,根据协议中国石油集团还授予本公司对其部分资产的优先交易权。	1、目前,中国石油集团拥有以下与本集团主营业务相同或相似的业务: (1)境外与本集团主营业务相同或相似的项目 中国石油集团拥有与原油和天然气勘探与生产,以及石化和相关石油产品的生产、储存和运输有关的境外项目。中国石油集团在海外多个国家和地区拥有油气勘探开发业务。 鉴于 ADS 上市国家的法律禁止该国公民直接或间接向特定国家的油气项目提供融资或投资,中国石油集团未将属于特定国家的境外油气项目注入本公司。 (2)五套化工生产装置 中国石油集团自本公司成立起一直全资拥有五套化工生产装置,包括一套高碳醇装置、一套丙烯腈装置、一套聚丁二烯橡胶装置、一套丙烯酸纤维装置和一套由四个苯乙烯生产单位组成的装置。目前该五套装置中除高碳醇装置已停产外,其他均正常生产。 与本集团相应生产装置相比,该五套化工装置规模小、产量低、盈利能力差,因此与本集团主营业务不构成实质性同业竞争。 2、本公司设立时,中国石油集团拥有的中国(香港)石油有限公司的权益并未投入本公司,中国(香港)石油有限公司于中国及境外从事的原油及天然气的勘探及生产业务与本公司存在一定程度的同业竞争。2008 年 8 月 27 日,本公司与中国石油集团及

	其附属公司签订了《股权转让协议》，向中国石油集团间接收购中国(香港)石油有限公司。2008 年 12 月 18 日，本公司完成了此项收购，间接持有中国(香港)石油有限公司 56.66%的股权，进一步降低了与本公司的同业竞争。 3、本公司设立时，中国石油集团全资或与第三方拥有少量加油站的权益，2008 年 6 月 10 日，本公司与中国石油集团签署《资产转让协议》，向中国石油集团所属 23 家企业收购其所拥有的 208 座加油站、25 座油库等成品油销售相关的业务及资产，收购完成后，中国石油集团下属企业不再从事成品油销售业务，将进一步降低与本公司的关联交易及同业竞争。
自中国石油 A 股股票在上海证券交易所上市之日起三十六个月内，中国石油集团不转让或者委托他人管理其持有的中国石油 A 股股份，也不由中国石油回购其持有的 A 股股份。但经境内有权机构批准其持有的股份到境外交易场所上市流通部分，不受上述三十六个月锁定期限制。	中国石油集团没有违反相关承诺事项。
2008 年 9 月 22 日，中国石油集团通过上海证券交易所交易系统买入方式增持本公司股份，并拟在未来 12 个月内(自 2008 年 9 月 22 日起算)以自身名义或通过一致行动人继续在二级市场增持本公司股份，累计增持比例不超过本公司已发行总股份的 2%。中国石油集团承诺，在增持期间及法定期限内不减持其持有的本公司股份。	中国石油集团没有违反相关承诺事项。

7.7 重大诉讼仲裁事项

□适用　　　　√不适用

7.8 其他重大事项

√适用　　　　□不适用

7.8.1 证券投资情况

□适用　　　　√不适用

7.8.2 持有其他上市公司股权情况

√适用　　　　□不适用

截至本报告期末，本公司持有其他上市公司股权情况：

单位：百万港元

证券代码	证券简称	初始投资金额	持股数量(万股)比例(%)	占该公司股权	期末账面值	会计核算科目	股份来源
135	CNPC(HONG KONG)	742	251,392	56.61	742	长期股权投资	收购

本集团通过境外全资附属公司太阳世界有限公司持有在香港联交所上市的中国(香港)石油有限公司股份(证券简称：CNPC(HONG KONG))。

7.8.3 持有非上市金融企业股权情况

□适用　　　　√不适用

7.8.4 买卖其他上市公司股份的情况

□适用　　　　√不适用

7.8.5 二零零八年，本公司收到中华人民共和国财政部文件，国家就保障原油、成品油市场供应实施财政扶持政策，本年本公司确认政府补助人民币 157 亿元。

7.8.6 二零零八年六月二十日，中国政府调整国内成品油价格，将汽油、柴油出厂价格每吨均提高人民币 1,000 元，航空煤油出厂价格每吨提高人民币 1,500 元。

7.8.7 二零零八年十二月十八日，中国政府调整国内成品油价格，将汽油出厂价格每吨下调人民币 900 元，柴油出厂价格每吨下调人民币 1,100 元，航空煤油出厂价格每吨下调人民币 2,400 元。

7.8.8 本公司自二零零零年四月七日首次公开发售 H 股之日起，开始实施一项期权计划，该计划为一股票增值权之安排。期权受益者在行权时，本公司以现金支付股票增值的金额。董事、监事及高级管理人员享有的期权可于二零零三年四月八日至二零零八年四月七日行权。行权价格为首次公开发售 H 股之价格，即每股港币 1.28 元。截至二零零八年四月七日(行权到期日)，股票期权持有者均未行权。因此本公司已经将其产生的负债账面余额人民币 14.00 亿元冲回。

7.9 资产负债表日后事项

√适用　　　　□不适用

7.9.1 二零零九年一月十三日，本公司发行了二零零九年度第一期中期票据人民币 150.00 亿元，期限三年，年利率 2.70%。

7.9.2 二零零九年三月十九日，本公司发行了二零零九年度第二期中期票据人民币 150.00 亿元，期限三年，年利率 2.28%。

第八节　监事会报告

监事会认为本公司依法运作、公司财务情况、公司募集资金使用、公司收购、出售资产交易和关联交易不存在问题。

第九节　财务报告

9.1 审计意见

财务报告　　□未经审计　　√审计

审计意见　　√标准无保留意见　　□非标意见

9.2 比较式合并资产负债表、损益表/利润表、现金流量表和股东权益变动表

9.2.1 按国际财务报告准则编制的财务报表

(1)综合损益表

	附注	2008 年 人民币百万元	2007 年 人民币百万元
营业额	(i)	1,071,146	836,353
经营支出			
采购、服务及其他		(562,122)	(369,219)
雇员酬金成本		(62,065)	(50,863)
勘探费用(包括勘探干井)		(21,879)	(20,956)
折旧、折耗及摊销		(94,603)	(67,274)
销售、一般性和管理费用		(59,457)	(52,257)
除所得税外的其他税赋		(124,115)	(73,792)
其他收入/(支出)净值		12,395	(1,221)
经营支出总额		(911,846)	(635,582)
经营利润		159,300	200,771
融资成本			
外汇收益		1,774	1,808
外汇损失		(2,855)	(2,559)
利息收入		2,274	2,099
利息支出		(2,963)	(3,604)
融资成本净额		(1,770)	(2,256)
应占联营公司及合营公司的利润		4,299	6,442
税前利润	(ii)	161,829	204,957
税项	(iii)	(35,178)	(49,781)
本期利润		126,651	155,176
归属于：			
本公司股东		114,431	146,750
少数股东		12,220	8,426
		126,651	155,176
归属于本公司股东的每股基本及摊薄盈利(人民币元)	(iv)	0.63	0.82
股息：	(v)		
年内已宣告的中期股息		24,127	36,823
资产负债表日后建议派发的末期股息		27,367	28,708
		51,494	65,53143

(2)综合资产负债表

	附注	2008 年 人民币百万元	2007 年 人民币百万元
非流动资产			
物业、厂房及机器设备		898,909	765,933
联营公司及合营公司的投资		28,886	26,219
可供出售金融资产		2,022	2,699
预付经营租赁款		26,201	23,434
无形资产和其他资产		10,677	8,488
递延所得税资产		496	305
到期日为一年以上的定期存款		2,510	5,053
非流动资产总额		969,701	832,131
流动资产			
存货		90,670	88,496
应收账款	(vi)	16,756	18,565
预付款和其他流动资产		69,364	36,216
应收票据		4,314	4,735
到期日为三个月以上一年以内的定期存款		10,425	18,885
现金及现金等价物		32,944	68,652
流动资产总额		224,473	235,549
流动负债			
应付账款及应计负债	(vii)	156,390	145,393
应付所得税款		1,262	11,762
应付其他税款		13,924	11,133
短期借款		92,761	30,934
流动负债总额		264,337	199,222
流动(负债)/资产净值		(39,864)	36,327
总资产减流动负债		929,837	868,458
权益			
本公司股东权益			
股本		183,021	183,021
留存收益		378,600	333,779
储备		229,217	221,404
		790,838	738,204
少数股东权益		56,288	43,896
权益总额		847,126	782,100

非流动负债		
长期借款	32,827	39,688
资产弃置义务	36,262	24,761
递延所得税负债	12,460	20,874
其他长期负债	1,152	1,035
非流动负债总额	82,711	86,358
权益及非流动负债总额	929,837	868,45844

(3)综合现金流量表

	2008 年 人民币百万元	2007 年 人民币百万元
经营活动之现金流量	170,506	205,243
投资活动之现金流量		
资本性支出	(215,416)	(173,268)
收购联营公司及合营公司	(3,619)	(1,903)
收购可供出售金融资产	(23)	(328)
合并哈萨克斯坦石油公司	–	1,542
购买无形资产和其他非流动资产	(3,909)	(3,378)
购买少数股东权益	(177)	(178)
收购太阳世界有限公司	(6,693)	–
联营公司及合营公司偿还注资	–	6,618
出售物业、厂房及机器设备所得款项	435	1,014
出售联营公司及合营公司投资所得款项	67	1,033
出售附属公司所得款项	535	–
出售可供出售金融资产所得款项	52	276
出售无形资产及其他长期资产收益	37	–
已收股息	4,095	1,111
减少/(增加)到期日为三个月以上的定期存款	10,669	(18,025)
投资活动使用的现金流量净额	(213,947)	(185,486)
融资活动之现金流量		
偿还短期借款	(83,841)	(33,183)
偿还长期借款	(14,196)	(24,218)
支付少数股东股息	(2,738)	(4,829)
支付本公司股东股息	(52,835)	(64,517)
太阳世界有限公司被收购前支付其母公司股东股息	(791)	–
增发 A 股	–	66,243
新增短期借款	152,768	36,842
新增长期借款	4,472	20,650
少数股东资本投入	8,768	1,349
附属公司资本减少	(3,754)	–
其他长期负债(减少)/增加	(8)	33
融资活动产生/(使用)的现金流量净额	7,345	(1,630)
外币折算差额	(112)	(221)
现金及现金等价物(减少)/增加	(35,708)	17,906
现金及现金等价物年初余额	68,652	50,746
现金及现金等价物年末余额	32,944	68,65245

(4)按照国际财务报告准则编制之部分财务报表附注

(i) 营业额

营业额是指销售原油、天然气、炼油产品及化工产品,以及输送原油和天然气所得的收入。

(ii) 税前利润

	2008 年 人民币百万元	2007 年 人民币百万元
税前利润已计入及扣除下列各项:		
计入:		
来自可供出售金融资产的股息收入	251	126
计减坏账准备	184	2,473
计减存货减值	15	98
政府补助	16,914	1,197
扣除:		
无形资产及其他资产的摊销	1,884	1,503
核数师酬金	95	119
作为费用确认的存货成本	661,798	458,508
可供出售金融资产的减值准备	30	–
坏账准备	185	152
出售物业、厂房及机器设备的损失	2,596	1,808
经营租赁费用	6,817	7,443
研究与开发费用	7,760	5,315
存货减值	8,608	153

(iii) 税项

	2008 年 人民币百万元	2007 年 人民币百万元
所得税	45,393	48,975
递延税项	(8 215)	806
	35,178	49,781

根据中国所得税法规的相关规定，适用于本集团的中国企业所得税率主要为 25%(2007 年：33%)。本集团在中国部分地区的经营已符合某些税收优惠的条件,这些税收优惠包括至 2010 年所得税可适用 15%的优惠税率及某些物业、厂房及机器设备可加速折旧。

本集团税前利润的税款与按照适用于本集团的中国企业所得税税率所计算的税款并不相同，差额如下：

	2008 年 人民币百万元	2007 年 人民币百万元
税前利润	161,829	204,957
以 25%的税率计算的所得税费用(2007:33%)	40,457	67,636
以前年度税收清算调整	25	451
海外业务税率高于中国法定税率的税务影响	6,876	633
优惠税率影响	(10,895)	(17,008)
法定所得税率变动对递延所得税的影响	(3,134)	(3,788)
非应纳税收入的税务影响	(1,358)	(2,838)
未计入损益的税前可抵扣项目的税务影响	–	(2,365)
不得税前扣除的成本、费用和损失的税务影响	3,207	4,142
已过期未使用的税务损失	–	2,918
税项	35,178	49,781

(iv) 每股基本及摊薄盈利

截至二零零八年十二月三十一日止年度，每股基本及摊薄盈利是按照归属于本公司股东的净利润除以本年度已发行股份数 1,830.21 亿股计算。

截至二零零七年十二月三十一日止年度，每股基本及摊薄盈利是按照归属于本公司股东的净利润除以当年度已发行股份的加权平均数 1,797.00 亿股计算。

年内并无摊薄潜在普通股。

(v) 分配于本公司股东的股息

	2008 年 人民币百万元	2007 年 人民币百万元
2008 年分配于本公司股东的中期股息(a)	24,127	–
2008 年建议分配于本公司股东的末期股息(b)	27,367	–
2007 年分配于本公司股东的中期股息(c)	–	36,823
2007 年分配于本公司股东的末期股息(d)	–	28,708
	51,494	65,531

(a) 二零零八年分配于本公司股东的中期股息每股人民币 0.13183 元,合共人民币 241.27 亿元,该股息已计入二零零八年度股东权益并列作留存收益的分配,并于二零零八年十月十六日支付。

(b) 在二零零九年三月二十五日会议上,董事会建议派发二零零八年度应分配于本公司股东的末期股息每股人民币 0.14953 元,合共人民币 273.67 亿元。由于上述应付股息是在资产负债表日后建议派发,因此未反映在本综合财务报表内,当年度股东大会批准后,该等股息将会计入二零零九年度股东权益并列作留存收益的分配。

(c) 二零零七年分配于本公司股东的中期股息每股人民币 0.205690 元，合共人民币 368.23 亿元,该股息已计入二零零七年度股东权益并列作留存收益的分配,并于二零零七年九月二十八日支付。

(d) 二零零七年分配于本公司股东的末期股息每股人民币 0.156859 元，合共人民币 287.08 亿元,经二零零八年五月十五日股东大会批准,该股息已计入二零零八年度股东权益并列作留存收益的分配,并于二零零八年六月十三日支付。

(e) 二零零六年分配于本公司股东的末期股息每股人民币 0.154699 元，合共人民币 276.94 亿元,经二零零七年五月十六日股东大会批准,该股息已计入二零零七年度股东权益并列作留存收益的分配,并于二零零七年六月一日支付。

(vi)应收账款

	2008 年 12 月 31 日 人民币百万元	2007 年 12 月 31 日 人民币百万元
应收第三方账款	12,784	15,442
应收关联方账款	6,394	6,002
	19,178	21,444
减:坏账准备	(2,422)	(2,879)
	16,756	18,56548

应收账款的账龄分析如下:

	2008 年 12 月 31 日 人民币百万元	2007 年 12 月 31 日 人民币百万元
一年以内	16,509	18,406
一年至两年	155	39
两年至三年	25	32
三年以上	2,489	2,967
	19,178	21,444

(vii)应付账款及应计负债

	2008 年 12 月 31 日 人民币百万元	2007 年 12 月 31 日 人民币百万元
应付贸易账款	29,431	40,567
客户垫款	10,800	9,846
薪金及福利应付款	6,363	11,585
应计支出	13	5
附属公司应付少数股东股息	61	67
应付利息	82	65
应付建造费用及设备费用	46,310	30,784
一次性住房补贴款	6	221
应付关联方账款	47,896	41,025
其他应付账款	15,428	11,228
	156,390	145,393

于二零零八年十二月三十一日及二零零七年十二月三十一日应付贸易账款的账龄分析如下:

	于 2008 年 12 月 31 日 人民币百万元	于 2007 年 12 月 31 日 人民币百万元
一年以内	27,878	39,125

一年至两年	843	819
两年至三年	243	307
三年以上	467	316
	29,431	40,56749

(viii)板块信息

本集团通过其四个主要业务板块：勘探与生产板块、炼油与销售板块、化工与销售板块和天然气与管道板块，经营广泛类别的石油及有关的活动。

二零零八年度和二零零七年度，经营性板块资料列示如下：

单位：人民币 百万元

2008 年度	勘探与生产	炼油与销售	化工与销售	天然气与管道	其他	合计
营业额	624,909	886,472	110,850	63,315	1,418	1,686,964
减：板块间销售	(500,522)	(96,490)	(11,929)	(6,706)	(171)	(615,818)
外部营业额	124,387	789,982	98,921	56,609	1,247	1,071,146
折旧、折耗及摊销	(58,771)	(20,260)	(8,407)	(6,310)	(855)	(94,603)
板块业绩	257,056	(63,684)	3,664	16,765	(7,439)	206,362
其他成本	(16,858)	(19,286)	(6,541)	(708)	(3,669)	(47,062)
经营利润/(亏损)	240,198	(82,970)	(2,877)	16,057	(11,108)	159,300

2007 年度	勘探与生产	炼油与销售	化工与销售	天然气与管道	其他	合计
营业额	471,928	670,844	102,718	50,066	1,718	1,297,274
减：板块间销售	(378,888)	(63,766)	(11,009)	(6,610)	(648)	(460,921)
外部营业额	93,040	607,078	91,709	43,456	1,070	836,353
折旧、折耗及摊销	(43,582)	(11,196)	(5,923)	(5,926)	(647)	(67,274)
板块业绩	221,995	9,329	13,256	13,057	(3,388)	254,249
其他成本	(14,492)	(30,009)	(5,425)	(562)	(2,990)	(53,478)
经营利润/(亏损)	207,503	(20,680)	7,831	12,495	(6,378)	200,77150

9.2.2 按中国企业会计准则编制的财务报表

(1)合并及母公司资产负债表

单位：人民币百万元

资产	2008 年 12 月 31 日 合并	2007 年 12 月 31 日 合并	2008 年 12 月 31 日 公司	2007 年 12 月 31 日 公司
流动资产				
货币资金	45,879	92,590	31,759	78,332
应收票据	4,314	4,735	3,878	3,988
应收账款	16,756	18,565	2,170	2,131
预付款项	37,394	20,441	20,896	16,086
应收利息	21	109	18	109
应收股利	60	18	129	85
其他应收款	6,076	15,587	14,637	24,173
存货	90,670	88,496	81,189	70,284
一年内到期的非流动资产	136	59	136	59
其他流动资产	25,677	2	24,241	2
流动资产合计	226,983	240,602	179,053	195,249
非流动资产				
可供出售金融资产	1,973	2,648	941	1,456
长期股权投资	28,036	25,265	136,041	107,003
固定资产	254,996	248,037	204,532	199,386
油气资产	472,845	406,588	321,473	271,576
在建工程	160,437	105,661	135,501	85,597
工程物资	11,289	6,927	9,736	5,455
固定资产清理	293	287	287	282
无形资产	23,554	20,022	19,096	16,356
商誉	148	–	148	–
长期待摊费用	13,318	12,045	11,299	9,924
递延所得税资产	496	305	–	–
其他非流动资产	533	748	–	–
非流动资产合计	967,918	828,533	839,054	697,035
资产总计	1,194,901	1,069,135	1,018,107	892,28451
流动负债				
短期借款	87,217	18,734	95,913	17,898
应付票据	433	1,143	–	–
应付账款	118,197	104,468	85,013	66,877
预收款项	12,968	12,433	10,985	10,443
应付职工薪酬	6,363	11,585	5,395	10,751
应交税费	15,186	22,895	9,067	13,793
应付利息	155	173	37	61
应付股利	127	89	–	–
其他应付款	17,576	15,322	15,266	43,873
预计负债	568	715	58	75
一年内到期的非流动负债	5,544	11,652	5,373	9,029
其他流动负债	3	13	–	–
流动负债合计	264,337	199,222	227,107	172,800
非流动负债				
递延收益	211	76	186	62
长期借款	28,684	35,305	23,362	29,044
应付债券	4,143	4,383	3,500	3,500
长期应付款	57	57	56	56
专项应付款	768	774	711	710
预计负债	36,262	24,761	23,854	15,307
递延所得税负债	12,588	21,027	1,966	8,110
其他非流动负债	126	128	126	123
非流动负债合计	82,839	86,511	53,761	56,912
负债合计	347,176	285,733	280,868	229,712
股东权益				
股本	183,021	183,021	183,021	183,021
资本公积	115,315	122,312	127,960	128,160
盈余公积	122,216	106,232	109,550	94,305
未分配利润	373,793	329,605	316,708	257,086
外币报表折算差额	(2,726)	(1,554)	–	–
归属于本公司股东权益合计	791,619	739,616	737,239	662,572
少数股东权益	56,106	43,786	–	–
股东权益合计	847,725	783,402	737,239	662,572
负债及股东权益总计	1,194,901	1,069,135	1,018,107	892,28452

(2)合并及母公司利润表

单位：人民币百万元

项目	2008 年度 合并	2007 年度 合并	2008 年度 公司	2007 年度 公司
营业收入	1,071,146	836,353	771,025	595,734
减：营业成本	(683,677)	(479,464)	(587,821)	(400,719)
营业税金及附加	(116,460)	(68,758)	(67,810)	(41,786)
销售费用	(46,189)	(41,345)	(37,235)	(33,293)
管理费用	(53,211)	(46,379)	(39,924)	(32,335)
财务费用	(2,245)	(2,658)	(903)	(1,331)
资产减值损失	(24,765)	1,742	(22,971)	1,526
加：投资收益	4,733	6,528	98,693	57,614
营业利润	149,332	206,019	113,054	145,410
加：营业外收入	18,067	2,543	16,016	2,179
减：营业外支出	(6,299)	(4,380)	(5,115)	(3,968)
利润总额	161,100	204,182	123,955	143,621
减：所得税费用	(35,154)	(49,871)	3,747	(10,956)
净利润	125,946	154,311	127,702	132,665
其中：同一控制下企业合并中被合并方在合并前实现的净利润	3,934	2,824	–	–
归属于本公司股东的净利润	113,798	145,867	127,702	132,665
少数股东损益	12,148	8,444	–	–
每股收益(基于归属于本公司普通股股东合并净利润)				
基本每股收益(人民币元)	0.62	0.81	0.70	0.74
稀释每股收益(人民币元)	0.62	0.81	0.70	0.74

(3)合并及母公司现金流量表

单位：人民币百万元

项目	2008 年度 合并	2007 年度 合并	2008 年度 公司	2007 年度 公司
经营活动产生的现金流量				
销售商品、提供劳务收到的现金	1,253,493	966,715	877,363	695,780
收到的税费返还	14,265	1,047	12,853	854
收到其他与经营活动有关的现金	10,181	697	14,926	2,237
经营活动现金流入小计	1,277,939	968,459	905,142	698,871
购买商品、接受劳务支付的现金	(724,666)	(459,709)	(597,873)	(415,800)
支付给职工以及为职工支付的现金	(67,285)	(50,667)	(49,369)	(35,378)53
支付的各项税费	(255,671)	(189,073)	(133,299)	(92,248)
支付其他与经营活动有关的现金	(53,514)	(56,797)	(75,461)	(54,287)
经营活动现金流出小计	(1,101,136)	(756,246)	(856,002)	(597,713)
经营活动产生的现金流量净额	176,803	212,213	49,140	101,158
投资活动产生的现金流量				
收回投资收到的现金	10,788	7,927	8,077	1,389
合并哈萨克斯坦石油公司	–	1,542	–	–
全资子公司注销为分公司	–	–	63	32
取得投资收益所收到的现金	6,457	3,183	97,201	67,561
处置子公司	535	–	–	–
处置固定资产、油气资产、无形资产和其他长期资产收回的现金净额	472	1,014	342	425
投资活动现金流入小计	18,252	13,666	105,683	69,407
购建固定资产、油气资产、无形资产和其他长期资产支付的现金	(224,000)	(181,449)	(176,455)	(137,395)
投资支付的现金	(10,512)	(20,434)	(29,254)	(19,468)
其中：回购上市子公司股票所支付的现金	–	(149)	–	(149)
投资活动现金流出小计	(234,512)	(201,883)	(205,709)	(156,863)

投资活动产生的现金流量净额	(216,260)	(188,217)	(100,026)	(87,456)
筹资活动产生的现金流量				
吸收投资收到的现金	8,768	1,349	–	–
其中:子公司吸收少数股东投资收到的现金	8,768	1,349	–	–
取得借款收到的现金	157,240	57,492	131,035	43,308
发行 A 股收到的现金	–	66,243	–	66,243
收到其他与筹资活动有关的现金	150	427	97	407
筹资活动现金流入小计	166,158	125,511	131,132	109,958
偿还债务支付的现金	(98,037)	(57,401)	(61,602)	(38,782)
分配股利、利润或偿付利息支付的现金	(60,348)	(73,509)	(57,124)	(69,199)
其中:子公司支付给少数股东的股利、利润	(2,738)	(4,829)	–	–
资本减少	(3,754)	–	–	–
支付其他与筹资活动有关的现金	(158)	(470)	(93)	(376)
筹资活动现金流出小计	(162,297)	(131,380)	(118,819)	(108,357)
筹资活动产生的现金流量净额	3,861	(5,869)	12,313	1,601
汇率变动对现金及现金等价物的影响	(112)	(221)	–	–
现金及现金等价物净(减少)/增加额	(35,708)	17,906	(38,573)	15,303
加:年初现金及现金等价物余额	68,652	50,746	60,332	45,029
期末现金及现金等价物余额	32,944	68,652	21,759	60,33254

(4)合并股东权益变动表

单位:人民币百万元

项 目	归属于本公司股东权益						
	股本	资本公积	盈余公积	未分配利润	外币报表折算差额	少数股东权益	股东权益合计
2006 年 12 月 31 日余额	179,021	59,797	89,928	213,255	(534)	26,128	567,595
同一控制下企业合并的影响	–	25	–	3,758	(37)	835	4,581
会计政策变更累积影响数	–	–	–	47,546	(119)	4,588	51,985
2007 年 1 月 1 日余额	179,021	59,822	89,928	264,559	(720)	31,551	624,161
2007 年度增减变动额	4,000	62,490	16,304	65,046	(834)	12,235	159,241
净利润	–	–	–	145,867	–	8,444	154,311
直接计入股东权益的利得/(损失)	–	247	–	–	(834)	(836)	(1,423)
外币报表折算差额	–	–	–	–	(834)	(840)	(1,674)
回购子公司的少数股东权益	–	(109)	–	–	–	(69)	(178)
可供出售金融资产公允价值变动净额	–	286	–	–	–	22	308
其他	–	70	–	–	–	51	121
净利润和直接计入股东权益利得/(损失)的小计	–	247	–	145,867	(834)	7,608	152,888
股东投入和减少资本	4,000	62,243	–	–	–	9,450	75,693
股东投入资本-发行 A 股	4,000	62,243	–	–	–	–	66,243
股东投入资本-其他	–	–	–	–	–	1,349	1,349
合并哈萨克斯坦石油公司	–	–	–	–	–	8,101	8,101
利润分配	–	–	16,304	(80,821)	–	(4,823)	(69,340)
提取盈余公积	–	–	12,768	(12,768)	–	–	–
专项储备-安全生产费	–	–	3,536	(3,536)	–	–	–
对股东的分配	–	–	–	(64,517)	–	(4,823)	(69,340)
2007 年 12 月 31 日余额	183,021	122,312	106,232	329,605	(1,554)	43,786	783,402
2008 年 1 月 1 日余额	183,021	122,312	106,232	329,605	(1,554)	43,786	783,402
2008 年度增减变动额	–	(6,997)	15,984	44,188	(1,172)	12,320	64,323
净利润	–	–	–	113,798	–	12,148	125,946
直接计入股东权益的损失	–	(6,936)	–	–	(1,172)	(2,127)	(10,235)
外币报表折算差额	–	–	–	–	(1,172)	(1,504)	(2,676)
购买子公司的少数股东权益	–	(17)	–	–	–	(160)	(177)
收购太阳世界有限公司	–	(6,693)	–	–	–	–	(6,693)
可供出售金融资产公允价值变动净额	–	(237)	–	–	–	(36)	(273)
处置子公司	–	–	–	–	–	(429)	(429)
其他	–	11	–	–	–	2	13
净利润和直接计入股东权益损失的小计	–	(6,936)	–	113,798	(1,172)	10,021	115,711
股东投入和减少资本	–	(61)	–	–	–	5,075	5,01455
股东投入资本-其他	–	–	–	–	–	8,768	8,768
资本减少	–	(61)	–	–	–	(3,693)	(3,754)
利润分配	–	–	15,984	(69,610)	–	(2,776)	(56,402)
提取盈余公积	–	–	12,770	(12,770)	–	–	–
专项储备-安全生产费	–	–	3,214	(3,214)	–	–	–
对股东的分配	–	–	–	(52,835)	–	(2,776)	(55,611)
太阳世界有限公司被收购前对其股东的分配	–	–	–	(791)	–	–	(791)
2008 年 12 月 31 日余额	183,021	115,315	122,216	373,793	(2,726)	56,106	847,725

9.3 如果与最近一期年度报告相比、会计政策、会计估计和核算方法发生变化,提供具体说明

√适用　　　□不适用

根据财政部《企业会计准则解释第 2 号》的规定,本公司为同时发行 A 股和 H 股的上市公司,对于同一交易事项,应当在 A 股和 H 股财务报告中采用相同的会计政策、运用相同的会计估计进行确认、计量和报告。因此本集团二零零八年对中国准则财务报告油气资产折耗计提方法由年限平均法改为产量法,此项变更采用追溯调整法,并对比较财务报表进行了重新表述。此项变更导致本集团二零零七年年初未分配利润调增人民币 475.46 亿元,二零零七年度归属于本公司股东的净利润调增人民币 74.99 亿元,二零零七年年末未分配利润调增人民币 550.45 亿元。

本集团对于自二零零七年度开始依照国家有关规定提取的安全生产费用以及具有类似性质的各项费用,原在提取时计入当期费用,并作为负债列示。根据财政部二零零八年十二月二十六日财会函(2008)60 号《关于做好执行企业会计准则企业 2008 年年报工作的通知》,遵照财政部《企业会计准则讲解(2008)》的规定,本集团在二零零八年提取此类费用时改为在所有者权益中的"盈余公积-专项储备"项下反映,于实际支出时将其结转至"利润分配-未分配利润"项下,结转金额以"盈余公积-专项储备"科目余额冲减至零为限。此项会计政策变更采用追溯调整法,并对比较财务报表进行了重新表述。此项变更导致本集团二零零七年度归属于本公司股东的净利润调增人民币 26.52 亿元,二零零七年年末未分配利润调减人民币 8.84 亿元,二零零七年年末盈余公积调增人民币 35.36 亿元。

9.4 重大会计差错的内容、更正金额、原因及影响

□适用　　　√不适用

9.5 如果与最近一期年度报告相比,合并范围发生变化,提供具体说明

√适用　　　□不适用

本集团于二零零八年十二月十八日以人民币 66.93 亿元向中国石油集团收购太阳世界有限公司 100%股权。本集团将太阳世界有限公司作为子公司核算,由于太阳世界有限公司和本公司在合并前后均受中国石油集团最终控制且该控制并非暂时性的,故该交易属于同一控制下企业合并,对所示的所有期间的会计报表已进行了重新编制以体现这一收购。

第十节　股份回购、出售及赎回

本公司及任何附属公司在截至二零零八年十二月三十一日止十二个月内概无出售本公司的任何证券,亦无购回或赎回本公司的任何证券。

第十一节　遵守《上市发行人董事进行证券交易的标准守则》

本公司已采纳香港联交所制定的上市规则附录十所载上市发行人董事进行证券交易标准守则《「标准守则」》。本公司已向全体董事及监事作出查询,各董事及监事均向本公司确认其已遵守标准守则内载列的所需标准。

第十二节　遵守《企业管治常规守则》

本公司在截至二零零八年十二月三十一日止十二个月内一直严格遵守《上市规则》附录十四《企业管治常规守则》的守则条文,惟自二零零七年五月二十日起至二零零八年五月十六日董事长及总裁由蒋洁敏先生一人兼任。二零零八年五月十六日,公司召开了第四届董事会第一次会议,董事长蒋洁敏先生辞去了公司总裁职务,周吉平先生受聘担任本公司总裁。至此,公司董事长及总裁不再由一人兼任,符合《企业管治常规守则》的有关要求。

第十三节　审计委员会

根据《上市规则》附录十四规定而成立之审计委员会,其成员包括 FrancoBernabè 先生、董建成先生、崔俊慧先生、王国樑先生。审计委员会的主要职责为审阅、监察本集团的财务申报程式及内部监控制度,并向董事会提供意见。本公司审计委员会已审阅并确认截至二零零八年十二月三十一日止十二个月的年度业绩公布及年度报告。

本公司核数师已就本集团截至二零零八年十二月三十一日止年度的业绩公布中所列数字与本集团该年度的经审计综合财务报表所载数字核对一致。

承董事会命

中国石油天然气股份有限公司

蒋洁敏　董事长

中国 北京

二零零九年三月二十五日

于本公告日期,董事会由蒋洁敏先生担任董事长,由周吉平先生(副董事长)及廖永远先生担任执行董事,由王宜林先生、曾玉康先生、王福成先生、李新华先生、王国樑先生及蒋凡先生担任非执行董事,及由董建成先生、刘鸿儒先生、Franco Bernabè 先生、李勇武先生及崔俊慧先生担任独立非执行董事。

本公告载有若干涉及本集团财务状况、经营成果及业务之前瞻性声明。由于相关声明所述情况之发生与否,非为本集团所能控制,这些前瞻性声明在本质上具有高度风险与不确定性。该等前瞻性声明乃本集团对未来事件之现有预期,并非对未来业绩的保证。实际成果可能与前瞻性声明所包含的内容存在差异。

本公告以中英文两种语言印制,在对两种文体的说明上存在歧义时,以中文为准。

浙江正泰电器股份有限公司

浙江正泰电器股份有限公司首次公开发行A股股票上市公告书

第一节　重要声明与提示

浙江正泰电器股份有限公司(以下简称"本公司"或"发行人")及全体董事、监事、高级管理人员保证上市公告书的真实性、准确性、完整性,承诺上市公告书不存在虚假记载、误导性陈述或重大遗漏,并承担个别和连带的法律责任。

上海证券交易所、其他政府机关对本公司股票上市及有关事项的意见,均不表明对本公司的任何保证。

本公司提醒广大投资者注意,凡本上市公告书未涉及的有关内容,请投资者查阅刊载于上海证券交易所网站(http://www.sse.com.cn)的本公司招股说明书全文。

本公司董事、监事和其他高级管理人员承诺将严格遵守《中华人民共和国公司法》、《中华人民共和国证券法》和《上海证券交易所股票上市规则》等有关法律、法规关于公司董事、监事和高级管理人员持股及锁定的有关规定。

如无特别说明,本上市公告书中的简称或名词的释义与本公司首次公开发行股票招股说明书中的相同。

第二节　股票上市情况

一、本上市公告书系根据《中华人民共和国公司法》、《中华人民共和国证券法》和《上海证券交易所股票上市规则》等有关法律法规规定,并按照上海证券交易所《股票上市公告书内容与格式指引》编制而成,旨在向投资者提供有关本公司首次公开发行股票(A股)上市的基本情况。

二、本公司首次公开发行A股(以下简称"本次发行")经中国证券监督管理委员会证监许可[2009]1406号文批准。本次发行采用网下向询价对象询价配售与网上资金申购发行相结合的方式。

三、本公司A股股票上市经上海证券交易所上证发字[2010]3号文批准。

本公司发行的A股股票在上海证券交易所上市,证券简称"正泰电器",证券代码"601877";其中本次发行中网上资金申购发行的8,400万股股票将于2010年1月21日起上市交易。

四、本次上市相关信息

1、上市地点:上海证券交易所

2、上市时间:2010年1月21日

3、股票简称:正泰电器

4、股票代码:601877

5、本次发行完成后总股本:100,500万股

6、本次A股公开发行的股份数:10,500万股

7、本次发行前股东所持股份流通限制及期限

本公司控股股东正泰集团股份有限公司及实际控制人南存辉承诺:自公司股票上市之日起三十六个月内,不会转让或者委托他人管理其在公司上市前已直接和间接持有的公司股份,也不会以任何方式促使公司回购该部分股份以及由该部分股份派生的股份,如红股、资本公积金转增之股份等。

本公司其他自然人股东承诺:自公司股票上市之日起十二个月内,不会转让或者委托他人管理其在公司上市前持有的公司股份,也不会以任何方式促使公司回购该部分股份以及由该部分股份派生的股份,如红股、资本公积金转增之股份等。

8、本次上市A股股份的其他锁定安排

本次发行中网下向配售对象配售的2,100万股股份锁定期为3个月,锁定期自本次网上资金申购发行的股票在上海证券交易所上市交易之日起计算。

9、本次上市的无流通限制及锁定安排的A股股份

本次发行中网上资金申购发行的8,400万股股份无流通限制及锁定安排,自2010年1月21日起上市交易。

10、股票登记机构:中国证券登记结算有限责任公司上海分公司

11、上市保荐人:国泰君安证券股份有限公司

第三节　发行人、股东和实际控制人情况

一、发行人基本情况

1、中文名称:浙江正泰电器股份有限公司

中文简称:正泰电器

2、英文名称:ZHEJIANG CHINT ELECTRICS CO., LTD

3、注册资本:100,500万元(本次发行后)

4、法定代表人:南存辉

5、注册地址/住所:浙江省乐清市北白象镇正泰工业园区正泰路1号

邮政编码:325603

6、经营范围:

低压电器及元器件、电子元器件、电源类产品、电力工具、电力整流器、切割及焊接设备的研发、设计、制造、加工、安装、调试、销售及相关技术服务,经营进出口业务(国家法律法规禁止和限制的除外)。

7、主营业务:低压电器研发、制造、销售

8、所属行业:输配电及控制设备制造业

9、电话号码:0577-62877777

10、传真号码:0577-62875888

11、互联网网址:www.chint.net

12、电子信箱:chintzqb@chint.com

13、董事会秘书:张智寰女士

14、董事、监事、高级管理人员

截至本上市公告书刊登之日,本公司董事基本情况如下:

姓　名	性别	国籍	是否有境外居留权	本公司董事会任职
南存辉	男	中国	无	董事长
南存飞	男	中国	无	董事
朱信敏	男	中国	无	董事
林黎明	男	中国	无	董事
程南征	男	中国	有	董事
高亦强	男	中国	无	董事
陈国良	男	中国	无	董事
陆燕荪	男	中国	无	独立董事
翁礼华	男	中国	无	独立董事
郭明瑞	男	中国	无	独立董事
荆林波	男	中国	无	独立董事

截至本上市公告书刊登之日,本公司监事基本情况如下:

姓　名	性别	国籍	本公司监事会任职
吴炳池	男	中国	监事会主席
潘性莲	女	中国	监事
林可夫	男	中国	监事

截至本上市公告书刊登之日,本公司高级管理人员基本情况如下:

姓　名	性别	国籍	本公司职位
程南征	男	中国	董事、总裁
陈国良	男	中国	董事、副总裁
刘时祯	男	美国	副总裁
王国荣	男	中国	副总裁、财务总监
张智寰	女	中国	副总裁、董事会秘书

15、董事、监事、高级管理人员持有本公司股票、债券情况

截至本上市公告书刊登之日,本公司董事、监事、高级管理人员不持有本公司债券,本公司董事、监事、高级管理人员持有本公司股票的情况如下:

姓　名	职务	持股情况(股)	持股比例
南存辉	董事长	57,319,436	5.70%
南存飞	董事	22,235,233	2.21%
朱信敏	董事	22,235,233	2.21%
林黎明	董事	14,823,489	1.47%
程南征	董事、总裁	108,200	0.01%

高亦强	董事	4,993,429	0.50%
陈国良	董事、副总裁	1,902,114	0.19%
吴炳池	监事会主席	14,823,489	1.47%
潘性莲	监事	191,704	0.02%

二、控股股东情况

本公司控股股东为正泰集团股份有限公司(以下简称“正泰集团”),本次发行后正泰集团持有本公司 65.37%的股份,是本公司的控股股东。正泰集团综合实力连续多年名列中国民营企业 500 强前十位,在 2008 年《电气时代》评选的“中国电气工业 100 强”中位列第三,是国内产品系列最全的电气制造商之一。

目前正泰集团注册资本为 150,000 万元,注册地为浙江省乐清市柳市镇工业区正泰大楼,经营范围为:高低压电器、电气机械及器材、自动化产业、计算机软硬件、电器元器件、仪器仪表、建筑电器、通信设备的研制、开发、设计、制造、安装、调试、加工、销售及技术服务,物业管理、经营进出口业务(国家法律法规禁止、限制的除外)、信息咨询服务。正泰集团目前共有股东 120 名,均为自然人股东。

三、实际控制人情况

本公司实际控制人为南存辉先生,南存辉先生持有正泰集团 27.78%的股份,是正泰集团的第一大股东;南存辉先生同时持有本公司 5.70%的股份,是本公司的第一大自然人股东。南存辉先生直接和间接合计持有本公司 23.86%的股份,其在正泰集团及本公司中的持股比例均远远超过其他自然人股东,是本公司的实际控制人。

南存辉,男,1963 年出生,中国国籍,无境外永久居住权,身份证号码:330323196307090***。

四、股东情况

1、股本结构

本次发行后本公司股本结构情况如下:

股份类型(股东名称)	发行前 持股股数(股)	发行前 持股比例	发行后 持股股数(股)	发行后 持股比例	锁定限制及期限
一、有限售条件流通股					
正泰集团	657,000,000	73.00%	657,000,000	65.37%	自上市之日锁定 36 个月
南存辉	57,319,436	6.37%	57,319,436	5.70%	自上市之日锁定 36 个月
南存飞	22,235,233	2.47%	22,235,233	2.21%	自上市之日锁定 12 个月
朱信敏	22,235,233	2.47%	22,235,233	2.21%	自上市之日锁定 12 个月
林黎明	14,823,489	1.65%	14,823,489	1.47%	自上市之日锁定 12 个月
吴炳池	14,823,489	1.65%	14,823,489	1.47%	自上市之日锁定 12 个月
黄李忠等 145 名自然人	111,563,120	12.40%	111,563,120	11.10%	自上市之日锁定 12 个月
本次网下发行社会公众股	–	–	21,000,000	2.09%	自上市之日锁定 3 个月
小计	900,000,000	100%	921,000,000	91.64%	–
二、无限售条件流通股					
本次网上发行社会公众股	–	–	84,000,000	8.36%	–
合计	900,000,000	100%	1,005,000,000	100.00%	–

2、股东持股情况

本次发行后、上市前十大 A 股股东持股情况

序号	股东名称	股份(股)	持股比例
1	正泰集团	657,000,000	65.3731%
2	南存辉	57,319,436	5.7034%
3	南存飞	22,235,233	2.2125%
4	朱信敏	22,235,233	2.2125%
5	林黎明	14,823,489	1.4750%
6	吴炳池	14,823,489	1.4750%
7	黄李忠	7,411,744	0.7375%
8	金　炘	7,411,744	0.7375%
9	陈景城	6,549,470	0.6517%
10	倪彩荣	5,558,808	0.5531%
10	施成辂	5,558,808	0.5531%
10	吴德铨	5,558,808	0.5531%
–	合　计	826,486,262	82.2374%

第四节　股票发行情况

1、发行数量:10,500 万股

2、发行价格:23.98 元/股

3、发行方式:本次发行采用网下向询价对象询价配售与网上资金申购发行相结合的方式,其中网下向询价对象配售 2,100 万股,网上向社会公众投资者发行 8,400 万股。

4、募集资金总额及注册会计师对资金到位的验证情况 本次发行募集资金总额为 251,790 万元。

天健会计师事务所有限公司于 2010 年 1 月 14 日对本次发行的资金到位情况进行了审验,并出具了天健验〔2010〕7 号《验资报告》。

5、发行费用

(1)本次发行费用总额 6,515.59 万元,包括:

1)保荐及承销费用:5,487.59 万元

2)审计费用:150.00 万元

3)律师费用:150.00 万元

4)发行手续费用:65.25 万元

5)信息披露和路演推介等其他费用:662.75 万元

(2)本次发行每股发行费用为 0.62 元。

6、本次发行募集资金净额:245,274.41 万元。

7、发行后全面摊薄每股净资产:3.81 元(按照 2009 年 6 月 30 日经审计归属于母公司股东的权益与本次发行募集资金净额之和除以本次发行后总股本计算)

8、发行后全面摊薄每股收益:0.39 元(按照 2008 年度经审计扣除非经常性损益前后孰低的归属于母公司股东的净利润除以本次发行后总股本计算)

第五节　其他重要事项

根据《上海证券交易所上市公司募集资金管理规定》,本公司将在募集资金到账后两周内与保荐人国泰君安证券股份有限公司和存放募集资金的商业银行签订《募集资金专户存储三方监管协议》,并在该协议签订后两个交易日内公开披露该协议的主要内容。

本公司在招股意向书刊登日(2009 年 12 月 31 日)至上市公告书刊登前,没有发生可能对本公司有较大影响的重要事项,具体如下:

1、本公司主营业务目标进展情况正常。

2、本公司所处行业和市场未发生重大变化。

3、本公司接受或提供的产品及服务价格未发生重大变化。

4、本公司与关联方未发生重大关联交易。

5、本公司未进行重大投资。

6、本公司未发生重大资产(或股权)购买、出售及置换。

7、本公司住所没有变更。

8、本公司董事、监事、高级管理人员及核心技术人员没有变化。

9、本公司未发生重大诉讼、仲裁事项。

10、本公司未发生除正常经营业务之外的重大对外担保等或有事项。

11、本公司的财务状况和经营成果未发生重大变化。

12、本公司未发生其他应披露的重大事项。

第六节　上市保荐人及其意见

一、上市保荐人基本情况

国泰君安证券股份有限公司

住　所:上海市浦东新区商城路 618 号

法定代表人:祝幼一

电　话:021-38676666

传　真:021-38676888

保荐代表人:水耀东、吴国梅

二、上市保荐人的推荐意见

上市保荐人认为,发行人申请其 A 股股票上市符合《公司法》、《证券法》及《上海证券交易所股票上市规则》等国家法律、法规的有关规定,发行人 A 股股票具备在上海证券交易所上市的条件。国泰君安证券股份有限公司同意推荐浙江正泰电器股份有限公司 A 股股票在上海证券交易所上市。

发行人:浙江正泰电器股份有限公司

保荐人(主承销商):国泰君安证券股份有限公司

2010 年 1 月 20 日

中国国旅股份有限公司

中国国旅股份有限公司首次公开发行股票上市公告书

第一节 重要声明与提示

中国国旅股份有限公司(以下简称"本公司"或"公司")及全体董事、监事、高级管理人员保证上市公告书的真实性、准确性、完整性,承诺上市公告书不存在虚假记载、误导性陈述或重大遗漏,并承担个别和连带的法律责任。

上海证券交易所、其他政府机关对本公司股票上市及有关事项的意见,均不表明对本公司的任何保证。

本公司提醒广大投资者注意,凡本上市公告书未涉及的有关内容,请投资者查阅刊载于上海证券交易所网站(http://www.sse.com.cn)的本公司招股说明书书全文。

本公司董事、监事和其他高级管理人员均不存在直接或间接持有本公司股份的情况,并承诺将严格遵守《中华人民共和国公司法》、《中华人民共和国证券法》和《上海证券交易所股票上市规则》等有关法律、法规关于公司董事、监事和高级管理人员持股及锁定的有关规定。

如无特别说明,本上市公告书中的简称或名词的释义与本公司首次公开发行股票招股说明书中的相同。

第二节 股票上市情况

一、本上市公告书系根据《中华人民共和国公司法》、《中华人民共和国证券法》和《上海证券交易所股票上市规则》等有关法律法规规定,按照《上海证券交易所股票上市公告书内容与格式指引》编制而成,旨在向投资者说明本公司首次公开发行股票上市的基本情况。

二、本公司首次公开发行股票(简称"本次发行")经中国证券监督管理委员会证监许可[2009]798号文核准。本次发行采用网下向询价对象询价配售与网上资金申购发行相结合的方式。

三、本公司股票上市经上海证券交易所上证发字[2009]16号文批准。证券简称"中国国旅",证券代码"601888"。本次公开发行中网上资金申购发行17,600万股股票将于2009年10月15日起上市交易。

四、股票上市概况

1、上市地点:上海证券交易所

2、上市时间:2009年10月15日

3、股票简称:中国国旅

4、股票代码:601888

5、本次发行完成后总股本:88,000万股

6、本次发行的股份数:22,000万股

7、本次发行前股东所持股份的流通限制及期限

(1)本公司发起人股东中国国旅集团有限公司和华侨城集团公司承诺,自中国国旅股票上市之日起三十六个月内,不转让或者委托他人管理已经直接和间接持有的中国国旅的股份,也不由中国国旅收购该部分股份。

(2)根据《境内证券市场转持部分国有股充实全国社会保障基金实施办法》(财企[2009]94号)的有关规定,本公司首次公开发行股票并上市后,由本公司国有股股东转由全国社会保障基金理事会持有的本公司国有股,全国社会保障基金理事会将承继原国有股东的禁售期义务。

8、本次上市股份的其他锁定安排:本次发行中网下向询价对象询价配售的4,400万股股份锁定期为三个月,锁定期自本次网上资金申购发行的股票在上海证券交易所上市交易之日起计算。

9、本次上市的无流通限制及锁定安排的股份:本次发行中网上资金申购发行的17,600万股股份无流通限制及锁定安排。

10、股票登记机构:中国证券登记结算有限责任公司上海分公司

11、上市保荐人:中信建投证券有限责任公司

第三节 发行人、股东和实际控制人情况

一、公司基本情况

中文名称:中国国旅股份有限公司

英文名称:China International Travel Service Corporation Limited

注册资本:66,000万元(本次发行前)

法定代表人:盖志新

住所:北京市东城区东直门外小街甲2号A座8层

经营范围:旅游服务及旅游商品相关项目的投资与管理,旅游服务配套设施的开发、改造与经营,旅游产业研究与咨询服务。

主营业务:旅行社业务和免税业务

所属行业:旅游业

电话:010-84478866

传真:010-84479797

电子信箱:citszq@citsgroup.com.cn

董事会秘书:薛军

董事会成员:本公司董事会共有董事9名,其中独立董事5人。

姓 名	在本公司职位
盖志新	董事长、党委书记
张建华	董事、总裁、党委副书记
鞠迪岸	董事
姚越灿	董事
王开元	独立董事
李克麟	独立董事
范晓复	独立董事
葛铁铭	独立董事
杨有红	独立董事

监事会成员:本公司监事会共有监事5名,其中股东代表监事2名,职工代表监事3名。

姓 名	在本公司职位
杨晨光	监事会主席、党委副书记、纪委书记、工会主席
王晓雯	监事会副主席
卢 路	职工监事
田忠义	职工监事
陈玲玲	职工监事

高级管理人员:本公司共有高级管理人员6名。

姓 名	在本公司职位
张建华	董事、总裁、党委副书记
彭 辉	副总裁
陈 荣	副总裁
薛 军	副总裁、董事会秘书
闫建平	总会计师
李 刚	副总裁

截至本上市公告书刊登之日,本公司董事、监事和高级管理人员均不存在持有本公司股份和债券的情况。

二、控股股东情况

本公司的控股股东为中国国旅集团有限公司。国旅集团为隶属于国务院国资委管理的中央企业，注册资本为103,715.80万元，经营范围为实业项目的投资和资产管理、自有房屋出租。

三、股本结构及前十名股东情况

1、本次A股发行前后本公司的股本结构

股东名称	本次发行前		本次发行后	
	持股数量(股)	持股比例	持股数量(股)	持股比例
国旅集团(SS)	558,461,500	84.62%	539,346,100	61.35%
华侨城集团(SS)	101,538,500	15.38%	98,153,900	11.15%
全国社会保障基金理事会(SS)	–	–	22,000,000	2.50%
社会公众股	–	–	220,000,000	25.00%
合计	660,000,000	100%	880,000,000	100%

注:SS代表State-own Shareholder,指国有股股东。

2、本次发行后、上市前前十大股东持股情况

序号	股东名称	持股数量(股)	占本次发行后总股本比例
1	国旅集团	539,346,100	61.35%
2	华侨城集团	98,153,900	11.15%
3	全国社会保障基金理事会	22,000,000	2.50%
4	长江养老保险股份有限公司上海企业年金过渡计划–交通银行	956,248	0.11%
5	中国南方电网公司企业年金计划–中国工商银行	473,006	0.05%
6	中国建设银行股份有限公司企业年金计划–工行	463,518	0.05%
7	中国工商银行股份有限公司企业年金计划–中国建设银行	376,200	0.04%
8	中国银行股份有限公司企业年金计划–中国银行	325,478	0.04%
9	江苏省电力公司(国网)企业年金计划–招商银行	163,228	0.02%
10	全国社保基金一零二组合	131,362	0.01%

第四节　股票发行情况

一、发行数量:22,000万股

二、发行价格:11.78元/股

三、发行方式:本次发行采用网下向询价对象询价配售与网上资金申购发行相结合的方式,其中网下向询价对象配售4,400万股,网上向社会公众投资者发行17,600万股。

四、募集资金总额及注册会计师对资金到位的验证情况:本次发行募集资金总额为2,591,600,000元。利安达会计师事务所有限责任公司于2009年9月28日对本次发行的资金到位情况进行了审验,并出具了《验资报告》(利安达验字[2009]第1038号)。

五、发行费用

1、本次发行费用总额为94,398,105.56元,包括:保荐和承销费用75,933,880.00元、审计费用6,540,000.00元、律师费用1,375,000.00元、发行手续费600,000.00元、信息披露及路演推介费用8,700,000.00元、印花税1,249,225.56元。

2、本次发行每股发行费用为0.107元。

六、本次发行募集资金净额:2,497,201,894.44元。

七、发行后全面摊薄每股净资产:4.04元(按本次发行后净资产除以本次发行后总股本计算,其中,本次发行后的净资产为2009年6月30日经审计的合并财务报表中归属于母公司的所有者权益和本次发行募集资金净额之和)

八、发行后全面摊薄每股收益:0.24元(按2008年度经审计的扣除非经常性损益前后孰低的归属于母公司的净利润除以本次发行后总股本计算)

第五节　其他重要事项

根据《上海证券交易所上市公司募集资金管理规定》,本公司将在募集资金到账后两周内与保荐人中信建投证券有限责任公司和存放募集资金的商业银行签订《募集资金专户存储三方监管协议》,并在该协议签订后两个交易日内公开披露该协议的主要内容。

本公司在招股意向书刊登日(2009年9月15日)至上市公告书刊登前,没有发生可能对本公司有较大影响的重要事项,具体如下:

1、本公司主营业务目标进展情况正常。

2、本公司所处行业和市场未发生重大变化。

3、本公司服务和产品的采购价格以及产品销售价格未发生重大变化。

4、本公司与关联方未发生重大关联交易。

5、本公司未进行重大投资。

6、本公司未发生重大资产(或股权)购买、出售及置换。

7、本公司住所没有变更。

8、本公司董事、监事、高级管理人员没有变化。

9、本公司未发生重大诉讼、仲裁事项。

10、本公司未发生重大对外担保等或有事项。

11、本公司的财务状况和经营成果未发生重大变化。

12、本公司未发生其他应披露的重大事项。

第六节　上市保荐人及其意见

一、保荐人基本情况

保荐人:中信建投证券有限责任公司

住所:北京市朝阳区安立路66号4号楼

联系地址:北京市东城区朝内大街188号

法定代表人:张佑君

电 话:010-85130588

传 真:010-65185227

保荐代表人:林煊、潘锋

二、保荐人的推荐意见

上市保荐人认为,发行人申请其A股股票上市符合《公司法》、《证券法》及《上海证券交易所股票上市规则》等国家法律、法规的有关规定,发行人A股股票具备在上海证券交易所上市的条件。中信建投证券有限责任公司同意推荐中国国旅股份有限公司A股股票在上海证券交易所上市。

发行人:中国国旅股份有限公司

保荐人(主承销商):中信建投证券有限责任公司

2009年10月13日

中国远洋控股股份有限公司

中国远洋控股股份有限公司2008年年度报告摘要

第一节 重要提示

1.1 本公司董事会、监事会及其董事、监事、高级管理人员保证本报告所载资料不存在任何虚假记载、误导性陈述或者重大遗漏，并对其内容的真实性、准确性和完整性承担个别及连带责任。本年度报告摘要摘自年度报告全文，投资者欲了解详细内容，应当仔细阅读年度报告全文。

1.2 公司第二届董事会第九次会议于2009年4月22日审议通过了公司《2008年年度报告》正文及摘要。公司全体董事出席董事会会议。

1.3 公司2008年度按中国企业会计准则和香港财务报告准则编制的财务报告已分别经中瑞岳华会计师事务所有限公司和罗兵咸永道会计师事务所审计，并出具了标准无保留意见的审计报告。

1.4 公司负责人董事长魏家福先生、总经理陈洪生先生、主管会计工作负责人财务总监何家乐先生及会计机构负责人(会计主管人员)李瑾女士声明：保证年度报告中财务报告的真实、完整。

第二节 公司基本情况简介

2.1 基本情况简介

股票简称	中国远洋
股票代码	601919
上市交易所	上海证券交易所
股票简称	中国远洋
股票代码	1919
上市交易所	香港联合交易所
公司注册地址和办公地址	中国天津市天津港保税区通达广场1号3层 中国天津市天津港保税区通达广场1号3层
邮政编码	300461
公司国际互联网网址	www.chinacosco.com
电子信箱	investor@chinacosco.com

2.2 联系人和联系方式

	董事会秘书	证券事务代表
姓名	张永坚	梁宏、明东
联系地址	中国天津市天津港保税区通达广场1号3层	中国天津市天津港保税区通达广场1号3层
电话	(022)66270898	(022)66270898
传真	(022)66270899	(022)66270899
电子信箱	investor@chinacosco.com	lianghong@chinacosco.com mingdong@chinacosco.com

第三节 会计数据和业务数据摘要

3.1 主要会计数据

单位：元 币种：人民币

	2008年	2007年	本年比上年增减(%)	2006年
营业收入	114,968,334,902.34	98,132,443,985.09	17.2	63,736,922,641.85
利润总额	14,876,571,453.99	25,567,374,844.96	-41.8	10,510,992,091.67
归属于上市公司股东的净利润	10,830,364,941.98	19,090,354,515.08	-43.3	7,573,383,193.53
归属于上市公司股东的扣除非经常性损益的净利润	17,520,348,722.57	4,702,823,810.14	272.5	866,908,090.87
经营活动产生的现金流量净额	23,378,236,347.08	22,909,903,876.06	2.0	8,398,192,313.82
	2008年末	2007年末	本年末比上年末增减(%)	2006年末
总资产	116,762,840,413.26	114,162,233,793.39	2.3	78,563,420,292.26
所有者权益(或股东权益)	52,091,702,087.08	44,949,461,836.59	15.9	32,559,663,531.39

3.2 主要财务指标

	2008年	2007年	本年比上年增减(%)	2006年
基本每股收益(元/股)	1.06	2.05	-48.3	0.90
稀释每股收益(元/股)	1.06	2.05	-48.3	0.90
扣除非经常性损益后的基本每股收益(元/股)	1.71	0.50	242.0	0.10
全面摊薄净资产收益率(%)	20.79	42.47	减少21.68个百分点	23.26
加权平均净资产收益率(%)	22.32	41.63	减少19.31个百分点	22.25
扣除非经常性损益后全面摊薄净资产收益率(%)	33.63	10.46	增加23.17个百分点	2.66
扣除非经常性损益后的加权平均净资产收益率(%)	36.11	10.26	增加25.85个百分点	2.55
每股经营活动产生的现金流量净额(元/股)	2.29	2.46	-6.9	1.35
	2008年末	2007年末	本年末比上年末增减(%)	2006年末
归属于上市公司股东的每股净资产(元/股)	5.10	4.40	15.9	5.25

非经常性损益项目

√适用

单位：元 币种：人民币

非经常性损益项目	金额	说明
非流动资产处置损益	657,343,160.21	主要为船舶处置收益
计入当期损益的政府补助，但与公司正常经营业务密切相关，符合国家政策规定、按照一定标准定额或定量持续享受的政府补助除外	77,733,594.18	主要为地方财政补贴及税收返还收入
企业取得子公司、联营企业及合营企业的投资成本小于取得投资时应享有被投资单位可辨认净资产公允价值产生的收益	11,795,972.15	
债务重组损益	7,088,830.67	
同一控制下企业合并产生的子公司期初至合并日的当期净损益	104,241,705.63	
与公司正常经营业务无关的或有事项产生的损益	-163,645,031.73	主要为本年因租船和货物运输形成的未决诉讼对当期损益的影响
除同公司正常经营业务相关的有效套期保值业务外，持有交易性金融资产、交易性金融负债产生的公允价值变动损益，以及处置交易性金融资产、交易性金融负债和可供出售金融资产取得的投资收益	-4,107,566,552.81	主要为年内持有远期运费协议、股票投资、利率掉期等金融工具产生的公允价值变动及结算损益
单独进行减值测试的应收款项减值准备转回	2,065,104.00	
除上述各项之外的其他营业外收入和支出	-5,312,435,275.76	主要包括因亏损合同形成的预计负债
少数股东权益影响额	-104,141,704.07	
所得税影响额	2,137,536,416.94	
合计	-6,689,983,780.59	

3.3 境内外会计准则差异：

√适用

单位：元 币种：人民币

	国内会计准则	境外会计准则
净利润	10,830,364,941.98	11,617,012,000.00
净资产	52,091,702,087.08	52,491,656,000.00

说明：

1、境外财务报表将美元作为中国远洋的功能性货币，人民币作为财务报表的呈列货币；境内财务报表未区分功能性货币及财务报表呈列货币。

2、境外财务报表均按资产的历史成本记价，对境内按会计准则记账的资产评估增值及其摊销予以冲回，产生差异。

3、境外财务报表根据香港会计准则第32号及第39号将部分投资划定为可供出售金融资产，并在资产负债表内按公平值列示。境内财务报表将该部分投资划定为长期股权投资，按成本价列示。

4、境外于2005年1月1日执行新修订的香港财务报告准则，根据该财务报告准则第3号规定自2005年1月1日起不再对商誉(股权投资差额)进行摊销，于每年及出现减值迹象时进行减值测试。境内自2007年1月1日开始执行新的《企业会计准则》，根据《企业会计准则第38号－首次执行企业会计准则》第五条(二)规定，对于非同一控制下的企业合并采用权益法核算存在股权投资借方差额的长期股权投资，应当将长期股权投资的账面余额作为首次执行日的认定成本，不再摊销，每年进行减值测试。该项为境内外对股权投资差额停止摊销、进行减值测试的执行时点不同引起的差异。本年数与上年数美元金额相同，本位币金额不同为汇率变动所致。

5、境内外对海外公司定利福利计划适用准则不同而产生的差异。

6、境内外将财务报告中香港财务报告准则与中国企业会计准则的非重大差异于本年调整一致。

第四节 股本变动及股东情况

4.1 股份变动情况表

√适用

单位:股

	本次变动前		本次变动增减(+,-)	本次变动后	
	数量	比例(%)	限售股解禁	数量	比例(%)
一、有限售条件股份					
1、国家持股	5,472,806,911	53.57	-	5,472,806,911	53.57
2、其他内资持股	914,000,000	8.95	-914,000,000	0	0
其中:境内非国有法人持股	914,000,000	8.95	-914,000,000	0	0
有限售条件股份合计	6,386,806,911	62.52	-914,000,000	5,472,806,911	53.57
二、无限售条件流通股份					
1、人民币普通股	1,248,867,446	12.22	914,000,000	2,162,867,446	21.17
2、境外上市的外资股	2,580,600,000	25.26	-	2,580,600,000	25.26
无限售条件流通股份合计	3,829,467,446	37.48	914,000,000	4,743,467,446	46.43
三、股份总数	10,216,274,357	100	-	10,216,274,357	100

注:本期解除禁售的 914,000,000 股,包括本公司公开发行 A 股战略投资者获配部分 535,000,000 股及非公开发行 A 股战略投资者获配部分 379,000,000 股,解禁日期分别为 2008 年 6 月 26 日及 2008 年 12 月 29 日。

限售股份变动情况表

√适用

(1) 公开发行 A 股限售股份变动情况

股东名称	年初限售股数	本年解除限售股数	本年增加限售股数	年末限售股数	限售原因	解除限售日期
全国社保基金	40,000,000	40,000,000	0	0	发行限售	2008-6-26
中粮集团有限公司	40,000,000	40,000,000	0	0	同上	同上
中国中煤能源股份有限公司	40,000,000	40,000,000		0	同上	同上
中国机械工业集团公司	40,000,000	40,000,000	0	0	同上	同上
中国核工业集团公司	40,000,000	40,000,000	0	0	同上	同上
兵器财务有限责任公司	30,000,000	30,000,000	0	0	同上	同上
中国船舶重工集团公司	30,000,000	30,000,000	0	0	同上	同上
一汽财务有限公司	30,000,000	30,000,000	0	0	同上	同上
中国海运(集团)总公司	30,000,000	30,000,000	0	0	同上	同上
中国投资担保有限公司	30,000,000	30,000,000	0	0	同上	同上
中国节能投资公司	25,000,000	25,000,000	0	0	同上	同上
北京首创投资担保有限责任公司	20,000,000	20,000,000	0	0	同上	同上
泰康人寿保险股份有限公司-传统-普通保险产品-019L-CT001 沪	20,000,000	20,000,000	0	0	同上	同上
唐山钢铁集团有限责任公司	20,000,000	20,000,000	0	0	同上	同上
国家开发投资公司	20,000,000	20,000,000	0	0	同上	同上
中国通用技术(集团)控股有限责任公司	20,000,000	20,000,000	0	0	同上	同上
珠海市港口企业集团有限公司	20,000,000	20,000,000	0	0	同上	同上
新华人寿保险股份有限公司-分红-团体分红-018L-FH001 沪	20,000,000	20,000,000	0	0	同上	同上
中国太平洋人寿保险股份有限公司-传统-普通保险产品	20,000,000	20,000,000	0	0	同上	同上
合计	535,000,000	535,000,000	0	0	/	/

(2)非公开发行 A 股限售股份变动情况

股东名称	年初限售股数	本年解除限售股数	本年增加限售股数	年末限售股数	限售原因	解除限售日期
中国人寿资产管理有限公司	70,000,000	70,000,000	0	0	发行限售	2008-12-29
中国中化集团公司	50,000,000	50,000,000	0	0	同上	同上
南方基金管理有限公司	45,000,000	45,000,000	0	0	同上	同上
中国机械工业集团公司	40,000,000	40,000,000	0	0	同上	同上
中粮集团有限公司	40,000,000	40,000,000	0	0	同上	同上
航天科技财务有限责任公司	40,000,000	40,000,000	0	0	同上	同上
中国核工业集团公司	32,000,000	32,000,000	0	0	同上	同上
五矿投资发展有限责任公司	31,000,000	31,000,000	0	0	同上	同上
光大证券股份有限公司	31,000,000	31,000,000	0	0	同上	同上
合计	379,000,000	379,000,000	0	0	/	/

4.2 股东数量和持股情况

单位:股

报告期末股东总数	A 股 480254 户 H 股 1007 户

前十名股东持股情况

股东名称	股东性质	持股比例(%)	持股总数	报告期内增减	持有有限售条件股份数量	质押或冻结的股份数量
中国远洋运输(集团)总公司	国家	53.75	5,491,469,589	18,662,578	5,491,469,589	无
HKSCC NOMINEE LIMITED	境外	24.82	2,535,864,317	68,593,207	0	未知
中国机械工业集团公司	境内非国有法人	0.78	80,000,000	0	0	无
中国核工业集团公司	境内非国有法人	0.70	72,000,000	0	0	无
中国中化集团公司	境内非国有法人	0.49	50,000,000	0	0	无
航天科技财务有限责任公司	境内非国有法人	0.39	40,000,000	0	0	无
中国中煤能源股份有限公司	境内非国有法人	0.39	40,000,000	0	0	无
中国人寿保险股份有限公司-分红-个人分红-005L-FH002 沪	境内非国有法人	0.38	39,020,000	-3,342,289	0	无
中国农业银行-中邮核心成长股票型证券投资基金	境内非国有法人	0.32	32,465,585	23,709,250	0	无
光大证券股份有限公司	境内非国有法人	0.30	31,000,000	-6,342,616	0	无
五矿投资发展有限责任公司	境内非国有法人	0.30	31,000,000	0	0	无

前十名无限售条件股东持股情况

股东名称	持有无限售条件股份数量	股份种类
HKSCC NOMINEE LIMITED	2,535,864,317	境外上市外资股
中国机械工业集团公司	80,000,000	人民币普通股
中国核工业集团公司	72,000,000	人民币普通股
中国中化集团公司	50,000,000	人民币普通股
航天科技财务有限责任公司	40,000,000	人民币普通股
中国中煤能源股份有限公司	40,000,000	人民币普通股
中国人寿保险股份有限公司-分红-个人分红-005L-FH002 沪	39,020,000	人民币普通股
中国农业银行-中邮核心成长股票型证券投资基金	32,465,585	人民币普通股
光大证券股份有限公司	31,000,000	人民币普通股
五矿投资发展有限责任公司	31,000,000	人民币普通股
上述股东关联关系或一致行动的说明	未知	

截至 2008 年 12 月 31 日,中国远洋运输(集团)总公司持有 81,179,500 股 H 股,占公司已发行 H 股的 3.15%,该数额包含在 HKSCC NOMINEE LIMITED 持股总数中。

4.3 控股股东及实际控制人情况介绍

4.3.1 控股股东及实际控制人变更情况

√不适用

4.3.2 控股股东及实际控制人具体情况介绍

4.3.2.1 法人控股股东情况

单位:元 币种:人民币

名称	法定代表人	注册资本	成立日期	主营业务
中国远洋运输(集团)总公司	魏家福	4,103,367,000	1961 年 4 月	中国远洋运输(集团)总公司是国资委管理的特大国有企业集团之一,除本集团经营的业务外,中远集团目前还主要经营油轮及其他液体散货航运、杂货及特种船航运、船舶修理及船舶改装、船舶建造、提供船用燃油、金融服务、船舶贸易服务和提供海员及船舶管理等业务。

4.3.2.2 法人实际控制人情况

单位:元 币种:人民币

名称	法定代表人	注册资本	成立日期	主营业务
国务院国有资产监督管理委员会	不适用	不适用	不适用	不适用

4.3.2.3 自然人控股股东情况

不适用。

4.3.2.4 自然人实际控制人情况

不适用。

第五节 董事、监事和高级管理人员

5.1 董事、监事和高级管理人员持股变动及报酬情况

单位:股

姓名	职务	性别	年龄	任期起止日期	年初持股数	年末持股数	持有本公司的股票期权	被授予的限制性股票数量	股份增减数	变动原因	是否在公司领取报酬、津贴	报告期内从公司领取的报酬总额(万元)(税前)	报告期被授予的股权激励情况 可行权股数	已行权数量(元)	行权价(元)	期末股票市价	是否在股东单位或其他关联单位领取报酬、津贴
魏家福	董事长	男	59	2008.6.6-2011 年股东大会召开日	-	-	-	-	-	-	是	224.06	-	-	-	-	否
张富生	副董事长	男	59	2008.6.6-2011 年股东大会召开日	-	-	-	-	-	-	是	200.89	-	-	-	-	否
陈洪生	董事总经理	男	59	2008.6.6-2011 年													

				股东大会召开日	-	-	-	-	-	-	是	189.62	-	-	-	-	否
李建红	董事	男	52	2008.6.6-2011 年股东大会召开日	-	-	-	-	-	-	是	34.77	-	-	-	-	否
许立荣	董事	男	51	2008.6.6-2011 年股东大会召开日	-	-	-	-	-	-	是	30.70	-	-	-	-	否
张　良	董事	男	55	2008.6.6-2011 年股东大会召开日	-	-	-	-	-	-	是	19.82	-	-	-	-	否
孙月英	董事	女	50	2008.6.6-2011 年股东大会召开日	-	-	-	-	-	-	是	31.40	-	-	-	-	否
李泊溪	独立董事	女	73	2008.6.6-2011 年股东大会召开日	-	-	-	-	-	-	是	27.80	-	-	-	-	否
曹文锦	独立董事	男	83	2005.6.9-2008.6.6	-	-	-	-	-	-	是	10.48	-	-	-	-	否
韩武敦	独立董事	男	67	2008.6.6-2011 年股东大会召开日	-	-	-	-	-	-	是	30.18	-	-	-	-	否
郑慕智	独立董事	男	59	2008.6.6-2011 年股东大会召开日	-	-	-	-	-	-	是	30.18	-	-	-	-	否
张松声	独立董事	男	54	2008.6.6-2011 年股东大会召开日	-	-	-	-	-	-	是	18.60	-	-	-	-	否
李云鹏	监事会主席	男	50	2008.6.6-2011 年股东大会召开日	-	-	-	-	-	-	是	26.35	-	-	-	-	否
吴树雄	监事	男	54	2005.3.3-	-	-	-	-	-	-	是	86.60	-	-	-	-	否
马建华	监事	男	46	2007.6.26-	-	-	-	-	-	-	是	84.51	-	-	-	-	否
李宗豪	监事	男	51	2008.6.6-2011 年股东大会召开日	-	-	-	-	-	-	是	16.35	-	-	-	-	是
於世成	独立监事	男	54	2008.6.6-2011 年股东大会召开日	-	-	-	-	-	-	是	19.27	-	-	-	-	否
寇文峰	独立监事	男	43	2008.6.6-见(四)公司董事、监事、高级管理人员变动情况	-	-	-	-	-	-	是	17.91	-	-	-	-	否
孙家康	副总经理	男	49	2008.6.9-第三届董事会第一次会议召开日期	-	-	-	-	-	-	是	147.16	-	-	-	-	否
许遵武	副总经理	男	51	2008.6.9-第三届董事会第一次会议召开日期	-	-	-	-	-	-	是	152.45	-	-	-	-	否
叶伟龙	副总经理	男	46	2008.6.9-第三届董事会第一次会议召开日期	-	-	-	-	-	-	是	177.51	-	-	-	-	否
徐敏杰	副总经理	男	50	2008.6.9-第三届董事会第一次会议召开日期	-	-	-	-	-	-	是	513.37	-	-	-	-	否
何家乐	财务总监	男	54	2008.6.9-第三届董事会第一次会议召开日期	-	-	-	-	-	-	是	168.72	-	-	-	-	否
张永坚	董事会秘书	男	57	2008.6.9-第三届董事会第一次会议召开日期	-	-	-	-	-	-	是	168.72	-	-	-	-	否
合计	/	/	/	/	-	-	-	-	-	/	/	2427.43	-	-	-	-	/

注：

1、魏家福董事长、张富生副董事长、陈洪生董事总经理、李建红董事、许立荣董事、张良董事、孙月英董事、李云鹏监事会主席薪酬的具体发放过程执行国务院国有资产监督管理委员会有关规定。

2、年龄计算截止日期为 2009 年 4 月 22 日。

第六节　董事会报告

6.1 管理层讨论与分析

2008 年，本集团实现营业收入人民币 114,968,334,902.34 元，同比 2007 年上升 17.2%。实现利润总额人民币 14,876,571,453.99 元，同比下降 41.8%。实现归属于母公司所有者的净利润人民币 10,830,364,941.98 元，同比下降 43.3%。

业务回顾

集装箱航运及相关业务

市场回顾

2008 年世界经济放缓趋势加剧，美国次贷危机在第三季度迅速演化升级，扩展到全球性金融危机，第四季度世界经济陷入低谷。美国进出口需求下降，致使太平洋航线货量下跌。欧洲经济体也受到冲击，亚欧航线货量增长明显放慢，运价迅速下跌。南美、非洲、中东和澳洲经济体虽然取得一定增长，但原定投入欧美干线的运力转入次干线运营，运价下滑压力明显。受欧美消费大幅下滑和全球贸易滞涨影响，内贸市场增长步伐放缓，但得益于中国政府提振内需政策，内贸市场表现好于外贸。燃油价格第四季度大幅下降，缓解了部分成本压力。

业绩表现

2008 年，本集团所属集装箱航运及相关业务货运量达 5,792,593 标准箱，较上年同期增加约 1.5%。实现营业收入人民币 39,080,904,507.51 元，较上年同期下降 4.6%。

本集团有效执行了既定的经营计划，全年在 17 条航线上实施了加船减速，降低油耗和排放，在运力增加 14.1%的情况下，全年油耗同比下降 3.9%。本集团还抓住人民币汇率变化和内贸市场繁荣的契机，加大内贸航线运力投入，同比去年增加运力投入 6.2%。本集团亦紧抓欧美航线回程货揽取工作，加大营销力度，使回程舱位利用率同比提高 10%以上。通过以上努力，本集团基本完成了货运量 600 万标准箱的经营目标。

分航线货运量

	截至十二月三十一日止年度		
	2008 年(标准箱)	2007 年(标准箱)	变动百分比(%)
跨太平洋	1,286,272	1,505,991	-14.6
亚欧(包括地中海)	1,527,980	1,362,440	12.2
亚洲区内(包括澳洲)	1,438,134	1,484,310	-3.1
其它国际(包括大西洋)	243,001	249,177	-2.5
中国	1,297,206	1,106,632	17.2
合计	5,792,593	5,708,550	1.5

分航线营业收入

	截至十二月三十一日止年度		
	2008 年(人民币千元)	2007 年(人民币千元)	变动百分比(%)
跨太平洋	12,819,471	14,255,999	-10.1
亚欧(包括地中海)	13,456,153	14,098,754	-4.6
亚洲区内(包括澳洲)	5,803,158	6,193,206	-6.3
其它国际(包括大西洋)	2,129,092	2,163,104	-1.6
中国	3,063,475	2,529,035	21.1
小计	37,271,349	39,240,098	-5.0
出租船舶	328,507	253,645	29.5
相关业务	1,481,048	1,475,433	0.4
合计	39,080,904	40,969,176	-4.6

船队发展

本集团全年新交付使用的集装箱船舶 9 艘，合计 73,764 标准箱。截至 2008 年 12 月 31 日，本集团经营船队包括 141 艘集装箱船舶，运力达 496,317 标准箱，较 2007 年底增加 14.1%。本集团于 2008 年订造、订租 12 艘各型集装箱船舶，运力合计 123,800 标准箱。截止 2008 年底，本集团持有 59 艘集装箱船舶订单，运力合计 444,752 标准箱。

集装箱船舶订单持有情况(2008 年 12 月 31 日)

年份	自有		租入		合计	
	艘	标准箱	艘	标准箱	艘	标准箱
2009	5	30420	4	29991	9	60,411
2010	4	20400	11	80497	15	100,897
2011	7	29750	7	91644	14	121,394
2012	16	95300	-	-	16	95,300
2013	5	66750	-	-	5	66,750
合计	37	242620	22	202132	59	444,752

2009 年，本集团预计将有 9 艘合计 60,411 标准箱新造船舶交付使用。其中包括 4 艘 5,100 标准箱、1 艘 10,020 标准箱型自有船和 1 艘 4,506 标准箱、3 艘 8,495 标准箱型期租船。考虑到市场情况，本集团正与船东洽商延迟至 2010 年交付其中 3 艘 8,495 标准箱型期租船。

航线经营策略

本集团针对 08 年航运市场的变化，及时灵活调整航线运力布局，抓住市场契机。在市场需求旺盛之际，加大欧地、中美洲、中澳、南非南美等高贡献值航线的运力投放，通过短期租船替换国旗船投入内贸航线营运，锁定关键利润区。第四季度市场需求放缓时，通过干支线资源整合、航线合并、舱位出售等手段，适时缩减欧美干线和大西洋航线运力，在扩大市场覆盖面和保证服务的同时，节约了成本支出。

针对第三季度后的货运量下滑，本集团倡导成立了 CKYH Task Force 应对小组，充分利用联盟资源，实现各航线最优运力配置，通过提前退租、安排修船、淡季停航、封存运力等多种手段，收缩航线运力，有效降低了经营风险。

成本控制

本集团积极实施低成本战略，全面推行成本问责制，逐项梳理成本控制的关键薄弱点，不断完善提高本集团的成本控制和优化能力。

在燃油成本控制方面，本集团坚持经营节能、管理节能和技术节能齐头并举。本年度共在 17 条航线上实施了加船减速，通过船岸间密切协同，压缩船舶在港作业时间。强化油耗实时监控，广泛使用节能新技术，在运力增长 14.1%的情况下，全年油耗同比下降 3.9%。此外，本集团灵活运用燃油套期保值和现货锁定策略，有效节约了燃油成本，同时还积极收取燃油附加费抵冲燃油成本。

本集团根据 08 年全球物价上涨的局面，主动出击，与各供应商积极洽商，有效控制了供应商费率的上涨，成功取得港口费、货物费和中转费的下降。其中，通过与美洲地区铁路供应商的谈判，有效降低了相关成本。

本集团继续深化低成本中转路径战略，继续大力推介鲁伯特王子港中转路径，同时配合干线运力调整，全力加强支线网络建设，拓展中美洲支线网络，并在欧洲地区推进地东、黑海港口间支线网络的建设，营造差异化竞争，取得低成本优势。

本集团还通过降低集装箱保有量，减少北美地区底盘车租用数量，有效降低了集装箱固定费用和租金。

市场展望

受经济危机影响，远东出口到美国的货量形势不容乐观，但各班轮公司对美线运力投入谨慎，有助于缓和市场供求关系。亚欧航线近年来接纳新船最多，随着货运量的下滑，未来将面临严峻的形势，但为了维护航线的稳定经营，近期已有多家班轮公司表示将提升欧洲航线的运价。新兴市场尽管仍将保持一定的增长势头，但随着供需压力的增大，增长的不确定性正在增加。得益于中国政府施行积极的财政政策和适度宽松的货币政策，内贸航线仍可能实现增长。

2009 年需求持续放缓将是航运企业面临的最大挑战。在供需压力和成本压力之下，航运企业普遍采取收缩态势，收购活动暂停或搁置，有些船公司经营难以为继，集装箱运输行业面临重新洗牌，未来市场格局将发生一定变化。

随着各国经济刺激计划的不断出台和落实，以及零售商库存的不断下降，欧美经济和贸易量一旦有所复苏，集装箱航运市场亦有望步入回升。

经营计划

面对挑战和机遇，本集团将积极通过各种途径消化 2009 年新增运力，在淡季缩减欧美干线运力，利用大船资源，升级次干航线，完善支线网络建设，并加强与联盟各方的合作。同时，重视大客户开发，锁定基础货源，加强对高值货的揽取，做强延伸服务和增值特色服务。

在成本控制方面，将全面梳理供应商合同，重新商谈费率条款，寻求进一步降低费率的可能；继续加强船舶油耗跟踪和分析，灵活加油策略，挖掘节能新空间，借助燃油套期保值手段锁定成本；继续降低集装箱保有量，提高集装箱周转效率；寻找低成本、高效率的进出口路径，降低中转成本；全面推广应用信息系统，设置标准成本项目和港口标准成本模版。

预计 2009 年本集团完成集装箱货运量 523.5 万标准箱。

干散货航运业务

市场回顾

2008 年国际干散货运输市场经历了从顶峰到谷底的剧烈变化。上半年在铁矿石和煤炭大宗干散货需求强劲、运力压港严重、投机炒家疯狂炒作的推动下，干散货市场突飞猛涨，波罗的海干散货价指数在 5 月 20 日创下了 11,793 点的历史最高位。但随后愈演愈烈的金融风暴以及商品价格回落令市场迅速反转，特别是 9 月雷曼公司倒闭之后，全球金融危机爆发，世界经济形势急转直下，美欧日等主要发达经济体均陷入衰退，新兴经济体也遭受沉重打击，钢材市场迅速陷入低迷，信贷市场紧缩则令市场形势更加恶化，信用证难以签发和兑现，导致交易搁置，海运停滞，信心崩溃，市场经历了前所未有的非理性下跌。12 月 5 日，BDI 指数仅报 663 点，创自 1986 年 9 月以来的新低，如果扣除价格上涨因素，则是历史最低点，之后情况略有好转，12 月 17 日 BDI 回到了 836 点，但随着圣诞节和元旦假日的接踵而至，市场再度调整，最终 BDI 以 774 点宣告了 2008 年的结束，与 7 个月之前的历史最高位相差 11,000 点。

业绩表现

2008 年本集团散货运输业务板块完成货运量 29,310 万吨，同比增长 16.7%，货运周转量 1.5 万亿吨海里，与去年基本持平，超额完成了年初制定的 1.1 万亿吨海里的经营目标。其中，煤炭承运量为 8,935 万吨，同比下降 1.5%；铁矿石承运量 12,333 万吨，同比增长 8.3%，其它货物承运量为 8,042 万吨，同比增长 33.8%。实现营业收入 71,611,005,812.29 元，同比上升 34.1 %。

经营策略

锁定收益。坚持在市场爬升通道中，将自有运力长期期租锁定利润，通过市场操作拿入运力调整船队结构。然后在市场上升通道中通过锁定敞口头寸，扩大收益。实践证明在当前市场大幅度下滑时期，公司的经营保持稳定，贡献毛利和租金水平受到影响比较小。

按 2008 年 12 月 31 日时点统计，我们已将 2009 年 18.4%的营运天锁定，锁定的平均期租水平较 2008 年下降三分之一。

把握低成本扩张机遇，波段操作。面对大起大落的复杂市场现状，通过密切跟踪、深入调研、科学判断做到积极应对，以效益最大化为基础，在市场的萧条时期加大短期操作的力度，同时及时补充运力，降低持仓成本。

统一经营，团结协作，形成协同效应。2008 年 6 月 19 日，中国远洋散货经营总部成立。统一经营散货业务，是增强散货业务规模效应和协同效应的重要战略举措，公司充分利用统一经营平台，发挥市场先占和规模引领的主导作用。

精益管理，统筹部署。坚持细化过程管理，不仅关注程租航次执行过程，同时密切关注期租运力交还船时间变化，最大限度维护公司利益。通过多种方式，加强船队之间、部门之间联系，出现问题及时协商，寻求最佳解决方案，在市场剧烈变化的情况下有效降低了风险。

船队发展

截至 2008 年 12 月 31 日，本集团所拥有、经营及控制的干散货船舶共有 443 艘，34,361,005 载重吨。其中，拥有船舶 210 艘，13,908,462 载重吨，平均船龄 14.5 年；租入船舶 233 艘，20,452,543 载重吨。

船队运力情况(2008 年 12 月 31 日)

	自有船			租入船		合计	
船型	艘数	载重吨	平均船龄(年)	艘数	载重吨	艘数	载重吨
好望角型	23	3,989,783	6.8	53	9,153,570	76	13,143,353
巴拿马型	68	4,793,944	13.9	93	7,006,751	161	11,800,695
大灵便型	77	3,664,350	13.6	55	2,931,256	132	6,595,606
小灵便型	42	1,460,385	21.3	32	1,360,966	74	2,821,351
合计	210	13,908,462	14.5	233	20,452,543	443	34,361,005

截至 2008 年 12 月 31 日，本集团拥有干散货船舶新船订单 58 艘，7,503,000 载重吨。具体包括：超大型船 9 艘，2,678,000 载重吨；好望角型船 10 艘，1,994,000 载重吨；巴拿马型船 16 艘，1,528,000 载重吨；大灵便型船 23 艘，1,303,000 载重吨。

干散货船舶订单情况(2008 年 12 月 31 日)

	2009 年		2010 年		2011 及之后		合计	
船型	艘数	载重吨	艘数	载重吨	艘数	载重吨	艘数	载重吨
超大型船	5	1,488,000	4	1,190,000	9	2,678,000		
好望角型	2	354,000	2	410,000	6	1,230,000	10	1,994,000
巴拿马型	4	304,000	9	879,000	3	345,000	16	1,528,000
大灵便型	16	904,000	5	285,000	2	114,000	23	1,303,000
小灵便型								
合计	27	3,050,000	20	2,764,000	11	1,689,000	58	7,503,000

另外正与船厂洽谈部分新船订单延迟交付或取消的可能性。

持有远期运费协议情况

1、远期运费协议（FFA）是干散货航运业务规避市场风险的重要工具远期运费协议(Forward Freight Agreements)简称 FFA，是一种远期合约。协议规定了具体的航线、价格、数量、价格日期、交割价格计算方法等，双方约定在未来某一时点，收取或支付依据波罗的海的官方运费指数价格与合同约定价格的运费或租金差额。由于国际干散货航运市场变动较大，给航运企业把握市场、稳健操作带来很大的难度，FFA 可以为航运企业规避市场波动风险发挥重要作用。

2、中国远洋持有 FFA 的目的

目前，中国远洋拥有一支规模较大的租入船队伍，合理利用干散货市场的时差和价差，利用 FFA 业务，对冲租入船风险。持有 FFA 目标是帮助公司捕捉市场走势，对现货操作有益补充，同时为配合公司散货船队整体运作，平抑风险和套期保值。

3、风险控制

中国远洋始终将风险控制作为生产经营的第一要务，因此我们不仅仅从规章制度等方面规范该项业务的经营，在人员操作程序、交易对象等方面也进行了严格的控制和选择。

公司制定并严格执行《FFA 业务操作规定》，在组织机构、职责分工、经营原则、决策和授权、经营程序、风险控制等多个方面对 FFA 业务经营等方面，强化了对该项业务的管理。公司还颁布实施了《FFA 风险管理政策》，完善了该项业务的风险管理制度。

严格操作程序，严控风险，公司指定业务经验比较丰富的专人专项开展 FFA 业务。授权程序与现货现船交易程序严格一致，确保决策风险的可控；严格审核交易对象的资质，交易对象大部分都是在现货市场和我司有业务往来的公司，并且资信较好，确保经营风险的可控。

4、持有余额

截至 2008 年 12 月 31 日，中国远洋持有远期运费协议资产余额合计人民币 278,048,843.03 元；负债余额合计人民币 3,965,662,092.40 元。其中，按报表项目列示余额如下：

项目	金额(人民币元)
交易性金融资产中余额	278,048,843.03
资产方项目小计	278,048,843.03
交易性金融负债中余额	3,918,543,539.85
其他非流动负债中余额	47,118,552.55
负债方项目小计	3,965,662,092.40

市场展望

需求方面，由于世界经济低迷，海运贸易需求减弱。短期内很难改变全球范围钢铁需求迟滞和产量消减的状况，全球铁矿石需求难以出现明显增长，煤炭和谷物海运贸易增长也将有所放缓。供给方面，2009 年新船计划交付数量将创历史记录，克拉克森年初公布的数据为 962 艘、7,126 万载重吨，尽管考虑到造船产能和延迟交付等情况，仍将有超过以往年度规模的运力要交付，将加剧运力供需的不平衡。

另一方面，积极因素也正在逐步积累。首先，随着我国一系列基础设施建设和居民保障性住房建设措施的出台，近期国内钢厂减产或停产已逐步恢复。其次，新船订单交付存在不确定性。辛普森航运咨询公司(SSY)预计 09 年新船交付 615 艘、4,913 万载重吨，延迟率为 35%。同时，运力拆解速度正明显加快。克拉克森预计全年将有 2,270 万载重吨的运力拆解。另外，港口吞吐能力无法满足运力增长的需要，压港也会抵消部分运力。

经营计划

针对当前市场态势，本集团将依靠精细操作和精益管理争取更大的效益。更紧密地贴近市场，力争准确把握市场脉搏，发挥经营形式丰富、灵活的特长，加大现船对现货操作力度，掌握好船货平衡。2009 年，本集团将深度推进与战略客户的合作，积极扩大合作领域和合作的范围，致力于企业健康发展。

预计 2009 年本集团完成干散货货运周转量 8,460 亿吨海里以上。

物流业务

中远物流各业务板块的业务量情况见下表。

	2008 年	2007 年	增长率%
第三方物流			
产品物流			
家电物流(千件)	58,582	43,182	35.7
汽车物流(辆)	245,874	290,517	−15.4
化工物流(吨)	3,102,599	2,802,658	10.7
工程物流(百万元)	1,150	832	38.2
船舶代理业务(艘次)	136,041	138,843	−2.0
货运代理业务			
海运货代			
散杂货(千吨)	141,630	140,884	0.5
集装箱货(标准箱)	2,212,978	2,153,882	2.7
空运货代(吨)	121,340	111,007	9.3

2008 年，中远物流以资源整合为重点，加快核心资源建设步伐，提高整体竞争实力。2008 年，中远物流打造了全系统的统一大件营销、操作和管理平台—上海中远物流重大件运输有限公司，市场覆盖全国，有效地提高了资源运行效率和整体竞争能力。中远物流还在香港、日本、西亚、美洲、欧洲等关键地区建立海外业务平台，成功启动海内外业务对接工作，推动海外业务的快速发展。同时，继续坚持品牌化发展方向，通过重大项目的突破，扩大了在国内外物流市场上的品牌影响力和美誉度。

第三方物流

工程物流领域，相继在一系列标志性项目中成功夺标，创造和刷新了行业新纪录，工程物流业务收入同比 2007 年增长 38.2%。

产品物流领域，家电物流 2008 年共操作家电约 5,858 万件，较 2007 年增加 35.7%，化工物流操作量增加 10.7%。汽车物流操作量则下降 15.4%。

船舶代理

2008 年，中远物流继续以“PENAVICO”品牌经营船舶代理业务。与国际大班轮公司建立了长远的战略伙伴关系，争取到新增班轮代理航线 134 条，在新增班轮代理航线中占有 62%的市场份额。推进船代在线服务和船舶排队(Line-up)港航信息服务，突出服务增值和技术领先特色，保持公共船代市场的份额。巩固了船代市场的主导地位和竞争优势。

货运代理

中远物流处理集装箱货物 2,212,978 标准箱，较 2007 年增加 2.7%；处理散杂货 141,630 千吨，较 2007 年增加 0.5%。按照空运体制改革的整体部署，中远空运各项工作在新的管理体制下步入正轨并取得有效进展。2008 年中远空运系统完成空运货代货量 121,340 吨，同比 2007 年增长 9.3%。

市场展望

2009 年，全球经济下行风险加剧，全球经济的放缓对中国物流业的影响正从进出口相关行业向产业链上游传导，从东部经济发达地区向中西部地区传导。2008 年中国社会物流总费用同比增长 19.6%，创 10 年来最低点，2009 年全球和中国物流需求增长趋缓的趋势还将持续下去。

2009 年，中远物流将面临机遇与挑战并存的局面，一方面，受国际经济形势和进出口贸易的影响，本集团的物流业务将直面需求短缺的挑战，面临前所未有的冲击。另一方面，工程物流的海外市场容量巨大，前景广阔，从国家商务部预测的数据来看，未来 5-15 年期间，中国对外工程业务年增长率不低于 15%，而且大型工程物流项目显著增多，也异常活跃。 2009 年 2 月 25 日，国务院常务会议审议并原则通过的物流业振兴规划针对性强，对物流行业提振作用大，也将有利于整个物流行业发展。

经营计划

2009 年中远物流将全面落实“二五”规划，实现企业可持续发展。“二五”战略规划明确中远物流未来五年的战略发展定位——“中国最具赢利能力的整合物流服务提供商，侧重于提供供应链的高增值及与海运业和跨国运输相关的物流服务”。

按照“二五”战略规划对各业务板块商业模式的设计，中远物流的现代物流、船务代理、货运代理三大核心业务将根据环境变化适时调整发展策略，推动业务模式优化和业务赢利能力提高。

中远物流在产品物流方面，将优化业务结构，淘汰低端客户，逐步退出汽车物流业务，降低运营成本；进入高利润率物流领域；延伸供应链增值服务，提升赢利水平。工程物流上，中远物流将继续在集约经营的基础上，强化在核电、石化、航空等重点行业的开拓力度，始终保持国际化发展方向，2009 年工程物流方面，海外业务比例将超过 50%。

船代业务方面，2009 年，针对航运市场的不景气，中远物流将进一步采取合适的营销和服务措施，加大力度维护船代核心客户，确保核心客户不流失，稳定中远物流的船代收入。

海运货代方面，2009 年，中远物流将统一订舱平台和信息平台，聚焦直接客户和综合货运，提升营销能力和盈利能力。空运代理方面，2009 年中远物流空运系统将把枢纽港建设作为一项重要工作来抓，打造中远空运品牌实力。

码头及相关业务

市场回顾

2008 年初，集装箱码头市场保持增长势头，但在下半年的出口传统旺季却增长乏力，根据德鲁里航运咨询公司估计，2008 年全球港口吞吐量上升至 5.34 亿标准箱，同比增长 7.4%，增幅较 2007 年放缓 5.2 个百分点。

全球各主要港口通过增加投资和提高经营管理水平双管齐下做法，不断扩大港口吞吐能力，集装箱吞吐量在经历了近十年的快速增长后，在欧美陷入经济衰退下，在 2008 年首次出现放缓。

业务回顾

2008 年，中远太平洋持有权益的码头合资公司由 2007 年的 27 家 140 个泊位，增加到 28 家 146 个泊位；公司控股的码头全资及合资公司发展到 6 家 31 个泊位。2008 年已营运的 21 个码头全年处理总箱量超过 4,588 万标准箱，同比增长 17.7%。根据德鲁里航运咨询公司统计，中远太平洋的集装箱码头业务约占全球市场份额的 5.5%，继续稳居世界第五大码头运营商的地位。中国地区方面，18 个集装箱码头表现稳健，吞吐量稳步增长，全年处理总箱量达 4,115 万标箱，同比增长 11.1%。晋江太平洋码头于 2008 年 3 月份加入公司，4 月份开始投产，为公司带来新的盈利贡献。

海外码头方面，吞吐增长理想，共处理 473 万标准箱，同比增长 143.2%，是中远太平洋本年度吞吐量增长的其中一个关键动力。

集装箱吞吐量	2008 年(标准箱)	2007 年(标准箱)	同比变化%
环渤海湾地区	17,103,887	16,080,786	6.4
青岛前湾集装箱码头有限责任公司	8,715,098	8,237,501	5.8
青岛远港国际集装箱码头有限公司	1,099,937	1,005,439	9.4
大连港集装箱股份有限公司	2,742,503	2,873,474	−4.6
大连港湾集装箱码头有限公司	1,656,968	850,359	94.9
天津五洲国际集装箱码头有限公司	1,938,580	1,988,456	−2.5
营口集装箱码头有限公司	950,801	1,125,557	−15.5
长江三角洲地区	9,503,821	8,307,080	14.4
上海集装箱码头有限公司	3,681,785	3,446,135	6.8
上海浦东国际集装箱码头有限公司	2,779,109	2,723,722	2.0
张家港永嘉集装箱码头有限公司	710,831	601,801	18.1
扬州远扬国际码头有限公司	267,970	253,772	5.6
南京港龙潭集装箱有限公司	1,160,261	950,289	22.1
宁波远东码头经营有限公司	903,865	331,361	172.8
珠江三角洲和东南沿海地区	14,539,711	12,649,235	14.9
中远−国际货柜码头(香港)有限公司	1,752,251	1,846,559	−5.1
盐田国际集装箱码头有限公司	9,683,493	9,368,696	3.4
广州南沙海港集装箱码头有限公司	2,000,130	577,196	246.5
泉州太平洋集装箱码头有限公司	910,058	856,784	6.2
晋江太平洋港口发展有限公司	193,779	—	—
海外地区	4,731,456	1,945,504	143.2
中远−新港码头有限公司	1,247,283	833,892	49.6
安特卫普码头	1,091,657	792,459	37.8
苏伊士运河码头	2,392,516	319,153	649.6
国内码头集装箱总吞吐量	41,147,419	37,037,101	11.1
集装箱总吞吐量	45,878,875	38,982,605	17.7

项目拓展

2008 年码头投资项目	持股比例	集装箱码头	
		泊位(个)	吞吐能力(标准箱)
希腊比雷埃夫斯码头	100%	6	3,700,000

面对国内外严峻的经济形势，中远太平洋秉承谨慎投资的原则，码头项目开发取得较好的成绩，尤其在海外码头投资方面取得重大突破，成功获得希腊比雷埃夫斯港集装箱 2 号、3 号码头为期 35 年的特许经营权，该码头是中远首个海外全资控股码头。新增码头项目使公司拥有权益的泊位较 2007 年增加了 6 个，达到 146 个。在国内码头方面，公司进一步扩大了对泉州码头和晋江码头的投资力度，厦门远海码头合资公司正式成立；新增码头项目和现有码头扩建项目将为公司未来码头业务发展带来新的动力。

展望

2009 年将会是经营环境非常困难的一年。全球经济衰退正拖累全球集装箱吞吐量。面对全球信贷市场的收缩和经营环境的恶化，本集团将无可避免地需要有策略地调整新码头投资的步伐以及现有码头的扩建力度。

集装箱租赁、管理及销售业务

中远太平洋的集装箱租賃业务，由全资附属公司−佛罗伦货箱控股有限公司(「佛罗伦」)负责管理。面对市场竞争，佛罗伦继续以轻资产经营模式，稳步扩展集装箱箱队，进一步巩固在行业的领先地位，年内，继续为全球第二大集装箱租赁公司，为客户提供完善的集装箱租赁和管理服务。

截至 2008 年 12 月 31 日，集装箱箱队规模达 1,621,222 标准箱，同比增长 6.7%，占全球市场份额约 13.6%。中远集运(包括售后租回箱)共租用 551,219 标准箱，同比增长 6.6%，占总箱队 34.0%。非中远租箱 314,077 标准箱，同比增加 31.0%，占总箱队 19.4%。管理箱 755,926 标准箱，微跌 0.9%，占总箱队 46.6%。2008 年整体平均出租率约为 94.6%，比 2007 年的 94.5%，微升 0.1 个百分点。

箱队规模 (单位：标准箱)

	2008 年	2007 年	同比变动%
自有箱	747,202	757,053	−1.3
管理箱	755,926	762,618	−0.9
售后租回	118,094	−	−
总箱队规模	1,621,222	1,519,671	6.7

箱队分布 (截至 2008 年 12 月 31 日)

	2008 年	占总箱队规模之比例%
自有箱	747,202	46
售后租回及管理	874,020	54

在 2008 年 1 至 9 月期间，受惠于船公司对租箱的需求上升，集装箱租赁市场普遍活跃。至 10 月中旬以后，受到金融海啸及全球经济放缓的冲击下，船公司对租箱需求迅速下降。

根据「Containerisation International 2009 年 2 月号」的统计数据显示，2008 年船公司新增的舱位约共有 1,503,000 标准箱(2007 年：1,300,000 标准箱)，带动对配置集装箱的需求上升。但受到原材料、能源及劳动力成本等因素的影响，新箱价格在 2008 年普遍高企，市场上的 20 呎干货箱新箱出厂价格在 8 月份攀升至 2,600 美元，导致船公司在上半年减少购买新箱，而转为向租箱公司租箱。至第 3 季，金融海啸席卷全球，发达国家的实体经济显露出严重的衰退迹象，与此同时，金融危机向新兴经济体系迅速蔓延，全球资本市场的资金流紧缩，银行收紧信贷，企业融资成本高企，进出口贸易随即减少，船公司为了节省成本，纷纷调整运力，导致市场对租箱的需求急剧下降。

年内公司箱队规模更趋合理，公司积极创新租箱业务盈利模式，运用售管箱及售后租回箱业务发展模式，保持并扩大市场占有份额，有效控制投资风险、经营风险、财务风险、加快流动资金周转，提高资金回报率。在增加公司总体净资产的同时，尽量保持轻资产结构。年内，共出售 13,509 标准箱，出售总额 22,421,000 美元，佛罗伦仍作为售后管理者，减少了经营风险，为今后快速发展和盈利创造了条件。与此同时，出售 118,094 标准箱，出售总额 2.5 亿美元，佛罗伦售后并向投资者租回，此举增加了公司的现金流，有助减低公司的负债率。

集装箱制造

2008 年，中远太平洋签订了出售天津中集北洋箱厂及上海中集冷箱厂股权予中集集团的转让合同，简化了集装箱制造业务板块的股权分布。受下半年宏观经济的影响，第四季度干货集装箱需求转入淡季，中集集团(CIMC)之利润表现较去年出现下滑。

安全生产

2008 年，中国远洋各级领导和全体员工全面贯彻落实国务院有关安全生产的方针、政策，克服了全球经济危机等诸多不利因素的影响，牢固树立和落实科学发展观，紧紧围绕生产服务中心，以安全生产为切入点，以精细化管理为落脚点，深入排查安全生产中存在的隐患，继续开展“两防”专项整治，全面落实隐患治理措施，未发生重、特大安全事故，保证了中国远洋系统安全生产局面的持续稳定。

1、海损事故：2008 年事故 6 起，按交通运输部水上交通事故统计规则规定，其中，一般事故 1 起，小事故 5 起；比 2007 年同比减少 4 起。

2、机损事故：2008 年小事故 1 起，比 2007 年同比减少 2 起。

3、污染事故：无污染事故发生，与 2007 年同比减少 1 起。

4、接受港口国检查 664 艘次，无缺陷批注 485 艘次，无缺陷批注率 73%；滞留船舶 1 艘，滞留率 0.15%，比 2007 年同比增加 1 起。

5、口径内工伤死亡和重伤事故：2008 年事故 17 起，无死亡事故；2008 年与 2007 年同比，总起数减少 20 起，死亡减少 3 人，重伤减少 1 人。

6、2008 年船舶遭遇海盗袭扰事件 48 起，2008 年与 2007 年同比增加 48 起，未造成任何船员伤亡和财产损失。

节能环保

2008 年中国远洋致力于环境保护和能源节约，把工作重点确定为能耗及排放量较大的各航运公司，重点抓好集装箱船舶的能源管理；加强节能减排报表体系的建设，积极参加清洁新能源和节能减排标准建设的研究；通过科技成果推广、技术改造、提高科技含量、降低能源消耗等措施为企业降低了成本。

按交通部能耗指标计算，2008 年燃油单耗 4.65 千克/千吨海里，比 2007 年下降了 9.88%。按国资委能耗指标计算，2008 年单位能耗为 0.51(吨标准煤/万元运输收入)，比 2007 年下降了 12.07%。

技术创新

本集团坚持开展创新型企业建设，发挥科技第一生产力的重要作用，通过创新激发企业的活力，不断建立和完善科技创新体系和运行机制，加大研发投入的力度，2008 年科技投入 2 亿元人民币。技术创新工作以“业务驱动”为原则，以提高企业核心竞争能力为目的，以促进企业整体经济效益为核心，围绕整体战略规划及年度工作计划，为生产、经营、管理、决策提供科技支持，组织开展了包括船舶技术、物流技术、配套设备、信息系统、软科学等方面的开发与研究，形成了一批拥有自主知识产权的科技成果，在 2008 年度中国航海学会科学技术奖的评选中，“中远集运船舶全球动态监控系统”荣获一等奖。

本集团积极参与创新型试点企业建设，通过技术创新，加快运输技术不断向自动化、智能化方向发展，参与了“远洋船舶及货物运输在线监控系统”、“基于智能集装箱公共服务系统的供应链应用系统开发与示范”国家科技支撑计划项目的研发工作，在依靠技术进步促进企业可持续发展方面处于同行业领先地位。在船舶管理方面，积极引入新技术、新工艺、新材料，淘汰技术落后、环保和安全隐患突出的工艺、设备和装置，改善船舶主机工况；应用节能新技术，提高燃、润油等资源的综合利用效率和节能降耗、防污染的能力水平，从传统的粗放型向低投入、低消耗、低排放和高效率的节约型增长方式转变。在物流方面，中远物流利用“大件运输计算机辅助决策系统”和“大件货物滚装上下船计算机辅助决策系统”等专有技术，完成了国家重点运输项目，加强了本集团全球工程物流的竞争力。

财务回顾

2008 年，本集团取得营业收入人民币 114,968,334,902.34 元，同比 2007 年人民币 98,132,443,985.09 元，增加 16,835,890,917.25 元或 17.2%。实现归属于母公司所有者的净利润 10,830,364,941.98 元，同比 2007 年人民币 19,090,354,515.08 元，减少 8,259,989,573.10 元或 43.3%。

当年利润下降的主要原因，是第 4 季度干散货航运市场急剧下滑，导致所属干散货公司利润下降。其中，各干散货公司持有的远期运费协议(即 FFA)期内产生浮动净损失(抵减已实现收益)

4,120,762,120.56 元，以及按企业会计准则的规定，对期末持有符合亏损合同确认条件的租入船合同预计损失确认预计负债 5,249,667,445.17 元，是影响当期利润下降的主要原因。除此之外，集装箱运输业务全年都处在低位，盈利同比 2007 年下降也是当期利润减少的因素之一。

营业收入

2008 年，本集团取得营业收入人民币 114,968,334,902.34 元，同比 2007 年人民币 98,132,443,985.09 元，增加 16,835,890,917.25 元或 17.2%。其中：

集装箱航运及相关业务收入下降 4.6%至 39,080,904,507.51 元。年内，本集团实现集装箱运箱量

5,792,593 标准箱，同比 2007 年上升 1.5%。实现平均单箱收入 6,434 元/TEU，较 2007 年同比下降 6.4%。单箱收入下降是集装箱航运及相关业务收入较 2007 年下降的主要原因。

干散货航运业务收入继续增长。2008 年 1 至 3 季度，国际干散货航运市场保持高位运行，第 4 季度虽有下降，但 2008 年本集团干散货运输业务营业收入仍增加 18,226,154,255.47 元至 71,611,005,812.29 元，增长 34.1%。其中，期租收入增加 9,206,493,617.14 元，增长 25.5%；程租收入增加 8,942,685,652.13 元，增长 53.9%。

物流业务收入较 2007 年增长 17.8%至 2,892,825,186.86 元。其中，年内家电物流及化工物流操作量较去年有较快上升；船代、货代业务在激烈的市场竞争下也依然保持了稳定增长的局面。

中远太平洋经营的码头及相关业务收入，较 2007 年的 399,495,823.56 元大幅增加 62.7%至 649,968,422.42 元。其中，泉州太平洋码头的吞吐量及收入分别达 910,058 标准箱(2007 年:856,784 标准箱)及 224,391,676.05 元(2007 年:188,895,576.09 元)，分别增加 6.2%及 18.8%。扬州远扬码头自去年 12 月由合营公司重列为附属公司后，年内取得收入 137,693,220.01 元。另外 本集团于 2008 年 3 月投资晋江太平洋码头，年内取得收入 68,560,073.19 元。

中远太平洋经营及管理的集装箱租赁业务收入减少 5.1%至 1,852,991,845.69 元。年内，自有及售后租回箱队箱量增至 2008 年底的 865,296 标准箱(2007 年：757,053 标准箱)，收入增加至年内的 1,407,848,116.50 元(2007 年：1,378,863,736.00 元)，同比增长 2.1%。但年内出售约满旧箱箱量减少至 34,043 标准箱(2007 年：56,759 标准箱)，出售约满旧箱收入 273,673,484.00 元(2007 年：433,716,952.00 元)，较去年下跌 36.9%，使集装箱租赁业务收入减少。

前五名客户销售收入

2008 年度及同比 2007 年度，本集团前五名客户销售金额及所占比例如下。

单位：人民币元

	2008 年度		2007 年度	
	销售金额	占全部销售总额	销售金额	占全部销售总额
前五名客户销售收入总额	9,655,309,292.28	8.4%	5,441,251,704.13	5.5%

营业成本

2008 年度，本集团营业成本增加 19.9%，达人民币 86,546,122,260.96 元。其中：

集装箱运输业务营业成本合计 36,462,984,097.54 元，同比 2007 年下降 631,987,665.55 元或 1.7%。年内，本集团继续深化低成本中转路径战略，降低货物及中转费支出。同时，通过降低集装箱保有量等措施，减少在集装箱固定费用等方面的开支。通过这些措施，使本集团在成本控制和优化方面的能力得到进一步提高。其中，年内燃油费用支出增加 2,132,847,411.18 元至 10,152,383,768.86 元，增幅为 26.6%，主要受平均油价上升影响。2008 年，燃油成本占集装箱航运及相关业务营运成本的比例为 27.8%。

散货运输及相关业务营业成本合计 48,403,963,455.08 元，同比增加 14,941,540,113.75 元，增长 44.7%。其中，船舶租赁费当期支出 33,459,838,338.8 元，较 2007 年增加 12,053,298,473.03 元，增长 56.3%。增加原因主要为租入船规模扩大及干散货船舶前三季度租赁价格水平上升，带动总体租赁费用增加。除此之外，国际燃油价格上涨和运力规模扩大，导致燃油成本增加 2,481,066,708.33 元至 4,867,403,961.16 元，增长 104%。2008 年，燃油成本占干散货航运业务营业成本的比例为 10.1%。

物流业务营业成本 1,601,591,722.72 元，增长 11.9%。年内，第三方物流及船舶代理、货运代理业务量继续稳定增长，公司在人工成本、资产费用、燃料物料消耗等方面有相应增长。

码头及相关业务营业成本 333,075,499.23 元，较上年增长 72.4%。泉州太平洋码头及张家港永嘉码头因吞吐量增加，使营运成本相应增加。年内投资的晋江太平洋码头及去年 12 月重列扬州远扬码头为附属公司，也带来 2008 年度营运成本的增加。

集装箱租赁业务营业成本 860,272,020.05 元，同比减少 15.4%。主要受出售约满旧箱箱量减少影响。年内，公司租回部分转让的集装箱及租赁集装箱箱量增加，使集装箱租金及折旧费用有所增加，但出售约满旧箱箱量减少至 34,043 标准箱 (2007 年：56,759 标准箱)，出售旧箱账面净值降至 217,981,848.00 元(2007 年：372,968,596.00 元)，减少 41.6%。

管理费用

2008 年，本集团管理费用支出 4,303,968,462.98 元，同比减少 14.3%。管理费用的减少，主要来自于员工成本、折旧及摊销、中介机构费用的减少。其中，本公司授出股票增值权，因公允值下降，于年内确认员工成本-150,307,885.90 元，较 2007 年减少 533,989,296.76 元。

财务费用

2008 年，本集团财务费用支出 655,640,659.42 元，较去年 1,239,358,058.3 元减少 47.1%。由于人民币升值放缓以及利息收入增加，本集团 2008 年财务费用较 2007 年有所下降。其中，利息收入同比增加 213,455,718.63 元，利息支出减少 148,649,823.57 元，汇兑损失减少 170,694,106.67 元。

资产减值损失

2008 年，本集团资产减值损失 293,771,683.63 元，同比增加 292,443,258.25 元。受全球金融危机影响，公司部分客户信用状况恶化，导致应收运费回收缓慢，发生坏账可能性增加。期内公司计提坏账准备 317,712,337.33 元。

公允价值变动收益

2008 年，本集团公允值变动损失为 5,203,762,963.54 元，较 2007 年公允价值收益 1,687,841,908.81 元，减少收益 6,891,604,872.35 元。其中，所属干散货船公司期末持有的远期运费协议(FFA)，年度内因公允价值变动及结算转出产生损失金额为 5,218,388,311.07 元，较 2007 年收益 1,264,858,163.69 元，减少收益 6,483,246,474.76 元，是公允价值变动收益下降的最主要原因。其中，在抵减已结算并计入投资收益盈利金额 1,097,626,190.51 元后，净损失金额为 4,120,762,120.56 元。

投资收益

2008 年，中国远洋取得投资收益 2,637,907,516.75 元，比 2007 年 4,038,439,277.92 元，减少 1,400,531,761.17 元或 34.7%。其中，本公司所属干散货公司期末持有的远期运费协议(FFA)当年已交割部分，实现收益 1,097,626,190.51 元，较 2007 年 1,154,280,131.49 元减少 56,653,940.98 元。除此之外，来自中远财务有限责任公司的投资收益同比减少 240,309,719.72 元，来自装箱股份有限公司的投资收益同比减少 238,964,059.32 元人民币。除此之外，2007 年所属中远太平洋出售持有创兴银行股权取得收益 690,002,168.00 元人民币，本年无此因素。

营业外收入

中国远洋 2008 年营业外收入 864,294,832.66 元，较去年同期 1,321,204,201.29 元减少 456,909,368.63 元或 34.6%。其中，所属集装箱及干散货船公司 2008 年处置船舶 8 艘(2007 年为 10 艘，其中 5 艘干散货船舶，5 艘集装箱船舶)取得收入 580,426,183.21 元，较 2007 年 978,991,648.86 元减少 398,565,465.65 元；另外，所属中远太平洋出售集装箱收入同比也有减少。上述两因素是营业外收入减少的主要原因。

营业外支出

中国远洋 2008 年营业外支出 5,592,902,131.23 元，2007 年为 142,000,512.69 元。其中，由于第 4 季度干散货航运市场急剧下滑，波罗地海指数大幅下跌，所属干散货船公司根据《企业会计准则第 13 号-或有事项》的要求，对符合亏损合同确认条件的散货船租入船合同，按照履行合同将发生的不可避免成本超出预期流入的经济利益而产生的差额，确认预计负债 5,249,667,445.17 元，是今年营业外支出项目大幅增加的最主要原因。

所得税

中国远洋 2008 年所得税费用为 2,950,706,175.46 元，比去年同期 4,655,923,373.71 元减少 1,705,217,198.25 元或 36.6%。由于盈利低于去年同期，使本集团所得税费用同比去年有较大幅度减少。

现金流状况

截止 2008 年 12 月 31 日，本集团现金及现金等价物为 31,582,435,967.46 元，比 2007 年 12 月 31 日减少 6,076,215,527.01 元或 16.1%。本集团所属干散货公司向其原股东支付收购前利润 11,556,873,040.27 元，以及用于买造船等方面开支增加，是现金及现金等价物减少的主要原因。

2008 年，本集团经营活动现金流量净额为 23,378,236,347.08 元，较 2007 年 22,909,903,876.06 元，增加 468,332,471.02 元或 2.0%。其中，本集团年内销售收入增加，带来销售商品、提供劳务收到的现金 142,346,653,101.19 元，较 2007 年增加 23,220,643,381.25 元。购买商品、接受劳务支付的现金 105,705,617,156.76 元，较 2007 年增加 18,207,197,057.44 元。

2008 年度，本集团投资活动产生的现金流量净额为-20,835,650,970.68 元，较 2007 年减少 1,561,233,491.58 元。其中购置固定资产、无形资产和其他长期资产支付的现金为人民币 17,768,701,415.37 元。同时，本集团收到处置集装箱船舶及集装箱等资产所得款项人民币 2,702,211,826.27 元，从合营、联营公司等收到派息共计人民币 1,345,494,563.70 元。

2008 年度，本集团筹资活动产生的现金流量净额为-7,442,054,525.38 元，其中，本集团所属干散货公司向其原股东支付收购前利润 11,556,873,040.27 元，为筹资活动现金流量净支出的主要原因。

截止 2008 年 12 月 31 日，中国远洋 2005 年发行 H 股募集资金结余人民币 317,633,351.86 元，2007 年发行 A 股募集资金结余人民币 5,878,062,056.25 元。

资产及负债情况

截止 2008 年 12 月 31 日，本集团总资产为人民币 116,762,840,413.26 元，比年初人民币 114,162,233,793.39 元增加人民币 2,600,606,619.87 元。总负债为人民币 55,638,186,190.11 元，比年初人民币 60,040,954,296.00 元减少人民币 4,402,768,105.89 元。所有者权益(或股东权益)合计为人民币 61,124,654,223.15 元，较年初人民币 54,121,279,497.39 元增加 7,003,374,725.76 元。

其中，归属于母公司所有者权益合计为人民币 52,091,702,087.08 元，较年初人民币 44,949,461,836.59 元增加 7,142,240,250.49 元。各主要项目变化情况如下：

货币资金

截止 2008 年 12 月 31 日，本集团货币资金余额为人民币 32,181,874,287.47 元，较年初 37,762,251,135.77 元，减少 5,580,376,848.30 元。本集团所属干散货公司向其原股东支付收购前利润 11,556,873,040.27 元，及用于船舶等方面开支大幅增加，抵消了当期经营活动带来现金流，使货币资金余额下降。

交易性金融资产

截止 2008 年 12 月 31 日，本集团交易性金融资产余额为人民币 279,918,412.73 元，较年初 2,140,332,839.57 元减少 1,860,414,426.84 元。其中，本公司所属干散货船公司购入的远期运费协议(FFA)于交易性金融资产项目核算部分，期末余额较年初减少人民币 1,824,721,851.74 元，主要因波罗的海指数 BDI 下跌，导致期末持仓合约公允价值下降。

应收利息

截止 2008 年 12 月 31 日，本集团应收利息期末余额 96,263,330.26 元，较年初 132,079,423.08 元，减少 35,816,092.82 元或 27.1%。年内本集团银行存款减少，应收利息期末余额相应下降。

应收股利

截止 2008 年 12 月 31 日，本集团应收股利期末余额 58,655,580.18 元，较年初 123,144,019.06 元，减少 64,488,438.88 元或 52.4%，主要是收回期初股利所致。

其他应收款

截止 2008 年 12 月 31 日，本集团其他应收款期末余额 2,274,892,202.68 元，较年初 1,620,742,130.45 元，增加 654,150,072.23 元或 40.36%，主要是未结算代理使费备用金的增加。

一年内到期的非流动资产

截止 2008 年 12 月 31 日，本集团一年内到期的非流动资产期末余额为 0 元，年初余额 56,765,520,000 元。年内，所属中远太平洋将持有一年内到期的长期应收款收回，使期末余额减少为 0 元。

其他流动资产

截止 2008 年 12 月 31 日，本集团其他流动资产余额为人民币 3,800,000.00 元，较年初 278,027,526.89 元，减少 274,227,526.89 元。其中，本项目期初按照套期会计核算的一年以内尚未结算的远期运费协议余额 278,021,154.89 元，于年内收回，期末余额为 0 元，为主要原因。

可供出售金融资产

截止 2008 年 12 月 31 日，本集团可供出售金融资产余额为人民币 274,451,438.12 元，较年初 645,017,710.82 元，减少 370,566,272.70 元。可供出售金融资产期末按公允价值计算，公允市值来源于证券交易所截止期末时点的收盘价。年内，本集团持有中海集运、上港集箱、连云港、中远航运等公司股票价值下降，使本集团可供出售金融资产期末余额相应减少。

持有至到期投资

截止 2008 年 12 月 31 日，本集团持有至到期投资期末余额为人民币 9,757,942.71 元，较年初 269,652.25 元，增加 9,488,290.46 元。其中，所属中远物流于年内增加对一合营单位委托贷款 9,570,000 元为主要原因。

在建工程

截止 2008 年 12 月 31 日，本集团在建工程期末余额为人民币 13,275,427,541.09 元，较年初 9,117,541,700.85 元，增加 4,157,885,840.24 元。年内，本集团新造船舶，及根据集装箱船、散货船建造进度支付建造款，使在建工程期末余额增加。

固定资产清理

截止 2008 年 12 月 31 日，本集团固定资产清理项目期末余额为人民币 297,260.20 元，较年初 9,072,185.02 元，减少 8,774,924.82 元。年初在本项目核算的部分船舶及房屋在 2008 年年内完成清理，使期末余额减少。

长期待摊费用

截止 2008 年 12 月 31 日，本集团长期待摊费用期末余额为人民币 26,939,272.50 元，较年初 9,569,256.88 元，增加 17,370,015.62 元。期内，所属中远物流新增一合并单位青岛大亚物流公司，该公司期末长期待摊费用（核算内容为租赁堆场的场地建设费）余额为 14,153,206.74 元，为增加主要原因。

递延所得税资产

截止 2008 年 12 月 31 日，本集团递延所得税资产期末余额 2,909,653,020.05 元，较年初 709,303,985.48 元，增加 2,200,349,034.57 元。增加原因，主要来自所属干散货船公司对年内持有远期运费协议（FFA）及尚未执行亏损合同损失所计提递延税资产的增加。

其他非流动资产

截止 2008 年 12 月 31 日，本集团其他非流动资产期末余额 196,409,052.63 元，较年初 51,829,193.89 元，增加 144,579,858.74 元或 279.0%。增加主要来自所属中远太平洋本期新增银行利率掉期金额 165,500,372.10 元。

短期借款

截止 2008 年 12 月 31 日，本集团短期借款期末余额 1,354,423,584.90 元，较年初 3,916,671,419.93 元，减少 2,562,247,835.03 元或 65.4%。期内本集团归还部分短期借款，使期末余额相应减少。

交易性金融负债

截止 2008 年 12 月 31 日，本集团交易性金融负债余额为人民币 3,918,543,539.85 元，较年初 528,540,431.91 元，增加 3,390,003,107.94 元，主要来自尚未结算远期运费协议（FFA）公允值的增加。

应付票据

截止 2008 年 12 月 31 日，本集团应付票据余额为人民币 19,416,400.00 元，较年初 39,029,405.02 元减少 19,613,005.02 元。部分应付票据于年内到期，使期末余额减少。

预收账款

截止 2008 年 12 月 31 日，本集团预收账款余额为人民币 1,709,381,778.77 元，较年初 2,826,204,401.93 元减少 1,116,822,623.16 元。期末，本集团来自预收第三方船公司船舶租金减少为主要原因。

应付股利

截止 2008 年 12 月 31 日，本集团应付股利余额为 35,717,099.70 元，较年初 11,572,394,042.19 元减少 11,536,676,942.49 元。期内，所属干散货船公司向老股东（中远集团和中远香港集团）支付 2007 年利润 11,556,873,040.27 元，使余额相应下降。

其他应付款

截止 2008 年 12 月 31 日，本集团其他应付款余额为人民币 3,219,229,154.36 元，较年初 9,496,191,305.82 元，减少 6,276,962,151.46 元。期内，所属干散货船公司向老股东（中远集团和中远香港集团）支付 2007 年收购干散货船公司尾款 5,904,016,800.00 元，使余额相应下降。

一年内到期的非流动负债

截止 2008 年 12 月 31 日，本集团一年内到期的非流动负债余额为人民币 2,328,174,939.65 元，较年初 1,803,814,640.89 元，增加 524,360,298.76 元，为一年内到期长期借款转入所致。

长期借款

截止 2008 年 12 月 31 日，本集团长期借款余额为人民币 20,458,550,370.09 元，较年初 11,831,786,142.74 元，增加 8,626,764,227.35 元。年内，一所属子公司借入 555,957,128 美元（折合人民币 3,799,744,587.03 元）长期借款用于支付 2007 年收购干散货公司尾款；而部分子公司年增新增贷款，用于营运资金及其它资金所需，也带来期末余额相应上升。

预计负债

截止 2008 年 12 月 31 日，本集团预计负债余额为人民币 5,424,922,297.46 元，较年初 52,311,373.45 元，增加 5,372,610,924.01 元。增加主要原因为所属干散货船公司本年因亏损合同确认预计负债 5,235,690,516.69 元。与营业外支出项目金额差异，为报表折算汇率差异。

递延所得税负债

截止 2008 年 12 月 31 日，本集团递延所得税负债余额为人民币 3,413,385,063.84 元，较年初 1,810,070,562.58 元，增加 1,603,314,501.26 元。增加主要来自对存在税率差的境外子公司当期实现可分配利润计提的递延所得税负债。

盈余公积

截止 2008 年 12 月 31 日，本集团盈余公积余额为人民币 567,656,668.21 元，较年初 196,967,316.69 元，增加 370,689,351.52 元。增加金额为本公司于当年计提法定盈余公积金。

未分配利润

截止 2008 年 12 月 31 日，本集团未分配利润余额为人民币 14,567,244,472.15 元，较年初 5,916,952,364.61 元，增加 8,650,292,107.54 元。增加主要来自 2008 年当年实现利润。

同公允价值计量相关的内部控制制度情况

本公司对于以公允价值计量的金融资产或金融负债，活跃市场的，按活跃市场的报价确定其公允价值，活跃市场的报价包括易于定期从交易所、经纪商、行业协会、定价服务机构等获得的价格，且代表了在公平交易中实际发生的市场交易的价格；不存在活跃市场的金融资产或金融负债，采用第三方评估机构评估结果，确定公允价值。

与公允价值计量相关的项目

√适用

单位：万元

项目 （1）	期初金额 （2）	本期公允价值变动损益（3）	计入权益的累计公允价值变动（4）	本期计提的减值 （5）	期末金额 （6）
金融资产					
其中：1.以公允价值计量且其变动计入当期损益的金融资产	214,033.28	−182,875.27			27,991.84
其中：衍生金融资产	213,666.93	−182,715.07		27,804.88	
2.可供出售金融资产	64,501.77		−26,520.61		27,445.14
金融资产小计	278,535.05	−182,875.27	−26,520.61		55,436.98
金融负债	52,854.04	−339,006.23		391,854.35	
投资性房地产					
生产性生物资产					

其他	41,496.90	1505.20	−42.81		15,179.05
合计	372,885.99	−520,376.30	−26,563.42		462,470.38

持有外币金融资产、金融负债情况

√适用

单位：万元

项目 （1）	期初金额 （2）	本期公允价值变动损益（3）	计入权益的累计公允价值变动（4）	本期计提的减值 （5）	期末金额 （6）
金融资产					
其中：1.以公允价值计量且其变动计入当期损益的金融资产	214,033.28	−182,875.27			27,991.84
其中：衍生金融资产	213,666.93	−182,715.07			27,804.88
2.贷款和应收款	340,070.32				721,306.30
3.可供出售金融资产	9,948.68		−9,862.82		1,448.08
4.持有至到期投资					
金融资产小计	564,052.28	−182,875.27	−9,862.82		750,746.22
金融负债	52,854.04	−339,006.23			391,854.35

6.2 主营业务分行业、产品情况表

单位：元 币种：人民币

分行业	营业收入	营业成本	营业利润率（%）	营业收入比上年增减（%）	营业成本比上年增减（%）	营业利润率比上年增减（%）
分行业						
集装箱航运及相关业务	39,080,904,507.51	36,462,984,097.54	6.7	−4.6	−1.7	减少 2.8 个百分点
干散货航运及相关业务	71,611,005,812.29	48,403,963,455.08	32.4	34.1	44.7	减少 4.9 个百分点
物流	2,892,825,186.86	1,601,591,722.72	44.6	17.8	11.9	增加 2.9 个百分点
集装箱码头及相关业务	649,968,422.42	333,075,499.23	48.8	62.7	72.4	减少 2.8 个百分点
集装箱租赁	1,852,991,845.69	860,272,020.05	53.6	−5.1	−15.4	增加 5.7 个百分点
小计	116,087,695,774.77	87,661,886,794.62	24.5	17.1	19.8	减少 1.7 个百分点
公司内各业务部间相互抵销	1,119,360,872.43	1,115,764,533.66	0.3	8.8	9.6	减少 0.7 个百分点
合计	114,968,334,902.34	86,546,122,260.96	24.7	17.2	19.9	减少 1.7 个百分点

6.3 主营业务分地区情况表

单位：元 币种：人民币

地区	营业收入	营业收入比上年增减（%）
集装箱航运及相关业务、码头、物流收入		
美洲地区	12,825,450,184.54	−10.0
欧洲地区	13,976,408,969.91	−4.4
亚太地区	6,769,455,387.60	−0.3
中国地区	6,913,356,904.43	15.6
其他国际地区	2,139,026,670.31	−1.5
干散货运输及相关业务收入		
国际地区	67,839,102,595.94	34.2
中国地区	3,771,903,216.35	32.5
未分配收入	1,852,991,845.69	−5.1
小计	116,087,695,774.77	17.1
分部间抵销	1,119,360,872.43	8.8
收入合计	114,968,334,902.34	17.2

6.4 募集资金使用情况

√适用

单位：亿元 币种：人民币

募集资金总额	首次发行：149（扣除发行中介费用后的净额）	本年度已使用募集资金总额	66.55
	增发：127.43（扣除发行中介费用后的净额）	已累计使用募集资金总额	221.71

承诺项目	是否变更项目	拟投入金额	实际投入金额	是否符合计划进度	预计收益	产生收益情况
收购中远物流 51%股权	否	16.8	16.8	是	不适用	/
中远集运 12 艘在建船舶支出	否	60	35.91	是	8 艘 5100TEU 型船舶内部收益率为 7.04%–9.55%；4 艘 10000TEU 型船舶内部收益率为 6.54%–12.83%	/
中远集运投资堆场项目	否	2.22	0.92	否	内部收益率 8.05%	项目推迟
中远物流投资物流项目	否	4.01	3	注	注	注
补充流动资金	否	65.78	37.46	是	不适用	/
A 股发行相关费用	否	0.19	0.19	是	不适用	/

收购散货资产	否	127.43	127.43	是	不适用	/
合计	/	276.43	221.71	/	/	/

未达到计划进度和预计收益的说明(分具体项目)	中远集运投资堆场项目:项目审批环节较多,致使招投标工作有所推迟。2007年10月27日项目正式动工,较原计划推迟了近5个月。
变更原因及变更程序说明(分具体项目)	不适用
尚未使用的募集资金用途及去向	严格按照招股书披露内容执行

注:中远物流投资物流项目:

1、大连中远物流大孤山半岛综合物流基地建设项目已完工。由于原材料价格大幅提升,导致项目投资总额有所增加。项目预计税后内部收益率 12.18%。

2、中远物流青岛仓储中心项目已完成工程进度的 90%,由于项目进入冬天停工期,无法施工,项目落后于计划进度。

项目预计税后内部收益率 13.75%。

3、沈阳中远物流仓储配送有限公司仓储配送中心项目,因房屋拆迁政府审批程序拖延,项目尚未开工。项目预计税后内部收益率 9.19%。

4、南京中远外代货柜有限公司货柜仓库改建项目,因当地规划局要求,导致设计变更,施工推迟。项目预计税后内部收益率 6.66%。

5、镇江远港物流有限公司项目已完成,项目预计税后内部收益率 7.1%。

变更项目情况

√不适用

6.5 非募集资金项目情况

√适用

单位:亿元 币种:美元

项目名称	项目金额	项目进度	项目收益情况
购建 16 艘 4250TEU 船舶	10.8128	支付了 20%	建造中
购建 4 艘 4250TEU 集装箱船舶项目	2.78	支付了 20%	建造中
新造 8 艘 13350TEU 集装箱船项目	13.344	支付了 15%	建造中
新造 9 艘 5.7 万吨级散货船项目	3.489	支付了 42%	建造中
新造 8 艘 20 万吨级散货船项目	6.128	支付了 20%	建造中
厦门海沧码头项目	投资总额:39.91 亿元人民币 总注册资本:13.93 亿元人民币 中远太平洋股比:70%	已于 2008 年底完成第一期部分出资,约 4300 万美元;预计两年内缴清余下投资额。	建造中
希腊比雷埃夫斯码头项目	投资总额:3.23 亿欧元 总注册资本:7730 万欧元 中远太平洋股比:100%	2008 年 11 月 25 日与比雷埃夫斯港务局签署了特许经营权协议,希腊国会在3月5日就签订的特许经营权协议通过追认法,而相关追认法在 2009 年 3 月30 日刊登在政府宪报。	项目进行中
合计	47.30	/	/

6.6 董事会对会计师事务所"非标准审计报告"的说明

√不适用

6.7 董事会本次利润分配或资本公积金转增股本预案

根据中国远洋 2008 年度经审计的中国企业会计准则和香港财务报告准则合并财务报表反映,中国远洋 2008 年度归属于母公司所有者的净利润分别为人民币 10,830,364,941.98 元、11,617,012,000 元,减去同一控制企业合并日前归属原股东的净利润人民币 104,241,705.63 元,当年可供分派净利润分别为人民币 10,726,123,236.35 元、11,512,770,000 元。

中国远洋 2008 年度利润分配预案:

建议以 2008 年 12 月 31 日公司总股份 10,216,274,357 股为基数,按每股人民币 0.29 元(含税)派发末期现金股息,共计派发人民币 2,962,719,563.53 元,占中国企业会计准则、香港财务报告准则当年可供分派利润的比例分别为 27.6%、25.7%。

公司本报告期内盈利但未提出现金利润分配预案

√不适用

本报告期内盈利但未提出现金利润分配预案的原因	未用于分红的资金留存公司的用途
不适用	不适用

第七节 重要事项

7.1 收购资产

√不适用

7.2 出售资产

√不适用

7.3 重大担保

√适用

单位:元 币种:人民币

公司对外担保情况(不包括对子公司的担保)

担保方	担保方与上市公司的关系	被担保方	担保金额	担保发生日期(协议签署日)	担保起始日	担保到期日	担保类型	担保是否已经履行完毕	担保是否逾期	担保逾期金额	是否存在反担保	是否为关联方担保	关联关系
中远太平洋有限公司	控股子公司	Antwerp Gateway NV	129,065,351.70	2005-3-24	2005-3-24	2015-12-31	一般担保	否	否	0	否	否	联营公司

报告期内担保发生额合计(不包括对子公司的担保)	
报告期末担保余额合计(不包括对子公司的担保)	129,065,351.70
公司对子公司的担保情况	
报告期内对子公司担保发生额合计	9,677,601,148.19
报告期末对子公司担保余额合计	9,677,601,148.19
公司担保总额情况(包括对子公司的担保)	
担保总额	9,806,666,499.89
担保总额占公司净资产的比例(%)	18.83
其中:	
为股东、实际控制人及其关联方提供担保的金额	
直接或间接为资产负债率超过 70%的被担保对象提供的债务担保金额	477,055,080.00
担保总额超过净资产 50%部分的金额	
上述三项担保金额合计	477,055,080.00

7.4 重大关联交易

7.4.1 与日常经营相关的关联交易

√适用

单位:万元 币种:人民币

关联方	向关联方销售产品和提供劳务		向关联方采购产品和接受劳务	
	交易金额	占同类交易金额的比例(%)	交易金额	占同类交易金额的比例(%)
中远总公司及其附属公司-中远集运船舶租赁支出			64,569.40	14.1
中远财务有限责任公司-期末存款余额			543,617.67	16.9
中远财务有限责任公司-存款利息收入	17,158.62	19.35		
中远财务有限责任公司-期末贷款余额	78,435.14	3.26		
中远财务有限责任公司-贷款利息支出			3,070.32	3.2
中远总公司及其附属公司-综合服务收入	160.50	10.57		
中远总公司及其附属公司-综合服务支出			5,571.61	3.3
中远总公司附属公司-船舶服务收入	1,873.60	0.41		
中远总公司附属公司-船舶服务支出			1,284,270.54	72.6
中远总公司及其附属公司-海外代理收入	104.90	24.97		
中远总公司及其附属公司-海外代理支出			30,794.53	12.9
中远总公司附属公司-房屋出租收入	214.51	3.48		
中远总公司附属公司-房屋出租支出			2,565.78	17.1
中远总公司附属公司-船舶管理收入	553.35	93.42		
中远总公司附属公司-船舶管理支出			7,260.91	100
中远总公司附属公司-船员租赁收入	3,044.52	8.22		
中远总公司附属公司-船员租赁支出			70,726.69	62.8
中远总公司附属公司-集装箱服务支出			16,737.75	10.3
中远总公司联营公司-揽货服务收入	25,337.03	14.37		
中远总公司联营公司-码头服务收入	215.38	9.97		
中远总公司联营公司-码头服务支出			175,079.92	22.1
中远-国际货柜码头(香港)有限公司-管理服务收入	2,000.00	100		
中远总公司附属公司-中远物流向关联方提供船舶代理服务的收入	407.91	0.58		
中远总公司附属公司-中远物流向关联方提供货运服务的收入	202.86	0.31		
中远总公司及其附属公司-干散货船舶租赁收入	5,766.46	0.17		
中远总公司及其附属公司-干散货船舶租赁支出			24,013.28	0.7
中国汽车运输国际货运代理公司-租入土地使用权			1.80	
中国汽车运输国际货运代理公司-商标许可权收入	3.48		0	
中远总公司-商标许可费用支出			0.0001	100
合计:	135,478.27		2,228,280.21	

其中:报告期内公司向控股股东及其子公司销售产品或提供劳务的关联交易金额 135,478.27 万元。

7.4.2 关联债权债务往来

√不适用。

7.4.3 2008 年资金被占用情况及清欠进展情况

√不适用

截止 2008 年末,上市公司未完成非经营性资金占用的清欠工作的,董事会提出的责任追究方案

√不适用

7.5 委托理财

√不适用

7.6 承诺事项履行情况

7.6.1 公司或持股 5%以上股东在报告期内或持续到报告期内的承诺事项

√适用

承诺事项	承诺内容	履行情况
收购报告书或	1、干散货航运业务	
权益变动报告	2007 年 9 月 3 日,中远总公司向本公司	1、干散货航运业务

书中所作承诺	出具了《不竞争承诺函》，向本公司作出如下承诺：在中远总公司作为中国远洋控股股东期间，除现有的上述干散货船队规模外，中远总公司及其下属公司将不采取任何行为和措施，从事对中国远洋及其子公司构成或者可能构成竞争的行为，且不会侵害中国远洋及其子公司的合法权益，包括但不限于：未来设立其他子公司或合营、联营企业从事海上干散货运输业务，或者用其他的方式直接或间接的参与海上干散货运输；本非公开发行完成后，中远总公司及其下属公司与中国远洋及其下属公司之间不会产生新的同业竞争。同时，中远总公司承诺给予中国远洋在同等条件下优先购买中远总公司或下属公司拟出售的与干散货运输有关的资产及/或股权的权利。 针对中远散运参股的海外公司向中远散运及/或其子公司租赁船舶并经营国际海上干散货运输业务的情况，中远总公司承诺将于2008年6月底之前采取有效措施解决上述问题，包括但不限于采取以下措施：调整该等海外公司合并架构，或重组业务，加强公司治理，确保该等海外公司与中国远洋不构成同业竞争。 2、利润承诺 在2007年收购母公司(中远总公司)的干散货航运资产的交易中，中远总公司并中远总公司代表本交易的其它资产出售方向中国远洋做出如下利润保证承诺： 若经中国远洋委派的会计师审计的本次收购的各目标公司2007年至2009年三年的税后净利润合并数低于资产评估报告中相对应的预测税后净利润合并数，即2319776.73万元人民币，则由中远总公司以现金方式全部补足。	2008年6月底前，中远总公司已采取上述措施，该等海外公司与中国远洋已不构成同业竞争。 2、利润承诺 若经中国远洋委派的会计师审计的本次收购的各目标公司2007年至2009年三年的税后净利润合并数低于资产评估报告中相对应的预测税后净利润合并数，即2319776.73万元人民币，则由中远总公司以现金方式全部补足。
发行时所作承诺	1、集装箱航运业务 中远总公司于2005年6月9日与本公司订立《业务不竞争承诺函》，向本公司承诺： (1)本集团将会是中远总公司下属以自有或租用集装箱船舶在境内外从事海上集装箱全程运输业务（"限制集装箱航运业务"）的唯一机构； (2)其将促使其成员（不包括本集团的成员）不会直接或间接从事限制集装箱航运业务（不论是以股东、合伙人、贷款人或其它身份，以及不论为赚取利润、报酬或其它利益）。 该承诺将在发生以下情况时不再具有任何效力： (1)中远总公司（直接或间接）通过其控制的公司、企业或实体不再是本公司的控股股东之日起计的十二个月期间届满； (2)本公司证券在香港联交所或双方同意的其它证券交易所及自动交易系统挂牌后被摘牌。 2、集装箱租赁业务 对于集装箱租赁业务，在中远太平洋于1994年首次在香港联交所上市时，中远总公司向中远太平洋承诺，中远总公司及其子公司将： (1)不会在世界任何地方经营任何与中远太平洋及其子公司集装箱租赁业务有竞争的业务； (2)在任何情况下当中远总公司需要集装箱时，会先考虑向集装箱租赁公司租用，并在此情况下中远总公司将授予中远太平洋及其子公司优先权与中远总公司商订集装箱租赁业务，且只在中远总公司未能向集装箱租赁公司租用集装箱时，方会考虑购买集装箱自用； (3)以平均市场租值与中远太平洋及其子公司进行上一段所述的磋商，并协议现有及未来合约的年度租金调整，并会以十大独立集装箱租赁公司其中四家的平均租值订立未来一切合约及租金调整； (4)与中远太平洋及其子公司订立的任何现有合约续期十年，并将会订立十年期的新合约。 3、货代、船代及物流业务 在中远太平洋物流于2003年底收购中远物流的49%权益时，中远总公司保留中远物流的51%权益，并于2003年9月22日与中远物流及中远太平洋物流，就中远物流及其下属公司所从事的业务，订立了《非竞争协议》。中远总公司作出了以下承诺： (1)中远总公司承诺，在通过中货从事与中远物流及其下属公司业务存有竞争的船务代理、货运代理、第三方物流及与上述服务相关的支持服务（"限制业务"）时，中货将只向中远集运提供船舶代理服务，且中货从事的货运代理服务以为中远集运揽货为主； (2)除上述有关中货的安排外，中远总公司将不会（除通过中远物流及中汽货代外）发展或经营限制业务； (3)中远总公司须促使其下属的除了中货外所有与中远物流及其下属公司的核心业务存有竞争的公司（包括但不限于中汽货代），除被中远总公司出售予第三方或被中远物流及其下属公司收购外，于非竞争协议签订后三年届满时结业或清盘； (4)中远总公司已向中远物流授出为期五年的购买选择权（在遵守适用法律规定的任何第三方的优先权的前提下）。中远物流可按公平市价及公平合理的其它一般商业条款，向中远总公司购入其下属的可能与中远物流及其下属公司从事的业务构成竞争或业务性质相似的公司或企业的全部或部分权益； (5)中远物流有优先权购买中远总公司出售的任何可能与中远物流及其下属公司的任何业务存有竞争的公司或业务（但受制于适用法律规定的任何第三方的优先权）。	报告期内，本公司未发现控股股东中远总公司有违反其承诺的情况发生。

7.6.2 公司资产或项目存在盈利预测，且报告期仍处在盈利预测期间，公司就资产或项目是否达到原盈利预测及其原因作出说明：

√不适用

7.7 重大诉讼仲裁事项

√适用

单位:元 币种:美元

起诉(申请)方	应诉(被申请)方	承担连带责任方	诉讼仲裁类型	诉讼(仲裁)基本情况	诉讼(仲裁)涉及金额	诉讼(仲裁)进展	诉讼(仲裁)审理结果及影响	诉讼(仲裁)判决执行情况
GG SPORTSWEAR MFGT CORP	中远集运及中远集运菲律宾代理	无	无单放货案	注	216.9万	审理中	不适用	不适用
TRENGGA NU FOREST PRODUCTS SDN BHD	中远集运及中侨公司	无	提单纠纷案	注	144万	审理中	不适用	不适用
上海胜狮冷冻货柜有限公司	中远集运和船东	无	集装箱货损案	注	171万	审理中	不适用	不适用
人身伤亡受害人	中远集运和/或北美公司	无	交通事故人身伤亡案	注	截至2008年12月31日，有明确数字的包括医疗和丧葬等费用约65万美元，后续金额目前无法确认	审理中	不适用	不适用
MARINEH UNTER 轮船东	中远散运	无	租约纠纷案	注	37.5万	不适用	已结	各方达成和解协议，中远散运已支付船东37.5万美元
中远散运	Korea Line Corporati on	无	租约纠纷案	注	150万	仲裁中	不适用	不适用
STEMCO UK Ltd	中远散运	无	无单放货案	注	1150万	仲裁中	不适用	不适用
香港航运	WORLDLINK SHIPPING LTD. SOMOA	无	租约纠纷案	注	1450万	仲裁中	不适用	不适用
澳洲(租船)公司	Parkroad Corporati on 公司	无	租约纠纷案	注	800万	仲裁中	不适用	不适用
澳洲(租船)公司	Stratus Shipping 公司	无	租约纠纷案	注	1000万	仲裁中	不适用	不适用

注：重大诉讼、仲裁基本情况请参阅附录财务报表附注"或有事项中的重要未决诉讼事项"部分。

7.8 其他重大事项及其影响和解决方案的分析说明

7.8.1 证券投资情况

√适用

序号	证券品种	证券代码	证券简称	初始投资金额(元)	持有数量(股)	期末账面值(元)	占期末证券投资比例(%)	报告期损益(元)
1.	股票	0998.HK	中信银行	4,141,571.24	800,000	1,869,569.70	100	−1,601,970.47

期末持有的其他证券投资	/	/	/	/	/
报告期已出售证券投资损益	/	/	/	/	/
合计	4,141,571.24	800,000	1,869,569.70	100	−1,601,970.47

7.8.2 持有其他上市公司股权情况

√适用

证券代码	证券简称	初始投资金额	占该公司股权比例(%)	期末账面值	报告期损益	报告期所有者权益变动	会计核算科目	股份来源
600428	中远航运	8,500,000.00	1.46	122,652,428.80	8,623,998.90	−210,064,126.74	可供出售金融资产	发起取得
2866.HK	中海集运	25,536,367.99	0.12	14,480,823.31	14,539,189.32	−63,192,001.66	可供出售金融资产	二级市场购入
600018	上港集团	3,976,496.76	0.07	51,536,700.00	1,323,450.00	−67,495,950.00	可供出售金融资产	二级市场购入
000578	盐湖集团	7,500,000.00	0.10	77,907,435.75		47,322,982.01	可供出售金融资产	置换
601008	连云港	1,760,418.44	0.26	5,727,000.00	34,644.62	−7,675,250.00	可供出售金融资产	发起取得
000039	中集集团	3,076,731,593.89	21.8	3,937,712,766.13	271,780,732.08	−260,937,409.72	长期股权投资	受让/购入
601328	交通银行	403,830.00	0.000824	1,914,154.20	100,957.50	1,132,743.14	可供出售金融资产	购入原始法人股
600821	津劝业	99,300.00	0.02	232,896.06	0.00	133,596.06	可供出售金融资产	购入原始法人股
合计		3,124,508,007.08	/	4,212,164,204.25	296,402,972.42	−560,776,416.91	/	/

7.8.3 持有非上市金融企业股权情况

√适用

7.8.4 买卖其他上市公司股份的情况

√适用

	股份名称	期初股份数量(股)	报告期买入/卖出股份数量(股)	期末股份数量(股)	使用的资金数量(元)	产生的投资收益(元)
买入	中集集团	440,513,853	139,978,027	580,491,880	1,831,132,081.00	0.00
卖出	中海集运	23,136,650	9,102,000	14,034,650	0.00	13,622,227.72

报告期内卖出申购取得的新股产生的投资收益总额 0.00 元。

7.9 公司董事会对公司内部控制出具了自我评估报告，审计机构出具了评价意见，详见公司 2008 年年度报告全文。

7.10 公司披露了履行社会责任报告,详见年报全文。

第八节 监事会报告

监事会认为公司依法运作、公司财务状况、公司募集资金使用、公司收购、出售资产交易和关联交易不存在问题。

8.1 监事会对公司依法运作情况的独立意见

监事会认为,公司通过大力加强制度建设,进一步完善了公司内部控制制度。公司董事会及高级管理人员,能够严格遵守公司章程及公司上市地适用法律的相关规定,勤勉尽责,规范经营。完善中国远洋总部机构设置,促进公司全面协调发展。监事会未发现公司董事、高级管理人员存在违反适用法律、公司章程或损害公司利益的行为。

8.2 监事会对检查公司财务情况的独立意见

监事会认真审核了公司 2008 年度财务报告、年度利润分配预案及公司境内外审计师出具的无保留意见的审计报告。监事会认为,经罗兵咸永道会计师事务所和中瑞岳华会计师事务所有限公司出具的标准无保留意见的审计报告客观、公正、真实的反映了公司财务状况和经营成果,利润分配方案符合

公司经营现状。

8.3 监事会对公司最近一次募集资金实际投入情况的独立意见

监事会听取了公司管理层关于募集资金使用情况的报告,公司 A 股首次公开发行募集资金及非公开发行 A 股股票募集资金已按承诺执行,未发生改变使用用途情况。

8.4 监事会对公司收购、出售资产情况的独立意见

报告期内,监事会对公司收购比雷埃夫斯港口 2 号及 3 号码头之特许权项目进行了审议,监事会认为项目协议乃按一般商业条款订立,属公平合理,且符合股东之整体利益,未发现内幕交易,不存在损害部分股东权益或造成公司资产流失情况。

8.5 监事会对公司关联交易情况的独立意见

监事会对本报告期内发生的关联交易情况进行了检查,各项交易均按市场公允价格进行,未发现有损害股东的权益或公司利益情况。

8.6 监事会对会计师事务所非标意见的独立意见

不适用。

8.7 监事会对公司利润实现与预测存在较大差异的独立意见

不适用。

第九节 财务会计报告

财务报告　　√审计

审计意见　　√标准无保留意见

审计意见全文

审计报告

中瑞岳华审字[2009]第 03919 号

中国远洋控股股份有限公司全体股东:

我们审计了后附的中国远洋控股股份有限公司(以下简称"贵公司")财务报表,包括 2008 年 12 月 31 日的资产负债表和合并资产负债表,2008 年度的利润表和合并利润表、股东权益变动表和合并股东权益变动表、现金流量表和合并现金流量表以及财务报表附注。

一、管理层对财务报表的责任

按照企业会计准则的规定编制财务报表是贵公司管理层的责任。这种责任包括:(1)设计、实施和维护与财务报表编制相关的内部控制,以使财务报表不存在由于舞弊或错误而导致的重大错报;(2)选择和运用恰当的会计政策;(3)作出合理的会计估计。

二、注册会计师的责任

我们的责任是在实施审计工作的基础上对财务报表发表审计意见。我们按照中国注册会计师审计准则的规定执行了审计工作。中国注册会计师审计准则要求我们遵守职业道德规范,计划和实施审计工作以对财务报表是否不存在重大错报获取合理保证。

审计工作涉及实施审计程序,以获取有关财务报表金额和披露的审计证据。选择的审计程序取决于注册会计师的判断,包括对由于舞弊或错误导致的财务报表重大错报风险的评估。在进行风险评估时,我们考虑与财务报表编制相关的内部控制,以设计恰当的审计程序。审计工作还包括评价管理层选用会计政策的恰当性和作出会计估计的合理性,以及评价财务报表的总体列报。

我们相信,我们获取的审计证据是充分、适当的,为发表审计意见提供了基础。

三、审计意见

我们认为,贵公司财务报表已经按照企业会计准则的规定编制,在所有重大方面公允反映了贵公司 2008 年 12 月 31 日的财务状况、合并财务状况以及 2008 年度的经营成果、合并经营成果和现金流量、合并现金流量。

中瑞岳华会计师事务所有限公司　　中国注册会计师:张　锐

中国·北京　　中国注册会计师:王　辉

2009 年 4 月 22 日

9.2 财务报表

合并资产负债表

2008 年 12 月 31 日

编制单位:中国远洋控股股份有限公司　　金额单位:人民币元

资产	注释	年末数	年初数
流动资产:			
货币资金	七、1	32,181,874,287.47	37,762,251,135.77
交易性金融资产	七、2	279,918,412.73	2,140,332,839.57
应收票据	七、3	113,339,973.16	113,032,872.02
应收账款	七、4	5,286,509,774.58	9,109,905,760.06
预付款项	七、5	2,063,146,878.43	2,109,514,744.74
应收利息	七、6	96,263,330.26	132,079,423.08
应收股利	七、7	58,655,580.18	123,144,019.06
其他应收款	七、8	2,274,892,202.68	1,620,742,130.45
存货	七、9	1,653,287,315.58	1,559,678,093.44
一年内到期的非流动资产	七、10		56,765,520.00
其他流动资产	七、11	3,800,000.00	278,027,526.89
流动资产合计		44,011,687,755.07	55,005,474,065.08
非流动资产:			
可供出售金融资产	七、12	274,451,438.12	645,017,710.82
持有至到期投资	七、13	9,757,942.71	269,652.25
长期应收款	七、14	1,096,704,068.52	868,005,283.07
长期股权投资	七、15	10,904,089,001.67	9,597,484,740.65
投资性房地产	七、16	424,555,371.66	345,913,600.32
固定资产	七、17	42,520,289,782.34	36,742,588,864.69
在建工程	七、18	13,275,427,541.09	9,117,541,700.85
工程物资			
固定资产清理	七、19	297,260.20	9,072,185.02
生产性生物资产			
油气资产			
无形资产	七、20	1,109,847,280.15	1,059,444,458.34
开发支出	七、21	2,012,530.50	
商誉	七、22	719,096.05	719,096.05
长期待摊费用	七、23	26,939,272.50	9,569,256.88
递延所得税资产	七、24	2,909,653,020.05	709,303,985.48
其他非流动资产	七、25	196,409,052.63	51,829,193.89
非流动资产合计		72,751,152,658.19	59,156,759,728.31
资产总计		116,762,840,413.26	114,162,233,793.39
流动负债:			
短期借款	七、27	1,354,423,584.90	3,916,671,419.93
交易性金融负债	七、28	3,918,543,539.85	528,540,431.91
应付票据	七、29	19,416,400.00	39,029,405.02
应付账款	七、30	8,104,039,445.07	10,048,713,916.04
预收款项	七、31	1,709,381,778.77	2,826,204,401.93
应付职工薪酬	七、32	2,375,554,077.66	2,758,614,807.40
应交税费	七、33	789,081,563.68	838,120,633.40
应付利息	七、34	76,612,103.60	63,828,932.29
应付股利	七、35	35,717,099.70	11,572,394,042.19

项目	注释	本年数	上年数
其他应付款	七、36	3,219,229,154.36	9,496,191,305.82
一年内到期的非流动负债	七、37	2,328,174,939.65	1,803,814,640.89
其他流动负债	七、38		7,609,866.54
流动负债合计		23,930,173,687.24	43,899,733,803.36
非流动负债：			
长期借款	七、39	20,458,550,370.09	11,831,786,142.74
应付债券	七、40	2,196,580,609.02	2,193,275,814.85
长期应付款	七、41	147,479,668.69	169,298,941.85
专项应付款	七、42		40,000,000.00
预计负债	七、43	5,424,922,297.46	52,311,373.45
递延所得税负债	七、44	3,413,385,063.84	1,810,070,562.58
其他非流动负债	七、45	67,094,493.77	44,477,657.17
非流动负债合计		31,708,012,502.87	16,141,220,492.64
负债合计		55,638,186,190.11	60,040,954,296.00
股东权益：			
股本	七、46	10,216,274,357.00	10,216,274,357.00
资本公积	七、47	28,439,896,383.07	29,415,410,791.11
减：库存股			
盈余公积	七、48	567,656,668.21	196,967,316.69
未分配利润	七、49	14,567,244,472.15	5,916,952,364.61
外币报表折算差额		−1,699,369,793.35	−796,142,992.82
归属于母公司股东权益小计		52,091,702,087.08	44,949,461,836.59
少数股东权益		9,032,952,136.07	9,171,817,660.80
股东权益合计		61,124,654,223.15	54,121,279,497.39
负债和股东权益总计		116,762,840,413.26	114,162,233,793.39

单位负责人：陈洪生　　主管会计工作的负责人：何家乐　　会计机构负责人：李瑾

合并利润表

2008 年度

编制单位：中国远洋控股股份有限公司　　金额单位：人民币元

项目	注释	本年数	上年数
一、营业总收入	七、50	114,968,334,902.34	98,132,443,985.09
其中：营业收入		114,968,334,902.34	98,132,443,985.09
二、营业总成本		92,797,300,702.99	79,470,554,015.46
其中：营业成本	七、50	86,546,122,260.96	72,181,576,755.13
营业税金及附加	七、51	912,653,129.86	922,274,774.98
销售费用		85,144,506.14	106,599,187.12
管理费用		4,303,968,462.98	5,019,416,814.05
财务费用	七、52	655,640,659.42	1,239,358,058.80
资产减值损失	七、53	293,771,683.63	1,328,425.38
加：公允价值变动收益（损失以"−"号填列）	七、54	−5,203,762,963.54	1,687,841,908.81
投资收益（损失以"−"号填列）	七、55	2,637,907,516.75	4,038,439,277.92
其中：对联营企业和合营企业的投资收益		1,333,052,801.43	1,901,529,351.03
三、营业利润（损失以"−"号填列）		19,605,178,752.56	24,388,171,156.36
加：营业外收入	七、56	864,294,832.66	1,321,204,201.29
减：营业外支出	七、57	5,592,902,131.23	142,000,512.69
其中：非流动资产处置损失		10,065,222.53	17,228,847.55
四、利润总额（亏损总额以"−"号填列）		14,876,571,453.99	25,567,374,844.96
减：所得税费用	七、58	2,950,706,175.46	4,655,923,373.71
五、净利润（净亏损以"−"号填列）		11,925,865,278.53	20,911,451,471.25
其中：同一控制下企业合并被合并方在合并日前实现的净利润		104,241,705.63	13,193,758,125.51
归属于母公司所有者的净利润		10,830,364,941.98	19,090,354,515.08
少数股东损益		1,095,500,336.55	1,821,096,956.17
六、每股收益：			
（一）基本每股收益		1.06	2.05
（二）稀释每股收益		1.06	2.05

单位负责人：陈洪生　　主管会计工作的负责人：何家乐　　会计机构负责人：李瑾

合并股东权益变动表

2008 年度

编制单位：中国远洋控股股份有限公司　　金额单位：人民币元

本年数

项目	归属于母公司所有者权益 股本	资本公积	减：库存股	盈余公积	未分配利润	其他	少数股东权益	所有者权益合计
一、上年年末余额	10,216,274,357.00	29,406,815,448.21		196,967,316.69	5,910,571,502.49	−796,730,569.42	9,077,259,239.94	54,011,157,294.91
加：会计政策变更								
前期差错更正								
同一控制下企业合并影响数		8,595,342.90			4,671,051.71	587,576.60	94,558,420.86	108,412,392.07
其他					1,709,810.41			1,709,810.41
二、本年年初余额	10,216,274,357.00	29,415,410,791.11		196,967,316.69	5,916,952,364.61	−796,142,992.82	9,171,817,660.80	54,121,279,497.39
三、本年增减变动金额								
（减少以"−"号填列）		−975,514,408.04		370,689,351.52	8,650,292,107.54	−903,226,800.53	−138,865,524.73	7,003,374,725.76
（一）净利润					10,830,364,941.98		1,095,500,336.55	11,925,865,278.53
（二）直接计入股东								
权益的利得和损失		−967,217,851.53				−902,639,223.93	−619,427,462.61	−2,489,284,538.07
1.可供出售金融资产								
公允价值变动净额		−265,206,065.51						−265,206,065.51
2.权益法下被投资单位其他								
股东权益变动的影响		−566,626,468.21					−3,082,549.33	−569,709,017.54
3.与计入股东权益项目								
相关的所得税影响		98,414,910.37				−902,639,223.93		−804,224,313.56
4.其他		−233,800,228.18					−616,344,913.28	−850,145,141.46
上述（一）和（二）小计		−967,217,851.53			10,830,364,941.98	−902,639,223.93	476,072,873.94	9,436,580,740.46
（三）股东投入和减少股本		298,786.39			428,115.63		190,848,329.38	191,575,231.40
1.股东投入股本		726,902.02					190,848,329.38	191,575,231.40
2.股份支付计入股东权益的金额		−428,115.63			428,115.63			
3.其他								
（四）利润分配				370,689,351.52	−2,175,047,903.10		−805,786,728.05	−2,610,145,279.63
1.提取盈余公积				370,689,351.52	−370,689,351.52			
2.对股东的分配					−1,804,358,551.58		−863,118,413.67	−2,667,476,965.25
3.其他							57,331,685.62	57,331,685.62
（五）股东权益内部结转								
1.资本公积转增股本								
2.盈余公积转增股本								
3.盈余公积弥补亏损								
4.其他								
（六）同一控制下企业合并影响数		−8,595,342.90			−5,453,046.97	−587,576.60		−14,635,966.47
四、本年年末余额	10,216,274,357.00	28,439,896,383.07		567,656,668.21	14,567,244,472.15	−1,699,369,793.35	9,032,952,136.07	61,124,654,223.15

上年数

项目	归属于母公司所有者权益 股本	资本公积	减：库存股	盈余公积	未分配利润	其他	少数股东权益	所有者权益合计
一、上年年末余额	6,204,756,337.00	9,517,364,685.40		1,678,644,072.01	1,770,531,612.19	−542,625,595.13	8,181,030,597.71	26,809,701,709.18
加：会计政策变更		78,124,022.65		−1,678,644,072.01	−232,764,050.24	34,090,211.32	−356,924,375.71	−2,156,118,263.99
前期差错更正								
同一控制下企业合并影响数		4,268,035,900.64		7,294,665,643.12	4,174,466,726.95	2,325,233.17	125,608,652.90	15,865,102,156.78
其他					636,639.44			636,639.44
二、本年年初余额	6,204,756,337.00	13,863,524,608.69		7,294,665,643.12	5,712,870,928.34	−506,210,150.64	7,949,714,874.90	40,519,322,241.41
三、本年增减变动金额								
（减少以"−"号填列）	4,011,518,020.00	15,551,886,182.42		−7,097,698,326.43	204,081,436.27	−289,932,842.18	1,222,102,785.90	13,601,957,255.98
（一）净利润					19,090,354,515.08		1,821,096,956.17	20,911,451,471.25
（二）直接计入股东								
权益的利得和损失		680,405,096.97				−289,932,842.18		390,472,254.79
1.可供出售金融资产公允价值变动净额								
2.权益法下被投资单位其他								
股东权益变动的影响		680,405,096.97						680,405,096.97
3.与计入股东权益项目相关的所得税影响								
4.其他						−289,932,842.18		−289,932,842.18
上述（一）和（二）小计		680,405,096.97			19,090,354,515.08	−289,932,842.18	1,821,096,956.17	21,301,923,726.04
（三）股东投入和								
减少股本	3,080,804,570.00	40,524,284,318.69					258,367,229.34	43,863,456,118.03
1.股东投入股本	3,080,804,570.00	40,524,284,318.69					258,367,229.34	43,863,456,118.03
2.股份支付计入股东权益的金额								
3.其他								
（四）利润分配	930,713,450.00			196,967,316.69	−1,686,108,837.02		−691,559,824.82	−1,249,987,895.15
1.提取盈余公积				196,967,316.69	−196,967,316.69			
2.对股东的分配	930,713,450.00				−1,489,141,520.33		−691,559,824.82	−1,249,987,895.15
3.其他								
（五）股东权益内部结转								
1.资本公积转增股本								
2.盈余公积转增股本								
3.盈余公积弥补亏损								
4.其他								
（六）同一控制下企业合并影响数		−25,652,803,233.24		−7,294,665,643.12	−17,200,164,241.79		−165,801,574.79	−50,313,434,692.94
四、本年年末余额	10,216,274,357.00	29,415,410,791.11		196,967,316.69	5,916,952,364.61	−796,142,992.82	9,171,817,660.80	54,121,279,497.39

单位负责人：陈洪生　　主管会计工作的负责人：何家乐　　会计机构负责人：李瑾

合并现金流量表

2008 年度

编制单位：中国远洋控股股份有限公司　　金额单位：人民币元

项目	注释	本年数	上年数
一、经营活动产生的现金流量：			
销售商品、提供劳务收到的现金		142,346,653,101.19	119,126,009,719.94
收到的税费返还		64,152,287.65	121,478,682.93
收到的其他与经营活动有关的现金	七、59	21,543,608,485.95	24,003,686,183.98
经营活动现金流入小计		163,954,413,874.79	143,251,174,586.85
购买商品、接受劳务支付的现金		105,705,617,156.76	87,498,420,099.32
支付给职工以及为职工支付的现金		5,887,932,220.48	5,671,102,380.98
支付的各项税费		6,295,829,558.65	3,401,156,671.34
支付其他与经营活动有关的现金	七、60	22,686,798,591.82	23,770,591,559.15
经营活动现金流出小计		140,576,177,527.71	120,341,270,710.79
经营活动产生的现金流量净额		23,378,236,347.08	22,909,903,876.06
二、投资活动产生的现金流量：			
收回投资收到的现金		4,063,040,895.73	2,279,585,183.29
取得投资收益收到的现金		1,345,494,563.70	1,295,954,129.35
处置固定资产、无形资产和其他长期资产收回的现金净额		2,702,211,826.27	6,353,589,821.82
处置子公司及其他营业单位收到的现金净额		3,168,992.97	546,640.84
收到其他与投资活动有关的现金	七、61	508,023,151.02	343,599,606.17
投资活动现金流入小计		8,621,939,429.69	10,273,275,381.47

购建固定资产、无形资产和其他长期资产支付的现金		17,768,701,415.37	12,777,148,283.63
投资支付的现金		11,072,928,117.69	4,018,633,361.58
取得子公司及其他营业单位支付的现金净额		82,961,629.51	12,728,496,667.82
支付的其他与投资活动有关的现金	七、62	532,999,237.80	23,414,547.54
投资活动现金流出小计		29,457,590,400.37	29,547,692,860.57
投资活动产生的现金流量净额		−20,835,650,970.68	−19,274,417,479.10
三、筹资活动产生的现金流量：			
吸收投资收到的现金		130,574,129.46	28,202,459,425.74
其中：子公司吸收少数股东投资收到的现金		130,574,129.46	5,031,627.63
取得借款收到的现金		15,357,870,093.29	12,123,402,033.70
收到的其他与筹资活动有关的现金	七、63	4,372.31	
筹资活动现金流入小计		15,488,448,595.06	40,325,861,459.44
偿还债务支付的现金		7,856,026,803.87	11,180,650,461.30
分配股利、利润或偿付利息支付的现金		14,921,597,874.94	5,139,981,210.64
支付的其他与筹资活动有关的现金	七、64	152,878,441.63	59,186,178.07
筹资活动现金流出小计		22,930,503,120.44	16,379,817,850.01
筹资活动产生的现金流量净额		−7,442,054,525.38	23,946,043,609.43
四、汇率变动对现金及现金等价物的影响		−1,176,746,378.03	−1,022,618,474.68
五、现金及现金等价物净增加额		−6,076,215,527.01	26,558,911,531.71
加：期初现金及现金等价物余额		37,658,651,494.47	11,099,739,962.76
六、期末现金及现金等价物余额		31,582,435,967.46	37,658,651,494.47

单位负责人：陈洪生　　主管会计工作的负责人：何家乐　　会计机构负责人：李瑾

资 产 负 债 表

2008 年 12 月 31 日

编制单位：中国远洋控股股份有限公司　　金额单位：人民币元

资产	注释	年末数	年初数
流动资产：			
货币资金		7,880,066,810.81	12,841,334,560.70
交易性金融资产			
应收票据			
应收账款			
预付款项			
应收利息		47,758,562.84	109,689,889.01
应收股利		4,238,135,418.21	2,728,244,257.59
其他应收款	八、1	3,382,091,574.02	16,964,237,632.90
存货			
一年内到期的非流动资产			
其他流动资产			
流动资产合计		15,548,052,365.98	32,643,506,340.20
非流动资产：			
可供出售金融资产			
持有至到期投资		3,983,000,000.00	1,100,000,000.00
长期应收款		16,507,397,688.69	−
长期股权投资	八、2	19,359,013,185.40	19,006,390,801.99
投资性房地产			
固定资产	6,476,054.42	3,663,751.00	
在建工程			
工程物资			
固定资产清理			
生产性生物资产			
油气资产			
无形资产		1,480,004.50	356,385.00
开发支出			
商誉			
长期待摊费用			
递延所得税资产		19,377,225.91	91,119,453.01
其他非流动资产			
非流动资产合计		39,876,744,159.02	20,201,530,391.00
资产总计		55,424,796,525.00	52,845,036,731.20
流动负债：			
短期借款		−	249,138,000.00
交易性金融负债			
应付票据			
应付账款			
预收款项			
应付职工薪酬		118,631,154.42	378,603,336.28
应交税费		893,889,454.55	88,820,815.13
应付利息			423,527.99
应付股利		15,259.08	3,303.50
其他应付款		750,869,401.77	369,191,456.74
一年内到期的非流动负债			
其他流动负债			
流动负债合计		1,763,405,269.82	1,086,180,439.64
非流动负债：			
长期借款			
应付债券			
长期应付款			
专项应付款			
预计负债			
递延所得税负债		326,094,116.46	326,094,116.46
其他非流动负债			
非流动负债合计		326,094,116.46	326,094,116.46
负债合计		2,089,499,386.28	1,412,274,556.10
股东权益：			
股本		10,216,274,357.00	10,216,274,357.00
资本公积		39,122,468,566.93	39,122,468,566.93
减：库存股			
盈余公积		567,656,668.21	196,967,316.69
未分配利润		3,428,897,546.58	1,897,051,934.48
股东权益合计		53,335,297,138.72	51,432,762,175.10
负债和股东权益总计		55,424,796,525.00	52,845,036,731.20

单位负责人：陈洪生　　主管会计工作的负责人：何家乐　　会计机构负责人：李瑾

利 润 表

2008 年度

编制单位：中国远洋控股股份有限公司　　金额单位：人民币元

项目	注释	本年数	上年数
一、营业收入			
减：营业成本			
营业税金及附加			
销售费用			
管理费用		−123,151,256.99	465,604,987.00
财务费用		−142,607,361.89	3,134,285.81
资产减值损失			
加：公允价值变动收益（损失以“−”号填列）		6,086,262.50	
投资收益（损失以“−”号填列）	八、3	4,396,980,864.92	2,373,217,179.52
其中：对联营企业和合营企业的投资收益			
二、营业利润（损失以“−”号填列）		4,668,825,746.30	1,904,477,906.71
加：营业外收入			510,937.50
减：营业外支出		10,190,004.00	30,000.00
其中：非流动资产处置损失			
三、利润总额（亏损总额以“−”号填列）		4,658,635,742.30	1,904,958,844.21
减：所得税费用		951,742,227.10	−64,714,322.65
四、净利润（净亏损以"−"号填列）		3,706,893,515.20	1,969,673,166.86
五、每股收益：			
（一）基本每股收益			
（二）稀释每股收益			

单位负责人：陈洪生　　主管会计工作的负责人：何家乐　　会计机构负责人：李瑾

股东权益变动表

2008 年度

编制单位：中国远洋控股股份有限公司　　金额单位：人民币元

项目	本年数					
	股本	资本公积	减：库存股	盈余公积	未分配利润	股东权益合计
一、上年年末余额	10,216,274,357.00	39,122,468,566.93		196,967,316.69	1,897,051,934.48	51,432,762,175.10
加：会计政策变更						
前期差错更正						
二、本年年初余额	10,216,274,357.00	39,122,468,566.93		196,967,316.69	1,897,051,934.48	51,432,762,175.10
三、本年增减变动金额						
（减少以“−”号填列）				370,689,351.52	1,531,845,612.10	1,902,534,963.62
（一）净利润					3,706,893,515.20	3,706,893,515.20
（二）直接计入股东权益的利得和损失						
1.可供出售金融资产公允价值变动净额						
2.权益法下被投资单位其他股东权益变动的影响						
3.与计入股东权益项目相关的所得税影响						
4.其他						
上述（一）和（二）小计					3,706,893,515.20	3,706,893,515.20
（三）股东投入和减少股本						
1.股东投入股本						
2.股份支付计入股东权益的金额						
3.其他						
（四）利润分配				370,689,351.52	−2,175,047,903.10	−1,804,358,551.58
1.提取盈余公积				370,689,351.52	−370,689,351.52	
2.对股东的分配					−1,804,358,551.58	−1,804,358,551.58
3.其他						
（五）股东权益内部结转						
1.资本公积转增股本						
2.盈余公积转增股本						

项目	股本	资本公积	减：库存股	盈余公积	未分配利润	股东权益合计
3.盈余公积弥补亏损						
4.其他						
四、本年年末余额	10,216,274,357.00	39,122,468,566.93		567,656,668.21	3,428,897,546.58	53,335,297,138.72

上年数

项目	股本	资本公积	减：库存股	盈余公积	未分配利润	股东权益合计
一、上年年末余额	6,204,756,337.00	9,516,738,280.48		1,678,644,072.01	1,834,593,425.48	19,234,732,114.97
加：会计政策变更		78,124,022.65		−1,678,644,072.01	−221,105,820.84	−1,821,625,870.20
前期差错更正						
二、本年年初余额	6,204,756,337.00	9,594,862,303.13			1,613,487,604.64	17,413,106,244.77
三、本年增减变动金额（减少以“−”号填列）	4,011,518,020.00	29,527,606,263.80		196,967,316.69	283,564,329.84	34,019,655,930.33
（一）净利润					1,969,673,166.86	1,969,673,166.86
（二）直接计入股东权益的利得和损失		−10,996,678,054.89				−10,996,678,054.89
1.可供出售金融资产公允价值变动净额						
2.权益法下被投资单位其他股东权益变动的影响						
3.与计入股东权益项目相关的所得税影响						
4.其他		−10,996,678,054.89				−10,996,678,054.89
上述(一)和(二)小计		−10,996,678,054.89			1,969,673,166.86	−9,027,004,888.03
(三)股东投入和减少股本	3,080,804,570.00	40,524,284,318.69				43,605,088,888.69
1.股东投入股本	3,080,804,570.00	40,524,284,318.69				43,605,088,888.69
2.股份支付计入股东权益的金额						
3.其他						
(四)利润分配	930,713,450.00			196,967,316.69	−1,686,108,837.02	−558,428,070.33
1.提取盈余公积	196,967,316.69			−196,967,316.69		
2.对股东的分配	930,713,450.00				−1,489,141,520.33	−558,428,070.33
3.其他						
(五)股东权益内部结转						
1.资本公积转增股本						
2.盈余公积转增股本						
3.盈余公积弥补亏损						
4.其他						
四、本年年末余额	10,216,274,357.00	39,122,468,566.93		196,967,316.69	1,897,051,934.48	51,432,762,175.10

单位负责人：陈洪生　　主管会计工作的负责人：何家乐　　会计机构负责人：李瑾

现 金 流 量 表

2008 年度

编制单位:中国远洋控股股份有限公司 金额单位：人民币元

项目	注释	本年数	上年数
一、经营活动产生的现金流量：			
销售商品、提供劳务收到的现金			
收到的税费返还			
收到的其他与经营活动有关的现金		616,352,768.35	165,753,504.86
经营活动现金流入小计		616,352,768.35	165,753,504.86
购买商品、接受劳务支付的现金			
支付给职工以及为职工支付的现金		85,468,525.73	29,602,098.39
支付的各项税费		74,854,712.04	7,718,792.13
支付其他与经营活动有关的现金		3,472,283,135.50	110,408,749.60
经营活动现金流出小计		3,632,606,373.27	147,729,640.12
经营活动产生的现金流量净额		−3,016,253,604.92	18,023,864.74
二、投资活动产生的现金流量：			
收回投资收到的现金		1,790,000,000.00	
取得投资收益收到的现金		3,476,209,760.98	697,845,403.97
处置固定资产、无形资产和其他长期资产收回的现金净额			
处置子公司及其他营业单位收到的现金净额			
收到其他与投资活动有关的现金			9,304,533,425.18
投资活动现金流入小计		5,266,209,760.98	10,002,378,829.15
购建固定资产、无形资产和其他长期资产支付的现金		6,408,950.52	459,107.00
投资支付的现金		5,058,791,807.19	5,304,508,024.80
取得子公司及其他营业单位支付的现金净额			12,725,278,900.00
支付的其他与投资活动有关的现金			4,810,906,433.89
投资活动现金流出小计		5,065,200,757.71	22,841,152,465.69
投资活动产生的现金流量净额		201,009,003.27	−12,838,773,636.54
三、筹资活动产生的现金流量：			
吸收投资收到的现金			27,709,727,212.95
取得借款收到的现金			256,797,000.00
收到的其他与筹资活动有关的现金		4,372.31	
筹资活动现金流入小计		4,372.31	27,966,524,212.95
偿还债务支付的现金		241,987,500.00	2,256,797,000.00
分配股利、利润或偿付利息支付的现金		1,807,076,633.99	650,981,893.66
支付的其他与筹资活动有关的现金		73,284,422.38	14,405,142.19
筹资活动现金流出小计		2,122,348,556.37	2,922,184,035.85
筹资活动产生的现金流量净额		−2,122,344,184.06	25,044,340,177.10
四、汇率变动对现金及现金等价物的影响		−23,678,964.18	−14,102,350.38
五、现金及现金等价物净增加额		−4,961,267,749.89	12,209,488,054.92
加：期初现金及现金等价物余额		12,841,334,560.70	631,846,505.78
六、期末现金及现金等价物余额	八、4	7,880,066,810.81	12,841,334,560.70

单位负责人：陈洪生　　主管会计工作的负责人：何家乐　　会计机构负责人：李瑾

9.3 本报告期会计政策、会计估计和核算方法变更的情况。

(1)会计政策变更

本公司本年未发生需披露的会计政策变更。

(2)会计估计变更

本公司子公司深圳远洋运输股份有限公司(以下简称“深圳远洋”)沿海散货船舶折旧年限原为20年。根据本集团2007年11月29日收购深圳远洋时的会计政策，沿海散货船折旧年限为30年。为了更好地反映沿海散货船的真实耐用寿命，深圳远洋自2008年1月1日起，将沿海散货船舶的折旧年限变更为30年，使本集团2008年度净利润增加9,840.72万元。

本公司子公司中远太平洋有限公司(以下简称“中远太平洋”)集装箱预计净残值按处置时的预计废钢价确定，中远太平洋于2008年1月1日调整了集装箱预计净残值，该项会计估计变更使本集团2008年净利润增加4,111.41万元。

上述会计估计变更采用未来适用法，共计增加本集团2008年度净利润13,952.13万元。

9.4 本报告期无会计差错更正。

9.5 报告期内，公司财务报表合并范围发生重大变化的情况。

(1)同一控制下的企业合并：

本公司子公司中远集运本期收购中远总公司所持有的中远巴拿马公司（以下简称“中远巴拿马”）100%的股权和中远巴西公司(新)(以下简称“中远巴西”)100%的股权。

根据中远总公司2008年3月5日下发的《关于理顺中远散运海外公司控制权有关问题的通知》(中远战发函[2008]40号)，将中远欧洲散货运输有限公司(以下简称“中散欧洲”)、中远散货美洲有限公司(以下简称“中散美洲”)、中远(澳洲)租船有限公司(以下简称“澳洲租船”)实际控制人由中远总公司变更为本公司子公司中远散运。中散欧洲、中散美洲、澳洲租船分别于2008年6月完成章程修改，按照修改后的公司章程，中远散运在三家公司的董事会中拥有控制权。

本公司子公司中远物流本期通过增资55,000.00欧元拥有中远物流(欧洲)有限公司(以下简称“欧洲物流”)55%的股权，取得欧洲物流的实际控制权，另一股东中远欧洲有限公司持有45%的股权。中远欧洲有限公司与本公司的最终控制方同为中远总公司。中远物流与中远欧洲有限公司约定以2008年1月1日所有者权益为基础确定增资价款，2008年1月1日起所发生的所有者权益变动由本公司按股权转让后所持股比例享有。

(2)2008年度本公司新投资设立子公司50家。

(3)其他方式增加的子公司

中远物流通过全资子公司青岛中远物流有限公司持有青岛远洋大亚物流有限公司（51%的股权，但未取得实际控制权，2008年1月1日经双方股东同意修改了青岛大亚物流的公司章程，青岛中远物流有限公司取得了实际控制权。因此，本年度将青岛大亚物流有限公司及其子公司青岛大亚空运有限公司纳入合并财务报表的合并范围。

中远集运所属子公司青岛中远国际货运有限公司原持有宁波鑫三利冷箱技术有限公司60%的股权，但由于该公司章程中有关规定，青岛中远国际货运有限公司对该公司不具有实际控制权。2008年投资各方协商一致修改公司章程，青岛中远国际货运有限公司取得实际控制权，将宁波鑫三利冷箱技术有限公司纳入合并财务报表的合并范围。

(4)报告期不再纳入合并范围原子公司的情况

中远集运所属子公司五星航运代理有限公司于2008年1月将其所控股的新西兰绿叶有限公司关闭。

中远集运所属子公司中远集运美洲公司于2008年1月将其所控股的中远加拿大东部公司关闭。

中远集运所属子公司青岛中远国际货运有限公司本年度转让所持有的青岛亚涛国际货运有限公司(以下简称“青岛亚涛”) 51%的股权，2008年12月办理完毕股权转让手续，青岛亚涛本年不再纳入合并财务报表的合并范围。

本公司子公司青岛远洋所属子公司青岛远洋投资发展有限公司原持有青岛远洋宾馆有限公司(以下简称“远洋宾馆”)100%股权并将其纳入合并财务报表合并范围。2008年4月30日远洋宾馆吸收合并了青岛远洋国际酒店有限公司，吸收合并后投资公司持有远洋宾馆67.21%股权，ABURAG LTD公司持有32.79%股权。根据公司章程规定，中外双方在远洋宾馆董事会席位的人员数各为2人，青岛远洋投资发展有限公司对远洋宾馆由控制变为共同控制，不再具有实质控制力，期末未纳入合并财务报表的合并范围。

中远散运下属子公司天津远昌国际冷藏集装箱服务有限公司于2008年4月3日召开董事会，由于达不到公司预期的经营目标，董事会决定将天津远昌国际冷藏集装箱服务有限公司终止经营，进行注销清算。2008年11月已清算完毕，年末不再纳入合并财务报表的合并范围。

中远物流根据中远集团批准文件中国远洋战发(2008)15号，对北京中远沃尔沃汽车配件寄售站有限公司在本年度进行了清算关闭。

中远太平洋有限公司下属子公司Fentalic Limited于2008年7月出售给中国国际海运集装箱(集团)股份有限公司，本年不再纳入合并财务报表的合并范围。

中国建设银行股份有限公司

中国建设银行投份有限公司 2008 年年度报告摘要

第一节 重要提示

1.1 本行董事会、监事会及董事、监事、高级管理人员保证本报告所载资料不存在任何虚假记载、误导性陈述或者重大遗漏,并对其内容的真实性、准确性和完整性承担个别及连带责任。本年度报告摘要摘自年度报告全文,投资者欲了解详细内容,应阅读年度报告全文。

1.2 本行第二届董事会第二十次会议于 2009 年 3 月 27 日审议通过了本行《2008 年年度报告》正文及摘要。本行 15 名董事亲自出席会议,黄启民董事委托谢孝衍董事代为出席。

1.3 本行 2008 年度按照中国会计准则编制的财务报告经毕马威华振会计师事务所审计,按照国际财务报告准则编制的财务报告经毕马威会计师事务所审计,并出具标准无保留意见的审计报告。

中国建设银行股份有限公司董事会
2009 年 3 月 27 日

本行法定代表人郭树清、首席财务官庞秀生、财务会计部总经理应承康保证年度报告中财务报告的真实、完整。

第二节 公司基本情况简介

2.1 基本情况简介

股票简称	建设银行(A 股)	建设银行(H 股)
股票代码	601939	939
上市交易所	上海证券交易所	香港联合交易所有限公司
注册地址和办公地址	中国北京市西城区金融大街 25 号	
邮政编码	100032	
国际互联网网址	www.ccb.com	
电子信箱	ir@ccb.com	

2.2 联系人和联系方式

	董事会秘书
姓名	陈彩虹
联系地址	中国北京市西城区金融大街 25 号
电话	86-10-66215533
传真	86-10-66218888
电子信箱	ir@ccb.com

第三节 财务摘要

3.1 主要会计数据及财务指标

本年度报告摘要所载本行及所属子公司(统称"本集团")财务资料按照中国会计准则编制,以人民币列示。

(除特别注明外,以人民币百万元列示)

	2008 年	2007 年	变化 (%)	2006 年	2005 年	2004 年
全年						
营业收入	267,507	219,459	21.89	150,212	127,268	112,579
营业利润	118,607	100,535	17.98	64,804	54,523	51,472
利润总额	119,741	100,816	18.77	65,717	55,364	51,199
净利润	92,642	69,142	33.99	46,319	47,096	49,040
归属于本行股东的净利润	92,599	69,053	34.10	46,322	47,103	49,042
归属于本行股东的扣除非经常性损益后的净利润	95,825	68,815	39.25	47,076	46,662	49,267
经营活动产生的现金流量净额	180,646	294,314	(38.62)	412,759	303,444	118,167
于 12 月 31 日						
客户贷款和垫款净额	3,683,575	3,183,229	15.72	2,795,883	2,395,313	2,173,562
资产总额	7,555,452	6,598,177	14.51	5,448,511	4,585,742	3,909,920
客户存款	6,375,915	5,329,507	19.63	4,721,256	4,006,046	3,491,121
负债总额	7,087,890	6,175,896	14.77	5,118,307	4,298,065	3,714,369
股东权益	467,562	422,281	10.72	330,204	287,677	195,551
归属于本行股东权益	465,966	420,977	10.69	330,109	287,579	195,516
已发行及缴足股本	233,689	233,689	–	224,689	224,689	194,230
每股计(人民币元)						
基本和稀释每股收益 [1]	0.40	0.30	33.33	0.21	0.24	0.26
扣除非经常性损益后的基本和稀释每股收益 [1]	0.41	0.30	36.67	0.21	0.23	0.26
当年已宣派中期现金股息	0.1105	0.067	64.93	–	不适用	不适用
于资产负债表日后每股拟派末期现金股息	0.0837	0.065	28.77	0.092	0.015	不适用
当年已宣派特别现金股息	不适用	0.072716	不适用	–	不适用	不适用
每股净资产	2.00	1.81	10.50	1.47	1.28	1.01
归属于本行股东的每股净资产	1.99	1.80	10.56	1.47	1.28	1.01
每股经营活动产生的现金流量净额	0.77	1.30	(40.77)	1.84	1.52	0.63

1. 根据证监会《公开发行证券公司信息披露编报规则第 9 号—净资产收益率和每股收益的计算及披露》(2007 年修订)的规定计算。

	2008 年	2007 年	变化 +/(-)	2006 年	2005 年	2004 年
盈利能力指标						
平均资产回报率 [1]	1.31	1.15	0.16	0.92	1.11	1.31
全面摊薄净资产收益率 [2]	19.87	16.40	3.47	14.03	16.38	25.08
加权平均净资产收益率 [2]	20.68	19.50	1.18	15.00	21.75	22.99
扣除非经常性损益后的全面摊薄净资产收益率 [2]	20.56	16.35	4.21	13.80	16.23	25.20
扣除非经常性损益后的加权平均净资产收益率 [2]	21.40	19.43	1.97	14.75	21.55	23.10
净利差 [3]	3.10	3.07	0.03	2.69	2.70	2.77
净利息收益率 [4]	3.24	3.18	0.06	2.79	2.78	2.82
手续费及佣金净收入对营业收入比率	14.37	14.27	0.10	9.03	6.64	5.75
成本收入比 [5]	30.71	35.92	(5.21)	38.00	39.29	40.17
存贷比率	59.50	61.40	(1.90)	60.86	61.37	63.80
资本充足指标						
核心资本充足率 [6]	10.17	10.37	(0.20)	9.92	11.08	8.60
资本充足率 [6]	12.16	12.58	(0.42)	12.11	13.59	11.32
总权益对资产总额比率	6.19	6.40	(0.21)	6.06	6.27	5.00
资产质量指标						
不良贷款率	2.21	2.60	(0.39)	3.29	3.84	3.92
拨备覆盖率 [7]	131.58	104.41	27.17	82.24	66.78	61.64
减值准备对贷款总额比率	2.91	2.72	0.19	2.70	2.57	2.42

1. 净利润除以年初和年末资产总额的平均值。

2. 根据证监会《公开发行证券公司信息披露编报规则第 9 号—净资产收益率和每股收益的计算及披露》(2007 年修订)的规定计算。

3. 生息资产平均收益率减计息负债平均成本率。

4. 利息净收入除以生息资产平均余额。

5. 业务及管理费除以营业收入。

6. 按照银监会颁布的指引计算。

7. 客户贷款和垫款减值损失准备余额除以不良贷款总额。

非经常性损益项目

√适用 □不适用

(人民币百万元)	截至 2008 年 12 月 31 日止年度
固定资产处置净收益	99
抵债资产处置净收益	197
清理睡眠户净收益	193
利差补贴收入	162
清理挂账收入	1,033
因不可抗力因素而计提的资产减值损失	(5,527)
其他资产处置净收益	11
捐赠支出	(85)
其他应收款减值准备转回收益	122
其他损益	(476)
非经常性损益合计	(4,271)
税务影响	1,046
影响少数股东净利润的非经常性损益	1
影响本行股东净利润的非经常性损益	(3,226)

采用公允价值计量的项目

√适用 □不适用

(人民币百万元)	余额			对当期利润的影响金额
	于 2008 年 12 月 31 日	于 2008 年 1 月 1 日	变动 +/(-)	截至 2008 年 12 月 31 日止年度
交易性金融资产	50,309	29,819	20,490	1,133
衍生工具	2,734	6,680	(3,946)	(3,946)
可供出售债券投资	535,379	395,051	140,328	(10,622)
可供出售权益工具投资	10,037	28,437	(18,400)	–
小计	598,459	459,987	138,472	(13,435)
交易性金融负债	(3,975)	(10,809)	6,834	(46)
合计	594,484	449,178	145,306	(13,481)

1.衍生工具公允价值变动对当期利润影响在"公允价值变动收益"和"汇兑损益"中核算;为对冲外币资产长头寸的货币风险而进行的外汇期权及货币利率掉期所产生的公允价值变动在"汇兑损益"中核算。

2.可供出售债券投资公允价值变动对当期利润影响为减值准备的计提。

3.可供出售权益工具投资不包含在活跃市场中没有报价且其公允价值不能可靠计量的权益工具投资。

3.2 境内外会计准则差异

本集团按照中国会计准则编制的合并财务报表及按照国际财务报告准则编制的合并财务报表中列示的截至 2008 年 12 月 31 日止年度净利润和于 2008 年 12 月 31 日的股东权益并无差异。

第四节　股本变动及股东情况

4.1 股份变动情况表

三、股份总数	2008 年 1 月 1 日 数量	比例 (%)	报告期内增减+/(-) 发行新股	送股	公积金转股	认购期权	其他	小计	2008 年 12 月 31 日 数量	比例 (%)
一、有限售条件股份										
1.国家持股[1]	138,150,047,904	59.12	–	–	–	(25,580,153,370)[3]	–	(25,580,153,370)	112,569,894,534	48.17
2.国有法人持股[2]	20,692,250,000	8.85	–	–	–	–	–	–	20,692,250,000	8.85
3.其他内资持股	–	–	–	–	–	–	–	–	–	–
其中：										
境内非国有法人持股	–	–	–	–	–	–	–	–	–	–
境内自然人持股	–	–	–	–	–	–	–	–	–	–
4.外资持股[4]	24,085,845,721	10.31	–	–	–	25,580,153,370[3]	(24,085,845,721)[4]	1,494,307,649	25,580,153,370	10.95
其中：										
境外法人持股	–	–	–	–	–	–	–	–	–	–
境外自然人持股	–	–	–	–	–	–	–	–	–	–
二、无限售条件股份										
1.人民币普通股	9,000,000,000	3.85	–	–	–	–	–	–	9,000,000,000	3.85
2.境内上市的外资股	–	–	–	–	–	–	–	–	–	–
3.境外上市的外资股	34,685,001,375	14.84	–	–	–	–	24,085,845,721[4] 169,600,000	24,255,445,721	58,940,447,096	25.22
4.其他[5]	7,075,939,000	3.03	–	–	–	–	(169,600,000)	(169,600,000)	6,906,339,000	2.96
三、股份总数	233,689,084,000	100.00	–	–	–	–	–	–	233,689,084,000	100.00

1. 汇金公司持有的本行 H 股。

2. 中国建投持有的本行 H 股。

3. 根据汇金公司与美国银行签订的《股份及期权认购协议》，美国银行分别于 2008 年 7 月和 11 月行使认购期权，从汇金公司购入本行 6,000,000,000 股和 19,580,153,370 股 H 股，合计 25,580,153,370 股 H 股，于 2011 年 8 月 29 日之前未经本行书面同意不得转让。

4. 美国银行于 2008 年 1 月 1 日持有本行有限售条件股份 19,132,974,346 股 H 股，于 2008 年 10 月 27 日解除限售；富登金融于 2008 年 1 月 1 日持有本行有限售条件股份 4,952,871,375 股 H 股，于 2008 年 8 月 29 日解除限售。

5. 三家发起人国家电网、宝钢集团、长江电力于 2008 年 1 月 1 日分别持有本行 H 股 2,875,939,000 股、3,000,000,000 股和 1,200,000,000 股，於 2008 年 12 月 31 日分别持有本行 H 股 2,706,339,000 股、3,000,000,000 股和 1,200,000,000 股。

限售股份变动情况表

股东名称	年初限售股数	本年解除限售股数	本年增加限售股数	年末限售股数	限售原因	解除限售日期
汇金公司	138,150,047,904	25,580,153,370[1]	–	112,569,894,534	自 H 股上市之日(2005 年 10 月 27 日)起 5 年的锁定期	2010-10-27
中国建投	20,692,250,000	–	–	20,692,250,000	自 H 股上市之日(2005 年 10 月 27 日)起 5 年的锁定期	2010-10-27
美国银行	19,132,974,346	19,132,974,346	–	–	自本行 H 股上市之日(2005 年 10 月 27 日)起 3 年的锁定期	2008-10-27
	–	–	25,580,153,370[1]	25,580,153,370[1]	2008 年行权购入的 25,580,153,370 股 H 股于 2011 年 8 月 29 日之前未经本行书面同意不得转让	2011-8-29
富登金融	4,952,871,375	4,952,871,375	–	–	自 2005 年 8 月 29 日起 3 年的锁定期	2008-8-29
合计	182,928,143,625	49,665,999,091	25,580,153,370	158,842,297,904		

1. 根据汇金公司与美国银行签订的《股份及期权认购协议》，美国银行分别于 2008 年 7 月和 11 月行使认购期权，从汇金公司购入本行 6,000,000,000 股和 19,580,153,370 股 H 股，合计 25,580,153,370 股 H 股，于 2011 年 8 月 29 日之前未经本行书面同意不得转让。

4.2 股东数量和持股情况

截至报告期末，根据 2008 年 12 月 31 日股东名册，本行股东总数 1,544,780 户，其中 H 股股东 55,950 户，A 股股东 1,488,830 户。

单位：股

股东总数	1,544,780

前 10 名股东持股情况

股东名称	股东性质	持股比例 (%)	持股总数	持有有限售条件股份数量	质押或冻结的股份数量
汇金公司	国家	48.17	112,569,894,534(H 股)	112,569,894,534	无
		0.05	117,614,965(A 股)	–	
美国银行[1]	境外法人	19.13	44,713,127,716(H 股)	25,580,153,370	无
香港中央结算(代理人)有限公司[2]	境外法人	12.53	29,280,954,888(H 股)	–	未知
中国建投	国有法人	8.85	20,692,250,000(H 股)	20,692,250,000	无
富登金融	境外法人	5.65	13,207,316,750(H 股)	–	无
宝钢集团	国有法人	1.28	3,000,000,000(H 股)	–	无
益嘉投资有限责任公司	境外法人	0.34	800,000,000(H 股)	–	无
中国人寿保险股份有限公司–分红–个人分红	境内非国有法人	0.08	190,056,245(A 股)	–	无
中国人寿保险(集团)公司–传统–普通保险产品	境内非国有法人	0.07	157,597,200(A 股)	–	无
中国工商银行–博时精选股票证券投资基金	境内非国有法人	0.06	150,000,000(A 股)	–	无

1. 2009 年 1 月，美国银行出售本行 H 股 5,623,655,000 股。

2. 本行发起人国家电网、长江电力于 2008 年 12 月 31 日分别持有本行 H 股 2,706,339,000 股和 1,200,000,000 股，代理于香港中央结算(代理人)有限公司名下。

3.中国建投是汇金公司的全资子公司。中国人寿保险股份有限公司是中国人寿保险(集团)公司的控股子公司。除此之外，本行未知上述股东存在关联关系或一致行动关系。

4.报告期内，汇金公司增持本行 A 股共计 117,614,965 股。根据上海证券交易所《上市公司股东及其一致行动人增持股份行为指引》规定，汇金公司自 2008 年 9 月首次增持起未来 12 个月内，不减持其持有的本行股份。

前 10 名无限售条件股东持股情况

股东名称	持有无限售条件股份数量	股份种类
香港中央结算(代理人)有限公司	29,280,954,888	H 股
美国银行	19,132,974,346	H 股
富登金融	13,207,316,750	H 股
宝钢集团	3,000,000,000	H 股
益嘉投资有限责任公司	800,000,000	H 股
中国人寿保险股份有限公司–分红–个人分红	190,056,245	A 股
中国人寿保险(集团)公司–传统–普通保险产品	157,597,200	A 股
中国工商银行–博时精选股票证券投资基金	150,000,000	A 股
中国工商银行–上证 50 交易型开放式指数证券投资基金	137,409,138	A 股
中国人寿保险股份有限公司–传统–普通保险产品–005L–CT001 沪	129,986,850	A 股

1. 中国人寿保险股份有限公司是中国人寿保险(集团)公司的控股子公司。除此之外，本行未知上述股东存在关联关系或一致行动关系。

4.3 控股股东及实际控制人情况介绍

4.3.1 控股股东及实际控制人变更情况

□适用　　　√不适用

4.3.2 控股股东及实际控制人具体情况介绍

截至报告期末，汇金公司直接持有本行 48.22%的股份，并通过其全资子公司中国建投间接持有本行 8.85%的股份，是本行的控股股东。汇金公司是经国务院批准、依据公司法于 2003 年 12 月 16 日成立的国有独资公司，注册资本为 5,521.17 亿元，实收资本 8,596.58 亿元，法定代表人为楼继伟先生(尚待工商登记变更)。汇金公司由国家出资，代表国家依法行使对本行、中国银行和中国工商银行等金融企业出资人的权利和义务。

关于中国投资有限责任公司，请参见本行于 2007 年 10 月 9 日发布的《关于中国投资有限责任公司成立有关事宜的公告》。

第五节　董事、监事和高级管理人员

本行董事

姓　名	职位	性别	年龄	第二届董事会成员任期	报告期内任职期间从本集团获得的税前报酬总额(万元)	是否在股东单位或其他关联单位领取报酬、津贴
郭树清	董事长、执行董事	男	52	2007 年 6 月至 2009 年度股东大会	160.4	否
张建国	副董事长、执行董事、行长	男	54	2007 年 6 月至 2009 年度股东大会	159.6	否
辛树森	执行董事、副行长	女	59	2008 年 7 月至 2009 年度股东大会	140.9	否
王永刚	非执行董事	男	52	2007 年 6 月至 2009 年度股东大会	–	是
王　勇	非执行董事	男	47	2007 年 6 月至 2009 年度股东大会	–	是
王淑敏	非执行董事	女	53	2007 年 6 月至 2009 年度股东大会	–	是
刘向辉	非执行董事	男	54	2007 年 6 月至 2009 年度股东大会	–	是
张向东	非执行董事	男	51	2007 年 6 月至 2009 年度股东大会	–	是
李晓玲	非执行董事	女	51	2007 年 6 月至 2009 年度股东大会	–	是
格里高利·L·科尔	非执行董事	男	60	2007 年 6 月至 2009 年度股东大会	39.0	是
彼得·列文爵士	独立非执行董事	男	67	2007 年 6 月至 2009 年度股东大会	36.0	否
宋逢明	独立非执行董事	男	62	2007 年 6 月至 2009 年度股东大会	44.0	否
詹妮·希普利	独立非执行董事	女	57	2007 年 11 月至 2009 年度股东大会	36.0	否
伊琳·若诗	独立非执行董事	女	59	2007 年 6 月至 2009 年度股东大会	41.0	否
黄启民	独立非执行董事	男	58	2007 年 11 月至 2009 年度股东大会	38.8	否
谢孝衍	独立非执行董事	男	61	2007 年 6 月至 2009 年度股东大会	44.0	否

1.非执行董事格里高利·L·科尔先生提供服务而获取的报酬，由本行支付给股东单位美国银行。

本行监事

姓　名	职位	性别	年龄	第二届监事会成员任期	报告期内从本集团获得的税前报酬	是否在股东单位或其他

					总额（万元）	关联单位领取报酬、津贴
谢渡扬	监事长	男	60	2007 年 6 月至 2009 年度股东大会	151.8	否
刘进	监事	女	44	2007 年 6 月至 2009 年度股东大会	100.1	否
金磐石	监事	男	44	2007 年 6 月至 2009 年度股东大会	100.1	否
程美芬	职工代表监事	女	53	2007 年 6 月至 2009 年度股东大会	2.61	否
孙志新	职工代表监事	男	58	2007 年 6 月至 2009 年度股东大会	2.61	否
帅晋昆	职工代表监事	男	58	2008 年 11 月至 2009 年度股东大会	0.21	否
郭峰	外部监事	男	46	2007 年 6 月至 2009 年度股东大会	25.0	否
戴德明	外部监事	男	46	2007 年 6 月至 2009 年度股东大会	27.0	否

1.因担任本行职工代表监事而获得的税前报酬。

本行高级管理人员

姓名	职位	性别	年龄	任期	报告期内从本集团获得的税前报酬总额（万元）	是否在股东单位或其他关联单位领取报酬、津贴
张建国	行长	男	54	2006 年 7 月－	159.6	否
辛树森	副行长	女	59	2005 年 7 月－	140.9	否
陈佐夫	副行长	男	54	2005 年 7 月－	140.9	否
范一飞	副行长	男	44	2005 年 7 月－	140.9	否
朱小黄	副行长、首席风险官	男	52	2008 年 6 月－	135.2	否
胡哲一	副行长	男	54	2009 年 3 月－	－	否
庞秀生	首席财务官	男	50	2006 年 4 月－	124.0	否
于永顺	首席审计官	男	58	2005 年 7 月－	124.0	否
陈彩虹	董事会秘书	男	52	2007 年 8 月－	124.0	否
顾京圃	批发业务总监	男	52	2006 年 5 月－	124.0	否
杜亚军	零售业务总监	男	52	2006 年 5 月－	124.0	否
毛裕民	投资理财总监	男	53	2007 年 9 月－	373.0	否

报告期内，本行职工代表监事帅晋昆先生在担任监事之前通过参加员工持股计划间接持有本行 H 股 22,125 股。董事会秘书陈彩虹先生在担任董事会秘书之前通过参加员工持股计划间接持有本行 H 股 19,417 股。除此之外，本行董事、监事和其他高级管理人员均未持有本行股份。

第六节　管理层讨论与分析

6.1 财务回顾

2008 年，美国次贷危机演化为金融危机并迅速向全球蔓延，国际金融市场急剧动荡，全球经济增速明显放缓。国际货币基金组织报告，2008 年全球经济增速仅为 3.4%，远低于 2007 年的 5.2%，其中美国和欧洲经济增速分别为 1.1%和 1.0%。面对金融危机，美国和欧洲当局采取了快速干预、大量注入资金等措施，全球主要经济体更是采取了同步降息等措施联手干预，以稳定市场。

2008 年，中国发生了雨雪冰冻和汶川地震严重自然灾害，经历了全球经济和金融市场急剧动荡的巨大冲击，经济增速出现回落。针对国际国内宏观经济形势变化，中国政府及时调整宏观经济政策取向，采取积极的财政政策和适度宽松的货币政策，出台扩大国内需求的多项措施。中国经济增速虽有所放缓，但总体上保持了平稳较快发展，2008 年实现国内生产总值 30.1 万亿元，较上年增长 9.0%。

2008 年，中国货币政策根据国际国内宏观经济形势变化适时调整。年初，为防止国内经济增长由偏快转为过热、防止价格由结构性上涨演变为明显通货膨胀，人行实施了从紧的货币政策；年中，美国次贷危机影响加深，国家宏观政策进行调整，力图在保持经济平稳较快发展的同时控制物价上涨；9 月以后，国际金融危机加剧、国内通胀压力减缓，人行开始实施适度宽松的货币政策，先后 4 次下调存款准备金率，5 次下调贷款基准利率，4 次下调存款基准利率，取消对金融机构信贷规模的硬约束。

2008 年，中国金融市场运行总体正常。货币市场人民币交易活跃，市场利率大幅降低；债券市场交易活跃，债券收益率曲线整体大幅下行，发行利率先升后降；股票市场在波动中大幅走低；保险市场需求明显增加；外汇市场平稳发展，人民币对美元汇率累计升值 6.9%，从变动趋势看，上半年升值速度较快，下半年相对稳定。货币信贷平稳较快增长，截至 2008 年末，广义货币供应量 M2 余额 47.5 万亿元，较上年增长 17.8%；狭义货币供应量 M1 余额 16.6 万亿元，较上年增长 9.1%；人民币贷款余额 30.3 万亿元，较上年增长 18.8%。

本集团密切跟踪宏观经济金融形势变化，采取积极应对措施，持续推进结构调整和经营转型，取得良好的经营绩效。

实现营业收入 2,675.07 亿元，较上年增长 21.89%，其中利息净收入较上年增长 16.67%至 2,249.20 亿元；手续费及佣金净收入较上年增长 22.78%至 384.46 亿元。

实现利润总额 1,197.41 亿元，较上年增长 18.77%；净利润 926.42 亿元，较上年增长 33.99%。

平均资产回报率和加权平均净资产收益率分别达到 1.31%和 20.68%，较上年分别提高 0.16 个百分点和 1.18 个百分点。

基本和稀释每股收益 0.40 元，较上年提高 0.10 元。

资产总额达到 75,554.52 亿元，较上年增长 14.51%；负债总额达到 70,878.90 亿元，较上年增长 14.77%。

客户贷款和垫款总额较上年增长 15.95%至 37,939.43 亿元，其中投向基础设施行业的贷款新增额为 1,941.06 亿元，占公司类贷款新增额的 56.26%。

不良贷款率 2.21%，较上年下降 0.39 个百分点；不良贷款余额 838.82 亿元，较上年减少 12.88 亿元；拨备覆盖率 131.58%，较上年提高 27.17 个百分点。

6.1.1 利润表分析

利润总额增长主要得益于利息净收入和手续费及佣金净收入的持续较快增长。由于从 2008 年 1 月 1 日起，国内企业所得税税率从 33%降至 25%，使得净利润增幅高于利润总额增幅。

利息净收入

2008 年，本集团实现利息净收入 2,249.20 亿元，较上年增加 321.45 亿元，增幅为 16.67%。

下表列出所示期间本集团资产和负债项目的平均余额、相关利息收入或利息支出以及平均收益率或平均成本率的情况。

（人民币百万元，百分比除外）	截至 2008 年 12 月 31 日止年度			截至 2007 年 12 月 31 日止年度		
	平均余额	利息收入/支出	平均收益率/成本率（%）	平均余额	利息收入/支出	平均收益率/成本率（%）
资产						
客户贷款和垫款总额	3,520,537	251,943	7.16	3,140,118	198,278	6.31
债券投资[1]	2,193,646	79,877	3.64	2,112,620	69,610	3.29
存放中央银行款项	1,016,396	17,960	1.77	650,496	11,272	1.73
存放同业款项及拆出资金	77,759	1,971	2.53	60,971	2,127	3.49
买入返售金融资产	136,428	4,749	3.48	100,689	3,536	3.51
总生息资产	6,944,766	356,500	5.13	6,064,894	284,823	4.70
总减值准备	(112,408)			(86,886)		
非生息资产	219,833			186,750		
资产总额	7,052,191	356,500		6,164,758	284,823	
负债						
客户存款	5,778,316	117,160	2.03	5,003,903	78,180	1.56
同业及其他金融机构存放款项和拆入资金	606,592	11,124	1.83	550,243	9,102	1.65
卖出回购金融资产	18,468	571	3.09	32,850	1,566	4.77
已发行债务证券	51,332	2,426	4.73	48,682	2,363	4.85
其他计息负债	8,224	299	3.64	14,186	837	5.90
总计息负债	6,462,932	131,580	2.03	5,649,864	92,048	1.63
非计息负债	146,025			117,144		
负债总额	6,608,957	131,580		5,767,008	92,048	
利息净收入		224,920			192,775	
净利差			3.10			3.07
净利息收益率			3.24			3.18

1. 包括交易性债券投资和投资性债券。投资性债券包括可供出售金融资产中的债券投资、持有至到期投资和应收款项债券投资。

客户贷款和垫款、债券投资等主要资产项目的平均收益率较上年上升，被收益率较低的存放中央银行款项平均余额在总生息资产中占比上升因素部分抵销后，整体生息资产平均收益率较上年提高 43 个基点至 5.13%。

客户存款、同业及其他金融机构存放款项和拆入资金等主要负债的平均成本率上升以及客户存款平均余额在总付息负债中占比均较上年上升，使得总体计息负债平均成本率较上年提高 40 个基点至 2.03%。

生息资产平均收益率上升幅度高于计息负债平均成本率上升幅度，使得净利差较上年上升 3 个基点至 3.10%。由于利息净收入 16.67%的增幅高于总生息资产 14.51%的增幅，净利息收益率较上年上升 6 个基点至 3.24%。

下表列出本集团资产和负债项目的平均余额和平均利率变动对利息收支较上年变动的影响。

（人民币百万元）	规模因素[1]	利率因素	利息收支变动
资产			
客户贷款和垫款总额	27,224	26,441	53,665
债券投资	3,092	7,175	10,267
存放中央银行款项	6,466	222	6,688
存放同业款项及拆出资金	426	(582)	(156)
买入返售金融资产	1,244	(31)	1,213
利息收入变化	38,452	33,225	71,677
负债			
客户存款	15,702	23,278	38,980
同业及其他金融机构存放款项和拆入资金	1,033	989	2,022
卖出回购金融资产	(445)	(550)	(995)
已发行债务证券	91	(28)	63
其他计息负债	(244)	(294)	(538)
利息支出变化	16,137	23,395	39,532
利息净收入变化	22,315	9,830	32,145

1. 平均余额和平均利率的共同影响因素计入规模因素对利息收支变动额的影响。

利息净收入较上年增加 321.45 亿元，其中，各项资产负债平均余额变动带动利息净收入增加 223.15 亿元，平均收益率或平均成本率变动带动利息净收入增加 98.30 亿元，即规模因素和利率因素对利息净收入增加的贡献分别为 69.42%和 30.58%。

利息收入

2008 年，本集团实现利息收入 3,565.00 亿元，较上年增加 716.77 亿元，增幅为 25.17%，主要是由于客户贷款和垫款以及债券投资的平均余额增长和平均收益率上升。

客户贷款和垫款利息收入

下表列出本集团客户贷款和垫款各组成部分的平均余额、利息收入以及平均收益率情况。

（人民币百万元，百分比除外）	截至 2008 年 12 月 31 日止年度			截至 2007 年 12 月 31 日止年度		
	平均余额	利息收入	平均收益率（%）	平均余额	利息收入	平均收益率（%）
公司类贷款	2,515,553	184,797	7.35	2,233,195	147,230	6.59
1 年以内短期贷款	844,425	60,829	7.20	804,809	51,995	6.46
中长期贷款	1,671,128	123,968	7.42	1,428,386	95,235	6.67
个人贷款	771,646	54,345	7.04	673,726	40,793	6.05

票据贴现	118,954	7,586	6.38	147,505	5,403	3.66
海外业务	114,384	5,215	4.56	85,692	4,852	5.66
客户贷款和垫款总额	3,520,537	251,943	7.16	3,140,118	198,278	6.31

客户贷款和垫款利息收入2,519.43亿元,较上年增加536.65亿元,增幅为27.07%。主要由于公司类贷款和个人贷款业务的增长以及境内贷款平均收益率较上年上升。客户贷款和垫款平均收益率较上年提高0.85个百分点,主要是由于2007年人行连续6次调高贷款基准利率的影响继续显现以及本集团议价能力提升,公司类贷款、个人贷款和票据贴现的平均收益率分别较上年提高76个基点,99个基点和272个基点。公司类贷款中,1年以内短期贷款平均收益率较上年提高74个基点至7.20%,中长期贷款平均收益率较上年提高75个基点至7.42%。

债券投资利息收入

债券投资利息收入798.77亿元,较上年增加102.67亿元,增幅为14.75%。其中,投资性债券利息收入774.94亿元,增幅为12.05%;交易性债券利息收入23.83亿元,增长4.30倍。债券投资利息收入的增长主要得益于本集团把握投资时机,适时调整资产配置结构,使得人民币债券投资组合的收益率较上年提高68个基点至3.84%。本集团为降低外币投资组合风险,利用市场机会减持高风险债券,使组合投资余额快速下降。

存放中央银行款项利息收入

存放中央银行款项利息收入179.60亿元,较上年增加66.88亿元,增幅为59.33%,主要是由于人行在2008年上半年连续上调法定存款准备金率,创出历史新高17.50%。尽管法定存款准备金率从10月开始逐步下调至15.50%,但仍高于上年末1个百分点,使得存放中央银行款项平均余额较上年增长56.25%。

存放同业款项及拆出资金利息收入

存放同业款项及拆出资金利息收入19.71亿元,较上年减少1.56亿元,主要是受货币市场利率持续下降影响,存放同业款项及拆出资金平均收益率较上年下降96个基点至2.53%。

买入返售金融资产利息收入

买入返售金融资产利息收入47.49亿元,较上年增加12.13亿元,增幅为34.30%,主要是本集团为提高短期资金使用效率,增持买入返售债券及票据,使得其平均余额较上年增长35.49%。

利息支出

2008年,本集团利息支出1,315.80亿元,较上年增加395.32亿元,增幅为42.95%。主要是由于客户存款、同业及其他金融机构存放款项和拆入资金的平均余额增加和平均成本率上升。

客户存款利息支出

下表列出本集团客户存款各组成部分的平均余额、利息支出以及平均成本率情况。

(人民币百万元,百分比除外)	截至2008年12月31日止年度			截至2007年12月31日止年度		
	平均余额	利息支出	平均成本率(%)	平均余额	利息支出	平均成本率(%)
公司存款	3,068,572	53,646	1.75	2,670,009	37,681	1.41
活期存款	2,073,951	20,207	0.97	1,889,923	18,824	1.00
定期存款	994,621	33,439	3.36	780,086	18,857	2.42
个人存款	2,641,783	61,725	2.34	2,276,334	38,327	1.68
活期存款	1,029,051	6,451	0.63	923,206	7,314	0.79
定期存款	1,612,732	55,274	3.43	1,353,128	31,013	2.29
海外业务	67,961	1,789	2.63	57,560	2,172	3.77
客户存款总额	5,778,316	117,160	2.03	5,003,903	78,180	1.56

客户存款利息支出1,171.60亿元,较上年增加389.80亿元,增幅为49.86%,主要是由于客户存款平均余额增加以及平均成本率提高。客户存款平均成本率较上年提高47个基点至2.03%,主要是由于2007年人行连续6次调高存款基准利率的影响在2008年继续显现;同时,受国内资本市场波动、定活期存款间利差扩大和降息预期等因素影响,境内定期存款平均余额在客户存款总额中的占比较上年提高2.49个百分点,使客户存款平均成本率上升。

同业及其他金融机构存放款项和拆入资金利息支出

同业及其他金融机构存放款项和拆入资金利息支出111.24亿元,较上年增加20.22亿元,增幅为22.21%,主要是由于同业及其他金融机构存放款项和拆入资金平均余额较上年增长10.24%,同时平均成本率受定期同业存款增长较快因素影响较上年上升18个基点至1.83%。

卖出回购金融资产利息支出

卖出回购金融资产利息支出5.71亿元,较上年减少9.95亿元,主要是由于卖出回购金融资产平均余额和平均成本率均较上年下降。卖出回购金融资产平均成本率较上年下降168个基点,主要是受伦敦银行间同业拆借利率持续下降影响,以美元为主的外币卖出回购金融资产平均成本率较上年大幅降低。

手续费及佣金净收入

(人民币百万元)	截至2008年12月31日止年度	截至2007年12月31日止年度
手续费及佣金收入	40,056	32,731
代理业务手续费	10,289	16,439
银行卡手续费	7,153	5,254
顾问和咨询费	6,998	2,792
结算与清算手续费	4,797	3,261
托管及其他受托业务佣金	4,759	3,267
担保手续费及信用承诺手续费	3,102	1,063
其他	2,958	655
手续费及佣金支出	1,610	1,418
手续费及佣金净收入	38,446	31,313

2008年,本集团持续完善促进中间业务发展的激励约束机制,加大产品创新和市场拓展,克服资本市场大幅波动等不利因素影响,实现手续费及佣金净收入384.46亿元,较上年增加71.33亿元,增幅为22.78%。手续费及佣金净收入在营业收入中占比较上年提高0.10个百分点至14.37%。

代理业务手续费收入102.89亿元,较上年减少61.50亿元,主要是受国内资本市场大幅走低影响,代销基金业务手续费收入出现较大幅度下降。本集团努力克服该因素的不利影响,适时研究市场需求变化,通过完善业务流程和激励机制、提高人员业务能力和风险防范意识、挖掘渠道优势等多种措施积极推动代销保险、代客外汇交易、代理结算等业务发展,其中,代销保险实现代销保险业务手续费收入28.30亿元,增幅为193.57%。

银行卡业务手续费收入71.53亿元,较上年增加18.99亿元,增幅为36.14%,主要是本集团持续加大市场拓展和资源投入,银行卡发卡量、消费交易额以及自助设备交易额持续稳定增长。

顾问和咨询业务手续费收入69.98亿元,较上年增加42.06亿元,增幅为150.64%,其中,通过提高服务层次和水平,实现财务顾问手续费收入48.69亿元,增幅为143.94%。

结算与清算手续费收入47.97亿元,较上年增加15.36亿元,增幅为47.10%,其中国际结算业务手续费收入20.06亿元,增幅为135.17%,主要是本集团抓住市场机遇,积极营销客户,推出创新产品。

托管及其他受托业务佣金收入47.59亿元,较上年增加14.92亿元,增幅为45.67%,其中,通过积极营销优质客户和主动调整产品结构,实现证券投资基金托管业务手续费收入12.69亿元,增幅为32.33%。

担保手续费及信用承诺手续费收入31.02亿元,较上年增加20.39亿元,增幅为191.82%,主要得益于承诺业务和保函业务的快速增长。

其他手续费收入29.58亿元,较上年增加23.03亿元,增长3.52倍。其中,代客理财产品手续费收入9.98亿元,增幅为245.33%。

投资损失

2008年,本集团投资净损失为8.50亿元,主要是由于本集团在国际金融市场动荡的情况下,为降低外币投资组合风险,果断压缩投资规模、减持高风险债券形成部分债券价差损失。

汇兑损益

下表列出于2008年12月31日的外汇敞口构成及2008年的外汇敞口损益情况。

(人民币百万元)	于2008年12月31日外汇敞口构成			截至2008年12月31日止年度
	表内	表外	合计	汇兑损益
外币资产及自营衍生金融工具	114,048	(114,048)	–	1,967
其他	(341)	16,102	15,761	675
外汇净敞口	113,707	(97,946)	15,761	–
汇兑净收益				2,642

1. 外汇敞口以人民币表示,正数代表多头、负数代表空头。

2. 衍生金融工具为货币衍生工具。

外币资产及自营衍生金融工具

为规避外汇业务的汇率风险,本集团叙做了相关衍生金融工具交易。2008年,外币资产在扣除用于规避风险的衍生金融工具后的净收益及重估收益19.67亿元,主要是由于2008年人民币利率总体上始终高于美元利率,货币利率掉期交易净收益增加;同时,2008年市场走势对货币利率掉期交易有利,估值收益不断增加。此外,本行叙做的部分货币利率掉期交易币种为欧元对人民币,与之配套进行的欧元对美元外汇掉期交易在欧元高息美元低息时完成,实现自营外汇掉期估值收益。

其他汇兑净收益

本集团代客外汇交易净收益及外汇敞口重估净额6.75亿元,其中,代客外汇交易净收益25.75亿元,主要是由于代客远期结售汇业务快速发展以及重估净收益增加。

业务及管理费

(人民币百万元,百分比除外)	截至2008年12月31日止年度	截至2007年12月31日止年度
员工成本	46,657	49,907
物业及设备支出	14,957	12,804
其他	20,548	16,114
业务及管理费总额	82,162	78,825
成本收入比	30.71%	35.92%

2008年,业务及管理费总额821.62亿元,较上年增加33.37亿元,增幅为4.23%。本集团持续加强成本管理,成本产出效率不断改善,成本收入比进一步降低至30.71%。

员工成本466.57亿元,较上年减少32.50亿元,剔除2007年依据相关法律法规提取内部退养福利费89.98亿元的影响,员工费用实际较上年增长57.48亿元,增幅为14.05%,低于营业收入增幅。物业及设备支出较上年增长16.82%,主要是受物价上涨影响,水电费、租金和物业管理费等较上年增长。其他业务及管理费较上年增长27.52%,主要是加大业务拓展营销力度,业务拓展费、广告宣传费等增长较快。

资产减值损失

(人民币百万元)	截至2008年12月31日止年度	截至2007年12月31日止年度	截至2006年12月31日止年度
客户贷款和垫款	36,246	20,106	18,997
投资	13,237	7,075	272
可供出售金融资产	10,756	2,113	213
持有至到期投资	3,126	4,853	59
应收款项债券投资	(645)	109	–
固定资产	28	34	41
其他	1,318	380	(96)
资产减值损失总额	50,829	27,595	19,214

2008年,资产减值损失508.29亿元,较上年增加232.34亿元。其中,客户贷款和垫款减值损失362.46亿元,投资减值损失132.37亿元,其他资产减值损失13.18亿元,其中抵债资产减值损失为12.66亿元。

客户贷款和垫款减值损失

(人民币百万元)	截至2008年12月31日止年度			
	按组合方式评估的贷款和垫款损失准备	已减值贷款和垫款的损失准备 其损失准备按组合方式评估	其损失准备按个别方式评估	总额
年初余额	35,785	4,928	48,215	88,928
本年计提	18,337	1,404	25,128	44,869
本年转回	–	–	(8,623)	(8,623)
折现回拨	–	–	(1,564)	(1,564)
本年转出	–	(20)	(6,825)	(6,845)
本年核销	–	(623)	(5,956)	(6,579)
本年收回	–	9	173	182

年末余额	54,122	5,698	50,548	110,368

2008 年，本集团合理评估国际国内经济金融形势变化以及国内自然灾害的影响，审慎计提减值损失，客户贷款和垫款减值损失较上年增加 161.40 亿元。于 2008 年 12 月 31 日，客户贷款和垫款减值损失准备余额 1,103.68 亿元，较上年增加 214.40 亿元；拨备覆盖率为 131.58%，较上年提高 27.17 个百分点。

投资减值损失

2008 年，投资减值损失较上年增加 61.62 亿元，其中可供出售金融资产减值损失较上年增加 86.43 亿元，主要是根据外币债券的信用状况及市场因素等计提减值损失 15.57 亿美元（折合人民币 106.22 亿元）；应收款项债券投资减值损失本期转回 6.45 亿元，主要是由于以前年度购买的一家非银行金融机构发行的债券在本期全额收回。

所得税费用

2008 年，所得税费用 270.99 亿元，较上年减少 45.75 亿元，主要是由于从 2008 年 1 月 1 日起，国内企业所得税税率从 33%降至 25%。剔除企业所得税税率下调因素影响，2008 年所得税费用实际较上年增加 40.97 亿元。本集团 2008 年所得税实际税率为 22.63%，低于 25%的法定税率，主要是由于持有的中国国债利息收入按税法规定为免税收益。

6.1.2 资产负债表分析

资产

下表列出于所示日期本集团资产总额及构成情况。

（人民币百万元，百分比除外）	于 2008 年 12 月 31 日		于 2007 年 12 月 31 日	
	金额	占总额百分比（%）	金额	占总额百分比（%）
客户贷款和垫款总额	3,793,943		3,272,157	
贷款减值损失准备	（110,368）		（88,928）	
客户贷款和垫款净额	3,683,575	48.75	3,183,229	48.24
投资性证券 1	2,144,439	28.38	2,171,991	32.92
现金及存放中央银行款项	1,247,450	16.51	843,724	12.79
存放同业款项及拆出资金	49,932	0.66	88,798	1.35
买入返售金融资产	208,548	2.76	137,245	2.08
交易性金融资产	50,309	0.67	29,819	0.45
应收利息	38,317	0.51	33,900	0.51
其他资产 2	132,882	1.76	109,471	1.66
资产总额	7,555,452	100.00	6,598,177	100.00

1. 包括可供出售金融资产、持有至到期投资及应收款项债券投资。

2. 包括贵金属、衍生金融资产、对联营和合营企业的投资、固定资产、土地使用权、无形资产、商誉、递延所得税资产及其他资产。

于 2008 年 12 月 31 日，本集团资产总额 75,554.52 亿元，较上年增加 9,572.75 亿元，增幅为 14.51%。其中，客户贷款和垫款总额较上年增加 5,217.86 亿元，增幅为 15.95%，增幅高于上年 2.08 百分点，主要是由于在保增长、扩内需的宏观政策背景下，本集团利用优质项目储备和网点、客户资源优势，在有效控制风险的基础上加大了对重点客户、重点行业的贷款投放规模；投资性证券较上年减少 275.52 亿元，主要是压缩外币债券投资规模；现金及存放中央银行款项较上年增加 4,037.26 亿元，增幅为 47.85%，在资产总额中的占比较上年上升 3.72 个百分点，主要是由于法定存款准备金率高于上年末 1 个百分点，同时，人行采取减少央票发行规模等措施增加市场流动性，使得超额存款准备金上升；存放同业款项及拆出资金较上年减少 388.66 亿元，主要是由于本集团为应对国际金融危机影响，减少向海外银行同业拆出资金；买入返售金融资产较上年增加 713.03 亿元，主要是为提高资金使用效率，增持买入返售债券和买入返售票据；交易性金融资产较上年增加 204.90 亿元，增幅为 68.71%，主要得益于代客债券理财业务的快速增长。

客户贷款和垫款

（人民币百万元，百分比除外）	于 2008 年 12 月 31 日		于 2007 年 12 月 31 日		于 2006 年 12 月 31 日	
	金额	占总额百分比（%）	金额	占总额百分比（%）	金额	占总额百分比（%）
公司类贷款	2,689,784	70.90	2,344,757	71.66	2,057,868	71.62
短期贷款	855,397	22.55	820,908	25.09	743,608	25.88
中长期贷款	1,834,387	48.35	1,523,849	46.57	1,314,260	45.74
个人贷款	821,531	21.65	723,805	22.12	585,085	20.36
个人住房贷款	603,147	15.90	527,888	16.13	428,039	14.90
个人消费贷款	74,964	1.98	66,573	2.03	72,620	2.52
其他贷款 1	143,420	3.77	129,344	3.96	84,426	2.94
票据贴现	163,161	4.30	102,826	3.14	159,368	5.55
海外业务	119,467	3.15	100,769	3.08	71,195	2.47
客户贷款和垫款总额	3,793,943	100.00	3,272,157	100.00	2,873,516	100.00

1.包括个人商业用房抵押贷款、个人助业贷款、个人住房最高额抵押贷款、信用卡贷款、个人助学贷款等。

于 2008 年 12 月 31 日，客户贷款和垫款总额 37,939.43 亿元，较上年增加 5,217.86 亿元，增幅为 15.95%。

公司类贷款 26,897.84 亿元，较上年增加 3,450.27 亿元，增幅为 14.71%，在客户贷款和垫款总额中的占比较上年下降 0.76 个百分点至 70.90%。其中，投向基础设施行业的贷款较上年增长 19.52%至 11,884.87 亿元，新增额在公司类贷款新增额中的占比达到 56.26%，主要是由于国家扩大内需的政策使得基础设施贷款有效需求旺盛，本集团充分发挥在该领域的传统优势，加大对重点基础设施项目的贷款投放规模。本集团深入研究行业发展的基本方向和趋势，采取"保、控、压、退"策略，针对不同区域、客户、产品实行差别信贷政策，大力加强信贷结构调整和风险控制。通过完善信贷准入退出制度、严格准入标准和优选客户，公司类退出贷款客户贷款余额较上年减少 644.59 亿元；客户结构进一步优化，内部评级 A 级及以上客户贷款余额占比达到 89.34%，较上年提高 0.73 个百分点。

个人贷款 8,215.31 亿元，较上年增加 977.26 亿元，增幅为 13.50%，在客户贷款和垫款总额中的占比较上年下降 0.47 个百分点至 21.65%。其中，个人住房贷款较上年增加 752.59 亿元，增幅为 14.26%；个人消费贷款较上年增加 83.91 亿元，增幅为 12.60%；其他贷款较上年增加 140.76 亿元，增幅为 10.88%。面对复杂的市场形势变化，本集团实施了区域、产品和客户的差别化发展战略，积极防范局部区域的市场系统性风险，重点满足优质个人客户的信贷需要。

票据贴现 1,631.61 亿元，较上年增加 603.35 亿元，增幅为 58.68%，主要是为满足客户需求加大了期限较短的票据贴现业务拓展力度。

海外客户贷款和垫款 1,194.67 亿元，较上年增加 186.98 亿元，增幅为 18.56%，主要是由于持续加大对境外分支机构的资源支持力度，各境外分支机构积极拓展市场和营销客户，使得贷款业务保持较快发展。

按担保方式划分的贷款分布情况

下表列出于所示日期按担保方式划分的客户贷款和垫款分布情况。

（人民币百万元，百分比除外）	于 2008 年 12 月 31 日		于 2007 年 12 月 31 日	
	金额	占总额百分比（%）	金额	占总额百分比（%）
信用贷款	947,785	24.98	744,682	22.76
保证贷款	795,135	20.96	748,904	22.89
抵押贷款	1,650,208	43.50	1,453,056	44.41
质押贷款	400,815	10.56	325,515	9.94
客户贷款和垫款总额	3,793,943	100.00	3,272,157	100.00

投资

下表列出于所示日期本集团投资的构成情况。

（人民币百万元，百分比除外）	于 2008 年 12 月 31 日		于 2007 年 12 月 31 日	
	金额	占总额百分比（%）	金额	占总额百分比（%）
交易性金融资产	50,309	2.29	29,819	1.35
可供出售金融资产	550,838	25.10	429,620	19.51
持有至到期投资	1,041,783	47.47	1,191,035	54.10
应收款项债券投资	551,818	25.14	551,336	25.04
投资合计	2,194,748	100.00	2,201,810	100.00

于 2008 年 12 月 31 日，投资总额 21,947.48 亿元，较上年减少 70.62 亿元。交易性金融资产较上年增加 204.90 亿元，增幅为 68.71%。可供出售金融资产较上年增加 1,212.18 亿元，其中可供出售债券投资较上年增加 1,403.28 亿元，主要是增持人行、银行及非银行金融机构发行的债券；可供出售权益工具投资较上年减少 191.10 亿元，主要是受国内资本市场波动影响，持有的债转股流通股（含尚处于限售期的债转股流通股）公允价值下降。持有至到期投资较上年减少 1,492.52 亿元，主要是压缩外币债券投资规模所致。应收款项债券投资较上年略有增加。

债券投资

下表列出于所示日期本集团按币种划分的债券投资构成情况。

（人民币百万元，百分比除外）	于 2008 年 12 月 31 日		于 2007 年 12 月 31 日	
	金额	占总额百分比（%）	金额	占总额百分比（%）
人民币债券投资	2,068,230	95.04	1,886,565	87.14
外币债券投资	107,890	4.96	278,450	12.86
债券投资总额	2,176,120	100.00	2,165,015	100.00

外币债券投资

本集团将控制信用风险作为外币债券投资管理的重点，采取降低外币债券投资规模，减持高风险债券的策略，努力减少损失。于 2008 年 12 月 31 日，外币债券投资组合账面价值 158.14 亿美元（折合人民币 1,078.90 亿元），较上年减少 223.09 亿美元（折合人民币 1,705.60 亿元）；累计提取减值损失准备 27.32 亿美元（折合人民币 186.39 亿元）。

下表列出报告期末本集团持有的美国次级按揭贷款支持债券构成情况。

（百万美元）	减值准备	账面价值 1
美国次级按揭贷款债券	275	162
首次抵押债券	195	153
二次抵押债券	80	9
与美国次级按揭贷款债券相关的住房贷款债务抵押权（CDO）	455	–
合计	730	162

1. 扣除减值损失准备后的账面金额。

于 2008 年 12 月 31 日，本集团持有美国次级按揭贷款支持债券账面价值 1.62 亿美元（折合人民币 11.05 亿元），占外币债券投资组合的 1.02%；彭博综合信用评级 AAA 级占比 77.66%，AA 级占比 4.31%；累计提取减值损失准备 7.30 亿美元（折合人民币 49.78 亿元）。

于 2008 年 12 月 31 日，本集团持有中间级别债券（Alt–A）账面价值 2.30 亿美元（折合人民币 15.70 亿元），占外币债券投资组合的 1.45%；彭博综合信用评级 AAA 级占比 43.05%；累计提取减值损失准备 2.83 亿美元（折合人民币 19.29 亿元）。

综合考虑上述债券的信用状况和市场因素，本集团审慎计提债券减值损失。上述债券占本集团资产总额比例很小，债券的市场价值波动对盈利影响不大。

本集团对所持有美国雷曼兄弟控股公司相关债券 1.90 亿美元（折合人民币 12.99 亿元）全额提取减值损失准备。本集团利用市场机会减持上述债券，并密切关注事态发展，积极维护本集团的合法权益。

于 2008 年 12 月 31 日，本集团持有美国房利美公司和美国房地美公司相关债券账面价值 11.91 亿美元（折合人民币 81.24 亿元），全部为两家公司发行的债券。上述债券本息偿还正常。

金融债券投资

本集团持有金融债券 5,044.53 亿元，包括政策性银行债券 820.66 亿元和银行及非银行金融机构债券 4,223.87 亿元，分别占金融债券的 16.27%和 83.73%。

下表列出报告期末本集团持有的金融债券 1 情况。

（人民币百万元）	于 2008 年 12 月 31 日	
	政策性银行	银行及非银行金融机构
交易性债券	3,719	3,970
可供出售债券	15,732	86,140
持有至到期投资	61,492	269,577
应收款项债券投资	1,123	62,700
合计	82,066	422,387

1. 金融债券指金融机构法人在债券市场发行的有价债券，包括政策性银行发行的债券、银行及非银行金融机构发行的债券。

下表列出报告期末本集团持有的重大金融债券情况。

金融债券	面值（亿元）	年利率	到期日	减值损失（亿元）
2006年政策性银行债券	150	一年期定期存款利率+利差0.60%	2016年12月12日	－
2006年政策性银行债券	101	一年期定期存款利率+利差0.47%	2016年11月6日	－
2006年政策性银行债券	100	3.15%	2011年11月27日	－
2007年政策性银行债券	98	一年期定期存款利率+利差0.61%	2013年2月19日	－
2008年政策性银行债券	78	一年期定期存款利率+利差0.76%	2015年2月20日	－
2007年政策性银行债券	74	一年期定期存款利率+利差0.75%	2013年1月10日	－
2006年政策性银行债券	72	2.94%	2009年9月25日	－
2001年政策性银行债券	69	3.89%	2011年9月18日	－
2008年政策性银行债券	64	一年期定期存款利率+利差0.49%	2013年4月8日	－
1999年政策性银行债券	63	一年期定期存款利率+利差0.82%	2009年5月9日	－

应收利息

于2008年12月31日，应收利息383.17亿元，较上年增加44.17亿元，增幅为13.03%。应收利息减值准备余额0.01亿元，是本集团对逾期3年以上的应收债券投资利息全额计提减值准备。

负债

下表列出所示日期本集团负债总额及构成情况。

（人民币百万元，百分比除外）	于2008年12月31日		于2007年12月31日		于2006年12月31日	
	金额	占总额百分比（%）	金额	占总额百分比（%）	金额	占总额百分比（%）
客户存款	6,375,915	89.96	5,329,507	86.30	4,721,256	92.24
同业及其他金融机构存放款项和拆入资金	490,572	6.92	547,487	8.86	240,063	4.69
卖出回购金融资产	864	0.01	109,541	1.77	5,140	0.10
已发行债务证券	53,810	0.76	49,212	0.80	46,874	0.92
其他负债[1]	166,729	2.35	140,149	2.27	104,974	2.05
负债总额	7,087,890	100.00	6,175,896	100.00	5,118,307	100.00

1.包括向中央银行借款、交易性金融负债、衍生金融负债、应付职工薪酬、应交税费、应付利息、预计负债、递延所得税负债及其他负债。

于2008年12月31日，负债总额70,878.90亿元，较上年增加9,119.94亿元，增幅为14.77%。客户存款是本集团最主要的资金来源，较上年增加10,464.08亿元，增幅为19.63%，在负债总额中的占比较上年提高3.66个百分点至89.96%；同业及其他金融机构存放款项和拆入资金较上年减少569.15亿元，在负债总额中的占比较上年下降1.94个百分点至6.92%，主要是受资本市场波动影响，证券公司存款、基金公司存款等大幅减少；卖出回购金融资产较上年下降1,086.77亿元，主要是由于2007年与人行叙做的卖出回购业务到期以及与同业间的卖出回购业务因资金充裕而减少；已发行债务证券较上年增加45.98亿元，主要是由于本行于2008年9月在香港发行人民币普通金融债券以及本行香港分行在港发行存款证增加。

客户存款

下表列出所示日期本集团按产品类型划分的客户存款情况。

（人民币百万元，百分比除外）	于2008年12月31日		于2007年12月31日	
	金额	占总额百分比（%）	金额	占总额百分比（%）
公司存款	3,337,046	52.33	2,945,305	55.27
活期存款	2,229,910	34.97	2,084,193	39.11
定期存款	1,107,136	17.36	861,112	16.16
个人存款	2,967,747	46.55	2,316,321	43.46
活期存款	1,133,449	17.78	997,164	18.71
定期存款	1,834,298	28.77	1,319,157	24.75
海外业务	71,122	1.12	67,881	1.27
客户存款总额	6,375,915	100.00	5,329,507	100.00

于2008年12月31日，客户存款63,759.15亿元，较上年增加10,464.08亿元，增幅为19.63%，高于负债总额增幅。公司存款较上年增长13.30%，低于个人存款28.12%的增幅，使得公司存款在客户存款总额中的占比较上年下降2.94个百分点至52.33%，主要是在资本市场波动、房地产市场不确定性因素增加造成居民投资意愿下降、储蓄意愿增强的市场环境下，本集团通过丰富个人存款产品，加大营销力度，使得个人存款大幅增长。由于人行连续多次降息，客户的降息预期增强，境内定期存款较上年增长34.91%，大大高于活期存款9.15%的增幅，在客户存款总额中的占比较上年提高5.22个百分点至46.13%。

股东权益

（人民币百万元，百分比除外）	于2008年12月31日	于2007年12月31日
股本	233,689	233,689
资本公积	90,241	90,241
投资重估储备	11,156	16,408
盈余公积	26,922	17,845
一般风险准备	46,628	31,548
未分配利润	59,593	32,164
外币报表折算差价	(2,263)	(918)
归属于本行股东权益	465,966	420,977
少数股东权益	1,596	1,304
股东权益	467,562	422,281

于2008年12月31日，股东权益4,675.62亿元，较上年增加452.81亿元；股东权益总额对资产总额的比率为6.19%，较上年下降0.21个百分点。

资本充足率

下表列出所示日期本集团资本充足率相关资料。

（人民币百万元，百分比除外）	于2008年12月31日	于2007年12月31日	于2006年12月31日
核心资本充足率	10.17%	10.37%	9.92%
资本充足率	12.16%	12.58%	12.11%
资本基础组成部分			
核心资本：			
股本	233,689	233,689	224,689
资本公积、投资重估储备和外币报表折算差额	83,202	85,408	40,852
盈余公积和一般风险准备	73,550	49,393	21,476
未分配利润	39,316	16,609	22,421
少数股东权益	1,596	1,304	95
	431,353	386,403	309,533
附属资本：			
贷款损失一般准备金	38,110	33,373	28,736
可供出售金融资产及交易性金融工具公允价值重估增值	8,684	10,527	－
长期次级债务	40,000	40,000	40,000
	86,794	83,900	68,736
扣除前总资本	518,147	470,303	378,269
扣除：			
商誉	(1,527)	(1,624)	(1,743)
未合并股权投资	(5,682)	(4,687)	(2,040)
其他	(522)	(810)	(91)
扣除后总资本	510,416	463,182	374,395
加权风险资产	4,196,493	3,683,123	3,091,089

1.核心资本充足率等于核心资本扣除100%商誉和50%未合并股权投资及其他扣减项后的净额，除以加权风险资产。

2.资本充足率等于扣除后总资本除以加权风险资产。

3.未分配利润已扣除于资产负债表日后本行建议分派的股息。

4.投资重估储备中的可供出售金融资产公允价值重估增值从核心资本中扣除，并且将该项增值的50%计入附属资本。此外，对于未实现的交易性金融工具公允价值重估增值在考虑税收影响后从核心资本中扣除，并计入附属资本。

5.其他主要是指按银监会的规定扣除的资产支持证券。

6.加权风险资产包括12.5倍的市场风险资本。

本集团按照银监会颁布的《商业银行资本充足率管理办法》及相关规定计算和披露资本充足率。于2008年12月31日，本集团资本充足率12.16%，核心资本充足率10.17%，分别较上年下降0.42个百分点和0.20个百分点。

资本充足率下降主要是加权风险资产增幅高于扣除后总资本增幅。加权风险资产较上年增加5,133.70亿元，增幅为13.94%，主要是由于表内资产的平稳增长及表外业务的快速发展。扣除后总资本较上年增加472.34亿元，增幅为10.20%，其中核心资本增加449.50亿元。

本行于2009年2月26日在全国银行间债券市场公开发行总额为400亿元次级债券，其中120亿元为10年期固定利率债券，前5年的票面利率为3.20%，在第5年末附发行人赎回权，如本行不行使赎回权，则后5个计息年度的票面利率为6.20%；280亿元为15年期固定利率债券，前10年的票面利率为4.00%，在第10年末附发行人赎回权，如本行不行使赎回权，则后5个计息年度的票面利率为7.00%。上述次级债券以充实本行附属资本为目的，将提高本行资本充足率水平，增强运营实力和抗风险能力。

6.1.3 贷款质量分析

按五级分类划分的贷款分布情况

下表列出于所示日期本集团贷款按五级分类的分布情况。在贷款五级分类制度下，不良贷款包括划分为次级、可疑及损失的贷款。

（人民币百万元，百分比除外）	于2008年12月31日		于2007年12月31日		于2006年12月31日	
	金额	占总额百分比（%）	金额	占总额百分比（%）	金额	占总额百分比（%）
正常	3,492,961	92.07	2,959,553	90.45	2,513,229	87.46
关注	217,100	5.72	227,434	6.95	265,888	9.25
次级	35,105	0.93	25,718	0.79	29,261	1.02
可疑	39,862	1.05	48,159	1.47	55,983	1.95
损失	8,915	0.23	11,293	0.34	9,155	0.32
客户贷款和垫款总额	3,793,943	100.00	3,272,157	100.00	2,873,516	100.00
不良贷款额	83,882		85,170		94,399	
不良贷款率		2.21		2.60		3.29

2008年，本集团进一步深入推进信贷结构调整，完善授信业务风险监测预警机制，加强对大额关注和不良贷款的跟踪监测与风险处置化解，创新方式加快不良贷款处置，信贷资产质量持续改善。于2008年12月31日，不良贷款余额838.82亿元，较上年减少12.88亿元；不良贷款率2.21%，较上年下降0.39个百分点，可疑类贷款和损失类贷款占比持续降低；关注类贷款占比5.72%，较上年下降1.23个百分点。

按产品类型划分的贷款及不良贷款分布情况

下表列出于所示日期按产品类型划分的贷款及不良贷款情况。

（人民币百万元，百分比除外）	于2008年12月31日			于2007年12月31日		
	贷款金额	不良贷款金额	不良贷款率（%）	贷款金额	不良贷款金额	不良贷款率（%）
公司类贷款	2,689,784	74,430	2.77	2,344,757	76,877	3.28
短期贷款	855,397	37,700	4.41	820,908	43,489	5.30
中长期贷款	1,834,387	36,730	2.00	1,523,849	33,388	2.19
个人贷款	821,531	8,840	1.08	723,805	7,925	1.09
个人住房贷款	603,147	4,931	0.82	527,888	4,222	0.80
个人消费贷款	74,964	1,685	2.25	66,573	1,966	2.9529
其他贷款[1]	143,420	2,224	1.55	129,344	1,737	1.34
票据贴现	163,161	－	－	102,826	－	－

海外业务	119,467	612	0.51	100,769	368	0.37
总计	3,793,943	83,882	2.21	3,272,157	85,170	2.60

1.包括个人商业用房抵押贷款、个人助业贷款、个人住房最高额抵押贷款、信用卡贷款、个人助学贷款等。

于 2008 年 12 月 31 日,公司类贷款不良率较上年下降 0.51 个百分点至 2.77%;个人贷款不良率较上年下降 0.01 个百分点至 1.08%;海外业务稳健经营,受国际金融危机影响,贷款不良率略有上升,但仍然维持在较低水平。

按行业划分的贷款及不良贷款分布情况

下表列出于所示日期按行业划分的贷款及不良贷款情况。

(人民币百万元,百分比除外)	于 2008 年 12 月 31 日				于 2007 年 12 月 31 日			
	贷款金额	占总额百分比(%)	不良贷款金额	不良贷款率(%)	贷款金额	占总额百分比(%)	不良贷款金额	不良贷款率(%)
公司类贷款	2,689,784	70.90	74,430	2.77	2,344,757	71.66	76,877	3.28
制造业	663,350	17.48	23,793	3.59	592,502	18.11	24,834	4.19
电力、燃气及水的生产和供应业	452,472	11.93	6,672	1.47	377,285	11.53	5,957	1.58
交通运输、仓储和邮政业	426,803	11.25	5,359	1.26	370,732	11.33	5,978	1.61
房地产业	329,381	8.68	15,387	4.67	317,780	9.71	15,372	4.84
租赁及商业服务业	135,746	3.58	3,429	2.53	92,968	2.84	2,911	3.13
其中:商务服务业	135,105	3.56	3,264	2.42	91,951	2.81	2,546	2.77
水利、环境和公共设施管理业	132,426	3.49	2,159	1.63	106,693	3.26	1,258	1.18
建筑业	116,551	3.07	2,375	2.04	101,467	3.10	2,582	2.54
批发和零售业	102,590	2.70	7,704	7.51	89,289	2.73	7,816	8.75
采矿业	90,499	2.39	479	0.53	69,666	2.13	636	0.91
其中:石油和天然气开采业	18,083	0.48	16	0.09	14,948	0.46	40	0.27
教育	78,870	2.08	1,179	1.49	78,153	2.39	1,430	1.83
电讯、计算机服务和软件业	25,943	0.68	715	2.76	35,846	1.10	1,159	3.23
其中:电信和其他信息传输服务业	23,598	0.62	328	1.39	32,772	1.00	304	0.93
其他	135,153	3.57	5,179	3.83	112,376	3.43	6,944	6.18
个人贷款	821,531	21.65	8,840	1.08	723,805	22.12	7,925	1.09
票据贴现	163,161	4.30	–	–	102,826	3.14	–	–
海外业务	119,467	3.15	612	0.51	100,769	3.08	368	0.37
总计	3,793,943	100.00	83,882	2.21	3,272,157	100.00	85,170	2.60

2008 年,本集团持续优化和完善行业客户信贷准入退出标准,不良率较高的批发和零售业、制造业的不良额和不良率保持下降势头,不良额分别较上年下降 1.12 亿元和 10.41 亿元,不良率分别较上年下降 1.24 个百分点和 0.60 个百分点。主要受地震灾害等因素影响,水利、环境和公共设施管理业等行业不良贷款有所增加。

已重组客户贷款和垫款

下表列出于所示日期,本集团已重组客户贷款和垫款情况。

(人民币百万元,百分比除外)	于 2008 年 12 月 31 日		于 2007 年 12 月 31 日	
	金额	占贷款和垫款总额百分比(%)	金额	占贷款和垫款总额百分比(%)
已重组客户贷款和垫款	3,376	0.09	3,648	0.11

于 2008 年 12 月 31 日,已重组客户贷款和垫款总额 33.76 亿元,较上年减少 2.72 亿元;占客户贷款和垫款总额比例较上年下降 0.02 个百分点至 0.09%。其中,逾期超过 90 天的已重组客户贷款和垫款总额 11.96 亿元,较上年减少 12.75 亿元。

逾期客户贷款和垫款

下表列出于所示日期本集团已逾期客户贷款和垫款按账龄分析情况。

(人民币百万元,百分比除外)	于 2008 年 12 月 31 日		于 2007 年 12 月 31 日	
	金额	占贷款和垫款总额百分比(%)	金额	占贷款和垫款总额百分比(%)
逾期 3 个月以内	28,019	0.74	23,922	0.73
逾期 3 个月至 1 年	19,189	0.50	14,864	0.46
逾期 1 年以上 3 年以内	21,786	0.57	31,540	0.96
逾期 3 年以上	18,065	0.48	20,619	0.63
已逾期客户贷款和垫款总额	87,059	2.29	90,945	2.78

于 2008 年 12 月 31 日,已逾期客户贷款和垫款总额 870.59 亿元,较上年减少 38.86 亿元;占客户贷款和垫款总额比例较上年下降 0.49 个百分点至 2.29%。已逾期客户贷款和垫款中的不良贷款额 611.11 亿元,不良贷款减值损失准备余额 468.49 亿元。

6.1.4 资产负债表表外项目分析

本集团资产负债表表外项目主要为承诺及或有事项,具体包括信贷承诺、经营租赁承诺、资本支出承诺、证券承销承诺、债券承兑承诺、未决诉讼和纠纷以及或有负债。信贷承诺是最重要的组成部分,于 2008 年 12 月 31 日,信贷承诺余额 13,504.80 亿元。

6.1.5 现金流量表分析

经营活动产生的现金流量

经营活动产生的现金净流入为 1,806.46 亿元,其中现金流入 13,678.57 亿元,较上年增加 12.37 亿元,主要是由于客户存款的快速增长以及利息收入和手续费及佣金收入的增加使得现金流入较上年提高;现金流出 11,872.11 亿元,较上年增加 1,149.05 亿元,主要是客户贷款和垫款的快速增长使得现金流出较上年增加,以及卖出回购业务减少和交易性金融资产投资增长,使得支付的其他与经营活动有关的现金流出较上年增加。

投资活动产生的现金流量

投资活动产生的现金净流入 387.59 亿元,其中现金流入 9,695.03 亿元,较上年增加 1,097.08 亿元,主要是由于出售及兑付投资性证券所产生的现金流入较上年增加;现金流出 9,307.44 亿元,较上年减少 2,117.58 亿元,主要是本集团调整投资结构,压缩外币债券投资规模,使得投资性证券投资现金流出减少。

筹资活动产生的现金流量

筹资活动产生的现金净流出 401.13 亿元,主要是分配股利及偿付已发行债券利息。

6.1.6 主要会计估计及判断

本集团在应用会计政策确定部分资产和负债的账面价值及报告期损益时,在某些方面做出估计及判断。这些估计及判断涉及对现金流量的风险调整或所采用的贴现率和影响其他成本的价格未来变动的假设。本集团根据过往的经验和对未来事件的预计做出估计和假设,并定期审阅。除此之外,本集团采用会计政策时还需要做出进一步的判断。集团管理层相信,本集团作出的估计及判断,均已适当地反映了本集团面临的经济状况。受估计及判断影响的主要领域包括:客户贷款和垫款、可供出售债券和持有至到期投资的减值损失、可供出售权益工具投资的减值、金融工具的公允价值、持有至到期投资的重分类、所得税等。上述事项相关的会计估计及判断,请参见本年报"财务报告"附注"重要会计估计及判断"。

6.1.7 根据中国监管要求披露的相关信息

比例指标

主要指标(%)		标准值	2008 年 12 月 31 日	2007 年 12 月 31 日	2006 年 12 月 31 日
资产流动性比例	人民币	≥25	52.74	40.98	39.05
	外币	≥60	109.84	100.51	200.36
拆借资金比例	拆入人民币	≤4	0.08	0.04	–
	拆出人民币	≤8	0.23	0.18	0.18
正常类贷款迁徙率		–	3.60	2.96	4.28
关注类贷款迁徙率		–	8.40	9.43	12.84
次级类贷款迁徙率		–	44.20	61.72	56.48
可疑类贷款迁徙率		–	11.56	16.20	8.10

1. 资产流动性比例=流动性资产期末余额/流动性负债期末余额。
2. 拆入资金比例=拆入同业及其他金融机构人民币资金余额/人民币存款余额,为境内数据。
3. 拆出资金比例=拆出同业及其他金融机构人民币资金净额/人民币存款余额,为境内数据。
4. 贷款迁徙率依据银监会的相关规定计算,为集团口径数据。

主要资产项目计量属性

资产项目	报告期内计量属性	备　注
交易性金融资产	公允价值计量且其变动计入损益	公允价值的计量原则请参见本年报"财务报告"附注。
衍生金融资产	公允价值计量且其变动计入损益	公允价值的计量原则请参见本年报"财务报告"附注。
买入返售金融资产	采用实际利率法,按摊余成本计量	
客户贷款和垫款	采用实际利率法,按摊余成本计量	
可供出售金融资产	公允价值计量且其变动计入权益	可供出售金融资产中,在活跃市场中没有报价且其公允价值不能可靠计量的权益工具投资,按成本计量。公允价值的计量原则请参见本年报"财务报告"附注。
持有至到期投资	采用实际利率法,按摊余成本计量	
应收款项债券投资	采用实际利率法,按摊余成本计量	
交易性金融负债	公允价值计量且其变动计入损益	公允价值的计量原则请参见本年报"财务报告"附注。

公允价值计量相关的内部控制制度及公允价值计量项目

内部控制制度

内部控制的总体情况。针对公允价值计量项目,本行从内控环境、风险评估、控制活动、信息沟通和整改反馈等五个方面建立起内部控制体系。公允价值计量项目管理职能与业务经营职能保持分离,投资和交易业务已实现前、中、后台职能的严格分离。岗位之间具有监督制约机制,中台风险管理职能通过授权、限额管控和风险提示等环节对前台操作的制衡,后台清算与结算职能通过交易确认、账务核对等环节对前台操作制衡。

计量基础和减值准备计提。公允价值计量项目包括交易性金融资产、交易性金融负债、可供出售金融资产及衍生金融工具,除非其公允价值无法可靠计量。公允价值计量项目的计量基础和减值准备计提的具体会计政策请参见本年报"财务报告"附注。

估值流程和公允价值确定。在估值流程方面,为确保前中后台相互协作和制约,本行规定由财务会计部负责估值方法论的确立,金融市场部、风险管理等部门负责估值的具体操作,最终由营运管理部负责相应账务处理。在价格来源的选取方面,本行规定可采用盯市(Mark-to-Market)、盯模(Mark-to-Model)和第三方价格 3 种方法。对有可靠来源、易于获取市场成交价格的业务头寸按照市场价格来计值;当业务头寸缺乏及时、足够的市场价格信息或价格信息获取来源缺乏独立性时,按照模型确定的价值计值;对能够得到第三方价格的,在综合考虑第三方价格的基础上确定重估结果。公允价值计量项目的公允价值确定请参见本年报"财务报告"附注。

内部报告程序。公允价值计量项目的报告体系由日常报告、非交易性市场风险的定期报告、估值和损益报告、专题报告和总体风险的定期报告组成。各类报告遵循相应的发送范围、程序和频率。各类风险报告报送分管行领导、首席风险官或其他高级管理层,并抄送相关部门。

公允价值计量项目

(人民币万元)	期初金额	本期公允价值变动损　益	计入权益的累计公允价值变动	本期计提的减值	期末金额
金融资产					
其中:1.以公允价值计量且其变动计入当期损益的金融资产	4,445,108	767,406	–	–	7,160,855
其中:衍生金融资产	1,463,175	666,746	–	–	2,129,921
2.可供出售金融资产	42,348,892	–	1,115,577	(1,062,171)	54,541,613

金融资产小计	46,794,000	767,406	1,115,577	(1,062,171)	61,702,468
金融负债	(1,876,078)	(1,065,994)	–	–	(2,254,080)
合计	44,917,922	(298,588)	1,115,577	(1,062,171)	59,448,388

1.可供出售金融资产不包含在活跃市场中没有报价且其公允价值不能可靠计量的权益工具投资。

2. 金融负债包括交易性金融负债和衍生金融负债。

衍生金融工具

(人民币百万元)	于2008年12月31日		
		公允价值	
	名义金额	资产	负债
利率合约	183,695	9,016	9,451
货币合约	489,431	11,758	9,114
贵金属合约	510	10	–
权益工具合约	806	515	–
净值	674,442	21,299	18,565

外币金融资产和金融负债

(人民币万元)	期初金额	本期公允价值变动损　益	计入权益的累计公允价值变动	本期计提的减值	期末金额
金融资产					
其中:1.以公允价值计量且其变动计入当期损益的金融资产	1,089,415	453,123	–	–	1,379,225
其中:衍生金融资产	326,709	426,789	–	–	753,498
2.贷款和应收款	26,476,987	–	–	(362,183)	23,789,914
3.可供出售金融资产	11,743,898	–	(86,113)	(1,062,171)	5,185,866
4.持有至到期投资	15,635,943	–	–	(304,062)	5,286,382
金融资产小计	54,946,243	453,123	(86,113)	(1,728,416)	35,641,387
金融负债	(26,179,977)	(609,243)	–	–	(25,662,906)34

6.2 业务回顾

本集团的主要业务分部有公司银行业务、个人银行业务、资金业务和包括权益投资、海外业务在内的其他业务及未分配项目。

下表列出所示期间各主要业务分部的利润总额情况。

(人民币百万元,百分比除外)	截至2008年12月31日止年度		截至2007年12月31日止年度	
	金额	占总额百分比(%)	金额	占总额百分比(%)
公司银行业务	67,368	56.26	61,391	60.89
个人银行业务	20,249	16.91	26,146	25.93
资金业务	31,510	26.32	13,347	13.24
其他业务及未分配项目	614	0.51	(68)	(0.06)
利润总额	119,741	100.00	100,816	100.00

6.2.1 公司银行业务

下表列出公司银行业务分部的主要经营数据及变动情况。

(人民币百万元,百分比除外)	截至2008年12月31日止年度	截至2007年12月31日止年度	变动(%)
利息净收入	126,010	109,412	15.17
手续费及佣金净收入	15,350	7,471	105.46
其他业务收入	171	5	3320.00
营业收入	141,531	116,888	21.08
营业税金及附加	(11,470)	(8,061)	42.29
业务及管理费	(31,180)	(29,716)	4.93
资产减值损失	(31,884)	(17,883)	78.29
营业利润	66,997	61,228	9.42
营业外收支净额	371	163	127.61
利润总额	67,368	61,391	9.74
	于2008年12月31日于	2007年12月31日	
分部资产	3,214,610	2,748,782	16.95

2008年,本集团公司银行业务利润总额较上年增长9.74%至673.68亿元,占本集团利润总额的56.26%,是本集团盈利的主要来源。其中,由于净利息收益率上升和贷款规模增长,利息净收入较上年增长15.17%;受益于代理保险、审价咨询、资产托管等中间业务产品较快发展,手续费及佣金净收入增长105.46%至153.50亿元;受金融危机和经济增长放缓影响,计提资产减值损失318.84亿元。积极推进信贷结构调整。2008年末,公司类客户贷款余额26,897.84亿元,较上年增加3,450.27亿元、增长14.71%。公司类贷款资产质量保持良好,不良贷款额744.30亿元,不良贷款率2.77%,分别较上年下降24.47亿元和0.51个百分点。

投向基础设施行业领域的贷款余额为11,884.87亿元,较上年增长19.52%,新增额在公司类贷款新增额中的占比达56.26%;低风险的票据贴现业务较上年增加603.35亿元。信贷投放向高信用等级客户集中,内部评级A级(含)以上客户贷款余额占比达到89.34%,较上年提高0.73个百分点。对不符合国家政策导向和本行风险偏好的行业客户实行主动退出策略,累计退出贷款644.59亿元,有效控制了高污染、高耗能、产能过剩等行业的贷款,资产质量稳步提升。

本行大力推动小企业业务专业化经营,成立了78家按照"信贷工厂"模式操作的小企业经营中心,积极推广供应链融资等系列产品,不断优化和完善小企业评级配套政策制度,加强风险控制和市场研究。小企业贷款业务获得较快发展,新增贷款大部分集中在长江三角洲、珠江三角洲和环渤海地区等重点地区。

中间业务贡献度显著提高。公司银行业务实现手续费及佣金净收入153.50亿元,较上年增长105.46%,在本集团手续费及佣金净收入中的占比较上年提高16.07个百分点达到39.93%。单位人民币结算业务、境内保函、审价咨询3项传统产品的收入合计40.73亿元;作为国内唯一拥有工程审价咨询资质的商业银行,本行通过大力营销推介,审价咨询类业务收入增至17.34亿元,实现了149.50%的增长;银团贷款和国内保理收入实现6倍以上的增长。

机构业务拓展成效显著。截至2008年末,本行与近8,000家财政预算单位签订了公务卡服务协议,公务卡发卡量新增49.79万张。推出社会保障卡搭载金融服务功能的社保"一卡通"产品。继续保持代理国家开发银行贷款资金结算业务市场份额第一。代理保险业务超常规发展,收入增长193.57%达到28.30亿元,增长率国内同业领先。证券客户交易结算资金第三方存管业务客户数量1,764万户、手续费收入4.68亿元,均居同业第一。"百易安"资金托管业务手续费收入较上年增加4.44亿元。由于本行在期货结算业务领域的突出表现,2008年被《证券时报》评选为"期货业最佳结算银行"。

国际业务表现优异。2008年,国际结算量达4,481.50亿美元,较上年增长57.03%;实现国际结算收入19.51亿元,较上年增长139.74%。本行不断创新贸易融资业务流程,成功推出"证票通"、"票据保付"、"短期信保项下买断"、"出口订单融资"等新产品。鉴于本行在贸易融资和外汇业务方面的整体实力和优秀表现,被美国《环球金融》杂志评为2008年"中国最佳贸易融资银行"。2008年,本行还成功获得人行境内外币支付系统港币结算银行资格和国家外汇交易中心美元代理结算银行资格。

托管业务在市场波动环境下仍获增长。2008年底,托管基金资产总净值为4,532.34亿元,国内市场占比上升至24.02%,达到历史最好水平;获批托管新基金41只,已投入托管运作新基金32只,均位居同业首位;其他证券类资产托管业务、合格境外机构投资者(QFII)和合格境内机构投资者(QDII)托管业务、企业年金托管业务和实业投资托管业务都取得长足进步。全年实现托管费收入14.18亿元,较上年增长38.37%。2008年获得香港《财资》杂志"中国最佳境外客户境内托管银行奖"。

2009年,本行公司业务将积极应对挑战,抓住发展机遇,充分发挥本行在基础设施建设领域的传统优势,深入分析行业发展的基本方向和趋势,继续推进信贷结构调整工作,强化基础管理和队伍建设,在夯实业务发展基础的同时,努力寻求业务发展新突破,推动公司业务可持续发展。

6.2.2 个人银行业务

下表列出个人银行业务分部的主要经营数据及变动情况。

(人民币百万元,百分比除外)	截至2008年12月31日止年度	截至2007年12月31日止年度	变动(%)
利息净收入	58,417	52,958	10.31
手续费及佣金净收入	15,286	20,344	(24.86)
其他业务收入	342	139	146.04
营业收入	74,045	73,441	0.82
营业税金及附加	(3,758)	(3,438)	9.31
业务及管理费	(45,984)	(41,195)	11.63
资产减值损失	(4,582)	(2,496)	83.57
其他业务成本	–	(166)	(100.00)
营业利润	19,721	26,146	(24.56)
营业外收支净额	528	–	不适用
利润总额	20,249	26,146	(22.55)
	于2008年12月31日	于2007年12月31日	
分部资产	863,351	786,851	9.72

2008年,受资本市场低迷和国内自然灾害等因素影响,个人银行业务手续费和佣金净收入下降、资产减值损失增加,导致个人银行业务利润总额较上年下降22.55%;但个人存贷款业务仍取得稳步增长,代理保险、银行卡等中间业务产品保持了良好的发展势头。

个人存款新增创历史同期最高。本行抓住市场有利时机,通过积极采取营销措施、增加与投资理财市场资金联动等手段,吸收个人存款。2008年末,境内个人存款余额为29,677.47亿元,较上年增加6,514.26亿元,增幅达28.12%。其中,定期存款占比快速提升,在新增额中占比达79.08%;金融资产管理规模300万元以上个人高端客户较上年增长了93%。

个人贷款业务平稳增长。2008年末,个人贷款增长13.50%至8,215.31亿元,占客户贷款和垫款总额的21.65%。其中个人住房贷款增长14.26%至6,031.47亿元,贷款余额和新增额均居同业第一;个人消费贷款增长12.60%至749.64亿元。本行积极应对复杂的市场形势变化,深化结构调整,强化风险防范;推进个人贷款中心规范化建设,推广个人贷款中心流程优化项目,不断提升服务水平;以专业、高效、优质的服务面向市场和客户,大力支持广大百姓的住房消费需求,保持了个人住房贷款业务良好发展势头。

积极拓展个人中间业务新产品。2008年个人银行业务手续费及佣金净收入为152.86亿元,较上年下降50.58亿元,主要是代销基金规模随资本市场波动下降所致,但仍占本集团手续费及佣金净收入的39.76%。借记卡、证券代理业务是收入贡献最大的2项产品,个人理财、代理保险、个人黄金成为个人银行中间业务新的收入增长点。2008年销售个人理财产品3,838亿元,是上年的5.17倍;面向个人客户的代理保险业务收入亦实现超常规增长。

银行卡业务规模和效益同步提升。2008年,本行信用卡新增发卡610万张,累计发卡达到1,871万张,消费交易额1,579.11亿元,贷款余额达229.24亿元,资产质量保持良好。借记卡发卡总量达2.71亿张,较上年新增4,757万张;实现消费交易额4,461.05亿元,较上年增长9.50%;借记卡手续费及佣金净收入达47.62亿元,较上年增长27.91%。本行信用卡业务荣获中国银联"2008年度风险防范杰出贡献奖"和万事达卡国际组织"2008年最佳产品设计奖"、"2008年最佳市场营销奖"等奖项。

委托性住房金融业务保持同业领先地位。2008年末,住房资金存款余额3,736.81亿元,较上年增加838.19亿元,市场份额为61.72%;公积金贷款余额为2,889.67亿元,较上年增加467.17亿元,市场份额为49.05%。本行与各地住房公积金管理中心紧密合作,不断推出公积金贷款与住房按揭贷款组合新产品,加大对中低收入居民住房消费的金融支持,并继续拓展公积金龙卡联名卡,公积金委托提取还贷和公积金电子渠道服务等新产品新服务,有效提高了市场竞争力,树立了本行住房金融专业形象。

正式启动本行私人银行业务。2008年本行在北京、上海、广东成立了3家私人银行中心,为金融资产1,000万元以上的高净值个人客户提供以资产管理为核心的、量身定制的现代私人银行服务,丰富和提升了本行针对高端客户的产品和服务,是本行战略转型进程中建立专业化、差别化营销服务体系的实践。

2009年,尽管个人银行业务发展环境仍存在诸多不确定性,本行将抓住国家拉动内需、鼓励个人消费措施的有利时机,把握市场结构特点和发展趋势,积极开展产品营销和服务质量提升活动,努力实现业务发展和风险防范的协调统一,保障个人银行业务的稳健发展。

6.2.3 资金业务

下表列出资金业务分部主要经营数据及变动情况。

(人民币百万元,百分比除外)	截至2008年12月31日止年度	截至2007年12月31日止年度	变动(%)
利息净收入	40,628	29,577	37.36

手续费及佣金净收入	7,085	2,750	157.64
公允价值变动收益	343	99	246.46
投资(损失)/收益	(3,020)	563	(636.41)
汇兑收益	2,298	(7,873)	(129.19)
其他业务收入	3	–	不适用
营业收入	47,337	25,116	88.47
营业税金及附加	(427)	(690)	(38.12)
业务及管理费	(2,429)	(4,324)	(43.83)
资产减值损失	(12,999)	(6,755)	92.44
营业外收支净额	28	–	不适用
利润总额	31,510	13,347	136.08
	于2008年12月31日	于2007年12月31日	
分部资产	3,358,278	2,960,545	13.43

2008年，尽管受国际金融危机等因素影响资金业务资产减值损失和投资性证券净损失增加较多，但由于债券投资规模增长和收益率上升带动利息净收入增长、代客外币交易和财务顾问等业务发展带动手续费及佣金净收入增长以及汇兑损失大幅减少等因素，资金业务的利润总额仍较上年大幅增长136.08%达到315.10亿元，占本集团利润总额比例由上年的13.24%上升至26.32%。

金融市场业务

2008年，本行认真研判国内外复杂多变的宏观经济环境及市场变化，积极调整投资组合管理策略。人民币资金运用方面，根据国内政策面及资金面变化，加强资产配置的定量研究和精细化管理，抓住资金面波动和收益率曲线形态变化时机，主动调整组合结构，积极进行波段债券买卖，投资管理能力进一步提升。外币投资组合方面，面对次贷危机引致的国际金融危机，外币组合管理将控制信用风险放在第一位，果断采取降低投资组合规模，减持高风险债券的策略，努力减少损失。

2008年，本行充分利用货币市场工具，熨平头寸波动，提高短期资金使用效率。2008年，本行货币市场业务量大幅上升，货币市场质押式回购成交53,725亿元，较上年增长5.82%，市场排名第二；信用拆借交易16,063亿元，较上年增长41.30%。

代客外币交易的市场份额继续提高。代客结售汇、外汇买卖业务量2,615亿美元，较上年增长31%；实现收入31.63亿元，增长40%。即期结售汇市场份额提高至10.90%，上升0.3个百分点。代客衍生产品交易量121.36亿美元，增长9.02%。密切关注市场和客户需求变化，不断丰富理财产品种类，发行"建行财富公益"产品，推出本外币结合理财产品，设计发行理财产品338期，发行金额3,294.4亿元，较上年增长3.63倍。

投资银行业务

2008年，投资银行业务实现收入66.1亿元，较上年增长41.2亿元，增幅165%。其中，债券承销业务收入2.3亿元、财务顾问业务收入48.7亿元、理财业务收入14.2亿元。通过债券承销、理财产品发行、财务顾问等多元化产品和服务满足客户各类金融需求，报告期内投资银行业务共为客户融资2,471亿元。

债券承销业务方面，本行通过加强对发行规模大、外部评级高的优质客户的重点营销，实现了债券承销金额的增长，短期融资券累计承销量连续三年保持市场第一；财务顾问业务方面，针对不同客户推出量身定做的全面财务顾问方案，推出的"一揽子解决方案"财务顾问产品获得客户一致好评；理财业务方面，本行投资银行条线设计推出"利得盈"、"乾图理财"、"建行财富"等各类理财产品共计910期，发行金额4,289亿元，较上年增长3,636亿元，增幅557%。

2008年，本行作为发起人的"建元2008-1"重整资产证券化项目在全国银行间市场成功发行。本项目是本行第一次运用资产证券化手段批量处置不良资产，也是我国商业银行在不良资产证券化领域的首次探索和实践。本项目发行总规模为27.65亿元，其中优先级资产支持证券21.5亿元，次级资产支持证券6.15亿元，全部在银行间市场发行。通过本项目，本行一次性快速处置公司类不良贷款84.52亿元，获得净发行收入27.36亿元。

6.2.4 海外业务及附属公司

海外业务

本行在香港、新加坡、法兰克福、约翰内斯堡、东京、首尔设有分行，在伦敦、纽约和悉尼设有代表处。

海外机构建设取得突破性进展。美国联邦储备委员会2008年12月正式批准了本行在纽约设立分行的申请；设立伦敦子银行的申请于12月正式获得英国金融服务局批准；悉尼代表处升格为分行的申请已获得银监会批准；在越南胡志明市设立分行的各项申设及筹备工作有序推进。

2008年，根据全行海外发展战略要求，各海外机构努力优化资产及收入结构，积极推进业务转型，大力拓展国际结算、外汇清算、投资银行等中间业务，深化境内外业务联动，实现了境内外业务发展的双赢。

2008年末，海外经营性机构资产总额为1,215.93亿元，实现利润总额23.33亿元，其中海外分行实现利润总额1.67亿元。受国际金融市场动荡影响，不良贷款率较上年上升0.14个百分点，但仍保持在较低的0.51%。

主要附属公司

建行亚洲

建行亚洲是香港注册的持牌银行，主要为客户提供多元化的个人及商业银行服务。2008年，建行亚洲加强网点扩充及各种电子渠道建设的步伐，在港澳地区零售网点数量已增加到36间，并开发14项新的电子渠道服务以及"乐年理财"、"黄金买卖"、"人民币支票户口"等18项新产品。建行亚洲没有参与投资问题金融机构债券，资产质量水平保持平稳。2008年末，建行亚洲资产总额为537.15亿港元；2008年实现利润总额3.59亿港元，净利润3.05亿港元。

建银国际

作为本行设立于香港并面向全球开展投资银行业务的全资子公司，建银国际通过与本行总部及境内机构联动，在全球资本市场受困、IPO市场基本冻结的时候积极推进上市公司回购与增持买壳上市、兼并收购、资产管理、产业基金等新业务创新，取得成立以来的最好业绩，2008年实现利润总额10.42亿港元。完成了包括保荐山水水泥在港上市，协助中国核工业总公司、信达资产管理公司等中央级企业在港买壳上市等一批重大项目。荣获《财资》杂志授予的"2008年香港本地最佳投资银行"奖。

中德住房储蓄银行

中德住房储蓄银行成立于2004年2月，由本行和德国施威比豪尔住房储蓄银行股份公司共同出资设立，本行出资比例为75.1%。2008年，为增强该行资本实力，支持其业务拓展，双方股东按原出资比例将资本金由1.5亿元增至10亿元，本行累计出资7.51亿元。2008年7月21日，中德住房储蓄银行获批扩大业务范围，在原有住房储蓄业务的基础上增加开办吸收公众存款，发放个人住房贷款，发放以支持经济适用房、廉租房、经济租赁房和限价房开发建设为主的开发类贷款，发行金融债券，代理发行、兑付和承销政府债券，代理收付款项，代理销售基金，代理保险业务，由单一从事住房储蓄业务的储蓄银行转型为专业经营住房信贷业务的商业银行。

建信基金公司

建信基金公司成立于2005年9月，由本行联合美国信安金融集团、中国华电集团公司共同发起设立，注册资本2亿元，持股比例分别为65%、25%和10%。

2008年末，建信基金公司管理资产426亿元，其中公募基金资产378亿元，专户资产48亿元；管理公募基金产品7只，管理专户产品12个。2008年，在资本市场出现大幅下跌形势下，仍发行了优势动力、稳定增利和核心精选3只基金产品，使基金资产规模较上年增长了19%，在全行业60家基金公司中排名由上年第31位提升至第20位。基金业绩总体表现稳健，2008年，建信基金公司实现营业收入27,450万元，利润总额6,188万元；建信货币市场基金连续两年获得"开放式货币市场金牛基金奖"。

建信金融租赁

建信金融租赁成立于2007年12月，由本行和美国银行共同出资设立，注册资本为45亿元，本行出资比例为75.1%。建信金融租赁是国内首批获得银监会批准开业的创新型金融租赁公司之一，也是目前国内注册资本规模最大的金融租赁公司之一。主要经营融资租赁、接受承租人的租赁保证金、向商业银行转让应收租赁款、发行金融债券、同业拆借、向金融机构借款和境外外汇借款等业务。

2008年建信金融租赁大力拓展市场，加快产品创新，强化风险内控管理。2008年末资产总额为48.90亿元，其中租赁资产36亿元，资产质量优良，实现利润总额1.41亿元，盈利能力同业领先。

6.2.5 地区分部分析

2008年，本行深入贯彻中心城市行优先发展战略，重点拓展长江三角洲、珠江三角洲和环渤海地区城市群的市场，并兼顾沿海与内地的大中城市。长江三角洲、珠江三角洲和环渤海地区的利润总额为659.59亿元，较上年增长14.11%，占本集团利润总额的55.08%；客户贷款及垫款21,587.41亿元，较上年增长14.07%，占本集团客户贷款和垫款总额的56.89%；客户存款35,142.96亿元，较上年增长17.89%，占本集团客户存款的55.11%。

下表列出本集团按地区分部划分的利润总额分布情况。

(人民币百万元，百分比除外)	截至2008年12月31日止年度		截至2007年12月31日止年度	
	金额	占总额百分比(%)	金额	占总额百分比(%)
长江三角洲	29,518	24.64	25,934	25.73
环渤海地区	18,580	15.52	16,920	16.78
中部地区	15,782	13.18	15,459	15.33
西部地区	11,838	9.89	15,347	15.22
珠江三角洲	17,861	14.92	14,947	14.83
东北地区	5,434	4.54	5,140	5.10
总行	18,395	15.36	4,570	4.53
海外	2,333	1.95	2,499	2.48
利润总额	119,741	100.00	100,816	100.00

下表列出本集团按地区分部划分的贷款分布情况。

(人民币百万元，百分比除外)	于2008年12月31日		于2007年12月31日	
	金额	占总额百分比(%)	金额	占总额百分比(%)
长江三角洲	922,104	24.30	816,085	24.95
环渤海地区	691,638	18.23	602,943	18.43
中部地区	607,335	16.01	519,388	15.87
西部地区	635,905	16.76	530,805	16.22
珠江三角洲	544,999	14.36	473,478	14.47
东北地区	233,468	6.15	199,106	6.08
总行	39,027	1.03	29,583	0.90
海外	119,467	3.16	100,769	3.08
客户贷款和垫款总额	3,793,943	100.00	3,272,157	100.00

下表列出本集团按地区分布划分的存款分布情况。

(人民币百万元，百分比除外)	于2008年12月31日		于2007年12月31日	
	金额	占总额百分比(%)	金额	占总额百分比(%)
长江三角洲	1,330,657	20.86	1,106,728	20.77
环渤海地区	1,208,697	18.96	1,053,579	19.77
中部地区	1,101,653	17.28	913,466	17.14
西部地区	1,101,507	17.28	871,416	16.3542
珠江三角洲	974,942	15.29	820,711	15.40
东北地区	483,733	7.59	405,490	7.61
总行	103,604	1.62	90,236	1.69
海外	71,122	1.12	67,881	1.27
客户存款	6,375,915	100.00	5,329,507	100.00

下表列出本集团资产以及本行分支机构和员工的地区分布情况。

	于2008年12月31日					
	资产规模(人民币百万元)	占比(%)	机构数量(个)	占比(%)	员工数量(人)	占比(%)
长江三角洲	1,468,824	19.44	2,214	16.54	43,058	14.42
珠江三角洲	1,074,866	14.23	1,661	12.41	36,097	12.09
环渤海地区	1,369,934	18.13	2,180	16.29	50,410	16.88
中部地区	1,157,174	15.32	3,253	24.32	66,394	22.24
西部地区	1,170,334	15.49	2,696	20.14	62,430	20.91
东北地区	507,337	6.71	1,367	10.21	34,594	11.58
总行	3,523,723	46.64	3	0.02	5,251	1.76
海外	121,593	1.61	9	0.07	347	0.12
抵销	(2,846,188)	(37.67)				
未分配资产	7,855	0.10				

合计	7,555,452	100.00	13,383	100.00	298,581	100.00

6.2.6 分销渠道

本行拥有广泛的分销网络，通过遍布全国的分支机构、客户自助设备和电子银行服务平台为广大客户提供便捷、优质的银行服务。

营业机构网点服务功能显著提高

营业机构网点是本行的主要分销渠道。2008年末，本行在中国内地共有各类分支机构13,374个，包括总行和38个一级分行、294个二级分行、6,583个支行、6,457个支行以下网点以及专业化经营的总行信用卡中心。

机构布局逐步优化。本行有选择地在重点地区和中心城市加大机构资源投入。2008年末，环渤海地区、长江三角洲和珠江三角洲三大重点区域设有机构6,055个，占全行机构总量的45.3%；80个中心城市设有机构7,705个，占全行机构总量的57.6%。

网点转型效果显著。2008年，本行共有11,610家零售网点实现了从交易核算为主导向营销服务为主导的功能转型，占网点总数的86.81%。转型后网点销售能力、客户服务能力和客户满意度显著提升，客户等候时间缩短35%，日均产品销售量比转型前增长85%，零售业务市场竞争力明显增强。2008年，全行有26%的网点进行了改造，符合本行新视觉形象标准的营业网点已达全部网点的67.6%，网点整体面貌明显改善。

专业化经营机构发展迅速。本行对外营业的理财中心达到2,068家，较上年新增625家；全行已开业财富管理中心106家，较上年增加26家；设在北京、上海、广东的3家私人银行中心相继成立，深圳私人银行中心正在筹建中，为高净值个人客户提供私人银行服务。

自动柜员机数量居全球银行业首位

截至2008年末，本行已投入运营自助银行3,595家，较上年增加866家；自动柜员机增长33.70%至31,896台，数量居全球银行业首位，有效扩大了本行的服务覆盖面，成为人工网点的有力补充。

电子银行服务平台进一步扩展

电子银行客户量和交易量显著增长。2008年末，全行电子银行客户数达到11,182万户，较上年增长58.16%；电子银行交易量24.74亿笔，交易额110.38万亿元；实现电子银行业务收入11.35亿元。2008年，全行电子银行与柜面交易量之比达45.01%。

电子银行产品功能更加丰富。个人网上银行推出了个人贷款、代理保险、结算通、账户金7*24小时服务、银期直通车和网上支付"e付通"服务。企业网上银行推出鑫存管服务（企业第三方存管服务）、企业年金服务、"E贷通"、金融期货和"边贸通"等新产品。在线手机银行继续保持国内领先，在国内同业中率先实现支持3G网络，推出个人贷款、账户金、债券投资、购汇还款、信用卡等多项新服务，并荣获"中国最佳金融创新奖"。家居银行已在河南、湖南、黑龙江、厦门和广东分行全面推出服务，提供账户查询、转账汇款、信用卡和基金理财等服务。本行国际互联网网站开通信用卡账户查询服务，开放"客户之声"客户调查功能、优化理财频道和基金频道等服务。电子银行荣获《证券时报》主办的"第九届中国优秀财经证券网站"综合大奖第一名、中国金融认证中心颁发的"2008年全国商业银行最佳网上银行"大奖。

95533电话银行全面提升客户服务水平

2008年，全行统一了呼叫中心业务系统平台，并规范了服务标准和服务用语。推出了英语、俄语、韩语、德语等多语种服务，以及电话支付、面向高端客户的非金融预约服务等多项新服务，对财富中心客户和私人银行客户开通了4008895533的服务专线。完成了电话银行北京中心、兰州中心和武汉中心的建设。95533客户服务中心先后荣获"中国最佳客户服务奖"、"亚太客户服务行业最佳客户服务大奖"等奖项。

6.2.7 信息技术

2008年，本行信息技术工作按照业务战略要求，在保障系统安全稳定运行的前提下，持续提高信息技术对产品创新、业务流程优化、全面风险管理的支持能力，保障了各项业务的连续性。

全面优化核心业务系统。2008年，本行重点对核心业务系统进行了优化，完成13个专题、34项重要功能的改造，改进基础产品模块，使新产品的研发、发布时间缩短了三至四倍，并强化了对柜员操作风险的控制。通过对信用卡系统内部资源的挖潜和优化，系统处理能力增加了一倍以上。初步建立了支持零售客户分析、策略制订、营销的信息系统群，为零售网点及理财中心的低柜销售人员提供了集客户管理、营销资讯信息、理财工具和产品销售为一体的业务处理平台。

大力提升风险管理能力。本行高度重视利用信息技术提升风险管理水平，在银行传统柜面业务、信贷审批和发放、信用卡等业务中，建立了事前授权控制、事中预警监控、事后审计分析的信息系统风险控制模式，初步搭建了数据仓库支持风险模型开发、流程系统实现在线评级和评分、数据集市支持风险计量的技术架构。2008年对公信贷业务流程管理系统和新一代个人贷款系统在成功实现信贷资产十二级分类后，又完成了小企业评级模型、个人住房贷款申请评分卡的推广应用。

大力加强信息技术风险控制水平。本行对关键应用系统稳定性、可靠性进行了诊断，对基础设施开展全面排查，对发现的问题和风险隐患组织改造和排除，全年信息系统整体可用率始终保持在99.99%的水平；建立网上银行等互联网应用的安全监控和应急响应措施，对突发的安全事件能尽快响应和应对；建立和完善信息技术风险政策和评估体系，每个季度向董事会汇报信息技术风险控制状况。

6.2.8 员工及人力资源管理

截至2008年末，本行有员工298,581人，其中，大学本科以上学历115,955人，占38.84%。此外，本行还有劳务派遣用工47,466人；需本行承担费用的离退休职工31,586人。

以下是本行员工分别按年龄、学历、职责划分的结构情况：

类别	细分类别	员工数	占总数百分比(%)
	30岁以下	53,947	18.07
年龄	31至40岁	141,762	47.47
	41至50岁	74,302	24.89
	51至59岁	28,487	9.54
	60岁以上	83	0.03
学历	博士研究生	231	0.08
	硕士研究生	6,798	2.28
	大学本科	108,926	36.48
	大学专科	119,854	40.14
	中专	32,738	10.96
	高中及以下	30,034	10.06
职责	公司银行业务	34,680	11.62
	个人银行业务	140,846	47.1845
	金融市场业务	223	0.07
	财务会计	28,816	9.65
	管理层	14,721	4.93
	风险管理、内审、法律和合规	11,567	3.87
	信息技术	16,341	5.47
	其他	51,387	17.21
总计		298,581	100.00

本行秉承"以人为本"的理念，注重改善员工工作环境，2008年完成了"员工之声"项目，对全行员工满意度进行调查，认真听取基层员工的意见建议，采取一系列措施改善员工的工作、生活、学习和成长环境。通过优化柜面流程，实行弹性排班，解决员工轮休不便的问题，使近14万名柜员受益。

不断探索员工薪酬分配模式。创新薪酬分配体系，规范薪酬分配秩序，强化薪酬保障功能，关注各类群体薪酬分配；用工管理全面贯彻落实《劳动合同法》及其《实施条例》；员工考核方面优化关键业绩指标考核体系，激励员工顺利完成各项任务指标。

员工培训的覆盖面和质量大幅提高。本行不断加大培训资源的投入，配合本行战略转型和业务快速发展，大规模开展员工培训。通过与境内外著名高校和战略投资者合作，加强对关键岗位核心人才的国际化和专业化培养。继续选派优秀员工参加金融理财师、风险计量分析师、注册内部审计师等国际认证；选派优秀业务骨干到海外分行跟岗培训，培养国际化复合型人才。2008年共举办各类培训22,125期，培训103.1万人次。

6.3 风险管理

2008年，本行继续深化风险管理体制改革；完善信用风险政策体系，加快信贷结构调整，强化贷后管理；整合市场风险管理资源，完善市场风险管理架构；强化操作风险管理。风险管理水平稳步提高。

深化风险管理体制改革。2008年，本行继续完善风险管理体制，积极推动一级分行城市行风险管理条线集中管理，建立符合城市行经营管理特点的集约化、专业化风险管理模式，整合管理资源，提高管理效率；进一步完善平行作业机制，对风险经理和贷款审批人等授信业务关键岗位集中管理，保证风险偏好和风险标准的统一执行，同时完善相关岗位的职责、流程及操作；整合市场风险管理资源，风险管理部下设市场风险管理部，专职负责市场风险管理，逐步建立职责清晰、分工明确的市场风险管理体系。

完善风险管理工具。2008年，本行继续改进经济资本计量方案，进一步优化小企业违约概率、部分产品风险敞口和违约损失率等参数的设置以及资金业务产品计量，并将海外分行纳入全行统一经济资本管理，使风险量化更准确，促进业务结构持续优化；行业风险限额管理体系逐步完善，已覆盖本行80%以上对公贷款，实行行业贷款限额和行业贷款经济资本限额双线控制。

加强跟踪研究，推进压力测试。2008年，本行加强对行业风险的研究和管控，提高行业风险的应对能力，积极开展通货膨胀、农产品、节能减排和次贷危机等专题研究，提高风险研究分析的敏感性；先后完成对个人住房抵押贷款、房地产行业贷款和宏观经济的压力测试，制定各种应急预案和应对措施，提高重大风险事件的应急处理和管理能力。

加快推进巴塞尔新资本协议实施。2008年，本行制定了新资本协议实施工作要点，明确制度建设、系统开发和数据管控等方面的工作计划和具体要求。信用风险缓释、内部评级体系管理和银行账户分类等相关制度制定工作正在稳步推进。

6.3.1 风险管理架构

本行建立了垂直、集中的风险管理组织架构，形成以首席风险官—风险总监—风险主管–风险经理为核心的垂直风险报告路径。

总行层面，在管理层设风险管理与内控委员会，负责审议风险政策和内控建设实施方案。首席风险官在行长的直接领导下，负责全面风险管理工作。2008年，为进一步提高管控效率，本行整合原有风险监控部和信贷审批部，成立授信管理部，主要负责授信审批、客户信用等级认定、授信风险监控和信贷资产风险分类等工作。首席风险官领导的风险管理部和授信管理部，在风险政策制度、计量分析、信贷审批和风险监控等方面实施本行整体层次上的风险管理；总行其他部门在各自职责范围内履行相应的风险管理职责。

分行层面，一级分行设风险总监，负责组织推动分行所辖机构的全面风险管理和信贷审批，对首席风险官负责；二级分行和支行分别设风险主管和风险经理，负责所辖行的风险管理工作。风险条线实行双线报告路径，第一汇报路线为向上级风险管理人员汇报，第二汇报路线为向所在机构或业务单元负责人汇报，增强风险管理的独立性和专业性。

6.3.2 信用风险管理

信用风险是指债务人或交易对手没有履行合同约定的对本集团的义务或承担，使本集团可能遭受损失的风险。

2008年，本行通过调整信贷结构、加强贷后管理、健全信贷政策制度、推进系统建设，进一步提升信用风险管理水平。

加快推进结构调整，优化信贷结构。2008年，本行紧密跟踪国际国内经济形势变化，结合国家宏观调控政策，加快推进信贷结构调整，将结构调整目标纳入考核指标体系，引导各分支机构主动推进信贷结构调整；按照"差别化"方针，合理把握信贷退出节奏和时机，注重结构调整策略的合理运用。

加强贷后管理。2008年，本行出台加强贷后管理指导意见，进一步明确和规范贷后管理的职责、流程、工作重点和系统建设，推进建立贷后管理长效机制；启动公司信贷业务贷后管理风险评估与流程优化项目，加速推进对公预警客户跟踪管理系统在全行的推广上线工作；加强零售业务行为评分卡的运用。

完善风险管理政策制度。2008年，本行进一步细化行业分析和行业信贷政策底线，规范固定资产投资项目和表外业务授信管理，制定表外业务信用风险政策底线，加强小企业信贷发展指导；出台信贷资产十二级分类办法，明确相关授权权限；修订额度授信管理办法，出台授信业务押品管理办法，规范和强化押品管理，提高押品的信用风险缓释效果。

优化信用风险管理信息系统和计量系统。2008年，本行信贷资产十二级分类系统正式上线运行，并逐步优化；完善授信业务监测系统，强化对授业业务实时监测，实现对信贷结构调整的跟踪监控；开发贷款损失准备金管理项目（二期），提升贷款损失准备金管理能力；内部评级系统工程（二期）各项目进展顺利，对公敞口优化升级项目已基本完成客户评级模型开发以及部分评级系统开发工作，个人住房贷款申请评分卡、信用卡申请评分卡和行为评分卡已在全行推广应用，实现对相关零售信贷业务的自动审批和风险监测。

信用风险集中程度

2008年，本集团对最大单一借款人贷款总额占资本净额的3.68%，对最大十家客户贷款总额占资本净额的20.72%，均符合监管要求。

主要监管指标

主要监管指标	监管标准	于2008年12月31日	于2007年12月31日	于2006年12月31日
单一最大客户贷款比例(%)	≤10	3.68	4.70	5.82

最大十家客户贷款比例(%)	≤50	20.72	19.86	23.40

借款人集中度

下表列出于所示日期，本集团十大单一借款人情况。

(人民币百万元，百分比除外)		于 2008 年 12 月 31 日	
	所属行业	金额	占贷款总额百分比(%)
客户 A	道路运输业	18,771	0.49
客户 B	电信和其他信息传输服务业	13,350	0.35
客户 C	道路运输业	11,051	0.29
客户 D	黑色金属冶炼及压延加工业	10,492	0.28
客户 E	公共设施管理业	9,951	0.26
客户 F	电力、热力的生产和供应业	8,977	0.24
客户 G	道路运输业	8,670	0.23
客户 H	房地产业	8,500	0.22
客户 I	道路运输业	8,082	0.21
客户 J	道路运输业	7,920	0.21
总额		105,764	2.78

6.3.3 流动性风险管理

流动性风险是指没有足够资金履行到期负债的风险。

本行流动性管理目标是在满足监管要求的基础上，保持合理的流动性水平，保障支付和清算安全；同时充分、合理运用资金，提高资金使用效率。

2008 年，面对前所未有的复杂外部环境，本行进一步加强流动性管理：不断完善制度建设，加强日常资金调度，提前做好统筹安排，流动性受外部环境变化的影响不大，资金备付率同比有所下降，维持在合理水平，保证了支付和清算安全；同时，本行适时调整流动性交易组合规模和债券投资到期资金回流限额，建立多层次的流动性保障，实现流动性与效益性协调统一；本行还出台流动性风险应急方案，针对网点挤兑、资金紧张等可能发生的流动性风险做出应急处置安排，包括成立危机管理小组、设定早期预警指标、多种备用筹资方案、向监管机构报告以及保持与有关方面良好沟通等措施。

下表为本集团的资产与负债于资产负债表日根据相关剩余到期日的分析。

于 2008 年 12 月 31 日 (人民币百万元)	无期限	实时偿还	1 个月内	1 个月至 3 个月	3 个月至 1 年	1 手至 5 手	5 年以上	合计
资产								
现金及存放中央银行款项	935,156	312,294	–	–	–	–	–	1,247,450
存放同业款项及拆出资金	57	24,552	14,933	5,472	4,909	–	9	49,932
买入返售金融资产	–	–	98,569	97,427	12,552	–	–	208,548
客户贷款和垫款	38,258	38,088	124,660	263,120	1,119,663	1,071,249	1,028,537	3,683,575
投资	42,206	–	52,061	145,159	667,797	879,518	409,735	2,196,476
其他资产	97,300	35,525	2,561	12,772	8,002	6,253	7,048	169,471
资产合计	1,112,977	410,459	292,784	523,950	1,812,923	1,957,030	1,445,329	7,555,452
负债								
向中央银行借款	–	6	–	–	–	–	–	6
同业及其他金融机构存放款项和拆入资金	–	310,641	38,819	22,729	18,123	100,260	–	490,572
交易性金融负债	–	–	756	1,907	1,093	75	144	3,975
卖出回购金融资产	–	–	288	576	–	–	–	864
客户存款	–	3,596,778	327,958	552,759	1,482,616	409,035	6,769	6,375,915
已发行债务证券	–	–	313	1,527	5,002	7,029	39,939	53,810
其他负债	5	100,950	4,970	8,775	25,263	13,636	9,149	162,748
负债合计	5	4,008,375	373,104	588,273	1,532,097	530,035	56,001	7,087,890
2008 年净头寸	1,112,972	(3,597,916)	(80,320)	(64,323)	280,826	1,426,995	1,389,328	467,562
2007 年净头寸	906,904	(3,765,450)	61,104	(31,818)	201,354	1,735,163	1,315,024	422,281

本集团定期监测资产负债各项业务期限缺口情况，评估不同期限范围内流动性风险状况。于 2008 年 12 月 31 日，本集团各期限累计缺口 4,675.62 亿元，较上年增加 452.31 亿元。尽管实时偿还的负缺口为 35,979.16 亿元，但本集团存款客户基础广泛而坚实，活期存款沉淀率较高，资金来源稳定。

6.3.4 市场风险管理

市场风险是指因市场价格（利率、汇率、商品价格、股票价格及其他价格）发生不利变动而使本集团表内和表外业务发生损失的风险。

2008 年，本行致力于完善市场风险管理体制，健全市场风险管理政策制度，市场风险管理水平逐步提高。

根据监管要求和内部管理实际情况，出台市场风险管理政策，明确市场风险的识别、计量、监测、控制、报告流程以及市场风险资本管理和内部控制等要求。

根据业务性质、规模、复杂程度和风险特征，结合总体业务发展战略、管理能力、资本实力，确定对市场风险经济资本、银行账户利率风险潜在损失、本外币投资组合最大损失率等的具体容忍水平以及对交易账户和衍生产品方面的管理要求，保证相关业务在风险可控范围内开展。

制定和颁布利率风险重定价缺口计量规则，确定表内和表外各类产品重定价期限的计量方法，明确重定价缺口报告要求，提高了利率风险重定价缺口的计量技术。

对市场风险限额进行重检，进一步完善市场风险限额管理体系，优化业务分类方式，丰富限额的设置类别，形成了多层次、多角度、适时预警和刚性控制相结合的市场风险限额管理体系，指导性和可操作性增强，业务敏感度和风险控制的有效性提高。

进一步完善资产负债管理信息系统。开发内部资金转移收支和外部利息收支测算系统并对汇率风险报表模块进行了优化，收支测算系统对未来一段时间内各类产品的内外部利息收支情况进行测算，为价格管理和风险管理提供重要决策支持；开发内部资金转移定价报表，便于各级分支机构及时掌握内部资金转移收支情况以及将转移计价结果运用到产品、客户等各层面考核中。

风险价值分析

本行对交易账户组合及可供出售债券进行风险价值分析，以计量和监控由于市场利率、汇率及价格变动等因素变动而引起的潜在持仓亏损。本行每天计算外币投资组合的风险价值及至少每周计算人民币投资组合的风险价值(选取 99%的置信度，持有期为 1 天)。于资产负债表日以及相关年度，本行交易账户组合及可供出售债券的风险价值分析如下：

	2008 年				2007 年			
(人民币百万元)	年末	平均值	最大值	最小值	年末	平均值	最大值	最小值
人民币交易账户组合								
利率风险	9	14	26	3	4	3	7	2
人民币可供出售债券								
利率风险	404	391	532	250	258	209	291	93
外币交易账户组合								
利率风险	146	154	146	119	93	44	93	17
汇率风险	1,120	691	1,120	626	203	24	203	12
组合分散风险	(104)	(113)	(104)	(120)	(96)	(15)	(96)	(11)
1,162	732	1,162	625	200	53	200	18	
外币可供出售债券								
利率风险	329	462	672	313	662	551	720	366

利率风险管理

利率风险的主要原因是资产负债表业务重定价期限的错配。

2008 年，本行出台银行账户利率风险重定价缺口计量规则、银行账户净利息收益模拟和利率敏感度计量规则，规范利率风险的计量技术，明确市场风险的识别、计量和报告流程。本行密切关注本外币利率走势，紧跟市场利率变化，适时调整本外币存贷款利率，努力防范利率风险。

本行定期计量利率敏感性重定价缺口，评估不同利率情景下，利率变动对利息净收益及经济价值的影响，并定期进行压力测试，为本行调整生息资产与计息负债的重新定价期限结构提供指引。下表列示本集团的资产与负债于资产负债表日下一个预期重定价日期(或到期日，以较早者为准)的分析。

于 2008 年 12 月 31 日

(人民币百万元)	合计	不计息	3 个月内	3 个月至 1 年	1 年至 5 年	5 年以上
资产						
现金及存放中央银行款项	1,247,450	34,313	1,213,137	–	–	–
存放同业款项及拆出资金	49,932	–	45,014	4,909	–	9
买入返售金融资产	208,548	–	195,996	12,552	–	–
客户贷款和垫款	3,683,575	–	1,675,358	1,941,878	26,454	39,885
投资	2,196,476	20,356	101,455	1,025,695	717,620	331,350
其他资产	169,471	169,471	–	–	–	–
资产总额	7,555,452	224,140	3,230,960	2,985,034	744,074	371,244
负债						
向中央银行借款	6	–	6	–	–	–
同业及其他金融机构存放款项和拆入资金	490,572	–	392,589	18,123	79,860	–
交易性金融负债	3,975	–	2,663	1,093	75	144
卖出回购金融资产	864	–	864	–	–	–
客户存款	6,375,915	25,618	4,462,409	1,476,902	405,761	5,225
已发行债务证券	53,810	–	8,060	41,966	3,784	–
其他负债	162,748	162,748	–	–	–	–
负债总额	7,087,890	188,366	4,866,591	1,538,084	489,480	5,369
2008 年资产负债缺口	467,562	35,774	(1,635,631)	1,446,950	254,594	365,875
2008 年累计资产负债缺口	(1,635,631)	(188,681)	65,913	431,788		
2007 年资产负债缺口	422,281	45,016	(1,846,674)	1,135,439	658,492	430,008
2007 年累计资产负债缺口			(1,846,674)	(711,235)	(52,743)	377,265

于 2008 年 12 月 31 日，本集团 1 年以内累计利率敏感性负缺口为 1,886.81 亿元，较上年减少 5,225.54 亿元，主要是由于 3 个月以内负缺口减少及 3 个月至 1 年的正缺口增加。本集团 3 个月以内利率敏感性负缺口较上年减少 2,110.43 亿元，主要是受人行连续多次降息、客户降息预期增强影响，境内活期客户存款增速放缓。

汇率风险管理

汇率风险主要是由于本行持有非人民币计价的存款、贷款、有价证券及金融衍生品引起，包括交易性风险和结构性风险。

本行通过设置限额控制由于从事代客及自营性结售汇、外汇买卖及外汇衍生产品交易业务所承担的交易性风险。

本行通过匹配资产和负债的币种来规避结构性风险，尽量使每个币种的借贷资金的金额和期限相匹配，并通过即期、远期、掉期、期权等金融市场工具对冲无法匹配的风险。2008 年，本行根据国际金融市场变化，及时出台海外分行营运资金保值办法，加强海外机构的结构性汇率风险的管理。

本行采用资产负债管理信息系统对结构性风险进行每日计量和监测。2008 年，本行优化汇率风险计量系统，提高汇率风险计量精度和准确度，并将产品分析、内部核算与敞口计量结合，完善了汇率风险敞口计量的方法论。本行稳步降低汇率风险敞口，汇率风险敞口较上年下降约 70%。

6.3.5 操作风险管理

操作风险是指由于不完善或有问题的内部程序、人员及系统或外部事件造成损失的风险。

2008 年，本行继续强化操作风险管理，新举措主要包括：

加强基层机构关键环节操作风险监控工作，开展关键风险点监控检查工作，强化基层机构内部控制和风险管理，控制“高频率、低损失”类操作风险发生。

组建业务持续性管理团队，落实业务持续性管理的规划和建设工作，并与外部咨询公司合作，逐步建立业务持续性管理体系。

深入开展操作风险与内部控制自我评估，查找涉及业务的关键风险点和管理中的薄弱环节，评估控制措施效果和执行力，对推动流程优化、制度改进和防控操作风险起到积极作用。

健全操作风险管理工具。开展操作风险管理信息系统咨询项目，建立完善操作风险管理框架体系；着手搭建操作风险的管控平台和信息报告平台。

加强信息系统检查与安全建设，开展信息安全风险评估检查、重要信息系统等级保护安全技术测评等工作，针对可能出现的信息系统风险，组织应急演练，有力地保障了奥运期间网络和信息系统正常运行。

违规行为的报告和监控

截至 2008 年末，本行总部共接获 9 宗员工犯罪案件报告，涉案金额合计 1,625 万元，无论涉案宗数还是涉案金额都较上年有所下降。其中，涉及金额 100 万元或以上的 3 宗，金额合计 1,316 万元。

6.3.6 内部审计

本行内部审计以促进建立有效的内部控制和公司治理为宗旨，对业务经营的内部控制、风险状况以及重要管理人员的经济责任等进行审计评价，提出相关改进建议。本行实行相对独立、垂直管理的内部审计体制，内部审计向董事会及其审计委员会负责并报告工作，向高级管理层和监事会汇报工作。

2008 年，本行内部审计部门围绕全行中心工作，认真履行职责，完善管理机制，创新技术方法，深入推进专业化建设，审计的针对性进一步提高，揭示风险的能力进一步增强，审计价值进一步提升。2008 年初，成立香港审计分部，进一步加强对在港机构的审计监督力度。

有效组织实施审计项目。组织实施了会计基础管理及营运管理审计、抵质押物管理审计、公司类大额不良贷款审计等 22 大类系统性审计项目，为促进本行规范经营和风险防范发挥了重要作用。在全面履行审计监督、评价职能的基础上，继续加大管理咨询审计力度，组织开展主要产品价格管理审计调查、营业网点经营管理审计调查等多个审计调查项目，深入剖析审计发现问题的深层次原因，查找改善经营管理的途径和方法，提出具有针对性和建设性的建议。董事会、监事会、高管层高度重视审计发现和整改工作，有效促进了相关部门和分行加强制度建设，优化业务流程，完善科技系统，强化内控管理，审计整改工作的质量和效率不断得到提高。

全面推进内部审计专业化建设。本行 39 个内部审计机构交叉组成了 17 个方向的专业审计机构群，形成了对各专业领域的全面覆盖。通过审计知识库和专业审计人才库建设，搭建了知识积累和交流的平台，规划和引导审计人员职业发展方向，加强对专业审计人才的科学管理与有效激励。

提高先进技术方法的应用水平。研究了审计抽样技术方法及应用工具，正式实施内部审计抽样指引，培训普及审计抽样技术；进一步优化自主开发的非现场审计系统和审计管理信息系统，加强信息技术的推广应用，实现内部审计对信贷业务、负债业务、财务管理的覆盖和及时监测，推进了审计作业流程管理、成果管理、知识管理的科学化和信息化。

优化内部控制审计评价体系。修订内部控制审计评价体系，进一步优化了内部控制审计评价流程。同时，根据董事会审计委员会委托，内部审计部门具体承担对本行整体的内部控制自评估工作。

完善内部审计规章制度。按照体现特色、接轨国际、整体衔接、权责匹配、梳理简化的原则，着手修订内部审计章程；制定实施了审计工作人员履职尽责指引和审计人员回避规定，进一步明确审计责任，规范审计回避程序，保证内部审计工作人员有效履行职责。

6.4 展望

2009 年，金融危机的走向将成为影响全球经济增长的重要因素。根据目前全球经济情况判断，2009 年发达经济体可能陷入更为明显的衰退，新兴市场和发展中经济体的经济增速也将进一步放缓。根据国际货币基金组织预测，受金融危机影响，2009 年全球经济增速将进一步放缓至 0.5%。

2009 年，中国经济金融总体形势仍将保持平稳运行，但受全球经济调整和金融危机蔓延影响，国内经济运行不确定性增加，经济增速将有所回落。中国政府将继续加强和完善宏观调控措施促进经济发展。

2009 年，商业银行经营的机遇与挑战并存。一方面，一系列扩大内需的政策出台后，中国经济将能实现平稳较快增长，为银行创造有利的业务发展环境，特别是国家加大基础设施投资将有利于本行基础设施贷款、工程造价咨询等传统优势业务的发展；人行放松信贷政策，有利于本行加大结构调整力度；综合化经营环境逐渐宽松，为拓展新型业务提供了难得的市场环境；货币流通总量较 2008 年宽松，为吸收存款创造了相对宽松的资金来源和市场环境，资本市场将逐步企稳，储蓄和同业存款间的反向波动将弱化；利率、汇率市场化进程加快，为本行的风险管理和金融创新提供了更大的空间。另一方面，利率处于降息周期，商业银行净利差收窄；国内经济增速放缓、出口下滑以及房地产业的调整，不良资产控制压力有所加大；资本市场的波动对中间业务和负债业务的增长产生一定影响；适度宽松货币政策使得资金相对充裕，提高资金使用效益将成为流动性管理的难点和重点；汇率、利率的波动对市场风险管理能力和定价能力提出更高要求。

本行将加强对国际国内经济金融形势的分析研究，持续推进经营战略转型，不断寻求新的发展契机，努力实现董事会定下的经营目标。

加强统筹协调，确保全年经营目标顺利实现。把握好贷款投放的总量和节奏，关注贷款有效需求变化，充分发挥本行在基础设施贷款和住房金融等业务的传统优势；注重优化存款结构，采取主动负债政策，降低负债成本；开拓资金运用渠道，提高资金使用效益。预计 2009 年人民币贷款增速 16%左右。

继续大力发展中间业务，进一步提高收入贡献度。通过加大产品创新和客户拓展力度，加强收费管理和交叉销售等措施，保持手续费及佣金收入的增长势头。

坚持联动创新，促进战略性业务发展。推动银团业务发展，推广服务小企业成功经验；巩固并提升机构业务市场份额，打造企业年金业务品牌；探索民生领域金融服务，积累新兴市场业务优势。

坚持信贷结构调整，强化风险防控。严格执行行业、区域、客户和产品信贷政策，保证信贷投放重点；坚守风险控制底线，完善审批管理；坚持合规经营，严控市场和操作风险。

推进基础建设，加强成本管理。扎实推进中后台专业化、集中化改革；继续搞好业务流程优化和产品创新；积极推进生产基地建设。在努力增加盈利的同时，加大成本控制力度，节约费用支出，重点支持业务拓展。

6.5 募集资金使用情况

√适用 □不适用

本行募集资金按照 A 股招股说明书中披露的用途使用，全部用于补充本行资本金。

变更项目情况

□适用 √不适用

6.6 非募集资金项目情况

□适用 √不适用

6.7 董事会对会计师事务所"非标准审计报告"的说明

□适用 √不适用

6.8 董事会本次利润分配或资本公积金转增股本预案

董事会建议派发 2008 年 7 月 1 日至 2008 年 12 月 31 日止六个月的每股 0.0837 元末期现金股息，合计约为 195.60 亿元，并提交 2008 年度股东大会审议。在获得股东大会批准后，该股息将支付给于 2009 年 6 月 23 日(星期二)记载于本行股东名册内之股东。本行不进行资本公积金转增股本。

公司本报告期内盈利但未提出现金利润分配预案

□适用 √不适用

第七节 重要事项

7.1 收购资产

□适用 √不适用

7.2 出售资产

□适用 √不适用

7.3 重大担保

□适用 √不适用

7.4 重大关联交易

7.4.1 与日常经营相关的关联交易

□适用 √不适用

7.4.2 关联债权债务往来

□适用 √不适用

7.5 委托理财

□适用 √不适用

7.6 员工持股计划

报告期内，本行未实施新一期股权激励方案。截至报告期末，本行员工股权激励计划下由受托人管理的本行 H 股股份总数仍为 8 亿股，占本行股份总数的 0.34%；参加该计划的员工约 27 万人。

7.7 承诺事项履行情况

√适用 □不适用

在报告期内本行股东无新承诺事项，持续到报告期内承诺事项与 A 股招股说明书披露内容相同。截至 2008 年 12 月 31 日，股东所做承诺均得到履行。

7.8 重大诉讼仲裁事项

□适用 √不适用

7.9 其他重大事项及其影响和解决方案的分析说明

7.9.1 证券投资情况

√适用 □不适用

序号	证券品种	证券代码	证券简称	初始投资金额(元)	持有数量(股)	期末账面值(元)	占期末证券总投资比例(%)	报告期损益(元)
1	上市股票	691HK	山水水泥	150,453,237	124,048,800	192,194,729	6.25	41,741,492
2	上市股票	1893HK	中材股份	132,045,363	33,333,000	136,446,875	4.44	(142,022,124)
3	上市股票	395HK	中国锆业	84,905,449	9,300,000	16,861,366	0.55	(91,125,844)
4	上市股票	ZPFSP	鹏杰纺织	11,669,902	12,317,258	13,422,017	0.44	1,752,115
5	上市股票	1184HK	时捷集团	17,607,105	16,950,000	9,549,616	0.31	(8,355,914)
6	上市股票	189HK	东岳集团	49,037,068	25,789,000	7,264,751	0.24	(46,279,510)
7	上市股票	941HK	中国移动	9,064,681	105,000	7,191,262	0.23	(1,873,418)
8	上市股票	390HK	中国中铁	7,632,298	1,500,000	7,077,702	0.23	(13,653,627)
9	上市股票	991HK	大唐电力	7,708,736	1,900,000	6,857,624	0.22	(851,111)
10	上市股票	2628HK	中国人寿	9,956,320	300,000	6,219,399	0.20	(5,110,207)
期末持有的其它证券投资				1,611,065,581		2,672,244,750	86.89	763,408,129
报告期已出售证券投资损益								148,929,526
合计				2,091,145,740		3,075,330,091	100.00	646,559,507

1.本表按期末账面值占本集团期末证券投资总额的比例排序，填列本集团期末所持前十只证券情况。

2.本表所述证券投资是指股票、权证、可转换债券等投资。其中，股票投资填列本集团在交易性金融资产中核算的部分。

3.其它证券投资指除前十只证券以外的其它证券投资。

7.9.2 持有其他上市公司股权情况

√适用 □不适用

证券代码	证券简称	初始投资金额(元)	占该公司股权比例	期末账面值(元)	报告期损益(元)	报告期所有者权益变动(元)	会计核算科目	股份来源
601600	中国铝业	883,586,630	5.51	4,365,104,786	74,526,179	(20,803,450,617)	可供出售金融资产	债转股投资
000578	ST 盐湖	137,272,834	5.93	4,088,430,004	–	3,951,157,004	可供出售金融资产	债转股投资
600068	葛洲坝	232,566,694	8.01	914,502,861	16,013,475	(601,439,428)	可供出售金融资产	债转股投资
998HK	中信银行	414,561,810	0.43	393,312,543	–	(15,936,950)	可供出售金融资产	私有化换股投资
000001	深发展 A	31,300,157	0.37	81,085,576	–	166,932,185	可供出售金融资产	设立投资、行使认股权证
600462	*ST 石岘	41,248,000	12.32	121,201,621	–	(237,079,236)	可供出售金融资产	债转股投资
600984	*ST 建机	44,050,000	17.20	71,342,602	–	(247,244,727)	可供出售金融资产	债转债转股投资
合计		1,784,586,125		10,034,979,993	90,539,654	(17,787,061,769)		

1.本表填列本集团在可供出售金融资产中核算的持有其它上市公司股权情况。

2.报告期损益指该项投资对本集团本报告期合并净利润的影响。

7.9.3 持有非上市金融企业股权情况

√适用 □不适用

所持对象名称	初始投资金额（元）	持有数量	占该公司股权比例(%)	期末账面值（元）	报告期损益（元）	报告期所有者权益变动	会计核算科目	股份来源
中国建设银行(亚洲)股份有限公司[1]		7,800,000	100.00		7,333,682		对子公司的投资	购买
建银国际证券有限公司[1]		150,000,000	100.00		(40,045,303)		对子公司的投资	设立投资
建银国际金融有限公司[1]		128,000,000	100.00		10,456,914		对子公司的投资	设立投资
建银国际资产管理有限公司[1]		48,000,000	100.00		285,407,992		对子公司的投资	设立投资
建信金融租赁股份有限公司[1]		3,379,500,000	75.10		79,439,964		对子公司的投资	设立投资
建信基金管理有限责任公司[1]		130,000,000	65.00		74,298,722		对子公司的投资	设立投资
中德住房储蓄银行有限责任公司[1]		751,000,000	75.10		5,195,814		对子公司的投资	设立投资
湖南桃江建信村镇银行股份有限公司[1]		25,500,000	51.00		122,543		对子公司的投资	设立投资
昆士兰联保保险有限公司	98,758,409	19,939,016	25.50	98,817,523	7,675,870	–	对联营和合营企业的投资	购买
中国银联股份有限公司	95,625,000	140,000,000	4.85	215,000,000	1,800,000	–	可供出售金融资产	设立及增资扩股
广东发展银行股份有限公司	48,558,031	12,784,616	0.11	48,558,031	–	–	可供出售金融资产	设立投资
恒丰银行股份有限公司	7,000,000	35,000,000	3.50	7,000,000	–	–	可供出售金融资产	设立投资
岳阳市商业银行股份有限公司	3,500,000	3,536,400	1.59	980,000	–	–	可供出售金融资产	设立产投资

1.为纳入合并报表企业，故未在合并资产负债表中体现其初始投资金额和期末帐面价值。

2.金融企业包括证券公司、商业银行、保险公司、期货公司、信托公司等。

3.期末账面价值已扣除计提的减值准备。

4.报告期损益指该项投资对本集团本报告期合并净利润的影响。

7.9.4 买卖其他上市公司股份的情况

√适用 □不适用

股份名称	期初股份数量（股）	报告期买入股份数量（股）	报告期卖出股份数量（股）	期末股份数量	使用的资金数量（元）	产生的投资收益/(亏损)（元）
合计	205,972,500	232,589,058	191,656,500	246,905,058	544,875,052	(424,333,603)

第八节　财务报告

1.合并资产负债表

	本集团 2008年	本集团 2007年	本行 2008年	本行 2007年
资产：				
现金及存放中央银行款项	1,247,450	843,724	1,247,053	843,456
存放同业款项	33,096	24,108	28,425	23,807
贵金属	5,160	1,013	5,160	1,013
拆出资金	16,836	64,690	28,426	75,931
交易性金融资产	50,309	29,819	44,491	23,528
衍生金融资产	21,299	14,632	20,335	14,296
买入返售金融资产	208,548	137,245	208,548	137,245
应收利息	38,317	33,900	38,297	33,903
客户贷款和垫款	3,683,575	3,183,229	3,639,940	3,152,116
可供出售金融资产	550,838	429,620	551,156	428,232
持有至到期投资	1,041,783	1,191,035	1,041,783	1,190,425
应收款项债券投资	551,818	551,336	551,818	551,336
对子公司的投资	–	–	4,670	4,006
对联营和合营企业的投资	1,728	1,099	–	–
固定资产	63,957	56,421	63,723	56,236
土地使用权	17,295	17,650	17,229	17,578
无形资产	1,253	1,134	1,233	1,129
商誉	1,527	1,624	–	–
递延所得税资产	7,855	35	8,059	33
其他资产	12,808	15,863	26,222	27,569
资产总计	7,555,452	6,598,177	7,526,568	6,581,839
负债：				
向中央银行借款	6	6	6	6
同业及其他金融机构存放款项	447,464	516,563	448,461	521,317
拆入资金	43,108	30,924	53,191	46,265
交易性金融负债	3,975	10,809	3,975	10,809
衍生金融负债	18,565	7,952	18,103	7,609
卖出回购金融资产	864	109,541	864	109,541
客户存款	6,375,915	5,329,507	6,342,985	5,298,436
应付职工薪酬	25,153	22,747	24,807	22,507
应交税费	35,538	33,514	35,310	33,357
应付利息	59,695	38,902	59,652	38,870
预计负债	1,806	1,656	1,806	1,656
已发行债务证券	53,810	49,212	52,531	48,275
递延所得税负债	5	771	–	602
其他负债	21,986	23,792	21,321	23,072
负债合计	7,087,890	6,175,896	7,063,012	6,162,322
股东权益：				
股本	233,689	233,689	233,689	233,689
资本公积	90,241	90,241	90,241	90,241
投资重估储备	11,156	16,408	11,138	16,388
盈余公积	26,922	17,845	26,922	17,845
一般风险准备	46,628	31,548	46,200	31,200
未分配利润	59,593	32,164	55,867	30,190
外币报表折算差额	(2,263)	(918)	(501)	(36)
归属于本行股东权益合计	465,966	420,977	463,556	419,517
少数股东权益	1,596	1,304	–	–
股东权益合计	467,562	422,281	463,556	419,517
负债和股东权益总计	7,555,452	6,598,177	7,526,568	6,581,839

Ⅱ.合并利润表

	本集团 2008年	本集团 2007年	本行 2008年	本行 2007年
一、营业收入	267,507	219,459	263,813	215,829
利息净收入	224,920	192,775	223,841	191,819
利息收入	356,500	284,823	355,438	282,909
利息支出	(131,580)	(92,048)	(131,597)	(91,090)
手续费及佣金净收入	38,446	31,313	37,841	30,428
手续费及佣金收入	40,056	32,731	39,386	31,734
手续费及佣金支出	(1,610)	(1,418)	(1,545)	(1,306)
投资(损失)/收益	(850)	2,200	(875)	1,769
其中：对联营和合营企业的投资收益	16	21	–	–
公允价值变动收益	1,977	659	1,047	108
汇兑损益	2,642	(7,820)	1,631	(8,625)
其他业务收入	372	332	328	330
二、营业支出	(148,900)	(118,924)	(147,441)	(117,862)
营业税金及附加	(15,793)	(12,337)	(15,767)	(12,301)
业务及管理费	(82,162)	(78,825)	(80,819)	(77,739)
资产减值损失	(50,829)	(27,595)	(50,739)	(27,655)
其他业务成本	(116)	(167)	(116)	(167)66
三、营业利润	118,607	100,535	116,372	97,967
加：营业外收入	2,421	1,432	2,395	1,446
减：营业外支出	(1,287)	(1,151)	(1,285)	(1,149)
四、利润总额	119,741	100,816	117,482	98,264
减：所得税费用	(27,099)	(31,674)	(26,715)	(31,147)
五、净利润	92,642	69,142	90,767	67,117
归属于本行股东的净利润	92,599	69,053		
少数股东损益	43	89		
六、基本和稀释每股收益(人民币元)	0.40	0.3067		

Ⅲ.合并现金流量表

	本集团 2008年	本集团 2007年	本行 2008年	本行 2007年
一、经营活动产生的现金流量：				
客户存款和同业及其他金融机构存放款项净增加额	989,418	938,477	981,691	938,414
拆入资金净增加额	15,084	7,213	10,019	22,705
拆出资金净减少额	7,770	–	6,726	–
收取的利息、手续费及佣金的现金	324,191	302,712	322,484	299,659
发行存款证净增加额	2,435	2,913	1,882	2,864
收到的其他与经营活动有关的现金	28,959	115,305	26,266	115,139
经营活动现金流入小计	1,367,857	1,366,620	1,349,068	1,378,781
客户贷款和垫款净增加额	(551,987)	(418,314)	(536,906)	(413,708)
存放中央银行和同业款项净增加额	(198,447)	(331,585)	(197,723)	(331,442)
拆出资金净增加额	–	(1,469)	–	(10,319)
向中央银行借款净减少额	–	(15)	–	(15)
支付的利息、手续费及佣金的现金	(110,305)	(86,852)	(110,274)	(85,715)
支付给职工以及为职工支付的现金	(44,895)	(43,608)	(44,195)	(43,089)
支付的各项税费	(48,477)	(35,853)	(48,178)	(35,550)
支付的其他与经营活动有关的现金	(233,100)	(154,610)	(233,143)	(150,814)
经营活动现金流出小计	(1,187,211)	(1,072,306)	(1,170,419)	(1,070,652)
经营活动产生的现金流量净额	180,646	294,314	178,649	308,129
二、投资活动产生的现金流量：				

收回投资收到的现金	968,424	857,744	965,592	836,529
取得投资收益收到的现金	150	343	172	294
处置固定资产和其他长期资产收回的				
现金净额	655	588	563	546
少数股东对子公司增资所收到的现金	236	1,120	–	–
出售子公司股权所收到的现金	38	–	–	–
投资活动现金流入小计	969,503	859,795	966,327	837,369
投资支付的现金	(912,363)	(1,128,576)	(912,007)	(1,113,536)
购建固定资产和其他长期资产支付的现金	(17,699)	(12,925)	(17,490)	(12,730)
对子公司、联营和合营企业增资及取得				
子公司所支付的现金	(682)	(1,001)	(664)	–
投资活动现金流出小计	(930,744)	(1,142,502)	(930,161)	(1,126,266)
投资活动产生的现金流量净额	38,759	(282,707)	36,166	(288,897)
三、筹资活动产生的现金流量：				
吸收投资收到的现金	–	57,119	–	57,119
发行债券收到的现金	2,852	–	2,982	–
筹资活动现金流入小计	2,852	57,119	2,982	57,119
分配股利支付的现金	(40,960)	(52,064)	(40,937)	(52,064)
偿付已发行债券利息				
支付的现金	(2,005)	(1,915)	(2,005)	(1,915)
筹资活动现金流出小计	(42,965)	(53,979)	(42,942)	(53,979)
–筹资活动产生的现金流量净额	(40,113)	3,140	(39,960)	3,140
四、汇率变动对现金及现金等价物的影响	(3,989)	(1,728)	(3,164)	(1,708)
五、现金及现金等价物净增加额	175,303	13,019	171,691	20,664
加：年初现金及现金等价物余额	180,508	167,489	182,702	162,038
六、年末现金及现金等价物余额	355,811	180,508	354,393	182,702

Ⅳ.合并股东权益变动表

	归属于本行股东权益								
	股本	资本公积	投资重估储备	盈余公积	一般风险准备	未分配利润	外币报表折算差额	少数股东权益	股东权益合计
2008年1月1日	233,689	90,241	16,408	17,845	31,548	32,164	(918)	1,304	422,281
本年增减变动金额	–	–	(5,252)	9,077	15,080	27,429	(1,345)	292	45,281
(一)净利润	–	–	–	–	–	92,599	–	43	92,642
(二)直接计入股东权益的									
利得和损失	–	–	(5,252)	–	–	–	(1,345)	(2)	(6,599)
1.可供出售金融资产									
公允价值变动净额	–	–	(6,996)	–	–	–	–	(2)	(6,998)
其中：计入股东权益的金额	–	–	(18,996)	–	–	–	–	(2)	(18,998)
转入当期损益的金额	–	–	12,000	–	–	–	–	–	12,000
2.与计入股东权益项目相关的									
递延所得税影响	–	–	1,744	–	–	–	–	–	1,744
3.外币报表折算差额	–	–	–	–	–	–	(1,345)	–	(1,345)
上述(一)和(二)小计	–	–	(5,252)	–	–	92,599	(1,345)	41	86,043
(三)因股权变动引起的									
股东权益变化	–	–	–	–	–	–	–	274	274
1.因增资引起的少数									
股东权益变动	–	–	–	–	–	–	–	212	212
2.因出售股权引起的少数									
股东权益变动	–	–	–	–	–	–	–	38	38
3.因设立新子公司产生的									
少数股东权益	–	–	–	–	–	–	–	24	24
(四)利润分配	–	–	–	9,077	15,080	(65,170)	–	(23)	(41,036)
1.提取盈余公积	–	–	–	9,077	–	(9,077)	–	–	–
2.提取一般风险准备	–	–	–	–	15,080	(15,080)	–	–	–
3.对股东的分配	–	–	–	–	–	(41,013)	–	(23)	(41,036)
2008年12月31日	233,689	90,241	11,156	26,922	46,628	59,593	(2,263)	1,596	467,562
2007年1月1日	224,689	42,091	(1,226)	11,133	10,343	43,092	(13)	95	330,204
本年增减变动金额	9,000	48,150	17,634	6,712	21,205	(10,928)	(905)	1,209	92,077
(一)净利润	–	–	–	–	–	69,053	–	89	69,142
(二)直接计入股东									
权益的利得和损失	–	31	17,634	–	–	–	(905)	–	16,760
1.可供出售金融资产									
公允价值变动净额	–	–	23,716	–	–	–	–	–	23,716
其中：计入股东权益的金额	–	–	21,202	–	–	–	–	–	21,202
转入当期损益的金额	–	–	2,514	–	–	–	–	–	2,514
2.与计入股东权益项目相关的									
递延所得税影响	–	–	(5,937)	–	–	–	–	–	(5,937)
3.税率变化的影响	–	–	(145)	–	–	–	–	–	(145)
4.外币报表折算差额	–	–	–	–	–	–	(905)	–	(905)
5.其他	–	31	–	–	–	–	–	–	31
上述(一)和(二)小计	–	31	17,634	–	–	69,053	(905)	89	85,902
(三)因股权变动引起的									
股东权益变化	9,000	48,119	–	–	–	–	–	1,120	58,239
1.发行新股	9,000	48,119	–	–	–	–	–	–	57,119
2.因设立新子公司产生的									
少数股东权益	–	–	–	–	–	–	–	1,120	1,120
(四)利润分配	–	–	–	6,712	21,205	(79,981)	–	–	(52,064)
1.提取盈余公积	–	–	–	6,712	–	(6,712)	–	–	–
2.提取一般风险准备	–	–	–	–	21,205	(21,205)	–	–	–
3.对股东的分配	–	–	–	–	–	(52,064)	–	–	(52,064)
2007年12月31日	233,689	90,241	16,408	17,845	31,548	32,164	(918)	1,304	422,281

Ⅴ.利息净收入

		本集团		本行	
	附注	2008年	2007年	2008年	2007年
利息收入来自：					
存放中央银行款项		17,960	11,272	17,957	11,271
存放同业款项		548	436	462	413
拆出资金		1,423	1,691	2,190	1,590
交易性金融资产		2,383	450	2,135	321
买入返售金融资产		4,749	3,536	4,749	3,536
投资性证券	(3)	77,494	69,160	77,512	69,124
客户贷款和垫款					
–公司类贷款和垫款		189,568	150,181	188,509	149,400
–个人贷款和垫款		54,785	42,594	54,334	41,848
–票据贴现		7,590	5,503	7,590	5,406
合计		356,500	284,823	355,438	282,909
利息支出来自：					
同业及其他金融机构存放款项		(9,764)	(7,508)	(9,764)	(7,508)
拆入资金		(1,360)	(1,594)	(2,092)	(1,757)
交易性金融负债		(299)	(837)	(299)	(837)
卖出回购金融资产		(571)	(1,566)	(571)	(1,566)
已发行债务证券		(2,426)	(2,363)	(2,366)	(2,316)
客户存款					
–公司类客户存款		(55,494)	(38,800)	(55,308)	(38,775)
–个人客户存款		(61,666)	(39,380)	(61,197)	(38,331)
合计		(131,580)	(92,048)	(131,597)	(91,090)
利息净收入		224,920	192,775	223,841	191,819

(1)以公允价值计量且其变动计入当期损益的金融资产及金融负债的利息收入及利息支出列示如下：

	本集团		本行	
	2008年	2007年	2008年	2007年
利息收入	2,383	450	2,135	321
利息支出	(299)	(837)	(299)	(837)

非以公允价值计量且其变动计入当期损益的金融资产及金融负债的利息收入及利息支出列示如下：

	本集团		本行	
	2008年	2007年	2008年	2007年
利息收入	354,117	284,373	353,303	282,588
利息支出	(131,281)	(91,211)	(131,298)	(90,253)

(2)于利息收入中已减值金融资产利息收入列示如下：

	本集团		本行	
	2008年	2007年	2008年	2007年
已减值贷款利息收入	1,652	2,034	1,652	2,034
已减值其他金融资产利息收入	1,852	77	1,852	77
合计	3,504	2,111	3,504	2,111

(3)投资性证券指划分为持有至到期投资、可供出售金融资产和应收款项的债券。此类债券的利息收入主要来自非上市债券投资。

(4)五年以上到期的金融负债相关的利息支出主要为已发行债务证券的利息支出。

Ⅵ.手续费及佣金净收入

	本集团		本行	
	2008年	2007年	2008年	2007年
手续费及佣金收入：				
代理业务手续费	10,289	16,439	10,223	16,213
银行卡手续费	7,153	5,254	7,153	5,253
顾问和咨询费	6,998	2,792	6,889	2,559
结算与清算手续费	4,797	3,261	4,769	3,232
托管及其他受托业务佣金	4,759	3,267	4,720	2,764
信用承诺手续费	1,791	485	1,780	485
担保手续费	1,311	578	1,311	577
其他	2,958	655	2,541	651
合计	40,056	32,731	39,386	31,734
手续费及佣金支出：				
银行卡交易费	(888)	(697)	(886)	(697)
银行间交易费	(327)	(306)	(324)	(300)
其他	(395)	(415)	(335)	(309)
合计	(1,610)	(1,418)	(1,545)	(1,306)
手续费及佣金净收入	38,446	31,313	37,841	30,428

Ⅶ.业务及管理费

	本集团		本行	
	2008年	2007年	2008年	2007年
员工成本				
–工资、奖金、津贴和补贴	32,252	27,762	31,528	27,212
–基本养老保险及企业年金缴费	4,294	3,645	4,264	3,621
–其他社会保险及员工福利	5,813	5,670	5,772	5,629
–住房公积金	2,612	2,329	2,605	2,324
–工会经费和职工教育经费	1,073	930	1,069	927

–补充退休福利	568	505	568	505
–内部退养福利	–	8,998	–	8,998
–因解除劳动关系给予的补偿	45	68	45	68
	46,657	49,907	45,851	49,284
物业及设备支出				
–折旧费	7,671	6,322	7,618	6,287
–租金和物业管理费	3,581	3,078	3,384	2,916
–维护费	1,627	1,518	1,610	1,493
–水电费	1,342	1,167	1,335	1,162
–其他	736	719	736	718
	14,957	12,804	14,683	12,576
摊销费	1,680	1,525	1,666	1,516
审计费	167	122	162	119
其他业务及管理费	18,701	14,467	18,457	14,244
合计	82,162	78,825	80,819	77,739

Ⅷ.资产减值损失

	本集团		本行	
	2008 年	2007 年	2008 年	2007 年
客户贷款和垫款	36,246	20,106	36,157	20,166
可供出售债券	10,622	1,831	10,622	1,831
可供出售权益工具	134	282	134	282
持有至到期投资	3,126	4,853	3,126	4,853
应收款项债券投资	(645)	109	(645)	109
固定资产	28	34	28	34
其他	1,318	380	1,317	380
合计	50,829	27,595	50,739	27,655

Ⅸ.所得税费用

(1)所得税费用

	本集团		本行	
	2008 年	2007 年	2008 年	2007 年
本年所得税				
–中国内地	33,905	33,916	33,793	33,856
–香港	299	335	70	54
–其他国家及地区	22	22	22	22
	34,226	34,273	33,885	33,932
以前年度所得税调整	(285)	71	(285)	71
本年确认递延所得税	(6,842)	(2,670)	(6,885)	(2,856)
合计	27,099	31,674	26,715	31,147

2008 年的中国内地所得税费用是按本年度中国内地业务估计的应纳税所得额的 25%(2007 年：33%)计提。2008 年的香港地区所得税费用是按本年度香港地区业务估计的应纳税所得额的 16.5%(2007 年：17.5%)计提。其他海外业务的所得税费用按照相关税收管辖权所规定的适当的现行比例计提。

(2)所得税费用与会计利润的关系

		本集团		本行	
	注释	2008 年	2007 年	2008 年	2007 年
税前利润		119,741	100,816	117,482	98,264
按法定税率计算的所得税	(a)	29,935	33,269	29,371	32,427
不可作纳税抵扣的支出					
–员工成本		684	612	684	612
–资产减值损失和坏账核销		8	1,247	8	1,247
–其他		446	926	446	926
		1,138	2,785	1,138	2,785
免税收入					
–中国国债利息收入		(3,466)	(3,677)	(3,466)	(3,677)
–其他		(223)	(980)	(43)	(665)
		(3,689)	(4,657)	(3,509)	(4,342)
合计		27,384	31,397	27,000	30,870
税率变动对递延所得税的影响	(a)	–	206	–	206
以前年度所得税调整		(285)	71	(285)	71
所得税费用		27,099	31,674	26,715	31,147

(a)根据新税法，本行及境内子公司适用的所得税率自 2008 年 1 月 1 日起由 33%减少至 25%。本行计量 2007 年度递延所得税时使用了新税法规定的税率，递延所得税的账面价值由于上述所得税法的改变通过损益及权益进行调整。

Ⅹ.客户贷款和垫款

(1)按性质分析

	本集团		本行	
	2008 年	2007 年	2008 年	2007 年
公司类贷款和垫款				
–贷款	2,790,631	2,428,527	2,765,460	2,414,284
–融资租赁	4,514	812	–	–
	2,795,145	2,429,339	2,765,460	2,414,284
个人贷款和垫款				
–个人住房贷款	615,429	542,562	602,982	527,853
–个人消费贷款	74,964	67,096	74,964	66,573
–信用卡	23,291	10,176	23,033	10,176
–其他	121,796	119,754	120,385	119,168
	835,480	739,588	821,364	723,770
票据贴现	163,318	103,230	163,318	102,906
客户贷款和垫款总额	3,793,943	3,272,157	3,750,142	3,240,960
贷款损失准备	(110,368)	(88,928)	(110,202)	(88,844)
–个别评估	(50,548)	(48,215)	(50,478)	(48,183)
–组合评估	(59,820)	(40,713)	(59,724)	(40,661)
客户贷款和垫款净额	3,683,575	3,183,229	3,639,940	3,152,116

(2)按贷款损失准备的评估方式分析

	(注释(a))	(注释(b))		
	按组合方式	已减值贷款和垫款		总额
	评 估 损失准备的 贷款和垫款	其损失 准备按组合 方式评估	其损失 准备按个别 方式评估	
本集团				
2008 年 12 月 31 日				
客户贷款和垫款总额	3,710,061	8,840	75,042	3,793,943
贷款损失准备	(54,122)	(5,698)	(50,548)	(110,368)
客户贷款和垫款净额	3,655,939	3,142	24,494	3,683,575
2007 年 12 月 31 日				
客户贷款和垫款总额	3,186,987	7,925	77,245	3,272,157
贷款损失准备	(35,785)	(4,928)	(48,215)	(88,928)
客户贷款和垫款净额	3,151,202	2,997	29,030	3,183,229
本行				
2008 年 12 月 31 日				
客户贷款和垫款总额	3,666,346	8,840	74,956	3,750,142
贷款损失准备	(54,026)	(5,698)	(50,478)	(110,202)
客户贷款和垫款净额	3,612,320	3,142	24,478	3,639,940
2007 年 12 月 31 日				
客户贷款和垫款总额	3,155,831	7,925	77,204	3,240,960
贷款损失准备	(35,733)	(4,928)	(48,183)	(88,844)
客户贷款和垫款净额	3,120,098	2,997	29,021	3,152,116

(a)按组合方式评估损失准备的客户贷款和垫款的减值损失相对于整个贷款组合并不重大。这些贷款和垫款包括评级为正常或关注的客户贷款和垫款。

(b)已减值贷款和垫款包括有客观证据表明出现减值，并按以下方式评估的客户贷款和垫款：

–个别评估(包括评级为次级、可疑或损失的公司类贷款和垫款)；或

–组合评估，指同类贷款组合(包括评级为次级、可疑或损失的个人贷款和垫款)。

于 2008 年 12 月 31 日，本集团已减值贷款和垫款总额占客户贷款和垫款总额的比例为 2.21%(2007 年：2.60%)；

于 2008 年 12 月 31 日，本行已减值贷款和垫款总额占客户贷款和垫款总额的比例为 2.23%(2007 年：2.63%)。

(c) 于 2008 年 12 月 31 日，本集团以个别方式评估损失准备的已减值贷款和垫款为人民币 750.42 亿元(2007 年：人民币 772.45 亿元)。抵押物涵盖该类贷款部分以及未涵盖部分分别为人民币 204.26 亿元(2007 年：人民币 229.06 亿元)和人民币 546.16 亿元(2007 年：人民币 543.39 亿元)。该类贷款所对应抵押物公允价值为人民币 211.26 亿元(2007 年：人民币 294.89 亿元)。对该类贷款，按个别方式评估的损失准备为人民币 505.48 亿元(2007 年：人民币 482.15 亿元)。

于 2008 年 12 月 31 日，本行以个别方式评估损失准备的已减值贷款和垫款为人民币 749.56 亿元(2007 年：人民币 772.04 亿元)。抵押物涵盖该类贷款部分以及未涵盖部分分别为人民币 204.21 亿元(2007 年：人民币 228.87 亿元)和人民币 545.35 亿元(2007 年：人民币 543.17 亿元)。该类贷款所对应抵押物公允价值为人民币 211.20 亿元(2007 年：人民币 294.70 亿元)。对该类贷款，按个别方式评估的损失准备为人民币 504.78 亿元(2007 年：人民币 481.83 亿元)。

上述抵押物包括土地、房屋及建筑物和机器设备等。抵押物的公允价值为本集团根据目前抵押物处置经验和市场状况对最新可得的外部评估价值进行调整的基础上确定。

(3)贷款损失准备变动情况

本集团

		2008 年			
			已减值贷款和 垫款的损失准备		
	注释	按组合方式 评估的贷款 和垫款 损失准备	其损失 准备按组合 方式评估	其损失 准备按个别 方式评估	总额
年初余额		35,785	4,928	48,215	88,928
本年计提		18,337	1,404	25,128	44,869
本年转回		–	–	(8,623)	(8,623)
折现回拨		–	–	(1,564)	(1,564)
本年转出	(a)	–	(20)	(6,825)	(6,845)
本年核销		–	(623)	(5,956)	(6,579)
本年收回		–	9	173	182
年末余额		54,122	5,698	50,548	110,368

		2007 年			
			已减值贷款和 垫款的损失准备		
	注释	按组合方式 评估的贷款 和垫款 损失准备	其损失 准备按组合 方式评估	其损失 准备按个别 方式评估	总额
年初余额		22,133	13,930	41,570	77,633
重分类	(b)	–	(6,750)	6,750	–
本年计提		13,652	–	18,305	31,957
本年转回		–	(1,601)	(10,250)	(11,851)
折现回拨		–	–	(1,939)	(1,939)
本年转出	(a)	–	(31)	(490)	(521)

本年核销		–	(620)	(5,825)	(6,445)
本年收回		–	–	94	94
年末余额		35,785	4,928	48,215	88,928

本行

		2008 年			
			已减值贷款和垫款的损失准备		
	注释	按组合方式评估的贷款和垫款损失准备	其损失准备按组合方式评估	其损失准备按个别方式评估	总额
年初余额		35,733	4,928	48,183	88,844
本年计提		18,293	1,402	25,073	44,768
本年转回		–	–	(8,611)	(8,611)
折现回拨		–	–	(1,564)	(1,564)
本年转出	(a)	–	(20)	(6,820)	(6,840)
本年核销		–	(621)	(5,950)	(6,571)
本年收回		–	9	167	176
年末余额		54,026	5,698	50,478	110,202

		2007 年			
			已减值贷款和垫款的损失准备		
	注释	按组合方式评估的贷款和垫款损失准备	其损失准备按组合方式评估	其损失准备按个别方式评估	总额
年初余额		22,002	13,929	41,541	77,472
重分类	(b)	–	(6,750)	6,750	–
本年计提		13,731	–	18,274	32,005
本年转回		–	(1,609)	(10,230)	(11,839)
折现回拨		–	–	(1,939)	(1,939)
本年转出	(a)	–	(22)	(485)	(507)
本年核销		–	(620)	(5,815)	(6,435)
本年收回		–	–	87	87
年末余额		35,733	4,928	48,183	88,844

(a)转出金额主要包括转至抵债资产及由于出售不良贷款而转出的损失准备金额。

(b)2006 年 12 月 31 日及以前分类为次级的公司类贷款和垫款采用组合方式评估损失准备。自 2007 年 1 月 1 日起,本集团开始对该类贷款采用个别方式评估损失准备。因此,将分类为次级的公司类贷款和垫款损失准备的年初余额自“组合方式评估”重分类至“个别方式评估”。

(4)按借款人的法律形式分析

	本集团		本行	
	2008 年	2007 年	2008 年	2007 年
公司类贷款和垫款				
–国有企业	1,330,604	1,088,893	1,330,516	1,088,857
–股份制企业	395,320	416,011	389,958	416,838
–私营企业	532,232	417,631	532,232	417,631
–外资企业	289,736	263,387	289,736	263,385
–集体企业	42,305	37,636	42,305	37,636
–联营企业	15,936	17,832	15,936	17,832
–其他企业	184,498	187,137	164,777	172,105
公司类贷款和垫款总额	2,790,631	2,428,527	2,765,460	2,414,284
融资租赁	4,514	812	–	–
个人贷款和垫款	835,480	739,588	821,364	723,770
票据贴现	163,318	103,230	163,318	102,906
客户贷款和垫款总额	3,793,943	3,272,157	3,750,142	3,240,960
贷款损失准备	(110,368)	(88,928)	(110,202)	(88,844)
客户贷款和垫款净额	3,683,575	3,183,229	3,639,940	3,152,116

(5)已逾期贷款的逾期期限分析

本集团

	2008 年				
	逾期3个月以内	逾期3个月至1年	逾期1年以上3年以内	逾期3年以上	合计
信用贷款	608	517	1,169	1,500	3,794
保证贷款	2,276	3,458	6,699	6,523	18,956
抵押贷款	23,682	11,873	12,210	8,993	56,758
质押贷款	1,453	3,341	1,708	1,049	7,551
合计	28,019	19,189	21,786	18,065	87,059
占客户贷款和垫款总额百分比	0.74%	0.50%	0.57%	0.48%	2.29%

	2007 年				
	逾期3个月以内	逾期3个月至1年	逾期1年以上3年以内	逾期3年以上	合计
信用贷款	346	1,084	1,120	1,985	4,535
保证贷款	2,141	3,283	11,958	7,861	25,243
抵押贷款	20,532	9,624	15,697	9,774	55,627
质押贷款	903	873	2,765	999	5,540
合计	23,922	14,864	31,540	20,619	90,945
占客户贷款和垫款总额百分比	0.73%	0.46%	0.96%	0.63%	2.78%

本行

	2008 年				
	逾期3个月以内	逾期3个月至1年	逾期1年以上3年以内	逾期3年以上	合计
信用贷款	600	496	1,169	1,499	3,764
保证贷款	2,276	3,458	6,699	6,523	18,956
抵押贷款	23,636	11,872	12,208	8,993	56,709
质押贷款	1,453	3,341	1,708	1,049	7,551
合计	27,965	19,167	21,784	18,064	86,980
占客户贷款和垫款总额百分比	0.75%	0.51%	0.58%	0.48%	2.32%

	2007 年				
	逾期3个月以内	逾期3个月至1年	逾期1年以上3年以内	逾期3年以上	合计
信用贷款	340	1,084	1,119	1,985	4,528
保证贷款	2,141	3,283	11,958	7,861	25,243
抵押贷款	20,466	9,609	15,693	9,774	55,542
质押贷款	903	873	2,765	999	5,540
合计	23,850	14,849	31,535	20,619	90,853
占客户贷款和垫款总额百分比	0.74%	0.46%	0.97%	0.64%	2.81%

已逾期贷款是指所有或部分本金已逾期 1 天以上,或利息已逾期超过 90 天但本金尚未到期的贷款。

XI.客户存款

	本集团		本行	
	2008 年	2007 年	2008 年	2007 年
活期存款				
–公司类客户	2,233,187	2,130,411	2,233,497	2,129,710
–个人客户	1,137,114	1,000,525	1,132,210	997,196
	3,370,301	3,130,936	3,365,707	3,126,906
定期存款(含通知存款)				
–公司类客户	1,152,126	858,045	1,142,678	847,524
–个人客户	1,853,488	1,340,526	1,834,600	1,324,006
	3,005,614	2,198,571	2,977,278	2,171,530
合计	6,375,915	5,329,507	6,342,985	5,298,436

以上客户存款中包括:

(1)保证金存款

	本集团		本行	
	2008 年	2007 年	2008 年	2007 年
承兑汇票保证金	88,833	55,622	88,833	55,622
保函保证金	24,141	16,208	24,141	16,208
信用证保证金	11,657	11,012	11,657	11,012
其他	35,322	40,111	35,535	40,294
	159,953	122,953	160,166	123,136
(2)汇出及应解汇款	21,287	29,134	21,233	29,13490

第九节　其他资料

9.1 年度股东大会

本行 2008 年度股东大会订于 2009 年 6 月 11 日举行。2009 年 5 月 11 日收市后登记在册的本行股东有权出席会议。

9.2 年报及其摘要

本年报摘要同时刊载于上海证券交易所(www.sse.com.cn)及本行网站(www.ccb.com)。根据中国会计准则编制的 2008 年年度报告亦刊载于上海证券交易所(www.sse.com.cn)及本行网站(www.ccb.com)。根据国际会计准则编制的 2008 年年度报告将适时刊载于香港联合交易所有限公司网站(www.hkex.com.hk)及本行网站(www.ccb.com)。

9.3 审阅年度业绩

本行外部审计师毕马威华振会计师事务所已对本行按照中国会计准则编制的财务报告进行审计,毕马威会计师事务所已按照《国际财务报告准则》对本行编制的财务报告进行审计,并出具了无保留意见的审计报告。本行审计委员会已审阅本行《2008 年年度报告》正文及摘要。

中国建设银行股份有限公司董事会

2009 年 3 月 27 日

金堆城钼业股份有限公司

金堆城钼业股份有限公司 2008 年年度报告摘要

第一节　重要提示

1.1 本公司董事会、监事会及董事、监事、高级管理人员保证本报告所载资料不存在任何虚假记载、误导性陈述或者重大遗漏，并对其内容的真实性、准确性和完整性承担个别及连带责任。

本年度报告摘要摘自年度报告全文，投资者欲了解详细内容，应当仔细阅读年度报告全文。

1.2 本公司董事卢景友先生、独立董事席西民先生因故不能到会，已分别书面委托董事左可国先生、独立董事何雁明先生代为出席并行使表决权；公司其他董事出席了会议。

1.3 中磊会计师事务所有限责任公司为本公司出具了标准无保留意见的审计报告。

1.4 公司负责人马宝平先生、主管会计工作负责人马祥志先生及会计机构负责人（会计主管人员）余和明先生声明：保证年度报告中财务报告的真实、完整。

第二节　公司基本情况简介

2.1 基本情况简介

股票简称	金钼股份
股票代码	601958
上市交易所	上海证券交易所
公司注册地址和办公地址	陕西省西安市高新技术产业开发区高新路 51 号高新大厦 陕西省西安市高新技术产业开发区高新路 51 号高新大厦
邮政编码	710075
公司国际互联网网址	http://www.jdcmoly.com
电子信箱	jdc@jdcmoly.com

2.2 联系人和联系方式

	董事会秘书	证券事务代表
姓名	秦国政	刁军义
联系地址	陕西省西安市高新技术产业开发区高新路 51 号	陕西省西安市高新技术产业开发区高新路 51 号
电话	029-88320076	029-88320019
传真	029-88320330	029-88320330
电子信箱	qgz@jdcmoly.com	jdc@jdcmoly.com

第三节　会计数据和业务数据摘要

3.1 主要会计数据

单位：元　币种：人民币

	2008 年	2007 年	本年比上年增减(%)	2006 年（注 2）
营业收入	5,960,553,258.41	5,849,068,906.31	1.91	5,045,594,993.64
利润总额	3,318,724,364.69	3,708,818,468.92	−10.52	3,293,495,698.00
归属于上市公司股东的净利润	2,808,375,697.73	3,172,213,447.56	−11.47	2,778,557,609.79
归属于上市公司股东的扣除非经常性损益的净利润	2,817,722,838.80	3,200,173,008.80	−11.95	2,802,714,209.56
经营活动产生的现金流量净额	2,650,712,419.29	3,023,474,952.32	−12.33	
	2008 年末	2007 年末	本年末比上年末增减(%)	2006 年末（注 2）
总资产	14,681,962,210.06	5,709,410,982.75	157.15	5,059,403,228.03
所有者权益(或股东权益)	13,729,019,099.71	3,137,153,128.03	337.63	3,233,555,743.11

3.2 主要财务指标

	2008 年	2007 年	本年比上年增减(%)	2006 年
基本每股收益(元/股)	1.12	1.47	−23.81	
稀释每股收益(元/股)	1.12	1.47	−23.81	
扣除非经常性损益后的基本每股收益(元/股)	1.12	1.49	−24.83	
全面摊薄净资产收益率(%)	20.46	101.12	减少 80.66 个百分点	85.93
加权平均净资产收益率(%)	28.86	94.47	减少 65.61 个百分点	79.95
扣除非经常性损益后全面摊薄净资产收益率(%)	20.52	102.01	减少 81.49 个百分点	86.68
扣除非经常性损益后的加权平均净资产收益率(%)	28.96	95.3	减少 66.34 个百分点	80.64
每股经营活动产生的现金流量净额(元/股)	1.06	1.41	−24.82	
	2008 年末	2007 年末	本年末比上年末增减(%)	2006 年末
归属于上市公司股东的每股净资产(元/股)	5.11	1.46	250	

非经常性损益项目

√适用　□不适用

单位：元　币种：人民币

非经常性损益项目	金额
非流动资产处置损益	−1,354,081.13
计入当期损益的政府补助，但与公司正常经营业务密切相关，符合国家政策规定、按照一定标准定额或定量持续享受的政府补助除外	1,320,000.00
企业重组费用，如安置职工的支出、整合费用等	−13,093,861.99
同一控制下企业合并产生的子公司期初至合并日的当期净损益	15,122,848.31
除上述各项之外的其他营业外收入和支出	−6,312,868.65
少数股东权益影响额	−5,108,029.46
所得税影响额	78,851.85
合计	−9,347,141.07

3.3 境内外会计准则差异：

□适用　√不适用

第四节　股本变动及股东情况

4.1 股份变动情况表

√适用　□不适用

单位：万股

	本次变动前		本次变动增减(+,−)					本次变动后	
	数量	比例(%)	发行新股	送股	公积金转股	其他	小计	数量	比例(%)
一、有限售条件股份									
1、国家持股									
2、国有法人持股	215,083.7	100						215,083.7	79.99
3、其他内资持股			13,450			−13,450	0		
其中：境内非国有法人持股									
境内自然人持股									
4、外资持股									
其中：境外法人持股									
境外自然人持股									
有限售条件股份合计	215,083.7	100	13,450			−13,450	0	215,083.7	79.99
二、无限售条件流通股份									
1、人民币普通股			40,350			13,450	53,800	53,800	20.01
2、境内上市的外资股									
3、境外上市的外资股									
4、其他									
无限售条件流通股份合计			40,350			13,450	53,800	53,800	20.01
三、股份总数	215,083.7	100	53,800			0	53,800	268,883.7	100

经中国证券监督管理委员会证监许可［2008］379 号文件核准和上海证券交易所上证上字[2008]27 号文件批准，本公司在上海证券交易所向社会公开发行人民币普通股(A 股) 53,800 万股（其中：网下向询价对象配售 13,450 万股，网上向一般投资者发行 40,350 万股），并于 2008 年 4 月 17 日正式挂牌交易。

限售股份变动情况表

√适用　□不适用

单位：万股

股东名称	年初限售股数	本年解除限售股数	本年增加限售股数	年末限售股数	限售原因	解除限售日期
网下向询价对象配售股份	0	13,450	13,450	0	见注释	2008-7-17
合计	0	13,450	13,450	0	/	/

注：报告期内，本公司首次发行向网下询价对象配售 13,450 万股有限售条件股份，按照有关规定锁定期三个月，于 2008 年 7 月 17 日解除锁定上市流通。

4.2 股东数量和持股情况

单位：万股

报告期末股东总数　118,248 户

前十名股东持股情况

股东名称	股东性质	持股比例(%)	持股总数	持有有限售条件股份数量	质押或冻结的股份数量

金钼集团	国有法人	75.99	204,329.60	204,329.60	无
太原钢铁(集团)有限公司	国有法人	2.40	6,452.50	6,452.50	无
中色(宁夏)东方集团有限公司	国有法人	0.80	2,150.80	2,150.80	无
宝钢集团有限公司	国有法人	0.80	2,150.80	2,150.80	无
中国建设银行-华安宏利股票型证券投资基金	境内非国有法人	0.39	1,053.17	0	未知
中国银行-招商先锋证券投资基金	境内非国有法人	0.16	434.99	0	未知
中国银行-嘉实沪深 300 指数证券投资基金	境内非国有法人	0.13	339.37	0	未知
华夏银行股份有限公司-德盛精选股票证券投资基金	境内非国有法人	0.12	313.44	0	未知
中国建设银行-南方盛元红利股票型证券投资基金	境内非国有法人	0.11	300.00	0	未知
中国工商银行-国投瑞银核心企业股票型证券投资基金	境内非国有法人	0.11	299.99	0	未知

前十名无限售条件股东持股情况

股东名称	持有无限售条件股份的数量	股份种类
中国建设银行-华安宏利股票型证券投资基金	1,053.17	人民币普通股
中国银行-招商先锋证券投资基金	434.99	人民币普通股
中国银行-嘉实沪深 300 指数证券投资基金	339.37	人民币普通股
华夏银行股份有限公司-德盛精选股票证券投资基金	313.44	人民币普通股
中国建设银行-南方盛元红利股票型证券投资基金	300.00	人民币普通股
中国工商银行-国投瑞银核心企业股票型证券投资基金	299.99	人民币普通股
中核财务有限责任公司	226.71	人民币普通股
中国工商银行-国联安德盛小盘精选证券投资基金	182.59	人民币普通股
交通银行股份有限公司-建信优势动力股票型证券投资基金	170.00	人民币普通股
肯同(郑州)置业有限公司	150.06	人民币普通股
上述股东关联关系或一致行动的说明	未知上述股东之间的关联关系。	

截至报告期末,公司股东总数为 118,248 户,持有公司 5%以上(含 5%)的股东一户,即金堆城钼业集团有限公司,持有公司股份数量为 2,043,296,000 股,占公司期末总股本的 75.99%,报告期内其所持有公司股份数量无变化,无股份质押、冻结或托管情况。

4.3 控股股东及实际控制人情况介绍

4.3.1 控股股东及实际控制人变更情况

□适用　　√不适用

4.3.2 控股股东及实际控制人具体情况介绍

4.3.2.1 法人控股股东情况

控股股东名称: 金钼集团

法定代表人: 宋钧炉

注册资本: 400,000 万元

成立日期: 2005 年 9 月 30 日

经营范围:有色金属探矿;铜精矿、磁铁矿和其他有色金属产品、新型建材的销售;机械加工;对外投资;工程建筑、工程承包、房地产经营与开发;工业用氧气生产(凭许可证在有效期内经营)。

4.3.2.2 法人实际控制人情况实际控制人名称: 陕西有色金属控股集团有限责任公司 (以下简称"陕西有色集团")

法定代表人: 黄晓平

注册资本: 211,000 万元

成立日期: 2000 年 11 月 3 日

经营范围:授权范围内国有资本(产权、股权、收益)的经营和管理,有色金属及相关产业的项目融资、投资及经营。

第五节　董事、监事和高级管理人员

5.1 董事、监事和高级管理人员持股变动及报酬情况

姓名	职务	性别	年龄	任期起止日期	年初持股数	年末持股数	持有本公司的股票期权	股份增减数	变动原因	是否在公司领取报酬津贴	报告期内从公司领取的报酬总额(万元)税前	是否在股东单位或其他关联单位领取薪酬
马宝平	董事长	男	47	2007 年 4 月 26 日						否	0	是
马保平	副董事长	男	52	2007 年 4 月 26 日						否	0	是
田熙峰	董事	男	53	2007 年 4 月 26 日						否	0	是
卢景友	董事	男	50	2007 年 4 月 26 日						否	0	是
左可国	董事	男	55	2007 年 4 月 26 日						否	0	是
赵志国	董事	男	53	2007 年 4 月 26 日						否	0	是
何季麟	董事	男	64	2007 年 9 月 15 日						否	0	是
康　义	独立董事	男	69	2007 年 9 月 15 日						是	2.38	否
席西民	独立董事	男	53	2007 年 6 月 28 日						是	4.34	否
何雁明	独立董事	男	56	2007 年 9 月 15 日						是	2.38	否
强　力	独立董事	男	48	2007 年 9 月 15 日						是	2.38	否
杨秋霞	监事会主席	女	55	2007 年 4 月 26 日						否	0	是
石　磊	监事	男	33	2007 年 4 月 26 日						否	0	是
张秀芝	监事	女	46	2007 年 4 月 26 日						是	8.56	否
张继祥	总经理	男	44	2007 年 4 月 26 日						是	44.57	否
雷治洲	副总经理	男	54	2008 年 8 月 19 日						是	35.33	否
薛云新	副总经理	男	51	2007 年 4 月 26 日						是	25.32	否
马全智	副总经理	男	51	2007 年 4 月 26 日						是	24.92	否
朱永安	总工程师	男	49	2007 年 4 月 26 日						是	25.83	否
马祥志	总会计师	男	41	2007 年 4 月 26 日						是	25.81	否
秦国政	董事会秘书	男	42	2007 年 4 月 26 日						是	25.87	否

注:本届董事会、监事会任期为三年;职务为截止报告期末任职情况;所列薪酬为 2008 年领取薪酬;四名独立董事津贴为 6 万元/人·年(税后),按年一次发放。

第六节　董事会报告

6.1 管理层讨论与分析

6.1.1 报告期内公司总体经营情况

2008 年是本公司成立以来独立运行的第一个完整年度。公司全面对接上市公司监管要求,健全和完善各项内控制度,加强规范化运作,积极应对冰雪、地震等自然灾害以及季节性水、电供应紧张、关税调整、人民币升值,特别是第四季度钼价格急转走低、价跌量减等因素带来的严峻考验,全体员工团结一心,顽强拼搏,向内深入挖潜增效,向外倾力开拓市场,虽受全球金融危机的冲击较大,仍取得了较好的经营业绩,为加快发展创造了新的条件。

报告期内,公司成功实现首次公开发行 5.38 亿股 A 股股票,并于 4 月 17 日在上海证券交易所上市交易,发行价 16.57 元/股,募集资金 89.15 亿元(含发行费用)。

上市以来,公司严格按照监管要求,不断完善治理结构,加强内部管理,受到资本市场的持续关注,从 2009 年起公司股票首次入选沪深 300 指数、中证 100 指数、上证 180 指数样本股和上证 180 资源指数样本股。公司全面完成了对金钼汝阳 65%股权的收购,金钼汝阳取得了东沟钼矿采矿权证,该矿钼资源储量 68.9 万吨(金属量),至此,加上金堆城钼矿的保有储量,本公司已控制的钼资源储量达到 146.9 万吨(金属量)。公司积极履行社会责任,保增长、保稳定、促和谐,为企业持续、快速发展奠定了坚实的基础。

2008 年公司实现主营业务收入 589,066.74 万元, 比上年同期增加 8,485.27 万元, 增幅 1.46%;利润总额 331,872.44 万元,比上年同期减少 39,009.41 万元,降幅 10.52%;归属于母公司所有者的净利润 280,837.57 万元,比上年同期减少 36,383.77 万元,降幅 11.47%。

6.1.2 公司主营业务及其经营状况

6.1.2.1 主营业务分产品情况表

单位:元 币种:人民币

分产品	营业收入	营业成本	占比(%)	营业利润率(%)	营业收入比上年增减(%)	营业成本比上年增减(%)	营业利润率比上年增减(%)
钼炉料	3,769,194,855.56	1,034,314,372.77	63.99	72.56	−7.42	53.73	减少 10.91 个百分点
钼金属	1,211,442,456.62	396,339,156.20	20.57	67.28	19.95	47.73	减少 6.16 个百分点
钼化工	428,544,338.31	102,947,894.14	7.27	75.98	−9.51	11.93	减少 4.6 个百分点
其他	481,485,747.67	224,630,053.21	8.17	53.35	91.76	−1.17	增加 43.87 个百分点
合计	5,890,667,398.16	1,758,231,476.32	100.00	70.15	1.46	39.50	减少 8.14 个百分点

2008 年,公司主营业务收入同比增加的主要原因是随着钼深加工生产能力的提高,钼金属产品的销量和收入进一步提高;其他产品收入同比增加主要是因为 2008 年硫产品平均价格提高所致。营业利润率同比下降的主要原因是第四季度受全球金融危机影响,国际钼市场价格大幅下跌所致。

6.1.2.2 主营业务分地区情况表

单位:元 币种:人民币

地区	营业收入	占比(%)	营业收入比上年增减(%)
国内	2,093,748,884.09	35.54	201.80
国外	3,796,918,514.07	64.46	−25.73
合计	5,890,667,398.16	100.00	1.46

2008 年,公司加大国内钼铁销售,同多家钢企建立了战略合作关系,使国内销售收入同比增加 201.80%。由于受全球金融危机的影响,国外收入同比有所降低。

6.1.3 宏观经济及政策对公司生产经营的影响

受宏观经济及政策的影响,2008 年公司经营业绩与上年同期相比有明显下降。

6.1.3.1 受全球性金融危机影响,钼价格自第四季度大幅下跌。2008 年 1-9 月份,国际市场钼价格延续高位震荡行情;10 月份以后,钼价急转直下,大幅跳水,交易低迷。《MW》全年氧化钼平均价 28.73 美元/磅钼,与上年同比下降 1.5 美元/磅钼。钼价下跌对公司主营业务产生极为不利的影响,导致公司利润明显下降。

6.1.3.2 钼出口关税税率变化对公司出口收益产生影响。从 2007 年 6 月 1 日起, 钼精矿、焙烧钼精矿出口关税税率由 10%上调至 15%;钼粉、未锻轧钼产品出口由退税调整为征收 15%关税。2008 年 1 月 1 日起钼铁出口关税由 10%上调至 20%。出口关税税率变化对公司出口收益带来较大影响。

6.1.3.3 人民币对美元汇率变化对公司出口收入产生影响。由于本公司营业收入约 65%来自产品出口,人民币升值对公司出口收益带来一定影响。

6.1.3.4 冰雪灾害天气对公司矿山产品运输带来困难;"5.12" 地震对公司个别构筑物造成一定损害。

6.1.4 公司生产经营采取的主要措施

6.1.4.1 保持生产系统高效运行。针对生产运行中的矿性变化、季节性矿山生产用水紧张,部分单位用电紧张、原料供应不平衡,金属生产线向工业园搬迁等多种因素对正常生产带来的影响,公司高度重视和加强生产组织调度,群策群力,攻坚克难,保证了各种产品生产任务的顺利完成,全年生产钼精矿折合钼金属量 14,034.9 吨,同比增长 4.88%。实现了安全生产和环境保

护目标：全年因工死亡事故为零，百万工时伤害率 0.091，岗位粉尘合格率 87%，水循环利用率 78%，累计完成节能量 3,030 吨标煤。

6.1.4.2 加强营销运作取得销售新业绩。从战略上切实平衡好国际、国内区域市场和炉料、化工、金属三大产品市场，紧贴一线加强市场运作，在欧盟、南非、澳大利亚、印尼等地区和国家开拓了新的销售市场。全年氧化钼、钼铁实际销售平均价格均高于《MW》公布的同期市场平均价格。在 9 月份硫精矿价格下调之前，抢抓机遇彻底处理完硫产品库存，实现了较好的收益。

6.1.4.3 积极开展技术研发推进产业技术升级。2008 年已立项在研项目 44 项。

一项科技成果被推荐参评国家科学技术进步奖；两项科技成果通过了省级科技成果鉴定；产学研联合申报国家 863 计划项目 3 项，省级重大创新项目 1 项；8 项科技成果获陕西有色金属科学技术奖。起草"工业钼酸钠国家标准"、修订"钼圆片国家标准"获得国家标准委员会批准。完成 14 项钼金属产品企业标准的修订及 4 项钼金属产品企业标准的起草。

6.1.4.4 扎实推进重大项目建设，加快可持续发展（详见本报告"（三）公司投资情况"）。

6.1.4.5 积极开展调研，与同行相关企业接洽，寻求合作机会。

6.1.5 主要供应商和客户情况

2008 年度，公司向前 5 名供应商采购总额为 13,451.88 万元，占公司采购总额的 40.94%；2007 年度，公司向前 5 名供应商采购总额为 14,163 万元，占公司采购总额的 63.31%。采购物资主要是生产所需辅料、备品备件等。

2008 年度，公司向前 5 名客户销售收入总额为 243,399.50 万元，占公司全部营业收入的 41.32%；2007 年度，公司向前 5 名客户销售收入总额为 255,857 万元，占公司全部营业收入的 43.83%。销售的产品主要是钼炉料。本公司没有销售额占总销售额超过 50%的单一客户。

6.1.6 报告期内公司控股公司的经营情况

报告期内公司共有三家子公司，经营情况如下表所示：

单位：万元 币种：人民币

公司名称	注册资本	主营业务	报告期末总资产	报告期末净资产	报告期间营业收入	报告期间净利润
金堆城钼业光明（山东）股份有限公司	8500	钨钼产品加工及在许可范围内的进出口业务	15,843.26	8,901.92	37,813.17	518.78
华钼有限公司	500(港币)	钼化合物的采购及销售	9,887.89	673.72	6,959.28	39.18
金堆城钼业汝阳有限责任公司	3000	钼矿石浮选、加工与销售，钼系列产品、化工产品（不含化学危险品、易燃易爆易制毒品）的出口以及生产所需原辅材料、机械设备、仪器仪表的进口	36,044.74	21,345.04	22,325.75	5,376.08

6.1.7 报告期内公司各项财务指标构成变化情况及原因

6.1.7.1 公司资产构成变化情况及原因

单位：元 币种：人民币

项目	2008 年末金额	2008 年末占资产比重（%）	2007 年末金额	2007 年末占资产比重（%）	增减比例（%）
货币资金	9,713,652,243.99	66.16	1,357,881,126.84	23.78	615.35
应收票据	176,054,786.79	1.20	58,734,477.04	1.03	199.75
应收账款	159,511,555.54	1.09	447,500,102.19	7.84	−64.35
预付款项	139,105,290.56	0.95	59,207,915.03	1.04	134.94
应收利息	88,862,041.10	0.61	10,253,250.00	0.18	766.67
其他应收款	25,615,326.89	0.17	167,757,065.29	2.94	−84.73
固定资产	1,126,647,978.61	7.67	783,052,994.28	13.72	43.88
在建工程	737,835,252.69	5.03	438,131,350.50	7.67	68.41
工程物资	30,849,229.18	0.21	16,597,316.80	0.29	85.87
递延所得税资产	200,381,233.95	1.36	129,291,673.86	2.26	54.98
应交税费	156,984,309.80	1.07	500,149,175.11	8.76	−68.61
其他应付款	39,149,610.57	0.27	533,971,653.08	9.35	−92.67
应付股利	5,250,464.85	0.04	—	—	—
其他流动负债	—	—	15,805,910.05	0.28	−100.00
长期应付款	—	—	846,536,320.00	14.83	−100.00
其他非流动负债	5,800,000.00	0.04	4,400,000.00	0.08	31.82
资本公积	7,265,405,139.93	49.49	19,590,870.01	0.34	36,985.67
盈余公积	594,149,926.96	4.05	292,054,216.25	5.12	103.44
未分配利润	3,181,691,651.77	21.67	675,411,664.75	11.83	371.07

变动原因：

A.货币资金较期初增加 835,577 万元，主要是上市募集资金增加所致。

B.应收票据较期初增加 11,732 万元，主要是国内销售钼铁、钼金属产品收取的银行承兑汇票增加所致。

C.应收账款较期初减少 28,799 万元，主要是加大催收力度及时结算所致。

D.预付款项较期初增加 7,990 万元，主要是依据采购合同预付设备款增加所致。

E.应收利息较期初增加 7,861 万元，主要是募集资金计提银行存款利息增加所致。

F.其他应收款较期初减少 14,214 万元，主要是应收海关出口保证金减少所致

G.固定资产较期初增加 34,359 万元，主要是钼金属工业园和 6500 吨钼酸铵等募投项目转固所致。

H.在建工程较期初增加 29,970 万元，主要是钼金属深加工等募投项目建设增加所致。

I.工程物资较期初增加 1,425 万元，主要是待安装设备增加所致。

J.递延所得税资产较期初增加 7,109 万元，主要是可抵扣亏损产生的递延所得税资产增加所致。

K.应交税费较期初减少 34,316 万元，主要是支付前期未缴的税款所致。

L.其他应付款较期初减少 49,482 万元，主要是偿还控股股东金钼集团的前期剩余款项所致。

M.将期初其他流动负债项目重分类至应付股利，应付股利较期初减少 1,056 万元，主要是支付股东前期剩余股利所致。

N.长期应付款较期初减少 84,654 万元，主要是向陕西省国土资源厅支付剩余采矿权价款所致。

O.其他非流动负债较期初增加 140 万元，主要是递延收益增加所致。

P.资本公积较期初增加 724,581 万元，主要是将募集资金超出股票面值的溢价收入扣除手续费、佣金后的收入 818,627 万元计入以及收购金钼汝阳股权冲减等原因所致。

Q.盈余公积较期初增加 30,210 万元，主要是根据本期实现的净利润计提增加所致。

R.未分配利润较期初增加 250,628 万元，主要是本期净利润增加所致。

6.1.7.2 报告期利润变化情况及原因

单位：元 币种：人民币

项目	2008 年	2007 年	增减比例(%)
营业成本	1,815,354,076.41	1,290,332,030.45	40.69
财务费用	−150,496,774.99	40,449,905.30	−472.06
资产减值损失	−1,446,033.70	8,024,824.79	−118.02
营业外支出	8,412,966.52	15,159,388.41	−44.50

变动原因：

A.营业成本较上年增加 52,502 万元，主要是外购钼精矿加工销售所致。

B.财务费用较上年减少 19,095 万元，主要是上市募集资金增加银行存款利息收入所致。

C.资产减值损失较上年减少 947 万元，主要是应收款项较前期减少所致。

D.营业外支出较上年减少 675 万元，主要是捐赠支出减少所致。

6.1.7.3 报告期现金流量变化情况及原因

单位：元 币种：人民币

项目	2008 年	2007 年	增减额
经营活动产生的现金流量净额	2,650,712,419.29	3,023,474,952.32	−372,762,533.03
投资活动产生的现金流量净额	−2,489,254,033.24	−766,159,373.49	−1,723,094,659.75
筹资活动产生的现金流量净额	8,194,791,241.35	−3,493,149,245.01	11,687,940,486.36

报告期内，公司继续保持稳健发展的良好势头，现金流量较为充沛，由于上市募集大量资金增加了筹资活动的现金流入，并投入到募投项目中，使公司现金流量结构与上年同期发生较大变化。

6.2 对公司未来发展的展望

6.2.1 宏观经济政策环境及行业发展趋势

6.2.1.1 宏观经济背景

2009 年，受全球金融危机影响，宏观经济面临的国内外环境仍旧趋紧，尤其是内部经济内生性变化带来的周期性调整压力明显大于 2008 年。世界经济增长周期性变化和国内周期性因素相叠加，使经济增长的压力进一步加大。但是，我国经济长期增长的基本趋势没有改变。宏观层面已确定实施积极的财政政策和适度宽松的货币政策。国家在出台一系列政策扩大消费、投资的同时，也在积极地稳定出口。

6.2.1.2 钼市场供需趋势分析

钼供需平衡是决定长期价格走势的主要因素。据 CRU 统计，2008 年全球钼消费量同比下降 0.1%至 20.78 万吨金属量，出现 6 年来首次下降；而 2008 年全球钼供应量同比增加 3.7%至 22.03 万吨金属量，供应量超出消费量 1.25 万吨金属量。

预计 2009 年在钼需求方面，受经济衰退影响，钼的主要消费区域西欧、美国、日本对钼的消费需求依然疲软。中国对钼的需求量约占全球消费量的 22%，中国的基础设施建设以及相关产业的升级会增加对钼的消费，形成对全球钼需求的有力支持；但由于相关的钢铁、机械制造等行业短期难以走出低谷，所以对钼的需求增加会延后。在钼供应方面，由于国外钼生产企业对 2008 年 9 月以后的钼价骤降反应非常迅速，不仅削减产量，而且还推迟扩产计划，将使中国以外地区的钼产量整体呈现下降趋势。在国内，虽然先期投入开工建设的一些矿山产能在 2009 年将相继建成投产，但同时一些中小钼矿山因为不能盈利而选择限产或停产，预计国内钼供应将有限增长。

另外，由于 2008 年四季度以来国内钼原料价格高于国外，国内钼行业下游企业开始选择进口国外钼原料，加之中国钼出口下降，使得中国在 2009 年 1 月首次从之前的钼出口大国变成一个钼净进口大国，对国内市场形成挤压。

6.2.1.3 产业政策情况

有色金属产业列入国家十大产业振兴规划。根据规划，有色金属产业的调整和振兴，将以"控制总量、淘汰落后、技术改造、企业重组为重点，推动产业结构调整和优化升级。"相关政策的调整和实施将对有色金属产业的升级和振兴带来新的机遇。在有色金属产业振兴规划的实施过程中，钼行业或将会有一定的利好政策预期。

目前已明确的钼行业 2009 年主要政策调整有：①2008 年 10 月份商务部公布的 2009 年钼出口配额为 2.55 万吨（金属量），比 2008 年的 2.63 万吨减少 800 吨；②2008 年 11 月国务院公布自 2009 年 1 月 1 日起矿产品增值税税率调整为 17%；③2008 年 12 月国务院审议通过《2009 关税实施方案》，自 2009 年 1 月 1 日起，钼酸铵及钼粉出口关税税率由 15%下调至 10%。从政策效应来看，钼出口配额的持续下降增大了内销压力，但由于下降幅度较小，对钼出口总体影响不大；矿产品增值税税率由原来的 13%提高到 17%，将使公司销售收入同比下降 3.42%；钼酸铵和钼粉出口关税下调有利于刺激该类产品的出口。

6.2.2 公司经营中可能遇到的外部风险及应对措施

6.2.2.1 钼价格波动的风险及对策。由于全球经济增长仍未走出低谷，因此不排除钼价仍或有继续波动的风险。公司将加快技术升级改造，优化产品结构，加强运行管理，加大成本控制，深入挖潜增效，以减少钼价格波动对公司盈利造成的影响。

6.2.2.2 汇率上升的风险及对策。从全球各主要经济体的发展趋势分析，人民币对美元汇率仍有较大的上升压力，将可能对公司出口收益带来影响。公司将加强对外商务谈判，谋求多币

种贸易结算;积极研究稳妥应用其它金融避险工具,在安全的前提下尽可能将汇兑损失降到最小。

6.2.2.3 国内市场竞争加剧的风险及对策。由于国内市场供需失衡仍有可能继续,而出口又受到外部需求下降及出口配额的影响,所以国内市场面临激烈的竞争态势。公司将坚持以质量取胜的理念,更加重视全面质量管理,确保产品品质的领先地位,并且加强营销服务,加大国内市场开拓;在做好内功的同时,公司还将进一步加强同行业协会的沟通,促进行业自律,努力维护良性健康的竞争秩序。

6.2.3 公司 2009 年工作的基本思路

根据公司发展面临的宏观经济环境及有色金属产业调整振兴方向,分析钼行业发展的趋势,我们确定 2009 年工作的基本思路为:以党的十七大精神为指导,全面贯彻落实科学发展观,以生产经营连续稳定和项目建设高效推进为目标,以结构调整、产销平衡、项目建设、技术升级、深化管理、降本增效为重点,落实目标责任,完善内控制度,优化资源配置,提升公司价值,构建和谐企业。

6.2.4 2009 年度主要经营计划及目标

6.2.4.1 产品产量计划

2009 年公司计划生产钼精矿折合钼金属量约 1.3 万吨。

6.2.4.2 经营目标

实现销售收入 30 亿元,净利润 3.5 亿元。由于在具体测算中影响财务假设成立因素较多,尤其是产品价格的波动,年终实现财务数据将以公司 2009 年度财务决算和审计报告为准。

6.2.5 对公司生产经营工作的总体要求

6.2.5.1 抓好生产目标落实,确保生产运行安全、高效、优质、环保,产量指标全面完成。

6.2.5.2 切实抓好节能减排、降本增效,推行清洁生产,建设绿色企业。

6.2.5.3 主动出击切实加大营销运作、市场开拓,依托优质产品实现优良的销售业绩。

6.2.5.4 加大技术创新,提升技术研发对公司产业升级的支持力度。

6.2.5.5 完善项目建设管理机制,确保项目建设质量和进度。

6.2.5.6 把握机遇,积极推进整合并购,加快企业做强做大。

6.2.5.7 高度重视人才队伍建设。立足自身,放眼世界,总体规划,分步实施,不拘一格通过内部培养、外部引进、岗位锻炼等多渠道多途径,造就一流的人才队伍。

与公允价值计量相关的项目

□适用　　√不适用

持有外币金融资产、金融负债情况

□适用　　√不适用

6.3 募集资金使用情况

√适用　　□不适用

单位:万元　币种:人民币

承诺项目	是否变更项目	拟投入金额	实际投入金额	是否符合计划进度	预计收益	产生收益情况
选矿工艺升级改造	否	47,748	3,169	是		
钼金属深加工建设	否	222,000	42,022	是		
6500 吨/年钼酸铵生产线	否	31,033	9,131	是		
低浓度二氧化硫烟气综合利用制酸	否	53,100	21,956	是		
工业氧化钼生产线技术改造	否	89,500	3,083	是		
南露天开采项目采矿工程	否	24,600	19,740	是		
南露天开采项目二期工程	否	48,900	80	是		
栗西沟尾矿库延长服务年限	否	20,300	1,953	是		
北露天矿排土场建设	否	29,850	502	是		
支付金堆城钼矿采矿权出让款	否	105,817	105,817	是		
收购汝阳公司股权	否	91,669	91,669	是		该项投资已实现收益 3517 万元
合计	/	764,517	299,122	/	/	

尚未使用的募集资金存储于募集资金专户

变更项目情况

□适用　　√不适用

6.4 非募集资金项目情况

√适用　　□不适用

报告期内,公司共计投入自有资金 6184.06 万元用于非募集资金的技改技措、设备更新等项目,以加快技术升级,促进可持续发展。

6.5 董事会对会计师事务所"非标准审计报告"的说明

□适用　　√不适用

6.6 董事会本次利润分配或资本公积金转增股本预案

公司 2008 年度利润分配预案为:每 10 股拟派发现金股利(含税)4 元,每 10 股以资本公积转增股本 2 股。按 2008 年 12 月 31 日的股本 2,688,837,000 股计,拟派发现金股利 107,553.48 万元,其余未分配利润 204,742.08 万元待以后年度分配。

第七节　重要事项

7.1 收购资产

√适用　　□不适用

2007 年 12 月 24 日,金钼集团与本公司签署了《股权转让协议》,向本公司出让其持有的金钼汝阳 65%的股权,双方实际确认的转让价款为 91,668.87 万元。按照《股权转让协议》约定,本公司已于 2008 年 5 月 14 日向金钼集团首次支付股权转让价款人民币 60,000.00 万元,并进行了公告(公告编号:2008-006)。2008 年 11 月 24 日,汝阳公司完成了股东变更工商登记手续,股东由"金堆城钼业集团有限公司、河南省华美实业有限公司"变更为"金堆城钼业股份有限公司、河南省华美实业有限公司"。2008 年 12 月 16 日,本公司按照约定向金钼集团支付了该项股权转让全部剩余价款 31,668.87 万元,并进行了公告(公告编号:2008-016)。至此,作为本公司募集资金投资项目之一的"收购汝阳公司股权"项目已全面完成。

7.2 出售资产

□适用　　√不适用

7.3 重大担保

□适用　　√不适用

7.4 重大关联交易

7.4.1 与日常经营相关的关联交易

√适用　　□不适用

单位:元　币种:人民币

关联方	向关联方销售产品和提供劳务 交易金额	占同类交易金额的比例(%)	向关联方采购产品和接受劳务 交易金额	占同类交易金额的比例(%)
金钼集团	7,505,455.5	8.49	174,575,223.63	14.44
金钼汝阳	266,000	4.01	42,543,698.35	4.27
陕西金堆城贸易有限公司	22,325	0.03		

其中:报告期内公司向控股股东及其子公司销售产品或提供劳务的关联交易金额 7,793,780.50 元。

7.4.2 关联债权债务往来

□适用　　√不适用

7.4.3 2008 年资金被占用情况及清欠进展情况

□适用　　√不适用

截止 2008 年末,上市公司未完成非经营性资金占用的清欠工作的,董事会提出的责任追究方案

□适用　　√不适用

7.5 委托理财

□适用　　√不适用

7.6 承诺事项履行情况

7.6.1 公司或持股 5%以上股东在报告期内或持续到报告期内的承诺事项

√适用　　□不适用

7.6.1.1 公司或持股 5%以上股东在报告期内或持续到报告期内的承诺事项

(1)自愿锁定股份的承诺

金钼集团承诺:自本公司 A 股股票在证券交易所上市之日起 36 个月内,不转让或者委托他人管理其已直接或间接持有的本公司股份,也不由本公司收购该部分股份。

(2)改制重组本公司的相关承诺

根据《重组协议》,金钼集团在进行资产重组设立本公司时,已将其所拥有的与主钼业务相关的钼矿开采、焙烧、加工、运输、供应、销售、研发、监测等部门的生产经营性资产和与主钼业务相关的土地使用权、房屋所有权、专有技术、商标、控股公司股权等经营性资产/权益(含相关负债)全部投入本公司。

由于当时汝阳公司使用土地的相关法律程序尚在完善,因此在本公司设立时,汝阳公司股权暂未纳入本公司设立时的资产范围。

(3)避免同业竞争的承诺

①收购金钼集团所持的汝阳公司的股权

本公司与金钼集团签订了相关股权收购协议,将利用首次发行的募集资金收购金钼集团持有的汝阳公司的股权。

②金钼集团与本公司签订《避免同业竞争协议》

根据金钼集团与本公司签订的《避免同业竞争协议》。金钼集团承诺,除协议中有关第四条(指"金钼集团若发现可能与本公司直接或间接构成同业竞争的业务机会,则需优先通知并促成本公司获得此业务机会。如本公司决定不从事该新业务,则金钼集团可经营该业务")和第五条(指"本公司有独家优先收购汝阳公司相关股权的权利,亦有优先收购金钼集团依照第四条规定获得的可能与本公司直接或间接构成同业竞争的业务的权利。同时,金钼集团所持有的因地质勘探形成的任何权利与本公司可能发生同业竞争的情况下,基于本公司的要求,金钼集团应积极配合完成相关收购")的规定外,金钼集团确认其本身及其附属公司和参股企业目前没有以任何形式从事与本公司(及本公司附属公司)主营业务构成或可能构成直接或间接竞争关系的业务或活动。

③本公司实际控制人为陕西有色,陕西有色的承诺事项有:

自本公司公开发行股票之日起,不会直接或间接参与与本公司构成竞争的业务或活动,并促使其他附属公司不直接或间接参与与金钼股份构成竞争的业务或活动,确认如约履行。

④金钼集团计划增持本公司股份

2008 年 12 月 25 日,本公司收到控股股东金钼集团通知,金钼集团拟在中国证监会核准豁免其要约收购义务的批复之日起一年内,通过上海证券交易所的证券交易系统,以在二级市场购买的方式增持不超过本公司总股本的 3%,或不超过 8,066.511 万股股份,增持价格不超过每股 16.5 元,并承诺:在本项增持计划实施期间及相关法定期限内不减持其持有的本公司股份,且严格履行信息披露义务。此事项公司已于 2008 年 12 月 27 日进行了公告(编号:2008-019)。

7.6.1.2 承诺事项履行情况

报告期内,控股股东与实际控制人能够严格履行承诺事项。

(1) 控股股东与实际控制人及其附属公司和参股企业目前没有以任何形式从事与本公司(及本公司附属公司)主营业务构成或可能构成直接或间接竞争关系的业务或活动。

(2)控股股东持有的本公司股份人在锁定期内,无转让、委托他人管理、质押或冻结情形。

(3)在控股股东的积极配合下,作为重要的募集资金投资项目"汝阳公司股权收购"已全面完成,并已纳入本公司财务报表合并范围内。

(4)报告期内,金钼集团未增持本公司股份。

7.6.2 公司资产或项目存在盈利预测,且报告期仍处在盈利预测期间,公司就资产或项目是否达到原盈利预测及其原因作出说明

□适用　　√不适用

7.7 重大诉讼仲裁事项

□适用 √不适用

7.8 其他重大事项及其影响和解决方案的分析说明

7.8.1 证券投资情况

□适用 √不适用

7.8.2 持有其他上市公司股权情况

□适用 √不适用

7.8.3 持有非上市金融企业股权情况

□适用 √不适用

7.8.4 买卖其他上市公司股份的情况

□适用 √不适用

7.9 公司是否披露履行社会责任的报告:否

第八节 监事会报告

8.1 监事会对检查公司财务情况的独立意见

监事会认为,2008 年公司能够严格执行既定的各项内控制度,财务管理规范,财务行为符合《企业会计准则》和《企业会计制度》等相关法律法规要求;公司财务报告真实、准确地反映了公司 2008 年的财务状况和经营成果。中磊会计师事务所有限责任公司为公司出具的标准无保留意见的审计报告客观、准确。

8.2 监事会对公司最近一次募集资金实际投入情况的独立意见 2008 年 11 月 17 日至 11 月 21 日,监事会对公司募集资金管理和项目进展情况进行了全面检查。监事会认为,公司募集资金投资项目、投入金额与公司承诺的投资项目、投入金额、进度基本相符。募投项目各建设单位抢抓时间,积极协调各方面关系,严管工程质量,合理安排施工进度,努力完成项目责任目标。但由于受土地纠纷、政府协调和外委设计等外部因素制约,加上冰冻雨雪及地震等自然灾害的影响,对项目设备基础、厂房和总图等外部作业内容影响较大。总体来看,公司上下已形成了加快项目建设的良好氛围,对后续工作将起到十分重要的促进作用。

8.3 监事会对公司收购、出售资产情况的独立意见

报告期内公司完成了对金钼汝阳公司 65%股权的收购,该事项为公司募集资金投资项目之一,监事会未对该项收购出具独立意见。报告期内公司无重大出售资产事项。

8.4 监事会对公司关联交易情况的独立意见

公司监事会认为报告期内公司发生的关联交易公平合理,程序合法,关联交易价格合理、公允,各项合同(协议)执行情况良好,至今未发现有损害本公司利益及股东利益的情形发生。

8.5 监事会对会计师事务所非标意见的独立意见

本年度北京中磊会计师事务所有限公司为公司出具了标准无保留意见的审计报告。

第九节 财务会计报告

9.1 审计意见

财务报告 □未经审计 √审计

审计意见 √标准无保留意见 □非标意见

审计意见全文

审 计 报 告

中磊审字[2009]第 0098 号

金堆城钼业股份有限公司:

我们审计了后附的金堆城钼业股份有限公司(以下简称"贵公司")按财务报表附注二所述的财务报表编制基础编制的财务报表,包括 2008 年 12 月 31 日的公司及合并资产负债表,2008 年度的公司及合并利润表、公司及合并现金流量表、公司及合并所有者权益变动表以及财务报表附注。

一、管理层对财务报表的责任

按照财务报表附注二所述的财务报表编制基础编制财务报表是贵公司管理层的责任。这种责任包括:(1)设计、实施和维护与财务报表编制相关的内部控制,以使财务报表不存在由于舞弊或错误而导致的重大错报;(2)选择和运用恰当的会计政策;(3)作出合理的会计估计。

二、注册会计师的责任

我们的责任是在实施审计工作的基础上对财务报表发表审计意见。我们按照中国注册会计师审计准则的规定执行了审计工作。中国注册会计师审计准则要求我们遵守职业道德规范,计划和实施审计工作以对财务报表是否不存在重大错报获取合理保证。

审计工作涉及实施审计程序,以获取有关财务报表金额和披露的审计证据。选择的审计程序取决于注册会计师的判断,包括对由于舞弊或错误导致的财务报表重大错报风险的评估。在进行风险评估时,我们考虑与财务报表编制相关的内部控制,以设计恰当的审计程序,但目的并非对内部控制的有效性发表意见。审计工作还包括评价管理层选用会计政策的恰当性和作出会计估计的合理性,以及评价财务报表的总体列报。

我们相信,我们获取的审计证据是充分、适当的,为发表审计意见提供了基础。

三、审计意见

我们认为,贵公司的财务报表已经按照企业会计准则的规定和财务报表附注二所述的财务报表编制基础编制,在所有重大方面公允反映了贵公司按照该编制基础列报的 2008 年 12 月 31 日的财务状况以及 2008 年度的经营成果和现金流量。

中磊会计师事务所有限责任公司　　中国注册会计师:竺晔、孔庆华

中国·北京　　二零零九年三月三十一日

9.2 财务报表

合并资产负债表(一)

2008 年 12 月 31 日

编制单位:金堆城钼业股份有限公司　　单位:人民币元

资产	注释	年末余额	年初余额
流动资产:			
货币资金	八-1	9,713,652,245.99	1,357,881,126.84
结算备付金			
拆出资金			
交易性金融资产			
应收票据	八-2	176,054,786.79	58,734,477.04
应收账款	八-3	159,511,555.54	447,500,102.19
预付款项	八-4	139,105,290.56	59,207,915.03
应收保费			
应收分保账款			
应收分保合同准备金			
应收利息	八-5	88,862,041.10	10,253,250.00
应收股利			
其他应收款	八-6	25,615,326.89	167,757,065.29
买入返售金融资产			
存货	八-7	568,802,980.09	461,066,010.49
一年内到期的非流动资产			
其他流动资产			
流动资产合计		10,871,604,224.96	2,562,399,946.88
非流动资产:			
发放贷款及垫款			
可供出售金融资产			
持有至到期投资			
长期应收款			
长期股权投资			
投资性房地产			
固定资产	八-8	1,126,647,978.61	783,052,994.28
在建工程	八-9	737,835,252.69	438,131,350.50
工程物资	八-10	30,849,229.18	16,597,316.80
固定资产清理			
生产性生物资产			
油气资产			
无形资产	八-11	1,714,644,290.67	1,779,937,700.43
开发支出	八-12		
商誉			
长期待摊费用			
递延所得税资产	八-13	200,381,233.95	129,291,673.86
其他非流动资产			
非流动资产合计		3,810,357,985.10	3,147,011,035.87
资产总计		14,681,962,210.06	5,709,410,982.75

公司法定代表人:马宝平　　主管会计工作负责人:马祥志　　会计机构负责人:余和明

合并资产负债表(二)

2008 年 12 月 31 日

编制单位:金堆城钼业股份有限公司　　单位:人民币元

资产	注释	年末余额	年初余额
流动负债:			
短期借款	八-14	75,000,000.00	73,000,000.00
向中央银行借款			
吸收存款及同业存放			
拆入资金			
交易性金融负债			
应付票据			
应付账款	八-15	319,893,663.66	249,247,515.56
预收款项	八-16	29,154,033.17	40,925,599.26
卖出回购金融资产款			
应付手续费及佣金			
应付职工薪酬	八-17	34,836,422.53	28,535,455.31
应交税费	八-18	156,984,309.80	500,149,175.11
应付利息			
应付股利	八-19	5,250,464.85	
其他应付款	八-20	39,149,610.57	533,971,653.08
应付分保账款			
保险合同准备金			
代理买卖证券款			
代理承销证券款			
一年内到期的非流动负债			
其他流动负债			15,805,910.05
流动负债合计		660,268,504.58	1,441,635,308.37
非流动负债:			
长期借款	八-21	200,000.00	200,000.00
应付债券			
长期应付款	八-22		846,536,320.00
专项应付款			
预计负债	八-23	158,606,808.53	149,345,749.23
递延所得税负债	八-13	7,508,093.13	7,366,043.00
其他非流动负债	八-24	5,800,000.00	4,400,000.00
非流动负债合计		172,114,901.66	1,007,848,112.23

负债合计		832,383,406.24	2,449,483,420.60
股东权益：			
股本	八－25	2,688,837,000.00	2,150,837,000.00
资本公积	八－26	7,265,405,139.93	19,590,870.01
减：库存股			
盈余公积	八－27	594,149,926.96	292,054,216.25
一般风险准备			
未分配利润	八－28	3,181,691,651.77	675,411,664.75
外币报表折算差额		−1,064,618.95	−740,622.98
归属于母公司所有者权益合计		13,729,019,099.71	3,137,153,128.03
少数股东权益	八－29	120,559,704.11	122,774,434.12
股东权益合计		13,849,578,803.82	3,259,927,562.15
负债和股东权益总计		14,681,962,210.06	5,709,410,982.75

公司法定代表人：马宝平　　主管会计工作负责人：马祥志　　会计机构负责人：余和明

合并利润表

2008 年度

编制单位：金堆城钼业股份有限公司　　单位：人民币元

项目	注释	本年金额	上年金额
一、营业总收入		5,960,553,258.41	5,849,068,906.31
其中：营业收入	八－30	5,960,553,258.41	5,849,068,906.31
利息收入			
已赚保费			
手续费及佣金收入			
二、营业总成本		2,635,481,943.94	2,126,775,743.22
其中：营业成本	八－30	1,815,354,076.41	1,290,332,030.45
利息支出			
手续费及佣金支出			
退保金			
赔付支出净额			
提取保险合同准备金净额			
保单红利支出			
分保费用			
营业税金及附加	八－31	596,385,824.30	471,715,020.94
销售费用		52,793,741.72	59,216,053.14
管理费用		322,891,110.20	257,037,908.60
财务费用	八－32	−150,496,774.99	40,449,905.30
资产减值损失	八－33	−1,446,033.70	8,024,824.79
加：公允价值变动收益（损失以“－”号填列）			
投资收益（损失以“－”号填列）			
其中：对联营企业和合营企业的投资收益			
汇兑收益（损失以“－”号填列）			
三、营业利润（亏损以“－”号填列）		3,325,071,314.47	3,722,293,163.09
加：营业外收入	八－34	2,066,016.74	1,684,694.24
减：营业外支出	八－35	8,412,966.52	15,159,388.41
其中：非流动资产处置净损失		1,354,081.13	
四、利润总额（亏损总额以“－”号填列	）	3,318,724,364.69	3,708,818,468.92
减：所得税费用	八－36	489,732,397.97	512,044,529.48
五、净利润（净亏损以“－”号填列）		2,828,991,966.72	3,196,773,939.44
归属于母公司所有者的净利润		2,808,375,697.73	3,172,213,447.56
少数股东损益	八－29	20,616,268.99	24,560,491.88
其中：被合并方在合并前实现利润		15,122,848.31	
六、每股收益：			
（一）基本每股收益（元/股）		1.12	1.47
（二）稀释每股收益（元/股）		1.12	1.47

公司法定代表人：马宝平　　主管会计工作负责人：马祥志　　会计机构负责人：余和明

合并现金流量表

2008 年度

编制单位：金堆城钼业股份有限公司　　单位：人民币元

项目	附注	本年金额	上年金额
一、经营活动产生的现金流量：			
销售商品、提供劳务收到的现金		6,827,873,826.81	6,152,154,754.35
客户存款和同业存放款项净增加额			
向中央银行借款净增加额			
向其他金融机构拆入资金净增加额			
收到原保险合同保费取得的现金			
收到再保险业务现金净额			
保户储金及投资款净增加额			
处置交易性金融资产净增加额			
收取利息、手续费及佣金的现金			
拆入资金净增加额			
回购业务资金净增加额			
收到的税费返还		54,576,886.95	50,827,398.55
收到其他与经营活动有关的现金	八－37	387,188,189.49	119,503,012.34
经营活动现金流入小计		7,269,638,903.25	6,322,485,165.24
购买商品、接受劳务支付的现金		1,398,190,816.90	753,175,853.46
客户贷款及垫款净增加额			
存放中央银行和同业款项净增加额			
支付原保险合同赔付款项的现金			
支付利息、手续费及佣金的现金			
支付保单红利的现金			
支付给职工以及为职工支付的现金		506,506,559.25	411,622,182.28
支付的各项税费		2,445,641,663.74	1,812,409,790.89
支付其他与经营活动有关的现金	八－37	268,587,444.07	321,802,386.29
经营活动现金流出小计		4,618,926,483.96	3,299,010,212.92
经营活动产生的现金流量净额		2,650,712,419.29	3,023,474,952.32
二、投资活动产生的现金流量：			
收回投资收到的现金			
取得投资收益收到的现金			
处置固定资产、无形资产和其他长期资产收回的现金净额			10,000.00
处置子公司及其他营业单位收到的现金净额			
收到其他与投资活动有关的现金			
投资活动现金流入小计		－	10,000.00
购建固定资产、无形资产和其他长期资产支付的现金		1,548,795,333.36	654,357,463.76
投资支付的现金		940,458,699.88	111,454,624.73
质押贷款净增加额			
取得子公司及其他营业单位支付的现金净额			
支付其他与投资活动有关的现金			357,285.00
投资活动现金流出小计		2,489,254,033.24	766,169,373.49
投资活动产生的现金流量净额		−2,489,254,033.24	−766,159,373.49
三、筹资活动产生的现金流量：			
吸收投资收到的现金		8,745,281,460.00	107,541,944.21
其中：子公司吸收少数股东投资收到的现金			
取得借款收到的现金		75,000,000.00	73,000,000.00
发行债券收到的现金			
收到其他与筹资活动有关的现金			
筹资活动现金流入小计		8,820,281,460.00	180,541,944.21
偿还债务支付的现金		73,000,000.00	25,817,750.00
分配股利、利润或偿付利息支付的现金		38,259,708.80	1,324,606,920.16
其中：子公司支付给少数股东的股利、利润			
支付其他与筹资活动有关的现金		514,230,509.85	2,323,266,519.06
筹资活动现金流出小计		625,490,218.65	3,673,691,189.22
筹资活动产生的现金流量净额		8,194,791,241.35	−3,493,149,245.01
四、汇率变动对现金及现金等价物的影响		−478,510.25	−1,139,816.04
五、现金及现金等价物净增加额		8,355,771,117.15	−1,236,973,482.22
加：期初现金及现金等价物余额		1,357,881,126.84	2,594,854,609.06
六、期末现金及现金等价物余额		9,713,652,243.99	1,357,881,126.84

公司法定代表人：马宝平　　主管会计工作负责人：马祥志　　会计机构负责人：余和明

合并所有者权益变动表

编制单位：金堆城钼业股份有限公司　　单位：人民币元

2008 年度

项目	归属于母公司所有者权益合计								
	实收资本	资本公积	减：库存股	盈余公积	一般风险准备	未分配利润	外币折算差额	少数股东权益	所有者权益合计
一、上期期末余额	2,150,837,000.00	46,730,249.71		191,974,112.90		591,526,831.08	−740,622.98	44,133,077.62	3,024,460,648.33
加：同一控制下企业合并产生的追溯调整		19,590,870.01		27,934,159.06		98,523,204.44		78,641,356.50	224,689,590.01
会计政策变更		−46,730,249.71		72,145,944.29		−14,638,370.77			10,777,323.81
前期差错更正									
其他									
二、本年年初余额	2,150,837,000.00	19,590,870.01		292,054,216.25		675,411,664.75	−740,622.98	122,774,434.12	3,259,927,562.15
三、本年增减变动金额（减少以“－”号填列）	538,000,000.00	7,245,814,269.92		302,095,710.71		2,506,279,987.02	−323,995.97	−2,214,730.01	10,589,651,241.67
（一）净利润						2,808,375,697.73		20,616,268.99	2,828,991,966.72
（二）直接计入所有者权益的利得和损失								−323,995.97	−80,999.00
−404,994.97									
1.可供出售金融资产公允价值变动净额									
2.权益法下被投资单位其他所有者权益变动的影响									
3.与计入所有者权益项目相关的所得税影响									
4.其他							−323,995.97	−80,999.00	−404,994.97
上述（一）和（二）小计						2,808,375,697.73	−323,995.97	20,535,269.99	2,828,586,971.75
（三）所有者投入和减少资本	538,000,000.00	7,245,814,269.92							7,783,814,269.92
1.所有者投入资本	538,000,000.00	8,186,272,969.80							8,724,272,969.80
2.股份支付计入所有者权益的金额									
3.其他		−940,458,699.88							−940,458,699.88
（四）利润分配				302,095,710.71		−302,095,710.71		−22,750,000.00	−22,750,000.00
1.提取盈余公积				261,331,830.81		−261,331,830.81			
2.提取一般风险准备									
3.对所有者（或股东）的分配								−22,750,000.00	−22,750,000.00
4.其他				40,763,879.90		−40,763,879.90			
（五）所有者权益内部结转									
1.资本公积转增资本（或股本）									
2.盈余公积转增资本（或股本）									

项目	实收资本	资本公积	减:库存股	盈余公积	一般风险准备	未分配利润	外币折算差额	少数股东权益	所有者权益合计
3.盈余公积弥补亏损									
4.其他									
四、本期期末余额	2,688,837,000.00	7,265,405,139.93		594,149,926.96		3,181,691,651.77	−1,064,618.95	120,559,704.11	13,849,578,803.82

2007 年度

项目	归属于母公司所有者权益合计								
	实收资本	资本公积	减:库存股	盈余公积	一般风险准备	未分配利润	外币折算差额	少数股东权益	所有者权益合计
一、上期期末余额									
加:同一控制下企业合并产生的追溯调整									
会计政策变更									
前期差错更正									
其他									
二、本年年初余额									
三、本年增减变动金额									
(减少以"−"号填列)	2,150,837,000.00	19,590,870.01		292,054,216.00		675,411,664.75	−740,622.98	122,774,434.12	3,259,927,562.15
(一)净利润						1,366,004,863.79		17,628,647.11	1,383,633,510.90
(二)直接计入所有者									
权益的利得和损失		−1,884.38				382,265,280.11	−740,622.98		381,522,772.75
1.可供出售金融资产公允价值变动净额									
2.权益法下被投资单位其他所有者权益变动的影响									
3.与计入所有者权益项目相关的所得税影响									
4.其他		−1,884.38				382,265,280.11	−740,622.98		381,522,772.75
上述(一)和(二)小计		−1,884.38				1,748,270,143.90	−740,622.98	17,628,647.11	1,765,156,283.65
(三)所有者投入和									
减少资本	2,150,837,000.00	19,592,754.39		27,934,159.00		98,523,204.44		105,145,787.01	2,402,032,904.90
1.所有者投入资本	2,150,837,000.	1,884.38							2,150,838,884.38
2.股份支付计入所有者权益的金额									−
3.其他		19,590,870.01		27,934,159.00		98,523,204.44		105,145,787.01	251,194,020.52
(四)利润分配				264,120,057.00		−1,171,381,683.5			−907,261,626.40
1.提取盈余公积				198,272,139.00		−198,272,139.64			
2.提取一般风险准备									
3.对所有者(或股东)的分配						−907,261,626.40			−907,261,626.40
4.其他				65,847,917.50		−65,847,917.55			
(五)所有者权益内部结转									
1.资本公积转增资本(或股本)									
2.盈余公积转增资本(或股本)									
3.盈余公积弥补亏损									
4.其他									
四、本期期末余额	2,150,837,000.	19,590,870.01		292,054,216.00		675,411,664.75	−740,622.98	122,774,434.12	3,259,927,562.15

公司法定代表人:马宝平　　主管会计工作负责人:马祥志　　会计机构负责人:余和明

母公司资产负债表(一)

2008 年 12 月 31 日

编制单位:金堆城钼业股份有限公司　　单位:人民币元

资产	注释	年末余额	年初余额
流动资产:			
货币资金		9,657,532,139.21	1,230,787,640.40
交易性金融资产			
应收票据		155,819,452.26	33,993,070.17
应收账款	九−1	293,938,216.94	603,834,758.00
预付款项		127,786,504.72	29,936,483.13
应收利息		88,862,041.10	10,253,250.00
应收股利		44,529,853.20	2,420,771.91
其他应收款	九−2	23,186,972.37	169,983,676.63
存货		484,892,354.72	417,291,560.15
一年内到期的非流动资产			
其他流动资产			
流动资产合计		10,876,547,534.52	2,498,501,210.39
非流动资产:			
可供出售金融资产			
持有至到期投资			
长期应收款			
长期股权投资	九−3	174,677,173.38	333,851,229.09
投资性房地产			
固定资产		963,221,200.45	588,894,804.57
在建工程		633,537,554.56	340,406,951.46
工程物资		1,915,393.70	
固定资产清理			
生产性生物资产			
油气资产			
无形资产		1,662,257,876.86	1,721,643,629.73
开发支出			
商誉			
长期待摊费用			
递延所得税资产		186,219,344.95	75,516,290.72
其他非流动资产			
非流动资产合计		3,621,828,543.90	3,060,312,905.57
资产总计		14,498,376,078.42	5,558,814,115.96

公司法定代表人:马宝平　　主管会计工作负责人:马祥志　　会计机构负责人:余和明

母公司资产负债表(二)

2008 年 12 月 31 日

编制单位:金堆城钼业股份有限公司　　单位:人民币元

负债及股东权益	注释	年末余额	年初余额
流动负债:			
短期借款			
交易性金融负债			
应付票据			
应付账款		308,119,263.96	237,075,657.76
预收款项		22,871,431.00	37,118,132.21
应付职工薪酬		33,085,524.73	22,251,615.21
应交税费		157,159,912.97	503,903,540.75
应付利息			
应付股利			9,072,616.26
其他应付款		32,423,154.49	521,127,579.02
一年内到期的非流动负债			
其他流动负债			
流动负债合计		553,659,287.15	1,330,549,141.21
非流动负债:			
长期借款			
应付债券			
长期应付款			846,536,320.00
专项应付款			
预计负债		154,026,833.87	145,094,798.15
递延所得税负债		5,189,212.28	5,543,774.37
其他非流动负债		5,800,000.00	4,400,000.00
非流动负债合计		165,016,046.15	1,001,574,892.52
负债合计		718,675,333.30	2,332,124,033.73
股东权益:			
股本		2,688,837,000.00	2,150,837,000.00
资本公积		7,401,692,354.83	
减:库存股			
盈余公积		566,215,767.90	264,120,057.19
未分配利润		3,122,955,622.39	811,733,025.04
外币报表折算差额			
股东权益合计		13,779,700,745.12	3,226,690,082.23
负债和股东权益合计		14,498,376,078.42	5,558,814,115.96

公司法定代表人:马宝平　　主管会计工作负责人:马祥志　　会计机构负责人:余和明

母公司利润表

2008 年度

编制单位:金堆城钼业股份有限公司　　单位:人民币元

项目	注释	本年金额	上年金额
一、营业收入	九−4	7,150,083,843.32	6,224,167,727.39
减:营业成本	九−4	3,363,779,735.68	1,611,885,617.41
营业税金及附加		588,863,103.11	466,291,996.81
销售费用		47,148,677.81	52,759,199.24
管理费用		259,745,446.37	191,650,438.95
财务费用		−154,759,664.34	39,814,703.79
资产减值损失		−13,621,459.65	8,437,019.54
加:公允价值变动收益(损失以"−"号填列)			
投资收益(损失以"−"号填列)	九−5	−13,231,910.16	
其中:对联营企业和合营企业的投资收益			
二、营业利润(亏损以"−"号填列)		3,045,696,094.18	3,853,328,751.65
加:营业外收入		1,444,695.08	463,547.93
减:营业外支出		6,956,144.44	632,508.19
其中:非流动资产处置净损失		772,727.24	
三、利润总额(亏损总额以"−"号填列)		3,040,184,644.82	3,853,159,791.39
减:所得税费用		426,866,336.76	530,162,768.95
四、净利润(净亏损以"−"号填列)		2,613,318,308.06	3,322,997,022.44

公司法定代表人:马宝平　　主管会计工作负责人:马祥志　　会计机构负责人:余和明

母公司现金流量表

2008 年度

编制单位:金堆城钼业股份有限公司　　单位:人民币元

项目	注释	本年金额	上年金额
一、经营活动产生的现金流量:			
销售商品、提供劳务收到的现金		6,431,335,351.65	5,939,856,692.62
收到的税费返还		51,426,949.48	49,251,201.43
收到其他与经营活动有关的现金		373,795,534.44	105,629,983.64
经营活动现金流入小计		6,856,557,835.57	6,094,737,877.69
购买商品、接受劳务支付的现金		1,428,877,634.70	678,250,559.60
支付给职工以及为职工支付的现金		426,324,209.09	348,632,951.78
支付的各项税费		2,287,975,521.79	1,730,993,883.53
支付其他与经营活动有关的现金		238,644,530.13	272,204,002.19
经营活动现金流出小计		4,381,821,895.71	3,030,081,397.10

经营活动产生的现金流量净额	2,474,735,939.86	3,064,656,480.59
二、投资活动产生的现金流量：	——	——
收回投资收到的现金	90,663,109.61	–
取得投资收益收到的现金		4,073,289.31
处置固定资产、无形资产和其他长期资产收回现金净额		
处置子公司及其他营业单位收到的现金净额		
收到其他与投资活动有关的现金		
投资活动现金流入小计	90,663,109.61	4,073,289.31
购建固定资产、无形资产和其他长期资产支付的现金	1,420,174,184.67	550,257,590.58
投资支付的现金	940,458,699.88	111,454,624.73
取得子公司及其他营业单位支付的现金净额		
支付其他与投资活动有关的现金		52,000.00
投资活动现金流出小计	2,360,632,884.55	661,764,215.31
投资活动产生的现金流量净额	−2,269,969,774.94	−657,690,926.00
三、筹资活动产生的现金流量：	——	——
吸收投资收到的现金	8,745,281,460.00	107,541,944.21
取得借款收到的现金	–	–
收到其他与筹资活动有关的现金	–	–
筹资活动现金流入小计	8,745,281,460.00	107,541,944.21
偿还债务支付的现金		
分配股利、利润或偿付利息支付的现金	9,072,616.26	1,314,464,143.40
支付其他与筹资活动有关的现金	514,230,509.85	2,294,883,330.18
筹资活动现金流出小计	523,303,126.11	3,609,347,473.58
筹资活动产生的现金流量净额	8,221,978,333.89	−3,501,805,529.37
四、汇率变动对现金的影响		
五、现金及现金等价物净增加额	8,426,744,498.81	−1,094,839,974.78
加：期初现金及现金等价物余额	1,230,787,640.40	2,325,627,615.18
六、期末现金及现金等价物余额	9,657,532,139.21	1,230,787,640.40

公司法定代表人：马宝平　　主管会计工作负责人：马祥志　　会计机构负责人：余和明

母公司所有者权益变动表

2008 年度

编制单位：金堆城钼业股份有限公司　　单位：人民币元

本期金额

项目	股本	资本公积	减：库存股	盈余公积	未分配利润	所有者权益合计
一、上年年末余额	2,150,837,000.00	46,730,249.71		191,974,112.90	822,070,929.14	3,211,612,291.75
加：会计政策变更		−46,730,249.71		72,145,944.29	−10,337,904.10	15,077,790.48
前期差错更正						
其他						
二、本年年初余额	2,150,837,000.00			264,120,057.19	811,733,025.04	3,226,690,082.23
三、本年增减变动金额						
(减少以“−”号填列)	538,000,000.00	7,401,692,354.83		302,095,710.71	2,311,222,597.35	10,553,010,662.89
(一)净利润					2,613,318,308.06	2,613,318,308.06
(二)直接计入所有者权益的利得和损失						
1.可供出售金融资产公允价值变动净额						
2.权益法下被投资单位其他所有者权益变动的影响						
3.与计入所有者权益项目相关的所得税影响						
4.其他						
上述(一)和(二)小计					2,613,318,308.06	2,613,318,308.06
(三)所有者投入和						
减少资本	538,000,000.00	7,401,692,354.83				7,939,692,354.83
1.所有者投入资本	538,000,000.00	8,186,272,969.80				8,724,272,969.80
2.股份支付计入所有者权益的金额						
3.其他		−784,580,614.97				−784,580,614.97
(四)利润分配				302,095,710.71	−302,095,710.71	
1.提取盈余公积				261,331,830.81	−261,331,830.81	
2.对所有者(或股东)的分配						
3.其他				40,763,879.90	−40,763,879.90	
(五)所有者权益内部结转						
1.资本公积转增资本(或股本)						
2.盈余公积转增资本(或股本)						
3.盈余公积弥补亏损						
4.其他						
四、本期期末余额	2,688,837,000.00	7,401,692,354.83		566,215,767.90	3,122,955,622.39	13,779,700,745.12

上期金额

项目	股本	资本公积	减：库存股	盈余公积	未分配利润	所有者权益合计
一、上年年末余额						
加：会计政策变更						
前期差错更正						
其他						
二、本年年初余额						
三、本年增减变动金额						
(减少以“−”号填列)	2,150,837,000.00			264,120,057.19	811,733,025.04	3,226,690,082.23
(一)净利润					1,577,752,468.38	1,577,752,468.38
(二)直接计入所有者						
权益的利得和损失		−1,884.38			405,362,240.25	405,360,355.87
1.可供出售金融资产公允价值变动净额						
2.权益法下被投资单位其他所有者权益变动的影响						
3.与计入所有者权益项目相关的所得税影响						
4.其他		−1,884.38			405,362,240.25	405,360,355.87
上述(一)和(二)小计		−1,884.38			1,983,114,708.63	1,983,112,824.25
(三)所有者投入和						
减少资本	2,150,837,000.00	1,884.38				2,150,838,884.38
1.所有者投入资本	2,150,837,000.00	1,884.38				2,150,838,884.38
2.股份支付计入所有者权益的金额						
3.其他						
(四)利润分配				264,120,057.19	−1,171,381,683.59	−907,261,626.40
1.提取盈余公积				198,272,139.64	−198,272,139.64	–
2.对所有者(或股东)的分配					−907,261,626.40	−907,261,626.40
3.其他				65,847,917.55	−65,847,917.55	
(五)所有者权益内部结转						
1.资本公积转增资本(或股本)						
2.盈余公积转增资本(或股本)						
3.盈余公积弥补亏损						
4.其他						
四、本期期末余额	2,150,837,000.00			264,120,057.19	811,733,025.04	3,226,690,082.23

公司法定代表人：马宝平　　主管会计工作负责人：马祥志　　会计机构负责人：余和明

9.3 会计政策、会计估计和核算方法变更的说明

财政部《关于做好执行会计准则企业 2008 年年报工作的通知》(财会函[2008]60 号)规定“高危行业企业按照规定提取的安全生产费用，应当按照《企业会计准则讲解(2008)》中的具体要求处理，在所有者权益“盈余公积”项下以“专项储备”项目单独列报，不再作为负债列示。企业在固定资产折旧外计提的维简费，应当比照安全生产费用的原则处理。”《企业会计准则讲解(2008)》要求企业未按上述规定进行会计处理的，应当进行追溯调整。

9.4 本报告期无会计差错更正。

9.5 报告期内，公司财务报表合并范围未发生重大变化

根据公司 2008 年第一次临时股东大会决议，2008 年 11 月 1 日，公司解散了子公司陕西华钼与金钼科技，将其资产、负债和业务整体分别并入公司下设的化学分公司和钼精细制品厂。陕西华钼及金钼科技 2008 年 1−10 月的损益并入本公司合并会计报表；

按照同一控制下企业合并相关会计准则要求，金钼汝阳相关资产、负债及损益并入本年度及可比期间财务报表。

金堆城钼业股份有限公司

董事长：马宝平

二零零九年三月三十一日

中国船舶重工股份有限公司

中国船舶重工股份有限公司首次公开发行A股股票上市公告书

第一节　重要声明与提示

中国船舶重工股份有限公司(简称“本公司”或“发行人”)及全体董事、监事、高级管理人员保证上市公告书的真实性、准确性、完整性,承诺上市公告书不存在虚假记载、误导性陈述或重大遗漏,并承担个别和连带的法律责任。

上海证券交易所、其他政府机关对本公司股票上市及有关事项的意见,均不表明对本公司的任何保证。

本公司提醒广大投资者注意,凡本上市公告书未涉及的有关内容,请投资者查阅刊载于上海证券交易所网站(http://www.sse.com.cn)的本公司招股说明书全文。

本公司董事、监事和其他高级管理人员均不存在直接或间接持有本公司股份的情况,并承诺将严格遵守《中华人民共和国公司法》、《中华人民共和国证券法》和《上海证券交易所股票上市规则》等有关法律、法规关于公司董事、监事和高级管理人员持股及锁定的有关规定。

如无特别说明,本上市公告书中的简称或名词的释义与本公司首次公开发行股票招股说明书中的相同。

第二节　股票上市情况

一、本上市公告书系根据《公司法》、《证券法》和《上海证券交易所股票上市规则》等有关法律法规规定,按照上海证券交易所《股票上市公告书内容与格式指引》编制而成,旨在向投资者提供本公司首次公开发行A股股票上市的基本情况。

二、本公司首次公开发行A股股票(简称“本次发行”)经中国证券监督管理委员会证监许可[2009]799号文核准。本次发行采用网下向询价对象询价配售与网上资金申购发行相结合的方式。

三、本公司A股上市经上海证券交易所上证发字[2009]20号文批准。证券简称“中国重工”,证券代码“601989”;其中本次公开发行中网上资金申购发行119,700万股股票将于2009年12月16日起上市交易。

四、股票上市概况

1、上市地点:上海证券交易所

2、上市时间:2009年12月16日

3、股票简称:中国重工

4、股票代码:601989

5、本次发行完成后总股本:665,100万股

6、本次A股发行的股份数:199,500万股

7、本次发行前股东所持股份的流通限制及期限

(1)本公司控股股东中船重工集团承诺:自本公司股票上市交易之日起三十六个月内,不转让或者委托他人管理其已直接和间接持有的本公司股份,也不由本公司收购该部分股份。

(2)其他本公司发行前股东鞍钢集团和航天科技集团均承诺:自本公司股票上市交易之日起十二个月内,不转让或者委托他人管理其已直接和间接持有的本公司股份,也不由本公司收购该部分股份。

(3)根据《境内证券市场转持部分国有股充实全国社会保障基金实施办法》(财企[2009]94号的有关规定,本公司首次公开发行股票后,由本公司国有股股东中船重工集团、鞍钢集团和航天科技集团转由全国社会保障基金理事会持有的本公司国有股,全国社会保障基金理事会将承继原国有股东的禁售期义务。

8、本次上市股份的其他锁定安排:本次发行中网下向询价对象询价配售的79,800万股股份锁定期为三个月,锁定期自本次网上资金申购发行的股票在上海证券交易所上市交易之日起计算。

9、本次上市的无流通限制及锁定安排的股份:本次发行中网上资金申购发行的119,700万股股份无流通限制及锁定安排。

10、股票登记机构:中国证券登记结算有限责任公司上海分公司

11、上市保荐人:中国国际金融有限公司

第三节　发行人、股东和实际控制人情况

一、发行人基本情况

1、中文名称:中国船舶重工股份有限公司

中文简称:中国重工

英文名称:China Shipbuilding Industry Company Limited

2、法定代表人:李长印

3、成立日期:2008年3月18日

4、注册资本:4,656,000,000元(本次发行前)

5、注册地址:北京市海淀区昆明湖南路72号

邮政编码:100097

6、经营范围:

船舶配套产品设计、制造、销售和租赁,舰船配套技术开发和服务,具体业务包括:船用动力及部件的设计和制造;船用辅机的设计和制造;运输设备及其他配套设备的设计和制造

7、主营业务:船用动力及部件、船用辅机和运输设备及其他

8、所属行业:其他专用设备制造业

9、电话号码:010-8847 5267

10、传真号码:010-8847 5205

11、互联网网址:http://www.csicl.com.cn

12、电子信箱:investor_relations@csicl.com.cn

13、董事会秘书:郭同军

14、董事、监事、高级管理人员

(1)董事

本公司董事会由13名董事组成,其中独立董事5名,全部由股东大会选举产生,任期为三年,任期届满可连选连任。各董事的具体情况如下:

姓　名	在本公司职位
李长印	董事长
张必贻	董事
李国安	董事
董　强	董事
吴　强	董事
邵开文	董事
钱建平	董事
孙　波	董事兼总经理
徐志坚	独立董事
范有年	独立董事
张彦仲	独立董事
张士华	独立董事
陈丽京	独立董事

(2)监事

本公司现在共有监事7名,其中4名由股东大会选举产生,另外3名由本公司职工民主选举产生,监事任期为三年,任期届满可连选连任。监事的具体情况如下表:

姓　名	在本公司职位
朱振生	监事会主席
杨本新	监事
姜仁锋	监事
何纪武	职工监事
孙建科	监事
吴　术	职工监事
宫惠明	职工监事

(3)高级管理人员

本公司的高级管理人员有5人,其基本情况如下表:

姓　名	在本公司职位
孙　波	总经理
郭同军	董事会秘书
华　伟	财务总监
段志发	副总经理
马聚勇	副总经理

15、董事、监事、高级管理人员持有本公司股票、债券情况

截至本上市公告书刊登之日,本公司董事、监事和其他高级管理人员均不存在直接或间接持有

本公司股票、债券的情况。

二、控股股东情况

本公司的控股股东为中船重工集团。中船重工集团组建于1999年7月，是经国务院批准，在原中国船舶工业总公司所属部分企事业单位基础上组建的特大型中央企业，是国家授权的投资机构。中船重工集团注册资金为12,129,698,000元人民币，法定代表人为李长印，发起设立本公司后，主要从事民船造修、核心军品及其他非船等业务。

三、股东情况

1、本次A股发行前后，本公司的股本结构

	发行前		发行后	
	股数(股)	持股比例	股数(股)	持股比例
中船重工集团(SS注[1])	4,526,000,000	97.21%	4,332,070,232	65.13%
鞍钢集团注[2](SS)	100,000,000	2.15%	95,715,206	1.44%
航天科技集团(SS)	30,000,000	0.64%	28,714,562	0.43%
社会公众股注[3](A股)	–	–	1,995,000,000	30.00%
全国社会保障基金理事会	–	–	199,500,000	3.00%
合计	4,656,000,000	100.00%	6,651,000,000	100.00%

注1:SS为State-own Shareholder的缩写，表示其为国有股东

注2：发行后鞍钢集团持有的95,715,206股，不包括其通过本次发行网上申购获得配售的13,000股股份

注3：发行后1,995,000,000股社会公众股中，包括网下向询价对象询价配售的股份798,000,000股，锁定期为三个月，以及网上资金申购发行的股份1,197,000,000股，无流通限制及锁定安排

本次A股发行199,500万股。根据《境内证券市场转持部分国有股充实全国社会保障基金实施办法》(财企[2009]94号)，经国资委《关于中国船舶重工股份有限公司国有股转持有关问题的批复》(国资产权［2009]569号）批准，中船重工集团、鞍钢集团和航天科技集团分别将持有的本公司193,929,768股、4,284,794股和1,285,438股(合计199,500,000股，占本次发行股数的10%)划转给全国社会保障基金理事会。

2、本次发行后、上市前，前十大A股股东持股情况

序号	名　称	持股数(股)	占本次发行后总股本比例(%)
1	中国船舶重工集团公司	4,332,070,232	65.13%
2	全国社会保障基金理事会	199,500,000	3.00%
3	鞍山钢铁集团公司	95,728,206	1.44%
4	中国航天科技集团公司	28,714,562	0.43%
5	中国人寿保险股份有限公司—分红—团体分红—005L—FH001沪	22,547,024	0.34%
6	中国人寿保险股份有限公司—分红—个人分红—005L—FH002沪	22,546,899	0.34%
7	中国人寿保险(集团)公司—传统—普通保险产品	22,546,899	0.34%
8	中国人寿保险股份有限公司—传统—普通保险产品—005L—CT002沪	22,546,899	0.34%
9	安邦财产保险股份有限公司—传统保险产品	22,529,318	0.34%
10	中国电力财务有限公司	21,288,572	0.32%

第四节　股票发行情况

一、发行数量：1,995,000,000股

二、发行价格：7.38元/股

三、发行方式：本次发行采用网下向询价对象询价配售与网上资金申购发行相结合的方式，其中网下向询价对象配售79,800万股，网上向社会公众投资者发行119,700万股。

四、募集资金总额及注册会计师对资金到位的验证情况

本次发行募集资金总额为14,723,100,000.00元。

中瑞岳华会计师事务所有限公司于2009年12月10日对本次发行的资金到位情况进行了审验，并出具了《中国船舶重工股份有限公司验资报告》(中瑞岳华验字[2009]第265号)。

五、发行费用

1、本次发行费用总额382,281,609.92元，包括：

(1)承销及保荐费用：338,631,300.00元

(2)财务顾问费用：6,000,000.00元

(3)审计费用：16,618,000.00元

(4)评估费用：350,000.00元

(5)律师费用：4,300,000.00元

(6)路演推介费用：8,000,000.00元

(7)发行手续费用：1,211,900.00元

(8)印花税：7,170,409.92元

2、本次发行每股发行费用为0.19元。

六、本次发行募集资金净额：14,340,818,390.08元。

七、发行后全面摊薄每股净资产：2.97元(按照2009年6月30日经审计的归属于母公司股东的权益加上本次发行募集资金净额之和除以本次发行后总股本计算)

八、发行后全面摊薄每股收益：0.18元(按照2008年度经审计扣除非经常性损益前后孰低的净利润除以本次发行后总股本计算)

第五节　其他重要事项

根据《上海证券交易所上市公司募集资金管理规定》，本公司将在募集资金到账后两周内与保荐人中国国际金融有限公司和存放募集资金的商业银行签订《募集资金专户存储三方监管协议》，并在该协议签订后两个交易日内公开披露该协议的主要内容。

本公司在招股意向书刊登日(2009年11月25日)至上市公告书刊登前，没有发生可能对本公司有较大影响的重要事项，具体如下：

1、本公司主营业务目标进展情况正常。

2、本公司所处行业和市场未发生重大变化。

3、本公司原材料采购价格、产品销售价格和工程承包合同价格未发生重大变化。

4、本公司与关联方未发生重大关联交易。

5、本公司未进行重大投资。

6、本公司未发生重大资产(或股权)购买、出售及置换。

7、本公司住所没有变更。

8、本公司董事、监事、高级管理人员没有变化。

9、本公司未发生重大诉讼、仲裁事项。

10、本公司未发生除正常经营业务之外的重大对外担保等或有事项。

11、本公司的财务状况和经营成果未发生重大变化。

12、本公司未发生其他应披露的重大事项。

第六节　上市保荐人及其意见

一、上市保荐人基本情况

1、中国国际金融有限公司

地 址：北京市建国门外大街1号国贸大厦2座27层及28层

法定代表人：李剑阁

电 话：(010)6505 1166

传 真：(010)6505 1156

保荐代表人：王建阳、陈泉泉

二、上市保荐人的推荐意见

上市保荐人认为，发行人申请其A股股票上市符合《公司法》、《证券法》及《上海证券交易所股票上市规则》等国家法律、法规的有关规定，发行人A股股票具备在上海证券交易所上市的条件。中国国际金融有限公司同意推荐中国船舶重工股份有限公司A股股票在上海证券交易所上市。

发行人：中国船舶重工股份有限公司

保荐人(主承销商)：中国国际金融有限公司

2009年12月15日

上海浦东发展银行股份有限公司

公司概况	公司名称	上海浦东发展银行股份有限公司			证券简称	浦发银行
	法人代表	吉晓辉	董秘	沈思	证券代码	600000
	公司网址	www.spdb.com.cn		电子信箱	bdo@spdb.com.cn	
	电　　话	021-63611226		传　　真	021-63230807	
	办公地址	上海市中山东一路 12 号				
	经营范围	吸收公众存款;发放短期、中期和长期贷款;办理结算;办理票据贴现等				

主要财务指标	指标\报告期	2009.06.30	2008.12.31	2008.06.30	2007.12.31
	每股收益(元)	0.8600	2.2110	1.1260	0.9710
	每股收益(扣除)(元)	0.8540	2.1440	1.1270	1.1570
	每股净资产(元)	5.9100	7.3620	6.1130	6.4980
	调整后每股净资产(元)	–	–	–	–
	每股资本公积金(元)	1.3265	1.9189	1.7544	2.1358
	每股盈余公积金(元)	1.1818	1.2123	0.9913	1.2886
	每股未分配利润(元)	1.5269	2.1004	1.2367	0.6039
	每股现金净流量(元)	–	–	–	–
	每股经营现金净流量(元)	–	–	–	–
	净资产收益率(扣除)(%)	–	–	–	23.1500
	净资产收益率(%)	14.4900	30.0300	18.4200	19.4300
	总资产(万)	161948257.60	130942544.20	100261052.24	91498034.60
	股东权益(万)	4680855.76	4167943.59	3460707.16	2829786.80
	主营业务收入(万)	1667737.11	3456056.68	1670613.48	2587643.40
	主营业务利润(万)	897136.21	1533200.92	841021.69	1076274.40
	营业务收入(万)	–	–	–	–
	营业务利润(万)	–	–	–	–
	投资收益(万)	–	–	–	–
	利润总额(万)	898407.08	1530345.51	839533.14	1075830.10
	净利润(万)	678069.13	1251596.81	637478.75	549.88

邯郸钢铁股份有限公司

公司概况	公司名称	邯郸钢铁股份有限公司			证券简称	邯郸钢铁
	法人代表	李贵阳	董秘	陈占军	证券代码	600001
	公司网址	www.hdgt.com.cn		电子信箱	hdgt@mail.hgjt.com.cn	
	电　　话	0310-6071006		传　　真	0310-6074190	
	办公地址	河北省邯郸市复兴路 232 号				
	经营范围	黑色金属冶炼、钢坯、钢材轧制、烧结矿冶炼;焦炭及副产品制造、销售等				

主要财务指标	指标\报告期	2009.06.30	2008.12.31	2008.06.30	2007.12.31
	每股收益(元)	0.0250	0.2130	0.1970	0.3420
	每股收益(扣除)(元)	0.0250	0.2330	0.2310	0.3880
	每股净资产(元)	4.3600	4.3400	4.3200	4.2700
	调整后每股净资产(元)	–	–	–	–
	每股资本公积金(元)	1.6586	1.6586	1.6586	1.6586
	每股盈余公积金(元)	0.7478	0.7478	0.7053	0.7053
	每股未分配利润(元)	0.9548	0.9302	0.9570	0.9100
	每股现金净流量(元)	0.4376	–0.1771	–0.2210	–0.3471
	每股经营现金净流量(元)	1.0419	0.9187	0.4541	0.4522
	净资产收益率(扣除)(%)	–	–	–	9.0700
	净资产收益率(%)	0.5600	4.9100	4.5600	7.9900
	总资产(万)	2799769.38	2675585.87	2653056.32	2562343.71
	股东权益(万)	1228331.80	1221399.00	1216953.48	1203719.39
	主营业务收入(万)	–	–	–	–
	主营业务利润(万)	–	–	–	–
	营业务收入(万)	1544037.13	3725932.10	1826687.83	2611248.14
	营业务利润(万)	9673.32	87855.08	87001.90	172868.35
	投资收益(万)	–	–	–	–
	利润总额(万)	9402.84	80004.00	74064.63	151776.45
	净利润(万)	6932.80	59926.47	55480.94	96186.56

东北高速公路股份有限公司

公司概况	公司名称	东北高速公路股份有限公司			证券简称	ST 东北高
	法人代表	孙熠嵩	董秘	戴琦	证券代码	600003
	公司网址	www.northeast-expressway.com		电子信箱	dbgs@vip.sina.com	
	电　　话	0431-84639168、84622168		传　　真	0431-84653168、84622168	
	办公地址	吉林省长春市经济技术开发区浦东路 4488 号				
	经营范围	公路开发、建设管理、养护、经营;普通机械、办公设备、汽车配件、建筑材料等				

主要财务指标	指标\报告期	2009.06.30	2008.12.31	2008.06.30	2007.12.31
	每股收益(元)	0.1267	0.0668	0.0900	0.2000
	每股收益(扣除)(元)	0.1155	0.1469	0.0900	0.1300
	每股净资产(元)	3.0500	2.9300	2.9300	2.8600
	调整后每股净资产(元)	–	–	–	–
	每股资本公积金(元)	1.1540	1.1540	1.1543	1.1543
	每股盈余公积金(元)	0.2273	0.2273	0.2194	0.2226
	每股未分配利润(元)	0.6721	0.5454	0.5584	0.4833
	每股现金净流量(元)	0.0689	–0.1276	–0.1170	–0.1744
	每股经营现金净流量(元)	0.1193	0.2394	–0.0697	0.2587
	净资产收益率(扣除)(%)	–	–	–	4.7100
	净资产收益率(%)	4.1500	2.2810	3.1060	7.0800
	总资产(万)	515772.60	502891.08	486133.56	488861.81
	股东权益(万)	370431.81	355064.52	355718.27	346999.94
	主营业务收入(万)	–	–	–	–
	主营业务利润(万)	–	–	–	–
	营业务收入(万)	34098.43	69300.37	34200.72	77512.28
	营业务利润(万)	21635.80	23811.58	15336.27	38557.24
	投资收益(万)	–	–	–	–
	利润总额(万)	21684.62	12444.48	15723.35	39790.40
	净利润(万)	15367.28	8099.07	11046.92	24563.33

广州白云国际机场股份有限公司

公司概况	公司名称	广州白云国际机场股份有限公司			证券简称	白云机场
	法人代表	卢光霖	董秘	徐光玉	证券代码	600004
	公司网址	www.baiyunairport.com		电子信箱	sh600004@tom.com	
	电　　话	020-36063595、36063593		传　　真	020-36063416	
	办公地址	广州白云国际机场南区股份公司机关办公大楼				
	经营范围	旅客过港服务;与航空运输有关的地面服务、交通运输和仓储服务等				

主要财务指标	指标\报告期	2009.06.30	2008.12.31	2008.06.30	2007.12.31
	每股收益(元)	0.2210	0.4200	0.2180	0.3600
	每股收益(扣除)(元)	0.2190	0.4200	0.2180	0.3600
	每股净资产(元)	5.1300	5.0800	4.8800	4.8400
	调整后每股净资产(元)	–	–	–	–
	每股资本公积金(元)	2.7705	2.7705	2.7705	2.7705
	每股盈余公积金(元)	0.2784	0.2784	0.2382	0.2382
	每股未分配利润(元)	1.0837	1.0329	0.8683	0.8307
	每股现金净流量(元)	0.3712	0.0044	0.0251	0.0630
	每股经营现金净流量(元)	0.4096	0.8664	0.1979	0.9945
	净资产收益率(扣除)(%)	–	–	–	6.4500
	净资产收益率(%)	4.3000	8.3100	4.4600	6.4900
	总资产(万)	954304.91	902107.37	935788.11	911122.54
	股东权益(万)	590248.71	584408.18	560711.04	556390.71
	主营业务收入(万)	–	–	–	–
	主营业务利润(万)	–	–	–	–
	营业务收入(万)	154983.34	304970.16	151145.58	268344.00
	营业务利润(万)	35917.24	70807.07	37016.66	59441.70
	投资收益(万)	–	–	–	–
	利润总额(万)	36230.53	70479.30	36942.37	59861.01
	净利润(万)	25390.53	48577.45	25023.51	36086.26

武汉钢铁股份有限公司

公司概况					
公司名称	武汉钢铁股份有限公司			证券简称	武钢股份
法人代表	邓崎琳	董秘	万毅	证券代码	600005
公司网址	www.wisco.com.cn		电子信箱	stock@wspc.com.cn	
电　话	027-86807873、86802031		传　真	027-86807875、86306023	
办公地址	武汉市青山区厂前				
经营范围	冶金产品及副产品、钢铁延伸产品制造；冶金产品的技术开发；焦炭、焦炉煤气等				

主要财务指标

指标\报告期	2009.06.30	2008.12.31	2008.06.30	2007.12.31
每股收益(元)	0.0650	0.6620	0.6270	0.8320
每股收益(扣除)(元)	0.0430	0.6280	0.6260	0.8080
每股净资产(元)	3.3810	3.5290	3.4920	3.2880
调整后每股净资产(元)	–	–	–	–
每股资本公积金(元)	0.6821	0.6757	0.6278	0.6701
每股盈余公积金(元)	0.5248	0.5260	0.4762	0.4770
每股未分配利润(元)	1.1721	1.3275	1.3884	1.1419
每股现金净流量(元)	–0.0877	–0.3069	–0.2483	0.2158
每股经营现金净流量(元)	0.6747	1.2875	0.6792	1.2562
净资产收益率(扣除)(%)	–	–	–	–
净资产收益率(%)	1.9100	18.7570	17.9410	25.2930
总资产(万)	7115787.18	7331363.71	6965447.72	6494681.89
股东权益(万)	2649728.60	2766217.11	2737353.13	2577906.04
主营业务收入(万)	–	–	–	–
主营业务利润(万)	–	–	–	–
营业务收入(万)	2352582.36	7333870.62	3729974.65	5415963.91
营业务利润(万)	66849.85	631004.81	609839.06	946278.11
投资收益(万)	–	–	–	–
利润总额(万)	67701.70	635029.51	610913.79	941284.45
净利润(万)	50598.09	518857.20	491120.14	652503.11

东风汽车股份有限公司

公司概况					
公司名称	东风汽车股份有限公司			证券简称	东风汽车
法人代表	徐平	董秘	卢锋	证券代码	600006
公司网址	www.dfac.com		电子信箱	luf@dfac.com	
电　话	027-84287908、84287977		传　真	027-84287988、84287918	
办公地址	湖北省武汉市汉阳经济技术开发区创业路136号				
经营范围	汽车、汽车发动机及零部件、铸件的开发、设计、生产、销售等				

主要财务指标

指标\报告期	2009.06.30	2008.12.31	2008.06.30	2007.12.31
每股收益(元)	0.0630	0.1577	0.1531	0.2395
每股收益(扣除)(元)	0.0540	0.1498	0.1511	0.1766
每股净资产(元)	2.5897	2.6167	2.6197	2.6089
调整后每股净资产(元)	–	–	–	–
每股资本公积金(元)	0.3192	0.3192	0.3191	0.3192
每股盈余公积金(元)	0.2996	0.2996	0.2634	0.2884
每股未分配利润(元)	0.9709	0.9979	1.0372	1.0013
每股现金净流量(元)	0.5418	–0.5460	–0.4370	–0.1982
每股经营现金净流量(元)	1.1126	–0.4146	–0.1284	0.1241
净资产收益率(扣除)(%)	–	–	–	6.7700
净资产收益率(%)	2.4342	6.0300	5.8400	9.1800
总资产(万)	1361914.47	1111421.57	1350629.30	1123950.34
股东权益(万)	517945.43	523337.73	523942.03	521789.52
主营业务收入(万)	–	–	–	–
主营业务利润(万)	–	–	–	–
营业务收入(万)	659096.65	1243149.66	922473.99	1082921.75
营业务利润(万)	16335.71	39238.35	44283.81	60645.86
投资收益(万)	–	–	–	–
利润总额(万)	19161.39	42982.24	44548.62	61333.40
净利润(万)	12607.70	31548.20	30616.53	47901.05

中国国际贸易中心股份有限公司

公司概况					
公司名称	中国国际贸易中心股份有限公司			证券简称	中国国贸
法人代表	洪敬南	董秘	吴荣柯	证券代码	600007
公司网址	www.cwtc.com		电子信箱	cwtc@cwtc.com	
电　话	010-65052288		传　真	010-65053862	
办公地址	北京市朝阳区建国门外大街一号				
经营范围	写字楼、宾馆、公寓、商场、展览厅、会议厅、停车场的出租、服务等				

主要财务指标

指标\报告期	2009.06.30	2008.12.31	2008.06.30	2007.12.31
每股收益(元)	0.1600	0.3519	0.2000	0.2872
每股收益(扣除)(元)	0.1600	0.3228	0.1700	0.2900
每股净资产(元)	4.2000	4.1900	4.0400	3.9900
调整后每股净资产(元)	–	–	–	–
每股资本公积金(元)	1.8590	1.8590	1.8590	1.8590
每股盈余公积金(元)	0.3559	0.3559	0.3210	0.3210
每股未分配利润(元)	0.9880	0.9758	0.8607	0.8088
每股现金净流量(元)	–0.0250	–0.1288	–0.0705	0.0699
每股经营现金净流量(元)	0.1698	0.4267	0.2481	0.4419
净资产收益率(扣除)(%)	–	–	–	7.2700
净资产收益率(%)	3.8600	8.4000	5.0000	7.2000
总资产(万)	848391.69	812960.57	767181.93	713659.38
股东权益(万)	423349.03	422122.83	407006.84	401783.07
主营业务收入(万)	–	–	–	–
主营业务利润(万)	–	–	–	–
营业务收入(万)	43779.13	89705.56	44784.46	88644.64
营业务利润(万)	21994.03	43484.23	23034.79	44083.05
投资收益(万)	–	–	–	–
利润总额(万)	21838.77	47396.84	27169.44	43662.40
净利润(万)	16335.44	35449.00	20333.01	28926.82

北京首创股份有限公司

公司概况					
公司名称	北京首创股份有限公司			证券简称	首创股份
法人代表	刘晓光	董秘	郭鹏	证券代码	600008
公司网址	www.capitalwater.cn		电子信箱	master@capitalwater.cn	
电　话	010-64689035		传　真	010-64689030	
办公地址	北京市朝阳区北三环东路8号静安中心三层				
经营范围	公用基础设施的投资及投资管理；高科技产品的技术开发、技术咨询等				

主要财务指标

指标\报告期	2009.06.30	2008.12.31	2008.06.30	2007.12.31
每股收益(元)	0.0431	0.1186	0.0301	0.2333
每股收益(扣除)(元)	0.0395	0.1215	0.0319	0.1769
每股净资产(元)	2.0713	2.1300	2.0500	2.2000
调整后每股净资产(元)	–	–	–	–
每股资本公积金(元)	0.7412	0.7351	0.7417	0.7585
每股盈余公积金(元)	0.2209	0.2209	0.2087	0.2084
每股未分配利润(元)	0.1172	0.1841	0.1068	0.2381
每股现金净流量(元)	0.0239	0.0294	0.0571	0.4470
每股经营现金净流量(元)	0.1109	0.1587	0.0754	0.3254
净资产收益率(扣除)(%)	–	–	–	8.0400
净资产收益率(%)	2.0800	5.5600	1.4700	10.6000
总资产(万)	1337791.71	1290294.13	1221542.22	1179684.22
股东权益(万)	455690.77	469105.97	451024.36	484016.08
主营业务收入(万)	–	–	–	–
主营业务利润(万)	–	–	–	–
营业务收入(万)	80857.19	173429.17	73027.31	141065.41
营业务利润(万)	2896.08	16794.02	1281.58	38510.04
投资收益(万)	–	–	–	–
利润总额(万)	15182.34	43357.04	13415.46	68110.41
净利润(万)	9484.25	26085.29	6611.50	51320.50

上海国际机场股份有限公司

公司概况	公司名称	上海国际机场股份有限公司		证券简称	上海机场
	法人代表	俞吾炎	董秘	黄晔	证券代码	600009
	公司网址	www.shairport.com	电子信箱	ir@shairport.com	
	电　　话	021-68341609	传　　真	021-68341615	
	办公地址	上海市浦东新区启航路900号			
	经营范围	为国内外航空运输企业及旅客提供地面保障服务，经营出租机场内航空营业场所等			

主要财务指标	指标\报告期	2009.06.30	2008.12.31	2008.06.30	2007.12.31
	每股收益(元)	0.1340	0.4500	0.2640	0.8800
	每股收益(扣除)(元)	0.1340	0.4500	0.2640	0.8800
	每股净资产(元)	6.4270	6.3420	6.1600	5.9960
	调整后每股净资产(元)	–	–	–	–
	每股资本公积金(元)	1.3332	1.3327	1.3327	1.3327
	每股盈余公积金(元)	0.6797	0.6797	0.6797	0.6797
	每股未分配利润(元)	3.4145	3.3301	3.1478	2.9839
	每股现金净流量(元)	–0.0462	0.0466	–0.0499	–0.0226
	每股经营现金净流量(元)	0.1506	0.7757	0.3618	0.6851
	净资产收益率(扣除)(%)	–	–	–	14.6840
	净资产收益率(%)	2.0910	7.0300	4.2840	14.6690
	总资产(万)	1694455.11	1728110.48	1716676.37	1604310.48
	股东权益(万)	1238540.68	1222162.54	1187042.28	1155460.65
	主营业务收入(万)	–	–	–	–
	主营业务利润(万)	–	–	–	–
	营业务收入(万)	156784.25	335076.63	156815.75	314425.24
	营业务利润(万)	33877.54	107339.71	64954.65	194822.01
	投资收益(万)	–	–	–	–
	利润总额(万)	33868.39	106905.56	64825.60	194622.37
	净利润(万)	25900.93	85971.48	50851.21	169497.54

内蒙古包钢钢联股份有限公司

公司概况	公司名称	内蒙古包钢钢联股份有限公司		证券简称	包钢股份
	法人代表	崔臣	董秘	郭景龙	证券代码	600010
	公司网址	www.baoganggufen.com	电子信箱	bisc@sohu.com	
	电　　话	0472-2189528	传　　真	0472-2189530	
	办公地址	内蒙古自治区包头市昆区包钢厂区信息大楼东副楼三楼			
	经营范围	生产、销售黑色金属、钢铁制品及其压延加工产品、冶金机械、设备及配件等			

主要财务指标	指标\报告期	2009.06.30	2008.12.31	2008.06.30	2007.12.31
	每股收益(元)	–0.1200	0.1400	0.1700	0.3600
	每股收益(扣除)(元)	–0.1200	0.1500	0.1800	0.3400
	每股净资产(元)	2.0700	2.2300	2.2600	2.1900
	调整后每股净资产(元)	–	–	–	–
	每股资本公积金(元)	0.6109	0.6109	0.6109	0.6109
	每股盈余公积金(元)	0.1362	0.1362	0.1218	0.1218
	每股未分配利润(元)	0.3210	0.4874	0.5305	0.4584
	每股现金净流量(元)	0.0392	0.1873	0.1429	0.1236
	每股经营现金净流量(元)	0.5938	0.1345	0.0469	0.5735
	净资产收益率(扣除)(%)	–	–	–	11.8800
	净资产收益率(%)	–5.6300	6.4100	7.6000	12.4100
	总资产(万)	4131022.35	4389930.77	3897334.27	3361839.52
	股东权益(万)	1328417.01	1435280.70	1453760.30	1407468.62
	主营业务收入(万)	–	–	–	–
	主营业务利润(万)	–	–	–	–
	营业务收入(万)	1729554.50	4412373.41	1976046.97	2677295.90
	营业务利润(万)	–98413.52	110742.64	154870.82	198813.71
	投资收益(万)	–	–	–	–
	利润总额(万)	–99605.60	105987.71	150625.96	194183.60
	净利润(万)	–74751.70	92034.31	110518.41	174645.17

华能国际电力股份有限公司

公司概况	公司名称	华能国际电力股份有限公司		证券简称	华能国际
	法人代表	曹培玺	董秘	谷碧泉	证券代码	600011
	公司网址	www.hpi-ir.com.hk	电子信箱	gbq@hpi.com.cn	
	电　　话	010-66491999、66491851	传　　真	010-66491888、66491860	
	办公地址	北京市西城区复兴门南大街丙2号(天银大厦C段西区)			
	经营范围	投资、建设、营运管理电厂；开发、投资、经营等			

主要财务指标	指标\报告期	2009.06.30	2008.12.31	2008.06.30	2007.12.31
	每股收益(元)	0.1600	–0.3100	–0.0400	0.5000
	每股收益(扣除)(元)	0.1600	–0.3100	–0.0400	0.4300
	每股净资产(元)	3.1900	3.0100	3.4500	3.8300
	调整后每股净资产(元)	–	–	–	–
	每股资本公积金(元)	0.8386	0.7191	0.8644	0.8876
	每股盈余公积金(元)	0.5095	0.5095	0.5095	0.5095
	每股未分配利润(元)	0.8849	0.8224	1.0904	1.4285
	每股现金净流量(元)	0.0399	–0.1448	–0.2291	0.3387
	每股经营现金净流量(元)	0.5297	0.4302	0.2614	1.0138
	净资产收益率(扣除)(%)	–	–	–	11.2900
	净资产收益率(%)	5.1000	–10.2100	–1.1300	13.0000
	总资产(万)	17508683.36	16458766.02	15296829.39	12213935.04
	股东权益(万)	3841895.39	3624657.53	4160378.67	4611967.93
	主营业务收入(万)	–	–	–	–
	主营业务利润(万)	–	–	–	–
	营业务收入(万)	3360972.71	6782513.71	3079053.59	5043461.40
	营业务利润(万)	192742.66	–460189.73	–63268.66	712467.67
	投资收益(万)	–	–	–	–
	利润总额(万)	200671.81	–443304.32	–55647.63	738986.92
	净利润(万)	195947.96	–370122.98	–47032.73	599705.87

安徽皖通高速公路股份有限公司

公司概况	公司名称	安徽皖通高速公路股份有限公司		证券简称	皖通高速
	法人代表	王水	董秘	谢新宇	证券代码	600012
	公司网址	www.anhui-expressway.cn	电子信箱	wtgs@anhui-expressway.cn	
	电　　话	0551-5338681、5338699	传　　真	0551-5338696	
	办公地址	安徽省合肥市望江西路520号			
	经营范围	高等级公路投资、建设、设计、监理，收费、养护、施救、路产路权管理等			

主要财务指标	指标\报告期	2009.06.30	2008.12.31	2008.06.30	2007.12.31
	每股收益(元)	0.2237	0.4170	0.2010	0.3100
	每股收益(扣除)(元)	0.2227	0.4010	0.2010	0.3950
	每股净资产(元)	3.0099	3.0100	2.7900	2.8000
	调整后每股净资产(元)	–	–	–	–
	每股资本公积金(元)	0.2881	0.2881	0.2881	0.2881
	每股盈余公积金(元)	0.4078	0.4290	0.3665	0.3870
	每股未分配利润(元)	1.2954	1.2963	1.1356	1.1212
	每股现金净流量(元)	–0.0496	0.0748	0.0512	0.0041
	每股经营现金净流量(元)	0.3023	0.6231	0.2401	0.7028
	净资产收益率(扣除)(%)	–	–	–	14.1300
	净资产收益率(%)	7.4300	13.8400	7.2200	11.4200
	总资产(万)	891308.20	858702.72	788091.89	738781.44
	股东权益(万)	499232.02	499800.72	462775.91	463792.76
	主营业务收入(万)	–	–	–	–
	主营业务利润(万)	–	–	–	–
	营业务收入(万)	85671.52	168955.71	84556.46	168887.91
	营业务利润(万)	50678.98	95080.04	47931.16	113285.53
	投资收益(万)	–	–	–	–
	利润总额(万)	50916.83	98722.51	47934.37	112346.33
	净利润(万)	37105.63	69180.16	33409.67	52977.06

华夏银行股份有限公司

公司概况	公司名称	华夏银行股份有限公司			证券简称	华夏银行
	法人代表	吴建	董秘	赵军学	证券代码	600015
	公司网址	www.hxb.cc www.hxb.com.cn		电子信箱	zhdb@hxb.cc	
	电 话	010-66151199-2907		传 真	010-66122081	
	办公地址	北京市东城区建国门内大街22号华夏银行大厦				
	经营范围	吸收公众存款;发放短期、中期和长期贷款;办理国内外结算等				

	指标\报告期	2009.06.30	2008.12.31	2008.06.30	2007.12.31
主要财务指标	每股收益(元)	0.3338	0.7036	0.4600	0.5003
	每股收益(扣除)(元)	0.3284	0.7000	0.4600	0.4800
	每股净资产(元)	5.6400	5.4900	3.4500	3.1100
	调整后每股净资产(元)	–	–	–	–
	每股资本公积金(元)	2.8804	2.9366	0.8689	0.8783
	每股盈余公积金(元)	0.2820	0.2820	0.2620	0.2620
	每股未分配利润(元)	0.3964	0.1926	0.5253	0.1763
	每股现金净流量(元)	–	–	–	–
	每股经营现金净流量(元)	–	–	–	–
	净资产收益率(扣除)(%)	–	–	–	15.3200
	净资产收益率(%)	5.9200	11.2000	13.3100	16.0900
	总资产(万)	80053038.09	73163718.65	62814610.36	59233827.45
	股东权益(万)	2815787.73	2742135.69	1448189.80	1305562.75
	主营业务收入(万)	774243.15	1761136.59	872451.00	1426028.16
	主营业务利润(万)	214492.41	403388.94	268554.64	385576.92
	营业务收入(万)	–	–	–	–
	营业务利润(万)	–	–	–	–
	投资收益(万)	–	–	–	–
	利润总额(万)	214807.44	400654.30	265694.17	382079.47
	净利润(万)	166559.32	307083.83	192793.28	210118.92

中国民生银行股份有限公司

公司概况	公司名称	中国民生银行股份有限公司			证券简称	民生银行
	法人代表	董文标	董秘	毛晓峰	证券代码	600016
	公司网址	www.cmbc.com.cn		电子信箱	cmbc@cmbc.com.cn	
	电 话	010-68946790		传 真	010-68466796	
	办公地址	北京市西城区复兴门内大街2号				
	经营范围	吸收公众存款;发放短期、中期和长期贷款;办理国内外结算等				

	指标\报告期	2009.06.30	2008.12.31	2008.06.30	2007.12.31
主要财务指标	每股收益(元)	0.3900	0.4200	0.3200	0.4800
	每股收益(扣除)(元)	0.3900	0.4200	0.3200	0.4700
	每股净资产(元)	3.0400	2.8600	2.9000	3.4700
	调整后每股净资产(元)	–	–	–	–
	每股资本公积金(元)	0.8272	0.9597	1.0969	1.5871
	每股盈余公积金(元)	0.1585	0.1585	0.1169	0.1519
	每股未分配利润(元)	0.6310	0.3192	0.3798	0.3265
	每股现金净流量(元)	–	–	–	–
	每股经营现金净流量(元)	–	–	–	–
	净资产收益率(扣除)(%)	–	–	–	–
	净资产收益率(%)	25.7600	14.6300	11.0600	12.6200
	总资产(万)	141001400.00	105435000.00	106221098.60	91979641.00
	股东权益(万)	5725500.00	5388000.00	5461779.50	5018617.50
	主营业务收入(万)	2124800.00	3501700.00	1767039.10	2530136.80
	主营业务利润(万)	956600.00	1041200.00	815264.70	919959.00
	营业务收入(万)	–	–	–	–
	营业务利润(万)	–	–	–	–
	投资收益(万)	–	–	–	–
	利润总额(万)	958600.00	1048800.00	815615.10	921249.40
	净利润(万)	737400.00	788500.00	604061.70	633517.60

日照港股份有限公司

公司概况	公司名称	日照港股份有限公司			证券简称	日 照 港
	法人代表	杜传志	董秘	孙玉峰	证券代码	600017
	公司网址	www.rzport.com		电子信箱	sunyuf netease.com	
	电 话	0633-8387350		传 真	0633-8387361	
	办公地址	山东省日照市海滨二路				
	经营范围	港口货物中转、装卸、搬运和仓储服务,港口机械设备维修;机械设备及配件的销售				

	指标\报告期	2009.06.30	2008.12.31	2008.06.30	2007.12.31
主要财务指标	每股收益(元)	0.1250	0.2100	0.2140	0.1400
	每股收益(扣除)(元)	0.1250	0.2100	0.2150	0.1400
	每股净资产(元)	2.2620	2.1900	4.1400	4.0300
	调整后每股净资产(元)	–	–	–	–
	每股资本公积金(元)	0.4093	0.5616	2.0913	2.0913
	每股盈余公积金(元)	0.1175	0.1175	0.2027	0.2027
	每股未分配利润(元)	0.7353	0.5078	0.8474	0.7332
	每股现金净流量(元)	–0.0447	–0.1236	–0.1865	0.4114
	每股经营现金净流量(元)	0.1422	0.2931	0.3611	0.4245
	净资产收益率(扣除)(%)	–	–	–	7.0700
	净资产收益率(%)	5.5309	9.4900	5.1700	7.0600
	总资产(万)	613783.72	569943.09	515508.33	477193.29
	股东权益(万)	285154.53	275685.94	260908.53	253715.42
	主营业务收入(万)	–	–	–	–
	主营业务利润(万)	–	–	–	–
	营业务收入(万)	92363.25	168426.65	82616.64	120237.78
	营业务利润(万)	22567.04	35767.94	18222.91	17503.53
	投资收益(万)	–	–	–	–
	利润总额(万)	22605.45	35724.36	18183.75	17493.08
	净利润(万)	15771.55	26161.35	13493.10	17912.06

上海国际港务(集团)股份有限公司

公司概况	公司名称	上海国际港务(集团)股份有限公司			证券简称	上港集团
	法人代表	陆海祜	董秘		证券代码	600018
	公司网址	www.portshanghai.com.cn		电子信箱	600018@portshanghai.com.cn	
	电 话	021-55333388		传 真	021-63217936、35308688	
	办公地址	上海市虹口区东大名路358号国际港务大厦				
	经营范围	国内外货物装卸、储存、中转和水陆运输集装箱拆装箱、清洗等				

	指标\报告期	2009.06.30	2008.12.31	2008.06.30	2007.12.31
主要财务指标	每股收益(元)	0.0815	0.2201	0.1177	0.1734
	每股收益(扣除)(元)	0.0720	0.1864	0.1025	0.1682
	每股净资产(元)	1.4304	1.4233	1.3566	1.3435
	调整后每股净资产(元)	–	–	–	–
	每股资本公积金(元)	0.0818	0.0536	0.0878	0.1073
	每股盈余公积金(元)	0.0463	0.0463	0.0274	0.0274
	每股未分配利润(元)	0.3018	0.3230	0.2411	0.2086
	每股现金净流量(元)	0.0490	–0.0696	–0.0816	–0.1069
	每股经营现金净流量(元)	0.0252	0.1514	0.0473	0.2422
	净资产收益率(扣除)(%)	–	–	–	12.5169
	净资产收益率(%)	5.7000	15.4620	8.6760	12.9070
	总资产(万)	6449461.33	5908129.23	5764388.64	5554287.23
	股东权益(万)	3002457.55	2987583.69	2847662.20	2820172.22
	主营业务收入(万)	–	–	–	–
	主营业务利润(万)	–	–	–	–
	营业务收入(万)	790366.51	1814047.96	914580.51	1632839.78
	营业务利润(万)	221128.95	633262.26	338613.80	558613.49
	投资收益(万)	–	–	–	–
	利润总额(万)	238082.61	709870.23	373239.49	559588.90
	净利润(万)	171134.07	461933.54	247054.62	364002.99

宝山钢铁股份有限公司

公司概况	公司名称	宝山钢铁股份有限公司		证券简称	宝钢股份
	法人代表	徐乐江	董秘 陈缨	证券代码	600019
	公司网址	www.baosteel.com		电子信箱	ir@baosteel.com
	电　话	021-26647000、26645000		传　真	021-26646999、26649000
	办公地址	上海市宝山区牡丹江路1813号宝山宾馆南楼			
	经营范围	钢铁冶炼、加工、电力、煤炭、工业气体生产、码头、仓储、运输等			

主要财务指标	指标\报告期	2009.06.30	2008.12.31	2008.06.30	2007.12.31
	每股收益(元)	0.0400	0.3700	0.5500	0.7300
	每股收益(扣除)(元)	0.0100	0.4000	0.5500	0.7200
	每股净资产(元)	5.1200	5.2500	5.4500	5.7100
	调整后每股净资产(元)	–	–	–	–
	每股资本公积金(元)	2.1174	2.1018	2.1212	2.5767
	每股盈余公积金(元)	0.9600	0.9600	0.9021	0.9021
	每股未分配利润(元)	1.0537	1.1955	1.4354	1.2346
	每股现金净流量(元)	–0.0833	–0.5046	0.1009	–0.0612
	每股经营现金净流量(元)	1.1284	0.9276	0.1587	1.0784
	净资产收益率(扣除)(%)	–	7.5700	–	12.5500
	净资产收益率(%)	0.7500	7.0200	10.1000	12.7200
	总资产(万)	19738214.95	20002113.69	22032558.67	20200800.48
	股东权益(万)	8972530.82	9195686.97	9548400.50	9998214.00
	主营业务收入(万)	–	–	–	–
	主营业务利润(万)	–	–	–	–
	营业务收入(万)	6548090.21	20063800.86	10347344.58	19155898.60
	营业务利润(万)	75832.64	830416.91	1310208.93	1947772.90
	投资收益(万)	–	–	–	–
	利润总额(万)	89550.73	815436.56	1301300.38	1930768.74
	净利润(万)	66901.89	645920.75	964471.10	1271833.45

河南中原高速公路股份有限公司

公司概况	公司名称	河南中原高速公路股份有限公司		证券简称	中原高速
	法人代表	宋春雷	董秘 赵中锋	证券代码	600020
	公司网址	www.zygs.com		电子信箱	600020@zygs.com
	电　话	0371-67717696		传　真	0371-67436333
	办公地址	河南省郑州市中原路93号			
	经营范围	高等级公路、大型和特大型独立桥梁等交通基础设施项目投资、经营管理和维护等			

主要财务指标	指标\报告期	2009.06.30	2008.12.31	2008.06.30	2007.12.31
	每股收益(元)	0.1141	0.1298	0.1099	0.2785
	每股收益(扣除)(元)	0.1130	0.1284	0.1084	0.2805
	每股净资产(元)	2.6182	2.5795	2.9328	2.8403
	调整后每股净资产(元)	–	–	–	–
	每股资本公积金(元)	0.8185	0.8258	0.9354	0.9528
	每股盈余公积金(元)	0.3857	0.3896	0.4330	0.4330
	每股未分配利润(元)	0.4141	0.3641	0.5644	0.4545
	每股现金净流量(元)	0.0284	0.3101	0.5647	–0.4179
	每股经营现金净流量(元)	0.0751	0.5753	0.2698	0.5306
	净资产收益率(扣除)(%)	–	–	–	11.3600
	净资产收益率(%)	4.3100	5.0300	3.7500	11.2800
	总资产(万)	2044726.03	1914775.67	1844594.82	1664077.18
	股东权益(万)	560397.88	546641.81	540441.27	523392.98
	主营业务收入(万)	–	–	–	–
	主营业务利润(万)	–	–	–	–
	营业务收入(万)	98285.36	187165.99	91210.69	184269.34
	营业务利润(万)	32135.96	38257.01	25660.83	89218.73
	投资收益(万)	–	–	–	–
	利润总额(万)	32394.93	38637.54	26021.32	88647.02
	净利润(万)	24173.10	27504.73	20242.93	59020.70

上海电力股份有限公司

公司概况	公司名称	上海电力股份有限公司		证券简称	上海电力
	法人代表	周世平	董秘 夏梅兴	证券代码	600021
	公司网址	www.shanghaipower.com		电子信箱	sepco@shanghaipower.com
	电　话	021-51171016		传　真	021-51171019
	办公地址	上海市中山南路268号			
	经营范围	电力、热力的生产、建设、经营			

主要财务指标	指标\报告期	2009.06.30	–	–	–
	每股收益(元)	0.0392	–	–	–
	每股收益(扣除)(元)	0.0455	–	–	–
	每股净资产(元)	2.7230	–	–	–
	调整后每股净资产(元)	–	–	–	–
	每股资本公积金(元)	1.8544	–	–	–
	每股盈余公积金(元)	0.1606	–	–	–
	每股未分配利润(元)	–0.2920	–	–	–
	每股现金净流量(元)	0.1669	–	–	–
	每股经营现金净流量(元)	0.6516	–	–	–
	净资产收益率(扣除)(%)	–	–	–	–
	净资产收益率(%)	1.4400	–	–	–
	总资产(万)	3062641.99	–	–	–
	股东权益(万)	582661.58	–	–	–
	主营业务收入(万)	–	–	–	–
	主营业务利润(万)	–	–	–	–
	营业务收入(万)	370012.23	–	–	–
	营业务利润(万)	11929.86	–	–	–
	投资收益(万)	30972.22	–	–	–
	利润总额(万)	10674.02	–	–	–
	净利润(万)	8391.14	–	–	–

济南钢铁股份有限公司

公司概况	公司名称	济南钢铁股份有限公司		证券简称	济南钢铁
	法人代表	陈启祥	董秘 迟才功	证券代码	600022
	公司网址	www.jigang.com.cn		电子信箱	jggf@jigang.com.cn
	电　话	0531-88865480、88866684		传　真	0531-88865265、88868284
	办公地址	山东省济南市工业北路21号			
	经营范围	钢铁冶炼、加工，钢材、水渣生产及销售；许可证批准范围内的危险化学品生产、销售等			

主要财务指标	指标\报告期	2009.06.30	2008.12.31	2008.06.30	2007.12.31
	每股收益(元)	–0.2805	0.5509	0.9536	1.4464
	每股收益(扣除)(元)	–0.2806	0.2997	0.7811	1.0100
	每股净资产(元)	2.0211	4.1929	4.2944	8.7800
	调整后每股净资产(元)	–	–	–	–
	每股资本公积金(元)	0.5930	1.8674	1.1242	5.7937
	每股盈余公积金(元)	0.2229	0.4012	0.4829	0.4829
	每股未分配利润(元)	0.2052	0.9243	1.6872	1.5056
	每股现金净流量(元)	–0.0321	0.9242	0.7821	–0.1658
	每股经营现金净流量(元)	–0.5001	1.5558	1.0074	0.5779
	净资产收益率(扣除)(%)	–	–	–	11.5400
	净资产收益率(%)	–13.8800	10.7400	10.6300	16.4700
	总资产(万)	2735283.86	2781479.99	1980323.81	2407959.52
	股东权益(万)	630665.30	726875.43	581288.85	1188760.41
	主营业务收入(万)	–	–	–	–
	主营业务利润(万)	–	–	–	–
	营业务收入(万)	1207932.45	4318324.02	2217516.35	3557834.76
	营业务利润(万)	–85848.57	106647.00	177787.27	275373.70
	投资收益(万)	–	–	–	–
	利润总额(万)	–85796.44	106034.81	177916.67	274171.61
	净利润(万)	–87542.13	78062.19	129079.45	195786.41

中海发展股份有限公司

公司概况

公司名称	中海发展股份有限公司			证券简称	中海发展
法人代表	李绍德	董秘	姚巧红	证券代码	600026
公司网址	www.cnshippingdev.com		电子信箱	csd@cnshipping.com	
电　　话	021-65967742、65967165		传　　真	021-65966160	
办公地址	中国上海市东大名路700号				
经营范围	船舶买卖、集装箱修造、船舶配备件代购代销、船舶技术咨询和转让等				

主要财务指标

指标\报告期	2009.06.30	2008.12.31	2008.06.30	2007.12.31
每股收益(元)	0.1802	1.5864	0.9452	1.3819
每股收益(扣除)(元)	0.1663	1.5352	0.8663	1.2458
每股净资产(元)	6.1594	6.2722	5.6900	4.8321
调整后每股净资产(元)	–	–	–	–
每股资本公积金(元)	1.2190	1.2104	1.2156	0.7043
每股盈余公积金(元)	0.7245	0.7245	0.5890	0.6029
每股未分配利润(元)	3.3514	3.4711	2.9638	2.5881
每股现金净流量(元)	–0.3161	0.2287	0.0667	0.1818
每股经营现金净流量(元)	0.3256	1.7766	0.9307	1.6843
净资产收益率(扣除)(%)	–	–	–	25.7200
净资产收益率(%)	2.9300	25.1600	16.6000	28.6000
总资产(万)	3076239.71	2992821.36	2749107.81	2360711.40
股东权益(万)	2097000.28	2135402.09	1918091.33	1607151.54
主营业务收入(万)	–	–	–	–
主营业务利润(万)	–	–	–	–
营业务收入(万)	421557.01	1756203.72	931430.58	1268696.62
营业务利润(万)	73138.48	602258.85	372153.10	495256.09
投资收益(万)	–	–	–	–
利润总额(万)	79073.51	643268.49	407603.81	537770.25
净利润(万)	61363.87	537300.96	318488.88	459605.06

华电国际电力股份有限公司

公司概况

公司名称	华电国际电力股份有限公司			证券简称	华电国际
法人代表	云公民	董秘	周连青	证券代码	600027
公司网址	www.hdpi.com.cn		电子信箱	hdpi@hdpi.com.cn	
电　　话	010-83567888		传　　真	010-83567963	
办公地址	北京市西城区宣武门内大街2号				
经营范围	建设、经营发电厂和其他与发电相关的产业等				

主要财务指标

指标\报告期	2009.06.30	2008.12.31	2008.06.30	2007.12.31
每股收益(元)	0.0900	–0.4250	–0.0840	0.2260
每股收益(扣除)(元)	0.0900	–0.4620	–0.0950	0.2030
每股净资产(元)	1.9300	1.8300	2.8600	2.6100
调整后每股净资产(元)	–	–	–	–
每股资本公积金(元)	0.2570	0.2498	0.3415	0.5313
每股盈余公积金(元)	0.2446	0.2446	0.2446	0.2446
每股未分配利润(元)	0.4263	0.3356	0.6476	0.8304
每股现金净流量(元)	0.0192	0.0585	0.2180	0.0495
每股经营现金净流量(元)	0.6174	0.5840	0.1887	0.9655
净资产收益率(扣除)(%)	–	–	–	8.5200
净资产收益率(%)	4.7100	–23.2200	–3.7700	7.7800
总资产(万)	9338302.20	8464152.70	7194301.30	7317383.10
股东权益(万)	1160760.60	1101803.60	1344878.60	1569273.20
主营业务收入(万)	–	–	–	–
主营业务利润(万)	–	–	–	–
营业务收入(万)	1728830.50	3196077.80	1375481.70	2411604.70
营业务利润(万)	87633.80	–341399.90	–89548.80	209475.70
投资收益(万)	–	–	–	–
利润总额(万)	89857.90	–316251.30	–81023.60	211503.60
净利润(万)	54624.40	–255809.60	–50763.60	136180.20

中国石油化工股份有限公司

公司概况

公司名称	中国石油化工股份有限公司			证券简称	中国石化
法人代表	苏树林	董秘	陈革	证券代码	600028
公司网址	www.sinopec.com.cn		电子信箱	ir@sinopec.com.cn	
电　　话	010-59960028		传　　真	010-59960386	
办公地址	中国北京朝阳区朝阳门北大街22号				
经营范围	储存、管道运输、陆路运输、水路运输、销售；石油炼制；汽油、煤油等				

主要财务指标

指标\报告期	2009.06.30	2008.12.31	2008.06.30	2007.12.31
每股收益(元)	0.3830	0.3420	0.1080	0.6520
每股收益(扣除)(元)	0.3840	0.3440	–0.2010	0.6520
每股净资产(元)	4.0890	3.8070	3.5230	3.5530
调整后每股净资产(元)	–	3.7150	3.4370	–
每股资本公积金(元)	0.4330	0.4443	0.5022	0.3875
每股盈余公积金(元)	1.0693	1.0389	0.7542	0.7611
每股未分配利润(元)	1.5863	1.3239	1.2668	1.4043
每股现金净流量(元)	0.0068	–0.0086	0.0089	0.0073
每股经营现金净流量(元)	0.9500	0.8637	0.0690	1.4331
净资产收益率(扣除)(%)	–	–	–	18.3600
净资产收益率(%)	9.3600	8.9900	3.0600	18.3500
总资产(万)	81634200.00	75223500.00	82055600.00	72986300.00
股东权益(万)	35449400.00	33008000.00	30547100.00	30804500.00
主营业务收入(万)	–	–	–	–
主营业务利润(万)	–	–	–	–
营业务收入(万)	53402500.00	145210100.00	73478300.00	120484300.00
营业务利润(万)	4399900.00	–2606600.00	–2378400.00	7866500.00
投资收益(万)	–	–	–	–
利润总额(万)	4376800.00	2422600.00	951600.00	8343400.00
净利润(万)	3319000.00	2968900.00	933900.00	5651500.00

中国南方航空股份有限公司

公司概况

公司名称	中国南方航空股份有限公司			证券简称	南方航空
法人代表	司献民	董秘	谢兵	证券代码	600029
公司网址	www.cs-air.com		电子信箱	ir@csair.com	
电　　话	020-86124462、86124736		传　　真	020-86659040	
办公地址	广东省广州市机场路278号				
经营范围	提供国内、地区和国际定期及不定期航空客、货、邮、行李运输服务等				

主要财务指标

指标\报告期	2009.06.30	2008.12.31	2008.06.30	2007.12.31
每股收益(元)	0.0060	–0.7400	0.1900	0.2800
每股收益(扣除)(元)	–0.1900	–0.8700	0.0800	0.3500
每股净资产(元)	1.0800	1.0700	2.9800	1.8100
调整后每股净资产(元)	–	–	–	–
每股资本公积金(元)	0.5927	0.5865	1.3801	1.3840
每股盈余公积金(元)	0.0919	0.0919	0.1379	0.1379
每股未分配利润(元)	–0.6055	–0.6113	0.4661	0.1870
每股现金净流量(元)	0.0117	0.1257	0.3006	0.3566
每股经营现金净流量(元)	0.6477	0.5904	0.5404	2.2054
净资产收益率(扣除)(%)	–	–	–	11.8900
净资产收益率(%)	0.5400	–68.9800	6.4200	15.3600
总资产(万)	9015400.00	8300300.00	8652700.00	8197900.00
股东权益(万)	708000.00	700100.00	1305300.00	1184900.00
主营业务收入(万)	–	–	–	–
主营业务利润(万)	–	–	–	–
营业务收入(万)	2488200.00	5642700.00	2745200.00	5577200.00
营业务利润(万)	–140700.00	–590800.00	34200.00	209400.00
投资收益(万)	–	–	–	–
利润总额(万)	24000.00	–474800.00	92100.00	284900.00
净利润(万)	3800.00	–482900.00	83800.00	182000.00

中信证券股份有限公司

公司概况					
公司名称	中信证券股份有限公司			证券简称	中信证券
法人代表	王东明	董秘	谭宁	证券代码	600030
公司网址	www.cs.ecitic.com		电子信箱	tn@citics.com	
电　　话	010-84588581、83076918		传　　真	010-82485225、84588151	
办公地址	北京市朝阳区新源南路6号京城大厦三层;广东省深圳市福田区深南大道7088号招商银行大厦第A层				
经营范围	证券的代理买卖;代理证券还本付息、分红派息;证券代保管、鉴证等				

主要财务指标 指标\报告期	2009.06.30	2008.12.31	2008.06.30	2007.12.31
每股收益(元)	0.5800	1.1000	0.7200	2.0000
每股收益(扣除)(元)	0.5800	1.1000	0.7200	2.0000
每股净资产(元)	8.5500	8.3300	7.8400	15.5600
调整后每股净资产(元)	-	-	-	-
每股资本公积金(元)	4.3561	4.2149	4.1084	10.0075
每股盈余公积金(元)	0.4223	0.4223	0.2770	0.5541
每股未分配利润(元)	2.0398	1.9808	2.0130	3.1370
每股现金净流量(元)	-	-	-	-
每股经营现金净流量(元)	-	-	-	-
净资产收益率(扣除)(%)	-	-	-	23.9500
净资产收益率(%)	6.7500	13.2300	9.1800	24.0100
总资产(万)	14532637.86	13688827.20	23334398.86	18965388.17
股东权益(万)	5667111.86	5522176.53	5197516.78	5159943.19
主营业务收入(万)	895378.74	1770762.47	1091268.89	3086200.53
主营业务利润(万)	571480.03	954266.74	653976.43	1985382.60
营业务收入(万)	-	-	-	-
营业务利润(万)	-	-	-	-
投资收益(万)	-	-	-	-
利润总额(万)	575538.64	956137.68	652485.18	1990417.28
净利润(万)	382666.46	730500.10	476933.73	1238852.13

福建发展高速公路股份有限公司

公司概况					
公司名称	福建发展高速公路股份有限公司			证券简称	福建高速
法人代表	吴庭锵	董秘	蒋建新(代)	证券代码	600033
公司网址	www.fjgs.com.cn		电子信箱	stock@fjgs.com.cn	
电　　话	0591-87077366		传　　真	0591-87077366	
办公地址	福建省福州市东水路18号福建交通综合大楼26层				
经营范围	投资开发、建设、经营公路等				

主要财务指标 指标\报告期	2009.06.30	2008.12.31	2008.06.30	2007.12.31
每股收益(元)	0.2570	0.5275	0.3085	0.4230
每股收益(扣除)(元)	0.2563	0.5279	0.3076	0.4213
每股净资产(元)	2.7596	2.6526	2.4337	2.4317
调整后每股净资产(元)	-	-	-	-
每股资本公积金(元)	0.5293	0.5293	0.5293	0.9416
每股盈余公积金(元)	0.3802	0.3802	0.3590	0.3590
每股未分配利润(元)	0.8501	0.7431	0.5454	0.4869
每股现金净流量(元)	0.0752	-0.1868	0.5872	0.2091
每股经营现金净流量(元)	0.4180	0.8848	0.4163	0.7929
净资产收益率(扣除)(%)	-	-	-	15.1200
净资产收益率(%)	9.3100	19.8800	12.6800	15.1800
总资产(万)	1024664.81	943268.80	916406.30	761562.07
股东权益(万)	408309.66	392484.48	360082.87	412430.05
主营业务收入(万)	-	-	-	-
主营业务利润(万)	-	-	-	-
营业务收入(万)	99926.02	216217.30	109366.96	177741.24
营业务利润(万)	67767.66	139040.90	79452.65	122307.06
投资收益(万)	-	-	-	-
利润总额(万)	67922.42	138956.41	79725.67	122632.28
净利润(万)	38019.19	78044.43	45642.82	62594.34

三一重工股份有限公司

公司概况					
公司名称	三一重工股份有限公司			证券简称	三一重工
法人代表	梁稳根	董秘	肖友良	证券代码	600031
公司网址	www.sany.com.cn		电子信箱	Sany@sany.com.cn	
电　　话	0731-84031555		传　　真	0731-84031777	
办公地址	长沙经济技术开发区				
经营范围	建筑工程机械、起重机械、停车库、通用设备及机电设备的生产、销售与维修等				

主要财务指标 指标\报告期	2009.06.30	2008.12.31	2008.06.30	2007.12.31
每股收益(元)	0.5330	0.8280	0.5480	1.1000
每股收益(扣除)(元)	0.5340	0.9570	0.8200	0.8100
每股净资产(元)	4.2600	3.9200	5.5000	3.2400
调整后每股净资产(元)	-	-	-	-
每股资本公积金(元)	0.4846	0.4846	1.0269	1.0269
每股盈余公积金(元)	0.4091	0.4091	0.4894	0.4894
每股未分配利润(元)	2.4498	2.0972	3.0505	2.2779
每股现金净流量(元)	-0.3169	0.2232	0.5095	1.4169
每股经营现金净流量(元)	0.1013	0.4304	0.0469	0.6357
净资产收益率(扣除)(%)	-	-	-	24.9500
净资产收益率(%)	12.4900	21.1100	14.9500	33.9500
总资产(万)	1526016.02	1396734.17	1421267.96	1117912.66
股东权益(万)	634628.91	583805.56	545903.55	473153.08
主营业务收入(万)	-	-	-	-
主营业务利润(万)	-	-	-	-
营业务收入(万)	749529.72	1374525.61	719294.94	914495.08
营业务利润(万)	106950.99	153198.85	102477.67	206326.20
投资收益(万)	-	-	-	-
利润总额(万)	107558.53	154054.18	103008.77	208308.84
净利润(万)	79252.05	123223.43	81606.72	160616.00

湖北楚天高速公路股份有限公司

公司概况					
公司名称	湖北楚天高速公路股份有限公司			证券简称	楚天高速
法人代表	张世杰	董秘	张晴	证券代码	600035
公司网址	www.hbctgs.com		电子信箱	600035@hbctgs.com	
电　　话	027-84863942		传　　真	027-84863942	
办公地址	湖北省武汉市汉阳区龙阳大道9号				
经营范围	对公路、桥梁和其它交通基础设施的投资;管辖范围内高速公路的经营、养护等				

主要财务指标 指标\报告期	2009.06.30	2008.12.31	2008.06.30	2007.12.31
每股收益(元)	0.1700	0.3200	0.1600	0.2900
每股收益(扣除)(元)	0.1700	0.3200	0.1600	0.2900
每股净资产(元)	2.8351	2.6700	2.6703	2.5100
调整后每股净资产(元)	-	-	-	-
每股资本公积金(元)	0.9449	0.9449	0.9449	0.9449
每股盈余公积金(元)	0.3147	0.3147	0.2499	0.2499
每股未分配利润(元)	0.5755	0.4099	0.4755	0.3109
每股现金净流量(元)	0.1819	0.1350	0.0831	-0.0536
每股经营现金净流量(元)	0.2193	0.4173	0.2391	0.3697
净资产收益率(扣除)(%)	-	-	-	11.4800
净资产收益率(%)	5.8400	12.1300	6.1600	11.4800
总资产(万)	336482.91	297854.32	297177.36	294156.09
股东权益(万)	264135.96	248710.13	248775.49	233444.30
主营业务收入(万)	-	-	-	-
主营业务利润(万)	-	-	-	-
营业务收入(万)	36234.40	71706.41	35207.38	72589.21
营业务利润(万)	20585.12	40201.64	20444.04	40367.57
投资收益(万)	-	-	-	-
利润总额(万)	20598.02	40432.50	20479.19	40363.12
净利润(万)	15425.83	30172.27	15331.19	26796.22

招商银行股份有限公司

公司概况

公司名称	招商银行股份有限公司			证券简称	招商银行
法人代表	秦晓	董秘	兰奇	证券代码	600036
公司网址	www.cmbchina.com		电子信箱	cmb@cmbchina.com	
电　话	0755-83198888		传　真	0755-83195109	
办公地址	广东省深圳市福田区深南大道 7088 号				
经营范围	吸收公众存款;发放短期、中期和长期贷款;办理结算;办理票据贴现等				

主要财务指标

指标\报告期	2009.06.30	2008.12.31	2008.06.30	2007.12.31
每股收益(元)	0.5600	1.4300	0.9000	1.0400
每股收益(扣除)(元)	0.5500	1.4100	0.9000	1.0300
每股净资产(元)	5.7200	5.4100	5.2700	4.6200
调整后每股净资产(元)	–	–	–	–
每股资本公积金(元)	1.3289	1.4739	1.8668	1.8411
每股盈余公积金(元)	0.4524	0.4524	0.3136	0.3136
每股未分配利润(元)	2.2085	1.7487	1.4429	0.8224
每股现金净流量(元)	–	–	–	–
每股经营现金净流量(元)	–	–	–	–
净资产收益率(扣除)(%)	–	–	–	22.2600
净资产收益率(%)	19.6300	26.5100	34.1800	22.4200
总资产(万)	197276800.00	157179700.00	139579100.00	131096400.00
股东权益(万)	8418500.00	7951500.00	7749600.00	6798400.00
主营业务收入(万)	2467300.00	5530800.00	2875000.00	4095800.00
主营业务利润(万)	1003000.00	2641200.00	1705200.00	2091500.00
营业务收入(万)	–	–	–	–
营业务利润(万)	–	–	–	–
投资收益(万)	–	–	–	–
利润总额(万)	1017800.00	2675900.00	1712200.00	2104300.00
净利润(万)	826200.00	2107700.00	1324500.00	1524300.00

北京歌华有线电视网络股份有限公司

公司概况

公司名称	北京歌华有线电视网络股份有限公司			证券简称	歌华有线
法人代表	张森	董秘	梁彦军	证券代码	600037
公司网址	www.bgctv.com.cn		电子信箱	110037@bgctv.com.cn	
电　话	010-62035573 96196-8249		传　真	010-62035573	
办公地址	北京市海淀区花园北路 35 号(东门)				
经营范围	广播电视网络的建设开发、经营管理和维护;广播电视节目收转、传送等				

主要财务指标

指标\报告期	2009.06.30	2008.12.31	2008.06.30	2007.12.31
每股收益(元)	0.1356	0.3102	0.1695	0.3460
每股收益(扣除)(元)	0.1207	0.2452	0.1595	0.3301
每股净资产(元)	4.0400	4.0600	3.9100	3.7400
调整后每股净资产(元)	–	–	–	–
每股资本公积金(元)	1.6289	1.6280	1.6275	1.6275
每股盈余公积金(元)	0.3396	0.3397	0.3089	0.3089
每股未分配利润(元)	1.0733	1.0879	0.9780	0.8085
每股现金净流量(元)	–0.0984	–0.2970	–0.0378	–0.2649
每股经营现金净流量(元)	0.3122	0.6493	0.3134	0.8157
净资产收益率(扣除)(%)	–	–	–	8.8200
净资产收益率(%)	3.3500	7.6500	4.3300	9.2400
总资产(万)	562814.54	567112.47	554284.85	503133.33
股东权益(万)	428580.08	429967.74	414993.14	397018.63
主营业务收入(万)	–	–	–	–
主营业务利润(万)	–	–	–	–
营业务收入(万)	67869.22	135976.45	63177.79	118491.57
营业务利润(万)	17618.00	29990.92	16945.84	35442.76
投资收益(万)	–	–	–	–
利润总额(万)	19731.39	33073.77	18010.52	36886.25
净利润(万)	14376.66	32885.07	17970.09	36682.19

哈飞航空工业股份有限公司

公司概况

公司名称	哈飞航空工业股份有限公司			证券简称	哈飞股份
法人代表	曲景文	董秘	曹子清	证券代码	600038
公司网址	www.hafei.com		电子信箱	hf600038@sina.com	
电　话	0451-86528350		传　真	0451-86528350	
办公地址	哈尔滨市平房区友协大街 15 号				
经营范围	航空产品及零部件的开发、设计研制、生产和销售,航空科学技术开发、咨询、服务等				

主要财务指标

指标\报告期	2009.06.30	2008.12.31	2008.06.30	2007.12.31
每股收益(元)	0.0504	0.2922	0.0378	0.2887
每股收益(扣除)(元)	0.0503	0.2987	0.0392	0.2899
每股净资产(元)	3.8942	3.8400	3.6900	3.6500
调整后每股净资产(元)	–	–	–	–
每股资本公积金(元)	1.8538	1.8538	1.8538	1.8538
每股盈余公积金(元)	0.3371	0.3371	0.3079	0.3079
每股未分配利润(元)	0.7033	0.6529	0.5276	0.4899
每股现金净流量(元)	0.0248	–0.4798	–0.7767	–0.5621
每股经营现金净流量(元)	0.0375	–0.2700	–0.7869	–0.5485
净资产收益率(扣除)(%)	–	–	–	7.9402
净资产收益率(%)	1.2940	7.6030	1.0240	7.9056
总资产(万)	299137.89	287117.91	244114.67	242506.00
股东权益(万)	131369.73	129669.27	124458.16	123184.22
主营业务收入(万)	–	–	–	–
主营业务利润(万)	–	–	–	–
营业务收入(万)	56458.12	221770.26	51064.92	214388.79
营业务利润(万)	2006.28	11004.29	1465.44	10444.56
投资收益(万)	–	–	–	–
利润总额(万)	2009.60	10749.21	1400.60	10394.40
净利润(万)	1700.46	9858.55	1273.94	9738.44

四川路桥建设股份有限公司

公司概况

公司名称	四川路桥建设股份有限公司			证券简称	四川路桥
法人代表	孙云	董秘	曹川	证券代码	600039
公司网址	www.scrbc.com.cn		电子信箱	srbg@mail.sc.cninfo.net	
电　话	028-85127039、85126085		传　真	028-85126084	
办公地址	四川省成都市高新区九兴大道 12 号				
经营范围	公路工程施工及相关技术咨询服务;交通及附属设施、高新技术及产品的投资、开发、经营等				

主要财务指标

指标\报告期	2009.06.30	2008.12.31	2008.06.30	2007.12.31
每股收益(元)	0.0183	0.0464	0.0144	0.0667
每股收益(扣除)(元)	0.0088	0.0006	0.0126	0.0541
每股净资产(元)	3.0073	2.7400	2.9100	3.3400
调整后每股净资产(元)	–	–	–	–
每股资本公积金(元)	1.6619	1.4302	1.7043	2.0750
每股盈余公积金(元)	0.1803	0.1884	0.1803	0.1837
每股未分配利润(元)	0.1407	0.1224	0.0230	0.0806
每股现金净流量(元)	0.7562	–0.2889	0.2497	–0.2016
每股经营现金净流量(元)	0.1967	0.2415	0.1017	0.1117
净资产收益率(扣除)(%)	–	–	–	1.6197
净资产收益率(%)	0.6100	1.6930	0.4900	1.9968
总资产(万)	600490.61	528117.64	511818.95	455987.34
股东权益(万)	91421.47	83323.46	88390.57	101516.42
主营业务收入(万)	–	–	–	–
主营业务利润(万)	–	–	–	–
营业务收入(万)	124846.79	219141.81	82942.75	180012.05
营业务利润(万)	1856.62	3455.99	1113.33	4946.69
投资收益(万)	–	–	–	–
利润总额(万)	1734.18	2927.32	1089.33	4421.29
净利润(万)	557.57	1410.31	437.08	2027.09

保利房地产(集团)股份有限公司

公司概况

公司名称	保利房地产(集团)股份有限公司			证券简称	保利地产
法人代表	李彬海	董秘	岳勇坚	证券代码	600048
公司网址	www.polycn.com		电子信箱	stock@polycn.com	
电　　话	020-89898833		传　　真	020-89898666	
办公地址	广东省广州市海珠区阅江中路 688 号保利国际广场北塔 29-33 层				
经营范围	一级房地产开发、出租本公司开发商品房、房屋工程设计、旧楼拆迁等				

主要财务指标

指标\报告期	2009.06.30	2008.12.31	2008.06.30	2007.12.31
每股收益(元)	0.4400	0.9100	0.4200	0.6500
每股收益(扣除)(元)	0.4400	0.8600	0.3700	0.5400
每股净资产(元)	4.7533	5.7400	5.2500	9.7300
调整后每股净资产(元)	–	–	–	–
每股资本公积金(元)	2.1336	2.7729	2.7726	6.5452
每股盈余公积金(元)	0.0790	0.1027	0.0850	0.1700
每股未分配利润(元)	1.5406	1.8655	1.3918	2.0103
每股现金净流量(元)	1.1514	0.3441	–0.4109	3.0220
每股经营现金净流量(元)	1.7104	–3.0952	–2.6292	–7.6464
净资产收益率(扣除)(%)	–	–	–	10.3500
净资产收益率(%)	9.2100	15.9000	8.0300	12.4900
总资产(万)	6148403.00	5363216.27	4761778.39	4089466.42
股东权益(万)	1515378.86	1407936.57	1287342.41	1192524.42
主营业务收入(万)	–	–	–	–
主营业务利润(万)	–	–	–	–
营业务收入(万)	829092.34	1551990.11	538133.06	811523.49
营业务利润(万)	200722.12	383680.80	164808.80	205384.67
投资收益(万)	–	–	–	–
利润总额(万)	201205.75	402328.48	182964.50	240309.01
净利润(万)	139605.59	223886.14	103401.19	148908.80

中国联合网络通信股份有限公司

公司概况

公司名称	中国联合网络通信股份有限公司			证券简称	中国联通
法人代表	常小兵	董秘	张保英	证券代码	600050
公司网址	www.chinaunicom-a.com		电子信箱	zhangby@chinaunicom-a.com	
电　　话	021-52732228		传　　真	021-52732220	
办公地址	上海市长宁区长宁路 1033 号 29 楼				
经营范围	从事国(境)内外电信行业的投资				

主要财务指标

指标\报告期	2009.06.30	2008.12.31	2008.06.30	2007.12.31
每股收益(元)	0.1031	0.9313	0.1237	0.4450
每股收益(扣除)(元)	0.0974	0.0650	0.1246	0.2030
每股净资产(元)	3.3100	3.3200	2.6300	3.9600
调整后每股净资产(元)	–	–	–	–
每股资本公积金(元)	1.1889	1.2491	0.9515	2.2595
每股盈余公积金(元)	0.0189	0.0189	0.0114	0.0215
每股未分配利润(元)	1.1029	1.0680	0.6624	0.6797
每股现金净流量(元)	–0.0920	–0.1294	0.1511	–0.3720
每股经营现金净流量(元)	1.4956	2.8342	0.7269	3.2950
净资产收益率(扣除)(%)	–	–	–	5.1000
净资产收益率(%)	3.1000	28.1000	4.7100	11.2000
总资产(万)	35800255.34	35184714.35	14262405.74	33571582.87
股东权益(万)	7015758.98	7069132.34	5564694.06	8394339.36
主营业务收入(万)	–	–	–	–
主营业务利润(万)	–	–	–	–
营业务收入(万)	7849236.82	15276426.39	3593811.30	15404468.85
营业务利润(万)	825464.32	541278.42	531424.71	2175161.15
投资收益(万)	–	–	–	–
利润总额(万)	857788.03	748224.75	526324.49	2657608.29
净利润(万)	218524.87	1974141.28	262218.31	942610.92

宁波联合集团股份有限公司

公司概况

公司名称	宁波联合集团股份有限公司			证券简称	宁波联合
法人代表	何大元	董秘	朱德昌	证券代码	600051
公司网址	www.nug.com.cn		电子信箱	info@nug.com.cn	
电　　话	0574-86221609		传　　真	0574-86221320	
办公地址	宁波开发区东海路 1 号联合大厦八楼				
经营范围	高新技术产品投资开发、能源、交通、通讯项目及市政基础设施建设,房地产开发经营等				

主要财务指标

指标\报告期	2009.06.30	2008.12.31	2008.06.30	2007.12.31
每股收益(元)	0.2100	0.4100	0.1894	0.2700
每股收益(扣除)(元)	0.1900	0.1600	0.0694	0.2000
每股净资产(元)	4.4200	4.0300	4.0000	4.4100
调整后每股净资产(元)	–	–	–	–
每股资本公积金(元)	2.0042	1.6245	1.8147	2.4115
每股盈余公积金(元)	0.4952	0.4952	0.4576	0.4576
每股未分配利润(元)	0.9320	0.9209	0.7387	0.5493
每股现金净流量(元)	0.8201	–0.3888	–0.4669	–0.4362
每股经营现金净流量(元)	0.5435	–0.4894	–0.4134	1.3683
净资产收益率(扣除)(%)	–	–	–	4.4700
净资产收益率(%)	4.7800	10.1600	4.7400	6.1100
总资产(万)	395570.87	347933.39	342289.92	374129.24
股东权益(万)	133612.11	121796.27	120877.25	133355.83
主营业务收入(万)	–	–	–	–
主营业务利润(万)	–	–	–	–
营业务收入(万)	122081.41	316931.22	147196.25	367615.19
营业务利润(万)	13201.80	20585.27	9907.80	10856.32
投资收益(万)	–	–	–	–
利润总额(万)	13057.10	20623.27	9940.77	14594.28
净利润(万)	6383.44	12374.48	5726.92	8151.79

浙江广厦股份有限公司

公司概况

公司名称	浙江广厦股份有限公司			证券简称	浙江广厦
法人代表	楼江跃	董秘	张霞	证券代码	600052
公司网址	www.gsgf.com		电子信箱	gsgf@guangsha.com	
电　　话	0571-87969988-1211		传　　真	0571-85125355	
办公地址	浙江省杭州市玉古路 166 号				
经营范围	房地产投资,实业投资,房地产中介代理,园林、绿化、市政、幕墙、智能化等				

主要财务指标

指标\报告期	2009.06.30	2008.12.31	2008.06.30	2007.12.31
每股收益(元)	–0.0200	0.4200	0.2200	0.2300
每股收益(扣除)(元)	–0.0160	0.3300	0.1100	0.1500
每股净资产(元)	1.6800	1.7000	1.5200	1.3000
调整后每股净资产(元)	–	–	–	–
每股资本公积金(元)	0.3213	0.3213	0.3407	0.3407
每股盈余公积金(元)	0.1367	0.1367	0.1367	0.1367
每股未分配利润(元)	0.2255	0.2453	0.0391	–0.1761
每股现金净流量(元)	0.1032	–0.7995	–0.5133	0.8005
每股经营现金净流量(元)	0.1427	–0.7932	–0.6526	2.0705
净资产收益率(扣除)(%)	–	–	–	10.3600
净资产收益率(%)	–1.1700	24.7400	14.1900	16.1000
总资产(万)	890757.82	899587.74	1021424.25	1022315.51
股东权益(万)	146771.68	148494.35	132208.21	113443.77
主营业务收入(万)	–	–	–	–
主营业务利润(万)	–	–	–	–
营业务收入(万)	83810.71	339423.29	101669.73	277782.21
营业务利润(万)	2306.85	55967.44	22823.36	31496.43
投资收益(万)	–	–	–	–
利润总额(万)	1895.89	54659.86	22111.37	33660.61
净利润(万)	–1722.67	36734.11	18759.94	18266.69

江西中江地产股份有限公司

公司概况	公司名称	江西中江地产股份有限公司			证券简称	中江地产
	法人代表	董全臣	董秘	刘为权	证券代码	600053
	公司网址	www.JiangXipaper.com.cn		电子信箱	jxpaper@china.com	
	电　　话	0791-8624842、8164018		传　　真	0791-8624842、2115105	
	办公地址	江西省南昌市高新区火炬大街788号				
	经营范围	房地产开发及经营，土地开发及经营，对旅游项目的投资，装饰工程等				

主要财务指标	指标\报告期	2009.06.30	2008.12.31	2008.06.30	2007.12.31
	每股收益(元)	0.0031	0.6400	0.1600	0.5800
	每股收益(扣除)(元)	0.0017	0.1600	0.1600	0.5500
	每股净资产(元)	2.0660	2.5300	2.0400	1.8800
	调整后每股净资产(元)	–	–	–	–
	每股资本公积金(元)	0.7223	1.0667	1.0667	1.0667
	每股盈余公积金(元)	0.0737	0.0884	0.0478	0.0478
	每股未分配利润(元)	0.2701	0.3710	–0.0748	–0.2312
	每股现金净流量(元)	0.7429	–0.1078	0.1688	0.1407
	每股经营现金净流量(元)	0.9271	–0.0294	–0.2242	0.5718
	净资产收益率(扣除)(%)	–	–	–	29.0300
	净资产收益率(%)	0.1280	25.4500	7.9700	30.9300
	总资产(万)	277961.67	242715.27	236972.35	209979.13
	股东权益(万)	74642.48	76052.58	61409.21	56698.80
	主营业务收入(万)	–	–	–	–
	主营业务利润(万)	–	–	–	–
	营业务收入(万)	5488.81	31447.09	15363.22	79232.96
	营业务利润(万)	50.71	8811.10	4734.03	18466.30
	投资收益(万)	–	–	–	–
	利润总额(万)	94.54	19352.47	4710.42	19080.21
	净利润(万)	95.26	19353.78	4710.42	17536.92

黄山旅游发展股份有限公司

公司概况	公司名称	黄山旅游发展股份有限公司			证券简称	黄山旅游
	法人代表	程迎峰	董秘	黄慧敏	证券代码	600054
	公司网址	www.huangshan.com.cn		电子信箱	hs600054@yahoo.com.cn	
	电　　话	0559-5580567、5580526		传　　真	0559-5580505	
	办公地址	安徽省黄山市黄山风景区汤泉				
	经营范围	经营旅游服务、酒店经营、旅游运输、饮食服务、旅游资源开发、旅游商品开发等				

主要财务指标	指标\报告期	2009.06.30	2008.12.31	2008.06.30	2007.12.31
	每股收益(元)	0.1633	0.4000	0.1600	0.3300
	每股收益(扣除)(元)	0.1632	0.4000	0.1600	0.3300
	每股净资产(元)	2.4800	2.4200	2.3200	2.1600
	调整后每股净资产(元)	–	–	–	–
	每股资本公积金(元)	0.3626	0.3626	0.3601	0.3601
	每股盈余公积金(元)	0.3071	0.3071	0.2674	0.2674
	每股未分配利润(元)	0.8108	0.7475	0.6932	0.5322
	每股现金净流量(元)	–0.1211	–0.3302	–0.4070	0.3804
	每股经营现金净流量(元)	–0.0229	0.4402	0.0591	0.5870
	净资产收益率(扣除)(%)	–	–	–	15.0000
	净资产收益率(%)	6.5800	16.5500	6.9400	14.8500
	总资产(万)	173502.10	169325.45	158410.10	154200.82
	股东权益(万)	116919.87	113934.94	109386.11	101794.43
	主营业务收入(万)	–	–	–	–
	主营业务利润(万)	–	–	–	–
	营业务收入(万)	46505.46	111818.11	43381.75	104087.64
	营业务利润(万)	11297.71	28162.62	11210.48	26761.38
	投资收益(万)	–	–	–	–
	利润总额(万)	11304.30	28136.73	11120.12	26418.83
	净利润(万)	7698.43	18853.91	7591.68	15117.74

北京万东医疗装备股份有限公司

公司概况	公司名称	北京万东医疗装备股份有限公司			证券简称	万东医疗
	法人代表	贺旋	董秘	张丹石	证券代码	600055
	公司网址	www.wandong.com.cn		电子信箱	wdyL055@263.net.cn	
	电　　话	010-84569688		传　　真	010-84575717	
	办公地址	北京市朝阳区酒仙桥东路9号A3				
	经营范围	医疗器械制造；经营本企业和本企业成员企业自产产品及相关技术的出口业务等				

主要财务指标	指标\报告期	2009.06.30	2008.12.31	2008.06.30	2007.12.31
	每股收益(元)	0.0650	0.1310	0.0500	0.1290
	每股收益(扣除)(元)	0.0630	0.0950	0.0500	0.1050
	每股净资产(元)	2.2900	2.2900	2.2100	3.2600
	调整后每股净资产(元)	–	–	–	–
	每股资本公积金(元)	0.5519	0.5519	0.5519	1.1278
	每股盈余公积金(元)	0.2618	0.2618	0.2482	0.3724
	每股未分配利润(元)	0.4788	0.4739	0.4052	0.7570
	每股现金净流量(元)	–0.0369	0.4570	0.0522	–0.0629
	每股经营现金净流量(元)	0.1194	0.4192	–0.3039	–0.2870
	净资产收益率(扣除)(%)	–	–	–	4.8600
	净资产收益率(%)	2.8301	5.7300	2.2300	5.9400
	总资产(万)	99385.58	102150.95	100123.21	88931.77
	股东权益(万)	49621.93	49516.29	47734.35	47001.45
	主营业务收入(万)	–	–	–	–
	主营业务利润(万)	–	–	–	–
	营业务收入(万)	29304.17	60359.63	22439.83	53426.26
	营业务利润(万)	1649.79	2374.01	1533.04	2519.73
	投资收益(万)	–	–	–	–
	利润总额(万)	1713.51	3294.00	1434.15	3036.68
	净利润(万)	1404.34	2836.63	1066.69	2792.87

中国医药保健品股份有限公司

公司概况	公司名称	中国医药保健品股份有限公司			证券简称	中国医药
	法人代表	韩本毅	董秘	齐建西	证券代码	600056
	公司网址	www.cntic-trading.cn		电子信箱	600056@sohu.com.cn	
	电　　话	010-67164267		传　　真	010-67152359	
	办公地址	北京市崇文区光明中街18号美康大厦				
	经营范围	自营和代理除国家组织统一联合经营的16种出口商品和国家经营医疗器械等				

主要财务指标	指标\报告期	2009.06.30	2008.12.31	2008.06.30	2007.12.31
	每股收益(元)	0.4384	0.6800	0.3326	0.9800
	每股收益(扣除)(元)	0.2214	0.3700	0.2314	0.3400
	每股净资产(元)	5.1782	4.4300	4.8202	5.9900
	调整后每股净资产(元)	–	–	–	–
	每股资本公积金(元)	1.7351	1.4210	2.1641	3.2688
	每股盈余公积金(元)	0.4498	0.4498	0.3845	0.3845
	每股未分配利润(元)	1.9933	1.5550	1.2716	1.3390
	每股现金净流量(元)	1.7805	–0.7899	–0.3553	0.1127
	每股经营现金净流量(元)	2.0215	–0.3972	–0.1012	–0.1152
	净资产收益率(扣除)(%)	–	–	–	5.6400
	净资产收益率(%)	8.4650	15.3900	6.9000	16.3800
	总资产(万)	339207.51	244080.84	260424.32	272289.45
	股东权益(万)	123862.03	105865.79	115298.49	143336.32
	主营业务收入(万)	–	–	–	–
	主营业务利润(万)	–	–	–	–
	营业务收入(万)	211392.32	307915.71	145148.20	247516.04
	营业务利润(万)	17239.89	25335.42	12594.29	31791.91
	投资收益(万)	–	–	–	–
	利润总额(万)	17255.61	24853.41	12363.03	32218.94
	净利润(万)	10485.39	16296.44	7955.33	23485.34

五矿发展股份有限公司

公司概况	公司名称	五矿发展股份有限公司			证券简称	五矿发展
	法人代表	周中枢	董秘	崔青莲	证券代码	600058
	公司网址	www.minlist.com.cn		电子信箱	cuiql@minmetals.com	
	电　话	010-68494205、68494267		传　真	010-68494207	
	办公地址	北京市海淀区三里河路 5 号 B 座				
	经营范围	钢铁及炉料、废船、非金属矿产品及其制品、建筑材料、耐火材料等				

主要财务指标	指标\报告期	2009.06.30	2008.12.31	2008.06.30	2007.12.31
	每股收益(元)	0.0812	0.8497	1.6351	1.4988
	每股收益(扣除)(元)	0.0134	0.6720	1.4842	1.0035
	每股净资产(元)	7.4569	7.6870	8.4500	7.9544
	调整后每股净资产(元)	–	–	–	–
	每股资本公积金(元)	3.5567	3.5480	3.6016	3.3179
	每股盈余公积金(元)	0.5716	0.5716	0.4964	0.6434
	每股未分配利润(元)	2.3286	2.5673	3.3555	2.9930
	每股现金净流量(元)	0.6923	–1.3919	–0.0413	2.1783
	每股经营现金净流量(元)	–0.4101	–2.3730	–2.8650	–0.8956
	净资产收益率(扣除)(%)	–	–	–	14.6922
	净资产收益率(%)	1.0900	10.8660	18.6900	21.9434
	总资产(万)	4106165.81	3769775.63	4818045.69	3989302.9
	股东权益(万)	799309.48	823973.29	906139.19	657803.45
	主营业务收入(万)	–	–	–	–
	主营业务利润(万)	–	–	–	–
	营业务收入(万)	3084104.30	11320380.75	6017717.20	8778046.57
	营业务利润(万)	9433.60	120482.83	232564.86	241894.58
	投资收益(万)	–	–	–	–
	利润总额(万)	13418.76	126228.40	233244.89	240905.27
	净利润(万)	8707.12	89533.96	169339.39	144344.47

浙江古越龙山绍兴酒股份有限公司

公司概况	公司名称	浙江古越龙山绍兴酒股份有限公司			证券简称	古越龙山
	法人代表	傅建伟	董秘	周娟英	证券代码	600059
	公司网址	www.shaoxingwine.com.cn		电子信箱	hjjt@shaoxingwine.com.cn	
	电　话	0575-85158435、85176000		传　真	0575-85166884	
	办公地址	浙江省绍兴市北海桥				
	经营范围	黄酒、白酒、饮料、食用酒精、副食品及食品原辅料、玻璃制品的开发、制造、销售				

主要财务指标	指标\报告期	2009.06.30	2008.12.31	2008.06.30	2007.12.31
	每股收益(元)	0.0710	0.2600	0.2020	0.2400
	每股收益(扣除)(元)	0.0670	0.2500	0.2010	0.1900
	每股净资产(元)	2.3200	3.3700	3.3100	5.1800
	调整后每股净资产(元)	–	–	–	–
	每股资本公积金(元)	0.6836	1.5254	1.5254	3.0406
	每股盈余公积金(元)	0.2246	0.3370	0.3123	0.4997
	每股未分配利润(元)	0.4135	0.5140	0.4770	0.6405
	每股现金净流量(元)	–0.0872	–0.1018	–0.2279	0.0287
	每股经营现金净流量(元)	0.0442	0.5569	0.3987	0.3047
	净资产收益率(扣除)(%)	–	–	–	5.8300
	净资产收益率(%)	3.0500	7.8100	6.0900	7.4100
	总资产(万)	181135.58	183120.84	170634.69	190084.61
	股东权益(万)	129723.48	125620.62	123466.76	120501.87
	主营业务收入(万)	–	–	–	–
	主营业务利润(万)	–	–	–	–
	营业务收入(万)	34430.98	74781.35	48358.16	81491.73
	营业务利润(万)	4999.98	12248.87	9793.50	11659.61
	投资收益(万)	–	–	–	–
	利润总额(万)	5251.04	12276.69	9758.14	11754.11
	净利润(万)	3958.75	9811.21	7513.24	8931.80

青岛海信电器股份有限公司

公司概况	公司名称	青岛海信电器股份有限公司			证券简称	海信电器
	法人代表	于淑珉	董秘	夏峰	证券代码	600060
	公司网址	www.hisense.com		电子信箱	zqb@hisense.com	
	电　话	0532-83889556		传　真	0532-83889556	
	办公地址	山东省青岛市经济技术开发区前湾港路 218 号				
	经营范围	电视机、电冰箱、电冰柜、洗衣机、热水器、微波炉、以及洗碗机、电熨斗等				

主要财务指标	指标\报告期	2009.06.30	2008.12.31	2008.06.30	2007.12.31
	每股收益(元)	0.3390	0.4600	0.1770	0.4100
	每股收益(扣除)(元)	0.2900	0.3600	0.1270	0.2200
	每股净资产(元)	6.3500	5.9900	5.8600	5.6800
	调整后每股净资产(元)	–	–	–	–
	每股资本公积金(元)	3.0580	3.0437	3.1319	3.0437
	每股盈余公积金(元)	0.5833	0.5833	0.5271	0.4918
	每股未分配利润(元)	1.7490	1.4104	1.2022	1.1663
	每股现金净流量(元)	0.4682	0.1091	–0.1794	–0.2889
	每股经营现金净流量(元)	0.4761	0.4402	–0.0970	0.3520
	净资产收益率(扣除)(%)	–	–	–	3.9400
	净资产收益率(%)	5.3300	7.6000	3.0700	7.2400
	总资产(万)	636697.65	591375.55	468091.21	627294.75
	股东权益(万)	313548.49	295918.66	289408.90	280479.70
	主营业务收入(万)	–	–	–	–
	主营业务利润(万)	–	–	–	–
	营业务收入(万)	741623.93	1340710.14	617642.46	1483863.62
	营业务利润(万)	18948.08	20515.02	9348.43	21881.36
	投资收益(万)	–	–	–	–
	利润总额(万)	22642.35	26897.67	12611.25	29192.26
	净利润(万)	16718.45	22496.88	8897.67	20304.38

中纺投资发展股份有限公司

公司概况	公司名称	中纺投资发展股份有限公司			证券简称	中纺投资
	法人代表	常俊传	董秘	鲍勤飞	证券代码	600061
	公司网址	www.sinotex-ctrc.com.c		电子信箱	600061@sinotex-ctrc.com.cn	
	电　话	021-62818687		传　真	021-62816868	
	办公地址	上海市长宁区延安西路 1228 号嘉利大厦 33 层				
	经营范围	纺织品，纺织原材料，化轻材料，新产品的开发、生产、销售等				

主要财务指标	指标\报告期	2009.06.30	2008.12.31	2008.06.30	2007.12.31
	每股收益(元)	–0.0170	0.0100	0.0050	0.0400
	每股收益(扣除)(元)	–0.0160	–0.0100	0.0030	–
	每股净资产(元)	1.2330	1.2500	1.2410	1.2300
	调整后每股净资产(元)	–	–	–	–
	每股资本公积金(元)	0.0163	0.0122	0.0140	0.0122
	每股盈余公积金(元)	0.0531	0.0531	0.0531	0.0531
	每股未分配利润(元)	0.1632	0.1818	0.1739	0.1690
	每股现金净流量(元)	–0.0713	0.1053	–0.0152	–0.0141
	每股经营现金净流量(元)	–0.0137	0.2618	0.0836	–0.0907
	净资产收益率(扣除)(%)	–	–0.5500	–	–
	净资产收益率(%)	–1.3600	1.0200	0.3900	3.2800
	总资产(万)	80730.46	81564.91	85372.98	85961.26
	股东权益(万)	52889.13	53506.86	53247.21	52960.45
	主营业务收入(万)	–	–	–	–
	主营业务利润(万)	–	–	–	–
	营业务收入(万)	56564.31	123814.94	58133.92	126624.42
	营业务利润(万)	–247.37	419.62	764.73	2236.72
	投资收益(万)	–	–	–	–
	利润总额(万)	–270.29	1335.63	896.64	2481.38
	净利润(万)	–719.72	546.41	207.11	1736.47

北京双鹤药业股份有限公司

公司概况					
公司名称	北京双鹤药业股份有限公司			证券简称	双鹤药业
法人代表	卫华诚	董秘	朱大成	证券代码	600062
公司网址	www.dcpc.com.cn		电子信箱	www.dcpc.com.cn	
电　话	010-64742227＊681		传　真	010-64399098	
办公地址	北京市朝阳区望京利泽东二路1号				
经营范围	加工、制造原料药、注射剂、片剂、胶囊剂、颗粒剂、软胶囊、制药机械设备等				

主要财务指标 指标\报告期	2009.06.30	2008.12.31	2008.06.30	2007.12.31
每股收益(元)	0.5041	0.8191	0.4222	0.9921
每股收益(扣除)(元)	0.4785	0.7294	0.3959	0.6268
每股净资产(元)	6.8337	6.4640	6.0665	4.9821
调整后每股净资产(元)	–	–	–	–
每股资本公积金(元)	2.4433	2.4427	2.4424	1.3817
每股盈余公积金(元)	0.3987	0.3987	0.3487	0.3766
每股未分配利润(元)	2.9917	2.6226	2.2754	2.2237
每股现金净流量(元)	0.0230	0.8898	0.5686	0.3606
每股经营现金净流量(元)	0.4639	0.6963	0.1318	0.5338
净资产收益率(扣除)(%)	–	–	–	12.5800
净资产收益率(%)	7.3769	12.3600	6.6200	19.9100
总资产(万)	457189.95	426902.16	432136.31	367346.34
股东权益(万)	325565.83	307954.48	289014.31	219747.30
主营业务收入(万)	–	–	–	–
主营业务利润(万)	–	–	–	–
营业务收入(万)	247196.89	495152.44	245462.59	455661.64
营业务利润(万)	27475.41	45203.06	25301.92	39376.49
投资收益(万)	–	–	–	–
利润总额(万)	28998.46	47065.48	26874.44	57468.44
净利润(万)	24016.71	38057.25	19134.26	43758.08

安徽皖维高新材料股份有限公司

公司概况					
公司名称	安徽皖维高新材料股份有限公司			证券简称	皖维高新
法人代表	吴福胜	董秘	吴尚义	证券代码	600063
公司网址	www.wwgf.com.cn		电子信箱	zqb@wwgf.com.cn	
电　话	0565-2317280、2317294		传　真	0565-2317447	
办公地址	安徽省巢湖市巢维路56号				
经营范围	各种高低聚合度和醇解度的PVA系列产品、高强高模聚乙烯醇纤维等				

主要财务指标 指标\报告期	2009.06.30	2008.12.31	2008.06.30	2007.12.31
每股收益(元)	0.1030	0.1740	0.1930	0.2290
每股收益(扣除)(元)	0.1030	0.1780	0.1950	0.2280
每股净资产(元)	5.2827	4.0200	4.7800	11.1600
调整后每股净资产(元)	–	–	–	–
每股资本公积金(元)	3.7717	2.6046	3.3444	9.4431
每股盈余公积金(元)	0.1923	0.1822	0.1646	0.2469
每股未分配利润(元)	0.3188	0.2360	0.2733	0.4698
每股现金净流量(元)	0.4434	0.0769	0.2147	0.8651
每股经营现金净流量(元)	0.5847	0.5002	0.2786	0.7440
净资产收益率(扣除)(%)	–	–	–	2.9400
净资产收益率(%)	1.9500	4.5300	4.0600	2.9400
总资产(万)	386570.84	304742.56	346240.22	467399.61
股东权益(万)	194446.40	148071.42	176023.37	273845.32
主营业务收入(万)	–	–	–	–
主营业务利润(万)	–	–	–	–
营业务收入(万)	79785.02	210780.56	106622.49	181841.76
营业务利润(万)	3804.08	6712.24	8394.56	8780.36
投资收益(万)	–	–	–	–
利润总额(万)	4374.32	7178.45	8319.80	10645.16
净利润(万)	3783.42	6394.81	7118.26	8064.19

南京新港高科技股份有限公司

公司概况					
公司名称	南京新港高科技股份有限公司			证券简称	南京高科
法人代表	徐益民	董秘	张金华	证券代码	600064
公司网址	www.600064.com		电子信箱	600064@600064.com	
电　话	025-85800700、85800728		传　真	025-85800720	
办公地址	南京经济技术开发区新港大道129号				
经营范围	高新技术产业投资、开发；市政基础设施建设、投资及管理等				

主要财务指标 指标\报告期	2009.06.30	2008.12.31	2008.06.30	2007.12.31
每股收益(元)	0.4780	0.5580	0.5030	0.4730
每股收益(扣除)(元)	0.4280	0.5600	0.5030	0.4480
每股净资产(元)	17.2600	10.1700	12.6700	20.8500
调整后每股净资产(元)		–	–	–
每股资本公积金(元)	14.1721	7.1636	9.7114	18.1026
每股盈余公积金(元)	0.7431	0.7431	0.6805	0.6805
每股未分配利润(元)	1.3446	1.2669	1.2744	1.0718
每股现金净流量(元)	0.1709	0.3657	–0.3713	0.2418
每股经营现金净流量(元)	1.1709	–4.3144	–4.9889	–3.6210
净资产收益率(扣除)(%)		5.5100	–	2.1500
净资产收益率(%)	2.7700	5.4800	3.9700	2.2700
总资产(万)	1425949.40	1082602.80	1161160.90	1372830.21
股东权益(万)	593989.74	350119.85	435903.96	717714.25
主营业务收入(万)		–	–	–
主营业务利润(万)		–	–	–
营业务收入(万)	92047.76	151836.81	72878.98	107609.31
营业务利润(万)	19284.64	21593.04	18142.71	16417.01
投资收益(万)		–	–	–
利润总额(万)	18711.77	21442.35	18125.14	17707.99
净利润(万)	16441.16	19192.79	17295.94	16291.88

郑州宇通客车股份有限公司

公司概况					
公司名称	郑州宇通客车股份有限公司			证券简称	宇通客车
法人代表	汤玉祥	董秘	朱中霞	证券代码	600066
公司网址	www.yutong.com		电子信箱	info@yutong.com	
电　话	0371-6806316、66899008		传　真	0371-6899123	
办公地址	郑州市管城区宇通路宇通工业园				
经营范围	经营本企业自产产品及相关技术的出口业务；经营本企业生产、科研所需的原辅料等				

主要财务指标 指标\报告期	2009.06.30	2008.12.31	2008.06.30	2007.12.31
每股收益(元)	0.3700	1.0200	0.7600	0.7400
每股收益(扣除)(元)	0.3300	0.7300	0.3900	0.6300
每股净资产(元)	3.3600	3.2300	3.2800	5.2100
调整后每股净资产(元)		–	–	–
每股资本公积金(元)	0.7831	0.4260	0.7340	4.0234
每股盈余公积金(元)	0.5020	0.5020	0.3912	0.5166
每股未分配利润(元)	1.0716	1.3017	1.1544	1.2345
每股现金净流量(元)	–0.3658	–0.0287	–1.5409	1.1378
每股经营现金净流量(元)	0.4720	1.8547	0.6345	1.7129
净资产收益率(扣除)(%)		–	–	12.0100
净资产收益率(%)	11.0200	31.6300	23.2600	14.2600
总资产(万)	499015.80	468467.48	476264.80	806943.47
股东权益(万)	174510.98	167913.18	170505.22	270924.86
主营业务收入(万)		–	–	–
主营业务利润(万)		–	–	–
营业务收入(万)	354750.23	833567.19	426935.82	805309.47
营业务利润(万)	21625.84	63018.48	50032.29	60496.00
投资收益(万)		–	–	–
利润总额(万)	22290.30	62982.46	50326.46	61282.85
净利润(万)	19230.48	53104.29	39666.97	38643.28

冠城大通股份有限公司

公司概况					
公司名称	冠城大通股份有限公司			证券简称	冠城大通
法人代表	韩国龙	董秘	肖林寿	证券代码	600067
公司网址	www.gcdt.net		电子信箱	gcdt@gcdt.net	
电　　话	0591-83350026		传　　真	0591-83350013	
办公地址	福建省福州市鼓楼区五一中路32号元洪大厦26层				
经营范围	经营本企业生产所需原辅材料、机械设备、仪器仪表、零配件等商品				

主要财务指标：指标\报告期	2009.06.30	2008.12.31	2008.06.30	2007.12.31
每股收益(元)	0.1500	0.3000	0.2200	0.3700
每股收益(扣除)(元)	0.1500	0.2700	0.1900	0.3300
每股净资产(元)	2.5400	2.3600	2.0100	1.9700
调整后每股净资产(元)	–	–	–	–
每股资本公积金(元)	0.4850	0.4612	0.0234	0.0133
每股盈余公积金(元)	0.1532	0.1535	0.2404	0.1852
每股未分配利润(元)	0.9010	0.7469	0.7432	0.7676
每股现金净流量(元)	–0.4327	–0.6101	–1.0108	0.6362
每股经营现金净流量(元)	2.4630	–0.5455	–1.1714	–0.9515
净资产收益率(扣除)(%)	–	–	–	19.5500
净资产收益率(%)	6.0600	12.0100	11.0000	21.8900
总资产(万)	805508.55	737684.53	727729.56	679100.02
股东权益(万)	155634.40	144747.46	110974.68	94531.56
主营业务收入(万)	–	–	–	–
主营业务利润(万)	–	–	–	–
营业务收入(万)	161366.95	448612.08	225375.10	462454.89
营业务利润(万)	15295.34	32824.44	22144.95	32105.00
投资收益(万)	–	–	–	–
利润总额(万)	15581.96	32915.34	22156.10	33505.39
净利润(万)	9425.72	17390.43	12204.38	20694.60

中国葛洲坝集团股份有限公司

公司概况					
公司名称	中国葛洲坝集团股份有限公司			证券简称	葛洲坝
法人代表	杨继学	董秘	彭立权	证券代码	600068
公司网址	www.cggc.cn		电子信箱	gzb@cngzb.com	
电　　话	027-83790455		传　　真	027-83790755	
办公地址	湖北省武汉市解放大道558号葛洲坝大酒店B座7层				
经营范围	水泥生产销售、建筑工程承包施工、民用爆破、水力发电、高速公路营运和房地产				

主要财务指标：指标\报告期	2009.06.30	2008.12.31	2008.06.30	2007.12.31
每股收益(元)	0.3560	0.4870	0.2240	0.3630
每股收益(扣除)(元)	0.3020	0.4870	0.2120	0.3630
每股净资产(元)	3.2210	2.7370	2.6340	3.2640
调整后每股净资产(元)	–	–	–	–
每股资本公积金(元)	0.8038	0.5542	0.7389	1.4408
每股盈余公积金(元)	0.1287	0.1354	0.0974	0.1037
每股未分配利润(元)	1.2789	1.0528	0.8071	0.7195
每股现金净流量(元)	0.2147	0.5632	0.7460	0.6827
每股经营现金净流量(元)	–0.2403	0.5198	0.0778	0.1229
净资产收益率(扣除)(%)	–	19.5580	–	1.4840
净资产收益率(%)	11.0530	17.7900	8.5200	11.1210
总资产(万)	3749638.99	3170349.73	2876938.16	2618535.22
股东权益(万)	536469.48	455743.88	438696.70	543510.14
主营业务收入(万)	–	–	–	–
主营业务利润(万)	–	–	–	–
营业务收入(万)	1176250.59	1936963.03	837591.14	1200523.89
营业务利润(万)	68059.01	86939.68	41759.40	67659.08
投资收益(万)	–	–	–	–
利润总额(万)	74366.05	92392.36	44274.82	74955.72
净利润(万)	59295.74	81077.31	37376.59	60444.33

河南银鸽实业投资股份有限公司

公司概况					
公司名称	河南银鸽实业投资股份有限公司			证券简称	银鸽投资
法人代表	杨松贺	董秘	楚刚	证券代码	600069
公司网址	www.yinge.com.cn		电子信箱	yinge@yinge.cn	
电　　话	0395-2355681、2355611		传　　真	0395-2355302	
办公地址	河南省漯河市银鸽路中段				
经营范围	纸张、纸浆及其深加工、百货销售；技术服务、投资咨询等				

主要财务指标：指标\报告期	2009.06.30	2008.12.31	2008.06.30	2007.12.31
每股收益(元)	0.0300	0.0800	0.1700	0.4300
每股收益(扣除)(元)	0.0100	0.1200	0.1900	0.2900
每股净资产(元)	3.5400	3.0300	3.0600	3.0000
调整后每股净资产(元)	–	–	–	–
每股资本公积金(元)	1.8300	1.1471	1.1000	1.1000
每股盈余公积金(元)	0.1094	0.1412	0.1359	0.1359
每股未分配利润(元)	0.6009	0.7418	0.8282	0.7611
每股现金净流量(元)	0.8809	0.1239	0.3449	0.1162
每股经营现金净流量(元)	0.0662	0.4901	0.2624	0.4904
净资产收益率(扣除)(%)	–	–	–	8.9500
净资产收益率(%)	0.7400	2.5400	5.4600	13.2700
总资产(万)	442971.84	365027.74	333271.92	273039.40
股东权益(万)	194807.49	129146.37	130596.13	127733.61
主营业务收入(万)	–	–	–	–
主营业务利润(万)	–	–	–	–
营业务收入(万)	100628.19	209287.25	111506.39	192018.78
营业务利润(万)	–100.10	1333.39	9069.09	16184.57
投资收益(万)	–	–	–	–
利润总额(万)	1706.80	3592.03	9310.60	22209.65
净利润(万)	1450.80	3275.03	7124.52	16955.34

浙江富润股份有限公司

公司概况					
公司名称	浙江富润股份有限公司			证券简称	浙江富润
法人代表	赵林中	董秘	陈黎伟	证券代码	600070
公司网址	www.furun.net		电子信箱	chen_1w@hotmail.com	
电　　话	0575-87016551、87113268		传　　真	0575-87026018	
办公地址	浙江省诸暨市陶朱南路12号				
经营范围	交通基础设施及热电工程的投资开发，旅游服务，针纺织品、服装的制造加工等				

主要财务指标：指标\报告期	2009.06.30	2008.12.31	2008.06.30	2007.12.31
每股收益(元)	0.1300	0.0400	0.0400	0.3600
每股收益(扣除)(元)	0.0300	0.0700	0.0400	0.1100
每股净资产(元)	3.0230	3.0000	3.0200	3.0700
调整后每股净资产(元)	–	–	–	–
每股资本公积金(元)	1.3678	1.3678	1.3678	1.3678
每股盈余公积金(元)	0.2280	0.2280	0.2115	0.2115
每股未分配利润(元)	0.4274	0.3997	0.4392	0.4956
每股现金净流量(元)	–0.2522	–0.0453	–0.4800	0.7402
每股经营现金净流量(元)	0.0383	0.5593	0.2469	0.2577
净资产收益率(扣除)(%)	–	–	–	3.4200
净资产收益率(%)	4.2200	1.4600	1.4400	11.5700
总资产(万)	127090.05	127732.10	123807.49	110707.36
股东权益(万)	42529.13	42139.43	42462.50	43256.68
主营业务收入(万)	–	–	–	–
主营业务利润(万)	–	–	–	–
营业务收入(万)	37528.51	66198.11	29173.03	52509.01
营业务利润(万)	1885.20	978.01	1176.85	7558.61
投资收益(万)	–	–	–	–
利润总额(万)	3210.97	674.25	1205.00	8690.97
净利润(万)	1796.46	614.23	612.58	5006.48

凤凰光学股份有限公司

公司概况	公司名称	凤凰光学股份有限公司			证券简称	凤凰光学
	法人代表	王熙晏	董秘	邹建伟	证券代码	600071
	公司网址	www.phenixoptics.com.cn		电子信箱	jianweiz@phenixoptics.com.cn	
	电　话	0793-8259547、8259523		传　真	0793-8259547	
	办公地址	江西省上饶市光学路1号				
	经营范围	光学镜头、照相器材、望远镜、钢片快门、水晶饰品、电子产品及通讯设备等				

主要财务指标	指标\报告期	2009.06.30	2008.12.31	2008.06.30	2007.12.31
	每股收益(元)	0.0470	0.1166	0.0430	0.1610
	每股收益(扣除)(元)	0.0353	0.1154	0.0426	0.1610
	每股净资产(元)	2.2900	2.3400	2.2800	2.2400
	调整后每股净资产(元)	–	–	–	–
	每股资本公积金(元)	0.4636	0.4636	0.4636	0.4636
	每股盈余公积金(元)	0.2240	0.2240	0.2074	0.2074
	每股未分配利润(元)	0.6018	0.6548	0.6111	0.5681
	每股现金净流量(元)	0.1611	–0.0441	–0.1341	0.2063
	每股经营现金净流量(元)	0.3261	0.3357	0.0464	0.8012
	净资产收益率(扣除)(%)	–	–	–	7.1900
	净资产收益率(%)	2.0500	4.9800	1.8800	7.1900
	总资产(万)	105853.33	108976.06	112241.94	111955.63
	股东权益(万)	54367.88	55625.78	54194.98	53174.66
	主营业务收入(万)	–	–	–	–
	主营业务利润(万)	–	–	–	–
	营业务收入(万)	36340.24	96903.92	44518.08	104028.56
	营业务利润(万)	1727.67	6067.99	2713.98	9078.08
	投资收益(万)	–	–	–	–
	利润总额(万)	2028.75	6089.77	2721.46	9123.70
	净利润(万)	1116.83	2768.30	1020.32	3823.36

中船江南重工股份有限公司

公司概况	公司名称	中船江南重工股份有限公司			证券简称	中船股份
	法人代表	谭作钧	董秘	陈慧	证券代码	600072
	公司网址	www.jnhi.com		电子信箱	mail@jnhi.com	
	电　话	021-53023456*672		传　真	021-63141103	
	办公地址	上海市鲁班路600号江南造船大厦11-13楼				
	经营范围	建筑、桥梁等大型钢结构;石化、冶金、海洋工程、港口机械等大型成套设备等				

主要财务指标	指标\报告期	2009.06.30	2008.12.31	2008.06.30	2007.12.31
	每股收益(元)	0.1140	0.2540	0.1190	0.2780
	每股收益(扣除)(元)	0.0570	0.1140	0.0250	0.1040
	每股净资产(元)	3.5970	3.4500	3.5500	3.7140
	调整后每股净资产(元)	–	–	–	–
	每股资本公积金(元)	1.4937	1.4258	1.6650	1.9206
	每股盈余公积金(元)	0.2739	0.2739	0.2362	0.2362
	每股未分配利润(元)	0.8292	0.7501	0.6522	0.5576
	每股现金净流量(元)	–0.3575	–0.5205	–0.3559	0.7175
	每股经营现金净流量(元)	–0.3148	–0.1661	–0.3261	0.4010
	净资产收益率(扣除)(%)	–	–	–	–
	净资产收益率(%)	3.1730	7.3700	3.3400	7.4810
	总资产(万)	227301.16	228346.05	220397.23	215506.33
	股东权益(万)	130365.21	125037.00	128794.20	134624.91
	主营业务收入(万)	–	–	–	–
	主营业务利润(万)	–	–	–	–
	营业务收入(万)	58600.61	132722.53	54691.56	108259.48
	营业务利润(万)	5023.02	10349.43	4826.45	10570.16
	投资收益(万)	–	–	–	–
	利润总额(万)	5091.26	10894.25	5110.93	10269.06
	净利润(万)	4135.97	9215.41	4301.75	10071.87

上海梅林正广和股份有限公司

公司概况	公司名称	上海梅林正广和股份有限公司			证券简称	上海梅林
	法人代表	周海鸣	董秘	虞晓芳	证券代码	600073
	公司网址	www.shanghaimaling.com		电子信箱	yuxf@shanghaimaling.com	
	电　话	021-65419725		传　真	021-65123609	
	办公地址	上海市通北路400号				
	经营范围	资产经营,电子商务,信息采集、信息加工、信息发布、经济信息服务等				

主要财务指标	指标\报告期	2009.06.30	2008.12.31	2008.06.30	2007.12.31
	每股收益(元)	0.0045	0.0140	–0.0460	0.0170
	每股收益(扣除)(元)	–0.0261	–0.1500	–0.0560	–0.0510
	每股净资产(元)	2.3230	2.3390	2.3900	2.4370
	调整后每股净资产(元)	–	–	–	–
	每股资本公积金(元)	1.1916	1.2037	1.2699	1.3144
	每股盈余公积金(元)	0.0560	0.0560	0.0524	0.0524
	每股未分配利润(元)	0.0841	0.0796	0.0233	0.0694
	每股现金净流量(元)	0.0482	0.0231	–0.0584	–0.0618
	每股经营现金净流量(元)	–0.2942	–0.3553	–0.1450	0.0716
	净资产收益率(扣除)(%)	–	–	–	–2.1000
	净资产收益率(%)	0.1940	0.5900	–1.9310	0.6800
	总资产(万)	249557.87	215786.84	217065.73	212336.48
	股东权益(万)	82783.74	83374.10	85209.13	86863.19
	主营业务收入(万)	–	–	–	–
	主营业务利润(万)	–	–	–	–
	营业务收入(万)	94718.22	91951.05	45602.23	114351.24
	营业务利润(万)	206.07	–1213.00	–250.00	3420.89
	投资收益(万)	–	–	–	–
	利润总额(万)	621.29	577.73	–194.76	3872.82
	净利润(万)	160.89	490.46	–1645.72	594.48

江苏中达新材料集团股份有限公司

公司概况	公司名称	江苏中达新材料集团股份有限公司			证券简称	中达股份
	法人代表	童爱平	董秘	赖业军	证券代码	600074
	公司网址	www.jszdzm.com		电子信箱	shaohong@shendapack.cn	
	电　话	0510-86684039		传　真	0510-86684039	
	办公地址	江苏省江阴市滨江西路589号亚包商务大厦				
	经营范围	生产、销售双向拉伸聚酯薄膜、双向拉伸聚丙烯薄膜、聚乙烯薄膜等				

主要财务指标	指标\报告期	2009.06.30	2008.12.31	2008.06.30	2007.12.31
	每股收益(元)	–0.0850	0.0350	0.2700	–0.2250
	每股收益(扣除)(元)	–0.0840	–0.2720	0.0250	–0.2240
	每股净资产(元)	1.2390	1.3240	1.5430	1.3410
	调整后每股净资产(元)	–	–	–	–
	每股资本公积金(元)	0.3460	0.3460	0.3249	0.3677
	每股盈余公积金(元)	0.0742	0.0742	0.0742	0.0742
	每股未分配利润(元)	–0.1811	–0.0964	0.1436	–0.1012
	每股现金净流量(元)	0.0314	–0.0571	–0.0616	–0.6567
	每股经营现金净流量(元)	0.1038	0.3597	0.2287	–0.4490
	净资产收益率(扣除)(%)	–	–	–	–16.6800
	净资产收益率(%)	–6.8300	2.6400	17.5300	–16.7800
	总资产(万)	356624.49	359719.83	391052.21	464499.32
	股东权益(万)	81933.64	87533.36	102012.15	88649.59
	主营业务收入(万)	–	–	–	–
	主营业务利润(万)	–	–	–	–
	营业务收入(万)	83279.86	207805.30	94895.92	188888.69
	营业务利润(万)	–6716.18	3204.36	20053.05	–14980.82
	投资收益(万)	–	–	–	–
	利润总额(万)	–6734.88	1371.91	19027.15	–15084.70
	净利润(万)	–5599.72	2314.00	17883.81	–14877.08

新疆天业股份有限公司

公司概况	公司名称	新疆天业股份有限公司			证券简称	新疆天业
	法人代表	侯国俊	董秘	李刚	证券代码	600075
	公司网址	www.xj-tianye.com		电子信箱	stock@tom.com	
	电　　话	0993-2623118		传　　真	0993-2623163	
	办公地址	新疆石河子市经济开发区北三东路 36 号				
	经营范围	塑料制品、化工产品的生产和销售,汽车运输,机电设备、建筑材料、五金交电等				

主要财务指标	指标\报告期	2009.06.30	2008.12.31	2008.06.30	2007.12.31
	每股收益(元)	-0.0500	0.1316	0.3300	0.6188
	每股收益(扣除)(元)	-0.0500	0.0771	0.3300	0.6000
	每股净资产(元)	3.6000	3.6500	3.8500	3.6300
	调整后每股净资产(元)	-	-	-	-
	每股资本公积金(元)	0.5820	0.5820	0.5856	0.5856
	每股盈余公积金(元)	0.4329	0.4329	0.4131	0.4131
	每股未分配利润(元)	1.5849	1.6362	1.8508	1.6245
	每股现金净流量(元)	-0.6123	-0.8486	-0.9520	0.3211
	每股经营现金净流量(元)	0.4610	0.1204	0.2856	1.6468
	净资产收益率(扣除)(%)	-	-	-	16.6600
	净资产收益率(%)	-1.4300	3.6000	8.4800	17.0800
	总资产(万)	524305.80	535532.86	541733.07	577792.60
	股东权益(万)	157885.68	160137.74	168835.90	158911.91
	主营业务收入(万)	-	-	-	-
	主营业务利润(万)	-	-	-	-
	营业务收入(万)	140647.08	370312.64	202094.79	398512.05
	营业务利润(万)	-1701.32	7945.77	19495.85	36336.47
	投资收益(万)	-	-	-	-
	利润总额(万)	-1579.95	8079.00	19193.66	36584.05
	净利润(万)	-2252.06	5770.19	14309.91	27140.08

潍坊北大青鸟华光科技股份有限公司

公司概况	公司名称	潍坊北大青鸟华光科技股份有限公司			证券简称	*ST 华光
	法人代表	周燕军	董秘	刘世祯	证券代码	600076
	公司网址	www.hg.com.cn		电子信箱	yuanjf@hg.com.cn	
	电　　话	0536-2991601		传　　真	0536-8865200	
	办公地址	山东省潍坊市高新技术产业开发区北宫东街 6 号				
	经营范围	计算机软硬件、广电产品、电子出版系统、新闻综合处理系统、电子印花分色系统等				

主要财务指标	指标\报告期	2009.06.30	2008.12.31	2008.06.30	2007.12.31
	每股收益(元)	-0.0500	-0.1000	-0.0200	-0.4200
	每股收益(扣除)(元)	-0.0500	-0.1100	-0.0300	-0.4500
	每股净资产(元)	0.1400	0.1800	0.2700	0.2800
	调整后每股净资产(元)	-	-	-	-
	每股资本公积金(元)	1.1911	1.1911	1.1911	1.1911
	每股盈余公积金(元)	0.2290	0.2290	0.2290	0.2290
	每股未分配利润(元)	-2.2848	-2.2370	-2.1517	-2.1363
	每股现金净流量(元)	0.0000	-0.3580	-0.3613	-0.1027
	每股经营现金净流量(元)	0.0021	0.1872	0.1848	-0.3089
	净资产收益率(扣除)(%)	-	-	-	-157.5200
	净资产收益率(%)	-35.3700	-54.9700	-5.7700	-149.4700
	总资产(万)	27131.92	27863.52	29837.56	75082.47
	股东权益(万)	4946.60	6696.37	9811.01	10377.08
	主营业务收入(万)	-	-	-	-
	主营业务利润(万)	-	-	-	-
	营业务收入(万)	593.66	1350.42	554.31	1648.75
	营业务利润(万)	-1771.83	-4213.77	-1068.30	-17951.31
	投资收益(万)	-	-	-	-
	利润总额(万)	-1771.42	-3864.84	-638.38	-17960.10
	净利润(万)	-1749.77	-3680.70	-566.06	-15510.52

辽宁国能集团(控股)股份有限公司

公司概况	公司名称	辽宁国能集团(控股)股份有限公司			证券简称	百科集团
	法人代表	周立明	董秘	廖凯	证券代码	600077
	公司网址	www.gng.com.cn		电子信箱	gng@gng.com.cn	
	电　　话	024-83601013		传　　真	024-83601010	
	办公地址	沈阳市浑南新区科幻路 9 号				
	经营范围	电子、通讯、半导体材料类技术及产品、信息技术类产品、机械产品的开发、生产等				

主要财务指标	指标\报告期	2009.06.30	2008.12.31	2008.06.30	2007.12.31
	每股收益(元)	-0.0830	-0.1200	0.0155	0.1100
	每股收益(扣除)(元)	-0.0830	-0.1400	0.0131	0.1000
	每股净资产(元)	1.8560	1.9400	2.1200	2.7200
	调整后每股净资产(元)	-	-	-	-
	每股资本公积金(元)	1.1754	1.1754	1.1395	1.8363
	每股盈余公积金(元)	0.0849	0.0849	0.0845	0.0849
	每股未分配利润(元)	-0.4041	-0.3207	-0.1015	-0.1966
	每股现金净流量(元)	-0.0110	-0.1468	0.3110	0.0685
	每股经营现金净流量(元)	-0.1954	0.6102	0.5808	0.0537
	净资产收益率(扣除)(%)	-	-	-	3.7000
	净资产收益率(%)	-4.4900	-6.1700	0.7300	4.0100
	总资产(万)	46612.59	47473.24	47914.15	65601.60
	股东权益(万)	29533.64	30861.11	33772.63	43353.21
	主营业务收入(万)	-	-	-	-
	主营业务利润(万)	-	-	-	-
	营业务收入(万)	26076.27	53412.94	29937.68	55425.51
	营业务利润(万)	-1362.74	-2716.78	283.73	1573.42
	投资收益(万)	-	-	-	-
	利润总额(万)	-1362.89	-2135.48	322.12	1573.42
	净利润(万)	-1327.47	-1904.67	246.95	1737.38

江苏澄星磷化工股份有限公司

公司概况	公司名称	江苏澄星磷化工股份有限公司			证券简称	澄星股份
	法人代表	李兴	董秘	夏奕峰	证券代码	600078
	公司网址	www.phosphatechina.com		电子信箱	cx@phosphatechina.com	
	电　　话	0510-86281316*431		传　　真	0510-86281884	
	办公地址	江苏省江阴市花山路 208 号				
	经营范围	化工原料及化工产品制造、销售等				

主要财务指标	指标\报告期	2009.06.30	2008.12.31	2008.06.30	2007.12.31
	每股收益(元)	0.0500	0.1790	0.2590	0.1330
	每股收益(扣除)(元)	0.0490	0.1780	0.2560	0.0770
	每股净资产(元)	2.3000	2.2600	2.3300	1.9700
	调整后每股净资产(元)	-	-	-	-
	每股资本公积金(元)	0.4263	0.4263	0.4142	0.2826
	每股盈余公积金(元)	0.1717	0.1717	0.1694	0.1723
	每股未分配利润(元)	0.7064	0.6661	0.7486	0.5201
	每股现金净流量(元)	0.1307	0.4303	0.3513	0.0152
	每股经营现金净流量(元)	0.3453	1.5687	0.7146	-0.1817
	净资产收益率(扣除)(%)	-	-	-	3.9200
	净资产收益率(%)	2.1800	7.8400	10.4300	6.7200
	总资产(万)	515041.72	516292.93	466808.78	460130.98
	股东权益(万)	150125.95	147496.90	151727.97	126359.84
	主营业务收入(万)	-	-	-	-
	主营业务利润(万)	-	-	-	-
	营业务收入(万)	122077.84	305317.83	129040.67	217653.65
	营业务利润(万)	3232.83	18326.17	22706.53	12526.53
	投资收益(万)	-	-	-	12526.53
	利润总额(万)	3350.92	18635.45	22993.50	15002.68
	净利润(万)	3280.24	11558.79	16706.09	8492.85

武汉人福高科技产业股份有限公司

公司概况	公司名称	武汉人福高科技产业股份有限公司		证券简称	人福科技
	法人代表	王学海	董秘 刘毅	证券代码	600079
	公司网址	www.humanwell.com.cn		电子信箱	wingflag@vip.sina.com
	电 话	027-87597232、87596276		传 真	027-87596393
	办公地址	武汉市洪山区关山街鲁磨路 369 号			
	经营范围	生物工程、电子、通信、新材料、光机电一体化等技术及产品的开发、研制等			

主要财务指标	2009.06.30	2008.12.31	2008.06.30	2007.12.31
每股收益(元)	0.1000	0.2000	0.1000	0.1700
每股收益(扣除)(元)	0.1100	0.2000	0.1000	0.1800
每股净资产(元)	2.6570	2.5900	2.4900	2.4000
调整后每股净资产(元)	-	-	-	-
每股资本公积金(元)	0.6679	0.6567	0.6566	0.6566
每股盈余公积金(元)	0.1775	0.1775	0.1623	0.1623
每股未分配利润(元)	0.8121	0.7518	0.6697	0.5810
每股现金净流量(元)	0.2099	-0.0287	0.0904	-0.4984
每股经营现金净流量(元)	0.3532	0.0899	0.2039	0.1415
净资产收益率(扣除)(%)	-	-	-	7.4100
净资产收益率(%)	3.8500	7.7700	3.9800	7.2400
总资产(万)	269486.60	255424.91	252995.44	241467.40
股东权益(万)	103397.58	100613.00	96829.90	93375.75
主营业务收入(万)	-	-	-	-
主营业务利润(万)	-	-	-	-
营业务收入(万)	63133.60	102436.95	49261.70	70922.03
营业务利润(万)	7267.22	11772.88	6416.01	10249.34
投资收益(万)	-	-	-	-
利润总额(万)	7451.48	11748.54	6116.40	9910.34
净利润(万)	3980.96	7819.76	3855.83	6762.11

金花企业(集团)股份有限公司

公司概况	公司名称	金花企业(集团)股份有限公司		证券简称	ST 金花
	法人代表	吴一坚	董秘 孙明	证券代码	600080
	公司网址	www.ginwa.com		电子信箱	ginwa@pub.xaonline.com
	电 话	029-82301805		传 真	029-82301833
	办公地址	陕西省西安市高新技术开发区高新二路 16 号			
	经营范围	医药保健品、金属材料、化工材料、化妆品、化学仪器、电子产品等			

主要财务指标	2009.06.30	2008.12.31	2008.06.30	2007.12.31
每股收益(元)	-0.1141	-0.1742	-0.0994	0.1168
每股收益(扣除)(元)	-0.1163	-0.3565	-0.1316	-0.6393
每股净资产(元)	2.1577	2.2718	2.3399	2.4467
调整后每股净资产(元)	-	-	-	-
每股资本公积金(元)	0.7029	0.7029	0.7042	0.7036
每股盈余公积金(元)	0.2140	0.2140	0.2140	0.2140
每股未分配利润(元)	0.2408	0.3549	0.4217	0.5291
每股现金净流量(元)	-0.0589	-0.2671	-0.3210	0.3929
每股经营现金净流量(元)	0.0093	0.4060	0.1715	0.1555
净资产收益率(扣除)(%)	-	-	-	-26.1300
净资产收益率(%)	-5.2900	-7.6700	-4.2500	4.7700
总资产(万)	135593.36	137115.33	151446.89	169015.57
股东权益(万)	65873.14	69357.28	71437.13	74695.86
主营业务收入(万)	-	-	-	-
主营业务利润(万)	-	-	-	-
营业务收入(万)	16061.58	52222.10	16994.81	34719.33
营业务利润(万)	-3618.90	-5995.83	-4019.18	825.66
投资收益(万)	-	-	-	-
利润总额(万)	-3552.87	-5313.09	-3035.86	4375.27
净利润(万)	-3484.14	-5318.35	-3034.73	3565.17

东风电子科技股份有限公司

公司概况	公司名称	东风电子科技股份有限公司		证券简称	东风科技
	法人代表	欧阳洁	董秘 天涯	证券代码	600081
	公司网址	www.detc.com.cn		电子信箱	tianya@detc.com.cn
	电 话	021-62033003-52		传 真	021-62032133
	办公地址	上海市中山北路 2000 号 22 楼			
	经营范围	研究、开发、采购、制造、销售汽车仪表系统、饰件系统、制动系统等			

主要财务指标	2009.06.30	2008.12.31	2008.06.30	2007.12.31
每股收益(元)	-0.0368	-0.2248	0.0261	0.0147
每股收益(扣除)(元)	-0.0497	-0.1945	0.0273	0.0127
每股净资产(元)	1.0159	1.0527	1.3100	1.2814
调整后每股净资产(元)	-	-	-	-
每股资本公积金(元)	0.0698	0.0698	0.0695	0.0695
每股盈余公积金(元)	0.2127	0.2127	0.2127	0.2127
每股未分配利润(元)	-0.2665	-0.2298	0.0252	-0.0008
每股现金净流量(元)	-0.0824	-0.0023	-0.0211	-0.0384
每股经营现金净流量(元)	-0.1080	0.2817	0.1561	0.0192
净资产收益率(扣除)(%)	-	-	-	0.9916
净资产收益率(%)	-3.6220	-21.3590	1.9940	1.1457
总资产(万)	122960.95	114230.51	135004.09	122217.43
股东权益(万)	31855.28	33009.00	40995.88	40178.44
主营业务收入(万)	-	-	-	-
主营业务利润(万)	-	-	-	-
营业务收入(万)	50855.51	116807.14	68573.75	107474.65
营业务利润(万)	-861.24	-5203.44	2196.91	1508.17
投资收益(万)	-	-	-	-
利润总额(万)	-576.40	-5955.63	2141.84	1037.74
净利润(万)	-1153.72	-7050.29	817.44	460.33

天津海泰科技发展股份有限公司

公司概况	公司名称	天津海泰科技发展股份有限公司		证券简称	海泰发展
	法人代表	杨川	董秘 温健	证券代码	600082
	公司网址	www.hitech-develop.com		电子信箱	irm@hitech-develop.com
	电 话	022-85689999 8604		传 真	022-85689889
	办公地址	天津市华苑产业区海泰发展六道 6 号海泰绿色产业基地 G 座十一层			
	经营范围	孵化高新技术成果和创业型科技企业、高新技术企业投资并进行产品的开发、生产等			

主要财务指标	2009.06.30	2008.12.31	2008.06.30	2007.12.31
每股收益(元)	0.0730	0.4300	0.1230	0.3800
每股收益(扣除)(元)	0.0260	0.2500	0.1120	0.1000
每股净资产(元)	2.5250	4.9600	4.6600	4.6400
调整后每股净资产(元)	-	-	-	-
每股资本公积金(元)	0.8690	2.7443	2.7455	2.7489
每股盈余公积金(元)	0.1157	0.2313	0.1920	0.1920
每股未分配利润(元)	0.5401	0.9837	0.7208	0.6980
每股现金净流量(元)	-0.3866	-0.0882	-1.6044	2.2569
每股经营现金净流量(元)	-0.2872	-1.6134	-0.4451	-0.3145
净资产收益率(扣除)(%)	-	-	-	1.8300
净资产收益率(%)	2.9000	8.5700	2.6400	7.1000
总资产(万)	267081.81	335972.35	280408.61	191866.27
股东权益(万)	163127.93	160215.59	150490.75	149863.81
主营业务收入(万)	-	-	-	-
主营业务利润(万)	-	-	-	-
营业务收入(万)	40833.48	69074.67	12326.83	83560.72
营业务利润(万)	7115.10	13013.32	4863.64	16267.35
投资收益(万)	-	-	-	-
利润总额(万)	6327.90	17990.56	4842.14	16082.57
净利润(万)	4731.03	13732.78	3968.07	10646.95

广东博信投资控股股份有限公司

公司概况					
公司名称	广东博信投资控股股份有限公司			证券简称	ST 博信
法人代表	刘平	董秘	王立波	证券代码	600083
公司网址	www.600083.com		电子信箱	wanglb@e683.com	
电　话	0755-86278086、86278080		传　真	0755-86278055	
办公地址	深圳市南山区科技园北科苑北路博讯科技大楼				
经营范围	对外投资业务				

主要财务指标：指标\报告期	2009.06.30	2008.12.31	2008.06.30	2007.12.31
每股收益(元)	-0.0200	0.0050	0.0030	0.1761
每股收益(扣除)(元)	-0.0165	-0.0010	-0.0050	-0.0288
每股净资产(元)	0.1030	0.1230	0.1220	0.1180
调整后每股净资产(元)	-	-	-	-
每股资本公积金(元)	0.4193	0.4193	0.4193	0.4193
每股盈余公积金(元)	-	-	-	-
每股未分配利润(元)	-1.3165	-1.2965	-1.2978	-1.3010
每股现金净流量(元)	-0.0733	0.0896	-0.0038	-0.0670
每股经营现金净流量(元)	-0.0526	-0.0766	-0.0024	0.0211
净资产收益率(扣除)(%)	-	-	-	-24.3700
净资产收益率(%)	-19.4800	3.6800	2.6300	148.8600
总资产(万)	4552.98	5820.04	8553.40	8622.10
股东权益(万)	2364.46	2825.12	2794.62	2721.12
主营业务收入(万)	-	-	-	-
主营业务利润(万)	-	-	-	-
营业务收入(万)	-	317.70	34.69	3928.95
营业务利润(万)	-381.07	115.91	-114.70	-546.20
投资收益(万)	-	-	-	-
利润总额(万)	-460.66	103.99	73.49	4050.59
净利润(万)	-460.66	103.99	73.49	4050.59

中信国安葡萄酒业股份有限公司

公司概况					
公司名称	中信国安葡萄酒业股份有限公司			证券简称	ST 中葡
法人代表	李新萍	董秘	查勇	证券代码	600084
公司网址	www.suntime.com.cn		电子信箱	hwjk1979@163.com	
电　话	0991-8882439		传　真	0991-8882439	
办公地址	新疆乌鲁木齐西虹东路 751 号				
经营范围	葡萄酒生产销售、国际经济技术合作、农业综合开发等				

主要财务指标：指标\报告期	2009.06.30	2008.12.31	2008.06.30	2007.12.31
每股收益(元)	-0.3620	-0.6530	-0.3400	0.0160
每股收益(扣除)(元)	-0.3800	-0.6480	-0.3600	-0.6870
每股净资产(元)	-1.8271	-1.4700	-1.1510	-0.8100
调整后每股净资产(元)	-	-	-	-
每股资本公积金(元)	0.0118	0.0118	0.0118	0.0118
每股盈余公积金(元)	0.1777	0.1777	0.1777	0.1777
每股未分配利润(元)	-3.0166	-2.6548	-2.3402	-2.0014
每股现金净流量(元)	0.1102	-0.4586	-0.3990	0.1973
每股经营现金净流量(元)	0.0167	0.9521	0.0420	0.9809
净资产收益率(扣除)(%)	-	-	-	-
净资产收益率(%)	-	-	-	-0.0192
总资产(万)	238316.01	242563.27	249734.40	272035.84
股东权益(万)	-85937.45	-68921.00	-54124.50	-38185.94
主营业务收入(万)	-	-	-	-
主营业务利润(万)	-	-	-	-
营业务收入(万)	18261.12	47824.39	18846.48	64518.68
营业务利润(万)	-17940.30	-33091.62	-16941.97	-32415.46
投资收益(万)	-	-	-	-
利润总额(万)	-17273.54	-31308.78	-16182.20	519.29
净利润(万)	-17016.45	-30735.06	-15938.56	732.45

北京同仁堂股份有限公司

公司概况					
公司名称	北京同仁堂股份有限公司			证券简称	同仁堂
法人代表	顾海鸥	董秘	贾泽涛	证券代码	600085
公司网址	www.tongrentang.com		电子信箱	tongrentang@tongrentang.com	
电　话	010-67020018		传　真	010-67020018	
办公地址	北京市崇文区东兴隆街 52 号				
经营范围	经营中成药、中药材、西药制剂、生化药品、保健食品、定型包装食品、酒、医疗器械等				

主要财务指标：指标\报告期	2009.06.30	2008.12.31	2008.06.30	2007.12.31
每股收益(元)	0.3270	0.4970	0.3150	0.4510
每股收益(扣除)(元)	0.3240	0.4860	0.3130	0.4390
每股净资产(元)	5.6070	5.4810	6.3420	5.0790
调整后每股净资产(元)	-	-	-	-
每股资本公积金(元)	1.5295	1.5295	2.0986	2.0439
每股盈余公积金(元)	0.5103	0.5103	0.5637	0.5650
每股未分配利润(元)	2.6086	2.4820	2.7111	2.5291
每股现金净流量(元)	0.7438	0.5561	0.6302	0.1903
每股经营现金净流量(元)	0.7951	0.8118	0.7080	0.2779
净资产收益率(扣除)(%)	-	-	-	8.6400
净资产收益率(%)	5.8300	9.0700	4.9700	8.8700
总资产(万)	498040.79	455007.25	447689.53	421959.19
股东权益(万)	292045.50	285474.75	275250.22	264513.85
主营业务收入(万)	-	-	-	-
主营业务利润(万)	-	-	-	-
营业务收入(万)	172791.97	293904.95	158129.29	270400.80
营业务利润(万)	27364.38	40809.20	25211.69	36508.13
投资收益(万)	-	-	-	-
利润总额(万)	27610.63	41593.19	25238.09	37444.51
净利润(万)	17013.98	25894.65	13670.80	23474.86

湖北东方金钰股份有限公司

公司概况					
公司名称	湖北东方金钰股份有限公司			证券简称	东方金钰
法人代表	赵兴龙	董秘	朱一波	证券代码	600086
公司网址	www.goldjade.cn		电子信箱	fangli_xiaoxiao@sohu.com	
电　话	0755-25266298		传　真	0755-25266279	
办公地址	深圳市罗湖区贝丽北路东方金钰珠宝大厦 3 楼				
经营范围	宝石及珠宝饰品的加工、批发、销售;翡翠原材料的批发销售等				

主要财务指标：指标\报告期	2009.06.30	2008.12.31	2008.06.30	2007.12.31
每股收益(元)	0.0233	0.0161	0.0227	0.0389
每股收益(扣除)(元)	0.0189	0.0172	0.0227	0.0033
每股净资产(元)	1.0519	1.0287	1.0353	1.0125
调整后每股净资产(元)	-	-	-	-
每股资本公积金(元)	0.2906	0.2906	0.2906	0.2906
每股盈余公积金(元)	0.1032	0.1032	0.1032	0.1032
每股未分配利润(元)	-0.3419	-0.3651	-0.3585	-0.3813
每股现金净流量(元)	0.1834	-0.1068	-0.0756	0.0541
每股经营现金净流量(元)	-0.0866	0.1625	-0.0417	-0.4806
净资产收益率(扣除)(%)	-	-	-	0.3277
净资产收益率(%)	2.2130	1.5690	2.1960	3.8415
总资产(万)	134316.06	123058.97	137995.99	112355.57
股东权益(万)	37057.73	36237.85	36470.11	35669.35
主营业务收入(万)	-	-	-	-
主营业务利润(万)	-	-	-	-
营业务收入(万)	36297.50	73216.84	52063.04	29082.55
营业务利润(万)	1371.94	1608.74	1425.36	455.49
投资收益(万)	-	-	-	-
利润总额(万)	1524.10	1569.83	1425.40	1564.56
净利润(万)	819.88	568.49	800.76	1370.22

中国长江航运集团南京油运股份有限公司

公司概况	公司名称	中国长江航运集团南京油运股份有限公司		证券简称	长航油运
	法人代表	刘锡汉	董秘 曾善柱	证券代码	600087
	公司网址	www.njtc.com.cn		电子信箱	zsz021@vip.sina.com
	电　话	025-58586145、58586158		传　真	025-58586145
	办公地址	南京市中山北路 324 号油运大厦 5-6 层			
	经营范围	石油及制品、化学制品及其他货物仓储、运输;石油及制品、化学产品销售			

	指标\报告期	2009.06.30	2008.12.31	2008.06.30	2007.12.31
主要财务指标	每股收益(元)	0.0120	0.3701	0.2400	0.3147
	每股收益(扣除)(元)	0.0020	0.2302	0.1300	0.3147
	每股净资产(元)	2.7100	2.8000	2.6600	4.5600
	调整后每股净资产(元)	–	–	–	–
	每股资本公积金(元)	0.9277	0.9277	0.9322	2.2779
	每股盈余公积金(元)	0.1997	0.1997	0.1827	0.3292
	每股未分配利润(元)	0.6039	0.6917	0.5599	0.9592
	每股现金净流量(元)	-0.2968	-0.0767	-0.1898	1.4469
	每股经营现金净流量(元)	0.0365	-0.2455	-0.1143	-0.1426
	净资产收益率(扣除)(%)	–	–	–	6.5500
	净资产收益率(%)	0.4500	13.2300	9.1900	9.0700
	总资产(万)	1292992.23	1183633.45	1047041.84	997585.70
	股东权益(万)	436321.93	450490.36	428051.68	410716.85
	主营业务收入(万)	–	–	–	–
	主营业务利润(万)	–	–	–	–
	营业务收入(万)	153242.22	319200.36	141610.95	206881.37
	营业务利润(万)	2488.59	45786.91	26256.94	44826.45
	投资收益(万)	–	–	–	–
	利润总额(万)	4608.34	69187.49	45176.17	50041.31
	净利润(万)	1961.29	59605.56	39336.17	36981.12

中视传媒股份有限公司

公司概况	公司名称	中视传媒股份有限公司		证券简称	中视传媒
	法人代表	李建	董秘 柴竫	证券代码	600088
	公司网址	www.ctv-media.com.cn		电子信箱	ctvoffice@ctv-media.com.cn
	电　话	021-68765168		传　真	021-68763868
	办公地址	上海市浦东新区福山路 450 号新天国际大厦 17 层 A 座			
	经营范围	影视拍摄基地开发、经营,影视拍摄[摄制电影(单片)]、电视剧节目制作、销售经营等			

	指标\报告期	2009.06.30	2008.12.31	2008.06.30	2007.12.31
主要财务指标	每股收益(元)	0.1380	0.2290	0.1080	0.2260
	每股收益(扣除)(元)	0.1340	0.2160	0.1030	0.1970
	每股净资产(元)	3.6000	3.5700	3.4400	3.4400
	调整后每股净资产(元)	–	–	–	–
	每股资本公积金(元)	1.7515	1.7515	1.7515	1.7515
	每股盈余公积金(元)	0.3174	0.3174	0.2853	0.2853
	每股未分配利润(元)	0.5348	0.4971	0.4081	0.4001
	每股现金净流量(元)	-0.0218	1.0885	0.7391	1.0476
	每股经营现金净流量(元)	0.0085	1.2429	0.7601	1.7327
	净资产收益率(扣除)(%)	–	–	–	5.7300
	净资产收益率(%)	3.8200	6.4300	3.1400	6.5700
	总资产(万)	171374.16	179329.28	164291.74	147478.52
	股东权益(万)	85309.53	84418.12	81552.45	81361.52
	主营业务收入(万)	–	–	–	–
	主营业务利润(万)	–	–	–	–
	营业务收入(万)	52048.15	99158.41	45857.35	79594.63
	营业务利润(万)	4194.56	6790.87	3521.54	7577.28
	投资收益(万)	–	–	–	–
	利润总额(万)	4302.84	7159.55	3696.71	8097.99
	净利润(万)	3258.71	5423.90	2558.23	5347.33

特变电工股份有限公司

公司概况	公司名称	特变电工股份有限公司		证券简称	特变电工
	法人代表	张新	董秘 郭俊香	证券代码	600089
	公司网址	www.tbea.com.cn		电子信箱	tbeazqb@163.com
	电　话	0994-2724766		传　真	0994-2723615
	办公地址	新疆维吾尔自治区昌吉市延安南路 52 号			
	经营范围	变压器及辅助设备、电线电缆、铜铁铝铸件制造、机电产品、金属材料销售等			

	指标\报告期	2009.06.30	2008.12.31	2008.06.30	2007.12.31
主要财务指标	每股收益(元)	0.4416	0.8447	0.4036	0.6306
	每股收益(扣除)(元)	0.4397	0.7688	0.3542	0.4806
	每股净资产(元)	3.3400	4.3500	2.6700	2.8900
	调整后每股净资产(元)	–	–	–	–
	每股资本公积金(元)	1.0174	1.7294	0.3780	0.5142
	每股盈余公积金(元)	0.1136	0.1704	0.1419	0.1845
	每股未分配利润(元)	1.2096	1.4519	1.1455	1.1895
	每股现金净流量(元)	0.5413	1.1991	1.0699	1.0232
	每股经营现金净流量(元)	0.6778	1.9777	1.0545	0.8065
	净资产收益率(扣除)(%)	–	–	–	16.6400
	净资产收益率(%)	13.2207	18.4610	15.1400	21.8300
	总资产(万)	1675940.91	1515264.55	1336633.43	1003057.50
	股东权益(万)	600425.40	521437.86	295928.89	246666.13
	主营业务收入(万)	–	–	–	–
	主营业务利润(万)	–	–	–	–
	营业务收入(万)	705512.88	1251893.22	541523.22	893122.31
	营业务利润(万)	94130.18	118752.71	63898.62	59776.88
	投资收益(万)	–	–	–	–
	利润总额(万)	94620.04	121499.40	65085.99	69730.42
	净利润(万)	79380.45	96262.55	44806.96	53856.38

新疆啤酒花股份有限公司

公司概况	公司名称	新疆啤酒花股份有限公司		证券简称	啤 酒 花
	法人代表	黄开华	董秘 舒群	证券代码	600090
	公司网址	www.ljjn.com		电子信箱	xj-hops@xj.cninfo.net
	电　话	0991-3687305		传　真	0991-3687311
	办公地址	新疆乌鲁木齐市长沙南路西二巷 83 号津城名苑五号楼二,三楼			
	经营范围	啤酒花、啤酒花制品(颗粒、浸膏等制品的加工、销售、进出口业务等			

	指标\报告期	2009.06.30	2008.12.31	2008.06.30	2007.12.31
主要财务指标	每股收益(元)	0.0550	0.2127	0.0540	0.1972
	每股收益(扣除)(元)	0.0570	0.1910	0.0350	0.1268
	每股净资产(元)	0.9110	0.8640	0.7050	0.6510
	调整后每股净资产(元)	–	–	–	–
	每股资本公积金(元)	1.0484	1.0484	1.0484	1.0484
	每股盈余公积金(元)	0.1869	0.1869	0.1869	0.1869
	每股未分配利润(元)	-1.3243	-1.3715	-1.5303	-1.5842
	每股现金净流量(元)	0.0963	-0.0009	0.2177	0.0521
	每股经营现金净流量(元)	0.3296	0.4893	0.6114	0.3361
	净资产收益率(扣除)(%)	–	–	–	19.6290
	净资产收益率(%)	6.0890	24.6250	7.6440	30.2790
	总资产(万)	112306.44	111316.56	101676.32	95172.84
	股东权益(万)	33518.11	31783.16	25939.13	23956.46
	主营业务收入(万)	–	–	–	–
	主营业务利润(万)	–	–	–	–
	营业务收入(万)	50717.76	90544.11	43474.60	80556.95
	营业务利润(万)	6325.14	14818.62	5677.57	13837.05
	投资收益(万)	–	–	–	–
	利润总额(万)	6385.79	14925.30	5953.08	14651.57
	净利润(万)	2040.92	7826.70	1982.67	7253.85

包头明天科技股份有限公司

公司概况

公司名称	包头明天科技股份有限公司			证券简称	明天科技
法人代表	董琦	董秘	关明	证券代码	600091
公司网址	www.tomotech.com		电子信箱	maser@tomotech.com	
电　话	0472-2207068、2207068		传　真	0472-2207059	
办公地址	包头稀土高新技术产业开发区曙光路 22 号				
经营范围	生产、销售烧碱、聚氯乙烯树脂、苯酚、盐酸、硫酸、氢氟酸、电石等化工产品				

主要财务指标

指标\报告期	2009.06.30	2008.12.31	2008.06.30	2007.12.31
每股收益(元)	-0.1600	-0.5900	-0.1560	0.0300
每股收益(扣除)(元)	-0.1570	-0.5800	-0.1460	-0.1100
每股净资产(元)	4.6350	4.9100	5.3400	5.5000
调整后每股净资产(元)	-	-	-	-
每股资本公积金(元)	3.6190	3.6190	3.6190	3.6190
每股盈余公积金(元)	0.1915	0.1915	0.1915	0.1915
每股未分配利润(元)	-0.1746	0.0976	0.5336	0.6899
每股现金净流量(元)	-0.9761	1.5500	0.3218	-0.6561
每股经营现金净流量(元)	-0.2384	1.1917	-0.0492	-0.0668
净资产收益率(扣除)(%)	-	-	-	-1.9400
净资产收益率(%)	-3.4500	-12.0700	-2.9300	0.5500
总资产(万)	197964.99	262357.70	234883.25	253121.68
股东权益(万)	156006.75	165168.90	179840.11	185101.94
主营业务收入(万)	-	-	-	-
主营业务利润(万)	-	-	-	-
营业务收入(万)	1709.45	23907.81	15981.60	64127.23
营业务利润(万)	-5346.96	-19402.94	-4760.65	1197.78
投资收益(万)	-	-	-	-
利润总额(万)	-5374.78	-19945.96	-5274.75	1017.66
净利润(万)	-5374.78	-19933.04	-5261.82	1024.11

四川禾嘉股份有限公司

公司概况

公司名称	四川禾嘉股份有限公司			证券简称	禾嘉股份
法人代表	宋浩	董秘	郭波	证券代码	600093
公司网址	www.hejia.com		电子信箱	600093@secure.sse.com.cn	
电　话	028-85155498、85178855		传　真	028-85178855	
办公地址	四川成都高新技术开发区九兴大道 3 号				
经营范围	项目投资及管理				

主要财务指标

指标\报告期	2009.06.30	2008.12.31	2008.06.30	2007.12.31
每股收益(元)	0.0520	-0.1750	0.0090	0.0080
每股收益(扣除)(元)	-0.0080	-0.2280	0.0090	-0.0380
每股净资产(元)	0.9770	0.9200	1.1000	1.1000
调整后每股净资产(元)	-	-	-	-
每股资本公积金(元)	0.0491	0.0491	0.0497	0.0497
每股盈余公积金(元)	0.0604	0.0604	0.0604	0.0604
每股未分配利润(元)	-0.1324	-0.1847	-0.0006	-0.0095
每股现金净流量(元)	-0.0867	0.1069	0.0598	0.0843
每股经营现金净流量(元)	0.1360	0.4711	0.1701	0.0665
净资产收益率(扣除)(%)	-	-	-	-3.4800
净资产收益率(%)	5.3500	-18.9500	0.8100	0.7700
总资产(万)	85899.81	90546.90	89870.04	83885.65
股东权益(万)	31506.56	29820.45	35776.38	35488.17
主营业务收入(万)	-	-	-	-
主营业务利润(万)	-	-	-	-
营业务收入(万)	15037.45	25395.00	13933.38	28076.57
营业务利润(万)	803.17	-5708.10	738.17	771.27
投资收益(万)	-	-	-	-
利润总额(万)	2234.57	-4936.50	733.53	848.28
净利润(万)	1686.11	-5649.49	288.20	272.27

哈尔滨高科技(集团)股份有限公司

公司概况

公司名称	哈尔滨高科技(集团)股份有限公司			证券简称	哈高科
法人代表	张耀辉	董秘	马昆	证券代码	600095
公司网址	www.hgk-group.com		电子信箱	hgk@hgk-group.com	
电　话	0451-84348333*8028		传　真	0451-84348057	
办公地址	黑龙江省哈尔滨市高新技术产业开发区迎宾路集中区天平路 2 号				
经营范围	高新技术产品开发、生产、销售;提供技术咨询、技术服务等				

主要财务指标

指标\报告期	2009.06.30	2008.12.31	2008.06.30	2007.12.31
每股收益(元)	-0.0325	0.0289	0.0228	0.0896
每股收益(扣除)(元)	-0.0438	0.0106	0.0233	0.0785
每股净资产(元)	1.8840	1.9170	1.9030	1.8810
调整后每股净资产(元)	-	-	-	-
每股资本公积金(元)	0.7466	0.7466	0.7393	0.7393
每股盈余公积金(元)	0.0931	0.0931	0.0931	0.0931
每股未分配利润(元)	0.0446	0.0770	0.0710	0.0481
每股现金净流量(元)	0.1655	-0.0907	-0.1886	0.0840
每股经营现金净流量(元)	0.3325	-0.0426	-0.0584	0.2690
净资产收益率(扣除)(%)	-	-	-	4.1700
净资产收益率(%)	-1.7220	1.5100	1.1990	4.7700
总资产(万)	131602.29	127340.52	127534.58	140488.04
股东权益(万)	68072.35	69244.68	68763.09	67938.47
主营业务收入(万)	-	-	-	-
主营业务利润(万)	-	-	-	-
营业务收入(万)	15993.38	40100.95	19504.73	64575.17
营业务利润(万)	-1532.82	1121.71	1165.36	5135.99
投资收益(万)	-	-	-	-
利润总额(万)	-986.14	1502.90	1134.24	4955.02
净利润(万)	-1172.33	1042.91	824.62	3237.83

云南云天化股份有限公司

公司概况

公司名称	云南云天化股份有限公司			证券简称	云天化
法人代表	张嘉庆	董秘	冯驰	证券代码	600096
公司网址	www.yyth.com.cn		电子信箱	czk@yyth.com.cn	
电　话	0870-8662006、8662000		传　真	0870-8662010	
办公地址	云南省水富县				
经营范围	化肥,化工原料及产品的生产、销售				

主要财务指标

指标\报告期	2009.06.30	2008.12.31	2008.06.30	2007.12.31
每股收益(元)	-0.2009	1.2300	0.7800	1.2700
每股收益(扣除)(元)	-0.2219	1.2200	0.7788	1.2500
每股净资产(元)	7.2400	6.8499	6.5700	6.3583
调整后每股净资产(元)	-	-	-	-
每股资本公积金(元)	3.0904	1.7377	1.9020	2.0713
每股盈余公积金(元)	1.6171	1.7794	1.7096	1.7102
每股未分配利润(元)	1.5255	2.3329	1.9594	1.5767
每股现金净流量(元)	2.1663	1.2011	1.3268	1.0080
每股经营现金净流量(元)	1.3601	1.7923	0.8896	1.9303
净资产收益率(扣除)(%)	-	-	-	19.6800
净资产收益率(%)	-2.6900	17.8900	11.8700	19.9900
总资产(万)	1925060.05	1765621.19	1565447.20	1282040.25
股东权益(万)	427245.59	367397.18	352438.74	341026.39
主营业务收入(万)	-	-	-	-
主营业务利润(万)	-	-	-	-
营业务收入(万)	295836.14	770420.19	450357.49	600531.25
营业务利润(万)	-21278.04	89262.22	58087.61	89034.96
投资收益(万)	-	-	-	-
利润总额(万)	-20290.06	90368.92	58434.33	88695.05
净利润(万)	-11497.80	65720.14	41836.20	68170.41

浙江开创国际海洋资源股份有限公司

公司概况	公司名称	浙江开创国际海洋资源股份有限公司		证券简称	开创国际
	法人代表	朱建忠	董秘 徐晔	证券代码	600097
	公司网址	www.holleykj.com		电子信箱	skfc_troy@126.com
	电话	021-65690310、65688655		传真	021-65673892、65688610
	办公地址	上海市杨浦区共青路448号306室			
	经营范围	远洋捕捞,海淡水养殖;水产品加工和贸易,食品销售,渔船、渔业机械等			

主要财务指标	指标\报告期	2009.06.30	2008.12.31	2008.06.30	2007.12.31
	每股收益(元)	0.2505	1.8000	0.0014	0.0300
	每股收益(扣除)(元)	0.2509	1.8000	-0.0400	-0.0400
	每股净资产(元)	2.4700	2.2100	1.5570	1.5600
	调整后每股净资产(元)	-	-	-	-
	每股资本公积金(元)	-	-	0.4230	-
	每股盈余公积金(元)	0.1394	0.1394	0.0601	0.1084
	每股未分配利润(元)	0.3198	0.0340	0.0735	0.7193
	每股现金净流量(元)	0.4180	0.1472	-0.2660	0.1156
	每股经营现金净流量(元)	0.2192	0.9714	-0.2826	1.0426
	净资产收益率(扣除)(%)	-	-	-	-2.7300
	净资产收益率(%)	10.1600	34.9900	0.0900	2.0300
	总资产(万)	107532.98	80764.78	40692.83	76164.22
	股东权益(万)	49951.19	44878.65	17971.76	50555.72
	主营业务收入(万)	-	-	-	-
	主营业务利润(万)	-	-	-	-
	营业务收入(万)	39559.37	103223.65	9240.21	58130.92
	营业务利润(万)	5082.22	10507.91	-297.63	6860.49
	投资收益(万)	-	-	-	-
	利润总额(万)	5074.86	15702.78	-32.94	8798.60
	净利润(万)	5074.86	15701.67	15.96	8798.60

广州发展实业控股集团股份有限公司

公司概况	公司名称	广州发展实业控股集团股份有限公司		证券简称	广州控股
	法人代表	杨丹地	董秘 姚朴	证券代码	600098
	公司网址	www.gdih.cn		电子信箱	gzkg600098@gdih.cn
	电话	020-37850968		传真	020-37850938
	办公地址	广东省广州市珠江新城临江大道3号发展中心28-30楼			
	经营范围	电力、能源物流、基建等产业的投资、建设、生产管理和经营业务			

主要财务指标	指标\报告期	2009.06.30	2008.12.31	2008.06.30	2007.12.31
	每股收益(元)	0.1189	0.1757	0.0890	0.5271
	每股收益(扣除)(元)	0.1152	0.1699	0.0850	0.3510
	每股净资产(元)	4.0610	4.0030	3.9430	4.2800
	调整后每股净资产(元)	-	-	-	-
	每股资本公积金(元)	0.9905	0.9613	0.9759	1.1442
	每股盈余公积金(元)	1.0336	1.0336	1.0172	1.0160
	每股未分配利润(元)	1.0368	1.0079	0.9495	1.1198
	每股现金净流量(元)	0.4484	-0.0782	-0.0383	-0.0552
	每股经营现金净流量(元)	0.2111	0.5074	0.1312	0.5198
	净资产收益率(扣除)(%)	-	-	-	8.2100
	净资产收益率(%)	2.9280	4.3880	2.2550	12.3200
	总资产(万)	1542319.77	1402929.79	1454802.79	1423948.57
	股东权益(万)	836213.78	824248.58	811858.46	881341.75
	主营业务收入(万)	-	-	-	-
	主营业务利润(万)	-	-	-	-
	营业务收入(万)	322333.90	820517.68	396874.20	715492.53
	营业务利润(万)	46738.39	79837.91	43862.27	191243.91
	投资收益(万)	-	-	-	-
	利润总额(万)	47581.83	77909.17	43458.92	190716.68
	净利润(万)	24487.44	36170.00	18304.58	108542.14

林海股份有限公司

公司概况	公司名称	林海股份有限公司		证券简称	林海股份
	法人代表	孙峰	董秘 倪振林	证券代码	600099
	公司网址	www.linhai.cn		电子信箱	lh.tz@public.tz.js.cn
	电话	0523-86562001、86568091		传真	0523-86551403
	办公地址	江苏省泰州市泰九路14号			
	经营范围	林业及园林动力机械、喷灌机械、木材采运设备、内燃机、摩托车、助力车等			

主要财务指标	指标\报告期	2009.06.30	2008.12.31	2008.06.30	2007.12.31
	每股收益(元)	0.0041	0.0192	0.0400	0.0552
	每股收益(扣除)(元)	-0.0156	0.0185	0.0390	0.0520
	每股净资产(元)	2.1798	2.1800	2.1970	2.2100
	调整后每股净资产(元)	-	-	-	-
	每股资本公积金(元)	0.9100	0.9100	0.9100	0.9100
	每股盈余公积金(元)	0.1092	0.1092	0.1073	0.1073
	每股未分配利润(元)	0.1606	0.1565	0.1795	0.1892
	每股现金净流量(元)	0.0573	0.0433	0.0919	0.0787
	每股经营现金净流量(元)	0.0296	0.0416	0.0328	0.1364
	净资产收益率(扣除)(%)	-	0.8500	-	2.3600
	净资产收益率(%)	0.1860	0.8800	1.8320	2.5000
	总资产(万)	53643.01	50966.54	56306.48	53998.18
	股东权益(万)	47763.56	47674.60	48136.40	48350.17
	主营业务收入(万)	-	-	-	-
	主营业务利润(万)	-	-	-	-
	营业务收入(万)	9507.93	28260.99	16592.66	43004.14
	营业务利润(万)	-323.96	440.72	915.24	1630.90
	投资收益(万)	-	-	-	-
	利润总额(万)	106.76	426.28	906.50	1733.76
	净利润(万)	88.96	420.03	881.83	1208.64

同方股份有限公司

公司概况	公司名称	同方股份有限公司		证券简称	同方股份
	法人代表	荣泳霖	董秘 孙岷	证券代码	600100
	公司网址	www.thtf.com.cn		电子信箱	600100@thtf.com.cn
	电话	010-82399888		传真	010-82399765、82399970
	办公地址	北京海淀区清华同方科技广场A座29层			
	经营范围	互联网信息服务业务不含新闻、出版、医疗保健、药品和医疗器械等内容			

主要财务指标	指标\报告期	2009.06.30	2008.12.31	2008.06.30	2007.12.31
	每股收益(元)	0.1799	0.2672	0.2457	0.5211
	每股收益(扣除)(元)	0.1134	0.2870	0.2088	0.2723
	每股净资产(元)	7.4100	7.2100	9.6500	8.8500
	调整后每股净资产(元)	-	-	-	-
	每股资本公积金(元)	4.6301	4.6182	6.5983	5.6531
	每股盈余公积金(元)	0.4123	0.4123	0.5025	0.6007
	每股未分配利润(元)	1.3816	1.2016	1.5532	1.6032
	每股现金净流量(元)	-0.0728	0.3427	0.6002	1.5300
	每股经营现金净流量(元)	-0.2938	0.0487	-0.9109	0.3787
	净资产收益率(扣除)(%)	-	-	-	4.1400
	净资产收益率(%)	2.4300	3.5700	2.2000	7.9300
	总资产(万)	1942484.83	1808043.69	1869152.78	1741973.30
	股东权益(万)	723669.34	704612.80	724859.49	556046.92
	主营业务收入(万)	-	-	-	-
	主营业务利润(万)	-	-	-	-
	营业务收入(万)	569344.67	1392803.27	644595.82	1462588.67
	营业务利润(万)	18879.51	41945.42	19480.12	65594.17
	投资收益(万)	-	-	-	-
	利润总额(万)	25735.12	46707.03	22695.95	71750.50
	净利润(万)	17578.07	25142.68	15946.78	44074.99

四川明星电力股份有限公司

公司概况					
公司名称	四川明星电力股份有限公司			证券简称	明星电力
法人代表	张有才	董秘	蒋青	证券代码	600101
公司网址	www.mxdl.com.cn	电子信箱	jq600101@126.com		
电　话	0825-2210076	传　真	0825-2210017		
办公地址	四川省遂宁市明月路 88 号				
经营范围	电力、热力的生产、供应；送变电工程的施工及设备安装等				

主要财务指标				
指标\报告期	2009.06.30	2008.12.31	2008.06.30	2007.12.31
每股收益(元)	0.1460	0.2800	0.1270	0.2700
每股收益(扣除)(元)	0.1190	0.2100	0.1020	0.2000
每股净资产(元)	3.1828	3.0400	2.9700	2.8500
调整后每股净资产(元)	–	–	–	–
每股资本公积金(元)	1.4149	1.4149	1.4199	1.4199
每股盈余公积金(元)	0.0502	0.0502	0.0259	0.0259
每股未分配利润(元)	0.7177	0.5717	0.5270	0.4002
每股现金净流量(元)	0.0401	–0.2003	0.0672	–0.0850
每股经营现金净流量(元)	0.1992	0.5485	0.1833	0.6982
净资产收益率(扣除)(%)	–	–	–	7.1000
净资产收益率(%)	4.5900	9.1900	4.2700	9.6300
总资产(万)	198962.00	194779.94	211152.14	210100.92
股东权益(万)	103179.07	98447.26	96370.03	89555.80
主营业务收入(万)	–	–	–	–
主营业务利润(万)	–	–	–	–
营业务收入(万)	31290.34	56962.98	24923.13	51934.78
营业务利润(万)	4550.92	8003.28	3459.53	8079.19
投资收益(万)	–	–	–	–
利润总额(万)	5418.76	9256.93	4255.77	12162.77
净利润(万)	4731.81	9050.93	4110.21	8827.14

莱芜钢铁股份有限公司

公司概况					
公司名称	莱芜钢铁股份有限公司			证券简称	莱钢股份
法人代表	陈向阳	董秘	丁志刚	证券代码	600102
公司网址	www.laigang.com	电子信箱	lggfzqb@126.com		
电　话	0634-6820601、6820011	传　真	0634-6821094		
办公地址	山东省莱芜市钢城区新兴路 21 号				
经营范围	生铁、钢锭、钢坯、钢材、大锻件、焦炭、水渣、炼焦化产品及炼钢副产品的生产、销售				

主要财务指标				
指标\报告期	2009.06.30	2008.12.31	2008.06.30	2007.12.31
每股收益(元)	–0.6480	0.2860	0.7090	1.2360
每股收益(扣除)(元)	–0.5900	0.3120	0.7430	1.2540
每股净资产(元)	5.6400	6.4400	6.8600	6.7600
调整后每股净资产(元)	–	–	–	–
每股资本公积金(元)	1.4909	1.4909	1.4876	1.4876
每股盈余公积金(元)	1.0797	1.0755	1.0577	1.0577
每股未分配利润(元)	2.0688	2.8709	3.3112	3.2147
每股现金净流量(元)	0.8259	–0.5505	0.2013	0.3628
每股经营现金净流量(元)	1.5148	0.7229	0.3341	1.8319
净资产收益率(扣除)(%)	–	–	–	18.5500
净资产收益率(%)	–11.4900	4.4400	10.3300	18.2800
总资产(万)	1574334.74	1747483.68	1910360.80	1739833.49
股东权益(万)	522407.32	593687.72	632361.45	623458.31
主营业务收入(万)	–	–	–	–
主营业务利润(万)	–	–	–	–
营业务收入(万)	1226692.97	3976553.38	2205461.57	3292615.86
营业务利润(万)	–54832.70	11233.75	89117.57	159688.18
投资收益(万)	–	–	–	–
利润总额(万)	–57908.85	7772.88	85259.66	157666.31
净利润(万)	–59752.57	26372.52	65346.26	113953.57

福建省青山纸业股份有限公司

公司概况					
公司名称	福建省青山纸业股份有限公司			证券简称	青山纸业
法人代表	刘天金	董秘	郑鸣峰	证券代码	600103
公司网址	www.qingshanpaper.com	电子信箱	600103qszy@163.com		
电　话	0591-83367773	传　真	0591-87110973		
办公地址	福建省沙县青州镇				
经营范围	纸浆、纸和纸制品生产销售；木材及产品的经营销售等				

主要财务指标				
指标\报告期	2009.06.30	2008.12.31	2008.06.30	2007.12.31
每股收益(元)	–0.0463	0.0056	0.0229	0.0352
每股收益(扣除)(元)	–0.0468	0.0007	0.0210	0.0374
每股净资产(元)	1.7920	1.6830	1.7820	1.9720
调整后每股净资产(元)	–	–	–	–
每股资本公积金(元)	0.2715	0.1153	0.1977	0.4107
每股盈余公积金(元)	0.1983	0.1983	0.1983	0.1983
每股未分配利润(元)	0.3227	0.3690	0.3863	0.3634
每股现金净流量(元)	0.0004	0.0485	–0.0178	–0.0137
每股经营现金净流量(元)	0.0230	0.2094	0.0388	0.1058
净资产收益率(扣除)(%)	–	–	–	1.9000
净资产收益率(%)	–2.5800	0.3300	1.2900	1.7800
总资产(万)	293782.08	272453.65	289650.16	316038.23
股东权益(万)	190324.12	178660.72	189256.45	209428.18
主营业务收入(万)	–	–	–	–
主营业务利润(万)	–	–	–	–
营业务收入(万)	59229.07	168812.44	89292.30	144360.53
营业务利润(万)	–4797.49	1201.92	3200.36	5552.22
投资收益(万)	–	–	–	–
利润总额(万)	–4581.79	1715.02	3539.08	5673.80
净利润(万)	–4914.91	590.65	2436.69	3738.01

上海汽车集团股份有限公司

公司概况					
公司名称	上海汽车集团股份有限公司			证券简称	上海汽车
法人代表	胡茂元	董秘	王剑璋	证券代码	600104
公司网址	www.saicmotor.com	电子信箱	saicmotor@saic.com.cn		
电　话	021-50803757	传　真	021-50803780		
办公地址	上海市浦东新区张江高科技园区松涛路 563 号 A 幢 5 层				
经营范围	汽车，摩托车，拖拉机等各种机动车整车，机械设备，总成及零部件的生产、销售等				

主要财务指标				
指标\报告期	2009.06.30	2008.12.31	2008.06.30	2007.12.31
每股收益(元)	0.2210	0.1000	0.3000	0.7080
每股收益(扣除)(元)	0.2050	–0.0590	0.2920	0.4630
每股净资产(元)	5.6870	5.2900	5.7200	5.7100
调整后每股净资产(元)	–	–	–	–
每股资本公积金(元)	3.4020	3.3890	3.5317	3.5378
每股盈余公积金(元)	0.3491	0.3491	0.3063	0.3063
每股未分配利润(元)	0.9399	0.7458	0.9893	0.9006
每股现金净流量(元)	1.4651	0.9703	0.4646	0.3235
每股经营现金净流量(元)	1.2631	1.7814	1.6330	–0.8035
净资产收益率(扣除)(%)	–	–	–	8.1100
净资产收益率(%)	3.8800	1.8900	5.2400	12.4000
总资产(万)	11570071.00	10785664.86	11278038.46	10181548.76
股东权益(万)	3725498.24	3463977.27	3748135.64	3738476.80
主营业务收入(万)	–	–	–	–
主营业务利润(万)	–	–	–	–
营业务收入(万)	6158519.17	10540559.40	5739960.92	10408357.61
营业务利润(万)	240553.82	–96977.13	235722.35	557466.36
投资收益(万)	–	–	–	–
利润总额(万)	246204.25	–48035.04	241372.44	585048.00
净利润(万)	144584.16	65616.80	196516.41	463468.05

江苏永鼎股份有限公司

公司概况	公司名称	江苏永鼎股份有限公司			证券简称	永鼎股份
	法人代表	莫林弟	董秘	彭美娥	证券代码	600105
	公司网址	www.yongding.com.cn		电子信箱	pme@yongding.com.cn	
	电　话	0512-63272395、63272489		传　真	0512-63271866	
	办公地址	江苏省吴江市芦墟镇汾湖经济技术开发区				
	经营范围	电线、电缆、光纤、光缆、配电开关控制设备、电子产品及通信设备等				

	指标\报告期	2009.06.30	2008.12.31	2008.06.30	2007.12.31
主要财务指标	每股收益(元)	0.1600	0.1000	0.0680	0.1500
	每股收益(扣除)(元)	0.1200	-0.1300	-0.1920	-0.2000
	每股净资产(元)	3.9800	3.8200	3.7900	3.7200
	调整后每股净资产(元)	-	-	-	-
	每股资本公积金(元)	1.9168	1.9168	1.9160	1.9160
	每股盈余公积金(元)	0.5746	0.5746	0.5706	0.5706
	每股未分配利润(元)	0.4880	0.3308	0.3059	0.2377
	每股现金净流量(元)	1.1536	-0.3020	0.2995	0.4263
	每股经营现金净流量(元)	0.2713	0.1827	0.0209	0.5328
	净资产收益率(扣除)(%)	-	-	-	-5.4300
	净资产收益率(%)	3.9500	2.5400	1.7980	3.9800
	总资产(万)	439032.17	403955.50	414111.82	393902.49
	股东权益(万)	108282.89	104007.14	103196.78	101340.83
	主营业务收入(万)	-	-	-	-
	主营业务利润(万)	-	-	-	-
	营业务收入(万)	66459.20	168155.75	70124.69	131894.84
	营业务利润(万)	7503.79	-2487.32	-5010.99	1564.81
	投资收益(万)	-	-	-	-
	利润总额(万)	7675.19	6729.48	4091.41	6472.45
	净利润(万)	4275.75	2643.47	1855.95	4033.75

重庆路桥股份有限公司

公司概况	公司名称	重庆路桥股份有限公司			证券简称	重庆路桥
	法人代表	江津	董秘	张漫	证券代码	600106
	公司网址	www.cqrb.com.cn		电子信箱	cqrb@cqrb.com.cn	
	电　话	023-62803632		传　真	023-62909387	
	办公地址	重庆市南坪经济技术开发区丹龙路11号				
	经营范围	重庆牛角沱大桥、长江石板坡大桥、嘉陵江石门大桥、嘉华嘉陵江大桥等				

	指标\报告期	2009.06.30	2008.12.31	2008.06.30	2007.12.31
主要财务指标	每股收益(元)	0.1600	0.2274	0.1530	0.3800
	每股收益(扣除)(元)	0.1200	0.2272	0.1530	0.2453
	每股净资产(元)	3.3340	3.5900	3.4600	3.4600
	调整后每股净资产(元)	-	-	-	-
	每股资本公积金(元)	0.8371	1.0208	1.0123	1.2404
	每股盈余公积金(元)	0.3865	0.4252	0.3975	0.4426
	每股未分配利润(元)	1.1104	1.1439	1.0481	1.1241
	每股现金净流量(元)	0.2762	0.3051	0.5833	-1.4575
	每股经营现金净流量(元)	0.4886	0.7180	0.5471	0.0966
	净资产收益率(扣除)(%)	-	-	-	7.4600
	净资产收益率(%)	4.8400	6.3300	4.4100	10.9800
	总资产(万)	455302.37	435458.08	431469.71	426358.25
	股东权益(万)	137563.57	134652.83	129710.59	129825.90
	主营业务收入(万)	-	-	-	-
	主营业务利润(万)	-	-	-	-
	营业务收入(万)	16271.52	33391.35	19109.76	65039.87
	营业务利润(万)	7724.32	10341.96	8349.07	16372.85
	投资收益(万)	-	-	-	-
	利润总额(万)	7721.38	9144.45	8350.93	16335.77
	净利润(万)	6661.74	8530.17	7554.68	14254.14

湖北美尔雅股份有限公司

公司概况	公司名称	湖北美尔雅股份有限公司			证券简称	美尔雅
	法人代表	杨闻孙	董秘	许雷华	证券代码	600107
	公司网址	www.mailyard.com.cn		电子信箱	gufen@mailyard.com.cn	
	电　话	0714-6360299、6360298		传　真	0714-6360298	
	办公地址	湖北黄石团城山开发区美尔雅工业园				
	经营范围	精毛纺织制品、服装及辅料制造、加工、销售；日用化妆品生产销售等				

	指标\报告期	2009.06.30	2008.12.31	2008.06.30	2007.12.31
主要财务指标	每股收益(元)	0.0090	0.0354	0.0070	0.0517
	每股收益(扣除)(元)	0.0080	0.0366	0.0067	0.0200
	每股净资产(元)	1.2560	1.2403	1.2135	1.2300
	调整后每股净资产(元)	-	-	-	-
	每股资本公积金(元)	0.4471	0.4409	0.4425	0.4627
	每股盈余公积金(元)	0.0674	0.0674	0.0674	0.0674
	每股未分配利润(元)	-0.2588	-0.2680	-0.2963	-0.3034
	每股现金净流量(元)	0.0533	0.4189	0.1982	0.2590
	每股经营现金净流量(元)	-0.0071	0.3477	0.0491	0.3750
	净资产收益率(扣除)(%)	-	-	-	1.5300
	净资产收益率(%)	0.7320	2.8500	0.5830	4.2200
	总资产(万)	132110.51	124415.41	116519.11	107561.85
	股东权益(万)	45202.33	44649.18	43687.16	48734.00
	主营业务收入(万)	-	-	-	-
	主营业务利润(万)	-	-	-	-
	营业务收入(万)	17597.20	31638.28	11927.56	24700.97
	营业务利润(万)	919.19	2478.66	663.20	1618.50
	投资收益(万)	-	-	-	-
	利润总额(万)	949.84	2285.98	683.12	2761.37
	净利润(万)	330.90	1273.21	254.82	1862.28

甘肃亚盛实业(集团)股份有限公司

公司概况	公司名称	甘肃亚盛实业(集团)股份有限公司			证券简称	亚盛集团
	法人代表	何宗仁	董秘	周文萍	证券代码	600108
	公司网址	www.yasheng.com.cn		电子信箱	invest@yasheng.com	
	电　话	0931-8857057		传　真	0931-8857082	
	办公地址	甘肃省兰州市城关区秦安路105号亚盛大厦东11楼至16楼				
	经营范围	高科技农业新技术、新品种开发、加工；农副产品的种植、收购、销售等				

	指标\报告期	2009.06.30	2008.12.31	2008.06.30	2007.12.31
主要财务指标	每股收益(元)	0.0100	0.0473	0.0124	0.0408
	每股收益(扣除)(元)	0.0089	0.0276	0.0122	0.0300
	每股净资产(元)	1.1975	1.1900	1.1500	1.1400
	调整后每股净资产(元)	-	-	-	-
	每股资本公积金(元)	0.0083	0.0083	0.0057	0.0057
	每股盈余公积金(元)	0.0981	0.0981	0.0909	0.0909
	每股未分配利润(元)	0.0911	0.0812	0.0535	0.0411
	每股现金净流量(元)	-0.0301	0.0001	-0.0080	0.0374
	每股经营现金净流量(元)	-0.0115	0.0556	0.0335	0.0409
	净资产收益率(扣除)(%)	-	-	-	2.6000
	净资产收益率(%)	0.8300	3.9800	1.0800	3.5800
	总资产(万)	315683.96	323463.25	328678.28	329212.20
	股东权益(万)	172578.76	171143.73	165739.62	163954.61
	主营业务收入(万)	-	-	-	-
	主营业务利润(万)	-	-	-	-
	营业务收入(万)	43720.61	124990.75	55929.09	116139.86
	营业务利润(万)	940.91	1554.40	2192.90	5177.62
	投资收益(万)	-	-	-	-
	利润总额(万)	1181.18	4649.65	2218.04	6249.59
	净利润(万)	1435.03	6813.66	1785.01	5875.04

国金证券股份有限公司

公司概况	公司名称	国金证券股份有限公司			证券简称	国金证券
	法人代表	雷波	董秘	刘邦兴	证券代码	600109
	公司网址	www.gjzq.com.cn			电子信箱	liubx@gjzq.com.cn
	电　话	028-86690021、86690300			传　真	028-86695681、85146220
	办公地址	成都市东城根上街95号16楼				
	经营范围	证券代理买卖、证券的自营买卖、证券的承销、证券投资咨询等				

主要财务指标	指标\报告期	2009.06.30	2008.12.31	2008.06.30	2007.12.31
	每股收益(元)	0.2030	1.5120	1.0120	1.3220
	每股收益(扣除)(元)	0.1940	1.4770	0.9840	1.3200
	每股净资产(元)	2.2600	4.3300	5.0900	4.1380
	调整后每股净资产(元)	–	–	–	–
	每股资本公积金(元)	0.0058	0.1063	1.3693	2.5476
	每股盈余公积金(元)	0.1701	0.3403	0.1891	0.1724
	每股未分配利润(元)	0.7633	2.2415	2.1945	1.0664
	每股现金净流量(元)	–	–	–	–
	每股经营现金净流量(元)	–	–	–	–
	净资产收益率(扣除)(%)	–	34.1100	–	25.9000
	净资产收益率(%)	8.9600	34.9200	19.8700	25.9400
	总资产(万)	741947.04	719736.96	852983.93	834628.73
	股东权益(万)	226063.73	216549.37	254688.96	144718.42
	主营业务收入(万)	57599.19	150369.16	87096.55	152421.70
	主营业务利润(万)	25939.97	98327.64	65590.84	108139.27
	营业务收入(万)	–	–	–	–
	营业务利润(万)	–	–	–	–
	投资收益(万)	–	–	–	–
	利润总额(万)	27058.43	100669.84	67442.54	108283.71
	净利润(万)	20256.46	75620.79	50596.16	37539.05

中科英华高技术股份有限公司

公司概况	公司名称	中科英华高技术股份有限公司			证券简称	中科英华
	法人代表	陈远	董秘	袁梅	证券代码	600110
	公司网址	www.kinwa.com.cn			电子信箱	cx600110@163.com
	电　话	0431-85161088			传　真	0431-85161071
	办公地址	吉林省长春市高新技术开发区火炬路286号				
	经营范围	热缩、冷缩材料、合成橡胶等新材料、新产品开发、生产、销售等				

主要财务指标	指标\报告期	2009.06.30	2008.12.31	2008.06.30	2007.12.31
	每股收益(元)	0.0020	0.0569	0.0738	0.1123
	每股收益(扣除)(元)	0.0014	0.0556	0.0739	0.1115
	每股净资产(元)	1.2922	1.9400	1.9600	1.3000
	调整后每股净资产(元)	–	–	–	–
	每股资本公积金(元)	0.1011	0.6513	0.6573	0.0587
	每股盈余公积金(元)	0.0656	0.0984	0.0966	0.1005
	每股未分配利润(元)	0.1272	0.1878	0.2095	0.1383
	每股现金净流量(元)	–0.0131	0.2823	0.0028	0.3226
	每股经营现金净流量(元)	0.0031	0.2494	–0.1683	0.1535
	净资产收益率(扣除)(%)	–	–	–	8.6100
	净资产收益率(%)	0.1500	2.9200	3.7200	8.6700
	总资产(万)	280607.62	257902.38	211907.49	175416.39
	股东权益(万)	131326.88	131104.68	132859.13	84424.84
	主营业务收入(万)	–	–	–	–
	主营业务利润(万)	–	–	–	–
	营业务收入(万)	29810.04	89666.02	46622.73	62965.75
	营业务利润(万)	820.13	10891.07	9865.00	16060.92
	投资收益(万)	–	–	–	–
	利润总额(万)	891.91	10964.20	9855.36	16022.77
	净利润(万)	202.99	3832.55	4938.30	7318.72

内蒙古包钢稀土(集团)高科技股份有限公司

公司概况	公司名称	内蒙古包钢稀土(集团)高科技股份有限公司			证券简称	包钢稀土
	法人代表	崔臣	董秘	张日辉	证券代码	600111
	公司网址	www.reht.com www.reht.cn			电子信箱	security@reht.com
	电　话	0472-2207799、2207525			传　真	0472-2207788
	办公地址	内蒙古包头市稀土高新技术产业开发区黄河路83号				
	经营范围	稀土精矿、稀土深加工产品、稀土新材料生产与销售等				

主要财务指标	指标\报告期	2009.06.30	2008.12.31	2008.06.30	2007.12.31
	每股收益(元)	–0.0830	0.2090	0.3060	0.3820
	每股收益(扣除)(元)	–0.1050	0.1920	0.2900	0.4800
	每股净资产(元)	1.9530	2.0290	2.1360	1.8800
	调整后每股净资产(元)	–	–	–	–
	每股资本公积金(元)	0.3897	0.3822	0.3927	1.2849
	每股盈余公积金(元)	0.1860	0.1860	0.1860	0.3720
	每股未分配利润(元)	0.3773	0.4605	0.5572	1.1023
	每股现金净流量(元)	0.1672	0.8835	0.5281	0.0070
	每股经营现金净流量(元)	0.1909	–0.2529	–0.1078	0.7406
	净资产收益率(扣除)(%)	–	–	–	25.5270
	净资产收益率(%)	–4.2612	10.3260	14.3310	20.3070
	总资产(万)	609366.51	577490.08	455535.50	370261.59
	股东权益(万)	157670.92	163788.76	172442.10	151747.17
	主营业务收入(万)	–	–	–	–
	主营业务利润(万)	–	–	–	–
	营业务收入(万)	90475.19	322455.90	129259.92	249958.75
	营业务利润(万)	–11997.38	24242.81	32862.83	58184.37
	投资收益(万)	–	–	–	–
	利润总额(万)	–9921.62	26611.54	34428.29	51505.80
	净利润(万)	–6718.71	16913.43	24713.51	30814.91

贵州长征电气股份有限公司

公司概况	公司名称	贵州长征电气股份有限公司			证券简称	长征电气
	法人代表	唐勇	董秘	王肃	证券代码	600112
	公司网址	www.czdq.cn			电子信箱	ws@czdq.cn、jy@czdq.cn
	电　话	0852-8622952			传　真	0852-8680022、8654903
	办公地址	贵州省遵义市上海路100号				
	经营范围	高、中、低压工业电器元件及成套设备、风力发电设备的设计、研制、生产、销售等				

主要财务指标	指标\报告期	2009.06.30	2008.12.31	2008.06.30	2007.12.31
	每股收益(元)	0.1046	0.1825	0.1565	0.1175
	每股收益(扣除)(元)	0.0827	0.1686	0.1427	0.1107
	每股净资产(元)	1.4686	1.3653	1.3994	1.6734
	调整后每股净资产(元)	–	–	–	–
	每股资本公积金(元)	0.0035	0.0048	0.0673	0.3419
	每股盈余公积金(元)	0.0491	0.0712	0.0584	0.0730
	每股未分配利润(元)	0.4160	0.2893	0.2738	0.2585
	每股现金净流量(元)	0.0187	0.0222	–0.0163	0.0077
	每股经营现金净流量(元)	0.0451	0.0251	0.0174	0.0991
	净资产收益率(扣除)(%)	–	–	–	6.0267
	净资产收益率(%)	7.1218	13.3700	11.1840	7.0241
	总资产(万)	81561.18	86278.57	84376.73	75355.71
	股东权益(万)	47415.81	44080.74	45184.41	43223.84
	主营业务收入(万)	–	–	–	–
	主营业务利润(万)	–	–	–	–
	营业务收入(万)	16116.68	45950.67	28372.98	40345.12
	营业务利润(万)	2794.15	6240.90	5523.69	3727.00
	投资收益(万)	–	–	–	–
	利润总额(万)	3626.95	6879.75	6076.14	3783.42
	净利润(万)	3376.85	5893.69	5065.91	3036.10

浙江东日股份有限公司

公司概况	公司名称	浙江东日股份有限公司		证券简称	浙江东日
	法人代表	郑念鸿	董秘 陈琦	证券代码	600113
	公司网址	www.dongri.com		电子信箱	zjdongri@wz.zj.cn
	电　话	0577-88852155		传　真	0577-88822336、88842287
	办公地址	浙江省温州市矮凳桥92号			
	经营范围	实业投资，市场租赁经营，计算机网络开发，各类灯具及配件的生产、销售，物业管理			

主要财务指标	指标\报告期	2009.06.30	2008.12.31	2008.06.30	2007.12.31
	每股收益(元)	0.0930	0.1300	0.0630	0.1000
	每股收益(扣除)(元)	0.0800	0.1800	0.0630	0.0400
	每股净资产(元)	2.7550	2.7100	2.6457	3.2800
	调整后每股净资产(元)	–	–	–	–
	每股资本公积金(元)	1.2150	1.2150	1.2150	1.7688
	每股盈余公积金(元)	0.1699	0.1699	0.1545	0.1931
	每股未分配利润(元)	0.3705	0.3273	0.2762	0.3159
	每股现金净流量(元)	–0.1735	0.2398	0.1784	–0.0786
	每股经营现金净流量(元)	–0.1610	–0.0913	0.1464	–0.1105
	净资产收益率(扣除)(%)	–	–	–	1.6500
	净资产收益率(%)	3.3840	4.7900	2.3980	3.7400
	总资产(万)	63113.07	62132.55	62796.58	60600.37
	股东权益(万)	40643.01	40005.35	39023.57	38677.86
	主营业务收入(万)	–	–	–	–
	主营业务利润(万)	–	–	–	–
	营业务收入(万)	7696.17	20797.00	13419.70	11974.90
	营业务利润(万)	1946.57	2698.43	1330.60	2673.47
	投资收益(万)	–	–	–	–
	利润总额(万)	1939.62	2770.76	1323.74	2644.32
	净利润(万)	1375.16	1917.49	935.71	1455.79

东睦新材料集团股份有限公司

公司概况	公司名称	东睦新材料集团股份有限公司		证券简称	东睦股份
	法人代表	芦德宝	董秘 曹阳	证券代码	600114
	公司网址	www.pm-china.com		电子信箱	nbtm@pm-china.com
	电　话	0574-87841061		传　真	0574-87831133
	办公地址	浙江省宁波市鄞州工业园区(姜山)景江路8号			
	经营范围	粉末冶金制品、专用设备、工装模具及原辅材料的生产销售和技术咨询服务等			

主要财务指标	指标\报告期	2009.06.30	2008.12.31	2008.06.30	2007.12.31
	每股收益(元)	–0.1055	0.0600	0.1163	0.1000
	每股收益(扣除)(元)	–0.1291	0.0600	0.1188	0.1000
	每股净资产(元)	2.8200	3.0300	3.0800	3.0600
	调整后每股净资产(元)	–	–	–	–
	每股资本公积金(元)	1.5783	1.5783	1.5783	1.5783
	每股盈余公积金(元)	0.1878	0.1878	0.1799	0.1793
	每股未分配利润(元)	0.0535	0.2591	0.3226	0.3069
	每股现金净流量(元)	0.0823	0.0037	0.1734	0.0164
	每股经营现金净流量(元)	0.0703	0.5657	0.2977	0.3857
	净资产收益率(扣除)(%)	–	–	–	3.1500
	净资产收益率(%)	–3.7400	2.0100	3.7900	3.3800
	总资产(万)	140264.82	135449.01	137031.75	116958.59
	股东权益(万)	55122.71	59140.93	60229.05	59910.03
	主营业务收入(万)	–	–	–	–
	主营业务利润(万)	–	–	–	–
	营业务收入(万)	28749.45	66832.69	40525.12	68670.24
	营业务利润(万)	–2927.61	1957.81	3424.01	2599.48
	投资收益(万)	–	–	–	–
	利润总额(万)	–2320.91	2076.46	3370.20	2838.50
	净利润(万)	–2063.22	1185.89	2274.02	2024.96

中国东方航空股份有限公司

公司概况	公司名称	中国东方航空股份有限公司		证券简称	ST东航
	法人代表	刘绍勇	董秘 罗祝平	证券代码	600115
	公司网址	www.ce-air.com		电子信箱	ir@ce-air.com
	电　话	021-62686268		传　真	021-62686116
	办公地址	上海市虹桥路2550号			
	经营范围	国内和经批准的国际、地区航空客、货、邮、行李运输业务及延伸服务等			

主要财务指标	指标\报告期	2009.06.30	2008.12.31	2008.06.30	2007.12.31
	每股收益(元)	0.2369	–2.8600	0.0086	–0.1200
	每股收益(扣除)(元)	–0.5598	–1.7010	–0.0789	–0.0490
	每股净资产(元)	–0.4371	–2.3800	0.5881	0.5200
	调整后每股净资产(元)	–	–	–	–
	每股资本公积金(元)	0.6760	0.2195	0.2498	0.2584
	每股盈余公积金(元)	–	–	–	–
	每股未分配利润(元)	–2.1130	–3.6028	–0.6616	–0.7411
	每股现金净流量(元)	0.0447	0.3690	0.6087	–0.0683
	每股经营现金净流量(元)	0.1717	0.2841	0.2225	1.0141
	净资产收益率(扣除)(%)	–	–	–	–9.5400
	净资产收益率(%)	–	–	1.4500	23.9900
	总资产(万)	7297293.80	7318400.60	7377200.30	6650448.10
	股东权益(万)	–338405.60	–1159934.60	286239.00	251775.00
	主营业务收入(万)	–	–	–	–
	主营业务利润(万)	–	–	–	–
	营业务收入(万)	1749778.40	4184236.10	2083116.90	4354122.80
	营业务利润(万)	–2097.60	–1484633.40	–41087.00	7710.20
	投资收益(万)	–	–	–	–
	利润总额(万)	121917.90	–1398510.80	8991.50	72483.40
	净利润(万)	117350.70	–1392765.60	4162.10	60395.50

重庆三峡水利电力(集团)股份有限公司

公司概况	公司名称	重庆三峡水利电力(集团)股份有限公司		证券简称	三峡水利
	法人代表	叶建桥	董秘 陈丽娟	证券代码	600116
	公司网址	www.cqsxsl.com		电子信箱	sxsl600116@163.com
	电　话	023-63801161		传　真	023-63801165
	办公地址	重庆市渝中区八一路183号谊德大厦12楼			
	经营范围	主营发电、供电；兼营发、输变电设备设计、安装和调试，锅炉压力容器制造安装等			

主要财务指标	指标\报告期	2009.06.30	2008.12.31	2008.06.30	2007.12.31
	每股收益(元)	0.1400	0.2300	0.1000	0.2000
	每股收益(扣除)(元)	0.0500	0.1900	0.1000	0.2200
	每股净资产(元)	2.4800	2.3700	2.2400	2.2400
	调整后每股净资产(元)	–	–	–	–
	每股资本公积金(元)	0.8349	0.8349	0.8354	0.8354
	每股盈余公积金(元)	0.0939	0.0899	0.0670	0.0670
	每股未分配利润(元)	0.5464	0.4438	0.3418	0.3380
	每股现金净流量(元)	0.0728	0.5378	0.0055	–0.1525
	每股经营现金净流量(元)	0.0328	0.6050	0.0631	0.7434
	净资产收益率(扣除)(%)	–	8.0000	–	9.8000
	净资产收益率(%)	5.8500	9.6900	4.6200	8.7000
	总资产(万)	172076.52	159668.99	137227.36	132577.33
	股东权益(万)	51872.11	49638.83	47028.52	46950.61
	主营业务收入(万)	–	–	–	–
	主营业务利润(万)	–	–	–	–
	营业务收入(万)	28357.80	59779.45	27359.40	50627.74
	营业务利润(万)	1605.24	3869.10	227.10	5704.09
	投资收益(万)	–	–	–	–
	利润总额(万)	4033.00	4182.04	332.20	5523.73
	净利润(万)	3033.76	4807.89	2173.55	4086.71

西宁特殊钢股份有限公司

公司概况

公司名称	西宁特殊钢股份有限公司			证券简称	西宁特钢
法人代表	陈显刚	董秘	杨凯	证券代码	600117
公司网址	www.xntg.com		电子信箱	xntg@public.cn.qh.cn	
电　　话	0971-5299089、5299673		传　　真	0971-5218389	
办公地址	西宁市柴达木西路52号				
经营范围	特殊钢冶炼及压延、来料加工、副产品出售;机械设备、工矿、冶金及其它配件等				

主要财务指标

指标\报告期	2009.06.30	2008.12.31	2008.06.30	2007.12.31
每股收益(元)	0.0073	0.0237	0.3400	0.4179
每股收益(扣除)(元)	-0.0015	0.0315	0.3395	0.4070
每股净资产(元)	3.4436	3.4400	3.7655	3.4300
调整后每股净资产(元)	-	-	-	-
每股资本公积金(元)	1.2601	1.2601	1.2750	1.2750
每股盈余公积金(元)	0.2216	0.2216	0.2264	0.2216
每股未分配利润(元)	0.9619	0.9546	1.2641	0.9309
每股现金净流量(元)	0.6686	-0.6058	0.2162	0.7443
每股经营现金净流量(元)	0.2460	0.5668	0.6690	0.4997
净资产收益率(扣除)(%)	-	-	-	11.5200
净资产收益率(%)	0.2100	0.6900	9.0300	11.8300
总资产(万)	1083883.73	1029083.38	983232.35	916728.82
股东权益(万)	255246.98	254704.24	279104.43	254048.04
主营业务收入(万)	-	-	-	-
主营业务利润(万)	-	-	-	-
营业务收入(万)	242115.71	697267.52	371932.84	576665.17
营业务利润(万)	232.11	32568.16	48083.99	49639.56
投资收益(万)	-	-	-	-
利润总额(万)	728.89	31663.50	48186.34	50834.31
净利润(万)	542.74	1759.66	25201.35	30052.11

中国东方红卫星股份有限公司

公司概况

公司名称	中国东方红卫星股份有限公司			证券简称	中国卫星
法人代表	李开民	董秘	万银娟	证券代码	600118
公司网址	www.spacesat.com.cn		电子信箱	600118@spacesat.com.cn	
电　　话	010-68118118、68197793		传　　真	010-68197777	
办公地址	北京海淀区中关村南大街31号神舟大厦12楼				
经营范围	卫星及相关产品研制、设计、制造、销售,卫星应用技术综合信息服务等				

主要财务指标

指标\报告期	2009.06.30	2008.12.31	2008.06.30	2007.12.31
每股收益(元)	0.2000	0.6000	0.2100	0.5200
每股收益(扣除)(元)	0.1900	0.6000	0.2100	0.2800
每股净资产(元)	4.2500	4.9600	4.5800	6.2000
调整后每股净资产(元)	-	-	-	-
每股资本公积金(元)	2.3214	2.7937	2.7128	3.8830
每股盈余公积金(元)	0.0561	0.0673	0.2325	0.0869
每股未分配利润(元)	0.8691	1.1087	0.6324	0.3490
每股现金净流量(元)	-0.7198	-1.2168	-2.5008	5.1093
每股经营现金净流量(元)	-0.6206	1.4424	-0.1528	-0.1658
净资产收益率(扣除)(%)	-	-	-	3.9700
净资产收益率(%)	4.7700	12.0400	4.5200	7.2600
总资产(万)	309690.38	287072.58	261124.94	338155.91
股东权益(万)	149707.40	146001.06	134485.05	182091.53
主营业务收入(万)	-	-	-	-
主营业务利润(万)	-	-	-	-
营业务收入(万)	87557.57	199431.14	81490.57	152252.23
营业务利润(万)	8444.52	20642.27	8126.49	16295.68
投资收益(万)	-	-	-	-
利润总额(万)	8904.03	20517.38	8034.11	16326.56
净利润(万)	7143.34	17557.86	6073.84	13218.20

长发集团长江投资实业股份有限公司

公司概况

公司名称	长发集团长江投资实业股份有限公司			证券简称	长江投资
法人代表	居亮	董秘	朱联	证券代码	600119
公司网址	www.cjtz.cn		电子信箱	zhulian@cjtz.cn	
电　　话	021-68407009、68407032		传　　真	021-68407010	
办公地址	上海市浦东世纪大道1500号9楼				
经营范围	实业投资、国内贸易、信息咨询服务等				

主要财务指标

指标\报告期	2009.06.30	2008.12.31	2008.06.30	2007.12.31
每股收益(元)	0.0069	0.0053	0.0096	0.0390
每股收益(扣除)(元)	-0.0585	-0.0792	-0.0558	-0.1351
每股净资产(元)	1.9602	1.6502	1.6544	1.6449
调整后每股净资产(元)	-	-	-	-
每股资本公积金(元)	0.7024	0.3503	0.3503	0.3503
每股盈余公积金(元)	0.0412	0.0492	0.0446	0.0446
每股未分配利润(元)	0.2167	0.2507	0.2596	0.2500
每股现金净流量(元)	0.6562	0.0781	-0.1158	-0.0326
每股经营现金净流量(元)	0.0759	-0.1078	-0.1013	0.1507
净资产收益率(扣除)(%)	-	-	-	-8.2100
净资产收益率(%)	0.3450	0.3200	0.5780	2.3700
总资产(万)	124834.16	102652.26	99028.31	100221.19
股东权益(万)	60257.94	42475.18	42585.45	42339.33
主营业务收入(万)	-	-	-	-
主营业务利润(万)	-	-	-	-
营业务收入(万)	27820.61	90377.65	47144.79	119756.28
营业务利润(万)	202.96	-1231.11	-557.00	1164.99
投资收益(万)	-	-	-	-
利润总额(万)	584.01	-124.98	-311.76	1616.37
净利润(万)	207.77	135.84	246.12	1004.96

浙江东方集团股份有限公司

公司概况

公司名称	浙江东方集团股份有限公司			证券简称	浙江东方
法人代表	何志亮	董秘	王俊	证券代码	600120
公司网址	www.zjorient.com		电子信箱	invest@zjorient.com	
电　　话	0571-87600383		传　　真	0571-87600324	
办公地址	浙江省杭州市西湖大道12号				
经营范围	进出口贸易,承包境外工程和境内国际招标工程;上述境外工程所需的设备、材料出口等				

主要财务指标

指标\报告期	2009.06.30	2008.12.31	2008.06.30	2007.12.31
每股收益(元)	0.0800	0.1700	0.1000	0.2400
每股收益(扣除)(元)	0.0800	0.1300	0.0600	0.1600
每股净资产(元)	2.3100	2.2200	2.2100	2.2900
调整后每股净资产(元)	-	-	-	-
每股资本公积金(元)	0.1099	0.1002	0.1599	0.2153
每股盈余公积金(元)	0.3924	0.3924	0.3648	0.3648
每股未分配利润(元)	0.8050	0.7262	0.6904	0.7093
每股现金净流量(元)	0.3997	0.1173	0.2893	0.0999
每股经营现金净流量(元)	0.4966	-0.7117	-0.1975	0.2018
净资产收益率(扣除)(%)	-	-	-	7.0800
净资产收益率(%)	3.4100	7.5000	4.7200	10.6400
总资产(万)	331045.06	312343.86	305366.00	295350.59
股东权益(万)	116627.40	112155.56	111961.32	115713.43
主营业务收入(万)	-	-	-	-
主营业务利润(万)	-	-	-	-
营业务收入(万)	163313.34	491562.90	235582.12	563836.84
营业务利润(万)	8317.66	18373.08	8526.11	26330.34
投资收益(万)	-	-	-	-
利润总额(万)	8670.98	20095.54	9217.52	28213.07
净利润(万)	3982.46	8407.62	5112.77	12314.00

郑州煤电股份有限公司

公司概况	公司名称	郑州煤电股份有限公司		证券简称	郑州煤电
	法人代表	杜工会	董秘 付胜龙	证券代码	600121
	公司网址	www.zzce.com.cn		电子信箱	zzce@public.zz.ha.cn
	电　话	0371-67680017		传　真	0371-67680020
	办公地址	河南省郑州市桐柏南路220号			
	经营范围	煤炭生产及销售,发电及输变电;机械制造,设备安装;国内贸易等			

	指标\报告期	2009.06.30	2008.12.31	2008.06.30	2007.12.31
主要财务指标	每股收益(元)	0.0697	0.3000	0.1338	0.4200
	每股收益(扣除)(元)	0.0706	0.2200	0.1343	0.3100
	每股净资产(元)	2.5501	2.6700	2.4811	2.3700
	调整后每股净资产(元)	–	–	–	–
	每股资本公积金(元)	–	–	–	–
	每股盈余公积金(元)	0.3826	0.4334	0.3686	0.3705
	每股未分配利润(元)	1.0695	1.2353	1.1125	0.9956
	每股现金净流量(元)	–0.1374	0.5814	0.0542	0.6781
	每股经营现金净流量(元)	–0.3320	1.0985	0.3496	0.6658
	净资产收益率(扣除)(%)	–	–	–	13.2100
	净资产收益率(%)	2.7300	11.3400	5.3900	17.5500
	总资产(万)	499611.38	468166.65	354473.14	326528.40
	股东权益(万)	160434.15	167898.44	156097.72	148861.01
	主营业务收入(万)	–	–	–	–
	主营业务利润(万)	–	–	–	–
	营业务收入(万)	219759.76	453851.99	214349.45	368221.84
	营业务利润(万)	6010.42	25819.58	11184.27	36881.03
	投资收益(万)	–	–	–	–
	利润总额(万)	5934.24	24886.55	11137.22	35622.69
	净利润(万)	4387.62	19042.18	8416.09	26118.17

江苏宏图高科技股份有限公司

公司概况	公司名称	江苏宏图高科技股份有限公司		证券简称	宏图高科
	法人代表	袁亚非	董秘 陈刚	证券代码	600122
	公司网址	www.hiteker.com		电子信箱	hiteker@hiteker.cn
	电　话	025-83274692、83274691		传　真	025-83274701
	办公地址	南京市中山北路219号			
	经营范围	计算机、打印机、网络设备等信息类产品,计算机应用软件及系统工程集成等			

	指标\报告期	2009.06.30	2008.12.31	2008.06.30	2007.12.31
主要财务指标	每股收益(元)	0.0913	0.4530	0.1205	0.1730
	每股收益(扣除)(元)	0.0695	0.2415	0.1028	0.1350
	每股净资产(元)	5.0720	4.2200	3.8930	3.7700
	调整后每股净资产(元)	–	–	–	–
	每股资本公积金(元)	2.7731	1.9067	1.6327	1.6602
	每股盈余公积金(元)	0.1401	0.1949	0.1828	0.1828
	每股未分配利润(元)	1.1593	1.4921	1.0770	0.9552
	每股现金净流量(元)	1.5530	0.4074	–0.0686	0.3337
	每股经营现金净流量(元)	0.0896	0.2331	0.0802	–0.3677
	净资产收益率(扣除)(%)	–	–	–	3.5600
	净资产收益率(%)	1.7200	10.7100	3.0950	4.5600
	总资产(万)	630280.67	541213.86	436589.51	452374.24
	股东权益(万)	225317.59	146633.13	124249.59	121240.03
	主营业务收入(万)	–	–	–	–
	主营业务利润(万)	–	–	–	–
	营业务收入(万)	483318.07	824245.75	466756.43	619612.32
	营业务利润(万)	5558.65	16358.60	8433.67	10085.18
	投资收益(万)	–	–	–	–
	利润总额(万)	6227.56	25224.26	8988.10	11042.72
	净利润(万)	3866.07	14447.56	3845.84	5534.33

山西兰花科技创业股份有限公司

公司概况	公司名称	山西兰花科技创业股份有限公司		证券简称	兰花科创
	法人代表	贺贵元	董秘 王立印	证券代码	600123
	公司网址	www.chinalanhua.com		电子信箱	lanhua@chinalanhua.com
	电　话	0356-2189656、2189668		传　真	0356-2189608
	办公地址	山西省晋城市凤台东街2288号兰花科技大厦			
	经营范围	煤炭、型煤、尿素、碳酸氢铵、型焦、化工产品、建筑材料的生产、销售等			

	指标\报告期	2009.06.30	2008.12.31	2008.06.30	2007.12.31
主要财务指标	每股收益(元)	1.1884	2.4531	1.0370	1.2374
	每股收益(扣除)(元)	1.2475	2.4531	1.0463	1.2374
	每股净资产(元)	8.2182	7.7062	5.7828	5.5349
	调整后每股净资产(元)	–	–	–	–
	每股资本公积金(元)	1.2576	1.1400	1.1374	1.9906
	每股盈余公积金(元)	0.8033	1.3461	0.5616	1.2204
	每股未分配利润(元)	4.5639	4.2200	3.0839	3.5378
	每股现金净流量(元)	0.6702	–0.5097	0.1059	–0.6013
	每股经营现金净流量(元)	1.1118	2.7752	1.8643	1.7286
	净资产收益率(扣除)(%)	–	–	–	18.4100
	净资产收益率(%)	14.4600	31.8300	17.9300	22.3600
	总资产(万)	1042651.20	928320.68	772014.33	693211.64
	股东权益(万)	469421.14	440176.42	330314.48	316152.04
	主营业务收入(万)	–	–	–	–
	主营业务利润(万)	–	–	–	–
	营业务收入(万)	283994.74	491209.98	213508.28	349474.67
	营业务利润(万)	91229.41	180351.99	71397.12	103360.31
	投资收益(万)	–	–	–	–
	利润总额(万)	86945.54	176879.97	70684.34	102183.20
	净利润(万)	67883.30	140123.48	59230.73	70679.43

中铁铁龙集装箱物流股份有限公司

公司概况	公司名称	中铁铁龙集装箱物流股份有限公司		证券简称	铁龙物流
	法人代表	郑明理	董秘 畅晓东	证券代码	600125
	公司网址	www.chinacrt.com		电子信箱	changxiaodong@chinacrt.com
	电　话	0411-82810881		传　真	0411-82816639
	办公地址	大连市中山区新安街1号			
	经营范围	铁、公、水路运输;仓储;货物装卸;设备租赁;承办陆路、水路、航空国际货运代理业务等			

	指标\报告期	2009.06.30	2008.12.31	2008.06.30	2007.12.31
主要财务指标	每股收益(元)	0.1810	0.2930	0.1270	0.3620
	每股收益(扣除)(元)	0.1800	–	0.1270	0.3610
	每股净资产(元)	2.5610	2.4410	2.2740	2.5790
	调整后每股净资产(元)	–	–	–	–
	每股资本公积金(元)	0.4571	0.4571	0.4571	0.8093
	每股盈余公积金(元)	0.2141	0.2141	0.1892	0.2446
	每股未分配利润(元)	0.8901	0.7693	0.6280	0.6474
	每股现金净流量(元)	0.1324	–0.3611	–0.0424	0.5144
	每股经营现金净流量(元)	0.2695	0.2690	0.1083	0.5803
	净资产收益率(扣除)(%)	–	–	–	12.9930
	净资产收益率(%)	7.0600	12.0200	5.5920	13.0360
	总资产(万)	275955.03	264970.77	301127.03	288175.23
	股东权益(万)	257222.07	245088.58	228402.42	215859.67
	主营业务收入(万)	–	–	–	–
	主营业务利润(万)	–	–	–	–
	营业务收入(万)	65346.02	152261.51	51060.22	157982.41
	营业务利润(万)	24168.76	38906.82	17148.89	40476.16
	投资收益(万)	–	–	–	–
	利润总额(万)	24218.86	39038.38	17148.61	40600.05
	净利润(万)	18158.97	29458.75	12771.24	28140.34

杭州钢铁股份有限公司

公司概况	公司名称	杭州钢铁股份有限公司			证券简称	杭钢股份
	法人代表	李世中	董秘	周尧福	证券代码	600126
	公司网址	www.hzsteel.com		电子信箱	hggf@hzsteel.com	
	电　话	0571-88132917		传　真	0571-88132919	
	办公地址	浙江省杭州市半山路178号				
	经营范围	钢铁及其压延产品、焦炭及其副产品的生产、销售;冶金、焦化的技术开发、协作等				

主要财务指标	指标\报告期	2009.06.30	2008.12.31	2008.06.30	2007.12.31
	每股收益(元)	0.0300	0.0400	0.3600	0.4200
	每股收益(扣除)(元)	0.0200	0.0400	0.3900	0.4100
	每股净资产(元)	3.9400	4.0200	4.3400	4.1700
	调整后每股净资产(元)	–	–	–	–
	每股资本公积金(元)	0.8770	0.8770	0.8770	1.1401
	每股盈余公积金(元)	0.5511	0.5511	0.5483	0.7128
	每股未分配利润(元)	1.5167	1.5883	1.9122	2.5715
	每股现金净流量(元)	–0.0268	0.3665	0.3271	–0.4298
	每股经营现金净流量(元)	0.6194	1.3924	0.6891	0.6678
	净资产收益率(扣除)(%)	–	–	–	9.8600
	净资产收益率(%)	0.7200	1.0900	8.4100	10.1700
	总资产(万)	803346.23	880766.19	1009923.84	886311.26
	股东权益(万)	330942.96	336955.21	363897.93	350062.21
	主营业务收入(万)	–	–	–	–
	主营业务利润(万)	–	–	–	–
	营业务收入(万)	740105.25	2206138.29	1275752.08	1628101.86
	营业务利润(万)	4834.38	4268.07	42841.41	55759.92
	投资收益(万)	–	–	–	–
	利润总额(万)	4857.60	5433.74	41742.45	51969.55
	净利润(万)	2377.14	3671.77	30614.49	35615.22

湖南金健米业股份有限公司

公司概况	公司名称	湖南金健米业股份有限公司			证券简称	金健米业
	法人代表	肖立成	董秘	谢文	证券代码	600127
	公司网址	www.600127.com		电子信箱	dongmi@600127.cn	
	电　话	0736-7308643、7308716		传　真	0736-7308666	
	办公地址	湖南省常德市德山开发区崇德路				
	经营范围	开发、生产、销售粮油及制品、新型食品、食品包装材料,销售饲料及饲料原料等				

主要财务指标	指标\报告期	2009.06.30	2008.12.31	2008.06.30	2007.12.31
	每股收益(元)	–0.0010	–0.3652	0.0095	0.0230
	每股收益(扣除)(元)	–0.0121	–0.3909	–0.0165	–0.0400
	每股净资产(元)	1.0230	1.0245	1.3990	1.3897
	调整后每股净资产(元)	–	–	–	–
	每股资本公积金(元)	0.3176	0.3176	0.3176	0.3176
	每股盈余公积金(元)	0.0300	0.0300	0.0300	0.0300
	每股未分配利润(元)	–0.3241	–0.3231	0.0516	0.0421
	每股现金净流量(元)	–0.0197	0.0136	–0.0231	–0.0258
	每股经营现金净流量(元)	0.0615	0.1270	0.0607	–0.0124
	净资产收益率(扣除)(%)	–	–	–	–2.8800
	净资产收益率(%)	–0.1020	–35.6500	0.6770	1.6600
	总资产(万)	144862.03	148424.97	166058.41	165027.94
	股东权益(万)	55725.01	55778.27	76178.06	75662.58
	主营业务收入(万)	–	–	–	–
	主营业务利润(万)	–	–	–	–
	营业务收入(万)	46775.28	120060.87	52705.60	101958.96
	营业务利润(万)	–547.82	–21219.40	–829.84	–1285.04
	投资收益(万)	–	–	–	–
	利润总额(万)	182.55	–19963.92	787.31	711.61
	净利润(万)	–56.94	–19884.31	515.48	1252.35

江苏弘业股份有限公司

公司概况	公司名称	江苏弘业股份有限公司			证券简称	弘业股份
	法人代表	刘绥芝	董秘	姜琳	证券代码	600128
	公司网址	www.artall.com.cn		电子信箱	jsacgrp@artall.com	
	电　话	025-52262530		传　真	025-52307117	
	办公地址	江苏省南京市中华路50号弘业大厦				
	经营范围	实业投资,国内贸易,自营和代理木材等各类商品及技术的进出口业务				

主要财务指标	指标\报告期	2009.06.30	2008.12.31	2008.06.30	2007.12.31
	每股收益(元)	0.1073	0.1561	0.1246	0.1720
	每股收益(扣除)(元)	0.0710	0.0984	0.0904	0.0888
	每股净资产(元)	4.9800	4.7900	4.8600	3.7400
	调整后每股净资产(元)	–	–	–	–
	每股资本公积金(元)	3.0270	2.8846	2.9903	1.7084
	每股盈余公积金(元)	0.3554	0.3554	0.3333	0.4124
	每股未分配利润(元)	0.6010	0.5537	0.5369	0.6148
	每股现金净流量(元)	0.0795	0.9411	2.0599	1.8549
	每股经营现金净流量(元)	–0.1745	–1.9682	–0.3498	1.7050
	净资产收益率(扣除)(%)	–	–	–	2.3800
	净资产收益率(%)	2.1500	3.0000	2.1500	4.6000
	总资产(万)	304472.83	263790.22	255347.95	203824.57
	股东权益(万)	122976.45	118295.13	119940.65	74504.17
	主营业务收入(万)	–	–	–	–
	主营业务利润(万)	–	–	–	–
	营业务收入(万)	110425.78	229860.44	102217.39	223599.49
	营业务利润(万)	4040.49	4839.33	3509.30	6045.44
	投资收益(万)	–	–	–	–
	利润总额(万)	4205.25	5647.06	3489.76	6061.65
	净利润(万)	2648.97	3544.52	2583.15	3429.87

重庆太极实业(集团)股份有限公司

公司概况	公司名称	重庆太极实业(集团)股份有限公司			证券简称	太极集团
	法人代表	白礼西	董秘	蔡建军	证券代码	600129
	公司网址	www.taiji.com		电子信箱	tjzc@taiji.com	
	电　话	023-72800072、89886129		传　真	023-89886129	
	办公地址	重庆市涪陵区太极大道1号				
	经营范围	中成药、西药、保健用品加工、销售,医疗包装制品加工,医疗机械销售等				

主要财务指标	指标\报告期	2009.06.30	2008.12.31	2008.06.30	2007.12.31
	每股收益(元)	0.1045	0.0716	0.1100	0.1859
	每股收益(扣除)(元)	0.0749	0.0110	0.1090	0.0919
	每股净资产(元)	3.6825	3.5700	3.7500	4.0500
	调整后每股净资产(元)	–	–	–	–
	每股资本公积金(元)	1.1643	1.1566	1.2544	2.5141
	每股盈余公积金(元)	0.2242	0.2242	0.2241	0.2914
	每股未分配利润(元)	1.2941	1.1895	1.2680	1.4549
	每股现金净流量(元)	0.5069	0.5020	0.5337	0.4240
	每股经营现金净流量(元)	0.3866	0.9058	0.3021	0.9730
	净资产收益率(扣除)(%)	–	–	–	2.2700
	净资产收益率(%)	2.8400	2.0000	2.9400	4.5900
	总资产(万)	604005.19	596763.28	570212.69	593081.16
	股东权益(万)	120926.03	117242.45	123027.89	132878.18
	主营业务收入(万)	–	–	–	–
	主营业务利润(万)	–	–	–	–
	营业务收入(万)	271636.13	481487.96	242309.63	450441.57
	营业务利润(万)	5452.42	5136.27	7238.90	9482.53
	投资收益(万)	–	–	–	–
	利润总额(万)	7323.13	8210.10	6878.89	13202.84
	净利润(万)	3433.16	2350.10	3612.49	6104.42

宁波波导股份有限公司

公司概况	公司名称	宁波波导股份有限公司		证券简称	*ST 波导
	法人代表	徐立华	董秘 马思甜	证券代码	600130
	公司网址	www.chinabird.com		电子信箱	cbird@public.cnptt.zj.cn
	电　话	0574-88918855		传　真	0574-88929054
	办公地址	浙江省奉化市大成东路 999 号			
	经营范围	电子产品、通讯及系统、计算机及配件、现代办公设备和太阳能电源的研制、生产、销售等			

主要财务指标	指标\报告期	2009.06.30	2008.12.31	2008.06.30	2007.12.31
	每股收益(元)	-0.0500	-0.2200	-0.0300	-0.7700
	每股收益(扣除)(元)	-0.0500	-0.3200	-0.0300	-0.9000
	每股净资产(元)	0.6900	0.7400	0.9600	0.9900
	调整后每股净资产(元)	-	-	-	-
	每股资本公积金(元)	0.5936	0.5936	0.6208	0.6208
	每股盈余公积金(元)	0.0865	0.0865	0.0865	0.0865
	每股未分配利润(元)	-0.9885	-0.9384	-0.7493	-0.7205
	每股现金净流量(元)	-0.0053	-0.3281	-0.3491	-0.7344
	每股经营现金净流量(元)	-0.0107	-0.5470	-0.3567	-0.5414
	净资产收益率(扣除)(%)	-	-	-3.3600	-
	净资产收益率(%)	-7.2700	-29.4100	-3.0100	-78.4400
	总资产(万)	103568.14	104803.27	162166.49	237944.30
	股东权益(万)	53023.45	56876.82	73464.80	75678.79
	主营业务收入(万)	-	-	-	-
	主营业务利润(万)	-	-	-	-
	营业务收入(万)	45777.91	202477.76	129150.82	456869.31
	营业务利润(万)	-4109.02	-18617.70	-2742.24	-60436.04
	投资收益(万)	-	-	-	-
	利润总额(万)	-3853.62	-17227.37	-2476.17	-59158.19
	净利润(万)	-3853.62	-16729.46	-2208.64	-59364.02

四川岷江水利电力股份有限公司

公司概况	公司名称	四川岷江水利电力股份有限公司		证券简称	岷江水电
	法人代表	吕道斌	董秘 肖劲松	证券代码	600131
	公司网址	www.mjsdgs.com		电子信箱	xjs600131@263.net
	电　话	028-87292621、87267038		传　真	028-87292893
	办公地址	四川省都江堰市奎光路 301 号			
	经营范围	电力生产、电力购售			

主要财务指标	指标\报告期	2009.06.30	2008.12.31	2008.06.30	2007.12.31
	每股收益(元)	-0.1500	-0.6000	-0.2000	0.2600
	每股收益(扣除)(元)	-0.1500	-0.2700	0.0048	0.2600
	每股净资产(元)	0.9550	1.1000	1.5100	1.8600
	调整后每股净资产(元)	-	-	-	-
	每股资本公积金(元)	0.1056	0.0972	0.1012	0.1161
	每股盈余公积金(元)	0.1848	0.1848	0.1848	0.1848
	每股未分配利润(元)	-0.3356	-0.1828	0.2216	0.5589
	每股现金净流量(元)	-0.1255	0.0862	0.2665	0.0091
	每股经营现金净流量(元)	-0.0055	0.3486	0.4305	0.0645
	净资产收益率(扣除)(%)	-	-	-	13.8800
	净资产收益率(%)	-16.0000	-54.7400	-13.0900	13.9900
	总资产(万)	176771.33	183089.81	202622.42	223803.05
	股东权益(万)	48137.26	55416.15	76003.85	93757.56
	主营业务收入(万)	-	-	-	-
	主营业务利润(万)	-	-	-	-
	营业务收入(万)	16655.28	41719.92	29756.81	78497.44
	营业务利润(万)	-8260.82	-17816.86	353.07	14127.81
	投资收益(万)	-	-	-	-
	利润总额(万)	-8403.04	-34170.09	-9899.46	14195.04
	净利润(万)	-7702.68	-30333.03	-9947.67	13118.34

重庆啤酒股份有限公司

公司概况	公司名称	重庆啤酒股份有限公司		证券简称	重庆啤酒
	法人代表	黄明贵	董秘 邓炜	证券代码	600132
	公司网址	www.chongqingbeer.com		电子信箱	600132@chongqingbeer.com
	电　话	023-89069086		传　真	023-89069123
	办公地址	重庆市北部新区大竹林恒山东路 9 号			
	经营范围	啤酒、植物蛋白饮料生产管理、销售；啤酒设备，包装物，原材料，普通货运			

主要财务指标	指标\报告期	2009.06.30	2008.12.31	2008.06.30	2007.12.31
	每股收益(元)	0.1800	0.3400	0.1740	0.3300
	每股收益(扣除)(元)	0.1510	0.3000	0.1750	0.3000
	每股净资产(元)	2.2900	2.2100	2.0400	2.4700
	调整后每股净资产(元)	-	-	-	-
	每股资本公积金(元)	0.0156	0.0156	0.0094	0.3122
	每股盈余公积金(元)	0.3260	0.3260	0.2912	0.3785
	每股未分配利润(元)	0.9478	0.8678	0.7385	0.7838
	每股现金净流量(元)	0.2712	0.0529	0.2303	0.1496
	每股经营现金净流量(元)	0.8140	0.3837	0.2994	0.8339
	净资产收益率(扣除)(%)	-	-	-	15.8200
	净资产收益率(%)	7.8600	15.3000	8.5300	17.2900
	总资产(万)	338699.23	312533.36	308177.25	240944.13
	股东权益(万)	110799.25	106925.13	98684.08	92123.27
	主营业务收入(万)	-	-	-	-
	主营业务利润(万)	-	-	-	-
	营业务收入(万)	108809.60	212122.46	99096.90	195808.72
	营业务利润(万)	9155.88	17666.19	10581.95	19013.03
	投资收益(万)	-	-	-	-
	利润总额(万)	11162.42	19972.88	10549.43	19836.14
	净利润(万)	8713.83	16363.29	8422.24	15928.39

武汉东湖高新集团股份有限公司

公司概况	公司名称	武汉东湖高新集团股份有限公司		证券简称	东湖高新
	法人代表	罗廷元	董秘 李雪梅	证券代码	600133
	公司网址	www.elht.com		电子信箱	dhgx@hotmail.com
	电　话	027-87172021、87172038		传　真	027-87172021、87172037
	办公地址	湖北省武汉市洪山区华光大道 1 号东湖高新大楼			
	经营范围	高新技术产品、电力、新能源、环保技术的开发、研制、技术服务及咨询、开发产品的销售等			

主要财务指标	指标\报告期	2009.06.30	2008.12.31	2008.06.30	2007.12.31
	每股收益(元)	0.1195	0.1120	0.0801	0.1167
	每股收益(扣除)(元)	0.0357	0.1244	0.0801	0.0729
	每股净资产(元)	3.1641	3.0447	3.0100	2.9300
	调整后每股净资产(元)	-	-	-	-
	每股资本公积金(元)	0.9991	0.9991	0.9991	0.9991
	每股盈余公积金(元)	0.3242	0.3242	0.2989	0.2989
	每股未分配利润(元)	0.8409	0.7214	0.7147	0.6347
	每股现金净流量(元)	-0.4281	0.6101	0.1297	0.1231
	每股经营现金净流量(元)	0.3995	-0.1139	-0.1218	0.3858
	净资产收益率(扣除)(%)	-	-	-	2.4869
	净资产收益率(%)	3.7800	3.6790	2.6600	3.9797
	总资产(万)	257226.20	245424.16	200932.26	157118.31
	股东权益(万)	87201.50	83909.24	83029.41	80822.61
	主营业务收入(万)	-	-	-	-
	主营业务利润(万)	-	-	-	-
	营业务收入(万)	12339.52	27873.83	7740.39	27548.39
	营业务利润(万)	3644.83	1271.06	2352.11	3602.86
	投资收益(万)	-	-	-	-
	利润总额(万)	3654.49	4625.55	2352.11	3608.43
	净利润(万)	3292.26	3086.64	2206.81	3216.51

乐凯胶片股份有限公司

公司概况	公司名称	乐凯胶片股份有限公司			证券简称	乐凯胶片
	法人代表	张建恒	董秘	张永光	证券代码	600135
	公司网址	www.luckyfilm.com.cn		电子信箱	stock@luckyfilm.com.cn	
	电　　话	0312-3302372		传　　真	0312-3302386	
	办公地址	河北省保定市乐凯南大街6号				
	经营范围	彩色胶卷、彩色相纸、彩色电影正片、感光材料、信息影像材料加工用药液等				

主要财务指标 指标\报告期	2009.06.30	2008.12.31	2008.06.30	2007.12.31
每股收益(元)	-0.0072	0.0040	0.0012	0.1100
每股收益(扣除)(元)	-0.0107	-0.0100	0.0027	0.0040
每股净资产(元)	2.8550	2.8600	2.8600	2.8600
调整后每股净资产(元)	-	-	-	-
每股资本公积金(元)	0.9973	0.9973	0.9973	0.9973
每股盈余公积金(元)	0.4024	0.4024	0.4017	0.4017
每股未分配利润(元)	0.4558	0.4630	0.4605	0.4592
每股现金净流量(元)	0.2570	-0.0674	0.0065	0.2203
每股经营现金净流量(元)	0.1813	0.1485	0.0535	0.1594
净资产收益率(扣除)(%)	-	-	-	0.1300
净资产收益率(%)	-0.2510	0.1500	0.0430	3.9400
总资产(万)	106614.85	108176.56	108985.27	108371.89
股东权益(万)	97658.39	97903.16	97793.96	97751.67
主营业务收入(万)	-	-	-	-
主营业务利润(万)	-	-	-	-
营业务收入(万)	32760.46	71958.83	38111.23	85701.88
营业务利润(万)	-80.64	57.44	284.59	4570.06
投资收益(万)	-	-	-	-
利润总额(万)	62.54	526.24	215.80	4748.94
净利润(万)	-244.77	151.49	42.29	3852.79

武汉光谷发展股份有限公司

公司概况	公司名称	武汉光谷发展股份有限公司			证券简称	ST 道博
	法人代表	杜晓玲	董秘	周家敏	证券代码	600136
	公司网址	www.whggfz.com		电子信箱	double@public.wh.hb.cn	
	电　　话	027-81732221		传　　真	027-81732230	
	办公地址	武汉市东湖开发区关凤大道特二号当代国际花园C座3-2F				
	经营范围	羊绒制品、能源、原材料、冶金电子、纺织、机械、化工及环境工程的研究、开发等				

主要财务指标 指标\报告期	2009.06.30	2008.12.31	2008.06.30	2007.12.31
每股收益(元)	0.3400	0.2100	0.1400	0.2600
每股收益(扣除)(元)	0.0800	0.2100	0.1400	0.2100
每股净资产(元)	0.9800	0.6400	0.5700	0.4200
调整后每股净资产(元)	-	-	-	-
每股资本公积金(元)	0.0010	0.0010	0.0010	0.0010
每股盈余公积金(元)	0.0665	0.0665	0.0665	0.0665
每股未分配利润(元)	-0.0870	-0.4317	-0.5022	-0.6426
每股现金净流量(元)	0.0972	0.1867	0.3625	0.0728
每股经营现金净流量(元)	0.1072	0.5705	0.4980	0.9813
净资产收益率(扣除)(%)	-	-	-	48.8700
净资产收益率(%)	35.1500	33.1700	24.8300	61.1700
总资产(万)	19542.99	19910.56	23703.52	22255.93
股东权益(万)	10240.56	6640.78	5904.25	4438.09
主营业务收入(万)	-	-	-	-
主营业务利润(万)	-	-	-	-
营业务收入(万)	3801.79	8801.60	5985.48	15814.45
营业务利润(万)	1099.87	2615.53	1763.10	3215.12
投资收益(万)	-	-	-	-
利润总额(万)	3813.23	2594.13	1741.75	3377.54
净利润(万)	3599.78	2202.68	1466.16	2714.83

四川浪莎股份有限公司

公司概况	公司名称	四川浪莎股份有限公司			证券简称	浪莎股份
	法人代表	翁荣金	董秘	马中明	证券代码	600137
	公司网址	www.langshastock.com		电子信箱	cjbz@vip.163.com	
	电　　话	0831-8216216		传　　真	0831-8216016	
	办公地址	四川省宜宾市外南街63号				
	经营范围	针织内衣、针织面料制造销售,货物进出口、技术进出口,投资管理咨询等				

主要财务指标 指标\报告期	2009.06.30	2008.12.31	2008.06.30	2007.12.31
每股收益(元)	0.1900	0.3700	0.1800	4.2200
每股收益(扣除)(元)	0.1900	0.3800	0.1900	0.1900
每股净资产(元)	3.5650	1.5600	1.3700	1.1900
调整后每股净资产(元)	-	-	-	-
每股资本公积金(元)	3.5158	2.0589	2.0589	2.0589
每股盈余公积金(元)	0.1484	0.2038	0.1663	0.1663
每股未分配利润(元)	-1.0997	-1.7071	-1.8600	-2.0367
每股现金净流量(元)	1.9252	0.4304	-0.0780	0.1842
每股经营现金净流量(元)	-0.0484	0.4473	-0.0699	0.2459
净资产收益率(扣除)(%)	-	-	-	16.0200
净资产收益率(%)	4.0368	23.6000	12.9400	355.1300
总资产(万)	44101.84	18266.62	15852.52	15007.35
股东权益(万)	34653.99	11015.89	9667.75	8416.28
主营业务收入(万)	-	-	-	-
主营业务利润(万)	-	-	-	-
营业务收入(万)	8203.72	17206.01	8014.46	13298.90
营业务利润(万)	1656.65	3162.50	1780.84	2114.16
投资收益(万)	-	-	-	-
利润总额(万)	1650.12	3097.45	1680.28	30571.28
净利润(万)	1398.90	2599.61	1251.47	29889.12

中青旅控股股份有限公司

公司概况	公司名称	中青旅控股股份有限公司			证券简称	中青旅
	法人代表	张骏	董秘	刘广明	证券代码	600138
	公司网址	www.aoyou.com		电子信箱	zqb@aoyou.com	
	电　　话	010-58158702		传　　真	010-58158708	
	办公地址	北京市东城区东直门南大街5号中青旅大厦				
	经营范围	从事旅游、高科技、风险投资、证券行业的投资;入境旅游业务;国内旅游业务等				

主要财务指标 指标\报告期	2009.06.30	2008.12.31	2008.06.30	2007.12.31
每股收益(元)	0.2560	0.3130	0.1752	0.3960
每股收益(扣除)(元)	0.1880	0.3900	0.1576	0.2500
每股净资产(元)	4.8840	4.7100	4.5600	4.5600
调整后每股净资产(元)	-	-	-	-
每股资本公积金(元)	2.2296	2.1937	2.1760	3.2747
每股盈余公积金(元)	0.2220	0.2220	0.2127	0.2765
每股未分配利润(元)	1.4711	1.3352	1.2073	1.3418
每股现金净流量(元)	0.4594	-0.1464	0.0861	0.5556
每股经营现金净流量(元)	0.4170	0.5556	0.5405	2.1072
净资产收益率(扣除)(%)	-	-	-	5.3700
净资产收益率(%)	5.2400	6.6400	3.8400	8.6800
总资产(万)	491561.25	462816.63	468145.62	458043.73
股东权益(万)	202845.92	195802.53	189219.92	187229.47
主营业务收入(万)	-	-	-	-
主营业务利润(万)	-	-	-	-
营业务收入(万)	242220.66	458840.09	199453.19	453249.60
营业务利润(万)	25908.70	29722.96	11525.04	29999.79
投资收益(万)	-	-	-	-
利润总额(万)	26487.28	30934.16	12634.90	30646.69
净利润(万)	10631.15	13005.99	7275.04	16272.08

四川西部资源控股股份有限公司

公司概况					
公司名称	四川西部资源控股股份有限公司			证券简称	西部资源
法人代表	李余利	董秘	王成	证券代码	600139
公司网址	www.mygx.com.cn		电子信箱	600139sh@sina.com	
电　话	028-85917855		传　真	028-85917855	
办公地址	四川省成都市锦江区锦江工业开发区毕升路168号				
经营范围	铜矿石、铜、金属材料销售,金属制品、机械、电子产品、矿山采掘机械等				

主要财务指标

指标\报告期	2009.06.30	2008.12.31	2008.06.30	2007.12.31
每股收益(元)	0.1400	0.6900	0.4200	0.8500
每股收益(扣除)(元)	0.0400	0.0400	0.2000	-0.0900
每股净资产(元)	1.3000	1.4400	-0.9100	0.3600
调整后每股净资产(元)	-	-	-	-
每股资本公积金(元)	0.4854	0.6520	0.2236	0.4273
每股盈余公积金(元)	0.0760	0.1572	0.0840	0.1580
每股未分配利润(元)	-0.2823	-0.8742	-2.2140	-1.2296
每股现金净流量(元)	0.4303	0.2705	0.7980	0.1564
每股经营现金净流量(元)	0.4249	-0.0290	1.3705	0.9848
净资产收益率(扣除)(%)	-	-	-	-
净资产收益率(%)	10.7600	67.3900	29.3800	352.0000
总资产(万)	29588.40	22762.55	20811.58	40681.59
股东权益(万)	22090.02	11832.58	-7422.28	3115.26
主营业务收入(万)	-	-	-	-
主营业务利润(万)	-	-	-	-
营业务收入(万)	3683.77	19285.39	4732.85	19081.46
营业务利润(万)	1697.92	5905.17	1975.47	10005.16
投资收益(万)	-	-	-	-
利润总额(万)	3440.45	7715.55	3800.84	11188.14
净利润(万)	2376.64	8297.77	3476.25	10259.82

湖北兴发化工集团股份有限公司

公司概况					
公司名称	湖北兴发化工集团股份有限公司			证券简称	兴发集团
法人代表	李国璋	董秘	孙卫东	证券代码	600141
公司网址	www.xingfagroup.com		电子信箱	inform@xingfagroup.com	
电　话	0717-6760850、6760939		传　真	0717-6760850	
办公地址	湖北省兴山县古夫镇昭君路昭君山庄				
经营范围	磷化工系列产品及精细化工产品生产销售;二甲基亚砜的生产销售等				

主要财务指标

指标\报告期	2009.06.30	2008.12.31	2008.06.30	2007.12.31
每股收益(元)	0.2169	1.1713	0.6205	0.3825
每股收益(扣除)(元)	0.1936	1.2990	0.6592	0.2943
每股净资产(元)	3.7916	4.4700	3.7600	4.0500
调整后每股净资产(元)	-	-	-	-
每股资本公积金(元)	1.1689	1.5459	1.4610	1.9532
每股盈余公积金(元)	0.3053	0.3664	0.2717	0.3260
每股未分配利润(元)	1.2789	1.5244	1.0234	0.7825
每股现金净流量(元)	0.0875	-0.6448	-0.0924	0.6298
每股经营现金净流量(元)	0.2421	2.1725	0.8908	1.6928
净资产收益率(扣除)(%)	-	-	-	7.1100
净资产收益率(%)	5.7200	26.1800	14.2300	9.0300
总资产(万)	341799.30	303293.69	305286.95	282064.40
股东权益(万)	114659.08	112753.97	94651.09	85295.26
主营业务收入(万)	-	-	-	-
主营业务利润(万)	-	-	-	-
营业务收入(万)	140558.16	267567.64	136625.30	171123.64
营业务利润(万)	7570.95	41877.47	20355.10	10956.81
投资收益(万)	-	-	-	-
利润总额(万)	8420.96	37327.62	19235.06	11405.42
净利润(万)	6558.38	29517.34	13464.75	7691.23

金发科技股份有限公司

公司概况					
公司名称	金发科技股份有限公司			证券简称	金发科技
法人代表	袁志敏	董秘	宁红涛	证券代码	600143
公司网址	www.kingfa.com.cn		电子信箱	ninght@kingfa.com.cn	
电　话	020-87037333、87037616		传　真	020-87037827	
办公地址	广州市天河区柯木塱高唐工业区				
经营范围	塑料、化工产品、塑料回收及再生利用、日用机械、金属制品、新材料等				

主要财务指标

指标\报告期	2009.06.30	2008.12.31	2008.06.30	2007.12.31
每股收益(元)	0.1000	0.1600	0.3400	0.3100
每股收益(扣除)(元)	0.0900	0.1400	0.3000	0.2600
每股净资产(元)	2.0300	2.0400	4.1000	3.8000
调整后每股净资产(元)	-	-	-	-
每股资本公积金(元)	0.3879	0.3879	1.9067	1.5753
每股盈余公积金(元)	0.1036	0.1036	0.2118	0.1848
每股未分配利润(元)	0.5388	0.5436	1.1512	1.0401
每股现金净流量(元)	0.0245	-0.1545	-0.2507	0.6881
每股经营现金净流量(元)	0.3539	-0.0784	0.0211	-1.2882
净资产收益率(扣除)(%)	-	-	-	13.2800
净资产收益率(%)	4.6901	8.0000	7.8600	15.8100
总资产(万)	617322.23	617248.00	652161.40	598645.11
股东权益(万)	283527.82	284195.19	286053.92	250824.26
主营业务收入(万)	-	-	-	-
主营业务利润(万)	-	-	-	-
营业务收入(万)	278986.82	716828.32	367966.68	642341.19
营业务利润(万)	14603.38	15029.43	22137.38	46148.31
投资收益(万)	-	-	-	-
利润总额(万)	15245.15	18073.83	24306.90	47309.25
净利润(万)	13297.63	22734.98	22494.53	39653.22

重庆四维控股(集团)股份有限公司

公司概况					
公司名称	重庆四维控股(集团)股份有限公司			证券简称	四维控股
法人代表	雷刚	董秘	李陆军	证券代码	600145
公司网址	www.swell.com.cn		电子信箱	swelldm@126.com	
电　话	023-61088888		传　真	023-61088999	
办公地址	重庆市江津市油溪镇				
经营范围	从事投资业务,自产自销陶瓷制品,复合材料浴缸,塑料制品,搪瓷制品等				

主要财务指标

指标\报告期	2009.06.30	2008.12.31	2008.06.30	2007.12.31
每股收益(元)	-0.0804	-0.7200	-0.3700	0.0200
每股收益(扣除)(元)	-0.0790	-0.7600	-0.3600	-0.0200
每股净资产(元)	0.5910	0.6690	1.1500	1.4700
调整后每股净资产(元)	-	-	-	-
每股资本公积金(元)	0.0740	0.0740	0.1594	0.1594
每股盈余公积金(元)	0.1038	0.1038	0.1038	0.1038
每股未分配利润(元)	-0.5865	-0.5086	-0.1509	0.2118
每股现金净流量(元)	0.0181	-0.0922	-0.0234	-0.3361
每股经营现金净流量(元)	0.0648	-0.1493	-0.0058	-0.1430
净资产收益率(扣除)(%)	-	-	-	-1.6900
净资产收益率(%)	-13.5900	-107.6500	-31.7500	0.8200
总资产(万)	71190.24	71429.71	88590.02	100877.12
股东权益(万)	22330.41	25274.51	42008.08	55708.49
主营业务收入(万)	-	-	-	-
主营业务利润(万)	-	-	-	-
营业务收入(万)	7865.26	22492.04	19922.45	31195.12
营业务利润(万)	-3053.55	-26613.68	-13519.36	701.82
投资收益(万)	-	-	-	-
利润总额(万)	-3063.38	-26422.65	-13787.43	1105.49
净利润(万)	-3034.77	-27208.63	-13700.42	591.95

宁夏大元化工股份有限公司

公司概况

公司名称	宁夏大元化工股份有限公司			证券简称	大元股份
法人代表	徐斌	董秘	张冬梅	证券代码	600146
公司网址	irm.p5w.net/600146/index.html		电子信箱	nxdygf@email.nx.cninfo.net	
电　　话	010-82332716		传　　真	010-82332713	
办公地址	北京市海淀区知春路 13 号				
经营范围	生产销售碳纤维及其制品、工程用塑料板材、管材、异型材、电线、电缆等				

主要财务指标

指标\报告期	2009.06.30	2008.12.31	2008.06.30	2007.12.31
每股收益(元)	-0.0960	0.0110	-0.0300	-0.0940
每股收益(扣除)(元)	-0.0970	-0.0640	-0.0320	-0.1050
每股净资产(元)	1.5690	1.6200	1.6110	1.8000
调整后每股净资产(元)	-	-	-	-
每股资本公积金(元)	0.6631	0.6189	0.6459	0.8072
每股盈余公积金(元)	0.0240	0.0240	0.0237	0.0237
每股未分配利润(元)	-0.1180	-0.0219	-0.0583	-0.0328
每股现金净流量(元)	0.0159	0.0511	-0.0072	-0.1281
每股经营现金净流量(元)	-0.0216	-0.0235	-0.0298	-0.0501
净资产收益率(扣除)(%)	-	-	-	-5.8400
净资产收益率(%)	-6.1200	0.6900	-1.5800	-5.2000
总资产(万)	43397.81	42609.15	42636.36	46334.21
股东权益(万)	31384.71	32421.24	32225.70	35962.54
主营业务收入(万)	-	-	-	-
主营业务利润(万)	-	-	-	-
营业务收入(万)	4367.36	12071.23	6428.66	10848.09
营业务利润(万)	-1915.94	-1078.17	-596.53	-1805.42
投资收益(万)	-	-	-	-
利润总额(万)	-1889.44	326.53	-474.00	-1385.79
净利润(万)	-1921.54	224.84	-510.26	-1870.33

长春一东离合器股份有限公司

公司概况

公司名称	长春一东离合器股份有限公司			证券简称	长春一东
法人代表	姜成颜	董秘	李长江	证券代码	600148
公司网址	www.ccyd.com.cn		电子信箱	600148@ccyd.com.cn	
电　　话	0431-85158520		传　　真	0431-85174234	
办公地址	吉林省长春市朝阳区繁荣路 17-1 号				
经营范围	制造汽车离合器、机械配件、汽车零件;经营本企业自产产品及技术的出口业务等				

主要财务指标

指标\报告期	2009.06.30	2008.12.31	2008.06.30	2007.12.31
每股收益(元)	-0.1500	0.0790	0.0400	0.0540
每股收益(扣除)(元)	-0.1510	0.0700	0.0360	0.0540
每股净资产(元)	1.9060	2.0500	2.0210	2.0100
调整后每股净资产(元)	-	-	-	-
每股资本公积金(元)	0.6297	0.6297	0.6297	0.6297
每股盈余公积金(元)	0.1464	0.1462	0.1401	0.1396
每股未分配利润(元)	0.1299	0.2785	0.2513	0.2416
每股现金净流量(元)	-0.1936	0.0834	-0.1081	0.1038
每股经营现金净流量(元)	-0.0810	-0.0010	-0.0927	0.1382
净资产收益率(扣除)(%)	-	-	-	2.6700
净资产收益率(%)	-7.8900	3.8200	1.9700	2.6600
总资产(万)	63667.18	62264.31	57986.73	51395.87
股东权益(万)	26973.90	29073.79	28603.38	28457.80
主营业务收入(万)	-	-	-	-
主营业务利润(万)	-	-	-	-
营业务收入(万)	16056.49	52059.81	30319.05	48402.22
营业务利润(万)	-2089.08	1392.34	854.30	1309.37
投资收益(万)	-	-	-	-
利润总额(万)	-2086.27	1528.77	902.73	1318.10
净利润(万)	-2128.45	1111.30	563.83	758.03

卷石泰合投资股份有限公司

公司概况

公司名称	卷石泰合投资股份有限公司			证券简称	华夏建通
法人代表	杨文军	董秘	华家蓉	证券代码	600149
公司网址	www.600149.com.cn		电子信箱	tdkglh@126.com	
电　　话	010-64795515		传　　真	010-84784955	
办公地址	北京市朝阳区望京西路甲 50 号-2 卷石大厦 B 座 12 层				
经营范围	机械专业领域内的技术开发、技术咨询、技术服务、技术转让,机械设备等				

主要财务指标

指标\报告期	2009.06.30	2008.12.31	2008.06.30	2007.12.31
每股收益(元)	-0.0260	-0.0300	-0.0050	0.0180
每股收益(扣除)(元)	-0.0260	-0.0900	-0.0050	0.0180
每股净资产(元)	1.5600	1.5900	1.5800	1.5900
调整后每股净资产(元)	-	-	-	-
每股资本公积金(元)	0.1749	0.1749	0.1426	0.1426
每股盈余公积金(元)	0.1298	0.1298	0.1298	0.1298
每股未分配利润(元)	0.2603	0.2867	0.3111	0.3159
每股现金净流量(元)	-0.0050	-0.0040	0.0148	-0.2121
每股经营现金净流量(元)	-0.0050	-0.3078	0.0148	-0.1579
净资产收益率(扣除)(%)	-	-	-	1.1500
净资产收益率(%)	-1.6800	-1.8200	-0.3000	1.1500
总资产(万)	62469.00	63737.19	74000.30	61611.82
股东权益(万)	59491.13	60493.44	60196.79	61049.77
主营业务收入(万)	-	-	-	-
主营业务利润(万)	-	-	-	-
营业务收入(万)	-	1688.77	1659.36	2527.67
营业务利润(万)	-1004.12	-486.59	40.78	628.09
投资收益(万)	-	-	-	-
利润总额(万)	-1004.12	-486.59	40.78	628.09
净利润(万)	-1002.31	-1110.68	-179.47	692.54

中国船舶工业股份有限公司

公司概况

公司名称	中国船舶工业股份有限公司			证券简称	中国船舶
法人代表	陈小津	董秘	施卫东	证券代码	600150
公司网址	www.cssholdings.com		电子信箱	stock@cssholdings.com	
电　　话	021-68860618		传　　真	021-68860568	
办公地址	上海市浦东新区浦东大道 1 号 15A 层				
经营范围	船舶行业和柴油机生产行业内的投资,民用船舶销售,船舶专用设备等				

主要财务指标

指标\报告期	2009.06.30	2008.12.31	2008.06.30	2007.12.31
每股收益(元)	1.8110	6.2800	2.9410	5.3000
每股收益(扣除)(元)	1.7940	6.2100	2.9470	2.2800
每股净资产(元)	19.0030	18.1800	14.8700	16.2100
调整后每股净资产(元)	-	-	-	-
每股资本公积金(元)	7.6353	7.6196	7.6548	10.9332
每股盈余公积金(元)	0.4874	0.4874	0.3931	0.3931
每股未分配利润(元)	9.8803	9.0688	5.8265	3.8851
每股现金净流量(元)	3.6668	-2.0599	-3.9551	11.1658
每股经营现金净流量(元)	3.3359	3.9580	0.0221	11.9954
净资产收益率(扣除)(%)	-	-	-	11.1900
净资产收益率(%)	9.5300	34.5400	19.7800	26.0600
总资产(万)	4154251.43	4501603.96	4417323.72	3811046.12
股东权益(万)	1259055.01	1204254.40	985510.48	1074095.11
主营业务收入(万)	-	-	-	-
主营业务利润(万)	-	-	-	-
营业务收入(万)	1261946.70	2765590.03	1074933.20	1868919.77
营业务利润(万)	147413.25	476259.49	249021.51	390757.33
投资收益(万)	-	-	-	-
利润总额(万)	150283.55	514774.34	249510.04	406926.57
净利润(万)	120016.06	415962.10	194887.17	279855.74

上海航天汽车机电股份有限公司

公司概况	公司名称	上海航天汽车机电股份有限公司		证券简称	航天机电
	法人代表	姜文正	董秘 王慧莉	证券代码	600151
	公司网址	www.saae-ch.com		电子信箱	saae@saae-ch.com
	电 话	021-64827176		传 真	021-64827177
	办公地址	上海市漕溪路 222 号航天大厦南楼			
	经营范围	卫星及卫星应用、运载火箭应用及其他航天产品、汽车空调器、传感器等			

	指标\报告期	2009.06.30	2008.12.31	2008.06.30	2007.12.31
主要财务指标	每股收益(元)	0.0210	0.0390	0.0780	0.0720
	每股收益(扣除)(元)	0.0130	0.0200	0.0730	0.0220
	每股净资产(元)	1.6660	1.6790	1.7310	1.7030
	调整后每股净资产(元)	-	-	-	-
	每股资本公积金(元)	0.3630	0.3697	0.3767	0.3767
	每股盈余公积金(元)	0.1816	0.1816	0.1761	0.1765
	每股未分配利润(元)	0.1215	0.1273	0.1782	0.1500
	每股现金净流量(元)	-0.1432	-0.0240	0.0403	-0.0315
	每股经营现金净流量(元)	0.0299	0.1933	0.0545	-0.1297
	净资产收益率(扣除)(%)	-	-	-	1.3200
	净资产收益率(%)	1.2800	2.3460	4.5200	4.2500
	总资产(万)	480103.03	246474.34	249420.53	237795.26
	股东权益(万)	124713.53	125649.51	129572.90	126689.85
	主营业务收入(万)	-	-	-	-
	主营业务利润(万)	-	-	-	-
	营业务收入(万)	31840.08	123502.71	58529.27	135083.10
	营业务利润(万)	1834.51	2350.36	7579.67	5386.79
	投资收益(万)	-	-	-	-
	利润总额(万)	3783.24	4598.80	7622.45	6724.63
	净利润(万)	1593.82	2948.34	5860.01	5413.53

宁波维科精华集团股份有限公司

公司概况	公司名称	宁波维科精华集团股份有限公司		证券简称	维科精华
	法人代表	周永国	董秘 苏伟军	证券代码	600152
	公司网址	www.vekenelite.com		电子信箱	swj@mail.veken.com
	电 话	0574-87341480		传 真	0574-87279527
	办公地址	浙江省宁波市体育场路 2 号			
	经营范围	纱、线、带纱、线、带制品、床上用品、家纺织品、针织品、装饰布等			

	指标\报告期	2009.06.30	2008.12.31	2008.06.30	2007.12.31
主要财务指标	每股收益(元)	0.0080	0.0152	0.0388	0.3764
	每股收益(扣除)(元)	-0.0512	-0.1092	0.0120	0.0800
	每股净资产(元)	2.8637	2.8445	2.8738	2.9303
	调整后每股净资产(元)	-	-	-	-
	每股资本公积金(元)	0.7496	0.7383	0.7440	0.7794
	每股盈余公积金(元)	0.2953	0.2953	0.2797	0.2797
	每股未分配利润(元)	0.8188	0.8108	0.8500	0.8712
	每股现金净流量(元)	0.4603	-0.2326	-0.3724	0.5494
	每股经营现金净流量(元)	0.7568	-0.1685	-0.1744	-0.7244
	净资产收益率(扣除)(%)	-	-	-	2.7300
	净资产收益率(%)	0.2800	0.5300	1.3500	12.8400
	总资产(万)	301621.20	262456.02	272413.60	269229.34
	股东权益(万)	84048.45	83484.52	84343.99	86002.99
	主营业务收入(万)	-	-	-	-
	主营业务利润(万)	-	-	-	-
	营业务收入(万)	93737.82	245923.97	130174.52	252436.23
	营业务利润(万)	-686.82	-2980.74	577.01	3937.28
	投资收益(万)	-	-	-	-
	利润总额(万)	67.18	572.72	1649.24	12643.34
	净利润(万)	233.85	446.63	1139.19	11046.35

厦门建发股份有限公司

公司概况	公司名称	厦门建发股份有限公司		证券简称	建发股份
	法人代表	王宪榕	董秘 林茂	证券代码	600153
	公司网址	www.chinacnd.com		电子信箱	lm@chinacnd.com
	电 话	0592-2132319		传 真	0592-2112185 3616
	办公地址	厦门市鹭江道 52 号海滨大厦七楼			
	经营范围	自营和代理各类商品及技术的进出口业务;经营加工贸易业务、对销贸易等			

	指标\报告期	2009.06.30	2008.12.31	2008.06.30	2007.12.31
主要财务指标	每股收益(元)	0.3300	0.5000	0.6100	0.6200
	每股收益(扣除)(元)	0.2600	0.4900	0.6000	0.4900
	每股净资产(元)	3.4700	4.1200	7.4700	7.0800
	调整后每股净资产(元)	-	-	-	-
	每股资本公积金(元)	0.6238	1.8778	3.9555	4.1698
	每股盈余公积金(元)	0.2733	0.2026	0.2674	0.2674
	每股未分配利润(元)	1.5717	1.6222	2.2450	1.6366
	每股现金净流量(元)	1.9251	-0.7456	3.2108	2.2083
	每股经营现金净流量(元)	3.8097	0.5955	2.0499	-0.7580
	净资产收益率(扣除)(%)	-	-	-	11.5700
	净资产收益率(%)	9.4700	12.1600	8.1400	14.5500
	总资产(万)	2517483.96	2272488.30	1973569.73	1533082.99
	股东权益(万)	431863.63	585260.97	516081.93	488861.63
	主营业务收入(万)	-	-	-	-
	主营业务利润(万)	-	-	-	-
	营业务收入(万)	1749137.70	3388689.27	1734664.58	2958844.62
	营业务利润(万)	70558.26	76500.95	57469.99	88868.67
	投资收益(万)	-	-	-	-
	利润总额(万)	71392.25	81701.69	59541.49	93374.62
	净利润(万)	40917.01	62311.11	42019.19	71113.47

河北宝硕股份有限公司

公司概况	公司名称	河北宝硕股份有限公司		证券简称	*ST 宝硕
	法人代表	闫海清	董秘 赵长栓	证券代码	600155
	公司网址	www.baoshuo.com.cn		电子信箱	baoshuo600155@sina.com
	电 话	0312-3109607		传 真	0312-3109607
	办公地址	河北省保定国家高新技术开发区朝阳北路 175 号			
	经营范围	塑料制品、管材、异型材、塑钢门窗及零部件、棚膜、地膜、土工膜、复合包装材料等			

	指标\报告期	2009.06.30	2008.12.31	2008.06.30	2007.12.31
主要财务指标	每股收益(元)	-0.2338	-1.7400	4.6900	0.0500
	每股收益(扣除)(元)	-0.1300	-1.4700	-0.2200	-0.1100
	每股净资产(元)	-5.9400	-5.7000	0.7400	-3.9500
	调整后每股净资产(元)	-	-	-	-
	每股资本公积金(元)	0.5775	0.5775	0.5967	0.5918
	每股盈余公积金(元)	0.0393	0.0393	0.0393	0.0393
	每股未分配利润(元)	-7.5530	-7.3193	-0.8917	-5.5792
	每股现金净流量(元)	-0.0363	0.0029	-0.0301	-0.0110
	每股经营现金净流量(元)	0.0046	-0.0757	0.0621	0.1498
	净资产收益率(扣除)(%)	-	-	-	-
	净资产收益率(%)	-	-	629.8400	-
	总资产(万)	91207.87	97581.90	213448.60	228676.75
	股东权益(万)	-244868.58	-235224.96	30699.58	-154906.98
	主营业务收入(万)	-	-	-	-
	主营业务利润(万)	-	-	-	-
	营业务收入(万)	32104.83	121915.55	79092.42	165293.80
	营业务利润(万)	-8631.11	-65624.73	-13844.07	-5565.20
	投资收益(万)	-	-	-	-
	利润总额(万)	-9653.20	-81036.77	188644.55	872.89
	净利润(万)	-9643.62	-71778.01	193356.72	2102.23

湖南华升股份有限公司

公司概况	公司名称	湖南华升股份有限公司			证券简称	华升股份
	法人代表	刘政	董秘	朱小明	证券代码	600156
	公司网址			电子信箱	hnhsgf@163.com	
	电　　话	0731-85237818		传　　真	0731-85237861	
	办公地址	湖南省长沙市芙蓉中路三段420号华升大厦				
	经营范围	纺织行业,开发、生产、销售苎麻及与棉、化纤混纺的纱布、印染布等				

	指标\报告期	2009.06.30	2008.12.31	2008.06.30	2007.12.31
主要财务指标	每股收益(元)	0.0116	0.0254	0.0179	0.0365
	每股收益(扣除)(元)	-0.0001	-0.0386	0.0163	-0.0195
	每股净资产(元)	1.4882	1.4800	1.4700	1.4500
	调整后每股净资产(元)	-	-	-	-
	每股资本公积金(元)	0.2623	0.2623	0.2628	0.2623
	每股盈余公积金(元)	0.0473	0.0473	0.0452	0.0452
	每股未分配利润(元)	0.1786	0.1670	0.1657	0.1437
	每股现金净流量(元)	0.1987	-0.0340	0.0276	-0.0544
	每股经营现金净流量(元)	0.2262	-0.1251	0.0275	-0.0499
	净资产收益率(扣除)(%)	-	-	-	-1.3400
	净资产收益率(%)	0.7800	1.7200	1.2100	2.5100
	总资产(万)	91705.71	94274.18	89601.29	91875.32
	股东权益(万)	59841.78	59375.21	59258.76	58355.46
	主营业务收入(万)	-	-	-	-
	主营业务利润(万)	-	-	-	-
	营业务收入(万)	42330.89	85874.38	42157.26	79622.72
	营业务利润(万)	412.13	-1904.32	774.89	1813.51
	投资收益(万)	-	-	-	-
	利润总额(万)	467.97	121.24	836.82	2360.73
	净利润(万)	466.57	1019.75	718.67	1467.52

泰安鲁润股份有限公司

公司概况	公司名称	泰安鲁润股份有限公司			证券简称	鲁润股份
	法人代表	郭忠文	董秘	张俊堂	证券代码	600157
	公司网址	www.china-lurun.com		电子信箱	lrgf@china-lurun.com	
	电　　话	0538-8221888		传　　真	0538-6266885	
	办公地址	山东省泰安市龙潭路51号				
	经营范围	润滑油、油脂添加剂、建筑材料及装饰材料的生产、销售等				

	指标\报告期	2009.06.30	2008.12.31	2008.06.30	2007.12.31
主要财务指标	每股收益(元)	0.0180	0.0100	0.0057	0.0089
	每股收益(扣除)(元)	0.0306	0.0184	0.0066	0.0176
	每股净资产(元)	1.3669	1.3141	1.4471	2.2215
	调整后每股净资产(元)	-	-	-	-
	每股资本公积金(元)	0.1288	0.0739	0.2137	0.3205
	每股盈余公积金(元)	0.1931	0.1931	0.1907	0.2860
	每股未分配利润(元)	0.0450	0.0471	0.0427	0.6149
	每股现金净流量(元)	0.5377	0.4300	-0.0636	-0.4152
	每股经营现金净流量(元)	0.0292	0.2133	0.0795	0.3236
	净资产收益率(扣除)(%)	-	-	-	1.1900
	净资产收益率(%)	1.3140	0.7600	0.3910	0.6000
	总资产(万)	101033.11	104669.68	83821.70	83316.05
	股东权益(万)	34948.02	33597.57	36997.50	37863.82
	主营业务收入(万)	-	-	-	-
	主营业务利润(万)	-	-	-	-
	营业务收入(万)	61662.88	188481.92	100519.47	159470.72
	营业务利润(万)	1115.18	1081.71	644.52	1524.41
	投资收益(万)	-	-	-	-
	利润总额(万)	692.16	831.27	621.76	1234.97
	净利润(万)	459.09	255.51	144.52	226.70

中体产业集团股份有限公司

公司概况	公司名称	中体产业集团股份有限公司			证券简称	中体产业
	法人代表	王俊生	董秘	王戌一	证券代码	600158
	公司网址	www.csi158.com		电子信箱	csic@sport158.com	
	电　　话	010-65536158		传　　真	010-65515338	
	办公地址	北京市朝阳区朝外大街225号				
	经营范围	体育用品的生产、加工、销售;体育场馆、设施的建设、开发、经营等				

	指标\报告期	2009.06.30	2008.12.31	2008.06.30	2007.12.31
主要财务指标	每股收益(元)	0.0287	0.2457	0.2183	0.1870
	每股收益(扣除)(元)	0.0015	0.0962	0.0564	0.1076
	每股净资产(元)	1.4412	1.4110	1.6003	1.3819
	调整后每股净资产(元)	-	-	-	-
	每股资本公积金(元)	0.0071	0.0057	0.0464	0.0464
	每股盈余公积金(元)	0.0601	0.0601	0.0468	0.0468
	每股未分配利润(元)	0.3740	0.3452	0.5071	0.2887
	每股现金净流量(元)	0.0336	-0.8534	-0.5658	0.9162
	每股经营现金净流量(元)	0.1857	-0.9980	-0.4145	0.9822
	净资产收益率(扣除)(%)	-	6.8200	-	8.5600
	净资产收益率(%)	1.9946	17.4200	13.6400	14.8800
	总资产(万)	307515.28	288369.31	263965.16	326442.25
	股东权益(万)	115809.31	113382.96	116900.22	100951.65
	主营业务收入(万)	-	-	-	-
	主营业务利润(万)	-	-	-	-
	营业务收入(万)	22119.54	132899.21	33727.00	190124.72
	营业务利润(万)	3836.23	40956.02	28446.90	36366.44
	投资收益(万)	-	-	-	-
	利润总额(万)	3937.85	40711.07	28129.36	37212.24
	净利润(万)	2309.91	19746.78	15948.58	15024.68

北京市大龙伟业房地产开发股份有限公司

公司概况	公司名称	北京市大龙伟业房地产开发股份有限公司			证券简称	大龙地产
	法人代表	赵川	董秘	马志方	证券代码	600159
	公司网址	www.nclj.com.cn		电子信箱	mazhifang2005@tom.com	
	电　　话	010-69446339、69445636		传　　真	010-69446339	
	办公地址	北京市顺义区府前东街甲2号				
	经营范围	房地产开发;商品房销售、租赁;物业管理;房地产信息咨询;建筑材料销售				

	指标\报告期	2009.06.30	2008.12.31	2008.06.30	2007.12.31
主要财务指标	每股收益(元)	0.3000	0.0100	0.0100	0.1200
	每股收益(扣除)(元)	0.3000	0.0100	0.0100	0.1200
	每股净资产(元)	3.2400	2.9500	2.9500	2.9500
	调整后每股净资产(元)	-	-	-	-
	每股资本公积金(元)	1.8262	1.8262	1.8342	1.8342
	每股盈余公积金(元)	-	-	-	-
	每股未分配利润(元)	0.4177	0.1217	0.1181	0.1160
	每股现金净流量(元)	0.1727	-1.9223	-1.3926	1.7985
	每股经营现金净流量(元)	1.3269	-1.6372	-0.9200	-2.6897
	净资产收益率(扣除)(%)	-	-	-	3.0800
	净资产收益率(%)	9.1300	0.1900	0.2700	3.0900
	总资产(万)	314706.32	317587.61	301277.33	307795.60
	股东权益(万)	134623.75	122338.18	122522.00	122434.11
	主营业务收入(万)	-	-	-	-
	主营业务利润(万)	-	-	-	-
	营业务收入(万)	68287.48	13721.27	11160.05	32593.75
	营业务利润(万)	16423.29	333.42	633.71	5655.80
	投资收益(万)	-	-	-	-
	利润总额(万)	16417.08	292.89	589.50	5673.06
	净利润(万)	12285.57	236.05	337.81	3785.14

浙江巨化股份有限公司

公司概况

公司名称	浙江巨化股份有限公司			证券简称	巨化股份
法人代表	叶志翔	董秘	李军	证券代码	600160
公司网址	www.jhgf.com.cn		电子信箱	lijun@juhua.com.cn	
电　话	0570-3091758、3091688		传　真	0570-3091777	
办公地址	浙江省衢州市柯城区				
经营范围	氟化工原料及后续产品、基本化工原料及后续产品和化肥、农药等				

主要财务指标

指标\报告期	2009.06.30	2008.12.31	2008.06.30	2007.12.31
每股收益(元)	0.1120	0.1570	0.1710	0.3720
每股收益(扣除)(元)	0.0840	0.0550	0.1350	0.2270
每股净资产(元)	3.5200	3.5000	3.5200	3.4200
调整后每股净资产(元)	–	–	–	–
每股资本公积金(元)	1.0201	1.0106	1.0106	0.9879
每股盈余公积金(元)	0.3194	0.3194	0.2868	0.2868
每股未分配利润(元)	1.1839	1.1724	1.2185	1.1479
每股现金净流量(元)	0.2112	–0.0117	0.2998	0.0748
每股经营现金净流量(元)	0.4800	1.1426	0.3346	0.8152
净资产收益率(扣除)(%)	–	–	–	6.9300
净资产收益率(%)	3.1700	4.4900	4.8500	10.8800
总资产(万)	441817.56	425115.36	489572.42	410572.22
股东权益(万)	196189.34	195010.80	195759.46	190572.05
主营业务收入(万)	–	–	–	–
主营业务利润(万)	–	–	–	–
营业务收入(万)	179614.24	532869.74	310092.79	520221.30
营业务利润(万)	34.73	5925.20	9665.87	16790.07
投资收益(万)	–	–	–	–
利润总额(万)	184.26	11471.12	12310.71	24081.89
净利润(万)	6213.04	8746.75	9495.40	20729.21

北京天坛生物制品股份有限公司

公司概况

公司名称	北京天坛生物制品股份有限公司			证券简称	天坛生物
法人代表	封多佳	董秘	张翼	证券代码	600161
公司网址	www.btbp.com.cn		电子信箱	zjb@btbp.com.cn	
电　话	010-65772354、65724045		传　真	010-65792747、65772354	
办公地址	北京市朝阳区三间房南里四号				
经营范围	制造生物制品、体外诊断试剂等				

主要财务指标

指标\报告期	2009.06.30	2008.12.31	2008.06.30	2007.12.31
每股收益(元)	0.1600	0.2700	0.1200	0.2100
每股收益(扣除)(元)	0.1800	0.2700	0.1100	0.2200
每股净资产(元)	1.5200	1.3600	1.3200	1.9600
调整后每股净资产(元)	–	–	–	–
每股资本公积金(元)	0.0734	0.0712	0.0720	0.5994
每股盈余公积金(元)	0.0780	0.0780	0.0665	0.0810
每股未分配利润(元)	0.3670	0.2109	0.1780	0.2777
每股现金净流量(元)	0.1236	0.0155	–0.0510	0.0131
每股经营现金净流量(元)	0.1696	0.5661	0.1189	0.4717
净资产收益率(扣除)(%)	–	–	–	16.8300
净资产收益率(%)	10.2784	20.0900	8.8800	16.4300
总资产(万)	139824.95	119632.86	121663.10	109491.12
股东权益(万)	74138.70	66408.32	64284.36	63735.21
主营业务收入(万)	–	–	–	–
主营业务利润(万)	–	–	–	–
营业务收入(万)	38257.47	68270.04	31912.92	53050.47
营业务利润(万)	14164.58	22739.79	10214.71	18310.02
投资收益(万)	–	–	–	–
利润总额(万)	13046.52	23198.98	10539.03	17977.03
净利润(万)	7620.31	13338.17	5709.74	10470.27

深圳香江控股股份有限公司

公司概况

公司名称	深圳香江控股股份有限公司			证券简称	香江控股
法人代表	翟美卿	董秘	谢郁武	证券代码	600162
公司网址	www.hkhc.com.cn		电子信箱	xieyuwu@hkhc.com.cn	
电　话	020-34821006		传　真	020-34821008	
办公地址	广州市番禺区迎宾路锦绣香江花园香江控股办公楼				
经营范围	房地产开发、物业管理、国内贸易、市场开办、仓储等				

主要财务指标

指标\报告期	2009.06.30	2008.12.31	2008.06.30	2007.12.31
每股收益(元)	0.0950	0.2745	0.1700	0.2586
每股收益(扣除)(元)	0.0900	0.2737	0.1600	0.1783
每股净资产(元)	1.5150	1.4200	1.8600	1.2900
调整后每股净资产(元)	–	–	–	–
每股资本公积金(元)	0.0287	0.0286	0.3140	1.0860
每股盈余公积金(元)	0.1015	0.1015	0.1039	0.1433
每股未分配利润(元)	0.3849	0.2899	0.4410	0.3463
每股现金净流量(元)	0.5713	–0.1458	0.6083	1.1092
每股经营现金净流量(元)	0.3040	–0.4878	–0.0310	2.4659
净资产收益率(扣除)(%)	–	–	–	13.7700
净资产收益率(%)	6.2700	19.3300	8.2400	19.9600
总资产(万)	590933.03	537719.53	510211.24	455628.80
股东权益(万)	116330.55	109031.63	98437.22	99465.64
主营业务收入(万)	–	–	–	–
主营业务利润(万)	–	–	–	–
营业务收入(万)	60726.26	196997.93	82011.15	119517.88
营业务利润(万)	13360.44	49337.26	16976.10	36332.35
投资收益(万)	–	–	–	–
利润总额(万)	13697.37	49977.85	17594.65	36718.58
净利润(万)	7293.52	21074.38	8873.27	19857.61

福建省南纸股份有限公司

公司概况

公司名称	福建省南纸股份有限公司			证券简称	福建南纸
法人代表	黄国英	董秘	黄金镖	证券代码	600163
公司网址	www.nanping-paper.com		电子信箱	nzzqb@fjnz163.com	
电　话	0599-8808806		传　真	0599-8801260	
办公地址	福建省南平市滨江北路177号				
经营范围	新闻纸、纸浆、纸制品及副产品等的生产和销售等				

主要财务指标

指标\报告期	2009.06.30	2008.12.31	2008.06.30	2007.12.31
每股收益(元)	–0.2270	0.0050	0.0440	0.0380
每股收益(扣除)(元)	–0.2150	–0.1690	–0.0640	–0.1230
每股净资产(元)	2.9300	3.0110	3.1530	4.9610
调整后每股净资产(元)	–	–	–	–
每股资本公积金(元)	1.8100	1.6629	1.7742	3.1530
每股盈余公积金(元)	0.0980	0.0980	0.0980	0.2312
每股未分配利润(元)	0.0222	0.2496	0.2808	0.5769
每股现金净流量(元)	0.3839	0.6370	0.9387	0.1028
每股经营现金净流量(元)	0.0068	0.0247	0.0340	0.2448
净资产收益率(扣除)(%)	–	–	–	–3.7050
净资产收益率(%)	–7.7610	0.1640	1.1450	1.1550
总资产(万)	431756.95	363343.97	387071.64	333531.18
股东权益(万)	211393.74	217188.22	227463.68	151783.76
主营业务收入(万)	–	–	–	–
主营业务利润(万)	–	–	–	–
营业务收入(万)	57183.55	144044.55	76688.85	145447.88
营业务利润(万)	–16975.13	15.20	3031.08	1903.26
投资收益(万)	–	–	–	–
利润总额(万)	–16998.81	232.84	3072.12	1817.90
净利润(万)	–16405.67	356.62	2605.16	1752.78

宁夏恒力钢丝绳股份有限公司

公司概况	公司名称	宁夏恒力钢丝绳股份有限公司			证券简称	宁夏恒力
	法人代表	王东明	董秘	赵丽莉	证券代码	600165
	公司网址	www.nxhengli.com.cn		电子信箱	hlqg@nxhengli.com.cn	
	电　话	0952-3671222、3671799		传　真	0952-3671799	
	办公地址	宁夏石嘴山市惠农区河滨街				
	经营范围	钢丝、钢丝绳、钢绞线及其制品的生产和销售;粮油机械及其他机械制造和销售等				

	指标\报告期	2009.06.30	2008.12.31	2008.06.30	2007.12.31
主要财务指标	每股收益(元)	-0.1300	0.0290	0.0290	0.0270
	每股收益(扣除)(元)	-0.1310	-0.0110	0.0010	-0.1150
	每股净资产(元)	2.3700	2.5000	2.5000	2.4700
	调整后每股净资产(元)	-	-	-	-
	每股资本公积金(元)	1.1757	1.1757	1.1759	1.1759
	每股盈余公积金(元)	0.2386	0.2386	0.2480	0.2480
	每股未分配利润(元)	-0.0405	0.0894	0.0800	0.0511
	每股现金净流量(元)	-0.0303	0.0819	0.0027	0.0449
	每股经营现金净流量(元)	0.0871	0.2432	-0.0331	0.0836
	净资产收益率(扣除)(%)	-	-	-	-4.6400
	净资产收益率(%)	-5.3300	1.1600	1.1600	1.0900
	总资产(万)	146478.98	146998.26	137153.35	132309.63
	股东权益(万)	46042.29	48562.65	48564.11	48003.19
	主营业务收入(万)	-	-	-	-
	主营业务利润(万)	-	-	-	-
	营业务收入(万)	53832.64	147429.17	65838.75	103081.77
	营业务利润(万)	-3192.95	-528.30	26.63	-556.47
	投资收益(万)	-	-	-	-
	利润总额(万)	-2905.24	626.68	614.61	637.88
	净利润(万)	-2520.36	563.23	560.92	523.88

北汽福田汽车股份有限公司

公司概况	公司名称	北汽福田汽车股份有限公司			证券简称	福田汽车
	法人代表	徐和谊	董秘	龚敏	证券代码	600166
	公司网址	www.foton.com.cn		电子信箱	600166@foton.com.cn	
	电　话	010-80716459		传　真	010-80716459	
	办公地址	北京市昌平区沙河镇沙阳路老牛湾村北				
	经营范围	制造、销售汽车、农用机械、摩托车、拖拉机及配件、自行车、建筑材料等				

	指标\报告期	2009.06.30	2008.12.31	2008.06.30	2007.12.31
主要财务指标	每股收益(元)	0.4940	0.4000	0.4200	0.4790
	每股收益(扣除)(元)	0.4790	0.1380	0.3400	0.4340
	每股净资产(元)	3.7846	3.2800	3.9200	2.3600
	调整后每股净资产(元)	-	-	-	-
	每股资本公积金(元)	1.4591	1.4272	1.6269	0.5175
	每股盈余公积金(元)	0.4709	0.4718	0.4439	0.4439
	每股未分配利润(元)	0.8546	0.3832	0.7206	0.3986
	每股现金净流量(元)	2.7369	0.0913	1.2051	0.1437
	每股经营现金净流量(元)	4.0135	-0.4555	-0.0534	0.6880
	净资产收益率(扣除)(%)	-	-	-	18.3900
	净资产收益率(%)	13.0600	11.5000	10.7600	20.2800
	总资产(万)	1422210.92	983347.80	1126326.16	773121.76
	股东权益(万)	346825.53	300780.13	318133.03	191495.26
	主营业务收入(万)	-	-	-	-
	主营业务利润(万)	-	-	-	-
	营业务收入(万)	1958917.63	3006983.18	1845063.73	2786524.21
	营业务利润(万)	55597.62	15579.31	39032.65	44696.58
	投资收益(万)	-	-	-	-
	利润总额(万)	57446.10	31178.20	46141.57	46008.40
	净利润(万)	45301.58	34589.06	34236.10	38835.33

联美控股股份有限公司

公司概况	公司名称	联美控股股份有限公司			证券简称	联美控股
	法人代表	朱昌一	董秘	刘思生	证券代码	600167
	公司网址			电子信箱	zpb@shnd.sina.net	
	电　话	024-23784835		传　真	024-83781352	
	办公地址	沈阳市浑南新区新明街8号				
	经营范围	城市基础设施建设、公用事业设施建设、房地产开发及开发的商品房销售等				

	指标\报告期	2009.06.30	2008.12.31	2008.06.30	2007.12.31
主要财务指标	每股收益(元)	0.1466	0.0705	0.0280	0.0641
	每股收益(扣除)(元)	0.1455	0.0729	0.0280	-0.0014
	每股净资产(元)	2.3688	2.2200	2.1800	2.1500
	调整后每股净资产(元)	-	-	-	-
	每股资本公积金(元)	1.1724	1.1724	1.1724	1.1724
	每股盈余公积金(元)	-	-	-	-
	每股未分配利润(元)	0.1964	0.0498	0.0102	-0.0206
	每股现金净流量(元)	-0.2400	0.3980	-0.3722	0.3014
	每股经营现金净流量(元)	-0.1475	0.7155	-0.2730	0.6734
	净资产收益率(扣除)(%)	-	-	-	-0.0660
	净资产收益率(%)	6.1900	3.1700	1.2800	2.9800
	总资产(万)	93775.91	99996.87	80304.05	87482.19
	股东权益(万)	49982.69	46889.89	46052.63	45402.29
	主营业务收入(万)	-	-	-	-
	主营业务利润(万)	-	-	-	-
	营业务收入(万)	12580.89	19788.96	9177.53	15765.63
	营业务利润(万)	4176.30	2130.39	840.68	271.26
	投资收益(万)	-	-	-	-
	利润总额(万)	4205.70	2061.18	840.19	2341.03
	净利润(万)	3092.80	1487.20	591.32	1353.42

武汉三镇实业控股股份有限公司

公司概况	公司名称	武汉三镇实业控股股份有限公司			证券简称	武汉控股
	法人代表	陈莉茜	董秘	李丹	证券代码	600168
	公司网址	www.600168.com.cn		电子信箱	whkonggu@public.wh.hb.cn	
	电　话	027-85725739		传　真	027-85725739	
	办公地址	武汉市武昌区友谊大道长江隧道出口处长江隧道公司管理大楼				
	经营范围	城市给排水、污水综合治理;道路、桥梁、供气、供电、通讯等基础设施的投资等				

	指标\报告期	2009.06.30	2008.12.31	2008.06.30	2007.12.31
主要财务指标	每股收益(元)	0.0700	0.1300	0.0800	0.1300
	每股收益(扣除)(元)	-0.1800	0.0600	0.0500	0.0500
	每股净资产(元)	3.3400	3.3200	3.3300	3.3100
	调整后每股净资产(元)	-	-	-	-
	每股资本公积金(元)	1.6968	1.6968	1.7530	1.7530
	每股盈余公积金(元)	0.2856	0.2856	0.2756	0.2756
	每股未分配利润(元)	0.3571	0.3370	0.2984	0.2780
	每股现金净流量(元)	-0.1091	-0.7086	-0.1848	0.1058
	每股经营现金净流量(元)	0.0886	-0.0714	0.0241	0.1998
	净资产收益率(扣除)(%)	-	-	-	1.4300
	净资产收益率(%)	1.9500	3.8900	2.4200	4.0200
	总资产(万)	351688.23	317686.14	282183.50	267846.20
	股东权益(万)	147319.61	146431.55	146769.25	145869.36
	主营业务收入(万)	-	-	-	-
	主营业务利润(万)	-	-	-	-
	营业务收入(万)	10334.54	23746.35	11910.90	26280.56
	营业务利润(万)	-7539.50	4073.17	2962.38	5193.72
	投资收益(万)	-	-	-	-
	利润总额(万)	3427.24	6860.58	4369.83	8039.87
	净利润(万)	2873.23	5692.18	3546.79	5859.55

太原重工股份有限公司

公司概况	公司名称	太原重工股份有限公司		证券简称	太原重工
	法人代表	岳普煜	董秘 李迎魁	证券代码	600169
	公司网址	www.tyhi.com.cn		电子信箱	tyhi@public.ty.sx.cn
	电　话	0351-6361155		传　真	0351-6362554
	办公地址	山西省太原市万柏林区玉河街53号			
	经营范围	制造销售火车轴、冶本公司属制造行业，经营范围为制造销售火车轴等			

主要财务指标	指标\报告期	2009.06.30	2008.12.31	2008.06.30	2007.12.31
	每股收益(元)	0.3859	1.2155	0.6204	0.9444
	每股收益(扣除)(元)	0.3675	1.1641	0.6056	0.7617
	每股净资产(元)	3.8900	5.6500	3.8700	3.2500
	调整后每股净资产(元)	–	–	–	–
	每股资本公积金(元)	1.3423	2.3477	0.9246	1.3099
	每股盈余公积金(元)	0.1541	0.2465	0.1794	0.1777
	每股未分配利润(元)	1.3887	2.0544	1.7653	1.3690
	每股现金净流量(元)	1.0277	2.1586	–0.1860	–0.1821
	每股经营现金净流量(元)	0.1673	1.0222	0.3626	0.5454
	净资产收益率(扣除)(%)	–	–	–	23.1500
	净资产收益率(%)	9.9341	17.9300	16.0300	24.4900
	总资产(万)	1066977.52	922187.01	704911.90	622518.40
	股东权益(万)	277722.13	252364.19	144004.78	143531.19
	主营业务收入(万)	–	–	–	–
	主营业务利润(万)	–	–	–	–
	营业务收入(万)	386654.51	704760.00	325235.73	514992.99
	营业务利润(万)	26652.70	44549.55	22155.09	37631.28
	投资收益(万)	–	–	–	–
	利润总额(万)	27606.08	45283.82	23093.93	36369.64
	净利润(万)	27589.08	45237.09	23088.31	35147.90

上海建工股份有限公司

公司概况	公司名称	上海建工股份有限公司		证券简称	上海建工
	法人代表	徐征	董秘 尤卫平	证券代码	600170
	公司网址	www.shconstruction.cn		电子信箱	sc@china-scg.com
	电　话	021-68872178		传　真	021-58795500
	办公地址	上海市浦东新区福山路33号			
	经营范围	建筑工程总承包、设计、施工、装饰及国内贸易业务			

主要财务指标	指标\报告期	2009.06.30	2008.12.31	2008.06.30	2007.12.31
	每股收益(元)	0.2100	0.4200	0.2320	0.4200
	每股收益(扣除)(元)	0.1900	0.3100	0.2180	0.2700
	每股净资产(元)	5.3400	5.2500	5.0700	5.0000
	调整后每股净资产(元)	–	–	–	–
	每股资本公积金(元)	2.0895	2.0855	2.0889	2.0964
	每股盈余公积金(元)	0.4470	0.4470	0.4046	0.4046
	每股未分配利润(元)	1.8104	1.7247	1.5779	1.4969
	每股现金净流量(元)	0.8593	1.5631	–0.3864	1.6773
	每股经营现金净流量(元)	1.2325	2.3790	–0.4208	1.7659
	净资产收益率(扣除)(%)	–	–	–	5.4400
	净资产收益率(%)	3.9400	8.0000	4.5800	8.3700
	总资产(万)	1976815.86	1902958.74	1580845.91	1579463.44
	股东权益(万)	384383.86	377969.73	364785.73	359495.09
	主营业务收入(万)	–	–	–	–
	主营业务利润(万)	–	–	–	–
	营业务收入(万)	1856188.55	3057349.68	1396830.23	2522094.05
	营业务利润(万)	17958.14	26887.86	18156.48	25977.23
	投资收益(万)	–	–	–	–
	利润总额(万)	19298.54	36452.35	20095.20	33946.57
	净利润(万)	15155.69	30222.36	16699.00	30083.95

上海贝岭股份有限公司

公司概况	公司名称	上海贝岭股份有限公司		证券简称	上海贝岭
	法人代表	赵贵武	董秘 严海容	证券代码	600171
	公司网址	www.belling.com.cn		电子信箱	bloffice@belling.com.cn
	电　话	021-64850700*157		传　真	021-64854424
	办公地址	上海市漕河泾开发区宜山路810号			
	经营范围	集成电路、分立器件、相关模块和多媒体信息系统配套产品的设计制造等			

主要财务指标	指标\报告期	2009.06.30	2008.12.31	2008.06.30	2007.12.31
	每股收益(元)	–0.0720	0.0100	0.0120	0.0340
	每股收益(扣除)(元)	–0.0760	–0.0370	0.0110	0.0040
	每股净资产(元)	2.5400	2.6100	2.6200	2.6600
	调整后每股净资产(元)	–	–	–	–
	每股资本公积金(元)	1.0492	1.0492	1.0613	1.1824
	每股盈余公积金(元)	0.1881	0.1881	0.1851	0.2037
	每股未分配利润(元)	0.3003	0.3724	0.3776	0.5419
	每股现金净流量(元)	–0.0330	–0.0555	–0.0492	0.0395
	每股经营现金净流量(元)	–0.0219	–0.0252	–0.0381	0.0404
	净资产收益率(扣除)(%)	–	–	–	0.1400
	净资产收益率(%)	–2.8430	0.3800	0.4650	1.2900
	总资产(万)	194617.83	201476.26	204428.94	205738.80
	股东权益(万)	170984.01	175845.50	176809.99	179354.06
	主营业务收入(万)	–	–	–	–
	主营业务利润(万)	–	–	–	–
	营业务收入(万)	21696.69	51226.86	25390.66	46376.28
	营业务利润(万)	–4891.38	–404.46	743.49	960.28
	投资收益(万)	–	–	–	–
	利润总额(万)	–4598.60	1007.51	963.21	2519.77
	净利润(万)	–4861.50	669.73	821.68	2308.31

河南黄河旋风股份有限公司

公司概况	公司名称	河南黄河旋风股份有限公司		证券简称	黄河旋风
	法人代表	乔秋生	董秘 杜长洪	证券代码	600172
	公司网址	www.hhxf.com		电子信箱	hhxfjlb@163.com
	电　话	0374-6108899、6165530		传　真	0374-6108986
	办公地址	河南省长葛市人民路200号			
	经营范围	人造金刚石，人造金刚石磨料磨具磨削及其它金刚石制品，建筑装修磨削机具等			

主要财务指标	指标\报告期	2009.06.30	2008.12.31	2008.06.30	2007.12.31
	每股收益(元)	0.0510	0.1400	0.0980	0.2100
	每股收益(扣除)(元)	0.0500	0.1300	0.0900	0.1800
	每股净资产(元)	3.9300	3.8800	3.8400	3.7400
	调整后每股净资产(元)	–	–	–	–
	每股资本公积金(元)	1.4542	1.4542	1.4542	1.4542
	每股盈余公积金(元)	0.3365	0.3365	0.3222	0.3222
	每股未分配利润(元)	1.1399	1.0890	1.0635	0.9655
	每股现金净流量(元)	0.2809	–0.1267	–0.1963	0.0016
	每股经营现金净流量(元)	0.0912	0.6881	0.1057	0.5548
	净资产收益率(扣除)(%)	–	–	–	4.9300
	净资产收益率(%)	1.2900	3.7200	0.0890	5.6800
	总资产(万)	206836.34	197836.73	200385.28	191846.29
	股东权益(万)	105337.83	103974.58	102910.49	100281.98
	主营业务收入(万)	–	–	–	–
	主营业务利润(万)	–	–	–	–
	营业务收入(万)	30907.63	65289.83	32130.00	69670.45
	营业务利润(万)	2333.63	5443.56	3201.33	8445.99
	投资收益(万)	–	–	–	–
	利润总额(万)	2403.23	5902.83	3544.09	8516.62
	净利润(万)	1363.25	3871.76	2628.51	5695.60

浙江卧龙地产股份有限公司

公司概况					
公司名称	浙江卧龙地产股份有限公司			证券简称	卧龙地产
法人代表	陈建成	董秘	马亚军	证券代码	600173
公司网址	www.wolong-Re.com		电子信箱	wldc82176751@163.com	
电　话	0575-82177017、82176751		传　真	0575-82177000	
办公地址	浙江省上虞市经济开发区人民西路 1801 号				
经营范围	房地产开发与经营、建筑工程、装饰装潢工程设计、施工、物业管理				

主要财务指标

指标\报告期	2009.06.30	2008.12.31	2008.06.30	2007.12.31
每股收益(元)	0.2340	0.3100	0.2340	0.3640
每股收益(扣除)(元)	0.2440	0.3200	0.2350	0.2900
每股净资产(元)	1.4900	1.5300	1.4500	1.3100
调整后每股净资产(元)	–	–	–	–
每股资本公积金(元)	–	0.1338	0.1338	0.2227
每股盈余公积金(元)	0.1081	0.1601	0.1487	0.1487
每股未分配利润(元)	0.3795	0.2351	0.1694	–0.0638
每股现金净流量(元)	0.2199	–0.2286	–0.3887	0.4960
每股经营现金净流量(元)	0.4028	–0.5827	–0.2027	0.3586
净资产收益率(扣除)(%)	–	–	–	18.3600
净资产收益率(%)	15.7600	20.3000	16.0900	27.8300
总资产(万)	218415.58	210877.90	206961.78	221173.88
股东权益(万)	49092.57	50458.21	47912.05	54101.41
主营业务收入(万)	–	–	–	–
主营业务利润(万)	–	–	–	–
营业务收入(万)	53406.89	83199.36	57929.86	76482.96
营业务利润(万)	14738.47	17270.26	11895.21	15041.67
投资收益(万)	–	–	–	–
利润总额(万)	14333.42	16904.16	11828.05	18833.35
净利润(万)	7736.23	10243.30	7711.41	12010.95

美都控股股份有限公司

公司概况					
公司名称	美都控股股份有限公司			证券简称	美都控股
法人代表	闻掌华	董秘	王爱明	证券代码	600175
公司网址	www.chinameidu.com		电子信箱	chinameidu@vip.163.com	
电　话	0571-88301613		传　真	0571-88301607	
办公地址	浙江省杭州市密渡桥路 70 号美都恒升名楼 4 楼				
经营范围	旅游业开发;海洋资源开发;现代农业开发;房地产开发经营等				

主要财务指标

指标\报告期	2009.06.30	2008.12.31	2008.06.30	2007.12.31
每股收益(元)	0.0500	0.1700	0.0300	0.3400
每股收益(扣除)(元)	0.0500	0.1300	0.0300	0.1600
每股净资产(元)	2.9600	1.8000	1.7300	2.5800
调整后每股净资产(元)	–	–	–	–
每股资本公积金(元)	1.6353	0.3876	0.4540	0.9309
每股盈余公积金(元)	0.1484	0.2221	0.2219	0.3207
每股未分配利润(元)	0.1799	0.1940	0.0520	0.3251
每股现金净流量(元)	1.6184	–0.1832	0.4133	0.0411
每股经营现金净流量(元)	0.1151	–0.3876	–0.2638	–0.1057
净资产收益率(扣除)(%)	–	–	–	6.0600
净资产收益率(%)	1.7000	9.5500	1.7400	13.1900
总资产(万)	337485.54	260570.10	241802.48	210233.95
股东权益(万)	152660.51	62070.26	59463.16	59117.07
主营业务收入(万)	–	–	–	–
主营业务利润(万)	–	–	–	–
营业务收入(万)	85489.06	156043.16	99980.47	229175.93
营业务利润(万)	3401.75	7009.24	1554.24	13925.25
投资收益(万)	–	–	–	–
利润总额(万)	3430.96	7599.99	1538.21	14185.14
净利润(万)	2590.25	5925.98	1034.35	7798.53

中国玻纤股份有限公司

公司概况					
公司名称	中国玻纤股份有限公司			证券简称	中国玻纤
法人代表	曹江林	董秘	陈雨	证券代码	600176
公司网址	www.cfgcl.com.cn		电子信箱	CFGCL600176@163.COM	
电　话	010-88028660		传　真	010-88028955	
办公地址	北京市海淀区西三环中路 10 号				
经营范围	新材料的科研开发和生产经营;住宅产品连锁经营、物流配送;房地产开发经营等				

主要财务指标

指标\报告期	2009.06.30	2008.12.31	2008.06.30	2007.12.31
每股收益(元)	0.0309	0.5719	0.3579	0.7049
每股收益(扣除)(元)	–0.1033	0.5359	0.3570	0.5195
每股净资产(元)	3.5359	3.4919	3.2747	2.9181
调整后每股净资产(元)	–	–	–	–
每股资本公积金(元)	0.4416	0.4416	0.4202	0.4202
每股盈余公积金(元)	0.2991	0.2991	0.2991	0.2991
每股未分配利润(元)	1.8025	1.7716	1.5564	1.1997
每股现金净流量(元)	2.8213	0.6772	1.2358	0.9028
每股经营现金净流量(元)	–0.8999	–1.0690	0.0891	1.4143
净资产收益率(扣除)(%)	–	–	–	17.8000
净资产收益率(%)	0.8700	16.3800	10.9300	24.6000
总资产(万)	1474976.99	1279739.85	1093110.14	850465.88
股东权益(万)	151120.40	149241.93	139957.76	124715.56
主营业务收入(万)	–	–	–	–
主营业务利润(万)	–	–	–	–
营业务收入(万)	147361.38	400836.85	204850.78	320086.74
营业务利润(万)	–2771.15	60977.93	46938.81	70370.98
投资收益(万)	–	–	–	–
利润总额(万)	3763.28	69183.89	46114.54	73776.78
净利润(万)	1319.45	24441.73	15297.35	30126.46

雅戈尔集团股份有限公司

公司概况					
公司名称	雅戈尔集团股份有限公司			证券简称	雅戈尔
法人代表	李如成	董秘	刘新宇	证券代码	600177
公司网址	www.youngor.com.cn		电子信箱	ir@youngor.com.cn	
电　话	0574-87425136		传　真	0574-87425390	
办公地址	浙江省宁波市鄞州区鄞县大道西段 2 号				
经营范围	服装制造;技术咨询;房地产开发;贸易;对外投资;项目投资;仓储运输;针纺织品等				

主要财务指标

指标\报告期	2009.06.30	2008.12.31	2008.06.30	2007.12.31
每股收益(元)	0.6364	0.7100	0.8722	1.1100
每股收益(扣除)(元)	0.2599	0.4300	0.3571	0.3500
每股净资产(元)	5.3800	4.0500	5.3700	7.0700
调整后每股净资产(元)	–	–	–	–
每股资本公积金(元)	2.0327	1.0357	2.1844	4.2134
每股盈余公积金(元)	0.3043	0.3043	0.2663	0.2663
每股未分配利润(元)	2.0803	1.7439	1.9607	1.5885
每股现金净流量(元)	0.0602	0.7955	–0.0587	0.6879
每股经营现金净流量(元)	1.1634	0.7397	0.2886	1.6723
净资产收益率(扣除)(%)	–	–	–	4.9400
净资产收益率(%)	11.8300	17.5700	16.2400	15.7300
总资产(万)	3454802.16	3163166.61	3414215.58	3534436.99
股东权益(万)	1197770.66	901110.88	1195977.13	1573477.41
主营业务收入(万)	–	–	–	–
主营业务利润(万)	–	–	–	–
营业务收入(万)	574682.19	1078031.08	544779.35	703389.71
营业务利润(万)	173191.72	219340.01	229021.37	364321.99
投资收益(万)	–	–	–	–
利润总额(万)	169466.54	237520.67	240256.39	369129.67
净利润(万)	141709.06	158318.47	194205.97	247571.00

哈尔滨东安汽车动力股份有限公司

公司概况

公司名称	哈尔滨东安汽车动力股份有限公司			证券简称	东安动力
法人代表	连刚	董秘	于健	证券代码	600178
公司网址			电子信箱	dadl600178@263.net.cn	
电　　话	0451-86528172		传　　真	0451-86505502	
办公地址	黑龙江省哈尔滨市平房区保国街51号				
经营范围	微型汽车发动机、变速器、零部件及相关产品的研制、生产销售及售后服务等				

主要财务指标

指标\报告期	2009.06.30	2008.12.31	2008.06.30	2007.12.31
每股收益(元)	0.2044	0.3467	0.1588	0.3261
每股收益(扣除)(元)	0.1948	0.2102	0.0942	0.2536
每股净资产(元)	4.3380	4.1331	3.9500	3.8286
调整后每股净资产(元)	–	–	–	–
每股资本公积金(元)	1.8535	1.8535	1.8535	1.8957
每股盈余公积金(元)	0.4372	0.4372	0.4025	0.4025
每股未分配利润(元)	1.0469	0.8425	0.6892	0.5304
每股现金净流量(元)	0.0639	0.6513	–0.0043	–0.9410
每股经营现金净流量(元)	0.0108	0.1187	–0.1502	–1.1893
净资产收益率(扣除)(%)	–	–	–	6.6200
净资产收益率(%)	4.7100	8.3900	4.0300	8.5200
总资产(万)	363219.14	338421.45	326363.84	329681.38
股东权益(万)	200428.56	190981.88	182300.33	176913.81
主营业务收入(万)	–	–	–	–
主营业务利润(万)	–	–	–	–
营业务收入(万)	110604.50	175432.86	96914.99	185253.62
营业务利润(万)	9972.87	15863.73	7333.94	14563.30
投资收益(万)	–	–	–	–
利润总额(万)	9982.27	16019.68	7338.13	15070.14
净利润(万)	9446.68	16019.68	7338.13	15070.14

黑龙江黑化股份有限公司

公司概况

公司名称	黑龙江黑化股份有限公司			证券简称	黑化股份
法人代表	王宏伟	董秘	张连增	证券代码	600179
公司网址			电子信箱	hhgf@tom.com	
电　　话	0452-8927290、8927129		传　　真	0452-6884895	
办公地址	黑龙江省齐齐哈尔市富拉尔基区向阳大街2号				
经营范围	生产与销售焦炭及焦化产品、化学肥料、甲醇等				

主要财务指标

指标\报告期	2009.06.30	2008.12.31	2008.06.30	2007.12.31
每股收益(元)	–0.1000	–0.1300	0.0500	0.0300
每股收益(扣除)(元)	–0.1000	–0.1300	0.0500	0.0300
每股净资产(元)	2.0743	2.1800	2.3600	2.3100
调整后每股净资产(元)	–	–	–	–
每股资本公积金(元)	0.8350	0.8350	0.8350	0.8350
每股盈余公积金(元)	0.0868	0.0773	0.0720	0.0720
每股未分配利润(元)	0.1526	0.2645	0.4526	0.4029
每股现金净流量(元)	0.0105	0.0134	0.0646	0.0052
每股经营现金净流量(元)	0.0151	0.1936	0.2398	0.2029
净资产收益率(扣除)(%)	–	–	–	1.4000
净资产收益率(%)	–4.9400	–6.1100	2.1100	1.4300
总资产(万)	197514.14	197376.00	180463.25	175014.74
股东权益(万)	80899.13	84894.48	92022.30	90083.75
主营业务收入(万)	–	–	–	–
主营业务利润(万)	–	–	–	–
营业务收入(万)	69929.17	178064.14	101444.68	132802.23
营业务利润(万)	–4029.82	–4903.13	2548.15	2091.38
投资收益(万)	–	–	–	–
利润总额(万)	–4028.08	–4843.99	2581.07	2105.86
净利润(万)	–3995.35	–5189.27	1938.54	1292.06

山东九发食用菌股份有限公司

公司概况

公司名称	山东九发食用菌股份有限公司			证券简称	*ST 九发
法人代表	邢国珍	董秘	许爱民	证券代码	600180
公司网址	www.china-jiufa.com		电子信箱	jiufa_ltd@163.com	
电　　话	0535-6623880		传　　真	0535-6623798	
办公地址	山东省烟台市南大街9号金都大厦28楼				
经营范围	食用菌菌种的培育、产品养殖、加工、销售;包装物料的生产、销售等				

主要财务指标

指标\报告期	2009.06.30	2008.12.31	2008.06.30	2007.12.31
每股收益(元)	–0.0005	0.1816	–1.3700	–1.8800
每股收益(扣除)(元)	–0.0005	–	–1.3600	–1.8800
每股净资产(元)	1.3143	1.3100	–0.4600	0.9000
调整后每股净资产(元)	–	–	–	–
每股资本公积金(元)	1.4545	1.4545	1.4545	1.4545
每股盈余公积金(元)	0.2353	–	–	–
每股未分配利润(元)	–1.3755	–1.3750	–3.1453	–1.7861
每股现金净流量(元)	–0.2986	–	–	–
每股经营现金净流量(元)	–0.6903	–	–	–
净资产收益率(扣除)(%)	–	–	–	–
净资产收益率(%)	–0.0380	13.8100	–298.3500	–208.3700
总资产(万)	46160.70	–	–	–
股东权益(万)	32987.46	–	–	–
主营业务收入(万)	–	5589.13	3245.63	16859.20
主营业务利润(万)	–	–	–	–
营业务收入(万)	–	–	–	–
营业务利润(万)	–12.54	–	–	–
投资收益(万)	–	–18278.01	–	–
利润总额(万)	–12.54	–	–	–
净利润(万)	–12.54	4557.20	–34115.77	–47260.94

佳通轮胎股份有限公司

公司概况

公司名称	佳通轮胎股份有限公司			证券简称	S 佳 通
法人代表	李怀靖	董秘	吴志文	证券代码	600182
公司网址	www.gititirecorp.com		电子信箱	giticorp@gititire.com	
电　　话	021-51535400、22073132		传　　真	021-63353221、22073002	
办公地址	上海市长宁区临虹路280-2号				
经营范围	生产销售轮胎、轮胎原辅材料,生产橡胶工业专用设备等				

主要财务指标

指标\报告期	2009.06.30	2008.12.31	2008.06.30	2007.12.31
每股收益(元)	0.1820	0.0060	0.0250	0.2300
每股收益(扣除)(元)	0.1760	–0.0030	0.0200	0.2300
每股净资产(元)	1.2200	1.0400	1.0600	1.0400
调整后每股净资产(元)	–	–	–	–
每股资本公积金(元)	0.0035	0.0035	0.0035	0.0035
每股盈余公积金(元)	0.0360	0.0360	0.0360	0.0360
每股未分配利润(元)	0.1839	0.0020	0.0206	–0.0043
每股现金净流量(元)	0.0037	–0.0825	–0.3226	0.0967
每股经营现金净流量(元)	–0.0717	0.8670	0.0354	1.4348
净资产收益率(扣除)(%)	–	–	–	21.9900
净资产收益率(%)	14.8700	0.6000	2.3500	22.2000
总资产(万)	289778.88	290856.00	311741.12	297980.46
股东权益(万)	41595.41	35410.94	36044.45	35197.96
主营业务收入(万)	–	–	–	–
主营业务利润(万)	–	–	–	–
营业务收入(万)	120598.68	282929.79	149946.35	279139.77
营业务利润(万)	14817.67	–495.04	1464.16	16726.93
投资收益(万)	–	–	–	–
利润总额(万)	15296.24	269.00	1900.85	17053.09
净利润(万)	6184.47	212.98	846.49	7813.29

广东生益科技股份有限公司

公司概况	公司名称	广东生益科技股份有限公司			证券简称	生益科技
	法人代表	李锦	董秘	温世龙	证券代码	600183
	公司网址	www.syst.com.cn		电子信箱	tzzgx@syst.com.cn	
	电　　话	0769-22271828-8225		传　　真	0769-22174183	
	办公地址	广东省东莞市万江区莞穗大道 411 号				
	经营范围	生产销售覆铜板和粘结片、印制线路板、陶瓷电子元件、液晶产品、电子级玻璃布等				

主要财务指标	指标\报告期	2009.06.30	2008.12.31	2008.06.30	2007.12.31
	每股收益(元)	0.1200	0.1400	0.1900	0.4900
	每股收益(扣除)(元)	0.1200	0.1300	0.1900	0.4900
	每股净资产(元)	2.1200	2.1500	2.2000	2.1300
	调整后每股净资产(元)	–	–	–	25.6500
	每股资本公积金(元)	0.2334	0.2334	0.2334	0.2334
	每股盈余公积金(元)	0.3084	0.3084	0.2874	0.2874
	每股未分配利润(元)	0.5762	0.6056	0.6765	0.6109
	每股现金净流量(元)	0.0190	0.0343	0.1620	0.0013
	每股经营现金净流量(元)	0.3103	0.5227	0.3193	0.2242
	净资产收益率(扣除)(%)	–	–	–	22.7800
	净资产收益率(%)	5.6900	6.3200	8.4500	23.1800
	总资产(万)	425959.12	421265.21	505450.27	462389.89
	股东权益(万)	202627.73	205445.51	210232.23	203988.98
	主营业务收入(万)	–	–	–	–
	主营业务利润(万)	–	–	–	–
	营业务收入(万)	154914.12	431735.57	237996.21	426737.99
	营业务利润(万)	13522.62	10435.72	22103.15	52246.28
	投资收益(万)	–	–	–	–
	利润总额(万)	13601.38	10846.61	22150.77	53127.88
	净利润(万)	11537.57	12979.89	17760.35	47287.92

湖北新华光信息材料股份有限公司

公司概况	公司名称	湖北新华光信息材料股份有限公司			证券简称	新华光
	法人代表	高汝森	董秘	苏毅民	证券代码	600184
	公司网址	www.hbnhg.com		电子信箱	newhgzqb@163.com	
	电　　话	0710-3342132		传　　真	0710-3349308	
	办公地址	湖北省襄樊市长虹北路 67 号				
	经营范围	磁盘微晶玻璃基板、光学加工磁盘微晶玻璃基板、微晶玻璃、玻璃微粉等				

主要财务指标	指标\报告期	2009.06.30	2008.12.31	2008.06.30	2007.12.31
	每股收益(元)	0.0300	0.0700	0.0300	0.0700
	每股收益(扣除)(元)	0.0100	0.0600	0.0300	0.0200
	每股净资产(元)	3.3000	3.2700	3.2300	3.1500
	调整后每股净资产(元)	–	–	–	–
	每股资本公积金(元)	1.6624	1.6624	1.6624	1.6202
	每股盈余公积金(元)	0.1265	0.1265	0.1195	0.1195
	每股未分配利润(元)	0.5099	0.4798	0.4452	0.4150
	每股现金净流量(元)	−0.0666	0.3616	−0.6946	0.6851
	每股经营现金净流量(元)	0.5473	−0.4243	−0.8283	0.2110
	净资产收益率(扣除)(%)	–	–	–	0.4900
	净资产收益率(%)	0.9100	2.2000	0.9400	2.1300
	总资产(万)	121273.41	114271.64	96870.15	87707.57
	股东权益(万)	34637.57	34321.31	33885.08	33124.55
	主营业务收入(万)	–	–	–	–
	主营业务利润(万)	–	–	–	–
	营业务收入(万)	20527.15	75014.62	31854.55	42734.92
	营业务利润(万)	403.51	625.49	334.72	118.07
	投资收益(万)	–	–	–	–
	利润总额(万)	598.91	915.74	355.24	544.36
	净利润(万)	316.26	753.64	317.41	706.26

西安海星现代科技股份有限公司

公司概况	公司名称	西安海星现代科技股份有限公司			证券简称	*ST 海星
	法人代表	方荣岳	董秘	周云龙	证券代码	600185
	公司网址	www.seastar.net.cn		电子信箱	zyl@seastar.net.cn	
	电　　话	029-82307606		传　　真	029-82307607	
	办公地址	陕西省西安市高新技术产业开发区科技二路 62 号				
	经营范围	计算机硬件产品开发、生产、销售、维修；网络工程、系统集成及软件开发等				

主要财务指标	指标\报告期	2009.06.30	2008.12.31	2008.06.30	2007.12.31
	每股收益(元)	−0.1244	−0.8268	−0.1258	−0.1921
	每股收益(扣除)(元)	−0.0994	−0.6395	−0.1257	−0.2015
	每股净资产(元)	0.0460	0.6408	1.3403	1.4661
	调整后每股净资产(元)	–	–	–	–
	每股资本公积金(元)	0.3538	0.3538	0.3538	0.3538
	每股盈余公积金(元)	0.0383	0.0411	0.0402	0.0402
	每股未分配利润(元)	−1.3459	−0.7541	−0.0536	0.0722
	每股现金净流量(元)	−0.0062	−0.1548	−0.0505	0.0071
	每股经营现金净流量(元)	0.0132	0.0032	0.0225	0.4283
	净资产收益率(扣除)(%)	–	–	–	−13.7500
	净资产收益率(%)	−269.2300	−129.0300	−9.3800	−13.1000
	总资产(万)	77714.93	83119.82	112499.02	119379.22
	股东权益(万)	1559.36	21632.76	45248.05	49494.28
	主营业务收入(万)	–	–	–	–
	主营业务利润(万)	–	–	–	–
	营业务收入(万)	12810.23	41487.50	16856.67	79027.39
	营业务利润(万)	−3355.91	−21765.50	−4237.80	−2876.90
	投资收益(万)	–	–	–	–
	利润总额(万)	−4204.05	−28017.94	−4240.66	−2792.95
	净利润(万)	−4198.28	−27912.24	−4246.23	−6486.15

河南莲花味精股份有限公司

公司概况	公司名称	河南莲花味精股份有限公司			证券简称	莲花味精
	法人代表	郑献锋	董秘	牧峻涛	证券代码	600186
	公司网址	www.lianhua.com.cn		电子信箱	hlwjjt@public2.zz.ha.cn	
	电　　话	0394-4298666		传　　真	0394-4298899	
	办公地址	河南省项城市莲花大道 18 号				
	经营范围	味精、鸡精、谷氨酸等氨基酸、谷氨酸钠、酱油、醋的生产、销售及相关副产品的生产、销售等				

主要财务指标	指标\报告期	2009.06.30	2008.12.31	2008.06.30	2007.12.31
	每股收益(元)	0.0081	0.0117	0.0055	0.0116
	每股收益(扣除)(元)	0.0065	0.0080	0.0044	0.0056
	每股净资产(元)	1.5250	1.5170	1.5250	1.5010
	调整后每股净资产(元)	–	–	–	–
	每股资本公积金(元)	0.2884	0.2884	0.2884	0.2884
	每股盈余公积金(元)	0.0819	0.0819	0.0814	0.0799
	每股未分配利润(元)	0.1543	0.1463	0.1552	0.1365
	每股现金净流量(元)	0.0435	−0.0057	−0.0015	0.0099
	每股经营现金净流量(元)	0.0490	−0.0003	0.0034	0.0243
	净资产收益率(扣除)(%)	–	–	–	0.3700
	净资产收益率(%)	0.5290	0.7700	0.3620	0.7700
	总资产(万)	365352.07	348327.31	373027.66	379830.65
	股东权益(万)	161918.33	161062.54	161950.19	159822.01
	主营业务收入(万)	–	–	–	–
	主营业务利润(万)	–	–	–	–
	营业务收入(万)	114203.17	205106.84	96723.35	221512.64
	营业务利润(万)	1328.05	505.96	915.89	3070.01
	投资收益(万)	–	–	–	–
	利润总额(万)	1544.31	1085.13	1067.24	3937.58
	净利润(万)	855.79	1247.75	585.96	1234.67

黑龙江国中水务股份有限公司

公司概况	公司名称	黑龙江国中水务股份有限公司			证券简称	ST 国中
	法人代表	朱勇军	董秘	石大勇	证券代码	600187
	公司网址			电子信箱	dayongshi@126.com	
	电 话	010-65595376-298		传 真	010-65595378	
	办公地址	黑龙江省齐齐哈尔市龙沙区南马路八一小区1号楼商网8号				
	经营范围	生产、销售机制纸及生产纸浆。经营本企业及成员企业自产产品及技术的出口业务等				

	指标\报告期	2009.06.30	2008.12.31	2008.06.30	2007.12.31
主要财务指标	每股收益(元)	0.0281	0.1212	0.0240	1.7074
	每股收益(扣除)(元)	0.0270	-0.3848	0.0237	-0.6045
	每股净资产(元)	0.7154	0.6873	0.5860	0.5623
	调整后每股净资产(元)	-	-	-	-
	每股资本公积金(元)	1.7709	1.7709	1.0558	1.7670
	每股盈余公积金(元)	0.0785	0.0785	0.0785	0.0785
	每股未分配利润(元)	-2.1340	-2.1621	-1.5483	-2.2832
	每股现金净流量(元)	0.0204	-0.0085	-0.0063	0.0446
	每股经营现金净流量(元)	0.0605	0.0597	-0.0037	0.0892
	净资产收益率(扣除)(%)	-	-	-	-107.5100
	净资产收益率(%)	3.9300	17.6300	4.0500	430.1600
	总资产(万)	43633.96	50062.91	185984.46	184673.15
	股东权益(万)	23409.61	22490.71	19175.07	18398.49
	主营业务收入(万)	-	-	-	-
	主营业务利润(万)	-	-	-	-
	营业务收入(万)	3885.67	8688.55	2644.10	96.71
	营业务利润(万)	312.47	-13514.71	1010.97	53464.94
	投资收益(万)	-	-	-	-
	利润总额(万)	1253.07	4874.62	1012.51	55870.58
	净利润(万)	918.90	3964.94	776.58	55870.58

兖州煤业股份有限公司

公司概况	公司名称	兖州煤业股份有限公司			证券简称	兖州煤业
	法人代表	王信	董秘	张宝才	证券代码	600188
	公司网址	www.yanzhoucoal.com.cn		电子信箱	yzc@yanzhoucoal.com.cn	
	电 话	0537-5382319、5385343		传 真	0537-5383311	
	办公地址	山东省邹城市凫山南路298号				
	经营范围	地下煤炭开采、洗选加工、销售和煤炭铁路运输等				

	指标\报告期	2009.06.30	2008.12.31	2008.06.30	2007.12.31
主要财务指标	每股收益(元)	0.3900	1.3182	0.7649	0.6500
	每股收益(扣除)(元)	0.3875	1.2980	0.7667	0.7000
	每股净资产(元)	5.3500	5.3600	4.5500	4.2800
	调整后每股净资产(元)	-	-	-	-
	每股资本公积金(元)	0.9352	0.9616	0.9745	1.0051
	每股盈余公积金(元)	0.5736	0.8184	0.4144	0.6453
	每股未分配利润(元)	2.5642	2.6122	2.1665	1.6295
	每股现金净流量(元)	0.0409	0.5530	0.5383	-0.0388
	每股经营现金净流量(元)	0.7363	1.4647	0.8793	0.9314
	净资产收益率(扣除)(%)	-	-	-	16.4500
	净资产收益率(%)	7.1800	24.5900	16.8000	15.3000
	总资产(万)	3421729.62	3211750.96	2984063.88	2592645.56
	股东权益(万)	2629101.56	2679459.66	2239412.26	2103575.87
	主营业务收入(万)	-	-	-	-
	主营业务利润(万)	-	-	-	-
	营业务收入(万)	966387.49	2612355.16	1285455.19	1659583.24
	营业务利润(万)	259663.09	887598.72	533787.32	489053.55
	投资收益(万)	-	-	-	-
	利润总额(万)	259381.78	886877.60	532586.32	454645.25
	净利润(万)	190394.75	648364.14	376207.53	321879.83

吉林森林工业股份有限公司

公司概况	公司名称	吉林森林工业股份有限公司			证券简称	吉林森工
	法人代表	柏广新	董秘	王海	证券代码	600189
	公司网址	www.jlsg.com.cn		电子信箱	gfgs@jlsg.com.cn	
	电 话	0431-88912969		传 真	0431-88930595	
	办公地址	吉林省长春市高新技术产业开发区硅谷大街4000号创业大厦12楼				
	经营范围	森林采伐、人造板及饰面材料、进出口贸易、林化产品、保健品的生产与销售等				

	指标\报告期	2009.06.30	2008.12.31	2008.06.30	2007.12.31
主要财务指标	每股收益(元)	-0.0800	0.1300	0.0880	0.1600
	每股收益(扣除)(元)	-0.0700	0.1400	0.0910	0.1100
	每股净资产(元)	4.1500	4.2200	4.1600	4.1700
	调整后每股净资产(元)	-	-	-	-
	每股资本公积金(元)	2.0987	2.0976	2.0768	2.0766
	每股盈余公积金(元)	0.4905	0.4905	0.4725	0.4780
	每股未分配利润(元)	0.5584	0.6344	0.6109	0.6173
	每股现金净流量(元)	0.0631	-0.4826	-0.1469	-0.3141
	每股经营现金净流量(元)	0.0351	0.0510	-0.1903	0.3756
	净资产收益率(扣除)(%)	-	-	-	2.6400
	净资产收益率(%)	-1.8600	3.0700	2.1200	3.7200
	总资产(万)	224742.09	220459.31	263239.82	241825.87
	股东权益(万)	128780.70	131108.93	129173.52	129536.44
	主营业务收入(万)	-	-	-	-
	主营业务利润(万)	-	-	-	-
	营业务收入(万)	53682.61	164808.41	83044.62	156767.43
	营业务利润(万)	-2745.43	-509.51	1444.63	-56.03
	投资收益(万)	-	-	-	-
	利润总额(万)	-2666.40	4856.19	3113.88	4518.87
	净利润(万)	-2399.39	4024.51	2737.56	4814.34

锦州港股份有限公司

公司概况	公司名称	锦州港股份有限公司			证券简称	锦州港
	法人代表	张宏伟	董秘	王健	证券代码	600190
	公司网址	www.jinzhouport.com		电子信箱	JZCJHGA@MAIL.JZPTT.LN.CN	
	电 话	0416-3586462		传 真	0416-3582431	
	办公地址	辽宁省锦州市经济技术开发区锦港大街一段1号				
	经营范围	港务管理、港口装卸,水运辅助业(除客货运输);公路运输;物资仓储等				

	指标\报告期	2009.06.30	2008.12.31	2008.06.30	2007.12.31
主要财务指标	每股收益(元)	0.0530	0.1560	0.0820	0.0580
	每股收益(扣除)(元)	0.0520	0.1500	0.0820	0.0580
	每股净资产(元)	2.2270	1.4790	1.4020	1.3200
	调整后每股净资产(元)	-	-	-	-
	每股资本公积金(元)	1.0707	0.0962	0.0927	0.0927
	每股盈余公积金(元)	0.0785	0.1162	0.0843	0.0843
	每股未分配利润(元)	0.0776	0.2663	0.2247	0.1426
	每股现金净流量(元)	0.4865	-0.0004	-0.0400	-0.0117
	每股经营现金净流量(元)	0.0915	0.3881	0.1931	0.2095
	净资产收益率(扣除)(%)	-	-	-	4.3700
	净资产收益率(%)	2.1406	10.5200	5.8600	4.4000
	总资产(万)	511957.32	430931.04	409894.74	393475.92
	股东权益(万)	347791.42	156078.83	147942.64	139278.46
	主营业务收入(万)	-	-	-	-
	主营业务利润(万)	-	-	-	-
	营业务收入(万)	33626.01	79224.45	40297.65	52632.56
	营业务利润(万)	10234.24	22492.58	12140.76	11436.57
	投资收益(万)	-	-	-	-
	利润总额(万)	10336.01	22637.60	12177.11	11399.79
	净利润(万)	7444.76	16425.37	8664.19	6133.09

包头华资实业股份有限公司

公司概况	公司名称	包头华资实业股份有限公司			证券简称	华资实业
	法人代表	宋卫东	董秘	魏相永	证券代码	600191
	公司网址	www.huazi.com		电子信箱	lizhiwen@huazi.com	
	电 话	0472-6957548、6957240		传 真	0472-4190473	
	办公地址	包头市东河区				
	经营范围	生产、销售糖、食用酒精、颗粒粕、电子元器件,计算机的研制、生产等				

主要财务指标	指标\报告期	2009.06.30	2008.12.31	2008.06.30	2007.12.31
	每股收益(元)	0.0900	-0.3000	-0.1200	0.1400
	每股收益(扣除)(元)	-0.0800	-0.3000	-0.1200	0.1900
	每股净资产(元)	4.2600	3.5100	3.8000	8.7400
	调整后每股净资产(元)	-	-	-	-
	每股资本公积金(元)	2.5719	1.9064	2.0194	6.2960
	每股盈余公积金(元)	0.1711	0.1711	0.1711	0.2738
	每股未分配利润(元)	0.5180	0.4295	0.6136	1.1670
	每股现金净流量(元)	-0.1061	-0.0854	-0.1338	0.2627
	每股经营现金净流量(元)	-0.2708	0.3534	0.0258	-0.2615
	净资产收益率(扣除)(%)	-	-	-	2.2100
	净资产收益率(%)	2.0800	-8.5500	-3.0400	1.6300
	总资产(万)	269125.77	236482.11	259027.98	359708.01
	股东权益(万)	206629.62	170066.66	184473.13	264796.74
	主营业务收入(万)	-	-	-	-
	主营业务利润(万)	-	-	-	-
	营业务收入(万)	5733.51	16633.81	9880.21	36876.83
	营业务利润(万)	4746.77	-14399.70	-5643.08	8427.81
	投资收益(万)	-	-	-	-
	利润总额(万)	4740.34	-15443.07	-5645.35	4136.38
	净利润(万)	4287.94	-14541.39	-5614.31	4309.72

兰州长城电工股份有限公司

公司概况	公司名称	兰州长城电工股份有限公司			证券简称	长城电工
	法人代表	杨林	董秘	郭满元	证券代码	600192
	公司网址	www.lz-gwe.com.cn		电子信箱	lz-gwe@lz-gwe.com.cn	
	电 话	0931-8415501、8415762		传 真	0931-8414606	
	办公地址	兰州市城关区农民巷 215 号				
	经营范围	发电、配电、用电及控制成套装置系列产品及电器元件的研制、开发、生产和销售等				

主要财务指标	指标\报告期	2009.06.30	2008.12.31	2008.06.30	2007.12.31
	每股收益(元)	0.0585	0.1176	0.1060	0.2148
	每股收益(扣除)(元)	0.0518	0.0521	0.1034	0.1698
	每股净资产(元)	3.7940	3.7400	3.7220	3.6200
	调整后每股净资产(元)	-	-	-	-
	每股资本公积金(元)	1.7714	1.7714	1.7689	1.7689
	每股盈余公积金(元)	0.1789	0.1789	0.1643	0.1643
	每股未分配利润(元)	0.8441	0.7856	0.7885	0.6825
	每股现金净流量(元)	-0.5141	0.5969	-0.0939	0.0143
	每股经营现金净流量(元)	0.2723	0.3160	0.1878	-0.1536
	净资产收益率(扣除)(%)	-	-	-	4.7000
	净资产收益率(%)	1.5400	3.1500	2.8500	5.9400
	总资产(万)	252348.31	269317.03	236128.98	232331.92
	股东权益(万)	108060.43	106393.31	105991.43	102972.84
	主营业务收入(万)	-	-	-	-
	主营业务利润(万)	-	-	-	-
	营业务收入(万)	63615.38	139556.88	70430.40	142254.12
	营业务利润(万)	807.10	338.43	3318.73	5070.69
	投资收益(万)	-	-	-	-
	利润总额(万)	2191.92	4669.67	3928.28	7807.59
	净利润(万)	1667.12	3350.46	3018.58	6118.42

厦门创兴置业股份有限公司

公司概况	公司名称	厦门创兴置业股份有限公司			证券简称	创兴置业
	法人代表	郭恒达	董秘	李晓玲	证券代码	600193
	公司网址	www.600193.com		电子信箱	prosolar_lee@yahoo.com.cn	
	电 话	0592-5318020-399		传 真	0592-5311821	
	办公地址	厦门市建业路 18 号阳明楼九层				
	经营范围	高新技术产品的开发;电子产品、通讯器材、计算机多媒体及生物工程的开发和经营等				

主要财务指标	指标\报告期	2009.06.30	2008.12.31	2008.06.30	2007.12.31
	每股收益(元)	-0.0300	0.2400	0.3800	0.7100
	每股收益(扣除)(元)	-0.0100	0.2600	0.3300	0.3500
	每股净资产(元)	2.0000	2.0300	2.7400	2.3500
	调整后每股净资产(元)	-	-	-	-
	每股资本公积金(元)	0.2584	0.2584	0.3359	0.3292
	每股盈余公积金(元)	0.0756	0.0756	0.0884	0.0884
	每股未分配利润(元)	0.6648	0.6953	1.3121	0.9331
	每股现金净流量(元)	0.0319	-0.0117	0.0592	0.0422
	每股经营现金净流量(元)	0.1760	-0.0200	0.0113	0.1412
	净资产收益率(扣除)(%)	-	-	-	14.9300
	净资产收益率(%)	-1.5200	11.9700	13.8500	30.0200
	总资产(万)	80058.89	61474.60	63350.07	79086.48
	股东权益(万)	43601.97	44266.15	45916.40	39445.16
	主营业务收入(万)	-	-	-	-
	主营业务利润(万)	-	-	-	-
	营业务收入(万)	1831.60	30783.57	28204.85	3926.56
	营业务利润(万)	-825.07	5648.78	7033.07	12175.46
	投资收益(万)	-	-	-	-
	利润总额(万)	-829.86	6485.29	8102.78	12114.23
	净利润(万)	-664.18	5297.23	6360.18	11841.75

中牧实业股份有限公司

公司概况	公司名称	中牧实业股份有限公司			证券简称	中牧股份
	法人代表	王志良	董秘	高奇志	证券代码	600195
	公司网址	www.cahic.com		电子信箱	600195@cahic.com	
	电 话	010-63701111、63701951		传 真	023-63702196	
	办公地址	北京市丰台区南四环西路 188 号八区 16 号楼				
	经营范围	饲料行业、动物保健品行业及畜牧业生产资料贸易等				

主要财务指标	指标\报告期	2009.06.30	2008.12.31	2008.06.30	2007.12.31
	每股收益(元)	0.3889	0.4150	0.2431	0.4030
	每股收益(扣除)(元)	0.3848	0.4190	0.2464	0.4150
	每股净资产(元)	3.0300	2.8200	2.8000	2.8100
	调整后每股净资产(元)	-	-	-	-
	每股资本公积金(元)	0.7484	0.7595	0.9119	0.9140
	每股盈余公积金(元)	0.3609	0.3609	0.3191	0.3191
	每股未分配利润(元)	0.9208	0.7024	0.5724	0.5793
	每股现金净流量(元)	-0.2621	0.2740	-0.0435	-0.3962
	每股经营现金净流量(元)	-0.7342	1.1262	-0.7112	0.3303
	净资产收益率(扣除)(%)	-	-	-	14.7600
	净资产收益率(%)	12.8364	14.7000	8.6700	14.3200
	总资产(万)	220685.88	192595.87	220270.05	182336.45
	股东权益(万)	118170.06	110086.80	109331.74	120063.77
	主营业务收入(万)	-	-	-	-
	主营业务利润(万)	-	-	-	-
	营业务收入(万)	95082.41	182483.94	90842.44	172183.23
	营业务利润(万)	21470.58	22337.35	13940.09	21674.49
	投资收益(万)	-	-	-	-
	利润总额(万)	21804.18	22021.37	13794.25	21084.25
	净利润(万)	15168.84	16178.27	9480.56	15704.47

上海复星医药(集团)股份有限公司

公司概况	公司名称	上海复星医药(集团)股份有限公司			证券简称	复星医药
	法人代表	汪群斌	董秘	程阳锋	证券代码	600196
	公司网址	www.fosunpharma.com			电子信箱	600196@fosunpharma.com
	电　话	021-63325070			传　真	021-63325079
	办公地址	上海市复兴东路2号				
	经营范围	药品制造,药品销售,医疗器械和医疗诊断产品等				

主要财务指标	指标\报告期	2009.06.30	2008.12.31	2008.06.30	2007.12.31
	每股收益(元)	0.2800	0.5600	0.4000	0.5100
	每股收益(扣除)(元)	0.2000	0.2600	0.1700	0.2600
	每股净资产(元)	3.4000	3.2400	3.1000	3.1300
	调整后每股净资产(元)	–	–	–	–
	每股资本公积金(元)	0.8419	0.8572	0.8772	1.2038
	每股盈余公积金(元)	0.4243	0.4243	0.3464	0.3464
	每股未分配利润(元)	1.1343	0.9572	0.8787	0.5778
	每股现金净流量(元)	0.1508	–0.0528	0.0118	0.1745
	每股经营现金净流量(元)	0.0553	0.1883	0.0714	0.1062
	净资产收益率(扣除)(%)	–	–	–	8.4200
	净资产收益率(%)	8.1500	17.2300	12.9200	16.1600
	总资产(万)	862325.89	753891.80	730746.44	743498.52
	股东权益(万)	420930.18	400885.95	384224.57	387226.62
	主营业务收入(万)	–	–	–	–
	主营业务利润(万)	–	–	–	–
	营业务收入(万)	179427.33	377323.42	190196.80	369330.17
	营业务利润(万)	37390.84	80755.62	62020.73	73668.76
	投资收益(万)	–	–	–	–
	利润总额(万)	40113.27	83567.59	63126.79	75637.46
	净利润(万)	34303.54	69085.65	49623.00	62578.12

新疆伊力特实业股份有限公司

公司概况	公司名称	新疆伊力特实业股份有限公司			证券简称	伊力特
	法人代表	徐勇辉	董秘	君洁	证券代码	600197
	公司网址	www.yilispirit.com			电子信箱	yltgf-yn@xj.cninfo.net
	电　话	0991-3667490			传　真	0991-3672172
	办公地址	新疆维吾尔自治区乌鲁木齐市昆明路148号新捷小区一号楼二单元102室				
	经营范围	白酒生产和销售、农业综合开发,农副产品加工和销售等				

主要财务指标	指标\报告期	2009.06.30	2008.12.31	2008.06.30	2007.12.31
	每股收益(元)	0.1827	0.2782	0.2074	0.2425
	每股收益(扣除)(元)	0.1815	0.2194	0.2081	0.2230
	每股净资产(元)	2.1584	2.1560	2.0850	2.0380
	调整后每股净资产(元)	–	–	–	–
	每股资本公积金(元)	0.4722	0.4722	0.4722	0.4722
	每股盈余公积金(元)	0.3110	0.3110	0.2849	0.2849
	每股未分配利润(元)	0.3752	0.3725	0.3279	0.2805
	每股现金净流量(元)	0.0618	0.2908	0.3179	0.3210
	每股经营现金净流量(元)	0.0898	0.5167	0.2463	0.3892
	净资产收益率(扣除)(%)	–	10.1800	–	10.9400
	净资产收益率(%)	8.4600	12.9000	9.6400	11.9000
	总资产(万)	139054.24	135476.88	123597.07	121818.73
	股东权益(万)	95185.78	95066.82	91948.24	89857.64
	主营业务收入(万)	–	–	–	–
	主营业务利润(万)	–	–	–	–
	营业务收入(万)	52619.57	73089.54	44806.98	63849.18
	营业务利润(万)	11533.09	14813.48	11054.11	13185.47
	投资收益(万)	–	–	–	–
	利润总额(万)	11598.32	14834.27	10907.61	13230.35
	净利润(万)	8056.96	12265.18	9146.59	10692.51

大唐电信科技股份有限公司

公司概况	公司名称	大唐电信科技股份有限公司			证券简称	ST大唐
	法人代表	曹斌	董秘	齐秀彬	证券代码	600198
	公司网址	www.datang.com			电子信箱	dt600198@datang.com
	电　话	010-62303607			传　真	010-62303607
	办公地址	北京市海淀区学院路40号				
	经营范围	各类通讯网络系统、各类通信终端、计算机软硬件等产品开发、生产、销售等				

主要财务指标	指标\报告期	2009.06.30	2008.12.31	2008.06.30	2007.12.31
	每股收益(元)	0.0335	0.1040	0.0175	0.0724
	每股收益(扣除)(元)	0.0286	0.0707	0.0158	–0.4640
	每股净资产(元)	1.0203	0.9371	0.8344	0.7925
	调整后每股净资产(元)	–	–	–	–
	每股资本公积金(元)	3.1774	3.1277	3.1115	3.0864
	每股盈余公积金(元)	0.1363	0.1363	0.1363	0.1363
	每股未分配利润(元)	–3.2904	–3.3239	–3.4104	–3.4279
	每股现金净流量(元)	–0.5866	–0.3215	–0.9664	0.7088
	每股经营现金净流量(元)	–0.2361	0.6101	–0.4546	0.3735
	净资产收益率(扣除)(%)	–	–	–	–58.5400
	净资产收益率(%)	3.2827	11.0960	2.0990	9.1400
	总资产(万)	341817.96	363782.61	311515.15	342169.15
	股东权益(万)	44789.60	41137.11	36629.88	34789.96
	主营业务收入(万)	–	–	–	–
	主营业务利润(万)	–	–	–	–
	营业务收入(万)	147906.13	270606.24	120502.23	246859.67
	营业务利润(万)	4898.34	12645.47	3542.94	–3444.91
	投资收益(万)	–	–	–	–
	利润总额(万)	5038.71	13294.08	3678.11	8166.25
	净利润(万)	1470.29	4564.64	768.86	3178.21

安徽金种子酒业股份有限公司

公司概况	公司名称	安徽金种子酒业股份有限公司			证券简称	金种子酒
	法人代表	锁炳勋	董秘	金彪	证券代码	600199
	公司网址	www.600199.com.cn			电子信箱	jnsy199@163.com
	电　话	0558-2210568			传　真	0558-2212666
	办公地址	安徽省阜阳市莲花路259号				
	经营范围	白酒的生产与销售;皮革、包装材料的加工、制造与销售等				

主要财务指标	指标\报告期	2009.06.30	2008.12.31	2008.06.30	2007.12.31
	每股收益(元)	0.1200	0.0900	0.0600	0.1000
	每股收益(扣除)(元)	0.1200	0.0900	0.0600	0.0500
	每股净资产(元)	2.3300	2.2200	2.1800	2.1400
	调整后每股净资产(元)	–	–	–	–
	每股资本公积金(元)	1.7523	1.7523	1.7523	1.7523
	每股盈余公积金(元)	0.1337	0.1337	0.1172	0.1246
	每股未分配利润(元)	–0.5520	–0.6708	–0.6935	–0.7548
	每股现金净流量(元)	0.3746	0.1563	–0.0449	–0.0803
	每股经营现金净流量(元)	0.4295	0.5503	0.1804	0.1999
	净资产收益率(扣除)(%)	–	–	–	2.5200
	净资产收益率(%)	5.0900	4.2000	2.8200	4.9000
	总资产(万)	86934.66	79409.38	73604.44	76513.83
	股东权益(万)	60852.99	57755.24	56734.17	55329.20
	主营业务收入(万)	–	–	–	–
	主营业务利润(万)	–	–	–	–
	营业务收入(万)	46931.09	66170.35	26586.80	78762.34
	营业务利润(万)	4147.51	3202.82	2305.59	2918.35
	投资收益(万)	–	–	–	–
	利润总额(万)	4132.10	3361.71	2242.59	2983.39
	净利润(万)	3097.75	2426.04	1597.85	2712.46

江苏吴中实业股份有限公司

公司概况	公司名称	江苏吴中实业股份有限公司		证券简称	江苏吴中
	法人代表	赵唯一	董秘 许良枝	证券代码	600200
	公司网址	www.600200.com		电子信箱	xuliangzhi@wuzhong.com
	电　话	0512-65626898、65272131		传　真	0512-65270086
	办公地址	苏州市吴中区宝带东路 388 号			
	经营范围	服装,工艺术品[金银制品除外],不锈钢制品,照相器材,皮革及制品,箱包的制造,销售等			

主要财务指标	2009.06.30	2008.12.31	2008.06.30	2007.12.31
每股收益(元)	-0.0190	0.0110	0.0060	-0.1030
每股收益(扣除)(元)	-0.0200	-0.0710	-0.0140	-0.1030
每股净资产(元)	1.2800	1.2990	1.2940	1.2880
调整后每股净资产(元)	-	-	-	-
每股资本公积金(元)	0.0154	0.0154	0.0154	0.0154
每股盈余公积金(元)	0.1840	0.1840	0.1840	0.1840
每股未分配利润(元)	0.0804	0.0996	0.0945	0.0886
每股现金净流量(元)	-0.0906	-0.0410	-0.1969	-0.4463
每股经营现金净流量(元)	0.0972	0.0477	-0.0566	-0.1058
净资产收益率(扣除)(%)	-	-	-	-7.9900
净资产收益率(%)	-1.5000	0.8500	0.4600	-8.0100
总资产(万)	199158.35	203293.21	208689.62	200221.15
股东权益(万)	79812.25	81009.93	80715.07	80345.80
主营业务收入(万)	-	-	-	-
主营业务利润(万)	-	-	-	-
营业务收入(万)	95929.89	249178.62	125367.40	238189.22
营业务利润(万)	-504.38	-572.44	-414.34	-5106.32
投资收益(万)	-	-	-	-
利润总额(万)	-471.04	1482.04	790.29	-4915.96
净利润(万)	-1197.38	685.00	367.26	-6432.73

内蒙古金宇集团股份有限公司

公司概况	公司名称	内蒙古金宇集团股份有限公司		证券简称	金宇集团
	法人代表	张翀宇	董秘 李树剑	证券代码	600201
	公司网址	www.jinyu.com.cn		电子信箱	lisj@jinyu.com.cn
	电　话	0471-3336240		传　真	0471-3336240
	办公地址	内蒙古自治区呼和浩特市鄂尔多斯大街 26 号			
	经营范围	生物药品制造、房地产开发、羊绒纺织、生物技术开发应用等			

主要财务指标	2009.06.30	2008.12.31	2008.06.30	2007.12.31
每股收益(元)	0.1100	0.2600	0.2000	0.3300
每股收益(扣除)(元)	0.1100	0.2600	0.2100	0.3100
每股净资产(元)	2.5560	2.5400	2.4900	2.4800
调整后每股净资产(元)	-	-	-	-
每股资本公积金(元)	0.7602	0.7602	0.7602	0.7602
每股盈余公积金(元)	0.1612	0.1612	0.1500	0.1500
每股未分配利润(元)	0.6348	0.6207	0.5751	0.5748
每股现金净流量(元)	-0.5106	0.3810	-0.5401	0.3773
每股经营现金净流量(元)	-0.3131	0.7974	-0.4455	0.4846
净资产收益率(扣除)(%)	-	-	-	12.4600
净资产收益率(%)	4.4600	10.1100	8.0600	13.3200
总资产(万)	127224.01	124251.66	108343.18	129520.69
股东权益(万)	71782.68	71386.44	69790.93	69782.02
主营业务收入(万)	-	-	-	-
主营业务利润(万)	-	-	-	-
营业务收入(万)	26464.24	81501.47	45426.57	70218.01
营业务利润(万)	4669.57	10385.84	7263.76	12777.70
投资收益(万)	-	-	-	-
利润总额(万)	4647.02	10279.09	7092.94	13407.19
净利润(万)	3204.38	7220.72	5625.21	9292.55

哈尔滨空调股份有限公司

公司概况	公司名称	哈尔滨空调股份有限公司		证券简称	哈空调
	法人代表	于明升	董秘 孙淑玲	证券代码	600202
	公司网址	www.hac.com.cn		电子信箱	haczqb@126.com
	电　话	0451-84644521		传　真	0451-84676205
	办公地址	哈尔滨市道里区买卖街 25 号			
	经营范围	空气冷却设备、空气调节设备、节能换热设备的开发、生产与销售业务等			

主要财务指标	2009.06.30	2008.12.31	2008.06.30	2007.12.31
每股收益(元)	0.4170	0.9980	0.5090	0.7380
每股收益(扣除)(元)	0.4030	0.8750	0.3550	0.5560
每股净资产(元)	2.8350	2.9500	2.4560	1.9740
调整后每股净资产(元)	-	-	-	-
每股资本公积金(元)	0.1993	0.2373	0.2329	0.3028
每股盈余公积金(元)	0.2717	0.3260	0.2417	0.3143
每股未分配利润(元)	1.3641	1.3862	0.9818	0.9487
每股现金净流量(元)	-0.5476	0.3077	-0.3220	0.5156
每股经营现金净流量(元)	-0.4704	0.9876	-0.7224	0.9303
净资产收益率(扣除)(%)	-	-	-	28.1500
净资产收益率(%)	14.7200	33.8200	20.7200	37.3600
总资产(万)	223765.36	201890.50	195648.07	168359.35
股东权益(万)	108679.23	94224.10	78472.21	63049.47
主营业务收入(万)	-	-	-	-
主营业务利润(万)	-	-	-	-
营业务收入(万)	75355.83	150440.68	75210.21	122946.34
营业务利润(万)	15427.98	26579.12	13214.76	24659.00
投资收益(万)	-	-	-	-
利润总额(万)	16071.59	33465.15	18150.50	26834.72
净利润(万)	15992.39	31870.11	16258.23	23558.16

福建福日电子股份有限公司

公司概况	公司名称	福建福日电子股份有限公司		证券简称	福日电子
	法人代表	刘捷明	董秘 高敏华 卞志航	证券代码	600203
	公司网址	www.furielec.com		电子信箱	furielec@furielec.com
	电　话	0591-83318998		传　真	0591-83319978
	办公地址	福建省福州市五一北路 169 号福日大厦			
	经营范围	计算机硬件及外围设备、软件及系统集成、微电子、电子产品及通讯设备等			

主要财务指标	2009.06.30	2008.12.31	2008.06.30	2007.12.31
每股收益(元)	-0.0980	0.0400	-0.0381	-0.4900
每股收益(扣除)(元)	-0.1263	-0.4060	-0.0377	-0.5032
每股净资产(元)	0.8323	0.9303	0.8530	0.8802
调整后每股净资产(元)	-	-	-	-
每股资本公积金(元)	0.5665	0.5665	0.5587	0.5586
每股盈余公积金(元)	0.0572	0.0572	0.0572	0.0572
每股未分配利润(元)	-0.7914	-0.6933	-0.7633	-0.7356
每股现金净流量(元)	-0.0079	-0.1589	0.0356	-0.0915
每股经营现金净流量(元)	-0.1240	0.0826	0.0229	0.1089
净资产收益率(扣除)(%)	-	-	-	-57.1700
净资产收益率(%)	-11.7800	4.5400	-4.4700	-55.9600
总资产(万)	126043.92	146531.29	159728.24	155426.90
股东权益(万)	20021.16	22379.00	20511.22	21173.13
主营业务收入(万)	-	-	-	-
主营业务利润(万)	-	-	-	-
营业务收入(万)	48785.00	147263.35	72939.20	158149.05
营业务利润(万)	-2615.18	108.77	-948.02	-12518.30
投资收益(万)	-	-	-	-
利润总额(万)	-2514.35	714.76	-957.33	-12238.40
净利润(万)	-2357.84	1016.36	-916.03	-11848.23

有研半导体材料股份有限公司

公司概况	公司名称	有研半导体材料股份有限公司			证券简称	有研硅股
	法人代表	周旗钢	董秘	陶森	证券代码	600206
	公司网址	www.gritek.com		电子信箱	taosen@gritek.com	
	电　话	010-62355380		传　真	010-62355381	
	办公地址	北京市新街口外大街2号				
	经营范围	单晶硅、锗、化合物、半导体材料及相关电子材料的研究、开发生产和销售等				

主要财务指标	指标\报告期	2009.06.30	2008.12.31	2008.06.30	2007.12.31
	每股收益(元)	-0.3500	0.3400	0.2000	0.2700
	每股收益(扣除)(元)	-0.3500	0.3200	0.1800	0.4400
	每股净资产(元)	3.2860	3.7040	5.2300	3.3600
	调整后每股净资产(元)	-	-	-	-
	每股资本公积金(元)	2.0401	2.0371	3.5412	3.5458
	每股盈余公积金(元)	0.1239	0.1239	0.1389	0.1389
	每股未分配利润(元)	0.1227	0.5436	0.5546	0.3559
	每股现金净流量(元)	-0.1804	0.1561	0.0907	0.0301
	每股经营现金净流量(元)	-0.1036	0.6083	0.3511	0.4146
	净资产收益率(扣除)(%)	-	-	-	8.6600
	净资产收益率(%)	-10.6800	9.1200	3.8000	8.1400
	总资产(万)	106124.27	113440.11	124119.78	113658.51
	股东权益(万)	71465.15	80554.50	75882.54v73079.63	-
	主营业务收入(万)	-	-	-	-
	主营业务利润(万)	-	-	-	46370.21
	营业务收入(万)	19665.79	102545.68	68490.64	3430.11
	营业务利润(万)	-7591.77	8329.44	7287.81	-
	投资收益(万)	-	-	-	3755.97
	利润总额(万)	-7595.61	8801.88	7348.76	2880.43
	净利润(万)	-7632.89	7343.37	5947.92	

河南安彩高科股份有限公司

公司概况	公司名称	河南安彩高科股份有限公司			证券简称	ST 安彩
	法人代表	杨锋	董秘	王照生	证券代码	600207
	公司网址	www.acht.com.cn		电子信箱	achtzqb@acht.com.cn	
	电　话	0372-3932916-2533		传　真	0372-3938035	
	办公地址	河南省安阳市中州路南段				
	经营范围	生产、销售彩色显像管玻壳、彩色显示器玻壳、研究开发电子特种玻璃新产品等				

主要财务指标	指标\报告期	2009.06.30	2008.12.31	2008.06.30	2007.12.31
	每股收益(元)	-0.3443	0.1432	0.0500	0.0482
	每股收益(扣除)(元)	-0.3783	0.0233	0.0300	-0.5926
	每股净资产(元)	2.9309	3.2751	3.1900	3.1287
	调整后每股净资产(元)	-	-	-	-
	每股资本公积金(元)	2.8434	2.8323	2.8433	2.8324
	每股盈余公积金(元)	0.8888	0.8888	0.8888	0.8888
	每股未分配利润(元)	-1.8013	-1.4460	-1.5406	-1.5925
	每股现金净流量(元)	-0.2280	-0.4683	-0.4319	-0.1196
	每股经营现金净流量(元)	-0.2713	0.3003	0.0332	0.0662
	净资产收益率(扣除)(%)	-	-	-	-18.9420
	净资产收益率(%)	-11.7470	4.3730	1.5200	1.5419
	总资产(万)	251091.65	258990.71	266862.85	300036.30
	股东权益(万)	128957.60	144106.48	140422.35	137660.78
	主营业务收入(万)	-	-	-	-
	主营业务利润(万)	-	-	-	-
	营业务收入(万)	28795.53	187684.41	102644.43	172714.11
	营业务利润(万)	-16616.43	5639.05	860.23	-23570.73
	投资收益(万)	-	-	-	-
	利润总额(万)	-15119.22	6369.82	1961.93	1317.31
	净利润(万)	-15148.88	6301.94	2136.83	2122.56

新湖中宝股份有限公司

公司概况	公司名称	新湖中宝股份有限公司			证券简称	新湖中宝
	法人代表	邹丽华	董秘	虞迪锋	证券代码	600208
	公司网址	www.600208.net		电子信箱	yudf@600208.net	
	电　话	0571-87395003、85171837		传　真	0571-87395052	
	办公地址	浙江省杭州市西溪路128号新湖商务大厦11层				
	经营范围	房地产开发经营、高等公路建设、城市基础设施建设等				

主要财务指标	指标\报告期	2009.06.30	2008.12.31	2008.06.30	2007.12.31
	每股收益(元)	0.0950	0.3000	0.0730	0.1500
	每股收益(扣除)(元)	0.0950	0.2200	0.0730	0.1500
	每股净资产(元)	1.6900	1.5900	1.4000	2.0800
	调整后每股净资产(元)	-	-	-	-
	每股资本公积金(元)	0.1900	0.1891	0.1917	0.8069
	每股盈余公积金(元)	0.0426	0.0426	0.0306	0.0489
	每股未分配利润(元)	0.4537	0.3591	0.1730	0.2284
	每股现金净流量(元)	0.4690	-0.2121	-0.0655	0.5264
	每股经营现金净流量(元)	0.2129	-0.4673	-0.0813	-0.2493
	净资产收益率(扣除)(%)	-	-	-	11.2400
	净资产收益率(%)	5.6100	18.7300	5.2100	11.3200
	总资产(万)	1719511.31	1383307.96	1181395.85	1029370.25
	股东权益(万)	475851.48	448884.82	393716.38	367588.91
	主营业务收入(万)	-	-	-	-
	主营业务利润(万)	-	-	-	-
	营业务收入(万)	182846.15	350485.92	85531.25	300628.06
	营业务利润(万)	33701.35	103978.78	23798.32	61872.11
	投资收益(万)	-	-	-	-
	利润总额(万)	33425.72	102922.01	23619.04	61606.27
	净利润(万)	26692.91	84054.54	20506.49	41596.63

罗顿发展股份有限公司

公司概况	公司名称	罗顿发展股份有限公司			证券简称	罗顿发展
	法人代表	李维	董秘	韦胜杭	证券代码	600209
	公司网址	www.lawtonfz.com.cn		电子信箱	golden@public.hk.hi.cn	
	电　话	0898-66258868		传　真	0898-66254868	
	办公地址	海南省海口市人民大道68号12楼				
	经营范围	酒店经营及管理、装饰工程、油品经营和网络设备及通信业务等				

主要财务指标	指标\报告期	2009.06.30	2008.12.31	2008.06.30	2007.12.31
	每股收益(元)	-0.0400	-0.0900	-0.0186	0.0300
	每股收益(扣除)(元)	-0.0400	-0.0900	-0.0187	0.0300
	每股净资产(元)	1.5300	1.5681	1.6400	1.6598
	调整后每股净资产(元)	-	-	-	-
	每股资本公积金(元)	0.2694	0.2694	0.2695	0.2695
	每股盈余公积金(元)	0.0709	0.0709	0.0709	0.0709
	每股未分配利润(元)	0.1893	0.2278	0.3009	0.3194
	每股现金净流量(元)	0.0067	-0.0048	0.0212	0.0059
	每股经营现金净流量(元)	0.0476	0.1057	0.1014	0.0857
	净资产收益率(扣除)(%)	-	-	-	1.8100
	净资产收益率(%)	-2.5100	-5.8400	-1.1300	2.0000
	总资产(万)	145366.51	145903.60	164503.55	149953.70
	股东权益(万)	67152.67	68840.66	72053.05	72868.70
	主营业务收入(万)	-	-	-	-
	主营业务利润(万)	-	-	-	-
	营业务收入(万)	4289.46	23696.49	5744.00	41305.11
	营业务利润(万)	-2012.11	-5122.79	-1062.70	1463.47
	投资收益(万)	-	-	-	-
	利润总额(万)	-1999.26	-5151.29	-1055.07	1548.42
	净利润(万)	-1687.99	-4023.73	-815.64	1455.62

上海紫江企业集团股份有限公司

公司概况	公司名称	上海紫江企业集团股份有限公司			证券简称	紫江企业
	法人代表	沈雯	董秘	高军	证券代码	600210
	公司网址	www.zijiangqy.com		电子信箱	zjqy@zijiangqy.com	
	电　　话	021-62377118 807		传　　真	021-62377327	
	办公地址	上海市虹桥路2272号上海虹桥商务大厦7楼C座				
	经营范围	生产PET瓶及瓶坯等容器包装、各种瓶盖、标签、涂装材料和其他新型包装材料等				

主要财务指标	指标\报告期	2009.06.30	2008.12.31	2008.06.30	2007.12.31
	每股收益(元)	0.1580	0.1290	0.0737	0.2360
	每股收益(扣除)(元)	0.1570	0.1200	0.0740	0.2020
	每股净资产(元)	1.9600	1.8600	1.9300	1.8600
	调整后每股净资产(元)	-	-	-	-
	每股资本公积金(元)	0.3304	0.3403	0.3624	0.3674
	每股盈余公积金(元)	0.1678	0.1678	0.1554	0.1554
	每股未分配利润(元)	0.4641	0.3557	0.4128	0.3391
	每股现金净流量(元)	0.4831	0.2158	0.1159	-0.2262
	每股经营现金净流量(元)	0.2051	0.5467	0.1622	0.4764
	净资产收益率(扣除)(%)	-	-	-	10.8300
	净资产收益率(%)	8.0700	6.9200	3.9600	12.6800
	总资产(万)	889225.00	795737.57	806089.64	757617.51
	股东权益(万)	281928.00	267766.88	277378.00	267514.22
	主营业务收入(万)	-	-	-	-
	主营业务利润(万)	-	-	-	-
	营业务收入(万)	236234.79	507709.14	260880.45	496879.72
	营业务利润(万)	30896.21	27966.79	17941.36	50244.87
	投资收益(万)	-	-	-	-
	利润总额(万)	31181.96	29312.04	17973.48	52625.24
	净利润(万)	22763.90	18522.11	10593.32	33926.90

西藏诺迪康药业股份有限公司

公司概况	公司名称	西藏诺迪康药业股份有限公司			证券简称	西藏药业
	法人代表	陈达彬	董秘	高自力	证券代码	600211
	公司网址	www.xzyy.cn		电子信箱	zqb@xzyy.cn	
	电　　话	028-86653915、6835752		传　　真	028-86660740、6837749	
	办公地址	西藏拉萨市北京中路93号				
	经营范围	生产销售诺迪康胶囊、诺迪康颗粒、诺迪康口服液、小儿双清颗粒,藏药产品等				

主要财务指标	指标\报告期	2009.06.30	2008.12.31	2008.06.30	2007.12.31
	每股收益(元)	0.0450	0.0500	0.0020	-0.9000
	每股收益(扣除)(元)	0.0400	0.0300	0.0100	-0.8800
	每股净资产(元)	2.0320	1.9900	1.9430	1.9400
	调整后每股净资产(元)	-	-	-	-
	每股资本公积金(元)	1.6034	1.6034	1.6034	1.6034
	每股盈余公积金(元)	0.1234	0.1234	0.1234	0.1234
	每股未分配利润(元)	-0.6947	-0.7392	-0.7838	-0.7860
	每股现金净流量(元)	-0.0915	-0.1523	-0.2553	0.2342
	每股经营现金净流量(元)	-0.0559	0.1547	0.0840	-0.1319
	净资产收益率(扣除)(%)	-	-	-	-45.4700
	净资产收益率(%)	2.1913	2.3500	0.1100	-46.5300
	总资产(万)	78417.72	82966.15	80679.41	83196.32
	股东权益(万)	28186.85	27569.18	26950.42	26920.55
	主营业务收入(万)	-	-	-	-
	主营业务利润(万)	-	-	-	-
	营业务收入(万)	53508.57	99107.00	49228.06	82323.79
	营业务利润(万)	185.53	-416.36	-169.35	-13736.20
	投资收益(万)	-	-	-	-
	利润总额(万)	706.86	570.32	106.16	-12943.86
	净利润(万)	617.67	648.63	29.87	-12526.94

山东江泉实业股份有限公司

公司概况	公司名称	山东江泉实业股份有限公司			证券简称	江泉实业
	法人代表	田英智	董秘	王广勇	证券代码	600212
	公司网址	www.jiangquan.com.cn		电子信箱	wang600212@126.com	
	电　　话	0539-8246243		传　　真	0539-8271388	
	办公地址	山东省临沂市罗庄区双月门北东江泉商务楼				
	经营范围	电力生产供应、供热、供汽;铁路专用线运输;建筑陶瓷制品的生产、销售等				

主要财务指标	指标\报告期	2009.06.30	2008.12.31	2008.06.30	2007.12.31
	每股收益(元)	0.0380	0.0435	0.0200	-0.7487
	每股收益(扣除)(元)	0.0370	0.0048	0.0200	-0.4792
	每股净资产(元)	1.9850	1.9500	1.9200	1.8100
	调整后每股净资产(元)	-	-	-	-
	每股资本公积金(元)	0.8632	0.8632	0.8630	0.7675
	每股盈余公积金(元)	0.2034	0.2034	0.2034	0.2034
	每股未分配利润(元)	-0.0811	-0.1195	-0.1427	-0.1630
	每股现金净流量(元)	0.0332	-0.0494	-0.0285	-0.1574
	每股经营现金净流量(元)	0.0711	0.3746	0.0622	0.4214
	净资产收益率(扣除)(%)	-	-	-	-26.5100
	净资产收益率(%)	1.9300	2.2300	1.0500	-41.4100
	总资产(万)	130166.45	152613.37	153536.63	153095.44
	股东权益(万)	101596.87	99632.98	98437.86	92510.94
	主营业务收入(万)	-	-	-	-
	主营业务利润(万)	-	-	-	-
	营业务收入(万)	31502.94	76402.74	39998.00	91627.76
	营业务利润(万)	1873.03	2903.69	1019.36	-26539.65
	投资收益(万)	-	-	-	-
	利润总额(万)	1963.90	2682.73	1035.27	-41097.35
	净利润(万)	1963.90	2224.78	1035.27	-38311.90

扬州亚星客车股份有限公司

公司概况	公司名称	扬州亚星客车股份有限公司			证券简称	亚星客车
	法人代表	魏洁	董秘	刘竹金	证券代码	600213
	公司网址	www.yaxingkeche.com.cn		电子信箱	gongsiban@yaxingkeche.com.cn	
	电　　话	0514-82989880		传　　真	0514-87852329	
	办公地址	江苏省扬州市渡江南路41号				
	经营范围	客车、特种车、农用车和汽车零部件的开发、制造、销售、进出口及维修服务等				

主要财务指标	指标\报告期	2009.06.30	2008.12.31	2008.06.30	2007.12.31
	每股收益(元)	-0.1100	0.0200	0.0322	0.0400
	每股收益(扣除)(元)	-0.1100	-0.0100	0.0309	0.0200
	每股净资产(元)	1.2825	1.3900	1.4027	1.3700
	调整后每股净资产(元)	-	-	-	-
	每股资本公积金(元)	1.5406	1.5406	1.5406	1.5406
	每股盈余公积金(元)	0.1935	0.1935	0.1935	0.1935
	每股未分配利润(元)	-1.4516	-1.3416	-1.3313	-1.3636
	每股现金净流量(元)	-0.2734	0.1178	-0.1911	0.1758
	每股经营现金净流量(元)	-0.3577	-0.0727	-0.4400	0.2470
	净资产收益率(扣除)(%)	-	-	-	1.6500
	净资产收益率(%)	-8.5715	1.5800	2.3000	2.8700
	总资产(万)	79641.79	89123.98	94114.39	89547.52
	股东权益(万)	28214.92	30633.35	30859.77	30150.40
	主营业务收入(万)	-	-	-	-
	主营业务利润(万)	-	-	-	-
	营业务收入(万)	23491.96	83151.99	41451.61	48366.87
	营业务利润(万)	-2425.13	-313.15	699.79	937.15
	投资收益(万)	-	-	-	-
	利润总额(万)	-2418.43	482.95	709.36	928.89
	净利润(万)	-2418.43	482.95	709.36	866.17

长春经开(集团)股份有限公司

公司概况	公司名称	长春经开(集团)股份有限公司		证券简称	长春经开
	法人代表	张树森	董秘 曹家玮	证券代码	600215
	公司网址	ccjk8508@mail.cetdz.com.cn	电子信箱	ccjk8508@mail.cetdz.com.cn	
	电　话	0431-84644225	传　真	0431-84630809	
	办公地址	长春经济技术开发区自由大路5188号			
	经营范围	公用设施投资、开发、建设、租赁、经营、管理;实业与科技投资			

主要财务指标	指标\报告期	2009.06.30	2008.12.31	2008.06.30	2007.12.31
	每股收益(元)	0.0745	0.0059	-0.0727	0.0068
	每股收益(扣除)(元)	-0.1360	-0.3409	-0.1095	-0.3745
	每股净资产(元)	6.4788	6.4000	6.3400	6.3900
	调整后每股净资产(元)	-	-	-	-
	每股资本公积金(元)	3.0388	3.0388	3.0388	3.0388
	每股盈余公积金(元)	0.5313	0.5313	0.5342	0.5313
	每股未分配利润(元)	1.9087	1.8342	1.7650	1.8283
	每股现金净流量(元)	-0.1837	-0.0335	-0.0767	0.0945
	每股经营现金净流量(元)	0.2221	3.0444	2.9304	0.4005
	净资产收益率(扣除)(%)	-	-	-	-5.8534
	净资产收益率(%)	1.1500	0.0920	-1.1460	0.1056
	总资产(万)	301721.87	323177.81	341085.11	455909.52
	股东权益(万)	231758.40	229092.78	226725.93	228883.19
	主营业务收入(万)	-	-	-	-
	主营业务利润(万)	-	-	-	-
	营业务收入(万)	10574.63	21122.49	9707.21	19365.12
	营业务利润(万)	5292.05	-15966.70	-3910.28	-18568.35
	投资收益(万)	-	-	-	-
	利润总额(万)	5204.00	820.11	-2593.81	2569.68
	净利润(万)	2665.62	209.60	-2599.29	241.67

浙江医药股份有限公司

公司概况	公司名称	浙江医药股份有限公司		证券简称	浙江医药
	法人代表	李春波	董秘 俞祝军	证券代码	600216
	公司网址	www.china-zmc.com	电子信箱	zmcoffice@163.com	
	电　话	0571-87213883	传　真	0571-87213883	
	办公地址	浙江省杭州市拱墅区登云路268号			
	经营范围	药品批发、药品生产、医疗器械经营、定型包装食品生产、保健食品生产等			

主要财务指标	指标\报告期	2009.06.30	2008.12.31	2008.06.30	2007.12.31
	每股收益(元)	0.7100	2.1600	0.9270	0.1300
	每股收益(扣除)(元)	0.7000	2.1500	0.9120	0.0500
	每股净资产(元)	4.0230	4.0000	2.7700	1.9300
	调整后每股净资产(元)	-	-	-	-
	每股资本公积金(元)	0.3541	0.3341	0.3435	0.3980
	每股盈余公积金(元)	0.4568	0.4568	0.1373	0.1373
	每股未分配利润(元)	2.2124	2.2074	1.2925	0.3958
	每股现金净流量(元)	-0.0158	0.7958	0.5351	0.0945
	每股经营现金净流量(元)	0.9828	2.6663	0.5659	0.5059
	净资产收益率(扣除)(%)	-	-	-	2.6300
	净资产收益率(%)	17.5200	54.0500	33.4200	6.5100
	总资产(万)	339669.37	326413.81	348704.83	284455.46
	股东权益(万)	181070.94	179944.67	124812.80	86909.14
	主营业务收入(万)	-	-	-	-
	主营业务利润(万)	-	-	-	-
	营业务收入(万)	175591.08	376102.93	203981.92	220882.56
	营业务利润(万)	37036.76	113178.71	55947.72	8421.67
	投资收益(万)	-	-	-	-
	利润总额(万)	37327.55	112121.22	55381.57	8833.61
	净利润(万)	31730.45	97262.73	41707.29	5660.50

陕西秦岭水泥(集团)股份有限公司

公司概况	公司名称	陕西秦岭水泥(集团)股份有限公司		证券简称	ST秦岭
	法人代表	周子敬	董秘 韩保平	证券代码	600217
	公司网址	www.qinling.com	电子信箱	qlc@vip.163.com	
	电　话	0919-6231630	传　真	0919-6233344	
	办公地址	陕西省铜川市耀州区东郊			
	经营范围	水泥、水泥材料及水泥深加工产品、水泥生产及研究开发所需原料、设备原件等			

主要财务指标	指标\报告期	2009.06.30	2008.12.31	2008.06.30	2007.12.31
	每股收益(元)	-0.1250	-0.5000	-0.0990	0.0200
	每股收益(扣除)(元)	-0.1430	-0.4300	-0.1000	-0.0900
	每股净资产(元)	-0.0310	0.0940	0.5060	0.5980
	调整后每股净资产(元)	-	-	-	-
	每股资本公积金(元)	0.0566	0.0566	0.0577	0.0566
	每股盈余公积金(元)	0.1036	0.1036	0.1036	0.1036
	每股未分配利润(元)	-1.1912	-1.0657	-0.6556	-0.5622
	每股现金净流量(元)	-0.0194	0.0162	0.0037	-0.0404
	每股经营现金净流量(元)	0.0332	0.0868	0.0148	0.0156
	净资产收益率(扣除)(%)	-	-	-	-15.9600
	净资产收益率(%)	-404.0700	-534.4600	-104.4100	3.2800
	总资产(万)	164003.52	170793.95	188162.77	186913.75
	股东权益(万)	-2051.49	6238.04	33413.65	39513.53
	主营业务收入(万)	-	-	-	-
	主营业务利润(万)	-	-	-	-
	营业务收入(万)	30838.71	68856.00	34171.16	71385.64
	营业务利润(万)	-9488.07	-30135.07	-6868.34	-5474.85
	投资收益(万)	-	-	-	-
	利润总额(万)	-8287.20	-34707.25	-6767.30	1353.59
	净利润(万)	-8289.53	-33340.00	-6512.84	1296.27

安徽全柴动力股份有限公司

公司概况	公司名称	安徽全柴动力股份有限公司		证券简称	全柴动力
	法人代表	谢力	董秘 徐明余	证券代码	600218
	公司网址	www.quanchai.com.cn	电子信箱	quanchai@email.mei0.cn	
	电　话	0550-5018888-2289	传　真	0550-5015888、5011156	
	办公地址	安徽省全椒县襄河镇吴敬梓路788号			
	经营范围	内燃机、拖拉机、农用车、工程机械、环保机械、收获机械、生物工程机械、零配件等			

主要财务指标	指标\报告期	2009.06.30	2008.12.31	2008.06.30	2007.12.31
	每股收益(元)	0.0739	0.0460	0.0465	0.0775
	每股收益(扣除)(元)	0.0609	0.0180	0.0460	-0.0200
	每股净资产(元)	3.2036	3.1200	3.1200	3.1700
	调整后每股净资产(元)	-	-	-	-
	每股资本公积金(元)	1.6152	1.6062	1.6064	1.6064
	每股盈余公积金(元)	0.1743	0.1743	0.1665	0.1665
	每股未分配利润(元)	0.4141	0.3402	0.3484	0.4019
	每股现金净流量(元)	0.4244	-0.6073	-0.3841	0.1954
	每股经营现金净流量(元)	0.4158	-0.0699	-0.0258	0.0601
	净资产收益率(扣除)(%)	-	-	-	-1.3800
	净资产收益率(%)	2.3100	1.4800	1.4900	2.4400
	总资产(万)	159234.55	144784.95	143583.17	142207.87
	股东权益(万)	90790.83	88440.14	88459.64	89975.55
	主营业务收入(万)	-	-	-	-
	主营业务利润(万)	-	-	-	-
	营业务收入(万)	102725.36	127371.91	75904.92	113363.74
	营业务利润(万)	2530.29	911.74	1607.13	4218.96
	投资收益(万)	-	-	-	-
	利润总额(万)	2794.74	1208.97	1512.49	4362.03
	净利润(万)	2095.16	1305.24	1318.09	2195.01

山东南山铝业股份有限公司

公司概况	公司名称	山东南山铝业股份有限公司		证券简称	南山铝业
	法人代表	宋建波	董秘 邢美敏	证券代码	600219
	公司网址	www.600219.com.cn		电子信箱	xingmeimin@nanshan.com.cn
	电　　话	0535-8616188、8666352		传　　真	0535-8616230
	办公地址	山东省龙口市东江镇南山村			
	经营范围	石墨和碳素制品、铝及铝合金制品开发、生产、加工、销售等			

主要财务指标	指标\报告期	2009.06.30	2008.12.31	2008.06.30	2007.12.31
	每股收益(元)	0.1200	0.4800	0.3600	0.8700
	每股收益(扣除)(元)	0.1100	0.4800	0.3600	0.8800
	每股净资产(元)	6.4000	6.3800	6.2400	5.8500
	调整后每股净资产(元)	–	–	–	–
	每股资本公积金(元)	3.4181	3.4180	3.3864	3.2538
	每股盈余公积金(元)	0.2051	0.2051	0.2051	0.2051
	每股未分配利润(元)	1.7821	1.7650	1.6475	1.3882
	每股现金净流量(元)	–0.1686	1.2728	1.8335	–0.1387
	每股经营现金净流量(元)	0.4093	0.7915	0.4561	1.0206
	净资产收益率(扣除)(%)	–	–	–	15.0200
	净资产收益率(%)	1.8300	7.4800	5.7600	14.9000
	总资产(万)	1401294.45	1387473.25	1405253.13	1062860.23
	股东权益(万)	843887.78	841144.71	822793.47	771097.73
	主营业务收入(万)	–	–	–	–
	主营业务利润(万)	–	–	–	–
	营业务收入(万)	308510.21	723158.83	364830.81	657179.54
	营业务利润(万)	21245.81	84151.56	65586.53	160946.60
	投资收益(万)	–	–	–	–
	利润总额(万)	21791.41	84130.43	66186.87	159528.32
	净利润(万)	15447.70	62885.94	47388.23	114898.91

江苏阳光股份有限公司

公司概况	公司名称	江苏阳光股份有限公司		证券简称	江苏阳光
	法人代表	陈丽芬	董秘 徐伟民	证券代码	600220
	公司网址	www.sunshine.com.cn		电子信箱	jsyg88@pub.wx.jsinfo.net
	电　　话	0510-86121688		传　　真	0510-86121688
	办公地址	江苏省江阴市新桥镇马嘶桥			
	经营范围	呢绒、毛纱、毛线、针纺织品、服装、纺织机械及配件制造、销售呢绒、毛纱等			

主要财务指标	指标\报告期	2009.06.30	2008.12.31	2008.06.30	2007.12.31
	每股收益(元)	0.0283	0.0830	0.0453	0.0810
	每股收益(扣除)(元)	0.0235	0.0490	0.0340	0.0810
	每股净资产(元)	1.5640	1.5500	1.5100	1.5400
	调整后每股净资产(元)	–	–	–	–
	每股资本公积金(元)	0.0139	0.0162	0.0001	1.0204
	每股盈余公积金(元)	0.0729	0.0731	0.0697	0.1134
	每股未分配利润(元)	0.4773	0.4566	0.4440	0.7128
	每股现金净流量(元)	–0.1765	–0.0237	–0.1898	0.1176
	每股经营现金净流量(元)	0.2334	0.6337	0.3833	0.5410
	净资产收益率(扣除)(%)	–	–	–	5.3700
	净资产收益率(%)	1.8100	5.3400	2.9900	5.2800
	总资产(万)	577141.52	659048.07	595416.52	598907.40
	股东权益(万)	278941.62	275680.93	269976.99	306222.52
	主营业务收入(万)	–	–	–	–
	主营业务利润(万)	–	–	–	–
	营业务收入(万)	116102.93	330413.01	169417.53	311335.67
	营业务利润(万)	7776.42	17729.81	10903.39	20267.81
	投资收益(万)	–	–	–	–
	利润总额(万)	7962.73	18911.84	10884.01	20084.70
	净利润(万)	5053.21	14731.20	8074.39	14479.30

海南航空股份有限公司

公司概况	公司名称	海南航空股份有限公司		证券简称	海南航空
	法人代表	李晓明	董秘 张尚辉	证券代码	600221
	公司网址	www.hnair.com		电子信箱	sh_zhang@hnair.com
	电　　话	0898-66739961		传　　真	0898-66739960
	办公地址	海南省海口市海秀路29号海航发展大厦			
	经营范围	国际、国内航空客货邮运输业务;与航空运输相关的服务业务等			

主要财务指标	指标\报告期	2009.06.30	2008.12.31	2008.06.30	2007.12.31
	每股收益(元)	0.0510	–0.4000	0.0880	0.1700
	每股收益(扣除)(元)	0.0030	–0.5000	0.0810	0.1600
	每股净资产(元)	1.7900	1.7400	2.2600	2.1400
	调整后每股净资产(元)	–	–	–	–
	每股资本公积金(元)	1.0917	1.0917	1.0917	1.0917
	每股盈余公积金(元)	0.0479	0.0479	0.0479	0.0479
	每股未分配利润(元)	–0.3500	–0.3996	0.1235	0.0039
	每股现金净流量(元)	0.0703	–0.4073	0.5362	–0.2310
	每股经营现金净流量(元)	0.2981	1.0469	0.7962	0.8240
	净资产收益率(扣除)(%)	–	–	–	7.6200
	净资产收益率(%)	2.8100	–23.1900	3.8900	8.2800
	总资产(万)	5112737.50	4830922.90	4626717.60	3983994.60
	股东权益(万)	631780.50	614280.50	798931.60	756715.30
	主营业务收入(万)	–	–	–	–
	主营业务利润(万)	–	–	–	–
	营业务收入(万)	679225.00	1355166.10	687949.00	1352534.70
	营业务利润(万)	–151.40	–168353.90	29484.80	55946.70
	投资收益(万)	–	–	–	–
	利润总额(万)	18068.90	–153621.00	32406.00	68543.10
	净利润(万)	17500.00	–142434.80	31095.10	62685.50

河南太龙药业股份有限公司

公司概况	公司名称	河南太龙药业股份有限公司		证券简称	太龙药业
	法人代表	赵庆新	董秘 李辉	证券代码	600222
	公司网址	www.taloph.com		电子信箱	taloph@taloph.com
	电　　话	0371-67982194		传　　真	0371-67993600
	办公地址	郑州高新技术产业开发区金梭路8号			
	经营范围	药品生产、销售;药用动植物的饲养、种植;咨询服务,技术服务等			

主要财务指标	指标\报告期	2009.06.30	2008.12.31	2008.06.30	2007.12.31
	每股收益(元)	0.0425	0.0730	0.0399	0.0652
	每股收益(扣除)(元)	0.0411	0.0528	0.0400	0.0652
	每股净资产(元)	1.7505	1.7079	1.6748	1.7984
	调整后每股净资产(元)	–	–	–	–
	每股资本公积金(元)	0.2444	0.2444	0.2444	0.2689
	每股盈余公积金(元)	0.1263	0.1263	0.1190	0.1309
	每股未分配利润(元)	0.3797	0.3372	0.3114	0.3987
	每股现金净流量(元)	0.1908	–0.0580	0.0663	–0.0342
	每股经营现金净流量(元)	0.0291	0.0572	0.0478	0.0740
	净资产收益率(扣除)(%)	–	–	–	2.4200
	净资产收益率(%)	2.4300	4.2800	2.3800	3.9900
	总资产(万)	106990.08	93640.10	96392.08	84486.07
	股东权益(万)	55529.68	54180.29	53128.82	51863.50
	主营业务收入(万)	–	–	–	–
	主营业务利润(万)	–	–	–	–
	营业务收入(万)	36042.45	61273.78	25195.84	37116.12
	营业务利润(万)	1719.83	1866.71	1580.29	2450.13
	投资收益(万)	–	–	–	–
	利润总额(万)	1780.44	2642.20	1574.05	2623.31
	净利润(万)	1349.39	2316.79	1265.32	2069.33

鲁商置业股份有限公司

公司概况	公司名称	鲁商置业股份有限公司			证券简称	ST 鲁置业
	法人代表	李明	董秘	姜国栋	证券代码	600223
	公司网址	www.lshzy.com.cn		电子信箱	600223Lszy@163.com	
	电话	0531-55557750		传真	0531-55557750	
	办公地址	山东省济南市山大路 178 号银座数码广场				
	经营范围	房地产开发与经营管理;物业管理;建筑安装及建筑装饰等				

	指标\报告期	2009.06.30	2008.12.31	2008.06.30	2007.12.31
主要财务指标	每股收益(元)	0.0310	-0.3000	-0.7200	-0.0100
	每股收益(扣除)(元)	0.0310	-	-0.7200	-0.4200
	每股净资产(元)	0.4005	0.3800	0.3200	1.0400
	调整后每股净资产(元)	-	-	-	-
	每股资本公积金(元)	0.4814	0.4940	1.4087	1.8451
	每股盈余公积金(元)	0.1003	0.1872	0.1564	0.1593
	每股未分配利润(元)	-1.1812	-1.2120	-2.2477	-1.7618
	每股现金净流量(元)	-0.4117	0.6614	-0.0001	0.4365
	每股经营现金净流量(元)	-0.5632	-0.9498	0.0321	-0.2517
	净资产收益率(扣除)(%)	-	-	-	-62.8400
	净资产收益率(%)	7.7000	-77.7700	-228.1400	-1.5500
	总资产(万)	560597.36	480541.00	377102.16	843750.79
	股东权益(万)	40091.48	38241.83	17023.76	66636.48
	主营业务收入(万)	-	-	-	-
	主营业务利润(万)	-	-	-	-
	营业务收入(万)	27140.12	261064.84	51267.72	157526.72
	营业务利润(万)	4222.46	-19890.77	-41669.07	-43803.55
	投资收益(万)	-	-	-	-
	利润总额(万)	4115.75	-20454.94	-41228.71	-2949.28
	净利润(万)	3087.22	-29739.40	-38837.96	-1030.65

浙江升华拜克生物股份有限公司

公司概况	公司名称	浙江升华拜克生物股份有限公司			证券简称	升华拜克
	法人代表	沈德堂	董秘	徐芬	证券代码	600226
	公司网址	www.biok.com		电子信箱	xufeng@biok.com	
	电话	0572-8402738、8409861		传真	0572-8402738	
	办公地址	浙江省德清县钟管工业区				
	经营范围	马杜霉素、阿维菌素、伊维菌素、迪克拉苏、盐霉素兽药、农药原料药及制品等				

	指标\报告期	2009.06.30	2008.12.31	2008.06.30	2007.12.31
主要财务指标	每股收益(元)	0.2488	0.4700	0.2936	0.3000
	每股收益(扣除)(元)	0.1500	0.4800	0.2883	0.2900
	每股净资产(元)	4.0758	4.0700	3.8600	3.7300
	调整后每股净资产(元)	-	-	-	-
	每股资本公积金(元)	1.7522	1.7522	1.7381	1.7381
	每股盈余公积金(元)	0.3255	0.3255	0.3053	0.3053
	每股未分配利润(元)	1.0012	0.9914	0.8272	0.6909
	每股现金净流量(元)	-0.0596	0.2905	0.3464	0.1553
	每股经营现金净流量(元)	0.2135	1.1434	0.5283	0.4170
	净资产收益率(扣除)(%)	-	-	-	7.6700
	净资产收益率(%)	6.1100	11.5800	7.6000	8.0400
	总资产(万)	198009.16	211472.70	234043.82	204719.61
	股东权益(万)	110196.92	109934.25	104489.69	100884.46
	主营业务收入(万)	-	-	-	-
	主营业务利润(万)	-	-	-	-
	营业务收入(万)	74206.14	275611.26	180793.80	204467.15
	营业务利润(万)	8140.50	21485.54	14867.51	11431.23
	投资收益(万)	-	-	-	-
	利润总额(万)	8484.47	21715.15	15118.50	11775.80
	净利润(万)	6727.75	12729.62	7938.38	8112.06

贵州赤天化股份有限公司

公司概况	公司名称	贵州赤天化股份有限公司			证券简称	赤天化
	法人代表	郑才友	董秘	杨呈祥	证券代码	600227
	公司网址	www.chth.com.cn		电子信箱	gfgs_bgs@chth.cn	
	电话	0852-2878788、2879168		传真	0852-2878874	
	办公地址	贵州省赤水市化工路				
	经营范围	合成氨、氮肥、磷肥、复合肥、精细化工产品的生产、销售;房屋、土地租赁等				

	指标\报告期	2009.06.30	2008.12.31	2008.06.30	2007.12.31
主要财务指标	每股收益(元)	0.3270	0.5400	0.3670	1.1700
	每股收益(扣除)(元)	0.3220	0.4800	0.3400	1.1900
	每股净资产(元)	5.4700	4.9200	4.7700	8.0400
	调整后每股净资产(元)	-	-	-	-
	每股资本公积金(元)	2.0928	1.3360	1.3838	2.8714
	每股盈余公积金(元)	0.4889	0.5469	0.5387	0.9458
	每股未分配利润(元)	1.8483	1.9950	1.8440	3.2214
	每股现金净流量(元)	8.1953	-0.0647	0.2159	0.2504
	每股经营现金净流量(元)	0.4456	0.9054	0.6687	1.5189
	净资产收益率(扣除)(%)	-	-	-	14.7700
	净资产收益率(%)	5.1300	11.0200	7.6900	14.5600
	总资产(万)	827850.10	468813.69	345435.06	269752.22
	股东权益(万)	201955.72	150666.36	145984.35	136655.86
	主营业务收入(万)	-	-	-	-
	主营业务利润(万)	-	-	-	-
	营业务收入(万)	61177.33	114816.37	65622.46	111369.28
	营业务利润(万)	12369.11	19665.87	13919.68	23888.60
	投资收益(万)	-	-	-	-
	利润总额(万)	12561.33	22187.77	14998.55	23547.72
	净利润(万)	10363.00	16587.84	11228.32	19895.36

江西昌九生物化工股份有限公司

公司概况	公司名称	江西昌九生物化工股份有限公司			证券简称	昌九生化
	法人代表	肖建国	董秘	赵红旗	证券代码	600228
	公司网址	www.600228.net		电子信箱	jxcjgf@nc.jx.cn	
	电话	0791-8504560、8504386		传真	0791-8504797	
	办公地址	江西省南昌市洪都北大道 516 号				
	经营范围	液氨、甲醇、尿素、双氧水、白炭黑、液体二氧化碳、过氧乙酸、氢气、氮气、硫等				

	指标\报告期	2009.06.30	2008.12.31	2008.06.30	2007.12.31
主要财务指标	每股收益(元)	-0.1220	0.0370	0.0050	0.0360
	每股收益(扣除)(元)	-0.1240	0.0050	0.0100	0.0410
	每股净资产(元)	1.3340	1.4560	1.4240	1.4190
	调整后每股净资产(元)	-	-	-	-
	每股资本公积金(元)	0.4291	0.4291	0.4291	0.4291
	每股盈余公积金(元)	0.0544	0.0544	0.0544	0.0544
	每股未分配利润(元)	-0.1491	-0.0278	-0.0597	-0.0650
	每股现金净流量(元)	-0.0855	-0.0430	-0.1754	0.1695
	每股经营现金净流量(元)	0.0591	0.2893	-0.0869	0.0709
	净资产收益率(扣除)(%)	-	-	-	2.8800
	净资产收益率(%)	-9.0900	2.5600	0.3750	2.5100
	总资产(万)	98752.80	99890.23	103221.37	101500.32
	股东权益(万)	32202.34	35129.66	34360.45	34231.92
	主营业务收入(万)	-	-	-	-
	主营业务利润(万)	-	-	-	-
	营业务收入(万)	33289.12	107608.09	53167.25	105296.19
	营业务利润(万)	-2342.90	1359.47	818.23	3095.48
	投资收益(万)	-	-	-	-
	利润总额(万)	-2252.22	2405.65	666.00	2855.79
	净利润(万)	-2927.33	897.75	128.53	859.80

青岛碱业股份有限公司

公司概况	公司名称	青岛碱业股份有限公司		证券简称	青岛碱业
	法人代表	罗方辉	董秘 邹怀基	证券代码	600229
	公司网址	www.qdjy.com		电子信箱	xxzx@qdjy.com
	电　话	0532-84822574		传　真	0532-84815402
	办公地址	山东省青岛市四流北路78号			
	经营范围	生产、销售纯碱、化肥、农药、化工产品;蒸汽供应;进出口业务等			

主要财务指标	指标\报告期	2009.06.30	2008.12.31	2008.06.30	2007.12.31
	每股收益(元)	-0.2400	0.1100	0.2200	0.1900
	每股收益(扣除)(元)	-0.2400	0.1100	0.2300	0.1900
	每股净资产(元)	3.6100	3.4800	3.6000	3.4600
	调整后每股净资产(元)	-	-	-	-
	每股资本公积金(元)	1.8713	1.2524	1.2557	1.2652
	每股盈余公积金(元)	0.3036	0.4072	0.3951	0.3686
	每股未分配利润(元)	0.4346	0.8223	0.9495	0.8289
	每股现金净流量(元)	1.4322	0.4384	0.1763	-0.0963
	每股经营现金净流量(元)	0.3938	1.1530	0.3529	0.3739
	净资产收益率(扣除)(%)	-	-	-	5.3400
	净资产收益率(%)	-4.9455	3.0300	6.1300	5.3900
	总资产(万)	302472.16	254928.95	246403.03	235434.47
	股东权益(万)	142859.93	102758.49	106256.52	102193.52
	主营业务收入(万)	-	-	-	-
	主营业务利润(万)	-	-	-	-
	营业务收入(万)	82088.08	219480.92	125617.70	194649.58
	营业务利润(万)	-7381.42	4582.02	9186.54	9976.78
	投资收益(万)	-	-	-	-
	利润总额(万)	-7198.71	4384.94	8847.27	9728.25
	净利润(万)	-7065.13	3109.11	6510.35	5509.45

河北沧州大化股份有限公司

公司概况	公司名称	河北沧州大化股份有限公司		证券简称	沧州大化
	法人代表	平海军	董秘 彭建民	证券代码	600230
	公司网址	www.czdh.com.cn		电子信箱	pjm888@czdh.com.cn
	电　话	0317-3556143、3556897		传　真	0317-3025065
	办公地址	河北省沧州市永济东路19号			
	经营范围	合成氨,尿素的生产,销售;硝酸,多孔硝铵,三聚氰胺,氢气,循环水的生产和销售等			

主要财务指标	指标\报告期	2009.06.30	2008.12.31	2008.06.30	2007.12.31
	每股收益(元)	0.2044	0.6404	0.5774	0.3041
	每股收益(扣除)(元)	0.2083	0.6404	0.5815	0.3041
	每股净资产(元)	4.3042	4.2088	4.1457	3.6684
	调整后每股净资产(元)	-	-	-	-
	每股资本公积金(元)	1.3733	1.3733	1.3733	1.3733
	每股盈余公积金(元)	0.3859	0.3859	0.3400	0.3400
	每股未分配利润(元)	1.5239	1.4495	1.4325	0.9551
	每股现金净流量(元)	1.2627	0.7707	0.8828	0.1629
	每股经营现金净流量(元)	0.4856	2.4562	1.0776	0.7551
	净资产收益率(扣除)(%)	-	-	-	10.0500
	净资产收益率(%)	4.7500	15.2200	13.9300	8.2900
	总资产(万)	346475.10	304124.27	285023.90	240303.94
	股东权益(万)	111620.87	109146.56	107512.32	95132.78
	主营业务收入(万)	-	-	-	-
	主营业务利润(万)	-	-	-	-
	营业务收入(万)	87391.51	202163.12	115382.23	150229.94
	营业务利润(万)	7152.64	28245.48	29325.98	18889.27
	投资收益(万)	-	-	-	-
	利润总额(万)	7000.30	28075.57	29081.97	11396.54
	净利润(万)	5300.18	16607.10	14972.85	7886.50

凌源钢铁股份有限公司

公司概况	公司名称	凌源钢铁股份有限公司		证券简称	凌钢股份
	法人代表	张振勇	董秘 文广	证券代码	600231
	公司网址	www.lggf.com.cn		电子信箱	lggf_zqb@yahoo.com.cn
	电　话	0421-6838259、6838192		传　真	0421-6831910
	办公地址	辽宁省凌源市钢铁路3号			
	经营范围	生产、经营、开发冶金产品;进出口业务等			

主要财务指标	指标\报告期	2009.06.30	2008.12.31	2008.06.30	2007.12.31
	每股收益(元)	-0.0300	0.4400	0.6000	0.7100
	每股收益(扣除)(元)	-0.0400	0.0100	0.3400	0.4100
	每股净资产(元)	3.4900	3.5500	4.7130	4.1600
	调整后每股净资产(元)	-	-	-	-
	每股资本公积金(元)	-0.0004	-0.0004	0.6381	1.1775
	每股盈余公积金(元)	0.5470	0.5470	0.6447	1.0318
	每股未分配利润(元)	1.8023	1.8841	2.4299	3.1754
	每股现金净流量(元)	0.5649	0.5821	0.1093	-0.3819
	每股经营现金净流量(元)	0.7337	0.6960	0.3398	0.5753
	净资产收益率(扣除)(%)	-	-	-	9.9100
	净资产收益率(%)	-0.9100	12.5000	15.2700	16.9900
	总资产(万)	648623.59	632944.70	461722.39	432690.36
	股东权益(万)	280352.45	285702.52	318499.38	334492.32
	主营业务收入(万)	-	-	-	-
	主营业务利润(万)	-	-	-	-
	营业务收入(万)	442495.75	917459.71	525112.76	740523.56
	营业务利润(万)	-4909.30	46071.64	64717.26	74953.45
	投资收益(万)	-	-	-	-
	利润总额(万)	-3738.72	44571.05	62649.26	74902.62
	净利润(万)	-2556.04	35630.76	48634.03	56818.08

浙江金鹰股份有限公司

公司概况	公司名称	浙江金鹰股份有限公司		证券简称	金鹰股份
	法人代表	傅国定	董秘 陈曙君	证券代码	600232
	公司网址	www.cn-goldeneagle.com		电子信箱	gecl@zsptt.com.cn
	电　话	0580-8021228		传　真	0580-8020228
	办公地址	浙江省舟山市定海区小沙镇			
	经营范围	机械制造,纺织品、丝绸、服装生产、加工,黑色及有色金属、机电及机配件等			

主要财务指标	指标\报告期	2009.06.30	2008.12.31	2008.06.30	2007.12.31
	每股收益(元)	0.0100	-0.1200	0.0130	0.1700
	每股收益(扣除)(元)	-0.0340	-0.2900	0.0130	0.1000
	每股净资产(元)	3.3860	3.3600	4.5200	4.4800
	调整后每股净资产(元)	-	-	-	-
	每股资本公积金(元)	1.1233	0.8857	1.1257	1.0180
	每股盈余公积金(元)	0.2833	0.3313	0.4183	0.4325
	每股未分配利润(元)	0.9798	1.1466	1.9787	2.0323
	每股现金净流量(元)	-0.0309	-0.1660	-0.4973	-0.2132
	每股经营现金净流量(元)	0.0080	0.3190	0.0090	-0.0529
	净资产收益率(扣除)(%)	-	-	-	2.9900
	净资产收益率(%)	0.2838	-3.6600	0.2900	4.8000
	总资产(万)	213512.67	225129.57	233842.84	230629.87
	股东权益(万)	123510.18	104906.62	108383.14	103891.36
	主营业务收入(万)	-	-	-	-
	主营业务利润(万)	-	-	-	-
	营业务收入(万)	32636.49	112358.23	58109.02	154209.56
	营业务利润(万)	-1213.80	-8765.64	672.41	6661.32
	投资收益(万)	-	-	-	-
	利润总额(万)	361.22	-3869.31	660.08	7250.56
	净利润(万)	350.48	-3840.16	317.93	4986.66

大连大杨创世股份有限公司

公司概况	公司名称	大连大杨创世股份有限公司			证券简称	大杨创世
	法人代表	李桂莲	董秘	胡冬梅	证券代码	600233
	公司网址	www.trands.com		电子信箱	panlixiang@dayang.net	
	电　话	0411-87610778		传　真	0411-87612800	
	办公地址	大连经济技术开发区哈尔滨路23号				
	经营范围	服装制造、服装洗水、包装制品、服饰辅料制造、商业贸易及进出口业务等				

主要财务指标	指标\报告期	2009.06.30	2008.12.31	2008.06.30	2007.12.31
	每股收益(元)	0.2273	0.3240	0.0900	0.6550
	每股收益(扣除)(元)	0.2193	0.3330	0.1000	0.3470
	每股净资产(元)	4.0465	3.8200	3.5600	3.5300
	调整后每股净资产(元)	–	–	–	–
	每股资本公积金(元)	1.2403	1.1388	1.1140	1.1140
	每股盈余公积金(元)	0.3141	0.3141	0.2986	0.2986
	每股未分配利润(元)	1.4921	1.3648	1.1430	1.1162
	每股现金净流量(元)	–0.7713	0.3717	0.0356	0.6278
	每股经营现金净流量(元)	0.4338	0.8415	0.1890	0.3479
	净资产收益率(扣除)(%)	–	–	–	9.8300
	净资产收益率(%)	5.6200	8.4900	2.4400	18.5600
	总资产(万)	99105.08	92083.92	82725.38	80608.06
	股东权益(万)	66767.34	62992.54	58668.42	58226.72
	主营业务收入(万)	–	–	–	–
	主营业务利润(万)	–	–	–	–
	营业务收入(万)	37635.03	89548.00	36859.72	81882.73
	营业务利润(万)	6488.38	9788.83	3100.71	16912.46
	投资收益(万)	–	–	–	–
	利润总额(万)	6515.25	9617.07	2930.96	16961.64
	净利润(万)	3750.20	5347.82	1431.70	10809.35

太原天龙集团股份有限公司

公司概况	公司名称	太原天龙集团股份有限公司			证券简称	*ST天龙
	法人代表	田家俊	董秘	戴蓉	证券代码	600234
	公司网址			电子信箱	rong4506@163.com	
	电　话	0351-4040922、2025168		传　真	0351-4039403	
	办公地址	太原市迎泽大街289号				
	经营范围	批发零售针纺织品、百货、劳保用品、日用杂品等				

主要财务指标	指标\报告期	2009.06.30	2008.12.31	2008.06.30	2007.12.31
	每股收益(元)	–0.0710	–0.2100	–0.0710	–0.3000
	每股收益(扣除)(元)	–0.0710	–0.2000	–0.0700	–0.3100
	每股净资产(元)	–1.1500	–2.8200	–2.6800	–2.6100
	调整后每股净资产(元)	–	–	–	–
	每股资本公积金(元)	1.2717	1.2717	1.2712	1.2712
	每股盈余公积金(元)	0.0873	0.0873	0.0873	0.0873
	每股未分配利润(元)	–3.5054	–5.1840	–5.0428	–4.9722
	每股现金净流量(元)	–0.0235	0.0273	0.0446	0.0176
	每股经营现金净流量(元)	–0.0088	0.0134	0.0121	0.0179
	净资产收益率(扣除)(%)	–	–	–	11.8100
	净资产收益率(%)	–	–	–	11.4900
	总资产(万)	34110.03	9236.89	9486.00	9262.22
	股东权益(万)	–16577.79	–40850.39	–38816.46	–37639.67
	主营业务收入(万)	–	–	–	–
	主营业务利润(万)	–	–	–	–
	营业务收入(万)	3669.08	8456.67	4646.91	12272.29
	营业务利润(万)	–1029.85	–2622.25	–1097.33	–3919.49
	投资收益(万)	–	–	–	–
	利润总额(万)	–1027.20	–2848.40	–1109.16	–4364.47
	净利润(万)	–1027.20	–3027.17	–1020.29	–4324.65

民丰特种纸股份有限公司

公司概况	公司名称	民丰特种纸股份有限公司			证券简称	民丰特纸
	法人代表	盛军	董秘	郑健	证券代码	600235
	公司网址	www.minfenggroup.com		电子信箱	dsh@mfspchina.com	
	电　话	0573-82812992		传　真	0573-82812992	
	办公地址	浙江省嘉兴市用里街70号				
	经营范围	纸浆、纸和纸制品制造、销售;造纸设备的设计、制造、安装、维修和技术服务等				

主要财务指标	指标\报告期	2009.06.30	2008.12.31	2008.06.30	2007.12.31
	每股收益(元)	0.1000	0.0400	0.0900	0.1000
	每股收益(扣除)(元)	0.1300	0.0400	0.0575	0.0900
	每股净资产(元)	3.2810	3.2800	3.3027	3.2300
	调整后每股净资产(元)	–	–	–	–
	每股资本公积金(元)	1.8555	1.8520	1.8520	1.8520
	每股盈余公积金(元)	0.2056	0.2056	0.2003	0.1987
	每股未分配利润(元)	0.2199	0.2182	0.2505	0.1802
	每股现金净流量(元)	0.0573	0.1304	0.1722	–0.2452
	每股经营现金净流量(元)	0.5627	0.5427	0.1204	0.8423
	净资产收益率(扣除)(%)	–	–	–	2.6800
	净资产收益率(%)	3.1000	1.3700	2.6200	3.0500
	总资产(万)	198968.03	205928.86	214442.74	205277.37
	股东权益(万)	86421.75	86283.76	86993.97	85102.63
	主营业务收入(万)	–	–	–	–
	主营业务利润(万)	–	–	–	–
	营业务收入(万)	58955.74	119655.68	62601.49	111443.49
	营业务利润(万)	4955.78	1657.77	3341.00	3279.28
	投资收益(万)	–	–	–	–
	利润总额(万)	4062.94	1594.08	3237.00	3542.37
	净利润(万)	2680.19	1181.14	2297.00	2596.08

广西桂冠电力股份有限公司

公司概况	公司名称	广西桂冠电力股份有限公司			证券简称	桂冠电力
	法人代表	杨庆	董秘	张云	证券代码	600236
	公司网址	www.ggep.com.cn		电子信箱	zhangyun@ggep.com.cn	
	电　话	0771-6118888、6118880		传　真	0771-6118999	
	办公地址	南宁市青秀区民族大道126号				
	经营范围	开发建设和管理水电站、火电厂和输变电工程等				

主要财务指标	指标\报告期	2009.06.30	2008.12.31	2008.06.30	2007.12.31
	每股收益(元)	0.0470	0.0210	–0.0110	0.2390
	每股收益(扣除)(元)	0.0460	0.0140	–0.0100	0.2000
	每股净资产(元)	2.6300	2.7000	2.6500	2.6100
	调整后每股净资产(元)	–	–	–	–
	每股资本公积金(元)	1.1342	1.1247	1.1044	0.9060
	每股盈余公积金(元)	0.5450	0.4957	0.4754	0.4795
	每股未分配利润(元)	–0.0528	0.0795	0.0683	0.2248
	每股现金净流量(元)	–0.7554	0.9954	0.4962	0.0633
	每股经营现金净流量(元)	0.4992	1.0001	0.3629	1.0724
	净资产收益率(扣除)(%)	–	–	–	–
	净资产收益率(%)	1.7900	0.7800	–0.4200	9.0500
	总资产(万)	1364701.70	1500790.87	1421175.93	1348135.26
	股东权益(万)	388685.03	399552.15	391887.08	369552.17
	主营业务收入(万)	–	–	–	–
	主营业务利润(万)	–	–	–	–
	营业务收入(万)	135366.98	273348.47	141033.75	336178.13
	营业务利润(万)	22681.89	15237.36	1424.48	51631.29
	投资收益(万)	–	–	–	–
	利润总额(万)	22827.71	16346.16	1314.67	56641.51
	净利润(万)	6961.10	3096.80	–1568.73	33443.92

安徽铜峰电子股份有限公司

公司概况	公司名称	安徽铜峰电子股份有限公司		证券简称	铜峰电子
	法人代表	应建仁	董秘 徐文焕	证券代码	600237
	公司网址	www.tong-feng.com		电子信箱	600237@tong-feng.com
	电　话	0562-2819178		传　真	0562-2831965
	办公地址	安徽省铜陵市石城大道中段 978 号			
	经营范围	电工薄膜、金属化膜、电容器、聚丙烯再生粒子、电力节能装置、电子材料、元器件的生产等			

	指标\报告期	2009.06.30	2008.12.31	2008.06.30	2007.12.31
主要财务指标	每股收益(元)	-0.0846	0.0300	0.0487	-0.0100
	每股收益(扣除)(元)	-0.0841	-0.0400	0.0036	-0.1000
	每股净资产(元)	1.8436	1.9300	1.9522	1.9000
	调整后每股净资产(元)	-	-	-	-
	每股资本公积金(元)	0.6774	0.6774	0.6782	0.6782
	每股盈余公积金(元)	0.1659	0.1659	0.1644	0.1644
	每股未分配利润(元)	0.0003	0.0850	0.1096	0.0609
	每股现金净流量(元)	0.0330	0.0312	-0.0001	-0.0001
	每股经营现金净流量(元)	0.1240	0.1610	0.0945	0.0651
	净资产收益率(扣除)(%)	-	-	-	-5.2500
	净资产收益率(%)	-4.5900	1.8400	2.4930	-5.1900
	总资产(万)	164562.34	161993.74	168062.48	163816.20
	股东权益(万)	73744.51	77129.49	78088.36	76141.94
	主营业务收入(万)	-	-	-	-
	主营业务利润(万)	-	-	-	-
	营业务收入(万)	21478.99	68179.20	37186.70	56454.88
	营业务利润(万)	-3797.20	1757.81	2181.41	-4956.57
	投资收益(万)	-	-	-	-
	利润总额(万)	-3987.87	1730.23	2255.45	-4896.79
	净利润(万)	-3384.98	1021.46	1946.42	-3953.83

海南椰岛(集团)股份有限公司

公司概况	公司名称	海南椰岛(集团)股份有限公司		证券简称	海南椰岛
	法人代表	张春昌	董秘 张军	证券代码	600238
	公司网址	www.yedao.com		电子信箱	wang_gs@yedao.com
	电　话	0898-66532925、66532987		传　真	0898-66532908
	办公地址	海南省海口市龙昆北路 13-1 号			
	经营范围	室内外装修;餐饮、住宿服务;道路运输服务;粮食、药酒、含酒精饮料、啤酒等			

	指标\报告期	2009.06.30	2008.12.31	2008.06.30	2007.12.31
主要财务指标	每股收益(元)	-0.1691	-1.4400	0.2070	0.3400
	每股收益(扣除)(元)	-0.2334	-1.4400	0.1291	0.2300
	每股净资产(元)	3.0313	2.5100	3.8519	3.4800
	调整后每股净资产(元)	-	-	-	-
	每股资本公积金(元)	2.1234	1.4348	1.2017	0.9516
	每股盈余公积金(元)	0.2115	0.2115	0.1919	0.1919
	每股未分配利润(元)	-0.2994	-0.1303	1.4621	1.3351
	每股现金净流量(元)	0.1509	-0.7604	-0.8236	0.6294
	每股经营现金净流量(元)	-0.2407	-0.3344	-1.4146	0.7142
	净资产收益率(扣除)(%)	-	-	-	6.6300
	净资产收益率(%)	-5.5784	-57.1900	5.3700	9.7900
	总资产(万)	117842.49	103065.03	125674.37	106269.58
	股东权益(万)	50319.68	41697.08	63941.12	58768.89
	主营业务收入(万)	-	-	-	-
	主营业务利润(万)	-	-	-	-
	营业务收入(万)	22206.09	114348.54	38355.30	112994.33
	营业务利润(万)	-3332.78	-24089.22	3360.49	6524.60
	投资收益(万)	-	-	-	-
	利润总额(万)	-2747.98	-23699.31	3728.53	6972.85
	净利润(万)	-2807.04	-23844.68	3435.99	5655.96

云南城投置业股份有限公司

公司概况	公司名称	云南城投置业股份有限公司		证券简称	云南城投
	法人代表	许雷	董秘 石渝平	证券代码	600239
	公司网址	www.hhgm.com.cn		电子信箱	ynctzy@163.com
	电　话	0871-7199767		传　真	0871-7199767
	办公地址	云南省昆明市民航路 400 号云南城投大厦 3 楼			
	经营范围	房地产开发与经营、商品房销售、房屋租赁、市政工程建设、市政基础设施建设、土地开发			

	指标\报告期	2009.06.30	2008.12.31	2008.06.30	2007.12.31
主要财务指标	每股收益(元)	0.0802	0.1995	-0.0562	0.1637
	每股收益(扣除)(元)	0.0792	0.1551	-0.0579	0.1991
	每股净资产(元)	4.4279	2.6600	2.4030	2.4600
	调整后每股净资产(元)	-	-	-	-
	每股资本公积金(元)	3.1724	1.2886	1.2886	1.4262
	每股盈余公积金(元)	0.0445	0.0971	0.0971	0.0971
	每股未分配利润(元)	0.2110	0.2730	0.0173	0.0735
	每股现金净流量(元)	6.1450	0.0967	0.3834	0.2175
	每股经营现金净流量(元)	-2.8625	-0.2385	-0.2881	0.3645
	净资产收益率(扣除)(%)	-	-	-	8.1000
	净资产收益率(%)	1.9375	7.5000	-2.3400	6.6600
	总资产(万)	749615.24	148893.38	113534.98	103274.37
	股东权益(万)	280468.61	77241.17	69812.35	75443.84
	主营业务收入(万)	-	-	-	-
	主营业务利润(万)	-	-	-	-
	营业务收入(万)	21971.19	42980.81	74.34	37522.32
	营业务利润(万)	7359.80	6113.18	-2249.63	9104.31
	投资收益(万)	-	-	-	-
	利润总额(万)	7364.05	6146.83	-2179.63	8000.17
	净利润(万)	5434.12	5795.79	-1631.49	4756.41

北京华业地产股份有限公司

公司概况	公司名称	北京华业地产股份有限公司		证券简称	华业地产
	法人代表	徐红	董秘 燕飞	证券代码	600240
	公司网址	www.huayedc.com		电子信箱	yanfei@huayedc.com
	电　话	010-85710735		传　真	010-85710505
	办公地址	北京市朝阳区东四环中路 39 号 A 座 16 层			
	经营范围	房地产开发等			

	指标\报告期	2009.06.30	2008.12.31	2008.06.30	2007.12.31
主要财务指标	每股收益(元)	0.0720	0.1506	0.0400	0.4032
	每股收益(扣除)(元)	0.0490	0.1352	0.0400	0.4032
	每股净资产(元)	3.1590	3.0900	2.9600	4.4100
	调整后每股净资产(元)	-	-	-	-
	每股资本公积金(元)	1.6930	1.6925	1.6833	3.0479
	每股盈余公积金(元)	0.0189	0.0189	0.0189	0.0284
	每股未分配利润(元)	0.4469	0.3751	0.2605	0.3367
	每股现金净流量(元)	0.4050	-1.0714	-0.7415	3.0320
	每股经营现金净流量(元)	0.5993	-1.1538	-0.6036	-0.3086
	净资产收益率(扣除)(%)	-	-	-	7.5800
	净资产收益率(%)	2.2700	4.8800	1.2100	7.5800
	总资产(万)	394530.50	354672.04	300650.86	317081.81
	股东权益(万)	203744.98	199080.02	191092.65	189758.43
	主营业务收入(万)	-	-	-	-
	主营业务利润(万)	-	-	-	-
	营业务收入(万)	20371.23	53343.87	19578.87	68998.61
	营业务利润(万)	5506.25	11660.61	3595.44	20965.75
	投资收益(万)	-	-	-	-
	利润总额(万)	5554.63	11660.29	3651.18	20966.46
	净利润(万)	4631.17	9715.81	2320.35	14379.94

辽宁时代万恒股份有限公司

公司概况	公司名称	辽宁时代万恒股份有限公司			证券简称	时代万恒
	法人代表	王忠岩	董秘	蒋明	证券代码	600241
	公司网址	www.lntimes.cn		电子信箱	times600241@lnsdgrp.com	
	电　话	0411-82798001*1212		传　真	0411-82798317	
	办公地址	辽宁省大连市中山区港湾街7号				
	经营范围	自营和代理各类商品及技术进出口业务,及上述商品的研究、设计、开发和内销业务等				

主要财务指标	指标\报告期	2009.06.30	2008.12.31	2008.06.30	2007.12.31
	每股收益(元)	0.0552	–0.0700	0.0296	0.1200
	每股收益(扣除)(元)	–0.0278	–0.3300	0.0184	0.0800
	每股净资产(元)	4.5020	4.4900	4.5800	4.5500
	调整后每股净资产(元)	–	–	–	–
	每股资本公积金(元)	2.2075	2.2505	2.1484	2.1484
	每股盈余公积金(元)	0.2866	0.2866	0.2838	0.2838
	每股未分配利润(元)	1.0079	0.9538	1.1513	1.1216
	每股现金净流量(元)	–0.3343	–0.6127	–0.0272	0.1189
	每股经营现金净流量(元)	–0.7147	–0.7284	–0.1677	–0.2172
	净资产收益率(扣除)(%)	–	–	–	1.6700
	净资产收益率(%)	1.2300	–1.5900	0.6500	2.6400
	总资产(万)	131612.17	148837.79	99604.25	101174.05
	股东权益(万)	47721.10	47603.12	48585.42	48271.29
	主营业务收入(万)	–	–	–	–
	主营业务利润(万)	–	–	–	–
	营业务收入(万)	76316.78	155721.95	68964.84	200639.78
	营业务利润(万)	1028.62	–2645.81	264.93	2145.19
	投资收益(万)	–	–	–	–
	利润总额(万)	1033.74	–2011.41	436.72	2649.36
	净利润(万)	584.97	–754.79	314.13	1272.15

广东华龙集团股份有限公司

公司概况	公司名称	广东华龙集团股份有限公司			证券简称	ST华龙
	法人代表	周健民	董秘	谢晶	证券代码	600242
	公司网址			电子信箱	wangqiuyang600242@126.com	
	电　话	0662-3229088		传　真	0662-3229088	
	办公地址	广东省阳江市江城区安宁路A7号金达商贸大厦7-8楼				
	经营范围	经营沿海、内河货物运输;船舶租赁、买卖;货物代理、代运业务;海洋养殖等				

主要财务指标	指标\报告期	2009.06.30	2008.12.31	2008.06.30	2007.12.31
	每股收益(元)	0.0200	1.0900	0.0092	0.0600
	每股收益(扣除)(元)	–0.0200	–0.7300	0.0005	–0.1700
	每股净资产(元)	–0.2100	–0.2300	–2.2430	–2.0300
	调整后每股净资产(元)	–	–	–	–
	每股资本公积金(元)	1.9390	1.9390	1.5655	1.7666
	每股盈余公积金(元)	0.1138	0.1138	0.1124	0.1138
	每股未分配利润(元)	–3.2660	–3.2840	–4.9209	–4.9171
	每股现金净流量(元)	–0.0221	0.0268	0.0463	0.0034
	每股经营现金净流量(元)	–0.0330	0.1731	0.1464	0.0074
	净资产收益率(扣除)(%)	–	–	–	–
	净资产收益率(%)	–	–	–	–
	总资产(万)	13233.14	15333.60	7761.53	19553.34
	股东权益(万)	–3709.83	–4023.35	–39034.90	–35443.65
	主营业务收入(万)	–	–	–	–
	主营业务利润(万)	–	–	–	–
	营业务收入(万)	1789.46	7935.37	4765.86	2131.92
	营业务利润(万)	35.06	–10162.53	1116.63	–2821.02
	投资收益(万)	–	–	–	–
	利润总额(万)	247.43	20041.61	1980.64	1322.92
	净利润(万)	313.52	18891.96	1119.60	971.82

青海华鼎实业股份有限公司

公司概况	公司名称	青海华鼎实业股份有限公司			证券简称	青海华鼎
	法人代表	于世光	董秘	刘文忠	证券代码	600243
	公司网址	www.qhhdsy.com		电子信箱	qhhdsyoffice@china.com	
	电　话	0971-7111668		传　真	0971-7111669	
	办公地址	青海省西宁市七一路318号				
	经营范围	高科技机械产品开发、制造,数控机床、加工中心、专用机械设备、石油机械等				

主要财务指标	指标\报告期	2009.06.30	2008.12.31	2008.06.30	2007.12.31
	每股收益(元)	0.0584	0.1500	0.0594	0.1800
	每股收益(扣除)(元)	0.0157	0.1100	0.0537	0.1300
	每股净资产(元)	2.7300	2.6700	2.5800	2.5900
	调整后每股净资产(元)	–	–	–	–
	每股资本公积金(元)	1.0512	1.0512	1.0512	1.0512
	每股盈余公积金(元)	0.0923	0.0923	0.0798	0.0798
	每股未分配利润(元)	0.5870	0.5285	0.4465	0.4571
	每股现金净流量(元)	0.5043	–0.0177	–0.2890	0.2196
	每股经营现金净流量(元)	–0.1431	0.0499	–0.1079	0.2426
	净资产收益率(扣除)(%)	–	–	–	5.2000
	净资产收益率(%)	2.1400	5.7600	2.3000	6.8100
	总资产(万)	136447.93	127266.11	120856.30	122073.76
	股东权益(万)	51020.05	49927.97	48159.88	48358.80
	主营业务收入(万)	–	–	–	–
	主营业务利润(万)	–	–	–	–
	营业务收入(万)	40829.29	103215.12	47604.31	85941.11
	营业务利润(万)	–423.11	1547.12	242.84	2709.52
	投资收益(万)	–	–	–	–
	利润总额(万)	1365.66	3732.20	1336.93	4305.15
	净利润(万)	1092.08	2877.12	1109.03	3291.13

北京万通地产股份有限公司

公司概况	公司名称	北京万通地产股份有限公司			证券简称	万通地产
	法人代表	冯仑	董秘	程晓晞	证券代码	600246
	公司网址	www.vantone.com		电子信箱	chengxiaoxi@vantone.com	
	电　话	010-59070788		传　真	010-59071159	
	办公地址	北京市朝阳区朝外大街甲6号万通中心写字楼D座4层				
	经营范围	房地产开发、销售商品房、停车场建设及经营管理、信息咨询及技术咨询				

主要财务指标	指标\报告期	2009.06.30	2008.12.31	2008.06.30	2007.12.31
	每股收益(元)	0.0726	1.0403	0.5575	0.3659
	每股收益(扣除)(元)	0.0329	0.9212	0.5217	0.3080
	每股净资产(元)	2.7400	5.6918	5.0039	4.8015
	调整后每股净资产(元)	–	–	–	–
	每股资本公积金(元)	1.1731	3.3461	3.1410	3.3461
	每股盈余公积金(元)	0.0558	0.1115	0.0534	0.0534
	每股未分配利润(元)	0.5146	1.2342	0.8095	0.4020
	每股现金净流量(元)	0.2577	–2.3614	–1.1592	3.0046
	每股经营现金净流量(元)	0.4845	–1.2599	–1.1309	1.5995
	净资产收益率(扣除)(%)	–	–	–	5.7000
	净资产收益率(%)	2.6400	18.2800	10.4300	6.7800
	总资产(万)	831577.05	738516.56	865800.78	807520.30
	股东权益(万)	278189.12	288576.28	253698.66	243437.64
	主营业务收入(万)	–	–	–	–
	主营业务利润(万)	–	–	–	–
	营业务收入(万)	60732.17	484069.71	225861.21	217621.00
	营业务利润(万)	9189.88	110840.18	68405.85	38800.65
	投资收益(万)	–	–	–	–
	利润总额(万)	17523.97	121641.67	71242.89	44583.24
	净利润(万)	7357.84	52743.64	28267.04	16493.97

成城集团股份有限公司

公司概况	公司名称	成城集团股份有限公司			证券简称	成城股份
	法人代表	成卫文	董秘	李曙光	证券代码	600247
	公司网址	www.chinawh.com		电子信箱	600247@chinawh.com	
	电　话	010-51238565		传　真	010-51238565	
	办公地址	北京市朝阳区慧忠路5号远大中心B座二十一层				
	经营范围	企业利用自有房屋对外出租;机械设备、五金交电及电子产品批发、零售等				

	指标\报告期	2009.06.30	2008.12.31	2008.06.30	2007.12.31
主要财务指标	每股收益(元)	0.0231	0.0500	0.0276	0.0400
	每股收益(扣除)(元)	0.0225	0.0400	0.0205	0.0500
	每股净资产(元)	1.4710	1.4500	1.4260	1.4000
	调整后每股净资产(元)	–	–	–	–
	每股资本公积金(元)	0.0138	0.0136	0.0136	0.0193
	每股盈余公积金(元)	0.1631	0.1616	0.1568	0.1568
	每股未分配利润(元)	0.2943	0.2727	0.2557	0.2281
	每股现金净流量(元)	0.0267	–0.4201	0.0248	0.3727
	每股经营现金净流量(元)	0.0442	0.0917	0.0115	0.5154
	净资产收益率(扣除)(%)	–	–	–	3.6900
	净资产收益率(%)	1.5700	3.3500	1.9300	3.1000
	总资产(万)	71102.57	68144.32	67899.29	67520.33
	股东权益(万)	49498.61	48715.85	47979.11	47242.71
	主营业务收入(万)	–	–	–	–
	主营业务利润(万)	–	–	–	–
	营业务收入(万)	9672.93	33241.12	9999.71	21093.98
	营业务利润(万)	1281.23	2475.39	1292.32	3197.96
	投资收益(万)	–	–	–	–
	利润总额(万)	1280.43	2461.39	1290.32	3176.93
	净利润(万)	775.72	1631.22	927.88	1463.10

陕西延长石油化建股份有限公司

公司概况	公司名称	陕西延长石油化建股份有限公司			证券简称	延长化建
	法人代表	张恺颙	董秘	赵永宏	证券代码	600248
	公司网址	www.sxpccc.com		电子信箱	zhaoyonghong@vip.sina.com	
	电　话	029-87033019		传　真	029-87033019	
	办公地址	陕西省西安市杨凌农业高新产业示范区新桥北路2号				
	经营范围	化工石油工程施工、市政公用工程施工、房屋建筑工程施工总承包等				

	指标\报告期	2009.06.30	2008.12.31	2008.06.30	2007.12.31
主要财务指标	每股收益(元)	0.1100	0.2900	–0.0500	0.0500
	每股收益(扣除)(元)	0.1100	0.0200	–0.0600	–0.4300
	每股净资产(元)	1.6600	1.4900	–0.0720	0.0060
	调整后每股净资产(元)	–	–	–	–
	每股资本公积金(元)	1.5321	2.7210	1.5525	1.5525
	每股盈余公积金(元)	0.0402	0.0603	0.2133	0.2133
	每股未分配利润(元)	–0.9595	–1.6047	–2.8383	–2.7603
	每股现金净流量(元)	–0.0346	2.8978	–0.0106	–0.0118
	每股经营现金净流量(元)	–0.0530	0.2970	–0.0075	0.0165
	净资产收益率(扣除)(%)	–	–	–	–7735.0000
	净资产收益率(%)	7.0000	10.0000	112.0000	947.0000
	总资产(万)	180920.35	179117.50	56590.30	57768.27
	股东权益(万)	50566.32	45352.93	–1026.98	78.70
	主营业务收入(万)	–	–	–	–
	主营业务利润(万)	–	–	–	–
	营业务收入(万)	126116.35	65262.62	1765.30	7770.04
	营业务利润(万)	4383.32	734.13	–1218.16	–5715.83
	投资收益(万)	–	–	–	–
	利润总额(万)	4384.88	5018.27	–1209.62	522.17
	净利润(万)	3357.74	4602.24	–1105.68	745.08

柳州两面针股份有限公司

公司概况	公司名称	柳州两面针股份有限公司			证券简称	两面针
	法人代表	马朝梅	董秘	王为民	证券代码	600249
	公司网址	www.lmz.com.cn		电子信箱	lmzstock@lmz.com.cn	
	电　话	0772-2506159		传　真	0772-2506158	
	办公地址	广西柳州市东环路282号				
	经营范围	牙膏、发用化妆品、香皂、膏霜、香水类、牙刷、旅游用品、家用卫生用品等				

	指标\报告期	2009.06.30	2008.12.31	2008.06.30	2007.12.31
主要财务指标	每股收益(元)	0.0069	0.0270	0.1131	1.3982
	每股收益(扣除)(元)	–0.0204	–0.1090	–0.1211	–0.2890
	每股净资产(元)	6.2450	4.9400	8.8000	8.4000
	调整后每股净资产(元)	–	–	–	–
	每股资本公积金(元)	4.1237	2.8247	5.3590	9.2647
	每股盈余公积金(元)	0.4584	0.4584	0.6808	0.6808
	每股未分配利润(元)	0.6624	0.6555	1.7621	1.6489
	每股现金净流量(元)	0.1167	–0.5510	–0.0572	1.0469
	每股经营现金净流量(元)	–0.1403	–0.4251	–0.3293	–0.4273
	净资产收益率(扣除)(%)	–	–	–	–3.4400
	净资产收益率(%)	0.1100	0.5600	1.2900	16.6500
	总资产(万)	362808.44	289087.09	342882.16	474628.34
	股东权益(万)	281004.31	222240.21	264055.43	377832.50
	主营业务收入(万)	–	–	–	–
	主营业务利润(万)	–	–	–	–
	营业务收入(万)	32812.31	56588.74	24072.92	42969.78
	营业务利润(万)	79.40	–3866.50	30.46	73903.38
	投资收益(万)	–	–	–	–
	利润总额(万)	1045.54	596.85	3772.37	74230.27
	净利润(万)	310.01	1236.31	3394.49	62917.87

南京纺织品进出口股份有限公司

公司概况	公司名称	南京纺织品进出口股份有限公司			证券简称	南纺股份
	法人代表	单晓钟	董秘	冉芳	证券代码	600250
	公司网址	www.nantex.com.cn		电子信箱	nantex@public1.ptt.js.cn	
	电　话	025-83331602		传　真	025-83331639	
	办公地址	江苏省南京市鼓楼区云南北路77号				
	经营范围	纺织品进出口、代理进出口业务;三来一补;承包中外合资;经营合作生产业务等				

	指标\报告期	2009.06.30	2008.12.31	2008.06.30	2007.12.31
主要财务指标	每股收益(元)	0.0440	0.0806	0.0450	0.0864
	每股收益(扣除)(元)	–0.0090	0.0838	0.0380	–0.0124
	每股净资产(元)	2.5252	2.4900	2.4600	2.4400
	调整后每股净资产(元)	–	–	–	–
	每股资本公积金(元)	0.3999	0.3927	0.3975	0.4058
	每股盈余公积金(元)	0.4347	0.4347	0.4234	0.4234
	每股未分配利润(元)	0.6906	0.6612	0.6372	0.6119
	每股现金净流量(元)	–0.1889	1.2689	1.6793	–4.2926
	每股经营现金净流量(元)	–0.5013	0.4586	–1.3956	0.2496
	净资产收益率(扣除)(%)	–	–	–	–0.5100
	净资产收益率(%)	1.7570	3.2400	1.8440	3.5400
	总资产(万)	450999.82	447017.24	478982.58	421758.46
	股东权益(万)	65323.92	64379.41	63590.68	63149.42
	主营业务收入(万)	–	–	–	–
	主营业务利润(万)	–	–	–	–
	营业务收入(万)	253352.35	683419.27	328733.73	756189.02
	营业务利润(万)	–742.63	991.78	955.32	1588.54
	投资收益(万)	–	–	–	–
	利润总额(万)	1108.74	1579.36	1214.63	2792.74
	净利润(万)	1148.00	2085.66	1172.51	2234.79

新疆冠农果茸集团股份有限公司

公司概况					
公司名称	新疆冠农果茸集团股份有限公司			证券简称	冠农股份
法人代表	李愈	董秘	孟琳	证券代码	600251
公司网址	www.gngf.cn		电子信箱	gn600251@126.com	
电　话	0996-2113816		传　真	0996-2113676	
办公地址	新疆库尔勒市团结南路48号小区				
经营范围	果业种植、仓储、加工及销售;农业综合开发;马鹿养殖;机电设备等				

主要财务指标 指标\报告期	2009.06.30	2008.12.31	2008.06.30	2007.12.31
每股收益(元)	-0.0110	0.1200	0.0015	0.0600
每股收益(扣除)(元)	-0.0223	0.0900	-0.0093	-0.0400
每股净资产(元)	2.1760	3.3800	3.2600	2.1000
调整后每股净资产(元)	-	-	-	-
每股资本公积金(元)	1.0481	2.0721	2.0721	0.8479
每股盈余公积金(元)	0.0713	0.1070	0.1006	0.1349
每股未分配利润(元)	0.0565	0.2013	0.0901	0.1189
每股现金净流量(元)	0.8001	0.2349	1.0350	-0.3603
每股经营现金净流量(元)	0.1879	-0.5350	0.1360	0.1892
净资产收益率(扣除)(%)	-	-	-	-2.2100
净资产收益率(%)	-0.5100	3.5200	0.0500	3.6200
总资产(万)	164614.11	144131.68	139096.53	114311.64
股东权益(万)	78791.55	81604.92	78765.21	37829.61
主营业务收入(万)	-	-	-	-
主营业务利润(万)	-	-	-	-
营业务收入(万)	22678.09	56063.60	26724.55	51798.50
营业务利润(万)	-574.90	2519.61	84.49	24.24
投资收益(万)	-	-	-	-
利润总额(万)	-128.47	3233.55	339.72	2044.91
净利润(万)	-399.36	2875.30	35.60	1384.60

广西梧州中恒集团股份有限公司

公司概况					
公司名称	广西梧州中恒集团股份有限公司			证券简称	中恒集团
法人代表	许淑清	董秘	彭伟民	证券代码	600252
公司网址	www.wz-zhongheng.com		电子信箱	pwm680@tom.com	
电　话	0774-3939128		传　真	0774-3939053	
办公地址	广西梧州市工业园区工业大道1号第1幢				
经营范围	对医药、能源、基础设施、城市公用事业、酒店旅游业、物流业的投资与管理等				

主要财务指标 指标\报告期	2009.06.30	2008.12.31	2008.06.30	2007.12.31
每股收益(元)	0.1950	0.2160	0.0700	0.1680
每股收益(扣除)(元)	0.1850	0.2030	0.0800	0.1890
每股净资产(元)	1.8900	2.0500	1.9200	1.8800
调整后每股净资产(元)	-	-	-	-
每股资本公积金(元)	0.4806	0.6767	0.6970	0.7274
每股盈余公积金(元)	0.1870	0.1974	0.1709	0.1709
每股未分配利润(元)	0.2212	0.1735	0.0539	-0.0162
每股现金净流量(元)	0.5791	0.0887	0.0278	-0.2176
每股经营现金净流量(元)	0.1104	0.2735	0.0154	0.1874
净资产收益率(扣除)(%)	-	-	-	10.0500
净资产收益率(%)	10.3200	10.5600	3.6500	8.9300
总资产(万)	123226.15	104828.26	115812.47	113188.37
股东权益(万)	49285.47	44523.72	41788.61	40925.47
主营业务收入(万)	-	-	-	-
主营业务利润(万)	-	-	-	-
营业务收入(万)	36282.95	62816.62	24977.02	28578.31
营业务利润(万)	6174.20	6922.85	2054.85	5147.97
投资收益(万)	-	-	-	-
利润总额(万)	6393.20	6378.08	1854.16	4362.37
净利润(万)	5087.92	4700.72	1524.60	3657.88

河南天方药业股份有限公司

公司概况					
公司名称	河南天方药业股份有限公司			证券简称	*ST天方
法人代表	年大明	董秘	刘宁宇	证券代码	600253
公司网址	www.topfond.com		电子信箱	info@topfond.com	
电　话	0396-3823517		传　真	0396-3815761	
办公地址	河南省驻马店市光明路2号				
经营范围	从事原料药的生产加工、药品生产销售以及新产品研制等				

主要财务指标 指标\报告期	2009.06.30	2008.12.31	2008.06.30	2007.12.31
每股收益(元)	0.0173	-0.1999	0.0105	-0.0968
每股收益(扣除)(元)	0.0033	-0.2199	0.0111	-0.1519
每股净资产(元)	1.7820	1.7600	1.9800	1.9700
调整后每股净资产(元)	-	-	-	-
每股资本公积金(元)	0.6064	0.6064	0.6126	0.6126
每股盈余公积金(元)	0.1123	0.1123	0.1123	0.1123
每股未分配利润(元)	0.0636	0.0464	0.2568	0.2463
每股现金净流量(元)	0.1653	-0.3563	-0.0398	0.1325
每股经营现金净流量(元)	-0.0496	0.3286	-0.1439	0.2968
净资产收益率(扣除)(%)	-	-	-	-7.7100
净资产收益率(%)	0.9680	-11.2900	0.5310	-4.9100
总资产(万)	305893.92	290508.27	265074.96	261491.97
股东权益(万)	74853.60	74129.00	83230.14	82788.46
主营业务收入(万)	-	-	-	-
主营业务利润(万)	-	-	-	-
营业务收入(万)	102674.57	183291.81	93428.19	162669.65
营业务利润(万)	832.41	-10620.31	925.88	-7684.80
投资收益(万)	-	-	-	-
利润总额(万)	1077.31	-9337.06	897.45	-4242.75
净利润(万)	724.61	-8396.33	441.68	-4063.72

安徽鑫科新材料股份有限公司

公司概况					
公司名称	安徽鑫科新材料股份有限公司			证券简称	鑫科材料
法人代表	周瑞庭	董秘	宋志刚	证券代码	600255
公司网址	www.ahxinke.com		电子信箱	songzg@ahxinke.com	
电　话	0553-5847323、5847423		传　真	0553-5847423	
办公地址	安徽省芜湖市经济技术开发区珠江路3号				
经营范围	铜基合金材料、金属基复合材料及制品、超细金属及特种粉末材料、稀有及贵金属材料等				

主要财务指标 指标\报告期	2009.06.30	2008.12.31	2008.06.30	2007.12.31
每股收益(元)	0.0200	0.0200	0.0300	0.2000
每股收益(扣除)(元)	0.0400	-0.1600	0.0300	0.1900
每股净资产(元)	2.3500	2.3400	2.3400	1.4100
调整后每股净资产(元)	-	-	-	-
每股资本公积金(元)	0.9658	0.9224	0.9224	1.4130
每股盈余公积金(元)	0.0801	0.0801	0.0779	0.1889
每股未分配利润(元)	0.3018	0.3367	0.3437	0.8285
每股现金净流量(元)	-0.3760	1.2052	0.5708	0.7786
每股经营现金净流量(元)	-0.1476	-0.0740	-0.2956	1.6248
净资产收益率(扣除)(%)	-	-	-	10.8700
净资产收益率(%)	0.6400	0.9600	1.1600	11.4400
总资产(万)	186252.89	190990.89	194867.62	164721.86
股东权益(万)	105528.17	105145.71	105357.78	63549.16
主营业务收入(万)	-	-	-	-
主营业务利润(万)	-	-	-	-
营业务收入(万)	115078.57	367764.50	204109.12	427328.00
营业务利润(万)	919.91	1502.31	1462.37	9888.64
投资收益(万)	-	-	-	-
利润总额(万)	941.02	1746.03	1325.25	10158.19
净利润(万)	676.06	1011.56	1223.63	7270.88

新疆广汇实业股份有限公司

公司概况

公司名称	新疆广汇实业股份有限公司			证券简称	广汇股份
法人代表	王力源	董秘	王玉琴	证券代码	600256
公司网址	www.guanghui.com		电子信箱	ghgf@guanghui.com	
电　　话	0991-3762327		传　　真	0991-8637008	
办公地址	乌鲁木齐经济技术开发区上海路 16 号				
经营范围	花岗岩矿山开采、加工、销售;塑钢门窗生产、销售及安装服务等				

主要财务指标

指标\报告期	2009.06.30	2008.12.31	2008.06.30	2007.12.31
每股收益(元)	0.2540	0.5511	0.2426	0.4506
每股收益(扣除)(元)	0.2539	–	0.2408	0.4271
每股净资产(元)	3.1400	3.2740	2.9660	2.7230
调整后每股净资产(元)	–	–	–	–
每股资本公积金(元)	0.0997	0.1097	0.1097	0.1097
每股盈余公积金(元)	0.4818	0.5300	0.5015	0.5015
每股未分配利润(元)	1.5583	1.6347	1.3548	1.1122
每股现金净流量(元)	0.4495	–0.4217	–0.4130	0.3862
每股经营现金净流量(元)	0.7881	0.4695	0.1148	0.5718
净资产收益率(扣除)(%)	–	16.2400	–	15.6800
净资产收益率(%)	8.0906	16.8300	8.1800	16.5400
总资产(万)	596954.64	485534.89	456887.76	454111.11
股东权益(万)	299125.77	283585.27	256870.03	235860.70
主营业务收入(万)	–	–	–	–
主营业务利润(万)	–	–	–	–
营业务收入(万)	146939.63	203314.74	91490.06	190947.12
营业务利润(万)	32297.42	56290.84	27074.69	50770.69
投资收益(万)	–	–	–	–
利润总额(万)	32315.51	57986.19	27241.83	51523.07
净利润(万)	24201.11	47724.58	21009.33	39022.58

大湖水殖股份有限公司

公司概况

公司名称	大湖水殖股份有限公司			证券简称	大湖股份
法人代表	罗祖亮	董秘	严宇芳	证券代码	600257
公司网址	www.dhszgf.com		电子信箱	dhgf@dhszgf.com	
电　　话	0736-7252796		传　　真	0736-7266736	
办公地址	常德市洞庭大道西段 388 号				
经营范围	水产品、水禽养殖、加工、销售及深度综合开发;生物工程研究、开发等				

主要财务指标

指标\报告期	2009.06.30	2008.12.31	2008.06.30	2007.12.31
每股收益(元)	0.0282	–0.3107	0.0234	0.0364
每股收益(扣除)(元)	0.0253	–0.3183	0.0226	0.0120
每股净资产(元)	1.1790	1.1500	1.4500	2.2200
调整后每股净资产(元)	–	–	–	–
每股资本公积金(元)	0.2603	0.2603	0.2056	0.6905
每股盈余公积金(元)	0.0855	0.0855	0.0866	0.1282
每股未分配利润(元)	–0.1672	–0.1926	0.1535	0.4021
每股现金净流量(元)	0.0716	–0.0313	–0.0179	–0.0042
每股经营现金净流量(元)	0.0522	0.1547	0.1029	0.2309
净资产收益率(扣除)(%)	–	–	–	0.5500
净资产收益率(%)	2.3900	–26.9500	1.6200	1.6400
总资产(万)	110018.60	104322.40	118536.41	114528.74
股东权益(万)	50332.70	49247.39	61737.23	63223.49
主营业务收入(万)	–	–	–	–
主营业务利润(万)	–	–	–	–
营业务收入(万)	20298.32	34359.92	15884.70	36750.18
营业务利润(万)	1219.46	–13408.16	1313.33	1219.84
投资收益(万)	–	–	–	–
利润总额(万)	1360.15	–13040.15	1359.73	1370.71
净利润(万)	1204.38	–13269.76	1000.45	1035.65

北京首都旅游股份有限公司

公司概况

公司名称	北京首都旅游股份有限公司			证券简称	首旅股份
法人代表	杨华	董秘	段中鹏	证券代码	600258
公司网址	www.bct2000.com		电子信箱	stock@bct2000.com	
电　　话	010-66014466-2446		传　　真	010-66019471	
办公地址	北京西城区复兴门内大街 51 号				
经营范围	项目投资与管理;饭店经营与管理;旅游服务;旅游产品开发、销售等				

主要财务指标

指标\报告期	2009.06.30	2008.12.31	2008.06.30	2007.12.31
每股收益(元)	0.3719	0.7463	0.3754	0.5288
每股收益(扣除)(元)	0.3712	0.7455	0.3758	0.5548
每股净资产(元)	4.7700	4.7300	4.3900	4.5100
调整后每股净资产(元)	–	–	–	–
每股资本公积金(元)	1.9748	1.9343	1.9681	2.1946
每股盈余公积金(元)	0.4325	0.4325	0.3721	0.3721
每股未分配利润(元)	1.3660	1.3641	1.0535	0.9481
每股现金净流量(元)	–0.5000	0.4020	0.0595	0.1820
每股经营现金净流量(元)	0.4673	1.0707	0.6341	1.0823
净资产收益率(扣除)(%)	–	–	8.5500	12.2900
净资产收益率(%)	7.7900	15.7800	8.5400	11.7100
总资产(万)	194169.94	185781.61	181589.90	188348.41
股东权益(万)	110452.28	109472.20	101668.54	104473.19
主营业务收入(万)	–	–	–	–
主营业务利润(万)	–	–	–	–
营业务收入(万)	69649.31	179220.88	89056.92	181955.13
营业务利润(万)	13819.29	27880.93	13974.47	22833.84
投资收益(万)	–	–	–	–
利润总额(万)	13838.11	27774.34	13762.12	21754.99
净利润(万)	8604.78	17270.47	8685.61	12237.35

广晟有色金属股份有限公司

公司概况

公司名称	广晟有色金属股份有限公司			证券简称	ST 有色
法人代表	叶列理	董秘	李明	证券代码	600259
公司网址			电子信箱	ysgzgs@gdnmi.com	
电　　话	020-87226381		传　　真	020-87649987	
办公地址	海南省海口市国贸大道省建行大厦 B 座首层				
经营范围	采选,冶炼,制造,加工有色金属矿产品,冶炼产品,深加工产品及综合利用产品等				

主要财务指标

指标\报告期	2009.06.30	2008.12.31	2008.06.30	2007.12.31
每股收益(元)	0.0226	0.0600	–0.1179	–0.1997
每股收益(扣除)(元)	–0.0233	–0.3900	–0.1179	–0.1952
每股净资产(元)	0.9423	0.8983	–0.1056	–0.1948
调整后每股净资产(元)	–	–	–	–
每股资本公积金(元)	1.7881	1.7634	1.2120	1.2120
每股盈余公积金(元)	0.0861	0.0861	0.1425	0.1425
每股未分配利润(元)	–1.9319	–1.9512	–2.4601	–2.5493
每股现金净流量(元)	0.0495	0.3266	–0.0205	–0.0250
每股经营现金净流量(元)	0.0299	0.0049	–0.0086	0.1646
净资产收益率(扣除)(%)	–	–	–	–
净资产收益率(%)	2.1400	5.7400	–	–
总资产(万)	105690.13	124755.27	62057.60	68161.42
股东权益(万)	23501.06	22404.45	–2253.66	–4157.41
主营业务收入(万)	–	–	–	–
主营业务利润(万)	–	–	–	–
营业务收入(万)	27887.84	56298.02	13745.58	48559.30
营业务利润(万)	132.79	–9679.05	–2515.00	–3901.34
投资收益(万)	–	–	–	–
利润总额(万)	980.34	239.91	–2515.00	–4261.34
净利润(万)	502.07	1286.99	–2515.00	–4261.34

湖北凯乐科技股份有限公司

公司概况	公司名称	湖北凯乐科技股份有限公司			证券简称	凯乐科技
	法人代表	朱弟雄	董秘	陈杰	证券代码	600260
	公司网址	www.cnkaile.com		电子信箱	chenjie@cnkaile.com	
	电　话	027-87250890		传　真	027-87250586	
	办公地址	湖北省公安县斗湖堤城关				
	经营范围	塑料硬管及管件、软管、管材，塑料零件及塑料土工合成材料等的制造与销售等				

主要财务指标	指标\报告期	2009.06.30	2008.12.31	2008.06.30	2007.12.31
	每股收益(元)	0.2500	0.2600	0.2500	0.3400
	每股收益(扣除)(元)	0.0500	0.2300	0.2500	0.2900
	每股净资产(元)	2.7740	5.1600	5.5100	5.9900
	调整后每股净资产(元)	–	–	–	–
	每股资本公积金(元)	0.8908	1.8000	2.1338	2.8887
	每股盈余公积金(元)	0.2700	0.4502	0.4369	0.4261
	每股未分配利润(元)	0.6131	1.9110	1.9329	1.6783
	每股现金净流量(元)	0.6929	–1.3009	–0.7780	0.8540
	每股经营现金净流量(元)	–0.0622	–1.1639	–1.2459	–0.0669
	净资产收益率(扣除)(%)	–	–	–	4.9100
	净资产收益率(%)	9.1000	4.9700	4.4500	5.6600
	总资产(万)	274461.15	236223.61	251834.75	243033.52
	股东权益(万)	146365.92	136161.80	145195.66	158110.17
	主营业务收入(万)	–	–	–	–
	主营业务利润(万)	–	–	–	–
	营业务收入(万)	41660.39	115856.69	64316.89	114340.15
	营业务利润(万)	15823.27	8753.36	8785.62	13285.37
	投资收益(万)	–	–	–	–
	利润总额(万)	16143.63	8663.68	8782.34	14365.98
	净利润(万)	13326.25	6772.83	6456.92	8944.78

浙江阳光集团股份有限公司

公司概况	公司名称	浙江阳光集团股份有限公司			证券简称	浙江阳光
	法人代表	陈森洁	董秘	吴青谊	证券代码	600261
	公司网址	www.yankon.com		电子信箱	ygjt@yankon.com	
	电　话	0575-82027720		传　真	0575-82027720	
	办公地址	浙江省上虞市凤山路485号阳光大厦				
	经营范围	节能电光源、照明电器及其仪器的开发、制造、销售;照明电器原辅助材料等				

主要财务指标	指标\报告期	2009.06.30	2008.12.31	2008.06.30	2007.12.31
	每股收益(元)	0.1900	0.4100	0.2100	0.4500
	每股收益(扣除)(元)	0.1400	0.4300	0.2100	0.3600
	每股净资产(元)	3.7380	3.9400	3.7500	4.7600
	调整后每股净资产(元)	–	–	–	–
	每股资本公积金(元)	1.3795	1.3785	1.3793	1.7946
	每股盈余公积金(元)	0.3812	0.3812	0.3532	0.4592
	每股未分配利润(元)	0.9940	1.1996	1.0363	1.5201
	每股现金净流量(元)	0.4073	–0.1479	–0.1289	–0.2413
	每股经营现金净流量(元)	0.5451	0.5325	0.1667	0.6651
	净资产收益率(扣除)(%)	–	–	–	9.8800
	净资产收益率(%)	5.2000	10.4100	5.6900	12.3300
	总资产(万)	201421.93	194698.36	197590.92	189626.73
	股东权益(万)	93366.01	98406.51	93595.41	91477.50
	主营业务收入(万)	–	–	–	–
	主营业务利润(万)	–	–	–	–
	营业务收入(万)	71231.21	189073.64	94719.52	174494.55
	营业务利润(万)	5792.54	11671.47	7177.81	15689.83
	投资收益(万)	–	–	–	–
	利润总额(万)	6446.56	13759.05	7200.10	15981.19
	净利润(万)	4856.44	10245.50	5323.80	11278.08

内蒙古北方重型汽车股份有限公司

公司概况	公司名称	内蒙古北方重型汽车股份有限公司			证券简称	北方股份
	法人代表	陈树清	董秘	常德明	证券代码	600262
	公司网址	www.chinanhl.com		电子信箱	cdm@chinanhl.com	
	电　话	0472-2207888		传　真	0472-2207538	
	办公地址	内蒙古包头市稀土高新技术产业开发区北方股份大厦				
	经营范围	生产、销售“特雷克斯”各种不同型号的非公路自卸汽车和旋挖钻机、挖掘机等				

主要财务指标	指标\报告期	2009.06.30	2008.12.31	2008.06.30	2007.12.31
	每股收益(元)	0.1385	0.2200	0.1009	0.1500
	每股收益(扣除)(元)	0.0819	0.2100	0.0996	0.1600
	每股净资产(元)	4.0936	4.0400	3.9100	3.8900
	调整后每股净资产(元)	–	–	–	–
	每股资本公积金(元)	2.3481	2.3481	2.3481	2.3481
	每股盈余公积金(元)	0.5488	0.5488	0.4551	0.4551
	每股未分配利润(元)	0.1967	0.1382	0.1113	0.0904
	每股现金净流量(元)	0.6802	0.2090	0.3035	0.2616
	每股经营现金净流量(元)	0.3897	0.2120	0.0519	–0.0927
	净资产收益率(扣除)(%)	–	–	–	4.0800
	净资产收益率(%)	3.3828	5.4900	2.5700	3.9700
	总资产(万)	301584.16	261744.92	271366.31	231791.16
	股东权益(万)	69590.44	68596.31	66546.75	66192.10
	主营业务收入(万)	–	–	–	–
	主营业务利润(万)	–	–	–	–
	营业务收入(万)	74545.75	160724.86	73020.18	128192.27
	营业务利润(万)	1354.42	4391.99	1635.57	3008.79
	投资收益(万)	–	–	–	–
	利润总额(万)	2504.37	4701.54	1661.47	2925.27
	净利润(万)	2354.13	3764.21	1714.66	2626.40

路桥集团国际建设股份有限公司

公司概况	公司名称	路桥集团国际建设股份有限公司			证券简称	路桥建设
	法人代表	毛志远	董秘	郑凯	证券代码	600263
	公司网址	www.crbcint.com		电子信箱	zqb@crbcint.com	
	电　话	010-64181166、64181913		传　真	010-64182080	
	办公地址	北京市东城区东中街9号东环广场A座写字楼八层				
	经营范围	公路、桥梁、机场、港口、隧道、给水、排水及其他土木工程建设项目的总承包等				

主要财务指标	指标\报告期	2009.06.30	2008.12.31	2008.06.30	2007.12.31
	每股收益(元)	0.1400	0.2400	0.1100	0.2200
	每股收益(扣除)(元)	0.1300	0.2400	0.1050	0.1900
	每股净资产(元)	4.3880	4.2700	4.1380	4.0300
	调整后每股净资产(元)	–	–	–	–
	每股资本公积金(元)	2.1114	2.1114	2.1114	2.1117
	每股盈余公积金(元)	0.0621	0.0690	0.0419	0.0419
	每股未分配利润(元)	1.1939	1.0946	0.9843	0.8795
	每股现金净流量(元)	–1.0934	0.8582	–0.2498	0.5452
	每股经营现金净流量(元)	0.2309	1.2432	–0.1626	0.2821
	净资产收益率(扣除)(%)	–	–	–	4.7400
	净资产收益率(%)	3.2500	5.6700	2.6700	5.4200
	总资产(万)	901751.05	784192.13	618026.45	535483.36
	股东权益(万)	179099.07	174475.36	168870.11	164602.58
	主营业务收入(万)	–	–	–	–
	主营业务利润(万)	–	–	–	–
	营业务收入(万)	388242.86	676226.78	248016.89	508683.86
	营业务利润(万)	6787.00	12523.29	5286.23	10103.74
	投资收益(万)	–	–	–	–
	利润总额(万)	7481.86	12728.33	5505.32	10246.68
	净利润(万)	5814.02	9885.67	4509.45	8917.65

云南景谷林业股份有限公司

公司概况					
公司名称	云南景谷林业股份有限公司			证券简称	景谷林业
法人代表	马春华	董秘	邱海涛	证券代码	600265
公司网址	www.jgly.cn		电子信箱	jgly@jgly.cn	
电话	0879-5226908		传真	0879-5226908	
办公地址	中国云南省普洱市景谷县威远路47号				
经营范围	经营本企业自产的脂松香、脂松节油、α蒎烯、β蒎烯等林产化工系列产品等				

主要财务指标

指标\报告期	2009.06.30	2008.12.31	2008.06.30	2007.12.31
每股收益(元)	-0.1300	0.0700	0.5100	0.2600
每股收益(扣除)(元)	-0.1500	-0.3200	0.0700	-0.3300
每股净资产(元)	2.7000	2.9900	3.4300	2.9200
调整后每股净资产(元)	-	-	-	-
每股资本公积金(元)	1.3604	1.3604	1.3604	1.3604
每股盈余公积金(元)	0.1062	0.1062	0.1020	0.1020
每股未分配利润(元)	0.2347	0.5238	0.9628	0.4545
每股现金净流量(元)	0.0270	-0.4570	0.3978	0.4013
每股经营现金净流量(元)	0.0304	-0.4745	0.0684	0.0254
净资产收益率(扣除)(%)	-	-	-	-11.4100
净资产收益率(%)	-4.7000	2.2400	14.8400	8.7900
总资产(万)	71647.39	68586.25	82007.32	79680.64
股东权益(万)	35063.54	38815.73	44459.59	37861.20
主营业务收入(万)	-	-	-	-
主营业务利润(万)	-	-	-	-
营业务收入(万)	8651.75	26137.12	11663.10	22858.12
营业务利润(万)	-1773.35	1025.95	7075.88	4074.88
投资收益(万)	-	-	-	-
利润总额(万)	-1470.95	1185.91	7155.09	4244.06
净利润(万)	-1649.37	869.92	6598.39	3328.88

北京城建投资发展股份有限公司

公司概况					
公司名称	北京城建投资发展股份有限公司			证券简称	北京城建
法人代表	刘龙华	董秘	张财广	证券代码	600266
公司网址	www.bucid.com		电子信箱	tz@bucid.com	
电话	010-82275538、82275598		传真	010-82275533	
办公地址	北京市朝阳区北土城西路11号城建开发大厦				
经营范围	房地产开发、销售商品房;投资及投资管理;销售金属材料、木材、建筑材料等				

主要财务指标

指标\报告期	2009.06.30	2008.12.31	2008.06.30	2007.12.31
每股收益(元)	0.2503	0.4267	0.2166	0.3632
每股收益(扣除)(元)	0.2457	0.3612	0.1654	0.3629
每股净资产(元)	4.9320	4.7320	4.7550	4.5390
调整后每股净资产(元)	-	-	-	-
每股资本公积金(元)	2.2119	2.2119	2.3450	2.3450
每股盈余公积金(元)	0.2776	0.2776	0.2776	0.2776
每股未分配利润(元)	1.4429	1.2426	1.1326	0.9160
每股现金净流量(元)	1.0383	-0.1255	-0.4311	0.6004
每股经营现金净流量(元)	1.0495	-0.2082	-0.2578	-0.2778
净资产收益率(扣除)(%)	-	-	-	7.8700
净资产收益率(%)	5.0740	9.0200	4.5550	7.8800
总资产(万)	1178279.82	1062512.67	1055822.20	1021646.61
股东权益(万)	365493.81	350652.24	352359.87	336311.05
主营业务收入(万)	-	-	-	-
主营业务利润(万)	-	-	-	-
营业务收入(万)	89460.69	243993.35	52813.58	157959.20
营业务利润(万)	26977.83	43136.25	20852.03	41963.58
投资收益(万)	-	-	-	-
利润总额(万)	26600.13	43109.79	20856.50	41679.11
净利润(万)	18546.57	31615.80	16048.81	26488.34

浙江海正药业股份有限公司

公司概况					
公司名称	浙江海正药业股份有限公司			证券简称	海正药业
法人代表	白骅	董秘	张薇	证券代码	600267
公司网址	www.hisunpharm.com		电子信箱	hy@hisunpharm.com	
电话	0576-88827809		传真	0576-88827887	
办公地址	浙江省台州市椒江区外沙路46号				
经营范围	化学原料药.化学中间体.医药制剂、生物制药.中成药、中药制剂、医药辅料等				

主要财务指标

指标\报告期	2009.06.30	2008.12.31	2008.06.30	2007.12.31
每股收益(元)	0.2370	0.4350	0.1840	0.3110
每股收益(扣除)(元)	0.2300	0.4350	0.1880	0.3110
每股净资产(元)	3.5060	3.3680	3.1180	3.0340
调整后每股净资产(元)	-	-	-	-
每股资本公积金(元)	0.5933	0.5933	0.5933	0.5933
每股盈余公积金(元)	0.4121	0.4121	0.3730	0.3730
每股未分配利润(元)	1.5001	1.3630	1.1516	1.0674
每股现金净流量(元)	0.2321	0.4408	0.2153	0.0448
每股经营现金净流量(元)	0.4040	0.4925	0.2462	0.9743
净资产收益率(扣除)(%)	-	-	-	10.9300
净资产收益率(%)	6.7600	12.9100	5.9100	10.2500
总资产(万)	466973.99	412131.68	353606.07	298555.93
股东权益(万)	157496.76	151339.46	140084.21	136300.17
主营业务收入(万)	-	-	-	-
主营业务利润(万)	-	-	-	-
营业务收入(万)	181887.81	318197.83	157128.16	283877.07
营业务利润(万)	12760.26	24074.49	11541.44	20210.45
投资收益(万)	-	-	-	-
利润总额(万)	13169.74	24089.87	11288.71	19394.27
净利润(万)	10650.10	19532.10	8276.84	13967.21

国电南京自动化股份有限公司

公司概况					
公司名称	国电南京自动化股份有限公司			证券简称	国电南自
法人代表	白绍桐	董秘	彭刚平	证券代码	600268
公司网址	www.sac-china.com		电子信箱	s-dept@sac-china.com	
电话	025-83410173、83537368		传真	025-83410871	
办公地址	江苏省南京市新模范马路38号				
经营范围	输变电保护、控制及自动化系统,发电厂保护控制及自动化系统等				

主要财务指标

指标\报告期	2009.06.30	2008.12.31	2008.06.30	2007.12.31
每股收益(元)	0.0810	0.4280	0.1080	0.4220
每股收益(扣除)(元)	0.0750	0.3900	0.0910	0.3080
每股净资产(元)	4.5430	4.5900	4.2740	3.7800
调整后每股净资产(元)	-	-	-	-
每股资本公积金(元)	1.9298	1.9029	1.9343	1.5427
每股盈余公积金(元)	0.1309	0.1309	0.0609	0.0819
每股未分配利润(元)	1.4827	1.5516	1.2784	1.4169
每股现金净流量(元)	0.1062	-0.2472	0.7283	0.2351
每股经营现金净流量(元)	-1.7372	0.1273	-1.6980	0.6543
净资产收益率(扣除)(%)	-	-	-	8.2800
净资产收益率(%)	1.7800	9.3200	2.4400	11.1700
总资产(万)	312624.89	262680.42	279707.26	211307.81
股东权益(万)	85978.03	86773.20	80872.26	71535.86
主营业务收入(万)	-	-	-	-
主营业务利润(万)	-	-	-	-
营业务收入(万)	82917.73	167888.62	64074.94	148833.44
营业务利润(万)	737.31	4673.44	517.15	6625.66
投资收益(万)	-	-	-	-
利润总额(万)	4212.96	12004.76	4293.95	13197.46
净利润(万)	1534.52	8090.73	1971.05	7993.82

江西赣粤高速公路股份有限公司

公司概况					
公司名称	江西赣粤高速公路股份有限公司			证券简称	赣粤高速
法人代表	黄铮	董秘	熊长水	证券代码	600269
公司网址	www.jxexpressway.com		电子信箱	gygs@jxexpressway.com	
电　话	0791-6504269		传　真	0791-6527021	
办公地址	江西省南昌市西湖区朝阳洲中路367号赣粤大厦				
经营范围	项目融资、建设、经营、管理、公路、桥梁和其他交通基础设施的投资、建设等				

主要财务指标 指标\报告期	2009.06.30	2008.12.31	2008.06.30	2007.12.31
每股收益(元)	0.4300	0.9400	0.3600	0.9400
每股收益(扣除)(元)	0.4300	0.8000	0.3600	0.8200
每股净资产(元)	6.8700	6.1400	5.6800	5.3800
调整后每股净资产(元)	–	–	–	–
每股资本公积金(元)	3.0064	2.4685	2.5934	2.3997
每股盈余公积金(元)	0.4464	0.4464	0.3591	0.3591
每股未分配利润(元)	2.4182	2.2212	1.7246	1.6259
每股现金净流量(元)	0.7599	–0.0734	–0.1733	–0.1115
每股经营现金净流量(元)	0.6472	1.5047	0.5728	1.3290
净资产收益率(扣除)(%)	–	–	–	14.9000
净资产收益率(%)	6.2100	15.3000	6.2500	17.4400
总资产(万)	1422948.13	1216940.18	1197149.28	1160422.18
股东权益(万)	802295.17	716486.55	662897.62	627000.50
主营业务收入(万)	–	–	–	–
主营业务利润(万)	–	–	–	–
营业务收入(万)	148743.15	308572.32	119760.01	246813.85
营业务利润(万)	67617.61	124264.11	60687.04	135028.07
投资收益(万)	–	–	–	–
利润总额(万)	67115.30	146546.61	60176.68	154133.83
净利润(万)	49862.49	109617.92	41449.43	107728.25

中外运空运发展股份有限公司

公司概况					
公司名称	中外运空运发展股份有限公司			证券简称	外运发展
法人代表	张建卫	董秘	王晓征	证券代码	600270
公司网址	www.sinoair.com		电子信箱	stock@sinoair.com	
电　话	010-80418928		传　真	010-80418933	
办公地址	北京市顺义区北京天竺空港工业区A区天柱路20号				
经营范围	经营国际航空货运代理、航空快递和国内物流综合服务业务等				

主要财务指标 指标\报告期	2009.06.30	2008.12.31	2008.06.30	2007.12.31
每股收益(元)	0.0133	0.6933	0.5636	0.7047
每股收益(扣除)(元)	0.0107	0.2501	0.1553	0.6577
每股净资产(元)	4.5400	4.4300	4.5900	5.6400
调整后每股净资产(元)	–	–	–	–
每股资本公积金(元)	0.9474	0.7539	1.0448	2.3067
每股盈余公积金(元)	0.5412	0.5412	0.4574	0.4574
每股未分配利润(元)	2.0473	2.1340	2.0882	1.8746
每股现金净流量(元)	–0.1968	0.3846	0.1764	–0.2520
每股经营现金净流量(元)	0.0238	–0.2141	–0.0022	–0.4705
净资产收益率(扣除)(%)	–	–	–	11.6700
净资产收益率(%)	0.2900	15.6500	12.2800	12.5000
总资产(万)	476267.48	465415.55	616952.61	636840.76
股东权益(万)	410704.65	401026.68	415613.29	514468.09
主营业务收入(万)	–	–	–	–
主营业务利润(万)	–	–	–	–
营业务收入(万)	91542.46	328824.78	397898.67	285442.10
营业务利润(万)	1929.85	70194.03	68307.45	71279.55
投资收益(万)	–	–	–	–
利润总额(万)	2230.52	70300.10	68633.57	71372.15
净利润(万)	1201.58	62779.63	51030.09	63807.05

航天信息股份有限公司

公司概况					
公司名称	航天信息股份有限公司			证券简称	航天信息
法人代表	方向明	董秘	王玉敏	证券代码	600271
公司网址	www.aisino.com		电子信箱	stock@aisino.com	
电　话	010-88439766、88896053		传　真	010-88896055	
办公地址	北京市海淀区杏石口路甲18号航天信息园				
经营范围	电子及通信设备、计算机及外部设备、智能化机电产品、财税专用设备的研制等				

主要财务指标 指标\报告期	2009.06.30	2008.12.31	2008.06.30	2007.12.31
每股收益(元)	0.3400	0.9000	0.3100	0.7600
每股收益(扣除)(元)	0.3400	0.8500	0.3100	0.6700
每股净资产(元)	3.4600	4.9800	4.5300	4.4000
调整后每股净资产(元)	–	–	–	–
每股资本公积金(元)	0.2641	0.9295	0.9221	3.0205
每股盈余公积金(元)	0.2557	0.3836	0.3307	0.6613
每股未分配利润(元)	1.9392	2.6664	2.2821	4.1206
每股现金净流量(元)	0.1350	0.5984	–0.2645	0.2015
每股经营现金净流量(元)	0.4160	1.0805	0.0542	1.3869
净资产收益率(扣除)(%)	–	–	–	15.3300
净资产收益率(%)	9.8800	18.0500	10.1800	17.3700
总资产(万)	483638.52	469564.34	424999.10	426199.36
股东权益(万)	319408.31	306540.07	279166.10	270938.75
主营业务收入(万)	–	–	–	–
主营业务利润(万)	–	–	–	–
营业务收入(万)	287761.35	593087.72	250086.57	482464.18
营业务利润(万)	49254.23	78605.89	42126.41	65474.12
投资收益(万)	–	–	–	–
利润总额(万)	49790.92	81498.60	43178.65	70670.36
净利润(万)	31541.81	55345.45	28427.93	47072.79

上海开开实业股份有限公司

公司概况					
公司名称	上海开开实业股份有限公司			证券简称	开开实业
法人代表	何才彪	董秘	黄伟康	证券代码	600272
公司网址	www.chinesekk.com		电子信箱	dm@chinesekk.com	
电　话	021-62876092、62876093		传　真	021-62876092	
办公地址	上海市江宁路565号4楼				
经营范围	生产衬衫、羊毛衫、针棉织品、服装、鞋帽,纺织面料;内销日用百货,五金交电等				

主要财务指标 指标\报告期	2009.06.30	2008.12.31	2008.06.30	2007.12.31
每股收益(元)	0.1680	0.2300	0.3170	0.0400
每股收益(扣除)(元)	0.0370	0.2200	0.3160	–0.0600
每股净资产(元)	0.9090	0.7010	0.7660	0.9470
调整后每股净资产(元)	–	–	–	–
每股资本公积金(元)	0.1461	0.1066	0.0863	0.5848
每股盈余公积金(元)	0.1297	0.1297	0.1297	0.1297
每股未分配利润(元)	–0.3672	–0.5357	–0.4502	–0.7672
每股现金净流量(元)	0.3058	0.1423	0.0421	–0.0468
每股经营现金净流量(元)	0.0660	0.0148	0.0212	0.0960
净资产收益率(扣除)(%)	–	–	–	–6.0700
净资产收益率(%)	18.5350	33.0410	41.3840	3.7950
总资产(万)	105276.41	98948.34	93901.98	101088.65
股东权益(万)	22079.93	17026.44	18609.25	23021.69
主营业务收入(万)	–	–	–	–
主营业务利润(万)	–	–	–	–
营业务收入(万)	46197.57	71129.22	35765.74	67941.18
营业务利润(万)	4173.45	5555.97	8102.70	2165.21
投资收益(万)	–	–	–	–
利润总额(万)	4290.42	5812.68	8106.82	2299.99
净利润(万)	4092.47	5625.69	7701.25	873.72

华芳纺织股份有限公司

公司概况	公司名称	华芳纺织股份有限公司			证券简称	华芳纺织
	法人代表	600273	董秘	戴云达(代)	证券代码	600273
	公司网址	www.hfang.com.cn			电子信箱	fzgf@hfangfz.com
	电　　话	0512-58438202			传　　真	0512-58438222
	办公地址	张家港市塘桥镇人民南路 1 号				
	经营范围	针纺织品、服装制造、纺织原料销售,实业投资等				

主要财务指标	指标\报告期	2009.06.30	2008.12.31	2008.06.30	2007.12.31
	每股收益(元)	-0.0500	0.0100	0.0300	0.1600
	每股收益(扣除)(元)	-0.0600	0.0100	0.0300	0.0600
	每股净资产(元)	2.5180	2.5700	2.6400	2.6100
	调整后每股净资产(元)	-	-	-	-
	每股资本公积金(元)	1.1908	1.1898	1.1905	1.1912
	每股盈余公积金(元)	0.0920	0.0920	0.0916	0.0916
	每股未分配利润(元)	0.2354	0.2879	0.3600	0.3288
	每股现金净流量(元)	0.4992	0.0781	0.1639	-0.7994
	每股经营现金净流量(元)	0.1622	0.6317	0.5695	-1.1265
	净资产收益率(扣除)(%)	-	-	-	2.0500
	净资产收益率(%)	-2.0800	0.3700	1.1800	6.3000
	总资产(万)	165176.02	157370.64	164882.66	163326.95
	股东权益(万)	79322.23	80944.19	83227.71	82263.27
	主营业务收入(万)	-	-	-	-
	主营业务利润(万)	-	-	-	-
	营业务收入(万)	62119.97	173163.81	82982.39	177580.19
	营业务利润(万)	-2408.99	303.43	1152.27	7975.45
	投资收益(万)	-	-	-	-
	利润总额(万)	-2010.04	353.82	1214.51	8005.95
	净利润(万)	-1652.43	298.77	984.44	5181.02

湖北武昌鱼股份有限公司

公司概况	公司名称	湖北武昌鱼股份有限公司			证券简称	*ST 昌鱼
	法人代表	蒯英海	董秘	汪小林	证券代码	600275
	公司网址	www.wuchangyu.com.cn			电子信箱	wuchangyu@263.net
	电　　话	0711-3200330　010-65801695			传　　真	0711-3200330
	办公地址	湖北鄂州市鄂城市南浦南路特 1 号				
	经营范围	淡水鱼类及其它水产品养殖,畜禽养殖(屠宰)蔬菜种植等				

主要财务指标	指标\报告期	2009.06.30	2008.12.31	2008.06.30	2007.12.31
	每股收益(元)	-0.0266	0.0019	-0.0195	-0.1609
	每股收益(扣除)(元)	-0.0263	-0.0068	-0.0189	-0.0846
	每股净资产(元)	0.5814	0.6080	0.5553	0.5710
	调整后每股净资产(元)	-	-	-	-
	每股资本公积金(元)	0.2504	0.2504	0.2154	0.2154
	每股盈余公积金(元)	0.0495	0.0495	0.0495	0.0495
	每股未分配利润(元)	-0.7185	-0.6920	-0.7133	-0.6939
	每股现金净流量(元)	-0.0041	0.0054	0.0022	0.0004
	每股经营现金净流量(元)	-0.0041	-0.2136	-0.1891	-0.6836
	净资产收益率(扣除)(%)	-	-	-	-14.8200
	净资产收益率(%)	-4.5680	0.0031	-3.5300	-28.0300
	总资产(万)	306577.38	307743.77	259701.01	251340.21
	股东权益(万)	29584.05	30935.30	28067.23	29057.08
	主营业务收入(万)	-	-	-	-
	主营业务利润(万)	-	-	-	-
	营业务收入(万)	1747.38	3324.47	363.71	1027.35
	营业务利润(万)	-1250.57	34.99	-960.94	-4350.22
	投资收益(万)	-	-	-	-
	利润总额(万)	-1262.29	606.66	-990.00	-8187.92
	净利润(万)	-1351.25	95.85	-989.84	-8143.31

江苏恒瑞医药股份有限公司

公司概况	公司名称	江苏恒瑞医药股份有限公司			证券简称	恒瑞医药
	法人代表	孙飘扬	董秘	戴洪斌	证券代码	600276
	公司网址	www.hrs.com.cn			电子信箱	600276@hrs.com.cn
	电　　话	0518-85469805			传　　真	0518-85453845
	办公地址	江苏省连云港市新浦区人民东路 145 号				
	经营范围	原料药、片剂、硬胶囊剂、注射剂的剂制造、销售等				

主要财务指标	指标\报告期	2009.06.30	2008.12.31	2008.06.30	2007.12.31
	每股收益(元)	0.6012	0.8176	0.3708	0.8018
	每股收益(扣除)(元)	0.4869	1.1011	0.4902	0.5504
	每股净资产(元)	3.7307	3.8600	3.3980	3.1700
	调整后每股净资产(元)	-	-	-	-
	每股资本公积金(元)	0.5085	0.6103	0.6103	0.7844
	每股盈余公积金(元)	0.4058	0.4869	0.3946	0.4736
	每股未分配利润(元)	1.8169	1.7590	1.3933	1.5414
	每股现金净流量(元)	0.6029	-0.3627	-0.0852	0.0100
	每股经营现金净流量(元)	0.6284	0.2271	0.1686	0.4875
	净资产收益率(扣除)(%)	-	-	-	17.6200
	净资产收益率(%)	16.1100	21.2100	10.9100	25.6700
	总资产(万)	260528.06	225436.40	204642.34	205785.73
	股东权益(万)	231578.35	199437.51	175783.91	163781.50
	主营业务收入(万)	-	-	-	-
	主营业务利润(万)	-	-	-	-
	营业务收入(万)	142914.37	239256.12	119748.30	198061.51
	营业务利润(万)	44030.31	44970.62	25818.35	50300.06
	投资收益(万)	-	-	-	-
	利润总额(万)	44093.21	47002.01	25562.26	50673.17
	净利润(万)	37318.19	42294.71	19181.74	41477.86

内蒙古亿利能源股份有限公司

公司概况	公司名称	内蒙古亿利能源股份有限公司			证券简称	亿利能源
	法人代表	王瑞丰	董秘	王俊明(代)	证券代码	600277
	公司网址	www.elion.com.cn			电子信箱	yanshuchun@yahoo.com.cn
	电　　话	0477-8372708、8371779			传　　真	0477-8371744
	办公地址	内蒙古鄂尔多斯市东胜区鄂尔多斯西街 30 号				
	经营范围	医药产品、食品、保健食品的科技开发和加工、销售;甘草等中药材的种植等				

主要财务指标	指标\报告期	2009.06.30	2008.12.31	2008.06.30	2007.12.31
	每股收益(元)	0.0031	-0.3400	0.0534	0.0600
	每股收益(扣除)(元)	-0.0043	0.1300	0.0476	0.1000
	每股净资产(元)	8.2640	8.2600	5.1260	7.5000
	调整后每股净资产(元)	-	-	-	-
	每股资本公积金(元)	7.0740	7.0740	2.8362	5.3698
	每股盈余公积金(元)	0.0468	0.1620	0.1620	0.1620
	每股未分配利润(元)	0.1429	0.1400	1.1283	0.9654
	每股现金净流量(元)	0.0888	-2.2612	-1.1547	0.2990
	每股经营现金净流量(元)	0.7113	-0.7870	0.8302	0.1561
	净资产收益率(扣除)(%)	-	-	-	1.9400
	净资产收益率(%)	0.0380	-1.6900	1.0410	1.2300
	总资产(万)	1161685.14	1108376.11	222916.86	640460.55
	股东权益(万)	496889.72	496703.56	89097.68	130301.31
	主营业务收入(万)	-	-	-	-
	主营业务利润(万)	-	-	-	-
	营业务收入(万)	200633.58	217662.88	99055.12	170840.52
	营业务利润(万)	-4517.96	-5427.16	2210.68	1735.11
	投资收益(万)	-	-	-	-
	利润总额(万)	-3208.84	-13025.80	2311.76	1932.18
	净利润(万)	186.16	-8374.23	927.32	1599.95

东方国际创业股份有限公司

公司概况					
公司名称	东方国际创业股份有限公司			证券简称	东方创业
法人代表	蔡鸿生	董秘	黄大瑜	证券代码	600278
公司网址	www.oie.com.cn		电子信箱	oiehq@oie.com.cn	
电　　话	021-62789999、62785521		传　　真	021-62784020	
办公地址	上海市娄山关路85号A座				
经营范围	自营和代理除国家统一组织或核定经营的进出口商品以外的商品等				

主要财务指标				
指标\报告期	2009.06.30	2008.12.31	2008.06.30	2007.12.31
每股收益(元)	0.1900	0.2700	0.1400	0.3800
每股收益(扣除)(元)	0.0100	0.1400	0.0700	0.1400
每股净资产(元)	5.5800	4.6700	5.5800	4.9600
调整后每股净资产(元)	–	–	–	–
每股资本公积金(元)	3.4366	2.6340	3.6585	3.0828
每股盈余公积金(元)	0.2690	0.2690	0.2425	0.2425
每股未分配利润(元)	0.8840	0.7749	0.6780	0.6353
每股现金净流量(元)	–0.2994	–0.2367	–0.3543	0.0979
每股经营现金净流量(元)	0.0897	0.3569	0.0203	0.2076
净资产收益率(扣除)(%)	–	–	–	2.8500
净资产收益率(%)	3.3900	5.7000	2.5600	7.5700
总资产(万)	278047.10	251650.95	308295.73	288662.75
股东权益(万)	178671.57	149494.89	178415.38	158626.70
主营业务收入(万)	–	–	–	–
主营业务利润(万)	–	–	–	–
营业务收入(万)	174340.22	563330.58	283719.11	608360.63
营业务利润(万)	8264.98	9839.68	7241.26	15867.23
投资收益(万)	–	–	–	–
利润总额(万)	8536.94	12098.54	7203.01	16043.88
净利润(万)	6053.58	8526.67	4566.23	12009.71

重庆港九股份有限公司

公司概况					
公司名称	重庆港九股份有限公司			证券简称	重庆港九
法人代表	黄继	董秘	周小雄	证券代码	600279
公司网址	www.cqgj.com.cn		电子信箱	cqgj@cqgj.com.cn	
电　　话	023-63100879、63100830		传　　真	023-63801564	
办公地址	重庆市渝中区信义街18号重庆朝天门大酒店15楼				
经营范围	内河客、货物运输,货物装卸、搬运,物流配送,商品储存,船舶修理等				

主要财务指标				
指标\报告期	2009.06.30	2008.12.31	2008.06.30	2007.12.31
每股收益(元)	0.0680	0.1255	0.1210	0.2445
每股收益(扣除)(元)	0.0610	–	0.1870	0.1122
每股净资产(元)	3.5440	3.5200	3.5200	3.4900
调整后每股净资产(元)	–	–	–	–
每股资本公积金(元)	1.9317	1.9317	1.9351	1.9351
每股盈余公积金(元)	0.2552	0.2552	0.2434	0.2434
每股未分配利润(元)	0.3573	0.3294	0.3369	0.3157
每股现金净流量(元)	0.7450	–0.0497	0.1662	–0.1774
每股经营现金净流量(元)	–0.0801	0.4307	–0.0631	0.5170
净资产收益率(扣除)(%)	–	5.2800	–	3.2100
净资产收益率(%)	1.9200	3.5700	3.4500	7.0000
总资产(万)	310308.36	274739.16	260734.15	210478.39
股东权益(万)	80946.13	80307.60	80289.30	79805.25
主营业务收入(万)	–	–	–	–
主营业务利润(万)	–	–	–	–
营业务收入(万)	20891.57	56719.13	28042.76	41506.68
营业务利润(万)	1633.55	4412.50	3881.73	5854.48
投资收益(万)	–	–	–	–
利润总额(万)	1717.63	4483.63	3894.32	6002.50
净利润(万)	1552.09	2865.40	2767.96	5584.04

南京中央商场(集团)股份有限公司

公司概况					
公司名称	南京中央商场(集团)股份有限公司			证券简称	南京中商
法人代表	胡晓军	董秘	杨学萍	证券代码	600280
公司网址	www.njzysc.com		电子信箱	yxp@njzysc.com	
电　　话	025-84717725、84728470		传　　真	025-84722766	
办公地址	江苏省南京市白下区中山南路79号				
经营范围	百货、食品、针织服装、五金交电化工等商品的零售、批发等				

主要财务指标				
指标\报告期	2009.06.30	2008.12.31	2008.06.30	2007.12.31
每股收益(元)	0.0410	0.3020	0.1070	0.2770
每股收益(扣除)(元)	0.0460	0.3680	0.0950	0.2820
每股净资产(元)	4.4200	4.5500	4.6700	4.5500
调整后每股净资产(元)	–	–	–	–
每股资本公积金(元)	2.1787	2.1492	2.1689	2.2537
每股盈余公积金(元)	0.7918	0.7952	0.7370	0.7028
每股未分配利润(元)	0.4515	0.6075	0.7631	0.5978
每股现金净流量(元)	–1.3519	1.7756	–0.6379	1.0670
每股经营现金净流量(元)	–0.8685	1.9069	0.6006	1.9023
净资产收益率(扣除)(%)	–	–	–	6.1900
净资产收益率(%)	0.9193	6.6400	2.2900	6.0700
总资产(万)	343320.86	352769.60	312913.40	320465.58
股东权益(万)	63475.31	65338.99	67020.01	65374.20
主营业务收入(万)	–	–	–	–
主营业务利润(万)	–	–	–	–
营业务收入(万)	211037.29	421050.47	219086.56	360542.59
营业务利润(万)	2678.12	10349.51	4024.37	9615.64
投资收益(万)	–	–	–	–
利润总额(万)	2581.29	9381.73	4151.00	9479.20
净利润(万)	583.51	4335.55	1532.93	3970.38

太原化工股份有限公司

公司概况					
公司名称	太原化工股份有限公司			证券简称	太化股份
法人代表	狄重阳	董秘	贾晓亮	证券代码	600281
公司网址	www.thgf.cn		电子信箱	sxtjjxl@126.com	
电　　话	0351-5638016、5638003		传　　真	0351-5638000、5638066	
办公地址	山西省太原市义井街20号				
经营范围	研制、开发、生产、销售化工产品及原料,化肥,焦碳,煤气,生物化工产品等				

主要财务指标				
指标\报告期	2009.06.30	2008.12.31	2008.06.30	2007.12.31
每股收益(元)	–0.0970	0.0320	0.0830	0.1230
每股收益(扣除)(元)	–0.0970	0.0330	0.0840	0.1320
每股净资产(元)	2.4670	2.5640	2.6150	2.5370
调整后每股净资产(元)	–	–	–	–
每股资本公积金(元)	1.0034	1.0034	1.0034	1.0535
每股盈余公积金(元)	0.1062	0.1062	0.1038	0.1090
每股未分配利润(元)	0.3573	0.4541	0.5075	0.5017
每股现金净流量(元)	0.0695	–0.0619	0.0319	–0.1136
每股经营现金净流量(元)	0.0389	0.4675	0.2720	0.5104
净资产收益率(扣除)(%)	–	–	–	5.2140
净资产收益率(%)	–3.9300	1.2510	3.1800	4.8670
总资产(万)	407362.43	375868.07	361617.70	336552.81
股东权益(万)	126894.04	131876.16	134496.03	130519.83
主营业务收入(万)	–	–	–	–
主营业务利润(万)	–	–	–	–
营业务收入(万)	128661.27	374095.77	203914.64	313240.81
营业务利润(万)	–4470.13	1770.50	5371.64	7214.20
投资收益(万)	–	–	–	–
利润总额(万)	–4488.98	1420.34	5126.87	6383.85
净利润(万)	–4982.12	1650.27	4270.15	6352.58

南京钢铁股份有限公司

公司概况	公司名称	南京钢铁股份有限公司			证券简称	南钢股份
	法人代表	杨思明	董秘	徐林	证券代码	600282
	公司网址	www.600282.net		电子信箱	webmaster@600282.net	
	电　话	025-57056780、57797742		传　真	025-57052184、57797742	
	办公地址	江苏省南京市六合区卸甲甸				
	经营范围	黑色金属冶炼及压延加工,钢材、钢坯及其他金属材料销售. 焦炭及其副产品生产				

主要财务指标	指标\报告期	2009.06.30	2008.12.31	2008.06.30	2007.12.31
	每股收益(元)	0.0330	0.0730	0.3135	0.6120
	每股收益(扣除)(元)	0.0300	0.0620	0.3045	0.5820
	每股净资产(元)	2.5835	2.5900	2.8300	2.5700
	调整后每股净资产(元)	–	–	–	–
	每股资本公积金(元)	0.4440	0.4440	0.4441	1.1991
	每股盈余公积金(元)	0.3871	0.3881	0.3782	0.6808
	每股未分配利润(元)	0.7510	0.7577	1.0080	1.7501
	每股现金净流量(元)	0.3100	–0.2178	0.0498	0.1486
	每股经营现金净流量(元)	0.3396	0.2939	0.1374	1.2706
	净资产收益率(扣除)(%)	–	–	–	22.6200
	净资产收益率(%)	1.2766	2.8200	11.0800	23.7900
	总资产(万)	1336354.98	1118275.20	1323762.93	1090325.50
	股东权益(万)	435261.92	436324.51	476853.22	433364.16
	主营业务收入(万)	–	–	–	–
	主营业务利润(万)	–	–	–	–
	营业务收入(万)	1109799.82	2835436.65	1491317.57	2200465.10
	营业务利润(万)	5579.84	12517.90	66929.30	134477.30
	投资收益(万)	–	–	–	–
	利润总额(万)	6185.09	14529.96	68342.76	133691.51
	净利润(万)	5556.42	12320.35	52825.45	103085.29

钱江水利开发股份有限公司

公司概况	公司名称	钱江水利开发股份有限公司			证券简称	钱江水利
	法人代表	何中辉	董秘	吴天石	证券代码	600283
	公司网址	www.qjwater.com		电子信箱	wts@qjwater.com.cn	
	电　话	0571-87974399、87974387		传　真	0571-87974400	
	办公地址	浙江省杭州市三台山路 3 号				
	经营范围	水力发电、供水、水利资源开发、水利工程承包、水产养殖、实业投资等				

主要财务指标	指标\报告期	2009.06.30	2008.12.31	2008.06.30	2007.12.31
	每股收益(元)	0.0800	0.1700	0.1100	0.1200
	每股收益(扣除)(元)	0.0800	–0.0100	–0.0500	0.0500
	每股净资产(元)	3.3100	3.4400	3.6800	3.5700
	调整后每股净资产(元)	–	–	–	–
	每股资本公积金(元)	1.9072	1.9072	2.2059	2.2059
	每股盈余公积金(元)	0.1504	0.1504	0.1285	0.1285
	每股未分配利润(元)	0.2537	0.3776	0.3410	0.2327
	每股现金净流量(元)	0.0601	–0.2071	0.1481	–0.1522
	每股经营现金净流量(元)	0.1372	0.3264	0.0819	0.3174
	净资产收益率(扣除)(%)	–	–	–	1.2700
	净资产收益率(%)	2.3000	4.8500	2.4600	3.3000
	总资产(万)	244935.92	251893.08	236568.51	197364.23
	股东权益(万)	94482.41	98016.52	104871.25	101779.13
	主营业务收入(万)	–	–	–	–
	主营业务利润(万)	–	–	–	–
	营业务收入(万)	33368.12	37119.03	15753.32	38710.26
	营业务利润(万)	4140.54	5917.87	4141.23	5412.62
	投资收益(万)	–	–	–	–
	利润总额(万)	4125.65	6657.49	4672.08	5139.81
	净利润(万)	2172.49	4758.15	3092.11	3355.07

上海浦东路桥建设股份有限公司

公司概况	公司名称	上海浦东路桥建设股份有限公司			证券简称	浦东建设
	法人代表	葛培健	董秘	常江	证券代码	600284
	公司网址	www.pdjs.com.cn		电子信箱	pdjs@pdjs.com.cn	
	电　话	021-58206677-244		传　真	021-68765759	
	办公地址	上海市浦东东方路 971 号钱江大厦 24 楼				
	经营范围	道路、公路、桥梁路面摊铺施工、其他基础工程总包施工、沥青销售等				

主要财务指标	指标\报告期	2009.06.30	2008.12.31	2008.06.30	2007.12.31
	每股收益(元)	0.1404	0.3897	0.1889	0.4971
	每股收益(扣除)(元)	0.0880	0.3157	0.1560	0.4581
	每股净资产(元)	6.1346	6.1035	5.9610	3.6217
	调整后每股净资产(元)	–	–	–	–
	每股资本公积金(元)	4.0430	4.0633	4.1190	1.2903
	每股盈余公积金(元)	0.2059	0.2059	0.2716	0.2716
	每股未分配利润(元)	0.8857	0.8344	0.6640	1.0597
	每股现金净流量(元)	–0.7115	0.1894	9.3081	1.3425
	每股经营现金净流量(元)	–0.4336	0.1579	–1.2644	0.1487
	净资产收益率(扣除)(%)	–	4.2800	–	12.6500
	净资产收益率(%)	2.2900	5.2800	2.0700	13.7200
	总资产(万)	1026098.01	851352.96	832205.18	354507.01
	股东权益(万)	212257.01	211180.94	206249.12	81850.96
	主营业务收入(万)	–	–	–	–
	主营业务利润(万)	–	–	–	–
	营业务收入(万)	56382.61	114890.86	36860.93	86872.51
	营业务利润(万)	3315.93	11381.92	4413.31	12691.69
	投资收益(万)	–	–	–	–
	利润总额(万)	5609.83	12487.22	5189.96	13220.23
	净利润(万)	4857.61	11145.63	4269.81	11233.72

河南羚锐制药股份有限公司

公司概况	公司名称	河南羚锐制药股份有限公司			证券简称	羚锐股份
	法人代表	熊维政	董秘	都强	证券代码	600285
	公司网址	www.lingrui.com		电子信箱	douqiang@vip.sina.com	
	电　话	0376-2973569		传　真	0376-2973606	
	办公地址	河南省新县城关解放路 59 号				
	经营范围	药品、保健品、医疗器械的生产、销售;新产品、新技术的研究、开发与技术服务等				

主要财务指标	指标\报告期	2009.06.30	2008.12.31	2008.06.30	2007.12.31
	每股收益(元)	0.1020	0.0500	0.0482	0.3500
	每股收益(扣除)(元)	0.0600	0.0400	0.0594	0.1200
	每股净资产(元)	2.9050	2.6400	2.6600	2.7900
	调整后每股净资产(元)	–	–	–	–
	每股资本公积金(元)	1.0837	0.9202	0.9440	1.0723
	每股盈余公积金(元)	0.1384	0.1384	0.1259	0.1259
	每股未分配利润(元)	0.6833	0.5813	0.5898	0.5917
	每股现金净流量(元)	0.0186	0.1356	0.0625	–0.2901
	每股经营现金净流量(元)	0.1445	0.2178	–0.0276	0.0796
	净资产收益率(扣除)(%)	–	–	–	4.2400
	净资产收益率(%)	3.5100	1.9800	1.8110	12.4100
	总资产(万)	104868.13	96826.94	98281.85	94255.06
	股东权益(万)	58317.92	52989.22	53385.67	55997.95
	主营业务收入(万)	–	–	–	–
	主营业务利润(万)	–	–	–	–
	营业务收入(万)	23499.66	42324.42	19384.00	52033.09
	营业务利润(万)	2243.34	–1124.81	–633.87	9364.95
	投资收益(万)	–	–	–	–
	利润总额(万)	2633.72	1746.55	1071.83	10376.89
	净利润(万)	2047.06	1047.66	966.86	6949.67

江苏舜天股份有限公司

公司概况	公司名称	江苏舜天股份有限公司			证券简称	江苏舜天
	法人代表	成俊	董秘	杨青峰	证券代码	600287
	公司网址	www.saintycorp.com		电子信箱	heroch@saintycorp.com	
	电　话	025-52875628		传　真	025-84201927	
	办公地址	南京市宁南大道21号B座				
	经营范围	主营服装、纺织品及其他产品的进出口业务等				

主要财务指标	指标\报告期	2009.06.30	2008.12.31	2008.06.30	2007.12.31
	每股收益(元)	-0.1286	-0.0459	0.0157	0.1570
	每股收益(扣除)(元)	-0.0692	-0.1090	0.0020	-0.2013
	每股净资产(元)	1.7573	1.8928	1.9594	2.1241
	调整后每股净资产(元)	–	–	–	–
	每股资本公积金(元)	0.5336	0.5405	0.5415	0.6499
	每股盈余公积金(元)	0.1850	0.1850	0.1850	0.1850
	每股未分配利润(元)	0.0426	0.1712	0.2372	0.2915
	每股现金净流量(元)	-0.1560	-0.2785	-0.1372	0.6043
	每股经营现金净流量(元)	0.0059	-0.1450	-0.6719	0.0621
	净资产收益率(扣除)(%)	–	–	–	-9.4800
	净资产收益率(%)	-7.3200	-2.4200	0.8000	7.3900
	总资产(万)	451705.94	393202.49	378348.31	376466.36
	股东权益(万)	76758.11	82675.16	85584.45	92781.50
	主营业务收入(万)	–	–	–	–
	主营业务利润(万)	–	–	–	–
	营业务收入(万)	193759.92	546964.02	258549.98	542702.33
	营业务利润(万)	777.70	926.76	1455.90	12011.90
	投资收益(万)	–	–	–	–
	利润总额(万)	-4169.73	2622.00	1695.27	12715.66
	净利润(万)	-5617.96	-2004.27	685.19	6859.40

大恒新纪元科技股份有限公司

公司概况	公司名称	大恒新纪元科技股份有限公司			证券简称	大恒科技
	法人代表	张家林	董秘	严宏深	证券代码	600288
	公司网址	www.dhxjy.com.cn		电子信箱	pym@chinadaheng.com	
	电　话	010-82827850、82827852		传　真	010-82827853	
	办公地址	北京市海淀区苏州街3号大恒科技大厦13层				
	经营范围	光学、激光元器件、红外元器件及设备、计算机软硬件、多媒体产品等				

主要财务指标	指标\报告期	2009.06.30	2008.12.31	2008.06.30	2007.12.31
	每股收益(元)	0.0198	0.2905	0.0475	0.2009
	每股收益(扣除)(元)	0.0158	0.1561	0.0503	0.2028
	每股净资产(元)	2.3965	3.0866	2.8146	2.7636
	调整后每股净资产(元)	–	–	–	–
	每股资本公积金(元)	0.3716	0.7799	0.7509	0.7474
	每股盈余公积金(元)	0.1134	0.1475	0.1314	0.1314
	每股未分配利润(元)	0.9115	1.1592	0.9322	0.8847
	每股现金净流量(元)	-0.2411	-0.3449	-0.4027	-0.2233
	每股经营现金净流量(元)	-0.2424	0.4557	-0.1733	0.3822
	净资产收益率(扣除)(%)	–	5.0600	–	7.3400
	净资产收益率(%)	0.8200	9.4100	1.6900	7.2700
	总资产(万)	249792.69	258391.71	255034.97	256082.00
	股东权益(万)	104677.82	103709.92	94569.20	92856.04
	主营业务收入(万)	–	–	–	–
	主营业务利润(万)	–	–	–	–
	营业务收入(万)	133240.32	315531.32	141021.03	343355.00
	营业务利润(万)	542.02	7078.42	1890.29	9250.61
	投资收益(万)	–	–	–	–
	利润总额(万)	1501.75	14060.01	2577.67	11828.37
	净利润(万)	863.13	9762.07	1596.07	6750.12

亿阳信通股份有限公司

公司概况	公司名称	亿阳信通股份有限公司			证券简称	亿阳信通
	法人代表	常学群	董秘	孙文恒	证券代码	600289
	公司网址	www.boco.com.cn		电子信箱	bit@boco.com.cn	
	电　话	010-88157899		传　真	010-88140589	
	办公地址	北京市海淀区杏石口路99号B座				
	经营范围	计算机软、硬件技术开发、生产、销售及系统集成等				

主要财务指标	指标\报告期	2009.06.30	2008.12.31	2008.06.30	2007.12.31
	每股收益(元)	0.1500	0.2100	0.1400	0.4300
	每股收益(扣除)(元)	0.1300	0.2000	0.1300	0.3900
	每股净资产(元)	3.9300	3.9700	4.6500	4.5100
	调整后每股净资产(元)	–	–	–	–
	每股资本公积金(元)	1.5289	1.5289	1.8347	1.8347
	每股盈余公积金(元)	0.3694	0.3694	0.4050	0.3753
	每股未分配利润(元)	1.0357	1.0712	1.4083	1.3030
	每股现金净流量(元)	-0.2648	-0.0550	-0.0909	-0.4407
	每股经营现金净流量(元)	0.4096	1.5455	1.5890	0.0607
	净资产收益率(扣除)(%)	–	–	–	8.5600
	净资产收益率(%)	3.9000	5.2800	2.9100	9.4500
	总资产(万)	239620.15	263392.35	245601.86	222363.15
	股东权益(万)	138493.44	139742.72	136336.38	132375.32
	主营业务收入(万)	–	–	–	–
	主营业务利润(万)	–	–	–	–
	营业务收入(万)	45434.51	85383.08	34380.28	89556.01
	营业务利润(万)	5955.66	6859.45	4155.93	12223.33
	投资收益(万)	–	–	–	–
	利润总额(万)	5920.31	9142.74	4846.64	14586.42
	净利润(万)	5395.34	7374.08	3961.06	12510.99

华仪电气股份有限公司

公司概况	公司名称	华仪电气股份有限公司			证券简称	华仪电气
	法人代表	陈道荣	董秘	姜福君	证券代码	600290
	公司网址	www.huayi.com		电子信箱	hyzqb@heag.com	
	电　话	0512-62661122		传　真	0512-62237777	
	办公地址	浙江省乐清市经济开发区(盐盆新区)纬四路				
	经营范围	户内外高压断路器及配件、高压负荷开关及配件、接地开关系列等				

主要财务指标	指标\报告期	2009.06.30	2008.12.31	2008.06.30	2007.12.31
	每股收益(元)	0.1145	0.3100	0.1855	0.3100
	每股收益(扣除)(元)	0.1102	0.2800	0.1690	0.3000
	每股净资产(元)	2.6182	1.6700	1.5527	1.3700
	调整后每股净资产(元)	–	–	–	–
	每股资本公积金(元)	1.0262	0.0780	0.0780	0.0780
	每股盈余公积金(元)	0.0632	0.0710	0.0498	0.0498
	每股未分配利润(元)	0.5288	0.5237	0.4249	0.2394
	每股现金净流量(元)	0.7767	-0.0729	-0.0649	0.2063
	每股经营现金净流量(元)	-0.3675	-0.2540	-0.5122	-0.2132
	净资产收益率(扣除)(%)	–	–	–	22.1100
	净资产收益率(%)	4.3000	18.2600	11.9500	22.5100
	总资产(万)	141406.26	113237.90	113405.95	85233.98
	股东权益(万)	71744.47	40816.24	37889.78	33363.32
	主营业务收入(万)	–	–	–	–
	主营业务利润(万)	–	–	–	–
	营业务收入(万)	39294.84	77543.37	43009.88	72885.15
	营业务利润(万)	4004.13	9022.50	5613.79	11804.48
	投资收益(万)	–	–	–	–
	利润总额(万)	4121.53	9528.70	6113.49	11777.65
	净利润(万)	3081.47	7452.92	4526.46	7511.43

内蒙古西水创业股份有限公司

公司概况	公司名称	内蒙古西水创业股份有限公司			证券简称	西水股份
	法人代表	初育国	董秘	苏宏伟	证券代码	600291
	公司网址			电子信箱	xscy@public.hh.nm.cn	
	电　　话	0473-4663855		传　　真	0473-4663855	
	办公地址	内蒙古乌海市海南区				
	经营范围	水泥、熟料制造、销售;计算机硬件销售及软件开发,包装产品,大宗原材料,电石等				

主要财务指标	指标\报告期	2009.06.30	2008.12.31	2008.06.30	2007.12.31
	每股收益(元)	0.1358	0.0839	0.1040	0.1084
	每股收益(扣除)(元)	0.1354	0.0727	0.1097	0.1085
	每股净资产(元)	9.2037	4.5173	6.7352	11.9794
	调整后每股净资产(元)	–	–	–	–
	每股资本公积金(元)	7.6374	3.0869	5.2846	22.2656
	每股盈余公积金(元)	0.1406	0.1407	0.1139	0.2278
	每股未分配利润(元)	0.4257	0.2908	0.3367	0.4654
	每股现金净流量(元)	–0.1065	0.0506	–0.0435	0.0408
	每股经营现金净流量(元)	0.1197	0.1703	0.0739	0.5382
	净资产收益率(扣除)(%)	–	–	–	0.9100
	净资产收益率(%)	1.4760	1.8600	1.5440	0.9000
	总资产(万)	401919.60	223632.81	289556.31	489449.06
	股东权益(万)	294519.84	144587.73	215527.33	383340.69
	主营业务收入(万)	–	–	–	–
	主营业务利润(万)	–	–	–	–
	营业务收入(万)	27170.97	57450.69	23568.52	52053.89
	营业务利润(万)	4983.49	1027.57	3748.66	1705.17
	投资收益(万)	–	–	–	–
	利润总额(万)	5248.77	3190.08	3696.30	3753.47
	净利润(万)	4346.71	2683.30	3327.98	3467.39

重庆九龙电力股份有限公司

公司概况	公司名称	重庆九龙电力股份有限公司			证券简称	九龙电力
	法人代表	刘渭清	董秘	黄青华	证券代码	600292
	公司网址	www.jiulongep.com		电子信箱	hqh@jiulongep.com	
	电　　话	023-68787928		传　　真	023-68787944	
	办公地址	重庆市九龙坡区杨家坪前进支路 8 号				
	经营范围	电力生产、电力技术服务,销售电机及输变电设备等				

主要财务指标	指标\报告期	2009.06.30	2008.12.31	2008.06.30	2007.12.31
	每股收益(元)	0.0657	–0.3900	–0.0800	0.1800
	每股收益(扣除)(元)	0.0696	–0.3700	–0.0800	0.1800
	每股净资产(元)	2.4100	2.2500	2.5700	2.7600
	调整后每股净资产(元)	–	–	–	–
	每股资本公积金(元)	1.0061	0.9194	0.9194	0.9194
	每股盈余公积金(元)	0.2717	0.2717	0.2717	0.2717
	每股未分配利润(元)	0.1296	0.0639	0.3766	0.5695
	每股现金净流量(元)	1.0717	0.2723	0.1407	0.1308
	每股经营现金净流量(元)	1.6955	0.3043	0.2355	0.9101
	净资产收益率(扣除)(%)	–	–	–	6.5400
	净资产收益率(%)	2.7300	–17.3900	–3.1000	6.5400
	总资产(万)	498280.20	432756.94	428245.05	406997.04
	股东权益(万)	80527.31	75429.45	85889.61	92340.14
	主营业务收入(万)	–	–	–	–
	主营业务利润(万)	–	–	–	–
	营业务收入(万)	129286.83	219806.73	110201.49	241498.08
	营业务利润(万)	3841.31	–16584.56	–3317.20	9979.05
	投资收益(万)	–	–	–	–
	利润总额(万)	3675.85	–17444.74	–3317.92	10253.23
	净利润(万)	2198.23	–13120.80	–2660.64	6041.09

湖北三峡新型建材股份有限公司

公司概况	公司名称	湖北三峡新型建材股份有限公司			证券简称	三峡新材
	法人代表	徐麟	董秘	张光春	证券代码	600293
	公司网址	www.sxxc.com.cn		电子信箱	huangxc@sxxc.com.cn	
	电　　话	0717-3280108		传　　真	0717-3285258	
	办公地址	湖北省当阳市经济技术开发区				
	经营范围	平板玻璃及玻璃深加工制品、石膏及制品的生产和销售等				

主要财务指标	指标\报告期	2009.06.30	2008.12.31	2008.06.30	2007.12.31
	每股收益(元)	0.0014	–0.2129	0.0022	0.0201
	每股收益(扣除)(元)	0.0019	–0.1010	0.0069	0.0096
	每股净资产(元)	1.9560	1.9500	2.1800	2.1900
	调整后每股净资产(元)	–	–	–	–
	每股资本公积金(元)	0.9146	0.9146	0.9151	0.9261
	每股盈余公积金(元)	0.1394	0.1394	0.1394	0.1394
	每股未分配利润(元)	–0.0978	–0.0992	0.1236	0.1248
	每股现金净流量(元)	0.1246	0.0348	0.2983	–0.0738
	每股经营现金净流量(元)	0.1299	0.1851	0.0371	–0.0284
	净资产收益率(扣除)(%)	–	–	–	0.4300
	净资产收益率(%)	0.0700	–10.8900	0.1000	0.9200
	总资产(万)	193918.76	202590.57	209851.46	197355.24
	股东权益(万)	67391.83	67343.08	75037.63	75457.13
	主营业务收入(万)	–	–	–	–
	主营业务利润(万)	–	–	–	–
	营业务收入(万)	29605.25	74211.99	38110.63	76588.19
	营业务利润(万)	59.78	–3488.54	238.58	733.29
	投资收益(万)	–	–	–	–
	利润总额(万)	43.81	–7358.94	76.76	943.92
	净利润(万)	48.75	–7333.91	75.49	693.52

内蒙古鄂尔多斯羊绒制品股份有限公司

公司概况	公司名称	内蒙古鄂尔多斯羊绒制品股份有限公司			证券简称	鄂尔多斯
	法人代表	王林祥	董秘	曾广春	证券代码	600295
	公司网址	www.chinaerdos.com		电子信箱	zeng_gc@chinaerdos.com	
	电　　话	0477-8543509		传　　真	0477-8536699	
	办公地址	内蒙古自治区鄂尔多斯市东胜区达拉特南路 102 号				
	经营范围	生产和销售无毛绒、羊绒纱、羊绒衫等羊绒制品,相关技术咨询服务				

主要财务指标	指标\报告期	2009.06.30	2008.12.31	2008.06.30	2007.12.31
	每股收益(元)	0.0200	0.4000	0.3400	0.5100
	每股收益(扣除)(元)	0.0200	0.4000	0.3300	0.4500
	每股净资产(元)	3.4700	3.5400	3.4700	3.2900
	调整后每股净资产(元)		–	–	–
	每股资本公积金(元)	1.3053	1.3053	1.3071	1.3071
	每股盈余公积金(元)	0.3292	0.3426	0.3103	0.3147
	每股未分配利润(元)	0.8089	0.8905	0.8550	0.6653
	每股现金净流量(元)	2.0631	–	–0.1223	0.5264
	每股经营现金净流量(元)	0.5458	–	0.1974	1.3225
	净资产收益率(扣除)(%)	–	–	–	13.7800
	净资产收益率(%)	0.5300	11.3900	9.7800	15.4500
	总资产(万)	1937677.73	1572486.97	1478832.68	1373583.55
	股东权益(万)	358186.52	365157.78	358352.92	537673.81
	主营业务收入(万)	–	–	–	–
	主营业务利润(万)	–	–	–	–
	营业务收入(万)	307857.55	183577.69	431742.73	673680.55
	营业务利润(万)	5953.76	23728.73	69976.33	82835.24
	投资收益(万)	–	–	–	–
	利润总额(万)	6303.36	24280.63	70929.96	84796.52
	净利润(万)	1904.25	12261.61	35056.85	52420.41

美罗药业股份有限公司

公司概况

公司名称	美罗药业股份有限公司			证券简称	美罗药业
法人代表	张成海	董秘	张宁	证券代码	600297
公司网址	www.merro.com.cn		电子信箱	merro600297@163.com	
电　话	0411-84820297		传　真	0411-84820297	
办公地址	大连市高新技术产业园区七贤岭敬贤街18号				
经营范围	生产、批发和零售各类化学原料药、化学制剂、医疗器械、植物药等医药产品				

主要财务指标

指标\报告期	2009.06.30	2008.12.31	2008.06.30	2007.12.31
每股收益(元)	0.0487	0.2262	0.1200	0.2400
每股收益(扣除)(元)	0.0488	0.1339	0.0900	0.0800
每股净资产(元)	2.2337	4.3900	4.2600	4.1800
调整后每股净资产(元)	–	–	–	–
每股资本公积金(元)	0.7025	2.4051	2.4194	3.3678
每股盈余公积金(元)	0.0796	0.1593	0.1389	0.1906
每股未分配利润(元)	0.4516	0.8249	0.6976	0.7777
每股现金净流量(元)	0.6851	0.2233	0.5145	1.5314
每股经营现金净流量(元)	0.0192	0.1940	0.3804	0.4085
净资产收益率(扣除)(%)	–	–	–	1.9300
净资产收益率(%)	2.1800	5.1500	2.7500	5.6500
总资产(万)	189707.36	155496.99	158500.75	150367.98
股东权益(万)	78181.25	76813.03	74478.74	74160.96
主营业务收入(万)	–	–	–	–
主营业务利润(万)	–	–	–	–
营业务收入(万)	67515.60	126424.12	64743.56	119720.57
营业务利润(万)	2084.88	3583.82	2724.58	3957.86
投资收益(万)	–	–	–	–
利润总额(万)	2082.14	4916.27	2719.74	4692.61
净利润(万)	1705.20	3959.10	2047.79	4129.61

安琪酵母股份有限公司

公司概况

公司名称	安琪酵母股份有限公司			证券简称	安琪酵母
法人代表	俞学锋	董秘	周帮俊	证券代码	600298
公司网址	www.angelyeast.com.cn		电子信箱	zbj@angelyeast.com	
电　话	0717-6369865、6371088		传　真	0717-6369865	
办公地址	湖北省宜昌市城东大道168号				
经营范围	酵母及深加工产品、生物制品、食品添加剂、豆制品、奶制品、调味品、粮食制品的生产、销售等				

主要财务指标

指标\报告期	2009.06.30	2008.12.31	2008.06.30	2007.12.31
每股收益(元)	0.3730	0.3850	0.2178	0.3341
每股收益(扣除)(元)	0.3359	0.3868	0.2132	0.2885
每股净资产(元)	3.4330	3.1895	3.0223	2.9345
调整后每股净资产(元)	–	–	–	–
每股资本公积金(元)	0.9351	0.9351	0.9351	0.9351
每股盈余公积金(元)	0.2726	0.2353	0.2007	0.2007
每股未分配利润(元)	1.2248	1.0191	0.8864	0.7986
每股现金净流量(元)	0.0016	–0.1178	0.0974	0.0599
每股经营现金净流量(元)	0.6021	1.0312	0.1895	0.3777
净资产收益率(扣除)(%)	–	–	–	9.8300
净资产收益率(%)	10.8700	12.0700	7.2100	11.3800
总资产(万)	225610.67	203432.32	188421.98	160203.70
股东权益(万)	93158.86	86562.90	82024.51	79641.57
主营业务收入(万)	–	–	–	–
主营业务利润(万)	–	–	–	–
营业务收入(万)	76622.98	131127.21	62232.98	106078.65
营业务利润(万)	13696.94	14538.87	6965.52	11658.98
投资收益(万)	–	–	–	–
利润总额(万)	14419.92	15165.96	7203.34	13333.63
净利润(万)	10124.16	10449.53	5911.14	9067.13

蓝星化工新材料股份有限公司

公司概况

公司名称	蓝星化工新材料股份有限公司			证券简称	蓝星新材
法人代表	冯益民	董秘	冯新华	证券代码	600299
公司网址	www.star-nm.com		电子信箱	xcl-008@star-nm.com	
电　话	010-64411094		传　真	010-64429425	
办公地址	北京市朝阳区北三环东路19号				
经营范围	有机硅单体及相关产品的研制、生产、销售;化学合成材料、化工产品的开发、生产、销售等				

主要财务指标

指标\报告期	2009.06.30	2008.12.31	2008.06.30	2007.12.31
每股收益(元)	–0.3900	–0.2900	0.2900	1.1000
每股收益(扣除)(元)	–0.3700	–0.4500	0.1800	1.0700
每股净资产(元)	5.2520	5.5900	6.1800	7.6900
调整后每股净资产(元)	–	–	–	–
每股资本公积金(元)	3.4521	3.4510	3.4777	4.8210
每股盈余公积金(元)	0.3428	0.2972	0.2505	0.3521
每股未分配利润(元)	0.4572	0.8453	1.4521	1.5153
每股现金净流量(元)	0.0143	0.1771	0.4109	1.6233
每股经营现金净流量(元)	0.0141	0.6604	0.6278	1.1095
净资产收益率(扣除)(%)	–	–	–	13.4800
净资产收益率(%)	–7.3900	–5.2500	4.6200	13.8500
总资产(万)	1246871.30	1155699.83	1087777.54	937928.54
股东权益(万)	274526.83	292380.84	323049.17	309137.54
主营业务收入(万)	–	–	–	–
主营业务利润(万)	–	–	–	–
营业务收入(万)	329226.57	801737.74	450571.13	790047.30
营业务利润(万)	–19510.04	–23036.98	12545.85	52425.03
投资收益(万)	–	–	–	–
利润总额(万)	–18930.87	–12319.02	18360.49	52979.93
净利润(万)	–20288.96	–15362.05	14929.37	42825.30

维维食品饮料股份有限公司

公司概况

公司名称	维维食品饮料股份有限公司			证券简称	维维股份
法人代表	杨启典	董秘	丁金礼	证券代码	600300
公司网址	www.vvgroup.com.cn		电子信箱	vvzqb@vvgroup.com	
电　话	0516-83290169、83398890		传　真	0516-83394888	
办公地址	江苏省徐州市维维大道300号				
经营范围	研究、开发、生产食品、饮料系列产品及相关产品，销售自产产品等				

主要财务指标

指标\报告期	2009.06.30	2008.12.31	2008.06.30	2007.12.31
每股收益(元)	0.1000	0.0700	0.0500	0.1300
每股收益(扣除)(元)	0.0400	0.0300	0.0600	0.1200
每股净资产(元)	1.3700	2.9000	2.9100	2.2700
调整后每股净资产(元)	–	–	–	–
每股资本公积金(元)	0.1461	1.5215	1.5215	0.8723
每股盈余公积金(元)	0.0688	0.1514	0.1460	0.1681
每股未分配利润(元)	0.1501	0.2254	0.2390	0.2291
每股现金净流量(元)	–0.1248	0.5755	0.9140	0.1768
每股经营现金净流量(元)	0.0157	0.2159	–0.0662	0.2529
净资产收益率(扣除)(%)	–	–	–	5.0900
净资产收益率(%)	4.4900	2.3000	2.5700	5.7200
总资产(万)	389399.35	363282.33	368035.80	297847.78
股东权益(万)	228240.19	220271.85	220889.16	149788.22
主营业务收入(万)	–	–	–	–
主营业务利润(万)	–	–	–	–
营业务收入(万)	132516.83	283381.29	143893.10	318124.71
营业务利润(万)	14248.39	4530.32	8355.19	11436.00
投资收益(万)	–	–	–	–
利润总额(万)	14529.69	6109.42	7488.73	12832.97
净利润(万)	10248.34	5067.32	5684.63	8562.96

南宁化工股份有限公司

公司概况	公司名称	南宁化工股份有限公司			证券简称	南化股份
	法人代表	陈载华	董秘	谭周兴	证券代码	600301
	公司网址	www.nnchem.com		电子信箱	nhzq@nnchem.com	
	电　话	0771-4835135、4821093		传　真	0771-4835643、4821093	
	办公地址	广西南宁市南建路 26 号				
	经营范围	氯碱化学工业及其系列产品，农药、消毒剂等无机和有机化工产品的研究、开发，生产和销售等				

	指标\报告期	2009.06.30	2008.12.31	2008.06.30	2007.12.31
主要财务指标	每股收益(元)	-0.4442	-0.5587	0.0720	0.3282
	每股收益(扣除)(元)	-0.4679	-0.5605	0.0730	0.3185
	每股净资产(元)	2.7034	3.1400	3.7800	3.9500
	调整后每股净资产(元)	-	-	-	-
	每股资本公积金(元)	2.3600	2.3600	2.3611	2.3611
	每股盈余公积金(元)	0.2424	0.2691	0.2424	0.2424
	每股未分配利润(元)	-0.9287	-0.4845	0.1729	0.3509
	每股现金净流量(元)	0.7659	1.4377	0.0570	0.1441
	每股经营现金净流量(元)	0.0004	0.6585	0.2869	0.8743
	净资产收益率(扣除)(%)	-	-	-	7.2000
	净资产收益率(%)	-16.4300	-17.7700	1.9100	7.4200
	总资产(万)	279917.54	258841.74	237191.21	220498.25
	股东权益(万)	63570.60	73944.74	88801.39	92987.00
	主营业务收入(万)	-	-	-	-
	主营业务利润(万)	-	-	-	-
	营业务收入(万)	70362.26	177230.62	98916.33	182222.01
	营业务利润(万)	-12361.59	-16069.38	2205.27	7731.44
	投资收益(万)	-	-	-	-
	利润总额(万)	-11542.79	-15659.34	2192.22	7789.89
	净利润(万)	-10444.60	-13137.06	1693.09	6897.54

西安标准工业股份有限公司

公司概况	公司名称	西安标准工业股份有限公司			证券简称	标准股份
	法人代表	李广晖	董秘	吴涛	证券代码	600302
	公司网址	www.chinatypical.com		电子信箱	wt@chinatypical.com	
	电　话	029-88279352		传　真	029-88236001	
	办公地址	西安市太白南路 335 号				
	经营范围	缝制设备、机械设备的研制、生产、销售、服务；箱包的生产、销售等				

	指标\报告期	2009.06.30	2008.12.31	2008.06.30	2007.12.31
主要财务指标	每股收益(元)	0.0450	0.0103	0.0193	0.3785
	每股收益(扣除)(元)	-0.0464	0.0015	0.0159	0.3339
	每股净资产(元)	3.5644	3.5655	3.6521	3.4729
	调整后每股净资产(元)	-	-	-	-
	每股资本公积金(元)	1.0230	1.0691	1.1466	0.9868
	每股盈余公积金(元)	0.6137	0.6137	0.6077	0.6077
	每股未分配利润(元)	0.9277	0.8827	0.8977	0.8784
	每股现金净流量(元)	0.1645	-0.0899	-0.2572	0.0805
	每股经营现金净流量(元)	0.0267	0.0376	-0.1063	0.3352
	净资产收益率(扣除)(%)	-	-	-	9.6100
	净资产收益率(%)	1.2620	0.2900	0.5290	10.9000
	总资产(万)	154100.60	156611.26	161590.33	161504.78
	股东权益(万)	123331.76	123371.02	126365.24	121782.71
	主营业务收入(万)	-	-	-	-
	主营业务利润(万)	-	-	-	-
	营业务收入(万)	24965.34	71732.09	45202.94	124613.14
	营业务利润(万)	1931.68	528.24	936.71	14203.34
	投资收益(万)	-	-	-	-
	利润总额(万)	1923.94	887.63	1081.90	15266.01
	净利润(万)	1556.13	357.28	668.69	13096.35

辽宁曙光汽车集团股份有限公司

公司概况	公司名称	辽宁曙光汽车集团股份有限公司			证券简称	曙光股份
	法人代表	李进巅	董秘	那涛	证券代码	600303
	公司网址	www.sgautomotive.com		电子信箱	dongban@sgautomotive.com	
	电　话	0415-4146825		传　真	0415-4142821	
	办公地址	辽宁省丹东市振安区曙光路 50 号				
	经营范围	制造、加工；汽车前后桥、汽车底盘、汽车零部件；汽车修理等				

	指标\报告期	2009.06.30	2008.12.31	2008.06.30	2007.12.31
主要财务指标	每股收益(元)	0.2600	0.3000	0.2500	0.4800
	每股收益(扣除)(元)	0.1300	0.3200	0.2500	0.4300
	每股净资产(元)	5.8600	5.7300	5.5810	5.5800
	调整后每股净资产(元)	-	-	-	-
	每股资本公积金(元)	2.4510	2.5345	2.4283	2.5761
	每股盈余公积金(元)	0.7661	0.7661	0.7312	0.7312
	每股未分配利润(元)	1.6488	1.4365	1.4216	1.2679
	每股现金净流量(元)	1.1055	0.0485	0.3016	0.2925
	每股经营现金净流量(元)	0.5066	0.7095	0.7199	0.4163
	净资产收益率(扣除)(%)	-	-	-	7.6900
	净资产收益率(%)	4.5000	5.2900	4.5500	8.5400
	总资产(万)	453243.01	444278.67	413872.47	426252.56
	股东权益(万)	130150.56	127293.43	123902.42	123768.25
	主营业务收入(万)	-	-	-	-
	主营业务利润(万)	-	-	-	-
	营业务收入(万)	172263.07	432253.88	261557.55	411434.82
	营业务利润(万)	7934.85	10341.75	8213.75	14665.78
	投资收益(万)	-	-	-	-
	利润总额(万)	8731.19	11533.06	8458.59	15252.64
	净利润(万)	5857.88	6737.63	5633.32	10570.08

江苏恒顺醋业股份有限公司

公司概况	公司名称	江苏恒顺醋业股份有限公司			证券简称	恒顺醋业
	法人代表	叶有伟	董秘	杨永忠	证券代码	600305
	公司网址	www.hengshun.cn		电子信箱	600305@hengshun.cn	
	电　话	0511-85227312		传　真	0511-85230209	
	办公地址	江苏省镇江市中山西路 84 号				
	经营范围	生产销售食醋、酱油、酱菜、复合调味料、调味剂等系列调味品；副食品等				

	指标\报告期	2009.06.30	2008.12.31	2008.06.30	2007.12.31
主要财务指标	每股收益(元)	0.1060	-0.3870	0.1750	0.2420
	每股收益(扣除)(元)	0.0820	-0.4090	0.1170	0.1310
	每股净资产(元)	3.3658	3.2600	3.8224	3.7203
	调整后每股净资产(元)	-	-	-	-
	每股资本公积金(元)	1.9084	1.9084	1.9084	1.9084
	每股盈余公积金(元)	0.1925	0.1925	0.1835	0.1835
	每股未分配利润(元)	0.2649	0.1592	0.7304	0.6284
	每股现金净流量(元)	0.8291	0.6322	1.5781	-0.8673
	每股经营现金净流量(元)	1.0362	-0.1359	0.9536	0.6762
	净资产收益率(扣除)(%)	-	-	-	3.5200
	净资产收益率(%)	3.1400	-11.8800	4.5800	6.5200
	总资产(万)	260196.51	245936.90	248924.94	213494.37
	股东权益(万)	42796.08	41453.00	48601.19	47303.88
	主营业务收入(万)	-	-	-	-
	主营业务利润(万)	-	-	-	-
	营业务收入(万)	42024.73	69841.85	34816.49	82849.67
	营业务利润(万)	2415.94	-6824.14	3166.51	3652.61
	投资收益(万)	-	-	-	-
	利润总额(万)	2454.84	-6613.38	3010.79	5657.88
	净利润(万)	1343.08	-4922.69	2225.51	3083.19

沈阳商业城股份有限公司

公司概况	公司名称	沈阳商业城股份有限公司			证券简称	商业城
	法人代表	张殿华	董秘	张黎明	证券代码	600306
	公司网址	www.e-syc.com.cn		电子信箱	sycgf@e-syc.com.cn	
	电 话	024-24865832		传 真	024-24865832	
	办公地址	沈阳市沈河区中街路212号				
	经营范围	国内一般商业贸易、房屋、场地租赁、劳务租赁、仓储运输服务、设计等				

	指标\报告期	2009.06.30	2008.12.31	2008.06.30	2007.12.31
主要财务指标	每股收益(元)	0.0060	-0.1190	0.0040	0.1460
	每股收益(扣除)(元)	0.0050	-0.1470	-0.0120	0.0930
	每股净资产(元)	2.6370	2.6300	2.6600	2.7500
	调整后每股净资产(元)	-	-	-	-
	每股资本公积金(元)	1.0570	1.0570	1.0660	1.0570
	每股盈余公积金(元)	0.1053	0.1053	0.1053	0.1053
	每股未分配利润(元)	0.4750	0.4694	0.4873	0.5882
	每股现金净流量(元)	0.0595	0.2688	-0.2335	-0.0434
	每股经营现金净流量(元)	-0.1330	0.5317	0.0004	-0.1661
	净资产收益率(扣除)(%)	-	-	-	3.3850
	净资产收益率(%)	0.2100	-4.5130	0.1400	5.2910
	总资产(万)	158558.19	162373.04	141865.76	140638.47
	股东权益(万)	46980.51	46881.00	47359.31	48996.65
	主营业务收入(万)	-	-	-	-
	主营业务利润(万)	-	-	-	-
	营业务收入(万)	76840.77	175231.96	89061.15	183711.16
	营业务利润(万)	320.15	-2009.47	42.88	3517.52
	投资收益(万)	-	-	-	-
	利润总额(万)	334.71	-1464.00	416.85	3717.78
	净利润(万)	99.52	-2115.66	68.35	2592.39

甘肃酒钢集团宏兴钢铁股份有限公司

公司概况	公司名称	甘肃酒钢集团宏兴钢铁股份有限公司			证券简称	酒钢宏兴
	法人代表	秦治庚	董秘	宋之国	证券代码	600307
	公司网址	www.JIUGANG .COM.CN		电子信箱	jgzqb@jiugang.com	
	电 话	0937-6715370		传 真	0937-6715507	
	办公地址	甘肃省嘉峪关市雄关东路12号				
	经营范围	钢铁制品、其他金属制品的生产、销售、科研、技术转让、进出口贸易业务				

	指标\报告期	2009.06.30	2008.12.31	2008.06.30	2007.12.31
主要财务指标	每股收益(元)	0.0500	0.0507	0.3800	0.8800
	每股收益(扣除)(元)	0.0479	0.0480	0.3800	0.9000
	每股净资产(元)	5.3020	5.2500	5.5800	5.4000
	调整后每股净资产(元)	-	-	-	-
	每股资本公积金(元)	1.1548	1.1548	1.1548	1.1548
	每股盈余公积金(元)	0.8119	0.8119	0.7782	0.7782
	每股未分配利润(元)	2.3354	2.2869	2.6509	2.4698
	每股现金净流量(元)	0.4846	1.1320	0.5185	0.5767
	每股经营现金净流量(元)	0.6130	2.5574	1.0415	2.2147
	净资产收益率(扣除)(%)	-	-	-	16.6700
	净资产收益率(%)	0.9100	0.9700	6.8200	16.3400
	总资产(万)	1079962.22	997584.88	981997.75	958948.92
	股东权益(万)	463184.19	458951.79	487814.49	471994.44
	主营业务收入(万)	-	-	-	-
	主营业务利润(万)	-	-	-	-
	营业务收入(万)	1213043.55	3248112.93	1662058.06	2231931.15
	营业务利润(万)	8154.00	1632.24	42430.38	100372.61
	投资收益(万)	-	-	-	-
	利润总额(万)	8222.29	1913.00	42383.64	98207.69
	净利润(万)	4232.40	4429.35	33292.04	77128.47

山东华泰纸业股份有限公司

公司概况	公司名称	山东华泰纸业股份有限公司			证券简称	华泰股份
	法人代表	李建华	董秘	许华村	证券代码	600308
	公司网址	www.huataipaper.com		电子信箱	xuhuacun@sina.com	
	电 话	0546-7798799、7798848		传 真	0546-6871957	
	办公地址	山东省东营市广饶县大王镇				
	经营范围	造纸、纸制品、纸料加工的生产和销售、化工产品、电汽的生产销售等				

	指标\报告期	2009.06.30	2008.12.31	2008.06.30	2007.12.31
主要财务指标	每股收益(元)	0.2510	0.6650	0.5510	0.9170
	每股收益(扣除)(元)	0.1410	0.4490	0.5310	0.6170
	每股净资产(元)	7.0100	6.8200	6.9700	6.4500
	调整后每股净资产(元)	-	-	-	-
	每股资本公积金(元)	2.7060	2.7060	2.7062	2.7188
	每股盈余公积金(元)	0.7501	0.7501	0.6931	0.6931
	每股未分配利润(元)	2.5529	2.3616	2.5676	2.0350
	每股现金净流量(元)	0.1764	-0.3161	0.8415	0.4534
	每股经营现金净流量(元)	0.5896	1.1220	1.7306	1.8346
	净资产收益率(扣除)(%)	-	-	-	9.5800
	净资产收益率(%)	3.5900	9.7500	7.9100	14.2200
	总资产(万)	999167.55	982236.75	958334.09	916780.58
	股东权益(万)	384549.76	374051.67	382233.45	353707.15
	主营业务收入(万)	-	-	-	-
	主营业务利润(万)	-	-	-	-
	营业务收入(万)	260880.39	600629.32	337175.09	603214.01
	营业务利润(万)	11690.31	32595.61	36367.45	66702.40
	投资收益(万)	-	-	-	-
	利润总额(万)	18019.51	37677.27	37126.80	68570.71
	净利润(万)	13789.97	36463.62	30220.95	50290.60

烟台万华聚氨酯股份有限公司

公司概况	公司名称	烟台万华聚氨酯股份有限公司			证券简称	烟台万华
	法人代表	丁建生	董秘	寇光武	证券代码	600309
	公司网址	www.ytpu.com		电子信箱	stock@ytpu.com	
	电 话	0535-6698537		传 真	0535-6837894	
	办公地址	山东省烟台市幸福南路7号				
	经营范围	聚氨酯及助剂、异氰酸酯(MDI)及衍生产品开发、生产和销售等				

	指标\报告期	2009.06.30	2008.12.31	2008.06.30	2007.12.31
主要财务指标	每股收益(元)	0.3000	0.9100	0.5900	0.8900
	每股收益(扣除)(元)	0.2000	0.7400	0.5400	0.7700
	每股净资产(元)	2.7000	2.9000	2.4900	2.3800
	调整后每股净资产(元)	-	-	-	-
	每股资本公积金(元)	0.0288	0.0288	0.0281	0.0233
	每股盈余公积金(元)	0.4920	0.4920	0.3737	0.4001
	每股未分配利润(元)	1.1766	1.3746	1.0912	0.9589
	每股现金净流量(元)	0.5920	-0.0592	-0.4634	0.6864
	每股经营现金净流量(元)	0.6239	1.2025	0.2870	0.7710
	净资产收益率(扣除)(%)	-	-	-	32.4700
	净资产收益率(%)	11.1900	31.3400	23.1500	37.5400
	总资产(万)	937106.89	786272.27	764086.21	759436.93
	股东权益(万)	448828.76	481745.69	414853.30	447965.51
	主营业务收入(万)	-	-	-	-
	主营业务利润(万)	-	-	-	-
	营业务收入(万)	274995.90	770439.30	416773.63	780358.36
	营业务利润(万)	44517.69	165328.78	121732.51	237038.29
	投资收益(万)	-	-	-	-
	利润总额(万)	66097.60	202565.79	131387.00	249178.31
	净利润(万)	50244.78	150973.64	98426.43	148783.65

广西桂东电力股份有限公司

公司概况	公司名称	广西桂东电力股份有限公司			证券简称	桂东电力
	法人代表	温昌伟	董秘	陆培军	证券代码	600310
	公司网址	www.gdep.com.cn		电子信箱	600310@gdep.com.cn	
	电　话	0774-5297796、5283977		传　真	0774-5285255	
	办公地址	广西壮族自治区贺州市平安西路 12 号				
	经营范围	发电、供电、电力投资开发、电力实业、电力工程设计和安装、供水、公路建设等				

主要财务指标	指标\报告期	2009.06.30	2008.12.31	2008.06.30	2007.12.31
	每股收益(元)	0.2489	0.5360	0.3331	0.5928
	每股收益(扣除)(元)	0.2480	0.5057	0.3350	0.5312
	每股净资产(元)	4.3543	4.5034	4.3005	4.4174
	调整后每股净资产(元)	–	–	–	–
	每股资本公积金(元)	2.3333	2.3314	2.3314	2.3314
	每股盈余公积金(元)	0.2885	0.2885	0.2510	0.2510
	每股未分配利润(元)	0.7324	0.8835	0.7180	0.8349
	每股现金净流量(元)	0.4705	–0.1108	–0.3822	0.5698
	每股经营现金净流量(元)	0.8005	1.4418	0.6702	1.0142
	净资产收益率(扣除)(%)	–	–	–	12.0300
	净资产收益率(%)	5.7200	11.9000	7.7500	13.4200
	总资产(万)	284919.70	259712.62	257718.95	259919.86
	股东权益(万)	68253.16	70591.09	67409.66	69242.30
	主营业务收入(万)	–	–	–	–
	主营业务利润(万)	–	–	–	–
	营业务收入(万)	49520.36	96600.12	48161.16	98468.53
	营业务利润(万)	5078.66	11229.87	6360.75	10103.26
	投资收益(万)	–	–	–	–
	利润总额(万)	5092.17	11250.11	6319.99	9954.66
	净利润(万)	3902.18	8402.55	5221.11	9291.87

甘肃荣华实业(集团)股份有限公司

公司概况	公司名称	甘肃荣华实业(集团)股份有限公司			证券简称	荣华实业
	法人代表	张严德	董秘	辛永清	证券代码	600311
	公司网址	www.ronghua.cc		电子信箱	rhxyongqin@163.com	
	电　话	0935-6151222		传　真	0935-6151333	
	办公地址	甘肃省武威市东关街荣华路 1 号				
	经营范围	谷氨酸、生物发酵肥、淀粉及其副产品、饲料、包装材料、塑料制品的生产、批发零售等				

主要财务指标	指标\报告期	2009.06.30	2008.12.31	2008.06.30	2007.12.31
	每股收益(元)	–0.0810	0.0110	0.0130	0.0800
	每股收益(扣除)(元)	–0.0840	–0.0408	–0.0220	0.0300
	每股净资产(元)	1.4100	1.4900	1.4900	1.4800
	调整后每股净资产(元)	–	–	–	–
	每股资本公积金(元)	0.3297	0.3297	0.3298	0.3297
	每股盈余公积金(元)	0.0787	0.0787	0.0782	0.0782
	每股未分配利润(元)	–0.0025	0.0790	0.0812	0.0685
	每股现金净流量(元)	–0.0036	0.0044	0.0072	–0.0008
	每股经营现金净流量(元)	0.0499	–0.0512	–0.0779	0.0525
	净资产收益率(扣除)(%)	–	–	–	1.8100
	净资产收益率(%)	–5.8000	0.7400	0.8500	5.3400
	总资产(万)	117719.41	119528.94	110801.19	109813.12
	股东权益(万)	93575.50	98998.35	99117.69	98266.95
	主营业务收入(万)	–	–	–	–
	主营业务利润(万)	–	–	–	–
	营业务收入(万)	14715.63	30657.27	8931.10	12728.20
	营业务利润(万)	–5604.18	–2717.50	–1473.37	1780.21
	投资收益(万)	–	–	–	–
	利润总额(万)	–5379.03	727.20	845.74	5245.25
	净利润(万)	–5422.85	731.40	845.74	5245.25

河南平高电气股份有限公司

公司概况	公司名称	河南平高电气股份有限公司			证券简称	平高电气
	法人代表	魏光林	董秘	程占彪	证券代码	600312
	公司网址	www.pinggao.com		电子信箱	pinggao@pinggao.com	
	电　话	0375-3804031、3804022		传　真	0375-3804464	
	办公地址	河南省平顶山市南环东路 22 号				
	经营范围	制造、销售高压开关设备、控制设备及其配件;技术服务、咨询服务等				

主要财务指标	指标\报告期	2009.06.30	2008.12.31	2008.06.30	2007.12.31
	每股收益(元)	0.1380	0.4056	0.1690	0.3444
	每股收益(扣除)(元)	0.1380	0.3949	0.1680	0.3155
	每股净资产(元)	2.4680	2.4140	2.6400	2.5100
	调整后每股净资产(元)	–	–	–	–
	每股资本公积金(元)	0.5985	0.7182	0.6698	1.3377
	每股盈余公积金(元)	0.1939	0.2326	0.1939	0.2715
	每股未分配利润(元)	0.6761	0.9454	0.7810	0.9100
	每股现金净流量(元)	–0.3340	0.3032	–0.1099	–0.2775
	每股经营现金净流量(元)	–0.4296	0.5847	–0.4211	–0.7810
	净资产收益率(扣除)(%)	–	–	–	12.5500
	净资产收益率(%)	5.6000	14.0000	7.6600	13.7000
	总资产(万)	397792.38	393092.68	362042.64	310508.14
	股东权益(万)	151438.05	148066.99	135209.71	128510.83
	主营业务收入(万)	–	–	–	–
	主营业务利润(万)	–	–	–	–
	营业务收入(万)	101190.43	262016.27	110950.46	174923.02
	营业务利润(万)	8660.23	23588.04	11616.59	14827.99
	投资收益(万)	–	–	–	–
	利润总额(万)	8704.80	24229.62	11703.56	15669.83
	净利润(万)	8483.49	20734.14	10350.62	17606.87

中垦农业资源开发股份有限公司

公司概况	公司名称	中垦农业资源开发股份有限公司			证券简称	ST 中 农
	法人代表	李小平	董秘	黄桂河	证券代码	600313
	公司网址	www.zhnzy.com.cn		电子信箱	600313@zhnzy.com.cn	
	电　话	010-83607371		传　真	010-83607370	
	办公地址	北京市西城区阜成门外大街甲 28 号京润大厦 12 层				
	经营范围	油料作物、花卉、剑麻的种植、加工、销售;粮食种植;水产品养殖等				

主要财务指标	指标\报告期	2009.06.30	2008.12.31	2008.06.30	2007.12.31
	每股收益(元)	–0.0140	–0.0763	–0.0198	–0.1783
	每股收益(扣除)(元)	–0.0155	–0.0748	–0.0162	–0.1608
	每股净资产(元)	1.4751	1.4891	1.5456	1.5657
	调整后每股净资产(元)	–	–	–	–
	每股资本公积金(元)	0.7559	0.7573	0.7573	0.7577
	每股盈余公积金(元)	0.0089	0.0144	0.0144	0.0144
	每股未分配利润(元)	–0.2897	–0.2827	–0.2261	–0.2063
	每股现金净流量(元)	0.2808	–0.0672	–0.0627	0.1670
	每股经营现金净流量(元)	0.1182	–0.0346	–0.0520	0.1960
	净资产收益率(扣除)(%)	–	–	–	–10.2700
	净资产收益率(%)	–0.9500	–5.1300	–1.2800	–11.3800
	总资产(万)	61437.21	67947.09	75369.55	70627.07
	股东权益(万)	44871.21	45297.26	47018.57	47629.60
	主营业务收入(万)	–	–	–	–
	主营业务利润(万)	–	–	–	–
	营业务收入(万)	12868.80	50610.02	18010.96	52468.95
	营业务利润(万)	–439.54	–2144.20	–462.51	–5495.40
	投资收益(万)	–	–	–	–
	利润总额(万)	–430.42	–2226.83	–574.91	–5695.27
	净利润(万)	–426.05	–2322.34	–601.03	–5422.53

上海家化联合股份有限公司

公司概况	公司名称	上海家化联合股份有限公司			证券简称	上海家化
	法人代表	葛文耀	董秘	冯珺	证券代码	600315
	公司网址	www.jahwa.com.cn		电子信箱	contact@jahwa.com.cn	
	电　话	021-25016007		传　真	021-65129748	
	办公地址	上海市保定路527号				
	经营范围	开发和生产化妆品,化妆用品及饰品,日用化学制品及原辅材料,包装容器等				

	指标\报告期	2009.06.30	2008.12.31	2008.06.30	2007.12.31
主要财务指标	每股收益(元)	0.4500	0.8600	0.4900	0.7600
	每股收益(扣除)(元)	0.4400	0.8300	0.4900	0.6100
	每股净资产(元)	3.7300	5.0500	4.5900	4.8700
	调整后每股净资产(元)	–	–	–	–
	每股资本公积金(元)	1.0387	1.9833	1.9012	2.2303
	每股盈余公积金(元)	0.2215	0.3328	0.3114	0.3849
	每股未分配利润(元)	1.4751	1.7450	1.3868	1.2595
	每股现金净流量(元)	0.0233	0.6535	0.7722	0.6065
	每股经营现金净流量(元)	0.5472	1.5211	1.1751	1.2661
	净资产收益率(扣除)(%)	–	–	–	12.4600
	净资产收益率(%)	11.9300	16.8800	10.7300	15.5300
	总资产(万)	181295.78	168584.90	188248.48	148049.78
	股东权益(万)	121466.73	109624.93	99519.30	85339.70
	主营业务收入(万)	–	–	–	–
	主营业务利润(万)	–	–	–	–
	营业务收入(万)	142480.39	249349.81	138462.61	226079.89
	营业务利润(万)	16140.08	22277.09	14312.10	17996.90
	投资收益(万)	–	–	–	–
	利润总额(万)	16530.17	23092.82	14350.17	18990.27
	净利润(万)	14487.92	18503.90	10682.63	13257.21

江西洪都航空工业股份有限公司

公司概况	公司名称	江西洪都航空工业股份有限公司			证券简称	洪都航空
	法人代表	吴方辉	董秘	曹春	证券代码	600316
	公司网址	www.hongdu-aviation.com		电子信箱	caoc@hongdu-aviation.com	
	电　话	0791-8467456、8467843		传　真	0791-88467843	
	办公地址	南昌市新溪桥				
	经营范围	基础教练机、通用飞机、其他航空产品及零件部件的设计、研制、生产、销售等				

	指标\报告期	2009.06.30	2008.12.31	2008.06.30	2007.12.31
主要财务指标	每股收益(元)	0.1124	0.2916	0.1835	0.3288
	每股收益(扣除)(元)	0.0507	0.2661	0.1831	0.2973
	每股净资产(元)	5.2321	4.8900	4.9400	5.3500
	调整后每股净资产(元)	–	–	–	–
	每股资本公积金(元)	3.3694	3.0764	3.2425	5.1654
	每股盈余公积金(元)	0.2771	0.2771	0.2409	0.3372
	每股未分配利润(元)	0.5856	0.5332	0.4613	0.9889
	每股现金净流量(元)	0.2053	0.0784	–0.2754	–0.1687
	每股经营现金净流量(元)	0.1513	0.4226	–0.1022	1.0531
	净资产收益率(扣除)(%)	–	–	–	5.5600
	净资产收益率(%)	2.1480	5.9700	3.7120	6.1400
	总资产(万)	339743.42	327799.98	375178.38	396172.02
	股东权益(万)	184588.13	172400.90	174448.49	188784.62
	主营业务收入(万)	–	–	–	–
	主营业务利润(万)	–	–	–	–
	营业务收入(万)	43147.28	159033.80	72457.58	178303.79
	营业务利润(万)	4535.02	11582.05	8199.58	13093.18
	投资收益(万)	–	–	–	–
	利润总额(万)	4527.39	11403.68	8067.34	12920.29
	净利润(万)	3964.12	10288.94	6475.12	11600.40

营口港务股份有限公司

公司概况	公司名称	营口港务股份有限公司			证券简称	营口港
	法人代表	高宝玉	董秘	杨会君	证券代码	600317
	公司网址	www.ykplc.com		电子信箱	ykplc@ykport.com.cn	
	电　话	0417-6268506		传　真	0417-6268506	
	办公地址	辽宁省营口市鲅鱼圈区新港大路1号				
	经营范围	港口装卸、堆存、运输服务等				

	指标\报告期	2009.06.30	2008.12.31	2008.06.30	2007.12.31
主要财务指标	每股收益(元)	0.1800	0.5500	0.3700	0.3800
	每股收益(扣除)(元)	0.1800	0.4300	0.3700	0.3500
	每股净资产(元)	5.8300	5.6500	5.8800	5.7500
	调整后每股净资产(元)	–	–	–	–
	每股资本公积金(元)	3.8010	3.8010	3.8010	6.7545
	每股盈余公积金(元)	0.2643	0.2465	0.2242	0.3212
	每股未分配利润(元)	0.7656	0.6000	0.8514	0.9694
	每股现金净流量(元)	0.2297	0.2833	0.0357	0.1359
	每股经营现金净流量(元)	0.1269	0.5381	0.1920	0.4669
	净资产收益率(扣除)(%)	–	–	–	5.8400
	净资产收益率(%)	3.1500	9.6700	4.3500	6.3000
	总资产(万)	954211.06	895071.74	729348.48	727429.69
	股东权益(万)	319989.39	309926.41	322499.52	315479.18
	主营业务收入(万)	–	–	–	–
	主营业务利润(万)	–	–	–	–
	营业务收入(万)	94803.03	195079.67	103283.30	127359.06
	营业务利润(万)	12463.25	36871.58	25731.97	26658.83
	投资收益(万)	–	–	–	–
	利润总额(万)	12461.73	36849.31	25730.18	26721.28
	净利润(万)	10062.99	29972.34	14033.33	19870.61

安徽巢东水泥股份有限公司

公司概况	公司名称	安徽巢东水泥股份有限公司			证券简称	巢东股份
	法人代表	黄炳均	董秘	谢旻	证券代码	600318
	公司网址	www.cdgfgs.com		电子信箱	cddms@vip.sina.com	
	电　话	0565-2391720、2389232		传　真	0565-2391720	
	办公地址	安徽省巢湖市长江西路269号				
	经营范围	水泥及相关产品、新型建材产品生产、销售;建材设计;设备制造、安装、调试等				

	指标\报告期	2009.06.30	2008.12.31	2008.06.30	2007.12.31
主要财务指标	每股收益(元)	–0.2200	–0.3800	0.0010	0.1000
	每股收益(扣除)(元)	–0.2400	–0.4600	–0.0700	0.0300
	每股净资产(元)	1.5376	1.7500	2.1300	2.1300
	调整后每股净资产(元)	–	–	–	–
	每股资本公积金(元)	1.4497	1.4497	1.4497	1.4497
	每股盈余公积金(元)	0.0866	0.0963	0.0866	0.0929
	每股未分配利润(元)	–1.0142	–0.7925	–0.4106	–0.4120
	每股现金净流量(元)	–0.0807	–0.1615	–0.2756	–0.6942
	每股经营现金净流量(元)	–0.3715	0.4397	0.0649	0.3066
	净资产收益率(扣除)(%)	–	–	–	1.4600
	净资产收益率(%)	–14.4180	–21.5100	0.0700	4.3400
	总资产(万)	130931.82	121733.09	94876.90	86692.74
	股东权益(万)	37210.26	42435.01	51442.59	51561.12
	主营业务收入(万)	–	–	–	–
	主营业务利润(万)	–	–	–	–
	营业务收入(万)	26259.51	52969.08	23414.17	59492.89
	营业务利润(万)	–5759.22	–10280.56	–988.54	2618.62
	投资收益(万)	–	–	–	–
	利润总额(万)	–5429.58	–8274.08	758.35	2834.35
	净利润(万)	–5365.10	–9126.11	34.49	2384.42

潍坊亚星化学股份有限公司

公司概况						
	公司名称	潍坊亚星化学股份有限公司			证券简称	亚星化学
	法人代表	陈华森	董秘	汪波	证券代码	600319
	公司网址	www.chinayaxing.com		电子信箱	info@chinayaxing.com	
	电　话	0536-8591189		传　真	0536-8666877、8663853	
	办公地址	山东省潍坊市奎文区鸢飞路 899 号				
	经营范围	烧碱、聚氯乙烯、氯化聚乙烯、液氯、漂液、非药品易制毒化学品盐酸等化工产品				

主要财务指标	指标\报告期	2009.06.30	2008.12.31	2008.06.30	2007.12.31
	每股收益(元)	0.0180	0.0500	0.0250	0.0640
	每股收益(扣除)(元)	0.0150	-0.0690	0.0220	0.0510
	每股净资产(元)	3.4000	3.4050	3.3600	3.3870
	调整后每股净资产(元)	-	-	-	-
	每股资本公积金(元)	2.1315	2.1315	2.1124	2.1124
	每股盈余公积金(元)	0.1578	0.1578	0.1660	0.1564
	每股未分配利润(元)	0.1144	0.1160	0.0831	0.1178
	每股现金净流量(元)	0.0372	-0.9090	-0.3212	-0.1371
	每股经营现金净流量(元)	0.2742	0.3107	0.5013	0.4333
	净资产收益率(扣除)(%)	-	-	-	1.4900
	净资产收益率(%)	0.5400	1.4600	0.7500	1.8800
	总资产(万)	327090.81	313157.45	286773.16	272569.23
	股东权益(万)	107419.50	107469.71	106089.31	106876.77
	主营业务收入(万)	-	-	-	-
	主营业务利润(万)	-	-	-	-
	营业务收入(万)	96820.13	208140.38	102713.73	194469.46
	营业务利润(万)	1487.00	-1318.84	1774.74	3389.32
	投资收益(万)	-	-	-	-
	利润总额(万)	1616.12	3184.59	1903.91	3936.05
	净利润(万)	580.98	1568.43	790.51	2011.53

上海振华重工(集团)股份有限公司

公司概况						
	公司名称	上海振华重工(集团)股份有限公司			证券简称	振华港机
	法人代表	周纪昌	董秘	王珏	证券代码	600320
	公司网址	www.zpmc.com		电子信箱	zpmc@public.sta.net.cn	
	电　话	021-50390727		传　真	021-58397000	
	办公地址	上海市浦东南路 3470 号				
	经营范围	设计、建造、安装和承包大型港口装卸系统和设备、海上重型装备、工程机械等				

主要财务指标	指标\报告期	2009.06.30	2008.12.31	2008.06.30	2007.12.31
	每股收益(元)	0.2000	0.7600	0.3200	0.6400
	每股收益(扣除)(元)	0.1900	0.4300	0.2900	0.5800
	每股净资产(元)	3.6100	4.5400	3.5800	3.8200
	调整后每股净资产(元)	-	-	-	-
	每股资本公积金(元)	1.2585	1.8639	1.1671	1.6066
	每股盈余公积金(元)	0.3246	0.4443	0.3701	0.3703
	每股未分配利润(元)	1.0301	1.4685	1.0435	0.9181
	每股现金净流量(元)	-0.5158	0.6167	0.1823	0.1431
	每股经营现金净流量(元)	-0.5036	-1.2707	-1.6452	0.1506
	净资产收益率(扣除)(%)	-	-	-	14.9900
	净资产收益率(%)	5.6200	16.6500	8.9600	16.7300
	总资产(万)	5131892.56	5358276.88	4026574.27	3366271.79
	股东权益(万)	1586331.72	1532070.18	1148488.11	1249253.12
	主营业务收入(万)	-	-	-	-
	主营业务利润(万)	-	-	-	-
	营业务收入(万)	1528191.86	2744340.53	1063477.27	2397855.32
	营业务利润(万)	79527.94	256738.58	94711.22	223154.38
	投资收益(万)	-	-	-	-
	利润总额(万)	88824.39	282441.50	106551.39	232152.77
	净利润(万)	89092.53	255106.34	102931.78	208951.03

四川国栋建设股份有限公司

公司概况						
	公司名称	四川国栋建设股份有限公司			证券简称	国栋建设
	法人代表	王春鸣	董秘	曾莉	证券代码	600321
	公司网址	www.guodong.cn		电子信箱	executive@guodong.cn	
	电　话	028-86119148		传　真	028-86154162	
	办公地址	四川省成都市青羊区金盾路 52 号国栋中央商务大厦 28 楼				
	经营范围	玻璃深加工；玻璃机械设备、配件的制造、销售等				

主要财务指标	指标\报告期	2009.06.30	2008.12.31	2008.06.30	2007.12.31
	每股收益(元)	0.0735	0.1370	0.1000	0.2700
	每股收益(扣除)(元)	0.0708	0.1580	0.1285	0.2400
	每股净资产(元)	5.1600	5.0900	5.1500	5.0500
	调整后每股净资产(元)	-	-	-	-
	每股资本公积金(元)	3.3936	3.3936	3.3936	3.3936
	每股盈余公积金(元)	0.3465	0.3465	0.3315	0.3315
	每股未分配利润(元)	0.4225	0.3490	0.4245	0.3266
	每股现金净流量(元)	0.7980	-0.0295	0.2226	0.0927
	每股经营现金净流量(元)	0.2056	0.1601	0.2358	-0.3738
	净资产收益率(扣除)(%)	-	-	-	4.7000
	净资产收益率(%)	1.4200	2.7000	1.9000	5.2600
	总资产(万)	207632.25	178945.13	172841.29	161202.48
	股东权益(万)	117583.23	115909.94	117289.01	115059.10
	主营业务收入(万)	-	-	-	-
	主营业务利润(万)	-	-	-	-
	营业务收入(万)	26784.45	60742.61	25695.54	48974.00
	营业务利润(万)	1620.58	1549.55	1873.08	3129.81
	投资收益(万)	-	-	-	-
	利润总额(万)	1659.92	3099.14	2225.89	6028.70
	净利润(万)	1673.29	3128.44	2229.91	6055.99

天津市房地产发展(集团)股份有限公司

公司概况						
	公司名称	天津市房地产发展(集团)股份有限公司			证券简称	天房发展
	法人代表	张勇	董秘	陈长来	证券代码	600322
	公司网址	www.tfgroup.com.cn		电子信箱	tffz@sina.com.cn	
	电　话	022-23317185		传　真	022-23317185	
	办公地址	天津市和平区常德道 80 号				
	经营范围	房地产开发和销售；房地产信息咨询服务、中介服务；商品房代理销售等				

主要财务指标	指标\报告期	2009.06.30	2008.12.31	2008.06.30	2007.12.31
	每股收益(元)	0.0400	0.1000	0.0900	0.0600
	每股收益(扣除)(元)	0.0400	0.0900	0.0900	0.0600
	每股净资产(元)	3.3570	3.3500	3.3397	3.2940
	调整后每股净资产(元)	-	-	-	-
	每股资本公积金(元)	1.9944	1.9944	1.9905	1.9905
	每股盈余公积金(元)	0.2004	0.2004	0.1906	0.1902
	每股未分配利润(元)	0.1620	0.1549	0.1587	0.1135
	每股现金净流量(元)	-0.3494	-0.8157	-0.8186	1.2219
	每股经营现金净流量(元)	-0.0573	-1.6765	-1.6856	-1.5834
	净资产收益率(扣除)(%)	-	-	-	1.3800
	净资产收益率(%)	1.1100	3.0300	2.7400	1.4200
	总资产(万)	961091.25	952044.35	879468.86	812714.42
	股东权益(万)	371160.03	370375.50	369275.01	364231.97
	主营业务收入(万)	-	-	-	-
	主营业务利润(万)	-	-	-	-
	营业务收入(万)	47998.37	150526.81	119319.53	181905.00
	营业务利润(万)	4979.55	14851.38	14369.04	8234.74
	投资收益(万)	-	-	-	-
	利润总额(万)	5091.76	17666.68	14603.07	8722.93
	净利润(万)	4101.63	11236.46	10130.58	5176.96

南海发展股份有限公司

公司概况	公司名称	南海发展股份有限公司			证券简称	南海发展
	法人代表	何向明	董秘	金铎	证券代码	600323
	公司网址	www.nhd.net.cn		电子信箱	600323@nhd.net.cn	
	电　话	0757-86280996		传　真	0757-86328565	
	办公地址	广东省佛山市南海区桂城南海大道建行大厦				
	经营范围	自来水的生产及供应;供水工程的设计、安装及技术咨询等				

	指标\报告期	2009.06.30	2008.12.31	2008.06.30	2007.12.31
主要财务指标	每股收益(元)	0.1699	0.3533	0.1912	0.3400
	每股收益(扣除)(元)	0.1693	0.3574	0.1941	0.3400
	每股净资产(元)	3.5100	3.4800	3.3100	3.2600
	调整后每股净资产(元)	–	–	–	–
	每股资本公积金(元)	1.1777	1.1777	1.1777	1.8310
	每股盈余公积金(元)	0.6270	0.6270	0.5783	0.7518
	每股未分配利润(元)	0.7016	0.6717	0.5583	0.6573
	每股现金净流量(元)	0.7344	0.3273	0.0674	0.0607
	每股经营现金净流量(元)	0.3608	0.6765	0.2817	0.9028
	净资产收益率(扣除)(%)	–	–	–	10.2900
	净资产收益率(%)	4.8500	10.1600	5.7700	10.5000
	总资产(万)	211851.82	173307.36	151512.95	139996.31
	股东权益(万)	95046.74	94235.98	89842.31	88412.14
	主营业务收入(万)	–	–	–	–
	主营业务利润(万)	–	–	–	–
	营业务收入(万)	20723.72	42388.62	19685.90	41192.47
	营业务利润(万)	6219.49	12926.96	7062.14	15102.47
	投资收益(万)	–	–	–	–
	利润总额(万)	6298.94	13109.21	7065.50	15355.33
	净利润(万)	4605.72	9577.10	5183.43	9285.55

珠海华发实业股份有限公司

公司概况	公司名称	珠海华发实业股份有限公司			证券简称	华发股份
	法人代表	袁小波	董秘	谢伟	证券代码	600325
	公司网址	www.cnhuafas.com		电子信箱	zqb@cnhuafas.com	
	电　话	0756-8282111、8131632		传　真	0756-8883298	
	办公地址	珠海拱北丽景花园华发大楼				
	经营范围	房地产经营、物业管理;批发零售、代购代销;建筑材料、金属材料等				

	指标\报告期	2009.06.30	2008.12.31	2008.06.30	2007.12.31
主要财务指标	每股收益(元)	0.3500	0.8800	0.3530	0.6000
	每股收益(扣除)(元)	0.3470	0.8800	0.3590	–
	每股净资产(元)	5.7500	5.5100	5.5900	6.2300
	调整后每股净资产(元)	–	–	–	–
	每股资本公积金(元)	3.1903	3.1865	3.1885	2.3374
	每股盈余公积金(元)	0.2488	0.2488	0.2016	0.5212
	每股未分配利润(元)	1.3136	1.0739	1.1956	2.4444
	每股现金净流量(元)	2.4851	0.3424	2.4494	0.2497
	每股经营现金净流量(元)	1.7883	0.5330	0.7727	7.2530
	净资产收益率(扣除)(%)	–	–	–	–
	净资产收益率(%)	6.0785	14.4700	5.1200	18.4200
	总资产(万)	1612825.18	1352948.36	1259910.16	952742.60
	股东权益(万)	470021.62	450129.18	456378.06	199150.35
	主营业务收入(万)	–	–	–	–
	主营业务利润(万)	–	–	–	–
	营业务收入(万)	136832.52	347928.75	131314.33	216568.29
	营业务利润(万)	35429.96	76708.83	32177.19	43358.72
	投资收益(万)	–	–	–	–
	利润总额(万)	35734.49	76889.38	31803.37	43251.29
	净利润(万)	28570.19	65126.21	23383.83	35860.58

西藏天路股份有限公司

公司概况	公司名称	西藏天路股份有限公司			证券简称	西藏天路
	法人代表	多吉罗布	董秘	王启云	证券代码	600326
	公司网址	www.xztianlu.com		电子信箱	xztlgf@163.net	
	电　话	0891-6902700		传　真	0891-6903003	
	办公地址	西藏拉萨市夺底路14号				
	经营范围	公路工程施工的基础设施建设,主要承担西藏自治区内的公路桥梁的建设任务等				

	指标\报告期	2009.06.30	2008.12.31	2008.06.30	2007.12.31
主要财务指标	每股收益(元)	0.0434	0.0180	0.0154	0.1190
	每股收益(扣除)(元)	0.0397	0.0070	0.0156	–0.0950
	每股净资产(元)	2.0375	2.0152	2.0147	3.9948
	调整后每股净资产(元)	–	–	–	–
	每股资本公积金(元)	0.6581	0.6584	0.6584	2.3168
	每股盈余公积金(元)	0.1038	0.1038	0.1045	0.2073
	每股未分配利润(元)	0.2757	0.2530	0.2518	0.4707
	每股现金净流量(元)	–0.0955	–0.1925	–0.3247	0.5831
	每股经营现金净流量(元)	0.0539	–0.0455	–0.2229	0.0542
	净资产收益率(扣除)(%)	–	–	–	–4.0700
	净资产收益率(%)	2.1300	0.8800	0.4500	5.1200
	总资产(万)	203879.91	197681.64	191411.90	196359.95
	股东权益(万)	92912.15	91892.64	91872.23	91082.58
	主营业务收入(万)	–	–	–	–
	主营业务利润(万)	–	–	–	–
	营业务收入(万)	38115.22	61971.84	21985.97	68083.09
	营业务利润(万)	3371.14	877.14	676.26	1966.57
	投资收益(万)	–	–	–	–
	利润总额(万)	3136.51	1424.99	594.23	7677.99
	净利润(万)	1977.35	810.06	410.80	4667.78

无锡商业大厦大东方股份有限公司

公司概况	公司名称	无锡商业大厦大东方股份有限公司			证券简称	大厦股份
	法人代表	潘霄燕	董秘	陈辉	证券代码	600327
	公司网址	www.eastall.com		电子信箱	cmc@eastall.com	
	电　话	0510-82702093		传　真	0510-82700159	
	办公地址	江苏省无锡市中山路343号				
	经营范围	国内贸易移动电话机及配件的销售,黄金、珠宝销售等				

	指标\报告期	2009.06.30	2008.12.31	2008.06.30	2007.12.31
主要财务指标	每股收益(元)	0.2790	0.3320	0.2220	0.2580
	每股收益(扣除)(元)	0.2790	0.3290	0.2230	0.2210
	每股净资产(元)	2.4700	2.3400	2.2300	2.1300
	调整后每股净资产(元)	–	–	–	–
	每股资本公积金(元)	0.4622	0.4622	0.4627	0.4627
	每股盈余公积金(元)	0.2727	0.2727	0.2417	0.2417
	每股未分配利润(元)	0.7344	0.6050	0.5252	0.4235
	每股现金净流量(元)	0.1263	0.1520	0.0110	–0.1932
	每股经营现金净流量(元)	0.7281	1.0295	0.2744	0.6793
	净资产收益率(扣除)(%)	–	–	–	10.3600
	净资产收益率(%)	11.3200	14.2100	9.9400	12.1100
	总资产(万)	238337.67	231424.70	230608.17	201246.46
	股东权益(万)	80516.30	76295.58	72702.29	69385.44
	主营业务收入(万)	–	–	–	–
	主营业务利润(万)	–	–	–	–
	营业务收入(万)	269037.02	425755.73	203803.69	334419.26
	营业务利润(万)	14764.39	17624.26	11308.95	16277.01
	投资收益(万)	–	–	–	–
	利润总额(万)	14834.21	17550.68	11238.69	16812.72
	净利润(万)	9111.77	10840.98	7229.69	8402.87

内蒙古兰太实业股份有限公司

公司概况	公司名称	内蒙古兰太实业股份有限公司			证券简称	兰太实业
	法人代表	李德禄	董秘	李晶	证券代码	600328
	公司网址	www.lantaicn.com		电子信箱	ltzqb@lantaicn.com	
	电　话	0473-3443785、3443696		传　真	0473-3443900、3443699	
	办公地址	内蒙古阿拉善左旗内蒙古乌斯太经济技术开发区				
	经营范围	生产、销售加碘食用盐、化工原料盐、农牧渔业盐产品；金属钠、液氯、氯酸钠等				

主要财务指标	指标＼报告期	2009.06.30	2008.12.31	2008.06.30	2007.12.31
	每股收益(元)	–0.0100	0.1700	0.1600	0.1600
	每股收益(扣除)(元)	–0.0200	0.1600	0.1500	0.1500
	每股净资产(元)	2.6600	2.6500	2.6500	2.5600
	调整后每股净资产(元)	–	–	–	–
	每股资本公积金(元)	0.7757	0.7518	0.7554	0.7935
	每股盈余公积金(元)	0.1829	0.1829	0.1630	0.1630
	每股未分配利润(元)	0.6984	0.7188	0.7292	0.6022
	每股现金净流量(元)	1.3863	0.0488	0.2933	–0.0044
	每股经营现金净流量(元)	–0.1193	0.2953	0.1019	0.2612
	净资产收益率(扣除)(%)	–	–	–	5.8900
	净资产收益率(%)	–0.3900	6.2700	5.9300	6.4300
	总资产(万)	289148.30	221401.13	223595.29	192333.76
	股东权益(万)	95418.72	95291.32	95081.25	91887.15
	主营业务收入(万)	–	–	–	–
	主营业务利润(万)	–	–	–	–
	营业务收入(万)	40673.47	101170.47	54032.83	89143.52
	营业务利润(万)	–224.07	5984.63	5908.28	7285.59
	投资收益(万)	–	–	–	–
	利润总额(万)	16.70	6438.72	6143.10	8034.35
	净利润(万)	–372.73	5978.55	5637.91	5910.53

天通控股股份有限公司

公司概况	公司名称	天通控股股份有限公司			证券简称	天通股份
	法人代表	潘建清	董秘	许丽秀	证券代码	600330
	公司网址	www.tdgcore.com		电子信箱	xlx@tdgcore.com	
	电　话	0573-82585878		传　真	0573-82585800	
	办公地址	浙江省嘉兴市南湖区亚太路 1 号				
	经营范围	磁性材料、电子元件、机械设备的生产、销售及技术开发.实业投资等				

主要财务指标	指标＼报告期	2009.06.30	2008.12.31	2008.06.30	2007.12.31
	每股收益(元)	–0.1050	0.0200	0.0680	0.1600
	每股收益(扣除)(元)	–0.1280	–0.1000	0.0550	0.1200
	每股净资产(元)	2.5272	2.6500	2.7300	2.7800
	调整后每股净资产(元)	–	–	–	–
	每股资本公积金(元)	1.0334	1.0353	1.0834	1.7773
	每股盈余公积金(元)	0.1257	0.1257	0.1229	0.1657
	每股未分配利润(元)	0.3681	0.4929	0.5276	0.6711
	每股现金净流量(元)	–0.0305	–0.5932	–0.6390	1.0393
	每股经营现金净流量(元)	–0.0700	0.1800	–0.0256	0.0992
	净资产收益率(扣除)(%)	–	–	–	4.0200
	净资产收益率(%)	–4.1500	0.7800	2.5300	5.0400
	总资产(万)	224862.66	231525.11	250317.62	270501.80
	股东权益(万)	148805.21	156264.02	160977.20	163869.33
	主营业务收入(万)	–	–	–	–
	主营业务利润(万)	–	–	–	–
	营业务收入(万)	35736.55	172458.27	89249.30	125849.40
	营业务利润(万)	–6900.65	–4729.22	4250.38	7716.22
	投资收益(万)	–	–	–	–
	利润总额(万)	–6160.92	1392.37	4378.80	9598.46
	净利润(万)	–6170.16	1213.60	4012.96	8263.41

天津中新药业集团股份有限公司

公司概况	公司名称	天津中新药业集团股份有限公司			证券简称	中新药业
	法人代表	郝非非	董秘	焦艳	证券代码	600329
	公司网址	www.pharmtzxp.com		电子信箱	zxyy600329@163.com	
	电　话	022-27020892		传　真	022-27020599	
	办公地址	天津市南开区白堤路 17 号				
	经营范围	中药材、中成药、中药饮片、西药制剂、化学药品原料药制造、化学药品制剂等				

主要财务指标	指标＼报告期	2009.06.30	2008.12.31	2008.06.30	2007.12.31
	每股收益(元)	0.4200	0.4900	0.4000	–0.1900
	每股收益(扣除)(元)	0.3700	0.2200	0.2600	–0.5300
	每股净资产(元)	3.8000	3.3400	3.2900	2.9700
	调整后每股净资产(元)	–	–	–	–
	每股资本公积金(元)	2.6889	2.6511	2.7074	2.7781
	每股盈余公积金(元)	0.3855	0.3855	0.3855	0.3855
	每股未分配利润(元)	–0.2784	–0.6938	–0.8015	–1.1907
	每股现金净流量(元)	–0.0306	0.0180	–0.2208	0.1107
	每股经营现金净流量(元)	–0.0342	0.4214	–0.2448	0.0545
	净资产收益率(扣除)(%)	–	–	–	–17.8300
	净资产收益率(%)	10.9400	14.7400	12.0800	–6.3700
	总资产(万)	363155.60	344493.90	338487.70	347867.80
	股东权益(万)	140320.90	123566.50	121664.80	109896.40
	主营业务收入(万)	–	–	–	–
	主营业务利润(万)	–	–	–	–
	营业务收入(万)	135035.60	236533.80	121236.10	225843.70
	营业务利润(万)	14082.40	9818.80	9777.20	–5985.80
	投资收益(万)	–	–	–	–
	利润总额(万)	14699.30	16889.80	14885.80	–2569.40
	净利润(万)	15356.50	18208.00	14698.10	–2569.40

四川宏达股份有限公司

公司概况	公司名称	四川宏达股份有限公司			证券简称	宏达股份
	法人代表	刘沧龙	董秘	王延俊	证券代码	600331
	公司网址	www.sichuanhongda.com		电子信箱	hongdazqb@163.net	
	电　话	028-86141081		传　真	028-86140372	
	办公地址	四川省成都市锦里东路 2 号宏达国际广场 28 楼				
	经营范围	化肥、工业级磷酸一铵、饲料级磷酸氢钙、氯碱、氟硅酸钠、工业硫酸等				

主要财务指标	指标＼报告期	2009.06.30	2008.12.31	2008.06.30	2007.12.31
	每股收益(元)	0.0703	–0.5710	0.0229	0.6275
	每股收益(扣除)(元)	0.0693	–0.4628	0.2894	0.5890
	每股净资产(元)	1.4429	2.1400	5.3100	6.4600
	调整后每股净资产(元)	–	–	–	–
	每股资本公积金(元)	0.2635	1.0024	2.8787	2.8506
	每股盈余公积金(元)	0.1701	0.1701	0.3346	0.3347
	每股未分配利润(元)	0.0093	–0.0356	1.0938	2.2708
	每股现金净流量(元)	0.5728	–0.1404	–0.2644	0.4321
	每股经营现金净流量(元)	0.6508	0.5990	–0.2843	–0.5104
	净资产收益率(扣除)(%)	–	–	–	15.5900
	净资产收益率(%)	4.8700	–26.7200	0.4300	16.6100
	总资产(万)	767264.46	734638.89	836278.39	794894.29
	股东权益(万)	148907.32	220525.25	273846.02	333137.44
	主营业务收入(万)	–	–	–	–
	主营业务利润(万)	–	–	–	–
	营业务收入(万)	159759.14	396438.81	243812.44	555957.48
	营业务利润(万)	10413.89	–45534.62	35310.97	126386.91
	投资收益(万)	–	–	–	–
	利润总额(万)	10499.02	–59259.58	19008.97	125361.92
	净利润(万)	7253.46	–58930.34	1179.34	55342.40

广州药业股份有限公司

公司概况	公司名称	广州药业股份有限公司			证券简称	广州药业
	法人代表	杨荣明	董秘	庞健辉	证券代码	600332
	公司网址	www.gpc.com.cn		电子信箱	sec@gpc.com.cn	
	电　　话	020-81218119		传　　真	020-81216408	
	办公地址	广东省广州市沙面北街45号				
	经营范围	国有资产经营、投资、开发、资金融通;开发、生产:中成药、生物制品、保健药品等				

主要财务指标	指标\报告期	2009.06.30	2008.12.31	2008.06.30	2007.12.31
	每股收益(元)	0.1440	0.2250	0.2050	0.4130
	每股收益(扣除)(元)	0.1280	0.1080	0.1240	0.3610
	每股净资产(元)	3.9590	3.8500	3.8400	3.7700
	调整后每股净资产(元)	–	–	–	–
	每股资本公积金(元)	1.4115	1.4099	1.4114	1.4314
	每股盈余公积金(元)	0.6638	0.6638	0.7093	0.7224
	每股未分配利润(元)	0.8836	0.7798	0.7148	0.6202
	每股现金净流量(元)	0.1601	–0.2703	–0.1332	0.2169
	每股经营现金净流量(元)	0.2986	0.0075	–0.0870	0.3322
	净资产收益率(扣除)(%)	–	–	–	9.5600
	净资产收益率(%)	3.6300	5.8400	5.3600	10.9500
	总资产(万)	419829.45	413090.37	541779.73	616554.20
	股东权益(万)	321027.73	312484.23	311020.35	306034.84
	主营业务收入(万)	–	–	–	–
	主营业务利润(万)	–	–	–	–
	营业务收入(万)	194429.73	352742.39	481171.01	1193748.72
	营业务利润(万)	11606.98	17604.31	21100.33	45441.26
	投资收益(万)	–	–	–	–
	利润总额(万)	12419.98	20217.86	21553.67	46511.37
	净利润(万)	11656.34	18249.62	16662.28	33509.41

长春燃气股份有限公司

公司概况	公司名称	长春燃气股份有限公司			证券简称	长春燃气
	法人代表	张志超	董秘	孙树怀	证券代码	600333
	公司网址	www.ccrq.com.cn		电子信箱	ccrq_zy@sina.com.cn	
	电　　话	0431-85954615、85954383		传　　真	0431-85954267	
	办公地址	吉林省长春市朝阳区延安大街421号				
	经营范围	煤气、冶金焦炭、煤焦油生产销售、天然气生产销售、电力项目开发、燃气管理等				

主要财务指标	指标\报告期	2009.06.30	2008.12.31	2008.06.30	2007.12.31
	每股收益(元)	0.0100	0.1900	0.0700	0.1800
	每股收益(扣除)(元)	–0.0100	0.1500	0.0700	0.1700
	每股净资产(元)	2.6100	2.6100	2.4900	2.5100
	调整后每股净资产(元)	–	–	–	–
	每股资本公积金(元)	0.3755	0.3755	0.3755	0.3755
	每股盈余公积金(元)	0.2507	0.2507	0.2442	0.2442
	每股未分配利润(元)	0.9853	0.9791	0.8655	0.8918
	每股现金净流量(元)	–0.0831	0.3040	0.1281	0.0651
	每股经营现金净流量(元)	–0.0282	0.4874	0.1767	0.4603
	净资产收益率(扣除)(%)	–	5.8500	–	6.8200
	净资产收益率(%)	0.2400	7.4400	2.9600	6.9900
	总资产(万)	187010.64	187750.37	208909.00	178736.30
	股东权益(万)	120529.67	120240.24	114695.28	115910.29
	主营业务收入(万)	–	–	–	–
	主营业务利润(万)	–	–	–	–
	营业务收入(万)	72295.74	184411.07	84124.35	131391.25
	营业务利润(万)	144.73	11833.42	3520.11	10385.50
	投资收益(万)	–	–	–	–
	利润总额(万)	907.93	11931.56	3567.56	10335.18
	净利润(万)	289.44	8945.15	3400.19	8097.53

鼎盛天工工程机械股份有限公司

公司概况	公司名称	鼎盛天工工程机械股份有限公司			证券简称	鼎盛天工
	法人代表	李鹤鹏	董秘	叶志玲	证券代码	600335
	公司网址	www.dstg.com.cn		电子信箱	600335@163.com	
	电　　话	022-58396201		传　　真	022-58396201	
	办公地址	天津新技术产业园华苑产业区(环外)海泰南北大街5号				
	经营范围	平地机、装载机、压路机、配件及半成品等				

主要财务指标	指标\报告期	2009.06.30	2008.12.31	2008.06.30	2007.12.31
	每股收益(元)	–0.0471	0.0173	0.1027	0.3860
	每股收益(扣除)(元)	–0.0472	–0.0401	0.0540	0.3860
	每股净资产(元)	1.3737	1.4200	1.5000	2.8200
	调整后每股净资产(元)	–	–	–	–
	每股资本公积金(元)	0.2329	0.2329	0.2329	1.3658
	每股盈余公积金(元)	0.0307	0.0307	0.0372	0.0431
	每股未分配利润(元)	0.1102	0.1529	0.2318	0.4144
	每股现金净流量(元)	–0.0717	0.0397	–0.1730	0.1588
	每股经营现金净流量(元)	–0.2042	–0.1693	–0.0769	–0.0940
	净资产收益率(扣除)(%)	–	–	–	2.2800
	净资产收益率(%)	–3.1100	1.2200	6.8400	27.3400
	总资产(万)	109879.47	108951.25	103406.44	89026.97
	股东权益(万)	37908.61	39087.22	41445.99	38955.55
	主营业务收入(万)	–	–	–	–
	主营业务利润(万)	–	–	–	–
	营业务收入(万)	22874.69	59528.24	34668.92	42849.81
	营业务利润(万)	–1299.55	–1432.97	1011.29	421.38
	投资收益(万)	–	–	–	–
	利润总额(万)	–1153.56	437.17	2803.10	12119.25
	净利润(万)	–1178.61	476.62	2835.38	10651.45

青岛澳柯玛股份有限公司

公司概况	公司名称	青岛澳柯玛股份有限公司			证券简称	澳柯玛
	法人代表	李蔚	董秘	孙武	证券代码	600336
	公司网址	www.aucma.com.cn		电子信箱	dmb@aucma.com.cn	
	电　　话	0532-86765129		传　　真	0532-86765129	
	办公地址	山东省青岛市经济技术开发区前湾港路315号				
	经营范围	制冷产品、日用家电、消毒抑菌设备、家用厨房电器具、净水设备等				

主要财务指标	指标\报告期	2009.06.30	2008.12.31	2008.06.30	2007.12.31
	每股收益(元)	0.0671	0.0400	0.0108	–1.6300
	每股收益(扣除)(元)	0.0597	–0.2900	–0.0502	–1.6500
	每股净资产(元)	1.3675	1.3003	1.2718	1.2629
	调整后每股净资产(元)	–	–	–	–
	每股资本公积金(元)	2.4641	2.4641	2.4624	2.4643
	每股盈余公积金(元)	0.0914	0.0914	0.0920	0.0920
	每股未分配利润(元)	–2.1880	–2.2551	–2.2826	–2.2934
	每股现金净流量(元)	0.7003	–0.3462	–0.0979	–0.4359
	每股经营现金净流量(元)	1.0302	0.1557	0.6739	–0.3994
	净资产收益率(扣除)(%)	–	–	–	–130.4700
	净资产收益率(%)	4.9100	2.9400	0.8470	–129.1200
	总资产(万)	234243.37	208683.50	236989.26	263063.53
	股东权益(万)	46635.29	44345.42	43372.75	43070.27
	主营业务收入(万)	–	–	–	–
	主营业务利润(万)	–	–	–	–
	营业务收入(万)	128650.96	201682.09	104180.49	164012.98
	营业务利润(万)	2113.62	–706.33	–1521.91	–55583.98
	投资收益(万)	–	–	–	–
	利润总额(万)	2455.86	1997.31	423.48	–55333.43
	净利润(万)	2289.88	1303.66	367.18	–55613.09

美克国际家具股份有限公司

公司概况	公司名称	美克国际家具股份有限公司			证券简称	美克股份
	法人代表	寇卫平	董秘	黄新	证券代码	600337
	公司网址	www.markorfurniture.com		电子信箱	mkzq@markor.com.cn	
	电　话	0991-3836028		传　真	0991-3838191、3836028	
	办公地址	新疆乌鲁木齐经济技术开发区迎宾路160号				
	经营范围	装饰装修材料、实木家具、聚脂家具及配套产品的生产、销售等				

主要财务指标	指标\报告期	2009.06.30	2008.12.31	2008.06.30	2007.12.31
	每股收益(元)	0.0500	0.1200	0.0833	0.2300
	每股收益(扣除)(元)	0.0500	0.0700	0.0824	0.2100
	每股净资产(元)	2.6800	2.6400	2.6000	4.5600
	调整后每股净资产(元)	–	–	–	–
	每股资本公积金(元)	0.2317	0.2317	0.2322	1.2179
	每股盈余公积金(元)	0.2569	0.2569	0.2504	0.4508
	每股未分配利润(元)	1.1949	1.1520	1.1190	1.8893
	每股现金净流量(元)	–0.6013	0.7342	0.0763	0.1314
	每股经营现金净流量(元)	0.0211	0.1028	–0.0187	1.6979
	净资产收益率(扣除)(%)	–	–	–	7.8300
	净资产收益率(%)	1.8443	4.4700	3.2000	8.2500
	总资产(万)	260163.70	280981.21	232279.22	215485.53
	股东权益(万)	136993.99	134781.92	132851.02	129317.41
	主营业务收入(万)	–	–	–	–
	主营业务利润(万)	–	–	–	–
	营业务收入(万)	84491.98	195711.89	88150.81	201449.67
	营业务利润(万)	4938.00	8270.04	6298.43	14025.16
	投资收益(万)	–	–	–	–
	利润总额(万)	5228.17	9793.87	6371.12	14686.30
	净利润(万)	2526.61	6263.60	4251.93	10667.54

西藏珠峰工业股份有限公司

公司概况	公司名称	西藏珠峰工业股份有限公司			证券简称	ST珠峰
	法人代表	陈汛桥	董秘	候映学	证券代码	600338
	公司网址	www.zfmotor.com		电子信箱	hmily8819@sina.com	
	电　话	028-85092553		传　真	028-85096629	
	办公地址	成都市双流县西南航空港锦华路一段2号				
	经营范围	销售摩托车及零部件,提供售后服务、销售家用电器,机电产品等				

主要财务指标	指标\报告期	2009.06.30	2008.12.31	2008.06.30	2007.12.31
	每股收益(元)	–0.1270	0.2756	0.0900	–0.5200
	每股收益(扣除)(元)	–0.1431	0.0983	0.0900	–0.6400
	每股净资产(元)	–0.6500	–0.5200	–0.7000	–0.8000
	调整后每股净资产(元)	–	–	–	–
	每股资本公积金(元)	0.2171	0.2171	0.2171	0.2171
	每股盈余公积金(元)	0.0901	0.0901	0.0901	0.0901
	每股未分配利润(元)	–1.9554	–1.8284	–2.0116	–2.1040
	每股现金净流量(元)	–0.0355	0.0841	0.0404	–0.1873
	每股经营现金净流量(元)	0.0157	0.4097	0.4206	–0.6738
	净资产收益率(扣除)(%)	–	–18.8700	–	79.9300
	净资产收益率(%)	–	–	–	–
	总资产(万)	49644.09	43418.89	48801.38	53633.87
	股东权益(万)	–10262.95	–8251.56	–11153.08	–12615.84
	主营业务收入(万)	–	–	–	–
	主营业务利润(万)	–	–	–	–
	营业务收入(万)	15343.76	49646.74	26880.07	70863.60
	营业务利润(万)	–2100.18	3524.85	2370.72	–10007.61
	投资收益(万)	–	–	–	–
	利润总额(万)	–2123.42	4967.81	2362.80	–8105.01
	净利润(万)	–2011.39	4364.29	1462.76	–8230.26

新疆独山子天利高新技术股份有限公司

公司概况	公司名称	新疆独山子天利高新技术股份有限公司			证券简称	天利高新
	法人代表	付德新	董秘	杨宁	证券代码	600339
	公司网址	www.600339.cc		电子信箱	tlgx@sina.com	
	电　话	0992-3655959、3658055		传　真	0992-3659999	
	办公地址	新疆独山子区大庆东路2号				
	经营范围	高级润滑油系列添加剂产品,高级沥青系列产品,土工合成新材料等				

主要财务指标	指标\报告期	2009.06.30	2008.12.31	2008.06.30	2007.12.31
	每股收益(元)	–0.0233	0.1249	0.1241	0.0777
	每股收益(扣除)(元)	–0.1037	0.0352	0.1000	0.0490
	每股净资产(元)	2.2300	2.3800	2.3700	3.0700
	调整后每股净资产(元)	–	–	–	–
	每股资本公积金(元)	0.9655	1.0279	1.0257	1.7324
	每股盈余公积金(元)	0.1245	0.1245	0.1100	0.1430
	每股未分配利润(元)	0.1394	0.2227	0.2364	0.1960
	每股现金净流量(元)	0.0267	–0.0599	0.1180	–0.3644
	每股经营现金净流量(元)	0.1105	0.2293	0.2938	0.3866
	净资产收益率(扣除)(%)	–	–	–	1.4400
	净资产收益率(%)	–1.0460	5.2600	5.2300	3.0000
	总资产(万)	356826.29	358098.95	357047.31	333351.27
	股东权益(万)	117176.45	124832.57	124679.36	124178.40
	主营业务收入(万)	–	–	–	–
	主营业务利润(万)	–	–	–	–
	营业务收入(万)	37617.54	104510.76	59903.47	112086.54
	营业务利润(万)	–2156.36	5579.69	7609.14	2599.18
	投资收益(万)	–	–	–	–
	利润总额(万)	–1720.39	6437.70	7605.75	4199.53
	净利润(万)	–1225.44	6563.71	6522.18	3719.17

浙江国祥制冷工业股份有限公司

公司概况	公司名称	浙江国祥制冷工业股份有限公司			证券简称	*ST国祥
	法人代表	陈天麟	董秘	陈根伟	证券代码	600340
	公司网址	www.ekingair.com		电子信箱	syplant@ekingair.com	
	电　话	0575-82158191		传　真	0575-82151888	
	办公地址	浙江省上虞市百官镇中塘				
	经营范围	恒温恒湿机、冷冻机组、冷水机组及其他制冷设备,风机盘管等				

主要财务指标	指标\报告期	2009.06.30	2008.12.31	2008.06.30	2007.12.31
	每股收益(元)	–0.1000	–0.2700	–0.0900	–0.2200
	每股收益(扣除)(元)	–0.0900	–0.2600	–0.0900	–0.2000
	每股净资产(元)	1.7210	1.8200	2.0000	2.0900
	调整后每股净资产(元)	–	–	–	–
	每股资本公积金(元)	1.1542	1.1542	1.1542	1.1542
	每股盈余公积金(元)	0.0867	0.0867	0.0867	0.0867
	每股未分配利润(元)	–0.5197	–0.4173	–0.2441	–0.1502
	每股现金净流量(元)	–0.1178	–0.0757	–0.0228	–0.1592
	每股经营现金净流量(元)	0.0281	0.1290	0.0333	0.0281
	净资产收益率(扣除)(%)	–	–	–	–9.3300
	净资产收益率(%)	–5.9500	–14.6500	–4.7000	–10.5900
	总资产(万)	31925.86	37719.69	46480.85	46807.96
	股东权益(万)	25013.72	26502.23	29019.88	30734.90
	主营业务收入(万)	–	–	–	–
	主营业务利润(万)	–	–	–	–
	营业务收入(万)	7352.09	30207.79	13995.44	30635.71
	营业务利润(万)	–1332.46	–3743.23	–1372.43	–2817.75
	投资收益(万)	–	–	–	–
	利润总额(万)	–1488.51	–3824.49	–1447.65	–2870.07
	净利润(万)	–1488.51	–3881.92	–1364.28	–3218.19

陕西航天动力高科技股份有限公司

公司概况	公司名称	陕西航天动力高科技股份有限公司			证券简称	航天动力
	法人代表	王新敏	董秘	崔积堂	证券代码	600343
	公司网址	www.china-htdl.com		电子信箱	power@china-htdl.com	
	电　话	029-81881823		传　真	029-81881812	
	办公地址	陕西省西安市高新技术产业开发区锦业路78号				
	经营范围	航天技术流体机械系列液力变矩器、特种泵的研究、设计、试验、生产、销售等				

主要财务指标	指标\报告期	2009.06.30	2008.12.31	2008.06.30	2007.12.31
	每股收益(元)	0.0361	0.0839	0.0671	0.1863
	每股收益(扣除)(元)	0.0175	0.0663	0.0668	0.1300
	每股净资产(元)	2.5692	2.5304	2.4959	2.5788
	调整后每股净资产(元)	–	–	–	–
	每股资本公积金(元)	0.8935	0.8908	0.8843	0.8843
	每股盈余公积金(元)	0.1314	0.1314	0.1276	0.1276
	每股未分配利润(元)	0.5444	0.5082	0.4840	0.5781
	每股现金净流量(元)	–0.0862	–0.6134	–0.5918	0.3765
	每股经营现金净流量(元)	–0.1375	0.0978	–0.2334	0.0707
	净资产收益率(扣除)(%)	–	–	–	4.9800
	净资产收益率(%)	1.4060	3.3300	2.6890	7.1900
	总资产(万)	95675.73	94970.79	95293.92	96991.56
	股东权益(万)	47531.08	46812.89	46174.75	47915.28
	主营业务收入(万)	–	–	–	–
	主营业务利润(万)	–	–	–	–
	营业务收入(万)	17312.34	46605.47	19489.12	38900.95
	营业务利润(万)	566.18	1719.56	1657.34	3157.51
	投资收益(万)	–	–	–	–
	利润总额(万)	946.18	2114.10	1664.17	4395.12
	净利润(万)	668.19	1552.28	1241.70	3447.18

武汉长江通信产业集团股份有限公司

公司概况	公司名称	武汉长江通信产业集团股份有限公司			证券简称	长江通信
	法人代表	熊瑞忠	董秘	高国志	证券代码	600345
	公司网址	www.ycig.com		电子信箱	xzc@ycig.com	
	电　话	027-67840308		传　真	027-67840278	
	办公地址	湖北省武汉市东湖开发区关东工业园文华路2号				
	经营范围	通信、电子、计算机技术及产品的开发、研制、生产、技术服务及销售等				

主要财务指标	指标\报告期	2009.06.30	2008.12.31	2008.06.30	2007.12.31
	每股收益(元)	0.1340	0.1000	0.1020	0.1800
	每股收益(扣除)(元)	0.0600	0.0200	0.0950	0.1100
	每股净资产(元)	4.9403	4.8600	4.8370	4.8500
	调整后每股净资产(元)	–	–	–	–
	每股资本公积金(元)	1.7417	1.7417	1.7409	1.7409
	每股盈余公积金(元)	0.8383	0.8383	0.8371	0.8371
	每股未分配利润(元)	1.3603	1.2767	1.2592	1.2760
	每股现金净流量(元)	0.0928	0.0873	–0.3438	0.5918
	每股经营现金净流量(元)	0.0078	0.2929	–0.2834	0.1846
	净资产收益率(扣除)(%)	–	–	–	2.3100
	净资产收益率(%)	2.7000	2.1000	2.1000	3.6500
	总资产(万)	162636.96	160170.70	166041.76	158688.57
	股东权益(万)	97817.69	96162.53	95777.38	96109.84
	主营业务收入(万)	–	–	–	–
	主营业务利润(万)	–	–	–	–
	营业务收入(万)	24778.27	50980.90	25984.63	45962.10
	营业务利润(万)	3849.57	3030.44	3294.94	6076.90
	投资收益(万)	–	–	–	–
	利润总额(万)	3893.03	4524.62	3297.20	6127.33
	净利润(万)	2645.16	2017.53	2015.69	3511.65

大连橡胶塑料机械股份有限公司

公司概况	公司名称	大连橡胶塑料机械股份有限公司			证券简称	大橡塑
	法人代表	洛少宁	董秘	孙培德	证券代码	600346
	公司网址	www.dlrpm.com		电子信箱	office@dlrpm.com	
	电　话	0411-86641378		传　真	0411-86641645	
	办公地址	辽宁省大连市甘井子区周水子广场1号				
	经营范围	橡胶工业设备及配套件、塑料工业设备及配套件、制冷和空调设备等				

主要财务指标	指标\报告期	2009.06.30	2008.12.31	2008.06.30	2007.12.31
	每股收益(元)	–0.0910	0.0300	0.0330	0.0350
	每股收益(扣除)(元)	–0.0950	0.0330	0.0340	0.0340
	每股净资产(元)	1.5000	3.1800	3.1800	3.1900
	调整后每股净资产(元)	–	–	–	–
	每股资本公积金(元)	0.4356	1.8711	1.8626	1.8626
	每股盈余公积金(元)	0.0627	0.1254	0.1228	0.1228
	每股未分配利润(元)	0.0014	0.1842	0.1900	0.2068
	每股现金净流量(元)	0.6264	–0.0517	–0.1477	–0.2092
	每股经营现金净流量(元)	–0.3442	–0.2220	–0.2207	0.1145
	净资产收益率(扣除)(%)	–	–	–	1.0600
	净资产收益率(%)	–6.0480	0.9400	1.0460	1.0900
	总资产(万)	129370.39	102154.30	87237.29	76508.04
	股东权益(万)	31492.80	33397.64	33341.89	33518.08
	主营业务收入(万)	–	–	–	–
	主营业务利润(万)	–	–	–	–
	营业务收入(万)	11740.99	48460.71	26382.13	46532.60
	营业务利润(万)	–2024.24	337.86	297.72	591.07
	投资收益(万)	–	–	–	–
	利润总额(万)	–1928.81	305.70	287.63	608.70
	净利润(万)	–1904.84	314.56	348.81	366.83

山西国阳新能股份有限公司

公司概况	公司名称	山西国阳新能股份有限公司			证券简称	国阳新能
	法人代表	石盛奎	董秘	李国基	证券代码	600348
	公司网址	www.gyne.com.cn		电子信箱	ligj@vip.sina.com	
	电　话	0353-7078728、7080590		传　真	0353-7078718、7080589	
	办公地址	山西省阳泉市北大街5号				
	经营范围	煤炭生产、洗选加工、销售,电力生产、销售;热力生产、销售等				

主要财务指标	指标\报告期	2009.06.30	2008.12.31	2008.06.30	2007.12.31
	每股收益(元)	0.9100	1.5100	0.9700	0.8200
	每股收益(扣除)(元)	0.9070	1.4700	0.9710	0.8200
	每股净资产(元)	5.1700	4.8100	7.4100	4.8800
	调整后每股净资产(元)	–	–	–	–
	每股资本公积金(元)	0.3082	0.0197	2.5188	3.2409
	每股盈余公积金(元)	0.5320	1.9029	0.8889	2.7714
	每股未分配利润(元)	1.8451	1.8837	2.9986	2.7478
	每股现金净流量(元)	0.8861	1.5667	2.1162	–0.6484
	每股经营现金净流量(元)	1.6904	3.7370	3.0427	2.9951
	净资产收益率(扣除)(%)	–	–	–	16.7800
	净资产收益率(%)	17.6200	31.4600	13.1000	16.8600
	总资产(万)	1129534.45	1066292.30	839224.92	844488.18
	股东权益(万)	497062.69	462372.23	356241.93	469464.70
	主营业务收入(万)	–	–	–	–
	主营业务利润(万)	–	–	–	–
	营业务收入(万)	928973.77	1703313.65	660840.69	1077577.27
	营业务利润(万)	120310.97	195563.46	62898.36	115683.04
	投资收益(万)	–	–	–	–
	利润总额(万)	120706.79	191529.09	62853.25	114594.50
	净利润(万)	87563.99	145451.81	46652.23	79155.35

山东高速公路股份有限公司

公司概况	公司名称	山东高速公路股份有限公司			证券简称	山东高速
	法人代表	孙亮	董秘	王云泉(代)	证券代码	600350
	公司网址	www.sdecl.com.cn		电子信箱	sdecl@sdecl.com.cn	
	电　　话	0531-89260052		传　　真	0531-89260050	
	办公地址	山东省济南市文化东路 29 号七星吉祥大厦 A 座				
	经营范围	对高等级公路、桥梁、隧道基础设施的投资、管理、养护、咨询服务及批准的收费等				

主要财务指标	指标\报告期	2009.06.30	2008.12.31	2008.06.30	2007.12.31
	每股收益(元)	0.1310	0.3690	0.2030	0.3440
	每股收益(扣除)(元)	0.1300	0.3810	0.2040	0.3430
	每股净资产(元)	2.6030	2.6380	2.5180	2.5560
	调整后每股净资产(元)	-	-	-	-
	每股资本公积金(元)	0.6447	0.6447	0.6899	0.7763
	每股盈余公积金(元)	0.2324	0.2324	0.1942	0.1942
	每股未分配利润(元)	0.7255	0.7604	0.6342	0.5857
	每股现金净流量(元)	0.1696	-0.3501	-0.0332	0.0014
	每股经营现金净流量(元)	0.1949	0.5776	0.1768	0.4512
	净资产收益率(扣除)(%)	-	-	-	13.4000
	净资产收益率(%)	5.0400	13.9900	8.0400	13.4600
	总资产(万)	1453924.65	1427748.00	1137231.22	1292216.82
	股东权益(万)	875488.57	887229.06	847098.25	859833.90
	主营业务收入(万)	-	-	-	-
	主营业务利润(万)	-	-	-	-
	营业务收入(万)	172335.49	366588.82	168911.76	315502.91
	营业务利润(万)	58303.08	166577.98	91109.13	168454.38
	投资收益(万)	-	-	-	-
	利润总额(万)	58903.25	166644.93	90491.91	170285.41
	净利润(万)	44098.59	124121.44	68133.20	115704.31

亚宝药业集团股份有限公司

公司概况	公司名称	亚宝药业集团股份有限公司			证券简称	亚宝药业
	法人代表	任武贤	董秘	任蓬勃	证券代码	600351
	公司网址	www.yabao.com.cn		电子信箱	yabaorpb@vip.sina.com	
	电　　话	0359-3388071、3388078		传　　真	0359-3388076	
	办公地址	山西省运城市风陵渡经济开发区工业大道 1 号				
	经营范围	生产及销售原料药、小容量注射剂、片剂、硬胶囊剂、颗粒剂、茶剂、口服液等				

主要财务指标	指标\报告期	2009.06.30	2008.12.31	2008.06.30	2007.12.31
	每股收益(元)	0.2200	0.5800	0.2900	0.3900
	每股收益(扣除)(元)	0.2100	0.5500	0.2800	0.3900
	每股净资产(元)	2.6140	5.0500	4.7400	2.7600
	调整后每股净资产(元)	-	-	-	-
	每股资本公积金(元)	0.9039	2.8669	2.8669	1.0029
	每股盈余公积金(元)	0.1035	0.2070	0.1584	0.1935
	每股未分配利润(元)	0.6061	0.9712	0.7101	0.5650
	每股现金净流量(元)	-0.0602	1.8462	2.0376	0.2107
	每股经营现金净流量(元)	0.2333	0.6503	0.4002	0.7939
	净资产收益率(扣除)(%)	-	-	-	14.2100
	净资产收益率(%)	8.4400	10.7000	5.7800	14.2600
	总资产(万)	193168.57	167424.94	147109.67	107481.14
	股东权益(万)	82711.85	79831.50	74932.27	38742.50
	主营业务收入(万)	-	-	-	-
	主营业务利润(万)	-	-	-	-
	营业务收入(万)	70807.32	125465.16	59399.69	98605.50
	营业务利润(万)	8090.22	10605.64	5385.76	6734.68
	投资收益(万)	-	-	-	-
	利润总额(万)	8419.28	11142.27	5595.13	6796.57
	净利润(万)	6978.81	8545.59	4330.83	5240.44

浙江龙盛集团股份有限公司

公司概况	公司名称	浙江龙盛集团股份有限公司			证券简称	浙江龙盛
	法人代表	阮伟祥	董秘	常盛	证券代码	600352
	公司网址	www.longsheng.com		电子信箱	changsheng@longsheng.com	
	电　　话	0575-82048616		传　　真	0575-82041589	
	办公地址	浙江省上虞市道墟镇				
	经营范围	染料及助剂、化工产品的技术开发、技术转让、技术咨询服务、生产、销售等				

主要财务指标	指标\报告期	2009.06.30	2008.12.31	2008.06.30	2007.12.31
	每股收益(元)	0.2401	0.7139	0.5510	0.6506
	每股收益(扣除)(元)	0.1963	0.6292	0.5070	0.6037
	每股净资产(元)	2.5531	4.7924	4.5815	4.1262
	调整后每股净资产(元)	-	-	-	-
	每股资本公积金(元)	0.3723	1.7139	1.6653	1.7839
	每股盈余公积金(元)	0.0825	0.1651	0.1273	0.1273
	每股未分配利润(元)	1.0706	1.8721	1.7470	1.1960
	每股现金净流量(元)	-0.1960	0.1756	0.2542	0.8693
	每股经营现金净流量(元)	0.3483	1.1048	0.3494	0.0051
	净资产收益率(扣除)(%)	-	-	-	13.2300
	净资产收益率(%)	9.4000	14.9000	12.0300	14.2600
	总资产(万)	716092.93	612518.78	624025.11	422000.46
	股东权益(万)	336499.23	315816.05	301923.77	271915.04
	主营业务收入(万)	-	-	-	-
	主营业务利润(万)	-	-	-	-
	营业务收入(万)	203415.83	422540.93	244195.41	334543.61
	营业务利润(万)	35166.80	52236.87	40431.80	42246.82
	投资收益(万)	-	-	-	-
	利润总额(万)	35598.67	52129.04	40250.34	42009.67
	净利润(万)	31639.74	47046.52	36312.19	38774.23

成都旭光电子股份有限公司

公司概况	公司名称	成都旭光电子股份有限公司			证券简称	旭光股份
	法人代表	葛行	董秘	刘卫东	证券代码	600353
	公司网址	www.xuguang.com		电子信箱	xuguang@xuguang.com	
	电　　话	028-83967182		传　　真	028-83967187	
	办公地址	四川省成都市新都区电子路 172 号				
	经营范围	研发、开发、生产和销售电子真空器件、电子整机、高低压成套配电装置等				

主要财务指标	指标\报告期	2009.06.30	2008.12.31	2008.06.30	2007.12.31
	每股收益(元)	0.0550	0.1523	0.0469	0.1336
	每股收益(扣除)(元)	0.0542	0.1007	0.0300	0.1196
	每股净资产(元)	3.5140	3.4600	3.3500	3.3066
	调整后每股净资产(元)	-	-	-	-
	每股资本公积金(元)	1.6368	1.6368	1.6368	1.6368
	每股盈余公积金(元)	0.4995	0.4995	0.4856	0.4856
	每股未分配利润(元)	0.3777	0.3226	0.2311	0.1842
	每股现金净流量(元)	0.2201	0.2453	0.0799	0.1306
	每股经营现金净流量(元)	0.1708	0.3144	0.1261	0.2084
	净资产收益率(扣除)(%)	-	-	-	3.6185
	净资产收益率(%)	1.5670	4.4040	1.3990	4.0420
	总资产(万)	59546.32	58526.51	57776.50	57175.17
	股东权益(万)	39792.88	39169.50	37975.65	37444.57
	主营业务收入(万)	-	-	-	-
	主营业务利润(万)	-	-	-	-
	营业务收入(万)	12718.65	31366.12	15057.39	27914.12
	营业务利润(万)	744.15	1652.62	425.80	1587.36
	投资收益(万)	-	-	-	-
	利润总额(万)	758.99	1986.47	651.37	1772.55
	净利润(万)	623.38	1724.93	531.08	1513.46

甘肃省敦煌种业股份有限公司

公司概况					
公司名称	甘肃省敦煌种业股份有限公司			证券简称	敦煌种业
法人代表	王大和	董秘	张绍平	证券代码	600354
公司网址	www.dhseed.com		电子信箱	dhzyzqp@sina.com	
电　话	0937-2663908		传　真	0937-2663908	
办公地址	甘肃省酒泉市肃州区肃州路28号				
经营范围	粮食、瓜类、蔬菜、花卉、甜菜、油料、牧草、棉花等农作物种子的引进、选育等				

主要财务指标 指标\报告期	2009.06.30	2008.12.31	2008.06.30	2007.12.31
每股收益(元)	-0.1610	0.0748	-0.1159	-0.0788
每股收益(扣除)(元)	-0.1824	0.0020	-0.1269	-0.2112
每股净资产(元)	2.9300	3.0900	2.9000	3.0200
调整后每股净资产(元)	–	–	–	–
每股资本公积金(元)	1.9875	1.9875	1.9875	1.9875
每股盈余公积金(元)	0.1659	0.1659	0.1659	0.1659
每股未分配利润(元)	-0.2214	-0.0604	-0.2506	-0.1352
每股现金净流量(元)	-0.6172	1.2464	0.0725	-0.5654
每股经营现金净流量(元)	1.9764	0.7005	1.2578	-0.6968
净资产收益率(扣除)(%)	–	–	–	-6.9800
净资产收益率(%)	-6.2200	2.4200	-6.9800	-2.6000
总资产(万)	186427.36	222587.80	153792.45	179896.29
股东权益(万)	54525.00	57518.68	53980.70	56136.17
主营业务收入(万)	–	–	–	–
主营业务利润(万)	–	–	–	–
营业务收入(万)	63676.23	110998.03	47070.07	75256.35
营业务利润(万)	1002.32	5297.83	-37.52	-4116.81
投资收益(万)	–	–	–	–
利润总额(万)	1009.46	6801.44	155.56	-1664.70
净利润(万)	-2993.68	1391.12	-2155.47	-1465.65

精伦电子股份有限公司

公司概况					
公司名称	精伦电子股份有限公司			证券简称	精伦电子
法人代表	张学阳	董秘	张万宏	证券代码	600355
公司网址	www.routon.com		电子信箱	ir@routon.com	
电　话	027-87921111-3221-3231		传　真	027-87537800	
办公地址	武汉市东湖开发区光谷大道70号				
经营范围	电子,通信,仪器仪表,电机和电子电工机械专用设备的研发,制造,销售等				

主要财务指标 指标\报告期	2009.06.30	2008.12.31	2008.06.30	2007.12.31
每股收益(元)	-0.1100	-0.3100	-0.0800	0.0300
每股收益(扣除)(元)	-0.1300	-0.3200	-0.0800	-0.0800
每股净资产(元)	2.2000	2.2800	2.5200	2.6000
调整后每股净资产(元)	–	–	–	–
每股资本公积金(元)	1.3180	1.3180	1.3180	1.3180
每股盈余公积金(元)	0.1683	0.1683	0.1683	0.1683
每股未分配利润(元)	-0.2821	-0.2031	0.0332	0.1108
每股现金净流量(元)	0.0425	0.0738	-0.0187	-0.4293
每股经营现金净流量(元)	0.0201	-0.1021	-0.1399	-0.2750
净资产收益率(扣除)(%)	–	–	–	-2.9100
净资产收益率(%)	-4.8900	-13.7500	-3.0800	1.0800
总资产(万)	63288.39	65400.30	71250.31	73591.39
股东权益(万)	54232.75	56175.54	61990.09	63898.74
主营业务收入(万)	–	–	–	–
主营业务利润(万)	–	–	–	–
营业务收入(万)	7754.77	18862.32	9540.77	25561.14
营业务利润(万)	-2806.57	-8154.42	-1917.18	332.34
投资收益(万)	–	–	–	–
利润总额(万)	-2747.70	-7962.99	-1866.02	1006.00
净利润(万)	-2649.36	-7723.21	-1908.65	691.16

牡丹江恒丰纸业股份有限公司

公司概况					
公司名称	牡丹江恒丰纸业股份有限公司			证券简称	恒丰纸业
法人代表	徐祥	董秘	张宝利	证券代码	600356
公司网址	www.hengfengpaper.com		电子信箱	sh356@hengfengpaper.com	
电　话	0453-6336668		传　真	0453-6330989	
办公地址	黑龙江省牡丹江市阳明区恒丰路11号				
经营范围	纸、纸浆和纸制品的制造、销售;造纸原辅材料生产、销售及技术开发等				

主要财务指标 指标\报告期	2009.06.30	2008.12.31	2008.06.30	2007.12.31
每股收益(元)	0.1990	0.3300	0.1300	0.2300
每股收益(扣除)(元)	0.1960	0.3300	0.1400	0.2100
每股净资产(元)	5.5400	5.5700	5.4000	5.3700
调整后每股净资产(元)	–	–	–	–
每股资本公积金(元)	2.6151	2.6151	2.6151	2.6151
每股盈余公积金(元)	0.4707	0.4707	0.4354	0.4354
每股未分配利润(元)	1.4553	1.4830	1.3511	1.3191
每股现金净流量(元)	0.1751	0.0777	0.5379	0.2062
每股经营现金净流量(元)	0.2960	0.9694	0.5201	0.5049
净资产收益率(扣除)(%)	–	–	–	3.2600
净资产收益率(%)	3.6000	5.8400	2.4800	3.6400
总资产(万)	157529.82	150544.03	170877.70	159529.17
股东权益(万)	106944.16	107477.55	104251.04	103633.30
主营业务收入(万)	–	–	–	–
主营业务利润(万)	–	–	–	–
营业务收入(万)	56030.69	108708.53	55888.96	88663.93
营业务利润(万)	5056.62	7936.39	3457.31	6998.21
投资收益(万)	–	–	–	–
利润总额(万)	5154.56	7937.00	3401.54	6425.95
净利润(万)	3847.71	6276.05	2580.86	3768.94

承德新新钒钛股份有限公司

公司概况					
公司名称	承德新新钒钛股份有限公司			证券简称	承德钒钛
法人代表	李怡平	董秘	王世杰	证券代码	600357
公司网址	www.cdvt.com.cn		电子信箱	zqb@cdvt.com.cn	
电　话	0314-4073574		传　真	0314-4079279	
办公地址	河北省承德市双滦区				
经营范围	钒渣、钒铁合金、钛精矿、高钛渣、金红石、合金铁粉、含钒低合金等				

主要财务指标 指标\报告期	2009.06.30	2008.12.31	2008.06.30	2007.12.31
每股收益(元)	-0.1000	0.0300	0.2400	0.4500
每股收益(扣除)(元)	-0.1000	0.0400	0.2600	0.4500
每股净资产(元)	3.4400	3.5300	3.7400	3.5100
调整后每股净资产(元)	–	–	–	–
每股资本公积金(元)	1.1640	1.1625	1.1636	1.1671
每股盈余公积金(元)	0.2828	0.2917	0.2757	0.2818
每股未分配利润(元)	0.9792	1.0765	1.2958	1.0578
每股现金净流量(元)	1.9394	0.0625	1.2292	0.8458
每股经营现金净流量(元)	0.7220	-1.3164	-1.2617	1.0104
净资产收益率(扣除)(%)	–	1.1700	–	12.9200
净资产收益率(%)	-2.8449	0.8100	6.3700	12.7800
总资产(万)	2570207.24	2116147.91	1744348.99	1246077.30
股东权益(万)	337411.01	346250.81	366287.37	343891.78
主营业务收入(万)	–	–	–	–
主营业务利润(万)	–	–	–	–
营业务收入(万)	710635.24	1830531.54	1010375.68	1460909.74
营业务利润(万)	-13050.66	2845.55	35717.58	48865.07
投资收益(万)	–	–	–	–
利润总额(万)	-12982.52	1097.76	33112.64	48483.84
净利润(万)	-9598.88	2808.45	23344.70	43966.03

国旅联合股份有限公司

公司概况					
公司名称	国旅联合股份有限公司			证券简称	国旅联合
法人代表	张建华	董秘	阎晨光	证券代码	600358
公司网址	www.cutc.com.cn		电子信箱	webmaster@cutc.com.cn	
电　话	025-84700028		传　真	025-84711172	
办公地址	江苏省南京市汉中路 89 号金鹰国际商城 18 层 A 座				
经营范围	旅游产业投资;旅游信息咨询服务;国内贸易等				

主要财务指标 指标\报告期	2009.06.30	2008.12.31	2008.06.30	2007.12.31
每股收益(元)	0.0070	0.0500	0.0080	0.0400
每股收益(扣除)(元)	-0.0040	-0.0400	-0.0070	-0.0500
每股净资产(元)	1.2570	1.2500	1.2100	1.2300
调整后每股净资产(元)	-	-	-	-
每股资本公积金(元)	0.1330	0.1344	0.1344	0.1356
每股盈余公积金(元)	0.0147	0.0147	0.0098	0.0098
每股未分配利润(元)	0.1089	0.1018	0.0663	0.0814
每股现金净流量(元)	-0.0113	-0.1445	-0.1395	0.1772
每股经营现金净流量(元)	-0.0367	0.0339	0.0322	0.0478
净资产收益率(扣除)(%)	-	-	-	-4.1200
净资产收益率(%)	0.5600	3.8600	0.6510	3.4600
总资产(万)	90179.31	87886.04	79398.74	78329.87
股东权益(万)	54281.87	54038.72	52294.11	52999.96
主营业务收入(万)	-	-	-	-
主营业务利润(万)	-	-	-	-
营业务收入(万)	9427.73	15784.73	7622.55	12163.91
营业务利润(万)	-243.37	-1888.07	87.35	2014.41
投资收益(万)	-	-	-	-
利润总额(万)	383.15	2877.23	688.01	2729.71
净利润(万)	304.90	2084.88	340.26	1831.43

新疆塔里木农业综合开发股份有限公司

公司概况					
公司名称	新疆塔里木农业综合开发股份有限公司			证券简称	新农开发
法人代表	李远晨	董秘	张春疆	证券代码	600359
公司网址	www.xnkf.com		电子信箱	zhang-chunjiang@126.com	
电　话	0997-2134018		传　真	0997-2125238	
办公地址	新疆阿克苏市南大街 2 号新农大厦 19 层				
经营范围	农业种植;牧渔养殖;农产品、畜产品的生产、加工及销售;种子及种衣剂的生产及销售等				

主要财务指标 指标\报告期	2009.06.30	2008.12.31	2008.06.30	2007.12.31
每股收益(元)	0.0260	-0.2600	-0.1400	0.0800
每股收益(扣除)(元)	0.0040	-0.2700	-0.1200	0.0800
每股净资产(元)	3.0060	2.9800	3.2400	3.4800
调整后每股净资产(元)	-	-	-	-
每股资本公积金(元)	1.8604	1.8604	1.8604	1.8604
每股盈余公积金(元)	0.1966	0.1966	0.2108	0.1966
每股未分配利润(元)	-0.0506	-0.0763	0.1656	0.2797
每股现金净流量(元)	-0.2874	-0.3507	-0.6652	0.2711
每股经营现金净流量(元)	-0.6593	0.4499	-0.5324	-0.3256
净资产收益率(扣除)(%)	-	-	-	2.3100
净资产收益率(%)	0.8600	-8.5900	-4.4000	2.3300
总资产(万)	297635.08	298190.46	279808.36	301825.90
股东权益(万)	96507.46	95681.12	103904.24	107108.93
主营业务收入(万)	-	-	-	-
主营业务利润(万)	-	-	-	-
营业务收入(万)	48557.56	105171.25	27072.17	91011.27
营业务利润(万)	1289.37	-14860.05	-5196.88	4644.76
投资收益(万)	-	-	-	-
利润总额(万)	1187.92	-14472.76	-5364.88	4225.66
净利润(万)	826.34	-8217.81	-4567.17	2500.84

吉林华微电子股份有限公司

公司概况					
公司名称	吉林华微电子股份有限公司			证券简称	华微电子
法人代表	夏增文	董秘	赫荣刚	证券代码	600360
公司网址	www.hwdz.com.cn		电子信箱	hwdz99@hwdz.com.cn	
电　话	0432-4684562		传　真	0432-4665812	
办公地址	吉林省吉林市高新区深圳街 99 号				
经营范围	经营半导体器件、集成电路、电力电子产品、汽车电子产品、自动化仪表等				

主要财务指标 指标\报告期	2009.06.30	2008.12.31	2008.06.30	2007.12.31
每股收益(元)	-0.0700	0.1100	0.0800	0.3400
每股收益(扣除)(元)	-0.0900	0.1000	0.0800	0.3000
每股净资产(元)	2.7690	2.8400	2.8200	2.7300
调整后每股净资产(元)	-	-	-	-
每股资本公积金(元)	0.7839	0.7839	0.7842	2.8363
每股盈余公积金(元)	0.1278	0.1272	0.1190	0.2630
每股未分配利润(元)	0.8569	0.9296	0.9141	1.8361
每股现金净流量(元)	-0.0730	-0.5266	-0.2914	1.9857
每股经营现金净流量(元)	0.0011	0.3797	0.0676	0.8413
净资产收益率(扣除)(%)	-	-	-	9.8200
净资产收益率(%)	-2.6100	3.7700	2.9600	11.1000
总资产(万)	256033.74	271070.26	269401.84	259644.12
股东权益(万)	144408.74	148170.87	146948.69	142555.84
主营业务收入(万)	-	-	-	-
主营业务利润(万)	-	-	-	-
营业务收入(万)	53591.26	108739.93	56086.12	115109.08
营业务利润(万)	-3127.01	6811.62	5446.92	18776.63
投资收益(万)	-	-	-	-
利润总额(万)	-3550.48	7267.67	5663.27	18903.19
净利润(万)	-3762.13	5585.03	4346.87	15818.26

北京华联综合超市股份有限公司

公司概况					
公司名称	北京华联综合超市股份有限公司			证券简称	华联综超
法人代表	彭小海	董秘	李翠芳	证券代码	600361
公司网址	www.beijing-hualian.com		电子信箱	hlzqb@sina.com	
电　话	010-88363718		传　真	010-88363718	
办公地址	北京市西城区阜外大街 1 号四川经贸大厦东塔楼				
经营范围	百货、针纺织品、日用杂品、生鲜蔬果、粮油食品、副食品等的销售等				

主要财务指标 指标\报告期	2009.06.30	2008.12.31	2008.06.30	2007.12.31
每股收益(元)	0.1100	0.2400	0.2700	0.4200
每股收益(扣除)(元)	0.1100	0.2100	0.2600	0.4100
每股净资产(元)	3.6485	3.6400	4.6900	4.4200
调整后每股净资产(元)	-	-	-	-
每股资本公积金(元)	1.1844	1.1844	1.8397	1.8397
每股盈余公积金(元)	0.1997	0.1997	0.2077	0.2077
每股未分配利润(元)	1.2644	1.2543	1.6383	1.3687
每股现金净流量(元)	0.0334	1.8961	1.6205	0.4077
每股经营现金净流量(元)	0.3782	0.4986	0.1292	1.4429
净资产收益率(扣除)(%)	-	-	-	12.0800
净资产收益率(%)	3.0200	6.6300	5.7500	12.2700
总资产(万)	515580.29	521320.55	451632.45	383273.80
股东权益(万)	176881.15	176388.20	174744.27	164687.04
主营业务收入(万)	-	-	-	-
主营业务利润(万)	-	-	-	-
营业务收入(万)	468487.67	861845.45	432034.12	740194.81
营业务利润(万)	7323.28	15492.32	14015.95	28791.17
投资收益(万)	-	-	-	-
利润总额(万)	7316.99	15027.48	12275.68	28620.93
净利润(万)	5341.03	11700.76	10055.51	20208.33

江西铜业股份有限公司

公司概况	公司名称	江西铜业股份有限公司			证券简称	江西铜业
	法人代表	李贻煌	董秘	潘其方	证券代码	600362
	公司网址	www.jxcc.com			电子信箱	jxcopper@jxcc.com
	电　话	0701-3777736			传　真	0701-3777013
	办公地址	江西省贵溪市冶金大道15号				
	经营范围	有色金属、稀贵金属采、选、冶炼、加工及相关技术服务;有色金属矿、稀贵金属等				

	指标\报告期	2009.06.30	2008.12.31	2008.06.30	2007.12.31
主要财务指标	每股收益(元)	0.3976	0.7600	0.9194	1.5300
	每股收益(扣除)(元)	0.3266	0.9700	0.9232	1.3400
	每股净资产(元)	7.2100	6.8700	6.5800	6.4700
	调整后每股净资产(元)	–	–	–	–
	每股资本公积金(元)	1.7716	1.7716	1.4832	1.7744
	每股盈余公积金(元)	2.0022	2.0435	1.7082	1.7521
	每股未分配利润(元)	2.3828	2.0652	2.3867	1.9404
	每股现金净流量(元)	0.1566	0.2899	0.2357	0.3754
	每股经营现金净流量(元)	0.7744	2.0674	0.6235	0.5305
	净资产收益率(扣除)(%)	–	–	–	20.3700
	净资产收益率(%)	5.5300	11.0100	13.9800	23.2000
	总资产(万)	3782733.03	3415063.68	3176770.38	3494219.15
	股东权益(万)	2178114.29	2075234.39	1987848.84	1954442.45
	主营业务收入(万)	–	–	–	–
	主营业务利润(万)	–	–	–	–
	营业务收入(万)	2135259.29	5397243.29	2683081.55	4333708.47
	营业务利润(万)	154135.74	300344.40	370031.44	547640.81
	投资收益(万)	–	–	–	–
	利润总额(万)	158563.74	299805.03	368505.01	550927.32
	净利润(万)	120190.31	228510.06	277925.62	453375.45

江西联创光电科技股份有限公司

公司概况	公司名称	江西联创光电科技股份有限公司			证券简称	联创光电
	法人代表	杨柳	董秘	黄倬桢	证券代码	600363
	公司网址	www.lianchuang.com.cn			电子信箱	600363@lianchuang.com.cn
	电　话	0791-8161979			传　真	0791-8162001
	办公地址	江西省南昌市高新技术产业开发区京东大道168号				
	经营范围	经营本企业自产产品及技术的出口业务;经营本企业生产所需的原辅材料等				

	指标\报告期	2009.06.30	2008.12.31	2008.06.30	2007.12.31
主要财务指标	每股收益(元)	0.0130	0.0900	0.0518	0.1900
	每股收益(扣除)(元)	0.0063	0.0800	0.0479	0.1550
	每股净资产(元)	2.2500	2.2600	2.2200	2.2000
	调整后每股净资产(元)	–	–	–	–
	每股资本公积金(元)	0.5849	0.5863	0.5743	0.5743
	每股盈余公积金(元)	0.1183	0.1183	0.1135	0.1124
	每股未分配利润(元)	0.5468	0.5537	0.5323	0.5104
	每股现金净流量(元)	0.0784	–0.1477	–0.1400	0.0612
	每股经营现金净流量(元)	–0.0562	0.1611	–0.0623	0.2164
	净资产收益率(扣除)(%)	–	–	–	7.0800
	净资产收益率(%)	0.5800	3.9800	2.3300	8.5100
	总资产(万)	178994.00	169345.83	176915.56	167211.26
	股东权益(万)	83429.11	83740.86	82322.81	81468.54
	主营业务收入(万)	–	–	–	–
	主营业务利润(万)	–	–	–	–
	营业务收入(万)	53040.87	121586.97	62250.64	173591.06
	营业务利润(万)	464.75	3791.57	2647.65	12680.05
	投资收益(万)	–	–	–	–
	利润总额(万)	756.09	4471.02	2828.19	13009.34
	净利润(万)	483.24	3335.06	1919.05	6935.57

通化葡萄酒股份有限公司

公司概况	公司名称	通化葡萄酒股份有限公司			证券简称	通葡股份
	法人代表	王鹏	董秘	高振才	证券代码	600365
	公司网址	www.tonhwa.com			电子信箱	gaozhencai@163.com
	电　话	0435-3530506、3949249			传　真	0435-3949616
	办公地址	吉林省通化市前兴路28号				
	经营范围	葡萄酒制造和销售;土特产品收购、加工;物资运输				

	指标\报告期	2009.06.30	2008.12.31	2008.06.30	2007.12.31
主要财务指标	每股收益(元)	0.0075	0.0200	0.0100	–1.8900
	每股收益(扣除)(元)	0.0075	0.0200	0.0100	–1.7700
	每股净资产(元)	1.3914	1.3800	1.3800	1.3700
	调整后每股净资产(元)	–	–	–	–
	每股资本公积金(元)	2.0397	2.0397	2.0397	2.0397
	每股盈余公积金(元)	0.0511	0.0511	0.0511	0.0511
	每股未分配利润(元)	–1.6994	–1.7069	–1.7118	–1.7222
	每股现金净流量(元)	–0.0311	–0.0148	–0.0564	–0.1107
	每股经营现金净流量(元)	–0.0165	–0.0327	–0.0112	–0.2428
	净资产收益率(扣除)(%)	–	–	–	–129.4500
	净资产收益率(%)	0.5388	1.1100	0.7600	–137.8900
	总资产(万)	29430.91	29753.82	32110.89	32326.24
	股东权益(万)	19479.34	19374.39	19305.61	19159.67
	主营业务收入(万)	–	–	–	–
	主营业务利润(万)	–	–	–	–
	营业务收入(万)	4280.82	8742.40	5079.94	8179.50
	营业务利润(万)	105.07	280.86	175.60	–22427.79
	投资收益(万)	–	–	–	–
	利润总额(万)	104.95	282.90	173.95	–24071.27
	净利润(万)	104.95	214.72	145.94	–26418.90

宁波韵升股份有限公司

公司概况	公司名称	宁波韵升股份有限公司			证券简称	宁波韵升
	法人代表	竺韵德	董秘	傅健杰	证券代码	600366
	公司网址	www.yunsheng.com			电子信箱	fujj@ysweb.com
	电　话	0574-27862218、87776939			传　真	0574-87776466
	办公地址	宁波国家高新区扬帆路1号				
	经营范围	八音琴、八音琴工艺品及玩具、计算机配件、模具、磁性材料制造等				

	指标\报告期	2009.06.30	2008.12.31	2008.06.30	2007.12.31
主要财务指标	每股收益(元)	0.6099	0.2689	0.1629	0.2815
	每股收益(扣除)(元)	0.0484	0.2497	0.1637	0.2461
	每股净资产(元)	3.8703	3.3821	3.6482	4.9191
	调整后每股净资产(元)	–	–	–	–
	每股资本公积金(元)	1.4506	1.4223	1.7940	3.0774
	每股盈余公积金(元)	0.1961	0.1961	0.1687	0.1687
	每股未分配利润(元)	1.2255	0.7637	0.6870	0.6742
	每股现金净流量(元)	0.2169	–0.6273	–0.3682	0.7695
	每股经营现金净流量(元)	0.1488	0.3933	0.2163	0.2712
	净资产收益率(扣除)(%)	–	7.3800	–	4.7000
	净资产收益率(%)	15.7579	7.9500	4.4600	5.3800
	总资产(万)	228146.65	188962.36	230616.74	385322.73
	股东权益(万)	153172.92	133851.49	144369.75	194683.80
	主营业务收入(万)	–	–	–	–
	主营业务利润(万)	–	–	–	–
	营业务收入(万)	39768.05	188743.21	128504.58	462026.62
	营业务利润(万)	28527.59	13386.21	8950.52	13469.14
	投资收益(万)	–	–	–	–
	利润总额(万)	28928.23	14758.58	9197.72	14349.79
	净利润(万)	24136.77	10642.68	6445.86	10464.98

贵州红星发展股份有限公司

公司概况					
公司名称	贵州红星发展股份有限公司			证券简称	红星发展
法人代表	姜志光	董秘	温霞	证券代码	600367
公司网址	www.hxfz.com.cn		电子信箱	rsdmc@hxfz.com.cn	
电　话	0853-6780388、6780066		传　真	0853-6780388	
办公地址	贵州省安顺市镇宁县丁旗镇				
经营范围	无机化工产品、精细化工产品生产、销售				

主要财务指标：指标＼报告期	2009.06.30	2008.12.31	2008.06.30	2007.12.31
每股收益(元)	-0.0400	0.1200	0.1500	0.2000
每股收益(扣除)(元)	-0.0400	0.1100	0.1600	0.1800
每股净资产(元)	3.6530	3.6700	3.7100	3.6600
调整后每股净资产(元)	-	-	-	-
每股资本公积金(元)	1.0025	0.9754	0.9752	0.9752
每股盈余公积金(元)	0.5803	0.5803	0.5623	0.5623
每股未分配利润(元)	1.0702	1.1118	1.1753	1.1247
每股现金净流量(元)	0.2986	-0.0372	-0.1126	0.2881
每股经营现金净流量(元)	0.4322	0.2349	0.0736	0.5572
净资产收益率(扣除)(%)	-	-	-	4.8200
净资产收益率(%)	-1.1400	3.1600	4.0500	5.5100
总资产(万)	141995.23	143964.79	147729.35	150119.13
股东权益(万)	106374.79	106794.38	108116.39	106644.69
主营业务收入(万)	-	-	-	-
主营业务利润(万)	-	-	-	-
营业务收入(万)	30084.76	104996.04	57831.13	91556.92
营业务利润(万)	-1065.64	6931.92	6159.04	9278.18
投资收益(万)	-	-	-	-
利润总额(万)	-1076.95	6316.31	5958.36	9109.44
净利润(万)	-1209.94	3378.44	4383.70	5879.80

广西五洲交通股份有限公司

公司概况					
公司名称	广西五洲交通股份有限公司			证券简称	五洲交通
法人代表	何国纯	董秘	王权	证券代码	600368
公司网址			电子信箱	wzjt@wzjt.com.cn	
电　话	0771-5520235、5518383		传　真	0771-5518383、5518111	
办公地址	广西壮族自治区南宁市民族大道115-1号现代国际大厦				
经营范围	经营收费公路、桥梁；对公路、桥梁、站场、港口、码头等交通基础设施投资、经营等				

主要财务指标：指标＼报告期	2009.06.30	2008.12.31	2008.06.30	2007.12.31
每股收益(元)	0.0800	0.2000	0.0900	0.2300
每股收益(扣除)(元)	0.0800	0.2100	0.0900	0.2300
每股净资产(元)	3.7600	3.6200	3.2700	3.2400
调整后每股净资产(元)	-	-	-	-
每股资本公积金(元)	1.4550	1.1715	0.8327	0.8327
每股盈余公积金(元)	0.4604	0.4761	0.4872	0.4872
每股未分配利润(元)	0.9040	0.9686	0.9472	0.9228
每股现金净流量(元)	0.5024	0.6712	1.0187	-0.8205
每股经营现金净流量(元)	-0.0594	0.2491	0.2044	0.5795
净资产收益率(扣除)(%)	-	-	-	6.7900
净资产收益率(%)	2.1900	5.1900	2.8900	6.8000
总资产(万)	350128.35	287000.78	263828.93	188664.19
股东权益(万)	209027.89	170402.91	144406.48	143328.36
主营业务收入(万)	-	-	-	-
主营业务利润(万)	-	-	-	-
营业务收入(万)	10543.09	20888.97	10667.72	20731.83
营业务利润(万)	4267.26	10670.31	4950.31	11863.30
投资收益(万)	-	-	-	-
利润总额(万)	4242.96	10244.08	4928.41	11862.79
净利润(万)	4577.95	8849.62	4172.12	9948.23

西南证券股份有限公司

公司概况					
公司名称	西南证券股份有限公司			证券简称	西南证券
法人代表	蒋辉	董秘	徐鸣镝	证券代码	600369
公司网址	www.swsc.com.cn		电子信箱	dshb@swsc.com.cn	
电　话	023-63786433		传　真	023-63786477	
办公地址	重庆市渝中区临江支路2号合景国际大厦A幢				
经营范围	证券经纪；证券投资咨询；与证券交易、证券投资活动有关的财务顾问等				

主要财务指标：指标＼报告期	2009.06.30	2008.12.31	2008.06.30	2007.12.31
每股收益(元)	0.2300	0.2170	-0.1010	-0.2210
每股收益(扣除)(元)	0.2300	-0.4420	-0.1080	-0.2220
每股净资产(元)	2.0700	0.2460	-0.1800	-0.0820
调整后每股净资产(元)	-	-	-	-
每股资本公积金(元)	0.8175	5.5669	1.2081	1.2081
每股盈余公积金(元)	0.0512	0.3980	0.1662	0.1662
每股未分配利润(元)	0.1388	-0.6796	-2.5575	-2.3451
每股现金净流量(元)	0.0218	0.0343	-0.0079	0.0113
每股经营现金净流量(元)	-0.0031	1.1388	-0.0057	0.0199
净资产收益率(扣除)(%)	-	-	-	-
净资产收益率(%)	10.9300	88.1200	-	-754.4200
总资产(万)	985976.24	802747.35	71532.73	74307.14
股东权益(万)	393989.23	331593.82	-4486.60	716.53
主营业务收入(万)	-	-	-	-
主营业务利润(万)	-	-	-	-
营业务收入(万)	86656.99	3233.84	2881.52	6705.80
营业务利润(万)	53733.57	-3140.79	-2744.68	-5914.66
投资收益(万)	-	-	-	-
利润总额(万)	53387.56	4336.88	-2577.20	-5880.77
净利润(万)	43063.03	5314.39	-2478.48	-5405.66

江苏三房巷实业股份有限公司

公司概况					
公司名称	江苏三房巷实业股份有限公司			证券简称	三房巷
法人代表	卞平刚	董秘	张民	证券代码	600370
公司网址	www.jssfx.com		电子信箱	sfx@jssfx.com	
电　话	0510-86229867		传　真	0510-86229823	
办公地址	江苏省江阴市周庄镇三房巷村				
经营范围	化纤原料及制品、棉制品、印染布、涤棉布、色织布。服装生产与销售等				

主要财务指标：指标＼报告期	2009.06.30	2008.12.31	2008.06.30	2007.12.31
每股收益(元)	0.0335	0.0230	0.0592	0.1910
每股收益(扣除)(元)	0.0332	0.0220	0.0587	0.1910
每股净资产(元)	3.4900	3.4600	3.4900	3.4800
调整后每股净资产(元)	-	-	-	-
每股资本公积金(元)	1.6850	1.6850	1.6851	1.6850
每股盈余公积金(元)	0.2892	0.2892	0.2784	0.2784
每股未分配利润(元)	0.5160	0.4825	0.5300	0.5208
每股现金净流量(元)	-0.1931	-0.3231	0.0660	0.9165
每股经营现金净流量(元)	0.0289	0.1898	0.0624	0.6379
净资产收益率(扣除)(%)	-	-	-	5.0100
净资产收益率(%)	0.9600	0.6500	1.6900	5.1900
总资产(万)	145472.71	153083.53	165708.80	153809.45
股东权益(万)	111300.21	110233.48	111406.42	126490.90
主营业务收入(万)	-	-	-	-
主营业务利润(万)	-	-	-	-
营业务收入(万)	45327.98	97282.99	49091.81	133389.46
营业务利润(万)	1547.23	1214.45	2779.09	8380.99
投资收益(万)	-	-	-	-
利润总额(万)	1557.23	1233.91	2798.55	8380.99
净利润(万)	1066.73	717.89	1887.90	5770.49

万向德农股份有限公司

公司概况	公司名称	万向德农股份有限公司		证券简称	万向德农
	法人代表	管大源	董秘 霍光	证券代码	600371
	公司网址	www.wxdoneed.com		电子信箱	wxdoneed@163.com
	电　话	0451-82368448		传　真	0451-82368448
	办公地址	黑龙江省哈尔滨市南岗区玉山路18号			
	经营范围	专门经营不再分装的包装种子;化肥零售;农产品及其精深加工产品等			

主要财务指标	指标\报告期	2009.06.30	2008.12.31	2008.06.30	2007.12.31
	每股收益(元)	0.1700	0.2000	0.1200	0.2300
	每股收益(扣除)(元)	0.1600	0.1900	0.1200	0.2300
	每股净资产(元)	2.0700	2.1100	2.0300	1.9100
	调整后每股净资产(元)	–	–	–	–
	每股资本公积金(元)	0.0573	0.0573	0.0573	0.0573
	每股盈余公积金(元)	0.1313	0.1313	0.0996	0.0996
	每股未分配利润(元)	0.8854	0.9173	0.8699	0.7538
	每股现金净流量(元)	0.0838	0.0891	0.3993	–0.0362
	每股经营现金净流量(元)	2.1730	0.1681	1.5327	0.0668
	净资产收益率(扣除)(%)	–	–	–	12.2800
	净资产收益率(%)	8.1000	9.2700	5.7300	12.2500
	总资产(万)	78978.42	85773.08	81774.22	84121.72
	股东权益(万)	32145.96	32641.10	31414.86	29615.90
	主营业务收入(万)	–	–	–	–
	主营业务利润(万)	–	–	–	–
	营业务收入(万)	35777.84	65365.48	41916.29	71020.91
	营业务利润(万)	3962.32	4747.09	2689.33	4959.95
	投资收益(万)	–	–	–	–
	利润总额(万)	4038.25	4759.39	2684.90	4947.41
	净利润(万)	2604.86	3025.20	1798.96	3628.33

江西鑫新实业股份有限公司

公司概况	公司名称	江西鑫新实业股份有限公司		证券简称	鑫新股份
	法人代表	温显来	董秘 熊秋辉	证券代码	600373
	公司网址	www.xxgf.com.cn		电子信箱	600373@xxgf.com.cn
	电　话	0793-8461686、8461161		传　真	0793-8461123
	办公地址	江西省上饶经济开发区			
	经营范围	生产、经营客车制造,发动机及电器使用的各类铜线材料,管材的制造等			

主要财务指标	指标\报告期	2009.06.30	2008.12.31	2008.06.30	2007.12.31
	每股收益(元)	–0.3418	–0.7433	0.0173	0.0450
	每股收益(扣除)(元)	–0.3431	–0.7370	0.0235	–0.1000
	每股净资产(元)	0.5090	0.8510	2.4200	2.4070
	调整后每股净资产(元)	–	–	–	–
	每股资本公积金(元)	0.2182	0.2179	0.8271	0.8277
	每股盈余公积金(元)	0.0601	0.0601	0.0901	0.0901
	每股未分配利润(元)	–0.7690	–0.4272	0.5063	0.4890
	每股现金净流量(元)	0.2550	0.0731	0.3771	–0.2940
	每股经营现金净流量(元)	0.4103	0.3629	0.3852	–0.2835
	净资产收益率(扣除)(%)	–	–	–	–4.1567
	净资产收益率(%)	–67.1132	–87.3670	0.7120	2.8031
	总资产(万)	102723.67	92881.81	104516.55	100305.19
	股东权益(万)	9549.08	15951.38	30294.24	30086.16
	主营业务收入(万)	–	–	–	–
	主营业务利润(万)	–	–	–	–
	营业务收入(万)	21801.04	66789.07	51942.01	77434.95
	营业务利润(万)	–4052.51	–15715.40	307.67	–290.38
	投资收益(万)	–	–	–	–
	利润总额(万)	–4041.69	–15805.93	301.18	1245.10
	净利润(万)	–6408.69	–13936.23	215.76	843.34

安徽星马汽车股份有限公司

公司概况	公司名称	安徽星马汽车股份有限公司		证券简称	星马汽车
	法人代表	沈伟良	董秘 金方放	证券代码	600375
	公司网址	www.camc.biz		电子信箱	leef7951@163.com
	电　话	0555-8323038		传　真	0555-8323038、8323031
	办公地址	安徽省马鞍山市经济技术开发区			
	经营范围	专用汽车、汽车配件、建材建筑机械、金属材料的制造生产、销售等			

主要财务指标	指标\报告期	2009.06.30	2008.12.31	2008.06.30	2007.12.31
	每股收益(元)	0.1800	0.1200	0.1900	0.2100
	每股收益(扣除)(元)	0.1800	0.1200	0.1900	0.2000
	每股净资产(元)	2.6700	2.5900	2.6600	2.5700
	调整后每股净资产(元)	–	–	–	–
	每股资本公积金(元)	0.8105	0.8105	0.8105	0.8105
	每股盈余公积金(元)	0.2223	0.2223	0.2004	0.2004
	每股未分配利润(元)	0.6390	0.5589	0.6485	0.5598
	每股现金净流量(元)	0.8232	0.2318	1.2848	–0.6065
	每股经营现金净流量(元)	2.1713	0.0827	0.8202	–0.5636
	净资产收益率(扣除)(%)	–	–	–	7.9400
	净资产收益率(%)	6.7400	4.6700	7.0900	8.2100
	总资产(万)	185568.28	158153.35	223645.09	161903.26
	股东权益(万)	50091.87	48588.56	49858.40	48196.17
	主营业务收入(万)	–	–	–	–
	主营业务利润(万)	–	–	–	–
	营业务收入(万)	127323.84	187656.90	130413.60	211686.33
	营业务利润(万)	4217.55	3465.99	4503.23	6428.83
	投资收益(万)	–	–	–	–
	利润总额(万)	4268.50	3484.85	4454.62	6400.30
	净利润(万)	3378.12	2267.20	3537.04	3955.33

北京首都开发股份有限公司

公司概况	公司名称	北京首都开发股份有限公司		证券简称	首开股份
	法人代表	刘希模	董秘 王怡	证券代码	600376
	公司网址	www.shoukaigufen.com		电子信箱	wangyi98@263.net
	电　话	010-66428156、66428113		传　真	010-66428061
	办公地址	北京市西城区复兴门内大街156号			
	经营范围	房地产开发、商品房销售、房屋租赁、建筑工程咨询、内外装饰装璜等			

主要财务指标	指标\报告期	2009.06.30	2008.12.31	2008.06.30	2007.12.31
	每股收益(元)	0.4000	0.7048	0.2300	0.3917
	每股收益(扣除)(元)	0.2800	0.3906	0.1600	–1.0592
	每股净资产(元)	5.0300	4.5600	4.5300	4.4600
	调整后每股净资产(元)	–	–	–	–
	每股资本公积金(元)	1.6018	1.5182	1.7952	1.7370
	每股盈余公积金(元)	0.7626	0.7626	0.7626	0.7626
	每股未分配利润(元)	1.6702	1.2747	0.9684	0.9609
	每股现金净流量(元)	7.3787	–0.4898	–1.3784	1.0360
	每股经营现金净流量(元)	0.5159	1.3440	–2.1524	1.9681
	净资产收益率(扣除)(%)	–	–	–	–7.6200
	净资产收益率(%)	8.2500	15.4700	5.1800	8.7800
	总资产(万)	2854917.35	2215369.75	2361900.71	2280641.00
	股东权益(万)	407702.23	368906.56	366528.73	361214.05
	主营业务收入(万)	–	–	–	–
	主营业务利润(万)	–	–	–	–
	营业务收入(万)	151714.77	583988.99	132641.68	725516.35
	营业务利润(万)	42799.71	78445.62	23520.76	60990.54
	投资收益(万)	–	–	–	–
	利润总额(万)	42361.56	82147.27	23874.30	62470.78
	净利润(万)	32026.70	57071.87	18986.60	31719.18

江苏宁沪高速公路股份有限公司

公司概况

公司名称	江苏宁沪高速公路股份有限公司			证券简称	宁沪高速
法人代表	沈长全	董秘	姚永嘉	证券代码	600377
公司网址	www.jsexpressway.com		电子信箱	nhgs@jsexpressway.com	
电　　话	025-84469332		传　　真	025-84466643	
办公地址	江苏省南京市马群大道6号				
经营范围	沪宁高速公路江苏段,312国道沪宁段、南京至连云港一级公路南京段等				

主要财务指标

指标\报告期	2009.06.30	2008.12.31	2008.06.30	2007.12.31
每股收益(元)	0.1900	0.3080	0.1700	0.3180
每股收益(扣除)(元)	0.1908	0.3090	0.1700	0.3160
每股净资产(元)	3.1200	3.1700	3.0200	3.1200
调整后每股净资产(元)	–	–	–	–
每股资本公积金(元)	1.5267	1.4998	1.4865	1.4865
每股盈余公积金(元)	0.3027	0.3027	0.2680	0.2680
每股未分配利润(元)	0.2890	0.3674	0.2608	0.3636
每股现金净流量(元)	0.0170	–0.1327	–0.0873	0.0655
每股经营现金净流量(元)	0.2751	0.5489	0.2498	0.6268
净资产收益率(扣除)(%)	–	–	–	–
净资产收益率(%)	6.1400	9.7300	5.5400	10.2100
总资产(万)	2457575.49	2477542.86	2511289.97	2593784.83
股东权益(万)	1570964.44	1596892.13	1519048.25	1570838.52
主营业务收入(万)	–	–	–	–
主营业务利润(万)	–	–	–	–
营业务收入(万)	267927.20	527713.95	261594.20	530983.53
营业务利润(万)	129224.09	210743.98	115034.74	240737.99
投资收益(万)	–	–	–	–
利润总额(万)	129245.24	210174.12	114429.58	240854.85
净利润(万)	96509.70	155401.11	84228.91	160082.71

四川天一科技股份有限公司

公司概况

公司名称	四川天一科技股份有限公司			证券简称	天科股份
法人代表	陈宝通	董秘	魏丹	证券代码	600378
公司网址	www.tianke.com		电子信箱	ctyc@tianke.com	
电　　话	028-85963417、85963659		传　　真	028-85963659	
办公地址	四川省成都市机场路445信箱				
经营范围	碳一化学技术及催化剂,变压吸附气体分离技术及装置,合成芳樟醇等				

主要财务指标

指标\报告期	2009.06.30	2008.12.31	2008.06.30	2007.12.31
每股收益(元)	0.0610	0.2300	0.1010	0.1000
每股收益(扣除)(元)	0.0600	0.2100	0.1020	0.1100
每股净资产(元)	1.8160	1.7600	1.6300	1.5300
调整后每股净资产(元)	–	–	–	–
每股资本公积金(元)	0.6233	0.6233	0.6233	0.6233
每股盈余公积金(元)	0.0703	0.0703	0.0672	0.0672
每股未分配利润(元)	0.1225	0.0617	–0.0636	–0.1648
每股现金净流量(元)	–0.1220	0.2253	0.1602	0.3076
每股经营现金净流量(元)	–0.1175	0.2691	0.1718	0.3227
净资产收益率(扣除)(%)	–	–	–	7.4600
净资产收益率(%)	3.3500	13.0800	6.4200	6.3400
总资产(万)	69099.62	69450.79	71139.76	64904.21
股东权益(万)	44605.66	43112.67	39958.01	39695.37
主营业务收入(万)	–	–	–	–
主营业务利润(万)	–	–	–	–
营业务收入(万)	22571.39	60272.27	26861.40	49516.02
营业务利润(万)	1469.74	6677.85	2997.47	4717.86
投资收益(万)	–	–	–	–
利润总额(万)	1488.35	7123.87	2978.20	4265.71
净利润(万)	1492.99	5640.87	2486.21	2374.37

陕西宝光真空电器股份有限公司

公司概况

公司名称	陕西宝光真空电器股份有限公司			证券简称	宝光股份
法人代表	祁勇	董秘	金宝长	证券代码	600379
公司网址	www.baoguang.com.cn		电子信箱	office@baoguang.com.cn	
电　　话	0917-3561512		传　　真	0917-3561512	
办公地址	陕西省宝鸡市宝光路53号				
经营范围	高、中、低压真空灭弧室、真空断路器、真空开关柜等产品的研制、生产、销售及服务等				

主要财务指标

指标\报告期	2009.06.30	2008.12.31	2008.06.30	2007.12.31
每股收益(元)	0.0084	0.0359	0.0280	0.0417
每股收益(扣除)(元)	–0.0015	0.0325	0.0270	–0.0282
每股净资产(元)	1.4950	1.7840	1.7760	1.7490
调整后每股净资产(元)	–	–	–	–
每股资本公积金(元)	0.1352	0.3623	0.3623	0.3636
每股盈余公积金(元)	0.0699	0.0839	0.0824	0.0824
每股未分配利润(元)	0.2895	0.3373	0.3313	0.3029
每股现金净流量(元)	0.0892	–0.1652	–0.0242	0.1779
每股经营现金净流量(元)	0.0984	0.0407	–0.0579	0.1208
净资产收益率(扣除)(%)	–	–	–	–1.6020
净资产收益率(%)	0.5640	2.0130	1.5960	2.3660
总资产(万)	53131.42	51626.58	52055.69	48099.97
股东权益(万)	32047.85	31867.04	31732.04	31249.45
主营业务收入(万)	–	–	–	–
主营业务利润(万)	–	–	–	–
营业务收入(万)	20190.83	45278.19	22200.58	37373.67
营业务利润(万)	–26.21	635.77	567.75	712.94
投资收益(万)	–	–	–	–
利润总额(万)	252.61	757.15	594.42	784.59
净利润(万)	180.81	641.59	506.60	744.56

健康元药业集团股份有限公司

公司概况

公司名称	健康元药业集团股份有限公司			证券简称	健康元
法人代表	朱保国	董秘	邱庆丰	证券代码	600380
公司网址	www.joincare.com		电子信箱	joincare@joincare.com	
电　　话	0755-86252311		传　　真	0755-86252398	
办公地址	广东省深圳市南山区高新区北区郎山路17号健康元药业集团大厦				
经营范围	中药材、中成药、抗生素原料药及其制剂、化学药制剂、食品、保健食品等				

主要财务指标

指标\报告期	2009.06.30	2008.12.31	2008.06.30	2007.12.31
每股收益(元)	0.1887	–0.0246	0.0030	0.6604
每股收益(扣除)(元)	0.1228	0.2087	0.1231	0.1791
每股净资产(元)	2.5968	2.5303	2.5600	4.7500
调整后每股净资产(元)	–	–	–	–
每股资本公积金(元)	1.1857	1.1878	1.1902	2.1701
每股盈余公积金(元)	0.1990	0.1990	0.1990	0.3583
每股未分配利润(元)	0.2450	0.1763	0.2038	1.2615
每股现金净流量(元)	0.1019	0.2675	0.1814	–0.1564
每股经营现金净流量(元)	0.2561	0.4144	0.1219	0.7038
净资产收益率(扣除)(%)	–	–	–	6.7850
净资产收益率(%)	7.2670	–0.9700	0.1160	25.0210
总资产(万)	585442.70	582134.82	593284.66	601438.63
股东权益(万)	285092.33	277797.71	280988.48	289784.26
主营业务收入(万)	–	–	–	–
主营业务利润(万)	–	–	–	–
营业务收入(万)	166780.27	293848.74	153518.00	249855.67
营业务利润(万)	41489.81	–270.01	3964.38	116756.55
投资收益(万)	–	–	–	–
利润总额(万)	41708.50	608.96	4121.57	116524.39
净利润(万)	20716.93	–2695.69	325.91	72507.25

青海贤成矿业股份有限公司

公司概况	公司名称	青海贤成矿业股份有限公司		证券简称	ST 贤成
	法人代表	臧静涛	董秘 马海杰	证券代码	600381
	公司网址	www.sunshiny.net		电子信箱	xcsy600381@yahoo.com
	电　话	020-85506086		传　真	020-85506092
	办公地址	广州市天河区珠江新城华夏路 8 号国际金融广场 32 层			
	经营范围	矿产资源,天然气,水泥,水电,火电资源的投资开发			

主要财务指标	指标＼报告期	2009.06.30	2008.12.31	2008.06.30	2007.12.31
	每股收益(元)	0.1628	0.3800	0.4791	0.1600
	每股收益(扣除)(元)	0.0007	–0.1000	0.0060	–0.2300
	每股净资产(元)	–0.7200	–0.8800	–0.7900	–1.2600
	调整后每股净资产(元)	–	–	–	–
	每股资本公积金(元)	–	–	–	0.0157
	每股盈余公积金(元)	0.0522	0.0522	0.0522	0.0522
	每股未分配利润(元)	–1.7694	–1.9321	–1.8383	–2.3158
	每股现金净流量(元)	0.0172	–0.0031	0.0014	0.0028
	每股经营现金净流量(元)	0.0438	0.0680	0.0261	0.0245
	净资产收益率(扣除)(%)	–	–	–	–
	净资产收益率(%)	–	–	–	–
	总资产(万)	36497.07	35821.08	41356.36	37626.99
	股东权益(万)	–21972.85	–26959.98	–24083.92	–38235.42
	主营业务收入(万)	–	–	–	–
	主营业务利润(万)	–	–	–	–
	营业务收入(万)	2562.18	4072.16	2051.15	960.25
	营业务利润(万)	221.94	–2235.80	623.93	–7848.81
	投资收益(万)	–	–	–	–
	利润总额(万)	5185.57	12265.21	15117.47	4858.71
	净利润(万)	4987.12	11704.63	14678.52	4991.63

广东明珠集团股份有限公司

公司概况	公司名称	广东明珠集团股份有限公司		证券简称	广东明珠
	法人代表	涂传岚	董秘 钟健如	证券代码	600382
	公司网址	www.gdmzh.com		电子信箱	600382@gdmzh.com
	电　话	0753-3337589		传　真	0753-3327589
	办公地址	广东省兴宁市兴城镇赤巷口			
	经营范围	制造、销售普通机械、金属制品、汽车零部件、橡胶制品、服装等			

主要财务指标	指标＼报告期	2009.06.30	2008.12.31	2008.06.30	2007.12.31
	每股收益(元)	0.0800	0.2600	0.2250	0.2600
	每股收益(扣除)(元)	0.0330	0.2600	0.2100	0.2100
	每股净资产(元)	2.4330	2.3900	2.3500	2.1600
	调整后每股净资产(元)	–	–	–	–
	每股资本公积金(元)	0.2644	0.2693	0.2693	0.2693
	每股盈余公积金(元)	0.2145	0.2182	0.1925	0.1925
	每股未分配利润(元)	0.9541	0.9027	0.8844	0.6935
	每股现金净流量(元)	–0.1268	0.1979	0.1701	0.1053
	每股经营现金净流量(元)	–0.6567	0.9513	0.4504	0.2928
	净资产收益率(扣除)(%)	–	–	–	9.5700
	净资产收益率(%)	3.3500	11.0800	9.5800	12.2000
	总资产(万)	173796.86	155871.75	151948.69	158342.83
	股东权益(万)	83145.95	81683.52	80181.16	73655.96
	主营业务收入(万)	–	–	–	–
	主营业务利润(万)	–	–	–	–
	营业务收入(万)	28409.87	80468.81	38687.51	69759.55
	营业务利润(万)	1738.50	11513.70	9461.45	9946.86
	投资收益(万)	–	–	–	–
	利润总额(万)	3491.47	11585.42	9523.99	10959.74
	净利润(万)	2781.52	9052.80	7682.79	8984.19

金地(集团)股份有限公司

公司概况	公司名称	金地(集团)股份有限公司		证券简称	金地集团
	法人代表	凌克	董秘 徐家俊	证券代码	600383
	公司网址	www.gemdale.com		电子信箱	ir@gemdale.com
	电　话	0755-83844828 ,82039999		传　真	0755-82039900
	办公地址	广东省深圳市福田区福强路金地商业大楼			
	经营范围	深圳市内房地产开发经营;兴办各类实体;自营和代理各类商品和技术的进出口等			

主要财务指标	指标＼报告期	2009.06.30	2008.12.31	2008.06.30	2007.12.31
	每股收益(元)	0.1300	0.5000	0.1100	0.6500
	每股收益(扣除)(元)	0.1300	0.4900	0.1100	1.3000
	每股净资产(元)	4.3200	5.5400	5.1900	10.0600
	调整后每股净资产(元)	–	–	–	–
	每股资本公积金(元)	1.9254	2.8030	2.8030	6.6060
	每股盈余公积金(元)	0.1645	0.2139	0.1922	0.3843
	每股未分配利润(元)	1.1804	1.4632	1.1274	2.0177
	每股现金净流量(元)	0.3285	1.0650	2.8521	1.8914
	每股经营现金净流量(元)	1.2116	–1.0436	–0.8785	–7.5191
	净资产收益率(扣除)(%)	–	–	–	11.3600
	净资产收益率(%)	3.0500	9.0400	2.7700	11.4300
	总资产(万)	3815143.26	3510159.66	3556509.54	2531496.49
	股东权益(万)	942539.09	930272.63	870842.72	844220.78
	主营业务收入(万)	–	–	–	–
	主营业务利润(万)	–	–	–	–
	营业务收入(万)	349349.46	976202.65	226773.02	748748.01
	营业务利润(万)	51872.29	153298.37	35155.54	178843.69
	投资收益(万)	–	–	–	–
	利润总额(万)	52084.55	154171.52	35143.93	179726.96
	净利润(万)	28753.80	84085.99	24083.47	96496.98

山东金泰集团股份有限公司

公司概况	公司名称	山东金泰集团股份有限公司		证券简称	ST 金泰
	法人代表	林云(代)	董秘 徐顺付	证券代码	600385
	公司网址	www.sdjintai.com.cn		电子信箱	xushunfu@163.com
	电　话	0531-88902341		传　真	0531-88902341
	办公地址	山东省济南市洪楼西路 29 号			
	经营范围	投资管理,药品的研发与技术转让、技术咨询;房地产中介服务等			

主要财务指标	指标＼报告期	2009.06.30	2008.12.31	2008.06.30	2007.12.31
	每股收益(元)	–0.0500	–0.1800	–0.0400	0.0600
	每股收益(扣除)(元)	–0.0600	–0.1900	–0.0600	–0.1600
	每股净资产(元)	–1.5400	–1.4900	–1.3600	–1.3100
	调整后每股净资产(元)	–	–	–	–
	每股资本公积金(元)	0.0716	0.0716	0.0716	0.0716
	每股盈余公积金(元)	0.1106	0.1106	0.1106	0.1106
	每股未分配利润(元)	–2.7264	–2.6719	–2.5386	–2.4947
	每股现金净流量(元)	0.0001	–0.0002	0.0001	0.0001
	每股经营现金净流量(元)	–0.0023	–0.0109	–0.0066	0.0146
	净资产收益率(扣除)(%)	–	–	–	–
	净资产收益率(%)	–	–	–	–
	总资产(万)	5575.05	5679.22	6614.21	6745.86
	股东权益(万)	–22873.08	–22065.55	–20091.72	–19440.39
	主营业务收入(万)	–	–	–	–
	主营业务利润(万)	–	–	–	–
	营业务收入(万)	127.81	343.23	69.14	301.85
	营业务利润(万)	–814.66	–2817.60	–831.19	–2589.34
	投资收益(万)	–	–	–	–
	利润总额(万)	–807.52	–2686.06	–653.09	596.87
	净利润(万)	–807.52	–2625.16	–651.33	864.96

北京巴士传媒股份有限公司

公司概况

公司名称	北京巴士传媒股份有限公司		证券简称	北巴传媒
法人代表	直军	董秘 傅世学	证券代码	600386
公司网址	www.newbjbus.com		电子信箱	bjbashi@btamail.net.cn
电　话	010-68477383		传　真	010-68731430
办公地址	北京市海淀区紫竹院路32号			
经营范围	设计、制作、代理、发布国内及外商来华广告;出租汽车客运、省际公路客运等			

主要财务指标

指标\报告期	2009.06.30	2008.12.31	2008.06.30	2007.12.31
每股收益(元)	0.1580	0.2200	0.0650	0.1100
每股收益(扣除)(元)	0.1490	0.2000	0.0580	0.0800
每股净资产(元)	2.3300	2.1700	2.0200	2.0100
调整后每股净资产(元)	–	–	–	–
每股资本公积金(元)	1.6112	1.6112	1.6237	1.6789
每股盈余公积金(元)	0.2354	0.2354	0.2354	0.2354
每股未分配利润(元)	–0.5151	–0.6732	–0.8436	–0.9065
每股现金净流量(元)	0.1166	–0.0665	–0.3163	0.1685
每股经营现金净流量(元)	0.3487	0.7314	0.3435	1.0489
净资产收益率(扣除)(%)	–	–	–	4.1400
净资产收益率(%)	6.7800	10.2500	3.2200	5.6700
总资产(万)	207700.15	204824.28	191044.13	326217.14
股东权益(万)	94006.07	87630.25	81265.10	80954.12
主营业务收入(万)	–	–	–	–
主营业务利润(万)	–	–	–	–
营业务收入(万)	67709.80	86040.22	36279.17	204591.00
营业务利润(万)	7222.68	12100.42	4353.53	–34448.80
投资收益(万)	–	–	–	–
利润总额(万)	7599.21	12316.26	4301.77	6697.28
净利润(万)	6375.81	8978.62	2613.46	4591.06

浙江海越股份有限公司

公司概况

公司名称	浙江海越股份有限公司		证券简称	海越股份
法人代表	吕小奎	董秘 陈海平	证券代码	600387
公司网址	www.chinahaiyue.com		电子信箱	haiyeu@chinahaiyue.com
电　话	0575-7011538、87016161		传　真	0575-7013968
办公地址	浙江省诸暨市西施大街59号			
经营范围	交通、水利、电力及其他基础设施的投资开发与经营等			

主要财务指标

指标\报告期	2009.06.30	2008.12.31	2008.06.30	2007.12.31
每股收益(元)	0.6400	–0.1200	0.0800	0.5400
每股收益(扣除)(元)	0.0600	–0.0600	0.0800	0.0600
每股净资产(元)	3.2454	2.3800	2.8500	3.4800
调整后每股净资产(元)	–	–	–	–
每股资本公积金(元)	0.8290	0.6066	0.8734	1.4795
每股盈余公积金(元)	0.2676	0.2676	0.2676	0.2676
每股未分配利润(元)	1.1488	0.5091	0.7118	0.7303
每股现金净流量(元)	0.2194	–0.6182	–0.6535	0.5187
每股经营现金净流量(元)	–0.6622	–0.1745	–0.3729	–0.0682
净资产收益率(扣除)(%)	–	–	–	1.6600
净资产收益率(%)	19.7100	–5.0900	2.8600	15.4800
总资产(万)	157426.27	149224.71	161129.52	205868.26
股东权益(万)	96388.86	70785.24	84731.13	103281.38
主营业务收入(万)	–	–	–	–
主营业务利润(万)	–	–	–	–
营业务收入(万)	31948.27	106900.48	46005.13	106859.15
营业务利润(万)	4754.48	–3517.93	3249.06	24170.31
投资收益(万)	–	–	–	–
利润总额(万)	25346.62	–3841.09	3121.81	23645.81
净利润(万)	18998.05	–3599.61	2420.74	15991.67

福建龙净环保股份有限公司

公司概况

公司名称	福建龙净环保股份有限公司		证券简称	龙净环保
法人代表	周苏华	董秘 陈培敏	证券代码	600388
公司网址	www.longking.com.cn		电子信箱	longkinghb@163.com
电　话	0597-2210288		传　真	0597-2290903
办公地址	福建省龙岩市新罗区陵园路81号			
经营范围	环境污染防治设备、工业自动控制系统装置,环保专用仪器、仪表等			

主要财务指标

指标\报告期	2009.06.30	2008.12.31	2008.06.30	2007.12.31
每股收益(元)	0.7100	1.0400	0.3600	0.7400
每股收益(扣除)(元)	0.6700	0.9900	0.3200	0.6500
每股净资产(元)	8.7800	6.5600	6.3000	6.3200
调整后每股净资产(元)	–	–	–	–
每股资本公积金(元)	5.2732	2.7255	2.8243	3.1919
每股盈余公积金(元)	0.2484	0.3092	0.2577	0.2571
每股未分配利润(元)	2.2618	2.5266	2.2195	1.8637
每股现金净流量(元)	1.9014	–0.0368	0.3176	–0.2884
每股经营现金净流量(元)	–0.3165	1.8552	0.7082	–0.7282
净资产收益率(扣除)(%)	–	–	–	10.2500
净资产收益率(%)	6.7600	15.9300	5.6500	11.7900
总资产(万)	484014.74	417177.25	392748.86	354066.38
股东权益(万)	182604.56	109573.64	105233.91	105423.06
主营业务收入(万)	–	–	–	–
主营业务利润(万)	–	–	–	–
营业务收入(万)	165904.95	291754.83	141649.78	229032.92
营业务利润(万)	15680.45	20729.83	7307.30	17879.35
投资收益(万)	–	–	–	–
利润总额(万)	16420.60	21649.82	7769.94	18101.80
净利润(万)	12342.86	17450.20	5940.82	12429.47

南通江山农药化工股份有限公司

公司概况

公司名称	南通江山农药化工股份有限公司		证券简称	江山股份
法人代表	蔡建国	董秘 宋金华	证券代码	600389
公司网址	www.jsac.com.cn		电子信箱	jsgf@jsac.com.cn
电　话	0513-83558270、83530931		传　真	0513-83521807
办公地址	江苏省南通市姚港路35号			
经营范围	化学农药、有机化学品、无机化学品、高分子聚合物等制造、加工、销售等			

主要财务指标

指标\报告期	2009.06.30	2008.12.31	2008.06.30	2007.12.31
每股收益(元)	0.0071	1.5200	1.0499	0.5500
每股收益(扣除)(元)	0.0015	1.2700	1.0663	0.5500
每股净资产(元)	4.8422	4.9200	4.4262	3.5000
调整后每股净资产(元)	–	–	–	–
每股资本公积金(元)	1.0688	1.0688	1.0681	1.0681
每股盈余公积金(元)	0.5228	0.5096	0.3455	0.3652
每股未分配利润(元)	2.2506	2.3435	2.0127	1.0647
每股现金净流量(元)	–0.4610	0.6324	0.7248	0.1602
每股经营现金净流量(元)	–0.4681	2.3361	1.0988	1.4236
净资产收益率(扣除)(%)	–	–	–	15.3200
净资产收益率(%)	0.1500	30.9500	23.7200	15.7800
总资产(万)	339188.59	321919.76	285057.75	231742.47
股东权益(万)	95875.20	97454.13	87639.71	69259.83
主营业务收入(万)	–	–	–	–
主营业务利润(万)	–	–	–	–
营业务收入(万)	122820.30	323181.74	204809.29	271696.43
营业务利润(万)	839.19	37121.87	29492.32	13869.60
投资收益(万)	–	–	–	–
利润总额(万)	991.96	36998.61	28894.66	13645.27
净利润(万)	140.31	30159.80	20788.35	10931.19

金瑞新材料科技股份有限公司

公司概况					
公司名称	金瑞新材料科技股份有限公司			证券简称	金瑞科技
法人代表	王晓梅	董秘	刘丹	证券代码	600390
公司网址	www.king-ray.com		电子信箱	liudan@crimm.cn	
电　话	0731-8657400、8657382		传　真	0731-8711158	
办公地址	湖南省长沙市岳麓区麓山南路966号				
经营范围	金属材料及制品、超硬材料及制品、电子材料及制品、电源材料及制品等				

主要财务指标：指标\报告期	2009.06.30	2008.12.31	2008.06.30	2007.12.31
每股收益(元)	-0.1638	0.2656	0.1890	0.3400
每股收益(扣除)(元)	-0.1711	0.2579	0.1880	0.3400
每股净资产(元)	4.2100	4.3900	4.2900	4.1600
调整后每股净资产(元)	-	-	-	-
每股资本公积金(元)	2.6345	2.6345	2.6142	2.6161
每股盈余公积金(元)	0.1538	0.1538	0.1046	0.1046
每股未分配利润(元)	0.4195	0.6033	0.5759	0.4370
每股现金净流量(元)	0.0501	-0.0852	0.2368	-0.0019
每股经营现金净流量(元)	0.2908	0.6461	0.3594	0.3221
净资产收益率(扣除)(%)	-	-	-	8.1100
净资产收益率(%)	-3.8900	6.0500	4.4000	8.1200
总资产(万)	140237.65	140556.95	157830.50	146893.57
股东权益(万)	67345.73	70288.01	68736.95	66544.10
主营业务收入(万)	-	-	-	-
主营业务利润(万)	-	-	-	-
营业务收入(万)	45129.28	129379.51	70686.63	139213.92
营业务利润(万)	-2767.87	4243.03	4413.67	7117.55
投资收益(万)	-	-	-	-
利润总额(万)	-2643.41	4345.54	4447.67	7356.89
净利润(万)	-2622.18	4250.91	3023.52	5402.47

四川成发航空科技股份有限公司

公司概况					
公司名称	四川成发航空科技股份有限公司			证券简称	成发科技
法人代表	赵桂斌	董秘	李志伟	证券代码	600391
公司网址	www.scfast.com		电子信箱	lizhiwei@scfast.com	
电　话	028-89358616、89358665		传　真	028-89358615	
办公地址	成都市新都区三河街成发工业园				
经营范围	研究、制造、加工、维修、销售航空发动机、燃气轮机及其零部件等				

主要财务指标：指标\报告期	2009.06.30	2008.12.31	2008.06.30	2007.12.31
每股收益(元)	0.3400	0.5100	0.2700	0.5000
每股收益(扣除)(元)	0.3600	0.5200	0.2600	0.4700
每股净资产(元)	4.2468	4.1600	3.9300	3.9100
调整后每股净资产(元)	-	-	-	-
每股资本公积金(元)	1.8438	1.8438	1.8438	1.8438
每股盈余公积金(元)	0.3175	0.3175	0.2628	0.2613
每股未分配利润(元)	1.0855	1.0034	0.8214	0.7995
每股现金净流量(元)	0.6392	0.3185	0.1602	0.0732
每股经营现金净流量(元)	0.9663	0.9735	0.6891	0.4400
净资产收益率(扣除)(%)	-	12.8300	-	12.1600
净资产收益率(%)	8.0600	12.2100	6.9200	12.7400
总资产(万)	162063.64	150738.39	135300.18	131285.69
股东权益(万)	55759.12	54680.86	51572.50	51284.73
主营业务收入(万)	-	-	-	-
主营业务利润(万)	-	-	-	-
营业务收入(万)	53437.91	89154.03	39576.65	67391.20
营业务利润(万)	4989.25	7445.90	3750.99	7523.83
投资收益(万)	-	-	-	-
利润总额(万)	4765.23	7696.13	3959.62	7535.93
净利润(万)	4491.95	6678.53	3570.17	6534.71

太原理工天成科技股份有限公司

公司概况					
公司名称	太原理工天成科技股份有限公司			证券简称	太工天成
法人代表	杜文广	董秘	陈安宝	证券代码	600392
公司网址	www.tichn.com		电子信箱	info@tichn.com	
电　话	0351-3182809		传　真	0351-3186299	
办公地址	太原国家高新技术产业开发区亚日街2号太工天成工业园				
经营范围	研制、开发、生产、销售、安装智能电子设备及其网络系统等				

主要财务指标：指标\报告期	2009.06.30	2008.12.31	2008.06.30	2007.12.31
每股收益(元)	0.0650	0.1676	0.1000	0.2471
每股收益(扣除)(元)	0.0077	0.0810	0.0800	0.0700
每股净资产(元)	3.1846	3.1200	3.0500	2.9500
调整后每股净资产(元)	-	-	-	-
每股资本公积金(元)	0.9780	0.9780	0.9780	0.9780
每股盈余公积金(元)	0.1589	0.1589	0.1589	0.1589
每股未分配利润(元)	1.0477	0.9827	0.9152	0.8152
每股现金净流量(元)	-0.3314	0.1485	-0.0390	0.1700
每股经营现金净流量(元)	0.2355	0.1176	0.1749	0.3935
净资产收益率(扣除)(%)	-	-	-	2.5100
净资产收益率(%)	2.0400	5.3700	3.2800	8.3600
总资产(万)	124703.74	115812.45	104715.45	97668.80
股东权益(万)	49871.04	48853.50	47796.84	46565.81
主营业务收入(万)	-	-	-	-
主营业务利润(万)	-	-	-	-
营业务收入(万)	21477.70	54203.17	24253.02	51159.51
营业务利润(万)	875.79	2554.13	1853.23	3970.25
投资收益(万)	-	-	-	-
利润总额(万)	1264.35	2960.77	1847.42	4921.38
净利润(万)	1017.53	2623.90	1567.23	3869.80

广州东华实业股份有限公司

公司概况					
公司名称	广州东华实业股份有限公司			证券简称	东华实业
法人代表	杨树坪	董秘	蔡锦鹭	证券代码	600393
公司网址	www.gzdh.com.cn		电子信箱	xuguangjin2002@163.com	
电　话	020-87397172、87379702		传　真	020-87386297	
办公地址	广州市越秀区寺右新马路170号四楼				
经营范围	房地产开发，出售、出租房屋，房屋拆迁，土建工程电气配套承装，旅游等				

主要财务指标：指标\报告期	2009.06.30	2008.12.31	2008.06.30	2007.12.31
每股收益(元)	0.1300	0.4500	0.2200	0.3200
每股收益(扣除)(元)	0.1200	0.4300	0.2200	0.3000
每股净资产(元)	2.9100	2.7800	2.0900	1.8700
调整后每股净资产(元)	-	-	-	-
每股资本公积金(元)	0.6174	0.6171	0.1603	0.1603
每股盈余公积金(元)	0.2365	0.2365	0.2365	0.2365
每股未分配利润(元)	1.0523	0.9237	0.6892	0.4716
每股现金净流量(元)	0.3337	-0.4775	-0.1726	0.2548
每股经营现金净流量(元)	0.6344	-0.1295	0.0191	-0.2221
净资产收益率(扣除)(%)	-	-	-	16.3100
净资产收益率(%)	4.4300	16.2800	10.4300	17.1000
总资产(万)	265605.52	251129.92	232429.92	238078.25
股东权益(万)	87185.58	83319.66	62578.54	56052.28
主营业务收入(万)	-	-	-	-
主营业务利润(万)	-	-	-	-
营业务收入(万)	66485.96	129196.58	62967.82	118626.60
营业务利润(万)	5808.79	19145.88	8873.06	13748.99
投资收益(万)	-	-	-	-
利润总额(万)	5996.95	18983.33	8828.05	13659.58
净利润(万)	3859.14	13560.96	6526.26	9586.67

贵州盘江精煤股份有限公司

公司概况						
	公司名称	贵州盘江精煤股份有限公司			证券简称	盘江股份
	法人代表	周炳军	董秘	伍正斌	证券代码	600395
	公司网址				电子信箱	pjwzb@163.com
	电　话	0858-3703046			传　真	0858-3700328
	办公地址	贵州省六盘水市红果经济开发区干沟桥				
	经营范围	原煤开采、洗选精煤、特殊加工煤、焦炭的销售等				

主要财务指标	指标\报告期	2009.06.30	2008.12.31	2008.06.30	2007.12.31
	每股收益(元)	0.4730	1.0760	0.4460	0.3180
	每股收益(扣除)(元)	0.4750	1.0960	0.4450	0.2720
	每股净资产(元)	4.3860	3.5600	4.3500	4.1100
	调整后每股净资产(元)	–	–	–	–
	每股资本公积金(元)	2.5944	1.0616	1.9986	1.9986
	每股盈余公积金(元)	0.1220	0.4050	0.2145	0.2764
	每股未分配利润(元)	0.3092	1.0930	1.1404	0.8393
	每股现金净流量(元)	0.2779	0.2234	0.7195	–0.0648
	每股经营现金净流量(元)	0.9842	0.7367	0.9949	0.4868
	净资产收益率(扣除)(%)	–	–	–	6.6200
	净资产收益率(%)	8.3000	30.2200	10.2500	7.7300
	总资产(万)	661236.98	266509.79	255618.63	214412.75
	股东权益(万)	483944.30	211470.02	161645.91	152760.41
	主营业务收入(万)	–	–	–	–
	主营业务利润(万)	–	–	–	–
	营业务收入(万)	226922.32	410403.85	179535.28	240866.76
	营业务利润(万)	47428.57	75820.54	19451.12	11625.69
	投资收益(万)	–	–	–	–
	利润总额(万)	47222.17	74729.77	19508.25	13617.87
	净利润(万)	40163.76	63907.81	16566.43	11808.28

沈阳金山能源股份有限公司

公司概况						
	公司名称	沈阳金山能源股份有限公司			证券简称	金山股份
	法人代表	薛滨	董秘	潘基平	证券代码	600396
	公司网址	www.600396.com			电子信箱	syjsrd@online.ln.cn
	电　话	024-23229022			传　真	024-23229139
	办公地址	沈阳市和平区南五马路 185 巷 1 号				
	经营范围	火力发电;供暖、供热;粉煤灰、金属材料销售;电厂机、炉、电检修等				

主要财务指标	指标\报告期	2009.06.30	2008.12.31	2008.06.30	2007.12.31
	每股收益(元)	0.0300	0.0300	0.0800	0.3400
	每股收益(扣除)(元)	0.0300	0.0300	0.0800	0.3300
	每股净资产(元)	2.9600	2.9000	2.9500	2.8800
	调整后每股净资产(元)	–	–	–	–
	每股资本公积金(元)	0.8964	0.8964	0.8964	0.8964
	每股盈余公积金(元)	0.1683	0.1683	0.1497	0.1497
	每股未分配利润(元)	0.8358	0.8313	0.9049	0.8365
	每股现金净流量(元)	1.4656	0.0108	–0.2600	0.5852
	每股经营现金净流量(元)	0.6564	0.9923	0.1590	1.5822
	净资产收益率(扣除)(%)	–	–	–	11.3100
	净资产收益率(%)	1.1600	1.1500	2.6600	11.7200
	总资产(万)	711383.33	605553.31	560890.88	525513.49
	股东权益(万)	100721.51	98637.09	100512.61	98182.41
	主营业务收入(万)	–	–	–	–
	主营业务利润(万)	–	–	–	–
	营业务收入(万)	89830.34	180955.48	92513.95	151863.04
	营业务利润(万)	1449.25	2682.03	5515.03	26643.84
	投资收益(万)	–	–	–	–
	利润总额(万)	1652.51	2623.95	5396.87	27559.48
	净利润(万)	1173.31	1135.88	2678.60	11508.31

安源实业股份有限公司

公司概况						
	公司名称	安源实业股份有限公司			证券简称	安源股份
	法人代表	李良仕	董秘	彭煤	证券代码	600397
	公司网址	www.anyuan1999.com			电子信箱	anyuan1999@163.net
	电　话	0799-6776682			传　真	0799-6776682
	办公地址	江西省萍乡市高新技术工业园北区郑和路 8 号				
	经营范围	经营本企业自产产品及技术的出口业务和本企业所需的机械设备、零配件等				

主要财务指标	指标\报告期	2009.06.30	2008.12.31	2008.06.30	2007.12.31
	每股收益(元)	0.0047	–0.7758	0.0372	0.0734
	每股收益(扣除)(元)	–0.0713	–0.2817	0.0017	0.0204
	每股净资产(元)	2.2336	2.2300	2.9800	2.9900
	调整后每股净资产(元)	–	–	–	–
	每股资本公积金(元)	1.5468	1.5468	1.5276	1.5276
	每股盈余公积金(元)	0.2333	0.2333	0.2333	0.2333
	每股未分配利润(元)	–0.5465	–0.5512	0.2182	0.2247
	每股现金净流量(元)	0.4158	–0.0572	0.2051	–0.0345
	每股经营现金净流量(元)	0.2336	0.4794	0.2547	0.4823
	净资产收益率(扣除)(%)	–	–	–	0.6830
	净资产收益率(%)	0.2120	–34.8090	1.2312	2.4590
	总资产(万)	206369.63	188473.46	211558.16	210991.83
	股东权益(万)	60134.84	60007.68	80206.00	80380.11
	主营业务收入(万)	–	–	–	–
	主营业务利润(万)	–	–	–	–
	营业务收入(万)	41324.38	99544.67	51500.93	123583.85
	营业务利润(万)	46.71	–15951.66	793.35	2165.44
	投资收益(万)	–	–	–	–
	利润总额(万)	2277.20	–19772.90	1956.43	3751.82
	净利润(万)	127.16	–20888.13	1002.01	1976.19

凯诺科技股份有限公司

公司概况						
	公司名称	凯诺科技股份有限公司			证券简称	凯诺科技
	法人代表	陶晓华	董秘	许庆华	证券代码	600398
	公司网址	www.sancanal.com			电子信箱	security@sancanal.com
	电　话	0510-86121388-3188			传　真	0510-86126877
	办公地址	江苏省江阴市新桥镇				
	经营范围	毛纺新技术、新产品、新材料、通讯产品的研发、销售等				

主要财务指标	指标\报告期	2009.06.30	2008.12.31	2008.06.30	2007.12.31
	每股收益(元)	0.0400	0.1350	0.0700	0.2700
	每股收益(扣除)(元)	0.0200	0.1420	0.0700	0.2500
	每股净资产(元)	2.8100	2.8200	2.7600	5.3700
	调整后每股净资产(元)	–	–	–	–
	每股资本公积金(元)	0.6686	0.6686	0.6686	2.3373
	每股盈余公积金(元)	0.1598	0.1598	0.1482	0.2965
	每股未分配利润(元)	0.9824	0.9941	0.9391	1.7406
	每股现金净流量(元)	0.0540	–0.6248	–0.0404	0.4311
	每股经营现金净流量(元)	0.0104	0.3198	0.0728	0.3762
	净资产收益率(扣除)(%)	–	–	–	7.7800
	净资产收益率(%)	1.3600	4.8000	2.5000	8.4400
	总资产(万)	220970.12	230736.82	237789.87	240901.15
	股东权益(万)	181753.98	182508.27	178201.85	173752.37
	主营业务收入(万)	–	–	–	–
	主营业务利润(万)	–	–	–	–
	营业务收入(万)	46222.89	102337.33	46096.88	131801.09
	营业务利润(万)	2646.61	12359.46	6426.44	21118.08
	投资收益(万)	–	–	–	–
	利润总额(万)	3280.02	11743.03	6000.62	20603.09
	净利润(万)	2478.73	8755.90	4449.48	14667.83

抚顺特殊钢股份有限公司

公司概况	公司名称	抚顺特殊钢股份有限公司			证券简称	抚顺特钢
	法人代表	赵明远	董秘	孔德生	证券代码	600399
	公司网址	www.fs-ss.com		电子信箱	fstg@fs-ss.com	
	电　话	0413-6676495、6678441		传　真	0413-6688966、6676495	
	办公地址	辽宁抚顺市望花区鞍山路东段8号				
	经营范围	钢冶炼、压延钢加工及冶金技术服务,工业(含液体)制造、销售等				

主要财务指标	指标\报告期	2009.06.30	2008.12.31	2008.06.30	2007.12.31
	每股收益(元)	0.0170	0.0668	0.0340	0.0456
	每股收益(扣除)(元)	0.0160	0.0640	0.0320	0.0411
	每股净资产(元)	3.1050	3.0900	3.0500	3.0200
	调整后每股净资产(元)	–	–	–	–
	每股资本公积金(元)	1.4126	1.4126	1.4126	1.4126
	每股盈余公积金(元)	0.1139	0.1139	0.1085	0.1085
	每股未分配利润(元)	0.5789	0.5614	0.5335	0.5000
	每股现金净流量(元)	0.2628	0.0833	0.2490	0.0098
	每股经营现金净流量(元)	0.4239	0.7480	0.5575	0.9629
	净资产收益率(扣除)(%)	–	–	–	1.3600
	净资产收益率(%)	0.5620	2.1600	1.0990	1.5100
	总资产(万)	503632.95	473135.95	496930.44	473694.60
	股东权益(万)	161480.64	160572.45	158841.95	157096.57
	主营业务收入(万)	–	–	–	–
	主营业务利润(万)	–	–	–	–
	营业务收入(万)	191886.85	535970.40	303033.42	483818.43
	营业务利润(万)	1207.07	4156.73	2030.60	4372.44
	投资收益(万)	–	–	–	–
	利润总额(万)	1289.95	4342.38	2123.72	4286.23
	净利润(万)	908.19	3475.87	1745.38	2373.01

江苏红豆实业股份有限公司

公司概况	公司名称	江苏红豆实业股份有限公司			证券简称	红豆股份
	法人代表	周鸣江	董秘	孟晓平	证券代码	600400
	公司网址	www.hongdou.com.cn		电子信箱	hongdou@hongdou.com.cn	
	电　话	0510-88358422、88358619		传　真	0510-88350139	
	办公地址	江苏省无锡市锡山区港下				
	经营范围	服装、针织品、服装面料 的生产与销售,锦纶丝的生产与销售等				

主要财务指标	指标\报告期	2009.06.30	2008.12.31	2008.06.30	2007.12.31
	每股收益(元)	0.0300	0.1000	0.0600	0.1700
	每股收益(扣除)(元)	0.0300	0.1000	0.0600	0.1400
	每股净资产(元)	2.9300	2.9100	2.8800	2.8400
	调整后每股净资产(元)	–	–	–	–
	每股资本公积金(元)	0.8664	0.8664	0.8664	0.8664
	每股盈余公积金(元)	0.2031	0.2031	0.1882	0.1873
	每股未分配利润(元)	0.8570	0.8437	0.8283	0.7768
	每股现金净流量(元)	0.0272	–0.4206	–0.1169	0.6238
	每股经营现金净流量(元)	0.4208	–0.2498	–0.4166	–0.6544
	净资产收益率(扣除)(%)	–	–	–	4.6700
	净资产收益率(%)	1.0600	3.2900	2.2100	5.5800
	总资产(万)	389438.86	366578.79	376565.81	354474.75
	股东权益(万)	126154.44	125584.40	124275.93	122021.55
	主营业务收入(万)	–	–	–	–
	主营业务利润(万)	–	–	–	–
	营业务收入(万)	49837.42	111748.52	55615.71	115108.08
	营业务利润(万)	2548.08	5364.99	2698.16	13137.32
	投资收益(万)	–	–	–	–
	利润总额(万)	2626.86	6000.34	2814.44	13224.06
	净利润(万)	1432.20	4425.01	2748.71	7301.50

江苏欣网易家网络服务有限公司

公司概况	公司名称	江苏欣网易家网络服务有限公司			证券简称	欣网视讯
	法人代表	张良	董秘	石光捷	证券代码	600403
	公司网址	www.xwtec.com		电子信箱	xw@xwtec.com	
	电　话	025-84669999		传　真	025-84669959	
	办公地址	江苏省南京市上海路9号水利后勤服务中心6楼				
	经营范围	电子计算机软件设计、开发、销售、技术服务;通信设备产品的销售等				

主要财务指标	指标\报告期	2009.06.30	2008.12.31	2008.06.30	2007.12.31
	每股收益(元)	0.0657	0.1018	0.0376	0.0458
	每股收益(扣除)(元)	0.0549	0.1023	0.0349	0.0457
	每股净资产(元)	2.2900	2.2200	2.1600	2.0900
	调整后每股净资产(元)	–	–	–	–
	每股资本公积金(元)	0.8397	0.8397	0.8397	0.8035
	每股盈余公积金(元)	0.0782	0.0782	0.0782	0.0782
	每股未分配利润(元)	0.3728	0.3071	0.2429	0.2053
	每股现金净流量(元)	0.0988	0.6555	–0.2013	0.2738
	每股经营现金净流量(元)	0.0730	0.7135	–0.1765	0.3934
	净资产收益率(扣除)(%)	–	–	–	2.2200
	净资产收益率(%)	2.8700	4.5800	1.7400	2.2000
	总资产(万)	47387.29	41197.72	40001.53	34191.17
	股东权益(万)	29195.06	28357.76	27538.95	26598.45
	主营业务收入(万)	–	–	–	–
	主营业务利润(万)	–	–	–	–
	营业务收入(万)	15544.70	30539.62	17535.26	19854.89
	营业务利润(万)	3131.70	4772.88	2124.14	2639.24
	投资收益(万)	–	–	–	–
	利润总额(万)	3519.79	4801.91	2160.66	2617.27
	净利润(万)	837.29	1298.01	479.17	583.87

北京动力源科技股份有限公司

公司概况	公司名称	北京动力源科技股份有限公司			证券简称	动力源
	法人代表	何振亚	董秘	张守才	证券代码	600405
	公司网址	www.dpc.com.cn		电子信箱	zsc01@dpc.com.cn	
	电　话	010-83681321		传　真	010-63783054	
	办公地址	北京市丰台区科技园区星火路8号				
	经营范围	自营和代理各类商品及技术的进出口业务等				

主要财务指标	指标\报告期	2009.06.30	2008.12.31	2008.06.30	2007.12.31
	每股收益(元)	0.0400	0.0240	–0.1000	0.0170
	每股收益(扣除)(元)	0.0400	0.0210	–0.1000	–0.0130
	每股净资产(元)	1.7500	1.7100	1.5900	1.6900
	调整后每股净资产(元)	–	–	–	–
	每股资本公积金(元)	0.3959	0.3959	0.3959	0.3959
	每股盈余公积金(元)	0.0764	0.0764	0.0752	0.0752
	每股未分配利润(元)	0.2763	0.2400	0.1170	0.2168
	每股现金净流量(元)	0.1210	–0.4469	–0.4893	0.2883
	每股经营现金净流量(元)	0.1901	–0.1346	–0.3513	–0.2137
	净资产收益率(扣除)(%)	–	–	–	–0.7500
	净资产收益率(%)	2.0800	1.4200	–6.2900	1.0000
	总资产(万)	87522.94	79415.54	73218.14	78010.84
	股东权益(万)	36491.19	35733.58	33140.52	35224.55
	主营业务收入(万)	–	–	–	–
	主营业务利润(万)	–	–	–	–
	营业务收入(万)	23855.02	58095.61	20956.95	48947.69
	营业务利润(万)	933.62	376.86	–2139.79	121.03
	投资收益(万)	–	–	–	–
	利润总额(万)	955.61	437.89	–2086.93	323.12
	净利润(万)	757.61	509.03	–2084.04	351.22

国电南瑞科技股份有限公司

公司概况	公司名称	国电南瑞科技股份有限公司			证券简称	国电南瑞
	法人代表	肖世杰	董秘	方飞龙	证券代码	600406
	公司网址	www.naritech.cn		电子信箱	stock@naritech.cn	
	电　话	025-83092026		传　真	025-83422355	
	办公地址	江苏省南京市高新技术产业开发区高新路20号				
	经营范围	发电、输电、变电、配电、供电控制系统和设备；计算机及外部设备等				

	指标\报告期	2009.06.30	2008.12.31	2008.06.30	2007.12.31
主要财务指标	每股收益(元)	0.2996	0.4900	0.2106	0.5800
	每股收益(扣除)(元)	0.2801	0.4500	0.1886	0.5000
	每股净资产(元)	4.0376	3.8400	3.6190	3.6200
	调整后每股净资产(元)	–	–	–	–
	每股资本公积金(元)	0.7255	0.7255	0.7872	0.7972
	每股盈余公积金(元)	0.3628	0.3628	0.3172	0.3172
	每股未分配利润(元)	1.9493	1.7498	1.5147	1.5041
	每股现金净流量(元)	–0.7211	0.0598	–1.0153	–0.1548
	每股经营现金净流量(元)	–0.4484	0.5655	–0.7100	0.5511
	净资产收益率(扣除)(%)	–	–	–	13.2500
	净资产收益率(%)	7.4200	12.8000	5.8200	15.4300
	总资产(万)	196185.47	194646.56	168106.56	180439.84
	股东权益(万)	102983.51	97893.32	92306.88	92292.47
	主营业务收入(万)	–	–	–	–
	主营业务利润(万)	–	–	–	–
	营业务收入(万)	60352.30	110730.38	45843.84	108152.71
	营业务利润(万)	5900.23	8116.74	3229.64	11305.79
	投资收益(万)	–	–	–	–
	利润总额(万)	8089.97	14058.85	5534.55	16651.01
	净利润(万)	7640.79	12531.33	5371.87	14239.05

山西安泰集团股份有限公司

公司概况	公司名称	山西安泰集团股份有限公司			证券简称	安泰集团
	法人代表	李安民	董秘	郭全虎	证券代码	600408
	公司网址	www.antaigroup.com		电子信箱	zqbat@263.net	
	电　话	0354-7531034		传　真	0354-7536786	
	办公地址	山西省介休市义安镇				
	经营范围	生产、销售焦炭及副产品、生铁、钢材、水泥及制品、电力、碳素制品等				

	指标\报告期	2009.06.30	2008.12.31	2008.06.30	2007.12.31
主要财务指标	每股收益(元)	–0.1900	0.0143	0.2000	0.2679
	每股收益(扣除)(元)	–0.2200	0.0187	0.2100	0.2820
	每股净资产(元)	2.3900	2.6300	2.8900	5.1500
	调整后每股净资产(元)	–	–	–	–
	每股资本公积金(元)	0.7664	0.7683	0.8669	2.6246
	每股盈余公积金(元)	0.1563	0.1563	0.1483	0.2670
	每股未分配利润(元)	0.4693	0.7053	0.8746	1.2581
	每股现金净流量(元)	0.2280	–0.2158	–0.1194	0.5275
	每股经营现金净流量(元)	0.1744	0.0740	0.2800	–0.2838
	净资产收益率(扣除)(%)	–	–	–	9.8600
	净资产收益率(%)	–7.7800	0.5400	6.9300	9.3600
	总资产(万)	529732.11	529315.85	527919.09	485255.35
	股东权益(万)	202784.99	222959.18	245001.30	242552.75
	主营业务收入(万)	–	–	–	–
	主营业务利润(万)	–	–	–	–
	营业务收入(万)	163578.83	637830.68	357808.69	382399.05
	营业务利润(万)	–13892.21	8871.72	26036.89	35214.40
	投资收益(万)	–	–	–	–
	利润总额(万)	–14045.55	1030.44	24216.63	31817.43
	净利润(万)	–15775.09	1211.56	16972.71	22709.74

唐山三友化工股份有限公司

公司概况	公司名称	唐山三友化工股份有限公司			证券简称	三友化工
	法人代表	么志义	董秘	张建华	证券代码	600409
	公司网址	www.sanyou-chem.com.cn		电子信箱	zhengquanbu@sanyou-chem.com.cn	
	电　话	0315-8519078、8511642		传　真	0315-8519188、8511006	
	办公地址	河北省唐山市南堡开发区				
	经营范围	纯碱、氯化钙、烧碱及聚氯乙烯系列产品的生产、销售等				

	指标\报告期	2009.06.30	2008.12.31	2008.06.30	2007.12.31
主要财务指标	每股收益(元)	–0.0261	0.2202	0.3066	0.5512
	每股收益(扣除)(元)	–0.0279	0.1950	0.2896	0.5183
	每股净资产(元)	2.5910	2.6400	2.7310	2.9500
	调整后每股净资产(元)	–	–	–	–
	每股资本公积金(元)	1.0288	1.0288	1.0292	0.6934
	每股盈余公积金(元)	0.1345	0.1345	0.1143	0.1966
	每股未分配利润(元)	0.4138	0.4649	0.5875	1.0551
	每股现金净流量(元)	–0.4768	0.4999	1.5153	–0.7060
	每股经营现金净流量(元)	–0.4846	0.1667	0.7367	0.5163
	净资产收益率(扣除)(%)	–	–	–	17.9000
	净资产收益率(%)	–1.0100	8.3000	11.6200	20.1200
	总资产(万)	585869.67	581333.56	648178.84	431460.29
	股东权益(万)	243330.72	247863.70	256481.12	161385.52
	主营业务收入(万)	–	–	–	–
	主营业务利润(万)	–	–	–	–
	营业务收入(万)	153449.42	508417.26	295790.16	387431.76
	营业务利润(万)	–1426.08	28551.02	39041.46	47394.76
	投资收益(万)	–	–	–	–
	利润总额(万)	–1246.78	30257.77	39947.35	46057.09
	净利润(万)	–2450.97	20604.58	28791.43	32941.64

北京华胜天成科技股份有限公司

公司概况	公司名称	北京华胜天成科技股份有限公司			证券简称	华胜天成
	法人代表	胡联奎	董秘	胡家飞	证券代码	600410
	公司网址	www.teamsun.com.cn		电子信箱	securities@teamsun.com.cn	
	电　话	010-82733988		传　真	010-82733666	
	办公地址	北京市海淀区学清路8号科技财富中心A座10-11层				
	经营范围	技术开发、技术咨询、技术服务、技术培训；承接计算机信息系统集成等				

	指标\报告期	2009.06.30	2008.12.31	2008.06.30	2007.12.31
主要财务指标	每股收益(元)	0.2131	0.4823	0.2280	0.4420
	每股收益(扣除)(元)	0.2137	0.5344	0.2754	0.3463
	每股净资产(元)	3.1100	3.3410	3.0960	3.6330
	调整后每股净资产(元)	–	–	–	–
	每股资本公积金(元)	0.8566	1.0367	1.0365	1.4401
	每股盈余公积金(元)	0.2602	0.2863	0.2566	0.3079
	每股未分配利润(元)	1.0029	1.0288	0.8126	0.8914
	每股现金净流量(元)	–0.9281	0.4837	–0.0703	1.0923
	每股经营现金净流量(元)	–0.9771	0.4849	0.0193	–0.1473
	净资产收益率(扣除)(%)	–	–	–	11.0200
	净资产收益率(%)	6.8500	14.4400	8.0700	14.0600
	总资产(万)	263056.56	267361.65	237192.08	248099.76
	股东权益(万)	143379.44	140026.64	129748.33	126868.33
	主营业务收入(万)	–	–	–	–
	主营业务利润(万)	–	–	–	–
	营业务收入(万)	162287.39	294544.45	161897.58	224344.98
	营业务利润(万)	11104.99	22531.99	12307.09	19714.45
	投资收益(万)	–	–	–	–
	利润总额(万)	11079.83	23077.41	12271.62	19977.70
	净利润(万)	9824.43	20213.59	10513.07	17840.04

浙江中国小商品城集团股份有限公司

公司概况						
	公司名称	浙江中国小商品城集团股份有限公司			证券简称	小商品城
	法人代表	金方平	董秘	鲍江钱	证券代码	600415
	公司网址	www.cccgroup.com.cn		电子信箱	600415@cccgroup.com.cn	
	电　话	0579-85198800、85182812		传　真	0579-85197755	
	办公地址	浙江省义乌市福田路105号海洋商务写字楼				
	经营范围	实业投资开发,市场开发经营,市场配套服务,金属材料、建筑装饰材料、百货等				

主要财务指标	指标\报告期	2009.06.30	2008.12.31	2008.06.30	2007.12.31
	每股收益(元)	0.5600	2.1700	2.3400	1.4500
	每股收益(扣除)(元)	0.5500	2.1200	2.3400	1.4500
	每股净资产(元)	8.5861	19.6700	14.5100	6.0800
	调整后每股净资产(元)	–	–	–	–
	每股资本公积金(元)	5.1868	10.3731	2.7654	2.7654
	每股盈余公积金(元)	0.3863	0.7725	1.5740	1.5740
	每股未分配利润(元)	2.0131	4.1019	9.1684	6.8259
	每股现金净流量(元)	–0.4768	–0.5791	3.2836	2.6754
	每股经营现金净流量(元)	–0.5008	3.9251	–0.7968	2.6355
	净资产收益率(扣除)(%)	–	–	–	23.8000
	净资产收益率(%)	6.5500	11.0100	16.1500	23.8400
	总资产(万)	1201315.69	1209692.49	513098.38	479696.72
	股东权益(万)	584199.54	552741.25	181302.90	152028.61
	主营业务收入(万)	–	–	–	–
	主营业务利润(万)	–	–	–	–
	营业务收入(万)	122338.17	264002.42	132570.71	290618.86
	营业务利润(万)	50523.36	83536.58	40510.19	56825.40
	投资收益(万)	–	–	–	–
	利润总额(万)	51391.82	83597.88	40500.74	56522.72
	净利润(万)	38247.93	60855.23	29274.28	36249.24

湘潭电机股份有限公司

公司概况						
	公司名称	湘潭电机股份有限公司			证券简称	湘电股份
	法人代表	周建雄	董秘	赵亦军	证券代码	600416
	公司网址	www.xemw.com.cn		电子信箱	mail.xemc.com.cn	
	电　话	0732-58595732、58595252		传　真	0732-58610767、58595252	
	办公地址	湖南省湘潭市下摄司街302号				
	经营范围	风力发电设备、大中型交直流电机、泵类产品、城市轨道交通车辆牵引系统的研发、生产和销售				

主要财务指标	指标\报告期	2009.06.30	2008.12.31	2008.06.30	2007.12.31
	每股收益(元)	0.2300	0.2500	0.0600	0.3100
	每股收益(扣除)(元)	0.2300	0.0100	0.0700	0.2400
	每股净资产(元)	5.2048	5.0700	4.7700	4.8200
	调整后每股净资产(元)	–	–	–	–
	每股资本公积金(元)	2.9169	2.9169	2.8098	2.8396
	每股盈余公积金(元)	0.2995	0.2995	0.2742	0.2742
	每股未分配利润(元)	0.9884	0.8553	0.6898	0.7104
	每股现金净流量(元)	–0.4814	0.7224	–0.3225	–0.8118
	每股经营现金净流量(元)	–0.6555	0.3595	–0.8870	–0.7772
	净资产收益率(扣除)(%)	–	–	–	4.9200
	净资产收益率(%)	4.4800	4.9300	1.2300	6.4100
	总资产(万)	556678.72	503183.29	438010.80	366228.68
	股东权益(万)	122313.33	119184.78	112184.78	113367.51
	主营业务收入(万)	–	–	–	–
	主营业务利润(万)	–	–	–	–
	营业务收入(万)	213840.60	334153.55	130260.56	265538.25
	营业务利润(万)	11091.61	–1897.14	1748.44	7982.94
	投资收益(万)	–	–	–	–
	利润总额(万)	11061.66	9655.44	1548.38	12060.59
	净利润(万)	5477.53	5880.86	1376.56	7265.60

安徽江淮汽车股份有限公司

公司概况						
	公司名称	安徽江淮汽车股份有限公司			证券简称	江淮汽车
	法人代表	左延安	董秘	王敏	证券代码	600418
	公司网址	www.jac.com.cn		电子信箱	jqgf@jac.com.cn	
	电　话	0551-2296835		传　真	0551-2296837	
	办公地址	安徽省合肥市东流路176号				
	经营范围	汽车底盘、齿轮箱、汽车配件开发、制造、销售;汽车修理;新技术开发、新产品研制等				

主要财务指标	指标\报告期	2009.06.30	2008.12.31	2008.06.30	2007.12.31
	每股收益(元)	0.0900	0.0400	0.1300	0.2700
	每股收益(扣除)(元)	0.0800	0.0300	0.1300	0.2200
	每股净资产(元)	3.1800	3.1100	3.1900	3.1400
	调整后每股净资产(元)	–	–	–	–
	每股资本公积金(元)	1.0172	1.0279	1.0279	1.0279
	每股盈余公积金(元)	0.3353	0.3353	0.3229	0.3229
	每股未分配利润(元)	0.8295	0.7475	0.8428	0.7932
	每股现金净流量(元)	2.7533	–0.0164	0.0414	0.2296
	每股经营现金净流量(元)	3.3094	0.4401	0.3711	0.5986
	净资产收益率(扣除)(%)	2.4700	–	–	6.6900
	净资产收益率(%)	2.7700	1.4200	4.0700	8.1100
	总资产(万)	1371483.55	882092.54	890938.00	753144.92
	股东权益(万)	409959.35	402687.34	411588.90	405197.55
	主营业务收入(万)	–	–	–	–
	主营业务利润(万)	–	–	–	–
	营业务收入(万)	932435.15	1472464.28	915198.30	1427381.99
	营业务利润(万)	7255.21	486.08	19139.11	38718.84
	投资收益(万)	–	–	–	–
	利润总额(万)	9098.45	2266.73	19198.65	41786.54
	净利润(万)	11408.82	5705.14	16699.12	32845.76

新疆天宏纸业股份有限公司

公司概况						
	公司名称	新疆天宏纸业股份有限公司			证券简称	ST天宏
	法人代表	王东升	董秘	王巧玲	证券代码	600419
	公司网址	www.thpaper.com		电子信箱	thwql@126.com	
	电　话	0993-7526008、7526018		传　真	0993-2526585	
	办公地址	新疆石河子市西三路17号				
	经营范围	造纸、纸制品及纸料加工、销售,化工产品,印刷物资的销售,机械加工等				

主要财务指标	指标\报告期	2009.06.30	2008.12.31	2008.06.30	2007.12.31
	每股收益(元)	–0.0040	0.1300	–0.0070	–0.6100
	每股收益(扣除)(元)	–0.1740	–0.3600	–0.1500	–0.5300
	每股净资产(元)	1.9000	1.9300	1.7600	2.2800
	调整后每股净资产(元)	–	–	–	–
	每股资本公积金(元)	2.1364	2.1637	2.1819	2.6173
	每股盈余公积金(元)	0.2032	0.2032	0.2032	0.2349
	每股未分配利润(元)	–1.4363	–1.4320	–1.6245	–1.5662
	每股现金净流量(元)	–0.0424	–0.4172	–0.3015	0.4009
	每股经营现金净流量(元)	–0.0260	0.1605	0.0866	–0.1268
	净资产收益率(扣除)(%)	–	–	–	–26.1200
	净资产收益率(%)	–0.2300	6.9400	–0.3900	–30.1600
	总资产(万)	40799.06	62290.57	55473.37	72725.25
	股东权益(万)	15257.01	15510.20	14113.33	18324.51
	主营业务收入(万)	–	–	–	–
	主营业务利润(万)	–	–	–	–
	营业务收入(万)	17259.15	48293.63	14084.59	48623.58
	营业务利润(万)	–1833.41	–2497.17	–1611.97	–5656.09
	投资收益(万)	–	–	–	–
	利润总额(万)	25.49	703.46	–449.06	–5096.49
	净利润(万)	–34.46	1076.45	–54.94	–4872.53

上海现代制药股份有限公司

公司概况	公司名称	上海现代制药股份有限公司			证券简称	现代制药
	法人代表	周斌	董秘	周斌(代)	证券代码	600420
	公司网址	www.sh-modern.com		电子信箱	raypo2000@sina.com	
	电　话	021-62510990		传　真	021-62510787	
	办公地址	上海市愚园路 858 号				
	经营范围	药品,保健品制造,药用原辅料,制药机械批售,药品,保健品等产品的研究开发				

主要财务指标	指标\报告期	2009.06.30	2008.12.31	2008.06.30	2007.12.31
	每股收益(元)	0.1167	0.1874	0.1029	0.3268
	每股收益(扣除)(元)	0.1133	0.1750	0.1017	0.3222
	每股净资产(元)	1.9650	1.9167	1.8300	1.8202
	调整后每股净资产(元)	–	–	–	–
	每股资本公积金(元)	0.1127	0.2700	0.1809	0.1990
	每股盈余公积金(元)	0.1439	0.1529	0.1291	0.1420
	每股未分配利润(元)	0.7086	0.6276	0.5223	0.6613
	每股现金净流量(元)	0.0947	–0.0384	–0.1469	0.1303
	每股经营现金净流量(元)	0.3117	0.2017	0.0312	0.3147
	净资产收益率(扣除)(%)	–	–	–	17.7000
	净资产收益率(%)	5.9386	9.7800	5.6200	17.9500
	总资产(万)	102304.51	90116.44	72669.68	71386.24
	股东权益(万)	56545.71	58996.28	52719.07	52372.95
	主营业务收入(万)	–	–	–	–
	主营业务利润(万)	–	–	–	–
	营业务收入(万)	67909.75	68723.19	37417.06	62432.29
	营业务利润(万)	5258.41	7721.49	4984.96	12851.20
	投资收益(万)	–	–	–	–
	利润总额(万)	5411.75	8355.15	5073.41	13115.62
	净利润(万)	3358.02	5391.41	2961.88	9403.00

武汉国药科技股份有限公司

公司概况	公司名称	武汉国药科技股份有限公司			证券简称	*ST 国药
	法人代表	夏协安	董秘	徐进(代)	证券代码	600421
	公司网址	www.spring.com.cn		电子信箱	stocks@spring.com.cn	
	电　话	027-87654767		传　真	027-87654767	
	办公地址	武汉市武昌武珞路 628 号亚洲贸易广场 B 座				
	经营范围	生物制品、医药制品的生产、销售;生物、医药、环保、生态农业技术的开发等				

主要财务指标	指标\报告期	2009.06.30	2008.12.31	2008.06.30	2007.12.31
	每股收益(元)	–0.0620	–1.4200	–0.0700	–2.2800
	每股收益(扣除)(元)	–0.0620	–1.4700	–0.0600	–1.9800
	每股净资产(元)	–1.3430	–1.2800	0.0800	–0.9400
	调整后每股净资产(元)	–	–	–	–
	每股资本公积金(元)	0.8062	0.8062	0.8062	0.8062
	每股盈余公积金(元)	0.1433	0.1433	0.1433	0.1433
	每股未分配利润(元)	–3.2926	–3.2301	–1.8714	–1.8054
	每股现金净流量(元)	–0.0007	–0.1155	–0.1147	–0.9573
	每股经营现金净流量(元)	–0.0000	–0.0380	–0.0373	–0.9362
	净资产收益率(扣除)(%)	–	–	–	–1372.5300
	净资产收益率(%)	–	–	–84.4200	–1578.8100
	总资产(万)	7666.88	7899.00	37444.75	39098.03
	股东权益(万)	–26271.76	–25049.10	1528.70	2819.29
	主营业务收入(万)	–	–	–	–
	主营业务利润(万)	–	–	–	–
	营业务收入(万)	1054.51	1913.08	991.21	1814.29
	营业务利润(万)	–1206.08	–27965.06	–1264.27	–38801.75
	投资收益(万)	–	–	–	–
	利润总额(万)	–1223.52	–27876.92	–1290.77	–44802.58
	净利润(万)	–1222.66	–27868.38	–1290.59	–44511.26

昆明制药集团股份有限公司

公司概况	公司名称	昆明制药集团股份有限公司			证券简称	昆明制药
	法人代表	何勤	董秘	徐朝能	证券代码	600422
	公司网址	www.kpc.com.cn		电子信箱	mwckpc@126.com	
	电　话	0871-8324311		传　真	0871-8324267	
	办公地址	云南省昆明市国家高新技术开发区科医路 166 号				
	经营范围	中西药原料,制剂,医药原辅材料,中间体,化工原料,包装材料,自产自销,批发零售等				

主要财务指标	指标\报告期	2009.06.30	2008.12.31	2008.06.30	2007.12.31
	每股收益(元)	0.0640	0.1020	0.0560	0.0930
	每股收益(扣除)(元)	0.0530	0.0855	0.0510	0.0734
	每股净资产(元)	1.9940	1.9300	1.8900	1.8300
	调整后每股净资产(元)	–	–	–	–
	每股资本公积金(元)	0.6333	0.6333	0.6335	0.6335
	每股盈余公积金(元)	0.1473	0.1473	0.1473	0.1473
	每股未分配利润(元)	0.2135	0.1500	0.1042	0.0478
	每股现金净流量(元)	0.1135	0.0915	0.0459	–0.0993
	每股经营现金净流量(元)	0.0582	0.2915	0.0602	0.4140
	净资产收益率(扣除)(%)	–	–	–	4.0200
	净资产收益率(%)	3.1800	5.3000	2.7000	5.0600
	总资产(万)	121337.32	115698.82	119408.21	119014.82
	股东权益(万)	62651.80	60656.75	59222.43	57450.89
	主营业务收入(万)	–	–	–	–
	主营业务利润(万)	–	–	–	–
	营业务收入(万)	65607.65	131093.13	64776.41	129025.82
	营业务利润(万)	2403.96	3854.86	2301.87	3108.96
	投资收益(万)	–	–	–	–
	利润总额(万)	2699.05	4297.54	2293.39	3618.40
	净利润(万)	1995.05	3211.80	1771.55	2906.89

柳州化工股份有限公司

公司概况	公司名称	柳州化工股份有限公司			证券简称	柳化股份
	法人代表	廖能成	董秘	袁志刚	证券代码	600423
	公司网址	www.lzhg.cn		电子信箱	lhgf@vip.163.com	
	电　话	0772-2519434		传　真	0772-2510401	
	办公地址	广西壮族自治区柳州市北雀路 67 号				
	经营范围	生产、销售硝酸铵、硝酸、氮肥、纯碱、硝酸钠、亚硝酸钠、工业甲醇、工业甲醛、液氨等				

主要财务指标	指标\报告期	2009.06.30	2008.12.31	2008.06.30	2007.12.31
	每股收益(元)	–0.0400	0.3410	0.3800	0.4900
	每股收益(扣除)(元)	–0.0700	0.3370	0.3800	0.4800
	每股净资产(元)	5.0900	5.1100	5.1400	4.8100
	调整后每股净资产(元)	–	–	–	–
	每股资本公积金(元)	2.4013	2.4013	2.4009	2.8815
	每股盈余公积金(元)	0.2747	0.2747	0.2475	0.2964
	每股未分配利润(元)	1.3940	1.4294	1.4950	1.5887
	每股现金净流量(元)	0.2014	–0.1830	–0.2482	0.2001
	每股经营现金净流量(元)	0.4953	0.1920	0.0063	0.3712
	净资产收益率(扣除)(%)	–	–	–	9.5300
	净资产收益率(%)	–0.7000	6.6900	6.5400	9.7700
	总资产(万)	383681.65	345009.97	317379.74	287247.96
	股东权益(万)	135450.62	135921.76	136933.72	127940.10
	主营业务收入(万)	–	–	–	–
	主营业务利润(万)	–	–	–	–
	营业务收入(万)	66890.68	161808.86	80306.84	117709.83
	营业务利润(万)	–1975.34	10307.47	9913.56	13511.78
	投资收益(万)	–	–	–	–
	利润总额(万)	–791.26	11097.29	10253.82	14457.66
	净利润(万)	–942.98	9090.95	8960.61	12497.04

新疆青松建材化工(集团)股份有限公司

公司概况						
	公司名称	新疆青松建材化工(集团)股份有限公司			证券简称	青松建化
	法人代表	甘军	董秘	沈荣法	证券代码	600425
	公司网址	www.xjqscc.com		电子信箱	xxh723@163.com	
	电话	0997-2811282、2813793		传真	0997-2811675、2813793	
	办公地址	新疆维吾尔自治区阿克苏市林园				
	经营范围	建筑材料、工业用氧气、无机酸、烧碱、磷肥、复合肥、电力的生产经营等				

主要财务指标	指标\报告期	2009.06.30	2008.12.31	2008.06.30	2007.12.31
	每股收益(元)	0.2700	0.3300	0.1300	0.2100
	每股收益(扣除)(元)	0.2700	0.3200	0.1300	0.2100
	每股净资产(元)	3.7850	3.7100	5.2700	3.5700
	调整后每股净资产(元)	–	–	–	–
	每股资本公积金(元)	1.9924	1.9924	3.4870	3.4870
	每股盈余公积金(元)	0.0149	0.0130	0.1219	0.1284
	每股未分配利润(元)	0.6812	0.6087	0.6616	0.5790
	每股现金净流量(元)	–0.2139	–0.9668	–1.1419	2.0125
	每股经营现金净流量(元)	0.3169	0.5332	0.4679	0.6226
	净资产收益率(扣除)(%)	–	–	–	6.0500
	净资产收益率(%)	7.2000	8.7800	3.5200	6.0400
	总资产(万)	269412.77	225978.12	214705.46	205387.31
	股东权益(万)	139616.50	136870.63	129615.25	131563.08
	主营业务收入(万)	–	–	–	–
	主营业务利润(万)	–	–	–	–
	营业务收入(万)	56027.07	94995.32	39045.43	68696.64
	营业务利润(万)	11958.58	10260.28	4139.55	4135.55
	投资收益(万)	–	–	–	–
	利润总额(万)	13255.49	15694.31	6160.72	9240.27
	净利润(万)	10052.78	12011.06	4823.55	7715.25

山东华鲁恒升化工股份有限公司

公司概况						
	公司名称	山东华鲁恒升化工股份有限公司			证券简称	华鲁恒升
	法人代表	程广辉	董秘	董岩	证券代码	600426
	公司网址	www.hl-hengsheng.com		电子信箱	HL600426@sina.com	
	电话	0534-2465426		传真	0534-2465079、2465017	
	办公地址	德州市德城区天衢西路24号				
	经营范围	化学肥料、醇类、醛类、树脂、胺类、羰基化合物、液氮、液氧、液氩、氢气等				

主要财务指标	指标\报告期	2009.06.30	2008.12.31	2008.06.30	2007.12.31
	每股收益(元)	0.4660	0.7600	0.5170	0.6570
	每股收益(扣除)(元)	0.4660	0.7090	0.5130	0.6350
	每股净资产(元)	5.1800	4.8100	4.5500	4.0500
	调整后每股净资产(元)	–	–	–	–
	每股资本公积金(元)	1.2831	1.2831	1.2831	1.2831
	每股盈余公积金(元)	0.3348	0.3348	0.2577	0.2728
	每股未分配利润(元)	2.5554	2.1898	2.0133	1.4916
	每股现金净流量(元)	0.0394	0.1679	0.9846	–0.6056
	每股经营现金净流量(元)	0.8921	1.2418	0.9733	0.8476
	净资产收益率(扣除)(%)	–	–	–	15.7000
	净资产收益率(%)	8.9900	15.8100	11.3600	16.2200
	总资产(万)	593952.06	521565.45	498269.59	411320.26
	股东权益(万)	256643.45	238343.66	225770.27	200653.53
	主营业务收入(万)	–	–	–	–
	主营业务利润(万)	–	–	–	–
	营业务收入(万)	188854.06	344366.31	185657.23	286783.73
	营业务利润(万)	27210.94	44576.36	33732.65	42100.36
	投资收益(万)	–	–	–	–
	利润总额(万)	27201.90	45045.40	33985.11	42144.11
	净利润(万)	23079.31	37690.14	25637.14	32549.22

中远航运股份有限公司

公司概况						
	公司名称	中远航运股份有限公司			证券简称	中远航运
	法人代表	许立荣	董秘	薛俊东	证券代码	600428
	公司网址	www.coscol.com.cn		电子信箱	xuejd@coscol.com.cn	
	电话	020-62621288、62621396		传真	020-62621388	
	办公地址	广州市五羊新城江月路颐景轩2-3楼				
	经营范围	远洋运输及沿海运输业，水陆空联运，批发、零售贸易等				

主要财务指标	指标\报告期	2009.06.30	2008.12.31	2008.06.30	2007.12.31
	每股收益(元)	0.0700	1.1100	0.7100	1.6400
	每股收益(扣除)(元)	0.0500	1.1100	0.7100	1.5100
	每股净资产(元)	3.2000	3.3300	6.0600	5.0900
	调整后每股净资产(元)	–	–	–	–
	每股资本公积金(元)	0.6405	0.6393	1.2703	0.9368
	每股盈余公积金(元)	0.5620	0.5620	1.0346	0.8594
	每股未分配利润(元)	1.0757	1.2036	2.9003	2.3614
	每股现金净流量(元)	–0.1506	1.3546	2.3851	0.1983
	每股经营现金净流量(元)	–0.0745	1.3180	1.5511	1.9913
	净资产收益率(扣除)(%)	–	–	–	29.5600
	净资产收益率(%)	2.2494	33.1700	23.3200	32.1700
	总资产(万)	723316.29	712466.60	674570.21	500374.44
	股东权益(万)	419941.87	436617.55	397311.18	333811.77
	主营业务收入(万)	–	–	–	–
	主营业务利润(万)	–	–	–	–
	营业务收入(万)	200136.43	690106.08	346479.00	532519.48
	营业务利润(万)	8128.47	173573.73	111002.04	135678.34
	投资收益(万)	–	–	–	–
	利润总额(万)	10534.99	173080.73	110502.04	146965.01
	净利润(万)	9446.06	144822.47	92649.48	107388.28

北京三元食品股份有限公司

公司概况						
	公司名称	北京三元食品股份有限公司			证券简称	三元股份
	法人代表	张福平	董秘	王铃	证券代码	600429
	公司网址	www.sanyuan.com.cn		电子信箱	zhengquanbu@sanyuan.com.cn	
	电话	010-62848020、82411226		传真	010-82413213	
	办公地址	北京市海淀区西二旗中路29号				
	经营范围	加工乳品、饮公司经营范围主要包括加工乳品、饮料、食品、原材料等				

主要财务指标	指标\报告期	2009.06.30	2008.12.31	2008.06.30	2007.12.31
	每股收益(元)	0.0578	0.0600	0.0200	0.0300
	每股收益(扣除)(元)	0.0581	0.0500	0.0200	0.0300
	每股净资产(元)	1.3682	1.3100	1.2700	1.2500
	调整后每股净资产(元)	–	–	–	–
	每股资本公积金(元)	0.3770	0.3770	0.3770	0.3770
	每股盈余公积金(元)	0.0596	0.0596	0.0596	0.0596
	每股未分配利润(元)	–0.0722	–0.1301	–0.1700	–0.1943
	每股现金净流量(元)	0.0767	0.0313	–0.0864	0.0198
	每股经营现金净流量(元)	0.1333	–0.0566	–0.1104	0.1248
	净资产收益率(扣除)(%)	–	–	–	2.5300
	净资产收益率(%)	4.2300	4.9000	1.9100	2.7500
	总资产(万)	166640.68	140388.34	132119.32	122972.59
	股东权益(万)	86882.70	83112.32	80796.87	79231.82
	主营业务收入(万)	–	–	–	–
	主营业务利润(万)	–	–	–	–
	营业务收入(万)	113398.31	141363.10	65453.71	110226.01
	营业务利润(万)	3562.42	2696.17	1506.41	1365.07
	投资收益(万)	–	–	–	–
	利润总额(万)	3598.36	3433.39	1680.15	1606.03
	净利润(万)	3673.43	4075.61	1543.41	2176.92

吉林吉恩镍业股份有限公司

公司概况	公司名称	吉林吉恩镍业股份有限公司		证券简称	吉恩镍业
	法人代表	柴连志	董秘	王行龙	证券代码	600432
	公司网址	www.jlnickel.com.cn		电子信箱	zhq@jlnickel.com.cn
	电　　话	0432-5610887		传　　真	0432-5614429
	办公地址	吉林省磐石市红旗岭镇红旗大街54号			
	经营范围	镍,铜,钴,硫冶炼及副产品加工;企业经营本企业自产产品及相关技术的出口业务等			

主要财务指标	指标\报告期	2009.06.30	2008.12.31	2008.06.30	2007.12.31
	每股收益(元)	0.0300	0.4600	0.6700	1.7000
	每股收益(扣除)(元)	0.0200	0.4600	0.6800	1.5200
	每股净资产(元)	3.5100	5.2700	5.5700	10.1400
	调整后每股净资产(元)	–	–	–	–
	每股资本公积金(元)	0.9717	1.4179	1.4873	3.7094
	每股盈余公积金(元)	0.1965	0.2982	0.2500	0.5000
	每股未分配利润(元)	1.3424	2.5773	2.8308	4.9336
	每股现金净流量(元)	0.3745	0.4606	–0.4138	1.4985
	每股经营现金净流量(元)	0.1230	0.9452	0.0306	1.3754
	净资产收益率(扣除)(%)	–	–	–	29.3200
	净资产收益率(%)	0.7200	8.7000	12.1000	32.8200
	总资产(万)	562304.96	477522.43	464210.87	420167.94
	股东权益(万)	267996.99	268422.38	283354.46	258085.32
	主营业务收入(万)	–	–	–	–
	主营业务利润(万)	–	–	–	–
	营业务收入(万)	43534.70	182243.90	142272.30	266919.53
	营业务利润(万)	3767.29	27735.74	46743.59	93820.83
	投资收益(万)	–	–	–	–
	利润总额(万)	3513.05	27565.74	46354.31	97698.64
	净利润(万)	1930.65	23343.43	34277.15	84696.74

广东冠豪高新技术股份有限公司

公司概况	公司名称	广东冠豪高新技术股份有限公司		证券简称	冠豪高新
	法人代表	林波	董秘	曾忠生	证券代码	600433
	公司网址	www.guanhao.com		电子信箱	guanhao@guanhao.com
	电　　话	0759-2820938、2820858		传　　真	0759-3382109
	办公地址	广东省湛江经济技术开发区高新技术区乐怡路6号			
	经营范围	生产和销售热敏记录纸、无碳复写纸及其微胶囊等			

主要财务指标	指标\报告期	2009.06.30	2008.12.31	2008.06.30	2007.12.31
	每股收益(元)	0.0083	–0.1400	0.0067	0.0100
	每股收益(扣除)(元)	0.0047	–0.1400	0.0073	0.0100
	每股净资产(元)	2.4419	2.4300	2.5830	2.5800
	调整后每股净资产(元)	–	–	–	–
	每股资本公积金(元)	1.2599	1.2599	1.2599	1.2599
	每股盈余公积金(元)	0.1344	0.1344	0.1344	0.1344
	每股未分配利润(元)	0.0476	0.0392	0.1888	0.1821
	每股现金净流量(元)	0.2350	–0.3269	–0.2145	0.3862
	每股经营现金净流量(元)	–0.0796	–0.1869	–0.4908	0.1640
	净资产收益率(扣除)(%)	–	–	–	0.5200
	净资产收益率(%)	0.3400	–5.7800	0.2600	0.4100
	总资产(万)	89942.91	86233.66	92913.55	93441.48
	股东权益(万)	39069.67	38936.13	41329.39	41222.98
	主营业务收入(万)	–	–	–	–
	主营业务利润(万)	–	–	–	–
	营业务收入(万)	27889.12	63787.49	33579.30	61238.77
	营业务利润(万)	94.45	–2431.40	174.61	584.96
	投资收益(万)	–	–	–	–
	利润总额(万)	163.27	–2382.55	161.81	530.97
	净利润(万)	133.54	–2251.49	106.41	169.33

中兵光电科技股份有限公司

公司概况	公司名称	中兵光电科技股份有限公司		证券简称	中兵光电
	法人代表	李保平	董秘	赵晗	证券代码	600435
	公司网址	www.zbgd.net.cn		电子信箱	zbgd600435@sina.com
	电　　话	010-58089788		传　　真	010-58089803
	办公地址	北京经济技术开发区科创十五街2号			
	经营范围	精密光机电一体化产品、遥感信息系统技术产品、智能控制技术产品等			

主要财务指标	指标\报告期	2009.06.30	2008.12.31	2008.06.30	2007.12.31
	每股收益(元)	0.1400	0.7500	–0.0740	0.5600
	每股收益(扣除)(元)	0.1400	0.3400	–0.0770	–0.1700
	每股净资产(元)	2.4800	4.6800	3.5200	3.9700
	调整后每股净资产(元)	–	–	–	–
	每股资本公积金(元)	0.5775	2.1738	2.3136	3.9622
	每股盈余公积金(元)	0.1033	0.2067	0.1632	0.2710
	每股未分配利润(元)	0.7945	1.3033	0.0402	0.9030
	每股现金净流量(元)	0.0467	–1.4921	–0.9715	–0.6173
	每股经营现金净流量(元)	–0.0178	–0.8643	–0.3764	0.4418
	净资产收益率(扣除)(%)	–	7.3100	–	–4.2400
	净资产收益率(%)	5.7700	16.0300	–2.1200	14.0800
	总资产(万)	226657.15	208996.08	79743.27	208522.18
	股东权益(万)	110258.86	104315.08	59478.56	88361.14
	主营业务收入(万)	–	–	–	–
	主营业务利润(万)	–	–	–	–
	营业务收入(万)	68723.70	115056.94	11934.09	125663.40
	营业务利润(万)	7801.93	18194.62	–1186.58	13978.31
	投资收益(万)	–	–	–	–
	利润总额(万)	7784.26	18922.46	–1131.83	16016.73
	净利润(万)	6361.64	16724.03	–1072.72	12441.71

漳州片仔癀药业股份有限公司

公司概况	公司名称	漳州片仔癀药业股份有限公司		证券简称	片仔癀
	法人代表	冯忠铭	董秘	陈金城	证券代码	600436
	公司网址	www.zzpzh.com		电子信箱	cjc@zzpzh.com
	电　　话	0596-2305239、2301955		传　　真	0596-2300313
	办公地址	福建省漳州市芗城区上街1号			
	经营范围	锭剂、片剂、颗粒剂、胶囊剂、软膏剂、糖浆剂、酊剂、煎膏剂、丸剂的生产等			

主要财务指标	指标\报告期	2009.06.30	2008.12.31	2008.06.30	2007.12.31
	每股收益(元)	0.4700	1.0100	0.4900	0.6800
	每股收益(扣除)(元)	0.4600	0.7500	0.3300	0.6100
	每股净资产(元)	5.2868	5.1900	4.9000	5.1700
	调整后每股净资产(元)	–	–	–	–
	每股资本公积金(元)	2.4749	2.2999	2.5302	2.7913
	每股盈余公积金(元)	0.6229	0.6229	0.5230	0.5230
	每股未分配利润(元)	1.2016	1.2768	0.8638	0.8635
	每股现金净流量(元)	–0.2465	–0.3780	–0.5921	–0.3216
	每股经营现金净流量(元)	0.1098	0.0898	–0.0498	0.4288
	净资产收益率(扣除)(%)	–	–	–	11.7700
	净资产收益率(%)	8.8500	19.4000	10.0700	13.1600
	总资产(万)	114568.77	107053.83	98807.15	97087.64
	股东权益(万)	74015.20	72617.11	68661.38	72311.25
	主营业务收入(万)	–	–	–	–
	主营业务利润(万)	–	–	–	–
	营业务收入(万)	34027.14	64974.35	33804.15	59306.92
	营业务利润(万)	7876.39	16801.30	8412.85	14715.40
	投资收益(万)	–	–	–	–
	利润总额(万)	7940.33	16833.14	8426.50	14819.25
	净利润(万)	6550.36	14086.98	6916.14	9518.90

通威股份有限公司

公司概况	公司名称	通威股份有限公司		证券简称	通威股份
	法人代表	刘汉元	董秘	胡萍	证券代码	600438
	公司网址	www.tongwei.com.cn		电子信箱	atw@tongwei.com
	电　　话	028-86168551		传　　真	028-85199999
	办公地址	四川省成都市二环路南四段11号			
	经营范围	生产、销售饲料及饲料添加剂等			

	指标\报告期	2009.06.30	2008.12.31	2008.06.30	2007.12.31
主要财务指标	每股收益(元)	0.1212	0.1536	0.1078	0.2504
	每股收益(扣除)(元)	0.1142	0.1563	0.1007	0.1772
	每股净资产(元)	1.6756	1.5500	1.5100	1.4000
	调整后每股净资产(元)	–	–	–	–
	每股资本公积金(元)	0.0014	0.0013	0.0649	0.0013
	每股盈余公积金(元)	0.1274	0.1255	0.1093	0.1147
	每股未分配利润(元)	0.5538	0.4325	0.3457	0.2867
	每股现金净流量(元)	0.2106	0.0640	0.1333	0.2139
	每股经营现金净流量(元)	0.6110	0.7361	0.6730	0.5744
	净资产收益率(扣除)(%)	–	–	–	12.6400
	净资产收益率(%)	7.2350	9.8900	7.1300	17.8500
	总资产(万)	571269.74	515564.03	521388.93	408039.41
	股东权益(万)	115199.73	106728.88	103892.57	96419.52
	主营业务收入(万)	–	–	–	–
	主营业务利润(万)	–	–	–	–
	营业务收入(万)	430491.02	1030255.42	427086.34	756545.73
	营业务利润(万)	8749.71	21322.08	10762.94	26253.98
	投资收益(万)	–	–	–	–
	利润总额(万)	9484.24	20529.49	11712.50	27507.80
	净利润(万)	8334.32	10558.12	7411.69	17214.12

河南瑞贝卡发制品股份有限公司

公司概况	公司名称	河南瑞贝卡发制品股份有限公司			证券简称	瑞贝卡
	法人代表	郑有全	董秘	陆新尧	证券代码	600439
	公司网址	www.rebecca.com.cn		电子信箱	rebecca-ir@163.com	
	电　　话	0374-5136699		传　　真	0374-5136567	
	办公地址	河南省许昌市瑞贝卡大道666号				
	经营范围	生产、销售发制品系列产品及技术服务，经营本公司自产产品及相关技术的出口业务等				

	指标\报告期	2009.06.30	2008.12.31	2008.06.30	2007.12.31
主要财务指标	每股收益(元)	0.0961	0.4700	0.1735	0.4000
	每股收益(扣除)(元)	0.0935	0.4700	0.1750	0.4000
	每股净资产(元)	2.0580	2.0270	2.4300	4.5400
	调整后每股净资产(元)	–	–	–	–
	每股资本公积金(元)	0.1429	0.3857	0.3857	1.7715
	每股盈余公积金(元)	0.1331	0.1731	0.1394	0.2789
	每股未分配利润(元)	0.8331	1.1281	0.9223	1.4936
	每股现金净流量(元)	0.1245	–0.1793	–0.4725	–0.1994
	每股经营现金净流量(元)	–0.0790	–0.2438	–0.7461	0.1653
	净资产收益率(扣除)(%)	–	–	–	17.6300
	净资产收益率(%)	4.6700	17.6500	9.2700	17.7700
	总资产(万)	210720.06	188606.42	178566.67	151794.34
	股东权益(万)	126888.31	124972.39	115369.44	107598.37
	主营业务收入(万)	–	–	–	–
	主营业务利润(万)	–	–	–	–
	营业务收入(万)	75549.52	136633.95	73540.34	135990.80
	营业务利润(万)	6584.19	24877.44	13547.21	26107.11
	投资收益(万)	–	–	–	–
	利润总额(万)	6765.61	24739.49	13424.62	26327.13
	净利润(万)	5921.99	22051.96	10695.31	19116.55

安徽国通高新管业股份有限公司

公司概况	公司名称	安徽国通高新管业股份有限公司			证券简称	国通管业
	法人代表	钱俊	董秘	许杨	证券代码	600444
	公司网址	www.guotone.com		电子信箱	gt600444@126.com	
	电　　话	0551-3817860		传　　真	0551-3817000	
	办公地址	安徽省合肥市经济技术开发区繁华大道国通工业园				
	经营范围	UPVC管、PE管、PP-R管等各种塑料管材、金属塑料复合管材及管件生产、销售等				

	指标\报告期	2009.06.30	2008.12.31	2008.06.30	2007.12.31
主要财务指标	每股收益(元)	–0.2600	–1.2000	–0.4700	0.0500
	每股收益(扣除)(元)	–0.2580	–1.0100	–0.4700	–0.0300
	每股净资产(元)	1.2760	1.5400	2.2600	2.7400
	调整后每股净资产(元)	–	–	–	–
	每股资本公积金(元)	0.7153	0.7147	0.7147	1.5720
	每股盈余公积金(元)	0.1520	0.1520	0.1520	0.2280
	每股未分配利润(元)	–0.5914	–0.3316	0.4008	1.3093
	每股现金净流量(元)	0.0023	–0.0386	–0.0768	–0.1708
	每股经营现金净流量(元)	–0.0848	–0.2442	–0.1249	2.0310
	净资产收益率(扣除)(%)	–	–	–	–0.9300
	净资产收益率(%)	–20.3600	–78.4600	–20.8200	1.9000
	总资产(万)	56958.50	60356.57	68560.74	73728.47
	股东权益(万)	13397.19	16118.03	23807.81	28764.70
	主营业务收入(万)	–	–	–	–
	主营业务利润(万)	–	–	–	–
	营业务收入(万)	6842.29	16707.63	8913.44	26013.51
	营业务利润(万)	–3221.58	–16458.84	–5372.63	508.94
	投资收益(万)	–	–	–	–
	利润总额(万)	–3258.36	–19179.92	–5349.96	971.88
	净利润(万)	–2727.38	–12646.67	–4956.89	547.41

深圳市金证科技股份有限公司

公司概况	公司名称	深圳市金证科技股份有限公司			证券简称	金证股份
	法人代表	杜宣	董秘	杨德仁	证券代码	600446
	公司网址	www.szkingdom.com		电子信箱	0755-82955534	
	电　　话	0755-82955524		传　　真	jzkj@mail.szkingdom.com	
	办公地址	深圳市福田区福华路322号文蔚大厦20-22楼				
	经营范围	计算机应用系统及配套设备的技术开发、生产、销售；电子产品、通讯器材等				

	指标\报告期	2009.06.30	2008.12.31	2008.06.30	2007.12.31
主要财务指标	每股收益(元)	0.1000	0.4100	0.1600	0.2500
	每股收益(扣除)(元)	0.0900	0.3600	0.1400	0.1200
	每股净资产(元)	2.8900	3.0300	2.7800	2.6200
	调整后每股净资产(元)	–	–	–	–
	每股资本公积金(元)	0.9823	0.9739	0.9739	0.9739
	每股盈余公积金(元)	0.2150	0.2150	0.1928	0.1928
	每股未分配利润(元)	0.6911	0.8388	0.6108	0.4509
	每股现金净流量(元)	–0.0938	–0.1565	–0.5785	0.4735
	每股经营现金净流量(元)	0.0719	0.3115	0.0408	0.6119
	净资产收益率(扣除)(%)	–	–	–	4.5400
	净资产收益率(%)	3.5400	13.5400	5.7600	9.5300
	总资产(万)	87421.66	72691.90	83785.53	76462.20
	股东权益(万)	39696.78	41611.95	38174.65	35976.40
	主营业务收入(万)	–	–	–	–
	主营业务利润(万)	–	–	–	–
	营业务收入(万)	40571.40	109863.24	39868.00	95833.58
	营业务利润(万)	1798.80	6089.39	2416.37	4293.03
	投资收益(万)	–	–	–	–
	利润总额(万)	1947.43	6845.31	2704.29	4613.52
	净利润(万)	1405.83	5635.55	2198.25	3428.29

华纺股份有限公司

公司概况	公司名称	华纺股份有限公司		证券简称	华纺股份
	法人代表	邹鹏宏	董秘 苏恒湖	证券代码	600448
	公司网址	www.hfgf.cn		电子信箱	postmaster@hfgf.cn
	电 话	0543-3288255		传 真	0543-3288555
	办公地址	山东省滨州市黄河二路 819 号			
	经营范围	棉、毛纺织、针织、服装的生产、加工、销售;新产品的技术开发等			

主要财务指标	指标\报告期	2009.06.30	2008.12.31	2008.06.30	2007.12.31
	每股收益(元)	-0.1500	0.0100	0.0300	-0.2500
	每股收益(扣除)(元)	-0.1500	-0.0300	0.0300	-0.2700
	每股净资产(元)	1.4600	1.6100	1.6500	1.6400
	调整后每股净资产(元)	-	-	-	-
	每股资本公积金(元)	1.2739	1.2739	1.2739	1.2739
	每股盈余公积金(元)	0.0248	0.0248	0.0248	0.0248
	每股未分配利润(元)	-0.8403	-0.6869	-0.6475	-0.6971
	每股现金净流量(元)	0.0614	0.1044	0.0781	0.0431
	每股经营现金净流量(元)	0.1489	0.2032	0.1102	0.3119
	净资产收益率(扣除)(%)	-	-	-	-17.1000
	净资产收益率(%)	-10.5230	0.6300	1.9300	-15.8900
	总资产(万)	138153.27	138402.38	133917.09	131626.39
	股东权益(万)	46638.29	51546.14	52806.33	51220.08
	主营业务收入(万)	-	-	-	-
	主营业务利润(万)	-	-	-	-
	营业务收入(万)	64049.61	180266.03	100808.70	184285.82
	营业务利润(万)	-4907.58	-635.87	1009.97	-7729.46
	投资收益(万)	-	-	-	-
	利润总额(万)	-4911.45	526.29	1018.20	-7631.38
	净利润(万)	-4907.85	326.06	1020.89	-8137.82

宁夏赛马实业股份有限公司

公司概况	公司名称	宁夏赛马实业股份有限公司		证券简称	赛马实业
	法人代表	李永进	董秘 武雄	证券代码	600449
	公司网址	www.saimasy.com.cn		电子信箱	wx@saimasy.com.cn
	电 话	0951-2085256		传 真	0951-2085256
	办公地址	宁夏回族自治区银川市西夏区新小线二公里处			
	经营范围	水泥制造和销售,水泥制品、水泥熟料、塑料管材、精细石膏的制造和销售			

主要财务指标	指标\报告期	2009.06.30	2008.12.31	2008.06.30	2007.12.31
	每股收益(元)	0.9200	1.5700	0.5350	0.6100
	每股收益(扣除)(元)	0.9100	1.5000	0.4960	0.6200
	每股净资产(元)	9.2200	8.5500	7.5600	4.8200
	调整后每股净资产(元)	-	-	-	-
	每股资本公积金(元)	4.9270	4.9270	5.0200	1.9826
	每股盈余公积金(元)	0.2871	0.2871	0.2154	0.3059
	每股未分配利润(元)	3.0058	2.3402	1.3220	1.5334
	每股现金净流量(元)	1.8641	2.2711	4.4579	1.1898
	每股经营现金净流量(元)	2.0867	1.1541	0.5049	1.3117
	净资产收益率(扣除)(%)	-	-	-	12.9600
	净资产收益率(%)	9.9300	16.3800	5.5400	12.5700
	总资产(万)	317946.41	255940.77	282648.51	174210.86
	股东权益(万)	179911.24	166922.15	147470.34	69539.93
	主营业务收入(万)	-	-	-	-
	主营业务利润(万)	-	-	-	-
	营业务收入(万)	74808.73	138340.97	54366.35	95714.49
	营业务利润(万)	19340.85	19088.70	7113.40	6719.92
	投资收益(万)	-	-	-	-
	利润总额(万)	22081.83	31756.28	9255.51	13110.53
	净利润(万)	17867.44	27337.60	8170.46	8741.87

重庆涪陵电力实业股份有限公司

公司概况	公司名称	重庆涪陵电力实业股份有限公司		证券简称	涪陵电力
	法人代表	李福昌	董秘 柳尚科	证券代码	600452
	公司网址	www.flepc.com		电子信箱	office@flepc.com
	电 话	023-72286649		传 真	023-72286349、72286649
	办公地址	重庆市涪陵区望州路 20 号			
	经营范围	电力供应、销售,电力资源开发及信息咨询服务,商贸信息咨询服务等			

主要财务指标	指标\报告期	2009.06.30	2008.12.31	2008.06.30	2007.12.31
	每股收益(元)	-0.0100	0.1600	-0.0600	0.1900
	每股收益(扣除)(元)	-0.0100	0.1100	-0.0800	0.1700
	每股净资产(元)	2.8600	2.9200	2.6800	2.9400
	调整后每股净资产(元)	-	-	-	-
	每股资本公积金(元)	1.4483	1.4483	1.4462	1.4462
	每股盈余公积金(元)	0.2051	0.2051	0.1759	0.1759
	每股未分配利润(元)	0.2039	0.2518	0.0563	0.3173
	每股现金净流量(元)	-0.4178	0.0547	-0.0198	0.1157
	每股经营现金净流量(元)	0.8308	0.9422	0.0745	0.6335
	净资产收益率(扣除)(%)	-	-	-	5.4000
	净资产收益率(%)	-0.2700	5.6300	-2.2800	6.6000
	总资产(万)	106040.86	119442.67	118790.52	107479.96
	股东权益(万)	45718.00	46483.64	42854.52	47030.13
	主营业务收入(万)	-	-	-	-
	主营业务利润(万)	-	-	-	-
	营业务收入(万)	29808.33	63806.10	27586.37	58223.50
	营业务利润(万)	52.79	3084.29	-1183.67	3490.26
	投资收益(万)	-	-	-	-
	利润总额(万)	104.60	3702.94	-870.72	3845.94
	净利润(万)	-125.64	2618.51	-975.61	3105.49

西安交大博通资讯股份有限公司

公司概况	公司名称	西安交大博通资讯股份有限公司		证券简称	交大博通
	法人代表	康军	董秘 蔡启龙	证券代码	600455
	公司网址	www.butone.com		电子信箱	stock@butone.com
	电 话	029-86135051-311		传 真	029-86135059
	办公地址	陕西省西安市经济技术开发区凤城十二路 1 号凯瑞大厦 A 座 17 层			
	经营范围	法律法规禁止的、不得经营,应经审批的、未获审批前不得经营等			

主要财务指标	指标\报告期	2009.06.30	2008.12.31	2008.06.30	2007.12.31
	每股收益(元)	-0.2200	-0.6000	-0.2500	0.1500
	每股收益(扣除)(元)	-0.2300	-0.5900	-0.2300	-0.0100
	每股净资产(元)	2.3000	2.5400	2.8900	3.1400
	调整后每股净资产(元)	-	-	-	-
	每股资本公积金(元)	2.3242	2.3242	2.3242	2.3242
	每股盈余公积金(元)	0.1176	0.1176	0.1176	0.1176
	每股未分配利润(元)	-1.1421	-0.9035	-0.5544	-0.3067
	每股现金净流量(元)	-0.5824	0.1997	-0.4094	-0.3093
	每股经营现金净流量(元)	-0.2661	0.2141	0.1794	0.2733
	净资产收益率(扣除)(%)	-	-	-	-0.3700
	净资产收益率(%)	-9.7500	-23.5100	-8.2200	4.7500
	总资产(万)	64552.45	71479.32	73323.90	77789.79
	股东权益(万)	14363.70	15853.55	18034.54	19581.12
	主营业务收入(万)	-	-	-	-
	主营业务利润(万)	-	-	-	-
	营业务收入(万)	8063.40	23209.57	13828.66	30253.54
	营业务利润(万)	-1932.67	-5969.84	-1679.40	-284.76
	投资收益(万)	-	-	-	-
	利润总额(万)	-1400.44	-5999.20	-1860.86	2712.97
	净利润(万)	-1400.38	-3727.57	-1546.58	929.51

宝鸡钛业股份有限公司

公司概况	公司名称	宝鸡钛业股份有限公司			证券简称	宝钛股份
	法人代表	汪汉臣	董秘	郑海山	证券代码	600456
	公司网址	www.baoti.com		电子信箱	dsb@baoti.com	
	电　　话	0917-3382026、3382116		传　　真	0917-3382132	
	办公地址	陕西省宝鸡市钛城路1号				
	经营范围	从事钛及钛合金材料的生产、加工和销售等				

	指标\报告期	2009.06.30	2008.12.31	2008.06.30	2007.12.31
主要财务指标	每股收益(元)	0.0700	0.7000	0.5000	1.2500
	每股收益(扣除)(元)	0.0700	0.6900	0.4900	1.2500
	每股净资产(元)	8.7100	8.8800	8.6800	5.5000
	调整后每股净资产(元)	–	–	–	–
	每股资本公积金(元)	5.5099	5.5099	5.5099	2.2366
	每股盈余公积金(元)	0.4101	0.4101	0.3425	0.3624
	每股未分配利润(元)	1.7854	1.9622	1.8256	1.9056
	每股现金净流量(元)	–0.2476	1.3225	2.0359	0.2896
	每股经营现金净流量(元)	0.2254	–0.1035	–0.3405	0.3913
	净资产收益率(扣除)(%)	–	–	–	22.7700
	净资产收益率(%)	0.8400	7.8700	5.7000	22.7400
	总资产(万)	498295.33	498568.88	498513.28	322247.75
	股东权益(万)	374563.97	382167.97	373382.00	223826.31
	主营业务收入(万)	–	–	–	–
	主营业务利润(万)	–	–	–	–
	营业务收入(万)	117225.04	227232.15	117132.85	232006.37
	营业务利润(万)	3700.94	36635.65	26134.12	60635.09
	投资收益(万)	–	–	–	–
	利润总额(万)	3790.42	37150.90	26291.01	60574.74
	净利润(万)	3152.64	30072.50	21293.89	50902.75

株洲时代新材料科技股份有限公司

公司概况	公司名称	株洲时代新材料科技股份有限公司			证券简称	时代新材
	法人代表	曾鸿平	董秘	季晓康	证券代码	600458
	公司网址	www.trp.com.cn		电子信箱	tmt@trp.com.cn	
	电　　话	0733-2837718、22837786		传　　真	0733-2837888	
	办公地址	湖南省株洲市天元区海天路18号				
	经营范围	橡塑元件开发;橡胶、塑料模具制造;风力发电机组零配件及复合材料制品开发、设计等				

	指标\报告期	2009.06.30	2008.12.31	2008.06.30	2007.12.31
主要财务指标	每股收益(元)	0.2390	0.2300	0.1510	0.1700
	每股收益(扣除)(元)	0.2380	0.2200	0.1490	0.1700
	每股净资产(元)	2.3100	2.1500	2.0800	1.9800
	调整后每股净资产(元)	–	–	–	–
	每股资本公积金(元)	0.4192	0.4192	0.4199	0.4199
	每股盈余公积金(元)	0.1708	0.1708	0.1623	0.1623
	每股未分配利润(元)	0.7238	0.5650	0.4933	0.4024
	每股现金净流量(元)	–0.0264	–0.0973	–0.3906	0.2425
	每股经营现金净流量(元)	0.3180	0.3476	–0.5267	0.3496
	净资产收益率(扣除)(%)	–	–	–	8.4800
	净资产收益率(%)	10.3200	10.7200	7.2700	8.5900
	总资产(万)	137483.02	111293.11	105055.43	85451.69
	股东权益(万)	47282.15	44037.26	42414.35	40557.07
	主营业务收入(万)	–	–	–	–
	主营业务利润(万)	–	–	–	–
	营业务收入(万)	75106.43	104581.34	53404.27	71274.91
	营业务利润(万)	5587.15	4708.76	3406.86	3667.58
	投资收益(万)	–	–	–	–
	利润总额(万)	5612.21	4904.48	3427.30	3710.40
	净利润(万)	4879.73	4722.33	3083.41	3484.35

贵研铂业股份有限公司

公司概况	公司名称	贵研铂业股份有限公司			证券简称	贵研铂业
	法人代表	汪云曙	董秘	郭俊梅	证券代码	600459
	公司网址	www.sino-platinum.com.cn		电子信箱	stock@sino-platinum.com.cn	
	电　　话	0871-8328190		传　　真	0871-8326661	
	办公地址	云南省昆明市高新技术开发区科技路988号				
	经营范围	贵金属新材料研发、生产和镍资源利用				

	指标\报告期	2009.06.30	2008.12.31	2008.06.30	2007.12.31
主要财务指标	每股收益(元)	–0.0300	–0.7600	0.2800	0.9700
	每股收益(扣除)(元)	–0.0500	–0.9000	0.2700	0.9500
	每股净资产(元)	5.0500	4.5800	5.6200	6.9700
	调整后每股净资产(元)	–	–	–	–
	每股资本公积金(元)	3.2287	2.7289	2.7289	3.7476
	每股盈余公积金(元)	0.3774	0.3774	0.4888	0.4907
	每股未分配利润(元)	0.4404	0.4698	1.4055	1.7324
	每股现金净流量(元)	–1.2884	0.3051	–0.5225	0.6507
	每股经营现金净流量(元)	–0.8847	–0.1392	–1.4034	1.4591
	净资产收益率(扣除)(%)	–	–	–	17.6500
	净资产收益率(%)	–0.5800	–16.7000	5.1400	18.1000
	总资产(万)	133954.42	134423.03	146458.58	124479.91
	股东权益(万)	56387.26	51131.25	62829.84	59912.41
	主营业务收入(万)	–	–	–	–
	主营业务利润(万)	–	–	–	–
	营业务收入(万)	38787.41	137837.53	73536.62	115929.62
	营业务利润(万)	266.21	–12623.59	3814.24	11407.59
	投资收益(万)	–	–	–	–
	利润总额(万)	553.88	–10800.48	4044.49	11720.02
	净利润(万)	–328.12	–8540.50	3156.32	10844.42

杭州士兰微电子股份有限公司

公司概况	公司名称	杭州士兰微电子股份有限公司			证券简称	士兰微
	法人代表	陈向东	董秘	陈越	证券代码	600460
	公司网址	www.silan.com.cn		电子信箱	600460@silan.com.cn	
	电　　话	0571-88212980		传　　真	0571-88210763	
	办公地址	浙江省杭州市黄姑山路4号				
	经营范围	电子元器件、电子零器件及其他电子产品设计、制造和销售;进出口业务等				

	指标\报告期	2009.06.30	2008.12.31	2008.06.30	2007.12.31
主要财务指标	每股收益(元)	0.0400	0.0300	0.0800	0.0500
	每股收益(扣除)(元)	–0.1000	–0.1400	–0.0300	–0.2500
	每股净资产(元)	1.7760	1.7800	1.9500	2.3300
	调整后每股净资产(元)	–	–	–	–
	每股资本公积金(元)	0.0969	0.1445	0.2628	0.7163
	每股盈余公积金(元)	0.1366	0.1366	0.1354	0.1346
	每股未分配利润(元)	0.5559	0.5138	0.5583	0.4822
	每股现金净流量(元)	0.0925	0.0315	–0.0105	0.0473
	每股经营现金净流量(元)	0.1329	0.0936	–0.0096	–0.0863
	净资产收益率(扣除)(%)	–	–	–	–10.8400
	净资产收益率(%)	2.3700	1.8800	3.9500	2.3000
	总资产(万)	169553.28	176300.12	191243.40	213502.23
	股东权益(万)	71770.06	71992.90	78621.31	93981.00
	主营业务收入(万)	–	–	–	–
	主营业务利润(万)	–	–	–	–
	营业务收入(万)	35303.26	93309.58	49501.29	97181.88
	营业务利润(万)	1420.20	278.78	4047.69	1589.83
	投资收益(万)	–	–	–	–
	利润总额(万)	2296.02	2527.14	4286.16	4218.43
	净利润(万)	1700.89	1355.94	3108.66	2158.20

江西洪城水业股份有限公司

公司概况					
公司名称	江西洪城水业股份有限公司			证券简称	毛木金
法人代表	毛木金	董秘	康乐平	证券代码	600461
公司网址	www.jxhcsy.com		电子信箱	leping6688@sina.com	
电　　话	0791-5210336、5235057		传　　真	0791-5226672	
办公地址	江西省南昌市灌婴路98号云水厂内				
经营范围	自来水、纯净水、水质净化剂、水表、给排水设备、节水设备、仪器仪表等				

主要财务指标 指标\报告期	2009.06.30	2008.12.31	2008.06.30	2007.12.31
每股收益(元)	0.0930	0.1478	0.0730	0.2098
每股收益(扣除)(元)	0.0930	0.1492	0.0730	0.2147
每股净资产(元)	3.4790	3.4660	3.3900	3.4230
调整后每股净资产(元)	–	–	–	–
每股资本公积金(元)	1.8513	1.8513	1.8513	1.8513
每股盈余公积金(元)	0.1926	0.1926	0.1770	0.1770
每股未分配利润(元)	0.4352	0.4221	0.3630	0.3949
每股现金净流量(元)	0.1621	–0.0024	.3220	–0.3835
每股经营现金净流量(元)	0.2599	0.6736	0.0806	0.4936
净资产收益率(扣除)(%)	–	–	–	6.2700
净资产收益率(%)	2.6800	4.2700	2.1500	6.1300
总资产(万)	70516.87	70029.66	71371.68	64282.32
股东权益(万)	48708.19	48524.95	47477.92	47925.10
主营业务收入(万)	–	–	–	–
主营业务利润(万)	–	–	–	–
营业务收入(万)	10331.20	19019.18	8717.82	18267.38
营业务利润(万)	1853.95	3015.97	1547.62	4566.53
投资收益(万)	–	–	–	–
利润总额(万)	1839.03	2981.28	1537.70	4441.97
净利润(万)	1303.24	2069.85	1022.82	2936.67

延边石岘白麓纸业股份有限公司

公司概况					
公司名称	延边石岘白麓纸业股份有限公司			证券简称	ST 石岘
法人代表	于敏	董秘	崔文根	证券代码	600462
公司网址	www.shixianpaper.com		电子信箱	cwg0048@vip.sina.com	
电　　话	0433-3810015		传　　真	0433-3810019	
办公地址	吉林省图们市石岘镇				
经营范围	新闻纸、商品木浆、胶版纸等的生产与销售等				

主要财务指标 指标\报告期	2009.06.30	2008.12.31	2008.06.30	2007.12.31
每股收益(元)	–0.3163	–0.4313	0.0007	0.2304
每股收益(扣除)(元)	–0.3171	–0.5380	–0.1512	0.5504
每股净资产(元)	0.3254	0.6400	1.0700	1.0600
调整后每股净资产(元)	–	–	–	–
每股资本公积金(元)	0.5732	0.5732	0.5638	0.5638
每股盈余公积金(元)	0.0531	0.0531	0.0531	0.0531
每股未分配利润(元)	–1.3008	–0.9845	–0.5527	–0.5532
每股现金净流量(元)	–0.0056	–0.0160	0.1671	–0.0213
每股经营现金净流量(元)	–0.0034	0.4099	0.5415	0.2666
净资产收益率(扣除)(%)	–	–	–	–51.7500
净资产收益率(%)	–97.2010	–67.2100	0.0700	21.6600
总资产(万)	154087.83	161665.34	182869.79	177808.15
股东权益(万)	13361.34	26348.65	43694.77	43674.11
主营业务收入(万)	–	–	–	–
主营业务利润(万)	–	–	–	–
营业务收入(万)	19340.45	71161.50	34637.01	67047.60
营业务利润(万)	–13023.55	–22055.73	–6211.30	–22555.07
投资收益(万)	–	–	–	–
利润总额(万)	–12991.56	–17675.56	25.86	9503.80
净利润(万)	–12987.31	–17709.46	28.51	9459.17

北京空港科技园区股份有限公司

公司概况					
公司名称	北京空港科技园区股份有限公司			证券简称	空港股份
法人代表	杭金亮	董秘	宣顺华	证券代码	600463
公司网址	www.600463.com.cn		电子信箱	xsh68@126.com	
电　　话	010-80489305		传　　真	010-80491684	
办公地址	北京市顺义区空港工业区B区裕民大街甲6号				
经营范围	高新技术的开发、转让和咨询;销售开发后的产品; 土地开发,仓储等				

主要财务指标 指标\报告期	2009.06.30	2008.12.31	2008.06.30	2007.12.31
每股收益(元)	0.1100	0.2800	0.2300	0.1900
每股收益(扣除)(元)	0.1100	0.2800	0.2300	0.1900
每股净资产(元)	2.2700	2.3000	2.2500	2.0400
调整后每股净资产(元)	–	–	–	–
每股资本公积金(元)	0.4147	0.4147	0.4145	1.3452
每股盈余公积金(元)	0.1770	0.1770	0.1365	0.2457
每股未分配利润(元)	0.6780	0.7111	0.7016	1.0847
每股现金净流量(元)	0.6630	–0.1164	0.0836	0.0176
每股经营现金净流量(元)	–0.3711	0.5913	0.6425	–0.2447
净资产收益率(扣除)(%)	–	–	–	9.1300
净资产收益率(%)	4.7100	12.0200	10.0700	9.2200
总资产(万)	184114.72	155371.90	151096.53	141473.83
股东权益(万)	57196.76	58030.10	56766.85	54578.59
主营业务收入(万)	–	–	–	–
主营业务利润(万)	–	–	–	–
营业务收入(万)	37601.54	73109.65	39951.83	72982.84
营业务利润(万)	3803.68	9984.30	8007.31	9394.61
投资收益(万)	–	–	–	–
利润总额(万)	3813.55	9950.84	8007.57	9422.98
净利润(万)	2694.67	6974.35	5715.30	4745.74

四川迪康科技药业股份有限公司

公司概况					
公司名称	四川迪康科技药业股份有限公司			证券简称	ST 迪康
法人代表	陈敏	董秘	蒋黎	证券代码	600466
公司网址	www.dikangyaoye.com		电子信箱	dkyy@dikangyaoye.com	
电　　话	028-87838250		传　　真	028-87838250	
办公地址	四川省成都市高新区西区迪康大道1号				
经营范围	日化用品、化工用品、原料药、中成药、中药材料、中药和天然药物制剂等				

主要财务指标 指标\报告期	2009.06.30	2008.12.31	2008.06.30	2007.12.31
每股收益(元)	0.0305	0.0600	0.0100	0.0300
每股收益(扣除)(元)	0.0252	–	0.0100	–0.0700
每股净资产(元)	2.7200	2.6900	2.6500	2.6300
调整后每股净资产(元)	–	–	–	–
每股资本公积金(元)	2.3162	2.3162	2.3162	2.3162
每股盈余公积金(元)	0.0953	0.0953	0.0953	0.0953
每股未分配利润(元)	–0.6914	–0.7219	–0.7663	–0.7797
每股现金净流量(元)	0.0412	0.1861	0.1755	0.5665
每股经营现金净流量(元)	0.0527	–0.0348	–0.0574	0.1327
净资产收益率(扣除)(%)	–	–	–	–2.8200
净资产收益率(%)	1.1200	2.1500	0.5100	1.1900
总资产(万)	54412.69	53022.06	53992.94	54154.81
股东权益(万)	47766.23	47230.70	46450.66	46214.94
主营业务收入(万)	–	–	–	–
主营业务利润(万)	–	–	–	–
营业务收入(万)	14714.21	23811.22	11408.14	20661.57
营业务利润(万)	603.26	1175.20	392.85	631.10
投资收益(万)	–	–	–	–
利润总额(万)	717.35	1313.71	380.11	706.76
净利润(万)	535.53	1015.76	235.71	551.15

山东好当家海洋发展股份有限公司

公司概况	公司名称	山东好当家海洋发展股份有限公司		证券简称	好当家
	法人代表	李鹏程	董秘　戚燕	证券代码	600467
	公司网址	www.sdhaodangjia.com		电子信箱	ehaodangjia@sdhaodangjia.com
	电　话	0631-7438073		传　真	0631-7438073
	办公地址	山东省荣成市虎山镇沙咀子			
	经营范围	海水养殖及许可证范围内养殖海产品的加工、销售等			

	指标\报告期	2009.06.30	2008.12.31	2008.06.30	2007.12.31
主要财务指标	每股收益(元)	0.0900	0.2000	0.1600	0.3200
	每股收益(扣除)(元)	0.0900	0.1900	0.1600	0.3200
	每股净资产(元)	2.0021	1.9100	1.8700	1.7100
	调整后每股净资产(元)	–	–	–	–
	每股资本公积金(元)	0.2140	0.2140	0.2140	0.2140
	每股盈余公积金(元)	0.1680	0.1680	0.1438	0.1438
	每股未分配利润(元)	0.6201	0.5267	0.5105	0.3545
	每股现金净流量(元)	0.0510	–0.0383	–0.0035	0.0278
	每股经营现金净流量(元)	–0.0311	0.2134	0.1620	0.2997
	净资产收益率(扣除)(%)	–	–	–	18.6900
	净资产收益率(%)	4.6600	10.2900	8.6300	18.5800
	总资产(万)	171128.51	156836.06	157706.62	151646.93
	股东权益(万)	126851.65	120935.16	118373.16	108489.45
	主营业务收入(万)	–	–	–	–
	主营业务利润(万)	–	–	–	–
	营业务收入(万)	24149.65	47495.61	27830.79	77387.72
	营业务利润(万)	5888.64	12024.26	10310.70	21254.06
	投资收益(万)	–	–	–	–
	利润总额(万)	5943.73	12996.68	10317.90	21134.16
	净利润(万)	5916.50	12445.71	10218.59	20157.95

天津百利特精电气股份有限公司

公司概况	公司名称	天津百利特精电气股份有限公司		证券简称	百利电气
	法人代表	张文利	董秘　何啸南	证券代码	600468
	公司网址	www.benefo.tj.cn		电子信箱	benefo600468@126.com
	电　话	022-83962538、23979181		传　真	022-83962538
	办公地址	天津市西青开发区民和道12号			
	经营范围	输配电及控制设备、高低压电器成套设备、传动控制装置、低压开关板等			

	指标\报告期	2009.06.30	2008.12.31	2008.06.30	2007.12.31
主要财务指标	每股收益(元)	0.0295	0.0736	0.0560	0.1014
	每股收益(扣除)(元)	0.0082	0.0392	0.0433	0.0621
	每股净资产(元)	1.4163	1.3868	1.3722	1.3162
	调整后每股净资产(元)	–	–	–	–
	每股资本公积金(元)	0.0088	0.0088	0.0088	0.0088
	每股盈余公积金(元)	0.0988	0.0988	0.0861	0.0861
	每股未分配利润(元)	0.3088	0.2792	0.2773	0.2213
	每股现金净流量(元)	–0.0629	–0.1170	–0.1238	0.0628
	每股经营现金净流量(元)	–0.0132	0.1393	–0.0073	0.3659
	净资产收益率(扣除)(%)	–	–	–	4.7200
	净资产收益率(%)	2.0839	5.3000	4.0800	7.7000
	总资产(万)	79662.61	82906.73	89663.36	91603.91
	股东权益(万)	44869.23	43934.22	43471.22	41697.67
	主营业务收入(万)	–	–	–	–
	主营业务利润(万)	–	–	–	–
	营业务收入(万)	18858.40	61887.43	34696.79	80450.97
	营业务利润(万)	139.23	2454.38	1914.95	4746.75
	投资收益(万)	–	–	–	–
	利润总额(万)	826.18	3157.52	2404.62	5176.07
	净利润(万)	935.01	2330.56	1773.55	3211.79

风神轮胎股份有限公司

公司概况	公司名称	风神轮胎股份有限公司		证券简称	风神股份
	法人代表	曹朝阳	董秘　韩法强	证券代码	600469
	公司网址	www.aeolustyre.com		电子信箱	company@aeolustyre.com
	电　话	0391-3999081、3999007		传　真	0391-3999080
	办公地址	河南省焦作市焦东南路48号			
	经营范围	经营本企业生产的轮胎及相关技术的出口业务等			

	指标\报告期	2009.06.30	2008.12.31	2008.06.30	2007.12.31
主要财务指标	每股收益(元)	0.3460	–0.2600	0.3280	0.4200
	每股收益(扣除)(元)	0.3440	–0.3100	0.2540	0.5350
	每股净资产(元)	3.9800	3.7300	3.9400	3.6100
	调整后每股净资产(元)	–	–	–	–
	每股资本公积金(元)	2.1114	2.1088	1.3086	1.3086
	每股盈余公积金(元)	0.1755	0.1755	0.2581	0.2581
	每股未分配利润(元)	0.6941	0.4486	1.3684	1.0405
	每股现金净流量(元)	1.6123	1.0454	1.3900	0.0510
	每股经营现金净流量(元)	0.5746	–0.0784	1.1708	–0.1986
	净资产收益率(扣除)(%)	–	–	–	14.8300
	净资产收益率(%)	8.6800	–6.9400	8.3300	11.5500
	总资产(万)	570038.38	493510.95	474510.35	335374.85
	股东权益(万)	149265.53	139961.01	100344.85	91984.42
	主营业务收入(万)	–	–	–	–
	主营业务利润(万)	–	–	–	–
	营业务收入(万)	247309.46	609535.10	349324.87	601858.20
	营业务利润(万)	14091.38	–12913.38	8731.18	16820.64
	投资收益(万)	–	–	–	–
	利润总额(万)	14168.28	–10667.63	11230.61	12325.55
	净利润(万)	12955.33	–9713.55	8360.43	10625.85

安徽六国化工股份有限公司

公司概况	公司名称	安徽六国化工股份有限公司		证券简称	六国化工
	法人代表	黄化锋	董秘　邢金俄	证券代码	600470
	公司网址	www.liuguo.com		电子信箱	landgreen@163.com
	电　话	0562-3801021、3801675		传　真	0562-3802688
	办公地址	安徽省铜陵市铜港路			
	经营范围	肥料、化学原料、化学制品、磷石膏生产、加工、销售等			

	指标\报告期	2009.06.30	2008.12.31	2008.06.30	2007.12.31
主要财务指标	每股收益(元)	0.0900	0.2900	0.3300	0.4700
	每股收益(扣除)(元)	0.0900	0.2500	0.3200	0.4300
	每股净资产(元)	4.7100	4.7200	4.7400	4.4300
	调整后每股净资产(元)	–	–	–	–
	每股资本公积金(元)	2.3816	2.3816	2.3816	2.3816
	每股盈余公积金(元)	0.2299	0.2299	0.2045	0.2556
	每股未分配利润(元)	1.0368	1.0679	1.1546	0.7885
	每股现金净流量(元)	–0.4617	–0.2252	0.2415	0.8560
	每股经营现金净流量(元)	0.7524	–0.2128	–0.6995	1.5353
	净资产收益率(扣除)(%)	–	–	–	9.6400
	净资产收益率(%)	1.8900	6.2300	6.9100	10.2500
	总资产(万)	207625.22	254309.75	237978.32	191281.93
	股东权益(万)	106518.84	106669.97	107140.74	100023.96
	主营业务收入(万)	–	–	–	–
	主营业务利润(万)	–	–	–	–
	营业务收入(万)	137993.39	306091.78	159023.36	231433.54
	营业务利润(万)	1906.26	6552.03	11151.75	16547.02
	投资收益(万)	–	–	–	–
	利润总额(万)	2037.96	6610.90	10798.37	16707.56
	净利润(万)	2008.87	6646.02	7401.23	10249.64

无锡华光锅炉股份有限公司

公司概况					
公司名称	无锡华光锅炉股份有限公司			证券简称	华光股份
法人代表	王福军	董秘	张海贤	证券代码	600475
公司网址	www.wxboiler.com		电子信箱	600475@wxboiler.com	
电　　话	0510-85215556		传　　真	0510-85215605、85225852	
办公地址	江苏省无锡市城南路3号				
经营范围	电站锅炉、工业锅炉、锅炉辅机、水处理设备、压力容器的制造、销售等				

主要财务指标	2009.06.30	2008.12.31	2008.06.30	2007.12.31
每股收益(元)	0.2400	0.4010	0.2300	0.6690
每股收益(扣除)(元)	0.1820	0.3750	0.2100	0.3700
每股净资产(元)	3.7100	3.6900	3.8400	3.9200
调整后每股净资产(元)	–	–	–	–
每股资本公积金(元)	0.5570	0.5260	0.5979	0.9113
每股盈余公积金(元)	0.4298	0.4298	0.3824	0.3824
每股未分配利润(元)	1.7212	1.7315	1.8573	1.6283
每股现金净流量(元)	0.2246	–1.0673	–1.2960	0.0830
每股经营现金净流量(元)	0.5045	–0.4800	–0.8661	–0.1249
净资产收益率(扣除)(%)	–	–	–	9.5100
净资产收益率(%)	6.4600	10.8600	5.9700	17.0600
总资产(万)	449151.72	469340.10	454256.06	467070.54
股东权益(万)	94924.96	94396.60	98241.95	100404.34
主营业务收入(万)	–	–	–	–
主营业务利润(万)	–	–	–	–
营业务收入(万)	126900.82	277936.88	152344.12	263395.44
营业务利润(万)	7133.03	11291.83	7895.94	20653.44
投资收益(万)	–	–	–	–
利润总额(万)	7967.40	11412.15	7762.79	22598.97
净利润(万)	6135.31	10255.83	5861.70	17130.75

湖南湘邮科技股份有限公司

公司概况					
公司名称	湖南湘邮科技股份有限公司			证券简称	湘邮科技
法人代表	李雄	董秘	王飞	证券代码	600476
公司网址	www.copote.com		电子信箱	copote@copote.com	
电　　话	0731-88998688、88998858		传　　真	0731-88998686、88998859	
办公地址	湖南省长沙市国家高新区麓谷基地玉兰路2号				
经营范围	研制、开发、生产、销售计算机软、硬件及邮电高科技电子产品等				

主要财务指标	2009.06.30	2008.12.31	2008.06.30	2007.12.31
每股收益(元)	–0.0200	–0.3430	–0.0300	0.0430
每股收益(扣除)(元)	–0.0300	–0.3490	–0.0400	–0.1240
每股净资产(元)	1.6100	1.6300	1.9300	1.9700
调整后每股净资产(元)	–	–	–	–
每股资本公积金(元)	0.8209	0.8209	0.8209	1.3671
每股盈余公积金(元)	0.0834	0.0834	0.0834	0.1085
每股未分配利润(元)	–0.2923	–0.2709	0.0339	0.0941
每股现金净流量(元)	–0.1291	–0.4162	0.1433	0.4351
每股经营现金净流量(元)	–0.2495	–0.0858	0.1365	–0.1886
净资产收益率(扣除)(%)	–	–	–	–6.2920
净资产收益率(%)	–1.3268	–21.0220	–1.9800	2.1890
总资产(万)	59222.39	56357.82	78803.73	75811.28
股东权益(万)	25963.89	26308.37	31217.96	31838.82
主营业务收入(万)	–	–	–	–
主营业务利润(万)	–	–	–	–
营业务收入(万)	12147.54	33548.82	12678.67	34517.70
营业务利润(万)	–471.90	–5984.30	–666.14	118.36
投资收益(万)	–	–	–	–
利润总额(万)	–336.87	–6006.80	–665.14	750.22
净利润(万)	–344.49	–5530.45	–620.86	696.90

浙江杭萧钢构股份有限公司

公司概况					
公司名称	浙江杭萧钢构股份有限公司			证券简称	杭萧钢构
法人代表	单银木	董秘	陈瑞(代)	证券代码	600477
公司网址	www.hxss.com.cn		电子信箱	hx@hxss.com.cn	
电　　话	0571-87246788		传　　真	0571-87247920	
办公地址	浙江省杭州市萧山经济技术开发区红垦农场				
经营范围	钢结构工程的制作、安装、地基与基础施工、专项工程设计等				

主要财务指标	2009.06.30	2008.12.31	2008.06.30	2007.12.31
每股收益(元)	0.1450	0.2900	0.0800	0.1500
每股收益(扣除)(元)	0.1460	0.2600	0.0760	0.1300
每股净资产(元)	2.7400	2.5800	2.3700	2.3500
调整后每股净资产(元)	–	–	–	–
每股资本公积金(元)	0.2309	0.2304	0.2301	0.2301
每股盈余公积金(元)	0.1647	0.1804	0.1507	0.1559
每股未分配利润(元)	1.3110	1.1717	0.9857	0.9669
每股现金净流量(元)	0.0637	–0.2624	–0.1765	–0.0938
每股经营现金净流量(元)	0.5024	0.6353	0.1176	1.6890
净资产收益率(扣除)(%)	–	–	–	5.6600
净资产收益率(%)	5.2975	11.2000	3.4000	6.5200
总资产(万)	310968.79	317880.00	331318.27	315257.51
股东权益(万)	67808.18	63935.64	58589.76	58251.50
主营业务收入(万)	–	–	–	–
主营业务利润(万)	–	–	–	–
营业务收入(万)	126716.88	363224.03	170810.28	283487.24
营业务利润(万)	5095.51	8582.25	3348.14	5615.72
投资收益(万)	–	–	–	–
利润总额(万)	5128.12	9304.05	3566.02	6066.18
净利润(万)	3592.13	7162.11	1991.78	3797.21

湖南科力远新能源股份有限公司

公司概况					
公司名称	湖南科力远新能源股份有限公司			证券简称	科力远
法人代表	钟发平	董秘	伍定军	证券代码	600478
公司网址	www.corun.com		电子信箱	duanchw97@163.com	
电　　话	0731-88983638、88989623		传　　真	0731-88983623	
办公地址	湖南省长沙市岳麓区长沙国家高新技术产业开发区桐梓坡西路348号				
经营范围	新材料、新能源的研究、开发、生产与销售等				

主要财务指标	2009.06.30	2008.12.31	2008.06.30	2007.12.31
每股收益(元)	0.0300	0.1300	0.1600	0.2000
每股收益(扣除)(元)	0.0100	0.0100	0.1800	0.2000
每股净资产(元)	2.1900	2.2300	3.9500	3.5100
调整后每股净资产(元)	–	–	–	–
每股资本公积金(元)	0.7990	0.7990	2.3932	1.8038
每股盈余公积金(元)	0.0862	0.0862	0.1551	0.1995
每股未分配利润(元)	0.3084	0.2736	0.3990	0.5043
每股现金净流量(元)	0.3054	0.1903	0.4086	–0.2256
每股经营现金净流量(元)	0.3064	–0.1653	–0.1862	–0.5468
净资产收益率(扣除)(%)	–	–	–	14.9300
净资产收益率(%)	1.5800	5.8000	4.0700	15.0900
总资产(万)	161694.95	124459.03	118252.22	105938.40
股东权益(万)	62796.50	61802.28	62778.86	43387.27
主营业务收入(万)	–	–	–	–
主营业务利润(万)	–	–	–	–
营业务收入(万)	70935.33	170131.39	67536.50	156280.00
营业务利润(万)	500.51	2119.37	3300.01	5926.26
投资收益(万)	–	–	–	–
利润总额(万)	1424.47	4667.89	3306.08	5884.34
净利润(万)	994.21	3583.81	2556.34	5012.69

株洲千金药业股份有限公司

公司概况	公司名称	株洲千金药业股份有限公司		证券简称	千金药业
	法人代表	朱飞锦	董秘　吕芳元	证券代码	600479
	公司网址	www.qian-jin.com		电子信箱	llfy@cnqjyy.com
	电　话	0733-2496088、2490083		传　真	0733-2496088
	办公地址	湖南省株洲市荷塘区金钩山路15号			
	经营范围	研制、生产、销售药品、食品、保健食品、消毒产品、化妆品,野生动植物加工销售等			

主要财务指标	指标\报告期	2009.06.30	2008.12.31	2008.06.30	2007.12.31
	每股收益(元)	0.2707	0.7159	0.3618	0.9569
	每股收益(扣除)(元)	0.2596	0.4998	0.3660	1.1549
	每股净资产(元)	3.9134	4.6925	4.3400	5.7847
	调整后每股净资产(元)	–	–	–	–
	每股资本公积金(元)	1.1037	1.5257	1.5257	2.5136
	每股盈余公积金(元)	0.4472	0.5367	0.4568	0.5482
	每股未分配利润(元)	1.3624	1.6301	1.3558	1.7228
	每股现金净流量(元)	–0.6532	0.6056	0.7823	–0.0227
	每股经营现金净流量(元)	0.3107	0.2050	0.1558	0.5242
	净资产收益率(扣除)(%)	–	–	–	–
	净资产收益率(%)	6.9200	15.2560	8.3400	19.8500
	总资产(万)	124828.83	105940.50	107314.13	108525.56
	股东权益(万)	85204.71	85140.48	78715.15	87464.23
	主营业务收入(万)	–	–	–	–
	主营业务利润(万)	–	–	–	–
	营业务收入(万)	45958.59	80142.95	41242.56	67977.72
	营业务利润(万)	6900.54	14305.46	6701.25	19889.06
	投资收益(万)	–	–	–	–
	利润总额(万)	6959.56	14183.27	6624.06	19787.38
	净利润(万)	5894.17	12989.20	6563.87	17361.93

凌云工业股份有限公司

公司概况	公司名称	凌云工业股份有限公司		证券简称	凌云股份
	法人代表	李喜增	董秘　张建华	证券代码	600480
	公司网址	www.lingyun.com.cn		电子信箱	zhangjianhua@lygf.com
	电　话	0312-3951002		传　真	0312-3951234
	办公地址	河北省涿州市松林店镇			
	经营范围	生产和销售塑料燃气管道系统、给水管道系统、供热管道系统等			

主要财务指标	指标\报告期	2009.06.30	2008.12.31	2008.06.30	2007.12.31
	每股收益(元)	0.2100	0.3100	0.1800	0.2200
	每股收益(扣除)(元)	0.2100	–	0.1800	0.2200
	每股净资产(元)	2.3780	2.1600	2.0500	1.8700
	调整后每股净资产(元)	–	–	–	–
	每股资本公积金(元)	0.2736	0.2736	0.2736	0.2736
	每股盈余公积金(元)	0.0404	0.0404	0.1105	0.1105
	每股未分配利润(元)	1.0640	0.8493	0.6686	0.4826
	每股现金净流量(元)	0.2671	0.1752	–0.0222	–0.0029
	每股经营现金净流量(元)	0.7040	0.5985	–0.0673	0.2295
	净资产收益率(扣除)(%)	–	–	–	11.8800
	净资产收益率(%)	9.0300	14.4400	8.7900	11.9600
	总资产(万)	223795.05	205327.07	210322.65	184328.49
	股东权益(万)	74192.59	67493.89	64044.52	58239.86
	主营业务收入(万)	–	–	–	–
	主营业务利润(万)	–	–	–	–
	营业务收入(万)	107472.37	197203.52	103398.11	169280.34
	营业务利润(万)	14111.60	21304.48	11873.08	14822.91
	投资收益(万)	–	–	–	–
	利润总额(万)	14213.30	21302.34	11833.36	14920.56
	净利润(万)	6698.69	9745.57	5627.58	6963.98

江苏双良空调设备股份有限公司

公司概况	公司名称	江苏双良空调设备股份有限公司		证券简称	双良股份
	法人代表	缪志强	董秘　翁亚锋	证券代码	600481
	公司网址	www.shuangliang.com		电子信箱	wengyf@shuangliang.com
	电　话	0510-86632358		传　真	0510-86632307
	办公地址	江苏省江阴市利港镇双良工业园			
	经营范围	空调产品及其零部件的制造和中央空调产品服务;销售自产产品			

主要财务指标	指标\报告期	2009.06.30	2008.12.31	2008.06.30	2007.12.31
	每股收益(元)	0.2293	0.1572	0.1469	0.2076
	每股收益(扣除)(元)	0.2304	0.1642	0.1515	0.2127
	每股净资产(元)	2.8200	2.8200	2.8100	1.6300
	调整后每股净资产(元)	–	–	–	–
	每股资本公积金(元)	1.4386	1.4386	1.4386	0.2719
	每股盈余公积金(元)	0.1404	0.1404	0.1138	0.1256
	每股未分配利润(元)	0.2405	0.2412	0.2563	0.2335
	每股现金净流量(元)	0.0684	0.5892	0.5460	0.0440
	每股经营现金净流量(元)	0.5151	–0.0968	–0.1988	–0.3436
	净资产收益率(扣除)(%)	–	–	–	13.0400
	净资产收益率(%)	8.1300	5.5300	5.1500	12.7300
	总资产(万)	383981.95	368090.58	400981.77	297997.63
	股东权益(万)	190330.04	190377.59	189606.24	99815.25
	主营业务收入(万)	–	–	–	–
	主营业务利润(万)	–	–	–	–
	营业务收入(万)	166060.74	391468.25	204792.17	298542.55
	营业务利润(万)	20356.15	12411.87	12526.68	19334.00
	投资收益(万)	–	–	–	–
	利润总额(万)	20240.22	11858.46	12143.11	18868.01
	净利润(万)	15479.05	10531.23	9759.87	12706.18

风帆股份有限公司

公司概况	公司名称	风帆股份有限公司		证券简称	风帆股份
	法人代表	陈孟礼	董秘　张亚光	证券代码	600482
	公司网址	www.sail.com.cn		电子信箱	ff@sail.com.cn
	电　话	0312-3208529、3208588		传　真	0312-3215920
	办公地址	河北省保定市富昌路8号			
	经营范围	蓄电池开发、研制、生产、销售;蓄电池零配件、材料生产、销售等			

主要财务指标	指标\报告期	2009.06.30	2008.12.31	2008.06.30	2007.12.31
	每股收益(元)	0.0200	–0.6200	0.0600	0.2600
	每股收益(扣除)(元)	0.0200	–0.6400	0.0600	0.5300
	每股净资产(元)	2.2300	2.2100	2.9000	5.7300
	调整后每股净资产(元)	–	–	–	–
	每股资本公积金(元)	1.6265	1.6265	1.6265	3.7531
	每股盈余公积金(元)	0.1186	0.1186	0.1186	0.2372
	每股未分配利润(元)	–0.5126	–0.5309	0.1545	0.7406
	每股现金净流量(元)	0.2793	0.2405	0.2941	0.3042
	每股经营现金净流量(元)	0.3696	1.9376	0.6420	–4.8188
	净资产收益率(扣除)(%)	–	–	–	–
	净资产收益率(%)	0.8200	–28.1500	2.1400	8.7900
	总资产(万)	272814.22	259975.21	338187.30	321410.30
	股东权益(万)	102920.99	102074.52	133672.20	132096.56
	主营业务收入(万)	–	–	–	–
	主营业务利润(万)	–	–	–	–
	营业务收入(万)	122232.23	314970.74	186340.62	262732.84
	营业务利润(万)	1212.91	–29126.01	3967.89	14211.72
	投资收益(万)	–	–	–	–
	利润总额(万)	1287.12	–28395.49	4007.89	14265.90
	净利润(万)	846.46	–28731.24	2866.44	11616.80

福建南纺股份有限公司

公司概况	公司名称	福建南纺股份有限公司			证券简称	福建南纺
	法人代表	陈军华	董秘	李峰	证券代码	600483
	公司网址	www.fjnf.com		电子信箱	nf@fjnf.com	
	电　话	0599-8813009、8813015		传　真	0599-8805190、8809965	
	办公地址	福建省南平市安丰桥路 63 号				
	经营范围	纺织品,PU 革的制造;经营本企业自产产品及相关的出口业务等				

主要财务指标	指标\报告期	2009.06.30	2008.12.31	2008.06.30	2007.12.31
	每股收益(元)	0.0275	0.0300	0.0180	–0.0300
	每股收益(扣除)(元)	0.0024	–0.0150	0.0160	0.0050
	每股净资产(元)	2.4290	2.2300	2.3800	2.7600
	调整后每股净资产(元)	–	–	–	–
	每股资本公积金(元)	1.1558	0.9895	1.1424	1.5384
	每股盈余公积金(元)	0.1853	0.1853	0.1853	0.1853
	每股未分配利润(元)	0.0876	0.0600	0.0514	0.0331
	每股现金净流量(元)	–0.0490	–0.0771	–0.0022	–0.1392
	每股经营现金净流量(元)	–0.0376	0.1842	–0.0224	–0.3960
	净资产收益率(扣除)(%)	–	–	–	0.1800
	净资产收益率(%)	1.1300	1.2000	0.7700	–1.2000
	总资产(万)	117252.72	111415.15	126890.43	134289.95
	股东权益(万)	70063.10	64472.64	68635.77	79530.52
	主营业务收入(万)	–	–	–	–
	主营业务利润(万)	–	–	–	–
	营业务收入(万)	43099.01	103135.73	53507.94	105412.56
	营业务利润(万)	1233.29	683.46	703.04	–969.34
	投资收益(万)	–	–	–	–
	利润总额(万)	1213.89	1066.32	778.05	–479.12
	净利润(万)	794.58	776.43	527.75	–953.39

北京中创信测科技股份有限公司

公司概况	公司名称	北京中创信测科技股份有限公司			证券简称	中创信测
	法人代表	贾林	董秘	王志刚	证券代码	600485
	公司网址	www.zctt.com		电子信箱	investors@zctt.com.cn	
	电　话	010-62100118		传　真	010-62121092	
	办公地址	北京市海淀区中关村南大街甲 18 号 C 座 12-14 层				
	经营范围	通信网测试维护产品的研制开发、生产、销售和服务等				

主要财务指标	指标\报告期	2009.06.30	2008.12.31	2008.06.30	2007.12.31
	每股收益(元)	0.0630	0.4150	0.0858	0.1970
	每股收益(扣除)(元)	0.0641	0.3950	0.0861	0.1660
	每股净资产(元)	2.7400	2.6100	2.2800	2.1900
	调整后每股净资产(元)	–	–	–	–
	每股资本公积金(元)	0.7324	0.6706	0.6698	0.6599
	每股盈余公积金(元)	0.1356	0.1356	0.0968	0.0968
	每股未分配利润(元)	0.8709	0.8080	0.5174	0.4316
	每股现金净流量(元)	–0.1155	0.2077	–0.2344	0.1332
	每股经营现金净流量(元)	–0.0979	0.3908	–0.0694	0.1960
	净资产收益率(扣除)(%)	–	–	–	7.5700
	净资产收益率(%)	2.3000	15.8800	3.7600	9.0100
	总资产(万)	61684.72	58177.65	50396.12	49459.68
	股东权益(万)	37421.93	35716.74	31206.13	29898.38
	主营业务收入(万)	–	–	–	–
	主营业务利润(万)	–	–	–	–
	营业务收入(万)	10367.26	27997.46	9340.70	19448.16
	营业务利润(万)	–400.56	3751.75	431.51	1585.97
	投资收益(万)	–	–	–	–
	利润总额(万)	614.36	6088.15	1278.41	2972.35
	净利润(万)	860.61	5672.74	1172.75	2693.22

江苏扬农化工股份有限公司

公司概况	公司名称	江苏扬农化工股份有限公司			证券简称	扬农化工
	法人代表	戚明珠	董秘	吴孝举	证券代码	600486
	公司网址	www.yngf.com		电子信箱	stockcom@yngf.com	
	电　话	0514-85870486		传　真	0514-85889486	
	办公地址	江苏省扬州市文峰路 39 号				
	经营范围	农药的制造、加工(按批准证书经营);精细化工产品的制造、加工等				

主要财务指标	指标\报告期	2009.06.30	2008.12.31	2008.06.30	2007.12.31
	每股收益(元)	1.0250	1.5650	1.0010	0.9400
	每股收益(扣除)(元)	1.0360	1.5320	0.9950	0.8150
	每股净资产(元)	9.0600	7.9820	7.3430	6.6130
	调整后每股净资产(元)	–	–	–	–
	每股资本公积金(元)	3.8814	3.8863	3.8814	3.8814
	每股盈余公积金(元)	0.3851	0.5001	0.3075	0.3697
	每股未分配利润(元)	3.5497	2.5960	2.1545	1.3619
	每股现金净流量(元)	–0.2605	1.2427	0.6576	0.9639
	每股经营现金净流量(元)	1.3739	4.8721	2.2538	1.5494
	净资产收益率(扣除)(%)	–	–	–	11.2800
	净资产收益率(%)	11.3200	19.6000	13.6300	13.0000
	总资产(万)	222335.96	211423.29	193586.78	162063.82
	股东权益(万)	106000.71	93393.43	85918.69	77371.60
	主营业务收入(万)	–	–	–	–
	主营业务利润(万)	–	–	–	–
	营业务收入(万)	116705.85	210304.70	134444.46	141588.85
	营业务利润(万)	14840.34	21994.40	15589.53	11437.20
	投资收益(万)	–	–	–	–
	利润总额(万)	14692.60	22399.49	15673.80	12871.34
	净利润(万)	11998.31	18304.87	11708.75	10062.13

江苏亨通光电股份有限公司

公司概况	公司名称	江苏亨通光电股份有限公司			证券简称	亨通光电
	法人代表	高安敏	董秘	姚央毛	证券代码	600487
	公司网址	www.htgd.com.cn		电子信箱	htgd@htgd.com.cn	
	电　话	0512-63430985		传　真	0512-63092355	
	办公地址	江苏省吴江市经济开发区亨通路 100 号				
	经营范围	光纤光缆的生产与销售等				

主要财务指标	指标\报告期	2009.06.30	2008.12.31	2008.06.30	2007.12.31
	每股收益(元)	0.4030	0.6410	0.1980	0.4790
	每股收益(扣除)(元)	0.3860	0.5140	0.1950	0.4630
	每股净资产(元)	7.0700	6.8700	6.4630	6.4600
	调整后每股净资产(元)	–	–	–	–
	每股资本公积金(元)	3.5883	3.5883	3.6281	3.6213
	每股盈余公积金(元)	0.4947	0.4947	0.4441	0.4441
	每股未分配利润(元)	1.9858	1.7832	1.3907	1.3928
	每股现金净流量(元)	–0.1690	–0.5106	–1.0029	0.6092
	每股经营现金净流量(元)	–0.1969	1.2968	–0.9457	0.9666
	净资产收益率(扣除)(%)	–	–	–	7.1700
	净资产收益率(%)	5.7000	9.3400	3.0600	7.4200
	总资产(万)	246660.13	213465.27	208971.04	195344.05
	股东权益(万)	117426.56	114060.79	107361.20	107281.98
	主营业务收入(万)	–	–	–	–
	主营业务利润(万)	–	–	–	–
	营业务收入(万)	75587.25	143765.88	57150.43	110031.19
	营业务利润(万)	9064.14	14123.46	4553.79	12601.79
	投资收益(万)	–	–	–	–
	利润总额(万)	9445.75	14499.11	4611.85	13010.75
	净利润(万)	6688.18	10648.80	3287.56	7965.45

天津天药药业股份有限公司

公司概况	公司名称	天津天药药业股份有限公司			证券简称	天药股份
	法人代表	卢彦昌	董秘	王喆	证券代码	600488
	公司网址	www.tjpc.com.cn/web50524		电子信箱	tjpc600488@vip.sina.com	
	电　话	022-24160910		传　真	022-24160910	
	办公地址	天津市河东区八纬路109号				
	经营范围	制造经营化学原料药、中西制剂药品、中药材及中成药加工、医药中间体等				

主要财务指标	指标\报告期	2009.06.30	2008.12.31	2008.06.30	2007.12.31
	每股收益(元)	0.0510	0.0930	0.0460	0.0520
	每股收益(扣除)(元)	0.0500	0.0890	0.0460	0.0500
	每股净资产(元)	2.7260	2.7050	2.6580	2.6330
	调整后每股净资产(元)	–	–	–	–
	每股资本公积金(元)	0.9373	0.9373	0.9373	0.9373
	每股盈余公积金(元)	0.1831	0.1798	0.1778	0.1730
	每股未分配利润(元)	0.6073	0.5898	0.5453	0.5242
	每股现金净流量(元)	0.0077	–0.1777	–0.2463	–0.5262
	每股经营现金净流量(元)	0.1769	0.4040	0.0580	0.2990
	净资产收益率(扣除)(%)	–	–	–	1.7700
	净资产收益率(%)	1.8623	3.4200	1.7300	1.8300
	总资产(万)	253010.99	257183.81	230667.47	231536.98
	股东权益(万)	147979.34	146856.91	144324.47	142965.40
	主营业务收入(万)	–	–	–	–
	主营业务利润(万)	–	–	–	–
	营业务收入(万)	43930.67	87688.99	43734.88	69895.91
	营业务利润(万)	3230.88	5518.40	2988.16	3105.70
	投资收益(万)	–	–	–	–
	利润总额(万)	3309.24	5769.95	3014.35	3225.15
	净利润(万)	2755.80	5022.38	2494.08	2613.92

中金黄金股份有限公司

公司概况	公司名称	中金黄金股份有限公司			证券简称	中金黄金
	法人代表	孙兆学	董秘	李跃清	证券代码	600489
	公司网址	www.zjgold.com		电子信箱	lyq@zjgold.com	
	电　话	010-84117017、84133975		传　真	010-84110489、84133975	
	办公地址	北京市东城区柳荫公园南街1号				
	经营范围	黄金、有色金属的地质勘查、采选、冶炼的投资与管理等				

主要财务指标	指标\报告期	2009.06.30	2008.12.31	2008.06.30	2007.12.31
	每股收益(元)	0.2100	1.3500	0.8600	1.2500
	每股收益(扣除)(元)	0.2200	1.3300	0.8700	1.2500
	每股净资产(元)	5.1000	10.9700	10.8900	5.1400
	调整后每股净资产(元)	–	–	–	–
	每股资本公积金(元)	2.9681	7.7299	8.0645	3.4239
	每股盈余公积金(元)	0.1787	0.3930	0.1905	0.4397
	每股未分配利润(元)	0.9514	1.8456	1.6330	1.2619
	每股现金净流量(元)	0.4979	–1.6464	1.1939	2.9904
	每股经营现金净流量(元)	0.0704	0.2959	–0.5452	3.7976
	净资产收益率(扣除)(%)	–	–	–	24.2500
	净资产收益率(%)	4.0400	12.1500	7.7200	24.3200
	总资产(万)	959801.60	807648.91	738969.67	583578.27
	股东权益(万)	403066.65	394169.57	391277.29	171514.49
	主营业务收入(万)	–	–	–	–
	主营业务利润(万)	–	–	–	–
	营业务收入(万)	691865.70	1450289.87	871526.65	1252435.67
	营业务利润(万)	32020.07	85612.54	58287.55	91488.44
	投资收益(万)	–	–	–	–
	利润总额(万)	31067.86	88673.90	57822.78	90611.10
	净利润(万)	16268.56	47895.72	30214.42	41715.87

上海中科合臣股份有限公司

公司概况	公司名称	上海中科合臣股份有限公司			证券简称	中科合臣
	法人代表	黄山	董秘	冯玉光	证券代码	600490
	公司网址	www.synica.com.cn		电子信箱	600490@synica.com.cn	
	电　话	021-61677666		传　真	021-62429110	
	办公地址	上海市虹桥路2188弄41、47号楼				
	经营范围	基础化学原料制造(除化学危险品),销售化工原料及产品等				

主要财务指标	指标\报告期	2009.06.30	2008.12.31	2008.06.30	2007.12.31
	每股收益(元)	–0.2200	–0.3900	–0.1100	0.0400
	每股收益(扣除)(元)	–0.2200	–0.4200	–0.1200	0.0300
	每股净资产(元)	1.5860	1.8100	2.0800	2.1900
	调整后每股净资产(元)	–	–	–	–
	每股资本公积金(元)	1.0117	1.0117	1.0117	1.0117
	每股盈余公积金(元)	0.1166	0.1166	0.1166	0.1166
	每股未分配利润(元)	–0.5420	–0.3206	–0.0479	0.0661
	每股现金净流量(元)	–0.0094	–0.0784	–0.0469	–0.4694
	每股经营现金净流量(元)	–0.1901	–0.2305	–0.3710	–0.3053
	净资产收益率(扣除)(%)	–	–	–	1.2900
	净资产收益率(%)	–13.9600	–21.3900	–5.4800	1.9700
	总资产(万)	43376.76	45897.61	54186.84	49688.48
	股东权益(万)	20939.41	23861.92	27462.02	28966.50
	主营业务收入(万)	–	–	–	–
	主营业务利润(万)	–	–	–	–
	营业务收入(万)	3311.42	18173.71	9738.74	20351.84
	营业务利润(万)	–3025.70	–6222.94	–1830.96	493.20
	投资收益(万)	–	–	–	–
	利润总额(万)	–3022.66	–6219.45	–1770.97	512.37
	净利润(万)	–2922.51	–5104.58	–1504.48	571.17

龙元建设集团股份有限公司

公司概况	公司名称	龙元建设集团股份有限公司			证券简称	龙元建设
	法人代表	赖振元	董秘	朱占军	证券代码	600491
	公司网址	www.lycg.com.cn		电子信箱	stock@lycg.com.cn	
	电　话	021-65615689		传　真	021-65615689	
	办公地址	上海市逸仙路768号				
	经营范围	工业与民用建筑及公共设施的施工等				

主要财务指标	指标\报告期	2009.06.30	2008.12.31	2008.06.30	2007.12.31
	每股收益(元)	0.2488	0.3100	0.2503	0.4900
	每股收益(扣除)(元)	0.2388	0.2600	0.2478	0.4100
	每股净资产(元)	4.5100	3.8300	3.7700	3.6200
	调整后每股净资产(元)	–	–	–	–
	每股资本公积金(元)	1.3709	0.3721	0.3693	0.3693
	每股盈余公积金(元)	0.3005	0.3662	0.3259	0.3259
	每股未分配利润(元)	1.8444	2.0897	2.0712	1.9209
	每股现金净流量(元)	1.5964	0.4718	0.2787	0.1557
	每股经营现金净流量(元)	0.5836	0.1852	0.0812	0.2055
	净资产收益率(扣除)(%)	–	–	–	11.3400
	净资产收益率(%)	4.6900	8.0800	6.6500	13.6400
	总资产(万)	977543.07	877209.75	861247.83	795543.67
	股东权益(万)	213874.45	148742.78	146437.27	140607.02
	主营业务收入(万)	–	–	–	–
	主营业务利润(万)	–	–	–	–
	营业务收入(万)	354792.64	728713.54	358051.90	711622.17
	营业务利润(万)	13155.73	16249.15	13243.03	24352.54
	投资收益(万)	–	–	–	–
	利润总额(万)	13745.32	18937.83	13433.08	28811.12
	净利润(万)	10025.22	12019.00	9731.79	19181.63

福建凤竹纺织科技股份有限公司

公司概况	公司名称	福建凤竹纺织科技股份有限公司			证券简称	凤竹纺织
	法人代表	陈澄清	董秘	施福池	证券代码	600493
	公司网址	www.fengzhu.com.cn		电子信箱	shifuchi@fynex.com.cn	
	电　　话	0595-85656506		传　　真	0595-85656941	
	办公地址	福建省晋江市青阳凤竹工业区				
	经营范围	生产、加工针织、机织色布、漂染、染纱、服装，销售自产产品等				

	指标\报告期	2009.06.30	2008.12.31	2008.06.30	2007.12.31
主要财务指标	每股收益(元)	0.0377	0.0303	0.0603	0.2175
	每股收益(扣除)(元)	0.0104	0.0653	0.0690	0.1292
	每股净资产(元)	3.1974	3.1897	3.2200	3.3090
	调整后每股净资产(元)	–	–	–	–
	每股资本公积金(元)	1.4231	1.4231	1.4231	1.4231
	每股盈余公积金(元)	0.3969	0.3969	0.3931	0.3931
	每股未分配利润(元)	0.3774	0.3697	0.4034	0.4932
	每股现金净流量(元)	0.1003	–0.0031	–0.0353	0.1722
	每股经营现金净流量(元)	0.4414	0.5752	0.4236	–0.3140
	净资产收益率(扣除)(%)	–	–	–	3.9000
	净资产收益率(%)	1.1792	0.9500	1.8710	6.5700
	总资产(万)	111192.83	109461.13	111198.63	111441.51
	股东权益(万)	54355.89	54224.94	54733.86	56259.60
	主营业务收入(万)	–	–	–	–
	主营业务利润(万)	–	–	–	–
	营业务收入(万)	31609.12	71607.51	34602.28	67263.77
	营业务利润(万)	207.92	694.05	589.34	3382.26
	投资收益(万)	–	–	–	–
	利润总额(万)	715.21	655.67	1146.55	4472.17
	净利润(万)	640.95	515.34	1024.26	3697.88

晋西车轴股份有限公司

公司概况	公司名称	晋西车轴股份有限公司			证券简称	晋西车轴
	法人代表	牛建国	董秘	周海红	证券代码	600495
	公司网址	www.jinxiaxle.com.cn		电子信箱	stock@jinxiaxle.com.cn	
	电　　话	0351-6628286		传　　真	0351-6628281	
	办公地址	山西省太原市和平北路北巷5号				
	经营范围	铁路车辆配件、车轴、精密锻造产品生产、销售及相关技术咨询服务等				

	指标\报告期	2009.06.30	2008.12.31	2008.06.30	2007.12.31
主要财务指标	每股收益(元)	0.1100	0.7400	0.2889	0.5900
	每股收益(扣除)(元)	0.0900	0.7000	0.2907	0.4900
	每股净资产(元)	7.8700	5.2600	4.8100	4.6700
	调整后每股净资产(元)	–	–	–	–
	每股资本公积金(元)	5.6680	3.1103	2.2949	2.2949
	每股盈余公积金(元)	0.3256	0.5384	0.4462	0.4462
	每股未分配利润(元)	0.8767	1.7093	1.0663	0.9277
	每股现金净流量(元)	3.6613	0.4314	0.2596	–1.2642
	每股经营现金净流量(元)	0.3591	1.1107	0.1376	–0.9141
	净资产收益率(扣除)(%)	–	–	–	10.4400
	净资产收益率(%)	1.2800	14.0200	6.0100	12.6000
	总资产(万)	221101.45	154395.42	110659.91	88446.06
	股东权益(万)	132151.95	65430.09	49472.39	48046.03
	主营业务收入(万)	–	–	–	–
	主营业务利润(万)	–	–	–	–
	营业务收入(万)	57207.32	157300.55	68932.43	105024.02
	营业务利润(万)	836.32	9252.74	5220.30	7761.20
	投资收益(万)	–	–	–	–
	利润总额(万)	1154.26	10144.66	5187.14	8995.37
	净利润(万)	1688.50	7584.71	2972.71	6054.53

长江精工钢结构(集团)股份有限公司

公司概况	公司名称	长江精工钢结构(集团)股份有限公司			证券简称	精工钢构
	法人代表	方朝阳	董秘	沈月华	证券代码	600496
	公司网址	www.600496.com		电子信箱	office@jgsteel.cn	
	电　　话	0564-3631386 021-54452491-2222		传　　真	0564-3631386 021-54452496	
	办公地址	安徽省六安市经济技术开发区长江精工工业园				
	经营范围	生产销售轻型、高层、空间大跨度建筑用钢结构产品及新型墙体材料等				

	指标\报告期	2009.06.30	2008.12.31	2008.06.30	2007.12.31
主要财务指标	每股收益(元)	0.2680	0.3600	0.1404	0.2800
	每股收益(扣除)(元)	0.2212	0.3600	0.1375	0.2800
	每股净资产(元)	2.6500	2.4300	2.2900	3.3300
	调整后每股净资产(元)	–	–	–	–
	每股资本公积金(元)	0.6368	0.6145	0.6995	1.4181
	每股盈余公积金(元)	0.1440	0.1440	0.1254	0.1882
	每股未分配利润(元)	0.8779	0.6799	0.4805	0.7333
	每股现金净流量(元)	0.3026	–0.0998	–0.0740	–0.5351
	每股经营现金净流量(元)	0.3477	0.4749	0.2488	0.1110
	净资产收益率(扣除)(%)	–	–	–	9.1400
	净资产收益率(%)	10.1100	14.9500	6.1400	12.7800
	总资产(万)	395599.19	391789.09	404809.54	365838.77
	股东权益(万)	91424.03	83828.72	78912.00	76633.79
	主营业务收入(万)	–	–	–	–
	主营业务利润(万)	–	–	–	–
	营业务收入(万)	195577.01	458771.51	197828.61	313041.41
	营业务利润(万)	11581.94	14715.97	6392.41	10677.21
	投资收益(万)	–	–	–	–
	利润总额(万)	12115.23	15626.35	6547.73	13274.29
	净利润(万)	9247.12	12534.39	4845.23	9791.59

云南驰宏锌锗股份有限公司

公司概况	公司名称	云南驰宏锌锗股份有限公司			证券简称	驰宏锌锗
	法人代表	董英	董秘	赵明	证券代码	600497
	公司网址	www.chxz.com		电子信箱	ynchxz@chxz.com	
	电　　话	0874-8966698		传　　真	0874-8966699	
	办公地址	云南省曲靖市经济技术开发区				
	经营范围	铅锌锗系列产品的探矿、选矿、开采、冶炼、深加工及伴生有价金属综合回收等				

	指标\报告期	2009.06.30	2008.12.31	2008.06.30	2007.12.31
主要财务指标	每股收益(元)	0.0910	0.2000	0.2627	1.6900
	每股收益(扣除)(元)	0.0944	0.2200	0.2762	1.6410
	每股净资产(元)	2.9660	3.0100	3.1760	3.9220
	调整后每股净资产(元)	–	–	–	–
	每股资本公积金(元)	0.9824	0.9743	1.0402	2.5833
	每股盈余公积金(元)	0.4158	0.4211	0.3848	0.7859
	每股未分配利润(元)	0.5923	0.6533	0.7508	3.4745
	每股现金净流量(元)	0.1144	0.2760	0.1780	0.4123
	每股经营现金净流量(元)	0.6485	1.6421	0.8811	2.3864
	净资产收益率(扣除)(%)	–	–	–	41.8500
	净资产收益率(%)	3.0700	6.5000	8.2700	40.3600
	总资产(万)	554972.85	508778.85	549337.22	531127.38
	股东权益(万)	231346.82	234781.13	247714.19	305904.34
	主营业务收入(万)	–	–	–	–
	主营业务利润(万)	–	–	–	–
	营业务收入(万)	165971.51	464397.86	256522.43	611066.75
	营业务利润(万)	8298.64	20650.86	26194.64	152435.19
	投资收益(万)	–	–	–	–
	利润总额(万)	7991.76	18730.51	25040.09	150850.14
	净利润(万)	7100.07	15265.23	20489.93	131711.80

烽火通信科技股份有限公司

公司概况	公司名称	烽火通信科技股份有限公司		证券简称	烽火通信
	法人代表	童国华	董秘 熊向峰	证券代码	600498
	公司网址	www.fiberhome.com.cn		电子信箱	info@fiberhome.com.cn
	电　话	027-87693885		传　真	027-87691704
	办公地址	湖北省武汉市洪山区关东科技园东信路6号			
	经营范围	光纤通信设备及系统、光接入网设备、光纤、光缆、电缆等的科研开发、生产和销售等			

	指标\报告期	2009.06.30	2008.12.31	2008.06.30	2007.12.31
主要财务指标	每股收益(元)	0.3500	0.4300	0.2600	0.2580
	每股收益(扣除)(元)	0.3300	0.3600	0.2400	-0.0540
	每股净资产(元)	6.2000	6.0000	5.8300	5.6900
	调整后每股净资产(元)	-	-	-	-
	每股资本公积金(元)	4.1900	4.1900	4.1900	4.1900
	每股盈余公积金(元)	0.2465	0.2465	0.2155	0.2155
	每股未分配利润(元)	0.7592	0.5634	0.4230	0.2869
	每股现金净流量(元)	-1.4061	-0.4041	-0.8445	0.8220
	每股经营现金净流量(元)	-1.2152	0.5826	-0.7069	0.6055
	净资产收益率(扣除)(%)	-	-	-	-0.9500
	净资产收益率(%)	5.5800	7.1300	4.3900	4.5300
	总资产(万)	600870.10	565438.75	528142.89	497157.84
	股东权益(万)	254005.08	245972.91	238971.89	233390.96
	主营业务收入(万)	-	-	-	-
	主营业务利润(万)	-	-	-	-
	营业务收入(万)	194901.99	342696.17	131911.86	234709.43
	营业务利润(万)	14368.79	16695.79	10167.96	10153.64
	投资收益(万)	-	-	-	-
	利润总额(万)	18099.68	22632.34	12642.55	17746.63
	净利润(万)	14179.20	17526.76	10500.90	10568.76

广东科达机电股份有限公司

公司概况	公司名称	广东科达机电股份有限公司		证券简称	科达机电
	法人代表	卢勤	董秘 周和华	证券代码	600499
	公司网址	www.kedagroup.com		电子信箱	600499@kedachina.com.cn
	电　话	0757-23833869		传　真	0757-23833869
	办公地址	广东省佛山市顺德区陈村镇广隆工业园环镇西路1号			
	经营范围	陶瓷、石材、墙体材料、节能环保等建材机械设备制造等			

	指标\报告期	2009.06.30	2008.12.31	2008.06.30	2007.12.31
主要财务指标	每股收益(元)	0.1140	0.4600	0.1690	0.3100
	每股收益(扣除)(元)	0.0910	0.3300	0.1660	0.5900
	每股净资产(元)	2.4000	3.0700	5.7800	3.8100
	调整后每股净资产(元)	-	-	-	-
	每股资本公积金(元)	0.6303	1.1139	3.1592	1.3820
	每股盈余公积金(元)	0.1391	0.1809	0.2758	0.3175
	每股未分配利润(元)	0.6296	0.7705	1.3427	1.1048
	每股现金净流量(元)	0.1283	0.2959	1.8315	0.2935
	每股经营现金净流量(元)	0.2543	0.2654	0.3958	0.8122
	净资产收益率(扣除)(%)	-	-	-	15.5100
	净资产收益率(%)	4.7400	14.1500	6.6300	16.4900
	总资产(万)	158091.02	146041.11	167080.38	121452.15
	股东权益(万)	107208.57	105370.82	99329.39	56823.72
	主营业务收入(万)	-	-	-	-
	主营业务利润(万)	-	-	-	-
	营业务收入(万)	54266.06	115984.24	65211.04	126350.05
	营业务利润(万)	4461.89	11632.85	6604.98	12767.38
	投资收益(万)	-	-	-	-
	利润总额(万)	5689.57	17247.81	6811.69	13448.88
	净利润(万)	5085.29	14907.34	6582.14	9368.90

中化国际(控股)股份有限公司

公司概况	公司名称	中化国际(控股)股份有限公司		证券简称	中化国际
	法人代表	罗东江	董秘 刘翔	证券代码	600500
	公司网址	www.sinochemintl.com		电子信箱	intl@sinochem.com
	电　话	021-50498899		传　真	021-50470206、50490909
	办公地址	上海浦东新区世纪大道88号金茂大厦3区18层			
	经营范围	化工、橡胶、冶金能源行业的营销服务、产业投资以及石化产业的专业物流服务等			

	指标\报告期	2009.06.30	2008.12.31	2008.06.30	2007.12.31
主要财务指标	每股收益(元)	0.2100	0.4900	0.3600	0.5000
	每股收益(扣除)(元)	0.2100	0.3300	0.3500	0.3400
	每股净资产(元)	3.9500	3.7100	3.7600	4.0000
	调整后每股净资产(元)	-	-	-	-
	每股资本公积金(元)	1.4168	1.1905	1.3400	1.7787
	每股盈余公积金(元)	0.3005	0.3005	0.2884	0.2884
	每股未分配利润(元)	1.3056	1.2962	1.1799	0.9674
	每股现金净流量(元)	-0.2313	0.6994	1.0374	0.8457
	每股经营现金净流量(元)	0.3762	1.1691	0.4187	0.4333
	净资产收益率(扣除)(%)	-	-	-	7.5300
	净资产收益率(%)	5.3100	13.2300	9.6500	10.9500
	总资产(万)	1635112.66	1556395.63	1676122.90	1361689.44
	股东权益(万)	567319.09	533350.37	539834.59	574531.37
	主营业务收入(万)	-	-	-	-
	主营业务利润(万)	-	-	-	-
	营业务收入(万)	882314.29	2740177.01	1418540.46	1940955.93
	营业务利润(万)	43783.48	87672.60	72713.85	84996.93
	投资收益(万)	-	-	-	-
	利润总额(万)	45576.86	103011.43	74090.42	92832.41
	净利润(万)	30102.47	70577.44	52106.74	62913.58

航天晨光股份有限公司

公司概况	公司名称	航天晨光股份有限公司		证券简称	航天晨光
	法人代表	杜尧	董秘 邓在春	证券代码	600501
	公司网址	www.aerosun.cn		电子信箱	cfo@aerosun.cn
	电　话	025-52826005、52826030		传　真	025-52826039
	办公地址	江苏南京江宁经济技术开发区天元中路188号			
	经营范围	交通运输设备、管类产品及配件、压力容器、普通机械及配件等			

	指标\报告期	2009.06.30	2008.12.31	2008.06.30	2007.12.31
主要财务指标	每股收益(元)	0.0571	0.1145	0.0541	0.0848
	每股收益(扣除)(元)	0.0571	0.1030	0.0532	0.0834
	每股净资产(元)	3.0900	3.1300	3.2200	3.1900
	调整后每股净资产(元)	-	-	-	-
	每股资本公积金(元)	1.7558	1.7558	1.7036	1.8214
	每股盈余公积金(元)	0.1752	0.1752	0.1633	0.1633
	每股未分配利润(元)	0.1599	0.2028	0.3574	0.2017
	每股现金净流量(元)	-0.9835	0.3806	0.1494	0.5309
	每股经营现金净流量(元)	-0.2660	0.1975	-0.0828	0.2781
	净资产收益率(扣除)(%)	-	-	-	2.5700
	净资产收益率(%)	1.8500	3.6500	1.6800	2.6100
	总资产(万)	288798.76	300660.24	274385.17	252785.14
	股东权益(万)	100272.37	101663.64	104597.70	103371.03
	主营业务收入(万)	-	-	-	-
	主营业务利润(万)	-	-	-	-
	营业务收入(万)	85242.95	189563.63	81255.41	151652.82
	营业务利润(万)	2549.42	4960.50	1688.54	2317.88
	投资收益(万)	-	-	-	-
	利润总额(万)	2542.98	5313.40	1722.82	2434.81
	净利润(万)	1852.76	3715.16	1755.21	2698.71

安徽水利开发股份有限公司

公司概况	公司名称	安徽水利开发股份有限公司			证券简称	安徽水利
	法人代表	王敬敏	董秘	牛晓峰	证券代码	600502
	公司网址	www.cahsl.com		电子信箱	ahslzqb@163.com	
	电　话	0552-3950553		传　真	0552-3950276	
	办公地址	安徽省蚌埠市东海大道张公山南侧				
	经营范围	工程施工及房地产开发业务等				

	指标\报告期	2009.06.30	2008.12.31	2008.06.30	2007.12.31
主要财务指标	每股收益(元)	0.0700	0.1110	0.0700	0.1070
	每股收益(扣除)(元)	0.0500	0.1100	0.0500	0.0800
	每股净资产(元)	2.5650	2.5200	2.4800	3.1900
	调整后每股净资产(元)	–	–	–	–
	每股资本公积金(元)	0.7170	0.7170	0.7259	1.2987
	每股盈余公积金(元)	0.1867	0.1867	0.0959	0.1246
	每股未分配利润(元)	0.6623	0.6131	0.6584	0.7708
	每股现金净流量(元)	0.6765	–0.1047	–0.0995	0.1949
	每股经营现金净流量(元)	0.7653	–0.3979	–0.2973	0.8271
	净资产收益率(扣除)(%)	–	–	–	3.1300
	净资产收益率(%)	2.7000	4.4100	2.6400	4.3700
	总资产(万)	282169.08	282940.44	233026.57	249474.55
	股东权益(万)	57226.24	56128.00	55328.38	54810.20
	主营业务收入(万)	–	–	–	–
	主营业务利润(万)	–	–	–	–
	营业务收入(万)	93446.24	184387.83	92643.96	164394.99
	营业务利润(万)	1838.50	4570.26	1687.15	4373.05
	投资收益(万)	–	–	–	–
	利润总额(万)	2463.10	4161.77	2152.79	4777.41
	净利润(万)	1543.88	2476.43	1461.18	2397.38

华丽家族股份有限公司

公司概况	公司名称	华丽家族股份有限公司			证券简称	华丽家族
	法人代表	王伟林	董秘	金鑫	证券代码	600503
	公司网址	www.deluxe-family.com		电子信箱	dmb@deluxe-family.com	
	电　话	021-62376199		传　真	021-62376089	
	办公地址	上海市虹桥路 2272 号虹桥商务中心 3 楼 L 座				
	经营范围	房地产开发经营,房屋土地建设和房屋出售,租赁,物业管理等				

	指标\报告期	2009.06.30	2008.12.31	2008.06.30	2007.12.31
主要财务指标	每股收益(元)	0.1500	0.4200	0.1400	0.2600
	每股收益(扣除)(元)	0.1400	0.4100	0.1300	0.2300
	每股净资产(元)	2.0900	1.9300	2.0300	0.7600
	调整后每股净资产(元)	–	–	–	–
	每股资本公积金(元)	0.0479	0.0479	0.4081	1.6297
	每股盈余公积金(元)	0.0889	0.0889	0.0602	0.2809
	每股未分配利润(元)	0.9498	0.7952	0.5650	3.4890
	每股现金净流量(元)	0.5955	0.5597	0.0112	–0.0312
	每股经营现金净流量(元)	–0.1341	–0.0052	–0.2040	1.2830
	净资产收益率(扣除)(%)	–	–	–	13.2500
	净资产收益率(%)	7.4100	20.1100	5.7100	14.6700
	总资产(万)	297421.20	274800.62	286620.31	270395.53
	股东权益(万)	110034.20	101882.42	104380.25	70395.15
	主营业务收入(万)	–	–	–	–
	主营业务利润(万)	–	–	–	–
	营业务收入(万)	5599.68	82071.09	21600.97	47434.97
	营业务利润(万)	9041.70	33850.32	7970.35	16519.66
	投资收益(万)	–	–	–	–
	利润总额(万)	10154.12	34489.27	8140.44	18245.52
	净利润(万)	8153.09	20487.28	5962.58	10326.88

四川西昌电力股份有限公司

公司概况	公司名称	四川西昌电力股份有限公司			证券简称	西昌电力
	法人代表	何永祥	董秘	何永祥	证券代码	600505
	公司网址	www.xcep.com.cn		电子信箱	xcdlgs@163.net	
	电　话	0834-3830101、3830167		传　真	0834-3830169	
	办公地址	四川省西昌市胜利路 66 号				
	经营范围	生产、开发电力产品及发、供、用电设备,发电、供电、电力、电子设计、安装、调试等				

	指标\报告期	2009.06.30	2008.12.31	2008.06.30	2007.12.31
主要财务指标	每股收益(元)	0.3321	0.1906	0.0601	0.1453
	每股收益(扣除)(元)	0.0386	0.2192	0.0617	0.1994
	每股净资产(元)	1.0136	0.6800	0.5600	0.5000
	调整后每股净资产(元)	–	–	–	–
	每股资本公积金(元)	0.2090	0.2090	0.2216	0.2216
	每股盈余公积金(元)	0.1373	0.1373	0.1373	0.1373
	每股未分配利润(元)	–0.3327	–0.6647	–0.7951	–0.8553
	每股现金净流量(元)	0.0056	–0.0295	0.0188	0.0263
	每股经营现金净流量(元)	0.1664	0.4470	0.1590	0.2373
	净资产收益率(扣除)(%)	–	–	–	–
	净资产收益率(%)	32.7600	27.9600	10.6700	28.8500
	总资产(万)	168006.46	165309.94	169399.62	165298.02
	股东权益(万)	36953.67	24847.37	20554.13	18361.37
	主营业务收入(万)	–	–	–	–
	主营业务利润(万)	–	–	–	–
	营业务收入(万)	16924.19	39444.80	18435.14	33300.11
	营业务利润(万)	1702.66	8362.19	2657.91	5684.60
	投资收益(万)	–	–	–	–
	利润总额(万)	12401.31	8309.61	2592.37	5555.94
	净利润(万)	12106.30	6947.33	2192.76	5297.84

新疆库尔勒香梨股份有限公司

公司概况	公司名称	新疆库尔勒香梨股份有限公司			证券简称	*ST 香梨
	法人代表	雷洪	董秘	侯东洋	证券代码	600506
	公司网址			电子信箱	xlgf_dmb@163.com	
	电　话	0996-2115936		传　真	0996-2115935	
	办公地址	新疆维吾尔自治区库尔勒市圣果路圣果名苑				
	经营范围	农业,林业,果业的种植,农副产品的加工和销售等				

	指标\报告期	2009.06.30	2008.12.31	2008.06.30	2007.12.31
主要财务指标	每股收益(元)	–0.0559	–0.7800	0.0046	–0.2000
	每股收益(扣除)(元)	–0.0560	–0.7500	–0.0543	–0.1900
	每股净资产(元)	1.6439	1.7000	2.4900	2.4800
	调整后每股净资产(元)	–	–	–	–
	每股资本公积金(元)	1.5164	1.5164	1.5164	1.5164
	每股盈余公积金(元)	0.2315	0.2315	0.2315	0.2315
	每股未分配利润(元)	–1.1039	–1.0480	–0.2616	–0.2635
	每股现金净流量(元)	0.0281	0.0942	0.1562	–0.0260
	每股经营现金净流量(元)	0.0374	0.1519	0.1946	0.2834
	净资产收益率(扣除)(%)	–	–	–	–0.0767
	净资产收益率(%)	–3.3400	–0.4620	0.1800	–0.0822
	总资产(万)	39288.48	40037.20	52149.38	57419.93
	股东权益(万)	24282.17	25108.15	36723.93	36696.54
	主营业务收入(万)	–	–	–	–
	主营业务利润(万)	–	–	–	–
	营业务收入(万)	333.80	2139.38	345.85	4143.36
	营业务利润(万)	–826.51	–11635.83	–803.70	–2603.56
	投资收益(万)	–	–	–	–
	利润总额(万)	–825.97	–11859.15	65.30	–2806.00
	净利润(万)	–825.97	–11588.39	67.39	–3016.50

南昌长力钢铁股份有限公司

公司概况	公司名称	南昌长力钢铁股份有限公司			证券简称	长力股份
	法人代表	钟崇武	董秘	田小龙	证券代码	600507
	公司网址	www.changli-steels.com		电子信箱	clgf600507@yahoo.com.cn	
	电　话	0791-8394025、8394075		传　真	0791-8386926	
	办公地址	江西省南昌市青山湖区冶金大道475号				
	经营范围	黑色金属冶炼及其压延加工产品及其副产品的制造、销售等				

主要财务指标	指标\报告期	2009.06.30	2008.12.31	2008.06.30	2007.12.31
	每股收益(元)	-0.0270	0.0100	0.0120	0.4300
	每股收益(扣除)(元)	0.0730	0.0100	0.0140	0.2700
	每股净资产(元)	2.5250	2.5500	2.5100	2.5800
	调整后每股净资产(元)	-	-	-	-
	每股资本公积金(元)	0.9482	0.9480	0.9233	0.9443
	每股盈余公积金(元)	0.1420	0.1420	0.1403	0.1420
	每股未分配利润(元)	0.4356	0.4626	0.4442	0.5078
	每股现金净流量(元)	0.2300	1.0941	0.2355	-0.1286
	每股经营现金净流量(元)	0.0751	1.5419	-0.0499	0.2738
	净资产收益率(扣除)(%)	-	-	-	10.5600
	净资产收益率(%)	-1.0700	0.5800	0.4700	16.5100
	总资产(万)	691409.59	655515.39	601675.69	541897.70
	股东权益(万)	172888.57	174723.79	171654.97	176392.56
	主营业务收入(万)	-	-	-	-
	主营业务利润(万)	-	-	-	-
	营业务收入(万)	511400.40	1343236.81	764737.06	1320007.46
	营业务利润(万)	5827.23	1409.85	1696.59	35193.36
	投资收益(万)	-	-	-	-
	利润总额(万)	-1689.77	1769.55	1442.39	34056.64
	净利润(万)	-1849.22	1018.47	802.56	29322.39

上海大屯能源股份有限公司

公司概况	公司名称	上海大屯能源股份有限公司			证券简称	上海能源
	法人代表	纪四平	董秘	戚后勤	证券代码	600508
	公司网址	www.sdtny.com		电子信箱	shdtny@sh163.net	
	电　话	021-68864621		传　真	021-68865615	
	办公地址	上海市浦东新区浦东南路256号(华夏银行大厦12层)				
	经营范围	煤炭开采,洗选加工,煤炭销售,铁路运输,矿山采掘设备、洗选设备等				

主要财务指标	指标\报告期	2009.06.30	2008.12.31	2008.06.30	2007.12.31
	每股收益(元)	0.5920	1.5400	0.8000	0.8600
	每股收益(扣除)(元)	0.5940	1.5300	0.7900	0.8600
	每股净资产(元)	5.9300	5.7200	4.6800	4.2500
	调整后每股净资产(元)	-	-	-	-
	每股资本公积金(元)	1.0919	1.0919	1.2510	1.0919
	每股盈余公积金(元)	0.4550	0.5851	0.4244	0.4940
	每股未分配利润(元)	3.2146	3.0428	2.0009	1.6649
	每股现金净流量(元)	0.4418	0.6060	1.4473	0.0132
	每股经营现金净流量(元)	0.9549	2.1921	1.9651	0.9704
	净资产收益率(扣除)(%)	-	26.6800	-	20.1400
	净资产收益率(%)	9.9700	26.9100	17.0100	20.2400
	总资产(万)	760817.56	741811.18	693371.28	600095.41
	股东权益(万)	428611.17	413379.71	337959.56	307216.20
	主营业务收入(万)	-	-	-	-
	主营业务利润(万)	-	-	-	-
	营业务收入(万)	322234.66	689510.85	377705.02	520434.00
	营业务利润(万)	56478.21	140895.19	75898.62	83793.76
	投资收益(万)	-	-	-	-
	利润总额(万)	56778.99	140358.08	76126.81	83334.91
	净利润(万)	42746.47	111222.54	57493.22	62172.37

新疆天富热电股份有限公司

公司概况	公司名称	新疆天富热电股份有限公司			证券简称	天富热电
	法人代表	刘伟	董秘	许锐敏	证券代码	600509
	公司网址	www.tfrd.com.cn		电子信箱	tfrd.600509@163.com	
	电　话	0993-2902860、2901128		传　真	0993-2901728、2901128	
	办公地址	新疆石河子市红星路54号				
	经营范围	火电、水电、供电、供热、发、送变电设备安装、电力设计等				

主要财务指标	指标\报告期	2009.06.30	2008.12.31	2008.06.30	2007.12.31
	每股收益(元)	0.0300	0.1200	0.0400	0.3200
	每股收益(扣除)(元)	0.0200	0.0900	0.0400	0.3300
	每股净资产(元)	2.8100	2.7800	2.7700	5.6000
	调整后每股净资产(元)	-	-	-	-
	每股资本公积金(元)	1.5025	1.5025	1.5488	4.0977
	每股盈余公积金(元)	0.1120	0.1120	0.1037	0.2075
	每股未分配利润(元)	0.1956	0.1690	0.1205	0.2930
	每股现金净流量(元)	0.4378	-1.1194	-0.4330	1.7926
	每股经营现金净流量(元)	0.5960	0.4040	0.0908	1.4716
	净资产收益率(扣除)(%)	-	-	-	4.6600
	净资产收益率(%)	0.9500	3.6200	1.5900	4.4900
	总资产(万)	679082.79	657879.66	651084.90	629785.77
	股东权益(万)	184258.63	182514.34	181825.74	183532.40
	主营业务收入(万)	-	-	-	-
	主营业务利润(万)	-	-	-	-
	营业务收入(万)	63118.17	135466.41	55379.27	119393.40
	营业务利润(万)	2209.34	6547.81	3167.99	7266.65
	投资收益(万)	-	-	-	-
	利润总额(万)	2620.13	8668.70	3232.07	7813.95
	净利润(万)	1744.29	6611.22	2883.22	8241.60

黑牡丹(集团)股份有限公司

公司概况	公司名称	黑牡丹(集团)股份有限公司			证券简称	黑牡丹
	法人代表	胥大有	董秘	许晨坪	证券代码	600510
	公司网址	www.chinadenim.com		电子信箱	600510@chinadenim.com	
	电　话	0519-8166510		传　真	0519-88109996-360	
	办公地址	江苏省常州市劳动中路80号				
	经营范围	针纺织品、服装的制造、加工,棉花收购、加工、销售等				

主要财务指标	指标\报告期	2009.06.30	2008.12.31	2008.06.30	2007.12.31
	每股收益(元)	0.2400	0.0100	-0.0200	0.1900
	每股收益(扣除)(元)	0.2380	0.0500	0.0003	0.1200
	每股净资产(元)	4.2535	4.0800	2.2600	2.4400
	调整后每股净资产(元)	-	-	-	-
	每股资本公积金(元)	2.0900	4.6440	0.6716	0.6723
	每股盈余公积金(元)	0.2964	0.5380	0.3653	0.3653
	每股未分配利润(元)	0.8676	1.2209	0.2282	0.3987
	每股现金净流量(元)	0.8206	-0.0490	-0.9064	0.1844
	每股经营现金净流量(元)	-0.1206	0.2326	0.8979	0.3173
	净资产收益率(扣除)(%)	-	-	-	2.3300
	净资产收益率(%)	5.7400	0.3600	-0.5300	7.8700
	总资产(万)	710173.42	595201.37	142385.55	130337.21
	股东权益(万)	338373.41	324485.72	99287.10	106814.48
	主营业务收入(万)	-	-	-	-
	主营业务利润(万)	-	-	-	-
	营业务收入(万)	121045.93	85864.25	76496.78	98376.56
	营业务利润(万)	26048.98	-64.87	-1421.88	8599.36
	投资收益(万)	-	-	-	-
	利润总额(万)	26030.44	377.72	-1328.95	9225.29
	净利润(万)	19472.63	367.24	-1647.64	8450.49

国药集团药业股份有限公司

公司概况	公司名称	国药集团药业股份有限公司			证券简称	国药股份
	法人代表	龚家申	董秘	吕致远	证券代码	600511
	公司网址	www.cncm.com.cn		电子信箱	lvzhiyuan2001@sohu.com	
	电　话	010-67262920		传　真	010-67260194	
	办公地址	北京市崇文区永外三元西巷甲12号				
	经营范围	中成药、化学药制剂、化学原料药、抗生素、生化药品、生物制品、麻醉药品等				

	指标\报告期	2009.06.30	2008.12.31	2008.06.30	2007.12.31
主要财务指标	每股收益(元)	0.2633	0.8096	0.4481	0.5476
	每股收益(扣除)(元)	0.2507	0.8065	0.4480	0.5498
	每股净资产(元)	1.9500	3.4700	3.1100	2.8900
	调整后每股净资产(元)	–	–	–	–
	每股资本公积金(元)	0.1040	0.6562	0.6586	2.0377
	每股盈余公积金(元)	0.1714	0.3428	0.2659	0.4786
	每股未分配利润(元)	0.6749	1.4733	1.1887	1.6831
	每股现金净流量(元)	0.2145	–0.2225	–0.3660	0.8484
	每股经营现金净流量(元)	0.2303	0.9068	0.2708	0.5976
	净资产收益率(扣除)(%)	–	–	–	19.0300
	净资产收益率(%)	13.5000	23.3200	14.3900	18.9600
	总资产(万)	218594.01	199687.35	203169.30	195598.09
	股东权益(万)	93380.14	83126.54	74530.79	69152.49
	主营业务收入(万)	–	–	–	–
	主营业务利润(万)	–	–	–	–
	营业务收入(万)	248019.08	438547.25	214941.68	357378.80
	营业务利润(万)	15692.27	22096.29	12762.60	19443.09
	投资收益(万)	–	–	–	–
	利润总额(万)	16499.41	25073.84	14197.88	19389.76
	净利润(万)	12605.00	19382.59	10727.16	13110.24

腾达建设集团股份有限公司

公司概况	公司名称	腾达建设集团股份有限公司			证券简称	腾达建设
	法人代表	叶洋友	董秘	徐笑白	证券代码	600512
	公司网址	www.tengdajs. com		电子信箱	zqb@tengdajs.com	
	电　话	021-68406906		传　真	021-68406906	
	办公地址	浙江省台州市路桥大道东一号				
	经营范围	市政工程建筑(资质特级);公路工程施工(资质壹级)				

	指标\报告期	2009.06.30	2008.12.31	2008.06.30	2007.12.31
主要财务指标	每股收益(元)	0.0460	0.0800	0.0710	0.1600
	每股收益(扣除)(元)	0.0380	0.0700	0.0630	0.1700
	每股净资产(元)	2.8100	2.7700	2.7600	1.7600
	调整后每股净资产(元)	–	–	–	–
	每股资本公积金(元)	1.2878	1.2878	1.2878	0.2100
	每股盈余公积金(元)	0.1626	0.1626	0.1587	0.1830
	每股未分配利润(元)	0.3631	0.3171	0.3102	0.3699
	每股现金净流量(元)	–0.1785	0.7098	0.3704	–0.2107
	每股经营现金净流量(元)	–0.0518	–0.3853	–0.1771	0.3960
	净资产收益率(扣除)(%)	–	–	–	9.5300
	净资产收益率(%)	1.6300	2.9000	2.5200	9.0800
	总资产(万)	268166.90	266487.90	221681.56	189469.17
	股东权益(万)	103669.75	101976.10	101576.47	56320.00
	主营业务收入(万)	–	–	–	–
	主营业务利润(万)	–	–	–	–
	营业务收入(万)	69579.15	181373.16	74313.25	157488.19
	营业务利润(万)	1882.39	3624.53	3053.87	8158.76
	投资收益(万)	–	–	–	–
	利润总额(万)	2280.72	4100.21	3423.10	8444.96
	净利润(万)	1693.65	2959.81	2560.19	5112.82

江苏联环药业股份有限公司

公司概况	公司名称	江苏联环药业股份有限公司			证券简称	联环药业
	法人代表	姚兴田	董秘	王旻旻	证券代码	600513
	公司网址	www.lhpharma.com		电子信箱	Lianhuan@vip.sina.com	
	电　话	0514-87813082		传　真	0514-87815079	
	办公地址	江苏省扬州市文峰路21号				
	经营范围	制造和销售化学原料药、化学药制剂、有机中间体等				

	指标\报告期	2009.06.30	2008.12.31	2008.06.30	2007.12.31
主要财务指标	每股收益(元)	0.1000	0.1500	0.0800	0.1100
	每股收益(扣除)(元)	0.0900	0.1000	0.0600	0.0300
	每股净资产(元)	3.1600	3.1100	3.0500	4.4500
	调整后每股净资产(元)	–	–	–	–
	每股资本公积金(元)	1.2172	1.2172	1.2177	2.3266
	每股盈余公积金(元)	0.1443	0.1443	0.1294	0.1941
	每股未分配利润(元)	0.7977	0.7521	0.6987	0.9314
	每股现金净流量(元)	–0.1025	–0.1362	–0.2820	0.1189
	每股经营现金净流量(元)	–0.0701	0.1938	–0.0842	0.1339
	净资产收益率(扣除)(%)	–	–	–	0.9700
	净资产收益率(%)	3.0300	4.6900	2.5500	3.8000
	总资产(万)	36262.56	35966.39	34788.43	35765.68
	股东权益(万)	28433.48	28022.26	27412.42	26712.07
	主营业务收入(万)	–	–	–	–
	主营业务利润(万)	–	–	–	–
	营业务收入(万)	11947.71	22537.29	10837.61	19478.32
	营业务利润(万)	994.48	1206.07	811.98	805.91
	投资收益(万)	–	–	–	–
	利润总额(万)	1032.22	1727.11	1026.05	1796.30
	净利润(万)	861.22	1314.47	700.35	1014.67

海南筑信投资股份有限公司

公司概况	公司名称	海南筑信投资股份有限公司			证券简称	ST 筑信
	法人代表	李爱国	董秘	陈煜	证券代码	600515
	公司网址	www.zhuxin.biz		电子信箱	zxgf@zhuxin.biz	
	电　话	0898-68530096、68510299		传　真	0898-68513887	
	办公地址	海南省海口市滨海大道南洋大厦15层				
	经营范围	高科技及信息产业、工业、农牧渔业、商业、旅游业的投资经营等				

	指标\报告期	2009.06.30	2008.12.31	2008.06.30	2007.12.31
主要财务指标	每股收益(元)	–0.0090	–0.2580	–0.0070	0.4950
	每股收益(扣除)(元)	–0.0090	–0.0610	–0.0070	–0.0210
	每股净资产(元)	0.2040	0.2120	0.4613	0.4690
	调整后每股净资产(元)	–	–	–	–
	每股资本公积金(元)	0.3330	0.3330	0.3307	0.3307
	每股盈余公积金(元)	0.1510	0.1510	0.1510	0.1510
	每股未分配利润(元)	–1.2802	–1.2716	–1.0204	–1.0132
	每股现金净流量(元)	–0.0516	0.0048	–0.0408	–0.0072
	每股经营现金净流量(元)	0.0692	0.0693	0.0493	–0.0872
	净资产收益率(扣除)(%)	–	–	–	–4.2300
	净资产收益率(%)	–4.2030	–121.6700	–1.5700	97.9200
	总资产(万)	89205.28	89296.79	88817.18	90022.38
	股东权益(万)	6024.60	6277.63	13634.07	13847.94
	主营业务收入(万)	–	–	–	–
	主营业务利润(万)	–	–	–	–
	营业务收入(万)	17877.16	32068.47	16749.78	26896.74
	营业务利润(万)	–29.38	–1442.83	17.27	–545.59
	投资收益(万)	–	–	–	–
	利润总额(万)	–21.56	–7281.53	23.44	15167.63
	净利润(万)	–253.21	–7638.17	–213.87	13559.34

方大炭素新材料科技股份有限公司

公司概况	公司名称	方大炭素新材料科技股份有限公司		证券简称	方大炭素
	法人代表	闫奎兴	董秘 马杰	证券代码	600516
	公司网址	www.fdtsgs.com		电子信箱	mj205@126.com
	电话	0931-6239219		传真	0931-6239221
	办公地址	甘肃省兰州市红古区海石湾镇2号街坊354号			
	经营范围	石墨及炭素制品的生产加工、批发零售、科技开发			

主要财务指标	指标\报告期	2009.06.30	2008.12.31	2008.06.30	2007.12.31
	每股收益(元)	0.2226	0.9525	0.5288	0.4794
	每股收益(扣除)(元)	0.1234	0.7217	0.5030	0.4260
	每股净资产(元)	4.1047	4.1300	2.4200	1.8800
	调整后每股净资产(元)	–	–	–	–
	每股资本公积金(元)	1.8362	1.8344	0.8160	0.7577
	每股盈余公积金(元)	0.1138	0.1138	0.0489	0.1286
	每股未分配利润(元)	1.1548	1.1781	0.5533	0.5737
	每股现金净流量(元)	–0.0413	1.1483	0.0645	0.3507
	每股经营现金净流量(元)	0.0963	–0.4751	0.1749	0.4494
	净资产收益率(扣除)(%)	–	–	–	–
	净资产收益率(%)	5.4200	20.6600	21.8700	25.5600
	总资产(万)	606256.13	571125.86	404348.79	339357.48
	股东权益(万)	262512.26	263895.26	126874.91	98400.49
	主营业务收入(万)	–	–	–	–
	主营业务利润(万)	–	–	–	–
	营业务收入(万)	101507.63	334269.81	153316.04	207279.31
	营业务利润(万)	8989.35	75666.89	37336.65	35155.02
	投资收益(万)	–	–	–	–
	利润总额(万)	17455.92	81004.57	39124.42	39108.00
	净利润(万)	14238.78	54531.07	27742.42	25150.47

上海置信电气股份有限公司

公司概况	公司名称	上海置信电气股份有限公司		证券简称	置信电气
	法人代表	徐锦鑫	董秘 彭永锋	证券代码	600517
	公司网址	www.zhixindianqi.com.cn		电子信箱	zhixin@sh-zx.com.cn
	电话	021-62623388		传真	021-62610088
	办公地址	上海市虹桥路2239号			
	经营范围	电气领域内的科技咨询、技术开发、转让、服务、生产销售自身开发的产品			

主要财务指标	指标\报告期	2009.06.30	2008.12.31	2008.06.30	2007.12.31
	每股收益(元)	0.2200	0.5130	0.2100	0.4400
	每股收益(扣除)(元)	0.2100	0.5110	0.2000	0.3700
	每股净资产(元)	1.7100	2.2800	1.9900	3.6100
	调整后每股净资产(元)	–	–	–	–
	每股资本公积金(元)	0.1294	0.4940	0.4980	1.4959
	每股盈余公积金(元)	0.0712	0.1067	0.0761	0.1258
	每股未分配利润(元)	0.5132	0.6831	0.4141	0.9884
	每股现金净流量(元)	–0.6821	0.5706	–0.6221	1.7363
	每股经营现金净流量(元)	–0.1135	0.7511	–0.5604	0.4329
	净资产收益率(扣除)(%)	–	–	–	19.8400
	净资产收益率(%)	13.1000	22.4480	10.7200	23.8200
	总资产(万)	162376.76	177128.66	126460.89	127060.82
	股东权益(万)	106030.87	94201.59	82003.74	74454.78
	主营业务收入(万)	–	–	–	–
	主营业务利润(万)	–	–	–	–
	营业务收入(万)	72029.59	159572.48	70593.52	125823.75
	营业务利润(万)	18857.19	28448.59	11712.65	22381.02
	投资收益(万)	–	–	–	–
	利润总额(万)	19745.69	28556.38	11606.29	22419.85
	净利润(万)	13891.63	21146.63	8792.21	17731.39

康美药业股份有限公司

公司概况	公司名称	康美药业股份有限公司		证券简称	康美药业
	法人代表	马兴田	董秘 邱锡伟	证券代码	600518
	公司网址	www.kangmei.com.cn		电子信箱	kangmei@126.com
	电话	0663-2917777*8009		传真	0663-2916111
	办公地址	广东省普宁市流沙镇长春路中段			
	经营范围	生产片剂、胶囊剂,原料药,中药饮片,颗粒剂等			

主要财务指标	指标\报告期	2009.06.30	2008.12.31	2008.06.30	2007.12.31
	每股收益(元)	0.1410	0.3850	0.1670	0.2610
	每股收益(扣除)(元)	0.1400	0.3810	0.1700	0.2460
	每股净资产(元)	2.3480	3.8150	3.4750	4.6250
	调整后每股净资产(元)	–	–	–	–
	每股资本公积金(元)	1.0673	1.9213	1.8428	2.7509
	每股盈余公积金(元)	0.0636	0.1410	0.0980	0.1534
	每股未分配利润(元)	0.2167	0.7526	0.5341	0.7209
	每股现金净流量(元)	0.7114	–0.0469	0.3282	1.5901
	每股经营现金净流量(元)	0.0569	0.0039	0.0913	0.3190
	净资产收益率(扣除)(%)	–	–	–	7.1400
	净资产收益率(%)	5.5300	10.1000	4.8000	7.5900
	总资产(万)	584463.12	420858.55	397962.69	323970.54
	股东权益(万)	397760.91	291611.48	265619.18	235699.76
	主营业务收入(万)	–	–	–	–
	主营业务利润(万)	–	–	–	–
	营业务收入(万)	119451.48	172716.42	82389.15	129405.67
	营业务利润(万)	25303.88	33378.01	16894.35	24119.24
	投资收益(万)	–	–	–	–
	利润总额(万)	25445.37	33732.84	16616.61	25165.84
	净利润(万)	21990.28	29457.54	12740.08	17880.95

贵州茅台酒股份有限公司

公司概况	公司名称	贵州茅台酒股份有限公司		证券简称	贵州茅台
	法人代表	袁仁国	董秘 樊宁屏	证券代码	600519
	公司网址	www.moutaichina.com		电子信箱	fnp@moutaichina.com
	电话	0852-2386002		传真	0852-2386005
	办公地址	贵州省仁怀市茅台镇			
	经营范围	贵州茅台酒系列产品的生产与销售;饮料、食品、包装材料的生产与销售等			

主要财务指标	指标\报告期	2009.06.30	2008.12.31	2008.06.30	2007.12.31
	每股收益(元)	2.9600	4.0300	2.3700	3.0000
	每股收益(扣除)(元)	2.9600	4.0300	2.3800	3.0000
	每股净资产(元)	13.7100	11.9100	10.2600	8.7200
	调整后每股净资产(元)	–	–	–	–
	每股资本公积金(元)	1.4568	1.4568	1.4569	1.4568
	每股盈余公积金(元)	1.4242	1.0607	1.0558	0.8882
	每股未分配利润(元)	9.8335	8.3966	6.7487	5.3793
	每股现金净流量(元)	–0.3157	3.5717	0.3636	0.2633
	每股经营现金净流量(元)	0.5808	5.5600	1.5847	1.8471
	净资产收益率(扣除)(%)	–	–	–	34.4100
	净资产收益率(%)	21.5600	33.7900	23.1200	34.3800
	总资产(万)	1597375.00	1575418.78	1127609.71	1048147.18
	股东权益(万)	1294381.32	1124456.95	968468.68	823410.58
	主营业务收入(万)	–	–	–	–
	主营业务利润(万)	–	–	–	–
	营业务收入(万)	554600.60	824168.56	461971.73	723743.07
	营业务利润(万)	390494.64	539038.49	314412.27	452534.10
	投资收益(万)	–	–	–	–
	利润总额(万)	390579.92	538530.06	313552.43	452202.50
	净利润(万)	279027.65	379948.06	223956.11	283083.16

铜陵三佳科技股份有限公司

公司概况	公司名称	铜陵三佳科技股份有限公司		证券简称	三佳科技
	法人代表	黄言勇	董秘 韩义民	证券代码	600520
	公司网址	www.chinatrinity.com		电子信箱	dm@chinatrinity.com
	电　话	0562-2627520		传　真	0562-2627506
	办公地址	安徽省铜陵市石城路电子工业区			
	经营范围	精密工装模具、化学建材模具、化学建材、环保设备、环保检测设备、机械设备等			

主要财务指标	指标\报告期	2009.06.30	2008.12.31	2008.06.30	2007.12.31
	每股收益(元)	-0.1500	0.0300	0.0090	-0.1347
	每股收益(扣除)(元)	-0.1500	0.0263	0.0040	-0.2200
	每股净资产(元)	2.2100	2.3600	2.2600	2.3300
	调整后每股净资产(元)	-	-	-	-
	每股资本公积金(元)	0.8982	0.8982	0.8982	0.8982
	每股盈余公积金(元)	0.1075	0.1075	0.0990	0.0990
	每股未分配利润(元)	0.2048	0.3544	0.2605	0.3332
	每股现金净流量(元)	-0.1256	0.2016	0.2397	-0.0008
	每股经营现金净流量(元)	-0.0020	0.2783	0.1209	0.3159
	净资产收益率(扣除)(%)	-	-	-	-7.7000
	净资产收益率(%)	-6.7600	1.2600	0.3800	-5.7800
	总资产(万)	41410.80	45054.90	47498.06	45143.98
	股东权益(万)	24987.58	26678.50	25521.12	26342.09
	主营业务收入(万)	-	-	-	-
	主营业务利润(万)	-	-	-	-
	营业务收入(万)	7442.20	21237.17	11907.96	25424.59
	营业务利润(万)	-2052.57	-95.15	81.80	-2304.76
	投资收益(万)	-	-	-	-
	利润总额(万)	-2037.79	180.02	146.81	-1875.10
	净利润(万)	-1690.93	336.42	97.59	-1522.54

浙江华海药业股份有限公司

公司概况	公司名称	浙江华海药业股份有限公司		证券简称	华海药业
	法人代表	陈保华	董秘 祝永华	证券代码	600521
	公司网址	www.huahaipharm.com		电子信箱	600521@huahaipharm.com
	电　话	0576-85991096		传　真	0576-85016010
	办公地址	浙江省临海市汛桥镇利庄村			
	经营范围	片剂、硬胶囊剂、原料药、医药中间体的制造与销售等			

主要财务指标	指标\报告期	2009.06.30	2008.12.31	2008.06.30	2007.12.31
	每股收益(元)	0.2400	0.5000	0.2600	0.4400
	每股收益(扣除)(元)	0.2300	0.5000	0.2700	0.5100
	每股净资产(元)	3.6800	3.6400	3.3900	4.1700
	调整后每股净资产(元)	-	-	-	-
	每股资本公积金(元)	0.8459	0.8459	0.8459	1.3997
	每股盈余公积金(元)	0.3520	0.3520	0.3015	0.3920
	每股未分配利润(元)	1.4766	1.4384	1.2458	1.3836
	每股现金净流量(元)	0.1558	0.0534	-0.0472	0.0123
	每股经营现金净流量(元)	-0.0268	0.2814	-0.0342	0.5931
	净资产收益率(扣除)(%)	-	-	-	12.2500
	净资产收益率(%)	6.4800	13.7900	7.6200	13.7600
	总资产(万)	162260.42	151755.81	141738.97	126329.88
	股东权益(万)	109979.03	108833.39	101423.76	96045.08
	主营业务收入(万)	-	-	-	-
	主营业务利润(万)	-	-	-	-
	营业务收入(万)	40431.78	80143.22	41559.23	70698.10
	营业务利润(万)	8187.97	16848.06	9086.15	18478.74
	投资收益(万)	-	-	-	-
	利润总额(万)	8318.45	16766.66	8661.89	18899.46
	净利润(万)	7126.01	15006.65	7731.95	13202.61

江苏中天科技股份有限公司

公司概况	公司名称	江苏中天科技股份有限公司		证券简称	中天科技
	法人代表	薛济萍	董秘 罗瑞华	证券代码	600522
	公司网址	www.chinaztt.com		电子信箱	zqb@chinaztt.com
	电　话	0513-83599505		传　真	0513-83599504
	办公地址	江苏省南通市经济技术开发区中天科技证券部			
	经营范围	光纤、光缆、电缆材料及附件、有源器件、无源器件、数据电缆的制造与销售等			

主要财务指标	指标\报告期	2009.06.30	2008.12.31	2008.06.30	2007.12.31
	每股收益(元)	0.5240	0.5390	0.3030	0.3110
	每股收益(扣除)(元)	0.4850	0.5390	0.2820	0.3050
	每股净资产(元)	4.5200	3.2400	3.0100	2.7100
	调整后每股净资产(元)	-	-	-	-
	每股资本公积金(元)	1.9227	0.9251	0.9251	0.9251
	每股盈余公积金(元)	0.1074	0.1273	0.1151	0.1151
	每股未分配利润(元)	1.4902	1.1924	0.9687	0.6654
	每股现金净流量(元)	-0.0544	0.7412	0.0209	-0.7934
	每股经营现金净流量(元)	-0.3632	0.2075	-0.5344	-0.4700
	净资产收益率(扣除)(%)	-	-	-	11.3100
	净资产收益率(%)	10.7000	16.6200	10.0800	11.5100
	总资产(万)	327504.63	284566.28	242314.62	219022.56
	股东权益(万)	145013.75	87869.11	81480.36	73267.61
	主营业务收入(万)	-	-	-	-
	主营业务利润(万)	-	-	-	-
	营业务收入(万)	183286.68	291212.08	140678.56	198843.43
	营业务利润(万)	22386.89	20594.46	11381.49	13581.59
	投资收益(万)	-	-	-	-
	利润总额(万)	22984.67	21507.88	12164.16	13810.37
	净利润(万)	15514.65	14601.50	8212.76	8430.81

贵州贵航汽车零部件股份有限公司

公司概况	公司名称	贵州贵航汽车零部件股份有限公司		证券简称	贵航股份
	法人代表	迟耀勇	董秘 陈秀	证券代码	600523
	公司网址	www.ghgf.com.cn		电子信箱	ghgf-zqb@china.com
	电　话	0851-3802670		传　真	0851-3803931
	办公地址	贵州省贵阳市小河区锦江路110号贵航大厦9层			
	经营范围	汽车、摩托车零部件的开发、制造、销售;橡胶、塑料制品开发、制造、销售等			

主要财务指标	指标\报告期	2009.06.30	2008.12.31	2008.06.30	2007.12.31
	每股收益(元)	0.2000	0.2400	0.2000	0.3100
	每股收益(扣除)(元)	0.1700	0.2100	0.1800	0.2700
	每股净资产(元)	4.6700	4.5200	4.4100	3.4800
	调整后每股净资产(元)	-	-	-	-
	每股资本公积金(元)	3.0752	3.0752	2.9910	2.9377
	每股盈余公积金(元)	0.2417	0.2417	0.2291	0.3092
	每股未分配利润(元)	0.3542	0.2019	0.1900	-0.0322
	每股现金净流量(元)	0.0162	0.7548	0.7691	0.0308
	每股经营现金净流量(元)	0.2581	0.1855	0.0119	0.2855
	净资产收益率(扣除)(%)	-	-	-	7.6800
	净资产收益率(%)	4.3300	5.2700	4.5500	8.8900
	总资产(万)	212672.68	202435.37	206838.81	172904.06
	股东权益(万)	134899.03	130501.37	127364.36	100755.92
	主营业务收入(万)	-	-	-	-
	主营业务利润(万)	-	-	-	-
	营业务收入(万)	79294.43	146314.89	74491.35	135030.28
	营业务利润(万)	7337.29	8430.07	6674.81	9692.19
	投资收益(万)	-	-	-	-
	利润总额(万)	8726.10	9641.86	7645.20	10402.19
	净利润(万)	5841.62	6883.40	5793.51	8020.54

深圳市长园集团股份有限公司

公司概况	公司名称	深圳市长园集团股份有限公司			证券简称	长园集团
	法人代表	许晓文	董秘	倪昭华	证券代码	600525
	公司网址	www.changyuan.com		电子信箱	szChangy@public.szptt.net.cn	
	电　话	0755-26717828、26719476		传　真	0755-26739900	
	办公地址	广东省深圳市南山区高新区科苑中路长园新材料港F栋5楼				
	经营范围	生产、销售高分子热缩材料、功能材料、辐照加工、机电产品、通讯电缆附件等				

	指标\报告期	2009.06.30	2008.12.31	2008.06.30	2007.12.31
主要财务指标	每股收益(元)	0.2630	0.6000	0.3300	0.8400
	每股收益(扣除)(元)	0.2231	0.5100	0.2600	0.7700
	每股净资产(元)	5.1700	5.1000	5.2200	6.2800
	调整后每股净资产(元)	–	–	–	–
	每股资本公积金(元)	1.4877	1.5709	1.9464	2.6483
	每股盈余公积金(元)	0.1923	0.1923	0.1435	0.1865
	每股未分配利润(元)	2.4903	2.3342	2.1340	2.4476
	每股现金净流量(元)	–0.0439	–0.3496	–0.2045	0.8908
	每股经营现金净流量(元)	–0.1058	0.5867	0.0239	0.5584
	净资产收益率(扣除)(%)	–	–	–	15.6400
	净资产收益率(%)	5.0900	11.6800	6.4400	17.1100
	总资产(万)	186169.70	180306.42	184405.23	172808.92
	股东权益(万)	86131.90	84915.58	87022.66	94020.93
	主营业务收入(万)	–	–	–	–
	主营业务利润(万)	–	–	–	–
	营业务收入(万)	36726.41	85681.28	43630.01	83862.51
	营业务利润(万)	5268.54	11845.94	6655.85	17129.48
	投资收益(万)	–	–	–	–
	利润总额(万)	5992.01	14192.67	7147.86	18866.47
	净利润(万)	4381.38	9916.22	5467.04	13772.32

浙江菲达环保科技股份有限公司

公司概况	公司名称	浙江菲达环保科技股份有限公司			证券简称	菲达环保
	法人代表	舒英钢	董秘	周明良	证券代码	600526
	公司网址	www.zhejiangfeida.com		电子信箱	feida@ep.zjbnet.com	
	电　话	0575-87211326、87211326		传　真	0575-87214695、87214695	
	办公地址	浙江省诸暨市望云路88号				
	经营范围	除尘器、气力输送设备、烟气脱硫设备、电控设备、钢结构件的研究开发、设计、生产等				

	指标\报告期	2009.06.30	2008.12.31	2008.06.30	2007.12.31
主要财务指标	每股收益(元)	0.0360	0.0700	0.0160	0.0900
	每股收益(扣除)(元)	0.0290	0.0280	–0.0220	0.0150
	每股净资产(元)	3.6240	3.5880	3.5300	3.5190
	调整后每股净资产(元)	–	–	–	–
	每股资本公积金(元)	1.3904	1.3902	1.3902	1.3902
	每股盈余公积金(元)	0.1625	0.1625	0.1588	0.1588
	每股未分配利润(元)	1.0708	1.0349	0.9856	0.9701
	每股现金净流量(元)	0.8124	1.0775	1.0734	–0.4858
	每股经营现金净流量(元)	–0.8079	1.3122	0.4000	–0.0832
	净资产收益率(扣除)(%)	–	–	–	0.4300
	净资产收益率(%)	0.9885	1.9100	0.4400	2.4500
	总资产(万)	227743.64	204829.08	203374.19	186955.34
	股东权益(万)	50730.51	50226.95	49485.12	49267.47
	主营业务收入(万)	–	–	–	–
	主营业务利润(万)	–	–	–	–
	营业务收入(万)	72770.51	161532.89	73954.20	138333.94
	营业务利润(万)	612.45	871.44	–114.31	1842.92
	投资收益(万)	–	–	–	–
	利润总额(万)	674.90	1771.18	590.94	2422.69
	净利润(万)	501.45	959.48	217.65	1208.02

江苏江南高纤股份有限公司

公司概况	公司名称	江苏江南高纤股份有限公司			证券简称	江南高纤
	法人代表	陶国平	董秘	浦金龙	证券代码	600527
	公司网址	www.jngx.cn		电子信箱	jsjngx@163.net	
	电　话	0512-65481181、65712564		传　真	0512-65712238	
	办公地址	江苏省苏州市相城区黄埭镇				
	经营范围	涤纶毛条，差别化涤纶短纤、复合纤维的生产与销售等				

	指标\报告期	2009.06.30	2008.12.31	2008.06.30	2007.12.31
主要财务指标	每股收益(元)	0.0900	0.2000	0.1100	0.3600
	每股收益(扣除)(元)	0.0900	0.2000	0.1100	0.3400
	每股净资产(元)	2.0420	2.0000	1.9100	2.8100
	调整后每股净资产(元)	–	–	–	–
	每股资本公积金(元)	0.4649	0.4649	0.4649	1.1973
	每股盈余公积金(元)	0.0890	0.0890	0.0747	0.1120
	每股未分配利润(元)	0.4882	0.4474	0.3744	0.4990
	每股现金净流量(元)	–0.3468	0.0854	0.0323	0.3674
	每股经营现金净流量(元)	0.0824	0.4631	0.2122	–0.1062
	净资产收益率(扣除)(%)	–	–	–	11.8100
	净资产收益率(%)	4.4400	10.0600	5.6600	12.3100
	总资产(万)	107071.95	99497.83	98786.69	92279.49
	股东权益(万)	71731.63	70300.96	67230.46	65765.67
	主营业务收入(万)	–	–	–	–
	主营业务利润(万)	–	–	–	–
	营业务收入(万)	36057.23	91352.07	48355.77	73675.46
	营业务利润(万)	4368.80	9334.93	5194.39	11143.99
	投资收益(万)	–	–	–	–
	利润总额(万)	4368.80	9519.35	5194.79	11378.99
	净利润(万)	3187.06	7069.28	3806.65	8096.33

中铁二局股份有限公司

公司概况	公司名称	中铁二局股份有限公司			证券简称	中铁二局
	法人代表	唐志成	董秘	邓爱民	证券代码	600528
	公司网址	www.crec.com.cn		电子信箱	ztejsb@cregc.com.cn	
	电　话	028-66752811、66752888		传　真	028-66752889	
	办公地址	四川省成都市马家花园路10号中铁二局大厦1103室				
	经营范围	承担各类型工业、能源、交通、民用等工程项目施工的承包等				

	指标\报告期	2009.06.30	2008.12.31	2008.06.30	2007.12.31
主要财务指标	每股收益(元)	0.1905	0.3159	0.1344	0.4134
	每股收益(扣除)(元)	0.1782	0.2669	0.1249	0.1300
	每股净资产(元)	2.5959	2.6972	2.6000	3.9649
	调整后每股净资产(元)	–	–	–	–
	每股资本公积金(元)	1.1734	1.2652	1.1888	2.2206
	每股盈余公积金(元)	0.1796	0.1627	0.1536	0.2340
	每股未分配利润(元)	0.2428	0.2692	0.2550	0.5103
	每股现金净流量(元)	–0.4084	0.6773	0.2612	1.2049
	每股经营现金净流量(元)	–0.4035	0.7301	–0.7692	0.1476
	净资产收益率(扣除)(%)	–	10.2300	–	3.2800
	净资产收益率(%)	7.3400	12.0300	5.1600	10.4300
	总资产(万)	2525701.41	2257482.93	2019575.83	1769441.96
	股东权益(万)	378796.10	393575.99	379017.84	361601.88
	主营业务收入(万)	–	–	–	–
	主营业务利润(万)	–	–	–	–
	营业务收入(万)	1684716.37	2346393.56	1256480.19	1806888.08
	营业务利润(万)	29592.37	60219.97	24370.24	38558.00
	投资收益(万)	–	–	–	–
	利润总额(万)	29988.26	61164.54	25199.25	43344.97
	净利润(万)	27799.23	46089.02	19608.26	37697.90

山东省药用玻璃股份有限公司

公司概况					
公司名称	山东省药用玻璃股份有限公司			证券简称	山东药玻
法人代表	柴文	董秘	周仕勇	证券代码	600529
公司网址	www.pharmglass.com		电子信箱	sdyb@pharmglass.com	
电　　话	0533-3259006、3259016		传　　真	0533-3249700	
办公地址	山东省淄博市沂源县药玻路				
经营范围	药品包装材料和容器的生产、销售等				

主要财务指标

指标\报告期	2009.06.30	2008.12.31	2008.06.30	2007.12.31
每股收益(元)	0.2900	0.5500	0.2578	0.4600
每股收益(扣除)(元)	0.2900	0.4900	0.2504	0.4100
每股净资产(元)	5.9000	5.6400	5.3300	5.0900
调整后每股净资产(元)	–	–	–	–
每股资本公积金(元)	2.2794	2.2794	2.2794	2.2794
每股盈余公积金(元)	0.4199	0.4467	0.3712	0.3860
每股未分配利润(元)	2.1264	1.9111	1.6783	1.4201
每股现金净流量(元)	0.1488	–0.2560	–0.1963	0.2876
每股经营现金净流量(元)	0.4272	0.3565	0.2005	0.4765
净资产收益率(扣除)(%)	–	–	–	7.9000
净资产收益率(%)	4.8800	9.7900	5.0800	8.7700
总资产(万)	209389.72	198707.59	196684.51	186779.57
股东权益(万)	151792.91	145089.79	137154.32	130890.64
主营业务收入(万)	–	–	–	–
主营业务利润(万)	–	–	–	–
营业务收入(万)	56227.36	115829.21	56619.10	101212.98
营业务利润(万)	9026.45	14923.54	8250.57	16005.72
投资收益(万)	–	–	–	–
利润总额(万)	9063.40	16632.58	8507.01	16489.26
净利润(万)	7451.53	14199.15	6636.06	11473.73

上海交大昂立股份有限公司

公司概况					
公司名称	上海交大昂立股份有限公司			证券简称	交大昂立
法人代表	杨国平	董秘	陈功	证券代码	600530
公司网址	www.onlly.com.cn		电子信箱	stock@mail.onlly.com.cn	
电　　话	021-54271688、54277820		传　　真	021-54277827	
办公地址	上海市宜山路700号				
经营范围	生物制品、保健食品、参制品等保健食品的研制、生产和销售等				

主要财务指标

指标\报告期	2009.06.30	2008.12.31	2008.06.30	2007.12.31
每股收益(元)	0.0800	–0.4500	0.0700	0.0200
每股收益(扣除)(元)	0.0100	–0.5800	0.0600	–0.0400
每股净资产(元)	2.6500	2.5500	4.1000	4.1900
调整后每股净资产(元)	–	–	–	–
每股资本公积金(元)	1.7417	1.7211	2.6611	2.8204
每股盈余公积金(元)	0.1549	0.1549	0.2014	0.2014
每股未分配利润(元)	–0.2474	–0.3292	0.2339	0.1682
每股现金净流量(元)	0.3603	–0.3255	–0.5495	0.1372
每股经营现金净流量(元)	0.2060	–0.0331	–0.5500	0.6609
净资产收益率(扣除)(%)	–	–	–	–1.0000
净资产收益率(%)	3.0900	–17.6300	1.6000	0.5100
总资产(万)	164025.05	168786.51	158498.58	167536.88
股东权益(万)	82653.32	79461.45	98312.81	100560.44
主营业务收入(万)	–	–	–	–
主营业务利润(万)	–	–	–	–
营业务收入(万)	15918.08	33274.85	18386.51	56827.13
营业务利润(万)	2827.58	–15228.91	2142.21	2332.83
投资收益(万)	–	–	–	–
利润总额(万)	2798.00	–15489.95	2289.70	3395.06
净利润(万)	2551.37	–14007.25	1575.88	510.97

河南豫光金铅股份有限公司

公司概况					
公司名称	河南豫光金铅股份有限公司			证券简称	豫光金铅
法人代表	杨安国	董秘	蔡亮	证券代码	600531
公司网址	www.yggf.com.cn		电子信箱	yuguang@yggf.com.cn	
电　　话	0391-6665836、6665835		传　　真	0391-6688986	
办公地址	河南省济源市荆梁南街1号				
经营范围	有色金属、化工原料(不含化学危险品)的生产、销售等				

主要财务指标

指标\报告期	2009.06.30	2008.12.31	2008.06.30	2007.12.31
每股收益(元)	0.1000	0.2700	0.3800	0.7000
每股收益(扣除)(元)	0.0500	0.1200	0.3800	0.7000
每股净资产(元)	4.2228	4.1700	4.2800	4.1000
调整后每股净资产(元)	–	–	–	–
每股资本公积金(元)	0.9315	0.9315	0.9315	0.9315
每股盈余公积金(元)	0.4531	0.4531	0.4262	0.4262
每股未分配利润(元)	1.8382	1.7873	1.9261	1.7458
每股现金净流量(元)	0.5745	0.4827	0.5556	–0.5951
每股经营现金净流量(元)	–1.0137	1.3443	1.8778	–2.4985
净资产收益率(扣除)(%)	–	–	–	16.9900
净资产收益率(%)	2.3898	6.4300	8.8800	16.9500
总资产(万)	365419.42	317021.07	316073.28	312074.41
股东权益(万)	96392.57	95230.35	97786.20	93670.35
主营业务收入(万)	–	–	–	–
主营业务利润(万)	–	–	–	–
营业务收入(万)	246009.66	762030.61	441731.95	717637.98
营业务利润(万)	3455.94	5435.31	11589.31	24636.67
投资收益(万)	–	–	–	–
利润总额(万)	3606.53	5304.97	11594.75	24572.53
净利润(万)	2303.56	6125.38	8681.23	15875.58

山东华阳科技股份有限公司

公司概况					
公司名称	山东华阳科技股份有限公司			证券简称	华阳科技
法人代表	刘敬路	董秘	周忠	证券代码	600532
公司网址	www.huayang.com		电子信箱	huayang1000@sohu.com	
电　　话	0538-5826208		传　　真	0538-5826269	
办公地址	山东省泰安市宁阳县磁窑镇				
经营范围	灭多威乳剂、毒死蜱、灭多威粉剂、乙草胺、毒死蜱乳剂、克百威等				

主要财务指标

指标\报告期	2009.06.30	2008.12.31	2008.06.30	2007.12.31
每股收益(元)	–0.0010	–0.4800	–0.0200	0.0700
每股收益(扣除)(元)	–0.1000	–0.5400	–0.0200	0.0500
每股净资产(元)	2.0570	2.0600	3.2500	3.3000
调整后每股净资产(元)	–	–	–	–
每股资本公积金(元)	0.8961	0.8961	1.4649	1.4649
每股盈余公积金(元)	0.1548	0.1363	0.1241	0.1651
每股未分配利润(元)	0.0059	0.0253	0.6628	0.6728
每股现金净流量(元)	–0.3631	–1.7258	–2.1972	0.9136
每股经营现金净流量(元)	–0.0331	0.0720	–0.6691	0.7570
净资产收益率(扣除)(%)	–	–	–	2.1300
净资产收益率(%)	–0.0500	–23.4600	–0.5000	2.8100
总资产(万)	92245.25	98198.71	107165.19	122633.17
股东权益(万)	31283.71	31298.55	38045.81	38594.25
主营业务收入(万)	–	–	–	–
主营业务利润(万)	–	–	–	–
营业务收入(万)	20898.01	63668.02	34822.79	64372.45
营业务利润(万)	–1478.33	–9390.42	–349.23	818.26
投资收益(万)	–	–	–	–
利润总额(万)	21.50	–8558.71	–351.80	1774.44
净利润(万)	–14.84	–7343.68	–188.61	1132.00

南京栖霞建设股份有限公司

公司概况						
	公司名称	南京栖霞建设股份有限公司			证券简称	栖霞建设
	法人代表	陈兴汉	董秘	王建优	证券代码	600533
	公司网址	www.chixia.com		电子信箱	invest@chixia.com	
	电　　话	025-85600533		传　　真	025-85502482	
	办公地址	南京市龙蟠路9号				
	经营范围	住宅小区综合开发建设；商品房销售、租赁、售后服务等				

主要财务指标	指标＼报告期	2009.06.30	2008.12.31	2008.06.30	2007.12.31
	每股收益(元)	0.0770	0.1917	0.2969	0.4241
	每股收益(扣除)(元)	0.0764	0.1911	0.2961	0.4241
	每股净资产(元)	2.4400	2.4700	3.7700	4.0200
	调整后每股净资产(元)	–	–	–	–
	每股资本公积金(元)	0.9776	0.9776	1.6659	1.6659
	每股盈余公积金(元)	0.1079	0.1079	0.2548	0.2548
	每股未分配利润(元)	0.3591	0.3820	0.8483	1.1014
	每股现金净流量(元)	0.4572	–0.0826	–0.6559	–0.2527
	每股经营现金净流量(元)	0.4937	–0.8663	–1.7311	–1.7936
	净资产收益率(扣除)(%)	–	–	–	21.0900
	净资产收益率(%)	3.0300	7.2500	7.8800	21.0900
	总资产(万)	815524.01	731745.61	671610.00	638999.19
	股东权益(万)	256684.58	259084.62	152647.14	162897.20
	主营业务收入(万)	–	–	–	–
	主营业务利润(万)	–	–	–	–
	营业务收入(万)	90756.14	159160.70	85677.94	285680.08
	营业务利润(万)	13156.74	31901.47	19861.83	6360.50
	投资收益(万)	–	–	–	–
	利润总额(万)	13377.93	31780.55	19868.61	63074.02
	净利润(万)	8099.96	18785.62	12024.94	34351.84

天津天士力制药股份有限公司

公司概况						
	公司名称	天津天士力制药股份有限公司			证券简称	天士力
	法人代表	闫希军	董秘	刘俊峰	证券代码	600535
	公司网址	www.tasly.com		电子信箱	stock@tasly.com	
	电　　话	022-26736999		传　　真	022-26736721	
	办公地址	天津市北辰区普济河东道2号天士力现代中药城				
	经营范围	滴丸剂、颗粒剂、硬胶囊剂、片剂、丸剂的生产；汽车货物运输等				

主要财务指标	指标＼报告期	2009.06.30	2008.12.31	2008.06.30	2007.12.31
	每股收益(元)	0.2800	0.5200	0.2000	0.3800
	每股收益(扣除)(元)	0.2800	0.5300	0.2100	0.3100
	每股净资产(元)	3.8000	3.9200	3.6100	3.8800
	调整后每股净资产(元)	–	–	–	–
	每股资本公积金(元)	1.1564	1.1566	1.3024	1.3473
	每股盈余公积金(元)	0.3858	0.3858	0.3189	0.3377
	每股未分配利润(元)	1.2594	1.3770	0.9879	1.2008
	每股现金净流量(元)	0.2120	0.1758	0.2567	–0.5407
	每股经营现金净流量(元)	0.6240	0.5332	0.2755	0.4578
	净资产收益率(扣除)(%)	–	–	–	8.0500
	净资产收益率(%)	7.4300	13.3800	5.5800	9.8100
	总资产(万)	358630.33	344812.49	342989.62	323138.55
	股东权益(万)	185434.88	191186.76	176027.82	189561.02
	主营业务收入(万)	–	–	–	–
	主营业务利润(万)	–	–	–	–
	营业务收入(万)	183677.51	343421.55	158848.65	281881.96
	营业务利润(万)	16386.76	31704.37	12896.74	22554.90
	投资收益(万)	–	–	–	–
	利润总额(万)	16559.33	31459.06	12589.10	23734.49
	净利润(万)	13781.04	25588.75	9826.37	18587.79

中国软件与技术服务股份有限公司

公司概况						
	公司名称	中国软件与技术服务股份有限公司			证券简称	中国软件
	法人代表	杨军	董秘	陈复兴	证券代码	600536
	公司网址	www.css.com.cn		电子信箱	cssnet@css.com.cn	
	电　　话	010-51508699		传　　真	010-51508661	
	办公地址	北京市昌平区昌盛路18号				
	经营范围	自主软件产品、行业解决方案与服务、软件外包服务等				

主要财务指标	指标＼报告期	2009.06.30	2008.12.31	2008.06.30	2007.12.31
	每股收益(元)	0.0100	0.2900	0.1000	0.5000
	每股收益(扣除)(元)	0.0300	0.1900	0.0600	0.3200
	每股净资产(元)	4.5600	3.9400	3.7200	3.7000
	调整后每股净资产(元)	–	–	–	–
	每股资本公积金(元)	2.7505	1.8126	1.8346	1.9606
	每股盈余公积金(元)	0.1848	0.2501	0.2536	0.2410
	每股未分配利润(元)	0.6926	0.9593	0.8610	0.7429
	每股现金净流量(元)	0.8894	–0.5843	–1.4270	1.4951
	每股经营现金净流量(元)	–1.0014	0.7396	–1.5002	1.5259
	净资产收益率(扣除)(%)	–	–	–	8.6300
	净资产收益率(%)	0.1500	7.3400	2.6500	13.5300
	总资产(万)	301383.22	258821.42	251851.80	254697.47
	股东权益(万)	102956.20	63479.55	60062.28	59675.65
	主营业务收入(万)	–	–	–	–
	主营业务利润(万)	–	–	–	–
	营业务收入(万)	94251.85	224081.28	102055.47	197540.86
	营业务利润(万)	–4374.08	6770.71	4298.07	11431.29
	投资收益(万)	–	–	–	–
	利润总额(万)	–2175.26	12680.44	5503.22	20660.05
	净利润(万)	156.17	4661.05	1593.58	8071.23

海通食品集团股份有限公司

公司概况						
	公司名称	海通食品集团股份有限公司			证券简称	海通集团
	法人代表	陈龙海	董秘	吴立忠	证券代码	600537
	公司网址	www.kaiz.com		电子信箱	public@haitonggroup.com	
	电　　话	0574-63039922		传　　真	0574-63039898	
	办公地址	浙江省慈溪市海通路528号				
	经营范围	果蔬速冻、脱水、保鲜、冷藏、加工；食品、饮料制造、加工；水产品加工等				

主要财务指标	指标＼报告期	2009.06.30	2008.12.31	2008.06.30	2007.12.31
	每股收益(元)	–0.0120	0.0300	0.0400	0.0900
	每股收益(扣除)(元)	–0.0290	–0.0500	–0.0050	0.0200
	每股净资产(元)	2.1140	2.1300	2.1400	2.1500
	调整后每股净资产(元)	–	–	–	–
	每股资本公积金(元)	0.8208	0.8208	0.8208	0.8208
	每股盈余公积金(元)	0.1351	0.1351	0.1339	0.1339
	每股未分配利润(元)	0.1576	0.1697	0.1850	0.1955
	每股现金净流量(元)	0.1298	–0.0131	–0.0139	–0.0285
	每股经营现金净流量(元)	0.0086	0.2525	0.0174	0.3358
	净资产收益率(扣除)(%)	–	–	–	1.1300
	净资产收益率(%)	–0.5704	1.1948	1.8482	4.1400
	总资产(万)	95460.04	85397.24	90871.34	86095.81
	股东权益(万)	48618.76	48896.06	49221.57	49462.02
	主营业务收入(万)	–	–	–	–
	主营业务利润(万)	–	–	–	–
	营业务收入(万)	18328.19	39578.49	23446.43	37711.47
	营业务利润(万)	–124.02	–688.00	303.94	1168.84
	投资收益(万)	–	–	–	–
	利润总额(万)	–54.37	524.18	914.98	2148.81
	净利润(万)	–277.30	584.22	909.73	2049.15

北海国发海洋生物产业股份有限公司

公司概况	公司名称	北海国发海洋生物产业股份有限公司			证券简称	北海国发
	法人代表	王世全	董秘	李勇	证券代码	600538
	公司网址	www.gofar.com.cn		电子信箱	securities@gofar.com.cn	
	电　话	0779-3200619		传　真	0779-3200618	
	办公地址	广西壮族自治区北海市北京路9号				
	经营范围	藻类、贝类、甲壳类等海洋生物系列产品的研究、开发、生产和销售等				

主要财务指标	指标\报告期	2009.06.30	2008.12.31	2008.06.30	2007.12.31
	每股收益(元)	-0.1900	-0.6200	-0.1300	0.0100
	每股收益(扣除)(元)	-0.1900	-0.5900	-0.1300	-0.0700
	每股净资产(元)	0.9200	1.1100	1.6000	1.7000
	调整后每股净资产(元)	-	-	-	-
	每股资本公积金(元)	0.3270	0.3270	0.3306	0.3006
	每股盈余公积金(元)	0.1293	0.1293	0.1293	0.1293
	每股未分配利润(元)	-0.5364	-0.3476	0.1408	0.2727
	每股现金净流量(元)	0.0026	-0.0888	-0.0947	-0.5187
	每股经营现金净流量(元)	0.0374	0.0621	0.0036	0.1526
	净资产收益率(扣除)(%)	-	-	-	-4.2200
	净资产收益率(%)	-20.5300	-55.9500	-8.2400	0.5400
	总资产(万)	117128.42	120720.74	135365.67	130820.03
	股东权益(万)	25683.39	30956.40	44692.19	47540.16
	主营业务收入(万)	-	-	-	-
	主营业务利润(万)	-	-	-	-
	营业务收入(万)	11703.06	32793.71	19501.21	78965.33
	营业务利润(万)	-5455.13	-16255.12	-3315.00	2460.60
	投资收益(万)	-	-	-	-
	利润总额(万)	-5388.58	-17158.35	-3315.10	3145.88
	净利润(万)	-5273.01	-17319.73	-3684.28	258.49

太原狮头水泥股份有限公司

公司概况	公司名称	太原狮头水泥股份有限公司			证券简称	狮头股份
	法人代表	邓守信	董秘	郝瑛	证券代码	600539
	公司网址	www.600539.com.cn		电子信箱	zqb@600539.com.cn	
	电　话	0351-2857002		传　真	0351-2857006	
	办公地址	山西省太原市万柏林区开城街1号				
	经营范围	水泥、熟料、商品混凝土、新型墙体材料的生产和销售等				

主要财务指标	指标\报告期	2009.06.30	2008.12.31	2008.06.30	2007.12.31
	每股收益(元)	0.0400	0.0086	0.0300	0.0100
	每股收益(扣除)(元)	0.0400	0.0084	0.0300	0.0100
	每股净资产(元)	3.8472	3.8289	3.8500	3.8200
	调整后每股净资产(元)	-	-	-	-
	每股资本公积金(元)	2.2196	2.2189	2.2189	2.2189
	每股盈余公积金(元)	0.1609	0.1609	0.1592	0.1592
	每股未分配利润(元)	0.4667	0.4490	0.4707	0.4422
	每股现金净流量(元)	0.0388	0.2140	0.1013	0.0407
	每股经营现金净流量(元)	0.0204	0.2234	0.0885	0.1340
	净资产收益率(扣除)(%)	-	-	-	0.3002
	净资产收益率(%)	0.9800	0.2200	0.7400	0.3300
	总资产(万)	109589.44	112557.51	110830.72	112275.60
	股东权益(万)	88485.21	88064.10	88521.75	87866.62
	主营业务收入(万)	-	-	-	-
	主营业务利润(万)	-	-	-	-
	营业务收入(万)	27078.74	46297.02	22553.58	41406.71
	营业务利润(万)	865.48	-794.71	632.55	157.98
	投资收益(万)	-	-	-	-
	利润总额(万)	1149.05	295.74	825.24	790.72
	净利润(万)	866.11	97.47	655.13	285.65

新疆赛里木现代农业股份有限公司

公司概况	公司名称	新疆赛里木现代农业股份有限公司			证券简称	新赛股份
	法人代表	武宪章	董秘	王国军	证券代码	600540
	公司网址	www.xinsai.com		电子信箱	wgjbl@sina.com	
	电　话	0909-2268156、2268189		传　真	0909-2268162	
	办公地址	新疆博乐市红星路158号				
	经营范围	棉花种植、加工、销售及食用油的生产、销售等				

主要财务指标	指标\报告期	2009.06.30	2008.12.31	2008.06.30	2007.12.31
	每股收益(元)	0.0123	0.0449	0.0782	0.0913
	每股收益(扣除)(元)	-0.0178	0.0280	0.0770	0.1017
	每股净资产(元)	3.7585	3.7500	3.7716	3.2200
	调整后每股净资产(元)	-	-	-	-
	每股资本公积金(元)	2.2849	2.2849	2.2849	1.6067
	每股盈余公积金(元)	0.1576	0.1576	0.1574	0.2036
	每股未分配利润(元)	0.3161	0.3038	0.3293	0.4063
	每股现金净流量(元)	-0.0357	0.1459	0.8489	-0.1609
	每股经营现金净流量(元)	1.6711	-0.9977	0.2745	-0.3323
	净资产收益率(扣除)(%)	-	-	-	2.0000
	净资产收益率(%)	0.3300	1.1700	1.8380	3.3800
	总资产(万)	139038.29	168384.76	161409.61	157183.55
	股东权益(万)	87518.80	87232.83	87822.07	61406.76
	主营业务收入(万)	-	-	-	-
	主营业务利润(万)	-	-	-	-
	营业务收入(万)	58060.22	134317.56	58106.46	72793.74
	营业务利润(万)	-3.09	1635.49	2169.40	2127.61
	投资收益(万)	-	-	-	-
	利润总额(万)	709.22	2041.51	2193.27	2271.94
	净利润(万)	285.98	1024.85	1614.10	1956.18

甘肃莫高实业发展股份有限公司

公司概况	公司名称	甘肃莫高实业发展股份有限公司			证券简称	莫高股份
	法人代表	赵国柱	董秘	贾洪文	证券代码	600543
	公司网址	www.mogao.com		电子信箱	mgjiahw@126.com	
	电　话	0931-8432880		传　真	0931-8439543	
	办公地址	甘肃省兰州市城关区庆阳路169号陇鑫大厦15-16层				
	经营范围	莫高系列葡萄酒类生产、批发；葡萄原料、脱毒苗木、种条的繁育、销售等				

主要财务指标	指标\报告期	2009.06.30	2008.12.31	2008.06.30	2007.12.31
	每股收益(元)	0.1046	0.3141	0.1424	0.2065
	每股收益(扣除)(元)	0.1041	0.3198	0.1435	0.1927
	每股净资产(元)	5.5200	5.4200	5.2500	3.8100
	调整后每股净资产(元)	-	-	-	-
	每股资本公积金(元)	3.4117	3.4117	3.4117	1.8704
	每股盈余公积金(元)	0.3122	0.3122	0.2585	0.3332
	每股未分配利润(元)	0.8010	0.6965	0.5818	0.6075
	每股现金净流量(元)	-0.1251	0.3468	1.4838	0.1349
	每股经营现金净流量(元)	0.3255	0.4657	0.3962	0.5027
	净资产收益率(扣除)(%)	-	-	-	5.0600
	净资产收益率(%)	1.8900	5.1400	2.1000	5.4200
	总资产(万)	108703.77	114142.29	122889.31	80974.20
	股东权益(万)	98565.04	96699.84	93696.35	52746.18
	主营业务收入(万)	-	-	-	-
	主营业务利润(万)	-	-	-	-
	营业务收入(万)	16461.43	42248.33	21780.99	35841.98
	营业务利润(万)	2671.08	5582.34	2509.54	2911.93
	投资收益(万)	-	-	-	-
	利润总额(万)	2680.42	5475.98	2488.90	2895.36
	净利润(万)	1865.19	4974.66	1971.17	2858.47

新疆城建(集团)股份有限公司

公司概况						
	公司名称	新疆城建(集团)股份有限公司			证券简称	新疆城建
	法人代表	刘军	董秘	王疆	证券代码	600545
	公司网址	www.xjcj.com		电子信箱	xjcj888@sina.com	
	电　话	0991-4889803、4889813		传　真	0991-4889813	
	办公地址	新疆维吾尔自治区乌鲁木齐市南湖南路133号城建大厦				
	经营范围	市政工程施工及源水生产供应等				

主要财务指标	指标\报告期	2009.06.30	2008.12.31	2008.06.30	2007.12.31
	每股收益(元)	0.0900	0.1200	0.1100	0.1400
	每股收益(扣除)(元)	0.0900	0.0600	0.0600	0.2500
	每股净资产(元)	2.0770	2.6200	2.6500	4.6900
	调整后每股净资产(元)	–	–	–	–
	每股资本公积金(元)	0.8311	1.2533	1.2943	2.9273
	每股盈余公积金(元)	0.0689	0.1272	0.1159	0.1994
	每股未分配利润(元)	0.1772	0.2425	0.2384	0.5036
	每股现金净流量(元)	0.5730	-0.2772	-0.1376	0.5260
	每股经营现金净流量(元)	-0.2375	-0.2601	-0.4926	-0.1906
	净资产收益率(扣除)(%)	–	–	–	4.7300
	净资产收益率(%)	3.8900	4.5000	2.5800	5.4000
	总资产(万)	285020.82	207790.30	196135.92	162958.26
	股东权益(万)	140378.40	96102.26	97037.17	94244.44
	主营业务收入(万)	–	–	–	–
	主营业务利润(万)	–	–	–	–
	营业务收入(万)	55535.13	97527.98	32949.31	102688.64
	营业务利润(万)	6304.95	5266.82	1818.76	4793.46
	投资收益(万)	–	–	–	–
	利润总额(万)	6376.08	6466.70	3170.32	5176.24
	净利润(万)	5458.50	4326.03	2506.50	4470.73

中油吉林化建工程股份有限公司

公司概况						
	公司名称	中油吉林化建工程股份有限公司			证券简称	中油化建
	法人代表	范喜哲	董秘	赵铭	证券代码	600546
	公司网址	www.jccc.com.cn		电子信箱	jcc@jccc.com.cn	
	电　话	0432-3993300、3974080		传　真	0432-3993460	
	办公地址	吉林省吉林市龙潭区遵义东路31号				
	经营范围	化工石油工程、市政公用工程、机电安装工程等				

主要财务指标	指标\报告期	2009.06.30	2008.12.31	2008.06.30	2007.12.31
	每股收益(元)	0.0218	0.0120	0.0218	0.0230
	每股收益(扣除)(元)	0.0222	0.0026	0.0205	0.0040
	每股净资产(元)	2.1200	2.0900	2.1100	2.0900
	调整后每股净资产(元)	–	–	–	–
	每股资本公积金(元)	0.7565	0.7565	0.7565	0.7565
	每股盈余公积金(元)	0.1138	0.0989	0.0936	0.0936
	每股未分配利润(元)	0.2500	0.2430	0.2582	0.2363
	每股现金净流量(元)	0.0665	-0.0210	-0.1293	0.1261
	每股经营现金净流量(元)	0.0789	0.0392	-0.1048	0.0314
	净资产收益率(扣除)(%)	–	–	–	0.1900
	净资产收益率(%)	1.0300	0.5700	1.0400	1.1100
	总资产(万)	163316.69	173741.06	158668.75	175694.67
	股东权益(万)	63482.11	62814.65	63252.66	62585.17
	主营业务收入(万)	–	–	–	–
	主营业务利润(万)	–	–	–	–
	营业务收入(万)	114017.95	276803.33	113907.76	292703.03
	营业务利润(万)	830.93	444.77	973.53	711.47
	投资收益(万)	–	–	–	–
	利润总额(万)	815.50	810.59	1027.68	1466.73
	净利润(万)	655.22	359.40	655.30	692.63

山东黄金矿业股份有限公司

公司概况						
	公司名称	山东黄金矿业股份有限公司			证券简称	山东黄金
	法人代表	陈玉民	董秘	林朴芳	证券代码	600547
	公司网址	www.sdhjgf.com		电子信箱	gold547@sina.com	
	电　话	0531-88562827		传　真	0531-88562827	
	办公地址	山东省济南市解放路十六号				
	经营范围	黄金地质探矿、开采、选冶;贵金属、有色金属制品、黄金珠宝饰品提纯、加工、生产等				

主要财务指标	指标\报告期	2009.06.30	2008.12.31	2008.06.30	2007.12.31
	每股收益(元)	0.6800	1.8051	1.4044	1.1539
	每股收益(扣除)(元)	0.6800	1.8842	1.4212	0.5289
	每股净资产(元)	3.6900	6.3553	5.9800	10.9304
	调整后每股净资产(元)	–	–	–	–
	每股资本公积金(元)	0.6613	2.3565	2.4405	6.4411
	每股盈余公积金(元)	0.1743	0.3486	0.2256	0.5027
	每股未分配利润(元)	1.8566	2.6520	2.3164	2.9888
	每股现金净流量(元)	0.1047	-0.1194	0.6482	0.5268
	每股经营现金净流量(元)	0.5406	3.2189	1.2292	2.3312
	净资产收益率(扣除)(%)	–	–	–	9.6800
	净资产收益率(%)	18.5000	28.1600	23.2900	21.1100
	总资产(万)	513705.99	419456.02	430524.95	386740.81
	股东权益(万)	262302.53	226099.55	212769.97	174886.04
	主营业务收入(万)	–	–	–	–
	主营业务利润(万)	–	–	–	–
	营业务收入(万)	1045802.26	1987312.13	1092771.45	1134194.56
	营业务利润(万)	69257.64	90149.20	69773.24	64938.56
	投资收益(万)	–	–	–	–
	利润总额(万)	69265.64	89575.12	68970.84	64978.43
	净利润(万)	48524.66	63680.82	49545.85	36925.52

深圳高速公路股份有限公司

公司概况						
	公司名称	深圳高速公路股份有限公司			证券简称	深高速
	法人代表	杨海	董秘	吴倩	证券代码	600548
	公司网址	www.sz-expressway.com		电子信箱	szew@sz-expressway.com	
	电　话	0755-82853331		传　真	0755-82853400	
	办公地址	广东省深圳市福田区益田路江苏大厦裙楼2-4层				
	经营范围	公路和道路的投资、建设管理、经营管理;进出口业务				

主要财务指标	指标\报告期	2009.06.30	2008.12.31	2008.06.30	2007.12.31
	每股收益(元)	0.1440	0.2310	0.1460	0.2780
	每股收益(扣除)(元)	0.1400	0.2260	0.1420	0.2980
	每股净资产(元)	3.2400	3.2100	3.3200	3.3400
	调整后每股净资产(元)	–	–	–	–
	每股资本公积金(元)	1.0428	1.0428	1.0547	1.0428
	每股盈余公积金(元)	0.6059	0.6059	0.6023	0.5813
	每股未分配利润(元)	0.5872	0.5635	0.6650	0.5174
	每股现金净流量(元)	0.1078	0.0318	-0.0660	0.0635
	每股经营现金净流量(元)	0.2619	0.4337	0.1377	0.3722
	净资产收益率(扣除)(%)	–	–	–	9.5000
	净资产收益率(%)	4.4400	7.1800	4.3900	8.8500
	总资产(万)	1965733.71	1820566.40	1658599.69	1465348.07
	股东权益(万)	705661.72	700489.26	724428.23	685060.99
	主营业务收入(万)	–	–	–	–
	主营业务利润(万)	–	–	–	–
	营业务收入(万)	55588.86	106306.16	49456.45	110345.46
	营业务利润(万)	33497.01	56176.44	33864.72	68339.71
	投资收益(万)	–	–	–	–
	利润总额(万)	33491.52	56078.50	34688.70	69233.24
	净利润(万)	31340.86	50319.47	31805.00	60634.02

厦门钨业股份有限公司

公司概况					
公司名称	厦门钨业股份有限公司			证券简称	厦门钨业
法人代表	刘同高	董秘	许火耀	证券代码	600549
公司网址	www.cxtc.com		电子信箱	xtc@public.xm.fj.cn	
电　　话	0592-5363856、5363891		传　　真	0592-5363857	
办公地址	厦门市湖滨南路 619 号 1602 室				
经营范围	钨及有色金属冶炼、加工；钨合金、钨深加工产品的生产和销售等				

主要财务指标 指标\报告期	2009.06.30	2008.12.31	2008.06.30	2007.12.31
每股收益(元)	0.0204	0.2971	0.1102	0.2960
每股收益(扣除)(元)	0.0047	0.2823	0.1098	0.2526
每股净资产(元)	2.7700	2.9000	2.7100	3.4300
调整后每股净资产(元)	–	–	–	–
每股资本公积金(元)	0.7964	0.7964	0.7964	1.3353
每股盈余公积金(元)	0.1139	0.1139	0.0978	0.1271
每股未分配利润(元)	0.8489	0.9852	0.8145	0.9655
每股现金净流量(元)	0.7014	–1.2001	–1.1680	1.5467
每股经营现金净流量(元)	0.4913	1.2356	0.6142	0.5253
净资产收益率(扣除)(%)	–	–	–	9.5100
净资产收益率(%)	0.7400	10.2600	4.0700	11.1500
总资产(万)	975301.17	883230.47	871198.44	856059.56
股东权益(万)	188871.33	197465.33	184721.10	179827.68
主营业务收入(万)	–	–	–	–
主营业务利润(万)	–	–	–	–
营业务收入(万)	108521.71	494712.95	210805.70	462509.00
营业务利润(万)	1252.28	39003.40	13155.15	33868.30
投资收益(万)	–	–	–	–
利润总额(万)	2940.77	40515.80	13201.70	37895.15
净利润(万)	1392.23	20260.65	7516.42	20043.68

保定天威保变电气股份有限公司

公司概况					
公司名称	保定天威保变电气股份有限公司			证券简称	天威保变
法人代表	丁强	董秘	张继承	证券代码	600550
公司网址	www.twbb.com		电子信箱	tzb@twbb.com	
电　　话	0312-3252455		传　　真	0312-3230382	
办公地址	河北省保定市天威西路 2222 号				
经营范围	变压器、互感器、电抗器等输变电设备及辅助设备、零部件的制造与销售等				

主要财务指标 指标\报告期	2009.06.30	2008.12.31	2008.06.30	2007.12.31
每股收益(元)	0.3600	0.8100	0.4000	0.3900
每股收益(扣除)(元)	0.3500	0.7900	0.4000	0.3700
每股净资产(元)	3.3700	3.2400	2.8400	3.4000
调整后每股净资产(元)	–	–	–	–
每股资本公积金(元)	0.9362	0.9644	0.9652	1.6529
每股盈余公积金(元)	0.1724	0.1724	0.0926	0.1481
每股未分配利润(元)	1.2656	1.1040	0.7775	0.6021
每股现金净流量(元)	–0.1247	1.4281	0.3525	1.0487
每股经营现金净流量(元)	–0.3546	0.2354	–0.1931	0.2715
净资产收益率(扣除)(%)	–	–	–	17.5200
净资产收益率(%)	10.7200	24.9200	14.1600	18.1100
总资产(万)	1505007.32	1218425.57	934188.65	769262.29
股东权益(万)	394108.38	378525.59	331155.07	248426.64
主营业务收入(万)	–	–	–	–
主营业务利润(万)	–	–	–	–
营业务收入(万)	315761.41	436862.48	201478.44	315626.91
营业务利润(万)	48065.63	99287.22	52158.61	48944.49
投资收益(万)	–	–	–	–
利润总额(万)	48934.36	102086.80	52597.23	51091.22
净利润(万)	42241.94	94321.39	46895.83	44979.40

时代出版传媒股份有限公司

公司概况					
公司名称	时代出版传媒股份有限公司			证券简称	时代出版
法人代表	王亚非	董秘	刘红	证券代码	600551
公司网址	www.press-mart.com		电子信箱	gongsixinxiang@press-mart.com	
电　　话	0551-3533671		传　　真	0551-3533050	
办公地址	安徽省合肥市蜀山区圣泉路 1118 号出版传媒广场				
经营范围	电子和信息、光机电一体化、化工、新材料、生物工程、环保等				

主要财务指标 指标\报告期	2009.06.30	2008.12.31	2008.06.30	2007.12.31
每股收益(元)	0.2900	1.5400	0.4200	1.5900
每股收益(扣除)(元)	0.2600	1.4200	0.4200	1.5200
每股净资产(元)	4.7519	4.4500	1.9100	11.6400
调整后每股净资产(元)	–	–	–	–
每股资本公积金(元)	2.5500	5.9680	1.1866	14.9123
每股盈余公积金(元)	0.1274	0.2548	0.0229	0.3479
每股未分配利润(元)	1.0745	1.6740	–0.2978	1.8119
每股现金净流量(元)	0.4002	–0.2627	–1.1660	1.1199
每股经营现金净流量(元)	0.5249	0.1795	–0.4314	2.5501
净资产收益率(扣除)(%)	–	–	–	13.0400
净资产收益率(%)	6.0500	12.3600	6.7600	13.6200
总资产(万)	258607.32	230910.78	27440.35	209030.55
股东权益(万)	185610.42	173759.95	14337.59	140071.73
主营业务收入(万)	–	–	–	–
主营业务利润(万)	–	–	–	–
营业务收入(万)	82644.75	146553.75	65786.03	120475.64
营业务利润(万)	10654.07	18935.70	10493.25	16856.73
投资收益(万)	–	–	–	–
利润总额(万)	11599.74	22709.31	10594.10	20095.44
净利润(万)	11228.87	21471.42	10162.10	19072.09

安徽方兴科技股份有限公司

公司概况					
公司名称	安徽方兴科技股份有限公司			证券简称	方兴科技
法人代表	关长文	董秘	黄晓婷	证券代码	600552
公司网址	www.fangxingkj.com		电子信箱	chch0254@sina.com	
电　　话	0552-4077780		传　　真	0552-4077780	
办公地址	安徽省蚌埠市涂山路 767 号				
经营范围	ITO 导电膜玻璃、在线镀膜玻璃、浮法玻璃深的生产、销售等				

主要财务指标 指标\报告期	2009.06.30	2008.12.31	2008.06.30	2007.12.31
每股收益(元)	–0.1408	0.0200	0.0348	0.2100
每股收益(扣除)(元)	–0.1500	–0.2900	0.0311	0.1900
每股净资产(元)	1.6762	1.8200	1.8300	1.8000
调整后每股净资产(元)	–	–	–	–
每股资本公积金(元)	1.6809	1.6809	1.6809	1.6809
每股盈余公积金(元)	0.1769	0.1769	0.1769	0.1769
每股未分配利润(元)	–1.1816	–1.0408	–1.0252	–1.0600
每股现金净流量(元)	0.2291	0.0944	0.0433	–0.0465
每股经营现金净流量(元)	0.4115	0.3809	0.0468	0.6200
净资产收益率(扣除)(%)	–	–	–	10.4200
净资产收益率(%)	–8.4000	1.0600	1.9000	11.7600
总资产(万)	75726.97	74097.23	79425.53	77187.75
股东权益(万)	19612.08	21259.88	21442.12	21035.05
主营业务收入(万)	–	–	–	–
主营业务利润(万)	–	–	–	–
营业务收入(万)	23980.97	58581.74	29769.36	56744.33
营业务利润(万)	–1720.85	–3231.53	623.11	2653.82
投资收益(万)	–	–	–	–
利润总额(万)	–1556.48	411.15	694.20	2890.72
净利润(万)	–1647.80	224.83	407.07	2474.76

河北太行水泥股份有限公司

公司概况	公司名称	河北太行水泥股份有限公司			证券简称	太行水泥
	法人代表	姜德义	董秘	郑宝金	证券代码	600553
	公司网址	www.taihang-cement.com.cn		电子信箱	thsn600553@126.com	
	电　　话	010-87203935、67265600		传　　真	010-87207635	
	办公地址	北京市崇文区永定门外大街64号				
	经营范围	水泥及水泥制品的生产、销售;技术咨询服务;自产水泥、水泥熟料的出口等业务				

	指标\报告期	2009.06.30	2008.12.31	2008.06.30	2007.12.31
主要财务指标	每股收益(元)	0.1000	0.0900	0.0500	0.1300
	每股收益(扣除)(元)	0.1000	0.0400	0.0500	0.1400
	每股净资产(元)	2.2100	2.1200	2.0900	2.0400
	调整后每股净资产(元)	-	-	-	-
	每股资本公积金(元)	0.5724	0.5724	0.5724	0.5724
	每股盈余公积金(元)	0.2186	0.2186	0.2154	0.2154
	每股未分配利润(元)	0.4162	0.3329	0.2973	0.2477
	每股现金净流量(元)	0.4200	0.0779	0.2257	0.1386
	每股经营现金净流量(元)	0.4875	0.3793	0.2584	0.3602
	净资产收益率(扣除)(%)	-	-	-	7.0600
	净资产收益率(%)	4.6700	4.3100	2.3800	6.5900
	总资产(万)	232592.51	206384.15	217291.95	204910.81
	股东权益(万)	83877.12	80710.36	79237.78	77352.08
	主营业务收入(万)	-	-	-	-
	主营业务利润(万)	-	-	-	-
	营业务收入(万)	82855.79	145323.78	72694.94	126184.76
	营业务利润(万)	2752.16	-3778.36	-964.53	158.05
	投资收益(万)	-	-	-	-
	利润总额(万)	5314.11	6744.05	2403.08	7939.85
	净利润(万)	3920.72	3477.77	1885.70	5097.81

上海九龙山股份有限公司

公司概况	公司名称	上海九龙山股份有限公司			证券简称	九龙山
	法人代表	李勤夫	董秘	毕凤仙	证券代码	600555
	公司网址	www.matsuoka.com.cn		电子信箱	matsuoka@public2.sta.net.cn	
	电　　话	021-64675252-6566		传　　真	021-54658771	
	办公地址	上海市淮海中路1045号淮海国际广场43F				
	经营范围	房地产、商业房产综合开发、印刷、造纸、进出口业务等				

	指标\报告期	2009.06.30	2008.12.31	2008.06.30	2007.12.31
主要财务指标	每股收益(元)	0.0200	0.0300	0.0800	-0.2900
	每股收益(扣除)(元)	-0.0300	-0.1300	0.0200	-0.3100
	每股净资产(元)	2.2400	2.2200	4.7500	4.6800
	调整后每股净资产(元)	-	-	-	-
	每股资本公积金(元)	1.3659	1.3659	4.0486	4.0486
	每股盈余公积金(元)	0.1468	0.1468	0.2937	0.2937
	每股未分配利润(元)	-0.2881	-0.3079	-0.6016	-0.6780
	每股现金净流量(元)	-0.0626	-0.0974	-0.1757	-0.0534
	每股经营现金净流量(元)	-0.0487	-0.2143	-0.0240	0.0294
	净资产收益率(扣除)(%)	-	-	-	-6.5900
	净资产收益率(%)	0.8900	1.4400	1.6400	-6.2200
	总资产(万)	252361.97	246025.99	302481.23	297515.25
	股东权益(万)	194582.81	192858.75	206212.75	203472.39
	主营业务收入(万)	-	-	-	-
	主营业务利润(万)	-	-	-	-
	营业务收入(万)	676.68	13806.15	15249.62	74401.31
	营业务利润(万)	1609.97	-1665.85	1192.97	-13301.79
	投资收益(万)	-	-	-	-
	利润总额(万)	1737.66	3025.06	3811.32	-12980.36
	净利润(万)	1722.95	2772.23	3389.63	-12655.36

江苏康缘药业股份有限公司

公司概况	公司名称	江苏康缘药业股份有限公司			证券简称	康缘药业
	法人代表	肖伟	董秘	程凡	证券代码	600557
	公司网址	www.kanion.com		电子信箱	chf@kanion.com	
	电　　话	0518-85521990		传　　真	0518-85521990	
	办公地址	江苏省连云港市新浦海昌南路58号				
	经营范围	片剂、胶囊剂、软胶囊剂、颗粒剂、口服液、糖浆剂、丸剂、合剂、茶剂、煎膏剂等				

	指标\报告期	2009.06.30	2008.12.31	2008.06.30	2007.12.31
主要财务指标	每股收益(元)	0.2197	0.5330	0.2000	0.5790
	每股收益(扣除)(元)	0.1996	0.5120	0.2200	0.5510
	每股净资产(元)	3.0700	3.5700	3.2500	3.2800
	调整后每股净资产(元)	-	-	-	-
	每股资本公积金(元)	1.0454	1.4545	1.4645	1.0775
	每股盈余公积金(元)	0.2069	0.2482	0.1910	0.3261
	每股未分配利润(元)	0.8196	0.8699	0.5979	1.1002
	每股现金净流量(元)	-0.3317	0.7889	1.0863	-0.0962
	每股经营现金净流量(元)	-0.1404	0.2191	0.1898	0.5942
	净资产收益率(扣除)(%)	-	-	-	16.8100
	净资产收益率(%)	7.1500	14.9200	6.2600	17.6300
	总资产(万)	131365.50	131056.95	139453.46	103175.95
	股东权益(万)	98173.25	95146.25	86645.98	54658.10
	主营业务收入(万)	-	-	-	-
	主营业务利润(万)	-	-	-	-
	营业务收入(万)	43552.61	113203.14	57319.21	99863.47
	营业务利润(万)	7509.15	15013.28	7851.01	11301.78
	投资收益(万)	-	-	-	-
	利润总额(万)	8262.73	15649.28	7237.90	11988.41
	净利润(万)	7023.45	14194.01	5422.06	9635.77

四川大西洋焊接材料股份有限公司

公司概况	公司名称	四川大西洋焊接材料股份有限公司			证券简称	大西洋
	法人代表	余大全	董秘	郭万程	证券代码	600558
	公司网址	www.weldatlantic.com		电子信箱	Altantic@zg-pubilc.sc.cninfo.net	
	电　　话	0813-5103514、5101327		传　　真	0813-5103149、5109042	
	办公地址	四川省自贡市大安区马冲口街2号				
	经营范围	资产投资;焊接材料的开发、生产、销售及技术服务;高新技术及产品的开发				

	指标\报告期	2009.06.30	2008.12.31	2008.06.30	2007.12.31
主要财务指标	每股收益(元)	0.3330	0.4338	0.3600	0.5630
	每股收益(扣除)(元)	0.3320	0.5391	0.3630	0.5420
	每股净资产(元)	5.7600	5.5600	5.4900	5.2600
	调整后每股净资产(元)	-	-	-	-
	每股资本公积金(元)	2.6964	2.6964	2.6976	2.6964
	每股盈余公积金(元)	0.4628	0.4303	0.4160	0.3907
	每股未分配利润(元)	1.6055	1.4354	1.3761	1.1713
	每股现金净流量(元)	0.0623	0.4454	-0.4846	0.0397
	每股经营现金净流量(元)	0.5550	0.7086	-0.4768	-0.0568
	净资产收益率(扣除)(%)	-	-	-	-
	净资产收益率(%)	5.7700	7.8000	6.5600	10.7100
	总资产(万)	154927.66	150351.44	149758.67	140665.22
	股东权益(万)	69176.79	66745.61	65876.66	63100.41
	主营业务收入(万)	-	-	-	-
	主营业务利润(万)	-	-	-	-
	营业务收入(万)	101019.36	210710.51	114473.57	164033.55
	营业务利润(万)	5494.58	7203.59	6176.40	8818.08
	投资收益(万)	-	-	-	-
	利润总额(万)	5515.75	7139.24	6150.36	9098.21
	净利润(万)	3991.18	5205.20	4321.25	6756.21

河北衡水老白干酒业股份有限公司

公司概况	公司名称	河北衡水老白干酒业股份有限公司		证券简称	老白干酒
	法人代表	张新广	董秘 刘勇	证券代码	600559
	公司网址	www.hengshuilaobaigan.net		电子信箱	hslbg@hengshuilaobaigan.net
	电　话	0318-2122755		传　真	0318-2669976
	办公地址	河北省衡水市人民东路 809 号			
	经营范围	畜禽养殖、动物饲养及销售；饲料；白酒的生产、销售			

主要财务指标	指标\报告期	2009.06.30	2008.12.31	2008.06.30	2007.12.31
	每股收益(元)	0.1200	0.2200	0.1000	0.1200
	每股收益(扣除)(元)	0.0800	0.2000	0.1000	0.1100
	每股净资产(元)	2.7310	2.6100	2.4900	2.4800
	调整后每股净资产(元)	-	-	-	-
	每股资本公积金(元)	1.1857	1.1857	1.1857	1.1857
	每股盈余公积金(元)	0.1445	0.1445	0.1262	0.1262
	每股未分配利润(元)	0.4008	0.2770	0.1747	0.1729
	每股现金净流量(元)	0.2219	-0.8057	-0.7798	0.6278
	每股经营现金净流量(元)	0.6996	-0.3309	-0.0036	1.8037
	净资产收益率(扣除)(%)	-	-	-	4.5200
	净资产收益率(%)	4.5300	8.5300	4.1000	5.0000
	总资产(万)	111124.85	111412.86	103891.51	100533.21
	股东权益(万)	38234.14	36501.80	34813.39	34787.04
	主营业务收入(万)	-	-	-	-
	主营业务利润(万)	-	-	-	-
	营业务收入(万)	49088.02	60174.88	36399.92	46162.62
	营业务利润(万)	1971.88	3986.39	1581.58	3360.71
	投资收益(万)	-	-	-	-
	利润总额(万)	2577.18	4288.65	1693.53	3366.53
	净利润(万)	1732.34	3114.76	1426.35	1739.28

北京金自天正智能控制股份有限公司

公司概况	公司名称	北京金自天正智能控制股份有限公司		证券简称	金自天正
	法人代表	张剑武	董秘 胡邦周	证券代码	600560
	公司网址	www.Aritime.com		电子信箱	aritime@AriTime.com
	电　话	010-83671666＊6104		传　真	010-63713257
	办公地址	北京市丰台区科学城富丰路 6 号			
	经营范围	自动化系统的技术开发、技术转让、技术咨询、技术培训、技术服务等			

主要财务指标	指标\报告期	2009.06.30	2008.12.31	2008.06.30	2007.12.31
	每股收益(元)	0.1600	0.3900	0.2100	0.3600
	每股收益(扣除)(元)	0.2000	0.4000	0.2100	0.3400
	每股净资产(元)	4.6900	4.6100	4.4200	4.3000
	调整后每股净资产(元)	-	-	-	-
	每股资本公积金(元)	2.5339	2.5339	2.5339	2.5339
	每股盈余公积金(元)	0.3037	0.3037	0.2793	0.2793
	每股未分配利润(元)	0.8516	0.7729	0.6084	0.4828
	每股现金净流量(元)	0.2940	0.4910	0.1070	-0.3399
	每股经营现金净流量(元)	0.4309	0.7251	0.1627	-0.1195
	净资产收益率(扣除)(%)	-	-	-	8.0000
	净资产收益率(%)	3.3900	8.5600	4.8400	8.3000
	总资产(万)	166967.63	163978.07	157412.61	137332.94
	股东权益(万)	46610.04	45827.11	43949.27	42701.11
	主营业务收入(万)	-	-	-	-
	主营业务利润(万)	-	-	-	-
	营业务收入(万)	22139.34	55978.38	31235.67	52107.52
	营业务利润(万)	2630.45	4437.49	3015.63	3276.68
	投资收益(万)	-	-	-	-
	利润总额(万)	2361.11	4882.04	3012.47	4093.77
	净利润(万)	1578.12	3921.18	2126.34	3543.50

江西长运股份有限公司

公司概况	公司名称	江西长运股份有限公司		证券简称	江西长运
	法人代表	张平	董秘 黄中	证券代码	600561
	公司网址	www.jxcy.com.cn		电子信箱	dongsihui@jxcy.com.cn
	电　话	0791-6298107		传　真	0791-6217722
	办公地址	江西省南昌市火炬大街 759 号			
	经营范围	公路客货运输、仓储、集装箱货运、道路清障及停车、汽车修理一级等			

主要财务指标	指标\报告期	2009.06.30	2008.12.31	2008.06.30	2007.12.31
	每股收益(元)	0.2600	0.3500	0.2100	0.3000
	每股收益(扣除)(元)	0.2400	0.2900	0.2000	0.2000
	每股净资产(元)	2.9000	2.6400	2.5100	2.4400
	调整后每股净资产(元)	-	-	-	-
	每股资本公积金(元)	0.5466	0.5466	0.5425	0.5425
	每股盈余公积金(元)	0.3640	0.3640	0.3226	0.3226
	每股未分配利润(元)	0.9903	0.7328	0.6413	0.5717
	每股现金净流量(元)	-0.0615	-0.3209	0.3382	-0.0794
	每股经营现金净流量(元)	0.6983	1.0768	0.4236	0.7969
	净资产收益率(扣除)(%)	-	-	-	8.2600
	净资产收益率(%)	8.8800	13.0700	8.4800	12.4400
	总资产(万)	150425.16	152132.96	156351.58	126144.16
	股东权益(万)	53877.93	49093.81	46550.44	45257.93
	主营业务收入(万)	-	-	-	-
	主营业务利润(万)	-	-	-	-
	营业务收入(万)	49219.98	89421.10	45382.45	70334.54
	营业务利润(万)	7139.40	9271.15	5697.93	9009.48
	投资收益(万)	-	-	-	-
	利润总额(万)	7464.16	10056.16	6088.72	9382.50
	净利润(万)	4784.12	6415.40	3948.36	5627.91

江苏高淳陶瓷股份有限公司

公司概况	公司名称	江苏高淳陶瓷股份有限公司		证券简称	高淳陶瓷
	法人代表	孔德双	董秘 王贵夫	证券代码	600562
	公司网址	www.gctc.cn		电子信箱	wanggf@gctc.cn
	电　话	025-57889698		传　真	025-57377688
	办公地址	江苏高淳经济开发区荆山路 008 号			
	经营范围	日用陶瓷、窑具制造；包装材料及制品、酒类销售，旅游接待等			

主要财务指标	指标\报告期	2009.06.30	2008.12.31	2008.06.30	2007.12.31
	每股收益(元)	-0.4000	-0.2800	0.0100	0.1100
	每股收益(扣除)(元)	-0.4600	-0.3600	0.0003	0.0100
	每股净资产(元)	3.3800	3.7800	4.1700	4.1600
	调整后每股净资产(元)	-	-	-	-
	每股资本公积金(元)	2.1742	2.1745	2.1745	2.1745
	每股盈余公积金(元)	0.4286	0.4286	0.4286	0.4286
	每股未分配利润(元)	-0.2238	0.1766	0.5637	0.5541
	每股现金净流量(元)	-0.1085	0.2370	0.0051	-0.3443
	每股经营现金净流量(元)	-0.1584	-0.4537	-0.1864	-0.1585
	净资产收益率(扣除)(%)	-	-	-	0.2500
	净资产收益率(%)	-11.8500	-6.9800	0.2300	2.6100
	总资产(万)	75327.18	67823.75	58287.64	56493.45
	股东权益(万)	28413.94	31782.86	35038.52	34957.86
	主营业务收入(万)	-	-	-	-
	主营业务利润(万)	-	-	-	-
	营业务收入(万)	7909.13	28531.25	15816.14	32759.57
	营业务利润(万)	-3968.02	-2808.14	-86.40	1024.95
	投资收益(万)	-	-	-	-
	利润总额(万)	-3705.73	-2249.10	85.34	1457.20
	净利润(万)	-3366.26	-2334.10	80.66	911.67

厦门法拉电子股份有限公司

公司概况	公司名称	厦门法拉电子股份有限公司			证券简称	法拉电子
	法人代表	曾福生	董秘	许琼玖	证券代码	600563
	公司网址	www.faratronic.com		电子信箱	lhp@faratronic.com.cn	
	电　话	0592-6208778、6208600		传　真	0592-6208555	
	办公地址	福建省厦门市新园路99号				
	经营范围	薄膜电容器及其金属化镀膜材料的制造等				

主要财务指标	指标\报告期	2009.06.30	2008.12.31	2008.06.30	2007.12.31
	每股收益(元)	0.2300	0.4400	0.2200	0.6000
	每股收益(扣除)(元)	0.2200	0.4100	0.2200	0.5300
	每股净资产(元)	4.2700	4.2300	4.0200	3.8000
	调整后每股净资产(元)	-	-	-	-
	每股资本公积金(元)	1.1643	1.1643	1.1643	1.1643
	每股盈余公积金(元)	0.4157	0.4157	0.3737	0.3737
	每股未分配利润(元)	1.6863	1.6543	1.4813	1.2600
	每股现金净流量(元)	0.0927	0.1804	0.1319	-0.4799
	每股经营现金净流量(元)	0.4357	0.8999	0.3407	0.4187
	净资产收益率(扣除)(%)	-	-	-	14.0200
	净资产收益率(%)	5.4400	10.3000	5.5100	15.6700
	总资产(万)	107594.24	108544.71	106158.23	92404.31
	股东权益(万)	95992.60	95271.33	90433.64	85454.21
	主营业务收入(万)	-	-	-	-
	主营业务利润(万)	-	-	-	-
	营业务收入(万)	33958.34	65644.67	30367.37	57791.69
	营业务利润(万)	7191.34	11455.30	5942.53	14683.43
	投资收益(万)	-	-	-	-
	利润总额(万)	7478.62	11963.43	6072.48	14932.40
	净利润(万)	5221.27	9817.12	4979.43	13387.85

重庆市迪马实业股份有限公司

公司概况	公司名称	重庆市迪马实业股份有限公司			证券简称	迪马股份
	法人代表	罗韶颖	董秘	黄力进	证券代码	600565
	公司网址	www.chinadima.com		电子信箱	huanglijin@chinadima.com	
	电　话	023-69021876、89021877		传　真	023-69021878	
	办公地址	重庆南岸南城大道199号正联大厦23楼				
	经营范围	房地产开发;制造、销售运钞车、特种车及零部件等				

主要财务指标	指标\报告期	2009.06.30	2008.12.31	2008.06.30	2007.12.31
	每股收益(元)	0.0222	0.2800	0.1555	0.3300
	每股收益(扣除)(元)	0.0218	0.2900	0.1665	0.1400
	每股净资产(元)	1.4200	2.5200	2.4000	2.2900
	调整后每股净资产(元)	-	-	-	-
	每股资本公积金(元)	0.0638	0.9149	0.9149	2.8297
	每股盈余公积金(元)	0.0638	0.1148	0.0926	0.1852
	每股未分配利润(元)	0.2924	0.5064	0.3972	0.6028
	每股现金净流量(元)	0.1604	0.6072	0.5220	2.3610
	每股经营现金净流量(元)	-0.5061	-0.7840	-0.2748	-1.7185
	净资产收益率(扣除)(%)	-	-	6.8100	5.0600
	净资产收益率(%)	1.5620	10.9300	6.4700	11.8300
	总资产(万)	372209.60	322336.80	272915.55	255979.44
	股东权益(万)	102240.59	101443.80	96184.99	92354.23
	主营业务收入(万)	-	-	-	-
	主营业务利润(万)	-	-	-	-
	营业务收入(万)	36075.42	107615.66	65896.54	68851.39
	营业务利润(万)	1730.66	14376.68	8052.75	18580.88
	投资收益(万)	-	-	-	-
	利润总额(万)	1761.73	13730.46	7497.72	18506.36
	净利润(万)	1596.79	11089.57	6221.43	10925.22

湖北洪城通用机械股份有限公司

公司概况	公司名称	湖北洪城通用机械股份有限公司			证券简称	洪城股份
	法人代表	王洪运	董秘	王速建	证券代码	600566
	公司网址	www.hbhc.com.cn		电子信箱	hcweb@vip.163.com	
	电　话	0716-8221198		传　真	0716-8221198	
	办公地址	湖北省荆州市红门路3号				
	经营范围	各类阀门、水工机械、金属结构件、环保设备、机床、有色金属的生产、销售等				

主要财务指标	指标\报告期	2009.06.30	2008.12.31	2008.06.30	2007.12.31
	每股收益(元)	0.0300	0.0788	0.0460	0.1023
	每股收益(扣除)(元)	0.0300	0.0763	0.0490	0.0623
	每股净资产(元)	4.7700	4.7500	4.7200	4.6800
	调整后每股净资产(元)	-	-	-	-
	每股资本公积金(元)	2.7899	2.7899	2.7899	2.7899
	每股盈余公积金(元)	0.1663	0.1663	0.1603	0.1603
	每股未分配利润(元)	0.8171	0.7954	0.7686	0.7326
	每股现金净流量(元)	-0.1167	0.0164	-0.1651	0.2026
	每股经营现金净流量(元)	0.0407	0.2169	0.0336	0.3454
	净资产收益率(扣除)(%)	-	-	-	1.3300
	净资产收益率(%)	0.6600	1.6600	0.9700	2.1800
	总资产(万)	84118.83	82961.35	82201.76	80232.17
	股东权益(万)	50744.49	50513.84	50164.16	49782.20
	主营业务收入(万)	-	-	-	-
	主营业务利润(万)	-	-	-	-
	营业务收入(万)	9375.09	21298.60	9531.49	21855.04
	营业务利润(万)	400.12	874.68	410.05	1047.19
	投资收益(万)	-	-	-	-
	利润总额(万)	398.56	906.13	369.42	1681.69
	净利润(万)	336.96	837.95	488.27	1087.57

安徽山鹰纸业股份有限公司

公司概况	公司名称	安徽山鹰纸业股份有限公司			证券简称	山鹰纸业
	法人代表	王德贤	董秘	孙红莉	证券代码	600567
	公司网址	www.shanyingpaper.com		电子信箱	stock@shanyingpaper.com	
	电　话	0555-2826275		传　真	0555-2826369	
	办公地址	安徽省马鞍山市勤俭路3号				
	经营范围	纸、纸板、纸箱制造,本公司生产产品出口及本公司生产、科研所需的原辅材料等				

主要财务指标	指标\报告期	2009.06.30	2008.12.31	2008.06.30	2007.12.31
	每股收益(元)	-0.0400	0.0100	0.0900	0.1400
	每股收益(扣除)(元)	-0.0400	0.0040	0.0800	0.1500
	每股净资产(元)	2.9700	3.0300	3.1000	2.9900
	调整后每股净资产(元)	-	-	-	-
	每股资本公积金(元)	1.3479	1.3478	1.3379	1.3100
	每股盈余公积金(元)	0.1017	0.1017	0.1066	0.1023
	每股未分配利润(元)	0.5232	0.5811	0.6526	0.5757
	每股现金净流量(元)	0.0471	0.2710	-0.1593	0.3092
	每股经营现金净流量(元)	0.4582	1.0453	0.3210	-0.4276
	净资产收益率(扣除)(%)	-	-	-	4.9500
	净资产收益率(%)	-1.3700	0.3000	2.7700	4.6800
	总资产(万)	479702.52	465716.93	437075.46	414447.55
	股东权益(万)	127709.11	130193.01	133050.91	127509.79
	主营业务收入(万)	-	-	-	-
	主营业务利润(万)	-	-	-	-
	营业务收入(万)	120511.15	285883.50	144707.88	189986.88
	营业务利润(万)	-2421.53	-20.53	3485.22	5173.31
	投资收益(万)	-	-	-	-
	利润总额(万)	-1397.77	1874.60	4444.79	6984.86
	净利润(万)	-1751.30	400.67	3684.06	5972.35

湖北潜江制药股份有限公司

公司概况

公司名称	湖北潜江制药股份有限公司			证券简称	ST 潜药
法人代表	许德来	董秘	何晓燕	证券代码	600568
公司网址	www.qjzy.com		电子信箱	qjzy_stock@126.com	
电　话	027-59409632		传　真	027-59409631	
办公地址	湖北省潜江市章华南路特 1 号				
经营范围	滴眼液、针剂、片剂、胶囊、冻干针、颗粒剂、原料药、塑料包装用品等				

主要财务指标

指标\报告期	2009.06.30	2008.12.31	2008.06.30	2007.12.31
每股收益(元)	0.1900	0.3300	0.1300	0.1500
每股收益(扣除)(元)	0.1900	0.3300	0.1100	0.1500
每股净资产(元)	3.5820	3.3000	3.0700	2.9300
调整后每股净资产(元)	–	–	–	–
每股资本公积金(元)	2.2899	2.1984	2.1605	2.1599
每股盈余公积金(元)	0.1082	0.1082	0.1082	0.1082
每股未分配利润(元)	0.1835	–0.0071	–0.2033	–0.3337
每股现金净流量(元)	–0.0397	1.0333	0.3626	–0.3937
每股经营现金净流量(元)	–0.2192	0.7232	–0.0773	0.0285
净资产收益率(扣除)(%)	–	–	–	1.4700
净资产收益率(%)	5.3200	9.9000	4.2500	5.0100
总资产(万)	192534.11	166139.38	158714.48	132869.46
股东权益(万)	44937.69	41396.66	38459.88	36816.83
主营业务收入(万)	–	–	–	–
主营业务利润(万)	–	–	–	–
营业务收入(万)	175655.63	248065.42	138182.30	186016.96
营业务利润(万)	7266.61	10500.43	4941.48	6992.51
投资收益(万)	–	–	–	–
利润总额(万)	7255.40	10923.42	5232.59	8084.30
净利润(万)	2391.92	4097.42	1635.54	1843.57

安阳钢铁股份有限公司

公司概况

公司名称	安阳钢铁股份有限公司			证券简称	安阳钢铁
法人代表	王子亮	董秘	张宪胜	证券代码	600569
公司网址	www.aysteel.com.cn		电子信箱	zqb@aysteel.com.cn	
电　话	0372-3120175		传　真	0372-3120181	
办公地址	河南省安阳市殷都区梅元庄				
经营范围	钢铁及钢铁延伸产品的生产和销售等				

主要财务指标

指标\报告期	2009.06.30	2008.12.31	2008.06.30	2007.12.31
每股收益(元)	–0.1600	0.0500	0.2500	0.5800
每股收益(扣除)(元)	–0.1600	–	0.2500	0.5800
每股净资产(元)	4.1530	4.3100	4.5000	3.9800
调整后每股净资产(元)	–	–	–	–
每股资本公积金(元)	1.3998	1.3998	1.3998	0.6779
每股盈余公积金(元)	0.7097	0.7097	0.7047	0.8358
每股未分配利润(元)	1.0431	1.2027	1.3981	1.4710
每股现金净流量(元)	–0.2381	–0.1861	–0.1304	0.4561
每股经营现金净流量(元)	–0.3740	0.2891	0.6602	0.4442
净资产收益率(扣除)(%)	–	–	–	14.4300
净资产收益率(%)	–3.8400	1.2000	5.3800	14.4900
总资产(万)	2702014.56	2716623.27	2984126.88	2331446.69
股东权益(万)	994009.09	1032195.41	1077792.66	804206.11
主营业务收入(万)	–	–	–	–
主营业务利润(万)	–	–	–	–
营业务收入(万)	1050182.32	3711393.04	2006823.80	2602336.27
营业务利润(万)	–49768.15	14835.38	79478.30	127756.77
投资收益(万)	–	–	–	–
利润总额(万)	–49333.82	15554.63	79644.69	128497.63
净利润(万)	–38186.33	12369.65	57966.90	116527.16

杭州恒生电子股份有限公司

公司概况

公司名称	杭州恒生电子股份有限公司			证券简称	恒生电子
法人代表	彭政纲	董秘		证券代码	600570
公司网址	www.hundsun.com		电子信箱	zxzl@hundsun.com	
电　话	0571-28829702		传　真	0571-28829703	
办公地址	杭州市滨江区江南大道 3588 号恒生大厦				
经营范围	计算机软件的技术开发、咨询、服务、成果转让;计算机系统集成等				

主要财务指标

指标\报告期	2009.06.30	2008.12.31	2008.06.30	2007.12.31
每股收益(元)	0.1600	0.4500	0.1600	0.4300
每股收益(扣除)(元)	0.1300	0.4900	0.1600	0.2300
每股净资产(元)	1.5000	2.1300	1.9100	3.1800
调整后每股净资产(元)	–	–	–	–
每股资本公积金(元)	0.1202	0.4398	0.5192	1.1420
每股盈余公积金(元)	0.1180	0.1770	0.1270	0.2032
每股未分配利润(元)	0.2638	0.5101	0.2679	0.8438
每股现金净流量(元)	0.2325	–0.1947	–0.5195	0.2333
每股经营现金净流量(元)	–0.2390	0.4854	–0.2277	0.8436
净资产收益率(扣除)(%)	–	–	–	11.4900
净资产收益率(%)	10.4600	21.2300	8.3300	21.3800
总资产(万)	93159.60	91207.38	77331.81	91712.17
股东权益(万)	66889.87	63145.29	56777.72	62687.24
主营业务收入(万)	–	–	–	–
主营业务利润(万)	–	–	–	–
营业务收入(万)	24947.85	66868.17	26104.48	57242.83
营业务利润(万)	6122.97	10163.03	2246.89	11760.38
投资收益(万)	–	–	–	–
利润总额(万)	7971.05	13648.42	3556.50	14192.09
净利润(万)	6997.74	13408.88	4731.51	12641.81

信雅达系统工程股份有限公司

公司概况

公司名称	信雅达系统工程股份有限公司			证券简称	信雅达
法人代表	郭华强	董秘	叶晖	证券代码	600571
公司网址	www.sunyard.com		电子信箱	mail@sunyard.com	
电　话	0571-56686651		传　真	0571-56686777	
办公地址	杭州市滨江区江南大道 3888 号信雅达科技大厦				
经营范围	软件技术开发及其咨询服务;成果转让等				

主要财务指标

指标\报告期	2009.06.30	2008.12.31	2008.06.30	2007.12.31
每股收益(元)	0.0460	–0.1500	0.0310	0.0430
每股收益(扣除)(元)	0.0230	–0.2200	–0.0170	0.0080
每股净资产(元)	1.6920	1.6500	1.8310	1.8100
调整后每股净资产(元)	–	–	–	–
每股资本公积金(元)	0.3950	0.3950	0.3992	0.4078
每股盈余公积金(元)	0.1022	0.1022	0.0952	0.0952
每股未分配利润(元)	0.1954	0.1497	0.3385	0.3074
每股现金净流量(元)	–0.0221	–0.1151	0.1245	0.1426
每股经营现金净流量(元)	–0.2563	–0.0741	–0.3686	0.0436
净资产收益率(扣除)(%)	–	–	–	0.4700
净资产收益率(%)	2.7000	–9.1500	1.7000	2.3500
总资产(万)	77828.11	73474.07	78497.47	67175.08
股东权益(万)	32925.70	32043.05	35617.10	35195.35
主营业务收入(万)	–	–	–	–
主营业务利润(万)	–	–	–	–
营业务收入(万)	23074.29	56883.87	22440.81	42631.12
营业务利润(万)	345.87	–5911.89	–228.90	–916.06
投资收益(万)	–	–	–	–
利润总额(万)	990.35	–3125.02	1170.65	122.97
净利润(万)	887.43	–2931.73	603.90	828.32

浙江康恩贝制药股份有限公司

公司概况	公司名称	浙江康恩贝制药股份有限公司			证券简称	康恩贝
	法人代表	胡季强	董秘	杨俊德	证券代码	600572
	公司网址	www.conba.com.cn		电子信箱	gszl@conbagroup.com	
	电　话	0571-87774711、87774828		传　真	0571-87774709	
	办公地址	浙江省杭州市高新技术开发区滨江科技经济园滨康路568号				
	经营范围	药品和医疗保健品的生产、销售和研发业务等				

	指标\报告期	2009.06.30	2008.12.31	2008.06.30	2007.12.31
主要财务指标	每股收益(元)	0.1234	0.2800	0.1890	0.3500
	每股收益(扣除)(元)	0.1193	0.1600	0.1182	0.1900
	每股净资产(元)	2.8156	2.8100	2.7200	2.6100
	调整后每股净资产(元)	–	–	–	–
	每股资本公积金(元)	0.9465	0.9465	0.9463	2.3034
	每股盈余公积金(元)	0.2622	0.2344	0.2344	0.3903
	每股未分配利润(元)	0.6069	0.6313	0.5364	1.0070
	每股现金净流量(元)	0.0371	–0.0446	–0.2057	0.5110
	每股经营现金净流量(元)	0.2376	0.3042	0.1531	0.4444
	净资产收益率(扣除)(%)	–	–	–	8.7200
	净资产收益率(%)	4.3800	10.0900	6.9500	12.5400
	总资产(万)	157928.63	156926.38	154965.14	154806.57
	股东权益(万)	91224.60	91115.75	88033.58	84611.02
	主营业务收入(万)	–	–	–	–
	主营业务利润(万)	–	–	–	–
	营业务收入(万)	56794.71	109491.57	56948.70	123759.43
	营业务利润(万)	3930.25	4364.91	2773.51	12346.07
	投资收益(万)	–	–	–	–
	利润总额(万)	4701.08	10775.71	7654.40	15789.38
	净利润(万)	3996.85	9197.36	6122.56	10613.17

福建省燕京惠泉啤酒股份有限公司

公司概况	公司名称	福建省燕京惠泉啤酒股份有限公司			证券简称	惠泉啤酒
	法人代表	李秉骥	董秘	何泽平	证券代码	600573
	公司网址	www.huiquan-beer.com		电子信箱	hqbeer@hqbeer.com	
	电　话	0595-87396105		传　真	0595-87384369	
	办公地址	福建省惠安县螺城镇建设大街157号				
	经营范围	啤酒、饮料制造；自营和代理各类商品和技术的进出口业务等				

	指标\报告期	2009.06.30	2008.12.31	2008.06.30	2007.12.31
主要财务指标	每股收益(元)	0.1301	0.2734	0.1100	0.1800
	每股收益(扣除)(元)	0.1262	0.2157	0.0800	0.1600
	每股净资产(元)	4.2300	4.2000	4.0300	4.0100
	调整后每股净资产(元)	–	–	–	–
	每股资本公积金(元)	2.0283	2.0283	2.0283	2.0283
	每股盈余公积金(元)	0.4245	0.4245	0.4032	0.4032
	每股未分配利润(元)	0.7780	0.7480	0.6024	0.5758
	每股现金净流量(元)	0.3578	0.1635	0.2054	0.0666
	每股经营现金净流量(元)	0.5569	0.3564	0.3520	0.4680
	净资产收益率(扣除)(%)	–	–	–	3.9400
	净资产收益率(%)	3.0700	6.5100	2.6400	4.4000
	总资产(万)	126594.77	120108.54	123643.64	118748.24
	股东权益(万)	105771.62	105019.53	100848.90	100184.28
	主营业务收入(万)	–	–	–	–
	主营业务利润(万)	–	–	–	–
	营业务收入(万)	55242.62	102933.47	49061.92	103127.17
	营业务利润(万)	3919.34	7299.93	2794.19	6805.77
	投资收益(万)	–	–	–	–
	利润总额(万)	4067.63	8700.00	3483.64	7012.78
	净利润(万)	3252.09	6834.17	2664.62	4406.05

芜湖港储运股份有限公司

公司概况	公司名称	芜湖港储运股份有限公司			证券简称	芜湖港
	法人代表	孙新华	董秘	欧业群	证券代码	600575
	公司网址	www.whpstc.com		电子信箱	whps@whpstc.com	
	电　话	0553-5840528		传　真	0553-5840510	
	办公地址	安徽省芜湖市经济技术开发区内朱家桥外码头				
	经营范围	货物装卸、仓储、中转服务.国际集装箱装卸.物流配送.多式联运				

	指标\报告期	2009.06.30	2008.12.31	2008.06.30	2007.12.31
主要财务指标	每股收益(元)	0.0200	0.0900	0.0600	0.0800
	每股收益(扣除)(元)	0.0200	0.1000	0.0600	0.0800
	每股净资产(元)	1.4950	1.5400	1.5000	2.8900
	调整后每股净资产(元)	–	–	–	–
	每股资本公积金(元)	0.1389	0.1389	0.1389	1.2777
	每股盈余公积金(元)	0.0914	0.1001	0.0831	0.1824
	每股未分配利润(元)	0.2561	0.3003	0.2769	0.4310
	每股现金净流量(元)	–0.0035	0.1629	0.0376	–0.2397
	每股经营现金净流量(元)	0.0046	0.1039	0.0278	0.2492
	净资产收益率(扣除)(%)	–	–	–	5.7800
	净资产收益率(%)	1.0080	6.0900	3.7200	5.3600
	总资产(万)	76605.93	75234.72	60673.95	54488.32
	股东权益(万)	53204.28	54767.24	53330.64	51433.44
	主营业务收入(万)	–	–	–	–
	主营业务利润(万)	–	–	–	–
	营业务收入(万)	6626.82	17899.21	9334.45	16065.97
	营业务利润(万)	822.52	4413.51	2614.05	4628.61
	投资收益(万)	–	–	–	–
	利润总额(万)	800.49	4248.66	2512.24	4323.22
	净利润(万)	536.31	3333.79	1982.11	2758.22

浙江万好万家实业股份有限公司

公司概况	公司名称	浙江万好万家实业股份有限公司			证券简称	万好万家
	法人代表	孔德永	董秘	詹纯伟	证券代码	600576
	公司网址	www.cnwhwh.com		电子信箱	whwj600576@126.com	
	电　话	0571-85866518		传　真	0571-85866566	
	办公地址	杭州市密渡桥路1号白马大厦12楼				
	经营范围	房地产投资，连锁酒店投资管理，实业投资管理等				

	指标\报告期	2009.06.30	2008.12.31	2008.06.30	2007.12.31
主要财务指标	每股收益(元)	–0.0800	0.0900	0.0530	0.1700
	每股收益(扣除)(元)	–0.0700	0.0400	0.0470	0.1600
	每股净资产(元)	2.3100	2.3000	2.2700	2.2200
	调整后每股净资产(元)	–	–	–	–
	每股资本公积金(元)	1.3414	1.2461	1.2557	1.2557
	每股盈余公积金(元)	0.1096	0.1096	0.1096	0.1096
	每股未分配利润(元)	–0.1393	–0.0594	–0.0933	–0.1460
	每股现金净流量(元)	–0.1104	0.2960	0.1569	0.0803
	每股经营现金净流量(元)	–0.1916	–0.2458	–0.1681	0.3746
	净资产收益率(扣除)(%)	–	–	–	7.1200
	净资产收益率(%)	–3.4600	3.7700	2.3200	7.4400
	总资产(万)	86542.58	87244.08	102532.76	125427.88
	股东权益(万)	50418.70	50080.69	49552.67	48403.09
	主营业务收入(万)	–	–	–	–
	主营业务利润(万)	–	–	–	–
	营业务收入(万)	6691.88	42376.69	20070.16	45835.82
	营业务利润(万)	–1360.83	3756.17	2201.27	7762.05
	投资收益(万)	–	–	–	–
	利润总额(万)	–1850.14	4655.01	2173.54	7763.49
	净利润(万)	–1741.99	1888.07	1149.58	3601.33

铜陵精达特种电磁线股份有限公司

公司概况	公司名称	铜陵精达特种电磁线股份有限公司			证券简称	精达股份
	法人代表	王世根	董秘	张天赢	证券代码	600577
	公司网址	www.jingda.cn		电子信箱	zqb@jingda.cn	
	电　　话	0562-2809086		传　　真	0562-2809086	
	办公地址	安徽铜陵市芜铜路(经济技术开发区内)				
	经营范围	主要从事漆包电磁线、裸铜线、电线电缆及拉丝模具制造、销售等				

主要财务指标	指标\报告期	2009.06.30	2008.12.31	2008.06.30	2007.12.31
	每股收益(元)	0.0820	0.3370	0.1350	0.2750
	每股收益(扣除)(元)	0.0760	0.3340	0.1370	0.4910
	每股净资产(元)	2.5500	2.5700	2.3900	4.0700
	调整后每股净资产(元)	-	-	-	-
	每股资本公积金(元)	0.4113	0.4113	0.4111	1.5399
	每股盈余公积金(元)	0.0864	0.0864	0.0667	0.1200
	每股未分配利润(元)	1.0545	1.0728	0.9157	1.4048
	每股现金净流量(元)	0.6785	0.3632	0.1416	0.0910
	每股经营现金净流量(元)	0.8760	0.8571	0.0889	-1.7499
	净资产收益率(扣除)(%)	-	-	-	11.2500
	净资产收益率(%)	3.2000	13.0700	5.6500	11.3400
	总资产(万)	232240.83	191193.28	231552.85	228767.09
	股东权益(万)	75154.89	75693.27	70479.92	66498.15
	主营业务收入(万)	-	-	-	-
	主营业务利润(万)	-	-	-	-
	营业务收入(万)	144813.53	505344.64	317804.39	557788.52
	营业务利润(万)	4698.14	14655.97	7928.15	14178.69
	投资收益(万)	-	-	-	-
	利润总额(万)	5111.61	14954.45	7872.06	14172.64
	净利润(万)	2406.42	9920.29	3981.77	7538.14

北京京能热电股份有限公司

公司概况	公司名称	北京京能热电股份有限公司			证券简称	京能热电
	法人代表	刘海峡	董秘	杨晓晖	证券代码	600578
	公司网址	www.jnrd.com.cn		电子信箱	jnrd@jnrd.com.cn	
	电　　话	010-88990762、88992758		传　　真	010-88992553	
	办公地址	北京市石景山区广宁路 10 号				
	经营范围	生产销售电力、热力产品;电力设备运行;发电设备检测修理;销售脱硫石膏				

主要财务指标	指标\报告期	2009.06.30	2008.12.31	2008.06.30	2007.12.31
	每股收益(元)	0.1600	0.2600	0.1100	0.3300
	每股收益(扣除)(元)	0.1500	0.2400	0.1100	0.3200
	每股净资产(元)	2.9100	2.8700	2.7300	2.8900
	调整后每股净资产(元)	-	-	-	-
	每股资本公积金(元)	1.2494	1.2494	1.2546	1.3239
	每股盈余公积金(元)	0.4521	0.4521	0.3489	0.3489
	每股未分配利润(元)	0.2114	0.1751	0.1260	0.2203
	每股现金净流量(元)	-0.2991	0.1764	0.1987	0.1594
	每股经营现金净流量(元)	0.8053	0.4561	0.3361	0.5145
	净资产收益率(扣除)(%)	-	-	-	10.9700
	净资产收益率(%)	5.3700	8.9700	3.8700	11.4200
	总资产(万)	619967.61	500554.28	356224.93	297951.96
	股东权益(万)	167011.55	164930.49	156502.24	174560.66
	主营业务收入(万)	-	-	-	-
	主营业务利润(万)	-	-	-	-
	营业务收入(万)	87557.84	169640.03	81998.50	164496.01
	营业务利润(万)	11298.98	18434.70	8101.07	23265.67
	投资收益(万)	-	-	-	-
	利润总额(万)	11948.51	18826.13	8084.91	24393.98
	净利润(万)	8961.38	14792.35	6063.68	18947.50

青岛黄海橡胶股份有限公司

公司概况	公司名称	青岛黄海橡胶股份有限公司			证券简称	ST 黄海
	法人代表	孙振华	董秘	孙荣青	证券代码	600579
	公司网址	www.yellowsearubber.com		电子信箱	stock@yellowsearubber.com	
	电　　话	0532-84678058、84678086		传　　真	0532-84678086	
	办公地址	山东省青岛市李沧区沧安路 1 号				
	经营范围	橡胶轮胎制造、销售;橡胶化工产品开发、生产及销售;进出口业务等				

主要财务指标	指标\报告期	2009.06.30	2008.12.31	2008.06.30	2007.12.31
	每股收益(元)	-0.0056	-1.3197	-0.1480	0.0871
	每股收益(扣除)(元)	-0.0640	-1.3209	-0.1556	-0.3664
	每股净资产(元)	0.1420	0.1476	1.3193	1.4673
	调整后每股净资产(元)	-	-	-	-
	每股资本公积金(元)	1.2263	1.2263	1.2262	1.2263
	每股盈余公积金(元)	0.0994	0.0994	0.0994	0.0994
	每股未分配利润(元)	-2.1836	-2.1781	-1.0063	-0.8583
	每股现金净流量(元)	0.0370	-0.2443	-0.3315	0.1125
	每股经营现金净流量(元)	-0.0684	0.0021	-0.0619	0.3325
	净资产收益率(扣除)(%)	-	-	-	-24.9300
	净资产收益率(%)	-3.9130	-894.4000	-11.2200	5.9400
	总资产(万)	149037.02	133001.16	159301.09	174324.62
	股东权益(万)	3629.51	3771.52	33720.70	37504.10
	主营业务收入(万)	-	-	-	-
	主营业务利润(万)	-	-	-	-
	营业务收入(万)	45969.85	112413.95	75514.47	150319.00
	营业务利润(万)	-1634.63	-33763.10	-3977.42	-8598.77
	投资收益(万)	-	-	-	-
	利润总额(万)	-142.01	-33732.58	-3782.80	2227.47
	净利润(万)	-142.01	-33732.58	-3782.80	2227.47

卧龙电气集团股份有限公司

公司概况	公司名称	卧龙电气集团股份有限公司			证券简称	卧龙电气
	法人代表	王建乔	董秘	倪宇泰	证券代码	600580
	公司网址	www.wolong.com.cn		电子信箱	niyutai@wolong.com	
	电　　话	0575-82176628、82176629		传　　真	0575-82176636	
	办公地址	浙江省上虞市人民西路 1801 号				
	经营范围	设计、生产、销售各种微分电机及其电子控制装置和电动车等产品等				

主要财务指标	指标\报告期	2009.06.30	2008.12.31	2008.06.30	2007.12.31
	每股收益(元)	-1.3197	-0.1480	0.2514	0.3614
	每股收益(扣除)(元)	-1.3209	-0.1556	0.2499	0.3614
	每股净资产(元)	0.1476	1.3193	3.3600	3.2400
	调整后每股净资产(元)	-	-	-	-
	每股资本公积金(元)	1.2263	1.2262	1.1198	1.1324
	每股盈余公积金(元)	0.0994	0.0994	0.2110	0.2110
	每股未分配利润(元)	-2.1781	-1.0063	1.0252	0.8938
	每股现金净流量(元)	-0.2443	-0.3315	-0.2037	0.1255
	每股经营现金净流量(元)	0.0021	-0.0619	0.0345	0.3352
	净资产收益率(扣除)(%)	-	-	-	9.6000
	净资产收益率(%)	-894.4000	-11.2200	7.4900	11.1600
	总资产(万)	133001.16	159301.09	185085.06	163126.32
	股东权益(万)	3771.52	33720.70	95082.60	91716.18
	主营业务收入(万)	-	-	-	-
	主营业务利润(万)	-	-	-	-
	营业务收入(万)	112413.95	75514.47	104978.64	145651.95
	营业务利润(万)	-33763.10	-3977.42	9958.77	11755.64
	投资收益(万)	-	-	-	-
	利润总额(万)	-33732.58	-3782.80	10002.82	13136.16
	净利润(万)	-33732.58	-3782.80	7123.54	10237.98

新疆八一钢铁股份有限公司

公司概况	公司名称	新疆八一钢铁股份有限公司			证券简称	八一钢铁
	法人代表	沈东新	董秘	陈海涛	证券代码	600581
	公司网址	www.bygt.com.cn		电子信箱	fanyan@bygt.com.cn	
	电　话	0991-3890166、3881187		传　真	0991-3890266	
	办公地址	新疆维吾尔自治区乌鲁木齐市头屯河区新钢路				
	经营范围	钢铁冶炼、轧制、加工；黑色金属材料、冶金炉料、冶金设备等				

主要财务指标	指标\报告期	2009.06.30	2008.12.31	2008.06.30	2007.12.31
	每股收益(元)	-0.2400	0.1400	0.5400	0.5200
	每股收益(扣除)(元)	-0.3200	0.2800	0.5400	0.5400
	每股净资产(元)	3.3900	3.6800	4.0800	4.6600
	调整后每股净资产(元)	-	-	-	-
	每股资本公积金(元)	1.1150	1.1150	1.1150	1.4495
	每股盈余公积金(元)	0.6378	0.6378	0.6107	0.7939
	每股未分配利润(元)	0.6415	0.9288	1.3566	1.4165
	每股现金净流量(元)	-0.5035	0.0163	-0.1715	0.0368
	每股经营现金净流量(元)	-0.6932	-0.2236	-0.6047	-2.9705
	净资产收益率(扣除)(%)	-	-	-	15.0100
	净资产收益率(%)	-6.9900	3.6800	13.1400	14.5200
	总资产(万)	1152933.05	1214390.51	1229525.20	1032423.98
	股东权益(万)	260152.97	282171.44	312881.10	274731.26
	主营业务收入(万)	-	-	-	-
	主营业务利润(万)	-	-	-	-
	营业务收入(万)	751847.45	2003553.25	1041634.75	1279075.60
	营业务利润(万)	-11755.46	6597.87	48098.68	43820.80
	投资收益(万)	-	-	-	-
	利润总额(万)	-11813.20	5583.98	48113.91	41474.48
	净利润(万)	-18186.23	10388.07	41097.73	39892.29

天地科技股份有限公司

公司概况	公司名称	天地科技股份有限公司			证券简称	天地科技
	法人代表	王金华	董秘	范建	证券代码	600582
	公司网址	www.tdtec.com		电子信箱	tzz@tdtec.com	
	电　话	010-84262803		传　真	010-84262838	
	办公地址	北京市朝阳区和平街青年沟东路5号天地大厦				
	经营范围	电子产品、环保设备、矿山机电产品的生产与销售等				

主要财务指标	指标\报告期	2009.06.30	2008.12.31	2008.06.30	2007.12.31
	每股收益(元)	0.3500	0.7600	0.2700	0.6100
	每股收益(扣除)(元)	0.3400	0.7000	0.2600	0.5700
	每股净资产(元)	2.9600	2.7700	2.2500	2.0300
	调整后每股净资产(元)	-	-	-	-
	每股资本公积金(元)	0.0058	0.0058	0.0059	0.5037
	每股盈余公积金(元)	0.1042	0.1042	0.1008	0.2132
	每股未分配利润(元)	1.8085	1.6552	1.1473	2.3512
	每股现金净流量(元)	-0.1560	0.2318	-0.2138	0.4213
	每股经营现金净流量(元)	-0.0828	0.6109	-0.0434	0.7911
	净资产收益率(扣除)(%)	-	-	-	28.1200
	净资产收益率(%)	11.8799	27.5300	11.8700	30.1900
	总资产(万)	743149.68	687573.46	447133.18	400812.46
	股东权益(万)	199870.37	186489.88	152011.86	137174.35
	主营业务收入(万)	-	-	-	-
	主营业务利润(万)	-	-	-	-
	营业务收入(万)	282655.00	409591.20	160313.09	328711.24
	营业务利润(万)	47679.58	70058.39	28776.78	61309.91
	投资收益(万)	-	-	-	-
	利润总额(万)	49325.82	74916.68	28925.48	62612.37
	净利润(万)	23744.36	51338.73	18047.62	41410.11

海洋石油工程股份有限公司

公司概况	公司名称	海洋石油工程股份有限公司			证券简称	海油工程
	法人代表	周守为	董秘	刘连举	证券代码	600583
	公司网址	www.cnoocengineering.com		电子信箱	zqblx@mail.cooec.com.cn	
	电　话	022-66908808		传　真	022-66908800	
	办公地址	天津市塘沽区丹江路1078号				
	经营范围	海洋、陆地油气开发工程及配套工程的设计、建造、安装、连接调试、海底管道铺设等				

主要财务指标	指标\报告期	2009.06.30	2008.12.31	2008.06.30	2007.12.31
	每股收益(元)	0.1300	0.6300	0.1600	0.5700
	每股收益(扣除)(元)	0.1300	0.6400	0.1600	0.5600
	每股净资产(元)	2.5900	3.7900	2.2800	4.2800
	调整后每股净资产(元)	-	-	-	-
	每股资本公积金(元)	0.6018	1.3027	0.0472	0.5944
	每股盈余公积金(元)	0.1629	0.2499	0.2255	0.4563
	每股未分配利润(元)	0.8255	1.2365	1.0057	2.2274
	每股现金净流量(元)	-0.7753	1.1651	-0.1420	0.3557
	每股经营现金净流量(元)	-0.0131	0.4409	-0.4610	0.9358
	净资产收益率(扣除)(%)	-	-	-	26.1800
	净资产收益率(%)	5.1630	14.5800	6.8500	26.5900
	总资产(万)	1515260.31	1606569.70	969722.90	765258.92
	股东权益(万)	840535.69	818754.95	433046.05	406592.45
	主营业务收入(万)	-	-	-	-
	主营业务利润(万)	-	-	-	-
	营业务收入(万)	606620.68	959465.93	329682.52	651831.90
	营业务利润(万)	51392.77	137743.02	39654.61	107818.98
	投资收益(万)	-	-	-	-
	利润总额(万)	51313.78	137156.79	39416.35	124369.61
	净利润(万)	43396.48	119355.51	29668.05	108122.82

江苏长电科技股份有限公司

公司概况	公司名称	江苏长电科技股份有限公司			证券简称	长电科技
	法人代表	王新潮	董秘	朱正义	证券代码	600584
	公司网址	www.cj-elec.com		电子信箱	cdkj@ cj-elec.com	
	电　话	0510-86856061、86854189		传　真	0510-86854550	
	办公地址	江苏省江阴市滨江中路275号				
	经营范围	研制、开发、生产销售半导体，电子元件，专用电子电气装置等				

主要财务指标	指标\报告期	2009.06.30	2008.12.31	2008.06.30	2007.12.31
	每股收益(元)	-0.0347	0.1200	0.0779	0.1900
	每股收益(扣除)(元)	-0.0333	0.1000	0.0794	0.1900
	每股净资产(元)	2.1700	2.2000	2.1610	4.2600
	调整后每股净资产(元)	-	-	-	-
	每股资本公积金(元)	0.6211	0.6211	0.6199	2.0800
	每股盈余公积金(元)	0.0878	0.0878	0.0780	0.1561
	每股未分配利润(元)	0.4579	0.4951	0.4637	1.0664
	每股现金净流量(元)	0.1003	0.3892	0.1988	1.3578
	每股经营现金净流量(元)	0.2254	1.0321	0.6138	1.7458
	净资产收益率(扣除)(%)	-	-	-	9.6000
	净资产收益率(%)	-1.6000	5.6700	3.6000	8.9200
	总资产(万)	483360.30	465524.92	468169.68	446351.58
	股东权益(万)	161378.56	164147.32	161041.89	158621.93
	主营业务收入(万)	-	-	-	-
	主营业务利润(万)	-	-	-	-
	营业务收入(万)	95627.55	238385.97	125881.68	232029.98
	营业务利润(万)	-2061.96	9369.08	7778.22	21651.58
	投资收益(万)	-	-	-	-
	利润总额(万)	-2159.37	11469.62	7629.35	21620.21
	净利润(万)	-2585.69	9309.21	5803.06	14419.08

安徽海螺水泥股份有限公司

公司概况	公司名称	安徽海螺水泥股份有限公司			证券简称	海螺水泥
	法人代表	郭文叁	董秘	章明静	证券代码	600585
	公司网址	www.conch.cn		电子信箱	dms@conch.cn	
	电　　话	0553-8398927、8398976		传　　真	0553-8398931	
	办公地址	安徽省芜湖市九华山南路 1011 号海螺国际会议中心				
	经营范围	水泥及辅料、水泥制品生产、销售、出口等				

主要财务指标	指标\报告期	2009.06.30	2008.12.31	2008.06.30	2007.12.31
	每股收益(元)	0.7300	1.5500	0.8200	1.7000
	每股收益(扣除)(元)	0.6900	1.4400	0.7600	1.5500
	每股净资产(元)	14.7900	14.0400	13.3100	7.0700
	调整后每股净资产(元)	–	–	–	–
	每股资本公积金(元)	8.3111	7.9915	7.9961	2.0470
	每股盈余公积金(元)	0.2669	0.2669	0.1957	0.2207
	每股未分配利润(元)	5.2136	4.7792	4.1181	3.8054
	每股现金净流量(元)	–0.9976	3.0228	3.5747	0.0488
	每股经营现金净流量(元)	2.4911	2.9814	0.5932	1.7037
	净资产收益率(扣除)(%)	–	–	–	24.1900
	净资产收益率(%)	4.9600	10.5100	5.5900	22.5100
	总资产(万)	4219955.15	4253212.28	4178867.15	3104060.94
	股东权益(万)	2612843.93	2479666.43	2351120.28	1107960.53
	主营业务收入(万)	–	–	–	–
	主营业务利润(万)	–	–	–	–
	营业务收入(万)	1123605.61	2422826.81	1019758.66	1877609.80
	营业务利润(万)	150484.80	298714.32	141574.30	317058.42
	投资收益(万)	–	–	–	–
	利润总额(万)	160160.02	324574.86	155627.03	348498.82
	净利润(万)	129712.15	260701.23	131346.27	249421.86

山东金晶科技股份有限公司

公司概况	公司名称	山东金晶科技股份有限公司			证券简称	金晶科技
	法人代表	王刚	董秘	董保森	证券代码	600586
	公司网址	www.cnggg.cn		电子信箱	dongbaosen@cnggg.cn	
	电　　话	0533-3586666		传　　真	0533-3585586	
	办公地址	山东省淄博市高新技术开发区宝石镇王庄				
	经营范围	浮法玻璃、在线镀膜玻璃和超白玻璃的生产、销售等				

主要财务指标	指标\报告期	2009.06.30	2008.12.31	2008.06.30	2007.12.31
	每股收益(元)	0.0600	0.1930	0.1700	0.4058
	每股收益(扣除)(元)	0.0600	0.1840	0.1700	0.3829
	每股净资产(元)	3.8800	3.8200	3.8000	7.3000
	调整后每股净资产(元)	–	–	–	–
	每股资本公积金(元)	1.9677	1.9677	1.9677	4.9354
	每股盈余公积金(元)	0.1069	0.1069	0.0944	0.1888
	每股未分配利润(元)	0.8022	0.7448	0.7353	1.1777
	每股现金净流量(元)	1.5159	–1.0598	–0.6981	2.3441
	每股经营现金净流量(元)	0.1856	0.3975	0.3750	0.9199
	净资产收益率(扣除)(%)	–	–	–	9.0500
	净资产收益率(%)	1.4800	5.0600	4.5200	9.5900
	总资产(万)	607786.46	505259.68	426156.68	402978.20
	股东权益(万)	228761.66	225375.60	224081.19	221491.23
	主营业务收入(万)	–	–	–	–
	主营业务利润(万)	–	–	–	–
	营业务收入(万)	102990.09	162899.90	75951.40	141599.91
	营业务利润(万)	5137.81	15021.68	13029.28	25383.65
	投资收益(万)	–	–	–	–
	利润总额(万)	5318.18	15903.18	13404.57	27969.93
	净利润(万)	3386.06	11413.98	10119.57	20662.67

山东新华医疗器械股份有限公司

公司概况	公司名称	山东新华医疗器械股份有限公司			证券简称	新华医疗
	法人代表	赵毅新	董秘	季跃相	证券代码	600587
	公司网址	www.shinva.com		电子信箱	shinva@163.com	
	电　　话	0533-3587766、3587766		传　　真	0533-3587768、3587768	
	办公地址	山东省淄博市高新技术产业开发区新华医疗科技园				
	经营范围	消毒灭菌设备、放射诊断治疗设备的生产与销售等				

主要财务指标	指标\报告期	2009.06.30	2008.12.31	2008.06.30	2007.12.31
	每股收益(元)	0.1400	0.2200	0.1000	0.1800
	每股收益(扣除)(元)	0.1500	0.1700	0.0900	0.1000
	每股净资产(元)	4.6670	4.5800	4.4600	5.6600
	调整后每股净资产(元)	–	–	–	–
	每股资本公积金(元)	2.4594	2.4594	2.4596	3.4975
	每股盈余公积金(元)	0.1872	0.1872	0.1670	0.2171
	每股未分配利润(元)	1.0206	0.9309	0.8296	0.9478
	每股现金净流量(元)	0.0768	–0.2970	–0.2454	0.8181
	每股经营现金净流量(元)	0.2459	0.3667	–0.1359	–0.3380
	净资产收益率(扣除)(%)	–	–	–	2.1700
	净资产收益率(%)	2.9900	4.8600	2.2600	3.8300
	总资产(万)	106151.73	101213.12	104973.47	101022.95
	股东权益(万)	62724.56	61518.63	59888.43	58537.88
	主营业务收入(万)	–	–	–	–
	主营业务利润(万)	–	–	–	–
	营业务收入(万)	39005.77	65496.43	30978.57	52890.89
	营业务利润(万)	2473.98	2878.85	1712.05	1622.31
	投资收益(万)	–	–	–	–
	利润总额(万)	2467.62	3651.06	1879.15	2773.96
	净利润(万)	1876.34	2986.83	1350.55	2243.39

用友软件股份有限公司

公司概况	公司名称	用友软件股份有限公司			证券简称	用友软件
	法人代表	王文京	董秘	欧阳青	证券代码	600588
	公司网址	www.ufida.com.cn		电子信箱	ir@ufida.com.cn	
	电　　话	010-62436637、62436838		传　　真	010-62436639	
	办公地址	北京市海淀区北清路 68 号用友软件园				
	经营范围	电子计算机软件、硬件及外部设备的技术开发、技术服务等				

主要财务指标	指标\报告期	2009.06.30	2008.12.31	2008.06.30	2007.12.31
	每股收益(元)	0.5410	0.8500	0.1870	0.8000
	每股收益(扣除)(元)	0.1510	0.5000	0.1720	0.4800
	每股净资产(元)	3.4200	3.4400	4.4300	5.3300
	调整后每股净资产(元)	–	–	–	–
	每股资本公积金(元)	1.0526	2.1034	2.6587	7.3484
	每股盈余公积金(元)	0.3148	0.4062	0.2838	0.5602
	每股未分配利润(元)	1.0517	0.9655	0.4876	1.5055
	每股现金净流量(元)	0.0143	0.3766	–0.6402	0.8480
	每股经营现金净流量(元)	–0.1839	0.7787	0.0489	1.4829
	净资产收益率(扣除)(%)	–	–	–	8.9200
	净资产收益率(%)	15.8300	18.9400	5.4800	14.9700
	总资产(万)	282020.86	310997.19	249352.04	303049.44
	股东权益(万)	207392.04	208766.14	204876.22	240850.19
	主营业务收入(万)	–	–	–	–
	主营业务利润(万)	–	–	–	–
	营业务收入(万)	76608.71	172563.30	68545.03	135684.97
	营业务利润(万)	28888.32	24987.20	1190.60	27626.22
	投资收益(万)	–	–	–	–
	利润总额(万)	35325.48	46806.21	13367.60	38779.66
	净利润(万)	32823.27	39542.54	11226.31	36045.14

广东榕泰实业股份有限公司

公司概况	公司名称	广东榕泰实业股份有限公司		证券简称	广东榕泰
	法人代表	杨启昭	董秘 林岳金	证券代码	600589
	公司网址	www.rongtai.com.cn		电子信箱	rongtai@rongtai.com.cn
	电 话	0663-8676616		传 真	0663-8676899
	办公地址	广东省揭阳市榕城区新兴东二路1号			
	经营范围	生产、销售氨基塑料及制品，氨基复合材料及制品，甲醛及其辅产品等			

主要财务指标	指标\报告期	2009.06.30	2008.12.31	2008.06.30	2007.12.31
	每股收益(元)	0.1200	0.2200	0.1300	0.3800
	每股收益(扣除)(元)	0.1200	0.2000	0.1330	0.3600
	每股净资产(元)	2.3690	2.2700	2.1800	3.1200
	调整后每股净资产(元)	–	–	–	–
	每股资本公积金(元)	0.4346	0.4346	0.4346	1.1519
	每股盈余公积金(元)	0.1627	0.1627	0.1411	0.2116
	每股未分配利润(元)	0.7712	0.6676	0.6051	0.7603
	每股现金净流量(元)	0.0880	–0.0962	–0.2313	–0.1412
	每股经营现金净流量(元)	–0.0914	0.2734	0.1940	0.1778
	净资产收益率(扣除)(%)	–	–	–	11.4000
	净资产收益率(%)	5.1900	9.5200	6.0300	12.2500
	总资产(万)	221302.32	204836.40	189284.64	178868.02
	股东权益(万)	126304.78	120781.20	116291.63	111054.16
	主营业务收入(万)	–	–	–	–
	主营业务利润(万)	–	–	–	–
	营业务收入(万)	58068.97	113731.37	57968.15	103868.98
	营业务利润(万)	7481.10	11482.16	8025.96	13346.01
	投资收益(万)	–	–	–	–
	利润总额(万)	7485.56	12306.79	7943.89	14460.42
	净利润(万)	6590.08	11504.27	7014.97	13602.43

泰豪科技股份有限公司

公司概况	公司名称	泰豪科技股份有限公司		证券简称	泰豪科技
	法人代表	陆致成	董秘 杨骏	证券代码	600590
	公司网址	www.tellhow.com		电子信箱	stock@tellhow.com
	电 话	0791-8110590		传 真	0791-8110590
	办公地址	江西省南昌市高新开发区泰豪大厦			
	经营范围	计算机及软件产品、空调机组、发电机组、输变电配套设备等			

主要财务指标	指标\报告期	2009.06.30	2008.12.31	2008.06.30	2007.12.31
	每股收益(元)	0.1700	0.3110	0.1300	0.2860
	每股收益(扣除)(元)	0.1600	0.2820	0.1100	0.2470
	每股净资产(元)	3.4524	3.3300	3.1500	4.6300
	调整后每股净资产(元)	–	–	–	–
	每股资本公积金(元)	1.0975	1.0975	1.0975	2.1463
	每股盈余公积金(元)	0.1470	0.1470	0.1221	0.1831
	每股未分配利润(元)	1.2078	1.0881	0.9316	1.3036
	每股现金净流量(元)	–0.3412	–0.0975	–0.4390	0.5924
	每股经营现金净流量(元)	–0.5937	0.4997	–0.4032	0.6930
	净资产收益率(扣除)(%)	–	–	–	7.9800
	净资产收益率(%)	4.9200	9.3200	4.1000	9.2600
	总资产(万)	361034.51	334180.16	321247.56	309532.96
	股东权益(万)	101670.63	98145.11	92801.88	90959.79
	主营业务收入(万)	–	–	–	–
	主营业务利润(万)	–	–	–	–
	营业务收入(万)	96279.35	227979.08	87002.09	199973.71
	营业务利润(万)	5460.36	9323.74	3616.66	10174.80
	投资收益(万)	–	–	–	–
	利润总额(万)	5963.58	10708.85	4195.62	10824.11
	净利润(万)	4998.00	9148.62	3805.39	8419.19

上海航空股份有限公司

公司概况	公司名称	上海航空股份有限公司		证券简称	*ST 上航
	法人代表	周赤	董秘 徐骏民	证券代码	600591
	公司网址	www.shanghai-air.com		电子信箱	ir@shanghai-air.com
	电 话	021-62552072		传 真	021-62728870
	办公地址	上海市江宁路212号			
	经营范围	国内、国际和地区航空客货、邮运输及代理等			

主要财务指标	指标\报告期	2009.06.30	2008.12.31	2008.06.30	2007.12.31
	每股收益(元)	–0.0840	–1.1550	0.0080	–0.4020
	每股收益(扣除)(元)	–0.6280	–1.0780	–0.0330	–0.4360
	每股净资产(元)	0.8700	0.2200	1.4970	1.4700
	调整后每股净资产(元)	–	–	–	–
	每股资本公积金(元)	0.9620	0.4563	0.4693	0.4605
	每股盈余公积金(元)	0.1071	0.1291	0.1291	0.1291
	每股未分配利润(元)	–1.1998	–1.3619	–0.1015	–0.1232
	每股现金净流量(元)	0.6860	0.0973	0.2405	0.3004
	每股经营现金净流量(元)	0.0606	0.2606	–0.0323	0.5833
	净资产收益率(扣除)(%)	–	–	–	–29.7600
	净资产收益率(%)	–8.0600	–376.7600	3.6300	–27.4400
	总资产(万)	1595315.94	1421228.30	1440659.45	1303790.38
	股东权益(万)	113321.53	24161.80	161881.70	158588.82
	主营业务收入(万)	–	–	–	–
	主营业务利润(万)	–	–	–	–
	营业务收入(万)	543797.93	1337308.00	701860.34	1231011.39
	营业务利润(万)	–54529.29	–144458.28	–9124.94	–51765.36
	投资收益(万)	–	–	–	–
	利润总额(万)	–6019.78	–134693.10	–4675.96	–47942.35
	净利润(万)	–9129.39	–124925.01	877.22	–43511.78

福建龙溪轴承(集团)股份有限公司

公司概况	公司名称	福建龙溪轴承(集团)股份有限公司		证券简称	龙溪股份
	法人代表	陈福胜	董秘 曾凡沛	证券代码	600592
	公司网址	www.ls.com.cn		电子信箱	zeng@ls.com.cn
	电 话	0596-2072091		传 真	0596-2072136
	办公地址	福建省漳州市延安北路			
	经营范围	轴承，汽车零部件，普通机械，电器机械及器材的制造、销售；金属材料的批发			

主要财务指标	指标\报告期	2009.06.30	2008.12.31	2008.06.30	2007.12.31
	每股收益(元)	0.1170	0.3700	0.2030	0.6600
	每股收益(扣除)(元)	0.1030	0.3500	0.1950	0.6100
	每股净资产(元)	2.5660	2.5300	2.3800	4.8000
	调整后每股净资产(元)	–	–	–	–
	每股资本公积金(元)	0.5289	0.5083	0.5247	2.1289
	每股盈余公积金(元)	0.2995	0.2995	0.2614	0.5227
	每股未分配利润(元)	0.7375	0.7202	0.5945	1.1479
	每股现金净流量(元)	–0.1412	0.0610	–0.1802	–0.4251
	每股经营现金净流量(元)	0.0444	0.3531	0.0176	0.3314
	净资产收益率(扣除)(%)	–	–	–	12.6900
	净资产收益率(%)	4.5700	14.5100	8.5300	13.6500
	总资产(万)	108506.58	104733.87	99528.59	101648.10
	股东权益(万)	76975.36	75840.54	71415.50	71992.52
	主营业务收入(万)	–	–	–	–
	主营业务利润(万)	–	–	–	–
	营业务收入(万)	21925.29	62462.44	36499.19	57752.79
	营业务利润(万)	4033.35	12747.12	7815.41	13042.89
	投资收益(万)	–	–	–	–
	利润总额(万)	4120.11	13226.00	8125.28	13666.10
	净利润(万)	3518.48	11006.05	6090.01	9827.47

大连圣亚旅游控股股份有限公司

公司概况					
公司名称	大连圣亚旅游控股股份有限公司			证券简称	大连圣亚
法人代表	刘达	董秘	肖峰	证券代码	600593
公司网址	www.sunasia.com		电子信箱	xf@sunasia.com	
电　话	0411-84685225		传　真	0411-84685217	
办公地址	大连市沙河口区中山路608-6-8号				
经营范围	建设经营水族馆、海洋探险人造景观、游乐园、海洋生物标本陈列室等				

主要财务指标 指标\报告期	2009.06.30	2008.12.31	2008.06.30	2007.12.31
每股收益(元)	-0.0900	0.0400	-0.0900	0.0300
每股收益(扣除)(元)	-0.0900	-0.0100	-0.1300	-0.1400
每股净资产(元)	2.8000	2.8900	2.7500	2.8500
调整后每股净资产(元)	-	-	-	-
每股资本公积金(元)	2.2103	2.2103	2.2106	2.2103
每股盈余公积金(元)	0.1449	0.1449	0.1449	0.1449
每股未分配利润(元)	-0.5565	-0.4672	-0.6002	-0.5067
每股现金净流量(元)	0.1364	-0.1485	0.1168	-0.0236
每股经营现金净流量(元)	0.4265	0.3987	0.0164	0.4638
净资产收益率(扣除)(%)	-	-	-	-4.7600
净资产收益率(%)	-3.1900	1.3700	-3.3900	1.1000
总资产(万)	60374.70	60094.53	61668.65	60622.98
股东权益(万)	25748.68	26570.04	25349.11	26206.41
主营业务收入(万)	-	-	-	-
主营业务利润(万)	-	-	-	-
营业务收入(万)	3786.80	11023.39	3390.39	10905.71
营业务利润(万)	-855.83	-164.34	-1274.53	-514.62
投资收益(万)	-	-	-	-
利润总额(万)	-857.63	285.02	-904.77	-96.40
净利润(万)	-821.36	363.63	-859.97	288.91

贵州益佰制药股份有限公司

公司概况					
公司名称	贵州益佰制药股份有限公司			证券简称	益佰制药
法人代表	窦啟玲	董秘	汪志伟	证券代码	600594
公司网址	www.gzcci.com		电子信箱	600594@gz100.cn	
电　话	0851-4705590-8223		传　真	0851-4719910	
办公地址	贵州省贵阳市白云大道220-1号				
经营范围	胶囊剂、小容量注射剂、洗剂、栓剂、合剂、片剂、颗粒剂、糖浆剂等				

主要财务指标 指标\报告期	2009.06.30	2008.12.31	2008.06.30	2007.12.31
每股收益(元)	0.2130	0.4170	0.2390	0.5130
每股收益(扣除)(元)	0.2429	0.4160	0.2520	0.3280
每股净资产(元)	2.6841	2.4600	3.0600	2.8300
调整后每股净资产(元)	-	-	-	-
每股资本公积金(元)	0.3657	0.3583	0.7844	0.7844
每股盈余公积金(元)	0.2676	0.2676	0.2686	0.2686
每股未分配利润(元)	1.0508	0.8378	1.0095	0.7759
每股现金净流量(元)	-0.1830	0.0881	-0.4527	0.0307
每股经营现金净流量(元)	-0.1323	0.8048	0.1182	0.0660
净资产收益率(扣除)(%)	-	-	-	11.6030
净资产收益率(%)	7.9360	16.9370	7.8170	18.1230
总资产(万)	113219.02	121878.13	110173.05	114027.22
股东权益(万)	63120.93	57937.48	55399.90	51174.90
主营业务收入(万)	-	-	-	-
主营业务利润(万)	-	-	-	-
营业务收入(万)	58702.97	115393.75	52470.34	100631.90
营业务利润(万)	5358.53	11671.52	5778.70	7028.51
投资收益(万)	-	-	-	-
利润总额(万)	6039.56	11657.88	5520.65	10947.65
净利润(万)	5009.32	9813.11	4330.84	9274.26

河南中孚实业股份有限公司

公司概况					
公司名称	河南中孚实业股份有限公司			证券简称	中孚实业
法人代表	马路平	董秘	姚国良	证券代码	600595
公司网址	www.zfsy.com.cn		电子信箱	zhqb@zfsy.com.cn	
电　话	0371-64569088		传　真	0371-64569089	
办公地址	河南省巩义市新华路31号				
经营范围	电解铝及型材系列的生产、销售;发电、城市集中供热等				

主要财务指标 指标\报告期	2009.06.30	2008.12.31	2008.06.30	2007.12.31
每股收益(元)	0.1200	0.3000	0.4750	0.8800
每股收益(扣除)(元)	0.0900	0.2700	0.4647	0.8600
每股净资产(元)	3.6450	3.5700	3.7500	3.3800
调整后每股净资产(元)	-	-	-	-
每股资本公积金(元)	0.8814	0.8814	0.8814	0.8819
每股盈余公积金(元)	0.2308	0.2308	0.2208	0.2208
每股未分配利润(元)	1.5327	1.4584	1.6475	1.2725
每股现金净流量(元)	-0.5652	0.3715	0.9305	0.4823
每股经营现金净流量(元)	0.1599	1.4346	1.1899	0.8340
净资产收益率(扣除)(%)	-	7.6600	-	24.1000
净资产收益率(%)	3.4100	8.2900	12.6700	24.7200
总资产(万)	859605.14	814324.92	755415.15	543852.87
股东权益(万)	239568.09	234686.57	246448.65	221833.65
主营业务收入(万)	-	-	-	-
主营业务利润(万)	-	-	-	-
营业务收入(万)	237980.67	647101.84	348949.17	511387.77
营业务利润(万)	8196.95	25791.22	41400.28	79647.68
投资收益(万)	-	-	-	-
利润总额(万)	11477.45	27758.91	42297.23	79581.98
净利润(万)	8167.79	19458.34	31220.42	54828.98

浙江新安化工集团股份有限公司

公司概况					
公司名称	浙江新安化工集团股份有限公司			证券简称	新安股份
法人代表	王伟	董秘	姜永平	证券代码	600596
公司网址	www.wynca.com		电子信箱	jiang_yp888@sohu.com	
电　话	0571-64715693、64726275		传　真	0571-64715693、64726275	
办公地址	浙江省建德市新安江新安东路555号				
经营范围	化工原料及产品、化工机械、农药、化肥、包装物的制造和经营等				

主要财务指标 指标\报告期	2009.06.30	2008.12.31	2008.06.30	2007.12.31
每股收益(元)	0.5706	5.8932	3.8741	1.7347
每股收益(扣除)(元)	0.5691	5.9016	3.9717	1.6034
每股净资产(元)	9.9219	10.4300	8.0104	5.1400
调整后每股净资产(元)	-	-	-	-
每股资本公积金(元)	0.6197	0.5987	0.5985	0.5998
每股盈余公积金(元)	0.9383	0.9118	0.5154	0.5597
每股未分配利润(元)	7.3645	7.9204	5.8972	2.9794
每股现金净流量(元)	-0.8901	2.3198	2.0048	0.8725
每股经营现金净流量(元)	0.8162	6.4846	4.5187	2.4817
净资产收益率(扣除)(%)	-	-	-	31.2100
净资产收益率(%)	5.7500	56.5000	46.9800	33.7600
总资产(万)	439944.46	439578.86	408437.30	314926.71
股东权益(万)	284546.57	299126.28	229726.14	147356.91
主营业务收入(万)	-	-	-	-
主营业务利润(万)	-	-	-	-
营业务收入(万)	201776.14	721922.50	405739.83	382797.02
营业务利润(万)	20215.89	221637.47	147099.52	70033.11
投资收益(万)	-	-	-	-
利润总额(万)	20237.97	218458.41	143396.51	72369.00
净利润(万)	16363.91	169010.18	111105.02	49748.04

光明乳业股份有限公司

公司概况	公司名称	光明乳业股份有限公司			证券简称	光明乳业
	法人代表	赵柏礼	董秘	朱建毅	证券代码	600597
	公司网址	www.brightdairy.com		电子信箱	600597@brightdairy.com	
	电　话	021-54584520、64654632		传　真	021-64013337、64654620	
	办公地址	上海市吴中路578号				
	经营范围	生产、开发与销售乳、乳制品和饲料以及便利店零售业务等				

	指标\报告期	2009.06.30	2008.12.31	2008.06.30	2007.12.31
主要财务指标	每股收益(元)	0.0435	-0.2700	0.1351	0.2000
	每股收益(扣除)(元)	0.0400	-0.4000	0.0020	-0.1400
	每股净资产(元)	1.9480	1.9000	2.3100	2.2900
	调整后每股净资产(元)	-	-	-	-
	每股资本公积金(元)	0.4091	0.4096	0.4096	0.4096
	每股盈余公积金(元)	0.2250	0.2250	0.2250	0.2250
	每股未分配利润(元)	0.3138	0.2703	0.6799	0.6548
	每股现金净流量(元)	0.1201	-0.1255	-0.2122	0.1767
	每股经营现金净流量(元)	0.0807	0.1595	-0.0557	0.2968
	净资产收益率(扣除)(%)	-	-	-	-6.0000
	净资产收益率(%)	2.2300	-14.4000	5.8400	9.0000
	总资产(万)	426329.24	403766.32	429197.64	416149.60
	股东权益(万)	202953.44	198468.35	241145.44	238528.61
	主营业务收入(万)	-	-	-	-
	主营业务利润(万)	-	-	-	-
	营业务收入(万)	385163.13	735854.43	384705.10	820601.14
	营业务利润(万)	8604.49	-48768.39	-617.26	3938.32
	投资收益(万)	-	-	-	-
	利润总额(万)	8632.37	-31954.39	16628.58	27328.58
	净利润(万)	4533.54	-28599.44	14077.65	21288.06

黑龙江北大荒农业股份有限公司

公□概	公司名称	黑龙江北大荒农业股份有限公司			证券简称	北大荒
	法人代表	奚河滨	董秘	史晓丹	证券代码	600598
	公司网址	www.hacl.cn		电子信箱	hacl@haclbdh.com.cn	
	电　话	0451-55195980		传　真	0451-55195993	
	办公地址	黑龙江省哈尔滨市南岗区汉水路263号				
	经营范围	水稻、小麦、大豆、玉米等粮食作物的生产、精深加工、销售等				

	指标\报告期	2009.06.30	2008.12.31	2008.06.30	2007.12.31
主要财□指	每股收益(元)	0.1720	0.3600	0.1750	0.3300
	每股收益(扣除)(元)	0.1500	0.3300	0.1720	0.2700
	每股净资产(元)	2.8720	2.8200	2.4700	2.5900
	调整后每股净资产(元)	-	-	-	-
	每股资本公积金(元)	1.1518	0.9863	0.7953	0.8169
	每股盈余公积金(元)	0.3930	0.4019	0.3558	0.3560
	每股未分配利润(元)	0.3272	0.4344	0.3164	0.4140
	每股现金净流量(元)	-0.0430	-0.5280	-0.3382	0.5768
	每股经营现金净流量(元)	1.1221	0.5427	1.2801	0.6044
	净资产收益率(扣除)(%)	-	-	-	10.5400
	净资产收益率(%)	5.9300	12.4300	7.0700	12.7000
	总资产(万)	1003680.02	1019321.30	888481.60	1071255.10
	股东权益(万)	492386.84	473151.04	403510.57	422771.03
	主营业务收入(万)	-	-	-	-
	主营业务利润(万)	-	-	-	-
	营业务收入(万)	361665.89	561002.52	310338.59	543420.38
	营业务利润(万)	23630.95	48679.40	28408.17	52436.41
	投资收益(万)	-	-	-	-
	利润总额(万)	27949.91	56056.10	28855.66	54408.33
	净利润(万)	29204.90	58806.08	28541.24	53682.00

熊猫烟花集团股份有限公司

公司概况	公司名称	熊猫烟花集团股份有限公司			证券简称	熊猫烟花
	法人代表	赵伟平	董秘	黄叶璞	证券代码	600599
	公司网址	www.pandafireworks.com		电子信箱	feng599@126.com	
	电　话	0731-3620963		传　真	0731-3620966	
	办公地址	湖南省浏阳市金沙北路589号				
	经营范围	研发、生产、销售烟花鞭炮及其原材料;提供烟花鞭炮燃放服务等				

	指标\报告期	2009.06.30	2008.12.31	2008.06.30	2007.12.31
主要财务指标	每股收益(元)	0.1190	0.1080	0.1140	0.1650
	每股收益(扣除)(元)	0.1130	0.0520	0.0430	0.1130
	每股净资产(元)	1.8510	1.7300	1.7400	1.6300
	调整后每股净资产(元)	-	-	-	-
	每股资本公积金(元)	1.1000	1.1000	1.1000	1.1044
	每股盈余公积金(元)	0.0458	0.0458	0.0458	0.0458
	每股未分配利润(元)	-0.2946	-0.4134	-0.4080	-0.5215
	每股现金净流量(元)	-0.3592	0.3486	-0.0131	0.2762
	每股经营现金净流量(元)	-0.2290	0.3982	0.0709	0.4180
	净资产收益率(扣除)(%)	-	-	-	6.9100
	净资产收益率(%)	6.4190	6.2400	6.5300	10.1000
	总资产(万)	27861.92	34640.98	27383.49	29151.37
	股东权益(万)	23325.46	21828.12	21896.60	20521.33
	主营业务收入(万)	-	-	-	-
	主营业务利润(万)	-	-	-	-
	营业务收入(万)	8917.46	17275.51	9802.71	16593.33
	营业务利润(万)	1642.30	877.15	687.04	2176.06
	投资收益(万)	-	-	-	-
	利润总额(万)	1704.01	1452.60	1542.84	2202.03
	净利润(万)	1497.34	1361.79	1430.27	2072.80

青岛啤酒股份有限公司

公司概况	公司名称	青岛啤酒股份有限公司			证券简称	青岛啤酒
	法人代表	金志国	董秘	张学举	证券代码	600600
	公司网址	www.tsingtao.com.cn		电子信箱	info@tsingtao.com.cn	
	电　话	0532-85713831、85756174		传　真	0532-85713240	
	办公地址	山东省青岛市香港中路五四广场青啤大厦				
	经营范围	啤酒制造,技术研究、开发、转让、咨询,国内商业,自营进出口				

	指标\报告期	2009.06.30	2008.12.31	2008.06.30	2007.12.31
主要财务指标	每股收益(元)	0.4890	0.5347	0.2913	0.4266
	每股收益(扣除)(元)	0.4526	0.4567	0.2546	0.3259
	每股净资产(元)	4.9100	4.6500	4.4300	4.2100
	调整后每股净资产(元)	-	-	-	-
	每股资本公积金(元)	2.3341	2.3129	2.3357	2.1897
	每股盈余公积金(元)	0.4098	0.4098	0.3785	0.3785
	每股未分配利润(元)	1.1612	0.9222	0.7100	0.6387
	每股现金净流量(元)	1.7698	0.8381	1.1262	0.0583
	每股经营现金净流量(元)	1.9807	1.1538	0.6085	0.8363
	净资产收益率(扣除)(%)	-	-	-	7.7400
	净资产收益率(%)	9.9600	11.5000	6.5800	10.1300
	总资产(万)	1446953.83	1253223.08	1366502.93	1154523.46
	股东权益(万)	642304.89	608223.78	579344.42	550918.46
	主营业务收入(万)	-	-	-	-
	主营业务利润(万)	-	-	-	-
	营业务收入(万)	910498.99	1602344.20	790431.15	1370921.97
	营业务利润(万)	78173.94	98887.31	54320.87	88595.03
	投资收益(万)	-	-	-	-
	利润总额(万)	83563.42	110808.87	59608.40	100412.35
	净利润(万)	63978.44	69955.45	38112.78	55814.23

方正科技集团股份有限公司

公司概况	公司名称	方正科技集团股份有限公司		证券简称	方正科技
	法人代表	方中华	董秘 侯郁波	证券代码	600601
	公司网址	www.foundertech.com		电子信箱	ir@founder.com
	电　话	021-58400030		传　真	021-58408970
	办公地址	上海市浦东南路 360 号新上海国际大厦 36 层			
	经营范围	电子计算机及配件、软件,非危险品化工产品等			

主要财务指标：指标\报告期	2009.06.30	2008.12.31	2008.06.30	2007.12.31
每股收益(元)	0.0368	0.0719	0.0537	0.1216
每股收益(扣除)(元)	0.0304	0.0719	0.0535	0.1178
每股净资产(元)	1.6408	1.6262	1.6069	1.5527
调整后每股净资产(元)	–	–	–	–
每股资本公积金(元)	0.2041	0.2041	0.2011	0.2011
每股盈余公积金(元)	0.0044	0.0044	–	–
每股未分配利润(元)	0.4344	0.4197	0.4059	0.3522
每股现金净流量(元)	0.2023	–0.2734	–0.1149	0.1730
每股经营现金净流量(元)	–0.1640	–0.0617	–0.1002	0.0970
净资产收益率(扣除)(%)	–	–	–	7.5200
净资产收益率(%)	2.2400	4.4200	3.3000	7.7600
总资产(万)	577250.28	504908.46	545864.81	532832.60
股东权益(万)	283285.20	280764.04	277421.40	268074.13
主营业务收入(万)	–	–	–	–
主营业务利润(万)	–	–	–	–
营业务收入(万)	360211.20	727526.87	358949.60	841835.10
营业务利润(万)	5887.86	15644.65	11680.20	23990.73
投资收益(万)	–	–	–	–
利润总额(万)	7192.90	16396.94	11729.60	24801.97
净利润(万)	6349.35	12416.60	9267.87	20812.43

上海广电电子股份有限公司

公司概况	公司名称	上海广电电子股份有限公司		证券简称	广电电子
	法人代表	傅新华	董秘 胡之奎	证券代码	600602
	公司网址	www.sva-e.com		电子信箱	stock@sva-e.com
	电　话	021-51962045		传　真	021-62982121
	办公地址	上海长寿路 97 号世纪商务大厦 26 楼			
	经营范围	生产销售真空电子器件及其应用产品、配件、基础材料和生产线设备等			

主要财务指标：指标\报告期	2009.06.30	2008.12.31	2008.06.30	2007.12.31
每股收益(元)	–0.1553	–0.7296	–0.0340	0.0230
每股收益(扣除)(元)	–0.1555	–0.7279	–0.0310	–0.4400
每股净资产(元)	1.4436	1.5900	2.2900	2.3300
调整后每股净资产(元)	–	–	–	–
每股资本公积金(元)	0.9181	0.9084	0.9148	0.9217
每股盈余公积金(元)	0.2644	0.2644	0.2644	0.2644
每股未分配利润(元)	–0.7389	–0.5836	0.1125	0.1464
每股现金净流量(元)	–0.0185	–0.4996	–0.2726	0.2831
每股经营现金净流量(元)	–0.0066	–0.0103	–0.0589	0.2842
净资产收益率(扣除)(%)	–	–	–	–18.7600
净资产收益率(%)	–10.7584	–45.9100	–1.4700	0.9700
总资产(万)	404112.65	419675.36	498911.78	527958.66
股东权益(万)	169323.55	186398.94	268799.05	273578.26
主营业务收入(万)	–	–	–	–
主营业务利润(万)	–	–	–	–
营业务收入(万)	31579.02	81695.39	54940.90	168271.58
营业务利润(万)	–19502.56	–102198.17	–4567.01	–71613.58
投资收益(万)	–	–	–	–
利润总额(万)	–19464.97	–103438.98	–5091.00	–17200.04
净利润(万)	–18216.46	–85578.84	–3971.02	2660.11

上海兴业房产股份有限公司

公司概况	公司名称	上海兴业房产股份有限公司		证券简称	ST 兴业
	法人代表	陈铁铭	董秘 祁勇	证券代码	600603
	公司网址	www.sse.com.cn		电子信箱	600603@xingye.sina.net
	电　话	021-63187549		传　真	021-63762230
	办公地址	上海市中山南路 1088 号 18 楼			
	经营范围	房地产开发、经营、系统房、私房代理经租;建筑材料等			

主要财务指标：指标\报告期	2009.06.30	2008.12.31	2008.06.30	2007.12.31
每股收益(元)	0.0388	0.1600	0.0300	0.4200
每股收益(扣除)(元)	–0.0143	–0.0900	–0.0900	–0.4900
每股净资产(元)	–1.3700	–1.4000	–1.5400	–1.5600
调整后每股净资产(元)	–	–	–	–
每股资本公积金(元)	1.7183	1.7183	1.7183	1.7183
每股盈余公积金(元)	0.3191	0.3191	0.3191	0.3191
每股未分配利润(元)	–4.4024	–4.4412	–4.5763	–4.6042
每股现金净流量(元)	–0.0654	–0.0066	0.0144	0.0119
每股经营现金净流量(元)	–0.0038	–0.0025	–0.0217	–0.0073
净资产收益率(扣除)(%)	–	–	–	–
净资产收益率(%)	–	–	–	–
总资产(万)	306.46	1594.09	1904.10	3472.43
股东权益(万)	–26569.50	–27324.21	–29953.05	–30436.66
主营业务收入(万)	–	–	–	–
主营业务利润(万)	–	–	–	–
营业务收入(万)	41.67	521.60	258.30	662.48
营业务利润(万)	–278.00	–1512.62	–1349.17	–8965.44
投资收益(万)	–	–	–	–
利润总额(万)	754.71	3250.01	601.19	8125.86
净利润(万)	754.71	3172.46	523.14	8120.17

上海二纺机股份有限公司

公司概况	公司名称	上海二纺机股份有限公司		证券简称	*ST 二纺
	法人代表	李培忠	董秘 李勃	证券代码	600604
	公司网址	www.shej.com		电子信箱	libolibo918@sina.com
	电　话	021-51265073、65318494		传　真	021-65421963
	办公地址	上海市场中路 687 号			
	经营范围	生产和销售纺织机械及相关电子电器产品、通用机械、光电子技术产品等			

主要财务指标：指标\报告期	2009.06.30	2008.12.31	2008.06.30	2007.12.31
每股收益(元)	–0.0669	0.0169	–0.0295	–0.4905
每股收益(扣除)(元)	–0.0694	–0.1574	–0.0361	–0.5264
每股净资产(元)	0.6255	0.6503	0.7391	0.7197
调整后每股净资产(元)	–	–	–	–
每股资本公积金(元)	0.2298	0.1877	0.3228	0.2739
每股盈余公积金(元)	0.0063	0.0063	0.0063	0.0063
每股未分配利润(元)	–0.6106	–0.5436	–0.5900	–0.5605
每股现金净流量(元)	–0.0996	0.0553	–0.0759	–0.0494
每股经营现金净流量(元)	–0.0579	–0.0766	–0.0353	–0.1105
净资产收益率(扣除)(%)	–	–	–	–73.1400
净资产收益率(%)	–10.7000	2.5900	–3.9880	–68.1500
总资产(万)	69655.15	78619.27	99833.51	101961.98
股东权益(万)	35433.61	36837.82	41866.77	40766.35
主营业务收入(万)	–	–	–	–
主营业务利润(万)	–	–	–	–
营业务收入(万)	10944.03	54249.14	31479.82	92528.46
营业务利润(万)	–4002.93	–2179.76	–2106.63	–28279.32
投资收益(万)	–	–	–	–
利润总额(万)	–3832.19	789.39	–1734.58	–27695.38
净利润(万)	–3792.02	955.64	–1669.55	–27781.56

上海汇通能源股份有限公司

公司概况					
公司名称	上海汇通能源股份有限公司			证券简称	汇通能源
法人代表	郑树昌	董秘	汪元刚	证券代码	600605
公司网址	www.china-slime.com		电子信箱	qgjx@china-slimc.com	
电　话	021-62560000*147		传　真	021-62566022	
办公地址	上海市常德路 175 号				
经营范围	生产经营轻工机械、原辅材料、配套容器、包装物、电脑软硬件、配件及 IC 卡等				

主要财务指标 指标\报告期	2009.06.30	2008.12.31	2008.06.30	2007.12.31
每股收益(元)	0.0510	0.2890	0.0100	0.2500
每股收益(扣除)(元)	0.0460	-0.4630	-0.0640	-0.3980
每股净资产(元)	2.3420	2.2910	2.0120	2.0020
调整后每股净资产(元)	-	-	-	-
每股资本公积金(元)	0.1242	0.1242	0.1242	0.1242
每股盈余公积金(元)	0.5013	0.5013	0.4242	0.4396
每股未分配利润(元)	0.7165	0.6654	0.4631	0.4380
每股现金净流量(元)	0.1683	-0.4273	-0.4400	0.0444
每股经营现金净流量(元)	0.0838	-1.2398	-0.3351	-0.0458
净资产收益率(扣除)(%)	-	-	-	-19.8600
净资产收益率(%)	2.1840	12.6170	0.4810	12.4690
总资产(万)	57205.85	55678.26	58023.57	58445.63
股东权益(万)	34508.65	33755.11	29638.83	29496.19
主营业务收入(万)	-	-	-	-
主营业务利润(万)	-	-	-	-
营业务收入(万)	61139.88	100776.02	45687.44	90932.87
营业务利润(万)	130.84	-363.80	-437.52	-3773.21
投资收益(万)	-	-	-	-
利润总额(万)	216.77	7915.50	2020.41	4027.28
净利润(万)	753.54	4258.92	142.64	3677.82

上海金丰投资股份有限公司

公司概况					
公司名称	上海金丰投资股份有限公司			证券简称	金丰投资
法人代表	阮人旦	董秘	包永镭	证券代码	600606
公司网址	www.shjftz.com.cn		电子信箱	shjftz@shjftz.com.cn	
电　话	021-63592020		传　真	021-63586115	
办公地址	上海市南京西路 338 号天安中心 29 楼				
经营范围	新型建材、楼宇设备的研制、开发、生产、销售，住宅及基础设施配套建设等				

主要财务指标 指标\报告期	2009.06.30	2008.12.31	2008.06.30	2007.12.31
每股收益(元)	0.1890	0.3900	0.1710	0.3800
每股收益(扣除)(元)	0.1580	0.3300	0.1670	0.2600
每股净资产(元)	4.3000	3.9500	4.3600	4.3200
调整后每股净资产(元)	-	-	-	-
每股资本公积金(元)	1.7725	1.5125	1.8587	2.4379
每股盈余公积金(元)	0.2749	0.2749	0.2736	0.2736
每股未分配利润(元)	1.2559	1.1669	1.2252	1.0372
每股现金净流量(元)	0.5550	-1.1493	-0.1725	1.2799
每股经营现金净流量(元)	1.0035	-0.3666	-0.2283	2.8741
净资产收益率(扣除)(%)	-	-	-	6.0100
净资产收益率(%)	4.3900	9.7800	4.3100	8.8600
总资产(万)	328184.06	293213.56	329554.45	290698.58
股东权益(万)	167929.57	154307.52	154583.29	168462.83
主营业务收入(万)	-	-	-	-
主营业务利润(万)	-	-	-	-
营业务收入(万)	29440.72	58365.84	32448.72	121579.11
营业务利润(万)	9873.54	18078.31	8659.70	22560.05
投资收益(万)	-	-	-	-
利润总额(万)	10105.88	19017.64	8895.05	22921.56
净利润(万)	7375.97	15084.03	6669.16	14927.34

上海实业医药投资股份有限公司

公司概况					
公司名称	上海实业医药投资股份有限公司			证券简称	上实医药
法人代表	吕明方	董秘	汤德平	证券代码	600607
公司网址	www.siph.com.cn		电子信箱	siph@siic.com	
电　话	021-53858898		传　真	021-53833000	
办公地址	上海市淮海中路 98 号金钟广场 16 楼				
经营范围	化学药品、生物药品、中医药品以及医疗器械等产品的生产和销售				

主要财务指标 指标\报告期	2009.06.30	2008.12.31	2008.06.30	2007.12.31
每股收益(元)	1.1759	0.5350	0.2459	0.3751
每股收益(扣除)(元)	0.1849	0.4557	0.2268	0.2832
每股净资产(元)	6.1872	5.4587	5.1673	5.0619
调整后每股净资产(元)	-	-	-	-
每股资本公积金(元)	2.0773	2.3547	2.3575	2.3781
每股盈余公积金(元)	0.3448	0.3448	0.3283	0.3283
每股未分配利润(元)	2.7536	1.7477	1.4751	1.3492
每股现金净流量(元)	2.5689	0.5596	0.3225	0.0876
每股经营现金净流量(元)	0.3992	0.8461	0.3594	0.4914
净资产收益率(扣除)(%)	-	-	-	4.4500
净资产收益率(%)	19.0000	9.8000	4.7600	7.4100
总资产(万)	404521.61	344363.35	340844.24	318571.41
股东权益(万)	227573.93	200778.59	190062.16	186185.04
主营业务收入(万)	-	-	-	-
主营业务利润(万)	-	-	-	-
营业务收入(万)	175185.73	320751.57	162175.74	284955.58
营业务利润(万)	69181.88	35633.74	17667.02	24072.22
投资收益(万)	-	-	-	-
利润总额(万)	69673.08	37345.03	17597.01	26340.96
净利润(万)	43249.79	19677.46	9043.35	13797.29

上海宽频科技股份有限公司

公司概况					
公司名称	上海宽频科技股份有限公司			证券简称	ST 沪科
法人代表	李保卫	董秘	胡兴堂	证券代码	600608
公司网址	www.i600608.com		电子信箱	invest@sbt.sh.cn	
电　话	021-68761098		传　真	021-68760798	
办公地址	上海浦东新区东方路 989 号 20 楼				
经营范围	通信网络设备、计算机信息工程、集成电路设计与销售、智能社区网络、异型钢管等				

主要财务指标 指标\报告期	2009.06.30	2008.12.31	2008.06.30	2007.12.31
每股收益(元)	-0.1424	-0.2700	-0.0505	0.0400
每股收益(扣除)(元)	-0.1553	-0.2100	-0.0768	-0.3400
每股净资产(元)	-0.0657	0.0800	0.2700	0.4200
调整后每股净资产(元)	-	-	-	-
每股资本公积金(元)	1.1284	1.1284	1.1157	1.1620
每股盈余公积金(元)	0.1423	0.1423	0.1532	0.1658
每股未分配利润(元)	-2.3152	-2.1728	-1.9727	-1.8985
每股现金净流量(元)	-0.0126	-0.0110	0.0100	-0.0229
每股经营现金净流量(元)	0.0888	0.2724	0.2230	0.0569
净资产收益率(扣除)(%)	-	-	-	-49.6800
净资产收益率(%)	-216.8400	-356.1300	-18.3800	9.2600
总资产(万)	74072.13	78423.79	81599.00	93853.78
股东权益(万)	-2159.65	2532.46	9036.74	13649.75
主营业务收入(万)	-	-	-	-
主营业务利润(万)	-	-	-	-
营业务收入(万)	14219.92	56883.56	28556.92	49314.23
营业务利润(万)	-5408.10	-7156.10	-2165.55	2051.84
投资收益(万)	-	-	-	-
利润总额(万)	-4761.86	-9082.89	-1607.69	1122.54
净利润(万)	-4683.03	-9018.87	-1660.83	1220.72

金杯汽车股份有限公司

公司概况					
公司名称	金杯汽车股份有限公司			证券简称	金杯汽车
法人代表	何国华	董秘	杜远洋	证券代码	600609
公司网址	www.jinbei.com.cn		电子信箱	stock@syba.com.cn	
电　　话	024-24803399		传　　真	024-24803399	
办公地址	沈阳市沈河区万柳塘路 38 号				
经营范围	汽车及配件的制造、销售				

主要财务指标	指标\报告期	2009.06.30	2008.12.31	2008.06.30	2007.12.31
	每股收益(元)	-0.1870	-0.2280	0.0690	0.0670
	每股收益(扣除)(元)	-0.1880	-0.5150	-0.1010	0.0290
	每股净资产(元)	0.2100	0.3980	0.6950	0.6270
	调整后每股净资产(元)	-	-	-	-
	每股资本公积金(元)	1.0078	1.0078	1.0065	1.0065
	每股盈余公积金(元)	0.3786	0.3786	0.3786	0.3786
	每股未分配利润(元)	-2.1758	-1.9889	-1.6898	-1.7584
	每股现金净流量(元)	0.0030	-0.0837	0.1378	0.3054
	每股经营现金净流量(元)	0.1418	0.0901	0.2511	0.3250
	净资产收益率(扣除)(%)	-	-	-	4.6700
	净资产收益率(%)	-88.7790	-57.4600	9.8600	10.7000
	总资产(万)	437534.66	424081.29	481579.74	456437.72
	股东权益(万)	23013.12	43443.96	75976.77	68482.53
	主营业务收入(万)	-	-	-	-
	主营业务利润(万)	-	-	-	-
	营业务收入(万)	220179.48	320675.16	187652.35	372688.10
	营业务利润(万)	-17758.53	-52046.16	-7893.99	11137.17
	投资收益(万)	-	-	-	-
	利润总额(万)	-17619.92	-21701.67	9908.63	12689.38
	净利润(万)	-20430.84	-24961.25	7494.24	7324.36

中国纺织机械股份有限公司

公司概况					
公司名称	中国纺织机械股份有限公司			证券简称	SST 中纺
法人代表	李培忠	董秘	程雪莲	证券代码	600610
公司网址	www.ctmco.com.cn		电子信箱	ctmzjbk@online.sh.cn	
电　　话	021-65432970*512		传　　真	021-65455130	
办公地址	上海市长阳路 1687 号				
经营范围	生产纺织机械及与纺织机械有关的器材、通用机械、电器电子产品等				

主要财务指标	指标\报告期	2009.06.30	2008.12.31	2008.06.30	2007.12.31
	每股收益(元)	0.0080	0.0200	0.0220	0.1800
	每股收益(扣除)(元)	-0.0400	-0.1500	-0.0600	-0.2400
	每股净资产(元)	0.5621	0.4400	0.6000	0.7500
	调整后每股净资产(元)	-	-	-	-
	每股资本公积金(元)	0.4931	0.3843	0.5365	0.7036
	每股盈余公积金(元)	-	-	-	-
	每股未分配利润(元)	-0.9310	-0.9394	-0.9346	-0.9564
	每股现金净流量(元)	-0.0072	0.0914	0.0374	-0.0440
	每股经营现金净流量(元)	-0.0162	-0.0810	-0.0581	-0.1672
	净资产收益率(扣除)(%)	-	-	-	-32.0300
	净资产收益率(%)	1.4900	3.8100	3.6100	24.4000
	总资产(万)	38819.31	35885.42	42094.36	50756.31
	股东权益(万)	20072.40	15887.54	21493.44	26683.73
	主营业务收入(万)	-	-	-	-
	主营业务利润(万)	-	-	-	-
	营业务收入(万)	3525.01	8317.39	4657.69	13785.90
	营业务利润(万)	-495.28	-2353.90	656.23	6047.66
	投资收益(万)	-	-	-	-
	利润总额(万)	291.02	569.14	712.77	6058.61
	净利润(万)	298.84	605.92	775.34	6510.71

大众交通(集团)股份有限公司

公司概况					
公司名称	大众交通(集团)股份有限公司			证券简称	大众交通
法人代表	杨国平	董秘	赵思渊	证券代码	600611
公司网址	www.96822.com		电子信箱	dzjt@96822.com	
电　　话	021-64289122、64285708		传　　真	021-64285642	
办公地址	上海市中山西路 1515 号 11 楼				
经营范围	企业经营管理咨询、商务服务、会议及展览服务、办公服务、现代物流等				

主要财务指标	指标\报告期	2009.06.30	2008.12.31	2008.06.30	2007.12.31
	每股收益(元)	0.1500	0.2400	0.2000	0.3000
	每股收益(扣除)(元)	0.0900	0.1800	0.1400	0.3000
	每股净资产(元)	2.6900	2.4200	2.5400	2.5700
	调整后每股净资产(元)	-	-	-	-
	每股资本公积金(元)	0.8205	0.5730	0.7379	1.4487
	每股盈余公积金(元)	0.3600	0.3600	0.3321	0.4977
	每股未分配利润(元)	0.5088	0.4868	0.4695	0.9034
	每股现金净流量(元)	-0.1576	-0.1005	-0.1300	0.4334
	每股经营现金净流量(元)	0.3316	0.3829	0.0062	0.9394
	净资产收益率(扣除)(%)	-	7.3900	-	7.8400
	净资产收益率(%)	5.6500	10.0500	7.8000	11.5200
	总资产(万)	822820.88	943681.29	975763.98	997217.17
	股东权益(万)	423851.83	381373.86	400252.24	404498.39
	主营业务收入(万)	-	-	-	-
	主营业务利润(万)	-	-	-	-
	营业务收入(万)	179580.82	488373.59	248890.25	543060.45
	营业务利润(万)	22034.21	9513.66	23750.42	54778.92
	投资收益(万)	-	-	-	-
	利润总额(万)	30575.88	54796.93	40938.97	73649.41
	净利润(万)	23965.62	38329.78	31219.88	46610.05

老凤祥股份有限公司

公司概况					
公司名称	老凤祥股份有限公司			证券简称	老凤祥
法人代表	胡书刚	董秘	周富良	证券代码	600612
公司网址	www.chinafirstpencil.com		电子信箱	cfp612@126.com	
电　　话	021-58549624		传　　真	021-64720802	
办公地址	上海市河南南路 33 号 24 楼				
经营范围	生产经营金银制品、珠宝、钻石与相关产品、原料及设备,工艺美术品等				

主要财务指标	指标\报告期	2009.06.30	2008.12.31	2008.06.30	2007.12.31
	每股收益(元)	0.2752	0.2532	0.1977	0.3728
	每股收益(扣除)(元)	0.2535	0.2542	0.1835	0.3190
	每股净资产(元)	3.3810	2.7300	2.9225	3.7200
	调整后每股净资产(元)	-	-	-	-
	每股资本公积金(元)	1.1062	0.7262	0.9785	1.7253
	每股盈余公积金(元)	0.4590	0.4590	0.4518	0.4518
	每股未分配利润(元)	0.8158	0.5406	0.4922	0.5447
	每股现金净流量(元)	0.1797	0.8496	0.8226	0.5155
	每股经营现金净流量(元)	-0.3045	1.1396	0.3054	0.7236
	净资产收益率(扣除)(%)	-	-	-	8.5700
	净资产收益率(%)	8.1400	9.2900	6.7700	10.0200
	总资产(万)	312438.41	296033.42	275261.12	276398.44
	股东权益(万)	93638.14	75491.82	80941.67	103079.18
	主营业务收入(万)	-	-	-	-
	主营业务利润(万)	-	-	-	-
	营业务收入(万)	582999.16	921382.20	540062.13	642465.03
	营业务利润(万)	15933.87	15356.18	13588.64	22123.36
	投资收益(万)	-	-	-	-
	利润总额(万)	16556.70	17619.15	14277.91	22241.20
	净利润(万)	7622.55	7013.19	5476.23	10323.93

上海永生投资管理股份有限公司

公司概况	公司名称	上海永生投资管理股份有限公司			证券简称	永生数据
	法人代表	卡先加	董秘	杨海泉	证券代码	600613
	公司网址	www.613904.com		电子信箱	shanghaiys@126.com	
	电　话	021-53750009		传　真	021-53750012	
	办公地址	上海市威海路128号长发大厦613室				
	经营范围	城市地理数据的采集、处理，开发与销售城市信息系统的软件及提供相关的咨询服务等				

主要财务指标	指标\报告期	2009.06.30	2008.12.31	2008.06.30	2007.12.31
	每股收益(元)	0.0430	0.0300	0.0470	0.0930
	每股收益(扣除)(元)	0.0380	0.0150	0.0330	0.0250
	每股净资产(元)	1.3240	1.2790	1.2970	1.2520
	调整后每股净资产(元)	–	–	–	–
	每股资本公积金(元)	0.1631	0.1621	0.1627	0.1645
	每股盈余公积金(元)	0.0973	0.0973	0.0973	0.0973
	每股未分配利润(元)	0.0635	0.0200	0.0373	–0.0096
	每股现金净流量(元)	0.0043	0.0096	0.0800	–0.0492
	每股经营现金净流量(元)	0.1376	0.1708	0.2222	0.1082
	净资产收益率(扣除)(%)	–	–	–	1.9600
	净资产收益率(%)	3.2800	2.3200	3.6200	7.4500
	总资产(万)	25221.65	26186.80	30023.58	29451.52
	股东权益(万)	19580.87	18924.03	19188.72	18520.46
	主营业务收入(万)	–	–	–	–
	主营业务利润(万)	–	–	–	–
	营业务收入(万)	3446.27	6962.23	2830.00	6595.86
	营业务利润(万)	724.23	294.18	561.36	425.73
	投资收益(万)	–	–	–	–
	利润总额(万)	825.39	534.00	803.89	1519.64
	净利润(万)	643.16	438.44	694.35	1379.05

上海鼎立科技发展(集团)股份有限公司

公司概况	公司名称	上海鼎立科技发展(集团)股份有限公司			证券简称	鼎立股份
	法人代表	许宝星	董秘	钱海啸	证券代码	600614
	公司网址	www.600614.com		电子信箱	dingli@600614.com	
	电　话	021-58383188*201		传　真	021-58385110	
	办公地址	上海市浦东新区王桥路999号中邦商务园1037号				
	经营范围	房地产开发、销售，物业管理，建筑材料的销售等				

主要财务指标	指标\报告期	2009.06.30	2008.12.31	2008.06.30	2007.12.31
	每股收益(元)	0.1101	0.1488	0.1031	0.2866
	每股收益(扣除)(元)	0.0495	–0.0348	0.0473	0.0812
	每股净资产(元)	1.2050	1.8822	0.5452	0.4554
	调整后每股净资产(元)	–	–	–	–
	每股资本公积金(元)	0.3516	1.2899	0.1760	0.1885
	每股盈余公积金(元)	0.0128	0.0218	0.0302	0.0302
	每股未分配利润(元)	–0.1581	–0.4269	–0.6579	–0.7611
	每股现金净流量(元)	–0.1086	0.2394	0.0118	–0.1225
	每股经营现金净流量(元)	0.0930	–0.2724	0.9257	–0.3100
	净资产收益率(扣除)(%)	–	–	–	17.8200
	净资产收益率(%)	6.6300	6.5500	18.9200	62.9300
	总资产(万)	169595.15	162549.10	136461.12	141579.06
	股东权益(万)	68363.80	62820.23	13153.61	10987.75
	主营业务收入(万)	–	–	–	–
	主营业务利润(万)	–	–	–	–
	营业务收入(万)	32913.64	62357.69	37122.23	94664.85
	营业务利润(万)	4931.74	2024.68	3168.08	9406.90
	投资收益(万)	–	–	–	–
	利润总额(万)	5567.21	4721.28	3756.28	9482.42
	净利润(万)	4530.75	4113.75	2488.47	6914.20

上海丰华(集团)股份有限公司

公司概况	公司名称	上海丰华(集团)股份有限公司			证券简称	丰华股份
	法人代表	蔡少斌	董秘	张国丰	证券代码	600615
	公司网址	www.fenghwa.sh.cn		电子信箱	fenghaw615@163.com	
	电　话	021-50903399、58702762		传　真	021-50890600	
	办公地址	上海市浦东新区浦建路76号由由国际广场901室				
	经营范围	房屋租赁、物业管理、酒店管理；对外投资等				

主要财务指标	指标\报告期	2009.06.30	2008.12.31	2008.06.30	2007.12.31
	每股收益(元)	0.0450	0.4800	0.3170	0.0100
	每股收益(扣除)(元)	0.0520	0.1100	0.0820	0.0400
	每股净资产(元)	1.9040	1.8600	1.2400	1.1700
	调整后每股净资产(元)	–	–	–	–
	每股资本公积金(元)	1.8105	1.8105	1.3539	1.5996
	每股盈余公积金(元)	0.3140	0.3140	0.3140	0.3140
	每股未分配利润(元)	–1.2204	–1.2657	–1.4308	–1.7475
	每股现金净流量(元)	0.2843	0.1585	–0.0753	–1.2058
	每股经营现金净流量(元)	0.4951	–1.0476	–0.0196	–1.7128
	净资产收益率(扣除)(%)	–	–	–	3.8200
	净资产收益率(%)	2.3790	25.9200	25.6000	0.5400
	总资产(万)	78956.08	75455.83	51979.93	67084.47
	股东权益(万)	35799.47	34947.98	23258.84	21924.49
	主营业务收入(万)	–	–	–	–
	主营业务利润(万)	–	–	–	–
	营业务收入(万)	8874.54	11935.38	3539.04	8946.28
	营业务利润(万)	1345.94	4198.27	595.89	445.58
	投资收益(万)	–	–	–	–
	利润总额(万)	1176.60	10075.59	6468.74	418.12
	净利润(万)	851.49	9058.72	5913.14	118.74

上海金枫酒业股份有限公司

公司概况	公司名称	上海金枫酒业股份有限公司			证券简称	金枫酒业
	法人代表	葛俊杰	董秘	张黎云	证券代码	600616
	公司网址	www.firstfood-cn.com		电子信箱	lily@jinfengwine.com	
	电　话	021-58352625		传　真	021-58352620	
	办公地址	上海市浦东新区张杨路579号(三鑫大厦内)				
	经营范围	食品销售管理，酒，仓储货运，租赁等				

主要财务指标	指标\报告期	2009.06.30	2008.12.31	2008.06.30	2007.12.31
	每股收益(元)	0.2200	0.5700	0.2900	0.4900
	每股收益(扣除)(元)	0.2000	0.4000	0.2700	0.4800
	每股净资产(元)	2.4900	2.4700	2.5700	2.5600
	调整后每股净资产(元)	–	–	–	–
	每股资本公积金(元)	0.0804	0.0804	0.0443	0.2141
	每股盈余公积金(元)	0.0291	0.0291	0.1925	0.2023
	每股未分配利润(元)	1.3812	1.3583	1.3358	1.1455
	每股现金净流量(元)	–0.2166	–0.3931	–0.0670	0.1597
	每股经营现金净流量(元)	0.1486	0.4722	0.2191	0.6507
	净资产收益率(扣除)(%)	–	–	–	18.6800
	净资产收益率(%)	8.9494	23.0200	11.4500	19.2200
	总资产(万)	101756.76	120935.34	310063.60	324603.81
	股东权益(万)	91051.00	90213.68	94043.17	93656.89
	主营业务收入(万)	–	–	–	–
	主营业务利润(万)	–	–	–	–
	营业务收入(万)	47384.09	465123.19	329819.35	569880.99
	营业务利润(万)	9545.31	24246.69	13223.95	30954.91
	投资收益(万)	–	–	–	–
	利润总额(万)	10525.34	25425.83	14672.24	31778.09
	净利润(万)	8148.51	20764.08	10772.29	18005.40

上海联华合纤股份有限公司

公司概况	公司名称	上海联华合纤股份有限公司			证券简称	ST 联华
	法人代表	李建华	董秘	徐小凯	证券代码	600617
	公司网址	www.lh-fiber.com		电子信箱	xxkai@sina.com	
	电　话	021-61103869		传　真	021-50819303	
	办公地址	上海市浦东新区浦电路 480 号浦项商务广场 12 楼				
	经营范围	投资、管理;房地产开发、经营;商务咨询;国际贸易,转口贸易等				

主要财务指标	指标\报告期	2009.06.30	2008.12.31	2008.06.30	2007.12.31
	每股收益(元)	-0.0600	-0.2900	-0.0520	0.0600
	每股收益(扣除)(元)	-0.0500	-0.3000	-0.0530	-0.2550
	每股净资产(元)	-0.1930	-0.1400	0.1032	0.1600
	调整后每股净资产(元)	-	-	-	-
	每股资本公积金(元)	0.4443	0.4443	0.4443	0.4443
	每股盈余公积金(元)	0.1739	0.1739	0.1739	0.1739
	每股未分配利润(元)	-1.8112	-1.7544	-1.5150	-1.4627
	每股现金净流量(元)	-0.0014	0.0057	0.0327	-0.0047
	每股经营现金净流量(元)	-0.0013	0.1392	0.1221	-0.1716
	净资产收益率(扣除)(%)	-	-	-	-163.7700
	净资产收益率(%)	-29.4100	-214.2300	-51.3600	36.3900
	总资产(万)	11359.00	11872.02	16890.81	18586.45
	股东权益(万)	-3225.51	-2276.97	1725.46	2601.08
	主营业务收入(万)	-	-	-	-
	主营业务利润(万)	-	-	-	-
	营业务收入(万)	584.24	2595.90	801.69	16237.16
	营业务利润(万)	-964.59	-5269.66	-916.75	-4073.01
	投资收益(万)	-	-	-	-
	利润总额(万)	-1018.27	-5079.36	-914.20	1088.79
	净利润(万)	-948.54	-4878.05	-875.62	946.42

上海氯碱化工股份有限公司

公司概况	公司名称	上海氯碱化工股份有限公司			证券简称	氯碱化工
	法人代表	李军	董秘	许沛文	证券代码	600618
	公司网址	www.scacc.com		电子信箱	dshmss@scacc.com	
	电　话	021-64340601		传　真	021-64341438	
	办公地址	上海龙吴路 4747 号				
	经营范围	聚氯乙烯、烧碱、氯系列等基本化工原料及加工产品等				

主要财务指标	指标\报告期	2009.06.30	2008.12.31	2008.06.30	2007.12.31
	每股收益(元)	0.0024	0.0093	0.0371	0.0482
	每股收益(扣除)(元)	-0.0777	-0.1416	0.0206	-0.0469
	每股净资产(元)	2.3200	2.3240	2.5160	2.5066
	调整后每股净资产(元)	-	-	-	-
	每股资本公积金(元)	1.3224	1.3236	1.4878	1.5154
	每股盈余公积金(元)	0.0083	0.0083	0.0083	0.0083
	每股未分配利润(元)	-0.0105	-0.0079	0.0200	-0.0171
	每股现金净流量(元)	-0.0786	0.2200	0.1563	-0.3189
	每股经营现金净流量(元)	0.1905	0.5313	0.1491	0.3186
	净资产收益率(扣除)(%)	-	-	-	-1.8700
	净资产收益率(%)	0.1030	0.4000	1.4740	1.9200
	总资产(万)	644077.16	671911.80	702086.09	675082.61
	股东权益(万)	268308.63	268752.17	290958.79	289858.53
	主营业务收入(万)	-	-	-	-
	主营业务利润(万)	-	-	-	-
	营业务收入(万)	229835.70	566823.35	292667.26	509881.78
	营业务利润(万)	-154.17	-2106.18	5886.00	2382.51
	投资收益(万)	-	-	-	-
	利润总额(万)	377.11	1811.19	5866.95	5950.28
	净利润(万)	276.56	1070.83	4287.76	5579.58

上海海立(集团)股份有限公司

公司概况	公司名称	上海海立(集团)股份有限公司			证券简称	海立股份
	法人代表	沈建芳	董秘	钟磊	证券代码	600619
	公司网址	www.highly.cc		电子信箱	heartfelt@highly.cc	
	电　话	021-58547777		传　真	021-50326960	
	办公地址	上海市浦东新区金桥出口加工区宁桥路 888 号				
	经营范围	研发、生产制冷设备及零部件、汽车零部件、家用电器及相关的材料等				

主要财务指标	指标\报告期	2009.06.30	2008.12.31	2008.06.30	2007.12.31
	每股收益(元)	0.0100	0.0300	0.1500	0.2300
	每股收益(扣除)(元)	-0.0700	0.0400	0.1700	0.1300
	每股净资产(元)	2.7000	2.6800	3.4100	3.3700
	调整后每股净资产(元)	-	-	-	-
	每股资本公积金(元)	0.7838	0.7708	0.9698	1.1117
	每股盈余公积金(元)	0.3451	0.3451	0.4142	0.4142
	每股未分配利润(元)	0.5720	0.5634	1.0257	0.8408
	每股现金净流量(元)	0.0903	-0.2693	-0.3274	0.3408
	每股经营现金净流量(元)	0.1837	0.7508	-0.2721	0.2104
	净资产收益率(扣除)(%)	-	-	-	2.5900
	净资产收益率(%)	0.3200	1.1000	5.4200	8.2500
	总资产(万)	497377.30	416284.17	548754.90	530609.53
	股东权益(万)	148001.53	146813.74	155695.10	153734.38
	主营业务收入(万)	-	-	-	-
	主营业务利润(万)	-	-	-	-
	营业务收入(万)	217465.04	479024.44	334291.34	481239.56
	营业务利润(万)	1490.82	3449.16	14638.98	13189.91
	投资收益(万)	-	-	-	-
	利润总额(万)	1689.18	5207.21	14640.29	17955.22
	净利润(万)	474.53	1608.53	8442.24	12686.16

上海市天宸股份有限公司

公司概况	公司名称	上海市天宸股份有限公司			证券简称	天宸股份
	法人代表	叶茂菁	董秘	许旭羽	证券代码	600620
	公司网址	www.shstc.com		电子信箱	taoqin@shstc.com	
	电　话	021-62782233		传　真	021-62789070	
	办公地址	上海市长宁区仙霞路 8 号仲盛金融中心大厦 29 楼				
	经营范围	实业投资、信息网络安全产品开发、国内贸易房地产开发经营等				

主要财务指标	指标\报告期	2009.06.30	2008.12.31	2008.06.30	2007.12.31
	每股收益(元)	-0.0595	0.1300	0.0375	0.1300
	每股收益(扣除)(元)	-0.0890	0.0500	-0.0180	0.0400
	每股净资产(元)	1.5720	1.8000	1.7180	1.7330
	调整后每股净资产(元)	-	-	-	-
	每股资本公积金(元)	0.2039	0.2346	0.2459	0.2886
	每股盈余公积金(元)	0.1501	0.1660	0.1660	0.1660
	每股未分配利润(元)	0.2176	0.3997	0.3059	0.2784
	每股现金净流量(元)	0.1221	-0.0851	0.2889	-0.3497
	每股经营现金净流量(元)	-0.1150	-0.1720	-0.0700	0.5853
	净资产收益率(扣除)(%)	-	-	-	2.5400
	净资产收益率(%)	-3.4900	7.5500	2.1800	7.2200
	总资产(万)	143524.45	131283.98	152290.74	137906.75
	股东权益(万)	55342.02	57635.76	54995.53	55481.33
	主营业务收入(万)	-	-	-	-
	主营业务利润(万)	-	-	-	-
	营业务收入(万)	3454.97	55397.53	15503.29	54529.03
	营业务利润(万)	-1890.33	7379.14	-1022.51	6826.15
	投资收益(万)	-	-	-	-
	利润总额(万)	-2063.86	10351.02	1148.05	6922.14
	净利润(万)	-1931.79	4203.38	1200.93	4006.47

上海金陵股份有限公司

公司概况	公司名称	上海金陵股份有限公司			证券简称	上海金陵
	法人代表	蒋耀	董秘	陈炳良	证券代码	600621
	公司网址	www.jin-ling.com		电子信箱	shjl@jin-ling.com	
	电　话	021-63222658		传　真	021-63502688	
	办公地址	上海市福州路666号26楼				
	经营范围	对高新技术产业投资,实业投资,投资管理等				

	指标\报告期	2009.06.30	2008.12.31	2008.06.30	2007.12.31
主要财务指标	每股收益(元)	0.0700	0.1844	0.1150	0.1818
	每股收益(扣除)(元)	-0.0010	-0.0108	0.0390	0.0060
	每股净资产(元)	1.9700	1.9600	1.9300	1.9900
	调整后每股净资产(元)	-	-	-	-
	每股资本公积金(元)	0.4172	0.4290	0.4635	0.5186
	每股盈余公积金(元)	0.2368	0.2368	0.2290	0.2295
	每股未分配利润(元)	0.3148	0.2953	0.2334	0.2382
	每股现金净流量(元)	-0.0122	-0.2658	-0.2932	-0.1240
	每股经营现金净流量(元)	0.0987	0.1637	0.1647	0.0049
	净资产收益率(扣除)(%)	-	-	-	0.3000
	净资产收益率(%)	3.5300	9.4100	5.9600	9.1600
	总资产(万)	168066.49	170854.42	174938.96	199012.82
	股东权益(万)	103138.24	102735.54	100892.48	104081.12
	主营业务收入(万)	-	-	-	-
	主营业务利润(万)	-	-	-	-
	营业务收入(万)	44490.21	130735.73	66157.80	150577.27
	营业务利润(万)	721.50	2581.82	1952.28	12012.52
	投资收益(万)	-	-	-	-
	利润总额(万)	3451.78	10015.62	6492.80	11962.99
	净利润(万)	3645.02	9665.34	6012.48	9528.97

上海嘉宝实业(集团)股份有限公司

公司概况	公司名称	上海嘉宝实业(集团)股份有限公司			证券简称	嘉宝集团
	法人代表	钱明	董秘	孙红良	证券代码	600622
	公司网址	www.jbjt.com		电子信箱	jbdm@jbjt.com	
	电　话	021-59529711		传　真	021-59536931	
	办公地址	上海市嘉定区清河路55号6-7F				
	经营范围	实业投资、国内贸易(除专项规定)、劳务服务、进出口业务等				

	指标\报告期	2009.06.30	2008.12.31	2008.06.30	2007.12.31
主要财务指标	每股收益(元)	0.2970	0.3240	0.0880	0.3460
	每股收益(扣除)(元)	0.2710	0.3200	0.0560	0.2380
	每股净资产(元)	3.1570	2.9400	2.7130	3.5600
	调整后每股净资产(元)	-	-	-	-
	每股资本公积金(元)	1.3502	1.3055	1.7138	1.8073
	每股盈余公积金(元)	0.1316	0.1316	0.1172	0.1172
	每股未分配利润(元)	0.6752	0.4986	0.3963	0.6316
	每股现金净流量(元)	0.2426	0.4571	0.4294	1.5945
	每股经营现金净流量(元)	0.2492	0.6683	0.5068	0.0777
	净资产收益率(扣除)(%)	-	-	-	7.4400
	净资产收益率(%)	9.3960	11.0200	3.2510	10.8200
	总资产(万)	315388.83	298804.57	273630.20	239457.90
	股东权益(万)	162363.98	150980.35	139541.54	140684.10
	主营业务收入(万)	-	-	-	-
	主营业务利润(万)	-	-	-	-
	营业务收入(万)	63641.78	88195.18	61501.90	83925.27
	营业务利润(万)	22066.38	13305.91	3473.04	20328.50
	投资收益(万)	-	-	-	-
	利润总额(万)	22358.75	15820.57	5142.46	20774.85
	净利润(万)	15256.10	16638.31	4536.49	15220.34

双钱集团股份有限公司

公司概况	公司名称	双钱集团股份有限公司			证券简称	双钱股份
	法人代表	刘训峰	董秘	王玲	证券代码	600623
	公司网址	www.doublecoinholdings.com		电子信箱	company@doublecoinholdings.com	
	电　话	021-33024666*6379*6378		传　真	021-63390367	
	办公地址	上海市四川中路63号				
	经营范围	轮胎、力车胎、胶鞋及其橡胶制品和前述产品的配件、橡胶原辅材料等				

	指标\报告期	2009.06.30	2008.12.31	2008.06.30	2007.12.31
主要财务指标	每股收益(元)	0.0980	-0.1650	0.0920	0.1900
	每股收益(扣除)(元)	-0.0050	-0.4460	0.0440	0.1830
	每股净资产(元)	1.8510	1.6620	2.0100	2.0670
	调整后每股净资产(元)	-	-	-	-
	每股资本公积金(元)	0.8429	0.7521	0.8423	0.9325
	每股盈余公积金(元)	0.0733	0.0733	0.0735	0.0733
	每股未分配利润(元)	-0.0657	-0.1638	0.0938	0.0615
	每股现金净流量(元)	-0.3199	0.5159	0.3913	0.3671
	每股经营现金净流量(元)	0.7383	0.1934	0.4076	0.8957
	净资产收益率(扣除)(%)	-	-	-	8.8410
	净资产收益率(%)	5.2990	-9.9460	4.5940	9.1770
	总资产(万)	852515.01	869163.57	890197.09	771768.62
	股东权益(万)	164601.31	147801.39	178747.85	183885.30
	主营业务收入(万)	-	-	-	-
	主营业务利润(万)	-	-	-	-
	营业务收入(万)	352126.31	812696.88	443184.56	773077.10
	营业务利润(万)	12794.77	-38544.98	3941.06	20409.33
	投资收益(万)	-	-	-	-
	利润总额(万)	12346.37	-17625.37	9206.21	21172.19
	净利润(万)	8721.74	-14701.01	8211.65	16875.67

上海复旦复华科技股份有限公司

公司概况	公司名称	上海复旦复华科技股份有限公司			证券简称	复旦复华
	法人代表	王生洪	董秘	任琳芳	证券代码	600624
	公司网址	www.forwardgroup.com		电子信箱	forward@forwardgroup.com	
	电　话	021-63872288		传　真	021-63869700	
	办公地址	上海市国权路525号				
	经营范围	电脑系统、通讯设备、自动化仪表、生物技术、光源照明等产品的研制及生产销售等				

	指标\报告期	2009.06.30	2008.12.31	2008.06.30	2007.12.31
主要财务指标	每股收益(元)	0.0408	0.0650	0.0372	0.0590
	每股收益(扣除)(元)	0.0283	0.0500	0.0312	0.0390
	每股净资产(元)	1.5150	1.4740	1.4740	1.4370
	调整后每股净资产(元)	-	-	-	-
	每股资本公积金(元)	0.2624	0.2624	0.2595	0.2595
	每股盈余公积金(元)	0.0272	0.0272	0.0272	0.0272
	每股未分配利润(元)	0.2216	0.1808	0.1825	0.1453
	每股现金净流量(元)	0.2331	0.0057	0.0412	0.1584
	每股经营现金净流量(元)	0.0081	0.1436	0.0857	0.2188
	净资产收益率(扣除)(%)	-	-	-	2.6950
	净资产收益率(%)	2.6900	4.4410	2.5200	4.0970
	总资产(万)	120715.89	108187.19	107917.02	107437.55
	股东权益(万)	52290.29	50879.63	50886.18	49588.54
	主营业务收入(万)	-	-	-	-
	主营业务利润(万)	-	-	-	-
	营业务收入(万)	26972.30	56885.53	28148.22	50089.56
	营业务利润(万)	1420.97	3058.89	1745.87	4022.18
	投资收益(万)	-	-	-	-
	利润总额(万)	1981.23	3968.57	2021.87	4382.78
	净利润(万)	1408.25	2259.60	1283.05	2031.84

上海申达股份有限公司

公司概况					
公司名称	上海申达股份有限公司			证券简称	申达股份
法人代表	席时平	董秘	玛天羽	证券代码	600626
公司网址	www.cnshenda.com.cn		电子信箱	600626@sh-shenda.com	
电　　话	021-62328282		传　　真	021-62317250	
办公地址	上海市武宁南路488号智慧广场18楼				
经营范围	两纱两布,各类纺织品,服装,复制品及技术出口,生产所需原辅材料等				

主要财务指标 指标\报告期	2009.06.30	2008.12.31	2008.06.30	2007.12.31
每股收益(元)	0.0835	0.2184	0.1404	0.3602
每股收益(扣除)(元)	0.0652	0.1822	0.1321	0.0948
每股净资产(元)	3.5844	3.6130	3.5450	3.5520
调整后每股净资产(元)	–	–	–	–
每股资本公积金(元)	0.8111	0.8876	0.8320	0.8297
每股盈余公积金(元)	1.4567	1.3832	1.3622	1.3056
每股未分配利润(元)	0.3166	0.4066	0.3511	0.4171
每股现金净流量(元)	0.0974	0.1019	0.1098	0.2920
每股经营现金净流量(元)	0.2042	0.3595	0.2089	0.2896
净资产收益率(扣除)(%)	–	–	–	2.6700
净资产收益率(%)	2.3300	6.0400	3.9600	10.1400
总资产(万)	285582.05	284304.03	277328.17	274733.83
股东权益(万)	169719.39	174119.90	167866.47	168206.52
主营业务收入(万)	–	–	–	–
主营业务利润(万)	–	–	–	–
营业务收入(万)	234664.82	482909.43	242132.37	492604.33
营业务利润(万)	4695.11	12442.30	8626.05	20322.65
投资收益(万)	–	–	–	–
利润总额(万)	5256.85	13060.76	8813.16	20419.67
净利润(万)	3954.66	10339.01	6651.28	17054.23

上海新世界股份有限公司

公司概况					
公司名称	上海新世界股份有限公司			证券简称	新世界
法人代表	顾振奋	董秘	马炳芳	证券代码	600628
公司网址	www.newworld-china.com		电子信箱	newworld@newworld-china.com	
电　　话	021-63588888*3322		传　　真	021-63583331	
办公地址	上海市南京西路2-88号				
经营范围	日用百货零售与批发,兼营房地产,酒店,旅游,投资咨询,成衣加工等				

主要财务指标 指标\报告期	2009.06.30	2008.12.31	2008.06.30	2007.12.31
每股收益(元)	0.2000	0.3100	0.1800	0.2900
每股收益(扣除)(元)	0.2000	0.3100	0.1700	0.2800
每股净资产(元)	3.2860	3.0800	3.0900	2.9400
调整后每股净资产(元)	–	–	–	–
每股资本公积金(元)	0.8884	0.8785	0.8859	0.9090
每股盈余公积金(元)	0.3021	0.3023	0.2737	0.2740
每股未分配利润(元)	1.0954	0.9000	0.9285	0.7524
每股现金净流量(元)	0.0360	0.0710	0.1110	0.0153
每股经营现金净流量(元)	0.0547	0.6980	0.0434	0.8322
净资产收益率(扣除)(%)	–	–	–	9.6900
净资产收益率(%)	5.9500	9.9400	5.7000	9.8100
总资产(万)	396948.25	396186.22	399629.94	400753.90
股东权益(万)	174741.96	163834.38	164225.99	156106.24
主营业务收入(万)	–	–	–	–
主营业务利润(万)	–	–	–	–
营业务收入(万)	132704.93	265461.07	128413.42	192284.47
营业务利润(万)	14184.12	22985.94	12979.77	21202.88
投资收益(万)	–	–	–	–
利润总额(万)	14157.40	22789.68	12864.39	21467.83
净利润(万)	10393.75	16291.31	9364.86	15308.43

上海棱光实业股份有限公司

公司概况					
公司名称	上海棱光实业股份有限公司			证券简称	棱光实业
法人代表	施德容	董秘	朱建涛(代)	证券代码	600629
公司网址			电子信箱	lgzqb@online.sh.cn	
电　　话	021-62195070		传　　真	021-62192670	
办公地址	上海市延安西路2558号2号楼				
经营范围	石英玻璃、电子仪表、半导体材料、工业气体销售、气体充装、气瓶检验等				

主要财务指标 指标\报告期	2009.06.30	2008.12.31	2008.06.30	2007.12.31
每股收益(元)	0.0180	0.3250	0.2020	0.1960
每股收益(扣除)(元)	0.0050	0.3220	0.2020	0.1660
每股净资产(元)	1.3260	1.3080	1.1800	0.4380
调整后每股净资产(元)	–	–	–	–
每股资本公积金(元)	2.2528	2.2528	2.2488	3.4721
每股盈余公积金(元)	0.0812	0.0812	0.0812	0.1444
每股未分配利润(元)	–2.0083	–2.0263	–2.1453	–4.1785
每股现金净流量(元)	–0.1425	0.0879	–0.0294	0.2914
每股经营现金净流量(元)	–0.0562	0.2320	0.0260	0.5261
净资产收益率(扣除)(%)	–	–	–	67.3510
净资产收益率(%)	1.3600	24.8620	17.0700	79.5540
总资产(万)	62893.66	67370.29	59933.77	48512.68
股东权益(万)	35662.15	35176.68	31870.04	6629.38
主营业务收入(万)	–	–	–	–
主营业务利润(万)	–	–	–	–
营业务收入(万)	10076.78	41799.07	19417.73	29252.51
营业务利润(万)	268.72	13798.52	7971.59	7617.24
投资收益(万)	–	–	–	–
利润总额(万)	616.99	13989.25	7967.32	8377.62
净利润(万)	485.47	8745.58	5438.94	5273.95

上海龙头(集团)股份有限公司

公司概况					
公司名称	上海龙头(集团)股份有限公司			证券简称	龙头股份
法人代表	朱勇	董秘	朱险峰	证券代码	600630
公司网址	www.shanghaidragon.com.cn		电子信箱	ltdsh@shanghaidragon.com.cn	
电　　话	021-34061116、63159108		传　　真	021-54666630、63158280	
办公地址	上海市制造局路584号A幢4楼				
经营范围	纺织品生产及经营;实业投资;资产经营与管理;国内贸易等				

主要财务指标 指标\报告期	2009.06.30	2008.12.31	2008.06.30	2007.12.31
每股收益(元)	0.0300	0.0480	0.0390	0.0440
每股收益(扣除)(元)	0.0060	–0.1910	–0.0320	–0.3540
每股净资产(元)	3.2120	3.1270	3.1260	3.1280
调整后每股净资产(元)	–	–	–	–
每股资本公积金(元)	2.2853	2.2301	2.2641	2.3053
每股盈余公积金(元)	0.0232	0.0232	0.0232	0.0232
每股未分配利润(元)	–0.0965	–0.1267	–0.1616	–0.2007
每股现金净流量(元)	0.0250	–0.1455	–0.0320	–0.0476
每股经营现金净流量(元)	0.1540	0.1170	0.3711	0.4136
净资产收益率(扣除)(%)	–	–	–	–11.3230
净资产收益率(%)	0.9410	1.5250	1.2500	1.4140
总资产(万)	279707.60	286443.52	297459.09	306677.52
股东权益(万)	136467.51	132839.21	132800.34	132885.33
主营业务收入(万)	–	–	–	–
主营业务利润(万)	–	–	–	–
营业务收入(万)	143523.01	367709.39	173933.72	379569.85
营业务利润(万)	866.49	–7023.37	–813.45	–12177.58
投资收益(万)	–	–	–	–
利润总额(万)	1938.52	6297.12	2712.57	4451.73
净利润(万)	1284.37	2025.22	1660.61	1878.90

上海百联集团股份有限公司

公司概况					
公司名称	上海百联集团股份有限公司			证券简称	百联股份
法人代表	马新生	董秘	董小春	证券代码	600631
公司网址	www.shanghaibailian.com		电子信箱	dongxcsh@yahoo.com.cn	
电　话	021-63223344		传　真	021-63603298	
办公地址	上海南京东路800号13楼				
经营范围	国内贸易、货物及技术进出口业务、汽车修理及汽车配件、货运代理等				

主要财务指标：指标\报告期	2009.06.30	2008.12.31	2008.06.30	2007.12.31
每股收益(元)	0.1900	0.3200	0.1900	0.3200
每股收益(扣除)(元)	0.1900	0.3000	0.1890	0.2800
每股净资产(元)	5.1600	4.1900	4.6600	4.1900
调整后每股净资产(元)	–	–	–	–
每股资本公积金(元)	2.8623	1.9787	2.5865	2.2004
每股盈余公积金(元)	0.4007	0.4007	0.3764	0.3764
每股未分配利润(元)	0.8980	0.8137	0.7006	0.6142
每股现金净流量(元)	0.2135	–0.1979	–0.3282	–0.2450
每股经营现金净流量(元)	0.2856	1.0155	0.3676	0.9314
净资产收益率(扣除)(%)	–	–	–	6.7400
净资产收益率(%)	3.6800	7.7200	4.0000	7.6900
总资产(万)	1426190.40	1286525.35	1296931.10	1251008.81
股东权益(万)	568241.98	461669.46	513473.87	461438.25
主营业务收入(万)	–	–	–	–
主营业务利润(万)	–	–	–	–
营业务收入(万)	534857.51	917737.28	488877.04	842824.59
营业务利润(万)	35552.50	52730.08	35368.81	61667.93
投资收益(万)	–	–	–	–
利润总额(万)	36098.41	56172.06	34942.60	61431.67
净利润(万)	20890.95	35653.11	20529.06	35481.92

上海白猫股份有限公司

公司概况					
公司名称	上海白猫股份有限公司			证券简称	*ST白猫
法人代表	马立行	董秘	丁一新	证券代码	600633
公司网址	www.stof.com.cn		电子信箱	xu_ye@stof.com	
电　话	021-32023251		传　真	021-52701369	
办公地址	上海市金沙江路1829号				
经营范围	百洁布、纸制品、文体用品、服装、家用擦洗用具、网袋、纺织品专用市等				

主要财务指标：指标\报告期	2009.06.30	2008.12.31	2008.06.30	2007.12.31
每股收益(元)	–0.0770	–0.2340	–0.0600	–0.0610
每股收益(扣除)(元)	–0.0780	–0.2420	–0.0610	–0.0600
每股净资产(元)	0.8000	0.8750	1.0510	1.1140
调整后每股净资产(元)	–	–	–	1.0980
每股资本公积金(元)	0.1792	0.1769	0.1787	0.1821
每股盈余公积金(元)	0.1037	0.1037	0.1037	0.1037
每股未分配利润(元)	–0.4830	–0.4057	–0.2316	–0.1718
每股现金净流量(元)	0.0298	–0.0013	0.0072	–0.0872
每股经营现金净流量(元)	0.0394	0.0411	0.0732	–0.0061
净资产收益率(扣除)(%)	–	–	–	–5.4210
净资产收益率(%)	–9.6700	–26.7300	–5.6900	–5.4780
总资产(万)	22722.20	23829.28	28858.20	28557.10
股东权益(万)	12161.34	13304.03	15978.13	16939.03
主营业务收入(万)	–	–	–	–
主营业务利润(万)	–	–	–	–
营业务收入(万)	17404.46	45186.93	23596.92	43493.19
营业务利润(万)	–1182.23	–3602.21	–936.95	–916.78
投资收益(万)	–	–	–	–
利润总额(万)	–1177.20	–3558.36	–911.09	–923.09
净利润(万)	–1176.51	–3556.13	–909.23	–927.96

上海海鸟企业发展股份有限公司

公司概况					
公司名称	上海海鸟企业发展股份有限公司			证券简称	海鸟发展
法人代表	张宗宝	董秘	吴裕芹	证券代码	600634
公司网址	www.600634.com		电子信箱	shhnfz@yahoo.com.cn	
电　话	021-62696296		传　真	021-62699399	
办公地址	上海市虹桥路2451号2楼				
经营范围	房地产开发、经营及相关的物业管理、城市基础设施建设及运营等				

主要财务指标：指标\报告期	2009.06.30	2008.12.31	2008.06.30	2007.12.31
每股收益(元)	–0.0400	0.0100	–0.0100	–0.0300
每股收益(扣除)(元)	–0.0400	0.0100	–0.0100	–0.0300
每股净资产(元)	2.2800	2.3200	2.3000	2.3100
调整后每股净资产(元)	–	–	–	–
每股资本公积金(元)	0.3265	0.3265	0.3265	0.3265
每股盈余公积金(元)	0.2858	0.2858	0.2858	0.2858
每股未分配利润(元)	0.6671	0.7048	0.6901	0.6976
每股现金净流量(元)	–0.0411	–	0.0441	–0.0493
每股经营现金净流量(元)	–0.0277	–	0.0602	0.4779
净资产收益率(扣除)(%)	–	–	–	–1.4500
净资产收益率(%)	–1.6600	0.3100	–0.3200	–1.4700
总资产(万)	25828.88	26365.00	26637.28	26801.20
股东权益(万)	19878.05	20207.37	20079.06	20144.23
主营业务收入(万)	–	–	–	–
主营业务利润(万)	–	–	–	–
营业务收入(万)	143.48	2450.18	1166.99	5516.04
营业务利润(万)	–312.47	409.52	81.63	46.42
投资收益(万)	–	–	–	–
利润总额(万)	–314.29	409.52	81.63	41.27
净利润(万)	–329.32	63.13	–65.17	–296.95

上海大众公用事业(集团)股份有限公司

公司概况					
公司名称	上海大众公用事业(集团)股份有限公司			证券简称	大众公用
法人代表	杨国平	董秘	梁嘉玮	证券代码	600635
公司网址	www.dzug.cn		电子信箱	master@dzug.cn	
电　话	021-64288888-5609		传　真	021-64288727	
办公地址	上海市中山西路1515号8楼				
经营范围	实业投资，国内商业，资产重组，收购兼并及相关业务咨询，附设分支机构				

主要财务指标：指标\报告期	2009.06.30	2008.12.31	2008.06.30	2007.12.31
每股收益(元)	0.0700	0.1200	0.0900	0.1700
每股收益(扣除)(元)	0.0700	0.1000	0.0800	0.0900
每股净资产(元)	1.6300	1.5200	1.6600	1.5700
调整后每股净资产(元)	–	–	–	–
每股资本公积金(元)	0.2540	0.1590	0.3209	0.4865
每股盈余公积金(元)	0.1504	0.1504	0.1393	0.1671
每股未分配利润(元)	0.2305	0.2150	0.2010	0.2324
每股现金净流量(元)	0.0339	–0.1851	–0.1700	0.0377
每股经营现金净流量(元)	0.0845	0.2386	0.0564	0.2138
净资产收益率(扣除)(%)	–	–	–	5.5500
净资产收益率(%)	4.3200	7.5900	5.4600	10.6400
总资产(万)	844009.77	828006.67	844682.92	818448.88
股东权益(万)	244473.92	227939.77	248398.96	235023.27
主营业务收入(万)	–	–	–	–
主营业务利润(万)	–	–	–	–
营业务收入(万)	171199.68	303130.57	163778.41	259021.00
营业务利润(万)	14858.14	25960.86	16702.23	35106.03
投资收益(万)	–	–	–	–
利润总额(万)	15852.78	29825.20	18213.31	38031.11
净利润(万)	10553.14	17302.34	13555.84	25010.33

上海三爱富新材料股份有限公司

公司概况	公司名称	上海三爱富新材料股份有限公司		证券简称	三爱富
	法人代表	周云鹤	董秘	张经仪	证券代码	600636
	公司网址	www.sh3f.com		电子信箱	bod@sh3f.com
	电　话	021-64823549、64823552		传　真	021-64823550
	办公地址	上海市漕溪路 250 号银海大楼 A805 室			
	经营范围	主要从事有机氟材料及其制品的研究、开发、生产和经营等			

主要财务指标	指标\报告期	2009.06.30	2008.12.31	2008.06.30	2007.12.31
	每股收益(元)	0.0043	–0.2000	0.0460	0.2660
	每股收益(扣除)(元)	–0.0075	–0.3290	–0.0660	0.0710
	每股净资产(元)	2.0800	2.0700	2.5610	2.5100
	调整后每股净资产(元)	–	–	–	–
	每股资本公积金(元)	0.3632	0.3632	0.4114	0.4114
	每股盈余公积金(元)	0.2053	0.2053	0.2258	0.2258
	每股未分配利润(元)	0.5107	0.5063	0.9238	0.8775
	每股现金净流量(元)	–0.1753	0.2983	0.2611	0.2554
	每股经营现金净流量(元)	0.0695	0.8321	–0.0727	0.8291
	净资产收益率(扣除)(%)	–	–	–	2.8200
	净资产收益率(%)	0.2100	–9.6600	1.8100	10.5700
	总资产(万)	240997.19	267306.98	277614.43	249083.13
	股东权益(万)	72193.59	72043.16	80840.78	79380.50
	主营业务收入(万)	–	–	–	–
	主营业务利润(万)	–	–	–	–
	营业务收入(万)	103302.74	267977.54	144708.57	244763.37
	营业务利润(万)	2839.07	–8891.03	–916.27	6838.39
	投资收益(万)	–	–	–	–
	利润总额(万)	3303.83	–3298.00	3540.53	14848.35
	净利润(万)	150.43	–6961.52	1460.28	8389.55

上海广电信息产业股份有限公司

公司概况	公司名称	上海广电信息产业股份有限公司		证券简称	广电信息
	法人代表	马坚泓	董秘	赵开兰	证券代码	600637
	公司网址	www.svainfo.com		电子信箱	dongban@svainfo.com
	电　话	021-64189198-3522		传　真	021-64189828
	办公地址	上海市金都路 3800 号			
	经营范围	电子电器产品,家用视听设备,雷达、通信设备,计算机终端设备等			

主要财务指标	指标\报告期	2009.06.30	2008.12.31	2008.06.30	2007.12.31
	每股收益(元)	–0.1067	–1.3986	0.0131	0.0222
	每股收益(扣除)(元)	–0.2045	–1.6533	0.0113	–0.1720
	每股净资产(元)	1.5381	1.6983	3.2150	3.6482
	调整后每股净资产(元)	–	–	–	–
	每股资本公积金(元)	2.2293	2.2828	2.3866	0.0000
	每股盈余公积金(元)	–	–	–	0.3091
	每股未分配利润(元)	–1.6912	–1.5845	–0.1717	–0.4939
	每股现金净流量(元)	–0.1071	–0.2018	–0.2335	–0.3410
	每股经营现金净流量(元)	0.0736	–0.0647	–0.2555	0.2525
	净资产收益率(扣除)(%)	–	–	–	–4.7100
	净资产收益率(%)	–6.9360	–82.3520	0.4100	0.6090
	总资产(万)	338429.05	392709.33	516487.71	585713.17
	股东权益(万)	109032.47	120385.15	227898.71	258610.24
	主营业务收入(万)	–	–	–	–
	主营业务利润(万)	–	–	–	–
	营业务收入(万)	129163.66	343606.66	167180.39	395144.37
	营业务利润(万)	–8157.81	–100060.03	250.70	3779.13
	投资收益(万)	–	–	–	–
	利润总额(万)	–7262.73	–99077.17	443.69	4034.55
	净利润(万)	–7562.16	–99139.98	928.05	1575.52

上海新黄浦置业股份有限公司

公司概况	公司名称	上海新黄浦置业股份有限公司		证券简称	新黄浦
	法人代表	王伟旭	董秘	李薇洁	证券代码	600638
	公司网址	www.600638.com		电子信箱	stock@600638.com
	电　话	021-63238888		传　真	021-63237777
	办公地址	上海市北京东路 668 号西楼 32 层			
	经营范围	房地产开发经营及危旧房改造,物业管理等			

主要财务指标	指标\报告期	2009.06.30	2008.12.31	2008.06.30	2007.12.31
	每股收益(元)	0.1870	0.3090	0.1830	0.3140
	每股收益(扣除)(元)	0.1380	0.1510	0.0660	0.1080
	每股净资产(元)	4.7181	4.5312	4.4300	4.3158
	调整后每股净资产(元)	–	–	–	–
	每股资本公积金(元)	1.8655	1.8655	1.8943	1.9589
	每股盈余公积金(元)	0.3749	0.3749	0.3570	0.3570
	每股未分配利润(元)	1.4778	1.2909	1.1833	1.0000
	每股现金净流量(元)	0.7270	–0.7139	–0.5113	0.6048
	每股经营现金净流量(元)	0.2922	0.0145	0.0080	–0.1726
	净资产收益率(扣除)(%)	–	–	–	2.4900
	净资产收益率(%)	3.9600	6.8100	4.1300	7.2700
	总资产(万)	522507.50	382636.64	376866.75	363809.06
	股东权益(万)	264762.42	254273.43	248848.17	242189.42
	主营业务收入(万)	–	–	–	–
	主营业务利润(万)	–	–	–	–
	营业务收入(万)	25463.19	46213.57	29504.77	55127.99
	营业务利润(万)	10875.41	12242.54	6751.41	20969.44
	投资收益(万)	–	–	–	–
	利润总额(万)	13193.91	22238.99	14025.92	24834.44
	净利润(万)	10488.99	17326.29	10284.36	17604.03

上海金桥出口加工区开发股份有限公司

公司概况	公司名称	上海金桥出口加工区开发股份有限公司		证券简称	浦东金桥
	法人代表	俞标	董秘	代燕妮	证券代码	600639
	公司网址	www.58991818.com		电子信箱	wuhy@58991818.com
	电　话	021-50307702、50307770		传　真	021-50301533
	办公地址	上海浦东新金桥路 27 号 1 号楼			
	经营范围	在依法取得的地块上从事房地产开发、经营、销售、出租和中介等			

主要财务指标	指标\报告期	2009.06.30	2008.12.31	2008.06.30	2007.12.31
	每股收益(元)	0.1446	0.3290	0.1476	0.2450
	每股收益(扣除)(元)	0.1391	0.3260	0.1473	0.2340
	每股净资产(元)	3.8090	3.6440	3.6100	3.4780
	调整后每股净资产(元)	–	–	–	–
	每股资本公积金(元)	1.2328	1.0874	1.2322	1.1407
	每股盈余公积金(元)	0.3684	0.3684	0.3249	0.3249
	每股未分配利润(元)	1.2075	1.1879	1.0504	1.0128
	每股现金净流量(元)	–0.0093	0.0201	0.1448	–0.0154
	每股经营现金净流量(元)	0.0204	0.3323	0.3271	–0.0479
	净资产收益率(扣除)(%)	–	–	–	6.7300
	净资产收益率(%)	3.8000	9.0200	4.0900	7.0400
	总资产(万)	633939.92	595807.42	588791.12	555101.24
	股东权益(万)	321594.27	307668.49	304602.84	293710.87
	主营业务收入(万)	–	–	–	–
	主营业务利润(万)	–	–	–	–
	营业务收入(万)	40542.64	112654.94	37925.24	80114.20
	营业务利润(万)	15707.69	35184.54	17304.48	26046.87
	投资收益(万)	–	–	–	–
	利润总额(万)	16442.36	35437.39	17320.92	27414.19
	净利润(万)	12206.47	27748.55	12459.07	20666.37

中卫国脉通信股份有限公司

公司概况	公司名称	中卫国脉通信股份有限公司			证券简称	中卫国脉
	法人代表	鲍康荣	董秘	李培忠	证券代码	600640
	公司网址	www.unicomgm.com		电子信箱	pzli@chinasatcomgm.com	
	电　话	021-62762171		传　真	021-62763321	
	办公地址	上海市江宁路1207号国脉大厦				
	经营范围	无线通信、图象、数字及各类通信产品、通信系统的设计、开发、开通等				

	指标\报告期	2009.06.30	2008.12.31	2008.06.30	2007.12.31
主要财务指标	每股收益(元)	-0.0141	-0.2000	-0.0900	0.1700
	每股收益(扣除)(元)	-0.0148	-0.1000	-0.0900	-0.3200
	每股净资产(元)	2.5915	2.5900	2.7100	2.9800
	调整后每股净资产(元)	-	-	-	-
	每股资本公积金(元)	1.1379	1.1240	1.1403	1.1652
	每股盈余公积金(元)	0.6507	0.6507	0.6507	0.6507
	每股未分配利润(元)	-0.1971	-0.1830	-0.0767	0.1627
	每股现金净流量(元)	-0.0836	-0.1341	-0.1771	0.3243
	每股经营现金净流量(元)	-0.0207	0.0981	0.1469	-0.2283
	净资产收益率(扣除)(%)	-	-	-	-10.6200
	净资产收益率(%)	-0.5400	-7.5500	-3.2900	5.7000
	总资产(万)	114916.48	112707.32	117115.08	130255.30
	股东权益(万)	104014.10	104022.32	108945.99	119551.95
	主营业务收入(万)	-	-	-	-
	主营业务利润(万)	-	-	-	-
	营业务收入(万)	20569.62	25555.08	16290.05	33589.44
	营业务利润(万)	-481.83	-7531.76	-4592.86	8591.99
	投资收益(万)	-	-	-	-
	利润总额(万)	-522.78	-7716.72	-4579.08	7578.71
	净利润(万)	-566.53	-7857.46	-3588.21	6842.85

上海万业企业股份有限公司

公司概况	公司名称	上海万业企业股份有限公司			证券简称	万业企业
	法人代表	程光	董秘	吴云韶	证券代码	600641
	公司网址	www.600641.com.cn		电子信箱	wyqy@salim.com.cn	
	电　话	021-50367718		传　真	021-50366858	
	办公地址	上海市浦东大道720号9楼				
	经营范围	实业投资、资产经营、房地产开发经营、国内贸易、钢材、木材、建筑材料、建筑五金				

	指标\报告期	2009.06.30	2008.12.31	2008.06.30	2007.12.31
主要财务指标	每股收益(元)	0.1879	0.8269	0.4700	1.0718
	每股收益(扣除)(元)	0.1144	0.4065	0.2300	0.4647
	每股净资产(元)	3.1261	5.8174	5.8400	6.7054
	调整后每股净资产(元)	-	-	-	-
	每股资本公积金(元)	0.3029	1.4239	1.8041	2.6389
	每股盈余公积金(元)	0.9099	1.6490	1.5657	1.5657
	每股未分配利润(元)	0.9070	1.7444	1.4709	1.5008
	每股现金净流量(元)	0.9256	0.0516	0.1503	1.2178
	每股经营现金净流量(元)	0.8918	0.9530	0.4140	0.9447
	净资产收益率(扣除)(%)	-	-	-	6.9300
	净资产收益率(%)	6.0100	14.2200	8.0500	15.9800
	总资产(万)	456325.74	388340.91	389992.47	458899.06
	股东权益(万)	252010.36	260539.35	261588.97	300309.91
	主营业务收入(万)	-	-	-	-
	主营业务利润(万)	-	-	-	-
	营业务收入(万)	61661.19	139205.99	74112.19	88217.14
	营业务利润(万)	18764.37	45826.29	27243.96	55573.56
	投资收益(万)	-	-	-	-
	利润总额(万)	19447.77	46352.78	28007.91	55632.61
	净利润(万)	15151.45	37035.82	21057.42	48004.31

申能股份有限公司

公司概况	公司名称	申能股份有限公司			证券简称	申能股份
	法人代表	仇伟国	董秘	周燕飞	证券代码	600642
	公司网址	www.shenergy.net.cn		电子信箱	zhenquan@shenergy.com.cn	
	电　话	021-68865793、63900303		传　真	021-68865793、63900456	
	办公地址	上海市银城中路168号9楼 上海市复兴中路1号				
	经营范围	发、建设和经营电力、能源、节能、资源综合利用及相关项目等				

	指标\报告期	2009.06.30	2008.12.31	2008.06.30	2007.12.31
主要财务指标	每股收益(元)	0.3690	0.2050	0.1970	0.6420
	每股收益(扣除)(元)	0.3690	0.1920	0.1970	0.5730
	每股净资产(元)	5.0120	4.5500	4.6450	4.8720
	调整后每股净资产(元)	-	-	-	-
	每股资本公积金(元)	1.3714	1.1780	1.2812	1.3756
	每股盈余公积金(元)	1.8233	1.8233	1.7055	1.7055
	每股未分配利润(元)	0.8173	0.5483	0.6582	0.7910
	每股现金净流量(元)	-0.2992	0.6717	0.0308	0.4191
	每股经营现金净流量(元)	0.5819	0.4965	0.4414	0.7659
	净资产收益率(扣除)(%)	-	-	-	11.7700
	净资产收益率(%)	7.3600	4.5100	4.2400	13.1800
	总资产(万)	3092578.70	3132620.75	2951762.50	2783816.11
	股东权益(万)	1448285.51	1314664.99	1342187.52	1407855.35
	主营业务收入(万)	-	-	-	-
	主营业务利润(万)	-	-	-	-
	营业务收入(万)	682782.25	1291671.78	498666.35	825713.16
	营业务利润(万)	162409.88	115347.03	98664.40	294244.90
	投资收益(万)	-	-	-	-
	利润总额(万)	162727.30	122066.17	98569.49	294361.52
	净利润(万)	106641.44	59266.38	56975.02	185611.77

上海爱建股份有限公司

公司概况	公司名称	上海爱建股份有限公司			证券简称	爱建股份
	法人代表	徐风	董秘	徐宜阳	证券代码	600643
	公司网址	www.aj.com.cn		电子信箱	xinfang@aj.com.cn	
	电　话	021-64396600		传　真	021-64392118	
	办公地址	上海市零陵路599号				
	经营范围	实业投资,投资管理,房地产开发、经营及咨询,外经贸部批准的进出口业务等				

	指标\报告期	2009.06.30	2008.12.31	2008.06.30	2007.12.31
主要财务指标	每股收益(元)	0.0480	0.0200	0.0850	0.7930
	每股收益(扣除)(元)	0.0270	-0.0620	-0.0050	-0.1100
	每股净资产(元)	1.3800	1.2700	1.7500	2.5300
	调整后每股净资产(元)	-	-	-	-
	每股资本公积金(元)	0.8799	0.8246	1.4130	2.5563
	每股盈余公积金(元)	0.4868	0.4868	0.6328	0.8669
	每股未分配利润(元)	-0.9919	-1.0401	-1.2932	-1.8876
	每股现金净流量(元)	0.0549	0.1088	0.0807	0.1582
	每股经营现金净流量(元)	0.1047	0.0814	0.4382	-0.0413
	净资产收益率(扣除)(%)	-	-	-	-4.3500
	净资产收益率(%)	3.5100	1.5600	4.8300	31.2800
	总资产(万)	216957.53	215458.88	276092.69	270405.25
	股东权益(万)	112830.38	104339.39	110654.43	116709.84
	主营业务收入(万)	-	-	-	-
	主营业务利润(万)	-	-	-	-
	营业务收入(万)	25390.10	111400.93	30506.61	64827.87
	营业务利润(万)	4584.84	3849.42	4809.05	31152.25
	投资收益(万)	-	-	-	-
	利润总额(万)	4715.67	4178.71	5471.42	40361.98
	净利润(万)	3955.65	1626.08	5346.54	36509.66

乐山电力股份有限公司

公司概况					
公司名称	乐山电力股份有限公司			证券简称	乐山电力
法人代表	廖政权	董秘	李江	证券代码	600644
公司网址	www.lsep.com.on		电子信箱	600644@vip.163.com	
电　话	0833-2445800		传　真	0833-2445800	
办公地址	乐山市市中区嘉定北路 46 号				
经营范围	地方电力开发、经营,本公司电力调度,房地产开发;销售输变电设备等				

主要财务指标：指标\报告期	2009.06.30	2008.12.31	2008.06.30	2007.12.31
每股收益(元)	0.1153	0.2618	0.1338	0.1877
每股收益(扣除)(元)	0.1094	0.2784	0.1257	0.1877
每股净资产(元)	2.0000	1.9732	1.8400	1.7714
调整后每股净资产(元)	-	1.9700	-	-
每股资本公积金(元)	0.0515	0.0515	0.0515	0.0515
每股盈余公积金(元)	0.3203	0.3302	0.3097	0.3097
每股未分配利润(元)	0.6280	0.5915	0.4806	0.4102
每股现金净流量(元)	-0.2475	1.3390	0.3612	0.2161
每股经营现金净流量(元)	0.1895	0.3887	0.1895	0.4273
净资产收益率(扣除)(%)	-	-	-	11.0700
净资产收益率(%)	5.7600	13.2700	7.2600	10.6000
总资产(万)	318181.36	236925.83	155242.91	128430.11
股东权益(万)	65300.30	64420.94	60128.51	57832.60
主营业务收入(万)	-	-	-	-
主营业务利润(万)	-	-	-	-
营业务收入(万)	43609.29	85863.26	40532.48	66043.63
营业务利润(万)	5055.92	10793.63	5410.33	7290.81
投资收益(万)	-	-	-	-
利润总额(万)	5246.01	10886.90	5674.62	8473.79
净利润(万)	3763.16	8547.22	4367.54	6127.70

中源协和干细胞生物工程股份公司

公司概况					
公司名称	中源协和干细胞生物工程股份公司			证券简称	ST 中源
法人代表	王勇	董秘	王勇(代)	证券代码	600645
公司网址	www.met-china.com		电子信箱	zhongyuanxiehe@sohu.com	
电　话	022-23318350-8007		传　真	022-23319619	
办公地址	天津市和平区大理道 106 号				
经营范围	生命科学技术开发、干细胞基因工程产业化、风险投资、投资理财、投资咨询等				

主要财务指标：指标\报告期	2009.06.30	2008.12.31	2008.06.30	2007.12.31
每股收益(元)	0.0093	0.1203	0.0590	0.0365
每股收益(扣除)(元)	-0.0055	0.0178	0.0043	0.0068
每股净资产(元)	0.3967	0.3874	0.3276	0.2671
调整后每股净资产(元)	-	-	-	-
每股资本公积金(元)	0.0768	0.0768	0.0768	0.0768
每股盈余公积金(元)	0.0712	0.0712	0.0712	0.0712
每股未分配利润(元)	-0.7513	-0.7606	-0.8204	-0.8809
每股现金净流量(元)	0.1231	0.3824	0.2548	-0.0943
每股经营现金净流量(元)	0.1281	0.3741	0.1573	0.3436
净资产收益率(扣除)(%)	-	-	-	2.5600
净资产收益率(%)	2.3400	31.0500	18.0200	13.6800
总资产(万)	67721.48	65174.04	63691.76	58865.01
股东权益(万)	12893.68	12592.54	10648.24	8682.76
主营业务收入(万)	-	-	-	-
主营业务利润(万)	-	-	-	-
营业务收入(万)	14563.46	28810.54	12394.65	39218.82
营业务利润(万)	847.62	2486.40	995.45	4523.18
投资收益(万)	-	-	-	-
利润总额(万)	1183.73	7330.72	2933.44	3213.06
净利润(万)	301.14	3909.78	1918.36	1187.53

上海同达创业投资股份有限公司

公司概况					
公司名称	上海同达创业投资股份有限公司			证券简称	同达创业
法人代表	周立武	董秘	刘长春	证券代码	600647
公司网址			电子信箱	shtd600647@8163.net.cn	
电　话	021-58545898*2503		传　真	021-58541001	
办公地址	上海市浦东新区金新路 58 号银桥大厦 2 楼				
经营范围	高新技术产业投资,实业投资及资产管理,房地产开发与经营等				

主要财务指标：指标\报告期	2009.06.30	2008.12.31	2008.06.30	2007.12.31
每股收益(元)	0.0281	0.1692	0.0116	0.0385
每股收益(扣除)(元)	0.0194	0.0893	0.0070	-0.1776
每股净资产(元)	1.1393	1.1098	1.1585	1.0944
调整后每股净资产(元)	-	-	-	-
每股资本公积金(元)	0.4112	0.4099	0.4844	0.5637
每股盈余公积金(元)	0.0595	0.0595	0.0595	0.0595
每股未分配利润(元)	-0.3315	-0.3596	-0.3854	-0.5288
每股现金净流量(元)	0.8696	0.7308	0.4520	-0.0112
每股经营现金净流量(元)	5.8618	-0.5493	-0.4874	-1.5286
净资产收益率(扣除)(%)	-	-	-	-16.2300
净资产收益率(%)	2.4700	15.2500	1.0000	3.5100
总资产(万)	66972.86	63531.04	58393.26	52280.30
股东权益(万)	6096.90	5939.39	6199.66	5856.73
主营业务收入(万)	-	-	-	-
主营业务利润(万)	-	-	-	-
营业务收入(万)	6867.27	15188.94	4301.01	7537.20
营业务利润(万)	556.67	1442.99	114.75	-77.88
投资收益(万)	-	-	-	-
利润总额(万)	584.61	1452.20	118.63	-68.92
净利润(万)	150.50	905.65	62.05	205.84

上海外高桥保税区开发股份有限公司

公司概况					
公司名称	上海外高桥保税区开发股份有限公司			证券简称	外高桥
法人代表	舒榕斌	董秘	王助	证券代码	600648
公司网址	www.shwgq.com		电子信箱	gudong@shwgq.com	
电　话	021-58668890、58668892		传　真	021-58668838	
办公地址	中国上海外高桥保税区富特北路 458 号				
经营范围	房地产开发与租赁、贸易及物流、酒店经营管理等业务等				

主要财务指标：指标\报告期	2009.06.30	2008.12.31	2008.06.30	2007.12.31
每股收益(元)	0.1180	0.2400	-0.0100	0.1900
每股收益(扣除)(元)	0.1170	0.0700	-0.0100	-0.0200
每股净资产(元)	3.9400	3.4700	2.3800	3.3000
调整后每股净资产(元)	-	-	-	-
每股资本公积金(元)	2.1226	1.7696	1.2312	2.8659
每股盈余公积金(元)	0.3071	0.3071	0.2622	0.4166
每股未分配利润(元)	0.5144	0.3964	-0.1040	0.1932
每股现金净流量(元)	-0.4249	-0.0908	-0.2657	0.7295
每股经营现金净流量(元)	-0.0402	0.6679	-0.6327	-0.1111
净资产收益率(扣除)(%)	-	-	-	-0.5300
净资产收益率(%)	2.9946	6.9000	-0.3800	5.7700
总资产(万)	1769157.53	1819011.74	679953.47	1940279.31
股东权益(万)	398182.10	350558.77	177540.48	333204.31
主营业务收入(万)	-	-	-	-
主营业务利润(万)	-	-	-	-
营业务收入(万)	336010.28	855338.48	54874.61	713490.09
营业务利润(万)	19330.94	46143.94	-176.83	25332.44
投资收益(万)	-	-	-	-
利润总额(万)	19805.27	39219.56	-108.18	31328.75
净利润(万)	11923.80	24205.46	-675.43	19216.66

上海城投控股股份有限公司

公司概况	公司名称	上海城投控股股份有限公司			证券简称	城投控股
	法人代表	孔庆伟	董秘	俞有勤	证券代码	600649
	公司网址	www.sh600649.com		电子信箱	ctkg@sh600649.com	
	电　话	021-58772830-166、58770135		传　真	021-58765191	
	办公地址	上海市浦东南路500号国家开发银行大厦39楼				
	经营范围	实业投资、原水供应、自来水开发、污水治理,污水处理及输送等				

	指标\报告期	2009.06.30	2008.12.31	2008.06.30	2007.12.31
主要财务指标	每股收益(元)	0.1668	0.5530	0.1857	0.3363
	每股收益(扣除)(元)	0.1337	0.2311	0.1004	0.2752
	每股净资产(元)	4.5945	4.5051	3.8001	4.6060
	调整后每股净资产(元)	–	–	–	–
	每股资本公积金(元)	1.8058	1.7832	1.3060	3.3087
	每股盈余公积金(元)	0.4747	0.4747	0.4047	0.4047
	每股未分配利润(元)	1.3140	1.2472	1.0895	0.9038
	每股现金净流量(元)	0.0035	–0.5698	0.3905	0.3249
	每股经营现金净流量(元)	–0.2375	1.3217	0.0446	0.1978
	净资产收益率(扣除)(%)	–	–	–	4.3500
	净资产收益率(%)	3.6300	12.2800	4.8900	7.3000
	总资产(万)	1880360.38	1772604.66	800388.64	2136379.46
	股东权益(万)	1055867.15	1035316.06	716104.72	1058509.91
	主营业务收入(万)	–	–	–	–
	主营业务利润(万)	–	–	–	–
	营业务收入(万)	137313.01	321491.42	55920.10	248814.07
	营业务利润(万)	47562.58	160831.99	46745.54	96071.27
	投资收益(万)	–	–	–	–
	利润总额(万)	50775.37	165329.19	46599.75	98733.31
	净利润(万)	38341.77	127093.55	34988.99	77297.66

上海锦江国际实业投资股份有限公司

公司概况	公司名称	上海锦江国际实业投资股份有限公司			证券简称	锦江投资
	法人代表	沈懋兴	董秘	袁哲宁	证券代码	600650
	公司网址	www.jjtz.com		电子信箱	dshms@jjtz.com	
	电　话	021-63218800		传　真	021-63213119	
	办公地址	上海市延安东路100号28楼				
	经营范围	城市客运、汽车服务、国际货运代理、及投资举办符合国家产业政策的项目等				

	指标\报告期	2009.06.30	2008.12.31	2008.06.30	2007.12.31
主要财务指标	每股收益(元)	0.2540	0.5860	0.3180	0.5670
	每股收益(扣除)(元)	0.2080	0.5080	0.2850	0.4990
	每股净资产(元)	3.2940	3.2520	3.0400	3.2390
	调整后每股净资产(元)	–	–	–	–
	每股资本公积金(元)	0.8807	0.7923	0.8450	0.9642
	每股盈余公积金(元)	0.3754	0.3328	0.3287	0.2771
	每股未分配利润(元)	1.0383	1.1265	0.8638	0.9977
	每股现金净流量(元)	0.1001	0.3543	0.3111	0.0775
	每股经营现金净流量(元)	0.3885	0.7735	0.4825	0.6242
	净资产收益率(扣除)(%)	–	–	–	15.4100
	净资产收益率(%)	7.7200	18.0100	10.4600	17.5000
	总资产(万)	269324.27	266282.99	265101.31	266673.97
	股东权益(万)	181724.34	179364.26	167553.51	178666.20
	主营业务收入(万)	–	–	–	–
	主营业务利润(万)	–	–	–	–
	营业务收入(万)	77918.35	167368.55	82155.72	161939.70
	营业务利润(万)	16564.54	38310.41	21366.20	38528.45
	投资收益(万)	–	–	–	–
	利润总额(万)	17812.82	41888.72	22981.52	40759.53
	净利润(万)	14034.12	32310.55	17528.54	31259.32

上海飞乐音响股份有限公司

公司概况	公司名称	上海飞乐音响股份有限公司			证券简称	飞乐音响
	法人代表	邵礼群	董秘	叶盼	证券代码	600651
	公司网址	www.facs.com.cn		电子信箱	office@facs.com.cn	
	电　话	021-53020606		传　真	021-53018260	
	办公地址	上海市卢湾区丽园路478号5楼				
	经营范围	IC卡、绿色照明、其他电子产品的生产和销售等				

	指标\报告期	2009.06.30	2008.12.31	2008.06.30	2007.12.31
主要财务指标	每股收益(元)	0.0590	0.1070	0.0890	0.0960
	每股收益(扣除)(元)	0.0400	0.0800	0.0690	–0.0120
	每股净资产(元)	1.4380	1.5320	1.5220	1.4550
	调整后每股净资产(元)	–	–	–	–
	每股资本公积金(元)	0.0109	0.0741	0.0815	0.1037
	每股盈余公积金(元)	0.1630	0.1793	0.1747	0.1747
	每股未分配利润(元)	0.2643	0.2785	0.2661	0.1770
	每股现金净流量(元)	–0.1204	–0.0406	–0.0549	–0.2949
	每股经营现金净流量(元)	0.0230	0.1788	–0.0082	0.1926
	净资产收益率(扣除)(%)	–	–	–	–0.8070
	净资产收益率(%)	4.0990	6.9520	5.8740	6.6120
	总资产(万)	162216.45	167036.64	157702.50	159159.03
	股东权益(万)	88577.74	85774.92	85232.99	81486.13
	主营业务收入(万)	–	–	–	–
	主营业务利润(万)	–	–	–	–
	营业务收入(万)	56814.58	148196.96	70103.22	144152.91
	营业务利润(万)	4167.40	8744.40	7016.36	9274.81
	投资收益(万)	–	–	–	–
	利润总额(万)	4354.90	9157.82	6905.31	7473.53
	净利润(万)	3630.77	5963.07	5006.28	5387.50

上海爱使股份有限公司

公司概况	公司名称	上海爱使股份有限公司			证券简称	爱使股份
	法人代表	肖勇	董秘	许汉章(代)	证券代码	600652
	公司网址	www.sh-ace.com		电子信箱	xuhanzhang@sh-ace.com	
	电　话	021-64710022-8818、8105		传　真	021-64711120	
	办公地址	上海市肇嘉浜路666号				
	经营范围	对石油液化气行业、煤炭及清洁能源的投资,机电设备及四技服务等				

	指标\报告期	2009.06.30	2008.12.31	2008.06.30	2007.12.31
主要财务指标	每股收益(元)	0.0330	0.0700	0.0520	0.0700
	每股收益(扣除)(元)	0.0340	0.0600	0.0530	0.0100
	每股净资产(元)	1.6280	1.8500	1.7700	2.3200
	调整后每股净资产(元)	–	–	–	–
	每股资本公积金(元)	0.0123	0.1136	0.1135	0.4512
	每股盈余公积金(元)	0.1331	0.1464	0.1464	0.1903
	每股未分配利润(元)	0.4391	0.5853	0.5150	0.6738
	每股现金净流量(元)	–0.7722	–1.0021	–0.4139	–0.7112
	每股经营现金净流量(元)	–0.6943	0.4985	0.4106	0.8912
	净资产收益率(扣除)(%)	–	–	–	0.5900
	净资产收益率(%)	2.0500	3.6300	2.9200	2.9200
	总资产(万)	364664.23	393045.07	522423.47	436863.29
	股东权益(万)	90682.62	93436.57	89874.88	90185.75
	主营业务收入(万)	–	–	–	–
	主营业务利润(万)	–	–	–	–
	营业务收入(万)	87368.09	214507.61	99091.71	155199.38
	营业务利润(万)	5598.79	21476.19	11284.47	9019.87
	投资收益(万)	–	–	–	–
	利润总额(万)	5547.76	22144.51	11254.64	9351.50
	净利润(万)	1858.38	3390.18	2624.73	2555.72

上海申华控股股份有限公司

公司概况						
	公司名称	上海申华控股股份有限公司			证券简称	申华控股
	法人代表	祁玉民	董秘	翟锋	证券代码	600653
	公司网址	www.600653.com.cn		电子信箱	stock@bgh.com.cn	
	电　话	021-63372010		传　真	021-63372000	
	办公地址	上海市宁波路1号				
	经营范围	实业投资、兴办各类经济实体、国内商业、附设各类分支机构等				

主要财务指标	指标\报告期	2009.06.30	2008.12.31	2008.06.30	2007.12.31
	每股收益(元)	0.0109	0.0210	0.0017	0.0780
	每股收益(扣除)(元)	0.0005	-0.0340	-0.0013	-0.0230
	每股净资产(元)	0.9944	1.0920	1.1423	1.3580
	调整后每股净资产(元)	-	-	-	-
	每股资本公积金(元)	0.4143	0.3258	0.3957	0.6128
	每股盈余公积金(元)	-	-	-	-
	每股未分配利润(元)	-0.2211	-0.2342	-0.2534	-0.2551
	每股现金净流量(元)	0.2652	-0.0899	-0.0850	0.0802
	每股经营现金净流量(元)	0.1143	0.0215	-0.0370	0.1520
	净资产收益率(扣除)(%)	-	-	-	-1.6630
	净资产收益率(%)	1.1010	1.9110	0.1450	5.7790
	总资产(万)	503410.16	386111.88	371838.06	396119.36
	股东权益(万)	173652.77	158859.11	166244.04	197592.55
	主营业务收入(万)	-	-	-	-
	主营业务利润(万)	-	-	-	-
	营业务收入(万)	135356.84	291565.30	145356.80	377049.34
	营业务利润(万)	2035.58	5433.00	826.60	14089.42
	投资收益(万)	-	-	-	-
	利润总额(万)	2204.80	5149.72	741.30	14607.23
	净利润(万)	1911.15	3035.28	241.34	11417.92

上海飞乐股份有限公司

公司概况						
	公司名称	上海飞乐股份有限公司			证券简称	飞乐股份
	法人代表	樊志强	董秘	刘仁仁	证券代码	600654
	公司网址	www.feilo.com.cn		电子信箱	liurenren@feilo.com.cn	
	电　话	021-62512629		传　真	021-62517323	
	办公地址	上海市昭化路68号				
	经营范围	电子元器件、有无线通信设备和信息网络、成套音响系统、工程服务等				

主要财务指标	指标\报告期	2009.06.30	2008.12.31	2008.06.30	2007.12.31
	每股收益(元)	0.0100	0.0100	0.0400	-0.2800
	每股收益(扣除)(元)	-0.0100	0.0600	0.0100	-0.3500
	每股净资产(元)	1.3900	1.3600	1.4100	1.3900
	调整后每股净资产(元)	-	-	-	-
	每股资本公积金(元)	0.5280	0.5097	0.5238	0.5409
	每股盈余公积金(元)	0.0665	0.0665	0.0665	0.0665
	每股未分配利润(元)	-0.2061	-0.2127	-0.1820	-0.2176
	每股现金净流量(元)	-0.0793	-0.0232	-0.0591	-0.0022
	每股经营现金净流量(元)	-0.0379	0.0363	-0.0495	0.0651
	净资产收益率(扣除)(%)	-	-	-	-25.3700
	净资产收益率(%)	0.4700	0.4000	2.5400	-20.1800
	总资产(万)	206029.56	206337.19	215090.04	215151.21
	股东权益(万)	104833.98	102954.61	106333.99	104939.98
	主营业务收入(万)	-	-	-	-
	主营业务利润(万)	-	-	-	-
	营业务收入(万)	53805.58	134938.93	73550.36	149192.32
	营业务利润(万)	414.55	4452.56	3188.74	-21166.72
	投资收益(万)	-	-	-	-
	利润总额(万)	1062.99	1476.15	3205.96	-20696.84
	净利润(万)	497.08	409.03	2703.25	-21175.74

上海豫园旅游商城股份有限公司

公司概况						
	公司名称	上海豫园旅游商城股份有限公司			证券简称	豫园商城
	法人代表	吴平	董秘	蒋伟	证券代码	600655
	公司网址	www.yuyuantm.com.cn		电子信箱	obd@yuyuantm.com.cn	
	电　话	021-63559999		传　真	021-63550558	
	办公地址	上海市方浜中路269号				
	经营范围	金银饰品、铂金饰品、钻石饰品，珠宝玉器的销售，工艺美术品，烟，酒，饮料等				

主要财务指标	指标\报告期	2009.06.30	2008.12.31	2008.06.30	2007.12.31
	每股收益(元)	0.3770	0.4530	0.3850	1.0470
	每股收益(扣除)(元)	0.3220	0.3270	0.2730	0.4940
	每股净资产(元)	4.4350	4.3570	5.3690	5.2310
	调整后每股净资产(元)	-	-	-	-
	每股资本公积金(元)	1.1952	1.2258	1.7673	1.9138
	每股盈余公积金(元)	0.4349	0.4784	0.5153	0.5153
	每股未分配利润(元)	1.8063	1.6541	2.0880	1.8033
	每股现金净流量(元)	-0.0794	-0.1120	0.4434	0.9115
	每股经营现金净流量(元)	0.4748	0.9711	0.7385	0.0023
	净资产收益率(扣除)(%)	-	-	-	11.3260
	净资产收益率(%)	8.5050	10.3880	7.1660	24.0210
	总资产(万)	744774.11	747869.23	761563.95	701076.02
	股东权益(万)	354128.16	316278.19	324786.38	316465.16
	主营业务收入(万)	-	-	-	-
	主营业务利润(万)	-	-	-	-
	营业务收入(万)	449690.55	785557.69	434422.81	563618.07
	营业务利润(万)	35581.86	35083.35	24071.98	85686.72
	投资收益(万)	-	-	-	-
	利润总额(万)	36877.53	43221.39	31399.84	91243.34
	净利润(万)	30118.50	32855.22	23274.54	76018.06

东莞市方达再生资源产业股份有限公司

公司概况						
	公司名称	东莞市方达再生资源产业股份有限公司			证券简称	ST方源
	法人代表	任昌建	董秘	方遒	证券代码	600656
	公司网址	www.600656.net		电子信箱	13388173612@163.com	
	电　话	0769-89998656-606		传　真	0769-88612656	
	办公地址	广东省珠海市香洲区人民西路291号日荣大厦8楼806室				
	经营范围	工业废弃物和农林废弃物的无害化综合开发;环保技术和产品的开发等				

主要财务指标	指标\报告期	2009.06.30	2008.12.31	2008.06.30	2007.12.31
	每股收益(元)	-1.0400	0.2400	0.2200	0.8800
	每股收益(扣除)(元)	-0.4500	0.0200	0.1700	-0.7300
	每股净资产(元)	-0.6200	0.4200	0.2600	0.0500
	调整后每股净资产(元)	-	-	-	-
	每股资本公积金(元)	0.3612	0.3612	0.2836	0.5519
	每股盈余公积金(元)	0.0333	0.0333	0.0422	0.0422
	每股未分配利润(元)	-2.0163	-0.9761	-1.2679	-1.5451
	每股现金净流量(元)	-0.0041	-0.3836	-0.1646	1.0900
	每股经营现金净流量(元)	-0.0819	-0.3826	-0.1814	0.0806
	净资产收益率(扣除)(%)	-	-	-	-1486.9500
	净资产收益率(%)	-	57.8700	84.9600	1785.5800
	总资产(万)	43819.45	70319.98	73929.10	98977.07
	股东权益(万)	-11834.58	7964.93	4895.17	736.17
	主营业务收入(万)	-	-	-	-
	主营业务利润(万)	-	-	-	-
	营业务收入(万)	602.49	39052.40	22332.80	20410.24
	营业务利润(万)	-23801.96	7083.70	5258.91	-11012.28
	投资收益(万)	-	-	-	-
	利润总额(万)	-23191.88	8051.53	6061.06	16147.76
	净利润(万)	-19799.51	4609.31	4159.00	13144.89

信达天桥地产股份有限公司

公司概况	公司名称	信达天桥地产股份有限公司			证券简称	信达地产
	法人代表	贾放	董秘	张小琦	证券代码	600657
	公司网址	www.jbbis.com.cn		电子信箱	dongmiban@cnda.com.cn	
	电　话	010-82190959		传　真	010-82190958	
	办公地址	北京市海淀区中关村南大街甲18号北京国际·C座16层				
	经营范围	房地产开发、经营、投资及物业管理等				

	指标\报告期	2009.06.30	2008.12.31	2008.06.30	2007.12.31
主要财务指标	每股收益(元)	0.0600	0.4900	-0.1838	0.3500
	每股收益(扣除)(元)	-0.0007	0.3200	-0.1840	0.0500
	每股净资产(元)	3.0260	2.9200	-0.0400	1.8800
	调整后每股净资产(元)	-	-	-	-
	每股资本公积金(元)	1.2272	1.1834	0.4052	0.5545
	每股盈余公积金(元)	-	-	0.1408	-
	每股未分配利润(元)	0.7988	0.7380	-1.5815	1.2600
	每股现金净流量(元)	0.1985	-0.1389	-0.3367	1.4630
	每股经营现金净流量(元)	0.2850	-0.6463	0.2740	-0.1821
	净资产收益率(扣除)(%)	-	-	-	2.6600
	净资产收益率(%)	2.0100	11.4100	-518.4300	18.5100
	总资产(万)	1136094.21	1112346.06	113908.21	872040.21
	股东权益(万)	461235.91	445291.83	-1762.60	192908.18
	主营业务收入(万)	-	-	-	-
	主营业务利润(万)	-	-	-	-
	营业务收入(万)	79001.35	275417.85	53856.91	203410.68
	营业务利润(万)	13307.54	58789.35	-8489.98	52404.95
	投资收益(万)	-	-	-	-
	利润总额(万)	16267.64	70070.09	-8273.24	54809.67
	净利润(万)	9267.26	50820.31	-9137.77	35714.69

北京兆维科技股份有限公司

公司概况	公司名称	北京兆维科技股份有限公司			证券简称	兆维科技
	法人代表	赵炳弟	董秘	陈丹	证券代码	600658
	公司网址	www.cwtech.com.cn		电子信箱	gongsi@cwtech.com.cn	
	电　话	010-84563760		传　真	010-84567917	
	办公地址	北京市朝阳区酒仙桥路14号				
	经营范围	移动通信、光通信、计算机硬件及网络开发等				

	指标\报告期	2009.06.30	2008.12.31	2008.06.30	2007.12.31
主要财务指标	每股收益(元)	-0.1410	-0.3830	-0.1550	0.0350
	每股收益(扣除)(元)	-0.1430	-0.4020	-0.1570	-0.0700
	每股净资产(元)	0.5910	0.7200	0.9500	1.1000
	调整后每股净资产(元)	-	-	-	-
	每股资本公积金(元)	0.3539	0.3440	0.3400	0.3400
	每股盈余公积金(元)	0.3684	0.3684	0.3684	0.3684
	每股未分配利润(元)	-1.1318	-0.9907	-0.7631	-0.6077
	每股现金净流量(元)	-0.0460	-0.0194	0.0191	-0.0320
	每股经营现金净流量(元)	0.0831	0.3327	0.0949	0.0400
	净资产收益率(扣除)(%)	-	-	-	-6.3200
	净资产收益率(%)	-23.8800	-53.0900	-16.4400	3.4500
	总资产(万)	41686.46	44653.89	51081.94	49752.94
	股东权益(万)	9863.39	12052.71	15788.55	18384.79
	主营业务收入(万)	-	-	-	-
	主营业务利润(万)	-	-	-	-
	营业务收入(万)	10238.64	33241.84	13046.43	41418.44
	营业务利润(万)	-2663.19	-6964.79	-2894.84	270.30
	投资收益(万)	-	-	-	-
	利润总额(万)	-2623.15	-6677.37	-2884.92	802.76
	净利润(万)	-2355.50	-6398.50	-2596.25	576.30

福耀玻璃工业集团股份有限公司

公司概况	公司名称	福耀玻璃工业集团股份有限公司			证券简称	福耀玻璃
	法人代表	曹德旺	董秘	陈跃丹	证券代码	600660
	公司网址	www.fuyaogroup.com		电子信箱	chenyuedan@ifuyao.com	
	电　话	0591-85383777		传　真	0591-85383666	
	办公地址	福建省福清市福耀工业村				
	经营范围	生产汽车玻璃、装饰玻璃和其它工业技术玻璃及玻璃安装,售后服务等				

	指标\报告期	2009.06.30	2008.12.31	2008.06.30	2007.12.31
主要财务指标	每股收益(元)	0.1100	0.1200	0.2200	0.4600
	每股收益(扣除)(元)	0.1000	0.1000	0.2100	0.4500
	每股净资产(元)	1.7400	1.6300	1.7300	3.5200
	调整后每股净资产(元)	-	-	-	-
	每股资本公积金(元)	0.0995	0.0995	0.0995	0.1990
	每股盈余公积金(元)	0.2029	0.2029	0.1479	0.2958
	每股未分配利润(元)	0.4296	0.3191	0.4711	2.0025
	每股现金净流量(元)	0.0367	0.0110	0.0035	-0.0193
	每股经营现金净流量(元)	0.4872	0.7946	0.2879	1.3699
	净资产收益率(扣除)(%)	-	-	-	25.5000
	净资产收益率(%)	6.3387	7.5300	12.6900	26.0000
	总资产(万)	935540.36	933309.09	993502.34	946217.45
	股东权益(万)	349074.86	326951.65	347103.33	352649.48
	主营业务收入(万)	-	-	-	-
	主营业务利润(万)	-	-	-	-
	营业务收入(万)	254656.82	571696.56	289774.33	516572.47
	营业务利润(万)	25743.24	28103.46	47220.68	96206.89
	投资收益(万)	-	-	-	-
	利润总额(万)	28221.97	31488.86	48311.55	97959.15
	净利润(万)	22126.95	24605.25	44030.84	91721.06

上海新南洋股份有限公司

公司概况	公司名称	上海新南洋股份有限公司			证券简称	新南洋
	法人代表	朱其棕	董秘	朱凯泳	证券代码	600661
	公司网址	www.jd-ny.com		电子信箱	sjdny@mail.sjtu.edu.cn	
	电　话	021-62826347		传　真	021-62801900	
	办公地址	上海市番禺路667号六楼				
	经营范围	机电一体化和精密成型技术、教育及服务、新能源业务、信息技术与服务等				

	指标\报告期	2009.06.30	2008.12.31	2008.06.30	2007.12.31
主要财务指标	每股收益(元)	0.0053	-0.1880	0.0502	0.1100
	每股收益(扣除)(元)	0.0030	-0.2400	0.0443	0.0600
	每股净资产(元)	1.8685	1.8600	2.1604	2.1800
	调整后每股净资产(元)	-	-	-	-
	每股资本公积金(元)	0.5461	0.5396	0.5857	0.6120
	每股盈余公积金(元)	0.2543	0.2543	0.2543	0.2543
	每股未分配利润(元)	0.0695	0.0668	0.3216	0.3143
	每股现金净流量(元)	-0.1800	0.1412	0.2672	0.1800
	每股经营现金净流量(元)	-0.0552	0.1791	0.0108	0.1645
	净资产收益率(扣除)(%)	-	-	-	2.5300
	净资产收益率(%)	0.2830	-10.1000	2.3250	4.9200
	总资产(万)	98585.17	99045.99	111724.56	109431.59
	股东权益(万)	32451.01	32291.29	37520.75	37871.20
	主营业务收入(万)	-	-	-	-
	主营业务利润(万)	-	-	-	-
	营业务收入(万)	17025.92	59983.76	30774.33	57827.84
	营业务利润(万)	68.70	-3328.45	1300.73	2740.36
	投资收益(万)	-	-	-	-
	利润总额(万)	133.37	-2841.45	1316.73	3242.52
	净利润(万)	91.71	-3260.39	872.32	1861.84

上海强生控股股份有限公司

公司概况	公司名称	上海强生控股股份有限公司			证券简称	强生控股
	法人代表	张同恩	董秘	樊建林	证券代码	600662
	公司网址	www.62580000.com.cn		电子信箱	qs662@163.com	
	电　　话	021-62151181		传　　真	021-62538782	
	办公地址	上海市南京西路 920 号 19 楼				
	经营范围	汽车出租、小公共汽车专线营运、汽车修理、汽车销售、房地产开发等				

	指标\报告期	2009.06.30	2008.12.31	2008.06.30	2007.12.31
主要财务指标	每股收益(元)	0.0562	0.1400	0.1175	0.3400
	每股收益(扣除)(元)	0.0443	0.1400	0.1116	0.2600
	每股净资产(元)	1.9300	1.8800	2.3700	2.2500
	调整后每股净资产(元)	–	–	–	–
	每股资本公积金(元)	0.1653	0.1653	0.2122	0.2122
	每股盈余公积金(元)	0.2814	0.2814	0.3467	0.3467
	每股未分配利润(元)	0.4855	0.4294	0.8091	0.6916
	每股现金净流量(元)	–0.0608	–0.2897	–0.1682	0.3171
	每股经营现金净流量(元)	0.1833	0.4628	0.3651	1.0256
	净资产收益率(扣除)(%)	–	–	–	11.7300
	净资产收益率(%)	2.9100	7.6100	4.9600	15.1200
	总资产(万)	273032.82	274436.99	290329.16	304604.81
	股东权益(万)	157193.91	152622.30	148190.89	140839.55
	主营业务收入(万)	–	–	–	–
	主营业务利润(万)	–	–	–	–
	营业务收入(万)	60392.87	139972.87	71867.05	191939.98
	营业务利润(万)	8838.95	12775.24	10636.18	31626.24
	投资收益(万)	–	–	–	–
	利润总额(万)	7791.87	16873.85	11132.35	29497.82
	净利润(万)	4571.60	11616.80	7351.34	21301.13

上海陆家嘴金融贸易区开发股份有限公司

公司概况	公司名称	上海陆家嘴金融贸易区开发股份有限公司			证券简称	陆家嘴
	法人代表	杨小明	董秘	蒋平	证券代码	600663
	公司网址	www.ljz.com.cn		电子信箱	invest@ljz.com.cn	
	电　　话	021-33848801		传　　真	021-33848799	
	办公地址	中国上海市峨山路 101 号 1 号楼				
	经营范围	房地产开发、经营、销售、出租和中介;市政公用基础设施的开发建设、动拆迁等				

	指标\报告期	2009.06.30	2008.12.31	2008.06.30	2007.12.31
主要财务指标	每股收益(元)	0.5159	0.4714	0.3985	0.4038
	每股收益(扣除)(元)	0.5249	0.0636	0.0277	0.3977
	每股净资产(元)	5.0300	4.5000	4.5300	4.4000
	调整后每股净资产(元)	–	–	–	–
	每股资本公积金(元)	0.9577	0.8337	0.9339	1.1167
	每股盈余公积金(元)	1.1070	1.1070	1.0119	1.0119
	每股未分配利润(元)	1.9646	1.5627	1.5849	1.2674
	每股现金净流量(元)	–0.1088	–0.9447	–0.8380	–0.2131
	每股经营现金净流量(元)	–0.8299	–0.5800	–0.7699	0.1813
	净资产收益率(扣除)(%)	–	–	–	9.0500
	净资产收益率(%)	10.2600	10.4700	8.8000	9.1900
	总资产(万)	1861155.94	1778669.92	1522417.71	1430381.40
	股东权益(万)	939315.39	841088.65	846184.51	821036.54
	主营业务收入(万)	–	–	–	–
	主营业务利润(万)	–	–	–	–
	营业务收入(万)	284746.09	169988.60	148054.16	205100.74
	营业务利润(万)	218696.17	108228.76	99890.29	86399.78
	投资收益(万)	–	–	–	–
	利润总额(万)	216591.56	111709.33	99962.06	87864.52
	净利润(万)	96357.29	88046.01	74426.96	75424.92

哈药集团股份有限公司

公司概况	公司名称	哈药集团股份有限公司			证券简称	哈药股份
	法人代表	郝伟哲	董秘	孟晓东	证券代码	600664
	公司网址	www.hayao.com		电子信箱	master@hayao.com	
	电　　话	0451-84604688		传　　真	0451-84604688	
	办公地址	黑龙江省哈尔滨市道里区友谊路 431 号				
	经营范围	购销化工原料及产品;按外经贸部核准的范围从事进出口业务等				

	指标\报告期	2009.06.30	2008.12.31	2008.06.30	2007.12.31
主要财务指标	每股收益(元)	0.3743	0.6943	0.3033	0.4800
	每股收益(扣除)(元)	0.3721	0.6594	0.3102	0.4600
	每股净资产(元)	4.4400	4.6600	4.2700	4.0600
	调整后每股净资产(元)	–	–	–	–
	每股资本公积金(元)	0.7467	0.7467	0.7458	0.7458
	每股盈余公积金(元)	1.1108	1.1108	1.0443	1.0443
	每股未分配利润(元)	1.5852	1.8009	1.4764	1.2731
	每股现金净流量(元)	0.8363	–0.4399	–0.8841	0.6146
	每股经营现金净流量(元)	0.8868	0.4658	0.0809	0.5235
	净资产收益率(扣除)(%)	–	–	–	11.4000
	净资产收益率(%)	8.4300	14.9000	7.1090	11.7300
	总资产(万)	1038354.04	968309.68	879796.63	944981.19
	股东权益(万)	551784.98	578570.84	529891.59	504644.27
	主营业务收入(万)	–	–	–	–
	主营业务利润(万)	–	–	–	–
	营业务收入(万)	540244.80	969506.81	520356.52	829026.99
	营业务利润(万)	55236.10	97326.31	50642.41	61657.06
	投资收益(万)	–	–	–	–
	利润总额(万)	55458.01	108503.04	49482.47	62413.30
	净利润(万)	46492.46	86232.00	37667.37	59180.66

天地源股份有限公司

公司概况	公司名称	天地源股份有限公司			证券简称	天地源
	法人代表	俞向前	董秘	刘宇	证券代码	600665
	公司网址	www.tande.cn		电子信箱	tande@tande.cn	
	电　　话	029-88337300		传　　真	029-88325961	
	办公地址	西安高新技术开发区科技路 33 号高新国际商务中心 27 层				
	经营范围	房地产开发和经营、自有房屋租赁、物业管理,实业投资、资产管理等				

	指标\报告期	2009.06.30	2008.12.31	2008.06.30	2007.12.31
主要财务指标	每股收益(元)	0.0794	0.1762	0.0699	0.1117
	每股收益(扣除)(元)	0.0676	0.1751	0.0700	0.0975
	每股净资产(元)	2.1088	2.0700	1.9600	1.9400
	调整后每股净资产(元)	–	–	–	–
	每股资本公积金(元)	0.4813	0.4813	0.4813	0.4813
	每股盈余公积金(元)	0.2472	0.2472	0.2426	0.2426
	每股未分配利润(元)	0.3803	0.3409	0.2391	0.2193
	每股现金净流量(元)	0.7778	0.0847	–0.0104	0.0188
	每股经营现金净流量(元)	0.7432	0.5624	0.1646	–0.4238
	净资产收益率(扣除)(%)	–	–	–	5.0200
	净资产收益率(%)	3.7700	8.5200	3.5600	5.7500
	总资产(万)	529653.48	468925.46	460246.67	467091.08
	股东权益(万)	151856.14	149018.39	141356.71	139927.26
	主营业务收入(万)	–	–	–	–
	主营业务利润(万)	–	–	–	–
	营业务收入(万)	48514.08	144939.82	69197.90	109066.36
	营业务利润(万)	6461.92	16208.20	5777.61	9092.71
	投资收益(万)	–	–	–	–
	利润总额(万)	7605.62	15907.56	5760.38	10572.48
	净利润(万)	5718.16	12691.64	5029.96	8040.30

西南药业股份有限公司

公司概况	公司名称	西南药业股份有限公司			证券简称	西南药业
	法人代表	李标	董秘	蒋茜	证券代码	600666
	公司网址			电子信箱	swp600666@163.com	
	电　话	023-89855125		传　真	023-89855126	
	办公地址	重庆市沙坪坝区天星桥 21 号				
	经营范围	片剂、针剂、冻干、输液及麻醉药品生产等				

主要财务指标 指标\报告期	2009.06.30	2008.12.31	2008.06.30	2007.12.31
每股收益(元)	0.1400	0.1900	0.1200	0.1900
每股收益(扣除)(元)	0.1300	0.1900	0.1200	0.1200
每股净资产(元)	1.9527	1.8100	1.7700	2.1400
调整后每股净资产(元)	–	–	–	–
每股资本公积金(元)	0.0019	–0.0081	0.0502	0.3312
每股盈余公积金(元)	0.2582	0.2582	0.2384	0.3075
每股未分配利润(元)	0.6926	0.5569	0.4793	0.5021
每股现金净流量(元)	0.3770	0.6635	0.3391	0.0423
每股经营现金净流量(元)	0.2585	0.5598	0.2516	0.7299
净资产收益率(扣除)(%)	–	–	–	7.5000
净资产收益率(%)	6.9500	10.6400	6.5700	11.2500
总资产(万)	115476.18	103234.50	100888.27	88005.25
股东权益(万)	37770.75	34950.84	34196.99	31854.02
主营业务收入(万)	–	–	–	–
主营业务利润(万)	–	–	–	–
营业务收入(万)	31095.86	61575.51	29510.49	50872.51
营业务利润(万)	2832.30	4492.52	2768.56	3780.48
投资收益(万)	–	–	–	–
利润总额(万)	3042.54	4438.07	2634.66	4208.24
净利润(万)	2625.72	3719.37	2246.83	3582.50

无锡市太极实业股份有限公司

公司概况	公司名称	无锡市太极实业股份有限公司			证券简称	太极实业
	法人代表	顾斌	董秘	陆君	证券代码	600667
	公司网址	www.wxtj.com		电子信箱	wxtj600667@wxtj.com	
	电　话	0510-85419120		传　真	0510-85430760	
	办公地址	江苏省无锡市下甸桥南堍				
	经营范围	化学纤维及制品、化纤产品、化纤机械及配件、纺织机械及配件等				

主要财务指标 指标\报告期	2009.06.30	2008.12.31	2008.06.30	2007.12.31
每股收益(元)	0.0260	0.0510	0.0253	0.0550
每股收益(扣除)(元)	0.0230	0.0450	0.0251	–0.0010
每股净资产(元)	1.6400	1.6000	1.6100	1.6300
调整后每股净资产(元)	–	–	–	–
每股资本公积金(元)	0.4703	0.4460	0.4625	0.5081
每股盈余公积金(元)	0.0198	0.0198	0.0152	0.0152
每股未分配利润(元)	0.1485	0.1363	0.1290	0.1037
每股现金净流量(元)	0.1975	–0.0076	–0.1450	–0.2773
每股经营现金净流量(元)	0.0940	0.1749	–0.0580	–0.2316
净资产收益率(扣除)(%)	–	–	–	–0.0700
净资产收益率(%)	1.6000	3.1700	1.5800	3.3800
总资产(万)	118502.18	100041.08	94682.68	88923.87
股东权益(万)	60437.86	59087.32	59256.43	60003.29
主营业务收入(万)	–	–	–	–
主营业务利润(万)	–	–	–	–
营业务收入(万)	27639.52	65510.68	33697.43	116665.25
营业务利润(万)	1047.52	1823.42	1439.26	4595.71
投资收益(万)	–	–	–	–
利润总额(万)	1056.39	2010.56	1449.94	4426.32
净利润(万)	964.51	1875.48	934.75	2029.89

浙江尖峰集团股份有限公司

公司概况	公司名称	浙江尖峰集团股份有限公司			证券简称	尖峰集团
	法人代表	蒋晓萌	董秘	朱坚卫	证券代码	600668
	公司网址	www.jianfeng.com.cn		电子信箱	jf@jianfeng.com.cn	
	电　话	0579-82320582		传　真	0579-82324611	
	办公地址	浙江省金华市婺江东路 88 号				
	经营范围	水泥，水泥混凝土，预制构件，普通机械，辅助材料，通讯设备，嵌缝材料等				

主要财务指标 指标\报告期	2009.06.30	2008.12.31	2008.06.30	2007.12.31
每股收益(元)	0.0900	0.0900	0.0250	0.1200
每股收益(扣除)(元)	0.0400	–0.0100	–0.0060	–0.1100
每股净资产(元)	2.6800	2.6200	2.5500	2.5300
调整后每股净资产(元)	–	–	–	–
每股资本公积金(元)	1.1881	1.1880	1.1792	1.1792
每股盈余公积金(元)	0.1723	0.1723	0.1717	0.1717
每股未分配利润(元)	0.3206	0.2628	0.2003	0.1755
每股现金净流量(元)	0.1516	–0.1018	–0.0852	0.0280
每股经营现金净流量(元)	0.0908	0.4406	0.1089	0.2877
净资产收益率(扣除)(%)	–	–	–	–4.3900
净资产收益率(%)	3.2900	3.3500	0.9700	4.8400
总资产(万)	195050.56	182917.91	191096.46	185091.87
股东权益(万)	92246.86	90256.18	87782.14	86929.40
主营业务收入(万)	–	–	–	–
主营业务利润(万)	–	–	–	–
营业务收入(万)	58329.70	119305.96	46533.68	142390.41
营业务利润(万)	1298.59	975.15	911.85	–7082.58
投资收益(万)	–	–	–	–
利润总额(万)	3722.00	3814.30	977.69	5008.95
净利润(万)	3021.22	3024.66	852.74	4207.09

杭州天目山药业股份有限公司

公司概况	公司名称	杭州天目山药业股份有限公司			证券简称	天目药业
	法人代表	范建国	董秘	郑涛	证券代码	600671
	公司网址	www.hztm.com		电子信箱	zt8788@sina.com	
	电　话	0571-63722229		传　真	0571-63722229	
	办公地址	浙江省临安市苕溪南路 78 号				
	经营范围	生物制药、中成药、西药、电子产品、机制纸的制造和销售等				

主要财务指标 指标\报告期	2009.06.30	2008.12.31	2008.06.30	2007.12.31
每股收益(元)	–0.2077	0.0335	0.0530	0.1242
每股收益(扣除)(元)	–0.1982	–0.0716	0.0540	0.0106
每股净资产(元)	1.6386	1.8463	1.9900	1.8729
调整后每股净资产(元)	–	–	–	–
每股资本公积金(元)	0.4375	0.4375	0.4794	0.4976
每股盈余公积金(元)	0.1986	0.1986	0.2104	0.1986
每股未分配利润(元)	0.0025	0.2102	0.2953	0.1767
每股现金净流量(元)	0.1728	0.0828	–0.0684	–0.3382
每股经营现金净流量(元)	0.1734	0.1740	0.1793	0.3903
净资产收益率(扣除)(%)	–	–	–	–0.0517
净资产收益率(%)	–12.6770	1.8140	2.6700	6.6300
总资产(万)	32946.12	36908.20	40690.99	41408.94
股东权益(万)	19954.14	22483.82	24173.33	22807.40
主营业务收入(万)	–	–	–	–
主营业务利润(万)	–	–	–	–
营业务收入(万)	14172.23	25397.82	14209.07	26522.89
营业务利润(万)	–2598.88	–82.67	973.66	2555.66
投资收益(万)	–	–	–	–
利润总额(万)	–2476.68	697.74	992.90	2635.26
净利润(万)	–2529.67	407.95	645.32	1512.10

广东省东阳铝业股份有限公司

公司概况

公司名称	广东省东阳铝业股份有限公司			证券简称	东阳光铝
法人代表	郭京平	董秘	陈铁生	证券代码	600673
公司网址	www.chinayzg.com		电子信箱	xubing2419@126.com	
电　　话	0769-5370225		传　　真	0769-5370230	
办公地址	广东东莞长安镇上沙村第五工业区				
经营范围	亲水箔、涂料、电子材料类产品的生产和销售以及其他无需许可或审批的合法项目				

主要财务指标

指标\报告期	2009.06.30	2008.12.31	2008.06.30	2007.12.31
每股收益(元)	0.0200	0.1400	0.1100	0.1500
每股收益(扣除)(元)	0.0100	0.0500	0.1000	0.1400
每股净资产(元)	2.2100	2.2900	2.4000	2.2300
调整后每股净资产(元)	–	–	–	–
每股资本公积金(元)	1.0157	1.0157	1.1548	3.1874
每股盈余公积金(元)	0.0206	0.0206	0.0130	0.0260
每股未分配利润(元)	0.1725	0.2566	0.2273	0.2407
每股现金净流量(元)	0.3701	0.0098	–0.3998	1.3631
每股经营现金净流量(元)	0.1141	0.4681	0.0446	0.1718
净资产收益率(扣除)(%)	–	–	–	2.3400
净资产收益率(%)	0.7192	6.2700	4.4700	2.4800
总资产(万)	551828.15	506400.73	491454.42	496950.80
股东权益(万)	182770.99	189731.22	198186.33	184283.42
主营业务收入(万)	–	–	–	–
主营业务利润(万)	–	–	–	–
营业务收入(万)	98815.74	246763.80	139272.63	106200.76
营业务利润(万)	2919.00	17062.30	13711.17	6520.10
投资收益(万)	–	–	–	–
利润总额(万)	3785.19	20261.29	14693.36	6630.54
净利润(万)	1314.43	11903.81	8850.96	4401.58

四川川投能源股份有限公司

公司概况

公司名称	四川川投能源股份有限公司			证券简称	川投能源
法人代表	黄顺福	董秘	谢洪先	证券代码	600674
公司网址	www.scte.com.cn		电子信箱	scemfa@IS-Public.cninfo.net	
电　　话	028-86098648、86098647		传　　真	028-86098649	
办公地址	四川省成都市小南街23号				
经营范围	电力开发、电力生产经营,电力行业技术服务和咨询等				

主要财务指标

指标\报告期	2009.06.30	2008.12.31	2008.06.30	2007.12.31
每股收益(元)	0.1762	0.5616	0.3129	0.1147
每股收益(扣除)(元)	0.1763	0.5888	0.3110	0.1300
每股净资产(元)	2.9621	2.8600	2.6100	3.0000
调整后每股净资产(元)	–	–	–	–
每股资本公积金(元)	0.6256	0.6249	0.6252	1.0146
每股盈余公积金(元)	0.4366	0.4366	0.3068	0.3989
每股未分配利润(元)	0.8999	0.7937	0.6747	0.5834
每股现金净流量(元)	0.1296	–0.5458	–0.1843	0.6654
每股经营现金净流量(元)	0.2979	0.2167	0.0789	0.2125
净资产收益率(扣除)(%)	–	–	–	4.7000
净资产收益率(%)	5.9476	19.6700	12.0000	4.1500
总资产(万)	650455.40	612476.64	560801.52	477220.89
股东权益(万)	189179.74	182350.32	166485.57	147233.10
主营业务收入(万)	–	–	–	–
主营业务利润(万)	–	–	–	–
营业务收入(万)	41785.63	51862.38	25502.37	36256.98
营业务利润(万)	12601.98	40522.59	21793.06	7480.94
投资收益(万)	–	–	–	–
利润总额(万)	12996.21	38099.52	20971.04	8064.55
净利润(万)	11251.69	35868.02	19983.81	6106.62

中华企业股份有限公司

公司概况

公司名称	中华企业股份有限公司			证券简称	中华企业
法人代表	朱胜杰	董秘	印学青	证券代码	600675
公司网址	www.cecl.com.cn		电子信箱	zhqydm@cecl.com.cn	
电　　话	021-62170088		传　　真	021-62179197	
办公地址	上海市华山路2号中华企业大厦				
经营范围	侨汇房,商品房设计、建造、买卖、租赁及调剂业务,各类商品住宅的配套服务等				

主要财务指标

指标\报告期	2009.06.30	2008.12.31	2008.06.30	2007.12.31
每股收益(元)	0.2160	0.4270	0.2040	0.6340
每股收益(扣除)(元)	0.2090	0.3240	0.1400	0.3720
每股净资产(元)	3.0360	2.9800	2.8260	3.1980
调整后每股净资产(元)	–	–	–	–
每股资本公积金(元)	0.0465	0.0467	0.1159	0.1898
每股盈余公积金(元)	0.3087	0.3087	0.2885	0.3463
每股未分配利润(元)	1.6805	1.6247	1.4219	1.6620
每股现金净流量(元)	0.7879	0.1968	–0.1409	–0.0569
每股经营现金净流量(元)	0.6926	0.3208	–0.0559	–1.5023
净资产收益率(扣除)(%)	–	–	–	11.6400
净资产收益率(%)	7.1100	14.3100	7.2000	19.8300
总资产(万)	1069246.34	1008417.03	1007090.90	1043111.60
股东权益(万)	330285.51	324236.19	307508.73	289958.64
主营业务收入(万)	–	–	–	–
主营业务利润(万)	–	–	–	–
营业务收入(万)	167912.54	361213.13	144836.37	269698.05
营业务利润(万)	36076.22	64927.27	34297.41	116815.97
投资收益(万)	–	–	–	–
利润总额(万)	36605.41	70004.78	34525.77	121520.81
净利润(万)	23484.10	46405.93	22148.38	57507.89

上海交运股份有限公司

公司概况

公司名称	上海交运股份有限公司			证券简称	交运股份
法人代表	刘世才	董秘	蒋玮芳	证券代码	600676
公司网址	www.jygf.com		电子信箱	jygf@public1.sta.net.cn	
电　　话	021-60850609、62116009		传　　真	021-62116123	
办公地址	上海市平武路38号仁达商务楼三楼				
经营范围	轿车零部件制造、高速客运和特种货运组成等				

主要财务指标

指标\报告期	2009.06.30	2008.12.31	2008.06.30	2007.12.31
每股收益(元)	0.0741	0.2620	0.1285	0.2490
每股收益(扣除)(元)	0.0651	0.1450	0.1015	0.1180
每股净资产(元)	2.2400	2.8100	2.8300	2.7000
调整后每股净资产(元)	–	–	–	–
每股资本公积金(元)	0.5621	1.0293	1.0301	1.0308
每股盈余公积金(元)	0.2039	0.2651	0.2164	0.2143
每股未分配利润(元)	0.4734	0.5191	0.5845	0.4580
每股现金净流量(元)	0.4271	0.2540	0.2895	0.2302
每股经营现金净流量(元)	0.2716	0.5126	0.1170	0.4747
净资产收益率(扣除)(%)	–	–	–	3.5700
净资产收益率(%)	3.3100	9.3100	4.5400	9.2100
总资产(万)	438575.27	386805.73	370062.21	308929.93
股东权益(万)	163792.56	158291.95	159275.36	152084.69
主营业务收入(万)	–	–	–	–
主营业务利润(万)	–	–	–	–
营业务收入(万)	169296.10	309165.11	156732.81	266853.14
营业务利润(万)	8981.74	14475.42	8155.16	15099.38
投资收益(万)	–	–	–	–
利润总额(万)	9856.24	19112.67	10014.46	16452.75
净利润(万)	5422.92	14729.67	7231.95	14001.41

航天通信控股集团股份有限公司

公司概况	公司名称	航天通信控股集团股份有限公司			证券简称	航天通信
	法人代表	杜尧	董秘	徐宏伟	证券代码	600677
	公司网址	www.aerocom.cn		电子信箱	zhonghui@mail.hz.zj.cn	
	电　话	0571-87079526、87034676		传　真	0571-87077662	
	办公地址	杭州解放路138号航天通信大厦一号楼				
	经营范围	通信产业投资;企业资产管理;通信产品开发,通信工程、通信设备代维等				

主要财务指标	指标\报告期	2009.06.30	2008.12.31	2008.06.30	2007.12.31
	每股收益(元)	0.0032	0.0359	0.1371	1.7800
	每股收益(扣除)(元)	-0.0797	0.0048	0.1202	0.0125
	每股净资产(元)	2.4156	2.4124	2.5029	2.3933
	调整后每股净资产(元)	-	-	-	-
	每股资本公积金(元)	0.2507	0.2507	0.2401	0.2675
	每股盈余公积金(元)	0.1795	0.1795	0.1795	0.1795
	每股未分配利润(元)	0.9853	0.9821	1.0833	0.9462
	每股现金净流量(元)	-0.1380	-0.1760	-0.4647	0.4108
	每股经营现金净流量(元)	-0.2260	0.1329	-0.2226	0.2560
	净资产收益率(扣除)(%)	-	-	-	0.5200
	净资产收益率(%)	0.1336	1.4900	5.4800	74.2900
	总资产(万)	268833.67	268674.47	273579.30	263005.70
	股东权益(万)	78789.66	78684.38	81639.14	78062.01
	主营业务收入(万)	-	-	-	-
	主营业务利润(万)	-	-	-	-
	营业务收入(万)	132673.38	358104.28	173328.03	339812.64
	营业务利润(万)	-2066.46	3132.52	6247.07	3717.14
	投资收益(万)	-	-	-	-
	利润总额(万)	1230.24	3493.78	6090.83	74091.57
	净利润(万)	105.28	1170.80	4471.52	57990.68

四川金顶(集团)股份有限公司

公司概况	公司名称	四川金顶(集团)股份有限公司			证券简称	ST 金顶
	法人代表	杨佰祥(代)	董秘	周正	证券代码	600678
	公司网址	www.scjd.cn		电子信箱	scjd600678@163.com	
	电　话	0833-5578055、5578117		传　真	0833-5578053	
	办公地址	四川省峨眉山市乐都镇				
	经营范围	水泥制造、销售、房地产开发经营,汽车修理、客货运输等				

主要财务指标	指标\报告期	2009.06.30	2008.12.31	2008.06.30	2007.12.31
	每股收益(元)	-0.1420	0.0649	0.0367	0.0737
	每股收益(扣除)(元)	-0.1454	0.0354	0.0178	0.0371
	每股净资产(元)	1.1067	1.2490	1.2204	1.1930
	调整后每股净资产(元)	-	-	-	-
	每股资本公积金(元)	-0.0245	-0.0245	-0.0245	-0.0155
	每股盈余公积金(元)	0.0795	0.0795	0.0795	0.0795
	每股未分配利润(元)	0.0517	0.1936	0.1654	0.1287
	每股现金净流量(元)	-0.7631	0.0404	0.1175	0.1535
	每股经营现金净流量(元)	-0.2334	0.1704	0.0198	0.1710
	净资产收益率(扣除)(%)	-	-	-	3.1100
	净资产收益率(%)	-12.8300	5.2000	3.0000	6.1800
	总资产(万)	200584.98	210957.90	139155.68	127650.31
	股东权益(万)	38623.68	43577.96	42591.98	41625.12
	主营业务收入(万)	-	-	-	-
	主营业务利润(万)	-	-	-	-
	营业务收入(万)	35283.30	54562.92	24247.71	41526.79
	营业务利润(万)	-3472.47	6749.67	2702.63	2824.51
	投资收益(万)	-	-	-	-
	利润总额(万)	-3310.83	7064.19	2743.32	3510.46
	净利润(万)	-4954.28	2265.71	1279.74	2570.53

金山开发建设股份有限公司

公司概况	公司名称	金山开发建设股份有限公司			证券简称	金山开发
	法人代表	夏杰	董秘	李玉龙	证券代码	600679
	公司网址	www.jskfjs.com.cn		电子信箱	master@phoenix.com.cn	
	电　话	021-60951588-4002		传　真	021-65021615	
	办公地址	上海市控江路1690号				
	经营范围	房地产开发与经营,城市和绿化建设,旧区改造,商业开发,市政基础设施建设等				

主要财务指标	指标\报告期	2009.06.30	2008.12.31	2008.06.30	2007.12.31
	每股收益(元)	0.0076	0.0120	0.0397	0.0169
	每股收益(扣除)(元)	-0.0314	-0.0813	-0.0470	-0.1821
	每股净资产(元)	1.7268	1.5770	1.6755	1.8154
	调整后每股净资产(元)	-	-	-	-
	每股资本公积金(元)	1.0596	0.9174	0.9882	1.1678
	每股盈余公积金(元)	0.1632	0.1632	0.1632	0.1632
	每股未分配利润(元)	-0.4957	-0.5033	-0.4755	-0.5152
	每股现金净流量(元)	-0.0905	-0.0316	-0.1132	0.1873
	每股经营现金净流量(元)	0.1414	0.0244	0.1797	0.0366
	净资产收益率(扣除)(%)	-	-	-	-10.0300
	净资产收益率(%)	0.4420	0.7601	2.3710	0.9290
	总资产(万)	122231.71	140600.98	152464.84	164213.86
	股东权益(万)	61062.42	55766.40	59248.27	64196.89
	主营业务收入(万)	-	-	-	-
	主营业务利润(万)	-	-	-	-
	营业务收入(万)	43319.17	148355.17	83721.75	170148.48
	营业务利润(万)	562.50	-1884.95	-527.66	-4706.69
	投资收益(万)	-	-	-	-
	利润总额(万)	563.41	2430.77	3890.50	2236.61
	净利润(万)	269.71	423.91	1404.94	596.39

上海普天邮通科技股份有限公司

公司概况	公司名称	上海普天邮通科技股份有限公司			证券简称	上海普天
	法人代表	曹宏斌	董秘	陆贤薇	证券代码	600680
	公司网址	www.shpte.com.cn		电子信箱	zhengquanb@shpte.com	
	电　话	021-64832699、64360900 2371		传　真	021-64832699	
	办公地址	上海市宜山路700号				
	经营范围	设计、生产、销售各类通信设备、元器件、计算机网络及外围配套设备等				

主要财务指标	指标\报告期	2009.06.30	2008.12.31	2008.06.30	2007.12.31
	每股收益(元)	-0.0350	-0.3020	0.0400	0.0310
	每股收益(扣除)(元)	-0.0420	-0.3100	0.0400	-0.2010
	每股净资产(元)	3.4900	3.5250	2.6900	3.0750
	调整后每股净资产(元)	-	-	-	-
	每股资本公积金(元)	1.7780	1.7780	0.4305	0.8116
	每股盈余公积金(元)	0.2886	0.2886	0.3577	0.3617
	每股未分配利润(元)	0.4231	0.4580	0.9029	0.9013
	每股现金净流量(元)	-0.1649	1.0722	-0.0628	-0.2344
	每股经营现金净流量(元)	-0.0224	-0.2341	-0.0742	-0.4587
	净资产收益率(扣除)(%)	-	-	-	-6.5200
	净资产收益率(%)	-1.0010	-7.4100	1.4200	1.0000
	总资产(万)	204339.25	207202.21	155050.07	158021.71
	股东权益(万)	133381.34	134715.96	82055.53	93753.36
	主营业务收入(万)	-	-	-	-
	主营业务利润(万)	-	-	-	-
	营业务收入(万)	30702.71	75340.59	40073.96	49717.28
	营业务利润(万)	-1818.77	-10594.22	1178.33	-6882.37
	投资收益(万)	-	-	-	-
	利润总额(万)	-1506.46	-10086.76	1171.84	1090.32
	净利润(万)	-1334.63	-9977.38	1161.55	936.52

南京新街口百货商店股份有限公司

公司概况	公司名称	南京新街口百货商店股份有限公司			证券简称	南京新百
	法人代表	王恒	董秘	傅敦汛(代)	证券代码	600682
	公司网址	www.njxb.com			电子信箱	njxb@njxb.com
	电　话	025-84717494、84761696			传　真	025-84717494、84761696
	办公地址	江苏省南京市中山南路 3 号				
	经营范围	百货;化妆品;纺织品;针织品;服装;鞋帽;钟表;玉器、珠宝;金、银制品等				

主要财务指标	指标\报告期	2009.06.30	2008.12.31	2008.06.30	2007.12.31
	每股收益(元)	0.1400	0.2100	0.1800	0.1700
	每股收益(扣除)(元)	0.1300	0.2400	0.1700	0.2400
	每股净资产(元)	2.9000	2.6700	2.7100	4.0000
	调整后每股净资产(元)	–	–	–	–
	每股资本公积金(元)	1.1463	1.1519	1.1571	2.3894
	每股盈余公积金(元)	0.3289	0.3289	0.2923	0.4550
	每股未分配利润(元)	0.4288	0.1937	0.2625	0.1520
	每股现金净流量(元)	–0.1996	0.3095	0.4153	–0.0442
	每股经营现金净流量(元)	–0.1026	–0.0934	0.0003	–0.1184
	净资产收益率(扣除)(%)	–	–	–	5.9400
	净资产收益率(%)	4.6500	7.7100	6.8000	6.6800
	总资产(万)	245095.71	250598.31	230322.73	202349.51
	股东权益(万)	104056.41	95832.58	97171.88	91999.99
	主营业务收入(万)	–	–	–	–
	主营业务利润(万)	–	–	–	–
	营业务收入(万)	69548.97	165060.98	80897.87	158789.39
	营业务利润(万)	6268.47	11185.08	7513.96	10721.17
	投资收益(万)	–	–	–	–
	利润总额(万)	6281.06	10007.22	8065.08	10592.14
	净利润(万)	4840.04	7411.53	6518.79	6144.24

京投银泰股份有限公司

公司概况	公司名称	京投银泰股份有限公司			证券简称	京投银泰
	法人代表	杨海飞	董秘	顾荻江	证券代码	600683
	公司网址	www.600683.com			电子信箱	ir@600683.com
	电　话	010-84385004			传　真	010-84385018
	办公地址	北京市朝阳区小营北路 6 号京投大厦 3 号楼 9 层				
	经营范围	房地产开发、经营及租赁,客运汽车出租及汽车保养;家电、日用品的批发及零售等				

主要财务指标	指标\报告期	2009.06.30	2008.12.31	2008.06.30	2007.12.31
	每股收益(元)	0.0500	0.2100	0.0310	0.0740
	每股收益(扣除)(元)	–0.0060	0.0380	–0.0220	0.0220
	每股净资产(元)	2.9800	2.1600	2.6800	3.2000
	调整后每股净资产(元)	–	–	–	–
	每股资本公积金(元)	1.5099	0.4039	1.1039	1.6565
	每股盈余公积金(元)	0.0662	0.1157	0.1028	0.1028
	每股未分配利润(元)	0.4044	0.6394	0.4729	0.4421
	每股现金净流量(元)	0.7016	–0.1708	–0.3121	0.8971
	每股经营现金净流量(元)	–0.3962	–0.0990	–0.0826	0.5611
	净资产收益率(扣除)(%)	–	–	–	0.6950
	净资产收益率(%)	1.3100	9.7410	1.1510	2.3130
	总资产(万)	320956.57	153056.60	188215.54	204285.73
	股东权益(万)	147191.13	60940.47	75630.65	90357.74
	主营业务收入(万)	–	–	–	–
	主营业务利润(万)	–	–	–	–
	营业务收入(万)	24015.06	79521.65	20746.68	66397.60
	营业务利润(万)	2535.00	8491.79	1226.91	1937.55
	投资收益(万)	–	–	–	–
	利润总额(万)	2567.97	8412.26	1121.60	3443.10
	净利润(万)	1922.89	5936.36	870.42	2089.73

广州珠江实业开发股份有限公司

公司概况	公司名称	广州珠江实业开发股份有限公司			证券简称	珠江实业
	法人代表	郑暑平	董秘	陈燕平	证券代码	600684
	公司网址	www.gzzjsy.com			电子信箱	chenyanping@gzzjsy.com
	电　话	020-83752828 808			传　真	020-83752663
	办公地址	广州市环市东路 362-366 号好世界广场 30 楼				
	经营范围	经营土地开发、承建、销售、租赁商品房.实业投资、物业管理等				

主要财务指标	指标\报告期	2009.06.30	2008.12.31	2008.06.30	2007.12.31
	每股收益(元)	0.0800	0.1300	0.0600	0.1800
	每股收益(扣除)(元)	0.0800	0.1200	0.0500	0.1500
	每股净资产(元)	3.9500	3.8800	3.8000	3.7500
	调整后每股净资产(元)	–	–	–	–
	每股资本公积金(元)	1.9099	1.9099	1.9099	1.9099
	每股盈余公积金(元)	0.3245	0.3245	0.3114	0.3114
	每股未分配利润(元)	0.7173	0.6415	0.5805	0.5238
	每股现金净流量(元)	0.5450	–0.1330	0.8319	0.1903
	每股经营现金净流量(元)	0.1123	–1.1111	–0.2107	0.2170
	净资产收益率(扣除)(%)	–	–	–	3.9400
	净资产收益率(%)	1.9200	3.3700	1.4800	4.7200
	总资产(万)	152537.18	139893.14	139077.65	119494.80
	股东权益(万)	73911.13	72494.39	71108.80	70048.35
	主营业务收入(万)	–	–	–	–
	主营业务利润(万)	–	–	–	–
	营业务收入(万)	15504.48	25604.76	11215.89	34059.78
	营业务利润(万)	1966.05	3612.83	1439.98	4243.78
	投资收益(万)	–	–	–	–
	利润总额(万)	1987.43	3682.49	1391.32	4288.02
	净利润(万)	1420.49	2446.04	1055.34	3311.73

广州广船国际股份有限公司

公司概况	公司名称	广州广船国际股份有限公司			证券简称	广船国际
	法人代表	李柱石	董秘	李志东	证券代码	600685
	公司网址	www.chinagsi.com			电子信箱	Lzd@chinagsi.com
	电　话	8620-81891712 转 2962			传　真	8620-81891575
	办公地址	广州市芳村大道南 40 号				
	经营范围	大型船舶建造;桥梁及建筑钢结构的制作、涂装与安装等				

主要财务指标	指标\报告期	2009.06.30	2008.12.31	2008.06.30	2007.12.31
	每股收益(元)	0.4900	1.6600	1.0800	1.9000
	每股收益(扣除)(元)	0.4800	1.6200	1.0600	1.4100
	每股净资产(元)	5.8300	5.5500	5.1900	4.9600
	调整后每股净资产(元)	–	–	–	4.9400
	每股资本公积金(元)	1.7925	1.5516	1.7718	2.1120
	每股盈余公积金(元)	0.5115	0.5115	0.3548	0.3548
	每股未分配利润(元)	2.5294	2.4907	2.0667	1.4890
	每股现金净流量(元)	–0.7756	–3.1172	–1.6481	4.8549
	每股经营现金净流量(元)	–0.2312	–0.3947	–1.2478	3.6765
	净资产收益率(扣除)(%)	–	–	–	28.4300
	净资产收益率(%)	8.3800	29.8600	20.7500	38.3700
	总资产(万)	1001427.20	1025823.07	1284572.37	1103443.34
	股东权益(万)	288564.55	274735.97	256902.02	245150.97
	主营业务收入(万)	–	–	–	–
	主营业务利润(万)	–	–	–	–
	营业务收入(万)	313448.28	698408.75	307720.27	595269.72
	营业务利润(万)	29445.78	85767.02	66930.43	110983.12
	投资收益(万)	–	–	–	–
	利润总额(万)	28691.82	92128.56	69780.50	134306.08
	净利润(万)	24175.26	82039.57	53312.89	94065.68

厦门金龙汽车集团股份有限公司

公司概况					
公司名称	厦门金龙汽车集团股份有限公司			证券简称	金龙汽车
法人代表	郭清泉	董秘	郭清泉	证券代码	600686
公司网址	www.xmklm.com.cn		电子信箱	kinglong@xmklm.com.cn	
电　话	0592-2969815		传　真	0592-2960686	
办公地址	厦门市厦禾路820号帝豪大厦27-28层				
经营范围	客车、汽车零部件、摩托车及零部件制造、组装、开发、维修				

主要财务指标

指标\报告期	2009.06.30	2008.12.31	2008.06.30	2007.12.31
每股收益(元)	0.0700	0.4400	0.3900	0.6200
每股收益(扣除)(元)	0.0600	0.2900	0.2400	0.5800
每股净资产(元)	3.1300	3.1100	3.0600	4.1900
调整后每股净资产(元)	–	–	–	–
每股资本公积金(元)	0.6731	0.6731	0.6731	1.0434
每股盈余公积金(元)	0.3929	0.3929	0.2883	0.4325
每股未分配利润(元)	1.0635	1.0463	1.0978	1.7106
每股现金净流量(元)	0.1515	–0.1754	–0.6858	0.4054
每股经营现金净流量(元)	0.7244	–0.0330	–0.4282	1.6328
净资产收益率(扣除)(%)	–	–	–	20.7400
净资产收益率(%)	2.1500	14.2700	12.7700	22.0900
总资产(万)	771656.67	807606.86	724511.68	704469.81
股东权益(万)	138513.34	137750.11	135400.70	123530.14
主营业务收入(万)	–	–	–	–
主营业务利润(万)	–	–	–	–
营业务收入(万)	455505.52	1238972.85	650729.95	1244165.51
营业务利润(万)	7028.04	27003.27	23605.38	54041.37
投资收益(万)	–	–	–	–
利润总额(万)	7623.87	36163.91	29615.44	57394.51
净利润(万)	2976.22	19652.50	17294.57	27290.82

浙江刚泰控股(集团)股份有限公司

公司概况					
公司名称	浙江刚泰控股(集团)股份有限公司			证券简称	刚泰控股
法人代表	徐建刚	董秘	李晓伟	证券代码	600687
公司网址	www.hsdchina.com		电子信箱	lixw@firstvc.com.cn	
电　话	021-68865396 0572-8080850		传　真	021-68866511 0572-8080867	
办公地址	上海市浦东陆家嘴环路958号华能联合大厦19楼				
经营范围	实业投资,矿业投资,货运代理,设备、自有房屋租赁,装卸、仓储等				

主要财务指标

指标\报告期	2009.06.30	2008.12.31	2008.06.30	2007.12.31
每股收益(元)	0.0206	0.0220	0.0094	0.0560
每股收益(扣除)(元)	–0.0682	0.0200	0.0087	0.0030
每股净资产(元)	1.6520	1.6480	1.6400	1.6250
调整后每股净资产(元)	–	–	–	–
每股资本公积金(元)	0.0518	0.0518	–	0.0512
每股盈余公积金(元)	0.3175	0.3175	0.3214	0.3175
每股未分配利润(元)	0.2825	0.2784	0.3150	0.2560
每股现金净流量(元)	0.1105	–0.2421	0.1731	0.0327
每股经营现金净流量(元)	0.5961	1.0258	0.5257	–0.1871
净资产收益率(扣除)(%)	–	–	–	0.2100
净资产收益率(%)	1.2500	1.3600	0.5700	3.4600
总资产(万)	40869.21	53749.54	82548.22	80373.03
股东权益(万)	20959.22	20907.04	20763.35	20615.68
主营业务收入(万)	–	–	–	–
主营业务利润(万)	–	–	–	–
营业务收入(万)	12913.66	49333.43	18031.64	48533.55
营业务利润(万)	402.65	1188.96	172.41	518.18
投资收益(万)	–	–	–	–
利润总额(万)	415.55	1147.85	183.32	1084.94
净利润(万)	261.27	284.13	118.90	712.96

中国石化上海石油化工股份有限公司

公司概况					
公司名称	中国石化上海石油化工股份有限公司			证券简称	S上石化
法人代表	戎光道	董秘	张经明	证券代码	600688
公司网址	www.spc.com.cn		电子信箱	spc@spc.com.cn	
电　话	86-21-52377880 57943143		传　真	86-21-52375091 57940050	
办公地址	中国上海市金山区金一路48号				
经营范围	原油加工、油品、化工产品、合成纤维及单体、塑料及制品等				

主要财务指标

指标\报告期	2009.06.30	2008.12.31	2008.06.30	2007.12.31
每股收益(元)	0.1370	–0.8670	–0.0520	0.2210
每股收益(扣除)(元)	0.1160	–0.8830	–0.2300	0.1530
每股净资产(元)	2.0640	1.9220	2.7530	2.9170
调整后每股净资产(元)	–	–	–	–
每股资本公积金(元)	0.4125	0.4082	0.4235	0.4450
每股盈余公积金(元)	0.6620	0.6620	0.6620	0.6620
每股未分配利润(元)	–0.0107	–0.1478	0.6678	0.8096
每股现金净流量(元)	–0.0282	–0.0369	–0.0186	–0.0002
每股经营现金净流量(元)	0.3734	–0.4733	–0.1123	0.2479
净资产收益率(扣除)(%)	–	–	–	5.2620
净资产收益率(%)	6.6440	–45.1210	–1.8800	7.5820
总资产(万)	2820568.00	2810746.50	3153542.20	3046334.90
股东权益(万)	1485952.30	1384137.10	1982379.10	2099944.40
主营业务收入(万)	–	–	–	–
主营业务利润(万)	–	–	–	–
营业务收入(万)	2120468.00	6031057.00	3290776.10	5540468.70
营业务利润(万)	126971.90	–1036467.30	–206508.90	211843.70
投资收益(万)	–	–	–	–
利润总额(万)	135356.20	–802228.10	–44893.90	212109.40
净利润(万)	98723.60	–624541.20	–37277.20	159211.00

上海三毛企业(集团)股份有限公司

公司概况					
公司名称	上海三毛企业(集团)股份有限公司			证券简称	上海三毛
法人代表	张文卿	董秘	韩家红	证券代码	600689
公司网址	www.600689.com		电子信箱	sanmaogroup@600689.com	
电　话	021-63059496		传　真	021-63018850*601	
办公地址	上海市斜土路791号				
经营范围	生产、销售毛条、毛纱、纺织品及服装、销售自产产品等				

主要财务指标

指标\报告期	2009.06.30	2008.12.31	2008.06.30	2007.12.31
每股收益(元)	0.1149	0.1522	0.0407	0.5162
每股收益(扣除)(元)	–0.1074	–0.1134	–0.0264	–0.3747
每股净资产(元)	1.9651	1.8047	1.7900	1.9305
调整后每股净资产(元)	–	–	–	–
每股资本公积金(元)	1.1757	1.1302	1.2565	1.4416
每股盈余公积金(元)	0.1921	0.1921	0.1921	0.1921
每股未分配利润(元)	–0.4027	–0.5176	–0.6625	–0.7032
每股现金净流量(元)	–0.3909	0.0490	–0.2899	0.9007
每股经营现金净流量(元)	–0.3773	0.0088	–0.1918	–0.1877
净资产收益率(扣除)(%)	–	–	–	–19.4100
净资产收益率(%)	5.8500	8.4300	2.2800	26.7400
总资产(万)	84793.87	86248.67	86748.55	94713.43
股东权益(万)	39496.59	36272.94	35899.71	38801.17
主营业务收入(万)	–	–	–	–
主营业务利润(万)	–	–	–	–
营业务收入(万)	64738.83	145332.23	74827.40	159654.72
营业务利润(万)	2424.31	595.36	–1282.65	–9165.46
投资收益(万)	–	–	–	–
利润总额(万)	2417.56	2856.20	516.37	11842.18
净利润(万)	2309.81	3058.26	818.91	10374.99

青岛海尔股份有限公司

公司概况						
	公司名称	青岛海尔股份有限公司			证券简称	青岛海尔
	法人代表	杨绵绵	董秘	崔少华	证券代码	600690
	公司网址	www.haier.com		电子信箱	finance@haier.com	
	电　话	0532-88938138		传　真	0532-88938313	
	办公地址	青岛市崂山区海尔工业园内				
	经营范围	电器、电子产品、机械产品、通讯设备相关配件制造等				

主要财务指标	指标\报告期	2009.06.30	2008.12.31	2008.06.30	2007.12.31
	每股收益(元)	0.4970	0.5740	0.4100	0.4810
	每股收益(扣除)(元)	0.4820	0.5900	0.4140	0.4840
	每股净资产(元)	5.5600	5.0600	4.9200	4.7100
	调整后每股净资产(元)	–	–	–	–
	每股资本公积金(元)	2.2482	2.2456	2.2471	2.2535
	每股盈余公积金(元)	0.8672	0.8672	0.8467	0.8467
	每股未分配利润(元)	1.4454	0.9480	0.8234	0.6133
	每股现金净流量(元)	2.5808	0.0290	0.0570	0.4970
	每股经营现金净流量(元)	2.7345	0.9844	0.2374	0.9554
	净资产收益率(扣除)(%)	–	–	–	10.2900
	净资产收益率(%)	8.9400	11.3400	8.3400	10.2000
	总资产(万)	1547178.89	1223059.78	1305063.11	1118896.51
	股东权益(万)	744321.66	677400.57	658172.29	630911.30
	主营业务收入(万)	–	–	–	–
	主营业务利润(万)	–	–	–	–
	营业务收入(万)	1660564.43	3040803.93	1890248.96	2946864.55
	营业务利润(万)	99625.22	116673.06	91359.78	89929.38
	投资收益(万)	–	–	–	–
	利润总额(万)	102367.13	113712.67	90573.34	88011.49
	净利润(万)	66574.99	76817.81	54886.27	64363.20

东新电碳股份有限公司

公司概况						
	公司名称	东新电碳股份有限公司			证券简称	ST 东碳
	法人代表	黄彬	董秘	顾旅昌(代)	证券代码	600691
	公司网址			电子信箱	dxdthuangbin@126.com	
	电　话	0813-2606903		传　真	0813-2600861	
	办公地址	四川自贡市自流井区东光路桌子山 22 号				
	经营范围	电碳制品、机械密封、粉末冶金产品的生产、销售;机械加工、汽车运输及修理等				

主要财务指标	指标\报告期	2009.06.30	2008.12.31	2008.06.30	2007.12.31
	每股收益(元)	–0.1189	–0.2062	–0.0998	0.2233
	每股收益(扣除)(元)	–0.1188	–0.1994	–0.0971	–0.2851
	每股净资产(元)	–0.3000	–0.1812	–0.0749	0.0250
	调整后每股净资产(元)	–	–	–	–
	每股资本公积金(元)	0.3642	0.3642	0.3642	0.3642
	每股盈余公积金(元)	0.1148	0.1148	0.1148	0.1148
	每股未分配利润(元)	–1.7791	–1.6602	–1.5539	–1.4540
	每股现金净流量(元)	–0.0002	–0.0082	–0.0061	0.0048
	每股经营现金净流量(元)	0.0181	–0.0065	–0.0048	–0.0144
	净资产收益率(扣除)(%)	–	–	–	–1141.0800
	净资产收益率(%)	–	–	–	893.4800
	总资产(万)	14076.83	13994.24	14090.80	14381.15
	股东权益(万)	–3434.91	–2073.95	–856.88	286.05
	主营业务收入(万)	–	–	–	–
	主营业务利润(万)	–	–	–	–
	营业务收入(万)	1417.83	3468.34	1526.04	3977.29
	营业务利润(万)	–1359.73	–2334.51	–1112.13	–438.92
	投资收益(万)	–	–	–	–
	利润总额(万)	–1360.96	–2360.00	–1142.93	2553.49
	净利润(万)	–1360.96	–2360.00	–1142.93	2555.78

上海亚通股份有限公司

公司概况						
	公司名称	上海亚通股份有限公司			证券简称	亚通股份
	法人代表	黄胜	董秘	蔡福生	证券代码	600692
	公司网址	www.china yatong.com		电子信箱	chinayatong@online.sh.cn	
	电　话	021-69692714		传　真	021-69695782	
	办公地址	上海市崇明县南门路 281 号				
	经营范围	提供内河客货运输,货物堆存和代理业务,沿海旅客运输、房地产开发等项业务				

主要财务指标	指标\报告期	2009.06.30	2008.12.31	2008.06.30	2007.12.31
	每股收益(元)	0.0303	0.0792	0.0226	0.1029
	每股收益(扣除)(元)	0.0112	0.0099	0.0111	0.0614
	每股净资产(元)	1.5210	1.6400	1.5800	1.7200
	调整后每股净资产(元)	–	–	–	–
	每股资本公积金(元)	0.1741	0.2915	0.2915	0.3206
	每股盈余公积金(元)	0.1497	0.1647	0.1557	0.1713
	每股未分配利润(元)	0.1979	0.1844	0.1368	0.2256
	每股现金净流量(元)	0.0566	–0.4801	–0.4771	0.6218
	每股经营现金净流量(元)	0.0830	–0.4541	–0.7740	0.3078
	净资产收益率(扣除)(%)	–	–	–	3.5700
	净资产收益率(%)	1.9885	4.8275	1.4242	5.9900
	总资产(万)	103675.45	107305.38	108506.02	95350.82
	股东权益(万)	53527.47	52463.09	50651.85	49930.45
	主营业务收入(万)	–	–	–	–
	主营业务利润(万)	–	–	–	–
	营业务收入(万)	20687.28	50441.50	20962.60	43988.88
	营业务利润(万)	713.11	–158.11	593.40	2789.08
	投资收益(万)	–	–	–	–
	利润总额(万)	1334.82	2785.00	1028.45	3839.01
	净利润(万)	1064.38	2532.64	721.40	2990.76

福建东百集团股份有限公司

公司概况						
	公司名称	福建东百集团股份有限公司			证券简称	东百集团
	法人代表	毕德才	董秘	徐海涛	证券代码	600693
	公司网址	www.dongbai.com		电子信箱	db600693@126.com	
	电　话	0591-87531724		传　真	0591-87531804	
	办公地址	福州市 817 北路 84 号东百大厦 18 层				
	经营范围	黄金、珠宝首饰零售;预包装食品、散装食品、保健食品;针、纺织品等				

主要财务指标	指标\报告期	2009.06.30	2008.12.31	2008.06.30	2007.12.31
	每股收益(元)	0.1400	0.3740	0.1990	0.2250
	每股收益(扣除)(元)	0.1400	0.3510	0.1920	0.2170
	每股净资产(元)	1.6300	2.0830	1.9300	1.7370
	调整后每股净资产(元)	–	–	–	–
	每股资本公积金(元)	0.1041	0.1330	0.1568	1.3215
	每股盈余公积金(元)	0.2932	0.3811	0.3327	0.6655
	每股未分配利润(元)	0.2323	0.5693	0.4422	0.4869
	每股现金净流量(元)	–0.1542	0.2019	0.2488	–0.1411
	每股经营现金净流量(元)	0.1319	0.6886	0.2138	1.0298
	净资产收益率(扣除)(%)	–	–	–	12.5000
	净资产收益率(%)	8.6200	17.9600	10.2900	12.9600
	总资产(万)	113242.39	121001.87	119740.38	111130.56
	股东权益(万)	55930.01	55006.00	51001.50	45858.65
	主营业务收入(万)	–	–	–	–
	主营业务利润(万)	–	–	–	–
	营业务收入(万)	73176.82	136821.38	67414.55	111862.79
	营业务利润(万)	6238.30	11308.01	5744.22	8087.35
	投资收益(万)	–	–	–	–
	利润总额(万)	6275.95	12147.51	5930.87	8397.37
	净利润(万)	4822.24	9880.66	5247.68	5941.62

大商集团股份有限公司

公司概况						
	公司名称	大商集团股份有限公司			证券简称	大商股份
	法人代表	牛钢	董秘	韩德胜	证券代码	600694
	公司网址	www.dsjt.com			电子信箱	dashanggufen@126.com
	电　　话	0411-83643215			传　　真	0411-83630358 83880798
	办公地址	大连市中山区青三街1号				
	经营范围	商品零售兼批发、加工服务、仓储、农副产品收购、电子计算机技术服务等				

主要财务指标	指标\报告期	2009.06.30	2008.12.31	2008.06.30	2007.12.31
	每股收益(元)	0.2100	0.7900	0.7800	1.0300
	每股收益(扣除)(元)	0.1300	–0.2900	0.7600	0.6300
	每股净资产(元)	10.8300	10.6200	10.6000	9.8200
	调整后每股净资产(元)	–	–	–	–
	每股资本公积金(元)	4.9512	4.9512	4.9378	4.9378
	每股盈余公积金(元)	0.7162	0.7162	0.6118	0.6118
	每股未分配利润(元)	4.1624	3.9538	4.0516	3.2699
	每股现金净流量(元)	2.5754	1.5713	1.0524	0.7251
	每股经营现金净流量(元)	1.3417	4.1229	1.0580	3.0280
	净资产收益率(扣除)(%)	–	–	–	6.3900
	净资产收益率(%)	1.9300	7.4200	7.3700	10.5200
	总资产(万)	1001110.94	948899.30	975243.24	908942.19
	股东权益(万)	318093.40	311966.11	311375.77	288414.93
	主营业务收入(万)	–	–	–	–
	主营业务利润(万)	–	–	–	–
	营业务收入(万)	1022133.40	1884966.85	980028.77	1496876.64
	营业务利润(万)	17180.44	3068.24	34466.26	50973.25
	投资收益(万)	–	–	–	–
	利润总额(万)	17633.10	41990.30	35449.37	57800.58
	净利润(万)	6127.29	23156.42	22960.85	30349.58

上海大江(集团)股份有限公司

公司概况						
	公司名称	上海大江(集团)股份有限公司			证券简称	大江股份
	法人代表	俞乃奋	董秘	顾伟文	证券代码	600695
	公司网址	www.dajiang.com			电子信箱	dajiang@dajiang.com
	电　　话	021-34225027 34225030			传　　真	021-34225056
	办公地址	上海市莲花路1555号华一大厦7楼				
	经营范围	家禽、家畜、水产的良种、饲料、饲料添加剂、花卉肥料及有关食品加工产品的销售等				

主要财务指标	指标\报告期	2009.06.30	2008.12.31	2008.06.30	2007.12.31
	每股收益(元)	–0.0300	0.0059	0.0280	0.0400
	每股收益(扣除)(元)	–0.0320	–0.0797	–0.0230	0.0020
	每股净资产(元)	0.3116	0.3420	0.3600	0.3370
	调整后每股净资产(元)	–	–	–	–
	每股资本公积金(元)	0.3467	0.3467	0.3467	0.3469
	每股盈余公积金(元)	0.1150	0.1150	0.1150	0.1150
	每股未分配利润(元)	–1.1500	–1.1197	–1.0969	–1.1249
	每股现金净流量(元)	0.0278	–0.0006	–0.0098	–0.0207
	每股经营现金净流量(元)	–0.0838	0.0596	0.0494	0.1866
	净资产收益率(扣除)(%)	–	–	–	0.5400
	净资产收益率(%)	–9.7400	1.7200	7.6830	11.9900
	总资产(万)	73973.32	66177.03	72760.60	70235.94
	股东权益(万)	21074.44	23127.07	24668.36	22787.71
	主营业务收入(万)	–	–	–	–
	主营业务利润(万)	–	–	–	–
	营业务收入(万)	31570.25	78225.46	34642.86	97377.07
	营业务利润(万)	–1839.39	–2208.32	–470.29	3590.72
	投资收益(万)	–	–	–	–
	利润总额(万)	–1820.76	1147.41	2254.80	4851.86
	净利润(万)	–2052.63	397.73	1895.18	2731.70

上海多伦实业股份有限公司

公司概况						
	公司名称	上海多伦实业股份有限公司			证券简称	多伦股份
	法人代表	林建星	董秘	何佳	证券代码	600696
	公司网址	www.linca.com.cn			电子信箱	duolun696@163.com
	电　　话	021-56715833			传　　真	021-56716233
	办公地址	上海市虹口区甜爱路36号				
	经营范围	生产与销售高级挂釉石质墙地砖、马赛克及其原材料等				

主要财务指标	指标\报告期	2009.06.30	2008.12.31	2008.06.30	2007.12.31
	每股收益(元)	0.0170	0.0160	0.0180	0.0200
	每股收益(扣除)(元)	0.0160	–0.0030	0.0230	0.0130
	每股净资产(元)	1.3700	1.3500	1.3500	1.3300
	调整后每股净资产(元)	–	–	–	–
	每股资本公积金(元)	0.0878	0.0878	0.0878	0.0878
	每股盈余公积金(元)	0.0544	0.0544	0.0531	0.0531
	每股未分配利润(元)	0.2232	0.2058	0.2094	0.1911
	每股现金净流量(元)	0.0053	–0.7976	–0.6011	0.6852
	每股经营现金净流量(元)	0.3262	–0.2168	–0.4463	0.9157
	净资产收益率(扣除)(%)	–	–	–	0.9500
	净资产收益率(%)	1.2740	1.1800	1.3510	1.4700
	总资产(万)	78066.56	78768.50	80228.00	102845.22
	股东权益(万)	46498.59	45906.39	45984.59	45363.55
	主营业务收入(万)	–	–	–	–
	主营业务利润(万)	–	–	–	–
	营业务收入(万)	3032.15	6068.96	4301.86	15636.69
	营业务利润(万)	832.72	–8.62	551.44	1052.40
	投资收益(万)	–	–	–	–
	利润总额(万)	851.69	244.83	462.62	976.23
	净利润(万)	592.19	542.85	621.04	665.41

长春欧亚集团股份有限公司

公司概况						
	公司名称	长春欧亚集团股份有限公司			证券简称	欧亚集团
	法人代表	曹和平	董秘	席汝珍	证券代码	600697
	公司网址	www.cn-eurasiagroup.com			电子信箱	ccoyjt@sina.com
	电　　话	0431-87666905			传　　真	0431-87666813
	办公地址	吉林省长春市绿园区南阳路418号				
	经营范围	百货、五金、交电、食品业、家用电器、钟表修理、汽车货运等				

主要财务指标	指标\报告期	2009.06.30	2008.12.31	2008.06.30	2007.12.31
	每股收益(元)	0.3330	0.6700	0.3130	0.4900
	每股收益(扣除)(元)	0.3290	0.6500	0.3110	0.4770
	每股净资产(元)	4.9290	4.5800	4.5300	4.2500
	调整后每股净资产(元)	–	–	–	–
	每股资本公积金(元)	1.9245	1.9075	1.9159	1.9488
	每股盈余公积金(元)	0.5000	0.5000	0.4995	0.4995
	每股未分配利润(元)	1.5044	1.1713	1.1157	0.8030
	每股现金净流量(元)	–0.1038	0.7619	0.0802	–0.6970
	每股经营现金净流量(元)	1.4063	3.1685	1.0221	1.5401
	净资产收益率(扣除)(%)	–	–	–	11.2200
	净资产收益率(%)	7.0100	14.6100	6.9000	11.5200
	总资产(万)	282901.27	277481.22	250674.65	238547.98
	股东权益(万)	78412.91	72842.53	72083.44	67634.31
	主营业务收入(万)	–	–	–	–
	主营业务利润(万)	–	–	–	–
	营业务收入(万)	195709.48	342061.18	177900.53	263148.38
	营业务利润(万)	8948.59	17661.57	8093.90	12921.15
	投资收益(万)	–	–	–	–
	利润总额(万)	9057.42	17677.89	8133.56	13078.66
	净利润(万)	5300.59	10638.50	4973.66	7788.19

济南轻骑摩托车股份有限公司

公司概况	公司名称	济南轻骑摩托车股份有限公司			证券简称	ST 轻骑
	法人代表	吕红献	董秘	吕来升	证券代码	600698
	公司网址	www.qingqi.com.cn			电子信箱	jnqqztb@126.com
	电　话	0531-86599891			传　真	0531-86599889
	办公地址	山东省济南市历下区和平路 34 号				
	经营范围	摩托车及零配件的设计、开发、生产、销售;摩托车技术咨询、服务等				

	指标\报告期	2009.06.30	2008.12.31	2008.06.30	2007.12.31
主要财务指标	每股收益(元)	-0.0073	0.0038	-0.0191	-0.1142
	每股收益(扣除)(元)	-0.0175	-0.0214	-0.0260	-0.1140
	每股净资产(元)	0.3909	0.3982	0.3750	0.3940
	调整后每股净资产(元)	-	-	-	-
	每股资本公积金(元)	0.1971	0.1971	0.1971	0.1971
	每股盈余公积金(元)	0.0606	0.0606	0.0606	0.0606
	每股未分配利润(元)	-0.8668	-0.8595	-0.8825	-0.8634
	每股现金净流量(元)	0.0252	-0.0132	-0.0054	-0.0159
	每股经营现金净流量(元)	0.0033	0.0399	-0.0371	-0.0136
	净资产收益率(扣除)(%)	-	-	-	-29.0400
	净资产收益率(%)	-1.8560	0.9500	-5.0800	-28.9700
	总资产(万)	126129.67	145705.04	151533.23	143157.94
	股东权益(万)	37991.25	38696.21	36460.53	38314.37
	主营业务收入(万)	-	-	-	-
	主营业务利润(万)	-	-	-	-
	营业务收入(万)	74636.84	209071.57	108710.11	193320.15
	营业务利润(万)	-1704.39	-661.63	-2504.86	-11459.45
	投资收益(万)	-	-	-	-
	利润总额(万)	-1070.28	552.44	-1853.29	-11436.12
	净利润(万)	-704.95	366.79	-1853.84	-11098.42

辽源得亨股份有限公司

公司概况	公司名称	辽源得亨股份有限公司			证券简称	ST 得亨
	法人代表	赵利	董秘	由春玲	证券代码	600699
	公司网址				电子信箱	lydhb@163.net
	电　话	0437-3513931			传　真	0437-3520181
	办公地址	吉林省辽源市福兴路 3 号				
	经营范围	纺织、化纤产品的生产;保健纤维、复合纤维制造;房地产开发等				

	指标\报告期	2009.06.30	2008.12.31	2008.06.30	2007.12.31
主要财务指标	每股收益(元)	-0.4300	-0.6800	-0.2700	0.0900
	每股收益(扣除)(元)	-0.4300	-0.7400	-0.3400	-0.4000
	每股净资产(元)	0.5500	0.9800	1.3800	1.6600
	调整后每股净资产(元)	-	-	-	-
	每股资本公积金(元)	0.8553	0.8553	0.8553	0.8553
	每股盈余公积金(元)	0.1712	0.1712	0.1712	0.1712
	每股未分配利润(元)	-1.4768	-1.0507	-0.6445	-0.3705
	每股现金净流量(元)	0.0905	-0.3926	-0.4131	0.4772
	每股经营现金净流量(元)	0.1290	-0.1319	-0.2835	0.6832
	净资产收益率(扣除)(%)	-	-	-	-23.9700
	净资产收益率(%)	-77.4900	-69.7100	-19.8300	5.2800
	总资产(万)	131531.64	135511.05	143990.88	149852.86
	股东权益(万)	10210.78	18123.07	25667.41	30756.39
	主营业务收入(万)	-	-	-	-
	主营业务利润(万)	-	-	-	-
	营业务收入(万)	14169.44	27852.06	14679.63	29901.07
	营业务利润(万)	-7985.14	-13911.79	-6364.95	-7349.73
	投资收益(万)	-	-	-	-
	利润总额(万)	-8033.68	-12856.00	-5151.60	1464.49
	净利润(万)	-7912.29	-12633.32	-5088.97	1625.42

哈尔滨工大高新技术产业开发股份有限公司

公司概况	公司名称	哈尔滨工大高新技术产业开发股份有限公司			证券简称	*ST 工新
	法人代表	张大成	董秘	吕莹(代)	证券代码	600701
	公司网址	hit-hi-tech.cn			电子信箱	smart_hita600701@yahoo.com.cn
	电　话	0451-86269018、86269034			传　真	0451-86269032
	办公地址	哈尔滨市南岗区西大直街 118 号				
	经营范围	公司主要从事高新技术及产品的开发,生产,销售和技术服务等				

	指标\报告期	2009.06.30	2008.12.31	2008.06.30	2007.12.31
主要财务指标	每股收益(元)	-0.0057	-0.1091	-0.0250	-0.0340
	每股收益(扣除)(元)	-0.0057	-0.1097	-0.0260	-0.0540
	每股净资产(元)	1.6084	1.6141	1.7000	1.7232
	调整后每股净资产(元)	-	-	-	-
	每股资本公积金(元)	0.2374	0.2374	0.2373	0.2374
	每股盈余公积金(元)	0.1403	0.1403	0.1403	0.1403
	每股未分配利润(元)	0.2307	0.2364	0.3201	0.3455
	每股现金净流量(元)	-0.0078	0.0173	0.0005	-0.0051
	每股经营现金净流量(元)	0.0334	0.0816	0.0341	0.0256
	净资产收益率(扣除)(%)	-	-	-	-3.1320
	净资产收益率(%)	-0.3500	-6.7560	-1.5000	-1.9730
	总资产(万)	118193.87	117936.65	120652.49	123352.77
	股东权益(万)	80226.09	80509.12	84680.75	85948.41
	主营业务收入(万)	-	-	-	-
	主营业务利润(万)	-	-	-	-
	营业务收入(万)	13612.16	56408.90	26760.26	42902.85
	营业务利润(万)	-221.10	-5749.73	-1192.58	-1675.43
	投资收益(万)	-	-	-	-
	利润总额(万)	-217.14	-5718.91	-1190.54	-1744.00
	净利润(万)	-283.03	-5439.29	-1267.66	-1695.64

四川沱牌曲酒股份有限公司

公司概况	公司名称	四川沱牌曲酒股份有限公司			证券简称	沱牌曲酒
	法人代表	李家顺	董秘	马力军	证券代码	600702
	公司网址	www.chinatuopai.com			电子信箱	tuopai@tuopai.cn
	电　话	0825-6618268、6618269			传　真	0825-6618269
	办公地址	四川省遂宁市射洪县柳树镇中街 149 号				
	经营范围	粮食收购,沱牌系列酒及纯净水生产、销售,危险货物运输等				

	指标\报告期	2009.06.30	2008.12.31	2008.06.30	2007.12.31
主要财务指标	每股收益(元)	0.0765	0.1230	0.0859	0.1226
	每股收益(扣除)(元)	0.0765	0.1311	0.1002	0.1182
	每股净资产(元)	5.2476	5.2400	5.2000	5.1100
	调整后每股净资产(元)	-	-	-	-
	每股资本公积金(元)	2.3697	2.3697	2.3697	2.3697
	每股盈余公积金(元)	0.5557	0.5557	0.5434	0.5434
	每股未分配利润(元)	1.3222	1.3106	1.2859	1.2000
	每股现金净流量(元)	0.0641	0.1452	0.1201	0.1603
	每股经营现金净流量(元)	-0.3582	0.8064	0.0112	-0.6562
	净资产收益率(扣除)(%)	-	-	-	2.3100
	净资产收益率(%)	1.4600	2.3500	1.6530	2.4000
	总资产(万)	286078.20	274733.42	280141.39	276333.39
	股东权益(万)	177000.99	176612.32	175362.69	172463.87
	主营业务收入(万)	-	-	-	-
	主营业务利润(万)	-	-	-	-
	营业务收入(万)	39086.21	87101.81	48860.53	90006.49
	营业务利润(万)	3405.36	7833.86	4294.10	6706.52
	投资收益(万)	-	-	-	-
	利润总额(万)	3407.50	7433.22	3814.42	6851.52
	净利润(万)	2581.12	4148.46	2898.82	4135.42

三安光电股份有限公司

公司概况					
公司名称	三安光电股份有限公司			证券简称	三安光电
法人代表	林秀成	董秘	易声泽	证券代码	600703
公司网址	www.sanan-e.com		电子信箱	zhengquan@sanan-e.com	
电　话	0716-4138696		传　真	0716-4138696	
办公地址	厦门市思明区吕岭路 1721-1725 号				
经营范围	日用化工产品、塑料制品的生产销售;经营本企业生产的化工原料出口业务等				

主要财务指标　指标\报告期	2009.06.30	2008.12.31	2008.06.30	2007.12.31
每股收益(元)	0.2300	0.2800	0.0179	2.9200
每股收益(扣除)(元)	0.2100	0.2600	-0.0020	-0.4500
每股净资产(元)	2.1800	1.9500	1.8400	-
调整后每股净资产(元)	-	-	-	-
每股资本公积金(元)	1.5900	1.5900	1.7195	0.7448
每股盈余公积金(元)	0.0446	0.0446	0.0469	0.0919
每股未分配利润(元)	-0.4505	-0.6803	-0.9272	-1.8368
每股现金净流量(元)	-0.0203	0.4409	0.0745	-0.0010
每股经营现金净流量(元)	0.5345	0.3001	0.0355	-0.0083
净资产收益率(扣除)(%)	-	10.0600	-	-
净资产收益率(%)	10.5200	10.8200	0.5000	-
总资产(万)	88197.57	86104.11	65643.89	-
股东权益(万)	53769.35	48113.15	43122.60	-
主营业务收入(万)	-	-	-	-
主营业务利润(万)	-	-	-	-
营业务收入(万)	21545.50	21316.11	383.89	84.32
营业务利润(万)	6023.88	6197.12	293.29	-5434.80
投资收益(万)	-	-	-	-
利润总额(万)	6611.50	6197.53	293.29	34836.06
净利润(万)	5656.20	5205.05	214.50	34867.07

浙江中大(集团)股份有限公司

公司概况					
公司名称	浙江中大(集团)股份有限公司			证券简称	中大股份
法人代表	陈继达	董秘	祝卸和	证券代码	600704
公司网址	www.zhongda.com		电子信箱	zhuxh@zhongdao.com	
电　话	0571-85777029		传　真	0571-85778008	
办公地址	杭州市中大广场 A 座				
经营范围	主要从事各类服装、纺织品、食品、茶叶等进出口贸易等				

主要财务指标　指标\报告期	2009.06.30	2008.12.31	2008.06.30	2007.12.31
每股收益(元)	0.2706	0.4000	0.1800	0.3900
每股收益(扣除)(元)	0.1077	0.3200	0.1200	0.2800
每股净资产(元)	4.1923	4.0700	3.9600	4.5900
调整后每股净资产(元)	-	-	-	-
每股资本公积金(元)	1.6299	1.6755	1.7917	2.5045
每股盈余公积金(元)	0.4246	0.4246	0.4041	0.4041
每股未分配利润(元)	1.1378	0.9672	0.7616	0.6845
每股现金净流量(元)	1.8445	-1.1919	-1.1406	1.8784
每股经营现金净流量(元)	1.1413	-2.3449	-1.8457	1.7405
净资产收益率(扣除)(%)	-	-	-	6.0000
净资产收益率(%)	6.4500	9.9100	4.4700	8.5700
总资产(万)	767582.47	688602.93	689670.57	698572.46
股东权益(万)	157107.10	152425.18	148306.02	172131.29
主营业务收入(万)	-	-	-	-
主营业务利润(万)	-	-	-	-
营业务收入(万)	129419.83	441731.23	182993.41	414566.17
营业务利润(万)	16662.96	30354.31	11889.99	30837.70
投资收益(万)	-	-	-	-
利润总额(万)	16883.03	29832.43	11851.24	30554.53
净利润(万)	10140.39	15108.34	6636.52	14757.09

长安信息产业(集团)股份有限公司

公司概况					
公司名称	长安信息产业(集团)股份有限公司			证券简称	ST 长信
法人代表	蔡世杰	董秘	高艳	证券代码	600706
公司网址	www.changxin.com		电子信箱	cadsh@pub.xaonline.com	
电　话	029-82214266		传　真	029-82233943	
办公地址	陕西省西安市友谊东路 41 号				
经营范围	计算机硬件、软件、系统、外部设备的开发、生产和销售等				

主要财务指标　指标\报告期	2009.06.30	2008.12.31	2008.06.30	2007.12.31
每股收益(元)	-0.1100	0.0280	-0.0800	0.0240
每股收益(扣除)(元)	-0.1100	-0.3660	-0.1100	-0.9970
每股净资产(元)	0.2000	0.3100	0.2600	0.2800
调整后每股净资产(元)	-	-	-	-
每股资本公积金(元)	0.6677	0.6677	0.6670	0.6670
每股盈余公积金(元)	0.1840	0.1840	0.4203	0.1840
每股未分配利润(元)	-1.6560	-1.5422	-1.8307	-1.5703
每股现金净流量(元)	-0.0268	0.0082	-0.0216	-0.1827
每股经营现金净流量(元)	0.2848	1.6061	0.1180	-0.1601
净资产收益率(扣除)(%)	-	-	-	-355.1000
净资产收益率(%)	-58.1400	9.0700	-32.8400	8.5900
总资产(万)	78101.65	76240.85	82188.07	82855.68
股东权益(万)	1709.81	2703.83	2241.08	2452.00
主营业务收入(万)	-	-	-	-
主营业务利润(万)	-	-	-	-
营业务收入(万)	7570.95	16279.32	7443.18	30898.53
营业务利润(万)	-1462.78	-4205.91	-1201.52	-4444.77
投资收益(万)	-	-	-	-
利润总额(万)	-1458.49	-1229.02	-1015.79	2195.49
净利润(万)	-994.03	245.30	-735.90	210.67

彩虹显示器件股份有限公司

公司概况					
公司名称	彩虹显示器件股份有限公司			证券简称	彩虹股份
法人代表	邢道钦	董秘	刘晓东	证券代码	600707
公司网址	www.iricoltd.com.cn		电子信箱	gfoffice@ch.com.cn	
电　话	029-33333853		传　真	029-33333852	
办公地址	陕西省咸阳市彩虹路一号				
经营范围	彩色显示器件、电子产品及零部件、原材料的生产、开发、经营等				

主要财务指标　指标\报告期	2009.06.30	2008.12.31	2008.06.30	2007.12.31
每股收益(元)	-0.2290	0.0700	0.0290	-0.0700
每股收益(扣除)(元)	-0.2590	0.0700	0.0290	-0.1400
每股净资产(元)	3.2340	3.4600	3.4200	3.3900
调整后每股净资产(元)	-	-	-	-
每股资本公积金(元)	1.6795	1.6795	1.6795	1.6795
每股盈余公积金(元)	0.5465	0.5465	0.5391	0.5391
每股未分配利润(元)	0.0077	0.2365	0.2000	0.1715
每股现金净流量(元)	0.0990	0.1536	0.1267	-0.0401
每股经营现金净流量(元)	-0.2400	0.2499	0.0705	0.0797
净资产收益率(扣除)(%)	-	-	-	-4.1400
净资产收益率(%)	-7.0700	2.0900	0.8300	-1.9900
总资产(万)	202166.16	195925.79	219464.87	204241.42
股东权益(万)	136186.64	145821.57	143976.02	142775.86
主营业务收入(万)	-	-	-	-
主营业务利润(万)	-	-	-	-
营业务收入(万)	57716.74	302516.26	156383.73	170569.61
营业务利润(万)	-9698.86	3060.51	1195.70	-2894.87
投资收益(万)	-	-	-	-
利润总额(万)	-9633.46	3046.83	1188.50	-2720.18
净利润(万)	-9634.93	3045.71	1200.16	-2843.36

上海海博股份有限公司

公司概况						
	公司名称	上海海博股份有限公司			证券简称	海博股份
	法人代表	洪明德	董秘	熊波	证券代码	600708
	公司网址	www.hb600708.com		电子信箱	xiongbo-sh@sohu.com	
	电　话	021-61132700、61132819		传　真	021-61132819	
	办公地址	上海市徐汇区宜山路 829 号				
	经营范围	工业品加工、批发、零售、有色金属加工、经销、农副产品加工、批发、零售等				

主要财务指标	指标\报告期	2009.06.30	2008.12.31	2008.06.30	2007.12.31
	每股收益(元)	0.1359	0.3234	0.1348	0.3174
	每股收益(扣除)(元)	0.1181	0.2193	0.0987	0.2088
	每股净资产(元)	2.0397	2.0035	1.9307	2.1706
	调整后每股净资产(元)	–	–	–	–
	每股资本公积金(元)	0.0748	0.0745	0.0736	0.1551
	每股盈余公积金(元)	0.0385	0.0385	0.0185	0.1261
	每股未分配利润(元)	0.9264	0.8905	0.8386	0.8897
	每股现金净流量(元)	–0.1224	0.1313	0.3294	0.0533
	每股经营现金净流量(元)	0.3876	0.9889	0.2447	0.6314
	净资产收益率(扣除)(%)	–	–	–	9.6200
	净资产收益率(%)	6.6600	16.1400	6.9800	14.6200
	总资产(万)	256759.46	258311.92	284895.36	292697.68
	股东权益(万)	94637.87	92957.32	89577.83	122555.54
	主营业务收入(万)	–	–	–	–
	主营业务利润(万)	–	–	–	–
	营业务收入(万)	79659.79	166467.64	89938.32	172590.17
	营业务利润(万)	6698.88	9585.39	6761.43	18619.71
	投资收益(万)	–	–	–	–
	利润总额(万)	8098.42	18115.83	8011.72	21512.57
	净利润(万)	6303.63	15002.90	6255.29	14726.70

常林股份有限公司

公司概况						
	公司名称	常林股份有限公司			证券简称	常林股份
	法人代表	王伟炎	董秘	梁逢源	证券代码	600710
	公司网址	www.changlin.com.cn		电子信箱	lfy@changlin.com.cn	
	电　话	0519-86781168、86781158		传　真	0519-86750025、86755314	
	办公地址	江苏省常州市常林路 10 号				
	经营范围	工程、林业、矿山、环保、采运机械设备的研制、生产、销售等				

主要财务指标	指标\报告期	2009.06.30	2008.12.31	2008.06.30	2007.12.31
	每股收益(元)	0.0400	0.1100	0.2100	0.2000
	每股收益(扣除)(元)	0.0500	0.1100	0.2100	0.1900
	每股净资产(元)	2.3100	2.2600	2.3621	2.8500
	调整后每股净资产(元)	–	–	–	–
	每股资本公积金(元)	0.4387	0.4387	0.4387	0.8703
	每股盈余公积金(元)	0.1688	0.1688	0.1581	0.2056
	每股未分配利润(元)	0.7004	0.6561	0.7662	0.7723
	每股现金净流量(元)	0.0064	0.1170	0.2172	0.3153
	每股经营现金净流量(元)	–0.2185	0.0440	0.0498	0.1120
	净资产收益率(扣除)(%)	–	–	–	–
	净资产收益率(%)	1.9200	4.9100	8.9100	9.0000
	总资产(万)	240534.20	224435.59	236684.00	190565.52
	股东权益(万)	112151.64	110026.88	114845.50	106527.57
	主营业务收入(万)	–	–	–	–
	主营业务利润(万)	–	–	–	–
	营业务收入(万)	66237.40	185679.08	118796.56	184235.11
	营业务利润(万)	2205.18	5362.57	10293.83	9752.91
	投资收益(万)	–	–	–	–
	利润总额(万)	2108.53	5588.87	10302.51	10258.25
	净利润(万)	2156.76	5400.80	10237.55	9401.34

厦门雄震矿业集团股份有限公司

公司概况						
	公司名称	厦门雄震矿业集团股份有限公司			证券简称	ST 雄震
	法人代表	陈东	董秘	江艳	证券代码	600711
	公司网址	www.600711.com		电子信箱	600711@600711.com	
	电　话	0592-5891697、5891686		传　真	0592-5891699	
	办公地址	福建省厦门市湖滨北路 72 号中闽大厦 9 楼 2 单元				
	经营范围	对矿业、酒店业的投资、批发零售矿产品);网络智能设备、金融等				

主要财务指标	指标\报告期	2009.06.30	2008.12.31	2008.06.30	2007.12.31
	每股收益(元)	–0.1400	0.1720	0.1700	0.3590
	每股收益(扣除)(元)	–0.0980	0.0540	0.0040	–0.0410
	每股净资产(元)	0.2400	0.3780	0.3400	0.1700
	调整后每股净资产(元)	–	–	–	–
	每股资本公积金(元)	0.0383	0.0383	0.0034	0.0034
	每股盈余公积金(元)	–	–	–	–
	每股未分配利润(元)	–0.7964	–0.6595	–0.6585	–0.8317
	每股现金净流量(元)	–0.0707	–0.0693	–0.1280	0.0715
	每股经营现金净流量(元)	0.0163	0.2093	0.1193	0.7482
	净资产收益率(扣除)(%)	–	–	–	–24.0500
	净资产收益率(%)	–56.5800	45.4600	45.7400	209.1500
	总资产(万)	26144.91	24362.77	28344.21	30228.34
	股东权益(万)	1922.25	3009.91	2740.74	1363.86
	主营业务收入(万)	–	–	–	–
	主营业务利润(万)	–	–	–	–
	营业务收入(万)	5645.67	13291.93	6825.87	3843.66
	营业务利润(万)	–914.03	486.97	365.73	1599.17
	投资收益(万)	–	–	–	–
	利润总额(万)	–1157.11	1450.12	1727.92	3840.88
	净利润(万)	–1087.66	1368.36	1376.88	2852.52

南宁百货大楼股份有限公司

公司概况						
	公司名称	南宁百货大楼股份有限公司			证券简称	南宁百货
	法人代表	陈民群	董秘	李亮	证券代码	600712
	公司网址	www.nnbh.com.cn		电子信箱	dmfloffice@nnbh.cn	
	电　话	0771-2610906		传　真	0771-2610906	
	办公地址	广西壮族自治区南宁市朝阳路 39 号				
	经营范围	商品零售、批发、进出口贸易、广告、物业管理等				

主要财务指标	指标\报告期	2009.06.30	2008.12.31	2008.06.30	2007.12.31
	每股收益(元)	0.0750	0.1920	0.0820	0.0960
	每股收益(扣除)(元)	0.0690	0.1740	0.0600	0.0900
	每股净资产(元)	1.7100	1.6400	1.5300	1.4500
	调整后每股净资产(元)	–	–	–	–
	每股资本公积金(元)	0.0612	0.0612	0.0612	0.0612
	每股盈余公积金(元)	0.0615	0.0615	0.0385	0.0385
	每股未分配利润(元)	0.5880	0.5134	0.4258	0.3440
	每股现金净流量(元)	–0.1438	0.3676	0.2935	–0.2609
	每股经营现金净流量(元)	0.0779	0.8102	0.7084	0.7959
	净资产收益率(扣除)(%)	–	–	–	6.1700
	净资产收益率(%)	4.1200	11.7600	5.3600	6.6500
	总资产(万)	85248.21	90872.47	89876.81	87971.69
	股东权益(万)	24750.47	23670.31	22070.49	20887.63
	主营业务收入(万)	–	–	–	–
	主营业务利润(万)	–	–	–	–
	营业务收入(万)	70226.47	134878.60	70096.69	113546.54
	营业务利润(万)	984.51	3555.36	1243.43	2310.09
	投资收益(万)	–	–	–	–
	利润总额(万)	1052.66	3777.86	1576.23	2296.34
	净利润(万)	1080.16	2782.68	1182.87	1390.01

南京医药股份有限公司

公司概况	公司名称	南京医药股份有限公司			证券简称	南京医药
	法人代表	周耀平	董秘	朱蔚	证券代码	600713
	公司网址	www.njyy.com		电子信箱	600713@njyy.com	
	电　话	025-84552628、84552687		传　真	025-84552628、84552687	
	办公地址	江苏省南京市中山东路486号				
	经营范围	化学原料药，化学药制剂，抗生素，生化药品，生物制品，中成药，畜用药及添加剂等				

主要财务指标	指标\报告期	2009.06.30	2008.12.31	2008.06.30	2007.12.31
	每股收益(元)	0.1030	0.1210	0.1110	0.1860
	每股收益(扣除)(元)	0.1040	0.1030	0.1080	0.0440
	每股净资产(元)	1.7000	1.9300	2.0300	2.0100
	调整后每股净资产(元)	–	–	–	–
	每股资本公积金(元)	0.2515	0.4113	0.5182	0.5292
	每股盈余公积金(元)	0.1730	0.2076	0.1974	0.1974
	每股未分配利润(元)	0.2785	0.3106	0.3170	0.2856
	每股现金净流量(元)	1.2224	–0.0012	0.3562	0.8479
	每股经营现金净流量(元)	0.6536	0.0173	–0.0901	0.3233
	净资产收益率(扣除)(%)	–	–	–	2.1700
	净资产收益率(%)	6.0500	6.2700	5.4800	9.2500
	总资产(万)	635511.81	504395.00	530416.67	499929.34
	股东权益(万)	51249.29	48385.05	50970.24	50459.51
	主营业务收入(万)	–	–	–	–
	主营业务利润(万)	–	–	–	–
	营业务收入(万)	627211.75	1139628.81	556940.58	934485.84
	营业务利润(万)	4693.06	5182.47	4665.56	9634.02
	投资收益(万)	–	–	–	–
	利润总额(万)	4837.83	6455.47	5122.30	12348.53
	净利润(万)	3101.82	3033.49	2793.66	4667.99

青海金瑞矿业发展股份有限公司

公司概况	公司名称	青海金瑞矿业发展股份有限公司			证券简称	ST金瑞
	法人代表	程国勋	董秘	张光周	证券代码	600714
	公司网址	qhjrmd.hg-z.com		电子信箱	scgf@yp.ce.net.cn	
	电　话	0971-6321867、6321653		传　真	0971-633091、6330915	
	办公地址	青海省西宁市新宁路36号				
	经营范围	矿业开发、加工、销售；锶业系列产品的研究、生产、销售等				

主要财务指标	指标\报告期	2009.06.30	2008.12.31	2008.06.30	2007.12.31
	每股收益(元)	–0.0800	–0.4900	–0.0400	0.0150
	每股收益(扣除)(元)	–0.0930	–0.5030	–0.0300	–0.1630
	每股净资产(元)	0.4213	0.4875	0.9400	0.9778
	调整后每股净资产(元)	–	–	–	–
	每股资本公积金(元)	0.2127	0.2001	0.2003	0.2003
	每股盈余公积金(元)	0.1767	0.1767	0.1767	0.1767
	每股未分配利润(元)	–0.9681	–0.8892	–0.4345	–0.3994
	每股现金净流量(元)	–0.0052	0.0003	–0.0032	–0.0128
	每股经营现金净流量(元)	0.0556	–0.0972	0.3108	–0.0872
	净资产收益率(扣除)(%)	–	–103.1600	–	–16.6900
	净资产收益率(%)	–18.6800	–100.5100	–3.7300	1.5100
	总资产(万)	36692.37	37517.15	35298.83	33292.72
	股东权益(万)	6358.64	7358.27	14224.27	14754.31
	主营业务收入(万)	–	–	–	–
	主营业务利润(万)	–	–	–	–
	营业务收入(万)	2315.39	5283.36	933.18	3520.74
	营业务利润(万)	–1378.16	–7368.23	–504.07	–2465.28
	投资收益(万)	–	–	–	–
	利润总额(万)	–1187.63	–7395.90	–529.91	222.72
	净利润(万)	–1187.63	–7396.04	–530.05	222.52

松辽汽车股份有限公司

公司概况	公司名称	松辽汽车股份有限公司			证券简称	ST松辽
	法人代表	宣守招	董秘	孙华东	证券代码	600715
	公司网址			电子信箱	slqccom@mail.sy.ln.cn	
	电　话	024-31489863		传　真	024-31489909	
	办公地址	沈阳市苏家屯区白松路22号				
	经营范围	系列轻型越野客车和轻型客车制造、销售，汽车改装及修理等				

主要财务指标	指标\报告期	2009.06.30	2008.12.31	2008.06.30	2007.12.31
	每股收益(元)	–0.0035	0.0400	0.0070	0.1100
	每股收益(扣除)(元)	–0.0042	–0.0050	0.0070	0.0150
	每股净资产(元)	0.8176	0.8210	0.7880	0.7810
	调整后每股净资产(元)	–	–	–	–
	每股资本公积金(元)	1.9921	1.9921	1.9921	1.9921
	每股盈余公积金(元)	0.0416	0.0416	0.0416	0.0416
	每股未分配利润(元)	–2.2162	–2.2127	–2.2457	–2.2524
	每股现金净流量(元)	–0.0002	–0.0163	0.0128	0.0156
	每股经营现金净流量(元)	0.0025	–0.0045	0.0171	0.1140
	净资产收益率(扣除)(%)	–	–	–	1.9400
	净资产收益率(%)	–0.4240	4.8400	0.8670	14.5000
	总资产(万)	35731.08	36094.57	35350.15	35388.76
	股东权益(万)	18334.87	18412.62	17672.74	17521.21
	主营业务收入(万)	–	–	–	–
	主营业务利润(万)	–	–	–	–
	营业务收入(万)	4297.37	8735.88	4556.04	20541.11
	营业务利润(万)	–94.02	–122.31	153.06	2773.95
	投资收益(万)	–	–	–	–
	利润总额(万)	–77.76	891.42	151.53	2540.96
	净利润(万)	–77.76	891.42	151.53	2540.96

秦皇岛耀华玻璃股份有限公司

公司概况	公司名称	秦皇岛耀华玻璃股份有限公司			证券简称	ST耀华
	法人代表	曹田平	董秘	宋英利	证券代码	600716
	公司网址	www.yaohuaglass.com.cn		电子信箱	yaohuasyl@sina.com	
	电　话	0335-3285158		传　真	0335-3028173	
	办公地址	河北省秦皇岛市西港路				
	经营范围	玻璃及其制品的生产、销售；玻璃机器制造、加工、修理；技术咨询、服务等				

主要财务指标	指标\报告期	2009.06.30	2008.12.31	2008.06.30	2007.12.31
	每股收益(元)	–0.0790	–0.4558	–0.0460	0.0367
	每股收益(扣除)(元)	–0.0820	–0.4642	–0.0550	–0.0351
	每股净资产(元)	0.2570	0.3400	0.7500	0.7900
	调整后每股净资产(元)	–	–	–	–
	每股资本公积金(元)	0.2557	0.2557	0.2557	0.2557
	每股盈余公积金(元)	0.0655	0.0655	0.0655	0.0655
	每股未分配利润(元)	–1.0641	–0.9853	–0.5755	–0.5295
	每股现金净流量(元)	–0.3551	–0.0719	–0.0369	–0.0168
	每股经营现金净流量(元)	0.0012	0.3795	0.2087	0.2028
	净资产收益率(扣除)(%)	–	–	–	–4.4400
	净资产收益率(%)	–30.6300	–135.7000	–6.1700	4.6400
	总资产(万)	162015.81	184655.77	169510.34	179772.84
	股东权益(万)	14330.52	18719.55	41556.91	44122.35
	主营业务收入(万)	–	–	–	–
	主营业务利润(万)	–	–	–	–
	营业务收入(万)	41836.15	122231.08	67457.31	140404.95
	营业务利润(万)	–5872.73	–30895.11	–4410.65	398.36
	投资收益(万)	–	–	–	–
	利润总额(万)	–5595.09	–30555.49	–3629.45	1076.30
	净利润(万)	–4389.03	–25402.80	–2565.44	2045.97

天津港股份有限公司

公司概况	公司名称	天津港股份有限公司			证券简称	天津港
	法人代表	于汝民	董秘	姚志刚(代)	证券代码	600717
	公司网址	www.tianjin-port.com		电子信箱	guoxiaowei@tianjin-port.com	
	电　话	022-25702708、25706615		传　真	022-25706615	
	办公地址	天津市塘沽区津港路99号				
	经营范围	商品储存;中转联运、汽车运输;装卸搬运;集装箱搬运、拆装箱及相关业务等				

主要财务指标	指标\报告期	2009.06.30	2008.12.31	2008.06.30	2007.12.31
	每股收益(元)	0.2100	0.5700	0.3600	0.6600
	每股收益(扣除)(元)	0.2100	0.4800	0.2700	0.3100
	每股净资产(元)	5.6200	5.3600	5.2500	4.2300
	调整后每股净资产(元)	–	–	–	–
	每股资本公积金(元)	2.1460	2.0887	2.1292	1.4848
	每股盈余公积金(元)	0.3395	0.3395	0.2979	0.3444
	每股未分配利润(元)	2.1370	1.9353	1.8268	1.7811
	每股现金净流量(元)	0.1493	–0.1035	0.0107	0.1809
	每股经营现金净流量(元)	0.3306	0.8963	0.4909	0.6062
	净资产收益率(扣除)(%)	–	–	–	10.1200
	净资产收益率(%)	3.6700	10.4800	6.6200	7.2200
	总资产(万)	2072813.42	1984965.49	1963903.59	1692722.71
	股东权益(万)	941640.94	898257.71	879903.79	667955.20
	主营业务收入(万)	–	–	–	–
	主营业务利润(万)	–	–	–	–
	营业务收入(万)	427452.02	1126583.61	575447.85	915545.23
	营业务利润(万)	55270.61	136968.40	85945.48	159635.73
	投资收益(万)	–	–	–	–
	利润总额(万)	54222.61	139232.50	86352.78	168210.08
	净利润(万)	34517.59	94168.40	58272.30	104720.60

东软集团股份有限公司

公司概况	公司名称	东软集团股份有限公司			证券简称	东软集团
	法人代表	刘积仁	董秘	王自栋	证券代码	600718
	公司网址	www.neusoft.com		电子信箱	investor@neusoft.com	
	电　话	024-83662115		传　真	024-23783375	
	办公地址	辽宁省沈阳市浑南新区新秀街2号东软软件园				
	经营范围	以软件开发和软件服务、系统集成及提供全面解决方案等				

主要财务指标	指标\报告期	2009.06.30	2008.12.31	2008.06.30	2007.12.31
	每股收益(元)	0.2500	0.5200	0.3400	0.4400
	每股收益(扣除)(元)	0.1900	0.5100	0.3400	0.3500
	每股净资产(元)	3.8400	3.6100	5.9600	5.7600
	调整后每股净资产(元)	–	–	–	–
	每股资本公积金(元)	0.7151	0.7329	1.9642	4.7712
	每股盈余公积金(元)	0.4424	0.4424	0.7343	1.2745
	每股未分配利润(元)	1.6994	1.4481	2.3018	3.7438
	每股现金净流量(元)	–0.1698	–0.2264	–1.1327	1.5959
	每股经营现金净流量(元)	0.0621	0.7756	0.1432	2.4725
	净资产收益率(扣除)(%)	–	–	–	10.8800
	净资产收益率(%)	6.5500	14.4000	5.7700	13.7400
	总资产(万)	548918.14	559297.49	518990.40	557003.86
	股东权益(万)	362494.65	340747.22	312632.22	302122.48
	主营业务收入(万)	–	–	–	–
	主营业务利润(万)	–	–	–	–
	营业务收入(万)	178141.54	371134.56	164312.83	336544.55
	营业务利润(万)	26737.57	50259.59	22411.46	42725.88
	投资收益(万)	–	–	–	–
	利润总额(万)	27868.86	53716.94	21787.92	47116.17
	净利润(万)	23735.73	49077.89	18033.57	41507.47

大连热电股份有限公司

公司概况	公司名称	大连热电股份有限公司			证券简称	大连热电
	法人代表	于长敏	董秘	沈军	证券代码	600719
	公司网址	www.dlrd.com		电子信箱	webmaster@dlrd.com	
	电　话	0411-84498988、84498968		传　真	0411-84438755	
	办公地址	辽宁省大连市西岗区沿海街90号				
	经营范围	集中供热、热电联产、供热工程设计及安装检修等				

主要财务指标	指标\报告期	2009.06.30	2008.12.31	2008.06.30	2007.12.31
	每股收益(元)	0.0920	0.0570	0.0720	0.0950
	每股收益(扣除)(元)	0.0910	–0.0400	0.0720	0.0400
	每股净资产(元)	3.6900	3.6100	3.6300	3.5900
	调整后每股净资产(元)	–	–	–	–
	每股资本公积金(元)	1.5052	1.5052	1.5052	1.5052
	每股盈余公积金(元)	0.7332	0.7332	0.7161	0.7161
	每股未分配利润(元)	0.4482	0.3764	0.4089	0.3665
	每股现金净流量(元)	0.4799	–0.0800	–0.1565	0.1808
	每股经营现金净流量(元)	0.0509	0.0381	0.0175	0.9266
	净资产收益率(扣除)(%)	–	–	–	1.1100
	净资产收益率(%)	2.4900	1.5800	1.9930	2.6500
	总资产(万)	199505.85	185265.06	175257.12	179123.53
	股东权益(万)	74580.37	73127.63	73437.55	72581.13
	主营业务收入(万)	–	–	–	–
	主营业务利润(万)	–	–	–	–
	营业务收入(万)	36038.12	58113.25	34002.51	60181.29
	营业务利润(万)	2159.67	–872.74	1793.45	2807.59
	投资收益(万)	–	–	–	–
	利润总额(万)	2182.49	1748.45	1815.91	3618.24
	净利润(万)	1857.35	1153.28	1463.32	1925.07

甘肃祁连山水泥集团股份有限公司

公司概况	公司名称	甘肃祁连山水泥集团股份有限公司			证券简称	祁连山
	法人代表	杨皓	董秘	王云鹏	证券代码	600720
	公司网址	www.qlssn.com		电子信箱	qlssn@163.com	
	电　话	0931-4900698		传　真	0931-4900697	
	办公地址	甘肃省兰州市城关区酒泉路力行新村3号祁连山大厦				
	经营范围	水泥研究开发制造、批发零售,水泥装备的研制、安装、修理,石材加工等				

主要财务指标	指标\报告期	2009.06.30	2008.12.31	2008.06.30	2007.12.31
	每股收益(元)	0.4030	0.4460	0.1210	0.0140
	每股收益(扣除)(元)	0.4040	0.4420	0.0890	0.0140
	每股净资产(元)	3.9134	2.6800	2.4000	2.3000
	调整后每股净资产(元)	–	–	–	–
	每股资本公积金(元)	1.8608	0.6661	0.6671	0.6902
	每股盈余公积金(元)	0.1529	0.1835	0.1357	0.1357
	每股未分配利润(元)	0.8996	0.8259	0.5987	0.4779
	每股现金净流量(元)	2.0165	0.4203	–0.0369	0.0779
	每股经营现金净流量(元)	0.8456	1.2547	0.3633	0.6138
	净资产收益率(扣除)(%)	–	–	–	2.7600
	净资产收益率(%)	8.5900	16.6600	5.0200	0.6000
	总资产(万)	464423.92	332999.90	310494.54	292776.76
	股东权益(万)	185846.43	105921.15	95073.08	91207.28
	主营业务收入(万)	–	–	–	–
	主营业务利润(万)	–	–	–	–
	营业务收入(万)	118074.48	182264.45	74728.44	125686.15
	营业务利润(万)	17545.62	19177.54	5677.13	–819.69
	投资收益(万)	–	–	–	–
	利润总额(万)	21748.34	26375.51	8329.23	3723.27
	净利润(万)	15966.87	17646.13	4776.47	559.03

新疆百花村股份有限公司

公司概况

公司名称	新疆百花村股份有限公司			证券简称	ST 百花
法人代表	刘威东	董秘	吕政田	证券代码	600721
公司网址				电子信箱	xjbhc@hotmail.com
电　话	0991-2356610、2356620			传　真	0991-2356600
办公地址	新疆乌鲁木齐市中山路 141 号				
经营范围	电子计算机软硬件的开发销售及培训、电子元器件、五金交电租赁等				

主要财务指标

指标\报告期	2009.06.30	2008.12.31	2008.06.30	2007.12.31
每股收益(元)	0.0174	0.0473	0.0200	0.0594
每股收益(扣除)(元)	0.0088	0.0068	–0.0100	–0.0281
每股净资产(元)	1.8200	1.8000	1.7800	1.7600
调整后每股净资产(元)	–	–	–	–
每股资本公积金(元)	1.2575	1.2575	1.2575	1.8795
每股盈余公积金(元)	0.1548	0.1548	0.1548	0.2313
每股未分配利润(元)	–0.5904	–0.6078	–0.6345	–0.9791
每股现金净流量(元)	0.0702	0.0527	–0.0859	0.2537
每股经营现金净流量(元)	0.0086	0.0865	0.0019	0.1169
净资产收益率(扣除)(%)	–	–	–	–1.0700
净资产收益率(%)	0.9600	2.6200	1.1600	2.2600
总资产(万)	88427.95	81309.67	74121.48	74228.79
股东权益(万)	25815.52	25568.80	25189.46	24898.50
主营业务收入(万)	–	–	–	–
主营业务利润(万)	–	–	–	–
营业务收入(万)	2018.37	3908.99	1871.60	3756.23
营业务利润(万)	336.16	81.10	24.43	–86.08
投资收益(万)	–	–	–	–
利润总额(万)	458.35	845.79	442.66	953.51
净利润(万)	246.72	670.30	290.96	563.05

河北金牛化工股份有限公司

公司概况

公司名称	河北金牛化工股份有限公司			证券简称	ST 金化
法人代表	祁泽民	董秘	邱玲	证券代码	600722
公司网址	www.hbjnhg.com		电子信箱	jnhg600722@163.com	
电　话	0317-3509970		传　真	0317-3030719	
办公地址	河北省沧州市黄河东路 20 号				
经营范围	化工原料、塑料制品、建筑材料的批发零售等				

主要财务指标

指标\报告期	2009.06.30	2008.12.31	2008.06.30	2007.12.31
每股收益(元)	–0.0300	–3.5400	–0.1700	2.6800
每股收益(扣除)(元)	–0.0060	–2.8100	–0.0400	2.6800
每股净资产(元)	–3.7000	–3.6800	–0.7700	–0.1300
调整后每股净资产(元)	–	–	–	–
每股资本公积金(元)	0.6930	0.6930	0.6930	0.6930
每股盈余公积金(元)	0.1867	0.1867	0.1867	0.1867
每股未分配利润(元)	–5.5830	–5.5551	–2.6504	–2.0121
每股现金净流量(元)	–0.0364	0.1644	0.0272	–0.1322
每股经营现金净流量(元)	0.2987	0.0166	–0.1002	–0.0772
净资产收益率(扣除)(%)	–	–	–	–
净资产收益率(%)	–	–	–	–
总资产(万)	155153.32	152530.13	189064.37	276778.97
股东权益(万)	–155723.95	–154889.36	–32480.55	–5579.62
主营业务收入(万)	–	–	–	–
主营业务利润(万)	–	–	–	–
营业务收入(万)	54563.45	72667.56	17369.03	24833.31
营业务利润(万)	–125.09	–118428.10	–3458.65	–87981.25
投资收益(万)	–	–	–	–
利润总额(万)	–1050.18	–149264.02	–7367.62	96105.72
净利润(万)	–1174.54	–149309.74	–7338.21	113068.29

北京市西单商场股份有限公司

公司概况

公司名称	北京市西单商场股份有限公司			证券简称	西单商场
法人代表	刘秀玲	董秘	王健	证券代码	600723
公司网址	www.xdsc.com.cn		电子信箱	xd600723@126.com	
电　话	010-66024984		传　真	010-66014196	
办公地址	北京西城区西单北大街 120 号				
经营范围	零售、批发、代购、代销百货、针织、五金、机械等产品				

主要财务指标

指标\报告期	2009.06.30	2008.12.31	2008.06.30	2007.12.31
每股收益(元)	0.0558	–0.0746	0.0072	0.0413
每股收益(扣除)(元)	0.0566	–0.0602	0.0398	0.0655
每股净资产(元)	2.6257	2.5700	2.6554	2.6482
调整后每股净资产(元)	–	–	–	–
每股资本公积金(元)	1.8316	1.8316	1.8353	1.8353
每股盈余公积金(元)	0.2537	0.2537	0.2537	0.2537
每股未分配利润(元)	–0.4596	–0.5153	–0.4336	–0.4408
每股现金净流量(元)	–0.2596	0.1960	–0.2468	–0.4719
每股经营现金净流量(元)	–0.1436	0.4051	–0.0420	0.3206
净资产收益率(扣除)(%)	–	–	–	2.4700
净资产收益率(%)	2.1200	–2.9000	0.2700	1.5600
总资产(万)	171347.01	182228.15	171791.15	183539.97
股东权益(万)	107580.58	105296.18	108795.52	108501.17
主营业务收入(万)	–	–	–	–
主营业务利润(万)	–	–	–	–
营业务收入(万)	115138.70	232573.42	110864.46	210691.59
营业务利润(万)	3095.23	–962.84	1211.56	4306.16
投资收益(万)	–	–	–	–
利润总额(万)	3051.24	–1628.98	926.22	3305.62
净利润(万)	2284.40	–3055.04	294.35	1694.01

宁波富达股份有限公司

公司概况

公司名称	宁波富达股份有限公司			证券简称	宁波富达
法人代表	王宏祥	董秘	陈建新	证券代码	600724
公司网址	www.Fuda.com		电子信箱	dsbcjx@fuda.com	
电　话	0574-62814275		传　真	0574-62818498 1198	
办公地址	浙江省余姚市阳明西路 355 号				
经营范围	家用电力器具、电机、文具、鞋帽、工艺品、水暖管件、塑料制品、模具等				

主要财务指标

指标\报告期	2009.06.30	2008.12.31	2008.06.30	2007.12.31
每股收益(元)	0.0796	0.1131	0.0409	0.1000
每股收益(扣除)(元)	0.0262	0.0974	0.0333	0.0900
每股净资产(元)	1.6327	1.7400	1.6843	1.6500
调整后每股净资产(元)	–	–	–	–
每股资本公积金(元)	0.2592	3.6573	0.0290	0.0340
每股盈余公积金(元)	0.0605	0.1875	0.1407	0.1407
每股未分配利润(元)	0.3130	1.0099	0.5146	0.4737
每股现金净流量(元)	0.1246	–0.0406	–0.0362	0.1131
每股经营现金净流量(元)	0.4737	0.3843	0.2585	0.2580
净资产收益率(扣除)(%)	–	–	–	5.2300
净资产收益率(%)	4.8780	6.4860	2.4280	5.7800
总资产(万)	598827.25	598970.55	230336.69	226748.34
股东权益(万)	235961.39	260351.51	74896.08	73302.69
主营业务收入(万)	–	–	–	–
主营业务利润(万)	–	–	–	–
营业务收入(万)	65587.33	132416.92	56451.46	141691.77
营业务利润(万)	17439.55	8624.85	2119.96	7989.77
投资收益(万)	–	–	–	–
利润总额(万)	19423.81	14205.10	4275.46	12077.99
净利润(万)	11510.72	5030.88	1818.65	4240.29

云南云维股份有限公司

公司概况						
	公司名称	云南云维股份有限公司			证券简称	云维股份
	法人代表	张跃龙	董秘	李斌	证券代码	600725
	公司网址	www.ywgf.cn		电子信箱	jianggh@ywgf.cn	
	电　话	0874-3068588、3064195		传　真	0874-3064195、3068590	
	办公地址	云南省曲靖市沾益县盘江镇花山工业区				
	经营范围	化工及化纤材料、水泥、氧气产品生产和销售,机械,机电,五金,金属材料的批发、零售等				

主要财务指标	指标\报告期	2009.06.30	2008.12.31	2008.06.30	2007.12.31
	每股收益(元)	−0.3460	0.4600	0.7180	0.7490
	每股收益(扣除)(元)	−0.3460	0.4090	0.7290	0.7560
	每股净资产(元)	4.9160	5.4770	5.6030	5.2570
	调整后每股净资产(元)	–	–	–	–
	每股资本公积金(元)	3.0822	3.0822	2.9999	2.9999
	每股盈余公积金(元)	0.4199	0.4307	0.3760	0.4504
	每股未分配利润(元)	0.4137	0.9640	1.2274	0.8068
	每股现金净流量(元)	1.3557	1.0167	2.6169	0.2179
	每股经营现金净流量(元)	−0.3587	1.5458	1.3197	0.9789
	净资产收益率(扣除)(%)	–	–	–	13.8900
	净资产收益率(%)	−7.0400	8.4000	12.8200	13.7600
	总资产(万)	848657.96	722349.57	696054.20	513830.80
	股东权益(万)	142624.07	158901.73	162570.49	152526.13
	主营业务收入(万)	–	–	–	–
	主营业务利润(万)	–	–	–	–
	营业务收入(万)	182594.56	532887.07	290790.06	332028.31
	营业务利润(万)	−11493.33	14948.25	28691.66	29210.85
	投资收益(万)	–	–	–	–
	利润总额(万)	−11464.29	17097.35	28243.30	29227.63
	净利润(万)	−10037.84	13348.31	20836.76	20992.97

华电能源股份有限公司

公司概况						
	公司名称	华电能源股份有限公司			证券简称	华电能源
	法人代表	任书辉	董秘	梅君超	证券代码	600726
	公司网址	hdenergy@hdenergy.com		电子信箱	www.hdenergy.com	
	电　话	0451-82525998、82525778		传　真	0451-82525878	
	办公地址	哈尔滨市南岗区大成街209号				
	经营范围	建设、经营、维修电厂,生产销售电力,电力行业的技术服务、技术咨询等				

主要财务指标	指标\报告期	2009.06.30	2008.12.31	2008.06.30	2007.12.31
	每股收益(元)	−0.1300	0.0100	−0.0100	0.0490
	每股收益(扣除)(元)	−0.1300	0.0050	−0.0200	0.0330
	每股净资产(元)	2.2900	2.4200	2.5000	2.5700
	调整后每股净资产(元)	–	–	–	–
	每股资本公积金(元)	0.9745	0.9745	1.0864	1.1208
	每股盈余公积金(元)	0.1990	0.1990	0.1981	0.1987
	每股未分配利润(元)	0.1152	0.2422	0.2129	0.2517
	每股现金净流量(元)	−0.2143	0.4139	0.2135	−0.1187
	每股经营现金净流量(元)	0.0736	0.7140	−0.7983	0.6050
	净资产收益率(扣除)(%)	–	–	–	1.3300
	净资产收益率(%)	−5.5400	0.4300	−0.5900	1.8700
	总资产(万)	1819747.43	1679734.61	1343796.53	1464662.82
	股东权益(万)	313356.24	330730.78	341918.49	352009.35
	主营业务收入(万)	–	–	–	–
	主营业务利润(万)	–	–	–	–
	营业务收入(万)	280196.60	560246.56	210918.76	497296.70
	营业务利润(万)	−16446.90	2574.46	−1237.25	10070.59
	投资收益(万)	–	–	–	–
	利润总额(万)	−14141.76	5154.61	−791.59	12928.10
	净利润(万)	−17374.54	1421.85	−2032.28	6589.28

山东鲁北化工股份有限公司

公司概况						
	公司名称	山东鲁北化工股份有限公司			证券简称	*ST 鲁北
	法人代表	冯久田	董秘	田玉新	证券代码	600727
	公司网址	www.Lubei.com		电子信箱	Lubei@public.bzptt.sd.cn	
	电　话	0543-6451265		传　真	0543-6451265	
	办公地址	山东省无棣县埕口镇				
	经营范围	磷铵、三元素、水泥、溴素、液碱等产品的生产和销售				

主要财务指标	指标\报告期	2009.06.30	2008.12.31	2008.06.30	2007.12.31
	每股收益(元)	−0.0330	−1.9200	0.0360	−0.0310
	每股收益(扣除)(元)	−0.0250	−1.1400	0.0280	−0.0400
	每股净资产(元)	4.2300	4.2600	6.2200	6.1800
	调整后每股净资产(元)	–	–	–	–
	每股资本公积金(元)	2.3298	2.3298	2.3298	2.3298
	每股盈余公积金(元)	0.5089	0.5089	0.5002	0.5002
	每股未分配利润(元)	0.3916	0.4245	2.3882	2.3522
	每股现金净流量(元)	0.4357	−0.3775	0.4603	−0.7477
	每股经营现金净流量(元)	0.7425	−0.4993	0.0369	−0.0034
	净资产收益率(扣除)(%)	–	–	–	−0.6500
	净资产收益率(%)	−0.7800	−45.0100	0.5800	−0.5000
	总资产(万)	222863.92	230824.87	299825.25	282914.70
	股东权益(万)	148476.31	149633.76	218250.43	216987.24
	主营业务收入(万)	–	–	–	–
	主营业务利润(万)	–	–	–	–
	营业务收入(万)	13790.65	80544.72	43149.84	97667.69
	营业务利润(万)	−891.81	−67325.53	928.50	−1213.60
	投资收益(万)	–	–	–	–
	利润总额(万)	−1157.45	−67353.48	1218.74	−733.38
	净利润(万)	−1157.45	−67353.48	1263.19	−1095.25

辽宁新太科技股份有限公司

公司概况						
	公司名称	辽宁新太科技股份有限公司			证券简称	SST 新太
	法人代表	刘伟	董秘	刘颖	证券代码	600728
	公司网址	www.suntektech.com		电子信箱	ly@suntektech.com	
	电　话	020-85550260		传　真	020-85577907	
	办公地址	广州市番禺区迎宾路832号番山创业中心1号楼2区306房				
	经营范围	计算机新产品开发、研制及相关技术的系统集成、技术引进以及技术服务等				

主要财务指标	指标\报告期	2009.06.30	2008.12.31	2008.06.30	2007.12.31
	每股收益(元)	−0.0350	0.0782	−0.1220	−0.2556
	每股收益(扣除)(元)	−0.0380	−0.1870	−0.1160	−0.2760
	每股净资产(元)	−0.7640	−0.7290	−0.9290	−0.8070
	调整后每股净资产(元)	–	–	–	–
	每股资本公积金(元)	2.3210	2.3210	2.3210	2.3210
	每股盈余公积金(元)	0.3080	0.3080	0.3080	0.3080
	每股未分配利润(元)	−4.3934	−4.3579	−4.5584	−4.4361
	每股现金净流量(元)	−0.2684	−0.2811	−0.0014	0.0190
	每股经营现金净流量(元)	−0.2637	0.0125	0.0053	0.1062
	净资产收益率(扣除)(%)	–	–	–	–
	净资产收益率(%)	–	–	–	–
	总资产(万)	24762.70	24953.57	31115.23	32611.79
	股东权益(万)	−15911.79	−15173.38	−19347.43	−16801.86
	主营业务收入(万)	–	–	–	–
	主营业务利润(万)	–	–	–	–
	营业务收入(万)	5061.65	10492.48	4136.39	16333.68
	营业务利润(万)	−800.74	−4169.68	−2504.79	−5879.06
	投资收益(万)	–	–	–	–
	利润总额(万)	−748.57	1616.09	−2570.09	−5275.67
	净利润(万)	−738.41	1628.47	−2545.57	−5320.20

重庆百货大楼股份有限公司

公司概况	公司名称	重庆百货大楼股份有限公司			证券简称	重庆百货
	法人代表	肖诗新	董秘	胡庆华	证券代码	600729
	公司网址	www.cqbhdl.com.cn			电子信箱	zy8788@sina.com
	电　话	023-63843197、63822594			传　真	023-63822594
	办公地址	重庆市渝中区民权路2号				
	经营范围	商品零售与批发业务等				

	指标\报告期	2009.06.30	2008.12.31	2008.06.30	2007.12.31
主要财务指标	每股收益(元)	0.4119	0.8000	0.5355	0.4900
	每股收益(扣除)(元)	0.4034	0.7700	0.5264	0.4800
	每股净资产(元)	4.2545	4.0400	3.7800	3.4500
	调整后每股净资产(元)	–	–	–	–
	每股资本公积金(元)	0.4491	0.4491	0.4491	0.4491
	每股盈余公积金(元)	0.6960	0.6960	0.6960	0.6960
	每股未分配利润(元)	2.1095	1.8975	1.6358	1.3003
	每股现金净流量(元)	0.4773	–0.0672	–0.3104	0.2112
	每股经营现金净流量(元)	0.9174	1.8102	0.7582	1.7951
	净资产收益率(扣除)(%)	–	18.8600	–	14.0200
	净资产收益率(%)	9.6800	19.7200	14.1600	14.3400
	总资产(万)	228139.07	236885.09	212597.45	215273.60
	股东权益(万)	86792.75	82469.44	77129.82	70286.32
	主营业务收入(万)	–	–	–	–
	主营业务利润(万)	–	–	–	–
	营业务收入(万)	374587.71	642058.96	342838.45	548781.62
	营业务利润(万)	9865.77	17348.13	13101.90	11802.91
	投资收益(万)	–	–	–	–
	利润总额(万)	10063.65	18099.78	13318.29	12044.06
	净利润(万)	8403.31	16263.13	10923.51	10078.53

中国高科集团股份有限公司

公司概况	公司名称	中国高科集团股份有限公司			证券简称	中国高科
	法人代表	周伯勤	董秘	曹琦	证券代码	600730
	公司网址	www.chinahitech.com.cn			电子信箱	hi-tech@china-hi-tech.com
	电　话	021-50326418、50326408			传　真	021-50326400
	办公地址	上海市浦东新区新金桥路1122号方正大厦10层				
	经营范围	IT产业、贸易物流、生物医药等				

	指标\报告期	2009.06.30	2008.12.31	2008.06.30	2007.12.31
主要财务指标	每股收益(元)	0.0359	0.0500	0.0215	0.7500
	每股收益(扣除)(元)	0.0348	0.0500	0.0210	0.1000
	每股净资产(元)	2.4500	2.4100	2.3800	2.3400
	调整后每股净资产(元)	–	–	–	–
	每股资本公积金(元)	0.1907	0.1907	0.1892	0.1724
	每股盈余公积金(元)	0.1488	0.1488	0.1489	0.1488
	每股未分配利润(元)	1.1104	1.0744	1.0451	1.0238
	每股现金净流量(元)	–0.0017	–0.3191	–0.2313	0.1542
	每股经营现金净流量(元)	0.0172	–0.1163	–0.2123	–0.4696
	净资产收益率(扣除)(%)	–	–	–	4.0400
	净资产收益率(%)	1.4700	2.1000	0.9000	31.7800
	总资产(万)	127982.38	126852.83	131179.80	167925.56
	股东权益(万)	71860.60	70806.80	69907.40	68783.16
	主营业务收入(万)	–	–	–	–
	主营业务利润(万)	–	–	–	–
	营业务收入(万)	51534.01	133776.32	80836.29	231394.47
	营业务利润(万)	1555.02	2469.45	1316.22	27324.71
	投资收益(万)	–	–	–	–
	利润总额(万)	1588.11	2555.59	1386.18	27226.62
	净利润(万)	1053.80	1485.57	631.30	21861.27

湖南海利化工股份有限公司

公司概况	公司名称	湖南海利化工股份有限公司			证券简称	湖南海利
	法人代表	王晓光	董秘	丁民	证券代码	600731
	公司网址	www.hnhlc.com			电子信箱	hnhlzq00@public.cs.hn.cn
	电　话	0731-85357976、85357830			传　真	0731-85357977
	办公地址	湖南省长沙市芙蓉中路二段251号				
	经营范围	农药、精细化工产品的开发、生产及产品的销售等				

	指标\报告期	2009.06.30	2008.12.31	2008.06.30	2007.12.31
主要财务指标	每股收益(元)	0.0104	0.0140	0.0220	–0.9100
	每股收益(扣除)(元)	–0.0052	–0.0220	0.0070	–0.9100
	每股净资产(元)	1.4400	1.4300	1.4380	1.4200
	调整后每股净资产(元)	–	–	–	–
	每股资本公积金(元)	0.8615	0.8615	0.8617	0.8617
	每股盈余公积金(元)	0.1138	0.1138	0.1138	0.1138
	每股未分配利润(元)	–0.5357	–0.5461	–0.5379	–0.5598
	每股现金净流量(元)	0.1753	0.1644	0.1368	–0.1762
	每股经营现金净流量(元)	0.1717	0.2363	0.0240	0.0460
	净资产收益率(扣除)(%)	–	–	–	–64.5500
	净资产收益率(%)	0.7230	0.9700	1.5300	–64.2500
	总资产(万)	133213.85	126676.14	126090.54	120552.88
	股东权益(万)	36900.54	36633.61	36849.99	36287.50
	主营业务收入(万)	–	–	–	–
	主营业务利润(万)	–	–	–	–
	营业务收入(万)	31411.16	70586.35	35774.12	63138.51
	营业务利润(万)	178.72	217.43	784.29	–22736.52
	投资收益(万)	–	–	–	–
	利润总额(万)	572.35	694.11	1100.59	–22580.04
	净利润(万)	266.93	352.05	562.48	–23314.03

上海新梅置业股份有限公司

公司概况	公司名称	上海新梅置业股份有限公司			证券简称	上海新梅
	法人代表	张静静	董秘	何婧	证券代码	600732
	公司网址	www.shxinmei.com			电子信箱	600732@shxinmei.com
	电　话	021-51005380			传　真	021-51005370
	办公地址	上海市天目中路585号新梅大厦20楼				
	经营范围	房地产开发与经营、建筑材料、物业管理、建筑装潢、中介代理等				

	指标\报告期	2009.06.30	2008.12.31	2008.06.30	2007.12.31
主要财务指标	每股收益(元)	0.1090	0.3300	0.1080	0.0210
	每股收益(扣除)(元)	0.1090	0.3330	0.1090	0.0240
	每股净资产(元)	2.1620	2.0500	1.8300	1.7200
	调整后每股净资产(元)	–	–	–	–
	每股资本公积金(元)	0.0279	0.0279	0.0279	0.0279
	每股盈余公积金(元)	0.0204	0.0204	0.0204	0.0204
	每股未分配利润(元)	1.1136	1.0048	0.7827	0.6745
	每股现金净流量(元)	–0.1334	0.6508	1.7116	–0.1787
	每股经营现金净流量(元)	–0.0618	–1.7746	–0.1591	0.3533
	净资产收益率(扣除)(%)	–	–	–	1.3800
	净资产收益率(%)	5.0300	16.0900	5.9100	1.2000
	总资产(万)	184312.57	187871.09	170235.27	141129.58
	股东权益(万)	53613.08	50916.31	45408.25	42723.82
	主营业务收入(万)	–	–	–	–
	主营业务利润(万)	–	–	–	–
	营业务收入(万)	10675.41	51133.63	39796.90	23955.04
	营业务利润(万)	3849.23	11480.74	3428.95	1257.96
	投资收益(万)	–	–	–	–
	利润总额(万)	3848.76	11408.90	3409.23	1025.94
	净利润(万)	2696.77	8192.49	2684.43	513.56

成都前锋电子股份有限公司

公司概况	公司名称	成都前锋电子股份有限公司			证券简称	S 前锋
	法人代表	杨晓斌	董秘	邓红光	证券代码	600733
	公司网址	www.600733.com.cn		电子信箱	denghg@600733.com.cn	
	电　话	028-86316723、86316733-8828		传　真	028-86316753	
	办公地址	四川省成都市人民南路四段 1 号				
	经营范围	电子、通信、计算机、光机电一体化技术的开发、研制、技术服务及咨询等				

主要财务指标	指标\报告期	2009.06.30	2008.12.31	2008.06.30	2007.12.31
	每股收益(元)	-0.0242	0.0144	0.0159	0.0168
	每股收益(扣除)(元)	-0.0234	-0.1573	0.0162	0.0724
	每股净资产(元)	1.2601	1.2800	1.4100	1.2700
	调整后每股净资产(元)	-	-	-	-
	每股资本公积金(元)	0.3900	0.3900	0.3900	0.3900
	每股盈余公积金(元)	0.0176	0.0176	0.0176	0.0176
	每股未分配利润(元)	-0.1475	-0.1234	-0.1219	-0.1378
	每股现金净流量(元)	-0.0890	-0.0154	-0.1714	0.5073
	每股经营现金净流量(元)	0.0300	0.1766	-0.1597	0.0855
	净资产收益率(扣除)(%)	-	-	-	5.7000
	净资产收益率(%)	-1.9200	1.1200	1.2400	1.3200
	总资产(万)	59305.19	67987.87	89153.64	83565.06
	股东权益(万)	24898.44	25375.65	25404.98	25091.16
	主营业务收入(万)	-	-	-	-
	主营业务利润(万)	-	-	-	-
	营业务收入(万)	11050.01	16773.54	5000.39	10768.42
	营业务利润(万)	-111.26	4173.01	393.30	1256.70
	投资收益(万)	-	-	-	-
	利润总额(万)	-125.96	1506.15	382.90	104.91
	净利润(万)	-477.20	284.48	313.82	331.61

福建实达集团股份有限公司

公司概况	公司名称	福建实达集团股份有限公司			证券简称	实达集团
	法人代表	陈炎	董秘	吴波	证券代码	600734
	公司网址	www.start.com.cn		电子信箱	wb600734@163.com	
	电　话	0591-83725878、83709680		传　真	0591-83708128	
	办公地址	福建省福州市福二工业区实达科技城				
	经营范围	电子计算机及其外部设备、仪器仪表及电传、办公设备等				

主要财务指标	指标\报告期	2009.06.30	2008.12.31	2008.06.30	2007.12.31
	每股收益(元)	0.0141	0.3699	-0.0400	0.1696
	每股收益(扣除)(元)	-0.0711	0.0125	-0.0800	-0.2016
	每股净资产(元)	0.0582	0.0441	-0.3400	0.0351
	调整后每股净资产(元)	-	-	-	-
	每股资本公积金(元)	0.8138	0.8138	0.6536	1.1804
	每股盈余公积金(元)	0.1670	0.1670	0.1722	0.1722
	每股未分配利润(元)	-1.9882	-2.0023	-2.2354	-2.3828
	每股现金净流量(元)	0.2853	-0.0054	-0.1356	0.0145
	每股经营现金净流量(元)	0.4968	0.3496	0.0188	-0.6877
	净资产收益率(扣除)(%)	-	-	-	-574.1600
	净资产收益率(%)	24.2720	839.6000	0.1200	482.9800
	总资产(万)	135160.89	136982.15	65509.13	234018.38
	股东权益(万)	2044.62	1548.67	-12097.91	1234.66
	主营业务收入(万)	-	-	-	-
	主营业务利润(万)	-	-	-	-
	营业务收入(万)	42445.50	133877.29	28055.06	84074.12
	营业务利润(万)	-323.13	5791.44	-2980.68	935.84
	投资收益(万)	-	-	-	-
	利润总额(万)	2704.60	17099.42	-1414.40	7768.75
	净利润(万)	496.26	13002.73	-1505.47	5963.12

山东新华锦国际股份有限公司

公司概况	公司名称	山东新华锦国际股份有限公司			证券简称	新华锦
	法人代表	于源金	董秘	王斌	证券代码	600735
	公司网址			电子信箱	sh600735@163.com	
	电　话	0532-85877680		传　真	0532-85877680	
	办公地址	青岛市市南区彰化路 4 号 8 号楼				
	经营范围	备案范围内的进出口业务;纺织品、针织品、工艺美术品的加工、销售等				

主要财务指标	指标\报告期	2009.06.30	2008.12.31	2008.06.30	2007.12.31
	每股收益(元)	-0.0278	0.0300	0.0253	0.7300
	每股收益(扣除)(元)	-0.0263	0.0200	-0.0353	0.0700
	每股净资产(元)	1.2238	1.0900	1.0310	1.0400
	调整后每股净资产(元)	-	-	-	-
	每股资本公积金(元)	0.7946	0.6373	0.5804	0.6095
	每股盈余公积金(元)	0.1217	0.1217	0.1217	0.1217
	每股未分配利润(元)	-0.6926	-0.6648	-0.6711	-0.6950
	每股现金净流量(元)	-0.2617	0.2515	0.2992	0.2726
	每股经营现金净流量(元)	-0.4287	1.1156	-0.0637	0.0304
	净资产收益率(扣除)(%)	-	-	-	6.4600
	净资产收益率(%)	-2.2700	2.7600	2.4000	70.6500
	总资产(万)	125781.82	111706.85	130381.58	149414.54
	股东权益(万)	18945.61	16940.95	15961.91	16042.16
	主营业务收入(万)	-	-	-	-
	主营业务利润(万)	-	-	-	-
	营业务收入(万)	91901.80	222597.68	108279.77	193427.73
	营业务利润(万)	-343.97	806.85	-1052.83	12455.74
	投资收益(万)	-	-	-	-
	利润总额(万)	-378.47	669.46	145.24	14105.62
	净利润(万)	-430.36	467.54	391.15	11333.93

苏州新区高新技术产业股份有限公司

公司概况	公司名称	苏州新区高新技术产业股份有限公司			证券简称	苏州高新
	法人代表	纪向群	董秘	缪凯	证券代码	600736
	公司网址	www.sndht.com		电子信箱	szgx600736@c-snd.com	
	电　话	0512-68096283、68072571		传　真	0512-68099281	
	办公地址	江苏省苏州市新区狮山路 35 号金河大厦 25 楼				
	经营范围	高新技术产品的投资、开发和生产;能源、交通、通讯等				

主要财务指标	指标\报告期	2009.06.30	2008.12.31	2008.06.30	2007.12.31
	每股收益(元)	0.0670	0.2329	0.0990	0.4802
	每股收益(扣除)(元)	0.0670	0.2304	0.0760	0.3900
	每股净资产(元)	2.8610	2.8840	2.7510	5.0750
	调整后每股净资产(元)	-	-	-	-
	每股资本公积金(元)	0.8443	0.8443	0.8443	2.1197
	每股盈余公积金(元)	0.1988	0.1988	0.1941	0.3494
	每股未分配利润(元)	0.8179	0.8409	0.7128	1.3272
	每股现金净流量(元)	1.1367	-0.0727	-0.3459	0.4039
	每股经营现金净流量(元)	0.5178	-0.6198	-0.7049	-0.8126
	净资产收益率(扣除)(%)	-	-	-	7.6800
	净资产收益率(%)	2.3450	8.0700	3.6110	9.4600
	总资产(万)	1163785.73	999702.62	993244.16	961987.64
	股东权益(万)	252220.46	254241.21	242531.39	234900.96
	主营业务收入(万)	-	-	-	-
	主营业务利润(万)	-	-	-	-
	营业务收入(万)	86190.42	305682.19	121672.06	263284.75
	营业务利润(万)	9428.35	32698.64	12089.00	37291.67
	投资收益(万)	-	-	-	-
	利润总额(万)	9408.01	33085.50	12418.79	36197.30
	净利润(万)	5913.36	20528.67	8756.88	22227.01

中粮新疆屯河股份有限公司

公司概况	公司名称	中粮新疆屯河股份有限公司			证券简称	中粮屯河
	法人代表	郑弘波	董秘	蒋学工	证券代码	600737
	公司网址	www.cofcotunhe.com		电子信箱	jiangxg@cofcotunhe.com	
	电　话	0991-5571888		传　真	0991-5571600	
	办公地址	新疆乌鲁木齐市黄河路2号招商银行大厦20楼				
	经营范围	番茄、糖、林果三大产业等				

主要财务指标	指标\报告期	2009.06.30	2008.12.31	2008.06.30	2007.12.31
	每股收益(元)	0.1560	0.3300	0.1300	0.3000
	每股收益(扣除)(元)	0.1500	0.2900	0.1100	0.3000
	每股净资产(元)	2.9300	2.8700	2.6900	1.5700
	调整后每股净资产(元)	-	-	-	-
	每股资本公积金(元)	1.3803	1.4019	1.4176	0.3796
	每股盈余公积金(元)	0.0737	0.0737	0.0371	0.0463
	每股未分配利润(元)	0.4726	0.3898	0.2384	0.1464
	每股现金净流量(元)	-0.0172	0.1213	0.0393	-0.1202
	每股经营现金净流量(元)	0.8064	-0.0088	0.7491	0.1087
	净资产收益率(扣除)(%)	-	-	-	18.2600
	净资产收益率(%)	5.3200	10.7900	4.2200	18.9400
	总资产(万)	587832.37	608489.16	448586.25	473303.89
	股东权益(万)	294300.22	288144.15	270817.37	126659.01
	主营业务收入(万)	-	-	-	-
	主营业务利润(万)	-	-	-	-
	营业务收入(万)	136972.90	343041.72	143056.20	297668.48
	营业务利润(万)	15391.99	27426.49	9336.34	22935.95
	投资收益(万)	-	-	-	-
	利润总额(万)	16347.93	31443.32	11382.55	23434.93
	净利润(万)	15670.18	31090.45	11418.36	23989.44

兰州民百(集团)股份有限公司

公司概况	公司名称	兰州民百(集团)股份有限公司			证券简称	兰州民百
	法人代表	杜永忠	董秘	李鑫	证券代码	600738
	公司网址	www.lzminbai.com		电子信箱	yaou1@lzminbai.com	
	电　话	0931-8435839		传　真	0931-8473891	
	办公地址	甘肃省兰州市城关区中山路120号9-11楼				
	经营范围	日杂百货,五金交电,化工产品、黄金饰品,副食品、建筑装饰材料的批发零售等				

主要财务指标	指标\报告期	2009.06.30	2008.12.31	2008.06.30	2007.12.31
	每股收益(元)	0.0570	0.1060	0.0740	0.0590
	每股收益(扣除)(元)	0.0560	0.1120	0.0810	0.0920
	每股净资产(元)	1.4734	1.4200	1.5600	1.5300
	调整后每股净资产(元)	-	-	-	-
	每股资本公积金(元)	0.4225	0.4225	0.5967	0.6436
	每股盈余公积金(元)	0.0658	0.0658	0.0658	0.0658
	每股未分配利润(元)	-0.0148	-0.0715	-0.1033	-0.1774
	每股现金净流量(元)	-0.1821	-0.1173	-0.3158	0.1690
	每股经营现金净流量(元)	0.1234	0.5119	-0.0225	0.4367
	净资产收益率(扣除)(%)	-	-	-	6.0100
	净资产收益率(%)	3.8400	7.4700	4.7500	3.8700
	总资产(万)	82347.52	88296.37	88367.14	88942.36
	股东权益(万)	38718.41	37229.25	40972.41	40256.71
	主营业务收入(万)	-	-	-	-
	主营业务利润(万)	-	-	-	-
	营业务收入(万)	36449.01	62289.70	31235.11	54741.16
	营业务利润(万)	1947.67	3494.90	2227.72	3440.20
	投资收益(万)	-	-	-	-
	利润总额(万)	1967.12	3265.62	2076.50	2153.64
	净利润(万)	1489.16	2782.28	1935.93	1557.89

辽宁成大股份有限公司

公司概况	公司名称	辽宁成大股份有限公司			证券简称	辽宁成大
	法人代表	尚书志	董秘	于占洋	证券代码	600739
	公司网址	www.chengda.com.cn		电子信箱	yuzy@chengda.com.cn	
	电　话	0411-82512731、82512618		传　真	0411-82691187	
	办公地址	辽宁省大连市人民路71号				
	经营范围	针、棉、毛织品、服装进出口业务及国家统一经营外的商品进出口业务等				

主要财务指标	指标\报告期	2009.06.30	2008.12.31	2008.06.30	2007.12.31
	每股收益(元)	0.6787	1.0468	0.6100	2.3555
	每股收益(扣除)(元)	0.6167	1.0575	0.6100	2.3302
	每股净资产(元)	6.3300	5.5100	5.1700	5.1500
	调整后每股净资产(元)	-	-	-	-
	每股资本公积金(元)	0.4023	0.2492	0.3304	0.9249
	每股盈余公积金(元)	0.5633	0.5641	0.5662	0.5662
	每股未分配利润(元)	4.3656	3.6933	3.2713	2.6597
	每股现金净流量(元)	0.1178	0.2069	-0.0893	0.0513
	每股经营现金净流量(元)	0.4021	0.1063	0.1486	0.2923
	净资产收益率(扣除)(%)	-	-	-	45.2400
	净资产收益率(%)	10.7100	18.9500	11.8400	45.7300
	总资产(万)	735599.80	657848.02	655095.17	647688.54
	股东权益(万)	570927.89	495824.80	463616.25	462094.60
	主营业务收入(万)	-	-	-	-
	主营业务利润(万)	-	-	-	-
	营业务收入(万)	182516.42	511899.22	256400.78	547397.30
	营业务利润(万)	67008.75	105696.67	63294.31	232463.21
	投资收益(万)	-	-	-	-
	利润总额(万)	67011.93	105460.05	64203.20	232574.79
	净利润(万)	61131.25	93948.37	54872.64	211335.50

山西焦化股份有限公司

公司概况	公司名称	山西焦化股份有限公司			证券简称	山西焦化
	法人代表	潘得国	董秘	李峰	证券代码	600740
	公司网址	www.sxjh.com.cn		电子信箱	sjgf@public.lf.sx.cn	
	电　话	0357-6626012、6625471		传　真	0357-6625045	
	办公地址	山西省洪洞县广胜寺镇				
	经营范围	焦炭及其相关化工产品的生产、销售等				

主要财务指标	指标\报告期	2009.06.30	2008.12.31	2008.06.30	2007.12.31
	每股收益(元)	-0.6300	-0.4200	0.2100	0.2000
	每股收益(扣除)(元)	-0.5200	-0.3800	0.2140	0.1400
	每股净资产(元)	2.6714	3.3000	3.9300	7.4300
	调整后每股净资产(元)	-	-	-	-
	每股资本公积金(元)	1.6506	1.6506	1.6506	4.3012
	每股盈余公积金(元)	0.3973	0.3973	0.3973	0.7946
	每股未分配利润(元)	-0.3797	0.2479	0.8806	1.3374
	每股现金净流量(元)	0.5890	-0.9374	-0.0662	0.8068
	每股经营现金净流量(元)	0.1174	-0.0457	0.1332	0.5250
	净资产收益率(扣除)(%)	-	-	-	3.0800
	净资产收益率(%)	-23.4953	-12.7667	5.3927	4.4500
	总资产(万)	588658.90	560019.89	496330.55	408438.21
	股东权益(万)	151123.70	186445.01	222232.02	210247.80
	主营业务收入(万)	-	-	-	-
	主营业务利润(万)	-	-	-	-
	营业务收入(万)	92893.71	494724.23	276252.19	307256.61
	营业务利润(万)	-29003.17	-27395.65	15830.15	10331.77
	投资收益(万)	-	-	-	-
	利润总额(万)	-35317.95	-31093.58	15484.92	10306.20
	净利润(万)	-35506.96	-23802.80	11984.22	9348.63

华域汽车系统股份有限公司

公司概况	公司名称	华域汽车系统股份有限公司			证券简称	华域汽车
	法人代表	洪任初	董秘	邵慧明	证券代码	600741
	公司网址	www.84000.com.cn			电子信箱	mhshao@84000.com.cn
	电　　话	021-63848484、63860617			传　　真	021-63863113、63863118
	办公地址	上海市淮海中路 398 号世纪巴士大厦 25-27 楼				
	经营范围	汽车、摩托车、拖拉机等交通运输车辆和工程机械的零部件及其总成的设计、研发等				

主要财务指标	指标＼报告期	2009.06.30	2008.12.31	2008.06.30	2007.12.31
	每股收益(元)	0.3130	−0.0200	0.0400	0.2100
	每股收益(扣除)(元)	0.3110	−0.1200	0.0300	0.0600
	每股净资产(元)	4.5670	1.9000	2.1300	3.4200
	调整后每股净资产(元)	–	–	–	–
	每股资本公积金(元)	3.4315	4.4049	0.6207	1.7444
	每股盈余公积金(元)	–	–	0.1788	0.2146
	每股未分配利润(元)	0.1351	–	0.3328	0.4581
	每股现金净流量(元)	1.6508	0.0969	0.0758	0.0409
	每股经营现金净流量(元)	0.2390	0.6745	0.3440	0.8961
	净资产收益率(扣除)(%)	–	–	–	1.7100
	净资产收益率(%)	4.9100	−1.2900	1.6700	6.0600
	总资产(万)	2465517.29	1143527.38	937870.35	1043767.75
	股东权益(万)	1179638.39	759718.86	313987.96	419308.18
	主营业务收入(万)	–	–	–	–
	主营业务利润(万)	–	–	–	–
	营业务收入(万)	807769.55	542544.57	282865.23	552945.95
	营业务利润(万)	90628.99	−44672.19	2072.28	28950.00
	投资收益(万)	–	–	–	–
	利润总额(万)	91401.41	−1378.40	8001.75	42519.02
	净利润(万)	57898.48	−3616.85	5228.81	25424.13

长春一汽富维汽车零部件股份有限公司

公司概况	公司名称	长春一汽富维汽车零部件股份有限公司			证券简称	一汽富维
	法人代表	滕铁骑	董秘	范希军	证券代码	600742
	公司网址	www.fawsh.com.cn			电子信箱	fawsh@public.cc.jl.cn
	电　　话	0431-85765685、85765755			传　　真	0431-85765336、85765755
	办公地址	长春市汽车产业开发区东风南街 1399 号				
	经营范围	汽车改装,制造汽车零部件,汽车修理,经销汽车配件,汽车,小轿车等				

主要财务指标	指标＼报告期	2009.06.30	2008.12.31	2008.06.30	2007.12.31
	每股收益(元)	0.4910	0.9000	0.3350	0.2300
	每股收益(扣除)(元)	0.4170	0.8900	0.3220	0.2200
	每股净资产(元)	6.6210	6.2800	5.7200	5.3800
	调整后每股净资产(元)	–	–	–	–
	每股资本公积金(元)	2.5896	2.5896	2.5896	2.5896
	每股盈余公积金(元)	1.3033	1.3033	1.2144	1.2144
	每股未分配利润(元)	1.7281	1.3866	0.9146	0.5796
	每股现金净流量(元)	−0.1114	−0.0319	0.6069	−0.0485
	每股经营现金净流量(元)	−0.5189	−0.5494	−0.2920	−0.3380
	净资产收益率(扣除)(%)	–	–	–	4.0800
	净资产收益率(%)	7.4200	14.2700	5.8600	4.2100
	总资产(万)	206835.34	187664.92	216360.83	202018.27
	股东权益(万)	140050.58	132828.22	120962.93	113876.63
	主营业务收入(万)	–	–	–	–
	主营业务利润(万)	–	–	–	–
	营业务收入(万)	136358.18	347557.46	217023.51	332397.14
	营业务利润(万)	8919.95	18780.02	6858.83	4755.44
	投资收益(万)	–	–	–	–
	利润总额(万)	10486.87	18993.89	7138.37	4865.13
	净利润(万)	10395.21	18951.60	7086.30	4797.64

华远地产股份有限公司

公司概况	公司名称	华远地产股份有限公司			证券简称	华远地产
	法人代表	任志强	董秘	窦志康	证券代码	600743
	公司网址	www.hbxfsy.com.cn			电子信箱	xfsywjs@sohu.com
	电　　话	010-68036688*526			传　　真	010-68012167
	办公地址	北京市西城区北展北街 11 号华远企业号 11 号楼				
	经营范围	房地产开发;商品房销售;老旧城区危房成片改造、土地开发等				

主要财务指标	指标＼报告期	2009.06.30	2008.12.31	2008.06.30	2007.12.31
	每股收益(元)	0.2000	0.6800	0.0182	0.6100
	每股收益(扣除)(元)	0.2000	0.6700	0.0031	0.6100
	每股净资产(元)	1.9767	1.9900	0.1279	2.2000
	调整后每股净资产(元)	–	–	–	–
	每股资本公积金(元)	0.0386	–	0.0944	0.0093
	每股盈余公积金(元)	0.0186	0.0186	0.0230	0.3185
	每股未分配利润(元)	0.9195	0.9696	−0.9896	1.5975
	每股现金净流量(元)	1.4219	−0.6639	0.1404	2.9004
	每股经营现金净流量(元)	0.8242	0.4403	0.1828	2.5957
	净资产收益率(扣除)(%)	–	–	–	27.1500
	净资产收益率(%)	10.1100	26.1200	1.4300	27.7500
	总资产(万)	577970.50	488981.56	4000.00	595716.19
	股东权益(万)	153811.32	154713.78	4000.00	110309.94
	主营业务收入(万)	–	–	–	–
	主营业务利润(万)	–	–	–	–
	营业务收入(万)	48502.60	225602.72	7555.75	69735.20
	营业务利润(万)	20691.17	54484.55	97.58	47646.99
	投资收益(万)	–	–	–	–
	利润总额(万)	20965.94	55232.65	57.31	48635.75
	净利润(万)	15550.77	40403.84	57.04	30613.47

大唐华银电力股份有限公司

公司概况	公司名称	大唐华银电力股份有限公司			证券简称	华银电力
	法人代表	刘顺达	董秘	罗赤橙	证券代码	600744
	公司网址	www.hypower.com.cn			电子信箱	hy600744@188.com
	电　　话	0731-5388088、5388028			传　　真	0731-5510188
	办公地址	湖南省长沙市芙蓉中路三段 255 号				
	经营范围	新建、扩建电厂;电力生产、销售;以及承担送变电工程及其配套设施建设等				

主要财务指标	指标＼报告期	2009.06.30	2008.12.31	2008.06.30	2007.12.31
	每股收益(元)	−0.5410	−1.4916	−0.5271	0.0692
	每股收益(扣除)(元)	−0.5414	−1.2834	−0.5217	0.0567
	每股净资产(元)	2.2350	2.4188	4.2832	4.9128
	调整后每股净资产(元)	–	–	–	–
	每股资本公积金(元)	3.0779	2.7207	3.6028	3.7231
	每股盈余公积金(元)	0.1941	0.1941	0.1941	0.1941
	每股未分配利润(元)	−2.0370	−1.4961	−0.5137	−0.0044
	每股现金净流量(元)	0.0077	−0.0776	0.0002	0.0652
	每股经营现金净流量(元)	0.2346	2.4020	0.6004	1.2240
	净资产收益率(扣除)(%)	–	–	–	1.1400
	净资产收益率(%)	−24.2100	−61.6700	−12.3100	1.4100
	总资产(万)	1345533.18	1291032.74	1172895.14	1197624.34
	股东权益(万)	159052.56	172131.07	304813.17	349621.64
	主营业务收入(万)	–	–	–	–
	主营业务利润(万)	–	–	–	–
	营业务收入(万)	112715.07	323514.43	154865.79	363380.09
	营业务利润(万)	−37739.48	−104855.08	−36794.79	8528.63
	投资收益(万)	–	–	–	–
	利润总额(万)	−37707.61	−103451.53	−37177.45	6692.65
	净利润(万)	−38500.05	−106152.76	−37512.55	4927.56

中茵股份有限公司

公司概况	公司名称	中茵股份有限公司			证券简称	中茵股份
	法人代表	高建荣	董秘	吴年有	证券代码	600745
	公司网址	www.joinin-holding.com		电子信箱	joinin745@sina.com	
	电　话	0714-3066686、3066675		传　真	0714-3066685	
	办公地址	湖北省黄石市团城山6号小区				
	经营范围	对房地产、纺织、化工、电子及通信设备行业进行投资经营等				

主要财务指标	指标\报告期	2009.06.30	2008.12.31	2008.06.30	2007.12.31
	每股收益(元)	0.0500	0.4800	0.3000	0.3700
	每股收益(扣除)(元)	0.0300	0.1200	0.0300	0.1700
	每股净资产(元)	1.0500	0.8400	0.6661	0.3600
	调整后每股净资产(元)	–	–	–	–
	每股资本公积金(元)	0.7690	0.6163	1.1545	3.3463
	每股盈余公积金(元)	0.1318	0.1318	0.0739	0.3543
	每股未分配利润(元)	–0.8556	–0.9038	–1.5622	–3.7241
	每股现金净流量(元)	–0.2046	–0.1855	–0.2745	0.7605
	每股经营现金净流量(元)	–0.1213	–0.3868	–0.5388	–0.3622
	净资产收益率(扣除)(%)	–	–	–	46.3000
	净资产收益率(%)	4.6100	56.9900	45.4800	100.8200
	总资产(万)	174380.97	164413.77	149594.53	145553.36
	股东权益(万)	34216.93	27640.01	21805.33	11888.10
	主营业务收入(万)	–	–	–	–
	主营业务利润(万)	–	–	–	–
	营业务收入(万)	9720.29	77111.39	23828.73	55036.61
	营业务利润(万)	1575.07	9139.78	5109.29	10200.15
	投资收益(万)	–	–	–	–
	利润总额(万)	2145.64	20220.16	12054.98	16681.81
	净利润(万)	1576.92	15751.91	9917.23	11986.11

江苏索普化工股份有限公司

公司概况	公司名称	江苏索普化工股份有限公司			证券简称	江苏索普
	法人代表	宋勤华	董秘	许逸中	证券代码	600746
	公司网址	www.sopo.com.cn		电子信箱	sopoxyz@163.com	
	电　话	0511-83366244、83363146		传　真	0511-83362036	
	办公地址	江苏省镇江市谏壁镇越河街50号				
	经营范围	化工原料及产品制造、销售，工业气瓶检验、电力生产、蒸汽生产等				

主要财务指标	指标\报告期	2009.06.30	2008.12.31	2008.06.30	2007.12.31
	每股收益(元)	0.0190	–0.0740	–0.0520	0.0473
	每股收益(扣除)(元)	0.0210	–0.0575	–0.0490	0.0544
	每股净资产(元)	1.2843	1.2525	1.2743	1.3274
	调整后每股净资产(元)	–	–	–	–
	每股资本公积金(元)	0.1992	0.1865	0.1866	0.1874
	每股盈余公积金(元)	0.0880	0.0880	0.0880	0.0880
	每股未分配利润(元)	–0.0029	–0.0221	–0.0004	0.0520
	每股现金净流量(元)	0.0383	–0.1009	–0.0823	0.0132
	每股经营现金净流量(元)	0.0881	0.0952	–0.0321	0.1412
	净资产收益率(扣除)(%)	–	–	–	4.0900
	净资产收益率(%)	1.4900	–5.9100	–4.1100	3.5600
	总资产(万)	55405.36	56505.80	58050.38	60596.24
	股东权益(万)	39354.33	38379.78	39046.07	40675.09
	主营业务收入(万)	–	–	–	–
	主营业务利润(万)	–	–	–	–
	营业务收入(万)	35750.90	78577.45	39480.57	74199.41
	营业务利润(万)	859.20	–1962.82	–1435.96	2588.78
	投资收益(万)	–	–	–	–
	利润总额(万)	797.21	–2489.88	–1591.45	2085.61
	净利润(万)	587.83	–2268.99	–1605.76	1449.88

大连大显控股股份有限公司

公司概况	公司名称	大连大显控股股份有限公司			证券简称	大连控股
	法人代表	代威	董秘	原隆欣	证券代码	600747
	公司网址	www.daxian.cn		电子信箱	dxdl@mail.dlptt.ln.cn	
	电　话	0411-86459159		传　真	0411-86459612	
	办公地址	辽宁省大连市甘井子区革镇堡后革街				
	经营范围	电子产品及元器件的开发、生产、销售；化工产品制造、销售等				

主要财务指标	指标\报告期	2009.06.30	2008.12.31	2008.06.30	2007.12.31
	每股收益(元)	–0.0890	–0.3310	–0.0820	0.1010
	每股收益(扣除)(元)	–0.0910	–0.3470	–0.0850	–0.0010
	每股净资产(元)	0.8190	0.9080	1.1570	1.2430
	调整后每股净资产(元)	–	–	–	–
	每股资本公积金(元)	0.0128	0.0128	0.0128	0.0164
	每股盈余公积金(元)	0.1085	0.1085	0.1085	0.1085
	每股未分配利润(元)	–0.3019	–0.2134	0.0360	0.1181
	每股现金净流量(元)	–0.0162	–0.1153	–0.1179	–0.0484
	每股经营现金净流量(元)	0.0629	–0.1961	–0.2306	0.4160
	净资产收益率(扣除)(%)	–	–	–	–0.0400
	净资产收益率(%)	–10.8090	–36.5100	–7.0910	8.1420
	总资产(万)	253365.89	253198.12	271903.77	296984.08
	股东权益(万)	87205.99	96631.80	123171.11	132292.98
	主营业务收入(万)	–	–	–	–
	主营业务利润(万)	–	–	–	–
	营业务收入(万)	16019.38	57452.26	23106.30	96259.69
	营业务利润(万)	–10285.14	–37089.14	–9130.70	18044.76
	投资收益(万)	–	–	–	–
	利润总额(万)	–9791.29	–35558.86	–8886.92	19220.74
	净利润(万)	–9425.82	–35280.12	–8734.67	10776.78

上海实业发展股份有限公司

公司概况	公司名称	上海实业发展股份有限公司			证券简称	上实发展
	法人代表	陆申	董秘	阚兆森	证券代码	600748
	公司网址	www.sidlgroup.com		电子信箱	sid748@sidlgroup.com	
	电　话	021-53858859		传　真	021-53858879	
	办公地址	上海市淮南中路98号金钟广场19层				
	经营范围	房地产开发和经营，实业投资，资产经营，国内贸易，信息服务等				

主要财务指标	指标\报告期	2009.06.30	2008.12.31	2008.06.30	2007.12.31
	每股收益(元)	0.0900	0.3400	0.1700	0.1300
	每股收益(扣除)(元)	0.0800	0.1900	0.0800	0.1900
	每股净资产(元)	2.2100	2.4000	2.2400	3.6800
	调整后每股净资产(元)	–	–	–	–
	每股资本公积金(元)	0.4754	0.7544	0.7537	2.8682
	每股盈余公积金(元)	0.1531	0.1531	0.1378	0.2541
	每股未分配利润(元)	0.5839	0.4904	0.3408	0.4260
	每股现金净流量(元)	–0.5990	–0.3332	0.3088	0.6855
	每股经营现金净流量(元)	–0.2250	–2.1478	–1.0399	–1.7472
	净资产收益率(扣除)(%)	–	–	–	5.2100
	净资产收益率(%)	4.2300	13.9900	7.6400	3.4100
	总资产(万)	1199777.01	1155373.38	1151316.91	908325.27
	股东权益(万)	239681.43	259786.02	241845.46	267230.49
	主营业务收入(万)	–	–	–	–
	主营业务利润(万)	–	–	–	–
	营业务收入(万)	116097.68	201085.21	107478.21	234037.79
	营业务利润(万)	14677.23	54973.49	31165.88	17423.85
	投资收益(万)	–	–	–	–
	利润总额(万)	15582.39	56106.44	32097.89	18007.44
	净利润(万)	10127.61	36332.52	18472.02	9112.93

西藏圣地股份有限公司

公司概况						
公司概况	公司名称	西藏圣地股份有限公司			证券简称	西藏旅游
	法人代表	欧阳旭	董秘	王京梅	证券代码	600749
	公司网址	www.tibetshengdi.com		电子信箱	tsdc@hotmail.com	
	电　　话	0891-6339150		传　　真	0891-6339041	
	办公地址	西藏自治区拉萨市林廓东路 6 号				
	经营范围	旅游、酒店和有线电视网络等				

主要财务指标	指标\报告期	2009.06.30	2008.12.31	2008.06.30	2007.12.31
	每股收益(元)	-0.0641	-0.2521	-0.1831	0.0775
	每股收益(扣除)(元)	-0.0630	-0.2596	-0.1821	0.0491
	每股净资产(元)	1.6500	1.7100	2.7600	2.9432
	调整后每股净资产(元)	-	-	-	-
	每股资本公积金(元)	0.7913	0.7913	1.6869	1.6869
	每股盈余公积金(元)	-	-	-	-
	每股未分配利润(元)	-0.1453	-0.0812	0.0733	0.2563
	每股现金净流量(元)	-0.1156	-0.3683	-0.1464	0.8115
	每股经营现金净流量(元)	0.0129	-0.0324	-0.1141	-0.1692
	净资产收益率(扣除)(%)	-	-	-	-
	净资产收益率(%)	-3.9000	-14.7400	-6.6300	2.4600
	总资产(万)	62289.12	61477.89	58485.59	58184.47
	股东权益(万)	27158.57	28216.98	30362.55	32376.12
	主营业务收入(万)	-	-	-	-
	主营业务利润(万)	-	-	-	-
	营业务收入(万)	3048.72	5178.13	1771.75	14171.84
	营业务利润(万)	-1020.71	-4079.40	-2030.74	1131.92
	投资收益(万)	-	-	-	-
	利润总额(万)	-1040.24	-4155.75	-2041.24	1116.96
	净利润(万)	-1058.41	-4159.14	-2013.57	794.84

江中药业股份有限公司

公司概况						
公司概况	公司名称	江中药业股份有限公司			证券简称	江中药业
	法人代表	易敏之	董秘	吴伯帆	证券代码	600750
	公司网址	www.jzjt.com		电子信箱	jzyy@jzjt.com	
	电　　话	0791-8169323		传　　真	0791-8162532	
	办公地址	江西省南昌市高新区火炬大街 788 号				
	经营范围	中成药片剂、冲剂、胶囊剂、生化原料药的生产经营等				

主要财务指标	指标\报告期	2009.06.30	2008.12.31	2008.06.30	2007.12.31
	每股收益(元)	0.3223	0.4400	0.3126	0.3300
	每股收益(扣除)(元)	0.3200	0.4700	0.3200	0.3300
	每股净资产(元)	3.0458	3.1100	2.9600	2.8400
	调整后每股净资产(元)	-	-	-	-
	每股资本公积金(元)	0.6595	0.6595	0.6467	0.6530
	每股盈余公积金(元)	0.3413	0.3413	0.3226	0.3226
	每股未分配利润(元)	1.0450	1.1127	0.9952	0.8599
	每股现金净流量(元)	0.3263	0.0608	0.3285	0.1469
	每股经营现金净流量(元)	0.7446	0.9087	0.4909	0.5192
	净资产收益率(扣除)(%)	-	-	-	11.1200
	净资产收益率(%)	10.5800	14.1800	10.5400	11.6400
	总资产(万)	153216.87	158614.62	133789.79	122400.80
	股东权益(万)	90117.10	92118.76	87713.60	83895.84
	主营业务收入(万)	-	-	-	-
	主营业务利润(万)	-	-	-	-
	营业务收入(万)	87739.54	145764.33	68401.08	116858.93
	营业务利润(万)	12781.90	17382.72	11975.61	12218.47
	投资收益(万)	-	-	-	-
	利润总额(万)	12872.76	16689.66	11665.75	12276.41
	净利润(万)	9537.54	13061.85	9247.83	9769.27

天津市海运股份有限公司

公司概况						
公司概况	公司名称	天津市海运股份有限公司			证券简称	S*ST 天海
	法人代表	李维艰	董秘	姜涛	证券代码	600751
	公司网址	www.tmsc-tj.com.cn		电子信箱	tmsc900938@163.com	
	电　　话	022-23281780		传　　真	022-23286115	
	办公地址	天津港保税区京门大道 188 号、天津市河西区马场道 207 号				
	经营范围	国际船舶集装箱运输;国际船舶普通货物运输;国际船舶危险品运输等				

主要财务指标	指标\报告期	2009.06.30	2008.12.31	2008.06.30	2007.12.31
	每股收益(元)	-0.2256	0.0170	-0.0791	-0.2981
	每股收益(扣除)(元)	-0.2258	-0.2416	-0.0791	-0.3016
	每股净资产(元)	-0.6340	-0.4200	-0.5700	-0.5000
	调整后每股净资产(元)	-	-	-	-
	每股资本公积金(元)	0.7370	0.7209	0.5689	0.6242
	每股盈余公积金(元)	0.2259	0.2259	0.2259	0.2259
	每股未分配利润(元)	-2.5969	-2.3714	-2.3672	-2.3498
	每股现金净流量(元)	-0.0425	0.0320	0.0028	-0.2304
	每股经营现金净流量(元)	-0.0969	-0.1632	-0.0276	-0.1247
	净资产收益率(扣除)(%)	-	-	-	-
	净资产收益率(%)	-	-	-	-
	总资产(万)	51367.94	56241.58	55076.95	52042.32
	股东权益(万)	-31232.17	-20915.95	-28199.01	-24618.49
	主营业务收入(万)	-	-	-	-
	主营业务利润(万)	-	-	-	-
	营业务收入(万)	8297.21	38378.86	22757.32	40264.94
	营业务利润(万)	-11125.56	432.15	-3884.37	-14688.00
	投资收益(万)	-	-	-	-
	利润总额(万)	-11111.29	1017.03	-3885.60	-14517.88
	净利润(万)	-11111.82	837.99	-3897.84	-14687.09

河南东方银星投资股份有限公司

公司概况						
公司概况	公司名称	河南东方银星投资股份有限公司			证券简称	东方银星
	法人代表	李大明	董秘	温泉	证券代码	600753
	公司网址	www.bingxiong.com.cn		电子信箱	bxgf@bingxiong.com.cn	
	电　　话	0370-8585698、2790609		传　　真	0370-8551431	
	办公地址	河南省商丘市神火大道 99 号悦华大酒店 25 层东方银星				
	经营范围	卧式冷柜的设计、开发、生产、销售及服务和货物道路运输等				

主要财务指标	指标\报告期	2009.06.30	2008.12.31	2008.06.30	2007.12.31
	每股收益(元)	0.0150	-0.3000	0.0300	0.0390
	每股收益(扣除)(元)	0.0150	-0.1600	0.0140	-0.0800
	每股净资产(元)	0.8500	0.8400	1.1500	1.1200
	调整后每股净资产(元)	-	-	-	-
	每股资本公积金(元)	1.1050	1.1050	1.0910	1.0910
	每股盈余公积金(元)	-	-	-	-
	每股未分配利润(元)	-1.2549	-1.2695	-0.9442	-0.9730
	每股现金净流量(元)	-0.0066	0.0041	-0.0027	-0.0105
	每股经营现金净流量(元)	-0.0066	0.0041	-0.0027	-0.0104
	净资产收益率(扣除)(%)	-	-	-	-7.2800
	净资产收益率(%)	1.7200	-35.4700	2.5100	3.5200
	总资产(万)	24106.93	23914.99	29969.21	30176.97
	股东权益(万)	10882.44	10695.57	14678.24	14309.79
	主营业务收入(万)	-	-	-	-
	主营业务利润(万)	-	-	-	-
	营业务收入(万)	562.29	2600.71	1376.97	5445.77
	营业务利润(万)	180.50	-2600.88	198.00	-893.85
	投资收益(万)	-	-	-	-
	利润总额(万)	179.78	-4314.85	385.28	651.78
	净利润(万)	186.87	-3794.22	368.45	503.73

上海锦江国际酒店发展股份有限公司

公司概况	公司名称	上海锦江国际酒店发展股份有限公司			证券简称	锦江股份
	法人代表	俞敏亮	董秘	胡暋	证券代码	600754
	公司网址	www.jinjianghoteis.com		电子信箱	jjir@jinjianghotels.com	
	电　　话	021-63217132		传　　真	021-63217720	
	办公地址	上海市延安东路100号25楼、上海市浦东新区浦电路489号13楼				
	经营范围	宾馆、餐饮、食品生产线及连锁经营、旅游、国内贸易、物业管理等				

	指标\报告期	2009.06.30	2008.12.31	2008.06.30	2007.12.31
主要财务指标	每股收益(元)	0.3056	0.4529	0.2728	0.4373
	每股收益(扣除)(元)	0.1312	0.4004	0.2714	0.3400
	每股净资产(元)	5.6336	4.5606	5.6502	8.2446
	调整后每股净资产(元)	–	–	–	–
	每股资本公积金(元)	3.3372	2.2198	3.4895	6.0067
	每股盈余公积金(元)	0.7358	0.7358	0.6935	0.6935
	每股未分配利润(元)	0.5606	0.6049	0.4671	0.5443
	每股现金净流量(元)	0.1018	0.1061	−0.1907	0.0289
	每股经营现金净流量(元)	0.0211	0.2089	0.0676	0.3211
	净资产收益率(扣除)(%)	–	–	–	4.1200
	净资产收益率(%)	5.4300	9.9300	4.8300	5.3000
	总资产(万)	414186.07	322195.04	416105.13	626249.38
	股东权益(万)	339841.67	275111.51	340840.73	497346.50
	主营业务收入(万)	–	–	–	–
	主营业务利润(万)	–	–	–	–
	营业务收入(万)	35681.34	79362.58	40150.65	83476.03
	营业务利润(万)	21922.74	30304.41	19158.06	32150.05
	投资收益(万)	–	–	–	–
	利润总额(万)	22380.42	32123.92	19266.46	32455.49
	净利润(万)	18437.29	27319.52	16454.73	26378.22

厦门国贸集团股份有限公司

公司概况	公司名称	厦门国贸集团股份有限公司			证券简称	厦门国贸
	法人代表	何福龙	董秘	陈晓华	证券代码	600755
	公司网址	www.itg.com.cn		电子信箱	itgchina@itg.com.cn	
	电　　话	0592-5161888		传　　真	0592-5160280	
	办公地址	福建省厦门市湖滨南路国贸大厦16-18层				
	经营范围	贸易、港口物流和房地产业务等				

	指标\报告期	2009.06.30	2008.12.31	2008.06.30	2007.12.31
主要财务指标	每股收益(元)	0.4100	0.5400	0.5900	0.6800
	每股收益(扣除)(元)	0.3400	0.3200	0.4500	0.3600
	每股净资产(元)	6.2900	5.2700	6.0400	5.4300
	调整后每股净资产(元)	–	–	–	–
	每股资本公积金(元)	2.9964	2.2372	2.8184	2.7756
	每股盈余公积金(元)	0.3058	0.3058	0.2886	0.2886
	每股未分配利润(元)	2.0110	1.7559	1.9689	1.3815
	每股现金净流量(元)	−0.4150	0.2683	−0.4000	0.8795
	每股经营现金净流量(元)	0.1623	1.9247	0.0478	−5.7731
	净资产收益率(扣除)(%)	–	–	–	6.2900
	净资产收益率(%)	6.4500	10.2000	9.7300	11.8900
	总资产(万)	1015498.39	878142.42	1113124.73	997143.92
	股东权益(万)	312068.30	261708.62	299808.03	269761.48
	主营业务收入(万)	–	–	–	–
	主营业务利润(万)	–	–	–	–
	营业务收入(万)	668559.16	1682004.69	908304.63	1747453.74
	营业务利润(万)	23386.84	36049.56	42059.05	49954.42
	投资收益(万)	–	–	–	–
	利润总额(万)	25531.26	38354.47	40961.55	53921.44
	净利润(万)	20113.04	26696.49	29161.33	32063.71

山东浪潮齐鲁软件产业股份有限公司

公司概况	公司名称	山东浪潮齐鲁软件产业股份有限公司			证券简称	浪潮软件
	法人代表	王茂昌	董秘	王静莲	证券代码	600756
	公司网址	www.inspur.com		电子信箱	600756@inspur.com	
	电　　话	0531-85105606		传　　真	0531-85105600	
	办公地址	山东省济南市山大路224号				
	经营范围	通信及计算机软硬件技术开发、生产、销售;通信及计算机网络工程技术咨询等				

	指标\报告期	2009.06.30	2008.12.31	2008.06.30	2007.12.31
主要财务指标	每股收益(元)	0.0481	0.1900	0.0380	0.1000
	每股收益(扣除)(元)	0.0354	0.0046	0.0370	0.0500
	每股净资产(元)	3.2288	3.1800	3.0500	3.0100
	调整后每股净资产(元)	–	–	–	–
	每股资本公积金(元)	0.7667	0.7667	0.7869	0.7869
	每股盈余公积金(元)	0.3195	0.3195	0.3195	0.3195
	每股未分配利润(元)	1.1425	1.0944	0.9435	0.9051
	每股现金净流量(元)	−0.0425	0.2145	−0.5890	0.7021
	每股经营现金净流量(元)	−0.1743	0.1897	−0.1293	0.4178
	净资产收益率(扣除)(%)	–	–	–	1.7400
	净资产收益率(%)	1.4900	5.9500	1.2600	3.2800
	总资产(万)	85213.88	86653.02	78121.15	93741.48
	股东权益(万)	60000.56	59106.43	56676.35	55961.79
	主营业务收入(万)	–	–	–	–
	主营业务利润(万)	–	–	–	–
	营业务收入(万)	11844.44	49395.22	24059.00	60256.46
	营业务利润(万)	618.44	2388.35	385.76	1164.39
	投资收益(万)	–	–	–	–
	利润总额(万)	777.25	2790.31	523.79	2659.95
	净利润(万)	894.13	3519.10	714.56	1836.17

上海华源企业发展股份有限公司

公司概况	公司名称	上海华源企业发展股份有限公司			证券简称	ST 源发
	法人代表	陆俊德	董秘	王长虹	证券代码	600757
	公司网址	www.shworldbest.com		电子信箱	office@shworldbest.com	
	电　　话	021-58794768		传　　真	021-58792223	
	办公地址	上海市浦东新区商城路660号乐凯大厦20-21层				
	经营范围	生产、加工、销售各类纺织品、服装和家用纺织品及原辅材料等				

	指标\报告期	2009.06.30	2008.12.31	2008.06.30	2007.12.31
主要财务指标	每股收益(元)	−0.1800	−1.3700	−0.4500	0.0700
	每股收益(扣除)(元)	−0.1784	−0.8100	−0.2700	−0.7656
	每股净资产(元)	−1.5300	−1.3400	−0.4300	0.0300
	调整后每股净资产(元)	–	–	–	–
	每股资本公积金(元)	0.9039	0.9039	0.9086	0.9134
	每股盈余公积金(元)	0.1420	0.1420	0.1420	0.1420
	每股未分配利润(元)	−3.5749	−3.3937	−2.4795	−2.0279
	每股现金净流量(元)	−0.0116	−0.0486	−0.0314	−0.3861
	每股经营现金净流量(元)	−0.0185	−0.0075	−0.0579	−0.2441
	净资产收益率(扣除)(%)	–	–	–	–
	净资产收益率(%)	–	–	–	252.7500
	总资产(万)	149465.13	155692.08	199144.83	201640.82
	股东权益(万)	−84426.34	−74419.71	−23682.13	1522.66
	主营业务收入(万)	–	–	–	–
	主营业务利润(万)	–	–	–	–
	营业务收入(万)	28196.69	99078.17	52741.61	194237.54
	营业务利润(万)	−11037.68	−71357.91	−21346.78	−63296.44
	投资收益(万)	–	–	–	–
	利润总额(万)	−10841.24	−77773.58	−21556.60	9854.64
	净利润(万)	−10006.64	−75416.55	−24937.50	3848.47

辽宁红阳能源投资股份有限公司

公司概况	公司名称	辽宁红阳能源投资股份有限公司			证券简称	红阳能源
	法人代表	林守信	董秘	朱丹石	证券代码	600758
	公司网址	www.jdjs.net		电子信箱	jindicc@126.com	
	电　话	024-86131586、86131806		传　真	024-86801050	
	办公地址	辽宁省沈阳市皇姑区黄河南大街96-6号启运大厦				
	经营范围	能源投资开发;电力,热力生产,销售;城市集中供热,供汽,供热,供汽工程设计等				

	指标\报告期	2009.06.30	2008.12.31	2008.06.30	2007.12.31
主要财务指标	每股收益(元)	0.1200	0.1400	0.1100	0.4200
	每股收益(扣除)(元)	0.1200	0.1400	0.1100	0.1700
	每股净资产(元)	1.6580	1.5400	1.5100	1.3300
	调整后每股净资产(元)	–	–	–	–
	每股资本公积金(元)	0.3625	0.3625	0.2936	0.2936
	每股盈余公积金(元)	0.0446	0.0446	0.0446	0.0446
	每股未分配利润(元)	0.2514	0.1332	0.1701	–0.0097
	每股现金净流量(元)	–0.1260	0.2062	0.0752	–0.0250
	每股经营现金净流量(元)	–0.1552	0.4011	0.1636	0.4859
	净资产收益率(扣除)(%)	–	–	–	13.1300
	净资产收益率(%)	7.1300	9.2800	7.2000	31.5600
	总资产(万)	52934.77	57023.46	50824.31	51267.25
	股东权益(万)	26495.50	24607.36	24095.44	21224.31
	主营业务收入(万)	–	–	–	–
	主营业务利润(万)	–	–	–	–
	营业务收入(万)	9111.98	17003.87	8556.81	15402.63
	营业务利润(万)	2495.04	2887.01	2178.75	2249.90
	投资收益(万)	–	–	–	–
	利润总额(万)	2553.16	3245.14	2415.29	6697.86
	净利润(万)	1888.14	2283.05	1771.13	6697.86

海南正和实业集团股份有限公司

公司概况	公司名称	海南正和实业集团股份有限公司			证券简称	正和股份
	法人代表	林端	董秘	黄勇	证券代码	600759
	公司网址	www.600759.com		电子信箱	zhgf@600759.com	
	电　话	0898-66787367、66590595		传　真	0898-66757661	
	办公地址	海南省海口市国贸大道2号海南时代广场17层				
	经营范围	房地产开发、租赁、经营、管理;国内外贸易;旅游资源、旅游产品的开发、经营等				

	指标\报告期	2009.06.30	2008.12.31	2008.06.30	2007.12.31
主要财务指标	每股收益(元)	0.0732	0.1382	0.0186	0.2774
	每股收益(扣除)(元)	0.0064	0.0290	0.0187	0.0464
	每股净资产(元)	1.7100	1.6400	1.5200	1.5000
	调整后每股净资产(元)	–	–	–	–
	每股资本公积金(元)	0.7411	0.7411	0.7411	0.7411
	每股盈余公积金(元)	–	–	–	–
	每股未分配利润(元)	–0.0312	–0.1044	–0.2240	–0.2426
	每股现金净流量(元)	0.0646	–0.0155	0.0452	–0.0053
	每股经营现金净流量(元)	–0.2805	–0.0774	0.0230	0.0336
	净资产收益率(扣除)(%)	–	–	–	1.0900
	净资产收益率(%)	4.2800	8.4500	1.2300	6.5100
	总资产(万)	210223.81	190583.65	153407.14	147501.18
	股东权益(万)	160485.80	153616.64	142391.11	140641.53
	主营业务收入(万)	–	–	–	–
	主营业务利润(万)	–	–	–	–
	营业务收入(万)	4566.71	8968.83	4234.37	1329.02
	营业务利润(万)	8268.56	16177.15	2093.47	2986.28
	投资收益(万)	–	–	–	–
	利润总额(万)	8265.36	16164.59	2083.71	9587.12
	净利润(万)	6869.16	12975.11	1749.58	9158.74

东安黑豹股份有限公司

公司概况	公司名称	东安黑豹股份有限公司			证券简称	东安黑豹
	法人代表	王军	董秘	孙军芳	证券代码	600760
	公司网址	www.heibao.com.cn		电子信箱	wdnyys@public.whptt.sd.cn	
	电　话	0631-8087751		传　真	0631-8352228	
	办公地址	山东省文登市龙山路107号				
	经营范围	微型汽、柴油载重汽车及其配件制造;厢式柴油专用汽车制造等				

	指标\报告期	2009.06.30	2008.12.31	2008.06.30	2007.12.31
主要财务指标	每股收益(元)	0.0500	–0.0600	0.0128	0.0800
	每股收益(扣除)(元)	0.0500	–0.0600	0.0126	0.0200
	每股净资产(元)	1.6500	1.5900	1.6700	1.6600
	调整后每股净资产(元)	–	–	–	–
	每股资本公积金(元)	0.9871	0.9871	0.9871	0.9871
	每股盈余公积金(元)	0.2095	0.2095	0.2095	0.2095
	每股未分配利润(元)	–0.5473	–0.6022	–0.5279	–0.5407
	每股现金净流量(元)	0.3326	–0.0636	–0.0433	–0.0852
	每股经营现金净流量(元)	0.2689	–0.1147	–0.0034	0.0199
	净资产收益率(扣除)(%)	–	–	–	1.1300
	净资产收益率(%)	3.3300	–3.8600	0.7690	4.7600
	总资产(万)	102040.64	89395.40	94326.92	85718.41
	股东权益(万)	45025.42	43524.72	45555.22	45204.92
	主营业务收入(万)	–	–	–	–
	主营业务利润(万)	–	–	–	–
	营业务收入(万)	64094.77	80132.04	42620.86	69429.91
	营业务利润(万)	1489.01	–1686.15	345.27	1027.55
	投资收益(万)	–	–	–	–
	利润总额(万)	1500.70	–1680.20	350.30	2153.40
	净利润(万)	1500.70	–1680.20	350.30	2153.40

安徽合力股份有限公司

公司概况	公司名称	安徽合力股份有限公司			证券简称	安徽合力
	法人代表	张德进	董秘	张孟青	证券代码	600761
	公司网址	www.helichina.com		电子信箱	heli@helichina.com	
	电　话	0551-3648005*6611		传　真	0551-3633431	
	办公地址	安徽省合肥市望江西路15号				
	经营范围	叉车、装载机、工程机械、矿山起重运输机械及配件、铸锻件、热处理件制造及销售等				

	指标\报告期	2009.06.30	2008.12.31	2008.06.30	2007.12.31
主要财务指标	每股收益(元)	0.0170	0.5300	0.4300	0.9000
	每股收益(扣除)(元)	0.0040	0.4200	0.4200	0.8500
	每股净资产(元)	5.7260	5.8100	5.7200	5.4800
	调整后每股净资产(元)	–	–	–	–
	每股资本公积金(元)	1.9979	2.0003	2.0003	2.0003
	每股盈余公积金(元)	0.6729	0.6729	0.6182	0.6182
	每股未分配利润(元)	2.0555	2.1389	2.0972	1.8652
	每股现金净流量(元)	0.1552	–0.3577	0.0025	0.0017
	每股经营现金净流量(元)	0.5535	0.5505	0.4581	0.9516
	净资产收益率(扣除)(%)	–	–	–	15.4600
	净资产收益率(%)	0.2900	9.0900	7.5600	16.4100
	总资产(万)	304237.31	301590.02	314729.39	286210.56
	股东权益(万)	204403.00	207466.21	204024.75	195744.30
	主营业务收入(万)	–	–	–	–
	主营业务利润(万)	–	–	–	–
	营业务收入(万)	132352.48	362817.17	202972.56	339686.16
	营业务利润(万)	919.79	19747.30	20376.53	42420.48
	投资收益(万)	–	–	–	–
	利润总额(万)	1472.58	21023.06	20741.68	43909.04
	净利润(万)	591.88	18861.00	15419.53	32122.06

通策医疗投资股份有限公司

公司概况	公司名称	通策医疗投资股份有限公司			证券简称	通策医疗
	法人代表	吕建明	董秘	吴金涛	证券代码	600763
	公司网址	www.tcmedical.com.cn		电子信箱	ahtauwu@126.com	
	电　话	0571-28808278、28821296		传　真	0571-288082721	
	办公地址	杭州市天目山路306号建工大厦6楼				
	经营范围	投资管理,医疗器材的经营、进出口业务,技术开发、技术咨询、技术培训和技术服务等				

主要财务指标	指标\报告期	2009.06.30	2008.12.31	2008.06.30	2007.12.31
	每股收益(元)	0.0711	0.1000	0.0302	0.0600
	每股收益(扣除)(元)	0.0723	0.0800	0.0302	0.0400
	每股净资产(元)	1.2333	1.1622	1.1000	1.0746
	调整后每股净资产(元)	-	-	-	-
	每股资本公积金(元)	1.2340	1.2340	1.2424	1.2424
	每股盈余公积金(元)	0.0115	0.0115	0.0115	0.0115
	每股未分配利润(元)	-1.0122	-1.0832	-1.1491	-1.1793
	每股现金净流量(元)	0.0656	-0.1458	-0.1785	0.3803
	每股经营现金净流量(元)	0.0806	0.0780	-0.0832	0.5720
	净资产收益率(扣除)(%)	-	-	-	3.4700
	净资产收益率(%)	5.7600	8.2700	2.7400	5.8600
	总资产(万)	22217.15	21662.15	19791.34	20160.43
	股东权益(万)	19772.16	18633.06	17712.45	17227.56
	主营业务收入(万)	-	-	-	-
	主营业务利润(万)	-	-	-	-
	营业务收入(万)	8340.90	13913.08	5783.14	9139.28
	营业务利润(万)	1655.33	2047.72	847.28	2491.89
	投资收益(万)	-	-	-	-
	利润总额(万)	1613.20	2428.85	842.82	2618.00
	净利润(万)	1139.10	1540.28	484.90	1010.18

中电广通股份有限公司

公司概况	公司名称	中电广通股份有限公司			证券简称	中电广通
	法人代表	苏振明	董秘	杨琼	证券代码	600764
	公司网址	www.cecgt.com		电子信箱	cecgt@cecgt.com	
	电　话	010-88578860		传　真	010-88578825	
	办公地址	北京市海淀区中关村南大街17号3号楼(韦伯时代中心C座)21层				
	经营范围	技术开发、技术咨询、技术服务、技术转让;投资及投资管理等				

主要财务指标	指标\报告期	2009.06.30	2008.12.31	2008.06.30	2007.12.31
	每股收益(元)	-0.0406	0.0970	0.0105	0.1480
	每股收益(扣除)(元)	-0.0758	0.0610	0.0189	0.1420
	每股净资产(元)	1.6900	1.7300	1.6000	1.8200
	调整后每股净资产(元)	-&	-	-	-
	每股资本公积金(元)	0.1538	0.1538	0.1210	0.2793
	每股盈余公积金(元)	0.1615	0.1615	0.1873	0.1615
	每股未分配利润(元)	0.4198	0.4604	0.3253	0.3932
	每股现金净流量(元)	0.1026	-0.1544	-0.3858	0.4246
	每股经营现金净流量(元)	0.1769	-0.1300	-0.3230	0.2147
	净资产收益率(扣除)(%)	-&	-	-	7.8400
	净资产收益率(%)	-2.4000	5.6200	0.6600	8.1600
	总资产(万)	164699.43	168569.54	183604.48	218874.50
	股东权益(万)	55850.53	57047.85	52720.06	59916.38
	主营业务收入(万)	-&	-	-	-
	主营业务利润(万)	-&	-	-	-
	营业务收入(万)	52514.04	179473.72	104392.08	228279.08
	营业务利润(万)	-2544.53	5721.63	1238.62	8309.53
	投资收益(万)	-&	-	-	-
	利润总额(万)	-173.77	8240.25	1899.82	8696.25
	净利润(万)	-1337.74	3205.38	347.85	4886.59

中航重机股份有限公司

公司概况	公司名称	中航重机股份有限公司			证券简称	中航重机
	法人代表	谭卫东	董秘	舒代游	证券代码	600765
	公司网址	www.avichm.com		电子信箱	invest@avichm.com	
	电　话	0851-3808861、3808872		传　真	0851-3808661	
	办公地址	贵州省贵阳市小河区锦江路110号				
	经营范围	股权投资及经营管理;军民共用液压件、液压系统、锻件、换热器等				

主要财务指标	指标\报告期	2009.06.30	2008.12.31	2008.06.30	2007.12.31
	每股收益(元)	0.2000	0.4800	0.2400	0.3200
	每股收益(扣除)(元)	0.2000	0.2600	0.2300	0.3000
	每股净资产(元)	5.0666	2.6600	5.2800	4.9300
	调整后每股净资产(元)	-	-	-	-
	每股资本公积金(元)	3.1511	0.5101	2.4457	2.4283
	每股盈余公积金(元)	0.0912	0.1319	0.2009	0.2009
	每股未分配利润(元)	0.8243	1.0226	1.6374	1.2988
	每股现金净流量(元)	1.8704	0.2973	0.1134	0.7422
	每股经营现金净流量(元)	-0.2260	-0.0464	-0.1574	0.6542
	净资产收益率(扣除)(%)	-	-	-	11.2800
	净资产收益率(%)	3.4700	17.9000	9.0600	12.1700
	总资产(万)	454348.91	326441.58	257926.57	218213.25
	股东权益(万)	262790.09	95572.49	94758.88	88376.20
	主营业务收入(万)	-	-	-	-
	主营业务利润(万)	-	-	-	-
	营业务收入(万)	87653.03	180829.20	89622.26	142658.85
	营业务利润(万)	10190.03	16878.61	10097.65	12368.79
	投资收益(万)	-	-	-	-
	利润总额(万)	10156.41	19093.05	10112.31	12920.77
	净利润(万)	9113.13	17110.37	8582.41	10755.85

烟台园城企业集团股份有限公司

公司概况	公司名称	烟台园城企业集团股份有限公司			证券简称	园城股份
	法人代表	徐诚惠	董秘	杨剑波	证券代码	600766
	公司网址			电子信箱	yjb4836@sohu.com	
	电　话	0535-6624347、6626431		传　真	0535-6624347	
	办公地址	烟台市芝罘区文化宫后街88号				
	经营范围	房地产开发与经营,物业管理,工程承包及建筑装饰等				

主要财务指标	指标\报告期	2009.06.30	2008.12.31	2008.06.30	2007.12.31
	每股收益(元)	0.0200	-0.5700	-0.0400	0.1200
	每股收益(扣除)(元)	0.0200	-0.4900	-0.0400	-0.1300
	每股净资产(元)	0.2140	0.2000	0.7300	0.7700
	调整后每股净资产(元)	-	-	-	-
	每股资本公积金(元)	1.4788	1.4788	1.4788	1.4788
	每股盈余公积金(元)	-	-	-	-
	每股未分配利润(元)	-2.2646	-2.2827	-1.7509	-1.7091
	每股现金净流量(元)	0.6897	-0.0025	0.0278	-0.2103
	每股经营现金净流量(元)	0.0942	0.0660	0.0777	-0.7014
	净资产收益率(扣除)(%)	-	-	-	-17.2600
	净资产收益率(%)	8.4700	-292.6100	-5.7400	15.2700
	总资产(万)	69765.73	56803.61	66912.85	64279.92
	股东权益(万)	3666.32	3355.74	12459.36	13174.98
	主营业务收入(万)	-	-	-	-
	主营业务利润(万)	-	-	-	-
	营业务收入(万)	1356.12	1363.84	549.07	1976.53
	营业务利润(万)	188.94	-9321.78	-833.07	-3603.65
	投资收益(万)	-	-	-	-
	利润总额(万)	176.51	-10825.46	-854.99	2823.01
	净利润(万)	310.58	-9819.23	-715.62	2011.42

运盛(上海)实业股份有限公司

公司概况

公司名称	运盛(上海)实业股份有限公司			证券简称	运盛实业
法人代表	钱仁高	董秘	姜慧芳	证券代码	600767
公司网址	www.winsan.cc		电子信箱	600767@winsan.cc	
电　话	021-68544220		传　真	021-68544220	
办公地址	上海市浦东新区民生路1286号汇商大厦12楼				
经营范围	城市基础设施开发及其配套服务,城市供水、能源、交通、工业等				

主要财务指标

指标\报告期	2009.06.30	2008.12.31	2008.06.30	2007.12.31
每股收益(元)	-0.0410	0.0350	0.0110	0.0500
每股收益(扣除)(元)	-0.0400	-0.0950	-0.0320	-0.0400
每股净资产(元)	1.0750	1.1200	1.1090	1.1000
调整后每股净资产(元)	-	-	-	-
每股资本公积金(元)	0.1687	0.1687	0.1846	0.1846
每股盈余公积金(元)	0.0181	0.0181	0.0181	0.0181
每股未分配利润(元)	-0.1099	-0.0681	-0.0919	-0.1029
每股现金净流量(元)	-0.0176	-0.0196	-0.0049	-0.0895
每股经营现金净流量(元)	-0.0608	-0.0670	-0.0012	-0.1675
净资产收益率(扣除)(%)	-	-	-	-3.3900
净资产收益率(%)	-3.8120	3.1200	1.0000	4.3500
总资产(万)	51058.39	49882.69	44173.38	44258.76
股东权益(万)	36654.96	38082.63	37811.50	37452.91
主营业务收入(万)	-	-	-	-
主营业务利润(万)	-	-	-	-
营业务收入(万)	2451.92	1690.17	1247.52	3490.70
营业务利润(万)	-1373.50	-314.70	-1092.37	-1340.79
投资收益(万)	-	-	-	-
利润总额(万)	-1397.35	1115.49	373.45	1509.92
净利润(万)	-1397.40	1187.20	376.23	1630.98

宁波富邦精业集团股份有限公司

公司概况

公司名称	宁波富邦精业集团股份有限公司			证券简称	宁波富邦
法人代表	郑锦浩	董秘	徐跃进	证券代码	600768
公司网址	www.600768.com.cn		电子信箱	fbjy@600768.com.cn	
电　话	0574-87410500、87410501		传　真	0574-87410511、87410501	
办公地址	宁波市鄞州区天童北路702号工业城办公大楼三楼				
经营范围	有色金属复合材料、新型合金材料、铝及铝合金板、带、箔及制品等				

主要财务指标

指标\报告期	2009.06.30	2008.12.31	2008.06.30	2007.12.31
每股收益(元)	0.0040	-0.4450	0.0070	0.0290
每股收益(扣除)(元)	0.0060	-0.4400	0.0090	0.0080
每股净资产(元)	0.9900	0.8900	1.4000	1.5900
调整后每股净资产(元)	-	-	-	-
每股资本公积金(元)	0.1834	0.0940	0.1513	0.3218
每股盈余公积金(元)	0.1018	0.1018	0.1018	0.1018
每股未分配利润(元)	-0.2976	-0.3018	0.1503	0.1634
每股现金净流量(元)	-0.2878	0.3446	0.1619	0.0723
每股经营现金净流量(元)	0.0314	0.6054	0.2280	0.0557
净资产收益率(扣除)(%)	-	-	-	0.5000
净资产收益率(%)	0.4300	-49.8000	0.4900	1.8500
总资产(万)	55454.75	58177.74	65193.18	66248.67
股东权益(万)	13209.47	11956.86	18770.50	21226.23
主营业务收入(万)	-	-	-	-
主营业务利润(万)	-	-	-	-
营业务收入(万)	21818.74	70695.76	44498.74	89047.45
营业务利润(万)	77.07	-5948.10	97.43	22.74
投资收益(万)	-	-	-	-
利润总额(万)	58.63	-6027.47	53.91	347.68
净利润(万)	56.67	-5954.61	91.61	393.26

武汉祥龙电业股份有限公司

公司概况

公司名称	武汉祥龙电业股份有限公司			证券简称	祥龙电业
法人代表	杨守峰	董秘	杨思兵	证券代码	600769
公司网址			电子信箱	pxldy@public.wh.hb.cn	
电　话	027-87602482		传　真	027-87600367	
办公地址	武汉市洪山区葛化街化工路31号				
经营范围	发电、供电、供热;发电设备及配件、仪器仪表销售、安装、维修等				

主要财务指标

指标\报告期	2009.06.30	2008.12.31	2008.06.30	2007.12.31
每股收益(元)	-0.1413	-0.4000	0.0065	0.0255
每股收益(扣除)(元)	-0.1762	-0.4100	0.0067	0.0248
每股净资产(元)	1.5985	1.7398	2.1440	2.1376
调整后每股净资产(元)	-	-	-	-
每股资本公积金(元)	0.9790	0.9790	0.9790	0.9790
每股盈余公积金(元)	0.1154	0.1154	0.1154	0.1154
每股未分配利润(元)	-0.4960	-0.3547	0.0496	0.0431
每股现金净流量(元)	-0.0665	0.1191	0.1212	0.0420
每股经营现金净流量(元)	-0.0767	-0.0417	0.0567	0.1977
净资产收益率(扣除)(%)	-	-	-	1.1600
净资产收益率(%)	-8.8403	-22.8600	0.3000	1.1900
总资产(万)	115819.67	117033.52	123194.51	116863.33
股东权益(万)	59939.49	65238.31	80398.61	80154.15
主营业务收入(万)	-	-	-	-
主营业务利润(万)	-	-	-	-
营业务收入(万)	29234.39	83672.98	51764.94	98965.79
营业务利润(万)	-4936.16	-15902.69	385.57	1177.60
投资收益(万)	-	-	-	-
利润总额(万)	-4962.25	-15337.53	377.68	1201.47
净利润(万)	-5298.82	-14915.84	244.46	954.94

江苏综艺股份有限公司

公司概况

公司名称	江苏综艺股份有限公司			证券简称	综艺股份
法人代表	昝圣达	董秘	顾政巍	证券代码	600770
公司网址	www.600770.com		电子信箱	zygf600770@jsmail.com.cn	
电　话	0513-86639999、86639987		传　真	0513-86563501、86639987	
办公地址	江苏省通州市兴东镇综艺数码城				
经营范围	集成电路设计及应用产品开发,计算机软件及外围设备研发、生产、销售等				

主要财务指标

指标\报告期	2009.06.30	2008.12.31	2008.06.30	2007.12.31
每股收益(元)	0.0500	0.0700	0.1000	0.1600
每股收益(扣除)(元)	0.0400	0.0400	0.1000	0.1200
每股净资产(元)	1.6300	1.5700	1.8470	1.8800
调整后每股净资产(元)	-	-	-	-
每股资本公积金(元)	0.0600	0.0430	0.1864	0.3231
每股盈余公积金(元)	0.1160	0.1160	0.2299	0.2299
每股未分配利润(元)	0.4568	0.4106	0.4307	0.3313
每股现金净流量(元)	0.0537	-0.4986	-0.3068	0.5041
每股经营现金净流量(元)	-0.0587	-0.0150	-0.1253	1.2037
净资产收益率(扣除)(%)	-	-	-	6.4200
净资产收益率(%)	2.8300	4.2200	5.4000	8.5600
总资产(万)	130281.72	115737.96	118871.21	135409.21
股东权益(万)	66131.96	63570.75	74805.73	76315.12
主营业务收入(万)	-	-	-	-
主营业务利润(万)	-	-	-	-
营业务收入(万)	25462.87	58807.28	32325.86	73460.82
营业务利润(万)	4536.17	5922.00	7398.29	11038.70
投资收益(万)	-	-	-	-
利润总额(万)	4664.39	6915.03	7554.33	11031.12
净利润(万)	1873.07	2684.15	4103.50	6529.09

东盛科技股份有限公司

公司概况					
公司名称	东盛科技股份有限公司			证券简称	ST 东盛
法人代表	张斌	董秘	郑延莉	证券代码	600771
公司网址	www.topsun.com		电子信箱	irm@topsun.com	
电　话	029-88332288*8165		传　真	029-88330835	
办公地址	陕西省西安市高新技术开发区唐延路 23 号东盛大厦				
经营范围	中药原料药、西药原料药、片剂、硬胶囊剂、软胶囊剂、颗粒剂、注射剂等				

主要财务指标：指标\报告期	2009.06.30	2008.12.31	2008.06.30	2007.12.31
每股收益(元)	-0.2700	1.3600	0.0200	-3.1800
每股收益(扣除)(元)	-0.2800	-1.2600	-0.0400	-0.4400
每股净资产(元)	-4.1300	-3.8600	-4.5400	-4.7000
调整后每股净资产(元)	-	-	-	-
每股资本公积金(元)	0.0228	0.0228	0.0067	0.0067
每股盈余公积金(元)	0.1215	0.1215	0.1225	0.1225
每股未分配利润(元)	-5.2735	-5.0059	-5.6743	-5.8288
每股现金净流量(元)	-0.1518	-0.2517	-0.1140	0.0770
每股经营现金净流量(元)	-0.1189	-2.0846	0.0450	0.4432
净资产收益率(扣除)(%)	-	-	-	-
净资产收益率(%)	-	-	-	-
总资产(万)	125367.62	136712.77	162937.56	169787.22
股东权益(万)	-100676.16	-94151.45	-110810.94	-114579.36
主营业务收入(万)	-	-	-	-
主营业务利润(万)	-	-	-	-
营业务收入(万)	14818.64	30772.60	26062.23	53119.23
营业务利润(万)	-6384.35	-34820.05	2483.95	-5022.51
投资收益(万)	-	-	-	-
利润总额(万)	-6155.68	55121.00	3493.33	-75317.39
净利润(万)	-6524.71	33124.90	531.25	-77541.70

西藏雅砻藏药股份有限公司

公司概况					
公司名称	西藏雅砻藏药股份有限公司			证券简称	*ST 雅砻
法人代表	王德银	董秘	曾园春	证券代码	600773
公司网址	www.alongtibet.com		电子信箱	chenjx@alongtibet.com	
电　话	028-85128888-6601 6880		传　真	028-85128888*6880	
办公地址	西藏拉萨市金珠西路 56 号西藏自治区商务厅办公楼 10 楼				
经营范围	中藏药生产、原料药、丸剂、胶囊、片剂、注射液、散剂、酊剂、膏剂、汤剂等				

主要财务指标：指标\报告期	2009.06.30	2008.12.31	2008.06.30	2007.12.31
每股收益(元)	-0.0100	-0.1200	-0.0200	-0.2300
每股收益(扣除)(元)	-0.0200	-0.1500	-0.0100	-0.2300
每股净资产(元)	-0.0820	-0.0700	0.0600	0.0500
调整后每股净资产(元)	-	-	-	-
每股资本公积金(元)	0.2755	0.2755	0.2755	0.2755
每股盈余公积金(元)	0.0811	0.0811	0.0811	0.0811
每股未分配利润(元)	-1.4390	-1.4288	-1.2934	-1.3042
每股现金净流量(元)	0.0005	0.0065	-0.0037	-0.0050
每股经营现金净流量(元)	0.0056	0.0223	0.0082	-0.0225
净资产收益率(扣除)(%)	-	-	-	-337.7100
净资产收益率(%)	-	-172.5400	-35.4900	-432.3340
总资产(万)	7271.59	7053.43	13608.85	12473.76
股东权益(万)	-1885.44	-1652.03	1445.44	1198.40
主营业务收入(万)	-	-	-	-
主营业务利润(万)	-	-	-	-
营业务收入(万)	1361.89	3382.48	1493.42	3315.90
营业务利润(万)	-461.18	-2054.59	-615.07	-4135.13
投资收益(万)	-	-	-	-
利润总额(万)	-232.12	-2850.43	-590.56	-5419.86
净利润(万)	-233.41	-2850.43	-512.96	-5181.08

武汉市汉商集团股份有限公司

公司概况					
公司名称	武汉市汉商集团股份有限公司			证券简称	汉商集团
法人代表	张宪华	董秘	张晴	证券代码	600774
公司网址	www.hs600774.com		电子信箱	hsjt@public.wh.hb.cn	
电　话	027-84843197		传　真	027-84842384	
办公地址	湖北省武汉市汉阳大道 134 号				
经营范围	百货、针纺织品、五金交电、劳保用品、化工原料、通讯器材、建筑装饰材料等				

主要财务指标：指标\报告期	2009.06.30	2008.12.31	2008.06.30	2007.12.31
每股收益(元)	0.0030	0.0300	0.0050	0.2300
每股收益(扣除)(元)	0.0010	-0.0700	-0.0120	-0.1100
每股净资产(元)	2.7000	2.7000	2.6700	2.6700
调整后每股净资产(元)	-	-	-	-
每股资本公积金(元)	0.7415	0.7415	0.7415	0.7415
每股盈余公积金(元)	0.3547	0.3547	0.3470	0.3470
每股未分配利润(元)	0.6039	0.6006	0.5815	0.5765
每股现金净流量(元)	-0.1826	-0.4301	-0.3896	0.3865
每股经营现金净流量(元)	-0.1139	0.1218	-0.2793	0.2950
净资产收益率(扣除)(%)	-	-	-	-4.1900
净资产收益率(%)	0.1190	1.1900	0.1880	9.0600
总资产(万)	146852.67	148549.37	141738.83	147284.81
股东权益(万)	47137.30	47081.21	46611.94	46524.48
主营业务收入(万)	-	-	-	-
主营业务利润(万)	-	-	-	-
营业务收入(万)	29435.17	59293.94	30158.38	55103.41
营业务利润(万)	-53.42	-2071.97	-544.92	-2589.26
投资收益(万)	-	-	-	-
利润总额(万)	-65.98	714.95	-81.34	5922.41
净利润(万)	56.09	556.73	87.45	4037.33

南京熊猫电子股份有限公司

公司概况					
公司名称	南京熊猫电子股份有限公司			证券简称	南京熊猫
法人代表	李安建	董秘	沈见龙	证券代码	600775
公司网址	www.panda.cn		电子信箱	dms@panda.cn	
电　话	025-84801144		传　真	025-84820729	
办公地址	南京市中山东路 301 号				
经营范围	广播电视设备;五金交电、电子元器件;仪器仪表、电器机械及器材等				

主要财务指标：指标\报告期	2009.06.30	2008.12.31	2008.06.30	2007.12.31
每股收益(元)	-0.0763	0.0600	0.0386	0.1600
每股收益(扣除)(元)	-0.0770	0.0300	0.0346	0.1700
每股净资产(元)	2.1400	2.2800	2.1800	2.2800
调整后每股净资产(元)	-	-	-	-
每股资本公积金(元)	0.7137	0.7593	0.7576	0.7331
每股盈余公积金(元)	0.3061	0.3061	0.2973	0.3055
每股未分配利润(元)	0.1170	0.2144	0.1231	0.2382
每股现金净流量(元)	-0.3061	-0.0465	-0.3018	-0.3458
每股经营现金净流量(元)	-0.0490	-0.2152	-0.2087	-0.0490
净资产收益率(扣除)(%)	-	-	-	7.3500
净资产收益率(%)	-3.5700	2.4900	1.7700	7.1800
总资产(万)	244075.01	257455.41	257614.54	264329.48
股东权益(万)	139966.13	149330.14	142868.65	149134.91
主营业务收入(万)	-	-	-	-
主营业务利润(万)	-	-	-	-
营业务收入(万)	39906.83	113103.72	52653.84	100993.57
营业务利润(万)	-4748.71	1958.26	2534.07	13385.06
投资收益(万)	-	-	-	-
利润总额(万)	-4668.18	4479.94	2865.50	12141.92
净利润(万)	-4996.79	3720.13	2531.58	10700.60

东方通信股份有限公司

公司概况						
	公司名称	东方通信股份有限公司			证券简称	东方通信
	法人代表	张泽熙	董秘	蔡祝平	证券代码	600776
	公司网址	www.eastcom.com		电子信箱	webmaster@eastcom.com	
	电　　话	0571-86676198		传　　真	0571-86676197	
	办公地址	浙江省杭州市滨江高新技术开发区东信大道66号				
	经营范围	移动通信、程控交换、光电传输、激光照排设备、电子自助服务设备等				

主要财务指标	指标\报告期	2009.06.30	2008.12.31	2008.06.30	2007.12.31
	每股收益(元)	0.0371	0.0770	0.0400	0.1380
	每股收益(扣除)(元)	0.0231	0.0420	0.0200	0.0120
	每股净资产(元)	1.9163	1.8800	1.8800	1.8100
	调整后每股净资产(元)	–	–	–	–
	每股资本公积金(元)	0.6936	0.6936	0.6956	0.7040
	每股盈余公积金(元)	0.0057	0.1414	0.1414	0.1414
	每股未分配利润(元)	0.2170	0.0442	0.0387	–0.0330
	每股现金净流量(元)	–0.1340	0.0552	–0.0800	–0.2577
	每股经营现金净流量(元)	–0.1305	0.2543	0.0412	–0.2151
	净资产收益率(扣除)(%)	–	–	–	0.6400
	净资产收益率(%)	1.9380	4.1100	1.9100	7.6100
	总资产(万)	349480.81	411072.26	421294.96	401930.13
	股东权益(万)	240691.71	236026.97	235579.89	227638.37
	主营业务收入(万)	–	–	–	–
	主营业务利润(万)	–	–	–	–
	营业务收入(万)	212193.75	879018.30	417801.12	1277472.76
	营业务利润(万)	3252.36	6642.70	2188.14	17820.87
	投资收益(万)	–	–	–	–
	利润总额(万)	3948.15	10085.93	3668.40	21011.01
	净利润(万)	4664.74	9691.73	4506.26	17325.15

烟台新潮实业股份有限公司

公司概况						
	公司名称	烟台新潮实业股份有限公司			证券简称	新潮实业
	法人代表	宋向阳	董秘	常宗利	证券代码	600777
	公司网址	www.xinchaoshiye.com		电子信箱	hezaiquan@126.com	
	电　　话	0535-4259777		传　　真	0535-4225688	
	办公地址	山东省烟台市牟平区牟山路98号				
	经营范围	毛、棉、麻产品生产;同轴及数据电缆、宽带网络产品的生产、销售等				

主要财务指标	指标\报告期	2009.06.30	2008.12.31	2008.06.30	2007.12.31
	每股收益(元)	0.0100	0.0300	0.0100	–0.1800
	每股收益(扣除)(元)	–0.0500	0.0300	0.0100	–0.1900
	每股净资产(元)	2.1730	2.1700	2.1500	2.1400
	调整后每股净资产(元)	–	–	–	–
	每股资本公积金(元)	0.7818	0.7818	0.7818	0.7818
	每股盈余公积金(元)	0.1239	0.1239	0.1239	0.1239
	每股未分配利润(元)	0.2674	0.2611	0.2465	0.2348
	每股现金净流量(元)	0.4227	–0.1239	0.0154	–0.1455
	每股经营现金净流量(元)	0.0531	–0.1046	–0.1035	–0.5282
	净资产收益率(扣除)(%)	–	–	–	–8.7700
	净资产收益率(%)	0.2900	1.2700	0.5400	–8.4500
	总资产(万)	413265.36	403637.92	393068.05	328943.49
	股东权益(万)	135909.72	135512.35	134602.06	133869.53
	主营业务收入(万)	–	–	–	–
	主营业务利润(万)	–	–	–	–
	营业务收入(万)	19139.72	121041.07	68388.82	99517.77
	营业务利润(万)	–2741.69	4853.98	2277.94	–15815.29
	投资收益(万)	–	–	–	–
	利润总额(万)	535.57	4480.15	2385.62	–15205.81
	净利润(万)	397.37	1716.52	732.53	–11315.08

新疆友好(集团)股份有限公司

公司概况						
	公司名称	新疆友好(集团)股份有限公司			证券简称	友好集团
	法人代表	聂如旋	董秘	王建平	证券代码	600778
	公司网址	www.xjyh.com.cn		电子信箱	xjyhjt@mail.xj.cninfo.net	
	电　　话	0991-4541008		传　　真	0991-4815090	
	办公地址	新疆维吾尔自治区乌鲁木齐市友好南路668号				
	经营范围	保健食品及其他食品的销售;普通货物运输;仓储服务等				

主要财务指标	指标\报告期	2009.06.30	2008.12.31	2008.06.30	2007.12.31
	每股收益(元)	0.0650	0.1500	0.0510	0.1800
	每股收益(扣除)(元)	0.0400	0.1800	0.0350	0.0900
	每股净资产(元)	2.8000	2.6800	2.5700	2.6000
	调整后每股净资产(元)	–	–	–	–
	每股资本公积金(元)	1.4767	1.3677	1.3753	1.4452
	每股盈余公积金(元)	0.0137	0.0137	–	–
	每股未分配利润(元)	0.3088	0.2937	0.2039	0.1535
	每股现金净流量(元)	0.1567	0.1838	–0.1159	0.1693
	每股经营现金净流量(元)	0.1193	0.8951	0.1216	0.6453
	净资产收益率(扣除)(%)	–	–	–	3.3400
	净资产收益率(%)	2.3258	5.7500	1.9600	6.7500
	总资产(万)	208285.71	192992.86	179369.14	180302.19
	股东权益(万)	87193.16	83326.34	80341.40	80945.19
	主营业务收入(万)	–	–	–	–
	主营业务利润(万)	–	–	–	–
	营业务收入(万)	96550.23	156958.51	70218.05	143105.52
	营业务利润(万)	1661.26	6026.30	1311.31	5748.94
	投资收益(万)	–	–	–	–
	利润总额(万)	2054.25	6015.73	1790.81	6250.46
	净利润(万)	2027.95	4794.30	1571.87	5462.29

四川水井坊股份有限公司

公司概况						
	公司名称	四川水井坊股份有限公司			证券简称	水 井 坊
	法人代表	黄建勇	董秘	张宗俊	证券代码	600779
	公司网址	www.quanxing-china.com		电子信箱	qxdsb@quanxing.com.cn	
	电　　话	028-86252847		传　　真	028-86695460	
	办公地址	四川省成都市金牛区全兴路9号				
	经营范围	生产销售酒、生物材料及制剂,化工原料、包装材料、设备、货物运输等				

主要财务指标	指标\报告期	2009.06.30	2008.12.31	2008.06.30	2007.12.31
	每股收益(元)	0.2100	0.6400	0.2700	0.4100
	每股收益(扣除)(元)	0.2000	0.6200	0.2800	0.4000
	每股净资产(元)	2.6100	2.9300	2.5600	2.6700
	调整后每股净资产(元)	–	–	–	–
	每股资本公积金(元)	0.8345	0.8350	0.8350	0.8325
	每股盈余公积金(元)	0.4781	0.4781	0.4139	0.4139
	每股未分配利润(元)	0.2993	0.6182	0.3139	0.4203
	每股现金净流量(元)	–0.0576	–0.7359	–0.6099	0.5009
	每股经营现金净流量(元)	0.6418	0.0520	–0.1540	1.2177
	净资产收益率(扣除)(%)	–	–	–	14.8500
	净资产收益率(%)	8.0800	21.9000	10.6700	15.4500
	总资产(万)	254143.30	251250.48	198952.07	226396.20
	股东权益(万)	127605.21	143209.58	125207.25	130283.13
	主营业务收入(万)	–	–	–	–
	主营业务利润(万)	–	–	–	–
	营业务收入(万)	44062.32	117891.42	54731.38	100394.75
	营业务利润(万)	14034.20	48863.06	22262.40	43171.02
	投资收益(万)	–	–	–	–
	利润总额(万)	14864.14	48781.44	21408.33	43180.18
	净利润(万)	10314.61	31367.71	13365.37	20124.00

山西通宝能源股份有限公司

公司概况						
	公司名称	山西通宝能源股份有限公司			证券简称	通宝能源
	法人代表	常小刚	董秘	常璞	证券代码	600780
	公司网址	www.600780.net		电子信箱	top600780@sina.com	
	电　话	0351-7032515、7021857		传　真	0351-7021077*6806	
	办公地址	山西省太原市长治路272号				
	经营范围	组织原煤开采、加工,火力发电,组织金属及非金属开采冶炼等				

主要财务指标	指标\报告期	2009.06.30	2008.12.31	2008.06.30	2007.12.31
	每股收益(元)	0.0111	0.0149	-0.0831	0.2755
	每股收益(扣除)(元)	0.0095	0.0008	-0.0845	0.1370
	每股净资产(元)	1.8973	1.8800	1.7800	1.9200
	调整后每股净资产(元)	-	-	-	-
	每股资本公积金(元)	0.0767	0.0747	0.2094	0.0798
	每股盈余公积金(元)	0.2292	0.2292	0.2251	0.2251
	每股未分配利润(元)	0.5913	0.5802	0.3445	0.6109
	每股现金净流量(元)	0.1052	-0.0483	-0.0621	-0.1702
	每股经营现金净流量(元)	0.2307	0.4090	0.2036	0.4870
	净资产收益率(扣除)(%)	-	-	-	7.1500
	净资产收益率(%)	0.5900	0.7900	-4.6700	14.3800
	总资产(万)	284895.86	292280.32	303214.02	327091.89
	股东权益(万)	165619.25	164473.44	155293.20	167246.66
	主营业务收入(万)	-	-	-	-
	主营业务利润(万)	-	-	-	-
	营业务收入(万)	90053.61	192818.94	88777.25	208314.33
	营业务利润(万)	992.41	1496.04	-7428.10	20312.85
	投资收益(万)	-	-	-	-
	利润总额(万)	1153.66	2031.48	-7307.68	36116.07
	净利润(万)	969.53	1297.02	-7252.71	24045.34

上海辅仁实业(集团)股份有限公司

公司概况						
	公司名称	上海辅仁实业(集团)股份有限公司			证券简称	上海辅仁
	法人代表	关永进	董秘	张海杰	证券代码	600781
	公司网址	www.shfuren.cn		电子信箱	furen@shfuren.cn	
	电　话	021-51573876		传　真	021-51573830	
	办公地址	上海市建国西路285号13楼				
	经营范围	纺织印染及加工,纺织行业的信息咨询、技术设计服务、生产服装、服饰等				

主要财务指标	指标\报告期	2009.06.30	2008.12.31	2008.06.30	2007.12.31
	每股收益(元)	0.0700	0.1900	0.0700	0.1800
	每股收益(扣除)(元)	0.0600	0.1800	0.0600	0.1500
	每股净资产(元)	1.0731	1.0000	0.8700	0.8000
	调整后每股净资产(元)	-	-	-	-
	每股资本公积金(元)	0.5887	0.5887	0.5760	0.5760
	每股盈余公积金(元)	0.0615	0.0615	0.0615	0.0615
	每股未分配利润(元)	-0.5771	-0.6483	-0.7669	-0.8398
	每股现金净流量(元)	0.0194	0.0256	0.0578	-0.0223
	每股经营现金净流量(元)	-0.0460	-0.0831	-0.1619	-0.3805
	净资产收益率(扣除)(%)	-	-	-	19.0700
	净资产收益率(%)	6.6300	19.1100	8.3700	21.9400
	总资产(万)	54375.78	50676.44	47541.98	45374.37
	股东权益(万)	19056.82	17793.19	15460.76	14166.83
	主营业务收入(万)	-	-	-	-
	主营业务利润(万)	-	-	-	-
	营业务收入(万)	10986.66	29815.15	14088.54	28472.59
	营业务利润(万)	1541.16	4642.54	1743.47	4886.03
	投资收益(万)	-	-	-	-
	利润总额(万)	1758.50	4852.86	1902.32	5305.38
	净利润(万)	1263.63	3400.74	1293.92	3108.36

新余钢铁股份有限公司

公司概况						
	公司名称	新余钢铁股份有限公司			证券简称	新钢股份
	法人代表	熊小星	董秘	姚红江	证券代码	600782
	公司网址	www.xinhuametal.com		电子信箱	xggf782@xinsteel.com.cn	
	电　话	0790-6292991		传　真	0790-6460999	
	办公地址	江西省新余市冶金路				
	经营范围	生产经营各类锰铁,生铁,矽铁,钢材;钢丝,钢绞线,铝包钢线,电线等				

主要财务指标	指标\报告期	2009.06.30	2008.12.31	2008.06.30	2007.12.31
	每股收益(元)	0.0300	0.5000	0.3400	0.5600
	每股收益(扣除)(元)	0.0300	0.4900	0.3500	0.5400
	每股净资产(元)	5.7600	5.7900	5.2700	5.0100
	调整后每股净资产(元)	-	-	-	-
	每股资本公积金(元)	4.0770	4.0766	3.7199	3.7256
	每股盈余公积金(元)	0.0821	0.0821	0.0486	0.0489
	每股未分配利润(元)	0.5997	0.6296	0.4965	0.2404
	每股现金净流量(元)	-0.0279	-0.1622	-1.1777	2.0538
	每股经营现金净流量(元)	0.6591	0.1594	0.0954	0.0486
	净资产收益率(扣除)(%)	-	-	-	3.5800
	净资产收益率(%)	0.5200	8.6800	6.4300	3.6600
	总资产(万)	2305525.28	2285491.53	1846762.94	1645409.42
	股东权益(万)	802443.71	806553.61	733642.87	698798.57
	主营业务收入(万)	-	-	-	-
	主营业务利润(万)	-	-	-	-
	营业务收入(万)	924990.24	2741153.14	1385581.97	760325.81
	营业务利润(万)	5856.64	91753.64	59885.57	43167.13
	投资收益(万)	-	-	-	-
	利润总额(万)	6416.53	92969.13	58741.73	44170.75
	净利润(万)	4203.46	69774.77	47165.09	25564.83

山东鲁信高新技术产业股份有限公司

公司概况						
	公司名称	山东鲁信高新技术产业股份有限公司			证券简称	鲁信高新
	法人代表	李功臣	董秘	颜卫国	证券代码	600783
	公司网址	www.lxgx.com		电子信箱	lxgx600783@sina.com	
	电　话	0533-2978300、2977312		传　真	0533-2981033	
	办公地址	山东省淄博市张店区南定车站街69号				
	经营范围	磨具、磨料、硅碳棒、金属镁、耐火材料及制品的生产、销售等				

主要财务指标	指标\报告期	2009.06.30	2008.12.31	2008.06.30	2007.12.31
	每股收益(元)	-0.0464	0.0230	0.0117	0.0276
	每股收益(扣除)(元)	-0.0477	-0.0013	0.0050	0.0051
	每股净资产(元)	1.4924	1.5388	1.5276	1.5289
	调整后每股净资产(元)	-	-	-	-
	每股资本公积金(元)	0.3651	0.3651	0.3651	0.3782
	每股盈余公积金(元)	0.1680	0.1680	0.1680	0.1680
	每股未分配利润(元)	-0.0407	0.0057	-0.0055	-0.0172
	每股现金净流量(元)	0.5191	0.2042	-0.2003	-0.3199
	每股经营现金净流量(元)	-0.0254	0.0968	-0.0829	0.0657
	净资产收益率(扣除)(%)	-	-	-	0.3321
	净资产收益率(%)	-3.1100	1.4920	0.7670	1.8020
	总资产(万)	77290.35	66210.55	58767.46	113288.10
	股东权益(万)	30187.58	31126.56	30899.13	30926.33
	主营业务收入(万)	-	-	-	-
	主营业务利润(万)	-	-	-	-
	营业务收入(万)	6666.82	34547.05	9885.15	75569.04
	营业务利润(万)	-906.26	533.06	386.60	834.74
	投资收益(万)	-	-	-	-
	利润总额(万)	-862.31	859.87	346.94	1280.22
	净利润(万)	-938.98	464.39	236.96	557.29

鲁银投资集团股份有限公司

公司概况	公司名称	鲁银投资集团股份有限公司			证券简称	鲁银投资
	法人代表	魏佑山	董秘	孙凯	证券代码	600784
	公司网址	www.luyin.com.cn			电子信箱	luyin784@163.com
	电　话	0531-82024156、82071608			传　真	0531-82024179
	办公地址	山东省济南市经十路 20518 号				
	经营范围	股权投资、经营与管理;投资于高新材料、生物医药、网络技术等				

主要财务指标	指标\报告期	2009.06.30	2008.12.31	2008.06.30	2007.12.31
	每股收益(元)	0.0600	0.1200	0.0700	0.1100
	每股收益(扣除)(元)	–0.0900	0.0900	0.0800	0.1200
	每股净资产(元)	1.6350	1.5800	1.5200	1.4600
	调整后每股净资产(元)	–	–	–	–
	每股资本公积金(元)	0.1338	0.1300	0.1344	0.1438
	每股盈余公积金(元)	0.0952	0.0952	0.0952	0.0952
	每股未分配利润(元)	0.4064	0.3499	0.2924	0.2207
	每股现金净流量(元)	–0.0107	–0.8771	–0.0342	0.4315
	每股经营现金净流量(元)	0.0846	–0.2389	0.1327	0.7282
	净资产收益率(扣除)(%)	–	–	–	7.8900
	净资产收益率(%)	3.4500	7.8000	4.7100	7.5800
	总资产(万)	141745.91	150633.25	163166.47	162554.62
	股东权益(万)	40608.55	39110.14	37791.81	36244.66
	主营业务收入(万)	–	–	–	–
	主营业务利润(万)	–	–	–	–
	营业务收入(万)	165252.12	457531.31	272934.29	411785.32
	营业务利润(万)	2571.32	3414.39	2591.83	5333.29
	投资收益(万)	–	–	–	–
	利润总额(万)	2359.70	4047.25	2466.27	5300.15
	净利润(万)	1402.37	3051.67	1779.91	2746.29

银川新华百货商店股份有限公司

公司概况	公司名称	银川新华百货商店股份有限公司			证券简称	新华百货
	法人代表	徐鸣凤	董秘	陆燕	证券代码	600785
	公司网址	www.xhbh.com.cn			电子信箱	xbzqcyb@163.com
	电　话	0951-4010058、0951-6071161			传　真	0951-6071161
	办公地址	宁夏回族自治区银川市新华东街 97 号				
	经营范围	经营百货、文化用品、服装鞋帽、针纺织品、五金交电、家用电器、副食等				

主要财务指标	指标\报告期	2009.06.30	2008.12.31	2008.06.30	2007.12.31
	每股收益(元)	0.5400	0.6300	0.5100	0.4400
	每股收益(扣除)(元)	0.5400	–	0.5000	0.4600
	每股净资产(元)	4.3851	3.9400	5.3600	3.8200
	调整后每股净资产(元)	–	–	–	–
	每股资本公积金(元)	1.4033	1.4033	1.9647	1.9647
	每股盈余公积金(元)	0.3661	0.3661	0.4632	0.4632
	每股未分配利润(元)	1.6157	1.1727	1.9278	1.9160
	每股现金净流量(元)	–0.8722	0.1557	–0.6401	0.7099
	每股经营现金净流量(元)	–0.0717	1.1917	0.2806	1.7336
	净资产收益率(扣除)(%)	–	–	–	12.0800
	净资产收益率(%)	12.3800	15.8600	9.5600	11.6100
	总资产(万)	141776.34	147129.92	134404.32	133408.75
	股东权益(万)	75800.78	68142.97	66126.82	65981.40
	主营业务收入(万)	–	–	–	–
	主营业务利润(万)	–	–	–	–
	营业务收入(万)	154118.58	282459.22	139327.09	251938.78
	营业务利润(万)	13400.19	15543.58	8956.55	12346.95
	投资收益(万)	–	–	–	–
	利润总额(万)	13376.20	15545.87	9069.75	11914.16
	净利润(万)	9386.40	10804.54	6318.97	7659.23

中储发展股份有限公司

公司概况	公司名称	中储发展股份有限公司			证券简称	中储股份
	法人代表	韩铁林	董秘	薛斌	证券代码	600787
	公司网址	www.zcgf.com.cn			电子信箱	zcgfzjb@zcgf.com.cn
	电　话	010-83673292			传　真	010-83673191
	办公地址	北京市丰台区南四环西路 188 号 6 区 18 号楼				
	经营范围	商品储存、加工、维修、包装、代展、检验;库场设备租赁;商品物资批发、零售等				

主要财务指标	指标\报告期	2009.06.30	2008.12.31	2008.06.30	2007.12.31
	每股收益(元)	0.1276	0.2097	0.1917	0.2234
	每股收益(扣除)(元)	0.1221	0.1722	0.1958	0.1813
	每股净资产(元)	4.3326	4.0040	4.2635	5.3235
	调整后每股净资产(元)	–	–	–	–
	每股资本公积金(元)	2.4491	2.2079	2.4856	3.6973
	每股盈余公积金(元)	0.3446	0.3446	0.3000	0.3000
	每股未分配利润(元)	0.5390	0.4514	0.4779	0.3262
	每股现金净流量(元)	–0.0678	0.1719	0.3655	0.3428
	每股经营现金净流量(元)	–0.3698	0.8283	–0.1385	0.3534
	净资产收益率(扣除)(%)	–	–	–	2.9948
	净资产收益率(%)	2.9450	5.2380	4.4950	3.6905
	总资产(万)	855922.38	795521.25	906609.72	903884.16
	股东权益(万)	319305.42	295071.13	314208.96	392331.54
	主营业务收入(万)	–	–	–	–
	主营业务利润(万)	–	–	–	–
	营业务收入(万)	594396.79	1607988.60	867080.17	1305657.77
	营业务利润(万)	12555.48	20068.58	20699.64	20692.02
	投资收益(万)	–	–	–	–
	利润总额(万)	13216.63	23047.37	20285.91	23199.76
	净利润(万)	9403.85	15455.03	14124.52	14479.05

山东鲁抗医药股份有限公司

公司概况	公司名称	山东鲁抗医药股份有限公司			证券简称	鲁抗医药
	法人代表	高祥友	董秘	田立新	证券代码	600789
	公司网址	www.lkpc.com			电子信箱	tlx600789@163.com
	电　话	0537-2983174、2983097			传　真	0537-2983097
	办公地址	山东省济宁市太白楼西路 152 号				
	经营范围	化学原料药及制剂、医药生产用化工原料、辅料及中间体、兽用药等				

主要财务指标	指标\报告期	2009.06.30	2008.12.31	2008.06.30	2007.12.31
	每股收益(元)	0.0180	0.0600	0.0340	0.0400
	每股收益(扣除)(元)	0.0170	0.0400	0.0310	0.0400
	每股净资产(元)	2.6100	2.5500	2.5300	2.5600
	调整后每股净资产(元)	–	–	–	–
	每股资本公积金(元)	1.1807	1.1704	1.1675	1.2476
	每股盈余公积金(元)	0.2590	0.2590	0.2590	0.2590
	每股未分配利润(元)	0.1333	0.1158	0.1037	0.0552
	每股现金净流量(元)	0.1034	–0.0207	–0.0356	0.1238
	每股经营现金净流量(元)	0.1704	0.3600	0.1363	0.2606
	净资产收益率(扣除)(%)	–	–	–	1.6100
	净资产收益率(%)	0.6800	2.3800	1.3600	1.4500
	总资产(万)	253632.61	250142.30	264339.57	258196.06
	股东权益(万)	149637.64	148021.54	147143.85	148987.16
	主营业务收入(万)	–	–	–	–
	主营业务利润(万)	–	–	–	–
	营业务收入(万)	93909.82	178944.20	93166.43	157548.82
	营业务利润(万)	1147.80	3375.36	2106.12	2194.79
	投资收益(万)	–	–	–	–
	利润总额(万)	1302.94	4121.35	2146.51	2283.44
	净利润(万)	1018.31	3520.52	2003.62	2162.69

浙江中国轻纺城集团股份有限公司

公司概况	公司名称	浙江中国轻纺城集团股份有限公司			证券简称	轻纺城
	法人代表	沈小军	董秘	张伟夫	证券代码	600790
	公司网址	www.zjctc.com.cn		电子信箱	zwf@qfcgroup.com	
	电　话	0575-84135815、84116158		传　真	0575-84116045	
	办公地址	浙江省绍兴县柯桥镇鉴湖路1号中轻大厦				
	经营范围	市场开发建设、市场租赁、市场物业管理、生产销售酒及其他饮料等				

主要财务指标	指标\报告期	2009.06.30	2008.12.31	2008.06.30	2007.12.31
	每股收益(元)	0.0409	0.1200	0.0670	0.2200
	每股收益(扣除)(元)	0.0330	0.1100	0.0060	0.0900
	每股净资产(元)	1.9371	1.8300	1.8300	2.4000
	调整后每股净资产(元)	–	–	–	–
	每股资本公积金(元)	0.5913	0.5301	0.5745	1.1532
	每股盈余公积金(元)	0.1304	0.1304	0.1182	0.1537
	每股未分配利润(元)	0.2154	0.1744	0.1368	0.0910
	每股现金净流量(元)	–0.3823	–0.1978	–0.0700	–0.0916
	每股经营现金净流量(元)	0.0288	–0.1452	0.0353	–0.0759
	净资产收益率(扣除)(%)	–	–	–	4.4000
	净资产收益率(%)	2.1130	6.3500	3.6500	12.1700
	总资产(万)	416844.82	408904.40	415308.03	418406.64
	股东权益(万)	119865.43	113541.32	113232.49	114137.93
	主营业务收入(万)	–	–	–	–
	主营业务利润(万)	–	–	–	–
	营业务收入(万)	13980.15	57841.22	16700.84	85376.11
	营业务利润(万)	2904.35	12327.87	5286.15	21839.82
	投资收益(万)	–	–	–	–
	利润总额(万)	3512.96	13365.90	5307.58	21145.03
	净利润(万)	2533.06	7215.51	4130.31	13894.53

京能置业股份有限公司

公司概况	公司名称	京能置业股份有限公司			证券简称	京能置业
	法人代表	徐京付	董秘	朱兆梅	证券代码	600791
	公司网址	www.beih-zy.com		电子信箱	jnzy@beih-zy.com	
	电　话	010-62690910		传　真	010-62698709	
	办公地址	北京市海淀区彩和坊路8号天创科技大厦12层西侧				
	经营范围	房地产开发;房地产信息咨询;投资顾问;销售商品房;高科技项目投资等				

主要财务指标	指标\报告期	2009.06.30	2008.12.31	2008.06.30	2007.12.31
	每股收益(元)	–0.0334	0.2400	0.1993	0.3000
	每股收益(扣除)(元)	–0.0359	0.0900	–0.0252	0.2600
	每股净资产(元)	1.8000	1.8300	1.7400	2.5500
	调整后每股净资产(元)	–	–	–	–
	每股资本公积金(元)	0.2062	0.2142	0.2142	0.9427
	每股盈余公积金(元)	0.0269	0.0269	0.0255	0.0407
	每股未分配利润(元)	0.5659	0.5911	0.4972	0.5666
	每股现金净流量(元)	–0.1861	0.1458	0.4186	–0.1140
	每股经营现金净流量(元)	–0.3571	–1.3721	–1.2472	0.8214
	净资产收益率(扣除)(%)	–	–	–	15.4100
	净资产收益率(%)	–1.8600	13.1000	8.6000	18.6400
	总资产(万)	258689.77	332791.78	284093.09	147248.09
	股东权益(万)	81475.25	82974.99	78658.41	72180.70
	主营业务收入(万)	–	–	–	–
	主营业务利润(万)	–	–	–	–
	营业务收入(万)	1417.98	49186.18	3829.50	140049.91
	营业务利润(万)	–1448.11	17066.97	8922.04	24232.06
	投资收益(万)	–	–	–	–
	利润总额(万)	–1444.06	17256.40	9111.70	24325.43
	净利润(万)	–1512.54	10872.45	6769.18	13457.98

云南马龙产业集团股份有限公司

公司概况	公司名称	云南马龙产业集团股份有限公司			证券简称	ST马龙
	法人代表	杨授诚	董秘	张小可	证券代码	600792
	公司网址	www.chinaphos.cn		电子信箱	g600792@163.com	
	电　话	0871-3018278		传　真	0871-3620661	
	办公地址	云南省昆明市人民中路35号阳光A版大厦三楼				
	经营范围	黄磷、磷酸、三聚磷酸钠等磷化工产品,水泥等建材产品等				

主要财务指标	指标\报告期	2009.06.30	2008.12.31	2008.06.30	2007.12.31
	每股收益(元)	–0.8530	0.1200	0.2190	–1.0700
	每股收益(扣除)(元)	–0.8680	0.0600	0.2160	–1.0800
	每股净资产(元)	–0.6000	0.2600	0.3600	0.1400
	调整后每股净资产(元)	–	–	–	–158.8400
	每股资本公积金(元)	0.1475	0.1475	0.1475	0.1475
	每股盈余公积金(元)	0.1981	0.2002	0.1161	0.1484
	每股未分配利润(元)	–1.9444	–1.0927	–0.9060	–1.1570
	每股现金净流量(元)	–0.1720	0.4621	0.5819	–0.0127
	每股经营现金净流量(元)	–0.2383	0.7387	0.0355	0.3723
	净资产收益率(扣除)(%)	–	–	–	–779.2000
	净资产收益率(%)	–	45.5300	61.3600	–771.9100
	总资产(万)	107597.46	109045.25	112318.81	92913.15
	股东权益(万)	–7557.98	3219.36	4513.83	1753.51
	主营业务收入(万)	–	–	–	–
	主营业务利润(万)	–	–	–	–
	营业务收入(万)	58272.47	182547.88	73648.76	130329.20
	营业务利润(万)	–10661.38	4385.47	5862.85	–12882.82
	投资收益(万)	–	–	–	–
	利润总额(万)	–10473.90	4995.32	5908.20	–13627.08
	净利润(万)	–10768.00	1465.85	2769.65	–13535.53

宜宾纸业股份有限公司

公司概况	公司名称	宜宾纸业股份有限公司			证券简称	ST宜纸
	法人代表	易从	董秘	鹿彪	证券代码	600793
	公司网址	www.yb-zy.com		电子信箱	ybzydsh@163.com	
	电　话	0831-3560668、3560376		传　真	0831-3561965	
	办公地址	四川省宜宾市岷江西路54号				
	经营范围	生产经营纸及纸制品,主要产品有:低定量彩印新闻纸、高强度高白彩印新闻纸等				

主要财务指标	指标\报告期	2009.06.30	2008.12.31	2008.06.30	2007.12.31
	每股收益(元)	–0.2920	0.0461	0.0044	–0.8409
	每股收益(扣除)(元)	–0.2498	–0.1540	0.0010	–0.7708
	每股净资产(元)	0.3100	0.6000	0.5620	0.5600
	调整后每股净资产(元)	–	–	–	–
	每股资本公积金(元)	0.9568	0.9568	0.9568	0.9568
	每股盈余公积金(元)	0.0348	0.0348	0.0348	0.0348
	每股未分配利润(元)	–1.6795	–1.3874	–1.4292	–1.4335
	每股现金净流量(元)	–0.1323	–0.0875	–0.2391	–0.0743
	每股经营现金净流量(元)	–0.1202	0.1954	0.1802	–0.4034
	净资产收益率(扣除)(%)	–	–	–	–138.1200
	净资产收益率(%)	–93.5457	7.6323	0.7790	–150.6700
	总资产(万)	82167.93	81396.95	84373.38	87198.61
	股东权益(万)	3287.21	6362.25	5922.81	5876.67
	主营业务收入(万)	–	–	–	–
	主营业务利润(万)	–	–	–	–
	营业务收入(万)	25911.54	68388.49	36574.68	53495.79
	营业务利润(万)	–3154.86	–1621.60	5.89	–8816.03
	投资收益(万)	–	–	–	–
	利润总额(万)	–3075.04	485.67	46.14	–8783.71
	净利润(万)	–3075.04	485.58	46.14	–8854.61

张家港保税科技股份有限公司

公司概况	公司名称	张家港保税科技股份有限公司			证券简称	保税科技
	法人代表	徐品云	董秘	肖功伟	证券代码	600794
	公司网址			电子信箱	dlxgw@tom.com	
	电　　话	0512-58320358		传　　真	0512-58320652	
	办公地址	江苏省张家港保税区北京路保税科技大厦六楼				
	经营范围	生物高新技术应用、开发;高新技术及电子商务、网络应用开发等				

	指标\报告期	2009.06.30	2008.12.31	2008.06.30	2007.12.31
主要财务指标	每股收益(元)	0.1500	0.2000	0.1600	0.1000
	每股收益(扣除)(元)	0.1400	0.2100	0.1400	0.0900
	每股净资产(元)	1.5100	1.3700	1.5000	1.1700
	调整后每股净资产(元)	–	–	–	–
	每股资本公积金(元)	0.7164	0.7164	0.9738	0.9738
	每股盈余公积金(元)	0.0772	0.0772	0.0888	0.0888
	每股未分配利润(元)	–0.2793	–0.4285	–0.5643	–0.7204
	每股现金净流量(元)	0.1247	0.1477	0.0445	–0.0672
	每股经营现金净流量(元)	0.1941	0.3185	0.1418	0.2688
	净资产收益率(扣除)(%)	–	–	9.2600	7.3900
	净资产收益率(%)	9.8500	14.5000	10.4200	8.2400
	总资产(万)	41354.60	34606.41	34901.77	35042.06
	股东权益(万)	26994.14	24334.89	23226.31	20805.93
	主营业务收入(万)	–	–	–	–
	主营业务利润(万)	–	–	–	–
	营业务收入(万)	8775.92	11418.15	5806.83	10327.84
	营业务利润(万)	3357.00	5156.30	2809.71	3095.19
	投资收益(万)	–	–	–	–
	利润总额(万)	3588.13	4718.76	3169.98	3246.66
	净利润(万)	2659.24	3528.97	2420.38	1714.23

国电电力发展股份有限公司

公司概况	公司名称	国电电力发展股份有限公司			证券简称	国电电力
	法人代表	朱永芃	董秘	陈景东	证券代码	600795
	公司网址	www.600795.com.cn		电子信箱	gddl@600795.com.cn	
	电　　话	010-58682200、58682101		传　　真	010-64829900、64829902	
	办公地址	北京市朝阳区安慧北里安园19号				
	经营范围	电力、热力生产、销售;电网经营;新能源项目、高新技术等				

	指标\报告期	2009.06.30	2008.12.31	2008.06.30	2007.12.31
主要财务指标	每股收益(元)	0.1180	0.0330	0.0600	0.3370
	每股收益(扣除)(元)	0.1190	0.0090	0.0580	0.3300
	每股净资产(元)	2.7200	2.6000	2.6670	4.9300
	调整后每股净资产(元)	–	–	–	–
	每股资本公积金(元)	0.5416	0.5416	0.5463	1.7458
	每股盈余公积金(元)	0.2258	0.2258	0.2128	0.4256
	每股未分配利润(元)	0.9541	0.8358	0.9077	1.7550
	每股现金净流量(元)	0.0343	–0.2093	–0.0436	0.2177
	每股经营现金净流量(元)	0.5015	0.3381	0.1460	1.5933
	净资产收益率(扣除)(%)	–	–	–	12.4900
	净资产收益率(%)	4.3474	1.2613	2.2612	12.7490
	总资产(万)	8102175.98	6873900.85	6149865.68	5960576.70
	股东权益(万)	1482614.87	1418159.80	1452835.43	1341886.44
	主营业务收入(万)	–	–	–	–
	主营业务利润(万)	–	–	–	–
	营业务收入(万)	902407.04	1644013.31	874351.48	1746745.11
	营业务利润(万)	91903.82	6270.45	58076.82	301080.06
	投资收益(万)	–	–	–	–
	利润总额(万)	92298.11	13007.62	58079.77	312209.53
	净利润(万)	64455.07	17887.11	32851.80	171072.07

浙江钱江生物化学股份有限公司

公司概况	公司名称	浙江钱江生物化学股份有限公司			证券简称	钱江生化
	法人代表	马炎	董秘	胡明	证券代码	600796
	公司网址	www.600796.com		电子信箱	qjbioch@600796.com	
	电　　话	0573-87042800、87038237		传　　真	0573-87042800、87035640	
	办公地址	浙江省海宁市西山路598号7楼				
	经营范围	生物农药、酶制剂、赤霉素、食品添加剂、兽药等产品的制造、销售等				

	指标\报告期	2009.06.30	2008.12.31	2008.06.30	2007.12.31
主要财务指标	每股收益(元)	0.0670	–0.2830	–0.0770	0.1180
	每股收益(扣除)(元)	0.0180	–0.2000	–0.0800	–0.0810
	每股净资产(元)	1.5820	1.5210	1.7990	2.0380
	调整后每股净资产(元)	–	–	–	–
	每股资本公积金(元)	0.1792	0.1855	0.2550	0.4163
	每股盈余公积金(元)	0.2178	0.2178	0.2178	0.2178
	每股未分配利润(元)	0.1885	0.1214	0.3260	0.4039
	每股现金净流量(元)	–0.0167	–0.2018	–0.3001	–0.0464
	每股经营现金净流量(元)	0.0776	0.0826	–0.0061	0.0159
	净资产收益率(扣除)(%)	–	–	–	–3.9500
	净资产收益率(%)	4.2400	–18.5800	–4.3000	5.8100
	总资产(万)	82345.38	80960.28	88282.48	103403.03
	股东权益(万)	43344.09	41669.68	49285.48	55839.90
	主营业务收入(万)	–	–	–	–
	主营业务利润(万)	–	–	–	–
	营业务收入(万)	19913.04	37836.62	21648.62	41665.95
	营业务利润(万)	1870.92	–8834.49	–2964.12	4171.77
	投资收益(万)	–	–	–	–
	利润总额(万)	1970.13	–8882.24	–2897.29	4009.96
	净利润(万)	1837.74	–7740.96	–2120.02	3245.25

浙大网新科技股份有限公司

公司概况	公司名称	浙大网新科技股份有限公司			证券简称	浙大网新
	法人代表	陈纯	董秘	董丹青	证券代码	600797
	公司网址	www.insigma.com.cn		电子信箱	dongdanqing@insigma.com.cn	
	电　　话	0571-87950500、87750012		传　　真	0571-87950117	
	办公地址	浙江省杭州市天目山路226号12楼				
	经营范围	计算机及网络系统、计算机系统集成,电子工程的研究开发、咨询服务等				

	指标\报告期	2009.06.30	2008.12.31	2008.06.30	2007.12.31
主要财务指标	每股收益(元)	0.1000	0.0900	0.0800	0.1900
	每股收益(扣除)(元)	–0.0200	0.0300	0.0600	0.0900
	每股净资产(元)	1.9483	1.7800	1.7800	1.7400
	调整后每股净资产(元)	–	–	–	–
	每股资本公积金(元)	0.1889	0.1337	0.1404	0.1402
	每股盈余公积金(元)	0.0897	0.0897	0.0864	0.0864
	每股未分配利润(元)	0.6853	0.5948	0.5877	0.5302
	每股现金净流量(元)	–0.5744	0.0205	–0.4454	0.1428
	每股经营现金净流量(元)	–0.1580	0.2592	–0.1985	0.1797
	净资产收益率(扣除)(%)	–	–	–	5.2300
	净资产收益率(%)	5.1200	4.9300	4.3500	10.7900
	总资产(万)	401064.96	438907.08	424706.12	421371.19
	股东权益(万)	158401.32	144907.24	144597.33	141125.66
	主营业务收入(万)	–	–	–	–
	主营业务利润(万)	–	–	–	–
	营业务收入(万)	228580.89	524870.25	245802.99	544604.66
	营业务利润(万)	7846.27	6952.30	6445.69	16824.97
	投资收益(万)	–	–	–	–
	利润总额(万)	9533.69	9387.14	7416.93	19211.39
	净利润(万)	8116.90	7149.59	6296.57	15229.29

宁波海运股份有限公司

公司概况	公司名称	宁波海运股份有限公司			证券简称	宁波海运
	法人代表	徐炳祥	董秘	黄敏辉	证券代码	600798
	公司网址	www.nbmc.com.cn		电子信箱	nbmcl@mail.nbptt.zj.cn	
	电　话	0574-87659140		传　真	0574-87355051	
	办公地址	宁波市北岸财富中心1幢				
	经营范围	沿海、内河(长江)货物运输、国际远洋运输和交通基础设施等				

	指标\报告期	2009.06.30	2008.12.31	2008.06.30	2007.12.31
主要财务指标	每股收益(元)	0.0038	0.5284	0.3200	0.3390
	每股收益(扣除)(元)	0.0037	0.5240	0.3200	0.3220
	每股净资产(元)	2.1330	3.3930	3.1800	2.2560
	调整后每股净资产(元)	–	–	–	–
	每股资本公积金(元)	0.5625	1.3438	1.3496	0.4714
	每股盈余公积金(元)	0.2175	0.3262	0.2640	0.2996
	每股未分配利润(元)	0.3526	0.7231	0.5759	0.4846
	每股现金净流量(元)	–0.1762	–0.5589	–0.7920	1.6960
	每股经营现金净流量(元)	0.0639	1.0187	0.6208	0.4568
	净资产收益率(扣除)(%)	–	–	–	14.3000
	净资产收益率(%)	0.1800	15.4200	10.0900	15.0300
	总资产(万)	689641.68	686602.27	638070.12	668477.28
	股东权益(万)	185778.69	197061.62	185236.97	115455.55
	主营业务收入(万)	–	–	–	–
	主营业务利润(万)	–	–	–	–
	营业务收入(万)	42258.95	146698.79	74329.21	118645.14
	营业务利润(万)	–1836.91	36946.08	24380.21	24861.88
	投资收益(万)	–	–	–	–
	利润总额(万)	–1828.71	37417.42	24737.49	26325.72
	净利润(万)	332.35	30383.84	18682.49	17351.75

天津环球磁卡股份有限公司

公司概况	公司名称	天津环球磁卡股份有限公司			证券简称	ST 磁 卡
	法人代表	阮强	董秘	蔚丽霞	证券代码	600800
	公司网址	www.gmcc.com.cn		电子信箱	tjck600800@sina.com	
	电　话	022-58585858*2191、58585662		传　真	022-58585653	
	办公地址	天津市河西区解放南路325号				
	经营范围	软件系统设计、网络集成技术及高科技产品的开发等				

	指标\报告期	2009.06.30	2008.12.31	2008.06.30	2007.12.31
主要财务指标	每股收益(元)	0.0019	0.3400	0.0016	0.0219
	每股收益(扣除)(元)	0.0024	–0.4700	–0.0501	0.0219
	每股净资产(元)	0.5030	0.4870	0.2546	0.3900
	调整后每股净资产(元)	–	–	–	–
	每股资本公积金(元)	0.2808	0.3511	0.3639	0.5031
	每股盈余公积金(元)	0.0736	0.0815	0.0815	0.0815
	每股未分配利润(元)	–0.8513	–0.9454	–1.1908	–1.1925
	每股现金净流量(元)	0.0252	–0.0583	–0.0647	0.0900
	每股经营现金净流量(元)	0.0693	0.1260	0.0644	2.9187
	净资产收益率(扣除)(%)	–	–	–	–191.4500
	净资产收益率(%)	0.3700	57.0300	0.6400	5.5900
	总资产(万)	129925.27	125236.49	167750.18	180516.44
	股东权益(万)	30748.75	26878.47	14044.71	21635.58
	主营业务收入(万)	–	–	–	–
	主营业务利润(万)	–	–	–	–
	营业务收入(万)	9505.36	22013.02	12332.94	19780.34
	营业务利润(万)	166.20	–33704.82	–2681.56	–41339.22
	投资收益(万)	–	–	–	–
	利润总额(万)	134.09	28709.20	173.69	1291.44
	净利润(万)	114.39	12745.44	89.53	1209.44

华新水泥股份有限公司

公司概况	公司名称	华新水泥股份有限公司			证券简称	华新水泥
	法人代表	陈木森	董秘	王锡明	证券代码	600801
	公司网址	www.huaxincem.com		电子信箱	investor@huaxincem.com	
	电　话	027-87773898、87773896		传　真	027-87773897	
	办公地址	湖北省武汉市关山二路特1号国际企业中心5号楼				
	经营范围	生产和销售水泥、水泥熟料及复合袋				

	指标\报告期	2009.06.30	2008.12.31	2008.06.30	2007.12.31
主要财务指标	每股收益(元)	0.4900	1.1800	0.5000	0.8800
	每股收益(扣除)(元)	0.4400	1.1100	0.4700	0.8600
	每股净资产(元)	10.4700	10.0800	9.4300	5.1200
	调整后每股净资产(元)	–	–	–	–
	每股资本公积金(元)	6.1816	6.1375	6.1534	1.7527
	每股盈余公积金(元)	0.4562	0.4562	0.4357	0.5355
	每股未分配利润(元)	2.8286	2.4850	1.8413	1.8297
	每股现金净流量(元)	–0.2397	1.0137	0.7035	0.1909
	每股经营现金净流量(元)	1.4300	2.8862	0.4892	2.9310
	净资产收益率(扣除)(%)	–	–	–	16.7800
	净资产收益率(%)	4.7300	11.3100	5.0200	17.2700
	总资产(万)	1266365.29	1071635.36	962284.25	851355.74
	股东权益(万)	422425.85	406776.70	380611.72	168071.41
	主营业务收入(万)	–	–	–	–
	主营业务利润(万)	–	–	–	–
	营业务收入(万)	315096.53	634945.96	272452.62	477010.81
	营业务利润(万)	22968.12	46248.60	17884.09	35461.71
	投资收益(万)	–	–	–	–
	利润总额(万)	26971.39	57694.45	22240.77	44881.93
	净利润(万)	19966.75	45997.56	19114.80	29024.52

福建水泥股份有限公司

公司概况	公司名称	福建水泥股份有限公司			证券简称	福建水泥
	法人代表	黄建民	董秘	林成潮	证券代码	600802
	公司网址	www.fjcement.com		电子信箱	cement@pub5.fz.fj.cn	
	电　话	0591-87617751		传　真	0591-87527300	
	办公地址	福建省福州市杨桥路118号宏杨新城建福大厦				
	经营范围	水泥及熟料的生产和销售等				

	指标\报告期	2009.06.30	2008.12.31	2008.06.30	2007.12.31
主要财务指标	每股收益(元)	–0.1570	0.0130	–0.0332	0.1420
	每股收益(扣除)(元)	–0.1552	–0.0980	–0.0334	0.0980
	每股净资产(元)	3.9300	2.6810	3.3200	5.0460
	调整后每股净资产(元)	–	–	–	–
	每股资本公积金(元)	2.8319	1.4244	2.1092	3.7719
	每股盈余公积金(元)	0.0679	0.0679	0.0659	0.0567
	每股未分配利润(元)	0.0322	0.1890	0.1448	0.2171
	每股现金净流量(元)	0.3804	0.2030	0.0193	0.0185
	每股经营现金净流量(元)	0.0792	0.1060	0.0446	0.1570
	净资产收益率(扣除)(%)	–	–	–	1.9400
	净资产收益率(%)	–3.9880	0.4900	–0.9990	2.8100
	总资产(万)	343594.11	245773.29	275025.38	349696.78
	股东权益(万)	150155.71	102393.73	126778.30	192683.06
	主营业务收入(万)	–	–	–	–
	主营业务利润(万)	–	–	–	–
	营业务收入(万)	50744.96	123224.14	60065.11	123179.14
	营业务利润(万)	–8172.56	–271.69	–1876.37	6925.77
	投资收益(万)	–	–	–	–
	利润总额(万)	–8247.82	470.92	–1866.93	6485.39
	净利润(万)	–5988.04	501.62	–1266.37	5414.56

河北威远生物化工股份有限公司

公司概况	公司名称	河北威远生物化工股份有限公司			证券简称	威远生化
	法人代表	王玉锁	董秘	付百林	证券代码	600803
	公司网址	www.veyong.com			电子信箱	veyong@veyong.com
	电　话	0311-85915898			传　真	0311-85915998
	办公地址	河北省石家庄市和平东路 393 号				
	经营范围	生物化工产品、精细化工产品的制造、销售等				

主要财务指标

指标\报告期	2009.06.30	2008.12.31	2008.06.30	2007.12.31
每股收益(元)	0.0230	0.0360	0.0390	0.0710
每股收益(扣除)(元)	0.0170	0.0020	0.0400	0.0310
每股净资产(元)	1.6200	1.6000	1.6000	1.5600
调整后每股净资产(元)	–	–	–	–
每股资本公积金(元)	0.1275	0.1275	0.1275	0.1275
每股盈余公积金(元)	0.1206	0.1206	0.1187	0.1187
每股未分配利润(元)	0.3717	0.3489	0.3560	0.3151
每股现金净流量(元)	0.0863	0.5689	0.0522	–0.0176
每股经营现金净流量(元)	0.0067	0.8462	0.0302	0.4913
净资产收益率(扣除)(%)	–	–	–	1.9800
净资产收益率(%)	1.4074	2.2405	2.4467	4.5200
总资产(万)	117585.16	115045.92	116032.75	107767.47
股东权益(万)	38301.08	37762.04	37882.68	36916.00
主营业务收入(万)	–	–	–	–
主营业务利润(万)	–	–	–	–
营业务收入(万)	43294.66	78357.93	42022.65	70325.87
营业务利润(万)	560.09	494.54	1226.37	1758.54
投资收益(万)	–	–	–	–
利润总额(万)	729.38	1105.87	1289.57	2109.19
净利润(万)	539.05	846.04	926.86	1669.03

成都鹏博士电信传媒集团股份有限公司

公司概况	公司名称	成都鹏博士电信传媒集团股份有限公司			证券简称	鹏博士
	法人代表	杨学平	董秘	任春晓	证券代码	600804
	公司网址	www.drpeng.com.cn			电子信箱	pbs804@126.com
	电　话	028-86755190			传　真	028-86622006
	办公地址	四川省成都市顺城大街 229 号顺城大厦 5 楼				
	经营范围	计算机软件、通信产品的开发、生产和销售;计算机系统集成工程等				

主要财务指标

指标\报告期	2009.06.30	2008.12.31	2008.06.30	2007.12.31
每股收益(元)	0.1100	0.2700	0.1700	0.3200
每股收益(扣除)(元)	0.1000	0.2500	0.1800	0.3100
每股净资产(元)	1.5635	2.6100	2.5100	2.6000
调整后每股净资产(元)	–	–	–	–
每股资本公积金(元)	0.2013	1.1623	1.1623	1.2788
每股盈余公积金(元)	0.0417	0.0750	0.0750	0.0562
每股未分配利润(元)	0.3205	0.3724	0.2754	0.2633
每股现金净流量(元)	–0.0975	–0.1924	–0.3331	0.8418
每股经营现金净流量(元)	0.0576	0.0755	0.0469	0.3942
净资产收益率(扣除)(%)	–	–	–	10.7600
净资产收益率(%)	7.2700	10.3700	6.9100	11.1000
总资产(万)	257914.32	244213.83	224104.50	222392.62
股东权益(万)	180659.62	167525.34	161300.24	151635.35
主营业务收入(万)	–	–	–	–
主营业务利润(万)	–	–	–	–
营业务收入(万)	85789.42	164889.09	92892.31	131057.56
营业务利润(万)	12579.57	17736.87	10813.58	15760.96
投资收益(万)	–	–	–	–
利润总额(万)	14037.24	18370.46	10981.37	16395.32
净利润(万)	13134.27	17369.52	11144.42	16831.57

江苏悦达投资股份有限公司

公司概况	公司名称	江苏悦达投资股份有限公司			证券简称	悦达投资
	法人代表	胡友林	董秘	王佩萍	证券代码	600805
	公司网址	www.yueda.com			电子信箱	jsyd@public.yc.js.cn
	电　话	0515-88202867、88202863			传　真	0515-88227190
	办公地址	江苏省盐城市开放大道 78 号				
	经营范围	实业投资、资产管理、财务顾问、社会经济咨询服务，机械设备等				

主要财务指标

指标\报告期	2009.06.30	2008.12.31	2008.06.30	2007.12.31
每股收益(元)	0.0900	0.1200	0.0380	0.0700
每股收益(扣除)(元)	0.0600	0.0050	0.0350	0.0500
每股净资产(元)	2.2000	2.1100	3.0600	3.0700
调整后每股净资产(元)	–	–	–	–
每股资本公积金(元)	0.5049	0.5049	1.5392	1.5392
每股盈余公积金(元)	0.3238	0.3238	0.2940	0.2940
每股未分配利润(元)	0.3763	0.2847	0.2303	0.2320
每股现金净流量(元)	2.2479	–0.1142	0.7139	0.7040
每股经营现金净流量(元)	0.4749	1.0351	0.4832	0.3710
净资产收益率(扣除)(%)	–	–	–	1.7300
净资产收益率(%)	4.1500	5.4500	1.2500	2.2400
总资产(万)	903928.06	782390.94	852146.09	775590.80
股东权益(万)	120269.13	115275.26	167095.81	167188.23
主营业务收入(万)	–	–	–	–
主营业务利润(万)	–	–	–	–
营业务收入(万)	117045.73	201500.27	108589.20	181336.22
营业务利润(万)	10376.77	16819.89	9926.88	15595.47
投资收益(万)	–	–	–	–
利润总额(万)	12173.73	22785.83	10103.02	16565.38
净利润(万)	4993.87	6286.70	2090.45	3751.09

沈机集团昆明机床股份有限公司

公司概况	公司名称	沈机集团昆明机床股份有限公司			证券简称	昆明机床
	法人代表	高明辉	董秘	罗涛	证券代码	600806
	公司网址	www.kmtcl.com.cn			电子信箱	dsh@kmtcl.com.cn
	电　话	0871-6166612			传　真	0871-6166288
	办公地址	云南省昆明市茨坝路 23 号				
	经营范围	设计、开发、生产及销售机床系列产品及配件，光电一体化产品等				

主要财务指标

指标\报告期	2009.06.30	2008.12.31	2008.06.30	2007.12.31
每股收益(元)	0.2733	0.6500	0.3485	0.5700
每股收益(扣除)(元)	0.2305	0.5900	0.2890	0.4900
每股净资产(元)	2.6300	2.4500	2.1500	2.0700
调整后每股净资产(元)	–	–	–	–
每股资本公积金(元)	0.3143	0.3143	0.3143	0.3143
每股盈余公积金(元)	0.1615	0.1615	0.0986	0.0986
每股未分配利润(元)	1.1538	0.9750	0.7354	0.6569
每股现金净流量(元)	0.0970	–0.1011	0.0809	0.5352
每股经营现金净流量(元)	0.1605	0.2826	0.1540	0.6238
净资产收益率(扣除)(%)	–	–	–	23.8500
净资产收益率(%)	10.3900	26.5600	15.8500	27.6300
总资产(万)	200030.62	191177.02	200492.41	177900.77
股东权益(万)	111718.73	104123.05	91273.73	87937.91
主营业务收入(万)	–	–	–	–
主营业务利润(万)	–	–	–	–
营业务收入(万)	66230.41	156310.54	80858.81	130238.56
营业务利润(万)	11067.75	29202.41	15438.20	28272.24
投资收益(万)	–	–	–	–
利润总额(万)	12865.69	31892.33	17949.46	29718.24
净利润(万)	11610.65	27656.49	14807.17	24295.77

山东天业恒基股份有限公司

公司概况	公司名称	山东天业恒基股份有限公司		证券简称	天业股份
	法人代表	曾昭琴	董秘 蒋涛	证券代码	600807
	公司网址	www.ty807.com.cn		电子信箱	600807@vip.163.com
	电　话	0531-82685365		传　真	0531-82685365
	办公地址	山东省济南市高新开发区新宇南路1号济南国际会展中心A区三楼			
	经营范围	纺织、服装、鞋帽及日用品、五金交电化工、建筑及装饰材料、日用杂货等			

主要财务指标	指标\报告期	2009.06.30	2008.12.31	2008.06.30	2007.12.31
	每股收益(元)	-0.0900	0.1100	0.0200	0.5400
	每股收益(扣除)(元)	-0.0900	0.0900	0.0300	0.0300
	每股净资产(元)	2.3600	2.4500	2.3600	2.3300
	调整后每股净资产(元)	-	-	-	-
	每股资本公积金(元)	1.3358	1.3358	1.3358	1.3358
	每股盈余公积金(元)	0.1106	0.1106	0.1106	0.1106
	每股未分配利润(元)	-0.0867	0.0002	-0.0900	-0.1131
	每股现金净流量(元)	0.0320	0.0263	0.1262	0.0564
	每股经营现金净流量(元)	-0.6505	0.4198	0.4974	0.1566
	净资产收益率(扣除)(%)	-	-	-	1.3200
	净资产收益率(%)	-3.6800	4.6300	0.9800	23.2300
	总资产(万)	110422.75	103464.09	111849.40	129827.64
	股东权益(万)	37890.15	39285.06	37837.86	37466.91
	主营业务收入(万)	-	-	-	-
	主营业务利润(万)	-	-	-	-
	营业务收入(万)	3200.13	27988.50	8227.15	24483.16
	营业务利润(万)	-1530.40	2577.94	685.54	1781.34
	投资收益(万)	-	-	-	-
	利润总额(万)	-1518.22	2492.83	547.58	13988.69
	净利润(万)	-1394.91	1818.15	370.95	8703.61

马鞍山钢铁股份有限公司

公司概况	公司名称	马鞍山钢铁股份有限公司		证券简称	马钢股份
	法人代表	顾建国	董秘 高海建	证券代码	600808
	公司网址	www.magang.com.cn		电子信箱	mggfdms@magang.com.cn
	电　话	86-555-2888158、2887997		传　真	86-555-2887284
	办公地址	安徽省马鞍山市九华西路8号			
	经营范围	黑色金属冶炼及其压延加工、焦炭及煤焦化产品、耐火材料、动力等			

主要财务指标	指标\报告期	2009.06.30	2008.12.31	2008.06.30	2007.12.31
	每股收益(元)	-0.1030	0.1040	0.3320	0.3820
	每股收益(扣除)(元)	-0.1140	0.0910	0.3300	0.3830
	每股净资产(元)	3.2800	3.8000	3.6100	3.5500
	调整后每股净资产(元)	-	-	-	-
	每股资本公积金(元)	1.0828	1.0828	0.8962	0.8974
	每股盈余公积金(元)	0.3907	0.3907	0.4293	0.4293
	每股未分配利润(元)	0.8067	0.9099	1.2821	1.0775
	每股现金净流量(元)	0.2531	-0.0114	0.2740	0.2803
	每股经营现金净流量(元)	0.8257	1.0892	0.9674	0.5363
	净资产收益率(扣除)(%)	-	-	-	10.8000
	净资产收益率(%)	-3.1508	2.7309	9.1949	10.7500
	总资产(万)	7115179.74	6614455.56	7608207.68	7112602.35
	股东权益(万)	2524526.75	2600698.32	2439857.42	2301726.36
	主营业务收入(万)	-	-	-	-
	主营业务利润(万)	-	-	-	-
	营业务收入(万)	2342375.70	7125973.94	3772483.14	5067087.88
	营业务利润(万)	-81823.40	69352.42	312595.25	283177.68
	投资收益(万)	-	-	-	-
	利润总额(万)	-73296.42	80587.42	315351.00	279670.47
	净利润(万)	-79542.07	71023.43	224342.53	247538.22

山西杏花村汾酒厂股份有限公司

公司概况	公司名称	山西杏花村汾酒厂股份有限公司		证券简称	山西汾酒
	法人代表	郭双威	董秘 郭志宏	证券代码	600809
	公司网址	www.fenjiu.com.cn		电子信箱	sxfj@fenjiu.com.cn
	电　话	0358-7220255、7320601		传　真	0358-7220394
	办公地址	山西省汾阳市杏花村			
	经营范围	汾酒、竹叶青酒及其系列酒的生产、销售；酒类高新技术及产品研究、开发等			

主要财务指标	指标\报告期	2009.06.30	2008.12.31	2008.06.30	2007.12.31
	每股收益(元)	0.5324	0.5663	0.1430	0.8305
	每股收益(扣除)(元)	0.5410	0.6255	0.1771	0.7840
	每股净资产(元)	3.5200	3.3900	2.9600	2.9800
	调整后每股净资产(元)	-	-	-	-
	每股资本公积金(元)	0.6879	0.6879	0.6879	0.6879
	每股盈余公积金(元)	0.3702	0.3702	0.3108	0.3108
	每股未分配利润(元)	1.4623	1.3300	0.9661	0.9830
	每股现金净流量(元)	0.1585	0.8548	0.3799	-0.4930
	每股经营现金净流量(元)	0.4908	1.3621	0.4881	0.1744
	净资产收益率(扣除)(%)	-	-	-	26.2800
	净资产收益率(%)	15.1219	16.7150	4.8241	27.8500
	总资产(万)	224516.32	211536.31	183930.63	188648.34
	股东权益(万)	152407.10	146677.25	128351.94	129086.87
	主营业务收入(万)	-	-	-	-
	主营业务利润(万)	-	-	-	-
	营业务收入(万)	109499.69	158451.93	58788.09	184679.38
	营业务利润(万)	40183.26	48601.68	12523.62	68520.85
	投资收益(万)	-	-	-	-
	利润总额(万)	39820.57	44387.54	11050.47	66770.93
	净利润(万)	23046.82	24517.17	6191.85	35955.78

神马实业股份有限公司

公司概况	公司名称	神马实业股份有限公司		证券简称	神马实业
	法人代表	张兆锋	董秘	证券代码	600810
	公司网址			电子信箱	pdsfw@126.com
	电　话	0375-3921231		传　真	0375-3921500
	办公地址	河南省平顶山市建设路63号			
	经营范围	主营帘子布、工业用布、化学纤维及制品的制造、加工、销售等			

主要财务指标	指标\报告期	2009.06.30	2008.12.31	2008.06.30	2007.12.31
	每股收益(元)	-0.1635	-0.3200	0.0382	0.1500
	每股收益(扣除)(元)	-0.1639	-0.3200	0.0365	0.1500
	每股净资产(元)	5.6000	5.7700	6.1420	6.2400
	调整后每股净资产(元)	-	-	-	-
	每股资本公积金(元)	4.1484	4.1484	4.1484	4.1484
	每股盈余公积金(元)	0.4025	0.4025	0.4045	0.4025
	每股未分配利润(元)	0.0520	0.2155	0.5895	0.6844
	每股现金净流量(元)	-0.3131	0.5721	0.0291	-0.6590
	每股经营现金净流量(元)	0.2052	1.2207	0.7881	0.2211
	净资产收益率(扣除)(%)	-	-	-	2.3400
	净资产收益率(%)	-2.9180	-5.5300	0.6220	2.4500
	总资产(万)	690411.21	638594.37	624284.53	612942.49
	股东权益(万)	247805.50	255036.81	271666.53	275774.98
	主营业务收入(万)	-	-	-	-
	主营业务利润(万)	-	-	-	-
	营业务收入(万)	200860.59	454088.69	236924.78	451059.40
	营业务利润(万)	-8778.70	-14360.88	3148.66	13914.43
	投资收益(万)	-	-	-	-
	利润总额(万)	-8771.85	-14786.85	3304.28	14299.52
	净利润(万)	-7231.31	-14103.97	1688.54	6752.48

东方集团股份有限公司

公司概况

公司名称	东方集团股份有限公司			证券简称	东方集团
法人代表	张宏伟	董秘	金波	证券代码	600811
公司网址	www.china-orient.com		电子信箱	orientgroup811@yahoo.com.cn	
电　　话	0451-53666028		传　　真	0451-53666028	
办公地址	黑龙江省哈尔滨市南岗区花园街 235 号				
经营范围	国际贸易、经济技术合作、对外工程承包、劳务输出;房地产开发销售等				

主要财务指标

指标\报告期	2009.06.30	2008.12.31	2008.06.30	2007.12.31
每股收益(元)	0.1300	0.2500	0.1040	0.1200
每股收益(扣除)(元)	0.1200	–0.0800	0.1020	0.0900
每股净资产(元)	3.7830	3.5100	4.1100	4.0400
调整后每股净资产(元)	–	–	–	–
每股资本公积金(元)	1.3775	1.2273	1.7672	1.7998
每股盈余公积金(元)	0.6940	0.6940	0.6277	0.6277
每股未分配利润(元)	0.7112	0.5856	0.7216	0.6176
每股现金净流量(元)	–0.3661	0.4065	0.1483	–0.1353
每股经营现金净流量(元)	–0.0552	–0.6778	–0.1963	–0.1218
净资产收益率(扣除)(%)	–	–	–	2.6600
净资产收益率(%)	3.3200	7.1300	2.5300	3.5800
总资产(万)	812857.40	818377.63	833342.80	827600.82
股东权益(万)	485013.60	449650.74	439132.57	432047.48
主营业务收入(万)	–	–	–	–
主营业务利润(万)	–	–	–	–
营业务收入(万)	57031.27	138375.29	75558.18	249186.63
营业务利润(万)	13569.66	32307.11	8145.61	15285.23
投资收益(万)	–	–	–	–
利润总额(万)	13749.94	31780.74	8383.72	16020.80
净利润(万)	16104.90	32046.42	11112.36	15473.96

华北制药股份有限公司

公司概况

公司名称	华北制药股份有限公司			证券简称	华北制药
法人代表	张千兵	董秘	曹正平	证券代码	600812
公司网址	www.ncpc.com		电子信箱	caozhengping@ncpc.com	
电　　话	0311-86696493、85992039		传　　真	0311-86060942	
办公地址	河北省石家庄市和平东路 388 号				
经营范围	医药化工产品的生产及销售				

主要财务指标

指标\报告期	2009.06.30	2008.12.31	2008.06.30	2007.12.31
每股收益(元)	0.0710	0.2620	0.0910	0.0590
每股收益(扣除)(元)	0.0720	0.2630	0.0900	0.0610
每股净资产(元)	1.3544	1.4671	1.2900	1.2100
调整后每股净资产(元)	–	–	–	–
每股资本公积金(元)	0.1309	0.2928	0.2494	0.2491
每股盈余公积金(元)	0.2165	0.2165	0.2058	0.2058
每股未分配利润(元)	0.0069	–0.0424	–0.1690	–0.2430
每股现金净流量(元)	0.3021	0.7354	0.2782	–0.1799
每股经营现金净流量(元)	0.7321	1.0554	0.4632	0.6459
净资产收益率(扣除)(%)	–	–	–	5.0400
净资产收益率(%)	5.2700	18.4000	7.0000	4.8600
总资产(万)	766086.98	719853.59	703209.86	667183.61
股东权益(万)	139307.13	150899.25	132298.66	124647.70
主营业务收入(万)	–	–	–	–
主营业务利润(万)	–	–	–	–
营业务收入(万)	212786.00	491095.71	232651.98	424058.71
营业务利润(万)	11572.38	40884.73	17212.14	14889.18
投资收益(万)	–	–	–	–
利润总额(万)	11515.98	40813.70	17350.96	14426.15
净利润(万)	7340.70	26910.07	9410.92	6053.96

杭州解百集团股份有限公司

公司概况

公司名称	杭州解百集团股份有限公司			证券简称	杭州解百
法人代表	周自力	董秘	诸雪强	证券代码	600814
公司网址	www.jiebai.cn		电子信箱	zqb@jiebai.com	
电　　话	0571-87016888*5015		传　　真	0571-87080499	
办公地址	浙江省杭州市上城区解放路 251 号				
经营范围	百货、针纺织品、日用杂货、家具、工艺美术品、建筑装饰材料、食品等				

主要财务指标

指标\报告期	2009.06.30	2008.12.31	2008.06.30	2007.12.31
每股收益(元)	0.1530	0.2500	0.1590	0.2000
每股收益(扣除)(元)	0.1530	0.2400	0.1510	0.1800
每股净资产(元)	1.8040	1.7500	1.6800	1.6500
调整后每股净资产(元)	–	–	–	–
每股资本公积金(元)	0.1295	0.1120	0.1291	0.1655
每股盈余公积金(元)	0.2091	0.2091	0.1838	0.1838
每股未分配利润(元)	0.4653	0.4319	0.3651	0.2960
每股现金净流量(元)	–1.2369	0.2041	–0.1951	0.5196
每股经营现金净流量(元)	–0.0697	0.3139	–0.2081	0.6366
净资产收益率(扣除)(%)	–	–	–	11.0400
净资产收益率(%)	8.5000	14.3200	9.4800	12.0700
总资产(万)	109021.20	105582.11	91015.70	100871.33
股东权益(万)	55989.19	54409.02	52082.65	51067.83
主营业务收入(万)	–	–	–	–
主营业务利润(万)	–	–	–	–
营业务收入(万)	82475.61	171350.78	84000.43	153085.35
营业务利润(万)	6473.63	10612.95	6869.80	9229.82
投资收益(万)	–	–	–	–
利润总额(万)	6332.39	10544.96	6678.27	9400.81
净利润(万)	4761.28	7794.05	4938.85	6163.34

厦门厦工机械股份有限公司

公司概况

公司名称	厦门厦工机械股份有限公司			证券简称	厦工股份
法人代表	陈玲	董秘	王智勇	证券代码	600815
公司网址	www.xiagong.com		电子信箱	stock@xiagong.com	
电　　话	0592-6389300		传　　真	0592-6389301	
办公地址	厦门市灌口南路 668				
经营范围	载、挖掘机等工程机械产品及其配件制造、加工和销售等				

主要财务指标

指标\报告期	2009.06.30	2008.12.31	2008.06.30	2007.12.31
每股收益(元)	0.0700	0.2674	0.2400	0.3270
每股收益(扣除)(元)	0.0600	0.2400	0.2500	0.3300
每股净资产(元)	2.5500	2.5200	2.9500	2.7400
调整后每股净资产(元)	–	–	–	–
每股资本公积金(元)	0.7989	0.7989	1.1622	1.1622
每股盈余公积金(元)	0.1809	0.1809	0.1912	0.1912
每股未分配利润(元)	0.5696	0.5428	0.5990	0.3864
每股现金净流量(元)	0.0214	–0.9167	–0.8318	1.4392
每股经营现金净流量(元)	0.5641	–0.7201	–0.4741	0.3696
净资产收益率(扣除)(%)	–	–	–	12.4600
净资产收益率(%)	2.8200	10.6000	8.2200	13.3500
总资产(万)	552151.04	494401.28	529518.41	490221.27
股东权益(万)	178280.43	176405.80	172040.19	159653.04
主营业务收入(万)	–	–	–	–
主营业务利润(万)	–	–	–	–
营业务收入(万)	246193.29	589076.22	391034.35	507210.41
营业务利润(万)	4721.44	19730.68	16252.88	23660.91
投资收益(万)	–	–	–	–
利润总额(万)	5504.46	21690.82	15736.06	24370.41
净利润(万)	5021.36	18701.98	14135.33	21307.11

安信信托投资股份有限公司

公司概况					
公司名称	安信信托投资股份有限公司			证券简称	安信信托
法人代表	张春景	董秘	武国建	证券代码	600816
公司网址	www.anxintrust.com		电子信箱	ax600816@126.com	
电　话	021-63410710		传　真	021-63410712	
办公地址	上海市广东路689号29层				
经营范围	主要从事信托、证券、实业等业务等				

主要财务指标 指标\报告期	2009.06.30	2008.12.31	2008.06.30	2007.12.31
每股收益(元)	0.0369	0.0592	0.0403	0.0169
每股收益(扣除)(元)	0.0392	0.0604	0.0373	0.0095
每股净资产(元)	0.4467	0.3878	0.3689	0.3233
调整后每股净资产(元)	-	-	-	-
每股资本公积金(元)	0.1163	0.0944	0.0944	0.0891
每股盈余公积金(元)	-	-	-	-
每股未分配利润(元)	-0.6736	-0.7105	-0.7255	-0.7658
每股现金净流量(元)	0.1352	0.0045	-0.0219	0.1040
每股经营现金净流量(元)	0.1116	0.0010	-0.0375	0.4058
净资产收益率(扣除)(%)	-	-	-	2.9200
净资产收益率(%)	8.2639	15.2670	10.9154	5.2300
总资产(万)	54900.20	50235.03	49643.53	50498.89
股东权益(万)	20283.61	17612.59	16752.24	14682.84
主营业务收入(万)	-	-	-	-
主营业务利润(万)	-	-	-	-
营业务收入(万)	5064.01	12672.39	5728.36	13016.03
营业务利润(万)	1391.87	1910.00	1622.14	2146.80
投资收益(万)	-	-	-	-
利润总额(万)	1585.83	3440.09	1809.46	2226.20
净利润(万)	1676.21	2688.92	1828.57	767.47

上海宏盛科技发展股份有限公司

公司概况					
公司名称	上海宏盛科技发展股份有限公司			证券简称	*ST宏盛
法人代表	俞赛克(代)	董秘	吴崇林(代)	证券代码	600817
公司网址	www.norcent.com.cn		电子信箱	norcent@norcent.com.cn	
电　话	021-58765800		传　真	021-58870670	
办公地址	上海市浦东新区商城路618号				
经营范围	国际贸易、转口贸易、保税区企业间的贸易及区内贸易代理区内商业性简单加工等				

主要财务指标 指标\报告期	2009.06.30	2008.12.31	2008.06.30	2007.12.31
每股收益(元)	-0.0700	-21.8600	-1.7000	-1.6300
每股收益(扣除)(元)	-0.0600	-21.7900	-1.8200	-1.8400
每股净资产(元)	-21.2569	-21.1800	-0.7500	0.7200
调整后每股净资产(元)	-	-	-	-
每股资本公积金(元)	0.1759	0.1737	0.1831	0.2201
每股盈余公积金(元)	0.0639	0.0639	0.0639	0.0639
每股未分配利润(元)	-22.4968	-22.4208	-1.9964	-0.5642
每股现金净流量(元)	-0.0053	-0.0322	-0.0066	-0.0259
每股经营现金净流量(元)	-0.0577	-0.0375	-0.0347	1.0641
净资产收益率(扣除)(%)	-	-	-	-256.0500
净资产收益率(%)	-	-	-	-226.4800
总资产(万)	11746.03	14040.75	604813.18	680461.31
股东权益(万)	-273637.22	-272687.41	-9645.74	9266.40
主营业务收入(万)	-	-	-	-
主营业务利润(万)	-	-	-	-
营业务收入(万)	709.62	2632.65	1779.89	511848.15
营业务利润(万)	-246.35	-265621.07	-34252.51	-29134.47
投资收益(万)	-	-	-	-
利润总额(万)	-1104.48	-288447.19	-34237.84	-29441.87
净利润(万)	-941.05	-281355.89	-21829.41	-20986.27

中路股份有限公司

公司概况					
公司名称	中路股份有限公司			证券简称	中路股份
法人代表	陈荣	董秘	袁志坚	证券代码	600818
公司网址	www.cnforever.com		电子信箱	600818@cnforever.com	
电　话	021-50596906		传　真	021-50596906	
办公地址	上海市南汇区南六公路818号				
经营范围	自行车及零部件、助力车、特种车辆和与自行车相关的配套产品等				

主要财务指标 指标\报告期	2009.06.30	2008.12.31	2008.06.30	2007.12.31
每股收益(元)	0.1300	0.0545	0.4200	0.0733
每股收益(扣除)(元)	-0.0400	-0.1342	-0.0500	0.0030
每股净资产(元)	1.3352	1.2600	1.6300	1.1500
调整后每股净资产(元)	-	-	-	-
每股资本公积金(元)	0.1848	0.1855	0.1898	0.1368
每股盈余公积金(元)	0.0112	0.0112	0.0083	0.0083
每股未分配利润(元)	0.1393	0.0612	0.4279	0.0096
每股现金净流量(元)	0.4145	-0.0110	0.3601	-0.0957
每股经营现金净流量(元)	0.0270	0.0897	0.0412	0.2854
净资产收益率(扣除)(%)	-	-	-	0.2400
净资产收益率(%)	9.5900	4.3300	25.7300	6.3500
总资产(万)	76450.77	72946.75	93595.42	70374.46
股东权益(万)	35471.26	33418.17	43195.98	30676.80
主营业务收入(万)	-	-	-	-
主营业务利润(万)	-	-	-	-
营业务收入(万)	31639.79	71496.37	36078.80	103634.46
营业务利润(万)	3956.39	1502.80	13471.93	1170.66
投资收益(万)	-	-	-	-
利润总额(万)	4028.83	1691.08	13515.35	2279.38
净利润(万)	3400.98	1447.12	11112.19	1947.12

上海耀华皮尔金顿玻璃股份有限公司

公司概况					
公司名称	上海耀华皮尔金顿玻璃股份有限公司			证券简称	耀皮玻璃
法人代表	贺涛	董秘	金闽丽	证券代码	600819
公司网址	www.sypglass.com		电子信箱	office@sypglass.com	
电　话	0086-021-61633599		传　真	0086-021-58801554	
办公地址	上海市浦东新区新区莲溪路1210号1号楼				
经营范围	生产和销售透明浮法玻璃、本体着色浮法玻璃及其深加工系列产品等				

主要财务指标 指标\报告期	2009.06.30	2008.12.31	2008.06.30	2007.12.31
每股收益(元)	-0.1360	0.0380	0.0600	0.1720
每股收益(扣除)(元)	-0.2440	-0.0720	0.0600	0.0290
每股净资产(元)	2.6600	2.7900	2.9000	2.8500
调整后每股净资产(元)	-	-	-	-
每股资本公积金(元)	0.4388	0.4388	0.4400	0.4400
每股盈余公积金(元)	0.6222	0.6222	0.6145	0.6145
每股未分配利润(元)	0.5950	0.7310	0.8467	0.7906
每股现金净流量(元)	-0.0159	0.1452	-0.2652	0.4212
每股经营现金净流量(元)	0.2124	0.3433	0.2203	0.2581
净资产收益率(扣除)(%)	-	-	-	1.0400
净资产收益率(%)	-5.1200	1.3700	1.9300	6.0500
总资产(万)	595327.91	616621.54	557977.31	522072.81
股东权益(万)	194218.04	204164.73	212144.48	208039.58
主营业务收入(万)	-	-	-	-
主营业务利润(万)	-	-	-	-
营业务收入(万)	104612.78	250237.49	133702.29	229068.34
营业务利润(万)	-13227.05	-5749.53	4751.31	3797.45
投资收益(万)	-	-	-	-
利润总额(万)	-12498.18	1772.60	5038.61	13961.70
净利润(万)	-9946.69	2792.15	4104.90	12591.61

上海隧道工程股份有限公司

公司概况

公司名称	上海隧道工程股份有限公司			证券简称	隧道股份
法人代表	陈彬	董秘	金波	证券代码	600820
公司网址	www.stec.net		电子信箱	www.stec.net	
电话	021-65419590		传真	021-65419227	
办公地址	上海市大连路 118 号				
经营范围	土木工程建设项目总承包，隧道，市政，建筑，公路及桥梁，交通，消防等				

主要财务指标

指标＼报告期	2009.06.30	2008.12.31	2008.06.30	2007.12.31
每股收益(元)	0.2200	0.4300	0.1800	0.3200
每股收益(扣除)(元)	0.2000	0.3200	0.1600	0.3200
每股净资产(元)	5.1235	4.9600	4.7400	3.7600
调整后每股净资产(元)	–	–	–	–
每股资本公积金(元)	2.4841	2.4796	2.4824	1.4151
每股盈余公积金(元)	0.2124	0.2124	0.1835	0.2442
每股未分配利润(元)	1.2653	1.1443	1.0777	1.1017
每股现金净流量(元)	1.0109	2.3563	0.8032	1.0763
每股经营现金净流量(元)	0.0513	2.3002	0.0697	2.9368
净资产收益率(扣除)(%)	–	–	–	6.5600
净资产收益率(%)	4.3100	8.0300	3.1200	8.5700
总资产(万)	1618409.30	1481694.27	1250819.17	1117850.01
股东权益(万)	375822.36	363945.73	347646.01	222097.49
主营业务收入(万)	–	–	–	–
主营业务利润(万)	–	–	–	–
营业务收入(万)	651647.93	1250149.97	545085.97	857690.88
营业务利润(万)	18908.53	28105.21	14563.04	22594.92
投资收益(万)	–	–	–	–
利润总额(万)	20337.30	36749.90	16052.22	27098.67
净利润(万)	16211.03	29224.01	10833.97	19034.92

天津劝业场(集团)股份有限公司

公司概况

公司名称	天津劝业场(集团)股份有限公司			证券简称	津劝业
法人代表	张立津	董秘	赵虹	证券代码	600821
公司网址	www.qyc.com.cn		电子信箱	tjqy600821@yahoo.com.cn	
电话	022-27304989		传真	022-27304989	
办公地址	天津市和平区和平路 290 号				
经营范围	商业、各类物资的批发及零售；酒零售、烟零售；美容、美发；洗染等				

主要财务指标

指标＼报告期	2009.06.30	2008.12.31	2008.06.30	2007.12.31
每股收益(元)	0.0060	–0.2300	0.0080	0.0100
每股收益(扣除)(元)	–0.0010	–0.2300	–0.0070	–0.0500
每股净资产(元)	1.3500	1.3400	1.5900	1.5900
调整后每股净资产(元)	–	–	–	–
每股资本公积金(元)	0.4329	0.4307	0.4329	0.4496
每股盈余公积金(元)	0.2301	0.2301	0.2301	0.2301
每股未分配利润(元)	–0.3130	–0.3195	–0.0770	–0.0850
每股现金净流量(元)	–0.0502	–0.3140	–0.0455	0.1701
每股经营现金净流量(元)	–0.0410	0.2820	–0.0711	0.2813
净资产收益率(扣除)(%)	–	–	–	–3.1500
净资产收益率(%)	0.4800	–17.4800	0.5100	0.7100
总资产(万)	113370.84	113545.59	114144.42	116287.77
股东权益(万)	56196.30	55838.69	66024.75	66384.32
主营业务收入(万)	–	–	–	–
主营业务利润(万)	–	–	–	–
营业务收入(万)	26940.18	63135.61	31878.20	82498.42
营业务利润(万)	19.41	–9655.15	–273.45	–260.58
投资收益(万)	–	–	–	–
利润总额(万)	317.93	–9748.08	358.09	1267.48
净利润(万)	267.89	–9759.51	334.53	474.23

上海物资贸易股份有限公司

公司概况

公司名称	上海物资贸易股份有限公司			证券简称	上海物贸
法人代表	吕勇明	董秘	李伟	证券代码	600822
公司网址	www.600822sh.com		电子信箱	600822@shwuzi.com	
电话	021-63231818		传真	021-63292367	
办公地址	中国上海市南苏州路 325 号				
经营范围	经营金属材料、化轻原料、建材、木材、汽车及配件、机电设备、燃料等				

主要财务指标

指标＼报告期	2009.06.30	2008.12.31	2008.06.30	2007.12.31
每股收益(元)	0.1482	0.2800	0.1618	0.2914
每股收益(扣除)(元)	0.1036	0.1744	0.1386	0.1850
每股净资产(元)	3.2260	2.8960	2.8870	3.1250
调整后每股净资产(元)	–	–	–	–
每股资本公积金(元)	1.1131	0.9316	1.0363	1.3315
每股盈余公积金(元)	0.1441	0.1441	0.1207	0.1252
每股未分配利润(元)	0.9708	0.8227	0.7291	0.6679
每股现金净流量(元)	0.2289	0.1031	0.9701	0.3671
每股经营现金净流量(元)	–0.3519	0.9015	0.3840	–1.1690
净资产收益率(扣除)(%)	–	–	–	5.9200
净资产收益率(%)	4.5900	9.6700	5.6060	9.3300
总资产(万)	586793.87	436886.45	469888.82	395452.35
股东权益(万)	81520.60	73189.47	72951.65	78978.06
主营业务收入(万)	–	–	–	–
主营业务利润(万)	–	–	–	–
营业务收入(万)	2119649.94	3291950.98	1760078.17	3003509.30
营业务利润(万)	4133.17	8525.74	5096.11	9192.54
投资收益(万)	–	–	–	–
利润总额(万)	4577.96	8924.75	5158.43	9634.46
净利润(万)	3744.29	7077.60	4089.53	7364.62

上海世茂股份有限公司

公司概况

公司名称	上海世茂股份有限公司			证券简称	世茂股份
法人代表	许荣茂	董秘	葛卫东	证券代码	600823
公司网址	www.shimao.com.cn		电子信箱	600823@shimao.com.cn	
电话	021-38968188		传真	021-38968199	
办公地址	上海市银城中路 68 号时代金融中心 36 楼				
经营范围	房地产行业，经营范围包括：实业投资、房地产综合开发，公司商标特许经营等				

主要财务指标

指标＼报告期	2009.06.30	2008.12.31	2008.06.30	2007.12.31
每股收益(元)	0.0580	0.1300	0.0530	0.1400
每股收益(扣除)(元)	0.0390	0.0500	0.0680	0.1500
每股净资产(元)	5.2100	8.3800	3.0600	2.5500
调整后每股净资产(元)	–	–	–	–
每股资本公积金(元)	3.3347	5.2757	1.0516	0.6043
每股盈余公积金(元)	0.1620	0.3965	0.3770	0.3770
每股未分配利润(元)	0.7128	1.7030	0.6346	0.5653
每股现金净流量(元)	1.3083	–0.8150	–0.3748	0.4440
每股经营现金净流量(元)	–0.4336	–1.3914	–0.8091	1.0536
净资产收益率(扣除)(%)	–	–	–	5.8700
净资产收益率(%)	0.5600	5.2200	0.6300	5.4500
总资产(万)	1247450.35	807315.97	313963.07	312764.96
股东权益(万)	609828.81	400634.61	146530.84	121817.09
主营业务收入(万)	–	–	–	–
主营业务利润(万)	–	–	–	–
营业务收入(万)	39000.37	47729.45	40428.74	124148.34
营业务利润(万)	6508.00	12335.69	9582.26	24743.09
投资收益(万)	–	–	–	–
利润总额(万)	6467.33	14444.49	9530.41	24861.57
净利润(万)	3414.10	6104.77	2533.05	6637.54

上海益民商业股份有限公司

公司概况	公司名称	上海益民商业股份有限公司			证券简称	益民商业
	法人代表	杨传华	董秘	邵振耀	证券代码	600824
	公司网址	www.yimingroup.com		电子信箱	yimin@yimingroup.com	
	电　话	021-64339888		传　真	021-64721377	
	办公地址	上海市淮海中路809号甲				
	经营范围	国内贸易,摄影,电脑租赁,自有房屋租赁,房产销售等				

主要财务指标	指标\报告期	2009.06.30	2008.12.31	2008.06.30	2007.12.31
	每股收益(元)	0.0986	0.1650	0.1039	0.1290
	每股收益(扣除)(元)	0.0950	0.1670	0.1050	0.1190
	每股净资产(元)	1.6852	1.9640	1.9027	1.7990
	调整后每股净资产(元)	–	–	–	–
	每股资本公积金(元)	0.1849	0.3216	0.3217	0.4367
	每股盈余公积金(元)	0.1566	0.1879	0.1739	0.2112
	每股未分配利润(元)	0.3437	0.4541	0.4071	0.5113
	每股现金净流量(元)	0.0441	0.0066	0.0691	–0.0461
	每股经营现金净流量(元)	0.2148	0.3648	0.2091	0.2218
	净资产收益率(扣除)(%)	–	–	–	6.5900
	净资产收益率(%)	5.8500	8.4000	5.4600	7.1500
	总资产(万)	199950.01	199576.91	203759.01	195993.36
	股东权益(万)	123351.29	119772.05	116057.47	109756.16
	主营业务收入(万)	–	–	–	–
	主营业务利润(万)	–	–	–	–
	营业务收入(万)	71867.16	118397.57	57192.78	80775.46
	营业务利润(万)	9106.11	13590.48	8494.13	10671.78
	投资收益(万)	–	–	–	–
	利润总额(万)	9458.89	13387.12	8407.07	11532.20
	净利润(万)	7220.09	10060.50	6338.14	7843.52

上海新华传媒股份有限公司

公司概况	公司名称	上海新华传媒股份有限公司			证券简称	新华传媒
	法人代表	哈九如	董秘	王左国	证券代码	600825
	公司网址	www.xhmedia.com		电子信箱	xhcm600825@gmail.com	
	电　话	021-61371334		传　真	021-61371336	
	办公地址	上海市黄浦区九江路60号五楼				
	经营范围	图书报刊、电子出版物零售,图书报刊、电子出版物批发等				

主要财务指标	指标\报告期	2009.06.30	2008.12.31	2008.06.30	2007.12.31
	每股收益(元)	0.1730	0.4200	0.2720	0.2200
	每股收益(扣除)(元)	0.1270	0.3400	0.2020	0.2000
	每股净资产(元)	3.4850	3.3100	4.6180	1.9700
	调整后每股净资产(元)	–	–	–	–
	每股资本公积金(元)	1.5241	1.5241	2.8215	2.5313
	每股盈余公积金(元)	0.1171	0.1171	0.1888	0.2909
	每股未分配利润(元)	0.8434	0.6702	0.6072	0.5278
	每股现金净流量(元)	0.2324	–0.0522	0.5585	–0.8971
	每股经营现金净流量(元)	0.2371	0.2097	0.2169	–0.6877
	净资产收益率(扣除)(%)	–	–	–	10.0500
	净资产收益率(%)	4.9700	12.5900	5.8900	10.9400
	总资产(万)	328632.90	365612.80	352218.50	237577.92
	股东权益(万)	202284.42	192228.22	178696.66	114241.26
	主营业务收入(万)	–	–	–	–
	主营业务利润(万)	–	–	–	–
	营业务收入(万)	107495.09	290507.58	124046.12	260181.25
	营业务利润(万)	13205.61	24672.33	8848.55	14410.83
	投资收益(万)	–	–	–	–
	利润总额(万)	13955.53	29932.99	11903.98	15557.38
	净利润(万)	10056.20	24203.70	10522.08	12494.54

上海兰生股份有限公司

公司概况	公司名称	上海兰生股份有限公司			证券简称	兰生股份
	法人代表	张黎明	董秘	杨敏	证券代码	600826
	公司网址	www.lanshengcorp.com		电子信箱	yangmin@lansheng.com	
	电　话	021-65445880-2041		传　真	021-65446061	
	办公地址	上海市中山北一路1230号				
	经营范围	主营自营和代理各类商品及技术的进出口业务,国内贸易等				

主要财务指标	指标\报告期	2009.06.30	2008.12.31	2008.06.30	2007.12.31
	每股收益(元)	0.0400	0.0300	0.0460	0.0500
	每股收益(扣除)(元)	0.0290	–0.0400	0.0140	0.0400
	每股净资产(元)	7.0290	3.7700	5.7900	4.0400
	调整后每股净资产(元)	–	–	–	–
	每股资本公积金(元)	5.7125	2.5126	4.5105	2.8137
	每股盈余公积金(元)	0.5778	0.5778	0.5778	0.5778
	每股未分配利润(元)	–0.2617	–0.3193	–0.2999	–0.3485
	每股现金净流量(元)	0.1573	0.1907	0.1614	–0.2653
	每股经营现金净流量(元)	0.0459	0.2266	0.1242	–0.1317
	净资产收益率(扣除)(%)	–	–	–	0.8600
	净资产收益率(%)	0.6200	0.7800	0.8000	1.2000
	总资产(万)	276615.07	155523.64	232566.07	162591.43
	股东权益(万)	197101.58	105754.33	162325.63	113376.94
	主营业务收入(万)	–	–	–	–
	主营业务利润(万)	–	–	–	–
	营业务收入(万)	73398.66	181488.87	99120.67	179481.15
	营业务利润(万)	639.87	–1715.25	1039.08	968.19
	投资收益(万)	–	–	–	–
	利润总额(万)	1091.99	57.15	1041.68	1028.13
	净利润(万)	1212.73	820.11	1298.00	1358.97

上海友谊集团股份有限公司

公司概况	公司名称	上海友谊集团股份有限公司			证券简称	友谊股份
	法人代表	吕勇明	董秘	陈冠军	证券代码	600827
	公司网址	www.shfriendship.com.cn		电子信箱	yy600827@163.com	
	电　话	021-58799358		传　真	021-58793834	
	办公地址	上海市浦东新区商城路518号10楼				
	经营范围	综合百货、连锁超市、装潢装饰材料、仓储运输、进出口业务、餐饮服务等				

主要财务指标	指标\报告期	2009.06.30	2008.12.31	2008.06.30	2007.12.31
	每股收益(元)	0.3070	0.3260	0.2830	0.7140
	每股收益(扣除)(元)	0.2370	0.3240	0.3120	0.2600
	每股净资产(元)	6.1110	5.2510	5.8440	7.1120
	调整后每股净资产(元)	–	–	–	–
	每股资本公积金(元)	3.3070	2.5534	3.1895	4.4606
	每股盈余公积金(元)	0.3008	0.3008	0.2807	0.2807
	每股未分配利润(元)	1.5310	1.3963	1.3739	1.3707
	每股现金净流量(元)	0.0107	4.0049	0.1876	6.0986
	每股经营现金净流量(元)	0.6019	5.8688	0.9857	6.4928
	净资产收益率(扣除)(%)	–	–	–	6.9490
	净资产收益率(%)	5.0180	6.2040	4.8450	10.0350
	总资产(万)	1682287.09	1643761.38	1457040.85	1538659.38
	股东权益(万)	288526.73	225350.21	250826.12	305243.52
	主营业务收入(万)	–	–	–	–
	主营业务利润(万)	–	–	–	–
	营业务收入(万)	1339505.43	2556373.08	1314539.01	2293567.64
	营业务利润(万)	46515.02	63723.47	40918.67	105744.05
	投资收益(万)	–	–	–	–
	利润总额(万)	46763.15	62285.56	36828.58	85940.80
	净利润(万)	14479.01	13981.00	12152.59	30631.67

成商集团股份有限公司

公司概况	公司名称	成商集团股份有限公司			证券简称	成商集团
	法人代表	王福琴	董秘	郑怡	证券代码	600828
	公司网址	www.cpdsg.com		电子信箱	csgsb_600828@cpdsg.com	
	电　话	028-86665088、86662249		传　真	028-86652529	
	办公地址	四川省成都东御街 19 号				
	经营范围	批发、零售商品等				

	指标\报告期	2009.06.30	2008.12.31	2008.06.30	2007.12.31
主要财务指标	每股收益(元)	0.3340	0.5038	0.2400	0.3566
	每股收益(扣除)(元)	0.2200	0.3354	0.2320	0.1578
	每股净资产(元)	2.1900	1.8500	1.5900	1.3500
	调整后每股净资产(元)	–	–	–	–
	每股资本公积金(元)	0.8585	0.8585	0.8585	0.8539
	每股盈余公积金(元)	0.3083	0.3083	0.3083	0.3083
	每股未分配利润(元)	0.0207	–0.3130	–0.5768	–0.8168
	每股现金净流量(元)	–0.0737	–0.0227	–0.0728	0.0190
	每股经营现金净流量(元)	0.0837	1.6859	0.4787	0.9191
	净资产收益率(扣除)(%)	–	–	–	11.7300
	净资产收益率(%)	15.2500	27.1800	15.0900	26.5000
	总资产(万)	138784.28	146334.11	121716.27	124015.99
	股东权益(万)	44439.70	37660.84	32301.82	27331.94
	主营业务收入(万)	–	–	–	–
	主营业务利润(万)	–	–	–	–
	营业务收入(万)	81908.26	142551.46	68451.47	135612.57
	营业务利润(万)	6200.96	10920.05	6522.80	10924.77
	投资收益(万)	–	–	–	–
	利润总额(万)	9215.08	11543.23	6525.27	12020.54
	净利润(万)	6778.86	10234.52	4875.49	7243.48

哈药集团三精制药股份有限公司

公司概况	公司名称	哈药集团三精制药股份有限公司			证券简称	三精制药
	法人代表	刘占滨	董秘	林本松	证券代码	600829
	公司网址	www.sanjing.com.cn		电子信箱	sanjing@sanjing.com.cn	
	电　话	0451-84675166		传　真	0451-84675166	
	办公地址	黑龙江省哈尔滨市道里区霁虹街 24 号				
	经营范围	医药制造,医药经销和投资管理等				

	指标\报告期	2009.06.30	2008.12.31	2008.06.30	2007.12.31
主要财务指标	每股收益(元)	0.3566	0.6966	0.3140	0.6935
	每股收益(扣除)(元)	0.3466	0.6749	0.2962	0.5230
	每股净资产(元)	3.4682	3.8500	3.4600	3.2500
	调整后每股净资产(元)	–	–	–	–
	每股资本公积金(元)	0.2375	0.2375	0.2375	0.2375
	每股盈余公积金(元)	0.9572	0.9572	0.8934	0.8934
	每股未分配利润(元)	1.2735	1.6569	1.3381	1.1241
	每股现金净流量(元)	0.1761	–0.8034	–0.6926	0.4421
	每股经营现金净流量(元)	0.8593	–0.1706	–0.4589	0.4943
	净资产收益率(扣除)(%)	–	–	–	16.0800
	净资产收益率(%)	10.2800	18.1100	9.0600	21.3200
	总资产(万)	279386.10	291456.28	259422.85	268034.23
	股东权益(万)	134078.14	148724.03	133921.95	125716.29
	主营业务收入(万)	–	–	–	–
	主营业务利润(万)	–	–	–	–
	营业务收入(万)	121097.66	259434.41	122785.89	226820.81
	营业务利润(万)	16370.08	33769.31	15147.93	27758.14
	投资收益(万)	–	–	–	–
	利润总额(万)	17001.10	35404.93	16106.83	30401.53
	净利润(万)	13787.13	26928.15	12138.54	26808.55

香溢融通控股集团股份有限公司

公司概况	公司名称	香溢融通控股集团股份有限公司			证券简称	香溢融通
	法人代表	楼炯友	董秘	林蔚晴	证券代码	600830
	公司网址	www.sunnyloantop.cn		电子信箱	slt@sunnyloantop.cn	
	电　话	0574-87315310		传　真	0574-87294676	
	办公地址	浙江省宁波市开明街 130 弄 48 号				
	经营范围	实业投资;纺织、服装及日用品,金属、建材及化工产品,机械设备等				

	指标\报告期	2009.06.30	2008.12.31	2008.06.30	2007.12.31
主要财务指标	每股收益(元)	0.0540	0.1140	0.0840	0.2180
	每股收益(扣除)(元)	0.0180	0.0650	0.0680	0.1590
	每股净资产(元)	2.8100	2.7810	2.7590	1.6910
	调整后每股净资产(元)	–	–	–	–
	每股资本公积金(元)	1.1583	1.1535	1.1582	0.0090
	每股盈余公积金(元)	0.1786	0.1732	0.1649	0.2023
	每股未分配利润(元)	0.4732	0.4544	0.4364	0.4798
	每股现金净流量(元)	–0.3320	0.6858	1.5327	0.4213
	每股经营现金净流量(元)	0.4260	–0.6898	–0.4700	0.0567
	净资产收益率(扣除)(%)	–	–	–	9.3780
	净资产收益率(%)	1.9310	3.9770	2.8490	12.8990
	总资产(万)	185093.75	217853.62	239541.29	146810.50
	股东权益(万)	127673.78	126349.73	125369.85	61613.06
	主营业务收入(万)	–	–	–	–
	主营业务利润(万)	–	–	–	–
	营业务收入(万)	40245.75	121586.48	64439.08	172972.58
	营业务利润(万)	2223.66	6017.39	5343.61	14427.87
	投资收益(万)	–	–	–	–
	利润总额(万)	3310.91	7891.41	6020.32	16160.13
	净利润(万)	2465.80	5025.23	3571.97	7947.59

陕西广电网络传媒股份有限公司

公司概况	公司名称	陕西广电网络传媒股份有限公司			证券简称	广电网络
	法人代表	吕晓明	董秘		证券代码	600831
	公司网址	www.600831.com		电子信箱	600831@china.com	
	电　话	029-87991255		传　真	029-87991266	
	办公地址	西安市高新区高新一路 15 号				
	经营范围	广播电视信息网络的建设、开发、经营管理和维护等				

	指标\报告期	2009.06.30	2008.12.31	2008.06.30	2007.12.31
主要财务指标	每股收益(元)	0.1080	0.1300	0.1500	0.1200
	每股收益(扣除)(元)	0.1070	0.2300	0.1600	0.1300
	每股净资产(元)	2.7217	3.4500	3.4600	5.3100
	调整后每股净资产(元)	–	–	–	–
	每股资本公积金(元)	1.3008	1.9910	1.9895	3.7832
	每股盈余公积金(元)	0.0418	0.0543	0.0464	0.0743
	每股未分配利润(元)	0.3792	0.4028	0.4274	0.4505
	每股现金净流量(元)	–0.0904	–1.3292	–1.0648	–1.3198
	每股经营现金净流量(元)	0.5040	1.3544	0.7212	0.7001
	净资产收益率(扣除)(%)	–	–	–	3.8600
	净资产收益率(%)	3.9600	3.7500	4.3500	3.7100
	总资产(万)	274724.74	261548.24	266321.81	301225.96
	股东权益(万)	117964.05	114959.79	115466.38	110603.14
	主营业务收入(万)	–	–	–	–
	主营业务利润(万)	–	–	–	–
	营业务收入(万)	48113.32	83420.85	41910.49	54541.57
	营业务利润(万)	5219.80	9030.63	6166.78	5402.76
	投资收益(万)	–	–	–	–
	利润总额(万)	5257.75	4928.45	5755.04	5161.99
	净利润(万)	4671.24	4307.32	5017.18	4100.98

上海东方明珠(集团)股份有限公司

公司概况						
	公司名称	上海东方明珠(集团)股份有限公司			证券简称	东方明珠
	法人代表	薛沛建	董秘	胡涌	证券代码	600832
	公司网址	www.opg.cn		电子信箱	huyong@opg.cn	
	电　　话	021-58791888		传　　真	021-58828222	
	办公地址	上海浦东世纪大道1号				
	经营范围	旅游观光、媒体广告、信息传输、实业投资等				

主要财务指标	指标\报告期	2009.06.30	2008.12.31	2008.06.30	2007.12.31
	每股收益(元)	0.0750	0.1400	0.1240	0.3350
	每股收益(扣除)(元)	0.0520	0.1050	0.0800	0.1700
	每股净资产(元)	2.2300	1.8900	3.2638	2.9500
	调整后每股净资产(元)	–	–	–	–
	每股资本公积金(元)	0.7912	0.5325	1.1979	0.9958
	每股盈余公积金(元)	0.1647	0.1647	0.2444	0.2454
	每股未分配利润(元)	0.2707	0.1953	0.8214	0.7068
	每股现金净流量(元)	0.1079	–0.0044	–0.3683	0.9038
	每股经营现金净流量(元)	0.0855	0.1889	0.1314	0.2758
	净资产收益率(扣除)(%)	–	–	–	5.7100
	净资产收益率(%)	3.3900	7.4000	3.7900	11.0000
	总资产(万)	1171072.85	1024419.57	1029791.68	866575.26
	股东权益(万)	709472.60	603003.72	649963.20	587095.11
	主营业务收入(万)	–	–	–	–
	主营业务利润(万)	–	–	–	–
	营业务收入(万)	90555.26	182504.61	97341.65	171129.15
	营业务利润(万)	30960.20	58356.56	32871.39	79877.39
	投资收益(万)	–	–	–	–
	利润总额(万)	31671.94	59281.78	33608.43	80608.44
	净利润(万)	24048.66	44613.81	24657.19	64561.77

上海第一医药股份有限公司

公司概况						
	公司名称	上海第一医药股份有限公司			证券简称	第一医药
	法人代表	盛小洪	董秘	娄健颖	证券代码	600833
	公司网址	www.dyyy.com.cn		电子信箱	shcred@online.sh.cn	
	电　　话	021-64337282		传　　真	021-64337191	
	办公地址	徐汇区乌鲁木齐南路158号				
	经营范围	医药零售与批发等				

主要财务指标	指标\报告期	2009.06.30	2008.12.31	2008.06.30	2007.12.31
	每股收益(元)	0.1691	0.1300	0.0655	0.1300
	每股收益(扣除)(元)	0.0698	0.1200	0.0608	0.1300
	每股净资产(元)	2.3900	1.9700	2.1300	2.4600
	调整后每股净资产(元)	–	–	–	–
	每股资本公积金(元)	0.9930	0.7335	0.9512	1.3063
	每股盈余公积金(元)	0.0539	0.0604	0.0455	0.0455
	每股未分配利润(元)	0.3429	0.1737	0.1285	0.1130
	每股现金净流量(元)	0.3534	–0.0557	–0.0209	0.1295
	每股经营现金净流量(元)	0.2051	0.1300	0.0973	0.2595
	净资产收益率(扣除)(%)	–	–	–	6.1800
	净资产收益率(%)	7.0800	6.3800	3.0800	5.1100
	总资产(万)	67591.57	58910.94	62778.71	69656.95
	股东权益(万)	38080.80	31353.58	33865.39	39276.99
	主营业务收入(万)	–	–	–	–
	主营业务利润(万)	–	–	–	–
	营业务收入(万)	53760.96	96453.02	48773.35	90999.68
	营业务利润(万)	3615.08	2625.62	1364.18	2978.43
	投资收益(万)	–	–	–	–
	利润总额(万)	3618.95	2600.17	1343.55	2995.94
	净利润(万)	2695.22	2001.49	1043.50	2006.14

上海申通地铁股份有限公司

公司概况						
	公司名称	上海申通地铁股份有限公司			证券简称	申通地铁
	法人代表	张焰	董秘	孙安	证券代码	600834
	公司网址	www.shtmetro.com		电子信箱	600834@shtmetro.com	
	电　　话	021-54259985		传　　真	021-54257330	
	办公地址	上海市桂林路909号3号楼3楼				
	经营范围	地铁经营及相关综合开发,轨道交通投资,附设分支机构等				

主要财务指标	指标\报告期	2009.06.30	2008.12.31	2008.06.30	2007.12.31
	每股收益(元)	0.0670	0.1700	0.1100	0.2600
	每股收益(扣除)(元)	0.0670	0.1700	0.1100	0.2600
	每股净资产(元)	2.0200	2.0500	2.0900	1.9900
	调整后每股净资产(元)	–	–	–	–
	每股资本公积金(元)	0.1746	0.1709	0.1718	0.1776
	每股盈余公积金(元)	0.2915	0.2915	0.2749	0.2749
	每股未分配利润(元)	0.5515	0.5841	0.6450	0.5350
	每股现金净流量(元)	–0.0288	0.0099	–0.0229	0.0267
	每股经营现金净流量(元)	0.1351	0.3910	0.1317	0.3279
	净资产收益率(扣除)(%)	–	–	–	12.9500
	净资产收益率(%)	3.3400	8.0900	5.2600	12.9500
	总资产(万)	130726.44	129335.55	109583.08	109992.86
	股东权益(万)	96319.20	97696.12	99858.46	94883.62
	主营业务收入(万)	–	–	–	–
	主营业务利润(万)	–	–	–	–
	营业务收入(万)	41212.81	88213.47	42730.50	87028.35
	营业务利润(万)	4024.11	9823.15	7102.88	14092.95
	投资收益(万)	–	–	–	–
	利润总额(万)	4023.85	9814.02	7093.61	14093.08
	净利润(万)	3217.49	7907.57	5250.99	12289.90

上海机电股份有限公司

公司概况						
	公司名称	上海机电股份有限公司			证券简称	上海机电
	法人代表	徐建国	董秘	司文培	证券代码	600835
	公司网址	www.chinasec.cn		电子信箱	sec@chinasec.cn	
	电　　话	021-68547168		传　　真	021-68547170、68547550	
	办公地址	上海市浦东新区民生路1286号汇商大厦9楼				
	经营范围	生产制冰、冷藏设备、空调设备、微波炉、燃油取暖器等家用电器等				

主要财务指标	指标\报告期	2009.06.30	2008.12.31	2008.06.30	2007.12.31
	每股收益(元)	0.3300	0.6300	0.3200	0.5900
	每股收益(扣除)(元)	0.3200	0.4800	0.3200	0.5800
	每股净资产(元)	4.7100	4.4600	5.0200	3.9700
	调整后每股净资产(元)	–	–	–	–
	每股资本公积金(元)	1.4144	1.3957	1.8846	1.9076
	每股盈余公积金(元)	0.8512	0.8510	0.8766	0.8766
	每股未分配利润(元)	1.4563	1.2292	1.2774	0.9951
	每股现金净流量(元)	0.8984	0.0770	–0.0551	0.6603
	每股经营现金净流量(元)	0.9225	0.5050	0.0048	1.2412
	净资产收益率(扣除)(%)	–	–	–	14.5400
	净资产收益率(%)	6.9500	14.1700	7.6100	14.9000
	总资产(万)	1164921.38	1047699.98	1040410.20	1002610.81
	股东权益(万)	481697.59	456454.21	428098.26	406428.66
	主营业务收入(万)	–	–	–	–
	主营业务利润(万)	–	–	–	–
	营业务收入(万)	518070.00	1044738.31	519171.99	918619.25
	营业务利润(万)	57321.27	109611.72	58637.13	99355.69
	投资收益(万)	–	–	–	–
	利润总额(万)	59287.73	112042.42	59725.21	103218.97
	净利润(万)	33495.66	64660.48	32593.97	60558.05

上海界龙实业集团股份有限公司

公司概况					
公司名称	上海界龙实业集团股份有限公司			证券简称	界龙实业
法人代表	费屹立	董秘	楼福良	证券代码	600836
公司网址	www.jielong-printing.com		电子信箱	loufl@jielongcorp.com	
电　　话	021-63746888、58921888		传　　真	021-63732586、58926698	
办公地址	上海市浦东新区川周路 7111 号				
经营范围	彩印包装装潢、塑印、彩印制版，兼营金属制品、房地产、商业贸易等				

主要财务指标：指标\报告期	2009.06.30	2008.12.31	2008.06.30	2007.12.31
每股收益(元)	-0.0200	0.0360	0.0100	0.0680
每股收益(扣除)(元)	-0.0240	-0.0230	0.0070	0.0180
每股净资产(元)	1.3123	1.3300	1.3200	2.3700
调整后每股净资产(元)	-	-	-	-
每股资本公积金(元)	0.0344	0.0283	0.0488	0.9053
每股盈余公积金(元)	0.0028	0.0028	0.0020	0.0037
每股未分配利润(元)	0.2750	0.2946	0.2687	0.4660
每股现金净流量(元)	-0.1241	-0.2600	-0.4521	1.1013
每股经营现金净流量(元)	0.2707	0.0125	-0.4702	0.6718
净资产收益率(扣除)(%)	-	-	-	1.3500
净资产收益率(%)	-1.4900	2.7500	0.7400	4.9900
总资产(万)	220513.03	223784.96	206960.21	176733.90
股东权益(万)	41147.65	41567.90	41374.72	41371.69
主营业务收入(万)	-	-	-	-
主营业务利润(万)	-	-	-	-
营业务收入(万)	44700.86	89523.59	35851.52	116621.72
营业务利润(万)	-339.58	4014.45	909.53	4482.71
投资收益(万)	-	-	-	-
利润总额(万)	-165.04	4345.46	916.58	4724.48
净利润(万)	-612.38	1143.73	307.25	2063.67

海通证券股份有限公司

公司概况					
公司名称	海通证券股份有限公司			证券简称	海通证券
法人代表	王开国	董秘	金晓斌	证券代码	600837
公司网址	www.htsec.com		电子信箱	haitong@htsec.com	
电　　话	021-23219000		传　　真	021-63410627	
办公地址	上海市广东路 689 号海通证券大厦				
经营范围	证券(含境内上市外资股)的代理买卖，代理证券的还本付息等				

主要财务指标：指标\报告期	2009.06.30	2008.12.31	2008.06.30	2007.12.31
每股收益(元)	0.3000	0.4000	0.2400	0.7900
每股收益(扣除)(元)	0.2800	0.3100	0.2400	0.7200
每股净资产(元)	4.9500	4.6600	4.5600	4.4500
调整后每股净资产(元)	-	-	-	-
每股资本公积金(元)	2.8402	2.7540	2.8047	6.4883
每股盈余公积金(元)	0.1091	0.1091	0.0691	0.1382
每股未分配利润(元)	0.7801	0.5820	0.5452	1.0015
每股现金净流量(元)	-	-	-	-
每股经营现金净流量(元)	-	-	-	-
净资产收益率(扣除)(%)	-	-	-	13.6300
净资产收益率(%)	6.0300	8.6100	5.3600	14.9000
总资产(万)	8240309.28	7468601.83	9711009.10	9534516.29
股东权益(万)	4070091.85	3836198.80	3749107.25	3663230.75
主营业务收入(万)	413248.48	700651.89	404443.12	1126485.07
主营业务利润(万)	295212.35	366406.05	275391.99	732432.13
营业务收入(万)	-	-	-	-
营业务利润(万)	-	-	-	-
投资收益(万)	-	-	-	-
利润总额(万)	312398.12	369786.08	275126.19	779408.76
净利润(万)	245257.28	330165.27	201136.87	545672.12

上海九百股份有限公司

公司概况					
公司名称	上海九百股份有限公司			证券简称	上海九百
法人代表	龚祥荣	董秘	冯幼苏	证券代码	600838
公司网址	www.sh9buy.com		电子信箱	shanghaijiubai@tom.com	
电　　话	021-62569866		传　　真	021-62569821	
办公地址	上海市常德路 940 号				
经营范围	日用百货、家用电器、针纺织品、文教用品等的零售与批发等				

主要财务指标：指标\报告期	2009.06.30	2008.12.31	2008.06.30	2007.12.31
每股收益(元)	0.0317	0.0077	0.0027	0.0215
每股收益(扣除)(元)	-0.0276	-0.0333	-0.0124	-0.0224
每股净资产(元)	1.4043	1.3677	1.3738	1.3890
调整后每股净资产(元)·	-	-	-	-
每股资本公积金(元)	0.4746	0.4697	0.4808	0.4987
每股盈余公积金(元)	0.0222	0.0222	0.0222	0.0222
每股未分配利润(元)	-0.0925	-0.1242	-0.1292	-0.1319
每股现金净流量(元)	0.0293	0.0683	0.0844	-0.0295
每股经营现金净流量(元)	-0.0696	-0.0126	-0.0827	0.0719
净资产收益率(扣除)(%)	-	-	-	-1.6100
净资产收益率(%)	2.2600	0.5600	0.2000	1.5400
总资产(万)	103094.35	101540.49	100296.45	100557.59
股东权益(万)	56295.24	54829.74	55072.45	55682.20
主营业务收入(万)	-	-	-	-
主营业务利润(万)	-	-	-	-
营业务收入(万)	7436.64	23432.88	9953.88	24630.46
营业务利润(万)	3570.86	-665.18	196.90	929.93
投资收益(万)	-	-	-	-
利润总额(万)	1281.28	796.06	173.03	938.99
净利润(万)	1272.40	308.62	108.37	860.02

四川长虹电器股份有限公司

公司概况					
公司名称	四川长虹电器股份有限公司			证券简称	四川长虹
法人代表	赵勇	董秘	谭明献	证券代码	600839
公司网址	www.changhong.com		电子信箱	600839@changhong.com	
电　　话	0816-2418486		传　　真	0816-2418518	
办公地址	四川省绵阳市高新区绵兴东路 35 号				
经营范围	家用电器、电子产品及零配件、通信设备、计算机及其他电子设备等				

主要财务指标：指标\报告期	2009.06.30	2008.12.31	2008.06.30	2007.12.31
每股收益(元)	0.0160	0.0164	0.0100	0.1950
每股收益(扣除)(元)	-0.0110	0.0150	0.0710	0.0070
每股净资产(元)	4.7600	4.7300	4.7240	4.9100
调整后每股净资产(元)	-	-	-	-
每股资本公积金(元)	1.6001	1.5940	1.5938	1.6977
每股盈余公积金(元)	1.8556	1.8556	1.8556	1.8556
每股未分配利润(元)	0.3141	0.2983	0.2782	0.3619
每股现金净流量(元)	0.1343	1.1216	0.7077	-0.0519
每股经营现金净流量(元)	-0.1309	1.8783	1.0461	-0.2071
净资产收益率(扣除)(%)	-	-	-	0.1400
净资产收益率(%)	0.3330	0.3500	0.2100	3.9700
总资产(万)	3145088.77	2872514.08	2641092.16	2455185.48
股东权益(万)	903527.54	898657.02	896641.61	932681.97
主营业务收入(万)	-	-	-	-
主营业务利润(万)	-	-	-	-
营业务收入(万)	1327692.93	2793022.09	1423946.01	2324858.73
营业务利润(万)	15118.91	28995.25	31738.08	44576.04
投资收益(万)	-	-	-	-
利润总额(万)	17478.30	29060.68	17978.82	52550.69
净利润(万)	3004.33	3111.65	1880.20	37017.67

浙江新湖创业投资股份有限公司

公司名称	浙江新湖创业投资股份有限公司			证券简称	新湖创业
法人代表	陈坚	董秘	相子强	证券代码	600840
公司网址	www.600840.com.cn		电子信箱	xhcy600840@hotmail.com	
电　话	0571-85065367、85101861		传　真	0571-85101870	
办公地址	浙江省杭州市体育场路田家桥 2 号				
经营范围	高新技术产业的投资和开发；电子计算机网络系统及软件研究开发和技术服务等				

指标\报告期	2009.06.30	2008.12.31	2008.06.30	2007.12.31
每股收益(元)	0.1200	0.8300	0.7130	0.7100
每股收益(扣除)(元)	0.0800	0.7700	0.6600	0.6740
每股净资产(元)	2.8000	2.6760	2.5640	1.8510
调整后每股净资产(元)	–	–	–	–
每股资本公积金(元)	0.0191	0.0191	0.0191	0.0191
每股盈余公积金(元)	0.0487	0.0487	0.0375	0.0375
每股未分配利润(元)	1.7306	1.6083	1.5072	0.7942
每股现金净流量(元)	0.5815	–1.5874	–0.8198	1.1424
每股经营现金净流量(元)	0.5508	–0.1067	–0.2908	3.9234
净资产收益率(扣除)(%)	–	–	–	36.4200
净资产收益率(%)	4.3900	30.8400	27.8110	38.3400
总资产(万)	221056.76	206957.50	232258.15	278709.01
股东权益(万)	85095.36	81375.62	77963.40	56281.23
主营业务收入(万)	–	–	–	–
主营业务利润(万)	–	–	–	–
营业务收入(万)	15006.61	128889.06	105236.94	141168.29
营业务利润(万)	8138.05	67123.73	55802.90	63520.74
投资收益(万)	–	–	–	–
利润总额(万)	11855.98	71216.94	59898.64	65184.70
净利润(万)	3738.25	25094.39	21682.16	21577.51

上海柴油机股份有限公司

公司名称	上海柴油机股份有限公司			证券简称	上柴股份
法人代表	肖国普	董秘	汪宏彬	证券代码	600841
公司网址	www.sdec.com.cn		电子信箱	sdecdsh@sh163c.net.cn	
电　话	021-65745656		传　真	021-65749845	
办公地址	上海市军工路 2636 号				
经营范围	柴油机、工程机械、油泵及配件；柴油电站、船用成套机组、机电设备及配件等				

指标\报告期	2009.06.30	2008.12.31	2008.06.30	2007.12.31
每股收益(元)	0.0650	0.0600	0.0520	0.0400
每股收益(扣除)(元)	0.0600	–0.0100	0.0290	–0.0200
每股净资产(元)	3.8500	3.7900	3.8200	3.8100
调整后每股净资产(元)	–	–	–	–
每股资本公积金(元)	1.4781	1.4379	1.4790	1.5248
每股盈余公积金(元)	0.9900	0.9900	0.9651	1.0066
每股未分配利润(元)	0.3784	0.3638	0.3721	0.2804
每股现金净流量(元)	0.3758	–0.1627	–0.6154	0.9814
每股经营现金净流量(元)	0.3772	0.2397	0.0643	0.5392
净资产收益率(扣除)(%)	–	–	–	–0.5200
净资产收益率(%)	1.6800	1.5000	1.3500	0.9700
总资产(万)	310241.51	283331.63	322693.84	349968.02
股东权益(万)	184748.81	182119.52	183296.69	183086.13
主营业务收入(万)	–	–	–	–
主营业务利润(万)	–	–	–	–
营业务收入(万)	159393.30	354375.19	214246.84	345580.61
营业务利润(万)	3157.45	406.48	3002.01	2034.83
投资收益(万)	–	–	–	–
利润总额(万)	3175.31	1226.26	3180.24	2670.72
净利润(万)	3102.34	2728.48	2475.71	1781.99

上海中西药业股份有限公司

公司名称	上海中西药业股份有限公司			证券简称	中西药业
法人代表	周德孚	董秘	章国毅	证券代码	600842
公司网址	www.zhongxi.com.cn		电子信箱	zhgy@zhongxi.com.cn	
电　话	021-51653688		传　真	021-51653732、51653665	
办公地址	上海市嘉定区外青松公路 446 号				
经营范围	生产医药原材料、医药制剂、农药及家庭卫生用药等				

指标\报告期	2009.06.30	2008.12.31	2008.06.30	2007.12.31
每股收益(元)	0.0890	0.0540	0.0419	0.1870
每股收益(扣除)(元)	0.0397	–0.0610	0.0153	–0.2232
每股净资产(元)	1.7000	1.3130	1.4000	1.7160
调整后每股净资产(元)	–	–	–	–
每股资本公积金(元)	0.9795	0.6808	0.8309	1.1870
每股盈余公积金(元)	–	–	–	–
每股未分配利润(元)	–0.2788	–0.3679	–0.4289	–0.4707
每股现金净流量(元)	0.0748	0.0392	–0.0434	0.0004
每股经营现金净流量(元)	0.0959	–0.0215	–0.1547	–0.1084
净资产收益率(扣除)(%)	–	–	–	–
净资产收益率(%)	5.2400	4.1100	2.9900	10.9000
总资产(万)	76336.33	64716.48	69496.44	80492.74
股东权益(万)	36664.89	28305.10	30228.05	37001.08
主营业务收入(万)	–	–	–	–
主营业务利润(万)	–	–	–	–
营业务收入(万)	18859.10	30897.20	16381.93	24643.82
营业务利润(万)	2323.75	2989.04	2153.99	4613.23
投资收益(万)	–	–	–	–
利润总额(万)	2397.37	2722.58	1906.81	4996.52
净利润(万)	1919.50	1163.91	902.69	4031.87

上工申贝(集团)股份有限公司

公司名称	上工申贝(集团)股份有限公司			证券简称	上工申贝
法人代表	张敏	董秘	张一枫	证券代码	600843
公司网址	www.sgsbgroup.com		电子信箱	sgsb@sgsbgroup.com	
电　话	021-68407515		传　真	021-63302939	
办公地址	上海市浦东新区世纪大道 1500 号东方大厦 12 楼				
经营范围	研发、生产、销售、维修缝制设备及零部件缝纫机专用设备、制衣等				

指标\报告期	2009.06.30	2008.12.31	2008.06.30	2007.12.31
每股收益(元)	–0.2928	–0.0719	0.0190	0.0624
每股收益(扣除)(元)	–0.2922	–0.1191	–0.0372	–0.1472
每股净资产(元)	0.8585	1.1333	1.3199	1.3021
调整后每股净资产(元)	–	–	–	–
每股资本公积金(元)	0.8904	0.8709	0.9066	0.9161
每股盈余公积金(元)	0.0101	0.0101	0.0101	0.0101
每股未分配利润(元)	–0.9955	–0.7028	–0.6119	–0.6309
每股现金净流量(元)	–0.1654	–0.1882	–0.1984	–0.2000
每股经营现金净流量(元)	–0.1941	0.1472	–0.0516	0.0683
净资产收益率(扣除)(%)	–	–	–	–11.3073
净资产收益率(%)	–34.1000	–6.3410	1.4400	4.7958
总资产(万)	188226.65	204241.26	239992.23	238009.87
股东权益(万)	38537.03	50874.49	59248.96	58447.36
主营业务收入(万)	–	–	–	–
主营业务利润(万)	–	–	–	–
营业务收入(万)	75438.20	223618.43	116280.67	253806.09
营业务利润(万)	–13967.27	–1659.73	–1132.01	2996.11
投资收益(万)	–	–	–	–
利润总额(万)	–14054.78	–1485.38	1396.74	9164.31
净利润(万)	–13141.57	–3226.17	851.37	2803.03

丹化化工科技股份有限公司

公司概况					
公司名称	丹化化工科技股份有限公司			证券简称	丹化科技
法人代表	曾晓宁	董秘	沈雅芸	证券代码	600844
公司网址			电子信箱	syy@600844.com	
电　　话	021-64015596、64016400		传　　真	021-64016411	
办公地址	上海市闵行区虹许路 788 号 61 室				
经营范围	煤化工产品、石油化工产品及其衍生物的技术开发、技术转让,化工技术等				

主要财务指标 指标\报告期	2009.06.30	2008.12.31	2008.06.30	2007.12.31
每股收益(元)	-0.0599	0.0552	0.0880	0.2533
每股收益(扣除)(元)	-0.0617	-0.0335	0.0870	0.1420
每股净资产(元)	3.3020	0.8610	0.7640	0.6760
调整后每股净资产(元)	-	-	-	-
每股资本公积金(元)	3.0500	0.7544	0.7699	0.7699
每股盈余公积金(元)	0.1442	0.1843	0.1843	0.1843
每股未分配利润(元)	-0.8921	-1.0777	-1.1901	-1.2782
每股现金净流量(元)	1.4135	-0.0761	-0.0269	-0.8698
每股经营现金净流量(元)	0.0160	0.3143	0.2491	0.3277
净资产收益率(扣除)(%)	-	-	-	21.0000
净资产收益率(%)	-1.4840	6.4100	11.5340	37.4600
总资产(万)	294335.59	93527.12	95807.81	99662.51
股东权益(万)	128554.34	26222.68	23274.71	20590.31
主营业务收入(万)	-	-	-	-
主营业务利润(万)	-	-	-	-
营业务收入(万)	14207.49	49009.20	30573.47	44060.09
营业务利润(万)	-2565.97	575.26	3888.07	7657.29
投资收益(万)	-	-	-	-
利润总额(万)	-2478.36	1146.08	3919.09	10794.52
净利润(万)	-1908.37	1682.06	2684.40	7713.69

上海宝信软件股份有限公司

公司概况					
公司名称	上海宝信软件股份有限公司			证券简称	宝信软件
法人代表	陈在根	董秘	顾永兴	证券代码	600845
公司网址	www.baosight.com		电子信箱	investor@baosight.com	
电　　话	021-50801155*1462		传　　真	021-50803294	
办公地址	上海市浦东新区张江高科技园区郭守敬路 515 号				
经营范围	计算机、自动化、网络通讯系统及软硬件产品的研究、设计、开发、制造等				

主要财务指标 指标\报告期	2009.06.30	2008.12.31	2008.06.30	2007.12.31
每股收益(元)	0.4750	0.6910	0.4590	0.5220
每股收益(扣除)(元)	0.4340	0.6470	0.4510	0.4550
每股净资产(元)	3.3290	3.0540	2.8194	2.5110
调整后每股净资产(元)	-	-	-	-
每股资本公积金(元)	0.0953	0.0953	0.0953	0.0953
每股盈余公积金(元)	0.3034	0.3034	0.2430	0.2430
每股未分配利润(元)	1.9293	1.6543	1.4821	1.1734
每股现金净流量(元)	0.4945	0.0449	0.1361	0.3156
每股经营现金净流量(元)	0.5956	0.2196	0.2699	0.4517
净资产收益率(扣除)(%)	-	-	-	18.1200
净资产收益率(%)	14.2700	22.6300	16.2700	20.7900
总资产(万)	201886.67	179863.92	168752.25	139867.97
股东权益(万)	87305.97	80098.29	73936.99	65836.58
主营业务收入(万)	-	-	-	-
主营业务利润(万)	-	-	-	-
营业务收入(万)	119576.36	214681.00	111090.43	182865.01
营业务利润(万)	12997.69	19010.84	14852.01	15193.93
投资收益(万)	-	-	-	-
利润总额(万)	14227.59	20745.89	15400.68	16683.70
净利润(万)	12457.15	18128.79	12028.09	13690.23

上海同济科技实业股份有限公司

公司概况					
公司名称	上海同济科技实业股份有限公司			证券简称	同济科技
法人代表	丁洁民	董秘	肖小凌	证券代码	600846
公司网址	www.tjkjsy.com		电子信箱	tjkjsy@tjkjsy.com.cn	
电　　话	021-65985860		传　　真	021-33626510	
办公地址	上海市四平路 1398 号同济联合广场 B 座 20 层				
经营范围	土建技术服务、技术咨询和技术转让以及住宅科技开发等				

主要财务指标 指标\报告期	2009.06.30	2008.12.31	2008.06.30	2007.12.31
每股收益(元)	0.0559	0.0943	0.0689	0.1622
每股收益(扣除)(元)	0.0462	0.0571	0.0457	0.1272
每股净资产(元)	3.0557	1.9869	2.0411	2.0384
调整后每股净资产(元)	-	-	-	-
每股资本公积金(元)	1.5118	0.3778	0.3994	0.4636
每股盈余公积金(元)	0.1991	0.2485	0.2285	0.2285
每股未分配利润(元)	0.3448	0.3605	0.4132	0.3463
每股现金净流量(元)	1.2933	-0.0551	0.9034	-0.8174
每股经营现金净流量(元)	0.1267	-0.8554	-0.2925	-0.6697
净资产收益率(扣除)(%)	-	-	-	6.2400
净资产收益率(%)	1.8300	4.7450	3.3740	7.9600
总资产(万)	273264.65	224024.84	234229.24	206928.25
股东权益(万)	106060.28	55252.32	56760.75	56685.89
主营业务收入(万)	-	-	-	-
主营业务利润(万)	-	-	-	-
营业务收入(万)	57814.62	92352.75	48812.47	96646.08
营业务利润(万)	1976.14	3097.70	2456.67	7429.35
投资收益(万)	-	-	-	-
利润总额(万)	2196.32	3516.59	2924.38	7572.01
净利润(万)	1940.75	2621.81	1914.84	4510.06

重庆万里控股(集团)股份有限公司

公司概况					
公司名称	重庆万里控股(集团)股份有限公司			证券简称	ST 渝万里
法人代表	刘悉承	董秘	靳景玉	证券代码	600847
公司网址	www.wanli.com		电子信箱	info@wanlibattery.com	
电　　话	023-62593210		传　　真	023-62591155	
办公地址	重庆市巴南区苦竹坝 31 号				
经营范围	制造、销售各类铅酸蓄电池及零部件、普通机电产品及零部件等				

主要财务指标 指标\报告期	2009.06.30	2008.12.31	2008.06.30	2007.12.31
每股收益(元)	0.0400	-0.1200	-0.0441	0.1500
每股收益(扣除)(元)	-0.0200	-0.0800	-0.0440	-0.3400
每股净资产(元)	0.6134	0.5300	0.4672	0.5000
调整后每股净资产(元)	-	-	-	-
每股资本公积金(元)	0.2181	0.1771	0.0318	0.0158
每股盈余公积金(元)	-	-	-	-
每股未分配利润(元)	-0.6048	-0.6422	-0.5646	-0.5205
每股现金净流量(元)	0.0364	-0.2597	-0.2682	0.1892
每股经营现金净流量(元)	0.3047	-0.0561	-0.2114	0.0873
净资产收益率(扣除)(%)	-	-	-	-68.3300
净资产收益率(%)	6.1000	-22.7400	-9.4400	29.5600
总资产(万)	15953.09	14371.48	12284.95	14823.43
股东权益(万)	5438.02	4742.19	4142.17	4391.04
主营业务收入(万)	-	-	-	-
主营业务利润(万)	-	-	-	-
营业务收入(万)	4143.44	4212.37	1705.41	6316.64
营业务利润(万)	47.93	-1169.56	-509.49	-2868.78
投资收益(万)	-	-	-	-
利润总额(万)	365.96	-1166.19	-510.64	1200.49
净利润(万)	331.83	-1078.61	-390.88	1297.90

上海自动化仪表股份有限公司

公司概况						
	公司名称	上海自动化仪表股份有限公司			证券简称	自仪股份
	法人代表	徐子瑛	董秘	缪丹桦	证券代码	600848
	公司网址	www.saic.sh.cn		电子信箱	bod@saic.sh.cn	
	电　话	021-54260980		传　真	021-54262329	
	办公地址	上海市徐汇区虹漕路41号				
	经营范围	自动化控制系统和自动化仪表及其相关的机电产品、元器件;仪表成套装置等				

主要财务指标	指标\报告期	2009.06.30	2008.12.31	2008.06.30	2007.12.31
	每股收益(元)	0.0118	0.0200	0.0133	0.0250
	每股收益(扣除)(元)	0.0115	0.0170	0.0136	0.0160
	每股净资产(元)	0.4000	0.3900	0.3800	0.3700
	调整后每股净资产(元)	–	–	–	–
	每股资本公积金(元)	0.5653	0.5637	0.5669	0.5680
	每股盈余公积金(元)	0.0570	0.0570	0.0570	0.0570
	每股未分配利润(元)	–1.2224	–1.2341	–1.2411	–1.2545
	每股现金净流量(元)	–0.0869	0.1039	0.0331	–0.0279
	每股经营现金净流量(元)	–0.0562	–0.0749	–0.1512	–0.1245
	净资产收益率(扣除)(%)	–	–	–	4.2500
	净资产收益率(%)	2.9400	5.2600	3.4900	6.8800
	总资产(万)	116073.98	108894.40	108025.35	95575.92
	股东权益(万)	15970.32	15437.40	15282.72	14795.76
	主营业务收入(万)	–	–	–	–
	主营业务利润(万)	–	–	–	–
	营业务收入(万)	55316.49	109309.81	55326.42	100349.26
	营业务利润(万)	477.74	787.66	558.34	1014.79
	投资收益(万)	–	–	–	–
	利润总额(万)	486.80	839.80	549.53	1042.79
	净利润(万)	469.68	812.57	532.77	1018.11

上海市医药股份有限公司

公司概况						
	公司名称	上海市医药股份有限公司			证券简称	上海医药
	法人代表	吕明方	董秘	曹伟荣	证券代码	600849
	公司网址	www.shaphar.com.cn		电子信箱	shaphar@shaphar.com.cn	
	电　话	021-52588888		传　真	021-52586299	
	办公地址	上海市延安西路1566号龙峰大厦				
	经营范围	中成药,化学原料药,化学药制剂,抗生素,生化药品,生物制品麻醉药品等				

主要财务指标	指标\报告期	2009.06.30	2008.12.31	2008.06.30	2007.12.31
	每股收益(元)	0.1232	0.1440	0.0790	0.1160
	每股收益(扣除)(元)	0.1806	0.0530	0.0150	0.1030
	每股净资产(元)	3.0400	2.9700	2.9590	2.8800
	调整后每股净资产(元)	–	–	–	–
	每股资本公积金(元)	1.0151	1.0158	1.0150	1.0177
	每股盈余公积金(元)	0.4188	0.4188	0.3984	0.3984
	每股未分配利润(元)	0.6125	0.5342	0.5415	0.4621
	每股现金净流量(元)	0.6496	0.6410	0.6906	–0.0422
	每股经营现金净流量(元)	0.9516	0.5019	0.0109	0.8546
	净资产收益率(扣除)(%)	–	–	–	3.5700
	净资产收益率(%)	4.0570	4.8540	2.6820	4.0400
	总资产(万)	859966.66	775551.49	807525.92	712559.83
	股东权益(万)	172877.91	168905.46	168408.31	164141.71
	主营业务收入(万)	–	–	–	–
	主营业务利润(万)	–	–	–	–
	营业务收入(万)	948616.03	1654782.49	784298.65	1391979.12
	营业务利润(万)	15125.05	16363.76	11027.12	12260.42
	投资收益(万)	–	–	–	–
	利润总额(万)	16135.44	18670.72	10368.98	14655.04
	净利润(万)	7013.74	8198.28	4517.20	6627.81

上海华东电脑股份有限公司

公司概况						
	公司名称	上海华东电脑股份有限公司			证券简称	华东电脑
	法人代表	孙德炜	董秘	吴志明	证券代码	600850
	公司网址	www.shecc.com		电子信箱	dm@shecc.com	
	电　话	021-64362789		传　真	021-64700357	
	办公地址	上海市桂林路418号				
	经营范围	计算机,电子设备和仪器仪表的开发,生产和销售,系统集成等				

主要财务指标	指标\报告期	2009.06.30	2008.12.31	2008.06.30	2007.12.31
	每股收益(元)	–0.0600	0.0383	0.0114	0.0701
	每股收益(扣除)(元)	–0.0706	0.0563	0.0148	0.0463
	每股净资产(元)	1.3338	1.3939	1.3649	1.3561
	调整后每股净资产(元)	–	–	–	–
	每股资本公积金(元)	0.0778	0.0778	0.0240	0.0778
	每股盈余公积金(元)	0.0546	0.0546	0.1083	0.0546
	每股未分配利润(元)	0.2033	0.2634	0.2344	0.2250
	每股现金净流量(元)	–0.3274	0.2762	–0.5584	0.2883
	每股经营现金净流量(元)	–0.5045	0.3920	–0.5383	0.4464
	净资产收益率(扣除)(%)	–	–	–	3.4200
	净资产收益率(%)	–4.5020	2.7500	0.8380	5.1700
	总资产(万)	71818.70	75743.69	66349.59	69229.57
	股东权益(万)	22813.04	23840.89	23344.07	23194.42
	主营业务收入(万)	–	–	–	–
	主营业务利润(万)	–	–	–	–
	营业务收入(万)	42307.66	123989.53	62568.13	138410.10
	营业务利润(万)	–1515.61	678.47	703.12	2333.10
	投资收益(万)	–	–	–	–
	利润总额(万)	–1214.30	2355.23	729.02	2434.67
	净利润(万)	–1027.01	655.80	195.57	1198.55

上海海欣集团股份有限公司

公司概况						
	公司名称	上海海欣集团股份有限公司			证券简称	海欣股份
	法人代表	徐文彬	董秘	陈谋亮	证券代码	600851
	公司网址	www.haixin.com.cn		电子信箱	hxsecretary@haixin.com	
	电　话	021-63917000		传　真	021-53513883	
	办公地址	上海市福州路666号金陵海欣大厦18楼				
	经营范围	研究开发、生产涤纶、晴纶等化纤类及动植物混纺纱及其面料、毛毯等				

主要财务指标	指标\报告期	2009.06.30	2008.12.31	2008.06.30	2007.12.31
	每股收益(元)	–0.0130	–0.2857	0.0133	0.0198
	每股收益(扣除)(元)	–0.0137	–0.2695	–0.0063	0.0008
	每股净资产(元)	2.8388	2.1240	3.2374	4.8532
	调整后每股净资产(元)	–	–	–	–
	每股资本公积金(元)	1.7024	0.9737	1.7647	3.4147
	每股盈余公积金(元)	0.2798	0.2798	0.2827	0.2734
	每股未分配利润(元)	–0.1306	–0.1176	0.2025	0.1745
	每股现金净流量(元)	0.0636	–0.0972	–0.0707	–0.0810
	每股经营现金净流量(元)	–0.0836	0.1339	–0.1072	0.0688
	净资产收益率(扣除)(%)	–	–12.6900	–	0.0200
	净资产收益率(%)	–0.4590	–13.4500	0.4120	0.4100
	总资产(万)	531104.61	419179.56	629501.36	891178.13
	股东权益(万)	342655.24	256378.98	390778.36	585805.66
	主营业务收入(万)	–	–	–	–
	主营业务利润(万)	–	–	–	–
	营业务收入(万)	43445.74	142684.81	56374.94	154920.29
	营业务利润(万)	–2517.57	–42392.97	–1102.49	–5678.52
	投资收益(万)	–	–	–	–
	利润总额(万)	–2358.84	–42754.27	–582.12	–2953.17
	净利润(万)	–1573.56	–34480.27	1609.80	2386.18

龙建路桥股份有限公司

公司概况	公司名称	龙建路桥股份有限公司		证券简称	龙建股份
	法人代表	张厚	董秘 王征宇	证券代码	600853
	公司网址	www.longjianlq.com		电子信箱	zhengyu-wang@sohu.com
	电　话	0451-82281860、82281430		传　真	0451-82281253
	办公地址	黑龙江省哈尔滨市南岗区嵩山路109-1号			
	经营范围	公路工程施工总承包特级;公路路面工程专业承包壹级等			

	指标\报告期	2009.06.30	2008.12.31	2008.06.30	2007.12.31
主要财务指标	每股收益(元)	0.0057	0.0240	0.0002	0.0221
	每股收益(扣除)(元)	0.0044	0.0021	-0.0027	0.0192
	每股净资产(元)	1.3600	1.3569	1.3257	1.3255
	调整后每股净资产(元)	-	-	-	-
	每股资本公积金(元)	0.2976	0.2976	0.2976	0.2976
	每股盈余公积金(元)	0.0028	0.0028	0.0028	0.0028
	每股未分配利润(元)	0.0621	0.0565	0.0253	0.0325
	每股现金净流量(元)	0.1461	0.0227	0.0358	0.0496
	每股经营现金净流量(元)	0.0453	0.4055	0.2638	-0.2089
	净资产收益率(扣除)(%)	-	-	-	1.4744
	净资产收益率(%)	0.4150	1.7680	0.0180	1.6770
	总资产(万)	512663.71	442161.10	453291.23	403549.10
	股东权益(万)	73141.97	72838.31	71164.39	72394.20
	主营业务收入(万)	-	-	-	-
	主营业务利润(万)	-	-	-	-
	营业务收入(万)	114800.53	232514.33	56698.78	217518.91
	营业务利润(万)	409.48	172.24	-142.85	1689.85
	投资收益(万)	-	-	-	-
	利润总额(万)	503.88	1723.26	71.14	1944.66
	净利润(万)	303.66	1287.69	12.90	1193.21

北京航天长峰股份有限公司

公司概况	公司名称	北京航天长峰股份有限公司		证券简称	航天长峰
	法人代表	全春来	董秘 张金奎	证券代码	600855
	公司网址	www.ascf.com.cn		电子信箱	ascf@ascf.com.cn
	电　话	010-68386000、88525777		传　真	010-88525775、88219811
	办公地址	北京市海淀区永定路51号			
	经营范围	专用计算机及软件、机床数控系统、医疗器械及制药机械、环保产业相关项目等			

	指标\报告期	2009.06.30	2008.12.31	2008.06.30	2007.12.31
主要财务指标	每股收益(元)	-0.0370	-0.0778	-0.0210	0.0105
	每股收益(扣除)(元)	-0.0370	-0.0801	-0.0240	-0.0028
	每股净资产(元)	2.0320	1.9780	2.0930	2.1810
	调整后每股净资产(元)	-	-	-	-
	每股资本公积金(元)	0.7397	0.6489	0.7071	0.7739
	每股盈余公积金(元)	0.0710	0.0710	0.0710	0.0710
	每股未分配利润(元)	0.2217	0.2585	0.3149	0.3363
	每股现金净流量(元)	-0.0129	0.0860	0.0076	-0.4101
	每股经营现金净流量(元)	-0.0067	0.1965	-0.0250	-0.1096
	净资产收益率(扣除)(%)	-	-	-	-0.1260
	净资产收益率(%)	-1.8140	-3.9320	-1.0250	0.4790
	总资产(万)	81531.14	78547.10	86213.03	86473.68
	股东权益(万)	59466.69	57888.92	61242.18	63824.68
	主营业务收入(万)	-	-	-	-
	主营业务利润(万)	-	-	-	-
	营业务收入(万)	13451.60	36292.71	18094.41	37585.60
	营业务利润(万)	-1008.64	-2180.86	-675.85	207.74
	投资收益(万)	-	-	-	-
	利润总额(万)	-957.94	-1924.49	-512.44	807.78
	净利润(万)	-1078.87	-2276.18	-627.65	305.91

长春百货大楼集团股份有限公司

公司概况	公司名称	长春百货大楼集团股份有限公司		证券简称	长百集团
	法人代表	林大湑	董秘 孙永成	证券代码	600856
	公司网址	www.changbai.com.cn		电子信箱	office@changbai.com.cn
	电　话	0431-88965414		传　真	0431-88920704
	办公地址	吉林省长春市人民大街1881号			
	经营范围	零售百货、针纺织品、五金、交电、食品、副食品、通讯器材等			

	指标\报告期	2009.06.30	2008.12.31	2008.06.30	2007.12.31
主要财务指标	每股收益(元)	0.0100	-0.1700	-0.0200	0.0200
	每股收益(扣除)(元)	0.0100	-0.0500	-0.0100	0.0400
	每股净资产(元)	0.6200	0.6100	0.7600	0.7800
	调整后每股净资产(元)	-	-	-	-
	每股资本公积金(元)	0.3751	0.3751	0.3751	0.3751
	每股盈余公积金(元)	0.1277	0.1277	0.1277	0.1277
	每股未分配利润(元)	-0.8841	-0.8933	-0.7425	-0.7250
	每股现金净流量(元)	0.0596	-0.0058	0.0278	-0.0851
	每股经营现金净流量(元)	0.0054	0.1641	0.0331	0.1746
	净资产收益率(扣除)(%)	-	-	-	4.6400
	净资产收益率(%)	1.5000	-27.6100	-2.3000	2.1600
	总资产(万)	44542.96	44460.95	49698.31	48950.22
	股东权益(万)	14531.91	14314.15	17856.57	18266.87
	主营业务收入(万)	-	-	-	-
	主营业务利润(万)	-	-	-	-
	营业务收入(万)	13518.27	30274.68	13632.59	28575.46
	营业务利润(万)	231.68	-1053.06	-345.07	866.98
	投资收益(万)	-	-	-	-
	利润总额(万)	217.76	-3952.26	-410.31	395.06
	净利润(万)	217.76	-3952.72	-410.31	395.06

哈工大首创科技股份有限公司

公司概况	公司名称	哈工大首创科技股份有限公司		证券简称	工大首创
	法人代表	孙世强	董秘 哈宁	证券代码	600857
	公司网址	www.hitsc.com		电子信箱	hitsc@hitsc.com
	电　话	0574-87367060		传　真	0574-87367996
	办公地址	浙江省宁波市海曙区和义路77号汇金大厦21层			
	经营范围	计算机软、硬件等产品的开发、生产、销售及相关的技术咨询、服务等			

	指标\报告期	2009.06.30	2008.12.31	2008.06.30	2007.12.31
主要财务指标	每股收益(元)	0.0023	0.0500	0.0094	0.2000
	每股收益(扣除)(元)	0.0024	0.0500	0.0040	0.0300
	每股净资产(元)	1.8500	1.8600	1.8100	1.8200
	调整后每股净资产(元)	-	-	-	-
	每股资本公积金(元)	0.2992	0.2960	0.2979	0.2978
	每股盈余公积金(元)	0.1133	0.1133	0.1087	0.1112
	每股未分配利润(元)	0.4378	0.4555	0.4061	0.4087
	每股现金净流量(元)	-0.1793	-0.5107	-0.2789	0.2783
	每股经营现金净流量(元)	0.0173	-0.0275	-0.1485	0.0018
	净资产收益率(扣除)(%)	-	-	-	1.8900
	净资产收益率(%)	0.1217	2.6218	0.5176	10.9800
	总资产(万)	59324.23	59664.73	65975.95	72057.65
	股东权益(万)	41505.30	41831.76	40660.92	40774.70
	主营业务收入(万)	-	-	-	-
	主营业务利润(万)	-	-	-	-
	营业务收入(万)	31888.57	96003.95	49766.28	96224.19
	营业务利润(万)	322.44	1327.22	96.14	7146.66
	投资收益(万)	-	-	-	-
	利润总额(万)	317.72	1410.65	253.45	7193.08
	净利润(万)	50.50	1096.76	210.47	4477.71

银座集团股份有限公司

公司概况	公司名称	银座集团股份有限公司		证券简称	银座股份
	法人代表	张文生	董秘 刘璐	证券代码	600858
	公司网址	www.yinzuostock.com		电子信箱	600858@sina.com
	电　　话	0531-83175518、86988888		传　　真	0531-86966666
	办公地址	山东省济南市泺源大街22号中银大厦20层			
	经营范围	对外投资及管理;纺织、服装及日用品、文化体育用品及器材、五金交电等			

主要财务指标	指标\报告期	2009.06.30	2008.12.31	2008.06.30	2007.12.31
	每股收益(元)	0.3646	0.5800	0.3597	0.5700
	每股收益(扣除)(元)	0.3349	0.5100	0.3022	0.4300
	每股净资产(元)	5.1157	5.2033	7.3047	6.9100
	调整后每股净资产(元)	–	–	–	–
	每股资本公积金(元)	2.3439	2.7960	4.3287	4.4444
	每股盈余公积金(元)	0.1655	0.1655	0.1976	0.1989
	每股未分配利润(元)	1.6063	1.2418	1.7785	1.2630
	每股现金净流量(元)	3.0701	–1.2645	–1.2957	4.3713
	每股经营现金净流量(元)	–0.0243	1.1830	1.3020	1.6097
	净资产收益率(扣除)(%)	–	9.9900	–	8.3200
	净资产收益率(%)	7.1260	11.4200	7.2316	11.0000
	总资产(万)	464452.19	318995.38	296801.33	204323.32
	股东权益(万)	120262.86	122320.61	114481.23	108237.02
	主营业务收入(万)	–	–	–	–
	主营业务利润(万)	–	–	–	–
	营业务收入(万)	251637.65	419450.02	203114.93	307472.32
	营业务利润(万)	11055.37	17166.57	10056.69	20234.49
	投资收益(万)	–	–	–	–
	利润总额(万)	11341.48	18892.81	11374.85	20563.11
	净利润(万)	8570.39	13649.70	8456.67	11908.34

北京王府井百货(集团)股份有限公司

公司概况	公司名称	北京王府井百货(集团)股份有限公司		证券简称	王府井
	法人代表	郑万河	董秘 岳继鹏	证券代码	600859
	公司网址	www.wfj.com.cn		电子信箱	wfjcc@wfj.com.cn
	电　　话	010-65125960		传　　真	010-65133133
	办公地址	中国北京王府井大行街253号			
	经营范围	购销百货、针纺织品、五金交电化工、工艺美术品、金银饰品、仪器仪表等			

主要财务指标	指标\报告期	2009.06.30	2008.12.31	2008.06.30	2007.12.31
	每股收益(元)	0.5290	0.8750	0.5060	0.6780
	每股收益(扣除)(元)	0.4490	0.9780	0.5150	0.7380
	每股净资产(元)	6.3930	5.2230	6.0480	7.8310
	调整后每股净资产(元)	–	–	–	–
	每股资本公积金(元)	3.4395	2.5981	3.5931	5.8822
	每股盈余公积金(元)	0.5004	0.5004	0.4783	0.4583
	每股未分配利润(元)	1.4533	1.1246	0.9775	0.4913
	每股现金净流量(元)	–1.2972	–1.2581	–0.9575	0.9007
	每股经营现金净流量(元)	–0.3468	2.1070	–0.3447	1.9894
	净资产收益率(扣除)(%)	–	–	–	9.4280
	净资产收益率(%)	8.2690	16.7620	8.3700	8.6520
	总资产(万)	614059.00	618674.13	502939.51	650157.02
	股东权益(万)	251236.48	205255.87	237669.97	307732.06
	主营业务收入(万)	–	–	–	–
	主营业务利润(万)	–	–	–	–
	营业务收入(万)	526983.68	1017404.31	512360.65	893601.04
	营业务利润(万)	29884.70	55040.79	29465.47	52367.66
	投资收益(万)	–	–	–	–
	利润总额(万)	29773.78	51014.32	28930.03	44398.48
	净利润(万)	20775.84	34404.22	19892.54	26623.99

北人印刷机械股份有限公司

公司概况	公司名称	北人印刷机械股份有限公司		证券简称	北人股份
	法人代表	庞连东	董秘 焦瑞芳	证券代码	600860
	公司网址	www.beirengf.com		电子信箱	beirengf@beirengf.com
	电　　话	010-67802565		传　　真	010-67802570
	办公地址	北京经济技术开发区荣昌东街6号			
	经营范围	开发、设计、生产、销售印刷机械、包装机械、商用表格印刷机等			

主要财务指标	指标\报告期	2009.06.30	2008.12.31	2008.06.30	2007.12.31
	每股收益(元)	–0.0800	–0.6200	–0.0500	0.0200
	每股收益(扣除)(元)	–0.0900	–0.6400	–0.0600	–0.0100
	每股净资产(元)	2.0400	2.1300	2.6900	2.7500
	调整后每股净资产(元)	–	–	–	–
	每股资本公积金(元)	1.2394	1.2394	1.2394	1.2394
	每股盈余公积金(元)	0.1023	0.4714	0.4714	0.4714
	每股未分配利润(元)	–0.3010	–0.5855	–0.0160	0.0381
	每股现金净流量(元)	0.0386	–0.0762	–0.1302	0.0534
	每股经营现金净流量(元)	0.0985	0.0290	–0.0742	0.0576
	净资产收益率(扣除)(%)	–	–	–	–
	净资产收益率(%)	–4.1400	–29.3400	–2.0100	0.8000
	总资产(万)	186740.35	195951.82	221169.27	221681.66
	股东权益(万)	86118.94	89686.71	113499.89	116103.98
	主营业务收入(万)	–	–	–	–
	主营业务利润(万)	–	–	–	–
	营业务收入(万)	38340.98	75905.08	39962.04	107150.98
	营业务利润(万)	–4188.03	–29476.14	–2816.45	–278.86
	投资收益(万)	–	–	–	–
	利润总额(万)	–3763.61	–28840.68	–2367.72	1024.30
	净利润(万)	–3567.77	–26314.16	–2279.76	927.85

北京城乡贸易中心股份有限公司

公司概况	公司名称	北京城乡贸易中心股份有限公司		证券简称	北京城乡
	法人代表	周和平	董秘 陈红	证券代码	600861
	公司网址	www.bjcx.com.cn		电子信箱	tyty6673@sina.com
	电　　话	010-68296595		传　　真	010-68216933
	办公地址	北京市海淀区复兴路甲23号			
	经营范围	商品零售及批发、公共饮食业、物资供销业、仓储业、日用品修理等			

主要财务指标	指标\报告期	2009.06.30	2008.12.31	2008.06.30	2007.12.31
	每股收益(元)	0.1314	0.2805	0.1277	0.2494
	每股收益(扣除)(元)	0.0988	0.2214	0.1044	0.2515
	每股净资产(元)	6.1683	6.1322	5.9854	5.9640
	调整后每股净资产(元)	–	–	–	–
	每股资本公积金(元)	2.6870	2.6823	2.6883	2.7045
	每股盈余公积金(元)	1.7553	1.7553	1.7344	1.7344
	每股未分配利润(元)	0.7260	0.6947	0.5627	0.5250
	每股现金净流量(元)	0.6695	0.6005	–0.6341	0.5667
	每股经营现金净流量(元)	–0.0298	0.6032	1.0001	0.6179
	净资产收益率(扣除)(%)	–	–	–	4.2200
	净资产收益率(%)	2.1300	4.5700	2.1300	4.1800
	总资产(万)	266586.48	268344.80	277900.60	262932.13
	股东权益(万)	195414.83	194271.37	189621.24	188941.65
	主营业务收入(万)	–	–	–	–
	主营业务利润(万)	–	–	–	–
	营业务收入(万)	84059.64	165353.75	87935.07	156424.77
	营业务利润(万)	5764.31	7749.24	4673.54	16594.82
	投资收益(万)	–	–	–	–
	利润总额(万)	5773.88	9815.80	5576.35	9337.95
	净利润(万)	4162.16	8885.19	4046.09	7900.22

南通科技投资集团股份有限公司

公司概况	公司名称	南通科技投资集团股份有限公司			证券简称	南通科技
	法人代表	陈照东	董秘	朱军	证券代码	600862
	公司网址	www.tonmac.com.cn		电子信箱	webmaster@tonmac.com.cn	
	电　话	0513-83580393		传　真	0513-85512271、83580901	
	办公地址	江苏省南通市任港路 23 号　江苏省南通市工农路 28 号				
	经营范围	实业投资；机床及其零配件，植物保护和管理机械及其零配件等				

主要财务指标	指标＼报告期	2009.06.30	2008.12.31	2008.06.30	2007.12.31
	每股收益(元)	0.1800	0.2027	0.2400	0.5300
	每股收益(扣除)(元)	0.0700	-0.2052	0.0300	0.0400
	每股净资产(元)	1.2100	1.0200	1.0300	0.7700
	调整后每股净资产(元)	-	-	-	-
	每股资本公积金(元)	0.2308	0.2183	0.2256	0.2121
	每股盈余公积金(元)	0.0429	0.0429	0.0360	0.0360
	每股未分配利润(元)	-0.0646	-0.2414	-0.2357	-0.4744
	每股现金净流量(元)	1.2361	-0.2028	-0.4653	0.5439
	每股经营现金净流量(元)	1.0758	-0.0925	-0.2661	-0.2872
	净资产收益率(扣除)(%)	-	-	-	4.8800
	净资产收益率(%)	14.6200	19.8800	23.2700	68.4000
	总资产(万)	199882.89	155623.36	116359.23	107739.63
	股东权益(万)	28831.72	24317.20	24464.45	18449.21
	主营业务收入(万)	-	-	-	-
	主营业务利润(万)	-	-	-	-
	营业务收入(万)	11509.05	40349.03	22460.04	45518.18
	营业务利润(万)	-1298.88	-4766.59	642.77	9495.91
	投资收益(万)	-	-	-	-
	利润总额(万)	5499.75	6276.82	7507.34	16644.04
	净利润(万)	4216.01	4833.50	5693.50	12618.89

内蒙古蒙电华能热电股份有限公司

公司概况	公司名称	内蒙古蒙电华能热电股份有限公司			证券简称	内蒙华电
	法人代表	吴景龙	董秘	张彤	证券代码	600863
	公司网址	www.nmhdwz.com		电子信箱	nmhd@public.hh.nm.cn	
	电　话	0471-6222388		传　真	0471-6228410	
	办公地址	内蒙古自治区呼和浩特市锡林南路工艺厂巷电力科技楼				
	经营范围	火力发电、供应，蒸汽、热水的生产、供应、销售、维护和管理等				

主要财务指标	指标＼报告期	2009.06.30	2008.12.31	2008.06.30	2007.12.31
	每股收益(元)	-0.0100	-0.4040	-0.0250	0.1010
	每股收益(扣除)(元)	-0.0120	-0.4090	-0.0250	0.1030
	每股净资产(元)	1.6380	1.6480	2.0260	2.1310
	调整后每股净资产(元)	-	-	-	-
	每股资本公积金(元)	0.6098	0.6098	0.6086	0.6086
	每股盈余公积金(元)	0.3057	0.3057	0.3057	0.3057
	每股未分配利润(元)	-0.2775	-0.2671	0.1115	0.2166
	每股现金净流量(元)	-0.0938	-0.1601	-0.0464	0.2522
	每股经营现金净流量(元)	0.5824	1.1803	0.6959	0.6712
	净资产收益率(扣除)(%)	-	-	-	4.8480
	净资产收益率(%)	-0.6370	-24.4870	-1.2370	4.7300
	总资产(万)	2346750.64	2326678.87	2374959.19	2370121.37
	股东权益(万)	324524.11	326591.75	401357.87	422171.10
	主营业务收入(万)	-	-	-	-
	主营业务利润(万)	-	-	-	-
	营业务收入(万)	331804.91	728780.57	357268.86	682431.41
	营业务利润(万)	18075.79	-58018.22	8009.48	41176.99
	投资收益(万)	-	-	-	-
	利润总额(万)	18354.18	-56616.41	7820.05	39562.20
	净利润(万)	-2067.64	-79974.14	-4963.47	19988.30

哈尔滨哈投投资股份有限公司

公司概况	公司名称	哈尔滨哈投投资股份有限公司			证券简称	哈投股份
	法人代表	邢继军	董秘	徐建伟	证券代码	600864
	公司网址	sbrd27@sohu.com		电子信箱	sbrd27@sohu.com	
	电　话	0451-82333238		传　真	0451-82332228	
	办公地址	黑龙江省哈尔滨市南岗区汉水路 172 号				
	经营范围	从事能源、矿业、房地产、建筑、高新技术、农林业方面的投资，电力和热力生产供应				

主要财务指标	指标＼报告期	2009.06.30	2008.12.31	2008.06.30	2007.12.31
	每股收益(元)	0.4100	0.5300	0.0830	0.5800
	每股收益(扣除)(元)	0.0550	0.0200	0.0910	0.0200
	每股净资产(元)	4.1300	3.0100	7.1300	11.5100
	调整后每股净资产(元)	-	-	-	-
	每股资本公积金(元)	2.0015	1.2353	4.5470	9.0110
	每股盈余公积金(元)	0.2167	0.2167	0.3177	0.3177
	每股未分配利润(元)	0.9227	0.5627	1.2669	1.1841
	每股现金净流量(元)	0.0011	-0.5561	-1.6105	1.4158
	每股经营现金净流量(元)	-0.2133	0.1836	-0.3314	0.4592
	净资产收益率(扣除)(%)	-	-	-	0.4200
	净资产收益率(%)	9.9380	17.5800	1.1620	10.0300
	总资产(万)	384955.97	328453.50	323256.35	501848.56
	股东权益(万)	225452.33	164215.60	194724.72	323625.31
	主营业务收入(万)	-	-	-	-
	主营业务利润(万)	-	-	-	-
	营业务收入(万)	36974.49	60962.55	32061.86	54013.19
	营业务利润(万)	29119.23	37896.21	2334.78	48656.03
	投资收益(万)	-	-	-	-
	利润总额(万)	29528.28	39330.19	3082.92	48963.49
	净利润(万)	22406.37	28873.19	2262.59	31544.52

百大集团股份有限公司

公司概况	公司名称	百大集团股份有限公司			证券简称	百大集团
	法人代表	徐刚	董秘	李喜刚	证券代码	600865
	公司网址	www.baidagroup.com		电子信箱	bdjt@baidagroup.com	
	电　话	0571-85823016		传　真	0571-85150586	
	办公地址	浙江省杭州市延安路 546 号				
	经营范围	商品零售、批发、住宿、餐饮、旅游等服务，进出口业务及房产销售等				

主要财务指标	指标＼报告期	2009.06.30	2008.12.31	2008.06.30	2007.12.31
	每股收益(元)	0.1700	0.2300	0.1200	0.2800
	每股收益(扣除)(元)	0.1100	0.2200	0.1400	0.1800
	每股净资产(元)	2.1750	2.0900	2.0000	2.8400
	调整后每股净资产(元)	-	-	-	-
	每股资本公积金(元)	0.5543	0.5543	0.5529	1.1938
	每股盈余公积金(元)	0.2769	0.2769	0.2565	0.3578
	每股未分配利润(元)	0.3438	0.2571	0.1934	0.2842
	每股现金净流量(元)	-0.2112	-0.6137	-0.9033	0.2458
	每股经营现金净流量(元)	0.0518	0.0213	-0.0910	0.3338
	净资产收益率(扣除)(%)	-	-	-	6.4400
	净资产收益率(%)	7.6700	9.7100	5.9300	9.8300
	总资产(万)	98457.66	100361.18	95560.40	110229.41
	股东权益(万)	81834.90	78570.31	75353.15	76483.66
	主营业务收入(万)	-	-	-	-
	主营业务利润(万)	-	-	-	-
	营业务收入(万)	53229.88	131204.23	70694.62	153172.67
	营业务利润(万)	7990.82	9933.42	6025.09	12720.00
	投资收益(万)	-	-	-	-
	利润总额(万)	8292.96	10089.40	5915.09	12335.33
	净利润(万)	6274.51	7631.17	4465.33	7517.66

广东肇庆星湖生物科技股份有限公司

公司概况	公司名称	广东肇庆星湖生物科技股份有限公司			证券简称	星湖科技
	法人代表	李成	董秘	丁健	证券代码	600866
	公司网址	www.starlake.com.cn		电子信箱	sl@starlake.com.cn	
	电　　话	0758-2237526、2291130		传　　真	0758-2239449	
	办公地址	广东省肇庆市工农北路67号				
	经营范围	生物化工和生物发酵技术等				

主要财务指标	指标\报告期	2009.06.30	2008.12.31	2008.06.30	2007.12.31
	每股收益(元)	0.1001	0.0557	0.0256	-0.2659
	每股收益(扣除)(元)	0.0989	0.0644	0.0371	-0.2777
	每股净资产(元)	1.5870	1.4900	1.4500	1.4200
	调整后每股净资产(元)	-	-	-	-
	每股资本公积金(元)	0.3176	0.3176	0.3174	0.3174
	每股盈余公积金(元)	0.2132	0.2132	0.2132	0.2132
	每股未分配利润(元)	0.0564	-0.0437	-0.0813	-0.1069
	每股现金净流量(元)	0.0897	0.0021	-0.0873	0.0806
	每股经营现金净流量(元)	0.3164	0.2858vvv	0.0638	0.1579
	净资产收益率(扣除)(%)	-	-	-	-19.5100
	净资产收益率(%)	6.3100	3.7400	1.7700	-18.6800
	总资产(万)	131985.45	135690.76	134507.71	134930.15
	股东权益(万)	82707.82	77490.77	75523.04	74189.27
	主营业务收入(万)	-	-	-	-
	主营业务利润(万)	-	-	-	-
	营业务收入(万)	56272.81	98217.11	45883.95	76880.79
	营业务利润(万)	5653.00	2910.72	1575.71	-14408.70
	投资收益(万)	-	-	-	-
	利润总额(万)	5726.54	3124.20	1490.21	-13763.14
	净利润(万)	5217.05	2900.09	1333.77	-13855.93

通化东宝药业股份有限公司

公司概况	公司名称	通化东宝药业股份有限公司			证券简称	通化东宝
	法人代表	李一奎	董秘	王君业	证券代码	600867
	公司网址	www.thdb.com		电子信箱	glp@thdb.cn	
	电　　话	0435-5088025、5088126		传　　真	0435-5088005	
	办公地址	吉林省通化市通化县东宝新村				
	经营范围	生产、销售中西成药、生物制品、非PVC软袋大输液产品及建材等				

主要财务指标	指标\报告期	2009.06.30	2008.12.31	2008.06.30	2007.12.31
	每股收益(元)	0.0606	0.1300	0.1012	0.2100
	每股收益(扣除)(元)	0.1225	0.1100	0.0969	0.0700
	每股净资产(元)	3.1300	3.7800	4.1500	4.0500
	调整后每股净资产(元)	-	-	-	-
	每股资本公积金(元)	1.2307	1.6869	2.0804	2.0804
	每股盈余公积金(元)	0.3063	0.4088	0.3919	0.3919
	每股未分配利润(元)	0.5882	0.6859	0.6735	0.5758
	每股现金净流量(元)	0.0235	0.0248	0.0027	0.0016
	每股经营现金净流量(元)	0.1085	0.2505	0.0872	0.3281
	净资产收益率(扣除)(%)	-	-	-	1.8200
	净资产收益率(%)	1.9400	3.3600	2.4400	5.1900
	总资产(万)	228129.49	217128.61	231949.47	226896.58
	股东权益(万)	149740.24	139378.35	152799.41	149199.15
	主营业务收入(万)	-	-	-	-
	主营业务利润(万)	-	-	-	-
	营业务收入(万)	26319.60	55104.27	25394.01	46997.03
	营业务利润(万)	3363.26	5833.13	4931.86	7552.58
	投资收益(万)	-	-	-	-
	利润总额(万)	3396.23	6541.99	5143.19	8704.75
	净利润(万)	2902.47	4682.33	3728.51	7743.31

广东梅雁水电股份有限公司

公司概况	公司名称	广东梅雁水电股份有限公司			证券简称	ST梅雁
	法人代表	杨锋源	董秘	李海明	证券代码	600868
	公司网址	www.chinameiyan.com		电子信箱	li-haiming@21cn.com	
	电　　话	0753-2218286		传　　真	0753-2218286	
	办公地址	广东省梅州市湾水塘梅雁大楼				
	经营范围	电力生产业、建筑业、房产开发与经营、养殖业、电子计算机生产销售、制造业等				

主要财务指标	指标\报告期	2009.06.30	2008.12.31	2008.06.30	2007.12.31
	每股收益(元)	0.0012	0.1010	-0.0367	-0.0890
	每股收益(扣除)(元)	-0.0352	-0.3157	-0.0345	-0.0974
	每股净资产(元)	1.0240	1.0300	0.8890	1.0400
	调整后每股净资产(元)	-	-	-	-
	每股资本公积金(元)	0.2186	0.2210	0.2226	0.3663
	每股盈余公积金(元)	-	-	-	0.1292
	每股未分配利润(元)	-0.1942	-0.1954	-0.3337	-0.4262
	每股现金净流量(元)	0.0116	-0.0452	-0.0485	0.0367
	每股经营现金净流量(元)	0.0364	0.1159	0.0336	0.2101
	净资产收益率(扣除)(%)	-	-	-	-9.3600
	净资产收益率(%)	0.1138	9.8649	-4.1295	-8.1600
	总资产(万)	560720.84	569355.06	770507.84	822304.45
	股东权益(万)	194445.57	194674.92	168708.40	202972.20
	主营业务收入(万)	-	-	-	-
	主营业务利润(万)	-	-	-	-
	营业务收入(万)	25558.47	66161.86	35661.42	81620.25
	营业务利润(万)	-4021.54	40321.59	-6499.45	-17146.58
	投资收益(万)	-	-	-	-
	利润总额(万)	1030.55	27040.92	-6818.29	-16802.08
	净利润(万)	221.21	19204.42	-6966.83	-16877.02

三普药业股份有限公司

公司概况	公司名称	三普药业股份有限公司			证券简称	三普药业
	法人代表	王宝清	董秘	万里扬	证券代码	600869
	公司网址	www.600869.com		电子信箱	kyc@600869.com	
	电　　话	0510-87249788		传　　真	0510-87249922	
	办公地址	江苏省宜兴市高塍远东大道6号				
	经营范围	研制、生产、销售硬胶囊剂、丸剂、颗粒剂、散剂、糖浆剂、口服液、片剂、煎膏等				

主要财务指标	指标\报告期	2009.06.30	2008.12.31	2008.06.30	2007.12.31
	每股收益(元)	-0.1100	-0.4700	-0.1000	0.0500
	每股收益(扣除)(元)	-0.1100	-0.2700	0.0800	-0.0020
	每股净资产(元)	0.5200	0.6300	1.0700	1.1200
	调整后每股净资产(元)	-	-	-	-
	每股资本公积金(元)	0.0252	0.0252	0.0252	0.0252
	每股盈余公积金(元)	0.0011	0.0011	0.0078	0.0011
	每股未分配利润(元)	-0.5079	-0.3939	0.0417	0.0765
	每股现金净流量(元)	-0.0837	0.0792	-0.1314	0.0821
	每股经营现金净流量(元)	-0.0677	0.2087	0.0967	0.0715
	净资产收益率(扣除)(%)	-	-	-	-
	净资产收益率(%)	-21.9800	-74.4000	-8.8500	4.6600
	总资产(万)	24982.73	27574.19	31395.12	30992.97
	股东权益(万)	6220.54	7588.05	12896.04	13233.25
	主营业务收入(万)	-	-	-	-
	主营业务利润(万)	-	-	-	-
	营业务收入(万)	9976.42	20777.74	10743.28	17620.31
	营业务利润(万)	-1404.41	-3185.29	963.60	706.25
	投资收益(万)	-	-	-	-
	利润总额(万)	-1390.44	-5608.93	-1141.15	756.33
	净利润(万)	-1367.50	-5645.21	-1141.53	634.02

中国石化仪征化纤股份有限公司

公司概况	公司名称	中国石化仪征化纤股份有限公司			证券简称	S 仪化
	法人代表	钱衡格	董秘	吴朝阳	证券代码	600871
	公司网址	www.ycfc.com		电子信箱	cso@ycfc.com	
	电　话	0514-83231888		传　真	0514-83235880	
	办公地址	江苏省仪征市中国石化仪征化纤股份有限公司董事会秘书室				
	经营范围	化纤及化工产品的生产及销售,原辅材料与纺织机械的生产等				

	指标\报告期	2009.06.30	2008.12.31	2008.06.30	2007.12.31
主要财务指标	每股收益(元)	0.0770	-0.4110	-0.0660	0.0040
	每股收益(扣除)(元)	0.0760	-0.3960	-0.0630	0.0150
	每股净资产(元)	1.7430	1.6660	2.0110	2.0770
	调整后每股净资产(元)	-	-	-	-
	每股资本公积金(元)	0.7768	0.7768	0.7768	0.7768
	每股盈余公积金(元)	-	0.3640	0.3640	0.3640
	每股未分配利润(元)	-0.0339	-0.4749	-0.1296	-0.0636
	每股现金净流量(元)	0.1871	-0.0321	-0.0704	-0.0041
	每股经营现金净流量(元)	0.2044	-0.0120	-0.0467	-0.0155
	净资产收益率(扣除)(%)	-	-	-	0.8300
	净资产收益率(%)	4.4180	-24.6910	-3.2780	0.2100
	总资产(万)	878426.30	841728.40	1026564.40	1007281.20
	股东权益(万)	697137.00	666339.20	804492.80	830867.70
	主营业务收入(万)	-	-	-	-
	主营业务利润(万)	-	-	-	-
	营业务收入(万)	613557.50	1522452.40	854860.90	1717565.60
	营业务利润(万)	30217.50	-150781.40	-21060.40	2719.10
	投资收益(万)	-	-	-	-
	利润总额(万)	30797.80	-155459.20	-21658.60	465.70
	净利润(万)	30797.80	-164528.50	-26374.90	1781.70

中炬高新技术实业(集团)股份有限公司

公司概况	公司名称	中炬高新技术实业(集团)股份有限公司			证券简称	中炬高新
	法人代表	熊炜	董秘	彭海泓	证券代码	600872
	公司网址	www.jonjee.com		电子信箱	jonjee@jonjee.com	
	电　话	0760-85596818-2033 2083		传　真	0760-85596877	
	办公地址	广东省中山市中山火炬高技术产业开发区火炬大厦				
	经营范围	国家级开发区招商及高新技术产业投资的主业等				

	指标\报告期	2009.06.30	2008.12.31	2008.06.30	2007.12.31
主要财务指标	每股收益(元)	0.0700	0.1100	0.0700	0.1000
	每股收益(扣除)(元)	0.0400	0.0280	0.0100	0.0800
	每股净资产(元)	2.1800	2.1000	2.0800	2.0100
	调整后每股净资产(元)	-	-	-	-
	每股资本公积金(元)	0.4119	0.3974	0.4155	0.4211
	每股盈余公积金(元)	0.2148	0.2148	0.2100	0.2100
	每股未分配利润(元)	0.5591	0.4898	0.4556	0.3844
	每股现金净流量(元)	0.0841	-0.1238	-0.0999	0.2219
	每股经营现金净流量(元)	0.0762	0.1477	0.0037	0.1477
	净资产收益率(扣除)(%)	-	-	-	-
	净资产收益率(%)	3.1700	5.2500	3.4300	5.0700
	总资产(万)	257579.20	264722.26	261176.26	255278.10
	股东权益(万)	158160.01	152036.10	150582.65	145841.08
	主营业务收入(万)	-	-	-	-
	主营业务利润(万)	-	-	-	-
	营业务收入(万)	45967.77	96652.04	47453.58	104748.52
	营业务利润(万)	3752.20	7456.24	5621.04	10584.69
	投资收益(万)	-	-	-	-
	利润总额(万)	6358.88	10445.68	6876.88	10599.10
	净利润(万)	5017.86	7974.94	5156.76	7398.13

五洲明珠股份有限公司

公司概况	公司名称	五洲明珠股份有限公司			证券简称	五洲明珠
	法人代表	庞培德	董秘	朱相国	证券代码	600873
	公司网址	www.minovo.cn		电子信箱	minovo@minovo.cn	
	电　话	0536-8363802、8363260		传　真	0536-8363801	
	办公地址	四川省成都市黄瓦街 51 号				
	经营范围	输配电设备、电力变压器、铁塔、电力及电子信息产品的开发、生产及销售等				

	指标\报告期	2009.06.30	2008.12.31	2008.06.30	2007.12.31
主要财务指标	每股收益(元)	0.0412	0.0758	0.0343	0.1068
	每股收益(扣除)(元)	0.0788	0.0744	0.0348	0.0980
	每股净资产(元)	2.1419	2.0539	2.0290	2.0215
	调整后每股净资产(元)	-	-	-	-
	每股资本公积金(元)	0.7139	0.6671	0.6837	0.7104
	每股盈余公积金(元)	0.0080	0.0080	0.0080	0.0080
	每股未分配利润(元)	0.4200	0.3788	0.3373	0.3030
	每股现金净流量(元)	0.4097	-0.0240	-0.2155	-0.0151
	每股经营现金净流量(元)	-0.5340	1.3157	0.0713	0.2255
	净资产收益率(扣除)(%)	-	-	-	4.8474
	净资产收益率(%)	1.9200	3.6890	1.6900	5.2825
	总资产(万)	100393.16	82336.98	84951.01	83648.70
	股东权益(万)	23183.04	22230.46	21961.56	21879.93
	主营业务收入(万)	-	-	-	-
	主营业务利润(万)	-	-	-	-
	营业务收入(万)	41467.40	86557.56	37030.54	69340.53
	营业务利润(万)	1278.69	1884.36	827.65	2098.05
	投资收益(万)	-	-	-	-
	利润总额(万)	852.39	1822.47	810.02	2281.35
	净利润(万)	445.43	820.15	371.29	1155.80

天津创业环保集团股份有限公司

公司概况	公司名称	天津创业环保集团股份有限公司			证券简称	创业环保
	法人代表	顾启峰(代)	董秘	付亚娜	证券代码	600874
	公司网址	www.tjcep.com		电子信箱	fu_yn@tjcep.com	
	电　话	022-23930128、22180920		传　真	022-23930126、25010028	
	办公地址	天津市南开区卫津南路 76 号创业环保大厦				
	经营范围	污水处理及相关配套设施建设、设计、管理、经营、技术咨询及配套服务等				

	指标\报告期	2009.06.30	2008.12.31	2008.06.30	2007.12.31
主要财务指标	每股收益(元)	0.0800	0.1600	0.0700	0.1500
	每股收益(扣除)(元)	0.0700	0.1600	0.0700	0.1500
	每股净资产(元)	2.2100	2.1800	2.0500	2.0600
	调整后每股净资产(元)	-	-	-	-
	每股资本公积金(元)	0.2686	0.2686	0.2686	0.2686
	每股盈余公积金(元)	0.1773	0.1773	0.1611	0.1628
	每股未分配利润(元)	0.7672	0.7315	0.6245	0.6242
	每股现金净流量(元)	0.2946	0.3938	0.1906	-0.2759
	每股经营现金净流量(元)	0.5190	0.2134	0.1533	0.1793
	净资产收益率(扣除)(%)	-	-	-	7.6000
	净资产收益率(%)	3.4200	7.4350	3.2600	6.3530
	总资产(万)	766311.00	756026.30	695902.90	594406.60
	股东权益(万)	315862.60	310770.20	293172.20	293372.60
	主营业务收入(万)	-	-	-	-
	主营业务利润(万)	-	-	-	-
	营业务收入(万)	58766.00	115930.70	52755.90	100204.20
	营业务利润(万)	14322.20	30849.20	12816.80	31105.10
	投资收益(万)	-	-	-	-
	利润总额(万)	14880.70	31023.80	12812.90	30959.20
	净利润(万)	10801.30	23106.50	9564.30	20932.80

东方电气股份有限公司

公司概况

公司名称	东方电气股份有限公司			证券简称	东方电气
法人代表	斯泽夫	董秘	龚丹	证券代码	600875
公司网址	www.dongfang.com		电子信箱	dsb@dongfang.com	
电　　话	028-87583666		传　　真	028-87583551	
办公地址	四川省成都市金牛区蜀汉路333号				
经营范围	水力发电设备、汽轮发电机、交直流电机、控制设备等				

主要财务指标

指标\报告期	2009.06.30	2008.12.31	2008.06.30	2007.12.31
每股收益(元)	0.7800	0.2100	0.5400	2.4400
每股收益(扣除)(元)	0.8200	1.8100	0.8800	1.6800
每股净资产(元)	3.3000	2.5400	1.4700	3.6800
调整后每股净资产(元)	–	–	–	–
每股资本公积金(元)	1.3973	1.3973	–	–
每股盈余公积金(元)	–	–	–	0.4964
每股未分配利润(元)	0.9152	0.1563	0.4728	2.1848
每股现金净流量(元)	1.2775	7.3548	5.3497	–2.5689
每股经营现金净流量(元)	3.4152	7.9395	5.5373	–0.5653
净资产收益率(扣除)(%)	–	–	–	28.5300
净资产收益率(%)	23.5700	7.8400	36.8100	66.1600
总资产(万)	6380473.37	5645916.66	4651035.70	3637839.71
股东权益(万)	291496.93	224466.39	120329.01	300750.70
主营业务收入(万)	–	–	–	–
主营业务利润(万)	–	–	–	–
营业务收入(万)	1517420.67	2794805.44	1206976.28	2488677.66
营业务利润(万)	85358.17	154172.60	82450.85	242455.07
投资收益(万)	–	–	–	–
利润总额(万)	81524.55	7327.40	54942.54	248991.37
净利润(万)	68700.32	17599.90	44295.53	198985.60

洛阳玻璃股份有限公司

公司概况

公司名称	洛阳玻璃股份有限公司			证券简称	ST 洛玻
法人代表	宋建明	董秘	宋飞	证券代码	600876
公司网址	www.zhglb.com		电子信箱	lbjtsf@163.com	
电　　话	0379-63908588、63908507		传　　真	0379-63251984	
办公地址	河南省洛阳市西工区唐宫中路9号				
经营范围	生产玻璃，深加工制品，机械成套设备，电器与配件，销售自产产品等				

主要财务指标

指标\报告期	2009.06.30	2008.12.31	2008.06.30	2007.12.31
每股收益(元)	–0.1800	0.0300	–0.1020	–0.1900
每股收益(扣除)(元)	–0.2260	–0.4900	–0.2120	–0.2200
每股净资产(元)	0.2480	0.4600	0.3310	0.4300
调整后每股净资产(元)	–	–	–	–
每股资本公积金(元)	1.8554	1.8554	1.8554	1.8554
每股盈余公积金(元)	0.1027	0.1027	0.1027	0.1027
每股未分配利润(元)	–2.7247	–2.4998	–2.6275	–2.5254
每股现金净流量(元)	–0.1078	–0.0185	–0.0956	0.0308
每股经营现金净流量(元)	–0.0424	–0.0954	0.0206	–0.0214
净资产收益率(扣除)(%)	–	–	–	–50.9200
净资产收益率(%)	–74.8500	5.5800	–30.8800	–44.0600
总资产(万)	186588.45	200314.97	203408.56	203958.01
股东权益(万)	11670.32	22915.60	16532.68	21637.23
主营业务收入(万)	–	–	–	–
主营业务利润(万)	–	–	–	–
营业务收入(万)	41256.46	132253.29	72004.32	150875.62
营业务利润(万)	–9664.78	–29420.17	–11982.63	–8722.56
投资收益(万)	–	–	–	–
利润总额(万)	–9599.18	–3720.91	–6473.23	–7300.94
净利润(万)	–8734.89	1278.38	–5104.54	–9534.35

中国嘉陵工业股份有限公司

公司概况

公司名称	中国嘉陵工业股份有限公司			证券简称	中国嘉陵
法人代表	龚兵	董秘	周勇强	证券代码	600877
公司网址	www.jialing.com.cn		电子信箱	zqc@jialing.com.cn	
电　　话	023-65194095		传　　真	023-65196666	
办公地址	重庆市沙坪坝区双碑				
经营范围	制造、销售摩托车、助力车、电动自行车及零部件，工业钢球，轴承等				

主要财务指标

指标\报告期	2009.06.30	2008.12.31	2008.06.30	2007.12.31
每股收益(元)	0.0070	0.0190	0.0060	0.0200
每股收益(扣除)(元)	–0.0170	–0.6700	–0.2000	–0.0010
每股净资产(元)	1.3300	1.3000	1.3400	1.3600
调整后每股净资产(元)	–	–	–	–
每股资本公积金(元)	0.1565	0.1526	0.1645	0.1998
每股盈余公积金(元)	0.8521	0.8521	0.8521	0.8521
每股未分配利润(元)	–0.6668	–0.6740	–0.6874	–0.6930
每股现金净流量(元)	0.0083	–0.0602	–0.1252	–0.1961
每股经营现金净流量(元)	–0.0792	–0.0965	–0.0993	0.0566
净资产收益率(扣除)(%)	–	–	–	–0.0800
净资产收益率(%)	0.5400	1.4600	0.4200	1.5100
总资产(万)	359779.22	340057.85	330758.21	320489.38
股东权益(万)	91729.61	89522.61	92426.29	93748.29
主营业务收入(万)	–	–	–	–
主营业务利润(万)	–	–	–	–
营业务收入(万)	178622.81	353915.13	167234.29	411374.27
营业务利润(万)	–1.64	–41031.67	–13128.77	2319.87
投资收益(万)	–	–	–	–
利润总额(万)	927.18	5000.67	1053.12	3508.58
净利润(万)	491.58	1309.27	386.03	1420.13

长征火箭技术股份有限公司

公司概况

公司名称	长征火箭技术股份有限公司			证券简称	火箭股份
法人代表	刘眉玄	董秘	吕凡	证券代码	600879
公司网址	www.rocketstock.com.cn		电子信箱	lmlv@rocketstock.com.cn	
电　　话	027-85487719		传　　真	027-85487727	
办公地址	湖北省武汉市建设大道847号瑞通广场B座21层				
经营范围	民用航天与运载火箭技术及配套设备、计算机技术及软硬件等				

主要财务指标

指标\报告期	2009.06.30	2008.12.31	2008.06.30	2007.12.31
每股收益(元)	0.1500	0.4630	0.2000	0.5300
每股收益(扣除)(元)	0.1400	0.4560	0.2000	0.5200
每股净资产(元)	5.3270	5.1800	4.9200	4.8100
调整后每股净资产(元)	–	–	–	–
每股资本公积金(元)	1.9479	.9479	1.9485	2.0414
每股盈余公积金(元)	0.0742	0.0742	0.0742	0.0742
每股未分配利润(元)	2.3053	2.1602	1.8971	1.6977
每股现金净流量(元)	0.1642	–0.3609	0.0310	0.7979
每股经营现金净流量(元)	–0.3259	–0.2423	–0.7161	0.1921
净资产收益率(扣除)(%)	–	–	–	10.2800
净资产收益率(%)	2.7230	8.9260	4.0500	10.5800
总资产(万)	573703.38	523175.01	511638.17	461022.05
股东权益(万)	288048.91	280206.71	266011.77	260247.24
主营业务收入(万)	–	–	–	–
主营业务利润(万)	–	–	–	–
营业务收入(万)	103687.16	232989.06	99172.41	202100.19
营业务利润(万)	9951.22	30764.34	14125.03	31985.36
投资收益(万)	–	–	–	–
利润总额(万)	10020.88	31034.80	13953.25	32619.94
净利润(万)	7842.20	25010.94	10784.95	27543.81

成都博瑞传播股份有限公司

公司概况	公司名称	成都博瑞传播股份有限公司		证券简称	博瑞传播
	法人代表	孙旭军	董秘 张跃铭	证券代码	600880
	公司网址	www.b-raymedia.com		电子信箱	b-raymedia@b-ray.com.cn
	电　话	028-87651183、87685501		传　真	028-87651183、87688427
	办公地址	四川省成都市花牌坊街185号			
	经营范围	信息传播服务,报刊投递服务,高科技产品开发,国内贸易,电子商务等			

	指标\报告期	2009.06.30	2008.12.31	2008.06.30	2007.12.31
主要财务指标	每股收益(元)	0.3100	0.5200	0.2600	0.4100
	每股收益(扣除)(元)	0.2700	0.5000	0.2400	0.3300
	每股净资产(元)	3.0600	2.7700	2.5400	4.4800
	调整后每股净资产(元)	–	–	–	–
	每股资本公积金(元)	0.8192	0.6610	0.6831	2.1072
	每股盈余公积金(元)	0.4577	0.4677	0.4273	0.7768
	每股未分配利润(元)	0.7881	0.6445	0.4251	0.5992
	每股现金净流量(元)	–0.1469	0.1628	–0.2599	1.8584
	每股经营现金净流量(元)	0.2081	0.6972	0.0383	1.0951
	净资产收益率(扣除)(%)	–	–	–	12.0200
	净资产收益率(%)	9.9300	18.8200	10.3400	14.9500
	总资产(万)	186282.55	139167.25	126421.76	138244.47
	股东权益(万)	115025.20	101852.82	93125.40	90581.47
	主营业务收入(万)	–	–	–	–
	主营业务利润(万)	–	–	–	–
	营业务收入(万)	39042.92	80919.16	35734.63	70773.44
	营业务利润(万)	14920.36	25935.29	12139.73	22614.70
	投资收益(万)	–	–	–	–
	利润总额(万)	14917.03	25747.49	11933.65	22618.87
	净利润(万)	11417.15	19166.78	9628.95	13538.40

吉林亚泰(集团)股份有限公司

公司概况	公司名称	吉林亚泰(集团)股份有限公司		证券简称	亚泰集团
	法人代表	宋尚龙	董秘 田奎武	证券代码	600881
	公司网址	www.yatai.com		电子信箱	tkw@yatai.com
	电　话	0431-84956688		传　真	0431-84951400
	办公地址	吉林省长春市吉林大路1801号			
	经营范围	房地产开发,建材,药品生产及经营,国家允许的进出口经营业务等			

	指标\报告期	2009.06.30	2008.12.31	2008.06.30	2007.12.31
主要财务指标	每股收益(元)	0.1800	0.2600	0.1500	0.4600
	每股收益(扣除)(元)	0.1700	0.2500	0.1600	0.4500
	每股净资产(元)	3.4700	4.2200	4.1400	3.9800
	调整后每股净资产(元)	–	–	–	–
	每股资本公积金(元)	1.8143	1.9104	1.9267	1.9286
	每股盈余公积金(元)	0.1111	0.1666	0.1453	0.1452
	每股未分配利润(元)	0.5439	1.1448	1.0636	0.9100
	每股现金净流量(元)	0.3703	0.3286	–0.2901	0.4828
	每股经营现金净流量(元)	0.1412	0.6333	–0.0778	–0.1944
	净资产收益率(扣除)(%)	–	–	–	10.3300
	净资产收益率(%)	5.2100	6.1800	3.7200	10.6500
	总资产(万)	1731920.42	1420446.66	1207234.87	1109806.79
	股东权益(万)	657332.02	533280.37	522398.81	503213.17
	主营业务收入(万)	–	–	–	–
	主营业务利润(万)	–	–	–	–
	营业务收入(万)	338199.41	450670.70	247887.59	405907.50
	营业务利润(万)	37470.83	28633.60	17065.51	45743.80
	投资收益(万)	–	–	–	–
	利润总额(万)	40491.60	41354.60	21315.59	59605.04
	净利润(万)	34228.37	32960.10	19429.39	53593.23

山东大成农药股份有限公司

公司概况	公司名称	山东大成农药股份有限公司		证券简称	大成股份
	法人代表	张庆宽	董秘 于宁	证券代码	600882
	公司网址	www.shandongdacheng.com		电子信箱	yn_882@vip.163.com
	电　话	0533-2118118、2111919		传　真	0533-2113511
	办公地址	山东省淄博市张店区洪沟路25号			
	经营范围	化学农药、基本化学原料的生产、销售;公路货物运输;批准范围的进出口业务等			

	指标\报告期	2009.06.30	2008.12.31	2008.06.30	2007.12.31
主要财务指标	每股收益(元)	0.0200	–0.4200	0.0500	0.0500
	每股收益(扣除)(元)	0.0100	–0.5200	0.0400	–0.0100
	每股净资产(元)	2.0400	2.0000	2.6500	2.4500
	调整后每股净资产(元)	–	–	–	–
	每股资本公积金(元)	1.0686	1.0643	1.0838	1.0912
	每股盈余公积金(元)	0.1764	0.1764	0.1776	0.1764
	每股未分配利润(元)	–0.2223	–0.2386	0.3870	0.1792
	每股现金净流量(元)	0.7984	0.2467	0.0061	0.0810
	每股经营现金净流量(元)	0.1708	0.8830	0.5300	0.4905
	净资产收益率(扣除)(%)	–	–	–	–0.5800
	净资产收益率(%)	0.8000	–21.1900	2.0700	1.9000
	总资产(万)	184203.60	172113.84	171265.26	163613.35
	股东权益(万)	43498.31	42791.10	56605.36	52295.56
	主营业务收入(万)	–	–	–	–
	主营业务利润(万)	–	–	–	–
	营业务收入(万)	43048.12	88375.16	58130.03	87285.64
	营业务利润(万)	213.76	–11027.63	1251.45	1844.32
	投资收益(万)	–	–	–	–
	利润总额(万)	318.95	–9534.89	1616.76	2254.09
	净利润(万)	347.90	–9068.64	1173.30	992.39

云南博闻科技实业股份有限公司

公司概况	公司名称	云南博闻科技实业股份有限公司		证券简称	博闻科技
	法人代表	刘志波	董秘 杨庆宏	证券代码	600883
	公司网址	www.ynbowin.com		电子信箱	600883dsh@ynbowin.com
	电　话	0871-7197370		传　真	0871-7197694
	办公地址	云南省昆明市国际会展中心2-302室			
	经营范围	计算机硬件生产、软件开发和网络开发、信息服务;硅酸盐水泥等			

	指标\报告期	2009.06.30	2008.12.31	2008.06.30	2007.12.31
主要财务指标	每股收益(元)	0.0200	0.0018	0.0460	0.0806
	每股收益(扣除)(元)	0.0200	–0.0107	0.0450	0.0700
	每股净资产(元)	2.0230	2.0300	2.1170	1.3000
	调整后每股净资产(元)	–	–	–	–
	每股资本公积金(元)	0.7435	0.7427	0.8009	0.0232
	每股盈余公积金(元)	0.1045	0.1045	0.1034	0.1037
	每股未分配利润(元)	0.1749	0.1868	0.2124	0.1683
	每股现金净流量(元)	–0.1818	0.2105	–0.1289	–0.3471
	每股经营现金净流量(元)	–0.0028	–0.0764	–0.0430	0.0030
	净资产收益率(扣除)(%)	–	–	–	5.4800
	净资产收益率(%)	0.9676	0.0888	2.1659	6.2200
	总资产(万)	56336.55	59462.45	63064.21	45253.76
	股东权益(万)	47759.25	48022.50	49974.89	30577.07
	主营业务收入(万)	–	–	–	–
	主营业务利润(万)	–	–	–	–
	营业务收入(万)	4791.76	5660.79	3281.93	7835.66
	营业务利润(万)	480.24	–64.65	1059.88	1690.59
	投资收益(万)	–	–	–	–
	利润总额(万)	468.26	21.68	1082.22	1872.46
	净利润(万)	462.11	42.65	1082.43	1902.22

宁波杉杉股份有限公司

公司概况	公司名称	宁波杉杉股份有限公司			证券简称	杉杉股份
	法人代表	代明华	董秘	钱程	证券代码	600884
	公司网址	www.ssgf.net		电子信箱	ssgf@firs.com.cn	
	电　话	0574-88208337		传　真	0754-88208375	
	办公地址	宁波市望春工业区云林中路 238 号杉杉时尚产业园				
	经营范围	服装、针织品、皮革制品的制造、加工、批发、零售;汽车货运,服装洗染等				

主要财务指标	指标\报告期	2009.06.30	2008.12.31	2008.06.30	2007.12.31
	每股收益(元)	0.1100	0.2300	0.1320	0.2700
	每股收益(扣除)(元)	0.0730	0.0800	0.1230	0.1000
	每股净资产(元)	6.4400	3.8700	3.7900	3.8100
	调整后每股净资产(元)	–	–	–	–
	每股资本公积金(元)	3.7423	1.2356	1.2571	1.2810
	每股盈余公积金(元)	0.2291	0.2291	0.2170	0.2170
	每股未分配利润(元)	1.4606	1.4101	1.3202	1.3116
	每股现金净流量(元)	0.4120	–0.1987	–0.0225	0.7400
	每股经营现金净流量(元)	0.1130	0.2733	0.0487	0.2293
	净资产收益率(扣除)(%)	–	–	–	2.5500
	净资产收益率(%)	1.7200	6.0400	3.4700	7.2100
	总资产(万)	539801.10	378477.98	387656.64	391964.94
	股东权益(万)	264393.29	158906.50	155895.34	156385.76
	主营业务收入(万)	–	–	–	–
	主营业务利润(万)	–	–	–	–
	营业务收入(万)	88601.43	249141.33	114941.17	218407.84
	营业务利润(万)	3590.85	6627.37	6752.61	12635.67
	投资收益(万)	–	–	–	–
	利润总额(万)	5438.88	16363.84	8390.88	19594.37
	净利润(万)	4538.20	9603.32	5413.08	11269.63

武汉力诺太阳能集团股份有限公司

公司概况	公司名称	武汉力诺太阳能集团股份有限公司			证券简称	力诺太阳
	法人代表	申英明	董秘	李明春	证券代码	600885
	公司网址	www.linuo-solar.com		电子信箱	office@linuo-solar.com	
	电　话	027-68850733		传　真	027-68850679	
	办公地址	湖北省武汉市建设大道 568 号新世界国贸大厦 I 座 16 楼				
	经营范围	太阳能光热转化材料、光伏发电材料及其系统产品等				

主要财务指标	指标\报告期	2009.06.30	2008.12.31	2008.06.30	2007.12.31
	每股收益(元)	–0.1800	–0.3600	0.0500	0.0200
	每股收益(扣除)(元)	–0.1830	–0.1800	0.0500	–0.0100
	每股净资产(元)	0.4000	0.5800	0.9600	0.9200
	调整后每股净资产(元)	–	–	–	–
	每股资本公积金(元)	0.2535	0.2510	0.2231	0.2303
	每股盈余公积金(元)	0.0398	0.0398	0.0398	0.0398
	每股未分配利润(元)	–0.8911	–0.7110	–0.3064	–0.3547
	每股现金净流量(元)	–0.3023	0.0908	–0.0606	–0.0458
	每股经营现金净流量(元)	–0.0436	0.3811	–0.2641	0.2547
	净资产收益率(扣除)(%)	–	–	–	–1.3200
	净资产收益率(%)	–44.8000	–61.4400	5.0500	2.0800
	总资产(万)	68257.49	80065.68	78518.33	75613.01
	股东权益(万)	6182.82	8914.31	14705.25	14072.53
	主营业务收入(万)	–	–	–	–
	主营业务利润(万)	–	–	–	–
	营业务收入(万)	32038.22	63166.87	31300.43	55687.19
	营业务利润(万)	–2385.69	–919.97	2326.33	1656.65
	投资收益(万)	–	–	–	–
	利润总额(万)	–2206.45	–3549.31	2299.72	1696.83
	净利润(万)	–2769.65	–5476.68	742.77	–186.09

国投华靖电力控股股份有限公司

公司概况	公司名称	国投华靖电力控股股份有限公司			证券简称	国投电力
	法人代表	胡刚	董秘	魏琼	证券代码	600886
	公司网址	www.sdicpower.com		电子信箱	gtdl@sdicpower.com	
	电　话	010-88006378		传　真	010-88006368	
	办公地址	北京市西城区西直门南小街 147 号 5 号楼 12 层				
	经营范围	投资建设、经营管理以电力生产为主的能源项目;开发及经营新能源项目等				

主要财务指标	指标\报告期	2009.06.30	2008.12.31	2008.06.30	2007.12.31
	每股收益(元)	0.0917	0.1177	0.1180	0.6322
	每股收益(扣除)(元)	0.0880	0.1101	0.1176	0.6249
	每股净资产(元)	3.6900	3.9000	3.9200	3.9700
	调整后每股净资产(元)	–	–	–	–
	每股资本公积金(元)	2.2769	2.2743	2.2743	2.3274
	每股盈余公积金(元)	0.2269	0.2269	0.1838	0.1838
	每股未分配利润(元)	0.1891	0.4034	0.4606	0.4586
	每股现金净流量(元)	–0.0331	–0.2532	–0.2492	0.7870
	每股经营现金净流量(元)	1.1034	1.5843	0.8025	2.2987
	净资产收益率(扣除)(%)	–	2.8200	–	13.0400
	净资产收益率(%)	2.4800	3.0100	3.0100	13.1900
	总资产(万)	1799393.54	1826998.54	1850881.30	1804116.03
	股东权益(万)	389464.80	411792.85	413280.68	418663.71
	主营业务收入(万)	–	–	–	–
	主营业务利润(万)	–	–	–	–
	营业务收入(万)	319932.72	658012.98	344207.53	664898.61
	营业务利润(万)	18170.00	27502.66	20810.00	105327.26
	投资收益(万)	–	–	–	–
	利润总额(万)	18855.42	27881.13	20968.20	105940.85
	净利润(万)	9669.59	12412.77	12449.37	55242.12

内蒙古伊利实业集团股份有限公司

公司概况	公司名称	内蒙古伊利实业集团股份有限公司			证券简称	*ST 伊利
	法人代表	潘刚	董秘	胡利平	证券代码	600887
	公司网址	www.yili.com		电子信箱	info@yili.com	
	电　话	0471-3350092		传　真	0471-3601621	
	办公地址	内蒙古自治区呼和浩特市金川开发区金四路 8 号				
	经营范围	乳制品制造,食品、饮料加工,农畜产品及饲料加工等				

主要财务指标	指标\报告期	2009.06.30	2008.12.31	2008.06.30	2007.12.31
	每股收益(元)	0.3200	–2.3000	0.1500	–0.0400
	每股收益(扣除)(元)	0.2900	–2.4500	0.0900	–0.1000
	每股净资产(元)	3.8100	3.4900	5.5800	6.3200
	调整后每股净资产(元)	–	–	–	–
	每股资本公积金(元)	3.3203	3.3143	3.1504	3.7811
	每股盈余公积金(元)	0.5091	0.5091	0.5091	0.6109
	每股未分配利润(元)	–1.0158	–1.3338	0.9235	0.9327
	每股现金净流量(元)	0.7674	1.2361	1.0531	1.1402
	每股经营现金净流量(元)	1.9374	0.2284	1.5922	1.1682
	净资产收益率(扣除)(%)	–	–	–	–1.2500
	净资产收益率(%)	8.3400	–60.5000	2.6200	–0.4900
	总资产(万)	1241382.49	1178048.89	1161471.04	1017390.05
	股东权益(万)	304828.64	278926.28	446257.40	421288.83
	主营业务收入(万)	–	–	–	–
	主营业务利润(万)	–	–	–	–
	营业务收入(万)	1226079.04	2165859.03	1151095.53	1935969.49
	营业务利润(万)	32083.53	–205001.19	15203.04	8468.23
	投资收益(万)	–	–	–	–
	利润总额(万)	35232.37	–195564.34	21686.37	10639.22
	净利润(万)	25426.00	–168744.76	11686.27	–2059.91

新疆众和股份有限公司

公司概况					
公司名称	新疆众和股份有限公司			证券简称	新疆众和
法人代表	刘杰	董秘	衡晓英	证券代码	600888
公司网址	www.joinworld.com			电子信箱	xjzh600888@126.com
电　话	0991-6689800			传　真	0991-6689882
办公地址	新疆维吾尔自治区乌鲁木齐市喀什东路 18 号				
经营范围	高纯铝、电子铝箔、腐蚀箔、化成箔、电子元器件原料的生产,销售等				

主要财务指标

指标\报告期	2009.06.30	2008.12.31	2008.06.30	2007.12.31
每股收益(元)	0.2081	0.2846	0.3139	0.4037
每股收益(扣除)(元)	0.1510	0.2737	0.3088	0.3898
每股净资产(元)	5.0989	4.9379	4.9610	2.0778
调整后每股净资产(元)	–	–	–	–
每股资本公积金(元)	2.9348	2.9319	2.9338	0.2172
每股盈余公积金(元)	0.2435	0.2435	0.2149	0.2549
每股未分配利润(元)	0.9206	0.7625	0.8124	0.6057
每股现金净流量(元)	–0.0830	2.4730	2.4664	0.1109
每股经营现金净流量(元)	0.1233	0.6564	0.4313	0.7536
净资产收益率(扣除)(%)	–	–	–	18.7600
净资产收益率(%)	4.0820	5.7630	6.1660	19.4300
总资产(万)	244429.69	242045.53	248184.26	146972.27
股东权益(万)	179510.89	173841.53	174657.37	61930.02
主营业务收入(万)	–	–	–	–
主营业务利润(万)	–	–	–	–
营业务收入(万)	42504.47	7382.80	54767.70	105773.41
营业务利润(万)	7028.82	12073.54	12469.18	14823.98
投资收益(万)	–	–	–	–
利润总额(万)	8870.89	12523.05	12675.59	13658.86
净利润(万)	7327.17	10019.21	10769.29	12033.96

南京化纤股份有限公司

公司概况					
公司名称	南京化纤股份有限公司			证券简称	南京化纤
法人代表	沈光宇	董秘	陈波	证券代码	600889
公司网址	www.ncfc.cn			电子信箱	cb_008@126.com
电　话	025-57518728、84529163			传　真	025-57518852
办公地址	南京六合红山精细化工园内 南京市洪武路 115 号八楼				
经营范围	化纤制品、化纤用棉浆、自来水、蒸气及电力的生产及销售等				

主要财务指标

指标\报告期	2009.06.30	2008.12.31	2008.06.30	2007.12.31
每股收益(元)	0.2380	0.0090	0.0410	0.1920
每股收益(扣除)(元)	–0.1660	–0.5060	0.0420	–0.1960
每股净资产(元)	2.9830	2.7450	3.3230	3.3050
调整后每股净资产(元)	–	–	–	–
每股资本公积金(元)	0.7075	0.7075	0.9489	0.9489
每股盈余公积金(元)	0.3655	0.3655	0.4215	0.4215
每股未分配利润(元)	0.9103	0.6723	0.9523	0.9341
每股现金净流量(元)	0.8338	0.3507	–0.0033	–0.1266
每股经营现金净流量(元)	0.2433	0.3378	–0.2216	0.5792
净资产收益率(扣除)(%)	–	–	–	5.6500
净资产收益率(%)	7.9800	0.3000	1.2300	5.5600
总资产(万)	220035.79	192359.17	194988.91	179356.75
股东权益(万)	76339.49	70249.98	70856.62	70467.53
主营业务收入(万)	–	–	–	–
主营业务利润(万)	–	–	–	–
营业务收入(万)	34789.97	47676.38	20746.83	83225.47
营业务利润(万)	–4259.22	–11680.90	902.45	5590.35
投资收益(万)	–	–	–	–
利润总额(万)	6089.51	210.65	884.39	5521.87
净利润(万)	6089.51	208.94	875.07	3916.71

中房置业股份有限公司

公司概况					
公司名称	中房置业股份有限公司			证券简称	*ST 中房
法人代表	岳慧欣	董秘	桂红植	证券代码	600890
公司网址	www.credholding.com			电子信箱	600890@126.com
电　话	010-82608847			传　真	010-82611808
办公地址	北京市海淀区苏州街 18 号院长远天地大厦 C 座二层				
经营范围	房地产开发;物业管理;制造销售动力机械、激光打印机、数字照相机等				

主要财务指标

指标\报告期	2009.06.30	2008.12.31	2008.06.30	2007.12.31
每股收益(元)	–0.0080	–0.0459	–0.0140	–0.0989
每股收益(扣除)(元)	–0.0080	–0.0465	–0.0160	–0.0704
每股净资产(元)	0.4820	0.4900	0.5200	0.5400
调整后每股净资产(元)	–	–	–	–
每股资本公积金(元)	0.0351	0.0351	0.0351	0.0351
每股盈余公积金(元)	0.1466	0.1466	0.1466	0.1466
每股未分配利润(元)	–0.6997	–0.6913	–0.6595	–0.6455
每股现金净流量(元)	0.0333	–0.1757	–0.1486	0.1042
每股经营现金净流量(元)	0.0333	0.0125	0.0402	–0.1060
净资产收益率(扣除)(%)	–	–	–	–13.1200
净资产收益率(%)	–1.7300	–9.3600	–2.8600	–18.4500
总资产(万)	41021.61	39923.97	43948.31	49447.62
股东权益(万)	27919.08	28402.58	30248.99	31060.30
主营业务收入(万)	–	–	–	–
主营业务利润(万)	–	–	–	–
营业务收入(万)	1531.21	3160.43	1152.55	26792.03
营业务利润(万)	–473.64	–2643.96	–920.17	–1272.73
投资收益(万)	–	–	–	–
利润总额(万)	–473.80	–2425.12	–761.15	–4027.50
净利润(万)	–483.50	–2657.72	–811.31	–5729.29

哈尔滨秋林集团股份有限公司

公司概况					
公司名称	哈尔滨秋林集团股份有限公司			证券简称	SST 秋林
法人代表	蒋贤云	董秘	衣国强	证券代码	600891
公司网址	www.qlgroup.com.cn			电子信箱	zqb@qlgroup.com.cn
电　话	0451-53644632			传　真	0451-53649282
办公地址	黑龙江省哈尔滨市南岗区东大直街 319 号				
经营范围	零售兼批发百货、食品、副食品、纺织品、节目录像带等				

主要财务指标

指标\报告期	2009.06.30	2008.12.31	2008.06.30	2007.12.31
每股收益(元)	0.0100	0.0200	0.0060	0.0140
每股收益(扣除)(元)	0.0100	0.0200	0.0070	–0.1870
每股净资产(元)	0.7000	0.6900	0.6800	0.6700
调整后每股净资产(元)	–	–	–	–
每股资本公积金(元)	0.1601	0.1644	0.1687	0.1729
每股盈余公积金(元)	0.0251	0.0251	0.0251	0.0251
每股未分配利润(元)	–0.4901	–0.5030	–0.5167	–0.5235
每股现金净流量(元)	–0.3135	0.2674	0.1252	0.0496
每股经营现金净流量(元)	–0.3094	0.3634	0.1252	0.2047
净资产收益率(扣除)(%)	–	–	–	–27.7400
净资产收益率(%)	1.8400	2.9900	0.8200	2.1400
总资产(万)	70769.38	79582.10	79224.47	75371.22
股东权益(万)	16928.68	16720.67	16490.64	16429.82
主营业务收入(万)	–	–	–	–
主营业务利润(万)	–	–	–	–
营业务收入(万)	9852.74	20483.12	10331.90	17951.56
营业务利润(万)	85.86	272.41	37.53	–4334.16
投资收益(万)	–	–	–	–
利润总额(万)	102.06	250.02	13.58	574.74
净利润(万)	312.09	499.52	135.92	352.02

河北湖大科技教育发展股份有限公司

公司概况	公司名称	河北湖大科技教育发展股份有限公司		证券简称	*ST 湖科
	法人代表	石予友	董秘	李敬	证券代码	600892
	公司网址			电子信箱	shiquanye@sina.com
	电　话	0311-85914663		传　真	0311-85914726
	办公地址	石家庄市中山东路 85 号天鸿大厦 1028 室			
	经营范围	涂料、日用百货、五金交电、针纺织品、装饰材料、日用杂品、家具、摩托车等			

主要财务指标	指标＼报告期	2009.06.30	2008.12.31	2008.06.30	2007.12.31
	每股收益(元)	-0.0886	0.1000	-0.0663	-0.1500
	每股收益(扣除)(元)	-0.0886	-	-0.0663	-0.1400
	每股净资产(元)	-0.5411	-0.5700	-0.7153	-0.6500
	调整后每股净资产(元)	-	-	-	-
	每股资本公积金(元)	1.6639	2.3299	2.3739	2.3739
	每股盈余公积金(元)	0.1455	0.1819	0.1819	0.1819
	每股未分配利润(元)	-3.3505	-4.0775	-4.2711	-4.2048
	每股现金净流量(元)	-0.1662	0.1789	-0.0001	0.0402
	每股经营现金净流量(元)	-0.1326	0.0579	-0.1514	-0.1592
	净资产收益率(扣除)(%)	-	-	-	-
	净资产收益率(%)	-	-	-	-
	总资产(万)	13699.31	13730.94	13709.66	13469.78
	股东权益(万)	-3415.71	-2856.52	-3612.31	-3277.54
	主营业务收入(万)	-	-	-	-
	主营业务利润(万)	-	-	-	-
	营业务收入(万)	4346.61	10178.64	4669.37	16802.38
	营业务利润(万)	-614.26	-853.35	-370.43	-1100.53
	投资收益(万)	-	-	-	-
	利润总额(万)	-614.27	575.49	-370.43	-1103.86
	净利润(万)	-559.19	643.18	-334.77	-917.76

西安航空动力股份有限公司

公司概况	公司名称	西安航空动力股份有限公司		证券简称	航空动力
	法人代表	马福安	董秘	赵岳	证券代码	600893
	公司网址	www.xaec.com		电子信箱	hkdl2008@xaec.com
	电　话	029-86152115、86150271		传　真	029-86629636
	办公地址	陕西省西安市未央区徐家湾			
	经营范围	航空发动机、燃气轮机、烟气透平动力装置、航天发动机及其零部件等			

主要财务指标	指标＼报告期	2009.06.30	2008.12.31	2008.06.30	2007.12.31
	每股收益(元)	0.1500	0.4100	0.0980	0.3500
	每股收益(扣除)(元)	0.1400	0.3500	0.0990	0.3300
	每股净资产(元)	3.4813	3.4100	2.7860	4.9900
	调整后每股净资产(元)	-	-	-	-
	每股资本公积金(元)	2.3384	2.3341	1.5004	-
	每股盈余公积金(元)	0.0058	0.0058	0.0566	-
	每股未分配利润(元)	0.1373	0.0732	0.2295	-
	每股现金净流量(元)	-1.0318	1.1297	0.0733	0.6554
	每股经营现金净流量(元)	-0.7860	0.7443	-1.4304	0.0799
	净资产收益率(扣除)(%)	-	-	-	6.7000
	净资产收益率(%)	4.3100	7.8100	3.5110	7.0600
	总资产(万)	736951.16	689585.81	133904.27	544378.67
	股东权益(万)	153990.50	150964.35	65457.15	117129.29
	主营业务收入(万)	-	-	-	-
	主营业务利润(万)	-	-	-	-
	营业务收入(万)	195466.41	416867.58	152816.26	340220.76
	营业务利润(万)	7713.37	14672.73	4634.47	9520.01
	投资收益(万)	-	-	-	-
	利润总额(万)	8287.66	14407.53	4732.58	10011.59
	净利润(万)	6636.56	11795.21	4038.20	8269.03

广州钢铁股份有限公司

公司概况	公司名称	广州钢铁股份有限公司		证券简称	广钢股份
	法人代表	张若生	董秘	杨耀兴	证券代码	600894
	公司网址	www.gglts.cn		电子信箱	yangyx@gise.cn
	电　话	020-81809182		传　真	020-81809183
	办公地址	广州市芳村区白鹤洞			
	经营范围	生产、加工销售冶金产品、焦炭化工产品、各种气体、炉料和有关原材料等			

主要财务指标	指标＼报告期	2009.06.30	2008.12.31	2008.06.30	2007.12.31
	每股收益(元)	-0.0370	-1.2680	0.0880	0.0500
	每股收益(扣除)(元)	-0.0350	-1.2760	0.0810	0.0260
	每股净资产(元)	0.6940	0.7300	2.0700	2.0000
	调整后每股净资产(元)	-	-	-	-
	每股资本公积金(元)	0.8740	0.8740	0.8744	0.8744
	每股盈余公积金(元)	0.2903	0.2903	0.2901	0.2901
	每股未分配利润(元)	-1.4702	-1.4331	-0.0968	-0.1649
	每股现金净流量(元)	0.2413	0.2739	0.3213	-0.1270
	每股经营现金净流量(元)	-0.5885	0.3498	-0.2922	-0.0243
	净资产收益率(扣除)(%)	-	-	-	-
	净资产收益率(%)	-5.3400	-173.4700	4.2400	2.4800
	总资产(万)	461835.60	421420.06	556339.50	445525.55
	股东权益(万)	52920.12	55745.18	157643.27	152449.21
	主营业务收入(万)	-	-	-	-
	主营业务利润(万)	-	-	-	-
	营业务收入(万)	274080.17	747399.70	396225.91	593178.55
	营业务利润(万)	-2280.53	-97189.34	6388.29	2057.13
	投资收益(万)	-	-	-	-
	利润总额(万)	-2874.76	-96557.20	6946.94	3995.55
	净利润(万)	-2825.06	-96701.44	6680.26	3775.29

上海张江高科技园区开发股份有限公司

公司概况	公司名称	上海张江高科技园区开发股份有限公司		证券简称	张江高科
	法人代表	刘小龙	董秘	周丽辉	证券代码	600895
	公司网址	www.600895.com		电子信箱	zjhtc@public2.sta.net.cn
	电　话	021-38959000		传　真	021-50800492
	办公地址	上海市浦东新区张东路 1388 号 A,B 座			
	经营范围	房地产开发与经营,公司受让地块内的土地开发与土地使用权经营等			

主要财务指标	指标＼报告期	2009.06.30	2008.12.31	2008.06.30	2007.12.31
	每股收益(元)	0.1940	0.3800	0.2000	0.2900
	每股收益(扣除)(元)	0.1920	0.3800	0.2000	0.2100
	每股净资产(元)	3.4500	3.3500	1.9800	2.1600
	调整后每股净资产(元)	-	-	-	-
	每股资本公积金(元)	1.6303	1.6154	0.2697	0.4590
	每股盈余公积金(元)	0.1938	0.1938	0.2321	0.2321
	每股未分配利润(元)	0.6546	0.5711	0.5115	0.4878
	每股现金净流量(元)	0.2446	0.4317	-0.1294	0.5020
	每股经营现金净流量(元)	-0.1586	-0.1375	-0.2772	-0.4263
	净资产收益率(扣除)(%)	-	-	-	10.1600
	净资产收益率(%)	5.6000	10.1700	10.2900	14.4600
	总资产(万)	1177469.64	1065864.63	860555.06	822331.05
	股东权益(万)	534766.24	519504.11	240748.90	262409.28
	主营业务收入(万)	-	-	-	-
	主营业务利润(万)	-	-	-	-
	营业务收入(万)	96693.07	175723.07	89099.62	120041.60
	营业务利润(万)	45654.97	77209.64	36472.94	47632.79
	投资收益(万)	-	-	-	-
	利润总额(万)	45747.30	77706.76	36753.69	50572.70
	净利润(万)	29970.61	52827.78	24764.70	37956.33

中海(海南)海盛船务股份有限公司

公司概况	公司名称	中海(海南)海盛船务股份有限公司		证券简称	中海海盛
	法人代表	王大雄	董秘	胡小波	证券代码 600896
	公司网址	www.hsshipping.com		电子信箱	security@haishengshipping.com
	电　话	0898-68583985、68583777		传　真	0898-68581486
	办公地址	海南省海口市龙昆北路2号珠江广场帝豪大厦25层			
	经营范围	从事以海南省港口为主的近洋国际航线运输,国际海运等			

主要财务指标	指标\报告期	2009.06.30	2008.12.31	2008.06.30	2007.12.31
	每股收益(元)	-0.0200	0.2300	0.3600	0.5900
	每股收益(扣除)(元)	-0.0300	0.4400	0.3700	0.4900
	每股净资产(元)	2.4400	2.4800	2.6400	3.0600
	调整后每股净资产(元)	-	-	-	-
	每股资本公积金(元)	0.3833	0.3529	0.3877	0.5640
	每股盈余公积金(元)	0.2279	0.2279	0.2185	0.2840
	每股未分配利润(元)	0.8349	0.8996	1.0396	1.2179
	每股现金净流量(元)	-0.0198	-0.9362	-0.9101	0.2530
	每股经营现金净流量(元)	0.0663	0.4256	0.2002	0.6713
	净资产收益率(扣除)(%)	-	-	-	16.0000
	净资产收益率(%)	-1.0100	9.4400	13.7900	19.2800
	总资产(万)	243731.18	238856.88	254110.38	247511.49
	股东权益(万)	141914.42	143905.65	153519.16	136955.14
	主营业务收入(万)	-	-	-	-
	主营业务利润(万)	-	-	-	-
	营业务收入(万)	36876.64	117199.81	64131.58	95926.37
	营业务利润(万)	993.87	20559.63	26895.45	31325.41
	投资收益(万)	-	-	-	-
	利润总额(万)	1042.14	18651.88	26788.27	34613.93
	净利润(万)	-1433.00	13582.13	21174.38	26399.05

厦门国际航空港股份有限公司

公司概况	公司名称	厦门国际航空港股份有限公司		证券简称	厦门空港
	法人代表	王倜傥	董秘	朱昭	证券代码 600897
	公司网址	www.xiac.com.cn		电子信箱	xiac@xiagc.com.cn
	电　话	0592-5706078		传　真	0592-5730699
	办公地址	福建省厦门市高崎国际机场内厦门机场发展股份有限公司办公楼			
	经营范围	航空运输、提供候机楼设施的使用保障和服务等			

主要财务指标	指标\报告期	2009.06.30	2008.12.31	2008.06.30	2007.12.31
	每股收益(元)	0.3802	0.6533	0.2544	0.5533
	每股收益(扣除)(元)	0.3784	0.6454	0.2502	0.4462
	每股净资产(元)	4.0600	3.7400	4.1100	4.0200
	调整后每股净资产(元)	-	-	-	-
	每股资本公积金(元)	1.0017	1.0017	1.7621	1.8814
	每股盈余公积金(元)	0.6405	0.6405	0.5815	0.5815
	每股未分配利润(元)	1.4163	1.0960	0.7632	0.5588
	每股现金净流量(元)	-0.1191	-1.0746	-0.7226	0.2692
	每股经营现金净流量(元)	0.5007	0.7420	0.3726	0.7195
	净资产收益率(扣除)(%)	-	-	-	11.0900
	净资产收益率(%)	9.3700	17.4800	6.1900	13.7600
	总资产(万)	159365.41	164986.14	146852.45	146901.20
	股东权益(万)	120866.92	111330.63	122305.05	119771.19
	主营业务收入(万)	-	-	-	-
	主营业务利润(万)	-	-	-	-
	营业务收入(万)	35471.99	64258.03	22065.59	48853.14
	营业务利润(万)	15326.88	25315.93	9852.05	22380.67
	投资收益(万)	-	-	-	-
	利润总额(万)	15401.44	25295.14	9782.38	22252.34
	净利润(万)	11323.15	19455.96	7576.28	16478.82

三联商社股份有限公司

公司概况	公司名称	三联商社股份有限公司		证券简称	三联商社
	法人代表	王俊洲	董秘	沈睿	证券代码 600898
	公司网址	www.slss.com.cn		电子信箱	dshbgs@beelink.com
	电　话	0531-81675201		传　真	0531-81675313
	办公地址	山东省济南市历下区泉城路366号彩云商城5楼A座			
	经营范围	五金交电及电子产品、机械设备、日用百货、文具用品、健身器材等			

主要财务指标	指标\报告期	2009.06.30	2008.12.31	2008.06.30	2007.12.31
	每股收益(元)	-0.0439	-0.3735	-0.1857	-0.0462
	每股收益(扣除)(元)	-0.0625	-0.3628	-0.1793	-0.0788
	每股净资产(元)	0.8746	0.9185	1.1569	1.2920
	调整后每股净资产(元)	-	-	-	-
	每股资本公积金(元)	0.1785	0.1785	0.1785	0.1785
	每股盈余公积金(元)	0.0884	0.0884	0.0884	0.0884
	每股未分配利润(元)	-0.3923	-0.3485	-0.1100	0.0250
	每股现金净流量(元)	0.1110	-0.0267	0.3805	0.0827
	每股经营现金净流量(元)	0.1197	0.4479	0.6285	0.2730
	净资产收益率(扣除)(%)	-	-	-	-6.0256
	净资产收益率(%)	-5.0150	-0.4067	-16.0520	-3.5767
	总资产(万)	76239.47	83998.22	86000.31	95297.29
	股东权益(万)	22085.59	23193.19	29215.23	32625.40
	主营业务收入(万)	-	-	-	-
	主营业务利润(万)	-	-	-	-
	营业务收入(万)	45271.77	145461.09	81967.29	169718.70
	营业务利润(万)	-1128.45	-10602.33	-4591.26	-498.22
	投资收益(万)	-	-	-	-
	利润总额(万)	-1118.37	-10983.15	-4754.01	-536.83
	净利润(万)	-1107.60	-9432.21	-4689.53	-1166.92

中国长江电力股份有限公司

公司概况	公司名称	中国长江电力股份有限公司		证券简称	长江电力
	法人代表	李永安	董秘	楼坚	证券代码 600900
	公司网址	www.cypc.com.cn		电子信箱	cypc@cypc.com.cn
	电　话	010-58688900		传　真	010-58688898
	办公地址	北京市西城区金融大街19号富凯大厦B座			
	经营范围	电力生产、经营和投资;电力生产技术咨询;水电工程检修维护			

主要财务指标	指标\报告期	2009.06.30	2008.12.31	2008.06.30	2007.12.31
	每股收益(元)	0.2085	0.4176	0.1571	0.6040
	每股收益(扣除)(元)	0.1641	0.4067	0.1503	0.5140
	每股净资产(元)	4.1089	3.9910	3.9760	4.3830
	调整后每股净资产(元)	-	-	-	-
	每股资本公积金(元)	2.0309	1.9060	2.1509	2.4184
	每股盈余公积金(元)	0.3773	0.3773	0.2943	0.2943
	每股未分配利润(元)	0.7008	0.7081	0.5306	0.6703
	每股现金净流量(元)	0.0144	-0.0348	-0.0687	0.0292
	每股经营现金净流量(元)	0.3682	0.7005	0.2416	0.5232
	净资产收益率(扣除)(%)	-	-	-	11.1000
	净资产收益率(%)	5.0800	10.4600	3.9500	13.0200
	总资产(万)	6069078.22	5773943.25	6143040.88	6431408.33
	股东权益(万)	3867357.08	3756708.86	3742015.36	4125323.06
	主营业务收入(万)	-	-	-	-
	主营业务利润(万)	-	-	-	-
	营业务收入(万)	331488.54	880709.25	334942.35	873539.17
	营业务利润(万)	223540.66	447487.83	167191.49	686844.83
	投资收益(万)	-	-	-	-
	利润总额(万)	249799.33	518498.99	189490.80	759285.70
	净利润(万)	196281.82	393037.32	147867.97	537248.29

山东滨州渤海活塞股份有限公司

公司概况	公司名称	山东滨州渤海活塞股份有限公司		证券简称	滨州活塞
	法人代表	李俊杰	董秘	季军	证券代码	600960
	公司网址	www.bhpiston.com		电子信箱	dsh@bhpiston.com
	电　话	0543-3288868、3288656		传　真	0543-3288899
	办公地址	山东省滨州市渤海二十一路 569 号			
	经营范围	活塞的生产销售;机械零部件的生产销售;汽车、内燃机、压缩机等			

主要财务指标	指标\报告期	2009.06.30	2008.12.31	2008.06.30	2007.12.31
	每股收益(元)	0.1100	0.1800	0.1500	0.2100
	每股收益(扣除)(元)	0.1000	0.1700	0.2000	0.2100
	每股净资产(元)	4.0260	3.9200	5.8400	3.7900
	调整后每股净资产(元)	–	–	–	–
	每股资本公积金(元)	2.0586	2.0586	3.1310	3.1310
	每股盈余公积金(元)	0.1953	0.1953	0.2751	0.2678
	每股未分配利润(元)	0.7718	0.6615	1.4298	1.2886
	每股现金净流量(元)	–2.5452	2.9537	1.2865	–0.5685
	每股经营现金净流量(元)	0.6489	1.0167	0.5877	0.4132
	净资产收益率(扣除)(%)	–	–	–	5.5500
	净资产收益率(%)	2.7400	4.5600	2.5500	5.4400
	总资产(万)	179074.06	221606.39	209236.52	185294.74
	股东权益(万)	65548.38	63751.31	63348.97	61736.65
	主营业务收入(万)	–	–	–	–
	主营业务利润(万)	–	–	–	–
	营业务收入(万)	53487.54	144694.61	86396.97	139745.55
	营业务利润(万)	2116.58	3027.86	2960.40	4793.26
	投资收益(万)	–	–	–	–
	利润总额(万)	2309.61	3480.05	2203.32	4800.83
	净利润(万)	1797.07	2909.35	1612.32	3360.57

株洲冶炼集团股份有限公司

公司概况	公司名称	株洲冶炼集团股份有限公司		证券简称	株冶集团
	法人代表	傅少武	董秘	刘伟清	证券代码	600961
	公司网址	www.torchmetals.com.cn		电子信箱	600961@secure.sse.com.cn
	电　话	0731-28392172		传　真	0731-28390145
	办公地址	湖南省株洲市石峰区清水塘			
	经营范围	国家法律法规允许的产业投资;冶炼、销售有色金属产品等			

主要财务指标	指标\报告期	2009.06.30	2008.12.31	2008.06.30	2007.12.31
	每股收益(元)	0.0280	0.0370	0.1800	0.1600
	每股收益(扣除)(元)	0.0270	–0.2360	0.2000	–0.0600
	每股净资产(元)	4.0040	3.7300	4.1400	4.9000
	调整后每股净资产(元)	–	–	–	–
	每股资本公积金(元)	2.0558	1.8106	2.0798	2.9173
	每股盈余公积金(元)	0.1684	0.1684	0.1684	0.1684
	每股未分配利润(元)	0.7850	0.7571	0.8988	0.8207
	每股现金净流量(元)	–0.4524	0.6079	0.2905	0.0713
	每股经营现金净流量(元)	–0.9831	1.5759	1.4108	0.1445
	净资产收益率(扣除)(%)	–	–	–	–1.0900
	净资产收益率(%)	0.6960	0.9800	4.3000	3.0700
	总资产(万)	565609.02	487556.58	523704.58	632113.51
	股东权益(万)	211216.59	196786.31	218452.30	258535.71
	主营业务收入(万)	–	–	–	–
	主营业务利润(万)	–	–	–	–
	营业务收入(万)	371133.92	837630.13	476303.80	1374501.81
	营业务利润(万)	688.73	2448.69	14097.16	8406.37
	投资收益(万)	–	–	–	–
	利润总额(万)	1655.84	6971.67	12752.74	14106.17
	净利润(万)	1469.25	1923.23	9398.54	7948.77

国投中鲁果汁股份有限公司

公司概况	公司名称	国投中鲁果汁股份有限公司		证券简称	国投中鲁
	法人代表	刘学义	董秘	张磊	证券代码	600962
	公司网址	www.sdiczl.com		电子信箱	600962@sdiczl.com
	电　话	010-88009021		传　真	010-88009062
	办公地址	北京市西城区阜成门外大街 2 号万通新世界广场 B 座 21 层			
	经营范围	浓缩果蔬汁、饮料的生产、销售;农副产品的加工;农业生物产业项目的投资等			

主要财务指标	指标\报告期	2009.06.30	2008.12.31	2008.06.30	2007.12.31
	每股收益(元)	0.0550	0.4100	0.3580	0.5000
	每股收益(扣除)(元)	0.0590	0.4400	0.3620	0.5000
	每股净资产(元)	5.0080	5.0500	3.7000	3.5500
	调整后每股净资产(元)	–	–	–	–
	每股资本公积金(元)	2.9491	2.9491	1.4449	1.4454
	每股盈余公积金(元)	0.1811	0.1811	0.2000	0.2000
	每股未分配利润(元)	0.8712	0.9159	1.0706	0.9121
	每股现金净流量(元)	–0.1777	0.5981	0.0475	0.1575
	每股经营现金净流量(元)	1.6442	3.5966	3.0158	–1.6975
	净资产收益率(扣除)(%)	–	–	–	14.1100
	净资产收益率(%)	1.1000	7.3700	9.6900	14.0600
	总资产(万)	148012.08	179121.77	177087.75	230623.06
	股东权益(万)	101014.72	101917.28	61071.55	58523.19
	主营业务收入(万)	–	–	–	–
	主营业务利润(万)	–	–	–	–
	营业务收入(万)	50260.41	136116.67	78033.57	153752.12
	营业务利润(万)	998.02	11027.12	8008.33	10485.61
	投资收益(万)	–	–	–	–
	利润总额(万)	900.02	10479.80	7953.43	10393.03
	净利润(万)	1114.70	7511.38	5914.88	8229.82

岳阳纸业股份有限公司

公司概况	公司名称	岳阳纸业股份有限公司		证券简称	岳阳纸业
	法人代表	吴佳林	董秘	施湘燕	证券代码	600963
	公司网址	www.yypaper.com		电子信箱	zq@tigerfp.com
	电　话	0730-8590330、8590683		传　真	0730-8562203
	办公地址	湖南省岳阳市城陵矶洪家洲			
	经营范围	纸浆、机制纸的制造、销售等			

主要财务指标	指标\报告期	2009.06.30	2008.12.31	2008.06.30	2007.12.31
	每股收益(元)	0.0600	0.2100	0.1900	0.1900
	每股收益(扣除)(元)	0.0300	0.2200	0.1800	0.1400
	每股净资产(元)	4.5415	4.5000	4.4800	4.3000
	调整后每股净资产(元)	–	–	–	–
	每股资本公积金(元)	2.8272	2.8272	2.8272	4.6409
	每股盈余公积金(元)	0.1905	0.1905	0.1772	0.2639
	每股未分配利润(元)	0.5238	0.4735	0.4757	0.5410
	每股现金净流量(元)	0.6824	–0.8578	–0.6904	2.0537
	每股经营现金净流量(元)	0.3257	0.8043	0.3843	0.2319
	净资产收益率(扣除)(%)	–	–	–	2.9600
	净资产收益率(%)	1.3300	4.7600	4.3000	4.0300
	总资产(万)	922531.18	739741.43	677331.27	678140.92
	股东权益(万)	296196.26	292918.17	292199.17	280259.99
	主营业务收入(万)	–	–	–	–
	主营业务利润(万)	–	–	–	–
	营业务收入(万)	148662.48	327228.76	176389.77	296500.41
	营业务利润(万)	1780.20	16064.60	15072.61	14844.03
	投资收益(万)	–	–	–	–
	利润总额(万)	4784.55	15477.08	15559.84	15165.55
	净利润(万)	3930.30	13962.57	12329.75	11298.59

河北福成五丰食品股份有限公司

公司概况

公司名称	河北福成五丰食品股份有限公司			证券简称	福成五丰
法人代表	李福成	董秘	宋宝贤	证券代码	600965
公司网址	www.fucheng.net		电子信箱	fucheng@fucheng.net	
电　话	010-61595607、61590125		传　真	010-61595618、61590125	
办公地址	河北省三河市燕郊经济技术开发区				
经营范围	禽畜养殖、繁育;禽畜屠宰、加工及冷藏;肉类制品、速食方便食品等				

主要财务指标

指标\报告期	2009.06.30	2008.12.31	2008.06.30	2007.12.31
每股收益(元)	-0.0200	0.0700	0.0400	0.0700
每股收益(扣除)(元)	-0.0200	0.0600	0.0300	0.0700
每股净资产(元)	1.8473	1.8700	1.8800	1.8400
调整后每股净资产(元)	-	-	-	-
每股资本公积金(元)	0.5543	0.5543	0.5543	0.5543
每股盈余公积金(元)	0.0992	0.0992	0.0922	0.0922
每股未分配利润(元)	0.1938	0.2130	0.2338	0.1905
每股现金净流量(元)	0.2024	0.0622	0.0098	-0.0357
每股经营现金净流量(元)	0.1529	0.1289	0.0764	-0.0414
净资产收益率(扣除)(%)	-	-	-	3.9600
净资产收益率(%)	-1.0400	3.7200	2.3000	3.7900
总资产(万)	67882.28	67804.17	63834.91	67533.96
股东权益(万)	51615.24	52150.52	52538.74	51328.83
主营业务收入(万)	-	-	-	-
主营业务利润(万)	-	-	-	-
营业务收入(万)	25113.87	61548.98	29791.65	51590.18
营业务利润(万)	-407.59	1821.69	1367.65	1965.01
投资收益(万)	-	-	-	-
利润总额(万)	-341.64	2205.91	1686.65	1872.14
净利润(万)	-535.28	1939.31	1209.91	1943.25

山东博汇纸业股份有限公司

公司概况

公司名称	山东博汇纸业股份有限公司			证券简称	博汇纸业
法人代表	杨延良	董秘	杨国栋	证券代码	600966
公司网址	www.bohui.net		电子信箱	zqb@bohui.com	
电　话	0533-8538020		传　真	0533-8538020	
办公地址	山东省淄博市桓台县马桥镇工业路北首				
经营范围	本公司主要从事胶印纸、书写纸、包装纸、纸板、造纸木浆的生产、销售等				

主要财务指标

指标\报告期	2009.06.30	2008.12.31	2008.06.30	2007.12.31
每股收益(元)	0.1313	0.5000	0.3500	0.4300
每股收益(扣除)(元)	0.1324	0.5000	0.3600	0.4200
每股净资产(元)	4.9711	4.9200	4.7700	7.1700
调整后每股净资产(元)	-	-	-	-
每股资本公积金(元)	2.0593	2.0593	2.0593	3.8949
每股盈余公积金(元)	0.3041	0.3041	0.2568	0.4109
每股未分配利润(元)	1.6077	1.5564	1.4536	1.8614
每股现金净流量(元)	0.0488	-0.6631	-0.7090	1.8891
每股经营现金净流量(元)	0.3216	0.9601	0.5826	0.9565
净资产收益率(扣除)(%)	-	-	-	8.5700
净资产收益率(%)	2.6400	10.2200	7.4000	8.7500
总资产(万)	511515.57	440503.90	442597.65	424607.50
股东权益(万)	250827.73	248239.36	240669.77	226021.74
主营业务收入(万)	-	-	-	-
主营业务利润(万)	-	-	-	-
营业务收入(万)	143965.08	331067.43	187499.94	316759.61
营业务利润(万)	9174.45	34637.43	24094.53	27844.98
投资收益(万)	-	-	-	-
利润总额(万)	9100.93	34713.76	23883.14	27570.97
净利润(万)	6624.97	25371.22	17801.63	19785.45

包头北方创业股份有限公司

公司概况

公司名称	包头北方创业股份有限公司			证券简称	北方创业
法人代表	缪文民	董秘	程天罡	证券代码	600967
公司网址	www.bfcygf.com		电子信箱	bcssh@163.com	
电　话	0472-3117182、3116791		传　真	0472-3117182	
办公地址	包头市青山区民主路				
经营范围	研制、开发、生产、销售铁路车辆,汽车专用车,冶金机械,压力容器等				

主要财务指标

指标\报告期	2009.06.30	2008.12.31	2008.06.30	2007.12.31
每股收益(元)	0.1380	0.2330	0.1240	0.2150
每股收益(扣除)(元)	0.1250	0.2160	0.1180	0.1720
每股净资产(元)	5.0100	4.8700	4.7500	4.6700
调整后每股净资产(元)	-	-	-	-
每股资本公积金(元)	3.3464	3.3464	3.3557	3.2517
每股盈余公积金(元)	0.1443	0.1443	0.1146	0.1574
每股未分配利润(元)	0.5187	0.3802	0.2810	0.2620
每股现金净流量(元)	-0.7201	1.8603	1.3228	-0.0438
每股经营现金净流量(元)	-0.2357	0.6018	0.1555	-0.2359
净资产收益率(扣除)(%)	-	-	-	3.9300
净资产收益率(%)	2.7645	4.1868	1.9604	4.6000
总资产(万)	213144.79	231932.05	174768.03	164841.27
股东权益(万)	86778.02	84379.03	82306.99	60723.90
主营业务收入(万)	-	-	-	-
主营业务利润(万)	-	-	-	-
营业务收入(万)	115246.42	204930.35	101383.34	193208.50
营业务利润(万)	2722.67	5913.36	2860.33	2968.56
投资收益(万)	-	-	-	-
利润总额(万)	3038.68	5867.29	2778.91	3198.13
净利润(万)	2398.98	3532.80	1613.58	2793.50

湖南郴电国际发展股份有限公司

公司概况

公司名称	湖南郴电国际发展股份有限公司			证券简称	郴电国际
法人代表	付国	董秘	袁志勇	证券代码	600969
公司网址	www.chinacdi.com		电子信箱	cdizqb@chinacdi.com	
电　话	0735-2339232、2339226		传　真	0735-2339206	
办公地址	湖南省郴州市青年大道民生路口万国大厦				
经营范围	电力供应和中、小水电综合开发等				

主要财务指标

指标\报告期	2009.06.30	2008.12.31	2008.06.30	2007.12.31
每股收益(元)	0.1623	-0.9480	-0.5103	0.2370
每股收益(扣除)(元)	0.1657	-0.6050	-0.0986	0.2540
每股净资产(元)	2.9720	2.1680	2.6100	2.9700
调整后每股净资产(元)	-	-	-	-
每股资本公积金(元)	2.5812	1.9391	1.9342	1.7916
每股盈余公积金(元)	0.1232	0.1232	0.1155	0.1232
每股未分配利润(元)	-0.7319	-0.8942	-0.4375	0.0535
每股现金净流量(元)	0.1402	1.0656	0.5763	-0.0345
每股经营现金净流量(元)	0.0632	2.0478	0.3838	0.8349
净资产收益率(扣除)(%)	-	-	-	8.5530
净资产收益率(%)	5.4600	-43.7200	-19.5300	7.9850
总资产(万)	286215.11	234303.81	243584.39	219913.35
股东权益(万)	62501.18	45587.69	54927.31	62414.04
主营业务收入(万)	-	-	-	-
主营业务利润(万)	-	-	-	-
营业务收入(万)	67776.47	125050.55	57755.68	135243.37
营业务利润(万)	7290.78	-4417.59	2788.53	13777.94
投资收益(万)	-	-	-	-
利润总额(万)	7196.19	-11631.64	-6788.25	13289.57
净利润(万)	3413.48	-19928.78	-10730.35	4983.60

中材国际工程股份有限公司

公司概况	公司名称	中材国际工程股份有限公司			证券简称	中材国际
	法人代表	刘志江	董秘	蒋中文	证券代码	600970
	公司网址	www.sinoma.com.cn		电子信箱	600970@sinoma.com.cn	
	电　话	010-64399502、64399503		传　真	010-64399500	
	办公地址	北京市朝阳区望京北路16号中材国际大厦				
	经营范围	大中型新型干法水泥生产线的建设,包括水泥生产线的研发与设计、装备采购等				

主要财务指标	指标\报告期	2009.06.30	2008.12.31	2008.06.30	2007.12.31
	每股收益(元)	0.7900	1.8600	0.4400	1.5100
	每股收益(扣除)(元)	0.8200	2.6300	0.4100	1.3400
	每股净资产(元)	4.1600	3.1300	6.3900	5.8400
	调整后每股净资产(元)	–	–	–	–
	每股资本公积金(元)	1.5351	2.4545	2.4798	2.5021
	每股盈余公积金(元)	0.2167	0.4286	0.2589	0.2589
	每股未分配利润(元)	1.4089	2.3314	2.5209	2.0505
	每股现金净流量(元)	0.9548	22.4613	10.2546	3.8762
	每股经营现金净流量(元)	0.5919	25.3958	7.7382	9.3857
	净资产收益率(扣除)(%)	–	–	–	22.9400
	净资产收益率(%)	18.0600	29.6900	13.7000	25.9100
	总资产(万)	1880892.24	1894987.09	1254744.28	978555.17
	股东权益(万)	175441.43	105001.87	107295.07	98167.32
	主营业务收入(万)	–	–	–	–
	主营业务利润(万)	–	–	–	–
	营业务收入(万)	726998.99	1409239.63	653591.83	1237093.42
	营业务利润(万)	49259.97	77579.56	31601.94	56234.17
	投资收益(万)	–	–	–	–
	利润总额(万)	51161.67	64371.42	32477.25	59802.23
	净利润(万)	31686.17	31170.80	14702.16	25431.01

安徽恒源煤电股份有限公司

公司概况	公司名称	安徽恒源煤电股份有限公司			证券简称	恒源煤电
	法人代表	谢绍颖	董秘	王忠柱	证券代码	600971
	公司网址	www.ahhymd.com.cn		电子信箱	hymd600971@126.com	
	电　话	0557-3986224、3982260		传　真	0557-3982147、3986565	
	办公地址	安徽省淮北市濉溪县刘桥镇				
	经营范围	煤炭开采、洗选、销售,煤矸石新型建材开发,石膏建材加工、销售等				

主要财务指标	指标\报告期	2009.06.30	2008.12.31	2008.06.30	2007.12.31
	每股收益(元)	0.5800	1.6200	0.7000	1.3500
	每股收益(扣除)(元)	0.5800	1.6200	0.6900	1.3700
	每股净资产(元)	8.1200	8.6100	6.7500	6.9800
	调整后每股净资产(元)	–	–	–	–
	每股资本公积金(元)	2.0011	2.1332	2.1211	2.1210
	每股盈余公积金(元)	0.7238	2.3715	0.7764	1.8598
	每股未分配利润(元)	2.9870	3.1084	2.8572	1.9956
	每股现金净流量(元)	1.1018	–0.3879	0.8816	–1.4112
	每股经营现金净流量(元)	2.1996	2.1084	1.5918	1.6922
	净资产收益率(扣除)(%)	–	–	–	19.6800
	净资产收益率(%)	6.9300	18.8600	10.4200	19.3400
	总资产(万)	547388.19	479859.04	457219.55	419854.77
	股东权益(万)	191539.75	162271.79	127257.68	131435.76
	主营业务收入(万)	–	–	–	–
	主营业务利润(万)	–	–	–	–
	营业务收入(万)	130996.41	204914.73	74780.23	130401.38
	营业务利润(万)	18540.08	40791.57	17700.79	36300.64
	投资收益(万)	–	–	–	–
	利润总额(万)	18646.17	41043.14	17933.01	35928.71
	净利润(万)	13279.99	30606.64	13264.87	25419.87

宝胜科技创新股份有限公司

公司概况	公司名称	宝胜科技创新股份有限公司			证券简称	宝胜股份
	法人代表	孙振华	董秘	翟立锋	证券代码	600973
	公司网址	www.baoshengcable.com		电子信箱	600973@baosheng.cn	
	电　话	0514-88248896、88248877		传　真	0514-88248897	
	办公地址	江苏省扬州市宝应县安宜镇苏中路1号				
	经营范围	电线电缆产品的设计、研发、制造与销售等				

主要财务指标	指标\报告期	2009.06.30	2008.12.31	2008.06.30	2007.12.31
	每股收益(元)	0.3400	0.0300	0.4400	0.8700
	每股收益(扣除)(元)	0.3300	0.0600	0.4400	0.8300
	每股净资产(元)	5.6263	4.8100	5.7600	5.2900
	调整后每股净资产(元)	–	–	–	–
	每股资本公积金(元)	1.8814	1.3319	1.8829	1.7935
	每股盈余公积金(元)	0.4176	0.4176	0.4117	0.4117
	每股未分配利润(元)	2.3273	2.0584	2.4682	2.0815
	每股现金净流量(元)	1.1327	–0.0701	1.3966	0.8762
	每股经营现金净流量(元)	1.7825	–0.7635	–0.6312	–0.1865
	净资产收益率(扣除)(%)	–	–	–	15.6800
	净资产收益率(%)	6.0200	0.6800	7.5800	16.4500
	总资产(万)	252783.84	232202.27	284009.88	229175.21
	股东权益(万)	87770.69	75003.04	89900.40	82472.43
	主营业务收入(万)	–	–	–	–
	主营业务利润(万)	–	–	–	–
	营业务收入(万)	162937.38	452556.83	218968.53	392530.13
	营业务利润(万)	6203.32	2080.91	9236.37	18955.26
	投资收益(万)	–	–	–	–
	利润总额(万)	6299.65	1442.49	9281.83	19296.81
	净利润(万)	5287.32	511.43	6811.85	13569.31

湖南新五丰股份有限公司

公司概况	公司名称	湖南新五丰股份有限公司			证券简称	新五丰
	法人代表	张跃文	董秘	罗雁飞	证券代码	600975
	公司网址	www.newwf.com		电子信箱	irmnewwf@126.com	
	电　话	0731-84449588转811、812		传　真	0731-84449593	
	办公地址	湖南省长沙市芙蓉区五一西路2号第一大道19、20楼				
	经营范围	畜禽养殖;农业种植;政策允许的农副产品销售、农业产品收购等				

主要财务指标	指标\报告期	2009.06.30	2008.12.31	2008.06.30	2007.12.31
	每股收益(元)	0.0340	0.0500	0.0280	0.1000
	每股收益(扣除)(元)	0.0140	0.0900	0.0450	0.0100
	每股净资产(元)	2.4920	2.4600	2.6300	2.6000
	调整后每股净资产(元)	–	–	–	–
	每股资本公积金(元)	1.2334	1.2334	1.2334	1.2334
	每股盈余公积金(元)	0.1445	0.1445	0.1206	0.1206
	每股未分配利润(元)	0.1146	0.0811	0.2777	0.2498
	每股现金净流量(元)	0.2172	–1.1920	–0.6762	0.3313
	每股经营现金净流量(元)	0.0063	0.0436	0.1202	0.0177
	净资产收益率(扣除)(%)	–	–	–	0.3600
	净资产收益率(%)	1.3500	1.8400	1.0600	3.9900
	总资产(万)	55407.28	58697.93	67710.69	62418.31
	股东权益(万)	44933.02	44328.58	47442.19	46940.24
	主营业务收入(万)	–	–	–	–
	主营业务利润(万)	–	–	–	–
	营业务收入(万)	23719.39	77314.38	35502.43	56745.57
	营业务利润(万)	225.47	–106.57	–273.88	1925.43
	投资收益(万)	–	–	–	–
	利润总额(万)	623.24	1105.52	540.06	2509.96
	净利润(万)	604.44	813.60	501.95	1872.55

武汉健民药业集团股份有限公司

公司概况	公司名称	武汉健民药业集团股份有限公司			证券简称	武汉健民
	法人代表	汪诚	董秘	杜明德	证券代码	600976
	公司网址	www.61jmcity.com		电子信箱	jmcity@public.wh.hb.cn	
	电　话	027-85355035		传　真	027-85355039、85355022	
	办公地址	武汉市建设大道747号中信银行大厦11层				
	经营范围	片剂、硬胶囊剂、颗粒剂、丸剂、糖浆剂、散剂、煎膏剂、酒剂、合剂的生产等				

主要财务指标	指标\报告期	2009.06.30	2008.12.31	2008.06.30	2007.12.31
	每股收益(元)	0.1500	0.1000	0.0600	0.0500
	每股收益(扣除)(元)	0.1000	-0.0500	0.0600	0.0500
	每股净资产(元)	4.8800	4.7800	4.7300	4.6700
	调整后每股净资产(元)	-	-	-	-
	每股资本公积金(元)	2.0937	2.0944	2.0816	2.0842
	每股盈余公积金(元)	0.5598	0.5598	0.5521	0.5521
	每股未分配利润(元)	1.2263	1.1304	1.0922	1.0351
	每股现金净流量(元)	0.0046	0.7609	0.8690	-0.3296
	每股经营现金净流量(元)	0.2823	0.7178	0.2913	-0.0449
	净资产收益率(扣除)(%)	-	-	-	0.9800
	净资产收益率(%)	2.9900	2.1500	1.2100	1.1600
	总资产(万)	125994.75	115903.16	119883.70	88569.60
	股东权益(万)	74855.22	73393.59	72496.24	71659.10
	主营业务收入(万)	-	-	-	-
	主营业务利润(万)	-	-	-	-
	营业务收入(万)	70446.12	83535.18	34192.25	103612.11
	营业务利润(万)	2767.99	1817.74	1364.53	2019.08
	投资收益(万)	-	-	-	-
	利润总额(万)	2755.14	2462.50	1395.07	2117.21
	净利润(万)	2239.08	1577.84	875.84	832.65

广东省宜华木业股份有限公司

公司概况	公司名称	广东省宜华木业股份有限公司			证券简称	宜华木业
	法人代表	刘绍喜	董秘	吴华东(代)	证券代码	600978
	公司网址	www.yihuatimber.com		电子信箱	yihua@pub.shantou.gd.cn	
	电　话	0754-85100989		传　真	0754-85100797	
	办公地址	广东省汕头市澄海区莲下槐东工业区				
	经营范围	木家具、木地板、等木制品的生产和销售等				

主要财务指标	指标\报告期	2009.06.30	2008.12.31	2008.06.30	2007.12.31
	每股收益(元)	0.1500	0.1800	0.1100	0.4500
	每股收益(扣除)(元)	0.1500	0.1900	0.1200	0.4600
	每股净资产(元)	2.7360	2.5900	2.5200	3.6400
	调整后每股净资产(元)	-	-	-	-
	每股资本公积金(元)	0.7919	0.7919	0.7919	1.6878
	每股盈余公积金(元)	0.1145	0.1145	0.0960	0.1440
	每股未分配利润(元)	0.8305	0.6883	0.6358	0.8044
	每股现金净流量(元)	0.0977	-1.3041	-1.0201	2.4722
	每股经营现金净流量(元)	0.3257	-0.0028	-0.3624	0.3510
	净资产收益率(扣除)(%)	-	-	-	12.0200
	净资产收益率(%)	5.5616	7.0857	4.4745	11.6800
	总资产(万)	390657.69	381943.85	424923.29	409570.95
	股东权益(万)	274960.30	260672.69	253547.30	243541.79
	主营业务收入(万)	-	-	-	-
	主营业务利润(万)	-	-	-	-
	营业务收入(万)	100578.29	180029.09	103960.45	200230.17
	营业务利润(万)	20333.39	25199.75	15435.31	32739.18
	投资收益(万)	-	-	-	-
	利润总额(万)	20054.85	24772.70	15116.52	31929.53
	净利润(万)	15292.27	18470.45	11345.06	28452.63

四川广安爱众股份有限公司

公司概况	公司名称	四川广安爱众股份有限公司			证券简称	广安爱众
	法人代表	罗庆红	董秘	余正军	证券代码	600979
	公司网址	www.sc-aaa.com		电子信箱	yzj3059@sc-aaa.com	
	电　话	0826-2983059、2983049		传　真	0826-2983358	
	办公地址	四川省广安市广安区渠江北路86号				
	经营范围	水力发电、供电、天然气供应、自来水生产及供应;水、电、气仪表校验等				

主要财务指标	指标\报告期	2009.06.30	2008.12.31	2008.06.30	2007.12.31
	每股收益(元)	0.0539	0.1500	0.0455	0.0800
	每股收益(扣除)(元)	0.0672	0.1500	0.0432	0.0700
	每股净资产(元)	1.6735	1.6200	1.8048	1.7600
	调整后每股净资产(元)	-	-	-	-
	每股资本公积金(元)	0.4450	0.4450	0.7340	0.7340
	每股盈余公积金(元)	0.0693	0.0709	0.0800	0.0800
	每股未分配利润(元)	0.1576	0.1037	-0.0092	-0.0546
	每股现金净流量(元)	0.0688	-0.0714	0.0370	-0.2283
	每股经营现金净流量(元)	0.1748	0.5560	0.2233	0.4832
	净资产收益率(扣除)(%)	-	-	-	4.2400
	净资产收益率(%)	3.2200	9.4800	2.5500	4.4400
	总资产(万)	140554.13	136920.70	131740.77	127905.66
	股东权益(万)	39804.10	38521.11	35771.49	34870.57
	主营业务收入(万)	-	-	-	-
	主营业务利润(万)	-	-	-	-
	营业务收入(万)	26887.56	56990.15	24771.28	46119.37
	营业务利润(万)	2326.15	4918.27	1159.08	2132.65
	投资收益(万)	-	-	-	-
	利润总额(万)	1904.77	4965.99	1213.33	2286.80
	净利润(万)	1282.29	3650.54	900.92	1547.51

北矿磁材科技股份有限公司

公司概况	公司名称	北矿磁材科技股份有限公司			证券简称	北矿磁材
	法人代表	蒋开喜	董秘	杜登明	证券代码	600980
	公司网址	www.magmat.com		电子信箱	magmat@magmat.com	
	电　话	010-67537184		传　真	010-67583947	
	办公地址	北京市丰台区南四环西路188号六区5号楼				
	经营范围	磁性材料和磁器件的研发、生产和销售，属于磁性材料行业等				

主要财务指标	指标\报告期	2009.06.30	2008.12.31	2008.06.30	2007.12.31
	每股收益(元)	-0.1700	0.0500	0.0800	-0.3900
	每股收益(扣除)(元)	-0.2000	-0.2200	-0.1000	-0.3200
	每股净资产(元)	2.3300	2.5000	2.5300	2.4500
	调整后每股净资产(元)	-	-	-	-
	每股资本公积金(元)	1.2373	1.2368	1.2368	1.2340
	每股盈余公积金(元)	0.1448	0.1448	0.1357	0.1357
	每股未分配利润(元)	-0.0495	0.1186	0.1571	0.0785
	每股现金净流量(元)	-0.0093	-0.2057	0.0853	-0.0191
	每股经营现金净流量(元)	0.0241	0.0732	-0.2215	-0.0903
	净资产收益率(扣除)(%)	-	-	-	-12.9200
	净资产收益率(%)	-7.2100	1.9600	3.1600	-16.0600
	总资产(万)	44537.68	45805.84	54400.67	52737.94
	股东权益(万)	30323.16	32501.87	32884.96	31826.88
	主营业务收入(万)	-	-	-	-
	主营业务利润(万)	-	-	-	-
	营业务收入(万)	7485.55	24680.95	14315.26	29391.98
	营业务利润(万)	-2594.49	-3303.31	-1013.72	-4047.24
	投资收益(万)	-	-	-	-
	利润总额(万)	-2243.55	251.24	1342.90	-5048.19
	净利润(万)	-2185.48	638.53	1021.62	-5111.43

江苏开元股份有限公司

公司概况	公司名称	江苏开元股份有限公司			证券简称	江苏开元
	法人代表	蒋金华	董秘	范云涛	证券代码	600981
	公司网址	www.jstex.com		电子信箱	board@jstex.com	
	电　话	025-86648112		传　真	025-84400800	
	办公地址	江苏省南京市户部街15号兴业大厦				
	经营范围	自营和代理各类商品和技术的进出口业务,国内贸易等				

	指标\报告期	2009.06.30	2008.12.31	2008.06.30	2007.12.31
主要财务指标	每股收益(元)	0.0506	0.1000	0.0592	0.1200
	每股收益(扣除)(元)	0.0219	0.0900	0.0300	0.0700
	每股净资产(元)	1.6100	1.5700	1.6300	1.8400
	调整后每股净资产(元)	-	-	-	-
	每股资本公积金(元)	0.1602	0.1187	0.2017	0.4495
	每股盈余公积金(元)	0.2340	0.2340	0.2153	0.2153
	每股未分配利润(元)	0.2161	0.2157	0.2093	0.1801
	每股现金净流量(元)	-0.1467	0.0439	-0.0409	-0.0777
	每股经营现金净流量(元)	0.3241	0.4591	0.1316	-0.1562
	净资产收益率(扣除)(%)	-	-	-	3.8000
	净资产收益率(%)	3.1418	6.6202	3.6424	6.6300
	总资产(万)	203035.68	192188.90	251338.53	259992.29
	股东权益(万)	83095.86	80934.69	83933.67	95215.62
	主营业务收入(万)	-	-	-	-
	主营业务利润(万)	-	-	-	-
	营业务收入(万)	221263.95	525959.04	263195.39	462618.47
	营业务利润(万)	4607.58	8414.96	4971.26	10493.82
	投资收益(万)	-	-	-	-
	利润总额(万)	4634.50	8418.92	5065.47	11301.03
	净利润(万)	2610.74	5358.05	3057.18	6308.50

宁波热电股份有限公司

公司概况	公司名称	宁波热电股份有限公司			证券简称	宁波热电
	法人代表	丁凯	董秘	乐碧宏	证券代码	600982
	公司网址	www.nbtp.com.cn		电子信箱	nbtp@nbtp.com.cn	
	电　话	0574-86897102		传　真	0574-86885271	
	办公地址	宁波经济技术开发区大港工业城凤洋一路66号				
	经营范围	电力电量、热量、灰渣的生产及其咨询服务				

	指标\报告期	2009.06.30	2008.12.31	2008.06.30	2007.12.31
主要财务指标	每股收益(元)	0.1711	0.1617	0.0349	0.2015
	每股收益(扣除)(元)	0.1554	0.1517	0.0313	0.1680
	每股净资产(元)	2.4000	2.3300	2.2100	2.2700
	调整后每股净资产(元)	-	-	-	-
	每股资本公积金(元)	0.8442	0.8442	0.8442	0.8442
	每股盈余公积金(元)	0.1433	0.1433	0.1276	0.1276
	每股未分配利润(元)	0.4167	0.3456	0.2344	0.2996
	每股现金净流量(元)	-0.0209	0.0321	-0.1872	0.1651
	每股经营现金净流量(元)	0.2370	0.2136	0.0228	0.4998
	净资产收益率(扣除)(%)	-	-	-	7.4000
	净资产收益率(%)	7.1200	6.9300	1.5800	8.8700
	总资产(万)	70448.07	58291.94	52553.13	55564.05
	股东权益(万)	40389.36	39194.46	37063.51	38157.67
	主营业务收入(万)	-	-	-	-
	主营业务利润(万)	-	-	-	-
	营业务收入(万)	44526.51	87517.69	40693.93	84827.41
	营业务利润(万)	3550.37	3199.63	369.13	5081.36
	投资收益(万)	-	-	-	-
	利润总额(万)	3901.52	3365.35	365.58	5325.34
	净利润(万)	2874.90	2716.79	585.85	3384.61

合肥荣事达三洋电器股份有限公司

公司概况	公司名称	合肥荣事达三洋电器股份有限公司			证券简称	合肥三洋
	法人代表	金友华	董秘	方斌	证券代码	600983
	公司网址	www.hf-sanyo.cn		电子信箱	stock@hf-sanyo.com	
	电　话	0551-5338028		传　真	0551-5320313	
	办公地址	安徽省合肥市高新技术产业开发区北区L-2号				
	经营范围	洗衣机、微波炉、小家电等相关产品及其它相关电子电器产品的生产、销售等				

	指标\报告期	2009.06.30	2008.12.31	2008.06.30	2007.12.31
主要财务指标	每股收益(元)	0.3280	0.3500	0.1830	0.2000
	每股收益(扣除)(元)	0.3030	0.3500	0.1850	0.2000
	每股净资产(元)	2.0970	1.9500	1.7900	1.7300
	调整后每股净资产(元)	-	-	-	-
	每股资本公积金(元)	0.3503	0.3503	0.3503	0.3503
	每股盈余公积金(元)	0.1875	0.1875	0.1530	0.1530
	每股未分配利润(元)	0.5588	0.4107	0.2833	0.2301
	每股现金净流量(元)	0.0045	-0.1660	-0.1039	-0.0546
	每股经营现金净流量(元)	0.3018	0.2441	0.1705	0.1269
	净资产收益率(扣除)(%)	-	-	-	11.7100
	净资产收益率(%)	15.6500	17.7100	10.2500	11.7800
	总资产(万)	134041.87	112669.01	80751.99	77168.16
	股东权益(万)	69816.84	64886.38	59494.49	57722.69
	主营业务收入(万)	-	-	-	-
	主营业务利润(万)	-	-	-	-
	营业务收入(万)	77202.70	108272.65	44852.95	63466.33
	营业务利润(万)	11789.85	13120.39	7190.27	7450.88
	投资收益(万)	-	-	-	-
	利润总额(万)	12766.57	13449.31	7081.55	7819.57
	净利润(万)	10924.46	11492.69	6100.80	6797.98

陕西建设机械股份有限公司

公司概况	公司名称	陕西建设机械股份有限公司			证券简称	ST建机
	法人代表	高峰	董秘	白海红	证券代码	600984
	公司网址	www.scmc-xa.com		电子信箱	zqc_scmc_s@163.com	
	电　话	029-82592288		传　真	029-82522830	
	办公地址	陕西省西安市金花北路418号				
	经营范围	建设机械成套设备、筑路机械成套设备、金属结构产品及相关配件的生产、销售等				

	指标\报告期	2009.06.30	2008.12.31	2008.06.30	2007.12.31
主要财务指标	每股收益(元)	0.0200	-0.4650	-0.2000	0.0220
	每股收益(扣除)(元)	0.0200	-0.4360	-0.2000	0.0210
	每股净资产(元)	2.0500	2.0300	2.3000	2.4900
	调整后每股净资产(元)	-	-	-	-
	每股资本公积金(元)	1.8217	1.8217	1.8217	1.8217
	每股盈余公积金(元)	0.1166	0.1166	0.1166	0.1166
	每股未分配利润(元)	-0.8916	-0.9099	-0.6403	-0.4448
	每股现金净流量(元)	0.6609	-0.1676	-0.2530	0.3640
	每股经营现金净流量(元)	-0.0693	0.0581	-0.0612	0.3570
	净资产收益率(扣除)(%)	-	-	-	0.8440
	净资产收益率(%)	0.8900	-22.9250	-8.5000	0.8820
	总资产(万)	86507.19	75351.51	70941.95	72721.64
	股东权益(万)	28971.03	28712.95	32529.02	35295.31
	主营业务收入(万)	-	-	-	-
	主营业务利润(万)	-	-	-	-
	营业务收入(万)	34762.69	41689.14	16561.64	42319.21
	营业务利润(万)	163.14	-6805.61	-2727.13	215.85
	投资收益(万)	-	-	-	-
	利润总额(万)	168.31	-7219.64	-2726.93	229.44
	净利润(万)	258.08	-6582.36	-2766.30	311.33

安徽雷鸣科化股份有限公司

公司概况	公司名称	安徽雷鸣科化股份有限公司		证券简称	雷鸣科化
	法人代表	张海龙	董秘 周锋	证券代码	600985
	公司网址	www.lmkh.com		电子信箱	lmkhzqb@lmkh.com
	电　话	0561-4948135、4948188		传　真	0561-3091910
	办公地址	安徽省淮北市东山路			
	经营范围	民用爆破器材、高岭土产品的制造、加工、销售等			

主要财务指标	指标＼报告期	2009.06.30	2008.12.31	2008.06.30	2007.12.31
	每股收益(元)	0.3380	0.2800	0.0740	0.1900
	每股收益(扣除)(元)	0.3150	0.3900	0.1030	0.1200
	每股净资产(元)	3.8340	3.4400	3.3400	3.2800
	调整后每股净资产(元)	–	–	–	–
	每股资本公积金(元)	1.7653	1.7653	1.7653	1.7653
	每股盈余公积金(元)	0.2277	0.2415	0.2040	0.2050
	每股未分配利润(元)	0.7338	0.4289	0.3744	0.3068
	每股现金净流量(元)	0.4023	–0.8998	–0.7511	0.5563
	每股经营现金净流量(元)	0.2282	0.2649	–0.0009	0.1320
	净资产收益率(扣除)(%)	–	–	–	3.5000
	净资产收益率(%)	8.8300	8.1700	2.2300	5.9100
	总资产(万)	50483.02	40968.58	38484.86	43162.83
	股东权益(万)	34502.98	30920.47	30092.94	29493.41
	主营业务收入(万)	–	–	–	–
	主营业务利润(万)	–	–	–	–
	营业务收入(万)	20055.85	31006.70	13062.92	21827.91
	营业务利润(万)	3889.06	3392.15	933.48	2834.06
	投资收益(万)	–	–	–	–
	利润总额(万)	3943.67	3008.41	930.01	2724.61
	净利润(万)	3046.21	2525.06	670.30	1742.92

科达集团股份有限公司

公司概况	公司名称	科达集团股份有限公司		证券简称	科达股份
	法人代表	刘双珉	董秘 韩晓光	证券代码	600986
	公司网址	www.keda-group.com		电子信箱	keda@keda-group.com
	电　话	0546-8301886		传　真	0546-8304191
	办公地址	山东省东营市广饶县大王经济技术开发区			
	经营范围	市政、公路、污水处理及给排水工程施工;交通防护器材加工;汽车配件等			

主要财务指标	指标＼报告期	2009.06.30	2008.12.31	2008.06.30	2007.12.31
	每股收益(元)	0.0325	0.0600	0.0242	0.0500
	每股收益(扣除)(元)	0.0317	–0.0900	0.0500	0.0300
	每股净资产(元)	1.7550	3.5000	3.4900	3.4800
	调整后每股净资产(元)	–	–	–	–
	每股资本公积金(元)	0.3151	1.1302	1.1302	1.1649
	每股盈余公积金(元)	0.2334	0.4668	0.4620	0.4620
	每股未分配利润(元)	0.2062	0.9073	0.8976	0.8488
	每股现金净流量(元)	0.2023	0.7469	–0.3556	0.3642
	每股经营现金净流量(元)	0.9439	1.0496	0.6330	0.6718
	净资产收益率(扣除)(%)	–	–	–	0.7300
	净资产收益率(%)	1.8542	1.8056	1.3892	1.3700
	总资产(万)	139652.59	168885.00	130005.97	179561.38
	股东权益(万)	58828.54	58743.53	58500.70	58264.75
	主营业务收入(万)	–	–	–	–
	主营业务利润(万)	–	–	–	–
	营业务收入(万)	29111.28	47684.29	25703.24	65725.73
	营业务利润(万)	1357.06	–1302.57	1530.12	3339.51
	投资收益(万)	–	–	–	–
	利润总额(万)	1392.15	1731.05	1524.25	3328.63
	净利润(万)	1090.82	1060.65	812.68	797.10

浙江航民股份有限公司

公司概况	公司名称	浙江航民股份有限公司		证券简称	航民股份
	法人代表	朱重庆	董秘 李军晓	证券代码	600987
	公司网址	www.hmgf.com		电子信箱	hmgf@xs.hz.zj.cn
	电　话	0571-82551588		传　真	0571-82553288
	办公地址	浙江省杭州市萧山区瓜沥镇航民村			
	经营范围	纺织、印染及相关原辅材料的生产和销售,热电生产, 煤炭的采购、销售等			

主要财务指标	指标＼报告期	2009.06.30	2008.12.31	2008.06.30	2007.12.31
	每股收益(元)	0.1570	0.3000	0.1310	0.2700
	每股收益(扣除)(元)	0.1540	0.3000	0.1280	0.2300
	每股净资产(元)	2.7400	2.7300	2.5800	2.5800
	调整后每股净资产(元)	–	–	–	–
	每股资本公积金(元)	0.8602	0.8598	0.8625	1.4177
	每股盈余公积金(元)	0.1234	0.1234	0.1020	0.1311
	每股未分配利润(元)	0.7577	0.7508	0.6196	0.8087
	每股现金净流量(元)	–0.0479	0.2575	–0.0073	–0.2700
	每股经营现金净流量(元)	0.3014	0.5891	0.1192	0.4132
	净资产收益率(扣除)(%)	–	–	–	8.8900
	净资产收益率(%)	5.7200	10.8400	5.0600	10.3400
	总资产(万)	164936.09	161601.42	157093.52	159595.35
	股东权益(万)	116100.61	115790.52	109451.10	109387.07
	主营业务收入(万)	–	–	–	–
	主营业务利润(万)	–	–	–	–
	营业务收入(万)	84885.02	186837.74	88270.97	173214.39
	营业务利润(万)	9592.03	17395.07	8368.25	14050.82
	投资收益(万)	–	–	–	–
	利润总额(万)	9710.35	17107.42	8374.56	14846.13
	净利润(万)	6646.52	12550.85	5536.36	11306.73

广州东方宝龙汽车工业股份有限公司

公司概况	公司名称	广州东方宝龙汽车工业股份有限公司		证券简称	*ST 宝龙
	法人代表	万沛中	董秘 吴从锋	证券代码	600988
	公司网址	www.baolong.com.cn		电子信箱	cfwu88@hotmail.com
	电　话	020-82601663		传　真	020-82601663
	办公地址	广州市增城新塘镇宝龙路 1 号			
	经营范围	防弹运钞车等专用车辆的开发、生产、销售等			

主要财务指标	指标＼报告期	2009.06.30	2008.12.31	2008.06.30	2007.12.31
	每股收益(元)	–0.0990	–0.1120	–0.0200	0.8780
	每股收益(扣除)(元)	–0.0480	–0.1120	–0.0200	–0.2310
	每股净资产(元)	–0.2184	–0.1190	–0.0016	–0.0080
	调整后每股净资产(元)	–	–	–	–
	每股资本公积金(元)	1.8244	1.8244	1.8244	1.8244
	每股盈余公积金(元)	0.1809	0.1809	0.1809	0.1809
	每股未分配利润(元)	–3.2237	–3.1247	–3.0069	–3.0129
	每股现金净流量(元)	0.0025	–0.0783	–0.0911	0.0926
	每股经营现金净流量(元)	0.0025	–0.0783	–0.0911	0.7643
	净资产收益率(扣除)(%)	–	–	–	–1108.4700
	净资产收益率(%)	–	–	–137.6100	4880.2900
	总资产(万)	11478.04	10557.39	11118.92	10753.47
	股东权益(万)	–2175.82	–1190.10	–15.98	–75.74
	主营业务收入(万)	–	–	–	–
	主营业务利润(万)	–	–	–	–
	营业务收入(万)	97.40	1947.63	1511.75	1650.42
	营业务利润(万)	–474.15	–1148.38	–199.02	–1576.61
	投资收益(万)	–	–	–	–
	利润总额(万)	–984.46	–1150.95	–200.49	9064.32
	净利润(万)	–985.72	–1114.36	–200.51	8745.03

安徽四创电子股份有限公司

公司概况						
	公司名称	安徽四创电子股份有限公司			证券简称	四创电子
	法人代表	吴曼青	董秘	刘永跃	证券代码	600990
	公司网址	www.sun-create.com		电子信箱	liuyongyue@sun-create.com	
	电　话	0551-5391324		传　真	0551-5391322	
	办公地址	安徽省合肥市高新技术产业开发区香樟大道199号				
	经营范围	民用雷达整机及雷达配套产品、集成电路、广播电视及微波通信产品等				

主要财务指标	指标\报告期	2009.06.30	2008.12.31	2008.06.30	2007.12.31
	每股收益(元)	0.0661	0.3672	0.0979	0.3326
	每股收益(扣除)(元)	0.0390	0.3050	0.0712	0.2547
	每股净资产(元)	5.7670	5.8510	5.5820	5.5840
	调整后每股净资产(元)	-	-	-	-
	每股资本公积金(元)	3.1380	3.1380	3.1380	3.1380
	每股盈余公积金(元)	0.3931	0.3931	0.3564	0.3564
	每股未分配利润(元)	1.2362	1.3202	1.0876	1.0896
	每股现金净流量(元)	-0.4763	-0.3748	-1.1299	-0.8725
	每股经营现金净流量(元)	-1.0281	0.7121	-0.8509	0.5337
	净资产收益率(扣除)(%)	-	-	-	4.5600
	净资产收益率(%)	1.1450	6.2800	1.7550	5.9600
	总资产(万)	55453.95	51427.64	47459.08	49924.94
	股东权益(万)	33911.98	34405.59	32822.44	33013.20
	主营业务收入(万)	-	-	-	-
	主营业务利润(万)	-	-	-	-
	营业务收入(万)	14606.21	30300.50	10268.61	21925.47
	营业务利润(万)	242.32	2026.20	438.52	1722.65
	投资收益(万)	-	-	-	-
	利润总额(万)	444.82	2455.84	623.86	2420.27
	净利润(万)	388.39	2159.07	575.91	1955.54

湖南长丰汽车制造股份有限公司

公司概况						
	公司名称	湖南长丰汽车制造股份有限公司			证券简称	长丰汽车
	法人代表	李建新	董秘	蒋建国	证券代码	600991
	公司网址	www.cfmotors.com		电子信箱	cfa@cfmotors.com	
	电　话	0731-82881959		传　真	0731-82881957	
	办公地址	湖南省长沙市芙蓉中路2段111号华菱大厦8层				
	经营范围	轻型越野汽车及其零部件制造和销售;提供与上述产品有关的技术咨询服务				

主要财务指标	指标\报告期	2009.06.30	2008.12.31	2008.06.30	2007.12.31
	每股收益(元)	0.1000	0.3500	0.2300	0.4600
	每股收益(扣除)(元)	0.1000	0.2300	0.2400	0.3900
	每股净资产(元)	4.4300	5.7200	5.6100	5.3600
	调整后每股净资产(元)	-	-	-	-
	每股资本公积金(元)	1.7489	2.5736	2.5733	2.5733
	每股盈余公积金(元)	1.0171	1.3223	1.2804	1.2927
	每股未分配利润(元)	0.6592	0.8224	0.7554	0.4984
	每股现金净流量(元)	0.1150	-0.3897	-0.4155	0.9472
	每股经营现金净流量(元)	0.2035	0.7520	0.3561	0.9046
	净资产收益率(扣除)(%)	-	-	-	7.3300
	净资产收益率(%)	2.3400	6.1500	4.1500	8.5600
	总资产(万)	641068.32	597269.39	591194.26	571042.36
	股东权益(万)	230496.27	229112.48	224739.75	214935.32
	主营业务收入(万)	-	-	-	-
	主营业务利润(万)	-	-	-	-
	营业务收入(万)	226488.31	470845.49	223316.41	456133.52
	营业务利润(万)	4750.86	11786.14	7458.57	17350.05
	投资收益(万)	-	-	-	-
	利润总额(万)	4924.90	17924.36	8943.27	18458.93
	净利润(万)	5390.49	14079.23	9316.84	18388.65

贵州钢绳股份有限公司

公司概况						
	公司名称	贵州钢绳股份有限公司			证券简称	贵绳股份
	法人代表	赵跃	董秘	杨期屏	证券代码	600992
	公司网址	www.gzgs.com.cn		电子信箱	office@gzgs.com.cn	
	电　话	0852-8419247、8419570		传　真	0852-8419075、8419570	
	办公地址	贵州省遵义市桃溪路47号				
	经营范围	钢丝、钢绳产品及相关设备、材料、技术的研究、生产、加工、销售等				

主要财务指标	指标\报告期	2009.06.30	2008.12.31	2008.06.30	2007.12.31
	每股收益(元)	0.0820	0.2020	0.1280	0.2790
	每股收益(扣除)(元)	0.0760	0.2070	0.1280	0.2780
	每股净资产(元)	4.9100	4.8900	4.8100	4.7500
	调整后每股净资产(元)	-	-	-	-
	每股资本公积金(元)	2.8929	2.8929	2.8929	2.8929
	每股盈余公积金(元)	0.2710	0.2710	0.2508	0.2508
	每股未分配利润(元)	0.7471	0.7251	0.6709	0.6033
	每股现金净流量(元)	0.0230	-0.2596	-0.0832	-0.0147
	每股经营现金净流量(元)	0.0897	0.2044	0.1728	0.4380
	净资产收益率(扣除)(%)	-	-	-	-
	净资产收益率(%)	1.6800	4.1300	2.6500	5.8700
	总资产(万)	122645.04	123613.58	134174.75	126505.37
	股东权益(万)	80721.79	80360.50	79138.02	78025.70
	主营业务收入(万)	-	-	-	-
	主营业务利润(万)	-	-	-	-
	营业务收入(万)	58309.44	133262.76	64125.73	104259.95
	营业务利润(万)	1472.98	4293.35	2463.65	5343.66
	投资收益(万)	-	-	-	-
	利润总额(万)	1550.47	4194.17	2456.83	5362.32
	净利润(万)	1347.51	3321.02	2098.54	4583.91

马应龙药业集团股份有限公司

公司概况						
	公司名称	马应龙药业集团股份有限公司			证券简称	马应龙
	法人代表	陈平	董秘	李加林	证券代码	600993
	公司网址	www.mayinglong.cn		电子信箱	stock@myl1582.com	
	电　话	027-87291519、87389583		传　真	027-87291724	
	办公地址	湖北省武汉市武昌南湖周家湾100号				
	经营范围	中西药制造;企业经营本企业自产产品及相关技术的出口业务等				

主要财务指标	指标\报告期	2009.06.30	2008.12.31	2008.06.30	2007.12.31
	每股收益(元)	0.6200	0.8700	0.2900	1.4500
	每股收益(扣除)(元)	0.3900	0.7500	0.2500	0.3800
	每股净资产(元)	5.2800	4.7100	8.1300	7.8000
	调整后每股净资产(元)	-	-	-	-
	每股资本公积金(元)	1.3157	2.7683	2.7751	4.1517
	每股盈余公积金(元)	0.9976	1.7957	1.6875	2.5313
	每股未分配利润(元)	1.9697	2.9235	2.6780	4.0392
	每股现金净流量(元)	3.8769	-1.6370	-0.3858	0.4903
	每股经营现金净流量(元)	0.6962	1.1138	0.3927	0.1056
	净资产收益率(扣除)(%)	-	-	-	4.8500
	净资产收益率(%)	11.8100	10.3000	6.3800	18.5700
	总资产(万)	171954.65	116288.95	99742.64	109164.94
	股东权益(万)	87469.79	78057.59	74857.97	71855.32
	主营业务收入(万)	-	-	-	-
	主营业务利润(万)	-	-	-	-
	营业务收入(万)	52062.05	80963.10	35052.76	54863.40
	营业务利润(万)	12713.94	8596.58	5778.61	18603.48
	投资收益(万)	-	-	-	-
	利润总额(万)	12832.45	8944.90	5982.23	18476.57
	净利润(万)	10333.44	8042.95	4776.18	13340.38

云南文山电力股份有限公司

公司概况	公司名称	云南文山电力股份有限公司		证券简称	文山电力
	法人代表	李克毅	董秘 段登奇	证券代码	600995
	公司网址	www.wsdl.com.cn		电子信箱	wsdl@wsdl.sina.net
	电话	0871-3191628、3190266		传真	0871-3190838
	办公地址	云南省文山县开化镇建禾东路 71 号			
	经营范围	水力发电、供电、电站、电网设计、建设、维修、改造、咨询服务等			

主要财务指标	指标\报告期	2009.06.30	2008.12.31	2008.06.30	2007.12.31
	每股收益(元)	0.1200	0.3700	0.1100	0.3200
	每股收益(扣除)(元)	0.1100	0.3200	0.1100	0.3200
	每股净资产(元)	1.8100	2.0600	1.8200	2.6000
	调整后每股净资产(元)	–	–	–	–
	每股资本公积金(元)	0.3244	0.3892	0.3892	0.5839
	每股盈余公积金(元)	0.1360	0.1632	0.1260	0.1890
	每股未分配利润(元)	0.3501	0.5094	0.3094	0.8233
	每股现金净流量(元)	–0.2059	0.0686	–0.2176	0.3129
	每股经营现金净流量(元)	0.0127	0.7056	0.1982	1.0147
	净资产收益率(扣除)(%)	–	–	–	18.4500
	净资产收益率(%)	6.5200	18.0400	7.3800	18.2800
	总资产(万)	163616.38	152006.02	131771.09	135765.91
	股东权益(万)	86636.72	82221.23	72764.24	69018.60
	主营业务收入(万)	–	–	–	–
	主营业务利润(万)	–	–	–	–
	营业务收入(万)	49366.34	103123.58	43821.04	87168.66
	营业务利润(万)	6369.00	15021.78	6083.94	13854.69
	投资收益(万)	–	–	–	–
	利润总额(万)	6629.35	17432.51	6222.69	13718.73
	净利润(万)	5645.47	14829.35	5372.35	12613.36

开滦能源化工股份有限公司

公司概况	公司名称	开滦能源化工股份有限公司		证券简称	开滦股份
	法人代表	裴华	董秘 侯树忠	证券代码	600997
	公司网址	www.kkcc.com.cn		电子信箱	kcc@kailuan.com.cn
	电话	0315-2812013、3026971		传真	0315-3026507
	办公地址	河北省唐山市新华东道 70 号东楼			
	经营范围	煤炭及半生资源开采;原煤洗选加工;煤炭产品的经营销售等			

主要财务指标	指标\报告期	2009.06.30	2008.12.31	2008.06.30	2007.12.31
	每股收益(元)	0.3300	1.4600	0.5800	1.1100
	每股收益(扣除)(元)	0.3300	1.4600	0.5800	0.9700
	每股净资产(元)	3.6800	6.8800	6.0200	5.5000
	调整后每股净资产(元)	–	–	–	–
	每股资本公积金(元)	0.7766	2.5533	1.7304	1.7032
	每股盈余公积金(元)	0.3596	0.7191	0.5824	0.6900
	每股未分配利润(元)	1.4933	2.5319	2.7064	2.1094
	每股现金净流量(元)	–0.6522	2.5061	0.3072	0.1898
	每股经营现金净流量(元)	0.3717	2.6448	1.2467	1.8151
	净资产收益率(扣除)(%)	–	–	–	17.5900
	净资产收益率(%)	8.8900	19.2000	18.7700	20.2100
	总资产(万)	1213207.10	1162705.69	942276.59	732330.93
	股东权益(万)	454421.56	424534.76	337800.23	308808.27
	主营业务收入(万)	–	–	–	–
	主营业务利润(万)	–	–	–	–
	营业务收入(万)	403174.41	940143.05	471220.05	547520.54
	营业务利润(万)	58394.40	113552.00	105871.64	81140.21
	投资收益(万)	–	–	–	–
	利润总额(万)	58053.93	113489.51	105679.28	80218.75
	净利润(万)	40414.42	82803.40	65057.44	62394.81

大同煤业股份有限公司

公司概况	公司名称	大同煤业股份有限公司		证券简称	大同煤业
	法人代表	吴永平	董秘 钱建军	证券代码	601001
	公司网址	www.dtmy.com.cn		电子信箱	public@dtmy.com.cn
	电话	0352-7010476		传真	0352-7011070
	办公地址	山西省大同市矿区新平旺			
	经营范围	煤炭的采掘、加工和销售等			

主要财务指标	指标\报告期	2009.06.30	2008.12.31	2008.06.30	2007.12.31
	每股收益(元)	0.8700	2.4000	0.7800	0.8900
	每股收益(扣除)(元)	0.8700	2.3900	0.7800	0.8500
	每股净资产(元)	8.6220	7.5800	5.1800	5.3400
	调整后每股净资产(元)	–	–	–	–
	每股资本公积金(元)	2.1987	2.1987	2.2432	2.1987
	每股盈余公积金(元)	0.5718	2.3871	0.4718	1.3175
	每股未分配利润(元)	2.8303	1.9947	1.4622	0.8225
	每股现金净流量(元)	0.0260	0.2500	2.0244	–0.4350
	每股经营现金净流量(元)	1.1805	5.1460	3.3371	0.7983
	净资产收益率(扣除)(%)	–	–	–	15.8900
	净资产收益率(%)	10.0700	31.6800	15.0700	16.6200
	总资产(万)	1367718.42	1287938.19	1031361.98	835711.24
	股东权益(万)	721555.56	634374.04	433249.84	446770.37
	主营业务收入(万)	–	–	–	–
	主营业务利润(万)	–	–	–	–
	营业务收入(万)	453640.69	839519.60	399119.48	510943.92
	营业务利润(万)	125735.78	362484.28	128689.24	119969.03
	投资收益(万)	–	–	–	–
	利润总额(万)	124659.66	361588.97	127816.45	121417.16
	净利润(万)	72658.24	200993.27	65285.87	74238.21

晋亿实业股份有限公司

公司概况	公司名称	晋亿实业股份有限公司		证券简称	晋亿实业
	法人代表	蔡永龙	董秘 涂志清	证券代码	601002
	公司网址	www.gem-year.com		电子信箱	admin@gem-year.net
	电话	0573-84185042、84185001*630		传真	0573-84184488
	办公地址	浙江省嘉兴市嘉善经济开发区晋亿大道 8 号			
	经营范围	生产销售紧固件、钨钢模具、五金制品、钢丝拉丝、铁道扣件等			

主要财务指标	指标\报告期	2009.06.30	2008.12.31	2008.06.30	2007.12.31
	每股收益(元)	–0.0290	0.1270	0.0770	0.0520
	每股收益(扣除)(元)	–0.0350	0.1320	0.0800	0.0440
	每股净资产(元)	2.1640	2.1900	2.1400	2.0600
	调整后每股净资产(元)	–	–	–	–
	每股资本公积金(元)	0.8946	0.8909	0.8909	0.8909
	每股盈余公积金(元)	0.1077	0.1077	0.0931	0.0931
	每股未分配利润(元)	0.1616	0.1907	0.1554	0.0782
	每股现金净流量(元)	0.0314	0.0431	0.0696	0.0617
	每股经营现金净流量(元)	0.0382	–0.0231	0.0933	–0.1642
	净资产收益率(扣除)(%)	–	–	–	2.1300
	净资产收益率(%)	–1.3453	5.8086	3.6085	2.4600
	总资产(万)	318089.26	307999.56	318880.10	270693.90
	股东权益(万)	159797.71	161676.69	157986.53	152285.57
	主营业务收入(万)	–	–	–	–
	主营业务利润(万)	–	–	–	–
	营业务收入(万)	83698.29	187505.38	89962.26	127691.56
	营业务利润(万)	–4309.09	11437.44	7070.51	4336.26
	投资收益(万)	–	–	–	–
	利润总额(万)	–4173.88	11235.60	6997.36	4545.44
	净利润(万)	–2149.74	9391.12	5700.96	3752.06

柳州钢铁股份有限公司

公司概况					
公司名称	柳州钢铁股份有限公司			证券简称	柳钢股份
法人代表	廖志刚	董秘	班俊超	证券代码	601003
公司网址	www.liusteel.com		电子信箱	liscl@163.com	
电　话	0772-2595971		传　真	0772-2595998	
办公地址	广西壮族自治区柳州市北雀路117号				
经营范围	烧结、炼铁、炼钢及其副产品的销售，钢材轧制、加工及其副产品的销售等				

主要财务指标 指标\报告期	2009.06.30	2008.12.31	2008.06.30	2007.12.31
每股收益(元)	-0.1640	0.0061	0.1099	0.3947
每股收益(扣除)(元)	-0.1642	0.0345	0.1106	0.3844
每股净资产(元)	1.6905	1.8545	1.9584	3.5272
调整后每股净资产(元)	-	-	-	-
每股资本公积金(元)	0.0735	0.0735	0.0735	0.7323
每股盈余公积金(元)	0.3026	0.3026	0.3020	0.7437
每股未分配利润(元)	0.3144	0.4783	0.5828	1.0512
每股现金净流量(元)	0.0040	-0.1935	0.0735	-0.0263
每股经营现金净流量(元)	0.0914	0.4168	0.1649	0.0542
净资产收益率(扣除)(%)	-	-	-	19.3700
净资产收益率(%)	-9.7000	0.3300	5.6100	19.8900
总资产(万)	1414548.85	1374325.24	1521928.05	1376516.84
股东权益(万)	433242.81	475264.55	501887.41	502188.17
主营业务收入(万)	-	-	-	-
主营业务利润(万)	-	-	-	-
营业务收入(万)	1207152.56	2921665.48	1457300.14	2070637.45
营业务利润(万)	-42083.87	2232.70	33346.49	108182.21
投资收益(万)	-	-	-	-
利润总额(万)	-42021.74	2228.31	33146.73	107826.44
净利润(万)	-42021.74	1551.87	28174.72	99882.02

重庆钢铁股份有限公司

公司概况					
公司名称	重庆钢铁股份有限公司			证券简称	重庆钢铁
法人代表	罗福勤	董秘	游晓安	证券代码	601005
公司网址	www.cqgt.cn		电子信箱	dms@email.cqgt.cn	
电　话	023-68842582、68845030		传　真	023-68849520	
办公地址	重庆市大渡口区钢铁路30号				
经营范围	生产、加工和销售板材、型材、线材、棒材、钢坯、钢带等				

主要财务指标 指标\报告期	2009.06.30	2008.12.31	2008.06.30	2007.12.31
每股收益(元)	0.0200	0.3500	0.2800	0.2700
每股收益(扣除)(元)	0.0200	0.3500	0.2800	0.2800
每股净资产(元)	3.1800	3.2600	3.1900	3.1200
调整后每股净资产(元)	-	-	-	-
每股资本公积金(元)	0.6718	0.6718	0.6718	0.6718
每股盈余公积金(元)	0.3270	0.3270	0.2924	0.2924
每股未分配利润(元)	1.1765	1.2583	1.2268	1.0476
每股现金净流量(元)	-0.0952	0.1015	0.2694	0.3793
每股经营现金净流量(元)	-0.0969	0.2790	0.0991	0.2769
净资产收益率(扣除)(%)	-	-	-	9.0100
净资产收益率(%)	0.5700	10.6000	8.8600	8.6100
总资产(万)	1303902.80	1242496.80	1286442.40	1097411.10
股东权益(万)	550325.50	564494.60	553058.30	521996.10
主营业务收入(万)	-	-	-	-
主营业务利润(万)	-	-	-	-
营业务收入(万)	525384.20	1651744.30	884660.70	1205845.30
营业务利润(万)	3544.20	60910.60	49654.30	49398.40
投资收益(万)	-	-	-	-
利润总额(万)	4065.90	60576.40	49507.90	47023.40
净利润(万)	3162.20	59829.80	48393.50	44924.40

大秦铁路股份有限公司

公司概况					
公司名称	大秦铁路股份有限公司			证券简称	大秦铁路
法人代表	武汛	董秘	黄松青	证券代码	601006
公司网址	www.daqintielu.com		电子信箱	dqtl@daqintielu.com	
电　话	0352-7121248		传　真	0352-7121990	
办公地址	山西省大同市站北街14号				
经营范围	铁路客货运输；铁路运输设备、设施、配件制造、安装、维修等				

主要财务指标 指标\报告期	2009.06.30	2008.12.31	2008.06.30	2007.12.31
每股收益(元)	0.2185	0.5100	0.2900	0.4700
每股收益(扣除)(元)	0.2184	0.5100	0.2900	0.4800
每股净资产(元)	3.0256	3.1100	2.8800	2.8900
调整后每股净资产(元)	-	-	-	-
每股资本公积金(元)	1.3201	1.3201	1.3201	1.3201
每股盈余公积金(元)	0.1929	0.1929	0.1414	0.1414
每股未分配利润(元)	0.5127	0.5942	0.4176	0.4310
每股现金净流量(元)	0.1085	-0.2398	0.0127	0.1042
每股经营现金净流量(元)	0.2470	0.6741	0.2989	0.7038
净资产收益率(扣除)(%)	-	-	-	16.4500
净资产收益率(%)	7.2200	16.5700	9.9600	16.2800
总资产(万)	6628151.84	6242433.89	5572792.15	5110758.92
股东权益(万)	3926284.74	4032048.65	3736116.38	3753399.72
主营业务收入(万)	-	-	-	-
主营业务利润(万)	-	-	-	-
营业务收入(万)	1016213.99	2259531.76	1160703.22	2086026.21
营业务利润(万)	378698.87	886210.22	501137.88	927205.75
投资收益(万)	-	-	-	-
利润总额(万)	378922.13	892002.70	496201.81	919889.15
净利润(万)	283538.80	667951.65	372019.37	610940.52

金陵饭店股份有限公司

公司概况					
公司名称	金陵饭店股份有限公司			证券简称	金陵饭店
法人代表	李建伟	董秘	张胜新	证券代码	601007
公司网址	www.jinlinghotel.com		电子信箱	securities@jinlinghotel.com	
电　话	025-84711888*4210		传　真	025-84711666	
办公地址	江苏省南京市汉中路2号金陵饭店4层				
经营范围	酒店经营，主要提供住宿、餐饮、会议等综合性服务等				

主要财务指标 指标\报告期	2009.06.30	2008.12.31	2008.06.30	2007.12.31
每股收益(元)	0.0780	0.2200	0.0860	0.2200
每股收益(扣除)(元)	0.0730	0.2000	0.0760	0.2200
每股净资产(元)	3.1230	3.0500	3.0100	2.9300
调整后每股净资产(元)	-	-	-	-
每股资本公积金(元)	1.4575	1.4575	1.4575	1.4575
每股盈余公积金(元)	0.1040	0.1040	0.0844	0.0844
每股未分配利润(元)	0.5619	0.4840	0.4716	0.3856
每股现金净流量(元)	0.0168	-0.0179	-0.0158	1.3434
每股经营现金净流量(元)	0.0856	0.1937	0.0821	0.2219
净资产收益率(扣除)(%)	-	5.3200	-	5.3200
净资产收益率(%)	2.4950	7.1000	2.8550	6.6700
总资产(万)	134468.54	128683.29	124774.27	118394.09
股东权益(万)	93703.18	91364.99	90408.59	87827.49
主营业务收入(万)	-	-	-	-
主营业务利润(万)	-	-	-	-
营业务收入(万)	20595.12	42188.67	20962.86	40923.25
营业务利润(万)	3163.38	9157.93	3717.46	8579.25
投资收益(万)	-	-	-	-
利润总额(万)	3183.26	9276.44	3826.45	8852.03
净利润(万)	2338.20	6487.85	2581.10	5854.33

江苏连云港港口股份有限公司

公司概况					
公司名称	江苏连云港港口股份有限公司			证券简称	连云港
法人代表	李春宏	董秘	沙晓春	证券代码	601008
公司网址	www.jlpcl.com		电子信箱	shaxiaochun@jlpcl.com	
电　话	0518-82389269、82387588		传　真	0518-82380588	
办公地址	连云港市连云区中华西路 48 号海关大楼 4-6 楼				
经营范围	许可经营项目，码头和其他港口设施经营；在港区内从事货物装卸、仓储经营等				

主要财务指标 指标\报告期	2009.06.30	2008.12.31	2008.06.30	2007.12.31
每股收益(元)	0.0800	0.1900	0.1200	0.2100
每股收益(扣除)(元)	0.0800	0.1900	0.1200	0.1900
每股净资产(元)	3.0922	3.0600	2.9900	3.4700
调整后每股净资产(元)	–	–	–	–
每股资本公积金(元)	1.7300	1.7300	1.7300	2.0760
每股盈余公积金(元)	0.1140	0.1140	0.1059	0.1130
每股未分配利润(元)	0.2482	0.2119	0.1493	0.2809
每股现金净流量(元)	–0.1374	–0.1445	0.0564	0.6935
每股经营现金净流量(元)	0.0713	0.1492	–0.1392	0.1343
净资产收益率(扣除)(%)	–	–	–	5.9700
净资产收益率(%)	2.4700	6.2000	3.9700	6.4600
总资产(万)	245218.23	239316.68	241930.45	210018.79
股东权益(万)	166234.27	164284.65	160482.67	155450.86
主营业务收入(万)	–	–	–	–
主营业务利润(万)	–	–	–	–
营业务收入(万)	45899.66	98460.72	49840.20	84820.36
营业务利润(万)	5143.54	10119.15	8282.89	11008.14
投资收益(万)	–	–	–	–
利润总额(万)	5090.10	10073.55	8219.20	11961.07
净利润(万)	4100.02	10177.79	6375.80	10040.03

南京银行股份有限公司

公司概况					
公司名称	南京银行股份有限公司			证券简称	南京银行
法人代表	林复	董秘	汤哲新	证券代码	601009
公司网址	www.njcb.com.cn		电子信箱	boardoffice@njcb.com.cn	
电　话	025-84551009		传　真	025-84553505	
办公地址	中国江苏省南京市白下区淮海路 50 号				
经营范围	吸收公众存款；发放短期、中期和长期贷款；办理国内结算等				

主要财务指标 指标\报告期	2009.06.30	2008.12.31	2008.06.30	2007.12.31
每股收益(元)	0.4400	0.7900	0.4300	0.6200
每股收益(扣除)(元)	0.4400	0.7800	0.4300	0.6000
每股净资产(元)	6.2200	6.1500	5.5500	5.4100
调整后每股净资产(元)	–	–	–	–
每股资本公积金(元)	3.4536	3.5160	3.2765	3.2720
每股盈余公积金(元)	0.2596	0.1803	0.1803	0.1803
每股未分配利润(元)	1.1673	1.1814	0.8178	0.6887
每股现金净流量(元)	–	–	–	–
每股经营现金净流量(元)	–	–	–	–
净资产收益率(扣除)(%)	–	–	–	8.9200
净资产收益率(%)	7.0000	12.8900	7.7400	9.1500
总资产(万)	12969998.75	9370607.14	9004577.22	7606371.18
股东权益(万)	1143067.67	1129559.46	1018794.74	994246.31
主营业务收入(万)	174151.58	322367.00	146817.39	192567.94
主营业务利润(万)	95054.19	173518.57	91711.74	103710.43
营业务收入(万)	–	–	–	–
营业务利润(万)	–	–	–	–
投资收益(万)	–	–	–	–
利润总额(万)	95017.13	174060.85	91508.06	106329.54
净利润(万)	80059.89	145609.50	78831.98	90949.44

中国神华能源股份有限公司

公司概况					
公司名称	中国神华能源股份有限公司			证券简称	中国神华
法人代表	张喜武	董秘	黄清	证券代码	601088
公司网址	www.csec.com		电子信箱	1088@csec.com	
电　话	010-58133399、58133355		传　真	010-84882107	
办公地址	北京市东城区安德路 16 号洲际大厦 4 层				
经营范围	煤炭生产、销售，电力生产、热力生产和供应，相关铁路、港口等运输服务等				

主要财务指标 指标\报告期	2009.06.30	2008.12.31	2008.06.30	2007.12.31
每股收益(元)	0.8030	1.3370	0.7110	1.1060
每股收益(扣除)(元)	0.8180	1.3570	0.7190	1.0700
每股净资产(元)	7.7900	7.3700	6.6900	6.6100
调整后每股净资产(元)	–	–	–	–
每股资本公积金(元)	4.4367	4.4317	4.4130	4.4094
每股盈余公积金(元)	0.4262	0.5060	0.3149	0.3803
每股未分配利润(元)	1.7921	1.5578	0.9662	0.8155
每股现金净流量(元)	–1.4200	0.2841	0.1870	1.8927
每股经营现金净流量(元)	1.4658	2.2236	1.1296	1.5051
净资产收益率(扣除)(%)	–	18.1000	–	–
净资产收益率(%)	10.3100	17.8500	10.6000	15.4000
总资产(万)	28785300.00	27518200.00	25372400.00	24104500.00
股东权益(万)	15491500.00	14662500.00	13314300.00	13137600.00
主营业务收入(万)	–	–	–	–
主营业务利润(万)	–	–	–	–
营业务收入(万)	5708300.00	10713300.00	4928200.00	8210700.00
营业务利润(万)	2323800.00	3750100.00	1972600.00	3097900.00
投资收益(万)	–	–	–	–
利润总额(万)	2285400.00	3687100.00	1952900.00	3064900.00
净利润(万)	1597600.00	2658800.00	1414600.00	2049700.00

太平洋证券股份有限公司

公司概况					
公司名称	太平洋证券股份有限公司			证券简称	太平洋
法人代表	郑亚南	董秘	林荣环	证券代码	601099
公司网址	www.tpyzq.com		电子信箱	tpy@tpyzq.com.cn	
电　话	0871-8885858 8191		传　真	0871-8898100	
办公地址	云南省昆明市青年路 389 号志远大厦 18 层				
经营范围	证券承销和上市推荐、证券自营买卖、证券代理买卖等业务等				

主要财务指标 指标\报告期	2009.06.30	2008.12.31	2008.06.30	2007.12.31
每股收益(元)	0.1400	–0.4290	–0.2970	0.4522
每股收益(扣除)(元)	0.1370	–0.4280	–0.2970	0.4524
每股净资产(元)	1.0500	0.9200	1.0500	1.3500
调整后每股净资产(元)	–	–	–	–
每股资本公积金(元)	0.0000	0.0000	0.0000	0.0000
每股盈余公积金(元)	0.0347	0.0347	0.0347	0.0347
每股未分配利润(元)	–0.0491	–0.1863	–0.0545	0.2430
每股现金净流量(元)	–	–	–	–
每股经营现金净流量(元)	–	–	–	–
净资产收益率(扣除)(%)	–	–	–	30.0900
净资产收益率(%)	13.0000	–46.7600	–28.3400	30.0800
总资产(万)	432715.93	349284.59	392249.98	493325.08
股东权益(万)	158598.95	137984.14	157787.77	202509.34
主营业务收入(万)	35943.52	39271.57	–29831.98	105201.37
主营业务利润(万)	20574.85	–66653.22	–44086.74	74973.56
营业务收入(万)	–	–	–	–
营业务利润(万)	–	–	–	–
投资收益(万)	–	–	–	–
利润总额(万)	20614.81	–66793.42	–44269.52	74943.80
净利润(万)	20614.81	–64525.21	–44721.57	60919.99

四川成渝高速公路股份有限公司

公司概况						
	公司名称	四川成渝高速公路股份有限公司			证券简称	四川成渝
	法人代表	唐勇	董秘	张永年	证券代码	601107
	公司网址	www.cygs.com		电子信箱	cygszh@163.com	
	电 话	028-85527510、85527526		传 真	028-85530753	
	办公地址	四川省成都市武侯祠大街252号				
	经营范围	高等级公路、桥梁、隧道等基础设施的投资、设计、建设、收费等				

主要财务指标	指标\报告期	2009.06.30	2008.12.31	2008.06.30	2007.12.31
	每股收益(元)	0.1619	0.2100	0.1204	0.1900
	每股收益(扣除)(元)	0.1418	0.2100	–	0.2000
	每股净资产(元)	2.1800	2.2700	–	2.0600
	调整后每股净资产(元)	–	–	–	–
	每股资本公积金(元)	0.2421	0.6715	–	0.4523
	每股盈余公积金(元)	0.4209	0.4209	–	0.3569
	每股未分配利润(元)	0.5202	0.3583	–	0.2468
	每股现金净流量(元)	–0.0344	0.1986	0.1518	0.0874
	每股经营现金净流量(元)	0.2373	0.3430	0.2033	0.3504
	净资产收益率(扣除)(%)	–	–	–	–
	净资产收益率(%)	7.4154	8.6854	–	9.4200
	总资产(万)	956713.14	983937.00	–	764067.42
	股东权益(万)	558489.08	626907.05	–	525916.52
	主营业务收入(万)	–	–	–	–
	主营业务利润(万)	–	–	–	–
	营业务收入(万)	98841.16	158778.12	84337.05	152312.84
	营业务利润(万)	49545.58	64734.39	37453.72	64102.31
	投资收益(万)	–	575.51	–	602.54
	利润总额(万)	49438.58	64589.96	37093.72	62254.27
	净利润(万)	41414.11	54449.19	30806.45	49561.59

中国国际航空股份有限公司

公司概况						
	公司名称	中国国际航空股份有限公司			证券简称	中国国航
	法人代表	孔栋	董秘	黄斌	证券代码	601111
	公司网址	www.airchina.com.cn		电子信箱	ir@mail.airchina.com.cn	
	电 话	010-61461959		传 真	010-61462805	
	办公地址	北京市天竺空港经济开发区天柱路30号				
	经营范围	国际、国内定期和不定期航空客、货、邮和行李运输业务等				

主要财务指标	指标\报告期	2009.06.30	2008.12.31	2008.06.30	2007.12.31
	每股收益(元)	0.2500	–0.7700	0.1081	0.3100
	每股收益(扣除)(元)	0.0200	–0.2300	0.0753	0.3000
	每股净资产(元)	1.9200	1.6700	2.6200	2.5700
	调整后每股净资产(元)	–	–	–	–
	每股资本公积金(元)	0.9558	0.9531	0.9747	0.9674
	每股盈余公积金(元)	0.1277	0.1277	0.1277	0.1060
	每股未分配利润(元)	–0.0965	–0.3353	0.5770	0.5015
	每股现金净流量(元)	0.0172	–0.0616	0.0638	–0.0900
	每股经营现金净流量(元)	0.1633	0.5757	0.2316	0.7631
	净资产收益率(扣除)(%)	–	–	–	11.7500
	净资产收益率(%)	12.8800	–46.2700	4.0600	12.1100
	总资产(万)	10024056.10	9889774.30	9526967.80	8853923.90
	股东权益(万)	2272104.10	1977389.00	3113500.70	3054515.80
	主营业务收入(万)	–	–	–	–
	主营业务利润(万)	–	–	–	–
	营业务收入(万)	2240502.50	5296999.80	2576023.80	4949004.60
	营业务利润(万)	178575.40	–1107116.90	141441.50	483500.30
	投资收益(万)	–	–	–	–
	利润总额(万)	273017.50	–1085218.60	142570.60	504518.70
	净利润(万)	292564.90	–914908.00	128231.70	369856.40

兴业银行股份有限公司

公司概况						
	公司名称	兴业银行股份有限公司			证券简称	兴业银行
	法人代表	高建平	董秘	唐斌	证券代码	601166
	公司网址	www.cib.com.cn		电子信箱	dongshiban@cib.com.cn	
	电 话	0591-87871169、87857530		传 真	0591-87871269	
	办公地址	福建省福州市湖东路154号				
	经营范围	吸收公众存款;发放短期、中期和长期贷款;办理国内外结算等				

主要财务指标	指标\报告期	2009.06.30	2008.12.31	2008.06.30	2007.12.31
	每股收益(元)	1.2400	2.2800	1.3100	1.7500
	每股收益(扣除)(元)	1.2300	2.2400	1.3000	1.6300
	每股净资产(元)	10.6200	9.8000	8.7800	7.7800
	调整后每股净资产(元)	–	–	–	–
	每股资本公积金(元)	3.5584	3.5392	3.4794	3.4712
	每股盈余公积金(元)	0.6806	0.6806	0.4529	0.4529
	每股未分配利润(元)	4.1032	3.3085	2.8893	1.9005
	每股现金净流量(元)	–	–	–	–
	每股经营现金净流量(元)	–	–	–	–
	净资产收益率(扣除)(%)	–	–	–	20.5400
	净资产收益率(%)	11.7200	23.2200	14.9100	22.0700
	总资产(万)	121363497.03	102089882.49	91696390.57	85133527.00
	股东权益(万)	5309119.82	4902204.61	4388205.18	3889707.69
	主营业务收入(万)	1392258.14	2971498.07	1501675.25	2205541.08
	主营业务利润(万)	797353.76	1397018.99	801561.72	1084855.78
	营业务收入(万)	–	–	–	–
	营业务利润(万)	–	–	–	–
	投资收益(万)	–	–	–	–
	利润总额(万)	796729.29	1403728.84	804161.55	1091017.10
	净利润(万)	622319.56	1138502.66	654397.22	858576.67

西部矿业股份有限公司

公司概况						
	公司名称	西部矿业股份有限公司			证券简称	西部矿业
	法人代表	毛小兵	董秘	李伍波	证券代码	601168
	公司网址	www.westmining.com		电子信箱	liwb@westmining.com	
	电 话	0971-6108188		传 真	0971-6122926	
	办公地址	青海省西宁市五四大街52号				
	经营范围	铜、铅、锌等有色金属矿和锰等黑色金属矿的探矿、采矿、选矿、冶炼等				

主要财务指标	指标\报告期	2009.06.30	2008.12.31	2008.06.30	2007.12.31
	每股收益(元)	0.0200	0.2400	0.3000	0.8100
	每股收益(扣除)(元)	0.0600	0.0800	0.3100	0.7700
	每股净资产(元)	4.1200	4.2100	4.2500	4.2600
	调整后每股净资产(元)	–	–	–	–
	每股资本公积金(元)	2.3397	2.3404	2.3359	2.3359
	每股盈余公积金(元)	0.1388	0.1541	0.1088	0.1164
	每股未分配利润(元)	0.6277	0.7085	0.8102	0.8070
	每股现金净流量(元)	0.9968	–0.5292	–0.3393	2.0545
	每股经营现金净流量(元)	–0.1342	0.0775	0.2687	1.1156
	净资产收益率(扣除)(%)	–	–	–	15.5200
	净资产收益率(%)	0.4600	5.6800	7.1000	16.2800
	总资产(万)	2174657.24	1740731.73	1677190.46	1578592.12
	股东权益(万)	982090.86	1003111.96	1013927.26	1014999.58
	主营业务收入(万)	–	–	–	–
	主营业务利润(万)	–	–	–	–
	营业务收入(万)	438697.15	1261922.60	624468.02	870930.72
	营业务利润(万)	7556.64	64771.46	91930.72	230698.24
	投资收益(万)	–	–	–	–
	利润总额(万)	7257.20	60126.79	88395.82	231046.38
	净利润(万)	4561.91	57006.78	72015.43	174298.32

北京银行股份有限公司

公司概况					
公司名称	北京银行股份有限公司			证券简称	北京银行
法人代表	闫冰竹	董秘	杨书剑	证券代码	601169
公司网址	www.bankofbeijing.com.cn		电子信箱	snow@bankofbeijing.com.cn	
电　　话	010-66223826		传　　真	010-66426519、66223833	
办公地址	北京市西城区金融大街丙 17 号				
经营范围	吸收公众存款;发放短期、中期和长期贷款;办理国内结算;办理票据贴现等				

主要财务指标

指标\报告期	2009.06.30	2008.12.31	2008.06.30	2007.12.31
每股收益(元)	0.4700	0.8700	0.4700	0.6300
每股收益(扣除)(元)	0.4700	0.8600	0.4700	0.6300
每股净资产(元)	5.6800	5.4300	4.6100	4.2800
调整后每股净资产(元)	–	–	–	–
每股资本公积金(元)	2.7110	2.7479	2.3373	2.3534
每股盈余公积金(元)	0.3441	0.3441	0.2571	0.2571
每股未分配利润(元)	1.1459	0.8564	0.6841	0.3381
每股现金净流量(元)	–	–	–	–
每股经营现金净流量(元)	–	–	–	–
净资产收益率(扣除)(%)	–	–	–	13.0000
净资产收益率(%)	8.0000	16.0300	10.0000	13.0000
总资产(万)	47810022.30	41702101.90	36335295.30	35422294.10
股东权益(万)	3536741.90	3379421.40	2872255.90	2666794.50
主营业务收入(万)	559116.60	1230405.50	571625.50	764186.20
主营业务利润(万)	373792.30	683696.60	371522.20	466178.80
营业务收入(万)	–	–	–	–
营业务利润(万)	–	–	–	–
投资收益(万)	–	–	–	–
利润总额(万)	292377.60	694517.60	369153.90	462908.40
净利润(万)	372998.30	541716.50	290198.90	334819.70

中国铁建股份有限公司

公司概况					
公司名称	中国铁建股份有限公司			证券简称	中国铁建
法人代表	李国瑞	董秘	李廷柱	证券代码	601186
公司网址	www.crcc.cn		电子信箱	ir@crcc.cn	
电　　话	010-52688600		传　　真	010-52688302	
办公地址	北京市海淀区复兴路 40 号东院				
经营范围	铁路、公路、城市轨道交通、机场、港口、码头、隧道、桥梁、水利电力、邮电等				

主要财务指标

指标\报告期	2009.06.30	2008.12.31	2008.06.30	2007.12.31
每股收益(元)	0.1800	0.3200	0.1400	0.3900
每股收益(扣除)(元)	0.1700	0.3200	0.1300	0.3000
每股净资产(元)	3.9600	3.8700	3.7000	0.6300
调整后每股净资产(元)	–	–	–	–
每股资本公积金(元)	2.5540	2.5861	2.5884	-0.4077
每股盈余公积金(元)	0.0181	–	–	–
每股未分配利润(元)	0.3810	0.3828	0.1495	0.0365
每股现金净流量(元)	0.2027	2.1608	2.0001	0.6019
每股经营现金净流量(元)	0.5748	0.6005	-0.3441	1.1776
净资产收益率(扣除)(%)	–	–	–	47.2200
净资产收益率(%)	4.5400	7.6300	3.3400	62.1500
总资产(万)	24618815.90	23029734.10	20552786.70	15687778.10
股东权益(万)	4888336.10	4874815.80	4564255.00	505796.00
主营业务收入(万)	–	–	–	–
主营业务利润(万)	–	–	–	–
营业务收入(万)	13022036.40	22614070.80	8223582.10	17748728.80
营业务利润(万)	288514.90	470175.40	186751.00	489082.20
投资收益(万)	–	–	–	–
利润总额(万)	297145.10	456884.50	190865.70	497678.80
净利润(万)	222099.80	364384.30	152478.00	314340.40

中国平安保险(集团)股份有限公司

公司概况					
公司名称	中国平安保险(集团)股份有限公司			证券简称	中国平安
法人代表	马明哲	董秘	姚军	证券代码	601318
公司网址	www.pingan.com.cn		电子信箱	ir@pingan.com.cn	
电　　话	0755-400*8866338		传　　真	0755-82431029	
办公地址	广东省深圳市八卦三路平安大厦				
经营范围	投资金融、保险企业;监督管理控股投资企业的各种国内、国际业务等				

主要财务指标

指标\报告期	2009.06.30	2008.12.31	2008.06.30	2007.12.31
每股收益(元)	0.5900	0.0900	0.9700	2.1100
每股收益(扣除)(元)	0.6000	0.1100	0.9700	2.0800
每股净资产(元)	12.3000	10.7200	11.0200	14.6000
调整后每股净资产(元)	–	–	–	–
每股资本公积金(元)	7.5215	6.5479	5.7768	9.8176
每股盈余公积金(元)	0.8339	0.8339	1.1353	0.7699
每股未分配利润(元)	2.8818	2.2900	2.8551	2.9639
每股现金净流量(元)	–	–	–	–
每股经营现金净流量(元)	–	–	–	–
净资产收益率(扣除)(%)	–	–	–	13.9000
净资产收益率(%)	4.8000	0.8400	8.8000	14.1000
总资产(万)	83022000.00	70764000.00	64360600.00	65134400.00
股东权益(万)	9032700.00	7875700.00	8095500.00	10723400.00
主营业务收入(万)	11086800.00	13980300.00	7148500.00	16526300.00
主营业务利润(万)	733100.00	-230700.00	717200.00	1716700.00
营业务收入(万)	–	–	–	–
营业务利润(万)	–	–	–	–
投资收益(万)	–	–	–	–
利润总额(万)	731000.00	-245300.00	711900.00	1748300.00
净利润(万)	434700.00	66200.00	710200.00	1508600.00

交通银行股份有限公司

公司概况					
公司名称	交通银行股份有限公司			证券简称	交通银行
法人代表	胡怀邦	董秘	杜江龙	证券代码	601328
公司网址	www.bankcomm.com		电子信箱	investor@bankcomm.com	
电　　话	86-21-58766688		传　　真	86-21-58798398	
办公地址	中国上海市浦东新区银城中路 188 号				
经营范围	吸收公众存款;发放短期、中期和长期贷款;办理国内外结算等				

主要财务指标

指标\报告期	2009.06.30	2008.12.31	2008.06.30	2007.12.31
每股收益(元)	0.3200	0.5800	0.3200	0.4300
每股收益(扣除)(元)	0.3200	0.5800	0.3200	0.4300
每股净资产(元)	3.1700	2.9600	2.7500	2.6200
调整后每股净资产(元)	–	–	–	–
每股资本公积金(元)	0.9514	0.9623	0.9129	0.9380
每股盈余公积金(元)	0.4690	0.3282	0.2704	0.0967
每股未分配利润(元)	0.3961	0.4390	0.3337	0.3799
每股现金净流量(元)	–	–	–	–
每股经营现金净流量(元)	–	–	–	–
净资产收益率(扣除)(%)	–	–	–	–
净资产收益率(%)	10.0200	19.5700	11.5100	15.9800
总资产(万)	329412000.00	267825500.00	242636600.00	210362600.00
股东权益(万)	15542400.00	14520900.00	13495500.00	12837900.00
主营业务收入(万)	3681300.00	7666000.00	3763900.00	6232200.00
主营业务利润(万)	1984200.00	3578300.00	2034900.00	3085000.00
营业务收入(万)	–	–	–	–
营业务利润(万)	–	–	–	–
投资收益(万)	–	–	–	–
利润总额(万)	1990300.00	3581800.00	2032900.00	3103800.00
净利润(万)	1557900.00	2842300.00	1553400.00	2051300.00

广深铁路股份有限公司

公司概况						
	公司名称	广深铁路股份有限公司			证券简称	广深铁路
	法人代表	何玉华	董秘	郭向东	证券代码	601333
	公司网址	www.gsrc.com		电子信箱	ir@gsrc.com	
	电　　话	0755-25587920		传　　真	0755-25591480	
	办公地址	广东省深圳市和平路1052号				
	经营范围	铁路客货运输服务,铁路设施技术服务,国内货运代理,铁路货运代理等				

主要财务指标	指标\报告期	2009.06.30	2008.12.31	2008.06.30	2007.12.31
	每股收益(元)	0.0830	0.1711	0.0950	0.2000
	每股收益(扣除)(元)	0.0840	0.1733	0.0950	0.2000
	每股净资产(元)	3.1640	3.1600	3.0800	3.0700
	调整后每股净资产(元)	–	–	–	–
	每股资本公积金(元)	1.6326	1.6326	1.6326	1.6326
	每股盈余公积金(元)	0.2537	0.2537	0.2366	0.2366
	每股未分配利润(元)	0.2777	0.2743	0.2150	0.2003
	每股现金净流量(元)	0.0619	–0.1117	–0.1312	–0.4961
	每股经营现金净流量(元)	0.1707	0.2662	0.1844	0.3788
	净资产收益率(扣除)(%)	–	–	–	6.7100
	净资产收益率(%)	2.6400	5.4100	3.0700	6.5800
	总资产(万)	2906649.55	2892719.89	2790796.86	2744854.11
	股东权益(万)	2241269.23	2238808.41	2184697.84	2174293.94
	主营业务收入(万)	–	–	–	–
	主营业务利润(万)	–	–	–	–
	营业务收入(万)	585788.44	1168865.47	561990.23	1050850.35
	营业务利润(万)	73909.57	149242.76	82007.59	165706.89
	投资收益(万)	–	–	–	–
	利润总额(万)	73866.83	148267.43	82047.14	165189.98
	净利润(万)	59129.12	121182.76	67072.19	143083.55

中国中铁股份有限公司

公司概况						
	公司名称	中国中铁股份有限公司			证券简称	中国中铁
	法人代表	石大华	董秘	于腾群	证券代码	601390
	公司网址	www.crec.cn		电子信箱	ir@crec.cn	
	电　　话	010-51845717		传　　真	010-51842057	
	办公地址	北京市丰台区莲花池南里26号				
	经营范围	土木工程建筑和线路、管道、设备安装的总承包;上述项目勘测、设计等				

主要财务指标	指标\报告期	2009.06.30	2008.12.31	2008.06.30	2007.12.31
	每股收益(元)	0.1400	0.0500	0.0900	0.2400
	每股收益(扣除)(元)	0.1400	0.2100	0.0600	0.0700
	每股净资产(元)	2.7900	2.8700	2.6600	2.8100
	调整后每股净资产(元)	–	–	–	–
	每股资本公积金(元)	1.4505	1.4377	1.4225	1.4759
	每股盈余公积金(元)	0.0316	0.0316	0.0153	0.0153
	每股未分配利润(元)	0.3099	0.1653	0.2204	0.1361
	每股现金净流量(元)	0.2256	–0.4660	–0.2500	1.2692
	每股经营现金净流量(元)	0.2503	0.0366	–0.1652	–0.0026
	净资产收益率(扣除)(%)	–	–	–	1.4800
	净资产收益率(%)	5.1900	1.9900	3.3300	5.7700
	总资产(万)	28199565.80	25209573.10	23412563.20	21651457.70
	股东权益(万)	5952313.40	5616605.10	5663150.10	5595970.10
	主营业务收入(万)	–	–	–	–
	主营业务利润(万)	–	–	–	–
	营业务收入(万)	14792026.50	23461928.30	9521379.40	18415352.60
	营业务利润(万)	395781.80	161273.50	255624.00	412017.10
	投资收益(万)	–	–	–	–
	利润总额(万)	405517.50	193320.00	277283.00	442392.30
	净利润(万)	308728.20	111518.70	188352.80	322826.90

中国工商银行股份有限公司

公司概况						
	公司名称	中国工商银行股份有限公司			证券简称	工商银行
	法人代表	姜建清	董秘	谷澍	证券代码	601398
	公司网址	www.icbc.com.cn		电子信箱	ir@icbc.com.cn	
	电　　话	010-66108608		传　　真	010-66106139	
	办公地址	中国北京市西城区复兴门内大街55号				
	经营范围	办理人民币存款、贷款;同业拆借业务;国内外结算;办理票据承兑等				

主要财务指标	指标\报告期	2009.06.30	2008.12.31	2008.06.30	2007.12.31
	每股收益(元)	0.2000	0.3300	0.1900	0.2400
	每股收益(扣除)(元)	0.2000	0.3300	0.1900	0.2400
	每股净资产(元)	1.8500	1.8100	1.6500	1.6100
	调整后每股净资产(元)	–	–	–	–
	每股资本公积金(元)	0.3262	0.3360	0.2993	0.3180
	每股盈余公积金(元)	0.0738	0.0738	0.0407	0.0405
	每股未分配利润(元)	0.2495	0.2160	0.1960	0.1360
	每股现金净流量(元)	–	–	–	–
	每股经营现金净流量(元)	–	–	–	–
	净资产收益率(扣除)(%)	–	–	–	14.8600
	净资产收益率(%)	10.7600	18.3600	11.7300	15.0800
	总资产(万)	1143508600.00	975765400.00	939996000.00	868428800.00
	股东权益(万)	61641600.00	60318300.00	55000700.00	54425200.00
	主营业务收入(万)	14835200.00	30975800.00	15500700.00	25555600.00
	主营业务利润(万)	8506600.00	14353100.00	8355200.00	11318500.00
	营业务收入(万)	–	–	–	–
	营业务利润(万)	–	–	–	–
	投资收益(万)	–	–	–	–
	利润总额(万)	8567700.00	14530100.00	8441100.00	11511400.00
	净利润(万)	6631300.00	11115100.00	6453100.00	8125600.00

北京北辰实业股份有限公司

公司概况						
	公司名称	北京北辰实业股份有限公司			证券简称	北辰实业
	法人代表	贺江川	董秘	郭川	证券代码	601588
	公司网址	www.beijingns.com.cn		电子信箱	northstar@beijingns.com.cn	
	电　　话	010-64991277		传　　真	010-64991352	
	办公地址	北京市朝阳区北辰东路8号汇欣大厦A座707				
	经营范围	房地产开发、物业管理、物业出租、娱乐及餐饮、酒店及百货业等				

主要财务指标	指标\报告期	2009.06.30	2008.12.31	2008.06.30	2007.12.31
	每股收益(元)	0.1500	0.1300	0.0400	0.1000
	每股收益(扣除)(元)	0.1500	0.1400	0.0400	0.1000
	每股净资产(元)	2.6670	2.5500	2.4600	2.4400
	调整后每股净资产(元)	–	–	–	–
	每股资本公积金(元)	1.0941	1.0949	1.0947	1.0928
	每股盈余公积金(元)	0.1611	0.1611	0.1522	0.1522
	每股未分配利润(元)	0.4119	0.2942	0.2090	0.1997
	每股现金净流量(元)	0.3482	0.7942	0.3754	–0.7943
	每股经营现金净流量(元)	0.1397	0.7324	0.2520	–1.7424
	净资产收益率(扣除)(%)	–	–	–	4.0200
	净资产收益率(%)	5.5400	5.2300	1.6000	3.9862
	总资产(万)	2636065.15	2561929.54	2283054.24	2040640.54
	股东权益(万)	898018.55	858627.92	826919.43	823159.38
	主营业务收入(万)	–	–	–	–
	主营业务利润(万)	–	–	–	–
	营业务收入(万)	311656.79	418127.06	148795.58	399955.92
	营业务利润(万)	74596.77	83339.57	34302.67	69940.00
	投资收益(万)	–	–	–	–
	利润总额(万)	74311.58	80668.58	32693.99	69543.45
	净利润(万)	49749.99	44892.93	13226.50	32813.14

中国铝业股份有限公司

公司概况

公司名称	中国铝业股份有限公司			证券简称	中国铝业
法人代表	熊维平	董秘	刘强	证券代码	601600
公司网址	www.chalco.com.cn		电子信箱	ir_faq@chalco.com.cn	
电　话	010-82298150、82298103		传　真	010-82298158	
办公地址	中国北京海淀区西直门北大街 62 号				
经营范围	铝矿资源的开发及铝矿产品、碳素制品及相关有色金属产品的生产、加工、销售				

主要财务指标

指标\报告期	2009.06.30	2008.12.31	2008.06.30	2007.12.31
每股收益(元)	-0.2600	0.0007	0.1780	0.8406
每股收益(扣除)(元)	-0.2850	-0.0093	0.1890	0.7874
每股净资产(元)	3.8100	4.0700	4.3000	4.4900
调整后每股净资产(元)	-	-	-	-
每股资本公积金(元)	0.9853	0.9852	0.9779	1.3520
每股盈余公积金(元)	0.4288	0.4313	0.4229	0.4453
每股未分配利润(元)	1.4024	1.6628	1.9010	1.8618
每股现金净流量(元)	-0.2148	0.5292	0.1841	-0.1449
每股经营现金净流量(元)	0.1014	0.3700	0.1258	0.9407
净资产收益率(扣除)(%)	-	-	-	16.6000
净资产收益率(%)	-6.8300	0.0200	4.1300	17.7200
总资产(万)	13416738.30	13552751.90	12052605.20	10584806.80
股东权益(万)	5157357.10	5499848.20	5817056.70	6068806.30
主营业务收入(万)	-	-	-	-
主营业务利润(万)	-	-	-	-
营业务收入(万)	2798468.40	7672594.10	3960682.60	8519883.50
营业务利润(万)	-456288.80	25712.40	352153.70	1513371.10
投资收益(万)	-	-	-	-
利润总额(万)	-444684.20	12481.50	325617.80	1499230.80
净利润(万)	-352175.90	922.80	240074.60	1075304.20

中国太平洋保险(集团)股份有限公司

公司概况

公司名称	中国太平洋保险(集团)股份有限公司			证券简称	中国太保
法人代表	高国富	董秘	陈巍	证券代码	601601
公司网址	www.cpic.com.cn		电子信箱	ir@cpic.com.cn	
电　话	021-58776688		传　真	021-68870791	
办公地址	上海市浦东新区银城中路 190 号交银金融大厦南楼				
经营范围	控股投资保险企业;监督管理控股投资保险企业的各类国内、国际再保险业务等				

主要财务指标

指标\报告期	2009.06.30	2008.12.31	2008.06.30	2007.12.31
每股收益(元)	0.3100	0.1700	0.7200	1.1200
每股收益(扣除)(元)	0.3100	0.1300	0.7100	1.1200
每股净资产(元)	6.7200	6.3300	6.5200	8.1600
调整后每股净资产(元)	-	-	-	-
每股资本公积金(元)	5.0855	4.7006	4.3530	6.4005
每股盈余公积金(元)	0.1279	0.1279	0.1161	0.1161
每股未分配利润(元)	0.5116	0.5045	1.0583	0.6425
每股现金净流量(元)	0.1508	-1.4999	1.4499	2.2423
每股经营现金净流量(元)	2.5039	3.2540	2.2116	2.8143
净资产收益率(扣除)(%)	-	-	-	11.0000
净资产收益率(%)	4.5700	2.7500	10.9700	11.0000
总资产(万)	36555400.00	31939000.00	30598500.00	30901000.00
股东权益(万)	5175600.00	4874100.00	5023700.00	6280700.00
主营业务收入(万)	-	-	-	-
主营业务利润(万)	-	-	-	-
营业务收入(万)	5422500.00	9783500.00	6307600.00	9300800.00
营业务利润(万)	305300.00	-74900.00	525400.00	849600.00
投资收益(万)	-	-	-	-
利润总额(万)	303200.00	-35500.00	535800.00	844300.00
净利润(万)	236400.00	133900.00	551200.00	689300.00

中国人寿保险股份有限公司

公司概况

公司名称	中国人寿保险股份有限公司			证券简称	中国人寿
法人代表	杨超	董秘	刘英齐	证券代码	601628
公司网址	www.e-chinalife.com		电子信箱	ir@e-chinalife.com	
电　话	010-85659031、85252122		传　真	010-85252210	
办公地址	北京市朝阳区朝外大街 16 号中国人寿大厦				
经营范围	包括人寿保险、健康保险、意外伤害保险等各类人身保险业务等				

主要财务指标

指标\报告期	2009.06.30	2008.12.31	2008.06.30	2007.12.31
每股收益(元)	0.4900	0.3600	0.3800	0.9900
每股收益(扣除)(元)	0.4900	0.3600	0.3800	1.0000
每股净资产(元)	5.3700	4.7700	4.5100	6.0200
调整后每股净资产(元)	-	-	-	-
每股资本公积金(元)	2.5988	2.2614	1.9699	3.4449
每股盈余公积金(元)	0.3997	0.3640	0.3283	0.2295
每股未分配利润(元)	1.2417	1.0149	1.1112	1.2489
每股现金净流量(元)	-	-	-	-
每股经营现金净流量(元)	-	-	-	-
净资产收益率(扣除)(%)	-	-	-	16.5300
净资产收益率(%)	9.1600	7.4600	8.4500	16.5200
总资产(万)	110243700.00	99016400.00	91302000.00	89460400.00
股东权益(万)	15191200.00	13495700.00	12742400.00	17108900.00
主营业务收入(万)	20839600.00	34107400.00	20797200.00	28129400.00
主营业务利润(万)	1781200.00	790500.00	1021500.00	3481900.00
营业务收入(万)	-	-	-	-
营业务利润(万)	-	-	-	-
投资收益(万)	-	-	-	-
利润总额(万)	1778000.00	785900.00	1018500.00	3479400.00
净利润(万)	1392000.00	1006800.00	1077200.00	2811600.00

平顶山天安煤业股份有限公司

公司概况

公司名称	平顶山天安煤业股份有限公司			证券简称	平煤股份
法人代表	陈建生	董秘	黄爱军	证券代码	601666
公司网址	www.pmta.com.cn		电子信箱	pmta@pmjt.com.cn	
电　话	0375-2726764		传　真	0375-2726426	
办公地址	河南省平顶山市矿工中路 21 号				
经营范围	煤炭开采、煤炭洗选加工及煤炭销售等				

主要财务指标

指标\报告期	2009.06.30	2008.12.31	2008.06.30	2007.12.31
每股收益(元)	0.5600	2.4759	0.8300	1.3809
每股收益(扣除)(元)	0.5600	2.9105	1.2500	1.0269
每股净资产(元)	5.5200	8.6200	6.0000	6.6200
调整后每股净资产(元)	-	-	-	-
每股资本公积金(元)	2.1577	2.8050	3.0455	2.7707
每股盈余公积金(元)	0.6274	0.9527	0.5796	0.7053
每股未分配利润(元)	1.4356	3.8645	1.3764	2.1441
每股现金净流量(元)	-0.4987	1.3944	2.2548	0.9565
每股经营现金净流量(元)	0.8852	3.4526	3.0096	2.2348
净资产收益率(扣除)(%)	-	-	-	15.5100
净资产收益率(%)	10.1800	28.7100	13.7900	20.8600
总资产(万)	1393983.62	1635750.65	1338531.81	1200214.88
股东权益(万)	771109.84	926651.30	644988.61	711475.89
主营业务收入(万)	-	-	-	-
主营业务利润(万)	-	-	-	-
营业务收入(万)	733416.82	1738060.38	789234.39	1106093.44
营业务利润(万)	105285.76	417071.14	183229.00	216460.36
投资收益(万)	-	-	-	-
利润总额(万)	105232.00	355294.98	122927.89	216849.10
净利润(万)	78478.90	266086.31	88919.51	148411.30

中国建筑股份有限公司

公司概况				
公司名称	中国建筑股份有限公司		证券简称	中国建筑
法人代表	孙文杰	董秘 孟庆禹	证券代码	601668
公司网址	www.cscec.com		电子信箱	ir@cscec.com.cn
电　话	010-88082888		传　真	010-88082789
办公地址	北京市海淀区三里河路 15 号			
经营范围	承担国内外公用、民用房屋建筑工程的施工、安装、咨询等			

主要财务指标 指标\报告期	2009.06.30	2008.12.31	2008.06.30	2007.12.31
每股收益(元)	0.1300	0.1500	–	0.2900
每股收益(扣除)(元)	0.1200	0.1400	–	0.2100
每股净资产(元)	0.9700	0.8500	–	0.7100
调整后每股净资产(元)	–	–	–	–
每股资本公积金(元)	–0.3310	–0.3374	–	–0.3207
每股盈余公积金(元)	0.0042	0.0042	–	0.0000
每股未分配利润(元)	0.2841	0.1758	–	0.0275
每股现金净流量(元)	0.3255	0.4642	–	0.5370
每股经营现金净流量(元)	0.4725	0.1446	–	–0.0608
净资产收益率(扣除)(%)	–	–	–	–
净资产收益率(%)	13.4500	17.8500	–	38.4100
总资产(万)	22348132.10	20416777.20	–	16593907.80
股东权益(万)	1744097.50	1538378.40	–	1280158.20
主营业务收入(万)	–	–	–	–
主营业务利润(万)	–	–	–	–
营业务收入(万)	11132757.20	20209679.90	–	16830580.50
营业务利润(万)	525118.80	670473.10	–	943870.70
投资收益(万)	–	–	–	–
利润总额(万)	531583.10	686149.80	–	965573.30
净利润(万)	234610.60	274548.00	–	491697.40

山西潞安环保能源开发股份有限公司

公司概况				
公司名称	山西潞安环保能源开发股份有限公司		证券简称	潞安环能
法人代表	任润厚	董秘 洪强	证券代码	601699
公司网址	www.luanhn.com		电子信箱	hq601699@163.com
电　话	0355-5923838、5920887		传　真	0355-5925912
办公地址	山西省长治市襄垣县侯堡镇			
经营范围	原煤开采。煤炭洗选；煤焦冶炼；洁净煤技术的开发与利用等			

主要财务指标 指标\报告期	2009.06.30	2008.12.31	2008.06.30	2007.12.31
每股收益(元)	1.0200	2.4800	0.7500	1.2600
每股收益(扣除)(元)	1.0200	2.4800	0.7600	1.5500
每股净资产(元)	7.0060	6.8300	3.9300	10.2500
调整后每股净资产(元)	–	–	–	–
每股资本公积金(元)	1.1904	0.9341	1.2876	3.8707
每股盈余公积金(元)	0.6204	2.3427	0.4449	3.2004
每股未分配利润(元)	2.1115	2.5571	1.1909	2.1801
每股现金净流量(元)	0.0037	–1.1519	–1.3478	0.8776
每股经营现金净流量(元)	1.4712	3.0500	0.8266	4.0881
净资产收益率(扣除)(%)	–	–	–	–
净资产收益率(%)	14.5600	36.2500	19.1800	22.1500
总资产(万)	1777564.89	1720788.41	1342820.45	1509290.44
股东权益(万)	806119.76	786268.30	451399.12	655247.01
主营业务收入(万)	–	–	–	–
主营业务利润(万)	–	–	–	–
营业务收入(万)	864826.73	1666990.43	729299.82	1035306.57
营业务利润(万)	166359.37	403871.12	117307.84	212098.07
投资收益(万)	–	–	–	–
利润总额(万)	165696.05	402896.31	116929.86	210916.66
净利润(万)	117382.63	285020.31	86576.06	145138.17

上海电气集团股份有限公司

公司概况				
公司名称	上海电气集团股份有限公司		证券简称	上海电气
法人代表	徐建国	董秘 伏蓉	证券代码	601727
公司网址	www.shanghai-electric.com		电子信箱	ir@shanghai-electric.com
电　话	021-52082266		传　真	021-52082103
办公地址	上海市兴义路 8 号 30 楼			
经营范围	电站及输配电,机电一体化,交通运输、环保设备的设计、制造、销售等			

主要财务指标 指标\报告期	2009.06.30	2008.12.31	2008.06.30	2007.12.31
每股收益(元)	0.1127	0.2196	0.1300	0.2400
每股收益(扣除)(元)	0.1018	0.1900	0.1300	0.2100
每股净资产(元)	1.7000	1.7000	1.6700	1.6300
调整后每股净资产(元)	–	–	–	–
每股资本公积金(元)	0.1570	0.1660	0.1798	0.2666
每股盈余公积金(元)	0.1321	0.1469	0.1302	0.1238
每股未分配利润(元)	0.4141	0.4045	0.3664	0.2421
每股现金净流量(元)	0.0253	–0.0256	–0.1894	0.3305
每股经营现金净流量(元)	0.2366	0.2423	–0.0655	0.2984
净资产收益率(扣除)(%)	–	–	–	13.1900
净资产收益率(%)	6.6300	12.3000	7.9800	14.9600
总资产(万)	8773703.10	8187822.00	7997876.60	7562937.30
股东权益(万)	2126631.40	2146234.70	1986716.70	1934962.90
主营业务收入(万)	–	–	–	–
主营业务利润(万)	–	–	–	–
营业务收入(万)	2787180.10	5890864.40	2876046.20	5609784.10
营业务利润(万)	218313.40	397457.40	281041.30	558426.30
投资收益(万)	–	–	–	–
利润总额(万)	224941.50	419318.90	286587.60	575605.00
净利润(万)	140959.00	262221.40	159684.30	289534.40

中国南车股份有限公司

公司概况				
公司名称	中国南车股份有限公司		证券简称	中国南车
法人代表	赵小刚	董秘 邵仁强	证券代码	601766
公司网址	www.csrgc.com.cn		电子信箱	csr@csrgc.com.cn
电　话	010-51862188		传　真	010-63984785
办公地址	北京市海淀区西四环中路 16 号			
经营范围	铁路机车车辆、城市轨道交通车辆、各类机电设备及零部件等			

主要财务指标 指标\报告期	2009.06.30	2008.12.31	2008.06.30	2007.12.31
每股收益(元)	0.0500	0.1600	0.1400	0.1200
每股收益(扣除)(元)	0.0500	0.1400	0.1300	0.0700
每股净资产(元)	1.3800	1.3600	1.3300	0.6200
调整后每股净资产(元)	–	–	–	–
每股资本公积金(元)	0.2402	0.2398	0.2408	–0.3791
每股盈余公积金(元)	0.0050	0.0050	–	–
每股未分配利润(元)	0.1328	0.1119	0.0896	–
每股现金净流量(元)	–0.3139	0.3491	0.3486	0.2274
每股经营现金净流量(元)	–0.1450	0.1131	–0.0510	0.2062
净资产收益率(扣除)(%)	–	–	–	11.8200
净资产收益率(%)	3.8400	8.6200	6.7300	18.5800
总资产(万)	4968201.30	4548867.42	4465216.80	3272585.80
股东权益(万)	1631571.00	1605606.95	1575133.56	434596.18
主营业务收入(万)	–	–	–	–
主营业务利润(万)	–	–	–	–
营业务收入(万)	1858031.60	3576814.71	2447879.19	2740096.47
营业务利润(万)	86760.70	164270.59	136203.80	96194.99
投资收益(万)	–	–	–	–
利润总额(万)	100763.90	193053.24	154951.73	119395.29
净利润(万)	62633.70	138424.03	106071.92	80735.14

光大证券股份有限公司

公司概况	公司名称	光大证券股份有限公司			证券简称	光大证券
	法人代表	唐双宁	董秘	梅键	证券代码	601788
	公司网址	www.ebscn.com		电子信箱	ebs@ebscn.com	
	电　话	021-22169999		传　真	021-62151789	
	办公地址	上海市静安区新闸路1508号静安国际广场				
	经营范围	证券的代理买卖;代理证券的还本付息、分红派息;证券代保管、鉴证等				

主要财务指标	指标\报告期	2009.06.30	2008.12.31	2008.06.30	2007.12.31
	每股收益(元)	0.4200	0.4700	0.3500	1.6800
	每股收益(扣除)(元)	0.4200	–	–	–
	每股净资产(元)	4.1400	3.6400	3.6400	3.4500
	调整后每股净资产(元)	–	–	–	–
	每股资本公积金(元)	0.2442	0.1632	–	0.4499
	每股盈余公积金(元)	0.2422	0.2422	–	0.2001
	每股未分配利润(元)	2.2122	1.7916	–	1.4459
	每股现金净流量(元)	–0.7507	–4.5574	3.8039	11.2614
	每股经营现金净流量(元)	–0.7165	–4.5018	3.8215	11.0771
	净资产收益率(扣除)(%)	–	–	–	–
	净资产收益率(%)	10.1600	12.9653	9.8900	46.8111
	总资产(万)	3633614.42	3327568.05	3327568.05	5386942.48
	股东权益(万)	1200163.62	1054772.01	1054772.01	1001119.88
	主营业务收入(万)	–	–	–	–
	主营业务利润(万)	–	–	–	–
	营业务收入(万)	262264.20	369102.08	224941.74	982439.65
	营业务利润(万)	167898.83	166644.14	128820.72	717753.20
	投资收益(万)	–	–	–	–
	利润总额(万)	168785.31	172940.35	127888.21	696191.04
	净利润(万)	121901.32	136754.01	102282.69	468635.62

中海油田服务股份有限公司

公司概况	公司名称	中海油田服务股份有限公司			证券简称	中海油服
	法人代表	傅成玉	董秘	陈卫东	证券代码	601808
	公司网址	www.cosl.com.cn		电子信箱	cosl@cnoocs.com	
	电　话	010-85191300		传　真	010-84521325	
	办公地址	北京市东城区朝阳门北大街25号中国海油大厦610室				
	经营范围	为石油、天然气及其他地质矿产的勘察、勘探、开发及开采提供服务等				

主要财务指标	指标\报告期	2009.06.30	2008.12.31	2008.06.30	2007.12.31
	每股收益(元)	0.2300	0.6900	0.3400	0.5400
	每股收益(扣除)(元)	0.2500	0.7400	0.3400	0.5400
	每股净资产(元)	4.4900	4.4000	4.0500	4.1700
	调整后每股净资产(元)	–	–	–	–
	每股资本公积金(元)	1.7962	1.7962	1.7962	1.7962
	每股盈余公积金(元)	0.2225	0.2225	0.1507	0.1507
	每股未分配利润(元)	1.4698	1.3810	1.1040	0.8826
	每股现金净流量(元)	–0.1178	–0.5565	–0.6359	1.0244
	每股经营现金净流量(元)	0.4914	0.8980	0.3003	0.6594
	净资产收益率(扣除)(%)	–	–	–	12.9600
	净资产收益率(%)	5.0900	15.6700	8.4200	12.9900
	总资产(万)	5915607.99	5665911.86	2376386.58	2308908.01
	股东权益(万)	2020262.07	1979784.42	1821944.22	1722500.78
	主营业务收入(万)	–	–	–	–
	主营业务利润(万)	–	–	–	–
	营业务收入(万)	799792.94	1243025.26	523002.19	924189.48
	营业务利润(万)	133729.16	333926.24	198248.09	285882.35
	投资收益(万)	–	–	–	–
	利润总额(万)	119569.07	330728.64	199815.70	286656.71
	净利润(万)	102838.14	310224.11	153445.21	223758.39

中国石油天然气股份有限公司

公司概况	公司名称	中国石油天然气股份有限公司			证券简称	中国石油
	法人代表	蒋洁敏	董秘	李华林	证券代码	601857
	公司网址	www.petrochina.com.cn		电子信箱	xwzou@petrochina.com.cn	
	电　话	86(10)-59986223、59986959		传　真	86(10)-62099557、62099559	
	办公地址	中国北京东城区东直门北大街9号				
	经营范围	石油、天然气勘查、生产、销售;炼油、石油化工、化工产品的生产、销售等				

主要财务指标	指标\报告期	2009.06.30	2008.12.31	2008.06.30	2007.12.31
	每股收益(元)	0.2700	0.6200	0.2600	0.8200
	每股收益(扣除)(元)	0.2774	0.5400	0.2540	0.7600
	每股净资产(元)	4.4500	4.3300	3.8000	4.0300
	调整后每股净资产(元)	–	–	–	–
	每股资本公积金(元)	0.6300	0.6301	0.6667	0.6683
	每股盈余公积金(元)	0.6309	0.6678	0.5611	0.5804
	每股未分配利润(元)	2.1671	2.0423	1.5856	1.8009
	每股现金净流量(元)	0.3064	–0.1951	–0.0364	0.0978
	每股经营现金净流量(元)	0.7311	0.9660	0.4590	1.1595
	净资产收益率(扣除)(%)	–	–	–	–
	净资产收益率(%)	6.1810	14.4000	6.9500	19.9000
	总资产(万)	129105800.00	119490100.00	105939600.00	106768000.00
	股东权益(万)	81423000.00	79161900.00	69614900.00	73961600.00
	主营业务收入(万)	–	–	–	–
	主营业务利润(万)	–	–	–	–
	营业务收入(万)	41527700.00	107114600.00	54952200.00	83635300.00
	营业务利润(万)	6392900.00	14933200.00	7072500.00	20601900.00
	投资收益(万)	–	–	–	–
	利润总额(万)	6359600.00	16110000.00	7320600.00	20418200.00
	净利润(万)	5032600.00	12594600.00	4835500.00	14586700.00

中海集装箱运输股份有限公司

公司概况	公司名称	中海集装箱运输股份有限公司			证券简称	中海集运
	法人代表	李绍德	董秘	叶宇芒	证券代码	601866
	公司网址	www.cscl.com.cn		电子信箱	ir@cnshipping.com	
	电　话	021-65966105		传　真	021-65966498	
	办公地址	上海市浦东新区福山路450号27层				
	经营范围	国内沿海及长江中下游普通货船、国内沿海外贸集装箱内支线班轮运输等				

主要财务指标	指标\报告期	2009.06.30	2008.12.31	2008.06.30	2007.12.31
	每股收益(元)	–0.2926	0.0112	0.0598	0.3520
	每股收益(扣除)(元)	–0.2940	0.0017	0.0584	0.3414
	每股净资产(元)	2.4225	2.7800	2.8000	2.8000
	调整后每股净资产(元)	–	–	–	–
	每股资本公积金(元)	1.4700	1.4706	1.5244	1.7017
	每股盈余公积金(元)	0.1115	0.1115	0.1031	0.1048
	每股未分配利润(元)	–0.1056	0.1863	0.2299	0.2219
	每股现金净流量(元)	–0.3166	–0.4042	–0.0609	1.1376
	每股经营现金净流量(元)	–0.1344	0.2850	0.1971	0.5177
	净资产收益率(扣除)(%)	–	–	–	9.1483
	净资产收益率(%)	–12.0770	0.4110	2.1300	9.4325
	总资产(万)	4573545.91	5029857.33	4968077.84	5303207.84
	股东权益(万)	2830262.84	3173839.38	3276248.60	3487771.88
	主营业务收入(万)	–	–	–	–
	主营业务利润(万)	–	–	–	–
	营业务收入(万)	904284.35	3511029.70	1838091.77	3935688.22
	营业务利润(万)	–335214.94	10388.72	76888.33	389957.32
	投资收益(万)	–	–	–	–
	利润总额(万)	–332828.99	14412.18	78782.79	391433.98
	净利润(万)	–341797.36	13058.05	69865.38	328984.29

招商局能源运输股份有限公司

公司概况	公司名称	招商局能源运输股份有限公司			证券简称	招商轮船
	法人代表	傅育宁	董秘	孔康	证券代码	601872
	公司网址	www.cmenergyshipping.com		电子信箱	ir@cmeshipping.com	
	电　话	021-63234803		传　真	021-63238238	
	办公地址	上海市中山东一路 9 号(外滩 9 号楼)				
	经营范围	本公司主营业务为远洋油轮及散货船运输等				

主要财务指标	指标\报告期	2009.06.30	2008.12.31	2008.06.30	2007.12.31
	每股收益(元)	0.0600	0.3600	0.2500	0.2500
	每股收益(扣除)(元)	0.0600	0.3800	0.2100	0.2400
	每股净资产(元)	2.8100	2.7500	2.6800	2.5500
	调整后每股净资产(元)	–	–	–	–
	每股资本公积金(元)	1.2687	1.2687	1.2426	1.2576
	每股盈余公积金(元)	0.0106	0.0106	–	–
	每股未分配利润(元)	0.8042	0.7399	0.7114	0.4624
	每股现金净流量(元)	–0.1484	0.2350	–0.0011	–0.1878
	每股经营现金净流量(元)	0.1159	0.5982	0.3050	0.3559
	净资产收益率(扣除)(%)	–	–	–	–
	净资产收益率(%)	2.2883	13.0770	9.2741	9.6900
	总资产(万)	1498526.75	1434678.70	1326221.80	1303742.84
	股东权益(万)	965028.07	942969.84	921737.70	875873.07
	主营业务收入(万)	–	–	–	–
	主营业务利润(万)	–	–	–	–
	营业务收入(万)	90067.41	321079.49	163292.13	242092.10
	营业务利润(万)	24052.70	131286.64	76786.38	89578.15
	投资收益(万)	–	–	–	–
	利润总额(万)	24052.70	143420.27	88846.74	93392.28
	净利润(万)	22082.57	123312.50	85482.53	84846.60

中国中煤能源股份有限公司

公司概况	公司名称	中国中煤能源股份有限公司			证券简称	中煤能源
	法人代表	王安	董秘	周东洲	证券代码	601898
	公司网址	www.chinacoalenergy.com		电子信箱	ird@chinacoal.com	
	电　话	010-82256482、82236028		传　真	010-82256479、82256484	
	办公地址	北京市朝阳区黄寺大街 1 号				
	经营范围	煤炭的生产和销售、煤焦化产品的生产、煤矿装备制造、煤矿工程的勘探、咨询等				

主要财务指标	指标\报告期	2009.06.30	2008.12.31	2008.06.30	2007.12.31
	每股收益(元)	0.2700	0.5200	0.2700	0.4900
	每股收益(扣除)(元)	0.2500	0.5900	0.3100	0.3900
	每股净资产(元)	4.9700	4.7900	4.4600	2.8400
	调整后每股净资产(元)	–	–	–	–
	每股资本公积金(元)	2.8689	2.8684	2.9058	1.3083
	每股盈余公积金(元)	0.0545	0.0545	0.0255	0.1484
	每股未分配利润(元)	0.7793	0.6673	0.5247	0.3820
	每股现金净流量(元)	0.0959	0.2720	0.5118	–1.1979
	每股经营现金净流量(元)	0.2267	0.7524	0.4105	0.4193
	净资产收益率(扣除)(%)	–	–	–	13.6400
	净资产收益率(%)	5.4500	10.7300	7.8800	17.3800
	总资产(万)	9997565.70	9371224.50	9179775.50	5898441.30
	股东权益(万)	6589049.80	6359311.30	5908344.20	3329509.50
	主营业务收入(万)	–	–	–	–
	主营业务利润(万)	–	–	–	–
	营业务收入(万)	2276442.00	5146493.40	2580887.50	3603367.60
	营业务利润(万)	485540.40	967527.60	506097.70	780436.00
	投资收益(万)	–	–	–	–
	利润总额(万)	493487.10	997224.10	529609.90	790721.20
	净利润(万)	353121.40	681186.30	354786.50	578673.20

紫金矿业集团股份有限公司

公司概况	公司名称	紫金矿业集团股份有限公司			证券简称	紫金矿业
	法人代表	陈景河	董秘	郑于强	证券代码	601899
	公司网址	www.zjky.cn		电子信箱	dsh@zjky.cn	
	电　话	0597-3969662		传　真	0597-3969667	
	办公地址	福建省厦门市翔云三路 128 号紫金科技大厦				
	经营范围	以黄金为主导产业的矿产资源的勘探、采矿、选矿、冶炼及矿产品销售等				

主要财务指标	指标\报告期	2009.06.30	2008.12.31	2008.06.30	2007.12.31
	每股收益(元)	0.1330	0.2200	0.1300	0.1900
	每股收益(扣除)(元)	0.1300	0.2400	0.1300	0.1900
	每股净资产(元)	1.1530	1.1100	1.1700	0.4100
	调整后每股净资产(元)	–	–	–	–
	每股资本公积金(元)	0.6337	0.6271	0.6823	0.1184
	每股盈余公积金(元)	0.0688	0.0688	0.0519	0.5744
	每股未分配利润(元)	0.3495	0.3166	0.3366	2.3990
	每股现金净流量(元)	0.0016	0.0386	0.3414	0.1667
	每股经营现金净流量(元)	0.1528	0.2768	0.1247	3.3743
	净资产收益率(扣除)(%)	–	–	–	49.0400
	净资产收益率(%)	11.5200	19.0000	10.2700	47.7500
	总资产(万)	2789616.68	2621755.01	2559878.02	1679916.09
	股东权益(万)	1677315.62	1613438.76	1696202.39	533702.74
	主营业务收入(万)	–	–	–	–
	主营业务利润(万)	–	–	–	–
	营业务收入(万)	962958.83	1698376.43	846623.68	1504712.74
	营业务利润(万)	257010.17	479064.80	285479.22	463863.58
	投资收益(万)	–	–	–	–
	利润总额(万)	259541.60	453305.56	278553.42	442851.86
	净利润(万)	193269.06	306620.09	174239.77	254832.25

国投新集能源股份有限公司

公司概况	公司名称	国投新集能源股份有限公司			证券简称	国投新集
	法人代表	张长友	董秘	马文杰	证券代码	601918
	公司网址	www.sdicxinji.com.cn		电子信箱	xinji@sdicxinji.com.cn	
	电　话	0551-2231918		传　真	0551-2231819	
	办公地址	安徽省淮南市洞山中路 12 号				
	经营范围	煤炭开采、洗选加工,火力发电等				

主要财务指标	指标\报告期	2009.06.30	2008.12.31	2008.06.30	2007.12.31
	每股收益(元)	0.2600	0.6500	0.2200	0.3300
	每股收益(扣除)(元)	0.2600	0.6600	0.2200	0.2600
	每股净资产(元)	3.1725	3.0500	2.5100	2.4000
	调整后每股净资产(元)	–	–	–	–
	每股资本公积金(元)	1.0983	1.0983	1.0983	1.0983
	每股盈余公积金(元)	0.1174	0.2439	0.0970	0.1911
	每股未分配利润(元)	0.8070	0.7113	0.3157	0.1081
	每股现金净流量(元)	–0.1693	–0.1400	0.0622	0.7655
	每股经营现金净流量(元)	0.4234	0.9253	0.5599	0.5076
	净资产收益率(扣除)(%)	–	–	–	–
	净资产收益率(%)	8.2700	21.2900	8.5800	11.0900
	总资产(万)	1565811.62	1451871.49	1300171.18	1216651.19
	股东权益(万)	587035.33	565033.34	464650.27	443631.59
	主营业务收入(万)	–	–	–	–
	主营业务利润(万)	–	–	–	–
	营业务收入(万)	264149.80	542625.57	226009.38	366445.82
	营业务利润(万)	64981.33	161336.99	54004.61	71795.81
	投资收益(万)	–	–	–	–
	利润总额(万)	64918.05	161313.85	52815.00	74444.16
	净利润(万)	48545.24	120270.07	39878.17	49196.02

中国远洋控股股份有限公司

公司概况	公司名称	中国远洋控股股份有限公司			证券简称	中国远洋
	法人代表	魏家福	董秘	张永坚	证券代码	601919
	公司网址	www.chinacosco.com.cn		电子信箱	investor@chinacosco.com	
	电　话	022-66270898		传　真	022-66270899	
	办公地址	天津市天津港保税区通达广场 1 号 3 层				
	经营范围	国内沿海及长江中下游普通货船、外贸集装箱内支线班轮运输等				

主要财务指标	指标\报告期	2009.06.30	2008.12.31	2008.06.30	2007.12.31
	每股收益(元)	–0.4500	1.0600	1.3900	2.0500
	每股收益(扣除)(元)	–0.8100	1.7100	1.3700	0.5000
	每股净资产(元)	4.4310	5.1000	5.5600	4.4000
	调整后每股净资产(元)	–	–	–	–
	每股资本公积金(元)	2.8556	2.7838	2.8827	2.8793
	每股盈余公积金(元)	0.0556	0.0556	0.0193	0.0193
	每股未分配利润(元)	0.6840	1.4259	1.7876	0.5792
	每股现金净流量(元)	1.0934	–0.5948	–0.5192	2.5997
	每股经营现金净流量(元)	–0.5930	2.2883	1.6333	2.2425
	净资产收益率(扣除)(%)	–	–	–	10.4600
	净资产收益率(%)	–10.2000	20.7900	24.9300	42.4700
	总资产(万)	13177192.40	11676284.04	12135173.46	11416223.38
	股东权益(万)	4527212.75	5209170.21	5678330.84	4494946.18
	主营业务收入(万)	–	–	–	–
	主营业务利润(万)	–	–	–	–
	营业务收入(万)	2285068.54	11496833.49	6216332.65	9813244.40
	营业务利润(万)	–342608.78	1960517.88	1853279.30	2438817.12
	投资收益(万)	–	–	–	–
	利润总额(万)	–416607.85	1487657.15	1880536.96	2556737.48
	净利润(万)	–461706.90	1083036.49	1415582.57	1909035.45

金堆城钼业股份有限公司

公司概况	公司名称	金堆城钼业股份有限公司			证券简称	金钼股份
	法人代表	马宝平	董秘	秦国政	证券代码	601958
	公司网址	www.jdcmoly.com		电子信箱	jdc@jdcmoly.com	
	电　话	029-88320076		传　真	029-88320330	
	办公地址	陕西省西安市高新技术产业开发区高新路 51 号高新大厦				
	经营范围	钼矿产品、钼冶炼系列及其环保产品、钼化学系列产品、钼金属加工系列产品等				

主要财务指标	指标\报告期	2009.06.30	2008.12.31	2008.06.30	2007.12.31
	每股收益(元)	0.0600	1.1200	0.7500	1.4700
	每股收益(扣除)(元)	0.0600	1.1200	0.7600	1.4900
	每股净资产(元)	3.9900	5.1100	4.7200	1.4600
	调整后每股净资产(元)	–	–	–	–
	每股资本公积金(元)	2.0897	2.7021	2.7432	0.0091
	每股盈余公积金(元)	0.1415	0.2210	0.0762	0.1358
	每股未分配利润(元)	0.7108	1.1833	0.9034	0.3140
	每股现金净流量(元)	–0.5664	3.1076	2.9619	–0.5751
	每股经营现金净流量(元)	–0.0177	0.9858	0.5473	1.4057
	净资产收益率(扣除)(%)	–	–	–	102.0100
	净资产收益率(%)	1.5600	20.4600	13.7500	101.1200
	总资产(万)	1372361.95	1468196.22	1404110.81	570941.10
	股东权益(万)	1287535.40	1372901.91	1269777.37	313715.31
	主营业务收入(万)	–	–	–	–
	主营业务利润(万)	–	–	–	–
	营业务收入(万)	183321.46	596055.33	342774.91	584906.89
	营业务利润(万)	26388.52	332507.13	207684.63	372229.32
	投资收益(万)	–	–	–	–
	利润总额(万)	26571.66	331872.44	206942.65	370881.85
	净利润(万)	20126.00	280837.57	174550.02	317221.34

中国建设银行股份有限公司

公司概况	公司名称	中国建设银行股份有限公司			证券简称	建设银行
	法人代表	郭树清	董秘	陈美嫦	证券代码	601939
	公司网址	www.ccb.com		电子信箱	ir@ccb.com	
	电　话	010-66215533		传　真	010-66218888	
	办公地址	北京市西城区金融大街 25 号				
	经营范围	吸收公众存款；发放短期、中期和长期贷款；办理国内外结算等				

主要财务指标	指标\报告期	2009.06.30	2008.12.31	2008.06.30	2007.12.31
	每股收益(元)	0.2400	0.4000	0.2500	0.3000
	每股收益(扣除)(元)	0.2400	0.4100	0.2500	0.3000
	每股净资产(元)	2.1600	1.9900	1.9400	1.8100
	调整后每股净资产(元)	–	–	–	–
	每股资本公积金(元)	0.4444	0.4339	0.4164	0.4564
	每股盈余公积金(元)	0.1152	0.1152	0.0764	0.0764
	每股未分配利润(元)	0.4100	0.2550	0.2594	0.1376
	每股现金净流量(元)	–	–	–	–
	每股经营现金净流量(元)	–	–	–	–
	净资产收益率(扣除)(%)	–	20.5600	–	–
	净资产收益率(%)	21.9400	19.8700	12.9200	16.4000
	总资产(万)	911017100.00	755545200.00	705770600.00	659817700.00
	股东权益(万)	50477600.00	46596600.00	45403000.00	42097700.00
	主营业务收入(万)	13086200.00	26750700.00	13518800.00	21945900.00
	主营业务利润(万)	7206200.00	11860700.00	7553400.00	10053500.00
	营业务收入(万)	–	–	–	–
	营业务利润(万)	–	–	–	–
	投资收益(万)	–	–	–	–
	利润总额(万)	7246900.00	11974100.00	7565500.00	10081600.00
	净利润(万)	5580600.00	9259900.00	5866700.00	6905300.00

中国银行股份有限公司

公司概况	公司名称	中国银行股份有限公司			证券简称	中国银行
	法人代表	肖钢	董秘	张秉训	证券代码	601988
	公司网址	www.boc.cn		电子信箱	bocir@bank-of-china.com	
	电　话	010-66596688、66592638		传　真	010-66593777、66594568	
	办公地址	中国北京市复兴门内大街 1 号				
	经营范围	公司金融业务基于银行的核心信贷产品，为客户提供个性化、创新的金融服务等				

主要财务指标	指标\报告期	2009.06.30	2008.12.31	2008.06.30	2007.12.31
	每股收益(元)	0.1600	0.2500	0.1700	0.2200
	每股收益(扣除)(元)	0.1600	0.2600	0.1700	0.2200
	每股净资产(元)	1.8700	1.8400	1.7100	1.6700
	调整后每股净资产(元)	–	–	–	–
	每股资本公积金(元)	0.3202	0.3286	0.2864	0.2927
	每股盈余公积金(元)	0.0920	0.0923	0.0618	0.0609
	每股未分配利润(元)	0.3437	0.3126	0.3204	0.2569
	每股现金净流量(元)	–	–	–	–
	每股经营现金净流量(元)	–	–	–	–
	净资产收益率(扣除)(%)	–	–	–	13.7300
	净资产收益率(%)	17.2800	13.5700	9.6600	13.2400
	总资产(万)	821125900.00	695569400.00	648731300.00	599555300.00
	股东权益(万)	47469400.00	46827200.00	43526300.00	42476600.00
	主营业务收入(万)	10785600.00	22828800.00	11907700.00	19419500.00
	主营业务利润(万)	5584200.00	8615300.00	5716000.00	8947000.00
	营业务收入(万)	–	–	–	–
	营业务利润(万)	–	–	–	–
	投资收益(万)	–	–	–	–
	利润总额(万)	5605300.00	8625100.00	5717000.00	8995500.00
	净利润(万)	4100500.00	6353900.00	4203700.00	5622900.00

大唐国际发电股份有限公司

公司概况	公司名称	大唐国际发电股份有限公司		证券简称	大唐发电
	法人代表	翟若愚	董秘 周刚	证券代码	601991
	公司网址	www.dtpower.com		电子信箱	dtpower@dtpower.com
	电　话	010-88008678、88008682		传　真	010-88008684
	办公地址	北京市西城区广宁伯街9号			
	经营范围	建设、经营电厂,销售电力、热力;电力设备的检修调试;电力技术服务			

主要财务指标	指标\报告期	2009.06.30	2008.12.31	2008.06.30	2007.12.31
	每股收益(元)	0.0554	0.0700	0.0357	0.3100
	每股收益(扣除)(元)	0.0432	0.0050	0.0373	0.3000
	每股净资产(元)	2.1500	2.2000	2.2700	2.5200
	调整后每股净资产(元)	-	-	-	-
	每股资本公积金(元)	0.1464	0.1414	0.2665	0.4132
	每股盈余公积金(元)	0.9128	0.8223	0.8007	0.8001
	每股未分配利润(元)	0.0642	0.2092	0.2055	0.3106
	每股现金净流量(元)	-0.2809	0.1450	0.4711	-0.0853
	每股经营现金净流量(元)	0.5026	0.6082	0.2972	0.8969
	净资产收益率(扣除)(%)	-	-	-	-
	净资产收益率(%)	2.5700	3.1800	1.5600	12.2700
	总资产(万)	16578161.90	15722848.90	14395748.00	11960290.50
	股东权益(万)	3000815.20	3050654.60	2671204.00	3418504.20
	主营业务收入(万)	-	-	-	-
	主营业务利润(万)	-	-	-	-
	营业务收入(万)	2068376.10	3683576.10	1739556.50	3276278.90
	营业务利润(万)	121324.60	51802.70	55057.10	616440.20
	投资收益(万)	-	-	-	-
	利润总额(万)	127445.50	67773.60	55090.00	613118.40
	净利润(万)	65237.00	82276.90	41892.50	363312.00

中信银行股份有限公司

公司概况	公司名称	中信银行股份有限公司		证券简称	中信银行
	法人代表	孔丹	董秘 罗焱	证券代码	601998
	公司网址	www.ecitic.com		电子信箱	ir_cncb@citicbank.com
	电　话	010-65558000		传　真	010-65550809
	办公地址	北京市东城区朝阳门北大街8号富华大厦C座			
	经营范围	吸收公众存款;发放短期、中期和长期贷款;办理国内外结算等			

主要财务指标	指标\报告期	2009.06.30	2008.12.31	2008.06.30	2007.12.31
	每股收益(元)	0.1800	0.3400	0.2200	0.2300
	每股收益(扣除)(元)	0.1800	0.3400	0.2100	0.2400
	每股净资产(元)	2.5400	2.4400	2.3100	2.1600
	调整后每股净资产(元)	-	-	-	-
	每股资本公积金(元)	0.9427	0.9427	0.9363	0.9432
	每股盈余公积金(元)	0.0554	0.0554	0.0212	0.0212
	每股未分配利润(元)	0.3423	0.2471	0.2577	0.0956
	每股现金净流量(元)	-2.6234	2.0010	1.0455	0.9612
	每股经营现金净流量(元)	-2.6089	3.5926	2.4440	0.7562
	净资产收益率(扣除)(%)	-	-	-	-
	净资产收益率(%)	14.2300	13.9700	9.3300	9.8500
	总资产(万)	140147700.00	118783700.00	111720800.00	101123600.00
	股东权益(万)	9905900.00	9534300.00	9019100.00	8413600.00
	主营业务收入(万)	-	-	-	-
	主营业务利润(万)	-	-	-	-
	营业务收入(万)	1710400.00	4015500.00	2025000.00	2783800.00
	营业务利润(万)	933000.00	1761500.00	1112000.00	1310300.00
	投资收益(万)	-	-	-	-
	利润总额(万)	935800.00	1774600.00	1119100.00	1314000.00
	净利润(万)	704700.00	1332000.00	841700.00	829000.00

北方联合出版传媒(集团)股份有限公司

公司概况	公司名称	北方联合出版传媒(集团)股份有限公司		证券简称	出版传媒
	法人代表	任慧英	董秘 费宏伟	证券代码	601999
	公司网址	www.lnpmc.com.cn		电子信箱	fhw0509@sohu.com
	电　话	024-23284236、23284128		传　真	024-23284232
	办公地址	辽宁省沈阳市和平区十一纬路29号			
	经营范围	图书、报刊、音像、电子出版物编辑出版,出版物总批发、批发与分销、零售等			

主要财务指标	指标\报告期	2009.06.30	2008.12.31	2008.06.30	2007.12.31
	每股收益(元)	0.0900	0.2100	0.0800	0.2500
	每股收益(扣除)(元)	0.0800	0.1700	0.0800	0.2000
	每股净资产(元)	2.5200	2.4800	2.3500	2.2800
	调整后每股净资产(元)	-	-	-	-
	每股资本公积金(元)	1.0127	1.0102	1.0128	1.0287
	每股盈余公积金(元)	0.0563	0.0563	0.0315	0.0315
	每股未分配利润(元)	0.4522	0.4091	0.3065	0.2238
	每股现金净流量(元)	0.0919	-0.1763	-0.3155	1.3662
	每股经营现金净流量(元)	0.0949	-0.0340	-0.1987	0.2010
	净资产收益率(扣除)(%)	-	-	-	6.4300
	净资产收益率(%)	3.6900	8.4700	3.5300	8.3200
	总资产(万)	212479.22	194494.28	190863.09	186621.52
	股东权益(万)	138895.38	136384.31	129504.78	125827.96
	主营业务收入(万)	-	-	-	-
	主营业务利润(万)	-	-	-	-
	营业务收入(万)	57948.23	117767.88	50910.23	102264.54
	营业务利润(万)	4603.08	9033.37	4274.47	7006.96
	投资收益(万)	-	-	-	-
	利润总额(万)	5264.51	11545.79	4557.40	10472.29
	净利润(万)	5125.92	11554.23	4577.36	10474.11

公司概况	公司名称			证券简称	
	法人代表		董秘	证券代码	
	公司网址			电子信箱	
	电　话			传　真	
	办公地址				
	经营范围				

主要财务指标	指标\报告期	2009.06.30	2008.12.31	2008.06.30	2007.12.31
	每股收益(元)				
	每股收益(扣除)(元)				
	每股净资产(元)				
	调整后每股净资产(元)				
	每股资本公积金(元)				
	每股盈余公积金(元)				
	每股未分配利润(元)				
	每股现金净流量(元)				
	每股经营现金净流量(元)				
	净资产收益率(扣除)(%)				
	净资产收益率(%)				
	总资产(万)				
	股东权益(万)				
	主营业务收入(万)				
	主营业务利润(万)				
	营业务收入(万)				
	营业务利润(万)				
	投资收益(万)				
	利润总额(万)				
	净利润(万)				

上海广电电子股份有限公司

公司概况	公司名称	上海广电电子股份有限公司		证券简称	上电 B 股
	法人代表	傅新华	董秘 胡之奎	证券代码	900901
	公司网址	www.sva-e.com		电子信箱	webmaster@sva-e.com
	电　话	021-51962046、51962047		传　真	021-62982121
	办公地址	上海市长寿路 97 号世纪商务大厦 26 楼			
	经营范围	生产销售真空电子器件及其应用产品、配件、基础材料和生产线设备等			

	指标＼报告期	2009.06.30	2008.12.31	2008.06.30	2007.12.31
主要财务指标	每股收益(元)	-0.1553	-0.7296	-0.0339	0.0230
	每股收益(扣除)(元)	-0.1555	-0.7279	-0.0310	-0.4400
	每股净资产(元)	1.4436	1.5900	2.2900	2.3300
	调整后每股净资产(元)	-	-	-	-
	每股资本公积金(元)	0.9181	0.9084	0.9148	0.9217
	每股盈余公积金(元)	0.2644	0.2644	0.2644	0.2644
	每股未分配利润(元)	-0.7389	-0.5836	0.1125	0.1464
	每股现金净流量(元)	-0.0185	-0.4996	-0.2726	0.2831
	每股经营现金净流量(元)	-0.0066	-0.0103	-0.0589	0.2842
	净资产收益率(扣除)(%)	-	-	-	-18.7600
	净资产收益率(%)	-10.7584	-45.9117	-1.4773	0.9700
	总资产(万)	404112.65	419675.36	498911.78	527958.66
	股东权益(万)	169323.55	186398.94	268799.05	273578.26
	主营业务收入(万)	-	-	-	-
	主营业务利润(万)	-	-	-	-
	营业务收入(万)	31579.02	81695.39	54940.90	168271.58
	营业务利润(万)	-19502.56	-102198.17	-4567.01	-71613.58
	投资收益(万)	-	-	-	-
	利润总额(万)	-19464.97	-103438.98	-5091.00	-17200.04
	净利润(万)	-18216.46	-85578.84	-3971.02	2660.11

上海二纺机股份有限公司

公司概况	公司名称	上海二纺机股份有限公司		证券简称	*ST 二纺 B
	法人代表	李培忠	董秘 李勃	证券代码	900902
	公司网址	www.shej.com		电子信箱	libolibo918@sina.com
	电　话	021-51265073、65318494		传　真	021-65421963
	办公地址	上海市场中路 687 号			
	经营范围	生产和销售纺织机械及相关电子电器产品、通用机械、光电子技术产品等			

	指标＼报告期	2009.06.30	2008.12.31	2008.06.30	2007.12.31
主要财务指标	每股收益(元)	-0.0669	0.0169	-0.0295	-0.4905
	每股收益(扣除)(元)	-0.0694	-0.1574	-0.0361	-0.5264
	每股净资产(元)	0.6255	0.6503	0.7391	0.7197
	调整后每股净资产(元)	-	-	-	-
	每股资本公积金(元)	0.2298	0.1877	0.3228	0.2739
	每股盈余公积金(元)	0.0063	0.0063	0.0063	0.0063
	每股未分配利润(元)	-0.6106	-0.5436	-0.5900	-0.5605
	每股现金净流量(元)	-0.0996	0.0553	-0.0759	-0.0494
	每股经营现金净流量(元)	-0.0579	-0.0766	-0.0353	-0.1105
	净资产收益率(扣除)(%)	-	-	-	-73.1400
	净资产收益率(%)	-10.7000	2.5900	-3.9880	-68.1500
	总资产(万)	69655.15	78619.27	99833.51	101961.98
	股东权益(万)	35433.61	36837.82	41866.77	40766.35
	主营业务收入(万)	-	-	-	-
	主营业务利润(万)	-	-	-	-
	营业务收入(万)	10944.03	54249.14	31479.82	92528.46
	营业务利润(万)	-4002.93	-2179.76	-2106.63	-28279.32
	投资收益(万)	-	-	-	-
	利润总额(万)	-3832.19	789.39	-1734.58	-27695.38
	净利润(万)	-3792.02	955.64	-1669.55	-27781.56

大众交通(集团)股份有限公司

公司概况	公司名称	大众交通(集团)股份有限公司		证券简称	大众 B 股
	法人代表	杨国平	董秘 赵思渊	证券代码	900903
	公司网址	www.96822.com		电子信箱	DZJT@96822.com
	电　话	021-64289122		传　真	021-64285642
	办公地址	上海市中山西路 1515 号 11 楼			
	经营范围	企业经营管理咨询、商务服务、会议及展览服务、办公服务、现代物流等			

	指标＼报告期	2009.06.30	2008.12.31	2008.06.30	2007.12.31
主要财务指标	每股收益(元)	0.1500	0.2400	0.2000	0.3000
	每股收益(扣除)(元)	0.0900	0.1800	0.1400	0.3000
	每股净资产(元)	2.6900	2.4200	2.5400	2.5700
	调整后每股净资产(元)	-	-	-	-
	每股资本公积金(元)	0.8205	0.5730	0.7379	1.4487
	每股盈余公积金(元)	0.3600	0.3600	0.3321	0.4977
	每股未分配利润(元)	0.5088	0.4868	0.4695	0.9034
	每股现金净流量(元)	-0.1576	-0.1005	-0.1300	0.4334
	每股经营现金净流量(元)	0.3316	0.3829	0.0062	0.9394
	净资产收益率(扣除)(%)	-	7.3900	-	7.8400
	净资产收益率(%)	5.6500	10.0500	7.8000	11.5200
	总资产(万)	822820.88	943681.29	975763.98	997217.17
	股东权益(万)	423851.83	381373.86	400252.24	404498.39
	主营业务收入(万)	-	-	-	-
	主营业务利润(万)	-	-	-	-
	营业务收入(万)	179580.82	488373.59	248890.25	543060.45
	营业务利润(万)	22034.21	9513.66	23750.42	54778.92
	投资收益(万)	-	-	-	-
	利润总额(万)	30575.88	54796.93	40938.97	73649.41
	净利润(万)	23965.62	38329.78	31219.88	46610.05

上海永生投资管理股份有限公司

公司概况	公司名称	上海永生投资管理股份有限公司		证券简称	永生 B 股
	法人代表	卡先加	董秘 杨海泉	证券代码	900904
	公司网址	www.613904.com		电子信箱	wingsung@online.sh.cn
	电　话	021-53750009		传　真	021-53750012
	办公地址	上海市威海路 128 号长发大厦 613 室			
	经营范围	企业经营管理咨询等			

	指标＼报告期	2009.06.30	2008.12.31	2008.06.30	2007.12.31
主要财务指标	每股收益(元)	0.0430	0.0300	0.0470	0.0930
	每股收益(扣除)(元)	0.0380	0.0150	0.0330	0.0250
	每股净资产(元)	1.3240	1.2790	1.2970	1.2520
	调整后每股净资产(元)	-	-	-	-
	每股资本公积金(元)	0.1631	0.1621	0.1627	0.1645
	每股盈余公积金(元)	0.0973	0.0973	0.0973	0.0973
	每股未分配利润(元)	0.0635	0.0200	0.0373	-0.0096
	每股现金净流量(元)	0.0043	0.0096	0.0800	-0.0492
	每股经营现金净流量(元)	0.1376	0.1708	0.2222	0.1082
	净资产收益率(扣除)(%)	-	-	-	-
	净资产收益率(%)	3.2800	2.3200	3.6200	7.4500
	总资产(万)	25221.65	26186.80	30023.58	29451.52
	股东权益(万)	19580.87	18924.03	19188.72	18520.46
	主营业务收入(万)	-	-	-	-
	主营业务利润(万)	-	-	-	-
	营业务收入(万)	3446.27	6962.23	2830.00	6595.86
	营业务利润(万)	724.23	294.18	561.36	425.73
	投资收益(万)	-	-	-	-
	利润总额(万)	825.39	534.00	803.89	1519.64
	净利润(万)	643.16	438.44	694.35	1379.05

老凤祥股份有限公司

公司概况	公司名称	老凤祥股份有限公司		证券简称	老凤祥 B
	法人代表	胡书刚	董秘 周富良	证券代码	900905
	公司网址	www.chinafirstpencil.com		电子信箱	pencil@sh163.net
	电 话	021-58549624		传 真	021-64720802
	办公地址	上海市河南南路 33 号 24 楼			
	经营范围	生产经营金银制品、珠宝、钻石与相关产品、原料及设备,工艺美术品等			

主要财务指标

指标\报告期	2009.06.30	2008.12.31	2008.06.30	2007.12.31
每股收益(元)	0.2752	0.2532	0.1977	0.3728
每股收益(扣除)(元)	0.2535	0.2542	0.1835	0.3685
每股净资产(元)	3.3810	2.7300	2.9225	3.7200
调整后每股净资产(元)	–	–	–	–
每股资本公积金(元)	1.1062	0.7262	0.9785	1.7253
每股盈余公积金(元)	0.4590	0.4590	0.4518	0.4518
每股未分配利润(元)	0.8158	0.5406	0.4922	0.5447
每股现金净流量(元)	0.1797	0.8496	0.8226	0.5155
每股经营现金净流量(元)	–0.3045	1.1396	0.3054	0.7236
净资产收益率(扣除)(%)	–	–	–	9.9000
净资产收益率(%)	8.1400	9.2900	6.7700	10.0200
总资产(万)	312438.41	296033.42	275261.12	276398.44
股东权益(万)	93638.14	75491.82	80941.67	103079.18
主营业务收入(万)	–	–	–	–
主营业务利润(万)	–	–	–	–
营业务收入(万)	582999.16	921382.20	540062.13	642465.03
营业务利润(万)	15933.87	15356.18	13588.64	22123.36
投资收益(万)	–	–	–	–
利润总额(万)	16556.70	17619.15	14277.91	22241.20
净利润(万)	7622.55	7013.19	5476.23	10323.93

中国纺织机械股份有限公司

公司概况	公司名称	中国纺织机械股份有限公司		证券简称	ST 中纺 B
	法人代表	李培忠	董秘 程雪莲	证券代码	900906
	公司网址	www.ctmco.com.cn		电子信箱	ctmzjbk@online.sh.cn
	电 话	021-65432970-512		传 真	021-65455130
	办公地址	上海市长阳路 1687 号			
	经营范围	纺织机械及有关器材的生产与销售业务等			

主要财务指标

指标\报告期	2009.06.30	2008.12.31	2008.06.30	2007.12.31
每股收益(元)	0.0080	0.0200	0.0220	0.1800
每股收益(扣除)(元)	–0.0400	–0.1500	–0.0600	–0.2400
每股净资产(元)	0.5621	0.4400	0.6000	0.7500
调整后每股净资产(元)	–	–	–	–
每股资本公积金(元)	0.4931	0.3843	0.5365	0.7036
每股盈余公积金(元)	–	–	–	–
每股未分配利润(元)	–0.9310	–0.9394	–0.9346	–0.9564
每股现金净流量(元)	–0.0072	0.0914	0.0374	–0.0440
每股经营现金净流量(元)	–0.0162	–0.0810	–0.0581	–0.1672
净资产收益率(扣除)(%)	–	–	–	–32.0300
净资产收益率(%)	1.4900	3.8100	3.6100	24.4000
总资产(万)	38819.31	35885.42	42094.36	50756.31
股东权益(万)	20072.40	15887.54	21493.44	26683.73
主营业务收入(万)	–	–	–	–
主营业务利润(万)	–	–	–	–
营业务收入(万)	3525.01	8317.39	4657.69	13785.90
营业务利润(万)	–495.28	–2353.90	656.23	6047.66
投资收益(万)	–	–	–	–
利润总额(万)	291.02	569.14	712.77	6058.61
净利润(万)	298.84	605.92	775.34	6510.71

上海鼎立科技发展(集团)股份有限公司

公司概况	公司名称	上海鼎立科技发展(集团)股份有限公司		证券简称	鼎立 B 股
	法人代表	许宝星	董秘 钱海啸	证券代码	900907
	公司网址	www.600614.com		电子信箱	qian_hx@600614.com
	电 话	021-58383188 201		传 真	021-58385110
	办公地址	上海市浦东新区王桥路 999 号中邦商务园 1037 号			
	经营范围	研制、开发、在国家鼓励和允许的范围内进行投资,研制、开发等			

主要财务指标

指标\报告期	2009.06.30	2008.12.31	2008.06.30	2007.12.31
每股收益(元)	0.1101	0.1488	0.1031	0.2866
每股收益(扣除)(元)	0.0495	–0.0348	0.0473	0.0812
每股净资产(元)	1.2050	1.8822	0.5452	0.4554
调整后每股净资产(元)	–	–	–	–
每股资本公积金(元)	0.3516	1.2899	0.1760	0.1885
每股盈余公积金(元)	0.0128	0.0218	0.0302	0.0302
每股未分配利润(元)	–0.1581	–0.4269	–0.6579	–0.7611
每股现金净流量(元)	–0.1086	0.2394	0.0118	–0.1225
每股经营现金净流量(元)	0.0930	–0.2724	0.9257	–0.3100
净资产收益率(扣除)(%)	–	–	–	17.8200
净资产收益率(%)	6.6300	6.5500	18.9200	62.9300
总资产(万)	169595.15	162549.10	136461.12	141579.06
股东权益(万)	68363.80	62820.23	13153.61	10987.75
主营业务收入(万)	–	–	–	–
主营业务利润(万)	–	–	–	–
营业务收入(万)	32913.64	62357.69	37122.23	94664.85
营业务利润(万)	4931.74	2024.68	3168.08	9406.90
投资收益(万)	–	–	–	–
利润总额(万)	5567.21	4721.28	3756.28	9482.42
净利润(万)	4530.75	4113.75	2488.47	6914.20

上海氯碱化工股份有限公司

公司概况	公司名称	上海氯碱化工股份有限公司		证券简称	氯碱 B 股
	法人代表	李军	董秘 许沛文	证券代码	900908
	公司网址	www.scacc.com		电子信箱	dshmss@scacc.com
	电 话	021-64340601、64342640		传 真	021-64341438、58821313
	办公地址	上海龙吴路 4747 号			
	经营范围	烧碱,氯,氢,氟和聚氯乙烯系列化工原料及加工产品;化工机械设备等			

主要财务指标

指标\报告期	2009.06.30	2008.12.31	2008.06.30	2007.12.31
每股收益(元)	0.0024	0.0093	0.0371	0.0482
每股收益(扣除)(元)	–0.0777	–0.1416	0.0206	–0.0469
每股净资产(元)	2.3200	2.3240	2.5160	2.5066
调整后每股净资产(元)	–	–	–	–
每股资本公积金(元)	1.3224	1.3236	1.4878	1.5154
每股盈余公积金(元)	0.0083	0.0083	0.0083	0.0083
每股未分配利润(元)	–0.0105	–0.0079	0.0200	–0.0171
每股现金净流量(元)	–0.0786	0.2200	0.1563	–0.3189
每股经营现金净流量(元)	0.1905	0.5313	0.1491	0.3186
净资产收益率(扣除)(%)	–	–	–	–1.8700
净资产收益率(%)	0.1030	0.4000	1.4740	1.9200
总资产(万)	644077.16	671911.80	702086.09	675082.61
股东权益(万)	268308.63	268752.17	290958.79	289858.53
主营业务收入(万)	–	–	–	–
主营业务利润(万)	–	–	–	–
营业务收入(万)	229835.70	566823.35	292667.26	509881.78
营业务利润(万)	–154.17	–2106.18	5886.00	2382.51
投资收益(万)	–	–	–	–
利润总额(万)	377.11	1811.19	5866.95	5950.28
净利润(万)	276.56	1070.83	4287.76	5579.58

双钱集团股份有限公司

公司概况	公司名称	双钱集团股份有限公司			证券简称	双钱 B 股
	法人代表	刘训峰	董秘	王玲	证券代码	900909
	公司网址	www.cstarc.com		电子信箱	company@cstarc.com	
	电　话	021-33024666-6378		传　真	021-63390367	
	办公地址	上海市四川中路 63 号				
	经营范围	轮胎、力车胎、胶鞋及其他橡胶制品和前述产品的配件、橡胶原辅材料料				

	指标\报告期	2009.06.30	2008.12.31	2008.06.30	2007.12.31
主要财务指标	每股收益(元)	0.0980	–0.1650	0.0920	0.1900
	每股收益(扣除)(元)	–0.0050	–0.4460	0.0440	0.1830
	每股净资产(元)	1.8510	1.6620	2.0100	2.0670
	调整后每股净资产(元)	–	–	–	–
	每股资本公积金(元)	0.8429	0.7521	0.8423	0.9325
	每股盈余公积金(元)	0.0733	0.0733	0.0735	0.0733
	每股未分配利润(元)	–0.0657	–0.1638	0.0938	0.0615
	每股现金净流量(元)	–0.3199	0.5159	0.3913	0.3671
	每股经营现金净流量(元)	0.7383	0.1934	0.4076	0.8957
	净资产收益率(扣除)(%)	–	–	–	8.8410
	净资产收益率(%)	5.2990	–9.9460	4.5940	9.1770
	总资产(万)	852515.01	869163.57	890197.09	771768.62
	股东权益(万)	164601.31	147801.39	178747.85	183885.30
	主营业务收入(万)	–	–	–	–
	主营业务利润(万)	–	–	–	–
	营业务收入(万)	352126.31	812696.88	443184.56	773077.10
	营业务利润(万)	12794.77	–38544.98	3941.06	20409.33
	投资收益(万)	–	–	–	–
	利润总额(万)	12346.37	–17625.37	9206.21	21172.19
	净利润(万)	8721.74	–14701.01	8211.65	16875.67

上海海立(集团)股份有限公司

公司概况	公司名称	上海海立(集团)股份有限公司			证券简称	海立 B 股
	法人代表	沈建芳	董秘	钟磊	证券代码	900910
	公司网址	www.highly.cc		电子信箱	heartfelt@highly.cc	
	电　话	021-58547777-7105		传　真	021-50326960	
	办公地址	上海市浦东新区金桥出口加工区宁桥路 888 号				
	经营范围	研发、生产制冷设备及零部件、汽车零部件、家用电器及相关的材料、机械等				

	指标\报告期	2009.06.30	2008.12.31	2008.06.30	2007.12.31
主要财务指标	每股收益(元)	0.0100	0.0300	0.1500	0.2300
	每股收益(扣除)(元)	–0.0700	0.0400	0.1700	0.1300
	每股净资产(元)	2.7000	2.6800	3.4100	3.3700
	调整后每股净资产(元)	–	–	–	–
	每股资本公积金(元)	0.7838	0.7708	0.9698	1.1117
	每股盈余公积金(元)	0.3451	0.3451	0.4142	0.4142
	每股未分配利润(元)	0.5720	0.5634	1.0257	0.8408
	每股现金净流量(元)	0.0903	–0.2693	–0.3274	0.3408
	每股经营现金净流量(元)	0.1837	0.7508	–0.2721	0.2104
	净资产收益率(扣除)(%)	–	–	–	2.5900
	净资产收益率(%)	0.3200	1.1000	5.4200	8.2500
	总资产(万)	497377.30	416284.17	548754.90	530609.53
	股东权益(万)	148001.53	146813.74	155695.10	153734.38
	主营业务收入(万)	–	–	–	–
	主营业务利润(万)	–	–	–	–
	营业务收入(万)	217465.04	479024.44	334291.34	481239.56
	营业务利润(万)	1490.82	3449.16	14638.98	13189.91
	投资收益(万)	–	–	–	–
	利润总额(万)	1689.18	5207.21	14640.29	17955.22
	净利润(万)	474.53	1608.53	8442.24	12686.16

上海金桥出口加工区开发股份有限公司

公司概况	公司名称	上海金桥出口加工区开发股份有限公司			证券简称	金桥 B 股
	法人代表	俞标	董秘	代燕妮	证券代码	900911
	公司网址	www.58991818.com		电子信箱	wuhy@58991818.com	
	电　话	021-50307702、50307770		传　真	021-50301533	
	办公地址	上海浦东新金桥路 27 号 1 号楼				
	经营范围	在依法取得的地块上从事房地产开发、经营、销售、出租和中介等				

	指标\报告期	2009.06.30	2008.12.31	2008.06.30	2007.12.31
主要财务指标	每股收益(元)	0.1446	0.3290	0.1476	0.2450
	每股收益(扣除)(元)	0.1391	0.3260	0.1473	0.2340
	每股净资产(元)	3.8090	3.6440	3.6100	3.4780
	调整后每股净资产(元)	–	–	–	–
	每股资本公积金(元)	1.2328	1.0874	1.2322	1.1407
	每股盈余公积金(元)	0.3684	0.3684	0.3249	0.3249
	每股未分配利润(元)	1.2075	1.1879	1.0504	1.0128
	每股现金净流量(元)	–0.0093	0.0201	0.1448	–0.0154
	每股经营现金净流量(元)	0.0204	0.3323	0.3271	–0.0479
	净资产收益率(扣除)(%)	–	–	–	6.7300
	净资产收益率(%)	3.8000	9.0200	4.0900	7.0400
	总资产(万)	633939.92	595807.42	588791.12	555101.24
	股东权益(万)	321594.27	307668.49	304602.84	293710.87
	主营业务收入(万)	–	–	–	–
	主营业务利润(万)	–	–	–	–
	营业务收入(万)	40542.64	112654.94	37925.24	80114.20
	营业务利润(万)	15707.69	35184.54	17304.48	26046.87
	投资收益(万)	–	–	–	–
	利润总额(万)	16442.36	35437.39	17320.92	27414.19
	净利润(万)	12206.47	27748.55	12459.07	20666.37

上海外高桥保税区开发股份有限公司

公司概况	公司名称	上海外高桥保税区开发股份有限公司			证券简称	外高 B 股
	法人代表	舒榕斌	董秘	王勋	证券代码	900912
	公司网址	www.shwgq.com		电子信箱	gudong@shwgq.com	
	电　话	021-58668890、58668892		传　真	021-58668838	
	办公地址	上海市外高桥保税区富特北路 458 号 3 楼				
	经营范围	受让地块内的房地产经营、工程承包、商业、保税区内的转口贸易、保税仓储等				

	指标\报告期	2009.06.30	2008.12.31	2008.06.30	2007.12.31
主要财务指标	每股收益(元)	0.1180	0.2400	0.1150	0.1900
	每股收益(扣除)(元)	0.1170	0.0700	–0.0100	–0.0200
	每股净资产(元)	3.9400	3.4700	2.3800	3.3000
	调整后每股净资产(元)	–	–	–	–
	每股资本公积金(元)	2.1226	1.7696	1.2312	2.8659
	每股盈余公积金(元)	0.3071	0.3071	0.2622	0.4166
	每股未分配利润(元)	0.5144	0.3964	–0.1040	0.1932
	每股现金净流量(元)	–0.4249	–0.0908	–0.1705	0.7295
	每股经营现金净流量(元)	–0.0402	0.6679	–0.2967	–0.1111
	净资产收益率(扣除)(%)	–	–	–	–0.5300
	净资产收益率(%)	2.9946	6.9048	6.5266	5.7700
	总资产(万)	1769157.53	1819011.74	679953.47	1940279.31
	股东权益(万)	398182.10	350558.77	177540.48	333204.31
	主营业务收入(万)	–	–	–	–
	主营业务利润(万)	–	–	–	–
	营业务收入(万)	336010.28	855338.48	388426.98	713490.09
	营业务利润(万)	19330.94	46143.94	21038.67	25332.44
	投资收益(万)	–	–	–	–
	利润总额(万)	19805.27	39219.56	22361.96	31328.75
	净利润(万)	11923.80	24205.46	11587.42	19216.66

上海联华合纤股份有限公司

公司概况	公司名称	上海联华合纤股份有限公司			证券简称	联华B股
	法人代表	李建华	董秘	叶晓君(代)	证券代码	900913
	公司网址	www.lianhua-fibre.com		电子信箱	zjp@wensli.com	
	电　话	021-61103869		传　真	021-61103869	
	办公地址	上海市浦东新区浦电路480号浦项商务广场12楼				
	经营范围	投资、管理;房地产开发、经营;商务咨询;国际贸易,转口贸易等				

主要财务指标	指标\报告期	2009.06.30	2008.12.31	2008.06.30	2007.12.31
	每股收益(元)	-0.0600	-0.2900	-0.0520	0.0600
	每股收益(扣除)(元)	-0.0500	-0.3000	-0.0530	-0.2550
	每股净资产(元)	-0.1930	-0.1400	0.1032	0.1556
	调整后每股净资产(元)	-	-	-	-
	每股资本公积金(元)	0.4443	0.4443	0.4443	0.4443
	每股盈余公积金(元)	0.1739	0.1739	0.1739	0.1739
	每股未分配利润(元)	-1.8112	-1.7544	-1.5150	-1.4627
	每股现金净流量(元)	-0.0014	0.0057	0.0327	-0.0047
	每股经营现金净流量(元)	-0.0013	0.1392	0.1221	-0.1716
	净资产收益率(扣除)(%)	-	-	-	-163.7700
	净资产收益率(%)	-29.4100	-214.2300	-51.3600	36.3900
	总资产(万)	11359.00	11872.02	16890.81	18586.45
	股东权益(万)	-3225.51	-2276.97	1725.46	2601.08
	主营业务收入(万)	-	-	-	-
	主营业务利润(万)	-	-	-	-
	营业务收入(万)	584.24	2595.90	801.69	16237.16
	营业务利润(万)	-964.59	-5269.66	-916.75	-4073.01
	投资收益(万)	-	-	-	-
	利润总额(万)	-1018.27	-5079.36	-914.20	1088.79
	净利润(万)	-948.54	-4878.05	-875.62	946.42

上海锦江国际实业投资股份有限公司

公司概况	公司名称	上海锦江国际实业投资股份有限公司			证券简称	锦投B股
	法人代表	沈懋兴	董秘	袁哲宁	证券代码	900914
	公司网址	www.jjtz.com		电子信箱	zqdb@jjtz.com	
	电　话	021-63218800		传　真	021-63213119	
	办公地址	上海市延安东路100号联谊大厦28楼				
	经营范围	车辆服务、物流服务[普通货物的仓储、装卸、加工、包装、配送等				

主要财务指标	指标\报告期	2009.06.30	2008.12.31	2008.06.30	2007.12.31
	每股收益(元)	0.2540	0.5860	0.3180	0.5670
	每股收益(扣除)(元)	0.2080	0.5080	0.2850	0.4990
	每股净资产(元)	3.2940	3.2520	3.0400	3.2390
	调整后每股净资产(元)	-	-	-	-
	每股资本公积金(元)	0.8807	0.7923	0.8450	0.9642
	每股盈余公积金(元)	0.3754	0.3328	0.3287	0.2771
	每股未分配利润(元)	1.0383	1.1265	0.8638	0.9977
	每股现金净流量(元)	0.1001	0.3543	0.3111	0.0775
	每股经营现金净流量(元)	0.3885	0.7735	0.4825	0.6242
	净资产收益率(扣除)(%)	-	-	-	15.4100
	净资产收益率(%)	7.7200	18.0100	10.4600	17.5000
	总资产(万)	269324.27	266282.99	265101.31	266673.97
	股东权益(万)	181724.34	179364.26	167553.51	178666.20
	主营业务收入(万)	-	-	-	-
	主营业务利润(万)	-	-	-	-
	营业务收入(万)	77918.35	167368.55	82155.72	161939.70
	营业务利润(万)	16564.54	38310.41	21366.20	38528.45
	投资收益(万)	-	-	-	-
	利润总额(万)	17812.82	41888.72	22981.52	40759.53
	净利润(万)	14034.12	32310.55	17528.54	31259.32

中路股份有限公司

公司概况	公司名称	中路股份有限公司			证券简称	中路B股
	法人代表	陈荣	董秘	袁志坚	证券代码	900915
	公司网址	www.cnforever.com		电子信箱	600818@cnforever.com	
	电　话	021-50596906		传　真	021-50596906	
	办公地址	上海市南汇区康桥镇康士路17号273室				
	经营范围	生产自行车及零部件、助力车、特种车辆和与自行车相关的配套产品等				

主要财务指标	指标\报告期	2009.06.30	2008.12.31	2008.06.30	2007.12.31
	每股收益(元)	0.1300	0.0545	0.4200	0.0733
	每股收益(扣除)(元)	-0.0400	-0.1342	0.4200	0.0030
	每股净资产(元)	1.3352	1.2600	1.6300	1.1500
	调整后每股净资产(元)	-	-	-	-
	每股资本公积金(元)	0.1848	0.1855	0.1898	0.1368
	每股盈余公积金(元)	0.0112	0.0112	0.0083	0.0083
	每股未分配利润(元)	0.1393	0.0612	0.4279	0.0096
	每股现金净流量(元)	0.4145	-0.0110	0.3601	-0.0957
	每股经营现金净流量(元)	0.0270	0.0897	0.0412	0.2854
	净资产收益率(扣除)(%)	-	-	-	0.2400
	净资产收益率(%)	9.5900	4.3300	25.7300	6.3500
	总资产(万)	76450.77	72946.75	93595.42	70374.46
	股东权益(万)	35471.26	33418.17	43195.98	30676.80
	主营业务收入(万)	-	-	-	-
	主营业务利润(万)	-	-	-	-
	营业务收入(万)	31639.79	71496.37	36078.80	103634.46
	营业务利润(万)	3956.39	1502.80	13471.93	1170.66
	投资收益(万)	-	-	-	-
	利润总额(万)	4028.83	1691.08	13515.35	2279.38
	净利润(万)	3400.98	1447.12	11112.19	1947.12

金山开发建设股份有限公司

公司概况	公司名称	金山开发建设股份有限公司			证券简称	金山B股
	法人代表	夏杰	董秘	李玉龙	证券代码	900916
	公司网址	www.phoenix.com.cn		电子信箱	master@phoenix.com.cn	
	电　话	86-021-65021787		传　真	86-021-65021615	
	办公地址	上海市控江路1690号				
	经营范围	房地产开发与经营,城市和绿化建设,旧区改造,商业开发,市政基础设施建设等				

主要财务指标	指标\报告期	2009.06.30	2008.12.31	2008.06.30	2007.12.31
	每股收益(元)	0.0076	0.0120	0.0397	0.0169
	每股收益(扣除)(元)	-0.0314	-0.0813	-0.0470	-0.1821
	每股净资产(元)	1.7268	1.5770	1.6755	1.8154
	调整后每股净资产(元)	-	-	-	-
	每股资本公积金(元)	1.0596	0.9174	0.9882	1.1678
	每股盈余公积金(元)	0.1632	0.1632	0.1632	0.1632
	每股未分配利润(元)	-0.4957	-0.5033	-0.4755	-0.5152
	每股现金净流量(元)	-0.0905	-0.0316	-0.1132	0.1873
	每股经营现金净流量(元)	0.1414	0.0244	0.1797	0.0366
	净资产收益率(扣除)(%)	-	-	-	-10.0300
	净资产收益率(%)	0.4420	0.7601	2.3710	0.9290
	总资产(万)	122231.71	140600.98	152464.84	164213.86
	股东权益(万)	61062.42	55766.40	59248.27	64196.89
	主营业务收入(万)	-	-	-	-
	主营业务利润(万)	-	-	-	-
	营业务收入(万)	43319.17	148355.17	83721.75	170148.48
	营业务利润(万)	562.50	-1884.95	-527.66	-4706.69
	投资收益(万)	-	-	-	-
	利润总额(万)	563.41	2430.77	3890.50	2236.61
	净利润(万)	269.71	423.91	1404.94	596.39

上海海欣集团股份有限公司

公司概况					
公司名称	上海海欣集团股份有限公司			证券简称	海欣 B 股
法人代表	徐文彬	董秘	陈谋亮	证券代码	900917
公司网址	www.haixin.com.cn		电子信箱	cml@haixin.com	
电　　话	021-63917000*1832		传　　真	021-53513883	
办公地址	上海市福州路 666 号金陵海欣大厦 18 楼				
经营范围	研究开发、生产涤纶、晴纶等化纤类及动植物混纺纱及其面料、毛毯、玩具等				

主要财务指标 指标\报告期	2009.06.30	2008.12.31	2008.06.30	2007.12.31
每股收益(元)	-0.0130	-0.2857	0.0133	0.0198
每股收益(扣除)(元)	-0.0137	-0.2695	-0.0063	0.0008
每股净资产(元)	2.8388	2.1240	3.2374	4.8532
调整后每股净资产(元)	-	-	-	-
每股资本公积金(元)	1.7024	0.9737	1.7647	3.4147
每股盈余公积金(元)	0.2798	0.2798	0.2827	0.2734
每股未分配利润(元)	-0.1306	-0.1176	0.2025	0.1745
每股现金净流量(元)	0.0636	-0.0972	-0.0707	-0.0810
每股经营现金净流量(元)	-0.0836	0.1339	-0.1072	0.0688
净资产收益率(扣除)(%)	-	-12.6900	-	0.0200
净资产收益率(%)	-0.4590	-13.4500	0.4120	0.4100
总资产(万)	531104.61	419179.56	629501.36	891178.13
股东权益(万)	342655.24	256378.98	390778.36	585805.66
主营业务收入(万)	-	-	-	-
主营业务利润(万)	-	-	-	-
营业务收入(万)	43445.74	142684.81	56374.94	154920.29
营业务利润(万)	-2517.57	-42392.97	-1102.49	-5678.52
投资收益(万)	-	-	-	-
利润总额(万)	-2358.84	-42754.27	-582.12	-2953.17
净利润(万)	-1573.56	-34480.27	1609.80	2386.18

上海耀华皮尔金顿玻璃股份有限公司

公司概况					
公司名称	上海耀华皮尔金顿玻璃股份有限公司			证券简称	耀皮 B 股
法人代表	贺涛	董秘	金闽丽	证券代码	900918
公司网址	www.sypglass.com		电子信箱	office@sypglass.com	
电　　话	0086-021-61633599		传　　真	0086-021-58801554	
办公地址	上海市浦东新区莲溪路 1210 号 1 号楼				
经营范围	生产销售透明浮法玻璃、本体着色浮法玻璃及深加工系列产品等				

主要财务指标 指标\报告期	2009.06.30	2008.12.31	2008.06.30	2007.12.31
每股收益(元)	-0.1360	0.0380	0.0600	0.1720
每股收益(扣除)(元)	-0.2440	-0.0720	0.0600	0.0290
每股净资产(元)	2.6600	2.7900	2.9000	2.8500
调整后每股净资产(元)	-	-	-	-
每股资本公积金(元)	0.4388	0.4388	0.4400	0.4400
每股盈余公积金(元)	0.6222	0.6222	0.6145	0.6145
每股未分配利润(元)	0.5950	0.7310	0.8467	0.7906
每股现金净流量(元)	-0.0159	0.1452	-0.2652	0.4212
每股经营现金净流量(元)	0.2124	0.3433	0.2203	0.2581
净资产收益率(扣除)(%)	-	-	-	1.0400
净资产收益率(%)	-5.1200	1.3700	1.9300	6.0500
总资产(万)	595327.91	616621.54	557977.31	522072.81
股东权益(万)	194218.04	204164.73	212144.48	208039.58
主营业务收入(万)	-	-	-	-
主营业务利润(万)	-	-	-	-
营业务收入(万)	104612.78	250237.49	133702.29	229068.34
营业务利润(万)	-13227.05	-5749.53	4751.31	3797.45
投资收益(万)	-	-	-	-
利润总额(万)	-12498.18	1772.60	5038.61	13961.70
净利润(万)	-9946.69	2792.15	4104.90	12591.61

上海大江(集团)股份有限公司

公司概况					
公司名称	上海大江(集团)股份有限公司			证券简称	ST 大江 B
法人代表	杨雪峰	董秘	顾伟文	证券代码	900919
公司网址	www.dajiang.com		电子信箱	dajiang@dajiang.com	
电　　话	021-34225027		传　　真	021-34225056	
办公地址	上海市莲花路 1555 号华一大厦 7 楼				
经营范围	家禽、家畜、水产的良种、饲料、饲料添加剂、花卉肥料等				

主要财务指标 指标\报告期	2009.06.30	2008.12.31	2008.06.30	2007.12.31
每股收益(元)	-0.0300	0.0059	0.0280	0.0400
每股收益(扣除)(元)	-0.0320	-0.0797	-0.0230	0.0020
每股净资产(元)	0.3116	0.3420	0.3600	0.3370
调整后每股净资产(元)	-	-	-	-
每股资本公积金(元)	0.3467	0.3467	0.3467	0.3469
每股盈余公积金(元)	0.1150	0.1150	0.1150	0.1150
每股未分配利润(元)	-1.1500	-1.1197	-1.0969	-1.1249
每股现金净流量(元)	0.0278	-0.0006	-0.0098	-0.0207
每股经营现金净流量(元)	-0.0838	0.0596	0.0494	0.1866
净资产收益率(扣除)(%)	-	-	-	0.5400
净资产收益率(%)	-9.7400	1.7200	7.6830	11.9900
总资产(万)	73973.32	66177.03	72760.60	70235.94
股东权益(万)	21074.44	23127.07	24668.36	22787.71
主营业务收入(万)	-	-	-	-
主营业务利润(万)	-	-	-	-
营业务收入(万)	31570.25	78225.46	34642.86	97377.07
营业务利润(万)	-1839.39	-2208.32	-470.29	3590.72
投资收益(万)	-	-	-	-
利润总额(万)	-1820.76	1147.41	2254.80	4851.86
净利润(万)	-2052.63	397.73	1895.18	2731.70

上海柴油机股份有限公司

公司概况					
公司名称	上海柴油机股份有限公司			证券简称	上柴 B 股
法人代表	肖国普	董秘	汪宏彬	证券代码	900920
公司网址	www.sdec.com.cn		电子信箱	sdecdsh@sh163c.sta.net.cn	
电　　话	021-65745656-2207		传　　真	021-)65749845	
办公地址	上海市军工路 2636 号				
经营范围	柴油机、工程机械、油泵及配件;柴油电站、船用成套机组、机电设备及配件等				

主要财务指标 指标\报告期	2009.06.30	2008.12.31	2008.06.30	2007.12.31
每股收益(元)	0.0650	0.0600	0.0520	0.0400
每股收益(扣除)(元)	0.0600	-0.0100	0.0290	-0.0200
每股净资产(元)	3.8500	3.7900	3.8200	3.8100
调整后每股净资产(元)	-	-	-	-
每股资本公积金(元)	1.4781	1.4379	1.4790	1.5248
每股盈余公积金(元)	0.9900	0.9900	0.9651	1.0066
每股未分配利润(元)	0.3784	0.3638	0.3721	0.2804
每股现金净流量(元)	0.3758	-0.1627	-0.6154	0.9814
每股经营现金净流量(元)	0.3772	0.2397	0.0643	0.5392
净资产收益率(扣除)(%)	-	-	-	-0.5200
净资产收益率(%)	1.6800	1.5000	1.3500	0.9700
总资产(万)	310241.51	283331.63	322693.84	349968.02
股东权益(万)	184748.81	182119.52	183296.69	183086.13
主营业务收入(万)	-	-	-	-
主营业务利润(万)	-	-	-	-
营业务收入(万)	159393.30	354375.19	214246.84	345580.61
营业务利润(万)	3157.45	406.48	3002.01	2034.83
投资收益(万)	-	-	-	-
利润总额(万)	3175.31	1226.26	3180.24	2670.72
净利润(万)	3102.34	2728.48	2475.71	1781.99

大盈现代农业股份有限公司

公司概况					
公司名称	大盈现代农业股份有限公司			证券简称	丹科B股
法人代表	曾晓宁	董秘	沈雅芸	证券代码	900921
公司网址			电子信箱	s600844@126.com	
电　话	021-64016422、64015596		传　真	021-64015596	
办公地址	海市闵行区虹许路788号61室				
经营范围	煤化工产品、石油化工产品及其衍生物的技术开发、技术转让,化工技术等				

主要财务指标 指标\报告期	2009.06.30	2008.12.31	2008.06.30	2007.12.31
每股收益(元)	-0.0599	0.0552	0.0880	0.2533
每股收益(扣除)(元)	-0.0617	-0.0335	0.0870	0.1420
每股净资产(元)	3.3020	0.8610	0.7640	0.6760
调整后每股净资产(元)	-	-	-	-
每股资本公积金(元)	3.0500	0.7544	0.7699	0.7699
每股盈余公积金(元)	0.1442	0.1843	0.1843	0.1843
每股未分配利润(元)	-0.8921	-1.0777	-1.1901	-1.2782
每股现金净流量(元)	1.4135	-0.0761	-0.0269	-0.8698
每股经营现金净流量(元)	0.0160	0.3143	0.2491	0.3277
净资产收益率(扣除)(%)	-	-	-	21.0000
净资产收益率(%)	-1.4840	6.4100	11.5340	37.4600
总资产(万)	294335.59	93527.12	95807.81	99662.51
股东权益(万)	128554.34	26222.68	23274.71	20590.31
主营业务收入(万)	-	-	-	-
主营业务利润(万)	-	-	-	-
营业务收入(万)	14207.49	49009.20	30573.47	44060.09
营业务利润(万)	-2565.97	575.26	3888.07	7657.29
投资收益(万)	-	-	-	-
利润总额(万)	-2478.36	1146.08	3919.09	10794.52
净利润(万)	-1908.37	1682.06	2684.40	7713.69

上海三毛企业(集团)股份有限公司

公司概况					
公司名称	上海三毛企业(集团)股份有限公司			证券简称	三毛B股
法人代表	张文卿	董秘	韩家红	证券代码	900922
公司网址	www.600689.com		电子信箱	hanjh@600689.com	
电　话	021-63059496		传　真	021-63018850#601	
办公地址	上海斜土路791号				
经营范围	在国家允许投资的领域依法进行投资;公司自有房产的对外租赁、物业管理等				

主要财务指标 指标\报告期	2009.06.30	2008.12.31	2008.06.30	2007.12.31
每股收益(元)	0.1149	0.1522	0.0407	0.5162
每股收益(扣除)(元)	-0.1074	-0.1134	-0.0264	-0.3747
每股净资产(元)	1.9651	1.8047	1.7900	1.9305
调整后每股净资产(元)	-	-	-	-
每股资本公积金(元)	1.1757	1.1302	1.2565	1.4416
每股盈余公积金(元)	0.1921	0.1921	0.1921	0.1921
每股未分配利润(元)	-0.4027	-0.5176	-0.6625	-0.7032
每股现金净流量(元)	-0.3909	0.0490	-0.2899	0.9007
每股经营现金净流量(元)	-0.3773	0.0088	-0.1918	-0.1877
净资产收益率(扣除)(%)	-	-	-	-19.4100
净资产收益率(%)	5.8500	8.4300	2.2800	26.7400
总资产(万)	84793.87	86248.67	86748.55	94713.43
股东权益(万)	39496.59	36272.94	35899.71	38801.17
主营业务收入(万)	-	-	-	-
主营业务利润(万)	-	-	-	-
营业务收入(万)	64738.83	145332.23	74827.40	159654.72
营业务利润(万)	2424.31	595.36	-1282.65	-9165.46
投资收益(万)	-	-	-	-
利润总额(万)	2417.56	2856.20	516.37	11842.18
净利润(万)	2309.81	3058.26	818.91	10374.99

上海友谊集团股份有限公司

公司概况					
公司名称	上海友谊集团股份有限公司			证券简称	友谊B股
法人代表	吕勇明	董秘	陈冠军	证券代码	900923
公司网址	www.shfriendship.com.cn		电子信箱	yy600827@163.com	
电　话	021-58799358		传　真	021-58793834	
办公地址	上海市浦东新区商城路518号10楼				
经营范围	综合百货、连锁超市、装潢装饰(用品、工程)、仓储运输、电子商务等				

主要财务指标 指标\报告期	2009.06.30	2008.12.31	2008.06.30	2007.12.31
每股收益(元)	0.3070	0.3260	0.2830	0.7140
每股收益(扣除)(元)	0.2370	0.3240	0.3120	0.2600
每股净资产(元)	6.1110	5.2510	5.8440	7.1120
调整后每股净资产(元)	-	-	-	-
每股资本公积金(元)	3.6380	2.5534	3.1895	4.4606
每股盈余公积金(元)	0.3008	0.3008	0.2807	0.2807
每股未分配利润(元)	1.6837	1.3963	1.3739	1.3707
每股现金净流量(元)	0.0107	4.0049	0.1876	6.0986
每股经营现金净流量(元)	0.6019	5.8688	0.9857	6.4928
净资产收益率(扣除)(%)	-	-	-	6.9490
净资产收益率(%)	5.0180	6.2040	4.8450	10.0350
总资产(万)	1682287.09	1643761.38	1457040.85	1538659.38
股东权益(万)	288526.73	225350.21	250826.12	305243.52
主营业务收入(万)	-	-	-	-
主营业务利润(万)	-	-	-	-
营业务收入(万)	1339505.43	2556373.08	1314539.01	2293567.64
营业务利润(万)	46515.02	63723.47	40918.67	105744.05
投资收益(万)	-	-	-	-
利润总额(万)	46763.15	62285.56	36828.58	85940.80
净利润(万)	14479.01	13981.00	12152.59	30631.67

上工申贝(集团)股份有限公司

公司概况					
公司名称	上工申贝(集团)股份有限公司			证券简称	上工B股
法人代表	张敏	董秘	张一枫	证券代码	900924
公司网址	www.sgsbgroup.com		电子信箱	sgsb@sgsbgroup.com	
电　话	021-68407515		传　真	021-63302939	
办公地址	上海市浦东新区世纪大道1500号东方大厦12楼				
经营范围	研发、生产、销售、维修缝制设备及零部件缝纫机专用设备、制衣等				

主要财务指标 指标\报告期	2009.06.30	2008.12.31	2008.06.30	2007.12.31
每股收益(元)	-0.2928	-0.0719	0.0190	0.0624
每股收益(扣除)(元)	-0.2922	-0.1191	-0.0372	-0.1472
每股净资产(元)	0.8585	1.1333	1.3199	1.3021
调整后每股净资产(元)	-	-	-	-
每股资本公积金(元)	0.8904	0.8709	0.9066	0.9161
每股盈余公积金(元)	0.0101	0.0101	0.0101	0.0101
每股未分配利润(元)	-0.9955	-0.7028	-0.6119	-0.6309
每股现金净流量(元)	-0.1654	-0.1882	-0.1984	-0.2000
每股经营现金净流量(元)	-0.1941	0.1472	-0.0516	0.0683
净资产收益率(扣除)(%)	-	-	-	-11.3073
净资产收益率(%)	-34.1000	-6.3410	1.4400	4.7958
总资产(万)	188226.65	204241.26	239992.23	238009.87
股东权益(万)	38537.03	50874.49	59248.96	58447.36
主营业务收入(万)	-	-	-	-
主营业务利润(万)	-	-	-	-
营业务收入(万)	75438.20	223618.43	116280.67	253806.09
营业务利润(万)	-13967.27	-1659.73	-1132.01	2996.11
投资收益(万)	-	-	-	-
利润总额(万)	-14054.78	-1485.38	1396.74	9164.31
净利润(万)	-13141.57	-3226.17	851.37	2803.03

上海机电股份有限公司

公司概况	公司名称	上海机电股份有限公司			证券简称	机电 B 股
	法人代表	徐建国	董秘	司文培	证券代码	900925
	公司网址	www.chinasec.cn		电子信箱	shjddm@chinasec.cn	
	电　话	021-68547168		传　真	021-68547170	
	办公地址	上海市浦东新区民生路 1286 号汇商大厦 9 楼				
	经营范围	生产制冰、冷藏设备、空调设备、微波炉、燃油取暖器等家用电器等				

主要财务指标	指标\报告期	2009.06.30	2008.12.31	2008.06.30	2007.12.31
	每股收益(元)	0.3300	0.3300	0.6300	0.1290
	每股收益(扣除)(元)	0.3200	0.3200	0.4800	0.1530
	每股净资产(元)	4.7100	4.7100	4.4600	4.9200
	调整后每股净资产(元)	–	–	–	–
	每股资本公积金(元)	1.4144	1.4144	1.3957	1.9040
	每股盈余公积金(元)	0.8512	0.8512	0.8510	0.8766
	每股未分配利润(元)	1.4563	1.4563	1.2292	1.1505
	每股现金净流量(元)	0.8984	0.8984	0.0770	–0.4114
	每股经营现金净流量(元)	0.9225	0.9225	0.5050	–0.3358
	净资产收益率(扣除)(%)	–	–	–	–
	净资产收益率(%)	6.9500	6.9500	14.1700	3.1600
	总资产(万)	1164921.38	1164921.38	1047699.98	992502.54
	股东权益(万)	481697.59	481697.59	456454.21	419062.81
	主营业务收入(万)	–	–	–	–
	主营业务利润(万)	–	–	–	–
	营业务收入(万)	518070.00	518070.00	1044738.31	231649.14
	营业务利润(万)	57321.27	57321.27	109611.72	25411.00
	投资收益(万)	–	–	–	–
	利润总额(万)	59287.73	59287.73	112042.42	25596.72
	净利润(万)	33495.66	33495.66	64660.48	13240.61

上海宝信软件股份有限公司

公司概况	公司名称	上海宝信软件股份有限公司			证券简称	宝信 B
	法人代表	王文海	董秘	夏雪松	证券代码	900926
	公司网址	www.baosight.com		电子信箱	investor@baosight.com	
	电　话	021-50801155-1462		传　真	021-50803294	
	办公地址	上海市浦东新区张江高科技园区郭守敬路 515 号				
	经营范围	计算机、自动化、网络通讯系统及软硬件产品的研究、设计、开发、制造、集成等				

主要财务指标	指标\报告期	2009.06.30	2008.12.31	2008.06.30	2007.12.31
	每股收益(元)	0.4750	0.6910	0.4590	0.5220
	每股收益(扣除)(元)	0.4340	0.6470	0.4510	0.4550
	每股净资产(元)	3.3290	3.0540	2.8194	2.5110
	调整后每股净资产(元)	–	–	–	–
	每股资本公积金(元)	0.0953	0.0953	0.0953	0.0953
	每股盈余公积金(元)	0.3034	0.3034	0.2430	0.2430
	每股未分配利润(元)	1.9293	1.6543	1.4821	1.1734
	每股现金净流量(元)	0.4945	0.0449	0.1361	0.3156
	每股经营现金净流量(元)	0.5956	0.2196	0.2699	0.4517
	净资产收益率(扣除)(%)	–	–	–	18.1200
	净资产收益率(%)	14.2700	22.6300	16.2700	20.7900
	总资产(万)	201886.67	179863.92	168752.25	139867.97
	股东权益(万)	87305.97	80098.29	73936.99	65836.58
	主营业务收入(万)	–	–	–	–
	主营业务利润(万)	–	–	–	–
	营业务收入(万)	119576.36	214681.00	111090.43	182865.01
	营业务利润(万)	12997.69	19010.84	14852.01	15193.93
	投资收益(万)	–	–	–	–
	利润总额(万)	14227.59	20745.89	15400.68	16683.70
	净利润(万)	12457.15	18128.79	12028.09	13690.23

上海物资贸易股份有限公司

公司概况	公司名称	上海物资贸易股份有限公司			证券简称	物贸 B 股
	法人代表	吕勇明	董秘	李伟	证券代码	900927
	公司网址	www.600822sh.com		电子信箱	600822@shwuzi.com	
	电　话	021-63231818		传　真	021-63292367	
	办公地址	上海浦东新区陆家嘴东昌路东园一村 139 号 201 室				
	经营范围	经营金属材料、化轻原料、建材、木材、汽车(含小轿车)及配件等				

主要财务指标	指标\报告期	2009.06.30	2008.12.31	2008.06.30	2007.12.31
	每股收益(元)	0.1482	0.2800	0.1618	0.2914
	每股收益(扣除)(元)	0.1036	0.1744	0.1386	0.1850
	每股净资产(元)	3.2260	2.8960	2.8870	3.1250
	调整后每股净资产(元)	–	–	–	–
	每股资本公积金(元)	1.1131	0.9316	1.0363	1.3315
	每股盈余公积金(元)	0.1441	0.1441	0.1207	0.1252
	每股未分配利润(元)	0.9708	0.8227	0.7291	0.6679
	每股现金净流量(元)	0.2289	0.1031	0.9701	0.3671
	每股经营现金净流量(元)	–0.3519	0.9015	0.3840	–1.1690
	净资产收益率(扣除)(%)	–	–	–	5.9200
	净资产收益率(%)	4.5900	9.6700	5.6060	9.3300
	总资产(万)	586793.87	436886.45	469888.82	395452.35
	股东权益(万)	81520.60	73189.47	72951.65	78978.06
	主营业务收入(万)	–	–	–	–
	主营业务利润(万)	–	–	–	–
	营业务收入(万)	2119649.94	3291950.98	1760078.17	3003509.30
	营业务利润(万)	4133.17	8525.74	5096.11	9192.54
	投资收益(万)	–	–	–	–
	利润总额(万)	4577.96	8924.75	5158.43	9634.46
	净利润(万)	3744.29	7077.60	4089.53	7364.62

上海自动化仪表股份有限公司

公司概况	公司名称	上海自动化仪表股份有限公司			证券简称	自仪 B 股
	法人代表	徐子瑛	董秘	缪丹桦	证券代码	900928
	公司网址	www.saic.sh.cn		电子信箱	bod@saic.sh.cn	
	电　话	021-54260980		传　真	021-54262329	
	办公地址	上海市徐汇区虹漕路 41 号				
	经营范围	自动化控制系统和自动化仪表及其相关的机电产品、元器件;仪表成套装置等				

主要财务指标	指标\报告期	2009.06.30	2008.12.31	2008.06.30	2007.12.31
	每股收益(元)	0.0118	0.0200	0.0133	0.0250
	每股收益(扣除)(元)	0.0115	0.0170	0.0136	0.0160
	每股净资产(元)	0.4000	0.3900	0.3800	0.3700
	调整后每股净资产(元)	–	–	–	–
	每股资本公积金(元)	0.5653	0.5637	0.5669	0.5680
	每股盈余公积金(元)	0.0570	0.0570	0.0570	0.0570
	每股未分配利润(元)	–1.2224	–1.2341	–1.2411	–1.2545
	每股现金净流量(元)	–0.0869	0.1039	0.0331	–0.0279
	每股经营现金净流量(元)	–0.0562	–0.0749	–0.1512	–0.1245
	净资产收益率(扣除)(%)	–	–	–	4.2500
	净资产收益率(%)	2.9400	5.2600	3.4900	6.8800
	总资产(万)	116073.98	108894.40	108025.35	95575.92
	股东权益(万)	15970.32	15437.40	15282.72	14795.76
	主营业务收入(万)	–	–	–	–
	主营业务利润(万)	–	–	–	–
	营业务收入(万)	55316.49	109309.81	55326.42	100349.26
	营业务利润(万)	477.74	787.66	558.34	1014.79
	投资收益(万)	–	–	–	–
	利润总额(万)	486.80	839.80	549.53	1042.79
	净利润(万)	469.68	812.57	532.77	1018.11

上海锦江国际旅游股份有限公司

公司概况	公司名称	上海锦江国际旅游股份有限公司		证券简称	锦旅B股
	法人代表	宋超麒	董秘	王均行	证券代码	900929
	公司网址	www.jjtravel.com		电子信箱	jjtwjx@sina.com
	电　话	021-63299090、63299092		传　真	021-)63296636
	办公地址	上海市延安东路100号联谊大厦27楼			
	经营范围	入境、国内、出国旅游及客票代理;非贸易物提、运、报关;汽车客货运等			

主要财务指标	指标\报告期	2009.06.30	2008.12.31	2008.06.30	2007.12.31
	每股收益(元)	0.1500	0.1700	0.1160	0.2700
	每股收益(扣除)(元)	0.1000	0.1500	0.1000	0.2100
	每股净资产(元)	7.9100	5.6100	7.4900	9.9900
	调整后每股净资产(元)	–	–	–	–
	每股资本公积金(元)	5.5533	3.3270	5.2586	7.6716
	每股盈余公积金(元)	0.8796	0.8796	0.8518	0.8518
	每股未分配利润(元)	0.4786	0.4045	0.3817	0.4661
	每股现金净流量(元)	–0.0350	0.1947	–0.0538	0.5005
	每股经营现金净流量(元)	–0.1205	0.3453	–0.0835	0.5046
	净资产收益率(扣除)(%)	–	–	–	2.1200
	净资产收益率(%)	1.9500	2.9600	1.5400	2.7300
	总资产(万)	151608.22	114816.12	151412.10	192797.45
	股东权益(万)	104872.65	74379.06	99312.63	132417.36
	主营业务收入(万)	–	–	–	–
	主营业务利润(万)	–	–	–	–
	营业务收入(万)	68244.33	169659.38	71682.30	164234.86
	营业务利润(万)	2384.50	2299.35	1653.78	4041.22
	投资收益(万)	–	–	–	–
	利润总额(万)	2434.46	2651.34	1860.12	4137.45
	净利润(万)	2042.85	2202.98	1532.65	3620.70

上海邮电通信设备股份有限公司

公司概况	公司名称	上海邮电通信设备股份有限公司			证券简称	沪普天B
	法人代表	曹宏斌	董秘	陆贤薇	证券代码	900930
	公司网址	www.shpte.com.cn		电子信箱	zhengquanb@shpte.com	
	电　话	021-64360900-2371		传　真	021-64333435	
	办公地址	上海市宜山路700号				
	经营范围	开发、生产、销售各类通信设备和元器件、计算机网络和外围配套设备等				

主要财务指标	指标\报告期	2009.06.30	2008.12.31	2008.06.30	2007.12.31
	每股收益(元)	–0.0350	–0.3020	0.0400	0.0310
	每股收益(扣除)(元)	–0.0420	–0.3100	0.0400	–0.1900
	每股净资产(元)	3.4900	3.5250	2.6900	2.6500
	调整后每股净资产(元)	–	–	–	––
	每股资本公积金(元)	1.7780	1.7780	0.4305	0.8116
	每股盈余公积金(元)	0.2886	0.2886	0.3577	0.3617
	每股未分配利润(元)	0.4231	0.4580	0.9029	0.9013
	每股现金净流量(元)	–0.1649	1.0722	–0.0628	–0.2344
	每股经营现金净流量(元)	–0.0224	–0.2341	–0.0742	–0.4587
	净资产收益率(扣除)(%)	–	–	–	–
	净资产收益率(%)	–1.0010	–7.4100	1.4200	1.6100
	总资产(万)	204339.25	207202.21	155050.07	158021.71
	股东权益(万)	133381.34	134715.96	82055.53	93753.36
	主营业务收入(万)	–	–	–	–
	主营业务利润(万)	–	–	–	–
	营业务收入(万)	30702.71	75340.59	40073.96	49717.28
	营业务利润(万)	–1818.77	–10594.22	1178.33	–6882.37
	投资收益(万)	–	–	–	–
	利润总额(万)	–1506.46	–10086.76	1171.84	1090.32
	净利润(万)	–1334.63	–9977.38	1161.55	936.52

上海陆家嘴金融贸易区开发股份有限公司

公司概况	公司名称	上海陆家嘴金融贸易区开发股份有限公司			证券简称	陆家B股
	法人代表	杨小明	董秘	蒋平	证券代码	900932
	公司网址	www.shld.com		电子信箱	invest @ ljz.com.cn	
	电　话	021-33848788、33848801		传　真	021-33848818、33848799	
	办公地址	上海市浦东新区峨山路101号1号楼				
	经营范围	房地产开发、经营、销售、出租和中介;市政公用基础实施的开发建设				

主要财务指标	指标\报告期	2009.06.30	2008.12.31	2008.06.30	2007.12.31
	每股收益(元)	0.5159	0.4714	0.3985	0.4038
	每股收益(扣除)(元)	0.5249	0.0636	0.0277	0.3977
	每股净资产(元)	5.0300	4.5000	4.5300	4.4000
	调整后每股净资产(元)	–	–	–	–
	每股资本公积金(元)	0.9577	0.8337	0.9339	1.1167
	每股盈余公积金(元)	1.1070	1.1070	1.0119	1.0119
	每股未分配利润(元)	1.9646	1.5627	1.5849	1.2674
	每股现金净流量(元)	–0.1088	–0.9447	–0.8380	–0.2131
	每股经营现金净流量(元)	–0.8299	–0.5800	–0.7699	0.1813
	净资产收益率(扣除)(%)	–	–	–	9.0500
	净资产收益率(%)	10.2600	10.4700	8.8000	9.1900
	总资产(万)	1861155.94	1778669.92	1522417.71	1430381.40
	股东权益(万)	939315.39	841088.65	846184.51	821036.54
	主营业务收入(万)	–	–	–	–
	主营业务利润(万)	–	–	–	–
	营业务收入(万)	284746.09	169988.60	148054.16	205100.74
	营业务利润(万)	218696.17	108228.76	99890.29	86399.78
	投资收益(万)	–	–	–	–
	利润总额(万)	216591.56	111709.33	99962.06	87864.52
	净利润(万)	96357.29	88046.01	74426.96	75424.92

华新水泥股份有限公司

公司概况	公司名称	华新水泥股份有限公司			证券简称	华新B股
	法人代表	陈木森	董秘	王锡明	证券代码	900933
	公司网址	www.huaxincem.com		电子信箱	investor@huaxincem.com	
	电　话	027-87773898、87773896		传　真	027-87773897	
	办公地址	湖北省武汉市关山二路特1号国际企业中心5号楼				
	经营范围	生产和销售水泥、水泥熟料及复合袋				

主要财务指标	指标\报告期	2009.06.30	2008.12.31	2008.06.30	2007.12.31
	每股收益(元)	0.4900	1.1800	0.5000	0.8800
	每股收益(扣除)(元)	0.4400	1.1100	0.4700	0.8600
	每股净资产(元)	10.4700	10.0800	9.4300	5.1200
	调整后每股净资产(元)	–	–	–	–
	每股资本公积金(元)	6.1816	6.1375	6.1534	1.7527
	每股盈余公积金(元)	0.4562	0.4562	0.4357	0.5355
	每股未分配利润(元)	2.8286	2.4850	1.8413	1.8297
	每股现金净流量(元)	–0.2397	1.0137	0.7035	0.1909
	每股经营现金净流量(元)	1.4300	2.8862	0.4892	2.9310
	净资产收益率(扣除)(%)	–	–	–	16.7800
	净资产收益率(%)	4.7300	11.3100	5.0200	17.2700
	总资产(万)	1266365.29	1071635.36	962284.25	851355.74
	股东权益(万)	422425.85	406776.70	380611.72	168071.41
	主营业务收入(万)	–	–	–	–
	主营业务利润(万)	–	–	–	–
	营业务收入(万)	315096.53	634945.96	272452.62	477010.81
	营业务利润(万)	22968.12	46248.60	17884.09	35461.71
	投资收益(万)	–	–	–	–
	利润总额(万)	26971.39	57694.45	22240.77	44881.93
	净利润(万)	19966.75	45997.56	19114.80	29024.52

上海锦江国际酒店发展股份有限公司

公司概况	公司名称	上海锦江国际酒店发展股份有限公司			证券简称	锦江 B 股
	法人代表	俞敏亮	董秘	胡暋	证券代码	900934
	公司网址	www.jinjianghoteis.com		电子信箱	jjir@jinjianghotels.com	
	电　　话	021-63217132		传　　真	021-63217720	
	办公地址	上海市延安东路 100 号 25 楼 上海市浦东新区浦电路 489 号 13 楼				
	经营范围	宾馆、餐饮、食品生产及连锁经营、旅游;服装、针纺织品、工艺品等				

主要财务指标	指标\报告期	2009.06.30	2008.12.31	2008.06.30	2007.12.31
	每股收益(元)	0.3056	0.4529	0.2728	0.4373
	每股收益(扣除)(元)	0.1312	0.4004	0.2714	0.3400
	每股净资产(元)	5.6336	4.5606	5.6502	8.2446
	调整后每股净资产(元)	–	–	–	–
	每股资本公积金(元)	3.3372	2.2198	3.4895	6.0067
	每股盈余公积金(元)	0.7358	0.7358	0.6935	0.6935
	每股未分配利润(元)	0.5606	0.6049	0.4671	0.5443
	每股现金净流量(元)	0.1018	0.1061	–0.1907	0.0289
	每股经营现金净流量(元)	0.0211	0.2089	0.0676	0.3211
	净资产收益率(扣除)(%)	–	–	–	4.1200
	净资产收益率(%)	5.4300	9.9300	4.8300	5.3000
	总资产(万)	414186.07	322195.04	416105.13	626249.38
	股东权益(万)	339841.67	275111.51	340840.73	497346.50
	主营业务收入(万)	–	–	–	–
	主营业务利润(万)	–	–	–	–
	营业务收入(万)	35681.34	79362.58	40150.65	83476.03
	营业务利润(万)	21922.74	30304.41	19158.06	32150.05
	投资收益(万)	–	–	–	–
	利润总额(万)	22380.42	32123.92	19266.46	32455.49
	净利润(万)	18437.29	27319.52	16454.73	26378.22

上海阳晨投资股份有限公司

公司概况	公司名称	上海阳晨投资股份有限公司			证券简称	阳晨 B 股
	法人代表	徐菲	董秘	仲辉	证券代码	900935
	公司网址			电子信箱	zh9009935@hotmail.com	
	电　　话	021-63901001		传　　真	021-63901001	
	办公地址	上海市徐家汇路 555 号 10 楼				
	经营范围	生产销售工程机械、打桩机、机械施工钻机、水文水井钻机、地质勘探设备等				

主要财务指标	指标\报告期	2009.06.30	2008.12.31	2008.06.30	2007.12.31
	每股收益(元)	0.0210	0.0400	0.0210	0.0500
	每股收益(扣除)(元)	0.0210	0.0400	0.0210	0.0500
	每股净资产(元)	1.9200	1.9200	1.8900	1.8800
	调整后每股净资产(元)	–	–	–	–
	每股资本公积金(元)	0.5889	0.5889	0.5440	0.5889
	每股盈余公积金(元)	0.0725	0.0725	0.0720	0.0686
	每股未分配利润(元)	0.2562	0.2555	0.2732	0.2209
	每股现金净流量(元)	0.3156	–0.6576	–0.5505	0.7389
	每股经营现金净流量(元)	0.1165	0.4059	0.1726	0.1770
	净资产收益率(扣除)(%)	–	–	–	2.8600
	净资产收益率(%)	1.1100	2.0100	1.1200	2.6800
	总资产(万)	198918.55	178927.49	114749.03	124770.95
	股东权益(万)	46904.21	46886.61	46208.47	45945.35
	主营业务收入(万)	–	–	–	–
	主营业务利润(万)	–	–	–	–
	营业务收入(万)	9039.98	18892.45	8869.22	18589.56
	营业务利润(万)	715.12	1334.58	808.73	1728.13
	投资收益(万)	–	–	–	–
	利润总额(万)	746.49	1312.26	805.35	1633.37
	净利润(万)	519.05	941.26	517.28	1231.01

内蒙古鄂尔多斯羊绒制品股份有限公司

公司概况	公司名称	内蒙古鄂尔多斯羊绒制品股份有限公司			证券简称	鄂绒 B 股
	法人代表	王林祥	董秘	曾广春	证券代码	900936
	公司网址	www.chinaerdos.com		电子信箱	lill@chinaerdos.com	
	电　　话	0477-8543509		传　　真	0477-8523812	
	办公地址	内蒙古东胜区达拉特南路 102 号				
	经营范围	生产和销售无毛绒、羊绒纱、羊绒衫等羊绒制品,相关技术咨询服务				

主要财务指标	指标\报告期	2009.06.30	2008.12.31	2008.06.30	2007.12.31
	每股收益(元)	0.0200	0.4000	0.3400	0.5100
	每股收益(扣除)(元)	0.0200	0.4000	0.3300	0.4900
	每股净资产(元)	3.4700	3.5400	3.4700	3.2800
	调整后每股净资产(元)	–	–	–	–
	每股资本公积金(元)	1.3053	1.3053	1.3071	1.3071
	每股盈余公积金(元)	0.3292	0.3426	0.3103	0.3147
	每股未分配利润(元)	0.8089	0.8905	0.8550	0.6653
	每股现金净流量(元)	2.0631	–	–0.1223	0.5264
	每股经营现金净流量(元)	0.5458	–	0.1974	1.3225
	净资产收益率(扣除)(%)	–	–	–	–
	净资产收益率(%)	0.5300	11.3900	9.7800	15.3400
	总资产(万)	1937677.73	1572486.97	1478832.68	1373583.55
	股东权益(万)	358186.52	365157.78	358352.92	339234.34
	主营业务收入(万)	–	–	–	–
	主营业务利润(万)	–	–	–	–
	营业务收入(万)	307857.55	183577.69	431742.73	673680.55
	营业务利润(万)	5953.76	23728.73	69976.33	82835.24
	投资收益(万)	–	–	–	–
	利润总额(万)	6303.36	24280.63	70929.96	84796.52
	净利润(万)	1904.25	12261.61	35056.85	52420.41

华电能源股份有限公司

公司概况	公司名称	华电能源股份有限公司			证券简称	华电 B 股
	法人代表	任书辉	董秘	梅君超	证券代码	900937
	公司网址	www.hdenergy.com		电子信箱	hdenergy@hdenergy.com	
	电　　话	0451-82525998		传　　真	0451-82525878	
	办公地址	哈尔滨市南岗区大成街 209 号				
	经营范围	建设、经营、维修电厂,生产销售电力,热力,电力行业的技术服务等				

主要财务指标	指标\报告期	2009.06.30	2008.12.31	2008.06.30	2007.12.31
	每股收益(元)	–0.1300	0.0100	–0.0100	0.0490
	每股收益(扣除)(元)	–0.1300	0.0050	–0.0200	0.0330
	每股净资产(元)	2.2900	2.4200	2.5000	2.5700
	调整后每股净资产(元)	–	–	–	–
	每股资本公积金(元)	0.9745	0.9745	1.0864	1.1208
	每股盈余公积金(元)	0.1990	0.1990	0.1981	0.1987
	每股未分配利润(元)	0.1152	0.2422	0.2129	0.2517
	每股现金净流量(元)	–0.2143	0.4139	0.2135	–0.1187
	每股经营现金净流量(元)	0.0736	0.7140	–0.7983	0.6050
	净资产收益率(扣除)(%)	–	–	–	1.3300
	净资产收益率(%)	–5.5450	0.4300	–0.5900	1.8700
	总资产(万)	1819747.43	1679734.61	1343796.53	1464662.82
	股东权益(万)	313356.24	330730.78	341918.49	352009.35
	主营业务收入(万)	–	–	–	–
	主营业务利润(万)	–	–	–	–
	营业务收入(万)	280196.60	560246.56	210918.76	497296.70
	营业务利润(万)	–16446.90	2574.46	–1237.25	10070.59
	投资收益(万)	–	–	–	–
	利润总额(万)	–14141.76	5154.61	–791.59	12928.10
	净利润(万)	–17374.54	1421.85	–2032.28	6589.28

天津市海运股份有限公司

公司概况					
公司名称	天津市海运股份有限公司			证券简称	*ST 天海 B
法人代表	李维艰	董秘	姜涛	证券代码	900938
公司网址	www.tmsc-tj.com.cn		电子信箱	Tmsc900938@163.com	
电　话	86-22-23281780		传　真	86-22-23286115	
办公地址	天津市河西区马场道 207 号				
经营范围	国际船舶集装箱运输;国际船舶普通货物运输;国际船舶危险品运输等				

主要财务指标

指标\报告期	2009.06.30	2008.12.31	2008.06.30	2007.12.31
每股收益(元)	-0.2256	0.0170	-0.0791	-0.2981
每股收益(扣除)(元)	-0.2258	-0.2416	-0.0791	-0.3016
每股净资产(元)	-0.6340	-0.4200	-0.5700	-0.5000
调整后每股净资产(元)	-	-	-	-
每股资本公积金(元)	0.7370	0.7209	0.5689	0.6242
每股盈余公积金(元)	0.2259	0.2259	0.2259	0.2259
每股未分配利润(元)	-2.5969	-2.3714	-2.3672	-2.3498
每股现金净流量(元)	-0.0425	0.0320	0.0028	-0.2304
每股经营现金净流量(元)	-0.0969	-0.1632	-0.0276	-0.1247
净资产收益率(扣除)(%)	-	-	-	-
净资产收益率(%)	-	-	-	-
总资产(万)	51367.94	56241.58	55076.95	52042.32
股东权益(万)	-31232.17	-20915.95	-28199.01	-24618.49
主营业务收入(万)	-	-	-	-
主营业务利润(万)	-	-	-	-
营业务收入(万)	8297.21	38378.86	22757.32	40264.94
营业务利润(万)	-11125.56	432.15	-3884.37	-14688.00
投资收益(万)	-	-	-	-
利润总额(万)	-11111.29	1017.03	-3885.60	-14517.88
净利润(万)	-11111.82	837.99	-3897.84	-14687.09

上海汇丽建材股份有限公司

公司概况					
公司名称	上海汇丽建材股份有限公司			证券简称	ST 汇丽 B
法人代表	金永良	董秘	杜红谱	证券代码	900939
公司网址	www.huili.com		电子信箱	stock@huili.com	
电　话	021-58138717、58138712		传　真	021-58134499	
办公地址	上海市南汇区康桥工业区康桥东路 299 号				
经营范围	生产化学建筑材料、装饰材料及配套建筑五金等				

主要财务指标

指标\报告期	2009.06.30	2008.12.31	2008.06.30	2007.12.31
每股收益(元)	-0.0240	-0.1300	-0.0270	0.0200
每股收益(扣除)(元)	-0.0240	-0.1400	-0.0420	-0.1300
每股净资产(元)	0.2700	0.2900	0.3800	0.4300
调整后每股净资产(元)	-	-	-	-
每股资本公积金(元)	0.3577	0.3577	0.3687	0.3687
每股盈余公积金(元)	0.0998	0.0998	0.0998	0.0998
每股未分配利润(元)	-1.1920	-1.1685	-1.0901	-1.0387
每股现金净流量(元)	0.0035	-0.0755	-0.0673	0.0645
每股经营现金净流量(元)	-0.0082	-0.0180	0.0988	-0.2524
净资产收益率(扣除)(%)	-	-	-	-30.9600
净资产收益率(%)	-8.8600	-44.8900	-7.1000	5.2700
总资产(万)	12572.59	12845.29	14723.62	16577.44
股东权益(万)	4818.94	5245.84	6867.15	7800.58
主营业务收入(万)	-	-	-	-
主营业务利润(万)	-	-	-	-
营业务收入(万)	1541.04	4937.92	2315.66	5823.58
营业务利润(万)	-427.61	-2642.91	-733.70	-2844.17
投资收益(万)	-	-	-	-
利润总额(万)	-425.12	-2356.79	-436.22	373.60
净利润(万)	-426.90	-2354.74	-487.35	411.37

东方通信股份有限公司

公司概况					
公司名称	东方通信股份有限公司			证券简称	东信 B 股
法人代表	张泽熙	董秘	蔡祝平	证券代码	900941
公司网址	www.eastcom.com		电子信箱	webmaster@eastcom.com	
电　话	0571-86676198		传　真	0571-86676197	
办公地址	浙江省杭州市滨江高新技术开发区东信大道 66 号				
经营范围	移动通信,程控交换,光电传输,激光照排设备及其配套产品等				

主要财务指标

指标\报告期	2009.06.30	2008.12.31	2008.06.30	2007.12.31
每股收益(元)	0.0371	0.0770	0.0400	0.1380
每股收益(扣除)(元)	0.0231	0.0420	0.0200	0.0120
每股净资产(元)	1.9163	1.8800	1.8800	1.8100
调整后每股净资产(元)	-	-	-	-
每股资本公积金(元)	0.6936	0.6936	0.6956	0.7040
每股盈余公积金(元)	0.0057	0.1414	0.1414	0.1414
每股未分配利润(元)	0.2170	0.0442	0.0387	-0.0330
每股现金净流量(元)	-0.1340	0.0552	-0.0800	-0.2577
每股经营现金净流量(元)	-0.1305	0.2543	0.0412	-0.2151
净资产收益率(扣除)(%)	-	-	-	0.6400
净资产收益率(%)	1.9380	4.1100	1.9100	7.6100
总资产(万)	349480.81	411072.26	421294.96	401930.13
股东权益(万)	240691.71	236026.97	235579.89	227638.37
主营业务收入(万)	-	-	-	-
主营业务利润(万)	-	-	-	-
营业务收入(万)	212193.75	879018.30	417801.12	1277472.76
营业务利润(万)	3252.36	6642.70	2188.14	17820.87
投资收益(万)	-	-	-	-
利润总额(万)	3948.15	10085.93	3668.40	21011.01
净利润(万)	4664.74	9691.73	4506.26	17325.15

黄山旅游发展股份有限公司

公司概况					
公司名称	黄山旅游发展股份有限公司			证券简称	黄山 B 股
法人代表	程迎峰	董秘	黄慧敏	证券代码	900942
公司网址	www.hstd.com		电子信箱	hs600054@yahoo.com.cn	
电　话	0559-5561756		传　真	0559-5561110	
办公地址	安徽省黄山市黄山风景区温泉				
经营范围	营旅游服务、酒店经营、旅游运输、饮食服务、旅游资源开发等				

主要财务指标

指标\报告期	2009.06.30	2008.12.31	2008.06.30	2007.12.31
每股收益(元)	0.1633	0.4000	0.1611	0.3300
每股收益(扣除)(元)	0.1632	0.4000	0.1600	0.3300
每股净资产(元)	2.4800	2.4200	2.3200	2.1600
调整后每股净资产(元)	-	-	-	-
每股资本公积金(元)	0.3626	0.3626	0.3601	0.3601
每股盈余公积金(元)	0.3071	0.3071	0.2674	0.2674
每股未分配利润(元)	0.8108	0.7475	0.6932	0.5322
每股现金净流量(元)	-0.1211	-0.3302	-0.4070	0.3804
每股经营现金净流量(元)	-0.0229	0.4402	0.0591	0.5870
净资产收益率(扣除)(%)	-	-	-	15.0000
净资产收益率(%)	6.5800	16.5500	6.9400	14.8500
总资产(万)	173502.10	169325.45	158410.10	154200.82
股东权益(万)	116919.87	113934.94	109386.11	101794.43
主营业务收入(万)	-	-	-	-
主营业务利润(万)	-	-	-	-
营业务收入(万)	46505.46	111818.11	43381.75	104087.64
营业务利润(万)	11297.71	28162.62	11210.48	26761.38
投资收益(万)	-	-	-	-
利润总额(万)	11304.30	28136.73	11120.12	26418.83
净利润(万)	7698.43	18853.91	7591.68	15117.74

上海开开实业股份有限公司

公司概况	公司名称	上海开开实业股份有限公司			证券简称	开开 B 股
	法人代表	何才彪	董秘	黄伟康	证券代码	900943
	公司网址	www.chinesekk.com		电子信箱	dm@chinesekk.com	
	电　话	021-62876092、6287609		传　真	021-62876092	
	办公地址	上海市江宁路 565 号 4 楼				
	经营范围	生产衬衫、羊毛衫、针绵织品、服装、鞋帽,纺织面料;内销日用百货等				

主要财务指标	指标\报告期	2009.06.30	2008.12.31	2008.06.30	2007.12.31
	每股收益(元)	0.1680	0.2300	0.3170	0.0400
	每股收益(扣除)(元)	0.0370	0.2200	0.3160	-0.0600
	每股净资产(元)	0.9090	0.7010	0.7660	0.9470
	调整后每股净资产(元)	-	-	-	-
	每股资本公积金(元)	0.1461	0.1066	0.0863	0.5848
	每股盈余公积金(元)	0.1297	0.1297	0.1297	0.1297
	每股未分配利润(元)	-0.3672	-0.5357	-0.4502	-0.7672
	每股现金净流量(元)	0.3058	0.1423	0.0421	-0.0468
	每股经营现金净流量(元)	0.0660	0.0148	0.0212	0.0960
	净资产收益率(扣除)(%)	-	-	-	-6.0700
	净资产收益率(%)	18.5350	33.0410	41.3840	3.7950
	总资产(万)	105276.41	98948.34	93901.98	101088.65
	股东权益(万)	22079.93	17026.44	18609.25	23021.69
	主营业务收入(万)	-	-	-	-
	主营业务利润(万)	-	-	-	-
	营业务收入(万)	46197.57	71129.22	35765.74	67941.18
	营业务利润(万)	4173.45	5555.97	8102.70	2165.21
	投资收益(万)	-	-	-	-
	利润总额(万)	4290.42	5812.68	8106.82	2299.99
	净利润(万)	4092.47	5625.69	7701.25	873.72

海南航空股份有限公司

公司概况	公司名称	海南航空股份有限公司			证券简称	海航 B 股
	法人代表	李晓明	董秘	吕广伟	证券代码	900945
	公司网址	www.hnair.com		电子信箱	sh_zhang@hnair.com	
	电　话	0898-66739961、66739996		传　真	0898-66739960	
	办公地址	海南海口市海秀路 29 号海航发展大厦				
	经营范围	经批准的国内航空客货运输业务;航空维修和服务;航空旅游;航空食品等				

主要财务指标	指标\报告期	2009.06.30	2008.12.31	2008.06.30	2007.12.31
	每股收益(元)	0.0510	-0.4000	0.0880	0.1700
	每股收益(扣除)(元)	0.0030	-0.5000	0.0810	0.1700
	每股净资产(元)	1.7900	1.7400	2.2600	2.1700
	调整后每股净资产(元)	-	-	-	-
	每股资本公积金(元)	1.0917	1.0917	1.0917	1.0917
	每股盈余公积金(元)	0.0479	0.0479	0.0479	0.0479
	每股未分配利润(元)	-0.3500	-0.3996	0.1235	0.0039
	每股现金净流量(元)	0.0703	-0.4073	0.5362	-0.2310
	每股经营现金净流量(元)	0.2981	1.0469	0.7962	0.8240
	净资产收益率(扣除)(%)	-	-	-	3.8700
	净资产收益率(%)	2.8100	-23.1900	3.8900	8.5000
	总资产(万)	5112737.50	4830922.90	4626717.60	3983994.60
	股东权益(万)	631780.50	614280.50	798931.60	756715.30
	主营业务收入(万)	-	-	-	-
	主营业务利润(万)	-	-	-	-
	营业务收入(万)	679225.00	1355166.10	687949.00	1352534.70
	营业务利润(万)	-151.40	-168353.90	29484.80	55946.70
	投资收益(万)	-	-	-	-
	利润总额(万)	18068.90	-153621.00	32406.00	68543.10
	净利润(万)	17500.00	-142434.80	31095.10	62685.50

济南轻骑摩托车股份有限公司

公司概况	公司名称	济南轻骑摩托车股份有限公司			证券简称	ST 轻骑 B
	法人代表	吕红献	董秘	吕来升	证券代码	900946
	公司网址	www.Qingqi.COM.CN		电子信箱	JNQQXTB@126.com	
	电　话	0531-86599891		传　真	0531-86599889	
	办公地址	山东省济南市历下区和平路 34 号				
	经营范围	摩托车及零配件的设计、开发、生产、销售;摩托车技术咨询、服务等				

主要财务指标	指标\报告期	2009.06.30	2008.12.31	2008.06.30	2007.12.31
	每股收益(元)	-0.0073	0.0038	-0.0191	-0.1142
	每股收益(扣除)(元)	-0.0175	-0.0214	-0.0260	-0.1140
	每股净资产(元)	0.3909	0.3980	0.3750	0.3940
	调整后每股净资产(元)	-	-	-	-
	每股资本公积金(元)	0.1971	0.1971	0.1971	0.1971
	每股盈余公积金(元)	0.0606	0.0606	0.0606	0.0606
	每股未分配利润(元)	-0.8668	-0.8595	-0.8825	-0.8634
	每股现金净流量(元)	0.0252	-0.0132	-0.0054	-0.0159
	每股经营现金净流量(元)	0.0033	0.0399	-0.0371	-0.0136
	净资产收益率(扣除)(%)	-	-	-	-29.0400
	净资产收益率(%)	-1.8560	0.9500	-5.0800	-28.9700
	总资产(万)	126129.67	145705.04	151533.23	143157.94
	股东权益(万)	37991.25	38696.21	36460.53	38314.37
	主营业务收入(万)	-	-	-	-
	主营业务利润(万)	-	-	-	-
	营业务收入(万)	74636.84	209071.57	108710.11	193320.15
	营业务利润(万)	-1704.39	-661.63	-2504.86	-11459.45
	投资收益(万)	-	-	-	-
	利润总额(万)	-1070.28	552.44	-1853.29	-11436.12
	净利润(万)	-704.95	366.79	-1853.84	-11098.42

上海振华重工(集团)股份有限公司

公司概况	公司名称	上海振华重工(集团)股份有限公司			证券简称	振华 B 股
	法人代表	周纪昌	董秘	王珏	证券代码	900947
	公司网址	www.zpmc.com		电子信箱	zpmc@public.sta.net.cn	
	电　话	021-50390727		传　真	021-58397000	
	办公地址	上海市浦东南路 3470 号				
	经营范围	设计、建造、安装和承包大型港口装卸系统和设备、海上重型装备等				

主要财务指标	指标\报告期	2009.06.30	2008.12.31	2008.06.30	2007.12.31
	每股收益(元)	0.2000	0.7600	0.3200	0.6400
	每股收益(扣除)(元)	0.1900	0.4300	0.2900	0.5800
	每股净资产(元)	3.6100	4.5400	3.5800	3.8200
	调整后每股净资产(元)	-	-	-	-
	每股资本公积金(元)	1.2585	1.8639	1.1671	1.6066
	每股盈余公积金(元)	0.3246	0.4443	0.3701	0.3703
	每股未分配利润(元)	1.0301	1.4685	1.0435	0.9181
	每股现金净流量(元)	-0.5158	0.6167	0.1823	0.1431
	每股经营现金净流量(元)	-0.5036	-1.2707	-1.6452	0.1506
	净资产收益率(扣除)(%)	-	-	-	14.9900
	净资产收益率(%)	5.6200	16.6500	8.9600	16.7300
	总资产(万)	5131892.56	5358276.88	4026574.27	3366271.79
	股东权益(万)	1586331.72	1532070.18	1148488.11	1249253.12
	主营业务收入(万)	-	-	-	-
	主营业务利润(万)	-	-	-	-
	营业务收入(万)	1528191.86	2744340.53	1063477.27	2397855.32
	营业务利润(万)	79527.94	256738.58	94711.22	223154.38
	投资收益(万)	-	-	-	-
	利润总额(万)	88824.39	282441.50	106551.39	232152.77
	净利润(万)	89092.53	255106.34	102931.78	208951.03

内蒙古伊泰煤炭股份有限公司

公司概况	公司名称	内蒙古伊泰煤炭股份有限公司		证券简称	伊泰 B 股
	法人代表	张东海	董秘	菅青娥	证券代码	900948
	公司网址	www.yitaigroup.com		电子信箱	ytmt@yitaigroup.com
	电　话	0477-8565733、8565735		传　真	0477-8565415
	办公地址	内蒙古鄂尔多斯市东胜区天骄北路伊泰大厦			
	经营范围	以生产经营煤炭为主,包括煤炭、铁路运输、甘草种植加工、生物制药、旅游等			

主要财务指标	指标\报告期	2009.06.30	2008.12.31	2008.06.30	2007.12.31
	每股收益(元)	1.7100	4.2500	1.1500	2.2200
	每股收益(扣除)(元)	1.7100	4.3500	1.1900	1.3700
	每股净资产(元)	10.3400	9.0600	5.2600	5.3600
	调整后每股净资产(元)	–	–	–	–
	每股资本公积金(元)	1.1578	0.3110	0.0335	0.3904
	每股盈余公积金(元)	–	1.4696	0.5433	1.0058
	每股未分配利润(元)	7.0243	6.2333	3.6793	2.9595
	每股现金净流量(元)	–	1.5802	–0.3619	2.4322
	每股经营现金净流量(元)	–	6.2043	1.7289	1.9309
	净资产收益率(扣除)(%)	–	48.3100	–	27.8100
	净资产收益率(%)	16.5500	47.1800	21.8000	41.4800
	总资产(万)	2040672.68	1838122.75	1402065.32	1219626.93
	股东权益(万)	756747.09	659817.52	384743.30	392037.77
	主营业务收入(万)	–	–	–	–
	主营业务利润(万)	–	–	–	–
	营业务收入(万)	498034.34	966799.04	348104.41	524486.25
	营业务利润(万)	149521.47	379525.37	102543.95	193621.58
	投资收益(万)	–	–	–	–
	利润总额(万)	149242.95	377035.59	99532.00	189489.43
	净利润(万)	125207.73	311276.20	84201.15	162630.51

浙江东南发电股份有限公司

公司概况	公司名称	浙江东南发电股份有限公司			证券简称	东电 B 股
	法人代表	毛剑宏	董秘	夏晶寒	证券代码	900949
	公司网址	www.zsepc.com		电子信箱	webmaster@zsepc.com	
	电　话	0571-85774566		传　真	0571-85774321	
	办公地址	中国杭州市天目山路 152 号浙能大厦 8–10 层				
	经营范围	电力的投资、开发及经营				

主要财务指标	指标\报告期	2009.06.30	2008.12.31	2008.06.30	2007.12.31
	每股收益(元)	0.1200	0.0135	0.1505	0.3300
	每股收益(扣除)(元)	0.1200	–0.2135	–0.0386	0.3366
	每股净资产(元)	4.5300	3.7100	4.3200	5.6900
	调整后每股净资产(元)	–	–	–	–
	每股资本公积金(元)	2.1421	1.4447	1.9157	3.2064
	每股盈余公积金(元)	0.6463	0.6463	0.6320	0.6320
	每股未分配利润(元)	0.7423	0.6223	0.7737	0.8532
	每股现金净流量(元)	–0.0387	0.0700	0.0217	0.1399
	每股经营现金净流量(元)	0.5135	0.0819	0.0538	0.7992
	净资产收益率(扣除)(%)	–	–	–	5.9148
	净资产收益率(%)	2.6500	0.3620	3.4800	5.7973
	总资产(万)	1693698.52	1563775.90	1665538.42	2009991.42
	股东权益(万)	910674.71	746383.26	868585.88	1144006.69
	主营业务收入(万)	–	–	–	–
	主营业务利润(万)	–	–	–	–
	营业务收入(万)	324947.79	717039.74	335178.39	627537.73
	营业务利润(万)	30602.11	–16305.32	39036.10	95431.12
	投资收益(万)	–	–	–	–
	利润总额(万)	30323.03	–17581.91	38246.22	94121.64
	净利润(万)	24117.91	2704.61	30252.53	66321.46

江苏新城地产股份有限公司

公司概况	公司名称	江苏新城地产股份有限公司			证券简称	新城 B 股
	法人代表	王振华	董秘	唐云龙	证券代码	900950
	公司网址	www.900950.com		电子信箱	xcgf@900950.com	
	电　话	0519-88127288		传　真	0519-88156698	
	办公地址	常州市天宁区和平北路 21 号中银大厦 20 楼				
	经营范围	房地产开发与经营,物业管理,房产租赁,室内、外装饰工程,建筑材料、装璜材料销售等				

主要财务指标	指标\报告期	2009.06.30	2008.12.31	2008.06.30	2007.12.31
	每股收益(元)	0.1998	0.3657	0.1161	0.4043
	每股收益(扣除)(元)	0.2011	0.3939	0.1187	0.8082
	每股净资产(元)	1.8774	1.7277	1.4781	2.7240
	调整后每股净资产(元)	–	–	–	–
	每股资本公积金(元)	0.0191	0.0191	0.0191	0.0381
	每股盈余公积金(元)	0.0789	0.0789	0.0652	0.1304
	每股未分配利润(元)	0.7795	0.6297	0.3938	1.5554
	每股现金净流量(元)	0.6591	–0.0160	0.0932	0.2261
	每股经营现金净流量(元)	0.7485	–0.0358	0.0233	–1.9818
	净资产收益率(扣除)(%)	–	–	–	–
	净资产收益率(%)	10.6400	21.1600	7.8500	29.6800
	总资产(万)	1175593.16	1095179.54	1073304.25	973844.00
	股东权益(万)	199406.81	183498.16	156989.89	144660.81
	主营业务收入(万)	–	–	–	–
	主营业务利润(万)	–	–	–	–
	营业务收入(万)	231720.92	405005.00	108367.45	343777.29
	营业务利润(万)	31916.05	59800.28	17242.02	67730.23
	投资收益(万)	–	–	–	–
	利润总额(万)	31717.12	55868.86	16962.84	67803.29
	净利润(万)	21219.28	38837.34	12329.08	42939.63

大化集团大连化工股份有限公司

公司概况	公司名称	大化集团大连化工股份有限公司			证券简称	大化 B 股
	法人代表	刘平芹	董秘	周魏	证券代码	900951
	公司网址	www.dahuagf.com		电子信箱	dhjtdlhuagong@sina.com	
	电　话	0411-86893436		传　真	0411-86671948	
	办公地址	辽宁省大连市甘井子区工兴路 10 号				
	经营范围	碱产品及副产品的生产及销售,技术开发、售后服务,境内外企业的合作与投资				

主要财务指标	指标\报告期	2009.06.30	2008.12.31	2008.06.30	2007.12.31
	每股收益(元)	–0.0900	0.0200	–0.0100	0.0600
	每股收益(扣除)(元)	–0.0900	–0.3100	–0.0100	–0.1700
	每股净资产(元)	1.3300	1.4200	1.3900	1.4000
	调整后每股净资产(元)	–	–	–	–
	每股资本公积金(元)	0.8342	0.8342	0.8342	0.8342
	每股盈余公积金(元)	–	0.0560	0.0560	0.0560
	每股未分配利润(元)	–0.5594	–0.4699	–0.5039	–0.4946
	每股现金净流量(元)	–	–0.6714	–0.7203	–0.5981
	每股经营现金净流量(元)	–	–0.3674	–0.4060	0.0768
	净资产收益率(扣除)(%)	–	–	–	–12.3900
	净资产收益率(%)	–6.7200	1.7300	–0.6700	4.2500
	总资产(万)	73158.77	67243.50	57747.34	68270.22
	股东权益(万)	36597.88	39057.61	38123.61	38380.31
	主营业务收入(万)	–	–	–	–
	主营业务利润(万)	–	–	–	–
	营业务收入(万)	122.93	42264.03	27180.62	42708.65
	营业务利润(万)	–2459.13	–8394.23	–255.94	–4615.18
	投资收益(万)	–	–	–	–
	利润总额(万)	–2459.73	677.31	–256.70	1632.01
	净利润(万)	–2459.73	677.31	–256.70	1632.01

锦州港股份有限公司

公司概况						
	公司名称	锦州港股份有限公司			证券简称	锦港 B 股
	法人代表	张宏伟	董秘	王健	证券代码	900952
	公司网址	www.jinzhouport.com		电子信箱	JZCJHGA@MAIL.JZPTT.LN.CN	
	电　话	0416-3586462		传　真	0416-3582431	
	办公地址	辽宁省锦州市经济技术开发区锦港大街一段 1 号				
	经营范围	港务管理、港口装卸,水运辅助业(除客货运输);公路运输;物资仓储等				

主要财务指标	指标\报告期	2009.06.30	2008.12.31	2008.06.30	2007.12.31
	每股收益(元)	0.0530	0.1560	0.0680	0.0580
	每股收益(扣除)(元)	0.0520	0.1500	0.0820	0.0580
	每股净资产(元)	2.2270	1.4790	1.4020	1.3200
	调整后每股净资产(元)	–	–	–	–
	每股资本公积金(元)	1.0707	0.0962	0.0927	0.0927
	每股盈余公积金(元)	0.0785	0.1162	0.0843	0.0843
	每股未分配利润(元)	0.0776	0.2663	0.2247	0.1426
	每股现金净流量(元)	0.4865	–0.0004	–0.0400	–0.0117
	每股经营现金净流量(元)	0.0915	0.3881	0.1931	0.2095
	净资产收益率(扣除)(%)	–	–	–	4.3700
	净资产收益率(%)	2.1406	10.5238	5.8564	4.4000
	总资产(万)	511957.32	430931.04	409894.74	393475.92
	股东权益(万)	347791.42	156078.83	147942.64	139278.46
	主营业务收入(万)	–	–	–	–
	主营业务利润(万)	–	–	–	–
	营业务收入(万)	33626.01	79224.45	40297.65	52632.56
	营业务利润(万)	10234.24	22492.58	12140.76	11436.57
	投资收益(万)	–	–	–	–
	利润总额(万)	10336.01	22637.60	12177.11	11399.79
	净利润(万)	7444.76	16425.37	8664.19	6133.09

恒天凯马股份有限公司

公司概况						
	公司名称	恒天凯马股份有限公司			证券简称	凯马 B
	法人代表	傅伟民	董秘	童文军	证券代码	900953
	公司网址	www.kama.com.cn		电子信箱	twj@kama.com.cn	
	电　话	021-62034925、62036446		传　真	021-62030851	
	办公地址	上海中山北路 1958 号华源世界广场 15 楼				
	经营范围	内燃机、农用运输车、拖拉机整机及其零部件的研究开发、生产、技术咨询等				

主要财务指标	指标\报告期	2009.06.30	2008.12.31	2008.06.30	2007.12.31
	每股收益(元)	0.1197	0.0572	0.0109	–0.2819
	每股收益(扣除)(元)	0.0775	0.0097	0.0064	–0.2865
	每股净资产(元)	1.0290	0.9100	0.8600	0.8500
	调整后每股净资产(元)	–	–	–	–
	每股资本公积金(元)	0.7696	0.7654	0.7659	0.7659
	每股盈余公积金(元)	–	–	–	–
	每股未分配利润(元)	–0.7291	–0.8545	–0.9008	–0.9117
	每股现金净流量(元)	–	0.0673	–0.0051	–0.0258
	每股经营现金净流量(元)	–	0.1263	0.0607	0.1212
	净资产收益率(扣除)(%)	–	–	–	–33.6200
	净资产收益率(%)	11.6300	6.2900	1.2600	–33.0900
	总资产(万)	265923.46	238707.26	236075.70	232884.44
	股东权益(万)	65830.70	58171.57	55233.80	54530.88
	主营业务收入(万)	–	–	–	–
	主营业务利润(万)	–	–	–	–
	营业务收入(万)	268669.13	384533.63	209398.22	347051.28
	营业务利润(万)	10271.52	6741.32	2410.69	–17724.51
	投资收益(万)	–	–	–	–
	利润总额(万)	12984.17	7341.06	2727.16	–17354.44
	净利润(万)	7659.10	3660.33	696.39	–18044.01

上海茉织华股份有限公司

公司概况						
	公司名称	上海茉织华股份有限公司			证券简称	九龙山 B
	法人代表	李勤夫	董秘	毕凤仙	证券代码	900955
	公司网址	www.matsuoka.com.cn		电子信箱	nancybee@ninedragon.com.cn	
	电　话	021-64675252-6581		传　真	021-54658771	
	办公地址	上海市南京西路 1266 号恒隆广场 65 楼				
	经营范围	房地产、商业房产综合开发、印刷、造纸、进出口业务等				

主要财务指标	指标\报告期	2009.06.30	2008.12.31	2008.06.30	2007.12.31
	每股收益(元)	0.0200	0.0300	0.0800	–0.2900
	每股收益(扣除)(元)	–0.0300	–0.1300	0.0200	–0.3100
	每股净资产(元)	2.2400	2.2200	4.7500	4.6800
	调整后每股净资产(元)	–	–	–	–
	每股资本公积金(元)	1.3659	1.3659	4.0486	4.0486
	每股盈余公积金(元)	0.1468	0.1468	0.2937	0.2937
	每股未分配利润(元)	–0.2881	–0.3079	–0.6016	–0.6780
	每股现金净流量(元)	–0.0626	–0.0974	–0.1757	–0.0534
	每股经营现金净流量(元)	–0.0487	–0.2143	–0.0240	0.0294
	净资产收益率(扣除)(%)	–	–	–	–6.5900
	净资产收益率(%)	0.8900	1.4400	1.6400	–6.2200
	总资产(万)	274652.57	246025.99	302481.23	297515.25
	股东权益(万)	194582.81	192858.75	206212.75	203472.39
	主营业务收入(万)	–	–	–	–
	主营业务利润(万)	–	–	–	–
	营业务收入(万)	676.68	13806.15	15249.62	74401.31
	营业务利润(万)	1609.97	–1665.85	1192.97	–13301.79
	投资收益(万)	–	–	–	–
	利润总额(万)	1737.66	3025.06	3811.32	–12980.36
	净利润(万)	1722.95	2772.23	3389.63	–12655.36

黄石东贝电器股份有限公司

公司概况						
	公司名称	黄石东贝电器股份有限公司			证券简称	东贝 B 股
	法人代表	杨百昌	董秘	廖汉钢	证券代码	900956
	公司网址	www.donper.com		电子信箱	stock@donper.com	
	电　话	0714-5415858		传　真	0714-5415858	
	办公地址	湖北省黄石市铁山区武黄路 5 号				
	经营范围	制冷压缩机、压缩机电机的生产和销售,高新技术产品开发,生产,咨询				

主要财务指标	指标\报告期	2009.06.30	2008.12.31	2008.06.30	2007.12.31
	每股收益(元)	0.0520	0.1400	0.0360	0.2300
	每股收益(扣除)(元)	0.0420	0.1240	0.0320	0.2300
	每股净资产(元)	2.0800	2.0300	2.0300	1.9900
	调整后每股净资产(元)	–	–	–	–
	每股资本公积金(元)	0.3878	0.3878	0.3878	0.3878
	每股盈余公积金(元)	0.0989	0.0989	0.0925	0.0925
	每股未分配利润(元)	0.5971	0.5450	0.5476	0.5115
	每股现金净流量(元)	1.3698	0.1212	–0.1115	0.3265
	每股经营现金净流量(元)	1.2478	0.2786	–0.2977	1.3219
	净资产收益率(扣除)(%)	–	–	–	11.4000
	净资产收益率(%)	2.5000	6.8800	1.7800	11.6000
	总资产(万)	239027.87	198293.92	204810.19	179037.70
	股东权益(万)	48969.68	47744.09	47654.19	46805.10
	主营业务收入(万)	–	–	–	–
	主营业务利润(万)	–	–	–	–
	营业务收入(万)	160183.36	190869.72	132171.33	204632.85
	营业务利润(万)	3060.47	5200.92	1182.97	10007.61
	投资收益(万)	–	–	–	–
	利润总额(万)	3440.50	6242.51	1711.60	10561.54
	净利润(万)	1225.58	3284.13	849.10	5441.31

上海凌云实业发展股份有限公司

公司概况	公司名称	上海凌云实业发展股份有限公司			证券简称	凌云 B 股
	法人代表	于爱新	董秘	梁健新	证券代码	900957
	公司网址	www.elingyun.com		电子信箱	lingyun@elingyun.com	
	电　　话	021-68400880		传　　真	021-68400110	
	办公地址	上海市浦东新区松林路 300 号期货大厦 14 楼				
	经营范围	房地产开发销售;旅游景点设施的开发与经营;办学及教育产业投资等				

	指标\报告期	2009.06.30	2008.12.31	2008.06.30	2007.12.31
主要财务指标	每股收益(元)	-0.0212	0.0401	0.0031	0.0067
	每股收益(扣除)(元)	-0.0212	-0.0896	0.0032	-0.0250
	每股净资产(元)	1.2308	1.2520	1.0832	1.0800
	调整后每股净资产(元)	-	-	-	-
	每股资本公积金(元)	0.5468	0.5468	0.4151	0.4151
	每股盈余公积金(元)	-	-	-	-
	每股未分配利润(元)	-0.3161	-0.2949	-0.3319	-0.3350
	每股现金净流量(元)	-	0.0525	0.0299	0.0599
	每股经营现金净流量(元)	-	-0.1759	-0.0584	0.2904
	净资产收益率(扣除)(%)	-	-	-	-2.3200
	净资产收益率(%)	-1.7200	3.2100	0.2900	0.6200
	总资产(万)	69899.40	70214.68	72993.01	69832.01
	股东权益(万)	42954.24	43693.54	37804.34	37694.47
	主营业务收入(万)	-	-	-	-
	主营业务利润(万)	-	-	-	-
	营业务收入(万)	5817.07	13427.97	5598.65	12734.50
	营业务利润(万)	-1195.43	862.49	314.22	1125.32
	投资收益(万)	-	-	-	-
	利润总额(万)	-1195.08	834.69	310.18	1119.75
	净利润(万)	-739.29	1400.55	109.87	234.41

公司概况	公司名称				证券简称	
	法人代表		董秘		证券代码	
	公司网址			电子信箱		
	电　　话			传　　真		
	办公地址					
	经营范围					

	指标\报告期	2009.06.30	2008.12.31	2008.06.30	2007.12.31
主要财务指标	每股收益(元)				
	每股收益(扣除)(元)				
	每股净资产(元)				
	调整后每股净资产(元)				
	每股资本公积金(元)				
	每股盈余公积金(元)				
	每股未分配利润(元)				
	每股现金净流量(元)				
	每股经营现金净流量(元)				
	净资产收益率(扣除)(%)				
	净资产收益率(%)				
	总资产(万)				
	股东权益(万)				
	主营业务收入(万)				
	主营业务利润(万)				
	营业务收入(万)				
	营业务利润(万)				
	投资收益(万)				
	利润总额(万)				
	净利润(万)				

公司概况	公司名称				证券简称	
	法人代表		董秘		证券代码	
	公司网址			电子信箱		
	电　　话			传　　真		
	办公地址					
	经营范围					

	指标\报告期	2009.06.30	2008.12.31	2008.06.30	2007.12.31
主要财务指标	每股收益(元)				
	每股收益(扣除)(元)				
	每股净资产(元)				
	调整后每股净资产(元)				
	每股资本公积金(元)				
	每股盈余公积金(元)				
	每股未分配利润(元)				
	每股现金净流量(元)				
	每股经营现金净流量(元)				
	净资产收益率(扣除)(%)				
	净资产收益率(%)				
	总资产(万)				
	股东权益(万)				
	主营业务收入(万)				
	主营业务利润(万)				
	营业务收入(万)				
	营业务利润(万)				
	投资收益(万)				
	利润总额(万)				
	净利润(万)				

公司概况	公司名称				证券简称	
	法人代表		董秘		证券代码	
	公司网址			电子信箱		
	电　　话			传　　真		
	办公地址					
	经营范围					

	指标\报告期	2009.06.30	2008.12.31	2008.06.30	2007.12.31
主要财务指标	每股收益(元)				
	每股收益(扣除)(元)				
	每股净资产(元)				
	调整后每股净资产(元)				
	每股资本公积金(元)				
	每股盈余公积金(元)				
	每股未分配利润(元)				
	每股现金净流量(元)				
	每股经营现金净流量(元)				
	净资产收益率(扣除)(%)				
	净资产收益率(%)				
	总资产(万)				
	股东权益(万)				
	主营业务收入(万)				
	主营业务利润(万)				
	营业务收入(万)				
	营业务利润(万)				
	投资收益(万)				
	利润总额(万)				
	净利润(万)				

深圳发展银行股份有限公司

公司概况

公司名称	深圳发展银行股份有限公司			证券简称	深发展 A
法人代表	法兰克纽曼	董秘	徐进	证券代码	000001
公司网址	www.sdb.com.cn		电子信箱	dsh@sdb.com.cn	
电　　话	0755-82080387		传　　真	0755-82080386	
办公地址	广东省深圳市深南中路 5047 号深圳发展银行大厦				
经营范围	办理人民币存、贷、结算、汇兑业务等				

主要财务指标

指标\报告期	2009.06.30	2008.12.31	2008.06.30	2007.12.31
每股收益(元)	0.7400	0.2000	0.9300	0.9700
每股收益(扣除)(元)	0.7400	0.2000	0.9400	0.9500
每股净资产(元)	5.7900	5.2800	7.0900	5.6700
调整后每股净资产(元)	–	–	–	–
每股资本公积金(元)	2.3360	2.5694	2.8934	2.2733
每股盈余公积金(元)	0.2515	0.2515	0.3909	0.3137
每股未分配利润(元)	1.0509	0.3066	1.4169	0.8999
每股现金净流量(元)	–	–	–	–
每股经营现金净流量(元)	–	–	–	–
净资产收益率(扣除)(%)	–	–	–	–
净资产收益率(%)	12.8500	3.7400	12.6500	20.3700
总资产(万)	54122573.60	47444017.30	44182348.40	35253936.10
股东权益(万)	1798739.20	1640078.90	1694329.90	1300606.30
主营业务收入(万)	749085.00	1451311.90	711525.30	1080750.20
主营业务利润(万)	292152.90	80342.60	284099.60	372194.20
营业务收入(万)	–	–	–	–
营业务利润(万)	–	–	–	–
投资收益(万)	–	–	–	–
利润总额(万)	292947.90	79260.90	282566.80	377177.50
净利润(万)	231138.80	61403.50	214383.40	264990.30

万科企业股份有限公司

公司概况

公司名称	万科企业股份有限公司			证券简称	万 科 A
法人代表	王石	董秘	肖莉	证券代码	000002
公司网址	www.vanke.com		电子信箱	IR@vanke.com	
电　　话	0755-25606666		传　　真	0755-25531696	
办公地址	中国深圳市福田区梅林路 63 号万科建筑研究中心				
经营范围	兴办实业；国内商业；物资供销业；进出口业务；房地产开发				

主要财务指标

指标\报告期	2009.06.30	2008.12.31	2008.06.30	2007.12.31
每股收益(元)	0.2300	0.3700	0.1870	0.4500
每股收益(扣除)(元)	0.2300	0.3700	0.1870	0.4500
每股净资产(元)	3.1400	2.9000	2.7300	4.2600
调整后每股净资产(元)	–	–	–	–
每股资本公积金(元)	0.7738	0.7142	0.7234	1.8671
每股盈余公积金(元)	0.5986	0.5986	0.4907	0.7851
每股未分配利润(元)	0.7420	0.5625	0.4908	0.5869
每股现金净流量(元)	0.6277	0.2666	–0.1525	0.9172
每股经营现金净流量(元)	0.8933	–0.0031	–0.1354	–1.5189
净资产收益率(扣除)(%)	–	–	–	16.4300
净资产收益率(%)	7.3100	12.6500	6.8700	16.5500
总资产(万)	12451992.87	11923657.97	11110124.18	10009446.79
股东权益(万)	3452127.19	3189192.53	3001995.04	2927864.76
主营业务收入(万)	–	–	–	–
主营业务利润(万)	–	–	–	–
营业务收入(万)	2180865.24	4099177.92	1725501.30	3552661.13
营业务利润(万)	419084.69	636478.96	332747.94	765289.75
投资收益(万)	–	–	–	–
利润总额(万)	419100.54	632228.56	332795.64	764160.57
净利润(万)	252439.24	403317.00	206105.57	484423.55

深圳中国农大科技股份有限公司

公司概况

公司名称	深圳中国农大科技股份有限公司			证券简称	*ST 国农
法人代表	王克昕	董秘	蒋伟诚	证券代码	000004
公司网址	www.cau-tech.com		电子信箱	gnkj@cau-tech.com	
电　　话	0755-83521596		传　　真	0755-83521727	
办公地址	深圳市福田区商报路奥林匹克大厦 6 楼 D-E				
经营范围	通讯、计算机、软件、新材料、生物技术和生物特征识别技术、新药等				

主要财务指标

指标\报告期	2009.06.30	2008.12.31	2008.06.30	2007.12.31
每股收益(元)	–0.0117	–0.1300	–0.0203	–0.1104
每股收益(扣除)(元)	–0.0090	–0.1323	–0.0199	–0.1209
每股净资产(元)	0.7168	0.7286	0.8407	0.8610
调整后每股净资产(元)	–	–	–	–
每股资本公积金(元)	0.0397	0.0397	0.0397	0.0397
每股盈余公积金(元)	0.1318	0.1318	0.1318	0.1318
每股未分配利润(元)	–0.4547	–0.4429	–0.3308	–0.3105
每股现金净流量(元)	0.0995	–0.3461	–0.4032	0.0753
每股经营现金净流量(元)	0.0929	0.0170	0.0482	–0.0828
净资产收益率(扣除)(%)	–	–	–	–14.0500
净资产收益率(%)	–1.6400	–18.1800	–2.4140	–12.8200
总资产(万)	17075.73	16781.06	16555.93	16982.26
股东权益(万)	6019.73	6118.26	7060.06	9778.66
主营业务收入(万)	–	–	–	–
主营业务利润(万)	–	–	–	–
营业务收入(万)	2817.94	4331.48	1873.85	4044.95
营业务利润(万)	121.43	–1034.79	–30.54	–961.95
投资收益(万)	–	–	–	–
利润总额(万)	78.47	–1036.20	–33.38	–897.91
净利润(万)	–98.53	–1112.24	–170.44	–926.73

深圳世纪星源股份有限公司

公司概况

公司名称	深圳世纪星源股份有限公司			证券简称	世纪星源
法人代表	丁芃	董秘	罗晓春	证券代码	000005
公司网址	www.fountain.com.cn		电子信箱	fountain@sfc.com.cn	
电　　话	0755-82208888		传　　真	0755-82207055	
办公地址	深圳市人民南路发展中心大厦 13 楼				
经营范围	交通运输、房地产开发、酒店管理、网络软件、数据服务、商务咨询				

主要财务指标

指标\报告期	2009.06.30	2008.12.31	2008.06.30	2007.12.31
每股收益(元)	–0.0020	0.0100	0.0060	0.0900
每股收益(扣除)(元)	–0.0100	–0.0300	–0.0100	0.0600
每股净资产(元)	0.8200	0.8200	0.8300	0.8300
调整后每股净资产(元)	–	–	–	–
每股资本公积金(元)	0.2943	0.2943	0.2945	0.2943
每股盈余公积金(元)	0.1635	0.1635	0.1635	0.1635
每股未分配利润(元)	–0.5426	–0.5403	–0.5555	–0.5518
每股现金净流量(元)	–0.0156	0.0105	–0.0055	0.0112
每股经营现金净流量(元)	–0.0309	–0.1379	–0.0216	0.0034
净资产收益率(扣除)(%)	–	–	–	6.8500
净资产收益率(%)	–0.2900	1.4000	0.7300	11.4400
总资产(万)	131668.92	138903.12	145518.75	148807.84
股东权益(万)	74979.42	75195.88	75603.98	75927.83
主营业务收入(万)	–	–	–	–
主营业务利润(万)	–	–	–	–
营业务收入(万)	1900.34	10872.03	4457.84	29903.16
营业务利润(万)	–1073.60	–3441.65	–469.78	6933.45
投资收益(万)	–	–	–	–
利润总额(万)	–216.46	1693.52	548.88	10516.11
净利润(万)	–216.46	1049.97	548.88	8683.21

深圳市振业(集团)股份有限公司

公司概况					
公司名称	深圳市振业(集团)股份有限公司			证券简称	深振业 A
法人代表	李永明	董秘	方东红	证券代码	000006
公司网址	www.zhenye.com		电子信箱	szzygp@public.szptt.net.cn	
电　话	0755-25863061		传　真	0755-25863012	
办公地址	深圳市罗湖区宝安南路 2014 号振业大厦 B 座 11-17 层				
经营范围	土地开发、房产销售及租赁、物业管理				

主要财务指标

指标\报告期	2009.06.30	2008.12.31	2008.06.30	2007.12.31
每股收益(元)	0.2140	0.2962	0.4646	0.5000
每股收益(扣除)(元)	0.0951	0.2924	0.4663	0.4000
每股净资产(元)	3.6300	3.1600	3.4500	6.7800
调整后每股净资产(元)	–	–	–	–
每股资本公积金(元)	1.3118	0.9738	1.0326	3.4074
每股盈余公积金(元)	0.7138	0.7138	0.6167	1.0764
每股未分配利润(元)	0.6051	0.4711	0.7990	1.3010
每股现金净流量(元)	1.6395	–0.8703	–0.1813	1.0805
每股经营现金净流量(元)	0.4014	–2.6896	–2.3927	–3.1739
净资产收益率(扣除)(%)	–	–	–	11.6900
净资产收益率(%)	5.8900	9.3800	13.4700	14.6600
总资产(万)	734042.78	592144.23	615631.19	556843.12
股东权益(万)	184141.08	160202.24	174896.55	172059.51
主营业务收入(万)	–	–	–	–
主营业务利润(万)	–	–	–	–
营业务收入(万)	47900.04	102174.46	81078.40	102403.83
营业务利润(万)	12135.39	15919.75	28713.91	27950.80
投资收益(万)	–	–	–	–
利润总额(万)	12162.41	16157.03	28604.89	28781.06
净利润(万)	10851.06	15021.98	23563.97	25221.80

深圳市赛格达声股份有限公司

公司概况					
公司名称	深圳市赛格达声股份有限公司			证券简称	ST 达声
法人代表	练卫飞	董秘	夏斓	证券代码	000007
公司网址	www.segdasheng.com		电子信箱	stock0007@126.com	
电　话	0755-83280053		传　真	0755-83280089	
办公地址	深圳市福田区华强北路现代之窗大厦 A 座 26 楼				
经营范围	投资兴办实业;国内商业、物资供销业自有物业租赁;环保产品的技术开发等				

主要财务指标

指标\报告期	2009.06.30	2008.12.31	2008.06.30	2007.12.31
每股收益(元)	0.1720	–0.3310	–0.1020	0.0625
每股收益(扣除)(元)	–0.1180	–0.3042	–0.0910	–0.2068
每股净资产(元)	–0.2860	–0.4572	–0.2280	–0.1260
调整后每股净资产(元)	–	–	–	–
每股资本公积金(元)	0.4192	0.4192	0.4192	0.4192
每股盈余公积金(元)	0.0487	0.0487	0.0487	0.0487
每股未分配利润(元)	–1.7534	–1.9251	–1.6958	–1.5941
每股现金净流量(元)	–0.1620	0.0913	0.0632	0.8827
每股经营现金净流量(元)	–0.0619	0.2066	0.0009	0.4705
净资产收益率(扣除)(%)	–	–	–	–
净资产收益率(%)	–	–	–	–
总资产(万)	51540.56	61065.04	71622.29	73718.29
股东权益(万)	–5280.90	–8457.08	–4215.38	–2334.43
主营业务收入(万)	–	–	–	–
主营业务利润(万)	–	–	–	–
营业务收入(万)	6357.80	15898.99	8003.57	18530.77
营业务利润(万)	–2477.16	–6258.79	–1684.03	–95.24
投资收益(万)	–	–	–	–
利润总额(万)	2878.18	6474.86	–1931.60	1109.50
净利润(万)	3176.18	–6122.65	–1880.95	1155.39

广东宝利来投资股份有限公司

公司概况					
公司名称	广东宝利来投资股份有限公司			证券简称	ST 宝利来
法人代表	周瑞堂	董秘	邱大庆	证券代码	000008
公司网址			电子信箱	sqdq@163.com	
电　话	0755-26433212		传　真	0755-26433485	
办公地址	深圳市南山区内环路 5 号锦兴小区管理楼二楼				
经营范围	开发生产加工基地、首期生产经营禽畜、仓储、国内商业、进出口业务等				

主要财务指标

指标\报告期	2009.06.30	2008.12.31	2008.06.30	2007.12.31
每股收益(元)	–0.0044	0.0100	0.0033	0.0200
每股收益(扣除)(元)	–0.0044	0.0020	–0.0036	–0.0400
每股净资产(元)	1.0000	1.0042	0.9973	0.9940
调整后每股净资产(元)	–	–	–	–
每股资本公积金(元)	0.9788	0.9788	0.9788	0.9788
每股盈余公积金(元)	0.0608	0.0608	0.0608	0.0608
每股未分配利润(元)	–1.0399	–1.0354	–1.0423	–1.0456
每股现金净流量(元)	–0.1148	–0.0756	–0.0651	0.1768
每股经营现金净流量(元)	–0.0144	0.0096	–0.0728	0.1006
净资产收益率(扣除)(%)	–	–	–	–5.2900
净资产收益率(%)	–0.4400	1.0100	0.3300	2.3000
总资产(万)	7865.09	7891.44	7840.85	7908.74
股东权益(万)	7363.33	7396.01	7345.50	7321.20
主营业务收入(万)	–	–	–	–
主营业务利润(万)	–	–	–	–
营业务收入(万)	506.98	1143.19	570.00	990.56
营业务利润(万)	–32.68	82.39	30.60	229.28
投资收益(万)	–	–	–	–
利润总额(万)	–32.68	91.74	29.95	229.28
净利润(万)	–32.68	74.80	24.29	168.22

中国宝安集团股份有限公司

公司概况					
公司名称	中国宝安集团股份有限公司			证券简称	中国宝安
法人代表	陈政立	董秘	娄兵	证券代码	000009
公司网址	www.chinabaoan.com		电子信箱	zgbajt@163.net	
电　话	0755-25170336		传　真	0755-25170300、25170367	
办公地址	深圳市笋岗东路 1002 号宝安广场 A 座 28-29 层				
经营范围	国内商业,物资供销业;投资兴办工业,引进三来一补;进出口贸易业务等				

主要财务指标

指标\报告期	2009.06.30	2008.12.31	2008.06.30	2007.12.31
每股收益(元)	0.1500	0.1900	0.1450	0.2200
每股收益(扣除)(元)	0.1100	0.2000	–0.0020	–0.2600
每股净资产(元)	1.8100	1.6600	1.6600	1.7800
调整后每股净资产(元)	–	–	–	–
每股资本公积金(元)	0.1893	0.1920	0.2442	0.4840
每股盈余公积金(元)	0.0915	0.0915	0.0700	0.0759
每股未分配利润(元)	0.5395	0.3902	0.3636	0.2370
每股现金净流量(元)	1.8266	–0.1438	0.0848	–0.0073
每股经营现金净流量(元)	0.6547	0.4025	0.2458	–0.1021
净资产收益率(扣除)(%)	–	–	–	–15.7000
净资产收益率(%)	8.2800	11.6200	8.7200	13.4800
总资产(万)	783039.47	608378.97	605011.17	583929.97
股东权益(万)	188263.47	172475.49	172508.69	170973.47
主营业务收入(万)	–	–	–	–
主营业务利润(万)	–	–	–	–
营业务收入(万)	175955.74	289223.57	122256.20	194849.22
营业务利润(万)	28149.42	35904.64	18614.49	39148.64
投资收益(万)	–	–	–	–
利润总额(万)	28453.33	36284.04	18831.68	38927.11
净利润(万)	15594.34	20038.11	15047.14	23038.89

深圳市华新股份有限公司

公司概况

公司名称	深圳市华新股份有限公司			证券简称	SST 华新
法人代表	严立虎	董秘	杨磊	证券代码	000010
公司网址				电子信箱	szhuaxin@21cn.net
电　话	0755-83276308			传　真	0755-83256104
办公地址	深圳市福田区振兴路华美大厦西座 530 室				
经营范围	高新技术项目的开发及相关产品的技术服务等				

主要财务指标

指标\报告期	2009.06.30	2008.12.31	2008.06.30	2007.12.31
每股收益(元)	0.0400	0.1100	-0.0100	-0.2000
每股收益(扣除)(元)	-0.0070	-0.1100	0.0006	-0.0600
每股净资产(元)	0.3081	0.2600	0.4212	0.7500
调整后每股净资产(元)	-	-	-	-
每股资本公积金(元)	0.1441	0.1441	0.4141	0.7420
每股盈余公积金(元)	0.0172	0.0172	0.0172	0.0172
每股未分配利润(元)	-0.8532	-0.8975	-1.0101	-1.0051
每股现金净流量(元)	0.0155	-0.0367	-0.0583	0.0190
每股经营现金净流量(元)	-0.0384	-0.0429	-0.0609	0.1556
净资产收益率(扣除)(%)	-	-	-	-8.3600
净资产收益率(%)	14.3600	40.7700	-1.1900	-26.0400
总资产(万)	22682.41	20210.67	23104.17	28594.98
股东权益(万)	4529.80	3879.34	6193.07	11087.23
主营业务收入(万)	-	-	-	-
主营业务利润(万)	-	-	-	-
营业务收入(万)	6799.69	12021.59	4523.75	12979.00
营业务利润(万)	942.73	2058.59	-88.97	-132.82
投资收益(万)	-	-	-	-
利润总额(万)	985.45	2158.60	190.13	-2129.55
净利润(万)	650.46	1581.54	-73.71	-2886.89

深圳市物业发展(集团)股份有限公司

公司概况

公司名称	深圳市物业发展(集团)股份有限公司			证券简称	S*ST 物业
法人代表	陈玉刚	董秘	郭玉梅	证券代码	000011
公司网址	www.szwuye.com.cn			电子信箱	000011touzizhe@163.com
电　话	0755-82211020、82213742			传　真	0755-82210610、82212043
办公地址	深圳市人民南路国贸大厦 39 层、42 层				
经营范围	为市属国有企业提供担保、国有股权管理、所属企业资产重组、改制和资本运作等				

主要财务指标

指标\报告期	2009.06.30	2008.12.31	2008.06.30	2007.12.31
每股收益(元)	0.1962	0.0181	-0.0058	-0.0505
每股收益(扣除)(元)	0.1958	0.0420	-0.0473	-0.1634
每股净资产(元)	1.2494	1.0532	1.0246	1.0445
调整后每股净资产(元)	-	-	-	-
每股资本公积金(元)	0.0468	0.0468	0.0468	0.0559
每股盈余公积金(元)	0.1161	0.1161	0.1161	0.1161
每股未分配利润(元)	0.0930	-0.1032	-0.1298	-0.1240
每股现金净流量(元)	0.6323	0.0545	0.0891	0.2652
每股经营现金净流量(元)	0.8440	-0.0437	-0.1633	-0.2244
净资产收益率(扣除)(%)	-	-	-	-15.6400
净资产收益率(%)	15.7000	1.7200	-0.5600	-4.8400
总资产(万)	247975.82	211084.59	208815.23	188525.77
股东权益(万)	67694.89	57061.54	55513.40	56589.62
主营业务收入(万)	-	-	-	-
主营业务利润(万)	-	-	-	-
营业务收入(万)	53673.86	62346.51	13645.53	33298.51
营业务利润(万)	13471.17	4119.32	-2003.52	-5029.19
投资收益(万)	-	-	-	-
利润总额(万)	13645.76	2994.05	-89.09	-2905.54
净利润(万)	10629.72	982.94	-312.08	-2737.77

中国南玻集团股份有限公司

公司概况

公司名称	中国南玻集团股份有限公司			证券简称	南玻 A
法人代表	曾南	董秘	吴国斌	证券代码	000012
公司网址	www.csgholding.com			电子信箱	csg@csgholding.com
电　话	0755-26860666			传　真	0755-26692755
办公地址	广东省深圳市蛇口工业区工业六路一号南玻大厦				
经营范围	进行平板玻璃、工程玻璃等节能建筑材料,硅材料、光伏组件等可再生能源产品及精细玻璃等				

主要财务指标

指标\报告期	2009.06.30	2008.12.31	2008.06.30	2007.12.31
每股收益(元)	0.2100	0.3500	0.3500	0.4100
每股收益(扣除)(元)	0.2000	0.2900	0.3100	0.3900
每股净资产(元)	3.8600	3.6700	3.5500	3.3700
调整后每股净资产(元)	-	-	-	-
每股资本公积金(元)	1.7230	1.6715	1.5040	1.5171
每股盈余公积金(元)	0.3195	0.3161	0.3023	0.3023
每股未分配利润(元)	0.8189	0.6979	0.7450	0.5500
每股现金净流量(元)	-0.0635	-0.6990	-0.4080	0.6559
每股经营现金净流量(元)	0.5396	0.8328	0.4028	0.9279
净资产收益率(扣除)(%)	-	-	-	10.3000
净资产收益率(%)	5.5300	9.2400	9.7100	10.7700
总资产(万)	1061042.74	1037606.11	954392.72	845298.19
股东权益(万)	472514.67	454460.65	422066.64	400701.41
主营业务收入(万)	-	-	-	-
主营业务利润(万)	-	-	-	-
营业务收入(万)	206554.74	427337.59	213177.71	418796.26
营业务利润(万)	29810.26	46550.61	49261.63	64298.35
投资收益(万)	-	-	-	-
利润总额(万)	31196.70	50203.55	49596.50	63446.71
净利润(万)	26116.00	42007.98	40985.36	43148.48

沙河实业股份有限公司

公司概况

公司名称	沙河实业股份有限公司			证券简称	沙河股份
法人代表	吕华	董秘	王凡	证券代码	000014
公司网址	www.shahe.cn			电子信箱	wf000014@163.com
电　话	0755-86091298、86090259			传　真	0755-86090688
办公地址	深圳市南山区沙河商城七楼				
经营范围	在合法取得土地使用权范围内从事房地产开发经营业务;国内商业、物资供销业				

主要财务指标

指标\报告期	2009.06.30	2008.12.31	2008.06.30	2007.12.31
每股收益(元)	0.1567	0.2160	-0.1321	0.0111
每股收益(扣除)(元)	0.1582	0.2478	-0.1292	0.0139
每股净资产(元)	2.0600	1.9365	1.5600	2.6057
调整后每股净资产(元)	-	-	-	-
每股资本公积金(元)	0.0491	0.0491	0.0491	0.3736
每股盈余公积金(元)	0.4374	0.3354	0.4600	0.4649
每股未分配利润(元)	0.5767	0.5520	0.2000	0.7672
每股现金净流量(元)	-0.1673	0.7570	0.1031	-0.1513
每股经营现金净流量(元)	0.4169	-0.4731	-1.1948	-0.6766
净资产收益率(扣除)(%)	-	-	-	0.8000
净资产收益率(%)	7.5900	11.1600	-8.4900	0.6400
总资产(万)	159184.22	166722.28	125800.72	110694.45
股东权益(万)	41615.16	39059.99	31380.67	35038.69
主营业务收入(万)	-	-	-	-
主营业务利润(万)	-	-	-	-
营业务收入(万)	32361.40	31213.21	2097.22	18637.72
营业务利润(万)	4167.41	6102.70	-2600.33	270.34
投资收益(万)	-	-	-	-
利润总额(万)	4136.63	5348.07	-2676.62	357.79
净利润(万)	3159.78	4357.48	-2665.34	224.04

康佳集团股份有限公司

公司概况					
公司名称	康佳集团股份有限公司			证券简称	深康佳 A
法人代表	侯松容	董秘	肖庆	证券代码	000016
公司网址	www.konka.com		电子信箱	szkonka@konka.com	
电　话	0755-26608866		传　真	0755-26600082、26601139	
办公地址	深圳市南山区华侨城				
经营范围	生产经营电视机、收录机、音响、CD 机、录像机、空调机、电话机等				

主要财务指标 指标＼报告期	2009.06.30	2008.12.31	2008.06.30	2007.12.31
每股收益(元)	0.0667	0.2083	0.0669	0.1720
每股收益(扣除)(元)	0.0623	0.2117	0.0645	0.1809
每股净资产(元)	3.1530	3.1350	2.9930	2.9410
调整后每股净资产(元)	–	–	–	–
每股资本公积金(元)	1.0438	1.0433	1.0504	3.1174
每股盈余公积金(元)	0.6685	0.6685	0.6492	1.2985
每股未分配利润(元)	0.4325	0.4158	0.2924	0.4536
每股现金净流量(元)	0.4840	0.0768	–0.0367	0.1235
每股经营现金净流量(元)	0.0828	0.3012	–0.0355	0.0584
净资产收益率(扣除)(%)	–	–	–	6.1500
净资产收益率(%)	2.1200	6.6400	2.2400	5.8500
总资产(万)	1086755.58	1051728.55	872610.53	1059994.97
股东权益(万)	379611.77	377504.29	360403.87	354110.91
主营业务收入(万)	–	–	–	–
主营业务利润(万)	–	–	–	–
营业务收入(万)	517200.00	1220529.22	562052.60	1216907.84
营业务利润(万)	8317.89	26587.39	10180.61	25550.48
投资收益(万)	–	–	–	–
利润总额(万)	8760.26	28084.59	10083.83	25645.04
净利润(万)	8030.20	25081.72	8055.52	20709.17

深圳中华自行车(集团)股份有限公司

公司概况					
公司名称	深圳中华自行车(集团)股份有限公司			证券简称	SST 中华 A
法人代表	尚世骏	董秘	李海	证券代码	000017
公司网址	www.cbc.com.cn		电子信箱	cbc@szcbc.com	
电　话	0755-25516998、28181666		传　真	0755-28181009	
办公地址	中国广东省深圳市龙华油松工业区中华工业园				
经营范围	生产装配各种类型的自行车及自行车零件、部件、配件、机械产品、运动器械等				

主要财务指标 指标＼报告期	2009.06.30	2008.12.31	2008.06.30	2007.12.31
每股收益(元)	–0.1175	–0.0936	–0.0096	0.1315
每股收益(扣除)(元)	–0.1182	–0.1265	–0.0254	–0.1582
每股净资产(元)	–3.8284	–3.7608	–3.7314	–3.7691
调整后每股净资产(元)	–	–	–	–
每股资本公积金(元)	0.9069	0.8570	0.7551	0.7551
每股盈余公积金(元)	0.0681	0.0681	0.0681	0.0681
每股未分配利润(元)	–5.8035	–5.6860	–5.5547	–5.5924
每股现金净流量(元)	0.0193	–0.0083	0.0088	–0.0061
每股经营现金净流量(元)	0.0016	–0.0300	–0.0129	–0.0054
净资产收益率(扣除)(%)	–	–	–	–
净资产收益率(%)	–	–	–	–
总资产(万)	19015.03	19089.77	21091.48	21438.15
股东权益(万)	–183548.39	180305.94	–178895.51	–180703.23
主营业务收入(万)	–	–	–	–
主营业务利润(万)	–	–	–	–
营业务收入(万)	11249.46	27420.28	11110.99	23460.13
营业务利润(万)	–5673.57	–7170.91	–1184.69	–6598.51
投资收益(万)	–	–	–	
利润总额(万)	–5640.26	–4448.98	–428.67	7288.58
净利润(万)	–5633.29	–4489.30	–461.56	6303.62

深圳中冠纺织印染股份有限公司

公司概况					
公司名称	深圳中冠纺织印染股份有限公司			证券简称	*ST 中冠 A
法人代表	胡永峰	董秘	陈星	证券代码	000018
公司网址	www.chinaszvo.com		电子信箱	szg000018@126.com	
电　话	0755-83668254、83667895		传　真	0755-83668427	
办公地址	深圳市龙岗区葵涌镇白石岗葵鹏路 26 号				
经营范围	各类纯棉、纯麻、涤棉、麻棉、混纺高档面料以及成衣产品的印染生产、加工和销售业务				

主要财务指标 指标＼报告期	2009.06.30	2008.12.31	2008.06.30	2007.12.31
每股收益(元)	–0.0100	–0.1500	–0.0300	–0.6900
每股收益(扣除)(元)	–0.0100	–0.1600	–0.0300	–0.6400
每股净资产(元)	0.7600	0.7700	0.9400	1.0000
调整后每股净资产(元)	–	–	–	–
每股资本公积金(元)	0.2325	0.2317	0.2577	0.2594
每股盈余公积金(元)	0.1555	0.1555	0.1555	0.1555
每股未分配利润(元)	–0.6922	–0.6847	–0.5566	–0.5312
每股现金净流量(元)	0.0135	0.0515	0.0520	–0.2307
每股经营现金净流量(元)	0.0141	0.0805	0.0665	0.0481
净资产收益率(扣除)(%)	–	–	–	–65.2400
净资产收益率(%)	–0.9800	–19.9600	–2.7000	–68.6100
总资产(万)	19305.76	19292.39	21153.67	22945.16
股东权益(万)	12916.95	13007.33	15894.76	6960.21
主营业务收入(万)	–	–	–	–
主营业务利润(万)	–	–	–	–
营业务收入(万)	1248.75	4688.13	3076.09	10356.86
营业务利润(万)	–137.69	–2608.91	–441.89	–11250.19
投资收益(万)	–	–	–	–
利润总额(万)	–135.81	–2616.86	–445.29	–12440.95
净利润(万)	–126.59	–2595.73	–429.66	–11635.69

深圳市深宝实业股份有限公司

公司概况					
公司名称	深圳市深宝实业股份有限公司			证券简称	深深宝 A
法人代表	曾湃	董秘	刘雄佳	证券代码	000019
公司网址	www.sbsy.com.cn		电子信箱	sbsy@sbsy.com.cn	
电　话	0755-25507480		传　真	0755-25507480	
办公地址	中国深圳市罗湖区笋岗路 1002 号宝安广场 B、C 座 28 层				
经营范围	食品罐头、饮料、土特产,国内商业,物资供销业;进出口业务等				

主要财务指标 指标＼报告期	2009.06.30	2008.12.31	2008.06.30	2007.12.31
每股收益(元)	–0.0126	0.0700	0.0363	0.2400
每股收益(扣除)(元)	–0.0177	–	0.0351	0.0800
每股净资产(元)	1.8200	1.8300	1.7959	1.7600
调整后每股净资产(元)	–	–	–	–
每股资本公积金(元)	0.4427	0.4414	0.4414	0.4414
每股盈余公积金(元)	0.1784	0.1784	0.1720	0.1720
每股未分配利润(元)	0.1965	0.2092	0.1824	0.1462
每股现金净流量(元)	0.3745	0.0124	0.0643	–0.0867
每股经营现金净流量(元)	0.0337	0.0028	–0.0511	–0.0135
净资产收益率(扣除)(%)	–	–	–	–
净资产收益率(%)	–0.6900	3.8000	2.0200	13.6500
总资产(万)	58509.71	53194.25	51778.90	46807.48
股东权益(万)	33067.43	33274.23	32670.93	32011.21
主营业务收入(万)	–	–	–	–
主营业务利润(万)	–	–	–	–
营业务收入(万)	9157.94	15111.81	7658.31	19224.10
营业务利润(万)	12.41	1240.80	778.86	1330.97
投资收益(万)	–	–	–	
利润总额(万)	104.03	1868.16	800.20	4693.62
净利润(万)	–229.49	1263.02	659.72	4369.02

深圳中恒华发股份有限公司

公司概况

公司名称	深圳中恒华发股份有限公司			证券简称	深华发 A
法人代表	李中秋	董秘	傅延华	证券代码	000020
公司网址	www.hwafa.com		电子信箱	webmaster@hwafa.com	
电　　话	0755-83352206		传　　真	0755-83323160	
办公地址	深圳市福田区华发北路 411 栋六层				
经营范围	生产经营各种彩色电视机、收录机、音响设备、电子表、电子游戏机、电脑等				

主要财务指标

指标＼报告期	2009.06.30	2008.12.31	2008.06.30	2007.12.31
每股收益(元)	0.0150	0.0267	-0.0090	0.0779
每股收益(扣除)(元)	0.0150	0.0064	-0.0150	-0.0064
每股净资产(元)	0.8900	0.8800	0.8470	0.8600
调整后每股净资产(元)	-	-	-	-
每股资本公积金(元)	0.3675	0.3675	0.3745	0.3745
每股盈余公积金(元)	0.2733	0.2733	0.2733	0.2733
每股未分配利润(元)	-0.7503	-0.7657	-0.8013	-0.7924
每股现金净流量(元)	0.2353	-0.0103	0.1043	-0.0118
每股经营现金净流量(元)	-0.2787	-0.0657	-0.0920	0.0524
净资产收益率(扣除)(%)	-	-	-	-0.7500
净资产收益率(%)	1.7300	3.0500	-1.0440	9.1100
总资产(万)	64476.14	44667.07	49927.63	37395.70
股东权益(万)	25216.85	24780.93	23969.68	24220.02
主营业务收入(万)	-	-	-	-
主营业务利润(万)	-	-	-	-
营业务收入(万)	21212.27	18940.12	7272.12	19324.49
营业务利润(万)	448.88	151.66	-432.08	-251.41
投资收益(万)	-	-	-	-
利润总额(万)	435.92	491.46	-250.34	2136.51
净利润(万)	435.92	756.79	-250.34	2206.59

深圳长城开发科技股份有限公司

公司概况

公司名称	深圳长城开发科技股份有限公司			证券简称	长城开发
法人代表	谭文鋕	董秘	葛伟强	证券代码	000021
公司网址	www.kaifa.cn		电子信箱	stock@kaifa.cn	
电　　话	0755-83200095、83205285		传　　真	0755-83275075	
办公地址	深圳市福田区彩田路 7006 号				
经营范围	开发、生产、经营计算机软、硬件系统及其外部设备、通讯设备、电子仪器仪表等				

主要财务指标

指标＼报告期	2009.06.30	2008.12.31	2008.06.30	2007.12.31
每股收益(元)	0.1164	0.3598	0.1513	0.8064
每股收益(扣除)(元)	0.1157	0.3357	0.1521	0.2568
每股净资产(元)	3.9574	3.9391	3.7226	3.9646
调整后每股净资产(元)	-	-	-	-
每股资本公积金(元)	0.6123	0.6114	0.6029	0.6029
每股盈余公积金(元)	1.1123	1.1123	1.1123	1.1123
每股未分配利润(元)	1.2142	1.1972	0.9887	1.2374
每股现金净流量(元)	0.3207	-0.3635	-0.4205	-0.0590
每股经营现金净流量(元)	0.2270	0.3849	0.1077	-0.0842
净资产收益率(扣除)(%)	-	-	-	6.4800
净资产收益率(%)	2.9400	9.1300	4.0700	20.3400
总资产(万)	505744.87	433172.76	447889.41	514415.92
股东权益(万)	348064.88	346451.46	327405.98	348698.05
主营业务收入(万)	-	-	-	-
主营业务利润(万)	-	-	-	-
营业务收入(万)	474756.64	1394727.71	721840.05	1309323.62
营业务利润(万)	10788.22	29601.17	14516.89	81879.88
投资收益(万)	-	-	-	-
利润总额(万)	10867.26	31020.13	14440.57	82089.90
净利润(万)	10240.18	31647.96	13312.05	70920.43

深圳赤湾港航股份有限公司

公司概况

公司名称	深圳赤湾港航股份有限公司			证券简称	深赤湾 A
法人代表	王芬	董秘	裴姜媛	证券代码	000022
公司网址	www.szcwh.com		电子信箱	cwh@cndi.com	
电　　话	0755-26694222		传　　真	0755-26684117	
办公地址	广东省深圳市南山区赤湾石油大厦 13 楼				
经营范围	港口装卸、堆存、运输、代理及其他业务				

主要财务指标

指标＼报告期	2009.06.30	2008.12.31	2008.06.30	2007.12.31
每股收益(元)	0.3100	0.9970	0.5130	1.0300
每股收益(扣除)(元)	0.3020	0.9880	0.5150	1.0310
每股净资产(元)	4.0850	4.2730	3.8340	4.0110
调整后每股净资产(元)	-	-	-	-
每股资本公积金(元)	0.2247	0.2236	0.2500	0.2615
每股盈余公积金(元)	0.5508	0.5508	0.4812	1.6969
每股未分配利润(元)	2.3300	2.5196	2.1055	1.0544
每股现金净流量(元)	-0.0733	-0.2173	0.0229	0.9508
每股经营现金净流量(元)	0.4561	1.6911	0.8482	1.8573
净资产收益率(扣除)(%)	-	-	-	-
净资产收益率(%)	7.6000	23.3300	13.3900	25.6700
总资产(万)	518402.56	515372.80	548037.01	545733.57
股东权益(万)	263375.49	275526.43	247231.24	258586.33
主营业务收入(万)	-	-	-	-
主营业务利润(万)	-	-	-	-
营业务收入(万)	71435.81	191400.77	97598.05	200356.25
营业务利润(万)	32002.88	102643.97	52956.74	104557.30
投资收益(万)	-	-	-	-
利润总额(万)	32751.46	103309.71	52845.08	104277.14
净利润(万)	20014.44	64289.16	33096.42	66387.22

深圳市天地(集团)股份有限公司

公司概况

公司名称	深圳市天地(集团)股份有限公司			证券简称	深天地 A
法人代表	杨玉科	董秘	刘晓飞	证券代码	000023
公司网址	www.000023.cn		电子信箱	std000023@vip.163.com	
电　　话	0755-86154212、86154171		传　　真	0755-86154040	
办公地址	深圳市高新技术产业园(北区)郎山路东物商业大楼 10 楼				
经营范围	商品混凝土及其原材料的生产、销售;水泥制品的生产、销售等				

主要财务指标

指标＼报告期	2009.06.30	2008.12.31	2008.06.30	2007.12.31
每股收益(元)	-0.0112	0.1536	0.0226	0.1453
每股收益(扣除)(元)	-0.0260	0.1118	0.0063	0.0661
每股净资产(元)	2.0300	2.1500	2.0300	2.1200
调整后每股净资产(元)	-	-	-	-
每股资本公积金(元)	0.6120	0.6120	0.6241	0.6241
每股盈余公积金(元)	0.2685	0.2685	0.2577	0.2577
每股未分配利润(元)	0.1479	0.2687	0.1485	0.2421
每股现金净流量(元)	0.1416	0.0781	0.3490	-0.1621
每股经营现金净流量(元)	0.3187	-0.5522	-0.5160	-0.4873
净资产收益率(扣除)(%)	-	-	-	3.1100
净资产收益率(%)	-0.5520	7.1500	1.1100	6.8400
总资产(万)	103438.20	97445.69	87832.91	79919.50
股东权益(万)	28146.01	29822.08	28172.36	29470.74
主营业务收入(万)	-	-	-	-
主营业务利润(万)	-	-	-	-
营业务收入(万)	18915.31	53642.71	23910.87	62640.76
营业务利润(万)	-395.48	1793.75	136.87	1255.86
投资收益(万)	-	-	-	-
利润总额(万)	-342.31	1606.54	412.13	1790.04
净利润(万)	-155.30	2131.51	313.28	2016.60

招商局地产控股股份有限公司

公司概况	公司名称	招商局地产控股股份有限公司			证券简称	招商地产
	法人代表	孙承铭	董秘	刘宁	证券代码	000024
	公司网址	www.cmpd.cn		电子信箱	investor@cmpd.cn	
	电　话	0755-26819600		传　真	0755-26819680	
	办公地址	广东省深圳南山区蛇口兴华路6号南海意库3号楼				
	经营范围	房地产开发经营、科研技术服务、兴办实业				

主要财务指标	指标\报告期	2009.06.30	2008.12.31	2008.06.30	2007.12.31
	每股收益(元)	0.2830	0.9408	0.2070	1.0800
	每股收益(扣除)(元)	0.2790	0.9600	0.2260	0.9900
	每股净资产(元)	8.8400	8.6500	6.3500	9.3500
	调整后每股净资产(元)	–	–	–	–
	每股资本公积金(元)	4.9778	4.9779	2.4922	4.0407
	每股盈余公积金(元)	0.3903	0.3903	0.4830	0.7244
	每股未分配利润(元)	2.4301	2.2466	2.2941	3.5823
	每股现金净流量(元)	0.7009	2.2204	–0.6870	3.1077
	每股经营现金净流量(元)	1.8322	–2.2826	–2.5017	–4.7375
	净资产收益率(扣除)(%)	–	–	–	13.5300
	净资产收益率(%)	3.2073	8.2600	2.7200	14.6500
	总资产(万)	4045198.89	3743701.50	2779943.94	2510716.37
	股东权益(万)	1517931.64	1486274.64	804761.76	790292.05
	主营业务收入(万)	–	–	–	–
	主营业务利润(万)	–	–	–	–
	营业务收入(万)	287577.72	357318.42	144693.36	411164.47
	营业务利润(万)	60757.06	129020.81	30537.88	132721.11
	投资收益(万)	–	–	–	–
	利润总额(万)	62409.04	130186.50	31615.10	145444.02
	净利润(万)	48684.77	122761.58	21872.90	115787.76

深圳市特力(集团)股份有限公司

公司概况	公司名称	深圳市特力(集团)股份有限公司			证券简称	特力A
	法人代表	张瑞理	董秘	任永建	证券代码	000025
	公司网址	www.tellus.cn		电子信箱	shuedeng@tellus.cn	
	电　话	0755-83989338、83989337		传　真	0755-83989399	
	办公地址	深圳市福田区深南中路中核大厦十五楼				
	经营范围	兴办实业;仓储运输、机械零配件来料加工、机械设备装配等				

主要财务指标	指标\报告期	2009.06.30	2008.12.31	2008.06.30	2007.12.31
	每股收益(元)	0.0130	0.0208	–0.0140	0.0559
	每股收益(扣除)(元)	–0.0320	–0.0198	–0.0210	–0.1215
	每股净资产(元)	0.7590	0.7430	0.7000	0.7150
	调整后每股净资产(元)	–	–	–	–
	每股资本公积金(元)	0.0362	0.0325	0.0326	0.0247
	每股盈余公积金(元)	0.0134	0.0134	0.0134	0.0134
	每股未分配利润(元)	–0.2901	–0.3027	–0.3454	–0.3235
	每股现金净流量(元)	0.0345	–0.1643	–0.0806	0.1394
	每股经营现金净流量(元)	0.2030	0.1611	0.0671	–0.2814
	净资产收益率(扣除)(%)	–	–	–	–17.0100
	净资产收益率(%)	1.6600	2.8000	–2.0700	7.8200
	总资产(万)	60859.04	61454.41	83134.56	83709.18
	股东权益(万)	16729.05	16370.95	15433.53	15740.24
	主营业务收入(万)	–	–	–	–
	主营业务利润(万)	–	–	–	–
	营业务收入(万)	20506.18	63789.66	37968.64	99103.66
	营业务利润(万)	–617.79	–51.13	–618.44	1299.52
	投资收益(万)	–	–	–	–
	利润总额(万)	355.25	218.89	–431.65	825.01
	净利润(万)	277.31	458.43	–318.98	1231.18

深圳市飞亚达(集团)股份有限公司

公司概况	公司名称	深圳市飞亚达(集团)股份有限公司			证券简称	飞亚达A
	法人代表	吴光权	董秘	陈立彬(代)	证券代码	000026
	公司网址	www.fiytagroup.com		电子信箱	investor@fiyta.com.cn	
	电　话	0755-86013669、86013992		传　真	0755-83348369	
	办公地址	深圳市南山区高新南一道飞亚达科技大厦20楼				
	经营范围	生产经营各种指针式石英表及其机芯,零部件,各种计时仪器,加工批发K金首饰表等				

主要财务指标	指标\报告期	2009.06.30	2008.12.31	2008.06.30	2007.12.31
	每股收益(元)	0.1090	0.2590	0.1540	0.2440
	每股收益(扣除)(元)	0.1020	0.2490	0.1530	0.2360
	每股净资产(元)	2.7130	2.6910	2.5900	2.5760
	调整后每股净资产(元)	–	–	–	–
	每股资本公积金(元)	0.7879	0.7744	0.7823	0.8155
	每股盈余公积金(元)	0.4386	0.4386	0.4154	0.4154
	每股未分配利润(元)	0.4904	0.4814	0.3999	0.3458
	每股现金净流量(元)	–0.0207	0.0970	0.1706	0.0949
	每股经营现金净流量(元)	0.3222	–0.3118	–0.3187	–0.2303
	净资产收益率(扣除)(%)	–	–	–	9.1800
	净资产收益率(%)	4.0158	9.6200	5.9400	9.4800
	总资产(万)	144730.91	144118.75	138313.89	104549.76
	股东权益(万)	67650.88	67092.35	64675.40	64212.44
	主营业务收入(万)	–	–	–	–
	主营业务利润(万)	–	–	–	–
	营业务收入(万)	57269.37	108640.56	51854.94	80527.31
	营业务利润(万)	3238.79	6951.10	4716.45	7143.59
	投资收益(万)	–	–	–	–
	利润总额(万)	3452.05	7422.46	4753.27	7149.13
	净利润(万)	2716.71	6452.25	3841.92	6087.69

深圳能源集团股份有限公司

公司概况	公司名称	深圳能源集团股份有限公司			证券简称	深圳能源
	法人代表	高自民	董秘	秦飞	证券代码	000027
	公司网址	www.sec.com.cn		电子信箱	ir@sec.com.cn	
	电　话	0755-83684138		传　真	0755-83684128	
	办公地址	深圳市区福田区深南中路2068号华能大厦5,33,35-36,38-41层				
	经营范围	各种常规能源和新能源的开发、生产、购销;投资和经营与能源相关的原材料的开发和运输等				

主要财务指标	指标\报告期	2009.06.30	2008.12.31	2008.06.30	2007.12.31
	每股收益(元)	0.4700	0.4082	0.1200	0.5459
	每股收益(扣除)(元)	0.2500	0.3047	–	0.5463
	每股净资产(元)	5.4800	5.0400	5.2000	4.3907
	调整后每股净资产(元)	–	–	–	–
	每股资本公积金(元)	2.2609	2.2587	2.3299	0.8486
	每股盈余公积金(元)	0.9681	0.9067	0.9067	1.6046
	每股未分配利润(元)	1.2692	0.8962	0.9702	0.9375
	每股现金净流量(元)	–0.3939	–0.0743	0.8625	–0.6474
	每股经营现金净流量(元)	0.6140	0.7109	0.2285	2.1341
	净资产收益率(扣除)(%)	–	–	–	–
	净资产收益率(%)	8.6298	8.0900	2.3500	12.4300
	总资产(万)	2835992.93	2790973.87	2821985.11	1168627.39
	股东权益(万)	1206953.16	1110975.67	1145068.08	527980.16
	主营业务收入(万)	–	–	–	–
	主营业务利润(万)	–	–	–	–
	营业务收入(万)	424670.44	59573.97	270897.17	808957.10
	营业务利润(万)	110481.27	96366.18	40503.90	194160.09
	投资收益(万)	–	–	–	–
	利润总额(万)	131673.49	125491.70	40500.85	195205.88
	净利润(万)	104157.24	89914.69	26908.95	140107.37

深圳一致药业股份有限公司

公司概况						
	公司名称	深圳一致药业股份有限公司			证券简称	一致药业
	法人代表	施金明	董秘	陈常兵	证券代码	000028
	公司网址	www.szaccord.com.cn			电子信箱	0028@szaccord.com.cn
	电　话	0755-25875195、25875222			传　真	0755-25875147
	办公地址	广东省深圳市福田八卦四路15号一致药业大厦				
	经营范围	中成药、化学原料药、化学药制剂、抗生素、生化药品、诊断药品、生物制品的批发等				

主要财务指标	指标\报告期	2009.06.30	2008.12.31	2008.06.30	2007.12.31
	每股收益(元)	0.3430	0.5370	0.2660	0.4340
	每股收益(扣除)(元)	0.3310	0.4840	0.2390	0.3450
	每股净资产(元)	2.5500	2.1790	1.9500	1.6800
	调整后每股净资产(元)	–	–	–	–
	每股资本公积金(元)	0.0175	0.0175	0.0171	0.0340
	每股盈余公积金(元)	0.0323	0.0323	0.0246	0.0246
	每股未分配利润(元)	1.5047	1.1295	0.9051	0.6388
	每股现金净流量(元)	0.4062	0.3138	0.2975	0.1718
	每股经营现金净流量(元)	0.5243	0.8557	0.3220	0.3043
	净资产收益率(扣除)(%)	–	–	–	
	净资产收益率(%)	13.4200	24.6500	13.6800	25.8000
	总资产(万)	450217.38	368397.42	346440.84	291109.11
	股东权益(万)	73604.78	62798.67	56097.67	52258.01
	主营业务收入(万)	–	–	–	–
	主营业务利润(万)	–	–	–	–
	营业务收入(万)	503848.07	836035.02	390039.11	687830.55
	营业务利润(万)	13539.50	18429.85	9294.15	16932.76
	投资收益(万)	–	–	–	–
	利润总额(万)	13741.00	20349.77	10173.28	19105.11
	净利润(万)	9878.39	15480.71	7673.32	12491.40

深圳经济特区房地产(集团)股份有限公司

公司概况						
	公司名称	深圳经济特区房地产(集团)股份有限公司			证券简称	深深房A
	法人代表	周建国	董秘	陈继	证券代码	000029
	公司网址	www.sfjt.com.cn			电子信箱	spg@163.net
	电　话	0755-82293000 4718 4715			传　真	0755-82294024
	办公地址	深圳市人民南路3005号深房广场46-48楼				
	经营范围	房地产开发及商品房销售、物业租赁及管理、建筑装饰安装、商品零售及贸易等				

主要财务指标	指标\报告期	2009.06.30	2008.12.31	2008.06.30	2007.12.31
	每股收益(元)	0.0076	0.0189	0.0138	0.0386
	每股收益(扣除)(元)	0.0075	0.0211	0.0114	0.0080
	每股净资产(元)	1.2000	1.1900	1.1940	1.1700
	调整后每股净资产(元)	–	–	–	–
	每股资本公积金(元)	0.9670	0.9670	0.9670	0.9670
	每股盈余公积金(元)	–	0.1175	0.1175	0.1175
	每股未分配利润(元)	–0.7798	–0.9050	–0.9101	–0.9239
	每股现金净流量(元)	–0.0397	–0.1216	–0.0137	–0.0172
	每股经营现金净流量(元)	–0.0208	–0.0816	–0.0187	–0.0502
	净资产收益率(扣除)(%)	–	–	–	0.6800
	净资产收益率(%)	0.6350	1.5800	1.1500	3.2800
	总资产(万)	217129.96	226565.67	227626.82	230272.49
	股东权益(万)	121610.16	120828.89	120769.35	118814.66
	主营业务收入(万)	–	–	–	–
	主营业务利润(万)	–	–	–	–
	营业务收入(万)	29081.16	70600.53	29516.75	84512.75
	营业务利润(万)	1202.22	4541.86	2257.70	5329.54
	投资收益(万)	–	–	–	–
	利润总额(万)	1196.73	4103.43	2489.94	5165.89
	净利润(万)	772.53	1912.38	1392.54	3900.80

广东盛润集团股份有限公司

公司概况						
	公司名称	广东盛润集团股份有限公司			证券简称	ST盛润A
	法人代表	王建宇	董秘	余德山	证券代码	000030
	公司网址	www.lionda.com			电子信箱	lionda@mailcenter.com.cn
	电　话	0755-83877511、83875531			传　真	0755-83875212
	办公地址	深圳市车公庙泰然工业区203栋4楼东				
	经营范围	自营和代理第二、三类商品在广东省内进出口业务				

主要财务指标	指标\报告期	2009.06.30	2008.12.31	2008.06.30	2007.12.31
	每股收益(元)	–0.0467	0.2952	–0.0432	–0.0765
	每股收益(扣除)(元)	–0.0467	–0.0899	–0.0656	–0.0845
	每股净资产(元)	–6.0200	–5.9800	–5.7200	–5.6800
	调整后每股净资产(元)	–	–	–	–
	每股资本公积金(元)	1.3212	1.3212	1.3212	1.3212
	每股盈余公积金(元)	0.4795	0.4795	0.4795	0.4795
	每股未分配利润(元)	–8.8232	–8.7765	–8.5245	–8.4813
	每股现金净流量(元)	–0.0001	0.0001	0.0001	–0.0003
	每股经营现金净流量(元)	–0.0001	–0.0013	0.0001	–0.0110
	净资产收益率(扣除)(%)	–	–	–	–
	净资产收益率(%)	–	–	–	–
	总资产(万)	1699.03	1796.12	2429.02	2715.48
	股东权益(万)	–173701.18	–172354.23	–165084.38	–163839.35
	主营业务收入(万)	–	–	–	–
	主营业务利润(万)	–	–	–	–
	营业务收入(万)	92.70	169.95	77.25	180.27
	营业务利润(万)	–1346.95	–3221.03	–1892.97	–2212.53
	投资收益(万)	–	–	–	–
	利润总额(万)	–1346.95	–8514.88	–1245.03	–2207.52
	净利润(万)	–1346.95	–8514.88	–1245.03	–2207.52

中粮地产(集团)股份有限公司

公司概况						
	公司名称	中粮地产(集团)股份有限公司			证券简称	中粮地产
	法人代表	孙忠人	董秘	厉辉	证券代码	000031
	公司网址	www.cofco-property.cn			电子信箱	cofco-property@cofco-property.com
	电　话	0755-27754517			传　真	0755-27789701、27780713
	办公地址	深圳市宝安区湖滨路5号宝恒大厦				
	经营范围	房地产开发经营;国内商业、物资供销业;建筑技术咨询,进出口贸易				

主要财务指标	指标\报告期	2009.06.30	2008.12.31	2008.06.30	2007.12.31
	每股收益(元)	–0.0020	0.0800	0.1100	0.3000
	每股收益(扣除)(元)	–0.0030	0.0800	0.1100	0.1400
	每股净资产(元)	1.7800	1.7500	3.7300	3.8000
	调整后每股净资产(元)		–	–	–
	每股资本公积金(元)	0.3963	0.3472	1.5239	1.7030
	每股盈余公积金(元)	0.1025	0.1025	0.1904	0.1904
	每股未分配利润(元)	0.2785	0.3003	1.0150	0.9032
	每股现金净流量(元)	0.3847	–0.1686	0.1423	1.5125
	每股经营现金净流量(元)	0.3570	–1.9130	–0.4714	–0.3915
	净资产收益率(扣除)(%)		–	–	6.4600
	净资产收益率(%)	–0.1000	4.4700	3.0000	13.5400
	总资产(万)	989016.50	904760.68	651040.99	600900.59
	股东权益(万)	322379.22	317435.98	338046.89	344159.58
	主营业务收入(万)		–	–	–
	主营业务利润(万)		–	–	–
	营业务收入(万)	24760.03	108684.63	44527.98	82376.98
	营业务利润(万)	125.97	20799.95	11267.14	55711.62
	投资收益(万)		–	–	–
	利润总额(万)	343.09	20145.48	11110.21	55430.20
	净利润(万)	–335.33	14201.65	10138.12	46593.92

深圳市桑达实业股份有限公司

公司概况	公司名称	深圳市桑达实业股份有限公司		证券简称	深桑达 A
	法人代表	杨军	董秘 吴建华	证券代码	000032
	公司网址	www.sedind.com		电子信箱	sed@sedind.com
	电　话	0755-86316073		传　真	0755-86316006
	办公地址	深圳市南山区科技园科技路 1 号桑达科技大厦 15-17 层			
	经营范围	生产通信设备、计算机及软件、办公自动化设备、普通机械、光机电一体化设备等			

	指标\报告期	2009.06.30	2008.12.31	2008.06.30	2007.12.31
主要财务指标	每股收益(元)	0.0700	0.3100	0.2890	0.3740
	每股收益(扣除)(元)	–	0.2916	0.2900	0.3250
	每股净资产(元)	3.1550	3.2275	3.3500	4.0300
	调整后每股净资产(元)	–	–	–	–
	每股资本公积金(元)	1.0774	1.0526	1.2060	1.8878
	每股盈余公积金(元)	0.4208	0.4208	0.3924	0.4708
	每股未分配利润(元)	0.6505	0.7480	0.7514	0.6743
	每股现金净流量(元)	0.2242	-1.2126	-0.5385	1.2829
	每股经营现金净流量(元)	0.1769	-0.3253	-0.2264	2.6848
	净资产收益率(扣除)(%)	–	–	–	9.6700
	净资产收益率(%)	2.3000	9.7500	8.6400	11.1400
	总资产(万)	121459.14	136024.52	150095.49	183472.36
	股东权益(万)	73464.13	75156.76	78003.93	78255.13
	主营业务收入(万)	–	–	–	–
	主营业务利润(万)	–	–	–	–
	营业务收入(万)	59505.57	170308.87	95252.25	191148.52
	营业务利润(万)	3234.54	10343.13	9064.70	10927.41
	投资收益(万)	–	–	–	–
	利润总额(万)	3458.79	10696.39	9157.26	11030.06
	净利润(万)	1686.47	7324.76	6739.25	8716.16

深圳新都酒店股份有限公司

公司概况	公司名称	深圳新都酒店股份有限公司		证券简称	新都酒店
	法人代表	李聚全	董秘 张静	证券代码	000033
	公司网址	www.szcphotel.com		电子信箱	szcph@szcphotel.com
	电　话	0755-82320888-543		传　真	0755-82344699
	办公地址	深圳市春风路 1 号新都酒店 3 楼			
	经营范围	经营酒店、商场、餐厅及酒店附设的车队、康乐设施,在酒店内经营美容美发等			

	指标\报告期	2009.06.30	2008.12.31	2008.06.30	2007.12.31
主要财务指标	每股收益(元)	-0.0239	0.0107	-0.0114	0.0057
	每股收益(扣除)(元)	-0.0239	-0.0452	-0.0245	-0.0173
	每股净资产(元)	0.9100	0.9340	0.9100	0.9240
	调整后每股净资产(元)	–	–	–	–
	每股资本公积金(元)	0.3045	0.3045	0.3045	0.3045
	每股盈余公积金(元)	0.0298	0.0298	0.0298	0.0298
	每股未分配利润(元)	-0.4239	-0.4000	-0.4221	-0.4107
	每股现金净流量(元)	0.0700	-0.0077	-0.0143	0.0031
	每股经营现金净流量(元)	0.0034	0.0690	0.0485	0.0867
	净资产收益率(扣除)(%)	–	–	–	-1.8800
	净资产收益率(%)	-2.6300	1.1500	-1.2500	0.6200
	总资产(万)	48661.10	46484.39	47748.93	50274.49
	股东权益(万)	29989.86	30778.20	30050.70	30425.53
	主营业务收入(万)	–	–	–	–
	主营业务利润(万)	–	–	–	–
	营业务收入(万)	2886.36	6864.04	3425.97	7039.44
	营业务利润(万)	-788.09	-1659.32	-696.67	-726.32
	投资收益(万)	–	–	–	–
	利润总额(万)	-788.34	584.24	-264.08	159.54
	净利润(万)	-788.34	352.67	-374.83	189.14

深圳市深信泰丰(集团)股份有限公司

公司概况	公司名称	深圳市深信泰丰(集团)股份有限公司		证券简称	*ST 深泰
	法人代表	晏群	董秘 张小立	证券代码	000034
	公司网址	www.sxtf.com.cn		电子信箱	xlzh1123@126.com
	电　话	0755-27596453		传　真	0755-27596456
	办公地址	深圳市宝安区宝城 23 区大宝路风采轩			
	经营范围	通讯服务运营、数据与语音服务、通讯设备的研制、开发、生产与销售等			

	指标\报告期	2009.06.30	2008.12.31	2008.06.30	2007.12.31
主要财务指标	每股收益(元)	-0.0180	-0.7200	-0.0300	-0.6900
	每股收益(扣除)(元)	-0.0200	-0.4600	-0.0300	-0.6200
	每股净资产(元)	-3.2200	-3.2000	-2.7900	-2.8600
	调整后每股净资产(元)	–	–	–	–
	每股资本公积金(元)	0.7921	0.7921	1.0618	1.0618
	每股盈余公积金(元)	0.1836	0.1836	0.2113	0.2113
	每股未分配利润(元)	-5.1953	-5.1777	-5.0585	-5.1308
	每股现金净流量(元)	0.0029	0.0134	-0.0305	0.0244
	每股经营现金净流量(元)	0.0045	0.0065	-0.0280	0.0618
	净资产收益率(扣除)(%)	–	–	–	-21.8000
	净资产收益率(%)	0.5456	–	0.9800	-24.1500
	总资产(万)	17520.29	18440.86	28692.94	31181.11
	股东权益(万)	-115250.57	-114621.78	-86665.65	-88912.31
	主营业务收入(万)	–	–	–	–
	主营业务利润(万)	–	–	–	–
	营业务收入(万)	16106.36	27971.92	13233.60	38057.53
	营业务利润(万)	-748.89	18727.11	-774.90	-19245.86
	投资收益(万)	–	–	–	–
	利润总额(万)	-697.41	-28135.04	-790.83	-21942.80
	净利润(万)	-628.79	-25709.47	-847.06	-21475.18

中国科健股份有限公司

公司概况	公司名称	中国科健股份有限公司		证券简称	ST 科健
	法人代表	洪和良	董秘 李卫民	证券代码	000035
	公司网址	www.chinakejian.net		电子信箱	cnkj@public.szptt.net.cn
	电　话	0755-26692595		传　真	0755-26888210
	办公地址	深圳市南山区蛇口南海大道 1065 号南山大厦南座 700A			
	经营范围	自营本公司自产产品出口和生产所需原辅材料、机械设备及零配件的进口业务等			

	指标\报告期	2009.06.30	2008.12.31	2008.06.30	2007.12.31
主要财务指标	每股收益(元)	-0.0900	-0.0700	0.5800	0.7900
	每股收益(扣除)(元)	-0.1400	0.0400	0.6300	0.3240
	每股净资产(元)	-8.3000	-8.2100	-7.5600	-8.1400
	调整后每股净资产(元)	–	–	–	–
	每股资本公积金(元)	0.5749	0.5749	0.5749	0.5749
	每股盈余公积金(元)	0.1136	0.1136	0.1136	0.1136
	每股未分配利润(元)	-9.9844	-9.8937	-9.2508	-9.8273
	每股现金净流量(元)	-0.0001	-0.0001	0.0007	-0.0015
	每股经营现金净流量(元)	-0.0026	-0.0049	-0.0015	-0.0027
	净资产收益率(扣除)(%)	–	–	–	–
	净资产收益率(%)	–	–	–	–
	总资产(万)	55004.05	53628.08	58974.18	47521.99
	股东权益(万)	-124444.95	-123085.03	-113440.85	-122088.95
	主营业务收入(万)	–	–	–	–
	主营业务利润(万)	–	–	–	–
	营业务收入(万)	277.99	831.46	640.78	1056.95
	营业务利润(万)	-2129.05	545.15	9386.11	5674.66
	投资收益(万)	–	–	–	–
	利润总额(万)	-1359.92	-996.08	8648.10	11963.83
	净利润(万)	-1359.92	-996.08	8648.10	11798.27

华联控股股份有限公司

公司概况

公司名称	华联控股股份有限公司			证券简称	*ST 华控
法人代表	董炳根	董秘	孔庆富	证券代码	000036
公司网址	www.udcgroup.com			电子信箱	kqf@udcgroup.com
电　　话	0755-83667257、83667450			传　　真	0755-83667583
办公地址	深圳市深南中路 2008 号华联大厦 11 层				
经营范围	投资兴办实业；生产经营各种布料、服装、化纤和纺织机械；国内商业、物资供销业等				

主要财务指标

指标＼报告期	2009.06.30	2008.12.31	2008.06.30	2007.12.31
每股收益(元)	0.1652	-0.3530	-0.0480	-0.3400
每股收益(扣除)(元)	0.1651	-0.3518	-0.0471	-0.3500
每股净资产(元)	1.2307	1.0400	1.3900	1.4700
调整后每股净资产(元)	-	-	-	-
每股资本公积金(元)	0.1731	0.1442	0.1780	0.2263
每股盈余公积金(元)	0.0857	0.0857	0.0857	0.0857
每股未分配利润(元)	-0.0280	-0.1932	0.1236	0.1597
每股现金净流量(元)	0.2310	0.2991	0.1595	-0.2743
每股经营现金净流量(元)	0.4931	0.0865	-0.0417	0.3880
净资产收益率(扣除)(%)	-	-	-	-23.7100
净资产收益率(%)	13.4200	-34.0500	-3.4600	-23.1000
总资产(万)	319443.74	309320.32	326687.93	1342271.94
股东权益(万)	138319.91	116511.86	155915.37	165402.61
主营业务收入(万)	-	-	-	-
主营业务利润(万)	-	-	-	-
营业务收入(万)	94616.19	12842.48	7967.43	820514.47
营业务利润(万)	33519.98	-39814.09	-5027.82	-93758.28
投资收益(万)	-	-	-	-
利润总额(万)	33537.86	-40026.66	-5204.45	-93325.78
净利润(万)	18562.99	-39670.67	-5392.37	-38214.19

深圳南山热电股份有限公司

公司概况

公司名称	深圳南山热电股份有限公司			证券简称	深南电 A
法人代表	魏文德	董秘	胡琴	证券代码	000037
公司网址	www.nsrd.com.cn			电子信箱	investor@nspower.com.cn
电　　话	0755-26948888			传　　真	0755-26003684
办公地址	广东省深圳市南山区华侨城汉唐大厦 16-17 楼				
经营范围	供电、供热，提供相关技术咨询和技术服务				

主要财务指标

指标＼报告期	2009.06.30	2008.12.31	2008.06.30	2007.12.31
每股收益(元)	0.1010	0.0200	0.0552	0.2800
每股收益(扣除)(元)	0.0990	-0.1000	-0.0396	0.0200
每股净资产(元)	3.0400	2.9400	3.1700	3.2400
调整后每股净资产(元)	-	-	-	-
每股资本公积金(元)	0.6033	0.6033	0.6636	0.6636
每股盈余公积金(元)	0.5523	0.5523	0.6075	0.6075
每股未分配利润(元)	0.8873	0.7862	0.9048	0.9751
每股现金净流量(元)	-0.3124	0.1431	0.2371	-0.6158
每股经营现金净流量(元)	0.0383	0.5500	-0.5704	0.3699
净资产收益率(扣除)(%)	-	-	-	0.8600
净资产收益率(%)	3.3200	0.6100	1.7400	9.5900
总资产(万)	499021.96	498593.95	626534.10	555291.50
股东权益(万)	183413.39	177317.22	173822.70	177736.61
主营业务收入(万)	-	-	-	-
主营业务利润(万)	-	-	-	-
营业务收入(万)	87865.40	315655.15	194887.20	362012.36
营业务利润(万)	-10495.82	-169969.28	-83342.60	-41125.49
投资收益(万)	-	-	-	-
利润总额(万)	7524.18	6475.98	6110.80	16476.01
净利润(万)	6096.17	076.39	3026.30	17043.48

中国国际海运集装箱(集团)股份有限公司

公司概况

公司名称	中国国际海运集装箱(集团)股份有限公司			证券简称	中集集团
法人代表	傅育宁	董秘	于玉群	证券代码	000039
公司网址	www.cimc.com			电子信箱	shareholder@cimc.com
电　　话	0755-26691130			传　　真	0755-26826579
办公地址	广东省深圳市蛇口工业区港湾大道 2 号中集集团研发中心				
经营范围	制造修理集装箱及其有关业务等				

主要财务指标

指标＼报告期	2009.06.30	2008.12.31	2008.06.30	2007.12.31
每股收益(元)	0.3102	0.5300	0.3850	1.1900
每股收益(扣除)(元)	-0.1358	0.3700	0.3800	0.6900
每股净资产(元)	4.9095	5.0400	5.4192	5.9800
调整后每股净资产(元)	-	-	-	-
每股资本公积金(元)	0.2545	0.5081	1.2133	1.3347
每股盈余公积金(元)	1.3437	1.3437	1.3437	1.3135
每股未分配利润(元)	3.0410	2.8808	2.7377	2.8826
每股现金净流量(元)	0.2814	-0.0726	-0.1756	0.4004
每股经营现金净流量(元)	0.5527	1.2645	-0.5687	-0.4077
净资产收益率(扣除)(%)	-	-	-	11.0000
净资产收益率(%)	6.3200	10.4800	7.1100	19.0000
总资产(万)	3199883.10	3455786.30	4360629.50	4104867.40
股东权益(万)	1307099.50	1342890.10	1442808.50	1591375.70
主营业务收入(万)	-	-	-	-
主营业务利润(万)	-	-	-	-
营业务收入(万)	944227.60	4732728.10	3017083.60	4876082.60
营业务利润(万)	114652.70	176697.90	119447.40	345738.70
投资收益(万)	-	-	-	-
利润总额(万)	117790.80	192702.90	120673.60	350030.40
净利润(万)	82585.00	40690.80	102582.60	316537.30

深圳市鸿基(集团)股份有限公司

公司概况

公司名称	深圳市鸿基(集团)股份有限公司			证券简称	深鸿基
法人代表	邱瑞亨	董秘	沈蜀江	证券代码	000040
公司网址	www.0040.com.cn			电子信箱	szhkdb@yahoo.com.cn
电　　话	0755-82367726			传　　真	0755-82367753
办公地址	深圳市罗湖区东门中路 1011 号鸿基大厦 25—27 楼				
经营范围	房地产开发及物业管理，运输、物流业务，酒店管理业务和其他业务				

主要财务指标

指标＼报告期	2009.06.30	2008.12.31	2008.06.30	2007.12.31
每股收益(元)	-0.0560	-0.2400	-0.0600	0.1600
每股收益(扣除)(元)	-0.1030	-0.3200	-0.0600	-0.1400
每股净资产(元)	1.6700	1.7560	1.9600	2.1220
调整后每股净资产(元)	-	-	-	-
每股资本公积金(元)	1.0002	1.0338	1.0774	1.1829
每股盈余公积金(元)	0.4524	0.4524	0.4524	0.4524
每股未分配利润(元)	-0.7863	-0.7305	-0.5742	-0.5135
每股现金净流量(元)	0.2357	-0.0980	-0.0291	-0.0468
每股经营现金净流量(元)	-0.0073	-0.5136	-0.3742	0.1311
净资产收益率(扣除)(%)	-	-	-	-6.5500
净资产收益率(%)	-3.3500	-13.9000	-3.1000	7.7200
总资产(万)	263598.31	235809.10	224855.77	222723.88
股东权益(万)	78245.36	82445.11	91832.66	99635.90
主营业务收入(万)	-	-	-	-
主营业务利润(万)	-	-	-	-
营业务收入(万)	15848.14	31884.83	15671.39	53309.06
营业务利润(万)	-4103.07	-15884.08	-3482.11	8088.79
投资收益(万)	-	-	-	-
利润总额(万)	-4144.54	-15585.32	-3457.10	8158.51
净利润(万)	-2620.23	-11462.78	-2850.44	7693.55

深圳市长城投资控股股份有限公司

公司概况	公司名称	深圳市长城投资控股股份有限公司		证券简称	深长城
	法人代表	马兴文	董秘　尹善峰	证券代码	000042
	公司网址	www.cctzkg.com		电子信箱	ccdc@cctzkg.com
	电　话	0755-88393669		传　真	0755-88393600
	办公地址	深圳市福田区百花五路长源楼			
	经营范围	房地产开发及商品房销售,管理;承接建筑安装工程;自有物业租赁			

主要财务指标	指标\报告期	2009.06.30	2008.12.31	2008.06.30	2007.12.31
	每股收益(元)	0.5959	0.0283	-0.1324	0.8427
	每股收益(扣除)(元)	0.5959	0.0667	-0.1241	0.0965
	每股净资产(元)	8.2300	7.1900	7.2500	7.8900
	调整后每股净资产(元)	-	-	-	-
	每股资本公积金(元)	2.9788	2.5144	2.7281	3.0375
	每股盈余公积金(元)	1.7710	1.7710	1.7710	1.7710
	每股未分配利润(元)	2.4850	1.9091	1.7484	2.0807
	每股现金净流量(元)	5.5383	-1.6231	-1.4659	1.8345
	每股经营现金净流量(元)	2.1880	-1.3311	-2.1767	-0.9426
	净资产收益率(扣除)(%)	-	-	-	1.2200
	净资产收益率(%)	7.2400	0.3900	-1.8300	10.6800
	总资产(万)	646236.61	554880.59	566816.94	533402.13
	股东权益(万)	197191.96	172282.25	173550.53	188917.40
	主营业务收入(万)	-	-	-	-
	主营业务利润(万)	-	-	-	-
	营业务收入(万)	117352.45	113923.80	25705.22	108282.67
	营业务利润(万)	20868.83	2509.58	-3789.45	24071.99
	投资收益(万)	-	-	-	-
	利润总额(万)	20755.16	1391.76	-4166.49	24641.74
	净利润(万)	14269.29	678.66	-3170.04	20180.54

深圳中航地产股份有限公司

公司概况	公司名称	深圳中航地产股份有限公司		证券简称	中航地产
	法人代表	吴光权	董秘　杨祥	证券代码	000043
	公司网址	www.carec.com.cn		电子信箱	dongm@carec.com.cn
	电　话	0755-83990168、83244503		传　真	0755-83688903
	办公地址	深圳市福田区振华路163号飞亚达大厦六楼			
	经营范围	开办商场、宾馆、餐厅,经营旅游服务业等			

主要财务指标	指标\报告期	2009.06.30	2008.12.31	2008.06.30	2007.12.31
	每股收益(元)	0.0518	0.1291	0.0806	0.7442
	每股收益(扣除)(元)	0.0489	0.0276	0.0474	0.6463
	每股净资产(元)	7.5532	6.5100	6.4800	6.7500
	调整后每股净资产(元)	-	-	-	6.1900
	每股资本公积金(元)	4.3658	4.3626	4.3514	4.4472
	每股盈余公积金(元)	0.4649	0.3855	0.2811	0.2327
	每股未分配利润(元)	1.7225	1.8884	0.8493	1.0670
	每股现金净流量(元)	0.9278	-0.9952	-0.3287	2.6577
	每股经营现金净流量(元)	-0.7104	-1.5011	-1.4605	-1.1898
	净资产收益率(扣除)(%)	-	-	-	-
	净资产收益率(%)	0.6900	1.9800	1.2400	10.0300
	总资产(万)	592479.74	523689.23	449219.11	398653.29
	股东权益(万)	167923.28	169775.77	144103.21	398653.29
	主营业务收入(万)	-	-	-	-
	主营业务利润(万)	-	-	-	-
	营业务收入(万)	52119.68	179685.26	68130.20	226253.53
	营业务利润(万)	3917.96	4673.21	2504.16	32370.43
	投资收益(万)	-	-	-	-
	利润总额(万)	3981.13	4659.33	3241.25	32247.38
	净利润(万)	1151.39	2869.77	1791.77	15039.36

深圳市纺织(集团)股份有限公司

公司概况	公司名称	深圳市纺织(集团)股份有限公司		证券简称	深纺织A
	法人代表	王滨	董秘　晁晋	证券代码	000045
	公司网址	www.chinasthc.com		电子信箱	chaoj@chinasthc.com
	电　话	0755-83776043		传　真	0755-83776139
	办公地址	深圳市福田区华强北路三号深纺大厦六楼			
	经营范围	生产加工纺织品、针织品、服装、装饰布带、商标带、自行车、工艺品等			

主要财务指标	指标\报告期	2009.06.30	2008.12.31	2008.06.30	2007.12.31
	每股收益(元)	0.0900	0.1900	0.1400	0.0500
	每股收益(扣除)(元)	0.0417	-0.0200	0.0200	-0.1000
	每股净资产(元)	1.8900	1.7000	1.6800	1.4800
	调整后每股净资产(元)	-	-	-	-
	每股资本公积金(元)	0.4295	0.2812	0.3126	0.2489
	每股盈余公积金(元)	0.1244	0.1244	0.1068	0.1068
	每股未分配利润(元)	0.3388	0.2965	0.2622	0.1265
	每股现金净流量(元)	-0.0440	-0.1668	-0.0702	0.1878
	每股经营现金净流量(元)	0.0524	0.1265	0.0660	0.0984
	净资产收益率(扣除)(%)	-	-	-	-6.4100
	净资产收益率(%)	4.8700	11.0200	8.0700	3.1800
	总资产(万)	60697.84	56579.11	66889.93	68055.71
	股东权益(万)	46395.23	41722.73	41220.38	36332.93
	主营业务收入(万)	-	-	-	-
	主营业务利润(万)	-	-	-	-
	营业务收入(万)	18499.91	36415.34	23903.11	48927.01
	营业务利润(万)	2639.82	2740.38	2507.12	1672.41
	投资收益(万)	-	-	-	-
	利润总额(万)	2722.37	5062.79	4237.10	1740.75
	净利润(万)	2261.14	4599.26	3326.05	1155.41

泛海建设集团股份有限公司

公司概况	公司名称	泛海建设集团股份有限公司		证券简称	泛海建设
	法人代表	卢志强	董秘　陈家华	证券代码	000046
	公司网址	www.fhjs.cn		电子信箱	cjh@fhjs.cn
	电　话	010-85110892　0755-82985859		传　真	010-65239086　0755-82985859
	办公地址	北京市朝阳区建国门外大街22号赛特大厦十五层			
	经营范围	承办国内外投资开发项目;经营房地产业务及物业管理;投资兴办实业等			

主要财务指标	指标\报告期	2009.06.30	2008.12.31	2008.06.30	2007.12.31
	每股收益(元)	0.0550	0.0900	0.0770	0.4380
	每股收益(扣除)(元)	0.0590	0.1000	0.0760	0.4370
	每股净资产(元)	3.6200	3.6200	3.5900	10.8600
	调整后每股净资产(元)	-	-	-	-
	每股资本公积金(元)	2.2726	2.2726	2.2746	8.0926
	每股盈余公积金(元)	0.1196	0.1196	0.0859	0.2612
	每股未分配利润(元)	0.2312	0.2262	0.2315	1.5044
	每股现金净流量(元)	0.5387	0.4726	0.0976	0.3268
	每股经营现金净流量(元)	-0.0503	-0.1122	0.0306	3.6219
	净资产收益率(扣除)(%)	-	-	-	7.9800
	净资产收益率(%)	1.5200	2.5700	2.1500	8.0700
	总资产(万)	2138857.08	1982185.89	1867058.32	1864633.68
	股东权益(万)	820248.35	819112.28	813103.88	815980.41
	主营业务收入(万)	-	-	-	-
	主营业务利润(万)	-	-	-	-
	营业务收入(万)	71540.76	141954.79	101133.08	420815.98
	营业务利润(万)	18242.39	29529.46	24324.45	102485.33
	投资收益(万)	-	-	-	-
	利润总额(万)	17390.81	29591.80	24503.45	102485.28
	净利润(万)	12454.55	21064.01	17487.45	65867.87

深圳康达尔(集团)股份有限公司

公司概况				
公司名称	深圳康达尔(集团)股份有限公司		证券简称	ST 康达尔
法人代表	罗爱华	董秘 朱文学	证券代码	000048
公司网址	www.kondarl.com		电子信箱	China000048@126.com
电　话	0755-25425020-359/330		传　真	0755-25420155
办公地址	深圳深南东路 1086 号集浩大厦 2、3 楼			
经营范围	养殖肉鸡、鸡苗、禽蛋、生产制造肉制品、饮料、鸡场设备、自酿鲜啤、兴办实业等			

主要财务指标

指标\报告期	2009.06.30	2008.12.31	2008.06.30	2007.12.31
每股收益(元)	-0.0169	0.0924	0.0560	0.0623
每股收益(扣除)(元)	-0.0280	-0.0970	-0.0340	-0.1210
每股净资产(元)	-0.4200	-0.5060	-0.5430	-0.6040
调整后每股净资产(元)	-	-	-	-
每股资本公积金(元)	0.1109	0.1109	0.1108	0.1108
每股盈余公积金(元)	0.0024	0.0024	0.0024	0.0024
每股未分配利润(元)	-1.5538	-1.6383	-1.6748	-1.7307
每股现金净流量(元)	0.0854	0.1269	-0.1011	0.1765
每股经营现金净流量(元)	0.4847	0.4123	0.3330	0.3518
净资产收益率(扣除)(%)	-	-	-	-
净资产收益率(%)	-	-	-	-
总资产(万)	135500.67	125616.92	113276.25	113115.61
股东权益(万)	-16481.37	-19785.16	-21210.86	-23598.81
主营业务收入(万)	-	-	-	-
主营业务利润(万)	-	-	-	-
营业务收入(万)	41137.28	94573.92	47723.82	85111.75
营业务利润(万)	-362.58	-2682.43	-722.24	-3875.08
投资收益(万)	-	-	-	-
利润总额(万)	-251.77	4600.85	2822.03	4009.37
净利润(万)	-661.05	3612.00	2183.87	2434.20

深圳市德赛电池科技股份有限公司

公司概况				
公司名称	深圳市德赛电池科技股份有限公司		证券简称	德赛电池
法人代表	刘其	董秘 游虹	证券代码	000049
公司网址	www.desaybattery.com		电子信箱	IR@desaybattery.com
电　话	0755-86022882		传　真	0755-86022924
办公地址	深圳市南山区高新科技园南新一路富诚科技大厦 8 楼			
经营范围	无汞碱锰电池、一次锂电池、锌空气电池、镍氢电池、锂聚合物电池等			

主要财务指标

指标\报告期	2009.06.30	2008.12.31	2008.06.30	2007.12.31
每股收益(元)	-0.1155	0.0114	0.0130	0.0522
每股收益(扣除)(元)	-0.1150	0.0122	0.0138	0.0132
每股净资产(元)	0.9947	1.1102	1.1117	1.0987
调整后每股净资产(元)	-	-	-	-
每股资本公积金(元)	0.0663	0.0663	0.0662	0.0662
每股盈余公积金(元)	0.0549	0.0549	0.0390	0.0390
每股未分配利润(元)	-0.1266	-0.0111	0.0065	-0.0065
每股现金净流量(元)	-0.0649	0.0618	-0.0492	0.0036
每股经营现金净流量(元)	-0.2563	0.9656	-0.0722	-0.1759
净资产收益率(扣除)(%)	-	-	-	1.2100
净资产收益率(%)	-11.6100	1.0200	1.1700	4.7600
总资产(万)	58250.08	60366.05	62609.32	65701.75
股东权益(万)	13610.21	15190.19	15211.46	15033.56
主营业务收入(万)	-	-	-	-
主营业务利润(万)	-	-	-	-
营业务收入(万)	33132.14	77512.04	33831.36	76241.72
营业务利润(万)	-1812.77	536.04	205.92	-3.93
投资收益(万)	-	-	-	-
利润总额(万)	-1832.37	538.25	199.84	689.98
净利润(万)	-1579.98	155.59	177.90	714.85

天马微电子股份有限公司

公司概况				
公司名称	天马微电子股份有限公司		证券简称	深天马 A
法人代表	吴光权	董秘 刘长清	证券代码	000050
公司网址	www.tianma.com.cn		电子信箱	admin@tianma.com.cn
电　话	0755-26094288、86225886		传　真	0755-86225774、86225772
办公地址	广东省深圳市南山区马家龙工业城 64 栋			
经营范围	制造销售各类液晶显示器及与之相关的材料、设备和产品			

主要财务指标

指标\报告期	2009.06.30	2008.12.31	2008.06.30	2007.12.31
每股收益(元)	-0.1700	0.0163	0.1104	0.2600
每股收益(扣除)(元)	-0.1771	-0.1168	0.0200	0.2300
每股净资产(元)	2.1800	2.3500	3.8000	4.0700
调整后每股净资产(元)	-	-	-	-
每股资本公积金(元)	0.9339	0.9339	2.0849	2.3587
每股盈余公积金(元)	0.1518	0.1518	0.2161	0.2161
每股未分配利润(元)	0.1014	0.2732	0.5074	0.4970
每股现金净流量(元)	0.8096	-0.6432	-0.2020	0.6769
每股经营现金净流量(元)	0.2679	0.3892	0.3749	0.3083
净资产收益率(扣除)(%)	-	-	-	5.1400
净资产收益率(%)	-7.8800	0.6900	2.9000	5.8000
总资产(万)	560210.85	502322.79	520583.02	467744.37
股东权益(万)	125224.40	135103.50	145602.94	155796.61
主营业务收入(万)	-	-	-	-
主营业务利润(万)	-	-	-	-
营业务收入(万)	87756.62	137625.25	68826.31	172396.79
营业务利润(万)	-22078.10	-9322.72	3946.69	9496.81
投资收益(万)	-	-	-	-
利润总额(万)	-21717.18	-9390.83	4012.09	9283.02
净利润(万)	-9863.39	936.01	4227.96	9039.59

方大集团股份有限公司

公司概况				
公司名称	方大集团股份有限公司		证券简称	方大 A
法人代表	熊建明	董秘 周志刚	证券代码	000055
公司网址	www.fangda.com		电子信箱	fd@fangda.com
电　话	0755-26788571-6622		传　真	0755-26788353
办公地址	深圳市南山区西丽龙井方大城科技大楼			
经营范围	生产经营新型建筑材料、复合材料、金属制品、金属结构、环保设备及器材等			

主要财务指标

指标\报告期	2009.06.30	2008.12.31	2008.06.30	2007.12.31
每股收益(元)	0.0705	0.0550	0.0487	0.0600
每股收益(扣除)(元)	0.0226	0.0100	-0.0111	-0.0800
每股净资产(元)	1.3700	1.3100	1.3200	1.5000
调整后每股净资产(元)	-	-	-	-
每股资本公积金(元)	0.1324	0.1432	0.1562	0.3746
每股盈余公积金(元)	0.0150	0.0150	0.0150	0.0165
每股未分配利润(元)	0.2238	0.1533	0.1476	0.1087
每股现金净流量(元)	0.1441	-0.0097	-0.1264	0.1305
每股经营现金净流量(元)	0.1055	0.0541	-0.0930	0.2111
净资产收益率(扣除)(%)	-	-	-	-
净资产收益率(%)	5.1400	4.1600	3.7000	4.1900
总资产(万)	154179.04	139557.09	125184.33	131690.39
股东权益(万)	58520.55	55971.59	56281.19	58191.98
主营业务收入(万)	-	-	-	-
主营业务利润(万)	-	-	-	-
营业务收入(万)	36994.53	78472.06	36564.23	64024.69
营业务利润(万)	2501.77	1946.26	2155.32	597.66
投资收益(万)	-	-	-	-
利润总额(万)	2615.02	1631.21	2001.18	2385.05
净利润(万)	3007.66	2326.09	2079.88	2438.60

深圳市国际企业股份有限公司

公司概况	公司名称	深圳市国际企业股份有限公司			证券简称	深国商
	法人代表	李锦全	董秘	曹剑	证券代码	000056
	公司网址	www.china-ia.com			电子信箱	zhaiwu2006@21cn.com
	电话	0755-82281888、82285565			传真	0755-82285573
	办公地址	深圳市人民南路发展中心大厦23层				
	经营范围	商品零售、经营房地产、代购、代销、进出口业务				

主要财务指标	指标\报告期	2009.06.30	2008.12.31	2008.06.30	2007.12.31
	每股收益(元)	0.0499	-0.1200	0.0030	0.3100
	每股收益(扣除)(元)	-0.0237	-0.1400	-0.0209	-0.0600
	每股净资产(元)	1.0400	0.9900	1.1100	1.1100
	调整后每股净资产(元)	-	-	-	-
	每股资本公积金(元)	0.3274	0.3274	0.3274	0.3274
	每股盈余公积金(元)	0.5701	0.5701	0.5701	0.5701
	每股未分配利润(元)	-0.8568	-0.9067	-0.7880	-0.7913
	每股现金净流量(元)	-0.0745	0.0320	-0.1881	0.1598
	每股经营现金净流量(元)	-0.0958	-0.6976	-0.2020	-1.0444
	净资产收益率(扣除)(%)	-	-	-	-5.1200
	净资产收益率(%)	4.7900	-11.6500	0.2900	27.7700
	总资产(万)	113157.66	112612.65	100802.39	103526.56
	股东权益(万)	22988.37	21886.15	24506.85	24435.33
	主营业务收入(万)	-	-	-	-
	主营业务利润(万)	-	-	-	-
	营业务收入(万)	923.58	2705.33	716.18	4258.71
	营业务利润(万)	-947.90	-5339.49	-1013.88	5128.35
	投资收益(万)	-	-	-	-
	利润总额(万)	613.24	-4975.54	-159.17	5219.90
	净利润(万)	1102.22	-2549.17	71.52	6786.62

深圳赛格股份有限公司

公司概况	公司名称	深圳赛格股份有限公司			证券简称	ST赛格
	法人代表	张为民	董秘	郑丹	证券代码	000058
	公司网址	www.segcl.com.cn			电子信箱	seggf@sbaohua.com.cn
	电话	0755-83747939			传真	0755-83975237
	办公地址	深圳市福田区华强北路群星广场A座31楼				
	经营范围	投资电子电器产品、电子化工、计算机、兴办实业、电子信息系统等				

主要财务指标	指标\报告期	2009.06.30	2008.12.31	2008.06.30	2007.12.31
	每股收益(元)	-0.1861	0.0620	0.0370	0.0800
	每股收益(扣除)(元)	-0.2210	0.0528	0.0330	-0.0300
	每股净资产(元)	1.4482	1.6540	1.6290	1.6200
	调整后每股净资产(元)	-	-	-	-
	每股资本公积金(元)	0.4483	0.4476	0.4522	0.4526
	每股盈余公积金(元)	0.1311	0.1311	0.1407	0.1255
	每股未分配利润(元)	-0.1305	0.0756	0.0368	0.0448
	每股现金净流量(元)	0.0012	0.1769	0.2119	0.0274
	每股经营现金净流量(元)	0.0284	0.0991	0.0406	-0.1013
	净资产收益率(扣除)(%)	-	-	-	-1.6300
	净资产收益率(%)	-12.8500	3.7400	2.2450	4.9500
	总资产(万)	146543.27	157934.66	159600.49	164357.60
	股东权益(万)	113653.09	129777.21	127811.61	127281.56
	主营业务收入(万)	-	-	-	-
	主营业务利润(万)	-	-	-	-
	营业务收入(万)	13788.25	31800.53	14674.73	71108.06
	营业务利润(万)	-14067.02	6147.21	3553.85	7816.26
	投资收益(万)	-	-	-	-
	利润总额(万)	-13874.09	6634.87	3875.52	8140.53
	净利润(万)	-14608.35	4857.95	2870.14	6294.56

辽宁华锦通达化工股份有限公司

公司概况	公司名称	辽宁华锦通达化工股份有限公司			证券简称	辽通化工
	法人代表	冯恩良	董秘	王维良	证券代码	000059
	公司网址	www.lthg.com			电子信箱	xlj2000127@163.com
	电话	0427-5850333			传真	0427-5856408
	办公地址	辽宁省盘锦市双台子区红旗大街				
	经营范围	无机化工产品;石油及石油化工产品等				

主要财务指标	指标\报告期	2009.06.30	2008.12.31	2008.06.30	2007.12.31
	每股收益(元)	0.1794	0.3206	0.1953	0.3620
	每股收益(扣除)(元)	0.1801	0.3315	0.2003	0.3993
	每股净资产(元)	5.2000	5.0157	4.9200	4.7260
	调整后每股净资产(元)	-	-	-	-
	每股资本公积金(元)	3.2602	3.2602	3.2602	5.9013
	每股盈余公积金(元)	0.0420	0.0420	0.0420	0.0760
	每股未分配利润(元)	0.8929	0.7135	0.6195	0.7680
	每股现金净流量(元)	-1.4180	-0.0451	-1.5025	6.3426
	每股经营现金净流量(元)	0.2599	0.6820	0.3747	0.7789
	净资产收益率(扣除)(%)	-	6.7900	-	13.9700
	净资产收益率(%)	3.4500	6.3900	3.9700	4.2300
	总资产(万)	1775142.85	1676282.61	1287114.76	897970.69
	股东权益(万)	623670.28	602133.06	590856.72	567414.85
	主营业务收入(万)	-	-	-	-
	主营业务利润(万)	-	-	-	-
	营业务收入(万)	153027.89	366880.32	200589.96	335213.99
	营业务利润(万)	24152.32	46687.06	27058.12	33283.98
	投资收益(万)	-	-	-	-
	利润总额(万)	24073.79	45262.63	26364.36	30844.97
	净利润(万)	21537.22	38484.05	23441.87	24009.98

深圳市中金岭南有色金属股份有限公司

公司概况	公司名称	深圳市中金岭南有色金属股份有限公司			证券简称	中金岭南
	法人代表	李进明	董秘	彭玲	证券代码	000060
	公司网址	www.nonfemet.com			电子信箱	dsh@nonfemet.com.cn
	电话	0755-82839363			传真	0755-83474889
	办公地址	深圳市福田区车公庙深南大道6013号中国有色大厦24楼				
	经营范围	采选、冶炼、制造、加工有色金属矿产品、冶炼产品、深加工产品及综合利用产品等				

主要财务指标	指标\报告期	2009.06.30	2008.12.31	2008.06.30	2007.12.31
	每股收益(元)	0.1000	0.3900	0.5900	1.6000
	每股收益(扣除)(元)	0.1000	0.3900	0.5900	1.6200
	每股净资产(元)	3.7100	3.4900	3.6800	5.1000
	调整后每股净资产(元)	-	-	-	-
	每股资本公积金(元)	1.0857	1.0364	1.1019	1.8360
	每股盈余公积金(元)	0.4789	0.4831	0.4143	0.6485
	每股未分配利润(元)	1.0794	0.9745	1.1709	1.6176
	每股现金净流量(元)	0.0720	-0.3619	0.1903	0.2918
	每股经营现金净流量(元)	0.4663	1.5919	1.1678	1.5325
	净资产收益率(扣除)(%)	-	-	-	31.8400
	净资产收益率(%)	2.8300	11.2200	16.1100	31.3600
	总资产(万)	942952.00	791996.10	867584.61	801522.28
	股东权益(万)	379855.41	356823.94	376568.26	372602.35
	主营业务收入(万)	-	-	-	-
	主营业务利润(万)	-	-	-	-
	营业务收入(万)	279413.18	745966.85	389997.95	828102.64
	营业务利润(万)	13672.61	52047.36	75286.76	139497.48
	投资收益(万)	-	-	-	-
	利润总额(万)	13791.85	51848.06	74962.77	137318.84
	净利润(万)	10743.40	40039.40	60656.39	116842.04

深圳市农产品股份有限公司

公司概况	公司名称	深圳市农产品股份有限公司		证券简称	农产品
	法人代表	陈少群	董秘 陈小华	证券代码	000061
	公司网址	www.szap.com		电子信箱	IR@szap.com
	电话	0755-25850936 25850688-2203		传真	0755-25850050
	办公地址	深圳市罗湖区布吉路1021号天乐大厦22楼			
	经营范围	开发、建设、经营、管理农产品批发市场等			

主要财务指标	指标\报告期	2009.06.30	2008.12.31	2008.06.30	2007.12.31
	每股收益(元)	0.1800	0.1300	0.1883	0.4400
	每股收益(扣除)(元)	0.0546	-0.0368	0.0722	0.0340
	每股净资产(元)	3.8000	6.2900	6.2900	4.3100
	调整后每股净资产(元)	-	-	-	-
	每股资本公积金(元)	2.1254	4.2972	4.9622	2.1911
	每股盈余公积金(元)	0.1357	0.2044	0.2384	0.4712
	每股未分配利润(元)	0.5365	0.7852	0.9723	0.6460
	每股现金净流量(元)	-0.1910	0.9924	2.2017	1.6178
	每股经营现金净流量(元)	0.1615	0.6168	0.4486	1.8211
	净资产收益率(扣除)(%)	-	-	-	0.7900
	净资产收益率(%)	4.6900	1.8700	2.5700	10.2200
	总资产(万)	621916.40	615461.05	629215.66	530321.64
	股东权益(万)	291850.14	284204.54	284506.60	167016.88
	主营业务收入(万)	-	-	-	-
	主营业务利润(万)	-	-	-	-
	营业务收入(万)	75890.59	127999.67	65239.77	142569.66
	营业务利润(万)	18457.01	4560.92	8536.75	19916.19
	投资收益(万)	-	-	-	-
	利润总额(万)	20336.69	13763.37	12960.94	29854.73
	净利润(万)	13701.37	5306.79	7298.77	17066.93

深圳华强实业股份有限公司

公司概况	公司名称	深圳华强实业股份有限公司		证券简称	深圳华强
	法人代表	李国洪	董秘 黄志敏	证券代码	000062
	公司网址	www.szhq.com		电子信箱	hzmin@szhq.com
	电话	0755-83216296 83030063		传真	0755-83365392
	办公地址	深圳市深南中路华强路口			
	经营范围	投资兴办各类实业，国内商业、物资供销业、经济信息咨询等			

主要财务指标	指标\报告期	2009.06.30	2008.12.31	2008.06.30	2007.12.31
	每股收益(元)	-0.1300	0.1500	-0.1100	0.3800
	每股收益(扣除)(元)	-0.1580	0.0570	-0.0400	0.4300
	每股净资产(元)	4.4770	4.2970	4.4410	5.6990
	调整后每股净资产(元)	-	-	-	-
	每股资本公积金(元)	1.7221	1.4118	1.8141	2.9000
	每股盈余公积金(元)	0.5070	0.5070	0.4840	0.4838
	每股未分配利润(元)	1.3138	1.4434	1.2114	1.3690
	每股现金净流量(元)	0.1005	0.9562	-0.0600	0.0280
	每股经营现金净流量(元)	0.1714	0.2712	-0.1427	0.3073
	净资产收益率(扣除)(%)	-	1.3200	-	-
	净资产收益率(%)	-2.8900	3.4300	-2.4200	6.6100
	总资产(万)	210565.49	204950.98	222975.96	278487.51
	股东权益(万)	138322.23	132750.13	137183.26	176065.50
	主营业务收入(万)	-	-	-	-
	主营业务利润(万)	-	-	-	-
	营业务收入(万)	54045.04	179468.83	88102.38	230401.90
	营业务利润(万)	-3276.29	3889.28	-4354.89	6358.83
	投资收益(万)	-	-	-	-
	利润总额(万)	-3256.96	4504.01	-4414.77	6366.84
	净利润(万)	-4003.90	4559.54	-3317.37	11641.06

中兴通讯股份有限公司

公司概况	公司名称	中兴通讯股份有限公司		证券简称	中兴通讯
	法人代表	侯为贵	董秘 冯健雄	证券代码	000063
	公司网址	www.hkex.com.hk		电子信箱	fengjianxiong@zte.com.cn
	电话	0755-26770282		传真	0755-26770286
	办公地址	深圳市南山区高新技术产业园科技南路中兴通讯大厦			
	经营范围	生产程控交换系统、多媒体通讯系统、通讯传输系统等			

主要财务指标	指标\报告期	2009.06.30	2008.12.31	2008.06.30	2007.12.31
	每股收益(元)	0.4500	1.2400	0.5800	0.9300
	每股收益(扣除)(元)	0.4300	1.1500	0.5687	0.9300
	每股净资产(元)	8.4500	10.6100	13.6000	12.6500
	调整后每股净资产(元)	-	-	-	-
	每股资本公积金(元)	3.4776	4.6885	6.6960	6.0523
	每股盈余公积金(元)	0.8199	1.0659	1.4667	1.4223
	每股未分配利润(元)	3.3239	3.7380	4.5294	3.9929
	每股现金净流量(元)	0.4196	3.7477	1.3227	2.2591
	每股经营现金净流量(元)	-0.6730	2.7156	-3.2841	0.0921
	净资产收益率(扣除)(%)	-	-	-	10.2600
	净资产收益率(%)	5.3100	11.6500	4.2700	10.3200
	总资产(万)	6207420.50	5086592.10	4554402.20	3922955.60
	股东权益(万)	1476130.00	1424954.40	1305159.10	1213716.10
	主营业务收入(万)	-	-	-	-
	主营业务利润(万)	-	-	-	-
	营业务收入(万)	2770764.60	4429342.70	1972898.40	3477718.10
	营业务利润(万)	63365.50	124539.30	46292.20	100075.40
	投资收益(万)	-	-	-	-
	利润总额(万)	121119.60	226254.30	86864.20	172773.40
	净利润(万)	78336.70	166019.90	55738.60	125215.80

北方国际合作股份有限公司

公司概况	公司名称	北方国际合作股份有限公司		证券简称	北方国际
	法人代表	李建民	董秘 杜晓东	证券代码	000065
	公司网址	www.norinco-intl.com		电子信箱	bfgj@norinco-intl.com
	电话	010-83916913		传真	010-83528922
	办公地址	北京市广安门内大街338号港中旅大厦11层			
	经营范围	各类型工业、能源、交通、民用工程建设项目的施工总承包等			

主要财务指标	指标\报告期	2009.06.30	2008.12.31	2008.06.30	2007.12.31
	每股收益(元)	0.1600	0.2200	-0.1100	-0.3200
	每股收益(扣除)(元)	0.0200	0.2300	-0.1100	-0.2700
	每股净资产(元)	2.5800	2.4800	2.2000	2.2600
	调整后每股净资产(元)	-	-	-	-
	每股资本公积金(元)	0.8870	0.8870	0.8870	0.8870
	每股盈余公积金(元)	0.1893	0.1893	0.1589	0.1589
	每股未分配利润(元)	0.5030	0.4020	0.1498	0.2103
	每股现金净流量(元)	0.4575	0.6322	0.6801	-2.1110
	每股经营现金净流量(元)	0.1272	-0.2271	0.2031	-1.4783
	净资产收益率(扣除)(%)	-	-	-	-
	净资产收益率(%)	6.2400	8.9600	-5.0000	-14.1600
	总资产(万)	257750.66	220778.32	158392.31	135009.61
	股东权益(万)	41897.30	40256.75	35667.62	36648.91
	主营业务收入(万)	-	-	-	-
	主营业务利润(万)	-	-	-	-
	营业务收入(万)	61746.06	110502.56	39202.11	104639.16
	营业务利润(万)	2762.64	4729.03	-1829.45	-6719.06
	投资收益(万)	-	-	-	-
	利润总额(万)	2747.04	4583.85	-1847.79	-6423.80
	净利润(万)	2615.17	3607.84	-1782.91	-5237.51

华龙证券有限责任公司

CHINA DRAGON SECURITIES CO.,LTD.

地址：甘肃省兰州市静宁路308号 邮编：730030
电话：0931-8888088 传真：0931-4890515
网址：www.hlzqgs.com
E-mail：hlzq@hlzqgs.com

DRAGONG SECURITIES

诚信·规范
专业·共赢

华龙证券——冉冉升起的西部金融明星

近年来，在中国的资本市场活跃着一支来自于祖国西部地区的后起力量，已逐渐成长为金融界的明星企业，令业界刮目相看，她就是——华龙证券。

华龙证券有限责任公司是由甘肃省人民政府组织筹建，经中国证监会批准，于2001年5月18日成立的综合类证券经营机构。2006年度，公司成功完成了增资扩股，注册资本155339万元。2001年公司设立时，华龙证券还只是业界名副其实的小老弟，资本匮乏、人才奇缺，竞争压力巨大。在经历了改革、开放、市场化的阵痛以及市场的几年低靡的考验，这只"龙"的队伍精神焕发，迸发出前所未有的力量，各项业务接连迈上新的台阶，企业综合实力蒸蒸日上。目前，公司业务网点已遍布北京、上海、深圳、杭州、重庆、无锡、乌鲁木齐、合肥以及甘肃全省，证券发行承销、基金管理、股权分置改革等重要业务在国内市场产生了重要影响，公司2006年股票承销进入同行业前20名，股权分置改革业务亦名列第13名。2007年度，公司完成的北大荒可转债项目获得"新财富"最佳投资银行项目，以及2008年冠农股份定向发行，荣膺《证券时报》最佳销售投行称号；2009年中国证监会决定设立创业板后，公司积极行动，推荐甘肃大禹节水股份有限公司在创业板首批公开发行上市，公司成为成功保荐首批创业板公司的17家券商之一。与此同时，公司作为第一大股东的华商基金，在2007年设立的当年即被中国基金网评为中国十佳基金公司，2008年被评为最具成长潜力基金公司、最受欢迎理财产品、2008年度最有影响力风险揭示奖；2009年上半年公司旗下华商盛世成长基金、华商领先企业基金、华商收益增强基金业绩增长均进入同类型基金的前十名。

公司在注重自身发展的同时，积极履行社会责任。2008年初，我国南方地区发生冰雪灾害，华龙证券迅速向灾区奉献爱心，积极捐款50万元人民币。"5•12大地震"发生后，第一时间向灾区捐款200万元人民币，用于抗震救灾。随着受灾损失的进一步加大，震后援建的任务异常繁重，华龙克服金融危机的巨大影响，在营业收入下滑的情况下，向甘肃灾区援助2000万元人民币，用于灾区重建。在向灾区奉献爱心的同时，华龙证券每年拨出一定资金用来关心少数民族地区教育事业的发展，同时号召广大干部员工积极捐款，重点在少数民族聚居的甘肃临夏、甘南等市县举办"捐资助学"项目，为西部地区教育事业做出了积极的贡献。

进入2009年，我国证券市场在经历了自2007年10月以来的大幅调整后，又一次步入盘升态势，这给证券行业带来了良好的发展机遇。华龙证券业清醒认识到，自身实力与国内一流券商相比，还存在一定的差距，要想在日趋激烈的市场竞争中立足，必须按照科学发展观的要求，不断发展创新，以卓越的专业能力，塑造自身的核心竞争力，实现持续、稳健发展。近期，结合深入学习和实践科学发展观活动，公司在认真分析行业竞争形势及自身优劣势的基础上，进一步修订了发展战略，全面实施公司整体素质提升工程。公司坚信在不久的将来，华龙证券必将实现自己的战略目标，成长为国内具有一流的新型金融控股企业。

公司投资银行业务精品项目

2003年度

★ 成功保荐山西国家级乡镇企业集团——安泰集团首次公开发行上市
★ 成功推荐我国著名军工企业——北方天鸟首次公开发行上市
★ 顺利完成我国化工工业五百强企业——山西三维再融资上市

2004年度

★ 顺利完成我国西部重要的水泥制造企业——祁连山再融资上市
★ 成功保荐我国服装业优秀民族品牌——红豆股份增发上市

2006年度

★ 成功保荐我国最大的有色金属钒钛制造企业
——承德新新钒钛股份公司增发上市
★ 成功保荐我国工业自动化仪表引进国外技术、自主创新的优质企业
——上海威尔泰首次公开发行

2007年度

★ 成功保荐国际领先、全球最大的分散染料企业——浙江龙盛增发上市
★ 成功保荐中国最大的粮食生产企业、中国最具影响的农业产业化龙头
——北大荒农业15亿可转换公司债券发行上市

2008年度

★ 成功保荐我国最大汽车制造企业
——一汽集团中国有企业改制的样板企业启明信息首次公开发行
★ 成功实施我国重要的军垦企业——冠农股份定向增发项目

2009年度

★ 成功保荐我国著名房地产企业——万业集团公司债券项目
★ 成功保荐国际领先、全球最大的分散染料企业——浙江龙盛可转债项目
★ 成功保荐首批创业板项目——甘肃大禹节水首次在创业板公开发行上市

投资物业包括会展、酒店、写字楼和公寓业态，以会展为龙头，实施“会展联销”经营模式，经营项目主要为国家会议中心、北京国际会议中心、北辰洲际酒店、北辰五洲皇冠假日酒店、北辰五洲大酒店、国家会议中心酒店、北辰汇宾大厦、北辰汇欣大厦、北辰时代大厦、北辰世纪中心、北辰汇园酒店公寓。

商业物业立足北京亚奥区域，连锁发展北辰购物中心、北辰绿色家园购物中心、北辰时代名门购物中心、北辰世纪名门购物中心等商业项目，逐步形成以购物中心业态、百货业态、超市业态为主体的多业态、多地区、多店铺专业化经营模式。

公司秉承追求股东价值最大化的一贯原则，不断致力于打造发展物业、投资物业、商业物业三业并举的独特业务模式，坚持以投资物业、商业物业为稳定收益基础，以发展物业为利润增长来源的基本经营策略，努力实现创建全国大型一流房地产综合运营企业的目标。

截止2008年12月31日，公司总资产256.19亿元，比上年期末增长25.55%。2008年度本集团共实现营业收入41.81亿元，实现利润总额8.07亿元，比去年同期增长16%。

中国房地产百强企业

中国房地产复合地产专业领先品牌

上证180、沪深300、中证100指数样本股

大同煤業股份有限公司

Datong Coal Industry Co.,Ltd.

荣获“2007年度中国主板上市公司价值百强”、“2008年度中国上市公司价值百强”、“2008年度上市公司100强绩优公司榜前10强”、“2008年度中国上市公司百强金牛奖”、“2009年度上市公司市值管理百佳榜”等多项荣誉。

董事长：吴永平先生

副董事长、总经理：李泽民先生

企业精神

勇于奉献，争创一流

企业作风

不干则已，干就干好

企业发展理念

发展慢了就是退步

企业经营理念

人人精打细算，个个当家理财。

不花该省的钱，不省该花的钱。

企业管理理念

从宏观处着眼，从细微处着手。

企业目标

做强同煤，造福员工；建设新型能源集团，

跻身世界煤炭“十强”，实现“五个同煤”目标

企业发展战略

走现代化、集团化、洁净化、多元化、国际化道路，建设商品煤基地、出口煤基地、煤炭深加工基地和市场投资主体，成为具有核心竞争力的特大型煤电化能源集团。

驰骋大市场

运营大资本 成就大事业

天津天联公用事业股份有限公司

TIANJIN TIANLIAN PUBLIC UTILITIES COMPANY LIMITED

地址：天津市和平区郑州道10号港澳大厦9层　邮编：300050

电话：86-22-23123359/23123369　传真：86-22-23123375

2004年1月9日，春风化雨。在香港这个市场高度自由化的城市，在资本嗅觉高度灵敏的香港联合交易所创业版，来自中国天津的“天津天联8290HK”33000万股成功上市。这是天津市首家民营控股企业在证券市场融资成功，也是2004年香港联交所创业版推出的第一只股票。

天津天联公用事业股份有限公司，主要从事管道燃气基础设施的经营和管理，以及管道燃气的销售和分销业务。公司的经营范围为天然气输配、销售、服务；管道租赁；管道工程专业承包；液化气管道小区供气；燃气灶具批发兼零售／安装。

助推滨海发展　实现企业腾飞

1998年12月26日	天津市天联天然气有限公司成立。
2001年12月29日	天津市天联天然气有限公司整体改制为天津天联公用事业股份有限公司。
2002年7月26日	天津市天联天然气有限公司成功取得玉林市政府批准，可在中国广西壮族自治区玉林市经营液化石油气的业务。
2002年11月13日	天津天联公用事业股份有限公司集宁分公司正式成立。
2003年1月14日	天津天联公用事业股份有限公司集宁分公司与集宁市政府订立协议，集宁分公司获授在集宁市独家经营管道天然气和液化石油气供应业务的特许经营权。
2003年4月	天津天联公用事业股份有限公司集宁分公司取得在集宁市经营天然气供应及燃气管道接驳业务执照，并开始建设管道基础设施及天然气储存设施。
2004年1月9日	天津天联公用事业股份有限公司发行的33000万股H股在香港联合交易所创业板成功上市（股票代码：8290，HK）。这也是香港联交所创业板 2004年第一支上市股票。
2005年8月	经天津市政府建经（2005）882号文批准，天津市燃气集团收购天津联盛投资集团持有的天联公司17.8%内资股股份（持股比例由9.07%增至26.57%），成为天联公司的第一大股东。
2006年3月	香港联交所公布创业板五十间市价总值最大上市公司，天津天联（8290HK）位列其中。
2007年5月	经中华人民共和国商务部商外资资审A字[2007]0132号批准，天津天联公用事业股份有限公司变更为外商投资企业。
2008年2月	经中国证券监督管理委员会证监许可[2008]229号批准，天津天联公用事业股份有限公司增发境外上市外资股。
2008年3月	天津天联公用事业股份有限公司成功增发境外上市外资股。

立足天津、服务滨海、放眼世界

天然气的开发利用前景广阔，“天津天联”早在1998年便开始投资兴建燃气管道基础设施，以向天津市河西及津南部分地区的住宅、商业及工业客户销售及分销管道天然气。随着国家能源结构调整的加剧，天然气的绿色效应日益凸现，燃气汽车、空调制冷、采暖、发电及工业生产等呈快速发展之势。中国“西气东输”项目的实施，使“天津天联”获得了冲出天津的历史机遇，开始在天津市以外多个城市供应燃气进行可行性研究。2003年初开始，天联公司获得内蒙古自治区集宁市管道燃气业务独家经营权。无论是燃气建设项目，还是在国际融资市场，天联公司所做的一切，都旨在推动能源使用的变革，以期为市民的生活品质得到更完美的提升。

今天，在中国经济大棋盘上，天津滨海新区纳入国家发展战略，无疑是走出一步事关全局的妙棋。“天津天联”获得了前所未有的发展契机。

立足天津、服务滨海、放眼世界，致力成为环渤海经济圈燃气行业的领跑者，“天津天联”蓄势待发！

WWW.TIANLIANGAS.COM

SUNING 苏宁电器
中国融资创新之举
热烈祝贺中
SUN

桂林三金药业股份有限公司

董事长：邹节明先生

总经理：王许飞先生

桂林三金药业股份有限公司是广西目前最大的医药企业，1985年以来，三金坚持以改革为动力，依靠科技与管理，主要经济指标以30%以上的年均速度递增，取得了持续20年的快速健康发展。企业主要经济指标位列中国医药行业前50位、中国中药行业50强前10位，并连续十三年位列广西医药行业第一位。公司三个文明同步发展，先后荣获全国质量效益型先进企业、全国企业管理杰出贡献奖、全国“五一”劳动奖状、全国思想政治工作优秀企业、全国文明单位、全国中药行业优秀企业等荣誉。

公司拥有广西食品药品监督管理局颁发的《药品生产许可证》，许可证号：桂Zb20060056。业务经营范围为：片剂、硬胶囊剂、散剂、颗粒剂、酊剂（外用）（中药提取）、药用辅料，片剂（中药前处理）、软胶囊剂、滴丸剂，中药前处理和提取的生产；医药科技开发；进出口贸易（国家有专项规定的除外）。

目前，公司主要从事咽喉口腔用药系列、抗泌尿系感染用药系列及心脑血管用药系列中成药产品的研究、生产与销售，以及其他天然药物和生物制剂等的研究开发。主要产品为西瓜霜润喉片、桂林西瓜霜、西瓜霜清咽含片、三金片和脑脉泰胶囊等。

经过多年来不断的改革创新，公司在咽喉、口腔用药和泌尿系统用药方面已形成较强的专业优势和市场优势，西瓜霜系列产品的年销售量超过25亿片，居国内喉口类中成药市场第一位，年销售收入超过4亿元，居国内喉口类中成药市场第二位，三金片系列产品年销售量超过18亿片，年销售收入将近4亿元，市场占有率居国内抗泌尿系感染中成药市场的第一位。“三金”牌商标被国家工商行政管理总局认定为“中国驰名商标”，“三金”牌产品已行销海内外，取得了良好的经济效益，公司主要财务指标连续多年位列广西医药行业第一，稳居中国中药行业前50强。公司还荣获全国企业管理杰出贡献奖、全国“五一”劳动奖状、全国思想政治工作优秀企业、全国文明单位、全国中药行业优秀企业等荣誉。

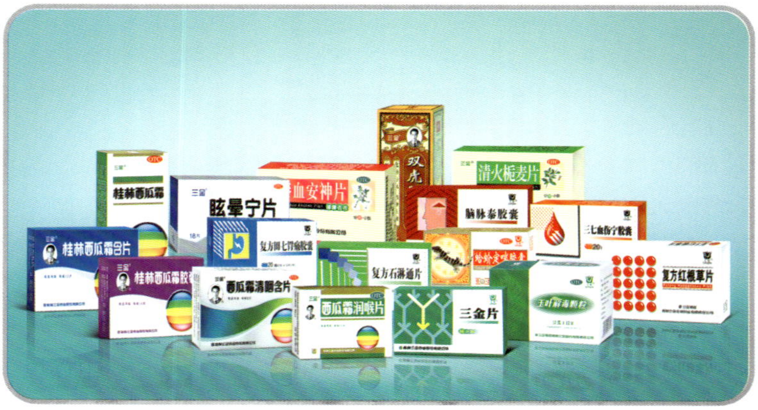

股票简称：桂林三金
股票代码：002275

公司地址：广西壮族自治区桂林市金星路一号
联系电话：0773-5829106、5829109
公司网址：www.sanjin.com.cn

泽及生命 关爱健康

公司是高新技术企业，建有国家级技术中心和博士后科研工作站，博士、硕士、教授级高工在内的各类专业技术人员占在册员工总数的60%以上；多年来，企业为促进、实现中药产业现代化而努力，积极培养与提高自主创新开发能力，其中公司用现代科技创制的西瓜霜工艺在国内外独家实现了西瓜霜的工业化生产，使这一有200多年历史的喉嗓名药走出了濒临灭绝的窘境，再放异彩，被誉为“中药炮制工艺改革的典范”。同时，依靠这一独有的技术、资源优势开发的西瓜霜系列产品相继畅销海内外市场，被誉为“桂林第四宝”。目前，公司已在广西中药行业率先通过国家SFDA及澳大利亚TGA的GMP认证，并拥有桂林西瓜霜、西瓜霜润喉片、三金片、脑脉泰胶囊等自己开发的独家特色品种几十个，其中三金片等品种已通过澳大利亚等国药品注册。

公司将秉承“泽及生命，关爱健康”的理念，积极推进和实施中药产业现代化规划，并将抓住国家发展中药产业以及广西将医药列为自治区重点发展的支柱产业的契机，在积极提高企业技术中心研发水平的同时，加大与科研院所的合作力度，以广西丰富的中草药资源为依托，以传统的中医理论为指导，以现代科技为手段，开发高疗效、高质量、高科技、质量可控、具三金特色，并能适应国内外市场需要的现代中药制剂，将桂林三金建成国内领先、世界一流的中药、天然药物研发生产企业，推动我国中药产业现代化的发展。

洋河股份

YANGHE

公司总部地址：江苏省宿迁市洋河中大街118号　电话：0527－84938001　传真：0527－84933020
公司（南京）营运中心地址：江苏省南京市雨花经济开发区凤汇大道18号　电话：025－52489218　传真：025－52489218
公司网址：http://www.chinayanghe.com　电邮：yanghe002304@vip.163.com

江苏洋河酒厂股份有限公司首次公开发行A股网上路演全体嘉宾合影

出席洋河股份上市庆祝酒会的江苏洋河酒厂股份有限公司部分领导合影留念

世界上最宽广的是海，比海更高远的是天空，比天空更博大的是男人的情怀
——洋河蓝色经典　男人的情怀

江苏洋河酒厂股份有限公司位于苏北古镇——洋河，地处江苏省宿迁市的宿城、宿豫、泗洪三县区交汇处，面临徐淮公路，背靠京杭运河，交通畅达，酒业兴旺，市场繁荣。据传，洋河大曲在唐代就已享盛名，尚可考证的历史已有四百多年，明末清初已闻名遐迩。当时曾有九个省的客商在此设立会馆，省内外七十多位商人客籍于此，竞酿美酒，使洋河镇的酿酒业更加兴隆繁盛。据《泗阳县志》记载，明朝著名诗人邹辑在《咏白洋河》中写到："白洋河下春水碧，白洋河中多沽客，春风二月柳条新，却念行人千里隔，行客年年任往来，居人自在洋河曲"。清雍正年间，洋河大曲已行销江淮一带，颇受欢迎，有"福泉酒海清香美，味占江淮第一家"之誉，并被列为清皇室贡品。据记载，清乾隆皇帝第二次南巡时，在宿迁建有行宫，留住七天，品尝洋河大曲后挥毫留下了"酒味香醇，真佳酒也"的赞语。二十世纪初，洋河大曲的生产有了进一步的发展。1915年在全国名酒展览会上获一等奖；同年，参加巴拿马国际博览会获"国际名酒"奖状和金质奖章；1923年，参加全国物品展览获一等奖；同年，在南洋国际名酒赛会上，又获"国际名酒"称号，遂闻名于世，蜚声海内外。

洋河大曲以产地而得名，属浓香型大曲酒，系以优质高粱为原料，以小麦、大麦、豌豆制成的高温火曲为发酵剂，辅以闻名遐迩的美人泉水精工酿制而成。由于推行全面质量管理，沿用"老五甑续渣法"，同时采用"人工培养老窖低温缓慢发酵"、"中途回沙"、"慢火蒸馏"、"分等贮存"、"精心勾兑"等传统工艺和新技术，使洋河大曲日臻完美，形成了"甜、绵、软、净、香"的独特风格，被专家和广大消费者誉为浓香型大曲酒的正宗代表。

深圳路演现场

上海路演现场

洋河大曲这一传统佳品，在解放前因战争连年而生产凋蔽，奄奄一息。1949年，全国解放后，党和政府拨出专款在几家私人酿酒作坊的基础上建立了国营洋河酒厂，即现在的江苏洋河酒厂股份有限公司。建厂六十多年来，在党和政府的领导下，生产连年发展，产品质量不断提高。1972年以来，洋河大曲被评为江苏省历届名酒。1979年在第三届全国评酒会上，洋河大曲一跃而跻身于全国八大名酒之列。其后，在1980、1981、1982年的全国白酒技术协作会和质量检评会上，均深受专家的好评和同行的仰慕。他们评价洋河大曲“入口甜、落口绵、酒性软、尾爽净、回味香”。1984年3月，在江苏淮安举行的第四届全国白酒评比考核会上，与会的80多位专家和同行对洋河大曲给予高度评价，全国酿酒行业权威人士、高级工程师、此次考核专家组组长周恒刚同志对洋河大曲的评语是：“香气纯正清雅，浓香正宗，典型性强，香与味平衡、香气之间的平衡十分协调，口味细腻悠长，尾子干净，回味甘甜”。1984年5月，在全国第四届评酒会上，55度洋河牌洋河大曲的品评得分为全国参评的148种白酒之冠，蝉联国家名酒称号，荣获国家质量奖金牌；38度洋河牌低度洋河大曲亦荣获国家质量奖银牌。1989年1月在全国第五届评酒会上，洋河大曲55度、48度、38度、28度四种产品均夺得同类产品总分第一名，荣获三枚金牌（55度、48度、38度洋河大曲）和一枚银牌（28度洋河大曲），蝉联了国家名酒“三连冠”。1990年7月，在轻工总会举办的五年一次全国浓香型白酒分级评比中洋河大曲以93.5分的最高分当选为标杆酒。1992年3月初，洋河大曲系列酒在美国纽约酒类国际博览会上，以其精湛的质量和古朴典雅的装璜倍受英、法、美等17个国家的酒类专家和消费者的青睐，一举荣获国际金奖。“八五”期间，洋河进入国家统计局和国家经贸委公布的中国最大工业企业综合评价最优500家行列，排名第126位，在全国17个名白酒厂中排名第二，名列全国轻工行业第14位，党和国家领导人江泽民、李源潮、李铁映、宋健、费孝通、杨汝岱、回良玉、郑斯林等曾先后来厂视察或赞扬洋河为国家作出的重要贡献。

公司领导（左一）在洋河股份新股上市仪式现场敲响深交所开市宝钟

从1998年省委、省政府发出“振兴苏酒”号召以来，“洋河”作为振兴苏酒的“领头羊”，奋力开拓市场，大力实施全员素质工程，强化内部管理，深化企业产权制度、人事制度、劳动用工制度改革，在激烈的竞争中不断铸造新的优势。特别是党的十六大以来，公司全体干部职工以“加快发展、协调发展、持续发展”为工作主旋律，大力实施企业规模化、市场全国化、管理科学化、发展人本化战略，努力通过战略突破、机制突破、文化突破、能力突破，实现企业又好又快的发展。企业销售已连续几年保持70%左右增长幅度，在全国同行业增长速度最快，成为倍受行业和社会关注的“洋河现象”。企业先后获得了全国文明单位、全国爱国拥军模范单位、全国百家文明单位标兵、中国驰名商标、全国精神文明建设先进单位、原产地标记保护证书、全国食品工业百强单位、省红旗党校、全国酿酒行业百名先进企业、中国食品工业质量效益型先进企业、中国白酒百强企业和经济效益十佳企业、省纳税百强企业、省思想政治工作先进单位、省卓越绩效先进企业、省以法治企先进单位、全国重合同守信用单位、全国环保先进单位等多项殊荣。公司董事长、党委书记杨廷栋先后当选省十大杰出青年、省优秀企业家、省劳动模范、全国青联委员、全国劳模等，并光荣出席党的十六大、十七大，总经理张雨柏被评为全国酿酒行业百名先进个人、中国工业经济十大风云人物、全国优秀职业经理人、中国食品行业年度梦幻组合总经理、省十大杰出青年、省劳动模范等。企业在全国同行率先通过包括ISO9002质量体系、ISO14001环境体系、OHSAS18001职业健康安全管理体系和HACCP食品卫生安全控制体系在内的整合型体系认证，建立了产品质量保证的完整体系。企业在全国白酒企业中率先成立了省级企业技术中心，被省经贸委授予博士后技术创新中心称号，并被表彰为省“九五”产学研合作先进单位。正是以雄厚的技术创新优势和质量管理优势，洋河酒厂参与起草浓香型白酒国家新标准，江苏省酿酒工程技术研究中心也落户在洋河，并于2004年通过了项目建设省级验收。

近年来，洋河全力打造“绵柔型”白酒经典之作——洋河蓝色经典，面市以来销售增长迅猛，“蓝色风暴”愈刮愈猛，“蓝色魅力”已征服了越来越多的白酒消费者，并已成为竞争激烈的白酒市场中颇受关注的成功营销范例。有媒体认为，“蓝色经典”品牌的雄起，创造了白酒行业单个品牌的销售奇迹，是江苏酒业重振雄风的缩影。前国民党主席连战、亲民党主席宋楚瑜先后率团来访南京时，江苏省委都是用蓝色经典作为宴请用酒，蓝色经典被评为“最受消费者欢迎的品牌”。

2009年11月6日，洋河股份正式在深圳证券交易所挂牌交易，这将成为洋河腾飞之路上的又一次重要跨越。公司将牢牢把握产业结构调整优化和产业集中整合的发展契机，围绕白酒主业，借助资本运作、差异化竞争手段，运用有效的营销模式，着力提升以洋河蓝色经典为代表的品牌优势，进一步培育和放大企业核心竞争力，推进全国化战略的实施，使公司成为值得投资者信赖的优质上市公司。

湖北兴发化工集团股份有限公司

HUBEI XINGFA CHEMICALS GROUP CO.,LTD

董事长：李国璋先生

湖北兴发化工集团股份有限公司位于湖北省兴山县，是一家以磷化工系列产品和精细化工产品的开发、生产和销售为主业的上市公司，拥有22家子公司，总资产34亿元。公司于1999年在上海证券交易所上市，股票代码600141。

公司是中国最大的精细磷酸盐生产企业，世界最大的六偏磷酸钠生产企业。现拥有工业级、食品级、牙膏级、饲料级等多种产品，公司的主导产品出口亚、欧、美、非等全球30多个国家和地区，与世界500强企业宝洁、汉高、联合利华等国际化工巨头建立了战略合作关系。

公司大力实施走出去发展战略，持续推进磷化工资源和企业的重组整合，相继在神农架、保康等地收购了当地的磷矿资源和深加工企业，在重庆垫江、云南安宁、广西柳城、江苏扬州等地建立了规模化生产基地，初步形成了“矿电磷”一体化的发展格局。

建设中国最强世界知名的国际化精细化工企业

公司深入推进管理创新，大力实施名牌战略，通过了质量、环境、职业健康安全、食品安全“四合一”管理体系，“兴发牌”商标被认定为“中国驰名商标”，“兴发牌”三聚磷酸钠荣获中国名牌产品，工业级次磷酸钠被认定为湖北省名牌产品，兴发牌磷化工系列产品荣获湖北省出口名牌。

公司高标准搭建技术创新平台，先后被认定为“国家级企业技术中心”、“国家科技兴贸创新基地”、“国家级实验室”和“国家级高新技术企业”。

未来几年，公司将全面落实科学发展观，坚持精细化工基本方向，加快实施关联产业发展和跨区域重组整合战略，大力推行技术创新和产品升级换代，努力实现工业级磷化工产品向食品级和电子级转变，无机磷化工向有机磷化工延伸，积极开发非磷精细化工产品，持续推动节能减排工作，全面提高“四废”的资源化利用水平，加快建设国际一流的环保型精细化工企业。

总经理：舒龙先生

地址：湖北省宜昌市兴山县古夫镇昭君路昭君山庄 邮编：443711
电话：+86-717-6760850 传真：+86-717-6760850
网址：http://www.xingfagroup.com/

股票简称：兴发集团
股票代码：600141

没有绝对的废物、只有放错位置的资源

2006年以来三年多时间，公司根据复杂的市场形势，始终坚持以提高经营业绩为核心目标，科学组织生产经营，调整优化投资策略，抢抓机遇，特别是有效应对2008年全球性经济危机的冲击，公司生产经营取得骄人成绩，综合实力显著增强，为应对危机和促进公司长远发展奠定了良好基础。

三年来，公司资产规模不断扩大，2008年公司总资产突破30亿元，比2005年净增8亿元；实现营业收入26.76亿元，比2005年增长120.97%。运行质量不断改善，2008年公司资产负债率61.1%，比2005年降低15个百分点。

近三年公司净利润呈现高速增长的态势，2006年实现净利润4398.94万元，2007年7621.13万元，2008年实现30972.28万元，近三年净利润平均增长率达到107.03%，其中2008年净利润同比增长283.78%，是2005年的9倍；每股收益1.17元，同比增长205.88%，是2005年的5倍以上。良好的经营业绩为广大股民带来了丰厚的投资回报，公司2006、2007连续两年分红占当年净利润的比例达到50%以上，在上市公司中首屈一指。

宜昌精细化工园俯拍

宜昌精细化工园污水处理系统

酸式焦磷酸钠数控车间

酸式焦磷酸钠混合车间

公司主营范围为： 磷化工系列产品及精细化工产品生产销售；二甲基亚砜的生产销售；汽车货运、汽车配件销售；机电设备安装；水力发电、供电、磷矿石的开采、销售；本企业或本企业成员企业自产产品及相关技术的出口业务；经营本企业或本企业成员企业生产、科研所需的原辅材料、机械设备、仪器仪表、零配件及相关技术的进口业务，承办中外合资经营合作生产及“三来一补”业务。房屋租赁；物业管理服务；食品添加剂的生产及销售；饲料添加剂的生产及销售。

乐普医疗
LEPU MEDICAL

乐普（北京）医疗器械股份有限公司
Lepu Medical Technology (Beijing) Co., Ltd.

董事长：孙建科先生

总经理：蒲忠杰先生

股票简称：乐普医疗 股票代码：300003

乐普（北京）医疗器械股份有限公司成立于1999年，主要从事冠状动脉介入、先心介入和重症监护医疗器械的研发、生产和销售，是国内高端医疗器械领域能够与国外产品形成强有力竞争的为数较少的企业之一。自成立以来，公司相继完成了支架、导管等多项介入医疗核心产品的研制开发和产业化工作，在业内第一个获得国家药监局颁发的“冠状动脉支架输送系统”产品注册证（Ⅲ类）、第一个研发并试制成功抗感染“药物中心静脉导管”。

www.lepumedical.com

地址：北京市昌平区白浮泉路10号北控科技大厦3层
电话：010-80120666

乐普医疗
LEPU MEDICAL

公司主要产品包括血管内药物（雷帕霉素）洗脱支架系统、PTCA球囊扩张导管、先心封堵器、麻醉类介入医疗产品等。公司是国内较早具备雷帕霉素药物支架涂敷技术的企业，国内为数极少的具备自主技术生产加工球囊扩张导管与造影导管的企业。围绕药物支架及其配套系列产品，公司已拥有国家批准的专利36项，申请待批准的30项（其中4项正在申请国际专利）。

公司位于中关村科技园区昌平科技园，被认定为“北京市高新技术企业”、“中关村科技园区百家创新型试点企业”、“北京市市级企业技术中心”，被评为“2006年度新材料产业最具成长性企业”，并成为中国医疗器械行业协会外科植入物专业委员会常务理事，2009年1月，公司被《福布斯》中文版评为“2009中国潜力企业”第三名；2009年3月，公司被评为“中关村20周年突出贡献企业单位”称号；2009年6月，公司荣获“北京市著名商标”。

Lepu Medical Technology

作为一家有着远大目标的企业，乐普人将继续坚持技术创新与时俱进的精神，坚持立足国内以人为本的原则，坚持市场导向服务大众的思想，发挥临床医生在技术创新中的主力军作用，促进国内心血管介入技术迈上新

四川成渝高速公路股份有限公司
SICHUAN EXPRESSWAY COMPANY LIMITED

地址：四川省成都市武侯祠大街252号　邮编：610041
电话：86-028-85527510、85527526　传真：86-028-85530753　网站：http://www.cygs.com

董事长：唐勇先生

股票简称：四川成渝　股票代码：601107

四川成渝高速公路股份有限公司成立于1997年8月19日，由四川高速公路建设开发总公司独家发起设立，是四川省政府批准的唯一一家专门投资、建设和经营管理收费公路的上市公司，也是中国西部唯一的基建类A+H股上市公司。

公司的经营范围为：高等级公路、桥梁、隧道等基础设施的投资、设计、建设、收费、养护、管理、技术咨询及配套服务；与高等级公路配套的加油站、广告位及仓储设施的建设及租赁；汽车拯救及清洗（涉及国家专项管理规定的，从其规定）。

公司H股和A股分别于1997年10月7日和2009年7月27日在香港联合交易所和上海证券交易所挂牌上市。公司目前的股份结构为：四川高速公路建设开发总公司持有975,060,078股，持股比例为31.88%；华建经济开发中心持有637,679,922股，持股比例为20.85%；全国社会保障基金理事会持有50,000,000股，持股比例为1.64%；H股股东持有895,320,000股，持股比例为29.28%；其他社会公众股股东持有500,000,000股，持股比例为16.35%。

总经理：张志英先生

公司成立以来，秉承稳健务实的作风，始终立足主业，坚持以高速公路投资、建设、经营管理为主，经过十二年的努力，公司已发展成为拥有成雅分公司、成仁分公司，控股成乐公司、城北公司、蜀海公司、蜀工公司、蜀厦公司等五个子公司，参股机场高速公司的大型集团公司。公司具体承担了226公里成渝高速公路（四川段）、144公里成雅高速公路的运营、维护和管理工作；子公司成乐公司和城北公司分别负责86公里成乐高速公路和10.35公里城北出口高速公路的运营、维护和管理；蜀海公司主要负责对四川省内公路基建项目投资及其他实业投资和投资咨询服务；蜀工公司专业从事公路建设、养护业务；蜀厦公司主要从事成渝高速公路沿线汽车加油、广告等经营开发业务。公司以BOT方式投资建设的105公里成都－仁寿高速公路已经动工，预计将于2012年底前后建成通车。截至2009年第三季度末，公司总资产、净资产(归属于母公司股东权益)分别达到93.72亿元和71.81亿元，公司所属成渝高速公路、成雅高速公路、成乐高速公路以及城北出口高速公路通行费总收入达到14.21亿元。

公司坚持“采用现代化管理，建设及经营优质高速公路”的企业宗旨，倡导“诚信、爱岗、敬业，力求以新的思路，实现新的发展”的企业文化精神，充分发挥在资本市场的持续融资能力，争取将成渝高速打造成为主业鲜明突出、经营稳健、治理结构健全、管理水平优良的特大型基建类上市公司。

公司多年来坚持“采用现代化管理，建设及经营优质高速公路”的企业宗旨，倡导“诚信、爱岗、敬业，力求以新的思路，实现新的发展”的企业文化精神。目前，公司已获得全国文明单位、全国精神文明建设工作先进单位、四川省最佳文明单位及全国青年文明号、全国三八红旗集体等荣誉。公司将致力于发挥在全省高速公路建设、管理领域的主力军作用。

展望未来，公司将借力于四川的腾飞，抓住国家实施西部大开发的战略机遇，抓住四川交通大发展的契机，充分发挥在资本市场的持续融资能力，投资新建高速公路项目并配套收购已建成的部分高速公路项目，争取将成渝高速打造成为主业鲜明突出、经营稳健、治理结构健全、管理水平优良的特大型基建类上市公司，实现公司又好又快可持续和谐发展，努力为四川省经济和社会发展作出更大贡献。

为客户创造价值　为股东创造效益
为职工创造机遇　为社会创造财富

2008年全年实现销售收入45.75亿元，比上年增加4.57亿元，增长11.11%；实现利税总额12897.35万元，比上年增加4418.07万元，上升52.10 %；净利润3274.72万元，比上年增加383.37万元，增长13.26%。每股收益0.12元、净资产收益率7.8%、资本保值增值率108.12%。

截至2008年末，鲁银投资公司共有山东省鲁邦房地产开发有限公司、鲁银投资集团山东毛绒制品有限公司、鲁银投资集团德州羊绒纺织有限公司、粉末冶金有限公司、鲁银集团禹城粉末冶金制品有限公司等20家全资或控股子公司。鲁银投资公司机关设办公室、党群工作部、规划发展部、财务部、投资管理部、人力资源部、法律事务部、审计部8个部(室)，共有干部职工3447人。

股票简称：鲁银投资

股票代码：600784

新疆北新路桥建设股份有限公司

BEIXIN

XINJIANG BEIXIN ROAD&BRIDGE CONSTRUCTION CO.,LTD

董事长：朱建国先生

[公司使命]

为股东创最大价值、为员工谋持久福祉、为社会铸百年工程

[价值观]

诚实守信，追求卓越

[愿景]

以路桥建设为中心，提升科技和人才的竞争力，实施国内区域性和跨国经营战略，把公司发展成为西北地区乃至“中西南亚经济圈”最具竞争力的、具有施工总承包特级资质的、大型专业路桥建设集团公司。

新疆北新路桥建设股份有限公司（以下简称“公司”）是2001年8月由兵团建设工程（集团）有限责任公司联合新疆中基实业股份有限公司、长安大学、金石置业等4家股东共同发起设立，公司经中国证券监督管理委员会[2009]1094号文批准，首次向中国境内社会公众发行A股4750万股，发行价格为8.58元，于2009年11月11日在深圳证券交易所上市，现公司注册资本为18945万元，证券简称为北新路桥，证券代码是002307。经过多年拼搏，公司2008年度实现主营业务收入16.46亿元，实现净利润4114.68万元，近三年年均发展速度超过40%，公司已发展成为西北地区最具实力、新疆最大的路桥建设行业的上市公司。

公司拥有公路工程施工总承包一级资质，主营高等级道路工程、桥梁工程、隧道工程及机场的施工，承包境外公路工程和境内国际招标工程。兼营新型建材开发、生产与销售；商品砼、沥青砼的生产与销售等。公司现有世界和国内先进的大型公路施工设备695台（套），总功率80306千瓦，动力装备率81.69千瓦/人，技术装备率57.05万元/人。公司员工逾千人，其中具有高、中级职称360人，一级建造师54人，大中专毕业生占职工总数的70%，上岗技术工人持证率达95%。

公司网址：www.xjbxlq.com

公司地址：新疆乌鲁木齐市河滩北路822号新疆北新路桥建设股份有限公司

公司电话：0991-6686303（办公室）、6694420（证券部） 传真：0991-6693663

“123711”战略（2008-2012）

围绕一个定位： 定位于路桥建设专家。

实现两个过渡： 由施工总承包向工程总承包、融资建造过渡。

坚持三大方向： 坚持“路桥工程施工，公路设计、检测和公路养护”三大发展方向。

实施七大战略： 实施市场开发战略、合作竞争战略、科技兴企战略、人力资源战略、品牌战略、资本运营战略、国际化战略七大战略。

实现一个目标： 实现西北地区综合实力最强的大型路桥建设集团公司的目标。

完成一个转变： 完成“立足西北、辐射全国、拓展海外”的市场战略转变。

公司先后参加了新疆、陕西、河南、湖北、江西、内蒙古、广东、重庆、云南、西藏等12省（区、市）的高速公路等方面的工程施工建设；境外承建了吉尔吉斯斯坦、巴基斯坦、塔吉克斯坦、阿尔及利亚、蒙古国等5国的公路、机场工程建设项目,工程合格率100%、履约率100%，截至2009年7月31日，公司正在实施和未开工项目的合同预计总收入为69.33亿元，尚未确认收入金额为43.14亿元，未来两年生产任务量饱满。其中陕西绕城高速公路工程获国家“詹天佑”土木工程大奖，新疆乌鲁木齐市蜘蛛山隧道立交桥获国家市政工程金杯奖，部分工程获得“天山杯”、“昆仑杯”奖项。公司通过了GBT/19001-2008 idt ISO9001:2008《质量管理体系》、GB/T28001-2001《职业健康安全管理体系规范》、GB/T24001-2004 idt ISO14001:2004《环境管理体系规范和使用指南》的认证，银行信用等级为AAA级。

公司先后荣获“全国文明单位”、“全国五一劳动奖状”，全国先进基层党组织，全国优秀施工企业，国家级“守合同、重信用”企业，全国“安康杯”竞赛优胜企业，全国用户满意施工企业，全国精神文明建设先进单位，全国建设系统企业文化建设先进单位，国家六部委颁发的“中国诚信鼎”等荣誉称号。

全聚德

中国驰名商标

中国全聚德(集团)股份有限公司

CHINA QUANJUDE (GROUP) CO., LTD.

全聚德上市敲钟

全聚德网上路演

全聚德路演

中华著名老字号——“全聚德”，创建于1864年（清朝同治三年），历经几代全聚德人的创业拼搏获得了长足发展。1999年1月，“全聚德”被国家工商总局认定为“驰名商标”，是我国第一例服务类中国驰名商标。2007年11月20日，中国全聚德（集团）股份公司在深圳证券交易所正式挂牌上市，成为第一家在国内A股上市的老字号餐饮企业。

“不到万里长城非好汉，不吃全聚德烤鸭真遗憾！”在百余年里，全聚德菜品经过不断创新发展，形成了以独具特色的全聚德烤鸭为龙头，集“全鸭席”和400多道特色菜品于一体的全聚德菜系，备受各国元首、政府官员、社会各界人士及国内外游客喜爱，被誉为“中华第一吃”。敬爱的周恩来总理曾多次把全聚德“全鸭席”选为国宴。

1993年5月，中国北京全聚德集团成立。1994年6月，由全聚德集团等6家企业发起设立了北京全聚德烤鸭股份有限公司。2004年4月，首都旅游集团、全聚德集团、新燕莎集团实施战略重组。首都旅游集团成为北京全聚德烤鸭股份有限公司的第一大股东。2005年1月，北京全聚德烤鸭股份有限公司更名为中国全聚德（集团）股份有限公司。随即，中国全聚德（集团）股份有限公司进一步收购了聚德华天控股有限公司30.91%股权，与北京华天饮食集团并列成为聚德华天控股有限公司的第一大股东。2007年4月，北京著名老字号餐饮企业仿膳饭庄、丰泽园饭店、四川饭店也进入全聚德股份公司，至此中国全聚德（集团）股份有限公司已发展成为涵盖烧、烤、涮，川、鲁、宫廷、京味等多口味，汇聚京城多个餐饮老字号品牌的餐饮联合舰队。

全聚德股份公司成立以来，秉承周恩来总理对全聚德“全而无缺，聚而不散，仁德至上”的精辟诠释，发扬“想事干事干成事，创业创新创一流”的企业精神，扎扎实实地开展了体制、机制、营销、管理、科技、企业文化、精神文明建设七大创新活动，确立了充分发挥全聚德的品牌优势，走规模化、现代化和连锁化经营道路的发展战略。十几年来，以独具特色的饮食文化塑造品牌形象，积极开拓海内外市场，加快连锁经营的拓展步伐。现已形成拥有80余家全聚德品牌成员企业，年销售烤鸭500余万只，接待宾客500多万人次，品牌价值近110亿元的餐饮集团。

在取得良好经济效益的同时，全聚德股份公司其他各项工作也取得了优异的成绩。先后被中央文明办、全国总工会、国家质检总局、中国商业联合会等单位授予“全国文明行业示范点”、“全国五一劳动奖状”、“全国质量管理先进企业”、“国际餐饮名店”、“国际质量金星奖、白金奖和钻石奖”、“国际美食质量金奖”、“全国商业质量管理奖”、“中国十大文化品牌”、“中国餐饮十佳企业”、“中国最具竞争力的大企业集团”和“北京十大影响力企业”、“城市名片奖”等荣誉和奖励。

股票简称：全聚德　股票代码：002186

“全聚德”既古老又年轻，既传统又现代，她正在向着“中国第一餐饮，世界一流美食，国际知名品牌”的宏伟愿景奋勇前进！

2009
中國證券業年鑒
CHINA SECURITIES YEAR BOOK

总第十七期 下

协办单位

大同煤业股份有限公司

北京首钢股份有限公司

北京北辰实业股份有限公司

建银国际（控股）有限公司

摩根大通银行（中国）有限公司

图书在版编目(CIP)数据

中国证券业年鉴. 2009/《中国证券业年鉴》编辑委员会编.
—深圳:深圳报业集团出版社, 2010.3
ISBN 978-7-80709-302-2

Ⅰ.中… Ⅱ.中… Ⅲ.资本市场—中国—2009—年鉴 Ⅳ.F832.51-54

中国版本图书馆 CIP 数据核字(2010)第 013939 号

中国证券业年鉴(2009·总第十七期)
《中国证券业年鉴》编辑委员会　编

责任编辑　陈　曦
封面设计　上海中证鉴文化传播有限公司
出版发行　深圳报业集团出版社
　　　　　深圳市深南大道 6008 号　电话 0755-83518301　邮编 518009
经　　销　新华书店
印　　刷　北京嘉彩印刷有限公司
开　　本　850mm×1168mm　1/16
印　　张　160
插　　页　260
字　　数　8500 千字
版　　次　2010 年 3 月第 1 版　2010 年 3 月第 1 次印刷

定　　价　人民币 1980 元　港币 2680 元　美元 400 元(共三册)

编辑说明

《中国证券业年鉴》以客观、公正、全面、权威的历史使命，忠实记录了我国证券市场的发展轨迹，向海内外各界人士宣传、展现我国证券市场的发展成就，做出了应有的贡献；并给后人查阅、研究我国证券市场历史年度的动态，提供了权威资料。做好中国证券业历史的编辑整理工作，保证中国证券业历史记录的有序延续，是我们的责任。自 1993 年创刊以来，《中国证券业年鉴》已经逐渐成长为一个展示公司业绩、总结市场成就、记录中国证券业历史、向海内外各界人士展现和推介中国证券市场形象的权威窗口。《中国证券业年鉴》每年出版一次，分上、中、下三册向国内外公开发行。

《中国证券业年鉴》（2009. 总第十七期）主要反映本年度中国金融、证券、基金、期货、保险、债券市场及企业制度建设和发展方面的情况和最新动态，供海内外有关机关、社团、学校、研究部门、企事业单位及社会各界人士做进一步研究参考使用。为推动中国证券业的规范化和国际化、建设有中国特色的社会主义市场经济服务。

《中国证券业年鉴（2009）》内容设置专论、中国金融市场、中国证券市场、中国基金市场、中国期货市场、中国保险市场、企业形象、中国证券业年度人物等部分，另有彩色图片 1260 幅。

《中国证券业年鉴（2009）》的资料直接来源于公司的公告和报告、国务院有关部委及各省、市相关单位提供的材料，保证了《年鉴》的权威性和准确性。《中国证券业年鉴（2009）》基本保持上一期的内容和体例，充实了原有的编章，同时重点充实了香港证券市场及各省、市、自治区证券市场的详细资料，突出反映了 2009 年我国证券市场的整体发展状况。但由于中国证券业仍处于快速发展阶段，加上各地区的发展不平衡以及我们的水平有限，难免出现一些疏漏，敬请读者谅解和指正。

《中国证券业年鉴》由上海、深圳证券交易所和中国证券业年鉴编辑委员会共同主办，由中国证监会主席尚福林先生担任顾问委员会主任，由庄心一、朱从玖、耿亮、陈东征、金颖担任顾问委员会副主任，总编辑由张育军、宋丽萍、林晨担任。在编辑出版过程中得到了国务院有关部门、中国证券监督管理委员会及各省、直辖市、自治区证监局、上海证券交易所、深圳证券交易所、香港联合证券交易所、中国证券报社、中国证券登记结算有限责任公司、建银国际（控股）有限公司、大同煤业股份有限公司及证券界有关领导、专家的指导和支持，在此我们表示最诚挚的感谢。

中国证券业年鉴编辑部

中国证券业年鉴顾问委员会

侯丽春	中国证监会新疆监管局	党委书记、纪委书记、局长
申志杰	中国证监会山西监管局	党委书记、局 长
梁盛红	中国证监会贵州监管局	党委书记、局长
方良平	中国证监会内蒙古监管	局党委书记、局长
岳仁华	中国证监会福建监管局	党委书记、局长
江连海	中国证监会吉林监管局	党委书记、纪委书记、局长
方向瑜	中国证监会安徽监管局	党委书记、局长
李秉恒	中国证监会广西监管局	党委书记、纪委书记、局长
曹殿义	中国证监会黑龙江监管局	党委书记、纪委书记、局长
杨代刚	中国证监会西藏监管局	党委书记、局长
王建军	中国证监会青海监管局	党委书记、纪委书记、局长
王宏斌	中国证监会宁夏监管局	党委书记、局长
陈士轰	中国证监会甘肃监管局	副局长
吕逸君	中国证监会宁波监管局	党委书记、局长、纪委书记
姜　岩	中国证监会青岛监管局	党委书记、纪委书记、局长
丁文奇	中国证监会大连监管局	党委书记、局长
陈小澎	中国证监会厦门监管局	党委书记、局长
陈共炎	中国证券投资者保护基金有限公司	董事长
洪　磊	中国证券监督管理委员会基金部	副主任

中国证券业年鉴理事会

（以下排名不分先后）

理 事 长：	耿　亮	上海证券交易所	理事长
	陈东征	深圳证券交易所	理事长
副理事长：	石大华	中国中铁股份有限公司	董事长
	吴永平	大同煤业股份有限公司	董事长
	崔殿国	中国北车股份有限公司	董事长
	朱继民	北京首钢股份有限公司	董事长
	何　如	国信证券股份有限公司	董事长
	李保平	中兵光电科技股份有限公司	董事长
	张元浩	摩根大通银行（中国）有限公司	董事总经理
	张利国	国枫律师事务所	执行合伙人
常务理事：	李泽民	大同煤业股份有限公司	副董事长、总经理
	闫冰竹	北京银行股份有限公司	董事长
	董　杰	中国银行托管及投资者服务部	总经理
	江先周	建信基金管理有限公司	董事长
	陈　儒	中银基金管理有限公司	董事、执行总裁
	丁国荣	申银万国证券股份有限公司	董事长
	李　玮	齐鲁证券有限公司	董事长

	陈振鸿	爱建证券有限责任公司	董事长
	许义明	景顺长城基金管理有限公司	总经理
	谷娜莎	交通银行资产托管部	总经理
	武　汛	大秦铁路股份有限公司	董事长
	陈向阳	莱芜钢铁股份有限公司	董事长
	包德元	深圳市燃气集团股份有限公司	董事长
	贺江川	北京北辰实业股份有限公司	董事长
	杜传志	日照港股份有限公司	董事长
	杨华辉	联华国际信托有限公司	董事长
	唐传勤	山东好当家海洋发展股份有限公司	董事长
	何玉华	广深铁路股份有限公司	董事长
	杨启典	维维食品饮料股份有限公司	董事长
	孙伯全	天津天联公用事业股份有限公司	董事局主席
	周沅帆	鹏元资信评估有限公司	副总裁
	沈继宁	财通证券有限责任公司	党委书记、董事长兼总经理
	朱治理	万和证券经纪有限公司	董事长
	韩桂茂	深圳赤湾石油基地股份有限公司	董事长
理　　事：	郭　友	中国光大银行	行长
	丁原臣	中国铁建股份有限公司	副董事长
	沈鹤庭	中国冶金科工股份有限公司	董事长
	姜喜运	恒丰银行股份有限公司	董事长
	盖志新	中国国旅股份有限公司	董事长
	魏家福	中国远洋控股股份有限公司	董事长
	石　柯	二重集团(德阳)重型装备股份有限公司	董事长、党委书记
	南存辉	浙江正泰电器股份有限公司	董事长
	汪海涛	西部矿业股份有限公司	董事长
	张房有	广汽长丰汽车股份有限公司	董事长
	谢长军	龙源电力集团股份有限公司	总经理
	宫少林	招商证券股份有限公司	董事长
	范勇宏	华夏基金管理有限公司	总裁、CEO
	翁振杰	益民基金管理有限公司	董事长
	高良玉	南方基金管理有限公司	总经理
	尚　健	国投瑞银基金管理有限公司	总经理
	莫泰山	交银施罗德基金管理有限公司	董事、总经理
	杨光裕	长城基金管理有限公司	董事长
	田仁灿	海富通基金管理有限公司	董事、总裁
	裴　勇	银河基金管理有限公司	总经理
	徐建平	东吴基金管理有限公司	总裁
	缪钧伟	泰达荷银基金管理有限公司	总经理
	唐新宇	中银国际证券有限责任公司	董事长
	潘鑫军	东方证券股份有限公司	董事、总裁
	蔡　咏	国元证券股份有限公司	总裁
	安保和	西部证券股份有限公司	总经理
	张志刚	信达证券股份有限公司	董事、总经理

石保上	中原证券股份有限公司	董事长、党委书记
陆　涛	金元证券股份有限公司	总裁
吴承根	浙商证券有限责任公司	董事、总裁
刘　军	中信金通证券有限责任公司	执行董事
李晓安	华龙证券有限责任公司	董事长
张广慧	山西证券股份有限公司	党委书记、董事长
李舫金	万联证券有限责任公司	董事长
王文学	华鑫证券有限责任公司	董事长
刘晓亚	和兴证券经纪有限责任公司	董事长
高　庆	南方联合产权交易中心有限责任公司	董事长、党委书记
潘卫东	上海国际信托有限公司	党委书记、董事长
侯福宁	上海农村商业银行股份有限公司	党委副书记、副董事长、行长
陈兴汉	南京栖霞建设股份有限公司	董事长
唐　军	首创置业股份有限公司	总裁
袁小宁	陕西省天然气股份有限公司	董事长
袁　泽	新疆新鑫矿业股份有限公司	董事局主席
尚书志	辽宁成大股份有限公司	董事长
王文京	用友软件股份有限公司	董事长、总裁
任志强	华远地产股份有限公司	董事长
多吉罗布	西藏天路股份有限公司	董事长
孙　云	四川路桥建设股份有限公司	董事长
张跃文	湖南新五丰股份有限公司	董事长
郭本恒	光明乳业股份有限公司	总裁
闫希军	天津天士力制药股份有限公司	董事长
王德贤	安徽山鹰纸业股份有限公司	董事长
奚河滨	黑龙江北大荒农业股份有限公司	董事长
张　勇	天津市房地产发展(集团)股份有限公司	董事长
陈　平	马应龙药业集团股份有限公司	董事长
沈长全	江苏宁沪高速公路股份有限公司	董事长
白　英	山西国阳新能股份有限公司	董事长
王良彦	太原煤气化股份有限公司	董事长
蔡永龙	晋亿实业股份有限公司	董事长
毛　勇	泰豪科技股份有限公司	董事长、总裁
马宝平	金堆城钼业股份有限公司	董事长
张光臣	大连圣亚旅游控股股份有限公司	董事长
陈卫东	中海油田服务股份有限公司	董秘、执行副总裁
张永年	四川成渝高速公路股份有限公司	董事会秘书
石维国	中天城投集团股份有限公司	副董事长
朱大成	北京双鹤药业股份有限公司	董事会秘书兼副总裁
何　勇	平安信托投资有限责任公司	副总经理
蒋纬球	江苏法尔胜股份有限公司	董事、总经理
李国璋	湖北兴发化工集团股份有限公司	董事长
闫　飞	云南西仪工业股份有限公司	董事长

中国证券业年鉴编辑委员会

地　　址：上海市浦东南路 1550 弄 5 号楼 1002 室
邮　　编：200122
电　　话：021－22819146
传　　真：021－22819145
邮　　箱：shcwq@163.com

目　录

第一编　专　论

第二编 中国金融市场

第三编　中国证券市场

第四编　中国基金市场

第五编　中国期货市场

第六编　中国保险市场

第七编　企业形象

第八编　2009 年中国证券业人物访谈

插页目录

上　册

中 册

下 册

中国证券业年度人物

深圳市英威腾电气股份有限公司
SHENZHEN INVT ELECTRIC CO., LTD.

地址：深圳市南山区龙井高发科技工业园4号厂房　邮编：518055
电话：0755-86028361　传真：0755-86023917
邮箱：invt@invt.com.cn　网址：www.invt.com.cn

董事长、总经理：黄申力先生

借力东风　英威腾飞

2010年1月13日，深圳市英威腾电气股份有限公司在深交所A股正式挂牌上市！股票简称：英威腾，股票代码：002334。挂牌仪式在深圳证券交易所举行，南山区常务副区长王克力先生以及多位嘉宾莅临会场，见证了此次挂牌仪式，并对英威腾的成功上市表达了热烈的祝贺。

深圳市英威腾电气股份有限公司成立于2002年，是专注于电气传动、工业控制领域、集低压、中压和高压变频器研发、制造和销售为一体的国家高新技术企业。

公司是国内极少数拥有成熟矢量控制技术的变频器厂家，是极少数同时拥有具备低压、中压和高压变频器三大系列产品的内资品牌，是产销规模最大、产品线最齐全的内资变频器品牌。

公司的CHV、CHA等系列变频器已经达到国际知名品牌的同类产品性能指标，其中CHA系列四象限变频器打破了国际一流品牌在高端应用领域的垄断地位，填补了国内同行业空白，为推动我国节能减排和提高工业技术水平做出了贡献。

成功上市后的英威腾将继续坚持“众诚德厚，业精志远”的经营理念，秉承“竭尽全力向客户提供物超所值的产品和服务，让客户更有竞争力”的企业使命，为股东利益、社会责任和客户需求而拼搏进取，为实现“成为全球领先、受人尊敬的电气传动、工业控制领域产品（服务）供应商”的愿景而努力！

www.invt.com.cn

全国人大常委会副委员长蒋正华、证监会主席尚福林出席第十二届中国资本市场论坛暨庆祝《中国证券报》创刊15周年活动

中证高层圆桌对话旨在为财经界高端人士提供一个对话、辩论、沟通、交流的平台，迄今已成功举办了八场

全国人大常委会副委员长陈昌智出席2009年金牛基金论坛暨第六届中国基金业金牛奖颁奖典礼

中国证券报社专家学术顾问委员会成立座谈会在京召开

《中国证券报》在上海、深圳设有总部，在广州、南京、武汉、沈阳等11个城市设有记者站。《中国证券报》通过先进的卫星传版技术，在全国31个城市同时印刷，当地读者第一时间即可看到《中国证券报》。

《中国证券报》旗下的中证网经过十年的发展已成为中国最具影响力的财经证券网站之一，日均访问量100万人次，日最高访问量160万人次，日均浏览量800万人次。中证网在交易期间每天推出三档直播视频节目。中证网被中国证监会指定为“创业板信息披露平台”，同时承担着为上市公司网上路演的功能，有蓝筹路演网之称。

HNSS

海南海峡航运股份有限公司

HAINAN STRAIT SHIPPING CO.,LTD.

董事长：林毅先生

海南海峡航运股份有限公司（以下简称“海峡股份”或“公司”）是由海口港集团作为主发起人，联合深圳市盐田港股份有限公司、中海（海南）海盛船务股份有限公司、中国海口外轮代理有限公司以及自然人邢雯璐共同发起设立的股份有限公司。2002年12月6日，海南海峡航运股份有限公司成立，注册资本为9,500万元。

2005年3月，根据海南省政府关于海南港口航运类国有资本战略性重组的部署，海南省国资委将海口港集团持有的海峡股份全部75.01%股权无偿划转至海南港航控股有限公司。公司于2005年3月31日完成工商变更登记，由此港航控股成为控股股东。

2005年12月，为解决同业竞争，港航控股以其客滚船舶经营性资产，其他股东以现金方式对海峡股份同比例增资。海峡股份的注册资本变更为11,800万元。

2008年8月1日公司正式向中国证监会申报上市材料，2009年11月20日获得中国证监会批复同意海峡股份首次公开发行股票3950万股新股，发行后总股本15,750万股。2009年12月16日，公司正式在深交所挂牌上市。

股票简称：海峡股份 股票代码：002320

一、人员和资产情况

截止2009年6月30日，海峡股份拥有员工955人。海峡股份拥有17艘船舶，平均船龄14年。根据交通运输部的规定，海上客滚船强制报废期限为30年，公司的大部分船舶还有着较长的使用年限。船舶是公司的主要资产。公司的运力及分布情况为：海安航线投入14艘船舶，北海航线投入2艘船舶，广州航线投入1艘船舶。

总经理：邱国雄先生

二、海峡股份的市场竞争地位

海峡股份由海口港集团下属船务公司改制设立而来，承继了原海口港集团船务公司优质资产及多年的客滚运输经验；拥有优秀的管理团队及大批经验丰富的船长和高级船员；其船舶结构和航运管理水平在行业中具有明显优势；公司的客滚运输能力和运量均多年稳居南海客滚运输市场第一。

部分董监高合影

办公会议场景

地址：海口市滨海大道东方洋大厦第七层 邮编：570311
电话：0898－68612566 传真：0898－68667480 互联网网址：www.hnss.net.cn

推介会现场

答谢酒会

(一) 船舶优势

目前海峡股份共投入15艘客滚船和2艘客船参与南海客滚运输航线的运营，拥有额定载车量564辆，额定载客量8,591位。海峡股份无论是船舶数量还是总运力都远高于竞争对手，且船型规格最为齐备，船型结构配置较为合理，因此保持着南海客滚运输市场中的龙头地位。

(二) 技术优势

海峡股份在船型设计和船舶航行环节均在市场中处于技术领先地位，实现了船舶的先进性、经济性和安全性的最佳组合。在实践中大胆探索和创新，具备了较高的客滚船型设计和船舶改造能力，海峡股份参与设计的“信海16号”已成为南海客滚运输市场的技术标杆。

(三) 人才优势

海峡股份经过多年的培养和持续的人才引进，目前拥有船长资格人员31名、轮机长资格人员35名、大副资格人员30名，各类高级船员合计248名，在整个南海客滚运输企业中处于遥遥领先的地位。

(四) 管理优势

海峡股份的高管大都有近20年的客滚运输和管理经验，深谙客滚运输市场发展变化。经过多年的摸索，海峡股份在消化吸收众多先进企业管理经验的基础上，总结形成了适合客滚运输业务的、较为完备的经营管理制度和内部控制制度。

(五) 区位优势

海峡股份所处的海南省是我国第二大岛屿，属于典型的岛屿型经济，海运承担着进出岛98%以上的货运量和40%左右的客运量，海南省的经济发展与海运业的发展密切相关。同时，海南省还地处“泛珠三角”和“泛北部湾”两个经济圈之中，未来有望成为背靠内陆、面向东南亚的区域性航运和物流中心，航运业发展前景广阔。而客滚运输作为海南省海运业中不可替代的一部分，历年来其货运和客运量都占海南省进出岛总量的三分之一以上。海峡股份作为海南省最大也是我国南海最大的客滚运输企业，积极融入到海南省经济建设之中，充分发挥了本土企业优势，多年来增长迅速，为海南省经济发展做出了巨大的贡献。目前，海南省经济正从复苏阶段转向快速发展阶段，随之而来的运输需求的快速增长为海峡股份提供了广阔的市场空间。

上市敲钟

三、战略发展目标

海南经济的高速腾飞，为公司提供了宝贵的发展机遇。公司将依托海南经济，立足国内，面向东南亚，按照“以客滚运输为主体，以综合物流和客滚邮轮为两翼”的“一体两翼”发展战略，在做强现有南海客滚运输市场的基础上，通过跨区域收购兼并的方式，在全国范围内快速复制公司的盈利模式；同时将公司业务沿客滚运输价值链的纵向和横向逐步延展，力争在5—10年内，使公司发展成为我国第一家国际性的、上下游服务一体化的综合性客滚运输企业。

海南海峡航运
HAINAN STRAIT SHIPPING

金融街控股股份有限公司

FINANCIAL STREET HOLDING CO., LTD.

办公地址：北京西城区金融大街丙17号北京银行大厦11层　邮政编码：100140
电话：86-10-66573955/66573088　传真：86-10-66573956
电子邮箱：investors@jrjkg.com　网址：http://www.jrjkg.com

财富中枢
中国的金融管理中心

金融街控股股份有限公司（以下简称“金融街控股公司”）是一家在深圳证券交易所上市的房地产开发企业，主要从事北京金融街区域的总体规划、土地开发、房地产项目开发和综合管理，同时在天津、重庆、南昌和广东惠州进行房地产业务开发。截至2009年9月底，金融街控股公司总资产已达到391.5亿元，净资产为150.6亿元，总股本达到24.8亿股。

金融街控股公司一直秉承对城市负责的精神，通过提升城市的功能、提升城市区域的价值，来实现项目的价值和自身的利益。通过采取整体开发统一运作的操作模式，实现城市、客户和公司三者共赢的局面。

北京金融街

1993年国务院批复的《北京城市总体规划》，提出在西二环阜成门至复兴门一带建设国家级金融管理中心，集中安排国家级银行总行和非银行机构总部，北京金融街应运而生。作为首都第一个大规模整体定向开发的金融功能区，经过十五年的发展，金融街已经成为对中国金融业最具影响力的金融中心区。

1、汇聚金融资本，引领社会财富

北京金融街地处北京市中轴对称中心地带。南起复兴门大街，北至阜城门大街，西抵西二环路，东临太平桥大街，南北长约1700米，东西宽约600米，规划总占地面积103公顷。北京金融街已成为北京市“十一五”规划确定的六个高端产业功能区中经济发展最活跃的地区之一。

目前，金融街区域已汇聚“一行三会”等国家最高金融业监管机构及工商银行、建设银行、中国银行、北京银行等银行总部。中国人寿、泰康人寿、中国再保险、银河证券、华夏基金等非银行总部。中国移动、中国联通、中国电信等3大电信运营商总部及长江电力、大唐电力、国电投资等电力总部，形成了强大的总部聚集效应。

金融街区域内企业管理的金融资产集中程度全国第一，金融街区域内集银行、保险、证券和外汇业务为一体，成为具有影响力的金融中心区。金融街还吸引了花旗银行、汇丰银行、摩根大通、高盛公司、摩根士丹利、瑞银证券、加拿大皇家银行、苏格兰皇家银行、亚洲开发银行、韩亚银行等七十余家国际知名金融机构，使金融街从中国金融管理中心逐步发展成为国际化金融商务区。

2、精细化区域设计，国际化的建设理念

在区域规划设计上，金融街均按照国际标准，并引入了国际化、生态化、人性化和充满活力的建设理念。

金融街控股公司发展历程

- ★ 1992年6月，北京西城区政府正式组成金融街建设指挥部，领导和指挥金融街的开发建设。
- ★ 1992年，北京市计委批准西城区计、建委“关于恢复西二环东侧金融一条街建设立项的请示”，北京市金融街建设开发公司成立。
- ★ 1998年，北京市金融街建设开发公司改制为北京金融街建设开发有限责任公司。
- ★ 2000年5月，北京金融街建设集团收购重庆华亚，吸纳华西包装集团公司所持4869.15万股公司国有法人股，实现了公司在资本市场的出航。
- ★ 2001年4月，公司将注册地由重庆迁至北京。
- ★ 2002年，公司实施了上市后第一次A股增发方案。向社会公众发行人民币普通股2,145万股，募集资金约4亿元。
- ★ 2004年，公司实施了第二次A股增发。向社会公众增发人民币普通股7,600万股，募集资金约7亿元。
- ★ 2006年12月29日，公司定向发行股份11,428.57万股，募集资金约12亿元。
- ★ 2008年1月11日，公司公开增发人民币普通股30,000万股，募集资金约83亿元。
- ★ 2009年9月1日，公司发行2009年第一期公司债券，募集资金约56亿元。

金融街控股公司多次在国家级房地产行业评比中荣获殊荣，屡次被评为房地产上市公司十强企业，上市公司“信息披露优秀企业”。2003年，金融街控股公司股票成为“深证100”成份股，同年被评为第三届中国房地产上市公司10强；2004年被评为北京市“守信企业”，《首都文明单位》，2004中国上市公司金融地产业“企业竞争力10强”；2005年被评为中国服务业企业500强企业，2005中国房地产上市公司十强，2005中国十佳商业地产奖，2005年度中国十佳最具投资价值上市公司，2005年中国地产蓝筹企业，2005“力量”地产10年影响力大奖，中国上市公司100强，北京企业100强；2006年公司被评为上市公司综合实力十强，财富创造能力十强，上市公司绩优股十强，中国蓝筹地产企业，中国房地产品牌价值十强，北京2006年度民生地产奖，首都维护国家安全先进单位；2007年公司荣获中国房地产百强企业盈利性10强，北京市地方税务局纳税千强企业，2007年中国最佳金融生态区域奖；2008年公司荣获中国房地产百强企业——抗风险能力TOP10，中国房地产百强企业，中国蓝筹地产最具影响力品牌价值企业，沪深房地产上市公司综合实力TOP10；2009年公司荣获中国房地产百强企业——稳健性TOP10，沪深房地产上市公司投资价值TOP10，沪深房地产上市公司综合实力TOP10等。

金融街控股公司正在以崭新的面貌迎接新的历史机遇。公司将继续以科学发展观为统领，以创新、发展为主题，锐意进取，为保持企业的持续、稳定、健康的发展而不懈努力。

在金融街中心区的规划中，通过增加绿化面积，适当改变建筑物的外观形象，形成鳞次栉比的城市景观。使得区域内建筑组群、道路交通、连片绿地形成“点、线、面”浑然一体的景观效果。

在道路交通上，建设以“一纵两横”（金融大街、广宁伯街、武定侯街）为架构的交通路网，并率先引入高效的地下分层式立体交通系统，将整个区域便捷地连接起来，提高了区域内人员出行和交往的效率。

在通讯服务上，规划设计了5A级综合通信系统，建成并投入使用的“双向光缆环”保证了区域内通信的高效畅通，满足了金融机构对信息系统的特殊需求。

在安全保障上，区域内的保安监控系统与公安指挥中心联网，提供二十四小时的保安服务，确保了金融机构的运营安全。

在配套服务上，区域内建造了国际一流水准的商务写字楼，规划建设了五星级酒店、金融家公寓、金融家俱乐部等完善的区域配套设施。并相继成立了金融街综合服务中心，金融街商会和北京国际金融人才服务中心。使得金融街成为北京功能丰富、配套齐全、布局合理、交通快捷、环境优美的金融生态花园，并成为北京乃至全国最具活力的金融中心。

3、城市建设的新名片，金融产业的龙头

随着金融街中心区的建成，聚集于金融街地区的金融产业正在释放出巨大的能量。金融街独有的政策、监管、决策信息、资金调度、支付结算等突出优势，增强了首都的金融聚集效应，吸引了摩根大通银行（中国）有限公司等70余家国内外知名金融机构入驻，金融机构在金融街聚集发展的态势更加明显。2009年北京市金融业对北京经济贡献率达到16.7%。

2009年金融街地区实现税收1707.2亿元，占北京市税收总额的28.4%。目前北京金融街的金融机构实现的增加值占北京市地区生产总值10%以上，北京金融街已经成为北京市金融机构聚集密度最高的地区，是金融产业对GDP产值贡献最高的地区。

中国驰名商标

SUNASIA 圣亚®

经营范围：建设、经营水族馆、海洋探险人造景观、游乐园、海洋生物标本陈列馆、船舶模型陈列馆、餐饮、酒吧

总经理：周昱今先生

海洋世界

主要会计数据

单位：元　币种：人民币

项目	金额
营业利润	-1,643,395.21
利润总额	2,850,212.10
归属于上市公司股东的净利润	3,636,261.68
归属于上市公司股东的扣除非经常性损益后的净利润	-809,054.54
经营活动产生的现金流量净额	36,677,960.79

www.sunasia.com

非经常性损益项目和金额

单位：元　币种：人民币

非经常性损益项目	金额
非流动资产处置损益	848,703.27
计入当期损益的政府补助，但与公司正常经营业务密切相关，符合国家政策规定、按照一定标准定额或定量持续享受的政府补助除外	200,000.00
企业取得子公司、联营企业及合营企业的投资成本小于取得投资时应享有被投资单位可辨认净资产公允价值产生的收益	3,770,000.00
除上述各项之外的其他营业外收入和支出	-325,095.96
少数股东权益影响额	5,564.03
所得税影响额	-53,855.12
合计	4,445,316.22

股票简称：大连圣亚　股票代码：600593

地址：中国大连市沙河口区中山路608-6-8号　邮编：116023
电话：86-0411-84581113　传真：86-0411-84685217

报告期末公司前三年主要会计数据和财务指标

单位：元　币种：人民币

	2008年	2007年	本年比上年增减(%)	2006年
营业收入	110,233,854.10	109,057,053.12	1.08	96,724,155.27
利润总额	2,850,212.10	-964,033.50	395.65	-43,751,919.21
归属于上市公司股东的净利润	3,636,261.68	2,889,136.29	25.86	-41,788,295.95
归属于上市公司股东的扣除非经常性损益的净利润	-809,054.54	-12,464,167.51	93.51	-42,643,189.66
基本每股收益（元／股）	0.04	0.03	33.33	-0.45
稀释每股收益（元／股）	0.04	0.03	33.33	-0.45
扣除非经常性损益后的基本每股收益（元／股）	-0.01	-0.14	92.86	-0.46
全面摊薄净资产收益率（%）	1.37	1.10	增加0.27个百分点	-16.12
加权平均净资产收益率（%）	1.38	1.11	增加0.27个百分点	-14.81
扣除非经常性损益后全面摊薄净资产收益率（%）	-0.30	-4.76	增加4.46个百分点	-16.45
扣除非经常性损益后的加权平均净资产收益率（%）	-0.31	-4.79	增加4.48个百分点	-15.11
经营活动产生的现金流量净额	36,677,960.79	42,672,004.24	-14.05	23,186,541.85
每股经营活动产生的现金流量净额（元／股）	0.40	0.46	-13.04	0.25
	2008年末	**2007年末**	**本年末比上年末增减(%)**	**2006年末**
总资产	600,945,343.10	606,229,834.43	-0.87	656,100,014.64
所有者权益（或股东权益）	265,700,353.23	262,064,091.55	1.39	259,174,955.26
归属于上市公司股东的每股净资产（元／股）	2.89	2.85	1.40	2.82

中 国 驰 名 商 标

大连圣亚®旅游控股股份有限公司

DALIAN SUN ASIA TOURISM HOLDING CO.,LTD.

办公地址：陕西省西安市高新技术产业开发区锦业一路88号金钼股份综合楼A座　邮政编码：710077
投资者咨询电话：029－88320019 88320076　传 真：029－88320330
公司网址：http://www.jdcmoly.com　公司邮箱：jdc@jdcmoly.com

人本 效率 忠诚 团队

公司大力推行“人本、效率、忠诚、团队”的核心价值观，积极倡导“诚信、创新、领先”的企业精神，在价值取向和观念上塑造企业和员工的精神世界，使员工从内心深处产生忠于企业、奉献于企业的原动力；公司颁布了体现社会文明进步和适应企业发展要求的《员工行为规范》，全面提高了员工的整体素质；激情昂扬的《钼城之歌》，唱出了企业与员工的精神风貌和不懈追求，促使员工在融入企业的同时，自愿的把个人理想与企业发展有机统一起来；公司给全体员工制作了标志服，以统一着装的形式在潜移默化中影响和培养员工的精神和气质，增强员工的向心力和群体归属感。

公司拥有钼采矿、选矿、冶炼、化工和金属深加工上下游一体化的完整产业链条；拥有国内钼行业唯一的国家级企业技术中心和博士后科研工作站。公司在全国钼行业率先通过ISO9001质量管理体系、ISO14001环境管理体系和OHSAS18001职业健康安全管理体系认证，钼系列产品获国家质量免检，工业氧化钼获中国名牌产品称号，钼酸铵、钼粉、钼杆、钼丝等主要产品获得多家世界知名企业认证。

公司已形成完善的全球一体化营销网络，拥有面向国内和国际的专业营销机构及驻港、美、欧、日等商务代表处，与一批世界500强企业建立了长期稳定的技术交流和贸易合作关系，产品远销欧、美、非、澳及亚洲的日本、韩国、印度等国家和地区，钼系列产品占世界钼市场份额的7%左右，“JDC”品牌在行业内享誉全球。

面对国际国内竞争日益激烈的市场态势，公司将坚持以科学发展观为指导，致力于钼行业的整合，有效控制和配置钼矿资源，加速构建钼冶炼、钼化工和钼金属加工三大板块发展格局，提升企业核心技术水平，努力成为世界一流的以钼为主的综合性矿业公司。

诚信 和谐 创新 卓越
股票简称：北大荒 股票代码：600598
黑龙江北大荒农业股份有限公司
Heilongjiang Agriculture Company Limited

率先实现农业现代化

新疆冠农果茸集团股份有限公司

XINJIANG GUANNONG FRUIT & ANTLER GROUP CO., LTD.

董事长：李愈先生

新疆冠农果茸集团股份有限公司（以下简称“冠农股份或公司”）是由新疆生产建设兵团农业建设第二师五家国有法人单位于1999年12月30日联合发起设立的股份有限公司。2003年5月26日，经中国证监会核准，公司成功发行了4000万股社会公众股，募集资金2.16亿元，2003年6月9日，公司股票在上海证券交易所正式挂牌交易。2004年6月，公司实施资本公积金每10股转增5股方案并派2元，公司总股本由12000万股增至18000万股。2008年3月，公司实施资本公积金每10股转增3股方案，公司总股本增至23400万股。2008年5月，公司向5家特定对象的境内投资者以58元/股非公开发行股票740万股，实际募集资金净额4.09亿元，公司总股本增至24140万股。2009年5月，公司实施资本公积金每10股转增5股并派1元，公司总股本增至36210万股。2008年12月31日，公司股票入选沪深300指数样本股。

2004年，公司被国家农业部等八部委确认为“农业产业化国家重点龙头企业”；2005年，被兵团评为“兵团农业产业化经营优秀龙头企业”；2006年，被国家林业局确认为“林业产业化龙头企业”；2006年11月，被国家商务部确认为“双百市场工程”流通企业。

股票简称：冠农股份

股票代码：600251

公司管理层合影

公司目前拥有5个控股子公司、3个参股公司。5个控股子公司分别为：新疆冠农果蔬食品有限责任公司、巴州冠农棉业有限责任公司、新疆绿原糖业有限公司、新疆冠农天府房地产开发有限公司、新疆冠农进出口有限公司。主要的参股公司为：国投新疆罗布泊钾盐有限责任公司、国电新疆开都河流域水电开发有限公司。截止2009年9月30日，公司总资产17.34亿元，净资产7.79亿元，总负债4.87亿元。

罗布泊钾盐盐田

“冠农”牌棉花

国电开都河公司察汗乌苏水电站3号机组

冠农皮山分公司开业庆典

科学发展是冠农股份得以壮大的价值观念

近年来，公司充分利用新疆得天独厚的农业资源、矿产资源和水利资源，倾力打造农业资源产业和矿产水电资源产业价值链，构建了以果蔬加工、甜菜制糖、棉花加工为主体的农业资源开发产业集群，以钾盐开发、开都河水电开发为主体的矿产、水电资源开发产业集群，初步完成了主业突出、适度多元发展，低成本产业整合的目标，形成了极富竞争力的三大产业版块。

公司的发展战略确定为：“依托新疆丰富的矿产资源和农业资源，主动融入新疆优势资源转化战略中去，着力打造以果蔬业、糖业、棉业为主的农业资源开发板块和以罗布泊钾盐、开都河水电、煤化工及其他矿业为主的矿产资源开发板块，坚定以农业产业化促进新型工业化，以新型工业化带动农业产业化，确保公司经济健康可持续发展”。

公司始终秉承“发展壮大冠农经济，回报股东，贡献社会”的企业宗旨，打造管理文化、激励文化、人本文化和责任文化于一体的和谐、健康、向上的文化氛围。这一浓郁而和谐的企业文化让“想事、干事、谋事、成事”的冠农人紧紧地团结在一起，焕发着勃勃生机。

发展壮大冠农经济，回报股东，贡献社会

冠农大厦

天津市房地產發展(集團)股份有限公司

TIANJIN REALITY DEVELOPMENT(GROUP)CO.,LTD.

董事长：张勇先生

天津市房地产发展（集团）股份有限公司[下称“天房发展”]，前身为1981年成立的由天津市政府统一建设办公室改建而成的天津市建设开发公司，1992年整体改组为股份制企业。2001年9月，天房发展在上海证券交易所成功发行股票并上市，成为天津市房地产行业首家上市公司，股票名称定名为“天房发展”。企业注册资金为11.06亿元，总资产100亿元。天房发展已发展成为以房地产开发经营为主，物业管理为辅，集建筑设计、商品房销售、房屋出租和咨询服务为一体的房地产综合性大型企业。

股票简称：天房发展　股票代码：600322

吉利经典

天房美域

www.tfgroup.com.cn

天房峰阁

天房发展成立二十多年来，按照市委、市政府关于加快城市建设的战略部署，始终坚持为政府做劲，为百姓造福的工作思路，致力于天津城市开发建设，积极参与天津市政建设、安居危改工程、经济适用房和商品房开发，为提高城市载体功能做出了应有的贡献。先后开发建设用地1200多公顷，相继建成30多个功能设施配套齐全、环境幽雅的居民小区，累计建房面积1400余万平方米。先后参与投资建设天津站、中环线、燃气工程等一批市政府重点项目；公司为了改善城市人民居住条件，积极参与旧城区危陋平房改造、安居工程和经济适用房建设，先后建成体院北、王顶堤、万新村、民权门、小海地、川府新村等大型居住区；建设了丁字沽二段、圣德园、长寿里、台北花苑、吉利花园等一批危改项目；建成了川北里、友谊公寓、欣苑公寓、瑞江花园、海景假日、城南新世家等一批安居、经济适用房和商品房住宅工程。建设了华富宫、吉利大厦、城建大厦、华昌大厦、云翔大厦、越秀大厦、欣苑大厦等一批公建项目。2009年，公司积极响应政府号召，积极参与天津滨海新区开发开放及城市建设，开发汉沽区旧城改造项目；为适应城市化发展需要，公司积极参与社会主义新农村建设，开发华明和双港项目。几年来，公司先后被评为国家二级企业、房地产行业资质一级企业、全国房地产开发综合效益百强企业、全国房地产行业精神文明建设先进单位，被金融机构评定为信誉等级AAA企业。被评为天津市优秀企业、危改先进开发企业、“八五”、“九五”立功先进企业、天津市房地产企业二十强。

【公司质量方针】

以质量为生命、以顾客为中心
以市场为导向、以诚信为根本
创全国知名房地产企业

四川天一科技股份有限公司

Sichuan Tianyi Science & Technology Co., Ltd.

地址：四川省成都市外南机场路445信箱　邮政编码：610225　电话：028-85961516　传真：028-85884329
网址：www.tianke.com　E-mail:zjb@tianke.com

股票简称：天科股份　股票代码：600378

四川天一科技股份有限公司是经国家经贸委批准，以西南化工研究设计院（原化工部西南化工研究设计院）为主要发起单位，联合浙江芳华日化集团公司，中化化工科学技术研究总院(原化学工业部科学技术研究总院)，化学工业部晨光化工研究院（成都），中橡集团炭黑工业研究设计院（原化工部炭黑工业研究设计院），共同发起设立的股份制有限公司。1999年1月，经科技部和中科院评审认定为高科技企业。同年8月在四川成都国家级高新技术产业开发区进行工商登记注册。2000年12月经中国证监会核准，在上海证券交易所发行4500万股社会流通股（股票代码600378），公司总股本为11572万股，当时注册资金7072.39万元。

公司于2006年11月完成了股权分置改革，在此期间，经送转，到目前为止公司总股本为24561.34万股。2007年10月24日西南化工研究设计院将持有5682.1293万股(占总股本的23.13%)股权划转给中国昊华化工（集团）总公司，现法定代表人陈宝通，总经理李书箱。

做大、做强、做精、做专

公司经营范围：催化剂，变压吸附气体分离技术及装置，特种气体，有机化工产品，特种阀门，吸附剂等的研制、生产、销售，化工产品开发设计与技术咨询。经营本企业自产产品及技术的出口业务；经营本企业生产所需的原辅材料、仪器仪表、机械设备、零配件及技术的进出口业务（国家限定公司经营和国家禁止进出口商品及技术除外）。

四川天一科技股份有限公司面对二十一世纪的机遇与挑战，将迎来一个蓬勃高速的发展时期。天科股份将利用中国昊华化工（集团）总公司这一更高的平台和自身的特点，投资建设一批高科技产业。这些产业将以技术优势明显、环境保护价值高、经济效益和社会效益显著、资源可再生利用为其主要特点，走循环经济的道路。这些项目的建成将会使天科股份的主营业务产值和利润成倍增长，使天科股份成为“做大、做强、做精、做专”的上市公司，为股东获取回报，为社会作出贡献。

天科股份本着“管理科学化、技术高新化、产品名牌化、资产多元化、经营国际化”的企业精神，坚持诚信、锐意改革、求真务实、不断创新，全心致力于推动气体与气体分离、煤化工与碳一化工、化学新材料、新技术、新工艺的科技进步与科技成果商品化与产业化。我们坚信在全体员工的努力下、在股东的关怀下、在社会各界的支持下，天科股份必将做强做大，实现持续高效发展。

管理科学化、技术高新化、产品名牌化、资产多元化、经营国际化

CLOU® 深圳市科陆电子科技股份有限公司
SHENZHEN CLOU ELECTRONICS CORPORATION, LIMITED.

打造百年企业 坚持产业报国

深圳市科陆电子科技股份有限公司(股票代码002121)(以下简称“科陆电子”或“公司”)是专业从事用电自动化产品、电工仪器仪表和节能减排产品的研发、生产和销售的国家重点高新技术企业。

科陆电子是我国电力行业第一家设立企业博士后科研工作站的民营企业，也是“国家863计划”引导项目和“火炬计划”承担单位，是同行业唯一一家同时研发生产标准仪器仪表、电子式电能表、自动抄表系统及用电管理系统的企业，也是企业内唯一一家同时拥有核心计量技术和通信组网技术的企业。公司始终坚持走科技效益型的创新发展道路，始终保持技术上的领先优势；坚持不断加大科研投入，打造自主创新能力，公司拥有一个市级企业技术中心，每年的研发投入约占销售收入比例平均在8%左右。目前，公司拥有近五十项已授权的国家专利，多项软件著作权，产品全部具有自主知识产权，统一使用“科陆”商标，并通过了行业管理部门的技术鉴定。公司2008年荣获“中小企业板价值50强”称号。

股票简称：科陆电子 股票代码：002121

深圳市科陆电子科技股份有限公司

地址：深圳市南山区高新技术产业园南区T2栋五楼

电话：0755-26719528

传真：0755-26719679

中国长城计算机深圳股份有限公司

公司概况						
公司概况	公司名称	中国长城计算机深圳股份有限公司			证券简称	长城电脑
	法人代表	杜和平	董秘	郭镇	证券代码	000066
	公司网址	www.greatwall.cn		电子信箱	stock@greatwall.com.cn	
	电　话	0755-26634759		传　真	0755-26631106	
	办公地址	中国深圳南山区科技工业园长城计算机大厦				
	经营范围	电子计算机硬件、软件系统及网络系统、电子产品、液晶电视等				

主要财务指标	指标\报告期	2009.06.30	2008.12.31	2008.06.30	2007.12.31
	每股收益(元)	0.1800	0.0210	0.0840	0.1780
	每股收益(扣除)(元)	0.0470	−0.0500	0.0830	0.1740
	每股净资产(元)	3.3200	2.1360	3.2530	3.7100
	调整后每股净资产(元)	–	–	–	–
	每股资本公积金(元)	0.5816	−0.4735	0.5806	0.5795
	每股盈余公积金(元)	0.6056	0.6056	0.6035	0.7242
	每股未分配利润(元)	1.1242	1.0040	1.0688	1.4046
	每股现金净流量(元)	−0.1329	0.1856	0.0123	−0.7547
	每股经营现金净流量(元)	−0.1248	0.3122	−0.1606	0.3330
	净资产收益率(扣除)(%)	–	–	–	5.6300
	净资产收益率(%)	5.5000	1.0100	2.5860	5.7700
	总资产(万)	419694.54	255105.26	345370.57	323907.22
	股东权益(万)	182845.50	117526.30	178967.50	170019.12
	主营业务收入(万)	–	–	–	–
	主营业务利润(万)	–	–	–	–
	营业务收入(万)	200862.06	395014.99	209958.06	424687.14
	营业务利润(万)	2588.85	−2269.59	4505.90	10503.39
	投资收益(万)	–	–	–	–
	利润总额(万)	10032.13	1116.55	4576.80	10543.82
	净利润(万)	10051.72	1182.39	4628.05	9817.55

深圳赛格三星股份有限公司

公司概况						
公司概况	公司名称	深圳赛格三星股份有限公司			证券简称	赛格三星
	法人代表	胡建平	董秘	王科夫	证券代码	000068
	公司网址	www.ssg.com.cn		电子信箱	szsgsx@163.net	
	电　话	0755-89938888-1862		传　真	0755-89938787	
	办公地址	深圳市大工业区兰竹东路23号				
	经营范围	生产经营彩管玻壳及其材料、玻璃器材.平面显示器件玻璃及其材料				

主要财务指标	指标\报告期	2009.06.30	2008.12.31	2008.06.30	2007.12.31
	每股收益(元)	−1.0815	0.0231	0.0155	−0.2443
	每股收益(扣除)(元)	−1.1090	−0.0166	−0.0041	−0.2838
	每股净资产(元)	1.0400	2.1200	2.1100	2.3900
	调整后每股净资产(元)	–	–	–	–
	每股资本公积金(元)	0.5845	0.5845	0.5845	0.8076
	每股盈余公积金(元)	0.1759	0.1736	0.1736	0.1980
	每股未分配利润(元)	−0.7214	0.3623	0.3547	0.3870
	每股现金净流量(元)	−0.0048	0.1582	0.0303	0.0366
	每股经营现金净流量(元)	0.2495	0.5546	0.2521	0.2582
	净资产收益率(扣除)(%)	–	–	–	−11.8600
	净资产收益率(%)	−104.0900	1.0900	0.7300	−10.2100
	总资产(万)	185713.19	315668.38	338132.32	343901.11
	股东权益(万)	93157.88	190129.15	189446.86	188055.94
	主营业务收入(万)	–	–	–	–
	主营业务利润(万)	–	–	–	–
	营业务收入(万)	32792.63	229541.08	127185.02	183502.42
	营业务利润(万)	−98871.42	−1548.34	−98.20	−22089.50
	投资收益(万)	–	–	–	–
	利润总额(万)	−96766.30	2009.43	1390.92	−18988.27
	净利润(万)	−96971.26	2073.20	1390.92	−19200.69

深圳华侨城控股股份有限公司

公司概况						
公司概况	公司名称	深圳华侨城控股股份有限公司			证券简称	华侨城A
	法人代表	刘平春	董秘	李珂晖	证券代码	000069
	公司网址	www.octholding.com		电子信箱	000069IR@vip.163.com	
	电　话	0755-26909069、26936078		传　真	0755-26600517	
	办公地址	广东省深圳市南山区华侨城办公楼				
	经营范围	旅游及其关联产业的投资和管理;投资兴办事业等				

主要财务指标	指标\报告期	2009.06.30	2008.12.31	2008.06.30	2007.12.31
	每股收益(元)	0.1730	0.3500	0.1660	0.3300
	每股收益(扣除)(元)	0.1730	0.3500	0.1670	0.6650
	每股净资产(元)	2.1910	2.1300	1.9460	3.7690
	调整后每股净资产(元)	–	–	–	–
	每股资本公积金(元)	0.1317	0.1237	0.1233	1.2254
	每股盈余公积金(元)	0.1716	0.1716	0.1430	0.2860
	每股未分配利润(元)	0.8881	0.8350	0.6797	1.2571
	每股现金净流量(元)	0.0730	−0.3003	−0.1222	1.0676
	每股经营现金净流量(元)	0.4786	0.4294	0.1925	0.5581
	净资产收益率(扣除)(%)	–	–	–	–
	净资产收益率(%)	7.9000	16.4300	8.5400	15.2000
	总资产(万)	1542655.60	1394692.84	1299204.07	1246847.27
	股东权益(万)	574379.94	558380.68	510066.93	493888.01
	主营业务收入(万)	–	–	–	–
	主营业务利润(万)	–	–	–	–
	营业务收入(万)	130533.41	349067.89	78039.11	172913.69
	营业务利润(万)	52148.78	128336.90	47046.52	85237.20
	投资收益(万)	–	–	–	–
	利润总额(万)	52523.73	128159.35	46786.64	85182.00
	净利润(万)	45354.73	91743.53	43552.69	75037.05

深圳市特发信息股份有限公司

公司概况						
公司概况	公司名称	深圳市特发信息股份有限公司			证券简称	特发信息
	法人代表	张俊林	董秘	张大军	证券代码	000070
	公司网址	www.sdgi.com.cn		电子信箱	zhangdj@sdgi.com.cn	
	电　话	0755-26506649、26506648		传　真	0755-26506800	
	办公地址	深圳市南山区科技园科丰路2号通讯大厦				
	经营范围	光纤、光缆、光纤预制棒、电子元器件、通讯设备的生产等				

主要财务指标	指标\报告期	2009.06.30	2008.12.31	2008.06.30	2007.12.31
	每股收益(元)	0.0735	0.1417	0.0423	0.0442
	每股收益(扣除)(元)	0.0325	0.0521	0.0236	0.0044
	每股净资产(元)	2.7144	2.6411	2.5420	2.5009
	调整后每股净资产(元)	–	–	–	–
	每股资本公积金(元)	2.0049	2.0051	2.0054	2.0066
	每股盈余公积金(元)	0.0828	0.0828	0.0828	0.0828
	每股未分配利润(元)	−0.3733	−0.4468	−0.5462	−0.5885
	每股现金净流量(元)	−0.5107	0.7730	0.3607	−0.2344
	每股经营现金净流量(元)	−0.2706	0.5301	0.1727	−0.0024
	净资产收益率(扣除)(%)	–	–	–	0.1767
	净资产收益率(%)	2.7100	5.3700	1.6650	1.7656
	总资产(万)	112998.30	112710.57	112735.28	97243.59
	股东权益(万)	67859.71	66027.27	63550.92	62523.22
	主营业务收入(万)	–	–	–	–
	主营业务利润(万)	–	–	–	–
	营业务收入(万)	37178.21	70298.02	28461.04	53532.10
	营业务利润(万)	960.18	1452.80	548.77	1196.24
	投资收益(万)	–	–	–	–
	利润总额(万)	1868.83	3628.03	1015.97	1134.71
	净利润(万)	1837.34	3543.50	1058.29	1103.90

深圳市海王生物工程股份有限公司

公司概况	公司名称	深圳市海王生物工程股份有限公司			证券简称	海王生物
	法人代表	张思民	董秘	沈大凯(代)	证券代码	000078
	公司网址	www.neptunus.com		电子信箱	sz000078@vip.sina.com	
	电　话	0755-26968666、26980336		传　真	0755-26980892、26968995	
	办公地址	深圳市南山区郎山二路北海王技术中心科研大楼1栋				
	经营范围	生产经营生物化学原料、制品、试剂及其他相关的制品等				

	指标\报告期	2009.06.30	2008.12.31	2008.06.30	2007.12.31
主要财务指标	每股收益(元)	0.0304	0.0372	0.0495	0.0500
	每股收益(扣除)(元)	0.0191	−0.0418	−0.0060	−0.0700
	每股净资产(元)	1.0600	1.0800	1.1400	1.2000
	调整后每股净资产(元)	–	–	–	–
	每股资本公积金(元)	1.4070	1.4163	1.4557	1.6557
	每股盈余公积金(元)	0.0011	0.0351	0.0351	0.0370
	每股未分配利润(元)	−1.3432	−1.3737	−1.3526	−1.4909
	每股现金净流量(元)	−0.0197	−0.0255	−0.0179	−0.0993
	每股经营现金净流量(元)	0.0800	0.3148	0.2006	0.0819
	净资产收益率(扣除)(%)	–	–	–	−6.3700
	净资产收益率(%)	2.8600	3.4600	4.3500	4.4400
	总资产(万)	303932.92	277753.81	294360.15	310294.82
	股东权益(万)	69489.38	70319.65	74262.91	74216.66
	主营业务收入(万)	–	–	–	–
	主营业务利润(万)	–	–	–	–
	营业务收入(万)	118929.54	221179.95	107732.42	249500.17
	营业务利润(万)	−145.29	−2586.68	3263.91	1323.85
	投资收益(万)	–	–	–	–
	利润总额(万)	1411.43	2289.69	3997.86	4859.75
	净利润(万)	1985.76	2430.36	3231.96	3295.65

深圳市盐田港股份有限公司

公司概况	公司名称	深圳市盐田港股份有限公司			证券简称	盐田港
	法人代表	郑宏杰	董秘	华翔	证券代码	000088
	公司网址	www.yantian-port.com		电子信箱	szytp@yantian-port.com	
	电　话	0755-25290180		传　真	0755-25290932	
	办公地址	广东省深圳市盐田区盐田港海港大厦18-19层				
	经营范围	码头的开发与经营;货物装卸与运输等				

	指标\报告期	2009.06.30	2008.12.31	2008.06.30	2007.12.31
主要财务指标	每股收益(元)	0.1725	0.4602	0.2077	0.5177
	每股收益(扣除)(元)	0.1725	0.4392	0.2079	0.4954
	每股净资产(元)	3.0120	3.0800	2.8860	2.8908
	调整后每股净资产(元)	–	–	–	–
	每股资本公积金(元)	0.7213	0.7213	0.7533	0.7533
	每股盈余公积金(元)	0.5395	0.5395	0.4921	0.4921
	每股未分配利润(元)	0.7517	0.8193	0.6403	0.6454
	每股现金净流量(元)	−0.0739	−0.1463	0.0064	0.0496
	每股经营现金净流量(元)	0.1100	0.2041	0.1216	0.2444
	净资产收益率(扣除)(%)	–	–	–	17.1400
	净资产收益率(%)	5.7300	14.9400	7.2000	17.9100
	总资产(万)	442290.55	457180.56	404879.81	411458.98
	股东权益(万)	375054.16	383462.17	359269.49	359904.29
	主营业务收入(万)	–	–	–	–
	主营业务利润(万)	–	–	–	–
	营业务收入(万)	18744.97	42980.67	22354.22	70270.60
	营业务利润(万)	26573.42	68444.73	31840.59	77555.97
	投资收益(万)	–	–	–	–
	利润总额(万)	26574.94	68479.50	31790.24	77694.36
	净利润(万)	21471.99	57300.18	25854.81	64458.62

深圳市机场股份有限公司

公司概况	公司名称	深圳市机场股份有限公司			证券简称	深圳机场
	法人代表	黄传奇	董秘	罗毅	证券代码	000089
	公司网址	www.szairport.com		电子信箱	szjc@szairport.cn	
	电　话	0755-23456331		传　真	0755-23456327	
	办公地址	深圳市宝安国际机场机场路机场信息大楼				
	经营范围	投资兴办实业;国内商业、物资供销业等				

	指标\报告期	2009.06.30	2008.12.31	2008.06.30	2007.12.31
主要财务指标	每股收益(元)	0.1677	0.1420	0.0412	0.3396
	每股收益(扣除)(元)	0.1647	0.3024	0.1839	0.2807
	每股净资产(元)	2.8590	2.7170	2.5860	2.6960
	调整后每股净资产(元)	–	–	–	–
	每股资本公积金(元)	0.5331	0.5331	0.4994	0.7766
	每股盈余公积金(元)	0.2083	0.2083	0.1974	0.2317
	每股未分配利润(元)	1.1181	0.9760	0.8895	1.1572
	每股现金净流量(元)	−0.0456	0.0573	−0.0468	−0.0080
	每股经营现金净流量(元)	0.0749	0.4058	0.1994	0.4611
	净资产收益率(扣除)(%)	–	–	–	10.4100
	净资产收益率(%)	5.8600	5.2300	1.5500	12.6000
	总资产(万)	544924.90	536074.81	500210.19	494756.78
	股东权益(万)	483323.69	459301.52	437145.19	455741.28
	主营业务收入(万)	–	–	–	–
	主营业务利润(万)	–	–	–	–
	营业务收入(万)	79478.09	150958.98	76103.29	141046.93
	营业务利润(万)	35587.57	67121.42	37309.08	66910.88
	投资收益(万)	–	–	–	–
	利润总额(万)	36316.19	39326.85	13797.30	66791.29
	净利润(万)	28341.22	24001.30	6785.41	57408.00

深圳市天健(集团)股份有限公司

公司概况	公司名称	深圳市天健(集团)股份有限公司			证券简称	深天健
	法人代表	陈潮	董秘	徐肇松	证券代码	000090
	公司网址	www.tonge.com.cn		电子信箱	sztonge@public.szptt.net.cn	
	电　话	0755-83928130		传　真	0755-83915736	
	办公地址	广东省深圳市福田区红荔西路7058号市政大厦				
	经营范围	房地产开发与经营、市政工程建设和管理等				

	指标\报告期	2009.06.30	2008.12.31	2008.06.30	2007.12.31
主要财务指标	每股收益(元)	0.0667	−0.3771	0.0902	0.4731
	每股收益(扣除)(元)	−0.1429	−0.5934	−0.0254	0.5046
	每股净资产(元)	5.0280	6.8440	8.5190	10.2810
	调整后每股净资产(元)	–	–	–	–
	每股资本公积金(元)	2.6584	3.8890	4.9988	6.8156
	每股盈余公积金(元)	0.9160	1.3740	1.4151	1.3740
	每股未分配利润(元)	0.4438	0.5655	1.0927	1.0826
	每股现金净流量(元)	0.3745	−1.5794	−0.9584	0.9612
	每股经营现金净流量(元)	0.1510	−3.0882	−2.1784	0.3236
	净资产收益率(扣除)(%)	–	–	–	4.9100
	净资产收益率(%)	1.3274	−5.5100	1.0600	5.4800
	总资产(万)	571613.83	539152.21	617485.35	672462.24
	股东权益(万)	229617.45	208347.39	259344.48	312972.82
	主营业务收入(万)	–	–	–	–
	主营业务利润(万)	–	–	–	–
	营业务收入(万)	121213.80	284707.63	109203.20	279113.47
	营业务利润(万)	3573.53	−13365.54	3486.19	20373.07
	投资收益(万)	–	–	–	–
	利润总额(万)	3966.04	−11758.57	3357.71	17560.05
	净利润(万)	3048.03	−11478.69	2744.72	14401.15

深圳市广聚能源股份有限公司

公司概况	公司名称	深圳市广聚能源股份有限公司		证券简称	广聚能源
	法人代表	王建彬	董秘 稽元弘	证券代码	000096
	公司网址	www.gj000096.com		电子信箱	gjnygf@126.com
	电　话	0755-86000096		传　真	0755-86331111
	办公地址	深圳市南山区海德三道天利中央商务广场22楼			
	经营范围	兴办实业、国内商业、物资供销业等			

主要财务指标	指标\报告期	2009.06.30	2008.12.31	2008.06.30	2007.12.31
	每股收益(元)	0.1200	0.2500	0.1700	0.4600
	每股收益(扣除)(元)	0.0900	0.2500	0.1700	0.4500
	每股净资产(元)	3.0000	2.9400	2.8700	2.8400
	调整后每股净资产(元)	–	–	–	–
	每股资本公积金(元)	0.7253	0.7052	0.7269	0.6866
	每股盈余公积金(元)	0.4273	0.4273	0.3789	0.3789
	每股未分配利润(元)	0.8575	0.8200	0.7738	0.7828
	每股现金净流量(元)	–0.0427	0.1199	–0.1250	0.2006
	每股经营现金净流量(元)	–0.0527	0.1828	–0.3001	0.0804
	净资产收益率(扣除)(%)	–	–	–	15.7000
	净资产收益率(%)	3.9139	8.3500	6.0000	16.2800
	总资产(万)	172265.31	168087.95	188510.88	177648.34
	股东权益(万)	158443.03	155405.62	151553.87	150046.87
	主营业务收入(万)	–	–	–	–
	主营业务利润(万)	–	–	–	–
	营业务收入(万)	36059.45	180207.06	103344.72	202997.59
	营业务利润(万)	6002.47	13430.04	9201.28	24564.76
	投资收益(万)	–	–	–	–
	利润总额(万)	6364.44	13229.16	9177.74	24589.86
	净利润(万)	6201.37	12969.80	9098.32	24430.57

中信海洋直升机股份有限公司

公司概况	公司名称	中信海洋直升机股份有限公司		证券简称	中信海直
	法人代表	李士林	董秘 姚旗	证券代码	000099
	公司网址	www.china-cohc.com		电子信箱	susx@china-cohc.com
	电　话	0755-26723697、26971630		传　真	0755-26723697、26971630
	办公地址	深圳市南山区南海大道21号深圳直升机场			
	经营范围	国内陆上石油服务、海上石油服务、人工降水、医疗救护等			

主要财务指标	指标\报告期	2009.06.30	2008.12.31	2008.06.30	2007.12.31
	每股收益(元)	0.1295	0.1811	0.0446	0.1654
	每股收益(扣除)(元)	0.0565	0.1901	0.0686	0.1583
	每股净资产(元)	2.8184	2.7389	2.6024	2.6078
	调整后每股净资产(元)	–	–	–	–
	每股资本公积金(元)	0.8987	0.8987	0.8987	0.8987
	每股盈余公积金(元)	0.2338	0.2338	0.2159	0.2159
	每股未分配利润(元)	0.6859	0.6064	0.4878	0.4932
	每股现金净流量(元)	–0.0338	–0.1376	–0.0702	0.1747
	每股经营现金净流量(元)	0.1290	0.2732	0.0157	0.3663
	净资产收益率(扣除)(%)	–	–	–	6.0700
	净资产收益率(%)	4.5900	6.6100	1.7100	6.3400
	总资产(万)	233700.95	230961.34	240901.54	229138.09
	股东权益(万)	144753.82	140670.48	133658.62	133935.97
	主营业务收入(万)	–	–	–	–
	主营业务利润(万)	–	–	–	–
	营业务收入(万)	36539.22	67898.04	30651.86	52691.17
	营业务利润(万)	3572.41	12081.08	4425.23	10011.98
	投资收益(万)	–	–	–	–
	利润总额(万)	7444.10	11387.39	2941.78	10482.31
	净利润(万)	6651.35	9302.51	2290.65	8495.53

TCL集团股份有限公司

公司概况	公司名称	TCL集团股份有限公司		证券简称	TCL集团
	法人代表	李东生	董秘 王红波	证券代码	000100
	公司网址	http://www.tcl.com		电子信箱	ir@tcl.com
	电　话	0755-33313801、33313811		传　真	0755-33313819
	办公地址	广东省惠州市鹅岭南路六号TCL工业大厦九楼			
	经营范围	研究、开发、生产、销售电子产品及通讯设备等			

主要财务指标	指标\报告期	2009.06.30	2008.12.31	2008.06.30	2007.12.31
	每股收益(元)	0.0366	0.1938	0.1625	0.1530
	每股收益(扣除)(元)	0.0096	0.0263	0.0441	0.0525
	每股净资产(元)	1.6749	1.5400	1.5087	1.3444
	调整后每股净资产(元)	–	–	–	–
	每股资本公积金(元)	0.8367	0.7445	0.7483	0.7501
	每股盈余公积金(元)	0.1782	0.2010	0.1812	0.1811
	每股未分配利润(元)	–0.3411	–0.4241	–0.4356	–0.5979
	每股现金净流量(元)	0.3639	0.0117	0.0224	–0.2350
	每股经营现金净流量(元)	0.0702	0.1950	0.0775	–0.1096
	净资产收益率(扣除)(%)	–	–	–	3.9100
	净资产收益率(%)	2.0108	12.5800	10.7700	11.3800
	总资产(万)	2358469.46	2319266.94	2338100.85	2065977.84
	股东权益(万)	491894.75	398303.36	390196.48	347695.86
	主营业务收入(万)	–	–	–	–
	主营业务利润(万)	–	–	–	–
	营业务收入(万)	1752614.29	3841926.40	1853832.61	3906756.09
	营业务利润(万)	16438.73	49636.38	43159.57	19271.95
	投资收益(万)	–	–	–	–
	利润总额(万)	25058.63	65922.86	49452.97	45257.22
	净利润(万)	9890.81	50111.15	42015.84	39581.56

宜华地产股份有限公司

公司概况	公司名称	宜华地产股份有限公司		证券简称	宜华地产
	法人代表	刘绍生	董秘 陈奕民	证券代码	000150
	公司网址	www.yihuarealestate.com		电子信箱	zqb@yihuarealestate.com
	电　话	0754-85899788		传　真	0754-85890788
	办公地址	广东省汕头市澄海区文冠路口右侧宜都花园			
	经营范围	房地产开发与销售,经营,租赁;房屋工程设计,楼宇维修和拆迁等			

主要财务指标	指标\报告期	2009.06.30	2008.12.31	2008.06.30	2007.12.31
	每股收益(元)	0.0956	0.2500	0.0370	0.3500
	每股收益(扣除)(元)	0.0949	0.2500	0.0340	0.0900
	每股净资产(元)	2.0293	1.8774	1.6620	1.6243
	调整后每股净资产(元)	–	–	–	–
	每股资本公积金(元)	1.0576	1.0013	1.0013	1.0013
	每股盈余公积金(元)	0.0541	0.0541	0.0541	0.0541
	每股未分配利润(元)	–0.0824	–0.1780	–0.3937	–0.4311
	每股现金净流量(元)	–0.0794	0.1430	0.0233	0.4481
	每股经营现金净流量(元)	–0.0796	0.1460	0.0255	0.0823
	净资产收益率(扣除)(%)	–	–	–	5.7100
	净资产收益率(%)	4.7100	13.4800	2.2500	21.5400
	总资产(万)	114444.84	121886.67	119000.15	108802.99
	股东权益(万)	65749.80	60829.35	53841.23	52627.96
	主营业务收入(万)	–	–	–	–
	主营业务利润(万)	–	–	–	–
	营业务收入(万)	12624.86	49328.89	5065.86	25033.61
	营业务利润(万)	4179.08	11451.52	1638.40	5344.09
	投资收益(万)	–	–	–	–
	利润总额(万)	4205.30	11571.90	1741.99	14893.64
	净利润(万)	3095.92	8201.40	1213.28	11334.36

中成进出口股份有限公司

公司概况	公司名称	中成进出口股份有限公司		证券简称	中成股份
	法人代表	邹宝中	董秘 戎蓓	证券代码	000151
	公司网址	www.complant-ltd.com.cn		电子信箱	complant@complant-ltd.com
	电　话	010-83676100		传　真	010-83670151
	办公地址	北京市丰台区南四环西路188号二区8号楼			
	经营范围	对外派遣实施境外工程所需的劳务人员;保险兼业代理等			

主要财务指标	指标\报告期	2009.06.30	2008.12.31	2008.06.30	2007.12.31
	每股收益(元)	0.0516	0.1430	0.0586	0.1360
	每股收益(扣除)(元)	0.0493	0.0870	0.0216	-0.0190
	每股净资产(元)	2.9610	3.0010	2.9210	2.9830
	调整后每股净资产(元)	-	-	-	-
	每股资本公积金(元)	1.4932	1.4950	1.4859	1.4812
	每股盈余公积金(元)	0.2857	0.2857	0.2753	0.2753
	每股未分配利润(元)	0.1616	0.2001	0.1262	0.2077
	每股现金净流量(元)	-0.6466	-0.0319	0.3127	0.7470
	每股经营现金净流量(元)	-0.4147	0.0935	0.3825	0.6011
	净资产收益率(扣除)(%)	-	-	-	-0.6300
	净资产收益率(%)	1.7400	4.7600	2.0000	4.5600
	总资产(万)	103114.05	115549.63	12805.02	105024.24
	股东权益(万)	87634.53	88826.03	86469.49	88303.92
	主营业务收入(万)	-	-	-	-
	主营业务利润(万)	-	-	-	-
	营业务收入(万)	34549.71	64111.25	26737.87	71816.75
	营业务利润(万)	1788.91	2573.77	709.04	7928.74
	投资收益(万)	-	-	-	-
	利润总额(万)	1885.34	4052.21	2182.29	8047.82
	净利润(万)	1525.90	4227.24	1733.66	4029.50

安徽丰原药业股份有限公司

公司概况	公司名称	安徽丰原药业股份有限公司		证券简称	丰原药业
	法人代表	徐桦木	董秘 张军	证券代码	000153
	公司网址	www.bbcayy.com		电子信箱	xlyyzj@163.com
	电　话	0551-4846018、4846153		传　真	0551-4677568
	办公地址	安徽省合肥市包河工业区纬四路16号			
	经营范围	药物研究与新产品开发;大容量注射液、小容量注射液、硬胶囊剂等			

主要财务指标	指标\报告期	2009.06.30	2008.12.31	2008.06.30	2007.12.31
	每股收益(元)	0.0319	0.0546	0.0208	0.0217
	每股收益(扣除)(元)	0.0289	0.0529	0.0188	0.0403
	每股净资产(元)	2.5225	2.4907	2.4570	2.4361
	调整后每股净资产(元)	-	-	-	-
	每股资本公积金(元)	0.9480	0.9480	0.9480	0.9480
	每股盈余公积金(元)	0.0867	0.0867	0.0847	0.0847
	每股未分配利润(元)	0.4879	0.4560	0.4243	0.4035
	每股现金净流量(元)	0.2764	0.1930	0.0927	-0.0842
	每股经营现金净流量(元)	0.3981	0.1916	0.1893	0.2125
	净资产收益率(扣除)(%)	-	-	-	1.6548
	净资产收益率(%)	1.2600	2.1900	0.8500	0.8900
	总资产(万)	122873.98	116555.60	114078.98	108861.93
	股东权益(万)	65588.57	64760.43	63883.81	63342.08
	主营业务收入(万)	-	-	-	-
	主营业务利润(万)	-	-	-	-
	营业务收入(万)	44153.80	87380.79	42549.84	70377.87
	营业务利润(万)	1157.40	1985.55	593.62	1503.45
	投资收益(万)	-	-	-	-
	利润总额(万)	1251.22	2059.30	666.07	1581.01
	净利润(万)	828.13	1418.36	541.73	563.43

川化股份有限公司

公司概况	公司名称	川化股份有限公司		证券简称	川化股份
	法人代表	苏重光	董秘 刘勇	证券代码	000155
	公司网址	www.scwltd.com		电子信箱	scc@scwltd.com
	电　话	028-89301891、89301891		传　真	028-89301890、89301289
	办公地址	四川省成都市青白江区大湾镇团结路311号			
	经营范围	化学肥料、基本化学原料、有机化学产品的生产、销售等			

主要财务指标	指标\报告期	2009.06.30	2008.12.31	2008.06.30	2007.12.31
	每股收益(元)	0.1600	0.2900	0.2300	0.2900
	每股收益(扣除)(元)	0.1500	0.2800	0.2200	0.3000
	每股净资产(元)	3.7700	3.7300	3.6700	3.5700
	调整后每股净资产(元)	-	-	-	-
	每股资本公积金(元)	1.7240	1.7240	1.7240	1.7240
	每股盈余公积金(元)	0.4061	0.4299	0.3739	0.3824
	每股未分配利润(元)	0.6051	0.5721	0.5699	0.4638
	每股现金净流量(元)	0.0441	-0.0254	-0.2023	-0.2967
	每股经营现金净流量(元)	0.3713	0.6983	0.4292	0.5638
	净资产收益率(扣除)(%)	-	-	-	8.4100
	净资产收益率(%)	4.1100	7.7200	6.4000	8.2400
	总资产(万)	310857.07	295596.22	295778.67	278044.56
	股东权益(万)	177414.91	175122.44	172386.71	167797.99
	主营业务收入(万)	-	-	-	-
	主营业务利润(万)	-	-	-	-
	营业务收入(万)	113928.78	264214.70	123339.90	203430.27
	营业务利润(万)	6714.61	15991.96	14279.18	17088.68
	投资收益(万)	-	-	-	-
	利润总额(万)	7130.36	17200.20	14937.60	16961.96
	净利润(万)	7294.97	13518.14	11038.96	13824.23

长沙中联重工科技发展股份有限公司

公司概况	公司名称	长沙中联重工科技发展股份有限公司		证券简称	中联重科
	法人代表	詹纯新	董秘 李建达	证券代码	000157
	公司网址	www.zoomlion.com		电子信箱	157@zoomlion.com
	电　话	0731-88923908		传　真	0731-88923904
	办公地址	湖南省长沙市银盆南路361号			
	经营范围	开发、生产、销售工程机械、环卫机械、汽车起重机及其专用底盘等			

主要财务指标	指标\报告期	2009.06.30	2008.12.31	2008.06.30	2007.12.31
	每股收益(元)	0.7132	1.0318	0.5932	1.7536
	每股收益(扣除)(元)	0.7018	0.9691	0.5793	1.7297
	每股净资产(元)	3.9711	3.3415	2.9263	4.7720
	调整后每股净资产(元)	-	-	-	-
	每股资本公积金(元)	0.0086	0.0070	0.0080	0.3215
	每股盈余公积金(元)	0.3478	0.3478	0.2463	0.4925
	每股未分配利润(元)	2.6214	2.0082	1.6711	2.9557
	每股现金净流量(元)	0.0412	1.5230	0.8462	0.0790
	每股经营现金净流量(元)	0.4129	0.2055	-0.1681	0.6048
	净资产收益率(扣除)(%)	-	-	-	36.2500
	净资产收益率(%)	17.9590	30.8800	20.2700	36.7500
	总资产(万)	2706101.98	2312199.41	1370987.53	853216.17
	股东权益(万)	604002.11	508242.01	445086.72	362913.93
	主营业务收入(万)	-	-	-	-
	主营业务利润(万)	-	-	-	-
	营业务收入(万)	926677.38	1354878.43	621616.65	897356.14
	营业务利润(万)	126915.07	165959.75	105006.21	135801.15
	投资收益(万)	-	-	-	-
	利润总额(万)	129666.13	178517.99	107830.68	136432.42
	净利润(万)	108472.37	156938.01	90224.84	133358.64

石家庄常山纺织股份有限公司

公司概况	公司名称	石家庄常山纺织股份有限公司			证券简称	常山股份
	法人代表	汤彰明	董秘	池俊平	证券代码	000158
	公司网址	www.changshantex.com		电子信箱	ally0629@sohu.com	
	电　话	0311-6673856、86673822		传　真	0311-6673929	
	办公地址	河北省石家庄市和平东路183号				
	经营范围	天然纤维和人造纤维的纺织产品、针织品,服装印染加工;家用服饰等				

	指标\报告期	2009.06.30	2008.12.31	2008.06.30	2007.12.31
主要财务指标	每股收益(元)	0.1100	0.1700	0.0400	0.0900
	每股收益(扣除)(元)	-0.0100	0.0050	0.0400	0.0700
	每股净资产(元)	3.2400	3.1200	2.9900	3.7400
	调整后每股净资产(元)	-	-	-	-
	每股资本公积金(元)	1.5660	1.5547	1.5591	2.0247
	每股盈余公积金(元)	0.2146	0.2146	0.1887	0.3154
	每股未分配利润(元)	0.4624	0.3484	0.2455	0.3968
	每股现金净流量(元)	0.1523	0.8746	1.1153	0.1117
	每股经营现金净流量(元)	-0.0056	0.1119	0.1799	0.5452
	净资产收益率(扣除)(%)	-	-	-	2.8600
	净资产收益率(%)	3.5100	5.2900	1.2800	3.3200
	总资产(万)	437290.74	435471.01	431448.84	360630.00
	股东权益(万)	233120.52	224119.65	215169.51	160686.73
	主营业务收入(万)	-	-	-	-
	主营业务利润(万)	-	-	-	-
	营业务收入(万)	102147.97	300414.04	132747.14	293060.70
	营业务利润(万)	-1296.30	173.04	3338.26	4277.01
	投资收益(万)	-	-	-	-
	利润总额(万)	7963.78	11865.28	3696.59	5790.62
	净利润(万)	8191.28	11849.11	2747.05	5334.94

新疆国际实业股份有限公司

公司概况	公司名称	新疆国际实业股份有限公司			证券简称	国际实业
	法人代表	丁治平	董秘	李润起	证券代码	000159
	公司网址	www.xjgjsy.com		电子信箱	zqb@xjgjsy.com	
	电　话	0991-5854232、5814221		传　真	0991-2861579	
	办公地址	乌鲁木齐市黄河路2号招商银行大厦11楼				
	经营范围	机电设备、化工产品,轻工产品、建筑材料、金属材料等				

	指标\报告期	2009.06.30	2008.12.31	2008.06.30	2007.12.31
主要财务指标	每股收益(元)	0.2724	0.6300	0.3460	0.3300
	每股收益(扣除)(元)	0.1900	0.6200	0.3500	0.3700
	每股净资产(元)	4.4600	4.2200	4.5081	3.1300
	调整后每股净资产(元)	-	-	-	-
	每股资本公积金(元)	2.3548	2.3548	3.0234	1.8283
	每股盈余公积金(元)	0.1775	0.1775	0.1557	0.1831
	每股未分配利润(元)	0.9277	0.6853	0.3290	0.1171
	每股现金净流量(元)	0.0274	0.9464	1.3651	0.6236
	每股经营现金净流量(元)	-0.2994	0.3765	0.2433	1.0404
	净资产收益率(扣除)(%)	-	-	-	11.7500
	净资产收益率(%)	6.1087	14.5600	7.2900	10.6300
	总资产(万)	212869.68	186497.32	170499.42	133395.31
	股东权益(万)	107292.98	101460.45	108450.26	63993.21
	主营业务收入(万)	-	-	-	-
	主营业务利润(万)	-	-	-	-
	营业务收入(万)	21790.47	77058.41	44639.93	85517.59
	营业务利润(万)	4485.22	17955.12	9901.88	10779.10
	投资收益(万)	-	-	-	-
	利润总额(万)	7216.16	17996.25	9717.03	8855.31
	净利润(万)	6554.24	14772.59	7908.36	6805.40

江苏吴江中国东方丝绸市场股份有限公司

公司概况	公司名称	江苏吴江中国东方丝绸市场股份有限公司			证券简称	东方市场
	法人代表	吴新祥	董秘	蔡建忠	证券代码	000301
	公司网址	www.cesm.com.cn		电子信箱	silk-sm@public1.sz.js.cn	
	电　话	0512-63573480		传　真	0512-63552272	
	办公地址	江苏省吴江市盛泽镇市场路丝绸股份大厦				
	经营范围	房地产开发、经营,公路货运;资产经营,纺织原料、针纺织品等				

	指标\报告期	2009.06.30	2008.12.31	2008.06.30	2007.12.31
主要财务指标	每股收益(元)	0.0520	0.1398	0.0945	0.1193
	每股收益(扣除)(元)	0.0151	0.0330	0.0146	0.0705
	每股净资产(元)	1.9890	2.0070	1.9620	1.8670
	调整后每股净资产(元)	-	-	-	-
	每股资本公积金(元)	0.5228	0.5228	0.5228	0.5228
	每股盈余公积金(元)	0.1021	0.1021	0.0870	0.0870
	每股未分配利润(元)	0.3642	0.3822	0.3520	0.2575
	每股现金净流量(元)	0.1064	-0.0215	0.0698	-0.1378
	每股经营现金净流量(元)	0.0726	-0.2497	-0.2906	-0.1227
	净资产收益率(扣除)(%)	-	-	-	3.7700
	净资产收益率(%)	2.6100	6.9600	4.8200	6.3900
	总资产(万)	400477.21	381347.98	343804.96	314518.40
	股东权益(万)	242316.97	244512.49	238996.12	227483.89
	主营业务收入(万)	-	-	-	-
	主营业务利润(万)	-	-	-	-
	营业务收入(万)	39367.27	81267.84	48107.00	300174.43
	营业务利润(万)	3250.90	4021.19	2201.81	15476.18
	投资收益(万)	-	-	-	-
	利润总额(万)	8690.54	21979.15	15099.59	21989.49
	净利润(万)	6332.13	17028.60	11512.23	14528.88

潍柴动力股份有限公司

公司概况	公司名称	潍柴动力股份有限公司			证券简称	潍柴动力
	法人代表	谭旭光	董秘	戴立新	证券代码	000338
	公司网址	www.weichai.com		电子信箱	weichai@weichai.com	
	电　话	0536-2297068、2297056		传　真	0536-8197073	
	办公地址	山东省潍坊市民生东街26号				
	经营范围	柴油机及配套产品的设计、开发、生产、销售、维修;资格证书内企业自营进出口业务				

	指标\报告期	2009.06.30	2008.12.31	2008.06.30	2007.12.31
主要财务指标	每股收益(元)	1.4700	2.3200	3.1900	2.7600
	每股收益(扣除)(元)	1.4100	2.2500	3.1500	4.5000
	每股净资产(元)	11.1100	9.6000	14.8700	12.2600
	调整后每股净资产(元)	-	-	-	-
	每股资本公积金(元)	2.5578	2.3866	4.4319	4.5627
	每股盈余公积金(元)	0.6775	0.6775	1.0033	0.7695
	每股未分配利润(元)	6.8900	5.5530	8.4466	5.9305
	每股现金净流量(元)	0.2485	0.7689	2.5336	1.1174
	每股经营现金净流量(元)	0.9957	2.2507	3.5425	4.4233
	净资产收益率(扣除)(%)	-	-	-	32.2600
	净资产收益率(%)	13.2000	24.1500	21.4500	31.6500
	总资产(万)	3427506.00	2926773.51	2890405.26	2242266.33
	股东权益(万)	925917.78	799775.38	774254.43	638133.28
	主营业务收入(万)	-	-	-	-
	主营业务利润(万)	-	-	-	-
	营业务收入(万)	1579726.57	3312778.44	2097874.62	2926096.83
	营业务利润(万)	160564.45	262558.76	243488.33	320614.36
	投资收益(万)	-	-	-	-
	利润总额(万)	166812.31	274080.88	246839.12	327764.64
	净利润(万)	122203.08	193134.66	166084.46	201940.89

许继电气股份有限公司

公司概况	公司名称	许继电气股份有限公司			证券简称	许继电气
	法人代表	王纪年	董秘	姚武	证券代码	000400
	公司网址	www.xjec.com		电子信箱	chc@xjec.com	
	电　　话	0374-3212348、3212069		传　　真	0374-3363549	
	办公地址	河南省许昌市许继大道 1298 号				
	经营范围	生产经营电网调度自动化、配电网自动化、变电站自动化、电站自动化等				

	指标\报告期	2009.06.30	2008.12.31	2008.06.30	2007.12.31
主要财务指标	每股收益(元)	0.1511	0.1010	0.1122	0.3066
	每股收益(扣除)(元)	0.1468	0.1007	0.1122	0.3009
	每股净资产(元)	5.7852	5.6341	5.7453	5.6331
	调整后每股净资产(元)	–	–	–	–
	每股资本公积金(元)	1.5733	1.5733	1.5733	1.5733
	每股盈余公积金(元)	0.6587	0.6587	1.0267	1.0267
	每股未分配利润(元)	2.5531	2.4020	2.1454	2.0331
	每股现金净流量(元)	–0.5344	–0.1376	–0.2435	0.6378
	每股经营现金净流量(元)	–0.3582	0.7293	–0.6052	0.6233
	净资产收益率(扣除)(%)	–	–	–	5.3400
	净资产收益率(%)	2.6100	1.7900	1.9500	5.4400
	总资产(万)	466921.40	474010.25	489528.16	465350.29
	股东权益(万)	218836.92	213122.39	217330.41	213084.42
	主营业务收入(万)	–	–	–	–
	主营业务利润(万)	–	–	–	–
	营业务收入(万)	106288.16	260137.86	94993.59	245462.98
	营业务利润(万)	8741.93	10653.11	4821.92	17545.08
	投资收益(万)	–	–	–	–
	利润总额(万)	10443.64	14552.95	6420.50	21568.22
	净利润(万)	5714.53	3820.69	4245.99	11598.51

唐山冀东水泥股份有限公司

公司概况	公司名称	唐山冀东水泥股份有限公司			证券简称	冀东水泥
	法人代表	张增光	董秘	李占军	证券代码	000401
	公司网址	www.jdsn.com.cn		电子信箱	zqb@jdsn.com.cn	
	电　　话	0315-3244005		传　　真	0315-3244005	
	办公地址	河北省唐山市丰润区林荫路				
	经营范围	生产和销售水泥、熟料以及石灰石开采和销售				

	指标\报告期	2009.06.30	2008.12.31	2008.06.30	2007.12.31
主要财务指标	每股收益(元)	0.2519	0.4100	0.1558	0.3780
	每股收益(扣除)(元)	0.2469	0.4130	0.1463	0.3790
	每股净资产(元)	5.0400	4.8900	4.6500	2.7600
	调整后每股净资产(元)	–	–	–	–
	每股资本公积金(元)	2.7395	2.8401	3.5773	0.7905
	每股盈余公积金(元)	0.2997	0.3047	0.3319	0.3316
	每股未分配利润(元)	0.9929	0.7410	0.6891	0.6423
	每股现金净流量(元)	0.0698	1.0044	2.9912	0.1787
	每股经营现金净流量(元)	0.3785	0.5188	0.1954	0.5581
	净资产收益率(扣除)(%)	–	–	–	13.7200
	净资产收益率(%)	5.0011	7.5300	2.7400	13.6700
	总资产(万)	1601313.61	1273683.66	1342653.30	821026.25
	股东权益(万)	610888.62	592539.13	563990.00	266150.99
	主营业务收入(万)	–	–	–	–
	主营业务利润(万)	–	–	–	–
	营业务收入(万)	251936.82	456873.39	223187.39	346201.71
	营业务利润(万)	38362.12	40084.28	13317.49	35618.53
	投资收益(万)	–	–	–	–
	利润总额(万)	40017.82	58596.69	20833.53	49131.67
	净利润(万)	30551.25	44603.36	15434.14	36386.84

金融街控股股份有限公司

公司概况	公司名称	金融街控股股份有限公司			证券简称	金 融 街
	法人代表	王功伟	董秘	于蓉	证券代码	000402
	公司网址	www.jrjkg.com		电子信箱	investors@jrjkg.com	
	电　　话	010-66573088、66573955		传　　真	010-66573956	
	办公地址	北京市西城区金融大街丙 17 号北京银行大厦 11 层				
	经营范围	房地产开发,销售商品房;物业管理;新技术及产品项目投资;技术开发等				

	指标\报告期	2009.06.30	2008.12.31	2008.06.30	2007.12.31
主要财务指标	每股收益(元)	0.3000	0.4300	0.0600	1.0300
	每股收益(扣除)(元)	0.0200	0.3800	0.0400	0.3800
	每股净资产(元)	5.9900	5.8700	5.5500	4.3700
	调整后每股净资产(元)	–	–	–	–
	每股资本公积金(元)	3.2942	3.3237	3.3698	1.6238
	每股盈余公积金(元)	0.1947	0.1947	0.1644	0.3783
	每股未分配利润(元)	1.5012	1.3469	1.0140	2.5881
	每股现金净流量(元)	0.3898	2.0214	2.6613	0.3493
	每股经营现金净流量(元)	–0.4095	–2.0663	–0.7963	–0.7540
	净资产收益率(扣除)(%)	–	–	–	12.1600
	净资产收益率(%)	5.0800	7.1400	1.0100	33.2200
	总资产(万)	3078677.48	2749877.57	2580808.69	1562366.96
	股东权益(万)	1486289.80	1455306.31	1376646.24	602870.27
	主营业务收入(万)	–	–	–	–
	主营业务利润(万)	–	–	–	–
	营业务收入(万)	150448.48	559507.70	112351.77	421436.19
	营业务利润(万)	102942.65	137099.87	16485.78	281616.15
	投资收益(万)	–	–	–	–
	利润总额(万)	106267.40	141710.21	16045.75	281563.34
	净利润(万)	75525.50	103937.95	13840.24	200264.50

华意压缩机股份有限公司

公司概况	公司名称	华意压缩机股份有限公司			证券简称	华意压缩
	法人代表	刘体斌	董秘	简家凤	证券代码	000404
	公司网址	www.hua-yi.com		电子信箱	hyzq@hua-yi.cn	
	电　　话	0798-8470237		传　　真	0798-8470221	
	办公地址	江西省景德镇市新厂东路 28 号				
	经营范围	无氟压缩机、电冰箱及其配件的生产和销售,制冷设备的来料加工、来样加工等				

	指标\报告期	2009.06.30	2008.12.31	2008.06.30	2007.12.31
主要财务指标	每股收益(元)	0.1416	0.0808	0.1300	0.0243
	每股收益(扣除)(元)	0.1317	–0.0403	0.1300	–0.0900
	每股净资产(元)	1.5200	1.3700	1.4300	1.2900
	调整后每股净资产(元)	–	–	–	–
	每股资本公积金(元)	0.7951	0.7946	0.7948	0.7952
	每股盈余公积金(元)	0.1346	0.1346	0.1346	0.1346
	每股未分配利润(元)	–0.4123	–0.5556	–0.5020	–0.6364
	每股现金净流量(元)	–0.2214	0.3746	–0.0579	–0.1691
	每股经营现金净流量(元)	–0.1647	0.2262	0.0780	1.0825
	净资产收益率(扣除)(%)	–	–	–	–6.6000
	净资产收益率(%)	9.3300	5.8800	9.4200	1.8800
	总资产(万)	245148.52	207878.54	266834.63	240971.74
	股东权益(万)	49249.83	44584.62	46330.78	41980.57
	主营业务收入(万)	–	–	–	–
	主营业务利润(万)	–	–	–	–
	营业务收入(万)	169756.66	307950.53	187240.67	266255.52
	营业务利润(万)	8550.40	6879.06	8513.55	5222.75
	投资收益(万)	–	–	–	–
	利润总额(万)	8974.19	8978.35	8781.01	8732.22
	净利润(万)	4594.76	2623.12	4364.15	789.68

山东胜利股份有限公司

公司概况	公司名称	山东胜利股份有限公司		证券简称	胜利股份
	法人代表	王鹏	董秘　刘志强	证券代码	000407
	公司网址	www.vicome.com		电子信箱	sd000407@yahoo.com.cn
	电　话	0531-86920495、88725686		传　真	0531-86018518
	办公地址	济南市高新区天辰大街2238号胜利生物工程园			
	经营范围	塑胶产品的研制、生产、销售、安装;批准范围的进出口业务;化工产品等			

主要财务指标　指标\报告期	2009.06.30	2008.12.31	2008.06.30	2007.12.31
每股收益(元)	0.0300	0.5700	0.0840	0.0600
每股收益(扣除)(元)	0.0200	-0.1800	0.0800	-
每股净资产(元)	1.6500	2.3600	1.8900	1.8100
调整后每股净资产(元)	-	-	-	-
每股资本公积金(元)	0.0232	0.2325	0.2446	0.2446
每股盈余公积金(元)	0.1321	0.1849	0.1365	0.1365
每股未分配利润(元)	0.4923	0.9453	0.5085	0.4243
每股现金净流量(元)	0.1698	0.1830	0.2184	0.2334
每股经营现金净流量(元)	0.0384	0.1675	0.1315	0.1113
净资产收益率(扣除)(%)	-	-	-	-
净资产收益率(%)	1.9000	24.1700	4.4600	3.4700
总资产(万)	219164.78	209362.97	258826.65	231521.28
股东权益(万)	82283.76	84287.08	67406.20	64402.37
主营业务收入(万)	-	-	-	-
主营业务利润(万)	-	-	-	-
营业务收入(万)	70849.38	179931.98	116860.01	124559.78
营业务利润(万)	2617.73	38860.28	5347.40	4228.78
投资收益(万)	-	-	-	-
利润总额(万)	2620.63	40456.60	5389.61	4343.23
净利润(万)	1563.89	20371.37	3003.82	2231.83

玉源控股股份有限公司

公司概况	公司名称	玉源控股股份有限公司		证券简称	ST玉源
	法人代表	路联	董秘　常诚	证券代码	000408
	公司网址	www.yuyuanholding.com		电子信箱	hebeihuayu@163.com
	电　话	010-82275906、0310-5210408		传　真	010-82275665、0310-5028366
	办公地址	河北省邯郸市峰峰矿区彭东街9号			
	经营范围	房地产开发,物业管理,项目投资及咨询服务等			

主要财务指标　指标\报告期	2009.06.30	2008.12.31	2008.06.30	2007.12.31
每股收益(元)	-0.1810	-0.5060	-0.1210	0.0270
每股收益(扣除)(元)	-0.1730	-0.5270	-0.1360	-0.3000
每股净资产(元)	0.8690	1.0490	1.3200	2.5900
调整后每股净资产(元)	-	-	-	-
每股资本公积金(元)	0.5249	0.5249	0.5028	1.7051
每股盈余公积金(元)	0.0775	0.0775	0.0775	0.1396
每股未分配利润(元)	-0.7339	-0.5534	-0.2621	-0.2544
每股现金净流量(元)	0.0001	0.0003	0.0273	-0.7220
每股经营现金净流量(元)	0.0141	0.4556	0.4674	-1.5224
净资产收益率(扣除)(%)	-	-	-	-11.5800
净资产收益率(%)	-20.7850	-39.2700	-9.1600	1.0400
总资产(万)	65853.39	70181.54	97220.29	105131.30
股东权益(万)	21914.20	26469.09	33259.77	36306.42
主营业务收入(万)	-	-	-	-
主营业务利润(万)	-	-	-	-
营业务收入(万)	4027.03	90280.50	48250.38	67173.34
营业务利润(万)	-4984.57	-12088.66	-4197.23	-3482.83
投资收益(万)	-	-	-	-
利润总额(万)	-4954.51	-11635.71	-3813.15	961.90
净利润(万)	-4554.89	-10395.19	-3046.65	379.22

泰格生物技术股份有限公司

公司概况	公司名称	泰格生物技术股份有限公司		证券简称	ST泰格
	法人代表	毕方庆	董秘　李英俊	证券代码	000409
	公司网址			电子信箱	stonegrp@vip.sina.com
	电　话	0755-83023002		传　真	0755-83023002
	办公地址	深圳市福田区福华一路国际商会大厦B座2202-2206			
	经营范围	研发、生产、销售精细化工类产品及其饲料添加剂等			

主要财务指标　指标\报告期	2009.06.30	2008.12.31	2008.06.30	2007.12.31
每股收益(元)	-0.0200	0.0161	-0.0130	-0.1571
每股收益(扣除)(元)	-0.0200	-0.0207	-0.0150	-0.1240
每股净资产(元)	0.3000	0.3100	0.3100	0.2900
调整后每股净资产(元)	-	-	-	-
每股资本公积金(元)	0.0233	0.0110	0.0110	0.0110
每股盈余公积金(元)	0.0169	0.0169	0.0169	0.0169
每股未分配利润(元)	-0.7386	-0.7183	-0.7222	-0.7344
每股现金净流量(元)	-0.0051	0.0048	0.0002	-0.0033
每股经营现金净流量(元)	-0.0342	0.0117	0.0039	-0.0756
净资产收益率(扣除)(%)	-	-	-	-42.2500
净资产收益率(%)	-6.7200	5.2000	-4.2900	-53.5100
总资产(万)	6397.71	6549.96	6434.78	6319.79
股东权益(万)	5168.81	5306.17	5238.82	5030.44
主营业务收入(万)	-	-	-	-
主营业务利润(万)	-	-	-	-
营业务收入(万)	318.99	1527.73	-	-
营业务利润(万)	-262.15	-194.21	-175.64	-1624.29
投资收益(万)	-	-	-	-
利润总额(万)	-347.12	275.73	-224.77	-2691.87
净利润(万)	-347.12	275.73	-224.77	-2691.87

沈阳机床股份有限公司

公司概况	公司名称	沈阳机床股份有限公司		证券简称	沈阳机床
	法人代表	关锡友	董秘　关欣	证券代码	000410
	公司网址	www.smtcl.com		电子信箱	smtcl@smtcl.com
	电　话	024-25190865		传　真	024-25190865、25190877
	办公地址	沈阳经济技术开发区开发大路17甲1号			
	经营范围	机械设备制造,机床制造,机械加工,进出口贸易等			

主要财务指标　指标\报告期	2009.06.30	2008.12.31	2008.06.30	2007.12.31
每股收益(元)	-0.0910	0.0400	0.0860	0.1448
每股收益(扣除)(元)	-0.0910	-0.2700	0.0840	0.0400
每股净资产(元)	2.2500	2.3300	2.4400	2.5900
调整后每股净资产(元)	-	-	-	-
每股资本公积金(元)	0.6976	0.6976	0.7582	0.9570
每股盈余公积金(元)	0.1461	0.1461	0.2320	0.1158
每股未分配利润(元)	0.4022	0.4887	0.4483	0.5157
每股现金净流量(元)	0.2574	0.0213	0.1916	0.0282
每股经营现金净流量(元)	-1.2129	-1.4257	0.0900	-0.4931
净资产收益率(扣除)(%)	-	-	-	1.4900
净资产收益率(%)	-3.8400	1.6600	3.5100	5.5900
总资产(万)	902052.91	932833.71	808424.54	800568.09
股东权益(万)	122627.29	127340.35	133074.69	141257.08
主营业务收入(万)	-	-	-	-
主营业务利润(万)	-	-	-	-
营业务收入(万)	244308.46	654542.00	285846.47	596071.45
营业务利润(万)	-4108.05	-12586.87	6559.06	14331.51
投资收益(万)	-	-	-	-
利润总额(万)	-3864.06	6084.67	6817.98	19925.47
净利润(万)	-4713.06	2119.17	4669.63	7897.08

浙江英特集团股份有限公司

公司概况					
公司名称	浙江英特集团股份有限公司			证券简称	英特集团
法人代表	冯志斌	董秘	包志虎	证券代码	000411
公司网址	www.kaidigroup.com			电子信箱	bao_zhihu@sina.com
电　　话	0571-85068752、85067873			传　　真	0571-85068752
办公地址	杭州市莫干山路 110 号				
经营范围	丝绸印染加工、服装、针织制品、纺织机械专用配件及器材的制造、加工、销售等				

主要财务指标：指标＼报告期	2009.06.30	2008.12.31	2008.06.30	2007.12.31
每股收益(元)	0.0669	0.0920	0.0488	0.0700
每股收益(扣除)(元)	0.0623	0.0910	0.0443	0.0680
每股净资产(元)	0.7210	0.6490	0.6090	1.0170
调整后每股净资产(元)	–	–	–	–
每股资本公积金(元)	0.2202	0.2151	0.2182	1.2005
每股盈余公积金(元)	0.0707	0.0707	0.0707	0.1272
每股未分配利润(元)	–0.5696	–0.6365	–0.6794	–1.3108
每股现金净流量(元)	–0.5151	0.6295	0.7365	–0.6321
每股经营现金净流量(元)	–0.2640	0.5889	0.1742	–0.3438
净资产收益率(扣除)(%)	–	–	–	12.0300
净资产收益率(%)	9.2800	14.1300	8.0100	12.3800
总资产(万)	163057.80	147153.98	158929.81	130433.03
股东权益(万)	14962.17	13469.98	12642.37	11719.43
主营业务收入(万)	–	–	–	–
主营业务利润(万)	–	–	–	–
营业务收入(万)	226504.70	409888.31	197620.26	338236.08
营业务利润(万)	4038.26	5380.63	2771.97	4653.65
投资收益(万)	–	–	–	–
利润总额(万)	4073.01	5550.43	2821.95	4658.01
净利润(万)	1387.75	1903.89	1012.44	1451.13

石家庄宝石电子玻璃股份有限公司

公司概况					
公司名称	石家庄宝石电子玻璃股份有限公司			证券简称	宝 石 A
法人代表	尚建斌	董秘	付股芳	证券代码	000413
公司网址				电子信箱	bsdz@heinfo.net
电　　话	0311-86917776、86917771			传　　真	0311-86917775
办公地址	河北省石家庄市高新技术产业开发区黄河大道 9 号				
经营范围	电真空玻璃器件及配套的电子元器件、磨具、机械设备等				

主要财务指标：指标＼报告期	2009.06.30	2008.12.31	2008.06.30	2007.12.31
每股收益(元)	–0.0142	0.0100	0.0083	0.0300
每股收益(扣除)(元)	–0.0142	0.0100	0.0083	0.0200
每股净资产(元)	0.6400	0.6500	0.6486	0.6400
调整后每股净资产(元)	–	–	–	–
每股资本公积金(元)	1.0057	1.0057	1.0057	1.0057
每股盈余公积金(元)	0.0717	0.0717	0.0717	0.0717
每股未分配利润(元)	–1.4405	–1.4263	–1.4288	–1.4371
每股现金净流量(元)	–0.0333	0.0073	–0.0240	0.0337
每股经营现金净流量(元)	–0.0332	0.0089	–0.0231	0.0341
净资产收益率(扣除)(%)	–	–	–	3.7500
净资产收益率(%)	–2.2200	1.6600	1.2780	4.2200
总资产(万)	39262.88	40638.34	43599.34	43445.12
股东权益(万)	24393.79	24936.30	24839.75	24522.36
主营业务收入(万)	–	–	–	–
主营业务利润(万)	–	–	–	–
营业务收入(万)	3410.63	20522.50	12534.35	22814.12
营业务利润(万)	–523.70	517.71	429.22	1884.30
投资收益(万)	–	–	–	–
利润总额(万)	–523.71	512.14	429.19	1846.63
净利润(万)	–542.51	413.94	317.39	1033.90

新疆汇通(集团)股份有限公司

公司概况					
公司名称	新疆汇通(集团)股份有限公司			证券简称	汇通集团
法人代表	郭运斌	董秘	马伟华	证券代码	000415
公司网址	www.huitonggroup.com.cn			电子信箱	000415@huitonggroup.com.cn
电　　话	0991-5835644			传　　真	0991-5835644
办公地址	乌鲁木齐市南湖南路 66 号水清木华 A 栋 7 楼				
经营范围	工程承包、建筑工程施工、房地产开发、工业设备的制作和安装等				

主要财务指标：指标＼报告期	2009.06.30	2008.12.31	2008.06.30	2007.12.31
每股收益(元)	–0.0633	–0.2864	–0.0330	0.0508
每股收益(扣除)(元)	–0.0658	–0.1131	–0.0323	–0.0322
每股净资产(元)	1.0606	1.1239	1.3704	1.4104
调整后每股净资产(元)	–	–	–	–
每股资本公积金(元)	0.1763	0.1763	0.1763	0.1763
每股盈余公积金(元)	0.1446	0.1446	0.1405	0.1429
每股未分配利润(元)	–0.2603	–0.1970	0.0536	0.0911
每股现金净流量(元)	0.0227	–0.0015	–0.0314	–0.0373
每股经营现金净流量(元)	0.0248	–0.2128	0.2225	0.1392
净资产收益率(扣除)(%)	–	–	–	–2.2800
净资产收益率(%)	–5.9700	–25.4900	–2.4100	3.6000
总资产(万)	114684.81	109151.50	133406.68	118685.76
股东权益(万)	31854.22	33754.93	41158.05	42358.00
主营业务收入(万)	–	–	–	–
主营业务利润(万)	–	–	–	–
营业务收入(万)	4021.97	23707.26	6886.11	34522.09
营业务利润(万)	–2236.62	–8208.54	–1062.01	2268.70
投资收益(万)	–	–	–	–
利润总额(万)	–2162.45	–8278.11	–1081.19	2311.83
净利润(万)	–1900.71	–8603.07	–990.53	1524.30

民生资本投资管理股份有限公司

公司概况					
公司名称	民生资本投资管理股份有限公司			证券简称	民生投资
法人代表	余政	董秘	冯栋	证券代码	000416
公司网址				电子信箱	hxsy000416@126.com
电　　话	0532-66777312			传　　真	0532-66777313
办公地址	青岛市香港中路 12 号丰合广场 B 座 601				
经营范围	股权投资,资产管理,资本经营及相应咨询与服务				

主要财务指标：指标＼报告期	2009.06.30	2008.12.31	2008.06.30	2007.12.31
每股收益(元)	0.1179	–0.0228	–0.0212	0.0078
每股收益(扣除)(元)	–0.0025	0.0125	–0.0210	–0.0201
每股净资产(元)	1.3200	1.2021	1.2037	1.2249
调整后每股净资产(元)	–	–	–	–
每股资本公积金(元)	0.0198	0.0198	0.0198	0.0198
每股盈余公积金(元)	0.0205	0.0205	0.0205	0.0205
每股未分配利润(元)	0.2797	0.1618	0.1634	0.1845
每股现金净流量(元)	0.7541	–0.7406	–0.5944	0.3240
每股经营现金净流量(元)	–0.0515	0.0220	–0.0159	–0.3021
净资产收益率(扣除)(%)	–	–	–	–1.6400
净资产收益率(%)	8.9300	–1.8900	–1.7600	0.6400
总资产(万)	94754.31	83661.00	80892.08	83358.14
股东权益(万)	70207.10	63937.98	64021.43	65148.33
主营业务收入(万)	–	–	–	–
主营业务利润(万)	–	–	–	–
营业务收入(万)	30901.17	62858.66	32328.98	77406.81
营业务利润(万)	7877.47	–1290.05	–855.04	1633.64
投资收益(万)	–	–	–	–
利润总额(万)	8786.02	7.52	–893.09	1620.98
净利润(万)	6269.12	–1210.35	–1126.89	416.88

合肥百货大楼集团股份有限公司

公司概况					
公司名称	合肥百货大楼集团股份有限公司			证券简称	合肥百货
法人代表	郑晓燕	董秘	赵文武	证券代码	000417
公司网址	www.hfbh.com.cn		电子信箱	hfbhdl@mail.hf.ah.cn	
电　话	0551-2686006		传　真	0551-2652936	
办公地址	安徽省合肥市宿州路96号				
经营范围	百货、五金、交电、化工产品、针纺、食品、黄金、首饰、文体用品、钟表等				

主要财务指标：指标\报告期	2009.06.30	2008.12.31	2008.06.30	2007.12.31
每股收益(元)	0.1607	0.3260	0.1223	0.2714
每股收益(扣除)(元)	0.1347	0.3162	0.1552	0.2352
每股净资产(元)	1.8600	2.3800	2.3100	2.1800
调整后每股净资产(元)	–	–	–	2.1400
每股资本公积金(元)	0.0136	0.2303	0.2299	0.2291
每股盈余公积金(元)	0.3467	0.5507	0.4881	0.4881
每股未分配利润(元)	0.5024	0.5942	0.5871	0.4648
每股现金净流量(元)	–0.1793	0.9191	0.3543	0.4986
每股经营现金净流量(元)	0.2971	1.7770	0.7019	1.0328
净资产收益率(扣除)(%)	–	–	–	–
净资产收益率(%)	8.6300	13.7200	5.3100	12.4400
总资产(万)	316495.95	334074.88	294282.32	248924.51
股东权益(万)	89358.46	87649.31	85063.62	80517.58
主营业务收入(万)	–	–	–	–
主营业务利润(万)	–	–	–	–
营业务收入(万)	301698.31	504373.50	266023.83	396710.63
营业务利润(万)	15750.66	23270.79	10219.24	21276.67
投资收益(万)	–	–	–	–
利润总额(万)	15843.73	24183.44	10190.21	20888.63
净利润(万)	7709.42	12029.83	4514.00	10013.55

无锡小天鹅股份有限公司

公司概况					
公司名称	无锡小天鹅股份有限公司			证券简称	小天鹅A
法人代表	方洪波	董秘	周斯秀	证券代码	000418
公司网址	www.littleswan.com		电子信箱	info@littleswan.com.cn	
电　话	0510-81082407、81082280		传　真	0510-83720879	
办公地址	江苏省无锡市惠钱路67号				
经营范围	家用电器,工业陶瓷产品,环保型干洗设备,清洗机械设备等				

主要财务指标：指标\报告期	2009.06.30	2008.12.31	2008.06.30	2007.12.31
每股收益(元)	0.1200	0.0700	0.1200	0.9100
每股收益(扣除)(元)	0.1000	0.1600	0.1300	0.9100
每股净资产(元)	3.1300	2.9300	2.9900	4.3400
调整后每股净资产(元)	–	–	–	–
每股资本公积金(元)	0.9524	0.8773	0.8846	1.8591
每股盈余公积金(元)	0.2754	0.2800	0.2731	0.4096
每股未分配利润(元)	0.9022	0.7791	0.8348	1.0694
每股现金净流量(元)	0.2387	–0.5288	–0.0761	0.4418
每股经营现金净流量(元)	0.1897	–0.2460	–0.0639	1.0214
净资产收益率(扣除)(%)	–	–	–	10.2300
净资产收益率(%)	3.9300	2.4900	4.0800	21.0600
总资产(万)	311365.45	333928.82	390756.40	378451.62
股东权益(万)	171415.78	160631.66	163771.83	158291.25
主营业务收入(万)	–	–	–	–
主营业务利润(万)	–	–	–	–
营业务收入(万)	190248.86	429298.75	242442.90	500069.17
营业务利润(万)	5948.13	4189.40	10255.20	42669.10
投资收益(万)	–	–	–	–
利润总额(万)	7166.30	3961.52	9857.57	41898.58
净利润(万)	6739.23	4003.83	6673.76	33339.32

长沙通程控股股份有限公司

公司概况					
公司名称	长沙通程控股股份有限公司			证券简称	通程控股
法人代表	周兆达	董秘	杨格艺	证券代码	000419
公司网址	www.e-tongcheng.com		电子信箱	wqm0708@263.net	
电　话	0731-85534994		传　真	0731-85535588	
办公地址	湖南省长沙市劳动西路589号				
经营范围	经销百货、工艺美术品、针纺织品、食品、家具、药品、医疗机械等				

主要财务指标：指标\报告期	2009.06.30	2008.12.31	2008.06.30	2007.12.31
每股收益(元)	0.0833	0.1103	0.1147	0.1528
每股收益(扣除)(元)	0.0282	0.1000	0.1152	0.1206
每股净资产(元)	2.0990	2.1400	4.2400	4.1300
调整后每股净资产(元)	–	–	–	–
每股资本公积金(元)	0.3305	0.3330	1.6363	1.6363
每股盈余公积金(元)	0.1047	0.1047	0.2030	0.2030
每股未分配利润(元)	0.6640	0.7008	1.4020	1.2873
每股现金净流量(元)	0.1021	–0.3267	–0.7497	0.9637
每股经营现金净流量(元)	0.3976	0.5063	0.0649	1.2341
净资产收益率(扣除)(%)	–	–	–	5.8500
净资产收益率(%)	3.9700	5.1600	2.7000	7.4100
总资产(万)	235282.59	230800.16	188256.09	191766.07
股东权益(万)	73685.26	75064.87	74437.94	72425.23
主营业务收入(万)	–	–	–	–
主营业务利润(万)	–	–	–	–
营业务收入(万)	108527.13	181052.56	89575.05	159579.88
营业务利润(万)	3409.49	6277.54	3130.54	8689.15
投资收益(万)	–	–	–	–
利润总额(万)	3705.75	6525.08	3063.10	8744.79
净利润(万)	2922.57	3872.23	2012.71	5364.79

吉林化纤股份有限公司

公司概况					
公司名称	吉林化纤股份有限公司			证券简称	吉林化纤
法人代表	王进军	董秘	徐建国	证券代码	000420
公司网址	www.jlcfc.com		电子信箱	jihx@jlcfc.com	
电　话	0432-3502452、3502331		传　真	0432-3502329	
办公地址	吉林省吉林市九站街516-1号				
经营范围	粘胶纤维、合成纤维及其深加工品;经营本企业自产产品的出口业务等				

主要财务指标：指标\报告期	2009.06.30	2008.12.31	2008.06.30	2007.12.31
每股收益(元)	–0.2100	–0.9514	–0.1924	0.2100
每股收益(扣除)(元)	–0.2091	–1.0060	–0.1900	0.2066
每股净资产(元)	2.1397	2.3200	3.1000	3.3300
调整后每股净资产(元)	–	–	–	–
每股资本公积金(元)	1.3831	1.3604	1.3744	1.4161
每股盈余公积金(元)	0.5036	0.5036	0.5036	0.5036
每股未分配利润(元)	–0.7470	–0.5398	0.2221	0.4116
每股现金净流量(元)	0.3968	–0.1487	–0.2451	0.0646
每股经营现金净流量(元)	0.3436	0.3576	–0.1775	0.2285
净资产收益率(扣除)(%)	–	–	–	6.2000
净资产收益率(%)	–9.5800	–40.9300	–6.2000	6.2700
总资产(万)	266919.99	234966.72	255252.84	270209.38
股东权益(万)	80936.00	87914.76	117263.79	126009.85
主营业务收入(万)	–	–	–	–
主营业务利润(万)	–	–	–	–
营业务收入(万)	85958.61	178450.08	96938.08	220854.44
营业务利润(万)	–7079.48	–45288.11	–7295.01	12813.37
投资收益(万)	–	–	–	–
利润总额(万)	–6923.52	–42467.65	–7417.49	10809.55
净利润(万)	–7757.39	–35985.81	–7276.04	7903.99

南京中北(集团)股份有限公司

公司概况	公司名称	南京中北(集团)股份有限公司			证券简称	南京中北
	法人代表	朱明	董秘	潘明	证券代码	000421
	公司网址	www.zhong-bei.com		电子信箱	securities@zhong-bei.com	
	电　　话	025-86383698、86383611		传　　真	025-86383600	
	办公地址	南京市通江路16号				
	经营范围	出租汽车服务;市际班车客运、省际班车客运、县际包车客运等				

主要财务指标	指标\报告期	2009.06.30	2008.12.31	2008.06.30	2007.12.31
	每股收益(元)	0.1128	0.1480	0.1806	0.2584
	每股收益(扣除)(元)	0.0244	-0.0172	0.0145	0.1486
	每股净资产(元)	1.7800	1.6600	1.7000	1.5200
	调整后每股净资产(元)	-	-	-	-
	每股资本公积金(元)	0.1750	0.1687	0.1736	0.1735
	每股盈余公积金(元)	0.1349	0.1349	0.1225	0.1225
	每股未分配利润(元)	0.4684	0.3556	0.4007	0.2200
	每股现金净流量(元)	-0.0190	0.0675	0.7514	-0.0956
	每股经营现金净流量(元)	0.3972	0.9844	0.5211	0.2910
	净资产收益率(扣除)(%)	-	-	-	9.8000
	净资产收益率(%)	6.3400	8.9200	10.6500	17.0500
	总资产(万)	283529.55	297582.55	323172.36	287769.08
	股东权益(万)	62524.49	58335.35	59655.57	53300.79
	主营业务收入(万)	-	-	-	-
	主营业务利润(万)	-	-	-	-
	营业务收入(万)	72782.58	175936.97	78763.37	183213.88
	营业务利润(万)	-1535.59	-16607.69	-2897.88	3444.64
	投资收益(万)	-	-	-	-
	利润总额(万)	6909.34	9330.53	10882.77	16492.10
	净利润(万)	3967.17	5203.21	6351.92	9088.91

湖北宜化化工股份有限公司

公司概况	公司名称	湖北宜化化工股份有限公司			证券简称	湖北宜化
	法人代表	蒋远华	董秘	强炜	证券代码	000422
	公司网址	www.hbyh.cn		电子信箱	zyj@hbyh.cn	
	电　　话	0717-6442268		传　　真	0717-8868101	
	办公地址	湖北省宜昌市沿江大道52号				
	经营范围	化肥生产销售;液氨、甲醇、甲醛、氢氧化钠、氢、氯、硫磺、一氧化碳等				

主要财务指标	指标\报告期	2009.06.30	2008.12.31	2008.06.30	2007.12.31
	每股收益(元)	0.2020	0.4860	0.6680	0.7520
	每股收益(扣除)(元)	0.1750	0.3730	0.5720	0.7070
	每股净资产(元)	3.6880	3.6300	3.7180	3.3400
	调整后每股净资产(元)	-	-	-	-
	每股资本公积金(元)	0.6236	0.5567	0.5015	0.5399
	每股盈余公积金(元)	0.2498	0.2995	0.2501	0.2520
	每股未分配利润(元)	1.7657	1.7701	1.9661	1.5514
	每股现金净流量(元)	0.6695	-0.1404	0.5514	-0.3669
	每股经营现金净流量(元)	0.9312	1.1622	1.5943	1.3880
	净资产收益率(扣除)(%)	-	-	-	22.2100
	净资产收益率(%)	5.4700	13.4100	17.9790	21.6500
	总资产(万)	1080212.97	1130685.42	1002492.85	878841.03
	股东权益(万)	200044.70	196687.69	201633.78	181335.69
	主营业务收入(万)	-	-	-	-
	主营业务利润(万)	-	-	-	-
	营业务收入(万)	414946.18	713072.08	397578.42	507496.32
	营业务利润(万)	24419.91	39891.11	60182.78	66567.70
	投资收益(万)	-	-	-	-
	利润总额(万)	25635.93	41554.37	61669.10	65972.30
	净利润(万)	10949.77	26374.52	36251.97	40770.13

山东东阿阿胶股份有限公司

公司概况	公司名称	山东东阿阿胶股份有限公司			证券简称	东阿阿胶
	法人代表	乔世波	董秘	吴怀峰	证券代码	000423
	公司网址	www.dongeejiao.com		电子信箱	webmaster@dongeejiao.com	
	电　　话	0635-3264069		传　　真	0635-3260786	
	办公地址	山东省聊城市东阿县阿胶街78号				
	经营范围	实业投资、股权投资;中药合剂、胶剂、煎膏剂、颗粒剂、硬胶囊剂、口服液等				

主要财务指标	指标\报告期	2009.06.30	2008.12.31	2008.06.30	2007.12.31
	每股收益(元)	0.3032	0.5480	0.2300	0.3929
	每股收益(扣除)(元)	0.3013	0.5451	0.2300	0.3938
	每股净资产(元)	2.7900	2.6800	2.3600	2.3300
	调整后每股净资产(元)	-	-	-	-
	每股资本公积金(元)	0.2356	0.2356	0.2347	0.2347
	每股盈余公积金(元)	0.3502	0.3502	0.2910	0.2910
	每股未分配利润(元)	1.2004	1.0972	0.8355	0.8084
	每股现金净流量(元)	0.6360	0.2298	-0.0326	0.1648
	每股经营现金净流量(元)	0.3853	0.5667	0.0215	0.4589
	净资产收益率(扣除)(%)	-	-	-	16.8700
	净资产收益率(%)	10.8800	20.4300	9.6200	16.8300
	总资产(万)	193773.64	189317.97	159554.00	160689.94
	股东权益(万)	145931.81	140526.81	123672.99	122250.68
	主营业务收入(万)	-	-	-	-
	主营业务利润(万)	-	-	-	-
	营业务收入(万)	91105.42	168595.53	82250.36	138136.07
	营业务利润(万)	19115.04	34298.51	15789.31	29929.46
	投资收益(万)	-	-	-	-
	利润总额(万)	19059.47	34130.50	15589.97	29993.14
	净利润(万)	15880.27	28704.47	11897.58	20580.48

徐州工程机械科技股份有限公司

公司概况	公司名称	徐州工程机械科技股份有限公司			证券简称	徐工科技
	法人代表	王民	董秘	费广胜	证券代码	000425
	公司网址	http://xgkj.xcmg.com		电子信箱	zqb@xcmg.com	
	电　　话	0516-87938766、87938997		传　　真	0516-87938767	
	办公地址	徐州市金山桥经济开发区桃山路1号				
	经营范围	工程机械、工程机械配件的开发、研制、加工、销售等				

主要财务指标	指标\报告期	2009.06.30	2008.12.31	2008.06.30	2007.12.31
	每股收益(元)	0.0240	0.2000	0.0020	0.0500
	每股收益(扣除)(元)	0.0100	-0.1400	-0.0300	0.0300
	每股净资产(元)	2.3300	2.3000	2.1000	2.1600
	调整后每股净资产(元)	-	-	-	-
	每股资本公积金(元)	0.8500	0.8500	0.8500	0.8500
	每股盈余公积金(元)	0.1371	0.1371	0.1100	0.1100
	每股未分配利润(元)	0.3407	0.3163	0.1427	0.2007
	每股现金净流量(元)	0.4230	0.1316	0.3649	0.1480
	每股经营现金净流量(元)	0.4645	0.2850	0.4159	0.4922
	净资产收益率(扣除)(%)	-	-	-	1.2600
	净资产收益率(%)	1.0500	8.8000	0.0900	2.1000
	总资产(万)	421730.77	363823.26	360293.38	302325.42
	股东权益(万)	126880.80	125550.49	114614.99	117776.72
	主营业务收入(万)	-	-	-	-
	主营业务利润(万)	-	-	-	-
	营业务收入(万)	194640.03	335420.93	195760.43	326632.04
	营业务利润(万)	102.63	12749.84	1929.50	4109.69
	投资收益(万)	-	-	-	-
	利润总额(万)	197.17	13530.20	1914.18	3958.17
	净利润(万)	1330.31	11044.29	108.79	2472.14

赤峰富龙热电股份有限公司

公司概况	公司名称	赤峰富龙热电股份有限公司			证券简称	富龙热电
	法人代表	景树森	董秘	寇显强	证券代码	000426
	公司网址			电子信箱	kxq6909@163.com	
	电　话	0476-2216690、2216622		传　真	0476-2216691	
	办公地址	内蒙赤峰市红山区西站大街8号				
	经营范围	发电、热力供应、投资、资产经营等				

主要财务指标	指标\报告期	2009.06.30	2008.12.31	2008.06.30	2007.12.31
	每股收益(元)	0.3000	-0.3500	0.0100	0.0200
	每股收益(扣除)(元)	-0.1200	-0.3600	0.0030	-0.2400
	每股净资产(元)	3.1600	3.1100	3.4700	3.4500
	调整后每股净资产(元)	-	-	-	-
	每股资本公积金(元)	1.1375	1.3834	1.3834	1.3747
	每股盈余公积金(元)	0.2306	0.2306	0.2306	0.2306
	每股未分配利润(元)	0.7916	0.4950	0.8533	0.8463
	每股现金净流量(元)	-0.0001	-0.0076	-0.0354	-0.0791
	每股经营现金净流量(元)	-0.0055	0.0755	0.0476	0.3546
	净资产收益率(扣除)(%)	-	-	-	-6.5700
	净资产收益率(%)	9.3900	-11.3000	0.2000	0.4400
	总资产(万)	157382.06	238095.57	253158.41	252863.43
	股东权益(万)	120283.52	118349.78	131989.64	131392.59
	主营业务收入(万)	-	-	-	-
	主营业务利润(万)	-	-	-	-
	营业务收入(万)	19041.14	32481.91	19841.39	54227.33
	营业务利润(万)	12436.55	-16895.35	-839.92	-8874.28
	投资收益(万)	-	-	-	-
	利润总额(万)	11616.00	-13652.63	937.63	1853.11
	净利润(万)	11293.13	-13374.12	265.75	579.26

湖南华天大酒店股份有限公司

公司概况	公司名称	湖南华天大酒店股份有限公司			证券简称	华天酒店
	法人代表	陈纪明	董秘	唐进军	证券代码	000428
	公司网址	www.huatian-hotel.com		电子信箱	resv@huatian-hotel.com	
	电　话	0731-84442888-80928		传　真	0731-84442270、8442270	
	办公地址	湖南省长沙市解放东路300号本公司贵宾楼五楼				
	经营范围	提供住宿、餐饮、洗衣、物业清洗服务;投资汽车出租、文化娱乐产业等				

主要财务指标	指标\报告期	2009.06.30	2008.12.31	2008.06.30	2007.12.31
	每股收益(元)	0.1300	0.3690	0.3100	0.4590
	每股收益(扣除)(元)	0.0610	0.1420	0.1100	0.1360
	每股净资产(元)	2.2500	3.2800	3.2000	2.0600
	调整后每股净资产(元)	-	-	-	-
	每股资本公积金(元)	0.7528	1.3291	1.2884	0.4279
	每股盈余公积金(元)	0.0233	0.0350	0.0314	0.0335
	每股未分配利润(元)	0.4710	0.9144	0.8757	0.5942
	每股现金净流量(元)	0.0528	-0.0348	0.0677	0.2715
	每股经营现金净流量(元)	0.3467	0.6936	0.2127	0.9752
	净资产收益率(扣除)(%)	-	4.9200	-	6.6300
	净资产收益率(%)	5.9200	11.0100	9.6000	22.3100
	总资产(万)	361601.46	313565.28	302013.88	229164.96
	股东权益(万)	124270.10	120870.91	117812.15	71059.20
	主营业务收入(万)	-	-	-	-
	主营业务利润(万)	-	-	-	-
	营业务收入(万)	55859.19	90136.97	40126.16	61182.38
	营业务利润(万)	4539.39	5875.67	4528.15	8436.47
	投资收益(万)	-	-	-	-
	利润总额(万)	8660.91	14698.27	12228.14	19506.13
	净利润(万)	7360.79	13311.62	11315.29	15851.99

广东省高速公路发展股份有限公司

公司概况	公司名称	广东省高速公路发展股份有限公司			证券简称	粤高速A
	法人代表	周余明	董秘	左江	证券代码	000429
	公司网址	www.gpedcl.com.cn		电子信箱	ygs@gpedcl.com.cn	
	电　话	020-83731365		传　真	020-83731384、83731363	
	办公地址	广东省广州市白云路85号				
	经营范围	主营高速公路、等级公路,桥梁的建设施工,公路、桥梁的收费和养护管理等				

主要财务指标	指标\报告期	2009.06.30	2008.12.31	2008.06.30	2007.12.31
	每股收益(元)	0.1700	0.3200	0.2000	0.3900
	每股收益(扣除)(元)	0.1700	0.3300	0.2100	0.4200
	每股净资产(元)	2.7900	2.7200	2.6000	2.6400
	调整后每股净资产(元)	-	-	-	-
	每股资本公积金(元)	1.2210	1.2210	1.2210	1.2210
	每股盈余公积金(元)	0.0731	0.0731	0.0349	0.0349
	每股未分配利润(元)	0.4990	0.4273	0.3486	0.3887
	每股现金净流量(元)	0.2160	0.1274	0.2968	-0.2387
	每股经营现金净流量(元)	0.1651	0.4692	0.1984	0.5495
	净资产收益率(扣除)(%)	-	-	-	16.0200
	净资产收益率(%)	6.1500	11.6400	7.6700	14.8500
	总资产(万)	809387.75	729953.75	660954.07	580236.05
	股东权益(万)	351130.78	342110.49	327408.80	332455.22
	主营业务收入(万)	-	-	-	-
	主营业务利润(万)	-	-	-	-
	营业务收入(万)	47181.67	93727.83	49293.53	111318.49
	营业务利润(万)	30024.13	55956.80	34886.45	79322.93
	投资收益(万)	-	-	-	-
	利润总额(万)	30078.38	52790.85	32790.54	74135.35
	净利润(万)	21591.47	39826.09	25124.41	49366.20

张家界旅游开发股份有限公司

公司概况	公司名称	张家界旅游开发股份有限公司			证券简称	ST张家界
	法人代表	李智勇	董秘	王安祺	证券代码	000430
	公司网址	www.zjjgf.com.cn		电子信箱	sz000430@hotmail.com	
	电　话	0731-84331165		传　真	0731-84331165	
	办公地址	湖南省长沙市车站北路459号证券大厦604室				
	经营范围	旅游资源开发、旅游基础设施建设、旅游配套服务、与旅游有关的高科技开发等				

主要财务指标	指标\报告期	2009.06.30	2008.12.31	2008.06.30	2007.12.31
	每股收益(元)	-0.0700	-0.1200	0.0400	0.0200
	每股收益(扣除)(元)	-0.0700	-0.2800	-0.0900	-0.1276
	每股净资产(元)	-0.2600	-0.2300	-0.4200	-0.4700
	调整后每股净资产(元)	-	-	-	-
	每股资本公积金(元)	0.2246	0.4597	0.1070	0.1070
	每股盈余公积金(元)	-	-	-	-
	每股未分配利润(元)	-1.4858	-1.6934	-1.5295	-1.5745
	每股现金净流量(元)	0.0047	-0.0103	0.0246	-0.0048
	每股经营现金净流量(元)	0.0252	0.0710	0.0319	0.2034
	净资产收益率(扣除)(%)	-	-	-	-
	净资产收益率(%)	-	-	-9.1600	-
	总资产(万)	32430.05	31724.26	36639.53	37223.28
	股东权益(万)	-5747.68	-4291.38	-7756.44	-8582.45
	主营业务收入(万)	-	-	-	-
	主营业务利润(万)	-	-	-	-
	营业务收入(万)	3250.96	8732.73	3681.01	16353.27
	营业务利润(万)	-1588.77	-6422.80	-1534.73	-1896.41
	投资收益(万)	-	-	-	-
	利润总额(万)	-1652.04	-3216.95	788.93	842.52
	净利润(万)	-1602.53	-2183.93	710.26	423.17

山东晨鸣纸业集团股份有限公司

公司概况	公司名称	山东晨鸣纸业集团股份有限公司			证券简称	晨鸣纸业
	法人代表	陈洪国	董秘	郝筠	证券代码	000488
	公司网址	www.chenmingpaper.com		电子信箱	chenmingpaper@163.com	
	电　话	0536-2158011、2156488		传　真	0536-2158640	
	办公地址	山东省寿光市圣城街 595 号				
	经营范围	机制纸及纸板等纸制品和造纸原料、造纸机械的加工、销售,电力、热力的生产、销售等				

主要财务指标	指标\报告期	2009.06.30	2008.12.31	2008.06.30	2007.12.31
	每股收益(元)	0.0760	0.5700	0.5500	0.6000
	每股收益(扣除)(元)	0.0540	0.4500	0.4800	0.5400
	每股净资产(元)	5.9715	5.9451	5.8865	5.1250
	调整后每股净资产(元)	–	–	–	–
	每股资本公积金(元)	2.9551	2.9551	2.9585	2.1906
	每股盈余公积金(元)	0.4003	0.4003	0.3510	0.4241
	每股未分配利润(元)	1.6157	1.5893	1.5766	1.5100
	每股现金净流量(元)	–0.0972	1.0057	1.4546	–0.0999
	每股经营现金净流量(元)	–0.2551	0.9380	0.8295	0.7761
	净资产收益率(扣除)(%)	–	–	–	10.0400
	净资产收益率(%)	1.2800	8.7700	7.8100	11.0600
	总资产(万)	2842164.71	2629949.57	2564240.82	2201110.83
	股东权益(万)	1231345.37	1225907.89	1213816.96	874503.50
	主营业务收入(万)	–	–	–	–
	主营业务利润(万)	–	–	–	–
	营业务收入(万)	667536.66	1552959.34	855240.23	1516474.25
	营业务利润(万)	17517.74	129277.17	118578.03	128484.40
	投资收益(万)	–	–	–	–
	利润总额(万)	23823.96	155533.93	134665.58	148933.62
	净利润(万)	15748.73	107529.17	94742.74	96763.62

武汉武商集团股份有限公司

公司概况	公司名称	武汉武商集团股份有限公司			证券简称	鄂武商 A
	法人代表	刘江超	董秘	万来红	证券代码	000501
	公司网址	www.wushang.com.cn		电子信箱	wushanggroup1@public.wh.hb.cn	
	电　话	027-85714295		传　真	027-85714011	
	办公地址	湖北省武汉市汉口解放大道 690 号				
	经营范围	百货、五金、交电、家具、其他食品、针纺织品、日用杂品、酒、西药等				

主要财务指标	指标\报告期	2009.06.30	2008.12.31	2008.06.30	2007.12.31
	每股收益(元)	0.2700	0.3600	0.1500	0.3100
	每股收益(扣除)(元)	0.2000	0.3700	0.1400	0.2800
	每股净资产(元)	2.7800	2.5100	2.1800	2.1600
	调整后每股净资产(元)	–	–	–	–
	每股资本公积金(元)	1.0813	1.0800	1.0801	1.0819
	每股盈余公积金(元)	0.2967	0.1532	0.1532	0.1532
	每股未分配利润(元)	0.4037	0.2794	–0.0577	–0.0762
	每股现金净流量(元)	–0.3759	0.2416	–0.3060	0.3842
	每股经营现金净流量(元)	0.4081	1.6380	0.3120	1.4668
	净资产收益率(扣除)(%)	–	–	–	12.9600
	净资产收益率(%)	9.6300	14.1500	6.6900	14.2500
	总资产(万)	521247.21	517812.91	407316.05	425563.53
	股东权益(万)	141101.97	127455.39	110357.50	109512.26
	主营业务收入(万)	–	–	–	–
	主营业务利润(万)	–	–	–	–
	营业务收入(万)	380903.99	662971.64	328665.71	529712.67
	营业务利润(万)	23004.61	37496.30	19531.65	30690.12
	投资收益(万)	–	–	–	–
	利润总额(万)	23509.74	37512.35	19658.76	32847.59
	净利润(万)	13581.68	18039.21	7383.50	15609.79

绿景地产股份有限公司

公司概况	公司名称	绿景地产股份有限公司			证券简称	绿景地产
	法人代表	余斌	董秘	王斌	证券代码	000502
	公司网址	www.000502.cn		电子信箱	yaoyao920628@yahoo.com.cn	
	电　话	020-22082999 转 22082969		传　真	020-22082922	
	办公地址	广东省广州市天河区林和中路 8 号天誉大厦 35 楼				
	经营范围	房地产开发经营,室内外装饰装修工程,花木园林工程设计,旅游项目开发等				

主要财务指标	指标\报告期	2009.06.30	2008.12.31	2008.06.30	2007.12.31
	每股收益(元)	0.1533	0.3064	0.1584	0.0248
	每股收益(扣除)(元)	0.0566	0.3108	0.1569	0.0191
	每股净资产(元)	1.4570	1.3000	1.1420	1.1400
	调整后每股净资产(元)	–	–	–	–
	每股资本公积金(元)	0.1233	0.1233	0.1113	0.2643
	每股盈余公积金(元)	0.0373	0.0373	0.0373	0.0373
	每股未分配利润(元)	0.2959	0.1426	–0.0063	–0.1638
	每股现金净流量(元)	0.2737	–0.4090	–0.2946	0.6652
	每股经营现金净流量(元)	0.5873	–0.0274	–0.2393	1.0650
	净资产收益率(扣除)(%)	–	–	–	1.6700
	净资产收益率(%)	10.5200	23.5100	13.8700	2.1800
	总资产(万)	77531.39	79893.64	83343.61	75467.17
	股东权益(万)	26919.04	24086.04	21110.60	21028.16
	主营业务收入(万)	–	–	–	–
	主营业务利润(万)	–	–	–	–
	营业务收入(万)	11740.79	46691.03	18637.02	44366.30
	营业务利润(万)	958.33	10896.71	4286.56	5213.68
	投资收益(万)	–	–	–	–
	利润总额(万)	3287.24	10760.82	4281.13	5227.77
	净利润(万)	2833.01	5663.68	2927.33	458.59

海虹企业(控股)股份有限公司

公司概况	公司名称	海虹企业(控股)股份有限公司			证券简称	海虹控股
	法人代表	曾塞外	董秘	上官永强	证券代码	000503
	公司网址	www.searainbow.com		电子信箱	ir@searainbow.com	
	电　话	0898-64424355		传　真	0898-68510669	
	办公地址	海南省海口市滨海大道文华酒店 7 层				
	经营范围	资产管理;投资策划咨询服务;房地产开发经营;旅游资源开发等				

主要财务指标	指标\报告期	2009.06.30	2008.12.31	2008.06.30	2007.12.31
	每股收益(元)	0.0027	0.0072	0.0018	0.0049
	每股收益(扣除)(元)	–0.0151	0.0060	0.0019	–0.0089
	每股净资产(元)	1.7200	1.7240	1.7400	1.7856
	调整后每股净资产(元)	–	–	–	–
	每股资本公积金(元)	0.2628	0.2666	0.2839	0.2872
	每股盈余公积金(元)	0.0098	0.0098	0.0046	0.0046
	每股未分配利润(元)	0.5982	0.5955	0.5901	0.5883
	每股现金净流量(元)	–0.0652	0.0264	–0.1110	–0.0070
	每股经营现金净流量(元)	0.0118	–0.0205	0.0162	–0.0381
	净资产收益率(扣除)(%)	–	–	–	–0.4971
	净资产收益率(%)	0.1600	0.4190	0.1100	0.2720
	总资产(万)	165379.95	163219.97	152341.08	164063.51
	股东权益(万)	129055.90	129131.46	129965.52	133743.65
	主营业务收入(万)	–	–	–	–
	主营业务利润(万)	–	–	–	–
	营业务收入(万)	14518.89	28665.14	13442.04	20830.19
	营业务利润(万)	674.37	1323.11	349.67	574.20
	投资收益(万)	–	–	–	–
	利润总额(万)	616.48	1438.74	335.64	1082.01
	净利润(万)	200.15	541.59	137.16	364.37

北京赛迪传媒投资股份有限公司

公司概况	公司名称	北京赛迪传媒投资股份有限公司			证券简称	赛迪传媒
	法人代表	柳旭(代)	董秘	瞿佳	证券代码	000504
	公司网址	www.ccidmedia.com		电子信箱	zqinfo@ccidtv.com	
	电　　话	010-88558355、88558399		传　　真	010-88558333	
	办公地址	北京市海淀区紫竹院路66号赛迪大厦17层				
	经营范围	对高新技术企业资讯、媒体、文化传播项目投资管理，技术开发、技术服务等				

	指标\报告期	2009.06.30	2008.12.31	2008.06.30	2007.12.31
主要财务指标	每股收益(元)	-0.0367	-0.5500	-0.0403	0.0100
	每股收益(扣除)(元)	-0.0370	-0.5200	-0.0400	-0.0400
	每股净资产(元)	0.8600	0.8900	1.3983	1.4400
	调整后每股净资产(元)	-	-	-	-
	每股资本公积金(元)	0.1248	0.1248	0.1248	0.1248
	每股盈余公积金(元)	0.1109	0.1109	0.1109	0.1109
	每股未分配利润(元)	-0.3797	-0.3430	0.1626	0.2029
	每股现金净流量(元)	0.1129	-0.1372	-0.1161	0.0871
	每股经营现金净流量(元)	0.2249	-0.0597	0.1923	0.0296
	净资产收益率(扣除)(%)	-	-	-	-2.4700
	净资产收益率(%)	-4.2900	-61.1400	-2.8800	0.4200
	总资产(万)	55779.57	53652.30	66190.74	68081.08
	股东权益(万)	26671.49	27815.97	43568.17	44822.37
	主营业务收入(万)	-	-	-	-
	主营业务利润(万)	-	-	-	-
	营业务收入(万)	6100.52	19745.57	13732.55	31830.93
	营业务利润(万)	-1304.64	-16867.14	-1410.60	-39.34
	投资收益(万)	-	-	-	-
	利润总额(万)	-1144.49	-16902.88	-1404.00	285.25
	净利润(万)	-1144.49	-17006.39	-1254.19	188.89

海南珠江控股股份有限公司

公司概况	公司名称	海南珠江控股股份有限公司			证券简称	*ST珠江
	法人代表	郑清	董秘	顾利荣	证券代码	000505
	公司网址			电子信箱	hnpearl@public.hk.hi.cn	
	电　　话	0898-68581888转68581199		传　　真	0898-68581026	
	办公地址	海口市滨海大道珠江广场帝豪大厦29楼				
	经营范围	工业投资、热工业投资、热带种植业、海产养殖、房地产开发经营等				

	指标\报告期	2009.06.30	2008.12.31	2008.06.30	2007.12.31
主要财务指标	每股收益(元)	0.2000	-0.1800	-0.1090	-0.0700
	每股收益(扣除)(元)	-0.1084	-0.2300	-0.1080	-0.0800
	每股净资产(元)	1.4500	0.2800	0.3496	0.4600
	调整后每股净资产(元)	-	-	-	-
	每股资本公积金(元)	1.7532	0.7833	0.7833	0.7833
	每股盈余公积金(元)	0.2676	0.2676	0.2676	0.2676
	每股未分配利润(元)	-1.5731	-1.7718	-1.7013	-1.5923
	每股现金净流量(元)	0.0734	-0.1741	-0.1284	0.1994
	每股经营现金净流量(元)	0.0858	-0.1547	-0.1941	-0.0500
	净资产收益率(扣除)(%)	-	-	-	-16.8300
	净资产收益率(%)	13.7270	-64.3300	-31.1790	-15.9400
	总资产(万)	175894.22	97512.29	95871.21	93916.72
	股东权益(万)	61778.58	11908.65	14917.86	19569.03
	主营业务收入(万)	-	-	-	-
	主营业务利润(万)	-	-	-	-
	营业务收入(万)	4803.79	10179.18	4088.99	15371.61
	营业务利润(万)	8365.70	-8636.73	-4690.35	-1874.86
	投资收益(万)	-	-	-	-
	利润总额(万)	8359.11	-7917.46	-4750.20	-1861.59
	净利润(万)	8480.34	-7660.38	-4651.17	-3120.00

山东中润投资控股集团股份有限公司

公司概况	公司名称	山东中润投资控股集团股份有限公司			证券简称	ST中润
	法人代表	郑峰文	董秘		证券代码	000506
	公司网址			电子信箱	zhongrunkonggu@163.com	
	电　　话	0531-86935106		传　　真	0531-86935105	
	办公地址	山东省济南市顺河街176号				
	经营范围	不动产及相关公司股权投资；房地产租赁、策划咨询；房地产经纪；资源类公司股权投资				

	指标\报告期	2009.06.30	2008.12.31	2008.06.30	2007.12.31
主要财务指标	每股收益(元)	0.1108	0.2582	-0.0031	0.2091
	每股收益(扣除)(元)	0.1060	0.0202	-0.0031	-0.0103
	每股净资产(元)	0.7004	0.5895	-0.6400	1.0297
	调整后每股净资产(元)	-	-	-	-
	每股资本公积金(元)	0.0402	0.0400	0.3276	1.9934
	每股盈余公积金(元)	0.0204	0.0526	0.0132	0.0132
	每股未分配利润(元)	-0.3602	-0.4710	-1.9801	-1.9770
	每股现金净流量(元)	0.0655	-0.3838	0.0003	0.0387
	每股经营现金净流量(元)	-0.0711	0.9806	0.0031	0.4340
	净资产收益率(扣除)(%)	-	-	-	-3.1000
	净资产收益率(%)	15.8300	43.8000	-	63.1200
	总资产(万)	329564.47	322301.06	21.33	297723.08
	股东权益(万)	54220.36	45638.65	-15924.16	25650.09
	主营业务收入(万)	-	-	-	-
	主营业务利润(万)	-	-	-	-
	营业务收入(万)	33429.67	89652.10	202.00	69707.94
	营业务利润(万)	11102.58	25315.00	-77.47	12271.33
	投资收益(万)	-	-	-	-
	利润总额(万)	11605.83	26130.01	-77.47	20767.80
	净利润(万)	8581.70	19988.56	-77.47	16190.35

珠海经济特区富华集团股份有限公司

公司概况	公司名称	珠海经济特区富华集团股份有限公司			证券简称	粤富华
	法人代表	杨润贵	董秘	薛楠	证券代码	000507
	公司网址	www.0507.com.cn		电子信箱	zhfuhua0507@yahoo.com.cn	
	电　　话	0756-3838066、3838088		传　　真	0756-3321889	
	办公地址	广东省珠海市九洲大道1146号5楼				
	经营范围	玻璃纤维制品项目投资、电力项目投资、房地产开发等				

	指标\报告期	2009.06.30	2008.12.31	2008.06.30	2007.12.31
主要财务指标	每股收益(元)	-0.0997	0.2510	0.1450	0.4084
	每股收益(扣除)(元)	-0.1199	0.3019	0.1406	0.2780
	每股净资产(元)	3.2644	3.3941	3.3179	3.3349
	调整后每股净资产(元)	-	-	-	-
	每股资本公积金(元)	1.9140	1.9140	1.9438	2.0059
	每股盈余公积金(元)	0.0796	0.0796	0.0796	0.0796
	每股未分配利润(元)	0.2708	0.4005	0.2945	0.2494
	每股现金净流量(元)	-0.0271	-0.7254	-0.3743	0.7036
	每股经营现金净流量(元)	0.0338	-0.1113	-0.0441	1.0239
	净资产收益率(扣除)(%)	-	-	-	8.3400
	净资产收益率(%)	-3.0500	7.4000	4.3700	12.2400
	总资产(万)	173425.04	174368.01	203334.68	260146.29
	股东权益(万)	112621.59	117095.46	114467.10	115053.42
	主营业务收入(万)	-	-	-	-
	主营业务利润(万)	-	-	-	-
	营业务收入(万)	17057.84	170364.78	119267.42	64897.47
	营业务利润(万)	-3671.66	10955.16	7005.86	15468.68
	投资收益(万)	-	-	-	-
	利润总额(万)	-3412.87	11125.23	7162.89	15519.68
	净利润(万)	-3438.88	8661.06	5003.61	14088.21

华塑控股股份有限公司

公司概况	公司名称	华塑控股股份有限公司			证券简称	SST 华塑
	法人代表	邢乐成	董秘	郭宏杰	证券代码	000509
	公司网址	www.000509.com		电子信箱	DB000509@163.com	
	电　话	028-86650101		传　真	028-86657755	
	办公地址	四川省成都市大业路 39 号大业大厦 20 搂				
	经营范围	计算机软件开发、生产；开发、生产、销售电子产品及元器件等				

	指标\报告期	2009.06.30	2008.12.31	2008.06.30	2007.12.31
主要财务指标	每股收益(元)	-0.0416	-0.5700	-0.1151	0.0500
	每股收益(扣除)(元)	-0.0670	-0.5800	-0.1235	-0.3800
	每股净资产(元)	0.0200	0.0600	0.5200	0.6900
	调整后每股净资产(元)	-	-	-	-
	每股资本公积金(元)	1.8719	1.8699	1.8736	1.9214
	每股盈余公积金(元)	0.1156	0.1156	0.1156	0.1156
	每股未分配利润(元)	-2.9675	-2.9258	-2.4664	-2.3513
	每股现金净流量(元)	0.0475	-0.0464	0.0019	-0.0109
	每股经营现金净流量(元)	0.0680	-0.0042	0.0443	0.1450
	净资产收益率(扣除)(%)	-	-	-	-56.0400
	净资产收益率(%)	-208.5100	-962.9600	-22.0200	6.8800
	总资产(万)	67841.04	66145.89	83243.98	83460.27
	股东权益(万)	499.27	1491.71	13069.72	17144.45
	主营业务收入(万)	-	-	-	-
	主营业务利润(万)	-	-	-	-
	营业务收入(万)	18550.94	40034.54	20831.30	51057.32
	营业务利润(万)	-903.32	-13156.25	-2836.40	-6897.02
	投资收益(万)	-	-	-	-
	利润总额(万)	-945.46	-14264.99	-2796.15	1433.19
	净利润(万)	-1041.04	-14364.62	-2878.37	1178.85

四川金路集团股份有限公司

公司概况	公司名称	四川金路集团股份有限公司			证券简称	金路集团
	法人代表	何光昶	董秘	彭朗	证券代码	000510
	公司网址	www.jinlugroup.cn		电子信箱	Pengl2239@163.com	
	电　话	0838-2207936、2301092		传　真	0838-2207936、2301092	
	办公地址	四川省德阳市岷江西路二段 57 号金路大厦				
	经营范围	聚氯乙烯树脂、烧碱、针纺织品自产自销、电石生产销售、房地产开发等				

	指标\报告期	2009.06.30	2008.12.31	2008.06.30	2007.12.31
主要财务指标	每股收益(元)	-0.0884	-0.1029	-0.0790	0.1399
	每股收益(扣除)(元)	-0.0913	-0.0862	-0.0269	0.1467
	每股净资产(元)	1.7130	1.8059	1.8223	1.9618
	调整后每股净资产(元)	-	-	-	-
	每股资本公积金(元)	0.1213	0.1213	0.1213	0.1213
	每股盈余公积金(元)	0.1551	0.1551	0.1551	0.1551
	每股未分配利润(元)	0.4297	0.5295	0.5460	0.6855
	每股现金净流量(元)	0.2111	-0.1551	0.0246	-0.2054
	每股经营现金净流量(元)	0.2173	0.1278	0.1285	0.2238
	净资产收益率(扣除)(%)	-	-	-	7.4800
	净资产收益率(%)	-5.1612	-5.7000	-4.3400	7.1300
	总资产(万)	286337.61	267809.69	279729.28	274510.78
	股东权益(万)	104355.92	110011.65	111013.75	119510.37
	主营业务收入(万)	-	-	-	-
	主营业务利润(万)	-	-	-	-
	营业务收入(万)	88047.06	201810.05	117968.53	220945.08
	营业务利润(万)	-5747.33	-6067.79	-3986.13	12129.63
	投资收益(万)	-	-	-	-
	利润总额(万)	-5550.03	-6428.98	-4626.63	10115.52
	净利润(万)	-5386.02	-6270.66	-4813.40	8523.09

沈阳银基发展股份有限公司

公司概况	公司名称	沈阳银基发展股份有限公司			证券简称	银基发展
	法人代表	沈志奇	董秘	孙家庆	证券代码	000511
	公司网址	www.ingin.com		电子信箱	yjzq@ingin.com.cn	
	电　话	024-22903598		传　真	024-22921377	
	办公地址	辽宁省沈阳市沈河区青年大街 109 号				
	经营范围	城市基础设施投资				

	指标\报告期	2009.06.30	2008.12.31	2008.06.30	2007.12.31
主要财务指标	每股收益(元)	0.0300	0.1100	0.0900	0.1200
	每股收益(扣除)(元)	0.0300	0.1100	0.0952	0.1200
	每股净资产(元)	1.2400	1.2100	1.1900	2.1300
	调整后每股净资产(元)	-	-	-	-
	每股资本公积金(元)	0.0281	0.0281	0.0281	0.5534
	每股盈余公积金(元)	0.0989	0.0989	0.0820	0.1558
	每股未分配利润(元)	0.1175	0.0839	0.0832	0.4241
	每股现金净流量(元)	0.1754	-0.0224	0.0342	0.0338
	每股经营现金净流量(元)	0.1625	-0.2333	-0.0733	0.9401
	净资产收益率(扣除)(%)	-	-	-	10.6300
	净资产收益率(%)	2.7000	9.2300	7.9000	10.9300
	总资产(万)	209116.02	209505.04	208535.83	216072.27
	股东权益(万)	143717.79	139842.75	137814.09	129666.45
	主营业务收入(万)	-	-	-	-
	主营业务利润(万)	-	-	-	-
	营业务收入(万)	24426.95	64939.92	50417.83	97395.16
	营业务利润(万)	5507.18	17802.34	14892.80	21602.25
	投资收益(万)	-	-	-	-
	利润总额(万)	5473.63	17611.73	14777.13	21932.00
	净利润(万)	3875.04	12911.43	10882.77	14168.27

丽珠医药集团股份有限公司

公司概况	公司名称	丽珠医药集团股份有限公司			证券简称	丽珠集团
	法人代表	朱保国	董秘	李如才	证券代码	000513
	公司网址	www.livzon.com.cn		电子信箱	zhlivzon@pub.zhuhai.gd.cn	
	电　话	0756-8135888		传　真	0756-8886002	
	办公地址	广东省珠海市拱北桂花北路 132 号丽珠大厦				
	经营范围	以医药为主，兼营化工、食品、房地产、旅业、信息等				

	指标\报告期	2009.06.30	2008.12.31	2008.06.30	2007.12.31
主要财务指标	每股收益(元)	0.8300	0.1700	0.2000	1.6600
	每股收益(扣除)(元)	0.6300	0.7800	0.4600	0.7000
	每股净资产(元)	6.5400	5.8600	5.9000	6.3500
	调整后每股净资产(元)	-	-	-	-
	每股资本公积金(元)	1.4437	1.4290	1.4377	1.5640
	每股盈余公积金(元)	1.1544	1.1544	1.1374	1.1374
	每股未分配利润(元)	3.0361	2.3238	2.3703	2.6706
	每股现金净流量(元)	-0.2399	0.8462	0.5939	-0.0086
	每股经营现金净流量(元)	0.7189	1.1279	0.3908	0.8122
	净资产收益率(扣除)(%)	-	-	-	11.0500
	净资产收益率(%)	12.6900	2.9300	3.3800	26.1700
	总资产(万)	287172.48	292381.33	302866.84	294572.34
	股东权益(万)	195336.63	177853.59	180495.06	194266.41
	主营业务收入(万)	-	-	-	-
	主营业务利润(万)	-	-	-	-
	营业务收入(万)	120970.69	205864.06	110894.68	174810.84
	营业务利润(万)	30094.81	9960.36	9256.47	61375.58
	投资收益(万)	-	-	-	-
	利润总额(万)	30242.16	10565.41	9242.36	61997.88
	净利润(万)	24785.49	5207.32	6109.57	50845.11

重庆渝开发股份有限公司

公司概况	公司名称	重庆渝开发股份有限公司		证券简称	渝 开 发
	法人代表	粟志光	董秘 夏光明	证券代码	000514
	公司网址	www.cqukf.com	电子信箱		xgm_123@sina.com
	电　话	023-63858883、63856995	传　真		023-63856995、63858883
	办公地址	重庆市渝中区曾家岩1号附1号			
	经营范围	房地产开发，房屋销售及租赁，房地产信息咨询，城市基础设施等			

主要财务指标	指标\报告期	2009.06.30	2008.12.31	2008.06.30	2007.12.31
	每股收益(元)	0.0988	0.2035	0.1414	0.2353
	每股收益(扣除)(元)	0.0912	0.1327	0.0990	0.2068
	每股净资产(元)	3.1900	3.1200	3.0400	3.0900
	调整后每股净资产(元)	–	–	–	–
	每股资本公积金(元)	1.7974	1.8029	1.8029	2.5438
	每股盈余公积金(元)	0.0524	0.0524	0.0319	0.0415
	每股未分配利润(元)	0.3409	0.2621	0.2042	0.2148
	每股现金净流量(元)	–0.1313	0.2305	–0.0905	0.5434
	每股经营现金净流量(元)	–0.1339	–0.1537	–0.0292	0.6338
	净资产收益率(扣除)(%)	–	–	–	6.7000
	净资产收益率(%)	3.1000	6.5300	4.1200	7.6200
	总资产(万)	329681.23	308284.92	269507.66	266290.32
	股东权益(万)	202271.04	197623.17	192654.86	185309.94
	主营业务收入(万)	–	–	–	–
	主营业务利润(万)	–	–	–	–
	营业务收入(万)	22103.23	41337.74	20571.92	48953.95
	营业务利润(万)	7676.35	13535.87	8242.48	16599.13
	投资收益(万)	–	–	–	–
	利润总额(万)	7680.78	14769.56	9350.63	16637.19
	净利润(万)	6265.88	12898.40	7930.09	14122.43

西安开元控股集团股份有限公司

公司概况	公司名称	西安开元控股集团股份有限公司		证券简称	开元控股
	法人代表	王爱萍	董秘 刘建锁	证券代码	000516
	公司网址	www.kyholding.com	电子信箱		KYH000516@kyholding.com
	电　话	029-87217854	传　真		029-87217705
	办公地址	西安市解放市场6号			
	经营范围	国内商业、能源交通、房地产开发以及其他服务项目			

主要财务指标	指标\报告期	2009.06.30	2008.12.31	2008.06.30	2007.12.31
	每股收益(元)	0.1270	0.4000	0.1860	0.5300
	每股收益(扣除)(元)	0.1350	0.4000	0.1800	0.3800
	每股净资产(元)	2.0900	4.0300	3.8200	3.6300
	调整后每股净资产(元)	–	–	–	–
	每股资本公积金(元)	0.2655	1.0309	1.0309	1.0309
	每股盈余公积金(元)	0.1310	0.2621	0.2621	0.2621
	每股未分配利润(元)	0.6950	1.7356	1.5226	1.3363
	每股现金净流量(元)	0.0697	0.3770	–0.3608	1.5569
	每股经营现金净流量(元)	0.2591	1.5826	0.1353	1.5437
	净资产收益率(扣除)(%)	–	–	–	10.4000
	净资产收益率(%)	6.0800	9.9100	4.8800	14.7400
	总资产(万)	194888.33	175348.10	148496.66	145005.89
	股东权益(万)	61973.76	59686.13	56530.04	53769.42
	主营业务收入(万)	–	–	–	–
	主营业务利润(万)	–	–	–	–
	营业务收入(万)	120782.37	204131.72	105361.26	177252.72
	营业务利润(万)	6358.19	9620.21	4629.10	12687.14
	投资收益(万)	–	–	–	–
	利润总额(万)	6071.84	9622.97	4746.77	12703.04
	净利润(万)	3769.19	5916.71	2760.62	7924.27

荣安地产股份有限公司

公司概况	公司名称	荣安地产股份有限公司		证券简称	ST 成 功
	法人代表	王久芳	董秘 胡约翰	证券代码	000517
	公司网址	www.rongan.com.cn	电子信箱		stock000517@163.com
	电　话	0574-87312566	传　真		0574-87310668
	办公地址	浙江省宁波市海曙区灵桥路513号天封大厦11楼、15楼、16楼			
	经营范围	房地产开发，经营；物业服务；房屋租赁；建筑材料，装饰材料，机械电器设备等			

主要财务指标	指标\报告期	2009.06.30	2008.12.31	2008.06.30	2007.12.31
	每股收益(元)	0.4093	–0.2929	–0.2000	0.1100
	每股收益(扣除)(元)	0.4085	–0.3441	–0.1900	–0.8700
	每股净资产(元)	1.1500	–0.0700	–0.6700	–0.4700
	调整后每股净资产(元)	–	–	–	–
	每股资本公积金(元)	–	–	1.8554	1.8554
	每股盈余公积金(元)	–	–	0.1634	0.1634
	每股未分配利润(元)	0.1480	0.2138	–3.6891	–3.4859
	每股现金净流量(元)	0.0616	–0.0116	0.2459	–0.0326
	每股经营现金净流量(元)	0.3290	0.3606	0.4295	0.2671
	净资产收益率(扣除)(%)	–	–	–	–
	净资产收益率(%)	30.4300	–	–	–
	总资产(万)	256566.36	274237.73	18566.63	21977.68
	股东权益(万)	121811.31	87787.90	–15639.13	–10897.62
	主营业务收入(万)	–	–	–	–
	主营业务利润(万)	–	–	–	–
	营业务收入(万)	111605.71	240.47	13841.96	1376.14
	营业务利润(万)	49455.07	–7700.40	3124.38	–19443.31
	投资收益(万)	–	–	–	–
	利润总额(万)	49542.80	–6874.19	3161.73	2469.84
	净利润(万)	37069.55	–6833.31	1726.66	2614.33

江苏四环生物股份有限公司

公司概况	公司名称	江苏四环生物股份有限公司		证券简称	*ST 生物
	法人代表	孙国建	董秘 陈香	证券代码	000518
	公司网址	www.shsw.com.cn	电子信箱		0518shsw@163.com
	电　话	0510-86408558	传　真		0510-86408558
	办公地址	江苏省江阴市滨江开发区定山路北			
	经营范围	大容量注射剂、小容量注射剂、片剂、硬胶囊剂、糖浆剂、口服溶液剂等			

主要财务指标	指标\报告期	2009.06.30	2008.12.31	2008.06.30	2007.12.31
	每股收益(元)	–0.0008	–0.1359	0.0046	–0.1718
	每股收益(扣除)(元)	–0.0057	–0.1332	0.0035	–0.0800
	每股净资产(元)	0.6800	0.6700	0.8097	0.8100
	调整后每股净资产(元)	–	–	–	–
	每股资本公积金(元)	0.0009	0.0009	0.0009	0.0009
	每股盈余公积金(元)	0.0368	0.0368	0.0368	0.0368
	每股未分配利润(元)	–0.3566	–0.3684	–0.2279	–0.2325
	每股现金净流量(元)	–0.0072	–0.0100	0.0359	–0.0863
	每股经营现金净流量(元)	0.0138	0.0667	0.0650	0.0261
	净资产收益率(扣除)(%)	–	–	–	–9.3400
	净资产收益率(%)	–0.1200	–20.3000	0.5720	–21.3300
	总资产(万)	86492.20	77606.74	94438.85	88326.23
	股东权益(万)	70110.09	68903.52	83367.37	82890.89
	主营业务收入(万)	–	–	–	–
	主营业务利润(万)	–	–	–	–
	营业务收入(万)	8610.68	17941.04	8300.71	28128.84
	营业务利润(万)	–31.70	–15041.70	394.54	–11512.01
	投资收益(万)	–	–	–	–
	利润总额(万)	–84.83	–14090.36	507.04	–17822.28
	净利润(万)	–84.80	–13987.37	476.48	–17684.05

成都银河动力股份有限公司

公司概况						
	公司名称	成都银河动力股份有限公司			证券简称	银河动力
	法人代表	郑永龙	董秘	熊尚荣	证券代码	000519
	公司网址	www.yhdle.com		电子信箱	xiongshangrong@126.com	
	电　　话	028-83068819、83068899		传　　真	028-83068999	
	办公地址	四川省成都市新都区龙桥镇				
	经营范围	网络产品及工程、计算机软件开发及成果转让、通讯器材、电子系统工程、新材料等				

主要财务指标	指标\报告期	2009.06.30	2008.12.31	2008.06.30	2007.12.31
	每股收益(元)	0.0170	-0.1400	-0.0630	0.0500
	每股收益(扣除)(元)	0.0010	-0.2500	-0.0462	-0.1700
	每股净资产(元)	1.7700	1.7500	1.8365	1.9000
	调整后每股净资产(元)	-	-	-	-
	每股资本公积金(元)	0.3369	0.3369	0.3369	0.3369
	每股盈余公积金(元)	0.2446	0.2446	0.2446	0.2446
	每股未分配利润(元)	0.1902	0.1730	0.2550	0.3180
	每股现金净流量(元)	0.0055	-0.3770	-0.3813	0.2344
	每股经营现金净流量(元)	-0.0099	-0.2179	-0.2491	-0.2268
	净资产收益率(扣除)(%)	-	-	-	-9.0200
	净资产收益率(%)	0.9717	-8.2600	-3.4300	2.7200
	总资产(万)	46884.30	46607.24	52299.72	51516.53
	股东权益(万)	33868.08	33538.99	35106.03	36310.22
	主营业务收入(万)	-	-	-	-
	主营业务利润(万)	-	-	-	-
	营业务收入(万)	14832.83	29391.92	16670.91	23454.77
	营业务利润(万)	310.26	-5536.98	-1417.28	1620.39
	投资收益(万)	-	-	-	-
	利润总额(万)	313.93	-3033.37	-1368.14	2094.74
	净利润(万)	329.09	-2771.23	-1204.20	986.54

长航凤凰股份有限公司

公司概况						
	公司名称	长航凤凰股份有限公司			证券简称	长航凤凰
	法人代表	刘锡汉	董秘	李嘉华	证券代码	000520
	公司网址	www.csc-hy.com.cn		电子信箱	csc-hy@tom.com	
	电　　话	027-82763901、82763977		传　　真	027-82763929	
	办公地址	湖北省武汉市汉口民权路39号汇江大厦				
	经营范围	国际船舶普通货物运输;国内沿海、内河普通货船及集装箱班轮内支线运输等				

主要财务指标	指标\报告期	2009.06.30	2008.12.31	2008.06.30	2007.12.31
	每股收益(元)	-0.1456	0.1096	0.1700	0.5485
	每股收益(扣除)(元)	-0.1896	0.1179	0.1675	0.1708
	每股净资产(元)	1.9910	2.1646	2.2300	2.2239
	调整后每股净资产(元)	-	-	-	-
	每股资本公积金(元)	0.4450	0.4450	0.4450	0.4450
	每股盈余公积金(元)	0.2933	0.2933	0.2766	0.2766
	每股未分配利润(元)	0.2637	0.4373	0.5143	0.5063
	每股现金净流量(元)	0.3734	-0.2071	0.2189	0.4122
	每股经营现金净流量(元)	0.0038	0.1090	0.1496	0.6449
	净资产收益率(扣除)(%)	-	-	-	7.6800
	净资产收益率(%)	-7.3100	5.0700	7.6400	24.6700
	总资产(万)	632987.25	574690.36	551006.23	485312.69
	股东权益(万)	134337.31	146050.60	150148.41	150050.27
	主营业务收入(万)	-	-	-	-
	主营业务利润(万)	-	-	-	-
	营业务收入(万)	87342.68	267649.51	141132.54	234583.77
	营业务利润(万)	-9492.89	7930.37	14107.33	47635.79
	投资收益(万)	-	-	-	-
	利润总额(万)	-8374.99	10766.88	15034.04	49646.72
	净利润(万)	-9821.41	7397.82	11471.35	37011.18

合肥美菱股份有限公司

公司概况						
	公司名称	合肥美菱股份有限公司			证券简称	美菱电器
	法人代表	赵勇	董秘	赵勇(代)	证券代码	000521
	公司网址	www.meiling.com		电子信箱	info@meiling.com	
	电　　话	0551-2219021		传　　真	0551-2219021	
	办公地址	合肥市经济技术开发区莲花路2163号				
	经营范围	制冷电器、空调器、洗衣机、电脑数控注塑机、电脑热水器、塑料制品等				

主要财务指标	指标\报告期	2009.06.30	2008.12.31	2008.06.30	2007.12.31
	每股收益(元)	0.0734	0.0609	0.0343	0.0428
	每股收益(扣除)(元)	0.0458	0.0509	0.0327	-0.0872
	每股净资产(元)	2.7700	2.5632	2.7100	2.2489
	调整后每股净资产(元)	-	-	-	-
	每股资本公积金(元)	1.8250	1.6951	1.8731	1.4429
	每股盈余公积金(元)	0.6887	0.6887	0.6887	0.6887
	每股未分配利润(元)	-0.7472	-0.8207	-0.8485	-0.8828
	每股现金净流量(元)	0.0905	-0.1593	-0.0376	0.2512
	每股经营现金净流量(元)	-0.0300	0.4591	0.2647	0.4330
	净资产收益率(扣除)(%)	-	-	-	-3.8800
	净资产收益率(%)	2.6500	2.4200	1.2600	1.9000
	总资产(万)	404188.35	339031.44	395002.48	329610.76
	股东权益(万)	114436.04	106023.10	112236.27	93024.14
	主营业务收入(万)	-	-	-	-
	主营业务利润(万)	-	-	-	-
	营业务收入(万)	256244.09	433593.63	249319.75	405221.87
	营业务利润(万)	2837.96	2151.47	1118.72	1526.23
	投资收益(万)	-	-	-	-
	利润总额(万)	3351.25	2992.39	1185.03	2286.67
	净利润(万)	3038.11	2567.90	1418.47	1770.80

广州白云山制药股份有限公司

公司概况						
	公司名称	广州白云山制药股份有限公司			证券简称	白云山A
	法人代表	谢彬	董秘	谯勇	证券代码	000522
	公司网址	www.gzbys.com		电子信箱	gzbys000522@gzbys.com	
	电　　话	020-87062599		传　　真	020-87063699	
	办公地址	广东省广州市白云区同和街云祥路88号				
	经营范围	研制、生产、销售中西成药、化学原料药、外用药、儿童用药、保健药等				

主要财务指标	指标\报告期	2009.06.30	2008.12.31	2008.06.30	2007.12.31
	每股收益(元)	0.1186	0.1629	0.1310	0.2800
	每股收益(扣除)(元)	0.1200	0.0824	0.1303	0.2100
	每股净资产(元)	1.8200	1.7200	1.7900	1.6000
	调整后每股净资产(元)	-	-	-	-
	每股资本公积金(元)	0.2172	0.2270	0.2315	0.2409
	每股盈余公积金(元)	0.1887	0.1887	0.1914	0.1710
	每股未分配利润(元)	0.4190	0.3004	0.3668	0.1832
	每股现金净流量(元)	0.1034	-0.0075	-0.0591	-0.1000
	每股经营现金净流量(元)	0.2030	0.1781	0.0632	0.1041
	净资产收益率(扣除)(%)	-	-	-	13.4500
	净资产收益率(%)	6.5000	9.4900	7.3200	17.5600
	总资产(万)	283968.14	281430.94	304414.54	275034.36
	股东权益(万)	85597.31	80497.48	83948.98	74819.43
	主营业务收入(万)	-	-	-	-
	主营业务利润(万)	-	-	-	-
	营业务收入(万)	137088.77	263587.05	168881.95	259094.35
	营业务利润(万)	7262.98	7297.50	8254.33	19585.50
	投资收益(万)	-	-	-	-
	利润总额(万)	7163.17	11596.61	8285.93	19300.93
	净利润(万)	5561.14	7640.73	6146.48	13135.68

广州市浪奇实业股份有限公司

公司概况				
公司名称	广州市浪奇实业股份有限公司		证券简称	广州浪奇
法人代表	陈翔志	董秘 陈建斌	证券代码	000523
公司网址	www.lonkey.com.cn		电子信箱	dm@lonkey.com.cn
电　话	020-82162933、82161128 6228		传　真	020-82162986
办公地址	广州市天河区黄埔大道东128号			
经营范围	制造、合成洗涤剂、香皂、甘油、化妆品、各类表面活性剂、塑料制品等			

主要财务指标 指标\报告期	2009.06.30	2008.12.31	2008.06.30	2007.12.31
每股收益(元)	0.0270	0.0310	0.0250	0.0470
每股收益(扣除)(元)	0.0260	-0.0050	0.0210	0.0410
每股净资产(元)	2.6560	2.6290	2.6200	2.5980
调整后每股净资产(元)	-	-	-	-
每股资本公积金(元)	1.2478	1.2478	1.2478	1.2478
每股盈余公积金(元)	0.1969	0.1969	0.1960	0.1947
每股未分配利润(元)	0.2108	0.1840	0.1774	0.1554
每股现金净流量(元)	0.7068	0.0628	0.1223	-0.3599
每股经营现金净流量(元)	0.1225	0.1782	-0.1084	-0.1442
净资产收益率(扣除)(%)	-	-	-	1.5800
净资产收益率(%)	1.0100	1.1700	0.9600	1.8000
总资产(万)	83679.00	67150.01	77691.38	70391.51
股东权益(万)	45829.88	45367.88	45239.10	44835.13
主营业务收入(万)	-	-	-	-
主营业务利润(万)	-	-	-	-
营业务收入(万)	41341.12	102798.58	47827.43	91995.10
营业务利润(万)	614.70	98.01	483.74	1534.16
投资收益(万)	-	-	-	-
利润总额(万)	631.61	908.86	586.30	1693.74
净利润(万)	462.00	532.75	433.73	808.61

广州市东方宾馆股份有限公司

公司概况				
公司名称	广州市东方宾馆股份有限公司		证券简称	东方宾馆
法人代表	翁亚绪	董秘 陈丽红	证券代码	000524
公司网址	www.hoteldongfang.com		电子信箱	gzdongfanghotel@126.com
电　话	020-86662791		传　真	020-86662791
办公地址	广州市流花路120号			
经营范围	经营旅馆业；办公楼房出租；提供饮食服务；经营旅游业、文化娱乐服务等			

主要财务指标 指标\报告期	2009.06.30	2008.12.31	2008.06.30	2007.12.31
每股收益(元)	-0.0670	0.0200	0.0070	0.0900
每股收益(扣除)(元)	-0.0720	-0.0500	0.0080	0.0900
每股净资产(元)	2.3400	2.2800	2.3360	2.1500
调整后每股净资产(元)	-	-	-	-
每股资本公积金(元)	1.2526	1.1292	1.1684	1.0118
每股盈余公积金(元)	0.0951	0.0951	0.0949	0.0944
每股未分配利润(元)	-0.0110	0.0558	0.0727	0.0407
每股现金净流量(元)	-0.1095	0.0388	-0.0488	0.0078
每股经营现金净流量(元)	-0.0617	0.1249	0.0417	0.3842
净资产收益率(扣除)(%)	-	-	-	3.4900
净资产收益率(%)	-2.8600	0.6900	.2800	4.3100
总资产(万)	81439.11	81634.13	81061.89	79422.41
股东权益(万)	63012.65	61488.08	62993.31	57895.63
主营业务收入(万)	-	-	-	-
主营业务利润(万)	-	-	-	-
营业务收入(万)	10463.82	26774.74	14024.34	31914.61
营业务利润(万)	-2342.96	588.35	276.41	3445.37
投资收益(万)	-	-	-	-
利润总额(万)	-2361.12	557.77	236.40	3571.87
净利润(万)	-1801.57	424.80	179.24	2494.41

南京红太阳股份有限公司

公司概况				
公司名称	南京红太阳股份有限公司		证券简称	红太阳
法人代表	杨寿海	董秘 夏曙	证券代码	000525
公司网址	www.china-redsun.com		电子信箱	redsunzqb@163.com
电　话	025-84785866、84785833		传　真	025-84785828
办公地址	南京市汉中路89号金鹰国际商城19层C座			
经营范围	农药、三药中间体及精细化工产品的生产、销售、技术咨询和服务等			

主要财务指标 指标\报告期	2009.06.30	2008.12.31	2008.06.30	2007.12.31
每股收益(元)	0.0537	0.0391	0.1043	0.0674
每股收益(扣除)(元)	0.0494	0.0448	0.1036	0.0681
每股净资产(元)	2.2200	2.2120	2.2770	2.2430
调整后每股净资产(元)	-	-	-	-
每股资本公积金(元)	0.5142	0.5112	0.5112	0.5112
每股盈余公积金(元)	0.2770	0.3002	0.2645	0.2780
每股未分配利润(元)	0.4020	0.4004	0.5013	0.4534
每股现金净流量(元)	1.2968	-0.5168	0.8974	0.7372
每股经营现金净流量(元)	0.3113	-0.4983	0.7625	0.3071
净资产收益率(扣除)(%)	-	-	-	3.0400
净资产收益率(%)	2.4200	1.7700	4.5800	3.0000
总资产(万)	409362.69	314356.76	428492.21	277960.41
股东权益(万)	62204.18	61982.74	63810.23	62847.73
主营业务收入(万)	-	-	-	-
主营业务利润(万)	-	-	-	-
营业务收入(万)	156184.65	349865.11	165622.73	328507.54
营业务利润(万)	1312.22	-110.29	7112.16	2249.67
投资收益(万)	-	-	-	-
利润总额(万)	3630.05	5339.94	7501.06	6610.55
净利润(万)	1504.09	1096.68	2924.17	1888.00

厦门旭飞投资股份有限公司

公司概况				
公司名称	厦门旭飞投资股份有限公司		证券简称	旭飞投资
法人代表	田峰	董秘 张质良	证券代码	000526
公司网址	www.good-time.com.cn		电子信箱	zzlapple@126.com
电　话	0755-82496036		传　真	0755-82496019、5652638
办公地址	厦门市东渡路258号银龙大厦16楼A 深圳市福田区八卦二路旭飞城市文化广场十六楼			
经营范围	对工业、商业、房地产业、文化行业的投资；房地产开发、经营等			

主要财务指标 指标\报告期	2009.06.30	2008.12.31	2008.06.30	2007.12.31
每股收益(元)	-0.0258	-0.1232	-0.0440	0.0197
每股收益(扣除)(元)	-0.0236	-0.1147	-0.0480	-0.0982
每股净资产(元)	1.4700	1.5000	1.6100	1.6200
调整后每股净资产(元)	-	-	-	-
每股资本公积金(元)	0.6001	0.6001	0.6001	0.6001
每股盈余公积金(元)	0.0477	0.0477	0.0477	0.0477
每股未分配利润(元)	-0.1780	-0.1521	-0.0381	-0.0289
每股现金净流量(元)	-0.0410	-0.1740	-0.0845	-0.3126
每股经营现金净流量(元)	-0.0205	-0.0888	-0.0942	-0.5931
净资产收益率(扣除)(%)	-	-	-	-6.0600
净资产收益率(%)	-1.7590	-8.2400	-2.7600	1.2200
总资产(万)	18824.06	18224.14	19938.40	20046.51
股东权益(万)	14139.63	14388.28	15485.48	15573.44
主营业务收入(万)	-	-	-	-
主营业务利润(万)	-	-	-	-
营业务收入(万)	263.27	481.84	194.20	378.89
营业务利润(万)	-236.40	-1134.13	-473.04	315.11
投资收益(万)	-	-	-	-
利润总额(万)	-257.69	-1215.54	-438.74	331.05
净利润(万)	-248.65	-1185.16	-427.10	189.26

广东美的电器股份有限公司

公司概况	公司名称	广东美的电器股份有限公司			证券简称	美的电器
	法人代表	何享健	董秘	李飞德	证券代码	000527
	公司网址	www.midea.com.cn		电子信箱	dms@midea.com.cn	
	电　话	0757-26338779、26334559		传　真	0757-26651991	
	办公地址	广东佛山市顺德区北滘镇蓬莱路				
	经营范围	家用电器、电机、通信设备及其零配件的生产制造和销售等				

主要财务指标	指标\报告期	2009.06.30	2008.12.31	2008.06.30	2007.12.31
	每股收益(元)	0.6100	0.5500	0.5200	0.9600
	每股收益(扣除)(元)	0.6000	0.6000	0.5333	0.8300
	每股净资产(元)	3.0700	2.5200	2.6300	3.9000
	调整后每股净资产(元)	-	-	-	-
	每股资本公积金(元)	0.2123	0.1599	0.1811	0.7837
	每股盈余公积金(元)	0.3577	0.3211	0.2910	0.4380
	每股未分配利润(元)	1.5010	1.0357	1.1622	1.6778
	每股现金净流量(元)	0.3338	0.0870	0.4672	0.2871
	每股经营现金净流量(元)	1.2963	1.9845	0.9218	1.3868
	净资产收益率(扣除)(%)	-	-	-	21.3000
	净资产收益率(%)	19.7700	21.7200	19.9500	24.6800
	总资产(万)	2829893.22	2338358.60	2651741.74	1968457.27
	股东权益(万)	579683.89	475674.70	496524.65	491141.13
	主营业务收入(万)	-	-	-	-
	主营业务利润(万)	-	-	-	-
	营业务收入(万)	2490077.86	4531346.19	2748008.10	3518833.94
	营业务利润(万)	168113.79	172731.43	154415.42	182946.88
	投资收益(万)	-	-	-	-
	利润总额(万)	168545.11	175557.14	152141.32	190864.16
	净利润(万)	114601.58	103302.47	99058.52	121218.72

广西柳工机械股份有限公司

公司概况	公司名称	广西柳工机械股份有限公司			证券简称	柳　工
	法人代表	王晓华	董秘	王祖光	证券代码	000528
	公司网址	www.liugong.com		电子信箱	stock@liugong.com	
	电　话	0772-3886509		传　真	0772-3886510	
	办公地址	广西壮族自治区柳州市柳太路 1 号				
	经营范围	工程机械及配件制造,工程机械维修,机械设备租赁;工业车辆的设计、研发、销售等				

主要财务指标	指标\报告期	2009.06.30	2008.12.31	2008.06.30	2007.12.31
	每股收益(元)	0.7300	0.7200	0.7800	1.2100
	每股收益(扣除)(元)	0.7100	0.6600	0.7800	0.5900
	每股净资产(元)	5.5300	5.5900	5.6500	5.1600
	调整后每股净资产(元)	-	-	-	-
	每股资本公积金(元)	1.5860	1.2156	1.2153	1.0622
	每股盈余公积金(元)	0.6504	0.8343	0.7604	0.7604
	每股未分配利润(元)	2.3400	2.5448	2.6798	2.3360
	每股现金净流量(元)	0.6254	0.9885	1.7328	-0.0741
	每股经营现金净流量(元)	1.3634	-1.2340	-0.2401	0.6972
	净资产收益率(扣除)(%)	-	-	-	23.4300
	净资产收益率(%)	10.2692	12.8800	13.7500	23.5000
	总资产(万)	752485.15	627245.64	695624.93	452844.61
	股东权益(万)	359693.90	263996.29	267008.98	245729.20
	主营业务收入(万)	-	-	-	-
	主营业务利润(万)	-	-	-	-
	营业务收入(万)	498889.11	926837.82	561648.35	763837.04
	营业务利润(万)	44050.72	38176.41	43993.99	67021.41
	投资收益(万)	-	-	-	-
	利润总额(万)	45088.28	41152.77	43719.86	67512.55
	净利润(万)	36937.86	34004.37	36721.68	57291.23

广东广弘控股股份有限公司

公司概况	公司名称	广东广弘控股股份有限公司			证券简称	广弘控股
	法人代表	崔河	董秘	苏东明	证券代码	000529
	公司网址	www.meiya.com.cn		电子信箱	meiya@pub.jiangmen.gd.cn	
	电　话	0750-8888888		传　真	0750-8889673	
	办公地址	广东省鹤山市人民西路 40 号				
	经营范围	食品冷藏设备的经营与管理;实业投资;资本运营管理等				

主要财务指标	指标\报告期	2009.06.30	2008.12.31	2008.06.30	2007.12.31
	每股收益(元)	0.0478	0.8500	-0.1150	0.0100
	每股收益(扣除)(元)	0.0420	-0.3200	-0.1148	0.0100
	每股净资产(元)	1.0530	1.0060	-1.2700	-1.1480
	调整后每股净资产(元)	-	-	-	-
	每股资本公积金(元)	1.4504	1.4504	0.1350	0.1451
	每股盈余公积金(元)	0.0955	0.0955	0.0955	0.0955
	每股未分配利润(元)	-1.4678	-1.5377	-2.5039	-2.3891
	每股现金净流量(元)	-0.3807	1.1513	0.0422	-0.0351
	每股经营现金净流量(元)	-0.0906	-0.0135	0.0432	0.2080
	净资产收益率(扣除)(%)	-	-	-	-
	净资产收益率(%)	4.5400	57.5100	-	-
	总资产(万)	86338.65	101639.15	49718.72	48480.71
	股东权益(万)	61474.14	58704.15	-50493.61	-45539.33
	主营业务收入(万)	-	-	-	-
	主营业务利润(万)	-	-	-	-
	营业务收入(万)	48421.42	16514.63	6055.91	18997.60
	营业务利润(万)	2438.86	-11992.19	-4552.02	-9370.28
	投资收益(万)	-	-	-	-
	利润总额(万)	3465.85	33758.24	-4552.18	486.52
	净利润(万)	2793.28	33758.24	-4552.18	486.52

大连冷冻机股份有限公司

公司概况	公司名称	大连冷冻机股份有限公司			证券简称	大冷股份
	法人代表	张和	董秘	吕连珍	证券代码	000530
	公司网址	www.daleng.cn		电子信箱	bingzhen@bingshan.com	
	电　话	0411-86538100、86654530		传　真	0411-86654530、86641470	
	办公地址	大连市沙河口区西南路 888 号				
	经营范围	制冷设备及配套辅机、阀门、配件以及制冷工程所需配套产品的加工、制造等				

主要财务指标	指标\报告期	2009.06.30	2008.12.31	2008.06.30	2007.12.31
	每股收益(元)	0.1800	0.3600	0.1900	0.3700
	每股收益(扣除)(元)	0.1800	0.3300	0.1800	0.3400
	每股净资产(元)	4.7800	4.7300	4.5600	4.5300
	调整后每股净资产(元)	-	-	-	-
	每股资本公积金(元)	1.7048	1.6860	1.6880	1.6821
	每股盈余公积金(元)	1.1218	1.0517	1.0183	0.9513
	每股未分配利润(元)	0.9540	0.9959	0.8521	0.8930
	每股现金净流量(元)	-0.0272	0.1930	-0.1699	-0.1526
	每股经营现金净流量(元)	0.0064	0.2034	-0.1580	0.0670
	净资产收益率(扣除)(%)	-	-	-	-
	净资产收益率(%)	3.7400	7.6900	4.0600	8.1300
	总资产(万)	270359.82	271962.66	260874.46	258289.37
	股东权益(万)	167329.25	165681.34	159550.55	-
	主营业务收入(万)	-	-	-	-
	主营业务利润(万)	-	-	-	-
	营业务收入(万)	59541.01	151343.62	74980.21	165395.54
	营业务利润(万)	6549.36	11498.64	7183.48	13569.18
	投资收益(万)	-	-	-	-
	利润总额(万)	6921.73	13645.06	7663.05	15036.93
	净利润(万)	6257.39	12735.96	6476.01	12882.76

广州恒运企业集团股份有限公司

公司概况

公司名称	广州恒运企业集团股份有限公司			证券简称	穗恒运 A
法人代表	黄中发	董秘	张晖	证券代码	000531
公司网址	www.hengyun.com.cn		电子信箱	zhanghui@hengyun.com.cn	
电　话	020-82068252		传　真	020-82068252	
办公地址	广州开发区开发大道 235 号恒运大厦 6~6M 层				
经营范围	生产、销售电力及热力及国家政策允许的其他投资业务等				

主要财务指标

指标\报告期	2009.06.30	2008.12.31	2008.06.30	2007.12.31
每股收益(元)	0.4757	-0.2000	0.0400	0.0400
每股收益(扣除)(元)	0.3087	-0.2100	0.0400	0.4300
每股净资产(元)	3.0800	2.6100	2.8500	2.8100
调整后每股净资产(元)	-	-	-	-
每股资本公积金(元)	0.8194	0.8194	0.8194	0.8194
每股盈余公积金(元)	0.5595	0.5595	0.5595	0.5595
每股未分配利润(元)	0.7025	0.2268	0.4718	0.4275
每股现金净流量(元)	-0.2780	-0.2240	-0.9184	0.8909
每股经营现金净流量(元)	-0.5201	0.5244	-0.7565	1.2074
净资产收益率(扣除)(%)	-	-	-	15.2500
净资产收益率(%)	15.4400	-7.7000	1.5600	1.2900
总资产(万)	605474.74	526599.89	536800.97	460109.28
股东权益(万)	82125.57	69446.47	75977.54	74795.53
主营业务收入(万)	-	-	-	-
主营业务利润(万)	-	-	-	-
营业务收入(万)	137357.66	281113.91	132508.91	217243.18
营业务利润(万)	23315.71	-7919.45	3225.91	26197.97
投资收益(万)	-	-	-	-
利润总额(万)	27764.49	-7552.58	3193.49	26568.06
净利润(万)	12679.10	-5349.06	1182.01	961.68

力合股份有限公司

公司概况

公司名称	力合股份有限公司			证券简称	力合股份
法人代表	冯冠平	董秘	曹海霞	证券代码	000532
公司网址	www.chinalihe.com		电子信箱	cs@chinalihe.com	
电　话	0756-3612833、3612833		传　真	0756-3612823	
办公地址	珠海市香洲区唐家湾唐家大学路 101 号清华科技园创业大楼 6 层东楼				
经营范围	微电子、电力电子、环境保护产品的开发、生产及销售等				

主要财务指标

指标\报告期	2009.06.30	2008.12.31	2008.06.30	2007.12.31
每股收益(元)	0.1091	-0.0894	-0.0500	0.1390
每股收益(扣除)(元)	0.0111	-0.0720	-0.0600	0.1300
每股净资产(元)	1.6770	1.5637	1.6000	1.5500
调整后每股净资产(元)	-	-	-	-
每股资本公积金(元)	0.2158	0.2055	0.2071	0.1019
每股盈余公积金(元)	0.0843	0.0843	0.0771	0.0771
每股未分配利润(元)	0.3767	0.2739	0.3181	0.3706
每股现金净流量(元)	0.1767	-0.1063	-0.1832	0.0309
每股经营现金净流量(元)	0.0027	0.0253	-0.0091	0.0084
净资产收益率(扣除)(%)	-	-	-	8.1900
净资产收益率(%)	6.5000	-5.7200	-3.2700	8.9900
总资产(万)	94866.16	89424.16	91889.11	88556.01
股东权益(万)	57802.57	53901.68	55230.70	53413.25
主营业务收入(万)	-	-	-	-
主营业务利润(万)	-	-	-	-
营业务收入(万)	7957.04	20835.73	10118.13	21596.48
营业务利润(万)	6246.99	-3898.19	-2282.16	6221.13
投资收益(万)	-	-	-	-
利润总额(万)	6443.27	-3534.99	-2104.06	6715.47
净利润(万)	3759.14	-3083.24	-1808.76	4803.02

广东万家乐股份有限公司

公司概况

公司名称	广东万家乐股份有限公司			证券简称	万家乐
法人代表	李智	董秘	刘永霖	证券代码	000533
公司网址	www.macro.com.cn		电子信箱	liuyl@macro.com.cn	
电　话	0757-22321218、22321232		传　真	0757-22321200	
办公地址	广东省佛山市顺德区大良顺峰山工业区				
经营范围	燃气用具、家用电器、机电产品、塑料机械设备、纸类包装印刷品等				

主要财务指标

指标\报告期	2009.06.30	2008.12.31	2008.06.30	2007.12.31
每股收益(元)	0.0541	0.1141	0.0534	0.2242
每股收益(扣除)(元)	0.0447	0.0934	0.0463	0.1852
每股净资产(元)	1.1950	1.1407	1.0802	1.0272
调整后每股净资产(元)	-	-	-	-
每股资本公积金(元)	0.1255	0.1255	0.1257	0.1261
每股盈余公积金(元)	0.0541	0.0541	0.0541	0.0541
每股未分配利润(元)	0.0152	-0.0389	-0.0996	-0.1529
每股现金净流量(元)	-0.2492	0.1348	0.0328	0.0282
每股经营现金净流量(元)	0.1441	0.2003	-0.0534	0.0436
净资产收益率(扣除)(%)	-	-	-	18.0300
净资产收益率(%)	4.5300	10.0000	4.9400	21.8300
总资产(万)	259529.49	278437.39	272863.25	260826.79
股东权益(万)	68785.38	65669.69	62183.50	59136.17
主营业务收入(万)	-	-	-	-
主营业务利润(万)	-	-	-	-
营业务收入(万)	118301.29	279724.18	129630.67	313719.40
营业务利润(万)	3673.75	6646.31	4209.26	17000.75
投资收益(万)	-	-	-	-
利润总额(万)	3897.79	8838.60	4664.36	17862.30
净利润(万)	3115.69	6566.51	3072.32	12907.83

汕头电力发展股份有限公司

公司概况

公司名称	汕头电力发展股份有限公司			证券简称	汕电力 A
法人代表	林伟光	董秘	黄曼华	证券代码	000534
公司网址			电子信箱	sdl0534@yahoo.com.cn	
电　话	0754-88857191、88857382		传　真	0754-88857382、88857199	
办公地址	汕头市珠池路 23 号光明大厦 B 座 8 楼				
经营范围	投资建设电厂、电站,电力生产,蒸气热供应,自产产品出口和生产所需设备等				

主要财务指标

指标\报告期	2009.06.30	2008.12.31	2008.06.30	2007.12.31
每股收益(元)	-0.0283	0.0754	-0.0343	0.5652
每股收益(扣除)(元)	-0.0301	0.0869	-0.0289	0.0111
每股净资产(元)	2.2845	2.3700	2.2659	2.5800
调整后每股净资产(元)	-	-	-	-
每股资本公积金(元)	0.5458	0.5547	0.7410	0.7410
每股盈余公积金(元)	0.2934	0.2934	0.2874	0.2874
每股未分配利润(元)	0.4454	0.5236	0.2376	0.5521
每股现金净流量(元)	0.2385	0.3356	0.6480	0.6680
每股经营现金净流量(元)	0.7456	0.9256	0.0673	-1.1175
净资产收益率(扣除)(%)	-	-	-	0.4300
净资产收益率(%)	-1.2400	3.1800	-1.5150	21.9000
总资产(万)	156937.19	141770.31	28883.02	97672.11
股东权益(万)	58280.67	60506.61	57806.16	65829.67
主营业务收入(万)	-	-	-	-
主营业务利润(万)	-	-	-	-
营业务收入(万)	17846.94	35638.31	2831.14	48675.93
营业务利润(万)	185.84	5649.43	-2525.65	18189.76
投资收益(万)	-	-	-	-
利润总额(万)	177.98	5499.63	-2694.08	18153.05
净利润(万)	-720.96	1924.42	-875.57	14418.23

闽东电机(集团)股份有限公司

公司概况	公司名称	闽东电机(集团)股份有限公司			证券简称	闽闽东
	法人代表	刘捷明	董秘	刘万里	证券代码	000536
	公司网址	http://www.mddjg.com		电子信箱	msc@mddjg.com	
	电　话	0591-83348228、83364248		传　真	0591-83326201	
	办公地址	福建省福州市五一中路 88 号平安大厦 19 层				
	经营范围	工业生产资料、农业机械、电子计算机及配件、仪器仪表、五金、交电、化工等				

主要财务指标	指标\报告期	2009.06.30	2008.12.31	2008.06.30	2007.12.31
	每股收益(元)	0.0003	0.0500	0.0500	0.1600
	每股收益(扣除)(元)	0.0004	0.0580	0.0500	0.0040
	每股净资产(元)	0.3040	0.3600	0.3500	0.3070
	调整后每股净资产(元)	–	–	–	–
	每股资本公积金(元)	0.0008	0.1157	0.1157	0.1157
	每股盈余公积金(元)	0.0024	0.0736	0.0736	0.0736
	每股未分配利润(元)	–0.6987	–0.8293	–0.8371	–0.8826
	每股现金净流量(元)	–0.0183	–0.0250	–0.0300	–0.0273
	每股经营现金净流量(元)	–0.1847	–0.0122	–0.0421	0.0012
	净资产收益率(扣除)(%)	–	–	–	1.2200
	净资产收益率(%)	0.0900	14.8000	12.9100	52.4900
	总资产(万)	16467.93	17438.61	18386.21	17922.06
	股东权益(万)	4404.69	4389.54	4294.21	3739.96
	主营业务收入(万)	–	–	–	–
	主营业务利润(万)	–	–	–	–
	营业务收入(万)	4570.41	13142.42	5738.96	10825.63
	营业务利润(万)	10.77	754.48	590.26	–495.16
	投资收益(万)	–	–	–	–
	利润总额(万)	9.65	675.02	586.22	3202.11
	净利润(万)	4.16	649.57	554.25	1963.14

天津广宇发展股份有限公司

公司概况	公司名称	天津广宇发展股份有限公司			证券简称	广宇发展
	法人代表	赵健	董秘	宋英杰	证券代码	000537
	公司网址	www.gyfz000537.com		电子信箱	gyfz@gyfz000537.com	
	电　话	022-27500420		传　真	022-27500427	
	办公地址	天津市南开区南京路 358 号今晚报大厦 24 层				
	经营范围	GD 系列自动售货机的生产和销售、租赁和技术与售后服务、维修、改造等				

主要财务指标	指标\报告期	2009.06.30	2008.12.31	2008.06.30	2007.12.31
	每股收益(元)	–0.0300	–0.0760	–0.0110	0.0970
	每股收益(扣除)(元)	–0.0300	0.2540	–0.0160	0.0060
	每股净资产(元)	0.8300	0.8600	0.9200	0.9500
	调整后每股净资产(元)	–	–	–	–
	每股资本公积金(元)	0.1746	0.1731	0.1755	0.1900
	每股盈余公积金(元)	0.1782	0.1782	0.1782	0.1782
	每股未分配利润(元)	–0.5258	–0.4959	–0.4369	–0.4197
	每股现金净流量(元)	0.0943	–0.0284	0.2316	0.1618
	每股经营现金净流量(元)	1.0896	–0.2550	–0.2748	1.0136
	净资产收益率(扣除)(%)	–	–	–	0.5900
	净资产收益率(%)	–3.6200	–8.9100	–1.2300	10.2300
	总资产(万)	297061.00	274666.25	331936.82	293028.67
	股东权益(万)	42402.71	43861.91	47004.72	48632.11
	主营业务收入(万)	–	–	–	–
	主营业务利润(万)	–	–	–	–
	营业务收入(万)	7974.13	171883.19	1180.59	97325.71
	营业务利润(万)	–2122.82	10631.63	–966.62	9525.44
	投资收益(万)	–	–	–	–
	利润总额(万)	–2121.32	9954.55	–892.45	12012.10
	净利润(万)	–1533.77	–3906.14	579.76	4972.76

云南白药集团股份有限公司

公司概况	公司名称	云南白药集团股份有限公司			证券简称	云南白药
	法人代表	王明辉	董秘	尹品耀	证券代码	000538
	公司网址	www.yunnanbaiyao.com.cn		电子信箱	ynby@yunnanbaiyao.com.cn	
	电　话	0871-8324116		传　真	0871-8324169	
	办公地址	云南省昆明市二环西路 222 号				
	经营范围	化学原料药、化学药制剂、中成药、中药材、生物制品、保健食品等				

主要财务指标	指标\报告期	2009.06.30	2008.12.31	2008.06.30	2007.12.31
	每股收益(元)	0.5000	0.9600	0.4200	0.6800
	每股收益(扣除)(元)	0.5000	0.9200	0.4100	0.6900
	每股净资产(元)	6.0700	5.8700	3.1500	2.9400
	调整后每股净资产(元)		–	–	–
	每股资本公积金(元)	2.6113	2.6160	0.1127	0.3107
	每股盈余公积金(元)	0.4076	0.4076	0.3716	0.3640
	每股未分配利润(元)	2.0494	1.8508	1.6632	1.2663
	每股现金净流量(元)	0.8093	3.1097	–0.0786	0.0098
	每股经营现金净流量(元)	1.2770	1.5109	–0.0020	0.1467
	净资产收益率(扣除)(%)		–	–	23.4000
	净资产收益率(%)	8.2200	14.8400	13.1900	23.2000
	总资产(万)	567066.01	493716.96	325942.23	303954.62
	股东权益(万)	324084.39	313724.47	152353.15	142358.28
	主营业务收入(万)		–	–	–
	主营业务利润(万)		–	–	–
	营业务收入(万)	355236.52	572319.87	271998.32	426326.86
	营业务利润(万)	31006.93	52888.48	23608.64	39098.65
	投资收益(万)		–	–	–
	利润总额(万)	31194.19	55524.97	23645.07	38953.38
	净利润(万)	26629.06	46542.02	20091.78	33020.98

广东电力发展股份有限公司

公司概况	公司名称	广东电力发展股份有限公司			证券简称	粤电力 A
	法人代表	潘力	董秘	刘维	证券代码	000539
	公司网址	www.ged.com.cn		电子信箱	ged@ged.com.cn	
	电　话	020-87570276		传　真	020-85138084	
	办公地址	广东省广州市天河东路 2 号粤电广场南塔 23-26 楼				
	经营范围	电力项目的投资、建设和经营管理,电力的生产和销售,电力行业技术咨询和服务				

主要财务指标	指标\报告期	2009.06.30	2008.12.31	2008.06.30	2007.12.31
	每股收益(元)	0.1420	0.0100	–0.0210	0.2500
	每股收益(扣除)(元)	0.1390	0.0080	–0.0210	0.2500
	每股净资产(元)	3.2900	3.1700	3.1700	3.4400
	调整后每股净资产(元)		–	–	–
	每股资本公积金(元)	0.5640	0.5331	0.5659	0.6893
	每股盈余公积金(元)	1.1881	1.1881	1.1881	1.3985
	每股未分配利润(元)	0.5345	0.4520	0.4199	0.3508
	每股现金净流量(元)	–0.1216	–0.2618	–0.4397	0.0292
	每股经营现金净流量(元)	0.6230	–0.2234	–0.4268	0.9767
	净资产收益率(扣除)(%)		–	–	7.2900
	净资产收益率(%)	4.3400	0.3400	–0.6700	7.2100
	总资产(万)	2652861.72	2462920.98	2349013.44	2405284.07
	股东权益(万)	874033.54	843883.78	844081.88	914445.20
	主营业务收入(万)		–	–	–
	主营业务利润(万)		–	–	–
	营业务收入(万)	527084.83	1161767.33	569272.02	1039308.84
	营业务利润(万)	53780.81	–27160.16	–13675.85	123702.38
	投资收益(万)		–	–	–
	利润总额(万)	53910.50	–27929.22	–14140.02	122637.83
	净利润(万)	37890.39	2898.12	–5644.90	65887.78

中天城投集团股份有限公司

公司概况

公司名称	中天城投集团股份有限公司			证券简称	中天城投
法人代表	罗玉平	董秘	李俊	证券代码	000540
公司网址	www.ztcn.cn		电子信箱	ztqyd@public.gz.cn	
电　　话	0851-5865112		传　　真	0851-6809115	
办公地址	贵州省贵阳市中华中路1号峰会国际大厦				
经营范围	壹级房地产开发、城市基础设施及配套项目开发、拆迁安置及服务、物业管理等				

主要财务指标

指标\报告期	2009.06.30	2008.12.31	2008.06.30	2007.12.31
每股收益(元)	0.2217	0.5712	0.2186	0.3136
每股收益(扣除)(元)	0.2228	0.3814	0.2087	0.2924
每股净资产(元)	1.5030	2.1398	1.3602	1.2122
调整后每股净资产(元)	–	–	–	–
每股资本公积金(元)	0.0424	0.6575	0.2032	0.2739
每股盈余公积金(元)	0.1503	0.2405	0.2336	0.2336
每股未分配利润(元)	0.3107	0.2418	–0.0766	–0.2952
每股现金净流量(元)	0.1004	–0.7766	–0.8673	0.8196
每股经营现金净流量(元)	0.2962	–1.0890	–0.8579	–0.2671
净资产收益率(扣除)(%)	–	–	–	21.0500
净资产收益率(%)	14.7500	25.0100	16.0800	25.8700
总资产(万)	312799.18	286876.68	165361.96	158260.53
股东权益(万)	85828.26	76350.02	44452.03	39616.82
主营业务收入(万)	–	–	–	–
主营业务利润(万)	–	–	–	–
营业务收入(万)	72869.49	91059.32	35493.53	61949.95
营业务利润(万)	16880.83	19064.49	9969.01	19866.98
投资收益(万)	–	–	–	–
利润总额(万)	16804.83	25379.47	8977.06	16721.72
净利润(万)	12659.65	19096.52	7145.71	12070.08

佛山电器照明股份有限公司

公司概况

公司名称	佛山电器照明股份有限公司			证券简称	佛山照明
法人代表	钟信才	董秘	林奕辉	证券代码	000541
公司网址	www.chinafsl.com		电子信箱	gzfsligh@pub.foshan.gd.cn	
电　　话	0757-82966098		传　　真	0757-82816276	
办公地址	广东省佛山市禅城区汾江北路64号				
经营范围	研究、开发、生产电光源产品、电光源设备、电光源配套器件等				

主要财务指标

指标\报告期	2009.06.30	2008.12.31	2008.06.30	2007.12.31
每股收益(元)	0.0700	0.3200	0.2300	0.6100
每股收益(扣除)(元)	0.0700	0.1800	0.1100	0.1800
每股净资产(元)	2.5700	3.7200	3.6300	6.4100
调整后每股净资产(元)	–	–	–	–
每股资本公积金(元)	0.5998	1.2398	1.2398	3.0830
每股盈余公积金(元)	0.5195	0.7272	0.7272	1.0909
每股未分配利润(元)	0.4550	0.7552	0.6633	1.2368
每股现金净流量(元)	–0.0015	–0.2435	–0.0614	0.2386
每股经营现金净流量(元)	0.2326	0.1805	–0.0096	0.1110
净资产收益率(扣除)(%)	–	–	–	4.1100
净资产收益率(%)	2.8300	8.6200	6.3000	14.1900
总资产(万)	283384.46	283026.88	289724.03	339298.58
股东权益(万)	251915.14	260174.51	253750.48	298725.31
主营业务收入(万)	–	–	–	–
主营业务利润(万)	–	–	–	–
营业务收入(万)	73981.30	171871.28	81384.61	149607.27
营业务利润(万)	9381.47	27169.92	19977.13	49542.53
投资收益(万)	–	–	–	–
利润总额(万)	10040.04	27454.11	20262.40	50149.05
净利润(万)	7118.04	22416.06	15992.03	42379.74

安徽省皖能股份有限公司

公司概况

公司名称	安徽省皖能股份有限公司			证券简称	皖能电力
法人代表	白泰平	董秘	周庆霞	证券代码	000543
公司网址	www.wenergy.cn		电子信箱	wn000543@wenergy.cn	
电　　话	www.wenergy.cn		传　　真	0551-2225800	
办公地址	安徽省合肥市马鞍山路76号能源大厦七至十楼				
经营范围	电力、节能及相关项目投资经营,与电力建设相关的原材料开发等				

主要财务指标

指标\报告期	2009.06.30	2008.12.31	2008.06.30	2007.12.31
每股收益(元)	0.1100	0.0190	0.0800	0.0820
每股收益(扣除)(元)	0.0600	–0.0240	0.0800	0.2700
每股净资产(元)	5.1100	4.1800	4.8500	6.8200
调整后每股净资产(元)	–	–	–	–
每股资本公积金(元)	3.1515	2.3287	2.9374	4.9029
每股盈余公积金(元)	0.8327	0.8327	0.8096	0.8096
每股未分配利润(元)	0.1270	0.0211	0.1074	0.1097
每股现金净流量(元)	0.2343	0.3197	–0.0412	–0.2118
每股经营现金净流量(元)	0.7115	0.6205	0.5397	0.3317
净资产收益率(扣除)(%)	–	–	–	3.9200
净资产收益率(%)	2.0700	0.4600	1.7000	1.2100
总资产(万)	1053090.08	909021.40	842875.76	1028341.57
股东权益(万)	395094.03	323310.50	375252.14	527370.11
主营业务收入(万)	–	–	–	–
主营业务利润(万)	–	–	–	–
营业务收入(万)	135562.64	282060.85	138999.34	263475.04
营业务利润(万)	8385.80	–9.51	7362.99	12409.89
投资收益(万)	–	–	–	–
利润总额(万)	11055.53	4114.06	7456.78	12303.25
净利润(万)	8184.51	1499.96	6385.75	6356.66

中原环保股份有限公司

公司概况

公司名称	中原环保股份有限公司			证券简称	中原环保
法人代表	李建平	董秘	张建华	证券代码	000544
公司网址	www.zyhuanbao.com		电子信箱	zhangjianhua@zyhuanbao.com	
电　　话	0371-65629977、65629981		传　　真	0371-65629981	
办公地址	河南省郑州市纬四路东段19号广发大厦15层				
经营范围	污水、污水处理;复合肥料生产、销售;养殖、种植等				

主要财务指标

指标\报告期	2009.06.30	2008.12.31	2008.06.30	2007.12.31
每股收益(元)	0.1310	0.2409	0.1280	0.2122
每股收益(扣除)(元)	0.1310	0.2390	0.1270	0.2093
每股净资产(元)	1.8200	1.6910	1.5600	1.4500
调整后每股净资产(元)	–	–	–	–
每股资本公积金(元)	1.7525	1.7525	1.7525	1.7525
每股盈余公积金(元)	0.0826	0.0826	0.0826	0.0826
每股未分配利润(元)	–1.0129	–1.1443	–1.2717	–1.3852
每股现金净流量(元)	–0.1895	0.0444	–0.0114	0.1759
每股经营现金净流量(元)	–0.1448	0.3030	0.0034	0.2061
净资产收益率(扣除)(%)	–	–	–	14.4300
净资产收益率(%)	7.2100	14.2500	8.2100	14.6300
总资产(万)	70518.31	73656.65	63762.26	59704.83
股东权益(万)	49099.69	45560.63	42126.97	39070.09
主营业务收入(万)	–	–	–	–
主营业务利润(万)	–	–	–	–
营业务收入(万)	15110.48	25590.03	13091.15	23176.61
营业务利润(万)	4718.74	8499.31	4663.24	8487.72
投资收益(万)	–	–	–	–
利润总额(万)	4718.74	8491.11	4653.04	8489.72
净利润(万)	3539.05	6490.54	3460.02	5717.04

吉林制药股份有限公司

公司概况	公司名称	吉林制药股份有限公司			证券简称	吉林制药
	法人代表	张守斌	董秘	罗国建	证券代码	000545
	公司网址	www.jlzcyy.com		电子信箱	jzyd@public.ji.ji.cn	
	电　话	0432-5079887		传　真	0432-5079996	
	办公地址	吉林市长春路 99 号				
	经营范围	片剂、硬胶囊剂、丸剂(糖丸)、散剂、口服溶液剂、合剂、栓剂、颗粒剂等				

主要财务指标	指标\报告期	2009.06.30	2008.12.31	2008.06.30	2007.12.31
	每股收益(元)	-0.1200	0.0200	0.0200	0.1200
	每股收益(扣除)(元)	-0.0100	0.0200	0.0300	0.0200
	每股净资产(元)	0.1881	0.1500	0.1600	0.1322
	调整后每股净资产(元)	-	-	-	-
	每股资本公积金(元)	0.2098	0.2098	0.2098	0.2098
	每股盈余公积金(元)	0.0051	0.0051	0.0051	0.0051
	每股未分配利润(元)	-1.0268	-1.0617	-1.0579	-1.0826
	每股现金净流量(元)	0.0161	-0.0059	-0.0008	0.0049
	每股经营现金净流量(元)	0.1335	0.2115	0.1318	0.0819
	净资产收益率(扣除)(%)	-	-	-	12.1300
	净资产收益率(%)	-63.3700	13.7000	15.7600	89.7900
	总资产(万)	32716.82	35331.89	34438.85	34611.11
	股东权益(万)	2977.11	2424.83	2483.96	2092.54
	主营业务收入(万)	-	-	-	-
	主营业务利润(万)	-	-	-	-
	营业务收入(万)	5034.61	13639.81	7117.35	12280.09
	营业务利润(万)	-1879.98	390.77	464.94	800.38
	投资收益(万)	-	-	-	-
	利润总额(万)	-1886.55	332.22	391.42	1878.89
	净利润(万)	-1886.53	332.29	391.42	1878.99

吉林光华控股集团股份有限公司

公司概况	公司名称	吉林光华控股集团股份有限公司			证券简称	光华控股
	法人代表	许华	董秘	孙巍	证券代码	000546
	公司网址			电子信箱	ghkg_000546@126.com	
	电　话	0431-88920227		传　真	0431-88927337	
	办公地址	吉林省长春市西安大路 727 号中银大厦 A 座 1009 室				
	经营范围	以自有资金投资房地产开发、教育及相关产业、电子通讯、医药、农业等				

主要财务指标	指标\报告期	2009.06.30	2008.12.31	2008.06.30	2007.12.31
	每股收益(元)	0.0880	-0.1235	0.0010	0.0620
	每股收益(扣除)(元)	-0.0233	-0.2417	-0.1080	0.0655
	每股净资产(元)	0.7500	0.6900	0.9240	1.2700
	调整后每股净资产(元)	-	-	-	-
	每股资本公积金(元)	0.6555	0.6790	0.7860	1.1408
	每股盈余公积金(元)	0.0190	0.0190	0.0190	0.0190
	每股未分配利润(元)	-0.9239	-1.0123	-0.8810	-0.8888
	每股现金净流量(元)	-0.1515	-0.2505	-0.3042	0.2884
	每股经营现金净流量(元)	0.1255	-0.2637	-0.3047	0.1243
	净资产收益率(扣除)(%)	-	-	-	5.1500
	净资产收益率(%)	11.7800	-18.0100	0.1600	4.8900
	总资产(万)	50456.41	56588.90	56937.38	59536.68
	股东权益(万)	12721.47	11621.65	15662.01	21543.32
	主营业务收入(万)	-	-	-	-
	主营业务利润(万)	-	-	-	-
	营业务收入(万)	6398.49	540.67	259.35	12585.66
	营业务利润(万)	1836.32	-2571.47	-119.15	2862.89
	投资收益(万)	-	-	-	-
	利润总额(万)	1798.73	-2377.11	153.80	2850.78
	净利润(万)	1498.51	-2093.28	24.88	1052.53

神州学人集团股份有限公司

公司概况	公司名称	神州学人集团股份有限公司			证券简称	闽福发 A
	法人代表	章高路	董秘	章高路	证券代码	000547
	公司网址	www.fufa.com		电子信箱	fufa@pub3.fz.fj.cn	
	电　话	0591-83283128		传　真	0591-83296358	
	办公地址	福建省福州市五一南路 17 号工行五一支行 13 层				
	经营范围	电子计算机及配件;电子、通信技术、网络技术服务;咨询、信息服务等				

主要财务指标	指标\报告期	2009.06.30	2008.12.31	2008.06.30	2007.12.31
	每股收益(元)	0.0400	0.1200	0.0490	0.0740
	每股收益(扣除)(元)	0.0290	0.0650	0.0180	0.0380
	每股净资产(元)	4.1360	3.5270	4.1030	6.9700
	调整后每股净资产(元)	-	-	-	-
	每股资本公积金(元)	2.3860	1.8172	2.4653	5.3809
	每股盈余公积金(元)	0.0835	0.0786	0.0781	0.0732
	每股未分配利润(元)	0.6664	0.6313	0.5594	0.5155
	每股现金净流量(元)	0.2199	0.0395	-0.0925	0.1528
	每股经营现金净流量(元)	0.3240	0.2254	-0.0149	0.4750
	净资产收益率(扣除)(%)	-	-	-	0.5500
	净资产收益率(%)	0.9690	3.4340	1.1860	1.0600
	总资产(万)	157826.01	139436.38	156779.15	222142.95
	股东权益(万)	101267.51	86358.85	100454.22	170649.09
	主营业务收入(万)	-	-	-	-
	主营业务利润(万)	-	-	-	-
	营业务收入(万)	15837.11	40558.05	17438.38	43704.45
	营业务利润(万)	2465.13	6529.25	2830.82	5486.41
	投资收益(万)	-	-	-	-
	利润总额(万)	2548.56	6600.17	2995.05	5655.84
	净利润(万)	981.08	2965.74	1191.52	1810.24

湖南投资集团股份有限公司

公司概况	公司名称	湖南投资集团股份有限公司			证券简称	湖南投资
	法人代表	谭应求	董秘	马宁	证券代码	000548
	公司网址	www.hntz.com.cn		电子信箱	hntz0548@sina.com	
	电　话	0731-82327666		传　真	0731-82327566	
	办公地址	湖南省长沙市芙蓉中路 508 号之三君逸康年大酒店十二楼				
	经营范围	投资建设并收费经营公路、桥梁及各类城市基础设施;投资开发经营房地产业等				

主要财务指标	指标\报告期	2009.06.30	2008.12.31	2008.06.30	2007.12.31
	每股收益(元)	0.1520	0.0740	0.0390	0.3900
	每股收益(扣除)(元)	0.0450	0.0570	0.0320	0.3170
	每股净资产(元)	2.6400	2.6200	2.6300	2.7100
	调整后每股净资产(元)	-	-	-	-
	每股资本公积金(元)	0.9639	1.0038	1.0444	1.1649
	每股盈余公积金(元)	0.1497	0.1497	0.1423	0.1423
	每股未分配利润(元)	0.5221	0.4704	0.4433	0.4044
	每股现金净流量(元)	-0.1556	0.1339	-0.0166	-1.1223
	每股经营现金净流量(元)	-0.0177	0.2029	-0.0177	-0.9960
	净资产收益率(扣除)(%)	-	-	-	11.6900
	净资产收益率(%)	5.7600	2.8000	1.4800	14.3900
	总资产(万)	197773.99	207736.05	202268.44	204894.12
	股东权益(万)	131577.51	130989.17	131291.18	135363.91
	主营业务收入(万)	-	-	-	-
	主营业务利润(万)	-	-	-	-
	营业务收入(万)	10882.83	21987.48	10256.46	46735.08
	营业务利润(万)	6806.38	5398.70	2132.45	27018.62
	投资收益(万)	-	-	-	-
	利润总额(万)	9373.37	6040.32	2705.14	30179.79
	净利润(万)	7575.32	3674.02	1943.19	19482.81

江铃汽车股份有限公司

公司概况	公司名称	江铃汽车股份有限公司			证券简称	江铃汽车
	法人代表	王锡高	董秘	宛虹	证券代码	000550
	公司网址	www.jmc.com.cn		电子信箱	relations@jmc.com.cn	
	电　话	86-791-5235675		传　真	0791-5232839	
	办公地址	江西省南昌市迎宾北大道509号				
	经营范围	生产及销售汽车、专用车、发动机、底盘等汽车总成及其他零部件等				

主要财务指标	指标\报告期	2009.06.30	2008.12.31	2008.06.30	2007.12.31
	每股收益(元)	0.5000	0.9100	0.6200	0.8800
	每股收益(扣除)(元)	0.5000	0.7400	0.4500	0.8700
	每股净资产(元)	4.8900	4.6900	4.4000	4.0900
	调整后每股净资产(元)	–	–	–	–
	每股资本公积金(元)	0.9725	0.9725	0.9725	0.9725
	每股盈余公积金(元)	0.5000	0.5000	0.4823	0.4823
	每股未分配利润(元)	2.4210	2.2197	1.9467	1.6312
	每股现金净流量(元)	1.8156	–0.6896	–0.0607	–0.0710
	每股经营现金净流量(元)	2.0159	0.2109	0.3717	0.9762
	净资产收益率(扣除)(%)	–	–	–	21.1800
	净资产收益率(%)	10.2400	19.3600	13.9900	21.5200
	总资产(万)	705556.17	596377.82	668193.60	612435.50
	股东权益(万)	422411.44	405038.16	379938.13	352699.02
	主营业务收入(万)	–	–	–	–
	主营业务利润(万)	–	–	–	–
	营业务收入(万)	472244.56	858703.36	458473.00	845554.90
	营业务利润(万)	54779.61	73767.16	46095.28	85721.77
	投资收益(万)	–	–	–	–
	利润总额(万)	55006.45	90239.64	62514.68	86045.81
	净利润(万)	43269.69	78431.51	53135.53	75915.81

创元科技股份有限公司

公司概况	公司名称	创元科技股份有限公司			证券简称	创元科技
	法人代表	曹新彤	董秘	周成明	证券代码	000551
	公司网址	www.000551.cn		电子信箱	dmc@000551.cn	
	电　话	0512-68241551		传　真	0512-68245551	
	办公地址	苏州市南门东二路4号				
	经营范围	国内贸易;经营本系统商品的进出口业务等				

主要财务指标	指标\报告期	2009.06.30	2008.12.31	2008.06.30	2007.12.31
	每股收益(元)	0.0900	0.2000	0.1400	0.2700
	每股收益(扣除)(元)	0.0600	0.1600	0.1200	0.2500
	每股净资产(元)	3.0700	3.0800	3.0200	2.9900
	调整后每股净资产(元)	–	–	–	–
	每股资本公积金(元)	0.3868	0.3843	0.3866	0.3977
	每股盈余公积金(元)	0.5254	0.5254	0.5114	0.5114
	每股未分配利润(元)	1.1555	1.1700	1.1257	1.0858
	每股现金净流量(元)	–0.1774	–0.3290	–0.4044	–0.2237
	每股经营现金净流量(元)	0.1915	0.3926	0.1847	0.2728
	净资产收益率(扣除)(%)	–	–	–	8.3500
	净资产收益率(%)	2.7851	6.5100	4.6200	8.9500
	总资产(万)	184609.14	189422.69	186583.94	191077.01
	股东权益(万)	74152.70	74445.12	73090.89	72394.48
	主营业务收入(万)	–	–	–	–
	主营业务利润(万)	–	–	–	–
	营业务收入(万)	80145.19	167889.55	96326.32	166057.20
	营业务利润(万)	4107.80	8932.29	6754.22	12375.40
	投资收益(万)	–	–	–	–
	利润总额(万)	4856.69	10357.14	6966.05	12613.09
	净利润(万)	2065.25	4845.50	3378.21	6478.20

甘肃靖远煤电股份有限公司

公司概况	公司名称	甘肃靖远煤电股份有限公司			证券简称	靖远煤电
	法人代表	毛鹏茜	董秘	高相德	证券代码	000552
	公司网址	www.changfeng.info.com		电子信箱	jingymd@163.com	
	电　话	0931-8512882		传　真	0931-8508220	
	办公地址	甘肃省白银市平川区王家山镇				
	经营范围	煤炭开采、洗选、销售;洁净能源的再加工利用;燃煤和瓦斯发电等				

主要财务指标	指标\报告期	2009.06.30	2008.12.31	2008.06.30	2007.12.31
	每股收益(元)	0.1500	0.5114	0.1500	0.3400
	每股收益(扣除)(元)	0.1200	0.4599	0.1500	0.3200
	每股净资产(元)	2.5100	2.2700	1.7300	1.7600
	调整后每股净资产(元)	–	–	–	–
	每股资本公积金(元)	0.5696	0.5696	0.5696	0.4905
	每股盈余公积金(元)	0.0565	0.0565	0.0161	0.2279
	每股未分配利润(元)	0.4562	0.3639	0.1472	0.0405
	每股现金净流量(元)	0.8288	–0.1112	0.1751	0.0736
	每股经营现金净流量(元)	0.9138	0.2043	0.1892	0.2480
	净资产收益率(扣除)(%)	–	–	–	18.0700
	净资产收益率(%)	6.0766	21.9851	8.4300	19.5500
	总资产(万)	64856.36	51439.08	52612.44	44408.26
	股东权益(万)	44581.14	41372.99	30823.71	31284.60
	主营业务收入(万)	–	–	–	–
	主营业务利润(万)	–	–	–	–
	营业务收入(万)	21412.12	40586.39	18617.49	28413.88
	营业务利润(万)	2467.44	9629.11	3047.12	6477.66
	投资收益(万)	–	–	–	–
	利润总额(万)	3187.07	10708.05	3047.12	7023.35
	净利润(万)	2709.01	9095.90	2599.92	6117.02

湖北沙隆达股份有限公司

公司概况	公司名称	湖北沙隆达股份有限公司			证券简称	沙隆达A
	法人代表	李作荣	董秘	李忠禧	证券代码	000553
	公司网址	www.sanonda.cn		电子信箱	sld@chemchina.com.cn	
	电　话	0716-8208632		传　真	0716-8208899	
	办公地址	湖北省荆州市北京东路93号				
	经营范围	生产农药、化工、医药产品;在国内外销售自产产品;提供相关售后服务				

主要财务指标	指标\报告期	2009.06.30	2008.12.31	2008.06.30	2007.12.31
	每股收益(元)	0.0743	0.2900	0.1301	0.0700
	每股收益(扣除)(元)	0.0745	0.3126	0.1316	–0.0200
	每股净资产(元)	1.8700	1.8500	1.6700	1.5600
	调整后每股净资产(元)	–	–	–	–
	每股资本公积金(元)	0.4575	0.4575	0.4575	0.4575
	每股盈余公积金(元)	0.1238	0.1513	0.0965	0.1084
	每股未分配利润(元)	0.2650	0.2408	0.1168	–0.0073
	每股现金净流量(元)	0.1587	0.1859	0.3754	0.2230
	每股经营现金净流量(元)	0.1009	0.5940	0.1866	0.4574
	净资产收益率(扣除)(%)	–	–	–	–1.0500
	净资产收益率(%)	3.9600	15.7300	7.7900	4.3600
	总资产(万)	233743.76	204948.19	232733.57	174071.21
	股东权益(万)	111288.39	109855.89	99226.90	92574.44
	主营业务收入(万)	–	–	–	–
	主营业务利润(万)	–	–	–	–
	营业务收入(万)	98528.40	221734.32	125254.67	164835.10
	营业务利润(万)	5867.34	26116.34	10505.88	5754.00
	投资收益(万)	–	–	–	–
	利润总额(万)	6029.76	23435.36	10420.16	5172.68
	净利润(万)	4412.46	17281.45	7728.45	4036.07

中国石化山东泰山石油股份有限公司

公司概况	公司名称	中国石化山东泰山石油股份有限公司			证券简称	泰山石油
	法人代表	冯东青	董秘	李建文	证券代码	000554
	公司网址			电子信箱	kevinlee67@126.com	
	电　话	0538-6269630、6269659		传　真	0538-8265450	
	办公地址	山东省泰安市东岳大街 104 号				
	经营范围	主营石油制品、工业生产资料、百货、五金、交电、化工、建筑材料、煤炭等				

	指标\报告期	2009.06.30	2008.12.31	2008.06.30	2007.12.31
主要财务指标	每股收益(元)	0.0100	0.3000	0.2400	0.1500
	每股收益(扣除)(元)	0.0100	0.3200	0.2429	0.1700
	每股净资产(元)	1.7900	1.8800	1.8100	1.9700
	调整后每股净资产(元)	–	–	–	–
	每股资本公积金(元)	0.3850	0.3850	0.3850	0.3850
	每股盈余公积金(元)	0.2015	0.2015	0.1712	0.1712
	每股未分配利润(元)	0.2030	0.2903	0.2579	0.4180
	每股现金净流量(元)	–0.0341	–0.1590	–0.1379	0.3723
	每股经营现金净流量(元)	0.0934	0.2843	0.1294	0.3385
	净资产收益率(扣除)(%)	–	–	–	8.5200
	净资产收益率(%)	0.7100	15.9300	13.2300	7.5200
	总资产(万)	89958.75	96453.78	98950.39	105290.58
	股东权益(万)	86040.00	90238.39	87220.01	94916.12
	主营业务收入(万)	–	–	–	–
	主营业务利润(万)	–	–	–	–
	营业务收入(万)	131750.27	290692.95	146179.45	276019.65
	营业务利润(万)	1524.85	21316.20	5880.79	13377.10
	投资收益(万)	–	–	–	–
	利润总额(万)	1489.48	20266.69	15775.18	12666.20
	净利润(万)	609.54	14377.93	11535.62	7138.58

深圳市太光电信股份有限公司

公司概况	公司名称	深圳市太光电信股份有限公司			证券简称	ST 太光
	法人代表	厉天福	董秘	舒晓玲	证券代码	000555
	公司网址	www.techo.cn		电子信箱	sznivs@163.com	
	电　话	0755-82910290		传　真	0755-82910304	
	办公地址	深圳市福田区滨河路北与彩田路东联合广场 A 座 3608 室				
	经营范围	生产、销售 TEC5200 综合业务接入网等通信设备、国内商业、物资供销业等				

	指标\报告期	2009.06.30	2008.12.31	2008.06.30	2007.12.31
主要财务指标	每股收益(元)	–0.0560	0.0020	0.0100	0.0400
	每股收益(扣除)(元)	–0.0560	–0.0400	0.0020	–0.0700
	每股净资产(元)	–1.4400	–1.3900	–1.3800	–1.3900
	调整后每股净资产(元)	–	–	–	–
	每股资本公积金(元)	0.5983	0.5983	0.5983	0.5983
	每股盈余公积金(元)	0.0247	0.0247	0.0247	0.0247
	每股未分配利润(元)	–3.0649	–3.0085	–3.0052	–3.0106
	每股现金净流量(元)	0.0333	0.0000	0.0004	0.0001
	每股经营现金净流量(元)	0.0333	0.0001	0.0004	0.0001
	净资产收益率(扣除)(%)	–	–	–	–
	净资产收益率(%)	–	–	–0.3900	–
	总资产(万)	2687.67	3319.09	2847.92	3081.90
	股东权益(万)	–13067.49	–12556.92	–12526.80	–12575.71
	主营业务收入(万)	–	–	–	–
	主营业务利润(万)	–	–	–	–
	营业务收入(万)	490.90	2061.60	1972.51	794.27
	营业务利润(万)	–510.57	–363.21	16.91	–647.78
	投资收益(万)	–	–	–	–
	利润总额(万)	–510.57	18.79	48.91	334.47
	净利润(万)	–510.57	18.79	48.91	334.47

广夏(银川)实业股份有限公司

公司概况	公司名称	广夏(银川)实业股份有限公司			证券简称	ST 银广夏
	法人代表	朱关湖	董秘	紫小平	证券代码	000557
	公司网址	www.guangxia.com		电子信箱	guangxiayinchuan@sina.com	
	电　话	0951-5054984、5054694		传　真	0951-5054518	
	办公地址	银川市高新技术产业开发区 15 号路东				
	经营范围	高新技术产品的开发、生产、销售;天然物产的开发、加工、销售等				

	指标\报告期	2009.06.30	2008.12.31	2008.06.30	2007.12.31
主要财务指标	每股收益(元)	0.3470	–0.3920	–0.0449	0.0290
	每股收益(扣除)(元)	–0.0270	–0.0630	–0.0443	–0.0285
	每股净资产(元)	–0.3700	–1.0400	–0.7840	–0.7397
	调整后每股净资产(元)	–	–	–	–
	每股资本公积金(元)	0.9853	0.7483	0.9827	0.9827
	每股盈余公积金(元)	0.0025	0.0025	0.0029	0.0029
	每股未分配利润(元)	–2.3592	–2.7952	–2.7700	–2.7253
	每股现金净流量(元)	–0.0096	–0.0054	0.0168	0.0527
	每股经营现金净流量(元)	–0.0090	0.0001	0.0173	0.0367
	净资产收益率(扣除)(%)	–	–	–	–
	净资产收益率(%)	–93.4325	37.5512	–	–
	总资产(万)	13338.25	34766.16	37825.73	39012.55
	股东权益(万)	–25484.92	–71659.58	–47453.43	–44750.57
	主营业务收入(万)	–	–	–	–
	主营业务利润(万)	–	–	–	–
	营业务收入(万)	407.85	3190.43	1310.84	3097.16
	营业务利润(万)	–1910.69	–4417.04	–2682.11	–1080.98
	投资收益(万)	–	–	–	–
	利润总额(万)	23803.71	–26920.35	–2703.66	1750.02
	净利润(万)	23811.20	–26909.01	–2702.86	1767.62

莱茵达置业股份有限公司

公司概况	公司名称	莱茵达置业股份有限公司			证券简称	莱茵置业
	法人代表	高继胜	董秘		证券代码	000558
	公司网址	www.lander.com.cn		电子信箱	lyzy000558@126.com	
	电　话	0571-87851738		传　真	0571-87851739	
	办公地址	杭州市文三路 535 号莱茵达大厦 20 楼				
	经营范围	房产租赁经营;家具、日用杂品、建筑装饰材料批发、零售;房产开发等				

	指标\报告期	2009.06.30	2008.12.31	2008.06.30	2007.12.31
主要财务指标	每股收益(元)	0.0603	0.2820	0.1097	0.3031
	每股收益(扣除)(元)	0.0635	0.2892	0.1144	–0.0216
	每股净资产(元)	1.3906	1.3289	1.1445	1.5522
	调整后每股净资产(元)	–	–	–	–
	每股资本公积金(元)	0.0609	0.0595	0.0722	0.0711
	每股盈余公积金(元)	0.0025	0.0025	–	0.0523
	每股未分配利润(元)	0.3272	0.2669	0.0723	0.4288
	每股现金净流量(元)	0.0334	0.0980	–0.2441	0.3499
	每股经营现金净流量(元)	0.2099	0.0382	0.0010	–0.4044
	净资产收益率(扣除)(%)	–	–	–	–2.0200
	净资产收益率(%)	4.3400	21.2200	9.5900	28.3900
	总资产(万)	228339.11	195203.64	185279.86	195963.75
	股东权益(万)	51554.20	49267.67	42433.03	38364.26
	主营业务收入(万)	–	–	–	–
	主营业务利润(万)	–	–	–	–
	营业务收入(万)	25845.56	86181.31	57188.25	99235.45
	营业务利润(万)	4464.68	15825.13	7239.20	18666.25
	投资收益(万)	–	–	–	–
	利润总额(万)	4350.38	15551.18	7044.16	18341.15
	净利润(万)	2237.07	10453.42	4068.77	10892.37

万向钱潮股份有限公司

公司概况					
公司名称	万向钱潮股份有限公司			证券简称	万向钱潮
法人代表	鲁冠球	董秘	许小建	证券代码	000559
公司网址	www.wxqc.com.cn		电子信箱	wxqc@wanxiang.com.cn	
电话	0571-82832999		传真	0571-82602132	
办公地址	杭州市萧山经济技术开发区万向路				
经营范围	汽车零部件及相关机电产品的开发、制造和销售;实业投资开发、金属材料、建筑材料的销售				

主要财务指标 指标\报告期	2009.06.30	2008.12.31	2008.06.30	2007.12.31
每股收益(元)	0.1100	0.2150	0.1240	0.2570
每股收益(扣除)(元)	0.0890	0.1610	0.1130	0.2120
每股净资产(元)	1.4500	1.4370	1.8030	1.7990
调整后每股净资产(元)	–	–	–	–
每股资本公积金(元)	–	–	0.0762	0.0762
每股盈余公积金(元)	–	–	0.2567	0.2567
每股未分配利润(元)	0.4468	0.4366	0.4699	0.4659
每股现金净流量(元)	–0.0472	–0.1937	–0.0254	–0.1736
每股经营现金净流量(元)	0.2533	0.4281	0.1154	0.5036
净资产收益率(扣除)(%)	–	–	–	11.7800
净资产收益率(%)	7.6100	14.9900	6.8800	14.2700
总资产(万)	594600.85	580772.76	596110.88	549051.70
股东权益(万)	148379.52	147337.43	184900.87	184482.35
主营业务收入(万)	–	–	–	–
主营业务利润(万)	–	–	–	–
营业务收入(万)	242035.13	484829.02	270042.03	423251.07
营业务利润(万)	12419.79	29035.19	21573.08	43401.92
投资收益(万)	–	–	–	–
利润总额(万)	15229.85	37261.88	23531.76	47887.60
净利润(万)	11297.97	22080.84	12725.57	26320.37

昆明百货大楼(集团)股份有限公司

公司概况					
公司名称	昆明百货大楼(集团)股份有限公司			证券简称	昆百大A
法人代表	何道峰	董秘	丁晖	证券代码	000560
公司网址	www.51766.com/img/kmbhdl/		电子信箱	dinghui68@sina.com	
电话	0871-3623414		传真	0871-3623414	
办公地址	云南省昆明市东风西路99号				
经营范围	房地产综合建设与经营;国内贸易、物资供销、进出口贸易等				

主要财务指标 指标\报告期	2009.06.30	2008.12.31	2008.06.30	2007.12.31
每股收益(元)	0.0867	0.2747	0.0382	3.1025
每股收益(扣除)(元)	0.0845	0.0343	0.0479	0.4884
每股净资产(元)	4.0592	3.7110	3.4745	3.3949
调整后每股净资产(元)	–	–	–	–
每股资本公积金(元)	0.5149	0.2534	0.2534	0.2120
每股盈余公积金(元)	0.3417	0.3444	0.2777	0.2777
每股未分配利润(元)	2.2026	2.1132	1.9434	1.9052
每股现金净流量(元)	0.6578	–1.0585	–0.5798	0.6678
每股经营现金净流量(元)	0.3108	–1.7052	–1.1762	1.7355
净资产收益率(扣除)(%)	–	–	–	14.3900
净资产收益率(%)	2.1400	7.4000	1.1000	91.3900
总资产(万)	219955.21	247693.05	256211.02	239103.61
股东权益(万)	54555.79	49875.71	46696.65	45627.86
主营业务收入(万)	–	–	–	–
主营业务利润(万)	–	–	–	–
营业务收入(万)	51877.41	117622.31	59681.99	114426.38
营业务利润(万)	963.23	3912.49	2465.34	57726.17
投资收益(万)	–	–	–	–
利润总额(万)	971.41	3785.51	2310.71	57678.59
净利润(万)	1165.39	3691.89	512.83	239103.61

长岭(集团)股份有限公司

公司概况					
公司名称	长岭(集团)股份有限公司			证券简称	S*ST长岭
法人代表	王瑄	董秘	杨婷婷	证券代码	000561
公司网址	www.changling.com.cn		电子信箱	cl@changling.com.cn	
电话	0917-3622253		传真	0917-3622392	
办公地址	陕西省宝鸡市清姜路75号				
经营范围	家用电器、电子通讯产品、纺织电子设备和机电产品的研制、生产、销售等				

主要财务指标 指标\报告期	2009.06.30	2008.12.31	2008.06.30	2007.12.31
每股收益(元)	–0.0200	1.9300	–0.0110	–1.0300
每股收益(扣除)(元)	–0.0300	–0.0200	–0.0110	–0.1000
每股净资产(元)	–0.2300	–0.2300	–2.2100	–2.2000
调整后每股净资产(元)	–	–	–	–2.2000
每股资本公积金(元)	1.3980	1.3728	1.3217	1.3217
每股盈余公积金(元)	0.1779	0.1779	0.1779	0.1779
每股未分配利润(元)	–2.8018	–2.7779	–4.7118	–4.7055
每股现金净流量(元)	0.0104	0.1410	–0.0070	–0.0248
每股经营现金净流量(元)	–0.1528	0.1629	–0.0068	0.0144
净资产收益率(扣除)(%)	–	–	–	–
净资产收益率(%)	–	–	–	–
总资产(万)	29012.40	29402.78	35452.93	36248.88
股东权益(万)	–8967.86	–9020.91	–87827.83	–87576.31
主营业务收入(万)	–	–	–	–
主营业务利润(万)	–	–	–	–
营业务收入(万)	3775.66	7149.51	4211.60	25354.62
营业务利润(万)	–1073.83	–1981.95	–446.89	–4162.37
投资收益(万)	–	–	–	–
利润总额(万)	–992.07	75532.16	–444.97	–40898.28
净利润(万)	–947.82	76526.60	–452.89	–40875.63

宏源证券股份有限公司

公司概况					
公司名称	宏源证券股份有限公司			证券简称	宏源证券
法人代表	汤世生	董秘	高涛	证券代码	000562
公司网址	www.hysec.com		电子信箱	hyzq@hysec.com	
电话	0991-2301870		传真	0991-2301779	
办公地址	新疆维吾尔自治区乌鲁木齐市文艺路233号宏源大厦八楼				
经营范围	证券的代理买卖;代理证券的还本付息、分红派息,证券代保管、鉴证等				

主要财务指标 指标\报告期	2009.06.30	2008.12.31	2008.06.30	2007.12.31
每股收益(元)	0.3600	0.3700	0.2400	1.3900
每股收益(扣除)(元)	0.3600	0.1800	0.0760	1.4000
每股净资产(元)	3.8760	3.4070	3.4300	4.1050
调整后每股净资产(元)	–	–	–	–
每股资本公积金(元)	1.2630	1.0515	1.1657	1.5452
每股盈余公积金(元)	0.2116	0.2116	0.1788	0.1788
每股未分配利润(元)	1.0201	0.7632	0.7731	1.0662
每股现金净流量(元)	–	–	–	–
每股经营现金净流量(元)	–	–	–	–
净资产收益率(扣除)(%)	–	–	–	34.1700
净资产收益率(%)	9.2100	10.8800	7.0000	33.9800
总资产(万)	1896275.54	1530498.76	1873047.83	2279975.45
股东权益(万)	566301.48	497855.16	501572.24	599851.93
主营业务收入(万)	131106.50	159846.83	97051.20	443514.01
主营业务利润(万)	70997.38	73613.25	57275.12	323208.26
营业务收入(万)	–	–	–	–
营业务利润(万)	–	–	–	–
投资收益(万)	–	–	–	–
利润总额(万)	70650.87	73503.40	56989.32	322557.16
净利润(万)	52151.73	54164.79	35126.87	203830.04

陕西省国际信托股份有限公司

公司概况	公司名称	陕西省国际信托股份有限公司		证券简称	陕国投 A
	法人代表	薛季民	董秘	姚卫东	证券代码	000563
	公司网址	www.siti.com.cn		电子信箱	sgtdm@siti.com.cn
	电　话	029-81870262、81870266		传　真	029-88851989
	办公地址	陕西省西安市高新区科技路 50 号金桥国际广场 C 座 24-27 层			
	经营范围	资金信托;动产信托;不动产信托;有价证券信托;其他财产或财产权信托等			

主要财务指标	指标\报告期	2009.06.30	2008.12.31	2008.06.30	2007.12.31
	每股收益(元)	0.0500	0.1909	0.1110	0.2033
	每股收益(扣除)(元)	0.0180	0.1336	0.0960	0.1621
	每股净资产(元)	1.5000	1.3740	1.2800	1.4956
	调整后每股净资产(元)	–	–	–	–
	每股资本公积金(元)	0.2326	0.1239	0.1059	0.4364
	每股盈余公积金(元)	0.1070	0.1070	0.1051	0.1029
	每股未分配利润(元)	0.1337	0.1178	0.0474	–0.0613
	每股现金净流量(元)	–0.1226	0.0164	0.1286	0.1668
	每股经营现金净流量(元)	–0.2029	0.2346	0.1370	0.5839
	净资产收益率(扣除)(%)	–	–	–	10.8400
	净资产收益率(%)	3.0600	13.8900	8.7000	13.5900
	总资产(万)	151903.53	154653.51	129618.25	138961.49
	股东权益(万)	53713.02	49245.59	45736.26	53605.85
	主营业务收入(万)	–	–	–	–
	主营业务利润(万)	–	–	–	–
	营业务收入(万)	19534.88	22219.79	12116.02	28272.24
	营业务利润(万)	2058.76	2850.92	2835.98	15490.55
	投资收益(万)	–	–	–	–
	利润总额(万)	2125.79	6984.21	3551.57	9472.08
	净利润(万)	1643.71	6842.45	3978.75	7286.43

西安民生集团股份有限公司

公司概况	公司名称	西安民生集团股份有限公司			证券简称	西安民生
	法人代表	詹军道	董秘	马明庆	证券代码	000564
	公司网址	www.cnminsheng.com		电子信箱	Mq_ma@minsheng.com	
	电　话	029-87481871		传　真	029-87481871	
	办公地址	西安市解放路 103 号				
	经营范围	国内商业、物资供销业、仓储服务、计算机软件开发、销售等				

主要财务指标	指标\报告期	2009.06.30	2008.12.31	2008.06.30	2007.12.31
	每股收益(元)	0.0901	0.2109	0.0472	0.0800
	每股收益(扣除)(元)	0.0904	0.1319	0.0483	0.0841
	每股净资产(元)	2.4379	2.3975	2.2338	2.1866
	调整后每股净资产(元)	–	–	–	–
	每股资本公积金(元)	0.7942	0.7840	0.7840	0.7840
	每股盈余公积金(元)	0.2411	0.2411	0.2200	0.2200
	每股未分配利润(元)	0.4026	0.3725	0.2299	0.1827
	每股现金净流量(元)	–0.3191	1.0764	–0.2776	–0.0351
	每股经营现金净流量(元)	–0.3737	0.5145	0.0121	0.6723
	净资产收益率(扣除)(%)	–	–	–	3.8500
	净资产收益率(%)	3.7000	8.8000	2.1100	3.8500
	总资产(万)	120935.43	128854.07	111280.72	118759.41
	股东权益(万)	65906.91	64816.90	60390.14	59114.65
	主营业务收入(万)	–	–	–	–
	主营业务利润(万)	–	–	–	–
	营业务收入(万)	62311.75	112580.14	55408.76	97840.54
	营业务利润(万)	3258.87	8559.19	1771.53	4505.27
	投资收益(万)	–	–	–	–
	利润总额(万)	3247.74	7653.19	1730.51	4189.60
	净利润(万)	2435.80	5702.25	1275.49	2277.06

重庆三峡油漆股份有限公司

公司概况	公司名称	重庆三峡油漆股份有限公司			证券简称	渝三峡 A
	法人代表	苏中俊	董秘	戎路明	证券代码	000565
	公司网址	www.sanxia.com		电子信箱	zqb0565@tom.com	
	电　话	023-68823076、68824806		传　真	023-68824806	
	办公地址	重庆江津区德感工业园区				
	经营范围	制造、销售油漆、合成树脂;销售金属材料,五金,交电,百货等				

主要财务指标	指标\报告期	2009.06.30	2008.12.31	2008.06.30	2007.12.31
	每股收益(元)	0.0980	0.1400	0.0940	0.1600
	每股收益(扣除)(元)	0.0980	0.1100	0.0940	0.1400
	每股净资产(元)	2.4900	2.3900	2.3000	2.3100
	调整后每股净资产(元)	–	–	–	–
	每股资本公积金(元)	0.9075	0.9075	0.8634	0.8634
	每股盈余公积金(元)	0.2098	0.2098	0.1955	0.1955
	每股未分配利润(元)	0.3740	0.2758	0.2450	0.2512
	每股现金净流量(元)	–0.0734	–0.2228	0.1031	–0.1126
	每股经营现金净流量(元)	0.2655	0.0933	–0.1141	0.3776
	净资产收益率(扣除)(%)	–	–	–	5.9800
	净资产收益率(%)	3.9400	5.8000	4.0700	6.9000
	总资产(万)	127120.58	125858.17	114531.96	98598.08
	股东权益(万)	43207.34	41503.51	39958.04	40066.70
	主营业务收入(万)	–	–	–	–
	主营业务利润(万)	–	–	–	–
	营业务收入(万)	19766.74	37965.70	19184.77	36965.23
	营业务利润(万)	1795.19	1988.69	1760.71	2599.55
	投资收益(万)	–	–	–	–
	利润总额(万)	1803.69	2542.46	1751.58	3027.77
	净利润(万)	1703.83	2407.29	1625.71	2766.48

海南海药股份有限公司

公司概况	公司名称	海南海药股份有限公司			证券简称	海南海药
	法人代表	刘悉承	董秘		证券代码	000566
	公司网址	www.haiyao.com.cn		电子信箱	hnhy000566@21cn.com	
	电　话	0898-66785861		传　真	0898-66705316	
	办公地址	海南省海口市龙昆北路 30 号宏源证券大厦 7 楼				
	经营范围	精细化工产品、化学原料药、中药材、土特产品、中药成药、西药成药、保健品等				

主要财务指标	指标\报告期	2009.06.30	2008.12.31	2008.06.30	2007.12.31
	每股收益(元)	0.2000	0.2110	0.1400	–0.1700
	每股收益(扣除)(元)	0.1999	0.1490	0.1400	–0.2000
	每股净资产(元)	1.8400	1.6300	1.4300	1.2900
	调整后每股净资产(元)	–	–	–	–
	每股资本公积金(元)	0.9152	0.9030	0.7813	0.7813
	每股盈余公积金(元)	0.0794	0.0800	0.0829	0.0829
	每股未分配利润(元)	–0.1511	–0.3540	–0.4325	–0.5783
	每股现金净流量(元)	–0.0379	0.0260	–0.0577	0.0689
	每股经营现金净流量(元)	0.0079	0.0325	0.0304	–0.1110
	净资产收益率(扣除)(%)	–	–	–	–15.1800
	净资产收益率(%)	10.8682	12.5000	9.8900	–13.0100
	总资产(万)	78592.68	73456.33	65913.46	63613.15
	股东权益(万)	38961.10	34183.36	28971.16	26020.09
	主营业务收入(万)	–	–	–	–
	主营业务利润(万)	–	–	–	–
	营业务收入(万)	27909.83	38665.15	19708.29	23487.45
	营业务利润(万)	5367.82	4557.94	3511.11	–3036.31
	投资收益(万)	–	–	–	–
	利润总额(万)	5373.10	5672.82	3542.93	–2606.65
	净利润(万)	4234.35	4273.17	2863.93	–3386.29

海南海德实业股份有限公司

公司概况	公司名称	海南海德实业股份有限公司			证券简称	海德股份
	法人代表	纪道林	董秘	陈金弟	证券代码	000567
	公司网址	www.000567.com			电子信箱	haide@hainan.net
	电　话	0898-66978322、021-63094023			传　真	0898-66978321、021-63094030
	办公地址	海口市龙昆南路72号耀江商厦三层				
	经营范围	信息产业,高新技术产业,房地产开发经营,房地产销售代理服务,工业产品等				

主要财务指标	指标\报告期	2009.06.30	2008.12.31	2008.06.30	2007.12.31
	每股收益(元)	0.0382	0.1923	0.0685	0.1641
	每股收益(扣除)(元)	0.0380	0.0514	0.0680	0.1792
	每股净资产(元)	1.0900	1.0500	0.9200	0.8600
	调整后每股净资产(元)	–	–	–	–
	每股资本公积金(元)	0.7720	0.7720	0.7720	0.7720
	每股盈余公积金(元)	0.0040	0.0040	0.0040	0.0040
	每股未分配利润(元)	–0.6896	–0.7277	–0.8516	–0.9201
	每股现金净流量(元)	–0.0228	0.0651	0.0079	0.0356
	每股经营现金净流量(元)	0.0449	0.0385	0.0794	0.5341
	净资产收益率(扣除)(%)	–	–	–	20.9400
	净资产收益率(%)	3.5100	18.3500	7.4100	19.1700
	总资产(万)	23300.89	26780.92	25841.64	28784.50
	股东权益(万)	16426.54	15849.50	13976.40	12941.30
	主营业务收入(万)	–	–	–	–
	主营业务利润(万)	–	–	–	–
	营业务收入(万)	2599.77	6674.59	4835.18	19596.89
	营业务利润(万)	716.01	41.24	1112.42	2971.36
	投资收益(万)	–	–	–	–
	利润总额(万)	726.73	3360.65	1105.41	3019.28
	净利润(万)	577.04	2908.20	1035.10	2480.94

泸州老窖股份有限公司

公司概况	公司名称	泸州老窖股份有限公司			证券简称	泸洲老窖
	法人代表	谢明	董秘	蔡秋全	证券代码	000568
	公司网址	www.lzlj.com.cn			电子信箱	dsb@lzlj.com.cn
	电　话	0830-2398826			传　真	0830-2398864
	办公地址	四川省泸州市泸州老窖大道泸州老窖营销网络指挥中心				
	经营范围	泸州老窖系列酒的生产、销售;进出口经营业务等				

主要财务指标	指标\报告期	2009.06.30	2008.12.31	2008.06.30	2007.12.31
	每股收益(元)	0.6110	0.9100	0.5318	0.5500
	每股收益(扣除)(元)	0.6115	0.9000	0.5300	0.4900
	每股净资产(元)	2.4600	2.4900	2.1215	3.1000
	调整后每股净资产(元)	–	–	–	–
	每股资本公积金(元)	0.2515	0.2515	0.2542	0.8067
	每股盈余公积金(元)	0.3666	0.3666	0.2794	0.4471
	每股未分配利润(元)	0.8376	0.8765	0.5879	0.8497
	每股现金净流量(元)	0.0239	0.1860	–0.0107	–0.3829
	每股经营现金净流量(元)	0.5441	0.5838	0.3227	1.4102
	净资产收益率(扣除)(%)	–	–	–	25.2600
	净资产收益率(%)	24.8800	36.4000	25.0700	28.6000
	总资产(万)	512405.44	509306.20	410263.26	449186.08
	股东权益(万)	342374.06	347805.58	295789.07	270438.12
	主营业务收入(万)	–	–	–	–
	主营业务利润(万)	–	–	–	–
	营业务收入(万)	220366.07	379837.87	211024.47	292685.45
	营业务利润(万)	109394.28	167622.90	100542.19	106263.02
	投资收益(万)	–	–	–	–
	利润总额(万)	109295.85	165355.64	98037.97	106332.63
	净利润(万)	85194.05	126598.79	74149.34	77336.71

常柴股份有限公司

公司概况	公司名称	常柴股份有限公司			证券简称	苏常柴A
	法人代表	薛国俊	董秘	石建春	证券代码	000570
	公司网址	www.changchai.com.cn			电子信箱	cctqm@public.cz.js.cn
	电　话	0519-86610041			传　真	0519-86630954
	办公地址	江苏省常州市怀德中路123号				
	经营范围	柴油机,柴油机配件及铸件、谷物收获机械、旋耕机、手扶拖拉机、模具等				

主要财务指标	指标\报告期	2009.06.30	2008.12.31	2008.06.30	2007.12.31
	每股收益(元)	0.5000	–0.2200	0.0110	0.4500
	每股收益(扣除)(元)	0.1600	–0.1500	0.0160	–0.0200
	每股净资产(元)	4.1800	3.0700	3.4100	3.9600
	调整后每股净资产(元)	–	–	–	–
	每股资本公积金(元)	1.3392	0.7281	0.8404	1.3244
	每股盈余公积金(元)	0.6423	0.6423	0.6423	0.6423
	每股未分配利润(元)	1.2011	0.6968	0.9318	0.9962
	每股现金净流量(元)	1.1949	–0.1148	–0.2828	–0.0254
	每股经营现金净流量(元)	0.7464	–0.0196	–0.1020	0.2492
	净资产收益率(扣除)(%)	–	–	–	–0.4000
	净资产收益率(%)	12.0600	–7.3200	0.3100	11.3400
	总资产(万)	267936.35	189778.28	190982.09	231046.37
	股东权益(万)	156530.14	114788.61	127787.15	148313.64
	主营业务收入(万)	–	–	–	–
	主营业务利润(万)	–	–	–	–
	营业务收入(万)	124751.28	190828.32	115029.29	204202.71
	营业务利润(万)	21762.12	–8803.91	–89.70	18885.42
	投资收益(万)	–	–	–	–
	利润总额(万)	21862.36	–9431.78	–301.67	23395.96
	净利润(万)	18872.05	–8399.30	395.85	16811.64

新大洲控股股份有限公司

公司概况	公司名称	新大洲控股股份有限公司			证券简称	新大洲A
	法人代表	赵序宏	董秘		证券代码	000571
	公司网址	www.sundiro.com			电子信箱	sundiro@sundiro.com
	电　话	021-61050111			传　真	021-61050136
	办公地址	上海市浦东新区花园石桥路33号花旗集团大厦7楼				
	经营范围	摩托车工业村开发;旅游业综合开发;农业综合开发经营等				

主要财务指标	指标\报告期	2009.06.30	2008.12.31	2008.06.30	2007.12.31
	每股收益(元)	0.0654	0.0682	0.0263	0.0333
	每股收益(扣除)(元)	0.0650	0.0508	0.0254	0.0381
	每股净资产(元)	1.5200	1.4492	1.3900	1.3804
	调整后每股净资产(元)	–	–	–	–
	每股资本公积金(元)	0.0974	0.0962	0.0956	0.0956
	每股盈余公积金(元)	0.1017	0.1017	0.1081	0.1017
	每股未分配利润(元)	0.2964	0.2512	0.1830	0.1831
	每股现金净流量(元)	0.0423	0.0515	0.1800	–0.2766
	每股经营现金净流量(元)	0.0277	0.1845	0.0674	0.1240
	净资产收益率(扣除)(%)	–	–	–	2.7600
	净资产收益率(%)	4.2880	4.7000	1.8940	2.4100
	总资产(万)	202024.66	183835.77	182202.35	155815.57
	股东权益(万)	112216.35	106668.00	102070.91	101607.27
	主营业务收入(万)	–	–	–	–
	主营业务利润(万)	–	–	–	–
	营业务收入(万)	30122.39	54519.97	24898.46	63216.60
	营业务利润(万)	6842.73	7744.91	2900.68	5436.29
	投资收益(万)	–	–	–	–
	利润总额(万)	6879.09	8157.31	2962.80	5554.76
	净利润(万)	4811.22	5018.18	1932.89	2451.43

海马投资集团股份有限公司

公司概况	公司名称	海马投资集团股份有限公司		证券简称	海马股份
	法人代表	景柱	董秘 肖丹	证券代码	000572
	公司网址			电子信箱	000572@haima.com
	电　　话	0898-66822672		传　　真	0898-66816370 66820329
	办公地址	海口市金盘工业区金牛路 2 号			
	经营范围	汽车产业投资、实业投资、证券投资、高科技项目投资、房地产投资等			

主要财务指标	指标\报告期	2009.06.30	2008.12.31	2008.06.30	2007.12.31
	每股收益(元)	-0.1067	0.0600	0.0604	0.5978
	每股收益(扣除)(元)	-0.1119	-0.2357	0.0316	0.2050
	每股净资产(元)	2.8700	2.9130	2.9200	2.8100
	调整后每股净资产(元)	-	-	-	-
	每股资本公积金(元)	1.3544	1.1459	1.1481	1.0459
	每股盈余公积金(元)	0.0325	0.0411	0.0415	0.0415
	每股未分配利润(元)	0.4796	0.7262	0.7331	0.7226
	每股现金净流量(元)	1.9370	-2.0767	-1.2068	2.6338
	每股经营现金净流量(元)	2.1764	-2.0520	-1.3408	-1.3466
	净资产收益率(扣除)(%)	-	-	-	7.2900
	净资产收益率(%)	-3.2900	2.0420	2.0700	21.2700
	总资产(万)	758162.84	630168.04	715214.97	827655.03
	股东权益(万)	299784.06	240729.13	239379.88	230152.18
	主营业务收入(万)	-	-	-	-
	主营业务利润(万)	-	-	-	-
	营业务收入(万)	258949.25	612637.48	365746.09	847726.93
	营业务利润(万)	-18779.40	-26711.78	4411.94	91766.81
	投资收益(万)	-	-	-	-
	利润总额(万)	-17986.02	5287.17	8703.95	92372.73
	净利润(万)	-9849.06	4914.78	4950.14	48963.72

东莞宏远工业区股份有限公司

公司概况	公司名称	东莞宏远工业区股份有限公司		证券简称	粤宏远 A
	法人代表	周明轩	董秘 鄢国根	证券代码	000573
	公司网址	www.winnerway.com.cn		电子信箱	0573@21cn.com
	电　　话	0769-22412655		传　　真	0769-22412655
	办公地址	广东省东莞市宏远工业区宏远大厦 16 楼			
	经营范围	开发经营工业区、开办外引内联企业及其咨询、洽谈业务、生产经营高科技产品等			

主要财务指标	指标\报告期	2009.06.30	2008.12.31	2008.06.30	2007.12.31
	每股收益(元)	0.0120	-0.1847	0.0062	0.0523
	每股收益(扣除)(元)	0.0100	-0.1816	0.0070	0.0550
	每股净资产(元)	2.1930	2.1810	2.3720	2.3660
	调整后每股净资产(元)	-	-	-	-
	每股资本公积金(元)	0.8906	0.8906	0.8906	0.8906
	每股盈余公积金(元)	0.3188	0.3188	0.3188	0.3188
	每股未分配利润(元)	-0.0164	-0.0284	0.1625	0.1563
	每股现金净流量(元)	0.0007	-0.4282	-0.4259	-0.0762
	每股经营现金净流量(元)	0.1744	-0.0636	-0.2125	0.0358
	净资产收益率(扣除)(%)	-	-	-	2.3200
	净资产收益率(%)	0.5500	-8.4700	0.2600	2.2100
	总资产(万)	240075.04	243041.93	250802.93	223087.99
	股东权益(万)	136563.58	135819.25	147707.64	147322.43
	主营业务收入(万)	-	-	-	-
	主营业务利润(万)	-	-	-	-
	营业务收入(万)	21070.47	33409.31	17314.26	45591.84
	营业务利润(万)	1066.49	-11701.32	883.72	4575.02
	投资收益(万)	-	-	-	-
	利润总额(万)	1187.55	-11766.40	820.80	4381.73
	净利润(万)	744.33	-11503.18	385.21	3257.19

江门甘蔗化工厂(集团)股份有限公司

公司概况	公司名称	江门甘蔗化工厂(集团)股份有限公司		证券简称	*ST 甘华
	法人代表	邹敦华	董秘 沙伟	证券代码	000576
	公司网址	www.ganhua.com.cn		电子信箱	jmganhua@pub.jiangmen.gd.cn
	电　　话	0750-3277650		传　　真	0750-3277666
	办公地址	广东省江门市甘化路 62 号			
	经营范围	经营本企业及本企业成员企业生产产品及其相关技术的出口业务等			

主要财务指标	指标\报告期	2009.06.30	2008.12.31	2008.06.30	2007.12.31
	每股收益(元)	-0.1300	-0.1500	0.0100	-0.0800
	每股收益(扣除)(元)	-0.1300	-0.3000	-0.0200	-0.1200
	每股净资产(元)	1.0600	1.1900	1.2500	1.2400
	调整后每股净资产(元)	-	-	-	-
	每股资本公积金(元)	0.5184	0.5184	0.4224	0.4224
	每股盈余公积金(元)	0.0597	0.0627	0.0597	0.0614
	每股未分配利润(元)	-0.5194	-0.3874	-0.2316	-0.2449
	每股现金净流量(元)	-0.0659	-0.0086	-0.0356	0.0060
	每股经营现金净流量(元)	0.0102	-0.0229	-0.0083	0.2555
	净资产收益率(扣除)(%)	-	-	-	-9.6100
	净资产收益率(%)	-12.4100	-12.5100	1.0300	-6.8200
	总资产(万)	92453.62	95866.40	101610.77	99186.23
	股东权益(万)	34283.55	38540.47	40371.77	39998.08
	主营业务收入(万)	-	-	-	-
	主营业务利润(万)	-	-	-	-
	营业务收入(万)	27579.29	64374.45	41004.56	69612.44
	营业务利润(万)	-4181.25	-10448.26	-1225.95	-5913.33
	投资收益(万)	-	-	-	-
	利润总额(万)	-4237.99	-5613.96	-90.70	-4795.15
	净利润(万)	-4253.17	-4820.54	415.40	-2726.58

青海盐湖工业集团股份有限公司

公司概况	公司名称	青海盐湖工业集团股份有限公司		证券简称	盐湖集团
	法人代表	安平绥	董秘 吴文好	证券代码	000578
	公司网址	www.my0578.com		电子信箱	smstock@21cn.com
	电　　话	0979-8448019		传　　真	0979-8434104
	办公地址	青海省格尔木市黄河路 28 号			
	经营范围	氯化钾、硫酸钾、金属镁、氯化镁、氧化镁、氢氧化镁、PVC、合成氨、尿素等			

主要财务指标	指标\报告期	2009.06.30	2008.12.31	2008.06.30	2007.12.31
	每股收益(元)	0.2944	0.4900	0.2500	-0.8500
	每股收益(扣除)(元)	0.2955	0.4800	0.2400	-0.8300
	每股净资产(元)	2.4300	2.0800	1.8290	-0.3350
	调整后每股净资产(元)	-	-	-	-
	每股资本公积金(元)	0.6960	0.6671	0.6944	0.4522
	每股盈余公积金(元)	0.0903	0.0778	0.0103	0.1599
	每股未分配利润(元)	0.5724	0.3346	0.1246	-1.9476
	每股现金净流量(元)	-0.2692	1.1839	1.3015	0.0075
	每股经营现金净流量(元)	0.3592	0.8654	0.3024	0.1820
	净资产收益率(扣除)(%)	-	-	-	-
	净资产收益率(%)	12.1000	23.5900	13.7300	-
	总资产(万)	1724799.34	1701661.07	1494689.84	77083.61
	股东权益(万)	746203.84	637899.72	561168.39	-6646.72
	主营业务收入(万)	-	-	-	-
	主营业务利润(万)	-	-	-	-
	营业务收入(万)	243803.76	492473.48	190184.49	57482.08
	营业务利润(万)	137923.06	296590.27	123830.41	-16160.24
	投资收益(万)	-	-	-	-
	利润总额(万)	175214.28	330278.33	135427.93	-16350.27
	净利润(万)	90308.68	150451.62	77066.85	-16765.58

无锡威孚高科技股份有限公司

公司概况	公司名称	无锡威孚高科技股份有限公司		证券简称	威孚高科
	法人代表	王伟良	董秘 周卫星	证券代码	000581
	公司网址	www.weifu.com.cn		电子信箱	wfjt@public1.wx.js.cn
	电 话	0510-82719579		传 真	0510-82751025
	办公地址	无锡市人民西路 107 号			
	经营范围	内燃机燃油系统产品，燃油系统测试仪器和设备的制造等			

主要财务指标	指标\报告期	2009.06.30	2008.12.31	2008.06.30	2007.12.31
	每股收益(元)	0.1500	0.3400	0.2200	0.4100
	每股收益(扣除)(元)	0.1500	0.3600	0.2300	0.3800
	每股净资产(元)	4.4111	4.4200	4.4546	4.2300
	调整后每股净资产(元)	–	–	–	–
	每股资本公积金(元)	1.5999	1.5999	1.6000	1.6029
	每股盈余公积金(元)	0.4626	0.4626	0.4265	0.4265
	每股未分配利润(元)	1.3485	1.3557	1.4281	1.2038
	每股现金净流量(元)	–0.2236	–0.3221	0.0629	–0.0659
	每股经营现金净流量(元)	0.2077	1.4252	0.4821	0.3738
	净资产收益率(扣除)(%)	–	–	–	8.9300
	净资产收益率(%)	3.5100	7.7200	5.0400	9.6100
	总资产(万)	461647.57	459790.12	545419.26	515909.99
	股东权益(万)	250228.88	250634.45	252700.60	240144.05
	主营业务收入(万)	–	–	–	–
	主营业务利润(万)	–	–	–	–
	营业务收入(万)	126114.84	303328.96	187509.65	318541.85
	营业务利润(万)	10253.72	24518.97	15860.70	28757.02
	投资收益(万)	–	–	–	–
	利润总额(万)	10245.42	21568.54	15025.68	28429.35
	净利润(万)	8784.29	19341.83	12725.31	23082.94

北海市北海港股份有限公司

公司概况	公司名称	北海市北海港股份有限公司		证券简称	北海港
	法人代表	黄葆源	董秘	证券代码	000582
	公司网址	www.bhport.cn		电子信箱	000582abc@163.com
	电 话	0779-3922206、3922254		传 真	0779-3906387
	办公地址	广西北海市海角路 145 号			
	经营范围	投资兴建港口、码头;装卸管理及服务;交通运输及船舶修理,机械加工及修理等			

主要财务指标	指标\报告期	2009.06.30	2008.12.31	2008.06.30	2007.12.31
	每股收益(元)	0.2220	0.1300	0.0300	0.0100
	每股收益(扣除)(元)	0.0800	0.0800	0.0310	–0.2600
	每股净资产(元)	1.9200	1.7000	1.6000	1.5700
	调整后每股净资产(元)	–	–	–	–
	每股资本公积金(元)	1.1861	1.1861	1.1861	1.1861
	每股盈余公积金(元)	0.1692	0.1692	0.1692	0.1692
	每股未分配利润(元)	–0.4306	–0.6528	–0.7525	–0.7825
	每股现金净流量(元)	–0.0288	0.0870	0.1796	–0.5965
	每股经营现金净流量(元)	0.0975	0.3087	0.1525	0.3192
	净资产收益率(扣除)(%)	–	–	–	–16.4400
	净资产收益率(%)	11.5400	7.6200	1.8700	0.7800
	总资产(万)	65576.54	63680.68	66650.62	63634.46
	股东权益(万)	27353.90	24195.93	22779.04	22353.28
	主营业务收入(万)	–	–	–	–
	主营业务利润(万)	–	–	–	–
	营业务收入(万)	10001.62	19777.75	8982.21	18407.96
	营业务利润(万)	3128.12	1665.45	438.62	–2608.43
	投资收益(万)	–	–	–	–
	利润总额(万)	3170.78	1838.44	430.60	88.95
	净利润(万)	3157.97	1842.65	425.76	175.02

四川友利投资控股股份有限公司

公司概况	公司名称	四川友利投资控股股份有限公司		证券简称	友利控股
	法人代表	李峰林	董秘 杨林	证券代码	000584
	公司网址	www.sofcra.com.cn		电子信箱	sddm@mail.sc.cninfo.net
	电 话	028-86752215、86518901		传 真	028-86741677
	办公地址	四川成都蜀都大道暑袜北三街 20 号			
	经营范围	销售新型纺织及包装材料;物业管理;房地产开发;自有房屋租赁等			

主要财务指标	指标\报告期	2009.06.30	2008.12.31	2008.06.30	2007.12.31
	每股收益(元)	0.0105	0.2051	0.2323	0.6592
	每股收益(扣除)(元)	–0.0296	0.0106	0.0400	0.4745
	每股净资产(元)	3.6700	3.7720	3.8400	2.2660
	调整后每股净资产(元)	–	–	–	–
	每股资本公积金(元)	2.1774	2.1921	2.2369	0.8200
	每股盈余公积金(元)	0.0182	0.0182	–	–
	每股未分配利润(元)	0.4718	0.5614	0.6034	0.4458
	每股现金净流量(元)	–0.7262	1.0408	1.5601	–0.0244
	每股经营现金净流量(元)	0.0354	–0.7634	–0.7096	1.0842
	净资产收益率(扣除)(%)	–	–	–	20.9400
	净资产收益率(%)	0.2900	5.3700	5.8900	29.1000
	总资产(万)	257742.86	281346.79	309071.36	222668.08
	股东权益(万)	149957.21	154218.25	157025.34	78367.65
	主营业务收入(万)	–	–	–	–
	主营业务利润(万)	–	–	–	–
	营业务收入(万)	38858.85	114933.57	49304.78	120499.80
	营业务利润(万)	493.32	9644.09	11623.34	33251.56
	投资收益(万)	–	–	–	–
	利润总额(万)	464.70	9581.75	11635.14	33362.50
	净利润(万)	427.42	8280.40	9254.09	22802.06

东北电气发展股份有限公司

公司概况	公司名称	东北电气发展股份有限公司		证券简称	*ST 东电
	法人代表	苏伟国	董秘 朱欣光(代)	证券代码	000585
	公司网址	www.nee.com.cn		电子信箱	nee@nee.com.cn
	电 话	024-23501976、23527080		传 真	024-23527081
	办公地址	中国沈阳市铁西区景星北街 38 号			
	经营范围	生产制造输变电设备及附件、销售自产产品并提供相关售后服务等			

主要财务指标	指标\报告期	2009.06.30	2008.12.31	2008.06.30	2007.12.31
	每股收益(元)	–0.0118	–0.0800	0.0006	–0.3900
	每股收益(扣除)(元)	–0.0118	0.0040	0.0004	–0.1300
	每股净资产(元)	0.3400	0.3600	0.5900	0.5500
	调整后每股净资产(元)	–	–	–	–
	每股资本公积金(元)	1.0115	1.0115	1.1199	1.1199
	每股盈余公积金(元)	0.1243	0.1243	0.1243	0.1243
	每股未分配利润(元)	–1.7712	–1.7594	–1.6465	–1.6803
	每股现金净流量(元)	–0.0123	–0.0399	–0.0422	0.0280
	每股经营现金净流量(元)	–0.0068	0.0175	–0.0082	–0.0294
	净资产收益率(扣除)(%)	–	–	–	–24.1900
	净资产收益率(%)	–3.4286	–22.2100	0.1000	–70.4000
	总资产(万)	75500.96	84701.63	107588.59	104497.78
	股东权益(万)	30078.81	31113.70	51280.34	48419.54
	主营业务收入(万)	–	–	–	–
	主营业务利润(万)	–	–	–	–
	营业务收入(万)	13348.53	51771.76	27238.45	63970.08
	营业务利润(万)	–1024.27	–6976.07	110.11	–11088.24
	投资收益(万)	–	–	–	–
	利润总额(万)	–1021.74	–6954.93	123.84	–35078.86
	净利润(万)	–1031.27	–6911.25	52.07	–34087.41

四川汇源光通信股份有限公司

公司概况	公司名称	四川汇源光通信股份有限公司			证券简称	*ST 汇源
	法人代表	朱开友	董秘	周怡	证券代码	000586
	公司网址	www.schy.com.cn		电子信箱	libin803@vip.sina.com	
	电　话	028-87826077、87826078		传　真	028-87826076	
	办公地址	成都市高新西区西芯大道 5 号				
	经营范围	制造电线、电缆、光缆、电工器材、通信设备等				

主要财务指标	指标 \ 报告期	2009.06.30	2008.12.31	2008.06.30	2007.12.31
	每股收益(元)	-0.0300	-0.6200	-0.1440	-0.2800
	每股收益(扣除)(元)	-0.0400	-0.3300	-0.1380	-0.2820
	每股净资产(元)	0.4800	0.5100	0.9823	1.1217
	调整后每股净资产(元)	-	-	-	-
	每股资本公积金(元)	0.2483	0.2483	0.2516	0.2468
	每股盈余公积金(元)	0.0922	0.0922	0.0922	0.0922
	每股未分配利润(元)	-0.8611	-0.8274	-0.3615	-0.2173
	每股现金净流量(元)	-0.0888	-0.1027	-0.1720	0.0065
	每股经营现金净流量(元)	-0.0289	0.0620	-0.1058	0.5179
	净资产收益率(扣除)(%)	-	-	-	-25.1800
	净资产收益率(%)	-7.0400	-121.4000	-14.6840	-24.9070
	总资产(万)	49667.79	50969.24	67981.65	68061.72
	股东权益(万)	9272.58	9925.49	19000.65	21698.74
	主营业务收入(万)	-	-	-	-
	主营业务利润(万)	-	-	-	-
	营业务收入(万)	13247.70	41250.48	23648.33	50130.56
	营业务利润(万)	-746.76	-7684.81	-2558.20	-5132.06
	投资收益(万)	-	-	-	-
	利润总额(万)	-684.58	-12794.38	-2680.24	-5025.93
	净利润(万)	-652.91	-12049.93	-2790.15	-5404.48

光明集团家具股份有限公司

公司概况	公司名称	光明集团家具股份有限公司			证券简称	SST 光明
	法人代表	马中文	董秘	王红霞	证券代码	000587
	公司网址	www.guangming.com		电子信箱	gmzq000587@163.com	
	电　话	0458-6135587		传　真	0458-6135999	
	办公地址	黑龙江省伊春市伊春区青山西路 118 号				
	经营范围	家具制造及技术开发、木制品、半成品、装饰材料加工,销售家具、木制品等				

主要财务指标	指标 \ 报告期	2009.06.30	2008.12.31	2008.06.30	2007.12.31
	每股收益(元)	-0.2400	-0.9310	-0.2800	0.0960
	每股收益(扣除)(元)	-0.2400	-0.8250	-0.2800	-0.4100
	每股净资产(元)	-1.6500	-1.4080	-0.7500	-0.4800
	调整后每股净资产(元)	-	-	-	-
	每股资本公积金(元)	0.3365	0.3365	0.3365	0.3365
	每股盈余公积金(元)	0.0972	0.0972	0.0972	0.0972
	每股未分配利润(元)	-3.0799	-2.8416	-2.1863	-1.9110
	每股现金净流量(元)	0.0069	-0.0071	-0.0004	-0.4001
	每股经营现金净流量(元)	-0.0111	-0.0396	-0.0116	-0.0524
	净资产收益率(扣除)(%)	-	-	-	-
	净资产收益率(%)	-	-	-	-
	总资产(万)	31325.58	33774.71	38903.80	45511.53
	股东权益(万)	-30573.54	-26148.09	-13978.05	-8865.81
	主营业务收入(万)	-	-	-	-
	主营业务利润(万)	-	-	-	-
	营业务收入(万)	2510.44	11003.14	2639.82	11474.41
	营业务利润(万)	-4423.82	-15314.47	-5122.78	-7493.07
	投资收益(万)	-	-	-	-
	利润总额(万)	-4424.41	-17282.22	-5112.89	1926.57
	净利润(万)	-4425.45	-17282.28	-5112.24	1798.43

贵州轮胎股份有限公司

公司概况	公司名称	贵州轮胎股份有限公司			证券简称	黔轮胎 A
	法人代表	马世春	董秘	李尚武	证券代码	000589
	公司网址	www.gztire.com		电子信箱	gzt@gztire.com	
	电　话	0851-4763651		传　真	0851-4763651	
	办公地址	贵州省贵阳市百花大道 41 号				
	经营范围	轮胎制造和销售、轮胎翻修、橡胶制品、化工产品、机械设备等				

主要财务指标	指标 \ 报告期	2009.06.30	2008.12.31	2008.06.30	2007.12.31
	每股收益(元)	0.4400	0.2000	0.2000	0.3400
	每股收益(扣除)(元)	0.4178	0.1430	0.2000	0.3300
	每股净资产(元)	5.0700	4.7500	4.7800	4.6800
	调整后每股净资产(元)	-	-	-	-
	每股资本公积金(元)	2.5453	2.5577	2.5976	2.5455
	每股盈余公积金(元)	0.3514	0.3514	0.3335	0.3335
	每股未分配利润(元)	1.1776	0.8363	0.8515	0.8029
	每股现金净流量(元)	1.8055	0.1416	-0.1841	-0.5221
	每股经营现金净流量(元)	2.1776	0.9933	0.0297	0.5475
	净资产收益率(扣除)(%)	-	-	-	7.0700
	净资产收益率(%)	8.7000	4.2400	4.1500	7.3300
	总资产(万)	436889.87	401794.45	391913.04	352160.25
	股东权益(万)	129054.16	120688.70	121634.57	119072.27
	主营业务收入(万)	-	-	-	-
	主营业务利润(万)	-	-	-	-
	营业务收入(万)	206791.28	437396.67	208518.25	404507.56
	营业务利润(万)	14609.40	4570.87	5552.69	11125.60
	投资收益(万)	-	-	-	-
	利润总额(万)	14639.08	5419.29	5531.83	11597.04
	净利润(万)	11224.53	5120.72	5051.12	8733.23

紫光古汉集团股份有限公司

公司概况	公司名称	紫光古汉集团股份有限公司			证券简称	紫光古汉
	法人代表	李向阳(代)	董秘	曹定兴	证券代码	000590
	公司网址	www.guhan.com		电子信箱	Webmaster@guhan.com	
	电　话	0734-8239335		传　真	0734-8239335	
	办公地址	湖南省衡阳市蒸湘区白云路 42 号				
	经营范围	研制、开发、生产、销售口服液、片剂、丸剂、颗粒剂、栓剂、大容量注射剂等				

主要财务指标	指标 \ 报告期	2009.06.30	2008.12.31	2008.06.30	2007.12.31
	每股收益(元)	-0.0149	0.1004	0.0900	0.1011
	每股收益(扣除)(元)	-0.0097	0.0573	0.0300	0.0327
	每股净资产(元)	1.5800	1.5900	1.5800	1.5100
	调整后每股净资产(元)	-	-	-	-
	每股资本公积金(元)	0.5649	0.5646	0.5667	0.5883
	每股盈余公积金(元)	0.1106	0.1106	0.1106	0.1106
	每股未分配利润(元)	-0.1003	-0.0853	-0.0996	-0.1857
	每股现金净流量(元)	-0.0072	-0.0982	-0.0183	0.0107
	每股经营现金净流量(元)	0.0669	0.1718	-0.0353	0.3351
	净资产收益率(扣除)(%)	-	-	-	2.1600
	净资产收益率(%)	-0.9500	6.3100	5.4600	6.6800
	总资产(万)	56919.32	57130.83	56632.90	54858.33
	股东权益(万)	31982.53	32277.76	32030.41	30721.61
	主营业务收入(万)	-	-	-	-
	主营业务利润(万)	-	-	-	-
	营业务收入(万)	12558.03	23657.36	10899.87	20790.50
	营业务利润(万)	58.30	2260.23	1523.60	3531.50
	投资收益(万)	-	-	-	-
	利润总额(万)	-62.40	2743.40	2165.76	3164.15
	净利润(万)	-302.61	2037.45	1747.78	2051.74

重庆桐君阁股份有限公司

公司概况

公司名称	重庆桐君阁股份有限公司			证券简称	桐君阁
法人代表	王小军	董秘	程耕	证券代码	000591
公司网址	www.tjgcq.com		电子信箱	tjg000591@163.com	
电　　话	023-89885208		传　　真	023-89885201	
办公地址	重庆市渝中区解放西路1号				
经营范围	中成药制造、中药饮片加工以及中药材、滋补药品、康复保健品等中西成药产品的销售业务				

主要财务指标

指标\报告期	2009.06.30	2008.12.31	2008.06.30	2007.12.31
每股收益(元)	0.0720	0.1098	0.0440	0.1000
每股收益(扣除)(元)	0.0250	0.0023	0.0703	0.0450
每股净资产(元)	1.8200	1.7300	1.8440	3.0100
调整后每股净资产(元)	–	–	–	–
每股资本公积金(元)	0.0236	0.0113	0.0752	0.9339
每股盈余公积金(元)	0.2693	0.2693	0.2780	0.4175
每股未分配利润(元)	0.5250	0.4532	0.4912	0.6595
每股现金净流量(元)	0.1600	0.2467	0.1077	0.5596
每股经营现金净流量(元)	0.0557	0.8653	0.5212	–0.5030
净资产收益率(扣除)(%)	–	–	–	2.2600
净资产收益率(%)	3.9500	6.3400	2.3800	5.1800
总资产(万)	178986.71	197615.00	175956.25	189994.11
股东权益(万)	35659.41	34009.57	36181.29	47494.64
主营业务收入(万)	–	–	–	–
主营业务利润(万)	–	–	–	–
营业务收入(万)	200646.40	349038.69	169817.11	324214.80
营业务利润(万)	554.64	368.04	1569.83	1078.63
投资收益(万)	–	–	–	–
利润总额(万)	1636.06	2787.99	1092.15	2437.85
净利润(万)	1409.37	2154.60	859.90	2038.40

福建中福实业股份有限公司

公司概况

公司名称	福建中福实业股份有限公司			证券简称	中福实业
法人代表	刘平山	董秘	王传序	证券代码	000592
公司网址	www.000592.com		电子信箱	cfc000592@yahoo.com.cn	
电　　话	0591-87871990-616		传　　真	0591-87383288	
办公地址	福建省福州市五四路159号世界金龙大厦23层				
经营范围	造林营林、林地开发与森林资源综合利用、林木产品加工与销售等				

主要财务指标

指标\报告期	2009.06.30	2008.12.31	2008.06.30	2007.12.31
每股收益(元)	0.0288	0.0950	0.0530	1.1800
每股收益(扣除)(元)	0.0135	0.0490	0.0570	–0.0830
每股净资产(元)	0.6165	0.5877	0.5400	–0.4862
调整后每股净资产(元)	–	–	–	–0.7447
每股资本公积金(元)	0.4906	0.4906	0.4862	0.8638
每股盈余公积金(元)	0.0570	0.0570	0.0570	0.1122
每股未分配利润(元)	–0.9311	–0.9599	–1.0033	–2.4743
每股现金净流量(元)	0.0020	–0.1419	–0.0830	0.1396
每股经营现金净流量(元)	–0.0339	0.0651	–0.0150	0.4638
净资产收益率(扣除)(%)	–	–	–	–
净资产收益率(%)	4.6700	16.1040	9.8400	–
总资产(万)	99597.80	96244.47	86503.97	17656.51
股东权益(万)	35699.60	34032.18	31270.38	–14313.37
主营业务收入(万)	–	–	–	–
主营业务利润(万)	–	–	–	–
营业务收入(万)	13108.78	28352.60	12928.28	18.93
营业务利润(万)	1067.65	5451.37	4238.58	–1069.81
投资收益(万)	–	–	–	–
利润总额(万)	2187.91	8386.13	4501.82	37833.11
净利润(万)	1667.42	5480.58	3078.10	37833.05

四川大通燃气开发股份有限公司

公司概况

公司名称	四川大通燃气开发股份有限公司			证券简称	大通燃气
法人代表	李占通	董秘	郑蜀闽	证券代码	000593
公司网址	www.dtrq.com		电子信箱	dtrq_db@163.com	
电　　话	028-86637727		传　　真	028-86634633	
办公地址	四川省成都市八宝街88号国信广场21层				
经营范围	城市管道燃气的开发及投资,燃气器材的销售;批发和零售贸易等				

主要财务指标

指标\报告期	2009.06.30	2008.12.31	2008.06.30	2007.12.31
每股收益(元)	0.0300	0.0130	0.0210	0.0200
每股收益(扣除)(元)	0.0210	–0.0380	–0.0090	–0.0500
每股净资产(元)	0.9380	0.9120	0.9190	0.9310
调整后每股净资产(元)	–	–	–	–
每股资本公积金(元)	0.1506	0.1500	0.1500	0.1829
每股盈余公积金(元)	–	–	–	–
每股未分配利润(元)	–0.2123	–0.2382	–0.2308	–0.2515
每股现金净流量(元)	–0.0177	0.0167	0.0465	–0.0290
每股经营现金净流量(元)	0.0403	0.1822	0.0359	0.1594
净资产收益率(扣除)(%)	–	–	–	–
净资产收益率(%)	2.7580	1.4640	2.2540	2.2190
总资产(万)	57579.65	58904.09	58445.58	57353.32
股东权益(万)	20954.89	20363.81	20528.49	20799.97
主营业务收入(万)	–	–	–	–
主营业务利润(万)	–	–	–	–
营业务收入(万)	15032.66	28099.17	13259.34	30223.25
营业务利润(万)	653.11	553.51	949.69	533.66
投资收益(万)	–	–	–	–
利润总额(万)	701.88	473.05	711.63	696.50
净利润(万)	577.88	298.14	462.81	461.54

天津国恒铁路控股股份有限公司

公司概况

公司名称	天津国恒铁路控股股份有限公司			证券简称	国恒铁路
法人代表	刘正浩	董秘	阎小佳	证券代码	000594
公司网址			电子信箱	gtkg000594@126.com	
电　　话	022-58396826		传　　真	022-58396811	
办公地址	天津华苑新技术产业园区榕苑路1号天津天财酒店8层				
经营范围	对铁路、房地产开发项目进行投资咨询服务;建筑材料、金属材料批发兼零售等				

主要财务指标

指标\报告期	2009.06.30	2008.12.31	2008.06.30	2007.12.31
每股收益(元)	0.0020	0.0600	0.0070	0.0450
每股收益(扣除)(元)	–0.0010	0.0018	0.0040	–0.0180
每股净资产(元)	1.7410	1.7400	1.6800	1.6800
调整后每股净资产(元)	–	–	–	–
每股资本公积金(元)	0.1741	0.1741	0.1726	0.1737
每股盈余公积金(元)	0.1462	0.1462	0.1408	0.1404
每股未分配利润(元)	0.4212	0.4188	0.3693	0.3617
每股现金净流量(元)	–0.0866	–0.0064	–0.0035	0.1009
每股经营现金净流量(元)	–0.0053	–0.1235	–0.0004	–0.4885
净资产收益率(扣除)(%)	–	–	–	–1.0900
净资产收益率(%)	0.1300	3.6100	0.4100	2.6700
总资产(万)	144318.93	145606.18	146463.87	152145.54
股东权益(万)	97715.90	97584.70	94420.85	94034.29
主营业务收入(万)	–	–	–	–
主营业务利润(万)	–	–	–	–
营业务收入(万)	11423.14	11555.90	6634.17	6948.44
营业务利润(万)	–137.45	–320.64	405.72	2966.94
投资收益(万)	–	–	–	–
利润总额(万)	162.44	4833.49	716.95	3749.74
净利润(万)	131.19	3527.59	386.56	2512.63

西北轴承股份有限公司

公司概况	公司名称	西北轴承股份有限公司		证券简称	西北轴承
	法人代表	荣十庆	董秘 孙志强	证券代码	000595
	公司网址	http://www.nxz.com.cn		电子信箱	nxz@public.yc.nx.cn
	电　话	0951-2029011		传　真	0951-2024242
	办公地址	银川市西夏区北京西路630号			
	经营范围	轴承及相关产品加工,机械制造;钢材及设备采购;资本资产运营			

	指标\报告期	2009.06.30	2008.12.31	2008.06.30	2007.12.31
主要财务指标	每股收益(元)	-0.0700	0.1000	-0.0500	0.1900
	每股收益(扣除)(元)	-0.0700	0.1000	-0.0500	0.1900
	每股净资产(元)	2.1400	2.2200	2.0300	1.8500
	调整后每股净资产(元)	-	-	-	-
	每股资本公积金(元)	0.9349	0.9349	0.6671	0.6671
	每股盈余公积金(元)	0.0433	0.0433	0.0334	0.0334
	每股未分配利润(元)	0.1651	0.2385	0.3279	0.1454
	每股现金净流量(元)	0.1434	0.0682	0.1422	0.0288
	每股经营现金净流量(元)	0.1730	0.1355	0.1502	0.1280
	净资产收益率(扣除)(%)	-	-	-	2.9900
	净资产收益率(%)	-3.4200	4.6400	8.9900	10.3200
	总资产(万)	92831.05	92707.81	93534.37	92888.91
	股东权益(万)	46473.70	48064.10	43982.06	40026.39
	主营业务收入(万)	-	-	-	-
	主营业务利润(万)	-	-	-	-
	营业务收入(万)	11743.00	46171.11	24873.43	52002.10
	营业务利润(万)	-2145.69	-1142.33	-1637.46	-1198.07
	投资收益(万)	-	-	-	-
	利润总额(万)	-1674.48	1948.64	-1148.44	4116.12
	净利润(万)	-1590.40	2231.11	-979.94	4129.02

安徽古井贡酒股份有限公司

公司概况	公司名称	安徽古井贡酒股份有限公司		证券简称	古井贡酒
	法人代表	曹杰	董秘	证券代码	000596
	公司网址	www.gujing.com		电子信箱	gujing@mail.ahbbptt.com.cn
	电　话	0558-5712231、5710057		传　真	0558-5317706
	办公地址	安徽省亳州市古井镇			
	经营范围	产白酒、啤酒、葡萄酒、酿酒设备、包装材料、玻璃瓶、酒精、饲料、油脂等			

	指标\报告期	2009.06.30	2008.12.31	2008.06.30	2007.12.31
主要财务指标	每股收益(元)	0.1500	0.1500	0.0800	0.1400
	每股收益(扣除)(元)	0.1400	0.1400	0.0600	0.0800
	每股净资产(元)	2.9400	3.7400	3.6800	3.6000
	调整后每股净资产(元)	-	-	-	-
	每股资本公积金(元)	1.3095	2.4377	2.2666	2.2666
	每股盈余公积金(元)	0.2225	0.2225	0.2225	0.2225
	每股未分配利润(元)	0.4074	0.2559	0.1864	0.1088
	每股现金净流量(元)	-0.2375	0.5062	0.0496	0.1208
	每股经营现金净流量(元)	0.6467	0.8841	0.1493	0.5111
	净资产收益率(扣除)(%)	-	-	-	2.1600
	净资产收益率(%)	5.1600	3.9300	2.1100	4.0100
	总资产(万)	124855.48	172892.26	146433.29	138433.92
	股东权益(万)	69075.73	92026.83	86375.35	84550.45
	主营业务收入(万)	-	-	-	-
	主营业务利润(万)	-	-	-	-
	营业务收入(万)	70527.73	137890.16	68358.75	120135.66
	营业务利润(万)	4887.93	7525.64	2486.41	4690.70
	投资收益(万)	-	-	-	-
	利润总额(万)	5152.67	7709.75	2897.69	5197.81
	净利润(万)	3560.92	3457.69	1824.90	3387.65

东北制药集团股份有限公司

公司概况	公司名称	东北制药集团股份有限公司		证券简称	东北制药
	法人代表	刘震	董秘 刘琰	证券代码	000597
	公司网址	www.negpf.com.cn		电子信箱	stock000597@163.com
	电　话	024-25806963		传　真	024-25806888
	办公地址	沈阳市铁西区重工北街37号			
	经营范围	化学生物制剂;原料药品;卫生材料、制药设备及配件的制造等			

	指标\报告期	2009.06.30	2008.12.31	2008.06.30	2007.12.31
主要财务指标	每股收益(元)	0.9490	1.1600	0.4600	0.1560
	每股收益(扣除)(元)	0.9530	1.2200	0.4640	0.1100
	每股净资产(元)	5.5600	4.7100	3.3110	2.9208
	调整后每股净资产(元)	-	-	-	-
	每股资本公积金(元)	2.4448	2.4448	1.6404	1.6404
	每股盈余公积金(元)	0.1593	0.1593	0.0545	0.0545
	每股未分配利润(元)	1.9555	1.1059	0.6180	0.2276
	每股现金净流量(元)	1.4766	0.7519	0.6055	0.3294
	每股经营现金净流量(元)	1.2702	2.1240	1.2576	0.6536
	净资产收益率(扣除)(%)	-	-	-	3.8600
	净资产收益率(%)	17.0900	22.7700	13.9070	5.3600
	总资产(万)	463702.83	410398.91	350434.47	305127.84
	股东权益(万)	185513.87	157154.19	100578.36	88738.16
	主营业务收入(万)	-	-	-	-
	主营业务利润(万)	-	-	-	-
	营业务收入(万)	272702.64	460977.32	240696.44	370607.45
	营业务利润(万)	39665.41	49495.30	25341.39	10197.80
	投资收益(万)	-	-	-	-
	利润总额(万)	39535.80	49967.53	25182.44	13192.28
	净利润(万)	31697.89	35790.65	13987.67	4752.15

蓝星清洗股份有限公司

公司概况	公司名称	蓝星清洗股份有限公司		证券简称	蓝星清洗
	法人代表	陆韶华	董秘 陆韶华	证券代码	000598
	公司网址	www.bluestarcleaning.com		电子信箱	xqx000598@china-bluestar.com
	电　话	010-64448671		传　真	010-64418488
	办公地址	北京市朝阳区北三环东路19号			
	经营范围	清洗剂、化工产品的研究、生产、批发、零售、咨询服务			

	指标\报告期	2009.06.30	2008.12.31	2008.06.30	2007.12.31
主要财务指标	每股收益(元)	-0.4300	-0.0300	0.1055	0.2600
	每股收益(扣除)(元)	-0.3895	-0.0460	0.1054	0.2500
	每股净资产(元)	1.7500	2.1900	2.3200	2.2200
	调整后每股净资产(元)	-	-	-	-
	每股资本公积金(元)	0.6842	0.6842	0.6842	0.6842
	每股盈余公积金(元)	0.2283	0.2283	0.2283	0.2283
	每股未分配利润(元)	-0.1596	0.2734	0.4106	0.3051
	每股现金净流量(元)	0.5740	-0.2673	-0.1845	0.3168
	每股经营现金净流量(元)	0.4249	0.5734	-0.2167	1.4592
	净资产收益率(扣除)(%)	-	-	-	11.9700
	净资产收益率(%)	-24.7100	-1.4500	4.5400	11.8700
	总资产(万)	215270.15	205819.26	198433.88	173905.41
	股东权益(万)	53019.00	66117.49	70267.01	67075.00
	主营业务收入(万)	-	-	-	-
	主营业务利润(万)	-	-	-	-
	营业务收入(万)	82099.85	236789.77	114154.55	206626.84
	营业务利润(万)	-14331.65	-2034.90	4868.73	12443.61
	投资收益(万)	-	-	-	-
	利润总额(万)	-16157.24	-1936.74	4875.12	12947.15
	净利润(万)	-13098.50	-957.50	3192.01	7964.67

青岛双星股份有限公司

公司概况					
公司名称	青岛双星股份有限公司			证券简称	青岛双星
法人代表	汪海	董秘	王幸友	证券代码	000599
公司网址	www.doublestar.com.cn		电子信箱	gqb@doublestar.com.cn	
电　话	0532-82657986		传　真	0532-82657986	
办公地址	青岛市瞿塘峡路45号(即原贵州路5号)海富楼三楼				
经营范围	橡胶轮胎,机械,绣品的制造,销售等				

主要财务指标　指标\报告期	2009.06.30	2008.12.31	2008.06.30	2007.12.31
每股收益(元)	0.2400	-0.6620	0.0993	0.2000
每股收益(扣除)(元)	0.2300	-0.6910	0.0918	0.1800
每股净资产(元)	2.4700	2.2300	2.9540	2.4600
调整后每股净资产(元)	-	-	-	-
每股资本公积金(元)	0.8841	0.8841	0.8949	0.3381
每股盈余公积金(元)	0.0760	0.0760	0.0756	0.0872
每股未分配利润(元)	0.5141	0.2710	0.9832	1.0322
每股现金净流量(元)	0.4442	0.4469	0.6205	0.1511
每股经营现金净流量(元)	0.8476	0.0548	0.1283	0.4109
净资产收益率(扣除)(%)	-	-	-	7.3670
净资产收益率(%)	9.8300	-27.9500	2.9900	7.9500
总资产(万)	405226.49	395732.40	437505.12	368169.06
股东权益(万)	129854.28	117095.07	155017.69	111826.67
主营业务收入(万)	-	-	-	-
主营业务利润(万)	-	-	-	-
营业务收入(万)	170409.35	433985.63	247283.43	436629.53
营业务利润(万)	12037.41	-35287.26	5724.53	11844.83
投资收益(万)	-	-	-	-
利润总额(万)	12482.11	-33755.99	6202.68	13682.28
净利润(万)	12759.22	-32726.97	4632.61	8888.75

河北建投能源投资股份有限公司

公司概况					
公司名称	河北建投能源投资股份有限公司			证券简称	建投能源
法人代表	王永忠	董秘	赵辉	证券代码	000600
公司网址	www.jei.com.cn		电子信箱	jei@jei.com.cn	
电　话	0311-85518633		传　真	0311-85518601	
办公地址	石家庄市裕华西路9号裕园广场A座17层				
经营范围	住宿、中西餐、食品、烟(零售)、酒(零售)、日用百货等				

主要财务指标　指标\报告期	2009.06.30	2008.12.31	2008.06.30	2007.12.31
每股收益(元)	0.1100	0.0500	0.0990	0.5200
每股收益(扣除)(元)	0.1100	0.0500	0.0980	0.5000
每股净资产(元)	3.2000	3.1200	3.4855	3.4900
调整后每股净资产(元)	-	-	-	-
每股资本公积金(元)	1.8090	1.8092	1.9863	1.9898
每股盈余公积金(元)	0.0774	0.0774	0.0564	0.0564
每股未分配利润(元)	0.3141	0.2364	0.4427	0.4436
每股现金净流量(元)	0.3387	-0.1936	-0.2140	0.3180
每股经营现金净流量(元)	0.6053	0.5910	0.3242	1.5714
净资产收益率(扣除)(%)	-	-	-	12.5800
净资产收益率(%)	3.3652	1.6600	2.8500	13.9000
总资产(万)	1067102.82	1007063.38	1002526.42	1018457.53
股东权益(万)	292409.89	285328.73	289503.30	289863.13
主营业务收入(万)	-	-	-	-
主营业务利润(万)	-	-	-	-
营业务收入(万)	243858.30	431144.32	210236.41	452930.51
营业务利润(万)	18488.60	7968.48	14443.70	79164.46
投资收益(万)	-	-	-	-
利润总额(万)	18628.07	8838.27	14603.45	79796.71
净利润(万)	9840.04	4745.15	8236.94	40289.62

广东韶能集团股份有限公司

公司概况					
公司名称	广东韶能集团股份有限公司			证券简称	韶能股份
法人代表	徐兵	董秘	胡启金	证券代码	000601
公司网址	www.shaoneng.com.cn		电子信箱	sngf@shaoneng.com.cn	
电　话	0751-8153162		传　真	0751-8535226	
办公地址	广东省韶关市惠民南路148号				
经营范围	能源开发,建筑材料,房地产开发;销售:机电产品,建筑装饰材料等				

主要财务指标　指标\报告期	2009.06.30	2008.12.31	2008.06.30	2007.12.31
每股收益(元)	0.0443	-0.0900	0.0412	0.1000
每股收益(扣除)(元)	0.0441	-0.0800	0.0446	0.0900
每股净资产(元)	3.1200	3.0700	3.2100	3.2300
调整后每股净资产(元)	-	-	-	-
每股资本公积金(元)	1.5637	1.5637	1.5637	1.5637
每股盈余公积金(元)	0.3475	0.3475	0.3475	0.3475
每股未分配利润(元)	0.2076	0.1633	0.2951	0.3139
每股现金净流量(元)	-0.0469	-0.2227	-0.1410	0.1452
每股经营现金净流量(元)	0.1266	0.5604	0.2325	0.5060
净资产收益率(扣除)(%)	-	-	-	2.7100
净资产收益率(%)	1.4200	-2.9500	1.2900	3.0500
总资产(万)	850424.07	824115.77	846986.36	810990.08
股东权益(万)	288659.62	284560.36	296761.17	298499.40
主营业务收入(万)	-	-	-	-
主营业务利润(万)	-	-	-	-
营业务收入(万)	79910.03	224648.22	115098.45	194047.56
营业务利润(万)	5762.80	-10758.35	3972.31	11490.91
投资收益(万)	-	-	-	-
利润总额(万)	6022.10	-10581.03	4510.11	15124.68
净利润(万)	4099.26	-8385.73	3815.09	9091.49

广东金马旅游集团股份有限公司

公司概况					
公司名称	广东金马旅游集团股份有限公司			证券简称	金马集团
法人代表	王志华	董秘	潘广洲	证券代码	000602
公司网址			电子信箱	lnkk@luneng.com	
电　话	0768-2268969		传　真	0768-2297613	
办公地址	广东省潮州市潮枫路旅游大厦四层				
经营范围	通信及信息网络、计算机软硬件、自动化系统的产品开发、经营等				

主要财务指标　指标\报告期	2009.06.30	2008.12.31	2008.06.30	2007.12.31
每股收益(元)	-0.0500	0.2500	-0.1200	0.3000
每股收益(扣除)(元)	-0.0500	0.2500	-0.0300	0.3100
每股净资产(元)	2.6300	2.6900	2.3200	2.4400
调整后每股净资产(元)	-	-	-	-
每股资本公积金(元)	0.0002	0.0002	0.0002	0.0002
每股盈余公积金(元)	0.2577	0.2577	0.2505	0.2505
每股未分配利润(元)	1.3760	1.4272	1.0656	1.1892
每股现金净流量(元)	-0.0816	1.0559	-0.0847	-1.1249
每股经营现金净流量(元)	0.4609	1.9183	0.0367	0.5300
净资产收益率(扣除)(%)	-	-	-	12.6000
净资产收益率(%)	-1.9441	9.1300	-5.3400	12.4000
总资产(万)	228307.47	240417.66	212159.66	219036.33
股东权益(万)	39705.10	40477.00	34918.27	36781.24
主营业务收入(万)	-	-	-	-
主营业务利润(万)	-	-	-	-
营业务收入(万)	6988.80	182136.24	82147.98	95326.29
营业务利润(万)	-2463.89	8462.92	-1002.82	12156.94
投资收益(万)	-	-	-	-
利润总额(万)	-2432.99	6183.29	-4631.89	12241.49
净利润(万)	-771.91	3695.77	-1862.96	4559.65

威达医用科技股份有限公司

公司概况	公司名称	威达医用科技股份有限公司			证券简称	*ST 威达
	法人代表	朱胜利	董秘	王志喆	证券代码	000603
	公司网址	www.weida.com		电子信箱	000603cq@163.com	
	电话	023-63639600		传真	023-63637919	
	办公地址	重庆市渝中区中山三路 168 号中安国际大厦 14-5				
	经营范围	对外投资,农业、畜牧业投资开发,风力发电投资开发等				

主要财务指标	指标\报告期	2009.06.30	2008.12.31	2008.06.30	2007.12.31
	每股收益(元)	-0.0080	-0.0200	0.0100	0.0400
	每股收益(扣除)(元)	-0.0100	-0.0200	0.0100	0.0100
	每股净资产(元)	0.5400	0.5400	0.5800	0.5400
	调整后每股净资产(元)	-	-	-	-
	每股资本公积金(元)	0.6078	0.6063	0.6052	0.5495
	每股盈余公积金(元)	0.1593	0.1593	0.1593	0.1593
	每股未分配利润(元)	-1.2295	-1.2219	-1.2208	-1.1651
	每股现金净流量(元)	0.0799	0.2712	-0.0374	0.0492
	每股经营现金净流量(元)	0.0781	-0.0309	-0.0576	-0.0234
	净资产收益率(扣除)(%)	-	-	-	-
	净资产收益率(%)	-1.4200	-4.4600	1.7590	7.0100
	总资产(万)	15768.31	16109.83	16495.75	16467.27
	股东权益(万)	7546.51	7632.46	8099.47	7631.93
	主营业务收入(万)	-	-	-	-
	主营业务利润(万)	-	-	-	-
	营业务收入(万)	495.04	1580.59	877.71	2179.25
	营业务利润(万)	-90.57	-189.37	264.16	530.93
	投资收益(万)	-	-	-	-
	利润总额(万)	-90.71	-188.39	262.04	527.34
	净利润(万)	-107.18	-340.53	142.43	78.40

四环药业股份有限公司

公司概况	公司名称	四环药业股份有限公司			证券简称	ST 四环
	法人代表	刘惠文	董秘		证券代码	000605
	公司网址			电子信箱	shyydm@vip.163.com	
	电话	010-68003377		传真	010-68001660、68001816	
	办公地址	北京市西城区阜外大街 3 号东润时代大厦八层				
	经营范围	生物医药、中西药的研究开发,"欧立康牌玄驹口服液"保健食品的委托加工等				

主要财务指标	指标\报告期	2009.06.30	2008.12.31	2008.06.30	2007.12.31
	每股收益(元)	0.0100	0.0655	0.1100	0.0374
	每股收益(扣除)(元)	0.0058	-0.0175	0.0600	-0.6901
	每股净资产(元)	0.6500	0.6334	0.6800	0.5680
	调整后每股净资产(元)	-	-	-	-
	每股资本公积金(元)	1.9882	0.0001	0.0001	0.0001
	每股盈余公积金(元)	0.1022	0.1022	0.1022	0.1022
	每股未分配利润(元)	-2.4427	-0.4689	-0.4263	-0.5343
	每股现金净流量(元)	-0.0011	-0.0165	0.0025	0.0152
	每股经营现金净流量(元)	0.0134	-0.0546	0.0006	0.0256
	净资产收益率(扣除)(%)	-	-	-	-121.5100
	净资产收益率(%)	2.2000	10.3300	15.9800	6.5800
	总资产(万)	12618.32	12786.08	18704.43	30114.84
	股东权益(万)	6038.11	5905.08	6301.83	5294.85
	主营业务收入(万)	-	-	-	-
	主营业务利润(万)	-	-	-	-
	营业务收入(万)	1832.88	3578.68	1775.08	2787.79
	营业务利润(万)	57.87	-26.86	597.66	-6504.33
	投资收益(万)	-	-	-	-
	利润总额(万)	135.00	652.00	1057.45	277.34
	净利润(万)	133.04	610.23	1006.98	348.61

青海明胶股份有限公司

公司概况	公司名称	青海明胶股份有限公司			证券简称	青海明胶
	法人代表	赵华	董秘	张海仓	证券代码	000606
	公司网址	www.my0606.com.cn		电子信箱	zongcb@my0606.com.cn	
	电话	0971-8013495		传真	0971-5226338	
	办公地址	青海省西宁市城北区(生物园)纬一路 18 号				
	经营范围	明胶系列产品、硬胶囊系列产品、高磷骨粉、油脂、肉粉、骨胶、骨粉粉				

主要财务指标	指标\报告期	2009.06.30	2008.12.31	2008.06.30	2007.12.31
	每股收益(元)	-0.0248	0.0612	0.0600	0.1194
	每股收益(扣除)(元)	-0.0220	-0.0600	0.0583	0.1000
	每股净资产(元)	1.5000	2.1300	2.1300	2.0400
	调整后每股净资产(元)	-	-	-	-
	每股资本公积金(元)	0.3585	0.7065	0.7065	0.6772
	每股盈余公积金(元)	0.0627	0.1136	0.1063	0.1063
	每股未分配利润(元)	0.0767	0.3065	0.3150	0.2536
	每股现金净流量(元)	0.2923	0.0207	0.0853	0.1067
	每股经营现金净流量(元)	-0.0031	-0.0426	0.2532	0.0814
	净资产收益率(扣除)(%)	-	-	-	4.3500
	净资产收益率(%)	-1.2400	2.8800	2.8800	5.2300
	总资产(万)	104912.88	89363.20	98962.77	83055.18
	股东权益(万)	60808.40	47644.19	47669.99	45640.36
	主营业务收入(万)	-	-	-	-
	主营业务利润(万)	-	-	-	-
	营业务收入(万)	29030.26	49353.60	25966.10	28924.15
	营业务利润(万)	-862.89	-1637.37	721.78	2265.58
	投资收益(万)	-	-	-	-
	利润总额(万)	-688.52	1500.12	1397.05	2665.75
	净利润(万)	-751.41	1370.26	1373.76	2385.28

重庆华立药业股份有限公司

公司概况	公司名称	重庆华立药业股份有限公司			证券简称	华立药业
	法人代表	刘小斌	董秘	宋大捷	证券代码	000607
	公司网址	www.holleypharm.com		电子信箱	dajie.song@holley.cn	
	电话	023-68269922		传真	023-68269900	
	办公地址	重庆市北碚区童家溪镇同兴工业园区一路 8 号				
	经营范围	制造、销售仪器仪表及原材料、机电一体化设备、计算机及工业控制软件等				

主要财务指标	指标\报告期	2009.06.30	2008.12.31	2008.06.30	2007.12.31
	每股收益(元)	0.0020	0.0100	0.0094	-0.4100
	每股收益(扣除)(元)	-0.0063	-0.0300	0.0011	-0.4000
	每股净资产(元)	1.1785	1.1763	1.1759	1.1665
	调整后每股净资产(元)	-	-	-	-
	每股资本公积金(元)	0.0628	0.0628	0.0628	0.0628
	每股盈余公积金(元)	0.0834	0.0834	0.0834	0.0834
	每股未分配利润(元)	0.0326	0.0303	0.0301	0.0207
	每股现金净流量(元)	0.0021	0.0361	-0.1971	-0.3929
	每股经营现金净流量(元)	-0.1833	0.2846	0.1886	0.2314
	净资产收益率(扣除)(%)	-	-	-	-33.8900
	净资产收益率(%)	0.1900	0.8200	0.8000	-35.0000
	总资产(万)	257031.01	277287.45	293521.76	305873.52
	股东权益(万)	57480.49	57370.04	57350.16	56891.58
	主营业务收入(万)	-	-	-	-
	主营业务利润(万)	-	-	-	-
	营业务收入(万)	91370.94	286234.26	140575.61	270904.24
	营业务利润(万)	905.56	1449.64	673.41	-20658.00
	投资收益(万)	-	-	-	-
	利润总额(万)	1479.03	4262.24	1296.58	-21389.93
	净利润(万)	111.03	471.76	458.59	-19911.12

阳光新业地产股份有限公司

公司概况	公司名称	阳光新业地产股份有限公司			证券简称	阳光股份
	法人代表	唐军	董秘	王新	证券代码	000608
	公司网址	www.yangguangxinye.com		电子信箱	supershine@supershine.com.cn	
	电　话	010-68361088、88365256		传　真	010-88365280	
	办公地址	北京市西城区西直门外大街112号阳光大厦11层				
	经营范围	房地产开发经营、自有商品房的租赁等				

主要财务指标	指标\报告期	2009.06.30	2008.12.31	2008.06.30	2007.12.31
	每股收益(元)	0.4600	0.0500	0.1700	0.3900
	每股收益(扣除)(元)	0.4700	0.1600	0.1700	0.3900
	每股净资产(元)	3.7600	3.3000	3.4100	3.2500
	调整后每股净资产(元)	–	–	–	–
	每股资本公积金(元)	1.1456	1.1456	1.1456	1.1456
	每股盈余公积金(元)	0.0246	0.0246	0.1814	0.0246
	每股未分配利润(元)	1.5933	1.1287	1.0854	1.0758
	每股现金净流量(元)	1.2316	–0.3648	–0.5512	–0.2610
	每股经营现金净流量(元)	1.1038	–0.3794	–1.0334	–0.8751
	净资产收益率(扣除)(%)	–	–	–	6.9100
	净资产收益率(%)	12.3458	1.6000	4.8700	10.5400
	总资产(万)	625035.80	568695.40	538075.30	546477.50
	股东权益(万)	201592.00	176703.80	182781.50	173871.20
	主营业务收入(万)	–	–	–	–
	主营业务利润(万)	–	–	–	–
	营业务收入(万)	72818.60	151396.20	114007.10	129634.70
	营业务利润(万)	37959.60	13482.10	17312.20	29829.20
	投资收益(万)	–	–	–	–
	利润总额(万)	37945.50	13429.60	17243.90	29790.60
	净利润(万)	24888.20	2832.60	8910.30	18332.60

北京绵世投资集团股份有限公司

公司概况	公司名称	北京绵世投资集团股份有限公司			证券简称	绵世股份
	法人代表	李方	董秘	张成	证券代码	000609
	公司网址	www.mainstreets.cn		电子信箱	zc@mainstreets.cn	
	电　话	010-65275609		传　真	010-65279466	
	办公地址	北京市东城区建国门内大街19号中纺大厦3层				
	经营范围	投资及投资管理;房地产开发;物业管理;施工总承包等				

主要财务指标	指标\报告期	2009.06.30	2008.12.31	2008.06.30	2007.12.31
	每股收益(元)	0.0267	0.4700	1.0900	0.4800
	每股收益(扣除)(元)	0.0020	0.4500	1.0900	0.3300
	每股净资产(元)	2.7300	2.7000	3.3200	4.4900
	调整后每股净资产(元)	–	–	–	–
	每股资本公积金(元)	0.1193	0.1193	0.1193	1.0341
	每股盈余公积金(元)	0.3085	0.3085	0.3085	0.6170
	每股未分配利润(元)	1.2986	1.2719	1.8943	1.8384
	每股现金净流量(元)	–0.3064	–0.5992	–0.2807	2.8722
	每股经营现金净流量(元)	0.0602	–0.1453	–0.1197	2.7174
	净资产收益率(扣除)(%)	–	–	–	14.6100
	净资产收益率(%)	0.9800	17.2300	32.7400	21.2400
	总资产(万)	105831.59	103810.37	131012.05	112948.00
	股东权益(万)	81274.19	80476.97	99029.29	66914.59
	主营业务收入(万)	–	–	–	–
	主营业务利润(万)	–	–	–	–
	营业务收入(万)	1016.27	65541.70	109132.99	28559.35
	营业务利润(万)	828.77	24887.49	45446.40	22682.98
	投资收益(万)	–	–	–	–
	利润总额(万)	833.53	24760.87	45320.27	22540.53
	净利润(万)	797.22	13867.80	32420.12	14214.46

西安旅游股份有限公司

公司概况	公司名称	西安旅游股份有限公司			证券简称	西安旅游
	法人代表	夏富喜	董秘	刘建利	证券代码	000610
	公司网址	www.xatourism.com		电子信箱	anljl@000610.com	
	电　话	029-82065555		传　真	029-82065500	
	办公地址	西安市南二环西段27号西安旅游大厦七层				
	经营范围	饭店经营与管理,旅游餐饮、服务、教育培训,旅游产品开发、销售等				

主要财务指标	指标\报告期	2009.06.30	2008.12.31	2008.06.30	2007.12.31
	每股收益(元)	–0.0159	0.0543	0.0281	0.0457
	每股收益(扣除)(元)	–0.0021	0.0284	0.0220	0.0159
	每股净资产(元)	1.9649	1.9757	1.9745	1.9464
	调整后每股净资产(元)	–	–	–	–
	每股资本公积金(元)	0.4835	0.4784	0.4784	0.4784
	每股盈余公积金(元)	0.1374	0.1374	0.1322	0.1322
	每股未分配利润(元)	0.3439	0.3599	0.3639	0.3358
	每股现金净流量(元)	–0.0278	0.0861	0.1274	–0.1046
	每股经营现金净流量(元)	0.3136	0.1857	0.0229	0.2696
	净资产收益率(扣除)(%)	–	–	–	0.8200
	净资产收益率(%)	–0.8110	2.7470	1.4200	2.3500
	总资产(万)	79116.32	72620.41	67145.31	62238.84
	股东权益(万)	38658.71	38870.63	38848.21	38294.72
	主营业务收入(万)	–	–	–	–
	主营业务利润(万)	–	–	–	–
	营业务收入(万)	12933.73	29833.77	12663.75	31825.02
	营业务利润(万)	–67.37	711.04	634.25	1594.35
	投资收益(万)	–	–	–	–
	利润总额(万)	–338.58	1389.32	690.34	1654.77
	净利润(万)	–313.49	1067.77	553.48	899.02

内蒙古时代科技股份有限公司

公司概况	公司名称	内蒙古时代科技股份有限公司			证券简称	时代科技
	法人代表	濮黎明	董秘	董宋萍	证券代码	000611
	公司网址	www.timegroup.com.cn		电子信箱	timetech@sohu.com	
	电　话	010-82890385、82685256		传　真	010-62980724	
	办公地址	北京市海淀区上地西路28号				
	经营范围	建设农产品批发市场;经营市场租售业务;国内商业、物资供销业等				

主要财务指标	指标\报告期	2009.06.30	2008.12.31	2008.06.30	2007.12.31
	每股收益(元)	0.0330	0.0800	0.0630	0.1700
	每股收益(扣除)(元)	0.0330	0.0800	0.0630	0.1700
	每股净资产(元)	1.8600	1.8300	1.8100	2.3100
	调整后每股净资产(元)	–	–	–	–
	每股资本公积金(元)	0.4305	0.4305	0.4354	0.8825
	每股盈余公积金(元)	–	–	–	–
	每股未分配利润(元)	0.4322	0.3995	0.3780	0.4249
	每股现金净流量(元)	0.1602	–0.3955	–0.1839	0.4876
	每股经营现金净流量(元)	0.2359	–0.1164	–0.0378	0.0826
	净资产收益率(扣除)(%)	–	–	–	6.6700
	净资产收益率(%)	1.7600	3.9700	2.8200	6.7000
	总资产(万)	87074.90	86634.40	88051.37	86217.81
	股东权益(万)	59948.16	58896.02	58361.12	57121.90
	主营业务收入(万)	–	–	–	–
	主营业务利润(万)	–	–	–	–
	营业务收入(万)	7275.26	26775.30	13406.03	27855.06
	营业务利润(万)	1572.68	2105.57	1809.74	4334.10
	投资收益(万)	–	–	–	–
	利润总额(万)	1573.98	2246.19	1815.39	4392.30
	净利润(万)	1052.14	2339.02	1646.36	3828.09

焦作万方铝业股份有限公司

公司概况	公司名称	焦作万方铝业股份有限公司			证券简称	焦作万方
	法人代表	乔桂玲	董秘	贾东焰	证券代码	
	公司网址	www.jzwfly.com.cn		电子信箱	mdy668@126.com	
	电　话	0391-3261118、3261289		传　真	0391-3261297	
	办公地址	河南省焦作市马村区待王镇东				
	经营范围	铝冶炼及加工，铝制品、金属材料销售；普通货物运输等				

主要财务指标	指标\报告期	2009.06.30	2008.12.31	2008.06.30	2007.12.31
	每股收益(元)	0.0210	0.6930	0.8790	1.4240
	每股收益(扣除)(元)	0.0200	0.6880	0.8800	1.4320
	每股净资产(元)	3.7380	3.7960	3.8740	3.4350
	调整后每股净资产(元)	–	–	–	–
	每股资本公积金(元)	0.4145	0.4145	0.3062	0.3062
	每股盈余公积金(元)	0.5377	0.5377	0.4653	0.4575
	每股未分配利润(元)	1.7854	1.8441	2.1025	1.6713
	每股现金净流量(元)	0.2170	0.5901	0.3533	–0.9282
	每股经营现金净流量(元)	0.8417	1.0853	0.9694	0.9544
	净资产收益率(扣除)(%)	–	–	–	41.6900
	净资产收益率(%)	0.5700	18.2500	22.6920	41.4500
	总资产(万)	384734.19	403746.74	364343.51	343004.20
	股东权益(万)	179466.74	182285.24	186021.38	164937.85
	主营业务收入(万)	–	–	–	–
	主营业务利润(万)	–	–	–	–
	营业务收入(万)	237286.15	601908.46	345440.44	518478.36
	营业务利润(万)	1303.68	43131.85	56154.86	104030.60
	投资收益(万)	–	–	–	–
	利润总额(万)	1393.60	43461.55	56158.94	103535.56
	净利润(万)	1022.90	33274.46	42211.28	68369.56

海南大东海旅游中心股份有限公司

公司概况	公司名称	海南大东海旅游中心股份有限公司			证券简称	ST 东海 A
	法人代表	黎愿斌	董秘	汪宏娟	证券代码	000613
	公司网址			电子信箱	hnddht@21cn.com	
	电　话	0898-88219888*8264		传　真	0898-88212298	
	办公地址	海南省三亚市大东海				
	经营范围	旅游服务、住宿、饮食；房地产开发、汽车出租；飞机、火车、汽车等				

主要财务指标	指标\报告期	2009.06.30	2008.12.31	2008.06.30	2007.12.31
	每股收益(元)	–0.0061	0.0012	0.0057	0.4200
	每股收益(扣除)(元)	–0.0060	–0.0016	0.0055	–0.0200
	每股净资产(元)	0.2400	0.2500	0.2100	0.2400
	调整后每股净资产(元)	–	–	–	–
	每股资本公积金(元)	0.1487	0.1487	0.1487	0.1487
	每股盈余公积金(元)	–	–	–	–
	每股未分配利润(元)	–0.9088	–0.9027	–0.940、7	–0.9039
	每股现金净流量(元)	–0.0070	0.0098	0.0032	–0.0043
	每股经营现金净流量(元)	–0.0034	0.0256	0.0049	0.0182
	净资产收益率(扣除)(%)	–	–	–	–6.3600
	净资产收益率(%)	–2.5600	0.4800	2.7200	173.4300
	总资产(万)	12665.82	13228.10	13434.27	13540.62
	股东权益(万)	8734.28	8958.20	7575.01	8915.02
	主营业务收入(万)	–	–	–	–
	主营业务利润(万)	–	–	–	–
	营业务收入(万)	1606.38	3469.47	1825.60	2562.37
	营业务利润(万)	–217.57	–56.66	244.58	–566.68
	投资收益(万)	–	–	–	–
	利润总额(万)	–223.92	43.19	250.91	15461.6
	净利润(万)	–223.92	43.19	205.74	15461.62

湖北金环股份有限公司

公司概况	公司名称	湖北金环股份有限公司			证券简称	湖北金环
	法人代表	蒋岚	董秘	李红	证券代码	000615
	公司网址	www.0615.cn		电子信箱	hbjhzqb@sohu.com	
	电　话	0710-2105321		传　真	0710-2108233	
	办公地址	湖北省襄樊市樊城区陈家湖				
	经营范围	粘胶纤维、玻璃纸制造、销售；纺织机械设计制造等				

主要财务指标	指标\报告期	2009.06.30	2008.12.31	2008.06.30	2007.12.31
	每股收益(元)	0.7900	–0.7800	–0.0400	0.1500
	每股收益(扣除)(元)	0.1000	–0.7500	–0.0900	0.1200
	每股净资产(元)	3.4300	2.7300	4.1600	5.6100
	调整后每股净资产(元)	–	–	–	–
	每股资本公积金(元)	0.8403	0.9271	1.6188	3.0301
	每股盈余公积金(元)	0.5073	0.5073	0.5073	0.5073
	每股未分配利润(元)	1.0841	0.2950	1.0319	1.0732
	每股现金净流量(元)	1.3504	0.0375	–0.0664	–0.2227
	每股经营现金净流量(元)	0.3164	0.1403	0.0066	0.0757
	净资产收益率(扣除)(%)	–	–	–	2.2300
	净资产收益率(%)	22.9900	–28.5100	–0.9900	2.6900
	总资产(万)	126448.04	105049.31	140713.51	182527.31
	股东权益(万)	72640.86	57775.06	88015.77	118763.82
	主营业务收入(万)	–	–	–	–
	主营业务利润(万)	–	–	–	–
	营业务收入(万)	28115.33	60409.81	35497.35	76391.96
	营业务利润(万)	18105.00	–16957.96	–1114.35	4730.78
	投资收益(万)	–	–	–	–
	利润总额(万)	18413.28	–17224.33	–1118.85	4884.40
	净利润(万)	16702.11	–16471.78	–873.82	3197.27

亿城集团股份有限公司

公司概况	公司名称	亿城集团股份有限公司			证券简称	亿城股份
	法人代表	宫晓冬	董秘	陈志延	证券代码	000616
	公司网址	www.yeland.com.cn		电子信箱	yeland@yeland.com.cn	
	电　话	010-58816885		传　真	010-58816666	
	办公地址	北京市海淀区长春桥路 11 号万柳亿城大厦 A 座 16-17 层				
	经营范围	房地产、场地出租、摊位出租；饮食服务业、住宿等				

主要财务指标	指标\报告期	2009.06.30	2008.12.31	2008.06.30	2007.12.31
	每股收益(元)	0.1000	0.4500	0.1300	0.5700
	每股收益(扣除)(元)	0.1100	0.4300	0.1600	0.7755
	每股净资产(元)	2.8300	4.1500	3.8800	5.6500
	调整后每股净资产(元)	–	–	–	–
	每股资本公积金(元)	0.8331	1.7497	1.7497	2.9245
	每股盈余公积金(元)	0.0635	0.0953	0.0716	0.1074
	每股未分配利润(元)	0.9361	1.3002	1.0581	1.6159
	每股现金净流量(元)	0.6277	–1.1829	–0.7555	2.8527
	每股经营现金净流量(元)	0.7455	–0.7405	–0.5282	–0.5905
	净资产收益率(扣除)(%)	–	–	–	13.7300
	净资产收益率(%)	3.6200	10.8600	3.4600	13.1300
	总资产(万)	616441.94	510991.16	531411.70	534911.82
	股东权益(万)	255775.72	249521.71	233520.08	226648.33
	主营业务收入(万)	–	–	–	–
	主营业务利润(万)	–	–	–	–
	营业务收入(万)	84656.10	104708.05	33853.27	207375.89
	营业务利润(万)	16592.38	30627.35	9845.99	47723.08
	投资收益(万)	–	–	–	–
	利润总额(万)	14513.36	30844.46	9901.67	46420.53
	净利润(万)	9263.77	27087.03	8075.64	29760.30

济南柴油机股份有限公司

公司概况					
公司名称	济南柴油机股份有限公司			证券简称	石油济柴
法人代表	姜小兴	董秘	张谦惕	证券代码	000617
公司网址	www.jichai.com		电子信箱	jichai@jn-public.sd.cninfo.net	
电　话	0531-87422716		传　真	0531-87423177	
办公地址	山东省济南市经十西路1999号				
经营范围	柴油机,气体发动机,双燃料发动机,发电机及发电机组,泵、压缩机等				

主要财务指标

指标\报告期	2009.06.30	2008.12.31	2008.06.30	2007.12.31
每股收益(元)	0.2100	0.4400	0.1400	0.4100
每股收益(扣除)(元)	0.1700	0.3400	0.0900	0.3500
每股净资产(元)	3.5000	3.2900	2.9500	2.8100
调整后每股净资产(元)	–	–	–	–
每股资本公积金(元)	0.2002	0.2002	0.1326	0.1326
每股盈余公积金(元)	0.3363	0.3363	0.2928	0.2928
每股未分配利润(元)	1.9652	1.7565	1.5251	1.3849
每股现金净流量(元)	–0.2415	–0.3474	–0.6848	0.1307
每股经营现金净流量(元)	–0.3944	0.7816	–0.1410	0.0037
净资产收益率(扣除)(%)	–	–	–	12.9200
净资产收益率(%)	5.9600	13.2100	4.7500	14.5200
总资产(万)	219394.15	203943.96	185737.38	187634.16
股东权益(万)	83908.34	78906.99	70698.17	67765.34
主营业务收入(万)	–	–	–	–
主营业务利润(万)	–	–	–	–
营业务收入(万)	69253.59	126966.92	52241.34	101767.06
营业务利润(万)	4143.46	7770.77	2222.76	10511.99
投资收益(万)	–	–	–	–
利润总额(万)	5111.73	10303.28	3429.98	11642.86
净利润(万)	5001.35	10426.43	3359.14	9774.93

芜湖海螺型材科技股份有限公司

公司概况					
公司名称	芜湖海螺型材科技股份有限公司			证券简称	海螺型材
法人代表	纪勤应	董秘	周小川	证券代码	000619
公司网址	http://profile.conch.cn		电子信箱	wh@pvc.conch.cn	
电　话	0553-5840156、5840135		传　真	0553-5840118	
办公地址	安徽芜湖市经济技术开发区港湾路				
经营范围	塑料型材、板材、门窗、五金制品、钢龙骨制造、销售、安装等				

主要财务指标

指标\报告期	2009.06.30	2008.12.31	2008.06.30	2007.12.31
每股收益(元)	0.3283	0.1989	0.1332	0.3033
每股收益(扣除)(元)	0.3132	0.1878	0.1303	0.2993
每股净资产(元)	4.8369	4.5600	4.4900	4.4100
调整后每股净资产(元)	–	–	–	–
每股资本公积金(元)	1.2639	1.2639	1.2639	1.2639
每股盈余公积金(元)	0.4774	0.4774	0.4619	0.4619
每股未分配利润(元)	2.0956	1.8174	1.7671	1.6839
每股现金净流量(元)	0.2385	0.4214	0.3547	–0.6707
每股经营现金净流量(元)	0.5294	1.0252	0.0346	0.1620
净资产收益率(扣除)(%)	–	–	–	6.7900
净资产收益率(%)	6.7900	4.3600	2.9700	6.8800
总资产(万)	292409.81	276421.95	304855.60	285525.80
股东权益(万)	174129.56	164111.22	161746.56	158749.69
主营业务收入(万)	–	–	–	–
主营业务利润(万)	–	–	–	–
营业务收入(万)	195792.03	431433.39	223581.50	441932.56
营业务利润(万)	15434.44	10774.91	7884.07	19089.67
投资收益(万)	–	–	–	–
利润总额(万)	16108.57	11493.64	8080.40	19552.73
净利润(万)	11818.34	7160.08	4796.87	10917.16

吉林敖东药业集团股份有限公司

公司概况					
公司名称	吉林敖东药业集团股份有限公司			证券简称	吉林敖东
法人代表	李秀林	董秘	陈永丰	证券代码	000623
公司网址	www.jlaod.com		电子信箱	000623@jlaod.com	
电　话	0433-6238973		传　真	0433-6238973	
办公地址	吉林省敦化市敖东大街2158号				
经营范围	种植养殖、商业;机械修理、仓储;本企业生产等				

主要财务指标

指标\报告期	2009.06.30	2008.12.31	2008.06.30	2007.12.31
每股收益(元)	1.1295	1.5000	0.8861	3.4700
每股收益(扣除)(元)	1.0078	1.4700	0.8896	3.4300
每股净资产(元)	9.5880	8.4490	7.9924	8.0370
调整后每股净资产(元)	–	–	–	–
每股资本公积金(元)	0.8845	0.6750	0.8350	1.7635
每股盈余公积金(元)	0.8098	0.8098	0.6677	0.6677
每股未分配利润(元)	6.8938	5.9643	5.4897	4.6058
每股现金净流量(元)	0.4877	0.8103	–0.0537	0.0191
每股经营现金净流量(元)	0.1508	0.4099	0.0927	0.6709
净资产收益率(扣除)(%)	–	–	–	42.6300
净资产收益率(%)	11.7800	17.7900	11.0900	43.2300
总资产(万)	645599.80	577755.47	569100.88	563849.96
股东权益(万)	549737.85	484430.99	458249.08	460809.53
主营业务收入(万)	–	–	–	–
主营业务利润(万)	–	–	–	–
营业务收入(万)	49085.53	92782.18	46712.20	84514.66
营业务利润(万)	66710.21	86946.70	52058.31	199874.64
投资收益(万)	–	–	–	–
利润总额(万)	66816.23	90888.11	52335.74	203393.96
净利润(万)	64760.80	86160.78	50805.09	199225.98

重庆长安汽车股份有限公司

公司概况					
公司名称	重庆长安汽车股份有限公司			证券简称	长安汽车
法人代表	徐留平	董秘	黎军 崔云江	证券代码	000625
公司网址	www.changan.com.cn		电子信箱	cazqc@changan.com.cn	
电　话	023-67594009		传　真	023-67866055	
办公地址	重庆市江北区建新东路260号				
经营范围	从事汽车、汽车发动机系列产品、配套零部件的制造、销售等业务				

主要财务指标

指标\报告期	2009.06.30	2008.12.31	2008.06.30	2007.12.31
每股收益(元)	0.2300	0.0100	0.1900	0.2900
每股收益(扣除)(元)	0.2300	0.0100	0.1900	0.3400
每股净资产(元)	3.4600	3.2500	3.4400	3.8900
调整后每股净资产(元)	–	–	–	–
每股资本公积金(元)	0.6428	0.6423	0.6427	0.9713
每股盈余公积金(元)	0.4469	0.4469	0.4363	0.5235
每股未分配利润(元)	1.3763	1.1655	1.3585	1.3987
每股现金净流量(元)	0.5279	0.0283	0.3184	–0.1114
每股经营现金净流量(元)	0.5585	0.2077	–0.0470	0.2507
净资产收益率(扣除)(%)	–	–	–	8.8100
净资产收益率(%)	6.6000	0.3200	5.6100	8.8100
总资产(万)	1855279.93	1536782.48	1600440.18	1435291.77
股东权益(万)	807196.45	759652.48	802325.62	757306.87
主营业务收入(万)	–	–	–	–
主营业务利润(万)	–	–	–	–
营业务收入(万)	1128270.66	1337545.84	787964.92	1372229.91
营业务利润(万)	49957.13	4562.40	44554.75	68691.37
投资收益(万)	–	–	–	–
利润总额(万)	49813.26	3402.73	44256.93	65393.91
净利润(万)	53280.18	2438.10	45018.76	66689.40

连云港如意集团股份有限公司

公司概况	公司名称	连云港如意集团股份有限公司			证券简称	如意集团
	法人代表	秦兆平	董秘	谭卫	证券代码	000626
	公司网址	www.idealgroup.com.cn		电子信箱	ruyidongmi@idealgroup.com.cn	
	电　话	0518-5153595		传　真	0518-5150105	
	办公地址	江苏连云港市新浦北区郊路6号				
	经营范围	自营和代理各类商品和技术的进出口业务,国内贸易				

主要财务指标	指标\报告期	2009.06.30	2008.12.31	2008.06.30	2007.12.31
	每股收益(元)	0.0066	0.0149	0.2652	0.2022
	每股收益(扣除)(元)	-0.0152	-0.4439	0.2200	0.1236
	每股净资产(元)	1.2346	1.2285	1.4411	1.1755
	调整后每股净资产(元)	-	-	-	-
	每股资本公积金(元)	0.1524	0.1524	0.1310	0.1310
	每股盈余公积金(元)	-	-	-	-
	每股未分配利润(元)	0.0872	0.0799	0.3100	0.0448
	每股现金净流量(元)	0.2880	0.9647	0.9004	0.2783
	每股经营现金净流量(元)	-0.6865	2.8230	2.0462	-0.8813
	净资产收益率(扣除)(%)	-	-	-	10.5100
	净资产收益率(%)	0.5400	1.2100	18.4000	17.2000
	总资产(万)	226821.77	200473.85	331941.39	274981.15
	股东权益(万)	25000.84	24877.98	29182.31	23804.48
	主营业务收入(万)	-	-	-	-
	主营业务利润(万)	-	-	-	-
	营业务收入(万)	563950.16	1818823.22	981466.80	1305085.57
	营业务利润(万)	2243.33	-9411.46	12215.53	13982.30
	投资收益(万)	-	-	-	-
	利润总额(万)	3532.39	2098.25	13781.80	14160.84
	净利润(万)	134.04	300.98	5370.79	4094.56

天茂实业集团股份有限公司

公司概况	公司名称	天茂实业集团股份有限公司			证券简称	天茂集团
	法人代表	刘益谦	董秘	柳俊涛	证券代码	000627
	公司网址	www.biocause.com		电子信箱	stock@biocause.com	
	电　话	0724-2223218		传　真	0724-2217652	
	办公地址	湖北省荆门市杨湾路132号				
	经营范围	化工产品的生产、销售等				

主要财务指标	指标\报告期	2009.06.30	2008.12.31	2008.06.30	2007.12.31
	每股收益(元)	0.0360	0.0300	0.0660	0.1680
	每股收益(扣除)(元)	0.0330	0.0160	0.0650	0.0200
	每股净资产(元)	2.2000	2.1600	2.2300	1.3700
	调整后每股净资产(元)	-	-	-	-
	每股资本公积金(元)	0.8945	0.8945	0.8945	0.0631
	每股盈余公积金(元)	0.1042	0.1231	0.1033	0.1118
	每股未分配利润(元)	0.1777	0.1419	0.2309	0.1945
	每股现金净流量(元)	-0.1774	0.2698	0.6205	0.0602
	每股经营现金净流量(元)	-0.0275	-0.0199	0.0222	0.1993
	净资产收益率(扣除)(%)	-	-	-	4.7300
	净资产收益率(%)	1.6300	1.2000	2.9200	12.2800
	总资产(万)	213229.10	197952.09	208101.38	132454.85
	股东权益(万)	148575.55	146158.02	150838.71	81447.13
	主营业务收入(万)	-	-	-	-
	主营业务利润(万)	-	-	-	-
	营业务收入(万)	35654.49	90928.21	50072.38	83575.94
	营业务利润(万)	2739.96	1204.09	5664.39	11608.47
	投资收益(万)	-	-	-	-
	利润总额(万)	2803.32	1706.70	5765.30	12207.28
	净利润(万)	2417.52	1751.21	4407.75	10004.68

成都高新发展股份有限公司

公司概况	公司名称	成都高新发展股份有限公司			证券简称	高新发展
	法人代表	方兆	董秘	王风顺	证券代码	000628
	公司网址	www.cdgxfz.com		电子信箱	cdgxfz@163.com	
	电　话	028-85130316		传　真	028-85184099	
	办公地址	四川省成都高新区九星大道8号				
	经营范围	高新技术产品的开发、生产、经营;高新技术的交流转让;高新技术开发区的开发等				

主要财务指标	指标\报告期	2009.06.30	2008.12.31	2008.06.30	2007.12.31
	每股收益(元)	-0.0360	0.0510	0.0180	-1.2350
	每股收益(扣除)(元)	-0.0150	0.0140	-0.0300	-1.0100
	每股净资产(元)	0.4400	0.4700	0.4400	0.4200
	调整后每股净资产(元)	-	-	-	-
	每股资本公积金(元)	1.4659	1.4659	1.4659	1.4659
	每股盈余公积金(元)	0.0443	0.0443	0.0443	0.0443
	每股未分配利润(元)	-2.0730	-2.0375	-2.0701	-2.0884
	每股现金净流量(元)	0.3330	0.8282	0.4204	0.1217
	每股经营现金净流量(元)	0.3274	1.0820	0.3556	0.5340
	净资产收益率(扣除)(%)	-	-	-	-239.4800
	净资产收益率(%)	-8.1300	10.7800	4.1700	-292.9500
	总资产(万)	205889.26	189252.49	199010.58	187226.78
	股东权益(万)	9593.32	10373.29	9657.79	9255.43
	主营业务收入(万)	-	-	-	-
	主营业务利润(万)	-	-	-	-
	营业务收入(万)	32651.93	108944.46	55505.40	66310.64
	营业务利润(万)	131.82	2298.13	637.31	-19467.74
	投资收益(万)	-	-	-	-
	利润总额(万)	-268.76	3196.18	1568.22	-26627.42
	净利润(万)	-779.97	1117.86	402.36	-27113.46

攀枝花新钢钒股份有限公司

公司概况	公司名称	攀枝花新钢钒股份有限公司			证券简称	攀钢钢钒
	法人代表	樊政炜	董秘		证券代码	000629
	公司网址	www.pgsv.com		电子信箱	psv@pzhsteel.com.cn	
	电　话	0812-3393695		传　真	0812-3393992	
	办公地址	四川省攀枝花市东区向阳村新钢钒公司办公大楼				
	经营范围	铁、钢、钒冶炼及加工;钢压延加工;氧气、氢气、氩气、蒸汽制造等				

主要财务指标	指标\报告期	2009.06.30	2008.12.31	2008.06.30	2007.12.31
	每股收益(元)	-0.2300	-0.1400	0.1300	0.3100
	每股收益(扣除)(元)	-0.2400	-0.1400	0.1300	0.2800
	每股净资产(元)	2.7400	3.1100	3.3300	3.2000
	调整后每股净资产(元)	-	-	-	-
	每股资本公积金(元)	1.5460	1.4823	1.3020	1.3020
	每股盈余公积金(元)	0.1736	0.2151	0.2629	0.2637
	每股未分配利润(元)	0.0360	0.4083	0.7687	0.6390
	每股现金净流量(元)	-0.2366	0.3726	-0.0498	-0.0337
	每股经营现金净流量(元)	-0.0352	0.2052	0.1683	0.2881
	净资产收益率(扣除)(%)	-	-	-	8.0700
	净资产收益率(%)	-8.5300	-3.6400	3.9900	9.0500
	总资产(万)	5504701.43	2535538.17	2558106.48	2283600.93
	股东权益(万)	1566868.86	1249969.42	1094548.98	1052224.13
	主营业务收入(万)	-	-	-	-
	主营业务利润(万)	-	-	-	-
	营业务收入(万)	1835765.06	2811601.06	1362266.26	2119779.72
	营业务利润(万)	-130834.63	-46987.79	51142.22	112181.00
	投资收益(万)	-	-	-	-
	利润总额(万)	-127847.54	-46659.72	51286.87	106624.20
	净利润(万)	-133650.11	-45444.53	43685.64	96299.04

铜陵有色股份铜冠电工有限公司

公司概况	公司名称	铜陵有色股份铜冠电工有限公司			证券简称	铜陵有色
	法人代表	韦江宏	董秘	吴和平	证券代码	000630
	公司网址	www.cninfo.com .cn		电子信箱	wgz@tdty.com	
	电　话	0562-5860159、2825029		传　真	0562-2825082	
	办公地址	安徽省铜陵市长江西路有色大院西楼				
	经营范围	漆包线、电缆、磷铜球、各种规格铜线材等铜材加工				

	指标＼报告期	2009.06.30	2008.12.31	2008.06.30	2007.12.31
主要财务指标	每股收益(元)	0.2400	0.4900	0.4600	0.8000
	每股收益(扣除)(元)	0.2200	0.4900	0.4600	0.6600
	每股净资产(元)	4.4200	4.4900	4.1700	4.0000
	调整后每股净资产(元)	–	–	–	–
	每股资本公积金(元)	1.2507	1.4850	1.2228	1.2881
	每股盈余公积金(元)	0.3204	0.3817	0.2790	0.3095
	每股未分配利润(元)	1.7664	1.6231	1.6681	1.4042
	每股现金净流量(元)	–0.0500	–0.7425	–0.8137	0.2290
	每股经营现金净流量(元)	1.4158	2.2032	0.2027	0.0704
	净资产收益率(扣除)(%)	–	–	–	16.3800
	净资产收益率(%)	5.3500	10.9600	11.0200	16.2400
	总资产(万)	2053015.82	1927744.52	2102915.69	1975130.63
	股东权益(万)	572002.91	581146.56	539734.74	517972.91
	主营业务收入(万)	–	–	–	–
	主营业务利润(万)	–	–	–	–
	营业务收入(万)	1092696.88	3734217.50	2056226.16	3703841.63
	营业务利润(万)	50720.05	83164.73	89138.79	154696.77
	投资收益(万)	–	–	–	–
	利润总额(万)	54385.31	84135.73	89098.79	155486.30
	净利润(万)	30595.29	63712.57	59504.26	103095.84

顺发恒业股份公司

公司概况	公司名称	顺发恒业股份公司			证券简称	顺发恒业
	法人代表	管大源	董秘	程捷	证券代码	000631
	公司网址	www.lanbao.com.cn		电子信箱	cclb_000631@126.com	
	电　话	0431-5528289		传　真	0431-5528285	
	办公地址	长春市高新技术产业开发区蔚山路4370号				
	经营范围	房地产经营开发、物业管理、装修装饰、房屋和土木工程建设业等				

	指标＼报告期	2009.06.30	2008.12.31	2008.06.30	2007.12.31
主要财务指标	每股收益(元)	0.2000	0.6500	0.5500	1.4900
	每股收益(扣除)(元)	0.0500	0.0300	0.0200	–1.0900
	每股净资产(元)	1.2000	0.1100	–0.1400	–0.6900
	调整后每股净资产(元)	–	–	–	–
	每股资本公积金(元)	0.2293	3.3089	1.3117	1.3117
	每股盈余公积金(元)	0.0496	0.1677	0.1498	0.1498
	每股未分配利润(元)	–0.0772	–0.9338	–2.6000	–3.1508
	每股现金净流量(元)	0.5595	–0.0002	–0.0002	–0.1671
	每股经营现金净流量(元)	–0.1209	–0.0002	–0.0002	–0.1671
	净资产收益率(扣除)(%)	–	–	–	–
	净资产收益率(%)	16.5600	585.8300	–	–
	总资产(万)	490026.29	478836.40	22199.30	21479.40
	股东权益(万)	125640.29	109531.50	–3326.76	–16565.23
	主营业务收入(万)	–	–	–	–
	主营业务利润(万)	–	–	–	–
	营业务收入(万)	141875.64	–	–	–
	营业务利润(万)	35929.02	6877.22	451.65	–33264.31
	投资收益(万)	–	–	–	–
	利润总额(万)	36516.96	19974.88	13238.48	45945.44
	净利润(万)	20802.37	19974.88	13238.48	45945.44

福建三木集团股份有限公司

公司概况	公司名称	福建三木集团股份有限公司			证券简称	三木集团
	法人代表	兰隽	董秘	彭东明	证券代码	000632
	公司网址	www.san-mu.com		电子信箱	sanmugugai@163.com	
	电　话	0591-83355146		传　真	0591-83341504	
	办公地址	福建省福州市群众东路93号三木大厦				
	经营范围	土地开发,房地产综合开发,房地产中介,建筑材料、家用电器等				

	指标＼报告期	2009.06.30	2008.12.31	2008.06.30	2007.12.31
主要财务指标	每股收益(元)	0.0258	0.0216	0.0473	0.1105
	每股收益(扣除)(元)	–0.0201	–0.0849	–0.0141	0.0321
	每股净资产(元)	1.1314	1.1054	1.1307	1.2221
	调整后每股净资产(元)	–	–	–	–
	每股资本公积金(元)	–0.0000	–0.0002	–0.0001	–
	每股盈余公积金(元)	0.0164	0.0164	0.0164	0.1541
	每股未分配利润(元)	0.1151	0.0892	0.1145	0.0680
	每股现金净流量(元)	0.0787	–0.1519	0.0383	0.4411
	每股经营现金净流量(元)	0.0495	0.5296	–0.0067	–0.2397
	净资产收益率(扣除)(%)	–	–	–	2.6300
	净资产收益率(%)	2.2846	1.9600	4.1800	9.0400
	总资产(万)	332551.66	314399.30	333644.46	333543.76
	股东权益(万)	52670.37	51459.07	52638.19	56892.14
	主营业务收入(万)	–	–	–	–
	主营业务利润(万)	–	–	–	–
	营业务收入(万)	112843.46	285137.22	141736.39	321459.89
	营业务利润(万)	1979.52	–1447.96	–1860.11	935.12
	投资收益(万)	–	–	–	–
	利润总额(万)	2422.86	3389.26	2923.66	10080.01
	净利润(万)	1203.32	1006.55	2199.76	5142.28

沈阳合金投资股份有限公司

公司概况	公司名称	沈阳合金投资股份有限公司			证券简称	SST合金
	法人代表	吴岩	董秘	任穗欣	证券代码	000633
	公司网址	www.hjinv.com		电子信箱	syhjzb@sina.com	
	电　话	024-62336767		传　真	024-62336799	
	办公地址	沈阳市浑南新区世纪路55号				
	经营范围	投资入股;国内贸易等				

	指标＼报告期	2009.06.30	2008.12.31	2008.06.30	2007.12.31
主要财务指标	每股收益(元)	0.0241	–0.0200	0.0078	0.5800
	每股收益(扣除)(元)	–0.0612	–0.0200	0.0002	0.5800
	每股净资产(元)	0.5800	0.5600	0.2772	0.2694
	调整后每股净资产(元)	–	–	–	–
	每股资本公积金(元)	0.1832	0.1832	0.1654	0.1654
	每股盈余公积金(元)	0.1690	0.1690	–	–
	每股未分配利润(元)	–0.7677	–0.7918	–0.8882	–0.8960
	每股现金净流量(元)	0.0010	–0.0227	–0.0157	–0.0484
	每股经营现金净流量(元)	–0.0892	–0.0299	0.0241	–0.0649
	净资产收益率(扣除)(%)	–	–	–	–89.5600
	净资产收益率(%)	4.1200	–3.6800	2.8200	216.9400
	总资产(万)	52307.00	51585.16	68867.28	65878.45
	股东权益(万)	22508.81	21581.86	10676.50	10375.19
	主营业务收入(万)	–	–	–	–
	主营业务利润(万)	–	–	–	–
	营业务收入(万)	14879.37	18939.84	9887.79	22292.12
	营业务利润(万)	1929.42	–2845.44	164.72	–6587.41
	投资收益(万)	–	–	–	–
	利润总额(万)	1852.87	–522.86	461.78	35155.97
	净利润(万)	926.95	–793.15	301.30	22508.12

宁夏英力特化工股份有限公司

公司概况	公司名称	宁夏英力特化工股份有限公司		证券简称	英力特
	法人代表	秦江玉	董秘 张玉秋	证券代码	000635
	公司网址	www.yinghlitechem.com		电子信箱	ylt_zqb@yinglitechem.com
	电　话	0952-3689598、3689596		传　真	0952-3689589
	办公地址	宁夏石嘴山市惠农区钢电路			
	经营范围	电石及其系列延伸产品的生产和销售,聚氯乙烯、烧碱及其系列延伸产品等			

主要财务指标	指标\报告期	2009.06.30	2008.12.31	2008.06.30	2007.12.31
	每股收益(元)	0.1030	0.3030	0.5220	0.7190
	每股收益(扣除)(元)	0.0610	0.1420	0.5090	0.6960
	每股净资产(元)	2.9000	2.8200	3.0500	2.7100
	调整后每股净资产(元)	–	–	–	–
	每股资本公积金(元)	0.1422	0.1422	0.1821	0.2312
	每股盈余公积金(元)	0.1839	0.2220	0.1813	0.2153
	每股未分配利润(元)	1.5323	1.4597	1.6846	1.2630
	每股现金净流量(元)	0.0024	0.2303	0.2104	-0.4116
	每股经营现金净流量(元)	0.5966	0.0447	2.1312	2.2851
	净资产收益率(扣除)(%)	–	–	–	25.7000
	净资产收益率(%)	3.5500	10.7200	17.1100	26.5500
	总资产(万)	397596.02	397859.42	392649.13	372378.46
	股东权益(万)	39818.40	38820.24	41902.26	37248.67
	主营业务收入(万)	–	–	–	–
	主营业务利润(万)	–	–	–	–
	营业务收入(万)	80178.56	202611.54	106290.97	156585.76
	营业务利润(万)	4698.02	5552.75	14487.80	20798.00
	投资收益(万)	–	–	–	–
	利润总额(万)	4800.92	7596.27	14654.49	21099.45
	净利润(万)	1414.33	4161.85	7170.60	9889.58

广东风华高新科技股份有限公司

公司概况	公司名称	广东风华高新科技股份有限公司		证券简称	风华高科
	法人代表	钟金松	董秘 陈绪运	证券代码	000636
	公司网址	www.fenghua-advanced.com		电子信箱	000636@china-fenghua.com
	电　话	0758-2844724		传　真	0758-2849045
	办公地址	广东肇庆风华路18号风华电子工业城			
	经营范围	研究、开发、生产、销售各类型高科技新型电子元器件、集成电路、电子材料等			

主要财务指标	指标\报告期	2009.06.30	2008.12.31	2008.06.30	2007.12.31
	每股收益(元)	0.0030	-0.6400	-0.1490	0.2500
	每股收益(扣除)(元)	-0.0050	-0.4700	0.0210	0.0600
	每股净资产(元)	2.6380	2.6360	3.1400	3.3090
	调整后每股净资产(元)	–	–	–	–
	每股资本公积金(元)	1.2036	1.2036	1.2056	1.2153
	每股盈余公积金(元)	0.2872	0.2872	0.2872	0.2872
	每股未分配利润(元)	0.1477	0.1451	0.6475	0.8069
	每股现金净流量(元)	0.6006	0.2975	-0.0254	0.1427
	每股经营现金净流量(元)	0.1513	0.2939	0.0997	0.3845
	净资产收益率(扣除)(%)	–	–	–	1.9200
	净资产收益率(%)	0.1000	-24.3500	-4.7500	7.7000
	总资产(万)	318204.70	289688.80	350130.25	365832.37
	股东权益(万)	177020.86	176843.77	210688.97	222039.46
	主营业务收入(万)	–	–	–	–
	主营业务利润(万)	–	–	–	–
	营业务收入(万)	72958.95	192658.24	100644.37	195523.14
	营业务利润(万)	-404.85	-45862.43	-10097.61	15722.14
	投资收益(万)	–	–	–	–
	利润总额(万)	241.00	-46387.25	-9731.41	16606.95
	净利润(万)	177.10	-43060.45	-10000.06	17103.15

茂名石化实华股份有限公司

公司概况	公司名称	茂名石化实华股份有限公司		证券简称	茂化实华
	法人代表	郭劲松	董秘 梁杰	证券代码	000637
	公司网址	www.mhsh0637.com.cn		电子信箱	mhsh000637@163.net
	电　话	0668-2276176、2246332		传　真	0668-2281965
	办公地址	广东省茂名市官渡路162号			
	经营范围	生产和销售聚丙烯、液化气、烃推进剂、新型液化气、润滑油、石油制成品等			

主要财务指标	指标\报告期	2009.06.30	2008.12.31	2008.06.30	2007.12.31
	每股收益(元)	0.1800	0.0250	0.1340	0.2800
	每股收益(扣除)(元)	0.1300	0.0630	0.1800	0.1420
	每股净资产(元)	1.6900	1.5300	1.6400	1.7100
	调整后每股净资产(元)	–	–	–	–
	每股资本公积金(元)	0.0536	0.0536	0.0538	0.0533
	每股盈余公积金(元)	0.3343	0.3079	0.3064	0.3064
	每股未分配利润(元)	0.2991	0.1690	0.2802	0.3458
	每股现金净流量(元)	-0.2030	-0.2538	-0.2478	-0.0768
	每股经营现金净流量(元)	0.0873	0.0381	-0.0461	0.0945
	净资产收益率(扣除)(%)	–	–	–	8.3500
	净资产收益率(%)	10.4600	1.6100	8.1900	16.4100
	总资产(万)	139793.51	70476.95	80714.83	84625.99
	股东权益(万)	76262.58	69187.29	74153.12	77101.37
	主营业务收入(万)	–	–	–	–
	主营业务利润(万)	–	–	–	–
	营业务收入(万)	110390.01	378336.21	209129.08	327470.89
	营业务利润(万)	10846.90	1246.88	7215.61	15456.53
	投资收益(万)	–	–	–	–
	利润总额(万)	11041.33	1386.62	7169.39	15474.43
	净利润(万)	7979.42	1115.97	6073.96	12654.15

万方地产股份有限公司

公司概况	公司名称	万方地产股份有限公司		证券简称	万方地产
	法人代表	张晖	董秘 刘玉	证券代码	000638
	公司网址	www.cn-clic.com		电子信箱	clic24@126.com
	电　话	010-64656161		传　真	010-64656161
	办公地址	北京市朝阳区曙光西里甲一号第三置业大厦A座30层			
	经营范围	房地产开发及开发的商品房销售,项目投资、投资的项目管理、投资咨询服务等			

主要财务指标	指标\报告期	2009.06.30	2008.12.31	2008.06.30	2007.12.31
	每股收益(元)	0.0500	0.4700	0.0004	1.7300
	每股收益(扣除)(元)	0.0460	0.2900	0.0004	-0.1860
	每股净资产(元)	0.1420	0.1300	-0.5000	0.0200
	调整后每股净资产(元)	–	–	–	–
	每股资本公积金(元)	1.2642	1.2642	1.2642	1.8132
	每股盈余公积金(元)	0.1153	0.1153	0.1153	0.1153
	每股未分配利润(元)	-2.2374	-2.2479	-2.8750	-2.9048
	每股现金净流量(元)	0.0460	0.0770	-0.0360	0.0094
	每股经营现金净流量(元)	0.1925	0.6502	-0.0139	-1.0628
	净资产收益率(扣除)(%)	–	–	–	–
	净资产收益率(%)	36.0400	354.6200	–	–
	总资产(万)	73523.52	67654.61	11499.95	45544.82
	股东权益(万)	2198.83	2037.58	-7663.98	367.13
	主营业务收入(万)	–	–	–	–
	主营业务利润(万)	–	–	–	–
	营业务收入(万)	11047.77	37460.18	14377.33	21187.80
	营业务利润(万)	1586.93	2978.83	258.09	-3296.51
	投资收益(万)	–	–	–	–
	利润总额(万)	1684.72	8576.24	258.08	26796.12
	净利润(万)	792.46	7225.64	5.82	26715.65

湖南金德发展股份有限公司

公司概况	公司名称	湖南金德发展股份有限公司			证券简称	金德发展
	法人代表	杜红云	董秘	陈筱萍	证券代码	000639
	公司网址	www.000639.com		电子信箱	jdfz000639@163.com	
	电　话	0733-22994401、22998766		传　真	0733-22990111	
	办公地址	株洲市天元区株洲大道 333 号金德工业园 1 号楼 3 楼				
	经营范围	生产、销售新型化学建材及其它建筑材料；销售五金、交电、百货、针纺织品等				

	指标\报告期	2009.06.30	2008.12.31	2008.06.30	2007.12.31
主要财务指标	每股收益(元)	-0.0300	0.0090	0.0200	0.0450
	每股收益(扣除)(元)	-0.0300	0.0030	0.0200	0.0400
	每股净资产(元)	1.7300	1.7600	1.7700	1.7500
	调整后每股净资产(元)	-	-	-	-
	每股资本公积金(元)	0.1549	0.1549	0.1549	0.1549
	每股盈余公积金(元)	0.0225	0.0225	0.1621	0.0225
	每股未分配利润(元)	0.5523	0.5821	0.4549	0.5729
	每股现金净流量(元)	0.0485	0.0189	-0.1495	0.2792
	每股经营现金净流量(元)	0.0920	0.2192	-0.0870	0.3859
	净资产收益率(扣除)(%)	-	-	-	2.0600
	净资产收益率(%)	-1.7200	0.5200	1.2200	2.5800
	总资产(万)	25852.44	26083.38	27280.29	27032.54
	股东权益(万)	12603.32	12820.58	12911.39	12753.53
	主营业务收入(万)	-	-	-	-
	主营业务利润(万)	-	-	-	-
	营业务收入(万)	3623.13	10626.20	6017.47	12978.11
	营业务利润(万)	-152.49	321.09	382.93	752.39
	投资收益(万)	-	-	-	-
	利润总额(万)	-152.49	389.76	382.53	861.39
	净利润(万)	-217.27	67.05	157.86	329.01

仁和药业股份有限公司

公司概况	公司名称	仁和药业股份有限公司			证券简称	仁和药业
	法人代表	肖正连	董秘	殷春旺	证券代码	000650
	公司网址	www.renheyaoye.com		电子信箱	rhgf@renheyaoye.com	
	电　话	0791-6496271		传　真	0791-6496271	
	办公地址	江西省南昌市洪城路国贸广场 A 区巨豪峰 2601 室				
	经营范围	中药材种植；药材种苗培植；纸箱生产、销售；计算机软件开发；设计、制作等				

	指标\报告期	2009.06.30	2008.12.31	2008.06.30	2007.12.31
主要财务指标	每股收益(元)	0.1865	0.3200	0.1100	0.1800
	每股收益(扣除)(元)	0.1900	0.3100	0.1100	0.1500
	每股净资产(元)	1.5700	1.3900	1.1800	1.0700
	调整后每股净资产(元)	-	-	-	-
	每股资本公积金(元)	0.3001	0.3001	0.3001	0.3001
	每股盈余公积金(元)	0.0674	0.0674	0.0845	0.0674
	每股未分配利润(元)	0.2074	0.0209	-0.2068	-0.2978
	每股现金净流量(元)	0.0449	0.2278	-0.1738	0.1421
	每股经营现金净流量(元)	0.0541	0.2823	-0.1716	0.1607
	净资产收益率(扣除)(%)	-	-	-	13.7800
	净资产收益率(%)	11.8400	22.9600	9.1900	16.6400
	总资产(万)	41930.20	43780.17	34516.53	30848.33
	股东权益(万)	34665.44	30560.04	25926.41	23543.94
	主营业务收入(万)	-	-	-	-
	主营业务利润(万)	-	-	-	-
	营业务收入(万)	48596.04	87646.05	36079.93	77866.49
	营业务利润(万)	5651.90	9598.39	3280.12	5107.13
	投资收益(万)	-	-	-	-
	利润总额(万)	5598.77	9735.46	3267.21	5791.19
	净利润(万)	4105.40	7016.10	2382.47	3917.0

珠海格力电器股份有限公司

公司概况	公司名称	珠海格力电器股份有限公司			证券简称	格力电器
	法人代表	朱江洪	董秘	刘兴浩	证券代码	000651
	公司网址	www.gree.com.cn		电子信箱	gree0651@gree.com.cn	
	电　话	0756-8614883、2416		传　真	0756-8622581、8614998	
	办公地址	珠海市前山金鸡西路 6 号				
	经营范围	货物、技术的进出口(法律、法规、规章明文规定禁止进出口的货物等				

	指标\报告期	2009.06.30	2008.12.31	2008.06.30	2007.12.31
主要财务指标	每股收益(元)	0.6600	1.6800	1.2027	1.0500
	每股收益(扣除)(元)	0.6300	1.6400	1.1800	0.9200
	每股净资产(元)	4.3800	5.9700	7.6600	6.7400
	调整后每股净资产(元)	-	-	-	-
	每股资本公积金(元)	0.0815	0.6223	1.4264	1.4244
	每股盈余公积金(元)	0.9131	1.3696	1.8850	1.8850
	每股未分配利润(元)	2.3813	2.8885	3.2772	2.3762
	每股现金净流量(元)	6.3721	-0.7126	0.7012	3.2653
	每股经营现金净流量(元)	10.4800	0.2943	1.1468	3.3449
	净资产收益率(扣除)(%)	-	-	-	19.6600
	净资产收益率(%)	14.9600	28.1200	15.7000	22.5600
	总资产(万)	4019511.70	3056471.89	2694947.66	2554795.54
	股东权益(万)	823152.47	734131.58	639433.00	562761.47
	主营业务收入(万)	-	-	-	-
	主营业务利润(万)	-	-	-	-
	营业务收入(万)	2005729.20	4219971.57	2495192.20	3804131.31
	营业务利润(万)	141024.52	233918.65	122945.52	137481.18
	投资收益(万)	-	-	-	-
	利润总额(万)	147347.58	240625.48	124876.84	142636.70
	净利润(万)	123167.77	210274.43	100420.28	126975.79

天津泰达股份有限公司

公司概况	公司名称	天津泰达股份有限公司			证券简称	泰达股份
	法人代表	刘惠文	董秘	谢剑琳	证券代码	000652
	公司网址	www.tedastock.com		电子信箱	dm@tedastock.com	
	电　话	022-24138796		传　真	022-24138796、24382278	
	办公地址	天津市河东区十一经路 81 号天星河畔广场 15 层				
	经营范围	交通、能源、高科技工业投资；空气液体净化过滤材料、化纤等				

	指标\报告期	2009.06.30	2008.12.31	2008.06.30	2007.12.31
主要财务指标	每股收益(元)	0.0388	0.1050	0.0450	0.3400
	每股收益(扣除)(元)	0.0137	-0.0440	0.0290	0.1830
	每股净资产(元)	1.3900	1.3600	1.3100	1.9200
	调整后每股净资产(元)	-	-	-	-
	每股资本公积金(元)	0.0513	0.0554	0.0624	0.2964
	每股盈余公积金(元)	0.1404	0.1404	0.1370	0.1894
	每股未分配利润(元)	0.1986	0.1598	0.1147	0.4356
	每股现金净流量(元)	0.1036	-0.1662	-0.3647	0.1092
	每股经营现金净流量(元)	-0.2912	-0.2961	-0.2170	-0.0577
	净资产收益率(扣除)(%)	-	-	-	9.5500
	净资产收益率(%)	2.7900	6.8200	2.6300	17.6800
	总资产(万)	701574.36	645594.56	653436.22	574016.58
	股东权益(万)	205159.05	200026.31	193916.94	202506.26
	主营业务收入(万)	-	-	-	-
	主营业务利润(万)	-	-	-	-
	营业务收入(万)	103546.48	289071.75	121802.20	168820.52
	营业务利润(万)	7379.10	36401.09	8609.56	50737.31
	投资收益(万)	-	-	-	-
	利润总额(万)	7531.63	38348.93	8768.16	51809.99
	净利润(万)	5731.43	13635.71	5103.17	35807.22

山东金岭矿业股份有限公司

公司概况	公司名称	山东金岭矿业股份有限公司			证券简称	金岭矿业
	法人代表	张相军	董秘		证券代码	000655
	公司网址	www.sdjlky.com		电子信箱	sz000655@163.com	
	电　　话	0533-3088888		传　　真	0533-3089666	
	办公地址	山东省淄博市张店区中埠镇				
	经营范围	铁矿开采、铁精粉、铜精粉、钴精粉的生产、销售、机械加工,货物进出口等				

主要财务指标	指标\报告期	2009.06.30	2008.12.31	2008.06.30	2007.12.31
	每股收益(元)	0.1520	1.2000	0.8500	0.6900
	每股收益(扣除)(元)	0.1480	1.2000	0.8500	0.7000
	每股净资产(元)	4.1300	3.8700	3.5100	2.6800
	调整后每股净资产(元)	–	–	–	–
	每股资本公积金(元)	1.6120	1.1345	1.1345	1.1345
	每股盈余公积金(元)	0.3113	0.3113	0.1901	0.2133
	每股未分配利润(元)	1.2530	1.4274	1.1901	0.3292
	每股现金净流量(元)	0.3273	1.2986	1.0123	0.0426
	每股经营现金净流量(元)	0.3033	1.8691	1.0892	–0.0471
	净资产收益率(扣除)(%)	–	–	–	26.1300
	净资产收益率(%)	5.3400	30.8800	24.2900	25.7800
	总资产(万)	178146.81	137554.88	142068.12	111818.16
	股东权益(万)	153837.81	124428.46	112909.94	86000.26
	主营业务收入(万)	–	–	–	–
	主营业务利润(万)	–	–	–	–
	营业务收入(万)	37461.76	103596.78	61337.43	71809.73
	营业务利润(万)	10807.12	51457.32	36450.94	33319.56
	投资收益(万)	–	–	–	–
	利润总额(万)	11126.92	51407.49	36435.24	33082.11
	净利润(万)	8222.62	38428.21	27430.80	22166.98

重庆东源产业发展股份有限公司

公司概况	公司名称	重庆东源产业发展股份有限公司			证券简称	ST 东源
	法人代表	邓惠明	董秘	刘忠海	证券代码	000656
	公司网址			电子信箱	0656@sohu.com	
	电　　话	023-63033765		传　　真	023-63033765	
	办公地址	重庆市北部新区高新园星光大道 68 号天王星 C 座 5 楼				
	经营范围	房地产开发,房屋销售和租赁、物业管理等				

主要财务指标	指标\报告期	2009.06.30	2008.12.31	2008.06.30	2007.12.31
	每股收益(元)	0.0100	0.0400	0.0360	0.0900
	每股收益(扣除)(元)	–0.0077	–0.0100	–0.5200	–0.0300
	每股净资产(元)	1.7000	1.6890	1.6750	1.6500
	调整后每股净资产(元)	–	–	–	–
	每股资本公积金(元)	0.4166	0.4166	0.4166	0.4166
	每股盈余公积金(元)	0.1357	0.1357	0.1336	0.1346
	每股未分配利润(元)	0.1471	0.1366	0.1246	0.0984
	每股现金净流量(元)	–0.0041	–0.0361	–0.0520	–0.0004
	每股经营现金净流量(元)	–0.0255	–0.1040	–0.0746	–0.0226
	净资产收益率(扣除)(%)	–	–	–	–1.8600
	净资产收益率(%)	0.6100	2.3300	2.1300	5.3000
	总资产(万)	43932.32	44094.28	44410.87	46651.18
	股东权益(万)	42490.36	42229.21	41874.49	41247.16
	主营业务收入(万)	–	–	–	–
	主营业务利润(万)	–	–	–	–
	营业务收入(万)	43.17	32.56	46.89	757.09
	营业务利润(万)	288.57	765.79	914.21	2097.25
	投资收益(万)	–	–	–	–
	利润总额(万)	288.52	808.99	913.02	2881.38
	净利润(万)	261.15	982.05	891.13	2187.79

中钨高新材料股份有限公司

公司概况	公司名称	中钨高新材料股份有限公司			证券简称	*ST 中钨
	法人代表	杨伯华	董秘	李俊利	证券代码	000657
	公司网址			电子信箱	zwgx000657@126.com	
	电　　话	0731-84650990、84650980		传　　真	0731-84650800	
	办公地址	长沙经济技术开发区开元大道 17 号开源鑫城大酒店 19 楼				
	经营范围	硬质合金和钨、钼、钽等有色金属及其深加工产品和装备的研制、开发、生产等				

主要财务指标	指标\报告期	2009.06.30	2008.12.31	2008.06.30	2007.12.31
	每股收益(元)	–0.1260	0.0200	–0.0020	–0.8200
	每股收益(扣除)(元)	–0.1250	–0.0300	–0.0660	–0.7500
	每股净资产(元)	1.3600	1.4900	1.4700	1.4800
	调整后每股净资产(元)	–	–	–	–
	每股资本公积金(元)	0.9120	0.9120	0.9120	0.9272
	每股盈余公积金(元)	0.2154	0.2154	0.2154	0.2154
	每股未分配利润(元)	–0.7657	–0.6393	–0.6595	–0.6577
	每股现金净流量(元)	0.0192	0.2272	0.2942	–0.3703
	每股经营现金净流量(元)	0.0341	0.3560	0.1673	–0.1108
	净资产收益率(扣除)(%)	–	–	–	–
	净资产收益率(%)	–9.2800	1.2400	–0.1200	–0.6100
	总资产(万)	39400.14	44609.23	48604.44	88917.88
	股东权益(万)	30308.22	33121.17	32673.12	33048.83
	主营业务收入(万)	–	–	–	–
	主营业务利润(万)	–	–	–	–
	营业务收入(万)	36252.99	132354.29	79099.30	152094.05
	营业务利润(万)	–2748.33	212.88	–263.35	–21070.86
	投资收益(万)	–	–	–	–
	利润总额(万)	–2769.61	174.73	–280.39	–22709.63
	净利润(万)	–2812.94	409.49	–38.56	–18164.12

珠海中富实业股份有限公司

公司概况	公司名称	珠海中富实业股份有限公司			证券简称	珠海中富
	法人代表	陈斌	董秘	陈立上	证券代码	000659
	公司网址	www.zhongfu.com.cn		电子信箱	ZFZJB@zhongfu.com	
	电　　话	0756-8821350、3837333		传　　真	0756-8812870、8821103	
	办公地址	广东省珠海市香洲区湾仔南湾南路 6002 号				
	经营范围	饮料容器制造、瓶胚制造;批发零售;塑料制品、化工原料;制造销售等				

主要财务指标	指标\报告期	2009.06.30	2008.12.31	2008.06.30	2007.12.31
	每股收益(元)	0.1300	0.0700	0.0700	0.1200
	每股收益(扣除)(元)	0.1250	0.0700	0.0730	0.1300
	每股净资产(元)	2.7800	2.6800	2.6900	2.7000
	调整后每股净资产(元)	–	–	–	–
	每股资本公积金(元)	0.7597	0.7597	0.7597	0.7645
	每股盈余公积金(元)	0.4691	0.4691	0.4588	0.4588
	每股未分配利润(元)	0.5638	0.4646	0.4789	0.4703
	每股现金净流量(元)	0.1235	–0.0948	0.3496	–0.4074
	每股经营现金净流量(元)	0.1822	1.2281	0.4461	0.5440
	净资产收益率(扣除)(%)	–	–	–	4.6600
	净资产收益率(%)	4.6500	2.5100	2.5900	4.6300
	总资产(万)	498123.92	489566.03	544465.32	514156.63
	股东权益(万)	191047.15	184220.25	185216.35	185615.88
	主营业务收入(万)	–	–	–	–
	主营业务利润(万)	–	–	–	–
	营业务收入(万)	137804.17	305348.28	154125.50	266156.34
	营业务利润(万)	15754.39	12171.73	10580.78	16307.92
	投资收益(万)	–	–	–	–
	利润总额(万)	16267.82	12503.63	10385.98	16348.53
	净利润(万)	8888.74	4631.56	4802.75	8595.98

长春高新技术产业(集团)股份有限公司

公司概况					
公司名称	长春高新技术产业(集团)股份有限公司			证券简称	长春高新
法人代表	杨占民	董秘	周伟群	证券代码	000661
公司网址	www.cchn.com.cn		电子信箱	cchn000661@sohu.com	
电　话	0431-85666367		传　真	0431-85675390	
办公地址	吉林省长春市同志街2400号火炬大厦5层				
经营范围	高新技术产品的开发、生产、销售及服务,基础设施的开发建设、物业管理等				

主要财务指标 指标\报告期	2009.06.30	2008.12.31	2008.06.30	2007.12.31
每股收益(元)	0.2700	0.1530	0.0160	0.0572
每股收益(扣除)(元)	0.2500	0.1290	0.0210	0.0600
每股净资产(元)	3.0320	2.7600	2.5440	2.5100
调整后每股净资产(元)	–	–	–	–
每股资本公积金(元)	1.9708	1.9708	1.8893	1.8683
每股盈余公积金(元)	0.3252	0.3252	0.6645	0.3252
每股未分配利润(元)	–0.2640	–0.5338	–1.0102	–0.6868
每股现金净流量(元)	0.2325	–0.1222	–0.2196	0.2167
每股经营现金净流量(元)	1.4553	1.2473	0.0733	1.6107
净资产收益率(扣除)(%)	–	–	–	2.3900
净资产收益率(%)	8.9000	5.5400	0.6200	2.2800
总资产(万)	154898.18	154752.20	147286.08	151177.05
股东权益(万)	39819.49	36276.26	33405.12	32919.57
主营业务收入(万)	–	–	–	–
主营业务利润(万)	–	–	–	–
营业务收入(万)	47573.42	80415.56	34965.38	66205.66
营业务利润(万)	6907.74	6424.19	1383.87	4245.25
投资收益(万)	–	–	–	–
利润总额(万)	7204.38	6852.66	1309.83	4203.40
净利润(万)	3543.23	2009.49	208.65	751.81

索芙特股份有限公司

公司概况					
公司名称	索芙特股份有限公司			证券简称	索芙特
法人代表	梁国坚	董秘	李博	证券代码	000662
公司网址	www.softto.com.cn		电子信箱	redsunsec@163.com	
电　话	0774-3863880、3863686		传　真	0774-3863582	
办公地址	广西梧州市新兴二路137号				
经营范围	对精细化工产业、化妆品制造业、化学药品原药制造业、化学药品制剂制造业等				

主要财务指标 指标\报告期	2009.06.30	2008.12.31	2008.06.30	2007.12.31
每股收益(元)	0.0052	0.0263	0.0954	0.3235
每股收益(扣除)(元)	0.0031	0.0035	0.0769	0.2773
每股净资产(元)	3.1363	3.1309	3.2125	3.8293
调整后每股净资产(元)	–	–	–	–
每股资本公积金(元)	0.9791	0.9788	0.9963	1.4532
每股盈余公积金(元)	0.1612	0.1612	0.1562	0.1934
每股未分配利润(元)	0.9962	0.9910	1.0602	1.1827
每股现金净流量(元)	0.6745	–0.8837	–0.2757	–0.1934
每股经营现金净流量(元)	–0.0995	–0.3553	0.0708	0.2596
净资产收益率(扣除)(%)	–	–	–	7.2400
净资产收益率(%)	0.1645	0.8400	2.9700	8.4500
总资产(万)	154395.11	131052.69	138883.22	138128.64
股东权益(万)	90321.11	90165.14	92515.98	91900.42
主营业务收入(万)	–	–	–	–
主营业务利润(万)	–	–	–	–
营业务收入(万)	19180.90	46567.23	26743.21	52533.99
营业务利润(万)	103.15	–855.02	2338.40	8636.49
投资收益(万)	–	–	–	–
利润总额(万)	161.49	–427.54	2872.46	9182.19
净利润(万)	148.55	756.94	2747.56	7764.37

福建省永安林业(集团)股份有限公司

公司概况					
公司名称	福建省永安林业(集团)股份有限公司			证券简称	永安林业
法人代表	吴景贤	董秘	谢红	证券代码	000663
公司网址	www.yonglin.com		电子信箱	info@yonglin.com	
电　话	0598-3614875、3600083		传　真	0598-3633415	
办公地址	福建省永安市燕江东路819号				
经营范围	木(竹)材采运、加工;家具、食品、林产化工产品制造;水力发电供电等				

主要财务指标 指标\报告期	2009.06.30	2008.12.31	2008.06.30	2007.12.31
每股收益(元)	0.0092	0.0200	0.0148	0.1300
每股收益(扣除)(元)	0.0091	0.0200	0.0163	0.0600
每股净资产(元)	2.2200	1.8500	2.0730	2.5000
调整后每股净资产(元)	–	–	–	–
每股资本公积金(元)	1.0284	0.6648	0.8487	1.2916
每股盈余公积金(元)	0.0850	0.0850	0.0839	0.0839
每股未分配利润(元)	0.1075	0.0983	0.1406	0.1258
每股现金净流量(元)	0.0314	0.0482	0.1417	–0.2078
每股经营现金净流量(元)	0.1660	0.2915	0.0893	0.3749
净资产收益率(扣除)(%)	–	–	–	2.4700
净资产收益率(%)	0.4100	1.2800	0.7200	5.1200
总资产(万)	127702.32	110355.27	121999.28	128736.30
股东权益(万)	45031.20	37472.24	42036.43	50714.45
主营业务收入(万)	–	–	–	–
主营业务利润(万)	–	–	–	–
营业务收入(万)	15774.88	43181.08	21423.75	46464.56
营业务利润(万)	–724.87	–658.38	–591.78	1794.74
投资收益(万)	–	–	–	–
利润总额(万)	289.70	833.75	437.53	2876.38
净利润(万)	186.76	479.59	300.98	2594.52

武汉塑料工业集团股份有限公司

公司概况					
公司名称	武汉塑料工业集团股份有限公司			证券简称	武汉塑料
法人代表	徐亦平	董秘	丁艳峰	证券代码	000665
公司网址	www.wuhanplas.com.cn		电子信箱	Wushuoxx@public.wh.hb.cn	
电　话	027-59405215		传　真	027-59405210	
办公地址	武汉市经济技术开发区沌阳大道156号武塑工业园1号楼				
经营范围	开发、制造、经营汽车零部件、高新科技工程塑料制品及其他塑料制品等				

主要财务指标 指标\报告期	2009.06.30	2008.12.31	2008.06.30	2007.12.31
每股收益(元)	0.0164	0.0360	0.0284	0.1018
每股收益(扣除)(元)	0.0100	–0.0130	0.0020	0.0310
每股净资产(元)	0.7700	0.7493	0.7400	0.7134
调整后每股净资产(元)	–	–	–	–
每股资本公积金(元)	0.6331	0.6331	0.6331	0.6331
每股盈余公积金(元)	0.0489	0.0489	0.0489	0.0489
每股未分配利润(元)	–0.9163	–0.9327	–0.9403	–0.9687
每股现金净流量(元)	0.0224	0.0237	0.0596	–0.2877
每股经营现金净流量(元)	0.1466	0.6353	0.0589	0.2856
净资产收益率(扣除)(%)	–	–	–	4.3900
净资产收益率(%)	2.1400	4.8000	3.8320	14.2700
总资产(万)	83428.11	78007.59	81744.02	75888.61
股东权益(万)	13590.40	13299.62	13165.72	12661.19
主营业务收入(万)	–	–	–	–
主营业务利润(万)	–	–	–	–
营业务收入(万)	28107.56	48134.55	17754.35	58733.17
营业务利润(万)	1463.39	705.78	199.71	2741.56
投资收益(万)	–	–	–	–
利润总额(万)	1445.85	1654.43	655.04	4247.80
净利润(万)	290.78	638.43	504.53	1807.02

经纬纺织机械股份有限公司

公司概况

公司名称	经纬纺织机械股份有限公司			证券简称	经纬纺机
法人代表	刘海涛	董秘	叶雪华	证券代码	000666
公司网址	www.jwgf.com		电子信箱	jwgf@jwgf.com	
电　　话	010-84534078-8188		传　　真	010-84534135	
办公地址	北京市朝阳区亮马桥路39号第一上海中心七层				
经营范围	开发、生产、销售纺织机械产品及其配套件				

主要财务指标

指标\报告期	2009.06.30	2008.12.31	2008.06.30	2007.12.31
每股收益(元)	-0.1600	0.0400	0.0900	0.2700
每股收益(扣除)(元)	-0.1873	-0.1900	0.0700	0.0900
每股净资产(元)	4.5300	4.7220	4.7700	4.6840
调整后每股净资产(元)	-	-	-	-
每股资本公积金(元)	2.0599	2.0759	2.0700	2.0700
每股盈余公积金(元)	0.9314	0.9314	0.9069	0.9069
每股未分配利润(元)	0.5453	0.7190	0.7971	0.7108
每股现金净流量(元)	0.3197	0.0778	0.4938	-0.4277
每股经营现金净流量(元)	0.0647	0.0671	-0.1729	0.2036
净资产收益率(扣除)(%)	-	-	-	1.8400
净资产收益率(%)	-3.6100	0.9100	1.8100	5.7400
总资产(万)	618055.92	601057.67	680850.28	638601.02
股东权益(万)	273633.74	285088.18	287991.15	282791.60
主营业务收入(万)	-	-	-	-
主营业务利润(万)	-	-	-	-
营业务收入(万)	127859.91	370789.54	218376.30	543266.20
营业务利润(万)	-11788.79	-1883.82	5114.94	18704.36
投资收益(万)	-	-	-	-
利润总额(万)	-10780.08	5039.62	6378.14	20211.97
净利润(万)	-9888.73	2585.55	5213.14	16220.65

名流置业集团股份有限公司

公司概况

公司名称	名流置业集团股份有限公司			证券简称	名流置业
法人代表	刘道明	董秘	冯娴	证券代码	000667
公司网址	www.000667.com		电子信箱	mingliubj@vip.sina.com	
电　　话	010-87581498 027-87838669		传　　真	010-87581534 027-87836606	
办公地址	武汉市武昌区东湖路10号水果湖广场A座5楼				
经营范围	资产管理、股权、产权的投资转让，投资策划咨询服务、实业投资等				

主要财务指标

指标\报告期	2009.06.30	2008.12.31	2008.06.30	2007.12.31
每股收益(元)	0.0500	0.2400	0.1900	0.2800
每股收益(扣除)(元)	0.0500	0.2400	0.1900	0.2500
每股净资产(元)	3.5100	3.4800	3.4200	1.8813
调整后每股净资产(元)	-	-	-	-
每股资本公积金(元)	2.0570	2.0573	2.0610	0.1071
每股盈余公积金(元)	0.1094	0.1094	0.0879	0.2340
每股未分配利润(元)	0.3397	0.3094	0.2757	0.5402
每股现金净流量(元)	0.0161	0.7335	1.0193	-0.4003
每股经营现金净流量(元)	-0.1033	-0.8287	-0.6270	0.2518
净资产收益率(扣除)(%)	-	-	-	18.9700
净资产收益率(%)	1.4300	6.7300	5.2200	20.5400
总资产(万)	649174.83	621686.01	625562.45	249353.35
股东权益(万)	472320.79	468293.95	461356.09	143973.38
主营业务收入(万)	-	-	-	-
主营业务利润(万)	-	-	-	-
营业务收入(万)	23444.49	102968.62	77815.65	128695.50
营业务利润(万)	9012.35	41861.23	33002.96	45017.16
投资收益(万)	-	-	-	-
利润总额(万)	8942.66	41922.34	32995.11	44877.55
净利润(万)	6768.67	31526.67	24094.34	29576.45

荣丰控股集团股份有限公司

公司概况

公司名称	荣丰控股集团股份有限公司			证券简称	荣丰控股
法人代表	王征	董秘	栾振国	证券代码	000668
公司网址			电子信箱	ir@rfholding.cn	
电　　话	010-51757676、51757629		传　　真	010-51757611	
办公地址	北京宣武区广安门外大街305号荣丰嘉园2号楼10层				
经营范围	房地产开发、商品房销售、租赁；物业管理；建筑装修；园林绿化等				

主要财务指标

指标\报告期	2009.06.30	2008.12.31	2008.06.30	2007.12.31
每股收益(元)	0.1400	1.2600	0.1976	0.8800
每股收益(扣除)(元)	0.1400	0.4200	0.2068	0.4900
每股净资产(元)	3.6500	3.6200	3.5200	5.4600
调整后每股净资产(元)	-	-	-	-
每股资本公积金(元)	0.5480	0.5480	0.6500	1.3392
每股盈余公积金(元)	0.7597	0.7597	0.6309	0.6309
每股未分配利润(元)	1.3436	1.3150	1.2439	2.4946
每股现金净流量(元)	1.0888	-0.3969	-0.0463	0.2011
每股经营现金净流量(元)	1.2288	-2.2975	-0.0686	1.3821
净资产收益率(扣除)(%)	-	-	-	8.8900
净资产收益率(%)	3.8000	34.7000	5.6100	16.1300
总资产(万)	109529.14	110066.33	59967.25	166345.58
股东权益(万)	53616.78	53196.55	51758.75	80244.66
主营业务收入(万)	-	-	-	-
主营业务利润(万)	-	-	-	-
营业务收入(万)	7683.58	285105.39	201761.46	373901.78
营业务利润(万)	3189.43	14642.85	4242.23	23394.70
投资收益(万)	-	-	-	-
利润总额(万)	3062.42	25326.30	4062.96	21079.89
净利润(万)	2035.48	18457.34	2901.98	12943.60

吉林领先科技发展股份有限公司

公司概况

公司名称	吉林领先科技发展股份有限公司			证券简称	领先科技
法人代表	李建新	董秘	焦玉文	证券代码	000669
公司网址	www.000669.com		电子信箱	jyw000669@163.com	
电　　话	0432-4569477		传　　真	0432-4569465	
办公地址	吉林省吉林市高新区恒山西路104号				
经营范围	企业自有资金对外投资；高新技术推广服务和高科技产品产业化投资合作业务等				

主要财务指标

指标\报告期	2009.06.30	2008.12.31	2008.06.30	2007.12.31
每股收益(元)	-0.0230	0.0133	0.0408	0.1327
每股收益(扣除)(元)	-0.0230	-0.0380	-0.0105	0.0740
每股净资产(元)	1.9900	2.0100	2.0400	3.0000
调整后每股净资产(元)	-	-	-	-
每股资本公积金(元)	0.5867	0.5867	0.5867	1.3801
每股盈余公积金(元)	0.1393	0.1393	0.1380	0.2088
每股未分配利润(元)	0.2636	0.2866	0.3142	0.4101
每股现金净流量(元)	-0.0017	-0.0269	-0.0025	-0.0849
每股经营现金净流量(元)	0.0469	-0.2362	-0.2350	0.1608
净资产收益率(扣除)(%)	-	-	-	3.7200
净资产收益率(%)	-1.1560	0.6620	2.0000	6.6400
总资产(万)	22980.05	23755.80	24083.13	34461.20
股东权益(万)	18404.97	18617.63	18860.55	18494.40
主营业务收入(万)	-	-	-	-
主营业务利润(万)	-	-	-	-
营业务收入(万)	806.47	3208.83	2103.34	6315.93
营业务利润(万)	-213.04	-129.94	378.76	1078.59
投资收益(万)	-	-	-	-
利润总额(万)	-212.67	36.52	377.97	1498.51
净利润(万)	-212.67	123.24	377.62	1227.50

阳光城集团股份有限公司

公司概况	公司名称	阳光城集团股份有限公司		证券简称	阳光发展
	法人代表	林腾蛟	董秘 廖剑锋	证券代码	000671
	公司网址			电子信箱	liaojf@sunshine-intl.com
	电　话	0591-83353145、88089227		传　真	0591-83377141、88089227
	办公地址	福州市鼓楼区古田路56号名流大厦22层			
	经营范围	对外贸易;电力生产、上电网销售			

指标\报告期	2009.06.30	2008.12.31	2008.06.30	2007.12.31
每股收益(元)	0.0180	0.5470	0.0200	0.1600
每股收益(扣除)(元)	0.0140	0.1420	0.0300	0.1200
每股净资产(元)	4.0900	4.1400	2.7000	3.1800
调整后每股净资产(元)	-	-	-	-
每股资本公积金(元)	2.0021	2.0021	0.3013	0.7769
每股盈余公积金(元)	0.1482	0.1482	0.2391	0.2391
每股未分配利润(元)	0.9372	0.9905	1.1578	1.1666
每股现金净流量(元)	0.0434	0.4938	0.4343	0.5175
每股经营现金净流量(元)	2.3906	-1.6183	-3.3012	-2.5342
净资产收益率(扣除)(%)	-	-	-	4.3000
净资产收益率(%)	0.4300	8.6900	0.7800	5.5800
总资产(万)	294755.20	268022.61	193803.24	176119.98
股东权益(万)	68466.96	69358.78	25679.90	30290.13
主营业务收入(万)	-	-	-	-
主营业务利润(万)	-	-	-	-
营业务收入(万)	38156.91	83962.92	44010.59	60229.27
营业务利润(万)	570.99	3522.01	1326.00	6226.91
投资收益(万)	-	-	-	-
利润总额(万)	636.56	7991.35	1122.11	6104.08
净利润(万)	297.45	6026.86	199.16	1688.75

(主要财务指标)

大同水泥股份有限公司

公司概况	公司名称	大同水泥股份有限公司		证券简称	ST大水
	法人代表	王建辉	董秘 刘刚	证券代码	000673
	公司网址	www.dtshuini.com		电子信箱	lg2600@sohu.com
	电　话	0352-5332400、5332479		传　真	0352-5332623
	办公地址	山西省大同市矿区五法路1号			
	经营范围	硅酸盐水泥及水泥熟料的生产和销售等			

指标\报告期	2009.06.30	2008.12.31	2008.06.30	2007.12.31
每股收益(元)	-0.0010	-0.4300	-0.1410	0.0500
每股收益(扣除)(元)	-0.1200	-0.3500	-0.1400	-0.1200
每股净资产(元)	0.1830	0.1800	0.4656	0.6200
调整后每股净资产(元)	-	-	-	-
每股资本公积金(元)	0.0091	0.0091	0.0224	0.0091
每股盈余公积金(元)	0.1187	0.1187	0.1187	0.1187
每股未分配利润(元)	-0.9450	-0.9436	-0.6755	-0.5125
每股现金净流量(元)	0.0008	0.0013	0.0256	-0.0047
每股经营现金净流量(元)	0.1496	0.3657	0.0276	0.0214
净资产收益率(扣除)(%)	-	-	-	-19.3500
净资产收益率(%)	-0.7400	-234.1500	-30.1900	7.3500
总资产(万)	19151.08	25098.34	37445.43	40163.20
股东权益(万)	3802.71	3830.93	9688.71	12801.25
主营业务收入(万)	-	-	-	-
主营业务利润(万)	-	-	-	-
营业务收入(万)	-	4574.08	3201.96	18126.85
营业务利润(万)	-3314.32	-8761.73	-2900.45	-2180.50
投资收益(万)	-	-	-	-
利润总额(万)	-28.23	-8970.32	-2925.25	940.72
净利润(万)	-28.23	-8970.32	-2925.25	940.72

(主要财务指标)

河南思达高科技股份有限公司

公司概况	公司名称	河南思达高科技股份有限公司		证券简称	思达高科
	法人代表	刘双河	董秘 王西林	证券代码	000676
	公司网址	www.hnstar.com		电子信箱	zqb@hnstar.com
	电　话	0371-65793081		传　真	0371-65793200
	办公地址	郑州市经三路北26号思达数码大厦16楼			
	经营范围	仪器、仪表、工业自动化设备、电子计算机软硬件及网络设备的开发、生产、加工、销售			

指标\报告期	2009.06.30	2008.12.31	2008.06.30	2007.12.31
每股收益(元)	-0.0760	-0.0894	0.0180	0.1018
每股收益(扣除)(元)	-0.0830	-0.1030	0.0150	0.0782
每股净资产(元)	1.3500	1.4200	1.5100	1.4900
调整后每股净资产(元)	-	-	-	-
每股资本公积金(元)	0.0668	0.0667	0.0429	0.0429
每股盈余公积金(元)	0.1010	0.1010	0.1010	0.1010
每股未分配利润(元)	0.1810	0.2571	0.3646	0.3464
每股现金净流量(元)	-0.0163	-0.9574	-0.0793	-0.1078
每股经营现金净流量(元)	-0.0322	0.2585	0.0340	0.2263
净资产收益率(扣除)(%)	-	-	-	5.2500
净资产收益率(%)	-5.6400	-6.2730	1.2000	6.8300
总资产(万)	143848.79	145765.47	146994.94	151768.38
股东权益(万)	42430.41	44821.27	47456.66	46885.45
主营业务收入(万)	-	-	-	-
主营业务利润(万)	-	-	-	-
营业务收入(万)	35762.63	77198.90	36199.26	88033.55
营业务利润(万)	-2826.20	-3150.24	836.75	4241.28
投资收益(万)	-	-	-	-
利润总额(万)	-2540.60	-2257.19	1055.76	4721.09
净利润(万)	-2393.87	-2811.62	571.42	3203.78

(主要财务指标)

山东海龙股份有限公司

公司概况	公司名称	山东海龙股份有限公司		证券简称	山东海龙
	法人代表	逄奉建	董秘 辛青	证券代码	000677
	公司网址	www.helon.net		电子信箱	heloncompany@126.com
	电　话	0536-2275007		传　真	0536-7252140
	办公地址	山东省潍坊市寒亭区海龙路555号			
	经营范围	化纤用浆粕生产;生产产品销售;粘胶纤维、空心砖的生产、销售等			

指标\报告期	2009.06.30	2008.12.31	2008.06.30	2007.12.31
每股收益(元)	0.0300	-0.2100	0.0700	0.3200
每股收益(扣除)(元)	0.0200	-0.2200	0.0500	0.3100
每股净资产(元)	1.4600	1.4300	1.7070	3.3100
调整后每股净资产(元)	--	--	--	--
每股资本公积金(元)	0.0885	0.0885	0.0885	0.8770
每股盈余公积金(元)	0.1346	0.1346	0.1346	0.2692
每股未分配利润(元)	0.2342	0.2070	0.4842	1.1685
每股现金净流量(元)	-0.3702	0.2547	0.0152	0.2044
每股经营现金净流量(元)	0.0439	0.1687	0.0463	0.7741
净资产收益率(扣除)(%)	--	--	--	17.8100
净资产收益率(%)	1.8700	-14.4900	4.1000	19.3000
总资产(万)	594677.58	591054.91	501313.77	415216.46
股东权益(万)	125907.97	123555.89	147512.66	143192.73
主营业务收入(万)	--	--	--	--
主营业务利润(万)	--	--	--	--
营业务收入(万)	143058.41	279362.66	155522.05	311974.54
营业务利润(万)	2583.16	-21827.64	6072.00	32858.77
投资收益(万)	--	--	--	--
利润总额(万)	3144.31	-19883.45	8223.87	36071.92
净利润(万)	2352.08	-17908.89	6047.88	27635.36

(主要财务指标)

襄阳汽车轴承股份有限公司

公司概况

公司名称	襄阳汽车轴承股份有限公司			证券简称	襄阳轴承
法人代表	高少兵	董秘	廖永高	证券代码	000678
公司网址	www.zxy.com.cn		电子信箱	zqb@zxy.com.cn	
电　　话	0710-3577209		传　　真	0710-3564019	
办公地址	湖北省襄樊市襄城区轴承路1号				
经营范围	货物进出口、技术进出口;制造销售轴承及零部件等				

主要财务指标

指标\报告期	2009.06.30	2008.12.31	2008.06.30	2007.12.31
每股收益(元)	0.0290	0.0400	0.0580	0.1010
每股收益(扣除)(元)	-0.0420	-0.0480	0.0570	0.0820
每股净资产(元)	1.5500	1.5500	1.5550	1.7300
调整后每股净资产(元)	-	-	-	-
每股资本公积金(元)	0.5419	0.5717	0.5628	0.7938
每股盈余公积金(元)	0.2407	0.2407	0.2407	0.2407
每股未分配利润(元)	-0.2329	-0.2626	-0.2487	-0.3068
每股现金净流量(元)	0.0160	0.0644	-0.0345	-0.0672
每股经营现金净流量(元)	-0.0287	0.0473	-0.0217	-0.1489
净资产收益率(扣除)(%)	-	-	-	4.7400
净资产收益率(%)	1.9200	2.8500	3.7400	5.8600
总资产(万)	76797.30	77823.89	78425.84	80610.64
股东权益(万)	46660.17	46662.14	46813.63	52020.04
主营业务收入(万)	-	-	-	-
主营业务利润(万)	-	-	-	-
营业务收入(万)	23113.17	49015.15	30070.73	39218.79
营业务利润(万)	1209.30	1744.15	1454.36	3952.49
投资收益(万)	-	-	-	-
利润总额(万)	1172.50	2474.31	1477.31	4547.51
净利润(万)	895.81	1329.02	1750.09	3048.33

大连友谊(集团)股份有限公司

公司概况

公司名称	大连友谊(集团)股份有限公司			证券简称	大连友谊
法人代表	田益群	董秘	孙秋荣	证券代码	000679
公司网址	www.dlyy.com.cn		电子信箱	dfsc@mail.dlptt.ln.cn	
电　　话	0411-82691471、82802712		传　　真	0411-82650892	
办公地址	辽宁省大连市中山区七一街1号				
经营范围	商品零售、酒店、对船供应、旅游、进出口贸易、仓储、免税商品经营等				

主要财务指标

指标\报告期	2009.06.30	2008.12.31	2008.06.30	2007.12.31
每股收益(元)	0.1990	0.5550	0.1950	0.1300
每股收益(扣除)(元)	0.1920	0.5520	0.1930	0.0910
每股净资产(元)	3.2390	3.0840	2.8850	2.7400
调整后每股净资产(元)	-	-	-	-
每股资本公积金(元)	0.9064	0.8500	0.9936	0.9936
每股盈余公积金(元)	0.5201	0.5201	0.4697	0.4697
每股未分配利润(元)	0.8123	0.7137	0.4212	0.2765
每股现金净流量(元)	-0.2624	-2.9552	-0.2190	4.2665
每股经营现金净流量(元)	1.2832	-0.9379	0.3261	3.2271
净资产收益率(扣除)(%)	-	-	-	3.3290
净资产收益率(%)	6.1320	18.0000	6.7490	4.7290
总资产(万)	471308.39	486209.51	507631.77	469613.27
股东权益(万)	76954.86	73273.35	68535.73	65098.30
主营业务收入(万)	-	-	-	-
主营业务利润(万)	-	-	-	-
营业务收入(万)	124130.28	228082.44	103030.05	160157.97
营业务利润(万)	7496.53	22487.44	7114.82	7274.12
投资收益(万)	-	-	-	-
利润总额(万)	7738.11	21847.52	7128.67	7279.91
净利润(万)	4718.90	13185.69	4625.43	3078.74

山推工程机械股份有限公司

公司概况

公司名称	山推工程机械股份有限公司			证券简称	山推股份
法人代表	董平	董秘	王强	证券代码	000680
公司网址	www.shantui.com		电子信箱	shantui@shantui.com	
电　　话	0537-2909616		传　　真	0537-2315986	
办公地址	山东省济宁市327国道58号				
经营范围	建筑工程机械、起重运输机械、矿山机械、农田基本建设机械等				

主要财务指标

指标\报告期	2009.06.30	2008.12.31	2008.06.30	2007.12.31
每股收益(元)	0.2700	0.6700	0.5100	0.6100
每股收益(扣除)(元)	0.2700	0.6500	0.5000	0.6200
每股净资产(元)	3.9600	3.8100	3.6500	2.8500
调整后每股净资产(元)	-	-	-	-
每股资本公积金(元)	1.1817	1.1937	1.1998	0.7011
每股盈余公积金(元)	0.2479	0.2477	0.1892	0.2074
每股未分配利润(元)	1.5325	1.3649	1.2643	0.9461
每股现金净流量(元)	0.2269	0.7254	0.8665	0.1957
每股经营现金净流量(元)	0.3624	0.3721	0.2214	0.3444
净资产收益率(扣除)(%)	-	-	-	22.6600
净资产收益率(%)	6.7100	17.4300	13.7200	22.5600
总资产(万)	553842.61	503759.70	517523.75	385089.82
股东权益(万)	300794.03	288955.04	277346.73	197687.31
主营业务收入(万)	-	-	-	-
主营业务利润(万)	-	-	-	-
营业务收入(万)	331073.57	658184.66	363338.91	481810.25
营业务利润(万)	24912.24	62152.86	47566.63	56823.01
投资收益(万)	-	-	-	-
利润总额(万)	24835.01	63596.81	48169.72	56701.10
净利润(万)	20196.60	50378.06	38051.29	44599.37

东方电子股份有限公司

公司概况

公司名称	东方电子股份有限公司			证券简称	东方电子
法人代表	丁振华	董秘	王清刚	证券代码	000682
公司网址	www.dongfang-china.com		电子信箱	zhengquan@dongfang-china.com	
电　　话	0535-6582228		传　　真	0535-6582228	
办公地址	烟台市芝罘区机场路2号				
经营范围	电力自动化及工业自动化控制系统、电子产品及通信设备、电气机械及器材等				

主要财务指标

指标\报告期	2009.06.30	2008.12.31	2008.06.30	2007.12.31
每股收益(元)	0.0107	0.0193	0.0101	0.0185
每股收益(扣除)(元)	0.0105	0.0149	0.0102	0.0154
每股净资产(元)	1.3500	1.3400	1.3300	1.3300
调整后每股净资产(元)	-	-	-	-
每股资本公积金(元)	0.3503	0.3503	0.3500	0.3521
每股盈余公积金(元)	0.0004	0.0004	0.0004	0.0004
每股未分配利润(元)	0.0029	-0.0078	-0.0169	-0.0271
每股现金净流量(元)	-0.1025	-0.0499	-0.1466	0.1039
每股经营现金净流量(元)	-0.0784	0.0229	-0.0920	0.1190
净资产收益率(扣除)(%)	-	-	-	1.1600
净资产收益率(%)	0.7900	1.4400	0.7600	1.4000
总资产(万)	168345.78	172672.93	159691.51	162975.74
股东权益(万)	132403.15	131355.72	130436.20	129643.46
主营业务收入(万)	-	-	-	-
主营业务利润(万)	-	-	-	-
营业务收入(万)	39690.13	86344.47	37562.72	76416.69
营业务利润(万)	1168.43	1223.99	521.70	728.11
投资收益(万)	-	-	-	-
利润总额(万)	1751.01	4034.22	1217.76	2333.70
净利润(万)	1047.42	1888.70	992.74	1811.54

内蒙古远兴能源股份有限公司

公司概况	公司名称	内蒙古远兴能源股份有限公司		证券简称	远兴能源
	法人代表	戴连荣	董秘 苗慧	证券代码	000683
	公司网址	www.yuanxing.com		电子信箱	yxtrj@yh-group.com.cn
	电　话	0477-8539874		传　真	0477-8539874
	办公地址	鄂尔多斯市东胜区伊煤南路14号创业大厦B座16层			
	经营范围	化工产品及其原材料的生产、销售;经销化工机械设备及配件待			

主要财务指标	指标\报告期	2009.06.30	2008.12.31	2008.06.30	2007.12.31
	每股收益(元)	-0.2100	0.2100	0.3000	0.2500
	每股收益(扣除)(元)	-0.2400	0.0100	0.0700	0.1200
	每股净资产(元)	2.4500	2.5200	2.3900	1.3700
	调整后每股净资产(元)	-	-	-	-
	每股资本公积金(元)	1.1628	1.0165	0.8162	0.0167
	每股盈余公积金(元)	0.1537	0.2122	0.1359	0.1873
	每股未分配利润(元)	0.1379	0.2920	0.4373	0.1618
	每股现金净流量(元)	0.6557	0.1731	-0.0873	0.4611
	每股经营现金净流量(元)	-0.8844	0.9709	0.0863	1.2276
	净资产收益率(扣除)(%)	-	-	-	8.9200
	净资产收益率(%)	-8.6100	8.3500	12.0600	18.5800
	总资产(万)	522868.28	456631.62	396652.41	363371.97
	股东权益(万)	125638.34	129033.44	122306.94	64054.56
	主营业务收入(万)	-	-	-	-
	主营业务利润(万)	-	-	-	-
	营业务收入(万)	61515.70	204694.27	104644.12	137866.35
	营业务利润(万)	-17070.38	13474.12	17273.79	13268.46
	投资收益(万)	-	-	-	-
	利润总额(万)	-13328.28	17627.53	21474.73	19730.46
	净利润(万)	-10813.91	10768.30	14749.02	11903.45

中山公用事业集团股份有限公司

公司概况	公司名称	中山公用事业集团股份有限公司		证券简称	中山公用
	法人代表	谭庆中	董秘 梁穆春	证券代码	000685
	公司网址	www.zpug.net		电子信箱	zpug@zpug.net
	电　话	0760-88380018		传　真	0760-88380000
	办公地址	广东省中山市兴中道18号财兴大厦北座			
	经营范围	科技投资,以高新技术产业为主进行股权投资,开展投资策划、咨询等			

主要财务指标	指标\报告期	2009.06.30	2008.12.31	2008.06.30	2007.12.31
	每股收益(元)	0.6400	0.9486	0.5200	2.1600
	每股收益(扣除)(元)	0.6000	0.5769	0.1400	0.0500
	每股净资产(元)	6.2100	5.6400	5.2502	11.6600
	调整后每股净资产(元)	-	-	-	-
	每股资本公积金(元)	1.0803	0.9541	13.3326	3.2897
	每股盈余公积金(元)	0.1792	0.1792	0.2654	0.3480
	每股未分配利润(元)	3.9471	3.5093	2.2608	7.0239
	每股现金净流量(元)	0.0649	-0.2131	0.7748	0.1186
	每股经营现金净流量(元)	0.1999	0.3416	0.2688	0.5543
	净资产收益率(扣除)(%)	-	-	-	1.0300
	净资产收益率(%)	10.2800	16.1700	9.2100	43.7000
	总资产(万)	477796.23	450304.45	456439.91	414033.89
	股东权益(万)	371769.12	337988.14	314481.62	262880.67
	主营业务收入(万)	-	-	-	-
	主营业务利润(万)	-	-	-	-
	营业务收入(万)	37267.08	64224.38	28086.47	52683.87
	营业务利润(万)	39787.04	55971.21	29993.56	116808.37
	投资收益(万)	-	-	-	-
	利润总额(万)	40136.94	56637.44	30227.33	119040.32
	净利润(万)	38200.39	54667.83	28976.30	114882.40

东北证券股份有限公司

公司概况	公司名称	东北证券股份有限公司		证券简称	东北证券
	法人代表	矫正中	董秘 徐冰	证券代码	000686
	公司网址	www.nesc.cn		电子信箱	dbzq@nesc.cn;xub@nesc.cn
	电　话	0431-85096668		传　真	0431-85604083
	办公地址	吉林省长春市自由大路1138号证券大厦			
	经营范围	证券的代理买卖;代理证券的还本付息等			

主要财务指标	指标\报告期	2009.06.30	2008.12.31	2008.06.30	2007.12.31
	每股收益(元)	0.7500	0.7100	0.5900	2.3500
	每股收益(扣除)(元)	0.7500	0.7100	0.5900	2.3400
	每股净资产(元)	4.0400	3.8800	4.1000	3.3200
	调整后每股净资产(元)	-	-	-	-
	每股资本公积金(元)	0.1776	0.1538	0.4878	0.2930
	每股盈余公积金(元)	0.2376	0.2614	0.1920	0.1915
	每股未分配利润(元)	2.1510	1.9464	2.0399	1.4507
	每股现金净流量(元)	-	-	-	-
	每股经营现金净流量(元)	-	-	-	-
	净资产收益率(扣除)(%)	-	-	-	57.4100
	净资产收益率(%)	18.4400	18.1600	14.4000	57.6000
	总资产(万)	1173215.47	902981.30	1141659.96	1320517.38
	股东权益(万)	258379.33	225761.48	238509.56	192854.72
	主营业务收入(万)	95021.59	111609.03	71410.87	254811.02
	主营业务利润(万)	61632.35	51680.96	41850.33	167875.65
	营业务收入(万)	-	-	-	-
	营业务利润(万)	-	-	-	-
	投资收益(万)	-	-	-	-
	利润总额(万)	61578.89	51417.54	41931.98	168468.93
	净利润(万)	47641.17	40995.23	34334.01	111078.04

保定天鹅股份有限公司

公司概况	公司名称	保定天鹅股份有限公司		证券简称	保定天鹅
	法人代表	王东兴	董秘 李斌	证券代码	000687
	公司网址	www.bd-swan.com		电子信箱	bdswan@bd-swan.cn
	电　话	0312-3322262		传　真	0312-3322055
	办公地址	保定市新市区盛兴西路1369号			
	经营范围	胶纤维制造、销售;粘胶纤维的原辅材料的加工、销售等			

主要财务指标	指标\报告期	2009.06.30	2008.12.31	2008.06.30	2007.12.31
	每股收益(元)	0.0970	-0.2120	0.0310	0.2240
	每股收益(扣除)(元)	0.0970	-0.2140	0.0300	0.1870
	每股净资产(元)	1.9130	1.5110	2.2100	6.2200
	调整后每股净资产(元)	-	-	-	-
	每股资本公积金(元)	1.1030	0.7979	1.2543	5.3712
	每股盈余公积金(元)	0.0254	0.0254	0.0254	0.0509
	每股未分配利润(元)	-0.2155	-0.3127	-0.0706	-0.2023
	每股现金净流量(元)	0.0825	-0.0122	-0.0278	-0.1092
	每股经营现金净流量(元)	0.0976	-0.1159	-0.0631	0.1713
	净资产收益率(扣除)(%)	-	-	-	3.0010
	净资产收益率(%)	5.0820	-14.0040	1.3820	3.5940
	总资产(万)	162835.32	140551.25	194315.72	270730.10
	股东权益(万)	122729.57	96920.73	141738.16	199527.50
	主营业务收入(万)	-	-	-	-
	主营业务利润(万)	-	-	-	-
	营业务收入(万)	36354.30	75362.96	42591.23	84020.47
	营业务利润(万)	6391.02	-13961.89	1889.00	8192.04
	投资收益(万)	-	-	-	-
	利润总额(万)	6429.11	-13790.57	1927.14	7888.56
	净利润(万)	6236.63	-13572.81	1959.12	7171.53

广东宝丽华新能源股份有限公司

公司概况	公司名称	广东宝丽华新能源股份有限公司			证券简称	宝新能源
	法人代表	宁远喜	董秘	王紫伟(代)	证券代码	000690
	公司网址	www.baolihua.com.cn		电子信箱	bxnygd@yahoo.com.cn	
	电　话	0753-2511298		传　真	0753-2511398	
	办公地址	梅州市梅县华侨城香港花园香港大道宝丽华综合大楼				
	经营范围	洁净煤燃烧技术发电和可再生能源发电,新能源电力生产、销售、开发等				

	指标\报告期	2009.06.30	2008.12.31	2008.06.30	2007.12.31
主要财务指标	每股收益(元)	0.2685	0.3200	0.3000	0.3000
	每股收益(扣除)(元)	0.2476	0.0900	0.0700	0.2900
	每股净资产(元)	2.4200	2.1300	2.1200	3.6700
	调整后每股净资产(元)	–	–	–	–
	每股资本公积金(元)	0.4859	0.4415	0.4534	1.8878
	每股盈余公积金(元)	0.2175	0.2220	0.1843	0.2764
	每股未分配利润(元)	0.7181	0.4647	0.4784	0.5042
	每股现金净流量(元)	0.1694	–0.1472	0.2040	–0.8606
	每股经营现金净流量(元)	0.2841	–0.0805	–0.0273	0.5682
	净资产收益率(扣除)(%)	–	–	–	11.5100
	净资产收益率(%)	10.8600	15.0200	13.9700	12.0100
	总资产(万)	549984.81	491865.67	477761.21	472136.33
	股东权益(万)	278724.02	239922.12	238542.64	275691.66
	主营业务收入(万)	–	–	–	–
	主营业务利润(万)	–	–	–	–
	营业务收入(万)	132633.07	143571.71	46355.83	128314.46
	营业务利润(万)	37210.76	42137.51	41057.83	34180.99
	投资收益(万)	–	–	–	–
	利润总额(万)	37282.73	41991.99	40985.95	34176.57
	净利润(万)	30264.88	36042.96	33320.67	33115.05

海南联合油脂科技发展股份有限公司

公司概况	公司名称	海南联合油脂科技发展股份有限公司			证券简称	*ST 联油
	法人代表	安双荣	董秘	安双荣(代)	证券代码	000691
	公司网址			电子信箱	lhyz000691@126.com	
	电　话	0898-68528293		传　真	0898-68528695	
	办公地址	海口市金贸中路 1 号半山花园 1768 室				
	经营范围	旅游业开发、高科技开发,商业贸易,建材,旅游工艺品、普通机械的批发零售等				

	指标\报告期	2009.06.30	2008.12.31	2008.06.30	2007.12.31
主要财务指标	每股收益(元)	–0.0312	–0.0751	–0.0178	–0.0422
	每股收益(扣除)(元)	–0.0308	–0.0554	–0.0334	–0.0624
	每股净资产(元)	0.9628	1.0135	1.1883	1.0886
	调整后每股净资产(元)	–	–	–	–
	每股资本公积金(元)	0.4708	0.4708	0.4708	0.4708
	每股盈余公积金(元)	0.0471	0.0471	0.0471	0.0471
	每股未分配利润(元)	–0.5551	–0.5044	–0.3296	–0.4293
	每股现金净流量(元)	–0.0036	–0.0341	–0.0219	0.0218
	每股经营现金净流量(元)	0.0016	0.0015	–0.0135	0.6536
	净资产收益率(扣除)(%)	–	–	–	–5.7300
	净资产收益率(%)	–3.2400	–7.4100	–1.5000	–3.8800
	总资产(万)	61372.12	62950.29	65482.07	66356.73
	股东权益(万)	31125.37	32764.12	38415.14	35191.60
	主营业务收入(万)	–	–	–	–
	主营业务利润(万)	–	–	–	–
	营业务收入(万)	1.00	7062.99	6959.92	16004.24
	营业务利润(万)	–1627.86	–5404.70	–2110.14	–3438.03
	投资收益(万)	–	–	–	–
	利润总额(万)	–1638.75	–4858.28	–1607.45	–2785.87
	净利润(万)	–1007.05	–2427.48	–576.46	–1365.50

沈阳惠天热电股份有限公司

公司概况	公司名称	沈阳惠天热电股份有限公司			证券简称	ST 惠天
	法人代表	孙杰	董秘	李俊山	证券代码	000692
	公司网址	www.htrd.cn		电子信箱	ljs0519@126.com	
	电　话	024-22928062、22939691		传　真	024-22939480	
	办公地址	沈阳市沈河区热闹路 47 号				
	经营范围	供暖;设备安装;工业管道、土建工程施工;非标准结构件制造、安装等				

	指标\报告期	2009.06.30	2008.12.31	2008.06.30	2007.12.31
主要财务指标	每股收益(元)	0.0584	–0.0678	–0.1792	0.0566
	每股收益(扣除)(元)	0.0418	–0.2447	–0.1836	–0.1292
	每股净资产(元)	3.7200	3.6464	3.5115	3.7142
	调整后每股净资产(元)	–	–	–	–
	每股资本公积金(元)	2.3625	2.3625	2.3625	2.3625
	每股盈余公积金(元)	0.3943	0.4439	0.3943	0.4284
	每股未分配利润(元)	–0.0935	–0.1601	–0.2453	–0.0768
	每股现金净流量(元)	0.0039	–0.0901	–0.3075	0.4741
	每股经营现金净流量(元)	–0.5057	0.5154	–0.6373	1.0405
	净资产收益率(扣除)(%)	–	–	–	–3.4800
	净资产收益率(%)	1.5700	–1.8600	–5.1000	1.5300
	总资产(万)	239231.56	264965.23	236529.73	260568.44
	股东权益(万)	99188.17	97145.51	93553.06	98951.34
	主营业务收入(万)	–	–	–	–
	主营业务利润(万)	–	–	–	–
	营业务收入(万)	62196.51	104198.39	46943.18	96406.39
	营业务利润(万)	1726.40	–6868.50	–6538.11	–3378.72
	投资收益(万)	–	–	–	–
	利润总额(万)	2166.95	–2132.97	–6419.00	3063.46
	净利润(万)	1554.89	–1805.83	–4772.86	1504.08

天津滨海能源发展股份有限公司

公司概况	公司名称	天津滨海能源发展股份有限公司			证券简称	滨海能源
	法人代表	张继光	董秘	王凯	证券代码	000695
	公司网址	www.binhaienergy.com		电子信箱	st695@eyou.com	
	电　话	022-66202230		传　真	022-66202232	
	办公地址	天津市开发区第十一大街 27 号				
	经营范围	生产、销售热力、电力、发电、燃气、自来水及上述系统设备及零配件等				

	指标\报告期	2009.06.30	2008.12.31	2008.06.30	2007.12.31
主要财务指标	每股收益(元)	–0.2020	0.0090	–0.0533	0.0150
	每股收益(扣除)(元)	–0.2010	0.0110	–0.0522	0.0150
	每股净资产(元)	1.3300	1.5500	1.4900	1.5600
	调整后每股净资产(元)	–	–	–	–
	每股资本公积金(元)	0.3532	0.3517	0.3498	0.3482
	每股盈余公积金(元)	0.0549	0.0549	0.0525	0.0525
	每股未分配利润(元)	–0.0768	0.1457	0.0855	0.1618
	每股现金净流量(元)	–0.1934	–0.0850	–0.2679	0.0920
	每股经营现金净流量(元)	–0.0672	0.3575	0.0148	0.4367
	净资产收益率(扣除)(%)	–	–	–	0.9800
	净资产收益率(%)	–15.2100	0.5900	–3.5800	0.9500
	总资产(万)	93518.20	98566.39	92402.22	101675.08
	股东权益(万)	29572.88	34481.77	33052.61	34711.50
	主营业务收入(万)	–	–	–	–
	主营业务利润(万)	–	–	–	–
	营业务收入(万)	28561.57	49098.69	22310.45	38920.51
	营业务利润(万)	–4582.99	–638.39	–997.63	1162.61
	投资收益(万)	–	–	–	–
	利润总额(万)	–4587.68	406.08	–1022.74	1389.73
	净利润(万)	–4497.87	203.15	–1184.86	331.18

咸阳偏转股份有限公司

公司概况	公司名称	咸阳偏转股份有限公司		证券简称	*ST 偏转
	法人代表	池维怀	董秘 赵卫军	证券代码	000697
	公司网址	www.pianzhuan.com.cn		电子信箱	gzk@pianzhuan.com.cn
	电　　话	029-33628567		传　　真	029-33628885
	办公地址	陕西省咸阳市渭阳西路七十号			
	经营范围	彩色显像管用偏转线圈及其配套产品及设备、电子系列产品等			

主要财务指标	指标\报告期	2009.06.30	2008.12.31	2008.06.30	2007.12.31
	每股收益(元)	-0.1160	-0.3150	-0.1010	-0.3140
	每股收益(扣除)(元)	-0.1162	-0.3310	-0.1110	-0.4120
	每股净资产(元)	1.9600	2.0600	2.2800	2.3800
	调整后每股净资产(元)	-	-	-	-
	每股资本公积金(元)	0.9390	0.9242	0.9299	0.9345
	每股盈余公积金(元)	0.6415	0.6415	0.6415	0.6415
	每股未分配利润(元)	-0.6247	-0.5090	-0.2948	-0.1936
	每股现金净流量(元)	-0.1608	-0.2733	-0.5161	-0.2615
	每股经营现金净流量(元)	-0.5146	-0.3012	-0.5017	-0.1561
	净资产收益率(扣除)(%)	-	-	-	-17.2900
	净资产收益率(%)	-5.9157	-15.3300	-4.4500	-13.1800
	总资产(万)	75138.91	78491.23	89694.60	99629.68
	股东权益(万)	36498.65	38381.73	42485.26	44459.72
	主营业务收入(万)	-	-	-	-
	主营业务利润(万)	-	-	-	-
	营业务收入(万)	29951.24	96888.66	54451.82	102951.03
	营业务利润(万)	-2246.94	-6522.02	-2126.58	-6219.60
	投资收益(万)	-	-	-	-
	利润总额(万)	-2217.98	-6186.50	-1941.65	-6331.68
	净利润(万)	-2159.15	-5885.39	-1888.95	-5857.90

沈阳化工股份有限公司

公司概况	公司名称	沈阳化工股份有限公司		证券简称	沈阳化工
	法人代表	王大壮	董秘 杨志国	证券代码	000698
	公司网址	www.sychem.com		电子信箱	ss000698@126.com
	电　　话	024-25553506		传　　真	024-25553060
	办公地址	沈阳市铁西区卫工北街46号			
	经营范围	化工产品、化工设备、压力容器、PVC手套研制、开发、设计、制造等			

主要财务指标	指标\报告期	2009.06.30	2008.12.31	2008.06.30	2007.12.31
	每股收益(元)	0.0270	0.2100	0.3950	0.3700
	每股收益(扣除)(元)	0.0170	0.1700	0.3880	0.2800
	每股净资产(元)	4.1500	5.4280	4.2400	3.8510
	调整后每股净资产(元)	-	-	-	-
	每股资本公积金(元)	2.0460	2.9598	1.3121	1.3121
	每股盈余公积金(元)	0.3668	0.4768	0.5375	0.5456
	每股未分配利润(元)	0.7383	0.9913	1.3910	0.9937
	每股现金净流量(元)	0.0923	0.3731	-0.3282	0.0637
	每股经营现金净流量(元)	0.2268	0.7478	0.1668	0.4780
	净资产收益率(扣除)(%)	-	-	-	7.3000
	净资产收益率(%)	0.5289	3.4900	9.3100	9.6400
	总资产(万)	672301.58	660983.07	517806.48	462097.30
	股东权益(万)	274353.73	275953.03	179126.31	162685.06
	主营业务收入(万)	-	-	-	-
	主营业务利润(万)	-	-	-	-
	营业务收入(万)	222465.22	591145.12	326805.49	548679.03
	营业务利润(万)	808.14	11046.67	19981.72	18790.11
	投资收益(万)	-	-	-	-
	利润总额(万)	1191.56	13166.14	20278.94	24224.12
	净利润(万)	1451.14	9617.17	16678.25	15680.56

江南模塑科技股份有限公司

公司概况	公司名称	江南模塑科技股份有限公司		证券简称	模塑科技
	法人代表	曹克波	董秘 许剑	证券代码	000700
	公司网址	www.000700.com		电子信箱	dm@000700.com
	电　　话	0510-86242802		传　　真	0510-86242818
	办公地址	江苏省江阴市周庄镇长青路8号			
	经营范围	汽车零部件、塑料制品、模具、塑钢门窗、模塑高科技产品的开发、研制、销售等			

主要财务指标	指标\报告期	2009.06.30	2008.12.31	2008.06.30	2007.12.31
	每股收益(元)	0.0452	0.1429	0.0525	0.1839
	每股收益(扣除)(元)	0.0279	-0.0257	0.0182	0.0955
	每股净资产(元)	2.3200	2.2717	3.0200	3.6348
	调整后每股净资产(元)	-	-	-	-
	每股资本公积金(元)	0.3374	0.3374	1.1569	1.7002
	每股盈余公积金(元)	0.4298	0.4298	0.4239	0.4239
	每股未分配利润(元)	0.5497	0.5045	0.4412	0.5108
	每股现金净流量(元)	0.6097	-0.1190	0.2630	-0.2590
	每股经营现金净流量(元)	0.6543	1.6839	0.3532	1.5238
	净资产收益率(扣除)(%)	-	-	-	2.6300
	净资产收益率(%)	1.9500	6.2900	1.7300	5.0600
	总资产(万)	341259.01	337160.83	254117.31	388196.55
	股东权益(万)	71603.38	70205.09	93391.38	112332.37
	主营业务收入(万)	-	-	-	-
	主营业务利润(万)	-	-	-	-
	营业务收入(万)	68876.35	143615.33	47245.92	165293.33
	营业务利润(万)	3156.83	7097.14	1619.95	11751.47
	投资收益(万)	-	-	-	-
	利润总额(万)	3674.08	9718.32	2678.56	11533.87
	净利润(万)	1398.29	4415.33	1620.26	5682.50

厦门信达股份有限公司

公司概况	公司名称	厦门信达股份有限公司		证券简称	厦门信达
	法人代表	周昆山	董秘 范丹	证券代码	000701
	公司网址	www.xindeco.com		电子信箱	board@xindeco.com.cn
	电　　话	0592-5608098		传　　真	0592-6021391
	办公地址	厦门湖里信宏大厦二楼			
	经营范围	信息科技产品生产、经营;信息咨询服务等			

主要财务指标	指标\报告期	2009.06.30	2008.12.31	2008.06.30	2007.12.31
	每股收益(元)	0.1192	0.1920	0.0962	0.1696
	每股收益(扣除)(元)	0.0969	0.0529	0.0723	0.1392
	每股净资产(元)	2.6400	2.5254	2.5700	2.4975
	调整后每股净资产(元)	-	-	-	-
	每股资本公积金(元)	0.8399	0.8399	0.8751	0.9015
	每股盈余公积金(元)	0.1619	0.1619	0.1480	0.1476
	每股未分配利润(元)	0.6357	0.5175	0.5388	0.4398
	每股现金净流量(元)	0.1316	0.1098	0.3020	0.0683
	每股经营现金净流量(元)	-0.9840	1.9023	-0.8961	0.0058
	净资产收益率(扣除)(%)	-	-	-	5.5700
	净资产收益率(%)	4.5080	7.6000	3.7430	6.7900
	总资产(万)	291057.59	258034.98	290019.05	244749.29
	股东权益(万)	63512.39	60673.10	61741.09	60003.15
	主营业务收入(万)	-	-	-	-
	主营业务利润(万)	-	-	-	-
	营业务收入(万)	414542.76	668880.91	269348.30	615295.92
	营业务利润(万)	7007.06	8970.54	4854.72	7326.80
	投资收益(万)	-	-	-	-
	利润总额(万)	7158.95	8932.40	4808.34	8160.99
	净利润(万)	2863.12	4611.62	2310.88	4074.59

湖南正虹科技发展股份有限公司

公司概况						
公司概况	公司名称	湖南正虹科技发展股份有限公司			证券简称	正虹科技
公司概况	法人代表	徐仲康	董秘	周夏华	证券代码	000702
公司概况	公司网址	www.chinazhjt.com.cn		电子信箱	dms@chinazhjt.com.cn	
公司概况	电　话	0730-84599909		传　真	0730-84599999	
公司概况	办公地址	湖南省长沙市五一大道 235 号湘域中央一栋 30 楼				
公司概况	经营范围	各类饲料的研制、生产、销售;饲料原料销售等				

主要财务指标	指标\报告期	2009.06.30	2008.12.31	2008.06.30	2007.12.31
主要财务指标	每股收益(元)	0.0200	0.0400	0.0380	-0.3800
主要财务指标	每股收益(扣除)(元)	0.0200	0.0500	0.0270	-0.3700
主要财务指标	每股净资产(元)	1.4900	1.4700	1.4900	1.4300
主要财务指标	调整后每股净资产(元)	-	-	-	-
主要财务指标	每股资本公积金(元)	0.6806	0.6806	0.6806	0.6806
主要财务指标	每股盈余公积金(元)	0.0878	0.0878	0.0878	0.0878
主要财务指标	每股未分配利润(元)	-0.2782	-0.2976	-0.2788	-0.3402
主要财务指标	每股现金净流量(元)	0.2164	-0.1722	0.0944	0.1133
主要财务指标	每股经营现金净流量(元)	0.2616	0.2838	0.2173	0.1686
主要财务指标	净资产收益率(扣除)(%)	-	-	-	-25.9200
主要财务指标	净资产收益率(%)	1.3000	2.8900	2.5400	-26.9200
主要财务指标	总资产(万)	92092.66	82596.71	100377.38	100678.02
主要财务指标	股东权益(万)	39733.88	39215.63	39716.58	38080.40
主要财务指标	主营业务收入(万)	-	-	-	-
主要财务指标	主营业务利润(万)	-	-	-	-
主要财务指标	营业务收入(万)	68122.55	159317.30	77668.06	139075.47
主要财务指标	营业务利润(万)	1592.09	3107.84	1745.93	-9546.16
主要财务指标	投资收益(万)	-	-	-	-
主要财务指标	利润总额(万)	1564.48	3054.74	1854.86	-9909.06
主要财务指标	净利润(万)	518.25	1135.23	1007.69	-10250.50

世纪光华科技股份有限公司

公司概况						
公司概况	公司名称	世纪光华科技股份有限公司			证券简称	世纪光华
公司概况	法人代表	郭迎辉	董秘		证券代码	000703
公司概况	公司网址	www.shijiguanghua.com		电子信箱	guanghua@cbst.com.cn	
公司概况	电　话	0371-67422266		传　真	0371-67422233	
公司概况	办公地址	河南省郑州市花园路 59 号邮政大厦 21 层				
公司概况	经营范围	铝加工、对外投资、对外贸易				

主要财务指标	指标\报告期	2009.06.30	2008.12.31	2008.06.30	2007.12.31
主要财务指标	每股收益(元)	-0.0610	-0.1100	0.0020	0.2500
主要财务指标	每股收益(扣除)(元)	-0.0604	-0.1100	-0.0005	-0.1230
主要财务指标	每股净资产(元)	1.3700	1.4300	1.5500	1.5400
主要财务指标	调整后每股净资产(元)	-	-	-	-
主要财务指标	每股资本公积金(元)	0.0082	0.0082	0.0082	0.0082
主要财务指标	每股盈余公积金(元)	0.2139	0.2139	0.2146	0.2139
主要财务指标	每股未分配利润(元)	0.1430	0.2099	0.3224	0.3209
主要财务指标	每股现金净流量(元)	-0.1685	-0.7096	-0.0363	0.7112
主要财务指标	每股经营现金净流量(元)	-0.0348	0.2009	0.0700	1.0075
主要财务指标	净资产收益率(扣除)(%)	-	-	-	-8.0000
主要财务指标	净资产收益率(%)	-4.4754	-7.7500	0.1400	16.3300
主要财务指标	总资产(万)	33005.09	35207.85	38944.04	38154.31
主要财务指标	股东权益(万)	19645.88	20608.49	22236.08	22372.59
主要财务指标	主营业务收入(万)	-	-	-	-
主要财务指标	主营业务利润(万)	-	-	-	-
主要财务指标	营业务收入(万)	6898.57	24850.06	14745.39	28890.13
主要财务指标	营业务利润(万)	-875.76	-1937.18	-335.75	-701.85
主要财务指标	投资收益(万)	-	-	-	-
主要财务指标	利润总额(万)	-868.64	-1493.88	74.66	4599.05
主要财务指标	净利润(万)	-879.23	-1597.06	30.53	3626.76

浙江震元股份有限公司

公司概况						
公司概况	公司名称	浙江震元股份有限公司			证券简称	浙江震元
公司概况	法人代表	宋逸婷	董秘	周黔莉	证券代码	000705
公司概况	公司网址	www.zjzy.com		电子信箱	0705@zjzy.com	
公司概况	电　话	0575-85144161		传　真	0575-85148805	
公司概况	办公地址	浙江省绍兴市解放北路 289 号				
公司概况	经营范围	中药材、中药饮片、中成药、化学原料药、化学药制剂、麻醉药品、精神药品等				

主要财务指标	指标\报告期	2009.06.30	2008.12.31	2008.06.30	2007.12.31
主要财务指标	每股收益(元)	0.0601	0.0977	0.0484	0.0617
主要财务指标	每股收益(扣除)(元)	0.0601	-	0.0508	0.0704
主要财务指标	每股净资产(元)	3.8800	3.8600	3.8200	3.8300
主要财务指标	调整后每股净资产(元)	-	-	-	-
主要财务指标	每股资本公积金(元)	1.9917	1.9805	1.9913	2.0112
主要财务指标	每股盈余公积金(元)	0.2230	0.2230	0.2214	0.2214
主要财务指标	每股未分配利润(元)	0.6678	0.6576	0.6099	0.6015
主要财务指标	每股现金净流量(元)	-0.2105	0.0771	-0.2281	0.1585
主要财务指标	每股经营现金净流量(元)	0.1071	0.2537	-0.1382	0.3861
主要财务指标	净资产收益率(扣除)(%)	-	2.6414	-	1.8370
主要财务指标	净资产收益率(%)	1.5490	2.5303	1.2700	1.6086
主要财务指标	总资产(万)	91928.46	89646.29	92908.22	88617.69
主要财务指标	股东权益(万)	48659.75	48391.44	47909.30	48053.36
主要财务指标	主营业务收入(万)	-	-	-	-
主要财务指标	主营业务利润(万)	-	-	-	-
主要财务指标	营业务收入(万)	61353.39	111277.36	57902.10	95458.29
主要财务指标	营业务利润(万)	1145.56	1726.38	1014.37	1306.33
主要财务指标	投资收益(万)	-	-	-	-
主要财务指标	利润总额(万)	1075.81	1623.58	916.95	1292.76
主要财务指标	净利润(万)	753.84	1224.45	606.62	772.98

湖北双环科技股份有限公司

公司概况						
公司概况	公司名称	湖北双环科技股份有限公司			证券简称	双环科技
公司概况	法人代表	张忠华	董秘	张拥军	证券代码	000707
公司概况	公司网址	www.hbsh.com		电子信箱	sh0707@163.com	
公司概况	电　话	0712-3591099		传　真	0712-3591099	
公司概况	办公地址	湖北省应城市东马坊团结大道 26 号				
公司概况	经营范围	生产销售纯碱、烧碱、农用氯化铵、小苏打、碳黑等				

主要财务指标	指标\报告期	2009.06.30	2008.12.31	2008.06.30	2007.12.31
主要财务指标	每股收益(元)	-0.0430	0.3800	0.4010	0.2100
主要财务指标	每股收益(扣除)(元)	-0.0590	0.3600	0.4020	0.1800
主要财务指标	每股净资产(元)	3.8300	3.8700	3.9100	3.7300
主要财务指标	调整后每股净资产(元)	-	-	-	-
主要财务指标	每股资本公积金(元)	1.7293	1.7188	1.7293	1.9441
主要财务指标	每股盈余公积金(元)	0.3710	0.3718	0.3366	0.3387
主要财务指标	每股未分配利润(元)	0.7309	0.7794	0.8471	0.4464
主要财务指标	每股现金净流量(元)	0.1119	-0.0009	0.3307	-0.2761
主要财务指标	每股经营现金净流量(元)	0.3319	0.5996	0.9623	0.4653
主要财务指标	净资产收益率(扣除)(%)	-	-	-	4.8200
主要财务指标	净资产收益率(%)	-1.1100	9.7000	10.2400	5.5500
主要财务指标	总资产(万)	549885.83	527923.19	489597.86	418059.12
主要财务指标	股东权益(万)	177822.87	179623.88	181622.17	173092.86
主要财务指标	主营业务收入(万)	-	-	-	-
主要财务指标	主营业务利润(万)	-	-	-	-
主要财务指标	营业务收入(万)	148599.06	344496.64	160974.38	144142.24
主要财务指标	营业务利润(万)	-3268.09	34335.60	28208.18	10184.55
主要财务指标	投资收益(万)	-	-	-	-
主要财务指标	利润总额(万)	-2341.80	34470.79	27989.14	10983.52
主要财务指标	净利润(万)	-1975.27	17430.32	18595.16	9607.44

大冶特殊钢股份有限公司

公司概况	公司名称	大冶特殊钢股份有限公司			证券简称	大冶特钢
	法人代表	蔡星海	董秘	吴巨波	证券代码	000708
	公司网址	www.dayesteel.com.cn		电子信箱	dytg0708@163.com	
	电　话	0714-6297373		传　真	0714-6297280	
	办公地址	湖北省黄石市黄石大道316号				
	经营范围	钢铁冶炼、钢材轧制、金属改制、压延加工、钢铁材料检测				

主要财务指标	指标\报告期	2009.06.30	2008.12.31	2008.06.30	2007.12.31
	每股收益(元)	0.2490	0.4470	0.4700	0.7200
	每股收益(扣除)(元)	0.2500	0.3020	0.4600	0.6740
	每股净资产(元)	4.0580	3.9090	3.9280	3.6620
	调整后每股净资产(元)	–	–	–	–
	每股资本公积金(元)	1.0806	1.0806	1.0806	1.0806
	每股盈余公积金(元)	0.3041	0.3041	0.2594	0.2594
	每股未分配利润(元)	1.6734	1.5241	1.5879	1.3218
	每股现金净流量(元)	–0.3754	0.4926	0.1579	–0.1370
	每股经营现金净流量(元)	0.0759	0.7937	0.2768	0.3220
	净资产收益率(扣除)(%)	–	–	–	18.4100
	净资产收益率(%)	6.1400	11.4400	11.8700	19.6700
	总资产(万)	342061.79	339835.24	361412.74	344032.22
	股东权益(万)	182374.53	175665.80	176523.42	164565.88
	主营业务收入(万)	–	–	–	–
	主营业务利润(万)	–	–	–	–
	营业务收入(万)	246518.58	750177.10	427288.91	590804.19
	营业务利润(万)	12784.64	11354.20	20746.36	30295.46
	投资收益(万)	–	–	–	–
	利润总额(万)	12803.22	17892.16	20945.71	32362.69
	净利润(万)	11202.82	20088.08	20945.71	32362.69

唐山钢铁股份有限公司

公司概况	公司名称	唐山钢铁股份有限公司			证券简称	唐钢股份
	法人代表	王义芳	董秘	郭永	证券代码	000709
	公司网址	www.tangsteel.com.cn		电子信箱	tggf@tangsteel.com	
	电　话	0315-2702941		传　真	0315-2702198	
	办公地址	河北省唐山市滨河路9号				
	经营范围	黑色金属冶炼及压延加工、钢材轧制、金属制品等				

主要财务指标	指标\报告期	2009.06.30	2008.12.31	2008.06.30	2007.12.31
	每股收益(元)	0.0300	0.4800	0.7500	0.9500
	每股收益(扣除)(元)	0.0200	0.4600	0.7500	0.9100
	每股净资产(元)	3.3000	3.2600	5.2400	4.9000
	调整后每股净资产(元)	–	–	–	–
	每股资本公积金(元)	0.6554	0.6554	1.6329	1.6329
	每股盈余公积金(元)	0.4227	0.4227	0.6204	0.6204
	每股未分配利润(元)	1.2312	1.2048	1.9731	1.6477
	每股现金净流量(元)	–0.1255	0.2229	1.0888	–0.1738
	每股经营现金净流量(元)	0.5207	0.8962	1.7949	0.6271
	净资产收益率(扣除)(%)	–	–	–	18.5500
	净资产收益率(%)	0.8000	14.6000	14.3300	19.3000
	总资产(万)	4115071.57	4151932.84	4167948.71	3561383.20
	股东权益(万)	1196444.52	1180601.89	1186438.19	1111612.64
	主营业务收入(万)	–	–	–	–
	主营业务利润(万)	–	–	–	–
	营业务收入(万)	1836800.61	5769732.03	3051447.08	4179233.52
	营业务利润(万)	11147.20	241610.04	240541.54	305149.82
	投资收益(万)	–	–	–	–
	利润总额(万)	13778.99	245625.70	238479.32	316462.60
	净利润(万)	9561.91	172423.36	170063.80	214494.38

成都天兴仪表股份有限公司

公司概况	公司名称	成都天兴仪表股份有限公司			证券简称	天兴仪表
	法人代表	文武	董秘	叶秀松	证券代码	000710
	公司网址	www.txyb.com.cn		电子信箱	china0710@163.com	
	电　话	028-84613721		传　真	028-84600581	
	办公地址	成都市外东十陵镇天兴仪表股份公司董事会办公室				
	经营范围	摩托车与汽车配件的生产、加工、非标设备与金属切削机床附件等				

主要财务指标	指标\报告期	2009.06.30	2008.12.31	2008.06.30	2007.12.31
	每股收益(元)	0.0274	0.0186	0.0052	–0.0839
	每股收益(扣除)(元)	0.0269	–0.0010	–0.0065	–0.0839
	每股净资产(元)	0.6724	0.6450	0.6303	0.6250
	调整后每股净资产(元)	–	–	–	–
	每股资本公积金(元)	0.2376	0.2376	0.2376	0.2376
	每股盈余公积金(元)	0.0729	0.0729	0.0729	0.0729
	每股未分配利润(元)	–0.6381	–0.6655	–0.6803	–0.6855
	每股现金净流量(元)	–0.1839	0.4868	0.1995	–0.0132
	每股经营现金净流量(元)	–0.1418	0.3820	0.1456	0.0311
	净资产收益率(扣除)(%)	–	–	–	–13.4200
	净资产收益率(%)	4.0700	2.8900	0.8290	–13.4300
	总资产(万)	33924.50	31127.58	30555.74	22604.13
	股东权益(万)	10166.99	9752.98	9529.54	9450.54
	主营业务收入(万)	–	–	–	–
	主营业务利润(万)	–	–	–	–
	营业务收入(万)	16457.85	28685.21	14644.96	18060.84
	营业务利润(万)	359.98	–156.61	–165.78	–1418.76
	投资收益(万)	–	–	–	–
	利润总额(万)	370.32	240.24	83.68	–1167.65
	净利润(万)	414.01	281.88	79.00	–1269.20

黑龙江天伦置业股份有限公司

公司概况	公司名称	黑龙江天伦置业股份有限公司			证券简称	天伦置业
	法人代表	张雄	董秘	赵润涛	证券代码	000711
	公司网址	www.tlzy.com.cn		电子信箱	hljtlzy@126.com	
	电　话	020-38303068、38303219		传　真	020-38303000	
	办公地址	广州市天河路45号天伦大厦25楼				
	经营范围	房地产开发与经营,网络与电子信息技术开发应用,软件开发等				

主要财务指标	指标\报告期	2009.06.30	2008.12.31	2008.06.30	2007.12.31
	每股收益(元)	–0.0040	0.0500	0.0200	0.1300
	每股收益(扣除)(元)	–0.0050	0.0200	0.0200	0.1400
	每股净资产(元)	3.1060	3.1100	3.0800	3.0800
	调整后每股净资产(元)	–	–	–	–
	每股资本公积金(元)	0.7603	0.7603	0.7594	0.7594
	每股盈余公积金(元)	0.2807	0.2807	0.2769	0.2769
	每股未分配利润(元)	1.0650	1.0690	1.0412	1.0429
	每股现金净流量(元)	0.2025	–0.9542	–1.0454	0.9475
	每股经营现金净流量(元)	0.0506	–0.2591	–0.4006	1.5838
	净资产收益率(扣除)(%)	–	–	–	4.6600
	净资产收益率(%)	–0.1300	1.6000	0.5900	4.2800
	总资产(万)	72847.08	70783.86	68522.91	70963.40
	股东权益(万)	33315.87	33359.47	33010.68	33029.54
	主营业务收入(万)	–	–	–	–
	主营业务利润(万)	–	–	–	–
	营业务收入(万)	2607.11	5261.34	518.52	19481.67
	营业务利润(万)	206.69	152.79	104.61	2305.43
	投资收益(万)	–	–	–	–
	利润总额(万)	214.96	453.33	100.88	2031.12
	净利润(万)	–43.60	535.35	195.67	1412.65

广东锦龙发展股份有限公司

公司概况	公司名称	广东锦龙发展股份有限公司			证券简称	锦龙股份
	法人代表	杨志茂	董秘	张丹丹	证券代码	000712
	公司网址	www.jlgf.com		电子信箱	zqsw@jlgf.com	
	电　　话	0763-3369393		传　　真	0763-3362693	
	办公地址	广东省清远市方正二街 1 号锦龙大厦				
	经营范围	公司主要从事牛仔布、化纤长丝、自来水生产和销售及房地产开发等				

	指标\报告期	2009.06.30	2008.12.31	2008.06.30	2007.12.31
主要财务指标	每股收益(元)	0.1991	0.0700	0.0370	0.2800
	每股收益(扣除)(元)	0.0440	–0.1500	0.0110	–0.1800
	每股净资产(元)	1.8600	1.7100	1.6800	1.6400
	调整后每股净资产(元)	–	–	–	–
	每股资本公积金(元)	0.0203	0.0203	0.0203	0.0203
	每股盈余公积金(元)	0.2113	0.2035	0.2055	0.2035
	每股未分配利润(元)	0.6273	0.4860	0.4504	0.4160
	每股现金净流量(元)	–0.0485	–0.0453	0.2382	–0.3480
	每股经营现金净流量(元)	0.1252	0.5087	0.3691	0.3065
	净资产收益率(扣除)(%)	–	–	–	–11.2600
	净资产收益率(%)	10.7100	4.1000	2.1800	17.1700
	总资产(万)	115998.45	112584.90	128540.27	127152.65
	股东权益(万)	56626.95	52084.79	51063.02	49950.14
	主营业务收入(万)	–	–	–	–
	主营业务利润(万)	–	–	–	–
	营业务收入(万)	3335.04	8669.89	3935.55	25596.01
	营业务利润(万)	6436.74	2939.08	1411.28	8376.01
	投资收益(万)	–	–	–	–
	利润总额(万)	6452.87	3034.33	1544.00	8526.16
	净利润(万)	6065.27	2134.65	1112.88	8574.16

合肥丰乐种业股份有限公司

公司概况	公司名称	合肥丰乐种业股份有限公司			证券简称	丰乐种业
	法人代表	陈茂新	董秘	顾晓新	证券代码	000713
	公司网址	www.fengle.com.cn		电子信箱	flzq@fengle.com.cn	
	电　　话	0551-2239888		传　　真	0551-2239957	
	办公地址	安徽省合肥市长江西路 501 号丰乐大厦				
	经营范围	农作物种子、农药、专用肥、植物生长素、农化产品、薄荷油及其衍生产品等				

	指标\报告期	2009.06.30	2008.12.31	2008.06.30	2007.12.31
主要财务指标	每股收益(元)	0.1391	0.1294	0.1336	0.1574
	每股收益(扣除)(元)	0.1369	0.0999	0.1354	0.1225
	每股净资产(元)	2.4000	2.2940	2.2980	2.1940
	调整后每股净资产(元)	–	–	–	–
	每股资本公积金(元)	0.6786	0.6786	0.6786	0.6786
	每股盈余公积金(元)	0.1707	0.1707	0.1663	0.1663
	每股未分配利润(元)	0.5534	0.4443	0.4528	0.3493
	每股现金净流量(元)	0.1295	0.0408	0.1168	0.2524
	每股经营现金净流量(元)	0.6758	0.5554	0.5179	0.7279
	净资产收益率(扣除)(%)	–	–	–	5.9300
	净资产收益率(%)	5.7900	5.6400	5.8100	7.1800
	总资产(万)	125940.61	123416.71	114411.71	114374.00
	股东权益(万)	54059.07	51604.50	51698.75	49368.02
	主营业务收入(万)	–	–	–	–
	主营业务利润(万)	–	–	–	–
	营业务收入(万)	47611.07	94120.63	50176.33	95919.58
	营业务利润(万)	3147.56	2712.03	3236.13	4793.67
	投资收益(万)	–	–	–	–
	利润总额(万)	3204.45	3032.44	3181.19	4992.67
	净利润(万)	3129.56	2911.48	3005.73	3542.36

中兴——沈阳商业大厦(集团)股份有限公司

公司概况	公司名称	中兴——沈阳商业大厦(集团)股份有限公司			证券简称	中兴商业
	法人代表	刘芝旭	董秘	姜莉	证券代码	000715
	公司网址	www.zxbusiness.com		电子信箱	zxstock@vip.sina.com	
	电　　话	024-23838888-3715		传　　真	024-23408889	
	办公地址	辽宁省沈阳市和平区太原北街 86 号				
	经营范围	国内一般商业贸易、汽车修理、汽车配件、仓储搬运、进出口贸易等				

	指标\报告期	2009.06.30	2008.12.31	2008.06.30	2007.12.31
主要财务指标	每股收益(元)	0.1553	0.2247	0.1220	0.2758
	每股收益(扣除)(元)	0.1549	0.1836	0.1220	0.2685
	每股净资产(元)	3.3200	3.1700	3.0600	2.9900
	调整后每股净资产(元)	–	–	–	–
	每股资本公积金(元)	1.1352	1.1352	1.1352	1.1352
	每股盈余公积金(元)	0.3025	0.2869	0.2768	0.2645
	每股未分配利润(元)	0.8854	0.7445	0.6525	0.5922
	每股现金净流量(元)	–0.2463	0.0008	0.0636	0.6344
	每股经营现金净流量(元)	0.3645	0.6071	0.1733	0.6194
	净资产收益率(扣除)(%)	–	–	–	8.9700
	净资产收益率(%)	4.6700	7.1000	4.0000	9.2200
	总资产(万)	127040.48	134260.12	137005.25	135317.96
	股东权益(万)	92715.71	88350.70	85498.97	83475.40
	主营业务收入(万)	–	–	–	–
	主营业务利润(万)	–	–	–	–
	营业务收入(万)	131706.86	243054.61	126850.60	225794.67
	营业务利润(万)	5762.71	6949.81	4518.90	12030.82
	投资收益(万)	–	–	–	–
	利润总额(万)	5778.20	8479.95	4556.37	11548.12
	净利润(万)	4333.65	6270.33	3417.28	7694.27

广西南方食品集团股份有限公司

公司概况	公司名称	广西南方食品集团股份有限公司			证券简称	ST 南方
	法人代表	韦清文	董秘		证券代码	000716
	公司网址	www.ndapit.cm		电子信箱	gsdm@public.nn.gx.cn	
	电　　话	0771-5308096、5308080		传　　真	0771-5308090	
	办公地址	广西南宁市双拥路 36 号				
	经营范围	资产经营;食品、管道燃气、物流、房地产、物业管理、航空服务项目等				

	指标\报告期	2009.06.30	2008.12.31	2008.06.30	2007.12.31
主要财务指标	每股收益(元)	0.0550	–0.2140	0.0240	0.0320
	每股收益(扣除)(元)	0.0610	0.0440	0.0290	–0.0500
	每股净资产(元)	0.8000	0.8000	1.0350	1.0100
	调整后每股净资产(元)	–	–	–	–
	每股资本公积金(元)	1.0063	1.0063	1.0133	1.0133
	每股盈余公积金(元)	0.0507	0.0507	0.0507	0.0507
	每股未分配利润(元)	–1.2576	–1.2525	–1.0288	–1.0527
	每股现金净流量(元)	–0.0007	–0.0143	0.0476	0.0348
	每股经营现金净流量(元)	0.3650	0.0836	0.1150	–0.0816
	净资产收益率(扣除)(%)	–	–	–	–
	净资产收益率(%)	6.8700	–26.6200	2.3100	3.1500
	总资产(万)	66229.20	66389.20	68950.42	70601.74
	股东权益(万)	14250.85	14341.92	18452.79	18026.60
	主营业务收入(万)	–	–	–	–
	主营业务利润(万)	–	–	–	–
	营业务收入(万)	16998.27	37195.70	16918.67	29585.64
	营业务利润(万)	1079.68	–43.47	377.12	2338.29
	投资收益(万)	–	–	–	–
	利润总额(万)	964.75	–3935.86	328.23	281.18
	净利润(万)	979.68	–3818.10	426.19	567.62

广东韶钢松山股份有限公司

公司概况	公司名称	广东韶钢松山股份有限公司		证券简称	韶钢松山
	法人代表	余子权	董秘 刘二	证券代码	000717
	公司网址	www.sgss.com.cn		电子信箱	sgss@sgis.com.cn
	电　话	0751-8787265		传　真	0751-8787676
	办公地址	广东省韶关市曲江区			
	经营范围	制造、加工、销售钢铁冶金产品、金属制品、焦炭、煤化工产品等			

主要财务指标	指标\报告期	2009.06.30	2008.12.31	2008.06.30	2007.12.31
	每股收益(元)	-0.1303	-0.9652	0.2653	0.5927
	每股收益(扣除)(元)	-0.1428	-0.9595	0.2731	0.6214
	每股净资产(元)	3.2900	3.4168	4.6500	4.4359
	调整后每股净资产(元)	-	-	-	-
	每股资本公积金(元)	1.4874	1.4874	1.4874	1.4874
	每股盈余公积金(元)	0.3691	0.3691	0.3691	0.3691
	每股未分配利润(元)	0.4379	0.5682	1.7987	1.5835
	每股现金净流量(元)	-0.0796	-0.2876	-0.2745	0.1476
	每股经营现金净流量(元)	0.6388	0.3414	0.1224	0.0819
	净资产收益率(扣除)(%)	-	-	-	11.7100
	净资产收益率(%)	-3.9700	-28.2500	5.7100	11.7100
	总资产(万)	1707536.79	1728115.71	1927070.19	1683836.65
	股东权益(万)	548686.63	570446.85	775830.44	740586.66
	主营业务收入(万)	-	-	-	-
	主营业务利润(万)	-	-	-	-
	营业务收入(万)	576032.80	1910843.35	1084393.68	1496124.78
	营业务利润(万)	-28048.41	-180411.51	60973.58	91396.26
	投资收益(万)	-	-	-	-
	利润总额(万)	-25601.07	-181577.74	59397.49	86639.29
	净利润(万)	-21755.90	-161149.66	44284.19	82737.83

苏宁环球股份有限公司

公司概况	公司名称	苏宁环球股份有限公司		证券简称	苏宁环球
	法人代表	张桂平	董秘 张伟华	证券代码	000718
	公司网址	www.suning-universal.com		电子信箱	suning@suning.com.cn
	电　话	0432-4565905		传　真	0432-4565906
	办公地址	吉林省吉林市丰满区松江南路5号			
	经营范围	房地产开发;投资建设城市基础设施、投资教育及相关产业等			

主要财务指标	指标\报告期	2009.06.30	2008.12.31	2008.06.30	2007.12.31
	每股收益(元)	0.1700	0.4000	0.7300	0.2200
	每股收益(扣除)(元)	0.1700	0.3700	0.7525	0.1500
	每股净资产(元)	1.2900	1.3700	2.2200	0.7900
	调整后每股净资产(元)	-	-	-	-
	每股资本公积金(元)	0.0304	0.2365	-	0.3794
	每股盈余公积金(元)	0.0679	0.0815	0.1590	0.0779
	每股未分配利润(元)	0.1913	0.0488	1.0564	0.6319
	每股现金净流量(元)	0.3549	0.0791	0.3256	-0.7963
	每股经营现金净流量(元)	0.2927	0.3168	0.4084	-1.5002
	净资产收益率(扣除)(%)	-	-	-	19.4500
	净资产收益率(%)	12.9800	26.8100	33.0000	28.0300
	总资产(万)	732820.33	638153.56	549137.01	541502.95
	股东权益(万)	219581.50	193927.48	151444.47	102580.13
	主营业务收入(万)	-	-	-	-
	主营业务利润(万)	-	-	-	-
	营业务收入(万)	128492.25	228557.83	202674.27	205158.49
	营业务利润(万)	40603.79	78913.39	72716.58	44424.58
	投资收益(万)	-	-	-	-
	利润总额(万)	40801.98	78303.36	72328.94	44213.24
	净利润(万)	28491.78	51997.43	49270.97	28752.85

山东鲁能泰山电缆股份有限公司

公司概况	公司名称	山东鲁能泰山电缆股份有限公司		证券简称	*ST能山
	法人代表	李惠波	董秘 初军	证券代码	000720
	公司网址	www.sdlnts.com		电子信箱	lnts@sdlnts.com
	电　话	0838-8232022		传　真	0538-8232000
	办公地址	山东省泰安市普照寺路5号			
	经营范围	电线电缆、电子产品、电器机械及器材、输变电设备、橡皮及塑料制品的生产、销售等			

主要财务指标	指标\报告期	2009.06.30	2008.12.31	2008.06.30	2007.12.31
	每股收益(元)	-0.0542	-0.3613	-0.1383	-0.1465
	每股收益(扣除)(元)	-0.0542	-0.3652	-0.1429	-0.0785
	每股净资产(元)	0.9737	1.0230	1.2465	1.3822
	调整后每股净资产(元)	-	-	-	-
	每股资本公积金(元)	0.3322	0.3273	0.3278	0.3252
	每股盈余公积金(元)	0.1655	0.1655	0.1655	0.1655
	每股未分配利润(元)	-0.5241	-0.4698	-0.2468	-0.1085
	每股现金净流量(元)	-0.1188	-0.3141	0.1234	0.2996
	每股经营现金净流量(元)	-0.1499	0.1600	0.2049	0.5363
	净资产收益率(扣除)(%)	-	2.5500	-	-5.6800
	净资产收益率(%)	-5.5700	-35.3200	-11.1000	-10.6000
	总资产(万)	677039.36	569311.48	540878.93	475612.39
	股东权益(万)	84074.26	88332.09	107626.02	119348.41
	主营业务收入(万)	-	-	-	-
	主营业务利润(万)	-	-	-	-
	营业务收入(万)	117093.63	212770.14	110899.67	195340.49
	营业务利润(万)	-5827.25	-35376.70	-13492.98	-15908.94
	投资收益(万)	-	-	-	-
	利润总额(万)	-5824.61	-35044.31	-13221.93	-13507.41
	净利润(万)	-4684.00	1954.31	-11945.08	-12648.91

西安饮食股份有限公司

公司概况	公司名称	西安饮食股份有限公司		证券简称	西安饮食
	法人代表	李大有	董秘 李虎成	证券代码	000721
	公司网址	www.xcsg.com		电子信箱	xays000721@163.com
	电　话	029-82065865		传　真	029-82065899
	办公地址	西安市碑林区南二环西段27号西安旅游大厦六层			
	经营范围	国内商业,物资供销业;房地产开发;物业管理等			

主要财务指标	指标\报告期	2009.06.30	2008.12.31	2008.06.30	2007.12.31
	每股收益(元)	0.0444	0.0689	0.0453	0.0585
	每股收益(扣除)(元)	0.0480	0.0616	0.0467	0.0202
	每股净资产(元)	1.8616	1.8172	1.7900	1.7400
	调整后每股净资产(元)	-	-	-	-
	每股资本公积金(元)	0.1802	0.1802	0.1767	0.1767
	每股盈余公积金(元)	0.1383	0.1383	0.1297	0.1297
	每股未分配利润(元)	0.5431	0.4988	0.4837	0.4384
	每股现金净流量(元)	-0.0029	0.1039	0.0874	0.1086
	每股经营现金净流量(元)	0.1710	0.5370	0.1788	0.4787
	净资产收益率(扣除)(%)	-	-	-	1.1600
	净资产收益率(%)	2.3840	3.7900	2.5300	3.3600
	总资产(万)	89818.56	88806.62	88750.06	88209.76
	股东权益(万)	37144.61	36259.16	35716.85	34813.56
	主营业务收入(万)	-	-	-	-
	主营业务利润(万)	-	-	-	-
	营业务收入(万)	26550.63	54441.44	25535.65	50224.37
	营业务利润(万)	1342.17	1933.36	1294.60	1642.76
	投资收益(万)	-	-	-	-
	利润总额(万)	1246.39	2151.78	1256.16	2355.81
	净利润(万)	885.45	1375.60	903.29	1168.00

湖南金果实业股份有限公司

公司概况	公司名称	湖南金果实业股份有限公司			证券简称	*ST 金果
	法人代表	邓军民	董秘	邓朝晖	证券代码	000722
	公司网址	www.gfindustry.com		电子信箱	sz000722@163.com	
	电　话	0731-8992097		传　真	0731-8998234	
	办公地址	长沙市高新技术开发区麓枫路 40 号				
	经营范围	销售、加工农产品、水产品、食品;销售橡胶制品、针纺织品、建筑材料等				

主要财务指标	指标\报告期	2009.06.30	2008.12.31	2008.06.30	2007.12.31
	每股收益(元)	-0.8586	-0.2202	-0.0900	-0.7190
	每股收益(扣除)(元)	-0.6926	-0.5360	-0.0900	-0.7100
	每股净资产(元)	1.1000	1.9620	1.8600	1.9550
	调整后每股净资产(元)	-	-	-	-31.0000
	每股资本公积金(元)	2.4386	2.4386	2.2122	2.2122
	每股盈余公积金(元)	0.0356	0.0433	0.0356	0.0356
	每股未分配利润(元)	-2.3711	-1.5202	-1.3849	-1.2923
	每股现金净流量(元)	-0.3109	0.1343	-0.2079	-0.2045
	每股经营现金净流量(元)	0.0547	0.1572	-0.0353	0.0462
	净资产收益率(扣除)(%)	-	-	-	-
	净资产收益率(%)	-77.8400	0.3200	-4.9700	-36.7700
	总资产(万)	169570.96	210347.63	200724.06	206362.10
	股东权益(万)	29576.57	52598.82	49948.78	52431.71
	主营业务收入(万)	-	-	-	-
	主营业务利润(万)	-	-	-	-
	营业务收入(万)	32887.74	60473.62	28174.65	52058.32
	营业务利润(万)	-23226.91	-10137.89	-2252.71	-21804.05
	投资收益(万)	-	-	-	-
	利润总额(万)	-29179.13	-7751.82	-2269.32	-21930.85
	净利润(万)	-23022.25	-8487.84	-2482.94	-19280.65

山西美锦能源股份有限公司

公司概况	公司名称	山西美锦能源股份有限公司			证券简称	美锦能源
	法人代表	姚锦龙	董秘	朱庆华	证券代码	000723
	公司网址	www.mjenergy.com		电子信箱	jennyemail@126.com	
	电　话	0351-4236095		传　真	0351-4236092	
	办公地址	山西省太原市府西街 92 号天隆仓大厦 12 层				
	经营范围	焦化厂、煤矿、煤层气的开发、投资,批发零售焦炭、金属材料、建材等				

主要财务指标	指标\报告期	2009.06.30	2008.12.31	2008.06.30	2007.12.31
	每股收益(元)	-0.0900	0.6100	0.4300	0.5000
	每股收益(扣除)(元)	-0.0900	0.6100	0.4300	0.5000
	每股净资产(元)	3.2000	3.2800	3.1100	2.6800
	调整后每股净资产(元)	-	-	-	-
	每股资本公积金(元)	0.3250	0.3250	0.3250	0.3250
	每股盈余公积金(元)	0.1512	0.1512	0.1511	0.1511
	每股未分配利润(元)	1.7224	1.8079	1.6294	1.2010
	每股现金净流量(元)	-0.1578	0.6356	0.6542	-0.0351
	每股经营现金净流量(元)	1.2705	-0.6869	1.9564	-0.0481
	净资产收益率(扣除)(%)	-	-	-	18.5700
	净资产收益率(%)	-2.6700	18.4800	13.7900	18.5800
	总资产(万)	94520.28	122660.27	124071.59	106287.81
	股东权益(万)	44653.00	45846.03	43352.23	37372.57
	主营业务收入(万)	-	-	-	-
	主营业务利润(万)	-	-	-	-
	营业务收入(万)	34048.10	171149.04	91379.33	80702.99
	营业务利润(万)	-1184.09	12599.84	8840.49	11674.41
	投资收益(万)	-	-	-	-
	利润总额(万)	-1184.35	12575.40	8816.05	11681.69
	净利润(万)	-1193.03	8473.46	5979.66	6944.15

京东方科技集团股份有限公司

公司概况	公司名称	京东方科技集团股份有限公司			证券简称	京东方 A
	法人代表	王东升	董秘	冯莉琼	证券代码	000725
	公司网址	www.boe.com.cn		电子信箱	web.master@boe.com.cn	
	电　话	010-64318888		传　真	010-64366264	
	办公地址	北京市朝阳区酒仙桥路 10 号				
	经营范围	电子产品、通信设备、电子计算机软硬件的制造及购销等				

主要财务指标	指标\报告期	2009.06.30	2008.12.31	2008.06.30	2007.12.31
	每股收益(元)	-0.1800	-0.2700	0.1800	0.2400
	每股收益(扣除)(元)	-0.1800	-0.3300	0.1500	0.1800
	每股净资产(元)	2.0500	1.8100	1.7500	1.5900
	调整后每股净资产(元)	-	-	-	-
	每股资本公积金(元)	1.3672	1.3722	0.9397	0.9544
	每股盈余公积金(元)	0.0603	0.1520	0.1738	0.1738
	每股未分配利润(元)	-0.3739	-0.7152	-0.3606	-0.5364
	每股现金净流量(元)	1.1981	0.6325	-0.0926	-0.0002
	每股经营现金净流量(元)	-0.0212	0.3436	0.3606	0.7982
	净资产收益率(扣除)(%)	-	-	-	11.3500
	净资产收益率(%)	-4.4100	-13.6000	10.0400	15.1200
	总资产(万)	2603894.18	1394112.03	1340518.40	1338127.49
	股东权益(万)	1700638.59	593622.25	503103.54	457057.91
	主营业务收入(万)	-	-	-	-
	主营业务利润(万)	-	-	-	-
	营业务收入(万)	229811.37	833401.58	550590.19	1117044.89
	营业务利润(万)	-92458.96	-106030.34	62962.64	59451.88
	投资收益(万)	-	-	-	-
	利润总额(万)	-91232.39	-92935.13	68409.35	84079.91
	净利润(万)	-74942.96	-80752.55	50496.33	69094.58

鲁泰纺织股份有限公司

公司概况	公司名称	鲁泰纺织股份有限公司			证券简称	鲁　泰 A
	法人代表	刘石祯	董秘		证券代码	000726
	公司网址	www.lttc.com.cn		电子信箱	qinguiling@lttc.com.cn	
	电　话	0533-5285166、5418361		传　真	0533-5282188、5418833	
	办公地址	淄川区松龄东路 81 号 淄博高新技术产业开发区铭波路 11 号				
	经营范围	生产、销售棉纱、色织布、衬衣、服装饰品、保健内衣等纺织品及其配套系列产品				

主要财务指标	指标\报告期	2009.06.30	2008.12.31	2008.06.30	2007.12.31
	每股收益(元)	0.2600	0.6000	0.3500	0.5400
	每股收益(扣除)(元)	0.2600	0.5800	0.3300	0.5100
	每股净资产(元)	3.6300	3.5600	2.8100	2.6800
	调整后每股净资产(元)	-	-	-	-
	每股资本公积金(元)	1.1412	1.1340	0.3874	0.3874
	每股盈余公积金(元)	0.3324	0.3324	0.3334	0.3334
	每股未分配利润(元)	1.1616	1.0966	1.0911	0.9644
	每股现金净流量(元)	-0.5640	0.8145	0.1378	0.0076
	每股经营现金净流量(元)	0.2758	0.7860	0.4254	0.5860
	净资产收益率(扣除)(%)	-	-	-	19.1800
	净资产收益率(%)	7.2950	14.4800	12.4300	20.2900
	总资产(万)	624950.98	709185.31	631057.38	586963.30
	股东权益(万)	361303.53	354123.47	237221.13	226602.42
	主营业务收入(万)	-	-	-	-
	主营业务利润(万)	-	-	-	-
	营业务收入(万)	184236.62	392183.74	185821.45	381067.13
	营业务利润(万)	29443.65	55946.48	37001.24	50692.90
	投资收益(万)	-	-	-	45972.51
	利润总额(万)	30225.31	60862.03	38343.28	-
	净利润(万)	26356.95	51294.47	29479.16	45972.51

南京华东电子信息科技股份有限公司

公司概况	公司名称	南京华东电子信息科技股份有限公司		证券简称	华东科技
	法人代表	赵竞成	董秘 伍华林	证券代码	000727
	公司网址	www.hdeg.com		电子信箱	tzzxx@hdeg.com
	电　话	025-85311050*2213		传　真	025-85319623
	办公地址	江苏省南京市华电路1号			
	经营范围	电子计算机及配件、电子产品、通信设备、真空电子等			

主要财务指标	指标\报告期	2009.06.30	2008.12.31	2008.06.30	2007.12.31
	每股收益(元)	-0.0951	0.0082	0.0325	-1.3735
	每股收益(扣除)(元)	-0.0938	-0.1058	-0.0141	-1.4521
	每股净资产(元)	1.2400	1.3185	1.3258	1.2940
	调整后每股净资产(元)	-	-	-	-
	每股资本公积金(元)	1.3704	1.3708	1.3631	1.3626
	每股盈余公积金(元)	0.2760	0.2760	0.2760	0.2760
	每股未分配利润(元)	-1.4070	-1.3284	-1.3133	-1.3361
	每股现金净流量(元)	0.2243	-0.0867	-0.1215	0.0237
	每股经营现金净流量(元)	0.0956	0.1642	0.0783	0.5356
	净资产收益率(扣除)(%)	-	-	-	-112.2200
	净资产收益率(%)	-7.6700	0.6200	2.4500	-106.1500
	总资产(万)	119070.43	117469.06	127330.22	132769.54
	股东权益(万)	44513.17	47354.89	47617.57	46475.65
	主营业务收入(万)	-	-	-	-
	主营业务利润(万)	-	-	-	-
	营业务收入(万)	25722.29	63815.58	31508.71	71317.59
	营业务利润(万)	-3342.68	-1936.67	2381.25	-44310.47
	投资收益(万)	-	-	-	-
	利润总额(万)	-3389.63	2673.96	2336.31	-44061.21
	净利润(万)	-3414.45	295.79	1166.15	-49331.88

国元证券股份有限公司

公司概况	公司名称	国元证券股份有限公司		证券简称	国元证券
	法人代表	凤良志	董秘 万士清	证券代码	000728
	公司网址	www.gyzq.com.cn		电子信箱	wansq@gyzq.com.cn
	电　话	wansq@gyzq.com.cn		传　真	0551-2207322
	办公地址	合肥市寿春路179号			
	经营范围	证券的代理买卖;代理证券的还本付息、分红派息等			

主要财务指标	指标\报告期	2009.06.30	2008.12.31	2008.06.30	2007.12.31
	每股收益(元)	0.3150	0.3600	0.2800	1.6400
	每股收益(扣除)(元)	0.3150	0.3600	0.2800	1.5600
	每股净资产(元)	3.3800	3.2300	3.2300	3.4500
	调整后每股净资产(元)	-	-	-	-
	每股资本公积金(元)	0.5518	0.5333	0.6193	0.6126
	每股盈余公积金(元)	0.2209	0.2209	0.1853	0.1853
	每股未分配利润(元)	1.2047	1.0695	1.1004	1.3204
	每股现金净流量(元)	-	-	-	-
	每股经营现金净流量(元)	-	-	-	-
	净资产收益率(扣除)(%)	-	-	-	42.7400
	净资产收益率(%)	-	11.0300	8.6600	45.1200
	总资产(万)	9.3300	1191361.70	1245856.64	1882927.50
	股东权益(万)	1342198.87	472235.50	473588.13	505302.54
	主营业务收入(万)	494723.37	123669.51	74403.55	409955.75
	主营业务利润(万)	87173.33	59372.94	43197.64	315528.33
	营业务收入(万)	-	-	-	-
	营业务利润(万)	-	-	-	-
	投资收益(万)	-	-	-	-
	利润总额(万)	52120.98	58766.39	42961.16	327340.35
	净利润(万)	46148.84	52085.81	40993.85	227968.55

北京燕京啤酒股份有限公司

公司概况	公司名称	北京燕京啤酒股份有限公司		证券简称	燕京啤酒
	法人代表	李福成	董秘 刘翔宇	证券代码	000729
	公司网址	www.yanjing.com.cn		电子信箱	securities@yanjing.com.cn
	电　话	010-89490729		传　真	010-89495569
	办公地址	北京市顺义区双河路9号			
	经营范围	制造、销售啤酒、矿泉水、啤酒原料、饲料、酵母、塑料箱等			

主要财务指标	指标\报告期	2009.06.30	2008.12.31	2008.06.30	2007.12.31
	每股收益(元)	0.2631	0.4200	0.2314	0.3700
	每股收益(扣除)(元)	0.2278	0.3200	0.2300	0.2900
	每股净资产(元)	5.9900	5.7200	5.0800	5.0000
	调整后每股净资产(元)	-	-	-	-
	每股资本公积金(元)	3.0352	3.0297	2.4115	2.4115
	每股盈余公积金(元)	0.5569	0.5569	0.5519	0.5519
	每股未分配利润(元)	1.3968	1.1337	1.1199	1.0385
	每股现金净流量(元)	-0.0395	-0.2593	-0.4824	0.6951
	每股经营现金净流量(元)	0.2468	0.8206	0.1036	0.7976
	净资产收益率(扣除)(%)	-	-	-	5.7700
	净资产收益率(%)	4.3900	6.6600	4.5500	7.4400
	总资产(万)	1177586.89	1161727.96	1200655.93	1088547.11
	股东权益(万)	724816.50	692315.85	559299.52	550339.93
	主营业务收入(万)	-	-	-	-
	主营业务利润(万)	-	-	-	-
	营业务收入(万)	489449.16	824648.34	411376.27	743622.46
	营业务利润(万)	42061.02	49342.73	36025.38	52980.27
	投资收益(万)	-	-	-	-
	利润总额(万)	47761.79	64188.75	36735.92	57844.47
	净利润(万)	31841.63	46128.43	25463.60	40966.17

四川美丰化工股份有限公司

公司概况	公司名称	四川美丰化工股份有限公司		证券简称	四川美丰
	法人代表	张晓彬	董秘 舒绍敏	证券代码	000731
	公司网址	www.scmeif.com		电子信箱	mf731@tom.com
	电　话	0838-2304235		传　真	0838-2304228
	办公地址	四川省德阳市蓥华南路10号			
	经营范围	主营合成氨、碳铵、尿素、复合肥、石灰、精细化工产品和煤气的生产和销售			

主要财务指标	指标\报告期	2009.06.30	2008.12.31	2008.06.30	2007.12.31
	每股收益(元)	0.2637	0.4031	0.2302	0.6299
	每股收益(扣除)(元)	0.2563	0.4377	0.2303	0.6186
	每股净资产(元)	3.3841	3.2700	3.0800	4.5700
	调整后每股净资产(元)	-	-	-	-
	每股资本公积金(元)	0.0885	0.0885	0.0734	0.7213
	每股盈余公积金(元)	0.6703	0.6703	0.6404	1.0246
	每股未分配利润(元)	1.6256	1.5118	1.3689	1.8219
	每股现金净流量(元)	0.0242	0.3685	0.1087	0.0310
	每股经营现金净流量(元)	0.5033	0.7928	0.4997	1.4662
	净资产收益率(扣除)(%)	-	-	-	21.6700
	净资产收益率(%)	7.7900	12.3300	7.4700	22.0600
	总资产(万)	390914.81	387978.33	354065.77	249073.47
	股东权益(万)	169148.64	163463.54	154083.34	142698.15
	主营业务收入(万)	-	-	-	-
	主营业务利润(万)	-	-	-	-
	营业务收入(万)	237746.80	343588.92	159547.73	205320.31
	营业务利润(万)	13008.15	22620.39	11661.16	39083.34
	投资收益(万)	-	-	-	-
	利润总额(万)	13755.68	20626.69	11707.45	39135.90
	净利润(万)	13182.70	20147.33	11505.19	31482.98

中国振华(集团)科技股份有限公司

公司概况	公司名称	中国振华(集团)科技股份有限公司		证券简称	振华科技
	法人代表	申自强	董秘 齐靖	证券代码	000733
	公司网址	www.czst.com.cn		电子信箱	qijing@czelec.com.cn
	电　话	0851-6301078、6301022		传　真	0851-6302674
	办公地址	贵州省贵阳市乌当区新添大道北段268号			
	经营范围	片式钽电容器、片式电阻器、片式电感器、片式二三极管、厚膜混合集成电路等			

主要财务指标	2009.06.30	2008.12.31	2008.06.30	2007.12.31
每股收益(元)	0.0400	0.0700	0.0400	0.0700
每股收益(扣除)(元)	0.0400	0.0200	0.0400	0.0400
每股净资产(元)	5.4300	5.3500	5.2800	5.2400
调整后每股净资产(元)	–	–	–	–
每股资本公积金(元)	3.8503	3.8124	3.7656	3.7656
每股盈余公积金(元)	0.1802	0.1802	0.1575	0.1575
每股未分配利润(元)	0.4039	0.3598	0.3565	0.3134
每股现金净流量(元)	0.0331	0.3641	0.0049	–0.0991
每股经营现金净流量(元)	0.0116	0.2635	0.1200	0.1615
净资产收益率(扣除)(%)	–	–	–	0.8000
净资产收益率(%)	0.8100	1.2900	0.8200	1.3000
总资产(万)	304724.22	297570.22	290473.42	281055.79
股东权益(万)	194616.56	191679.75	189072.93	187527.93
主营业务收入(万)	–	–	–	–
主营业务利润(万)	–	–	–	–
营业务收入(万)	99134.07	203547.12	90805.96	189629.96
营业务利润(万)	3407.45	3461.12	3009.58	5374.75
投资收益(万)	–	–	–	–
利润总额(万)	3490.66	5596.18	3023.65	5547.39
净利润(万)	1579.30	2473.40	1545.00	2443.70

海口农工贸(罗牛山)股份有限公司

公司概况	公司名称	海口农工贸(罗牛山)股份有限公司		证券简称	罗 牛 山
	法人代表	胡电铃	董秘 贾新文	证券代码	000735
	公司网址	www.luoniushan.com		电子信箱	lns@luoniushan.com
	电　话	0898-68581213		传　真	0898-68581213
	办公地址	海口市珠江广场帝豪大厦9楼			
	经营范围	种养植业;兴办工业;房地产开发经营;建筑装潢工程;化肥的生产销售等			

主要财务指标	2009.06.30	2008.12.31	2008.06.30	2007.12.31
每股收益(元)	0.0188	0.0900	0.1120	0.4200
每股收益(扣除)(元)	–0.0120	0.0050	0.0330	0.0200
每股净资产(元)	1.7200	1.7000	1.7100	1.6000
调整后每股净资产(元)	–	–	–	–
每股资本公积金(元)	0.2360	0.2296	0.2295	0.2295
每股盈余公积金(元)	0.1219	0.1219	0.1190	0.1190
每股未分配利润(元)	0.3639	0.3451	0.3647	0.2555
每股现金净流量(元)	0.0216	–0.0320	–0.1403	0.1466
每股经营现金净流量(元)	–0.0185	0.1035	0.0275	0.0274
净资产收益率(扣除)(%)	–	–	–	1.4700
净资产收益率(%)	1.0900	5.4500	6.5400	26.1200
总资产(万)	215747.41	211705.45	202057.76	234981.07
股东权益(万)	151542.34	149322.58	150785.60	141179.60
主营业务收入(万)	–	–	–	–
主营业务利润(万)	–	–	–	–
营业务收入(万)	33757.58	80209.55	37388.20	80865.54
营业务利润(万)	–528.42	7957.23	10024.58	29696.20
投资收益(万)	–	–	–	–
利润总额(万)	2149.92	8851.80	10312.44	39498.17
净利润(万)	1654.72	8138.35	9860.74	36876.59

重庆国际实业投资股份有限公司

公司概况	公司名称	重庆国际实业投资股份有限公司		证券简称	ST 重实
	法人代表	陆伟强	董秘 孙卫东(代)	证券代码	000736
	公司网址			电子信箱	cqsy0736@163.com
	电　话	023-67530016		传　真	023-67530017
	办公地址	重庆市渝北区紫荆路4号6栋2-1-B(佳华世纪)			
	经营范围	房地产开发;住宅建设及产业化;土地开发与土地整理;基础设施建设与投资等			

主要财务指标	2009.06.30	2008.12.31	2008.06.30	2007.12.31
每股收益(元)	–0.0300	0.4500	–0.0589	0.2700
每股收益(扣除)(元)	0.0200	0.0300	–0.0589	–
每股净资产(元)	3.4900	3.4300	–1.5700	4.8000
调整后每股净资产(元)	–	–	–	–
每股资本公积金(元)	1.5669	1.4721	10.3153	10.2812
每股盈余公积金(元)	0.0495	0.0495	0.4657	0.1973
每股未分配利润(元)	0.8700	0.9046	–13.3521	2.2257
每股现金净流量(元)	0.2763	–0.5450	–0.0039	–0.5500
每股经营现金净流量(元)	–0.2016	–0.8540	–0.0039	–2.9461
净资产收益率(扣除)(%)	–	–	–	–
净资产收益率(%)	–1.0000	12.1400	–	5.9400
总资产(万)	195159.75	187532.15	17731.39	169457.60
股东权益(万)	103613.57	101825.56	–10368.79	105909.93
主营业务收入(万)	–	–	–	–
主营业务利润(万)	–	–	–	–
营业务收入(万)	1814.93	3917.06	49.63	22252.05
营业务利润(万)	–1047.75	–81.68	–389.25	7609.64
投资收益(万)	–	–	–	–
利润总额(万)	–988.53	15194.40	–389.25	8138.14
净利润(万)	–1036.72	12364.32	–389.25	6292.38

南风化工集团股份有限公司

公司概况	公司名称	南风化二集团股份有限公司		证券简称	南风化工
	法人代表	王跃宣	董秘 朱奇立	证券代码	000737
	公司网址	www.nafine.com		电子信箱	nafine@nafine.com
	电　话	0359-8967035、8967017		传　真	0359-2023302、8967035
	办公地址	山西省运城市解放路294号			
	经营范围	化工产品、化学肥料系列产品、平板显示器、植物油系列产品的开发、生产、销售			

主要财务指标	2009.06.30	2008.12.31	2008.06.30	2007.12.31
每股收益(元)	–0.0410	0.0136	0.0380	0.0391
每股收益(扣除)(元)	–0.0410	0.0053	0.0390	0.0414
每股净资产(元)	2.6300	2.6700	2.7100	2.6600
调整后每股净资产(元)	–	–	–	–
每股资本公积金(元)	1.1516	1.1516	1.1516	1.1516
每股盈余公积金(元)	0.1635	0.1635	0.1589	0.1574
每股未分配利润(元)	0.3164	0.3574	0.4017	0.3504
每股现金净流量(元)	0.5508	–0.1570	0.0829	0.0566
每股经营现金净流量(元)	0.1364	0.3823	0.3424	0.6779
净资产收益率(扣除)(%)	–	–	–	1.5600
净资产收益率(%)	–1.5600	0.5100	1.4000	1.4700
总资产(万)	449509.28	408889.86	404368.85	384889.69
股东权益(万)	144405.49	146656.75	148831.08	145934.93
主营业务收入(万)	–	–	–	–
主营业务利润(万)	–	–	–	–
营业务收入(万)	140070.13	287942.92	159003.95	300143.68
营业务利润(万)	3099.71	12124.72	8411.49	13282.44
投资收益(万)	–	–	–	–
利润总额(万)	3154.37	12671.19	8400.52	13090.21
净利润(万)	–2251.26	747.88	2084.21	2147.04

南方宇航科技股份有限公司

公司概况	公司名称	南方宇航科技股份有限公司			证券简称	ST 宇航
	法人代表	李宗顺	董秘	刘绍雄	证券代码	000738
	公司网址	www.chinasatc.com		电子信箱	liushaox@sina.com	
	电　话	0733-8559515		传　真	0733-8559714	
	办公地址	湖南省株洲市董家塅宇航公司办公大楼				
	经营范围	开发、生产、销售摩托车、摩托车发动机及其它零配件、相关产品等				

	指标\报告期	2009.06.30	2008.12.31	2008.06.30	2007.12.31
主要财务指标	每股收益(元)	0.0096	–0.1351	0.0014	0.0086
	每股收益(扣除)(元)	0.0109	–0.1442	–0.0043	–0.0019
	每股净资产(元)	1.0429	1.0333	1.1700	1.1684
	调整后每股净资产(元)	–	–	–	–
	每股资本公积金(元)	0.6683	0.6683	0.6683	0.6683
	每股盈余公积金(元)	0.0036	0.0036	0.0036	0.0036
	每股未分配利润(元)	–0.6290	–0.6386	–0.5021	–0.5035
	每股现金净流量(元)	0.0033	–0.0061	–0.0072	0.0101
	每股经营现金净流量(元)	0.0023	–0.0414	–0.0157	–0.0279
	净资产收益率(扣除)(%)	–	–	–	–0.1600
	净资产收益率(%)	0.9200	–13.0800	0.1200	0.7400
	总资产(万)	57475.89	56156.90	61931.49	62526.75
	股东权益(万)	41486.53	41104.50	46535.07	46479.58
	主营业务收入(万)	–	–	–	–
	主营业务利润(万)	–	–	–	–
	营业务收入(万)	22291.08	35933.27	15376.09	28507.34
	营业务利润(万)	706.54	–4128.62	–157.64	8.99
	投资收益(万)	–	–	–	–
	利润总额(万)	656.33	–3696.37	70.31	439.63
	净利润(万)	382.03	–5375.07	55.50	341.83

普洛股份有限公司

公司概况	公司名称	普洛股份有限公司			证券简称	普洛股份
	法人代表	徐文财	董秘	阎国强	证券代码	000739
	公司网址	www.apeloa.com		电子信箱	000739@apeloa.com	
	电　话	0532-83870898、83870896		传　真	0532-83890739	
	办公地址	中国青岛市湛山一路 16 号				
	经营范围	医药行业投资、网络投资、股权投资管理、生物制药技术的研究等				

	指标\报告期	2009.06.30	2008.12.31	2008.06.30	2007.12.31
主要财务指标	每股收益(元)	0.0626	0.1132	0.0600	0.1247
	每股收益(扣除)(元)	0.0600	0.1102	0.0600	0.1085
	每股净资产(元)	2.9400	2.8900	2.8400	2.7800
	调整后每股净资产(元)	–	–	–	–
	每股资本公积金(元)	1.3128	1.3128	1.3128	1.3128
	每股盈余公积金(元)	0.1339	0.1339	0.1287	0.1287
	每股未分配利润(元)	0.4887	0.4460	0.3975	0.3380
	每股现金净流量(元)	0.0546	–0.8655	–0.1306	0.9912
	每股经营现金净流量(元)	0.4374	0.3684	0.1694	0.6785
	净资产收益率(扣除)(%)	–	–	–	3.7100
	净资产收益率(%)	2.1300	3.9100	2.1000	4.2700
	总资产(万)	180569.57	174111.51	170432.51	161412.57
	股东权益(万)	75361.62	74266.98	72888.77	71361.08
	主营业务收入(万)	–	–	–	–
	主营业务利润(万)	–	–	–	–
	营业务收入(万)	67243.89	125044.59	66427.70	104152.03
	营业务利润(万)	1873.44	2667.13	1781.46	2535.77
	投资收益(万)	–	–	–	–
	利润总额(万)	1937.04	2743.03	1727.24	3126.07
	净利润(万)	1608.11	2905.89	1527.69	3044.28

长城信息产业股份有限公司

公司概况	公司名称	长城信息产业股份有限公司			证券简称	长城信息
	法人代表	聂玉春	董秘	王习发	证券代码	000748
	公司网址	www.gwi.com.cn		电子信箱	gwizqb@gwi.com.cn	
	电　话	0731-84932861		传　真	0731-84932862	
	办公地址	湖南省长沙经济技术开发区东三路 5 号				
	经营范围	计算机终端及外部设备、金融机具、电子产品、税控机具及商用电子备等				

	指标\报告期	2009.06.30	2008.12.31	2008.06.30	2007.12.31
主要财务指标	每股收益(元)	0.0441	0.1690	0.1650	0.1500
	每股收益(扣除)(元)	–0.0345	–0.0780	–0.0037	0.2121
	每股净资产(元)	2.4500	2.4600	2.4500	3.5400
	调整后每股净资产(元)	–	–	–	–
	每股资本公积金(元)	1.1229	1.1229	1.1229	2.1902
	每股盈余公积金(元)	0.1649	0.1642	0.1606	0.2409
	每股未分配利润(元)	0.1650	0.1715	0.1711	0.1092
	每股现金净流量(元)	–0.3962	0.3895	–0.1722	0.0074
	每股经营现金净流量(元)	–0.1349	0.2977	0.1386	–0.1211
	净资产收益率(扣除)(%)	–	–	–	5.9900
	净资产收益率(%)	1.7990	6.8700	6.7200	6.3600
	总资产(万)	152369.96	142695.39	137896.96	155730.15
	股东权益(万)	92114.63	92335.14	92184.28	88640.10
	主营业务收入(万)	–	–	–	–
	主营业务利润(万)	–	–	–	–
	营业务收入(万)	32541.72	77687.56	30989.64	76954.00
	营业务利润(万)	–597.67	–1447.87	278.42	6589.19
	投资收益(万)	–	–	–	–
	利润总额(万)	2356.55	8659.86	6637.21	7156.76
	净利润(万)	1657.30	6347.72	6196.85	5633.16

桂林集琦药业股份有限公司

公司概况	公司名称	桂林集琦药业股份有限公司			证券简称	S*ST 集琦
	法人代表	蒋文胜	董秘	蒋海燕	证券代码	000750
	公司网址	www.guilinjiqi.com.cn		电子信箱	5818066@163.com	
	电　话	0773-5878066、5876610		传　真	0773-5875328	
	办公地址	桂林市骖鸾路 23 号-1 星辰大厦				
	经营范围	片剂、硬胶囊剂、颗粒剂、滴眼剂、软胶囊剂、搽剂、溶液剂的制造与销售等				

	指标\报告期	2009.06.30	2008.12.31	2008.06.30	2007.12.31
主要财务指标	每股收益(元)	–0.0500	–0.2700	–0.1476	–0.1468
	每股收益(扣除)(元)	–0.0900	–0.2725	–0.1539	–0.4963
	每股净资产(元)	0.9859	1.0394	1.1468	1.2945
	调整后每股净资产(元)	–	–	–	–
	每股资本公积金(元)	1.3379	1.3379	1.3379	1.3379
	每股盈余公积金(元)	0.0205	0.0205	0.0205	0.0205
	每股未分配利润(元)	–1.3725	–1.3190	–1.2115	–1.0639
	每股现金净流量(元)	–0.0009	–0.0071	–0.0057	–0.0568
	每股经营现金净流量(元)	0.0472	–0.0010	0.0042	–0.0403
	净资产收益率(扣除)(%)	–	–	–	–38.3400
	净资产收益率(%)	–5.4325	–25.9900	–12.8700	–11.3400
	总资产(万)	50991.02	52630.89	54634.15	56878.96
	股东权益(万)	21201.45	22353.21	24663.36	27838.38
	主营业务收入(万)	–	–	–	–
	主营业务利润(万)	–	–	–	–
	营业务收入(万)	5884.48	10270.30	6045.98	19366.92
	营业务利润(万)	–1873.33	–6011.60	–3148.67	–5105.80
	投资收益(万)	–	–	–	–
	利润总额(万)	–1188.02	–5981.74	–3248.27	–3282.30
	净利润(万)	–1151.76	–5810.16	–3175.01	–3157.67

葫芦岛锌业股份有限公司

公司概况	公司名称	葫芦岛锌业股份有限公司			证券简称	*ST 锌业
	法人代表	许健	董秘	张正东	证券代码	000751
	公司网址	www.hldxygf.com		电子信箱	hld_zhangzd@163.com	
	电　话	0429-2024121		传　真	0429-2101801	
	办公地址	辽宁省葫芦岛市龙港区锌厂路 24 号				
	经营范围	锌、铜冶炼及深加工产品、硫酸、镉、铟综合利用产品加工,重有色金属及制品加工等				

主要财务指标	指标\报告期	2009.06.30	2008.12.31	2008.06.30	2007.12.31
	每股收益(元)	-0.0451	-0.8800	-0.1800	-0.2600
	每股收益(扣除)(元)	-0.0800	-0.9900	-0.2800	-0.2800
	每股净资产(元)	1.5100	1.5500	2.2600	2.5800
	调整后每股净资产(元)	-	-	-	-
	每股资本公积金(元)	0.5280	0.5251	0.5280	0.6623
	每股盈余公积金(元)	0.3349	0.3349	0.3349	0.3349
	每股未分配利润(元)	-0.3503	-0.3052	0.4010	0.5783
	每股现金净流量(元)	0.1665	0.0403	0.2627	-1.1576
	每股经营现金净流量(元)	-0.0426	0.4453	0.2282	-0.6374
	净资产收益率(扣除)(%)	-	-	-	-10.8200
	净资产收益率(%)	-2.9800	-56.8200	-7.8300	-10.0600
	总资产(万)	747888.86	728252.06	817482.80	869462.34
	股东权益(万)	167927.83	172604.80	251325.24	285913.50
	主营业务收入(万)	-	-	-	-
	主营业务利润(万)	-	-	-	-
	营业务收入(万)	196102.58	612910.33	355633.37	938807.60
	营业务利润(万)	-10183.86	-131495.41	-26919.96	-35996.91
	投资收益(万)	-	-	-	-
	利润总额(万)	-6478.58	-131619.17	-27048.98	-36426.66
	净利润(万)	-5004.58	-98076.35	-19680.65	-28774.10

西藏银河科技发展股份有限公司

公司概况	公司名称	西藏银河科技发展股份有限公司			证券简称	西藏发展
	法人代表	闫清江	董秘	马继刚	证券代码	000752
	公司网址	xzyhkjfzgfgs.my.sme.cn		电子信箱	ls000752@263.net	
	电　话	0891-6389377		传　真	0891-6389377	
	办公地址	西藏自治区拉萨市色拉路 36 号				
	经营范围	生产、销售啤酒、饮料;饲料,养殖业;藏红花系列产品的开发等				

主要财务指标	指标\报告期	2009.06.30	2008.12.31	2008.06.30	2007.12.31
	每股收益(元)	0.0440	0.0806	0.0420	0.0557
	每股收益(扣除)(元)	0.0370	0.0301	0.0420	0.0370
	每股净资产(元)	2.0300	1.9900	1.9500	1.9090
	调整后每股净资产(元)	-	-	-	-
	每股资本公积金(元)	-	-	-	-
	每股盈余公积金(元)	0.1366	0.1366	0.1366	0.1366
	每股未分配利润(元)	0.8970	0.8532	0.8145	0.7726
	每股现金净流量(元)	0.3181	0.1349	0.0296	-0.1880
	每股经营现金净流量(元)	0.3016	0.5856	0.0556	0.3398
	净资产收益率(扣除)(%)	-	-	-	1.9400
	净资产收益率(%)	2.1500	4.0500	2.1500	2.9200
	总资产(万)	111576.96	107522.86	95749.69	93418.35
	股东权益(万)	53637.40	52482.89	51462.91	50357.78
	主营业务收入(万)	-	-	-	-
	主营业务利润(万)	-	-	-	-
	营业务收入(万)	17472.28	28216.88	12913.39	24451.23
	营业务利润(万)	3099.13	4335.58	2648.67	4170.09
	投资收益(万)	-	-	-	-
	利润总额(万)	3290.78	5594.01	2647.57	4638.04
	净利润(万)	1154.51	2125.11	1105.53	1470.35

福建漳州发展股份有限公司

公司概况	公司名称	福建漳州发展股份有限公司			证券简称	漳州发展
	法人代表	庄文海	董秘	李勤	证券代码	000753
	公司网址	www.zzdc.com.cn		电子信箱	zzdc000753@yahoo.com.cn	
	电　话	0596-2671753		传　真	0596-2671876	
	办公地址	福建省漳州市胜利东路漳州发展广场 21 楼				
	经营范围	对道路公路的投资与开发;城市基础设施开发与建设等				

主要财务指标	指标\报告期	2009.06.30	2008.12.31	2008.06.30	2007.12.31
	每股收益(元)	0.1000	0.1220	0.0820	-0.0430
	每股收益(扣除)(元)	0.1000	-0.1230	0.0780	-0.0450
	每股净资产(元)	1.5600	1.4600	1.4200	1.3400
	调整后每股净资产(元)	-	-	-	-
	每股资本公积金(元)	0.6882	0.6882	0.6882	0.6882
	每股盈余公积金(元)	-	-	-	-
	每股未分配利润(元)	-0.1291	-0.2262	-0.2715	-0.3480
	每股现金净流量(元)	0.1465	0.2801	-0.0602	-0.0534
	每股经营现金净流量(元)	0.2910	-0.0501	-0.0911	0.0306
	净资产收益率(扣除)(%)	-	-	-	-3.4000
	净资产收益率(%)	6.2300	8.3300	5.7600	-3.2300
	总资产(万)	113723.42	115202.52	127073.07	127827.06
	股东权益(万)	49315.19	46242.68	44808.66	42390.35
	主营业务收入(万)	-	-	-	-
	主营业务利润(万)	-	-	-	-
	营业务收入(万)	47769.59	74755.25	33717.02	56396.61
	营业务利润(万)	5031.36	4860.50	3982.68	54.66
	投资收益(万)	-	-	-	-
	利润总额(万)	5055.35	4770.83	3997.13	103.69
	净利润(万)	3072.51	3852.33	2579.05	-1368.46

山西三维集团股份有限公司

公司概况	公司名称	山西三维集团股份有限公司			证券简称	山西三维
	法人代表	卢辉生	董秘	侯俊义	证券代码	000755
	公司网址	www.sxsanwei.com		电子信箱	swzhyp@sxsanwei.com	
	电　话	0357-6663123		传　真	0357-6663566	
	办公地址	山西省临汾市洪洞县赵城·山西三维公司				
	经营范围	化工产品、化纤产品及焦炭的生产、销售及出口贸易等				

主要财务指标	指标\报告期	2009.06.30	2008.12.31	2008.06.30	2007.12.31
	每股收益(元)	-0.1720	0.0300	0.2430	0.7500
	每股收益(扣除)(元)	-0.1690	0.0300	0.2449	0.7500
	每股净资产(元)	4.4400	4.6120	4.8050	5.6406
	调整后每股净资产(元)	-	-	-	-
	每股资本公积金(元)	2.1645	2.1645	2.1645	2.7974
	每股盈余公积金(元)	0.2568	0.2961	0.2551	0.3339
	每股未分配利润(元)	0.9834	1.1514	1.3850	1.5180
	每股现金净流量(元)	0.3825	-0.5139	-0.4702	0.1377
	每股经营现金净流量(元)	0.0972	0.4484	0.1302	1.2671
	净资产收益率(扣除)(%)	-	-	-	15.1200
	净资产收益率(%)	-3.8600	0.6400	5.0600	15.3600
	总资产(万)	460134.10	433465.74	438660.36	419447.39
	股东权益(万)	208375.40	216426.94	225460.80	220915.35
	主营业务收入(万)	-	-	-	-
	主营业务利润(万)	-	-	-	-
	营业务收入(万)	98444.33	264537.49	134564.23	271333.30
	营业务利润(万)	-7827.68	-4202.46	9131.82	48857.53
	投资收益(万)	-	-	-	-
	利润总额(万)	-7923.11	-3909.96	9008.05	49024.56
	净利润(万)	-8051.54	1377.40	11397.26	33943.36

山东新华制药股份有限公司

公司概况					
公司名称	山东新华制药股份有限公司			证券简称	新华制药
法人代表	郭琴	董秘	曹长求 郭磊	证券代码	000756
公司网址	www.xhzy.com		电子信箱	cqcao@xhzy.com	
电　话	0533-2196024		传　真	0533-2287508	
办公地址	山东省淄博市高新技术产业开发区化工区				
经营范围	生产西药、化工原料、食品添加剂、保健食品、制药设备、医药检测仪器等				

主要财务指标：指标\报告期	2009.06.30	2008.12.31	2008.06.30	2007.12.31
每股收益(元)	0.0900	0.0700	0.0400	0.0700
每股收益(扣除)(元)	0.0800	0.1000	0.0400	0.0200
每股净资产(元)	3.4000	3.1800	3.2600	3.6400
调整后每股净资产(元)	–	–	–	–
每股资本公积金(元)	1.5146	1.3503	1.4655	1.8592
每股盈余公积金(元)	0.3659	0.3659	0.3592	0.3592
每股未分配利润(元)	0.5176	0.4607	0.4378	0.4231
每股现金净流量(元)	0.1333	–0.0353	–0.0391	0.1458
每股经营现金净流量(元)	0.2662	0.2263	0.0962	0.2637
净资产收益率(扣除)(%)	–	–	–	–
净资产收益率(%)	2.5700	2.3400	1.3700	1.9600
总资产(万)	240461.17	216173.43	213131.04	226319.34
股东权益(万)	155442.65	145325.30	149267.93	166596.10
主营业务收入(万)	–	–	–	–
主营业务利润(万)	–	–	–	–
营业务收入(万)	119679.21	209696.37	114065.27	188697.90
营业务利润(万)	5804.06	3639.24	3152.91	3545.34
投资收益(万)	–	–	–	–
利润总额(万)	5068.35	4604.02	3056.84	4651.05
净利润(万)	3988.71	3396.55	2045.72	3272.30

中国有色金属建设股份有限公司

公司概况					
公司名称	中国有色金属建设股份有限公司			证券简称	中色股份
法人代表	罗涛	董秘	杜斌	证券代码	000758
公司网址	www.nfc.com.cn		电子信箱	dubin@nfc-china.com	
电　话	010-84427898		传　真	010-84427222	
办公地址	北京市朝阳区安定路10号中国有色大厦南楼				
经营范围	承包本行业国外工程、境内外资工程等				

主要财务指标：指标\报告期	2009.06.30	2008.12.31	2008.06.30	2007.12.31
每股收益(元)	0.0330	0.1890	0.1910	0.8760
每股收益(扣除)(元)	–0.0070	0.1670	0.1920	0.6340
每股净资产(元)	2.7000	3.0000	2.9100	2.8600
调整后每股净资产(元)	–	–	–	–
每股资本公积金(元)	0.3377	0.3737	0.2649	0.2713
每股盈余公积金(元)	0.3271	0.3598	0.3269	0.3269
每股未分配利润(元)	1.1608	1.3863	1.4121	1.3302
每股现金净流量(元)	0.8542	–0.3952	0.2960	0.3243
每股经营现金净流量(元)	0.4225	0.3654	0.1260	0.6405
净资产收益率(扣除)(%)	–	–	–	22.1500
净资产收益率(%)	1.2100	6.3100	6.5700	30.6100
总资产(万)	889910.78	856801.77	869513.84	816417.93
股东权益(万)	172815.10	173982.72	168886.33	166264.96
主营业务收入(万)	–	–	–	–
主营业务利润(万)	–	–	–	–
营业务收入(万)	177701.12	493795.62	278854.43	543464.49
营业务利润(万)	4997.71	32628.08	34743.69	78971.41
投资收益(万)	–	–	–	–
利润总额(万)	5100.77	32786.93	34274.39	89501.49
净利润(万)	2096.76	10976.24	11102.58	50899.94

武汉中百集团股份有限公司

公司概况					
公司名称	武汉中百集团股份有限公司			证券简称	武汉中百
法人代表	汪爱群	董秘	彭波	证券代码	000759
公司网址	www.whzb.com		电子信箱	whzb@whzb.com	
电　话	027-82832006		传　真	027-82210291	
办公地址	湖北省武汉市江汉区江汉路129号中百商厦24-25楼				
经营范围	百货、针纺织品、五金交电、其他食品、工艺美术品、家俱、日用杂品等				

主要财务指标：指标\报告期	2009.06.30	2008.12.31	2008.06.30	2007.12.31
每股收益(元)	0.1700	0.3500	0.1500	0.3800
每股收益(扣除)(元)	0.1500	0.2900	0.1400	0.3600
每股净资产(元)	2.8600	2.7900	2.6300	3.0000
调整后每股净资产(元)	–	–	–	–
每股资本公积金(元)	1.0808	1.0830	1.0818	1.1801
每股盈余公积金(元)	0.2249	0.2249	0.1796	0.3003
每股未分配利润(元)	0.5559	0.4817	0.3668	0.5177
每股现金净流量(元)	0.3389	0.3098	0.2758	0.1181
每股经营现金净流量(元)	0.9832	0.8445	0.2146	1.4136
净资产收益率(扣除)(%)	–	–	–	12.1100
净资产收益率(%)	6.0900	10.9900	5.5700	12.5200
总资产(万)	398686.14	414676.81	349299.03	332197.17
股东权益(万)	160398.04	156361.72	147314.42	100516.92
主营业务收入(万)	–	–	–	–
主营业务利润(万)	–	–	–	–
营业务收入(万)	503245.04	864912.55	455544.33	695942.15
营业务利润(万)	13197.17	20991.88	11576.47	16297.40
投资收益(万)	–	–	–	–
利润总额(万)	13778.77	24005.27	11897.19	16873.97
净利润(万)	9763.11	17189.29	8207.94	12581.64

湖北博盈投资股份有限公司

公司概况					
公司名称	湖北博盈投资股份有限公司			证券简称	博盈投资
法人代表	胡和建	董秘	李民俊	证券代码	000760
公司网址	www.hbbothwin.com		电子信箱	wyh775@sina.com	
电　话	010-84535388*808		传　真	010-64666028	
办公地址	北京市朝阳区亮马桥路39号第一上海中心C座412室				
经营范围	汽车配件制造、销售;经营本企业自产机电产品等				

主要财务指标：指标\报告期	2009.06.30	2008.12.31	2008.06.30	2007.12.31
每股收益(元)	–0.0031	–0.4135	–0.0300	0.3421
每股收益(扣除)(元)	–0.0035	–0.2670	–0.0300	–0.0200
每股净资产(元)	0.7700	0.7700	1.5400	1.5700
调整后每股净资产(元)	–	–	–	–
每股资本公积金(元)	0.0078	0.0078	0.0603	0.0602
每股盈余公积金(元)	0.0785	0.0785	0.1020	0.1020
每股未分配利润(元)	–0.3195	–0.3164	0.3747	0.4043
每股现金净流量(元)	–0.0329	–0.0295	–0.0814	0.1239
每股经营现金净流量(元)	0.0052	–0.0007	–0.0571	0.8095
净资产收益率(扣除)(%)	–	–	–	–1.2000
净资产收益率(%)	–0.4000	–53.7100	–1.9200	21.8400
总资产(万)	68294.20	56944.97	62268.79	62605.56
股东权益(万)	18162.15	18235.13	28002.74	28539.05
主营业务收入(万)	–	–	–	–
主营业务利润(万)	–	–	–	–
营业务收入(万)	29419.17	50176.71	25668.48	44657.77
营业务利润(万)	101.24	–6286.93	–469.22	4996.10
投资收益(万)	–	–	–	–
利润总额(万)	109.83	–9757.92	–489.57	6679.04
净利润(万)	–72.99	–9793.77	–538.58	6232.20

本钢板材股份有限公司

公司概况	公司名称	本钢板材股份有限公司			证券简称	本钢板材
	法人代表	于天忧	董秘	张吉臣	证券代码	000761
	公司网址	www.ln.cei.gov.cn		电子信箱	bgbctwg@mail.bxptt.ln.cn	
	电　　话	0414-7828360、7828734		传　　真	0414-7824158、7827004	
	办公地址	辽宁省本溪市平山区钢铁路 16 号				
	经营范围	废旧物资加工、购销,钢铁冶炼、压延加工、产品销售等				

主要财务指标	指标\报告期	2009.06.30	2008.12.31	2008.06.30	2007.12.31
	每股收益(元)	-0.2901	0.0500	0.3238	0.5100
	每股收益(扣除)(元)	-0.2902	0.0500	0.3216	0.4867
	每股净资产(元)	4.7066	5.0468	5.3431	5.3041
	调整后每股净资产(元)	-	-	-	-
	每股资本公积金(元)	2.7858	2.7858	2.7758	2.7758
	每股盈余公积金(元)	0.2938	0.2938	0.2915	0.2881
	每股未分配利润(元)	0.6270	0.9672	1.2758	1.2402
	每股现金净流量(元)	-0.0739	-0.0923	-0.2589	0.0072
	每股经营现金净流量(元)	0.5652	1.3688	0.2530	0.8754
	净资产收益率(扣除)(%)	-	-	-	9.1800
	净资产收益率(%)	-6.1650	1.0400	6.0600	9.5700
	总资产(万)	3408926.74	3272233.33	3235451.77	2935629.90
	股东权益(万)	1475994.72	1582663.36	1675609.40	1663381.37
	主营业务收入(万)	-	-	-	-
	主营业务利润(万)	-	-	-	-
	营业务收入(万)	1646162.78	3870232.91	1876985.72	3135159.65
	营业务利润(万)	-89869.96	24155.45	134418.40	213014.28
	投资收益(万)	-	-	-	-
	利润总额(万)	-89835.73	24130.35	135345.87	216491.17
	净利润(万)	-90988.64	16508.99	101544.18	159200.09

西藏矿业发展股份有限公司

公司概况	公司名称	西藏矿业发展股份有限公司			证券简称	西藏矿业
	法人代表	曾泰	董秘	王迎春	证券代码	000762
	公司网址			电子信箱	000762dsh@xzky-cd.com	
	电　　话	028-85355661		传　　真	028-85351955	
	办公地址	西藏自治区拉萨市中和国际城金珠二路 8 号				
	经营范围	铬矿、硼矿、铅锌矿、锡矿、锑矿、高岭土、铜矿、金矿、锂矿的开采及销售等				

主要财务指标	指标\报告期	2009.06.30	2008.12.31	2008.06.30	2007.12.31
	每股收益(元)	-0.1300	0.1800	0.1800	0.2050
	每股收益(扣除)(元)	-0.1300	0.1340	0.1800	0.1590
	每股净资产(元)	2.0900	2.2200	2.2250	2.3500
	调整后每股净资产(元)	-	-	-	-
	每股资本公积金(元)	0.7077	0.7077	0.7077	0.8785
	每股盈余公积金(元)	0.1327	0.1327	0.0995	0.1095
	每股未分配利润(元)	0.2535	0.3813	0.4174	0.3577
	每股现金净流量(元)	0.1602	-0.0264	0.0722	-0.0001
	每股经营现金净流量(元)	0.2335	0.3409	0.2460	0.2251
	净资产收益率(扣除)(%)	-	-	-	7.4400
	净资产收益率(%)	-6.1000	8.1140	8.2300	9.5900
	总资产(万)	102548.67	102719.54	106953.44	107277.93
	股东权益(万)	57729.70	61253.77	61333.09	58789.98
	主营业务收入(万)	-	-	-	-
	主营业务利润(万)	-	-	-	-
	营业务收入(万)	5828.00	50428.64	28358.08	41852.32
	营业务利润(万)	-3739.52	6032.57	6515.72	5013.95
	投资收益(万)	-	-	-	-
	利润总额(万)	-3731.08	7444.82	6551.06	5717.59
	净利润(万)	-3524.07	4970.16	5049.48	5638.10

通化金马药业集团股份有限公司

公司概况	公司名称	通化金马药业集团股份有限公司			证券简称	通化金马
	法人代表	刘立成	董秘	贾伟林	证券代码	000766
	公司网址	www.thjm.cn		电子信箱	thjmjt@163.com	
	电　　话	0435-3910232		传　　真	0435-3907298	
	办公地址	吉林省通化市东昌区江南路 100-1 号				
	经营范围	栓剂、片剂、硬胶囊剂、颗粒剂、丸剂、粉针剂、冻干粉、针剂等				

主要财务指标	指标\报告期	2009.06.30	2008.12.31	2008.06.30	2007.12.31
	每股收益(元)	0.0288	0.0400	0.0281	0.0400
	每股收益(扣除)(元)	0.0300	0.0300	0.0300	0.0300
	每股净资产(元)	1.2600	1.2300	1.2200	1.2000
	调整后每股净资产(元)	-	-	-	-
	每股资本公积金(元)	1.9517	1.9517	1.9517	1.9517
	每股盈余公积金(元)	0.2420	0.2420	0.2420	0.2420
	每股未分配利润(元)	-1.9308	-1.9597	-1.9698	-1.9979
	每股现金净流量(元)	0.0068	0.0062	0.0090	0.0086
	每股经营现金净流量(元)	0.0739	0.0229	0.0093	0.0222
	净资产收益率(扣除)(%)	-	-	-	2.8000
	净资产收益率(%)	2.2832	3.1000	2.3000	3.5100
	总资产(万)	86462.04	81158.92	83092.95	80942.77
	股东权益(万)	56702.78	55408.13	54952.20	53690.12
	主营业务收入(万)	-	-	-	-
	主营业务利润(万)	-	-	-	-
	营业务收入(万)	8308.96	15985.61	7925.67	15158.85
	营业务利润(万)	1239.47	1477.57	1246.62	1237.75
	投资收益(万)	-	-	-	-
	利润总额(万)	1305.14	1659.69	1306.78	1953.25
	净利润(万)	1294.65	1718.00	1262.07	1882.92

山西漳泽电力股份有限公司

公司概况	公司名称	山西漳泽电力股份有限公司			证券简称	漳泽电力
	法人代表	贾斌	董秘	王一峰	证券代码	000767
	公司网址	www.zhangzepower.com		电子信箱	info@zhangzepower.com	
	电　　话	0351-4265109		传　　真	0351-4268622	
	办公地址	山西省太原市五一路 197 号				
	经营范围	电力商品生产和销售;热力商品生产与销售;燃料、材料、电力高新技术等				

主要财务指标	指标\报告期	2009.06.30	2008.12.31	2008.06.30	2007.12.31
	每股收益(元)	-0.0500	-0.7253	-0.1755	0.3700
	每股收益(扣除)(元)	-0.0683	-0.8094	-0.2150	0.3622
	每股净资产(元)	1.6200	1.6770	2.2300	2.6300
	调整后每股净资产(元)	-	-	-	-
	每股资本公积金(元)	0.7346	0.7346	0.7374	0.7374
	每股盈余公积金(元)	0.2622	0.2622	0.2628	0.2628
	每股未分配利润(元)	-0.3745	-0.3197	0.2260	0.6295
	每股现金净流量(元)	0.2177	0.0686	0.0382	0.0219
	每股经营现金净流量(元)	0.6289	0.0168	0.1725	-0.0691
	净资产收益率(扣除)(%)	-	-	-	13.5800
	净资产收益率(%)	-3.3777	-43.2497	-7.8900	13.7500
	总资产(万)	1148913.17	1041782.61	952941.71	927748.79
	股东权益(万)	214735.88	221989.06	294688.86	348106.95
	主营业务收入(万)	-	-	-	-
	主营业务利润(万)	-	-	-	-
	营业务收入(万)	193677.33	338621.33	163408.08	371805.41
	营业务利润(万)	-9994.47	-119113.06	-28352.85	58793.21
	投资收益(万)	-	-	-	-
	利润总额(万)	-9696.73	-118456.59	-28197.16	59636.24
	净利润(万)	-7253.17	-96009.49	-23237.16	47872.12

西安飞机国际航空制造股份有限公司

公司概况						
	公司名称	西安飞机国际航空制造股份有限公司			证券简称	西飞国际
	法人代表	孟祥凯	董秘	孟祥凯	证券代码	000768
	公司网址	www.xac.com.cn		电子信箱	xaic@public.xa.sn.cn	
	电　话	029-86846638、86846976		传　真	029-86846031	
	办公地址	西安市阎良区红安路一号西飞国际				
	经营范围	飞机、飞行器零部件的设计、试验、生产、维修、改装、销售、服务及相关业务等				

主要财务指标	指标\报告期	2009.06.30	2008.12.31	2008.06.30	2007.12.31
	每股收益(元)	–0.0215	0.3587	0.1249	0.1464
	每股收益(扣除)(元)	–0.0251	0.3587	0.1224	0.1464
	每股净资产(元)	3.5300	7.8200	7.6000	3.3100
	调整后每股净资产(元)	–	–	–	–
	每股资本公积金(元)	2.3316	6.3295	6.3295	1.8619
	每股盈余公积金(元)	0.1413	0.3109	0.1100	0.1978
	每股未分配利润(元)	0.0610	0.1815	0.1593	0.2460
	每股现金净流量(元)	–0.4993	3.3707	2.2405	0.3408
	每股经营现金净流量(元)	–0.4498	0.6033	–0.5058	0.1612
	净资产收益率(扣除)(%)	–	–	–	4.4300
	净资产收益率(%)	–0.6100	4.4200	1.6100	4.4300
	总资产(万)	1428765.65	1394274.02	1438384.65	358831.41
	股东权益(万)	875561.69	880894.21	855783.10	207072.56
	主营业务收入(万)	–	–	–	–
	主营业务利润(万)	–	–	–	–
	营业务收入(万)	208035.29	935876.43	424633.23	216866.99
	营业务利润(万)	–7505.32	43530.54	16512.92	10515.51
	投资收益(万)	–	–	–	–
	利润总额(万)	–7498.26	45912.62	16528.18	10520.84
	净利润(万)	–5332.52	38907.53	13796.42	9171.23

延边公路建设股份有限公司

公司概况						
	公司名称	延边公路建设股份有限公司			证券简称	S 延边路
	法人代表	郭仁堂	董秘	王振宇	证券代码	000776
	公司网址			电子信箱	ybg1000776@vip.163.com	
	电　话	0433-2810612		传　真	0433-2810612	
	办公地址	吉林省延吉市长白山东路 1388 号				
	经营范围	公路建设;金属材料、纺织品、建筑材料、机械设备、林产品、土特产品批发零售				

主要财务指标	指标\报告期	2009.06.30	2008.12.31	2008.06.30	2007.12.31
	每股收益(元)	0.0300	0.0690	0.0400	0.0600
	每股收益(扣除)(元)	0.0300	0.0600	0.0400	0.0600
	每股净资产(元)	1.4700	1.4500	1.4200	1.4000
	调整后每股净资产(元)	–	–	–	–
	每股资本公积金(元)	0.9285	0.9285	0.9285	0.9311
	每股盈余公积金(元)	0.2679	0.2679	0.2679	0.2679
	每股未分配利润(元)	–0.7215	–0.7476	–0.7774	–0.8012
	每股现金净流量(元)	0.0600	0.0948	0.0468	–0.1242
	每股经营现金净流量(元)	0.0596	0.1799	0.1102	0.0895
	净资产收益率(扣除)(%)	–	–	–	4.5600
	净资产收益率(%)	1.7700	4.7300	2.7300	4.4100
	总资产(万)	34983.77	35070.50	35433.57	38544.69
	股东权益(万)	27154.62	26675.24	26125.16	26543.73
	主营业务收入(万)	–	–	–	–
	主营业务利润(万)	–	–	–	–
	营业务收入(万)	2392.41	5852.05	2956.72	7211.54
	营业务利润(万)	599.37	1165.50	863.33	1451.45
	投资收益(万)	–	–	–	–
	利润总额(万)	599.37	1462.55	863.23	1387.69
	净利润(万)	479.38	1262.70	712.26	1133.96

中核苏阀科技实业股份有限公司

公司概况						
	公司名称	中核苏阀科技实业股份有限公司			证券简称	中核科技
	法人代表	邱建刚	董秘	袁德钢	证券代码	000777
	公司网址	www.chinasufa.com		电子信箱	sales2@chinasufa.com	
	电　话	0512-66672006、66672245		传　真	0512-66673006、67526983	
	办公地址	苏州市新区珠江路 501 号				
	经营范围	工业用阀门设计、制造、销售;金属制品、电机产品的设计、制造、加工、销售等				

主要财务指标	指标\报告期	2009.06.30	2008.12.31	2008.06.30	2007.12.31
	每股收益(元)	0.0768	0.1823	0.0549	1.1193
	每股收益(扣除)(元)	0.0751	0.2630	0.0533	0.1564
	每股净资产(元)	2.7932	2.7760	2.6491	3.2130
	调整后每股净资产(元)	–	–	–	–
	每股资本公积金(元)	0.3691	0.3691	0.3691	0.4429
	每股盈余公积金(元)	0.2985	0.2985	0.2794	0.3353
	每股未分配利润(元)	1.1256	1.1088	1.0006	1.4348
	每股现金净流量(元)	0.2568	0.3270	0.0660	0.3377
	每股经营现金净流量(元)	0.0758	0.1511	–0.1541	0.3184
	净资产收益率(扣除)(%)	–	–	–	5.8400
	净资产收益率(%)	2.7500	6.5700	2.0700	41.8000
	总资产(万)	96293.24	81568.79	76420.69	76691.41
	股东权益(万)	56310.99	55972.51	53405.30	53977.67
	主营业务收入(万)	–	–	–	–
	主营业务利润(万)	–	–	–	–
	营业务收入(万)	28886.92	56628.78	26445.86	43739.53
	营业务利润(万)	1462.13	4098.22	1096.34	26635.93
	投资收益(万)	–	–	–	–
	利润总额(万)	1503.59	4174.40	1135.35	26649.68
	净利润(万)	1548.09	3674.84	1107.62	22564.69

新兴铸管股份有限公司

公司概况						
	公司名称	新兴铸管股份有限公司			证券简称	新兴铸管
	法人代表	刘明忠	董秘	曾耀赣	证券代码	000778
	公司网址	www.xinxing-pipes.com		电子信箱	xinxingh@xinxing-pipes.com	
	电　话	0310-5792011、5793247		传　真	0310-5796999	
	办公地址	河北省武安市上洛阳村北(2672 厂区)				
	经营范围	离心球墨铸铁管,灰铁排水管,新型复合管材及配套管件等				

主要财务指标	指标\报告期	2009.06.30	2008.12.31	2008.06.30	2007.12.31
	每股收益(元)	0.4020	0.4348	0.3031	0.5045
	每股收益(扣除)(元)	0.3761	0.3452	0.2953	0.4898
	每股净资产(元)	4.6835	4.2889	4.3928	4.0848
	调整后每股净资产(元)	–	–	–	–
	每股资本公积金(元)	1.3868	1.3884	1.3884	1.3820
	每股盈余公积金(元)	0.4933	0.4660	0.4646	0.4803
	每股未分配利润(元)	1.7511	1.4014	1.5398	1.2417
	每股现金净流量(元)	–0.0423	0.7075	0.2684	0.1830
	每股经营现金净流量(元)	0.4418	1.9601	0.2312	0.3049
	净资产收益率(扣除)(%)	–	–	–	11.9900
	净资产收益率(%)	8.5800	10.1400	6.9000	12.2400
	总资产(万)	1488690.18	1434254.68	1422570.76	1153283.15
	股东权益(万)	550090.12	503740.80	515939.59	482015.71
	主营业务收入(万)	–	–	–	–
	主营业务利润(万)	–	–	–	–
	营业务收入(万)	1241116.03	2055079.68	1060687.79	1425810.40
	营业务利润(万)	72936.19	67738.32	59046.48	93202.91
	投资收益(万)	–	–	–	–
	利润总额(万)	78010.33	81148.98	61326.90	98080.43
	净利润(万)	47218.29	51069.45	38962.19	59253.17

兰州三毛实业股份有限公司

公司概况	公司名称	兰州三毛实业股份有限公司			证券简称	ST 派神
	法人代表	阮英	董秘	王裕军	证券代码	000779
	公司网址	www.chinapaishen.com		电子信箱	pss@chinapaishen.com	
	电　话	0931-7551809		传　真	0931-7555200	
	办公地址	甘肃省兰州市西固区玉门街 486 号				
	经营范围	纺织品、服装的研究开发、生产、批发零售,电子计算机技术开发等				

主要财务指标	指标\报告期	2009.06.30	2008.12.31	2008.06.30	2007.12.31
	每股收益(元)	-0.0780	0.1600	0.0230	0.1500
	每股收益(扣除)(元)	-0.1000	0.0150	0.0250	-0.0150
	每股净资产(元)	1.5200	1.6000	1.4600	1.4400
	调整后每股净资产(元)	-	-	-	-
	每股资本公积金(元)	1.7260	1.7260	1.7091	1.7272
	每股盈余公积金(元)	0.1869	0.1869	0.1869	0.1869
	每股未分配利润(元)	-1.3917	-1.3136	-1.4313	-1.4707
	每股现金净流量(元)	-0.0470	0.0916	0.1067	0.1530
	每股经营现金净流量(元)	0.0114	0.1124	0.1173	0.1856
	净资产收益率(扣除)(%)	-	-	-	-1.0100
	净资产收益率(%)	-5.1300	9.8200	1.5400	10.0300
	总资产(万)	57879.07	61080.46	59576.58	57503.24
	股东权益(万)	28361.63	29816.97	27307.53	26910.40
	主营业务收入(万)	-	-	-	-
	主营业务利润(万)	-	-	-	-
	营业务收入(万)	8535.39	26932.46	13582.95	30976.90
	营业务利润(万)	-1905.15	3365.92	480.27	27.17
	投资收益(万)	-	-	-	-
	利润总额(万)	-1455.34	2929.17	419.72	2700.28
	净利润(万)	-1455.34	2929.17	419.72	2700.28

内蒙古平庄能源股份有限公司

公司概况	公司名称	内蒙古平庄能源股份有限公司			证券简称	平庄能源
	法人代表	孙金国	董秘	张建忠	证券代码	000780
	公司网址	www.nmgpzny.com		电子信箱	pznyzjz@163.com	
	电　话	0476-3324281、3328400		传　真	0476-3328220	
	办公地址	内蒙古赤峰市元宝山区平庄镇哈河街平庄能源公司				
	经营范围	煤炭生产、洗选加工、销售				

主要财务指标	指标\报告期	2009.06.30	2008.12.31	2008.06.30	2007.12.31
	每股收益(元)	0.2543	0.6700	0.1800	0.2200
	每股收益(扣除)(元)	0.2534	-	0.1818	0.0600
	每股净资产(元)	2.7200	2.4100	1.8600	1.7400
	调整后每股净资产(元)	-	-	-	-
	每股资本公积金(元)	1.4555	1.4555	1.4676	1.4555
	每股盈余公积金(元)	0.0026	0.1855	0.0026	0.0815
	每股未分配利润(元)	0.0007	-0.2343	-0.6105	-0.7988
	每股现金净流量(元)	0.0236	0.3628	0.1406	0.0403
	每股经营现金净流量(元)	0.3283	1.1384	0.3345	0.4808
	净资产收益率(扣除)(%)	-	-	-	3.2800
	净资产收益率(%)	9.3400	27.7800	9.8100	11.2600
	总资产(万)	389794.72	375608.01	372063.37	337193.79
	股东权益(万)	276281.21	244111.69	188632.97	176309.02
	主营业务收入(万)	-	-	-	-
	主营业务利润(万)	-	-	-	-
	营业务收入(万)	131329.59	261856.54	114799.33	133632.38
	营业务利润(万)	33339.03	90881.71	24305.52	19185.95
	投资收益(万)	-	-	-	-
	利润总额(万)	33454.73	90403.94	24389.31	40184.92
	净利润(万)	25793.37	67802.67	18499.67	19860.56

广东新会美达锦纶股份有限公司

公司概况	公司名称	广东新会美达锦纶股份有限公司			证券简称	美达股份
	法人代表	梁伟东	董秘	胡振华	证券代码	000782
	公司网址	www.meidanylon.com		电子信箱	8hzh@21cn.com	
	电　话	0750-6107981		传　真	0750-6107975	
	办公地址	广东省江门市新会市会城镇江会路上浅口				
	经营范围	锦纶 6 切片、纺丝、织造、染整				

主要财务指标	指标\报告期	2009.06.30	2008.12.31	2008.06.30	2007.12.31
	每股收益(元)	0.0450	-0.3800	0.0300	0.0900
	每股收益(扣除)(元)	0.0510	-0.4000	0.0200	0.0800
	每股净资产(元)	2.0500	1.9800	2.4510	2.4700
	调整后每股净资产(元)	-	-	-	-
	每股资本公积金(元)	0.8340	0.8146	0.8270	0.8728
	每股盈余公积金(元)	0.1072	0.1072	0.1072	0.1072
	每股未分配利润(元)	0.1092	0.0642	0.5203	0.4899
	每股现金净流量(元)	0.2472	-0.2963	0.0958	0.0615
	每股经营现金净流量(元)	0.4768	0.5516	0.4250	0.0017
	净资产收益率(扣除)(%)	-	-	-	3.4300
	净资产收益率(%)	2.2000	-19.0900	1.2400	3.7500
	总资产(万)	192320.48	177465.04	245720.49	253269.47
	股东权益(万)	82841.12	80242.31	99133.30	100090.42
	主营业务收入(万)	-	-	-	-
	主营业务利润(万)	-	-	-	-
	营业务收入(万)	108882.63	306547.41	169663.06	271572.16
	营业务利润(万)	2645.06	-17254.90	939.96	3923.47
	投资收益(万)	-	-	-	-
	利润总额(万)	2391.01	-16589.63	1393.33	4314.04
	净利润(万)	1820.28	-15317.33	1230.38	3756.65

长江证券股份有限公司

公司概况	公司名称	长江证券股份有限公司			证券简称	长江证券
	法人代表	胡运钊	董秘	徐锦文	证券代码	000783
	公司网址	www.cjsc.com.cn		电子信箱	inf@cjsc.com.cn	
	电　话	027-65799886		传　真	027-85481726	
	办公地址	湖北省武汉市江汉区新华路特 8 号				
	经营范围	证券代理买卖;代理证券的还本付息,分红派息等				

主要财务指标	指标\报告期	2009.06.30	2008.12.31	2008.06.30	2007.12.31
	每股收益(元)	0.3800	0.4200	0.3800	1.4100
	每股收益(扣除)(元)	0.3800	0.4100	0.3800	1.4200
	每股净资产(元)	3.0700	2.7500	2.9300	3.2800
	调整后每股净资产(元)	-	-	-	-
	每股资本公积金(元)	0.2060	0.1632	0.3899	0.6118
	每股盈余公积金(元)	-	0.2071	0.1658	0.1658
	每股未分配利润(元)	1.2689	0.9892	1.0726	1.1939
	每股现金净流量(元)	-	-	-	-
	每股经营现金净流量(元)	-	-	-	-
	净资产收益率(扣除)(%)	-	-	-	43.4100
	净资产收益率(%)	12.3700	15.2400	12.9000	43.0500
	总资产(万)	1901116.04	1819097.09	2537094.01	2480796.76
	股东权益(万)	514356.68	460335.70	491547.13	549046.98
	主营业务收入(万)	135644.96	207324.19	135922.00	496189.39
	主营业务利润(万)	83562.96	97276.68	83307.35	339926.00
	营业务收入(万)	-	-	-	-
	营业务利润(万)	-	-	-	-
	投资收益(万)	-	-	-	-
	利润总额(万)	83594.87	98052.18	83140.20	336975.91
	净利润(万)	63603.37	70162.72	63408.83	236366.88

武汉中商集团股份有限公司

公司概况	公司名称	武汉中商集团股份有限公司			证券简称	武汉中商
	法人代表	严规方	董秘	易国华	证券代码	000785
	公司网址	www.zhongshang.com.cn		电子信箱	xuey307@tom.com	
	电　话	027-87362507、87322635		传　真	027-87307723	
	办公地址	湖北省武汉市武昌区中南路9号				
	经营范围	百货、日用杂品销售;超级市场零售;物流配送、仓储服务等				

主要财务指标	指标\报告期	2009.06.30	2008.12.31	2008.06.30	2007.12.31
	每股收益(元)	0.1600	0.1500	0.1110	0.1300
	每股收益(扣除)(元)	0.1290	0.0800	0.0970	-0.0200
	每股净资产(元)	2.3600	2.1900	2.1500	2.0400
	调整后每股净资产(元)	-	-	-	-
	每股资本公积金(元)	0.3218	0.3198	0.3206	0.3237
	每股盈余公积金(元)	0.6965	0.6965	0.6948	0.6948
	每股未分配利润(元)	0.3388	0.1745	0.1346	0.0234
	每股现金净流量(元)	-0.2983	0.0365	-0.3584	0.5732
	每股经营现金净流量(元)	0.0597	1.0875	0.1831	1.1475
	净资产收益率(扣除)(%)	-	-	-	-0.7400
	净资产收益率(%)	6.9700	6.9700	5.1700	6.4100
	总资产(万)	225963.05	238006.34	223633.33	232550.47
	股东权益(万)	59216.76	55037.77	54013.16	51297.91
	主营业务收入(万)	-	-	-	-
	主营业务利润(万)	-	-	-	-
	营业务收入(万)	170228.41	316100.85	160787.03	279579.13
	营业务利润(万)	4323.32	3950.74	3561.56	4437.53
	投资收益(万)	-	-	-	-
	利润总额(万)	5427.99	5472.68	3890.75	4997.97
	净利润(万)	4127.71	3838.49	2791.46	3289.30

北新集团建材股份有限公司

公司概况	公司名称	北新集团建材股份有限公司			证券简称	北新建材
	法人代表	曹江林	董秘	陶铮	证券代码	000786
	公司网址	www.bnbm.com.cn		电子信箱	bnbm@bnbm.com.cn	
	电　话	010-82982787		传　真	010-82915566	
	办公地址	北京市海淀区三里河路甲11号中国建材大厦				
	经营范围	新型建材材料、新型墙体材料、化工产品、装饰材料、能源技术及产品等				

主要财务指标	指标\报告期	2009.06.30	2008.12.31	2008.06.30	2007.12.31
	每股收益(元)	0.2030	0.4180	0.1910	0.3510
	每股收益(扣除)(元)	0.1970	0.2560	0.0670	0.1600
	每股净资产(元)	3.5210	3.3810	3.1820	3.0300
	调整后每股净资产(元)	-	-	-	-
	每股资本公积金(元)	0.8664	0.8639	0.8512	0.8512
	每股盈余公积金(元)	0.5313	0.5313	0.4686	0.5104
	每股未分配利润(元)	1.1229	0.9854	0.8621	0.6648
	每股现金净流量(元)	0.0712	-0.1624	-0.2785	-0.2192
	每股经营现金净流量(元)	0.0430	0.5295	0.0252	0.2484
	净资产收益率(扣除)(%)	-	-	-	5.1500
	净资产收益率(%)	5.7530	12.3700	5.9900	11.6100
	总资产(万)	550643.81	500630.76	477902.10	533668.30
	股东权益(万)	202492.49	194436.61	183012.70	174067.86
	主营业务收入(万)	-	-	-	-
	主营业务利润(万)	-	-	-	-
	营业务收入(万)	136520.70	249614.52	112282.40	314323.38
	营业务利润(万)	17569.77	28364.72	15520.48	28678.13
	投资收益(万)	-	-	-	-
	利润总额(万)	17883.41	32177.55	15777.16	30808.41
	净利润(万)	11649.44	24058.21	10963.69	20206.50

西南合成制药股份有限公司

公司概况	公司名称	西南合成制药股份有限公司			证券简称	西南合成
	法人代表	李国军	董秘	杨帆	证券代码	000788
	公司网址	www.fsspc.com		电子信箱	sspc@fsspc.com	
	电　话	023-67525366		传　真	023-67525300	
	办公地址	重庆市渝北区洪湖东路9号财富大厦B座18楼				
	经营范围	制造,销售原料药及制剂;销售五金、交电、化工产品及原料等				

主要财务指标	指标\报告期	2009.06.30	2008.12.31	2008.06.30	2007.12.31
	每股收益(元)	0.0600	0.0700	0.0300	0.0600
	每股收益(扣除)(元)	0.0300	0.0400	0.0300	0.0100
	每股净资产(元)	1.8800	1.3700	1.3400	1.3100
	调整后每股净资产(元)	-	-	-	-
	每股资本公积金(元)	1.0090	0.6721	0.6754	0.6779
	每股盈余公积金(元)	0.0834	0.0834	0.0834	0.0834
	每股未分配利润(元)	-0.1950	-0.3828	-0.4147	-0.4490
	每股现金净流量(元)	0.6540	0.1225	-0.0068	0.1372
	每股经营现金净流量(元)	0.2337	0.6892	0.1014	0.2663
	净资产收益率(扣除)(%)	-	-	-	1.0700
	净资产收益率(%)	3.3600	4.8200	2.5500	4.9400
	总资产(万)	139733.82	80135.59	81227.34	76069.21
	股东权益(万)	49018.61	29829.89	29207.08	28517.11
	主营业务收入(万)	-	-	-	-
	主营业务利润(万)	-	-	-	-
	营业务收入(万)	37101.21	55252.02	28401.02	54755.68
	营业务利润(万)	1783.57	893.19	586.44	763.08
	投资收益(万)	-	-	-	-
	利润总额(万)	2011.34	1383.65	776.09	1062.96
	净利润(万)	1649.30	1438.63	745.91	1408.96

江西万年青水泥股份有限公司

公司概况	公司名称	江西万年青水泥股份有限公司			证券简称	江西水泥
	法人代表	刘明寿	董秘	方真	证券代码	000789
	公司网址	www.wnq.com.cn		电子信箱	wnqzqb@sohu.com	
	电　话	0791--8120789		传　真	0791--8160230	
	办公地址	南昌市高新技术开发区京东大道399号				
	经营范围	硅酸盐水泥、普通硅酸盐水泥、矿渣硅酸盐水泥、复合硅酸盐水泥等				

主要财务指标	指标\报告期	2009.06.30	2008.12.31	2008.06.30	2007.12.31
	每股收益(元)	0.0271	0.1237	0.0874	0.0949
	每股收益(扣除)(元)	0.0115	0.0859	0.0464	0.0698
	每股净资产(元)	2.5400	2.5200	2.5700	2.4300
	调整后每股净资产(元)	-	-	-	-
	每股资本公积金(元)	1.4795	1.4796	1.5642	1.5139
	每股盈余公积金(元)	0.1017	0.1017	0.1017	0.1017
	每股未分配利润(元)	-0.0368	-0.0639	-0.1003	-0.1877
	每股现金净流量(元)	1.9332	-0.3230	-0.2416	0.6231
	每股经营现金净流量(元)	0.7526	1.1283	0.0683	0.4517
	净资产收益率(扣除)(%)	-	-	-	2.5300
	净资产收益率(%)	1.0700	4.9200	3.4100	3.4400
	总资产(万)	509649.33	389701.72	341511.81	262554.73
	股东权益(万)	100733.34	99663.52	101572.46	96121.82
	主营业务收入(万)	-	-	-	-
	主营业务利润(万)	-	-	-	-
	营业务收入(万)	106866.89	191869.89	82203.67	126074.33
	营业务利润(万)	1629.11	10810.44	5842.07	2843.48
	投资收益(万)	-	-	-	-
	利润总额(万)	2730.31	11510.51	6009.77	3708.51
	净利润(万)	0.0271	4898.78	3458.98	3306.32

成都华神集团股份有限公司

公司概况					
公司名称	成都华神集团股份有限公司			证券简称	华神集团
法人代表	赵卫青	董秘	魏依国	证券代码	000790
公司网址	www.huasungrp.com		电子信箱	info@hoist.com.cn	
电　　话	028-66616686		传　　真	028-87778104	
办公地址	成都市十二桥路37号新1号华神科技大厦A座6楼				
经营范围	高新技术产品开发、生产、经营,中西制剂、原料药的生产、销售等				

主要财务指标 指标\报告期	2009.06.30	2008.12.31	2008.06.30	2007.12.31
每股收益(元)	0.0056	0.0256	0.0105	0.0092
每股收益(扣除)(元)	0.0056	0.0358	0.0108	0.0073
每股净资产(元)	1.9781	1.9726	1.9575	2.5311
调整后每股净资产(元)	–	–	–	–
每股资本公积金(元)	0.3876	0.3876	0.3876	0.8039
每股盈余公积金(元)	0.3090	0.3090	0.2916	0.3791
每股未分配利润(元)	0.2815	0.2759	0.2782	0.3480
每股现金净流量(元)	0.0420	–0.0253	–0.0844	–0.5928
每股经营现金净流量(元)	0.1429	0.0601	–0.1372	0.0137
净资产收益率(扣除)(%)	–	–	–	0.3800
净资产收益率(%)	0.2816	1.3000	0.5400	0.4700
总资产(万)	77611.38	78390.29	77171.91	70475.40
股东权益(万)	39493.00	39381.79	39081.08	38870.86
主营业务收入(万)	–	–	–	–
主营业务利润(万)	–	–	–	–
营业务收入(万)	18346.79	36318.79	16370.60	27566.39
营业务利润(万)	203.53	908.56	395.04	–233.60
投资收益(万)	–	–	–	–
利润总额(万)	203.00	907.24	387.01	122.55
净利润(万)	111.21	510.93	210.22	184.57

西北永新化工股份有限公司

公司概况					
公司名称	西北永新化工股份有限公司			证券简称	西北化工
法人代表	杨建忠	董秘		证券代码	000791
公司网址	www.yongxin.net		电子信箱	yongxin@public.lz.gs.cn	
电　　话	0931-4862482		传　　真	0931-8497112	
办公地址	甘肃省兰州市城关区北龙口永新化工园区				
经营范围	油漆、涂料、化工原料及产品、工业粘合剂、颜料、精细化工系列产品等				

主要财务指标 指标\报告期	2009.06.30	2008.12.31	2008.06.30	2007.12.31
每股收益(元)	0.0009	0.1237	–0.0198	0.0923
每股收益(扣除)(元)	–0.0029	–0.0353	–0.0279	–0.0627
每股净资产(元)	1.6020	1.6011	1.4577	1.4774
调整后每股净资产(元)	–	–	–	–
每股资本公积金(元)	0.8620	0.8620	0.8620	0.8620
每股盈余公积金(元)	0.0178	0.0178	0.0178	0.0178
每股未分配利润(元)	–0.2777	–0.2786	–0.4220	–0.4023
每股现金净流量(元)	0.0664	0.0489	0.0296	0.0494
每股经营现金净流量(元)	0.0849	0.1586	0.2815	0.7226
净资产收益率(扣除)(%)	–	–	–	–4.2500
净资产收益率(%)	0.0600	7.7200	–1.3600	6.2500
总资产(万)	77823.49	78507.82	75307.15	70454.90
股东权益(万)	30278.24	30260.63	27550.27	27923.59
主营业务收入(万)	–	–	–	–
主营业务利润(万)	–	–	–	–
营业务收入(万)	10529.60	22278.07	10035.34	21091.09
营业务利润(万)	–208.39	–934.49	–748.76	–197.30
投资收益(万)	–	–	–	–
利润总额(万)	–70.17	2160.79	–541.81	1761.94
净利润(万)	17.61	2337.04	–373.32	1744.89

青海盐湖钾肥股份有限公司

公司概况					
公司名称	青海盐湖钾肥股份有限公司			证券简称	盐湖钾肥
法人代表	郑长山	董秘	张继文	证券代码	000792
公司网址	www.yhjf.com		电子信箱	yhjf0792@sina.com	
电　　话	0979-8448121、8448123		传　　真	0979-8434445	
办公地址	青海省格尔木市察尔汗				
经营范围	主营氯化钾的开发、生产和销售,兼营光卤石、低钠光卤石及其他矿产品开发等				

主要财务指标 指标\报告期	2009.06.30	2008.12.31	2008.06.30	2007.12.31
每股收益(元)	1.0271	1.7775	0.6645	1.3112
每股收益(扣除)(元)	1.0200	1.7995	0.6800	1.3485
每股净资产(元)	3.3322	3.7428	2.5927	3.1653
调整后每股净资产(元)	–	–	–	
每股资本公积金(元)	0.2715	0.2715	0.2715	0.2715
每股盈余公积金(元)	0.5753	0.5655	0.3382	0.4863
每股未分配利润(元)	1.2001	1.9058	0.9830	1.4075
每股现金净流量(元)	–0.9066	0.1769	0.1638	0.5769
每股经营现金净流量(元)	1.2948	2.7623	0.9692	2.1912
净资产收益率(扣除)(%)	–	–	–	42.6000
净资产收益率(%)	30.8200	47.4900	25.6300	41.4300
总资产(万)	777905.62	802856.60	696400.55	677754.59
股东权益(万)	255761.82	287278.38	199005.26	242951.37
主营业务收入(万)	–	–	–	–
主营业务利润(万)	–	–	–	–
营业务收入(万)	207127.69	406890.20	151856.47	310937.37
营业务利润(万)	130181.08	271828.35	95802.41	178107.01
投资收益(万)	–	–	–	–
利润总额(万)	166565.74	300115.96	104765.29	206811.59
净利润(万)	78837.98	136433.01	51004.34	100643.23

华闻传媒投资集团股份有限公司

公司概况					
公司名称	华闻传媒投资集团股份有限公司			证券简称	华闻传媒
法人代表	温子健	董秘	金日	证券代码	000793
公司网址	www.000793.com		电子信箱	board@000793.com	
电　　话	0898-66254650、66196060		传　　真	0898-66255636、66254650	
办公地址	海南省海口市海甸四东路民生大厦				
经营范围	传播与文化产业的投资、开发、管理及咨询服务等				

主要财务指标 指标\报告期	2009.06.30	2008.12.31	2008.06.30	2007.12.31
每股收益(元)	0.0483	0.1223	0.0635	0.1092
每股收益(扣除)(元)	0.0365	0.1223	0.0442	0.1092
每股净资产(元)	1.5800	1.5500	1.4900	1.4700
调整后每股净资产(元)	–	–	–	–
每股资本公积金(元)	0.0287	0.0287	0.0254	0.0529
每股盈余公积金(元)	0.1633	0.1633	0.1556	0.1567
每股未分配利润(元)	0.3869	0.3585	0.3063	0.2629
每股现金净流量(元)	–0.1478	0.0219	–0.1476	0.1442
每股经营现金净流量(元)	–0.0029	0.4070	0.0262	0.3775
净资产收益率(扣除)(%)	–	–	–	0.7900
净资产收益率(%)	3.0600	7.8800	4.2700	7.4100
总资产(万)	359455.34	361038.80	356346.69	354096.17
股东权益(万)	214747.31	210894.33	202305.36	200280.50
主营业务收入(万)	–	–	–	–
主营业务利润(万)	–	–	–	–
营业务收入(万)	103196.14	281496.42	126366.58	223395.09
营业务利润(万)	15328.76	38250.09	18985.57	37437.37
投资收益(万)	–	–	–	–
利润总额(万)	15637.98	39073.90	19513.80	37924.56
净利润(万)	6573.24	16627.80	8637.77	14849.10

太原双塔刚玉股份有限公司

公司概况	公司名称	太原双塔刚玉股份有限公司			证券简称	太原刚玉
	法人代表	杜建奎	董秘	周玉旺	证券代码	000795
	公司网址	www.twin-tower.com		电子信箱	tygydmc@twin-tower.com	
	电　话	0351-4935313		传　真	0351-4935097	
	办公地址	太原市并州北路168号				
	经营范围	稀土永磁材料与制品、棕刚玉系列产品、物流设备与控制和信息系统等				

主要财务指标	指标\报告期	2009.06.30	2008.12.31	2008.06.30	2007.12.31
	每股收益(元)	0.0040	-0.6800	0.0150	0.0400
	每股收益(扣除)(元)	-0.0700	-0.7100	0.0100	-0.0290
	每股净资产(元)	0.8100	0.8100	1.5100	1.4920
	调整后每股净资产(元)	-	-	-	-
	每股资本公积金(元)	1.4358	1.4358	1.4358	1.4358
	每股盈余公积金(元)	0.1114	0.1114	0.1114	0.1114
	每股未分配利润(元)	-1.7353	-1.7390	-1.0401	-1.0548
	每股现金净流量(元)	0.4821	0.0188	0.4785	0.4604
	每股经营现金净流量(元)	0.5542	-0.1032	0.8671	0.2138
	净资产收益率(扣除)(%)	-	-	-	-1.9100
	净资产收益率(%)	0.4498	-84.6400	0.9780	2.4700
	总资产(万)	158924.10	142301.35	184012.83	168642.01
	股东权益(万)	22474.13	22373.05	41716.84	41310.72
	主营业务收入(万)	-	-	-	-
	主营业务利润(万)	-	-	-	-
	营业务收入(万)	22210.76	57480.57	27113.97	54895.38
	营业务利润(万)	-156.94	-19653.35	270.24	-592.52
	投资收益(万)	-	-	-	-
	利润总额(万)	135.07	-18915.81	411.75	1119.60
	净利润(万)	101.08	-18937.67	406.12	1022.20

宝鸡商场(集团)股份有限公司

公司概况	公司名称	宝鸡商场(集团)股份有限公司			证券简称	宝商集团
	法人代表	高建平	董秘	马明庆	证券代码	000796
	公司网址	www.bsjt.net		电子信箱	bsjt@bsjt.net	
	电　话	0917-3233763		传　真	0917-3233763	
	办公地址	宝鸡市渭滨区经二路114号				
	经营范围	百货，纺织品，摩托车，普通机械，电器设备，塑料制品，化工产品及原料等				

主要财务指标	指标\报告期	2009.06.30	2008.12.31	2008.06.30	2007.12.31
	每股收益(元)	0.0230	0.0205	0.0125	0.0068
	每股收益(扣除)(元)	0.0585	0.0427	0.0395	0.0437
	每股净资产(元)	1.3850	1.3610	1.3500	1.3400
	调整后每股净资产(元)	-	-	-	-
	每股资本公积金(元)	1.1455	1.1455	1.1455	1.1455
	每股盈余公积金(元)	0.2064	0.2064	0.2064	0.2064
	每股未分配利润(元)	-0.9675	-0.9905	-0.9985	-1.0110
	每股现金净流量(元)	-0.0044	0.3606	-0.0257	-0.1345
	每股经营现金净流量(元)	0.0341	0.4080	0.4921	0.4682
	净资产收益率(扣除)(%)	-	-	-	3.2600
	净资产收益率(%)	1.6600	1.5100	0.9200	0.5100
	总资产(万)	84873.75	88970.70	96493.15	78217.64
	股东权益(万)	34133.90	33566.50	33369.06	33060.55
	主营业务收入(万)	-	-	-	-
	主营业务利润(万)	-	-	-	-
	营业务收入(万)	46775.48	84309.60	43494.70	73693.55
	营业务利润(万)	1849.77	985.52	861.41	1492.54
	投资收益(万)	-	-	-	-
	利润总额(万)	852.30	871.09	213.01	567.74
	净利润(万)	567.40	505.95	308.52	167.13

中国武夷实业股份有限公司

公司概况	公司名称	中国武夷实业股份有限公司			证券简称	中国武夷
	法人代表	郑建国	董秘	林金铸	证券代码	000797
	公司网址	www.chinawuyi.com.cn		电子信箱	gzb@chinawuyi.com.cn	
	电　话	0591-83170123		传　真	0591-83170222	
	办公地址	福建省福州市五四路89号置地广场33层				
	经营范围	工程承包、投资开发、外经外贸等				

主要财务指标	指标\报告期	2009.06.30	2008.12.31	2008.06.30	2007.12.31
	每股收益(元)	0.0760	0.0930	0.0500	0.1800
	每股收益(扣除)(元)	0.0660	0.0600	0.0300	0.0500
	每股净资产(元)	2.5900	2.4300	2.4200	2.5700
	调整后每股净资产(元)	-	-	-	-
	每股资本公积金(元)	1.4268	1.3400	1.3691	1.5029
	每股盈余公积金(元)	0.0033	0.0033	0.0033	0.0033
	每股未分配利润(元)	0.1685	0.0929	0.0518	0.0552
	每股现金净流量(元)	1.7192	-0.0701	0.2100	0.0226
	每股经营现金净流量(元)	1.9885	0.1243	0.3520	0.7221
	净资产收益率(扣除)(%)	-	-	-	2.0500
	净资产收益率(%)	2.9200	3.8200	2.1300	6.9800
	总资产(万)	535439.79	459380.19	440321.17	425671.90
	股东权益(万)	100927.47	94607.36	94100.66	99933.82
	主营业务收入(万)	-	-	-	-
	主营业务利润(万)	-	-	-	-
	营业务收入(万)	105547.05	161044.79	79920.27	204991.10
	营业务利润(万)	15733.69	14013.23	5941.68	18982.93
	投资收益(万)	-	-	-	-
	利润总额(万)	15661.24	13990.91	5764.35	19284.54
	净利润(万)	2943.68	3610.56	2009.04	6977.72

中水集团远洋股份有限公司

公司概况	公司名称	中水集团远洋股份有限公司			证券简称	中水渔业
	法人代表	刘身利	董秘	陈明	证券代码	000798
	公司网址	www.cofc.com.cn		电子信箱	chenming@cofc.com.cn	
	电　话	010-88067461		传　真	010-88067463	
	办公地址	北京市西单民丰胡同31号				
	经营范围	海洋捕捞；水产品加工、储运、销售；与渔业相关的船舶、机械设备、材料的销售等				

主要财务指标	指标\报告期	2009.06.30	2008.12.31	2008.06.30	2007.12.31
	每股收益(元)	0.0237	-0.0609	-0.0508	0.0230
	每股收益(扣除)(元)	-0.0368	-0.1396	-0.0758	-0.0767
	每股净资产(元)	1.9400	1.9400	1.9800	2.0200
	调整后每股净资产(元)	-	-	-	-
	每股资本公积金(元)	1.0148	1.0357	1.0357	1.0357
	每股盈余公积金(元)	0.1022	0.1022	0.1022	0.1022
	每股未分配利润(元)	-0.1251	-0.1487	-0.1087	-0.0878
	每股现金净流量(元)	-1.0047	-0.7465	-0.7458	1.9154
	每股经营现金净流量(元)	0.2039	0.0289	-0.0203	0.2501
	净资产收益率(扣除)(%)	-	-	-	-3.8000
	净资产收益率(%)	1.2180	-3.1400	-2.5610	1.1400
	总资产(万)	69121.59	123723.03	118329.28	126892.81
	股东权益(万)	62093.07	62009.63	63331.18	64439.95
	主营业务收入(万)	-	-	-	-
	主营业务利润(万)	-	-	-	-
	营业务收入(万)	17971.17	38034.76	10795.30	29476.85
	营业务利润(万)	-15.99	-7281.69	-3944.75	557.90
	投资收益(万)	-	-	-	-
	利润总额(万)	382.09	-5080.87	-3404.84	2132.63
	净利润(万)	756.35	-1946.90	-1621.94	736.17

酒鬼酒股份有限公司

公司概况	公司名称	酒鬼酒股份有限公司			证券简称	酒鬼酒
	法人代表	王新国	董秘	张儒平	证券代码	000799
	公司网址	www.china000799.com		电子信箱	xjgzj@xjg.sina.net	
	电　话	0743-8312079		传　真	0743-8312178	
	办公地址	湖南省吉首市振武营酒鬼工业园				
	经营范围	生产、销售曲酒系列产品、陶瓷包装物、纸箱等				

主要财务指标

指标\报告期	2009.06.30	2008.12.31	2008.06.30	2007.12.31
每股收益(元)	0.0464	0.1358	0.0238	0.2061
每股收益(扣除)(元)	0.0406	0.0247	0.0042	0.0146
每股净资产(元)	2.0863	2.0398	1.9278	1.9040
调整后每股净资产(元)	–	–	–	–
每股资本公积金(元)	2.5078	2.5078	2.5078	2.5078
每股盈余公积金(元)	0.6454	0.6454	0.6454	0.6454
每股未分配利润(元)	–2.0669	–2.1133	–2.2254	–2.2492
每股现金净流量(元)	0.0218	–0.1971	–0.3591	0.4347
每股经营现金净流量(元)	0.0931	0.0729	–0.2271	0.1176
净资产收益率(扣除)(%)	–	–	–	0.7700
净资产收益率(%)	2.2260	6.6600	1.2320	10.8200
总资产(万)	110598.11	116133.77	121214.83	131672.90
股东权益(万)	63224.66	61817.30	58420.69	57700.80
主营业务收入(万)	–	–	–	–
主营业务利润(万)	–	–	–	–
营业务收入(万)	18079.86	32650.92	13759.61	21134.11
营业务利润(万)	1229.81	818.73	126.81	1173.08
投资收益(万)	–	–	–	–
利润总额(万)	1407.36	4114.34	717.73	6246.10
净利润(万)	1407.36	4116.51	719.89	6246.10

一汽轿车股份有限公司

公司概况	公司名称	一汽轿车股份有限公司			证券简称	一汽轿车
	法人代表	徐建一	董秘	王文权	证券代码	000800
	公司网址	www.faw.com.cn		电子信箱	fawcar0800@faw.com.cn	
	电　话	0431-85781108		传　真	0431-85781100	
	办公地址	吉林省长春市高新技术产业开发区蔚山路 4888 号				
	经营范围	轿车的开发、制造和销售轿车、旅行车及其配件、修理汽车、加工非标设备等				

主要财务指标

指标\报告期	2009.06.30	2008.12.31	2008.06.30	2007.12.31
每股收益(元)	0.3289	0.6682	0.3108	0.3500
每股收益(扣除)(元)	0.3300	0.6694	0.3100	0.3401
每股净资产(元)	4.0200	4.0300	3.6600	3.5900
调整后每股净资产(元)	–	–	–	–
每股资本公积金(元)	1.5353	1.5249	1.5270	1.5503
每股盈余公积金(元)	0.4291	0.4291	0.3569	0.3587
每股未分配利润(元)	1.0534	1.0810	0.7801	0.6845
每股现金净流量(元)	1.1091	–0.3866	0.5775	–0.3843
每股经营现金净流量(元)	1.3581	0.7181	0.4205	–0.0217
净资产收益率(扣除)(%)	–	–	–	9.4700
净资产收益率(%)	8.1900	16.5600	8.4800	9.8100
总资产(万)	1344392.16	1012986.33	1197785.77	965307.57
股东权益(万)	653889.76	656691.81	596321.44	584824.77
主营业务收入(万)	–	–	–	–
主营业务利润(万)	–	–	–	–
营业务收入(万)	1163318.47	2024545.66	1043209.29	1361751.28
营业务利润(万)	61904.85	129119.51	69392.13	73672.00
投资收益(万)	–	–	–	–
利润总额(万)	61252.66	127613.83	68767.72	72272.26
净利润(万)	53527.62	108749.11	50577.18	57343.51

四川湖山电子股份有限公司

公司概况	公司名称	四川湖山电子股份有限公司			证券简称	四川湖山
	法人代表	廖建明	董秘	陈禹	证券代码	000801
	公司网址	www.china-hushan.com		电子信箱	cy.rain@163.net	
	电　话	0816-2312421、2336252		传　真	0816-2336335	
	办公地址	四川省绵阳市九洲大道 259 号				
	经营范围	电子音响设备、卫星电视接收系统、整机装饰件的制造、加工、销售和安装等				

主要财务指标

指标\报告期	2009.06.30	2008.12.31	2008.06.30	2007.12.31
每股收益(元)	–0.0094	0.0843	0.0171	0.2091
每股收益(扣除)(元)	–0.0098	0.0821	0.0161	0.1047
每股净资产(元)	1.1500	1.1500	1.0830	1.0700
调整后每股净资产(元)	–	–	–	–
每股资本公积金(元)	0.1940	0.1940	0.1940	0.1940
每股盈余公积金(元)	0.2394	0.2394	0.2394	0.2394
每股未分配利润(元)	–0.2835	–0.2836	–0.3507	–0.3679
每股现金净流量(元)	0.0435	–0.0457	0.3634	–0.0379
每股经营现金净流量(元)	0.2187	–0.0894	–0.0504	0.1341
净资产收益率(扣除)(%)	–	–	–	10.0600
净资产收益率(%)	–0.8200	7.3300	1.5800	19.6200
总资产(万)	40973.15	55604.55	56934.30	36028.88
股东权益(万)	15184.19	15182.26	14295.92	14069.77
主营业务收入(万)	–	–	–	–
主营业务利润(万)	–	–	–	–
营业务收入(万)	21641.00	114574.46	39560.37	103682.67
营业务利润(万)	–268.57	1198.87	303.24	1312.68
投资收益(万)	–	–	–	–
利润总额(万)	–261.73	1220.63	330.23	2632.85
净利润(万)	–124.52	1112.49	226.14	2760.81

北京京西风光旅游开发股份有限公司

公司概况	公司名称	北京京西风光旅游开发股份有限公司			证券简称	北京旅游
	法人代表	刘伟	董秘	李麟	证券代码	000802
	公司网址	www.bj-tour.com.cn		电子信箱	jxtour@public.bta.net.cn	
	电　话	010-60805556		传　真	010-60805567	
	办公地址	北京市门头沟区石龙工业区泰安路 9 号				
	经营范围	旅游项目开发、投资及管理,旅游信息咨询;技术开发、技术咨询、技术转让等				

主要财务指标

指标\报告期	2009.06.30	2008.12.31	2008.06.30	2007.12.31
每股收益(元)	0.0400	–0.2227	–0.0800	0.0380
每股收益(扣除)(元)	0.0100	–0.2083	–0.0800	–0.0549
每股净资产(元)	1.9200	1.8763	2.0800	2.1190
调整后每股净资产(元)	–	–	–	–
每股资本公积金(元)	1.0927	1.0927	1.0927	1.0927
每股盈余公积金(元)	0.0391	0.0391	0.0391	0.0391
每股未分配利润(元)	–0.2166	–0.2555	–0.0516	–0.0128
每股现金净流量(元)	0.0092	–0.1145	–0.1447	–0.2928
每股经营现金净流量(元)	0.0691	0.1289	–0.1456	–0.0378
净资产收益率(扣除)(%)	–	–	–	–2.5900
净资产收益率(%)	2.0300	–11.8700	–3.8000	1.7900
总资产(万)	55603.19	55984.23	58690.85	60646.10
股东权益(万)	26332.59	25797.13	28600.95	29133.66
主营业务收入(万)	–	–	–	–
主营业务利润(万)	–	–	–	–
营业务收入(万)	7709.94	15631.24	7706.09	14561.95
营业务利润(万)	299.99	–2450.92	–1123.98	87.85
投资收益(万)	–	–	–	–
利润总额(万)	520.15	–2112.26	–1111.61	1003.44
净利润(万)	535.46	–3061.55	–1085.49	521.96

四川金宇汽车城(集团)股份有限公司

公司概况	公司名称	四川金宇汽车城(集团)股份有限公司			证券简称	金宇车城
	法人代表	陈虹宇	董秘	罗雄飞	证券代码	000803
	公司网址	www.scjycc.com		电子信箱	scjymy@vip.sina.com	
	电　话	0817-6170888、2198989		传　真	0817-6170777	
	办公地址	四川省南充市嘉陵区春江路二段九号				
	经营范围	汽车贸易,二手车交易,摩托车交易,汽车配件研发制造、维修、装饰等				

	指标\报告期	2009.06.30	2008.12.31	2008.06.30	2007.12.31
主要财务指标	每股收益(元)	0.0080	0.0530	0.0130	0.0810
	每股收益(扣除)(元)	0.0070	0.0160	0.0130	0.0490
	每股净资产(元)	1.0200	1.0100	0.8200	0.9600
	调整后每股净资产(元)	–	–	–	–
	每股资本公积金(元)	0.0132	0.0132	0.0132	0.0132
	每股盈余公积金(元)	0.1984	0.1984	0.1984	0.1984
	每股未分配利润(元)	–0.1909	–0.1989	–0.3884	–0.2522
	每股现金净流量(元)	0.0165	–0.0893	–0.0721	–0.0490
	每股经营现金净流量(元)	–0.0159	–0.0434	–0.0506	0.0184
	净资产收益率(扣除)(%)	–	–	–	5.0600
	净资产收益率(%)	0.7800	5.2700	1.5700	7.9000
	总资产(万)	23112.14	22184.75	20965.93	24733.37
	股东权益(万)	13037.62	12935.66	10514.88	12253.99
	主营业务收入(万)	–	–	–	–
	主营业务利润(万)	–	–	–	–
	营业务收入(万)	4151.72	6199.72	2933.70	9378.97
	营业务利润(万)	163.14	103.88	163.89	1325.92
	投资收益(万)	–	–	–	–
	利润总额(万)	177.93	760.10	160.48	1347.20
	净利润(万)	101.96	681.67	165.17	967.65

北海银河高科技产业股份有限公司

公司概况	公司名称	北海银河高科技产业股份有限公司			证券简称	银河科技
	法人代表	顾勇彪	董秘	唐捷	证券代码	000806
	公司网址	www.yinhetech.com		电子信箱	yhtech@yhgroup.cn	
	电　话	0779-3202636		传　真	0779-3926916	
	办公地址	广西北海市银河软件科技园综合办公楼				
	经营范围	电子元器件生产与销售,电力系统自动化软件及高低压开关设备等				

	指标\报告期	2009.06.30	2008.12.31	2008.06.30	2007.12.31
主要财务指标	每股收益(元)	0.0998	–0.2972	–0.0360	0.0185
	每股收益(扣除)(元)	–0.1268	–0.3078	–0.0393	0.0301
	每股净资产(元)	1.6370	1.5479	1.9351	2.3946
	调整后每股净资产(元)	–	–	–	–
	每股资本公积金(元)	0.6577	0.6688	0.8092	1.2055
	每股盈余公积金(元)	0.1329	0.1329	0.1329	0.1462
	每股未分配利润(元)	–0.1540	–0.2538	–0.0070	0.0429
	每股现金净流量(元)	0.1015	–0.0452	–0.0122	0.0900
	每股经营现金净流量(元)	–0.2088	–0.0439	0.0145	0.2856
	净资产收益率(扣除)(%)	–	–	–	1.2600
	净资产收益率(%)	6.0980	–18.3300	–1.8600	0.7700
	总资产(万)	285941.94	326977.17	381663.05	374384.68
	股东权益(万)	114434.20	108233.19	135303.60	152214.37
	主营业务收入(万)	–	–	–	–
	主营业务利润(万)	–	–	–	–
	营业务收入(万)	51252.08	175490.60	79436.43	175036.47
	营业务利润(万)	9893.54	–11002.99	–1755.88	4682.99
	投资收益(万)	–	–	–	–
	利润总额(万)	8659.08	–16742.13	–1494.85	3800.42
	净利润(万)	6978.68	–19838.51	–2520.33	1173.79

云南铝业股份有限公司

公司概况	公司名称	云南铝业股份有限公司			证券简称	云铝股份
	法人代表	陈智	董秘	张文伟	证券代码	000807
	公司网址	www.ylgf.com		电子信箱	ylgf@public.km.yn.cn	
	电　话	0871-7455858		传　真	0871-7455605	
	办公地址	云南省昆明市呈贡县				
	经营范围	铝冶炼、铝加工产品、炭素及炭素制品的生产和销售等				

	指标\报告期	2009.06.30	2008.12.31	2008.06.30	2007.12.31
主要财务指标	每股收益(元)	–0.1100	0.0700	0.1400	0.5400
	每股收益(扣除)(元)	–0.1100	0.0600	0.1340	0.5200
	每股净资产(元)	2.5400	2.7350	2.8120	2.3700
	调整后每股净资产(元)	–	–	–	–
	每股资本公积金(元)	1.2077	1.2077	1.2107	0.5125
	每股盈余公积金(元)	0.2900	0.2900	0.2799	0.3376
	每股未分配利润(元)	0.0470	0.2370	0.3210	0.6376
	每股现金净流量(元)	–0.1201	0.9861	1.0971	–0.0814
	每股经营现金净流量(元)	0.0366	0.4966	0.0827	1.3446
	净资产收益率(扣除)(%)	–	–	–	21.8400
	净资产收益率(%)	–4.3200	2.4200	4.9800	22.8300
	总资产(万)	823104.15	743371.45	755178.91	571430.44
	股东权益(万)	268095.59	288113.85	296207.69	217320.30
	主营业务收入(万)	–	–	–	–
	主营业务利润(万)	–	–	–	–
	营业务收入(万)	216279.39	616099.64	302444.40	700454.21
	营业务利润(万)	–14381.66	2920.66	17555.11	67709.25
	投资收益(万)	–	–	–	–
	利润总额(万)	–13889.99	3622.48	18226.16	70168.31
	净利润(万)	–11589.90	6978.96	14760.65	49616.06

四川中汇医药(集团)股份有限公司

公司概况	公司名称	四川中汇医药(集团)股份有限公司			证券简称	中汇医药
	法人代表	封玮	董秘	余武柏	证券代码	000809
	公司网址	www.cdzhonghui.com		电子信箱	fengxing1962@yahoo.com.cn	
	电　话	028-87503810		传　真	028-87509860	
	办公地址	成都市蜀西路30号				
	经营范围	药品、保健品、食品、化妆品、医疗器械的投资及开发等				

	指标\报告期	2009.06.30	2008.12.31	2008.06.30	2007.12.31
主要财务指标	每股收益(元)	–0.0434	0.0290	0.0131	0.0520
	每股收益(扣除)(元)	–0.0440	0.0180	0.0129	0.0510
	每股净资产(元)	1.1300	1.1710	1.1553	1.1420
	调整后每股净资产(元)	–	–	–	–
	每股资本公积金(元)	0.2579	0.2575	0.2575	0.2575
	每股盈余公积金(元)	0.0577	0.0577	0.0577	0.0577
	每股未分配利润(元)	–0.1867	–0.1441	–0.1599	–0.1730
	每股现金净流量(元)	–0.1886	0.0718	–0.0114	–0.0037
	每股经营现金净流量(元)	0.0472	0.1457	0.0361	0.0712
	净资产收益率(扣除)(%)	–	–	–	4.5300
	净资产收益率(%)	–3.7700	2.4700	1.1300	4.5100
	总资产(万)	21174.41	24255.10	22533.83	22498.01
	股东权益(万)	12934.00	13417.06	13235.86	13086.04
	主营业务收入(万)	–	–	–	–
	主营业务利润(万)	–	–	–	–
	营业务收入(万)	6283.30	12461.29	5600.65	10061.51
	营业务利润(万)	–475.36	307.40	166.25	708.35
	投资收益(万)	–	–	–	–
	利润总额(万)	–458.55	449.32	168.44	683.03
	净利润(万)	–487.34	331.02	149.82	590.25

华润锦华股份有限公司

公司概况	公司名称	华润锦华股份有限公司			证券简称	华润锦华
	法人代表	石善博	董秘	蔡惠鹏	证券代码	000810
	公司网址	www.hrjh.com.cn		电子信箱	caihp@hrjh.com.cn	
	电　话	0825-2287303、2287329		传　真	0825-2283399	
	办公地址	四川省遂宁市城区遂州中路309号				
	经营范围	纺纱、织布、纺织品制造、销售.公司拥有出口本公司自产的服装等				

主要财务指标	指标\报告期	2009.06.30	2008.12.31	2008.06.30	2007.12.31
	每股收益(元)	0.0500	0.1209	0.0970	0.3281
	每股收益(扣除)(元)	0.0330	0.0939	0.0730	0.3072
	每股净资产(元)	3.0100	2.9600	2.9400	2.8500
	调整后每股净资产(元)	–	–	–	–
	每股资本公积金(元)	0.7605	0.7605	0.7605	0.7605
	每股盈余公积金(元)	0.1626	0.1626	0.1492	0.1492
	每股未分配利润(元)	1.0874	1.0378	1.0341	0.9370
	每股现金净流量(元)	–0.3306	0.1287	–0.0137	–0.0774
	每股经营现金净流量(元)	0.4478	0.8745	0.1940	1.0269
	净资产收益率(扣除)(%)	–	–	–	10.7900
	净资产收益率(%)	1.6500	4.0800	3.3000	11.5200
	总资产(万)	104239.95	106633.32	108463.61	105215.54
	股东权益(万)	39035.06	38392.89	38170.68	36912.09
	主营业务收入(万)	–	–	–	–
	主营业务利润(万)	–	–	–	–
	营业务收入(万)	42113.95	82898.96	42944.26	87561.05
	营业务利润(万)	1632.26	3044.59	1896.28	5596.22
	投资收益(万)	–	–	–	–
	利润总额(万)	1673.18	3384.66	2307.15	5861.35
	净利润(万)	642.17	1567.50	1258.59	4253.71

烟台冰轮股份有限公司

公司概况	公司名称	烟台冰轮股份有限公司			证券简称	烟台冰轮
	法人代表	于元波	董秘	孙秀欣	证券代码	000811
	公司网址	www.yantaimoon.com		电子信箱	zqb@yantaimoom.com	
	电　话	0535-6243558、6697075		传　真	0535-6243558	
	办公地址	烟台市芝罘区西山路80号				
	经营范围	制冷空调设备、机械设备零配件、塑料制品、装饰材料、塑钢门窗等				

主要财务指标	指标\报告期	2009.06.30	2008.12.31	2008.06.30	2007.12.31
	每股收益(元)	0.1900	0.2100	0.1900	0.3200
	每股收益(扣除)(元)	0.1800	0.2000	0.1900	0.1700
	每股净资产(元)	3.0500	3.0400	3.0400	3.0500
	调整后每股净资产(元)	–	–	–	–
	每股资本公积金(元)	0.7621	0.7621	0.7620	0.7614
	每股盈余公积金(元)	0.5020	0.5020	0.4653	0.4653
	每股未分配利润(元)	0.8381	0.8160	0.8388	0.8258
	每股现金净流量(元)	0.0785	0.1404	0.0018	–0.2843
	每股经营现金净流量(元)	0.6390	0.3779	–0.2468	–0.0713
	净资产收益率(扣除)(%)	–	–	–	5.7100
	净资产收益率(%)	6.2900	6.8100	6.3500	10.4800
	总资产(万)	151260.39	155445.91	148572.11	144145.75
	股东权益(万)	53575.45	53253.99	53288.21	53420.27
	主营业务收入(万)	–	–	–	–
	主营业务利润(万)	–	–	–	–
	营业务收入(万)	53027.43	118023.79	64109.39	102947.16
	营业务利润(万)	2816.21	2024.98	2467.88	5040.80
	投资收益(万)	–	–	–	–
	利润总额(万)	2895.80	2768.21	2562.04	5685.28
	净利润(万)	3368.24	3628.92	3384.56	5597.38

陕西金叶科教集团股份有限公司

公司概况	公司名称	陕西金叶科教集团股份有限公司			证券简称	陕西金叶
	法人代表	袁汉源	董秘	王进春	证券代码	000812
	公司网址	http://irm.p5w.net/000812/index.html		电子信箱	yankai812@sina.com	
	电　话	029-82333715、82333712		传　真	029-82333709	
	办公地址	西安市朱宏路2号				
	经营范围	包装装潢印刷品印刷;高新数字印刷技术及高新技术广告制作等				

主要财务指标	指标\报告期	2009.06.30	2008.12.31	2008.06.30	2007.12.31
	每股收益(元)	0.0520	0.0509	0.0360	0.1549
	每股收益(扣除)(元)	0.0520	0.0854	0.0370	0.0758
	每股净资产(元)	1.4400	1.3870	1.3700	1.3320
	调整后每股净资产(元)	–	–	–	–
	每股资本公积金(元)	0.1326	0.1326	0.1326	0.2459
	每股盈余公积金(元)	0.1652	0.1652	0.1624	0.1786
	每股未分配利润(元)	0.1425	0.0905	0.0719	0.0412
	每股现金净流量(元)	0.1280	0.0966	–0.0651	–0.0529
	每股经营现金净流量(元)	0.1045	0.2422	–0.0199	0.2707
	净资产收益率(扣除)(%)	–	–	–	5.7000
	净资产收益率(%)	3.6100	3.6700	2.6380	11.6300
	总资产(万)	107171.05	101357.70	101555.07	99182.89
	股东权益(万)	53662.12	51722.83	50924.91	49640.86
	主营业务收入(万)	–	–	–	–
	主营业务利润(万)	–	–	–	–
	营业务收入(万)	20137.07	53828.31	19210.04	33221.53
	营业务利润(万)	2482.53	3144.61	1607.30	6635.57
	投资收益(万)	–	–	–	–
	利润总额(万)	2491.48	2958.32	1570.31	6779.17
	净利润(万)	1939.28	1898.72	1343.23	5774.52

新疆天山毛纺织股份有限公司

公司概况	公司名称	新疆天山毛纺织股份有限公司			证券简称	天山纺织
	法人代表	张自强	董秘	刘冰	证券代码	000813
	公司网址	www.chinatianshan.com		电子信箱	tsjszx@xj.cninfo.net	
	电　话	0991-4336068		传　真	0991-4310472	
	办公地址	新疆维吾尔自治区乌鲁木齐市银川路235号				
	经营范围	纺织、服装的生产和销售;从事非配额许可证管理、非专营商品的收购出口专业等				

主要财务指标	指标\报告期	2009.06.30	2008.12.31	2008.06.30	2007.12.31
	每股收益(元)	0.0080	0.0060	0.0090	0.0470
	每股收益(扣除)(元)	0.0050	–0.0170	–0.0090	0.0200
	每股净资产(元)	1.2600	1.2510	1.2490	1.2410
	调整后每股净资产(元)	–	–	–	–
	每股资本公积金(元)	1.4402	1.4402	1.4402	1.4402
	每股盈余公积金(元)	0.1275	0.1275	0.1275	0.1275
	每股未分配利润(元)	–1.3058	–1.3138	–1.3146	–1.3198
	每股现金净流量(元)	–0.0400	0.0229	–0.0585	–0.0619
	每股经营现金净流量(元)	–0.1499	0.1555	–0.0840	–0.0189
	净资产收益率(扣除)(%)	–	–	–	1.6600
	净资产收益率(%)	0.6300	0.4800	0.7200	3.4500
	总资产(万)	57355.96	54173.60	60352.24	59232.22
	股东权益(万)	45752.93	45462.18	45407.86	45238.41
	主营业务收入(万)	–	–	–	–
	主营业务利润(万)	–	–	–	–
	营业务收入(万)	11728.26	38121.88	14469.00	33808.08
	营业务利润(万)	139.30	–521.48	–373.01	1424.46
	投资收益(万)	–	–	–	–
	利润总额(万)	248.96	244.28	275.54	1647.62
	净利润(万)	288.56	219.88	326.82	1692.59

中冶美利纸业股份有限公司

公司概况	公司名称	中冶美利纸业股份有限公司			证券简称	美利纸业
	法人代表	刘崇喜	董秘	闫学廷	证券代码	000815
	公司网址	www.china-meili.com		电子信箱	mlzy@china-meili.com	
	电　　话	0955-7679339、7679334		传　　真	0955-7679216、7679339	
	办公地址	宁夏回族自治区中卫市城区柔远镇				
	经营范围	制纸、板纸、加工纸等中、高档文化用纸及生活用纸的生产、经营、销售等				

	指标＼报告期	2009.06.30	2008.12.31	2008.06.30	2007.12.31
主要财务指标	每股收益(元)	0.0200	0.4300	0.3100	0.4000
	每股收益(扣除)(元)	0.0162	0.2100	0.3100	0.2100
	每股净资产(元)	6.0400	6.0200	5.8900	5.5900
	调整后每股净资产(元)	–	–	–	–
	每股资本公积金(元)	1.9924	1.9924	1.9924	1.9924
	每股盈余公积金(元)	0.4339	0.4339	0.4021	0.4021
	每股未分配利润(元)	2.6155	2.5946	2.4968	2.1918
	每股现金净流量(元)	–0.0407	0.0121	–0.3155	–3.0926
	每股经营现金净流量(元)	0.0847	0.7174	0.5010	0.9169
	净资产收益率(扣除)(%)	–	–	–	3.7700
	净资产收益率(%)	0.3500	7.2200	5.1800	7.2300
	总资产(万)	331965.81	320434.67	297207.65	303453.98
	股东权益(万)	95701.55	95370.13	93318.55	88486.89
	主营业务收入(万)	–	–	–	–
	主营业务利润(万)	–	–	–	–
	营业务收入(万)	43524.30	123240.96	68692.10	107782.45
	营业务利润(万)	454.34	6394.90	5061.88	4989.79
	投资收益(万)	–	–	–	–
	利润总额(万)	490.00	7163.79	4965.45	6828.36
	净利润(万)	331.41	6883.24	4831.66	6394.40

江苏江淮动力股份有限公司

公司概况	公司名称	江苏江淮动力股份有限公司			证券简称	江淮动力
	法人代表	胡尔广	董秘	王乃强	证券代码	000816
	公司网址	www.jdchina.com		电子信箱	jhdl000816@sina.com	
	电　　话	0515-88881908		传　　真	0515-88881816	
	办公地址	江苏省盐城市环城西路213号				
	经营范围	内燃机、发电机、电动机、水泵、榨油机、农业机械制造				

	指标＼报告期	2009.06.30	2008.12.31	2008.06.30	2007.12.31
主要财务指标	每股收益(元)	0.1822	0.0985	0.1516	0.1002
	每股收益(扣除)(元)	0.0461	0.0359	0.0492	0.0420
	每股净资产(元)	1.5100	1.3793	2.1600	2.2044
	调整后每股净资产(元)	–	–	–	–
	每股资本公积金(元)	0.0245	0.0673	0.6527	0.8547
	每股盈余公积金(元)	0.0521	0.0531	0.0629	0.0642
	每股未分配利润(元)	0.4377	0.2655	0.4376	0.2860
	每股现金净流量(元)	0.1433	–0.0445	0.2250	–0.0685
	每股经营现金净流量(元)	0.0237	0.2348	–0.0660	0.2855
	净资产收益率(扣除)(%)	–	–	–	2.8600
	净资产收益率(%)	12.0300	7.1400	7.0400	6.8200
	总资产(万)	280408.73	287255.96	281564.85	250505.23
	股东权益(万)	128122.06	116688.14	121561.61	124326.61
	主营业务收入(万)	–	–	–	–
	主营业务利润(万)	–	–	–	–
	营业务收入(万)	100114.22	203618.81	115252.68	190600.70
	营业务利润(万)	16587.25	8844.64	8011.33	9912.18
	投资收益(万)	–	–	–	–
	利润总额(万)	16826.01	9233.70	8990.52	9512.65
	净利润(万)	15412.70	8333.01	8552.66	8476.43

锦化化工集团氯碱股份有限公司

公司概况	公司名称	锦化化工集团氯碱股份有限公司			证券简称	锦化氯碱
	法人代表	张旭	董秘	李国文(代)	证券代码	000818
	公司网址	www.jinhuagroup.com		电子信箱	jhca@jinhuagroup.com	
	电　　话	0429-2901152		传　　真	0429-2901152	
	办公地址	辽宁省葫芦岛市连山区化工街				
	经营范围	烧碱、氯化苯、聚氯乙稀、三氯乙烯、氯气、合成盐酸、副产盐酸、环氧丙烷等				

	指标＼报告期	2009.06.30	2008.12.31	2008.06.30	2007.12.31
主要财务指标	每股收益(元)	–0.6780	–0.6952	0.0416	0.0599
	每股收益(扣除)(元)	–0.6376	–0.7419	0.0486	0.0400
	每股净资产(元)	2.1670	2.8450	3.5845	3.5430
	调整后每股净资产(元)	–	–	–	–
	每股资本公积金(元)	2.1960	2.1960	2.1987	2.1987
	每股盈余公积金(元)	0.1077	0.1077	0.1077	0.1077
	每股未分配利润(元)	–1.1365	–0.4585	0.2782	0.2367
	每股现金净流量(元)	0.0529	–0.6984	0.2511	–0.1953
	每股经营现金净流量(元)	–0.2790	0.0687	0.4905	0.5379
	净资产收益率(扣除)(%)	–	–	–	1.1300
	净资产收益率(%)	–31.2800	–24.4300	1.1600	1.6900
	总资产(万)	345135.56	367129.63	371650.35	391123.52
	股东权益(万)	73682.99	96733.40	121874.09	120461.13
	主营业务收入(万)	–	–	–	–
	主营业务利润(万)	–	–	–	–
	营业务收入(万)	44068.13	182173.59	109616.49	214549.05
	营业务利润(万)	–21677.94	–24214.78	1917.45	1925.16
	投资收益(万)	–	–	–	–
	利润总额(万)	–23050.41	–22249.78	1388.40	2832.33
	净利润(万)	–23050.41	–23636.51	1412.95	2036.33

岳阳兴长石化股份有限公司

公司概况	公司名称	岳阳兴长石化股份有限公司			证券简称	岳阳兴长
	法人代表	侯勇	董秘	谭人杰	证券代码	000819
	公司网址	www.yyxc0819.com		电子信箱	Zqbu@clpec.com.cn	
	电　　话	0730-8844890、8452599		传　　真	0730-8844930	
	办公地址	湖南省岳阳市云溪区				
	经营范围	开发、生产、销售石油化工产品、塑料及其制品等				

	指标＼报告期	2009.06.30	2008.12.31	2008.06.30	2007.12.31
主要财务指标	每股收益(元)	0.0890	0.4920	0.2490	0.0050
	每股收益(扣除)(元)	0.0890	0.3620	0.2180	0.0230
	每股净资产(元)	2.2960	2.2080	1.9500	1.7160
	调整后每股净资产(元)	–	–	–	–
	每股资本公积金(元)	0.2525	0.2525	0.2526	0.2526
	每股盈余公积金(元)	0.5721	0.5721	0.5213	0.5213
	每股未分配利润(元)	0.4716	0.3829	0.1746	–0.0583
	每股现金净流量(元)	0.1258	0.5350	0.3117	0.3132
	每股经营现金净流量(元)	0.0656	0.4161	0.1273	–0.2381
	净资产收益率(扣除)(%)	–	–	–	1.3500
	净资产收益率(%)	3.8600	22.2900	12.7900	0.3100
	总资产(万)	50440.52	50487.29	52930.57	94249.23
	股东权益(万)	44481.09	42763.14	37743.51	33232.80
	主营业务收入(万)	–	–	–	–
	主营业务利润(万)	–	–	–	–
	营业务收入(万)	45293.08	184556.30	104353.05	182648.14
	营业务利润(万)	2424.61	12190.56	6198.10	4900.60
	投资收益(万)	–	–	–	–
	利润总额(万)	2419.15	12078.60	6202.80	4337.78
	净利润(万)	1717.96	9530.48	4828.14	102.13

金城造纸股份有限公司

公司概况					
公司名称	金城造纸股份有限公司			证券简称	金城股份
法人代表	陆剑斌	董秘	吕立	证券代码	000820
公司网址	www.jinchengpaper.com.cn		电子信箱	lvli0416@sina.com	
电　　话	0416-8350006、8350777		传　　真	0416-2735004	
办公地址	辽宁省凌海市金城街金城造纸股份有限公司办公楼				
经营范围	机制纸浆、机制纸及纸板、粘合剂生产、销售；造纸技术的咨询、服务等				

主要财务指标：指标\报告期	2009.06.30	2008.12.31	2008.06.30	2007.12.31
每股收益(元)	0.0400	-0.6500	-0.1770	0.2300
每股收益(扣除)(元)	-0.2200	-0.3900	0.1770	0.0300
每股净资产(元)	0.5450	0.5000	1.2190	1.1600
调整后每股净资产(元)	-	-	-	-
每股资本公积金(元)	0.5096	0.5096	0.5096	0.5096
每股盈余公积金(元)	0.3122	0.3122	0.3122	0.3122
每股未分配利润(元)	-1.2768	-1.3182	-0.6025	-0.6633
每股现金净流量(元)	0.0166	0.1063	-0.0007	0.0024
每股经营现金净流量(元)	0.0355	0.2786	0.0723	0.7119
净资产收益率(扣除)(%)	-	-	-	2.2900
净资产收益率(%)	7.5900	-130.0600	-14.5100	19.7100
总资产(万)	175705.20	173292.69	176064.30	175039.80
股东权益(万)	15685.02	14494.48	35094.11	33345.92
主营业务收入(万)	-	-	-	-
主营业务利润(万)	-	-	-	-
营业务收入(万)	18642.50	23074.93	20696.17	78150.11
营业务利润(万)	-6222.64	-10896.85	-4660.18	2042.83
投资收益(万)	-	-	-	-
利润总额(万)	1190.53	-18429.51	-4923.67	7852.14
净利润(万)	1190.53	-18851.43	-5091.32	6573.65

湖北京山轻工机械股份有限公司

公司概况					
公司名称	湖北京山轻工机械股份有限公司			证券简称	京山轻机
法人代表	孙友元	董秘	罗贤旭	证券代码	000821
公司网址	www.jspackmach.com		电子信箱	securities@jspackmach.com	
电　　话	0724-7210972		传　　真	0724-7210972	
办公地址	湖北省京山县经济技术开发区轻机工业园				
经营范围	纸箱、纸盒包装机械、印刷机械的制造、销售；配件销售等				

主要财务指标：指标\报告期	2009.06.30	2008.12.31	2008.06.30	2007.12.31
每股收益(元)	-0.0480	0.0200	0.0070	0.0900
每股收益(扣除)(元)	-0.0500	0.0400	0.0400	0.0300
每股净资产(元)	3.2100	3.2600	3.2700	3.2800
调整后每股净资产(元)	-	-	-	-
每股资本公积金(元)	1.3571	1.3571	1.3634	1.3634
每股盈余公积金(元)	0.4371	0.4371	0.4337	0.4337
每股未分配利润(元)	0.4143	0.4685	0.4711	0.4866
每股现金净流量(元)	0.0554	0.2911	-0.0173	-0.0792
每股经营现金净流量(元)	0.0369	0.2230	0.1007	0.1449
净资产收益率(扣除)(%)	-	-	-	0.9200
净资产收益率(%)	-1.4900	0.4700	0.2100	2.7900
总资产(万)	134210.62	133944.26	135792.67	141136.43
股东权益(万)	110767.36	112640.11	112830.66	113364.01
主营业务收入(万)	-	-	-	-
主营业务利润(万)	-	-	-	-
营业务收入(万)	17208.92	52095.26	24563.84	53255.27
营业务利润(万)	-1750.28	542.79	316.71	5232.62
投资收益(万)	-	-	-	-
利润总额(万)	-1673.76	797.12	347.35	5018.17
净利润(万)	-1653.17	528.12	241.73	3157.89

山东海化股份有限公司

公司概况					
公司名称	山东海化股份有限公司			证券简称	山东海化
法人代表	刘景孟	董秘	吴炳顺	证券代码	000822
公司网址	www.chinahaihua.com		电子信箱	bswu@wfhaihua.sina.net	
电　　话	0536-5329379、5329708		传　　真	0536-5329879	
办公地址	山东潍坊滨海经济开发区				
经营范围	纯碱、工业溴及溴素、氯化钙、白炭黑、水玻璃系列产品、硫酸钾、氯化镁等				

主要财务指标：指标\报告期	2009.06.30	2008.12.31	2008.06.30	2007.12.31
每股收益(元)	-0.2800	0.2300	0.3300	0.4300
每股收益(扣除)(元)	-0.2800	0.2500	0.3300	0.3800
每股净资产(元)	4.1800	4.4500	4.5700	4.7700
调整后每股净资产(元)	-	-	-	-
每股资本公积金(元)	1.6769	1.6769	1.7000	2.0578
每股盈余公积金(元)	0.3221	0.3242	0.3133	0.3342
每股未分配利润(元)	1.1711	1.4515	1.5529	1.3791
每股现金净流量(元)	0.0614	-0.1225	0.1559	-0.2597
每股经营现金净流量(元)	-0.0723	0.5173	0.4149	0.3932
净资产收益率(扣除)(%)	-	-	-	7.5100
净资产收益率(%)	-6.7200	5.2000	7.2400	8.4900
总资产(万)	857082.55	845859.72	909463.55	888990.63
股东权益(万)	373846.14	398547.37	408722.42	411325.90
主营业务收入(万)	-	-	-	-
主营业务利润(万)	-	-	-	-
营业务收入(万)	243122.32	857763.11	515873.08	870895.04
营业务利润(万)	-34390.47	28418.12	42982.54	60524.95
投资收益(万)	-	-	-	-
利润总额(万)	-32682.17	27787.53	43422.92	62000.93
净利润(万)	-25108.97	20721.16	29573.18	34913.93

广东汕头超声电子股份有限公司

公司概况					
公司名称	广东汕头超声电子股份有限公司			证券简称	超声电子
法人代表	李大淳	董秘	陈东屏	证券代码	000823
公司网址	www.gd-goworld.com		电子信箱	goworld@pub.shantou.gd.cn	
电　　话	0754-88245666-4379		传　　真	0754-88628027	
办公地址	广东省汕头市兴业路 21 号				
经营范围	制造、加工、销售超声电子仪器、仪器仪表、电子元器件、电子材料等				

主要财务指标：指标\报告期	2009.06.30	2008.12.31	2008.06.30	2007.12.31
每股收益(元)	0.0850	0.2492	0.1320	0.2780
每股收益(扣除)(元)	0.0850	0.2509	0.1350	0.2706
每股净资产(元)	3.4260	3.3220	3.3090	3.1260
调整后每股净资产(元)	-	-	-	-
每股资本公积金(元)	1.9558	1.8352	1.9126	1.9878
每股盈余公积金(元)	0.1627	0.1627	0.1419	0.1611
每股未分配利润(元)	0.3077	0.3241	0.2550	0.2651
每股现金净流量(元)	0.2719	-0.7361	-0.5552	0.7986
每股经营现金净流量(元)	0.5270	0.5228	0.2543	0.6126
净资产收益率(扣除)(%)	-	-	-	7.6200
净资产收益率(%)	2.4680	7.5000	3.9700	7.8300
总资产(万)	295861.54	286645.58	325794.00	325894.62
股东权益(万)	150901.50	146313.11	145761.39	137688.02
主营业务收入(万)	-	-	-	-
主营业务利润(万)	-	-	-	-
营业务收入(万)	103438.06	242874.13	119343.10	230438.83
营业务利润(万)	5841.59	16081.84	8943.49	14963.88
投资收益(万)	-	-	-	-
利润总额(万)	5899.18	16104.46	8687.20	15301.74
净利润(万)	3724.56	10976.15	5792.00	10784.04

山西太钢不锈钢股份有限公司

公司概况	公司名称	山西太钢不锈钢股份有限公司			证券简称	太钢不锈
	法人代表	李晓波	董秘	韩珍堂	证券代码	000825
	公司网址	www.tisco.com.cn			电子信箱	tgbx@tisco.com.cn
	电　　话	0351-3017728、3017729			传　　真	0351-3017729
	办公地址	山西太原市尖草坪街2号				
	经营范围	不锈钢及其它钢材、钢坯、钢锭、黑色金属、铁合金、金属制品的生产、销售等				

	指标\报告期	2009.06.30	2008.12.31	2008.06.30	2007.12.31
主要财务指标	每股收益(元)	-0.1200	0.2287	0.6203	0.8200
	每股收益(扣除)(元)	-0.1218	0.2197	0.6187	0.8160
	每股净资产(元)	3.3840	3.6040	5.2090	4.8940
	调整后每股净资产(元)	-	-	-	-
	每股资本公积金(元)	1.0801	1.0805	1.4337	1.4397
	每股盈余公积金(元)	0.1944	0.1944	0.2638	0.2638
	每股未分配利润(元)	1.1093	1.3289	2.5112	2.1910
	每股现金净流量(元)	-0.7431	0.7497	-0.2097	0.3681
	每股经营现金净流量(元)	0.2694	0.6198	0.4502	0.7730
	净资产收益率(扣除)(%)	-	-	-	25.0000
	净资产收益率(%)	-3.5300	6.0200	11.9100	25.1500
	总资产(万)	5995509.35	6511780.70	6106267.29	5779875.77
	股东权益(万)	1927501.91	2052800.47	1801436.69	1692761.68
	主营业务收入(万)	-	-	-	-
	主营业务利润(万)	-	-	-	-
	营业务收入(万)	2895853.57	8306285.57	4280355.22	8125846.90
	营业务利润(万)	-69842.83	108435.95	230513.83	530323.90
	投资收益(万)	-	-	-	-
	利润总额(万)	-69240.31	111011.38	229171.93	531521.84
	净利润(万)	-68090.18	123481.52	214517.74	425652.88

合加资源发展股份有限公司

公司概况	公司名称	合加资源发展股份有限公司			证券简称	合加资源
	法人代表	文一波	董秘	吴晓东	证券代码	000826
	公司网址	www.eguard-rd.com			电子信箱	000826@eguard-rd.com
	电　　话	0717-6442936			传　　真	0717-6442830
	办公地址	湖北省宜昌市西陵区绿萝路77号				
	经营范围	市政给水、污水处理项目投资及运营;城市垃圾及工业固体废弃物处置等				

	指标\报告期	2009.06.30	2008.12.31	2008.06.30	2007.12.31
主要财务指标	每股收益(元)	0.1500	0.2800	0.2600	0.2300
	每股收益(扣除)(元)	0.1600	0.2700	0.2600	0.2200
	每股净资产(元)	2.4200	2.2800	2.3950	2.1400
	调整后每股净资产(元)	-	-	-	-
	每股资本公积金(元)	0.9513	0.9591	0.5263	0.5263
	每股盈余公积金(元)	0.1026	0.1026	0.1411	0.1411
	每股未分配利润(元)	0.3690	0.2148	0.7272	0.4702
	每股现金净流量(元)	0.0789	0.6882	0.2823	-0.0400
	每股经营现金净流量(元)	0.2065	0.0512	-0.0616	1.0939
	净资产收益率(扣除)(%)	-	-	-	19.3600
	净资产收益率(%)	6.3600	11.8300	10.7300	20.2900
	总资产(万)	265297.43	235784.45	182662.33	153762.64
	股东权益(万)	100152.27	94097.80	47806.78	42676.59
	主营业务收入(万)	-	-	-	-
	主营业务利润(万)	-	-	-	-
	营业务收入(万)	29379.53	52315.14	22231.56	35024.74
	营业务利润(万)	8170.84	13249.25	6085.27	11098.11
	投资收益(万)	-	-	-	-
	利润总额(万)	8344.94	13964.78	6207.19	11211.88
	净利润(万)	6374.47	11131.88	5130.19	8657.82

东莞发展控股股份有限公司

公司概况	公司名称	东莞发展控股股份有限公司			证券简称	东莞控股
	法人代表	尹锦容	董秘	张庆文	证券代码	000828
	公司网址	www.dgholdings.cn			电子信箱	dgkg@dgholdings.cn
	电　　话	0769-22083320			传　　真	0769-22083320
	办公地址	广东省东莞市东城区莞樟大道55号				
	经营范围	东莞高速公路的投资、建设、经营				

	指标\报告期	2009.06.30	2008.12.31	2008.06.30	2007.12.31
主要财务指标	每股收益(元)	0.1196	0.1775	0.0907	0.1971
	每股收益(扣除)(元)	0.1190	0.1733	0.0880	0.1931
	每股净资产(元)	2.5564	2.5668	2.4800	2.5393
	调整后每股净资产(元)	-	-	-	-
	每股资本公积金(元)	1.1004	1.1004	1.1004	1.1004
	每股盈余公积金(元)	0.2234	0.2234	0.2057	0.2057
	每股未分配利润(元)	0.2326	0.2430	0.1740	0.2333
	每股现金净流量(元)	-0.0245	0.0028	-0.0277	0.1221
	每股经营现金净流量(元)	0.1458	0.2904	0.1284	0.3468
	净资产收益率(扣除)(%)	-	6.7500	-	7.6000
	净资产收益率(%)	4.6800	6.9100	3.6600	7.7600
	总资产(万)	429900.12	417162.24	418550.14	374079.02
	股东权益(万)	265740.80	266820.07	257802.35	263964.45
	主营业务收入(万)	-	-	-	-
	主营业务利润(万)	-	-	-	-
	营业务收入(万)	21056.29	42950.66	20268.07	49032.29
	营业务利润(万)	14317.44	21632.53	11207.76	24965.58
	投资收益(万)	-	-	-	-
	利润总额(万)	14389.57	21697.96	11220.50	25018.04
	净利润(万)	12434.45	18448.38	9430.66	20485.20

天音通信控股股份有限公司

公司概况	公司名称	天音通信控股股份有限公司			证券简称	天音控股
	法人代表	吴继光	董秘	何小林	证券代码	000829
	公司网址	www.chinatelling.com			电子信箱	tykgzqb@163.com
	电　　话	0797-82091120			传　　真	0797-(0755)82091261
	办公地址	江西省赣州市红旗大道20号七楼				
	经营范围	水果种植、加工及销售,果业综合开发、果树良种繁育及技术咨询服务等				

	指标\报告期	2009.06.30	2008.12.31	2008.06.30	2007.12.31
主要财务指标	每股收益(元)	0.0400	0.1460	0.0660	0.2656
	每股收益(扣除)(元)	0.0376	0.1431	0.0700	0.2470
	每股净资产(元)	1.6690	1.6200	1.5560	2.6900
	调整后每股净资产(元)	-	-	-	-
	每股资本公积金(元)	0.2696	0.2696	0.2686	1.2882
	每股盈余公积金(元)	0.1057	0.1057	0.1053	0.1896
	每股未分配利润(元)	0.3031	0.2631	0.1818	0.2091
	每股现金净流量(元)	-0.0370	0.6178	-0.1199	0.6050
	每股经营现金净流量(元)	0.1110	0.5768	-0.2249	-1.1798
	净资产收益率(扣除)(%)	-	-	-	16.1100
	净资产收益率(%)	2.4000	8.9900	4.2200	17.3200
	总资产(万)	642484.21	605916.84	647991.13	586448.84
	股东权益(万)	158052.09	154262.57	147866.40	141880.53
	主营业务收入(万)	-	-	-	-
	主营业务利润(万)	-	-	-	-
	营业务收入(万)	703948.39	1630968.45	838337.22	1538749.09
	营业务利润(万)	7920.23	24135.30	10733.04	42122.77
	投资收益(万)	-	-	-	-
	利润总额(万)	7974.90	24093.06	10412.43	42234.45
	净利润(万)	3789.52	13873.66	6235.86	24571.31

鲁西化工集团股份有限公司

公司概况	公司名称	鲁西化工集团股份有限公司			证券简称	鲁西化工
	法人代表	张金成	董秘	杜凤莲	证券代码	000830
	公司网址	www.lxchemical.com		电子信箱	lclxhg@public.lcptt.sd.cn	
	电　　话	0635-3481198		传　　真	0635-3481044	
	办公地址	山东省聊城市东阿县化工工业园				
	经营范围	尿素、碳酸氢铵化肥的生产及本公司产品销售;合成氨、磷酸二铵、硫酸铵等				

主要财务指标	指标\报告期	2009.06.30	2008.12.31	2008.06.30	2007.12.31
	每股收益(元)	0.0960	0.2190	0.1800	0.2150
	每股收益(扣除)(元)	0.0630	0.2090	0.1730	0.1790
	每股净资产(元)	2.3160	2.2200	2.1810	2.1010
	调整后每股净资产(元)	–	–	–	–
	每股资本公积金(元)	0.4704	0.4704	0.4704	0.4704
	每股盈余公积金(元)	0.1577	0.1577	0.1391	0.1391
	每股未分配利润(元)	0.6881	0.5923	0.5716	0.4915
	每股现金净流量(元)	–0.3110	–0.0330	–0.3030	0.4297
	每股经营现金净流量(元)	0.1705	0.9833	0.3623	0.6681
	净资产收益率(扣除)(%)	–	–	–	8.5100
	净资产收益率(%)	4.1400	9.8800	8.2600	10.2200
	总资产(万)	685293.47	702633.91	630702.16	606857.90
	股东权益(万)	242323.42	232303.07	228203.27	219815.31
	主营业务收入(万)	–	–	–	–
	主营业务利润(万)	–	–	–	–
	营业务收入(万)	323559.24	692543.75	364559.37	495485.17
	营业务利润(万)	10253.50	31678.11	28688.30	35583.22
	投资收益(万)	–	–	–	–
	利润总额(万)	13498.18	33115.97	29256.07	34667.55
	净利润(万)	10020.35	22950.10	18850.29	22460.67

山西关铝股份有限公司

公司概况	公司名称	山西关铝股份有限公司			证券简称	关铝股份
	法人代表	李庆	董秘	郑启家	证券代码	000831
	公司网址	www.sxglgf.com		电子信箱	glgf831@126.com	
	电　　话	0359-2825474、2825490		传　　真	0359-2800974	
	办公地址	山西省运城市解州镇新建路 36 号				
	经营范围	普通铝锭、铝材、铝制品、氧化铝粉及有色金属、氟化盐、炭素制品的生产、销售等				

主要财务指标	指标\报告期	2009.06.30	2008.12.31	2008.06.30	2007.12.31
	每股收益(元)	–0.3261	–0.7600	0.0867	0.5800
	每股收益(扣除)(元)	–0.3200	–0.6600	0.0872	0.5800
	每股净资产(元)	1.1230	1.4500	2.2820	4.0200
	调整后每股净资产(元)	–	–	–	–
	每股资本公积金(元)	0.3541	0.3541	0.3541	0.9374
	每股盈余公积金(元)	0.1881	0.1881	0.1881	0.3386
	每股未分配利润(元)	–0.4189	–0.0928	0.7401	1.7438
	每股现金净流量(元)	0.1718	–0.1665	0.0956	–0.2872
	每股经营现金净流量(元)	0.4041	0.2075	0.3251	0.0534
	净资产收益率(扣除)(%)	–	–	–	26.1500
	净资产收益率(%)	–29.0266	–52.5900	3.1000	26.0600
	总资产(万)	276377.57	319310.37	354268.93	336701.24
	股东权益(万)	73400.29	94705.88	149124.87	145916.52
	主营业务收入(万)	–	–	–	–
	主营业务利润(万)	–	–	–	–
	营业务收入(万)	82723.70	247558.50	137761.22	282808.15
	营业务利润(万)	–21015.68	–42572.03	4788.20	39985.70
	投资收益(万)	–	–	–	–
	利润总额(万)	–21281.27	–49064.87	4750.74	39808.49
	净利润(万)	–21305.59	–49802.38	4616.60	38019.77

广西贵糖(集团)股份有限公司

公司概况	公司名称	广西贵糖(集团)股份有限公司			证券简称	贵糖股份
	法人代表	黄振标	董秘	杨正	证券代码	000833
	公司网址	www.Guitang.com		电子信箱	gtgfgs@ppp.nn.gx.cn	
	电　　话	0775－4201833		传　　真	0775－4260833	
	办公地址	广西贵糖(集团)股份有限公司办公大楼				
	经营范围	食糖、纸、纸浆、酒精、轻质碳酸钙、酒糟干粉、有机-无机复混肥料、减水剂的制造、销售				

主要财务指标	指标\报告期	2009.06.30	2008.12.31	2008.06.30	2007.12.31
	每股收益(元)	–0.0200	0.2200	0.1800	0.2100
	每股收益(扣除)(元)	–0.0200	0.2400	0.1830	0.2110
	每股净资产(元)	2.4600	2.4800	2.4400	2.4000
	调整后每股净资产(元)	–	–	–	–
	每股资本公积金(元)	0.7558	0.7558	0.7558	0.7982
	每股盈余公积金(元)	0.1815	0.1815	0.1776	0.1595
	每股未分配利润(元)	0.5236	0.5424	0.5100	0.4464
	每股现金净流量(元)	–0.4777	0.3099	0.0280	–0.4919
	每股经营现金净流量(元)	0.1179	0.5860	–0.1118	0.5213
	净资产收益率(扣除)(%)	–	–	–	8.7800
	净资产收益率(%)	–0.7700	8.7900	7.4400	8.7000
	总资产(万)	128646.59	145226.40	143437.50	133300.89
	股东权益(万)	72859.51	73417.60	72342.36	71175.44
	主营业务收入(万)	–	–	–	–
	主营业务利润(万)	–	–	–	–
	营业务收入(万)	53609.68	138811.28	71355.68	131563.64
	营业务利润(万)	–532.98	7837.33	6514.97	7830.45
	投资收益(万)	–	–	–	–
	利润总额(万)	–473.46	7247.15	6477.62	7767.46
	净利润(万)	–558.09	6456.84	5382.09	6195.59

四川圣达实业股份有限公司

公司概况	公司名称	四川圣达实业股份有限公司			证券简称	四川圣达
	法人代表	王光友	董秘	周辉	证券代码	000835
	公司网址	www.000835.com		电子信箱	wangj@sdsycorp.com	
	电　　话	028-85322086		传　　真	028-85322166	
	办公地址	成都市高新区天府大道北段 20 号高新国际广场 B2 座				
	经营范围	煤炭采选、焦炭及其系列产品的生产、销售;石灰、电石、烧碱等				

主要财务指标	指标\报告期	2009.06.30	2008.12.31	2008.06.30	2007.12.31
	每股收益(元)	0.0669	0.4076	0.4131	0.3530
	每股收益(扣除)(元)	0.0611	0.4028	0.4188	0.3433
	每股净资产(元)	1.2481	1.5800	1.5800	1.7400
	调整后每股净资产(元)	–	–	–	–
	每股资本公积金(元)	0.0188	0.0245	0.0245	0.0355
	每股盈余公积金(元)	0.1246	0.1543	0.1155	0.1674
	每股未分配利润(元)	0.1047	0.3969	0.4412	0.5408
	每股现金净流量(元)	0.1616	–0.2132	–0.3363	1.0829
	每股经营现金净流量(元)	0.3721	0.4897	0.3075	1.0938
	净资产收益率(扣除)(%)	–	–	–	28.5400
	净资产收益率(%)	5.3540	25.8700	26.1200	29.3500
	总资产(万)	71206.79	70084.49	73646.39	73394.08
	股东权益(万)	38113.16	37012.17	37140.94	28248.13
	主营业务收入(万)	–	–	–	–
	主营业务利润(万)	–	–	–	–
	营业务收入(万)	43099.58	133979.48	73166.63	93597.66
	营业务利润(万)	2590.61	12251.04	12666.37	12019.02
	投资收益(万)	–	–	–	–
	利润总额(万)	2797.55	12386.48	12476.24	12563.16
	净利润(万)	2040.59	9574.04	9702.81	8292.02

天津鑫茂科技股份有限公司

公司概况	公司名称	天津鑫茂科技股份有限公司			证券简称	鑫茂科技
	法人代表	杜克荣	董秘	韩伟	证券代码	000836
	公司网址	www.xinmaokeji.com.cn		电子信箱	whan@xinmaokeji.com.cn	
	电　话	022-83710888		传　真	022-83710199	
	办公地址	天津市华苑产业园区榕苑路1号13层				
	经营范围	计算机软件、硬件、信息系统集成、信息处理及服务;光机电一体化等				

主要财务指标	指标\报告期	2009.06.30	2008.12.31	2008.06.30	2007.12.31
	每股收益(元)	-0.0926	1.8947	-0.0149	0.2178
	每股收益(扣除)(元)	-0.0640	-0.2062	-0.0094	0.1088
	每股净资产(元)	2.8400	4.0400	2.1300	2.1400
	调整后每股净资产(元)	-	-	-	-
	每股资本公积金(元)	1.0136	1.2849	1.2849	1.2849
	每股盈余公积金(元)	0.1566	0.2871	0.1466	0.1466
	每股未分配利润(元)	0.6737	1.4645	-0.3047	-0.2898
	每股现金净流量(元)	0.3021	-0.0780	-0.4548	-2.0945
	每股经营现金净流量(元)	-0.6936	0.7054	0.0260	-0.6980
	净资产收益率(扣除)(%)	-	-	-	5.0800
	净资产收益率(%)	-3.2600	46.9500	-0.7000	10.1700
	总资产(万)	199848.86	127976.68	138827.39	141420.38
	股东权益(万)	63980.96	49542.35	26099.73	26283.45
	主营业务收入(万)	-	-	-	-
	主营业务利润(万)	-	-	-	-
	营业务收入(万)	21382.69	52501.59	21077.70	52336.55
	营业务利润(万)	-2049.29	-3072.15	33.52	5245.24
	投资收益(万)	-	-	-	-
	利润总额(万)	-2963.49	22771.09	-55.80	4867.52
	净利润(万)	-2083.00	23258.90	-183.49	2673.95

陕西秦川机械发展股份有限公司

公司概况	公司名称	陕西秦川机械发展股份有限公司			证券简称	秦川发展
	法人代表	龙兴元	董秘	谭明	证券代码	000837
	公司网址	www.qinchuan.com		电子信箱	qinchuan@qinchuan.com	
	电　话	0917-3670654、3670748		传　真	0917-3390960、3390957	
	办公地址	陕西省宝鸡市姜谭路22号				
	经营范围	金属切削机床、塑料加工机械、液压系统、液压件、汽车零部件、功能部件等				

主要财务指标	指标\报告期	2009.06.30	2008.12.31	2008.06.30	2007.12.31
	每股收益(元)	0.1310	0.2105	0.1763	0.2075
	每股收益(扣除)(元)	0.1310	0.2001	0.1778	0.1374
	每股净资产(元)	2.4900	2.3600	2.3156	3.2100
	调整后每股净资产(元)	-	-	-	-
	每股资本公积金(元)	0.2354	0.2315	0.2315	0.8472
	每股盈余公积金(元)	0.1769	0.1769	0.1558	0.2338
	每股未分配利润(元)	1.0894	0.9589	0.9367	1.1406
	每股现金净流量(元)	-0.2223	-0.1224	-0.2138	0.3335
	每股经营现金净流量(元)	-0.1412	0.0502	-0.1025	0.6274
	净资产收益率(扣除)(%)	-	-	-	9.2400
	净资产收益率(%)	5.2370	8.9200	7.6150	9.6800
	总资产(万)	143615.09	146645.10	142509.22	134637.95
	股东权益(万)	86934.86	82245.81	80749.44	74735.92
	主营业务收入(万)	-	-	-	-
	主营业务利润(万)	-	-	-	-
	营业务收入(万)	50002.92	108529.40	58593.23	84639.66
	营业务利润(万)	4847.17	7655.15	6878.80	6406.30
	投资收益(万)	-	-	-	-
	利润总额(万)	5235.90	9284.21	7466.01	8363.89
	净利润(万)	4552.39	7339.25	6148.95	7235.27

国兴融达地产股份有限公司

公司概况	公司名称	国兴融达地产股份有限公司			证券简称	国兴地产
	法人代表	孙庆国	董秘	刘晓林	证券代码	000838
	公司网址	www.gxland.com.cn		电子信箱	liuxiaoling@gxland.com.cn	
	电　话	010-59282537		传　真	010-59282507	
	办公地址	北京市朝阳区姚家园路105号观湖公寓1号楼5层				
	经营范围	房地产开发、销售商品房;物业管理;出租自有房产				

主要财务指标	指标\报告期	2009.06.30	2008.12.31	2008.06.30	2007.12.31
	每股收益(元)	-0.0297	0.0583	0.0847	0.3249
	每股收益(扣除)(元)	-0.0297	0.0638	0.0849	0.3582
	每股净资产(元)	1.9302	1.9600	1.9864	3.8034
	调整后每股净资产(元)	-	-	-	-
	每股资本公积金(元)	0.6674	0.6674	0.6674	2.3347
	每股盈余公积金(元)	0.0047	0.0047	0.0047	0.0094
	每股未分配利润(元)	0.2582	0.2879	0.3144	0.4593
	每股现金净流量(元)	0.0054	-1.8211	-1.6105	3.3329
	每股经营现金净流量(元)	0.0054	-1.2562	-1.0475	2.4373
	净资产收益率(扣除)(%)	-	-	-	18.8400
	净资产收益率(%)	-1.5400	2.9700	4.2700	17.0800
	总资产(万)	64309.94	63732.93	66673.36	91902.43
	股东权益(万)	34937.09	35475.33	35954.39	34420.66
	主营业务收入(万)	-	-	-	-
	主营业务利润(万)	-	-	-	-
	营业务收入(万)	-	12921.79	11504.47	51186.29
	营业务利润(万)	-534.18	1849.14	2147.02	8730.62
	投资收益(万)	-	-	-	-
	利润总额(万)	-534.18	1721.81	2142.18	8730.66
	净利润(万)	-538.25	1054.67	1533.74	5880.32

中信国安信息产业股份有限公司

公司概况	公司名称	中信国安信息产业股份有限公司			证券简称	中信国安
	法人代表	李士林	董秘	廖小同	证券代码	000839
	公司网址	www.citicguoaninfo.com		电子信箱	liaoxt@citicguoaninfo.com	
	电　话	010-65068509、65008037		传　真	010-65061482	
	办公地址	北京朝阳区关东店北街1号国安大厦5F				
	经营范围	信息产业、广告行业项目的投资;卫星通讯工程、计算机信息传输网络工程等				

主要财务指标	指标\报告期	2009.06.30	2008.12.31	2008.06.30	2007.12.31
	每股收益(元)	0.3769	0.2281	0.0881	0.2085
	每股收益(扣除)(元)	0.1359	0.1364	0.0737	0.1421
	每股净资产(元)	3.5800	3.2904	3.1700	6.3081
	调整后每股净资产(元)	-	-	-	-
	每股资本公积金(元)	1.1786	1.1654	1.1823	3.4143
	每股盈余公积金(元)	0.1616	0.1616	0.1383	0.2957
	每股未分配利润(元)	1.2403	0.9634	0.8467	1.5981
	每股现金净流量(元)	0.0786	0.2643	0.0963	0.5752
	每股经营现金净流量(元)	0.1077	0.1396	0.0536	0.0010
	净资产收益率(扣除)(%)	-	-	-	4.5100
	净资产收益率(%)	10.5300	6.9300	2.7800	6.6100
	总资产(万)	1146089.78	1040190.66	1137653.72	956280.56
	股东权益(万)	558556.27	513304.71	494096.22	492033.73
	主营业务收入(万)	-	-	-	-
	主营业务利润(万)	-	-	-	-
	营业务收入(万)	95643.73	190513.75	112756.42	172602.86
	营业务利润(万)	68912.87	35386.28	14989.35	32029.47
	投资收益(万)	-	-	-	-
	利润总额(万)	72358.96	38860.65	16113.76	34302.68
	净利润(万)	58789.86	35587.10	13742.41	32525.49

河北承德露露股份有限公司

公司概况	公司名称	河北承德露露股份有限公司			证券简称	承德露露
	法人代表	王宝林	董秘	李文生	证券代码	000848
	公司网址	www. lolo.com.cn		电子信箱	lws@lolo.com.cn	
	电　话	0314-2059888		传　真	0314-2059100	
	办公地址	河北省承德市高新技术产业开发区西区 8 号				
	经营范围	饮料、罐头食品的开发、生产与销售;马口铁包装罐的生产和销售				

主要财务指标	指标\报告期	2009.06.30	2008.12.31	2008.06.30	2007.12.31
	每股收益(元)	0.2800	0.5800	0.3200	0.4600
	每股收益(扣除)(元)	0.2800	0.5900	0.3200	0.5900
	每股净资产(元)	2.9400	3.0600	2.8000	2.8800
	调整后每股净资产(元)	–	–	–	–
	每股资本公积金(元)	0.2831	0.2831	0.2831	0.2831
	每股盈余公积金(元)	0.5390	0.5390	0.5390	0.5390
	每股未分配利润(元)	1.1131	1.2364	0.9756	1.0585
	每股现金净流量(元)	–0.2501	–0.2379	–0.4347	–0.4149
	每股经营现金净流量(元)	0.4490	0.8824	0.1383	0.7296
	净资产收益率(扣除)(%)	–	–	–	20.5900
	净资产收益率(%)	9.4300	18.8900	11.3300	15.9400
	总资产(万)	77935.93	101410.65	87795.51	106357.42
	股东权益(万)	55792.65	58136.41	53179.63	54755.72
	主营业务收入(万)	–	–	–	–
	主营业务利润(万)	–	–	–	–
	营业务收入(万)	69807.92	151679.28	90708.15	139411.88
	营业务利润(万)	7147.92	15328.76	8851.42	16002.14
	投资收益(万)	–	–	–	–
	利润总额(万)	7130.40	15106.35	8574.37	15682.32
	净利润(万)	5259.68	10984.12	6027.35	8730.32

安徽华茂纺织股份有限公司

公司概况	公司名称	安徽华茂纺织股份有限公司			证券简称	华茂股份
	法人代表	詹灵芝	董秘	左志鹏	证券代码	000850
	公司网址	www.chinahuamao.net		电子信箱	aqfz@mail.hf.ah.cn	
	电　话	0556-5919818、5919891		传　真	0556-5919819、5919900	
	办公地址	安徽省安庆市纺织南路 80 号				
	经营范围	棉、毛、麻、丝和人造纤维的纯、混纺纱线及其织物、针织品、服装、印染加工等				

主要财务指标	指标\报告期	2009.06.30	2008.12.31	2008.06.30	2007.12.31
	每股收益(元)	0.0520	0.2190	0.0880	0.2330
	每股收益(扣除)(元)	0.0480	0.2070	0.0840	0.1220
	每股净资产(元)	2.5100	2.2400	2.3300	2.7800
	调整后每股净资产(元)	–	–	–	–
	每股资本公积金(元)	0.7257	0.4615	0.5849	1.1205
	每股盈余公积金(元)	0.1799	0.1799	0.1578	0.1578
	每股未分配利润(元)	0.6029	0.6013	0.5899	0.5047
	每股现金净流量(元)	0.1616	–0.0648	0.0275	0.0567
	每股经营现金净流量(元)	0.4140	0.1930	–0.0130	–0.0612
	净资产收益率(扣除)(%)	–	–	–	4.4000
	净资产收益率(%)	2.0600	9.7500	3.7900	8.3700
	总资产(万)	358340.50	318407.86	296624.33	305165.06
	股东权益(万)	157811.87	141092.93	146749.30	175079.77
	主营业务收入(万)	–	–	–	–
	主营业务利润(万)	–	–	–	–
	营业务收入(万)	68595.85	147865.79	70574.01	144340.79
	营业务利润(万)	2866.52	13500.67	5428.44	17324.62
	投资收益(万)	–	–	–	–
	利润总额(万)	2917.87	14140.38	5706.09	17825.71
	净利润(万)	3246.25	13760.50	5561.50	14661.63

大唐高鸿数据网络技术股份有限公司

公司概况	公司名称	大唐高鸿数据网络技术股份有限公司			证券简称	高鸿股份
	法人代表	付景林	董秘	王芊	证券代码	000851
	公司网址	www.gohigh.com.cn		电子信箱	gohigh@gohigh.com.cn	
	电　话	010-62301907		传　真	010-82301900	
	办公地址	北京市海淀区学院路 40 号研 6 楼				
	经营范围	多业务宽带电信网络产品、通信器材、通信终端设备、仪器仪表、电子计算机软硬件等				

主要财务指标	指标\报告期	2009.06.30	2008.12.31	2008.06.30	2007.12.31
	每股收益(元)	0.0200	0.0400	0.0200	0.0400
	每股收益(扣除)(元)	0.0100	–0.0200	0.0200	–0.0800
	每股净资产(元)	1.9600	1.9500	1.9500	1.9300
	调整后每股净资产(元)	–	–	–	–
	每股资本公积金(元)	0.7669	0.7810	0.8035	0.8035
	每股盈余公积金(元)	0.0448	0.0448	0.0448	0.0448
	每股未分配利润(元)	0.1471	0.1242	0.1016	0.0812
	每股现金净流量(元)	0.2440	–0.1074	–0.0132	0.2604
	每股经营现金净流量(元)	0.0059	–0.1816	–0.1154	–0.3649
	净资产收益率(扣除)(%)	–	–	–	–4.2500
	净资产收益率(%)	1.1000	2.2000	1.0500	2.1200
	总资产(万)	118480.75	113949.25	110768.91	98602.45
	股东权益(万)	50907.27	50678.75	50677.23	50146.68
	主营业务收入(万)	–	–	–	–
	主营业务利润(万)	–	–	–	–
	营业务收入(万)	63414.39	73004.71	33069.79	51941.05
	营业务利润(万)	1096.52	1812.75	1223.83	–1041.55
	投资收益(万)	–	–	–	–
	利润总额(万)	1114.75	1735.09	1284.87	2695.82
	净利润(万)	558.19	1116.32	530.54	1061.76

江汉石油钻头股份有限公司

公司概况	公司名称	江汉石油钻头股份有限公司			证券简称	江钻股份
	法人代表	张召平	董秘	王一兵	证券代码	000852
	公司网址	www.kingdream.com.cn		电子信箱	info@kingdream.com	
	电　话	027-87925236		传　真	027-87925067	
	办公地址	湖北省武汉东湖新技术开发区华工园一路 5 号				
	经营范围	石油钻采、矿山、冶金专业设备、机电产品、光电产品、机械设备等				

主要财务指标	指标\报告期	2009.06.30	2008.12.31	2008.06.30	2007.12.31
	每股收益(元)	0.1400	0.3300	0.1800	0.3000
	每股收益(扣除)(元)	0.1300	0.3400	0.1800	0.3100
	每股净资产(元)	2.2800	2.8900	2.7400	2.9600
	调整后每股净资产(元)	–	–	–	–
	每股资本公积金(元)	0.2570	0.6340	0.6340	0.6340
	每股盈余公积金(元)	0.3160	0.4108	0.3860	0.3860
	每股未分配利润(元)	0.7101	0.8473	0.7180	0.9414
	每股现金净流量(元)	–0.0215	–0.2185	–0.1357	–0.2978
	每股经营现金净流量(元)	0.0185	0.3606	0.0156	0.3758
	净资产收益率(扣除)(%)	–	–	–	10.5600
	净资产收益率(%)	5.9200	11.4400	6.4500	10.1700
	总资产(万)	174594.22	154194.45	161542.01	152816.19
	股东权益(万)	91411.55	89078.07	84331.85	91211.72
	主营业务收入(万)	–	–	–	–
	主营业务利润(万)	–	–	–	–
	营业务收入(万)	60035.45	133262.07	60013.31	114455.99
	营业务利润(万)	6572.31	13113.07	7007.86	10691.47
	投资收益(万)	–	–	–	–
	利润总额(万)	6597.06	12898.77	7009.81	10452.35
	净利润(万)	5413.48	10186.35	5440.13	9278.22

唐山陶瓷股份有限公司

公司概况						
	公司名称	唐山陶瓷股份有限公司			证券简称	*ST 唐陶
	法人代表	陈思	董秘	张树来	证券代码	000856
	公司网址	www.tangshanceramic.com		电子信箱	tstc856@sohu.com	
	电　话	0315-3291354		传　真	0315-3291354	
	办公地址	河北省唐山市路北区缸窑路 110 号				
	经营范围	日用陶瓷、卫生陶瓷、墙地砖、工业理化陶瓷、特种陶瓷、耐火材料等				

主要财务指标	指标\报告期	2009.06.30	2008.12.31	2008.06.30	2007.12.31
	每股收益(元)	–0.1100	–0.7200	–0.2000	–0.6600
	每股收益(扣除)(元)	–0.1800	–0.7700	–0.2000	–0.7000
	每股净资产(元)	0.2600	0.3200	0.8200	1.0200
	调整后每股净资产(元)	–	–	–	–
	每股资本公积金(元)	1.0030	1.0030	1.0095	1.0224
	每股盈余公积金(元)	0.0642	0.0642	0.0642	0.0642
	每股未分配利润(元)	–1.7041	–1.5914	–1.0690	–0.8729
	每股现金净流量(元)	–0.0187	0.0119	–0.0071	–0.0946
	每股经营现金净流量(元)	–0.0494	–0.0961	–0.0867	–0.2391
	净资产收益率(扣除)(%)	–	–	–	–68.2600
	净资产收益率(%)	–42.6100	–227.3500	–24.0500	–64.7800
	总资产(万)	98301.88	95901.79	102799.63	103000.90
	股东权益(万)	6005.04	7173.66	18505.67	23165.12
	主营业务收入(万)	–	–	–	–
	主营业务利润(万)	–	–	–	–
	营业务收入(万)	12228.17	35542.89	17870.19	41111.62
	营业务利润(万)	–2718.78	–16832.79	–4995.09	–17034.40
	投资收益(万)	–	–	–	–
	利润总额(万)	–2420.87	–16645.57	–4945.69	–16547.07
	净利润(万)	–0.1100	–16309.61	–4451.04	–15006.06

宜宾五粮液股份有限公司

公司概况						
	公司名称	宜宾五粮液股份有限公司			证券简称	五 粮 液
	法人代表	唐桥	董秘	彭智辅	证券代码	000858
	公司网址	www.wuliangye.com.cn		电子信箱	000858–wly@sohu.com	
	电　话	0831–3565878、3566858		传　真	0831–3555958	
	办公地址	四川省宜宾市翠屏区岷江西路 150 号				
	经营范围	酒类产品及相关辅助产品的生产经营;饮料、药品、水果种植、进出口业务、物业管理等				

主要财务指标	指标\报告期	2009.06.30	2008.12.31	2008.06.30	2007.12.31
	每股收益(元)	0.4230	0.4770	0.3410	0.3870
	每股收益(扣除)(元)	0.4200	0.4830	0.3470	0.3810
	每股净资产(元)	3.3700	2.9980	2.8620	2.5210
	调整后每股净资产(元)	–	–	–	–
	每股资本公积金(元)	0.2511	0.2511	0.2511	0.2511
	每股盈余公积金(元)	0.5628	0.5230	0.5090	0.4752
	每股未分配利润(元)	1.5567	1.2239	1.1022	0.7946
	每股现金净流量(元)	–0.2843	0.4912	0.2960	0.3358
	每股经营现金净流量(元)	0.4961	0.5197	0.3153	0.4388
	净资产收益率(扣除)(%)	–	–	–	–
	净资产收益率(%)	12.5404	15.9100	11.9300	15.3500
	总资产(万)	1661009.01	1349642.07	1248677.72	1157165.11
	股东权益(万)	1279479.35	1138006.74	1086513.21	956937.98
	主营业务收入(万)	–	–	–	–
	主营业务利润(万)	–	–	–	–
	营业务收入(万)	534088.99	793306.87	459727.77	732855.58
	营业务利润(万)	214276.15	243112.83	174064.14	218341.80
	投资收益(万)	–	–	–	–
	利润总额(万)	215782.50	239915.57	171170.75	217834.65
	净利润(万)	160452.45	181068.76	129575.23	146892.07

安徽国风塑业股份有限公司

公司概况						
	公司名称	安徽国风塑业股份有限公司			证券简称	国风塑业
	法人代表	杨林	董秘	杨林(代)	证券代码	000859
	公司网址	www.guofeng.com		电子信箱	gf000859@126.com	
	电　话	0551–5336168、5336066		传　真	0551–5336777	
	办公地址	合肥国家高新技术产业开发区天智路 36 号				
	经营范围	塑料薄膜、塑胶建材及附件、其他塑料制品、非金属材料及金属制品的制造和销售				

主要财务指标	指标\报告期	2009.06.30	2008.12.31	2008.06.30	2007.12.31
	每股收益(元)	–0.0777	0.0110	0.0439	0.0538
	每股收益(扣除)(元)	–0.0510	0.0050	0.0472	0.0050
	每股净资产(元)	2.4400	2.5100	2.5500	2.6600
	调整后每股净资产(元)	–	–	–	–
	每股资本公积金(元)	0.9960	0.9960	0.9900	1.1557
	每股盈余公积金(元)	0.1078	0.1078	0.1043	0.1043
	每股未分配利润(元)	0.3329	0.4106	0.4532	0.4031
	每股现金净流量(元)	0.2454	–0.0049	0.1542	–0.2218
	每股经营现金净流量(元)	0.1865	0.4599	0.2911	0.2909
	净资产收益率(扣除)(%)	–	–	–	0.6200
	净资产收益率(%)	–3.1900	0.4400	1.7230	2.0200
	总资产(万)	184176.43	184188.59	199944.58	229828.42
	股东权益(万)	102455.80	105723.82	107114.60	111974.39
	主营业务收入(万)	–	–	–	–
	主营业务利润(万)	–	–	–	–
	营业务收入(万)	57863.63	175724.24	96468.86	153142.79
	营业务利润(万)	–2945.52	11.85	1992.90	1421.43
	投资收益(万)	–	–	–	–
	利润总额(万)	–4432.84	611.02	2486.30	2750.71
	净利润(万)	–3268.02	462.63	1845.65	2263.72

北京顺鑫农业股份有限公司

公司概况						
	公司名称	北京顺鑫农业股份有限公司			证券简称	顺鑫农业
	法人代表	李维昌	董秘		证券代码	000860
	公司网址	www.000860.com		电子信箱	sxnygf@public.bta.net.cn	
	电　话	010–69420860		传　真	010–69443137	
	办公地址	北京市顺义区站前街北侧顺鑫国际商务中心 12 层				
	经营范围	粮食作物、经济作物、蔬菜、花卉、园艺作物、水果种植、加工与销售等				

主要财务指标	指标\报告期	2009.06.30	2008.12.31	2008.06.30	2007.12.31
	每股收益(元)	0.1778	0.5041	0.2779	0.3600
	每股收益(扣除)(元)	0.1702	0.4534	0.2325	0.3554
	每股净资产(元)	5.2800	5.2000	4.9700	4.8400
	调整后每股净资产(元)	–	–	–	–
	每股资本公积金(元)	2.7551	2.7547	2.7547	2.7935
	每股盈余公积金(元)	0.3671	0.3671	0.3204	0.3204
	每股未分配利润(元)	1.1570	1.0791	0.8997	0.7218
	每股现金净流量(元)	–0.6603	1.0096	0.2218	0.4254
	每股经营现金净流量(元)	–0.8626	–1.0138	–2.3634	0.1451
	净资产收益率(扣除)(%)	–	–	–	6.8400
	净资产收益率(%)	3.3700	9.6900	5.5900	6.9400
	总资产(万)	705552.65	656915.36	611321.42	414456.98
	股东权益(万)	231516.09	228084.81	218165.41	212064.36
	主营业务收入(万)	–	–	–	–
	主营业务利润(万)	–	–	–	–
	营业务收入(万)	288369.31	517551.72	293135.18	452113.20
	营业务利润(万)	11887.21	30480.59	15865.04	21649.55
	投资收益(万)	–	–	–	–
	利润总额(万)	11815.29	30638.16	15692.97	21467.31
	净利润(万)	7798.68	22105.16	12185.76	14723.92

广东海印永业(集团)股份有限公司

公司概况	公司名称	广东海印永业(集团)股份有限公司			证券简称	海印股份
	法人代表	邵建明	董秘	潘尉	证券代码	000861
	公司网址	www.000861.com		电子信箱	000861@000861.com	
	电　话	020-83799848		传　真	020-83794902	
	办公地址	广东省广州市越秀区东湖西路 56-58 号				
	经营范围	销售日用百货;市场商品信息咨询服务;出租柜台,物业管理;项目投资等				

主要财务指标	指标\报告期	2009.06.30	2008.12.31	2008.06.30	2007.12.31
	每股收益(元)	0.1400	0.3500	0.0900	0.3300
	每股收益(扣除)(元)	0.1400	0.1200	0.0800	0.0300
	每股净资产(元)	1.5100	1.7000	1.7000	6.9700
	调整后每股净资产(元)	–	–	–	–
	每股资本公积金(元)	0.0190	–	0.3597	4.5226
	每股盈余公积金(元)	0.0567	0.0680	0.1504	0.2256
	每股未分配利润(元)	0.4387	0.6293	0.1873	1.2211
	每股现金净流量(元)	–0.0358	0.0884	0.0022	–0.0055
	每股经营现金净流量(元)	0.1754	0.4785	0.1367	1.2530
	净资产收益率(扣除)(%)	–	–	–	1.6200
	净资产收益率(%)	8.9200	20.5800	5.2400	17.4200
	总资产(万)	133086.04	126463.67	63584.24	138174.20
	股东权益(万)	74538.86	69614.98	28325.93	77536.02
	主营业务收入(万)	–	–	–	–
	主营业务利润(万)	–	–	–	–
	营业务收入(万)	35094.58	84500.64	25412.10	72610.93
	营业务利润(万)	9039.68	17371.86	1991.33	16586.52
	投资收益(万)	–	–	–	–
	利润总额(万)	9027.70	17469.50	2018.45	16280.71
	净利润(万)	6646.54	14325.23	1483.92	13508.96

宁夏银星能源股份有限公司

公司概况	公司名称	宁夏银星能源股份有限公司			证券简称	银星能源
	法人代表	何怀兴	董秘	李军	证券代码	000862
	公司网址	www.wzyb.com.cn		电子信箱	wylijun@mail.wzyb.com.cn	
	电　话	0953-3929060、3929086		传　真	0953-3929057	
	办公地址	宁夏吴忠市利通区朝阳街 67 号				
	经营范围	工业自动化仪表及其附件的设计、制造、销售及检修服务等				

主要财务指标	指标\报告期	2009.06.30	2008.12.31	2008.06.30	2007.12.31
	每股收益(元)	0.0509	0.1200	0.1355	0.0800
	每股收益(扣除)(元)	0.0381	0.1255	0.0062	0.0922
	每股净资产(元)	0.9287	0.8778	0.8915	0.7560
	调整后每股净资产(元)	–	–	–	–
	每股资本公积金(元)	1.9042	1.9042	1.9042	1.9042
	每股盈余公积金(元)	0.1039	0.1039	0.1039	0.1039
	每股未分配利润(元)	–2.0794	–2.1302	–2.1166	–2.2521
	每股现金净流量(元)	0.8574	0.6924	0.3368	–0.4061
	每股经营现金净流量(元)	0.0026	0.4862	0.0508	0.2647
	净资产收益率(扣除)(%)	–	–	–	12.1945
	净资产收益率(%)	5.4790	13.8800	15.1970	10.6300
	总资产(万)	178938.93	151848.81	144163.05	122650.69
	股东权益(万)	21906.70	20706.53	21028.62	17833.00
	主营业务收入(万)	–	–	–	–
	主营业务利润(万)	–	–	–	–
	营业务收入(万)	35172.46	39625.76	17233.66	34365.87
	营业务利润(万)	1236.99	3260.32	107.47	2377.36
	投资收益(万)	–	–	–	–
	利润总额(万)	1537.97	3055.61	3157.20	2346.76
	净利润(万)	1200.16	2873.53	3195.62	1896.43

安徽安凯汽车股份有限公司

公司概况	公司名称	安徽安凯汽车股份有限公司			证券简称	安凯客车
	法人代表	王江安	董秘	汪先锋	证券代码	000868
	公司网址	www.ankai.com		电子信箱	wxf@ankai.com	
	电　话	0551-2297832、2297712		传　真	0551-2297710	
	办公地址	安徽省合肥市葛淝路 1 号				
	经营范围	客车、底盘生产与销售;兼营:汽车配件、汽车维修、汽车设计、汽车咨询等				

主要财务指标	指标\报告期	2009.06.30	2008.12.31	2008.06.30	2007.12.31
	每股收益(元)	–0.0200	0.0800	0.0218	0.0770
	每股收益(扣除)(元)	–0.0300	0.0600	0.0204	0.0200
	每股净资产(元)	2.0400	2.0700	2.0200	2.0700
	调整后每股净资产(元)	–	–	–	–
	每股资本公积金(元)	1.1940	1.1940	1.1898	1.2681
	每股盈余公积金(元)	0.0528	0.0528	0.0550	0.0557
	每股未分配利润(元)	–0.2038	–0.1803	–0.2264	–0.2559
	每股现金净流量(元)	–0.2596	0.0125	–0.3254	–0.0340
	每股经营现金净流量(元)	–0.2321	0.5250	–0.1097	–0.0749
	净资产收益率(扣除)(%)	–	–	–	0.9600
	净资产收益率(%)	–1.1500	3.7900	1.0800	3.8500
	总资产(万)	192200.49	194166.57	209912.03	219169.25
	股东权益(万)	62723.05	63443.31	61967.94	61423.85
	主营业务收入(万)	–	–	–	–
	主营业务利润(万)	–	–	–	–
	营业务收入(万)	74500.89	214205.09	118836.94	207843.95
	营业务利润(万)	–1906.23	2935.72	894.25	3245.15
	投资收益(万)	–	–	–	–
	利润总额(万)	–1441.18	3711.54	1010.75	4169.08
	净利润(万)	–720.26	2402.56	669.5	2366.29

烟台张裕葡萄酿酒股份有限公司

公司概况	公司名称	烟台张裕葡萄酿酒股份有限公司			证券简称	张　裕 A
	法人代表	孙利强	董秘	曲为民	证券代码	000869
	公司网址	www.changyu.com.cn		电子信箱	webmaster@changyu.com.cn	
	电　话	0086-535-6633658		传　真	0086-535-6633639	
	办公地址	山东省烟台市大马路 56 号				
	经营范围	葡萄酒、蒸馏酒、药酒、果露酒、非酒精饮料、果酱、包装材料、酿酒机械的生产、加工和销售				

主要财务指标	指标\报告期	2009.06.30	2008.12.31	2008.06.30	2007.12.31
	每股收益(元)	0.8600	1.7000	0.7600	1.2100
	每股收益(扣除)(元)	0.8500	1.6800	0.7500	1.2000
	每股净资产(元)	4.4900	4.8200	3.8800	4.2300
	调整后每股净资产(元)	–	–	–	–
	每股资本公积金(元)	1.0568	1.0568	1.0568	1.0568
	每股盈余公积金(元)	0.5613	0.5613	0.5613	0.5613
	每股未分配利润(元)	1.8694	2.2060	1.2657	1.6093
	每股现金净流量(元)	0.2798	–0.1210	–0.5657	0.3483
	每股经营现金净流量(元)	1.3570	2.3726	1.4283	1.5479
	净资产收益率(扣除)(%)	–	–	–	28.4600
	净资产收益率(%)	19.2400	35.1700	19.4700	28.5200
	总资产(万)	387821.02	406093.26	344048.61	325122.45
	股东权益(万)	236613.25	254363.32	204781.69	222902.04
	主营业务收入(万)	–	–	–	–
	主营业务利润(万)	–	–	–	–
	营业务收入(万)	196942.62	345344.23	182124.73	273016.61
	营业务利润(万)	59753.15	117645.64	51585.52	94828.13
	投资收益(万)	–	–	–	–
	利润总额(万)	60590.99	118324.90	51602.42	94944.34
	净利润(万)	45523.53	89462.08	39880.45	63562.78

吉林电力股份有限公司

公司概况	公司名称	吉林电力股份有限公司			证券简称	吉电股份
	法人代表	原钢	董秘	宋新阳	证券代码	000875
	公司网址			电子信箱	jl_dl@163.net	
	电　话	0431—81150932、81150933		传　真	0431—81150934	
	办公地址	吉林省长春市人民大街9699号				
	经营范围	火电,水电,供热,工业供气,新能源的开发,投资,建设,生产与销售等				

	指标\报告期	2009.06.30	2008.12.31	2008.06.30	2007.12.31
主要财务指标	每股收益(元)	−0.0400	−0.4840	−0.0300	0.1582
	每股收益(扣除)(元)	−0.0400	−0.5090	−0.0300	0.1070
	每股净资产(元)	2.6800	2.7198	3.1900	3.4478
	调整后每股净资产(元)	–	–	–	–
	每股资本公积金(元)	2.0781	2.0781	2.1337	2.3114
	每股盈余公积金(元)	0.1175	0.1175	0.1284	0.1265
	每股未分配利润(元)	−0.5182	−0.4757	0.0968	0.0099
	每股现金净流量(元)	0.2897	−0.3040	−0.4584	0.4867
	每股经营现金净流量(元)	0.6453	0.0134	0.0668	0.6466
	净资产收益率(扣除)(%)	–	–	–	3.1200
	净资产收益率(%)	−1.4900	−17.8300	−0.8700	4.5900
	总资产(万)	759123.38	570426.89	486365.23	475830.46
	股东权益(万)	224651.22	228219.16	267699.04	268616.29
	主营业务收入(万)	–	–	–	–
	主营业务利润(万)	–	–	–	–
	营业务收入(万)	91711.91	156055.77	79963.38	182202.76
	营业务利润(万)	−3215.25	−44051.46	−2257.06	12813.41
	投资收益(万)	–	–	–	–
	利润总额(万)	−3199.56	−43324.23	−2125.09	13488.10
	净利润(万)	−3346.67	−40688.65	−2324.51	12589.89

四川新希望农业股份有限公司

公司概况	公司名称	四川新希望农业股份有限公司			证券简称	新希望
	法人代表	刘永好	董秘	向川	证券代码	000876
	公司网址	www.newhopegroup.com		电子信箱	dongshiban@newhope.sina.net	
	电　话	028-82000876、85950011		传　真	028-85950022	
	办公地址	成都市锦江工业园区金石路376号				
	经营范围	饲料、原料添加剂、饲料加工机械、农副产品、食品的生产、加工、销售等				

	指标\报告期	2009.06.30	2008.12.31	2008.06.30	2007.12.31
主要财务指标	每股收益(元)	0.3500	0.3000	0.3000	0.4000
	每股收益(扣除)(元)	0.3500	0.2900	0.3000	0.3400
	每股净资产(元)	3.6900	3.5300	4.3500	4.1500
	调整后每股净资产(元)	–	–	–	–
	每股资本公积金(元)	0.8133	0.9945	1.4762	1.5383
	每股盈余公积金(元)	0.3316	0.3316	0.3434	0.3437
	每股未分配利润(元)	1.5970	1.2461	1.5866	1.2989
	每股现金净流量(元)	0.0594	−0.0810	0.7025	0.1789
	每股经营现金净流量(元)	0.1351	0.2612	−0.0933	0.0870
	净资产收益率(扣除)(%)	–	–	–	9.7600
	净资产收益率(%)	9.5000	8.5600	6.8800	11.5700
	总资产(万)	735690.06	702545.02	776972.45	687668.48
	股东权益(万)	279497.82	266970.49	274518.65	261854.99
	主营业务收入(万)	–	–	–	–
	主营业务利润(万)	–	–	–	–
	营业务收入(万)	310936.56	726306.15	358899.71	479177.29
	营业务利润(万)	34203.02	29952.86	23741.46	37501.70
	投资收益(万)	–	–	–	–
	利润总额(万)	34561.73	30974.21	24175.30	39714.39
	净利润(万)	26551.96	22860.56	18876.32	30306.12

新疆天山水泥股份有限公司

公司概况	公司名称	新疆天山水泥股份有限公司			证券简称	天山股份
	法人代表	李建伦	董秘	周林英	证券代码	000877
	公司网址	www.sinoma-tianshan.cn		电子信箱	zhoulinying@sinoma-tianshan.cn	
	电　话	0991-6686791		传　真	0991-6686782	
	办公地址	新疆维吾尔自治区乌鲁木齐市河北东路1256号天合大厦				
	经营范围	水泥及相关产品的开发、生产、销售和技术服务等				

	指标\报告期	2009.06.30	2008.12.31	2008.06.30	2007.12.31
主要财务指标	每股收益(元)	0.4622	0.6153	0.2023	0.3358
	每股收益(扣除)(元)	0.4074	0.7225	0.2133	0.3442
	每股净资产(元)	3.0163	2.7240	2.3104	3.1987
	调整后每股净资产(元)	–	–	–	–
	每股资本公积金(元)	0.6697	0.6697	0.6692	1.5403
	每股盈余公积金(元)	0.1499	0.1499	0.1055	0.1583
	每股未分配利润(元)	1.1966	0.9044	0.5358	0.5002
	每股现金净流量(元)	1.1111	−0.5030	0.0565	1.1355
	每股经营现金净流量(元)	1.0107	2.0074	1.3523	3.2901
	净资产收益率(扣除)(%)	–	–	–	16.1400
	净资产收益率(%)	15.3200	22.5900	8.7600	15.7500
	总资产(万)	726449.32	600623.16	531920.34	444370.89
	股东权益(万)	94117.20	84999.00	72092.99	66540.06
	主营业务收入(万)	–	–	–	–
	主营业务利润(万)	–	–	–	–
	营业务收入(万)	176454.17	349396.80	139636.47	251781.81
	营业务利润(万)	17320.76	17519.03	8151.55	9185.44
	投资收益(万)	–	–	–	–
	利润总额(万)	20865.92	33680.99	10645.45	21474.08
	净利润(万)	14422.77	19200.27	6312.73	10479.52

云南铜业股份有限公司

公司概况	公司名称	云南铜业股份有限公司			证券简称	云南铜业
	法人代表	刘才明	董秘	高立东	证券代码	000878
	公司网址	www.yunnan-copper.com		电子信箱	ld_gao@yunnancopper.com	
	电　话	0871-3106797、3106792		传　真	0871-3106735	
	办公地址	云南省昆明市人民东路111号				
	经营范围	有色金属、贵金属的生产、加工、销售及生产工艺的设计、施工、科研等				

	指标\报告期	2009.06.30	2008.12.31	2008.06.30	2007.12.31
主要财务指标	每股收益(元)	−0.1000	−2.2200	0.4340	0.7800
	每股收益(扣除)(元)	−0.1200	−2.2800	0.4380	0.4900
	每股净资产(元)	2.7400	2.8400	5.6800	5.2700
	调整后每股净资产(元)	–	–	–	–
	每股资本公积金(元)	2.2633	2.2633	2.3246	2.2633
	每股盈余公积金(元)	0.2987	0.2836	0.2754	0.2859
	每股未分配利润(元)	−0.8219	−0.7064	2.0791	1.7165
	每股现金净流量(元)	−0.3982	−4.1653	−2.5190	4.8473
	每股经营现金净流量(元)	2.7539	−4.0962	−5.6643	0.0351
	净资产收益率(扣除)(%)	–	–	–	9.3300
	净资产收益率(%)	−3.6700	−78.2200	7.6500	14.7400
	总资产(万)	2142144.21	2170460.40	3174444.25	2915891.10
	股东权益(万)	344343.88	356969.13	713685.85	661731.29
	主营业务收入(万)	–	–	–	–
	主营业务利润(万)	–	–	–	–
	营业务收入(万)	521470.15	2575453.40	1435783.26	3447298.10
	营业务利润(万)	−9334.32	−305586.23	69235.36	103726.77
	投资收益(万)	–	–	–	–
	利润总额(万)	−9728.83	−305619.86	68606.18	107024.58
	净利润(万)	−12625.26	−279222.88	54561.36	97555.05

潍柴重机股份有限公司

公司概况	公司名称	潍柴重机股份有限公司			证券简称	潍柴重机
	法人代表	谭旭光	董秘		证券代码	000880
	公司网址	www.chinajuli.com.cn		电子信箱	wangy@chinajuli.com	
	电话	0536-2297000、8197071		传真	0536-2297969	
	办公地址	山东省潍坊市民生东街26号				
	经营范围	内燃机及配件生产、销售,发电机及发电机组的生产、销售等				

	指标\报告期	2009.06.30	2008.12.31	2008.06.30	2007.12.31
主要财务指标	每股收益(元)	0.2100	0.2500	0.1500	0.2000
	每股收益(扣除)(元)	0.2100	0.2500	0.1500	0.2000
	每股净资产(元)	2.0800	1.8700	1.7700	1.6200
	调整后每股净资产(元)	-	-	-	-
	每股资本公积金(元)	2.1336	2.1336	2.1336	2.1336
	每股盈余公积金(元)	0.1113	0.1113	0.1113	0.1113
	每股未分配利润(元)	-1.1601	-1.3702	-1.4701	-1.6208
	每股现金净流量(元)	1.4698	-0.1092	0.2812	0.7927
	每股经营现金净流量(元)	1.7016	0.5914	0.2942	0.7963
	净资产收益率(扣除)(%)	-	-	-	12.0400
	净资产收益率(%)	10.0800	13.3700	8.4900	12.0800
	总资产(万)	153121.44	100346.34	90226.55	71976.85
	股东权益(万)	57562.48	51760.94	49003.81	44841.07
	主营业务收入(万)	-	-	-	-
	主营业务利润(万)	-	-	-	-
	营业务收入(万)	105804.58	118107.11	65336.65	91731.18
	营业务利润(万)	7618.17	8931.44	5488.93	7741.33
	投资收益(万)	-	-	-	-
	利润总额(万)	7620.74	8990.78	5527.28	7765.57
	净利润(万)	5801.54	6919.87	4162.74	5415.59

中国大连国际合作(集团)股份有限公司

公司概况	公司名称	中国大连国际合作(集团)股份有限公司			证券简称	大连国际
	法人代表	朱明义	董秘	李枫	证券代码	000881
	公司网址	www.china-cdig.com		电子信箱	lifeng@china-cdig.com	
	电话	0411-3780066、83780139		传真	0411-3780186	
	办公地址	大连市西岗区黄河路219号外经贸大厦				
	经营范围	承包海内外工程、承担国家经援项目、国际劳务技术合作、房屋开发及出租等				

	指标\报告期	2009.06.30	2008.12.31	2008.06.30	2007.12.31
主要财务指标	每股收益(元)	0.1960	0.5220	0.1330	0.4100
	每股收益(扣除)(元)	0.1950	0.2300	0.1010	-0.0010
	每股净资产(元)	3.6400	3.4600	3.0800	2.9000
	调整后每股净资产(元)	-	-	-	-
	每股资本公积金(元)	1.0009	0.8213	0.8213	0.8213
	每股盈余公积金(元)	0.3047	0.3047	0.2239	0.2239
	每股未分配利润(元)	1.3401	1.3442	1.0366	0.9034
	每股现金净流量(元)	0.5800	0.3400	-0.3756	0.2628
	每股经营现金净流量(元)	1.0441	1.9588	0.8835	0.6010
	净资产收益率(扣除)(%)	-	-	-	-0.0500
	净资产收益率(%)	5.3800	15.0500	4.3300	14.1200
	总资产(万)	345246.24	334892.74	342127.01	335159.23
	股东权益(万)	112454.34	107035.13	95139.42	89698.78
	主营业务收入(万)	-	-	-	-
	主营业务利润(万)	-	-	-	-
	营业务收入(万)	78107.71	250098.51	69058.00	213110.27
	营业务利润(万)	10272.86	9223.99	5897.83	1965.34
	投资收益(万)	-	-	-	-
	利润总额(万)	10303.64	36608.41	5838.41	20405.09
	净利润(万)	6052.52	16113.35	4115.64	12662.84

北京华联商厦股份有限公司

公司概况	公司名称	北京华联商厦股份有限公司			证券简称	华联股份
	法人代表	赵国清	董秘	牛晓华	证券代码	000882
	公司网址	www.beijing-hualian.com		电子信箱	010-88337937	
	电话	010-88337937		传真	zgs_zhengquan@beijing-hualian.com	
	办公地址	北京市西城区阜成门外大街1号四川大厦东塔五层				
	经营范围	商业地产、购物中心				

	指标\报告期	2009.06.30	2008.12.31	2008.06.30	2007.12.31
主要财务指标	每股收益(元)	0.3540	0.2015	0.0910	0.1027
	每股收益(扣除)(元)	0.1336	0.0650	0.0737	0.0901
	每股净资产(元)	3.4400	2.5600	2.4500	2.3600
	调整后每股净资产(元)	-	-	-	-
	每股资本公积金(元)	1.8816	0.8150	0.8133	0.8150
	每股盈余公积金(元)	0.0769	0.1523	0.1483	0.1483
	每股未分配利润(元)	0.4767	0.5906	0.4840	0.3931
	每股现金净流量(元)	0.4463	-0.9825	-1.0256	0.7262
	每股经营现金净流量(元)	-0.0228	-0.2598	-0.5486	0.2340
	净资产收益率(扣除)(%)	-	-	-	3.8200
	净资产收益率(%)	5.2000	7.8800	3.7200	4.3600
	总资产(万)	212832.74	85520.38	84979.37	113650.32
	股东权益(万)	169645.52	63741.96	60946.72	58721.99
	主营业务收入(万)	-	-	-	-
	主营业务利润(万)	-	-	-	-
	营业务收入(万)	17710.40	37152.28	17460.03	133816.96
	营业务利润(万)	13512.95	1858.30	2333.92	5245.71
	投资收益(万)	-	-	-	-
	利润总额(万)	13522.31	5658.40	2510.35	4941.78
	净利润(万)	8822.45	5021.43	2267.38	2558.58

湖北三环股份有限公司

公司概况	公司名称	湖北三环股份有限公司			证券简称	三环股份
	法人代表	舒健	董秘	何一心	证券代码	000883
	公司网址	www.triring.cn		电子信箱	h.hyx@163.net	
	电话	027-87609688		传真	027-87609699	
	办公地址	湖北省武汉市武汉东湖新技术开发区东信路18号				
	经营范围	内燃机进排气门、气门座圈、汽车前桥及汽车配件制造销售等				

	指标\报告期	2009.06.30	2008.12.31	2008.06.30	2007.12.31
主要财务指标	每股收益(元)	0.0817	0.1100	0.0560	0.1200
	每股收益(扣除)(元)	0.0490	0.0500	0.0580	0.0500
	每股净资产(元)	3.1100	3.1300	3.2300	3.5900
	调整后每股净资产(元)	-	-	-	-
	每股资本公积金(元)	0.6320	0.6842	0.7905	1.1611
	每股盈余公积金(元)	0.4794	0.4794	0.4794	0.4794
	每股未分配利润(元)	0.9975	0.9658	0.9633	0.9545
	每股现金净流量(元)	1.4380	0.2049	0.3936	-0.1321
	每股经营现金净流量(元)	1.2707	0.7625	0.3319	-0.0229
	净资产收益率(扣除)(%)	-	-	-	1.4000
	净资产收益率(%)	2.6300	3.4900	1.7300	3.4300
	总资产(万)	472908.09	409648.45	351791.10	340032.84
	股东权益(万)	88721.91	89306.95	92268.45	102595.99
	主营业务收入(万)	-	-	-	-
	主营业务利润(万)	-	-	-	-
	营业务收入(万)	260454.04	403754.93	238559.64	312708.08
	营业务利润(万)	2808.31	4689.89	2895.88	6120.06
	投资收益(万)	-	-	-	-
	利润总额(万)	4478.55	6740.22	3376.00	8139.65
	净利润(万)	2331.18	3115.69	1596.79	3519.79

河南同力水泥股份有限公司

公司概况						
	公司名称	河南同力水泥股份有限公司			证券简称	同力水泥
	法人代表	蔡志端	董秘	李继富	证券代码	000885
	公司网址	www.chundu.com.cn		电子信箱	tlsn000885@163.com	
	电　话	0371-69158113		传　真	0371-69158112	
	办公地址	河南省郑州市农业路41号投资大厦5层				
	经营范围	水泥熟料、水泥及制品的销售;水泥机械、电器设备的销售;实业投资及管理				

主要财务指标	指标\报告期	2009.06.30	2008.12.31	2008.06.30	2007.12.31
	每股收益(元)	0.1245	0.3086	0.1242	0.2637
	每股收益(扣除)(元)	0.1152	0.2621	0.1245	0.2629
	每股净资产(元)	1.6400	1.5148	1.3300	1.2063
	调整后每股净资产(元)	-	-	-	-
	每股资本公积金(元)	3.4377	3.4327	3.4327	3.4327
	每股盈余公积金(元)	0.0957	0.0957	0.0957	0.0957
	每股未分配利润(元)	-2.8891	-3.0136	-3.1980	-3.3221
	每股现金净流量(元)	0.7171	0.0524	0.8708	-0.1661
	每股经营现金净流量(元)	0.1798	0.5682	0.7908	0.7968
	净资产收益率(扣除)(%)	-	-	-	21.7900
	净资产收益率(%)	7.5700	20.3700	9.3300	21.8600
	总资产(万)	110620.45	92889.79	108051.95	91858.52
	股东权益(万)	26307.48	24237.01	21286.47	19300.03
	主营业务收入(万)	-	-	-	-
	主营业务利润(万)	-	-	-	-
	营业务收入(万)	30800.63	66327.07	30428.38	53649.25
	营业务利润(万)	2064.96	5622.89	2740.86	3966.50
	投资收益(万)	-	-	-	-
	利润总额(万)	3870.79	9902.06	3568.91	6143.37
	净利润(万)	1991.64	4936.98	1986.44	4219.29

海南高速公路股份有限公司

公司概况						
	公司名称	海南高速公路股份有限公司			证券简称	海南高速
	法人代表	林进挺	董秘	陈求仲	证券代码	000886
	公司网址	www.hi-expressway.com		电子信箱	zks@hi-expressway.com	
	电　话	0898-66768394、66701555		传　真	0898-66790647	
	办公地址	海口市蓝天路16号高速公路大楼8楼				
	经营范围	高等级公路勘测、设计、施工、建设、收费、养护、管理服务等				

主要财务指标	指标\报告期	2009.06.30	2008.12.31	2008.06.30	2007.12.31
	每股收益(元)	0.0210	0.0270	0.0120	0.0260
	每股收益(扣除)(元)	0.0130	0.0210	0.0170	-0.0270
	每股净资产(元)	2.2970	2.2760	2.2600	2.2490
	调整后每股净资产(元)	-	-	-	-
	每股资本公积金(元)	0.9546	0.9546	0.9546	0.9546
	每股盈余公积金(元)	0.3039	0.3039	0.3039	0.3039
	每股未分配利润(元)	0.0388	0.0176	0.0022	-0.0094
	每股现金净流量(元)	-0.1040	0.0972	-0.0098	-0.3512
	每股经营现金净流量(元)	-0.0740	-0.0298	-0.0405	-0.0135
	净资产收益率(扣除)(%)	-	-	-	-1.2200
	净资产收益率(%)	0.9200	1.1850	0.5100	1.1410
	总资产(万)	264531.49	262048.66	523324.04	257593.20
	股东权益(万)	227163.39	225064.77	223541.40	222398.28
	主营业务收入(万)	-	-	-	-
	主营业务利润(万)	-	-	-	-
	营业务收入(万)	6796.88	23340.91	9547.12	24798.13
	营业务利润(万)	1917.19	2651.73	1958.83	3672.03
	投资收益(万)	-	-	-	-
	利润总额(万)	2576.06	3476.08	1359.63	4471.84
	净利润(万)	2098.62	2666.49	1143.12	2537.84

安徽中鼎密封件股份有限公司

公司概况						
	公司名称	安徽中鼎密封件股份有限公司			证券简称	中鼎股份
	法人代表	夏鼎湖	董秘	程小伍	证券代码	000887
	公司网址	www.zhongdinggroup.com		电子信箱	chengxw@zhongdinggroup.com	
	电　话	0563-4181998		传　真	0563-4181880*6062	
	办公地址	安徽省宁国市经济技术开发区				
	经营范围	密封件、特种橡胶制品的研发、生产、销售与服务等				

主要财务指标	指标\报告期	2009.06.30	2008.12.31	2008.06.30	2007.12.31
	每股收益(元)	0.2080	0.4200	0.1890	0.3800
	每股收益(扣除)(元)	0.1700	0.2500	0.1560	0.2100
	每股净资产(元)	1.6920	1.5300	1.6400	1.6200
	调整后每股净资产(元)	-	-	-	-
	每股资本公积金(元)	0.1378	0.2906	0.3025	0.3858
	每股盈余公积金(元)	0.1462	0.1978	0.1166	0.1405
	每股未分配利润(元)	0.4080	0.5243	0.2210	0.0948
	每股现金净流量(元)	0.0506	0.0455	0.0146	0.0582
	每股经营现金净流量(元)	0.3448	0.0377	0.0552	0.2486
	净资产收益率(扣除)(%)	-	-	-	13.2300
	净资产收益率(%)	12.2900	27.8200	11.5100	23.5900
	总资产(万)	143174.03	145040.48	73543.55	86638.45
	股东权益(万)	71994.58	63267.14	51604.74	50984.72
	主营业务收入(万)	-	-	-	-
	主营业务利润(万)	-	-	-	-
	营业务收入(万)	58907.29	102536.89	35206.39	82779.07
	营业务利润(万)	10242.23	15364.16	6289.41	14212.32
	投资收益(万)	-	-	-	-
	利润总额(万)	11747.84	17251.88	7669.73	17537.66
	净利润(万)	8848.57	13349.17	5938.36	12025.70

峨眉山旅游股份有限公司

公司概况						
	公司名称	峨眉山旅游股份有限公司			证券简称	峨眉山A
	法人代表	马元祝	董秘	张华仙	证券代码	000888
	公司网址	www.ems517.com		电子信箱	000888@ems517.com	
	电　话	0833-5528888		传　真	0833-5526666	
	办公地址	四川省峨眉山市名山南路41号				
	经营范围	提供旅游,索道运输,住宿,客运,餐饮娱乐方面的服务等				

主要财务指标	指标\报告期	2009.06.30	2008.12.31	2008.06.30	2007.12.31
	每股收益(元)	0.0591	0.0949	-0.0788	0.1971
	每股收益(扣除)(元)	0.0580	0.1094	-0.0784	0.1850
	每股净资产(元)	2.6300	2.6200	2.4400	2.6200
	调整后每股净资产(元)	-	-	-	-
	每股资本公积金(元)	1.0697	1.0697	1.0697	1.0697
	每股盈余公积金(元)	0.2004	0.2004	0.1897	0.1897
	每股未分配利润(元)	0.3636	0.3476	0.1845	0.3633
	每股现金净流量(元)	-0.0668	-0.0653	-0.1479	0.1781
	每股经营现金净流量(元)	0.2519	0.5657	0.0726	0.5775
	净资产收益率(扣除)(%)	-	-	-	7.0600
	净资产收益率(%)	2.2400	3.6300	-3.2200	7.5100
	总资产(万)	108938.82	107377.04	108824.14	110350.26
	股东权益(万)	61942.08	61564.33	57478.03	61683.39
	主营业务收入(万)	-	-	-	-
	主营业务利润(万)	-	-	-	-
	营业务收入(万)	24796.37	39431.69	16894.12	46592.80
	营业务利润(万)	1609.25	2679.67	-1866.26	5712.83
	投资收益(万)	-	-	-	-
	利润总额(万)	1622.86	2576.62	-1877.21	5613.14
	净利润(万)	1389.06	2232.82	-1853.48	4635.01

秦皇岛渤海物流控股股份有限公司

公司概况	公司名称	秦皇岛渤海物流控股股份有限公司			证券简称	渤海物流
	法人代表	魏超	董秘	焦海青	证券代码	000889
	公司网址	www.hlsc.com.cn		电子信箱	hlsc000889@163.com	
	电　　话	0335-3280602		传　　真	0335-3023349	
	办公地址	河北省秦皇岛市海港区河北大街 146 号金原国际商务大厦 27 层				
	经营范围	针纺织品、日用百货、土产日杂、服装鞋帽、糖酒、食品、五金交电、化工产品等				

主要财务指标	指标＼报告期	2009.06.30	2008.12.31	2008.06.30	2007.12.31
	每股收益(元)	–0.0210	0.0106	0.0046	0.0098
	每股收益(扣除)(元)	–0.0185	–0.0214	0.0024	–0.0420
	每股净资产(元)	2.0130	2.0340	2.0300	2.0240
	调整后每股净资产(元)	–	–	–	–
	每股资本公积金(元)	0.8512	0.8512	0.8512	0.8512
	每股盈余公积金(元)	0.0207	0.0207	0.0197	0.0197
	每股未分配利润(元)	–	0.1624	0.1575	0.1529
	每股现金净流量(元)	–0.1484	–0.0613	–0.3436	0.2694
	每股经营现金净流量(元)	–0.0085	0.0703	–0.3915	0.4625
	净资产收益率(扣除)(%)	–	–	–	–2.0700
	净资产收益率(%)	–1.0397	0.5200	0.2270	0.4900
	总资产(万)	157547.72	158089.92	157939.11	173661.20
	股东权益(万)	68196.12	68905.17	68701.10	68545.03
	主营业务收入(万)	–	–	–	–
	主营业务利润(万)	–	–	–	–
	营业务收入(万)	53213.01	107649.15	52514.63	79933.07
	营业务利润(万)	–647.51	–38.17	471.52	–968.73
	投资收益(万)	–	–	–	–
	利润总额(万)	–718.74	1210.84	588.05	1041.25
	净利润(万)	–709.05	360.14	156.07	334.43

江苏法尔胜股份有限公司

公司概况	公司名称	江苏法尔胜股份有限公司			证券简称	法尔胜
	法人代表	刘礼华	董秘	张文栋	证券代码	000890
	公司网址	www.fasten.com.cn		电子信箱	info@chinafasten.com	
	电　　话	0510-86119890		传　　真	0510-86102007	
	办公地址	江苏省江阴市通江北路 203 号				
	经营范围	钢丝、钢丝绳及其产品、普通机械、电线电缆、仪器仪表、电子产品等				

主要财务指标	指标＼报告期	2009.06.30	2008.12.31	2008.06.30	2007.12.31
	每股收益(元)	0.0200	0.0271	0.0327	0.0400
	每股收益(扣除)(元)	–0.0026	–0.1050	–0.0297	0.0250
	每股净资产(元)	2.6500	2.6300	2.6300	2.6000
	调整后每股净资产(元)	–	–	–	–
	每股资本公积金(元)	1.2287	1.2287	1.2287	1.2287
	每股盈余公积金(元)	–	0.1647	0.1647	0.1647
	每股未分配利润(元)	–	0.2342	0.2398	0.2071
	每股现金净流量(元)	1.0612	–0.4891	–0.2199	–0.2937
	每股经营现金净流量(元)	0.3005	0.0499	0.0789	0.5889
	净资产收益率(扣除)(%)	–	–	–	0.9700
	净资产收益率(%)	0.6700	1.0300	1.2400	1.5600
	总资产(万)	349108.76	305410.49	345645.24	371934.20
	股东权益(万)	100425.59	99755.10	99967.18	98727.06
	主营业务收入(万)	–	–	–	–
	主营业务利润(万)	–	–	–	–
	营业务收入(万)	73330.91	211376.58	106658.07	222993.39
	营业务利润(万)	1356.49	506.11	815.67	2308.85
	投资收益(万)	–	–	–	–
	利润总额(万)	1754.80	–376.35	1203.54	2963.85
	净利润(万)	670.49	1028.04	1240.12	1540.41

星美联合股份有限公司

公司概况	公司名称	星美联合股份有限公司			证券简称	ST 星美
	法人代表	何家盛	董秘	徐虹	证券代码	000892
	公司网址	www.chinacfc.com		电子信箱	info@chinacfc.com	
	电　　话	023-67882855		传　　真	023-67882868	
	办公地址	重庆市北部新区高新园星光大道 1 号星光大厦 B 座 6 楼				
	经营范围	通信产业投资、通信设备制造、通信工程以及技术咨询、增值电信业务等				

主要财务指标	指标＼报告期	2009.06.30	2008.12.31	2008.06.30	2007.12.31
	每股收益(元)	–0.0036	2.9100	–0.1100	–0.1600
	每股收益(扣除)(元)	–0.0040	–0.2500	–0.1100	–0.1800
	每股净资产(元)	–0.0211	–0.0200	–3.0300	–2.9300
	调整后每股净资产(元)	–	–	–	–
	每股资本公积金(元)	0.1691	0.1691	0.0000	0.1691
	每股盈余公积金(元)	–	–	–	–
	每股未分配利润(元)	–1.1902	–1.1866	–4.0349	–4.0946
	每股现金净流量(元)	0.0000	–0.0036	–0.0012	–0.0006
	每股经营现金净流量(元)	0.0000	0.0001	0.0001	–0.0007
	净资产收益率(扣除)(%)	–	–	–	–
	净资产收益率(%)	–	–	–	–
	总资产(万)	11.89	5.11	46876.95	47376.75
	股东权益(万)	–872.97	–724.66	–125606.05	–121077.68
	主营业务收入(万)	–	–	–	–
	主营业务利润(万)	–	–	–	–
	营业务收入(万)	–	1.10	1.10	17.10
	营业务利润(万)	–148.42	–10529.67	–4551.39	–6511.07
	投资收益(万)	–	–	–	–
	利润总额(万)	–148.31	120214.10	–4551.43	–6583.55
	净利润(万)	–148.31	120353.16	–4528.37	–6543.23

广州冷机股份有限公司

公司概况	公司名称	广州冷机股份有限公司			证券简称	广州冷机
	法人代表	赖宁昌	董秘	石革燕	证券代码	000893
	公司网址	www.wanbao-compressor.com.cn		电子信箱	stock@wanbao-compressor.com.cn	
	电　　话	020-86451188		传　　真	020-86450724	
	办公地址	广州市白云区人和镇人和大街 68 号				
	经营范围	从事投资、设计、销售制冷压缩机、制冷设备、中央空调设备等				

主要财务指标	指标＼报告期	2009.06.30	2008.12.31	2008.06.30	2007.12.31
	每股收益(元)	–0.0300	–0.2800	0.0900	0.1300
	每股收益(扣除)(元)	0.0300	–0.2800	0.0900	0.1000
	每股净资产(元)	1.7000	1.7200	2.1000	2.0100
	调整后每股净资产(元)	–	–	–	–
	每股资本公积金(元)	0.6431	0.6422	0.6443	0.6466
	每股盈余公积金(元)	0.0539	0.0539	0.0539	0.0539
	每股未分配利润(元)	0.0018	0.0283	0.4038	0.3125
	每股现金净流量(元)	–0.1216	–0.0675	0.1284	–0.0779
	每股经营现金净流量(元)	–0.0142	0.8424	0.6695	–0.1227
	净资产收益率(扣除)(%)	–	–	–	5.1400
	净资产收益率(%)	–1.5600	–16.3500	4.4800	6.2500
	总资产(万)	113648.24	102904.56	162667.45	140904.60
	股东权益(万)	37711.60	38282.97	46664.22	44687.07
	主营业务收入(万)	–	–	–	–
	主营业务利润(万)	–	–	–	–
	营业务收入(万)	70726.25	162306.54	103019.07	147031.54
	营业务利润(万)	1040.97	–6219.57	2417.04	2928.08
	投资收益(万)	–	–	–	–
	利润总额(万)	–234.70	–5883.16	2585.17	3763.02
	净利润(万)	–589.34	–6258.74	2089.21	2792.60

河南双汇投资发展股份有限公司

公司概况					
公司名称	河南双汇投资发展股份有限公司			证券简称	双汇发展
法人代表	张俊杰	董秘	祁勇耀	证券代码	000895
公司网址	www.shuanghui.net		电子信箱	0895@shuanghui.net	
电　话	0395-2676158		传　真	0395-2693259	
办公地址	河南省漯河市双汇路1号双汇大厦				
经营范围	食品加工及销售、生物工程、化工产品、包装制品生产销售、畜牧养殖、食品行业投资等				

主要财务指标 指标\报告期	2009.06.30	2008.12.31	2008.06.30	2007.12.31
每股收益(元)	0.6015	1.1533	0.4634	0.9272
每股收益(扣除)(元)	0.5900	1.1513	0.4645	0.8684
每股净资产(元)	3.9500	3.9500	3.2600	3.5900
调整后每股净资产(元)	–	–	–	–
每股资本公积金(元)	0.8401	0.8401	0.8401	0.8401
每股盈余公积金(元)	0.6589	0.6589	0.5767	0.5767
每股未分配利润(元)	1.4492	1.4477	0.8401	1.1767
每股现金净流量(元)	0.1457	0.6040	–0.7488	0.2681
每股经营现金净流量(元)	0.7574	1.8456	0.1968	1.2694
净资产收益率(扣除)(%)	–	–	–	–
净资产收益率(%)	15.2300	29.2200	14.2300	25.8000
总资产(万)	577052.93	445617.95	369306.82	402411.68
股东权益(万)	239263.19	239174.50	197365.60	217764.83
主营业务收入(万)	–	–	–	–
主营业务利润(万)	–	–	–	–
营业务收入(万)	1296898.75	2600998.65	1287402.26	2184457.50
营业务利润(万)	57214.95	103584.76	42431.39	88421.23
投资收益(万)	–	–	–	–
利润总额(万)	57919.42	104109.51	42474.35	89067.48
净利润(万)	36448.39	69889.26	28080.36	56188.10

天津津滨发展股份有限公司

公司概况					
公司名称	天津津滨发展股份有限公司			证券简称	津滨发展
法人代表	许立凡	董秘	李明国	证券代码	000897
公司网址	www.jbdc.com.cn		电子信箱	jbdsh@starinfo.net.cn	
电　话	022-66223226		传　真	022-66223273	
办公地址	天津经济技术开发区第二大街42号滨海发展大厦				
经营范围	各类物资、商品的批发、零售;建筑模具、机具及自有设备的租赁与经营等				

主要财务指标 指标\报告期	2009.06.30	2008.12.31	2008.06.30	2007.12.31
每股收益(元)	0.0054	0.0424	0.0341	0.0643
每股收益(扣除)(元)	–0.0326	–0.0259	0.0115	0.0108
每股净资产(元)	1.3600	1.3700	1.3500	1.8700
调整后每股净资产(元)	–	–	–	–
每股资本公积金(元)	0.2330	0.2307	0.2271	0.7180
每股盈余公积金(元)	0.0332	0.0332	0.0295	0.0413
每股未分配利润(元)	0.0947	0.1013	0.0937	0.1148
每股现金净流量(元)	0.2542	–0.1206	0.1770	–0.4716
每股经营现金净流量(元)	0.0345	–0.2538	–0.1331	–1.3003
净资产收益率(扣除)(%)	–	–	–	0.5700
净资产收益率(%)	0.3900	2.7300	1.9200	3.4300
总资产(万)	784644.03	714178.58	740978.97	672595.43
股东权益(万)	220097.01	220792.96	218378.62	216490.45
主营业务收入(万)	–	–	–	–
主营业务利润(万)	–	–	–	–
营业务收入(万)	45661.32	120713.79	62982.32	162675.58
营业务利润(万)	1753.27	8012.95	4697.22	16947.57
投资收益(万)	–	–	–	–
利润总额(万)	1786.47	11502.43	8174.46	16977.01
净利润(万)	865.98	6035.90	4198.56	7431.35

鞍钢新轧钢股份有限公司

公司概况					
公司名称	鞍钢新轧钢股份有限公司			证券简称	鞍钢股份
法人代表	张晓刚	董秘	付吉会	证券代码	000898
公司网址	www.ansteel.com.cn		电子信箱	ansteel@ansteel.com.cn	
电　话	0412-8417273、8419192		传　真	0412-6727772	
办公地址	辽宁省鞍山市铁西区鞍钢厂区				
经营范围	黑色金属冶炼及钢压延加工;炼焦及焦化产品、副产品等				

主要财务指标 指标\报告期	2009.06.30	2008.12.31	2008.06.30	2007.12.31
每股收益(元)	–0.2160	0.4130	0.8270	1.1210
每股收益(扣除)(元)	–0.2220	0.4170	0.8280	1.1340
每股净资产(元)	6.9300	7.3400	7.7600	7.5000
调整后每股净资产(元)	–	–	–	–
每股资本公积金(元)	4.3526	4.3433	4.3481	4.3668
每股盈余公积金(元)	0.4534	0.4563	0.4120	0.4136
每股未分配利润(元)	1.1150	1.5403	1.9969	1.7199
每股现金净流量(元)	–0.1836	–0.6578	–0.8297	0.8643
每股经营现金净流量(元)	0.1956	1.6501	0.9557	1.0928
净资产收益率(扣除)(%)	–	–	–	14.0400
净资产收益率(%)	–3.1190	5.6300	10.6600	13.8800
总资产(万)	9218700.00	9217900.00	8982200.00	8678300.00
股东权益(万)	5011200.00	5310300.00	5612100.00	5426300.00
主营业务收入(万)	–	–	–	–
主营业务利润(万)	–	–	–	–
营业务收入(万)	3004200.00	7961600.00	4016800.00	6549900.00
营业务利润(万)	–181100.00	387800.00	754200.00	1046100.00
投资收益(万)	–	–	–	–
利润总额(万)	–175500.00	384200.00	752500.00	1038400.00
净利润(万)	–156300.00	298900.00	598000.00	753300.00

江西赣能股份有限公司

公司概况					
公司名称	江西赣能股份有限公司			证券简称	赣能股份
法人代表	姚迪明	董秘	李声意	证券代码	000899
公司网址	www.000899.com		电子信箱	ganneng@000899.com	
电　话	0791-8109899、8109899		传　真	0791-8106119	
办公地址	江西省南昌市高新区火炬大街199号				
经营范围	火力发电、水利发电,节能项目开发,电力设备安装及检修等				

主要财务指标 指标\报告期	2009.06.30	2008.12.31	2008.06.30	2007.12.31
每股收益(元)	0.0649	0.0652	0.0017	0.0101
每股收益(扣除)(元)	0.0610	0.0921	–0.0020	0.0460
每股净资产(元)	2.6364	2.5700	2.4923	3.6600
调整后每股净资产(元)	–	–	–	–
每股资本公积金(元)	1.1171	1.0146	1.0645	2.2340
每股盈余公积金(元)	0.2671	0.2671	0.2581	0.2581
每股未分配利润(元)	0.2522	0.2873	0.1697	0.1679
每股现金净流量(元)	–0.2192	0.1184	–0.2963	0.1635
每股经营现金净流量(元)	0.3137	0.6569	0.1521	–0.2702
净资产收益率(扣除)(%)	–	–	–	1.2600
净资产收益率(%)	2.4600	2.5400	0.0690	0.2700
总资产(万)	667443.18	673730.44	675962.46	714913.64
股东权益(万)	144482.72	140794.32	136585.86	200585.89
主营业务收入(万)	–	–	–	–
主营业务利润(万)	–	–	–	–
营业务收入(万)	95322.95	225630.08	117309.02	170759.43
营业务利润(万)	3910.05	3157.22	–1192.99	–1114.83
投资收益(万)	–	–	–	–
利润总额(万)	3911.49	3154.23	–462.19	–544.87
净利润(万)	3555.50	3571.03	94.60	551.19

现代投资股份有限公司

公司概况	公司名称	现代投资股份有限公司			证券简称	现代投资
	法人代表	宋伟杰	董秘	陈满林	证券代码	000900
	公司网址	www.xdtz.net		电子信箱	dongban@xdtz.net	
	电　　话	0731－85558888－1113		传　　真	0731－85163009	
	办公地址	长沙市芙蓉中路二段 279 号金源大酒店南楼 11 层				
	经营范围	投资经营公路、桥梁、隧道、渡口、投资高新技术产业、广告业、政策允许的其它产业等				

	指标＼报告期	2009.06.30	2008.12.31	2008.06.30	2007.12.31
主要财务指标	每股收益(元)	0.8209	1.4300	0.7300	1.4800
	每股收益(扣除)(元)	0.8209	1.4800	0.6900	1.4500
	每股净资产(元)	8.5300	8.4900	7.7900	7.8600
	调整后每股净资产(元)	－	－	－	－
	每股资本公积金(元)	3.9427	3.9427	3.9427	3.9427
	每股盈余公积金(元)	0.8234	0.8234	0.6856	0.6856
	每股未分配利润(元)	2.7688	2.7239	2.1625	2.2312
	每股现金净流量(元)	0.4858	0.9801	0.1502	－2.4825
	每股经营现金净流量(元)	1.1761	2.4414	0.9535	2.6824
	净资产收益率(扣除)(%)	－	－	－	18.5000
	净资产收益率(%)	9.6200	16.8500	9.3900	18.8000
	总资产(万)	538626.95	516652.98	498857.85	490764.77
	股东权益(万)	340683.02	338891.48	310982.63	313726.36
	主营业务收入(万)	－	－	－	－
	主营业务利润(万)	－	－	－	－
	营业务收入(万)	80120.40	151398.79	73032.10	158944.48
	营业务利润(万)	44055.87	75082.62	35180.25	91050.80
	投资收益(万)	－	－	－	－
	利润总额(万)	44048.63	74919.96	37377.85	90958.59
	净利润(万)	32766.82	57098.39	29191.54	58992.14

航天科技控股集团股份有限公司

公司概况	公司名称	航天科技控股集团股份有限公司			证券简称	航天科技
	法人代表	张恩海	董秘	王玉伟	证券代码	000901
	公司网址	www.htkjgroup.com		电子信箱	yuwei0901@163.com	
	电　　话	0451—86781013		传　　真	0451—86781013	
	办公地址	北京市丰台区科学城海鹰路 1 号海鹰科技大厦 15,16 层				
	经营范围	智能控制技术与产品、工业机器人、自动化设备、电子产品、计算机系统的软硬件等				

	指标＼报告期	2009.06.30	2008.12.31	2008.06.30	2007.12.31
主要财务指标	每股收益(元)	0.0458	－0.2200	0.0091	0.0158
	每股收益(扣除)(元)	－	－0.2355	0.0032	－0.0023
	每股净资产(元)	1.4300	1.3900	1.6900	1.6100
	调整后每股净资产(元)	－	－	－	－
	每股资本公积金(元)	－	0.3053	0.3051	0.3045
	每股盈余公积金(元)	－	0.1395	0.1529	0.1395
	每股未分配利润(元)	－	－0.0566	0.2275	0.1640
	每股现金净流量(元)	－	0.0132	－0.1167	0.0117
	每股经营现金净流量(元)	－	－0.0262	－0.0574	－0.0303
	净资产收益率(扣除)(%)	－	－	－	－0.1400
	净资产收益率(%)	3.1400	－15.8900	0.5800	0.9900
	总资产(万)	41462.67	43414.85	48114.39	55117.95
	股东权益(万)	31784.52	30783.16	37378.19	35657.88
	主营业务收入(万)	－	－	－	－
	主营业务利润(万)	－	－	－	－
	营业务收入(万)	8010.55	16895.81	6967.92	20986.71
	营业务利润(万)	671.70	－5359.80	65.81	－24.59
	投资收益(万)	－	－	－	－
	利润总额(万)	1017.58	－5026.32	215.01	346.92
	净利润(万)	997.95	－4891.41	217.35	351.32

中国服装股份有限公司

公司概况	公司名称	中国服装股份有限公司			证券简称	中国服装
	法人代表	冯德虎	董秘	胡革伟	证券代码	000902
	公司网址	www.chinagarments.net.cn		电子信箱	hugewei@126.com	
	电　　话	010－65817498		传　　真	010－64428711	
	办公地址	北京市朝阳区安贞西里三区 26 号浙江大厦 17 层				
	经营范围	纺织品、针织品纺织品、针织品、皮革制品、服装、服饰、鞋帽的生产、销售等				

	指标＼报告期	2009.06.30	2008.12.31	2008.06.30	2007.12.31
主要财务指标	每股收益(元)	0.0040	－0.2222	－0.0480	0.0233
	每股收益(扣除)(元)	－0.0012	－0.2252	－0.0498	0.0026
	每股净资产(元)	1.1230	1.1200	1.2600	1.5778
	调整后每股净资产(元)	－	－	－	－
	每股资本公积金(元)	0.1839	0.1842	0.1867	0.4310
	每股盈余公积金(元)	0.0447	0.0447	0.0423	0.0508
	每股未分配利润(元)	－0.1052	－0.1094	0.0316	0.0960
	每股现金净流量(元)	0.1570	0.0732	－0.2101	－0.2423
	每股经营现金净流量(元)	－0.0153	0.1172	－0.1064	0.0566
	净资产收益率(扣除)(%)	－	－	－	0.2000
	净资产收益率(%)	0.3700	－16.5400	－3.8400	1.7800
	总资产(万)	144441.81	120634.33	127487.08	119189.91
	股东权益(万)	28984.13	28884.15	32525.06	33923.46
	主营业务收入(万)	－	－	－	－
	主营业务利润(万)	－	－	－	－
	营业务收入(万)	70858.35	202115.93	96477.57	221468.88
	营业务利润(万)	431.04	－5183.68	－1257.77	1144.78
	投资收益(万)	－	－	－	－
	利润总额(万)	492.99	－4878.40	－1209.00	1377.24
	净利润(万)	106.63	－4777.57	－1248.62	602.17

昆明云内动力股份有限公司

公司概况	公司名称	昆明云内动力股份有限公司			证券简称	云内动力
	法人代表	李映昆	董秘	蔡建明	证券代码	000903
	公司网址	www.yunneidongli.com		电子信箱	yicew@public.km.yn.cn	
	电　　话	0871－5625802		传　　真	0871－5633176	
	办公地址	云南省昆明市穿金路 715 号				
	经营范围	柴油机及机组,柴油发电机组,出口本公司自产产品等				

	指标＼报告期	2009.06.30	2008.12.31	2008.06.30	2007.12.31
主要财务指标	每股收益(元)	0.1700	0.3600	0.2000	0.6730
	每股收益(扣除)(元)	0.1200	0.1800	0.1700	0.6730
	每股净资产(元)	6.5100	6.4900	6.3400	6.3800
	调整后每股净资产(元)	－	－	－	－
	每股资本公积金(元)	4.1443	4.1449	4.1449	5.2306
	每股盈余公积金(元)	0.4513	0.4513	0.4017	0.5069
	每股未分配利润(元)	0.9130	0.8959	0.7886	1.0562
	每股现金净流量(元)	0.0302	－0.9627	－0.7469	4.3008
	每股经营现金净流量(元)	0.4734	0.3322	0.1035	－0.0757
	净资产收益率(扣除)(%)	－	－	－	5.9000
	净资产收益率(%)	2.5700	5.5200	3.1800	8.3500
	总资产(万)	415557.88	375972.45	374266.85	372724.59
	股东权益(万)	246154.51	245529.01	239596.18	241427.32
	主营业务收入(万)	－	－	－	－
	主营业务利润(万)	－	－	－	－
	营业务收入(万)	134376.45	179187.74	103863.06	195190.68
	营业务利润(万)	4822.04	6233.65	7403.93	23069.98
	投资收益(万)	－	－	－	－
	利润总额(万)	6818.74	14048.19	8686.73	23166.15
	净利润(万)	6320.98	13556.68	7623.85	20156.24

厦门港务发展股份有限公司

公司概况	公司名称	厦门港务发展股份有限公司			证券简称	厦门港务
	法人代表	柯东	董秘	刘翔	证券代码	000905
	公司网址	www.xmgw.com.cn		电子信箱	liux@xmgw.com.cn	
	电　　话	0592-5829955		传　　真	0592-5829990	
	办公地址	厦门市湖里区长央岸路海天港区联检大楼 13 楼				
	经营范围	码头和其他港口设施经营,在港区内从事货物装卸、仓储经营等				

	指标\报告期	2009.06.30	2008.12.31	2008.06.30	2007.12.31
主要财务指标	每股收益(元)	0.0500	0.2200	0.1300	0.2800
	每股收益(扣除)(元)	0.0500	0.1800	0.1100	0.2300
	每股净资产(元)	2.8000	2.8500	2.7700	2.6800
	调整后每股净资产(元)	–	–	–	–
	每股资本公积金(元)	0.4909	0.4909	0.4909	0.4909
	每股盈余公积金(元)	0.2198	0.2198	0.2037	0.2037
	每股未分配利润(元)	1.0919	1.1443	1.0705	0.9891
	每股现金净流量(元)	–0.1418	–0.0551	–0.1045	0.2379
	每股经营现金净流量(元)	0.0850	0.5711	0.0908	–0.0694
	净资产收益率(扣除)(%)	–	–	–	8.5100
	净资产收益率(%)	1.7000	7.7500	4.7500	10.5600
	总资产(万)	284093.19	293176.47	322977.73	346435.00
	股东权益(万)	148818.46	151596.49	146823.31	142505.04
	主营业务收入(万)	–	–	–	–
	主营业务利润(万)	–	–	–	–
	营业务收入(万)	66050.30	274970.04	163151.25	223289.33
	营业务利润(万)	5395.33	13129.53	8925.54	20246.07
	投资收益(万)	–	–	–	–
	利润总额(万)	5473.16	15861.11	10189.81	22322.75
	净利润(万)	2531.97	11746.45	6973.27	15053.30

南方建材股份有限公司

公司概况	公司名称	南方建材股份有限公司			证券简称	南方建材
	法人代表	张国强	董秘	谭昌寿	证券代码	000906
	公司网址	www.nfjc.com.cn		电子信箱	nfjc000906@nfjc.com.cn	
	电　　话	0731-84588390、84588392		传　　真	0731-84588490、84588387	
	办公地址	长沙市五一大道 235 号湘域中央 1 号楼 3,4 层				
	经营范围	生产、销售金属材料、钢铁炉料、铁合金、建筑材料、化工产品等				

	指标\报告期	2009.06.30	2008.12.31	2008.06.30	2007.12.31
主要财务指标	每股收益(元)	–0.0500	0.0500	0.0100	–0.3300
	每股收益(扣除)(元)	–0.0500	0.0500	–0.0100	–0.3300
	每股净资产(元)	1.1800	1.2200	1.1900	1.1900
	调整后每股净资产(元)	–	–	–	–
	每股资本公积金(元)	0.2442	0.2396	0.2554	0.2596
	每股盈余公积金(元)	0.0799	0.0799	0.0799	0.0799
	每股未分配利润(元)	–0.1461	–0.1004	–0.1422	–0.1513
	每股现金净流量(元)	0.2062	0.1901	0.1836	–0.0279
	每股经营现金净流量(元)	0.2534	–1.2011	0.2671	0.3068
	净资产收益率(扣除)(%)	–	–	–	–16.7400
	净资产收益率(%)	–3.8800	4.1800	0.7600	–27.4400
	总资产(万)	205093.76	167703.06	138885.13	133508.37
	股东权益(万)	27978.32	28954.57	28335.47	31041.48
	主营业务收入(万)	–	–	–	–
	主营业务利润(万)	–	–	–	–
	营业务收入(万)	342984.39	271549.68	104750.81	200717.24
	营业务利润(万)	–557.71	1715.49	362.12	–8981.13
	投资收益(万)	–	–	–	–
	利润总额(万)	–504.26	1688.47	298.29	–8974.59
	净利润(万)	–1085.66	1210.87	216.15	–7742.60

湖南天一科技股份有限公司

公司概况	公司名称	湖南天一科技股份有限公司			证券简称	天一科技
	法人代表	韩伯林(代)	董秘	唐治	证券代码	000908
	公司网址	www.china-tianyi-pump.com		电子信箱	tzhi8282@163.com	
	电　　话	0730-6289517		传　　真	0730-6289517	
	办公地址	湖南省平江县天岳经济开发区天岳大道				
	经营范围	生产、销售系列工、农业用泵,与泵站工程相配套的自动控制设备等				

	指标\报告期	2009.06.30	2008.12.31	2008.06.30	2007.12.31
主要财务指标	每股收益(元)	–0.0900	–0.1100	0.0100	0.0200
	每股收益(扣除)(元)	–0.0900	–0.2100	0.0080	–0.1300
	每股净资产(元)	0.9500	1.0400	1.1850	1.1900
	调整后每股净资产(元)	–	–	–	–
	每股资本公积金(元)	0.3996	0.3989	0.4128	0.4299
	每股盈余公积金(元)	0.0803	0.0803	0.0803	0.0803
	每股未分配利润(元)	–0.5272	–0.4375	–0.3082	–0.3179
	每股现金净流量(元)	–0.1351	–0.1421	–0.2572	0.2785
	每股经营现金净流量(元)	–0.1117	0.1108	–0.0554	0.1867
	净资产收益率(扣除)(%)	–	–	–	–11.0400
	净资产收益率(%)	–9.4100	–11.4800	0.8200	1.6900
	总资产(万)	99761.14	98923.53	88511.76	81438.37
	股东权益(万)	26677.21	29165.99	33174.71	33382.89
	主营业务收入(万)	–	–	–	–
	主营业务利润(万)	–	–	–	–
	营业务收入(万)	9727.48	21680.18	13317.79	18773.11
	营业务利润(万)	–2607.10	–3499.34	506.36	–109.53
	投资收益(万)	–	–	–	–
	利润总额(万)	–2598.70	–3211.71	567.36	479.81
	净利润(万)	–2509.74	–3348.85	271.42	565.40

数源科技股份有限公司

公司概况	公司名称	数源科技股份有限公司			证券简称	数源科技
	法人代表	章国经	董秘	丁毅	证券代码	000909
	公司网址	www.soyea.com.cn		电子信箱	stock@soyea.com.cn	
	电　　话	0571-88271018、88271028		传　　真	0571-88271038	
	办公地址	杭州市西湖区教工路一号				
	经营范围	数字彩色电视机、数字视音频产品、数字电子计算机及外部设备等				

	指标\报告期	2009.06.30	2008.12.31	2008.06.30	2007.12.31
主要财务指标	每股收益(元)	0.0600	–0.0900	0.0061	0.0020
	每股收益(扣除)(元)	0.0033	–0.0700	–0.0700	–0.0300
	每股净资产(元)	2.7000	2.6500	2.8300	2.8100
	调整后每股净资产(元)	–	–	–	–
	每股资本公积金(元)	1.5824	1.5824	1.6547	1.6544
	每股盈余公积金(元)	0.0298	0.0298	0.0298	0.0298
	每股未分配利润(元)	0.0923	0.0338	0.1406	0.1286
	每股现金净流量(元)	2.0925	–0.4187	0.2053	0.0626
	每股经营现金净流量(元)	1.2915	–0.5661	0.1340	–0.2524
	净资产收益率(扣除)(%)	–	–	–	–1.0700
	净资产收益率(%)	2.1630	–3.5900	0.2200	0.0800
	总资产(万)	307877.24	235123.70	231264.18	209562.27
	股东权益(万)	53006.23	51860.28	55371.29	55130.52
	主营业务收入(万)	–	–	–	–
	主营业务利润(万)	–	–	–	–
	营业务收入(万)	28029.27	85157.77	60824.43	67784.26
	营业务利润(万)	1793.12	–2279.06	–406.78	1554.96
	投资收益(万)	–	–	–	–
	利润总额(万)	1933.39	–792.43	1003.33	1647.53
	净利润(万)	1146.62	–1859.35	119.08	42.38

大亚科技股份有限公司

公司概况	公司名称	大亚科技股份有限公司			证券简称	大亚科技
	法人代表	陈兴康	董秘	宋立柱	证券代码	000910
	公司网址	www.daretechnology.com		电子信箱	slzdy@cndare.com	
	电　话	0511-86981046		传　真	0511-86885000	
	办公地址	江苏省丹阳经济技术开发区金陵西路95号				
	经营范围	包装装潢印刷、各类地板、中高密度纤维板、刨花板的制造、销售等				

主要财务指标	指标＼报告期	2009.06.30	2008.12.31	2008.06.30	2007.12.31
	每股收益(元)	0.1540	0.3800	0.1750	0.4200
	每股收益(扣除)(元)	0.1400	0.3900	0.1810	0.4300
	每股净资产(元)	3.6700	3.8600	3.6500	3.4800
	调整后每股净资产(元)	–	–	–	–
	每股资本公积金(元)	0.7838	1.1281	1.1240	1.1255
	每股盈余公积金(元)	0.2150	0.2150	0.1966	0.1966
	每股未分配利润(元)	1.6691	1.5156	1.3287	1.1540
	每股现金净流量(元)	0.1879	–0.5401	–0.4424	0.7811
	每股经营现金净流量(元)	0.4820	1.6502	0.3816	0.7528
	净资产收益率(扣除)(%)	–	–	–	12.0500
	净资产收益率(%)	4.1900	9.8500	4.7900	11.7600
	总资产(万)	826089.49	864856.01	831670.99	789710.08
	股东权益(万)	193484.62	203543.40	192504.78	183361.75
	主营业务收入(万)	–	–	–	–
	主营业务利润(万)	–	–	–	–
	营业务收入(万)	239899.21	571271.72	255249.51	580555.20
	营业务利润(万)	9140.06	21956.74	14264.37	23504.61
	投资收益(万)	–	–	–	–
	利润总额(万)	12060.86	34087.11	17012.41	34553.56
	净利润(万)	8100.85	20044.33	9219.52	21562.39

南宁糖业股份有限公司

公司概况	公司名称	南宁糖业股份有限公司			证券简称	南宁糖业
	法人代表	李俊贵	董秘	王国庆	证券代码	000911
	公司网址	www.nnsugar.com		电子信箱	gnusic@public.nn.gx.cn	
	电　话	0771-4914317		传　真	0771-4910755	
	办公地址	广西壮族自治区南宁市亭洪路48号				
	经营范围	机制糖、酒精、文化用纸、蔗渣浆;原糖加工、复合肥、制糖设备的制造及安装等				

主要财务指标	指标＼报告期	2009.06.30	2008.12.31	2008.06.30	2007.12.31
	每股收益(元)	0.1300	0.0900	0.3200	0.4900
	每股收益(扣除)(元)	0.1300	0.1100	0.3200	0.4500
	每股净资产(元)	4.3900	4.2900	4.5100	4.5900
	调整后每股净资产(元)	–	–	–	–
	每股资本公积金(元)	2.7927	2.7927	2.7962	2.7957
	每股盈余公积金(元)	0.3841	0.3709	0.3955	0.3650
	每股未分配利润(元)	0.2106	0.1233	0.3233	0.4253
	每股现金净流量(元)	–0.2410	–0.3855	–0.2860	0.4855
	每股经营现金净流量(元)	–0.0644	0.9524	0.1365	1.0590
	净资产收益率(扣除)(%)	–	–	–	9.3600
	净资产收益率(%)	3.0000	2.1900	7.0500	9.8800
	总资产(万)	389245.99	411495.59	372830.98	363711.49
	股东权益(万)	125763.76	122881.99	129417.81	131452.84
	主营业务收入(万)	–	–	–	–
	主营业务利润(万)	–	–	–	–
	营业务收入(万)	178632.84	329784.23	209012.36	313594.25
	营业务利润(万)	4221.72	5054.45	12725.06	14295.38
	投资收益(万)	–	–	–	–
	利润总额(万)	4333.99	4990.26	12605.41	15175.32
	净利润(万)	3766.69	2692.39	9128.64	12983.60

四川泸天化股份有限公司

公司概况	公司名称	四川泸天化股份有限公司			证券简称	泸天化
	法人代表	任晓善	董秘	索隆敏	证券代码	000912
	公司网址	www.chinalth.com		电子信箱	lth@lthcn.com	
	电　话	0830-4122370、4125103		传　真	0830-4122156	
	办公地址	四川省泸州市纳溪区				
	经营范围	化学肥料,化工原料及产品以及日用化学品的生产、销售及来料加工等				

主要财务指标	指标＼报告期	2009.06.30	2008.12.31	2008.06.30	2007.12.31
	每股收益(元)	0.1900	0.5100	0.4700	0.7900
	每股收益(扣除)(元)	0.1500	0.5000	0.4700	0.7900
	每股净资产(元)	4.2300	4.1400	4.0400	3.9800
	调整后每股净资产(元)	–	–	–	–
	每股资本公积金(元)	1.1537	1.1273	1.1091	1.1329
	每股盈余公积金(元)	0.6968	0.7189	0.6756	0.6876
	每股未分配利润(元)	1.3710	1.3223	1.2580	1.1618
	每股现金净流量(元)	–0.0221	–0.2022	0.3509	–0.5711
	每股经营现金净流量(元)	2.4121	0.0502	1.0139	1.6586
	净资产收益率(扣除)(%)	–	–	–	19.9000
	净资产收益率(%)	4.5100	12.4100	11.6800	19.8700
	总资产(万)	712972.46	781154.48	590575.79	531393.83
	股东权益(万)	247734.66	243852.30	236502.27	232963.26
	主营业务收入(万)	–	–	–	–
	主营业务利润(万)	–	–	–	–
	营业务收入(万)	276517.05	580078.49	346888.54	588567.06
	营业务利润(万)	10303.09	41099.44	45267.67	68989.57
	投资收益(万)	–	–	–	–
	利润总额(万)	15634.37	42194.40	46458.74	68632.21
	净利润(万)	11166.01	30013.87	27619.64	46289.43

浙江钱江摩托股份有限公司

公司概况	公司名称	浙江钱江摩托股份有限公司			证券简称	钱江摩托
	法人代表	林华中	董秘	林先进	证券代码	000913
	公司网址	www.qjmotor.com		电子信箱	qjmt@qjmotor.com	
	电　话	0576-86192111		传　真	0576-86139081	
	办公地址	浙江省温岭市经济开发区				
	经营范围	生产、研究、设计和开发摩托车及配件,销售自产产品,并提供产品售后服务				

主要财务指标	指标＼报告期	2009.06.30	2008.12.31	2008.06.30	2007.12.31
	每股收益(元)	0.1000	0.0900	0.0700	0.1700
	每股收益(扣除)(元)	0.0800	0.1100	0.0800	0.1600
	每股净资产(元)	2.8100	2.7500	2.7100	2.6300
	调整后每股净资产(元)	–	–	–	–
	每股资本公积金(元)	1.0676	1.0676	1.0340	1.0340
	每股盈余公积金(元)	0.1900	0.1900	0.1847	0.1847
	每股未分配利润(元)	0.5562	0.4925	0.4828	0.4090
	每股现金净流量(元)	0.0158	0.2473	0.0041	0.0583
	每股经营现金净流量(元)	0.2484	0.8118	–0.0119	0.0190
	净资产收益率(扣除)(%)	–	–	–	6.0800
	净资产收益率(%)	3.6900	3.2600	2.7300	6.4500
	总资产(万)	282081.16	305428.82	306632.99	312183.37
	股东权益(万)	127480.96	124537.06	122769.89	119448.70
	主营业务收入(万)	–	–	–	–
	主营业务利润(万)	–	–	–	–
	营业务收入(万)	188165.62	391318.57	229541.45	425937.39
	营业务利润(万)	7083.69	7910.86	6023.89	14532.88
	投资收益(万)	–	–	–	–
	利润总额(万)	7195.71	8059.15	5665.94	14080.26
	净利润(万)	4706.69	4065.57	3348.98	7705.05

山东山大华特科技股份有限公司

公司概况	公司名称	山东山大华特科技股份有限公司			证券简称	山大华特
	法人代表	张兆亮	董秘	范智胜	证券代码	000915
	公司网址	www.sd-wit.com		电子信箱	fzs@sd-wit.com	
	电　话	0531-85198600		传　真	0531-82666189	
	办公地址	山东省济南市经十路 17703 号华特广场				
	经营范围	“国家大学科技园”的开发、建设及管理;房屋租赁等				

主要财务指标	指标\报告期	2009.06.30	2008.12.31	2008.06.30	2007.12.31
	每股收益(元)	0.0764	0.0760	0.0449	0.0681
	每股收益(扣除)(元)	0.0600	0.0654	0.0400	0.0468
	每股净资产(元)	1.8400	1.7600	1.7300	1.6802
	调整后每股净资产(元)	–	–	–	–
	每股资本公积金(元)	0.2176	0.2176	0.2133	0.2133
	每股盈余公积金(元)	0.0887	0.0887	0.0887	0.0887
	每股未分配利润(元)	0.5306	0.4542	0.4232	0.3783
	每股现金净流量(元)	–0.0286	0.3262	0.3642	0.1592
	每股经营现金净流量(元)	0.2744	0.5204	0.2461	0.5614
	净资产收益率(扣除)(%)	–	–	–	2.7900
	净资产收益率(%)	4.1600	4.3100	2.6000	4.0500
	总资产(万)	104610.43	103991.23	112625.54	99328.42
	股东权益(万)	33111.60	31734.71	31096.39	30287.32
	主营业务收入(万)	–	–	–	–
	主营业务利润(万)	–	–	–	–
	营业务收入(万)	24242.42	53834.77	26453.74	49567.31
	营业务利润(万)	5389.46	8073.06	4344.83	4841.49
	投资收益(万)	–	–	–	–
	利润总额(万)	5891.37	8539.12	4495.03	5704.92
	净利润(万)	1376.88	1369.17	809.07	1227.63

华北高速公路股份有限公司

公司概况	公司名称	华北高速公路股份有限公司			证券简称	华北高速
	法人代表	郑海军	董秘	郝继业	证券代码	000916
	公司网址	www.hbgsgl.com.cn		电子信箱	hbgsgl@hbgsgl.com.cn	
	电　话	010-58021999		传　真	010-58021229	
	办公地址	北京市经济技术开发区东环北路 9 号				
	经营范围	投资开发、建设和经营收费公路;车辆及机械设备租赁、咨询服务等				

主要财务指标	指标\报告期	2009.06.30	2008.12.31	2008.06.30	2007.12.31
	每股收益(元)	0.1580	0.2310	0.1700	0.2860
	每股收益(扣除)(元)	0.1430	0.2420	0.1700	0.2660
	每股净资产(元)	3.2400	3.0900	3.1060	3.4600
	调整后每股净资产(元)	–	–	–	–
	每股资本公积金(元)	1.4372	1.3064	1.3834	1.7492
	每股盈余公积金(元)	0.3602	0.3602	0.3280	0.3351
	每股未分配利润(元)	0.4418	0.4237	0.3948	0.3775
	每股现金净流量(元)	0.0438	–0.0530	–0.0369	0.1587
	每股经营现金净流量(元)	0.1421	0.2850	0.2095	0.3242
	净资产收益率(扣除)(%)	–	–	–	7.6800
	净资产收益率(%)	4.8800	7.4800	5.4800	8.2700
	总资产(万)	380377.96	352396.73	365555.07	409059.91
	股东权益(万)	353073.75	336836.39	338575.88	377334.16
	主营业务收入(万)	–	–	–	–
	主营业务利润(万)	–	–	–	–
	营业务收入(万)	37979.93	80384.76	45255.81	80142.37
	营业务利润(万)	21696.82	33814.36	24557.37	45767.70
	投资收益(万)	–	–	–	–
	利润总额(万)	21574.46	33806.47	24551.62	45767.95
	净利润(万)	17238.61	25199.23	18553.79	31214.50

湖南电广传媒股份有限公司

公司概况	公司名称	湖南电广传媒股份有限公司			证券简称	电广传媒
	法人代表	龙秋云	董秘	周竞东	证券代码	000917
	公司网址	www.tik.com.cn		电子信箱	directorate@tik.com.cn	
	电　话	0731-84252080、84251998		传　真	0731-84252096	
	办公地址	湖南省长沙市浏阳河大桥东金鹰影视文化城				
	经营范围	影视节目的制作、发行和销售,设计、制作、发布国内外各类广告等				

主要财务指标	指标\报告期	2009.06.30	2008.12.31	2008.06.30	2007.12.31
	每股收益(元)	0.0400	0.0500	0.1620	0.2800
	每股收益(扣除)(元)	0.0428	0.0500	0.1590	0.2800
	每股净资产(元)	4.1400	4.1400	4.2100	5.1400
	调整后每股净资产(元)	–	–	–	–
	每股资本公积金(元)	3.1275	3.1450	3.1083	3.9726
	每股盈余公积金(元)	0.3658	0.3658	0.3467	0.4021
	每股未分配利润(元)	–0.3529	–0.3694	–0.2404	–0.2394
	每股现金净流量(元)	–0.2506	1.0626	–0.2455	1.2122
	每股经营现金净流量(元)	0.5543	0.9073	0.1375	1.7478
	净资产收益率(扣除)(%)	–	–	–	6.5100
	净资产收益率(%)	0.8800	1.2700	3.8500	6.5200
	总资产(万)	815492.60	792234.76	704886.04	671905.53
	股东权益(万)	168257.31	168299.50	171273.69	173904.86
	主营业务收入(万)	–	–	–	–
	主营业务利润(万)	–	–	–	–
	营业务收入(万)	189187.51	335113.79	163665.42	264981.82
	营业务利润(万)	6730.02	17645.03	10651.91	24890.19
	投资收益(万)	–	–	–	–
	利润总额(万)	7512.01	18656.08	11074.96	25597.90
	净利润(万)	1482.16	2133.09	6598.69	11339.43

湖南亚华控股集团股份有限公司

公司概况	公司名称	湖南亚华控股集团股份有限公司			证券简称	*ST 亚华
	法人代表	熊再辉	董秘	李怀彬	证券代码	000918
	公司网址	www.avaholdings.com		电子信箱	ava@avaholdings.com	
	电　话	0731-85797818		传　真	0731-85566002	
	办公地址	湖南省长沙市劳动中路 65 号亚华控股大厦 5-7 楼				
	经营范围	农作物种子、种苗、牧草良种和禽畜良种的选育、繁殖、生产、推广和销售等				

主要财务指标	指标\报告期	2009.06.30	2008.12.31	2008.06.30	2007.12.31
	每股收益(元)	–0.2200	–1.4400	–0.0480	–0.6900
	每股收益(扣除)(元)	–0.1900	–1.8500	–0.0550	–0.6400
	每股净资产(元)	–1.9900	–1.7700	–0.3800	–0.3300
	调整后每股净资产(元)	–	–	–	–
	每股资本公积金(元)	0.1985	0.1985	0.1985	0.1985
	每股盈余公积金(元)	0.0573	0.0573	0.0573	0.0573
	每股未分配利润(元)	–3.2418	–3.0216	–1.6392	–1.5815
	每股现金净流量(元)	0.6372	–0.0220	–0.0490	0.0119
	每股经营现金净流量(元)	–0.0986	0.1075	0.1544	0.2199
	净资产收益率(扣除)(%)	–	–	–	–
	净资产收益率(%)	–	–	–	–
	总资产(万)	149625.35	132568.82	125800.88	129117.44
	股东权益(万)	–54019.92	–48029.87	–10428.79	–8858.22
	主营业务收入(万)	–	–	–	–
	主营业务利润(万)	–	–	–	–
	营业务收入(万)	51305.32	99110.00	79492.43	131334.66
	营业务利润(万)	–4757.39	–33511.78	–566.56	–18565.04
	投资收益(万)	–	–	–	–
	利润总额(万)	–5661.91	–38419.91	–580.37	–19052.67
	净利润(万)	–5990.05	–39171.64	–1570.57	–18727.06

金陵药业股份有限公司

公司概况					
公司名称	金陵药业股份有限公司			证券简称	金陵药业
法人代表	倪忠翔	董秘	徐俊扬	证券代码	000919
公司网址	www.jlyy000919.com		电子信箱	jlyy@jlpharm.com	
电　　话	025-83118511		传　　真	025-83112486	
办公地址	南京市中央路 238 号金陵药业大厦				
经营范围	中西药原料和制剂、生化制品、医药包装制品、医疗器械、保健食品等				

主要财务指标 指标\报告期	2009.06.30	2008.12.31	2008.06.30	2007.12.31
每股收益(元)	0.2200	0.1600	0.0770	0.6100
每股收益(扣除)(元)	0.1700	0.3500	0.1600	0.2000
每股净资产(元)	3.6035	3.3800	3.5800	3.5000
调整后每股净资产(元)	–	–	–	–
每股资本公积金(元)	0.9401	0.9398	0.9440	0.9447
每股盈余公积金(元)	0.4566	0.4566	0.4398	0.4398
每股未分配利润(元)	1.2069	0.9837	1.1936	1.1167
每股现金净流量(元)	0.2031	0.2178	0.1587	0.3239
每股经营现金净流量(元)	0.2748	0.6057	0.3709	0.2343
净资产收益率(扣除)(%)	–	–	–	5.5800
净资产收益率(%)	6.1900	4.8500	2.1500	17.4200
总资产(万)	236323.95	220280.17	234454.73	236628.99
股东权益(万)	181617.97	170361.20	180301.65	176458.71
主营业务收入(万)	–	–	–	–
主营业务利润(万)	–	–	–	–
营业务收入(万)	102741.13	178888.20	96826.31	154896.89
营业务利润(万)	16070.73	10820.46	5246.42	42550.14
投资收益(万)	–	–	–	–
利润总额(万)	16057.45	10938.81	5397.68	42406.76
净利润(万)	11246.50	8259.84	3879.35	30746.57

南方汇通股份有限公司

公司概况					
公司名称	南方汇通股份有限公司			证券简称	南方汇通
法人代表	黄纪湘	董秘	周海泉	证券代码	000920
公司网址	www.southhuiton.com		电子信箱	msc@southhuiton.com	
电　　话	0851-4470866		传　　真	0851-4470866	
办公地址	贵州省贵阳市都拉营				
经营范围	铁路运输设备开发、制造、销售、修理,弹簧及锻铸件制品的生产、销售等				

主要财务指标 指标\报告期	2009.06.30	2008.12.31	2008.06.30	2007.12.31
每股收益(元)	0.0689	0.0560	0.0337	0.0302
每股收益(扣除)(元)	–0.0892	0.0460	0.0368	0.0098
每股净资产(元)	2.2600	1.9412	2.9000	3.0031
调整后每股净资产(元)	–	–	–	–
每股资本公积金(元)	1.5457	1.2991	2.2757	2.4174
每股盈余公积金(元)	0.1509	0.1533	0.1506	0.1506
每股未分配利润(元)	–0.4374	–0.5112	–0.5312	–0.5650
每股现金净流量(元)	–0.1794	0.1025	–0.0499	0.2644
每股经营现金净流量(元)	–0.2456	0.3495	0.0835	0.6771
净资产收益率(扣除)(%)	–	–	–	0.3300
净资产收益率(%)	3.0500	2.9100	1.1700	1.0100
总资产(万)	149400.33	141370.84	187376.87	195849.61
股东权益(万)	95340.04	81919.36	122171.32	126729.42
主营业务收入(万)	–	–	–	–
主营业务利润(万)	–	–	–	–
营业务收入(万)	35481.14	138579.28	77588.00	133531.41
营业务利润(万)	3271.87	1537.60	1928.66	495.19
投资收益(万)	–	–	–	–
利润总额(万)	3336.68	2505.35	1859.96	1818.98
净利润(万)	2909.59	2383.09	1423.74	1275.28

海信科龙电器股份有限公司

公司概况					
公司名称	海信科龙电器股份有限公司			证券简称	ST 科龙
法人代表	汤业国	董秘	余玩丽	证券代码	000921
公司网址	www.kelon.com		电子信箱	kelonsec@hisense.com	
电　　话	0757-28362570		传　　真	0757-28361055	
办公地址	广东省佛山市顺德区容桂街道容港路 8 号				
经营范围	开发、制造电冰箱等家用电器,产品内、外销售和提供售后服务等				

主要财务指标 指标\报告期	2009.06.30	2008.12.31	2008.06.30	2007.12.31
每股收益(元)	0.1569	–0.2285	0.0712	0.2524
每股收益(扣除)(元)	0.1399	–0.2520	0.0209	–0.0900
每股净资产(元)	–0.8424	–1.0000	–0.7017	–0.7800
调整后每股净资产(元)	–	–	–	–
每股资本公积金(元)	1.5508	1.5507	1.5508	1.5508
每股盈余公积金(元)	0.1155	0.1155	0.1155	0.1155
每股未分配利润(元)	–3.5470	–3.7039	–3.4041	–3.4753
每股现金净流量(元)	0.1535	0.0341	0.0885	–0.0664
每股经营现金净流量(元)	0.1302	–0.4459	0.1158	–0.0044
净资产收益率(扣除)(%)	–	–	–	–
净资产收益率(%)	–	–	–	–
总资产(万)	454698.43	377908.84	488406.39	442132.91
股东权益(万)	–83567.73	–99144.16	–69606.20	–77348.42
主营业务收入(万)	–	–	–	–
主营业务利润(万)	–	–	–	–
营业务收入(万)	476476.61	863547.54	539508.38	882234.72
营业务利润(万)	16035.97	–30930.09	1513.30	–14817.27
投资收益(万)	–	–	–	–
利润总额(万)	17839.07	–22824.13	7720.25	22620.75
净利润(万)	15560.41	–22670.16	7066.88	25039.54

阿城继电器股份有限公司

公司概况					
公司名称	阿城继电器股份有限公司			证券简称	ST 阿继
法人代表	高志军	董秘	徐治中	证券代码	000922
公司网址	www.arc.com.cn		电子信箱	acxu@sina.com.cn	
电　　话	0451-53709666		传　　真	0451-53701318	
办公地址	黑龙江省阿城市河东街				
经营范围	开发、制造、销售继电保护及自动化产品、电源及电力电子产品等				

主要财务指标 指标\报告期	2009.06.30	2008.12.31	2008.06.30	2007.12.31
每股收益(元)	–0.0533	–0.1800	–0.0269	0.0200
每股收益(扣除)(元)	–0.0551	–0.2300	–0.0697	–0.2300
每股净资产(元)	0.3550	0.4080	0.5600	0.5886
调整后每股净资产(元)	–	–	–	–
每股资本公积金(元)	0.6259	0.6259	0.6240	0.6240
每股盈余公积金(元)	0.0753	0.0753	0.0753	0.0753
每股未分配利润(元)	–1.3462	–1.2928	–1.1375	–1.1106
每股现金净流量(元)	–0.0284	–0.1482	–0.1412	0.2288
每股经营现金净流量(元)	–0.0298	–0.0314	–0.0400	0.2580
净资产收益率(扣除)(%)	–	–	–	–38.8900
净资产收益率(%)	–15.0200	–44.6200	–4.7800	3.6400
总资产(万)	39215.46	38477.64	46217.91	50770.90
股东权益(万)	10593.69	12185.22	16765.44	17567.24
主营业务收入(万)	–	–	–	–
主营业务利润(万)	–	–	–	–
营业务收入(万)	5510.91	12983.15	7397.64	12840.55
营业务利润(万)	–1545.78	–6975.53	–2223.61	–6843.72
投资收益(万)	–	–	–	–
利润总额(万)	–1491.72	–5454.02	–945.24	438.18
净利润(万)	–1591.53	–5437.24	–801.80	640.31

河北宣化工程机械股份有限公司

公司概况					
公司名称	河北宣化工程机械股份有限公司			证券简称	河北宣工
法人代表	王建军	董秘	尹增玮	证券代码	000923
公司网址	www.hbxg.com		电子信箱	webmaster@hbxg.com	
电　话	0313-3186012		传　真	0313-3186026	
办公地址	河北省张家口市宣化区东升路 21 号				
经营范围	推土机、装载机、压路机及系列产品和配件的生产、销售等				

主要财务指标				
指标\报告期	2009.06.30	2008.12.31	2008.06.30	2007.12.31
每股收益(元)	0.0303	0.0236	0.0331	0.0700
每股收益(扣除)(元)	0.0241	0.0441	0.0321	0.0300
每股净资产(元)	2.6000	2.3000	2.3900	3.2100
调整后每股净资产(元)	–	–	–	–
每股资本公积金(元)	1.3436	1.0730	1.1403	1.9661
每股盈余公积金(元)	0.0638	0.0638	0.0638	0.0766
每股未分配利润(元)	0.1962	0.1659	0.1782	0.1708
每股现金净流量(元)	0.0915	0.0857	0.1839	0.1077
每股经营现金净流量(元)	0.0784	0.0660	0.0375	0.0519
净资产收益率(扣除)(%)	–	–	–	0.9000
净资产收益率(%)	1.1600	1.0200	1.5000	2.0800
总资产(万)	104512.37	96148.71	104699.55	99565.99
股东权益(万)	51550.86	45594.54	47168.76	53022.87
主营业务收入(万)	–	–	–	–
主营业务利润(万)	–	–	–	–
营业务收入(万)	27255.78	64802.40	31355.88	56800.51
营业务利润(万)	580.81	1204.46	813.42	1090.88
投资收益(万)	–	–	–	–
利润总额(万)	703.40	1216.83	834.95	1113.47
净利润(万)	599.42	466.64	709.62	1104.44

浙江众合机电股份有限公司

公司概况					
公司名称	浙江众合机电股份有限公司			证券简称	众合机电
法人代表	陈均	董秘	李军	证券代码	000925
公司网址	www.000925.com		电子信箱	lijun@000925.net	
电　话	0571-87959003		传　真	0571-87959022	
办公地址	浙江省杭州市曙光路 122 号世贸中心 A 座 505 室				
经营范围	单晶硅及其制品、半导体元器件的开发、制造、销售与技术服务				

主要财务指标				
指标\报告期	2009.06.30	2008.12.31	2008.06.30	2007.12.31
每股收益(元)	0.4400	0.2400	0.0900	4.3500
每股收益(扣除)(元)	–0.0500	0.1400	0.0900	0.1600
每股净资产(元)	3.9500	1.3800	1.2300	1.1400
调整后每股净资产(元)	–	–	–	–
每股资本公积金(元)	3.5203	2.7130	2.7130	2.7130
每股盈余公积金(元)	0.1139	0.1743	0.1743	0.1743
每股未分配利润(元)	–0.5819	–2.5035	–2.6526	–2.7434
每股现金净流量(元)	–1.5410	–0.0709	0.1175	0.2640
每股经营现金净流量(元)	–1.3338	0.1184	0.1816	0.4104
净资产收益率(扣除)(%)	–	–	–	14.1800
净资产收益率(%)	11.0700	17.3300	7.3500	379.8400
总资产(万)	151937.40	23446.85	22496.84	22298.56
股东权益(万)	55105.85	12454.14	11112.07	10295.23
主营业务收入(万)	–	–	–	–
主营业务利润(万)	–	–	–	–
营业务收入(万)	39275.14	9398.63	5130.33	13326.44
营业务利润(万)	–173.53	1343.48	899.20	2329.03
投资收益(万)	–	–	–	–
利润总额(万)	6358.75	2207.31	892.00	39872.35
净利润(万)	6102.30	2158.91	816.84	39105.10

湖北福星科技股份有限公司

公司概况					
公司名称	湖北福星科技股份有限公司			证券简称	福星股份
法人代表	谭功炎	董秘	冯东兴	证券代码	000926
公司网址	www.chinafxkj.com		电子信箱	fxkj0926@chinafxkj.com	
电　话	0712-8740018、8741411		传　真	0712-8740018	
办公地址	湖北省汉川市沉湖镇福星街 1 号				
经营范围	金属丝、绳及其制品的制造、销售和出口业务；商品房销售；高新技术的开发与投资等				

主要财务指标				
指标\报告期	2009.06.30	2008.12.31	2008.06.30	2007.12.31
每股收益(元)	0.2010	0.5500	0.4340	0.6000
每股收益(扣除)(元)	0.2020	0.5500	0.4360	0.6000
每股净资产(元)	5.2400	5.0700	4.3500	4.0100
调整后每股净资产(元)	–	–	–	–
每股资本公积金(元)	2.1284	2.0557	0.8425	0.8311
每股盈余公积金(元)	0.4286	0.4286	0.4058	0.4058
每股未分配利润(元)	1.6875	1.5862	2.1050	1.7706
每股现金净流量(元)	–0.4640	0.6706	0.7747	–0.0877
每股经营现金净流量(元)	0.1417	0.0275	0.6030	0.0552
净资产收益率(扣除)(%)	–	–	–	15.0900
净资产收益率(%)	3.8400	9.2400	9.9800	15.0800
总资产(万)	749784.09	721611.84	643328.85	586618.40
股东权益(万)	369857.63	357587.57	228648.25	216246.39
主营业务收入(万)	–	–	–	–
主营业务利润(万)	–	–	–	–
营业务收入(万)	181722.98	320142.59	174866.41	333760.78
营业务利润(万)	18649.74	42205.43	28887.50	47978.95
投资收益(万)	–	–	–	–
利润总额(万)	18571.35	41993.34	28759.37	48785.19
净利润(万)	14196.26	33036.91	22819.88	31748.93

天津一汽夏利汽车股份有限公司

公司概况					
公司名称	天津一汽夏利汽车股份有限公司			证券简称	一汽夏利
法人代表	徐建一	董秘		证券代码	000927
公司网址	www.tjfaw.com.cn		电子信箱	xiali@mail.zlnet.com.cn	
电　话	022-87915000-3074		传　真	022-87915111	
办公地址	天津市西青区中北斜乡李楼南				
经营范围	轿车、汽车发动机、汽车零部件、内燃机配件的制造及其售后服务等				

主要财务指标				
指标\报告期	2009.06.30	2008.12.31	2008.06.30	2007.12.31
每股收益(元)	0.0300	0.0627	0.0637	0.1076
每股收益(扣除)(元)	0.0252	0.0625	0.0772	0.0485
每股净资产(元)	2.0800	2.0600	2.0600	2.0500
调整后每股净资产(元)	–	–	–	–
每股资本公积金(元)	0.8399	0.8399	0.8401	1.4421
每股盈余公积金(元)	0.1857	0.1857	0.1694	0.1781
每股未分配利润(元)	0.0592	0.0384	0.0548	–0.5685
每股现金净流量(元)	0.2127	–0.4481	–0.0251	0.1253
每股经营现金净流量(元)	–0.0306	–0.3301	–0.0567	–0.2726
净资产收益率(扣除)(%)	–	–	–	2.3600
净资产收益率(%)	1.5500	3.0400	3.0900	5.2500
总资产(万)	802465.76	735050.05	736010.84	752104.59
股东权益(万)	332569.78	329248.63	329280.89	327269.63
主营业务收入(万)	–	–	–	–
主营业务利润(万)	–	–	–	–
营业务收入(万)	439605.30	727953.20	409935.35	782842.46
营业务利润(万)	5540.81	2975.46	3718.64	8740.69
投资收益(万)	–	–	–	–
利润总额(万)	6677.65	4437.10	6014.90	9463.90
净利润(万)	5163.28	10003.73	10158.91	17167.94

中钢集团吉林炭素股份有限公司

公司概况	公司名称	中钢集团吉林炭素股份有限公司			证券简称	中钢吉炭
	法人代表	杨光	董秘	王孝武	证券代码	000928
	公司网址	www.jlts.cn		电子信箱	zgjt000928@126.com	
	电　　话	0432-2749800、2749375		传　　真	0432-2749375	
	办公地址	吉林省吉林市昌邑区和平街九号				
	经营范围	炭素及石墨制品的研制,开发,加工,生产,国内外营销,技术服务等				

主要财务指标	指标\报告期	2009.06.30	2008.12.31	2008.06.30	2007.12.31
	每股收益(元)	0.0194	0.0436	0.0163	0.0138
	每股收益(扣除)(元)	-0.0880	0.0811	0.0299	-0.0635
	每股净资产(元)	3.5500	3.3130	3.4420	3.8880
	调整后每股净资产(元)	-	-	-	-
	每股资本公积金(元)	3.3114	3.0937	3.2503	3.7119
	每股盈余公积金(元)	0.3311	0.3311	0.3311	0.3311
	每股未分配利润(元)	-1.0924	-1.1118	-1.1391	-1.1554
	每股现金净流量(元)	0.6049	0.3415	0.3644	0.0895
	每股经营现金净流量(元)	0.4607	0.3459	0.1834	-0.6711
	净资产收益率(扣除)(%)	-	-	-	-1.6300
	净资产收益率(%)	0.5500	1.3200	0.4700	0.3500
	总资产(万)	267983.27	258047.45	271834.04	267265.55
	股东权益(万)	100432.17	93724.81	97380.65	109978.48
	主营业务收入(万)	-	-	-	-
	主营业务利润(万)	-	-	-	-
	营业务收入(万)	61922.49	214339.05	104943.04	178497.82
	营业务利润(万)	345.67	6079.86	1301.98	-890.37
	投资收益(万)	-	-	-	-
	利润总额(万)	627.10	5094.81	917.07	554.99
	净利润(万)	549.79	1233.40	460.14	389.06

兰州黄河企业股份有限公司

公司概况	公司名称	兰州黄河企业股份有限公司			证券简称	兰州黄河
	法人代表	杨世江	董秘	魏福新	证券代码	000929
	公司网址	www.yellowriver.net.cn		电子信箱	wfx0523@sina.com	
	电　　话	0931-8449054、8449039		传　　真	0931-8449005	
	办公地址	兰州市庆阳路219号金运大厦22层				
	经营范围	啤酒、麦芽、饲料的生产、批发零售,仓储,建筑材料,普通机械等				

主要财务指标	指标\报告期	2009.06.30	2008.12.31	2008.06.30	2007.12.31
	每股收益(元)	0.0700	0.0436	0.0163	0.0450
	每股收益(扣除)(元)	0.0650	0.0811	0.0299	0.0570
	每股净资产(元)	2.3000	3.3130	3.4420	2.0800
	调整后每股净资产(元)	-	-	-	-
	每股资本公积金(元)	0.7962	3.0937	3.2503	0.8117
	每股盈余公积金(元)	0.1153	0.3311	0.3311	0.1153
	每股未分配利润(元)	0.3884	-1.1118	-1.1391	0.1575
	每股现金净流量(元)	0.5400	0.3415	0.3644	-0.3708
	每股经营现金净流量(元)	0.5626	0.3459	0.1834	-0.0102
	净资产收益率(扣除)(%)	-	-	-	2.7300
	净资产收益率(%)	3.0500	1.3200	0.4700	2.1700
	总资产(万)	121249.78	258047.45	271834.04	137054.45
	股东权益(万)	42722.50	93724.81	97380.65	38722.03
	主营业务收入(万)	-	-	-	-
	主营业务利润(万)	-	-	-	-
	营业务收入(万)	51554.27	214339.05	104943.04	81796.22
	营业务利润(万)	3403.65	6079.86	1301.98	4599.13
	投资收益(万)	-	-	-	-
	利润总额(万)	3691.62	5094.81	917.07	4444.41
	净利润(万)	1302.73	1233.40	460.14	841.71

安徽丰原生物化学股份有限公司

公司概况	公司名称	安徽丰原生物化学股份有限公司			证券简称	丰原生化
	法人代表	岳国君	董秘	王德文	证券代码	000930
	公司网址	www.zlfysh.com		电子信箱	bbcastock@163.com	
	电　　话	0552-4926909		传　　真	0552-4926758	
	办公地址	安徽省蚌埠市大庆路73号				
	经营范围	生物工程的科研开发;有机酸及其盐类、淀粉糖、味精、氨基酸的生产、销售等				

主要财务指标	指标\报告期	2009.06.30	2008.12.31	2008.06.30	2007.12.31
	每股收益(元)	0.1270	0.0563	0.0720	0.0267
	每股收益(扣除)(元)	0.1260	0.0607	0.0890	-0.0775
	每股净资产(元)	2.0800	1.9430	1.9550	1.8830
	调整后每股净资产(元)	-	-	-	-
	每股资本公积金(元)	0.9231	0.9087	0.9052	0.9052
	每股盈余公积金(元)	0.0572	0.0572	0.0903	0.0903
	每股未分配利润(元)	0.1043	-0.0231	-0.0405	-0.1125
	每股现金净流量(元)	0.2317	-0.1519	-0.2523	0.3883
	每股经营现金净流量(元)	-0.0334	0.4549	-0.1175	1.1254
	净资产收益率(扣除)(%)	-	-	-	-4.1100
	净资产收益率(%)	6.1130	2.9000	3.6860	1.4200
	总资产(万)	714562.71	720407.15	777114.13	764659.52
	股东权益(万)	201046.16	187365.70	188548.31	181598.97
	主营业务收入(万)	-	-	-	-
	主营业务利润(万)	-	-	-	-
	营业务收入(万)	229645.15	480186.77	237980.41	417814.59
	营业务利润(万)	-26616.52	-80277.82	-38204.93	-78001.77
	投资收益(万)	-	-	-	-
	利润总额(万)	15818.61	9643.17	8783.12	3941.18
	净利润(万)	12289.24	5427.23	6949.34	2575.86

北京中关村科技发展(控股)股份有限公司

公司概况	公司名称	北京中关村科技发展(控股)股份有限公司			证券简称	中关村
	法人代表	许钟民	董秘	黄志宇	证券代码	000931
	公司网址	www.centek.com.cn		电子信箱	investor@centek.com.cn	
	电　　话	010-62140168		传　　真	010-62140038	
	办公地址	北京市海淀区中关村南大街32号				
	经营范围	高新技术产业投资;高科技产品的技术开发、技术咨询、技术转让等				

主要财务指标	指标\报告期	2009.06.30	2008.12.31	2008.06.30	2007.12.31
	每股收益(元)	0.0213	0.0897	0.0168	0.1319
	每股收益(扣除)(元)	0.0217	0.0778	0.0188	-0.2222
	每股净资产(元)	0.9501	0.9260	0.8341	0.9110
	调整后每股净资产(元)	-	-	-	-
	每股资本公积金(元)	1.3506	1.3476	1.3288	1.4228
	每股盈余公积金(元)	0.1230	0.1230	0.1230	0.1230
	每股未分配利润(元)	-1.5235	-1.5448	-1.6177	-1.6345
	每股现金净流量(元)	0.0895	-0.1244	0.0495	-0.1751
	每股经营现金净流量(元)	0.2309	0.2905	0.1038	1.0677
	净资产收益率(扣除)(%)	-	-	-	-24.3800
	净资产收益率(%)	2.2400	9.6900	2.0200	14.4700
	总资产(万)	399837.97	401576.54	426326.34	470822.91
	股东权益(万)	64120.06	62474.64	56292.29	61498.69
	主营业务收入(万)	-	-	-	-
	主营业务利润(万)	-	-	-	-
	营业务收入(万)	97833.07	205606.13	98308.41	223230.92
	营业务利润(万)	1790.76	8869.25	1885.80	-1356.55
	投资收益(万)	-	-	-	-
	利润总额(万)	1889.50	7505.71	1518.87	10998.62
	净利润(万)	1437.28	6052.77	1136.81	8901.82

湖南华菱钢铁股份有限公司

公司概况	公司名称	湖南华菱钢铁股份有限公司			证券简称	华菱钢铁
	法人代表	李效伟	董秘	汪俊	证券代码	000932
	公司网址	www.valin.cn		电子信箱	hlgx@chinavalin.com	
	电　话	0731-82565961、82587058		传　真	0731-84447112	
	办公地址	湖南省长沙市芙蓉中路二段111号华菱大厦20楼				
	经营范围	主营钢坯、无缝钢管、线材、棒材、螺纹钢、热轧超薄带钢卷、冷轧、板卷等				

主要财务指标	指标＼报告期	2009.06.30	2008.12.31	2008.06.30	2007.12.31
	每股收益(元)	-0.1909	0.3481	0.2930	0.7300
	每股收益(扣除)(元)	-0.1934	0.3504	0.2996	0.7350
	每股净资产(元)	5.2600	5.3000	5.5700	5.4500
	调整后每股净资产(元)	-	-	-	-
	每股资本公积金(元)	2.3660	2.1658	2.4865	3.1600
	每股盈余公积金(元)	0.2813	0.2813	0.2804	0.3462
	每股未分配利润(元)	1.6127	1.8536	1.7994	1.9831
	每股现金净流量(元)	0.5925	-0.5350	-0.1928	1.0280
	每股经营现金净流量(元)	0.8168	2.4230	0.5195	1.4707
	净资产收益率(扣除)(%)	-	-	-	10.8900
	净资产收益率(%)	-3.6300	6.5700	5.2600	10.8100
	总资产(万)	5729221.88	5066104.71	5266539.69	4842243.95
	股东权益(万)	1440037.46	1451173.25	1523890.71	1491107.99
	主营业务收入(万)	-	-	-	-
	主营业务利润(万)	-	-	-	-
	营业务收入(万)	1993999.22	5631836.77	2735390.41	4384396.76
	营业务利润(万)	-73847.35	114271.36	112411.93	234076.16
	投资收益(万)	-	-	-	-
	利润总额(万)	-72836.58	113263.88	112207.76	232494.06
	净利润(万)	-52257.80	95297.35	80219.24	161242.18

河南神火煤电股份有限公司

公司概况	公司名称	河南神火煤电股份有限公司			证券简称	神火股份
	法人代表	李孟臻	董秘	李宏伟	证券代码	000933
	公司网址	www.shenhuo.com		电子信箱	shenhuogufen@163.com	
	电　话	0370-5982722、5982466		传　真	0370-5125596、5180086	
	办公地址	河南省永城市新城区光明路17号				
	经营范围	煤炭生产、销售、洗选加工;铁路专用线营运等				

主要财务指标	指标＼报告期	2009.06.30	2008.12.31	2008.06.30	2007.12.31
	每股收益(元)	0.2880	2.2990	1.3750	1.6780
	每股收益(扣除)(元)	0.2780	2.2730	1.3430	1.2910
	每股净资产(元)	4.0980	5.8570	5.0310	3.9160
	调整后每股净资产(元)	-	-	-	-
	每股资本公积金(元)	0.2634	0.3950	0.5505	0.5532
	每股盈余公积金(元)	0.4846	0.8046	0.5646	0.5953
	每股未分配利润(元)	2.2500	3.6571	2.9158	1.7674
	每股现金净流量(元)	2.1907	0.9991	1.9369	0.2727
	每股经营现金净流量(元)	2.1910	4.3914	2.5702	2.7430
	净资产收益率(扣除)(%)	-	-	-	32.9800
	净资产收益率(%)	7.0200	39.2600	27.3300	42.8600
	总资产(万)	1793535.87	1544393.92	1478433.26	1148847.65
	股东权益(万)	307372.61	292837.16	251546.85	195789.62
	主营业务收入(万)	-	-	-	-
	主营业务利润(万)	-	-	-	-
	营业务收入(万)	412434.14	1200610.08	578363.68	867927.76
	营业务利润(万)	26417.55	160028.39	105462.11	162749.77
	投资收益(万)	-	-	-	-
	利润总额(万)	27607.98	160748.88	105795.15	164606.14
	净利润(万)	21573.78	114953.54	68752.98	83919.79

四川双马水泥股份有限公司

公司概况	公司名称	四川双马水泥股份有限公司			证券简称	ST双马
	法人代表	王铁国	董秘	方璇	证券代码	000935
	公司网址	www.cement.com.cn		电子信箱	smsn@my-public.sc.cninfo.net	
	电　话	010-3721498、58275859		传　真	010-64106432、82463186	
	办公地址	四川省江油市二郎庙镇				
	经营范围	水泥的生产、销售				

主要财务指标	指标＼报告期	2009.06.30	2008.12.31	2008.06.30	2007.12.31
	每股收益(元)	0.1522	0.1700	0.1338	-0.9891
	每股收益(扣除)(元)	0.1358	-0.0200	0.0672	-0.9921
	每股净资产(元)	0.7500	0.6000	0.1239	-0.0098
	调整后每股净资产(元)	-	-	-	-
	每股资本公积金(元)	0.4935	0.4935	0.4935	0.4935
	每股盈余公积金(元)	-	0.0974	0.0974	0.0974
	每股未分配利润(元)	-	-0.9884	-1.4669	-1.6007
	每股现金净流量(元)	-0.1612	0.4321	0.0543	-0.1842
	每股经营现金净流量(元)	0.3964	0.4223	0.2743	0.1193
	净资产收益率(扣除)(%)	-	-	-	-
	净资产收益率(%)	20.1700	27.8400	107.9200	-
	总资产(万)	94844.40	98677.40	89756.36	87014.53
	股东权益(万)	24103.73	19241.94	3958.52	-313.67
	主营业务收入(万)	-	-	-	-
	主营业务利润(万)	-	-	-	-
	营业务收入(万)	35534.60	59539.59	31468.97	55604.15
	营业务利润(万)	5415.18	3514.60	2611.92	-32569.76
	投资收益(万)	-	-	-	-
	利润总额(万)	5935.39	8309.25	5793.85	-32472.67
	净利润(万)	4861.79	5357.89	4272.19	-31591.43

江苏华西村股份有限公司

公司概况	公司名称	江苏华西村股份有限公司			证券简称	华西村
	法人代表	孙云丰	董秘	卞武彪	证券代码	000936
	公司网址	www.jshuaxicun.com		电子信箱	chinahuaxi@263.net	
	电　话	0510-86217188、86217149		传　真	0510-86217177	
	办公地址	江苏省江阴市华士镇华西村				
	经营范围	纺织品、化工原料、化学纤维品的制造、国内贸易等				

主要财务指标	指标＼报告期	2009.06.30	2008.12.31	2008.06.30	2007.12.31
	每股收益(元)	0.0700	0.1700	0.0980	0.1600
	每股收益(扣除)(元)	0.0220	0.1700	0.0970	0.1700
	每股净资产(元)	2.7200	2.7000	2.6200	2.6200
	调整后每股净资产(元)	-	-	-	-
	每股资本公积金(元)	0.8110	0.8110	0.8110	0.8110
	每股盈余公积金(元)	0.1741	0.1741	0.1628	0.1628
	每股未分配利润(元)	0.7330	0.7130	0.6484	0.6505
	每股现金净流量(元)	-0.5260	0.1024	-0.5742	0.4304
	每股经营现金净流量(元)	-0.3963	0.9830	0.0677	0.2889
	净资产收益率(扣除)(%)	-	-	-	6.4000
	净资产收益率(%)	2.5800	6.4400	3.7300	6.1200
	总资产(万)	256307.12	259977.10	270185.21	284916.53
	股东权益(万)	119602.13	118721.10	115379.21	115472.48
	主营业务收入(万)	-	-	-	-
	主营业务利润(万)	-	-	-	-
	营业务收入(万)	110617.89	319309.93	166188.02	327252.29
	营业务利润(万)	4076.45	7939.12	5719.66	10166.19
	投资收益(万)	-	-	-	-
	利润总额(万)	4107.40	8869.91	5757.39	10224.78
	净利润(万)	3081.07	7648.70	4306.80	7066.20

河北金牛能源股份有限公司

公司概况						
	公司名称	河北金牛能源股份有限公司			证券简称	金牛能源
	法人代表	王社平	董秘	陈立军	证券代码	000937
	公司网址	www.jnny.com.cn		电子信箱	000937@vip.163.com	
	电　话	0319-2068242		传　真	0319-2068666	
	办公地址	河北省邢台市中兴西大街 191 号				
	经营范围	煤炭批发;本企业自产水泥、无碱玻璃纤维及制品的销售等				

主要财务指标	指标\报告期	2009.06.30	2008.12.31	2008.06.30	2007.12.31
	每股收益(元)	0.7401	2.4927	1.0225	0.8829
	每股收益(扣除)(元)	0.7603	2.5573	1.0312	0.8828
	每股净资产(元)	7.7897	7.1390	5.4213	4.8651
	调整后每股净资产(元)	–	–	–	–
	每股资本公积金(元)	1.3150	1.3137	1.3232	1.3323
	每股盈余公积金(元)	0.7502	1.1081	0.5000	0.6576
	每股未分配利润(元)	4.2127	3.7171	2.5983	1.8752
	每股现金净流量(元)	1.0156	0.1824	0.6774	0.2482
	每股经营现金净流量(元)	1.2346	2.6036	1.7862	1.7402
	净资产收益率(扣除)(%)	–	–	–	19.1800
	净资产收益率(%)	9.5000	34.9200	18.8600	18.1400
	总资产(万)	1311503.16	1111055.39	982244.17	637690.23
	股东权益(万)	613788.78	562519.82	427168.95	383325.68
	主营业务收入(万)	–	–	–	–
	主营业务利润(万)	–	–	–	–
	营业务收入(万)	488095.36	927588.62	448232.69	530165.48
	营业务利润(万)	82164.42	280377.97	109036.12	101754.51
	投资收益(万)	–	–	–	–
	利润总额(万)	80610.70	277306.67	108298.86	100994.12
	净利润(万)	58313.63	196406.93	80562.86	69543.10

紫光股份有限公司

公司概况						
	公司名称	紫光股份有限公司			证券简称	紫光股份
	法人代表	徐井宏	董秘	齐联	证券代码	000938
	公司网址	www.thunis.com		电子信箱	thunis@thunis.com	
	电　话	010-62770008		传　真	010-62770880	
	办公地址	北京市海淀区清华大学紫光大楼				
	经营范围	电子工程施工;综合布线工程;承接通信、监控、收费综合系统工程的施工等				

主要财务指标	指标\报告期	2009.06.30	2008.12.31	2008.06.30	2007.12.31
	每股收益(元)	0.0520	0.1490	0.1420	0.0730
	每股收益(扣除)(元)	0.0060	–0.0480	–0.0270	0.0390
	每股净资产(元)	3.7700	3.5900	3.9940	3.1730
	调整后每股净资产(元)	–	–	–	–
	每股资本公积金(元)	2.3212	2.1925	2.6035	1.8638
	每股盈余公积金(元)	0.2100	0.2100	0.1952	0.1952
	每股未分配利润(元)	0.2392	0.1872	0.1954	0.1136
	每股现金净流量(元)	0.2564	–0.0110	0.3186	0.4156
	每股经营现金净流量(元)	1.2235	0.6446	–0.3421	0.4740
	净资产收益率(扣除)(%)	–	–	–	1.2400
	净资产收益率(%)	1.3780	4.1400	3.5510	2.2900
	总资产(万)	224247.91	221218.33	241144.33	195293.64
	股东权益(万)	77700.36	73978.77	82309.39	65381.11
	主营业务收入(万)	–	–	–	–
	主营业务利润(万)	–	–	–	–
	营业务收入(万)	179361.40	386735.54	184728.02	409432.27
	营业务利润(万)	1612.29	4459.31	2749.99	2756.25
	投资收益(万)	–	–	–	–
	利润总额(万)	1829.26	5019.18	2919.10	2989.82
	净利润(万)	1070.11	3060.85	2922.71	1500.36

武汉凯迪电力股份有限公司

公司概况						
	公司名称	武汉凯迪电力股份有限公司			证券简称	凯迪电力
	法人代表	江海	董秘	陈玲	证券代码	000939
	公司网址	www.china-kaidi.com		电子信箱	Kaidi@public.wh.hb.cn	
	电　话	027-67869018、67869270		传　真	027-67869018	
	办公地址	武汉市东湖开发区江夏大道特 1 号				
	经营范围	电力、新能源、化工、环保、水处理、仪器仪表、热工、机电一体化等				

主要财务指标	指标\报告期	2009.06.30	2008.12.31	2008.06.30	2007.12.31
	每股收益(元)	0.1653	0.1100	0.1600	1.3700
	每股收益(扣除)(元)	0.1473	0.0400	0.1600	0.4300
	每股净资产(元)	4.2400	4.0800	3.9859	3.9600
	调整后每股净资产(元)	–	–	3.9859	–
	每股资本公积金(元)	0.6154	0.6154	0.5051	1.0104
	每股盈余公积金(元)	0.3609	0.3609	0.3566	0.4673
	每股未分配利润(元)	2.2660	2.1007	2.1242	2.7080
	每股现金净流量(元)	0.2794	0.7046	–0.0733	–0.9975
	每股经营现金净流量(元)	0.7478	1.5140	0.2026	0.9888
	净资产收益率(扣除)(%)	–	–	–	8.3500
	净资产收益率(%)	3.9000	2.8200	4.1000	26.5000
	总资产(万)	738992.86	697035.75	627406.52	593896.36
	股东权益(万)	156321.91	150230.81	146871.01	145815.19
	主营业务收入(万)	–	–	–	–
	主营业务利润(万)	–	–	–	–
	营业务收入(万)	85502.13	185513.58	86568.57	249754.44
	营业务利润(万)	15350.28	21157.58	14461.84	63432.87
	投资收益(万)	–	–	–	–
	利润总额(万)	15365.14	23292.46	14448.80	63022.79
	净利润(万)	6091.10	4231.90	6021.76	38640.81

云南南天电子信息产业股份有限公司

公司概况						
	公司名称	云南南天电子信息产业股份有限公司			证券简称	南天信息
	法人代表	郑南南	董秘	姜东	证券代码	000948
	公司网址	www.nantian.com.cn		电子信箱	0948@nantian.com.cn	
	电　话	0871-3366327		传　真	0871-3317398	
	办公地址	云南省昆明市环城东路 455 号				
	经营范围	开发、生产、销售计算机软件、硬件,外围设备、金融专用设备等				

主要财务指标	指标\报告期	2009.06.30	2008.12.31	2008.06.30	2007.12.31
	每股收益(元)	0.1500	0.5375	0.2300	0.2040
	每股收益(扣除)(元)	0.0700	0.3139	0.0600	0.1930
	每股净资产(元)	5.0600	5.1100	4.8200	3.1800
	调整后每股净资产(元)	–	–	–	–
	每股资本公积金(元)	3.2135	3.2011	3.1678	1.5477
	每股盈余公积金(元)	0.1888	0.1888	0.1667	0.2187
	每股未分配利润(元)	0.6666	0.7412	0.5081	0.4433
	每股现金净流量(元)	–1.5519	2.1350	1.0488	0.6930
	每股经营现金净流量(元)	–0.7143	0.4859	–1.2472	0.0999
	净资产收益率(扣除)(%)	–	–	–	6.0700
	净资产收益率(%)	2.8800	9.4800	4.7900	6.4200
	总资产(万)	187053.75	209930.19	208345.89	150729.73
	股东权益(万)	106475.00	107534.75	101462.08	51030.85
	主营业务收入(万)	–	–	–	–
	主营业务利润(万)	–	–	–	–
	营业务收入(万)	61982.29	191779.20	73870.46	166571.92
	营业务利润(万)	3303.23	6451.80	1294.17	3623.17
	投资收益(万)	–	–	–	–
	利润总额(万)	4025.17	11916.58	5747.16	4607.61
	净利润(万)	3062.66	10196.71	4860.54	3275.75

新乡化纤股份有限公司

公司概况	公司名称	新乡化纤股份有限公司			证券简称	新乡化纤
	法人代表	陈玉林	董秘	王文新	证券代码	000949
	公司网址	www.bailu.com		电子信箱	bailu@public.xxptt.ha.cn	
	电　　话	0373-3978966		传　　真	0373-3911359	
	办公地址	河南省新乡市凤泉区锦园路1号				
	经营范围	经营本企业自产产品及相关技术的出口业务等				

主要财务指标	指标\报告期	2009.06.30	2008.12.31	2008.06.30	2007.12.31
	每股收益(元)	0.0109	–0.4872	–0.1318	0.4427
	每股收益(扣除)(元)	0.0096	–0.5067	–0.1324	0.4381
	每股净资产(元)	2.2583	2.2474	2.5932	3.3000
	调整后每股净资产(元)	–	–	–	–
	每股资本公积金(元)	0.6387	0.6387	0.6292	0.7550
	每股盈余公积金(元)	0.3024	0.3024	0.3024	0.3629
	每股未分配利润(元)	0.3172	0.3062	0.6617	1.1821
	每股现金净流量(元)	0.3932	0.0221	0.1199	–0.0439
	每股经营现金净流量(元)	0.1617	0.8610	0.4535	0.1469
	净资产收益率(扣除)(%)	–	–	–	15.9300
	净资产收益率(%)	0.4840	–21.6800	–5.0810	16.1000
	总资产(万)	383292.56	342791.26	364453.01	364139.09
	股东权益(万)	132943.39	132299.72	152659.94	161888.83
	主营业务收入(万)	–	–	–	–
	主营业务利润(万)	–	–	–	–
	营业务收入(万)	104179.43	204131.96	108482.16	262968.22
	营业务利润(万)	763.57	–39220.67	–10096.76	34053.57
	投资收益(万)	–	–	–	–
	利润总额(万)	864.53	–37691.61	–10046.13	34452.58
	净利润(万)	643.67	–28680.39	–7757.17	26058.26

重庆建峰化工股份有限公司

公司概况	公司名称	重庆建峰化工股份有限公司			证券简称	建峰化工
	法人代表	曾中全	董秘		证券代码	000950
	公司网址	www.jfhggf.com		电子信箱	minfeng@public.cta.cq.cn	
	电　　话	023-72591821、72597882		传　　真	023-72591275	
	办公地址	重庆市涪陵区白涛镇				
	经营范围	生产、销售化肥、氧气、氩气、氮气、液氨化工产品等				

主要财务指标	指标\报告期	2009.06.30	2008.12.31	2008.06.30	2007.12.31
	每股收益(元)	0.5039	0.8800	0.4208	0.7300
	每股收益(扣除)(元)	0.5000	0.8600	0.4090	0.7400
	每股净资产(元)	3.3740	3.1000	2.6500	2.9900
	调整后每股净资产(元)	–	–	–	–
	每股资本公积金(元)	0.6708	0.6708	0.6708	1.0885
	每股盈余公积金(元)	0.1776	0.1776	0.0904	0.1129
	每股未分配利润(元)	1.5089	1.2550	0.8878	0.7837
	每股现金净流量(元)	–1.6619	0.8748	0.4289	0.9245
	每股经营现金净流量(元)	0.5417	1.2508	0.7478	1.2018
	净资产收益率(扣除)(%)	–	–	–	19.6900
	净资产收益率(%)	14.9300	28.2000	15.8900	19.5400
	总资产(万)	278587.95	249070.11	172989.98	120690.65
	股东权益(万)	105134.41	96706.05	82543.96	74417.11
	主营业务收入(万)	–	–	–	–
	主营业务利润(万)	–	–	–	–
	营业务收入(万)	137454.32	144945.03	75402.83	102304.19
	营业务利润(万)	18379.75	30365.39	13057.10	24204.89
	投资收益(万)	–	–	–	–
	利润总额(万)	18365.71	30363.89	13479.49	24092.49
	净利润(万)	15700.82	27274.67	13112.58	14544.46

中国重汽集团济南卡车股份有限公司

公司概况	公司名称	中国重汽集团济南卡车股份有限公司			证券简称	中国重汽
	法人代表	王浩涛	董秘	刘波	证券代码	000951
	公司网址	www.jntruck.com		电子信箱	dongshiban@cnhtctruck.com	
	电　　话	0531-85587586、85587588		传　　真	0531-85587003	
	办公地址	济南市市中区党家庄镇南首				
	经营范围	载重汽车、专用汽车、重型专用车底盘、客车底盘、汽车配件制造、销售等				

主要财务指标	指标\报告期	2009.06.30	2008.12.31	2008.06.30	2007.12.31
	每股收益(元)	0.5100	1.1300	1.0600	2.2200
	每股收益(扣除)(元)	0.5100	1.0800	1.0600	2.2200
	每股净资产(元)	6.4400	5.9400	5.8700	6.2500
	调整后每股净资产(元)	–	–	–	–
	每股资本公积金(元)	1.6310	1.6310	1.6309	2.4202
	每股盈余公积金(元)	0.7002	0.7002	0.1813	0.2345
	每股未分配利润(元)	3.1133	2.6072	3.0570	2.5995
	每股现金净流量(元)	1.6706	1.7996	–1.3616	1.8304
	每股经营现金净流量(元)	3.1921	–0.2099	0.8690	–0.1189
	净资产收益率(扣除)(%)	–	–	–	35.4400
	净资产收益率(%)	7.8500	18.9900	18.0300	35.5600
	总资产(万)	1647719.33	1179393.91	1263251.20	960502.94
	股东权益(万)	270302.04	249073.04	246168.69	201781.66
	主营业务收入(万)	–	–	–	–
	主营业务利润(万)	–	–	–	–
	营业务收入(万)	1094523.75	1919309.47	1296319.08	1733451.58
	营业务利润(万)	41924.73	74742.06	73921.03	118294.08
	投资收益(万)	–	–	–	–
	利润总额(万)	42034.49	77321.56	73878.72	118825.05
	净利润(万)	21229.00	47286.56	44387.02	71748.48

湖北广济药业股份有限公司

公司概况	公司名称	湖北广济药业股份有限公司			证券简称	广济药业
	法人代表	何谧	董秘	汪宏勇	证券代码	000952
	公司网址	www.guangjipharm.com		电子信箱	stock@guangjipharm.com	
	电　　话	0713-6216068		传　　真	0713-6212108	
	办公地址	湖北省武穴市江堤路1号				
	经营范围	生产经营医药原料药,大容量注射剂,片剂,颗粒剂,软膏剂,凝胶剂,乳膏剂等				

主要财务指标	指标\报告期	2009.06.30	2008.12.31	2008.06.30	2007.12.31
	每股收益(元)	0.0390	0.3920	0.3200	0.7800
	每股收益(扣除)(元)	0.0390	0.3810	0.3200	0.7800
	每股净资产(元)	3.0100	3.0800	2.9300	2.7100
	调整后每股净资产(元)	–	–	–	–
	每股资本公积金(元)	0.2693	0.2693	0.2011	0.2011
	每股盈余公积金(元)	0.2666	0.2709	0.2622	0.2307
	每股未分配利润(元)	1.4763	1.5349	1.4662	1.2827
	每股现金净流量(元)	0.4562	0.1904	0.2042	0.4344
	每股经营现金净流量(元)	–0.1005	0.8768	0.4910	1.3189
	净资产收益率(扣除)(%)	–	–	–	28.6900
	净资产收益率(%)	1.3000	12.7600	10.7500	28.7800
	总资产(万)	136111.84	120261.15	106917.66	97914.98
	股东权益(万)	75817.24	77403.12	73737.74	68325.74
	主营业务收入(万)	–	–	–	–
	主营业务利润(万)	–	–	–	–
	营业务收入(万)	20005.45	57178.28	37159.30	79490.34
	营业务利润(万)	1228.20	11402.79	10647.47	28213.74
	投资收益(万)	–	–	–	–
	利润总额(万)	1223.06	11726.59	10614.54	28296.18
	净利润(万)	987.71	9877.01	7929.05	19661.71

广西河池化工股份有限公司

公司概况	公司名称	广西河池化工股份有限公司			证券简称	河池化工
	法人代表	何元军	董秘	韩德穆	证券代码	000953
	公司网址	www.hechihuagong.com.cn		电子信箱	hdemu@163.com	
	电　　话	0778-2266867		传　　真	0778-2266882	
	办公地址	广西河池市				
	经营范围	尿素、复合肥、液体二氧化碳、甲酸、硫酸铵、元明粉、草酸、硫磺等				

主要财务指标	指标\报告期	2009.06.30	2008.12.31	2008.06.30	2007.12.31
	每股收益(元)	-0.0987	-0.4310	0.0041	0.0789
	每股收益(扣除)(元)	-0.1125	-0.4404	0.0042	0.0806
	每股净资产(元)	0.8262	0.9249	1.3599	1.3559
	调整后每股净资产(元)	-	-	-	-
	每股资本公积金(元)	0.1516	0.1516	0.1516	0.1516
	每股盈余公积金(元)	0.1193	0.1193	0.1193	0.1193
	每股未分配利润(元)	-0.4491	-0.3460	0.0891	0.0850
	每股现金净流量(元)	-0.0337	0.1422	0.2748	-0.0233
	每股经营现金净流量(元)	-0.1303	0.1680	0.1181	0.3712
	净资产收益率(扣除)(%)	-	-	-	5.9411
	净资产收益率(%)	-11.9440	-46.6040	0.2990	5.8200
	总资产(万)	103341.24	105747.34	114066.81	114230.91
	股东权益(万)	24294.73	27196.48	39990.60	39871.06
	主营业务收入(万)	-	-	-	-
	主营业务利润(万)	-	-	-	-
	营业务收入(万)	31947.00	64954.97	36115.79	80085.05
	营业务利润(万)	-3307.98	-12531.93	181.57	2342.69
	投资收益(万)	-	-	-	-
	利润总额(万)	-2901.75	-12261.48	177.58	2291.78
	净利润(万)	-2901.75	-12674.58	119.54	2320.44

欣龙控股(集团)股份有限公司

公司概况	公司名称	欣龙控股(集团)股份有限公司			证券简称	*ST 欣龙
	法人代表	郭开铸	董秘	魏毅	证券代码	000955
	公司网址	www.xinlong-holding.com		电子信箱	xlwf@xinlong-holding.com	
	电　　话	0898-68581055		传　　真	0898-68582799	
	办公地址	海南省海口市龙昆北路 2 号珠江广场帝豪大厦 17 层				
	经营范围	制造和销售各种无纺布及其深加工产品;磷化工产品的研制和生产经营等				

主要财务指标	指标\报告期	2009.06.30	2008.12.31	2008.06.30	2007.12.31
	每股收益(元)	-0.0260	-0.4530	-0.0280	-0.1900
	每股收益(扣除)(元)	-0.0280	-0.4600	-0.0280	-0.1900
	每股净资产(元)	0.7474	0.7700	1.2000	1.2300
	调整后每股净资产(元)	-	-	-	-
	每股资本公积金(元)	0.5829	0.5829	0.5829	0.5829
	每股盈余公积金(元)	-	-	-	-
	每股未分配利润(元)	-0.8355	-0.8093	-0.3841	-0.3564
	每股现金净流量(元)	-0.0286	0.0046	-0.0149	-0.0230
	每股经营现金净流量(元)	-0.0040	0.1962	0.0876	0.0057
	净资产收益率(扣除)(%)	-	-	-	-15.1700
	净资产收益率(%)	-3.5000	-58.5500	-2.3100	-15.0900
	总资产(万)	64508.20	65858.72	77232.79	80841.64
	股东权益(万)	21908.77	22675.91	35142.81	35953.38
	主营业务收入(万)	-	-	-	-
	主营业务利润(万)	-	-	-	-
	营业务收入(万)	9018.71	18237.02	12090.27	17234.43
	营业务利润(万)	-782.53	-13673.20	-1023.58	-6688.53
	投资收益(万)	-	-	-	-
	利润总额(万)	-763.07	-13531.25	-1025.28	-6629.10
	净利润(万)	-767.14	-13277.47	-810.57	-5424.46

中通客车控股股份有限公司

公司概况	公司名称	中通客车控股股份有限公司			证券简称	中通客车
	法人代表	李海平	董秘	于春印	证券代码	000957
	公司网址	www.zhongtong.com.cn		电子信箱	yuchunyin2000@yahoo.com	
	电　　话	0635-8322765		传　　真	0635-8328905	
	办公地址	山东省聊城市建设东路 10 号				
	经营范围	客车、挂车、汽车底盘及专用配件的开发、制造、销售等				

主要财务指标	指标\报告期	2009.06.30	2008.12.31	2008.06.30	2007.12.31
	每股收益(元)	-0.0400	0.1100	0.0500	0.1100
	每股收益(扣除)(元)	-0.0400	0.0700	0.0400	0.0800
	每股净资产(元)	2.1600	2.2000	2.1300	2.0900
	调整后每股净资产(元)	-	-	-	-
	每股资本公积金(元)	0.5771	0.5771	0.5771	0.5771
	每股盈余公积金(元)	0.1545	0.1545	0.1437	0.1437
	每股未分配利润(元)	0.4294	0.4688	0.4128	0.3657
	每股现金净流量(元)	-0.2623	0.1884	-0.0613	0.0095
	每股经营现金净流量(元)	-0.1150	0.1372	-0.4963	0.2084
	净资产收益率(扣除)(%)	-	-	-	3.9300
	净资产收益率(%)	-1.7836	5.1400	2.2000	5.3100
	总资产(万)	140048.33	147823.71	147375.17	136297.19
	股东权益(万)	51543.07	52481.58	50886.02	49764.26
	主营业务收入(万)	-	-	-	-
	主营业务利润(万)	-	-	-	-
	营业务收入(万)	50076.77	171021.46	68316.47	140539.02
	营业务利润(万)	-911.28	2366.19	1449.50	3031.00
	投资收益(万)	-	-	-	-
	利润总额(万)	-867.18	3440.35	1605.48	3643.54
	净利润(万)	-919.32	2698.13	1121.76	2644.71

石家庄东方热电股份有限公司

公司概况	公司名称	石家庄东方热电股份有限公司			证券简称	东方热电
	法人代表	李向东	董秘	王志洁	证券代码	000958
	公司网址	www.dfrd.com		电子信箱	wzj958@126.com	
	电　　话	0311-85053398、85053913		传　　真	0311-85087068	
	办公地址	河北省石家庄市建华南大街 161 号				
	经营范围	热力、电力的生产与销售,代收代缴热费;房屋租赁				

主要财务指标	指标\报告期	2009.06.30	2008.12.31	2008.06.30	2007.12.31
	每股收益(元)	-3.7150	-1.0783	-0.5276	0.0336
	每股收益(扣除)(元)	-3.7100	-1.0356	-0.5268	0.0268
	每股净资产(元)	-1.0440	2.6710	3.2210	3.7490
	调整后每股净资产(元)	-	-	-	-
	每股资本公积金(元)	1.9395	1.9395	1.9395	1.9395
	每股盈余公积金(元)	0.2472	0.2472	0.2472	0.2472
	每股未分配利润(元)	-4.2306	-0.5160	0.0347	0.5623
	每股现金净流量(元)	0.2101	-0.0880	-0.2073	0.1044
	每股经营现金净流量(元)	0.2864	0.3549	0.0491	0.8574
	净资产收益率(扣除)(%)	-	-	-	0.7200
	净资产收益率(%)	-	-40.3700	-16.3800	0.9000
	总资产(万)	168810.54	286033.32	277823.61	304920.35
	股东权益(万)	-31262.23	79984.57	96477.77	112278.28
	主营业务收入(万)	-	-	-	-
	主营业务利润(万)	-	-	-	-
	营业务收入(万)	60882.60	97235.18	49483.63	98262.26
	营业务利润(万)	-115249.57	-31280.11	-16552.53	1478.27
	投资收益(万)	-	-	-	-
	利润总额(万)	-115317.67	-33059.68	-16576.54	1436.37
	净利润(万)	-111246.80	-33266.44	-15800.51	1006.14

北京首钢股份有限公司

公司概况	公司名称	北京首钢股份有限公司		证券简称	首钢股份
	法人代表	朱继民	董秘	章雁	证券代码	000959
	公司网址	www.sggf.com.cn		电子信箱	zhangy@mail.shougang.com.cn
	电　话	010-88293727		传　真	010-68873028
	办公地址	北京市石景山路99号			
	经营范围	钢铁冶炼、钢压延加工，冶金技术开发、咨询、转让、服务，销售金属材料、焦炭等			

主要财务指标 指标＼报告期	2009.06.30	2008.12.31	2008.06.30	2007.12.31
每股收益(元)	0.0320	0.1384	0.1856	0.2220
每股收益(扣除)(元)	0.0016	0.1369	0.1853	0.2044
每股净资产(元)	2.6100	2.5900	2.6400	2.6700
调整后每股净资产(元)	–	–	–	–
每股资本公积金(元)	1.1214	1.1295	1.1370	1.1444
每股盈余公积金(元)	0.3387	0.3387	0.3178	0.3178
每股未分配利润(元)	0.1505	0.1185	0.1867	0.2110
每股现金净流量(元)	0.2550	–0.6482	–0.0131	–0.7208
每股经营现金净流量(元)	0.2939	0.0208	0.4376	0.4525
净资产收益率(扣除)(%)	–	–	–	7.4000
净资产收益率(%)	1.2200	5.3500	7.0300	8.0400
总资产(万)	1818058.08	1740516.80	1865021.12	1822087.93
股东权益(万)	774425.63	767357.84	783585.08	793012.24
主营业务收入(万)	–	–	–	–
主营业务利润(万)	–	–	–	–
营业务收入(万)	1086523.00	2451285.73	1447785.27	2732108.53
营业务利润(万)	12850.68	53667.10	75394.67	96116.67
投资收益(万)	–	–	–	–
利润总额(万)	12660.78	54007.01	75286.38	96486.49
净利润(万)	9486.56	41046.61	55071.86	63760.17

云南锡业股份有限公司

公司概况	公司名称	云南锡业股份有限公司		证券简称	锡业股份
	法人代表	雷毅	董秘	杨奕敏	证券代码	000960
	公司网址	www.ytl.com.cn		电子信箱	GFGS6609@mail.hh.yn.cninfo.net
	电　话	0873-3118667、3118606		传　真	0873-3118308、3118622
	办公地址	昆明高新技术产业开发区			
	经营范围	有色金属及其矿产品，化工产品，非金属及其矿产品，建筑材料的批发、零售等			

主要财务指标 指标＼报告期	2009.06.30	2008.12.31	2008.06.30	2007.12.31
每股收益(元)	–0.0635	0.0397	0.5600	1.1112
每股收益(扣除)(元)	–0.0667	0.0389	0.5566	1.1143
每股净资产(元)	3.6800	3.7565	4.2700	4.3449
调整后每股净资产(元)	–	–	–	–
每股资本公积金(元)	1.0302	1.0301	1.0298	1.1097
每股盈余公积金(元)	0.4020	0.4020	0.3824	0.5634
每股未分配利润(元)	1.2512	1.3352	1.8620	1.6741
每股现金净流量(元)	0.3433	–0.2444	0.5879	0.2382
每股经营现金净流量(元)	0.5542	1.5502	1.0967	–2.0773
净资产收益率(扣除)(%)	–	–	–	25.5000
净资产收益率(%)	–1.7300	1.0500	13.0500	25.5700
总资产(万)	688552.19	685757.31	801390.54	692947.16
股东权益(万)	239157.47	244444.62	277793.33	233368.85
主营业务收入(万)	–	–	–	–
主营业务利润(万)	–	–	–	–
营业务收入(万)	316471.69	916291.02	566136.02	846007.09
营业务利润(万)	–2686.08	–1384.37	43401.24	62872.76
投资收益(万)	–	–	–	–
利润总额(万)	–2415.97	–1005.22	43749.70	67681.80
净利润(万)	–0.0635	2560.66	36242.56	59669.85

江苏中南建设集团股份有限公司

公司概况	公司名称	江苏中南建设集团股份有限公司		证券简称	中南建设
	法人代表	陈锦石	董秘	智刚	证券代码	000961
	公司网址	www.dljn.com		电子信箱	zhongnan@zhongnangroup.cn
	电　话	0513-82738286、82738796		传　真	0513-82738796
	办公地址	江苏省海门市常乐镇中南大厦六楼东座			
	经营范围	房地产开发，销售等			

主要财务指标 指标＼报告期	2009.06.30	2008.12.31	2008.06.30	2007.12.31
每股收益(元)	0.5900	0.0900	0.0500	0.0900
每股收益(扣除)(元)	0.6000	0.0800	0.0400	0.0800
每股净资产(元)	4.6100	3.9500	3.9100	3.8600
调整后每股净资产(元)	–	–	–	–
每股资本公积金(元)	1.2945	1.9534	1.9534	1.9534
每股盈余公积金(元)	0.1735	0.1535	0.1446	0.1446
每股未分配利润(元)	2.1427	0.8438	0.8122	0.7632
每股现金净流量(元)	1.9012	–0.3225	–0.4308	0.0542
每股经营现金净流量(元)	1.4490	0.9843	0.9731	–0.1668
净资产收益率(扣除)(%)	–	–	–	2.1600
净资产收益率(%)	8.2300	2.2700	1.2500	2.2500
总资产(万)	1548274.19	359651.82	377509.17	367885.39
股东权益(万)	358971.51	118731.11	117514.41	116040.14
主营业务收入(万)	–	–	–	–
主营业务利润(万)	–	–	–	–
营业务收入(万)	219324.35	347916.95	211150.98	347546.16
营业务利润(万)	42198.16	2741.50	1051.87	4360.60
投资收益(万)	–	–	–	–
利润总额(万)	42015.95	3270.48	1368.48	4513.41
净利润(万)	29547.45	2690.97	1474.27	2609.59

宁夏东方钽业股份有限公司

公司概况	公司名称	宁夏东方钽业股份有限公司		证券简称	张创奇
	法人代表	叶照贯	董秘	叶照贯	证券代码	000962
	公司网址	www.otic.com.cn		电子信箱	otic@public.yc.nx.cn
	电　话	0952-2098563		传　真	0952-2098562
	办公地址	宁夏回族自治区石嘴山市大武口区冶金路			
	经营范围	钽、铌、铍等稀有金属材料的生产、开发、科研与销售等			

主要财务指标 指标＼报告期	2009.06.30	2008.12.31	2008.06.30	2007.12.31
每股收益(元)	0.0470	0.1930	0.0825	0.2049
每股收益(扣除)(元)	0.0349	0.1240	0.0835	0.1818
每股净资产(元)	3.4600	3.4934	3.3744	3.3883
调整后每股净资产(元)	–	–	–	–
每股资本公积金(元)	1.2674	1.2674	1.2553	1.2553
每股盈余公积金(元)	0.3697	0.3697	0.3352	0.3352
每股未分配利润(元)	0.8233	0.8563	0.7839	0.7978
每股现金净流量(元)	0.0963	0.0226	–0.1883	0.2152
每股经营现金净流量(元)	0.0499	–0.5835	–0.1176	0.2496
净资产收益率(扣除)(%)	–	–	–	5.3600
净资产收益率(%)	1.3600	5.5200	2.4500	6.0500
总资产(万)	238639.28	219005.62	181518.78	162432.01
股东权益(万)	123327.63	124503.86	120265.07	120760.07
主营业务收入(万)	–	–	–	–
主营业务利润(万)	–	–	–	–
营业务收入(万)	46624.78	104544.19	50045.78	91697.75
营业务利润(万)	1432.71	4563.97	3370.74	6976.27
投资收益(万)	–	–	–	–
利润总额(万)	1931.02	7047.83	3328.97	7146.82
净利润(万)	1674.97	6878.02	2940.54	7304.39

华东医药股份有限公司

公司概况					
公司名称	华东医药股份有限公司			证券简称	华东医药
法人代表	李邦良	董秘	陈波	证券代码	000963
公司网址	www.eastchinapharm.com		电子信箱	hz000963@126.com	
电　话	0571-89903300		传　真	0571-89903300	
办公地址	浙江省杭州市莫干山路 866 号				
经营范围	药品的生产、经营等				

主要财务指标 指标\报告期	2009.06.30	2008.12.31	2008.06.30	2007.12.31
每股收益(元)	0.2831	0.3884	0.2081	0.4000
每股收益(扣除)(元)	0.2792	0.3788	0.2105	0.4046
每股净资产(元)	2.0162	1.7328	1.5487	1.3400
调整后每股净资产(元)	–	–	–	–
每股资本公积金(元)	0.1383	0.1379	0.1341	0.1341
每股盈余公积金(元)	0.0640	0.0640	0.0640	0.0640
每股未分配利润(元)	0.8139	0.5308	0.3505	0.1424
每股现金净流量(元)	0.2688	0.0330	0.5844	0.2926
每股经营现金净流量(元)	0.3495	0.7941	0.3942	0.6123
净资产收益率(扣除)(%)	–	–	–	30.1800
净资产收益率(%)	14.0400	22.4200	13.4400	29.7600
总资产(万)	343814.31	309241.89	295722.95	250214.55
股东权益(万)	87517.19	75212.38	67221.76	58187.47
主营业务收入(万)	–	–	–	–
主营业务利润(万)	–	–	–	–
营业务收入(万)	328711.35	601648.61	296731.73	485341.34
营业务利润(万)	19151.60	27300.50	14278.73	30320.14
投资收益(万)	–	–	–	–
利润总额(万)	19394.77	28231.15	14123.19	30397.23
净利润(万)	12287.59	16860.97	9034.28	17316.02

天津天保基建股份有限公司

公司概况					
公司名称	天津天保基建股份有限公司			证券简称	天保基建
法人代表	张威	董秘	路昆	证券代码	000965
公司网址	www.tbjijian.com.cn		电子信箱	tbjj000965@163.com	
电　话	022-25762656		传　真	022-25762609	
办公地址	天津港保税区海滨九路 131 号 4 楼				
经营范围	基础设施开发、建设及经营;房地产开发及商品房销售等				

主要财务指标 指标\报告期	2009.06.30	2008.12.31	2008.06.30	2007.12.31
每股收益(元)	0.0700	0.3700	0.1580	0.3400
每股收益(扣除)(元)	0.0700	0.2800	0.1360	0.1700
每股净资产(元)	3.7700	5.5500	2.6670	2.5300
调整后每股净资产(元)	–	–	–	–
每股资本公积金(元)	2.3470	4.0204	1.3044	1.3253
每股盈余公积金(元)	0.0533	0.0799	0.0902	0.0902
每股未分配利润(元)	0.3686	0.4517	0.2725	0.1147
每股现金净流量(元)	0.2679	-0.0125	-0.0468	0.3797
每股经营现金净流量(元)	0.2570	-0.3467	0.0612	0.3101
净资产收益率(扣除)(%)	–	–	–	8.4600
净资产收益率(%)	1.7898	6.7100	5.9200	17.4800
总资产(万)	355769.40	331035.65	96207.43	100881.40
股东权益(万)	173953.59	170840.23	63665.71	60398.58
主营业务收入(万)	–	–	–	–
主营业务利润(万)	–	–	–	–
营业务收入(万)	14288.39	30324.28	19228.85	42928.46
营业务利润(万)	3160.97	8778.76	4126.39	5576.08
投资收益(万)	–	–	–	–
利润总额(万)	3957.47	13131.45	4839.67	12499.07
净利润(万)	3113.36	11466.52	3767.13	10560.21

国电长源电力股份有限公司

公司概况					
公司名称	国电长源电力股份有限公司			证券简称	长源电力
法人代表	张玉新	董秘	赵虎	证券代码	000966
公司网址	www.cydl.com.cn		电子信箱	sec@cydl.com.cn	
电　话	027-86610541		传　真	027-86610550	
办公地址	湖北省武汉市武昌区徐东大街 117 号华中电力金融大厦				
经营范围	电力、热力及设备生产及其有关技术的开发、技术服务和培训等				

主要财务指标 指标\报告期	2009.06.30	2008.12.31	2008.06.30	2007.12.31
每股收益(元)	-0.1003	-1.5075	-0.3954	0.1100
每股收益(扣除)(元)	-0.1114	-1.4897	-0.4216	0.0800
每股净资产(元)	2.4500	2.5500	3.6100	3.6900
调整后每股净资产(元)	–	–	–	–
每股资本公积金(元)	2.8517	2.8517	2.7950	2.4769
每股盈余公积金(元)	0.0753	0.0753	0.0753	0.0753
每股未分配利润(元)	-1.4730	-1.3727	-0.2605	0.1348
每股现金净流量(元)	-0.4996	0.4675	0.1232	0.3011
每股经营现金净流量(元)	1.1571	0.3381	0.0195	1.1350
净资产收益率(扣除)(%)	–	–	–	–
净资产收益率(%)	-4.0890	-59.0200	-10.9500	2.1400
总资产(万)	1403273.96	1299368.56	1233321.64	1181361.03
股东权益(万)	135988.21	141548.61	200030.94	204316.20
主营业务收入(万)	–	–	–	–
主营业务利润(万)	–	–	–	–
营业务收入(万)	242295.62	447141.53	236398.13	459626.14
营业务利润(万)	-6810.96	-96167.33	-34433.63	12776.47
投资收益(万)	–	–	–	–
利润总额(万)	-6764.99	-98632.36	-33922.59	12698.80
净利润(万)	-5560.40	-83537.24	-21908.67	4365.49

浙江上风实业股份有限公司

公司概况					
公司名称	浙江上风实业股份有限公司			证券简称	上风高科
法人代表	何剑锋	董秘	陈开元	证券代码	000967
公司网址	www.sfgk.com.cn		电子信箱	jtcky@oa.ifirst.com.cn	
电　话	0575-82360805		传　真	0575-82360328	
办公地址	浙江省上虞市上浦镇				
经营范围	研制、开发、生产通风机,风冷、水冷、空调设备,环保设备,制冷、速冻设备等				

主要财务指标 指标\报告期	2009.06.30	2008.12.31	2008.06.30	2007.12.31
每股收益(元)	-0.0528	0.0600	0.0439	0.2100
每股收益(扣除)(元)	-0.0534	0.0300	0.0338	0.0300
每股净资产(元)	2.1500	2.0700	1.9900	2.9200
调整后每股净资产(元)	–	–	–	–
每股资本公积金(元)	1.2671	1.1329	1.0741	2.1112
每股盈余公积金(元)	0.1749	0.1749	0.1749	0.2624
每股未分配利润(元)	-0.2953	-0.2425	-0.2559	-0.4497
每股现金净流量(元)	-0.1100	-0.2090	0.3461	0.4642
每股经营现金净流量(元)	0.2577	-0.2421	0.1825	-0.4513
净资产收益率(扣除)(%)	–	–	–	–
净资产收益率(%)	-2.4582	2.7700	2.2000	10.6000
总资产(万)	97290.44	94935.99	111739.87	106170.97
股东权益(万)	44045.69	42375.17	40895.47	39994.60
主营业务收入(万)	–	–	–	–
主营业务利润(万)	–	–	–	–
营业务收入(万)	35756.59	128265.26	70874.46	139714.26
营业务利润(万)	-1032.95	1845.31	1076.78	4775.28
投资收益(万)	–	–	–	–
利润总额(万)	-988.85	1951.95	1162.29	5087.01
净利润(万)	-1082.71	1174.51	900.87	4240.24

太原煤气化股份有限公司

公司概况	公司名称	太原煤气化股份有限公司			证券简称	煤 气 化
	法人代表	王良彦	董秘	刘恩孝	证券代码	000968
	公司网址	www.tymqh.com		电子信箱	mqh000968@126.com	
	电 话	0351-6019365		传 真	0351-6199887	
	办公地址	山西省太原市和平南路 83 号				
	经营范围	原煤、焦炭、煤气)及洗精煤、煤化工产品的生产和销售等				

	指标\报告期	2009.06.30	2008.12.31	2008.06.30	2007.12.31
主要财务指标	每股收益(元)	0.2355	1.3317	0.7482	0.6113
	每股收益(扣除)(元)	0.2463	–	0.7687	0.6567
	每股净资产(元)	4.9168	4.9890	4.1473	4.5188
	调整后每股净资产(元)	–	–	–	–
	每股资本公积金(元)	1.1533	1.2636	1.2636	1.6427
	每股盈余公积金(元)	0.3726	0.6250	0.2634	0.5890
	每股未分配利润(元)	2.0282	2.1004	1.6203	1.6229
	每股现金净流量(元)	–0.0423	0.4811	0.3988	–0.5801
	每股经营现金净流量(元)	0.6632	1.4211	0.9399	2.4656
	净资产收益率(扣除)(%)	–	–	–	17.5900
	净资产收益率(%)	4.7900	26.6900	18.0400	16.3700
	总资产(万)	470039.66	481526.17	466805.30	387400.67
	股东权益(万)	252600.90	256309.97	213064.85	191845.81
	主营业务收入(万)	–	–	–	–
	主营业务利润(万)	–	–	–	–
	营业务收入(万)	156950.26	473527.90	241918.03	342608.30
	营业务利润(万)	20899.48	90552.93	54307.49	45816.47
	投资收益(万)	–	–	–	–
	利润总额(万)	20124.24	88807.41	53068.15	44161.97
	净利润(万)	12098.30	68416.06	38437.87	31405.89

安泰科技股份有限公司

公司概况	公司名称	安泰科技股份有限公司			证券简称	安泰科技
	法人代表	干勇	董秘	赵士谦	证券代码	000969
	公司网址	www.atmcn.com		电子信箱	zhaoshiqian@atmcn.com	
	电 话	010-62188403		传 真	010-62182695	
	办公地址	北京市海淀区学院南路 76 号				
	经营范围	经营本企业生产所需原辅材料、机械设备、仪器仪表及技术的进口业务等				

	指标\报告期	2009.06.30	2008.12.31	2008.06.30	2007.12.31
主要财务指标	每股收益(元)	0.1269	0.3360	0.1283	0.3400
	每股收益(扣除)(元)	0.1274	0.3370	0.1295	0.3200
	每股净资产(元)	4.5200	4.4700	4.2500	4.6200
	调整后每股净资产(元)	–	–	–	–
	每股资本公积金(元)	2.3962	2.3890	2.3822	2.6204
	每股盈余公积金(元)	0.4103	0.4103	0.3625	0.3988
	每股未分配利润(元)	0.7139	0.6670	0.5070	0.5967
	每股现金净流量(元)	–0.1316	0.3827	0.2467	–0.7867
	每股经营现金净流量(元)	0.4009	0.6849	0.3068	–0.2362
	净资产收益率(扣除)(%)	–	–	–	6.9300
	净资产收益率(%)	2.8070	7.5200	3.0190	7.4600
	总资产(万)	418519.71	410255.71	411279.19	355464.29
	股东权益(万)	199469.65	197080.91	187614.97	185164.50
	主营业务收入(万)	–	–	–	–
	主营业务利润(万)	–	–	–	–
	营业务收入(万)	116990.32	300031.94	152132.68	260196.69
	营业务利润(万)	6631.53	20578.48	8163.12	20541.26
	投资收益(万)	–	–	–	–
	利润总额(万)	6624.61	20525.85	8044.22	21690.55
	净利润(万)	5599.38	14825.60	5659.66	13816.89

北京中科三环高技术股份有限公司

公司概况	公司名称	北京中科三环高技术股份有限公司			证券简称	中科三环
	法人代表	王震西	董秘	赵寅鹏	证券代码	000970
	公司网址	www.san-huan.com.cn		电子信箱	security@san-huan.com.cn	
	电 话	010-68498888-263 265		传 真	010-62670793	
	办公地址	北京市海淀区中关村东路 66 号甲 1 号楼 27 层				
	经营范围	钕铁硼永磁材料及其他新型材料、各种稀土永磁应用产品的研究开发等				

	指标\报告期	2009.06.30	2008.12.31	2008.06.30	2007.12.31
主要财务指标	每股收益(元)	0.0300	0.1900	0.0890	0.3200
	每股收益(扣除)(元)	0.0150	0.1700	0.0900	0.3000
	每股净资产(元)	2.3400	2.3600	2.2200	2.2200
	调整后每股净资产(元)	–	–	–	–
	每股资本公积金(元)	0.2616	0.2616	0.2267	0.2267
	每股盈余公积金(元)	0.1402	0.1402	0.1223	0.1223
	每股未分配利润(元)	0.9329	0.9576	0.8720	0.8738
	每股现金净流量(元)	–0.1325	0.3231	0.1546	–0.0907
	每股经营现金净流量(元)	0.1286	0.8144	0.2528	0.1922
	净资产收益率(扣除)(%)	–	–	–	13.3000
	净资产收益率(%)	1.3000	8.1600	4.0100	14.5200
	总资产(万)	227557.56	246843.40	251838.43	246669.11
	股东权益(万)	118587.74	119843.67	112830.97	112927.74
	主营业务收入(万)	–	–	–	–
	主营业务利润(万)	–	–	–	–
	营业务收入(万)	61047.91	207943.03	104363.95	207418.90
	营业务利润(万)	1544.90	14902.30	7203.15	22205.42
	投资收益(万)	–	–	–	–
	利润总额(万)	2780.70	16398.48	7170.58	24290.19
	净利润(万)	1535.76	9785.09	4527.55	16400.68

湖北迈亚股份有限公司

公司概况	公司名称	湖北迈亚股份有限公司			证券简称	*ST 迈亚
	法人代表	唐常军	董秘	张继红	证券代码	000971
	公司网址	www.mai-ya.com		电子信箱	ir@mai-ya.com	
	电 话	0728-3275828		传 真	0728-3275829	
	办公地址	湖北省仙桃市勉阳大道 131 号				
	经营范围	棉、化纤纺织及印染精加工、毛纺织和染整精加工、纺织品的设计、制造和销售				

	指标\报告期	2009.06.30	2008.12.31	2008.06.30	2007.12.31
主要财务指标	每股收益(元)	–0.0654	0.0500	–0.2237	–0.5200
	每股收益(扣除)(元)	–0.2684	–0.4900	–0.2270	–0.5735
	每股净资产(元)	0.9100	0.6100	1.0170	2.4700
	调整后每股净资产(元)	–	–	–	–
	每股资本公积金(元)	1.0577	0.6906	1.2930	2.5219
	每股盈余公积金(元)	0.1966	0.1966	0.1966	0.1966
	每股未分配利润(元)	–1.3459	–1.2805	–1.4721	–1.3304
	每股现金净流量(元)	0.0320	0.0162	–0.1436	–0.2566
	每股经营现金净流量(元)	–0.1155	–0.3112	–0.6136	0.1955
	净资产收益率(扣除)(%)	–	–	–	–
	净资产收益率(%)	–7.2000	8.2300	–21.9900	–23.0100
	总资产(万)	81669.49	76538.85	113759.08	156049.17
	股东权益(万)	22083.52	14750.71	24733.83	58053.56
	主营业务收入(万)	–	–	–	–
	主营业务利润(万)	–	–	–	–
	营业务收入(万)	2858.85	11822.61	4758.27	20824.39
	营业务利润(万)	–1607.27	–3699.51	–5552.98	–12296.16
	投资收益(万)	–	–	–	–
	利润总额(万)	–1628.16	1141.86	–5472.76	–12640.47
	净利润(万)	–1590.23	1214.14	–5437.86	–12586.56

新疆中基实业股份有限公司

公司概况

公司名称	新疆中基实业股份有限公司			证券简称	新 中 基
法人代表	刘一	董秘	成屹	证券代码	000972
公司网址	www.chalkistomato.com		电子信箱	xzj000972@vip.sina.com	
电　　话	0991-8852972、8852110		传　　真	0991-8816688、8818888	
办公地址	新疆维吾尔自治区乌鲁木齐市青年路北一巷 8 号				
经营范围	农业种植，畜禽养殖；农副产品的加工、销售等				

主要财务指标

指标\报告期	2009.06.30	2008.12.31	2008.06.30	2007.12.31
每股收益(元)	0.0784	-0.1580	0.0800	0.1801
每股收益(扣除)(元)	0.0400	-0.0990	0.0600	0.1700
每股净资产(元)	2.6800	2.6000	2.8500	3.6400
调整后每股净资产(元)	-	-	-	-
每股资本公积金(元)	1.0531	1.0537	1.0621	1.6807
每股盈余公积金(元)	0.2983	0.2983	0.2983	0.3877
每股未分配利润(元)	0.3225	0.2441	0.4796	0.5528
每股现金净流量(元)	-1.1324	1.3831	0.1683	0.1407
每股经营现金净流量(元)	0.8722	0.3453	0.7736	0.6984
净资产收益率(扣除)(%)	-	-	-	4.6800
净资产收益率(%)	2.9200	-6.0800	2.7200	6.4300
总资产(万)	517060.72	569107.75	479218.16	491495.43
股东权益(万)	112508.12	108965.75	119447.28	117344.63
主营业务收入(万)	-	-	-	-
主营业务利润(万)	-	-	-	-
营业务收入(万)	66524.68	89899.85	89899.85	241128.78
营业务利润(万)	3165.71	4477.67	4477.67	4034.86
投资收益(万)	-	-	-	-
利润总额(万)	3561.62	5341.51	5341.51	8199.57
净利润(万)	3286.00	3246.14	3246.14	7546.36

佛山塑料集团股份有限公司

公司概况

公司名称	佛山塑料集团股份有限公司			证券简称	佛塑股份
法人代表	冯兆征	董秘	罗汉均	证券代码	000973
公司网址	www.foshan-plastic.com		电子信箱	luohj@fspg.com.cn	
电　　话	0757-83988189		传　　真	0757-83988186	
办公地址	广东省佛山市汾江中路 85 号				
经营范围	生产、销售各类高分子聚合物、塑料化工新材料、塑料制品、包装等				

主要财务指标

指标\报告期	2009.06.30	2008.12.31	2008.06.30	2007.12.31
每股收益(元)	-0.0438	-0.3190	0.0123	0.0200
每股收益(扣除)(元)	-0.0488	-0.3260	0.0101	0.0090
每股净资产(元)	1.8200	1.8600	2.1900	2.1800
调整后每股净资产(元)	-	-	-	-
每股资本公积金(元)	1.0049	1.0049	1.0049	1.0049
每股盈余公积金(元)	0.2237	0.2237	0.2237	0.2237
每股未分配利润(元)	-0.4111	-0.3673	-0.0355	-0.0479
每股现金净流量(元)	-0.0390	0.0324	0.0728	-0.1273
每股经营现金净流量(元)	0.1341	0.2131	0.2962	0.3955
净资产收益率(扣除)(%)	-	-	-	0.4200
净资产收益率(%)	-2.4100	-17.1600	0.5600	0.9000
总资产(万)	419052.87	419480.27	464370.40	461798.11
股东权益(万)	111336.90	114017.30	134340.52	133584.37
主营业务收入(万)	-	-	-	-
主营业务利润(万)	-	-	-	-
营业务收入(万)	178872.59	430281.59	255188.14	464337.84
营业务利润(万)	-1554.26	-19972.29	2875.59	3843.64
投资收益(万)	-	-	-	-
利润总额(万)	-1246.76	-19601.76	3013.02	4538.37
净利润(万)	-2680.40	-19567.07	756.16	1202.73

南方科学城发展股份有限公司

公司概况

公司名称	南方科学城发展股份有限公司			证券简称	科 学 城
法人代表	杨海飞	董秘	刘黎明	证券代码	000975
公司网址			电子信箱	975@scd.cn	
电　　话	010-65639384		传　　真	010-65668256	
办公地址	北京市朝阳区建国门外大街 2 号银泰中心 C 座 52 层 08 单元				
经营范围	对高新技术产业项目、城市基础设施建设项目、环保建设项目进行投资等				

主要财务指标

指标\报告期	2009.06.30	2008.12.31	2008.06.30	2007.12.31
每股收益(元)	-0.0396	-0.0522	-0.0159	0.0031
每股收益(扣除)(元)	-0.0396	-0.0522	-0.0159	0.0010
每股净资产(元)	1.4320	1.4700	1.5100	1.7900
调整后每股净资产(元)	-	-	-	-
每股资本公积金(元)	0.1697	0.1697	0.1697	0.2601
每股盈余公积金(元)	0.1202	0.1202	0.1150	0.1344
每股未分配利润(元)	0.1422	0.1817	0.2232	0.3988
每股现金净流量(元)	-0.0129	0.0431	0.2396	-0.1456
每股经营现金净流量(元)	-0.0120	-0.0054	-0.0174	0.0453
净资产收益率(扣除)(%)	-	-	-	0.0600
净资产收益率(%)	-2.7630	-3.5450	-1.0560	0.2000
总资产(万)	121581.01	122853.26	99795.21	106535.03
股东权益(万)	89204.61	91669.59	93928.61	95543.98
主营业务收入(万)	-	-	-	-
主营业务利润(万)	-	-	-	-
营业务收入(万)	9647.05	11835.21	2603.75	7177.80
营业务利润(万)	-3337.21	-4588.01	-1503.94	1043.98
投资收益(万)	-	-	-	-
利润总额(万)	-3204.71	-4230.64	-1300.39	1349.15
净利润(万)	-2465.07	-3250.03	-991.54	193.17

广东开平春晖股份有限公司

公司概况

公司名称	广东开平春晖股份有限公司			证券简称	春晖股份
法人代表	罗伟	董秘	陈伟奇	证券代码	000976
公司网址	www.my0976.com		电子信箱	my0976@my0976.com	
电　　话	0750-2276949		传　　真	0750-2276959	
办公地址	广东省开平市长沙港口路 10 号				
经营范围	加工、产销涤纶长丝、锦纶长丝、高粘切片、瓶级切片及化纤产品等				

主要财务指标

指标\报告期	2009.06.30	2008.12.31	2008.06.30	2007.12.31
每股收益(元)	-0.0592	-0.4825	-0.0558	0.0223
每股收益(扣除)(元)	-0.0592	-0.4824	-0.0560	0.0201
每股净资产(元)	1.1700	1.2300	1.6600	1.7100
调整后每股净资产(元)	-	-	-	-
每股资本公积金(元)	0.6114	0.6114	0.6114	0.6114
每股盈余公积金(元)	0.1347	0.1347	0.1347	0.1347
每股未分配利润(元)	-0.5761	-0.5169	-0.0901	-0.0344
每股现金净流量(元)	-0.0647	0.1044	0.0391	-0.1539
每股经营现金净流量(元)	-0.0412	0.2478	0.1173	0.0253
净资产收益率(扣除)(%)	-	-	-	1.1700
净资产收益率(%)	-5.0600	-39.2530	-3.3700	1.3000
总资产(万)	165879.46	162684.50	210376.54	202054.63
股东权益(万)	68641.74	72113.08	97147.48	100419.78
主营业务收入(万)	-	-	-	-
主营业务利润(万)	-	-	-	-
营业务收入(万)	62949.95	192209.64	112127.00	226593.39
营业务利润(万)	-3854.43	-28301.31	-3285.92	1299.24
投资收益(万)	-	-	-	-
利润总额(万)	-3471.34	-28306.70	-3272.29	1307.23
净利润(万)	-3471.34	-28306.70	-3272.29	1307.23

浪潮电子信息产业股份有限公司

公司概况	公司名称	浪潮电子信息产业股份有限公司			证券简称	浪潮信息
	法人代表	孙丕恕	董秘	李凯声	证券代码	000977
	公司网址	www.inspur.com		电子信箱	lclifeng@inspur.com	
	电　　话	0531-85106229		传　　真	0531-85106222	
	办公地址	山东省济南市山大路224号				
	经营范围	计算机及软件、电子产品及其他通信设备、商业机具等				

主要财务指标	指标\报告期	2009.06.30	2008.12.31	2008.06.30	2007.12.31
	每股收益(元)	0.0110	0.1089	0.0547	0.0530
	每股收益(扣除)(元)	0.0017	0.0550	0.0095	0.0001
	每股净资产(元)	4.5300	4.5300	4.4900	4.4800
	调整后每股净资产(元)	–	–	–	–
	每股资本公积金(元)	2.5134	2.5134	2.5409	2.5678
	每股盈余公积金(元)	0.2469	0.2469	0.2313	0.2324
	每股未分配利润(元)	0.7652	0.7741	0.7194	0.6796
	每股现金净流量(元)	–0.6495	–0.6809	–0.4265	1.0230
	每股经营现金净流量(元)	0.1135	0.1678	0.1020	0.0607
	净资产收益率(扣除)(%)	–	–	–	0.0030
	净资产收益率(%)	0.2400	2.4000	1.2200	1.1800
	总资产(万)	121863.93	139928.59	153086.32	153561.70
	股东权益(万)	97296.84	97489.52	96570.97	96316.20
	主营业务收入(万)	–	–	–	–
	主营业务利润(万)	–	–	–	–
	营业务收入(万)	46165.04	97399.29	46586.77	100661.43
	营业务利润(万)	–244.34	1391.99	755.50	–18.08
	投资收益(万)	–	–	–	–
	利润总额(万)	234.75	2360.56	1450.86	1200.39
	净利润(万)	237.32	2341.96	1176.18	1139.30

桂林旅游股份有限公司

公司概况	公司名称	桂林旅游股份有限公司			证券简称	桂林旅游
	法人代表	陈青光	董秘	黄锡军	证券代码	000978
	公司网址	www.guilintravel.com		电子信箱	glly000978@163.com	
	电　　话	0773-3558976		传　　真	0773-3558955	
	办公地址	广西桂林市翠竹路27-2号				
	经营范围	公路旅行客运、游船客运、旅游工艺品制造、销售等				

主要财务指标	指标\报告期	2009.06.30	2008.12.31	2008.06.30	2007.12.31
	每股收益(元)	0.0650	0.1310	0.0750	0.3000
	每股收益(扣除)(元)	0.0630	0.0910	0.0720	0.2910
	每股净资产(元)	2.5600	2.7980	2.7310	2.6570
	调整后每股净资产(元)	–	–	–	–
	每股资本公积金(元)	0.9097	0.9097	0.8992	0.8992
	每股盈余公积金(元)	0.2933	0.2806	0.2794	0.2633
	每股未分配利润(元)	0.3595	0.6076	0.5528	0.4942
	每股现金净流量(元)	–0.2467	0.0154	–0.1049	0.0742
	每股经营现金净流量(元)	0.0260	0.2282	0.0038	0.4254
	净资产收益率(扣除)(%)	–	–	–	–
	净资产收益率(%)	2.5200	4.6800	2.7400	11.3000
	总资产(万)	95702.81	97860.66	86058.54	83453.11
	股东权益(万)	45357.46	49524.86	48345.73	47023.16
	主营业务收入(万)	–	–	–	–
	主营业务利润(万)	–	–	–	–
	营业务收入(万)	9311.35	20228.80	9717.04	33113.47
	营业务利润(万)	1180.98	2671.96	1452.80	6345.90
	投资收益(万)	–	–	–	–
	利润总额(万)	1214.78	2737.11	1511.18	6422.18
	净利润(万)	1142.59	2315.29	1322.57	5312.29

安徽省科苑(集团)股份有限公司

公司概况	公司名称	安徽省科苑(集团)股份有限公司			证券简称	*ST科苑
	法人代表	王永红	董秘	金洁	证券代码	000979
	公司网址	www.koyogroup.com		电子信箱	dmb@koyogroup.com	
	电　　话	0557-3920707		传　　真	0557-3912448	
	办公地址	安徽省宿州市浍水路271号				
	经营范围	生物工程、精细化工、新型建筑材料、机械电子领域高新技术和产品研究开发等				

主要财务指标	指标\报告期	2009.06.30	2008.12.31	2008.06.30	2007.12.31
	每股收益(元)	–0.2658	–0.8200	–0.3100	–1.9200
	每股收益(扣除)(元)	–0.2600	–0.7100	–0.2600	–1.6600
	每股净资产(元)	–2.8800	–2.6200	–2.1100	–1.8000
	调整后每股净资产(元)	–	–	–	–
	每股资本公积金(元)	2.5836	2.5836	2.5836	2.5836
	每股盈余公积金(元)	0.1008	0.1008	0.1008	0.1008
	每股未分配利润(元)	–6.5652	–6.2994	–5.7964	–5.4832
	每股现金净流量(元)	–0.0260	–0.0065	–0.0334	–0.0372
	每股经营现金净流量(元)	–0.0278	0.0216	–0.0215	0.3887
	净资产收益率(扣除)(%)	–	–	–	–
	净资产收益率(%)	–	–	–	–
	总资产(万)	40991.17	41156.83	45324.57	46904.42
	股东权益(万)	–35722.44	–32426.46	–26188.49	–22305.63
	主营业务收入(万)	–	–	–	–
	主营业务利润(万)	–	–	–	–
	营业务收入(万)	5559.01	11366.68	5667.68	36131.86
	营业务利润(万)	–3247.88	–8624.75	–3131.19	–19351.32
	投资收益(万)	–	–	–	–
	利润总额(万)	–3312.25	–10405.99	–3808.39	–22619.51
	净利润(万)	–3295.98	–10120.83	–3882.86	–23835.61

黄山金马股份有限公司

公司概况	公司名称	黄山金马股份有限公司			证券简称	金马股份
	法人代表	应建仁	董秘	杨海峰	证券代码	000980
	公司网址	www.hsjinma.con		电子信箱	zqb@hsjinma.com	
	电　　话	0559-6537831		传　　真	0559-6537888	
	办公地址	安徽省黄山市歙县经济技术开发区				
	经营范围	汽车仪表、汽车电器件、摩托车仪表、摩托车电器件、汽车车身及附件等				

主要财务指标	指标\报告期	2009.06.30	2008.12.31	2008.06.30	2007.12.31
	每股收益(元)	0.0760	0.0700	0.0780	0.1600
	每股收益(扣除)(元)	0.0800	0.0700	0.0730	0.1600
	每股净资产(元)	3.4900	3.4100	3.4100	3.3400
	调整后每股净资产(元)	–	–	–	–
	每股资本公积金(元)	2.3221	2.3221	2.3215	2.3215
	每股盈余公积金(元)	0.0384	0.0384	0.0384	0.0384
	每股未分配利润(元)	0.1250	0.0488	0.0541	–0.0235
	每股现金净流量(元)	–0.1217	0.5575	–0.0307	1.0878
	每股经营现金净流量(元)	–0.0671	0.6110	0.0899	0.0268
	净资产收益率(扣除)(%)	–	–	–	2.6200
	净资产收益率(%)	2.1900	2.1200	2.2700	3.7000
	总资产(万)	160563.94	165966.34	153066.47	147116.39
	股东权益(万)	110492.40	108076.87	108226.47	105764.40
	主营业务收入(万)	–	–	–	–
	主营业务利润(万)	–	–	–	–
	营业务收入(万)	28401.40	55703.61	27900.85	53561.30
	营业务利润(万)	3323.85	2836.02	3153.43	4855.69
	投资收益(万)	–	–	–	–
	利润总额(万)	3120.85	3283.98	3289.23	5652.12
	净利润(万)	2415.52	2293.81	2462.06	3918.35

宁夏中银绒业股份有限公司

公司概况					
公司名称	宁夏中银绒业股份有限公司			证券简称	中银绒业
法人代表	马生国	董秘	陈晓非	证券代码	000982
公司网址	www.zhongyincashmere.com			电子信箱	zygf@zhongyincashere.com
电　　话	0951-4519285、8115399			传　　真	0951-4519290、6186002
办公地址	宁夏灵武市羊绒工业园区中央大道南侧				
经营范围	羊绒及其制品、毛纺织品、棉纺织品、各种纤维的混纺织品及其它纺织品的开发等				

主要财务指标：指标\报告期	2009.06.30	2008.12.31	2008.06.30	2007.12.31
每股收益(元)	0.0360	0.2100	0.0300	0.6000
每股收益(扣除)(元)	0.0160	0.2100	0.0200	0.0700
每股净资产(元)	1.8500	1.8200	1.6300	1.8000
调整后每股净资产(元)	-	-	-	-
每股资本公积金(元)	1.2773	1.2773	1.2773	1.5543
每股盈余公积金(元)	-	-	-	0.0699
每股未分配利润(元)	-0.4240	-0.4602	-0.6429	-0.8265
每股现金净流量(元)	0.2662	0.1245	-0.0709	0.2041
每股经营现金净流量(元)	-1.1452	-1.0417	-1.0451	1.7192
净资产收益率(扣除)(%)	-	-	-	4.4000
净资产收益率(%)	1.9600	11.7900	1.9300	37.1900
总资产(万)	160453.96	138261.44	139753.45	126935.73
股东权益(万)	30781.75	30179.46	27124.75	26606.10
主营业务收入(万)	-	-	-	-
主营业务利润(万)	-	-	-	-
营业务收入(万)	23281.60	74559.95	22839.35	38905.88
营业务利润(万)	240.98	2623.00	242.31	740.68
投资收益(万)	-	-	-	-
利润总额(万)	682.56	2563.82	372.85	9284.31
净利润(万)	601.92	3557.52	524.45	9895.23

山西西山煤电股份有限公司

公司概况					
公司名称	山西西山煤电股份有限公司			证券简称	西山煤电
法人代表	车树春	董秘	宁志华	证券代码	000983
公司网址	www.xsmd.com.cn			电子信箱	xishanco@public.ty.sx.cn
电　　话	0351-6137052、6217295			传　　真	0351-6127434
办公地址	山西省太原市西矿街 318 号				
经营范围	煤炭生产、洗选加工、电力生产及销售;矿山开发及设计施工; 矿用电力器材生产、经营				

主要财务指标：指标\报告期	2009.06.30	2008.12.31	2008.06.30	2007.12.31
每股收益(元)	0.5371	1.4395	1.0200	0.5307
每股收益(扣除)(元)	0.5286	1.4449	1.0196	1.0686
每股净资产(元)	3.8600	3.8370	5.4400	5.2810
调整后每股净资产(元)	-	-	-	-
每股资本公积金(元)	0.4281	0.3816	1.3855	1.2397
每股盈余公积金(元)	0.4134	0.6216	0.4972	0.7239
每股未分配利润(元)	1.6864	1.8335	2.5532	2.3173
每股现金净流量(元)	-0.0210	0.3885	0.4724	0.7506
每股经营现金净流量(元)	0.8743	1.2905	1.2757	1.7185
净资产收益率(扣除)(%)	-	-	-	20.2300
净资产收益率(%)	13.9100	37.5200	18.7200	20.1000
总资产(万)	1737619.02	1748617.72	1372235.27	1218583.74
股东权益(万)	935985.19	930019.22	658843.82	640046.24
主营业务收入(万)	-	-	-	-
主营业务利润(万)	-	-	-	-
营业务收入(万)	577382.41	1325491.27	529406.23	780282.69
营业务利润(万)	175660.26	467413.25	164946.23	186120.26
投资收益(万)	-	-	-	-
利润总额(万)	178390.60	465792.95	164551.74	184873.18
净利润(万)	130187.23	348942.88	123318.39	128633.18

大庆华科股份有限公司

公司概况					
公司名称	大庆华科股份有限公司			证券简称	大庆华科
法人代表	万志强	董秘	孟凡礼	证券代码	000985
公司网址	www.huake.com			电子信箱	huake@huake.com
电　　话	0459-6280287			传　　真	0459-6282351
办公地址	大庆高新技术产业开发区建设路 239 号				
经营范围	生产销售石油化工产品;生产销售化工、塑料产品等				

主要财务指标：指标\报告期	2009.06.30	2008.12.31	2008.06.30	2007.12.31
每股收益(元)	0.2100	-0.0900	0.1300	0.1500
每股收益(扣除)(元)	0.2100	-0.0700	0.1300	0.1400
每股净资产(元)	3.5700	3.3500	3.5600	3.5100
调整后每股净资产(元)	-	-	-	-
每股资本公积金(元)	1.9137	1.9137	1.9114	1.9114
每股盈余公积金(元)	0.3244	0.3044	0.2513	0.2725
每股未分配利润(元)	0.3269	0.1362	0.3995	0.3281
每股现金净流量(元)	0.1994	0.0566	0.3082	0.0331
每股经营现金净流量(元)	0.4206	0.4107	0.5101	0.3084
净资产收益率(扣除)(%)	-	-	-	4.1200
净资产收益率(%)	5.9100	-2.6900	3.7300	4.3600
总资产(万)	50993.54	47566.95	53316.03	51609.89
股东权益(万)	46217.40	43485.00	46181.03	45530.18
主营业务收入(万)	-	-	-	-
主营业务利润(万)	-	-	-	-
营业务收入(万)	42192.45	113865.43	64958.18	96114.53
营业务利润(万)	3221.62	-2058.71	1929.40	1381.91
投资收益(万)	-	-	-	-
利润总额(万)	3226.51	-2050.45	1960.53	1776.26
净利润(万)	2732.40	-1167.71	1721.50	1983.62

广州友谊集团股份有限公司

公司概况					
公司名称	广州友谊集团股份有限公司			证券简称	广州友谊
法人代表	房向前	董秘	邓美薇	证券代码	000987
公司网址	www.cgzfs.com			电子信箱	gzfs@cgzfs.com
电　　话	020-83577980、83483216			传　　真	020-83572228
办公地址	广州市越秀区环市东路 369 号				
经营范围	批发和零售贸易,包括副食品及其它食品、粮油及制品等				

主要财务指标：指标\报告期	2009.06.30	2008.12.31	2008.06.30	2007.12.31
每股收益(元)	0.4000	0.7200	0.5500	0.5300
每股收益(扣除)(元)	0.4000	0.7000	0.5600	0.5300
每股净资产(元)	3.2700	3.2000	4.2700	4.1000
调整后每股净资产(元)	-	-	-	-
每股资本公积金(元)	0.1676	0.1676	0.7513	0.7513
每股盈余公积金(元)	0.6388	0.6388	0.8561	0.8561
每股未分配利润(元)	1.4622	1.3953	1.6674	1.4905
每股现金净流量(元)	-0.0770	0.6222	0.1751	1.2114
每股经营现金净流量(元)	0.0816	0.8782	0.1482	1.3956
净资产收益率(扣除)(%)	-	-	-	19.5300
净资产收益率(%)	12.1417	22.3700	12.7900	19.4800
总资产(万)	189167.29	197302.16	174501.73	171914.58
股东权益(万)	117326.50	114926.68	102298.49	98066.77
主营业务收入(万)	-	-	-	-
主营业务利润(万)	-	-	-	-
营业务收入(万)	138887.39	261975.54	130593.04	229102.24
营业务利润(万)	18870.86	34172.12	17683.28	28372.20
投资收益(万)	-	-	-	-
利润总额(万)	18871.17	34125.20	17420.11	28292.27
净利润(万)	14245.44	25714.21	13086.02	19100.99

华工科技产业股份有限公司

公司概况	公司名称	华工科技产业股份有限公司		证券简称	华工科技
	法人代表	马新强	董秘 杨兴国	证券代码	000988
	公司网址	www.hgtech.com.cn		电子信箱	bds@hgtech.com.cn
	电　　话	027-87180126		传　　真	027-87180149
	办公地址	湖北省武汉市东湖高新技术开发区华中科技大学科技园华工科技产业大厦			
	经营范围	激光器,激光加工设备及成套设备,激光全息综合防伪标识等			

主要财务指标	指标\报告期	2009.06.30	2008.12.31	2008.06.30	2007.12.31
	每股收益(元)	0.3100	0.1700	0.1200	0.1400
	每股收益(扣除)(元)	0.1100	0.1000	0.0700	0.1000
	每股净资产(元)	3.0600	2.7800	3.0400	3.8900
	调整后每股净资产(元)	–	–	–	–
	每股资本公积金(元)	1.0834	1.0941	1.3682	2.1711
	每股盈余公积金(元)	0.1364	0.1352	0.1236	0.1359
	每股未分配利润(元)	0.8141	0.5337	0.4922	0.5237
	每股现金净流量(元)	–0.1212	–0.2602	–0.1020	0.4255
	每股经营现金净流量(元)	0.0270	0.0480	0.0036	0.0626
	净资产收益率(扣除)(%)	–	–	–	2.9100
	净资产收益率(%)	9.9700	6.1700	3.8800	3.8700
	总资产(万)	241653.38	240193.17	249252.95	235319.69
	股东权益(万)	100757.61	91284.68	99869.82	116181.28
	主营业务收入(万)	–	–	–	–
	主营业务利润(万)	–	–	–	–
	营业务收入(万)	70437.32	120748.83	63543.85	100316.35
	营业务利润(万)	13253.98	5767.84	4847.59	3947.69
	投资收益(万)	–	–	–	–
	利润总额(万)	13377.83	9634.20	5816.92	5269.14
	净利润(万)	10048.69	5628.39	3879.37	4500.63

九芝堂股份有限公司

公司概况	公司名称	九芝堂股份有限公司		证券简称	九 芝 堂
	法人代表	余克建	董秘 蔡光云	证券代码	000989
	公司网址	www.hnjzt.com		电子信箱	cgy@hnjzt.com
	电　　话	0731-84499762		传　　真	0731-84499759
	办公地址	湖南省长沙市芙蓉中路一段 129 号			
	经营范围	生产、销售药品,销售医疗器械、副食品;销售政策允许的化学试剂等			

主要财务指标	指标\报告期	2009.06.30	2008.12.31	2008.06.30	2007.12.31
	每股收益(元)	0.2500	0.6720	0.3000	0.4290
	每股收益(扣除)(元)	0.2300	0.2250	0.2900	0.1150
	每股净资产(元)	3.9800	4.1300	3.7500	4.7400
	调整后每股净资产(元)	–	–	–	–
	每股资本公积金(元)	1.9769	1.9769	1.9769	2.8665
	每股盈余公积金(元)	0.2731	0.2731	0.2513	0.2912
	每股未分配利润(元)	0.7254	0.8769	0.5258	0.5829
	每股现金净流量(元)	0.5590	0.3223	0.3490	–0.4800
	每股经营现金净流量(元)	0.5707	0.4409	0.1179	0.3284
	净资产收益率(扣除)(%)	–	–	–	2.9200
	净资产收益率(%)	6.2500	16.2800	7.9600	10.8700
	总资产(万)	148157.69	154620.13	147159.56	144167.90
	股东权益(万)	118311.23	122818.90	111719.58	117568.99
	主营业务收入(万)	–	–	–	–
	主营业务利润(万)	–	–	–	–
	营业务收入(万)	53117.85	110109.26	53507.85	102410.80
	营业务利润(万)	7938.83	10768.61	11258.63	13266.88
	投资收益(万)	–	–	–	–
	利润总额(万)	8631.73	20688.03	11601.93	15306.65
	净利润(万)	7396.54	19989.39	8890.07	12781.50

诚志股份有限公司

公司概况	公司名称	诚志股份有限公司		证券简称	诚志股份
	法人代表	荣泳霖	董秘 许晓阳	证券代码	000990
	公司网址	www.chengzhi.com.cn		电子信箱	chengzhi@chengzhi.com.cn
	电　　话	0791-3826898		传　　真	0791-3826899
	办公地址	江西省南昌市经济开发区玉屏东大道 299 号清华科技园(江西)华江大厦			
	经营范围	生命科学、生物工程、医院投资管理、中西药、医药中间体、医疗器械等			

主要财务指标	指标\报告期	2009.06.30	2008.12.31	2008.06.30	2007.12.31
	每股收益(元)	0.0300	0.1060	0.0640	0.2110
	每股收益(扣除)(元)	0.0250	0.0690	0.0560	0.1510
	每股净资产(元)	5.2600	4.5700	4.5200	3.7500
	调整后每股净资产(元)	–	–	–	–
	每股资本公积金(元)	3.2291	2.3816	2.3816	1.5408
	每股盈余公积金(元)	0.0932	0.1025	0.1025	0.1144
	每股未分配利润(元)	0.9362	1.0828	1.0398	1.0928
	每股现金净流量(元)	0.2243	0.6774	0.7019	–0.1842
	每股经营现金净流量(元)	0.1444	–0.0680	0.0684	0.2092
	净资产收益率(扣除)(%)	–	–	–	4.0200
	净资产收益率(%)	0.5300	2.2300	1.3000	5.6200
	总资产(万)	335178.43	285025.87	274162.53	226039.98
	股东权益(万)	156196.83	123302.13	122142.54	90696.86
	主营业务收入(万)	–	–	–	–
	主营业务利润(万)	–	–	–	–
	营业务收入(万)	128178.93	251685.04	113861.18	197480.99
	营业务利润(万)	779.13	2456.51	1792.03	5162.70
	投资收益(万)	–	–	–	–
	利润总额(万)	820.20	3184.88	1981.33	6036.56
	净利润(万)	823.92	2748.91	1589.31	5099.05

福建闽东电力股份有限公司

公司概况	公司名称	福建闽东电力股份有限公司		证券简称	闽东电力
	法人代表	郑其桂	董秘 庄辰明	证券代码	000993
	公司网址	www.mdep.com.cn		电子信箱	maxzhuang@163.com
	电　　话	0593-2098006、2768888		传　　真	0593-2098993
	办公地址	福建省宁德市蕉城区环城路闽东大广场华隆大厦 8-10 层			
	经营范围	电力生产、开发;电力电器设备的销售;水库经营;对房地产业的投资等			

主要财务指标	指标\报告期	2009.06.30	2008.12.31	2008.06.30	2007.12.31
	每股收益(元)	0.0700	0.1300	0.0200	0.0600
	每股收益(扣除)(元)	0.0700	0.1800	0.0300	0.0600
	每股净资产(元)	3.7200	3.6500	3.5300	3.5200
	调整后每股净资产(元)	–	–	–	–
	每股资本公积金(元)	2.8200	2.8200	2.8199	2.8199
	每股盈余公积金(元)	0.0678	0.0678	0.0678	0.0678
	每股未分配利润(元)	–0.1650	–0.2383	–0.3535	–0.3718
	每股现金净流量(元)	0.2679	–0.3446	–0.1626	0.2838
	每股经营现金净流量(元)	0.1265	0.0909	–0.1152	0.4961
	净资产收益率(扣除)(%)	–	5.0100	–	1.7200
	净资产收益率(%)	1.9700	3.6600	0.5200	1.6400
	总资产(万)	264207.63	250154.60	261194.99	245183.72
	股东权益(万)	138857.28	136123.06	131824.39	137544.93
	主营业务收入(万)	–	–	–	–
	主营业务利润(万)	–	–	–	–
	营业务收入(万)	22247.60	55040.11	13658.71	26055.25
	营业务利润(万)	2745.53	7980.20	1454.46	3669.02
	投资收益(万)	–	–	–	–
	利润总额(万)	2693.97	5562.87	790.13	3566.97
	净利润(万)	2734.22	4977.23	680.53	2146.63

甘肃皇台酒业股份有限公司

公司概况

公司名称	甘肃皇台酒业股份有限公司			证券简称	*ST 皇台
法人代表	张力鑫	董秘	刘峰	证券代码	000995
公司网址	www.huangtai.com			电子信箱	htjy000995@126.com
电　　话	0935-6139865			传　　真	0935-6139888
办公地址	甘肃省武威市新建路 55 号				
经营范围	白酒、葡萄酒、酒精的生产、批发零售,自产副产品的批发零售等				

主要财务指标

指标\报告期	2009.06.30	2008.12.31	2008.06.30	2007.12.31
每股收益(元)	-0.1500	-0.3300	-0.0400	-0.2900
每股收益(扣除)(元)	-0.1500	-0.3300	-0.0300	-0.2400
每股净资产(元)	1.2700	1.4100	1.7050	1.7400
调整后每股净资产(元)	-	-	-	-
每股资本公积金(元)	1.4284	1.4284	1.4284	1.4284
每股盈余公积金(元)	0.0330	0.0330	0.0330	0.0330
每股未分配利润(元)	-1.1964	-1.0511	-0.7565	-0.7196
每股现金净流量(元)	-0.0050	-0.0368	-0.0413	0.0410
每股经营现金净流量(元)	-0.0015	-0.0007	-0.0124	0.1602
净资产收益率(扣除)(%)	-	-	-	-13.5800
净资产收益率(%)	-11.4800	-23.5000	-2.1600	-16.4500
总资产(万)	53722.35	56565.49	59016.13	62322.51
股东权益(万)	22443.54	25021.18	30247.68	30901.89
主营业务收入(万)	-	-	-	-
主营业务利润(万)	-	-	-	-
营业务收入(万)	1950.80	8504.45	4449.65	9341.75
营业务利润(万)	-3019.72	-6218.03	-635.41	-3913.58
投资收益(万)	-	-	-	-
利润总额(万)	-2989.80	-6320.77	-728.15	-4801.33
净利润(万)	-2577.64	-5880.71	-654.20	-5082.81

中国中期投资股份有限公司

公司概况

公司名称	中国中期投资股份有限公司			证券简称	中国中期
法人代表	姜荣	董秘	徐朝武	证券代码	000996
公司网址	www.cifco996.com			电子信箱	cifco000996@126.com
电　　话	010-82335682			传　　真	010-82335506
办公地址	北京市朝阳区光华路 14 号办公楼 15 层				
经营范围	对外投资及管理,资产管理,创业投资等				

主要财务指标

指标\报告期	2009.06.30	2008.12.31	2008.06.30	2007.12.31
每股收益(元)	0.0143	0.0400	0.0234	0.0300
每股收益(扣除)(元)	0.0143	0.0100	0.0088	0.0300
每股净资产(元)	1.7300	1.7100	1.6900	3.3400
调整后每股净资产(元)	-	-	-	-
每股资本公积金(元)	0.6479	0.6416	0.6416	2.2831
每股盈余公积金(元)	0.1109	0.1109	0.1086	0.2172
每股未分配利润(元)	-0.0259	-0.0402	-0.0554	-0.1576
每股现金净流量(元)	-0.0345	0.2859	-0.1775	1.3811
每股经营现金净流量(元)	0.3121	0.2607	-0.1947	0.4752
净资产收益率(扣除)(%)	-	0.5400	-	1.6500
净资产收益率(%)	0.8200	2.3900	1.3800	1.8000
总资产(万)	77959.30	59942.15	68075.47	71247.58
股东权益(万)	39856.12	39382.12	38979.46	38440.52
主营业务收入(万)	-	-	-	-
主营业务利润(万)	-	-	-	-
营业务收入(万)	6085.38	10905.81	5859.83	11657.00
营业务利润(万)	571.31	913.39	779.03	1102.25
投资收益(万)	-	-	-	-
利润总额(万)	626.86	1373.46	725.41	1104.69
净利润(万)	0.0143	941.60	538.94	692.00

福建新大陆电脑股份有限公司

公司概况

公司名称	福建新大陆电脑股份有限公司			证券简称	新 大 陆
法人代表	胡钢	董秘	侯浩峰	证券代码	000997
公司网址	www.newlandcomputer.com			电子信箱	newlandzq@newlandcomputer.com
电　　话	0591-83979997			传　　真	0591-83979997、83977666
办公地址	福建省福州市马尾区儒江西路 1 号新大陆科技园				
经营范围	电子计算机及其外部设备、税控收款机的制造、销售、租赁等				

主要财务指标

指标\报告期	2009.06.30	2008.12.31	2008.06.30	2007.12.31
每股收益(元)	0.1000	0.0800	0.0800	0.1900
每股收益(扣除)(元)	0.0700	0.0800	0.0800	0.1300
每股净资产(元)	1.7800	1.6800	1.6900	1.8000
调整后每股净资产(元)	-	-	-	-
每股资本公积金(元)	0.2788	0.2755	0.2755	0.3175
每股盈余公积金(元)	0.1380	0.1380	0.1255	0.1256
每股未分配利润(元)	0.3677	0.2702	0.2855	0.3531
每股现金净流量(元)	-0.1784	-0.0744	-0.3835	0.1271
每股经营现金净流量(元)	-0.1557	0.0215	-0.3196	0.0276
净资产收益率(扣除)(%)	-	-	-	7.0800
净资产收益率(%)	5.4600	4.5400	4.7700	10.5300
总资产(万)	135573.37	118504.61	119350.06	120410.67
股东权益(万)	80731.05	76172.50	76301.92	81263.97
主营业务收入(万)	-	-	-	-
主营业务利润(万)	-	-	-	-
营业务收入(万)	49708.20	101819.16	51571.81	85981.05
营业务利润(万)	5529.71	3032.62	4238.21	10337.92
投资收益(万)	-	-	-	-
利润总额(万)	5591.56	4471.77	5362.39	10900.08
净利润(万)	4410.42	3459.49	3641.26	8556.83

袁隆平农业高科技股份有限公司

公司概况

公司名称	袁隆平农业高科技股份有限公司			证券简称	隆平高科
法人代表	伍跃时	董秘	彭光剑	证券代码	000998
公司网址	www.lpht.com.cn			电子信箱	lpht@ lpht.com.cn
电　　话	0731-82181658、82183880			传　　真	0731-82183859、82183880
办公地址	湖南省长沙市车站北路 459 号证券大厦 9 楼				
经营范围	以杂交水稻、蔬菜为主的高科技农作物种子、种苗的培育、繁殖、推广和销售等				

主要财务指标

指标\报告期	2009.06.30	2008.12.31	2008.06.30	2007.12.31
每股收益(元)	0.1200	0.1740	0.2900	0.1960
每股收益(扣除)(元)	0.0100	-0.0550	-0.1850	0.3300
每股净资产(元)	3.6700	3.6200	6.0100	5.6400
调整后每股净资产(元)	-	-	-	-
每股资本公积金(元)	2.0968	2.0968	3.8716	3.8716
每股盈余公积金(元)	0.1744	0.1744	0.2490	0.2490
每股未分配利润(元)	0.4042	0.3545	0.8906	0.5194
每股现金净流量(元)	-0.0116	-0.3980	-0.0906	1.1680
每股经营现金净流量(元)	0.2839	0.6048	0.5800	0.6582
净资产收益率(扣除)(%)	-	-	-	5.7900
净资产收益率(%)	3.2600	4.8000	7.8400	5.5500
总资产(万)	183460.42	190032.96	181832.97	194480.48
股东权益(万)	92481.35	91240.93	94643.97	88829.33
主营业务收入(万)	-	-	-	-
主营业务利润(万)	-	-	-	-
营业务收入(万)	38386.24	108130.17	44593.01	71206.48
营业务利润(万)	3873.44	6465.95	8424.85	5679.70
投资收益(万)	-	-	-	-
利润总额(万)	3865.54	7171.78	8301.28	5057.56
净利润(万)	3017.43	4376.93	7420.47	4933.08

三九医药股份有限公司

公司概况					
公司名称	三九医药股份有限公司			证券简称	三九医药
法人代表	乔世波	董秘	周辉	证券代码	000999
公司网址	www.999.com.cn			电子信箱	000999@999.com.cn
电　　话	0755-83360999*3579			传　　真	0755-82118858
办公地址	广东省深圳市罗湖区银湖路口(北环大道1028号)				
经营范围	药品的开发、生产、销售;相关技术开发、转让、服务等				

主要财务指标

指标＼报告期	2009.06.30	2008.12.31	2008.06.30	2007.12.31
每股收益(元)	0.3315	0.5109	0.2100	0.2900
每股收益(扣除)(元)	0.3266	0.4638	0.2100	0.1700
每股净资产(元)	3.3900	3.2700	2.9600	2.8400
调整后每股净资产(元)	–	–	–	–
每股资本公积金(元)	1.3808	1.3909	1.3780	1.4299
每股盈余公积金(元)	0.1847	0.1847	0.1556	0.1556
每股未分配利润(元)	0.8224	0.6892	0.4250	0.2529
每股现金净流量(元)	0.2379	–0.1287	–0.4290	0.2385
每股经营现金净流量(元)	0.3187	1.1404	0.7701	0.6374
净资产收益率(扣除)(%)	–	–	–	6.1200
净资产收益率(%)	9.7900	15.6300	7.2300	10.1500
总资产(万)	515423.96	510758.85	459506.76	793771.03
股东权益(万)	331476.71	319409.25	289509.68	277720.17
主营业务收入(万)	–	–	–	–
主营业务利润(万)	–	–	–	–
营业务收入(万)	219568.69	431618.69	191027.56	347756.12
营业务利润(万)	42034.36	63499.42	27701.76	33844.30
投资收益(万)	–	–	–	–
利润总额(万)	42753.34	64599.55	27924.46	40080.26
净利润(万)	0.3315	50008.68	20942.23	28188.81

重庆宗申动力机械股份有限公司

公司概况					
公司名称	重庆宗申动力机械股份有限公司			证券简称	宗申动力
法人代表	左宗申	董秘	黄培国	证券代码	001696
公司网址				电子信箱	zsdlhuang@163.com
电　　话	023-66372632			传　　真	023-66372648
办公地址	重庆市巴南炒油场区宗申工业园				
经营范围	开发、销售各类发动机及其零配件、机械产品、高科技产品等				

主要财务指标

指标＼报告期	2009.06.30	2008.12.31	2008.06.30	2007.12.31
每股收益(元)	0.3200	0.5800	0.3200	0.4900
每股收益(扣除)(元)	0.3200	0.5500	0.3000	0.4500
每股净资产(元)	2.5300	3.0900	2.8400	2.5200
调整后每股净资产(元)	–	–	–	–
每股资本公积金(元)	0.5207	0.9792	1.1428	0.9792
每股盈余公积金(元)	0.1238	0.1610	0.0121	0.1378
每股未分配利润(元)	0.9021	0.9615	0.7000	0.4063
每股现金净流量(元)	0.7321	–0.1331	0.0304	0.7554
每股经营现金净流量(元)	1.0099	0.1422	0.2189	0.0220
净资产收益率(扣除)(%)	–	–	–	17.3300
净资产收益率(%)	12.4795	18.7300	11.2300	18.5800
总资产(万)	268352.46	207402.86	212264.22	186807.08
股东权益(万)	152244.13	142650.08	131351.62	116315.40
主营业务收入(万)	–	–	–	–
主营业务利润(万)	–	–	–	–
营业务收入(万)	168875.17	337666.39	180159.73	301384.57
营业务利润(万)	23713.00	29549.26	15084.10	27452.42
投资收益(万)	–	–	–	–
利润总额(万)	23760.41	30936.15	16292.37	27759.87
净利润(万)	18999.24	26720.37	14749.85	21615.12

河南豫能控股股份有限公司

公司概况					
公司名称	河南豫能控股股份有限公司			证券简称	豫能控股
法人代表	张文杰	董秘	王璞	证券代码	001896
公司网址	www.yuneng.com.cn			电子信箱	Yuneng@public2.zz.ha.cn
电　　话	0371-67984649			传　　真	0371-67984647
办公地址	河南省郑州市高新技术产业开发区合欢街6号				
经营范围	电力开发、生产和销售及高新技术开发、推广及服务,电力物资、电力环保等				

主要财务指标

指标＼报告期	2009.06.30	2008.12.31	2008.06.30	2007.12.31
每股收益(元)	–0.2200	–0.9429	–0.3230	0.0265
每股收益(扣除)(元)	–0.2200	–0.9439	–0.3228	–0.1110
每股净资产(元)	0.7060	0.9214	1.5413	1.8643
调整后每股净资产(元)	–	–	–	–
每股资本公积金(元)	0.8795	0.8795	0.8795	0.8795
每股盈余公积金(元)	0.3142	0.3142	0.3142	0.3142
每股未分配利润(元)	–1.4876	–1.2723	–0.6524	–0.3294
每股现金净流量(元)	–0.1278	0.0550	0.1595	–0.0830
每股经营现金净流量(元)	–0.0764	–0.1315	0.1192	0.0724
净资产收益率(扣除)(%)	–	–	–	–5.9500
净资产收益率(%)	–30.4900	–102.3200	–20.9600	1.4200
总资产(万)	96009.93	110444.70	123651.11	123612.77
股东权益(万)	30363.61	39622.02	66275.96	80164.68
主营业务收入(万)	–	–	–	–
主营业务利润(万)	–	–	–	–
营业务收入(万)	4738.73	31083.53	16411.94	42796.80
营业务利润(万)	–9166.89	–41119.63	–13879.64	901.50
投资收益(万)	–	–	–	–
利润总额(万)	–9130.31	–41074.42	–13888.72	1308.25
净利润(万)	–9258.41	–40542.67	–13888.72	1138.54

浙江新和成股份有限公司

公司概况					
公司名称	浙江新和成股份有限公司			证券简称	新和成
法人代表	胡柏藩	董秘	陈晓晖	证券代码	002001
公司网址	www.cnhu.com			电子信箱	webmaster@cnhu.com
电　　话	0571-87178970、87178965			传　　真	0575-87178963
办公地址	浙江省新昌县城关镇江北路4号				
经营范围	有机化工产品、原料药、食品添加剂及饲料添加剂的生产、销售等				

主要财务指标

指标＼报告期	2009.06.30	2008.12.31	2008.06.30	2007.12.31
每股收益(元)	1.0500	4.0200	2.2400	0.2300
每股收益(扣除)(元)	1.0300	4.0100	2.2400	0.2200
每股净资产(元)	6.2000	5.3500	4.5700	2.4400
调整后每股净资产(元)	–	–	–	–
每股资本公积金(元)	0.3929	0.3929	0.3929	0.3925
每股盈余公积金(元)	0.5000	0.5000	0.1980	0.1980
每股未分配利润(元)	4.3099	3.4613	2.9823	0.8450
每股现金净流量(元)	–0.1110	1.3882	0.9439	0.3297
每股经营现金净流量(元)	1.2363	3.4886	1.3779	0.5438
净资产收益率(扣除)(%)	–	–	–	9.1300
净资产收益率(%)	16.9000	75.0500	48.9200	9.2500
总资产(万)	398386.11	371552.29	356132.11	252857.40
股东权益(万)	212179.61	183152.47	156431.31	83306.79
主营业务收入(万)	–	–	–	–
主营业务利润(万)	–	–	–	–
营业务收入(万)	121584.74	331396.23	193620.18	174787.54
营业务利润(万)	43245.27	164212.55	101307.79	11072.41
投资收益(万)	–	–	–	–
利润总额(万)	44044.41	164392.49	101494.66	11158.69
净利润(万)	35867.97	137451.14	76529.23	7707.12

江苏琼花高科技股份有限公司

公司概况	公司名称	江苏琼花高科技股份有限公司			证券简称	*ST 琼花
	法人代表	顾宏言	董秘	朱卫红	证券代码	002002
	公司网址	www.chinaqionghua.com			电子信箱	yz_zwh@sohu.com
	电　　话	0514-87270833			传　　真	0514-87270939
	办公地址	江苏省扬州市邗江区杭集镇曙光路				
	经营范围	PVC 片材,板材,PE 薄膜,复合包装材料及其它新型包装材料,塑料彩印等				

主要财务指标	指标\报告期	2009.06.30	2008.12.31	2008.06.30	2007.12.31
	每股收益(元)	-0.1181	-0.7743	-0.1523	-0.1597
	每股收益(扣除)(元)	-0.1188	-0.2436	-0.1474	-0.1540
	每股净资产(元)	0.7659	0.8840	2.0000	2.1558
	调整后每股净资产(元)	–	–	–	–
	每股资本公积金(元)	0.5690	0.5690	1.0396	1.0396
	每股盈余公积金(元)	0.1204	0.1204	0.1566	0.1566
	每股未分配利润(元)	-0.9235	-0.8054	-0.1928	-0.0405
	每股现金净流量(元)	-0.1110	-0.4528	-0.3361	-0.2675
	每股经营现金净流量(元)	-0.0660	0.1017	0.1677	-0.0922
	净资产收益率(扣除)(%)	–	–	–	-9.2900
	净资产收益率(%)	-15.4200	-87.6000	-7.6000	-9.6300
	总资产(万)	42909.44	47447.80	53483.57	59069.93
	股东权益(万)	12781.97	14752.65	25720.02	27675.64
	主营业务收入(万)	–	–	–	–
	主营业务利润(万)	–	–	–	–
	营业务收入(万)	9065.14	32708.13	18813.29	34112.31
	营业务利润(万)	-2101.93	-4556.22	-2107.79	-2631.69
	投资收益(万)	–	–	–	–
	利润总额(万)	-2093.54	-13412.17	-2157.76	-2822.80
	净利润(万)	-1970.68	-12922.99	-1955.62	-2665.30

浙江伟星实业发展股份有限公司

公司概况	公司名称	浙江伟星实业发展股份有限公司			证券简称	伟星股份
	法人代表	章卡鹏	董秘	谢瑾琨	证券代码	002003
	公司网址	www.weixing.cn			电子信箱	002003@weixing.cn
	电　　话	0576-85125002			传　　真	0576-85126598
	办公地址	浙江省临海市花园工业区				
	经营范围	钮扣、拉链、金属制品、塑料制品和标牌、塑料工艺品等服装辅料及原辅料等				

主要财务指标	指标\报告期	2009.06.30	2008.12.31	2008.06.30	2007.12.31
	每股收益(元)	0.2800	0.8000	0.2600	0.6400
	每股收益(扣除)(元)	0.2800	0.8300	0.2700	0.6400
	每股净资产(元)	4.1100	4.8200	4.2800	3.8300
	调整后每股净资产(元)	–	–	–	–
	每股资本公积金(元)	2.1575	2.1489	2.0951	1.4380
	每股盈余公积金(元)	0.2408	0.2408	0.1718	0.2393
	每股未分配利润(元)	0.7097	1.4307	1.0101	1.1527
	每股现金净流量(元)	-0.2228	0.5408	0.7995	-0.5786
	每股经营现金净流量(元)	0.1825	1.1522	-0.0103	0.5637
	净资产收益率(扣除)(%)	–	–	–	21.8700
	净资产收益率(%)	6.7900	16.1300	6.0700	21.5700
	总资产(万)	146325.21	137970.02	147568.86	108845.32
	股东权益(万)	82671.14	97008.03	83435.57	53642.00
	主营业务收入(万)	–	–	–	–
	主营业务利润(万)	–	–	–	–
	营业务收入(万)	55896.46	147764.33	62349.03	118570.48
	营业务利润(万)	7099.19	21334.89	6011.07	18082.73
	投资收益(万)	–	–	–	–
	利润总额(万)	7110.48	20840.09	5711.83	17675.08
	净利润(万)	5615.44	15642.85	5061.13	11571.58

重庆华邦制药股份有限公司

公司概况	公司名称	重庆华邦制药股份有限公司			证券简称	华邦制药
	法人代表	张松山	董秘	彭云辉	证券代码	002004
	公司网址	www.huapont.com.cn			电子信箱	li_bi181@163.com
	电　　话	023-67886900			传　　真	023-67886986
	办公地址	重庆市渝北区人和星光大道 69 号				
	经营范围	生产、销售软膏剂、片剂、胶囊剂、乳膏剂等				

主要财务指标	指标\报告期	2009.06.30	2008.12.31	2008.06.30	2007.12.31
	每股收益(元)	0.4600	0.6700	0.2000	1.5600
	每股收益(扣除)(元)	0.3000	0.5300	0.1600	0.9700
	每股净资产(元)	5.8300	5.7000	5.2700	5.0700
	调整后每股净资产(元)	–	–	–	–
	每股资本公积金(元)	1.0488	1.0488	1.0900	1.0900
	每股盈余公积金(元)	0.4379	0.4187	0.3799	0.3626
	每股未分配利润(元)	3.3458	3.2373	2.8010	2.6206
	每股现金净流量(元)	-0.6970	0.0858	0.0154	0.4584
	每股经营现金净流量(元)	0.1853	0.8618	-0.0323	0.6001
	净资产收益率(扣除)(%)	–	–	–	7.8200
	净资产收益率(%)	7.8500	11.7900	3.7600	30.8300
	总资产(万)	111929.41	113932.45	120730.48	108864.09
	股东权益(万)	76989.22	75304.46	69576.70	66967.85
	主营业务收入(万)	–	–	–	–
	主营业务利润(万)	–	–	–	–
	营业务收入(万)	26210.14	57572.04	29068.41	49237.23
	营业务利润(万)	7740.71	9959.42	3370.78	24679.46
	投资收益(万)	–	–	–	–
	利润总额(万)	7734.86	10280.47	3377.09	24606.69
	净利润(万)	6040.75	8881.00	2615.48	20645.52

广东德豪润达电气股份有限公司

公司概况	公司名称	广东德豪润达电气股份有限公司			证券简称	德豪润达
	法人代表	王冬雷	董秘	邓飞	证券代码	002005
	公司网址	www.electech.com.cn			电子信箱	002005dongmi@electech.com.cn
	电　　话	0756-3390188			传　　真	0756-3390238
	办公地址	广东省珠海市香洲区唐家湾镇金风路 1 号				
	经营范围	开发、生产家用电器、电机、电子、轻工产品、电动器具、自动按摩设备等				

主要财务指标	指标\报告期	2009.06.30	2008.12.31	2008.06.30	2007.12.31
	每股收益(元)	0.0100	-0.1900	-0.0700	0.1000
	每股收益(扣除)(元)	-0.0020	-0.2000	-0.0700	0.0700
	每股净资产(元)	1.8600	1.8600	1.9800	4.1000
	调整后每股净资产(元)	–	–	–	–
	每股资本公积金(元)	0.6191	0.6191	0.6191	2.2382
	每股盈余公积金(元)	0.1004	0.1004	0.1004	0.2007
	每股未分配利润(元)	0.1494	0.1432	0.2683	0.6725
	每股现金净流量(元)	-0.0108	0.3047	0.2103	-0.4516
	每股经营现金净流量(元)	-0.0814	0.7007	0.2453	0.2428
	净资产收益率(扣除)(%)	–	–	–	3.2100
	净资产收益率(%)	0.3400	-10.4000	-3.4300	4.6700
	总资产(万)	184961.41	183867.88	197119.89	189674.71
	股东权益(万)	60213.71	60011.39	64038.25	66308.89
	主营业务收入(万)	–	–	–	–
	主营业务利润(万)	–	–	–	–
	营业务收入(万)	69081.29	252253.44	102234.26	193549.55
	营业务利润(万)	218.05	-6950.57	-2561.73	3922.35
	投资收益(万)	–	–	–	–
	利润总额(万)	495.49	-6850.98	-2476.22	4547.70
	净利润(万)	201.80	-6240.08	-2195.86	3095.71

浙江精功科技股份有限公司

公司概况	公司名称	浙江精功科技股份有限公司			证券简称	精功科技
	法人代表	孙建江	董秘	黄伟明	证券代码	002006
	公司网址	www.jgtec.com.cn			电子信箱	zjjgkj@jgtec.com.cn
	电　话	0575-84138692			传　真	0575-84886600
	办公地址	浙江省绍兴柯桥经济开发区柯西工业区鉴湖路1809号				
	经营范围	机电一体化产品、环保设备、能源设备、工程设备、桥式起重机、门式起重机等				

主要财务指标	指标\报告期	2009.06.30	2008.12.31	2008.06.30	2007.12.31
	每股收益(元)	-0.1600	-0.3329	0.0300	0.0500
	每股收益(扣除)(元)	-0.1700	-0.4049	0.0100	-0.0300
	每股净资产(元)	1.7700	1.9400	2.3600	3.8100
	调整后每股净资产(元)	-	-	-	-
	每股资本公积金(元)	0.8335	0.8335	0.8251	2.1564
	每股盈余公积金(元)	0.1217	0.1217	0.1217	0.1825
	每股未分配利润(元)	-0.1813	-0.0194	0.4085	0.4702
	每股现金净流量(元)	0.6466	-0.3002	-0.1505	0.2226
	每股经营现金净流量(元)	0.3779	0.3490	0.2328	0.3201
	净资产收益率(扣除)(%)	-	-	-	-1.0900
	净资产收益率(%)	-9.1300	-17.2000	1.1500	1.9800
	总资产(万)	152335.57	131376.46	115875.23	121440.98
	股东权益(万)	25543.76	27874.90	33914.96	36567.25
	主营业务收入(万)	-	-	-	-
	主营业务利润(万)	-	-	-	-
	营业务收入(万)	22807.85	61360.06	25819.08	64267.01
	营业务利润(万)	-3315.17	-5259.48	317.87	283.82
	投资收益(万)	-	-	-	-
	利润总额(万)	-3172.75	-4934.17	433.69	1010.79
	净利润(万)	-2331.14	-4793.21	391.68	724.01

华兰生物工程股份有限公司

公司概况	公司名称	华兰生物工程股份有限公司			证券简称	华兰生物
	法人代表	安康	董秘	范蓓	证券代码	002007
	公司网址	www.hualanbio.com			电子信箱	hualan@hualanbio.com
	电　话	0373-5056905、3559989			传　真	0373-5056911、3559991
	办公地址	河南省新乡市华兰大道甲1号				
	经营范围	生产、销售自产的生物制品、血液制品				

主要财务指标	指标\报告期	2009.06.30	2008.12.31	2008.06.30	2007.12.31
	每股收益(元)	0.2100	0.8500	0.3500	0.5500
	每股收益(扣除)(元)	0.2000	0.8300	0.3300	0.5500
	每股净资产(元)	3.1500	4.8900	3.3000	2.9500
	调整后每股净资产(元)	-	-	-	-
	每股资本公积金(元)	0.8090	1.8944	0.7379	0.7379
	每股盈余公积金(元)	0.1864	0.2983	0.2308	0.2308
	每股未分配利润(元)	1.1530	1.7008	1.3308	0.9794
	每股现金净流量(元)	-0.0487	0.6336	-0.0176	-0.2407
	每股经营现金净流量(元)	-0.0761	0.7161	0.1212	0.8247
	净资产收益率(扣除)(%)	-	-	-	17.1400
	净资产收益率(%)	6.8300	17.0000	10.6500	18.8200
	总资产(万)	133595.77	126162.22	106256.30	95822.89
	股东权益(万)	113381.78	110142.70	71625.90	66971.42
	主营业务收入(万)	-	-	-	-
	主营业务利润(万)	-	-	-	-
	营业务收入(万)	20010.13	47516.28	19722.77	35113.78
	营业务利润(万)	8707.08	21352.22	8736.88	12573.52
	投资收益(万)	-	-	-	-
	利润总额(万)	9162.20	21760.19	9359.38	12820.49
	净利润(万)	7740.68	18725.82	7628.37	12042.94

深圳市大族激光科技股份有限公司

公司概况	公司名称	深圳市大族激光科技股份有限公司			证券简称	大族激光
	法人代表	高云峰	董秘	杜永刚	证券代码	002008
	公司网址	www.hanslaser.com			电子信箱	bsd@hanslaser.com
	电　话	0755-86161340			传　真	0755-86161327
	办公地址	深圳市南山区高新技术园北区新西路9号				
	经营范围	激光及相关产品,普通货运;物业管理;自有物业租赁;机械设备租赁及维修维护				

主要财务指标	指标\报告期	2009.06.30	2008.12.31	2008.06.30	2007.12.31
	每股收益(元)	0.0400	0.2100	0.1800	0.2800
	每股收益(扣除)(元)	-0.0800	0.1500	0.1500	0.2600
	每股净资产(元)	2.7500	2.8100	1.7300	2.5800
	调整后每股净资产(元)	-	-	-	-
	每股资本公积金(元)	1.2747	1.2702	0.1569	0.8480
	每股盈余公积金(元)	0.0848	0.0848	0.0816	0.1306
	每股未分配利润(元)	0.3930	0.4555	0.4928	0.6031
	每股现金净流量(元)	-0.2119	0.0967	-0.2852	0.7146
	每股经营现金净流量(元)	-0.0233	0.0083	-0.2140	0.0757
	净资产收益率(扣除)(%)	-	-	-	15.8100
	净资产收益率(%)	1.3600	6.9300	10.4800	17.1700
	总资产(万)	340748.18	347530.47	273094.95	232891.70
	股东权益(万)	191344.21	195381.10	105144.08	97980.78
	主营业务收入(万)	-	-	-	-
	主营业务利润(万)	-	-	-	-
	营业务收入(万)	80546.66	171501.10	92269.43	148555.54
	营业务利润(万)	2598.80	9810.35	11117.87	16180.20
	投资收益(万)	-	-	-	-
	利润总额(万)	4333.44	17642.48	14115.25	21352.66
	净利润(万)	2611.77	13534.02	11023.09	16820.28

江苏天奇物流系统工程股份有限公司

公司概况	公司名称	江苏天奇物流系统工程股份有限公司			证券简称	天奇股份
	法人代表	白开军	董秘	费新毅	证券代码	002009
	公司网址	www.chinaconveyor.com			电子信箱	feixy@21cn.com
	电　话	0510-82720289			传　真	0510-82720289
	办公地址	无锡市滨湖区蠡湖街道青祁村70号--双虹园				
	经营范围	物流系统工程的设计、制造、安装和管理等				

主要财务指标	指标\报告期	2009.06.30	2008.12.31	2008.06.30	2007.12.31
	每股收益(元)	-0.0700	0.2400	0.2100	0.2000
	每股收益(扣除)(元)	-0.0900	0.2200	0.2100	0.1600
	每股净资产(元)	1.8400	1.9000	1.8700	3.3300
	调整后每股净资产(元)	-	-	-	-
	每股资本公积金(元)	0.0367	0.0234	0.0248	0.9496
	每股盈余公积金(元)	0.1187	0.1187	0.1013	0.2025
	每股未分配利润(元)	0.6878	0.7531	0.7416	1.1783
	每股现金净流量(元)	0.1928	-0.1500	-0.0265	0.4575
	每股经营现金净流量(元)	0.0204	-0.3712	-0.4002	0.0686
	净资产收益率(扣除)(%)	-	-	-	9.6600
	净资产收益率(%)	-3.6000	12.5000	11.1400	11.9800
	总资产(万)	132474.51	128198.77	121723.40	111180.67
	股东权益(万)	40738.90	41885.87	41276.86	36802.20
	主营业务收入(万)	-	-	-	-
	主营业务利润(万)	-	-	-	-
	营业务收入(万)	19765.97	86339.13	52758.96	43148.69
	营业务利润(万)	-1789.62	7493.35	7538.98	5143.24
	投资收益(万)	-	-	-	-
	利润总额(万)	-1245.72	8025.37	7534.42	6403.79
	净利润(万)	-1468.61	5235.51	4596.23	4409.41

浙江传化股份有限公司

公司概况	公司名称	浙江传化股份有限公司			证券简称	传化股份	
	法人代表	徐冠巨	董秘	朱江英	证券代码	002010	
	公司网址	www.transfarchem.com		电子信箱	zqb@etransfar.com		
	电　话	0571-82872991		传　真	0571-82871858		
	办公地址	浙江省杭州市萧山经济技术开发区					
	经营范围	有机硅及有机氟精细化学品、表面活性剂、纺织印染助剂等					

主要财务指标	指标\报告期	2009.06.30	2008.12.31	2008.06.30	2007.12.31
	每股收益(元)	0.2700	0.3700	0.1400	0.4800
	每股收益(扣除)(元)	0.2100	0.2800	0.1500	0.3600
	每股净资产(元)	3.0200	2.8000	2.9700	4.0900
	调整后每股净资产(元)	–	–	–	–
	每股资本公积金(元)	0.0051	0.0051	0.4099	1.0672
	每股盈余公积金(元)	0.2155	0.2155	0.2025	0.2878
	每股未分配利润(元)	1.7981	1.5828	1.3614	1.7366
	每股现金净流量(元)	0.0620	–0.1485	0.1706	–0.0680
	每股经营现金净流量(元)	0.6187	0.1554	0.1067	–0.3300
	净资产收益率(扣除)(%)	–	–	–	11.3700
	净资产收益率(%)	8.7900	13.1200	4.7800	15.2900
	总资产(万)	116970.31	115665.09	104114.68	118311.86
	股东权益(万)	61217.26	56852.06	60307.82	63829.33
	主营业务收入(万)	–	–	–	–
	主营业务利润(万)	–	–	–	–
	营业务收入(万)	85015.07	187087.86	66186.23	157173.20
	营业务利润(万)	8204.55	11343.58	4017.63	14774.50
	投资收益(万)	–	–	–	–
	利润总额(万)	8326.10	11429.19	3834.29	14617.15
	净利润(万)	5379.20	7458.50	2885.53	9762.50

浙江盾安人工环境设备股份有限公司

公司概况	公司名称	浙江盾安人工环境设备股份有限公司			证券简称	盾安环境	
	法人代表	周才良	董秘	喻波	证券代码	002011	
	公司网址	www.dunan.net		电子信箱	dazq@dunan.net		
	电　话	0571-87113558、87113776		传　真	0571-87113775		
	办公地址	浙江省杭州市滨江区泰安路239号盾安发展大厦18楼					
	经营范围	制冷通用设备、家用电力器具部件、金属材料的制造、销售和服务等					

主要财务指标	指标\报告期	2009.06.30	2008.12.31	2008.06.30	2007.12.31
	每股收益(元)	0.3412	0.4648	0.3657	0.5014
	每股收益(扣除)(元)	0.3124	0.4347	0.3458	0.0707
	每股净资产(元)	3.8000	3.3200	3.2500	6.9200
	调整后每股净资产(元)	–	–	–	–
	每股资本公积金(元)	1.4296	1.0481	1.0791	3.9382
	每股盈余公积金(元)	0.1515	0.1372	0.1101	0.2159
	每股未分配利润(元)	1.2140	1.1372	1.0652	1.7683
	每股现金净流量(元)	–0.1726	0.1580	0.1891	0.2372
	每股经营现金净流量(元)	0.7106	0.4369	0.0787	0.9668
	净资产收益率(扣除)(%)	–	–	–	2.0400
	净资产收益率(%)	8.9800	14.0000	11.2400	14.4900
	总资产(万)	232211.20	209146.42	245463.91	218313.52
	股东权益(万)	122426.21	107049.47	104903.52	125539.47
	主营业务收入(万)	–	–	–	–
	主营业务利润(万)	–	–	–	–
	营业务收入(万)	109648.96	259101.50	161133.98	240038.82
	营业务利润(万)	15914.59	21386.48	17067.69	25567.64
	投资收益(万)	–	–	–	–
	利润总额(万)	16922.39	22442.72	17713.29	25778.92
	净利润(万)	10998.52	14984.82	11787.83	16164.01

浙江凯恩特种材料股份有限公司

公司概况	公司名称	浙江凯恩特种材料股份有限公司			证券简称	凯恩股份	
	法人代表	计皓	董秘	田智强	证券代码	002012	
	公司网址	www.zjkan.com		电子信箱	kan@public.lsppt.zj.cn		
	电　话	0578-8128682		传　真	0578-8123717		
	办公地址	浙江省丽水市遂昌县凯恩路108号					
	经营范围	电子材料、纸及纸制品的制造、加工、销售,造纸原料、化工产品的销售等					

主要财务指标	指标\报告期	2009.06.30	2008.12.31	2008.06.30	2007.12.31
	每股收益(元)	0.0900	0.1100	0.0900	–0.0800
	每股收益(扣除)(元)	0.0800	0.0200	0.0100	–0.1900
	每股净资产(元)	1.6900	1.8200	1.8000	1.7100
	调整后每股净资产(元)	–	–	–	–
	每股资本公积金(元)	0.1611	0.4245	0.4245	0.4245
	每股盈余公积金(元)	0.1653	0.1589	0.1543	0.1543
	每股未分配利润(元)	0.3678	0.2366	0.2219	0.1269
	每股现金净流量(元)	–0.1152	0.0655	–0.0170	–0.0636
	每股经营现金净流量(元)	0.0301	0.2752	0.0582	0.2383
	净资产收益率(扣除)(%)	–	–	–	–11.1300
	净资产收益率(%)	5.2864	6.2800	5.2700	–4.9500
	总资产(万)	99759.06	73100.12	70862.06	69627.57
	股东权益(万)	32999.99	35453.58	35075.74	33225.78
	主营业务收入(万)	–	–	–	–
	主营业务利润(万)	–	–	–	–
	营业务收入(万)	24356.04	38499.68	18310.10	34494.09
	营业务利润(万)	2176.38	2595.41	2120.95	–2202.14
	投资收益(万)	–	–	–	–
	利润总额(万)	2353.60	2958.89	2184.12	–1230.00
	净利润(万)	1744.52	2227.80	1849.96	–1646.20

湖北中航精机科技股份有限公司

公司概况	公司名称	湖北中航精机科技股份有限公司			证券简称	中航精机	
	法人代表	王承海	董秘	张晓洁	证券代码	002013	
	公司网址	www.hapm.cn		电子信箱	sd308@hapm.cn		
	电　话	0710-3345045、3345433		传　真	0710-3345024		
	办公地址	湖北省襄樊市高新技术开发区追日路8号					
	经营范围	座椅精密调节装置、各类精冲制品、精密冲压模具的研究、设计、开发、制造和销售等					

主要财务指标	指标\报告期	2009.06.30	2008.12.31	2008.06.30	2007.12.31
	每股收益(元)	0.1120	0.2100	0.1220	0.2200
	每股收益(扣除)(元)	0.1070	0.1900	0.1220	0.1900
	每股净资产(元)	3.2600	3.8200	3.7300	5.4200
	调整后每股净资产(元)	–	–	–	–
	每股资本公积金(元)	1.7899	2.1478	2.1481	3.7218
	每股盈余公积金(元)	0.1084	0.1300	0.1079	0.1619
	每股未分配利润(元)	0.3597	0.5468	0.4781	0.5340
	每股现金净流量(元)	0.1257	–0.4122	–0.1514	1.4782
	每股经营现金净流量(元)	0.0557	0.2460	0.0074	0.0867
	净资产收益率(扣除)(%)	–	–	–	4.6700
	净资产收益率(%)	3.4480	5.5700	3.2700	5.5800
	总资产(万)	68761.58	62401.30	61156.69	57046.15
	股东权益(万)	41870.17	40962.10	39992.45	38681.93
	主营业务收入(万)	–	–	–	–
	主营业务利润(万)	–	–	–	–
	营业务收入(万)	19149.82	35626.85	18808.27	28502.81
	营业务利润(万)	1473.98	1932.77	1749.55	1753.11
	投资收益(万)	–	–	–	–
	利润总额(万)	1551.10	2252.91	1773.05	2167.91
	净利润(万)	1443.57	2280.17	1307.77	2160.19

黄山永新股份有限公司

公司概况	公司名称	黄山永新股份有限公司			证券简称	永新股份
	法人代表	江继忠	董秘	方洲	证券代码	002014
	公司网址	www.novel.com.cn		电子信箱	7878@novel.com.cn	
	电　话	0559-3517878、3514242		传　真	0559-3516357	
	办公地址	安徽省黄山市徽州区徽州东路188号				
	经营范围	生产真空镀膜、塑胶彩印复合软包装材料，生产和销售自产的新型药品包装材料等				

主要财务指标	指标\报告期	2009.06.30	2008.12.31	2008.06.30	2007.12.31
	每股收益(元)	0.2800	0.4900	0.2200	0.4200
	每股收益(扣除)(元)	0.2700	0.4900	0.2400	0.3800
	每股净资产(元)	4.4600	4.4200	4.1400	4.2000
	调整后每股净资产(元)	–	–	–	–
	每股资本公积金(元)	2.4089	2.4002	2.3914	2.3579
	每股盈余公积金(元)	0.3089	0.3089	0.2706	0.2737
	每股未分配利润(元)	0.7445	0.7137	0.4810	0.5697
	每股现金净流量(元)	–0.1477	0.3666	–0.4455	1.2636
	每股经营现金净流量(元)	0.3361	1.0862	–0.1783	0.6101
	净资产收益率(扣除)(%)	–	11.1700	–	8.4100
	净资产收益率(%)	6.2900	11.0500	5.2600	9.3100
	总资产(万)	92743.34	91060.35	90023.45	84579.91
	股东权益(万)	62115.61	61566.57	57670.18	57816.64
	主营业务收入(万)	–	–	–	–
	主营业务利润(万)	–	–	–	–
	营业务收入(万)	53216.81	121942.81	59955.92	104557.07
	营业务利润(万)	4893.60	8302.71	4140.63	6943.17
	投资收益(万)	–	–	–	–
	利润总额(万)	4909.04	8421.38	4110.65	6917.04
	净利润(万)	3907.88	6805.02	3031.78	5381.14

江苏霞客环保色纺股份有限公司

公司概况	公司名称	江苏霞客环保色纺股份有限公司			证券简称	霞客环保
	法人代表	陈建忠	董秘	邓鹤庭	证券代码	002015
	公司网址	www.chinaxiake.com		电子信箱	mazhendht2020@163.com	
	电　话	0510-86520112		传　真	0510-86520112、86520126	
	办公地址	江苏省江阴市霞客镇马镇东街7号				
	经营范围	废弃聚酯、和其他塑料的综合处理、销售及在差别化、纳米功能性纤维、纱等				

主要财务指标	指标\报告期	2009.06.30	2008.12.31	2008.06.30	2007.12.31
	每股收益(元)	0.0600	0.0800	0.1550	0.2600
	每股收益(扣除)(元)	0.0500	0.0400	0.1330	0.1900
	每股净资产(元)	1.9800	1.9500	2.0200	3.2200
	调整后每股净资产(元)	–	–	–	–
	每股资本公积金(元)	0.0899	0.0899	0.0899	0.6528
	每股盈余公积金(元)	0.0932	0.0932	0.0916	0.1557
	每股未分配利润(元)	0.7928	0.7629	0.8375	1.4098
	每股现金净流量(元)	0.0766	–0.0748	0.3545	–0.1910
	每股经营现金净流量(元)	0.0079	0.8056	0.1479	0.3367
	净资产收益率(扣除)(%)	–	–	–	11.0300
	净资产收益率(%)	3.0300	4.2300	7.6900	13.5100
	总资产(万)	132711.35	130117.28	123087.28	81624.54
	股东权益(万)	33806.08	33293.66	34542.36	32388.85
	主营业务收入(万)	–	–	–	–
	主营业务利润(万)	–	–	–	–
	营业务收入(万)	56847.81	110457.96	45211.95	75926.75
	营业务利润(万)	1184.77	1239.98	3166.39	5206.28
	投资收益(万)	–	–	–	–
	利润总额(万)	1405.92	2082.89	3825.83	6475.97
	净利润(万)	1025.69	1408.00	2656.70	4375.73

广东世荣兆业股份有限公司

公司概况	公司名称	广东世荣兆业股份有限公司			证券简称	世荣兆业
	法人代表	梁家荣	董秘	郑泽涛	证券代码	002016
	公司网址	www.china-well.com		电子信箱	ZZT777@sohu.com	
	电　话	0756-5888886		传　真	0756-5888818	
	办公地址	广东省珠海市斗门区井岸镇珠峰大道288号1区17号楼				
	经营范围	房地产开发经营；房产租赁；建筑材料销售；日用品、电器、机械产品的批发零售				

主要财务指标	指标\报告期	2009.06.30	2008.12.31	2008.06.30	2007.12.31
	每股收益(元)	0.0662	0.2200	0.4100	0.1800
	每股收益(扣除)(元)	0.0566	0.2000	–	–0.0900
	每股净资产(元)	1.5600	1.8000	3.5600	9.7200
	调整后每股净资产(元)	–	–	–	–
	每股资本公积金(元)	0.1333	0.3600	1.7199	7.4027
	每股盈余公积金(元)	0.0204	0.0245	0.0489	0.1486
	每股未分配利润(元)	0.4085	0.4107	0.7923	1.1678
	每股现金净流量(元)	0.0537	–0.2390	–0.4621	0.7602
	每股经营现金净流量(元)	–0.6087	–0.5107	–0.9580	–5.5647
	净资产收益率(扣除)(%)	–	–	–	–5.3900
	净资产收益率(%)	4.2400	12.1700	11.4600	11.5300
	总资产(万)	173700.32	145692.43	149725.71	162298.84
	股东权益(万)	72092.41	69038.66	68478.05	61512.68
	主营业务收入(万)	–	–	–	–
	主营业务利润(万)	–	–	–	–
	营业务收入(万)	21719.25	72043.93	56599.87	12678.91
	营业务利润(万)	5683.99	15241.66	12621.76	10631.34
	投资收益(万)	–	–	–	–
	利润总额(万)	5686.40	16696.30	13828.12	11790.93
	净利润(万)	3053.75	8405.11	7844.51	7090.98

东信和平智能卡股份有限公司

公司概况	公司名称	东信和平智能卡股份有限公司			证券简称	东信和平
	法人代表	周忠国	董秘	张晓川	证券代码	002017
	公司网址	www.eastcompeace.com		电子信箱	eastcompeace@eastcompeace.com	
	电　话	0756-8682893		传　真	0756-8682166	
	办公地址	广东省珠海市南屏科技工业园屏工中路8号				
	经营范围	通信、银行、公共事业等各领域磁条卡、智能卡产品及相关读写机具等				

主要财务指标	指标\报告期	2009.06.30	2008.12.31	2008.06.30	2007.12.31
	每股收益(元)	0.1404	0.2740	0.1600	0.2658
	每股收益(扣除)(元)	0.1400	0.2309	0.1600	0.2336
	每股净资产(元)	3.2200	3.0800	2.9700	3.6455
	调整后每股净资产(元)	–	–	–	–
	每股资本公积金(元)	1.0002	1.0002	1.0002	1.6003
	每股盈余公积金(元)	0.2729	0.2729	0.2480	0.3224
	每股未分配利润(元)	0.9444	0.8040	0.7185	0.7214
	每股现金净流量(元)	0.2556	0.1372	–0.0147	–0.7914
	每股经营现金净流量(元)	0.3644	0.2432	–0.0321	0.1139
	净资产收益率(扣除)(%)	–	–	–	8.3300
	净资产收益率(%)	4.3600	8.9100	5.5200	9.4800
	总资产(万)	67884.20	65900.91	69068.23	62309.61
	股东权益(万)	49366.50	47213.54	45521.08	43031.49
	主营业务收入(万)	–	–	–	–
	主营业务利润(万)	–	–	–	–
	营业务收入(万)	37004.94	83862.41	45090.87	77153.69
	营业务利润(万)	2611.88	3050.95	2348.29	4231.63
	投资收益(万)	–	–	–	–
	利润总额(万)	2630.29	4743.02	2858.28	4674.64
	净利润(万)	2154.66	4205.21	2510.88	4079.37

安徽华星化工股份有限公司

公司概况						
	公司名称	安徽华星化工股份有限公司			证券简称	华星化工
	法人代表	谢平	董秘	李辉	证券代码	002018
	公司网址	www.huaxingchem.com		电子信箱	hxinfo@huaxingchem.com	
	电话	0565-5393908、025-84676708		传真	0565-5390578	
	办公地址	安徽省巢湖市和县乌江镇				
	经营范围	农药、化工产品生产、销售等				

主要财务指标	指标\报告期	2009.06.30	2008.12.31	2008.06.30	2007.12.31
	每股收益(元)	0.1600	1.1200	1.0300	0.4200
	每股收益(扣除)(元)	0.1600	1.1200	1.0400	0.4200
	每股净资产(元)	2.8900	4.1400	4.0500	4.0200
	调整后每股净资产(元)	–	–	–	–
	每股资本公积金(元)	0.4235	1.1353	1.1328	1.7726
	每股盈余公积金(元)	0.1800	0.3531	0.1635	0.2114
	每股未分配利润(元)	1.2090	1.6556	1.7562	1.0376
	每股现金净流量(元)	0.4228	–0.5351	0.1563	0.7190
	每股经营现金净流量(元)	–0.1775	0.7269	0.5546	0.6743
	净资产收益率(扣除)(%)	–	–	–	13.4600
	净资产收益率(%)	5.5400	26.9200	25.3300	13.5000
	总资产(万)	154083.79	128491.99	141069.42	106415.01
	股东权益(万)	70738.14	67650.60	66157.97	50502.89
	主营业务收入(万)	–	–	–	–
	主营业务利润(万)	–	–	–	–
	营业务收入(万)	43301.09	138233.28	92402.69	84832.58
	营业务利润(万)	4880.62	20805.48	22818.41	7986.60
	投资收益(万)	–	–	–	–
	利润总额(万)	4893.74	20738.84	22520.15	8003.36
	净利润(万)	3917.53	18212.59	16760.09	6819.65

浙江杭州鑫富药业股份有限公司

公司概况						
	公司名称	浙江杭州鑫富药业股份有限公司			证券简称	鑫富药业
	法人代表	过鑫富	董秘	周群林	证券代码	002019
	公司网址	www.xinfupharm.com		电子信箱	zhouql@xinfupharm.com	
	电话	0571-63759205、63807806		传真	0571-63759225	
	办公地址	浙江省临安市锦城街道琴山50号				
	经营范围	精细化工产品、食品添加剂和饲料添加剂、泛酸钙等				

主要财务指标	指标\报告期	2009.06.30	2008.12.31	2008.06.30	2007.12.31
	每股收益(元)	0.1000	0.2200	0.3600	1.2600
	每股收益(扣除)(元)	0.0700	0.2500	0.3500	1.2500
	每股净资产(元)	2.9900	2.9900	3.1300	2.8700
	调整后每股净资产(元)	–	–	–	–
	每股资本公积金(元)	0.1828	0.1828	0.1817	0.1817
	每股盈余公积金(元)	0.2518	0.2518	0.2326	0.2326
	每股未分配利润(元)	1.5530	1.5528	1.7158	1.4562
	每股现金净流量(元)	–0.0957	–0.2448	–0.0492	0.1398
	每股经营现金净流量(元)	0.2458	0.4359	0.5671	1.3014
	净资产收益率(扣除)(%)	–	–	–	43.5900
	净资产收益率(%)	3.3600	7.2200	11.4900	43.7900
	总资产(万)	88088.68	85626.58	92287.39	88441.71
	股东权益(万)	57091.81	57087.31	59814.71	54854.61
	主营业务收入(万)	–	–	–	–
	主营业务利润(万)	–	–	–	–
	营业务收入(万)	19610.09	47992.26	29599.37	76474.16
	营业务利润(万)	1592.35	5559.67	9061.73	35025.80
	投资收益(万)	–	–	–	–
	利润总额(万)	2186.51	4886.67	9183.56	34873.56
	净利润(万)	1915.50	4123.70	6871.11	24018.93

浙江京新药业股份有限公司

公司概况						
	公司名称	浙江京新药业股份有限公司			证券简称	京新药业
	法人代表	吕钢	董秘	徐小明	证券代码	002020
	公司网址	www.jingxinpharm.com		电子信箱	stock@jingxinpharm.com	
	电话	0575-86176531		传真	0575-86096898	
	办公地址	浙江省新昌县城关镇大道东路800号				
	经营范围	大容量注射剂、粉针剂、片剂、硬胶囊剂、颗粒剂、干混悬剂等				

主要财务指标	指标\报告期	2009.06.30	2008.12.31	2008.06.30	2007.12.31
	每股收益(元)	0.0160	–0.1750	0.0070	0.0150
	每股收益(扣除)(元)	–0.0010	–0.2620	–0.0410	–0.0740
	每股净资产(元)	2.9640	2.9470	2.9440	2.9360
	调整后每股净资产(元)	–	–	–	–
	每股资本公积金(元)	1.2892	1.2892	1.1037	1.1037
	每股盈余公积金(元)	0.1610	0.1610	0.1463	0.1463
	每股未分配利润(元)	0.5134	0.4970	0.6936	0.6863
	每股现金净流量(元)	0.4741	–0.2238	–0.2933	0.2262
	每股经营现金净流量(元)	0.7122	0.2953	0.1486	–0.8626
	净资产收益率(扣除)(%)	–	–	–	–2.5230
	净资产收益率(%)	0.5533	–5.9240	0.2500	0.5000
	总资产(万)	104421.63	95308.41	110164.30	101578.58
	股东权益(万)	30095.49	29928.95	29892.65	29817.93
	主营业务收入(万)	–	–	–	–
	主营业务利润(万)	–	–	–	–
	营业务收入(万)	24840.20	51030.56	22955.85	56521.73
	营业务利润(万)	–27.32	–2033.18	–512.53	–996.06
	投资收益(万)	–	–	–	–
	利润总额(万)	179.70	–1025.11	144.65	211.21
	净利润(万)	166.53	–1772.98	74.72	150.38

中捷缝纫机股份有限公司

公司概况						
	公司名称	中捷缝纫机股份有限公司			证券简称	中捷股份
	法人代表	李瑞元	董秘	崔岩峰	证券代码	002021
	公司网址	www.zoje.com		电子信箱	cyf@zoje.com	
	电话	0576-87338207		传真	0576-87338900	
	办公地址	浙江省台州市玉环县珠港镇陈屿北山村				
	经营范围	缝纫机、缝纫机配件、缝纫机铸件制造，经营本企业自产机电产品等				

主要财务指标	指标\报告期	2009.06.30	2008.12.31	2008.06.30	2007.12.31
	每股收益(元)	–0.0300	0.0300	0.0800	0.3300
	每股收益(扣除)(元)	–0.0300	–0.0500	0.0200	0.2400
	每股净资产(元)	2.1000	3.8200	3.8700	3.9300
	调整后每股净资产(元)	–	–	–	–
	每股资本公积金(元)	0.7040	2.0671	2.0671	2.0421
	每股盈余公积金(元)	0.0753	0.1355	0.1353	0.1389
	每股未分配利润(元)	0.3160	0.6141	0.6628	0.7523
	每股现金净流量(元)	0.1163	0.5109	0.3102	1.2212
	每股经营现金净流量(元)	0.2324	0.9879	0.5022	0.2234
	净资产收益率(扣除)(%)	–	–	–	5.5900
	净资产收益率(%)	–1.1999	0.7200	1.9600	7.5100
	总资产(万)	184357.62	165623.43	168813.66	162756.48
	股东权益(万)	93917.17	95044.12	96251.60	95445.11
	主营业务收入(万)	–	–	–	–
	主营业务利润(万)	–	–	–	–
	营业务收入(万)	20771.10	52604.29	31437.18	82852.22
	营业务利润(万)	–485.06	–534.19	665.90	8193.13
	投资收益(万)	–	–	–	–
	利润总额(万)	–471.16	1466.20	2404.63	9570.96
	净利润(万)	–1126.95	680.20	1887.68	7170.32

上海科华生物工程股份有限公司

公司概况						
	公司名称	上海科华生物工程股份有限公司			证券简称	科华生物
	法人代表	唐伟国	董秘	单莹	证券代码	002022
	公司网址	www.skhb.com		电子信箱	kehua@skhb.com	
	电　话	021-64850088		传　真	021-64851044	
	办公地址	上海市钦州北路1189号				
	经营范围	生化试剂、临床诊断试剂、医疗器械,兽用针剂、生化试剂检验用具等				

主要财务指标	指标\报告期	2009.06.30	2008.12.31	2008.06.30	2007.12.31
	每股收益(元)	0.2398	0.5263	0.2600	0.3700
	每股收益(扣除)(元)	0.2231	0.4232	0.2400	0.3500
	每股净资产(元)	1.5800	1.9478	1.6800	2.1800
	调整后每股净资产(元)	–	–	–	–
	每股资本公积金(元)	0.0450	0.1584	0.1584	0.3377
	每股盈余公积金(元)	0.1514	0.1968	0.1522	0.2283
	每股未分配利润(元)	0.3880	0.5926	0.3676	0.6168
	每股现金净流量(元)	0.1184	0.2920	0.0560	0.3942
	每股经营现金净流量(元)	0.2382	0.4362	0.1546	0.5368
	净资产收益率(扣除)(%)	–	–	–	24.2900
	净资产收益率(%)	15.1400	27.0200	15.2800	25.7000
	总资产(万)	80623.95	73731.16	66593.75	61264.22
	股东权益(万)	64992.06	61466.01	52960.29	45921.28
	主营业务收入(万)	–	–	–	–
	主营业务利润(万)	–	–	–	–
	营业务收入(万)	28964.76	48711.63	23087.39	39909.60
	营业务利润(万)	10691.48	17163.66	9160.91	13766.22
	投资收益(万)	–	–	–	–
	利润总额(万)	11477.81	20102.15	9841.99	14595.05
	净利润(万)	9837.30	16607.57	8090.88	11799.73

四川海特高新技术股份有限公司

公司概况						
	公司名称	四川海特高新技术股份有限公司			证券简称	海特高新
	法人代表	李飚	董秘	郑德华	证券代码	002023
	公司网址	www.schtgx.com		电子信箱	htgx@schtgx.com	
	电　话	028-85131440		传　真	028-85158567	
	办公地址	四川省成都市高新区高朋大道21号				
	经营范围	飞机机载无线电、仪表、电气设备的维修;开展电缆,电视设备,电子等				

主要财务指标	指标\报告期	2009.06.30	2008.12.31	2008.06.30	2007.12.31
	每股收益(元)	0.1500	0.1900	0.1000	0.2000
	每股收益(扣除)(元)	0.1500	0.1700	0.1000	0.1800
	每股净资产(元)	2.8400	2.7900	2.7000	4.1600
	调整后每股净资产(元)	–	–	–	–
	每股资本公积金(元)	0.7617	0.7617	0.7575	1.8119
	每股盈余公积金(元)	0.1809	0.1809	0.1621	0.2594
	每股未分配利润(元)	0.8958	0.8478	0.7757	1.0863
	每股现金净流量(元)	–0.1820	0.3449	–0.0517	0.0415
	每股经营现金净流量(元)	–0.0105	0.0070	0.0287	0.3188
	净资产收益率(扣除)(%)	–	–	–	7.0000
	净资产收益率(%)	5.2200	6.7200	3.5900	7.7100
	总资产(万)	85939.94	73610.58	62072.76	57487.38
	股东权益(万)	53400.95	52496.64	50709.37	48887.94
	主营业务收入(万)	–	–	–	–
	主营业务利润(万)	–	–	–	–
	营业务收入(万)	10723.90	20548.07	11230.71	19115.68
	营业务利润(万)	2811.32	2987.92	1544.19	3281.92
	投资收益(万)	–	–	–	–
	利润总额(万)	3024.17	3467.40	1758.70	4445.05
	净利润(万)	2785.70	3529.39	1821.43	3771.52

苏宁电器股份有限公司

公司概况						
	公司名称	苏宁电器股份有限公司			证券简称	苏宁电器
	法人代表	张近东	董秘	任峻	证券代码	002024
	公司网址	www.cnsuning.com		电子信箱	stock@cnsuning.com	
	电　话	025-84418888、888155		传　真	025-84467008	
	办公地址	江苏省南京市淮海路68号				
	经营范围	互联网信息服务,音像制品直营连锁经营等				

主要财务指标	指标\报告期	2009.06.30	2008.12.31	2008.06.30	2007.12.31
	每股收益(元)	0.2800	0.7400	0.7600	0.5100
	每股收益(扣除)(元)	0.2804	0.7400	0.7400	0.5200
	每股净资产(元)	2.2200	2.9300	5.2500	3.2100
	调整后每股净资产(元)	–	–	–	–
	每股资本公积金(元)	0.0421	0.3632	1.7263	0.1496
	每股盈余公积金(元)	0.0812	0.1218	0.1497	0.1553
	每股未分配利润(元)	1.0947	1.4492	2.3772	1.9026
	每股现金净流量(元)	0.7713	1.1342	0.9840	1.3860
	每股经营现金净流量(元)	0.9301	1.2769	0.7192	2.4256
	净资产收益率(扣除)(%)	–	–	–	32.2500
	净资产收益率(%)	12.7100	24.7300	14.0100	31.6900
	总资产(万)	2780938.60	2161852.70	2408117.50	1622965.10
	股东权益(万)	995091.80	877595.70	785612.50	462356.20
	主营业务收入(万)	–	–	–	–
	主营业务利润(万)	–	–	–	–
	营业务收入(万)	2733385.80	4989670.90	2591929.90	4015237.10
	营业务利润(万)	170240.30	296437.40	150759.60	225006.00
	投资收益(万)	–	–	–	–
	利润总额(万)	171349.60	295087.30	150492.40	224135.80
	净利润(万)	126469.30	217018.90	110080.80	146542.60

贵州航天电器股份有限公司

公司概况						
	公司名称	贵州航天电器股份有限公司			证券简称	航天电器
	法人代表	曹军	董秘	武玉平	证券代码	002025
	公司网址	www.gzhtdq.com.cn		电子信箱	wyp@gzhtdq.com.cn	
	电　话	0851-8697168、8697026		传　真	0851-8697000	
	办公地址	贵州省贵阳市小河区红河路7号				
	经营范围	电器、电机、电源、仪器、仪表、遥测遥控设备、伺服控制系统等的研制、生产和销售等				

主要财务指标	指标\报告期	2009.06.30	2008.12.31	2008.06.30	2007.12.31
	每股收益(元)	0.1500	0.3000	0.1400	0.2800
	每股收益(扣除)(元)	0.1300	0.2900	0.1500	0.2800
	每股净资产(元)	3.4700	3.3200	3.1600	6.1300
	调整后每股净资产(元)	–	–	–	–
	每股资本公积金(元)	1.2799	1.2799	1.2749	3.2498
	每股盈余公积金(元)	0.3125	0.3125	0.2643	0.5286
	每股未分配利润(元)	0.8758	0.7268	0.6215	1.3558
	每股现金净流量(元)	–0.0984	–0.0787	–0.3104	2.8509
	每股经营现金净流量(元)	0.0058	0.1311	–0.1059	0.2690
	净资产收益率(扣除)(%)	–	–	–	8.6100
	净资产收益率(%)	4.2938	8.9500	4.5400	8.6900
	总资产(万)	172031.29	165600.19	157270.19	136761.40
	股东权益(万)	114447.05	109532.96	104301.51	101213.30
	主营业务收入(万)	–	–	–	–
	主营业务利润(万)	–	–	–	–
	营业务收入(万)	26273.11	48696.38	24125.31	33842.97
	营业务利润(万)	5948.14	11846.76	6271.42	10950.30
	投资收益(万)	–	–	–	–
	利润总额(万)	6539.60	12712.70	6165.84	10979.99
	净利润(万)	4914.09	9804.99	4738.20	8791.91

山东威达机械股份有限公司

公司概况					
公司名称	山东威达机械股份有限公司			证券简称	山东威达
法人代表	杨桂模	董秘	宋战友	证券代码	002026
公司网址	www.weidapeacock.com		电子信箱	weida@weidapeacock.com	
电　话	0631-8549156		传　真	0631-8545388、8545018	
办公地址	山东省文登市苘山镇中韩路 2 号				
经营范围	钻夹头及配件、粉末冶金配件、精密铸造、锯片、带锯条、卡盘,汽车转向螺杆、螺母等				

主要财务指标	2009.06.30	2008.12.31	2008.06.30	2007.12.31
指标\报告期	2009.06.30	2008.12.31	2008.06.30	2007.12.31
每股收益(元)	0.0683	0.2168	0.0853	0.3014
每股收益(扣除)(元)	0.0671	0.2080	0.0824	0.2440
每股净资产(元)	3.7410	3.7327	3.6089	3.6158
调整后每股净资产(元)	–	–	–	–
每股资本公积金(元)	1.4932	1.4932	1.4931	1.4931
每股盈余公积金(元)	0.2379	0.2379	0.2159	0.2159
每股未分配利润(元)	1.0099	–	0.9000	–
每股现金净流量(元)	0.1859	0.3675	–0.1296	–0.3713
每股经营现金净流量(元)	0.2660	0.6641	0.0416	0.1184
净资产收益率(扣除)(%)	–	–	–	7.3300
净资产收益率(%)	1.8270	5.8100	2.3640	8.3300
总资产(万)	66793.86	60354.42	58771.77	64200.93
股东权益(万)	50503.54	50391.04	48720.72	48812.87
主营业务收入(万)	–	–	–	–
主营业务利润(万)	–	–	–	–
营业务收入(万)	16725.74	38490.35	18156.06	38612.55
营业务利润(万)	1016.62	3368.46	1463.03	4583.16
投资收益(万)	–	–	–	–
利润总额(万)	1036.69	3506.82	1515.75	4655.33
净利润(万)	922.50	2926.20	1151.58	4068.47

七喜控股股份有限公司

公司概况					
公司名称	七喜控股股份有限公司			证券简称	七喜控股
法人代表	易贤忠	董秘	廖健	证券代码	002027
公司网址	www.hedy.com.cn		电子信箱	hedy@hedy.com.cn	
电　话	020-82250627、32211423		传　真	020-32219262	
办公地址	广州高新技术产业开发区科学城科学大道 162 号 B3 区第三层 301 单元				
经营范围	研制、开发、生产、加工;计算机及配件、电子产品、通讯设备、传真机等				

主要财务指标	2009.06.30	2008.12.31	2008.06.30	2007.12.31
指标\报告期	2009.06.30	2008.12.31	2008.06.30	2007.12.31
每股收益(元)	0.0041	0.0100	0.0028	0.1700
每股收益(扣除)(元)	–0.0086	–0.0500	0.0210	0.0200
每股净资产(元)	2.3660	2.3600	2.3510	2.3500
调整后每股净资产(元)	–	–	–	–
每股资本公积金(元)	0.2186	0.2186	0.2186	0.2186
每股盈余公积金(元)	0.1609	0.1609	0.1594	0.1594
每股未分配利润(元)	0.9983	0.9942	0.9837	0.9809
每股现金净流量(元)	–0.1407	–0.0323	0.0864	–0.3978
每股经营现金净流量(元)	–0.1080	0.3716	0.0894	–0.2687
净资产收益率(扣除)(%)	–	–	–	0.9200
净资产收益率(%)	0.1700	0.6300	0.1200	7.3600
总资产(万)	106503.42	93991.01	128999.16	145447.45
股东权益(万)	71531.23	71409.81	71089.65	71115.75
主营业务收入(万)	–	–	–	–
主营业务利润(万)	–	–	–	–
营业务收入(万)	84562.03	203947.76	119990.60	303065.32
营业务利润(万)	199.40	–2730.48	128.86	4688.10
投资收益(万)	–	–	–	–
利润总额(万)	214.05	280.83	117.23	5473.35
净利润(万)	122.51	446.97	85.25	5232.39

思源电气股份有限公司

公司概况					
公司名称	思源电气股份有限公司			证券简称	思源电气
法人代表	董增平	董秘	林凌	证券代码	002028
公司网址	www.syec.com.cn		电子信箱	syec@syec.com.cn	
电　话	021-61610958		传　真	021-61610959	
办公地址	上海市闵行区华宁路 3399 号				
经营范围	电力自动化保护设备、电气设备、电力监测电力自动化保护设备等				

主要财务指标	2009.06.30	2008.12.31	2008.06.30	2007.12.31
指标\报告期	2009.06.30	2008.12.31	2008.06.30	2007.12.31
每股收益(元)	0.4600	1.2600	0.5100	1.0300
每股收益(扣除)(元)	0.2100	0.9600	0.2800	0.6900
每股净资产(元)	5.6500	7.8200	5.7100	10.3700
调整后每股净资产(元)	–	–	–	–
每股资本公积金(元)	2.3692	3.6990	2.3387	6.1912
每股盈余公积金(元)	0.1292	0.2068	0.1474	0.2359
每股未分配利润(元)	2.1556	2.9168	2.2254	2.9450
每股现金净流量(元)	0.0617	–0.4500	–0.8292	2.6467
每股经营现金净流量(元)	–0.0289	0.6937	–0.6054	0.5917
净资产收益率(扣除)(%)	–	–	–	10.1900
净资产收益率(%)	8.0900	16.1100	8.9200	15.2900
总资产(万)	340673.65	301803.46	250936.34	287314.52
股东权益(万)	248597.08	214963.96	156951.48	178140.21
主营业务收入(万)	–	–	–	–
主营业务利润(万)	–	–	–	–
营业务收入(万)	72870.57	152970.68	62052.41	119786.67
营业务利润(万)	23872.61	37203.37	17289.58	31583.28
投资收益(万)	–	–	–	–
利润总额(万)	24562.19	40305.59	18460.20	34104.95
净利润(万)	20118.88	34639.61	14006.82	27240.75

福建七匹狼实业股份有限公司

公司概况					
公司名称	福建七匹狼实业股份有限公司			证券简称	七匹狼
法人代表	周少雄	董秘	杨鹏慧	证券代码	002029
公司网址	www.spetwolves.com		电子信箱	yph@septwolves.com	
电　话	0595-85337739、85337745		传　真	0595-85337766	
办公地址	建省晋江市金井镇南工业区				
经营范围	服装服饰产品及服装原辅材料的研发设计、制造及销售;机绣制品等				

主要财务指标	2009.06.30	2008.12.31	2008.06.30	2007.12.31
指标\报告期	2009.06.30	2008.12.31	2008.06.30	2007.12.31
每股收益(元)	0.3340	0.5400	0.3000	0.3500
每股收益(扣除)(元)	0.3197	0.5500	0.3100	0.3200
每股净资产(元)	4.4600	4.2300	3.9800	5.5000
调整后每股净资产(元)	–	–	–	–
每股资本公积金(元)	1.9742	1.9742	1.9639	3.4317
每股盈余公积金(元)	0.1551	0.1551	0.1337	0.2006
每股未分配利润(元)	1.3342	1.1003	0.8823	0.8712
每股现金净流量(元)	0.7011	–0.4278	–0.1328	3.2412
每股经营现金净流量(元)	0.5507	0.6155	0.2817	1.0996
净资产收益率(扣除)(%)	–	–	–	7.9000
净资产收益率(%)	7.4800	12.7900	7.5800	8.5500
总资产(万)	189001.00	176588.38	143027.62	145541.74
股东权益(万)	126271.65	119652.65	112593.04	103795.03
主营业务收入(万)	–	–	–	–
主营业务利润(万)	–	–	–	–
营业务收入(万)	87970.53	165268.66	84474.21	87647.73
营业务利润(万)	12036.21	20585.25	11610.20	12237.33
投资收益(万)	–	–	–	–
利润总额(万)	12593.61	20247.23	11138.36	12336.24
净利润(万)	9448.00	15299.73	8529.86	8869.65

中山大学达安基因股份有限公司

公司概况	公司名称	中山大学达安基因股份有限公司			证券简称	达安基因
	法人代表	何蕴韶	董秘	张斌	证券代码	002030
	公司网址	www.daangene.com		电子信箱	web@daangene.com	
	电　　话	020-32290420		传　　真	020-32290231	
	办公地址	广东省广州市高新区科学城香山路19号				
	经营范围	研究体外诊断试剂及生物制品、保健食品、医疗设备、研究、开发、销售等				

主要财务指标	指标\报告期	2009.06.30	2008.12.31	2008.06.30	2007.12.31
	每股收益(元)	0.0900	0.1900	0.0900	0.1700
	每股收益(扣除)(元)	0.0800	0.1300	0.0800	0.1500
	每股净资产(元)	1.4300	1.6300	1.5300	2.4300
	调整后每股净资产(元)	–	–	–	–
	每股资本公积金(元)	0.1780	0.2135	0.2133	0.7413
	每股盈余公积金(元)	0.1213	0.1455	0.1233	0.1903
	每股未分配利润(元)	0.1294	0.2751	0.1890	0.5008
	每股现金净流量(元)	–0.0219	0.3042	0.2036	–0.3411
	每股经营现金净流量(元)	0.0520	0.1444	0.0061	0.0701
	净资产收益率(扣除)(%)	–	–	–	9.8300
	净资产收益率(%)	6.1900	11.9300	5.6800	11.4900
	总资产(万)	56293.34	52990.02	50859.68	42587.45
	股东权益(万)	34397.33	32788.34	30610.22	30503.07
	主营业务收入(万)	–	–	–	–
	主营业务利润(万)	–	–	–	–
	营业务收入(万)	14036.24	23920.41	11481.56	20713.81
	营业务利润(万)	2162.22	3447.75	1454.51	3967.76
	投资收益(万)	–	–	–	–
	利润总额(万)	2559.66	4790.14	1648.96	4295.83
	净利润(万)	2130.65	3910.78	1737.35	3503.64

广东巨轮模具股份有限公司

公司概况	公司名称	广东巨轮模具股份有限公司			证券简称	巨轮股份
	法人代表	吴潮忠	董秘	杨传楷	证券代码	002031
	公司网址	www.greatoo.com		电子信箱	greatoo@greatoo.com	
	电　　话	0663-3271838		传　　真	0663-3269266	
	办公地址	广东省揭东经济开发试验区5号路中段				
	经营范围	汽车子午线轮胎模具、汽车子午线轮胎设备的制造、销售及相关技术开发等				

主要财务指标	指标\报告期	2009.06.30	2008.12.31	2008.06.30	2007.12.31
	每股收益(元)	0.1369	0.2652	0.1318	0.3663
	每股收益(扣除)(元)	0.1242	0.2436	0.1298	0.3309
	每股净资产(元)	2.9900	2.9300	2.8000	2.7100
	调整后每股净资产(元)	–	–	–	–
	每股资本公积金(元)	0.6657	0.6656	0.6656	0.5996
	每股盈余公积金(元)	0.2266	0.2266	0.1999	0.2022
	每股未分配利润(元)	1.0945	1.0377	0.9299	0.9088
	每股现金净流量(元)	0.5473	–0.1697	–0.2230	0.5093
	每股经营现金净流量(元)	0.4074	0.5021	0.2693	0.3221
	净资产收益率(扣除)(%)	–	–	–	13.3700
	净资产收益率(%)	4.5800	9.0300	4.6900	13.3900
	总资产(万)	136900.74	126586.82	121484.63	123542.94
	股东权益(万)	72901.25	71512.35	68232.89	65425.85
	主营业务收入(万)	–	–	–	–
	主营业务利润(万)	–	–	–	–
	营业务收入(万)	18263.39	36639.62	17551.80	31569.88
	营业务利润(万)	2557.48	4752.77	2911.39	6549.56
	投资收益(万)	–	–	–	–
	利润总额(万)	3749.46	6702.09	3707.83	9463.23
	净利润(万)	3340.55	6458.81	3203.41	8759.78

浙江苏泊尔股份有限公司

公司概况	公司名称	浙江苏泊尔股份有限公司			证券简称	苏 泊 尔
	法人代表	苏显泽	董秘	叶继德	证券代码	002032
	公司网址	www.supor.com.cn		电子信箱	002032@supor.net	
	电　　话	0571-86858778		传　　真	0571-86858678	
	办公地址	浙江杭州高新技术产业区江晖路1772号苏泊尔大厦19楼				
	经营范围	厨房用具、不锈钢制品、日用五金、小型家电及炊具的制造、销售等				

主要财务指标	指标\报告期	2009.06.30	2008.12.31	2008.06.30	2007.12.31
	每股收益(元)	0.2800	0.5400	0.2300	0.4500
	每股收益(扣除)(元)	0.2700	0.4800	0.2300	0.4500
	每股净资产(元)	4.4267	4.3500	4.0197	7.5600
	调整后每股净资产(元)	–	–	–	–
	每股资本公积金(元)	1.8911	1.8911	1.8633	4.6389
	每股盈余公积金(元)	0.0607	0.0607	0.0383	0.0787
	每股未分配利润(元)	1.4884	1.4101	1.1302	1.8497
	每股现金净流量(元)	0.1742	0.1919	–0.2658	1.9445
	每股经营现金净流量(元)	0.4965	0.3202	–0.2820	0.7726
	净资产收益率(扣除)(%)	–	–	–	10.3700
	净资产收益率(%)	6.2900	12.2500	5.7300	10.5300
	总资产(万)	276022.31	265100.87	249649.94	236592.43
	股东权益(万)	196563.65	193060.67	178489.08	163334.00
	主营业务收入(万)	–	–	–	–
	主营业务利润(万)	–	–	–	–
	营业务收入(万)	178964.35	362247.27	177009.07	293370.29
	营业务利润(万)	19337.78	34363.74	15380.04	24432.75
	投资收益(万)	–	–	–	–
	利润总额(万)	19237.27	34641.60	15460.60	24219.56
	净利润(万)	12358.39	23650.70	10229.18	17193.96

丽江玉龙旅游股份有限公司

公司概况	公司名称	丽江玉龙旅游股份有限公司			证券简称	丽江旅游
	法人代表	王云	董秘	杨学禹	证券代码	002033
	公司网址	www.yulongtour.com		电子信箱	company@yulongtour.com	
	电　　话	0888-5105981、5306327		传　　真	0888-5306333	
	办公地址	云南省丽江市古城区香格里大道转台东侧丽江玉龙旅游大楼				
	经营范围	经营旅游索道及其他相关配套服务；对旅游、房地产、酒店、交通等				

主要财务指标	指标\报告期	2009.06.30	2008.12.31	2008.06.30	2007.12.31
	每股收益(元)	0.2200	0.4600	0.2200	0.6700
	每股收益(扣除)(元)	0.2300	0.4900	0.2200	0.6400
	每股净资产(元)	4.0400	3.9700	3.7300	3.5000
	调整后每股净资产(元)	–	–	–	–
	每股资本公积金(元)	1.2898	1.2898	1.2898	1.2898
	每股盈余公积金(元)	0.4723	0.4723	0.4280	0.4280
	每股未分配利润(元)	1.2786	1.2048	1.0095	0.7867
	每股现金净流量(元)	0.2533	0.2536	0.8821	–0.1344
	每股经营现金净流量(元)	0.3606	0.4535	–0.0112	0.9176
	净资产收益率(扣除)(%)	–	–	–	18.3900
	净资产收益率(%)	5.5400	11.6600	5.9800	19.1900
	总资产(万)	84459.99	69776.07	62610.99	48564.71
	股东权益(万)	40133.41	39400.52	37020.57	34807.43
	主营业务收入(万)	–	–	–	–
	主营业务利润(万)	–	–	–	–
	营业务收入(万)	7161.25	14611.76	6108.83	15433.93
	营业务利润(万)	2981.33	6116.18	2676.08	8954.07
	投资收益(万)	–	–	–	–
	利润总额(万)	2949.28	5879.85	2676.86	8648.60
	净利润(万)	2222.73	4593.09	2213.14	6678.29

浙江美欣达印染集团股份有限公司

公司概况	公司名称	浙江美欣达印染集团股份有限公司		证券简称	美欣达
	法人代表	单建明	董秘 刘昭和	证券代码	002034
	公司网址	www.mizuda.com	电子信箱	mxd@mizuda.net	
	电　话	0572-2619936	传　真	0572-2619937	
	办公地址	浙江省湖州市美欣达路 588 号			
	经营范围	经营进出口业务;各类纺织品及服装的印染、制造、加工、销售等			

主要财务指标	指标\报告期	2009.06.30	2008.12.31	2008.06.30	2007.12.31
	每股收益(元)	-0.0500	-0.7100	-0.1600	0.2800
	每股收益(扣除)(元)	-0.0500	-0.8800	-0.1900	-0.2200
	每股净资产(元)	4.7400	4.7800	5.3400	5.5000
	调整后每股净资产(元)	-	-	-	-
	每股资本公积金(元)	2.8315	2.8315	2.8315	2.8315
	每股盈余公积金(元)	0.2864	0.2864	0.2864	0.2864
	每股未分配利润(元)	0.6181	0.6658	1.2223	1.3775
	每股现金净流量(元)	0.2562	-0.3160	0.0977	0.4258
	每股经营现金净流量(元)	0.8873	1.1678	0.5094	0.1673
	净资产收益率(扣除)(%)	-	-	-	-3.9100
	净资产收益率(%)	-1.0100	-14.8800	-2.9100	5.1200
	总资产(万)	128414.46	123945.06	145492.70	148756.71
	股东权益(万)	38418.97	38805.63	43319.91	44578.85
	主营业务收入(万)	-	-	-	-
	主营业务利润(万)	-	-	-	-
	营业务收入(万)	46474.56	125726.83	64528.56	106538.89
	营业务利润(万)	-161.59	-6908.74	-1443.62	-1804.05
	投资收益(万)	-	-	-	-
	利润总额(万)	-97.84	-4572.26	-847.28	2612.96
	净利润(万)	-386.67	-5773.21	-1258.94	2280.92

中山华帝燃具股份有限公司

公司概况	公司名称	中山华帝燃具股份有限公司		证券简称	华帝股份
	法人代表	黄文枝	董秘 吴刚	证券代码	002035
	公司网址	www.vatti.com.cn	电子信箱	002035IR@vatti.com.cn	
	电　话	0760-22139888-8611	传　真	0760-22264283	
	办公地址	广东省中山市小榄镇小榄工业基地工业大道南华园路 1 号			
	经营范围	生产、销售燃气具系列产品,太阳能及类似能源器具等			

主要财务指标	指标\报告期	2009.06.30	2008.12.31	2008.06.30	2007.12.31
	每股收益(元)	-0.0700	-0.0600	0.0350	0.0900
	每股收益(扣除)(元)	-0.0700	-0.0800	0.0290	0.0800
	每股净资产(元)	1.7400	1.8100	1.9100	1.9200
	调整后每股净资产(元)	-	-	-	-
	每股资本公积金(元)	0.4822	0.4822	0.4822	0.4822
	每股盈余公积金(元)	0.1573	0.1573	0.1490	0.1490
	每股未分配利润(元)	0.0974	0.1900	0.2765	0.2920
	每股现金净流量(元)	0.2676	-0.3977	0.0437	-0.1430
	每股经营现金净流量(元)	0.1822	0.0056	-0.2501	0.3260
	净资产收益率(扣除)(%)	-	-	-	4.1500
	净资产收益率(%)	-4.1172	-3.5800	1.8100	4.4900
	总资产(万)	84360.57	81545.52	97372.12	86649.74
	股东权益(万)	29835.69	31064.09	32769.19	33035.30
	主营业务收入(万)	-	-	-	-
	主营业务利润(万)	-	-	-	-
	营业务收入(万)	55954.10	141343.17	67902.76	131105.72
	营业务利润(万)	-1296.76	-1052.96	934.26	2168.73
	投资收益(万)	-	-	-	-
	利润总额(万)	-1237.20	-692.44	1053.67	2298.71
	净利润(万)	-1228.40	-1112.35	592.75	1481.78

宁波宜科科技实业股份有限公司

公司概况	公司名称	宁波宜科科技实业股份有限公司		证券简称	宜科科技
	法人代表	石东明	董秘 穆泓	证券代码	002036
	公司网址	www.yakgroup.com	电子信箱	hrm@yakgroup.com	
	电　话	0574-88251123*219	传　真	0574-88253567	
	办公地址	浙江省宁波市鄞州区雅源南路 501 号			
	经营范围	服装辅料、服饰的研究、开发、制造、加工;服饰、服装辅料技术咨询等			

主要财务指标	指标\报告期	2009.06.30	2008.12.31	2008.06.30	2007.12.31
	每股收益(元)	0.0200	0.1300	0.1100	0.1200
	每股收益(扣除)(元)	0.0064	0.0400	0.0500	0.0900
	每股净资产(元)	1.6300	2.5200	2.6000	2.5000
	调整后每股净资产(元)	-	-	-	-
	每股资本公积金(元)	0.0938	0.6407	0.6407	0.6407
	每股盈余公积金(元)	0.1190	0.1785	0.1633	0.1633
	每股未分配利润(元)	0.4159	0.6968	0.7948	0.6951
	每股现金净流量(元)	-0.0672	-0.4908	-0.2518	0.0536
	每股经营现金净流量(元)	0.1149	0.0823	-0.0062	0.3865
	净资产收益率(扣除)(%)	-	-	-	3.5900
	净资产收益率(%)	1.4300	5.1000	4.2300	4.9200
	总资产(万)	60820.61	61439.02	59870.78	57073.87
	股东权益(万)	32941.21	33923.77	35040.38	33696.04
	主营业务收入(万)	-	-	-	-
	主营业务利润(万)	-	-	-	-
	营业务收入(万)	11579.96	29060.89	15606.94	29984.85
	营业务利润(万)	182.25	1308.99	1091.41	2875.79
	投资收益(万)	-	-	-	-
	利润总额(万)	642.69	2651.43	2078.01	3621.14
	净利润(万)	472.69	1731.54	1483.90	1657.95

贵州久联民爆器材发展股份有限公司

公司概况	公司名称	贵州久联民爆器材发展股份有限公司		证券简称	久联发展
	法人代表	周天爵	董秘 梁建新	证券代码	002037
	公司网址	www.julianfazhan.com	电子信箱	Ljx3616199@163.com	
	电　话	0851-6756941、6751504	传　真	0851-6756941、6748121	
	办公地址	贵阳市宝山北路 213 号			
	经营范围	民用爆破器材的研发、生产、销售;爆破工程施工及技术服务等			

主要财务指标	指标\报告期	2009.06.30	2008.12.31	2008.06.30	2007.12.31
	每股收益(元)	0.1700	0.3100	0.0400	0.3200
	每股收益(扣除)(元)	0.2300	0.2900	0.0300	0.3000
	每股净资产(元)	3.6900	3.9100	3.5700	3.9700
	调整后每股净资产(元)	-	-	-	-
	每股资本公积金(元)	1.5928	1.8492	1.8492	2.1341
	每股盈余公积金(元)	0.2758	0.4201	0.2640	0.3291
	每股未分配利润(元)	0.6654	0.6400	0.4583	0.5087
	每股现金净流量(元)	0.1458	0.2949	-0.2343	-0.7017
	每股经营现金净流量(元)	0.5443	0.7043	-0.1692	0.5669
	净资产收益率(扣除)(%)	-	-	-	8.3400
	净资产收益率(%)	4.7300	7.9900	1.1600	8.9800
	总资产(万)	101851.00	93657.50	81852.25	79185.50
	股东权益(万)	49067.32	47302.86	43214.64	43690.10
	主营业务收入(万)	-	-	-	-
	主营业务利润(万)	-	-	-	-
	营业务收入(万)	50499.84	85989.11	36228.99	65528.66
	营业务利润(万)	5192.38	8631.25	1632.16	7570.28
	投资收益(万)	-	-	-	-
	利润总额(万)	4944.19	9143.30	1856.22	7902.17
	净利润(万)	2321.63	3781.42	500.73	3925.21

北京双鹭药业股份有限公司

公司概况	公司名称	北京双鹭药业股份有限公司			证券简称	双鹭药业
	法人代表	徐明波	董秘	梁淑洁	证券代码	002038
	公司网址	www.slpharm.com.cn		电子信箱	lsj268@vip.sina.com	
	电 话	010-88799370		传 真	010-88795883	
	办公地址	北京市八大处高科技园中园路9号				
	经营范围	片剂、胶囊剂、颗粒剂、软胶囊剂、冻干粉针剂、粉针类等				

主要财务指标	指标\报告期	2009.06.30	2008.12.31	2008.06.30	2007.12.31
	每股收益(元)	0.4765	0.8770	0.3870	0.5427
	每股收益(扣除)(元)	0.4450	0.9006	0.4037	0.3618
	每股净资产(元)	3.3480	3.0600	2.5670	4.4400
	调整后每股净资产(元)	–	–	–	–
	每股资本公积金(元)	0.1284	0.1208	0.1160	1.2118
	每股盈余公积金(元)	0.2255	0.2255	0.1619	0.3238
	每股未分配利润(元)	1.9946	1.7150	1.2889	1.9030
	每股现金净流量(元)	–0.1242	0.6600	0.2449	1.2582
	每股经营现金净流量(元)	0.3867	0.7823	0.3937	0.7115
	净资产收益率(扣除)(%)	–	–	–	16.3000
	净资产收益率(%)	14.2300	28.6500	15.0900	24.4500
	总资产(万)	88660.22	78851.62	67763.48	58663.49
	股东权益(万)	83176.11	76040.91	63758.86	55127.20
	主营业务收入(万)	–	–	–	–
	主营业务利润(万)	–	–	–	–
	营业务收入(万)	16979.25	35800.29	15899.78	23753.10
	营业务利润(万)	12962.12	22899.68	10291.06	13945.02
	投资收益(万)	–	–	–	–
	利润总额(万)	13370.96	23598.26	10626.16	14908.36
	净利润(万)	11837.11	21785.87	9623.35	13480.06

贵州黔源电力股份有限公司

公司概况	公司名称	贵州黔源电力股份有限公司			证券简称	黔源电力
	法人代表	张志孝	董秘	刘明达	证券代码	002039
	公司网址	www.gzqydl.cn		电子信箱	bgs@qydl.sina.net	
	电 话	0851-5592187、5596623		传 真	0851-5596935、5596625	
	办公地址	贵阳市机场路5号黔源大厦				
	经营范围	开发、经营水、火电站及其电力工程;从事为电力行业服务的各种机电设备等				

主要财务指标	指标\报告期	2009.06.30	2008.12.31	2008.06.30	2007.12.31
	每股收益(元)	–0.5500	0.8589	–0.1700	0.0992
	每股收益(扣除)(元)	–0.5607	0.8772	–0.1700	0.0992
	每股净资产(元)	3.4700	4.2862	3.3200	3.5901
	调整后每股净资产(元)	–	–	–	–
	每股资本公积金(元)	1.5897	1.5975	1.6605	1.6603
	每股盈余公积金(元)	0.4055	0.4055	0.3804	0.3804
	每股未分配利润(元)	0.4790	1.0867	0.2770	0.5493
	每股现金净流量(元)	0.3573	2.2824	0.0391	–0.1098
	每股经营现金净流量(元)	1.2786	4.1161	0.4105	1.6261
	净资产收益率(扣除)(%)	–	–	–	4.1300
	净资产收益率(%)	–15.9300	20.0400	–5.1900	2.7600
	总资产(万)	1330832.53	1222310.70	273716.27	267299.60
	股东权益(万)	48727.54	57360.50	46535.67	54456.80
	主营业务收入(万)	–	–	–	–
	主营业务利润(万)	–	–	–	–
	营业务收入(万)	29933.60	72275.01	10655.63	30724.42
	营业务利润(万)	–13519.21	16926.22	–2677.93	1627.97
	投资收益(万)	–	–	–	–
	利润总额(万)	–13411.72	16758.61	–2681.93	1758.14
	净利润(万)	–7762.13	12046.19	–2412.95	1391.15

南京港股份有限公司

公司概况	公司名称	南京港股份有限公司			证券简称	南京港
	法人代表	连维新	董秘	陆瑞峰	证券代码	002040
	公司网址	www.nj-port.com		电子信箱	gfgs@nj-port.com	
	电 话	025-58815738		传 真	025-58812758	
	办公地址	南京市下关区江边路19号				
	经营范围	原油、成品油、液体化工产品的装卸、储存服务等				

主要财务指标	指标\报告期	2009.06.30	2008.12.31	2008.06.30	2007.12.31
	每股收益(元)	0.0300	0.0500	0.0400	0.0800
	每股收益(扣除)(元)	0.0300	0.0500	0.0400	0.0800
	每股净资产(元)	2.1400	2.1400	2.1800	2.1400
	调整后每股净资产(元)	–	–	–	–
	每股资本公积金(元)	0.7433	0.7433	0.7433	0.7433
	每股盈余公积金(元)	0.1660	0.1631	0.1622	0.1582
	每股未分配利润(元)	0.2343	0.2383	0.2705	0.2341
	每股现金净流量(元)	0.0793	0.0918	0.0482	–0.6688
	每股经营现金净流量(元)	0.4419	0.0998	0.0389	0.1399
	净资产收益率(扣除)(%)	–	–	–	3.9200
	净资产收益率(%)	1.3500	2.2900	1.8600	3.9200
	总资产(万)	78559.58	63784.79	62285.64	61097.62
	股东权益(万)	52702.89	52731.53	53502.56	52505.85
	主营业务收入(万)	–	–	–	–
	主营业务利润(万)	–	–	–	–
	营业务收入(万)	6775.52	13368.13	6970.00	14758.43
	营业务利润(万)	880.25	1363.83	1212.96	2908.64
	投资收益(万)	–	–	–	–
	利润总额(万)	869.67	1387.85	1212.61	2906.58
	净利润(万)	708.98	1209.17	996.71	2056.82

山东登海种业股份有限公司

公司概况	公司名称	山东登海种业股份有限公司			证券简称	登海种业
	法人代表	李登海	董秘	原绍刚	证券代码	002041
	公司网址	www.denghai.com		电子信箱	dmb@denghai.com	
	电 话	0535-2788889		传 真	0535-2788875	
	办公地址	山东省莱州市城山路农科院南邻				
	经营范围	玉米种子生产，自育农作物杂交种子销售等				

主要财务指标	指标\报告期	2009.06.30	2008.12.31	2008.06.30	2007.12.31
	每股收益(元)	0.3684	0.0148	0.2838	0.0430
	每股收益(扣除)(元)	0.3581	–0.0382	0.2661	0.0212
	每股净资产(元)	4.1500	3.7800	4.0500	3.7600
	调整后每股净资产(元)	–	–	–	–
	每股资本公积金(元)	1.3666	1.3666	1.3666	1.3666
	每股盈余公积金(元)	0.2750	0.2750	0.2750	0.2750
	每股未分配利润(元)	1.5035	1.1350	1.4041	1.1202
	每股现金净流量(元)	0.5207	0.8971	0.3980	0.3901
	每股经营现金净流量(元)	0.6543	1.3853	0.6690	0.6061
	净资产收益率(扣除)(%)	–	–	–	0.5600
	净资产收益率(%)	8.8900	0.3900	7.0200	1.1400
	总资产(万)	112818.64	113213.15	101816.98	100574.42
	股东权益(万)	72952.57	66468.00	71203.39	66207.81
	主营业务收入(万)	–	–	–	–
	主营业务利润(万)	–	–	–	–
	营业务收入(万)	32897.79	41693.45	28242.33	31401.64
	营业务利润(万)	11943.26	5244.77	9066.56	3802.67
	投资收益(万)	–	–	–	–
	利润总额(万)	12120.15	6175.31	9317.50	3884.04
	净利润(万)	6484.57	260.20	4995.58	756.96

华孚色纺股份有限公司

公司概况	公司名称	华孚色纺股份有限公司			证券简称	华孚色纺
	法人代表	孙伟挺	董秘	孙伟挺	证券代码	002042
	公司网址	www.feiyatex.com		电子信箱	scl1236@hotmail.com	
	电　话	0561-3011923*3058		传　真	0561-3017058	
	办公地址	安徽省淮北市濉溪路庆相桥				
	经营范围	纤维、纱线、面料等纺织品、印染品的制造、进出口贸易;棉花的种植等				

	指标＼报告期	2009.06.30	2008.12.31	2008.06.30	2007.12.31
主要财务指标	每股收益(元)	0.4800	0.0300	-0.3753	-0.5800
	每股收益(扣除)(元)	0.4600	-0.7900	-0.1950	-0.5900
	每股净资产(元)	5.0300	2.1400	1.7400	2.1200
	调整后每股净资产(元)	-	-	-	-
	每股资本公积金(元)	3.5236	1.1854	1.1854	1.1854
	每股盈余公积金(元)	0.2294	0.1168	0.1168	0.1168
	每股未分配利润(元)	0.2002	-0.1578	-0.5582	-0.1828
	每股现金净流量(元)	0.0429	0.1704	-0.0142	-0.3827
	每股经营现金净流量(元)	0.4100	0.1150	0.0704	0.0643
	净资产收益率(扣除)(%)	-	-	-	-27.6300
	净资产收益率(%)	5.3200	1.1700	-21.5200	-27.4200
	总资产(万)	412700.07	42372.27	42357.00	42647.15
	股东权益(万)	118247.29	21444.06	17440.78	21194.04
	主营业务收入(万)	-	-	-	-
	主营业务利润(万)	-	-	-	-
	营业务收入(万)	158934.13	23153.48	9708.94	43131.06
	营业务利润(万)	11294.95	-8081.42	-3816.08	-5928.42
	投资收益(万)	-	-	-	-
	利润总额(万)	11545.80	114.82	-3814.63	-5884.10
	净利润(万)	6286.02	250.02	-3753.26	-5811.15

德华兔宝宝装饰新材股份有限公司

公司概况	公司名称	德华兔宝宝装饰新材股份有限公司			证券简称	兔宝宝
	法人代表	丁鸿敏	董秘	徐俊	证券代码	002043
	公司网址	www.dhwooden.com		电子信箱	dehua_ss@dhwooden.com	
	电　话	0572-8405322、8405635		传　真	0572-8405326	
	办公地址	浙江省德清县洛舍镇工业区				
	经营范围	人造板、装饰贴面板,其他木制品及化工产品的生产、销售等				

	指标＼报告期	2009.06.30	2008.12.31	2008.06.30	2007.12.31
主要财务指标	每股收益(元)	0.0500	0.1500	0.1100	0.2000
	每股收益(扣除)(元)	-0.0100	0.1400	0.1100	0.2000
	每股净资产(元)	2.1700	2.2200	2.1800	3.1100
	调整后每股净资产(元)	-	-	-	-
	每股资本公积金(元)	0.4860	0.4789	0.4789	1.2184
	每股盈余公积金(元)	0.1227	0.1227	0.1122	0.1684
	每股未分配利润(元)	0.5657	0.6195	0.5908	0.7273
	每股现金净流量(元)	0.2236	-0.3850	-0.1919	0.2990
	每股经营现金净流量(元)	0.3917	0.3373	0.1143	0.7879
	净资产收益率(扣除)(%)	-	-	-	9.4300
	净资产收益率(%)	2.1273	6.5300	4.8500	9.6900
	总资产(万)	91207.04	99806.95	102902.17	87956.19
	股东权益(万)	39791.88	40645.61	39929.84	37991.79
	主营业务收入(万)	-	-	-	-
	主营业务利润(万)	-	-	-	-
	营业务收入(万)	36934.74	94759.94	44979.19	102556.56
	营业务利润(万)	-733.92	2832.27	2726.63	4970.12
	投资收益(万)	-	-	-	-
	利润总额(万)	802.44	3600.86	2660.16	5232.88
	净利润(万)	846.49	2653.83	1938.05	3682.05

江苏三友集团股份有限公司

公司概况	公司名称	江苏三友集团股份有限公司			证券简称	江苏三友
	法人代表	张璞	董秘	陈坚	证券代码	002044
	公司网址	www.sanyougroup.com		电子信箱	chenjian@sanyougroup.com	
	电　话	0513-85238163		传　真	0513-85238159	
	办公地址	江苏省南通市新桥路5号				
	经营范围	设计、生产、销售各式服装、服饰及原辅材料;纺织服装类产品的科技开发等				

	指标＼报告期	2009.06.30	2008.12.31	2008.06.30	2007.12.31
主要财务指标	每股收益(元)	0.0300	0.0800	0.0200	0.1500
	每股收益(扣除)(元)	0.0200	0.0700	0.0200	0.1900
	每股净资产(元)	1.8600	1.8900	1.8300	2.3500
	调整后每股净资产(元)	-	-	-	-
	每股资本公积金(元)	0.3847	0.3847	0.3847	0.8001
	每股盈余公积金(元)	0.2257	0.2257	0.2007	0.2609
	每股未分配利润(元)	0.2534	0.2781	0.2451	0.2894
	每股现金净流量(元)	0.0819	0.1094	0.0167	0.0265
	每股经营现金净流量(元)	0.0608	0.1544	0.0032	0.2182
	净资产收益率(扣除)(%)	-	-	-	-
	净资产收益率(%)	1.3600	4.2600	1.2300	8.5700
	总资产(万)	44412.71	40892.48	40583.84	41022.07
	股东权益(万)	30286.37	30687.82	29745.35	29380.20
	主营业务收入(万)	-	-	-	-
	主营业务利润(万)	-	-	-	-
	营业务收入(万)	17972.00	41298.18	16385.95	56629.51
	营业务利润(万)	590.51	1655.59	517.93	3080.78
	投资收益(万)	-	-	-	-
	利润总额(万)	709.69	1941.84	554.89	3277.45
	净利润(万)	411.05	1307.66	365.15	2518.27

国光电器股份有限公司

公司概况	公司名称	国光电器股份有限公司			证券简称	广州国光
	法人代表	周海昌	董秘	凌勤	证券代码	002045
	公司网址	www.ggec.com.cn		电子信箱	guoguang@ggec.com.cn	
	电　话	020-28609688		传　真	020-28609396	
	办公地址	广东省广州市花都区新华镇镜湖大道8号				
	经营范围	生产、销售电子元件、电声器件和音响设备、音箱、电脑配件、电视机配件等				

	指标＼报告期	2009.06.30	2008.12.31	2008.06.30	2007.12.31
主要财务指标	每股收益(元)	0.1600	0.4300	0.1300	0.3900
	每股收益(扣除)(元)	0.1500	0.4200	0.1200	0.2900
	每股净资产(元)	3.9900	3.8000	3.6000	3.5500
	调整后每股净资产(元)	-	-	-	-
	每股资本公积金(元)	1.1745	1.1030	1.1958	1.1091
	每股盈余公积金(元)	0.3437	0.3455	0.3181	0.3183
	每股未分配利润(元)	1.4594	1.3355	1.0607	1.1081
	每股现金净流量(元)	-0.1308	0.1933	0.4002	0.0326
	每股经营现金净流量(元)	0.2658	0.2618	0.2066	0.5158
	净资产收益率(扣除)(%)	-	-	-	8.2700
	净资产收益率(%)	3.9500	11.3900	3.6200	11.0800
	总资产(万)	151281.14	157951.62	153829.20	140414.27
	股东权益(万)	83446.92	77656.43	73655.04	71011.40
	主营业务收入(万)	-	-	-	-
	主营业务利润(万)	-	-	-	-
	营业务收入(万)	38574.31	98440.34	38288.07	83927.47
	营业务利润(万)	3532.87	9685.51	3017.33	8269.26
	投资收益(万)	-	-	-	-
	利润总额(万)	3679.03	10135.44	3297.42	9161.05
	净利润(万)	3298.51	8842.73	2662.66	7871.33

洛阳轴研科技股份有限公司

公司概况	公司名称	洛阳轴研科技股份有限公司		证券简称	轴研科技
	法人代表	吴宗彦	董秘 俞玮	证券代码	002046
	公司网址	www.zys.com.cn		电子信箱	stock@zys.com.cn
	电　话	0379-64881139、64880216		传　真	0379-64881518
	办公地址	河南省洛阳市吉林路1号			
	经营范围	研制、生产和销售轴承与轴承单元、光机电一体化产品、机械装备等			

	指标\报告期	2009.06.30	2008.12.31	2008.06.30	2007.12.31
主要财务指标	每股收益(元)	0.1900	0.3500	0.1800	0.3600
	每股收益(扣除)(元)	0.1900	0.3500	0.1800	0.3400
	每股净资产(元)	3.7900	3.6000	3.4300	3.3500
	调整后每股净资产(元)	-	-	-	-
	每股资本公积金(元)	0.9506	0.9506	0.9506	0.9506
	每股盈余公积金(元)	0.2718	0.2718	0.2375	0.2375
	每股未分配利润(元)	1.5689	1.3765	1.2439	1.1649
	每股现金净流量(元)	-0.2561	-0.0778	-0.3805	-0.1112
	每股经营现金净流量(元)	-0.2269	0.2043	-0.2461	0.1032
	净资产收益率(扣除)(%)	-	-	-	10.1700
	净资产收益率(%)	5.0700	9.6100	5.2200	10.8300
	总资产(万)	47408.48	44816.63	40662.59	39279.61
	股东权益(万)	36964.65	35088.83	33461.87	32691.19
	主营业务收入(万)	-	-	-	-
	主营业务利润(万)	-	-	-	-
	营业务收入(万)	16547.63	28117.07	14113.56	22469.32
	营业务利润(万)	2210.09	3845.43	2113.19	3461.34
	投资收益(万)	-	-	-	-
	利润总额(万)	2213.65	3852.57	2107.31	3484.89
	净利润(万)	1875.83	3372.64	1745.68	3539.19

深圳成霖洁具股份有限公司

公司概况	公司名称	深圳成霖洁具股份有限公司		证券简称	成霖股份
	法人代表	周宏毅	董秘 林志伟	证券代码	002047
	公司网址	www.szcl.com.cn		电子信箱	investors@globeunion.com.cn
	电　话	0755-86022812		传　真	0755-86022813
	办公地址	深圳市科技南园科技南十路国际技术创新研究院A座七楼			
	经营范围	生产经营水龙头、卫浴洁具及其配件，生产经营精冲模、精密型腔模和模具标准件等			

	指标\报告期	2009.06.30	2008.12.31	2008.06.30	2007.12.31
主要财务指标	每股收益(元)	0.0600	0.1500	0.0700	0.1900
	每股收益(扣除)(元)	0.0600	0.1600	0.0700	0.1900
	每股净资产(元)	2.6700	2.7100	2.6300	2.9900
	调整后每股净资产(元)	-	-	-	-
	每股资本公积金(元)	1.0172	1.0172	1.0172	1.3198
	每股盈余公积金(元)	0.1993	0.2014	0.1772	0.2038
	每股未分配利润(元)	0.4536	0.4893	0.4327	0.4692
	每股现金净流量(元)	-0.2282	-0.1175	0.5659	0.2732
	每股经营现金净流量(元)	0.1424	-0.1730	-0.0338	0.5533
	净资产收益率(扣除)(%)	-	-	-	7.1100
	净资产收益率(%)	2.3290	5.6800	2.5950	7.4300
	总资产(万)	130115.22	142249.75	145792.66	135752.08
	股东权益(万)	75707.95	76779.99	74490.87	73790.63
	主营业务收入(万)	-	-	-	-
	主营业务利润(万)	-	-	-	-
	营业务收入(万)	59624.05	162417.49	79643.17	176753.99
	营业务利润(万)	1472.66	3713.71	1741.12	5618.87
	投资收益(万)	-	-	-	-
	利润总额(万)	1647.52	3562.53	1663.26	5899.86
	净利润(万)	1763.37	4360.41	1933.02	5481.17

宁波华翔电子股份有限公司

公司概况	公司名称	宁波华翔电子股份有限公司		证券简称	宁波华翔
	法人代表	周晓峰	董秘 杜坤勇	证券代码	002048
	公司网址	www.nbhx.com.cn		电子信箱	stock-dp@nbhx.com.cn
	电　话	021-68948127		传　真	021-68942260
	办公地址	浙江省象山县西周镇象西开发区			
	经营范围	汽车和摩托车零配件、电子产品、模具、仪表仪器的制造、加工等			

	指标\报告期	2009.06.30	2008.12.31	2008.06.30	2007.12.31
主要财务指标	每股收益(元)	0.2000	0.2900	0.2100	0.2900
	每股收益(扣除)(元)	0.1900	0.2840	0.2100	0.2640
	每股净资产(元)	2.3600	2.2300	2.1300	3.5600
	调整后每股净资产(元)	-	-	-	-
	每股资本公积金(元)	0.3883	0.3883	0.3883	1.4989
	每股盈余公积金(元)	0.0679	0.0679	0.0430	0.0773
	每股未分配利润(元)	0.9047	0.7754	0.7036	0.9814
	每股现金净流量(元)	0.0766	-0.3707	-0.2793	0.2302
	每股经营现金净流量(元)	0.2851	0.5038	0.4520	0.5634
	净资产收益率(扣除)(%)	-	-	-	13.3400
	净资产收益率(%)	8.4400	13.0700	10.0500	14.4700
	总资产(万)	341794.33	305048.54	323650.43	273511.38
	股东权益(万)	116564.87	110179.89	105404.91	97585.57
	主营业务收入(万)	-	-	-	-
	主营业务利润(万)	-	-	-	-
	营业务收入(万)	127917.30	268307.27	130410.82	264324.84
	营业务利润(万)	13809.90	21573.73	15445.56	23630.73
	投资收益(万)	-	-	-	-
	利润总额(万)	14301.44	21935.29	15397.20	24833.15
	净利润(万)	9841.16	14397.17	10594.89	14120.07

唐山晶源裕丰电子股份有限公司

公司概况	公司名称	唐山晶源裕丰电子股份有限公司		证券简称	晶源电子
	法人代表	阎永江	董秘 陶志明	证券代码	002049
	公司网址	www.jingyuan.com		电子信箱	zhengquan@jingyuan.com
	电　话	0315-6198161		传　真	0315-6198179
	办公地址	河北省玉田县无终西街3129号			
	经营范围	电子元件的开发、生产、销售;精密机械的开发、制造、销售			

	指标\报告期	2009.06.30	2008.12.31	2008.06.30	2007.12.31
主要财务指标	每股收益(元)	0.1234	0.2263	0.1791	0.2389
	每股收益(扣除)(元)	0.1189	0.2237	0.1765	0.2160
	每股净资产(元)	2.9200	2.9000	4.1947	4.1656
	调整后每股净资产(元)	-	-	-	-
	每股资本公积金(元)	1.2013	1.2013	2.3020	2.3020
	每股盈余公积金(元)	0.1338	0.1338	0.1700	0.1700
	每股未分配利润(元)	0.5808	0.5674	0.7227	0.6936
	每股现金净流量(元)	-0.0647	-0.1418	0.0220	0.6878
	每股经营现金净流量(元)	0.2946	0.4763	0.2332	0.4521
	净资产收益率(扣除)(%)	-	-	-	7.4700
	净资产收益率(%)	4.2300	7.8000	4.2700	8.2600
	总资产(万)	47312.69	49020.54	50592.62	47885.99
	股东权益(万)	39364.10	39183.51	37752.05	37490.55
	主营业务收入(万)	-	-	-	-
	主营业务利润(万)	-	-	-	-
	营业务收入(万)	12690.86	26925.90	13711.24	23102.46
	营业务利润(万)	1957.09	3677.47	2079.46	3885.96
	投资收益(万)	-	-	-	-
	利润总额(万)	2021.27	3720.92	2111.18	3973.37
	净利润(万)	1665.60	3054.79	1611.50	3095.01

浙江三花股份有限公司

公司概况	公司名称	浙江三花股份有限公司			证券简称	三花股份
	法人代表	张道才	董秘	刘斐	证券代码	002050
	公司网址	www.zjshc.com			电子信箱	stayfly@zjshc.com
	电　　话	0571-28020008、86255360			传　　真	0571-28876605、86255786
	办公地址	杭州市杭大路1号黄龙世纪广场C座13层				
	经营范围	截止阀、电子膨胀阀、排水泵、电磁阀、单向阀、压缩机、机电液压等				

主要财务指标	指标\报告期	2009.06.30	2008.12.31	2008.06.30	2007.12.31
	每股收益(元)	0.3600	0.9500	0.4200	0.4900
	每股收益(扣除)(元)	0.3000	0.2700	0.4200	0.1900
	每股净资产(元)	4.2000	4.4400	4.1100	3.7200
	调整后每股净资产(元)	–	–	–	–
	每股资本公积金(元)	1.4548	1.4660	1.5417	3.8684
	每股盈余公积金(元)	0.3197	0.7408	0.2584	0.5875
	每股未分配利润(元)	1.4419	1.6610	1.3131	1.9273
	每股现金净流量(元)	–0.0392	–1.9584	–0.6243	2.7024
	每股经营现金净流量(元)	0.7909	0.8461	–0.3281	2.2110
	净资产收益率(扣除)(%)	–	–	–	5.0500
	净资产收益率(%)	8.5300	21.4500	10.2900	13.3200
	总资产(万)	217886.33	229247.39	83793.90	260014.41
	股东权益(万)	110836.67	117170.46	46452.44	98137.05
	主营业务收入(万)	–	–	–	–
	主营业务利润(万)	–	–	–	–
	营业务收入(万)	94002.04	244397.03	49087.44	263416.11
	营业务利润(万)	13256.50	31392.98	6490.80	19321.44
	投资收益(万)	–	–	–	–
	利润总额(万)	13441.98	32971.15	6358.64	19443.83
	净利润(万)	9449.58	25129.69	4778.78	13066.97

中工国际工程股份有限公司

公司概况	公司名称	中工国际工程股份有限公司			证券简称	中工国际
	法人代表	罗艳	董秘	张春燕	证券代码	002051
	公司网址	www.camce.com.cn			电子信箱	sz002051@126.com
	电　　话	010-82688606			传　　真	010-82688507
	办公地址	北京市海淀区丹棱街3号				
	经营范围	承包各类境外工程及境内国际招标工程;上述境外工程所需的设备、材料出口等				

主要财务指标	指标\报告期	2009.06.30	2008.12.31	2008.06.30	2007.12.31
	每股收益(元)	0.4800	0.7600	0.5100	0.5900
	每股收益(扣除)(元)	0.4700	0.7100	0.5000	0.5700
	每股净资产(元)	5.4200	5.2900	5.0400	4.8800
	调整后每股净资产(元)	–	–	–	–
	每股资本公积金(元)	2.2807	2.2775	2.2775	2.2775
	每股盈余公积金(元)	0.9845	0.9845	0.9082	0.9082
	每股未分配利润(元)	1.1528	1.0233	0.8533	0.6937
	每股现金净流量(元)	–2.2558	1.7516	–0.3717	2.0618
	每股经营现金净流量(元)	–1.7480	3.1033	1.4816	3.3715
	净资产收益率(扣除)(%)	–	–	–	11.5800
	净资产收益率(%)	8.9300	14.3000	10.1100	12.0200
	总资产(万)	286257.10	311342.80	273834.99	218534.88
	股东权益(万)	102912.32	100432.83	95733.21	92709.23
	主营业务收入(万)	–	–	–	–
	主营业务利润(万)	–	–	–	–
	营业务收入(万)	129849.15	186931.31	91455.51	114071.65
	营业务利润(万)	12043.22	16836.87	13078.20	12499.08
	投资收益(万)	–	–	–	–
	利润总额(万)	12009.04	16660.00	12901.09	12499.08
	净利润(万)	9188.95	14362.37	9682.88	11144.68

深圳市同洲电子股份有限公司

公司概况	公司名称	深圳市同洲电子股份有限公司			证券简称	同洲电子
	法人代表	袁明	董秘	王云峰	证券代码	002052
	公司网址	www.coship.com			电子信箱	coship@coship.com
	电　　话	0755-26525099			传　　真	0755-26722666
	办公地址	广东省深圳市南山区高新区北区第五工业区彩虹科技大楼A6楼				
	经营范围	电子产品、计算机软、硬件及其应用网络产品、自动化控制设备等				

主要财务指标	指标\报告期	2009.06.30	2008.12.31	2008.06.30	2007.12.31
	每股收益(元)	0.1700	0.3700	0.2000	0.3400
	每股收益(扣除)(元)	0.1200	0.3400	0.1900	0.3100
	每股净资产(元)	2.8500	2.6800	2.5100	3.0000
	调整后每股净资产(元)	–	–	–	–
	每股资本公积金(元)	0.4543	0.4543	0.4543	0.8905
	每股盈余公积金(元)	0.1426	0.1255	0.1549	0.1836
	每股未分配利润(元)	1.2501	1.0969	0.8959	0.9262
	每股现金净流量(元)	–0.1167	–0.3596	–0.3049	0.0979
	每股经营现金净流量(元)	–0.1029	–0.0458	–0.2375	–0.4770
	净资产收益率(扣除)(%)	–	–	–	13.6200
	净资产收益率(%)	6.0800	13.7700	7.8700	14.6900
	总资产(万)	213623.63	218148.22	195292.78	183200.56
	股东权益(万)	83617.76	78615.06	73576.29	67788.11
	主营业务收入(万)	–	–	–	–
	主营业务利润(万)	–	–	–	–
	营业务收入(万)	95430.62	210067.21	89799.82	182736.26
	营业务利润(万)	4317.54	9086.80	7028.12	9574.53
	投资收益(万)	–	–	–	–
	利润总额(万)	5933.57	12830.91	7662.92	11857.84
	净利润(万)	5086.08	10826.95	5788.18	9960.48

云南盐化股份有限公司

公司概况	公司名称	云南盐化股份有限公司			证券简称	云南盐化
	法人代表	杨建东	董秘	李政良	证券代码	002053
	公司网址	www.ynyh.com			电子信箱	ynyh@email.ynyh.com
	电　　话	0871-3127429、3126346			传　　真	0871-3126346
	办公地址	昆明市拓东路石家巷10号				
	经营范围	盐及其系列产品的开发、加工和销售等				

主要财务指标	指标\报告期	2009.06.30	2008.12.31	2008.06.30	2007.12.31
	每股收益(元)	0.0290	–0.3020	0.0280	0.5550
	每股收益(扣除)(元)	0.0310	–0.2820	0.0330	0.5760
	每股净资产(元)	5.0510	5.0180	5.3500	5.6700
	调整后每股净资产(元)	–	–	–	–
	每股资本公积金(元)	2.8604	2.8604	2.8604	2.8604
	每股盈余公积金(元)	0.3383	0.3383	0.3383	–
	每股未分配利润(元)	0.8411	0.8198	1.1496	1.4717
	每股现金净流量(元)	–0.2866	–0.2893	–0.2287	0.2586
	每股经营现金净流量(元)	0.7533	0.4642	0.3634	1.1253
	净资产收益率(扣除)(%)	–	–	–	10.1700
	净资产收益率(%)	0.5700	–6.0100	0.5200	9.7900
	总资产(万)	222722.99	230770.25	232693.79	234243.45
	股东权益(万)	93870.24	93268.65	99397.38	105383.37
	主营业务收入(万)	–	–	–	–
	主营业务利润(万)	–	–	–	–
	营业务收入(万)	66916.04	135669.92	68785.78	155458.02
	营业务利润(万)	243.07	–6840.16	723.63	11987.63
	投资收益(万)	–	–	–	–
	利润总额(万)	206.34	–7266.61	614.98	11599.67
	净利润(万)	531.57	–5609.94	518.80	10321.63

广东德美精细化工股份有限公司

公司概况					
公司名称	广东德美精细化工股份有限公司			证券简称	德美化工
法人代表	黄冠雄	董秘	范小平	证券代码	002054
公司网址	www.dymatic.com		电子信箱	info@dymatic.com	
电　　话	0757-28399088		传　　真	0757-28396930、28803001	
办公地址	广东省佛山市顺德区容桂广珠公路海尾路段				
经营范围	开发、生产、销售：纺织、印染、造纸助剂、印刷助剂、涂料等				

主要财务指标

指标\报告期	2009.06.30	2008.12.31	2008.06.30	2007.12.31
每股收益(元)	0.4600	0.7300	0.2886	0.8900
每股收益(扣除)(元)	0.4600	0.6900	0.2926	0.5354
每股净资产(元)	5.1800	4.8000	4.5000	4.4700
调整后每股净资产(元)	–	–	–	–
每股资本公积金(元)	1.1684	1.0980	1.2319	1.3296
每股盈余公积金(元)	0.3182	0.3182	0.2693	0.2660
每股未分配利润(元)	2.6907	2.3878	1.9994	1.8769
每股现金净流量(元)	–0.1903	–0.1278	–0.1763	–0.6332
每股经营现金净流量(元)	0.4436	0.3977	–0.0972	0.8988
净资产收益率(扣除)(%)	–	–	–	–
净资产收益率(%)	8.9400	15.2600	6.4100	19.7900
总资产(万)	138304.49	137320.69	130013.88	124189.88
股东权益(万)	69376.95	64375.07	60307.56	59930.75
主营业务收入(万)	–	–	–	–
主营业务利润(万)	–	–	–	–
营业务收入(万)	39132.28	87258.12	33973.57	81470.64
营业务利润(万)	9025.19	14069.53	5253.14	12460.21
投资收益(万)	–	–	–	–
利润总额(万)	9059.96	13997.36	5180.46	16511.63
净利润(万)	6202.95	9825.07	3866.72	11860.47

深圳市得润电子股份有限公司

公司概况					
公司名称	深圳市得润电子股份有限公司			证券简称	得润电子
法人代表	邱建民	董秘	王少华	证券代码	002055
公司网址	www.deren.com.cn		电子信箱	002055@deren.com.cn	
电　　话	0755-83476333		传　　真	0755-83476633	
办公地址	广东省深圳市福田区天安数码城数码时代大厦A座1718				
经营范围	生产经营电子连接器、光连接器、汽车连接器及线束、电子元器件等				

主要财务指标

指标\报告期	2009.06.30	2008.12.31	2008.06.30	2007.12.31
每股收益(元)	0.0566	0.2563	0.1325	0.3486
每股收益(扣除)(元)	0.0530	0.2099	0.1227	0.2999
每股净资产(元)	2.2351	2.8521	2.7300	3.5224
调整后每股净资产(元)	–	–	–	–
每股资本公积金(元)	0.1674	0.5176	0.5169	1.0680
每股盈余公积金(元)	0.0802	0.1042	0.0871	0.1132
每股未分配利润(元)	0.9910	1.2347	1.1282	1.3443
每股现金净流量(元)	0.5159	–1.0125	–0.9722	–0.1747
每股经营现金净流量(元)	0.3268	–0.4733	–0.7245	0.2186
净资产收益率(扣除)(%)	–	–	–	11.0700
净资产收益率(%)	2.5300	8.9900	4.8600	12.8700
总资产(万)	90069.84	83278.21	79754.27	77323.72
股东权益(万)	30017.48	29463.94	28174.12	27991.31
主营业务收入(万)	–	–	–	–
主营业务利润(万)	–	–	–	–
营业务收入(万)	25240.07	72498.28	39182.90	72364.51
营业务利润(万)	1196.70	3302.17	2130.54	5150.59
投资收益(万)	–	–	–	–
利润总额(万)	1220.00	3720.68	2228.55	5532.34
净利润(万)	760.33	2647.51	1369.31	3601.46

横店集团东磁股份有限公司

公司概况					
公司名称	横店集团东磁股份有限公司			证券简称	横店东磁
法人代表	何时金	董秘	吴雪萍	证券代码	002056
公司网址	www.chinadmegc.com		电子信箱	gfgs@dmegc.com.cn	
电　　话	0579-86551999		传　　真	0579-86555328	
办公地址	中国浙江省东阳市横店工业区				
经营范围	磁性器材、电池、电子产品的生产、销售；高科技产品的开发及技术咨询等				

主要财务指标

指标\报告期	2009.06.30	2008.12.31	2008.06.30	2007.12.31
每股收益(元)	0.1200	0.3600	0.2100	0.4800
每股收益(扣除)(元)	0.1200	0.3500	0.2100	0.4500
每股净资产(元)	5.6000	5.5300	5.3800	10.3300
调整后每股净资产(元)	–	–	–	–
每股资本公积金(元)	3.1145	3.1145	3.1160	7.2320
每股盈余公积金(元)	0.2866	0.2831	0.2437	0.4873
每股未分配利润(元)	1.2028	1.1305	1.0210	1.6124
每股现金净流量(元)	–0.0575	–0.1120	–0.1134	3.6542
每股经营现金净流量(元)	0.3826	0.5431	0.1090	0.6156
净资产收益率(扣除)(%)	–	–	–	7.8300
净资产收益率(%)	2.1800	6.5800	3.9900	8.3600
总资产(万)	259916.72	263339.41	264525.55	252079.73
股东权益(万)	230265.82	227151.98	221090.79	212266.00
主营业务收入(万)	–	–	–	–
主营业务利润(万)	–	–	–	–
营业务收入(万)	55933.52	159012.98	84840.20	155153.59
营业务利润(万)	5853.18	17282.89	11491.42	22176.98
投资收益(万)	–	–	–	–
利润总额(万)	5963.82	17706.79	11576.03	23693.28
净利润(万)	5025.42	14946.49	8824.78	17744.97

中钢集团安徽天源科技股份有限公司

公司概况					
公司名称	中钢集团安徽天源科技股份有限公司			证券简称	中钢天源
法人代表	洪石笙	董秘	蔡霞	证券代码	002057
公司网址	www.ty-magnet.com		电子信箱	ty@ty-magnet.com	
电　　话	0555-2108997、2108987		传　　真	0555-2108806、2108997	
办公地址	马鞍山市经济技术开发区红旗南路51号				
经营范围	磁性材料、磁器件、磁分离设备、过滤脱水设备、环保设备等				

主要财务指标

指标\报告期	2009.06.30	2008.12.31	2008.06.30	2007.12.31
每股收益(元)	0.0100	–0.1500	0.0300	0.1400
每股收益(扣除)(元)	0.0009	–0.1800	0.0100	0.0900
每股净资产(元)	2.8100	2.8000	2.9800	2.9500
调整后每股净资产(元)	–	–	–	–
每股资本公积金(元)	1.2455	1.2455	1.2455	1.2455
每股盈余公积金(元)	0.1245	0.1245	0.1245	0.1245
每股未分配利润(元)	0.4419	0.4307	0.6143	0.5823
每股现金净流量(元)	–0.1321	–0.7817	–0.3414	–0.3847
每股经营现金净流量(元)	–0.2568	–0.5674	–0.4692	0.1956
净资产收益率(扣除)(%)	–	–	–	3.0000
净资产收益率(%)	0.4000	–5.4100	1.0700	4.6900
总资产(万)	37678.26	36393.49	40532.87	38819.72
股东权益(万)	23619.54	23525.18	25068.09	24798.77
主营业务收入(万)	–	–	–	–
主营业务利润(万)	–	–	–	–
营业务收入(万)	16611.27	35017.39	20080.76	29811.63
营业务利润(万)	–34.11	–1978.24	80.37	766.99
投资收益(万)	–	–	–	–
利润总额(万)	53.14	–1780.45	249.66	1188.06
净利润(万)	94.35	–1273.58	269.33	1163.21

上海威尔泰工业自动化股份有限公司

公司概况	公司名称	上海威尔泰工业自动化股份有限公司			证券简称	威尔泰
	法人代表	李彧	董秘	殷骏	证券代码	002058
	公司网址	www.welltech.com.cn	电子信箱	dm@welltech.cn		
	电　　话	021-64656465	传　　真	021-64659677		
	办公地址	上海市虹中路 263 号				
	经营范围	仪器仪表,传感器的制造,自动化控制系统集成,设备成套,电气成套等				

主要财务指标	指标\报告期	2009.06.30	2008.12.31	2008.06.30	2007.12.31
	每股收益(元)	0.0230	0.1400	0.0600	0.1700
	每股收益(扣除)(元)	0.0100	0.0600	0.0400	0.1100
	每股净资产(元)	2.6900	2.7200	2.6500	2.6300
	调整后每股净资产(元)	–	–	–	–
	每股资本公积金(元)	1.2034	1.2034	1.2034	1.2034
	每股盈余公积金(元)	0.1810	0.1810	0.1781	0.1781
	每股未分配利润(元)	0.3103	0.3376	0.2655	0.2532
	每股现金净流量(元)	0.0618	0.1496	0.2660	–0.2947
	每股经营现金净流量(元)	0.0936	0.2597	0.1186	0.3205
	净资产收益率(扣除)(%)	–	–	–	–
	净资产收益率(%)	0.8500	5.0400	2.3500	6.5600
	总资产(万)	23511.21	22625.29	25001.31	21892.56
	股东权益(万)	16807.14	16976.96	16509.18	16432.48
	主营业务收入(万)	–	–	–	–
	主营业务利润(万)	–	–	–	–
	营业务收入(万)	5059.21	11282.79	5801.75	11598.31
	营业务利润(万)	16.73	339.89	343.28	754.17
	投资收益(万)	–	–	–	–
	利润总额(万)	133.15	854.60	516.65	1163.63
	净利润(万)	142.03	856.33	388.54	1078.72

昆明世博园股份有限公司

公司概况	公司名称	昆明世博园股份有限公司			证券简称	世博股份
	法人代表	永树理	董秘		证券代码	002059
	公司网址	www.expo99km.gov.cn	电子信箱	hjg@ns.expo99km.gov.cn		
	电　　话	0871-5012147、5012363	传　　真	0871-5012227、5012227		
	办公地址	云南省昆明市世博路 10 号昆明世博园股份有限公司办公楼				
	经营范围	景区景点的投资、经营及管理,园林园艺产品展示,旅游房地产投资等				

主要财务指标	指标\报告期	2009.06.30	2008.12.31	2008.06.30	2007.12.31
	每股收益(元)	–0.0588	0.1300	0.0047	0.1600
	每股收益(扣除)(元)	–0.0610	0.1200	0.0045	0.1600
	每股净资产(元)	2.5140	2.6500	2.5320	2.5300
	调整后每股净资产(元)	–	–	–	–
	每股资本公积金(元)	0.9594	0.9594	0.9594	0.9594
	每股盈余公积金(元)	0.3247	0.3247	0.3175	0.3175
	每股未分配利润(元)	0.2298	0.3686	0.2551	0.2503
	每股现金净流量(元)	–0.6573	–0.1902	–0.6284	–0.2004
	每股经营现金净流量(元)	–0.1863	–0.0539	–0.6581	0.9600
	净资产收益率(扣除)(%)	–	–	–	6.2200
	净资产收益率(%)	–2.3400	4.7300	0.1900	6.3800
	总资产(万)	119383.01	123908.92	117082.94	125530.83
	股东权益(万)	54050.87	57035.60	54437.14	54335.54
	主营业务收入(万)	–	–	–	–
	主营业务利润(万)	–	–	–	–
	营业务收入(万)	7018.84	49837.41	14663.10	45127.07
	营业务利润(万)	–1114.16	7406.97	1542.02	7784.48
	投资收益(万)	–	–	–	–
	利润总额(万)	–1058.17	7435.13	1547.81	7797.86
	净利润(万)	–1264.74	2700.06	101.60	3466.35

广东水电二局股份有限公司

公司概况	公司名称	广东水电二局股份有限公司			证券简称	粤水电
	法人代表	黄迪领	董秘	刘建浩	证券代码	002060
	公司网址	www.gdsdej.com	电子信箱	liu6204@vip.163.com		
	电　　话	020-61776666	传　　真	020-82607169、82607092		
	办公地址	广州经济技术开发区科学城彩频路 11 号 A 栋 601				
	经营范围	水利水电工程、公路工程、市政工程、房屋建筑工程、机电安装工程等				

主要财务指标	指标\报告期	2009.06.30	2008.12.31	2008.06.30	2007.12.31
	每股收益(元)	0.1400	0.3200	0.2000	0.3500
	每股收益(扣除)(元)	0.1400	0.2300	0.1900	0.3500
	每股净资产(元)	4.0900	4.7900	4.2300	4.1500
	调整后每股净资产(元)	–	–	–	–
	每股资本公积金(元)	2.0818	2.4982	1.7551	1.7551
	每股盈余公积金(元)	0.1696	0.2219	0.2208	0.2577
	每股未分配利润(元)	0.8265	1.0701	1.2496	1.1371
	每股现金净流量(元)	–0.1046	0.3119	–0.3005	0.0036
	每股经营现金净流量(元)	0.0593	–0.3752	–0.6212	0.2982
	净资产收益率(扣除)(%)	–	–	–	8.5400
	净资产收益率(%)	3.3200	5.8300	4.6300	8.4600
	总资产(万)	379821.20	352327.26	303959.99	284329.33
	股东权益(万)	136049.17	132691.16	92961.99	91299.66
	主营业务收入(万)	–	–	–	–
	主营业务利润(万)	–	–	–	–
	营业务收入(万)	151503.01	236358.52	124575.77	219389.65
	营业务利润(万)	5391.74	10026.09	5922.41	8512.30
	投资收益(万)	–	–	–	–
	利润总额(万)	5409.71	9971.39	5719.62	8446.09
	净利润(万)	4522.93	7742.15	4302.33	7723.14

浙江江山化工股份有限公司

公司概况	公司名称	浙江江山化工股份有限公司			证券简称	江山化工
	法人代表	徐春林	董秘	冯源	证券代码	002061
	公司网址	www.jiangshanchem.com	电子信箱	zjjshgstock@sina.com		
	电　　话	0570-4057919	传　　真	0570-4057346		
	办公地址	江省江山市景星东路 38 号				
	经营范围	化工产品的开发、生产和销售,压力容器的设计等				

主要财务指标	指标\报告期	2009.06.30	2008.12.31	2008.06.30	2007.12.31
	每股收益(元)	0.1790	–0.3847	–0.1737	0.5150
	每股收益(扣除)(元)	0.1437	–0.4736	–0.2198	0.4647
	每股净资产(元)	3.0564	2.8772	3.0880	3.6619
	调整后每股净资产(元)	–	–	–	–
	每股资本公积金(元)	1.6496	1.6496	1.6496	1.6496
	每股盈余公积金(元)	0.5184	0.5184	0.5123	0.5184
	每股未分配利润(元)	–0.1116	–0.2907	–0.0735	0.4940
	每股现金净流量(元)	2.2287	–0.4781	–0.2469	0.0889
	每股经营现金净流量(元)	0.0618	0.2976	0.0425	0.0442
	净资产收益率(扣除)(%)	–	–	–	12.6900
	净资产收益率(%)	5.8600	–13.3700	–5.6200	14.0600
	总资产(万)	155874.10	117311.77	115983.70	110201.44
	股东权益(万)	42783.51	40275.66	43229.83	51259.80
	主营业务收入(万)	–	–	–	–
	主营业务利润(万)	–	–	–	–
	营业务收入(万)	52544.89	116092.03	55967.06	109824.64
	营业务利润(万)	1868.76	–7280.48	–3428.83	8909.68
	投资收益(万)	–	–	–	–
	利润总额(万)	2467.97	–6084.65	–2809.64	8947.10
	净利润(万)	2507.86	–5384.94	–2430.77	7208.80

宏润建设集团股份有限公司

公司概况	公司名称	宏润建设集团股份有限公司		证券简称	宏润建设
	法人代表	郑宏舫	董秘 赵余夫	证券代码	002062
	公司网址	www.chinahongrun.com		电子信箱	hrir@chinahongrun.com
	电话	021-54976006、54976007		传真	021-54976008
	办公地址	上海市龙漕路200弄28号宏润大厦			
	经营范围	市政公用工程、房屋建筑工程、地基与基础工程、建筑装修装饰工程等			

	指标\报告期	2009.06.30	2008.12.31	2008.06.30	2007.12.31
主要财务指标	每股收益(元)	0.4100	1.2800	0.3800	0.7700
	每股收益(扣除)(元)	0.4000	1.1800	0.2800	0.6200
	每股净资产(元)	4.4400	6.1600	5.2500	4.8900
	调整后每股净资产(元)	–	–	–	–
	每股资本公积金(元)	0.4908	1.2326	1.2238	1.4950
	每股盈余公积金(元)	0.5544	0.8907	0.7813	0.9400
	每股未分配利润(元)	2.3132	3.0412	2.2475	2.2512
	每股现金净流量(元)	0.8634	0.9697	0.5167	–0.5616
	每股经营现金净流量(元)	0.3888	0.9584	0.2244	–1.3040
	净资产收益率(扣除)(%)	–	–	–	12.6700
	净资产收益率(%)	9.1800	20.7600	7.1700	15.8200
	总资产(万)	494644.48	465248.80	405565.23	354254.82
	股东权益(万)	133116.65	123289.34	105053.29	97899.14
	主营业务收入(万)	–	–	–	–
	主营业务利润(万)	–	–	–	–
	营业务收入(万)	245615.91	481650.03	200537.33	371853.80
	营业务利润(万)	16447.25	33486.03	8567.75	19488.05
	投资收益(万)	–	–	–	–
	利润总额(万)	16571.99	34655.87	10098.29	19785.14
	净利润(万)	12215.51	25588.74	7529.75	15490.30

远光软件股份有限公司

公司概况	公司名称	远光软件股份有限公司		证券简称	远光软件
	法人代表	陈利浩	董秘 朱安	证券代码	002063
	公司网址	www.ygsoft.com		电子信箱	ygstock@ygsoft.com
	电话	0756-3399888		传真	0756-3399666
	办公地址	广东省珠海市港湾大道科技一路3号			
	经营范围	计算机软件的开发和销售,计算机系统软硬件集成,计算机技术咨询服务			

	指标\报告期	2009.06.30	2008.12.31	2008.06.30	2007.12.31
主要财务指标	每股收益(元)	0.1200	0.6700	0.1910	0.5100
	每股收益(扣除)(元)	0.1200	0.6800	0.1900	0.3900
	每股净资产(元)	2.1300	3.6200	3.1400	3.1500
	调整后每股净资产(元)	–	–	–	–
	每股资本公积金(元)	0.1565	1.0818	1.0818	1.0818
	每股盈余公积金(元)	0.1648	0.2967	0.2293	0.2293
	每股未分配利润(元)	0.8086	1.2406	0.8255	0.8341
	每股现金净流量(元)	–0.2592	–0.3000	–0.4540	–0.3604
	每股经营现金净流量(元)	–0.1784	0.5389	–0.2476	0.5901
	净资产收益率(扣除)(%)	–	–	–	12.3200
	净资产收益率(%)	5.6100	18.6200	6.1000	16.0700
	总资产(万)	44367.59	43741.01	36182.39	39883.73
	股东权益(万)	42105.00	39743.90	34445.71	34540.11
	主营业务收入(万)	–	–	–	–
	主营业务利润(万)	–	–	–	–
	营业务收入(万)	10264.78	21394.39	8756.09	15547.48
	营业务利润(万)	2531.87	7489.43	2205.22	5540.30
	投资收益(万)	–	–	–	–
	利润总额(万)	2804.74	8092.82	2437.82	6180.75
	净利润(万)	2361.11	7423.40	2102.00	5551.16

浙江华峰氨纶股份有限公司

公司概况	公司名称	浙江华峰氨纶股份有限公司		证券简称	华峰氨纶
	法人代表	尤小平	董秘 王杰	证券代码	002064
	公司网址	spandex.huafeng.com		电子信箱	huafeng@spandex.com.cn
	电话	0577-65178053		传真	0577-65537858
	办公地址	浙江省瑞安市莘塍工业园区			
	经营范围	从事氨纶产品的加工制造,销售,技术开发等			

	指标\报告期	2009.06.30	2008.12.31	2008.06.30	2007.12.31
主要财务指标	每股收益(元)	0.0230	0.4400	0.4200	1.0300
	每股收益(扣除)(元)	0.0020	0.4300	0.4200	2.0000
	每股净资产(元)	3.4700	3.5400	3.5200	6.2900
	调整后每股净资产(元)	–	–	–	–
	每股资本公积金(元)	0.1698	0.1698	0.1676	0.8352
	每股盈余公积金(元)	0.3413	0.3413	0.2970	0.5940
	每股未分配利润(元)	1.9542	2.0312	2.0551	3.8645
	每股现金净流量(元)	0.0131	–0.1462	–0.1451	0.2989
	每股经营现金净流量(元)	0.4213	0.6522	0.4680	1.6831
	净资产收益率(扣除)(%)	–	–	–	–
	净资产收益率(%)	0.6600	12.5100	12.0100	32.7500
	总资产(万)	173562.78	173193.46	175166.52	178572.62
	股东权益(万)	127936.71	130779.94	129948.22	116182.22
	主营业务收入(万)	–	–	–	–
	主营业务利润(万)	–	–	–	–
	营业务收入(万)	51486.37	101567.72	53971.12	143351.07
	营业务利润(万)	84.59	7010.65	12442.45	54276.35
	投资收益(万)	–	–	–	–
	利润总额(万)	998.54	7608.16	12446.24	55478.76
	净利润(万)	848.76	16363.72	15612.00	38046.24

东华软件股份公司

公司概况	公司名称	东华软件股份公司		证券简称	东华软件
	法人代表	薛向东	董秘 杨健	证券代码	002065
	公司网址	www.dhcc.com.cn		电子信箱	strongyang@dhcc.com.cn
	电话	010-62662188		传真	010-62662299
	办公地址	北京市海淀区知春路紫金数码园东华合创大厦16层			
	经营范围	自营和代理各类商品及技术的进出口业务等			

	指标\报告期	2009.06.30	2008.12.31	2008.06.30	2007.12.31
主要财务指标	每股收益(元)	0.2342	0.6400	0.2700	0.3700
	每股收益(扣除)(元)	0.2300	0.6100	0.2600	0.3500
	每股净资产(元)	2.7113	3.8100	3.4500	4.9900
	调整后每股净资产(元)	–	–	–	–
	每股资本公积金(元)	0.6672	1.3008	1.2987	1.8175
	每股盈余公积金(元)	0.1210	0.1806	0.1425	0.3127
	每股未分配利润(元)	0.9231	1.3333	1.0095	1.8567
	每股现金净流量(元)	–0.5962	0.3960	–0.4252	–0.0146
	每股经营现金净流量(元)	–0.4845	0.5830	–0.2617	–0.1069
	净资产收益率(扣除)(%)	–	–	–	14.1800
	净资产收益率(%)	8.6400	16.4000	7.6400	14.6900
	总资产(万)	167113.45	186604.25	140305.93	109672.68
	股东权益(万)	115496.81	108334.49	97994.79	64509.74
	主营业务收入(万)	–	–	–	–
	主营业务利润(万)	–	–	–	–
	营业务收入(万)	71038.58	115892.17	57028.03	79816.52
	营业务利润(万)	8805.97	17229.17	8109.74	9259.79
	投资收益(万)	–	–	–	–
	利润总额(万)	10473.79	18856.84	8679.49	10290.44
	净利润(万)	9977.43	17769.66	7489.91	9474.73

瑞泰科技股份有限公司

公司概况	公司名称	瑞泰科技股份有限公司		证券简称	瑞泰科技
	法人代表	曾大凡	董秘 朱爱华	证券代码	002066
	公司网址	www.bjruitai.com		电子信箱	hdl@bjruitai.com
	电　　话	010-51167282、65749478		传　　真	010-65749477
	办公地址	北京市朝阳区管庄东里中国建材院主楼4层			
	经营范围	制造、销售耐火材料;无机非金属材料的研发、销售以及技术咨询、技术服务等			

	指标\报告期	2009.06.30	2008.12.31	2008.06.30	2007.12.31
主要财务指标	每股收益(元)	0.1521	0.3845	0.1533	0.2670
	每股收益(扣除)(元)	0.1363	0.3631	0.1661	0.2448
	每股净资产(元)	4.3470	2.8500	2.6100	3.6800
	调整后每股净资产(元)	–	–	–	–
	每股资本公积金(元)	2.3841	0.6691	0.6640	1.4960
	每股盈余公积金(元)	0.1242	0.1593	0.1321	0.1982
	每股未分配利润(元)	0.8388	1.0172	0.8132	0.9898
	每股现金净流量(元)	1.4453	0.5756	0.3304	–0.3434
	每股经营现金净流量(元)	–0.2595	0.2483	–0.0770	0.0199
	净资产收益率(扣除)(%)	–	–	–	9.9700
	净资产收益率(%)	2.8600	13.5100	5.8800	10.8700
	总资产(万)	102753.63	75672.78	62146.93	48986.40
	股东权益(万)	50208.44	25610.29	23483.82	22104.11
	主营业务收入(万)	–	–	–	–
	主营业务利润(万)	–	–	–	–
	营业务收入(万)	22148.98	42169.97	20714.71	30234.45
	营业务利润(万)	1894.47	4483.71	2139.97	2643.67
	投资收益(万)	–	–	–	–
	利润总额(万)	2103.55	4644.16	1892.86	2803.70
	净利润(万)	0.1521	3460.53	1379.71	2403.15

浙江景兴纸业股份有限公司

公司概况	公司名称	浙江景兴纸业股份有限公司		证券简称	景兴纸业
	法人代表	朱在龙	董秘 姚洁青	证券代码	002067
	公司网址	www.jxpaper.com.cn		电子信箱	yaojq0518@126.com
	电　　话	0573-85969328		传　　真	0573-85963320
	办公地址	浙江省平湖市曹桥镇			
	经营范围	绿色环保再生纸、特种纸及其它纸品及纸制品、造纸原料的制造和销售等			

	指标\报告期	2009.06.30	2008.12.31	2008.06.30	2007.12.31
主要财务指标	每股收益(元)	0.0300	–0.5300	0.1000	0.2700
	每股收益(扣除)(元)	0.0300	–0.5300	0.1000	0.2600
	每股净资产(元)	4.3300	4.3000	4.9300	4.8300
	调整后每股净资产(元)	–	–	–	–
	每股资本公积金(元)	3.3291	3.3299	3.3304	3.3304
	每股盈余公积金(元)	0.0814	0.0814	0.0814	0.0814
	每股未分配利润(元)	–0.0831	–0.1107	0.5219	0.4202
	每股现金净流量(元)	–0.4983	–0.4946	–0.4102	1.8359
	每股经营现金净流量(元)	0.0293	–0.0205	–0.7453	–0.6419
	净资产收益率(扣除)(%)	–	–	–	4.2800
	净资产收益率(%)	0.6380	–12.3400	2.0600	4.3600
	总资产(万)	391942.33	400269.69	447371.40	366471.62
	股东权益(万)	169633.76	168583.73	193399.18	189413.30
	主营业务收入(万)	–	–	–	–
	主营业务利润(万)	–	–	–	–
	营业务收入(万)	85803.10	205465.85	110698.20	113028.17
	营业务利润(万)	103.30	–25703.52	5420.09	8843.67
	投资收益(万)	–	–	–	–
	利润总额(万)	263.57	–25414.57	5448.50	9314.37
	净利润(万)	1083.11	–20811.24	3985.87	8250.37

江西黑猫炭黑股份有限公司

公司概况	公司名称	江西黑猫炭黑股份有限公司		证券简称	黑猫股份
	法人代表	蔡景章	董秘 曹和平	证券代码	002068
	公司网址	www.jx-blackcat.com		电子信箱	heimaoth@126.com
	电　　话	0798-8399126		传　　真	0798-8391868
	办公地址	江西省景德镇市历尧			
	经营范围	生产销售炭黑及其尾气、硅材料、工业萘、轻油、洗油、脱酚油、粗酚等			

	指标\报告期	2009.06.30	2008.12.31	2008.06.30	2007.12.31
主要财务指标	每股收益(元)	0.0930	0.0200	0.1340	0.4600
	每股收益(扣除)(元)	0.1000	0.0600	0.1400	0.4500
	每股净资产(元)	2.7800	3.2100	3.2500	5.6500
	调整后每股净资产(元)	–	–	–	–
	每股资本公积金(元)	1.0721	1.2528	1.1693	2.6048
	每股盈余公积金(元)	0.1503	0.1804	0.1704	0.3067
	每股未分配利润(元)	0.5567	0.7816	0.9073	1.7424
	每股现金净流量(元)	1.1048	0.0652	–0.0268	–1.5933
	每股经营现金净流量(元)	0.4779	2.6786	0.8604	–0.5796
	净资产收益率(扣除)(%)	–	–	–	14.2100
	净资产收益率(%)	3.3400	0.5600	4.1200	14.6600
	总资产(万)	221864.36	175657.36	170134.39	153881.11
	股东权益(万)	53426.09	51501.48	52017.03	50319.84
	主营业务收入(万)	–	–	–	–
	主营业务利润(万)	–	–	–	–
	营业务收入(万)	76364.32	177537.84	90059.74	138051.90
	营业务利润(万)	3433.71	235.90	2932.66	8974.28
	投资收益(万)	–	–	–	–
	利润总额(万)	3355.76	–62.61	2916.51	9204.77
	净利润(万)	1786.48	288.61	2142.19	7377.85

大连獐子岛渔业集团股份有限公司

公司概况	公司名称	大连獐子岛渔业集团股份有限公司		证券简称	獐子岛
	法人代表	吴厚刚	董秘 王欣红	证券代码	002069
	公司网址	www.zhangzidao.com		电子信箱	wangxinhong@zhangzidao.com
	电　　话	0411-82821622、82592666		传　　真	0411-82634187
	办公地址	大连市中山区人民路人寿大厦17层			
	经营范围	水产品养殖;扑捞、加工、销售;进出口业务、承办中外合资经营等			

	指标\报告期	2009.06.30	2008.12.31	2008.06.30	2007.12.31
主要财务指标	每股收益(元)	0.1800	0.5500	0.1500	0.7400
	每股收益(扣除)(元)	0.1800	0.5400	0.1600	0.7100
	每股净资产(元)	5.3600	5.5300	5.0800	10.2500
	调整后每股净资产(元)	–	–	–	–
	每股资本公积金(元)	2.5309	2.5309	2.4810	6.0618
	每股盈余公积金(元)	0.4108	0.4108	0.3524	0.7049
	每股未分配利润(元)	1.4137	1.5860	1.2456	2.4814
	每股现金净流量(元)	0.2196	–0.3622	–0.5269	–0.5556
	每股经营现金净流量(元)	–0.3370	–0.0430	–0.7033	–1.2222
	净资产收益率(扣除)(%)	–	–	–	13.9400
	净资产收益率(%)	3.3200	10.0200	3.0500	14.4700
	总资产(万)	195227.23	182002.20	170186.68	157603.34
	股东权益(万)	121131.06	125029.37	114889.39	115905.82
	主营业务收入(万)	–	–	–	–
	主营业务利润(万)	–	–	–	–
	营业务收入(万)	55333.83	100699.02	36879.60	64142.56
	营业务利润(万)	4760.83	13738.33	4031.43	16930.42
	投资收益(万)	–	–	–	–
	利润总额(万)	4777.58	14172.77	3943.64	17580.80
	净利润(万)	4020.92	12521.98	3504.12	16771.60

福建众和股份有限公司

公司概况	公司名称	福建众和股份有限公司		证券简称	众和股份
	法人代表	许金和	董秘 张维强	证券代码	002070
	公司网址	www.zhonghe.com		电子信箱	security@zhonghe.com
	电　话	0594-5895039		传　真	0594-5895238
	办公地址	福建省莆田市秀屿区西许工业区5-8号			
	经营范围	服装面料及其他纺织品的开发,生产,销售等			

主要财务指标	指标\报告期	2009.06.30	2008.12.31	2008.06.30	2007.12.31
	每股收益(元)	0.1229	0.2016	0.0988	0.2781
	每股收益(扣除)(元)	0.1113	0.1466	0.0963	0.2250
	每股净资产(元)	2.3500	3.0100	2.9000	3.6500
	调整后每股净资产(元)	–	–	–	–
	每股资本公积金(元)	0.3354	0.8028	0.8028	1.3437
	每股盈余公积金(元)	0.1401	0.1891	0.1806	0.2348
	每股未分配利润(元)	0.8750	1.0154	0.9210	1.0688
	每股现金净流量(元)	0.5769	–0.0873	–0.2333	–0.7355
	每股经营现金净流量(元)	0.1269	0.4315	0.1528	0.1644
	净资产收益率(扣除)(%)	–	–	–	8.0200
	净资产收益率(%)	5.2300	6.7100	3.4000	9.9100
	总资产(万)	154398.22	143876.61	142852.12	125463.12
	股东权益(万)	53444.55	50636.85	48909.99	47255.45
	主营业务收入(万)	–	–	–	–
	主营业务利润(万)	–	–	–	–
	营业务收入(万)	41113.96	67022.62	30747.51	47026.37
	营业务利润(万)	2949.79	2178.56	1507.81	3100.94
	投资收益(万)	–	–	–	–
	利润总额(万)	3558.54	4009.01	1902.19	5146.81
	净利润(万)	2795.61	3397.30	1664.75	4684.62

江苏宏宝五金股份有限公司

公司概况	公司名称	江苏宏宝五金股份有限公司		证券简称	江苏宏宝
	法人代表	朱剑峰	董秘 顾桂新	证券代码	002071
	公司网址	www.hongbao.com		电子信箱	stock@hongbao.com
	电　话	0512-58713681、58715059		传　真	0512-58761055
	办公地址	江苏省张家港市大新镇128号			
	经营范围	五金及五金工具、园林工具、电动工具、锻压件、汽车零配件、刀剪等			

主要财务指标	指标\报告期	2009.06.30	2008.12.31	2008.06.30	2007.12.31
	每股收益(元)	–0.0560	–0.0700	0.0090	0.0500
	每股收益(扣除)(元)	–0.0570	–0.1000	0.0040	0.0200
	每股净资产(元)	2.5500	2.6100	2.6900	2.7100
	调整后每股净资产(元)	–	–	–	–
	每股资本公积金(元)	1.0438	1.0438	1.0435	1.0435
	每股盈余公积金(元)	0.1084	0.1084	0.1084	0.1084
	每股未分配利润(元)	0.4037	0.4601	0.5387	0.5592
	每股现金净流量(元)	–0.0472	0.2337	–0.1652	–0.8445
	每股经营现金净流量(元)	0.0894	0.6104	0.1245	0.0428
	净资产收益率(扣除)(%)	–	–	–	0.8000
	净资产收益率(%)	–2.2100	–2.6500	0.3500	1.7300
	总资产(万)	50847.34	53948.82	51460.43	48876.12
	股东权益(万)	31299.85	31991.51	32954.81	33224.09
	主营业务收入(万)	–	–	–	–
	主营业务利润(万)	–	–	–	–
	营业务收入(万)	12661.18	34743.05	17080.14	31450.04
	营业务利润(万)	–635.61	–1145.72	156.09	358.75
	投资收益(万)	–	–	–	–
	利润总额(万)	–627.59	–785.60	243.08	664.46
	净利润(万)	–691.65	–848.16	115.66	576.23

山东德棉股份有限公司

公司概况	公司名称	山东德棉股份有限公司		证券简称	德棉股份
	法人代表	尉华	董秘	证券代码	002072
	公司网址	www.textiledm.com		电子信箱	fad@dmjt.com
	电　话	0534-2436663、2436301		传　真	0534-2436301
	办公地址	山东德州市顺河西路18号			
	经营范围	纺纱、织布;纺织原料、纺织品、服装、纺织设备及器材、配件等			

主要财务指标	指标\报告期	2009.06.30	2008.12.31	2008.06.30	2007.12.31
	每股收益(元)	–0.2820	–0.3020	0.0420	0.1450
	每股收益(扣除)(元)	–0.2840	–0.3060	0.0430	0.1390
	每股净资产(元)	2.1300	2.4100	2.7500	3.0300
	调整后每股净资产(元)	–	–	–	–
	每股资本公积金(元)	0.9400	0.9400	0.9400	1.1340
	每股盈余公积金(元)	0.2174	0.2174	0.2174	0.2391
	每股未分配利润(元)	–0.0319	0.2500	0.5938	0.6575
	每股现金净流量(元)	–0.2929	0.5462	–0.4039	–0.0531
	每股经营现金净流量(元)	0.0598	1.0289	0.3738	0.6359
	净资产收益率(扣除)(%)	–	–	–	5.0500
	净资产收益率(%)	–13.2600	–12.5600	1.5400	5.2600
	总资产(万)	149498.88	153768.05	135999.01	139892.89
	股东权益(万)	37408.68	42370.07	48420.27	48490.26
	主营业务收入(万)	–	–	–	–
	主营业务利润(万)	–	–	–	–
	营业务收入(万)	29240.93	72445.02	41949.71	91696.31
	营业务利润(万)	–5000.13	–5382.41	1004.38	3565.81
	投资收益(万)	–	–	–	–
	利润总额(万)	–4961.39	–5320.19	995.14	3716.85
	净利润(万)	–4961.39	–5320.19	746.35	2551.70

青岛高校软控股份有限公司

公司概况	公司名称	青岛高校软控股份有限公司		证券简称	青岛软控
	法人代表	袁仲雪	董秘 纪东	证券代码	002073
	公司网址	www.mesnac.com		电子信箱	info@mesnac.com
	电　话	0532-84012387		传　真	0532-84011517
	办公地址	青岛市郑州路1号			
	经营范围	机械设备、模具、计算机软硬件、大规模集成电路、自动化系统等			

主要财务指标	指标\报告期	2009.06.30	2008.12.31	2008.06.30	2007.12.31
	每股收益(元)	0.3600	0.7900	0.3400	0.5000
	每股收益(扣除)(元)	0.3100	0.7100	0.3300	0.4500
	每股净资产(元)	5.6500	4.1000	3.6500	6.7300
	调整后每股净资产(元)	–	–	–	–
	每股资本公积金(元)	2.4106	0.8831	0.8831	2.7661
	每股盈余公积金(元)	0.2834	0.3281	0.2481	0.4962
	每股未分配利润(元)	1.9568	1.8895	1.5237	2.4661
	每股现金净流量(元)	1.7126	–0.1163	0.0708	–1.0235
	每股经营现金净流量(元)	0.1820	0.1632	0.2213	0.3392
	净资产收益率(扣除)(%)	–	–	–	13.5000
	净资产收益率(%)	5.7500	19.1800	9.3200	14.9500
	总资产(万)	278616.41	208973.29	199142.88	170266.73
	股东权益(万)	186442.99	116843.09	104142.16	95860.31
	主营业务收入(万)	–	–	–	–
	主营业务利润(万)	–	–	–	–
	营业务收入(万)	46195.15	91249.49	43468.92	50246.44
	营业务利润(万)	11070.68	18386.75	11119.12	12165.89
	投资收益(万)	–	–	–	–
	利润总额(万)	13354.75	24187.72	12857.21	15336.59
	净利润(万)	10725.60	22407.48	9706.55	14332.83

江苏东源电器集团股份有限公司

公司概况	公司名称	江苏东源电器集团股份有限公司		证券简称	东源电器
	法人代表	孙益源	董秘 吴永钢	证券代码	002074
	公司网址	www.jsdydq.com		电子信箱	dyluyan@126.com
	电　　话	0513-86268788		传　　真	0513-86268222
	办公地址	江苏省通州市十总镇东源大道 1 号			
	经营范围	高、低压开关及成套设备,电器自动化、配网自动化设备及元器件的制造和销售等			

主要财务指标	指标\报告期	2009.06.30	2008.12.31	2008.06.30	2007.12.31
	每股收益(元)	0.1299	0.2800	0.1803	0.2300
	每股收益(扣除)(元)	0.1214	0.2300	0.1687	0.2200
	每股净资产(元)	2.5900	2.5600	2.4523	3.9700
	调整后每股净资产(元)	–	–	–	–
	每股资本公积金(元)	0.6107	0.6107	0.6107	1.7382
	每股盈余公积金(元)	0.1389	0.1389	0.1166	0.1982
	每股未分配利润(元)	0.8360	0.8066	0.7250	1.0329
	每股现金净流量(元)	–0.3681	0.0549	–0.0938	–0.3496
	每股经营现金净流量(元)	–0.1254	0.2678	–0.2476	–0.2571
	净资产收益率(扣除)(%)	–	–	–	9.4800
	净资产收益率(%)	5.0239	10.9600	7.3500	9.9600
	总资产(万)	75084.25	74014.27	64324.26	65162.03
	股东权益(万)	36394.71	35980.06	34519.15	32865.77
	主营业务收入(万)	–	–	–	–
	主营业务利润(万)	–	–	–	–
	营业务收入(万)	20254.10	46454.31	24043.94	33793.77
	营业务利润(万)	2388.47	4915.14	3543.54	4444.83
	投资收益(万)	–	–	–	–
	利润总额(万)	2527.68	5826.95	3591.59	4595.69
	净利润(万)	1828.44	3942.29	2538.00	3273.45

高新张铜股份有限公司

公司概况	公司名称	高新张铜股份有限公司		证券简称	*ST 张铜
	法人代表	韩大力	董秘 魏笔	证券代码	002075
	公司网址	www.zhangtong.com		电子信箱	securities@zhangtong.com.cn
	电　　话	0512-58690829		传　　真	0512-58676357
	办公地址	江苏省张家港市杨舍工业新区			
	经营范围	有色金属加工,自营和代理各类商品和技术的进出口业务			

主要财务指标	指标\报告期	2009.06.30	2008.12.31	2008.06.30	2007.12.31
	每股收益(元)	–0.1700	–1.2900	–0.2400	–0.4500
	每股收益(扣除)(元)	–0.1600	–1.1800	–0.2435	–0.5100
	每股净资产(元)	–0.3420	–0.1700	0.8800	1.1200
	调整后每股净资产(元)	–	–	–	–
	每股资本公积金(元)	0.3902	0.3902	0.3902	0.3902
	每股盈余公积金(元)	0.0552	0.0552	0.0552	0.0552
	每股未分配利润(元)	–1.7874	–1.6156	–0.5630	–0.3226
	每股现金净流量(元)	–0.0104	–0.2855	–0.1655	–0.8666
	每股经营现金净流量(元)	0.0179	0.0778	0.2151	–0.9264
	净资产收益率(扣除)(%)	–	–	–	–43.6200
	净资产收益率(%)	–49.8500	–760.0500	–27.2300	–40.2000
	总资产(万)	85231.14	90526.86	186429.59	230790.24
	股东权益(万)	–13539.53	–6736.59	34947.48	44464.85
	主营业务收入(万)	–	–	–	–
	主营业务利润(万)	–	–	–	–
	营业务收入(万)	1230.76	140828.53	125232.36	312716.74
	营业务利润(万)	–6305.91	–47153.82	–9801.68	–19022.52
	投资收益(万)	–	–	–	–
	利润总额(万)	–6802.94	–51639.77	–9616.47	–18517.91
	净利润(万)	–6750.09	–51201.45	–9517.37	–17875.07

广东雪莱特光电科技股份有限公司

公司概况	公司名称	广东雪莱特光电科技股份有限公司		证券简称	雪 莱 特
	法人代表	柴国生	董秘 冼树忠	证券代码	002076
	公司网址	www.cnlight.com		电子信箱	info@cnlight.com
	电　　话	0757-86695590		传　　真	0757-86695225
	办公地址	佛山市南海区狮山工业科技工业园 A 区			
	经营范围	设计、加工、制造:照明电器,电真空器件,科教器材,电光源器材及配件等			

主要财务指标	指标\报告期	2009.06.30	2008.12.31	2008.06.30	2007.12.31
	每股收益(元)	0.0500	0.0736	0.1000	0.2742
	每股收益(扣除)(元)	0.0500	0.0556	0.0900	0.2082
	每股净资产(元)	2.0900	2.0389	2.0700	1.9652
	调整后每股净资产(元)	–	–	–	–
	每股资本公积金(元)	0.3007	0.3007	0.3007	0.3007
	每股盈余公积金(元)	0.0992	0.0992	0.0930	0.0930
	每股未分配利润(元)	0.6927	0.6391	0.6724	0.5715
	每股现金净流量(元)	0.1712	0.0962	–0.0025	–0.5088
	每股经营现金净流量(元)	0.1820	0.2754	0.0379	–0.0025
	净资产收益率(扣除)(%)	–	–	–	10.5900
	净资产收益率(%)	2.5600	3.6100	4.8800	13.9500
	总资产(万)	46936.84	44183.42	45781.37	44574.92
	股东权益(万)	38558.69	37570.92	38072.20	36213.77
	主营业务收入(万)	–	–	–	–
	主营业务利润(万)	–	–	–	–
	营业务收入(万)	12646.53	35296.16	17482.06	33521.09
	营业务利润(万)	1096.58	863.59	1851.22	5521.24
	投资收益(万)	–	–	–	–
	利润总额(万)	1164.30	1256.10	1928.86	5724.93
	净利润(万)	987.77	1357.15	1858.44	5052.10

江苏大港股份有限公司

公司概况	公司名称	江苏大港股份有限公司		证券简称	大港股份
	法人代表	朱林华	董秘 吴晓坚	证券代码	002077
	公司网址	www.dggf.cn		电子信箱	zjwuxj@163.com
	电　　话	0511-88901009		传　　真	0511-88901188
	办公地址	江苏省镇江新区通港路 1 号			
	经营范围	工业园区开发、基础设施建设、工业厂房建设与经营、房地产开发、仓储、产业投资			

主要财务指标	指标\报告期	2009.06.30	2008.12.31	2008.06.30	2007.12.31
	每股收益(元)	0.0200	0.0100	0.1500	0.2900
	每股收益(扣除)(元)	–0.3700	–0.1100	0.1400	0.2700
	每股净资产(元)	2.6300	2.6600	2.7900	2.7400
	调整后每股净资产(元)	–	–	–	–
	每股资本公积金(元)	0.9072	0.9073	0.8969	0.8969
	每股盈余公积金(元)	0.2002	0.2002	0.1727	0.1727
	每股未分配利润(元)	0.5198	0.5515	0.7244	0.6700
	每股现金净流量(元)	0.5419	0.2811	0.2153	–0.5057
	每股经营现金净流量(元)	0.0876	–0.1224	0.1562v–0.3797	–
	净资产收益率(扣除)(%)	–	–	9.9800	5.5300
	净资产收益率(%)	0.7000	0.3400	10.7000	176424.98
	总资产(万)	204074.29	185792.07	159317.19	70410.24
	股东权益(万)	66204.39	67005.60	69038.33	–
	主营业务收入(万)	–	–	–	–
	主营业务利润(万)	–	–	–	56591.54
	营业务收入(万)	47984.57	105812.48	124286.82	4073.84
	营业务利润(万)	–10904.07	553.87	10897.75	–
	投资收益(万)	–	–	–	4894.18
	利润总额(万)	2455.43	1036.76	11420.68	3891.91
	净利润(万)	462.41	225.00	7390.08	

山东太阳纸业股份有限公司

公司概况	公司名称	山东太阳纸业股份有限公司			证券简称	太阳纸业
	法人代表	李洪信	董秘	李洪信	证券代码	002078
	公司网址	www.sunpapergroup.com		电子信箱	cwj3678@sohu.com	
	电　　话	0537-3658715、3658762		传　　真	0537-3658762	
	办公地址	山东省兖州市友谊路1号				
	经营范围	机制纸、纸板制造;纸制品制造、加工;建筑材料、五金交电、化工产品等				

	指标\报告期	2009.06.30	2008.12.31	2008.06.30	2007.12.31
主要财务指标	每股收益(元)	0.3000	0.4600	0.4500	0.7600
	每股收益(扣除)(元)	0.2800	0.0400	0.4500	0.5900
	每股净资产(元)	5.3000	5.1800	5.1700	6.7900
	调整后每股净资产(元)	-	-	-	-
	每股资本公积金(元)	2.1177	2.1053	2.0970	3.4152
	每股盈余公积金(元)	0.4227	0.4227	0.3656	0.5119
	每股未分配利润(元)	1.7571	1.6548	1.7066	1.8583
	每股现金净流量(元)	0.2117	0.6499	0.4141	-1.3922
	每股经营现金净流量(元)	0.6749	3.5298	0.8698	0.7590
	净资产收益率(扣除)(%)	-	-	-	12.2700
	净资产收益率(%)	5.7100	8.8000	8.6600	15.6700
	总资产(万)	845838.28	825946.82	770870.74	721463.29
	股东权益(万)	266146.04	260385.11	259701.88	243498.29
	主营业务收入(万)	-	-	-	-
	主营业务利润(万)	-	-	-	-
	营业务收入(万)	269904.77	579944.29	311993.16	508342.50
	营业务利润(万)	19634.62	3529.46	30698.00	43324.39
	投资收益(万)	-	-	-	-
	利润总额(万)	20896.98	25502.23	30377.46	54165.20
	净利润(万)	15187.31	22907.75	22484.52	38166.05

苏州固锝电子股份有限公司

公司概况	公司名称	苏州固锝电子股份有限公司			证券简称	苏州固锝
	法人代表	吴念博	董秘		证券代码	002079
	公司网址	www.goodark.com		电子信箱	n.b.wu@goodark.com	
	电　　话	0512-68188888-2050		传　　真	0512-68189999	
	办公地址	江苏省苏州市通安开发区通锡路31号				
	经营范围	设计;制造和销售各类半导体芯片、各类集成电路、二极管、三极管等				

	指标\报告期	2009.06.30	2008.12.31	2008.06.30	2007.12.31
主要财务指标	每股收益(元)	0.0440	0.0610	0.0300	0.0970
	每股收益(扣除)(元)	0.0330	0.0740	0.0200	0.0830
	每股净资产(元)	1.7200	1.7100	1.6700	3.3200
	调整后每股净资产(元)	-	-	-	-
	每股资本公积金(元)	0.3039	0.3039	0.3039	1.3578
	每股盈余公积金(元)	0.1069	0.1069	0.1008	0.2016
	每股未分配利润(元)	0.3089	0.2947	0.2651	0.7577
	每股现金净流量(元)	0.0427	-0.3808	-0.1197	-0.4144
	每股经营现金净流量(元)	0.0870	0.1429	-0.0254	0.0965
	净资产收益率(扣除)(%)	-	-	-	5.0100
	净资产收益率(%)	2.5654	3.5700	1.5000	5.8500
	总资产(万)	62698.41	57581.02	65023.58	61104.62
	股东权益(万)	47463.28	47073.64	46086.74	45776.90
	主营业务收入(万)	-	-	-	-
	主营业务利润(万)	-	-	-	-
	营业务收入(万)	22561.86	52426.54	24224.01	47409.77
	营业务利润(万)	1082.64	1761.30	784.39	2467.45
	投资收益(万)	-	-	-	-
	利润总额(万)	1356.11	1935.94	852.78	2885.74
	净利润(万)	1217.64	1679.48	693.21	2677.39

中材科技股份有限公司

公司概况	公司名称	中材科技股份有限公司			证券简称	中材科技
	法人代表	李新华	董秘	宋伯庐	证券代码	002080
	公司网址	www.sinomatech.com		电子信箱	sinoma@sinomatech.com	
	电　　话	010-88437909		传　　真	010-88437712	
	办公地址	北京市海淀区板井路69号商务中心写字楼12Fa				
	经营范围	玻璃纤维、复合材料、压力容器、过滤材料、矿物棉、其他非金属新材料等				

	指标\报告期	2009.06.30	2008.12.31	2008.06.30	2007.12.31
主要财务指标	每股收益(元)	0.1600	0.6270	0.2370	0.5000
	每股收益(扣除)(元)	0.1340	0.5940	0.2300	0.4360
	每股净资产(元)	4.8000	4.6800	4.4200	4.3800
	调整后每股净资产(元)	-	-	-	-
	每股资本公积金(元)	2.4769	2.3141	2.2435	2.2435
	每股盈余公积金(元)	0.1922	0.1922	0.1495	0.1495
	每股未分配利润(元)	1.1314	1.1709	1.0234	0.9863
	每股现金净流量(元)	0.7971	-0.7178	0.5986	-0.3141
	每股经营现金净流量(元)	-0.2582	0.4715	0.0593	0.0169
	净资产收益率(扣除)(%)	-	-	-	9.9500
	净资产收益率(%)	3.3400	13.4100	5.3700	11.4300
	总资产(万)	215100.91	179287.36	172801.73	138588.08
	股东权益(万)	72006.85	70157.73	66246.76	65689.82
	主营业务收入(万)	-	-	-	-
	主营业务利润(万)	-	-	-	-
	营业务收入(万)	57451.02	107689.87	48877.97	88685.75
	营业务利润(万)	4666.07	7974.69	3839.97	4457.78
	投资收益(万)	-	-	-	-
	利润总额(万)	6454.97	13580.32	5154.77	9013.05
	净利润(万)	2407.03	9409.02	3556.95	7506.72

苏州金螳螂装饰股份有限公司

公司概况	公司名称	苏州金螳螂装饰股份有限公司			证券简称	金螳螂
	法人代表	倪林	董秘	戴轶钧	证券代码	002081
	公司网址	www.goldmantis.com		电子信箱	tzglb@ goldmantis.com	
	电　　话	0512-68660622		传　　真	0512-68660622	
	办公地址	江苏省苏州市西环路888号				
	经营范围	承接各类建筑室内、室外装修装饰工程的设计及施工等				

	指标\报告期	2009.06.30	2008.12.31	2008.06.30	2007.12.31
主要财务指标	每股收益(元)	0.3148	0.9800	0.3900	0.6400
	每股收益(扣除)(元)	0.3100	0.9300	0.3900	0.6400
	每股净资产(元)	3.4900	4.9600	4.3600	6.1600
	调整后每股净资产(元)	-	-	-	-
	每股资本公积金(元)	0.7150	1.5649	1.5592	2.8388
	每股盈余公积金(元)	0.2115	0.3173	0.2236	0.3355
	每股未分配利润(元)	1.5652	2.0757	1.5759	1.9821
	每股现金净流量(元)	0.3533	-0.3129	-0.9627	-0.4728
	每股经营现金净流量(元)	0.4638	0.7813	-0.4981	0.6136
	净资产收益率(扣除)(%)	-	-	-	14.4800
	净资产收益率(%)	9.0200	19.7900	8.9000	15.6200
	总资产(万)	207253.85	197535.73	164672.19	163466.84
	股东权益(万)	73850.60	69906.08	61458.81	57870.02
	主营业务收入(万)	-	-	-	-
	主营业务利润(万)	-	-	-	-
	营业务收入(万)	167649.33	333770.18	155144.84	346334.33
	营业务利润(万)	9264.46	18617.12	7644.00	13989.21
	投资收益(万)	-	-	-	-
	利润总额(万)	9312.05	19519.62	7527.05	14818.57
	净利润(万)	6657.95	13835.31	5468.80	9041.75

浙江栋梁新材股份有限公司

公司概况	公司名称	浙江栋梁新材股份有限公司			证券简称	栋梁新材
	法人代表	陆志宝	董秘	谷穗	证券代码	002082
	公司网址	www.dongliang.com.cn		电子信箱	info@dongliang.com.cn	
	电　话	0572-2699710、2699755		传　真	0572-2699765	
	办公地址	浙江省湖州市织里镇栋梁路				
	经营范围	铝合金型材、铝棒、五金制品及模具、镁合金制品的制造加工、销售等				

主要财务指标	指标\报告期	2009.06.30	2008.12.31	2008.06.30	2007.12.31
	每股收益(元)	0.1700	0.3200	0.1600	0.3000
	每股收益(扣除)(元)	0.1700	0.3200	0.1500	0.2500
	每股净资产(元)	3.0400	2.9600	2.8000	3.0800
	调整后每股净资产(元)	–	–	–	–
	每股资本公积金(元)	1.0160	1.0160	1.0160	0.8276
	每股盈余公积金(元)	0.1163	0.1163	0.0962	0.1721
	每股未分配利润(元)	0.9051	0.8326	0.6925	1.0799
	每股现金净流量(元)	–0.1153	0.4593	0.4190	–1.0017
	每股经营现金净流量(元)	0.0888	1.0633	0.1607	0.0935
	净资产收益率(扣除)(%)	–	–	–	12.7800
	净资产收益率(%)	5.6818	10.4900	5.3800	15.5200
	总资产(万)	104384.61	102177.50	120539.56	92762.99
	股东权益(万)	72291.88	70564.38	66753.35	40994.37
	主营业务收入(万)	–	–	–	–
	主营业务利润(万)	–	–	–	–
	营业务收入(万)	234120.41	583586.85	304244.51	489160.20
	营业务利润(万)	5408.37	9566.43	5050.10	8658.66
	投资收益(万)	–	–	–	–
	利润总额(万)	5453.37	9380.22	5038.94	8778.54
	净利润(万)	4107.50	7404.74	3593.71	6361.39

孚日集团股份有限公司

公司概况	公司名称	孚日集团股份有限公司			证券简称	孚日股份
	法人代表	孙日贵	董秘	王进刚	证券代码	002083
	公司网址	www.sunvim.com		电子信箱	zqb@sunvim.com	
	电　话	0536-2308043		传　真	0536-2315895	
	办公地址	山东省潍坊高密市孚日街1号				
	经营范围	生产销售毛巾系列产品、纺织品、针织品、床上用品、服装、工艺品等				

主要财务指标	指标\报告期	2009.06.30	2008.12.31	2008.06.30	2007.12.31
	每股收益(元)	0.0600	0.1300	0.1000	0.1800
	每股收益(扣除)(元)	0.0600	0.1300	0.1000	0.1800
	每股净资产(元)	2.6500	2.7000	2.6400	3.9700
	调整后每股净资产(元)	–	–	–	–
	每股资本公积金(元)	1.4243	1.4243	1.3946	3.0850
	每股盈余公积金(元)	0.0822	0.0822	0.0632	0.1129
	每股未分配利润(元)	0.1388	0.1942	0.1823	0.3367
	每股现金净流量(元)	–0.1380	–0.7886	–0.4576	2.0922
	每股经营现金净流量(元)	0.2077	0.4545	0.1819	1.0612
	净资产收益率(扣除)(%)	–	–	–	5.5900
	净资产收益率(%)	2.4400	4.8600	3.8000	5.5600
	总资产(万)	651327.66	652384.50	617051.59	610679.49
	股东权益(万)	248252.08	253453.60	247777.69	248361.59
	主营业务收入(万)	–	–	–	–
	主营业务利润(万)	–	–	–	–
	营业务收入(万)	151017.60	319236.85	163283.45	284232.05
	营业务利润(万)	7323.95	15867.69	12418.44	22649.10
	投资收益(万)	–	–	–	–
	利润总额(万)	8746.21	15992.89	12683.90	22435.20
	净利润(万)	6060.27	12319.11	9426.58	13798.78

广州海鸥卫浴用品股份有限公司

公司概况	公司名称	广州海鸥卫浴用品股份有限公司			证券简称	海鸥卫浴
	法人代表	唐台英	董秘	崔鼎昌	证券代码	002084
	公司网址	www.seagullgroup.cn		电子信箱	seagull@seagullgroup.cn	
	电　话	020-34808178		传　真	020-34808171	
	办公地址	广州市番禺区市桥镇禺山西路联邦工业城内				
	经营范围	开发,生产高档水暖器材及五金件,销售本企业产品				

主要财务指标	指标\报告期	2009.06.30	2008.12.31	2008.06.30	2007.12.31
	每股收益(元)	–0.0280	0.2265	0.1472	0.4478
	每股收益(扣除)(元)	–0.0245	0.2294	0.1483	0.4390
	每股净资产(元)	3.0800	3.4256	3.3500	3.8413
	调整后每股净资产(元)	–	–	–	–
	每股资本公积金(元)	1.0290	1.2409	1.2409	1.6890
	每股盈余公积金(元)	0.2063	0.2269	0.2153	0.2584
	每股未分配利润(元)	0.8455	0.9609	0.8932	0.8952
	每股现金净流量(元)	0.2401	–0.3943	–0.4792	–0.4074
	每股经营现金净流量(元)	0.3062	0.5323	0.1421	0.6258
	净资产收益率(扣除)(%)	–	–	–	13.7000
	净资产收益率(%)	–0.9100	6.6100	4.4000	13.9900
	总资产(万)	144987.04	150562.55	146358.36	138524.26
	股东权益(万)	71729.79	72573.96	70884.84	67818.04
	主营业务收入(万)	–	–	–	–
	主营业务利润(万)	–	–	–	–
	营业务收入(万)	49914.17	169879.37	91286.75	178115.88
	营业务利润(万)	–395.41	6486.72	4253.74	11671.94
	投资收益(万)	–	–	–	–
	利润总额(万)	–401.61	6420.27	4171.29	11881.39
	净利润(万)	–652.99	4798.04	3118.23	9486.32

浙江万丰奥威汽轮股份有限公司

公司概况	公司名称	浙江万丰奥威汽轮股份有限公司			证券简称	万丰奥威
	法人代表	陈爱莲	董秘	吴延坤	证券代码	002085
	公司网址	www.wfaw.com.cn		电子信箱	wuyk@wfjt.com	
	电　话	0575-86298339		传　真	0575-86298339	
	办公地址	浙江省新昌县城关镇新昌工业区(后溪)				
	经营范围	汽车铝合金车轮及零部件的生产、销售及技术咨询、技术服务;经营进出口业务				

主要财务指标	指标\报告期	2009.06.30	2008.12.31	2008.06.30	2007.12.31
	每股收益(元)	0.0900	0.0800	0.1200	0.2200
	每股收益(扣除)(元)	0.0700	0.0400	0.0600	0.2100
	每股净资产(元)	2.8000	2.8100	2.8443	2.8700
	调整后每股净资产(元)	–	–	–	–
	每股资本公积金(元)	1.2233	1.2233	1.2148	1.2148
	每股盈余公积金(元)	0.2197	0.2197	0.2094	0.2094
	每股未分配利润(元)	0.3544	0.3653	0.4204	0.4499
	每股现金净流量(元)	–0.2820	–0.1211	–0.0021	–0.3116
	每股经营现金净流量(元)	0.3315	0.5687	0.1774	0.4912
	净资产收益率(扣除)(%)	–	–	–	7.2300
	净资产收益率(%)	3.1900	2.7000	4.2300	7.7900
	总资产(万)	142481.65	149249.85	157947.12	166544.42
	股东权益(万)	79504.15	79823.28	80876.76	81723.70
	主营业务收入(万)	–	–	–	–
	主营业务利润(万)	–	–	–	–
	营业务收入(万)	55186.17	144468.91	82301.68	174563.05
	营业务利润(万)	2789.56	2341.15	5059.78	9145.06
	投资收益(万)	–	–	–	–
	利润总额(万)	3479.15	2713.30	5007.82	9395.81
	净利润(万)	2533.29	2154.30	3425.03	6363.84

山东东方海洋科技股份有限公司

公司概况	公司名称	山东东方海洋科技股份有限公司		证券简称	东方海洋
	法人代表	车轼	董秘 于德海	证券代码	002086
	公司网址	www.yt-fishery.com		电子信箱	dfhy@yt-fishery.com
	电　话	0535-6729111		传　真	0535-6729055
	办公地址	山东省烟台市莱山区澳柯玛大街 18 号			
	经营范围	水产新技术、新成果的研究、推广、应用；水产技术培训、咨询服务等			

	指标＼报告期	2009.06.30	2008.12.31	2008.06.30	2007.12.31
主要财务指标	每股收益(元)	0.0800	0.4100	0.1500	0.4400
	每股收益(扣除)(元)	0.0800	0.3800	0.1500	0.4400
	每股净资产(元)	4.3000	8.5100	8.2800	5.0500
	调整后每股净资产(元)	–	–	–	–
	每股资本公积金(元)	2.8023	6.1047	6.1231	2.5862
	每股盈余公积金(元)	0.0857	0.1714	0.1398	0.1975
	每股未分配利润(元)	0.4146	1.2383	1.0202	1.2625
	每股现金净流量(元)	–0.1676	3.1188	3.8108	–1.3239
	每股经营现金净流量(元)	0.4117	–0.6788	0.0741	–1.1475
	净资产收益率(扣除)(%)	–	–	–	–
	净资产收益率(%)	1.7500	4.4200	1.5300	8.8000
	总资产(万)	157559.50	159407.28	153357.01	84462.95
	股东权益(万)	104919.67	103811.01	100992.45	43548.23
	主营业务收入(万)	–	–	–	–
	主营业务利润(万)	–	–	–	–
	营业务收入(万)	21242.04	56008.13	25010.37	46389.94
	营业务利润(万)	1864.39	4463.47	1557.93	3916.31
	投资收益(万)	–	–	–	–
	利润总额(万)	1855.84	4701.58	1517.68	3929.03
	净利润(万)	1840.21	4588.09	1544.22	3832.89

河南新野纺织股份有限公司

公司概况	公司名称	河南新野纺织股份有限公司		证券简称	新野纺织
	法人代表	魏学柱	董秘 田胜	证券代码	002087
	公司网址	www.xinye-tex.com		电子信箱	webmaster@xinye-tex.com
	电　话	0377-66265092		传　真	0377-66265092
	办公地址	河南省南阳市新野县城关镇书院路 15 号			
	经营范围	棉纺及棉织品，服装加工销售，经营本企业自产产品及相关技术的进出口业			

	指标＼报告期	2009.06.30	2008.12.31	2008.06.30	2007.12.31
主要财务指标	每股收益(元)	0.0441	0.1649	0.1159	0.2938
	每股收益(扣除)(元)	0.0089	0.1109	0.1100	0.2880
	每股净资产(元)	3.8100	4.5100	4.4600	4.3600
	调整后每股净资产(元)	–	–	–	–
	每股资本公积金(元)	1.3823	1.8546	1.8558	1.8636
	每股盈余公积金(元)	0.2248	0.2697	0.2532	0.2532
	每股未分配利润(元)	1.2004	1.3875	1.3550	1.2391
	每股现金净流量(元)	–0.0179	–0.1240	–0.2436	–0.0565
	每股经营现金净流量(元)	0.0435	0.4525	0.1320	1.0247
	净资产收益率(扣除)(%)	–	–	–	6.6100
	净资产收益率(%)	1.1600	3.6500	2.6000	6.7400
	总资产(万)	241796.02	230751.06	217357.37	208763.11
	股东权益(万)	107086.98	105748.18	104626.42	102095.34
	主营业务收入(万)	–	–	–	–
	主营业务利润(万)	–	–	–	–
	营业务收入(万)	80531.90	164988.69	79141.95	147427.24
	营业务利润(万)	300.75	3598.01	3248.35	9243.94
	投资收益(万)	–	–	–	–
	利润总额(万)	1622.56	5285.15	3608.76	9445.84
	净利润(万)	1241.60	3864.04	2716.18	6885.70

山东鲁阳股份有限公司

公司概况	公司名称	山东鲁阳股份有限公司		证券简称	鲁阳股份
	法人代表	鹿成滨	董秘 鹿超	证券代码	002088
	公司网址	www.luyangwool.com		电子信箱	luchao100@sina.com
	电　话	0533-3280969		传　真	0533-3282059
	办公地址	山东省淄博市沂源县沂河路 11 号			
	经营范围	硅酸铝耐火纤维材料、珍珠岩保温材料、玻璃钢产品、高温粘结剂等			

	指标＼报告期	2009.06.30	2008.12.31	2008.06.30	2007.12.31
主要财务指标	每股收益(元)	0.2800	0.6800	0.3100	0.6200
	每股收益(扣除)(元)	0.2800	0.6300	0.3100	0.5700
	每股净资产(元)	3.7700	3.6900	3.3100	4.8700
	调整后每股净资产(元)	–	–	–	–
	每股资本公积金(元)	1.0133	1.0133	1.0134	1.6217
	每股盈余公积金(元)	0.3154	0.3154	0.2511	0.4023
	每股未分配利润(元)	1.4396	1.3571	1.0466	1.8453
	每股现金净流量(元)	–0.1355	–0.0719	–0.0213	–0.4294
	每股经营现金净流量(元)	0.2769	0.2509	–0.1293	0.7829
	净资产收益率(扣除)(%)	–	–	–	18.8500
	净资产收益率(%)	7.5000	18.5700	9.3600	20.2900
	总资产(万)	124278.96	115603.57	111109.37	90907.39
	股东权益(万)	80930.40	79158.58	71113.15	65360.24
	主营业务收入(万)	–	–	–	–
	主营业务利润(万)	–	–	–	–
	营业务收入(万)	35515.47	80987.42	37487.83	67481.92
	营业务利润(万)	6768.25	15486.20	7974.05	16699.50
	投资收益(万)	–	–	–	–
	利润总额(万)	6717.48	16934.93	8040.24	16830.21
	净利润(万)	6067.20	14701.85	6654.88	13260.62

苏州新海宜通信科技股份有限公司

公司概况	公司名称	苏州新海宜通信科技股份有限公司		证券简称	新 海 宜
	法人代表	张亦斌	董秘 高海龙	证券代码	002089
	公司网址	www.nsu.com.cn		电子信箱	nsu@nsu.com.cn
	电　话	0512-67606666、8638		传　真	0512-67260021
	办公地址	苏州工业园区泾茂路 168 号新海宜科技园			
	经营范围	通信网络设备及配套软件、相关电子产品、安装线缆、电器机械及器材等			

	指标＼报告期	2009.06.30	2008.12.31	2008.06.30	2007.12.31
主要财务指标	每股收益(元)	0.1531	0.2000	0.0797	0.1700
	每股收益(扣除)(元)	0.1430	0.1900	0.0777	0.1600
	每股净资产(元)	1.7800	2.3500	2.2300	3.8600
	调整后每股净资产(元)	–	–	–	–
	每股资本公积金(元)	0.0867	0.3361	0.3362	1.4043
	每股盈余公积金(元)	0.1031	0.1444	0.1274	0.2294
	每股未分配利润(元)	0.5897	0.8712	0.7653	1.2310
	每股现金净流量(元)	0.1130	–0.2469	–0.3290	–0.8893
	每股经营现金净流量(元)	–0.0147	0.0367	–0.1881	–0.3609
	净资产收益率(扣除)(%)	–	–	–	7.3000
	净资产收益率(%)	8.6000	8.6900	3.5800	7.9100
	总资产(万)	74704.45	60129.92	54912.94	49745.83
	股东权益(万)	38099.89	35963.43	34085.93	32834.26
	主营业务收入(万)	–	–	–	–
	主营业务利润(万)	–	–	–	–
	营业务收入(万)	19641.58	29585.08	10923.30	20137.74
	营业务利润(万)	4069.91	3939.52	1541.93	3059.61
	投资收益(万)	–	–	–	–
	利润总额(万)	4291.86	4106.02	1573.70	3288.41
	净利润(万)	3277.67	3124.07	1219.31	2597.90

江苏金智科技股份有限公司

公司概况

公司名称	江苏金智科技股份有限公司			证券简称	金智科技
法人代表	葛宁	董秘	张浩	证券代码	002090
公司网址	www.wiscom.com.cn		电子信箱	tzb@wiscom.com.cn	
电　话	025-52762230、52762205		传　真	025-52762929	
办公地址	江苏省南京市江宁经济开发区将军大道 100 号				
经营范围	电力自动化产品、继电保护、工业自动化、水利、水电及水处理自动化产品等				

主要财务指标

指标\报告期	2009.06.30	2008.12.31	2008.06.30	2007.12.31
每股收益(元)	0.2433	0.4831	0.2580	0.4761
每股收益(扣除)(元)	0.2092	0.4121	0.2380	0.4101
每股净资产(元)	4.2228	4.2294	4.0043	3.9963
调整后每股净资产(元)	–	–	–	–
每股资本公积金(元)	1.8599	1.8599	1.8599	1.8599
每股盈余公积金(元)	0.2493	0.2493	0.2078	0.2078
每股未分配利润(元)	1.1136	1.1202	0.9366	0.9286
每股现金净流量(元)	–0.3580	–0.6130	–0.6489	–0.6232
每股经营现金净流量(元)	0.0804	0.1293	–0.1982	0.0722
净资产收益率(扣除)(%)	–	–	–	10.2600
净资产收益率(%)	5.7600	11.4200	6.4400	11.9100
总资产(万)	59924.08	60465.39	66962.20	66294.34
股东权益(万)	43072.32	43140.23	40843.63	40762.19
主营业务收入(万)	–	–	–	–
主营业务利润(万)	–	–	–	–
营业务收入(万)	20310.61	39473.66	18832.66	35627.03
营业务利润(万)	1525.38	3624.76	1844.14	3321.11
投资收益(万)	–	–	–	–
利润总额(万)	2608.23	5254.43	2698.24	5293.05
净利润(万)	2482.08	4928.04	2631.44	4856.32

江苏国泰国际集团国贸股份有限公司

公司概况

公司名称	江苏国泰国际集团国贸股份有限公司			证券简称	江苏国泰
法人代表	王永成	董秘	郭盛虎	证券代码	002091
公司网址	www.gtiggm.com		电子信箱	gsh@gtiggm.com	
电　话	0512-58988273、58696087		传　真	0512-58673937	
办公地址	江苏省张家港市人民中路 65 号国泰时代广场 A 座 24 楼				
经营范围	国内贸易等				

主要财务指标

指标\报告期	2009.06.30	2008.12.31	2008.06.30	2007.12.31
每股收益(元)	0.2500	0.5300	0.2200	0.3400
每股收益(扣除)(元)	0.2300	0.3500	0.1940	0.3200
每股净资产(元)	2.8800	2.7800	2.4800	3.5800
调整后每股净资产(元)	–	–	–	–
每股资本公积金(元)	0.3898	0.3898	0.3898	1.0847
每股盈余公积金(元)	0.3331	0.3331	0.2914	0.4371
每股未分配利润(元)	1.1670	1.0664	0.8002	1.0649
每股现金净流量(元)	–0.0388	0.6693	0.1065	–0.4471
每股经营现金净流量(元)	0.4102	0.8032	0.1537	0.4940
净资产收益率(扣除)(%)	–	–	–	13.2800
净资产收益率(%)	8.6900	19.1000	9.0300	14.0600
总资产(万)	143926.21	129028.37	123264.44	108431.16
股东权益(万)	69236.10	66798.64	59439.44	57297.06
主营业务收入(万)	–	–	–	–
主营业务利润(万)	–	–	–	–
营业务收入(万)	119513.31	312672.43	147320.19	302945.60
营业务利润(万)	8184.06	15688.12	6678.18	13294.18
投资收益(万)	–	–	–	–
利润总额(万)	8270.96	17398.81	7656.42	13425.17
净利润(万)	6013.94	12756.41	5366.06	8054.26

新疆中泰化学股份有限公司

公司概况

公司名称	新疆中泰化学股份有限公司			证券简称	中泰化学
法人代表	王洪欣	董秘	范雪峰	证券代码	002092
公司网址	www.zthx.com		电子信箱	zthx@zthx.com	
电　话	0991-8751690		传　真	0991-8751690	
办公地址	新疆乌鲁木齐市西山路 78 号				
经营范围	烧碱、聚氯乙烯树脂,塑料制品的生产和销售;化工产品、机电产品等				

主要财务指标

指标\报告期	2009.06.30	2008.12.31	2008.06.30	2007.12.31
每股收益(元)	0.0550	0.2270	0.2790	0.4860
每股收益(扣除)(元)	0.0370	0.2050	0.2560	0.4990
每股净资产(元)	4.6300	4.6000	4.6300	8.8100
调整后每股净资产(元)	–	–	–	–
每股资本公积金(元)	2.3672	2.3672	2.3672	5.5390
每股盈余公积金(元)	0.2042	0.2042	0.1948	0.4745
每股未分配利润(元)	1.0393	0.9938	1.0666	1.8450
每股现金净流量(元)	0.7911	–1.6845	–1.0926	3.5741
每股经营现金净流量(元)	0.4686	0.5799	0.0626	1.9005
净资产收益率(扣除)(%)	–	4.4700	–	9.9500
净资产收益率(%)	1.2000	4.9400	6.0300	9.6900
总资产(万)	642009.85	473826.82	440690.81	417587.79
股东权益(万)	248496.87	246052.52	248494.40	239306.50
主营业务收入(万)	–	–	–	–
主营业务利润(万)	–	–	–	–
营业务收入(万)	160678.13	343212.60	173765.63	240862.99
营业务利润(万)	2647.26	11774.54	14247.25	27155.36
投资收益(万)	–	–	–	–
利润总额(万)	3832.06	13273.94	15718.21	26169.80
净利润(万)	2978.64	12199.20	14985.09	22936.71

国脉科技股份有限公司

公司概况

公司名称	国脉科技股份有限公司			证券简称	国脉科技
法人代表	陈国鹰	董秘	冯静	证券代码	002093
公司网址	www.guomaitech.com		电子信箱	zq@guomaitech.com	
电　话	0591-87307399		传　真	0591-87307308	
办公地址	福州市马尾区江滨东大道 116 号				
经营范围	通讯及计算机技术咨询服务;通讯及计算机网络维护;信息技术服务等				

主要财务指标

指标\报告期	2009.06.30	2008.12.31	2008.06.30	2007.12.31
每股收益(元)	0.2122	0.2902	0.1824	0.2131
每股收益(扣除)(元)	0.2000	0.2754	0.1780	0.1794
每股净资产(元)	1.7800	1.5700	1.4700	2.8100
调整后每股净资产(元)	–	–	–	–
每股资本公积金(元)	0.0167	0.0167	0.0167	0.6831
每股盈余公积金(元)	0.0886	0.0886	0.0762	0.1619
每股未分配利润(元)	0.6788	0.4666	0.3815	0.9681
每股现金净流量(元)	–0.3067	–0.0376	0.1217	–0.2319
每股经营现金净流量(元)	–0.4397	0.3499	–0.0373	0.3211
净资产收益率(扣除)(%)	–	–	–	12.7500
净资产收益率(%)	11.9000	18.4700	12.3800	15.1500
总资产(万)	80227.36	77558.57	75857.74	59501.46
股东权益(万)	47605.83	41940.92	39345.29	37555.32
主营业务收入(万)	–	–	–	–
主营业务利润(万)	–	–	–	–
营业务收入(万)	32243.33	51645.41	24942.79	28649.41
营业务利润(万)	6568.58	10576.46	6892.56	6202.58
投资收益(万)	–	–	–	–
利润总额(万)	6918.74	10697.23	7012.16	6687.44
净利润(万)	5666.30	7747.64	4870.87	5688.90

青岛金王应用化学股份有限公司

公司概况	公司名称	青岛金王应用化学股份有限公司		证券简称	青岛金王
	法人代表	陈索斌	董秘 黄宝安	证券代码	002094
	公司网址	www.chinakingking.com		电子信箱	stock@chinakingking.com
	电　话	0532-85779728		传　真	0532-85718686
	办公地址	青岛市香港中路18号福泰广场B座24-25楼			
	经营范围	新型聚合物基质复合体烛光材料及其制品的开发、生产、销售和相关的技术合作等			

	指标\报告期	2009.06.30	2008.12.31	2008.06.30	2007.12.31
主要财务指标	每股收益(元)	0.0300	0.0900	0.0520	0.1600
	每股收益(扣除)(元)	0.0300	0.0800	0.0510	0.1400
	每股净资产(元)	2.0000	2.1400	2.1200	4.2500
	调整后每股净资产(元)	–	–	–	–
	每股资本公积金(元)	0.4742	0.4742	0.4742	1.9483
	每股盈余公积金(元)	0.1222	0.1222	0.1169	0.2338
	每股未分配利润(元)	0.4590	0.6039	0.5689	1.0844
	每股现金净流量(元)	–0.2803	–0.5542	0.0008	0.3601
	每股经营现金净流量(元)	0.0507	0.0197	–0.2900	–0.4318
	净资产收益率(扣除)(%)	–	–	–	6.8200
	净资产收益率(%)	1.4000	4.3000	2.4400	7.6900
	总资产(万)	84995.24	79208.64	89072.75	88298.23
	股东权益(万)	42873.31	45967.72	45494.97	45583.80
	主营业务收入(万)	–	–	–	–
	主营业务利润(万)	–	–	–	–
	营业务收入(万)	19636.08	54159.99	23041.27	54653.88
	营业务利润(万)	555.92	1730.36	1364.16	3323.28
	投资收益(万)	–	–	–	–
	利润总额(万)	620.79	1965.50	1386.45	3753.73
	净利润(万)	598.80	1974.56	1110.67	3503.37

浙江网盛生意宝股份有限公司

公司概况	公司名称	浙江网盛生意宝股份有限公司		证券简称	生意宝
	法人代表	孙德良	董秘 范悦龙	证券代码	002095
	公司网址	www.chinanetsun.com		电子信箱	zqb@netsun.com
	电　话	0571-88228198、88228236		传　真	0571-88228198
	办公地址	浙江省杭州市莫干山路187号易盛大厦12F			
	经营范围	计算机软件、网络技术开发、技术服务、成果转让等			

	指标\报告期	2009.06.30	2008.12.31	2008.06.30	2007.12.31
主要财务指标	每股收益(元)	0.2200	0.3500	0.2100	0.4700
	每股收益(扣除)(元)	0.2000	0.3100	0.2100	0.4600
	每股净资产(元)	4.2000	4.0700	3.9400	5.7300
	调整后每股净资产(元)	–	–	–	–
	每股资本公积金(元)	1.7042	1.7042	1.7042	3.0897
	每股盈余公积金(元)	0.1987	0.1987	0.1696	0.2544
	每股未分配利润(元)	1.2943	1.1735	1.0689	1.3834
	每股现金净流量(元)	–0.2110	0.2230	–0.0219	0.2139
	每股经营现金净流量(元)	0.2827	0.4419	0.1557	0.6273
	净资产收益率(扣除)(%)	–	–	–	11.9700
	净资产收益率(%)	5.2600	8.5200	5.4100	12.2700
	总资产(万)	44675.59	43192.62	40619.74	39646.36
	股东权益(万)	37788.29	36656.23	35484.00	34364.62
	主营业务收入(万)	–	–	–	–
	主营业务利润(万)	–	–	–	–
	营业务收入(万)	5879.68	10558.52	4966.24	7824.25
	营业务利润(万)	2177.52	3783.06	2528.46	4957.34
	投资收益(万)	–	–	–	–
	利润总额(万)	2390.79	3888.73	2593.55	5059.72
	净利润(万)	1986.85	3123.22	1919.41	4216.32

湖南南岭民用爆破器材股份有限公司

公司概况	公司名称	湖南南岭民用爆破器材股份有限公司		证券简称	南岭民爆
	法人代表	陈光正	董秘 孟建新	证券代码	002096
	公司网址	www.hnnlmb.com		电子信箱	mjx9232@163.com
	电　话	0746-7811028、7811228		传　真	0746-7811328
	办公地址	湖南省双牌县泷泊镇双北路6号			
	经营范围	研制、开发、生产、销售民用爆破器材;生产、销售化工产品			

	指标\报告期	2009.06.30	2008.12.31	2008.06.30	2007.12.31
主要财务指标	每股收益(元)	0.2900	0.5220	0.1400	0.4410
	每股收益(扣除)(元)	0.3100	0.2500	0.1400	0.4270
	每股净资产(元)	2.4800	3.5000	3.0600	4.7700
	调整后每股净资产(元)	–	–	–	–
	每股资本公积金(元)	0.3849	1.0774	1.0731	2.1161
	每股盈余公积金(元)	0.1432	0.2657	0.1759	0.2870
	每股未分配利润(元)	0.8947	1.1596	0.8087	1.3679
	每股现金净流量(元)	0.1914	–0.4616	–0.6271	–0.2775
	每股经营现金净流量(元)	0.4985	0.1800	–0.2576	0.7094
	净资产收益率(扣除)(%)	–	–	–	13.4400
	净资产收益率(%)	11.8600	14.9000	4.6600	13.8800
	总资产(万)	58021.35	50495.19	41590.37	43380.55
	股东权益(万)	32835.63	30870.08	26948.18	28032.32
	主营业务收入(万)	–	–	–	–
	主营业务利润(万)	–	–	–	–
	营业务收入(万)	22855.75	35719.56	14625.66	30377.94
	营业务利润(万)	5849.39	3014.43	1230.01	5286.30
	投资收益(万)	–	–	–	–
	利润总额(万)	5560.61	6430.22	1467.00	5616.52
	净利润(万)	3893.31	4600.44	1257.09	3890.28

湖南山河智能机械股份有限公司

公司概况	公司名称	湖南山河智能机械股份有限公司		证券简称	山河智能
	法人代表	何清华	董秘 陈欠根	证券代码	002097
	公司网址	www.sunward.com.cn		电子信箱	db@sunward.com.cn
	电　话	0731-3572669		传　真	0731-3572606
	办公地址	湖南省长沙市经济技术开发区漓湘路2号			
	经营范围	研究、设计、生产、经营建设机械、工程机械、农业机械、林业机械、矿山机械等			

	指标\报告期	2009.06.30	2008.12.31	2008.06.30	2007.12.31
主要财务指标	每股收益(元)	0.1737	0.1896	0.3088	0.5558
	每股收益(扣除)(元)	0.1478	0.1835	0.3089	0.5267
	每股净资产(元)	4.5400	4.3700	4.4800	2.5000
	调整后每股净资产(元)	–	–	–	–
	每股资本公积金(元)	2.3907	2.3907	2.3904	0.6897
	每股盈余公积金(元)	0.1631	0.1631	0.1423	0.1472
	每股未分配利润(元)	0.9861	0.8124	0.9511	0.6663
	每股现金净流量(元)	0.0119	1.2017	1.3523	–0.8330
	每股经营现金净流量(元)	0.1205	–0.9043	–0.5081	–0.4115
	净资产收益率(扣除)(%)	–	4.1900	–	21.0400
	净资产收益率(%)	3.8300	4.3300	6.8500	22.2000
	总资产(万)	237617.11	211743.84	211292.33	141646.83
	股东权益(万)	124528.01	119762.34	122991.38	66372.67
	主营业务收入(万)	–	–	–	–
	主营业务利润(万)	–	–	–	–
	营业务收入(万)	68653.10	125457.01	82018.93	115181.79
	营业务利润(万)	4633.50	5721.44	9697.15	15767.64
	投资收益(万)	–	–	–	–
	利润总额(万)	5472.16	4153.28	9700.18	16636.98
	净利润(万)	4765.67	5187.41	8422.65	14736.30

福建浔兴拉链科技股份有限公司

公司概况

公司名称	福建浔兴拉链科技股份有限公司			证券简称	浔兴股份
法人代表	施能坑	董秘	李刚	证券代码	002098
公司网址	www.sbszipper.com.cn		电子信箱	stock@sbszipper.com.cn	
电　　话	0595-88283788		传　　真	0595-88290008	
办公地址	福建省晋江市深沪乌漏沟东工业区				
经营范围	生产拉链、模具、金属及塑料冲压铸件、拉链配件等				

主要财务指标

指标\报告期	2009.06.30	2008.12.31	2008.06.30	2007.12.31
每股收益(元)	0.0880	0.1400	0.1760	0.4200
每股收益(扣除)(元)	0.0750	0.0700	0.1200	0.3700
每股净资产(元)	3.4200	3.4400	3.4800	3.5000
调整后每股净资产(元)	–	–	–	–
每股资本公积金(元)	1.4310	1.4310	1.4310	1.4310
每股盈余公积金(元)	0.1665	0.1665	0.1353	0.1353
每股未分配利润(元)	0.8264	0.8386	0.9132	0.9369
每股现金净流量(元)	0.0963	–0.7917	–0.3152	–0.5784
每股经营现金净流量(元)	0.2355	0.7027	0.0353	0.0510
净资产收益率(扣除)(%)	–	–	–	10.4400
净资产收益率(%)	2.5600	3.9300	5.0700	11.9400
总资产(万)	127365.22	123466.90	132445.35	120294.69
股东权益(万)	53068.93	53257.83	53932.37	54298.85
主营业务收入(万)	–	–	–	–
主营业务利润(万)	–	–	–	–
营业务收入(万)	32940.62	86132.11	42551.64	86057.17
营业务利润(万)	1699.22	1648.22	2791.05	8450.60
投资收益(万)	–	–	–	–
利润总额(万)	1927.72	2948.52	3953.75	9643.95
净利润(万)	1361.10	2094.39	2733.52	6481.78

浙江海翔药业股份有限公司

公司概况

公司名称	浙江海翔药业股份有限公司			证券简称	海翔药业
法人代表	罗邦鹏	董秘	罗颜斌	证券代码	002099
公司网址	www.hisoar.com		电子信箱	lyb@hisoar.sina.net	
电　　话	0576—88828065、88829167		传　　真	0576—88828096	
办公地址	浙江省台州市椒江区市府大道 507 号台州商务国际广场 A 座 8 楼				
经营范围	化工原料及产品、兽药的生产,原料药的生产等				

主要财务指标

指标\报告期	2009.06.30	2008.12.31	2008.06.30	2007.12.31
每股收益(元)	0.0900	0.1600	0.1600	0.1900
每股收益(扣除)(元)	0.0800	0.1700	0.1600	0.1500
每股净资产(元)	3.3800	3.3900	3.3900	3.3300
调整后每股净资产(元)	–	–	–	–
每股资本公积金(元)	1.4170	1.4170	1.4170	1.4170
每股盈余公积金(元)	0.1274	0.1274	0.1140	0.1140
每股未分配利润(元)	0.8354	0.8489	0.8588	0.8028
每股现金净流量(元)	–0.1176	–0.5392	–0.4617	–0.6876
每股经营现金净流量(元)	0.1606	0.1907	0.0231	0.3186
净资产收益率(扣除)(%)	–	–	–	4.3700
净资产收益率(%)	2.5594	4.7000	4.6000	5.8000
总资产(万)	102122.79	101307.36	96071.84	94975.33
股东权益(万)	54245.69	54462.34	54407.00	53507.61
主营业务收入(万)	–	–	–	–
主营业务利润(万)	–	–	–	–
营业务收入(万)	41373.63	106299.60	59506.66	103488.60
营业务利润(万)	1428.27	2975.55	3236.92	4773.50
投资收益(万)	–	–	–	–
利润总额(万)	1571.07	2968.88	3174.81	4850.11
净利润(万)	1388.35	2559.73	2504.39	3105.09

新疆天康畜牧生物技术股份有限公司

公司概况

公司名称	新疆天康畜牧生物技术股份有限公司			证券简称	天康生物
法人代表	杨焰	董秘	耿立新	证券代码	002100
公司网址	www.tcsw.com.cn		电子信箱	glx6066@163.com	
电　　话	0991-6626101、6679231		传　　真	0991-6679242	
办公地址	乌鲁木齐市高新区长春南路 528 号天康企业大厦				
经营范围	种畜胚胎移植生产、兽药的生产、销售等				

主要财务指标

指标\报告期	2009.06.30	2008.12.31	2008.06.30	2007.12.31
每股收益(元)	0.2500	0.5600	0.1900	0.4200
每股收益(扣除)(元)	0.2400	0.5100	0.1700	0.4100
每股净资产(元)	4.1000	5.0700	3.5400	4.0400
调整后每股净资产(元)	–	–	–	–
每股资本公积金(元)	2.1236	2.7607	1.4653	1.7583
每股盈余公积金(元)	0.1710	0.2222	0.1886	0.2263
每股未分配利润(元)	0.8021	1.0849	0.8849	1.0597
每股现金净流量(元)	0.3710	0.1049	0.2148	–0.9808
每股经营现金净流量(元)	–0.5127	1.0454	0.1048	0.5323
净资产收益率(扣除)(%)	–	–	–	12.0200
净资产收益率(%)	6.1600	10.1600	5.4700	12.4500
总资产(万)	126585.52	103874.57	80482.47	64993.34
股东权益(万)	67109.47	63860.73	40765.96	38825.34
主营业务收入(万)	–	–	–	–
主营业务利润(万)	–	–	–	–
营业务收入(万)	91034.06	106839.22	42979.97	67065.49
营业务利润(万)	4421.91	8345.53	2579.67	4690.29
投资收益(万)	–	–	–	–
利润总额(万)	4603.10	8811.58	2864.74	4853.57
净利润(万)	4130.81	6486.98	2228.63	4834.28

广东鸿图科技股份有限公司

公司概况

公司名称	广东鸿图科技股份有限公司			证券简称	广东鸿图
法人代表	朱伟	董秘	张国光	证券代码	002101
公司网址	www.ght-china.com		电子信箱	zgg@ght-china.com	
电　　话	0758-8512963、8512658		传　　真	0758-8512658、8512996	
办公地址	广东省高要市金渡世纪大道 168 号				
经营范围	开发、设计、制造、加工、销售汽车、摩托车、家用电器、电子仪表等				

主要财务指标

指标\报告期	2009.06.30	2008.12.31	2008.06.30	2007.12.31
每股收益(元)	0.1600	0.4300	0.2000	0.5100
每股收益(扣除)(元)	0.1500	0.4000	0.2100	0.5200
每股净资产(元)	5.5100	5.5600	5.3300	5.1200
调整后每股净资产(元)	–	–	–	–
每股资本公积金(元)	2.6218	2.6218	2.6218	2.6218
每股盈余公积金(元)	0.3982	0.3982	0.3752	0.3550
每股未分配利润(元)	1.4907	1.5353	1.3285	1.1465
每股现金净流量(元)	0.0573	–0.2199	0.4538	–2.2075
每股经营现金净流量(元)	1.0308	0.8369	–0.1753	0.1785
净资产收益率(扣除)(%)	–	–	–	10.1100
净资产收益率(%)	2.8200	7.7800	3.8000	10.0000
总资产(万)	67552.34	67530.35	76328.35	60644.06
股东权益(万)	36921.93	37220.83	35681.04	34326.45
主营业务收入(万)	–	–	–	–
主营业务利润(万)	–	–	–	–
营业务收入(万)	18407.21	55958.81	27294.36	48145.90
营业务利润(万)	1157.01	2999.72	1844.65	3505.70
投资收益(万)	–	–	–	–
利润总额(万)	1254.71	3355.09	1805.82	4105.29
净利润(万)	1041.10	2894.38	1354.59	3433.16

福建冠福现代家用股份有限公司

公司概况	公司名称	福建冠福现代家用股份有限公司			证券简称	冠福家用
	法人代表	林福椿	董秘	陈昌文	证券代码	002102
	公司网址	www.guanfu.com		电子信箱	zqb@guanfu.com	
	电　话	0595-23551999		传　真	0595-69765699	
	办公地址	福建省泉州市德化县浔中镇土坂村				
	经营范围	日用及工艺美术陶瓷制品、竹、藤、棕、草工艺美术品、纸制品等				

主要财务指标	指标\报告期	2009.06.30	2008.12.31	2008.06.30	2007.12.31
	每股收益(元)	0.0030	0.0400	0.1209	0.2100
	每股收益(扣除)(元)	0.0003	0.0200	0.1300	0.1800
	每股净资产(元)	2.2600	2.3100	3.5300	3.4100
	调整后每股净资产(元)	–	–	–	–
	每股资本公积金(元)	0.4502	0.4502	1.1754	1.1754
	每股盈余公积金(元)	0.0825	0.0813	0.0721	0.0721
	每股未分配利润(元)	0.7288	0.7765	1.2823	1.1614
	每股现金净流量(元)	0.1588	0.0531	–0.0852	–1.1387
	每股经营现金净流量(元)	0.0570	–0.1152	0.2509	0.2185
	净资产收益率(扣除)(%)	–	–	–	5.4100
	净资产收益率(%)	0.1270	1.5600	3.4300	6.1100
	总资产(万)	131296.28	123252.80	96862.65	86403.43
	股东权益(万)	38560.76	39355.12	40124.54	38749.98
	主营业务收入(万)	–	–	–	–
	主营业务利润(万)	–	–	–	–
	营业务收入(万)	42826.75	64954.94	27124.65	40881.68
	营业务利润(万)	3.74	849.85	2262.61	3961.69
	投资收益(万)	–	–	–	–
	利润总额(万)	62.50	1142.36	2171.64	4372.34
	净利润(万)	48.88	614.45	1374.55	2367.66

浙江广博集团股份有限公司

公司概况	公司名称	浙江广博集团股份有限公司			证券简称	广博股份
	法人代表	王利平	董秘	杨远	证券代码	002103
	公司网址	www.guangbo.net		电子信箱	stock@guangbo.net	
	电　话	0574-28827003		传　真	0574-28827006	
	办公地址	浙江省宁波市鄞州区雅戈尔大道501号				
	经营范围	纸塑制品、包装纸箱的制造、加工；包装装潢印刷；文化用品等				

主要财务指标	指标\报告期	2009.06.30	2008.12.31	2008.06.30	2007.12.31
	每股收益(元)	0.1400	0.3100	0.1600	0.3500
	每股收益(扣除)(元)	0.1100	0.2500	0.1500	0.3000
	每股净资产(元)	2.9530	2.9500	2.9000	2.7400
	调整后每股净资产(元)	–	–	–	–
	每股资本公积金(元)	1.0392	1.0392	1.0392	1.0392
	每股盈余公积金(元)	0.1586	0.1586	0.1383	0.1180
	每股未分配利润(元)	0.7617	0.7546	0.7324	0.5892
	每股现金净流量(元)	–0.3954	0.5080	0.3878	–0.0393
	每股经营现金净流量(元)	0.2705	0.2694	–0.1437	0.1853
	净资产收益率(扣除)(%)	–	–	–	10.8400
	净资产收益率(%)	4.7100	10.3900	5.6400	12.8500
	总资产(万)	115106.19	112957.87	98914.52	87137.67
	股东权益(万)	64505.42	64335.80	63404.34	59911.58
	主营业务收入(万)	–	–	–	–
	主营业务利润(万)	–	–	–	–
	营业务收入(万)	35289.63	87146.37	41327.25	83171.06
	营业务利润(万)	2903.24	5790.77	3439.17	8726.10
	投资收益(万)	–	–	–	–
	利润总额(万)	3670.10	7476.77	3882.55	10275.74
	净利润(万)	3036.72	6685.70	3573.80	7699.14

江苏恒宝股份有限公司

公司概况	公司名称	江苏恒宝股份有限公司			证券简称	恒宝股份
	法人代表	钱云宝	董秘	张建明	证券代码	002104
	公司网址	www.hengbao.com		电子信箱	hengbao@hengbao.com	
	电　话	0511-86649376		传　真	0511-86644324	
	办公地址	江苏省丹阳市横塘工业区				
	经营范围	磁卡、IC卡、电子标签、票证、票据、电脑票据、磁卡存折、密码等				

主要财务指标	指标\报告期	2009.06.30	2008.12.31	2008.06.30	2007.12.31
	每股收益(元)	0.1300	0.2763	0.1200	0.2090
	每股收益(扣除)(元)	0.1300	0.2765	0.1100	0.2075
	每股净资产(元)	1.6600	1.6348	2.4200	2.2378
	调整后每股净资产(元)	–	–	–	–
	每股资本公积金(元)	0.0591	0.0591	0.5886	0.5886
	每股盈余公积金(元)	0.0993	0.0993	0.1004	0.1004
	每股未分配利润(元)	0.5039	0.4764	0.7306	0.5488
	每股现金净流量(元)	–0.0875	–0.3691	–0.3825	–0.2172
	每股经营现金净流量(元)	0.0700	–0.0566	–0.0308	0.3367
	净资产收益率(扣除)(%)	–	–	–	13.9100
	净资产收益率(%)	7.6700	16.9000	7.5200	14.0100
	总资产(万)	56444.52	56561.79	62829.23	57688.36
	股东权益(万)	48829.97	48023.76	47386.27	43824.24
	主营业务收入(万)	–	–	–	–
	主营业务利润(万)	–	–	–	–
	营业务收入(万)	22336.93	37459.28	21460.40	35220.70
	营业务利润(万)	4034.34	7731.00	4335.03	7081.60
	投资收益(万)	–	–	–	–
	利润总额(万)	4329.23	9384.68	4778.44	8691.72
	净利润(万)	3743.81	8116.32	3562.03	6138.88

深圳信隆实业股份有限公司

公司概况	公司名称	深圳信隆实业股份有限公司			证券简称	信隆实业
	法人代表	廖学金	董秘	陈丽秋	证券代码	002105
	公司网址	www.hlcorp.com.cn		电子信箱	cmo@hlcorp.com.cn	
	电　话	0755-27749423转105		传　真	0755-27746236	
	办公地址	深圳市宝安区龙华街道办中环路55号				
	经营范围	生产经营运动器材，康复辅助器材，计算机配件，铝挤型锻造成型等				

主要财务指标	指标\报告期	2009.06.30	2008.12.31	2008.06.30	2007.12.31
	每股收益(元)	0.0500	0.1000	0.0400	0.1000
	每股收益(扣除)(元)	0.0500	0.1300	0.0400	0.1000
	每股净资产(元)	1.7600	1.8100	1.7500	1.8100
	调整后每股净资产(元)	–	–	–	–
	每股资本公积金(元)	0.5454	0.5454	0.5454	0.5454
	每股盈余公积金(元)	0.1006	0.1006	0.0902	0.0902
	每股未分配利润(元)	0.1214	0.1694	0.1193	0.1790
	每股现金净流量(元)	0.0180	–0.1754	–0.1722	–0.1915
	每股经营现金净流量(元)	0.3409	0.2626	–0.0293	0.0975
	净资产收益率(扣除)(%)	–	–	–	5.2800
	净资产收益率(%)	2.9500	5.5700	2.3000	5.5400
	总资产(万)	93603.68	108810.09	112375.65	102012.48
	股东权益(万)	47247.17	48532.54	46905.82	48543.45
	主营业务收入(万)	–	–	–	–
	主营业务利润(万)	–	–	–	–
	营业务收入(万)	49825.18	141479.90	68641.74	117850.68
	营业务利润(万)	2071.87	3637.02	1527.87	2862.24
	投资收益(万)	–	–	–	–
	利润总额(万)	1996.03	3410.16	1374.06	2936.28
	净利润(万)	1394.85	2701.62	1080.59	2688.40

深圳莱宝高科技股份有限公司

公司概况					
公司名称	深圳莱宝高科技股份有限公司			证券简称	莱宝高科
法人代表	王亚俊	董秘	杜小华	证券代码	002106
公司网址	www.laibao.com.cn	电子信箱	lbgk@laibao.com.cn		
电　　话	0755-26983383	传　　真	0755-26980212		
办公地址	广东省深圳市南山区高新技术产业园区朗山二路				
经营范围	生产经营彩色滤光片、触摸屏、镀膜导电玻璃及真空镀膜产品等				

主要财务指标 指标＼报告期	2009.06.30	2008.12.31	2008.06.30	2007.12.31
每股收益(元)	0.1937	0.6400	0.2545	0.6900
每股收益(扣除)(元)	0.1876	0.6400	0.2534	0.6700
每股净资产(元)	4.6400	4.8400	4.4500	5.9600
调整后每股净资产(元)	–	–	–	–
每股资本公积金(元)	2.2810	2.2810	2.2810	3.2653
每股盈余公积金(元)	0.4588	0.4588	0.3975	0.5168
每股未分配利润(元)	0.8962	1.1025	0.7733	1.1745
每股现金净流量(元)	–0.3510	–0.2559	–0.2067	–0.8819
每股经营现金净流量(元)	0.2951	0.8940	0.3188	0.8323
净资产收益率(扣除)(%)	–	–	–	14.7300
净资产收益率(%)	4.1800	13.3200	5.7200	15.1600
总资产(万)	185301.42	183135.35	174607.05	174784.21
股东权益(万)	152932.42	159737.65	146859.36	151153.71
主营业务收入(万)	–	–	–	–
主营业务利润(万)	–	–	–	–
营业务收入(万)	25408.63	53865.17	22442.10	56559.46
营业务利润(万)	7860.58	25772.45	10295.77	26577.58
投资收益(万)	–	–	–	–
利润总额(万)	7933.66	26198.33	10347.75	27122.66
净利润(万)	6390.64	21274.20	8395.80	22918.09

山东沃华医药科技股份有限公司

公司概况					
公司名称	山东沃华医药科技股份有限公司			证券简称	沃华医药
法人代表	赵丙贤	董秘	赵海亮	证券代码	002107
公司网址	www.wohua.cn	电子信箱	wohua@wohua.cn		
电　　话	0536-8553373	传　　真	0536-8553367		
办公地址	潍坊高新技术产业开发区梨园街 519 号				
经营范围	许可证范围内片剂、硬胶囊剂、颗粒剂、丸剂、散剂、口服剂、合剂等				

主要财务指标 指标＼报告期	2009.06.30	2008.12.31	2008.06.30	2007.12.31
每股收益(元)	0.2400	0.7200	0.4200	0.5100
每股收益(扣除)(元)	0.2400	0.7100	0.4350	0.5000
每股净资产(元)	8.2700	7.7800	5.0300	4.8900
调整后每股净资产(元)	–	–	–	–
每股资本公积金(元)	5.0311	5.0311	2.3272	2.3272
每股盈余公积金(元)	0.2500	0.2500	0.2147	0.2147
每股未分配利润(元)	1.9857	1.4989	1.4925	1.3477
每股现金净流量(元)	–0.1291	2.0691	–0.3747	1.9653
每股经营现金净流量(元)	–0.0583	0.4340	0.3891	0.1494
净资产收益率(扣除)(%)	–	–	–	10.1700
净资产收益率(%)	5.8900	8.4100	8.4400	10.3500
总资产(万)	76124.98	71210.99	47378.57	45253.72
股东权益(万)	67779.06	63787.73	35235.04	34221.64
主营业务收入(万)	–	–	–	–
主营业务利润(万)	–	–	–	–
营业务收入(万)	10720.49	19654.11	9065.46	12944.87
营业务利润(万)	4697.11	6228.16	3606.55	4070.31
投资收益(万)	–	–	–	–
利润总额(万)	4695.88	6310.12	3522.71	4070.30
净利润(万)	3991.32	5363.82	2973.13	3541.95

沧州明珠塑料股份有限公司

公司概况					
公司名称	沧州明珠塑料股份有限公司			证券简称	沧州明珠
法人代表	肖燕	董秘	于增胜	证券代码	002108
公司网址	www.cz-mz.com	电子信箱	cz-mz@cz-mz.com		
电　　话	0317-2075318	传　　真	0317-2075246		
办公地址	河北省沧州市新华西路 43 号				
经营范围	聚乙烯燃气给水管材管件、排水排污双壁波纹管管材管件等				

主要财务指标 指标＼报告期	2009.06.30	2008.12.31	2008.06.30	2007.12.31
每股收益(元)	0.4000	0.6300	0.2300	0.4300
每股收益(扣除)(元)	0.5000	0.5900	0.1700	0.3600
每股净资产(元)	4.3900	4.5200	4.1200	5.1200
调整后每股净资产(元)	–	–	–	–
每股资本公积金(元)	2.2888	2.1361	2.1361	2.9328
每股盈余公积金(元)	0.3562	0.5108	0.4667	0.4667
每股未分配利润(元)	0.7415	0.8748	0.5181	0.7160
每股现金净流量(元)	0.8299	–0.0514	–0.4383	0.3580
每股经营现金净流量(元)	0.1881	1.7998	0.3306	–0.5187
净资产收益率(扣除)(%)	–	–	–	6.9100
净资产收益率(%)	8.6939	14.0000	5.6300	8.1500
总资产(万)	77854.34	54849.66	64416.22	55283.78
股东权益(万)	43241.55	31086.42	28331.14	35168.51
主营业务收入(万)	–	–	–	–
主营业务利润(万)	–	–	–	–
营业务收入(万)	29580.13	73019.63	30637.70	49143.29
营业务利润(万)	5282.04	5403.22	2160.74	3472.76
投资收益(万)	–	–	–	–
利润总额(万)	4933.00	5215.33	2163.39	3338.76
净利润(万)	3759.37	4351.43	1596.16	2867.55

陕西兴化化学股份有限公司

公司概况					
公司名称	陕西兴化化学股份有限公司			证券简称	兴化股份
法人代表	陈团柱	董秘	王东潮	证券代码	002109
公司网址	www.snxhchem.com	电子信箱	zhengquan@snxhchem.com		
电　　话	029-38839966 38839938	传　　真	029-38822614		
办公地址	陕西省兴平市				
经营范围	合成氨、硝酸、硝酸铵、多孔硝铵、复合肥、化学肥料、特种气体等				

主要财务指标 指标＼报告期	2009.06.30	2008.12.31	2008.06.30	2007.12.31
每股收益(元)	0.1300	0.4600	0.2800	0.2800
每股收益(扣除)(元)	0.1200	0.4800	0.3100	0.2800
每股净资产(元)	2.6800	2.6500	3.7900	5.1100
调整后每股净资产(元)	–	–	–	–
每股资本公积金(元)	0.5492	0.5492	1.4862	2.4807
每股盈余公积金(元)	0.2124	0.1999	0.2728	0.3442
每股未分配利润(元)	0.9155	0.9019	1.0319	1.2858
每股现金净流量(元)	0.2904	0.1756	0.3689	0.3092
每股经营现金净流量(元)	0.3896	0.5326	0.5146	0.7639
净资产收益率(扣除)(%)	–	–	–	11.0200
净资产收益率(%)	4.7100	17.4800	7.4700	11.8200
总资产(万)	136574.09	134984.77	129990.01	128200.96
股东权益(万)	95945.48	95013.05	84916.79	81770.26
主营业务收入(万)	–	–	–	–
主营业务利润(万)	–	–	–	–
营业务收入(万)	41375.29	83554.66	40755.13	66710.68
营业务利润(万)	5271.26	20251.13	8204.21	11267.32
投资收益(万)	–	–	–	–
利润总额(万)	5346.66	19694.77	7612.31	11284.25
净利润(万)	4516.43	16608.97	6346.53	9667.86

福建三钢闽光股份有限公司

公司概况	公司名称	福建三钢闽光股份有限公司			证券简称	三钢闽光
	法人代表	卫才清	董秘	柳年	证券代码	002110
	公司网址	www.sgmg.com.cn		电子信箱	sgmg@fjsg.com.cn	
	电　话	0598-8205158、8205188		传　真	0598-8205013、8205158	
	办公地址	福建省三明市梅列区工业中路群工三路				
	经营范围	焦炭、生铁、钢坯、钢材的生产、加工、销售;工业生产资料的销售等				

	指标\报告期	2009.06.30	2008.12.31	2008.06.30	2007.12.31
主要财务指标	每股收益(元)	-0.5300	0.0650	0.9930	0.9430
	每股收益(扣除)(元)	-0.5300	0.0690	0.9950	0.9360
	每股净资产(元)	4.3400	4.9000	5.8300	5.0300
	调整后每股净资产(元)	-	-	-	-
	每股资本公积金(元)	1.3253	1.3253	1.3253	1.3253
	每股盈余公积金(元)	0.6536	0.6536	0.6536	0.6536
	每股未分配利润(元)	1.3604	1.9207	2.8487	2.0555
	每股现金净流量(元)	-0.6542	1.2036	0.2432	0.4455
	每股经营现金净流量(元)	-0.9939	1.9216	0.4272	0.5253
	净资产收益率(扣除)(%)	-	-	-	18.3100
	净资产收益率(%)	-12.2200	1.3300	17.0400	18.4400
	总资产(万)	724819.72	707848.68	743026.67	644261.08
	股东权益(万)	232019.69	261977.23	311596.84	269187.15
	主营业务收入(万)	-	-	-	-
	主营业务利润(万)	-	-	-	-
	营业务收入(万)	642203.64	1746797.10	999011.60	1134978.15
	营业务利润(万)	-37401.97	3269.58	70274.01	74200.95
	投资收益(万)	-	-	-	-
	利润总额(万)	-37387.21	3029.58	70174.54	73445.98
	净利润(万)	-28353.44	3484.08	53103.70	49644.02

威海广泰空港设备股份有限公司

公司概况	公司名称	威海广泰空港设备股份有限公司			证券简称	威海广泰
	法人代表	李光太	董秘	任伟	证券代码	002111
	公司网址	www.guangtai.com.cn		电子信箱	gtrenwei@guangtai.com.cn	
	电　话	0631-5292335		传　真	0631-5251451	
	办公地址	威海市古寨南路160号				
	经营范围	生产许可证有效期内的各类航空地面设备及配套产品的生产、销售等				

	指标\报告期	2009.06.30	2008.12.31	2008.06.30	2007.12.31
主要财务指标	每股收益(元)	0.1800	0.4500	0.1900	0.3700
	每股收益(扣除)(元)	0.1800	0.4500	0.1900	0.3700
	每股净资产(元)	2.7500	2.7200	2.4600	4.0600
	调整后每股净资产(元)	-	-	-	-
	每股资本公积金(元)	0.6570	0.6570	0.6570	1.8169
	每股盈余公积金(元)	0.1864	0.1864	0.1410	0.2397
	每股未分配利润(元)	0.9075	0.8787	0.6616	0.9991
	每股现金净流量(元)	-0.3269	-0.0894	-0.3105	0.9077
	每股经营现金净流量(元)	0.3224	0.1722	-0.1312	-0.6431
	净资产收益率(扣除)(%)	-	-	-	15.3200
	净资产收益率(%)	6.5000	16.6800	7.7900	15.3900
	总资产(万)	70797.07	71759.35	60130.00	56227.96
	股东权益(万)	39611.27	39195.87	35415.90	34352.41
	主营业务收入(万)	-	-	-	-
	主营业务利润(万)	-	-	-	-
	营业务收入(万)	19698.02	43948.93	20707.12	33466.10
	营业务利润(万)	2886.52	7356.87	3293.15	5748.41
	投资收益(万)	-	-	-	-
	利润总额(万)	2895.62	7493.06	3241.81	5939.68
	净利润(万)	2575.25	6537.46	2757.49	5285.69

三变科技股份有限公司

公司概况	公司名称	三变科技股份有限公司			证券简称	三变科技
	法人代表	卢旭日	董秘	李雪会	证券代码	002112
	公司网址	www.sanbian.cn		电子信箱	master@sanbian.cn	
	电　话	0576-83381688、83381312		传　真	0576-83381312	
	办公地址	变压器、电机、化工产品制造,工程安装,技术咨询,经营进出口业务				
	经营范围	浙江省三门县海游镇马湖洋开发区				

	指标\报告期	2009.06.30	2008.12.31	2008.06.30	2007.12.31
主要财务指标	每股收益(元)	0.1800	0.2900	0.1876	0.3500
	每股收益(扣除)(元)	0.1200	0.3600	0.1986	0.3200
	每股净资产(元)	3.7200	4.9800	4.9440	4.7600
	调整后每股净资产(元)	-	-	-	-
	每股资本公积金(元)	1.4174	2.3844	2.3844	2.3844
	每股盈余公积金(元)	0.1916	0.2683	0.2388	0.2388
	每股未分配利润(元)	1.1113	1.3276	1.3204	1.1328
	每股现金净流量(元)	-0.3069	0.1161	0.0011	0.5660
	每股经营现金净流量(元)	-0.4577	0.8069	-0.2156	-1.1240
	净资产收益率(扣除)(%)	-	-	-	6.4300
	净资产收益率(%)	4.9600	5.9100	3.7900	6.9600
	总资产(万)	122426.60	114403.41	105340.08	84768.57
	股东权益(万)	41668.22	39842.35	39548.92	38048.18
	主营业务收入(万)	-	-	-	-
	主营业务利润(万)	-	-	-	-
	营业务收入(万)	48468.31	109996.96	45770.03	94752.60
	营业务利润(万)	1862.80	3266.31	2150.35	3868.06
	投资收益(万)	-	-	-	-
	利润总额(万)	2433.59	3107.43	2018.30	3952.42
	净利润(万)	2065.87	2354.16	1500.74	2648.31

湖南天润化工发展股份有限公司

公司概况	公司名称	湖南天润化工发展股份有限公司			证券简称	天润发展
	法人代表	林军华	董秘	罗林雄	证券代码	002113
	公司网址	www.trfz.com		电子信箱	trfz@0730.net.cn	
	电　话	0730-8320311、8351266		传　真	0730-8351266	
	办公地址	湖南省岳阳市九华山2号				
	经营范围	生产、销售尿素、液氨、甲醇、农用碳酸氢铵及复合肥				

	指标\报告期	2009.06.30	2008.12.31	2008.06.30	2007.12.31
主要财务指标	每股收益(元)	-0.0830	0.0450	0.0500	0.2020
	每股收益(扣除)(元)	-0.0980	0.0150	0.0200	0.2880
	每股净资产(元)	3.6000	3.6720	5.8600	4.8100
	调整后每股净资产(元)	-	-	-	-
	每股资本公积金(元)	0.9479	0.9479	2.1167	2.1167
	每股盈余公积金(元)	0.4601	0.4663	0.7362	0.7362
	每股未分配利润(元)	1.1748	1.2576	2.0113	1.9603
	每股现金净流量(元)	0.4397	0.2473	0.3653	0.2050
	每股经营现金净流量(元)	0.4735	-1.1226	-1.3087	0.3239
	净资产收益率(扣除)(%)	-	-	-	9.5700
	净资产收益率(%)	-2.3000	1.2230	0.8700	10.6900
	总资产(万)	70172.04	70883.78	64890.05	55358.88
	股东权益(万)	42615.64	43475.28	43394.98	43017.58
	主营业务收入(万)	-	-	-	-
	主营业务利润(万)	-	-	-	-
	营业务收入(万)	21078.80	25404.16	11767.77	36964.86
	营业务利润(万)	-1154.98	665.89	333.92	3640.04
	投资收益(万)	-	-	-	-
	利润总额(万)	-980.65	923.36	580.69	3644.86
	净利润(万)	-980.65	531.70	377.40	2333.87

云南罗平锌电股份有限公司

公司概况	公司名称	云南罗平锌电股份有限公司			证券简称	罗平锌电
	法人代表	许克昌	董秘	喻永贤	证券代码	002114
	公司网址	www.lpxdgf.cn		电子信箱	yu_yx@china.com	
	电　　话	0874-8256825、8256577		传　　真	0874-8256039	
	办公地址	云南省曲靖市罗平县罗雄镇九龙大道南段				
	经营范围	锌锭、锡锭、锌精矿、铅精矿、氧化锌粉、金属硅、水利发电等				

主要财务指标	指标\报告期	2009.06.30	2008.12.31	2008.06.30	2007.12.31
	每股收益(元)	0.0100	–0.2900	–0.0400	1.0300
	每股收益(扣除)(元)	0.0100	–0.3100	–0.0400	1.0500
	每股净资产(元)	2.5600	2.5500	2.7900	5.4300
	调整后每股净资产(元)	–	–	–	–
	每股资本公积金(元)	0.9266	0.9266	0.9152	2.4473
	每股盈余公积金(元)	0.1858	0.1858	0.1858	0.3345
	每股未分配利润(元)	0.4452	0.4358	0.6877	1.6524
	每股现金净流量(元)	–0.3554	–0.7219	–0.4719	2.3704
	每股经营现金净流量(元)	–0.2829	0.8024	0.1659	–0.9382
	净资产收益率(扣除)(%)	–	–	–	18.2800
	净资产收益率(%)	0.3700	–11.2200	–1.2800	18.0800
	总资产(万)	106783.13	94490.51	106354.33	115462.01
	股东权益(万)	47104.13	46879.24	51270.33	55504.06
	主营业务收入(万)	–	–	–	–
	主营业务利润(万)	–	–	–	–
	营业务收入(万)	29821.89	86474.98	45895.05	123875.87
	营业务利润(万)	471.15	–6242.73	–483.42	11066.60
	投资收益(万)	–	–	–	–
	利润总额(万)	535.96	–6285.09	–495.71	10651.00
	净利润(万)	172.56	–5259.67	–658.82	10037.83

三维通信股份有限公司

公司概况	公司名称	三维通信股份有限公司			证券简称	三维通信
	法人代表	李越伦	董秘	王萍	证券代码	002115
	公司网址	www.sunwave.com.cn		电子信箱	zqb@sunwave.com.cn	
	电　　话	0571-88923377、88866111		传　　真	0571-88866111	
	办公地址	杭州市滨江火炬大道 581 号				
	经营范围	通信设备、无线电与接收设备，仪器仪表的开发制造、咨询和维修等				

主要财务指标	指标\报告期	2009.06.30	2008.12.31	2008.06.30	2007.12.31
	每股收益(元)	0.2533	0.4711	0.1927	0.3810
	每股收益(扣除)(元)	0.2340	0.4136	0.1700	0.3543
	每股净资产(元)	3.1624	3.0591	2.7807	4.0820
	调整后每股净资产(元)	–	–	–	–
	每股资本公积金(元)	0.8959	0.8959	0.8959	1.8439
	每股盈余公积金(元)	0.1429	0.1429	0.1040	0.1560
	每股未分配利润(元)	1.1236	1.0203	0.7808	1.0821
	每股现金净流量(元)	–0.1626	–0.5417	–0.9898	1.6339
	每股经营现金净流量(元)	–0.3615	0.2751	–0.2629	0.1953
	净资产收益率(扣除)(%)	–	–	–	11.9300
	净资产收益率(%)	8.0100	15.4000	6.9300	12.8400
	总资产(万)	98601.10	76872.83	61191.99	68522.48
	股东权益(万)	37949.14	36709.26	33368.36	32655.73
	主营业务收入(万)	–	–	–	–
	主营业务利润(万)	–	–	–	–
	营业务收入(万)	29644.05	44577.90	17782.81	26812.00
	营业务利润(万)	3338.83	5057.17	2301.84	3544.66
	投资收益(万)	–	–	–	–
	利润总额(万)	4561.44	6981.98	3125.56	4681.53
	净利润(万)	3039.89	5653.53	2312.63	4191.37

中国海诚工程科技股份有限公司

公司概况	公司名称	中国海诚工程科技股份有限公司			证券简称	中国海诚
	法人代表	陈鄂生	董秘	薛晓凤	证券代码	002116
	公司网址	www.haisum.com		电子信箱	haisum@haisum.com	
	电　　话	021-64314018		传　　真	021-64334045	
	办公地址	上海市宝庆路 21 号				
	经营范围	国内外工程咨询，工程设计，监理，工程承包及上述项目所需设备等				

主要财务指标	指标\报告期	2009.06.30	2008.12.31	2008.06.30	2007.12.31
	每股收益(元)	0.2600	0.4970	0.2480	0.4200
	每股收益(扣除)(元)	0.2600	0.4950	0.2540	0.4050
	每股净资产(元)	3.7300	3.7900	3.4700	3.4600
	调整后每股净资产(元)	–	–	–	–
	每股资本公积金(元)	1.7945	1.8574	1.7805	1.8137
	每股盈余公积金(元)	0.1609	0.1609	0.1261	0.1261
	每股未分配利润(元)	0.7730	0.7732	0.5595	0.5214
	每股现金净流量(元)	0.7831	–0.7950	–0.6285	2.1626
	每股经营现金净流量(元)	0.9661	–0.2004	–0.2721	1.1668
	净资产收益率(扣除)(%)	–	–	–	11.2000
	净资产收益率(%)	6.9700	13.1000	7.1600	11.6300
	总资产(万)	125639.18	117907.53	118031.87	102259.95
	股东权益(万)	42503.98	43224.26	39513.10	43081.24
	主营业务收入(万)	–	–	–	–
	主营业务利润(万)	–	–	–	–
	营业务收入(万)	95777.09	181146.42	84715.81	136497.16
	营业务利润(万)	3359.66	6637.00	3437.97	5317.00
	投资收益(万)	–	–	–	–
	利润总额(万)	3385.02	6653.37	3368.92	5444.53
	净利润(万)	2960.72	5662.56	2828.68	4587.30

东港安全印刷股份有限公司

公司概况	公司名称	东港安全印刷股份有限公司			证券简称	东港股份
	法人代表	谷望江	董秘	齐利国	证券代码	002117
	公司网址	www.tungkong.com.cn		电子信箱	Ruan-yongcheng@tungkong.com.cn	
	电　　话	0531- 88904590		传　　真	0531- 82672218	
	办公地址	山东省济南市山大北路 23 号				
	经营范围	出版物，包装装潢印刷品，其他类印刷品印刷，纸制品的生产，销售等				

主要财务指标	指标\报告期	2009.06.30	2008.12.31	2008.06.30	2007.12.31
	每股收益(元)	0.4200	0.5400	0.3600	0.5300
	每股收益(扣除)(元)	0.4000	0.5300	0.3600	0.5300
	每股净资产(元)	4.9600	4.8100	4.6300	4.5400
	调整后每股净资产(元)	–	–	–	–
	每股资本公积金(元)	2.2594	2.2594	2.2587	2.2587
	每股盈余公积金(元)	0.4364	0.3913	0.3623	0.3166
	每股未分配利润(元)	1.2619	1.1553	1.0064	0.9621
	每股现金净流量(元)	–0.4963	–0.5472	–0.7798	1.0735
	每股经营现金净流量(元)	0.3239	1.0455	0.1420	0.6707
	净资产收益率(扣除)(%)	–	–	–	–
	净资产收益率(%)	8.5100	11.1900	7.7800	11.2300
	总资产(万)	70673.05	69230.87	69120.94	71077.28
	股东权益(万)	54534.65	52865.45	50900.83	52153.56
	主营业务收入(万)	–	–	–	–
	主营业务利润(万)	–	–	–	–
	营业务收入(万)	30467.61	52752.84	30207.73	46866.16
	营业务利润(万)	5570.79	7508.79	5369.04	7017.10
	投资收益(万)	–	–	–	–
	利润总额(万)	5787.08	7571.69	5419.88	7128.96
	净利润(万)	4639.20	5916.44	3959.82	5606.76

吉林紫鑫药业股份有限公司

公司概况	公司名称	吉林紫鑫药业股份有限公司		证券简称	紫鑫药业
	法人代表	郭春生	董秘	秦静	证券代码	002118
	公司网址	www.jilinzixin.com.cn		电子信箱	qinjing@jilinzixin.com
	电　话	0431-88661817		传　真	0431-88698366
	办公地址	长春市东岭街20-1号			
	经营范围	加工销售中成药、化学药制剂及保健食品、药材原料、针织品加工等			

主要财务指标	指标\报告期	2009.06.30	2008.12.31	2008.06.30	2007.12.31
	每股收益(元)	0.1700	0.4400	0.1400	0.4100
	每股收益(扣除)(元)	0.1600	0.4700	0.1700	0.4100
	每股净资产(元)	3.2100	3.0900	2.7900	4.8100
	调整后每股净资产(元)	–	–	–	–
	每股资本公积金(元)	0.8242	0.8242	0.8242	1.9836
	每股盈余公积金(元)	0.2523	0.2523	0.2054	0.3698
	每股未分配利润(元)	1.1296	1.0138	0.7630	1.4523
	每股现金净流量(元)	–0.2365	–0.0650	0.0097	1.1961
	每股经营现金净流量(元)	0.2715	0.2112	–0.0496	0.3152
	净资产收益率(扣除)(%)	–	–	–	14.5500
	净资产收益率(%)	5.1700	14.2000	5.0500	14.7800
	总资产(万)	56181.53	54598.06	48602.97	45526.19
	股东权益(万)	38967.98	37560.04	33941.45	32448.89
	主营业务收入(万)	–	–	–	–
	主营业务利润(万)	–	–	–	–
	营业务收入(万)	9824.66	22333.23	8749.63	17064.92
	营业务利润(万)	2272.15	6348.72	2227.90	5446.02
	投资收益(万)	–	–	–	–
	利润总额(万)	2303.61	5899.42	1775.04	5349.08
	净利润(万)	2015.66	5333.97	1715.38	4794.85

宁波康强电子股份有限公司

公司概况	公司名称	宁波康强电子股份有限公司			证券简称	康强电子
	法人代表	郑康定	董秘	赵勤攻	证券代码	002119
	公司网址	www.kangqiang.com		电子信箱	board@kangqiang.com	
	电　话	0574-88233889		传　真	0574-88235464	
	办公地址	浙江省宁波市鄞州区潘火工业区康强路25号				
	经营范围	制造和销售各种引制造和销售各种引线框架及半导体元器件等				

主要财务指标	指标\报告期	2009.06.30	2008.12.31	2008.06.30	2007.12.31
	每股收益(元)	0.0600	0.0300	0.1000	0.3000
	每股收益(扣除)(元)	0.0300	–0.1200	0.1000	0.1600
	每股净资产(元)	2.7900	2.6600	2.7700	5.7300
	调整后每股净资产(元)	–	–	–	–
	每股资本公积金(元)	1.0369	0.9766	1.0215	3.0723
	每股盈余公积金(元)	0.1330	0.1330	0.1247	0.2564
	每股未分配利润(元)	0.6189	0.5553	0.6286	1.4020
	每股现金净流量(元)	0.0294	–0.6326	–0.5405	1.7251
	每股经营现金净流量(元)	0.1602	0.0128	–0.2432	–1.0976
	净资产收益率(扣除)(%)	–	–	–	5.3300
	净资产收益率(%)	2.2800	1.2300	3.5200	9.7200
	总资产(万)	99584.43	95282.88	99046.19	96989.19
	股东权益(万)	54160.43	51753.36	53885.92	55645.01
	主营业务收入(万)	–	–	–	–
	主营业务利润(万)	–	–	–	–
	营业务收入(万)	24057.21	66944.11	39815.71	70218.58
	营业务利润(万)	813.75	–2935.38	1768.85	6870.41
	投资收益(万)	–	–	–	–
	利润总额(万)	877.19	538.16	1691.45	6996.64
	净利润(万)	1234.76	638.58	1899.34	5407.26

宁波新海电气股份有限公司

公司概况	公司名称	宁波新海电气股份有限公司			证券简称	新海股份
	法人代表	黄新华	董秘	孙宁薇	证券代码	002120
	公司网址	www.xinhaigroup.com		电子信箱	xhlighter@xinhaigroup.com	
	电　话	0574-63029608		传　真	0574-63029192	
	办公地址	慈溪市浒山街道北三环东路239号				
	经营范围	打火机、点火枪、电器配件、电子元件、塑料制品、文具的制造等				

主要财务指标	指标\报告期	2009.06.30	2008.12.31	2008.06.30	2007.12.31
	每股收益(元)	0.0900	0.2700	0.1700	0.2900
	每股收益(扣除)(元)	0.0800	0.2000	0.1600	0.1800
	每股净资产(元)	2.2600	2.2500	2.1500	2.5800
	调整后每股净资产(元)	–	–	–	–
	每股资本公积金(元)	0.4312	0.4312	0.4312	0.8605
	每股盈余公积金(元)	0.0580	0.0580	0.0217	0.0282
	每股未分配利润(元)	0.7749	0.7626	0.6999	0.6906
	每股现金净流量(元)	0.0436	0.0308	–0.0337	0.4886
	每股经营现金净流量(元)	0.6292	0.5527	–0.1538	0.5150
	净资产收益率(扣除)(%)	–	–	–	8.6900
	净资产收益率(%)	4.0900	12.2000	7.8400	14.3700
	总资产(万)	94890.41	93045.89	81580.98	74570.92
	股东权益(万)	33923.91	33779.87	32352.18	29816.81
	主营业务收入(万)	–	–	–	–
	主营业务利润(万)	–	–	–	–
	营业务收入(万)	39805.98	83210.74	37225.03	73401.88
	营业务利润(万)	1446.66	3312.83	2581.49	4604.86
	投资收益(万)	–	–	–	–
	利润总额(万)	1771.17	4223.60	2681.93	5766.04
	净利润(万)	1386.54	4122.08	2535.37	4283.51

深圳市科陆电子科技股份有限公司

公司概况	公司名称	深圳市科陆电子科技股份有限公司			证券简称	科陆电子
	法人代表	饶陆华	董秘	罗竝	证券代码	002121
	公司网址	www.szclou.com		电子信箱	lb@szclou.com	
	电　话	0755-26719528		传　真	0755-26719679	
	办公地址	广东省深圳市南山区高新技术产业园南区T2栋五楼				
	经营范围	电力设备、精密仪器、软件工程、系统维护；提供相应的咨询、技术、安装等				

主要财务指标	指标\报告期	2009.06.30	2008.12.31	2008.06.30	2007.12.31
	每股收益(元)	0.1100	0.4600	0.0700	0.5800
	每股收益(扣除)(元)	0.1100	0.4400	–	0.5200
	每股净资产(元)	1.8200	3.5100	3.2200	3.2500
	调整后每股净资产(元)	–	–	–	–
	每股资本公积金(元)	0.1135	0.7269	0.7269	0.7269
	每股盈余公积金(元)	0.0912	0.1823	0.1755	0.1755
	每股未分配利润(元)	0.6106	1.6027	1.3178	1.3463
	每股现金净流量(元)	–0.1232	–0.8977	–1.3180	1.0297
	每股经营现金净流量(元)	0.1799	0.2072	–0.6887	0.2204
	净资产收益率(扣除)(%)	–	–	–	15.7300
	净资产收益率(%)	6.0200	13.1900	4.3300	17.4200
	总资产(万)	70094.56	67657.81	51750.77	55468.97
	股东权益(万)	43564.91	42143.74	38643.42	38986.05
	主营业务收入(万)	–	–	–	–
	主营业务利润(万)	–	–	–	–
	营业务收入(万)	14253.05	39454.94	13560.88	31957.64
	营业务利润(万)	2372.56	5104.57	1063.99	6361.30
	投资收益(万)	–	–	–	–
	利润总额(万)	3059.48	5955.53	1735.13	7220.63
	净利润(万)	2621.17	5557.70	1673.98	6790.94

浙江天马轴承股份有限公司

公司概况	公司名称	浙江天马轴承股份有限公司			证券简称	天马股份
	法人代表	马兴法	董秘	马全法	证券代码	002122
	公司网址	www.zjtmb.com			电子信箱	tmzc@zjtmb.com
	电　话	0571-88027658			传　真	0571-88029872
	办公地址	浙江省杭州市石祥路 208 号				
	经营范围	轴承的制造、加工;轴承零配件的销售等				

主要财务指标	指标\报告期	2009.06.30	2008.12.31	2008.06.30	2007.12.31
	每股收益(元)	0.4300	1.9000	0.8100	1.0100
	每股收益(扣除)(元)	0.4300	1.9000	0.8100	1.0100
	每股净资产(元)	5.8200	7.6900	6.6000	11.7800
	调整后每股净资产(元)	–	–	–	–
	每股资本公积金(元)	2.7057	2.8721	2.8719	6.7438
	每股盈余公积金(元)	0.1128	0.2464	0.1778	0.3556
	每股未分配利润(元)	2.0011	3.5742	2.5468	3.6797
	每股现金净流量(元)	0.3101	–1.9472	–1.5484	4.8932
	每股经营现金净流量(元)	–0.3604	0.0509	0.1802	–0.6958
	净资产收益率(扣除)(%)	–	–	–	14.9400
	净资产收益率(%)	7.1220	24.7400	12.2300	16.0400
	总资产(万)	581353.56	537349.30	472499.47	445143.96
	股东权益(万)	345687.45	209242.12	179422.40	160194.21
	主营业务收入(万)	–	–	–	–
	主营业务利润(万)	–	–	–	–
	营业务收入(万)	155334.27	317539.12	154454.37	133709.08
	营业务利润(万)	30626.19	60575.11	24710.59	30056.65
	投资收益(万)	–	–	–	–
	利润总额(万)	31191.82	64659.75	26379.33	31846.45
	净利润(万)	24619.81	51761.73	21948.19	25703.12

荣信电力电子股份有限公司

公司概况	公司名称	荣信电力电子股份有限公司			证券简称	荣信股份
	法人代表	马成家	董秘	赵殿波	证券代码	002123
	公司网址	www.rxpe.com			电子信箱	rxpe@rxpe.com
	电　话	0412-7213602			传　真	0412-7213646
	办公地址	鞍山高新区科技路 108 号				
	经营范围	高压动态无功补偿装置、电力滤波装置等				

主要财务指标	指标\报告期	2009.06.30	2008.12.31	2008.06.30	2007.12.31
	每股收益(元)	0.3300	1.0200	0.3700	0.6900
	每股收益(扣除)(元)	0.2900	0.9100	0.3157	0.6100
	每股净资产(元)	3.3600	5.0400	4.3900	8.1000
	调整后每股净资产(元)	–	–	–	–
	每股资本公积金(元)	0.7687	1.8299	1.8299	4.2598
	每股盈余公积金(元)	0.1762	0.2820	0.1820	0.3640
	每股未分配利润(元)	1.4102	1.9280	1.3786	2.4713
	每股现金净流量(元)	0.3115	–1.0671	–0.2877	3.8080
	每股经营现金净流量(元)	–0.4943	0.0371	–0.0565	0.1988
	净资产收益率(扣除)(%)	–	18.0500	–	14.0800
	净资产收益率(%)	9.8400	20.1900	8.3800	16.0800
	总资产(万)	142697.10	106055.16	102109.71	73043.88
	股东权益(万)	68711.90	64510.74	56198.68	51808.46
	主营业务收入(万)	–	–	–	–
	主营业务利润(万)	–	–	–	–
	营业务收入(万)	41593.93	58263.75	25773.38	36715.70
	营业务利润(万)	4848.21	9468.11	2808.89	5111.21
	投资收益(万)	–	–	–	–
	利润总额(万)	7518.33	14087.30	5269.34	8624.95
	净利润(万)	6761.16	13022.28	4710.22	8332.18

宁波天邦股份有限公司

公司概况	公司名称	宁波天邦股份有限公司			证券简称	天邦股份
	法人代表	吴天星	董秘	胡韵	证券代码	002124
	公司网址	www.tianbang.com			电子信箱	techbank@tianbang.com
	电　话	021-37745083、37745053			传　真	021-37745250
	办公地址	上海市松江区松卫北路 665 号企福天地 9 楼				
	经营范围	饲料技术咨询服务;畜禽、水产品的养殖、饲料、饲料原料的批发、零售等				

主要财务指标	指标\报告期	2009.06.30	2008.12.31	2008.06.30	2007.12.31
	每股收益(元)	–0.0650	0.6500	0.5840	0.1700
	每股收益(扣除)(元)	–0.0850	–0.0900	–0.0230	0.1000
	每股净资产(元)	2.3680	2.7000	2.6500	4.3300
	调整后每股净资产(元)	–	–	–	–
	每股资本公积金(元)	0.5294	0.6504	0.6504	2.3009
	每股盈余公积金(元)	0.1866	0.1866	0.1153	0.2307
	每股未分配利润(元)	0.6647	0.8797	0.8837	0.7991
	每股现金净流量(元)	–0.2630	0.1038	1.1878	1.0768
	每股经营现金净流量(元)	0.3375	0.1235	–0.0456	–0.8135
	净资产收益率(扣除)(%)	–	–	–	4.1100
	净资产收益率(%)	–2.7428	24.0900	22.0800	7.5000
	总资产(万)	80852.07	81119.11	87945.49	62395.65
	股东权益(万)	32447.74	37050.23	36249.29	29665.23
	主营业务收入(万)	–	–	–	–
	主营业务利润(万)	–	–	–	–
	营业务收入(万)	38348.37	105143.15	43249.68	55838.26
	营业务利润(万)	–487.49	–527.26	299.59	1722.48
	投资收益(万)	–	–	–	–
	利润总额(万)	–400.88	11166.82	11394.90	2853.74
	净利润(万)	–889.96	8923.64	8003.10	2223.83

湘潭电化科技股份有限公司

公司概况	公司名称	湘潭电化科技股份有限公司			证券简称	湘潭电化
	法人代表	周红旗	董秘	李俊杰	证券代码	002125
	公司网址	www.chinaemd.com			电子信箱	ljj@chinaemd.com
	电　话	0732-5544299、5544161			传　真	0732-5544101
	办公地址	湖南省湘潭市滴水埠				
	经营范围	研究、开发、生产、销售二氧化锰、电解金属锰、电池材料及其它能源新材料等				

主要财务指标	指标\报告期	2009.06.30	2008.12.31	2008.06.30	2007.12.31
	每股收益(元)	–0.0507	–0.5845	–0.3660	0.0253
	每股收益(扣除)(元)	–0.0540	–0.5778	–0.3660	–0.1966
	每股净资产(元)	3.1040	3.1600	3.3700	3.7400
	调整后每股净资产(元)	–	–	–	–
	每股资本公积金(元)	1.8465	1.8465	1.8465	1.8465
	每股盈余公积金(元)	0.2113	0.2113	0.2113	0.2113
	每股未分配利润(元)	0.0465	0.0972	0.3159	0.6817
	每股现金净流量(元)	0.4059	–0.6333	–0.5988	1.6323
	每股经营现金净流量(元)	1.1103	0.9143	–0.1697	–0.8803
	净资产收益率(扣除)(%)	–	–	–	–4.8200
	净资产收益率(%)	–1.6300	–18.5300	–10.8400	0.6200
	总资产(万)	74542.51	70618.48	68099.47	67885.16
	股东权益(万)	23406.41	23788.73	25437.97	28195.87
	主营业务收入(万)	–	–	–	–
	主营业务利润(万)	–	–	–	–
	营业务收入(万)	20687.40	37236.05	16194.64	31408.93
	营业务利润(万)	–3.52	–4441.88	–2905.49	–1062.07
	投资收益(万)	–	–	–	–
	利润总额(万)	20.54	–4508.72	–2906.31	256.11
	净利润(万)	–382.32	–4407.14	–2757.91	174.77

浙江银轮机械股份有限公司

公司概况	公司名称	浙江银轮机械股份有限公司		证券简称	银轮股份
	法人代表	徐小敏	董秘 陶岳铮	证券代码	002126
	公司网址	www.yinlun.com		电子信箱	manage@yinlun.net
	电　话	0576-83938250、83938228		传　真	0576-83938813、83938251
	办公地址	浙江省天台县福溪街道交通运输机械工业园区			
	经营范围	实业投资；汽车零部件、船用配件、机械配件、摩托车配件、电子产品等			

主要财务指标 指标\报告期	2009.06.30	2008.12.31	2008.06.30	2007.12.31
每股收益(元)	0.1700	0.4400	0.2500	0.3800
每股收益(扣除)(元)	0.1700	0.4400	–	0.3900
每股净资产(元)	4.7900	4.7400	4.6700	4.5800
调整后每股净资产(元)	–	–	–	–
每股资本公积金(元)	2.0822	2.0796	2.1796	2.2847
每股盈余公积金(元)	0.3752	0.3752	0.3346	0.3346
每股未分配利润(元)	1.3340	1.2847	1.1564	0.9592
每股现金净流量(元)	0.0128	–0.0813	0.2213	0.5960
每股经营现金净流量(元)	–0.1659	0.6659	–0.4127	–0.5688
净资产收益率(扣除)(%)	–	–	–	7.7200
净资产收益率(%)	3.5300	9.1900	5.3000	7.4600
总资产(万)	112124.42	109256.76	113782.01	95638.26
股东权益(万)	47913.27	47394.99	46705.26	45784.19
主营业务收入(万)	–	–	–	–
主营业务利润(万)	–	–	–	–
营业务收入(万)	41109.01	98268.08	55713.36	83729.80
营业务利润(万)	2207.58	5223.51	3397.69	4764.61
投资收益(万)	–	–	–	–
利润总额(万)	2219.76	5238.48	3255.80	4861.08
净利润(万)	1692.76	4354.05	2473.90	3415.11

江苏新民纺织科技股份有限公司

公司概况	公司名称	江苏新民纺织科技股份有限公司		证券简称	新民科技
	法人代表	柳维特	董秘 卢蕊芬	证券代码	002127
	公司网址	www.xmtex.com		电子信箱	xmgmlx@xmtex.com
	电　话	0512-63550591、63577392		传　真	0512-63555511
	办公地址	江苏省吴江市盛泽镇五龙路22号			
	经营范围	纺织原料及纺织品、服装、服饰及绣品、纺织助剂及染化料、纺机及纺机配件的生产、销售			

主要财务指标 指标\报告期	2009.06.30	2008.12.31	2008.06.30	2007.12.31
每股收益(元)	0.1500	0.1800	0.1400	0.3700
每股收益(扣除)(元)	0.1100	0.2400	0.1400	0.3100
每股净资产(元)	2.8300	3.3100	3.2800	4.4300
调整后每股净资产(元)	–	–	–	–
每股资本公积金(元)	0.8415	1.2097	1.2097	2.0936
每股盈余公积金(元)	0.0870	0.1044	0.2085	0.1321
每股未分配利润(元)	0.8972	1.0006	0.8582	1.2089
每股现金净流量(元)	–0.4794	–0.0688	–0.0333	0.9882
每股经营现金净流量(元)	0.0965	0.9195	0.1569	0.3770
净资产收益率(扣除)(%)	–	–	–	9.1400
净资产收益率(%)	5.1900	5.5200	4.4100	10.8200
总资产(万)	108397.80	107745.99	119155.47	102986.04
股东权益(万)	51643.47	50484.26	49900.09	48243.30
主营业务收入(万)	–	–	–	–
主营业务利润(万)	–	–	–	–
营业务收入(万)	58125.17	140280.32	69662.00	131999.77
营业务利润(万)	3593.03	3284.53	2981.36	8284.02
投资收益(万)	–	–	–	–
利润总额(万)	3724.40	3530.04	2919.87	8310.32
净利润(万)	2682.22	2784.90	2200.73	5221.67

内蒙古霍林河露天煤业股份有限公司

公司概况	公司名称	内蒙古霍林河露天煤业股份有限公司		证券简称	露天煤业
	法人代表	王树东	董秘 何宏伟	证券代码	002128
	公司网址	www.zdhm.com.cn		电子信箱	ltmy@vip.163.com
	电　话	0475-2350579、2352299		传　真	0475-2350579
	办公地址	内蒙古自治区霍林郭勒市哲里木大街			
	经营范围	煤炭产品生产、加工、销售；土方工程，矿山设备，工程机械，发动机等			

主要财务指标 指标\报告期	2009.06.30	2008.12.31	2008.06.30	2007.12.31
每股收益(元)	0.4500	0.8500	0.4400	0.5900
每股收益(扣除)(元)	0.4300	0.8500	0.4400	0.5900
每股净资产(元)	2.4500	2.7700	2.6200	3.2200
调整后每股净资产(元)	–	–	–	–
每股资本公积金(元)	0.3359	0.7360	0.7339	1.2615
每股盈余公积金(元)	0.2058	0.2675	0.1942	0.3099
每股未分配利润(元)	0.7748	0.6265	0.6921	0.6461
每股现金净流量(元)	0.0253	0.1652	0.1185	–0.0124
每股经营现金净流量(元)	0.4533	1.7263	0.6814	0.6098
净资产收益率(扣除)(%)	–	–	–	22.8600
净资产收益率(%)	18.2300	30.5400	16.8900	22.8800
总资产(万)	420158.42	398880.16	394497.51	352453.80
股东权益(万)	270978.30	237859.52	222835.08	210480.33
主营业务收入(万)	–	–	–	–
主营业务利润(万)	–	–	–	–
营业务收入(万)	208004.85	388309.44	162928.77	261123.21
营业务利润(万)	59937.26	88490.54	46210.77	57477.78
投资收益(万)	–	–	–	–
利润总额(万)	62771.94	88000.97	46287.36	57549.43
净利润(万)	49393.15	72002.83	37629.47	48149.07

天津中环半导体股份有限公司

公司概况	公司名称	天津中环半导体股份有限公司		证券简称	中环股份
	法人代表	张旭光	董秘 沈浩平(代)	证券代码	002129
	公司网址	www.tjsemi.com		电子信箱	xhl@tjsemi.com
	电　话	022-23789787、23789760		传　真	022-23788321
	办公地址	天津新技术产业园区华苑产业区(环外)海泰东路12号			
	经营范围	半导体材料、半导体器件、电子元件的制造、加工、批发、零售等			

主要财务指标 指标\报告期	2009.06.30	2008.12.31	2008.06.30	2007.12.31
每股收益(元)	–0.0416	0.3026	0.1770	0.2504
每股收益(扣除)(元)	–0.0800	0.2375	0.1200	0.2136
每股净资产(元)	3.0400	3.1318	3.0200	3.0710
调整后每股净资产(元)	–	–	–	–
每股资本公积金(元)	1.4334	1.4513	1.4638	1.3745
每股盈余公积金(元)	0.0477	0.0477	0.0395	0.0525
每股未分配利润(元)	0.5613	0.6328	0.5139	0.6440
每股现金净流量(元)	0.2590	–0.0103	0.0049	0.3630
每股经营现金净流量(元)	–0.0632	0.2833	0.1302	0.5751
净资产收益率(扣除)(%)	–	–	–	7.8900
净资产收益率(%)	–1.3700	9.3700	5.5100	9.2500
总资产(万)	235621.32	205106.93	190707.09	154257.48
股东权益(万)	146895.82	151211.31	145675.85	111374.90
主营业务收入(万)	–	–	–	–
主营业务利润(万)	–	–	–	–
营业务收入(万)	27102.82	84352.28	44342.28	69626.21
营业务利润(万)	–2234.12	14030.12	10031.83	14686.81
投资收益(万)	–	–	–	–
利润总额(万)	–1756.64	17639.86	13331.34	16018.35
净利润(万)	–2006.80	14164.51	8023.00	10306.82

深圳市沃尔核材股份有限公司

公司概况

公司名称	深圳市沃尔核材股份有限公司			证券简称	沃尔核材
法人代表	周和平	董秘	陈莉	证券代码	002130
公司网址	www.woer.com		电子信箱	fz@woer.com	
电　话	0755-28299020		传　真	0755-28299020	
办公地址	深圳市大工业区沃尔工业园				
经营范围	热缩材料、冷缩材料、阻燃材料、绝缘材料、耐高温耐腐蚀新型材料等				

主要财务指标

指标\报告期	2009.06.30	2008.12.31	2008.06.30	2007.12.31
每股收益(元)	0.1300	0.2400	0.1500	0.4900
每股收益(扣除)(元)	0.1200	0.2000	0.1200	0.3700
每股净资产(元)	2.4400	3.5600	3.4700	6.8400
调整后每股净资产(元)	–	–	–	–
每股资本公积金(元)	0.5626	1.3440	1.3440	3.6879
每股盈余公积金(元)	0.0973	0.1459	0.1219	0.2438
每股未分配利润(元)	0.7782	1.0749	1.0061	1.9115
每股现金净流量(元)	0.2099	–0.5812	–0.8074	1.2632
每股经营现金净流量(元)	0.1299	0.1944	–0.3441	0.2454
净资产收益率(扣除)(%)	–	–	–	9.9900
净资产收益率(%)	5.2600	6.8200	4.3300	13.0600
总资产(万)	60896.26	55267.31	58149.04	52110.67
股东权益(万)	39753.15	38748.86	37740.57	37192.57
主营业务收入(万)	–	–	–	–
主营业务利润(万)	–	–	–	–
营业务收入(万)	17215.52	36820.98	19558.31	29240.78
营业务利润(万)	2458.51	2599.41	1959.11	4500.66
投资收益(万)	–	–	–	–
利润总额(万)	2600.88	2929.17	2170.09	5208.78
净利润(万)	2091.29	2643.28	1635.00	4858.84

浙江利欧股份有限公司

公司概况

公司名称	浙江利欧股份有限公司			证券简称	利欧股份
法人代表	王相荣	董秘	张旭波	证券代码	002131
公司网址	www.chinapumps.com		电子信箱	sec@chinapumps.com	
电　话	0576-89986666		传　真	0576-86516511	
办公地址	浙江省温岭市工业城中心大道				
经营范围	园林机械、水泵、电机、汽油机、其他机械设备、模具、五金工具及相关配件的生产、销售				

主要财务指标

指标\报告期	2009.06.30	2008.12.31	2008.06.30	2007.12.31
每股收益(元)	0.3700	0.4700	0.2000	0.3500
每股收益(扣除)(元)	0.3100	0.4500	0.1900	0.3200
每股净资产(元)	3.2500	3.1800	2.9200	5.4900
调整后每股净资产(元)	–	–	–	–
每股资本公积金(元)	1.0692	1.0692	1.0692	2.9383
每股盈余公积金(元)	0.1774	0.1774	0.1348	0.2696
每股未分配利润(元)	1.0055	0.9382	0.7169	1.2790
每股现金净流量(元)	0.0417	–0.5378	–0.4144	1.5809
每股经营现金净流量(元)	0.7556	0.4237	–0.2886	0.1792
净资产收益率(扣除)(%)	–	–	–	10.8200
净资产收益率(%)	11.2900	14.6400	6.9300	11.5900
总资产(万)	68668.19	68855.79	77540.78	64358.09
股东权益(万)	48963.45	47950.53	43976.37	41305.11
主营业务收入(万)	–	–	–	–
主营业务利润(万)	–	–	–	–
营业务收入(万)	42034.40	104159.60	59175.55	78302.77
营业务利润(万)	6694.64	8896.64	4123.58	5749.74
投资收益(万)	–	–	–	–
利润总额(万)	7787.60	9205.48	4346.45	6125.03
净利润(万)	5529.71	7021.81	3047.66	4785.78

河南恒星科技股份有限公司

公司概况

公司名称	河南恒星科技股份有限公司			证券简称	恒星科技
法人代表	谢保军	董秘	孙国顺	证券代码	002132
公司网址	www.hengxingchinese.com		电子信箱	sgs001@263.net	
电　话	0371-67635666、64349602		传　真	0371-64349800	
办公地址	河南省巩义市伊洛北路121号				
经营范围	生产、经营钢帘线、胶管钢丝；镀锌钢丝、镀锌钢绞线等				

主要财务指标

指标\报告期	2009.06.30	2008.12.31	2008.06.30	2007.12.31
每股收益(元)	0.1100	0.3200	0.1800	0.3700
每股收益(扣除)(元)	0.1000	0.3000	0.1700	0.5000
每股净资产(元)	3.0900	2.8400	2.7000	3.8100
调整后每股净资产(元)	–	–	–	–
每股资本公积金(元)	1.1237	0.8878	0.8854	1.6280
每股盈余公积金(元)	0.1322	0.1322	0.1003	0.1504
每股未分配利润(元)	0.8374	0.8236	0.7148	1.0296
每股现金净流量(元)	–0.3605	–0.1331	–0.1818	0.9457
每股经营现金净流量(元)	–0.5326	0.3827	0.0046	0.2216
净资产收益率(扣除)(%)	–	–	–	12.0700
净资产收益率(%)	3.6800	11.2200	6.6100	13.3400
总资产(万)	150759.76	131918.83	124024.17	100310.02
股东权益(万)	75664.90	69557.87	66056.49	62100.75
主营业务收入(万)	–	–	–	–
主营业务利润(万)	–	–	–	–
营业务收入(万)	49836.67	101309.09	53041.12	78654.95
营业务利润(万)	3242.77	8254.81	4844.37	8691.62
投资收益(万)	–	–	–	–
利润总额(万)	3574.63	9383.34	5731.26	10045.42
净利润(万)	2783.20	7804.82	4363.43	8283.48

广宇集团股份有限公司

公司概况

公司名称	广宇集团股份有限公司			证券简称	广宇集团
法人代表	王鹤鸣	董秘	华欣	证券代码	002133
公司网址	www.cosmosgroup.com.cn		电子信箱	gyjtdb@163.com	
电　话	0571-87925786		传　真	0571-87925813	
办公地址	杭州市平海路8号				
经营范围	房地产投资、房地产开发经营、商品房销售及出租、实业投资、室内外装饰等				

主要财务指标

指标\报告期	2009.06.30	2008.12.31	2008.06.30	2007.12.31
每股收益(元)	0.1800	0.2400	0.1100	0.3300
每股收益(扣除)(元)	0.1800	0.2200	0.1000	0.3100
每股净资产(元)	2.3200	2.2300	2.1000	4.5200
调整后每股净资产(元)	–	–	–	–
每股资本公积金(元)	0.6416	0.6416	0.6406	2.3789
每股盈余公积金(元)	0.1143	0.1143	0.0910	0.1939
每股未分配利润(元)	0.5678	0.4692	0.3696	0.9504
每股现金净流量(元)	0.9032	–2.3186	–2.2334	4.4251
每股经营现金净流量(元)	1.7561	–4.2602	–2.6283	–0.1127
净资产收益率(扣除)(%)	–	–	–	12.4100
净资产收益率(%)	7.6900	10.6200	5.4000	13.5000
总资产(万)	589329.50	539854.97	473540.58	443054.41
股东权益(万)	115858.91	110941.34	104762.69	112764.39
主营业务收入(万)	–	–	–	–
主营业务利润(万)	–	–	–	–
营业务收入(万)	80011.92	94723.08	27140.92	130669.57
营业务利润(万)	12723.56	16045.33	7152.83	33858.00
投资收益(万)	–	–	–	–
利润总额(万)	12630.56	17113.53	8261.84	33550.28
净利润(万)	8906.37	11780.63	5655.85	15221.07

天津普林电路股份有限公司

公司概况	公司名称	天津普林电路股份有限公司			证券简称	天津普林
	法人代表	单长寿	董秘	苏铭	证券代码	002134
	公司网址	www.toppcb.com		电子信箱	ir@tianjin-pcb.com	
	电　话	022-24893466		传　真	022-24890198	
	办公地址	天津市空港物流加工区航海路53号				
	经营范围	生产、销售双面和多层印刷电路板				

	指标\报告期	2009.06.30	2008.12.31	2008.06.30	2007.12.31
主要财务指标	每股收益(元)	-0.0318	0.0700	0.0930	0.2700
	每股收益(扣除)(元)	-0.0300	0.0700	0.0940	0.2300
	每股净资产(元)	2.8600	2.8900	2.9130	3.5401
	调整后每股净资产(元)	-	-	-	-
	每股资本公积金(元)	1.2262	1.2262	1.2262	1.7328
	每股盈余公积金(元)	0.0811	0.0811	0.0740	0.0925
	每股未分配利润(元)	0.5527	0.5845	0.6128	0.7148
	每股现金净流量(元)	-0.0409	-0.3522	-0.2837	1.1977
	每股经营现金净流量(元)	0.0601	0.1972	0.1246	0.3140
	净资产收益率(扣除)(%)	-	-	-	7.1800
	净资产收益率(%)	-1.1100	2.4800	3.1900	8.5100
	总资产(万)	81164.34	80380.21	82627.10	81871.24
	股东权益(万)	70315.22	71095.89	71616.68	69626.80
	主营业务收入(万)	-	-	-	-
	主营业务利润(万)	-	-	-	-
	营业务收入(万)	15089.60	45424.68	24377.56	40706.16
	营业务利润(万)	-725.18	2099.31	2686.65	5798.20
	投资收益(万)	-	-	-	-
	利润总额(万)	-780.67	2090.75	2686.44	6889.78
	净利润(万)	-780.67	1764.10	2284.89	5926.92

浙江东南网架股份有限公司

公司概况	公司名称	浙江东南网架股份有限公司			证券简称	东南网架
	法人代表	郭明明	董秘	田金明	证券代码	002135
	公司网址	www.dongnanwangjia.com		电子信箱	stock@dongnanwangjia.com	
	电　话	0571-82783358		传　真	0571-82783358	
	办公地址	杭州市萧山区衙前镇				
	经营范围	网架、钢结构及其配套板材设计、制造、安装,承接与此相关的土建工程等				

	指标\报告期	2009.06.30	2008.12.31	2008.06.30	2007.12.31
主要财务指标	每股收益(元)	0.1100	0.1400	0.1100	0.2900
	每股收益(扣除)(元)	0.1100	0.1800	0.1100	0.2600
	每股净资产(元)	4.6500	4.6000	4.5700	4.5200
	调整后每股净资产(元)	-	-	-	-
	每股资本公积金(元)	2.0325	2.0325	2.0325	2.0325
	每股盈余公积金(元)	0.1922	0.1922	0.1777	0.1777
	每股未分配利润(元)	1.4264	1.3777	1.3570	1.3106
	每股现金净流量(元)	-0.0079	-0.5511	-0.1878	1.3938
	每股经营现金净流量(元)	-0.0473	0.7925	0.0268	-2.1514
	净资产收益率(扣除)(%)	-	-	-	5.6800
	净资产收益率(%)	2.3400	3.0800	2.3300	5.6900
	总资产(万)	324224.96	308677.94	280671.87	246208.12
	股东权益(万)	93020.63	92046.71	91343.25	90415.91
	主营业务收入(万)	-	-	-	-
	主营业务利润(万)	-	-	-	-
	营业务收入(万)	111899.75	202039.32	80658.97	179368.10
	营业务利润(万)	2791.35	3619.15	2337.15	9720.55
	投资收益(万)	-	-	-	-
	利润总额(万)	2735.74	3820.16	2334.60	9493.00
	净利润(万)	2173.92	2830.80	2127.44	5145.08

安徽安纳达钛业股份有限公司

公司概况	公司名称	安徽安纳达钛业股份有限公司			证券简称	安纳达
	法人代表	袁菊兴	董秘	瞿友红	证券代码	002136
	公司网址	www.andty.com		电子信箱	and@andty.com	
	电　话	0562-3862867、3867708		传　真	0562-3861769	
	办公地址	安徽省铜陵市铜官大道南段1288号				
	经营范围	生产和销售系列钛白粉及相关化工产品				

	指标\报告期	2009.06.30	2008.12.31	2008.06.30	2007.12.31
主要财务指标	每股收益(元)	0.0012	-0.6700	-0.2173	0.1800
	每股收益(扣除)(元)	-0.0001	-0.6400	-0.2164	0.1700
	每股净资产(元)	2.3196	2.3200	2.7700	2.9800
	调整后每股净资产(元)	-	-	-	-
	每股资本公积金(元)	1.6154	1.6154	1.6154	1.6154
	每股盈余公积金(元)	0.0671	0.0671	0.0671	0.0671
	每股未分配利润(元)	-0.3629	-0.3641	0.0837	0.3010
	每股现金净流量(元)	-0.4455	-1.0251	-0.2813	1.3016
	每股经营现金净流量(元)	-0.1049	-0.7842	-0.2844	0.1085
	净资产收益率(扣除)(%)	-	-	-	5.2200
	净资产收益率(%)	0.0514	-28.6900	-7.8500	5.3500
	总资产(万)	39468.56	35499.72	36671.01	34035.86
	股东权益(万)	18306.37	18296.96	21831.43	23546.12
	主营业务收入(万)	-	-	-	-
	主营业务利润(万)	-	-	-	-
	营业务收入(万)	11137.46	30824.77	16985.87	30808.34
	营业务利润(万)	315.84	-5980.07	-1860.47	1862.88
	投资收益(万)	-	-	-	-
	利润总额(万)	327.63	-6165.61	-1867.11	1909.00
	净利润(万)	9.40	-5249.16	-1714.69	1258.98

深圳市实益达科技股份有限公司

公司概况	公司名称	深圳市实益达科技股份有限公司			证券简称	实益达
	法人代表	陈亚妹	董秘	姜帆	证券代码	002137
	公司网址	www.sz-seastar.com		电子信箱	dmb@sz-seastar.com	
	电　话	0755-29672878		传　真	0755-29672878	
	办公地址	广东省深圳市龙岗区宝龙工业城宝龙六路实益达科技园				
	经营范围	兴办实业;电子产品的生产,国内商业、物资供销业等				

	指标\报告期	2009.06.30	2008.12.31	2008.06.30	2007.12.31
主要财务指标	每股收益(元)	0.0100	0.1688	0.1100	0.3526
	每股收益(扣除)(元)	-0.0122	0.0930	0.1100	0.2982
	每股净资产(元)	1.8900	2.5400	2.4800	3.8600
	调整后每股净资产(元)	-	-	-	-
	每股资本公积金(元)	0.6303	1.1194	1.1194	2.1791
	每股盈余公积金(元)	0.0558	0.0725	0.0582	0.0872
	每股未分配利润(元)	0.1992	0.3468	0.3044	0.5886
	每股现金净流量(元)	0.3301	-0.7778	0.4943	1.0714
	每股经营现金净流量(元)	0.2153	0.6896	0.6803	-1.1921
	净资产收益率(扣除)(%)	-	-	-	11.6000
	净资产收益率(%)	0.5000	6.6500	4.5100	12.0000
	总资产(万)	70082.16	121724.23	134142.65	90056.21
	股东权益(万)	49055.77	50814.23	49655.81	51428.58
	主营业务收入(万)	-	-	-	-
	主营业务利润(万)	-	-	-	-
	营业务收入(万)	20411.78	88358.80	37709.78	120270.39
	营业务利润(万)	366.86	3311.33	2148.89	6017.25
	投资收益(万)	-	-	-	-
	利润总额(万)	316.88	3313.85	2212.62	6238.58
	净利润(万)	242.95	3377.15	2241.58	6171.79

深圳顺络电子股份有限公司

公司概况						
	公司名称	深圳顺络电子股份有限公司			证券简称	顺络电子
	法人代表	袁金钰	董秘	徐佳	证券代码	002138
	公司网址	www.sunlordinc.com		电子信箱	info@sunlordinc.com	
	电　话	0755-29832586		传　真	0755-29832339	
	办公地址	深圳市宝安区观澜街道大富苑工业区顺络观澜工业园				
	经营范围	研发、设计、生产、销售新型电子元器件；提供技术方案设计和技术转让、咨询服务等				

主要财务指标 指标\报告期	2009.06.30	2008.12.31	2008.06.30	2007.12.31
每股收益(元)	0.2000	0.4500	0.2300	0.6800
每股收益(扣除)(元)	0.2000	0.4300	0.2300	0.6300
每股净资产(元)	4.0400	5.2900	5.1200	4.8900
调整后每股净资产(元)	–	–	–	–
每股资本公积金(元)	2.0970	3.0261	3.0261	3.0261
每股盈余公积金(元)	0.2077	0.2077	0.1662	0.1662
每股未分配利润(元)	0.7820	1.0596	0.9277	0.6934
每股现金净流量(元)	–0.1939	–1.6651	–1.6307	2.0309
每股经营现金净流量(元)	0.4359	0.6958	0.1149	0.4202
净资产收益率(扣除)(%)	–	–	–	11.2700
净资产收益率(%)	4.8900	8.4800	4.5700	12.1300
总资产(万)	64821.03	67011.21	61061.63	56143.07
股东权益(万)	49351.19	49759.23	48128.83	45927.48
主营业务收入(万)	–	–	–	–
主营业务利润(万)	–	–	–	–
营业务收入(万)	13956.17	25107.36	10972.49	15904.54
营业务利润(万)	2952.15	4621.01	2386.00	5503.34
投资收益(万)	–	–	–	–
利润总额(万)	2972.19	4790.21	2478.59	5928.99
净利润(万)	2412.01	4221.86	2201.70	5570.24

深圳市拓邦电子科技股份有限公司

公司概况						
	公司名称	深圳市拓邦电子科技股份有限公司			证券简称	拓邦电子
	法人代表	武永强	董秘	李让	证券代码	002139
	公司网址	www.topbandcctv.com		电子信箱	lir@topband.com.cn	
	电　话	0755-26957035		传　真	0755-26957440	
	办公地址	广东省深圳市宝安区石岩镇塘头村梨园工业区拓邦工业园				
	经营范围	各类电子智能控制产品的设计、开发、加工、制造和销售等				

主要财务指标 指标\报告期	2009.06.30	2008.12.31	2008.06.30	2007.12.31
每股收益(元)	0.1700	0.3700	0.2900	0.2500
每股收益(扣除)(元)	0.1600	0.3300	0.2300	0.1900
每股净资产(元)	3.1600	3.1300	5.8200	5.5700
调整后每股净资产(元)	–	–	–	–
每股资本公积金(元)	1.0919	1.0919	3.1837	3.1837
每股盈余公积金(元)	0.0646	0.0646	0.1051	0.1051
每股未分配利润(元)	1.0019	0.9784	1.5331	1.2848
每股现金净流量(元)	0.1481	–0.3454	–0.5722	1.8035
每股经营现金净流量(元)	0.4208	0.3291	0.2657	–1.1796
净资产收益率(扣除)(%)	–	–	–	5.6000
净资产收益率(%)	5.4900	11.7400	4.9500	7.4500
总资产(万)	41741.86	46671.95	46113.29	49015.05
股东权益(万)	31583.97	31348.49	29109.40	27868.23
主营业务收入(万)	–	–	–	–
主营业务利润(万)	–	–	–	–
营业务收入(万)	21747.43	60387.83	28732.23	46759.65
营业务利润(万)	1936.63	3674.81	1471.54	1832.45
投资收益(万)	–	–	–	–
利润总额(万)	2097.56	4004.23	1509.02	2088.58
净利润(万)	1735.48	3680.27	1441.17	2075.84

东华工程科技股份有限公司

公司概况						
	公司名称	东华工程科技股份有限公司			证券简称	东华科技
	法人代表	丁叮	董秘	罗守生	证券代码	002140
	公司网址	www.chinaecec.com		电子信箱	ecec@chinaecec.com	
	电　话	0551-3626000		传　真	0551-3631706	
	办公地址	安徽省合肥市望江东路 70 号				
	经营范围	化工、石油化工、市政、环境治理、建筑工程的咨询、设计等				

主要财务指标 指标\报告期	2009.06.30	2008.12.31	2008.06.30	2007.12.31
每股收益(元)	0.4100	0.8400	0.3300	0.7500
每股收益(扣除)(元)	0.4000	0.8200	–	0.7300
每股净资产(元)	4.4500	6.1100	5.7000	8.6300
调整后每股净资产(元)	–	–	–	–
每股资本公积金(元)	1.7482	2.5726	2.5726	4.5162
每股盈余公积金(元)	0.2898	0.3768	0.2933	0.4693
每股未分配利润(元)	1.4150	2.1613	1.8371	2.6464
每股现金净流量(元)	–1.2419	0.0616	–1.3119	8.8948
每股经营现金净流量(元)	–0.3742	1.2308	–0.4552	5.0370
净资产收益率(扣除)(%)	–	–	–	11.5900
净资产收益率(%)	9.1247	13.7600	7.5900	11.9300
总资产(万)	213757.73	229273.16	183017.15	153921.72
股东权益(万)	62069.05	65519.14	61148.31	57844.69
主营业务收入(万)	–	–	–	–
主营业务利润(万)	–	–	–	–
营业务收入(万)	70337.55	138183.37	58342.98	91629.65
营业务利润(万)	6580.12	10870.24	6332.70	7499.33
投资收益(万)	–	–	–	–
利润总额(万)	6610.66	10795.37	6186.36	7814.66
净利润(万)	5663.60	9014.70	4643.87	6900.30

广东蓉胜超微线材股份有限公司

公司概况						
	公司名称	广东蓉胜超微线材股份有限公司			证券简称	蓉胜超微
	法人代表	诸建中	董秘	方友平	证券代码	002141
	公司网址	www.ronsen.com.cn		电子信箱	stock@ronsen.com.cn	
	电　话	0756-7512120		传　真	0756-7517098	
	办公地址	广东省珠海市三灶科技工业园机场西路 681 号				
	经营范围	生产和销售自产的各种漆包线、电工电器产品、附件、技术咨询				

主要财务指标 指标\报告期	2009.06.30	2008.12.31	2008.06.30	2007.12.31
每股收益(元)	–0.0472	0.0167	0.0994	0.3531
每股收益(扣除)(元)	–0.0483	0.0049	0.1018	0.3400
每股净资产(元)	2.4800	3.5400	3.6200	3.6700
调整后每股净资产(元)	–	–	–	–
每股资本公积金(元)	0.9375	1.7126	1.7047	1.7047
每股盈余公积金(元)	0.1292	0.1809	0.1770	0.1770
每股未分配利润(元)	0.4175	0.6506	0.7372	0.7878
每股现金净流量(元)	–0.1970	–0.4353	–0.5906	0.3050
每股经营现金净流量(元)	–0.1753	0.2260	–0.9708	0.1824
净资产收益率(扣除)(%)	–	–	–	7.9200
净资产收益率(%)	–1.9000	0.4700	2.7500	8.2200
总资产(万)	43576.97	43669.61	50939.15	46403.65
股东权益(万)	28241.24	28777.66	29385.29	29795.96
主营业务收入(万)	–	–	–	–
主营业务利润(万)	–	–	–	–
营业务收入(万)	17911.48	65240.74	34684.97	67506.40
营业务利润(万)	–694.38	33.23	1035.34	2802.06
投资收益(万)	–	–	–	–
利润总额(万)	–678.88	146.24	1011.90	2910.32
净利润(万)	–536.43	135.80	807.33	2449.16

宁波银行股份有限公司

公司概况					
公司名称	宁波银行股份有限公司			证券简称	宁波银行
法人代表	陆华裕	董秘	杨晨	证券代码	002142
公司网址	www.nbcb.com.cn		电子信箱	dsh@nbcb.com.cn	
电　话	0574-87050028		传　真	0574-87050027	
办公地址	浙江省宁波市中山东路294号				
经营范围	吸收公众存款；发放短期、中期和长期贷款；办理国内结算				

主要财务指标　指标\报告期	2009.06.30	2008.12.31	2008.06.30	2007.12.31
每股收益(元)	0.2800	0.2800	0.2900	0.4300
每股收益(扣除)(元)	0.2502	0.5400	0.2900	0.4100
每股净资产(元)	3.6000	3.5200	3.2800	3.2100
调整后每股净资产(元)	–	–	–	–
每股资本公积金(元)	1.5663	1.5675	1.5685	1.5871
每股盈余公积金(元)	0.1505	0.1505	0.0972	0.0972
每股未分配利润(元)	0.6632	0.6484	0.4608	0.4962
每股现金净流量(元)	–	–	–	–
每股经营现金净流量(元)	–	–	–	–
净资产收益率(扣除)(%)	–	–	–	11.4200
净资产收益率(%)	7.8400	15.1200	8.8900	11.8600
总资产(万)	12987831.00	10326319.06	8829899.87	7551077.11
股东权益(万)	900813.00	880500.35	820533.95	802231.70
主营业务收入(万)	184987.00	340379.43	160579.05	224378.58
主营业务利润(万)	79761.00	155089.78	80490.32	118333.88
营业务收入(万)	–	–	–	–
营业务利润(万)	–	–	–	–
投资收益(万)	–	–	–	–
利润总额(万)	80461.00	152288.33	80096.06	118480.41
净利润(万)	70610.00	133173.74	72959.25	95107.28

四川高金食品股份有限公司

公司概况					
公司名称	四川高金食品股份有限公司			证券简称	高金食品
法人代表	金翔宇	董秘	胡仁彬	证券代码	002143
公司网址	www.gaojin.com.cn		电子信箱	hurenbin5@sina.com	
电　话	0825-2651999		传　真	0825-2651999	
办公地址	四川省遂宁市创新工业园				
经营范围	生猪屠宰、加工、冷冻、销售；饲料原料和饲料的销售等				

主要财务指标　指标\报告期	2009.06.30	2008.12.31	2008.06.30	2007.12.31
每股收益(元)	0.0389	0.0403	0.0316	0.4988
每股收益(扣除)(元)	0.0274	–0.0165	0.0126	0.2257
每股净资产(元)	2.8600	2.8200	2.8117	4.2700
调整后每股净资产(元)	–	–	–	–
每股资本公积金(元)	1.1679	1.1679	1.1678	2.2517
每股盈余公积金(元)	0.0947	0.0947	0.2015	0.3023
每股未分配利润(元)	0.5967	0.5579	0.4423	0.7161
每股现金净流量(元)	–0.7739	–0.9702	–1.0688	3.0024
每股经营现金净流量(元)	–0.8317	0.6100	–1.0107	0.7079
净资产收益率(扣除)(%)	–	–	–	6.7600
净资产收益率(%)	1.3601	1.4300	1.1200	9.9600
总资产(万)	101773.24	99983.71	114670.38	101046.62
股东权益(万)	45893.01	45268.81	45127.09	45690.56
主营业务收入(万)	–	–	–	–
主营业务利润(万)	–	–	–	–
营业务收入(万)	73975.11	202962.38	95445.42	187413.87
营业务利润(万)	458.50	86.15	209.06	3928.32
投资收益(万)	–	–	–	–
利润总额(万)	660.96	898.83	539.47	4656.99
净利润(万)	624.20	646.59	506.53	4551.94

浙江宏达经编股份有限公司

公司概况					
公司名称	浙江宏达经编股份有限公司			证券简称	宏达经编
法人代表	沈国甫	董秘	曾勇	证券代码	002144
公司网址	www.zjhongda.com.cn		电子信箱	zhd033@hotmail.com	
电　话	0573-87551997、87566616		传　真	0573-87566616	
办公地址	浙江省海宁市许村镇建设路118号				
经营范围	针织及纺织面料、服装、合成革的制造、加工、销售等				

主要财务指标　指标\报告期	2009.06.30	2008.12.31	2008.06.30	2007.12.31
每股收益(元)	0.0370	0.0600	0.0690	0.2300
每股收益(扣除)(元)	0.0300	0.0200	0.0500	0.1600
每股净资产(元)	2.6500	2.7100	2.7170	2.7500
调整后每股净资产(元)	–	–	–	–
每股资本公积金(元)	1.0193	1.0193	1.0193	1.0193
每股盈余公积金(元)	0.1736	0.1736	0.1692	0.1682
每股未分配利润(元)	0.4574	0.5204	0.5287	0.5612
每股现金净流量(元)	0.2018	–0.2565	0.1825	0.2410
每股经营现金净流量(元)	0.0792	0.5948	0.2516	0.1070
净资产收益率(扣除)(%)	–	–	–	4.9900
净资产收益率(%)	1.3900	2.3800	2.5200	7.0900
总资产(万)	46965.59	43789.60	46683.86	44281.73
股东权益(万)	28448.42	29125.12	29167.17	29504.20
主营业务收入(万)	–	–	–	–
主营业务利润(万)	–	–	–	–
营业务收入(万)	14527.97	30254.62	16956.52	35213.18
营业务利润(万)	358.02	211.97	642.54	2173.19
投资收益(万)	–	–	–	–
利润总额(万)	423.51	772.47	978.35	2750.30
净利润(万)	396.68	694.31	736.36	2092.99

中核华原钛白股份有限公司

公司概况					
公司名称	中核华原钛白股份有限公司			证券简称	ST钛白
法人代表	方丁	董秘	付玉琴	证券代码	002145
公司网址	www.TIOXHUA.com		电子信箱	TIOXHUA@PUBLIC.LZ.GS.CN	
电　话	0937-6303743、6765325		传　真	0937-6303759、6764543	
办公地址	甘肃省甘肃矿区/嘉峪关市				
经营范围	钛白粉、硫酸亚铁的生产、批发零售、研究等				

主要财务指标　指标\报告期	2009.06.30	2008.12.31	2008.06.30	2007.12.31
每股收益(元)	–0.3900	–1.4102	–0.4100	0.1100
每股收益(扣除)(元)	–0.3700	–1.3983	–0.4100	–0.1200
每股净资产(元)	1.8200	2.2100	3.2100	3.6200
调整后每股净资产(元)	–	–	–	–
每股资本公积金(元)	1.7095	1.7095	1.7095	1.7095
每股盈余公积金(元)	0.1957	0.1957	0.1957	0.1957
每股未分配利润(元)	–1.0877	–0.6988	0.3038	0.7114
每股现金净流量(元)	–0.2095	–0.2742	–0.0033	0.3764
每股经营现金净流量(元)	0.0214	–0.1061	–0.0461	0.1994
净资产收益率(扣除)(%)	–	–	–	–2.7100
净资产收益率(%)	–21.4000	–63.9100	–12.7000	2.5400
总资产(万)	77139.18	91952.25	107945.87	112274.82
股东权益(万)	34531.42	41921.51	60971.33	68715.32
主营业务收入(万)	–	–	–	–
主营业务利润(万)	–	–	–	–
营业务收入(万)	4431.55	28983.21	13934.08	46982.56
营业务利润(万)	–7244.43	–26535.83	–7776.75	–3463.02
投资收益(万)	–	–	–	–
利润总额(万)	–7441.10	–26422.46	–7780.28	1535.94
净利润(万)	–7390.09	–26793.81	–7743.98	1744.85

荣盛房地产发展股份有限公司

公司概况

公司名称	荣盛房地产发展股份有限公司			证券简称	荣盛发展
法人代表	耿建明	董秘	陈金海	证券代码	002146
公司网址	www.risesun.cn	电子信箱	dongmichu@risesun.cn		
电　话	0316-5909688	传　真	0316-5908567		
办公地址	河北省廊坊市新开路239号荣盛地产大厦				
经营范围	房地产开发经营,主要是普通商品住宅的开发,包括住宅、与住宅配套的商铺、车库等				

主要财务指标

指标\报告期	2009.06.30	2008.12.31	2008.06.30	2007.12.31
每股收益(元)	0.3100	0.4600	0.2800	0.4000
每股收益(扣除)(元)	0.3100	0.4700	0.2800	0.4000
每股净资产(元)	2.8200	2.6100	2.4200	4.3900
调整后每股净资产(元)	–	–	–	–
每股资本公积金(元)	0.7604	0.7604	0.7605	2.0209
每股盈余公积金(元)	0.1624	0.1624	0.1178	0.2356
每股未分配利润(元)	0.8977	0.6865	0.5435	1.1355
每股现金净流量(元)	0.5212	0.2224	–0.3300	0.8814
每股经营现金净流量(元)	0.6210	–0.2760	–0.3020	–2.5320
净资产收益率(扣除)(%)	–	–	–	16.2600
净资产收益率(%)	11.0300	17.7600	11.3900	16.1900
总资产(万)	765065.87	653030.12	527891.43	484030.94
股东权益(万)	225638.51	208741.72	193735.95	175678.81
主营业务收入(万)	–	–	–	–
主营业务利润(万)	–	–	–	–
营业务收入(万)	141198.07	202879.63	104556.11	174428.44
营业务利润(万)	33280.37	49769.98	29737.62	43439.32
投资收益(万)	–	–	–	–
利润总额(万)	33378.31	49560.79	29497.08	43259.67
净利润(万)	24896.79	37069.80	22064.03	28442.13

马鞍山方圆回转支承股份有限公司

公司概况

公司名称	马鞍山方圆回转支承股份有限公司			证券简称	方圆支承
法人代表	钱森力	董秘	高海军	证券代码	002147
公司网址	www.masfy.com	电子信箱	dsh@masfy.com		
电　话	0555-3506900	传　真	0555-3503233		
办公地址	安徽省马鞍山市慈湖化工路				
经营范围	生产、销售回转支承、机械设备、锻压设备;销售金属制品、建材等				

主要财务指标

指标\报告期	2009.06.30	2008.12.31	2008.06.30	2007.12.31
每股收益(元)	0.0880	0.4865	0.2680	0.4110
每股收益(扣除)(元)	0.0809	0.4847	0.2700	0.4007
每股净资产(元)	1.6700	2.1000	1.8800	3.5000
调整后每股净资产(元)	–	–	–	–
每股资本公积金(元)	0.1585	0.3901	0.3901	1.7803
每股盈余公积金(元)	0.0706	0.0847	0.0356	0.0713
每股未分配利润(元)	0.4416	0.6243	0.4553	0.6436
每股现金净流量(元)	–0.2231	–0.3943	0.0288	1.3908
每股经营现金净流量(元)	0.1851	0.2039	0.0983	0.2876
净资产收益率(扣除)(%)	–	–	–	19.5100
净资产收益率(%)	5.2700	23.1800	14.2700	20.0200
总资产(万)	50397.38	51902.11	52136.37	37483.20
股东权益(万)	37689.55	39463.71	35364.01	32854.82
主营业务收入(万)	–	–	–	–
主营业务利润(万)	–	–	–	–
营业务收入(万)	13850.19	33691.34	18450.63	25585.59
营业务利润(万)	2110.72	10603.04	6791.93	8220.86
投资收益(万)	–	–	–	–
利润总额(万)	2320.49	10645.74	6750.48	8255.51
净利润(万)	1985.84	9146.89	5047.19	6577.42

北京北纬通信科技股份有限公司

公司概况

公司名称	北京北纬通信科技股份有限公司			证券简称	北纬通信
法人代表	傅乐民	董秘	李韧	证券代码	002148
公司网址	www.bisp.com	电子信箱	lr@bisp.com		
电　话	010-88356661	传　真	010-88356273		
办公地址	北京市海淀区首体南路22号国兴大厦五层				
经营范围	法律、法规禁止的,不得经营;应经审批的,未获审批前不得经营等				

主要财务指标

指标\报告期	2009.06.30	2008.12.31	2008.06.30	2007.12.31
每股收益(元)	0.2400	0.4600	0.2100	0.5100
每股收益(扣除)(元)	0.2400	0.4200	0.1900	0.4200
每股净资产(元)	4.9600	4.9200	4.6800	6.8900
调整后每股净资产(元)	–	–	–	–
每股资本公积金(元)	2.2528	2.2528	2.2528	3.8792
每股盈余公积金(元)	0.1506	0.1506	0.1128	0.1692
每股未分配利润(元)	1.5547	1.5137	1.3103	1.8430
每股现金净流量(元)	–0.1015	0.0102	–0.1774	4.4260
每股经营现金净流量(元)	0.0950	0.3775	0.1025	0.6477
净资产收益率(扣除)(%)	–	–	–	7.7100
净资产收益率(%)	4.8600	9.2800	4.6000	9.1800
总资产(万)	38516.97	37971.84	37132.49	35702.33
股东权益(万)	37483.59	37173.57	35349.70	34732.37
主营业务收入(万)	–	–	–	–
主营业务利润(万)	–	–	–	–
营业务收入(万)	7051.97	14505.69	6486.74	10713.34
营业务利润(万)	1955.94	3789.88	1974.24	3521.46
投资收益(万)	–	–	–	–
利润总额(万)	1955.94	3780.69	1964.90	3725.89
净利润(万)	1822.02	3449.20	1625.32	3189.53

西部金属材料股份有限公司

公司概况

公司名称	西部金属材料股份有限公司			证券简称	西部材料
法人代表	奚正平	董秘	张燕荣	证券代码	002149
公司网址	www.c-wmm.com	电子信箱	zhangyr@c-wmm.com		
电　话	029-88331520、88331527	传　真	029-88331527		
办公地址	陕西省西安市高新区科技三路56号				
经营范围	稀有金属材料的板、带、箔、丝、棒、管及深加工产品、复合材料等				

主要财务指标

指标\报告期	2009.06.30	2008.12.31	2008.06.30	2007.12.31
每股收益(元)	0.1500	0.3200	0.2232	0.3700
每股收益(扣除)(元)	0.1000	0.2800	0.2175	0.3400
每股净资产(元)	7.3100	3.8500	3.7625	3.5300
调整后每股净资产(元)	–	–	–	–
每股资本公积金(元)	5.3054	1.7251	1.7251	1.7251
每股盈余公积金(元)	0.2017	0.2511	0.2271	0.2267
每股未分配利润(元)	0.8059	0.8757	0.8104	0.5815
每股现金净流量(元)	2.7315	–0.8069	–0.4461	1.1527
每股经营现金净流量(元)	0.6928	–0.2090	–0.3890	0.3537
净资产收益率(扣除)(%)	–	–	–	8.0400
净资产收益率(%)	1.6800	8.2700	5.9300	8.7700
总资产(万)	198271.67	88557.84	76798.34	64038.02
股东权益(万)	85137.69	35213.38	34397.14	32301.42
主营业务收入(万)	–	–	–	–
主营业务利润(万)	–	–	–	–
营业务收入(万)	37849.94	74020.50	36785.36	55281.20
营业务利润(万)	1231.22	4075.32	3143.46	4404.81
投资收益(万)	–	–	–	–
利润总额(万)	2198.40	4759.85	3196.71	4828.82
净利润(万)	1430.11	2911.97	2040.35	2833.47

江苏通润工具箱柜股份有限公司

公司概况	公司名称	江苏通润工具箱柜股份有限公司			证券简称	江苏通润
	法人代表	柳振江	董秘	蔡岚	证券代码	002150
	公司网址	www.tongrunindustries.com		电子信箱	jstr@tongrunindustries.com	
	电　话	0512-52346618、52343523		传　真	0512-52346558、52343705	
	办公地址	江苏省常熟市通港路北				
	经营范围	金属工具箱柜、钢制办公家具的生产及相关产品的科技开发				

主要财务指标	指标\报告期	2009.06.30	2008.12.31	2008.06.30	2007.12.31
	每股收益(元)	0.1300	0.4300	0.2800	0.6100
	每股收益(扣除)(元)	0.1300	0.4100	0.2600	0.9100
	每股净资产(元)	3.9700	4.0500	3.8900	5.7200
	调整后每股净资产(元)	–	–	–	–
	每股资本公积金(元)	1.8088	1.8088	1.8088	3.0131
	每股盈余公积金(元)	0.2620	0.2620	0.2189	0.3284
	每股未分配利润(元)	0.9004	0.9744	0.8672	1.3783
	每股现金净流量(元)	0.3908	–0.4984	0.0595	2.2952
	每股经营现金净流量(元)	0.2089	0.6642	0.4550	0.5300
	净资产收益率(扣除)(%)	–	–	–	13.2600
	净资产收益率(%)	3.1700	10.6800	7.2300	13.3800
	总资产(万)	52035.57	47590.59	51770.82	47470.34
	股东权益(万)	41399.00	42170.57	40603.71	39752.39
	主营业务收入(万)	–	–	–	–
	主营业务利润(万)	–	–	–	–
	营业务收入(万)	16949.61	45116.08	26101.13	43738.16
	营业务利润(万)	1771.70	5737.89	3783.45	5935.45
	投资收益(万)	–	–	–	–
	利润总额(万)	1785.28	6017.90	4028.03	5991.49
	净利润(万)	1313.43	4503.18	2936.32	5319.54

北京北斗星通导航技术股份有限公司

公司概况	公司名称	北京北斗星通导航技术股份有限公司			证券简称	北斗星通
	法人代表	周儒欣	董秘	段昭宇	证券代码	002151
	公司网址	www.navchina.com		电子信箱	bdstardsh@navchina.com	
	电　话	010-62969966		传　真	010-62966646	
	办公地址	北京市海淀区上地信息产业基地三街9号金隅嘉华大厦A座10层				
	经营范围	开发卫星导航定位应用系统及软硬件产品、基于位置的信息系统等				

主要财务指标	指标\报告期	2009.06.30	2008.12.31	2008.06.30	2007.12.31
	每股收益(元)	0.2500	0.5000	0.2400	0.5000
	每股收益(扣除)(元)	0.2500	0.4900	0.2400	0.4500
	每股净资产(元)	3.3000	3.1500	2.8900	4.7400
	调整后每股净资产(元)	–	–	–	–
	每股资本公积金(元)	1.1185	1.1146	1.1146	2.5917
	每股盈余公积金(元)	0.1057	0.1057	0.0652	0.1109
	每股未分配利润(元)	1.0788	0.9300	0.7090	1.0428
	每股现金净流量(元)	–0.0942	–0.5327	–0.3114	2.9580
	每股经营现金净流量(元)	0.1097	–0.0866	–0.1264	0.5934
	净资产收益率(扣除)(%)	–	–	–	13.3400
	净资产收益率(%)	7.5413	16.0200	8.4100	14.8200
	总资产(万)	41532.08	36764.45	33730.20	31977.64
	股东权益(万)	30005.99	28618.58	26242.66	25378.62
	主营业务收入(万)	–	–	–	–
	主营业务利润(万)	–	–	–	–
	营业务收入(万)	14652.22	22886.22	10418.00	15036.90
	营业务利润(万)	2472.76	5154.24	2809.47	4066.32
	投资收益(万)	–	–	–	–
	利润总额(万)	2661.22	5420.26	2882.29	4403.51
	净利润(万)	2262.83	4584.92	2206.80	3760.83

广州广电运通金融电子股份有限公司

公司概况	公司名称	广州广电运通金融电子股份有限公司			证券简称	广电运通
	法人代表	赵友永	董秘	任斌	证券代码	002152
	公司网址	www.grgbanking.com		电子信箱	securities@grgbanking.com	
	电　话	020-38696517		传　真	020-38696517	
	办公地址	广东省广州市天河区黄埔大道西平云路163号				
	经营范围	研制、生产、销售电子计算机设备、货币类自助设备、税务应用设备等				

主要财务指标	指标\报告期	2009.06.30	2008.12.31	2008.06.30	2007.12.31
	每股收益(元)	0.5400	1.1600	0.5400	0.9800
	每股收益(扣除)(元)	0.5400	1.1200	0.5400	0.9000
	每股净资产(元)	4.2600	4.6600	4.0500	7.2000
	调整后每股净资产(元)	–	–	–	–
	每股资本公积金(元)	1.0481	1.4578	1.4578	3.9155
	每股盈余公积金(元)	0.1980	0.2376	0.1269	0.2538
	每股未分配利润(元)	2.0174	1.9697	1.4616	2.0350
	每股现金净流量(元)	–1.0955	0.6650	–0.8409	4.4853
	每股经营现金净流量(元)	–0.8594	1.0753	–0.5556	1.6966
	净资产收益率(扣除)(%)	–	–	–	20.8700
	净资产收益率(%)	12.7300	24.9300	13.4500	22.5500
	总资产(万)	180596.81	207797.68	138761.06	161353.11
	股东权益(万)	145866.25	133000.54	115366.42	102704.86
	主营业务收入(万)	–	–	–	–
	主营业务利润(万)	–	–	–	–
	营业务收入(万)	69575.73	119997.96	54255.38	78089.65
	营业务利润(万)	17583.76	29635.00	17568.43	19658.67
	投资收益(万)	–	–	–	–
	利润总额(万)	21445.32	36309.33	20010.22	25834.65
	净利润(万)	18568.62	33154.88	15512.74	23156.98

北京中长石基信息技术股份有限公司

公司概况	公司名称	北京中长石基信息技术股份有限公司			证券简称	石基信息
	法人代表	李仲初	董秘	郭洁	证券代码	002153
	公司网址	www.shijinet.com.cn		电子信箱	IR@shijinet.com.cn	
	电　话	010-68249356		传　真	010-68183776	
	办公地址	北京市海淀区复兴路甲65号-A11层、14层				
	经营范围	技术开发、技术咨询、技术转让、技术服务、技术培训等				

主要财务指标	指标\报告期	2009.06.30	2008.12.31	2008.06.30	2007.12.31
	每股收益(元)	0.3100	1.3800	0.5400	1.0900
	每股收益(扣除)(元)	0.3100	1.3800	0.5400	0.9900
	每股净资产(元)	2.9400	5.8200	4.9800	9.3800
	调整后每股净资产(元)	–	–	–	–
	每股资本公积金(元)	0.3851	1.9159	1.9122	4.8245
	每股盈余公积金(元)	0.1440	0.2990	0.2159	0.4319
	每股未分配利润(元)	1.4173	2.6099	1.8568	3.1270
	每股现金净流量(元)	–0.0602	0.0339	–0.4451	5.5329
	每股经营现金净流量(元)	0.2062	1.5011	0.5572	1.8805
	净资产收益率(扣除)(%)	–	–	–	17.5200
	净资产收益率(%)	10.6011	23.7000	10.9100	19.2700
	总资产(万)	78457.89	78212.11	68727.81	63420.59
	股东权益(万)	65852.42	65196.58	55790.18	52541.77
	主营业务收入(万)	–	–	–	–
	主营业务利润(万)	–	–	–	–
	营业务收入(万)	21812.91	44273.25	21417.27	27947.53
	营业务利润(万)	6764.16	14413.52	5825.64	8536.62
	投资收益(万)	–	–	–	–
	利润总额(万)	7705.73	17032.80	6875.37	10722.27
	净利润(万)	6981.10	15449.25	6084.45	10126.12

浙江报喜鸟服饰股份有限公司

公司概况	公司名称	浙江报喜鸟服饰股份有限公司		证券简称	报喜鸟
	法人代表	周信忠	董秘 方小波	证券代码	002154
	公司网址	www.bxn.com		电子信箱	stock@baoxiniao.com
	电　话	0577-67379161		传　真	0577-67315986*8899
	办公地址	浙江省温州市永嘉县瓯北镇报喜鸟工业区			
	经营范围	服装、皮鞋、皮革制品的生产及销售,经营进出口业务等			

主要财务指标	指标\报告期	2009.06.30	2008.12.31	2008.06.30	2007.12.31
	每股收益(元)	0.1600	0.6400	0.1100	0.5200
	每股收益(扣除)(元)	0.1400	0.6500	–	0.5000
	每股净资产(元)	2.6700	3.4500	2.9600	5.6000
	调整后每股净资产(元)	–	–	–	–
	每股资本公积金(元)	0.5168	0.9591	0.9587	2.8350
	每股盈余公积金(元)	0.1436	0.1866	0.1380	0.2707
	每股未分配利润(元)	1.0098	1.3070	0.8648	1.4906
	每股现金净流量(元)	–0.3523	–0.6234	–1.4676	1.9061
	每股经营现金净流量(元)	0.0769	0.8961	–0.0667	0.7443
	净资产收益率(扣除)(%)	–	–	–	14.9000
	净资产收益率(%)	5.9300	18.5400	4.9300	15.4400
	总资产(万)	113091.55	122738.00	97909.26	77712.45
	股东权益(万)	66646.90	66292.24	56861.10	53725.74
	主营业务收入(万)	–	–	–	–
	主营业务利润(万)	–	–	–	–
	营业务收入(万)	39192.26	93794.18	29023.89	46846.44
	营业务利润(万)	4758.67	16716.02	4268.10	10421.39
	投资收益(万)	–	–	–	–
	利润总额(万)	5326.36	16589.58	3990.76	10095.83
	净利润(万)	3949.36	12290.50	2801.22	8293.02

湖南辰州矿业股份有限公司

公司概况	公司名称	湖南辰州矿业股份有限公司		证券简称	辰州矿业
	法人代表	陈建权	董秘 张帆	证券代码	002155
	公司网址	www.hncmi.com		电子信箱	czky@hncmi.com
	电　话	0745-4643501 2252		传　真	0745-4646208
	办公地址	湖南省沅陵县官庄镇			
	经营范围	黄金、钨、锑等有色金属矿的地质勘探、开采、选冶;金锭、锑锭等			

主要财务指标	指标\报告期	2009.06.30	2008.12.31	2008.06.30	2007.12.31
	每股收益(元)	0.0666	0.1282	0.1467	0.3104
	每股收益(扣除)(元)	0.0709	0.1237	0.1503	0.3066
	每股净资产(元)	3.2429	3.2800	3.2900	4.5600
	调整后每股净资产(元)	–	–	–	–
	每股资本公积金(元)	1.9005	1.9024	1.9023	3.0631
	每股盈余公积金(元)	0.0585	0.0585	0.0457	0.0846
	每股未分配利润(元)	0.2688	0.3022	0.3378	0.4109
	每股现金净流量(元)	–0.4443	–0.7351	–0.6210	2.1672
	每股经营现金净流量(元)	–0.1983	0.1350	–0.1723	–0.1303
	净资产收益率(扣除)(%)	–	–	–	7.8400
	净资产收益率(%)	2.0500	3.9100	4.4600	7.9400
	总资产(万)	254962.11	259622.65	251694.96	244686.65
	股东权益(万)	177517.79	179401.37	179860.90	178240.57
	主营业务收入(万)	–	–	–	–
	主营业务利润(万)	–	–	–	–
	营业务收入(万)	66147.96	135619.10	67991.73	142074.45
	营业务利润(万)	5170.87	7746.56	10451.28	18178.48
	投资收益(万)	–	–	–	–
	利润总额(万)	4862.84	8027.06	10249.98	18409.08
	净利润(万)	3647.99	7016.31	8027.74	14149.92

南通富士通微电子股份有限公司

公司概况	公司名称	南通富士通微电子股份有限公司		证券简称	通富微电
	法人代表	石明达	董秘 高峰	证券代码	002156
	公司网址	www.fujitsu-nt.com		电子信箱	nfme_stock@fujitsu-nt.com
	电　话	0513-85058919		传　真	0513-85058929
	办公地址	江苏省南通市崇川路 288 号			
	经营范围	研究开发、生产制造集成电路等半导体及其相关产品,销售自产产品等			

主要财务指标	指标\报告期	2009.06.30	2008.12.31	2008.06.30	2007.12.31
	每股收益(元)	0.0390	0.1700	0.1000	0.3400
	每股收益(扣除)(元)	0.0320	0.1700	0.1000	0.3000
	每股净资产(元)	2.9400	3.7700	3.7000	3.6900
	调整后每股净资产(元)	–	–	–	–
	每股资本公积金(元)	1.2630	1.9419	1.9383	1.9383
	每股盈余公积金(元)	0.1060	0.1378	0.1212	0.1212
	每股未分配利润(元)	0.5631	0.6815	0.6334	0.6314
	每股现金净流量(元)	–0.0611	–0.7446	–0.0021	1.5575
	每股经营现金净流量(元)	0.2697	0.8655	0.4178	1.4141
	净资产收益率(扣除)(%)	–	–	–	6.8100
	净资产收益率(%)	1.3200	4.4300	2.7600	7.6700
	总资产(万)	189529.41	187432.15	207026.04	207529.64
	股东权益(万)	101903.11	100538.96	98688.92	98605.00
	主营业务收入(万)	–	–	–	–
	主营业务利润(万)	–	–	–	–
	营业务收入(万)	49128.87	118918.60	61523.92	112419.27
	营业务利润(万)	1356.91	5370.89	3387.22	8263.80
	投资收益(万)	–	–	–	–
	利润总额(万)	1587.31	5382.83	3453.26	8486.03
	净利润(万)	1347.10	4452.03	2722.73	7565.17

江西正邦科技股份有限公司

公司概况	公司名称	江西正邦科技股份有限公司		证券简称	正邦科技
	法人代表	李旭荣	董秘 孙军	证券代码	002157
	公司网址	www.zhengbang.com		电子信箱	zqb@zhengbang.com
	电　话	0791-6397153		传　真	0791-6397834
	办公地址	江西省南昌市南京西路 277 号金阳光大厦 B 座 15 楼			
	经营范围	畜禽饲料、预混料的生产和销售;饲料添加剂的研发、生产和销售等			

主要财务指标	指标\报告期	2009.06.30	2008.12.31	2008.06.30	2007.12.31
	每股收益(元)	0.1300	0.1500	0.1200	0.1700
	每股收益(扣除)(元)	0.1200	0.1400	–	0.1600
	每股净资产(元)	1.7600	1.6800	2.4900	4.6200
	调整后每股净资产(元)	–	–	–	–
	每股资本公积金(元)	0.1150	0.1150	0.6708	2.3571
	每股盈余公积金(元)	0.0404	0.0404	0.0460	0.0920
	每股未分配利润(元)	0.6002	0.5281	0.7703	1.1730
	每股现金净流量(元)	–0.2428	0.1711	0.4061	1.4717
	每股经营现金净流量(元)	–0.3050	0.5895	0.4981	–0.4881
	净资产收益率(扣除)(%)	–	–	–	8.5400
	净资产收益率(%)	7.5200	8.7200	7.3900	9.0900
	总资产(万)	126041.28	92804.36	96615.24	79638.06
	股东权益(万)	39654.72	38027.83	37453.14	34803.14
	主营业务收入(万)	–	–	–	–
	主营业务利润(万)	–	–	–	–
	营业务收入(万)	173922.91	269637.45	123170.81	163113.70
	营业务利润(万)	3727.32	5153.28	3712.13	4490.78
	投资收益(万)	–	–	–	–
	利润总额(万)	3970.42	5355.36	3686.61	4752.34
	净利润(万)	2982.89	3316.42	2766.95	3165.01

上海汉钟精机股份有限公司

公司概况						
	公司名称	上海汉钟精机股份有限公司			证券简称	汉钟精机
	法人代表	廖哲男	董秘	游百乐	证券代码	002158
	公司网址	www.hanbell.com.cn		电子信箱	IR@hanbell.cn	
	电　　话	021-57350280*2000		传　　真	021-67353515	
	办公地址	上海市金山区枫泾镇亭枫公路 8289 号				
	经营范围	农渔蔬果等产品储藏、保鲜、干燥用的新型螺杆式冷冻冷藏设备等				

主要财务指标	指标＼报告期	2009.06.30	2008.12.31	2008.06.30	2007.12.31
	每股收益(元)	0.1237	0.4020	0.1786	0.4290
	每股收益(扣除)(元)	0.1150	0.3850	0.1701	0.4160
	每股净资产(元)	3.2500	3.5300	3.3000	3.4100
	调整后每股净资产(元)	–	–	–	–
	每股资本公积金(元)	1.7986	1.9385	1.9385	1.9385
	每股盈余公积金(元)	0.1195	0.1255	0.0853	0.0853
	每股未分配利润(元)	0.3272	0.4637	0.2800	0.3814
	每股现金净流量(元)	–0.1645	–0.2915	–0.0847	2.1184
	每股经营现金净流量(元)	0.1448	0.4070	0.3389	0.2677
	净资产收益率(扣除)(%)	–	–	–	10.1700
	净资产收益率(%)	3.8100	11.4100	5.4100	10.4800
	总资产(万)	61651.94	61500.46	63535.97	64325.74
	股东权益(万)	51283.34	53091.30	49722.26	51247.79
	主营业务收入(万)	–	–	–	–
	主营业务利润(万)	–	–	–	–
	营业务收入(万)	16580.35	43352.49	20816.62	37934.13
	营业务利润(万)	2137.20	6778.09	3413.90	5921.41
	投资收益(万)	–	–	–	–
	利润总额(万)	2299.46	7080.28	3584.63	6106.20
	净利润(万)	1954.54	6057.51	2688.47	5372.49

武汉三特索道集团股份有限公司

公司概况						
	公司名称	武汉三特索道集团股份有限公司			证券简称	三特索道
	法人代表	齐民	董秘	叶宏森	证券代码	002159
	公司网址	www.sante.com.cn		电子信箱	sante002159@126.com	
	电　　话	027-87341809、87341812		传　　真	027-87341811	
	办公地址	武汉市武昌区八一路 483 号 1 号楼				
	经营范围	机电一体化客运索道及配套设备的开发、研制、设计、投资建设、经营等				

主要财务指标	指标＼报告期	2009.06.30	2008.12.31	2008.06.30	2007.12.31
	每股收益(元)	0.0240	0.0900	0.0300	0.1800
	每股收益(扣除)(元)	0.0200	0.0900	0.0400	0.1800
	每股净资产(元)	3.3200	3.3000	3.2400	4.8300
	调整后每股净资产(元)	–	–	–	–
	每股资本公积金(元)	1.2824	1.2824	1.2824	2.2437
	每股盈余公积金(元)	0.3732	0.3732	0.3596	0.5394
	每股未分配利润(元)	0.6677	0.6438	0.5963	1.0447
	每股现金净流量(元)	0.0405	–0.4784	–0.4961	1.0990
	每股经营现金净流量(元)	0.2473	0.2137	–0.0641	0.2070
	净资产收益率(扣除)(%)	–	–	–	4.1000
	净资产收益率(%)	0.7207	2.8600	1.0200	5.5500
	总资产(万)	82327.80	77207.49	72433.90	74060.68
	股东权益(万)	39879.84	39592.41	38859.70	39829.92
	主营业务收入(万)	–	–	–	–
	主营业务利润(万)	–	–	–	–
	营业务收入(万)	9274.54	18156.88	7103.88	16977.96
	营业务利润(万)	1295.88	3196.59	925.67	3771.01
	投资收益(万)	–	–	–	–
	利润总额(万)	1215.51	2907.91	847.56	3958.67
	净利润(万)	287.43	1130.89	398.18	2143.82

江苏常铝铝业股份有限公司

公司概况						
	公司名称	江苏常铝铝业股份有限公司			证券简称	常铝股份
	法人代表	张平	董秘	陆芸	证券代码	002160
	公司网址	www.alcha.com		电子信箱	luyun@alcha.com	
	电　　话	0512-52359001、52359011		传　　真	0512-52892675	
	办公地址	江苏省常熟市白茆镇西				
	经营范围	铝箔、空调器用涂层铝箔、铝材、铝板、铝带制造等				

主要财务指标	指标＼报告期	2009.06.30	2008.12.31	2008.06.30	2007.12.31
	每股收益(元)	0.0530	0.0340	0.1680	0.2800
	每股收益(扣除)(元)	0.0350	–0.0040	0.1590	0.2640
	每股净资产(元)	3.6800	3.5700	3.8100	3.7400
	调整后每股净资产(元)	–	–	–	–
	每股资本公积金(元)	1.8545	1.7656	1.8555	1.8457
	每股盈余公积金(元)	0.1268	0.1268	0.1234	0.1234
	每股未分配利润(元)	0.7009	0.6823	0.8345	0.7715
	每股现金净流量(元)	–1.0235	0.3342	–1.0534	1.0860
	每股经营现金净流量(元)	–0.2099	0.5878	–0.4747	0.0872
	净资产收益率(扣除)(%)	–	–	–	5.9600
	净资产收益率(%)	1.4286	0.9600	4.4000	6.3100
	总资产(万)	139624.96	147277.91	135123.81	127626.48
	股东权益(万)	62598.44	60769.32	64828.36	63589.61
	主营业务收入(万)	–	–	–	–
	主营业务利润(万)	–	–	–	–
	营业务收入(万)	56062.68	142884.99	94035.57	172309.66
	营业务利润(万)	664.16	63.81	3619.82	5875.07
	投资收益(万)	–	–	–	–
	利润总额(万)	1008.76	585.42	3805.67	6188.88
	净利润(万)	894.26	582.09	2849.35	4009.87

深圳市远望谷信息技术股份有限公司

公司概况						
	公司名称	深圳市远望谷信息技术股份有限公司			证券简称	远望谷
	法人代表	徐玉锁	董秘	吕宏	证券代码	002161
	公司网址	www.invengo.cn		电子信箱	stock@invengo.cn	
	电　　话	0755-26711633		传　　真	0755-26711693	
	办公地址	广东省深圳市南山区高新技术产业园区南区 T2 栋 B 座 3 层				
	经营范围	电子通讯设备、射频识别系统及产品、计算机软、硬件系统及其应用网络产品等				

主要财务指标	指标＼报告期	2009.06.30	2008.12.31	2008.06.30	2007.12.31
	每股收益(元)	0.1100	0.4300	0.1100	0.5100
	每股收益(扣除)(元)	0.0800	0.3700	0.0700	0.4300
	每股净资产(元)	1.6700	3.2200	2.9000	6.0700
	调整后每股净资产(元)	–	–	–	–
	每股资本公积金(元)	0.2003	1.0007	1.0011	3.0021
	每股盈余公积金(元)	0.0753	0.1503	0.1117	0.2234
	每股未分配利润(元)	0.3936	1.0660	0.7894	1.8395
	每股现金净流量(元)	–0.2434	–0.3760	–0.6370	3.1197
	每股经营现金净流量(元)	–0.2046	0.0881	–0.2125	0.5564
	净资产收益率(扣除)(%)	–	–	–	11.9200
	净资产收益率(%)	6.6300	13.3400	3.9300	14.0000
	总资产(万)	60752.79	57567.28	50122.37	47911.06
	股东权益(万)	42864.33	41305.84	37264.42	38937.49
	主营业务收入(万)	–	–	–	–
	主营业务利润(万)	–	–	–	–
	营业务收入(万)	8959.52	18781.35	4964.84	15151.07
	营业务利润(万)	2393.39	5885.58	1059.64	5460.85
	投资收益(万)	–	–	–	–
	利润总额(万)	3233.81	6786.84	1756.19	5834.79
	净利润(万)	2842.48	5509.27	1463.00	5450.93

上海斯米克建筑陶瓷股份有限公司

公司概况	公司名称	上海斯米克建筑陶瓷股份有限公司			证券简称	斯米克
	法人代表	李慈雄	董秘	宋源诚	证券代码	002162
	公司网址	www.cimic.com		电子信箱	Zqb@cimic.com	
	电　话	021-64110567-228		传　真	021-64110553	
	办公地址	上海市闵行区浦江镇三鲁公路 2121 号				
	经营范围	生产精密生产精密陶瓷、建筑陶瓷、卫生陶瓷、配套件等				

主要财务指标	指标\报告期	2009.06.30	2008.12.31	2008.06.30	2007.12.31
	每股收益(元)	0.0012	0.0831	0.0527	0.1800
	每股收益(扣除)(元)	-0.0500	0.0668	0.0500	0.1600
	每股净资产(元)	2.2563	2.2849	2.2552	2.3000
	调整后每股净资产(元)	-	-	-	-
	每股资本公积金(元)	0.9529	0.9529	0.9529	0.9529
	每股盈余公积金(元)	0.1401	0.1401	0.1315	0.1315
	每股未分配利润(元)	0.1638	0.1926	0.1707	0.2180
	每股现金净流量(元)	-0.0742	-0.6556	-0.2744	0.7625
	每股经营现金净流量(元)	0.0943	0.1201	-0.0842	0.3485
	净资产收益率(扣除)(%)	-	-	-	5.7500
	净资产收益率(%)	0.0500	3.6400	2.3400	6.6300
	总资产(万)	163465.00	167235.14	169468.24	147751.26
	股东权益(万)	85739.53	86825.17	85696.14	87492.63
	主营业务收入(万)	-	-	-	-
	主营业务利润(万)	-	-	-	-
	营业务收入(万)	38585.73	86352.57	37950.05	90425.23
	营业务利润(万)	-1705.27	3016.71	2640.93	6142.72
	投资收益(万)	-	-	-	-
	利润总额(万)	277.89	3764.30	2630.35	7085.57
	净利润(万)	45.34	3159.36	2003.51	5800.98

中航三鑫股份有限公司

公司概况	公司名称	中航三鑫股份有限公司			证券简称	中航三鑫
	法人代表	费元文	董秘	石志并	证券代码	002163
	公司网址	www.sanxinglass.com		电子信箱	sxzqb@sanxinglass.com	
	电　话	0755-26063692、26067916		传　真	0755-26067916	
	办公地址	广东省深圳市南山区南油大道 2061 号新保辉大厦 17 楼				
	经营范围	建筑幕墙工程设计、施工和生产、销售幕墙玻璃制品、家电玻璃等				

主要财务指标	指标\报告期	2009.06.30	2008.12.31	2008.06.30	2007.12.31
	每股收益(元)	0.1200	0.2100	0.1000	0.2500
	每股收益(扣除)(元)	0.0900	0.2000	0.1000	0.2100
	每股净资产(元)	2.7000	2.6800	2.5600	3.7900
	调整后每股净资产(元)	-	-	-	-
	每股资本公积金(元)	0.9042	0.9042	0.9042	1.8563
	每股盈余公积金(元)	0.1687	0.1687	0.1431	0.2146
	每股未分配利润(元)	0.6222	0.6024	0.5151	0.7197
	每股现金净流量(元)	-0.1277	-0.2578	-0.0528	1.1649
	每股经营现金净流量(元)	-0.1587	0.1692	-0.2407	0.1757
	净资产收益率(扣除)(%)	-	-	-	7.4600
	净资产收益率(%)	4.4400	8.0300	3.9800	8.6500
	总资产(万)	183342.68	143401.27	118687.65	105696.92
	股东权益(万)	54992.26	54582.89	52271.62	51552.16
	主营业务收入(万)	-	-	-	-
	主营业务利润(万)	-	-	-	-
	营业务收入(万)	68684.43	139668.49	66130.41	105000.80
	营业务利润(万)	2907.74	4782.40	2376.21	5245.80
	投资收益(万)	-	-	-	-
	利润总额(万)	2998.29	5259.94	2490.29	5403.06
	净利润(万)	2444.20	4384.69	2079.46	4457.84

宁波东力传动设备股份有限公司

公司概况	公司名称	宁波东力传动设备股份有限公司			证券简称	东力传动
	法人代表	宋济隆	董秘	陈晓忠	证券代码	002164
	公司网址	www.donly.com.cn		电子信箱	dm@donly.com.cn	
	电　话	0574-87587000、88398877		传　真	0574-87586999	
	办公地址	宁波江北工业区苏湖路 1 号				
	经营范围	减速电机、减速器、风电齿轮箱、电器机械及器材、通用设备的制造、加工、销售等				

主要财务指标	指标\报告期	2009.06.30	2008.12.31	2008.06.30	2007.12.31
	每股收益(元)	0.2600	0.4600	0.2100	0.3700
	每股收益(扣除)(元)	0.2500	0.3800	0.1900	0.3300
	每股净资产(元)	3.0600	2.8900	2.6300	3.7900
	调整后每股净资产(元)	-	-	-	-
	每股资本公积金(元)	0.9457	0.9457	0.9457	1.9185
	每股盈余公积金(元)	0.0755	0.0755	0.0608	0.0913
	每股未分配利润(元)	1.0340	0.8696	0.6265	0.7816
	每股现金净流量(元)	-0.1993	-0.2286	-0.2336	0.6595
	每股经营现金净流量(元)	0.3237	0.6314	0.1800	0.2623
	净资产收益率(扣除)(%)	-	-	-	10.9300
	净资产收益率(%)	8.6500	16.0300	7.8000	12.3100
	总资产(万)	105564.80	91257.93	78061.10	71478.68
	股东权益(万)	54992.92	52035.03	47395.02	45496.30
	主营业务收入(万)	-	-	-	-
	主营业务利润(万)	-	-	-	-
	营业务收入(万)	25666.68	52723.61	25095.88	39247.57
	营业务利润(万)	5303.77	8397.66	4662.94	6156.64
	投资收益(万)	-	-	-	-
	利润总额(万)	5676.19	10175.98	5010.52	7067.24
	净利润(万)	4757.90	8338.73	3698.73	5602.10

南京红宝丽股份有限公司

公司概况	公司名称	南京红宝丽股份有限公司			证券简称	红宝丽
	法人代表	芮敬功	董秘	刘祖厚	证券代码	002165
	公司网址	www.hongbaoli.com		电子信箱	yswang188@126.com	
	电　话	025-57351388、57350997		传　真	025-57350199	
	办公地址	江苏省南京市高淳县太安路 128 号				
	经营范围	组合聚醚、单体系列聚醚、软、硬质泡沫原料及制品系列等				

主要财务指标	指标\报告期	2009.06.30	2008.12.31	2008.06.30	2007.12.31
	每股收益(元)	0.3400	0.6000	0.2500	0.6000
	每股收益(扣除)(元)	0.3400	0.5900	0.2400	0.5900
	每股净资产(元)	2.9700	3.9800	3.6300	5.3800
	调整后每股净资产(元)	-	-	-	-
	每股资本公积金(元)	0.8684	1.6158	1.6158	2.9237
	每股盈余公积金(元)	0.1603	0.2244	0.1905	0.2857
	每股未分配利润(元)	0.9422	1.1419	0.8249	1.1697
	每股现金净流量(元)	-0.1264	-0.2314	0.1210	1.8495
	每股经营现金净流量(元)	0.2006	0.8585	0.1612	-0.6215
	净资产收益率(扣除)(%)	-	-	-	13.7400
	净资产收益率(%)	11.4700	14.9700	6.7500	13.8300
	总资产(万)	72243.25	64320.93	74169.44	64114.44
	股东权益(万)	46791.66	44798.59	40850.71	40343.85
	主营业务收入(万)	-	-	-	-
	主营业务利润(万)	-	-	-	-
	营业务收入(万)	43311.67	88990.49	50956.47	73650.54
	营业务利润(万)	7237.55	8865.41	3949.13	8538.76
	投资收益(万)	-	-	-	-
	利润总额(万)	7218.22	9010.03	3984.49	8612.81
	净利润(万)	5368.07	6704.75	2905.67	5580.74

桂林莱茵生物科技股份有限公司

公司概况	公司名称	桂林莱茵生物科技股份有限公司			证券简称	莱茵生物
	法人代表	秦本军	董秘	陈兴华	证券代码	002166
	公司网址	www.layn.com.cn		电子信箱	Best888@126.com	
	电　话	0773-5878000		传　真	0773-5878026	
	办公地址	桂林市漓江路22号桂林国际会展中心A区三层				
	经营范围	植物制品、农副土特产品的生产销售、自营进出口等				

主要财务指标	指标\报告期	2009.06.30	2008.12.31	2008.06.30	2007.12.31
	每股收益(元)	0.0800	0.0600	0.1100	0.4000
	每股收益(扣除)(元)	0.0600	0.0600	0.1200	0.2500
	每股净资产(元)	3.9000	3.8200	3.8700	3.7600
	调整后每股净资产(元)	–	–	–	–
	每股资本公积金(元)	2.0637	2.0637	2.0637	2.0637
	每股盈余公积金(元)	0.1209	0.1209	0.1135	0.1135
	每股未分配利润(元)	0.7170	0.6367	0.6948	0.5813
	每股现金净流量(元)	–0.0586	–0.1213	0.6314	0.6802
	每股经营现金净流量(元)	–0.1082	0.2566	0.1987	–0.1249
	净资产收益率(扣除)(%)	–	–	–	5.4700
	净资产收益率(%)	2.0700	1.6400	2.9700	8.6400
	总资产(万)	40668.38	35771.17	35475.63	30357.39
	股东权益(万)	25269.36	24749.21	25077.90	24342.93
	主营业务收入(万)	–	–	–	–
	主营业务利润(万)	–	–	–	–
	营业务收入(万)	5499.90	11272.58	6826.80	12302.70
	营业务利润(万)	501.32	401.07	820.57	1441.09
	投资收益(万)	–	–	–	–
	利润总额(万)	629.85	429.00	808.22	2276.63
	净利润(万)	523.78	406.28	744.22	2103.93

广东东方锆业科技股份有限公司

公司概况	公司名称	广东东方锆业科技股份有限公司			证券简称	东方锆业
	法人代表	陈潮钿	董秘	陈汉林	证券代码	002167
	公司网址	www.orientzr.com		电子信箱	hlchen@orientzr.com	
	电　话	0754-85505181、85510311		传　真	0754-85500848	
	办公地址	广东省汕头市澄海区莱美路宇田科技园				
	经营范围	生产及销售锆系列制品及结构陶瓷制品等				

主要财务指标	指标\报告期	2009.06.30	2008.12.31	2008.06.30	2007.12.31
	每股收益(元)	0.2000	0.5100	0.2600	0.5100
	每股收益(扣除)(元)	0.2000	0.4600	0.2200	0.3900
	每股净资产(元)	7.7900	4.7500	4.5000	4.2900
	调整后每股净资产(元)	–	–	–	–
	每股资本公积金(元)	5.1531	1.7077	1.7077	1.7077
	每股盈余公积金(元)	0.2041	0.2587	0.2336	0.2074
	每股未分配利润(元)	1.4363	1.7808	1.5617	1.3755
	每股现金净流量(元)	2.1930	–0.8476	–0.1914	0.9764
	每股经营现金净流量(元)	0.2743	0.3501	0.0775	–0.3292
	净资产收益率(扣除)(%)	–	–	–	7.4200
	净资产收益率(%)	2.1200	10.6700	5.8300	9.7400
	总资产(万)	78695.68	45070.05	35237.12	31157.18
	股东权益(万)	53868.98	23736.16	22515.33	21452.98
	主营业务收入(万)	–	–	–	–
	主营业务利润(万)	–	–	–	–
	营业务收入(万)	10035.65	19040.80	8154.89	16068.05
	营业务利润(万)	1343.74	2604.98	1449.30	2421.20
	投资收益(万)	–	–	–	–
	利润总额(万)	1357.83	2884.34	1674.69	2463.09
	净利润(万)	1140.81	2533.19	1312.36	2089.36

深圳市惠程电气股份有限公司

公司概况	公司名称	深圳市惠程电气股份有限公司			证券简称	深圳惠程
	法人代表	吕晓义	董秘	张国刚	证券代码	002168
	公司网址	www.hifuture.com		电子信箱	stock@hifuture.com	
	电　话	0755-89921086、89921022		传　真	0755-89921082	
	办公地址	广东省深圳市龙岗区大工业区兰景路以东,锦绣路以南惠程科技工业厂区				
	经营范围	电缆分支箱、环网柜及相关电力配网设备、电力电缆附件等				

主要财务指标	指标\报告期	2009.06.30	2008.12.31	2008.06.30	2007.12.31
	每股收益(元)	0.1027	0.4600	0.1500	0.9500
	每股收益(扣除)(元)	0.0777	0.4400	0.1314	0.8260
	每股净资产(元)	2.4100	4.9200	4.6100	9.4100
	调整后每股净资产(元)	–	–	–	–
	每股资本公积金(元)	0.3481	1.6961	1.6961	4.3923
	每股盈余公积金(元)	0.1844	0.3689	0.3225	0.6450
	每股未分配利润(元)	0.8793	1.8532	1.5900	3.3776
	每股现金净流量(元)	–0.2223	0.0036	–0.4017	2.5995
	每股经营现金净流量(元)	–0.1496	0.1426	–0.2533	0.2683
	净资产收益率(扣除)(%)	–	–	–	–
	净资产收益率(%)	4.2600	9.3700	3.2800	8.1200
	总资产(万)	67511.56	61973.13	52839.02	50377.72
	股东权益(万)	48307.28	49254.38	46153.74	47142.99
	主营业务收入(万)	–	–	–	–
	主营业务利润(万)	–	–	–	–
	营业务收入(万)	10733.64	24154.53	8363.50	18376.81
	营业务利润(万)	2209.77	5298.26	1669.17	3910.19
	投资收益(万)	–	–	–	–
	利润总额(万)	2223.66	5528.13	1844.76	4066.96
	净利润(万)	2057.36	4614.03	1514.41	3826.40

广州智光电气股份有限公司

公司概况	公司名称	广州智光电气股份有限公司			证券简称	智光电气
	法人代表	李永喜	董秘	曹承锋	证券代码	002169
	公司网址	www.gzzg.com.cn		电子信箱	sec@gzzg.com.cn	
	电　话	020-32113398		传　真	020-32113456	
	办公地址	广州市黄埔区埔南路2号3号楼208房				
	经营范围	电气、电子、计算机及自动化产品的开发、加工、安装、设计等				

主要财务指标	指标\报告期	2009.06.30	2008.12.31	2008.06.30	2007.12.31
	每股收益(元)	0.0527	0.3282	0.0505	0.4372
	每股收益(扣除)(元)	0.0209	0.3031	–	0.4348
	每股净资产(元)	1.8899	3.7500	3.5272	4.1400
	调整后每股净资产(元)	–	–	–	–
	每股资本公积金(元)	0.4511	1.9022	1.9022	2.2826
	每股盈余公积金(元)	0.0369	0.0737	0.0556	0.0667
	每股未分配利润(元)	0.4020	0.7785	0.5694	0.7922
	每股现金净流量(元)	–0.1232	–1.1528	–1.0897	1.0533
	每股经营现金净流量(元)	–0.3163	–0.5969	–0.6997	–0.9220
	净资产收益率(扣除)(%)	–	–	–	10.1400
	净资产收益率(%)	2.7900	8.7400	2.6900	10.1900
	总资产(万)	63972.25	62937.13	58209.89	56383.22
	股东权益(万)	31333.00	31122.64	29238.70	28609.42
	主营业务收入(万)	–	–	–	–
	主营业务利润(万)	–	–	–	–
	营业务收入(万)	15600.04	37281.27	14406.39	28154.47
	营业务利润(万)	591.70	3063.01	927.59	3380.64
	投资收益(万)	–	–	–	–
	利润总额(万)	1192.77	3308.42	1082.93	3402.31
	净利润(万)	873.53	2720.46	836.52	2915.68

深圳市芭田生态工程股份有限公司

公司概况	公司名称	深圳市芭田生态工程股份有限公司		证券简称	芭田股份
	法人代表	黄培钊	董秘	吴益辉	证券代码	002170
	公司网址	www.batian.com.cn		电子信箱	wyh@batian.com.cn
	电　话	0755-26951598		传　真	0755-26584355
	办公地址	深圳市南山区科技园科苑路 3 号 4 楼、6 楼				
	经营范围	生产、经营多元复合肥和其他肥料;化工原料的购销等				

主要财务指标	指标 \ 报告期	2009.06.30	2008.12.31	2008.06.30	2007.12.31
	每股收益(元)	-0.1000	0.3800	0.3700	0.4500
	每股收益(扣除)(元)	-0.1000	0.3100	0.3300	0.7800
	每股净资产(元)	1.6500	3.2200	3.1800	5.2000
	调整后每股净资产(元)	-	-	-	-
	每股资本公积金(元)	0.1697	0.8054	0.8054	2.2498
	每股盈余公积金(元)	0.0836	0.1504	0.1261	0.2280
	每股未分配利润(元)	0.3977	1.2593	1.2522	1.7178
	每股现金净流量(元)	0.3023	0.2815	0.2716	0.3565
	每股经营现金净流量(元)	0.5371	0.5347	0.3199	-1.9396
	净资产收益率(扣除)(%)	-	-	-	20.7300
	净资产收益率(%)	-6.1700	11.9500	11.5600	12.5500
	总资产(万)	79934.07	86037.20	87677.55	75000.11
	股东权益(万)	50282.74	54400.66	53869.15	48838.09
	主营业务收入(万)	-	-	-	-
	主营业务利润(万)	-	-	-	-
	营业务收入(万)	64916.99	177950.53	105780.32	164148.24
	营业务利润(万)	-3535.54	6808.69	6991.65	7441.78
	投资收益(万)	-	-	-	-
	利润总额(万)	-3061.60	8422.40	7780.52	7682.44
	净利润(万)	-3102.72	6502.56	6226.07	6130.52

安徽精诚铜业股份有限公司

公司概况	公司名称	安徽精诚铜业股份有限公司		证券简称	精诚铜业
	法人代表	姜纯	董秘	王刚	证券代码	002171
	公司网址	www.jcty.cn		电子信箱	jingchengcopper@sina.com
	电　话	0553-5315978		传　真	0553-5315978
	办公地址	安徽省芜湖市九华北路 8 号				
	经营范围	有色金属材料研发、加工、销售等				

主要财务指标	指标 \ 报告期	2009.06.30	2008.12.31	2008.06.30	2007.12.31
	每股收益(元)	0.0800	-0.2600	0.2000	0.4600
	每股收益(扣除)(元)	0.0700	-0.2800	0.2000	0.4300
	每股净资产(元)	3.5100	3.4400	3.9000	4.4600
	调整后每股净资产(元)	-	-	-	-
	每股资本公积金(元)	1.9906	1.9906	1.9906	2.5888
	每股盈余公积金(元)	0.0594	0.0594	0.0594	0.0712
	每股未分配利润(元)	0.4647	0.3853	0.8493	0.7968
	每股现金净流量(元)	0.4230	-0.1912	0.0461	2.1950
	每股经营现金净流量(元)	0.9652	0.7330	0.1640	-0.3997
	净资产收益率(扣除)(%)	-	-	-	9.2900
	净资产收益率(%)	2.2600	-7.6300	5.1800	10.0600
	总资产(万)	92941.52	80434.33	103998.14	101433.41
	股东权益(万)	57296.38	56002.64	63566.99	60545.06
	主营业务收入(万)	-	-	-	-
	主营业务利润(万)	-	-	-	-
	营业务收入(万)	84117.50	250139.27	145614.88	269108.62
	营业务利润(万)	1252.61	-5131.92	4539.76	8346.12
	投资收益(万)	-	-	-	-
	利润总额(万)	1329.35	-5035.69	4571.11	8840.64
	净利润(万)	1293.74	-4270.73	3293.63	6090.58

江苏澳洋科技股份有限公司

公司概况	公司名称	江苏澳洋科技股份有限公司		证券简称	澳洋科技
	法人代表	沈学如	董秘	迟健(代)	证券代码	002172
	公司网址	www.aykj.cn		电子信箱	zyj1122@21cn.com
	电　话	0512-58598699		传　真	0512-58598552
	办公地址	江苏省张家港市杨舍镇塘市镇中路 018 号				
	经营范围	粘胶纤维及粘胶纤维品、可降解纤维、功能性纤维制造、销售等				

主要财务指标	指标 \ 报告期	2009.06.30	2008.12.31	2008.06.30	2007.12.31
	每股收益(元)	0.0124	-0.8000	0.0104	1.5400
	每股收益(扣除)(元)	0.0077	-0.8800	-0.0465	1.4900
	每股净资产(元)	2.2900	2.2800	3.0900	6.3200
	调整后每股净资产(元)	-	-	-	-
	每股资本公积金(元)	1.3339	1.3339	1.3339	3.4679
	每股盈余公积金(元)	0.1067	0.1067	0.1067	0.2134
	每股未分配利润(元)	-0.1465	-0.1590	0.6528	1.6347
	每股现金净流量(元)	0.4220	-0.3105	0.4917	0.6586
	每股经营现金净流量(元)	0.5407	0.9210	0.1708	-0.2899
	净资产收益率(扣除)(%)	-	-	-	19.1400
	净资产收益率(%)	0.5400	-35.1200	0.3400	19.7400
	总资产(万)	282713.09	242056.33	308096.60	246217.81
	股东权益(万)	79834.20	79401.17	107650.85	109897.46
	主营业务收入(万)	-	-	-	-
	主营业务利润(万)	-	-	-	-
	营业务收入(万)	72960.37	163464.24	87961.67	208732.14
	营业务利润(万)	2686.23	-39606.68	-242.87	40567.13
	投资收益(万)	-	-	-	-
	利润总额(万)	2794.57	-36835.35	2660.01	40848.15
	净利润(万)	433.02	-27886.29	363.38	21693.75

浙江山下湖珍珠集团股份有限公司

公司概况	公司名称	浙江山下湖珍珠集团股份有限公司		证券简称	山 下 湖
	法人代表	陈夏英	董秘	马三光	证券代码	002173
	公司网址	www.shanxiahupearl.cn		电子信箱	shxhzq@shanxiahupearl.cn
	电　话	0575-87160891		传　真	0575-87160891
	办公地址	浙江省诸暨市山下湖镇珍珠工业园				
	经营范围	珍珠、珍珠首饰、珍珠工艺品的加工、销售,金银饰品装配加工、销售等				

主要财务指标	指标 \ 报告期	2009.06.30	2008.12.31	2008.06.30	2007.12.31
	每股收益(元)	0.0600	0.5600	0.4500	0.6500
	每股收益(扣除)(元)	0.0600	0.5700	0.4600	0.6200
	每股净资产(元)	3.6000	5.3000	5.2100	4.7600
	调整后每股净资产(元)	-	-	-	-
	每股资本公积金(元)	1.2661	2.3991	2.3991	2.3991
	每股盈余公积金(元)	0.1004	0.1506	0.1259	0.1259
	每股未分配利润(元)	1.2331	1.7535	1.6847	1.2387
	每股现金净流量(元)	-0.0004	-0.9320	-0.8966	0.7723
	每股经营现金净流量(元)	-0.3033	-0.8906	-1.2988	-1.4586
	净资产收益率(扣除)(%)	-	-	-	10.6100
	净资产收益率(%)	1.7800	10.5100	8.5600	11.1000
	总资产(万)	69986.90	65705.44	67524.81	60105.30
	股东权益(万)	36176.28	35532.14	34905.24	31916.88
	主营业务收入(万)	-	-	-	-
	主营业务利润(万)	-	-	-	-
	营业务收入(万)	14050.66	34408.05	20837.98	29198.28
	营业务利润(万)	944.92	5525.99	4689.88	5094.24
	投资收益(万)	-	-	-	-
	利润总额(万)	934.28	5446.40	4596.87	5304.02
	净利润(万)	644.14	3735.94	2988.37	3542.91

梅花伞业股份有限公司

公司概况						
	公司名称	梅花伞业股份有限公司			证券简称	梅花伞
	法人代表	王安邦	董秘	郑家耀	证券代码	002174
	公司网址	www.susino.com		电子信箱	ir@susino.net.cn	
	电　话	0595-85593001		传　真	0595-85597555	
	办公地址	福建省晋江市东石镇金瓯工业区				
	经营范围	生产雨伞、伞骨配件、服装、塑料制品、包袋、帐篷				

主要财务指标	指标\报告期	2009.06.30	2008.12.31	2008.06.30	2007.12.31
	每股收益(元)	0.0400	0.1100	0.1000	0.3400
	每股收益(扣除)(元)	0.0400	0.0400	0.0400	0.3400
	每股净资产(元)	2.5600	2.5100	2.5600	2.6300
	调整后每股净资产(元)	–	–	–	–
	每股资本公积金(元)	1.0298	1.0298	1.0298	1.0298
	每股盈余公积金(元)	0.0796	0.0796	0.0666	0.0666
	每股未分配利润(元)	0.4716	0.4269	0.4607	0.5336
	每股现金净流量(元)	–0.2948	–0.3020	–0.1017	1.0650
	每股经营现金净流量(元)	–0.1077	–0.0132	–0.5170	–0.0998
	净资产收益率(扣除)(%)	–	–	–	10.4000
	净资产收益率(%)	1.7500	4.2400	3.7800	10.5300
	总资产(万)	36661.23	36615.65	45041.95	32557.52
	股东权益(万)	21215.42	20793.86	21227.85	21790.18
	主营业务收入(万)	–	–	–	–
	主营业务利润(万)	–	–	–	–
	营业务收入(万)	12806.77	28743.81	16913.58	28098.30
	营业务利润(万)	458.32	–130.32	404.48	2616.72
	投资收益(万)	–	–	–	–
	利润总额(万)	545.90	554.63	1035.76	2658.41
	净利润(万)	370.71	882.23	801.57	2293.69

桂林广陆数字测控股份有限公司

公司概况						
	公司名称	桂林广陆数字测控股份有限公司			证券简称	广陆数测
	法人代表	彭朋	董秘	黄艳	证券代码	002175
	公司网址	www.guanglu.com.cn		电子信箱	gldmb@guanglu.com.cn	
	电　话	0773-5820465		传　真	0773-5834866	
	办公地址	广西壮族自治区桂林市国家高新区5号区				
	经营范围	开发、设计专用集成电路(IC);生产销售电子数字智能化测控设备等				

主要财务指标	指标\报告期	2009.06.30	2008.12.31	2008.06.30	2007.12.31
	每股收益(元)	0.0400	0.1000	0.1500	0.3100
	每股收益(扣除)(元)	0.0300	0.1000	0.1500	0.2700
	每股净资产(元)	3.0200	2.9700	3.0400	4.5400
	调整后每股净资产(元)	–	–	–	–
	每股资本公积金(元)	1.2190	1.2190	1.2190	2.3285
	每股盈余公积金(元)	0.2013	0.2013	0.1856	0.2784
	每股未分配利润(元)	0.6137	0.5772	0.6396	0.9360
	每股现金净流量(元)	0.1732	–1.0476	–0.3542	1.9683
	每股经营现金净流量(元)	0.0974	0.0767	0.0345	0.1996
	净资产收益率(扣除)(%)	–	–	–	7.1200
	净资产收益率(%)	1.2100	3.4400	4.8900	8.1100
	总资产(万)	39541.12	39451.74	39869.36	36643.80
	股东权益(万)	25748.19	25401.62	25996.89	25863.99
	主营业务收入(万)	–	–	–	–
	主营业务利润(万)	–	–	–	–
	营业务收入(万)	6874.64	15240.64	9198.18	14669.21
	营业务利润(万)	339.15	1069.20	1498.86	2287.36
	投资收益(万)	–	–	–	–
	利润总额(万)	406.60	1125.71	1504.65	2570.55
	净利润(万)	311.81	872.83	1271.55	2097.24

江西特种电机股份有限公司

公司概况						
	公司名称	江西特种电机股份有限公司			证券简称	江特电机
	法人代表	朱军	董秘	闵银章	证券代码	002176
	公司网址	www.jiangte.com.cn		电子信箱	jtdjgs@163.com	
	电　话	0795-3266280		传　真	0795-3274523	
	办公地址	江西省宜春市东风大街10号				
	经营范围	电动机、发电机及发电机组、通用设备、水轮机及辅机、液压和气压动力机械等				

主要财务指标	指标\报告期	2009.06.30	2008.12.31	2008.06.30	2007.12.31
	每股收益(元)	0.0512	0.2270	0.2700	0.3610
	每股收益(扣除)(元)	0.0170	0.1850	0.2310	0.2850
	每股净资产(元)	3.2360	3.2150	5.0460	4.9300
	调整后每股净资产(元)	–	–	–	–
	每股资本公积金(元)	1.3340	1.3340	2.7345	2.7345
	每股盈余公积金(元)	0.1735	0.1735	0.2425	0.2430
	每股未分配利润(元)	0.7286	0.7075	1.0687	0.9528
	每股现金净流量(元)	–0.2882	–0.2746	–0.2582	1.8780
	每股经营现金净流量(元)	0.0424	0.0788	0.1293	–0.7837
	净资产收益率(扣除)(%)	–	–	–	7.5200
	净资产收益率(%)	1.5800	7.0700	5.3500	9.5000
	总资产(万)	54275.37	54833.06	53127.68	52635.26
	股东权益(万)	35095.77	34866.05	34199.06	33416.30
	主营业务收入(万)	–	–	–	–
	主营业务利润(万)	–	–	–	–
	营业务收入(万)	14217.31	41302.86	21655.42	34464.20
	营业务利润(万)	202.79	2327.78	2025.37	4092.86
	投资收益(万)	–	–	–	–
	利润总额(万)	629.41	2866.76	2376.59	4271.34
	净利润(万)	555.06	2466.44	1828.64	3176.00

广州御银科技股份有限公司

公司概况						
	公司名称	广州御银科技股份有限公司			证券简称	御银股份
	法人代表	杨文江	董秘	郑蕾	证券代码	002177
	公司网址	www.kingteller.com.cn		电子信箱	zqb@kingteller.com.cn	
	电　话	020-38468722		传　真	020-38468483	
	办公地址	广州市天河区五山路248号金山大厦26楼				
	经营范围	电子产品、通讯产品、电脑软件、金融机具设备及网络、自动柜员机等				

主要财务指标	指标\报告期	2009.06.30	2008.12.31	2008.06.30	2007.12.31
	每股收益(元)	0.2500	0.4100	0.2500	0.5100
	每股收益(扣除)(元)	0.2500	0.3900	0.2500	0.4700
	每股净资产(元)	2.1000	2.7800	2.6300	5.2500
	调整后每股净资产(元)	–	–	–	–
	每股资本公积金(元)	0.3853	1.0780	1.0780	3.1559
	每股盈余公积金(元)	0.0694	0.1041	0.0842	0.1684
	每股未分配利润(元)	0.6478	0.5991	0.4659	0.9279
	每股现金净流量(元)	–0.0709	–0.7037	–0.7386	2.6616
	每股经营现金净流量(元)	–0.0076	0.9618	–0.0247	0.1240
	净资产收益率(扣除)(%)	–	–	–	14.0200
	净资产收益率(%)	11.8200	14.5600	9.5800	15.2600
	总资产(万)	78877.31	70996.98	65807.78	62674.87
	股东权益(万)	47034.36	41476.60	39193.33	39164.71
	主营业务收入(万)	–	–	–	–
	主营业务利润(万)	–	–	–	–
	营业务收入(万)	23754.45	34434.99	17761.61	24440.06
	营业务利润(万)	5663.23	4869.83	3924.13	5491.12
	投资收益(万)	–	–	–	–
	利润总额(万)	6164.32	6609.07	4591.97	6727.70
	净利润(万)	5557.77	6040.28	3756.05	5976.48

上海延华智能科技股份有限公司

公司概况					
公司名称	上海延华智能科技股份有限公司			证券简称	延华智能
法人代表	胡黎明	董秘	杨煜霞	证券代码	002178
公司网址	www.chinaforwards.com		电子信箱	yanhua_sh@126.com	
电　话	021-61818686*309		传　真	021-61818696	
办公地址	上海市西康路 1255 号普陀科技大厦六楼				
经营范围	楼宇智能化工程、公共安全防范工程设计、施工、维修,计算机网络系统集成等				

主要财务指标：指标\报告期	2009.06.30	2008.12.31	2008.06.30	2007.12.31
每股收益(元)	0.0900	0.1600	0.1500	0.3900
每股收益(扣除)(元)	0.0900	0.1500	0.1500	0.2500
每股净资产(元)	3.5600	3.4700	3.4600	3.3600
调整后每股净资产(元)	–	–	–	–
每股资本公积金(元)	1.9536	1.9536	1.9536	1.9536
每股盈余公积金(元)	0.0998	0.0998	0.0867	0.0846
每股未分配利润(元)	0.5065	0.4184	0.4155	0.3201
每股现金净流量(元)	0.0256	–0.7463	–0.5549	1.5979
每股经营现金净流量(元)	0.0976	–0.3092	–0.2829	–0.3774
净资产收益率(扣除)(%)	–	–	–	5.8700
净资产收益率(%)	2.4800	4.7100	4.2700	9.2300
总资产(万)	39245.35	38531.90	41883.47	40012.79
股东权益(万)	28479.45	27774.54	27647.14	26866.62
主营业务收入(万)	–	–	–	–
主营业务利润(万)	–	–	–	–
营业务收入(万)	12398.55	21461.98	11567.06	20412.18
营业务利润(万)	808.04	1515.30	1508.27	2581.29
投资收益(万)	–	–	–	–
利润总额(万)	829.48	1603.68	1528.28	2881.60
净利润(万)	704.91	1307.92	1180.52	2478.67

中航光电科技股份有限公司

公司概况					
公司名称	中航光电科技股份有限公司			证券简称	中航光电
法人代表	李聚文	董秘	郭泽义	证券代码	002179
公司网址	www.ca158.com.cn		电子信箱	zhengquan@ca158.com	
电　话	0379-64326068		传　真	0379-64326068	
办公地址	洛阳高新技术开发区周山路 10 号				
经营范围	光电元器件及电子信息产品的生产、销售等				

主要财务指标：指标\报告期	2009.06.30	2008.12.31	2008.06.30	2007.12.31
每股收益(元)	0.2200	0.6300	0.1600	0.7000
每股收益(扣除)(元)	0.2100	0.6100	0.2400	0.6000
每股净资产(元)	3.7500	5.3400	4.9600	7.6300
调整后每股净资产(元)	–	–	–	–
每股资本公积金(元)	1.4868	2.5301	2.5482	4.5572
每股盈余公积金(元)	0.6422	0.9634	0.9038	1.3558
每股未分配利润(元)	0.6214	0.8496	0.5063	0.7128
每股现金净流量(元)	0.5466	–0.6436	–1.1894	3.4259
每股经营现金净流量(元)	0.2829	0.3605	–0.3245	0.3603
净资产收益率(扣除)(%)	–	–	–	9.3200
净资产收益率(%)	5.9095	11.7300	4.9400	10.9400
总资产(万)	210773.72	182128.24	151030.36	157717.65
股东权益(万)	100416.60	95373.82	88506.21	90746.28
主营业务收入(万)	–	–	–	–
主营业务利润(万)	–	–	–	–
营业务收入(万)	59840.91	107665.40	50437.69	83150.80
营业务利润(万)	6474.40	14081.29	6228.19	11266.11
投资收益(万)	–	–	–	–
利润总额(万)	6787.71	14514.79	6326.07	12131.84
净利润(万)	5934.08	11191.58	4368.48	9923.79

珠海万力达电气股份有限公司

公司概况					
公司名称	珠海万力达电气股份有限公司			证券简称	万力达
法人代表	庞江华	董秘	姜景国	证券代码	002180
公司网址	www.zhwld.com		电子信箱	zhwldzqb@zhwld.com	
电　话	0756-3395968		传　真	0756-3395968	
办公地址	珠海市高新区科技创新海岸科技一路万力达继保科技园				
经营范围	研制、生产、销售;继电保护装置、自动装置、变电站综合自动化系统等				

主要财务指标：指标\报告期	2009.06.30	2008.12.31	2008.06.30	2007.12.31
每股收益(元)	0.0800	0.3300	0.1200	0.6100
每股收益(扣除)(元)	0.0700	0.3000	0.1200	0.5400
每股净资产(元)	3.8200	3.8400	3.6300	5.7700
调整后每股净资产(元)	–	–	–	–
每股资本公积金(元)	1.6529	1.6529	1.6529	2.9793
每股盈余公积金(元)	0.1758	0.1758	0.1419	0.2129
每股未分配利润(元)	0.9945	1.0159	0.8397	1.5768
每股现金净流量(元)	–0.2534	–0.5857	–0.6103	3.0574
每股经营现金净流量(元)	0.1825	0.0529	–0.1726	0.1742
净资产收益率(扣除)(%)	–	–	–	10.8500
净资产收益率(%)	2.0556	8.6300	3.3500	12.2300
总资产(万)	37467.63	37378.70	34500.62	36626.30
股东权益(万)	31854.88	32033.29	30283.77	32045.61
主营业务收入(万)	–	–	–	–
主营业务利润(万)	–	–	–	–
营业务收入(万)	4967.86	12137.20	5252.11	11032.64
营业务利润(万)	204.36	1687.70	680.67	3285.10
投资收益(万)	–	–	–	–
利润总额(万)	648.96	2907.65	1091.37	4358.57
净利润(万)	654.81	2765.09	1015.57	3919.46

广东九州阳光传媒股份有限公司

公司概况					
公司名称	广东九州阳光传媒股份有限公司			证券简称	粤传媒
法人代表	乔平	董秘	胡远芳	证券代码	002181
公司网址	www.gdcncm.com		电子信箱	ycm2181@163.com	
电　话	020-83569336、83569335		传　真	020-83569332	
办公地址	广州市东风中路 437 号越秀城市广场南塔 3001 房				
经营范围	设计、制作、代理国内各类广告业务、印刷出版物等				

主要财务指标：指标\报告期	2009.06.30	2008.12.31	2008.06.30	2007.12.31
每股收益(元)	0.0209	0.0028	–0.0509	0.2671
每股收益(扣除)(元)	–0.0045	0.0778	–0.0577	0.1050
每股净资产(元)	3.7100	3.7200	4.7569	4.8800
调整后每股净资产(元)	–	–	–	–
每股资本公积金(元)	1.6550	1.6550	2.4322	2.4322
每股盈余公积金(元)	0.1786	0.1786	0.2293	0.2293
每股未分配利润(元)	0.8718	0.8810	1.0936	1.2165
每股现金净流量(元)	–0.0185	–0.2341	–0.5183	1.3552
每股经营现金净流量(元)	0.0102	–0.0657	–0.3690	0.2118
净资产收益率(扣除)(%)	–	–	–	2.1300
净资产收益率(%)	0.5627	0.0800	–1.0700	5.4200
总资产(万)	155348.18	159644.19	162849.30	168719.15
股东权益(万)	129798.02	130117.86	128128.30	131408.48
主营业务收入(万)	–	–	–	–
主营业务利润(万)	–	–	–	–
营业务收入(万)	18142.34	46368.94	21593.21	39644.54
营业务利润(万)	943.91	815.07	–1418.23	8332.67
投资收益(万)	–	–	–	–
利润总额(万)	1497.61	1048.85	–1205.09	8588.26
净利润(万)	730.39	98.29	–1370.76	7123.88

南京云海特种金属股份有限公司

公司概况	公司名称	南京云海特种金属股份有限公司			证券简称	云海金属
	法人代表	梅小明	董秘	吴剑飞	证券代码	002182
	公司网址	www.rsm.com.cn			电子信箱	fly@rsm.com.cn
	电　话	025-57234888			传　真	025-57234168
	办公地址	江苏省南京市溧水经济开发区秀山东路9号				
	经营范围	金属镁及镁合金产品、金属锶和其他碱土金属及合金、铝合金的生产和销售				

	指标\报告期	2009.06.30	2008.12.31	2008.06.30	2007.12.31
主要财务指标	每股收益(元)	0.0100	0.2200	0.2100	0.4000
	每股收益(扣除)(元)	-0.0300	0.1500	0.2100	0.3400
	每股净资产(元)	4.5200	4.5600	4.5500	4.4400
	调整后每股净资产(元)	-	-	-	-
	每股资本公积金(元)	2.8245	2.8245	2.8218	2.8218
	每股盈余公积金(元)	0.0469	0.0469	0.0383	0.0383
	每股未分配利润(元)	0.6495	0.6875	0.6880	0.5794
	每股现金净流量(元)	0.0508	-1.0928	-0.3765	1.2205
	每股经营现金净流量(元)	0.6652	0.0481	-0.2781	-1.2031
	净资产收益率(扣除)(%)	-	-	-	5.9600
	净资产收益率(%)	0.2700	4.7500	4.5900	7.0000
	总资产(万)	196410.92	178341.32	190873.79	141734.83
	股东权益(万)	86800.23	87530.17	87324.37	85238.26
	主营业务收入(万)	-	-	-	-
	主营业务利润(万)	-	-	-	-
	营业务收入(万)	52950.88	229094.34	138250.58	165419.84
	营业务利润(万)	-49.65	3114.44	5302.58	5981.28
	投资收益(万)	-	-	-	-
	利润总额(万)	216.14	4253.02	5383.81	7316.17
	净利润(万)	230.06	4161.45	4006.10	5967.25

深圳市怡亚通供应链股份有限公司

公司概况	公司名称	深圳市怡亚通供应链股份有限公司			证券简称	怡亚通
	法人代表	周国辉	董秘	梁欣	证券代码	002183
	公司网址	www.eascs.com			电子信箱	002183@eascs.com
	电　话	0755-88393198			传　真	0755-83290734 3172
	办公地址	深圳市福田区深南中路3039号国际文化大厦27楼				
	经营范围	从事有色金属原材料及制品、高效节能机电产品等				

	指标\报告期	2009.06.30	2008.12.31	2008.06.30	2007.12.31
主要财务指标	每股收益(元)	0.1100	0.6100	0.2200	0.4400
	每股收益(扣除)(元)	0.1000	0.6000	-	0.4200
	每股净资产(元)	3.1700	4.9000	4.5900	8.9700
	调整后每股净资产(元)	-	-	-	-
	每股资本公积金(元)	1.5803	2.8705	2.8568	6.7136
	每股盈余公积金(元)	0.1570	0.2354	0.2548	0.3747
	每股未分配利润(元)	0.4245	0.7916	0.4892	0.8646
	每股现金净流量(元)	0.2034	-0.9433	-1.5456	4.7945
	每股经营现金净流量(元)	-0.9692	-0.3458	-1.2502	-0.3292
	净资产收益率(扣除)(%)	-	-	-	6.9900
	净资产收益率(%)	3.4700	12.4100	6.6300	7.3600
	总资产(万)	585577.71	512322.50	581488.59	651862.48
	股东权益(万)	117446.61	121188.85	113389.21	110846.42
	主营业务收入(万)	-	-	-	-
	主营业务利润(万)	-	-	-	-
	营业务收入(万)	101263.03	287317.45	102203.55	179694.72
	营业务利润(万)	4589.23	17668.87	11782.23	10802.73
	投资收益(万)	-	-	-	-
	利润总额(万)	4864.00	17911.74	11946.66	11212.21
	净利润(万)	4081.21	15039.55	8030.28	8159.89

上海海得控制系统股份有限公司

公司概况	公司名称	上海海得控制系统股份有限公司			证券简称	海得控制
	法人代表	许泓	董秘	陈建兴	证券代码	002184
	公司网址	www.hite.com.cn			电子信箱	chenjx@hite.com.cn
	电　话	021-54235099			传　真	021-54235099
	办公地址	上海市宜山路900号科技开发大楼B区17楼				
	经营范围	工业自动化、电气工程、电子及信息领域的系统集成和相关产品的研发、制造、销售				

	指标\报告期	2009.06.30	2008.12.31	2008.06.30	2007.12.31
主要财务指标	每股收益(元)	0.0944	0.2469	0.1273	0.3084
	每股收益(扣除)(元)	0.0824	0.2428	0.1233	0.2940
	每股净资产(元)	3.0161	3.0200	2.6600	5.1700
	调整后每股净资产(元)	-	-	-	-
	每股资本公积金(元)	1.1720	1.1720	0.9333	2.8665
	每股盈余公积金(元)	0.1470	0.1470	0.1183	0.2366
	每股未分配利润(元)	0.6971	0.7027	0.6118	1.0689
	每股现金净流量(元)	-0.3390	-0.0171	-0.4267	2.9925
	每股经营现金净流量(元)	-0.2610	0.1037	-0.1789	0.0632
	净资产收益率(扣除)(%)	-	-	-	8.7200
	净资产收益率(%)	3.1300	8.1700	4.7800	9.1400
	总资产(万)	97376.08	92123.22	86940.12	86480.71
	股东权益(万)	66354.99	66478.05	58593.02	56892.61
	主营业务收入(万)	-	-	-	-
	主营业务利润(万)	-	-	-	-
	营业务收入(万)	47360.93	108393.18	51491.82	94981.04
	营业务利润(万)	2295.95	5892.14	3000.18	6039.42
	投资收益(万)	-	-	-	-
	利润总额(万)	2608.31	5978.49	3080.04	6087.67
	净利润(万)	2076.94	5432.44	2800.42	5201.72

天水华天科技股份有限公司

公司概况	公司名称	天水华天科技股份有限公司			证券简称	华天科技
	法人代表	肖胜利	董秘	常文瑛	证券代码	002185
	公司网址	www.tshtkj.com			电子信箱	htcwy2000@163.com
	电　话	0938-8631816、8631990			传　真	0938-8630216、8632260
	办公地址	甘肃省天水市秦州区双桥路14号				
	经营范围	半导体集成电路、半导体元器件研发、生产、封装、测试、销售等				

	指标\报告期	2009.06.30	2008.12.31	2008.06.30	2007.12.31
主要财务指标	每股收益(元)	0.0717	0.2626	0.1511	0.4035
	每股收益(扣除)(元)	0.0623	0.2625	0.1511	0.3973
	每股净资产(元)	2.9932	3.2100	3.1700	4.5300
	调整后每股净资产(元)	-	-	-	-
	每股资本公积金(元)	1.0321	1.2354	1.3072	2.4608
	每股盈余公积金(元)	0.1054	0.1159	0.0903	0.1354
	每股未分配利润(元)	0.8557	0.8624	0.7766	0.9382
	每股现金净流量(元)	0.0929	-0.0392	-0.0013	0.2792
	每股经营现金净流量(元)	0.2405	0.3446	0.0022	0.6858
	净资产收益率(扣除)(%)	-	-	-	10.1000
	净资产收益率(%)	2.3900	8.1700	4.7600	10.2500
	总资产(万)	115365.94	115261.04	122749.21	118602.01
	股东权益(万)	85935.08	83877.97	82843.21	78899.94
	主营业务收入(万)	-	-	-	-
	主营业务利润(万)	-	-	-	-
	营业务收入(万)	30188.48	74249.82	35493.60	68207.89
	营业务利润(万)	2112.07	7923.62	4620.54	9286.95
	投资收益(万)	-	-	-	-
	利润总额(万)	2431.01	7964.33	4619.25	9609.71
	净利润(万)	2057.11	6853.85	3943.28	8089.90

中国全聚德(集团)股份有限公司

公司概况	公司名称	中国全聚德(集团)股份有限公司			证券简称	全聚德
	法人代表	姜俊贤	董秘	唐颖	证券代码	002186
	公司网址	www.quanjude.com.cn		电子信箱	qjd@quanjude.com.cn	
	电　　话	010-83156608		传　　真	010-83156818	
	办公地址	北京市宣武区前门西河沿 217 号				
	经营范围	餐饮服务;文化娱乐服务;种植、养殖家禽;食品加工;物业管理等				

	指标\报告期	2009.06.30	2008.12.31	2008.06.30	2007.12.31
主要财务指标	每股收益(元)	0.2982	0.5344	0.2331	0.5925
	每股收益(扣除)(元)	0.2942	0.5312	0.2351	0.4974
	每股净资产(元)	4.7800	4.9218	4.6131	4.7379
	调整后每股净资产(元)	–	–	–	–
	每股资本公积金(元)	2.6607	2.6607	2.6533	2.6512
	每股盈余公积金(元)	0.3596	0.3596	0.2994	0.2994
	每股未分配利润(元)	0.7597	0.9015	0.6604	0.7873
	每股现金净流量(元)	–0.0142	–1.1482	–0.4552	2.4659
	每股经营现金净流量(元)	0.5713	0.8442	0.4081	0.8322
	净资产收益率(扣除)(%)	–	–	–	8.0500
	净资产收益率(%)	6.2400	10.8600	5.0500	9.5900
	总资产(万)	105391.46	108996.46	112925.01	110370.34
	股东权益(万)	67666.21	69672.89	65302.74	67069.52
	主营业务收入(万)	–	–	–	–
	主营业务利润(万)	–	–	–	–
	营业务收入(万)	53775.70	111207.62	46934.62	91661.63
	营业务利润(万)	5900.71	10492.42	4684.22	9692.19
	投资收益(万)	–	–	–	–
	利润总额(万)	5977.53	10561.60	4640.24	10203.69
	净利润(万)	4221.97	7565.13	3299.31	6432.00

广州市广百股份有限公司

公司概况	公司名称	广州市广百股份有限公司			证券简称	广百股份
	法人代表	荀振英	董秘	邓华东	证券代码	002187
	公司网址	www.grandbuy.com.cn		电子信箱	grandbuyoffice@163.com	
	电　　话	020-83322348		传　　真	020-83331334	
	办公地址	广东省广州市越秀区西湖路 12 号 10-12 楼				
	经营范围	卷烟、雪茄烟、食品、保健食品、中药材、中药饮片、中成药、化学药制剂等				

	指标\报告期	2009.06.30	2008.12.31	2008.06.30	2007.12.31
主要财务指标	每股收益(元)	0.5000	0.8900	0.5700	0.8900
	每股收益(扣除)(元)	0.5000	0.7800	0.5700	0.8500
	每股净资产(元)	5.8500	5.7500	5.3920	5.1300
	调整后每股净资产(元)	–	–	–	–
	每股资本公积金(元)	2.9116	2.9157	2.9157	2.9157
	每股盈余公积金(元)	0.4260	0.3859	0.3689	0.3098
	每股未分配利润(元)	1.5170	1.4112	1.1075	0.8997
	每股现金净流量(元)	0.1971	–1.8019	–0.4239	2.6603
	每股经营现金净流量(元)	0.5356	1.8149	0.0561	1.7414
	净资产收益率(扣除)(%)	–	–	–	12.8300
	净资产收益率(%)	8.4700	15.5400	10.5100	13.3800
	总资产(万)	192928.44	199916.36	146045.69	164916.03
	股东权益(万)	93673.99	91991.18	86272.71	82002.45
	主营业务收入(万)	–	–	–	–
	主营业务利润(万)	–	–	–	–
	营业务收入(万)	181208.39	323237.08	161577.99	280511.15
	营业务利润(万)	10773.32	19498.43	12641.91	14644.86
	投资收益(万)	–	–	–	–
	利润总额(万)	10768.26	19396.34	12488.23	15068.41
	净利润(万)	7936.26	14202.75	9070.26	10974.21

浙江新嘉联电子股份有限公司

公司概况	公司名称	浙江新嘉联电子股份有限公司			证券简称	新嘉联
	法人代表	丁仁涛	董秘	应尧卿	证券代码	002188
	公司网址	www.newjialian.com		电子信箱	njlstock@newjialian.com	
	电　　话	0573-84252627		传　　真	0573-84252318	
	办公地址	浙江省嘉兴市嘉善县经济开发区东升路 36 号				
	经营范围	研究、设计、生产、加工及销售新型电子元器件;移动通讯系列等				

	指标\报告期	2009.06.30	2008.12.31	2008.06.30	2007.12.31
主要财务指标	每股收益(元)	0.0800	0.1700	0.1000	0.3900
	每股收益(扣除)(元)	0.0700	0.1200	0.0900	0.3400
	每股净资产(元)	2.6700	3.8800	3.8200	3.8700
	调整后每股净资产(元)	–	–	–	–
	每股资本公积金(元)	1.2402	2.3520	2.3520	2.3520
	每股盈余公积金(元)	0.0451	0.0677	0.0477	0.0477
	每股未分配利润(元)	0.3863	0.4629	0.4219	0.4726
	每股现金净流量(元)	–0.0682	–0.3390	–0.7209	1.9035
	每股经营现金净流量(元)	–0.0115	0.3032	0.1678	0.0745
	净资产收益率(扣除)(%)	–	–	–	15.9600
	净资产收益率(%)	2.9100	4.2600	2.6700	7.7600
	总资产(万)	48351.01	47145.87	41795.21	47303.33
	股东权益(万)	32053.53	31055.59	30572.86	30978.36
	主营业务收入(万)	–	–	–	–
	主营业务利润(万)	–	–	–	–
	营业务收入(万)	13144.93	23855.07	12111.49	28398.28
	营业务利润(万)	1027.87	1185.00	841.55	2865.17
	投资收益(万)	–	–	–	–
	利润总额(万)	1206.78	1669.38	1003.77	3252.80
	净利润(万)	932.67	1324.51	817.74	2402.65

利达光电股份有限公司

公司概况	公司名称	利达光电股份有限公司			证券简称	利达光电
	法人代表	张守启	董秘	张子民(代)	证券代码	002189
	公司网址	www.lida-oe.com.cn		电子信箱	ldgd@lida-oe.com.cn	
	电　　话	0377-63865031		传　　真	0377-63167800	
	办公地址	河南省南阳市工业南路 508 号				
	经营范围	光学零件、光学薄膜产品、光敏电阻、光学镜头、光学引擎、光学辅料等				

	指标\报告期	2009.06.30	2008.12.31	2008.06.30	2007.12.31
主要财务指标	每股收益(元)	–0.0500	0.1400	0.0700	0.2200
	每股收益(扣除)(元)	–0.0600	0.1300	0.0600	0.2200
	每股净资产(元)	2.2800	2.3700	2.2900	2.2700
	调整后每股净资产(元)	–	–	–	–
	每股资本公积金(元)	0.9293	0.9293	0.9293	0.9293
	每股盈余公积金(元)	0.0541	0.0541	0.0396	0.0396
	每股未分配利润(元)	0.2939	0.3828	0.3183	0.3026
	每股现金净流量(元)	–0.0255	–0.3132	–0.3931	1.2442
	每股经营现金净流量(元)	0.0454	0.2044	0.0859	0.3249
	净资产收益率(扣除)(%)	–	–	–	7.4400
	净资产收益率(%)	–2.1457	6.1100	2.8700	7.4600
	总资产(万)	65264.58	65562.85	64513.38	67193.21
	股东权益(万)	45371.36	47141.87	45569.51	45256.10
	主营业务收入(万)	–	–	–	–
	主营业务利润(万)	–	–	–	–
	营业务收入(万)	14969.85	39619.97	19066.14	36775.36
	营业务利润(万)	–1096.10	2774.01	1702.06	3702.27
	投资收益(万)	–	–	–	–
	利润总额(万)	–946.13	3219.06	1746.15	3711.82
	净利润(万)	–973.55	2881.97	1309.62	3376.70

四川成飞集成科技股份有限公司

公司概况	公司名称	四川成飞集成科技股份有限公司		证券简称	成飞集成
	法人代表	程福波	董秘	吴元金	证券代码	002190
	公司网址	www.cac-citc.com.cn	电子信箱	stock@cac-citc.com.cn	
	电　话	028-87408828、87406521	传　真	028-87408111	
	办公地址	成都市青羊区黄田坝			
	经营范围	工模具设计、研制和制造;计算机集成技术开发与应用等			

主要财务指标	指标\报告期	2009.06.30	2008.12.31	2008.06.30	2007.12.31
	每股收益(元)	0.1500	0.3200	0.1300	0.3500
	每股收益(扣除)(元)	0.1500	0.3200	0.1300	0.3600
	每股净资产(元)	3.9400	3.9900	3.8100	4.5100
	调整后每股净资产(元)	–	–	–	–
	每股资本公积金(元)	1.8188	1.8188	1.8188	2.3825
	每股盈余公积金(元)	0.3917	0.3917	0.3597	0.4316
	每股未分配利润(元)	0.7305	0.7804	0.6271	0.6913
	每股现金净流量(元)	–0.0969	–0.3469	–0.3640	2.6718
	每股经营现金净流量(元)	0.1122	0.2871	–0.0418	0.5921
	净资产收益率(扣除)(%)	–	8.0000	–	7.4100
	净资产收益率(%)	3.8100	8.0100	3.5300	7.2100
	总资产(万)	57058.84	58102.55	61344.46	61676.66
	股东权益(万)	50795.27	51438.35	49049.96	48392.56
	主营业务收入(万)	–	–	–	–
	主营业务利润(万)	–	–	–	–
	营业务收入(万)	8277.90	21557.78	7840.73	17281.98
	营业务利润(万)	1823.45	4656.61	1977.41	3833.65
	投资收益(万)	–	–	–	–
	利润总额(万)	2249.15	4775.17	2093.64	4037.54
	净利润(万)	1934.76	4119.89	1731.50	3488.12

深圳劲嘉彩印集团股份有限公司

公司概况	公司名称	深圳劲嘉彩印集团股份有限公司			证券简称	劲嘉股份
	法人代表	乔鲁予	董秘	蒋辉	证券代码	002191
	公司网址	www.jinjia.cn.com		电子信箱	Jiang_hui@szjcp.com	
	电　话	0755-26609999-1061		传　真	0755-26498899	
	办公地址	广东省深圳市南山区文心二路万商大厦				
	经营范围	生产经营包装材料、承接包装材料的设计、制版、印刷业务等				

主要财务指标	指标\报告期	2009.06.30	2008.12.31	2008.06.30	2007.12.31
	每股收益(元)	0.2400	0.5200	0.1600	0.3900
	每股收益(扣除)(元)	0.2400	0.4800	–	0.3700
	每股净资产(元)	2.7000	4.0700	4.3100	6.6300
	调整后每股净资产(元)	–	–	–	–
	每股资本公积金(元)	0.7196	1.6567	2.1824	4.0919
	每股盈余公积金(元)	0.1364	0.2046	0.1772	0.2836
	每股未分配利润(元)	0.8516	1.2134	0.9521	1.2472
	每股现金净流量(元)	–0.1471	–0.9091	–0.0636	4.1251
	每股经营现金净流量(元)	0.2501	1.0992	0.5007	0.7149
	净资产收益率(扣除)(%)	–	–	–	8.9400
	净资产收益率(%)	8.9700	12.8700	5.4500	9.3400
	总资产(万)	362094.78	375569.85	333933.86	278462.32
	股东权益(万)	173614.06	174228.74	184489.35	177293.57
	主营业务收入(万)	–	–	–	–
	主营业务利润(万)	–	–	–	–
	营业务收入(万)	105561.60	190783.39	85855.45	145846.35
	营业务利润(万)	24236.94	37292.50	15381.29	23902.12
	投资收益(万)	–	–	–	–
	利润总额(万)	24736.05	39711.83	16052.26	24730.57
	净利润(万)	15578.06	22416.68	10062.30	16554.42

广州路翔股份有限公司

公司概况	公司名称	广州路翔股份有限公司			证券简称	路翔股份
	法人代表	柯荣卿	董秘	杨真	证券代码	002192
	公司网址	www.luxiang.cn		电子信箱	gzluxiang@luxiang.cn	
	电　话	020-38289256、38289069		传　真	020-38289867	
	办公地址	广州市天河北路890号9楼				
	经营范围	改性沥青成套设备技术开发,改性沥青加工、销售,高新技术开发等				

主要财务指标	指标\报告期	2009.06.30	2008.12.31	2008.06.30	2007.12.31
	每股收益(元)	0.0010	0.2500	–0.0400	0.6000
	每股收益(扣除)(元)	0.0010	0.2400	–0.0400	0.5100
	每股净资产(元)	1.8000	3.6000	3.3100	3.5500
	调整后每股净资产(元)	–	–	–	–
	每股资本公积金(元)	0.4482	1.8963	1.8875	1.8875
	每股盈余公积金(元)	0.0706	0.1411	0.1205	0.1205
	每股未分配利润(元)	0.2833	0.5639	0.3017	0.5392
	每股现金净流量(元)	–0.4895	–0.8094	–1.5678	2.1787
	每股经营现金净流量(元)	–0.5338	–0.5731	–1.2023	–0.8426
	净资产收益率(扣除)(%)	–	–	–	11.1100
	净资产收益率(%)	0.0725	6.8100	–1.1400	13.1200
	总资产(万)	55988.05	40588.95	36428.97	42085.77
	股东权益(万)	21876.16	21860.30	20089.61	21531.68
	主营业务收入(万)	–	–	–	–
	主营业务利润(万)	–	–	–	–
	营业务收入(万)	14088.47	34933.01	7594.30	27538.34
	营业务利润(万)	43.70	1749.64	–173.59	3086.87
	投资收益(万)	–	–	–	–
	利润总额(万)	44.25	1818.03	–174.26	3450.85
	净利润(万)	15.86	1488.92	–228.07	2824.40

山东济宁如意毛纺织股份有限公司

公司概况	公司名称	山东济宁如意毛纺织股份有限公司			证券简称	山东如意
	法人代表	邱亚夫	董秘	王燕	证券代码	002193
	公司网址	www.shandongruyi.com		电子信箱	sry@shandongruyi.com	
	电　话	0537-2933069		传　真	0537-2931069	
	办公地址	山东省济宁市红星东路96号				
	经营范围	纺织品、服装、纺织机械及配件、纺织原料及辅料等相关产品的生产、销售等				

主要财务指标	指标\报告期	2009.06.30	2008.12.31	2008.06.30	2007.12.31
	每股收益(元)	0.1200	0.2900	0.1000	0.3500
	每股收益(扣除)(元)	0.1200	0.2500	0.0900	0.6400
	每股净资产(元)	3.7700	3.6900	3.5000	6.9300
	调整后每股净资产(元)	–	–	–	–
	每股资本公积金(元)	1.4054	1.3981	1.4016	3.5275
	每股盈余公积金(元)	0.2791	0.2791	0.2501	0.5002
	每股未分配利润(元)	1.0818	1.0138	0.8494	1.9047
	每股现金净流量(元)	0.3541	–1.2174	–1.1146	2.4424
	每股经营现金净流量(元)	0.2237	–0.0279	0.3411	0.1560
	净资产收益率(扣除)(%)	–	–	–	7.0900
	净资产收益率(%)	3.1300	7.8700	2.7700	7.9200
	总资产(万)	131377.16	105306.34	91814.97	89598.36
	股东权益(万)	60261.19	59057.26	56017.50	55459.50
	主营业务收入(万)	–	–	–	–
	主营业务利润(万)	–	–	–	–
	营业务收入(万)	22026.75	48935.14	26236.13	49424.62
	营业务利润(万)	2298.59	4997.28	1827.05	6170.14
	投资收益(万)	–	–	–	–
	利润总额(万)	2249.58	5722.52	1977.05	6786.72
	净利润(万)	1887.79	4647.71	1553.36	4393.93

武汉凡谷电子技术股份有限公司

公司概况	公司名称	武汉凡谷电子技术股份有限公司			证券简称	武汉凡谷
	法人代表	孟庆南	董秘	汪青	证券代码	002194
	公司网址	www.fingu.com		电子信箱	fingu@fingu.com	
	电　话	027-59830202		传　真	027-59830204	
	办公地址	湖北省武汉市江夏区关凤路藏龙岛工业园				
	经营范围	通讯、电子、计算机软件开发、研制、技术服务;通讯设备制造;线路安装等				

主要财务指标

指标\报告期	2009.06.30	2008.12.31	2008.06.30	2007.12.31
每股收益(元)	0.2434	0.7696	0.2017	0.6962
每股收益(扣除)(元)	0.2400	0.6810	–	0.6429
每股净资产(元)	3.4172	4.4259	4.2185	7.9126
调整后每股净资产(元)	–	–	–	–
每股资本公积金(元)	1.2486	1.9232	1.9232	4.8464
每股盈余公积金(元)	0.2217	0.2588	0.2094	0.3671
每股未分配利润(元)	0.9469	1.2440	1.0860	1.6991
每股现金净流量(元)	–0.0192	–1.0056	–1.6211	4.8975
每股经营现金净流量(元)	0.9162	0.1950	0.1253	0.8305
净资产收益率(扣除)(%)	–	–	–	12.5000
净资产收益率(%)	7.1200	17.3900	6.2200	13.5400
总资产(万)	234536.41	225851.81	206681.55	207912.02
股东权益(万)	189952.89	189252.96	180384.30	169171.76
主营业务收入(万)	–	–	–	–
主营业务利润(万)	–	–	–	–
营业务收入(万)	70436.13	140940.82	58812.42	103206.82
营业务利润(万)	15988.19	34165.28	14023.72	25779.90
投资收益(万)	–	–	–	–
利润总额(万)	16097.95	35537.04	14644.41	26589.37
净利润(万)	13527.93	32909.20	11212.53	22904.01

上海海隆软件股份有限公司

公司概况	公司名称	上海海隆软件股份有限公司			证券简称	海隆软件
	法人代表	包叔平	董秘	李静	证券代码	002195
	公司网址	www.hyron.com		电子信箱	dongmi@hyron.com	
	电　话	021-64689626		传　真	021-64689489	
	办公地址	上海市肇嘉浜路1033号徐家汇国际大厦5楼				
	经营范围	计算机软、硬件系统及相关系统的集成、开发、咨询、销售及服务等				

主要财务指标

指标\报告期	2009.06.30	2008.12.31	2008.06.30	2007.12.31
每股收益(元)	0.1300	0.3900	0.2000	0.6200
每股收益(扣除)(元)	0.0900	0.3200	0.1900	0.5400
每股净资产(元)	3.4400	3.4200	3.2100	4.0300
调整后每股净资产(元)	–	–	–	–
每股资本公积金(元)	1.3335	1.3335	1.3335	2.0336
每股盈余公积金(元)	0.1727	0.1727	0.1345	0.1748
每股未分配利润(元)	0.9317	0.9026	0.7539	0.8150
每股现金净流量(元)	–0.2499	0.5065	0.1283	2.4922
每股经营现金净流量(元)	0.0102	0.5014	0.1489	0.4792
净资产收益率(扣除)(%)	–	–	–	10.0900
净资产收益率(%)	3.7600	11.4400	6.3600	11.4500
总资产(万)	27682.29	29077.86	26569.64	25192.89
股东权益(万)	25648.35	25494.70	23928.62	23120.13
主营业务收入(万)	–	–	–	–
主营业务利润(万)	–	–	–	–
营业务收入(万)	7973.84	17596.09	8588.83	15306.87
营业务利润(万)	772.92	2726.39	1553.79	2638.23
投资收益(万)	–	–	–	–
利润总额(万)	1064.36	3302.24	1709.59	2990.22
净利润(万)	963.69	2916.01	1521.79	2648.01

浙江方正电机股份有限公司

公司概况	公司名称	浙江方正电机股份有限公司			证券简称	方正电机
	法人代表	张敏	董秘	胡宏	证券代码	002196
	公司网址	www.fdm.com.cn		电子信箱	fdmhu@hotmail.com	
	电　话	0578-2171041、2276502		传　真	0578-2276502	
	办公地址	浙江省丽水市天宁工业区24号				
	经营范围	电机、缝纫机的制造及进出口贸易,缝纫机零件、五金工具的购销及进出口贸易				

主要财务指标

指标\报告期	2009.06.30	2008.12.31	2008.06.30	2007.12.31
每股收益(元)	0.0700	0.2200	0.1900	0.5400
每股收益(扣除)(元)	0.0500	0.1600	0.1500	0.4800
每股净资产(元)	3.3000	3.3500	3.3200	3.4300
调整后每股净资产(元)	–	–	–	–
每股资本公积金(元)	1.4773	1.4773	1.4773	1.4773
每股盈余公积金(元)	0.1536	0.1536	0.0996	0.0996
每股未分配利润(元)	0.6701	0.7194	0.7390	0.8529
每股现金净流量(元)	0.1730	–1.4652	–1.7615	1.6770
每股经营现金净流量(元)	0.2812	–0.9052	–0.0563	0.3255
净资产收益率(扣除)(%)	–	–	–	10.3800
净资产收益率(%)	2.1400	6.5800	5.6100	11.6600
总资产(万)	47783.44	47576.42	48654.51	58826.60
股东权益(万)	25467.04	25847.41	25582.18	26461.26
主营业务收入(万)	–	–	–	–
主营业务利润(万)	–	–	–	–
营业务收入(万)	12586.42	31516.35	18343.40	41331.52
营业务利润(万)	524.13	936.13	1280.38	3548.59
投资收益(万)	–	–	–	–
利润总额(万)	648.00	1707.38	1811.12	3755.66
净利润(万)	545.43	1700.65	1435.42	3086.36

深圳市证通电子股份有限公司

公司概况	公司名称	深圳市证通电子股份有限公司			证券简称	证通电子
	法人代表	曾胜强	董秘	许忠慈	证券代码	002197
	公司网址	www.szzt.com.cn		电子信箱	ztbank@szzt.com.cn	
	电　话	0755-26490118		传　真	0755-26490099	
	办公地址	广东省深圳市南山区南海大道西海岸大厦18楼				
	经营范围	电脑系统POS磁卡条码设备,办公自动化设备,通讯设备,支付电话设备等				

主要财务指标

指标\报告期	2009.06.30	2008.12.31	2008.06.30	2007.12.31
每股收益(元)	0.2560	0.7500	0.2530	0.6600
每股收益(扣除)(元)	0.1900	0.6460	0.2350	0.5900
每股净资产(元)	3.1700	4.5700	4.0700	4.0600
调整后每股净资产(元)	–	–	–	–
每股资本公积金(元)	1.2789	2.4184	2.4184	2.4184
每股盈余公积金(元)	0.0621	0.0761	0.0568	0.0445
每股未分配利润(元)	0.8255	1.0722	0.5914	0.6005
每股现金净流量(元)	–1.0311	–0.0520	–1.7027	2.7983
每股经营现金净流量(元)	–0.9157	0.3962	–0.9441	0.3964
净资产收益率(扣除)(%)	–	–	–	10.8400
净资产收益率(%)	8.0800	16.5000	6.2300	12.2100
总资产(万)	68802.92	64191.46	45409.85	50911.57
股东权益(万)	41526.53	39926.32	35554.18	35525.94
主营业务收入(万)	–	–	–	–
主营业务利润(万)	–	–	–	–
营业务收入(万)	29491.55	41464.68	16509.32	24717.03
营业务利润(万)	3254.63	6838.49	2415.12	5041.33
投资收益(万)	–	–	–	–
利润总额(万)	3851.10	7488.24	2614.94	5151.48
净利润(万)	3353.57	6586.13	2213.98	4337.49

广东嘉应制药股份有限公司

公司概况	公司名称	广东嘉应制药股份有限公司		证券简称	嘉应制药
	法人代表	陈泳洪	董秘 黄康民	证券代码	002198
	公司网址	www.gdjyzy.com.cn		电子信箱	gdjyzy@163.com
	电　话	0753-2321916		传　真	0753-2321586
	办公地址	广东省梅州市东升工业园B区			
	经营范围	生产:片剂,胶囊剂,丸剂,散剂等			

主要财务指标	指标\报告期	2009.06.30	2008.12.31	2008.06.30	2007.12.31
	每股收益(元)	0.0700	0.1700	0.0900	0.4000
	每股收益(扣除)(元)	0.0500	0.1300	0.0600	0.2400
	每股净资产(元)	2.8300	2.6800	2.6800	2.5900
	调整后每股净资产(元)	-	-	-	-
	每股资本公积金(元)	1.0375	1.0375	1.0375	1.0375
	每股盈余公积金(元)	0.0921	0.0921	0.0754	0.0754
	每股未分配利润(元)	0.7011	0.6306	0.5667	0.4800
	每股现金净流量(元)	-0.2511	-0.8742	-0.4382	1.4152
	每股经营现金净流量(元)	0.1568	0.1306	0.0138	0.2238
	净资产收益率(扣除)(%)	-	-	-	6.9900
	净资产收益率(%)	2.4900	6.0600	3.2300	11.4800
	总资产(万)	23775.59	22648.86	22648.86	24547.77
	股东权益(万)	23212.62	21973.15	21973.15	21262.42
	主营业务收入(万)	-	-	-	-
	主营业务利润(万)	-	-	-	-
	营业务收入(万)	2924.90	6634.53	2974.49	6458.06
	营业务利润(万)	486.38	1274.48	608.85	2370.41
	投资收益(万)	-	-	-	-
	利润总额(万)	650.30	1606.31	836.55	2877.10
	净利润(万)	578.09	1372.11	710.73	2441.93

浙江东晶电子股份有限公司

公司概况	公司名称	浙江东晶电子股份有限公司		证券简称	东晶电子
	法人代表	李庆跃	董秘	证券代码	002199
	公司网址	www.ecec.com.cn		电子信箱	ecec@ecec.com.cn
	电　话	0579-89186668		传　真	0579-89186677
	办公地址	浙江省金华市宾虹路二段555号			
	经营范围	电子元件、计算机及网络产品、通信产品的研发、设计、生产与销售			

主要财务指标	指标\报告期	2009.06.30	2008.12.31	2008.06.30	2007.12.31
	每股收益(元)	0.1200	0.3500	0.1918	0.5200
	每股收益(扣除)(元)	0.0908	0.2300	0.1520	0.4300
	每股净资产(元)	2.9500	3.8300	3.6700	3.6100
	调整后每股净资产(元)	-	-	-	-
	每股资本公积金(元)	1.2148	1.8792	1.8792	1.8792
	每股盈余公积金(元)	0.1411	0.1834	0.1488	0.1488
	每股未分配利润(元)	0.5919	0.7644	0.6447	0.5829
	每股现金净流量(元)	-0.8018	-1.3301	-0.4799	2.2244
	每股经营现金净流量(元)	0.3365	0.0918	0.2765	0.6602
	净资产收益率(扣除)(%)	-	-	-	8.7700
	净资产收益率(%)	4.0500	9.0400	5.2200	10.6000
	总资产(万)	38363.31	40192.25	44801.97	38366.59
	股东权益(万)	23758.80	23727.37	22770.68	22387.65
	主营业务收入(万)	-	-	-	-
	主营业务利润(万)	-	-	-	-
	营业务收入(万)	9826.78	19327.95	9537.37	19243.86
	营业务利润(万)	976.89	1997.10	1230.29	2391.98
	投资收益(万)	-	-	-	-
	利润总额(万)	1116.03	2499.11	1477.10	2794.29
	净利润(万)	961.43	2145.72	1189.03	2373.77

云南绿大地生物科技股份有限公司

公司概况	公司名称	云南绿大地生物科技股份有限公司		证券简称	绿大地
	法人代表	何学葵	董秘 唐林明	证券代码	002200
	公司网址	www.yngreen.com		电子信箱	yngreen@yngreen.com
	电　话	0871-7279185		传　真	0871-7279185
	办公地址	昆明市国家经济技术开发区经浦路6号			
	经营范围	植物种苗工厂化生产,观赏植物盆景,植物科研、培训、示范推广、技术咨询服务等			

主要财务指标	指标\报告期	2009.06.30	2008.12.31	2008.06.30	2007.12.31
	每股收益(元)	0.4100	1.0300	0.4900	1.0100
	每股收益(扣除)(元)	0.4000	1.0000	0.4900	0.9500
	每股净资产(元)	5.2000	8.8900	8.2600	7.8600
	调整后每股净资产(元)	-	-	-	-
	每股资本公积金(元)	1.9362	4.0557	4.0552	4.0552
	每股盈余公积金(元)	0.3134	0.4906	0.4281	0.3875
	每股未分配利润(元)	1.9478	3.3447	2.7732	2.4141
	每股现金净流量(元)	-0.2806	-1.8365	-1.9431	3.4420
	每股经营现金净流量(元)	-0.4817	0.5245	0.1850	-0.5398
	净资产收益率(扣除)(%)	-	-	-	9.1900
	净资产收益率(%)	7.8500	11.6300	5.9900	9.7700
	总资产(万)	110844.00	96680.46	78474.53	82968.89
	股东权益(万)	78526.67	74629.12	69303.03	65947.49
	主营业务收入(万)	-	-	-	-
	主营业务利润(万)	-	-	-	-
	营业务收入(万)	26863.18	34194.76	17475.91	25746.55
	营业务利润(万)	6145.30	8491.45	4106.65	6122.83
	投资收益(万)	-	-	-	-
	利润总额(万)	6279.60	8750.57	4171.23	6569.13
	净利润(万)	6168.19	8676.79	4151.04	6441.47

江苏九鼎新材料股份有限公司

公司概况	公司名称	江苏九鼎新材料股份有限公司		证券简称	九鼎新材
	法人代表	顾清波	董秘 徐荣	证券代码	002201
	公司网址	www.cjdg.com		电子信箱	fjb@jiudinggroup.com
	电　话	0513-87530125、87530125		传　真	0513-87513080
	办公地址	江苏省如皋市中山路1号			
	经营范围	玻璃纤维纱、织物及其制品、玻璃钢制品、其它产业纤维的织物及制品等			

主要财务指标	指标\报告期	2009.06.30	2008.12.31	2008.06.30	2007.12.31
	每股收益(元)	0.0665	0.1700	0.1142	0.3800
	每股收益(扣除)(元)	0.0600	0.1400	0.1009	0.3600
	每股净资产(元)	3.5600	3.5000	3.4400	4.3300
	调整后每股净资产(元)	-	-	-	-
	每股资本公积金(元)	1.5084	1.5084	1.5084	2.1609
	每股盈余公积金(元)	0.1617	0.1617	0.1443	0.1876
	每股未分配利润(元)	0.8916	0.8251	0.7833	0.9810
	每股现金净流量(元)	-0.4022	-0.6765	-1.3402	2.5251
	每股经营现金净流量(元)	0.1313	0.5127	0.0922	0.4293
	净资产收益率(扣除)(%)	-	-	-	8.2100
	净资产收益率(%)	1.8700	4.9600	3.3200	8.5800
	总资产(万)	74481.88	75917.80	70001.73	74153.45
	股东权益(万)	37040.59	36349.24	35734.30	34635.84
	主营业务收入(万)	-	-	-	-
	主营业务利润(万)	-	-	-	-
	营业务收入(万)	18109.31	50650.20	25812.18	45718.64
	营业务利润(万)	739.95	1691.34	1402.11	3647.57
	投资收益(万)	-	-	-	-
	利润总额(万)	816.83	2070.02	1586.94	3846.74
	净利润(万)	691.35	1803.00	1188.06	2970.36

新疆金风科技股份有限公司

公司概况	公司名称	新疆金风科技股份有限公司		证券简称	金风科技
	法人代表	武钢	董秘 蔡晓梅	证券代码	002202
	公司网址	www.goldwind.cn		电子信箱	goldwind@goldwind.cn
	电　话	0991-3767495		传　真	0991-3761781
	办公地址	新疆乌鲁木齐市经济技术开发区上海路 107 号			
	经营范围	大型风力发电机组生产销售及技术引进与开发、应用等			

主要财务指标	指标\报告期	2009.06.30	2008.12.31	2008.06.30	2007.12.31
	每股收益(元)	0.3845	0.9100	0.1500	0.7000
	每股收益(扣除)(元)	0.3789	0.9000	0.1400	0.6700
	每股净资产(元)	2.8551	3.7300	2.9800	5.7700
	调整后每股净资产(元)	–	–	–	–
	每股资本公积金(元)	1.1929	1.6695	1.6695	3.4391
	每股盈余公积金(元)	0.1127	0.1573	0.0864	0.1728
	每股未分配利润(元)	0.5582	0.9191	0.2246	1.1510
	每股现金净流量(元)	–0.9757	0.6067	–0.9389	4.6627
	每股经营现金净流量(元)	–1.0653	0.8635	–0.8339	1.0937
	净资产收益率(扣除)(%)	–	–	–	21.0400
	净资产收益率(%)	13.4667	24.5200	5.0000	21.8400
	总资产(万)	1094990.82	1106521.23	699318.48	546757.15
	股东权益(万)	399711.60	373030.19	298343.96	288325.09
	主营业务收入(万)	–	–	–	–
	主营业务利润(万)	–	–	–	–
	营业务收入(万)	380798.90	645780.97	120449.15	310302.60
	营业务利润(万)	66601.94	114261.65	19514.87	61002.23
	投资收益(万)	–	–	–	–
	利润总额(万)	74019.57	116266.71	20378.13	62663.28
	净利润(万)	53828.08	91452.86	14912.50	62959.91

浙江海亮股份有限公司

公司概况	公司名称	浙江海亮股份有限公司		证券简称	海亮股份
	法人代表	冯海良	董秘 汪鸣	证券代码	002203
	公司网址	www.hailiang.com		电子信箱	gfoffice@hailiang.com
	电　话	0575-87069033		传　真	0575-87069031
	办公地址	浙江省诸暨市店口镇工业区			
	经营范围	制造、加工铜管、铜板带、铜箔及相关铜制品			

主要财务指标	指标\报告期	2009.06.30	2008.12.31	2008.06.30	2007.12.31
	每股收益(元)	0.2203	0.4430	0.2607	0.5049
	每股收益(扣除)(元)	0.2151	0.4379	0.2454	0.4946
	每股净资产(元)	3.4400	3.4400	3.2500	2.0100
	调整后每股净资产(元)	–	–	–	–
	每股资本公积金(元)	1.2372	1.3388	1.3202	0.0282
	每股盈余公积金(元)	0.1777	0.1467	0.1459	0.1383
	每股未分配利润(元)	1.0601	0.9908	0.8084	0.8467
	每股现金净流量(元)	0.8290	1.2032	1.8002	0.4174
	每股经营现金净流量(元)	–0.1419	1.0995	0.1293	0.0670
	净资产收益率(扣除)(%)	–	–	–	24.6600
	净资产收益率(%)	6.4000	12.7200	7.8300	25.1800
	总资产(万)	415091.27	331887.79	388872.02	283822.45
	股东权益(万)	137641.78	137695.24	130078.73	69203.83
	主营业务收入(万)	–	–	–	–
	主营业务利润(万)	–	–	–	–
	营业务收入(万)	276668.71	790600.65	457093.81	676810.40
	营业务利润(万)	9376.56	19225.63	10624.84	16617.69
	投资收益(万)	–	–	–	–
	利润总额(万)	9890.79	20206.85	11375.74	17773.33
	净利润(万)	8813.13	17521.22	10190.30	17423.83

大连华锐重工铸钢股份有限公司

公司概况	公司名称	大连华锐重工铸钢股份有限公司		证券简称	华锐铸钢
	法人代表	宋甲晶	董秘 许振新(代)	证券代码	002204
	公司网址	wangzye@dhidcw.com		电子信箱	wangzye@dhidcw.com
	电　话	0411-86426216,86427720		传　真	0411-86427921
	办公地址	辽宁省大连市甘井子区新水泥路 8 号			
	经营范围	铸钢件、铸铁件、铸铜件、锻件加工制造等			

主要财务指标	指标\报告期	2009.06.30	2008.12.31	2008.06.30	2007.12.31
	每股收益(元)	0.3500	0.6200	0.2800	0.5100
	每股收益(扣除)(元)	0.3500	0.6200	0.2743	0.5000
	每股净资产(元)	4.5500	4.3700	4.0400	1.7700
	调整后每股净资产(元)	–	–	–	–
	每股资本公积金(元)	2.5082	2.5082	2.5082	0.2288
	每股盈余公积金(元)	0.1804	0.1804	0.1211	0.1619
	每股未分配利润(元)	0.8589	0.6671	0.4065	0.3834
	每股现金净流量(元)	–0.6991	0.9812	1.6541	0.2687
	每股经营现金净流量(元)	0.1309	0.0516	–0.2652	0.8947
	净资产收益率(扣除)(%)	–	–	–	27.1300
	净资产收益率(%)	7.7400	13.8100	6.6900	27.3700
	总资产(万)	227082.50	201836.67	146497.49	72258.48
	股东权益(万)	97315.49	93210.35	86363.84	28386.00
	主营业务收入(万)	–	–	–	–
	主营业务利润(万)	–	–	–	–
	营业务收入(万)	69616.72	86442.57	43339.69	68652.39
	营业务利润(万)	8350.89	13865.22	5887.03	9704.46
	投资收益(万)	–	–	–	–
	利润总额(万)	9037.96	14948.58	7175.17	10556.87
	净利润(万)	7529.84	12910.11	5773.66	7768.12

新疆国统管道股份有限公司

公司概况	公司名称	新疆国统管道股份有限公司		证券简称	国统股份
	法人代表	徐永平	董秘 栾秀英	证券代码	002205
	公司网址	www.xjgt.com		电子信箱	gtgf521@126.com
	电　话	0991-6911685		传　真	0991-6913002
	办公地址	新疆维吾尔自治区乌鲁木齐市米东区			
	经营范围	预应力钢筒砼管、各种输水管道及其异型管件和配件等			

主要财务指标	指标\报告期	2009.06.30	2008.12.31	2008.06.30	2007.12.31
	每股收益(元)	0.1500	0.6700	0.1500	0.5100
	每股收益(扣除)(元)	0.1500	0.3800	0.1400	0.4100
	每股净资产(元)	3.2900	3.9800	3.5400	2.3800
	调整后每股净资产(元)	–	–	–	–
	每股资本公积金(元)	1.1367	1.4209	1.4997	0.0213
	每股盈余公积金(元)	0.1364	0.1706	0.1445	0.1926
	每股未分配利润(元)	1.0202	1.3837	0.8984	1.1683
	每股现金净流量(元)	–0.0624	0.2801	0.4857	–0.0326
	每股经营现金净流量(元)	–0.0155	–0.6852	–0.4531	–0.1404
	净资产收益率(扣除)(%)	–	–	–	17.1100
	净资产收益率(%)	4.4100	16.4400	4.0100	21.2500
	总资产(万)	80884.20	68092.29	62804.10	49121.24
	股东权益(万)	32934.00	31801.08	28340.20	14293.09
	主营业务收入(万)	–	–	–	–
	主营业务利润(万)	–	–	–	–
	营业务收入(万)	13759.61	39808.63	15621.14	33644.45
	营业务利润(万)	1789.45	4063.36	1529.30	3254.82
	投资收益(万)	–	–	–	–
	利润总额(万)	1757.70	6076.47	1545.14	3368.31
	净利润(万)	1452.93	5228.30	1137.11	3037.63

浙江海利得新材料股份有限公司

公司概况	公司名称	浙江海利得新材料股份有限公司			证券简称	海利得
	法人代表	高利民	董秘	黄卫书	证券代码	002206
	公司网址	www.hailide.com.cn		电子信箱	hld@hailide.cn	
	电　话	0573-87989889、87989196		传　真	0573-87989196	
	办公地址	浙江省海宁市马桥镇经编园区经编六路1号				
	经营范围	电脑喷绘胶片布、高速公路专用格栅布、PVC涂层材料、聚酯工业长丝等				

主要财务指标	指标\报告期	2009.06.30	2008.12.31	2008.06.30	2007.12.31
	每股收益(元)	0.4900	0.7500	0.3500	0.8900
	每股收益(扣除)(元)	0.4700	0.7200	0.3100	0.8000
	每股净资产(元)	6.9800	6.7200	6.3100	3.5100
	调整后每股净资产(元)	–	–	–	–
	每股资本公积金(元)	3.7111	3.7111	3.7111	0.5334
	每股盈余公积金(元)	0.3354	0.3354	0.2624	0.3527
	每股未分配利润(元)	1.9376	1.6707	1.3368	1.6198
	每股现金净流量(元)	–1.1810	1.2540	1.4238	0.1176
	每股经营现金净流量(元)	0.1474	1.5789	0.4694	0.8251
	净资产收益率(扣除)(%)	–	–	–	22.6500
	净资产收益率(%)	6.9700	10.9900	5.2600	25.1800
	总资产(万)	99640.78	95169.60	100518.00	82326.10
	股东权益(万)	87301.68	83964.57	78878.95	32605.19
	主营业务收入(万)	–	–	–	–
	主营业务利润(万)	–	–	–	–
	营业务收入(万)	43784.09	105804.04	53174.35	86610.63
	营业务利润(万)	6830.64	10067.69	4823.60	8847.95
	投资收益(万)	–	–	–	–
	利润总额(万)	7048.04	10652.83	5234.89	9636.32
	净利润(万)	6087.12	9231.68	4146.06	8209.28

新疆准东石油技术股份有限公司

公司概况	公司名称	新疆准东石油技术股份有限公司			证券简称	准油股份
	法人代表	秦勇	董秘	沙克洪	证券代码	002207
	公司网址	www.zygf.com.cn		电子信箱	shakh@126.com	
	电　话	0991-3858446、3830619		传　真	0991-3858446、3830529	
	办公地址	新疆阜康准东石油基地				
	经营范围	油田技术服务、仪器、仪表的维修及检定、采油技术咨询、油气伴生资源综合利用等				

主要财务指标	指标\报告期	2009.06.30	2008.12.31	2008.06.30	2007.12.31
	每股收益(元)	–0.1100	0.2300	0.0400	0.3600
	每股收益(扣除)(元)	–0.1000	0.2200	0.0400	0.3600
	每股净资产(元)	3.3500	3.6600	3.4800	2.4000
	调整后每股净资产(元)	–	–	–	–
	每股资本公积金(元)	1.4933	1.4933	1.4933	0.0000
	每股盈余公积金(元)	0.1881	0.1881	0.1717	0.2293
	每股未分配利润(元)	0.6723	0.9795	0.8148	1.1664
	每股现金净流量(元)	–0.9068	0.8896	1.2812	0.8824
	每股经营现金净流量(元)	–0.2166	0.2364	–0.5844	1.2161
	净资产收益率(扣除)(%)	–	–	–	15.2300
	净资产收益率(%)	–3.2000	6.0800	1.1900	15.1400
	总资产(万)	62172.38	58906.98	53173.53	33926.45
	股东权益(万)	33354.96	36410.54	34608.72	17837.80
	主营业务收入(万)	–	–	–	–
	主营业务利润(万)	–	–	–	–
	营业务收入(万)	9875.23	26735.63	9159.96	25415.86
	营业务利润(万)	–799.15	2618.02	466.62	3231.85
	投资收益(万)	–	–	–	–
	利润总额(万)	–906.72	2635.44	494.90	3270.40
	净利润(万)	–1066.40	2215.27	413.45	2700.35

合肥城建发展股份有限公司

公司概况	公司名称	合肥城建发展股份有限公司			证券简称	合肥城建
	法人代表	王晓毅	董秘	张金生	证券代码	002208
	公司网址	www.hucd.cn		电子信箱	hucdtf@sina.com	
	电　话	0551-2661908、2661906		传　真	0551-2661906	
	办公地址	合肥市长江中路319号仁和大厦23-24层				
	经营范围	房地产开发及商品房销售、租赁、售后服务等				

主要财务指标	指标\报告期	2009.06.30	2008.12.31	2008.06.30	2007.12.31
	每股收益(元)	0.1200	0.5300	0.2500	0.6300
	每股收益(扣除)(元)	0.1200	0.5300	0.2600	0.5800
	每股净资产(元)	4.6300	4.7000	4.4300	3.6000
	调整后每股净资产(元)	–	–	–	–
	每股资本公积金(元)	2.3365	2.3365	2.3365	0.5044
	每股盈余公积金(元)	0.5921	0.5921	0.4846	0.9696
	每股未分配利润(元)	0.6966	0.7759	0.6086	1.1270
	每股现金净流量(元)	–0.6285	0.9624	1.5327	–0.9711
	每股经营现金净流量(元)	–0.4267	–1.0667	–0.9482	–1.2190
	净资产收益率(扣除)(%)	–	–	–	24.1800
	净资产收益率(%)	2.6100	11.0500	5.5400	26.2600
	总资产(万)	158833.61	146243.81	133468.79	103920.97
	股东权益(万)	74026.12	75295.17	70898.37	28807.48
	主营业务收入(万)	–	–	–	–
	主营业务利润(万)	–	–	–	–
	营业务收入(万)	20116.99	42576.71	20383.32	41821.82
	营业务利润(万)	2651.89	11302.76	5356.61	11346.41
	投资收益(万)	–	–	–	–
	利润总额(万)	2648.26	11214.35	5262.79	11348.58
	净利润(万)	1931.95	8322.92	3926.13	7565.08

广州达意隆包装机械股份有限公司

公司概况	公司名称	广州达意隆包装机械股份有限公司			证券简称	达意隆
	法人代表	张颂明	董秘	王卫东	证券代码	002209
	公司网址	www.tech-long.com		电子信箱	public@tech-long.com	
	电　话	020-82266151、62956877		传　真	020-82265536	
	办公地址	广州市萝岗区云埔一路23号				
	经营范围	研究、开发、加工、制造、修理、租赁:包装机械、食品机械、饮料机械等				

主要财务指标	指标\报告期	2009.06.30	2008.12.31	2008.06.30	2007.12.31
	每股收益(元)	0.1715	0.3012	0.1400	0.3600
	每股收益(扣除)(元)	0.1500	0.2328	0.1200	0.3200
	每股净资产(元)	2.8600	2.7400	2.5800	2.0800
	调整后每股净资产(元)	–	–	–	–
	每股资本公积金(元)	1.0803	1.0803	1.0803	0.5229
	每股盈余公积金(元)	0.0830	0.0830	0.0535	0.0717
	每股未分配利润(元)	0.6991	0.5775	0.4448	0.4858
	每股现金净流量(元)	–0.2153	0.2155	0.3799	0.2488
	每股经营现金净流量(元)	0.2269	–0.1410	–0.2511	0.4074
	净资产收益率(扣除)(%)	–	–	–	15.3600
	净资产收益率(%)	5.9900	10.7600	5.1400	17.4600
	总资产(万)	75029.15	75750.66	71124.16	55196.87
	股东权益(万)	32630.67	31245.13	29396.07	17683.52
	主营业务收入(万)	–	–	–	–
	主营业务利润(万)	–	–	–	–
	营业务收入(万)	24361.88	49306.43	23394.71	35385.21
	营业务利润(万)	2024.65	2998.10	1731.76	3428.46
	投资收益(万)	–	–	–	–
	利润总额(万)	2272.96	3897.28	1988.64	3861.63
	净利润(万)	1955.54	3360.82	1511.76	3087.73

深圳市飞马国际供应链股份有限公司

公司概况

公司名称	深圳市飞马国际供应链股份有限公司			证券简称	飞马国际
法人代表	黄固喜	董秘	张健江	证券代码	002210
公司网址	www.fmscm.com		电子信箱	Leer.pan@fmscm.com	
电　　话	0755-33356368		传　　真	0755-33356399	
办公地址	广东省深圳市福田区深南大道 7008 号阳光高尔夫大厦 26 楼 2601 室				
经营范围	承办海运、陆运、空运进出口货物的国际运输代理业务等				

主要财务指标

指标\报告期	2009.06.30	2008.12.31	2008.06.30	2007.12.31
每股收益(元)	0.1013	0.2660	0.2140	0.4292
每股收益(扣除)(元)	0.0898	0.2182	0.1991	0.4100
每股净资产(元)	2.1400	3.1600	3.1100	1.5200
调整后每股净资产(元)	–	–	–	–
每股资本公积金(元)	0.7485	1.6227	1.6227	0.0180
每股盈余公积金(元)	0.0457	0.0685	0.0363	0.0489
每股未分配利润(元)	0.3443	0.4645	0.4467	0.4563
每股现金净流量(元)	2.3343	1.1760	0.4869	0.3255
每股经营现金净流量(元)	0.1020	–0.2322	–0.4015	–0.9252
净资产收益率(扣除)(%)	–	–	–	27.1100
净资产收益率(%)	4.7374	8.1696	6.6900	27.7100
总资产(万)	172089.76	114654.09	71157.09	52736.04
股东权益(万)	43630.49	42924.96	42238.81	15384.20
主营业务收入(万)	–	–	–	–
主营业务利润(万)	–	–	–	–
营业务收入(万)	79255.73	234893.04	90465.05	59046.32
营业务利润(万)	2301.48	3589.79	3272.21	4999.70
投资收益(万)	–	–	–	–
利润总额(万)	2593.84	4356.09	3512.74	5108.57
净利润(万)	2066.95	3506.78	2827.47	4263.12

江苏宏达新材料股份有限公司

公司概况

公司名称	江苏宏达新材料股份有限公司			证券简称	宏达新材
法人代表	朱德洪	董秘	王云	证券代码	002211
公司网址	www.jshdxc.com		电子信箱	wangyun790929@sohu.com	
电　　话	0511-88222923		传　　真	0511-88224293、88224579	
办公地址	扬中市明珠广场				
经营范围	有机硅单体及副产品的生产加工;生产销售硅油等				

主要财务指标

指标\报告期	2009.06.30	2008.12.31	2008.06.30	2007.12.31
每股收益(元)	0.0600	0.1800	0.1600	0.4900
每股收益(扣除)(元)	0.0500	0.1800	0.1400	0.4600
每股净资产(元)	3.8500	3.8400	3.8100	1.6600
调整后每股净资产(元)	–	–	–	–
每股资本公积金(元)	2.2738	2.2738	2.2738	0.0000
每股盈余公积金(元)	0.0860	0.0860	0.0583	0.1682
每股未分配利润(元)	0.4910	0.4808	0.4827	1.2532
每股现金净流量(元)	0.0234	0.1694	0.5912	–0.0557
每股经营现金净流量(元)	0.1897	0.0286	–0.1803	0.5618
净资产收益率(扣除)(%)	–	–	–	26.4100
净资产收益率(%)	1.5600	4.6900	3.8900	28.4500
总资产(万)	134116.67	129819.87	116285.66	85171.58
股东权益(万)	93142.02	92896.03	92271.70	30000.53
主营业务收入(万)	–	–	–	–
主营业务利润(万)	–	–	–	–
营业务收入(万)	25223.09	64346.13	32187.89	62378.16
营业务利润(万)	1805.12	5177.59	4564.80	9142.40
投资收益(万)	–	–	–	–
利润总额(万)	1943.74	5360.51	4818.90	9724.69
净利润(万)	1455.38	4358.11	3592.02	8534.93

广东南洋电缆集团股份有限公司

公司概况

公司名称	广东南洋电缆集团股份有限公司			证券简称	南洋股份
法人代表	郑钟南	董秘	陈琼辉	证券代码	002212
公司网址	www.nanyangcable.com		电子信箱	chenqionghui@163.com	
电　　话	0754-86332188		传　　真	0754-86332188	
办公地址	广东省汕头市珠津工业区珠津二街 1 号				
经营范围	电力电缆、电气装备用电线电缆的研发、生产和销售等				

主要财务指标

指标\报告期	2009.06.30	2008.12.31	2008.06.30	2007.12.31
每股收益(元)	0.2300	0.8500	0.3200	0.8300
每股收益(扣除)(元)	0.2400	–	0.3200	0.8300
每股净资产(元)	4.4200	6.8300	6.3000	3.1400
调整后每股净资产(元)	–	–	–	–
每股资本公积金(元)	1.9427	3.4141	3.4141	0.0080
每股盈余公积金(元)	0.0680	0.1021	0.0621	0.0830
每股未分配利润(元)	1.4067	2.3103	1.8280	2.0539
每股现金净流量(元)	–0.8116	2.7960	2.4656	0.1606
每股经营现金净流量(元)	–0.0661	0.7049	–0.3873	0.4188
净资产收益率(扣除)(%)	–	12.1600	–	26.4300
净资产收益率(%)	5.2800	12.2100	4.9300	26.3900
总资产(万)	122778.50	125890.55	120685.96	64817.17
股东权益(万)	100056.14	103079.46	95193.57	35536.43
主营业务收入(万)	–	–	–	–
主营业务利润(万)	–	–	–	–
营业务收入(万)	44630.32	137651.60	60155.63	116180.32
营业务利润(万)	7759.61	17099.45	6671.15	12270.13
投资收益(万)	–	–	–	–
利润总额(万)	7698.47	17160.66	6706.06	12254.66
净利润(万)	5281.68	12582.71	4696.82	9377.71

深圳市特尔佳科技股份有限公司

公司概况

公司名称	深圳市特尔佳科技股份有限公司			证券简称	特尔佳
法人代表	张慧民	董秘	张昱波	证券代码	002213
公司网址	www.terca.cn		电子信箱	stock@terca.cn	
电　　话	0755-26513588		传　　真	0755-26519166	
办公地址	深圳市宝安区观澜高新技术产业园特尔佳观澜厂区				
经营范围	运输科技产品及机电设备的开发、技术咨询;国内商业等				

主要财务指标

指标\报告期	2009.06.30	2008.12.31	2008.06.30	2007.12.31
每股收益(元)	0.0800	0.2500	0.1000	0.3100
每股收益(扣除)(元)	0.0700	0.1500	0.0900	0.2700
每股净资产(元)	2.2000	2.2200	2.0800	1.3600
调整后每股净资产(元)	–	–	–	–
每股资本公积金(元)	0.8082	0.8082	0.8082	0.0006
每股盈余公积金(元)	0.0520	0.0520	0.0280	0.0375
每股未分配利润(元)	0.3364	0.3598	0.2419	0.3251
每股现金净流量(元)	–0.1599	0.6832	0.6135	–0.0947
每股经营现金净流量(元)	0.2175	0.1153	0.0501	0.2238
净资产收益率(扣除)(%)	–	–	–	19.8300
净资产收益率(%)	3.4879	10.8400	4.7600	22.7900
总资产(万)	29604.43	30609.27	30694.98	21117.47
股东权益(万)	22624.63	22865.49	21405.07	10496.51
主营业务收入(万)	–	–	–	–
主营业务利润(万)	–	–	–	–
营业务收入(万)	5288.63	15326.80	7412.26	13571.83
营业务利润(万)	770.75	1401.01	896.99	2134.57
投资收益(万)	–	–	–	–
利润总额(万)	904.29	2749.01	1102.10	2448.80
净利润(万)	789.13	2478.93	1018.51	2391.73

浙江大立科技股份有限公司

公司概况	公司名称	浙江大立科技股份有限公司			证券简称	大立科技
	法人代表	蒋国兴 庞惠民	董秘	刘晓松	证券代码	002214
	公司网址	www.dali-tech.com		电子信箱	dali5625@dali-tech.com	
	电　话	0571-86695649、86695670		传　真	0571-86695626	
	办公地址	浙江省杭州市高新技术开发区(滨江)滨康路639号				
	经营范围	机电设备、计算机、软件及网络工程、电子产品、测试技术的投资开发及技术转让等				

主要财务指标	指标\报告期	2009.06.30	2008.12.31	2008.06.30	2007.12.31
	每股收益(元)	0.1200	0.4000	0.1400	0.5000
	每股收益(扣除)(元)	0.1100	0.3600	0.1300	0.4500
	每股净资产(元)	3.3700	3.3400	3.0900	1.9900
	调整后每股净资产(元)	–	–	–	–
	每股资本公积金(元)	1.3190	1.3190	1.3190	0.0147
	每股盈余公积金(元)	0.1310	0.1310	0.0919	0.1225
	每股未分配利润(元)	0.9165	0.8929	0.6759	0.8541
	每股现金净流量(元)	–0.4019	1.3524	1.1906	0.2849
	每股经营现金净流量(元)	–0.0750	–0.4036	–0.1558	0.2445
	净资产收益率(扣除)(%)	–	–	–	22.7000
	净资产收益率(%)	3.6700	11.7100	4.3800	25.3400
	总资产(万)	51481.94	51376.10	44486.77	28689.34
	股东权益(万)	33664.80	33429.04	30867.87	14934.70
	主营业务收入(万)	–	–	–	–
	主营业务利润(万)	–	–	–	–
	营业务收入(万)	7614.01	21505.92	10019.15	18159.68
	营业务利润(万)	1069.48	3215.88	1079.98	2380.74
	投资收益(万)	–	–	–	–
	利润总额(万)	1412.73	4206.02	1353.33	3783.74
	净利润(万)	1235.76	3914.49	1353.33	3783.72

深圳诺普信农化股份有限公司

公司概况	公司名称	深圳诺普信农化股份有限公司			证券简称	诺普信
	法人代表	卢柏强	董秘	王时豪	证券代码	002215
	公司网址	www.noposion.com		电子信箱	npx002215@126.com	
	电　话	0755-29977586		传　真	0755-27697715	
	办公地址	广东省深圳市宝安区西乡水库路113号				
	经营范围	农药加工、复配,农化产品应用技术研究;农药销售等				

主要财务指标	指标\报告期	2009.06.30	2008.12.31	2008.06.30	2007.12.31
	每股收益(元)	0.4600	0.6000	0.3500	0.5400
	每股收益(扣除)(元)	0.4600	0.5800	0.5700	0.5200
	每股净资产(元)	2.9100	3.4200	4.4000	2.0200
	调整后每股净资产(元)	–	–	–	–
	每股资本公积金(元)	0.8253	1.4362	2.1671	0.1306
	每股盈余公积金(元)	0.0614	0.0799	0.0428	0.0571
	每股未分配利润(元)	1.0234	0.9067	1.1925	0.8339
	每股现金净流量(元)	0.0917	1.2636	1.7958	–0.4089
	每股经营现金净流量(元)	0.2600	0.4054	–0.1003	0.0336
	净资产收益率(扣除)(%)	–	–	–	33.5400
	净资产收益率(%)	15.9600	17.1800	12.8800	34.8900
	总资产(万)	97619.91	71723.96	77679.40	35772.26
	股东权益(万)	59018.35	53395.80	52828.36	18194.04
	主营业务收入(万)	–	–	–	–
	主营业务利润(万)	–	–	–	–
	营业务收入(万)	89628.90	106591.68	71982.34	72237.57
	营业务利润(万)	11869.76	10629.63	8266.05	8018.25
	投资收益(万)	–	–	–	–
	利润总额(万)	11971.64	11079.48	8225.20	8052.32
	净利润(万)	9417.90	9171.60	6804.17	6347.71

郑州三全食品股份有限公司

公司概况	公司名称	郑州三全食品股份有限公司			证券简称	三全食品
	法人代表	陈泽民	董秘	郑晓东	证券代码	002216
	公司网址	www.sanquan.com		电子信箱	sanquan@sanquan.com	
	电　话	0371-63987832		传　真	0371-63988183	
	办公地址	河南省郑州市综合投资区长兴路中段				
	经营范围	速冻食品、方便快餐食品、常温食品、速冻调制食品的生产和销售				

主要财务指标	指标\报告期	2009.06.30	2008.12.31	2008.06.30	2007.12.31
	每股收益(元)	0.2572	0.8692	0.5447	1.0200
	每股收益(扣除)(元)	0.2517	0.8569	0.5270	0.9700
	每股净资产(元)	4.7700	9.2300	8.8700	4.2100
	调整后每股净资产(元)	–	–	–	–
	每股资本公积金(元)	2.0613	5.1227	5.1184	0.1918
	每股盈余公积金(元)	0.1104	0.2209	0.1553	0.2074
	每股未分配利润(元)	1.6004	2.8864	2.6000	2.8063
	每股现金净流量(元)	0.4601	3.4743	4.2790	0.8716
	每股经营现金净流量(元)	0.4039	1.6068	0.5429	1.0722
	净资产收益率(扣除)(%)	–	–	–	23.1000
	净资产收益率(%)	5.3900	9.2200	5.6200	24.3600
	总资产(万)	136261.83	148197.80	129786.38	106500.79
	股东权益(万)	89240.54	86299.97	82969.22	29438.91
	主营业务收入(万)	–	–	–	–
	主营业务利润(万)	–	–	–	–
	营业务收入(万)	79873.58	138276.44	75290.09	124929.06
	营业务利润(万)	4692.66	6154.69	4527.87	4581.13
	投资收益(万)	–	–	–	–
	利润总额(万)	5518.11	8240.99	5389.43	6794.16
	净利润(万)	4810.57	7956.82	4666.12	7172.24

山东联合化工股份有限公司

公司概况	公司名称	山东联合化工股份有限公司			证券简称	联合化工
	法人代表	王宜明	董秘	范修巨	证券代码	002217
	公司网址	www.lianhechem.com.cn		电子信箱	fxj6306@sina.com	
	电　话	0533-3261986、3251274		传　真	0533-3286374、3251274	
	办公地址	山东省沂源县城东风路36号				
	经营范围	生产经营本企业自产产品及技术的出口业务等				

主要财务指标	指标\报告期	2009.06.30	2008.12.31	2008.06.30	2007.12.31
	每股收益(元)	0.1500	1.0700	0.4000	0.5900
	每股收益(扣除)(元)	0.1300	1.0500	–	0.4400
	每股净资产(元)	3.1300	4.6200	4.1600	2.2000
	调整后每股净资产(元)	–	–	–	–
	每股资本公积金(元)	1.0483	2.0911	2.0869	0.0909
	每股盈余公积金(元)	0.1020	0.1969	0.0560	0.1077
	每股未分配利润(元)	0.9363	1.3311	1.0182	0.9977
	每股现金净流量(元)	–0.1066	2.1489	2.1576	–0.7102
	每股经营现金净流量(元)	0.2111	1.2337	0.7151	0.6042
	净资产收益率(扣除)(%)	–	–	–	24.1600
	净资产收益率(%)	4.7100	22.1200	13.9600	32.3700
	总资产(万)	103030.28	93017.74	81885.22	43781.78
	股东权益(万)	69861.59	68665.34	61857.97	20421.26
	主营业务收入(万)	–	–	–	–
	主营业务利润(万)	–	–	–	–
	营业务收入(万)	28250.22	80491.38	41577.17	52998.79
	营业务利润(万)	2499.56	18273.88	10568.61	8751.35
	投资收益(万)	–	–	–	–
	利润总额(万)	2953.81	18519.59	10555.17	9420.33
	净利润(万)	3288.82	15187.75	8632.66	6609.91

深圳市拓日新能源科技股份有限公司

公司概况						
	公司名称	深圳市拓日新能源科技股份有限公司			证券简称	拓日新源
	法人代表	陈五奎	董秘	周崇尧	证券代码	002218
	公司网址	www.topraysolar.cn		电子信箱	Zhouchongyao@topraysolar.com	
	电　话	0755-29680031		传　真	0755-29680300	
	办公地址	深圳市南山区侨香路 6060 号香年广场 A 栋 8 楼 802-804 室				
	经营范围	研发、生产及销售太阳电池芯片、太阳电池组件、太阳能供电电源等				

主要财务指标	指标\报告期	2009.06.30	2008.12.31	2008.06.30	2007.12.31
	每股收益(元)	0.0700	0.3900	0.2100	0.4800
	每股收益(扣除)(元)	0.0600	0.3500	0.1700	0.4200
	每股净资产(元)	2.4000	3.5200	3.3300	1.6200
	调整后每股净资产(元)	–	–	–	–
	每股资本公积金(元)	0.9825	1.9737	1.9658	0.0563
	每股盈余公积金(元)	0.0545	0.0818	0.0434	0.0694
	每股未分配利润(元)	0.3621	0.4655	0.3232	0.4976
	每股现金净流量(元)	0.9192	0.0715	1.6305	0.1032
	每股经营现金净流量(元)	0.0411	0.1034	–0.3689	0.4446
	净资产收益率(扣除)(%)	–	–	–	31.2200
	净资产收益率(%)	2.8500	10.8000	5.9900	35.5900
	总资产(万)	93731.40	76097.60	68430.92	22388.86
	股东权益(万)	69094.13	67602.53	63980.85	19478.64
	主营业务收入(万)	–	–	–	–
	主营业务利润(万)	–	–	–	–
	营业务收入(万)	10551.77	29477.27	12787.98	20479.70
	营业务利润(万)	2157.18	7647.65	3799.61	7105.31
	投资收益(万)	–	–	–	–
	利润总额(万)	2338.41	8681.51	4221.02	7432.68
	净利润(万)	1971.60	7304.24	3833.29	6933.31

甘肃独一味生物制药股份有限公司

公司概况						
	公司名称	甘肃独一味生物制药股份有限公司			证券简称	独一味
	法人代表	朱锦	董秘	黄英	证券代码	002219
	公司网址	www.duyiwei.com		电子信箱	duyiwei@duyiwei.com	
	电　话	028-85950888×8618		传　真	028-85950652	
	办公地址	四川省成都市锦江工业开发区金石路 456 号				
	经营范围	片剂、糖浆剂、颗粒剂、散剂、酒剂、硬胶囊剂、软胶囊剂、口服液等				

主要财务指标	指标\报告期	2009.06.30	2008.12.31	2008.06.30	2007.12.31
	每股收益(元)	0.2220	0.5000	0.2900	0.4800
	每股收益(扣除)(元)	0.2226	0.4200	0.3000	0.4500
	每股净资产(元)	3.5600	3.3400	3.1300	2.0400
	调整后每股净资产(元)	–	–	–	2.0400
	每股资本公积金(元)	1.3718	1.3718	1.3718	0.3824
	每股盈余公积金(元)	0.0970	0.0970	0.0494	0.0659
	每股未分配利润(元)	1.0936	0.8716	0.7125	0.5906
	每股现金净流量(元)	–0.2036	0.5358	0.9392	0.3898
	每股经营现金净流量(元)	0.1715	0.2395	0.1152	0.4554
	净资产收益率(扣除)(%)	–	–	–	22.1300
	净资产收益率(%)	6.2300	14.2700	8.6000	23.6800
	总资产(万)	38183.61	35890.68	36038.69	23642.21
	股东权益(万)	33272.84	31199.46	29268.10	14272.37
	主营业务收入(万)	–	–	–	–
	主营业务利润(万)	–	–	–	–
	营业务收入(万)	14257.16	28583.84	13952.05	19823.19
	营业务利润(万)	2400.95	4577.78	3053.12	3784.03
	投资收益(万)	–	–	–	–
	利润总额(万)	2394.21	5311.15	2969.89	4044.05
	净利润(万)	2073.38	4451.12	2517.67	3379.67

大连天宝绿色食品股份有限公司

公司概况						
	公司名称	大连天宝绿色食品股份有限公司			证券简称	天宝股份
	法人代表	黄作庆	董秘	孙立涛	证券代码	002220
	公司网址	www.cn-tianbao.com		电子信箱	planning@cn-tianbao.com	
	电　话	0411-39330110		传　真	0411-39330208	
	办公地址	大连市金州区拥政街道三里村 624 号				
	经营范围	进出口业务，经营本企业的进料加工和“三来一补”业务；农副产品等				

主要财务指标	指标\报告期	2009.06.30	2008.12.31	2008.06.30	2007.12.31
	每股收益(元)	0.2200	0.7100	0.5700	0.6600
	每股收益(扣除)(元)	0.1800	0.6800	0.5400	0.6600
	每股净资产(元)	5.3600	5.3700	7.1213	3.2600
	调整后每股净资产(元)	–	–	–	–
	每股资本公积金(元)	2.9371	2.9371	4.5119	0.7972
	每股盈余公积金(元)	0.1844	0.1844	0.1616	0.2175
	每股未分配利润(元)	1.2427	1.2476	1.4478	1.2484
	每股现金净流量(元)	0.5591	0.0788	1.3955	0.0774
	每股经营现金净流量(元)	–0.5780	–1.3891	–1.0683	0.7339
	净资产收益率(扣除)(%)	–	–	–	28.1700
	净资产收益率(%)	4.0100	12.8500	7.3100	28.1100
	总资产(万)	102304.92	90789.17	89771.76	61230.48
	股东权益(万)	52569.33	52617.53	49849.13	16967.88
	主营业务收入(万)	–	–	–	–
	主营业务利润(万)	–	–	–	–
	营业务收入(万)	29935.24	63597.02	29632.89	43143.38
	营业务利润(万)	1789.02	6485.63	3449.07	4779.10
	投资收益(万)	–	–	–	–
	利润总额(万)	2107.72	6761.34	3642.93	4769.41
	净利润(万)	2107.72	6761.34	3642.93	4769.41

张家港东华能源股份有限公司

公司概况						
	公司名称	张家港东华能源股份有限公司			证券简称	东华能源
	法人代表	周一峰	董秘	陈建政	证券代码	002221
	公司网址	www.zouec.com		电子信箱	tzz@zouec.com	
	电　话	0512-58322506		传　真	0512-58322500	
	办公地址	江苏省张家港市保税区北京路长乐大厦				
	经营范围	生产、储存低温常压液化石油气，储存化工品、正丁醇、异丁醇、甲苯等				

主要财务指标	指标\报告期	2009.06.30	2008.12.31	2008.06.30	2007.12.31
	每股收益(元)	0.0250	0.1500	0.0250	0.2600
	每股收益(扣除)(元)	0.0210	0.1400	0.0260	0.2600
	每股净资产(元)	2.4100	2.4050	2.2800	1.2600
	调整后每股净资产(元)	–	–	–	–
	每股资本公积金(元)	1.0820	1.0820	1.0820	0.0024
	每股盈余公积金(元)	0.0664	0.0664	0.0196	0.0262
	每股未分配利润(元)	0.2619	0.2568	0.1792	0.2334
	每股现金净流量(元)	–0.4176	0.8418	0.8182	0.5999
	每股经营现金净流量(元)	–0.9730	0.5989	–0.4105	1.0572
	净资产收益率(扣除)(%)	–	–	–	20.5600
	净资产收益率(%)	1.0400	6.1200	1.0100	20.5700
	总资产(万)	116050.97	122768.21	100053.21	77518.24
	股东权益(万)	53508.14	53394.73	50634.12	20947.97
	主营业务收入(万)	–	–	–	–
	主营业务利润(万)	–	–	–	–
	营业务收入(万)	80091.61	165301.24	42628.90	131016.82
	营业务利润(万)	567.79	3678.00	546.56	4659.53
	投资收益(万)	–	–	–	–
	利润总额(万)	648.14	3887.42	537.84	4660.43
	净利润(万)	557.41	3265.12	512.95	4308.31

福建福晶科技股份有限公司

公司概况	公司名称	福建福晶科技股份有限公司			证券简称	福晶科技
	法人代表	陈辉	董秘	邵聪慧	证券代码	002222
	公司网址	www.castech.com		电子信箱	securities@castech.com	
	电　话	0591-83719323、83770347		传　真	0591-83719323、83770347	
	办公地址	福建省福州市鼓楼区杨桥西路 155 号				
	经营范围	光学晶体、晶体材料、激光器件的制造及其技术咨询、技术服务等				

	指标\报告期	2009.06.30	2008.12.31	2008.06.30	2007.12.31
主要财务指标	每股收益(元)	0.1000	0.2900	0.1700	0.4300
	每股收益(扣除)(元)	0.1000	0.2700	0.1700	0.3200
	每股净资产(元)	2.8300	2.9800	2.8500	1.5200
	调整后每股净资产(元)	–	–	–	–
	每股资本公积金(元)	1.6017	1.6017	1.6014	0.0308
	每股盈余公积金(元)	0.0901	0.0901	0.0636	0.0849
	每股未分配利润(元)	0.1397	0.2853	0.1898	0.4043
	每股现金净流量(元)	–0.1387	1.1065	1.1664	0.0212
	每股经营现金净流量(元)	0.0544	0.2739	0.1084	0.4900
	净资产收益率(扣除)(%)	–	–	–	27.5600
	净资产收益率(%)	3.6900	9.0200	5.1400	28.0100
	总资产(万)	59848.78	62048.19	59841.39	33954.90
	股东权益(万)	53799.33	56566.32	54227.32	21643.31
	主营业务收入(万)	–	–	–	–
	主营业务利润(万)	–	–	–	–
	营业务收入(万)	5174.34	13882.15	7624.87	16123.78
	营业务利润(万)	2285.37	6239.53	3431.59	7175.41
	投资收益(万)	–	–	–	–
	利润总额(万)	2409.07	6206.73	3401.68	7197.50
	净利润(万)	1983.01	5102.74	2785.67	6062.33

江苏鱼跃医疗设备股份有限公司

公司概况	公司名称	江苏鱼跃医疗设备股份有限公司			证券简称	鱼跃医疗
	法人代表	吴光明	董秘	陈坚	证券代码	002223
	公司网址	www.yuyue.com.cn		电子信箱	dongmi@yuyue.com.cn	
	电　话	0511-86900802、86900876		传　真	0511-86900803	
	办公地址	江苏省丹阳市云阳工业园(振新路南)				
	经营范围	销售医疗器械，金属材料等				

	指标\报告期	2009.06.30	2008.12.31	2008.06.30	2007.12.31
主要财务指标	每股收益(元)	0.3000	0.6600	0.3200	0.5400
	每股收益(扣除)(元)	0.2900	0.6700	0.3300	0.4800
	每股净资产(元)	2.7200	3.9400	3.6100	1.7800
	调整后每股净资产(元)	–	–	–	–
	每股资本公积金(元)	1.2651	2.2977	2.2977	0.4598
	每股盈余公积金(元)	0.0570	0.0855	0.0255	0.0341
	每股未分配利润(元)	0.4021	0.5577	0.2864	0.2908
	每股现金净流量(元)	–0.3019	1.0857	1.4369	–0.9493
	每股经营现金净流量(元)	–0.0265	0.5884	0.1689	0.2925
	净资产收益率(扣除)(%)	–	–	–	24.4400
	净资产收益率(%)	10.9000	15.2300	7.4500	27.5600
	总资产(万)	53123.24	44945.39	45774.92	27131.56
	股东权益(万)	42088.81	40590.75	37178.14	13741.63
	主营业务收入(万)	–	–	–	–
	主营业务利润(万)	–	–	–	–
	营业务收入(万)	27074.50	40137.30	19864.23	28948.18
	营业务利润(万)	5403.29	7497.00	3869.77	5047.43
	投资收益(万)	–	–	–	–
	利润总额(万)	5455.01	7366.94	3750.62	5746.88
	净利润(万)	4588.06	6183.22	2770.60	3787.27

浙江三力士橡胶股份有限公司

公司概况	公司名称	浙江三力士橡胶股份有限公司			证券简称	三力士
	法人代表	吴培生	董秘	吴琼瑛	证券代码	002224
	公司网址	www.v-belt.com		电子信箱	slswqy@sohu.com	
	电　话	0575-84365688		传　真	0575-84363282	
	办公地址	浙江省绍兴市柯岩街道联谊村				
	经营范围	三角胶带、胶管、橡胶制品的生产、销售，橡胶机械的生产、开发等				

	指标\报告期	2009.06.30	2008.12.31	2008.06.30	2007.12.31
主要财务指标	每股收益(元)	0.1700	0.2900	0.1300	0.4500
	每股收益(扣除)(元)	0.1400	0.2600	0.1200	0.4300
	每股净资产(元)	4.7600	4.3200	4.1800	2.5600
	调整后每股净资产(元)	–	–	–	–
	每股资本公积金(元)	2.3100	1.9938	2.0148	0.1298
	每股盈余公积金(元)	0.1365	0.1365	0.1117	0.1502
	每股未分配利润(元)	1.3116	1.1928	1.0552	1.2791
	每股现金净流量(元)	0.7727	0.6842	1.3054	0.2713
	每股经营现金净流量(元)	0.5912	0.2657	–0.5895	0.8015
	净资产收益率(扣除)(%)	–	–	–	16.7900
	净资产收益率(%)	3.5500	6.1800	2.5000	17.6200
	总资产(万)	50306.15	44928.84	51599.55	35208.21
	股东权益(万)	35202.36	31982.92	30938.54	14075.14
	主营业务收入(万)	–	–	–	–
	主营业务利润(万)	–	–	–	–
	营业务收入(万)	25322.26	55291.73	29526.54	55547.66
	营业务利润(万)	1332.30	1945.79	937.48	3261.72
	投资收益(万)	–	–	–	–
	利润总额(万)	1559.08	2253.20	970.67	3215.05
	净利润(万)	1249.53	1975.51	773.28	2480.67

濮阳濮耐高温材料(集团)股份有限公司

公司概况	公司名称	濮阳濮耐高温材料(集团)股份有限公司			证券简称	濮耐股份
	法人代表	刘百宽	董秘	钟建一	证券代码	002225
	公司网址	www.punai.com.cn		电子信箱	zhongjianyi@punai.com	
	电　话	0393-3214228、3214015		传　真	0393-3214218	
	办公地址	河南省濮阳县西环路中段				
	经营范围	耐火材料原料和制品，功能陶瓷材料，高温结构材料，功能材料机构等				

	指标\报告期	2009.06.30	2008.12.31	2008.06.30	2007.12.31
主要财务指标	每股收益(元)	0.1100	0.2800	0.1500	0.2500
	每股收益(扣除)(元)	0.1000	0.2500	0.1300	0.2300
	每股净资产(元)	1.4800	1.8600	1.7600	1.2100
	调整后每股净资产(元)	–	–	–	–
	每股资本公积金(元)	0.1746	0.5269	0.5263	0.0036
	每股盈余公积金(元)	0.0275	0.0358	0.0155	0.0187
	每股未分配利润(元)	0.3005	0.3276	0.2210	0.1931
	每股现金净流量(元)	–0.0421	0.2100	0.4281	–0.0353
	每股经营现金净流量(元)	0.1034	–0.0727	–0.0068	0.0536
	净资产收益率(扣除)(%)	–	–	–	18.7100
	净资产收益率(%)	7.4200	14.1300	7.7400	20.6600
	总资产(万)	127365.14	121990.49	119542.41	84038.62
	股东权益(万)	77432.44	74855.59	70744.20	41291.90
	主营业务收入(万)	–	–	–	–
	主营业务利润(万)	–	–	–	–
	营业务收入(万)	46546.45	104500.25	50548.96	80402.92
	营业务利润(万)	6501.26	11595.54	5868.73	10258.94
	投资收益(万)	–	–	–	–
	利润总额(万)	6974.89	12764.24	6792.45	11465.30
	净利润(万)	5745.29	10576.56	5478.61	8530.89

安徽江南化工股份有限公司

公司概况	公司名称	安徽江南化工股份有限公司		证券简称	江南化工
	法人代表	熊立武	董秘 方基清	证券代码	002226
	公司网址	www.ahjnhg.com		电子信箱	jnhgfjq@163.com
	电　话	0563-4803087		传　真	0563-4802798
	办公地址	安徽省宁国市港口镇分界山			
	经营范围	乳化炸药、粉状乳化炸药、乳化炸药、多孔粒状铵油炸药等			

主要财务指标	指标＼报告期	2009.06.30	2008.12.31	2008.06.30	2007.12.31
	每股收益(元)	0.5000	0.6200	0.2400	0.6300
	每股收益(扣除)(元)	0.5000	0.6300	0.2400	0.6400
	每股净资产(元)	4.4800	5.2200	4.8400	2.4700
	调整后每股净资产(元)	–	–	–	–
	每股资本公积金(元)	1.7277	2.5460	2.5451	0.0000
	每股盈余公积金(元)	0.1750	0.2218	0.1150	0.1355
	每股未分配利润(元)	1.4908	1.4490	1.1829	1.3379
	每股现金净流量(元)	0.4688	2.0883	2.0053	0.4230
	每股经营现金净流量(元)	0.6542	–0.0131	–0.2642	0.4689
	净资产收益率(扣除)(%)	–	–	–	25.7900
	净资产收益率(%)	11.1129	10.8700	4.1300	25.4700
	总资产(万)	37000.38	32403.22	31076.07	15263.36
	股东权益(万)	31350.37	28082.34	26070.01	9973.75
	主营业务收入(万)	–	–	–	–
	主营业务利润(万)	–	–	–	–
	营业务收入(万)	12618.30	24357.90	8989.48	14490.33
	营业务利润(万)	4322.91	3988.06	1489.77	3214.02
	投资收益(万)	–	–	–	–
	利润总额(万)	4362.64	3926.30	1469.52	3190.29
	净利润(万)	3483.92	3053.07	1076.82	2540.26

深圳奥特迅电力设备股份有限公司

公司概况	公司名称	深圳奥特迅电力设备股份有限公司		证券简称	奥特迅
	法人代表	廖晓霞	董秘 廖晓东	证券代码	002227
	公司网址	www.atc-a.com		电子信箱	atczq@vip.163.com
	电　话	0755-26520515		传　真	0755-26520515
	办公地址	深圳市南山区高新南一道 29 号厂房南座二层 D 区			
	经营范围	生产经营高频开关电源、电力电源设备、无功补偿装置、绝缘监测装置等			

主要财务指标	指标＼报告期	2009.06.30	2008.12.31	2008.06.30	2007.12.31
	每股收益(元)	0.0700	0.4787	0.2100	0.6800
	每股收益(扣除)(元)	0.0500	0.4153	0.1900	0.6800
	每股净资产(元)	5.2400	5.3700	5.1100	1.9800
	调整后每股净资产(元)	–	–	–	–
	每股资本公积金(元)	3.2914	3.2914	3.2914	0.1169
	每股盈余公积金(元)	0.2120	0.1649	0.1574	0.1344
	每股未分配利润(元)	0.7349	0.9134	0.6616	0.7285
	每股现金净流量(元)	–0.1614	0.1053	2.6730	0.1109
	每股经营现金净流量(元)	–0.1938	–0.1361	–0.4275	0.4285
	净资产收益率(扣除)(%)	–	–	–	34.1300
	净资产收益率(%)	1.3700	8.1600	3.4900	34.5600
	总资产(万)	60857.58	63160.50	60410.83	25921.97
	股东权益(万)	56874.94	58302.04	55487.27	16051.04
	主营业务收入(万)	–	–	–	–
	主营业务利润(万)	–	–	–	–
	营业务收入(万)	4622.12	16806.31	7515.99	18656.34
	营业务利润(万)	306.08	4027.71	1785.20	5359.17
	投资收益(万)	–	–	–	–
	利润总额(万)	984.94	5119.95	2192.19	6120.44
	净利润(万)	779.33	4758.30	1937.72	5547.90

厦门合兴包装印刷股份有限公司

公司概况	公司名称	厦门合兴包装印刷股份有限公司		证券简称	合兴包装
	法人代表	许晓光	董秘 童莹莹	证券代码	002228
	公司网址	www.hxpp.com.cn		电子信箱	zqb@hxpp.com.cn
	电　话	0592-7896888		传　真	0592-7896226
	办公地址	厦门市同安区同集北路 556 号			
	经营范围	生产中高档瓦楞纸箱及纸、塑等各种包装印刷制品，研究和开发新型彩色印刷产品			

主要财务指标	指标＼报告期	2009.06.30	2008.12.31	2008.06.30	2007.12.31
	每股收益(元)	0.1400	0.5600	0.1400	0.5100
	每股收益(扣除)(元)	0.1300	0.5300	–	0.4800
	每股净资产(元)	2.0800	3.9300	3.7300	1.5600
	调整后每股净资产(元)	–	–	–	–
	每股资本公积金(元)	0.6165	2.0713	2.1695	0.1055
	每股盈余公积金(元)	0.0304	0.0540	0.0349	0.0384
	每股未分配利润(元)	0.4309	0.8060	0.5292	0.4148
	每股现金净流量(元)	0.3883	1.2455	1.8907	–0.0253
	每股经营现金净流量(元)	–0.1563	0.1661	–0.1153	0.3061
	净资产收益率(扣除)(%)	–	–	–	28.6600
	净资产收益率(%)	6.7495	12.9900	6.0100	30.0200
	总资产(万)	88134.47	69243.39	65714.61	39367.90
	股东权益(万)	39478.26	39313.68	37336.79	11690.79
	主营业务收入(万)	–	–	–	–
	主营业务利润(万)	–	–	–	–
	营业务收入(万)	35401.83	63752.19	30052.57	46378.41
	营业务利润(万)	2559.76	5809.48	3010.38	4116.14
	投资收益(万)	–	–	–	–
	利润总额(万)	2799.51	6121.17	3020.36	4120.61
	净利润(万)	2664.57	5105.78	2242.15	3509.17

福建鸿博印刷股份有限公司

公司概况	公司名称	福建鸿博印刷股份有限公司		证券简称	鸿博股份
	法人代表	尤丽娟	董秘 李娟	证券代码	002229
	公司网址	www.hb-print.com.cn		电子信箱	hongbo_printing@hb-group.com.cn
	电　话	0591-88070028		传　真	0591-83840666
	办公地址	福州市金山开发区金达路 136 号			
	经营范围	出版物、包装装潢印刷品、其他印刷品印刷，磁卡的研制与加工等			

主要财务指标	指标＼报告期	2009.06.30	2008.12.31	2008.06.30	2007.12.31
	每股收益(元)	0.3100	0.5600	0.3000	0.7900
	每股收益(扣除)(元)	0.3000	0.5500	0.2900	0.8000
	每股净资产(元)	5.6300	5.5700	5.3000	2.5800
	调整后每股净资产(元)	–	–	–	–
	每股资本公积金(元)	3.6333	3.6333	3.6333	0.8458
	每股盈余公积金(元)	0.1140	0.1140	0.0698	0.0931
	每股未分配利润(元)	0.8814	0.8195	0.5992	0.6364
	每股现金净流量(元)	–0.6436	3.3353	2.6956	0.6185
	每股经营现金净流量(元)	0.1493	0.8212	–0.0610	0.7365
	净资产收益率(扣除)(%)	–	–	–	31.0800
	净资产收益率(%)	5.5400	9.1900	4.6600	30.7900
	总资产(万)	46730.84	47550.43	45884.90	22345.25
	股东权益(万)	45029.78	44534.42	42419.26	15451.72
	主营业务收入(万)	–	–	–	–
	主营业务利润(万)	–	–	–	–
	营业务收入(万)	8751.27	15494.55	7643.05	15491.40
	营业务利润(万)	2574.00	4111.34	2376.61	4416.52
	投资收益(万)	–	–	–	–
	利润总额(万)	2989.81	4741.46	2452.26	5478.13
	净利润(万)	2495.36	4090.70	1975.54	4757.14

安徽科大讯飞信息科技股份有限公司

公司概况	公司名称	安徽科大讯飞信息科技股份有限公司			证券简称	科大讯飞
	法人代表	王仁华	董秘	徐景明	证券代码	002230
	公司网址	www.iflytek.com		电子信箱	jmxu@iflytek.com	
	电　话	0551-5331880		传　真	0551-5331802	
	办公地址	安徽省合肥市高新开发区黄山路616号				
	经营范围	计算机软、硬件开发、生产和销售及技术服务；系统工程、信息服务等				

主要财务指标	指标\报告期	2009.06.30	2008.12.31	2008.06.30	2007.12.31
	每股收益(元)	0.1700	0.7100	0.2400	0.6700
	每股收益(扣除)(元)	0.1400	0.6100	0.2000	0.5600
	每股净资产(元)	3.3000	4.9500	4.5300	2.1100
	调整后每股净资产(元)	-	-	-	-
	每股资本公积金(元)	1.6500	2.9750	3.0022	0.4279
	每股盈余公积金(元)	0.0448	0.0672	0.0268	0.0357
	每股未分配利润(元)	0.6034	0.9071	0.4980	0.6440
	每股现金净流量(元)	-0.2083	2.4426	2.2077	0.2488
	每股经营现金净流量(元)	0.0272	0.5681	-0.0729	0.9417
	净资产收益率(扣除)(%)	-	-	-	26.7200
	净资产收益率(%)	5.0100	13.1700	4.4700	31.5800
	总资产(万)	58380.89	59672.64	53132.76	27048.89
	股东权益(万)	53018.14	53039.81	48514.06	16938.52
	主营业务收入(万)	-	-	-	-
	主营业务利润(万)	-	-	-	-
	营业务收入(万)	11015.80	25755.21	8898.45	20581.02
	营业务利润(万)	1830.67	5960.31	1711.44	3921.86
	投资收益(万)	-	-	-	-
	利润总额(万)	2980.89	7748.94	2412.56	5535.68
	净利润(万)	2657.48	6987.27	2170.21	5349.83

奥维通信股份有限公司

公司概况	公司名称	奥维通信股份有限公司			证券简称	奥维通信
	法人代表	杜方	董秘	胡颖	证券代码	002231
	公司网址	www.syallwin.com		电子信箱	lvqi@sohu.com	
	电　话	024-83782200、83781111		传　真	024-83783888、83782200	
	办公地址	辽宁省沈阳市浑南新区高歌路6号				
	经营范围	通信产品的开发、生产、销售；通信工程的设计、施工、安装、调试及服务等				

主要财务指标	指标\报告期	2009.06.30	2008.12.31	2008.06.30	2007.12.31
	每股收益(元)	0.0473	0.2091	0.0546	0.4379
	每股收益(扣除)(元)	0.0299	0.1811	0.0213	0.4124
	每股净资产(元)	3.5000	3.5500	3.4104	1.8100
	调整后每股净资产(元)	-	-	-	-
	每股资本公积金(元)	1.7600	1.7600	1.7600	-
	每股盈余公积金(元)	0.1035	0.1035	0.0848	0.1134
	每股未分配利润(元)	0.6359	0.6886	0.5656	0.6958
	每股现金净流量(元)	-0.5390	1.8983	1.6345	0.0782
	每股经营现金净流量(元)	-0.3584	0.1602	-0.1395	0.0973
	净资产收益率(扣除)(%)	-	-	-	22.7900
	净资产收益率(%)	1.3500	5.2700	1.3300	24.2100
	总资产(万)	44683.53	45716.14	42883.48	24116.23
	股东权益(万)	37443.32	38007.35	36491.37	14473.71
	主营业务收入(万)	-	-	-	-
	主营业务利润(万)	-	-	-	-
	营业务收入(万)	5831.86	14289.80	4544.37	19541.14
	营业务利润(万)	376.34	1523.58	252.32	3942.63
	投资收益(万)	-	-	-	-
	利润总额(万)	595.26	2187.47	647.71	4012.63
	净利润(万)	505.97	2001.76	485.78	3503.49

启明信息技术股份有限公司

公司概况	公司名称	启明信息技术股份有限公司			证券简称	启明信息
	法人代表	徐建一	董秘	吴建会	证券代码	002232
	公司网址	www.qm.cn		电子信箱	qiming@qm.cn wy@qm.cn	
	电　话	0431-85751986、85904930		传　真	0431-85904930	
	办公地址	吉林省长春市东风大街2489号				
	经营范围	计算机软件、硬件、办公自动化设备、机电一体化产品及汽车电子产品的设计等				

主要财务指标	指标\报告期	2009.06.30	2008.12.31	2008.06.30	2007.12.31
	每股收益(元)	0.1100	0.5700	0.3400	0.4900
	每股收益(扣除)(元)	0.1000	0.5400	0.3400	0.4200
	每股净资产(元)	1.9600	4.0000	3.6400	1.7200
	调整后每股净资产(元)	-	-	-	-
	每股资本公积金(元)	0.5576	2.1151	1.9861	0.0250
	每股盈余公积金(元)	0.0940	0.1702	0.1553	0.1745
	每股未分配利润(元)	0.3121	0.7176	0.4975	0.5165
	每股现金净流量(元)	-0.1536	0.7412	1.3447	-0.0354
	每股经营现金净流量(元)	-0.0731	0.2357	-0.1437	0.1594
	净资产收益率(扣除)(%)	-	-	-	24.5600
	净资产收益率(%)	5.4600	13.0000	7.8400	28.7000
	总资产(万)	68097.87	61750.50	64871.36	31001.24
	股东权益(万)	49924.17	50885.75	46258.06	16321.81
	主营业务收入(万)	-	-	-	-
	主营业务利润(万)	-	-	-	-
	营业务收入(万)	40264.64	108506.65	43950.57	79055.78
	营业务利润(万)	2775.65	5935.12	3542.63	3783.67
	投资收益(万)	-	-	-	-
	利润总额(万)	3054.65	6680.65	3799.76	5030.47
	净利润(万)	2724.91	6616.34	3628.64	4684.09

广东塔牌集团股份有限公司

公司概况	公司名称	广东塔牌集团股份有限公司			证券简称	塔牌集团
	法人代表	钟烈华	董秘	曾皓平	证券代码	002233
	公司网址	www.tapai.com		电子信箱	tp@tapai.com	
	电　话	0753-7887036		传　真	0753-7887233	
	办公地址	广东省蕉岭县蕉城镇(塔牌大厦)				
	经营范围	水泥,水泥熟料;制造、加工、建筑材料,水泥机械及零部件等				

主要财务指标	指标\报告期	2009.06.30	2008.12.31	2008.06.30	2007.12.31
	每股收益(元)	0.2200	0.5400	0.3400	0.4800
	每股收益(扣除)(元)	0.2200	0.5200	0.3400	0.4800
	每股净资产(元)	4.4700	4.5200	4.2500	2.0800
	调整后每股净资产(元)	-	-	-	-
	每股资本公积金(元)	2.3357	2.4582	2.4534	0.3714
	每股盈余公积金(元)	0.0605	0.0739	0.0357	0.0477
	每股未分配利润(元)	1.0638	0.9570	0.7612	0.6581
	每股现金净流量(元)	-0.1121	0.5690	0.5442	0.1756
	每股经营现金净流量(元)	0.4574	0.6059	0.1275	1.3740
	净资产收益率(扣除)(%)	-	-	-	23.0600
	净资产收益率(%)	4.8800	10.8800	6.3000	23.0800
	总资产(万)	421274.92	380618.48	321213.65	252919.26
	股东权益(万)	178912.93	180766.22	170011.80	62315.01
	主营业务收入(万)	-	-	-	-
	主营业务利润(万)	-	-	-	-
	营业务收入(万)	114887.49	222844.76	91966.14	175712.77
	营业务利润(万)	12173.08	25965.13	14634.37	21845.89
	投资收益(万)	-	-	-	-
	利润总额(万)	12211.05	27092.33	14733.89	21885.74
	净利润(万)	8724.62	19480.95	10703.67	14385.26

山东民和牧业股份有限公司

公司概况					
公司名称	山东民和牧业股份有限公司			证券简称	民和股份
法人代表	孙希民	董秘	张东明	证券代码	002234
公司网址	www.minhe.cn		电子信箱	info@minhe.cn	
电　　话	0535-5637723		传　　真	0535-5637525	
办公地址	烟台蓬莱市南关路 2-3 号				
经营范围	种鸡饲养、种蛋、鸡苗销售；饲料、饲料添加剂预混料生产等				

主要财务指标 指标\报告期	2009.06.30	2008.12.31	2008.06.30	2007.12.31
每股收益(元)	-0.2709	0.5400	0.5750	1.0500
每股收益(扣除)(元)	-0.2683	0.5900	0.6074	1.0200
每股净资产(元)	5.4500	5.7200	5.7200	3.6700
调整后每股净资产(元)	-	-	-	-
每股资本公积金(元)	2.2483	2.2483	2.2553	0.0093
每股盈余公积金(元)	0.9220	0.9220	0.8746	1.1680
每股未分配利润(元)	1.2819	1.5528	1.5867	1.4968
每股现金净流量(元)	-0.2459	-0.1079	2.1390	0.3048
每股经营现金净流量(元)	0.1047	0.1835	0.4622	0.9409
净资产收益率(扣除)(%)	-	-	-	27.8000
净资产收益率(%)	-4.9700	-0.2400	11.1500	28.6400
总资产(万)	100654.50	101419.11	101357.00	66047.83
股东权益(万)	58610.52	61376.85	63532.63	29576.48
主营业务收入(万)	-	-	-	-
主营业务利润(万)	-	-	-	-
营业务收入(万)	30906.56	16194.88	61649.38	56437.63
营业务利润(万)	-2914.02	-159.79	7529.73	9471.17
投资收益(万)	-	-	-	-
利润总额(万)	-2938.63	-166.70	7274.66	9099.91
净利润(万)	-2912.55	-146.22	7086.90	8471.64

厦门安妮股份有限公司

公司概况					
公司名称	厦门安妮股份有限公司			证券简称	安妮股份
法人代表	张杰	董秘	王梅英	证券代码	002235
公司网址	www.anne.com.cn		电子信箱	securities@anne.com.cn	
电　　话	0592-3152193、3152372		传　　真	0592-3152406	
办公地址	厦门市集美区杏林锦园南路 99 号				
经营范围	纸张加工、本册、包装用品加工、办公耗材加工等				

主要财务指标 指标\报告期	2009.06.30	2008.12.31	2008.06.30	2007.12.31
每股收益(元)	0.1800	0.5800	0.3100	0.6200
每股收益(扣除)(元)	0.1800	0.5100	0.2900	0.5000
每股净资产(元)	3.1100	4.5200	4.2400	1.9800
调整后每股净资产(元)	-	-	-	-
每股资本公积金(元)	1.4111	2.6167	2.6167	0.4831
每股盈余公积金(元)	0.0636	0.0953	0.0426	0.0568
每股未分配利润(元)	0.6403	0.8066	0.5790	0.4420
每股现金净流量(元)	0.1175	2.0865	2.1197	0.5577
每股经营现金净流量(元)	-0.2881	0.0062	-0.3642	0.6175
净资产收益率(扣除)(%)	-	-	-	24.4800
净资产收益率(%)	5.8600	11.6800	5.8400	30.7000
总资产(万)	66835.54	60785.94	53755.03	29576.74
股东权益(万)	46724.94	45186.60	42383.32	14864.62
主营业务收入(万)	-	-	-	-
主营业务利润(万)	-	-	-	-
营业务收入(万)	25401.70	48801.88	22626.60	40238.47
营业务利润(万)	3260.78	5529.60	2796.65	5308.57
投资收益(万)	-	-	-	-
利润总额(万)	3263.79	5998.55	3050.19	5319.45
净利润(万)	2738.34	5278.28	2475.01	4517.15

浙江大华技术股份有限公司

公司概况					
公司名称	浙江大华技术股份有限公司			证券简称	大华股份
法人代表	傅利泉	董秘	吴坚	证券代码	002236
公司网址	www.dahuatech.com		电子信箱	zqsw@dahuatech.com	
电　　话	0571-28939522		传　　真	0571-28933211	
办公地址	杭州市滨江区滨安路 1187 号				
经营范围	计算机软件的开发、服务、销售，电子产品及通讯产品的设计、开发、生产等				

主要财务指标 指标\报告期	2009.06.30	2008.12.31	2008.06.30	2007.12.31
每股收益(元)	0.5094	1.7400	0.6956	1.8000
每股收益(扣除)(元)	0.4800	1.6300	0.7200	1.7200
每股净资产(元)	11.1500	10.8700	9.8106	5.2500
调整后每股净资产(元)	-	-	-	-
每股资本公积金(元)	5.5802	5.5802	5.5802	0.0001
每股盈余公积金(元)	0.5552	0.5552	0.3910	0.5318
每股未分配利润(元)	4.0190	3.7347	2.8393	3.0588
每股现金净流量(元)	-0.1633	4.7025	4.7797	1.1196
每股经营现金净流量(元)	0.0491	0.0399	-0.9095	1.5915
净资产收益率(扣除)(%)	-	-	-	32.8600
净资产收益率(%)	4.5700	14.3400	5.6000	34.2400
总资产(万)	90712.50	86479.30	80708.54	37927.92
股东权益(万)	74511.51	72612.04	65534.51	26244.06
主营业务收入(万)	-	-	-	-
主营业务利润(万)	-	-	-	-
营业务收入(万)	29901.59	63201.84	26481.76	40518.52
营业务利润(万)	2741.14	8101.16	3386.86	7729.90
投资收益(万)	-	-	-	-
利润总额(万)	3653.06	11110.79	4347.90	9726.72
净利润(万)	3402.47	10412.69	3672.79	8984.65

山东恒邦冶炼股份有限公司

公司概况					
公司名称	山东恒邦冶炼股份有限公司			证券简称	恒邦股份
法人代表	王信恩	董秘	张俊峰	证券代码	002237
公司网址	www.hbyl.cn		电子信箱	manage@humon.cn	
电　　话	0535-4631769		传　　真	0535-4631176	
办公地址	山东省烟台市牟平区水道镇				
经营范围	金银冶炼；矿用设备制造加工；电器修理；硫酸、液体等				

主要财务指标 指标\报告期	2009.06.30	2008.12.31	2008.06.30	2007.12.31
每股收益(元)	0.4000	2.1900	0.7500	1.5100
每股收益(扣除)(元)	0.4000	2.1300	-	1.4000
每股净资产(元)	5.9800	11.4900	10.6000	4.6800
调整后每股净资产(元)	-	-	-	-
每股资本公积金(元)	2.6111	6.2223	6.2521	0.1852
每股盈余公积金(元)	0.2688	0.6385	0.3596	0.6018
每股未分配利润(元)	2.0484	3.6036	2.9921	2.4060
每股现金净流量(元)	-1.7977	5.2613	5.2313	-0.2962
每股经营现金净流量(元)	-1.9348	0.7136	-1.1702	3.6028
净资产收益率(扣除)(%)	-	-	-	28.9600
净资产收益率(%)	6.7500	17.1000	11.2100	31.1500
总资产(万)	216835.76	184863.05	184501.34	90795.60
股东权益(万)	114550.79	110069.03	101585.04	33611.07
主营业务收入(万)	-	-	-	-
主营业务利润(万)	-	-	-	-
营业务收入(万)	89517.00	212764.33	90511.49	125699.59
营业务利润(万)	9438.69	23740.30	13992.35	13399.26
投资收益(万)	-	-	-	-
利润总额(万)	9486.46	23730.66	13983.42	12037.15
净利润(万)	7731.33	18779.70	11389.37	10468.94

深圳市天威视讯股份有限公司

公司概况					
	公司名称	深圳市天威视讯股份有限公司		证券简称	天威视讯
	法人代表	吕建杰	董秘 钟林	证券代码	002238
	公司网址	www.topway.com.cn		电子信箱	zl@topway.cn
	电话	0755-83069184		传真	0755-83067777
	办公地址	深圳市福田区彩田路6001号			
	经营范围	有线广播电视网络及其他通讯网络规划建设及技术服务等			

主要财务指标

指标\报告期	2009.06.30	2008.12.31	2008.06.30	2007.12.31
每股收益(元)	0.1407	0.3167	0.1776	0.3564
每股收益(扣除)(元)	0.1307	0.2608	0.1587	0.3105
每股净资产(元)	4.5000	4.4600	4.3000	3.3300
调整后每股净资产(元)	–	–	–	–
每股资本公积金(元)	1.4292	1.4292	1.4174	–
每股盈余公积金(元)	0.4151	0.4142	0.3917	0.5159
每股未分配利润(元)	1.6523	1.6126	1.4919	1.8042
每股现金净流量(元)	0.2243	1.3783	1.5684	0.3327
每股经营现金净流量(元)	0.5460	1.0687	0.5701	1.3738
净资产收益率(扣除)(%)	–	–	–	9.3300
净资产收益率(%)	3.1300	6.3600	3.2700	10.7100
总资产(万)	172624.79	170672.38	180821.75	144463.14
股东权益(万)	120061.77	118976.16	114836.59	66543.34
主营业务收入(万)	–	–	–	–
主营业务利润(万)	–	–	–	–
营业务收入(万)	37081.21	71064.35	34099.97	65446.03
营业务利润(万)	4338.06	7337.20	3957.66	7003.25
投资收益(万)	–	–	–	–
利润总额(万)	4670.30	9036.69	4442.33	8082.24
净利润(万)	3755.60	7572.30	3749.69	7127.34

江苏金飞达服装股份有限公司

公司概况					
	公司名称	江苏金飞达服装股份有限公司		证券简称	金飞达
	法人代表	王进飞	董秘 周剑云	证券代码	002239
	公司网址	www.kfield.com.cn		电子信箱	kingfield@kfield.com.cn
	电话	0513-80169115		传真	0513-80167999
	办公地址	江苏省通州市经济开发区世纪大道288号			
	经营范围	生产服装及服装辅料、梭织面料、针织面料,销售自产产品			

主要财务指标

指标\报告期	2009.06.30	2008.12.31	2008.06.30	2007.12.31
每股收益(元)	0.0772	0.4200	0.2344	0.6100
每股收益(扣除)(元)	0.0763	0.4000	0.2308	0.6100
每股净资产(元)	2.5664	3.8300	3.6500	1.6600
调整后每股净资产(元)	–	–	–	–
每股资本公积金(元)	0.9813	1.9719	1.9719	–
每股盈余公积金(元)	0.0217	0.0326	0.0559	0.0749
每股未分配利润(元)	0.5692	0.8379	0.6290	0.5883
每股现金净流量(元)	0.1614	1.7525	1.8207	–0.0974
每股经营现金净流量(元)	0.2832	0.1504	0.0132	0.1565
净资产收益率(扣除)(%)	–	–	–	36.8800
净资产收益率(%)	3.0100	9.7900	5.2100	36.8600
总资产(万)	64304.23	68200.93	57123.52	33071.15
股东权益(万)	51584.02	51387.23	48895.93	16592.40
主营业务收入(万)	–	–	–	–
主营业务利润(万)	–	–	–	–
营业务收入(万)	23545.58	83705.65	35635.95	71610.68
营业务利润(万)	2297.58	6252.46	3387.83	7800.21
投资收益(万)	–	–	–	–
利润总额(万)	2303.12	6586.86	3403.26	7731.09
净利润(万)	1552.64	5032.94	2545.30	6116.67

广东威华股份有限公司

公司概况					
	公司名称	广东威华股份有限公司		证券简称	威华股份
	法人代表	李建华	董秘 刘艳梅	证券代码	002240
	公司网址	www.weihuaonline.com		电子信箱	whgf@vip.163.com
	电话	020-87551736、87551761		传真	020-87551329
	办公地址	广东省广州市天河北路183号大都会广场17楼			
	经营范围	自营和代理各类商品和技术的进出口等			

主要财务指标

指标\报告期	2009.06.30	2008.12.31	2008.06.30	2007.12.31
每股收益(元)	–0.0900	0.2500	0.1600	0.7400
每股收益(扣除)(元)	–0.1000	0.2000	0.1500	0.7400
每股净资产(元)	5.4500	5.6400	5.5500	2.4700
调整后每股净资产(元)	–	–	–	–
每股资本公积金(元)	3.7163	3.7163	3.7163	0.2008
每股盈余公积金(元)	0.2461	0.2461	0.2254	0.3005
每股未分配利润(元)	0.4883	0.6825	0.6118	0.9726
每股现金净流量(元)	–1.0026	0.3165	1.6829	0.2965
每股经营现金净流量(元)	–0.1905	0.1967	–0.0711	–0.3368
净资产收益率(扣除)(%)	–	–	–	29.7800
净资产收益率(%)	–1.7300	3.9000	2.3200	29.6600
总资产(万)	308175.51	306745.09	312767.03	205667.49
股东权益(万)	167167.22	173121.87	170316.84	56899.81
主营业务收入(万)	–	–	–	–
主营业务利润(万)	–	–	–	–
营业务收入(万)	28797.74	74919.30	37230.64	75219.71
营业务利润(万)	–3815.46	–1627.51	1696.74	11658.58
投资收益(万)	–	–	–	–
利润总额(万)	–2868.52	5316.01	4666.29	17002.01
净利润(万)	–2887.75	6751.27	3946.24	16879.18

歌尔声学股份有限公司

公司概况					
	公司名称	歌尔声学股份有限公司		证券简称	歌尔声学
	法人代表	姜滨	董秘 徐海忠	证券代码	002241
	公司网址	www.goertek.com		电子信箱	ir@goertek.com
	电话	0536-8525688		传真	0536-8525669
	办公地址	山东省潍坊高新技术产业开发区东方路268号			
	经营范围	开发、制造、销售:声学与多媒体技术及产品,短距离无线通信等			

主要财务指标

指标\报告期	2009.06.30	2008.12.31	2008.06.30	2007.12.31
每股收益(元)	0.0900	1.1400	0.5300	0.8600
每股收益(扣除)(元)	0.0900	1.1000	0.5300	0.8400
每股净资产(元)	3.3200	6.7600	6.1600	1.7400
调整后每股净资产(元)	–	–	–	–
每股资本公积金(元)	1.6946	4.3891	4.3891	0.2700
每股盈余公积金(元)	0.0648	0.1295	0.0308	0.0411
每股未分配利润(元)	0.5597	1.2477	0.7420	0.4327
每股现金净流量(元)	–0.3035	3.0302	4.2776	–0.2846
每股经营现金净流量(元)	0.1260	0.4465	0.3718	0.3763
净资产收益率(扣除)(%)	–	–	–	47.9000
净资产收益率(%)	2.5863	15.1100	6.7700	49.1100
总资产(万)	144584.53	142690.61	133971.69	65611.00
股东权益(万)	79650.42	81167.23	73942.79	15693.82
主营业务收入(万)	–	–	–	–
主营业务利润(万)	–	–	–	–
营业务收入(万)	35875.28	101244.19	47174.68	64471.81
营业务利润(万)	2532.98	14912.49	7050.82	9634.34
投资收益(万)	–	–	–	–
利润总额(万)	2543.24	15409.23	6973.93	9588.38
净利润(万)	2060.04	12262.33	5009.10	7707.28

九阳股份有限公司

公司概况					
公司名称	九阳股份有限公司			证券简称	王旭宁
法人代表	王旭宁	董秘	姜广勇	证券代码	002242
公司网址	www.joyoung.com.cn		电子信箱	joyoung@joyoung.com.cn	
电话	0571-81639093		传真	0571-81639096	
办公地址	山东省济南市槐荫区新沙北路 12 号				
经营范围	豆浆机和厨房小家电产品的研发、生产和销售等				

主要财务指标 指标\报告期	2009.06.30	2008.12.31	2008.06.30	2007.12.31
每股收益(元)	0.6300	2.2500	1.1000	1.5700
每股收益(扣除)(元)	0.6000	2.2500	1.1000	1.5200
每股净资产(元)	4.6900	8.5300	7.8400	2.0600
调整后每股净资产(元)	–	–	–	–
每股资本公积金(元)	2.2809	5.2338	5.2338	0.0284
每股盈余公积金(元)	0.1543	0.2931	0.1989	0.1627
每股未分配利润(元)	1.2595	2.0052	1.4121	0.8652
每股现金净流量(元)	–0.1902	7.2154	5.1565	1.3181
每股经营现金净流量(元)	0.6902	3.5704	0.3410	2.1229
净资产收益率(扣除)(%)	–	–	–	73.9600
净资产收益率(%)	13.3200	23.6200	11.0500	76.1900
总资产(万)	356903.29	367614.07	278270.25	114700.15
股东权益(万)	238160.32	227804.75	209455.06	41125.73
主营业务收入(万)	–	–	–	–
主营业务利润(万)	–	–	–	–
营业务收入(万)	218112.22	432344.48	161405.14	194280.54
营业务利润(万)	40917.01	73446.98	31997.85	40559.96
投资收益(万)	–	–	–	–
利润总额(万)	43039.71	73357.99	31972.43	41507.62
净利润(万)	31715.57	53805.18	23140.84	31335.54

深圳市通产丽星股份有限公司

公司概况					
公司名称	深圳市通产丽星股份有限公司			证券简称	通产丽星
法人代表	陈志升	董秘	彭晓华	证券代码	002243
公司网址	www.beautystar.cn		电子信箱	alice@beautystar.cn	
电话	0755-84191234		传真	0755-84191900-102	
办公地址	深圳市布吉坂田五和南路 49 号				
经营范围	生产销售塑料容器、塑料制品;从事塑料件真空镀膜等				

主要财务指标 指标\报告期	2009.06.30	2008.12.31	2008.06.30	2007.12.31
每股收益(元)	0.2000	0.3300	0.1900	0.3600
每股收益(扣除)(元)	0.1800	0.3000	0.1878	0.3600
每股净资产(元)	3.0500	2.9700	2.8200	1.1900
调整后每股净资产(元)	–	–	–	–
每股资本公积金(元)	1.5934	1.5934	1.5934	0.0000
每股盈余公积金(元)	0.0680	0.0539	0.0323	0.0431
每股未分配利润(元)	0.3874	0.3225	0.1989	0.1503
每股现金净流量(元)	–0.4103	1.0794	1.3902	0.0914
每股经营现金净流量(元)	0.3125	0.1601	–0.1164	0.4593
净资产收益率(扣除)(%)	–	–	–	29.8700
净资产收益率(%)	6.5257	9.8900	5.2500	30.5600
总资产(万)	63888.17	69927.40	70932.34	43498.67
股东权益(万)	49174.77	47901.31	45558.92	14415.66
主营业务收入(万)	–	–	–	–
主营业务利润(万)	–	–	–	–
营业务收入(万)	28776.82	57375.29	28089.97	47474.93
营业务利润(万)	3255.08	4706.88	2884.67	4579.72
投资收益(万)	–	–	–	–
利润总额(万)	3376.32	5181.51	2881.88	4683.58
净利润(万)	3208.98	4735.38	2392.99	4405.19

杭州滨江房产集团股份有限公司

公司概况					
公司名称	杭州滨江房产集团股份有限公司			证券简称	滨江集团
法人代表	戚金兴	董秘	李渊	证券代码	002244
公司网址	www.binjiang.com.cn		电子信箱	office@binjiang.com.cn	
电话	0571-86987771		传真	0571-86987779	
办公地址	浙江省杭州市庆春东路 38 号				
经营范围	房地产开发,房屋建筑,商品房销售,水电安装,室内外装潢				

主要财务指标 指标\报告期	2009.06.30	2008.12.31	2008.06.30	2007.12.31
每股收益(元)	0.0200	0.6100	0.7000	0.5100
每股收益(扣除)(元)	0.0200	0.5800	0.6900	0.5100
每股净资产(元)	2.0600	2.7800	5.0200	2.4300
调整后每股净资产(元)	–	–	–	–
每股资本公积金(元)	0.5517	0.7172	2.4327	0.3714
每股盈余公积金(元)	0.0815	0.1060	0.0558	0.0691
每股未分配利润(元)	0.4280	0.9520	1.5344	1.1178
每股现金净流量(元)	0.6859	0.6923	2.0733	0.0169
每股经营现金净流量(元)	1.1088	–1.7334	–3.2400	–2.5367
净资产收益率(扣除)(%)	–	–	–	41.3100
净资产收益率(%)	0.9900	20.9400	12.5700	40.7300
总资产(万)	1665168.96	1393419.16	1295397.28	816901.67
股东权益(万)	278673.37	288613.72	261188.11	111897.85
主营业务收入(万)	–	–	–	–
主营业务利润(万)	–	–	–	–
营业务收入(万)	19918.92	232590.94	131091.36	263065.62
营业务利润(万)	3196.67	78664.92	43839.44	69892.25
投资收益(万)	–	–	–	–
利润总额(万)	2825.62	81041.97	43929.44	71389.74
净利润(万)	2747.65	60426.74	33002.25	45577.68

江苏澳洋顺昌金属材料股份有限公司

公司概况					
公司名称	江苏澳洋顺昌金属材料股份有限公司			证券简称	澳洋顺昌
法人代表	沈学如	董秘	林文华	证券代码	002245
公司网址	www.aucksun.com		电子信箱	secretary@aucksun.com	
电话	0512-58161276		传真	0512-58161233	
办公地址	江苏省张家港市新泾中路 10 号				
经营范围	冷轧钢板的涂層生产及涂层板、镀锌板、铝合金板等金属材料的加工等				

主要财务指标 指标\报告期	2009.06.30	2008.12.31	2008.06.30	2007.12.31
每股收益(元)	0.0239	0.3939	0.5400	0.7891
每股收益(扣除)(元)	0.0233	0.3889	0.5400	0.7837
每股净资产(元)	3.0900	6.2000	6.2700	2.7400
调整后每股净资产(元)	–	–	–	–
每股资本公积金(元)	1.5638	4.1276	4.1276	0.7875
每股盈余公积金(元)	0.1176	0.2352	0.2001	0.2703
每股未分配利润(元)	0.4125	0.8374	0.9450	0.7021
每股现金净流量(元)	–0.3110	1.9510	3.1094	0.0806
每股经营现金净流量(元)	–0.8606	–1.2462	–0.4973	–0.2467
净资产收益率(扣除)(%)	–	–	–	28.3500
净资产收益率(%)	0.7700	5.6900	6.7800	28.5500
总资产(万)	68825.42	63676.92	76604.31	42140.34
股东权益(万)	37622.69	37697.54	38138.19	12479.51
主营业务收入(万)	–	–	–	–
主营业务利润(万)	–	–	–	–
营业务收入(万)	29244.74	74334.93	36197.37	67325.29
营业务利润(万)	651.38	2177.19	3038.47	4063.73
投资收益(万)	–	–	–	–
利润总额(万)	663.60	2208.41	3027.06	4091.28
净利润(万)	289.94	2145.54	2586.19	3562.71

四川北方硝化棉股份有限公司

公司概况	公司名称	四川北方硝化棉股份有限公司			证券简称	温刚
	法人代表	温刚	董秘	魏光元	证券代码	002246
	公司网址	www.sn-nc.com		电子信箱	snc2002@163.com	
	电　话	0830-2796298		传　真	0830-2796959	
	办公地址	四川省泸州市高坝				
	经营范围	生产硝化棉、硫酸;销售危险化学品;进出口业务;销售化工产品				

	指标\报告期	2009.06.30	2008.12.31	2008.06.30	2007.12.31
主要财务指标	每股收益(元)	0.0300	0.1600	0.1100	0.3400
	每股收益(扣除)(元)	0.0200	0.1500	0.1100	0.3300
	每股净资产(元)	2.9300	2.9500	2.8900	1.6200
	调整后每股净资产(元)	–	–	–	–
	每股资本公积金(元)	1.3668	1.3668	1.3668	0.0349
	每股盈余公积金(元)	0.1075	0.1336	0.0941	0.1442
	每股未分配利润(元)	0.4216	0.4512	0.4273	0.4495
	每股现金净流量(元)	0.0081	0.9955	1.5401	–0.2389
	每股经营现金净流量(元)	0.1858	0.0455	–0.1644	0.1162
	净资产收益率(扣除)(%)	–	–	–	20.0900
	净资产收益率(%)	0.9833	4.7700	3.1200	20.9090
	总资产(万)	65804.63	64256.89	81827.31	45829.36
	股东权益(万)	57993.34	58409.46	57154.73	24146.02
	主营业务收入(万)	–	–	–	–
	主营业务利润(万)	–	–	–	–
	营业务收入(万)	24761.01	54399.44	26662.06	56909.12
	营业务利润(万)	451.24	3154.72	2052.06	5953.82
	投资收益(万)	–	–	–	–
	利润总额(万)	658.53	3257.11	2065.09	6135.25
	净利润(万)	570.27	2784.58	1785.04	5250.61

浙江帝龙新材料股份有限公司

公司概况	公司名称	浙江帝龙新材料股份有限公司			证券简称	帝龙新材
	法人代表	姜飞雄	董秘	周勇梅	证券代码	002247
	公司网址	www.dilong.cc		电子信箱	dsh@dilong.cc	
	电　话	0571-63818733		传　真	0571-63818603	
	办公地址	浙江省临安市锦城马溪路369号				
	经营范围	印花装饰纸、胶膜浸渍装饰纸、封边条、金属饰面板、装饰铝板等				

	指标\报告期	2009.06.30	2008.12.31	2008.06.30	2007.12.31
主要财务指标	每股收益(元)	0.2700	0.4300	0.2587	0.8100
	每股收益(扣除)(元)	0.2300	0.4200	0.2348	0.7600
	每股净资产(元)	6.0900	5.9200	5.7400	2.3700
	调整后每股净资产(元)	–	–	–	–
	每股资本公积金(元)	4.0658	4.0658	4.0629	0.7294
	每股盈余公积金(元)	0.0961	0.0961	0.0583	0.0778
	每股未分配利润(元)	0.9270	0.7611	0.6141	0.5618
	每股现金净流量(元)	–0.2181	3.5521	3.7924	–0.1443
	每股经营现金净流量(元)	0.1777	0.4734	0.1752	0.6321
	净资产收益率(扣除)(%)	–	–	–	31.0600
	净资产收益率(%)	4.3700	6.3900	3.3800	32.8500
	总资产(万)	49696.60	48050.38	48000.09	18756.00
	股东权益(万)	40673.85	39565.38	38311.80	11845.03
	主营业务收入(万)	–	–	–	–
	主营业务利润(万)	–	–	–	–
	营业务收入(万)	10119.20	21619.60	11395.04	19740.67
	营业务利润(万)	1478.78	2060.09	1285.14	3264.65
	投资收益(万)	–	–	–	–
	利润总额(万)	2049.64	2823.40	1655.04	3942.15
	净利润(万)	1776.47	2527.89	1293.32	3891.22

威海华东数控股份有限公司

公司概况	公司名称	威海华东数控股份有限公司			证券简称	华东数控
	法人代表	汤世贤	董秘	王明山	证券代码	002248
	公司网址	www.huadongcnc.com		电子信箱	wms6178@163.com	
	电　话	0631-5661569		传　真	0631-5967988	
	办公地址	威海高经济技术开发区火炬路698号				
	经营范围	数控系统、数控机床、切削工具、手工具、金属切削机床、机床附件、液压件等				

	指标\报告期	2009.06.30	2008.12.31	2008.06.30	2007.12.31
主要财务指标	每股收益(元)	0.3400	0.4800	0.2200	0.5000
	每股收益(扣除)(元)	–	0.4300	0.2100	0.4900
	每股净资产(元)	4.4400	4.2100	3.9600	2.1900
	调整后每股净资产(元)	–	–	–	–
	每股资本公积金(元)	2.3500	2.3500	2.3500	0.4444
	每股盈余公积金(元)	0.2818	0.2818	0.2462	0.3282
	每股未分配利润(元)	0.8118	0.5748	0.3618	0.4165
	每股现金净流量(元)	0.1920	0.3846	1.3367	0.0377
	每股经营现金净流量(元)	0.4325	0.1984	–0.0315	0.2194
	净资产收益率(扣除)(%)	–	–	–	20.4500
	净资产收益率(%)	7.5800	10.0500	4.0900	21.0800
	总资产(万)	119326.94	84878.44	75022.77	48395.07
	股东权益(万)	53322.94	50479.72	47495.44	19702.58
	主营业务收入(万)	–	–	–	–
	主营业务利润(万)	–	–	–	–
	营业务收入(万)	24336.49	42083.28	19762.48	39834.66
	营业务利润(万)	4637.91	5074.93	2166.60	4426.21
	投资收益(万)	–	–	–	–
	利润总额(万)	4903.49	6039.22	2252.80	4830.17
	净利润(万)	4043.22	5071.96	1942.65	4154.16

中山大洋电机股份有限公司

公司概况	公司名称	中山大洋电机股份有限公司			证券简称	大洋电机
	法人代表	鲁楚平	董秘	熊杰明	证券代码	002249
	公司网址	www.broad-ocean.com.cn		电子信箱	bom@broad-ocean.com.cn	
	电　话	0760-8555306		传　真	0760-8559031、88555306	
	办公地址	广东省中山市西区沙朗第三工业区				
	经营范围	加工、制造、销售:微电机、家用电器、卫生洁具及配件、运动及健身器械等				

	指标\报告期	2009.06.30	2008.12.31	2008.06.30	2007.12.31
主要财务指标	每股收益(元)	0.5200	1.2800	1.1200	1.5600
	每股收益(扣除)(元)	0.5100	1.0300	1.0400	1.5000
	每股净资产(元)	4.7300	9.2000	8.9400	2.5300
	调整后每股净资产(元)	–	–	–	–
	每股资本公积金(元)	2.4901	5.9639	5.9802	0.0095
	每股盈余公积金(元)	0.1577	0.2187	0.2033	0.2044
	每股未分配利润(元)	1.0952	2.0504	1.7834	1.3342
	每股现金净流量(元)	0.5891	4.0361	5.5101	0.2751
	每股经营现金净流量(元)	1.1099	–0.8909	–0.1804	1.7965
	净资产收益率(扣除)(%)	–	–	–	59.3000
	净资产收益率(%)	10.9600	12.1800	9.3800	61.4200
	总资产(万)	158346.18	147462.05	172010.07	87157.94
	股东权益(万)	119139.72	115954.62	112691.04	23822.30
	主营业务收入(万)	–	–	–	–
	主营业务利润(万)	–	–	–	–
	营业务收入(万)	74369.93	156858.39	105270.40	156611.25
	营业务利润(万)	15104.31	14995.94	13018.26	17337.16
	投资收益(万)	–	–	–	–
	利润总额(万)	15357.51	16362.52	13238.08	17587.95
	净利润(万)	13061.45	14128.42	10570.50	14631.21

联化科技股份有限公司

公司概况

公司名称	联化科技股份有限公司			证券简称	联化科技
法人代表	牟金香	董秘	鲍臻湧	证券代码	002250
公司网址	www.hlchem.com		电子信箱	ltss@hlchem.com	
电　话	0576-84275238		传　真	0576-84275238	
办公地址	浙江省台州市黄岩区劳动北路总商会大厦 17 楼				
经营范围	精细化学高级中间体的研发、生产和销售等				

主要财务指标

指标\报告期	2009.06.30	2008.12.31	2008.06.30	2007.12.31
每股收益(元)	0.3800	0.6600	0.3500	0.6000
每股收益(扣除)(元)	0.3700	0.5800	0.2800	0.6000
每股净资产(元)	5.0000	4.9300	4.6100	2.5500
调整后每股净资产(元)	-	-	-	-
每股资本公积金(元)	2.2040	2.2040	2.2040	0.0240
每股盈余公积金(元)	0.1733	0.1733	0.1412	0.1883
每股未分配利润(元)	1.6270	1.5500	1.2655	1.3380
每股现金净流量(元)	0.0898	0.6601	2.4379	-0.1097
每股经营现金净流量(元)	0.5824	0.1647	0.0281	0.9404
净资产收益率(扣除)(%)	-	-	-	23.3900
净资产收益率(%)	7.5300	11.7500	5.6900	23.5900
总资产(万)	125786.73	110613.39	124966.25	79101.40
股东权益(万)	64625.04	63630.33	59542.30	24697.03
主营业务收入(万)	-	-	-	-
主营业务利润(万)	-	-	-	-
营业务收入(万)	55994.47	108493.79	49683.66	98697.95
营业务利润(万)	6184.44	8686.73	3342.33	8078.43
投资收益(万)	-	-	-	-
利润总额(万)	6357.08	9794.20	4222.25	8124.46
净利润(万)	4868.91	7473.57	3385.54	5824.97

步步高商业连锁股份有限公司

公司概况

公司名称	步步高商业连锁股份有限公司			证券简称	步步高
法人代表	王填	董秘		证券代码	002251
公司网址	www.bbg.com.cn		电子信箱	bbgshiqian@163.com	
电　话	0732-2322517		传　真	0732-2339867	
办公地址	湖南省湘潭市韶山西路 309 号步步高大厦				
经营范围	商品零售业连锁经营;广告制作、经营等				

主要财务指标

指标\报告期	2009.06.30	2008.12.31	2008.06.30	2007.12.31
每股收益(元)	0.3869	1.3800	1.0016	1.3100
每股收益(扣除)(元)	0.3656	1.3200	0.9534	1.2400
每股净资产(元)	5.5400	10.4000	9.9429	3.9900
调整后每股净资产(元)	-	-	-	-
每股资本公积金(元)	2.8655	6.3311	6.3386	0.2242
每股盈余公积金(元)	0.1336	0.2673	0.1474	0.1989
每股未分配利润(元)	1.5365	2.7992	2.4569	2.5637
每股现金净流量(元)	1.0766	6.2425	6.6032	-0.0266
每股经营现金净流量(元)	1.7054	2.5885	1.4334	3.1487
净资产收益率(扣除)(%)	-	-	-	29.3000
净资产收益率(%)	6.9900	11.5800	7.4700	30.9600
总资产(万)	296708.24	267294.44	236124.27	150614.01
股东权益(万)	149663.40	140554.94	134407.97	39939.23
主营业务收入(万)	-	-	-	-
主营业务利润(万)	-	-	-	-
营业务收入(万)	293011.87	520134.53	271113.98	418442.51
营业务利润(万)	13253.26	20601.06	11886.44	16247.77
投资收益(万)	-	-	-	-
利润总额(万)	13867.79	21332.79	12351.39	16818.11
净利润(万)	10460.26	16282.79	10033.76	12366.22

上海莱士血液制品股份有限公司

公司概况

公司名称	上海莱士血液制品股份有限公司			证券简称	上海莱士
法人代表	郑跃文	董秘	刘峥	证券代码	002252
公司网址	www.raas-corp.com		电子信箱	raas@raas-corp.com	
电　话	021-64303411、64303911		传　真	021-64304009、64300699	
办公地址	上海市闵行经济技术开发区北斗路 55 号				
经营范围	生产和销售血液制品、疫苗、诊断试剂及检测技术器具和检测技术并提供检测服务				

主要财务指标

指标\报告期	2009.06.30	2008.12.31	2008.06.30	2007.12.31
每股收益(元)	0.3200	0.7500	0.5300	0.6800
每股收益(扣除)(元)	0.3200	0.7600	0.5500	0.7100
每股净资产(元)	4.2200	4.7000	4.4300	1.4000
调整后每股净资产(元)	-	-	-	-
每股资本公积金(元)	2.7399	2.7399	2.7347	-
每股盈余公积金(元)	0.1453	0.1453	0.0796	0.1061
每股未分配利润(元)	0.3301	0.8100	0.6193	0.2943
每股现金净流量(元)	-1.0601	3.1343	3.1356	0.2730
每股经营现金净流量(元)	0.1056	0.6728	0.5016	1.4643
净资产收益率(扣除)(%)	-	-	-	51.0000
净资产收益率(%)	7.5900	13.9500	8.9900	48.6600
总资产(万)	73970.13	83118.98	82022.88	30653.75
股东权益(万)	67444.91	75123.44	70938.26	16805.23
主营业务收入(万)	-	-	-	-
主营业务利润(万)	-	-	-	-
营业务收入(万)	16262.90	30986.05	17657.65	30997.69
营业务利润(万)	6145.05	12520.13	7865.10	10043.04
投资收益(万)	-	-	-	-
利润总额(万)	6140.44	12447.85	7673.33	9798.63
净利润(万)	5121.46	10479.08	6377.58	8176.92

四川川大智胜软件股份有限公司

公司概况

公司名称	四川川大智胜软件股份有限公司			证券简称	川大智胜
法人代表	刘应明	董秘	郑念新	证券代码	002253
公司网址	www.wisesoft.com.cn		电子信箱	wisesoft@wisesoft.com.cn	
电　话	028-85372677		传　真	028-85372608	
办公地址	四川省成都市武科东一路七号				
经营范围	软件、硬件及配套系统开发,系统集成和图象图形工程,从事安防产品生产等				

主要财务指标

指标\报告期	2009.06.30	2008.12.31	2008.06.30	2007.12.31
每股收益(元)	0.1600	0.6600	0.2200	0.7200
每股收益(扣除)(元)	0.1200	0.6200	0.2000	0.7300
每股净资产(元)	5.7500	7.2100	6.8000	4.3600
调整后每股净资产(元)	-	-	-	-
每股资本公积金(元)	3.0695	3.8834	3.8834	1.0330
每股盈余公积金(元)	0.3190	0.3828	0.3218	0.4291
每股未分配利润(元)	1.3592	1.9429	1.5941	1.8987
每股现金净流量(元)	-0.7618	2.9476	2.6435	0.0637
每股经营现金净流量(元)	-0.1488	0.6909	-0.3786	0.1756
净资产收益率(扣除)(%)	-	-	-	15.6200
净资产收益率(%)	2.7300	8.0400	2.5000	15.3800
总资产(万)	40021.03	43546.39	41577.28	25966.59
股东权益(万)	35865.41	37487.07	35356.51	17006.96
主营业务收入(万)	-	-	-	-
主营业务利润(万)	-	-	-	-
营业务收入(万)	2766.77	11706.95	4283.44	11522.66
营业务利润(万)	292.71	2163.83	441.98	2218.68
投资收益(万)	-	-	-	-
利润总额(万)	944.42	3116.52	931.35	2854.86
净利润(万)	978.34	3015.11	884.55	2615.87

烟台氨纶股份有限公司

公司概况	公司名称	烟台氨纶股份有限公司		证券简称	烟台氨纶
	法人代表	朱敏英	董秘 迟海平	证券代码	002254
	公司网址	www.ytspandex.com		电子信箱	www.ytspandex.com
	电　话	0535-6371291		传　真	0535-6371234
	办公地址	山东省烟台市经济技术开发区黑龙江路10号			
	经营范围	氨纶、芳纶系列产品的制造、销售,纺织品、日用百货、金属材料、建筑材料等			

主要财务指标	指标\报告期	2009.06.30	2008.12.31	2008.06.30	2007.12.31
	每股收益(元)	0.1790	1.6600	1.4960	3.7400
	每股收益(扣除)(元)	0.1340	1.6400	1.4820	3.7600
	每股净资产(元)	11.5400	12.3000	12.9700	10.0200
	调整后每股净资产(元)	–	–	–	–
	每股资本公积金(元)	5.1268	5.1268	5.1268	1.3302
	每股盈余公积金(元)	1.9638	1.9638	1.8177	2.4398
	每股未分配利润(元)	3.4455	4.2134	5.0245	5.2484
	每股现金净流量(元)	1.4259	3.1313	4.6275	0.1038
	每股经营现金净流量(元)	1.8147	2.0558	1.4146	4.1146
	净资产收益率(扣除)(%)	–	–	–	37.5200
	净资产收益率(%)	2.0100	11.7800	8.5900	37.3500
	总资产(万)	202908.73	192938.32	217209.82	151426.77
	股东权益(万)	144778.06	154415.62	162760.32	93672.37
	主营业务收入(万)	–	–	–	–
	主营业务利润(万)	–	–	–	–
	营业务收入(万)	51370.40	141788.70	78416.02	175819.22
	营业务利润(万)	3108.27	21373.87	19255.48	49800.19
	投资收益(万)	–	–	–	–
	利润总额(万)	3963.65	21714.50	19427.39	49513.49
	净利润(万)	2912.45	18190.14	13984.84	34986.58

苏州海陆重工股份有限公司

公司概况	公司名称	苏州海陆重工股份有限公司		证券简称	海陆重工
	法人代表	徐元生	董秘 潘建华	证券代码	002255
	公司网址	www.hailu-boiler.cn		电子信箱	stock@hailu-boiler.cn
	电　话	0512-58913056		传　真	0512-58683105
	办公地址	张家港市杨舍镇人民西路1号(省经济开发区)			
	经营范围	锅炉、核承压设备、锅炉辅机、压力容器、机械、冶金设备等			

主要财务指标	指标\报告期	2009.06.30	2008.12.31	2008.06.30	2007.12.31
	每股收益(元)	0.4020	0.7700	0.3830	0.6900
	每股收益(扣除)(元)	0.3860	0.7500	0.3770	0.6200
	每股净资产(元)	4.7800	4.5800	4.1940	1.9600
	调整后每股净资产(元)	–	–	–	–
	每股资本公积金(元)	2.4709	2.4709	2.4709	0.3764
	每股盈余公积金(元)	0.0874	0.0874	0.0575	0.0409
	每股未分配利润(元)	1.2245	1.0223	0.6651	0.5038
	每股现金净流量(元)	–0.5423	1.8682	3.1375	0.2725
	每股经营现金净流量(元)	0.0227	0.1804	0.2335	1.8127
	净资产收益率(扣除)(%)	–	–	–	31.6800
	净资产收益率(%)	8.4100	14.7200	6.8500	35.1200
	总资产(万)	136076.52	140308.89	129334.19	72127.27
	股东权益(万)	52945.74	50707.49	46422.61	16243.36
	主营业务收入(万)	–	–	–	–
	主营业务利润(万)	–	–	–	–
	营业务收入(万)	46559.27	75262.29	34475.33	66093.61
	营业务利润(万)	6642.61	9197.13	4213.29	9803.09
	投资收益(万)	–	–	–	–
	利润总额(万)	6848.35	9413.29	4276.19	10110.98
	净利润(万)	4452.25	7465.80	3180.92	5703.97

深圳市彩虹精细化工股份有限公司

公司概况	公司名称	深圳市彩虹精细化工股份有限公司		证券简称	彩虹精化
	法人代表	陈永弟	董秘 李化春	证券代码	002256
	公司网址	www.7cf.com		电子信箱	dongsh@rainbowvc.com
	电　话	0755-33236838		传　真	0755-33236866
	办公地址	广东省深圳市宝安区石岩镇上屋彩虹工业城			
	经营范围	生产经营环保功能涂料、绿色环保家居用品、汽车环保节能美容护理用品等			

主要财务指标	指标\报告期	2009.06.30	2008.12.31	2008.06.30	2007.12.31
	每股收益(元)	0.1500	0.4800	0.3000	0.6200
	每股收益(扣除)(元)	0.1300	0.4100	0.2700	0.5800
	每股净资产(元)	2.7700	4.5000	4.3000	1.6200
	调整后每股净资产(元)	–	–	–	–
	每股资本公积金(元)	1.2631	2.6210	2.6210	–
	每股盈余公积金(元)	0.0550	0.0880	0.0460	0.0616
	每股未分配利润(元)	0.4545	0.7914	0.6365	0.5565
	每股现金净流量(元)	0.1261	2.4786	3.0174	0.4347
	每股经营现金净流量(元)	0.3299	0.4799	0.1222	0.7776
	净资产收益率(扣除)(%)	–	–	–	35.8100
	净资产收益率(%)	5.3200	9.2800	5.1300	38.0900
	总资产(万)	46247.74	45144.72	48352.81	20001.92
	股东权益(万)	38595.46	39153.69	37440.42	10517.53
	主营业务收入(万)	–	–	–	–
	主营业务利润(万)	–	–	–	–
	营业务收入(万)	14056.06	30475.17	15471.08	30018.20
	营业务利润(万)	2154.34	3693.46	2139.17	4401.16
	投资收益(万)	–	–	–	–
	利润总额(万)	2421.32	4298.04	2341.67	4682.72
	净利润(万)	2051.77	3633.44	1920.17	4005.71

利尔化学股份有限公司

公司概况	公司名称	利尔化学股份有限公司		证券简称	利尔化学
	法人代表	李天理	董秘 刘军	证券代码	002258
	公司网址	www.lierchem.com		电子信箱	tzfzb@lierchem.com
	电　话	0816-2841069		传　真	0816-2845440
	办公地址	四川省绵阳市高新技术开发区绵兴东路97号久远商厦5F			
	经营范围	农药、医药原药中间体及其他化工产品的研究、开发、生产和销售等			

主要财务指标	指标\报告期	2009.06.30	2008.12.31	2008.06.30	2007.12.31
	每股收益(元)	0.4800	0.7400	0.4100	1.0600
	每股收益(扣除)(元)	0.4900	0.6800	0.4052	–
	每股净资产(元)	6.2300	6.0900	2.4800	2.0700
	调整后每股净资产(元)	–	–	–	–
	每股资本公积金(元)	3.6461	3.6461	0.0184	0.0184
	每股盈余公积金(元)	0.2541	0.2541	0.4758	0.4758
	每股未分配利润(元)	1.3028	1.1814	2.2466	1.4942
	每股现金净流量(元)	0.2586	3.2349	0.4610	–0.0403
	每股经营现金净流量(元)	0.7508	0.2356	0.5349	1.6518
	净资产收益率(扣除)(%)	–	–	–	48.9900
	净资产收益率(%)	7.7000	10.6700	16.3700	51.1790
	总资产(万)	91224.69	85190.37	34580.96	26676.70
	股东权益(万)	84066.02	82187.47	25003.46	20911.51
	主营业务收入(万)	–	–	–	–
	主营业务利润(万)	–	–	–	–
	营业务收入(万)	24421.50	40399.96	20209.24	30401.94
	营业务利润(万)	7110.35	8661.85	4438.16	10545.24
	投资收益(万)	–	–	–	–
	利润总额(万)	7020.95	8759.33	4439.36	11009.09
	净利润(万)	6470.47	8767.57	4091.95	10702.24

四川升达林业产业股份有限公司

公司概况				
公司名称	四川升达林业产业股份有限公司		证券简称	升达林业
法人代表	江昌政	董秘	范立华	证券代码 002259
公司网址	www.shengdawood.com		电子信箱	info@shengdawood.com
电话	028-86788818*218		传真	028-86755286
办公地址	四川省成都市锦江区东华正街 42 号 26 楼			
经营范围	林木种植;木竹材经营加工;生产、加工、批发、销售胶合板、刨花板等			

主要财务指标 指标\报告期	2009.06.30	2008.12.31	2008.06.30	2007.12.31
每股收益(元)	-0.0204	0.1200	0.0942	0.2300
每股收益(扣除)(元)	0.0059	0.1100	0.1032	0.2300
每股净资产(元)	2.2600	2.3500	1.6600	1.5800
调整后每股净资产(元)	-	-	-	-
每股资本公积金(元)	1.0567	1.0567	0.3136	0.3136
每股盈余公积金(元)	0.0270	0.0270	0.0250	0.0250
每股未分配利润(元)	0.1782	0.2686	0.3249	0.2307
每股现金净流量(元)	0.6592	0.7272	0.0348	-0.3714
每股经营现金净流量(元)	-0.0149	-0.2802	-0.2054	0.2234
净资产收益率(扣除)(%)	-	-	-	13.9500
净资产收益率(%)	-0.9000	4.5000	5.6600	14.4600
总资产(万)	165192.18	142013.08	105863.91	86249.13
股东权益(万)	48631.05	50575.15	26615.37	25246.17
主营业务收入(万)	-	-	-	-
主营业务利润(万)	-	-	-	-
营业务收入(万)	24292.31	54681.74	24959.89	48428.89
营业务利润(万)	175.98	2561.83	1942.13	4272.91
投资收益(万)	-	-	-	-
利润总额(万)	-487.75	2872.99	1777.23	4393.90
净利润(万)	-439.10	2277.26	1507.14	3649.56

广东伊立浦电器股份有限公司

公司概况				
公司名称	广东伊立浦电器股份有限公司		证券简称	伊立浦
法人代表	简伟文	董秘	周伯添	证券代码 002260
公司网址	www.elecpro.com		电子信箱	elecpro@elecpro.cn
电话	0757-88374384		传真	0757-88374990
办公地址	广东省佛山市南海区松岗松夏工业园工业大道西			
经营范围	生产经营电饭煲、电开水器等家电用小电器、模具及金属模压制品等			

主要财务指标 指标\报告期	2009.06.30	2008.12.31	2008.06.30	2007.12.31
每股收益(元)	-0.1300	0.2100	0.0900	0.4600
每股收益(扣除)(元)	-0.1300	0.1900	-	0.4600
每股净资产(元)	2.0600	2.9500	1.7700	1.6800
调整后每股净资产(元)	-	-	-	-
每股资本公积金(元)	0.7359	1.2567	-	-
每股盈余公积金(元)	0.0517	0.0672	0.0690	0.0721
每股未分配利润(元)	0.2778	0.6266	0.7044	0.6119
每股现金净流量(元)	-0.5771	0.7610	-1.0538	0.6924
每股经营现金净流量(元)	-0.4035	-0.3637	-0.8499	0.8821
净资产收益率(扣除)(%)	-	-	-	27.2300
净资产收益率(%)	-6.1600	6.1300	5.0500	27.1400
总资产(万)	55335.77	69623.80	51450.80	52995.16
股东权益(万)	32205.20	35390.92	15947.22	15154.97
主营业务收入(万)	-	-	-	-
主营业务利润(万)	-	-	-	-
营业务收入(万)	21178.05	72766.59	27618.07	79296.87
营业务利润(万)	-2010.15	2327.90	912.19	4592.88
投资收益(万)	-	-	-	-
利润总额(万)	-1957.96	2652.35	1024.76	4576.46
净利润(万)	-1985.21	2169.46	804.90	4113.63

拓维信息系统股份有限公司

公司概况				
公司名称	拓维信息系统股份有限公司		证券简称	拓维信息
法人代表	李新宇	董秘	黄霞	证券代码 002261
公司网址	www.talkweb.com.cn		电子信箱	hx@talkweb.com.cn
电话	0731-88799888-8688		传真	0731-88668270
办公地址	湖南省长沙市桐梓坡西路 298 号			
经营范围	从事电信行业软件开发及无线增值业务等			

主要财务指标 指标\报告期	2009.06.30	2008.12.31	2008.06.30	2007.12.31
每股收益(元)	0.3800	1.1500	0.6900	1.0600
每股收益(扣除)(元)	0.3600	0.9900	-	1.0400
每股净资产(元)	5.0800	6.6900	3.4400	2.7500
调整后每股净资产(元)	-	-	-	-
每股资本公积金(元)	2.1513	3.4179	0.0391	0.0352
每股盈余公积金(元)	0.1382	0.1935	0.2132	0.2132
每股未分配利润(元)	1.7855	2.0746	2.1926	1.5038
每股现金净流量(元)	-0.0697	0.5864	0.8035	0.4659
每股经营现金净流量(元)	0.2470	1.4182	0.8092	1.5530
净资产收益率(扣除)(%)	-	-	-	37.6100
净资产收益率(%)	7.3900	14.6800	20.0000	38.4300
总资产(万)	61766.68	61415.55	28380.83	23923.66
股东权益(万)	56745.27	53398.66	20622.75	16475.59
主营业务收入(万)	-	-	-	-
主营业务利润(万)	-	-	-	-
营业务收入(万)	13464.56	26257.94	12094.88	23346.61
营业务利润(万)	4954.65	8055.87	4599.46	8309.67
投资收益(万)	-	-	-	-
利润总额(万)	5144.52	9222.78	5593.28	8569.52
净利润(万)	4193.73	7836.27	4123.84	6331.44

江苏恩华药业股份有限公司

公司概况				
公司名称	江苏恩华药业股份有限公司		证券简称	恩华药业
法人代表	孙彭生	董秘	段保州	证券代码 002262
公司网址	www.nhwa-group.com		电子信箱	dbz1966@126.com
电话	0516-87661189		传真	0516-87767118
办公地址	江苏省徐州市民主南路 69 号恩华大厦 15 楼 1505 室			
经营范围	冻干粉针剂、小容量注射剂、片剂、硬胶囊剂、颗粒剂、精神药品等			

主要财务指标 指标\报告期	2009.06.30	2008.12.31	2008.06.30	2007.12.31
每股收益(元)	0.1600	0.4000	0.1500	0.3000
每股收益(扣除)(元)	0.1700	0.3800	-	0.2500
每股净资产(元)	1.9700	2.8100	1.9200	1.6200
调整后每股净资产(元)	-	-	-	-
每股资本公积金(元)	0.5582	1.3373	0.4403	0.4403
每股盈余公积金(元)	0.0433	0.0649	0.0378	0.0378
每股未分配利润(元)	0.3689	0.4062	0.3793	0.1382
每股现金净流量(元)	0.3124	0.7413	0.2162	0.0967
每股经营现金净流量(元)	0.2156	0.3875	0.1547	0.5395
净资产收益率(扣除)(%)	-	-	-	15.5600
净资产收益率(%)	8.3600	12.0800	12.4100	18.3200
总资产(万)	84498.28	72940.53	63250.12	59677.56
股东权益(万)	35467.68	33701.95	16716.98	14546.70
主营业务收入(万)	-	-	-	-
主营业务利润(万)	-	-	-	-
营业务收入(万)	55042.00	95249.96	49180.10	80482.52
营业务利润(万)	3464.31	4761.62	2688.32	3389.85
投资收益(万)	-	-	-	-
利润总额(万)	3404.56	4959.99	2685.04	3912.64
净利润(万)	2965.72	4069.94	2074.46	2665.57

浙江大东南包装股份有限公司

公司概况	公司名称	浙江大东南包装股份有限公司		证券简称	大东南
	法人代表	黄水寿	董秘 吴秋婷	证券代码	002263
	公司网址	www.chinaddn.com		电子信箱	ddn@chinaddn.com
	电　话	0575-87380698		传　真	0575-87380005
	办公地址	浙江省诸暨市陶朱街道千禧路5号			
	经营范围	塑料薄膜、塑料包装制品的生产、服装、纺织品的生产、销售等			

主要财务指标 指标\报告期	2009.06.30	2008.12.31	2008.06.30	2007.12.31
每股收益(元)	0.0620	0.2300	0.1700	0.3000
每股收益(扣除)(元)	0.0600	0.1300	0.1529	0.2900
每股净资产(元)	1.9000	3.2100	2.5100	2.4100
调整后每股净资产(元)	–	–	–	–
每股资本公积金(元)	0.3354	1.2009	0.3028	0.3016
每股盈余公积金(元)	0.0179	0.0269	0.0338	0.0330
每股未分配利润(元)	0.5491	0.9852	1.1771	1.0763
每股现金净流量(元)	–0.1272	–0.0064	–0.6491	–0.5586
每股经营现金净流量(元)	0.1046	0.0311	–0.3405	0.2750
净资产收益率(扣除)(%)	–	–	–	12.0700
净资产收益率(%)	3.2800	5.9900	7.0000	12.4700
总资产(万)	211515.69	173031.60	163113.47	172116.93
股东权益(万)	69928.34	78733.45	45511.25	43648.24
主营业务收入(万)	–	–	–	–
主营业务利润(万)	–	–	–	–
营业务收入(万)	50119.40	116789.28	60446.50	142015.68
营业务利润(万)	2145.50	3200.18	3602.70	7852.90
投资收益(万)	–	–	–	–
利润总额(万)	2643.61	5435.09	3663.16	8052.32
净利润(万)	2297.08	4717.84	2807.87	5443.63

福建新华都购物广场股份有限公司

公司概况	公司名称	福建新华都购物广场股份有限公司		证券简称	新华都
	法人代表	陈志程	董秘 龚严冰	证券代码	002264
	公司网址	www.nhd-mart.com		电子信箱	info@nhd.com.cn
	电　话	0591-87987972		传　真	0591-87987982
	办公地址	福建省福州市五四路162号华城国际北楼5层			
	经营范围	批发零售百货、纺织品、仪器仪表、通讯设备、五金交电化工等			

主要财务指标 指标\报告期	2009.06.30	2008.12.31	2008.06.30	2007.12.31
每股收益(元)	0.3800	0.7100	0.5400	0.9100
每股收益(扣除)(元)	0.3400	0.7100	0.5300	0.5700
每股净资产(元)	4.9200	4.7900	2.5000	1.9600
调整后每股净资产(元)	–	–	2.5000	–
每股资本公积金(元)	2.5768	2.5768	0.1471	0.1471
每股盈余公积金(元)	0.1391	0.1391	0.1050	0.1050
每股未分配利润(元)	1.1996	1.0717	1.2505	0.7059
每股现金净流量(元)	–1.1939	3.0357	0.1035	0.8425
每股经营现金净流量(元)	0.1949	1.4669	0.3420	0.9335
净资产收益率(扣除)(%)	–	–	–	29.0900
净资产收益率(%)	7.6900	12.6000	22.0400	46.5700
总资产(万)	114954.91	106333.82	56549.43	52439.52
股东权益(万)	52537.40	51169.46	20041.33	15680.06
主营业务收入(万)	–	–	–	–
主营业务利润(万)	–	–	–	–
营业务收入(万)	149620.69	227931.75	114286.04	164250.00
营业务利润(万)	4639.81	8029.62	5490.40	9203.80
投资收益(万)	–	–	–	–
利润总额(万)	5124.14	8270.81	5640.21	9261.03
净利润(万)	4039.94	6446.74	4361.27	7301.73

云南西仪工业股份有限公司

公司概况	公司名称	云南西仪工业股份有限公司		证券简称	西仪股份
	法人代表	武林	董秘 邹成高	证券代码	002265
	公司网址	www.ynxygy.com		电子信箱	xygzbgs@163.com
	电　话	0871-8598506		传　真	0871-8598357
	办公地址	云南省昆明市西山区海口镇山冲			
	经营范围	主要生产、经营汽车发动机连杆系列产品、其他工业产品和机床零部件及其他机械产品			

主要财务指标 指标\报告期	2009.06.30	2008.12.31	2008.06.30	2007.12.31
每股收益(元)	0.0400	0.1400	0.1100	0.1400
每股收益(扣除)(元)	0.0400	0.0800	–	0.1400
每股净资产(元)	1.8200	1.7800	1.4700	1.3600
调整后每股净资产(元)	–	–	1.4600	–
每股资本公积金(元)	0.4091	0.4091	0.0084	0.0084
每股盈余公积金(元)	0.0613	0.0613	0.0515	0.0506
每股未分配利润(元)	0.3504	0.3141	0.4147	0.3003
每股现金净流量(元)	–0.1193	0.4140	–0.2752	0.1841
每股经营现金净流量(元)	0.0340	–0.0420	–0.1365	0.0513
净资产收益率(扣除)(%)	–	–	–	9.9700
净资产收益率(%)	2.0014	6.3000	7.2000	10.0400
总资产(万)	80797.52	78863.80	55629.90	54469.95
股东权益(万)	52991.79	51934.58	32150.49	29636.32
主营业务收入(万)	–	–	–	–
主营业务利润(万)	–	–	–	–
营业务收入(万)	19929.03	42890.41	22351.79	41288.19
营业务利润(万)	768.00	1310.12	536.38	2562.22
投资收益(万)	–	–	–	–
利润总额(万)	1170.11	3642.95	2293.22	3216.12
净利润(万)	1060.56	3273.63	2314.22	2976.12

浙江富春江水电设备股份有限公司

公司概况	公司名称	浙江富春江水电设备股份有限公司		证券简称	浙富股份
	法人代表	孙毅	董秘 房振武	证券代码	002266
	公司网址	www.zhefu.cn		电子信箱	office@zhefu.cn
	电　话	0571-69969188		传　真	0571-69969128
	办公地址	浙江省桐庐县富春江镇红旗畈工业功能区			
	经营范围	生产、加工:水轮发电机组及安装、水工机械设备、机电配件、化纤机械设备等			

主要财务指标 指标\报告期	2009.06.30	2008.12.31	2008.06.30	2007.12.31
每股收益(元)	0.4000	0.9800	0.4784	0.7900
每股收益(扣除)(元)	0.3600	0.8400	0.3598	0.7100
每股净资产(元)	5.9300	5.7600	2.4903	2.0100
调整后每股净资产(元)	–	–	–	–
每股资本公积金(元)	3.5191	3.5191	0.4757	0.4757
每股盈余公积金(元)	0.1250	0.1250	0.0549	0.0549
每股未分配利润(元)	1.2816	1.1164	0.9597	0.4813
每股现金净流量(元)	–0.7512	2.0497	–0.4901	0.3513
每股经营现金净流量(元)	–0.5540	0.0138	–0.5361	0.2595
净资产收益率(扣除)(%)	–	–	–	33.6400
净资产收益率(%)	6.6696	14.5600	19.2100	37.3700
总资产(万)	142705.88	137978.19	93675.09	75012.72
股东权益(万)	84851.29	82485.45	26743.06	22530.86
主营业务收入(万)	–	–	–	–
主营业务利润(万)	–	–	–	–
营业务收入(万)	34378.39	75397.34	30371.43	48222.63
营业务利润(万)	6123.12	11044.86	5124.22	7908.60
投资收益(万)	–	–	–	–
利润总额(万)	6657.89	13103.01	6789.80	9086.01
净利润(万)	5659.21	12010.94	5137.74	8073.42

陕西省天然气股份有限公司

公司概况	公司名称	陕西省天然气股份有限公司			证券简称	陕天然气
	法人代表	袁小宁	董秘	李谦益	证券代码	002267
	公司网址	www.shaanxigas.com		电子信箱	liqianyi@shaanxigas.com	
	电　话	029-86156060、86156198		传　真	029-86156196	
	办公地址	西安经济技术开发区 A1 区				
	经营范围	天然气输送、天然气相关产品开发、天然气综合利用、天然气发电				

主要财务指标	指标\报告期	2009.06.30	2008.12.31	2008.06.30	2007.12.31
	每股收益(元)	0.4050	0.6691	0.4141	0.6284
	每股收益(扣除)(元)	0.4060	0.6595	–	0.6293
	每股净资产(元)	4.0400	4.0400	2.2100	1.8200
	调整后每股净资产(元)	–	–	–	–
	每股资本公积金(元)	1.7978	1.7978	–	–
	每股盈余公积金(元)	0.1600	0.1811	0.1240	0.1570
	每股未分配利润(元)	1.0622	1.0591	1.0845	0.6704
	每股现金净流量(元)	–0.7183	1.4227	–0.0329	–0.1923
	每股经营现金净流量(元)	0.6178	0.7889	0.5575	1.1551
	净资产收益率(扣除)(%)	–	–	–	34.5700
	净资产收益率(%)	10.0178	14.4000	18.7500	34.5300
	总资产(万)	271136.68	290978.04	189207.81	185271.24
	股东权益(万)	205554.17	205298.99	90199.28	74336.35
	主营业务收入(万)	–	–	–	–
	主营业务利润(万)	–	–	–	–
	营业务收入(万)	97791.18	174982.28	90539.21	157869.57
	营业务利润(万)	24198.08	34581.84	19908.87	30995.04
	投资收益(万)	–	–	–	–
	利润总额(万)	24147.39	34871.44	19942.45	30618.13
	净利润(万)	20591.93	29559.05	16912.56	25664.82

成都卫士通信息产业股份有限公司

公司概况	公司名称	成都卫士通信息产业股份有限公司			证券简称	卫士通
	法人代表	罗天文	董秘	王忠海	证券代码	002268
	公司网址	www.westone.com.cn		电子信箱	Wang.zhonghai@westone.com.cn	
	电　话	028-85168102、85168115		传　真	028-85194598	
	办公地址	四川省成都市高新区创业路 6 号				
	经营范围	通信保密与信息安全、信息网络与多媒体终端及系统产品的开发、生产、销售等				

主要财务指标	指标\报告期	2009.06.30	2008.12.31	2008.06.30	2007.12.31
	每股收益(元)	–0.2600	0.6200	0.1600	0.6700
	每股收益(扣除)(元)	–0.2900	0.5400	–	0.6000
	每股净资产(元)	4.0800	5.4000	2.9900	2.8300
	调整后每股净资产(元)	–	–	2.9100	–
	每股资本公积金(元)	1.9502	2.5403	0.0275	0.0275
	每股盈余公积金(元)	0.2837	0.3405	0.3939	0.3939
	每股未分配利润(元)	0.8429	1.5204	1.5708	1.4122
	每股现金净流量(元)	–0.9334	2.4385	–1.4864	0.8519
	每股经营现金净流量(元)	–0.7215	0.0514	–0.9814	0.8598
	净资产收益率(扣除)(%)	–	–	–	21.2500
	净资产收益率(%)	–6.3100	9.4900	5.3000	23.7700
	总资产(万)	40110.43	45500.51	22797.62	25439.61
	股东权益(万)	32826.90	36241.65	14990.54	14196.18
	主营业务收入(万)	–	–	–	–
	主营业务利润(万)	–	–	–	–
	营业务收入(万)	5163.77	21053.51	7726.25	20084.58
	营业务利润(万)	–3807.36	2878.97	470.67	3682.70
	投资收益(万)	–	–	–	–
	利润总额(万)	–2853.70	4129.53	762.89	4242.59
	净利润(万)	–2072.78	3438.19	794.36	3374.53

上海美特斯邦威服饰股份有限公司

公司概况	公司名称	上海美特斯邦威服饰股份有限公司			证券简称	美邦服饰
	法人代表	周成建	董秘	韩钟伟	证券代码	002269
	公司网址	www.metersbonwe.com		电子信箱	corporate@metersbonwe.com	
	电　话	021-38119999		传　真	021-38119997	
	办公地址	上海市南汇区康桥镇康桥东路 800 号				
	经营范围	服装设计开发;服装、鞋、针织品、皮革制品、羽绒制品、箱包、玩具等				

主要财务指标	指标\报告期	2009.06.30	2008.12.31	2008.06.30	2007.12.31
	每股收益(元)	0.2300	0.9400	0.3000	0.6100
	每股收益(扣除)(元)	0.1973	0.9300	–	0.4600
	每股净资产(元)	2.6000	3.8600	1.4100	1.6600
	调整后每股净资产(元)	–	–	–	–
	每股资本公积金(元)	0.9386	1.9080	0.0217	0.0321
	每股盈余公积金(元)	0.1261	0.1892	0.0771	0.1157
	每股未分配利润(元)	0.5398	0.7652	0.3099	0.5141
	每股现金净流量(元)	–0.3075	2.3091	0.1005	0.0536
	每股经营现金净流量(元)	0.2036	0.7014	0.4772	0.5449
	净资产收益率(扣除)(%)	–	–	–	41.7100
	净资产收益率(%)	8.8200	22.7000	21.3300	54.7600
	总资产(万)	431197.27	457696.31	195700.78	185833.54
	股东权益(万)	261757.05	258775.81	84520.21	66474.51
	主营业务收入(万)	–	–	–	–
	主营业务利润(万)	–	–	–	–
	营业务收入(万)	182236.71	447367.99	163753.12	315651.68
	营业务利润(万)	14839.25	83329.03	25971.34	42859.49
	投资收益(万)	–	–	–	–
	利润总额(万)	18926.43	84117.15	25759.78	43251.93
	净利润(万)	23081.24	58751.61	18029.23	36399.13

山东法因数控机械股份有限公司

公司概况	公司名称	山东法因数控机械股份有限公司			证券简称	法因数控
	法人代表	李胜军	董秘	刘毅	证券代码	002270
	公司网址	www.fincm.com		电子信箱	dshm@fincm.com	
	电　话	0531-82685200		传　真	0531-82685201	
	办公地址	山东省济南市天辰大街 389 号				
	经营范围	数控机械设备的开发、生产、销售,工业自动化控制技术咨询等				

主要财务指标	指标\报告期	2009.06.30	2008.12.31	2008.06.30	2007.12.31
	每股收益(元)	0.2000	0.4700	0.2900	0.4800
	每股收益(扣除)(元)	0.1800	0.4200	0.2800	0.4300
	每股净资产(元)	3.5600	3.4700	1.6700	1.3800
	调整后每股净资产(元)	–	–	–	–
	每股资本公积金(元)	1.7961	1.7961	0.0042	0.0042
	每股盈余公积金(元)	0.0637	0.0637	0.0367	0.0367
	每股未分配利润(元)	0.7045	0.6080	0.6286	0.3425
	每股现金净流量(元)	–0.2390	1.6356	–0.0601	–0.0308
	每股经营现金净流量(元)	0.3067	0.2902	0.1649	0.6170
	净资产收益率(扣除)(%)	–	–	–	30.7700
	净资产收益率(%)	5.5100	11.1800	17.1300	35.0500
	总资产(万)	71885.60	70941.36	40340.64	36546.87
	股东权益(万)	51860.20	50457.32	18197.52	15079.61
	主营业务收入(万)	–	–	–	–
	主营业务利润(万)	–	–	–	–
	营业务收入(万)	18963.28	31286.12	16353.42	25728.22
	营业务利润(万)	3244.84	5619.59	3730.89	5517.46
	投资收益(万)	–	–	–	–
	利润总额(万)	3515.46	6528.20	3795.41	5576.54
	净利润(万)	2857.88	5640.56	3117.91	5285.01

北京东方雨虹防水技术股份有限公司

公司概况

公司名称	北京东方雨虹防水技术股份有限公司	证券简称	东方雨虹
法人代表	李卫国　董秘　凌锦明	证券代码	002271
公司网址	www.yuhong.com.cn　电子信箱		stocks@yuhong.com.cn
电　　话	010-85762629　传　　真		010-85762629
办公地址	北京市顺义区杨镇曾庄顺平南路		
经营范围	防水材料、防腐材料、保温材料、建筑成套设备的技术开发、制造、销售等		

主要财务指标

指标＼报告期	2009.06.30	2008.12.31	2008.06.30	2007.12.31
每股收益(元)	0.3400	1.0300	0.4600	0.9600
每股收益(扣除)(元)	0.3200	0.9400	0.3800	0.9700
每股净资产(元)	5.4500	8.0100	4.4500	4.0100
调整后每股净资产(元)	–	–	–	–
每股资本公积金(元)	2.6650	4.4974	0.8505	0.7681
每股盈余公积金(元)	0.1534	0.2301	0.2022	0.2022
每股未分配利润(元)	1.6278	2.2837	2.4913	2.0351
每股现金净流量(元)	0.0931	0.9541	–0.7150	1.0922
每股经营现金净流量(元)	–0.1150	–2.1099	–0.2482	0.7470
净资产收益率(扣除)(%)	–	–	–	22.7500
净资产收益率(%)	6.2200	10.4400	10.0400	22.6700
总资产(万)	91384.13	66048.55	51642.65	35544.28
股东权益(万)	43101.03	42267.43	17975.89	15845.16
主营业务收入(万)	–	–	–	–
主营业务利润(万)	–	–	–	–
营业务收入(万)	29170.80	71231.76	28219.06	48449.83
营业务利润(万)	3152.69	4892.17	1946.51	5451.81
投资收益(万)	–	–	–	–
利润总额(万)	3363.14	5350.30	2339.68	5558.06
净利润(万)	2680.20	4412.39	1804.81	3592.88

四川川润股份有限公司

公司概况

公司名称	四川川润股份有限公司	证券简称	川润股份
法人代表	罗丽华　董秘　王祺	证券代码	002272
公司网址	www.chuanrun.com　电子信箱		chuanrun@chuanrun.com
电　　话	0813-2629228　传　　真		0813-2629229
办公地址	四川省自贡市盐都大道(川润大楼)		
经营范围	稀油、干油集中润滑系统及设备的设计、制造、销售等		

主要财务指标

指标＼报告期	2009.06.30	2008.12.31	2008.06.30	2007.12.31
每股收益(元)	0.2700	0.6726	0.3077	0.6325
每股收益(扣除)(元)	0.2399	0.5993	–	0.5735
每股净资产(元)	4.0053	4.4500	2.3300	1.9900
调整后每股净资产(元)	–	–	–	–
每股资本公积金(元)	2.2263	2.5489	0.5171	0.5171
每股盈余公积金(元)	0.0649	0.0714	0.0315	0.0315
每股未分配利润(元)	0.7141	0.8334	0.7846	0.4462
每股现金净流量(元)	–0.1894	0.6678	–0.2289	0.7563
每股经营现金净流量(元)	–0.2259	–0.1286	0.1281	0.4509
净资产收益率(扣除)(%)	–	–	–	28.7500
净资产收益率(%)	6.8600	12.2700	5.7000	31.7100
总资产(万)	73911.68	63080.75	42968.64	34775.64
股东权益(万)	40533.88	40974.30	16099.65	13764.53
主营业务收入(万)	–	–	–	–
主营业务利润(万)	–	–	–	–
营业务收入(万)	16999.59	32107.70	12680.64	26148.37
营业务利润(万)	2831.73	5309.35	2455.42	4673.41
投资收益(万)	–	–	–	–
利润总额(万)	3245.61	5966.33	2740.14	5283.60
净利润(万)	2779.58	5027.98	2335.12	4364.47

浙江水晶光电科技股份有限公司

公司概况

公司名称	浙江水晶光电科技股份有限公司	证券简称	水晶光电
法人代表	林敏　董秘　范崇国	证券代码	002273
公司网址	www.zqcot.com　电子信箱		sjzqb@zqcot.com
电　　话	0576-88038228,88038738　传　　真		0576-88038286
办公地址	浙江省台州市椒江区星星电子产业区 A5 号		
经营范围	光学元器件制造、加工,光电子元器件制造、加工等		

主要财务指标

指标＼报告期	2009.06.30	2008.12.31	2008.06.30	2007.12.31
每股收益(元)	0.2100	0.8800	0.4500	0.8700
每股收益(扣除)(元)	0.2000	0.8700	0.4500	0.8600
每股净资产(元)	4.3900	5.7300	2.4400	1.9900
调整后每股净资产(元)	–	–	–	–
每股资本公积金(元)	2.3097	3.3026	0.0365	0.0365
每股盈余公积金(元)	0.1477	0.1920	0.1609	0.1609
每股未分配利润(元)	0.9356	1.2372	1.2437	0.7933
每股现金净流量(元)	–0.2811	3.1796	–0.0386	–0.2984
每股经营现金净流量(元)	0.2193	0.6854	0.4316	0.6301
净资产收益率(扣除)(%)	–	–	–	43.3900
净资产收益率(%)	4.8900	12.4600	18.4500	43.5600
总资产(万)	41759.24	42153.71	20731.36	20726.31
股东权益(万)	38091.46	38230.74	12204.84	9952.79
主营业务收入(万)	–	–	–	–
主营业务利润(万)	–	–	–	–
营业务收入(万)	7293.22	18455.67	8911.71	16863.15
营业务利润(万)	2341.58	6214.90	2990.63	5524.68
投资收益(万)	–	–	–	–
利润总额(万)	2482.33	6269.20	3006.29	5535.13
净利润(万)	1861.72	4761.80	2252.05	4335.05

江苏华昌化工股份有限公司

公司概况

公司名称	江苏华昌化工股份有限公司	证券简称	华昌化工
法人代表	朱郁健　董秘　蒋晓宁(代)	证券代码	002274
公司网址	www.huachangchem.cn　电子信箱		huachang@huachangchem.cn
电　　话	0512-58727158　传　　真		0512-58727155
办公地址	江苏省张家港市金港镇保税区扬子江国际化学工业园南海路 1 号		
经营范围	化工原料、化工产品、化肥生产;金属材料、建筑材料、日用百货、煤炭销售		

主要财务指标

指标＼报告期	2009.06.30	2008.12.31	2008.06.30	2007.12.31
每股收益(元)	–0.1500	1.2400	1.3500	1.0800
每股收益(扣除)(元)	–0.2100	1.2000	1.3500	1.0600
每股净资产(元)	6.8100	7.2500	6.5200	5.1400
调整后每股净资产(元)	–	–	–	–
每股资本公积金(元)	3.2228	3.2094	1.4406	1.4129
每股盈余公积金(元)	0.3685	0.3834	0.3784	0.3784
每股未分配利润(元)	2.2148	2.6568	3.7018	2.3482
每股现金净流量(元)	0.2229	0.5266	–0.0984	0.4164
每股经营现金净流量(元)	0.6583	0.3952	1.5210	2.1358
净资产收益率(扣除)(%)	–	–	–	20.6000
净资产收益率(%)	–2.2700	13.8600	20.7600	21.0700
总资产(万)	331769.24	318701.20	282107.89	262401.50
股东权益(万)	136894.86	145813.66	97899.81	77161.48
主营业务收入(万)	–	–	–	–
主营业务利润(万)	–	–	–	–
营业务收入(万)	116426.53	296390.91	148753.08	227246.47
营业务利润(万)	–4590.85	24441.59	24990.10	18660.06
投资收益(万)	–	–	–	–
利润总额(万)	–3100.97	25005.44	24971.20	18405.98
净利润(万)	–3112.45	20213.22	20323.33	16258.60

桂林三金药业股份有限公司

公司概况	公司名称	桂林三金药业股份有限公司		证券简称	桂林三金
	法人代表	邹节明	董秘 韦葵葵	证券代码	002275
	公司网址	www.sanjin.com.cn		电子信箱	dsh@sanjin.com.cn
	电　话	0773-5829106、5829109		传　真	0773-5838652
	办公地址	广西壮族自治区桂林市金星路1号			
	经营范围	片剂、硬胶囊剂、散剂、颗粒剂、酊剂、药用辅料、片剂、软胶囊剂、滴丸剂等			

主要财务指标	指标\报告期	2009.06.30	2008.12.31	2008.06.30	2007.12.31
	每股收益(元)	0.3900	0.6700	–	0.6100
	每股收益(扣除)(元)	0.3900	0.6700	–	0.5900
	每股净资产(元)	1.8800	1.9100	–	1.7666
	调整后每股净资产(元)	–	–	–	–
	每股资本公积金(元)	0.0128	0.0128	–	0.0128
	每股盈余公积金(元)	0.1989	0.1989	–	0.1353
	每股未分配利润(元)	0.6679	0.6958	–	0.6185
	每股现金净流量(元)	0.0074	–0.1858	–	0.4221
	每股经营现金净流量(元)	0.4445	0.4681	–	0.4029
	净资产收益率(扣除)(%)	–	–	–	–
	净资产收益率(%)	20.8600	35.1700	–	34.5700
	总资产(万)	108054.68	116575.28	–	107883.36
	股东权益(万)	76688.53	77826.32	–	72077.66
	主营业务收入(万)	–	–	–	–
	主营业务利润(万)	–	–	–	–
	营业务收入(万)	47985.74	98615.80	–	89304.84
	营业务利润(万)	19027.14	32672.60	–	28917.66
	投资收益(万)	–	–	–	–
	利润总额(万)	19220.53	32755.87	–	29781.75
	净利润(万)	15998.21	27372.66	–	24917.77

浙江万马电缆股份有限公司

公司概况	公司名称	浙江万马电缆股份有限公司		证券简称	万马电缆
	法人代表	潘水苗	董秘 王向亭	证券代码	002276
	公司网址	www.wanma-cable.cn		电子信箱	investor@zjwanma.com
	电　话	0571-63755256		传　真	0571-63755256
	办公地址	浙江省临安经济开发区南环路88号			
	经营范围	电力电缆、船用电缆、矿用电力电缆、船用电缆、矿用电缆、电力器材设备等			

主要财务指标	指标\报告期	2009.06.30	2008.12.31	2008.06.30	2007.12.31
	每股收益(元)	0.3000	0.5000	–	0.4500
	每股收益(扣除)(元)	–	0.5100	–	0.4100
	每股净资产(元)	2.6700	2.5722	–	2.0756
	调整后每股净资产(元)	–	–	–	–
	每股资本公积金(元)	0.6201	0.6201	–	0.6201
	每股盈余公积金(元)	0.0947	0.0947	–	0.0450
	每股未分配利润(元)	0.9572	0.8574	–	0.4105
	每股现金净流量(元)	–0.8386	0.2913	–	0.4054
	每股经营现金净流量(元)	–0.4724	0.1493	–	0.4039
	净资产收益率(扣除)(%)	–	–	–	–
	净资产收益率(%)	11.2200	19.3100	–	21.6900
	总资产(万)	125908.07	132061.31	–	97201.71
	股东权益(万)	40079.10	38583.04	–	31133.65
	主营业务收入(万)	–	–	–	–
	主营业务利润(万)	–	–	–	–
	营业务收入(万)	58485.01	161634.00	–	113236.17
	营业务利润(万)	4381.79	6625.30	–	5601.78
	投资收益(万)	165.18	–	–	–
	利润总额(万)	5619.18	8547.61	–	7503.46
	净利润(万)	4496.06	7449.39	–	6753.15

家润多商业股份有限公司

公司概况	公司名称	家润多商业股份有限公司		证券简称	家润多
	法人代表	胡子敬	董秘 陈学文	证券代码	002277
	公司网址	www.your-mart.cn		电子信箱	your.mart@hnmall.com
	电　话	0731-82293541		传　真	0731-82280300
	办公地址	湖南省长沙市芙蓉区八一路1号			
	经营范围	商品零售业及相关配套服务的投资、经营、管理			

主要财务指标	指标\报告期	2009.06.30	2008.12.31	2008.06.30	2007.12.31
	每股收益(元)	0.7031	0.8300	0.5487	0.6400
	每股收益(扣除)(元)	0.7033	0.8400	–	0.5300
	每股净资产(元)	3.7250	3.3219	–	2.6879
	调整后每股净资产(元)	–	–	–	–
	每股资本公积金(元)	0.5060	0.5060	–	0.5060
	每股盈余公积金(元)	0.2918	0.2918	–	0.2088
	每股未分配利润(元)	1.9272	1.5241	–	0.9731
	每股现金净流量(元)	–0.0521	0.6809	–0.1015	0.7363
	每股经营现金净流量(元)	0.9572	2.5864	1.0974	3.1214
	净资产收益率(扣除)(%)	–	–	–	–
	净资产收益率(%)	18.8758	25.1000	–	23.6800
	总资产(万)	147837.25	153999.18	–	119642.57
	股东权益(万)	53639.98	47835.02	–	38706.36
	主营业务收入(万)	–	–	–	–
	主营业务利润(万)	–	–	–	–
	营业务收入(万)	132855.43	221934.33	109193.93	163557.28
	营业务利润(万)	13517.60	16195.49	10581.88	12652.02
	投资收益(万)	–	–	–	–
	利润总额(万)	13514.54	16017.97	10576.68	13491.68
	净利润(万)	10124.97	12008.65	7901.53	9166.58

上海神开石油化工装备股份有限公司

公司概况	公司名称	上海神开石油化工装备股份有限公司		证券简称	神开股份
	法人代表	顾正	董秘 王弥宗	证券代码	002278
	公司网址	www.shenkai.com		电子信箱	shenkai@shenkai.com
	电　话	021-64293895		传　真	021-54336696
	办公地址	上海市闵行区浦星公路1769号			
	经营范围	主要生产和销售井场测控设备、石油钻探井石油、天然气钻采专用设备等			

主要财务指标	指标\报告期	2009.06.30	2008.12.31	2008.06.30	2007.12.31
	每股收益(元)	0.3300	0.6800	–	0.5900
	每股收益(扣除)(元)	–	0.6500	–	0.5400
	每股净资产(元)	2.4000	2.0688	–	1.5367
	调整后每股净资产(元)	–	–	–	–
	每股资本公积金(元)	0.0557	0.0557	–	0.0557
	每股盈余公积金(元)	0.2620	0.2620	–	0.1776
	每股未分配利润(元)	1.0779	0.7510	–	0.3034
	每股现金净流量(元)	–0.2046	0.2042	–	0.1493
	每股经营现金净流量(元)	0.1172	0.4252	–	–0.1359
	净资产收益率(扣除)(%)	–	–	–	–
	净资产收益率(%)	13.6500	32.6600	–	36.7000
	总资产(万)	61395.36	62106.31	–	50374.85
	股东权益(万)	32488.65	28055.31	–	20839.90
	主营业务收入(万)	–	–	–	–
	主营业务利润(万)	–	–	–	–
	营业务收入(万)	26044.19	54300.90	–	42631.99
	营业务利润(万)	5032.96	10161.12	–	8544.89
	投资收益(万)	–	–	–	–
	利润总额(万)	5195.24	10559.17	–	9327.52
	净利润(万)	4433.44	9162.18	–	7648.00

北京久其软件股份有限公司

公司概况	公司名称	北京久其软件股份有限公司			证券简称	久其软件
	法人代表	赵福君	董秘	王海霞	证券代码	002279
	公司网址	www.jiuqi.com.cn		电子信箱	jiuqi@jiuqi.com.cn	
	电　话	010-58561199		传　真	010-58022897	
	办公地址	北京市海淀区大慧寺路5号3号楼3层				
	经营范围	互联网信息服务业务;技术进出口、贸易进出口、代理进出口;法律等				

主要财务指标	指标\报告期	2009.06.30	2008.12.31	2008.06.30	2007.12.31
	每股收益(元)	0.0490	1.0620	0.0354	0.9108
	每股收益(扣除)(元)	–	0.9969	–	0.8096
	每股净资产(元)	4.0000	3.9500	–	2.8900
	调整后每股净资产(元)	–	–	–	–
	每股资本公积金(元)	0.0662	0.0662	–	0.0662
	每股盈余公积金(元)	0.3634	0.3634	–	0.3054
	每股未分配利润(元)	2.5718	2.5228	–	1.5187
	每股现金净流量(元)	–0.2700	0.4061	–0.5305	–0.0927
	每股经营现金净流量(元)	–0.1060	0.7069	–0.3119	0.7646
	净资产收益率(扣除)(%)	–	–	–	–
	净资产收益率(%)	1.2300	26.8700	–	31.5100
	总资产(万)	21829.77	22618.05	–	18263.93
	股东权益(万)	18302.50	18078.21	–	13220.40
	主营业务收入(万)	–	–	–	–
	主营业务利润(万)	–	–	–	–
	营业务收入(万)	4016.31	13019.72	3736.96	12772.30
	营业务利润(万)	–128.95	3934.77	–297.92	2954.96
	投资收益(万)	–	–	–	–
	利润总额(万)	268.94	5163.34	213.24	4472.71
	净利润(万)	224.28	4857.81	161.81	4166.19

杭州新世纪信息技术股份有限公司

公司概况	公司名称	杭州新世纪信息技术股份有限公司			证券简称	新世纪
	法人代表	徐智勇	董秘	俞竣华	证券代码	002280
	公司网址	www.nci.com.cn		电子信箱	hznci@nci.com.cn	
	电　话	0571-28996000		传　真	0571-28996001	
	办公地址	浙江省杭州市杭州市滨江区南环路3766号				
	经营范围	技术开发、技术服务、成果转让;电子计算机及外部设备;工程承包等				

主要财务指标	指标\报告期	2009.06.30	2008.12.31	2008.06.30	2007.12.31
	每股收益(元)	0.2800	0.9000	0.2800	0.8000
	每股收益(扣除)(元)	–	0.9000	–	0.7700
	每股净资产(元)	3.5400	3.2522	–	2.5492
	调整后每股净资产(元)	–	–	–	–
	每股资本公积金(元)	0.7613	0.7613	–	0.7613
	每股盈余公积金(元)	0.1349	0.1349	–	0.0627
	每股未分配利润(元)	1.6404	1.3560	–	0.7252
	每股现金净流量(元)	–0.7236	–0.1270	–0.7706	0.4683
	每股经营现金净流量(元)	–0.4764	0.7169	–0.3800	0.7424
	净资产收益率(扣除)(%)	–	–	–	–
	净资产收益率(%)	8.0400	27.7600	–	31.5500
	总资产(万)	15331.14	16072.51	–	15323.85
	股东权益(万)	14146.31	13008.79	–	10196.91
	主营业务收入(万)	–	–	–	–
	主营业务利润(万)	–	–	–	–
	营业务收入(万)	5562.90	13875.34	4892.95	14161.20
	营业务利润(万)	1285.03	3921.53	1462.39	3118.99
	投资收益(万)	–	–	–	–
	利润总额(万)	1312.43	4000.23	1547.45	3454.80
	净利润(万)	1137.52	3611.88	1128.95	3217.33

武汉光迅科技股份有限公司

公司概况	公司名称	武汉光迅科技股份有限公司			证券简称	光迅科技
	法人代表	童国华	董秘	毛浩	证券代码	002281
	公司网址	www.accelink.com		电子信箱	investor@accelink.com	
	电　话	027-87694060		传　真	027-87694061	
	办公地址	湖北省武汉市洪山区邮科院路88号				
	经营范围	信息技术领域光电器件技术及产品的研制、生产、销售和相关技术服务等				

主要财务指标	指标\报告期	2009.06.30	2008.12.31	2008.06.30	2007.12.31
	每股收益(元)	0.4300	0.6300	0.3500	0.5700
	每股收益(扣除)(元)	–	0.6000	–	0.5500
	每股净资产(元)	2.3500	2.1691	–	1.7857
	调整后每股净资产(元)	–	–	–	–
	每股资本公积金(元)	0.0014	0.0014	–	0.0014
	每股盈余公积金(元)	0.2038	0.2038	–	0.1405
	每股未分配利润(元)	1.1422	0.9639	–	0.6438
	每股现金净流量(元)	0.0994	–0.2427	0.0056	0.0151
	每股经营现金净流量(元)	0.3923	0.4148	0.3790	0.5308
	净资产收益率(扣除)(%)	–	27.8000	–	30.5400
	净资产收益率(%)	18.9600	29.2000	–	31.7300
	总资产(万)	61835.61	54836.35	–	42514.36
	股东权益(万)	28168.28	26029.50	–	21428.06
	主营业务收入(万)	–	–	–	–
	主营业务利润(万)	–	–	–	–
	营业务收入(万)	38234.87	65384.28	36180.40	48768.87
	营业务利润(万)	5776.61	8128.62	5734.24	6307.41
	投资收益(万)	–	–	–	–
	利润总额(万)	6045.63	8557.82	5772.93	6567.85
	净利润(万)	5138.78	7601.44	4140.63	6799.97

博深工具股份有限公司

公司概况	公司名称	博深工具股份有限公司			证券简称	博深工具
	法人代表	陈怀荣	董秘	任京建	证券代码	002282
	公司网址	www.bosuntools.com		电子信箱	bod@bosuntools.com	
	电　话	0311-85962650		传　真	0311-85965550	
	办公地址	河北省石家庄高新技术产业开发区海河道10号				
	经营范围	生产销售人造金刚石及制品、粉末冶金制品、电动工具及配件等				

主要财务指标	指标\报告期	2009.06.30	2008.12.31	2008.06.30	2007.12.31
	每股收益(元)	0.1700	0.4300	–	0.4200
	每股收益(扣除)(元)	0.1700	0.4000	–	0.4100
	每股净资产(元)	2.0722	1.9754	–	1.6435
	调整后每股净资产(元)	–	–	–	–
	每股资本公积金(元)	0.3614	0.3614	–	0.3614
	每股盈余公积金(元)	0.0783	0.0783	–	0.0388
	每股未分配利润(元)	0.6589	0.5639	–	0.2530
	每股现金净流量(元)	–0.0073	0.0857	–	0.0924
	每股经营现金净流量(元)	0.2258	0.2043	–	0.5645
	净资产收益率(扣除)(%)	–	–	–	–
	净资产收益率(%)	8.4500	21.5400	–	25.3200
	总资产(万)	40695.30	42270.60	–	37344.94
	股东权益(万)	26938.78	25679.81	–	21366.09
	主营业务收入(万)	–	–	–	–
	主营业务利润(万)	–	–	–	–
	营业务收入(万)	16433.93	38903.70	–	37141.58
	营业务利润(万)	2650.03	6159.17	–	6399.63
	投资收益(万)	–	–	–	–
	利润总额(万)	2695.26	6584.44	–	6508.72
	净利润(万)	2274.99	5530.60	–	5410.70

天润曲轴股份有限公司

公司概况					
公司名称	天润曲轴股份有限公司			证券简称	天润曲轴
法人代表	邢运波	董秘	徐承飞	证券代码	002283
公司网址	www.tianrun.com		电子信箱	htzhou@tianrun.com	
电　话	0631-8982313		传　真	0631-8982313	
办公地址	山东省文登市天润路 2-13 号				
经营范围	曲轴、机床、机械配件的生产、销售;备案范围内的货物进出口				

主要财务指标 指标\报告期	2009.06.30	2008.12.31	2008.06.30	2007.12.31
每股收益(元)	0.3500	0.5600	–	0.5300
每股收益(扣除)(元)	0.3500	0.5600	–	0.5000
每股净资产(元)	3.7204	3.2187	–	2.6397
调整后每股净资产(元)	–	–	–	–
每股资本公积金(元)	1.5644	1.5415	–	1.5253
每股盈余公积金(元)	0.0467	0.0467	–	0.0079
每股未分配利润(元)	0.9776	0.6305	–	0.1066
每股现金净流量(元)	–0.1547	0.1327	–	0.1132
每股经营现金净流量(元)	0.3707	1.1508	–	0.3593
净资产收益率(扣除)(%)	–	–	–	–
净资产收益率(%)	9.6700	17.4800	–	19.5700
总资产(万)	143272.52	139728.61	–	126249.52
股东权益(万)	64596.12	57935.85	–	47514.86
主营业务收入(万)	–	–	–	–
主营业务利润(万)	–	–	–	–
营业务收入(万)	36777.69	81988.78	–	74941.92
营业务利润(万)	6168.92	10710.25	–	7950.22
投资收益(万)	–	–	–	–
利润总额(万)	7466.20	12466.18	–	10412.70
净利润(万)	6248.27	10129.00	–	9299.90

浙江亚太机电股份有限公司

公司概况					
公司名称	浙江亚太机电股份有限公司			证券简称	亚太股份
法人代表	黄伟潮	董秘	朱自平	证券代码	002284
公司网址	www.apg.cn		电子信箱	ytzq@apg.cn	
电　话	0571-82765229		传　真	0571-82761347	
办公地址	浙江省杭州市萧山区蜀山街道				
经营范围	汽车制动系统的科研开发、制造、销售、技术服务及进出口业务				

主要财务指标 指标\报告期	2009.06.30	2008.12.31	2008.06.30	2007.12.31
每股收益(元)	0.5200	0.6800	–	0.9500
每股收益(扣除)(元)	0.5000	0.5400	–	0.7900
每股净资产(元)	5.5800	5.2000	–	4.7300
调整后每股净资产(元)	–	–	–	–
每股资本公积金(元)	0.2410	0.2410	–	0.2410
每股盈余公积金(元)	0.5931	0.5931	–	0.5275
每股未分配利润(元)	3.7418	3.3682	–	2.9581
每股现金净流量(元)	1.0092	–0.7328	–	0.5154
每股经营现金净流量(元)	1.4589	1.0320	–	1.6225
净资产收益率(扣除)(%)	–	–	–	–
净资产收益率(%)	9.3900	13.0500	–	20.1000
总资产(万)	115790.32	100942.99	–	100083.07
股东权益(万)	39968.15	37289.99	–	33880.38
主营业务收入(万)	–	–	–	–
主营业务利润(万)	–	–	–	–
营业务收入(万)	57644.13	91104.55	–	88108.46
营业务利润(万)	4377.19	4114.38	–	6428.83
投资收益(万)	–	–	–	–
利润总额(万)	4474.68	5428.84	–	7227.69
净利润(万)	3753.36	4868.18	–	6811.37

深圳世联地产顾问股份有限公司

公司概况					
公司名称	深圳世联地产顾问股份有限公司			证券简称	世联地产
法人代表	陈劲松	董秘	梁兴安	证券代码	002285
公司网址	www.worldunion.com.cn		电子信箱	info@worldunion.com.cn	
电　话	0755-22162597		传　真	0755-22162231	
办公地址	广东省深圳市罗湖区深南东路 5047 号深圳发展银行大厦 13 楼				
经营范围	房地产咨询、房地产代理、房地产经纪、物业管理等				

主要财务指标 指标\报告期	2009.06.30	2008.12.31	2008.06.30	2007.12.31
每股收益(元)	0.6700	0.6900	–	0.8500
每股收益(扣除)(元)	0.6700	0.7200	–	0.8000
每股净资产(元)	3.1400	2.4400	–	1.6500
调整后每股净资产(元)	–	–	–	–
每股资本公积金(元)	0.1718	0.1272	–	0.0140
每股盈余公积金(元)	0.1408	0.1408	–	0.0521
每股未分配利润(元)	1.8322	1.1671	–	0.5660
每股现金净流量(元)	0.4117	0.4844	–	–0.0390
每股经营现金净流量(元)	0.7801	0.7498	–	1.3451
净资产收益率(扣除)(%)	–	–	–	–
净资产收益率(%)	21.1500	28.3900	–	51.4900
总资产(万)	39776.32	36382.12	–	30827.07
股东权益(万)	30190.80	23376.72	–	15668.54
主营业务收入(万)	–	–	–	–
主营业务利润(万)	–	–	–	–
营业务收入(万)	27856.54	51124.13	–	52272.65
营业务利润(万)	7987.82	11438.55	–	12398.21
投资收益(万)	–	–	–	–
利润总额(万)	7984.08	11203.37	–	12482.65
净利润(万)	6385.60	6636.72	–	8067.90

保龄宝生物股份有限公司

公司概况					
公司名称	保龄宝生物股份有限公司			证券简称	保龄宝
法人代表	刘宗利	董秘	高逢勇	证券代码	002286
公司网址	www.blb-cn.com		电子信箱	tzzgx@blb-cn.com	
电　话	0534-8918658 2126058		传　真	0534-2126058	
办公地址	山东禹城高新开发区东外环路 1 号				
经营范围	低聚糖、糖浆、糊精、赤藓糖醇、保健食品的研发、生产销售等				

主要财务指标 指标\报告期	2009.06.30	2008.12.31	2008.06.30	2007.12.31
每股收益(元)	0.3600	0.7500	–	0.6500
每股收益(扣除)(元)	0.3300	0.6900	–	0.6000
每股净资产(元)	4.3300	3.9700	–	3.2200
调整后每股净资产(元)	–	–	–	–
每股资本公积金(元)	2.0058	2.0058	–	2.0058
每股盈余公积金(元)	0.0962	0.0962	–	0.0216
每股未分配利润(元)	1.2269	0.8656	–	0.1940
每股现金净流量(元)	–0.4225	1.6474	–	–1.1049
每股经营现金净流量(元)	0.2557	1.8462	–	1.3163
净资产收益率(扣除)(%)	–	–	–	–
净资产收益率(%)	8.3500	18.8100	–	17.2300
总资产(万)	77869.51	74390.67	–	60189.55
股东权益(万)	25972.88	23805.33	–	19327.61
主营业务收入(万)	–	–	–	–
主营业务利润(万)	–	–	–	–
营业务收入(万)	24796.88	53655.50	–	41432.56
营业务利润(万)	2361.54	4901.18	–	4945.46
投资收益(万)	–	–	–	–
利润总额(万)	2553.88	5308.70	–	5223.66
净利润(万)	2167.55	4477.72	–	3329.63

西藏奇正藏药股份有限公司

公司概况	公司名称	西藏奇正藏药股份有限公司			证券简称	奇正藏药
	法人代表	雷菊芳	董秘	冯平	证券代码	002287
	公司网址	www.cheezheng.com.cn		电子信箱	qzzy@qzh.cn	
	电　话	0894-5826041 010-64972881		传　真	0894-5826076 010-64987324	
	办公地址	西藏自治区林芝地区八一镇泉州路1号				
	经营范围	药品生产许可证范围内贴膏剂、软膏剂、颗粒剂、丸剂、散剂、橡胶膏剂等				

	指标\报告期	2009.06.30	2008.12.31	2008.06.30	2007.12.31
主要财务指标	每股收益(元)	0.2100	0.3700	–	0.3200
	每股收益(扣除)(元)	0.2000	0.3600	–	0.2300
	每股净资产(元)	1.6693	1.4550	–	1.0830
	调整后每股净资产(元)	–	–	–	–
	每股资本公积金(元)	0.0023	0.0023	–	0.0023
	每股盈余公积金(元)	0.0446	0.0446	–	0.0090
	每股未分配利润(元)	0.6224	0.4082	–	0.0718
	每股现金净流量(元)	0.3922	0.1100	–	–0.3750
	每股经营现金净流量(元)	0.4022	0.1806	–	0.2505
	净资产收益率(扣除)(%)	–	–	–	–
	净资产收益率(%)	12.8300	25.5700	–	29.3100
	总资产(万)	71512.42	63130.31	–	51469.99
	股东权益(万)	60927.88	53108.17	–	39528.64
	主营业务收入(万)	–	–	–	–
	主营业务利润(万)	–	–	–	–
	营业务收入(万)	19675.62	41348.01	–	33927.32
	营业务利润(万)	7362.10	13343.73	–	10907.83
	投资收益(万)	–	–	–	–
	利润总额(万)	8021.89	13713.84	–	11755.30
	净利润(万)	7819.71	13579.53	–	11584.04

广东超华科技股份有限公司

公司概况	公司名称	广东超华科技股份有限公司			证券简称	超华科技
	法人代表	梁俊丰	董秘	韩新明	证券代码	002288
	公司网址	www.chaohuatech.com		电子信箱	mxwyqi_mzb@21cn.net	
	电　话	0753-2825881 0755-83432838		传　真	0753-2825223	
	办公地址	广东省梅县雁洋镇松坪村				
	经营范围	制造、加工、销售:电路板,电子产品,电子元器件,铜箔等				

	指标\报告期	2009.06.30	2008.12.31	2008.06.30	2007.12.31
主要财务指标	每股收益(元)	0.2900	0.4800	–	0.5800
	每股收益(扣除)(元)	0.2600	0.4600	–	0.4100
	每股净资产(元)	3.5100	3.2200	–	2.7300
	调整后每股净资产(元)	–	–	–	–
	每股资本公积金(元)	0.4928	0.4928	–	0.4928
	每股盈余公积金(元)	0.1507	0.1507	–	0.1052
	每股未分配利润(元)	1.6277	1.3408	–	0.9074
	每股现金净流量(元)	0.2380	–0.1922	–	0.4873
	每股经营现金净流量(元)	0.3599	0.1021	–	0.4781
	净资产收益率(扣除)(%)	–	–	–	–
	净资产收益率(%)	8.7700	16.0500	–	20.5100
	总资产(万)	36945.55	32782.95	–	27470.57
	股东权益(万)	20912.89	19078.20	–	16016.74
	主营业务收入(万)	–	–	–	–
	主营业务利润(万)	–	–	–	–
	营业务收入(万)	9854.68	19554.52	–	19349.01
	营业务利润(万)	1987.30	3503.39	–	3788.21
	投资收益(万)	–	–	–	–
	利润总额(万)	2195.30	3609.77	–	4069.52
	净利润(万)	1834.69	3061.53	–	3285.16

深圳市宇顺电子股份有限公司

公司概况	公司名称	深圳市宇顺电子股份有限公司			证券简称	宇顺电子
	法人代表	魏连速	董秘	李晓明	证券代码	002289
	公司网址	www.szsuccess.com.cn		电子信箱	ysdz@szsuccess.com.cn	
	电　话	0755-86028268		传　真	0755-86028498	
	办公地址	广东省深圳市南山区高新技术产业园区中区M-6栋				
	经营范围	生产销售液晶显示器;销售电子仪器仪表、电子元器件等				

	指标\报告期	2009.06.30	2008.12.31	2008.06.30	2007.12.31
主要财务指标	每股收益(元)	0.3900	0.6600	–	0.7800
	每股收益(扣除)(元)	0.3800	0.6300	–	0.7100
	每股净资产(元)	3.2785	2.8853	–	2.2254
	调整后每股净资产(元)	–	–	–	–
	每股资本公积金(元)	0.5405	0.5405	–	0.5405
	每股盈余公积金(元)	0.1745	0.1349	–	0.0685
	每股未分配利润(元)	1.5635	1.2099	–	0.6164
	每股现金净流量(元)	0.1184	–0.5999	–	1.0615
	每股经营现金净流量(元)	0.4569	0.4038	–	0.4763
	净资产收益率(扣除)(%)	–	–	–	–
	净资产收益率(%)	11.9900	22.8700	–	30.7800
	总资产(万)	41984.87	33311.04	–	27931.42
	股东权益(万)	18031.84	15869.00	–	12239.57
	主营业务收入(万)	–	–	–	–
	主营业务利润(万)	–	–	–	–
	营业务收入(万)	26090.85	48083.69	–	31044.66
	营业务利润(万)	2562.23	3679.41	–	3994.35
	投资收益(万)	–	–	–	–
	利润总额(万)	2657.07	3876.45	–	4032.16
	净利润(万)	2162.84	3629.43	–	3767.08

苏州禾盛新型材料股份有限公司

公司概况	公司名称	苏州禾盛新型材料股份有限公司			证券简称	禾盛新材
	法人代表	赵东明	董秘	袁文雄	证券代码	002290
	公司网址	www.szhssm.com.cn		电子信箱	hesheng@szhssm.com	
	电　话	0512-65072588		传　真	0512-65073818	
	办公地址	江苏省苏州市工业园区后戴街108号				
	经营范围	家用电器、电子产品、机械设备、仪器仪表专用材料开发、生产、销售等				

	指标\报告期	2009.06.30	2008.12.31	2008.06.30	2007.12.31
主要财务指标	每股收益(元)	0.6400	1.0600	–	0.9000
	每股收益(扣除)(元)	0.6100	1.0200	–	0.8700
	每股净资产(元)	3.9660	3.3254	–	2.2620
	调整后每股净资产(元)	–	–	–	–
	每股资本公积金(元)	0.6879	0.6879	–	0.6879
	每股盈余公积金(元)	0.2107	0.2107	–	0.1044
	每股未分配利润(元)	2.0674	1.4268	–	0.4697
	每股现金净流量(元)	0.2448	0.1642	–	0.5506
	每股经营现金净流量(元)	1.2670	1.1741	–	–0.4921
	净资产收益率(扣除)(%)	–	–	–	–
	净资产收益率(%)	16.1529	31.9773	–	30.9442
	总资产(万)	43706.22	38516.40	–	28100.05
	股东权益(万)	24827.23	20816.92	–	14160.24
	主营业务收入(万)	–	–	–	–
	主营业务利润(万)	–	–	–	–
	营业务收入(万)	29953.03	71261.77	–	45115.28
	营业务利润(万)	4389.86	7459.00	–	5005.88
	投资收益(万)	–	–	–	–
	利润总额(万)	4644.59	7777.49	–	5153.90
	净利润(万)	4010.31	6656.68	–	4381.78

佛山星期六鞋业股份有限公司

公司概况	公司名称	佛山星期六鞋业股份有限公司		证券简称	星 期 六
	法人代表	张泽民	董秘 于洪涛	证券代码	002291
	公司网址	www.st-sat.com		电子信箱	zhengquan@st-sat.com
	电　　话	0757-86256351		传　　真	0757-86252172
	办公地址	广东省佛山市南海区桂城科技园(简平路)B-3 号			
	经营范围	生产经营皮鞋、皮革制品及售后服务等			

主要财务指标	指标\报告期	2009.06.30	2008.12.31	2008.06.30	2007.12.31
	每股收益(元)	0.3300	0.6400	–	0.5400
	每股收益(扣除)(元)	0.3300	0.6400	–	0.5400
	每股净资产(元)	2.3854	2.1510	–	1.6076
	调整后每股净资产(元)	–	–	–	–
	每股资本公积金(元)	0.1029	0.1029	–	0.1029
	每股盈余公积金(元)	0.1431	0.1431	–	0.0786
	每股未分配利润(元)	1.1395	0.9050	–	0.4261
	每股现金净流量(元)	–0.1586	0.0207	–	0.2811
	每股经营现金净流量(元)	–0.3339	–0.0761	–	0.0768
	净资产收益率(扣除)(%)	–	–	–	–
	净资产收益率(%)	14.0203	29.9105	–	33.3238
	总资产(万)	78536.49	73983.45	–	50980.46
	股东权益(万)	38166.54	34415.47	–	25721.65
	主营业务收入(万)	–	–	–	–
	主营业务利润(万)	–	–	–	–
	营业务收入(万)	42637.11	76889.10	–	60648.86
	营业务利润(万)	6237.27	11846.25	–	10162.13
	投资收益(万)	–	–	–	–
	利润总额(万)	6297.06	11940.77	–	10104.69
	净利润(万)	5351.06	10293.82	–	8571.44

广东奥飞动漫文化股份有限公司

公司概况	公司名称	广东奥飞动漫文化股份有限公司		证券简称	奥飞动漫
	法人代表	蔡东青	董秘 郑克东	证券代码	002292
	公司网址	www.gdalpha.com		电子信箱	invest@gdalpha.com
	电　　话	0754-85862278		传　　真	0754-85870278
	办公地址	广东省汕头市澄海区文冠路中段奥迪工业园			
	经营范围	制作、复制、发行:电视剧、综艺、专题、动画故事片;设计、制作等			

主要财务指标	指标\报告期	2009.06.30	2008.12.31	2008.06.30	2007.12.31
	每股收益(元)	0.4500	0.5400	–	1.0700
	每股收益(扣除)(元)	0.4300	0.5200	–	0.5200
	每股净资产(元)	2.3113	1.8612	–	2.0680
	调整后每股净资产(元)	–	–	–	–
	每股资本公积金(元)	–	–	–	–
	每股盈余公积金(元)	0.2152	0.1855	–	0.1607
	每股未分配利润(元)	1.0961	0.6757	–	0.9074
	每股现金净流量(元)	0.0240	–0.0262	–	0.1018
	每股经营现金净流量(元)	0.4904	0.2184	–	0.1107
	净资产收益率(扣除)(%)	–	–	–	–
	净资产收益率(%)	19.4700	29.1800	–	51.8300
	总资产(万)	51178.84	43493.11	–	45241.00
	股东权益(万)	27735.24	22334.46	–	24816.50
	主营业务收入(万)	–	–	–	–
	主营业务利润(万)	–	–	–	–
	营业务收入(万)	34516.93	45118.94	–	49688.27
	营业务利润(万)	6263.66	6666.34	–	15037.18
	投资收益(万)	–	–	–	–
	利润总额(万)	6536.91	6930.39	–	15112.10
	净利润(万)	5400.79	6517.96	–	12863.23

罗莱家纺股份有限公司

公司概况	公司名称	罗莱家纺股份有限公司		证券简称	罗莱家纺
	法人代表	薛伟成	董秘 吴献忠	证券代码	002293
	公司网址	www.luolai.com.cn		电子信箱	zqb@luolai.com.cn
	电　　话	0513-85928751		传　　真	0513-85928103
	办公地址	江苏省南通经济技术开发区星湖大道 1699 号			
	经营范围	生产、销售家用纺织品、酒店纺织品、鞋帽			

主要财务指标	指标\报告期	2009.06.30	2008.12.31	2008.06.30	2007.12.31
	每股收益(元)	0.4800	1.0500	–	0.8500
	每股收益(扣除)(元)	0.4400	1.0500	–	0.8500
	每股净资产(元)	3.1400	2.8300	–	2.1900
	调整后每股净资产(元)	–	–	–	–
	每股资本公积金(元)	0.3437	0.3437	–	0.3437
	每股盈余公积金(元)	0.2108	0.2108	–	0.1011
	每股未分配利润(元)	1.5603	1.2770	–	0.7412
	每股现金净流量(元)	–0.0129	0.3008	–	–0.0785
	每股经营现金净流量(元)	0.2200	1.0290	–	0.4190
	净资产收益率(扣除)(%)	–	–	–	–
	净资产收益率(%)	15.5140	36.9290	–	37.0040
	总资产(万)	47283.16	45844.20	–	35798.19
	股东权益(万)	32786.77	29805.45	–	23009.26
	主营业务收入(万)	–	–	–	–
	主营业务利润(万)	–	–	–	–
	营业务收入(万)	40757.05	90268.47	–	75536.26
	营业务利润(万)	6230.42	13758.17	–	11149.70
	投资收益(万)	–	–	–	–
	利润总额(万)	6729.32	13719.32	–	11116.26
	净利润(万)	5086.59	11006.71	–	8514.38

深圳信立泰药业股份有限公司

公司概况	公司名称	深圳信立泰药业股份有限公司		证券简称	信 立 泰
	法人代表	叶澄海	董秘 杨健锋	证券代码	002294
	公司网址	www.salubris.cn		电子信箱	info@salubris.cn
	电　　话	0755-83867888		传　　真	0755-83867338
	办公地址	广东省深圳市福田区深南大道 6007 号创展中心 1901、1902、1903、1923 室			
	经营范围	开发研究、生产化学原料药、粉针剂、片剂、胶囊,货物及技术进出口业务			

主要财务指标	指标\报告期	2009.06.30	2008.12.31	2008.06.30	2007.12.31
	每股收益(元)	1.0300	1.3800	–	0.8600
	每股收益(扣除)(元)	1.0200	1.3400	–	0.8400
	每股净资产(元)	4.1241	3.0929	–	1.7171
	调整后每股净资产(元)	–	–	–	–
	每股资本公积金(元)	0.0019	0.0019	–	0.0019
	每股盈余公积金(元)	0.2236	0.2236	–	0.0860
	每股未分配利润(元)	2.8986	1.8674	–	0.6292
	每股现金净流量(元)	0.8346	0.3111	–	0.2256
	每股经营现金净流量(元)	0.8038	0.9164	–	0.6206
	净资产收益率(扣除)(%)	–	–	–	–
	净资产收益率(%)	25.0000	44.4800	–	50.1100
	总资产(万)	53778.77	40860.26	–	25594.09
	股东权益(万)	35055.07	26289.86	–	14595.69
	主营业务收入(万)	–	–	–	–
	主营业务利润(万)	–	–	–	–
	营业务收入(万)	35346.02	52716.95	–	34943.47
	营业务利润(万)	10175.29	12352.71	–	7615.14
	投资收益(万)	–	–	–	–
	利润总额(万)	10311.93	12663.18	–	7658.99
	净利润(万)	8765.21	11694.18	–	7313.77

万科企业股份有限公司

公司概况	公司名称	万科企业股份有限公司			证券简称	万科 B
	法人代表	王石	董秘	谭华杰	证券代码	200002
	公司网址	www.vanke.com		电子信箱	IR@vanke.com	
	电　话	0755-25606666		传　真	0755-25531696	
	办公地址	中国深圳市福田区梅林路 63 号万科建筑研究中心				
	经营范围	兴办实业(具体项目另行申报);国内商业;物资供销业等				

	指标\报告期	2009.06.30	2008.12.31	2008.06.30	2007.12.31
主要财务指标	每股收益(元)	0.2300	0.3700	0.1870	0.4500
	每股收益(扣除)(元)	0.2300	0.3700	0.1870	0.4500
	每股净资产(元)	3.1400	2.9000	2.7300	4.2600
	调整后每股净资产(元)	-	-	-	-
	每股资本公积金(元)	0.7738	0.7142	0.7234	1.8671
	每股盈余公积金(元)	0.5986	0.5986	0.4907	0.7851
	每股未分配利润(元)	0.7420	0.5625	0.4908	0.5869
	每股现金净流量(元)	0.6277	0.2666	-0.1525	0.9172
	每股经营现金净流量(元)	0.8933	-0.0031	-0.1354	-1.5189
	净资产收益率(扣除)(%)	-	-	-	16.4300
	净资产收益率(%)	7.3100	12.6500	6.8700	16.5500
	总资产(万)	12451992.87	11923657.97	11110124.18	10009446.79
	股东权益(万)	3452127.19	3189192.53	3001995.04	2927864.76
	主营业务收入(万)	-	-	-	-
	主营业务利润(万)	-	-	-	-
	营业务收入(万)	2180865.24	4099177.92	1725501.30	3552661.13
	营业务利润(万)	419084.69	636478.96	332747.94	765289.75
	投资收益(万)	-	-	-	-
	利润总额(万)	419100.54	632228.56	332795.64	764160.57
	净利润(万)	252439.24	403317.00	206105.57	484423.55

深圳市物业发展(集团)股份有限公司

公司概况	公司名称	深圳市物业发展(集团)股份有限公司			证券简称	*ST 物业 B
	法人代表	陈玉刚	董秘	范维平	证券代码	200011
	公司网址	www.szwuye.com.cn		电子信箱	0011@szwuye.com.cn	
	电　话	0755-82211020		传　真	0755-82210610	
	办公地址	深圳市人民南路国贸大厦 39 层、42 层				
	经营范围	房地产开发及商品房销售,商品楼宇的建筑、管理,房屋租赁,建设监理等				

	指标\报告期	2009.06.30	2008.12.31	2008.06.30	2007.12.31
主要财务指标	每股收益(元)	0.1962	0.0181	-0.0058	-0.0505
	每股收益(扣除)(元)	0.1958	0.0420	-0.0473	-0.1634
	每股净资产(元)	1.2494	1.0532	1.0246	1.0445
	调整后每股净资产(元)	-	-	-	-
	每股资本公积金(元)	0.0468	0.0468	0.0468	0.0559
	每股盈余公积金(元)	0.1161	0.1161	0.1161	0.1161
	每股未分配利润(元)	0.0930	-0.1032	-0.1298	-0.1240
	每股现金净流量(元)	0.6323	0.0545	0.0891	0.2652
	每股经营现金净流量(元)	0.8440	-0.0437	-0.1633	-0.2244
	净资产收益率(扣除)(%)	-	-	-	-15.6400
	净资产收益率(%)	15.7000	1.7200	-0.5600	-4.8400
	总资产(万)	247975.82	211084.59	208815.23	188525.77
	股东权益(万)	67694.89	57061.54	55513.40	56589.62
	主营业务收入(万)	-	-	-	-
	主营业务利润(万)	-	-	-	-
	营业务收入(万)	53673.86	62346.51	13645.53	33298.51
	营业务利润(万)	13471.17	4119.32	-2003.52	-5029.19
	投资收益(万)	-	-	-	-
	利润总额(万)	13645.76	2994.05	-89.09	-2905.54
	净利润(万)	10629.72	982.94	-312.08	-2737.77

中国南玻集团股份有限公司

公司概况	公司名称	中国南玻集团股份有限公司			证券简称	南玻 B
	法人代表	曾南	董秘	吴国斌	证券代码	200012
	公司网址	www.csgholding.com		电子信箱	securities@csgholding.com	
	电　话	86-755-26860666		传　真	86-755-26692755	
	办公地址	中国深圳蛇口工业六路 1 号南玻大厦				
	经营范围	进行平板玻璃、工程玻璃等节能建筑材料,硅材料、光伏组件等				

	指标\报告期	2009.06.30	2008.12.31	2008.06.30	2007.12.31
主要财务指标	每股收益(元)	0.2100	0.3500	0.3500	0.4100
	每股收益(扣除)(元)	0.2000	0.2900	0.3100	0.3900
	每股净资产(元)	3.8600	3.6700	3.5500	3.3700
	调整后每股净资产(元)	-	-	-	-
	每股资本公积金(元)	1.7230	1.6715	1.5040	1.5171
	每股盈余公积金(元)	0.3195	0.3161	0.3023	0.3023
	每股未分配利润(元)	0.8189	0.6979	0.7450	0.5500
	每股现金净流量(元)	-0.0635	-0.6990	-0.4080	0.6559
	每股经营现金净流量(元)	0.5396	0.8328	0.4028	0.9279
	净资产收益率(扣除)(%)	-	-	-	10.3000
	净资产收益率(%)	5.5300	9.2400	9.7100	10.7700
	总资产(万)	1061042.74	1037606.11	954392.72	845298.19
	股东权益(万)	472514.67	454460.65	422066.64	400701.41
	主营业务收入(万)	-	-	-	-
	主营业务利润(万)	-	-	-	-
	营业务收入(万)	206554.74	427337.59	213177.71	418796.26
	营业务利润(万)	29810.26	46550.61	49261.63	64298.35
	投资收益(万)	-	-	-	-
	利润总额(万)	31196.70	50203.55	49596.50	63446.71
	净利润(万)	26116.00	42007.98	40985.36	43148.48

深圳康佳电子(集团)股份有限公司

公司概况	公司名称	深圳康佳电子(集团)股份有限公司			证券简称	深康佳 B
	法人代表	侯松容	董秘	肖庆	证券代码	200016
	公司网址	www.konka.com		电子信箱	szkonka@konka.com	
	电　话	0755-26608866		传　真	0755-26600082	
	办公地址	深圳市南山区华侨城				
	经营范围	研究开发、生产、经营电视机、冰箱、洗衣机、日用小家电等				

	指标\报告期	2009.06.30	2008.12.31	2008.06.30	2007.12.31
主要财务指标	每股收益(元)	0.0667	0.2083	0.0669	0.1720
	每股收益(扣除)(元)	0.0623	0.2117	0.0645	0.3490
	每股净资产(元)	3.1530	3.1350	2.9930	5.8940
	调整后每股净资产(元)	-	-	-	-
	每股资本公积金(元)	1.0438	1.0433	1.0504	3.1174
	每股盈余公积金(元)	0.6685	0.6685	0.6492	1.2985
	每股未分配利润(元)	0.4325	0.4158	0.2924	0.4536
	每股现金净流量(元)	0.4840	0.0768	-0.0367	0.1235
	每股经营现金净流量(元)	0.0828	0.3012	-0.0355	0.0584
	净资产收益率(扣除)(%)	-	-	-	5.9200
	净资产收益率(%)	2.1200	6.6400	2.2400	5.9000
	总资产(万)	1086755.58	1051728.55	872610.53	1059994.97
	股东权益(万)	379611.77	377504.29	360403.87	354110.91
	主营业务收入(万)	-	-	-	-
	主营业务利润(万)	-	-	-	-
	营业务收入(万)	517200.00	1220529.22	562052.60	1216907.84
	营业务利润(万)	8317.89	26587.39	10180.61	25550.48
	投资收益(万)	-	-	-	-
	利润总额(万)	8760.26	28084.59	10083.83	25645.04
	净利润(万)	8030.20	25081.72	8055.52	20709.17

深圳中华自行车(集团)股份有限公司

公司概况	公司名称	深圳中华自行车(集团)股份有限公司			证券简称	ST 中华 B
	法人代表	吴军	董秘	李海	证券代码	200017
	公司网址	www.cbc.com.cn		电子信箱	dmc@szcbc.com	
	电　　话	0755-25516998、28181666		传　　真	0755-28181009	
	办公地址	中国广东省深圳市龙华油松工业区中华工业园				
	经营范围	生产装配各种类型的自行车及自行车零件、部件、配件、机械产品等				

	指标\报告期	2009.06.30	2008.12.31	2008.06.30	2007.12.31
主要财务指标	每股收益(元)	-0.1175	-0.0936	-0.0096	0.1315
	每股收益(扣除)(元)	-0.1182	-0.1265	-0.0254	-0.1582
	每股净资产(元)	-3.8284	-3.7608	-3.7314	-3.7691
	调整后每股净资产(元)	-	-	-	-
	每股资本公积金(元)	0.9069	0.8570	0.7551	0.7551
	每股盈余公积金(元)	0.0681	0.0681	0.0681	0.0681
	每股未分配利润(元)	-5.8035	-5.6860	-5.5547	-5.5924
	每股现金净流量(元)	0.0193	-0.0083	0.0088	-0.0061
	每股经营现金净流量(元)	0.0016	-0.0300	-0.0129	-0.0054
	净资产收益率(扣除)(%)	-	-	-	-
	净资产收益率(%)	-	-	-	-
	总资产(万)	19015.03	19089.77	21091.48	21438.15
	股东权益(万)	-183548.39	-180305.94	-178895.51	-180703.23
	主营业务收入(万)	-	-	-	-
	主营业务利润(万)	-	-	-	-
	营业务收入(万)	11249.46	27420.28	11110.99	23460.13
	营业务利润(万)	-5673.57	-7170.91	-1184.69	-6598.51
	投资收益(万)	-	-	-	-
	利润总额(万)	-5640.26	-4448.98	-428.67	7288.58
	净利润(万)	-5633.29	-4489.30	-461.56	6303.62

深圳中冠纺织印染股份有限公司

公司概况	公司名称	深圳中冠纺织印染股份有限公司			证券简称	*ST 中冠 A
	法人代表	胡永峰	董秘	陈星	证券代码	000018
	公司网址	www.chinaszvo.com		电子信箱	szvo@chinaszvo.com	
	电　　话	0755-83668254		传　　真	0755-83668427	
	办公地址	深圳市龙岗区葵涌镇白石岗葵鹏路 26 号				
	经营范围	各类纯棉、纯麻、涤棉、麻棉、混纺高档面料以及成衣产品的印染生产、加工和销售业务				

	指标\报告期	2009.06.30	2008.12.31	2008.06.30	2007.12.31
主要财务指标	每股收益(元)	-0.0100	-0.1500	-0.0300	-0.6900
	每股收益(扣除)(元)	-0.0100	-0.1600	-0.0300	-0.6400
	每股净资产(元)	0.7600	0.7700	0.9400	1.0000
	调整后每股净资产(元)	-	-	-	-
	每股资本公积金(元)	0.2325	0.2317	0.2577	0.2594
	每股盈余公积金(元)	0.1555	0.1555	0.1555	0.1555
	每股未分配利润(元)	-0.6922	-0.6847	-0.5566	-0.5312
	每股现金净流量(元)	0.0135	0.0515	0.0520	-0.2307
	每股经营现金净流量(元)	0.0141	0.0805	0.0665	0.0481
	净资产收益率(扣除)(%)	-	-	-	-65.2400
	净资产收益率(%)	-0.9800	-19.9559	-2.7032	-68.6100
	总资产(万)	19305.76	19292.39	21153.67	22945.16
	股东权益(万)	12916.95	13007.33	15894.76	16960.21
	主营业务收入(万)	-	-	-	-
	主营业务利润(万)	-	-	-	-
	营业务收入(万)	1248.75	4688.13	3076.09	10356.86
	营业务利润(万)	-137.69	-2608.91	-441.89	-11250.19
	投资收益(万)	-	-	-	-
	利润总额(万)	-135.81	-2616.86	-445.29	-12440.95
	净利润(万)	-126.59	-2595.73	-429.66	-11635.69

深圳市深宝实业股份有限公司

公司概况	公司名称	深圳市深宝实业股份有限公司			证券简称	深深宝 B
	法人代表	曾湃	董秘		证券代码	200019
	公司网址	www.sbsy.com.cn		电子信箱	a0019@21cn.com	
	电　　话	0755-25507480		传　　真	0755-25507480	
	办公地址	深圳笋岗路 1002 号宝安广场 B、C 座 28 层				
	经营范围	生产食品罐头、饮料、土产品,上述产品及同类产品的国内批发等				

	指标\报告期	2009.06.30	2008.12.31	2008.06.30	2007.12.31
主要财务指标	每股收益(元)	-0.0126	0.0700	0.0363	0.2400
	每股收益(扣除)(元)	-0.0177	0.0600	0.0351	0.0800
	每股净资产(元)	1.8200	1.8300	1.7959	1.7600
	调整后每股净资产(元)	-	-	-	-
	每股资本公积金(元)	0.4427	0.4414	0.4414	0.4414
	每股盈余公积金(元)	0.1784	0.1784	0.1720	0.1720
	每股未分配利润(元)	0.1965	0.2092	0.1824	0.1462
	每股现金净流量(元)	0.3745	0.0124	0.0643	-0.0867
	每股经营现金净流量(元)	0.0337	0.0028	-0.0511	-0.0135
	净资产收益率(扣除)(%)	-	-	-	-
	净资产收益率(%)	-0.6900	3.8000	2.0200	13.6500
	总资产(万)	58509.71	53194.25	51778.90	46807.48
	股东权益(万)	33067.43	33274.23	32670.93	32011.21
	主营业务收入(万)	-	-	-	-
	主营业务利润(万)	-	-	-	-
	营业务收入(万)	9157.94	15111.81	7658.31	19224.10
	营业务利润(万)	12.41	1240.80	778.86	1330.97
	投资收益(万)	-	-	-	-
	利润总额(万)	104.03	1868.16	800.20	4693.62
	净利润(万)	-229.49	1263.02	659.72	4369.02

深圳中恒华发股份有限公司

公司概况	公司名称	深圳中恒华发股份有限公司			证券简称	深华发 B
	法人代表	李中秋	董秘	傅延华	证券代码	200020
	公司网址	www.hwafa.com		电子信箱	sz000020@163.net	
	电　　话	0755-83352207、83352206		传　　真	0755-83323169、83323160	
	办公地址	深圳华发北路 411 栋 6 层				
	经营范围	生产经营各种彩色电视机、收录机、音响设备、电子表、电子游戏机等				

	指标\报告期	2009.06.30	2008.12.31	2008.06.30	2007.12.31
主要财务指标	每股收益(元)	0.0150	0.0267	-0.0090	0.0779
	每股收益(扣除)(元)	0.0150	0.0064	-0.0150	-0.0064
	每股净资产(元)	0.8900	0.8800	0.8470	0.8600
	调整后每股净资产(元)	-	-	-	-
	每股资本公积金(元)	0.3675	0.3675	0.3745	0.3745
	每股盈余公积金(元)	0.2733	0.2733	0.2733	0.2733
	每股未分配利润(元)	-0.7503	-0.7657	-0.8013	-0.7924
	每股现金净流量(元)	0.2353	-0.0103	0.1043	-0.0118
	每股经营现金净流量(元)	-0.2787	-0.0657	-0.0920	0.0524
	净资产收益率(扣除)(%)	-	-	-	-0.7500
	净资产收益率(%)	1.7300	3.0500	-1.0440	9.1100
	总资产(万)	64476.14	44667.07	49927.63	37395.70
	股东权益(万)	25216.85	24780.93	23969.68	24220.02
	主营业务收入(万)	-	-	-	-
	主营业务利润(万)	-	-	-	-
	营业务收入(万)	21212.27	18940.12	7272.12	19324.49
	营业务利润(万)	448.88	151.66	-432.08	-251.41
	投资收益(万)	-	-	-	-
	利润总额(万)	435.92	491.46	-250.34	2136.51
	净利润(万)	435.92	756.79	-250.34	2206.59

深圳赤湾港航股份有限公司

公司概况					
公司名称	深圳赤湾港航股份有限公司			证券简称	深赤湾 B
法人代表	王芬	董秘	裴姜媛	证券代码	200022
公司网址	www.szcwh.com		电子信箱	cwh@cndi.com	
电　　话	86-755-26694222		传　　真	86-755-26684117	
办公地址	中国深圳市赤湾港				
经营范围	港口装卸、堆存、运输、代理及其他业务				

主要财务指标：指标＼报告期	2009.06.30	2008.12.31	2008.06.30	2007.12.31
每股收益(元)	0.3100	0.9970	0.5130	1.0300
每股收益(扣除)(元)	0.3020	0.9880	0.5150	1.0310
每股净资产(元)	4.0850	4.2730	3.8340	4.0110
调整后每股净资产(元)	–	–	–	—
每股资本公积金(元)	0.2247	0.2236	0.2500	0.2615
每股盈余公积金(元)	0.5508	0.5508	0.4812	1.6969
每股未分配利润(元)	2.3300	2.5196	2.1055	1.0544
每股现金净流量(元)	–0.0733	–0.2173	0.0229	0.9508
每股经营现金净流量(元)	0.4561	1.6911	0.8482	1.8573
净资产收益率(扣除)(%)	–	–	–	—
净资产收益率(%)	7.6000	23.3300	13.3900	25.6700
总资产(万)	518402.56	515372.80	548037.01	545733.57
股东权益(万)	263375.49	275526.43	247231.24	258586.33
主营业务收入(万)	–	–	–	—
主营业务利润(万)	–	–	–	—
营业务收入(万)	71435.81	191400.77	97598.05	200356.25
营业务利润(万)	32002.88	102643.97	52956.74	104557.30
投资收益(万)	–	–	–	—
利润总额(万)	32751.46	103309.71	52845.08	104277.14
净利润(万)	20014.44	64289.16	33096.42	66387.22

招商局地产控股股份有限公司

公司概况					
公司名称	招商局地产控股股份有限公司			证券简称	招商局 B
法人代表	孙承铭	董秘	刘宁	证券代码	200024
公司网址	www.cmpd.cn		电子信箱	investor@cmpd.cn	
电　　话	0755-26819600		传　　真	0755-26819680	
办公地址	广东省深圳南山区蛇口兴华路 6 号南海意库 3 号楼				
经营范围	房地产开发经营、科研技术服务、兴办实业(具体项目另行申报)				

主要财务指标：指标＼报告期	2009.06.30	2008.12.31	2008.06.30	2007.12.31
每股收益(元)	0.2830	0.9400	0.2070	1.0800
每股收益(扣除)(元)	0.2790	0.9600	0.2260	0.9900
每股净资产(元)	8.8400	8.6500	6.3500	9.3500
调整后每股净资产(元)	–	–	–	–
每股资本公积金(元)	4.9778	4.9779	2.4922	4.0407
每股盈余公积金(元)	0.3903	0.3903	0.4830	0.7244
每股未分配利润(元)	2.4301	2.2466	2.2941	3.5823
每股现金净流量(元)	0.7009	2.2204	–0.6870	3.1077
每股经营现金净流量(元)	1.8322	–2.2826	–2.5017	–4.7375
净资产收益率(扣除)(%)	–	–	–	13.5300
净资产收益率(%)	3.2073	8.2597	2.7179	14.6500
总资产(万)	4045198.89	3743701.50	2779943.94	2510716.37
股东权益(万)	1517931.64	1486274.64	804761.76	790292.05
主营业务收入(万)	–	–	–	–
主营业务利润(万)	–	–	–	–
营业务收入(万)	287577.72	357318.42	144693.36	411164.47
营业务利润(万)	60757.06	129020.81	30537.88	132721.11
投资收益(万)	–	–	–	–
利润总额(万)	62409.04	130186.50	31615.10	145444.02
净利润(万)	48684.77	122761.58	21872.90	115787.76

深圳市特力(集团)股份有限公司

公司概况					
公司名称	深圳市特力(集团)股份有限公司			证券简称	深特力 B
法人代表	张瑞理	董秘	任永建	证券代码	200025
公司网址	www.tellus.cn		电子信箱		
电　　话	0755-83989338、83989337		传　　真	0755-83989399	
办公地址	深圳市福田区深南中路中核大厦十五楼				
经营范围	兴办实业;仓储运输、机械零配件来料加工、机械设备装配等				

主要财务指标：指标＼报告期	2009.06.30	2008.12.31	2008.06.30	2007.12.31
每股收益(元)	0.0130	0.0208	–0.0140	0.0559
每股收益(扣除)(元)	–0.0320	–0.0198	–0.0210	–0.1215
每股净资产(元)	0.7590	0.7430	0.7000	0.7150
调整后每股净资产(元)	–	–	–	–
每股资本公积金(元)	0.0362	0.0325	0.0326	0.0247
每股盈余公积金(元)	0.0134	0.0134	0.0134	0.0134
每股未分配利润(元)	–0.2901	–0.3027	–0.3454	–0.3235
每股现金净流量(元)	0.0345	–0.1643	–0.0806	0.1394
每股经营现金净流量(元)	0.2030	0.1611	0.0671	–0.2814
净资产收益率(扣除)(%)	–	–	–	–17.0100
净资产收益率(%)	1.6600	2.8000	–2.0700	7.8200
总资产(万)	60859.04	61454.41	83134.56	83709.18
股东权益(万)	16729.05	16370.95	15433.53	15740.24
主营业务收入(万)	–	–	–	–
主营业务利润(万)	–	–	–	–
营业务收入(万)	20506.18	63789.66	37968.64	99103.66
营业务利润(万)	–617.79	–51.13	–618.44	1299.52
投资收益(万)	–	–	–	–
利润总额(万)	355.25	218.89	–431.65	825.01
净利润(万)	277.31	458.43	–318.98	1231.18

深圳市飞亚达(集团)股份有限公司

公司概况					
公司名称	深圳市飞亚达(集团)股份有限公司			证券简称	飞亚达 B
法人代表	吴光权	董秘	陈立彬	证券代码	200026
公司网址	www. fiytagroup.com.cn		电子信箱	investor@fiyta.com.cn	
电　　话	0755-86013669、86013992		传　　真	0755-83348369	
办公地址	广东省深圳市南山区高新南一道飞亚达科技大厦 20 楼				
经营范围	生产经营各种指针式石英表及其机芯,零部件,各种计时仪器等				

主要财务指标：指标＼报告期	2009.06.30	2008.12.31	2008.06.30	2007.12.31
每股收益(元)	0.1090	0.2590	0.1540	0.2440
每股收益(扣除)(元)	0.1020	0.2490	0.1530	0.2360
每股净资产(元)	2.7130	2.6910	2.5900	2.5760
调整后每股净资产(元)	–	–	–	–
每股资本公积金(元)	0.7879	0.7744	0.7823	0.8155
每股盈余公积金(元)	0.4386	0.4386	0.4154	0.4154
每股未分配利润(元)	0.4904	0.4814	0.3999	0.3458
每股现金净流量(元)	–0.0207	0.0970	0.1706	0.0949
每股经营现金净流量(元)	0.3222	–0.3118	–0.3187	–0.2303
净资产收益率(扣除)(%)	–	–	–	9.1800
净资产收益率(%)	4.0158	9.6170	5.9403	9.4800
总资产(万)	144730.91	144118.75	138313.89	104549.76
股东权益(万)	67650.88	67092.35	64675.40	64212.44
主营业务收入(万)	–	–	–	–
主营业务利润(万)	–	–	–	–
营业务收入(万)	57269.37	108640.56	51854.94	80527.31
营业务利润(万)	3238.79	6951.10	4716.45	7143.59
投资收益(万)	–	–	–	–
利润总额(万)	3452.05	7422.46	4753.27	7149.13
净利润(万)	2716.71	6452.25	3841.92	6087.69

深圳一致药业股份有限公司

公司概况	公司名称	深圳一致药业股份有限公司		证券简称	一致 B
	法人代表	施金明	董秘 陈常兵	证券代码	200028
	公司网址	www.szaccord.com.cn		电子信箱	0028@szaccord.com.cn
	电　话	0755-25875195、25875222		传　真	0755-25875147
	办公地址	广东省深圳市福田八卦四路 15 号一致药业大厦			
	经营范围	药品的制造、批发和连锁零售			

主要财务指标	指标\报告期	2009.06.30	2008.12.31	2008.06.30	2007.12.31
	每股收益(元)	0.3430	0.5370	0.2660	0.4340
	每股收益(扣除)(元)	0.3310	0.4840	0.2390	0.3450
	每股净资产(元)	2.5500	2.1790	1.9500	1.6800
	调整后每股净资产(元)	–	–	–	–
	每股资本公积金(元)	0.0175	0.0175	0.0171	0.0340
	每股盈余公积金(元)	0.0323	0.0323	0.0246	0.0246
	每股未分配利润(元)	1.5047	1.1295	0.9051	0.6388
	每股现金净流量(元)	0.4062	0.3138	0.2975	0.1718
	每股经营现金净流量(元)	0.5243	0.8557	0.3220	0.3043
	净资产收益率(扣除)(%)	–	–	–	–
	净资产收益率(%)	13.4200	24.6500	13.6800	25.8000
	总资产(万)	450217.38	368397.42	346440.84	291109.11
	股东权益(万)	73604.78	62798.67	56097.67	52258.01
	主营业务收入(万)	–	–	–	–
	主营业务利润(万)	–	–	–	–
	营业务收入(万)	503848.07	836035.02	390039.11	687830.55
	营业务利润(万)	13539.50	18429.85	9294.15	16932.76
	投资收益(万)	–	–	–	–
	利润总额(万)	13741.00	20349.77	10173.28	19105.11
	净利润(万)	9878.39	15480.71	7673.32	12491.40

深圳经济特区房地产(集团)股份有限公司

公司概况	公司名称	深圳经济特区房地产(集团)股份有限公司		证券简称	深深房 B
	法人代表	邵志和	董秘 陈继	证券代码	200029
	公司网址			电子信箱	spg@163.net
	电　话	0755-82293000-4715		传　真	0755-82294024
	办公地址	深圳人民南路 3005 号深房广场 47 楼			
	经营范围	房地产开发及商品房销售、物业租赁及管理、建筑装饰安装、商品零售及贸易等			

主要财务指标	指标\报告期	2009.06.30	2008.12.31	2008.06.30	2007.12.31
	每股收益(元)	0.0076	0.0189	0.0138	0.0386
	每股收益(扣除)(元)	0.0075	0.0211	0.0114	0.0080
	每股净资产(元)	1.2000	1.1900	1.1940	1.1700
	调整后每股净资产(元)	–	–	–	–
	每股资本公积金(元)	0.9670	0.9670	0.9670	0.9670
	每股盈余公积金(元)	–	0.1175	0.1175	0.1175
	每股未分配利润(元)	–0.7798	–0.9050	–0.9101	–0.9239
	每股现金净流量(元)	–0.0397	–0.1216	–0.0137	–0.0172
	每股经营现金净流量(元)	–0.0208	–0.0816	–0.0187	–0.0502
	净资产收益率(扣除)(%)	–	–	–	0.6800
	净资产收益率(%)	0.6350	1.5800	1.1500	3.2800
	总资产(万)	217129.96	226565.67	227626.82	230272.49
	股东权益(万)	121610.16	120828.89	120769.35	118814.66
	主营业务收入(万)	–	–	–	–
	主营业务利润(万)	–	–	–	–
	营业务收入(万)	29081.16	70600.53	29516.75	84512.75
	营业务利润(万)	1202.22	4541.86	2257.70	5329.54
	投资收益(万)	–	–	–	–
	利润总额(万)	1196.73	4103.43	2489.94	5165.89
	净利润(万)	772.53	1912.38	1392.54	3900.80

广东盛润集团股份有限公司

公司概况	公司名称	广东盛润集团股份有限公司		证券简称	ST 盛润 B
	法人代表	王建宇	董秘 余德山	证券代码	000030
	公司网址			电子信箱	lionda@maillcenter.com.cn
	电　话	0755-83877511、83875531		传　真	0755-83875212
	办公地址	中国广东省深圳市公庙泰然工业区			
	经营范围	自营和代理第二、三类商品在广东省内进出口业务等			

主要财务指标	指标\报告期	2009.06.30	2008.12.31	2008.06.30	2007.12.31
	每股收益(元)	–0.0467	–0.2952	–0.0432	–0.0765
	每股收益(扣除)(元)	–0.0467	–0.0899	–0.0656	–0.0845
	每股净资产(元)	–6.0200	–5.9800	–5.7200	–5.6800
	调整后每股净资产(元)	–	–	–	–
	每股资本公积金(元)	1.3212	1.3212	1.3212	1.3212
	每股盈余公积金(元)	0.4795	0.4795	0.4795	0.4795
	每股未分配利润(元)	–8.8232	–8.7765	–8.5245	–8.4813
	每股现金净流量(元)	–0.0001	0.0001	0.0001	–0.0003
	每股经营现金净流量(元)	–0.0001	–0.0013	0.0001	–0.0110
	净资产收益率(扣除)(%)	–	–	–	–
	净资产收益率(%)	–	–	–	–
	总资产(万)	1699.03	1796.12	2429.02	2715.48
	股东权益(万)	–173701.18	–172354.23	–165084.38	–163839.35
	主营业务收入(万)	–	–	–	–
	主营业务利润(万)	–	–	–	–
	营业务收入(万)	92.70	169.95	77.25	180.27
	营业务利润(万)	–1346.95	–3221.03	–1892.97	–2212.53
	投资收益(万)	–	–	–	–
	利润总额(万)	–1346.95	–8514.88	–1245.03	–2207.52
	净利润(万)	–1346.95	–8514.88	–1245.03	–2207.52

深圳南山热电股份有限公司

公司概况	公司名称	深圳南山热电股份有限公司		证券简称	深南电 B
	法人代表		董秘 胡琴	证券代码	200037
	公司网址	www.nsrd.com.cn		电子信箱	investor@nspower.com.cn
	电　话	0755-26948888		传　真	0755-26003684
	办公地址	广东省深圳市南山区华侨城汉唐大厦 16-17 楼			
	经营范围	供电、供热，提供相关技术咨询和技术服务			

主要财务指标	指标\报告期	2009.06.30	2008.12.31	2008.06.30	2007.12.31
	每股收益(元)	0.1010	0.0200	0.0552	0.2800
	每股收益(扣除)(元)	0.0990	–0.1000	–0.0396	0.0200
	每股净资产(元)	3.0400	2.9400	3.1700	3.2400
	调整后每股净资产(元)	–	–	–	–
	每股资本公积金(元)	0.6033	0.6033	0.6636	0.6636
	每股盈余公积金(元)	0.5523	0.5523	0.6075	0.6075
	每股未分配利润(元)	0.8873	0.7862	0.9048	0.9751
	每股现金净流量(元)	–0.3124	0.1431	0.2371	–0.6158
	每股经营现金净流量(元)	0.0383	0.5500	–0.5704	0.3699
	净资产收益率(扣除)(%)	–	–	–	0.8600
	净资产收益率(%)	3.3200	0.6100	1.7400	9.5900
	总资产(万)	499021.96	498593.95	626534.10	555291.50
	股东权益(万)	183413.39	177317.22	173822.70	177736.61
	主营业务收入(万)	–	–	–	–
	主营业务利润(万)	–	–	–	–
	营业务收入(万)	87865.40	315655.15	194887.16	362012.36
	营业务利润(万)	–10495.82	–169969.28	–83342.60	–41125.49
	投资收益(万)	–	–	–	–
	利润总额(万)	7524.18	6475.98	6110.84	16476.01
	净利润(万)	6096.17	1076.39	3026.33	17043.48

中国国际海运集装箱(集团)股份有限公司

公司概况	公司名称	中国国际海运集装箱(集团)股份有限公司			证券简称	中 集 B
	法人代表	傅育宁	董秘	于玉群	证券代码	200039
	公司网址	www.cimc.com		电子信箱	shareholder@cimc.com	
	电　　话	0755-26691130		传　　真	0755-26826579	
	办公地址	广东省深圳市蛇口工业区港湾大道2号中集集团研发中心				
	经营范围	现代化交通运输装备、能源、食品、化工等装备的制造及服务业务等				

主要财务指标	指标\报告期	2009.06.30	2008.12.31	2008.06.30	2007.12.31
	每股收益(元)	0.3102	0.5300	0.3853	1.1900
	每股收益(扣除)(元)	-0.1358	0.3700	0.3800	0.6900
	每股净资产(元)	4.9095	5.0400	5.4192	5.9800
	调整后每股净资产(元)	-	-	-	-
	每股资本公积金(元)	0.2545	0.5081	1.2133	1.3347
	每股盈余公积金(元)	1.3437	1.3437	1.3437	1.3135
	每股未分配利润(元)	3.0410	2.8808	2.7377	2.8826
	每股现金净流量(元)	0.2814	-0.0726	-0.1756	0.4004
	每股经营现金净流量(元)	0.5527	1.2645	-0.5687	-0.4077
	净资产收益率(扣除)(%)	-	-	-	11.0000
	净资产收益率(%)	6.3200	10.4800	7.1100	19.0000
	总资产(万)	3199883.10	3455786.30	4360629.50	4104867.40
	股东权益(万)	1307099.50	1342890.10	1442808.50	1591375.70
	主营业务收入(万)	-	-	-	-
	主营业务利润(万)	-	-	-	-
	营业务收入(万)	944227.60	4732728.10	3017083.60	4876082.60
	营业务利润(万)	114652.70	176697.90	119447.40	345738.70
	投资收益(万)	-	-	-	-
	利润总额(万)	117790.80	192702.90	120673.60	350030.40
	净利润(万)	82585.00	140690.80	102582.60	316537.30

深圳市纺织(集团)股份有限公司

公司概况	公司名称	深圳市纺织(集团)股份有限公司			证券简称	深纺织 B
	法人代表	王滨	董秘	晁晋	证券代码	200045
	公司网址	www.chinasthc.com		电子信箱	cjane@mail.china.com	
	电　　话	0755-83776043		传　　真	0755-83776139	
	办公地址	深圳市福田区华强北路3号深纺大厦6楼				
	经营范围	生产,加工纺织品、针织品、服装、装饰布、带、商标带、自行车等				

主要财务指标	指标\报告期	2009.06.30	2008.12.31	2008.06.30	2007.12.31
	每股收益(元)	0.0900	0.1900	0.1400	0.0500
	每股收益(扣除)(元)	0.0417	-0.0200	0.0200	-0.1000
	每股净资产(元)	1.8900	1.7000	1.6800	1.4800
	调整后每股净资产(元)	-	-	-	-
	每股资本公积金(元)	0.4295	0.2812	0.3126	0.2489
	每股盈余公积金(元)	0.1244	0.1244	0.1068	0.1068
	每股未分配利润(元)	0.3388	0.2965	0.2622	0.1265
	每股现金净流量(元)	-0.0440	-0.1668	-0.1212	0.1878
	每股经营现金净流量(元)	0.0524	0.1265	0.1166	0.0984
	净资产收益率(扣除)(%)	-	-	-	-6.4100
	净资产收益率(%)	4.8700	11.0200	8.0700	3.1800
	总资产(万)	60697.84	56579.11	66889.93	68055.71
	股东权益(万)	46395.23	41722.73	41220.38	36332.93
	主营业务收入(万)	-	-	-	-
	主营业务利润(万)	-	-	-	-
	营业务收入(万)	18499.91	36415.34	14330.47	48927.01
	营业务利润(万)	2639.82	2740.38	2266.57	1672.41
	投资收益(万)	-	-	-	-
	利润总额(万)	2722.37	5062.79	3995.09	1740.75
	净利润(万)	2261.14	4599.26	3328.75	1155.41

深圳赤湾石油基地股份有限公司

公司概况	公司名称	深圳赤湾石油基地股份有限公司			证券简称	深基地 B
	法人代表	韩桂茂	董秘	傅加林	证券代码	200053
	公司网址	www.chiwanbase.com		电子信箱	sa@chiwanbase.com	
	电　　话	0755-26694211		传　　真	0755-26694227	
	办公地址	中国广东省深圳市赤湾石油大厦14楼				
	经营范围	经营码头,港口服务,堆场,仓库及办公室的租赁业务;提供劳务服务等				

主要财务指标	指标\报告期	2009.06.30	2008.12.31	2008.06.30	2007.12.31
	每股收益(元)	0.2300	0.3000	0.1000	0.4700
	每股收益(扣除)(元)	0.2300	0.3100	0.1000	0.4800
	每股净资产(元)	3.9000	3.8400	3.6100	3.7000
	调整后每股净资产(元)	-	-	-	-
	每股资本公积金(元)	0.9568	0.9568	0.9068	0.9068
	每股盈余公积金(元)	0.8002	0.7829	0.7502	0.7316
	每股未分配利润(元)	1.1465	1.1027	0.9492	1.0639
	每股现金净流量(元)	-0.2573	0.2034	0.7124	0.1820
	每股经营现金净流量(元)	0.4184	1.0517	0.5524	0.6735
	净资产收益率(扣除)(%)	-	8.0100	-	12.8500
	净资产收益率(%)	5.9900	7.7600	2.7800	12.8100
	总资产(万)	238454.00	226954.83	195980.72	169218.29
	股东权益(万)	90013.70	88606.39	83159.34	85376.63
	主营业务收入(万)	-	-	-	-
	主营业务利润(万)	-	-	-	-
	营业务收入(万)	15086.08	28288.16	13757.21	23358.93
	营业务利润(万)	5964.46	7908.40	2902.44	11894.00
	投资收益(万)	-	-	-	-
	利润总额(万)	5960.74	7803.23	2806.89	11855.23
	净利润(万)	5390.98	6873.93	2313.61	10938.87

重庆建设摩托车股份有限公司

公司概况	公司名称	重庆建设摩托车股份有限公司			证券简称	建 摩 B
	法人代表	蔡韬	董秘	吴大东	证券代码	200054
	公司网址	www.jianshe.com.cn		电子信箱	cqjsmc@jianshe.com.cn	
	电　　话	023-66295333		传　　真	023-68676987	
	办公地址	重庆市九龙坡区谢家湾正街47				
	经营范围	摩托车、电动车、汽车零部件、配件、机械产品研发、加工制造等				

主要财务指标	指标\报告期	2009.06.30	2008.12.31	2008.06.30	2007.12.31
	每股收益(元)	0.0200	0.3290	0.0200	0.0300
	每股收益(扣除)(元)	-0.0020	-0.5220	-0.0100	0.0200
	每股净资产(元)	0.9500	0.9200	0.6100	0.5900
	调整后每股净资产(元)	-	-	-	-
	每股资本公积金(元)	1.2440	1.2360	1.2360	1.2360
	每股盈余公积金(元)	0.2632	0.2632	0.2632	0.2632
	每股未分配利润(元)	-1.5555	-1.5789	-1.8867	-1.9084
	每股现金净流量(元)	0.7231	-0.2681	0.0740	-0.2201
	每股经营现金净流量(元)	0.0626	0.0104	0.0778	0.2171
	净资产收益率(扣除)(%)	-	-	-	2.6900
	净资产收益率(%)	2.4600	35.8000	3.5400	4.2700
	总资产(万)	329180.92	272396.01	246890.93	253381.65
	股东权益(万)	45446.26	43942.19	29246.09	28209.93
	主营业务收入(万)	-	-	-	-
	主营业务利润(万)	-	-	-	-
	营业务收入(万)	112394.75	259041.79	142104.99	263875.82
	营业务利润(万)	79.36	-20130.47	-256.99	1029.42
	投资收益(万)	-	-	-	-
	利润总额(万)	1283.47	15061.69	1129.95	1476.59
	净利润(万)	1119.18	15732.27	1036.16	1205.82

方大集团股份有限公司

公司概况						
	公司名称	方大集团股份有限公司			证券简称	方大B
	法人代表	熊建明	董秘	周志刚	证券代码	200055
	公司网址	www.fangda.com		电子信箱	fd@fangda.com	
	电　　话	86(755)26788571-6622		传　　真	86(755)26788353	
	办公地址	深圳市南山区西丽龙井方大城科技大楼				
	经营范围	生产经营新型建筑材料、复合材料、金属制品、金属结构、环保设备及器材等				

主要财务指标	指标\报告期	2009.06.30	2008.12.31	2008.06.30	2007.12.31
	每股收益(元)	0.0705	0.0550	0.0487	0.0600
	每股收益(扣除)(元)	0.0226	0.0100	-0.0111	-0.0800
	每股净资产(元)	1.3700	1.3100	1.3200	1.5000
	调整后每股净资产(元)	-	-	-	-
	每股资本公积金(元)	0.1324	0.1432	0.1562	0.3746
	每股盈余公积金(元)	0.0150	0.0150	0.0150	0.0165
	每股未分配利润(元)	0.2238	0.1533	0.1476	0.1087
	每股现金净流量(元)	0.1441	-0.0097	-0.1264	0.1305
	每股经营现金净流量(元)	0.1055	0.0541	-0.0930	0.2111
	净资产收益率(扣除)(%)	-	-	-	-
	净资产收益率(%)	5.1400	4.1600	3.7000	4.1900
	总资产(万)	154179.04	139557.09	125184.33	131690.39
	股东权益(万)	58520.55	55971.59	56281.19	58191.98
	主营业务收入(万)	-	-	-	-
	主营业务利润(万)	-	-	-	-
	营业务收入(万)	36994.53	78472.06	36564.23	64024.69
	营业务利润(万)	2501.77	1946.26	2155.32	597.66
	投资收益(万)	-	-	-	-
	利润总额(万)	2615.02	1631.21	2001.18	2385.05
	净利润(万)	3007.66	2326.09	2079.88	2438.60

深圳市国际企业股份有限公司

公司概况						
	公司名称	深圳市国际企业股份有限公司			证券简称	深国商B
	法人代表	李锦全	董秘	曹剑	证券代码	200056
	公司网址	www.china-ia.com		电子信箱	zhaiwu2006@21cn.com	
	电　　话	0755-82285565、82281888		传　　真	0755-82285573	
	办公地址	深圳市人民南路发展中心大厦23层				
	经营范围	昰零售、经营房地产、代购、代销、进出口业务				

主要财务指标	指标\报告期	2009.06.30	2008.12.31	2008.06.30	2007.12.31
	每股收益(元)	0.0499	-0.1200	0.0032	0.3100
	每股收益(扣除)(元)	-0.0237	-0.1400	-0.0209	-0.0600
	每股净资产(元)	1.0400	0.9900	1.1100	1.1100
	调整后每股净资产(元)	-	-	-	-
	每股资本公积金(元)	0.3274	0.3274	0.3274	0.3274
	每股盈余公积金(元)	0.5701	0.5701	0.5701	0.5701
	每股未分配利润(元)	-0.8568	-0.9067	-0.7880	-0.7913
	每股现金净流量(元)	-0.0745	0.0320	-0.1881	0.1598
	每股经营现金净流量(元)	-0.0958	-0.6976	-0.2020	-1.0444
	净资产收益率(扣除)(%)	-	-	-	-5.1200
	净资产收益率(%)	4.7900	-11.6500	0.2900	27.7700
	总资产(万)	113157.66	112612.65	100802.39	103526.56
	股东权益(万)	22988.37	21886.15	24506.85	24435.33
	主营业务收入(万)	-	-	-	-
	主营业务利润(万)	-	-	-	-
	营业务收入(万)	923.58	2705.33	716.18	4258.71
	营业务利润(万)	-947.90	-5339.49	-1013.88	5128.35
	投资收益(万)	-	-	-	-
	利润总额(万)	613.24	-4975.54	-159.17	5219.90
	净利润(万)	1102.22	-2549.17	71.52	6786.62

深圳赛格股份有限公司

公司概况						
	公司名称	深圳赛格股份有限公司			证券简称	深赛格B
	法人代表	张为民	董秘	郑丹	证券代码	200058
	公司网址	www.segcl.com.cn		电子信箱	seggf@segcl.com.cn	
	电　　话	0755-83747939		传　　真	0755-83975237	
	办公地址	广东省深圳市福田区华强北路群星广场A座31层				
	经营范围	投资电子电器产品、电子化工、计算机、兴办实业、电子信息系统、网络软件等				

主要财务指标	指标\报告期	2009.06.30	2008.12.31	2008.06.30	2007.12.31
	每股收益(元)	-0.1861	0.0619	0.0366	0.0800
	每股收益(扣除)(元)	-0.2210	0.0528	0.0330	-0.0300
	每股净资产(元)	1.4482	1.6540	1.6290	1.6200
	调整后每股净资产(元)	-	-	-	-
	每股资本公积金(元)	0.4483	0.4476	0.4522	0.4526
	每股盈余公积金(元)	0.1311	0.1311	0.1407	0.1255
	每股未分配利润(元)	-0.1305	0.0756	0.0368	0.0448
	每股现金净流量(元)	0.0012	0.1769	0.2119	0.0274
	每股经营现金净流量(元)	0.0284	0.0991	0.0406	-0.1013
	净资产收益率(扣除)(%)	-	-	-	-1.6300
	净资产收益率(%)	-12.8500	3.7400	2.2450	4.9500
	总资产(万)	146543.27	157934.66	159600.49	164357.60
	股东权益(万)	113653.09	129777.21	127811.61	127281.56
	主营业务收入(万)	-	-	-	-
	主营业务利润(万)	-	-	-	-
	营业务收入(万)	13788.25	31800.53	14674.73	71108.06
	营业务利润(万)	-14067.02	6147.21	3553.85	7816.26
	投资收益(万)	-	-	-	-
	利润总额(万)	-13874.09	6634.87	3875.52	8140.53
	净利润(万)	-14608.35	4857.95	2870.14	6294.56

山东航空股份有限公司

公司概况						
	公司名称	山东航空股份有限公司			证券简称	山航B
	法人代表	张幸福	董秘	董钱堂	证券代码	200152
	公司网址	www.shandongair.com.cn		电子信箱	fanp@shandongair.com.cn	
	电　　话	0531-85698229、85698678		传　　真	0531-85698679	
	办公地址	山东济南二环东路5746号山东航空大厦				
	经营范围	国内航空客货运输业务;由国内始发至周边国家、地区航空客货运输业务等				

主要财务指标	指标\报告期	2009.06.30	2008.12.31	2008.06.30	2007.12.31
	每股收益(元)	0.2800	0.2000	0.1500	0.1700
	每股收益(扣除)(元)	0.0800	0.2300	0.1600	0.1300
	每股净资产(元)	1.6600	1.3800	1.2400	1.1700
	调整后每股净资产(元)	-	-	-	-
	每股资本公积金(元)	0.2101	0.2101	0.2101	0.2101
	每股盈余公积金(元)	0.0737	0.0737	0.0623	0.0623
	每股未分配利润(元)	0.3725	0.0912	-0.0333	-0.0998
	每股现金净流量(元)	0.0995	0.0070	0.1165	-0.0653
	每股经营现金净流量(元)	1.4168	2.6496	1.1152	1.8364
	净资产收益率(扣除)(%)	-	-	-	11.4500
	净资产收益率(%)	16.9800	14.7200	11.8300	14.5300
	总资产(万)	790017.58	784410.49	749047.44	708244.40
	股东权益(万)	66252.22	55001.23	49564.90	46903.09
	主营业务收入(万)	-	-	-	-
	主营业务利润(万)	-	-	-	-
	营业务收入(万)	234162.82	504939.11	242866.42	463013.05
	营业务利润(万)	3648.56	7575.94	8433.23	11785.46
	投资收益(万)	-	-	-	-
	利润总额(万)	15007.47	10826.08	7856.84	9876.81
	净利润(万)	11250.99	8098.14	5863.92	6817.20

承德帝贤针纺股份有限公司

公司概况	公司名称	承德帝贤针纺股份有限公司			证券简称	ST 帝贤 B
	法人代表	陈荣	董秘	陈志国	证券代码	200160
	公司网址	www.dxtex.com		电子信箱	dxgs-9@heinfo.net	
	电　话	0314-3115048 3115049		传　真	0314-3111475	
	办公地址	河北省承德县下板城镇				
	经营范围	针织系列、梭织系列、高档西服、童装系列、包装材料、纸及纸制品等				

主要财务指标	指标\报告期	2009.06.30	2008.12.31	2008.06.30	2007.12.31
	每股收益(元)	0.1800	0.2500	–0.0900	–1.9700
	每股收益(扣除)(元)	–0.0050	–0.7600	–0.0900	–0.3200
	每股净资产(元)	–0.1500	–0.3400	0.5200	–0.5900
	调整后每股净资产(元)	–	–	–	–
	每股资本公积金(元)	0.5606	0.5606	0.5606	0.5606
	每股盈余公积金(元)	0.1087	0.1087	0.1087	0.1087
	每股未分配利润(元)	–1.8235	–2.0054	–1.1469	–2.2551
	每股现金净流量(元)	0.0003	–0.0083	0.0010	–0.0024
	每股经营现金净流量(元)	0.0003	–0.0068	0.0011	–0.0159
	净资产收益率(扣除)(%)	–	–	–	53.8100
	净资产收益率(%)	–	–74.3200	–16.9000	336.5900
	总资产(万)	36119.77	59868.20	212817.61	113468.99
	股东权益(万)	–10890.05	–23735.34	36900.51	–41375.66
	主营业务收入(万)	–	–	–	–
	主营业务利润(万)	–	–	–	–
	营业务收入(万)	–	1113.23	560.10	5997.25
	营业务利润(万)	–2947.67	–57100.29	–6737.82	–197112.69
	投资收益(万)	–	–	–	–
	利润总额(万)	12845.29	37276.14	–6738.35	–197129.59
	净利润(万)	12845.29	17640.32	–6235.18	–139267.27

广东雷伊(集团)股份有限公司

公司概况	公司名称	广东雷伊(集团)股份有限公司			证券简称	*ST 雷伊 B
	法人代表	陈鸿成	董秘	周浩林	证券代码	200168
	公司网址	www.rieys.com		电子信箱	Jacobchen63@yahoo.com	
	电　话	0755—82250045		传　真	0755—82251182	
	办公地址	深圳市罗湖区东门中路东方大厦 12 楼				
	经营范围	西服、时装、制服和针纺织品等各类服装的生产、加工和销售等				

主要财务指标	指标\报告期	2009.06.30	2008.12.31	2008.06.30	2007.12.31
	每股收益(元)	–0.0600	–0.3300	–0.1000	–0.2500
	每股收益(扣除)(元)	–0.0700	–0.3200	–0.0900	–0.5100
	每股净资产(元)	1.0200	1.0800	1.3200	1.4200
	调整后每股净资产(元)	–	–	–	–
	每股资本公积金(元)	0.1636	0.1636	0.1636	0.1636
	每股盈余公积金(元)	0.2700	0.2700	0.2700	0.2700
	每股未分配利润(元)	–0.4131	–0.3489	–0.1155	–0.0175
	每股现金净流量(元)	0.0027	0.0139	0.2713	–0.0476
	每股经营现金净流量(元)	0.0121	–0.1924	–0.0242	0.2092
	净资产收益率(扣除)(%)	–	–	–	–36.1500
	净资产收益率(%)	–6.2900	–30.5400	–7.4400	–17.6700
	总资产(万)	60599.00	62636.44	72872.18	81895.25
	股东权益(万)	32515.97	34562.13	41995.77	45845.98
	主营业务收入(万)	–	–	–	–
	主营业务利润(万)	–	–	–	–
	营业务收入(万)	7392.51	19912.46	9448.11	40781.90
	营业务利润(万)	–1930.81	–11130.02	–3026.83	–3990.31
	投资收益(万)	–	–	–	–
	利润总额(万)	–1975.37	–11459.22	–3226.37	–4000.50
	净利润(万)	–2046.16	–10556.70	–3123.06	–7970.43

石家庄宝石电子玻璃股份有限公司

公司概况	公司名称	石家庄宝石电子玻璃股份有限公司			证券简称	宝 石 B
	法人代表	尚建斌	董秘	付殷芳	证券代码	200413
	公司网址			电子信箱	bsdz@heinfo.net	
	电　话	0311-86917776、86917771		传　真	0311-86917775	
	办公地址	河北省石家庄市高新技术产业开发区黄河大道 9 号				
	经营范围	电真空玻璃器件及配套的电子元器件、磨具、机械设备、永久性气体的生产与销售等				

主要财务指标	指标\报告期	2009.06.30	2008.12.31	2008.06.30	2007.12.31
	每股收益(元)	–0.0142	0.0100	0.0083	0.0300
	每股收益(扣除)(元)	–0.0142	0.0100	0.0083	0.0200
	每股净资产(元)	0.6400	0.6500	0.6486	0.6400
	调整后每股净资产(元)	–	–	–	–
	每股资本公积金(元)	1.0057	1.0057	1.0057	1.0057
	每股盈余公积金(元)	0.0717	0.0717	0.0717	0.0717
	每股未分配利润(元)	–1.4405	–1.4263	–1.4288	–1.4371
	每股现金净流量(元)	–0.0333	0.0073	–0.0240	0.0337
	每股经营现金净流量(元)	–0.0332	0.0089	–0.0231	0.0341
	净资产收益率(扣除)(%)	–	–	–	3.7500
	净资产收益率(%)	–2.2200	1.6600	1.2780	4.2200
	总资产(万)	39262.88	40638.34	43599.34	43445.12
	股东权益(万)	24393.79	24936.30	24839.75	24522.36
	主营业务收入(万)	–	–	–	–
	主营业务利润(万)	–	–	–	–
	营业务收入(万)	3410.63	20522.50	12534.35	22814.12
	营业务利润(万)	–523.70	517.71	429.22	1884.30
	投资收益(万)	–	–	–	–
	利润总额(万)	–523.71	512.14	429.19	1846.63
	净利润(万)	–542.51	413.94	317.39	1033.90

无锡小天鹅股份有限公司

公司概况	公司名称	无锡小天鹅股份有限公司			证券简称	小天鹅 B
	法人代表	方洪波	董秘	周斯秀	证券代码	200418
	公司网址	www.littleswan.com		电子信箱	zhousx@littleswan.com.cn	
	电　话	0510-81082280、81082407		传　真	0510-83720879	
	办公地址	江苏省无锡市惠钱路 67 号				
	经营范围	家用电器,工业陶瓷产品,环保型干洗设备,清洗机械设备等				

主要财务指标	指标\报告期	2009.06.30	2008.12.31	2008.06.30	2007.12.31
	每股收益(元)	0.1200	0.0700	0.1200	0.9100
	每股收益(扣除)(元)	0.1000	0.1600	0.1300	0.9100
	每股净资产(元)	3.1300	2.9300	2.9900	4.3400
	调整后每股净资产(元)	–	–	–	–
	每股资本公积金(元)	0.9524	0.8773	0.8846	1.8591
	每股盈余公积金(元)	0.2754	0.2800	0.2731	0.4096
	每股未分配利润(元)	0.9022	0.7791	0.8348	1.0694
	每股现金净流量(元)	0.2387	–0.5288	–0.0761	0.4418
	每股经营现金净流量(元)	0.1897	–0.2460	–0.0639	1.0214
	净资产收益率(扣除)(%)	–	–	–	10.2300
	净资产收益率(%)	3.9300	2.4900	4.0800	21.0600
	总资产(万)	311365.45	333928.82	390756.40	378451.62
	股东权益(万)	171415.78	160631.66	163771.83	158291.25
	主营业务收入(万)	–	–	–	–
	主营业务利润(万)	–	–	–	–
	营业务收入(万)	190248.86	429298.75	242442.90	500069.17
	营业务利润(万)	5948.13	4189.40	10255.20	42669.10
	投资收益(万)	–	–	–	–
	利润总额(万)	7166.30	3961.52	9857.57	41898.58
	净利润(万)	6739.23	4003.83	6673.76	33339.32

广东省高速公路发展股份有限公司

公司概况	公司名称	广东省高速公路发展股份有限公司			证券简称	粤高速 B
	法人代表	周余明	董秘	左江	证券代码	200429
	公司网址	www.gpedcl.com		电子信箱	fengxw@gdcg.cn	
	电　　话	020–83731388 230 231		传　　真	020–83731363	
	办公地址	广东省广州市白云路 85 号				
	经营范围	高速公路、等级公路,桥梁的建设施工,公路、桥梁的收费和养护管理等				

主要财务指标	指标\报告期	2009.06.30	2008.12.31	2008.06.30	2007.12.31
	每股收益(元)	0.1700	0.3200	0.2000	0.3900
	每股收益(扣除)(元)	0.1700	0.3300	0.2100	0.4200
	每股净资产(元)	2.7900	2.7200	2.6000	2.6400
	调整后每股净资产(元)	–	–	–	–
	每股资本公积金(元)	1.2210	1.2210	1.2210	1.2210
	每股盈余公积金(元)	0.0731	0.0731	0.0349	0.0349
	每股未分配利润(元)	0.4990	0.4273	0.3486	0.3887
	每股现金净流量(元)	0.2160	0.1274	0.2968	–0.2387
	每股经营现金净流量(元)	0.1651	0.4692	0.1984	0.5495
	净资产收益率(扣除)(%)	–	–	–	16.0200
	净资产收益率(%)	6.1500	11.6400	7.6700	14.8500
	总资产(万)	809387.75	729953.75	660954.07	580236.05
	股东权益(万)	351130.78	342110.49	327408.80	332455.22
	主营业务收入(万)	–	–	–	–
	主营业务利润(万)	–	–	–	–
	营业务收入(万)	47181.67	93727.83	49293.53	111318.49
	营业务利润(万)	30024.13	55956.80	34886.45	79322.93
	投资收益(万)	–	–	–	–
	利润总额(万)	30078.38	52790.85	32790.54	74135.35
	净利润(万)	21591.47	39826.09	25124.41	49366.20

南京普天通信股份有限公司

公司概况	公司名称	南京普天通信股份有限公司			证券简称	宁通信 B
	法人代表	赵新平	董秘	张沈卫	证券代码	200468
	公司网址	www.postel.com.cn		电子信箱	xiaohong@postel.com.cn	
	电　　话	025–58962289、58962072		传　　真	025–52409954	
	办公地址	南京市秦淮区普天路 1 号				
	经营范围	数据通信产品、有线通信产品、无线通信产品、分线、配线通信产品等				

主要财务指标	指标\报告期	2009.06.30	2008.12.31	2008.06.30	2007.12.31
	每股收益(元)	0.0246	0.0300	0.0035	0.0200
	每股收益(扣除)(元)	0.0243	–0.0200	0.0023	–0.5000
	每股净资产(元)	1.5600	1.5200	1.5080	1.4900
	调整后每股净资产(元)	–	–	–	–
	每股资本公积金(元)	0.8533	0.8533	0.8533	0.8533
	每股盈余公积金(元)	0.0027	0.0027	0.0027	0.0027
	每股未分配利润(元)	–0.3015	–0.3262	–0.3563	–0.3597
	每股现金净流量(元)	–0.2866	0.1038	–0.1196	0.2822
	每股经营现金净流量(元)	–0.1798	0.2431	–0.2541	0.6265
	净资产收益率(扣除)(%)	–	–	–	–33.6600
	净资产收益率(%)	1.5800	1.9800	0.2300	1.2300
	总资产(万)	129464.41	122941.08	122349.72	115494.37
	股东权益(万)	33621.64	32589.14	32411.45	32038.59
	主营业务收入(万)	–	–	–	–
	主营业务利润(万)	–	–	–	–
	营业务收入(万)	65546.83	117491.27	53318.30	97433.00
	营业务利润(万)	1508.81	1250.14	778.55	–9629.16
	投资收益(万)	–	–	–	–
	利润总额(万)	1512.45	2215.18	797.16	1395.18
	净利润(万)	529.87	644.77	74.24	393.69

山东晨鸣纸业集团股份有限公司

公司概况	公司名称	山东晨鸣纸业集团股份有限公司			证券简称	晨 鸣 B
	法人代表	陈洪国	董秘	郝筠	证券代码	200488
	公司网址	www.chenmingpaper.com		电子信箱	chenmmingpaper@163.com	
	电　　话	0536–2158011#2156488		传　　真	0536–2158640	
	办公地址	山东省寿光市圣城街 595 号				
	经营范围	机制纸及纸板等纸制品和造纸原料、造纸机械的加工、销售,电力、热力的生产、销售等				

主要财务指标	指标\报告期	2009.06.30	2008.12.31	2008.06.30	2007.12.31
	每股收益(元)	0.0760	0.5700	0.5500	0.6000
	每股收益(扣除)(元)	0.0540	0.4500	0.4800	0.5400
	每股净资产(元)	5.9715	5.9451	5.8865	5.1250
	调整后每股净资产(元)	–	–	–	–
	每股资本公积金(元)	2.9551	2.9551	2.9585	2.1906
	每股盈余公积金(元)	0.4003	0.4003	0.3510	0.4241
	每股未分配利润(元)	1.6157	1.5893	1.5766	1.5100
	每股现金净流量(元)	–0.0972	1.0057	1.4546	–0.0999
	每股经营现金净流量(元)	–0.2551	0.9380	0.8295	0.7761
	净资产收益率(扣除)(%)	–	–	–	10.0400
	净资产收益率(%)	1.2800	8.7700	7.8100	11.0600
	总资产(万)	2842164.71	2629949.57	2564240.82	2201110.83
	股东权益(万)	1231345.37	1225907.89	1213816.96	874503.50
	主营业务收入(万)	–	–	–	–
	主营业务利润(万)	–	–	–	–
	营业务收入(万)	667536.66	1552959.34	855240.23	1516474.25
	营业务利润(万)	17517.74	129277.17	118578.03	128484.40
	投资收益(万)	–	–	–	–
	利润总额(万)	23823.96	155533.93	134665.58	148933.62
	净利润(万)	15748.73	107529.17	94742.74	96763.62

海南珠江控股股份有限公司

公司概况	公司名称	海南珠江控股股份有限公司			证券简称	*ST 珠江 B
	法人代表	郑清	董秘	顾利荣	证券代码	200505
	公司网址			电子信箱	hnpearl@public.hk.hi.cn	
	电　　话	0898–68581888 转		传　　真	0898–68581026	
	办公地址	海口市滨海大道珠江广场帝豪大厦 29 楼				
	经营范围	工业投资、热带种植业、海产养殖、房地产开发经营、物业管理等				

主要财务指标	指标\报告期	2009.06.30	2008.12.31	2008.06.30	2007.12.31
	每股收益(元)	0.2000	–0.1800	–0.1100	–0.0700
	每股收益(扣除)(元)	–0.1084	–0.2300	–0.1080	–0.0800
	每股净资产(元)	1.4500	0.2800	0.3496	0.4600
	调整后每股净资产(元)	–	–	–	–
	每股资本公积金(元)	1.7532	0.7833	0.7833	0.7833
	每股盈余公积金(元)	0.2676	0.2676	0.2676	0.2676
	每股未分配利润(元)	–1.5731	–1.7718	–1.7013	–1.5923
	每股现金净流量(元)	0.0734	–0.1741	–0.1284	0.1994
	每股经营现金净流量(元)	0.0858	–0.1547	–0.1941	–0.0500
	净资产收益率(扣除)(%)	–	–	–	–16.8300
	净资产收益率(%)	13.7270	–64.3300	–31.1790	–15.9400
	总资产(万)	175894.22	97512.29	95871.21	93916.72
	股东权益(万)	61778.58	11908.65	14917.86	19569.03
	主营业务收入(万)	–	–	–	–
	主营业务利润(万)	–	–	–	–
	营业务收入(万)	4803.79	10179.18	4088.99	15371.61
	营业务利润(万)	8365.70	–8636.73	–4690.35	–1874.86
	投资收益(万)	–	–	–	–
	利润总额(万)	8359.11	–7917.46	–4750.20	–1861.59
	净利润(万)	8480.34	–7660.38	–4651.17	–3120.00

厦门灿坤实业股份有限公司

公司概况	公司名称	厦门灿坤实业股份有限公司			证券简称	闽灿坤 B
	法人代表	简德荣	董秘	罗青兴	证券代码	200512
	公司网址	www.tsannkuen.com		电子信箱	allenlo@tkl.tsannkuen.com	
	电　话	0592-6268103、6268161		传　真	0592-6268104	
	办公地址	福建省漳州龙池开发区灿坤工业园				
	经营范围	开发、生产、及销售家用电器、电子、轻工产品、现代办公用品等				

主要财务指标	指标\报告期	2009.06.30	2008.12.31	2008.06.30	2007.12.31
	每股收益(元)	0.0181	0.0382	0.0249	0.0603
	每股收益(扣除)(元)	–	0.0158	0.0238	0.0277
	每股净资产(元)	0.3270	0.3091	0.2971	0.2726
	调整后每股净资产(元)	–	–	–	0.2716
	每股资本公积金(元)	0.1125	0.1124	0.1139	0.1139
	每股盈余公积金(元)	–	–	–	–
	每股未分配利润(元)	–0.7848	–0.8029	–0.8162	–0.8411
	每股现金净流量(元)	–	–	–0.2643	0.0227
	每股经营现金净流量(元)	–	–	–0.1438	0.4434
	净资产收益率(扣除)(%)	–	–	–	25.5500
	净资产收益率(%)	5.5400	12.3700	8.4000	22.1400
	总资产(万)	181551.97	223637.04	260096.82	290817.54
	股东权益(万)	36370.28	34377.68	33047.81	30318.07
	主营业务收入(万)	–	–	–	–
	主营业务利润(万)	–	–	–	–
	营业务收入(万)	118471.93	404363.13	209296.31	490528.01
	营业务利润(万)	1895.26	3732.83	3880.21	4492.53
	投资收益(万)	–	–	–	–
	利润总额(万)	2866.61	5755.11	4156.82	9820.26
	净利润(万)	2016.32	4253.62	2774.90	6711.98

丽珠医药集团股份有限公司

公司概况	公司名称	丽珠医药集团股份有限公司			证券简称	丽珠集团
	法人代表	朱保国	董秘	李如才	证券代码	000513
	公司网址	www.livzon.com.cn		电子信箱	lirucai2008@livzon.com.cn	
	电　话	0756-8135888、8135839		传　真	0756-8886002	
	办公地址	广东省珠海市拱北桂花北路 132 号丽珠大厦				
	经营范围	医药产品的研发、生产及销售等				

主要财务指标	指标\报告期	2009.06.30	2008.12.31	2008.06.30	2007.12.31
	每股收益(元)	0.8300	0.1700	0.2000	1.6600
	每股收益(扣除)(元)	0.6300	0.7800	0.4600	0.7000
	每股净资产(元)	6.5400	5.8100	5.9000	6.3500
	调整后每股净资产(元)	–	–	–	–
	每股资本公积金(元)	1.4437	1.4290	1.4377	1.5640
	每股盈余公积金(元)	1.1544	1.1544	1.1374	1.1374
	每股未分配利润(元)	3.0361	2.3238	2.3703	2.6706
	每股现金净流量(元)	–0.2399	0.8462	0.5939	–0.0086
	每股经营现金净流量(元)	0.7189	1.1279	0.3908	0.8122
	净资产收益率(扣除)(%)	–	–	–	11.0500
	净资产收益率(%)	12.6900	2.9300	3.3800	26.1700
	总资产(万)	287172.48	292381.33	302866.84	294572.34
	股东权益(万)	195336.63	177853.59	180495.06	194266.41
	主营业务收入(万)	–	–	–	–
	主营业务利润(万)	–	–	–	–
	营业务收入(万)	120970.69	205864.06	110894.68	174810.84
	营业务利润(万)	30094.81	9960.36	9256.47	61375.58
	投资收益(万)	–	–	–	–
	利润总额(万)	30242.16	10565.41	9242.36	61997.88
	净利润(万)	24785.49	5207.32	6109.57	50845.11

合肥美菱股份有限公司

公司概况	公司名称	合肥美菱股份有限公司			证券简称	皖美菱 B
	法人代表	赵勇	董秘	李霞	证券代码	200521
	公司网址	www.meiling.com		电子信箱	info@meiling.com	
	电　话	0551-2219021		传　真	0551-2219021	
	办公地址	合肥市经济技术开发区莲花路 2163 号				
	经营范围	制冷电器、空调器、洗衣机、电脑数控注塑机、电脑热水器、塑料制品等				

主要财务指标	指标\报告期	2009.06.30	2008.12.31	2008.06.30	2007.12.31
	每股收益(元)	0.0734	0.0168	0.0609	0.0463
	每股收益(扣除)(元)	0.0458	–	0.0509	0.0410
	每股净资产(元)	2.7700	2.6900	2.5632	2.4900
	调整后每股净资产(元)	–	–	–	–
	每股资本公积金(元)	1.8250	1.8047	1.6951	1.6420
	每股盈余公积金(元)	0.6887	0.6887	0.6887	0.6887
	每股未分配利润(元)	–0.7472	–0.8039	–0.8207	–0.8365
	每股现金净流量(元)	0.0905	–0.0083	–0.1593	–0.0072
	每股经营现金净流量(元)	–0.0300	–0.0903	0.4591	0.2645
	净资产收益率(扣除)(%)	–	–	–	–
	净资产收益率(%)	2.6500	0.6200	2.4200	1.8500
	总资产(万)	404188.35	361923.38	339031.44	353519.90
	股东权益(万)	114436.04	111249.58	106023.10	103174.41
	主营业务收入(万)	–	–	–	–
	主营业务利润(万)	–	–	–	–
	营业务收入(万)	256244.09	94931.33	433593.63	372626.11
	营业务利润(万)	2837.96	713.19	2151.47	1418.31
	投资收益(万)	–	–	–	–
	利润总额(万)	3351.25	832.03	2992.39	1633.73
	净利润(万)	3038.11	694.95	2567.90	1913.80

大连冷冻机股份有限公司

公司概况	公司名称	大连冷冻机股份有限公司			证券简称	大冷 B
	法人代表	张和	董秘	吕连珍	证券代码	200530
	公司网址	www.daleng.cn		电子信箱	bingzhen@bingshan.com	
	电　话	0086-411-86538130		传　真	0086-411-86641470	
	办公地址	大连市沙河口区西南路 888 号码				
	经营范围	制冷设备及配套辅机、阀门、配件以及制冷工程所需配套产品的加工,制造等				

主要财务指标	指标\报告期	2009.06.30	2008.12.31	2008.06.30	2007.12.31
	每股收益(元)	0.1800	0.3600	0.1900	0.3700
	每股收益(扣除)(元)	0.1800	0.3300	0.1800	0.3400
	每股净资产(元)	4.7800	4.7300	4.5600	4.5300
	调整后每股净资产(元)	–	–	–	–
	每股资本公积金(元)	1.7048	1.6860	1.6880	1.6821
	每股盈余公积金(元)	1.1218	1.0517	1.0183	0.9513
	每股未分配利润(元)	0.9540	0.9959	0.8521	0.8930
	每股现金净流量(元)	–0.0272	0.1930	–0.1699	–0.1526
	每股经营现金净流量(元)	0.0064	0.2034	–0.1580	0.0670
	净资产收益率(扣除)(%)	–	–	–	7.5900
	净资产收益率(%)	3.7400	7.6900	4.0600	8.1300
	总资产(万)	270359.82	271962.66	260874.46	258289.37
	股东权益(万)	167329.25	165681.34	159550.55	158428.46
	主营业务收入(万)	–	–	–	–
	主营业务利润(万)	–	–	–	–
	营业务收入(万)	59541.01	151343.62	74980.21	165395.54
	营业务利润(万)	6549.36	11498.64	7183.48	13569.18
	投资收益(万)	–	–	–	–
	利润总额(万)	6921.73	13645.06	7663.05	15036.93
	净利润(万)	6257.39	12735.96	6476.01	12882.76

广东电力发展股份有限公司

公司概况						
公司名称	广东电力发展股份有限公司			证券简称	粤电力 B	
法人代表	潘力	董秘	刘维	证券代码	200539	
公司网址	www.ged.com.cn		电子信箱	ged@ged.com.cn		
电　话	020-87570276、87570251		传　真	020-85138084		
办公地址	广东省广州市天河东路 2 号粤电广场南塔 23-26 楼					
经营范围	电力项目的投资、建设和经营管理,电力的生产和销售,电力行业技术咨询和服务					

主要财务指标 指标\报告期	2009.06.30	2008.12.31	2008.06.30	2007.12.31
每股收益(元)	0.1420	0.0100	-0.0210	0.2500
每股收益(扣除)(元)	0.1390	0.0080	-0.0210	0.2500
每股净资产(元)	3.2900	3.1700	3.1700	3.4400
调整后每股净资产(元)	-	-	-	-
每股资本公积金(元)	0.5640	0.5331	0.5659	0.6893
每股盈余公积金(元)	1.1881	1.1881	1.1881	1.3985
每股未分配利润(元)	0.5345	0.4520	0.4199	0.3508
每股现金净流量(元)	-0.1216	-0.2618	-0.4397	0.0292
每股经营现金净流量(元)	0.6230	-0.2234	-0.4268	0.9767
净资产收益率(扣除)(%)	-	-	-	7.2900
净资产收益率(%)	4.3400	0.3400	-0.6700	7.2100
总资产(万)	2652861.72	2462920.98	2349013.44	2405284.07
股东权益(万)	874033.54	843883.78	844081.88	914445.20
主营业务收入(万)	-	-	-	-
主营业务利润(万)	-	-	-	-
营业务收入(万)	527084.83	1161767.33	569272.02	1039308.84
营业务利润(万)	53780.81	-27160.16	-13675.85	123702.38
投资收益(万)	-	-	-	-
利润总额(万)	53910.50	-27929.22	-14140.02	122637.83
净利润(万)	37890.39	2898.12	-5644.90	65887.78

佛山电器照明股份有限公司

公司概况						
公司名称	佛山电器照明股份有限公司			证券简称	佛山照明	
法人代表	钟信才	董秘	林奕辉	证券代码	000541	
公司网址	www.chinafsl.com		电子信箱	gzfsligh@pub.foshan.gd.cn		
电　话	0757-82966098、82810239		传　真	0757-82816276		
办公地址	广东省佛山市禅城区汾江北路 64 号					
经营范围	研究、开发、生产电光源产品、电光源设备、电光源配套器件、电光源原材料等					

主要财务指标 指标\报告期	2009.06.30	2008.12.31	2008.06.30	2007.12.31
每股收益(元)	0.0700	0.3200	0.1600	0.6100
每股收益(扣除)(元)	0.0700	0.1800	0.1100	0.1800
每股净资产(元)	2.5700	3.7200	3.6300	6.4100
调整后每股净资产(元)	-	-	-	-
每股资本公积金(元)	0.5998	1.2398	1.2398	3.0830
每股盈余公积金(元)	0.5195	0.7272	0.7272	1.0909
每股未分配利润(元)	0.4550	0.7552	0.6633	1.2368
每股现金净流量(元)	-0.0015	-0.2435	-0.0614	0.2386
每股经营现金净流量(元)	0.2326	0.1805	-0.0096	0.1110
净资产收益率(扣除)(%)	-	-	-	4.1100
净资产收益率(%)	2.8300	8.6200	6.3000	14.1900
总资产(万)	283384.46	283026.88	289724.03	339298.58
股东权益(万)	251915.14	260174.51	253750.48	298725.31
主营业务收入(万)	-	-	-	-
主营业务利润(万)	-	-	-	-
营业务收入(万)	73981.30	171871.28	81384.61	149607.27
营业务利润(万)	9381.47	27169.92	19977.13	49542.53
投资收益(万)	-	-	-	-
利润总额(万)	10040.04	27454.11	20262.40	50149.05
净利润(万)	7118.04	22416.06	15992.03	42379.74

江铃汽车股份有限公司

公司概况						
公司名称	江铃汽车股份有限公司			证券简称	江铃 B	
法人代表	王锡高	董秘	宛虹	证券代码	200550	
公司网址	www.jmc.com.cn		电子信箱	relations@jmc.com.cn		
电　话	86-791-5235675		传　真	86-791-5232839		
办公地址	江西省南昌市迎宾北大道 509 号					
经营范围	生产及销售汽车、专用(改装)车、发动机、底盘等汽车总成及其他零部件等					

主要财务指标 指标\报告期	2009.06.30	2008.12.31	2008.06.30	2007.12.31
每股收益(元)	0.5000	0.9100	0.6200	0.8800
每股收益(扣除)(元)	0.5000	0.7400	0.4500	0.8700
每股净资产(元)	4.8900	4.6900	4.4000	4.0900
调整后每股净资产(元)	-	-	-	-
每股资本公积金(元)	0.9725	0.9725	0.9725	0.9725
每股盈余公积金(元)	0.5000	0.5000	0.4823	0.4823
每股未分配利润(元)	2.4210	2.2197	1.9467	1.6312
每股现金净流量(元)	1.8156	-0.6896	-0.0607	-0.0710
每股经营现金净流量(元)	2.0159	0.2109	0.3717	0.9762
净资产收益率(扣除)(%)	-	-	-	21.1800
净资产收益率(%)	10.2400	19.3600	13.9900	21.5200
总资产(万)	705556.17	596377.82	668193.60	612435.50
股东权益(万)	422411.44	405038.16	379938.13	352699.02
主营业务收入(万)	-	-	-	-
主营业务利润(万)	-	-	-	-
营业务收入(万)	472244.56	858703.36	458473.00	845554.90
营业务利润(万)	54779.61	73767.16	46095.28	85721.77
投资收益(万)	-	-	-	-
利润总额(万)	55006.45	90239.64	62514.68	86045.81
净利润(万)	43269.69	78431.51	53135.53	75915.81

湖北沙隆达股份有限公司

公司概况						
公司名称	湖北沙隆达股份有限公司			证券简称	沙隆达 B	
法人代表	李作荣	董秘	李忠禧	证券代码	200553	
公司网址	www.sanonda.com.cn		电子信箱	sld@chemchina.com.cn		
电　话	0716-8208632、8208232		传　真	0716-8321099		
办公地址	湖北省荆州市北京东路 93 号					
经营范围	生产农药、化工、医药产品;在国内外销售自产产品等					

主要财务指标 指标\报告期	2009.06.30	2008.12.31	2008.06.30	2007.12.31
每股收益(元)	0.0743	0.2910	0.1301	0.0700
每股收益(扣除)(元)	0.0745	0.3126	0.1316	-0.0200
每股净资产(元)	1.8700	1.8500	1.6700	1.5600
调整后每股净资产(元)	-	-	-	-
每股资本公积金(元)	0.4575	0.4575	0.4575	0.4575
每股盈余公积金(元)	0.1238	0.1238	0.0965	0.1084
每股未分配利润(元)	0.2650	0.2408	0.1168	-0.0073
每股现金净流量(元)	0.1587	0.1859	0.3754	0.2230
每股经营现金净流量(元)	0.1009	0.5940	0.1866	0.4574
净资产收益率(扣除)(%)	-	-	-	-1.0500
净资产收益率(%)	3.9600	15.7300	7.7900	4.3600
总资产(万)	233743.76	204948.19	232733.57	174071.21
股东权益(万)	111288.39	109855.89	99226.90	92574.44
主营业务收入(万)	-	-	-	-
主营业务利润(万)	-	-	-	-
营业务收入(万)	98528.40	221734.32	125254.67	164835.10
营业务利润(万)	5867.34	26116.34	10505.88	5754.00
投资收益(万)	-	-	-	-
利润总额(万)	6029.76	23435.36	10420.16	5172.68
净利润(万)	4412.46	17281.45	7728.45	4036.07

常柴股份有限公司

公司概况				
公司名称	常柴股份有限公司		证券简称	苏常柴 B
法人代表	薛国俊	董秘 石建春	证券代码	200570
公司网址	www.changchai.com.cn		电子信箱	cctqm@public.cz.js.cn
电　话	0519-86610041		传　真	0519-86630954
办公地址	江苏省常州市怀德中路 123 号			
经营范围	柴油机,柴油机配件及铸件、谷物收获机械、旋耕机、手扶拖拉机等			

主要财务指标 指标\报告期	2009.06.30	2008.12.31	2008.06.30	2007.12.31
每股收益(元)	0.5000	-0.2200	0.0110	0.4500
每股收益(扣除)(元)	0.1600	-0.1500	0.0160	-0.0200
每股净资产(元)	4.1800	3.0700	3.4100	3.9600
调整后每股净资产(元)	-	-	-	-
每股资本公积金(元)	1.3392	0.7281	0.8404	1.3244
每股盈余公积金(元)	0.6423	0.6423	0.6423	0.6423
每股未分配利润(元)	1.2011	0.6968	0.9318	0.9962
每股现金净流量(元)	1.1949	-0.1148	-0.2828	-0.0254
每股经营现金净流量(元)	0.7464	-0.0196	-0.1020	0.2492
净资产收益率(扣除)(%)	-	-	-	-0.4000
净资产收益率(%)	12.0600	-7.3200	0.3100	11.3400
总资产(万)	267936.35	189778.28	190982.09	231046.37
股东权益(万)	156530.14	114788.61	127787.15	148313.64
主营业务收入(万)	-	-	-	-
主营业务利润(万)	-	-	-	-
营业务收入(万)	124751.28	190828.32	115029.29	204202.71
营业务利润(万)	21762.12	-8803.91	-89.70	18885.42
投资收益(万)	-	-	-	-
利润总额(万)	21862.36	-9431.78	-301.67	23395.96
净利润(万)	18872.05	-8399.30	395.85	16811.64

无锡威孚高科技股份有限公司

公司概况				
公司名称	无锡威孚高科技股份有限公司		证券简称	苏威孚 B
法人代表	王伟良	董秘 周卫星	证券代码	200581
公司网址	www.weifu.com.cn		电子信箱	Web@weifu.com.cn
电　话	0510-82719579		传　真	0510-82751025
办公地址	无锡市人民西路 107 号			
经营范围	内燃机燃油系统产品,燃油系统测试仪器和设备的制造等			

主要财务指标 指标\报告期	2009.06.30	2008.12.31	2008.06.30	2007.12.31
每股收益(元)	0.1500	0.3400	0.2200	0.4100
每股收益(扣除)(元)	0.1500	0.3600	0.2300	0.3800
每股净资产(元)	4.4111	4.4200	4.4546	4.2300
调整后每股净资产(元)	-	-	-	-
每股资本公积金(元)	1.5999	1.5999	1.6000	1.6029
每股盈余公积金(元)	0.4626	0.4626	0.4265	0.4265
每股未分配利润(元)	1.3485	1.3557	1.4281	1.2038
每股现金净流量(元)	-0.2236	-0.3221	0.0629	-0.0659
每股经营现金净流量(元)	0.2077	1.4252	0.4821	0.3738
净资产收益率(扣除)(%)	-	-	-	8.9300
净资产收益率(%)	3.5100	7.7200	5.0400	9.6100
总资产(万)	461647.57	459790.12	545419.26	515909.99
股东权益(万)	250228.88	250634.45	252700.60	240144.05
主营业务收入(万)	-	-	-	-
主营业务利润(万)	-	-	-	-
营业务收入(万)	126114.84	303328.96	187509.65	318541.85
营业务利润(万)	10253.72	24518.97	15860.70	28757.02
投资收益(万)	-	-	-	-
利润总额(万)	10245.42	21568.54	15025.68	28429.35
净利润(万)	8784.29	19341.83	12725.31	23082.94

安徽古井贡酒股份有限公司

公司概况				
公司名称	安徽古井贡酒股份有限公司		证券简称	古井贡 B
法人代表	曹杰	董秘	证券代码	200596
公司网址	www.gujing.com		电子信箱	gjglb@gujing.com.cn
电　话	0558-5317057、5710057		传　真	0558-5317706
办公地址	安徽省亳州市古井镇			
经营范围	生产白酒、啤酒、葡萄酒、酿酒设备、包装材料、玻璃瓶、酒精、饲料、油脂等			

主要财务指标 指标\报告期	2009.06.30	2008.12.31	2008.06.30	2007.12.31
每股收益(元)	0.1500	0.1500	0.0800	0.1400
每股收益(扣除)(元)	0.1400	0.1400	0.0600	0.0800
每股净资产(元)	2.9400	3.7400	3.6800	3.6000
调整后每股净资产(元)	-	-	-	-
每股资本公积金(元)	1.3095	2.4377	2.2666	2.2666
每股盈余公积金(元)	0.2225	0.2225	0.2225	0.2225
每股未分配利润(元)	0.4074	0.2559	0.1864	0.1088
每股现金净流量(元)	-0.2375	0.5062	0.0496	0.1208
每股经营现金净流量(元)	0.6467	0.8841	0.1493	0.5111
净资产收益率(扣除)(%)	-	-	-	2.1600
净资产收益率(%)	5.1600	3.9300	2.1100	4.0100
总资产(万)	124855.48	172892.26	146433.29	138433.92
股东权益(万)	69075.73	92026.83	86375.35	84550.45
主营业务收入(万)	-	-	-	-
主营业务利润(万)	-	-	-	-
营业务收入(万)	70527.73	137890.16	68358.75	120135.66
营业务利润(万)	4887.93	7525.64	2486.41	4690.70
投资收益(万)	-	-	-	-
利润总额(万)	5152.67	7709.75	2897.69	5197.81
净利润(万)	3560.92	3457.69	1824.90	3387.65

海南大东海旅游中心股份有限公司

公司概况				
公司名称	海南大东海旅游中心股份有限公司		证券简称	ST 东海 B
法人代表	黎愿斌	董秘 汪宏娟	证券代码	200613
公司网址			电子信箱	hnddht@21cn.com
电　话	0898-88219888*8264		传　真	0898-88212298
办公地址	海南省三亚市大东海			
经营范围	旅游服务、住宿、饮食;房地产开发、汽车出租等			

主要财务指标 指标\报告期	2009.06.30	2008.12.31	2008.06.30	2007.12.31
每股收益(元)	-0.0061	0.0012	0.0057	0.4200
每股收益(扣除)(元)	-0.0060	-0.0016	0.0055	-0.0200
每股净资产(元)	0.2400	0.2500	0.2100	0.2400
调整后每股净资产(元)	-	-	-	-
每股资本公积金(元)	0.1487	0.1487	0.1487	0.1487
每股盈余公积金(元)	-	-	-	-
每股未分配利润(元)	-0.9088	-0.9027	-0.9407	-0.9039
每股现金净流量(元)	-0.0070	0.0098	0.0032	-0.0043
每股经营现金净流量(元)	-0.0034	0.0256	0.0049	0.0182
净资产收益率(扣除)(%)	-	-	-	-6.3600
净资产收益率(%)	-2.5600	0.4800	2.7200	173.4300
总资产(万)	12665.82	13228.10	13434.27	13540.62
股东权益(万)	8734.28	8958.20	7575.01	8915.02
主营业务收入(万)	-	-	-	-
主营业务利润(万)	-	-	-	-
营业务收入(万)	1606.38	3469.47	1825.60	2562.37
营业务利润(万)	-217.57	-56.66	244.58	-566.68
投资收益(万)	-	-	-	-
利润总额(万)	-223.92	43.19	250.91	15461.62
净利润(万)	-223.92	43.19	205.74	15461.62

重庆长安汽车股份有限公司

公司概况	公司名称	重庆长安汽车股份有限公司			证券简称	长安 B
	法人代表	徐留平	董秘	崔云江、黎军	证券代码	200625
	公司网址	www.changan.com.cn			电子信箱	cazqc@changan.com.cn
	电　　话	023-67594009			传　　真	023-67866055
	办公地址	重庆市江北区建新东路 260 号				
	经营范围	从事汽车(含轿车),汽车发动机系列产品,配套零部件的制造,销售等业务				

主要财务指标	指标＼报告期	2009.06.30	2008.12.31	2008.06.30	2007.12.31
	每股收益(元)	0.2300	0.0100	0.1900	0.2900
	每股收益(扣除)(元)	0.2300	0.0100	0.1900	0.3400
	每股净资产(元)	3.4600	3.2500	3.4400	3.8900
	调整后每股净资产(元)	–	–	–	–
	每股资本公积金(元)	0.6428	0.6423	0.6427	0.9713
	每股盈余公积金(元)	0.4469	0.4469	0.4363	0.5235
	每股未分配利润(元)	1.3763	1.1655	1.3585	1.3987
	每股现金净流量(元)	0.5279	0.0283	0.3184	–0.1114
	每股经营现金净流量(元)	0.5585	0.2077	–0.0470	0.2507
	净资产收益率(扣除)(%)	–	–	–	8.8100
	净资产收益率(%)	6.6000	0.3200	5.6100	8.8100
	总资产(万)	1855279.93	1536782.48	1600440.18	1435291.77
	股东权益(万)	807196.45	759652.48	802325.62	757306.87
	主营业务收入(万)	–	–	–	–
	主营业务利润(万)	–	–	–	–
	营业务收入(万)	1128270.66	1337545.84	787964.92	1372229.91
	营业务利润(万)	49957.13	4562.40	44554.75	68691.37
	投资收益(万)	–	–	–	–
	利润总额(万)	49813.26	3402.73	44256.93	65393.91
	净利润(万)	53280.18	2438.10	45018.76	66689.40

瓦房店轴承股份有限公司

公司概况	公司名称	瓦房店轴承股份有限公司			证券简称	瓦 轴 B
	法人代表	王路顺	董秘	张兴海	证券代码	200706
	公司网址	www.zwz-bearing.com.cn			电子信箱	zwz2308@126.com
	电　　话	0411-85509888-3373			传　　真	0411-85500794
	办公地址	中国辽宁省瓦房店市北共济街一段 1 号				
	经营范围	轴承、机械设备、汽车零配件及相关产品的制造与销售,机械设备和房屋的租赁等				

主要财务指标	指标＼报告期	2009.06.30	2008.12.31	2008.06.30	2007.12.31
	每股收益(元)	0.1400	0.2600	0.2300	0.2200
	每股收益(扣除)(元)	0.1300	0.2600	0.2400	0.2000
	每股净资产(元)	3.3700	3.2300	3.2100	3.0200
	调整后每股净资产(元)	–	–	–	–
	每股资本公积金(元)	1.2057	1.2057	1.2057	1.2057
	每股盈余公积金(元)	0.2519	0.2519	0.1700	0.1752
	每股未分配利润(元)	0.9107	0.7733	0.8391	0.6343
	每股现金净流量(元)	0.0614	0.1501	0.0554	–0.1621
	每股经营现金净流量(元)	0.1459	0.4180	0.1890	0.2695
	净资产收益率(扣除)(%)	–	–	–	6.6200
	净资产收益率(%)	4.0800	7.9100	7.2700	7.2700
	总资产(万)	287205.51	286977.20	287704.48	266549.30
	股东权益(万)	135609.34	130078.02	129429.29	121393.11
	主营业务收入(万)	–	–	–	–
	主营业务利润(万)	–	–	–	–
	营业务收入(万)	111224.03	297812.06	157702.82	249151.26
	营业务利润(万)	5733.70	12673.40	11343.59	9217.79
	投资收益(万)	–	–	–	–
	利润总额(万)	6103.87	12664.48	11091.09	10402.73
	净利润(万)	5531.32	10295.31	9415.14	8820.91

京东方科技集团股份有限公司

公司概况	公司名称	京东方科技集团股份有限公司			证券简称	京东方 A
	法人代表	王东升	董秘	冯莉琼	证券代码	000725
	公司网址	www.boe.com.cn			电子信箱	web.master@boe.com.cn
	电　　话	010-64318888			传　　真	010-64366264
	办公地址	北京市朝阳区酒仙桥路 10 号				
	经营范围	电子产品、通信设备、电子计算机软硬件的制造及购销等				

主要财务指标	指标＼报告期	2009.06.30	2008.12.31	2008.06.30	2007.12.31
	每股收益(元)	–0.1800	–0.2700	0.1800	0.2400
	每股收益(扣除)(元)	–0.1800	–0.3300	0.1500	0.1800
	每股净资产(元)	2.0500	1.8100	1.7500	1.5900
	调整后每股净资产(元)	–	–	–	–
	每股资本公积金(元)	1.3672	1.3722	0.9397	0.9544
	每股盈余公积金(元)	0.0603	0.1520	0.1738	0.1738
	每股未分配利润(元)	–0.3739	–0.7152	–0.3606	–0.5364
	每股现金净流量(元)	1.1981	0.6325	–0.0926	–0.0002
	每股经营现金净流量(元)	–0.0212	0.3436	0.3606	0.7982
	净资产收益率(扣除)(%)	–	–	–	11.3500
	净资产收益率(%)	–4.4100	–13.6000	10.0400	15.1200
	总资产(万)	2603894.18	1394112.03	1340518.40	1338127.49
	股东权益(万)	1700638.59	593622.25	503103.54	457057.91
	主营业务收入(万)	–	–	–	–
	主营业务利润(万)	–	–	–	–
	营业务收入(万)	229811.37	833401.58	550590.19	1117044.89
	营业务利润(万)	–92458.96	–106030.34	62962.64	59451.88
	投资收益(万)	–	–	–	–
	利润总额(万)	–91232.39	–92935.13	68409.35	84079.91
	净利润(万)	–74942.96	–80752.55	50496.33	69094.58

鲁泰纺织股份有限公司

公司概况	公司名称	鲁泰纺织股份有限公司			证券简称	G 鲁 泰
	法人代表	刘石祯	董秘	秦桂玲	证券代码	200726
	公司网址	www.lttc.com.cn			电子信箱	qinguiling@lttc.com.cn
	电　　话	0533-5285166、5418361			传　　真	0533-5282188、5418833
	办公地址	山东省淄博市淄川区松龄东路 81 号				
	经营范围	生产销售棉涤纶纱、色织布、衬衣、服装饰品、保健内衣等				

主要财务指标	指标＼报告期	2009.06.30	2008.12.31	2008.06.30	2007.12.31
	每股收益(元)	0.2600	0.6000	0.3900	0.5400
	每股收益(扣除)(元)	0.2600	0.5800	0.3300	0.5100
	每股净资产(元)	3.6300	3.5600	2.8100	2.6800
	调整后每股净资产(元)	–	–	–	–
	每股资本公积金(元)	1.1412	1.1340	0.3874	0.3874
	每股盈余公积金(元)	0.3324	0.3324	0.3334	0.3334
	每股未分配利润(元)	1.1616	1.0966	1.0911	0.9644
	每股现金净流量(元)	–0.5640	0.8145	0.1378	0.0076
	每股经营现金净流量(元)	0.2758	0.7860	0.4254	0.5860
	净资产收益率(扣除)(%)	–	–	–	19.1800
	净资产收益率(%)	7.2950	14.4849	13.8322	20.2900
	总资产(万)	624950.98	709185.31	631057.38	586963.30
	股东权益(万)	361303.53	354123.47	237221.13	226602.42
	主营业务收入(万)	–	–	–	–
	主营业务利润(万)	–	–	–	–
	营业务收入(万)	184236.62	392183.74	185821.45	381067.13
	营业务利润(万)	29443.65	55946.48	37001.24	50692.90
	投资收益(万)	–	–	–	–
	利润总额(万)	30225.31	60862.03	38343.28	52434.37
	净利润(万)	26356.95	51294.47	32812.98	45972.51

本钢板材股份有限公司

公司概况	公司名称	本钢板材股份有限公司		证券简称	本钢板 B
	法人代表	李墨华	董秘 张吉臣(代)	证券代码	200761
	公司网址			电子信箱	bgbctwg@mail.bxptt.ln.cn
	电　话	0414-7828360、7828734		传　真	0414-7827004、7824158
	办公地址	辽宁省本溪市平山区人民路 16 号			
	经营范围	钢铁冶炼、压延加工、制氧、发电、煤化工、特钢型材、水电风气供应、金属加工等			

主要财务指标	指标\报告期	2009.06.30	2008.12.31	2008.06.30	2007.12.31
	每股收益(元)	-0.2901	0.0500	0.3238	0.5100
	每股收益(扣除)(元)	-0.2902	0.0500	0.3216	0.4867
	每股净资产(元)	4.7066	5.0468	5.3431	5.3041
	调整后每股净资产(元)	-	-	-	-
	每股资本公积金(元)	2.7858	2.7858	2.7758	2.7758
	每股盈余公积金(元)	0.2938	0.2938	0.2915	0.2881
	每股未分配利润(元)	0.6270	0.9672	1.2758	1.2402
	每股现金净流量(元)	-0.0739	-0.0923	-0.2589	0.0072
	每股经营现金净流量(元)	0.5652	1.3688	0.2530	0.8754
	净资产收益率(扣除)(%)	-	-	-	9.1800
	净资产收益率(%)	-6.1650	1.0400	6.0600	9.5700
	总资产(万)	3408926.74	3272233.33	3235451.77	2935629.90
	股东权益(万)	1475994.72	1582663.36	1675609.40	1663381.37
	主营业务收入(万)	-	-	-	-
	主营业务利润(万)	-	-	-	-
	营业务收入(万)	1646162.78	3870232.91	1876985.72	3135159.65
	营业务利润(万)	-89869.96	24155.45	134418.40	213014.28
	投资收益(万)	-	-	-	-
	利润总额(万)	-89835.73	24130.35	135345.87	216491.17
	净利润(万)	-90988.64	16508.99	101544.18	159200.09

武汉锅炉股份有限公司

公司概况	公司名称	武汉锅炉股份有限公司		证券简称	*ST 武锅 B
	法人代表	杨国威	董秘 秦亮	证券代码	200770
	公司网址	www.wbcl.com.cn		电子信箱	kevin.qin@power.alstom.com
	电　话	027-81994266 81993700		传　真	027-81994273 81993701
	办公地址	湖北省武汉市武珞路 586 号			
	经营范围	研究、设计、开发、制造电站锅炉、特种锅炉、锅炉辅机、一、二、三类压力容器等			

主要财务指标	指标\报告期	2009.06.30	2008.12.31	2008.06.30	2007.12.31
	每股收益(元)	-0.6400	-1.1900	-0.3300	-1.6200
	每股收益(扣除)(元)	-0.6400	-1.2100	-0.3300	-1.6200
	每股净资产(元)	-1.3700	-0.7300	0.1300	0.4600
	调整后每股净资产(元)	-	-	-	-
	每股资本公积金(元)	0.5881	0.5881	0.5887	0.5887
	每股盈余公积金(元)	0.1327	0.1327	0.1327	0.1327
	每股未分配利润(元)	-3.0915	-2.4558	-1.5943	-1.2641
	每股现金净流量(元)	0.2277	-0.1475	-0.1181	-0.0757
	每股经营现金净流量(元)	-0.1732	-2.7932	-0.9306	-0.3028
	净资产收益率(扣除)(%)	-	-	-	-254.2500
	净资产收益率(%)	-	-	-259.8000	-353.8000
	总资产(万)	290445.10	286787.93	246940.61	252538.12
	股东权益(万)	-40708.88	-21828.91	3775.40	13584.02
	主营业务收入(万)	-	-	-	-
	主营业务利润(万)	-	-	-	-
	营业务收入(万)	29042.97	112107.13	49350.83	177037.29
	营业务利润(万)	-19077.61	-38072.43	-9603.50	-52196.90
	投资收益(万)	-	-	-	-
	利润总额(万)	-18924.06	-37256.84	-9623.72	-52169.38
	净利润(万)	-18879.97	-35393.43	-9808.61	-48060.22

杭州汽轮机股份有限公司

公司概况	公司名称	杭州汽轮机股份有限公司		证券简称	杭汽轮 B
	法人代表	聂忠海	董秘 俞昌权	证券代码	200771
	公司网址	www.htc.cn		电子信箱	ychq@htc.net.cn
	电　话	0571-85780198 85780432		传　真	0571-85780433 88216999
	办公地址	浙江省杭州市石桥路 357 号			
	经营范围	汽轮机、燃气轮机等旋转类、往复类机械设备及辅机设备、备品配件的设计、制造等			

主要财务指标	指标\报告期	2009.06.30	2008.12.31	2008.06.30	2007.12.31
	每股收益(元)	0.6422	1.5400	0.5225	1.0200
	每股收益(扣除)(元)	0.6439	1.4900	0.5299	1.0130
	每股净资产(元)	5.3600	5.1100	4.0900	3.9700
	调整后每股净资产(元)	-	-	-	-
	每股资本公积金(元)	0.3737	0.3737	0.3737	0.3737
	每股盈余公积金(元)	0.7510	0.7510	0.6285	0.6285
	每股未分配利润(元)	3.2313	2.9891	2.0912	1.9687
	每股现金净流量(元)	-0.0639	0.4128	0.4846	0.2169
	每股经营现金净流量(元)	-0.0263	1.0434	0.6458	0.8077
	净资产收益率(扣除)(%)	-	-	-	25.5100
	净资产收益率(%)	11.9900	30.1700	12.7700	25.7400
	总资产(万)	467475.09	456960.59	443145.78	356976.63
	股东权益(万)	199135.05	190131.19	152194.09	147638.28
	主营业务收入(万)	-	-	-	-
	主营业务利润(万)	-	-	-	-
	营业务收入(万)	164652.78	331917.14	139824.20	285588.62
	营业务利润(万)	33781.15	81053.40	29945.24	61853.58
	投资收益(万)	-	-	-	-
	利润总额(万)	33843.22	81943.22	29554.22	62596.67
	净利润(万)	23878.10	57364.90	19427.80	38007.32

烟台张裕葡萄酿酒股份有限公司

公司概况	公司名称	烟台张裕葡萄酿酒股份有限公司		证券简称	张裕 B
	法人代表	孙利强	董秘 曲为民	证券代码	200869
	公司网址	www.changyu.com.cn		电子信箱	stock@changyu.com.cn
	电　话	0086-535-6633658		传　真	0086-535-6633639
	办公地址	山东省烟台市大马路 56 号			
	经营范围	葡萄酒、蒸馏酒、药酒、果露酒、非酒精饮料、果酱、包装材料、酿酒机械的生产、加工和销售			

主要财务指标	指标\报告期	2009.06.30	2008.12.31	2008.06.30	2007.12.31
	每股收益(元)	0.8600	1.7000	0.7600	1.2100
	每股收益(扣除)(元)	0.8500	1.6800	0.7500	1.2000
	每股净资产(元)	4.4900	4.8200	3.8800	4.2300
	调整后每股净资产(元)	-	-	-	-
	每股资本公积金(元)	1.0568	1.0568	1.0568	1.0568
	每股盈余公积金(元)	0.5613	0.5613	0.5613	0.5613
	每股未分配利润(元)	1.8694	2.2060	1.2657	1.6093
	每股现金净流量(元)	0.2798	-0.1210	-0.5657	0.3483
	每股经营现金净流量(元)	1.3570	2.3726	1.4283	1.5479
	净资产收益率(扣除)(%)	-	-	-	28.4600
	净资产收益率(%)	19.2400	35.1700	19.4700	28.5200
	总资产(万)	387821.02	406093.26	344048.61	325122.45
	股东权益(万)	236613.25	254363.32	204781.69	222902.04
	主营业务收入(万)	-	-	-	-
	主营业务利润(万)	-	-	-	-
	营业务收入(万)	196942.62	345344.23	182124.73	273016.61
	营业务利润(万)	59753.15	117645.64	51585.52	94828.13
	投资收益(万)	-	-	-	-
	利润总额(万)	60590.99	118324.90	51602.42	94944.34
	净利润(万)	45523.53	89462.08	39880.45	63562.78

佛山华新包装股份有限公司

公司概况					
公司名称	佛山华新包装股份有限公司			证券简称	粤华包 B
法人代表	童来明	董秘	周启洪	证券代码	200986
公司网址	www.fshxp.com		电子信箱	hf_zhouqh@fshxp.com	
电　　话	0757-83981729 83992076		传　　真	0757-83992026	
办公地址	佛山市季华五路经华大厦 18 楼				
经营范围	制造、销售,包装材料、包装制品、装饰材料铝塑复合材料,包装印刷业的投资等				

主要财务指标

指标\报告期	2009.06.30	2008.12.31	2008.06.30	2007.12.31
每股收益(元)	0.0220	0.0800	0.0945	0.2200
每股收益(扣除)(元)	-0.0740	0.0700	0.0882	0.2100
每股净资产(元)	2.5300	2.5100	2.5300	2.4300
调整后每股净资产(元)	-	-	-	-
每股资本公积金(元)	0.4957	0.5021	0.5021	0.5021
每股盈余公积金(元)	-	0.2479	0.2359	0.2346
每股未分配利润(元)	0.7833	0.7612	0.7965	0.6903
每股现金净流量(元)	-	0.2856	0.0244	-0.0972
每股经营现金净流量(元)	-	-0.0550	0.2952	0.1326
净资产收益率(扣除)(%)	-2.9200	-	-	8.5600
净资产收益率(%)	0.8700	3.3600	3.7300	9.0300
总资产(万)	624502.66	342546.04	302443.89	301515.01
股东权益(万)	127714.31	126921.86	128098.74	122662.98
主营业务收入(万)	-	-	-	-
主营业务利润(万)	-	-	-	-
营业务收入(万)	57419.34	141267.42	83101.92	126951.04
营业务利润(万)	382.05	4012.43	5407.72	11542.13
投资收益(万)	-	-	-	-
利润总额(万)	440.47	4007.31	5436.42	11921.56
净利润(万)	1115.70	4258.88	4776.58	11072.06

山东省中鲁远洋渔业股份有限公司

公司概况					
公司名称	山东省中鲁远洋渔业股份有限公司			证券简称	中鲁 B
法人代表	王兆安	董秘	周烽	证券代码	200992
公司网址			电子信箱	zlzqb@163.com	
电　　话	0531-86553278、86553276		传　　真	0531-86982906	
办公地址	中国山东省济南市和平路 43 号				
经营范围	外海、远洋捕捞;水产品加工、销售;批准范围的商品进出口业务等				

主要财务指标

指标\报告期	2009.06.30	2008.12.31	2008.06.30	2007.12.31
每股收益(元)	0.0400	0.0800	0.0600	0.2100
每股收益(扣除)(元)	-	0.0800	0.0600	0.2100
每股净资产(元)	1.3100	1.2800	1.2500	1.1900
调整后每股净资产(元)	-	-	-	-
每股资本公积金(元)	1.0570	1.0570	1.0570	1.0570
每股盈余公积金(元)	-	0.0823	0.0823	0.0823
每股未分配利润(元)	-0.8289	-0.8660	-0.8907	-0.9508
每股现金净流量(元)	-	0.0606	0.0162	-0.0276
每股经营现金净流量(元)	-	0.0450	0.0126	0.1583
净资产收益率(扣除)(%)	-	-	-	13.1100
净资产收益率(%)	2.8300	6.6500	4.8100	17.4000
总资产(万)	44660.53	49477.30	45852.36	41121.20
股东权益(万)	34886.76	33935.20	33224.58	31624.89
主营业务收入(万)	-	-	-	-
主营业务利润(万)	-	-	-	-
营业务收入(万)	11286.99	25345.25	11131.73	21628.34
营业务利润(万)	520.30	91.66	-193.17	2581.90
投资收益(万)	-	-	-	-
利润总额(万)	987.85	2255.56	1600.66	5501.51
净利润(万)	987.85	2255.56	1599.69	5501.51

公司概况					
公司名称				证券简称	
法人代表		董秘		证券代码	
公司网址			电子信箱		
电　　话			传　　真		
办公地址					
经营范围					

主要财务指标

指标\报告期	2009.06.30	2008.12.31	2008.06.30	2007.12.31
每股收益(元)				
每股收益(扣除)(元)				
每股净资产(元)				
调整后每股净资产(元)				
每股资本公积金(元)				
每股盈余公积金(元)				
每股未分配利润(元)				
每股现金净流量(元)				
每股经营现金净流量(元)				
净资产收益率(扣除)(%)				
净资产收益率(%)				
总资产(万)				
股东权益(万)				
主营业务收入(万)				
主营业务利润(万)				
营业务收入(万)				
营业务利润(万)				
投资收益(万)				
利润总额(万)				
净利润(万)				

公司概况					
公司名称				证券简称	
法人代表		董秘		证券代码	
公司网址			电子信箱		
电　　话			传　　真		
办公地址					
经营范围					

主要财务指标

指标\报告期	2009.06.30	2008.12.31	2008.06.30	2007.12.31
每股收益(元)				
每股收益(扣除)(元)				
每股净资产(元)				
调整后每股净资产(元)				
每股资本公积金(元)				
每股盈余公积金(元)				
每股未分配利润(元)				
每股现金净流量(元)				
每股经营现金净流量(元)				
净资产收益率(扣除)(%)				
净资产收益率(%)				
总资产(万)				
股东权益(万)				
主营业务收入(万)				
主营业务利润(万)				
营业务收入(万)				
营业务利润(万)				
投资收益(万)				
利润总额(万)				
净利润(万)				

第四章　证券经营机构

国信证券股份有限公司

1. 公司概况

国信证券股份有限公司是全国性大型综合类证券公司，注册资本70亿元，在全国38个城市拥有54家营业网点，法定代表人为何如，现有员工9436人，其中公司本部员工1132人，本科以上学历人员占90%以上。公司的经营范围为：证券（含境内上市公司外资股）的代理买卖、代理证券的还本付息和分红派息、证券保管和鉴证、代理登记开户、证券自营买卖、证券（含境内上市外资股）的承销（含主承销）、证券投资咨询（含财务顾问）、客户资产管理、直接投资以及中国证监会批准的其他业务。截止2009年12月31日，公司总资产749.6亿元，净资产149.5亿元，净资本106.9亿元。公司的企业精神是“务实、专业、和谐、自律”，核心理念是“创造价值，成就你我”。2004年12月1日，国信证券获得创新试点券商资格。2007年公司实现净利润68.8亿元，排名行业第三，纳税25.3亿元；2008年，国信证券在市场剧变中经受住了考验，实现净利润20.1亿元；2009年，公司抓住市场机遇，实现净利润41.4亿元，净资产收益率27.7%，经纪业务股票基金交易额排名行业第三，投资银行业务股票发行家数排名第一。

2. 股东情况

国信证券共有5家股东，股东单位名称和股权结构如下：

深圳市投资控股有限公司　　持股40%；

华润深国投信托有限公司　　持股30%；

云南红塔集团有限公司　　持股20%；

中国第一汽车集团公司　　持股5.1%；

北京城建投资发展股份有限公司 持股4.9%。

3. 市场地位

国信证券各项业务市场地位和竞争优势突出，2009年经纪业务股票基金交易额排名行业第三，投资银行业务股票发行家数行业排名第一；2008年资产管理业务净收入行业排名第四。在中国证券业协会主持的全国证券公司经营业绩排名中，国信证券是2007年唯一一家总资产、净资产、净资本、营业收入、净利润、净资产收益率、受托管理资金本金总额、客户交易结算资金余额全部八项指标均排名前十位的证券公司，其中净利润排名第三位；2008年是三家十四项指标中有十二项排名行业前十位的证券公司之一。公司各项业务的市场地位如下：

投资银行业务：2006年—2009年股票发行家数连续四年排名第一位；其中2006年取得了“全流通”背景下发行重启的四个第一：“新老划断”后第一家IPO项目中工国际、第一家定向增发项目华联综超、第一家实行预披露的项目德美化工、第一家可转债项目柳化股份；截至2009年，国信证券保荐发行的中小企业板IPO项目达42家，超过中小企业板全部IPO项目家数的12%，排名行业第一位。保代和准保代人数截至2009年底达到197人，行业排名第一位。2006年—2008年连续三年被深交所评为“最佳保荐机构”。2009年，股票发行家数22家，排名行业第一位。

经纪业务：坚持走“精品营业部”发展道路，以业内排名第18位的营业部数量创造了股票基金交易量排名第三的成绩；2005年—2007年股票基金交易总额排名稳居第四，2008年进入前三甲；市场占有率一路攀升，2005年为3.22%，2006年为3.76%，2007年为4.36%，2008年为4.58%，2009年升至4.7%；2008年单个营业部平均净收入行业排名第三，沪市营业部交易额前10名国信证券占4家，深市营业部交易额前10名国信证券占7家；2009年全国市场营业部股基权交易额前10名国信证券占6家，单个营业部平均交易量在市场份额前20名的券商中排名第一；从2007年开始，国信证券在行业内率先自主开发、推广手机证券，目前国信“金太阳”手机证券注册用户已突破180万户，成为市场领先品牌。

资产管理业务：国信证券在国内券商中率先规范资产管理业务，以国际化标准和基金模式管理客户资产，运作规范稳健，投资收益较高，在市场形成了良好声誉，国信“金理财”已成为市场颇具知名度和美誉度的理财品牌。2008年，资产管理业务规模逆市增长，净收入行业排名第四，在行业内第一家试点集合理财产品电子化，并被证监会确定为行业标准；2009年，国信集合资产管理计划规模在已公布的数据中排名行业第四，国信金理财“价值增长”、“经典组合”集合理财计划年度复权收益率在37只券商集合理财产品中名列第一、第二位，分列券商集合理财股票型、FOF型产品第一名，国信推出的金理财收益互换集合资产管理计划为全球首创。

自营投资业务：国信证券确立向低风险、可控风险领域发展的战略后，对自营业务规模进行了适度控制。在此前提下，积极探索具有证券公司特点的投资模式，推行投资经理负责制，已基本形成一套有别于基金公司、吸纳证券公司专长的投资管理体系和运行机制，具有较强的投资能力。2006年投资业务的收益率在券商中排名前列；2007年收益率在券商中继续名列前茅，与基金相比排名第四；2008年在市场巨幅下跌的情况下较好地控制了风险。国信证券还积极探索另类投资业务，在权证创设等衍生产品业务上形成了较强的专业能力。

研究业务：国信证券在业内率先推行行业首席分析师制，创新卖方研究业务，确立了研究的制度优势。公司形成了以首席分析师为核心的一流研究团队，研究团队共有115人，其中首席分析师16名，资深分析师近30名，研究力量覆盖宏观经济、所有主要行业和上市公司。在2005年度“新财富最佳分析师”评比中，国信经济研究所综合排名第三位，被评为“进步最快的研究机构”，15人次获得“最佳分析师”奖项；2006年取得综合排名第五，10人次获得“最佳分析师”称号；2007年综合排名第四位，17人次获得“最佳分析师”奖项；2008年获得“最具影响力研究团队”第六名，17人次获得“最佳分析师”奖项。2009年获得“最具影响力研究团队”第七名，本土最佳研究团队第七名，10人次获得“最佳分析师”奖项。

固定收益证券业务：国信证券建立了固定收益证券发行

承销和销售交易一体化运作模式。2008 年国债、金融债券承销量均位居券商前 10 名,2008 年以来先后担任 9 只企业债主承销商,并在主承销 08 合肥建投债中首创 BT 协议应收账款质押担保的企业债券信用增级方案,为我国企业债券信用增级开创了新思路。2008 年国信证券在银行间债券市场实现债券交易量位居券商前列;2009 年主承销企业债 7 只(含联合主承销分摊家数),承销金额 153.66 亿元;国债承销量 119.3 亿元,在证券公司中排名第七位;国信证券是上海证券交易所固定收益证券综合电子平台首批做市商,2007 - 2009 年连续 3 年综合排名第一位。

其他业务:期货业务方面,国信证券设立了全资子公司国信期货有限责任公司开展期货业务,期货公司注册资本规模排名行业第三位,共设有 6 家营业部,并有国信证券旗下证券营业部进行 IB 业务支持。国信证券还成立全资子公司国信弘盛投资有限公司开展直投业务;成立了全资子公司国信证券(香港)金融控股有限公司开展国际业务。

2010 年,面对全新的国际国内经济金融和行业发展形势,国信证券直面挑战,励精图治,继续巩固基业,严格控制风险,合规运作,推进公司上市,同时积聚能量,备战未来,坚定不移地向着从优秀到卓越的目标迈进,将国信证券打造为中国最佳品牌。

地址:深圳市红岭中路 1012 号国信证券大厦
邮编:518001
0755 - 82130833
http://www.guosen.com.cn

申银万国证券股份有限公司

申银万国证券股份有限公司(简称:申银万国),由原上海申银证券公司和原上海万国证券公司于 1996 年 7 月 16 日合并组建而成,是国内最早的一家股份制证券公司。申银万国现有 218 家股东,其中中央汇金公司是第一大股东。创业二十余年至今,公司已经发展成为一家拥有近 3000 名员工,资本金 67.1576 亿元的大型综合类证券公司。除各直属总部外,申银万国在全国各地共设有 9 个分公司、1 个代表处、145 个营业网点。

公司拥有控股子公司——上海申银万国证券研究所有限公司、申银万国期货有限公司和申银万国投资有限公司,并在香港特别行政区设有申银万国(香港)集团公司和控股的上市公司——申银万国(香港)有限公司。公司还与法国巴黎资产管理有限公司(BNP)共同发起设立了申万巴黎基金管理有限公司,并参股富国基金管理有限公司。

申银万国在中国证券行业创造了很多"第一",如代理发行新中国第一张 A 股、第一张 B 股,创建新中国第一个股票交易柜台,率先开展代办股份转让业务等等。2009 年,荣获《亚洲货币》1990 - 2008"中国最佳经纪商"称号。

主要业务介绍

一、经纪业务

经纪业务是申银万国的基础业务和优势业务,长期以来在营业网点、客户数量、资产规模、市场份额等方面一直雄踞行业前列;在客户服务方面具有专业化、系统化、精细化的突出优势。申银万国经纪业务一贯秉持"依法、合规、规范"的经营方针,坚持"诚信、专业、领先"的服务理念,倡导合规文化,坚持合规经营,保持业务的稳健发展。以维护投资者合法权益为己任,体现出对社会、对市场、对股东的高度责任感。

申银万国从 1986 年 9 月 26 日创建新中国第一个股票交易柜台至今,在经纪业务领域内不断推陈出新,一直保持经纪业务领先的优势。1991 年,率先开通深圳市场交易和电话委托服务;1996 年全面推行无形席位;1998 年,围绕"以客户需求为中心"的指导思想,引领行业推动经纪业务第一次转型,将经纪业务推上"智能化、咨询化"的发展轨道;2000 年,全面支持网上交易并开通手机委托;2001 年,公司确定"依法、合规、规范"的经营方针;2002 年起实施"低成本经营,跨越式发展"的经营战略;2003 年起实施"集中生产,连锁经营,标准服务,专业发展"的品牌管理策略;2006 年起根据市场发展趋势,以"转换业态、提升能级、变革布局、整合岗位"为核心,以实现通道业务和渠道业务并重发展为目标,推动经纪业务第二次转型,将营业部从交易中心模式逐步升级为营销中心模式,实现服务、营销、理财的一体化发展;2007 年 7 月,公司全面完成技术系统大集中项目;2007 年 8 月,公司全面实现客户资金的第三方存管;2008 年起实施客户分类服务和适当性管理;同时根据公司合规文化建设的要求,经纪业务配套确立了"规范管理,执行制度,遵循流程,恪守权限"的合规经营原则。

申银万国经纪业务拥有 200 多万合格账户的客户,客户资产规模在高峰时超过 4300 亿元,交易份额始终名列行业前十强。

2009 年,荣获《亚洲货币》1990—2008 年"中国最佳经纪商"称号。荣获 19 年以来"中国最佳经纪商"称号,是国际主流财经机构与专业人士,对申银万国所创业绩的整体肯定。

2009 年,在《上海证券报》主办的"2008 年度中国最佳证券经纪商暨理财产品评选"活动中,申银万国被评为"2008 年度中国最佳证券经纪商"。

2009 年,在《证券时报》举办的第二届"大智慧杯"中国明星证券营业部评选活动中,荣获"中国最佳证券经纪商"奖。

二、投资银行业务

申银万国从事股票承销保荐业务的机构主要是投资银行总部,其业务领域涵盖:为各类企业进行股份制重组与改造提供专业咨询与策划;为企业 IPO、再融资活动提供承销及保荐服务;为企业的收购兼并提供财务顾问等中介服务。

作为国内证券行业的先行者,申银万国投资银行始终以成为"企业最好的金融顾问"为目标,以持续的创新精神,创造了新中国证券历史上多项第一:

代理发行了新中国第一只首次公开发行的 A 种股票 - 上海飞乐音响股份有限公司 A 股;

担任了第一只人民币特种股票的主承销商 - 上海真空电子股份有限公司 B 股;

承销了中国企业首次在境外发行的 B 股可转换债券 - 中国纺织机械股份有限公司;

承销保荐了第一家在国内上市的中国网络企业 - 浙江网盛科技股份有限公司;

承销保荐了第一家 A + H 同步发行的中国企业 - 中国工商银行股份有限公司;

承销保荐了第一家新三板转主板的企业 - 北京久其软件股份有限公司

……

二十多年来,申银万国投资银行一贯致力于为企业提供优质、全面的融资服务,通过对企业的改制、辅导、推荐上市等服务,还帮助"上海石化"、"青岛啤酒"、"上海汽车"、"广州造船”等众多知名国有大中型企业驶上了资本市场的快车道。沪深两地交易所中有一成以上A股上市公司和三成以上B股上市公司是申银万国作为主承销机构推荐上市的。近年来，申银万国还专注于中小企业的培育和保荐工作，并取得了优秀成绩。2006年12月获得了由深圳证券交易所颁发的“2006年度中小企业板保荐项目创新奖”、“2006年度中小企业最佳保荐机构”，2009年2月获得了由深圳证券交易所颁发的“2008年度中小企业板保荐项目创新奖”。

通过多年的实践和发展，申银万国投资银行在为企业资本运作的产品设计方面、专业协调和专业沟通方面，证券承销与配售和专业化的市场定价方面，形成了突出的核心竞争力，并在银行、证券、汽车、能源、有色金属、基础建设等行业领域确立了品牌优势。

经过多年实战的锻炼和考验，申银万国投资银行汇聚了一支“组织严密、纪律严明、分工明确、训练有素”的人才队伍。承销保荐团队由资深的保荐代表人和拥有财务会计、法律、企业管理、金融等专业知识背景及丰富的资本市场从业经历的人员构成，均主持或参与多个IPO、再融资及财务顾问项目，积累了丰富的项目运作经验，得到了市场的高度认可。2007年1月，申银万国投资银行在和讯网和中国证券市场研究设计中心主办的“2006年度中国财经风云榜”评选活动中，获得“2006年度中国最佳投行金牌团队”。2008年6月，获得新财富颁发的第二届“本土最佳投行团队”。

申银万国遍布全国各地的业务网络为投行业务的拓展提供了坚实的基础，多年的发展与积累，申银万国投资银行构筑成了一个强大的客户资源网络，与国内几乎所有的基金公司、保险公司、大型券商以及众多实力雄厚的投资机构都建立了合作关系，形成了畅通的双向交流渠道，拥有很强的证券承销与配售能力和境内外业务的协同开发能力。

三、收购兼并业务

收购兼并总部2003年成立，专门为客户提供更为“专业、高效、细致”的并购重组财务顾问服务。目前，收购兼并总部专业人员近20人，项目团队专门从事上市公司与非上市公司并购重组财务顾问业务，业务范围涉及借壳上市、股权收购、资产重组、债务重组、股份回购、股权激励、并购融资策划以及企业战略咨询等。

作为并购市场上的积极参与者之一，曾经开拓了许多创新型业务模式。例如，“中关村”借壳“琼民源”——开创了中国资本市场上“发起设立、定向增发、等量换股、新增发行”的借壳上市先河；上工申贝向外资股——德国FAG定向发行B股，开启国内规范化、市场化定向增发先例；ST民丰农化重组暨股改模式——“等价资产置换＋业绩承诺＋送股”的模式，成为中国证监会首推的ST公司股改模式等。

四、固定收益业务

申银万国证券股份有限公司是国内最早从事固定收益业务的证券公司之一，申银万国固定收益业务总部是公司旗下从事固定收益业务的专业部门，拥有一大批专业领域覆盖法律、金融、财会、管理、经济、投资等诸多方面的专业人才。秉承“诚信、专业、周到”的服务理念，固定收益总部开展以债券为主的固定收益产品相关业务，业务领域包括以固定收益产品为工具的融资策划、承销销售、投资交易以及定价和创新研究等。

通过多年的积累，申银万国在固定收益业务领域拥有较为全面的业务资格和丰富的业务经验。目前，申银万国所拥有的业务资格包括企业（公司）债券主承销资格、记账式国债和政策性银行金融债承销团成员资格、上海证券交易所固定收益证券综合电子平台首批一级交易商、全国银行间同业拆借市场成员、中央国债登记结算有限公司中债收益率曲线估值特邀成员、中国国债协会常任理事会员以及中国银行间市场交易商协会理事单位等。

近年来，申银万国在记账式国债、政策性银行金融债承销业务方面，承销金额居于行业前列；在企业债券承销方面，曾先后担任过三峡债券、光大债券、久事债券、浦东建设债券、华源债券、上海城市建设债券、上海水务债券、江西投资债券、上海世博债券、西安基投债券、铜陵城投债券和六安城投债券等项目的主承销商；在资产证券化业务方面，所设计的“远东首期租赁资产支持收益专项资产管理计划”在多个环节创新，受到了主管机关和发行人的好评；在商品联结类债券方面，设计了首只联结我国债券市场和黄金市场的固定收益产品。

申银万国在固定收益业务领域也一直拥用良好的品牌形象，获得过诸多荣誉，曾被上海证券报评为“2006年度最佳固定收益类项目团队奖”、被上海证券交易所评为“2007年度固定收益证券综合电子平台杰出贡献一级交易商”和被证券时报授予“2009年最佳债券承销项目奖”等。

五、代办股份转让业务

1、突出的创新能力

截至2008年底，我公司在代办股份转让和股份报价转让业务上囊括了所有创新业务的第一单。从开展代办股份转让业务以来，我公司开创了如下七项第一：

2001年7月16日，我公司成功地为代办股份转让系统中第一家挂牌公司原STAQ系统中杭州大自然光电科技股份有限公司（400001）提供代办股份转让服务。

2001年12月10日，我公司成功地为我国第一家主板退市公司——上海水仙电器股份有限公司提供代办股份转让服务。

2001年12月10日，我公司为上海水仙电器股份有限公司提供B类股份转让服务，成为国内第一家为B类股份提供代办股份转让服务的证券公司。

2004年3月17日，我公司成功地推荐上海国嘉实业股份有限公司进入代办股份转让系统挂牌，成为中国证监会出台退市平移机制后第一家为退市公司提供代办股份转让服务的证券公司。

2006年1月23日，我公司作为唯一主办报价券商推荐北京世纪瑞尔技术股份有限公司（430001）和北京中科软科技股份有限公司（430002）首批进入股份报价转让系统挂牌。

2007年1月12日，我公司首批开展报价转让系统挂牌公司的定向增资工作，完成了北京中科软科技股份有限公的定向增资。

2009年8月11日，我公司首家开展股份报价转让公司转主板上市工作，成功保荐了股份报价转让系统挂牌公司——北京久其软件股份有限公司转主板上市。

2、领先的市场地位

截至2008年底，由我公司推荐了33家公司在代办股份转让系统挂牌，市场占有率34%，名列行业第一。

截至2008年底，我公司完成了五家代办股份转让系统挂牌公司的定向增资工作，市场占有率80%，名列行业第一。

自2001年至2008年，我公司代办股份转让二级市场占有率连续8年保持行业第一。

2009年3月20日，由于在推动中关村园区股份报价转让系统建设、在推荐中关村园区企业在股份报价转让系统挂牌、在为中关村园区企业融资等工作中，发挥了重要的作用，我公司荣获了北京市政府颁发的“中关村 20 周年突出贡献企业”奖。

2009 年 2 月 13 日，在深圳证券交易所举办的“2008 年度中小企业板优秀保荐机构评选”中，鉴于我公司在代办股份转让业务中的突出贡献，授予我公司“中小企业板保荐项目创新奖”。

在 2007 年 7 月 28 日召开的“张江高科技园区举行建园十五周年纪念大会”上，我公司荣获突出贡献奖。

在 2007 年 1 月 26 日召开的“21 世纪中国资本市场投资年会”上，我公司荣获“2006 年最佳股份代办团队”奖。

3、全方位的服务

代办股份转让总部是申银万国开展代办股份转让与股份报价转让业务的专业机构，具体业务包括：企业改制、推荐挂牌、定向增发、股份置换、资产重组、转板上市、股份确权、股票交易、股票登记存管、信息披露监管、股票交易监管等。代办股份转让总部下设股份报价转让业务、代办股份转让业务、股票交易业务、审核与监管业务四个业务团队，岗位设置合理，专业人才配备齐全。

在公司投资银行业务管理委员会的总体协调下，代办股份转让总部协同投资银行总部、收购兼并总部、固定收益总部一起为代办股份转让和股份报价转让业务一、二级市场客户提供全方位的服务。

六、资产管理业务

业务介绍

申银万国证券是中国证监会第一批认可的、具有《受托投资管理业务资格》的综合类券商。客户资产管理总部的前身为基金管理总部，从 1994 年起先后管理了宝鼎投资基金和其他客户资产。在秉承“诚信理财、卓越奉献”的理念下，宝鼎基金从 1994 年到 1999 年中，取得了年均净资产增值率 51.6% 的骄人业绩，在当时挂牌交易的基金中一直处于领先地位，并最早被中国诚信证券评估有限公司评为国内最高等级 AA 级的投资基金。自 1998 年改组为客户资产管理总部后，业务稳健发展，给企业年金、各大企业和基金会等提供了长期的、专业的资产管理服务，赢得了客户的信赖。

申银万国客户资产管理秉承了申万优良的投资传统及十余年的专业投资经验，并结合国际先进的投资理念，通过摸索和实践，不断提高投资运作水准，完善风险管理机制，在“依法、合规、规范”的前提下，为客户创造更多的阳光财富、实现客户的财富梦想。

业务领域

立足于为客户提供全方位的证券投资理财及咨询服务，致力于在以下四个方面拓展业务：定向资产管理业务、集合资产管理业务、专向资产管理业务以及投资咨询业务。

成熟的系列理财产品

致力于为客户提供全系列的投资理财服务，理财产品涵盖股票市场、货币市场和债券市场，具备不同的投资风格与风险特征，满足客户多层次的投资管理需求，尤其在养老金投资产品方面，不仅具有丰富的产品线，而且实际运作结果也赢得了客户的满意。

严谨的投资决策的风险管理机制

在严格遵循价值投资的前提下，将投资决策委员会、投资经理、风险控制委员会的权责明确划分，实施专业的风险控制，通过完善的公司制度、严密的业务逻辑和风险控制规范，力争在可承受的风险区间内赢得尽可能高的投资回报。

丰富的投资管理经验

凭借十余年的证券投资经历，在为公司赢得良好声誉的同时，申银万国客户资产管理也打造出了一支精英荟萃的投研团队，团队成员平均拥有 7 年以上的专业经验，85% 的成员拥有硕士以上学历。

竞争优势

1、完整严谨的业务流程和风险管理制度

申万资产管理在严格遵循价值投资的前提下，将投资决策委员会、投资经理、风险控制委员会的权责明确划分，实施专业的风险控制，通过严密的业务流程和风险控制规范，力争在可承受的风险区间内赢得尽可能高的投资回报。

2、专业的投研体系和团队

投研团队是资产管理业务的核心竞争力，也是决定投资业绩的关键所在。申万资产管理始终把组建一支优秀的投研团队定为工作的重心。时至今日，申万资产管理已经建立了一支具有扎实基本素质、丰富实业经验、优异从业经历和良好职业操守的团队。在资产配置、策略判断、行业研究、个股挖掘等方面，我们建立并不断完善从投研流程梳理、研究团队绩效考核等一系列以投资实战为导向的体系设计，并注重研究人才梯队的培养，为申万资产管理业务的长远发展奠定基础。

3、内部资源与外部网络的有机结合

在内部，充分利用申银万国证券的优势资源：与申银万国证券研究所展开优势互补、有效沟通，实现对行业和重点公司的跟踪和把握；利用申银万国证券遍布全国的 10 个地区总部、110 家营业部以及 31 家证券服务部的网络，更及时地发掘主题性投资机会；与公司其他业务部门紧密合作，不断创新出适合客户需求的产品。在外部，通过与业内知名研究机构和基金公司的战略合作，保持对行业动态和市场需求的有效捕捉与把握，实现投资业绩的持续稳定与领先。

4、优秀的投资业绩

截止 2008 年 12 月 31 日，尚在运行中的券商集合理财产品共有 40 只，其中 11 只 FOF，其余 29 只投资基础市场和基金的产品中，21 只为股票型和混合型，6 只债券型，2 只货币市场型。申万资产管理的“申万一号”集合理财计划在 2008 年下半年业绩表现突出，在混合型产品中收益率排名第一。

七、国际业务

全面的境外服务

申银万国从事国际业务的机构主要是境内的国际业务总部和境外的申银万国香港公司。

国际业务总部业务主要包括：QFII 经纪代理业务、B 股市场海外机构投资者的经纪代理业务、在规定范围内的外汇同业拆借业务、海外市场研究等，并配合公司投资银行总部、收购兼并总部，为海外机构寻找上市资源、收购上市和非上市公司、直接投资等提供服务。作为中国境内 B 股业务和 QFII 业务的开拓者及领先者，申银万国以“投资中国”的服务提供商为切入点，致力于减少中国和世界的信息不对称，为全球的投资人寻找“中国机会”。从 1992 年起申银万国就致力于为海外机构客户提供交易研究服务，十七年来申银万国在服务境外机构投资者方面积累了许多宝贵经验，打造了一支精细化、专业化服务海外机构投资者的团队。

申银万国（香港）有限公司是申银万国的海外子公司，也是内地最早到香港发展业务的中资证券机构之一，目前是内地证券机构中唯一在香港联交所上市的企业。申银万国（香港）有限公司于 1993 年在香港收购设立，目前已发展成为拥有 10 亿港元净资产、近 300 名员工、5 家分行的证券公司。

申银万国香港公司的业务品种齐全，涵盖经纪代理、股票抵押贷款、发行承销、资产管理等。多年以来，香港公司秉承“背靠祖国、立足香港、面向世界”的经营理念，注重向当地及海外投资者大力推荐H股、红筹股及内地民营企业等中国概念股票，在本地投资者中树立起红筹国企专家的市场形象。同时，香港公司以香港为基地大力开发周边海外市场，率先在日本和韩国设立代表处，将机构销售和资产管理业务拓展至日本、韩国、新加坡、台湾等地区。

1992年申银万国承销发行了中国第一家B股，1993年在香港收购上市公司“王集团”，申银万国开启国内券商国际业务的先河。凭借十多年服务海内外机构客户的经验和实力，申银万国被《亚洲货币》杂志评选为过去19年来（1990～2008年）“中国最佳经纪商”称号。这是海外的基金经理为代表的机构投资者群体对申银万国的高度评价。

领先的行业地位

在QFII经纪业务方面，申银万国凭借自身的综合实力，不仅成为QFII境内第一家代理商，而且在QFII代理投资额度和交易数量上也位居前列。目前，申银万国拥有国内最大的QFII服务团队，连续三年（2006～2008年）被《21世纪世经济报道》评选为“中国最佳QFII服务团队”。

申银万国累计主承销B股38家，占33%；在B股经纪代理业务方面一直名列前茅，连续多年市场份额排名第一。申银万国是拥有B股海外代理机构最多的境内券商，其中大多是全球著名的金融机构，包括瑞士银行、德意志银行、美林、法国巴黎银行、摩根士丹利、摩根大通、野村证券等。曾担任多家H股的中国财务顾问和主承销。

十几年来，申银万国证券一直在国际业务的领域里耕耘，从未间断，并且在市场上始终保持领先地位。2003年以来的QFII业务为申银万国的国际化建立了一个新的业务渠道；申银万国香港公司为申银万国的国际化建立了一个海外扩展的桥头堡。从1992年起，申银万国一直坚持每年在海外做路演或开推介会，推介的足迹遍及香港、日本、韩国、新加坡以及欧美，这既是公司对境外机构客户服务的一部分，也是公司坚持走国际化道路的一贯策略。申银万国国际业务长期以来一直被公司视为战略性业务，为公司实现“国内领先、国际知名”的战略目标担任重要角色。除了经济效益外，国际业务为公司提升国际知名度、学习国际化经营理念和经验、建立海外网络、培养国际化人才作出了重要贡献。

突出的竞争优势

广泛的国内外业务网络

在国内设有145家营业网点，业务网络、分支机构遍及中国44个主要大中城市，并控股申银万国（香港）有限公司（0218）。2008年和2009年，申银万国香港公司先后在日本和韩国设立了办事处，将国际业务的触角延伸至海外市场。

卓越的研究实力

申银万国证券研究所是中国证券市场中最具实力的综合性证券研究机构，在行业内处于领行先地位。申万研究拥有最独立的见解、逐渐完善的研究体系和最大的上市公司研究覆盖面，并提供与中国上市公司、机构投资者最广泛的沟通渠道，是申银万国研究所最大的竞争优势。2004－2008年，在由《新财富》、《证券市场周刊》等独立媒体组织、由国内机构投资者参与评比的活动中，申万研究连续获得“最具影响力研究机构”、“最具独立性研究机构”和“本土最佳（金牌）研究团队”等诸多荣誉。依托于研究所的强大研究力量，申银万国在为海内外机构客户提供服务方面具有专业化优势。

领先的开拓创新意识

申银万国在国际业务方面始终保持着前瞻性，对创新的不断追求使申银万国做出了一系列开创性成就。从首次B股承销、B股配股、配股权证转让、B股ADR（托管凭证）、B股可转换债券、法人股转B股、B股增发、B股闪电式配售，到第一家H股（青岛啤酒）的中国财务顾问、第一单QFII交易等等，为中国证券市场的发展创新作出了贡献。

丰富的服务海外机构投资者的经验

十七年来，申银万国在为推动中国证券市场国际化的同时，也积累了服务于海外机构投资者的丰富经验。在销售、交易、运作前中后台都配有富有经验的专业人士，提供综合性、全方位的服务。

专业诚信的服务团队

申银万国国际业务团队是一支诚信、专业和创新的集体，拥有一批来自不同国际文化背景、高素质，对境内市场有丰富经验、同时又了解、熟悉国际金融市场操作的专业化人才。

稳定、高效的交易系统

申银万国已开发了独立的海外交易平台，交易系统模式基本国际化，符合国际投资者的需求，通过这个交易平台，海外投资者在买卖境内股票时高效而便捷。

专业的QFII服务

2006年－2008年，申银万国被《21世纪经济报道》连续评为“中国最佳QFII服务团队”。公司目前服务的境外机构客户为QFII和B股投资者。在B股业务方面，申银万国一直以最大的市场份额占据市场领先的地位。随着中国资本市场的开放，QFII业务已经日益成为我们的业务重点。申银万国已经同包括美林、法国兴业银行、巴克莱资本、斯坦福大学、三井住友资产管理、未来资产管理等公司在内的众多QFII客户签订交易代理协议，无论是QFII家数，还是市场占比都处于行业前列，并且储备了一批新客户。在拥有超过十多年服务海外机构客户的经验的基础上，公司努力打造两个平台，即境外机构客户一体化营销服务平台和国际金融交易数据平台。申银万国QFII服务团队是目前中国券商中专门服务境外机构客户的最大团队，销售、交易、运作前中后台都配有富有经验的专业人士，提供综合性、全方位的服务。在为QFII提供研究、交易服务的同时，申银万国也努力为QFII提供中国投资顾问服务和获取QFII额度的协助服务。

快捷、准确的交易服务

公司开发了独立的QFII交易系统，配备专门的QFII交易室，客户可通过电话、传真、电邮、电子数据传递、或者Bloomberg系统等方式进行交易委托和查询。能处理的委托单类型包括：At market，CD，Limit Order，Basket，VWAP，MOC，MOO，GTC，OR Better，OR Nothing等。

规范的差错处理程序

申银万国在差错处理方面一直采用符合国际惯例的做法，由拥有多年海外客户服务经验的专业人员具体负责沟通和协调，并建立了逐级汇报制度。

丰富的QFII研究产品

申银万国证券研究所现拥有近200人的专业研究咨询服务团队，其中分析师130多名，研究范围覆盖400多家A股上市公司、150多家港股上市公司，涉及20多个行业，是中国最大的为海内外机构投资者提供“中国概念资产”投资研究服务的证券研究所。申银万国的QFII销售人员同时为QFII提供英文研究报告和部份日语、韩语研究报告，方便境外机构客户了解中国证券市场的最新发展动态。目前，各类研究报告产品已达 66 个。

向 QFII 提供的其他服务

定期召开研讨会、安排调研上市公司及电话会议、安排参加 IPO 路演等一系列市场服务。

地址：上海市常熟路 171 号

邮编：200031

电子邮箱：sywg@ sywg. com. cn

客户服务或投诉电话：021－962505

公司网址：www. sywg. com

西南证券股份有限公司

西南证券股份有限公司是唯一一家注册地在重庆的证券公司，注册资本 19.03 亿元，经营范围包括证券经纪；证券投资咨询；与证券交易、证券投资活动有关的财务顾问；证券承销与保荐；证券自营；证券资产管理，证券投资基金代销。现有员工及营销人员近 3000 人。公司在全国 16 个主要经济中心城市设有 35 家证券经营机构，在重庆、北京、上海、深圳、成都设有投行业务部。2009 年 2 月 26 日，公司在上海证券交易所挂牌上市，股票简称"西南证券"，股票代码"600369"，是中国第 9 家上市证券公司，是重庆第 1 家金融类上市公司。目前，西南证券总资产过百亿、客户资产过千亿，市值 350 亿左右，约占重庆上市公司总市值的五分之一，是目前中国西部市值最大的证券公司、重庆市值最大的上市公司。

公司成立十年来，恪守"专业、稳健、创新、求精"的经营方针，奉行"用心创造价值"的服务理念，树立了良好的市场品牌。公司投行业务连续多年排名全国前 10 强，曾荣膺"中国优秀投行团队"、"最佳服务投行"、"最佳并购投行"等称号；经纪业务立足重庆、布局全国，通过优化客户服务，强化规范运作，严控业务风险，逐步树立了独具特色的客户服务品牌；研究业务始终坚持"专业化为基础，市场化为导向"的方针，在宏观经济、医药、汽车等研究领域享有较高的知名度，研究成果受到中国证券业协会及中国社保基金理事会、证券投资基金等客户群的高度认可；固定收益业务近年来发展迅速，业务品种进一步丰富，业务团队进一步壮大，形成了承销、交易互动发展的良好格局，逐步发展成固定收益细分行业的新锐力量之一。目前，公司正在积极拓展资产管理、直接投资、股指期货等创新业务，努力满足不同客户的多种投资需求。

展望未来，西南证券将怀抱诚信、创新的圭臬，秉承"诚信做人，勤恳做事"的企业精神，做大做强各项业务，努力实现国务院提出的"资本充足、治理规范、内控严密、运行安全、效益良好的现代大型综合券商"目标，为中国资本市场的繁荣发展、为胡锦涛总书记对重庆提出的"314"宏伟蓝图的顺利实施做出更大贡献。

地址：重庆市渝中区临江支路 2 号合景国际大厦 22 楼

电话：4008096096

网址：www. swsc. com. cn

爱建证券有限责任公司

爱建证券有限责任公司于 2002 年 9 月经中国证监会批准成立，并于 2006 年 10 月完成增资扩股，目前注册资本 11 亿元人民币。公司总部位于上海，在上海、北京、深圳、重庆、厦门、宁波、嘉兴等大中城市设立了 15 家证券营业部和 1 家证券服务部。公司经营范围包括证券的承销和上市推荐；证券自营；代理证券买卖业务，代理证券还本付息和红利的支付；证券投资咨询；资产管理；发起设立证券投资基金和基金管理公司等。

公司自 2006 年重组以来，按照上海市委市政府、证监部门和现代企业制度的要求，彻底解决历史遗留问题，理顺公司与各方关系，从股东结构优化和资本扩张准备，业务发展、经营管理、团队和企业文化建设、资质与品牌建设等方面展开有效工作，遵循做实、做强、做大发展次序，逐步加快步伐，最终实现跨越式发展。

近几年来，公司以成功重组为契机，通过拓展业务、强化管理、清理历史遗留问题，业务经营持续增长，市场声誉不断提升，内部控制得以健全，运营管理不断规范，资产质量全面提高，公司面貌焕然一新，公司发展步入良性循环。公司将进一步推进企业文化、人才团队、经营资质、品牌等基础性建设，努力加快提升公司的经营管理水平，实现企业的持续稳健发展，为上海金融事业发展做出贡献。

重组篇：彻底解决遗留问题 为长远发展奠定基础

在上海市有关方、中国证监会及上海证监局等部门支持下，2006 年 10 月公司增资扩股方案获中国证监会批准并顺利实施，资产重组完成以后，公司注册资本由 2002 年成立时 6.5 亿元增至 11 亿元人民币。重组改善了公司股权结构，化解了历史风险，提高了资本实力，为公司长远发展从产权、机制上奠定了基础。

公司完成重组以后，大力清理并彻底解决了历史遗留问题，完成了现代企业制度建设，完善了法人治理机制，全面加强风险控制，积极拓展经营业务。与此同时，公司严格按照国家法律法规、中国证监会有关要求和统一部署，加强综合治理整改，并通过了整改与重组达标检查验收，为公司良性发展奠定了坚实的基础。

重组以来至 2009 年初，公司在原有业务资质基础上取得了以下业务资格：基金代销业务资格；债券副主承销、主承销资质；上交所固定收益证券综合电子平台交易商资格；恢复了银行间债券市场交易资格；定向资产管理业务资格；中登公司乙类结算参与人资格；权证结算业务资格；自营网下申购资格、网下 IPO 询价资格、首次公开发行网下配售电子化申报证书。上述业务资格的取得为公司各项业务的发展奠定了基础。

爱建证券的重组、解决历史遗留问题的成果，以及三年来的经营管理发展，展示了新爱建证券人敢于拼搏、勇于付出、不怕困难、精诚团结的精神风貌，证实了新爱建证券的企业文化是茁壮企业、造福员工、公益社会、积极和谐的先进文化。爱建证券的成功重组重新焕发了其作为老牌券商的盎然生机。

经营篇：抓住机遇 积极拓展 实现良性发展

公司重组以来，围绕业务经营实施全方位的调整、布局和设计，抓住机遇，积极拓展，不断提升已有业务的经营水平，恢复了证券投资、固定收益等相关业务，各项业务指标均创历史新高。公司通过业务人才引进和团队再造、业务激励制度建设、业务资质申请、业务网点优化、业务风控制度建设、客服和营销体系建设、业务支持强化等不同方面开展工作，取得了较好的经营业绩，并使公司经营步入良性发展的轨道。

经纪业务：乘势而上，经营水平显著提升。2006 年公司完成重组后，公司经纪业务从强化业务经营、提升客户服务、优化营业网点等方面入手，在激励政策、人员配套、业务支持等方面进行优化调整，经营业绩显著提升，至2008年底，经纪业务在沪深两市中总体排名较2006年上升了12名，客户资产比2005年上涨了349.6%。重组以来至2009年初，公司推出了手机委托交易方式，开通客户短信服务平台，取得证券投资基金代销业务资格；加大了对营业网点的基础投入，结合网点布局的调整，对一批营业部进行了改扩建。迁建了上海中华路证券营业部、北京朝阳门内大街证券营业部，改扩建了上海安国路证券营业部、上海广中路证券营业部、嘉兴斜西街证券营业部、厦门湖滨一里证券营业部，新增营业面积近4000平方米。

投资银行业务：夯实基础，逐步实现良性循环。重组后，公司对投资银行业务实施"先建团队、建机制，再拓业务"调整策略。通过一年多的调整，投资业务团队建设、制度建设取得实质突破，公司已经形成了一支基本适应未来投行业务发展所需的保荐人和专业技术骨干队伍，投行业务流程和制度体系基本完善。期间，公司投行部门先后完成了股权分置改革、IPO上市等各类项目多个，根据投行业务发展战略储备了一批项目，逐步实现良性循环。

固定收益业务：抓住机遇，业务拓展突飞猛进。公司于2008年下半年全面启动固定收益业务，恢复了业务资质，构筑了业务团队，建设了内部控制制度，采取有效的业务拓展方式，紧扣市场脉搏，经营业绩显著，固定收益业务成公司业绩增长中绚丽的亮点。在债券承销方面，截止2009年2月28日，公司先后完成了10多个债券项目的承销分销，并获得企业债主承销资格。在银行间市场债券买卖业务方面，公司紧紧抓住降息带来的债券牛市行情，交易量日趋做大做强，09年一季度成交量在券商中排30余名。

研究咨询：研究实力不断提升，赢得客户好评。重组之后，公司明确提出把研究作为业务发展的重要支柱，并作为公司品牌、客户服务提升的重要抓手。06年以来，公司研发经费和研究人员分别增长了近6倍。随着研究力量的加强，目前公司研究报告品类齐全，并与第一财经等10多家媒体建立了合作关系，赢得了客户的广泛好评。

信息技术：加大投入，防范技术风险。重组以后，公司进行了全面信息化规划，对信息技术系统进行了大规模改造，近三年累计投入近4000万元，公司先后完成中心机房的搬迁，网上交易扩容，营销型网站改建，营业部网络系统的设备更新及标准化改造，完善灾备系统建设等工作。2007年10月，公司中心主机房迁入上海证券技术大厦。公司信息化建设的加强，降低了公司经纪业务运营的技术风险，提高了客户服务水平。

第三方存管：公司大力推进第三方存管工作，公司先后与上海银行、建设银行、工商银行、农业银行、兴业银行、招商银行、交通银行等银行合作开展了第三方存管业务。截至2007年12月31日，实现合格账户上线比例100%，营业部上线比例100%，新开户上线比例100%。账户清理工作，使2007年1月1日后开立账户的规范性、自营证券账户合格率、无证券余额的不合格账户注销或规范比率均达到100%，全部达到了监管部门规定的质量标准。

风险管理篇：狠抓风险控制 建立长效机制

加强风险管理，建立公司内部合规检查与监督机制，塑造合规文化，对于公司的规范经营和持续发展，具有十分重要的现实意义。公司重组后，从内控组织体系、风险监控能力建设、合规管理制度建设等多方面入手，力求建立与公司长期发展相适应的风险管理长效机制。

近年来，公司狠抓风险控制，大力建立、健全长效风控机制，加强了内控机构建设，完善了合规、风控、稽核、法律等内部控制组织体系；提高内控部门的独立性，确保其监督检查、稽核、风控等职能得以发挥；严格按照内控制度实施风险管理，实现了风险管理流程规范化和内部管理制度化。尤其重组以来，公司为完善内部控制、防范和化解金融风险，开展了大规模的整章建制工作，2007年至2008年间，公司先后累计制修订90多项制度。

在风险监控方面，公司投入大量人力、物力建立了风险监控信息化系统，先后完成风险监控系统、反洗钱监控系统、风险控制指标动态监控系统、异常交易监控系统的改造升级。通过建立以净资本为核心的风险监控系统，运用信息网络平台和风险监控软件系统，对各项业务进行动态化的实时监控。公司建立了风险控制指标预警体系和净资本补足机制；建立了敏感性分析和压力测试机制。

合规管理方面，公司近二年以来抓紧实施，认真研究了合规管理内涵和执行机制，有针对性地借鉴国外有关金融机构的合规风险管理经验，构建了公司合规管理组织架构体系，形成了董事会及下设风险控制管理委员会、总裁、合规总监、合规管理总部、各部门合规岗的合规管理组织架构；制定合规管理制度和工作程序并组织实施，形成较为完善的合规管理制度体系，公司章程对公司合规管理职能进行了明确，先后发布了《合规管理基本制度》、《公司合规手册（试行）》等10多项合规管理制度；公司建立合规信息查询系统，搭建合规咨询平台；实施全员合规培训，合规文化成为企业文化的重要组成部分，合规管理成为公司风险管理的重要职能，有力地保证了公司的合规经营和持续健康发展。

三年来，根据监管部门的部署和要求，公司综合治理、客户交易结算资金第三方存管、账户清理等工作先后通过证监部门验收。公司净资本快速增长，各项动态风控指标不断优化，公司的风险管理能力和抗风险能力有了显著提高。

基础管理篇：调整优化 不断夯实

公司重组后，根据现代企业制度以及金融机构的管理要求，公司在不断加强风险管理的同时，花大力加强基础管理，对组织组织体系、制度体系等进行了优化调整，建立和完善目标管理等一系列管理机制，加强了企业文化和团队建设，管理基础不断夯实。

公司按照《公司法》以及现代企业制度的要求，不断完善公司治理结构，建立了有效的委托代理机制，明确了公司的产权关系，进一步明确和细化了股东会、董事会、监事会、经营层的权力和责任，实现了"三会"的规范化运作。公司根据监管要求、业务发展和强化管理的需要，对组织机构、职能职责、岗位职责（分工）、授权进行了一系列调整和优化，使公司各级机构、人员等安排服务于公司目标的实现，大大地提升了组织运行的效率。与此同时，公司从制度规划入手，通过体系化的整章建制工作，全面、持续、有序地推进组织制度化，不断完善公司的制度体系。目前已初步建立涵盖证券经纪、投资银行、证券投资、固定收益等业务和资金财务、人事管理、信息技术、稽核审计、合规管理等职能、涉及公司经营发展各领域的较为完善的制度体系。

公司的发展离不开科学的激励约束机制。重组后，公司结合实际情况，建立并推行了目标管理机制，并在此基础上重新建立了经营层授权机制、考核机制和激励机制。公司鼓励先进、鞭策落后，员工的收入分配与工作业绩挂钩，实施包括年度考核激励、月度考核激励、即时奖励和特别嘉奖等在内的多重激励，不仅促进了公司经营业绩提升和长远发展，也让广大员工在价值创造中，实实在在地分享了公司发展的成果。自2006年以来至今，公司员工工资性收入年平均增长率达46.8%，公司还为员工提供除法定社会保险之外的各类福利保障，给予员工形式多样的物质和精神上的关怀，丰富员工业余生活，真正体现员工与企业是共建共享的统一整体。

公司高度重视人才队伍建设，重组以来调整和充实了干部队伍，搭建了各级领导班子；优化员工结构，引进了大批经营管理骨干和博士研究生，引进了大批金融学、管理学方面的大学毕业生，充实到经营一线和业务部门，整体上提升了员工队伍的基本素质水平，为公司各项业务的拓展，业务创新发展，提升客户服务奠定了基础。与此同时，公司大力倡导优秀的企业文化，认为"企业文化是公司实现战略目标的根本"，将企业文化建设作为提高公司核心竞争力的重要手段，取得了良好的效果。

爱建证券有限责任公司(总部)：
地址：上海市南京西路758号20－25楼
总机：021－32229888
传真：021－62878701
客服热线：021－63340678
邮编：200041
网址：www.ajzq.com
Email：ajzq@ajzq.com

营业网点：
北京朝阳门内大街证券营业部
地址：北京市朝阳门内大街298号
邮编：100010
咨询电话：010－85112998
委托电话：010－59151115

上海中华路证券营业部
地址：上海市中华路1359号
邮编：200010
咨询电话：021－63340218
委托电话：021－962502

上海零陵路证券营业部
地址：上海市零陵路621号
邮编：200030
咨询电话：021－64275188
委托电话：021－962502

上海兰溪路证券营业部
地址：上海市兰溪路138号6楼
邮编：200062
咨询电话：021－32250531
委托电话：021－962502

上海广中路证券营业部
地址：上海市广中路28号
邮编：200083
咨询电话：021－56966108
委托电话：021－962502

上海龙水北路证券营业部
地址：上海市龙水北路871号
邮编：200232
咨询电话：021－54100088
委托电话：021－962502

上海安国路证券营业部
地址：上海市安国路285号
邮编：200082
咨询电话：021－65863038
委托电话：021－962502

嘉兴斜西街证券营业部
地址：浙江省嘉兴市斜西街497号
邮编：314000
咨询电话：0573－82078755
委托电话：0573－82065190

宁波石板巷证券营业部
地址：宁波市石板巷7号
邮编：315000
咨询电话：0574－87199395
委托电话：0574－87367777

宁波中山西路证券营业部
地址：宁波市中山西路9－11号1－2楼
邮编：315010
咨询电话：0574－87323971
委托电话：0574－87367777

宁波人民路证券营业部
地址：宁波市人民路65号
邮编：315020
咨询电话：0574－87667462
委托电话：0574－87367777

宁波兴宁路证券营业部
地址：宁波市兴宁路39－4号
邮编：315040
咨询电话：0574－87849266
委托电话：0574－87367777

深圳深南中路证券营业部
地址：深圳市福田区天安数码城天祥大厦10D
邮编：518040
咨询电话：0755－83562506
委托电话：0755－961019

厦门湖滨一里证券营业部
地址：厦门市湖滨南路闽南大厦群楼一、二层
邮编：361004
咨询电话：0592－5180438
委托电话：0592－5180988

重庆璧山证券营业部
地址：重庆市璧山县璧城镇文星路229号
邮编：402760
咨询电话：023－85287660
委托电话：023－41426888

招商证券股份有限公司

招商证券股份有限公司是百年招商局控股的证券公司，是一家专注于为客户提供丰富、专业的投融资服务和财富管理解决方案的综合类证券公司。经过十八年创业发展，综合实力进入国内十强，2009年11月17日，招商证券在上海证券交易所成功上市，股票代码为600999。

截至2009年底，招商证券在国内34个城市设有71家营业部，同时在香港设有分支机构。招商证券具有稳定的持续盈利能力、科学合理的风险管理架构、专业的服务能力。全资拥有招商证券(香港)、招商期货有限公司、招商资本投资有限公司，控股博时基金管理公司，参股招商基金管理公司，构建起国内国际业务一体化的综合证券服务平台。

招商证券致力于以卓越的金融服务实现客户价值增长，推动社会经济发展和生活水平提高，将建设产品丰富、服务一流、能力突出、品牌卓越的国际化金融机构，成为客户信赖、社会尊重、股东满意、员工自豪的优秀企业。

光大证券股份有限公司

光大证券股份有限公司创建于1996年，系由中国光大(集团)总公司投资控股的全国性综合类大型证券公司。公司于2008年8月18日在上海证券交易所成功上市，是近七年来第一家以IPO方式上市的券商。公司拥有齐备的证券业务牌照和资质，全资拥有光大期货有限公司和光大资本投资有限公司，控股光大保德信基金管理有限公司，参股大成基金管理有限公司。目前，公司总资产580亿元，净资本187亿元。光大证券的综合实力已稳居行业前十强。

公司坚持以建设资本充足、内控严密、运营安全、服务优质、效益良好、创新能力和市场竞争能力突出的优秀证券公司为目标，不仅在投资银行、证券经纪、资产管理、证券投资、固定收益、基金管理、财务顾问、投资咨询、商品期货等传统业务领域领先，亦在直接投资、QDⅡ、融资融券、资产证券化、股指期货等创新业务领域领跑。

公司秉承"诚信、专业、卓越、共享"的经营理念，积极致力于国内资本市场的拓展。作为光大集团实施金融混业经营的重要依托与先锋，光大证券依托集团金融综合经营平台，共享光大集团的品牌、客户与丰富的金融资源以及多元化和国际化的业务平台，使得光大证券在金融创新、国际化发展等诸多方面都具备了竞争优势。公司围绕"提升客户价值，造就员工未来"和核心价值，努力将公司打造成为一家收入多元化、竞争差异化、渠道规模化、管理精细化、业务国际化"的现代金融企业。

业务介绍

光大证券始终坚持"传统业务争份额，创新业务抢先机"的业务策略，坚持多元化收入和稳健的经营模式，传统业务收入来源分布相对比较均衡。经纪业务是光大证券收入结构中的重要组成部分，投资业务是公司的传统优势项目，而且伴随市场发展，集合资产管理、直接投资等创新业务，以及提供专业服务的投行业务和咨询业务将获得巨大的拓展空间。公司综合竞争实力一直稳居业内前十强。

证券经纪业务：

公司拥有布局合理的证券服务网络，先进高效的证券交易系统，经验丰富的营销经纪队伍，推动公司经纪业务蓬勃发展。公司统筹布局，构建起以京、沪、粤、浙为中心、辐射全国的网络，并率先实现客户保证金三方存管100%上线，为客户提供品种齐全、方式多样的代理交易买卖服务，历年交易规模排名始终保持业内前十位。目前公司拥有93家营业部，4家证券服务部。

投资银行业务：

首家可转债；首家增发；首家定向增发；公司依托自身特色迅速切入证券承销市场，承销项目在数量上一直位居业内前列，在中小型企业保荐项目上具有丰富的经验和优势，截至2008年末，公司138次作为主承销商为企业提供股票、可转债承销服务，并在中小企业IPO与再融资服务领域树立领先品牌。同时，公司积极拓展非通道业务的工作，在收购兼并、私募配售、企业重组、业务估值、战略规划、资产整合等方面丰富了公司投行产品线，保持了投行业务可持续发展。面对市场全流通与创业板开设带来的行业契机，公司投行正迎来广大的发展机遇。

证券投资业务：

公司证券投资严格按照"强调研究，价值挖掘，顺势而为，严控风险，不断创新"的投研管理方法，实行以净资本为核心的动态投资管理模式，并坚持以研究驱动的投资组合管理，强调国际化与本土化相结合，科学性与实用性相结合。

在投资决策机制方面，除了按照"董事会－投资决策委员会－证券投资部"建立三级体制，更设立行业内独特的内部票决机制和线性激励制度。以价值投资为指引，依靠行业专家的共同决策，在控制风险的基础上，创造优异业绩，投资收益率长期保持行业前茅。

资产管理业务：

公司是行业综合治理后首批获准开展资产管理业务的证券公司，也是首家获准发行集合理财产品的券商，截至2008年底，公司管理的集合理财产品资产规模占有11%的市场份额。

公司是集合理财业务的开拓者，公司早在2005年4月就发行了国内第一只集合理财产品"光大阳光集合资产管理计划"，并一举确立了"光大阳光"品牌的领先地位，迄今为止，"光大阳光"系列产品仍是业内最为成功的理财产品品牌之一，其优质稳健的回报收益吸引了越来越多投资者的关注。公司不断丰富产品线，扩张市场规模。公司利用阳光系列产品良好的业绩效应和良好品牌形象，成功发行了"光大阳光5号"、"光大阳光2号2期"、"光大阳光6号"等阳光系列理财产品，丰富了公司产品序列，提高了资产管理规模，提升了公司的市场地位。其中，今年6月末开始发行募集的阳光2号2期，发行期内募集资金突破68亿元，一举打破了自2005年国内发行券商集合理财产品以来的最高募集金额记录。

目前公司拥有混合型、FOF型和固定收益型等不同类型的系列集合理财产品，满足了客户的不同需求。从收益率和分红率来看，光大阳光系列产品的累积分红和投资收益率也均位于行业前列，获得客户的高度认同，很好的提升了公司资产管理业务的市场地位和品牌影响力。2008年，公司荣获中国最佳私募基金评选"最佳券商集合理财管理人奖"和"最佳券商集合理财产品奖"、以及《证券市场周刊》"金牌结构性产品投行奖"。

公司亦在投资顾问业务(专项理财产品)方面业绩领先，银证信产品"同赢五号2期"、"同赢五号4期"、"兴业基金宝3期"等产品净值业绩水平均列合作银行同类产品第一位。

固定收益业务：

公司拥有企业债券主承销资格，是财政部国债承销团成员，还是上海证券交易所固定收益证券电子交易平台的一级交易商。先后数次作为主承销商发行企业债券，并数十次作为国债承销团成员发行国债。在固定收益产品自营中，依托投资研究的专业力量，优化投资组合，提高风险回报率，取得较好业绩。

创新业务：

依托在传统业务领域的沉淀和在研究与信息化方面的领

先优势，光大证券密切关注监管部门的政策动向，先时而动，运筹帷幄，积极布局创新业务。公司是首批创新试点类券商，第一批获准开展集合资产管理业务，第一批获准创设权证，较早一批获得合格境内机构投资者从事境外证券投资管理业务资格（QDII）和直接投资业务资格。针对股指期货等金融衍生品推出，公司已经获得股指期货中间介绍业务（IB）资格，公司全资控股的光大期货已经获得中国金融期货交易所全面结算会员资格与中国证监会核准的金融期货经纪业务资格和全面结算会员资格。凭借未雨绸缪的提前布局，创新业务上的先机优势将会为公司进一步改善收入结构和完善多元化盈利模式奠定坚实的基础，创新业务将成为公司发展丰满一翼。

1、直投业务：成立直投子公司，开发新的利润增长点

2008 年 8 月，公司获得了直接投资业务资格，11 月公司投资 2 亿元成立了全资直投子公司“光大资本投资有限公司”，创业板的推出，成为公司直投业务的催化剂。直投业务的开展，将与传统投资银行业务形成有效互补，调整盈利结构，发展多元化收入模式，形成新的利润增长点。

为了更好地促进全资子公司光大资本投资有限公司的业务发展，2009 年，公司审时度势对其增资 18 亿元人民币（增资后其注册资本金为 20 亿元人民币），并授权其参与联合设立“上海新能源产业基金”以及上海诚朴投资管理有限公司，在产业创投基金领域抢占先机，增强光大资本的市场影响力。

2、期货业务：商品期货快速拓展、金融期货业务资格完备

公司于 2007 年收购了南都期货、并更名为光大期货，目前光大期货正处于快速扩张期，网点合理布局工作快速推进，营业部数量由 2007 年的 4 家增加至 2009 年的 10 家；光大期货在积极拓展商品和黄金期货业务的同时，公司也已完成开展金融期货业务的各项准备工作、并迅速获得了所有金融期货相关的业务资格，成为业内具备券商背景的期货公司的“排头兵”。2008 年，光大期货以稳健的发展态势，被《证券时报》评选为“2008 年中国期货公司综合十强”之一。

2009 年，公司又有 6 家期货营业部获准筹建，3 家已经正式营业。公司将把握上市契机和良好的光大品牌效应，逐渐完善期货营业网点的布局，

3、融资融券业务：准备充分

公司已经成立融资融券部，积极进行有关融资融券业务试点的各项准备，在组织、人员、制度、流程和营销等方面的安排都已到位。2008 年 11 月，公司作为沪深交易所首批试点测试券商，全程参加了融资融券业务的两次全网全程测试，并圆满通过，为力争获得首批试点资格增添了砝码。4、金融衍生业务：进展明显、产品开发取得突破

2008 年 8 月，由光大证券和中证指数有限公司共同开发“中证光大阳光指数”正式发布，这是国内证券市场第一只反映证券公司投资策略的股票指数，也是中证指数公司与国内证券公司合作开发的第一只股票指数，为发行长短仓策略产品奠定了良好基础。

其次，权证创设树立了明显的竞争优势和品牌效应，创设总量和收益率分别列行业第 4 和第 1，公司已经从定价、避险、发行、营销以及产品申报材料等环节完成了备兑权证的全部准备工作，是国内较早完成备兑权证系统开发并能自主管理备兑权证的金融机构。并担任了多只权证的一级交易商，为备兑权证做市商业务的开展积累了经验、培养了人才。

地址：上海市新闸路 1508 号静安国际广场 22 楼
电话：（8621）22169999
传真：（8621）62151789
邮编：200040
客服电话：4008 888 788
网址：www.ebscn.com

西部证券股份有限公司

西部证券股份有限公司是经中国证券监督管理委员会批准设立，于 2001 年元月正式注册开业的证券经营机构。公司注册资本金壹拾亿元人民币，在陕西、北京、上海、深圳、山东、江苏设有 34 家证券营业部和 20 家证券服务部，并在上海设有投资管理、投资银行、研究发展中心等业务部门。

公司成立以来，建立了完善的法人治理结构和严密科学的内部控制体系，确立了合规守法经营的指导思想，造就了一支具有共同使命感和价值观的员工队伍，逐步形成了“和衷共济，共谋发展，风控至上，稳中求先”的企业文化，走出了一条规范管理、稳中求先、注重效益的渐进式发展之路。

面对中国证券市场高速成长所带来的发展机遇，公司将建立健全内部控制体系及风险管理制度，强化科学管理，确保客户资产安全完整和公司资产保值增值。同时，努力发挥公司自身优势，积极探索各项创新业务，进一步打造公司的核心竞争力，为客户提供更加完善和优质的专业化证券金融服务，提升公司的市场地位，使公司发展成为市场上最具盈利价值和增值潜力的证券公司。

业务篇

公司经营范围：证券经纪；证券投资咨询；与证券交易、证券投资活动有关的财务顾问；证券承销与保荐；证券自营；证券资产管理；证券投资基金代销；为期货公司提供中间介绍业务。

公司自成立以来，业务范围不断扩大，先后取得了以下业务资格：

2001 年，公司取得了股票主承销商资格，获准从事经营外资股经纪业务并取得《经营外汇业务许可证》，成为中国证券业协会会员、上交所会员和深交所会员。

2002 年，公司取得了受托投资管理业务资格、证券投资咨询从业资格及网上证券委托业务资格，并成为全国银行间债券市场交易成员和全国银行间同业拆借市场成员。

2003 年，公司成为中国国债协会理事级会员、证券交易所市场 2003 年国债承销团成员。

2004 年，公司取得了证券交易市场 2004 年国债承购包销团成员资格、上交所国债买断式回购交易资格、全国银行间债券市场债券买断式回购交易资格。

2005 年，公司相继取得了保荐机构资格、开放式证券投资基金代销业务资格，获准开展深交所开放式基金场内申购业务和权证交易业务、上交所“上证基金通”和权证交易业务，并被中国证券业协会评为规范类证券公司。

2006 年，公司获得了公开发行股票询价对象资格，并成为登记结算公司结算参与人。

2007 年，公司获得了代办股份转让业务资格、股份报价转让业务资格、上交所固定收益证券综合电子平台交易商资格、登记结算公司甲类结算参与人资格，并被中国证券业协会评为创新类证券公司。

2008 年，公司获得了上交所大宗交易系统合格投资者资格。

2009 年，公司获得了中国证监会核准的为期货公司提供中间介绍业务资格。

目前，公司的主营业务主要包括经纪业务、自营业务、投资银行业务、客户资产管理业务和研究咨询业务等。其中：

公司经纪业务在陕西省内具有相对垄断优势，截至2008年末，公司拥有34家证券营业部和20家证券服务部，其中24家证券营业部、20家证券服务部位于陕西省内，分别占陕西省内市场的37.50%、95.24%。2008年公司客户数占陕西省内各证券公司客户总数的48.16%；公司客户资产占陕西省内各证券公司客户资产总额的42.38%；公司股票、基金交易量占陕西省内股票、基金交易量市场份额的40.58%。

公司自营业务以"价值投资，长线投资，快乐工作"为核心投资理念，连续八年持续取得了超越市场基准的投资业绩，在业内形成了具有一定影响力的投资品牌。

公司客户资产管理业务依托完善科学的投资运作机制，为客户提供适合自身投资特点和风险承受能力的理财产品，为客户创造了丰厚的投资回报。

公司投资银行业务拥有一支上百人的专业团队，先后完成了新华光、通威股份等企业的发行上市与主承销业务，担任了30余家股票发行副主承销商，并为上百家企业提供财务顾问服务，累计参与20余家企业债券的承销业务。2009年1月，公司完成了全国首家县级企业债券——"08长兴债券"的主承销工作；同年，公司保荐的陕西首家创业板IPO企业西安宝德自动化股份有限公司通过证监会发审委审核，成为中国创业板开板的第一批通过审核的企业。

公司与纽约银行梅隆资产管理国际有限公司签署《发起人暨合资协议》，双方将共同出资设立一家中外合资基金管理公司，其中公司持有该基金管理公司51%的股权。2008年6月，合资双方向中国证监会提交了关于设立合资基金公司的申请材料，目前合资基金管理公司筹建工作即将完成。

公司完成了对西安智德期货经纪有限公司的收购，成立西部期货有限公司，注册资本8,000万元人民币，公司持有87.50%的股权。通过收购及控股西部期货，公司成功地将业务线延伸至期货经纪领域。

荣誉篇

公司成立以来，不仅综合内控管理能力和管理水平走在业内前列，而且连续九年保持盈利，经营业绩也处于业内较先水平。据中国证券业协会统计，在全国107家证券公司中，公司注册资本排名50名以后，但各项经营指标始终名列前茅。

在政府和行业协会的评比中，公司得到诸多荣誉和表彰：

2005年，公司被国家审计署评为2002－2004年度"全国内部审计先进单位"，成为全国唯一一家获此殊荣的证券公司。

2005年10月，公司通过了中国证券业协会组织的规范类证券公司评审，成为全国首批7家规范类证券公司之一。

2007年1月，公司通过中国证券业协会组织的创新类证券公司评审，成为第19家创新类证券公司。

2008年，公司被国家审计署评为2005－2007年度"全国内部审计先进单位"。

2008年10月，公司被中国证监会评为"全国证券账户规范工作先进集体"。

责任篇

公司稳定、突出的持续盈利能力，不仅为股东创造了丰厚的投资回报，而且也为国家做出了贡献。2006－2008年3年累计，公司向国家上缴税金157,771万元，较好地支持了地方经济的发展。公司曾被评为2003年、2008年陕西省纳税先进单位，2007年排名全国纳税500强第247位，陕西省排名第8位。公司还多次获得陕西省政府"支持地方经济发展成绩显著金融企业"表彰。

2008年，南方雪灾和四川汶川大地震发生后，公司分别向受灾地区捐款100万元和303万元，在社会上产生了较好影响，较好地体现了公司的社会责任。

地址：西安市东新街232号 陕西信托大厦16－17层

邮编：710004

网址：www.westsecu.com

上海证券有限责任公司

公司概况：

上海证券有限责任公司(以下简称"公司")成立于2001年5月，是由原上海财政证券公司和上海国际信托有限公司证券总部新设合并成立的全国性综合类证券公司。公司注册资本金26.1亿元人民币，股东单位为上海国际集团有限公司和上海国际信托有限公司。公司现拥有各类专业人员1000余人，营业网点52家，已形成以上海为中心，北京、深圳、重庆、温州、南京、杭州等发达城市为主体的经营网络，是国内业务资格最齐备的证券公司之一。公司下属现有海际大和证券有限责任公司和海证期货有限公司两家子公司。2005年12月，公司成为全国创新试点证券公司之一；2007年，公司正式受让中富证券有限责任公司证券类资产，实现了经纪业务的快速扩张，进一步推动了公司的战略发展。同时，公司也是上海国际集团核心成员企业之一。

业务范围：

证券的代理买卖，代理证券的还本付息和分红派息，证券的代保管、鉴证，代理证券登记开户，证券的自营买卖，证券的承销和上市推荐，证券投资咨询，资产管理，发起设立证券投资基金和基金管理公司，中国证监会批准的其他业务。

经营业绩：

2009年，上海证券有限责任公司(以下简称"公司")以科学发展观为指导，坚持"诚信、专业"的核心价值观，积极推进各项工作，在全体员工的共同努力下，很好地完成了全年的目标任务。

2009年，公司抓机遇、求突破，以行业标准为标杆全面提升创利业务能力，全年实现收入18.95亿元，利润总额10.44亿元，净利润8.35亿元，净资产收益率达20%。在投资业务方面，公司主动调整投资策略，有效控制风险，取得了很好的投资收益；在经纪业务方面，公司从加强营销体系建设、完善客户服务体系、优化网点布局等方面着手，积极推进业务转型，取得了明显的效果；在固定收益业务方面，公司实现了企业债主承销项目的突破，成功完成了丹阳城投交通投资有限公司6亿元企业债发行工作；在国际业务方面，公司成功完成第二家QFII机构的签约引进并顺利开展交易，积极探索新的业务收入来源；在资产管理业务方面，公司成功完成上证2号理财产品的募集设立，产品的净值增长率超过市场同类产品平均净值增长率；在并购业务方面，公司继续推进"三板"业务、财务顾问业务和直投业务等业务并积极做好项目储备，同时进一步加强了与子公司海际大和证券有限责任公司的业务联动。

2009年，公司进一步明确经纪业务的核心业务地位，全力推进经纪业务的发展。公司首批获得了上海辖区证券经纪人业务资格；不断完善了公司营销体系，大力推进营销队伍建设，积极探索与外部机构开展营销合作；积极推进服务体系建设，实现了客户分类管理和细分，丰富了金融产品体系；进一步完善交易平台建设，先后完成了公司新网站、经纪人信息系统、经纪业务非现场交易系统站点扩容升级和呼叫中心一期等项目建设；加快推进网点布局优化，全年共完成了 10 家营业网点的新设申报、迁址和升级等工作。

在 2009 年，公司以上市和分类评价为标准，有计划地推进各项基础建设。进一步完善了合规风控建设；积极推进信息系统建设，配合完成了上交所新一代交易系统的上线，完成了包括公司新网站在内的一批信息技术项目建设；围绕提高研究服务质量和市场影响力两个重点不断提升研发实力，公司 3 名研究员分别获得了 2009 年第五届《中国最佳证券分析师》明星分析师入围奖和最佳分析师奖，5 个科研课题获得中证协和上海金融学会课题奖；积极提高财务管理能力，公司连续两年被评为“财务会计等级 A 类单位”和“纳税信用等级 A 类单位”；不断完善登记结算体系建设，进一步加强登记结算工作；努力提高综合协调和服务保障能力，公司连续 8 年获“治安防范先进集体”荣誉称号。同时，公司以机制改革为突破口大力推进市场化探索步伐，以加大人才培养、引进和储备为落脚点努力提高队伍整体素质；加大人力资源管理改革力度，启动了人力资源管理咨询项目；积极推进企业文化建设，公司工会获得了上海市总工会“2009 年度上海市模范职工之家”和上海市金融工会工作委员会“2009 年度上海金融系统先进职工之家”的荣誉称号。

展望 2010 年，公司将坚持“以市场为导向、以客户为导向、以业务为导向”的工作原则，不断深化公司市场化改革，进一步加快业务拓展，统筹兼顾，聚焦重点，力争全面提升公司综合实力和核心竞争力，更好地为投资者服务。

公司地址：上海市西藏中路 336 号华旭国际大厦

电话：(021)53519888

邮编：200001

公司客服电话(CALL CENTER)：4008918918

公司网站：www. shzq. com

国元证券股份有限公司

国元证券（以下简称“公司”）是为顺应信证分业、行业重组的发展趋势，由原安徽省国际信托投资公司和原安徽省信托投资公司作为主发起人，于 2001 年 8 月设立。2007 年 10 月 30 日以股权分置改革为契机，借壳北京化二股份有限公司成功在深圳证券交易所上市。公司是经中国证监会批准、安徽省工商行政管理局注册登记的综合类证券公司，注册资本 14.641 亿元人民币。

公司经营范围包括：证券（含境内上市外资股）的代理买卖；代理证券的还本付息、分红派息；证券代保管、鉴证；代理登记开户；证券的自营买卖；证券（含境内上市外资股）的承销（含主承销）；证券投资咨询（含财务顾问）；受托投资管理；中国证监会批准的其他业务。

公司董事会设“发展战略委员会”、“风险管理委员会”、“审计委员会”和“薪酬与提名委员会”四个专门委员会。公司经营层设“风险控制”、“绩效考核”、“投资决策”、“项目内核”四个非常设委员会，公司内设部门有营销经纪总部、投资银行总部、投资管理总部、客户资产管理总部、北京业务总部、上海业务总部、南方业务总部七大业务总部及固定收益部、资本运营部、投资研究中心、客户资金存管中心、信息技术部、资金计划部、法律事务部、风险监管部、稽核部、董事会办公室、人力资源部、办公室、财务会计部、行政管理部等业务经营与综合管理部门；48 家证券营业部、20 家证券服务部覆盖北京、上海、天津、重庆、深圳、沈阳、青岛、大连、广州、无锡、杭州、中山等金融中心城市及安徽省各地市。2004 年 9 月，公司控股长盛基金管理有限公司；2005 年 10 月公司取得创新试点证券公司资格；2006 年 6 月，公司获批在香港设立国元证券（香港）有限公司；2007 年 7 月公司获批注资控股国元期货经纪有限公司；2007 年 8 月，在中国证监会组织的证券公司分类评选中被评为 A 类 A 级证券公司；2007 年 10 月，经中国证监会批准，公司收购原天勤证券 13 家营业部正式新设开业；2007 年 10 月 30 日公司在深圳证券交易所成功上市（股票代码：000728）。

公司将严格遵循“法制、监管、自律、规范”八字方针，弘扬“团结、敬业、求实、创新”的企业精神，秉承“诚信为本、规范运作、客户至上、优质高效”的经营理念，切实提高核心竞争力和持续发展能力，开拓创新，追求卓越，积极参与国内外市场的竞争与合作，力争在三至五年内逐步把公司建设成为资产规模大、市场占有率高、金融品种丰富、内控机制完善、让客户满意、让广大投资者和监管部门放心的具有国内一流水平的上市证券公司。

2009 年令人难忘，令人惊喜。在这一年里，我们共同见证了祖国 60 周年华诞的隆重庆典，绚丽的礼花鼓舞着我们的信心；我们经历了金融风暴的冲击和洗礼，在寒冬中享受着经济复苏的丝丝暖意；在这一年里，党和政府审时度势，沉着应对，有效采取了一揽子经济刺激措施和产业振兴计划，推动了我国经济率先触底走上复苏之路，股票市场演绎出持续上升行情，广大投资者也获得了较好的收益；在这一年里，中国证券市场的创新发展同时写下了浓墨重彩，创业板在深圳成功开板，新股发行制度市场化制度改革稳步推出，证券经纪人制度适时出台，融资融券及股指期货等重大基础性制度建设的步伐渐行渐近。

2009 年也是国元证券发展史上具有里程碑意义的一年。在投资者的关心与厚爱下，公司成功完成公开增发，融资近 100 亿元，资本实力已排名行业前列，为公司各项业务发展和经营业绩的持续稳定增长奠定了坚实基础。2009 年公司取得较好经营业绩。在这一年里，公司牢牢抓住资本市场回暖的机遇，努力打造一流 IT 服务与营销综合平台，积极实施精品营业部建设工程，推动客户服务水平和服务质量上台阶，各项业务的发展有了新的起色。上述成绩的取得，得益于我们有一支不畏艰难、锐意进取的管理团队，得益于我们全体员工的精诚团结、奋力拼搏，得益于社会各界，特别是广大投资者的支持与鞭策。

我们深深体会，风雨多经志弥坚，关山初度路犹长。在成绩面前，在打造百年老店的漫漫征程中，我们不能固步自封、夜郎自大，必须不断进取，永不懈怠，常怀敬畏之心，常抱感恩之情。我们要始终敬畏市场，敬畏同行，敬畏自身的停滞。我们要始终对政府和监管部门的支持怀有感恩之情，对投资者的信任怀有感恩之情，对员工勤奋工作和积极奉献怀有感恩之情，将感恩之情化为源源不断的前进动力。

2010 年开启新的希望，新的征程承载新的目标。肩负企业发展的重任和投资者的信任与期盼，我们倍感任重道远。激情与汗水成就了过去，理性与执著铸就着未来。2010 年，国元人将站在新的历史起点上，胸怀理想，扬帆起航，以更加高昂的斗志，更加饱满的激情，更加务实的工作，书写新的篇章。

在新的一年里，我们将继续坚持完善公司治理，坚持合规管理，坚持稳健经营，坚持提供优质服务，努力打造让投资者放心的证券公司，致力建设“百年老店”，使国元证券成为名副其实的中国一流券商。

东方证券股份有限公司

公司概况：

东方证券股份有限公司（以下简称公司）是一家经中国证券监督管理委员会批准的综合类证券公司，其前身是成立于1998年3月的东方证券有限责任公司。公司现有注册资本金为32.93亿元人民币（含1500万美元），员工1400余人。公司资产质量优良，业务品种齐全，涵盖了证券承销、自营买卖、交易代理、投资咨询、财务顾问、企业并购、基金和资产管理等众多领域。

公司以上海为总部所在地，在上海、北京、天津、长春、沈阳、抚顺、成都、武汉、长沙、南京、苏州、杭州、广州、深圳、汕头、南宁、桂林、北海、济南、福州等20个城市设有57个分支机构，形成了依托上海、立足中心城市、辐射全国的大型证券公司的经营网络。

公司控股东证期货、汇添富基金两家子公司。

2009年1－9月，公司呈现良好的发展势头，实现营业收入30.82亿元，净利润总额15.34亿元。9月末，公司总资产为223.91亿元，净资产为77.45亿元，净资本为63.35亿元。资产负债配置计划执行情况良好。在证券公司分类评价中，公司被评为A类A级券商。

经营理念：

稳健经营、专业服务、以人为本、开拓创新。

“稳健经营”即合规是立身之本，稳健是经营之道，着眼于公司的长期可持续发展；“专业服务”即致力于提供真诚、优质、高效的专业服务，满足和超越客户的期望；“以人为本”即尊重人才、人尽其才，敬业、专业的人才是公司的最宝贵资源；“开拓创新”即勇于面对机遇、挑战和激烈竞争，开拓进取，勇于创新，追求卓越。

公司着力打造具有向心力和凝聚力的企业文化，提炼出和谐、创新、进取、竞争等企业文化的核心价值观，为公司发展提供强大的精神动力。2009年9月，公司成功举办“庆国庆、迎世博”公司第二届职工艺术节文艺汇演，充分展示了员工风采，鼓舞了员工士气。

公司将以创新促发展，迈向一流券商行列，发展成为一家真正的现代金融服务企业。

股东背景：

公司股东实力雄厚。

既有申能（集团）有限公司、文汇新民联合报业集团、上海久事公司、上海烟草（集团）公司、上海电气（集团）总公司等大型国有企业；也有长城信息产业股份有限公司、上海金桥出口加工开发股份公司、上海建工股份有限公司等上市公司；还有上海致达科技（集团）股份有限公司、高远控股有限公司、上海任盛房地产发展有限公司等民营企业。

中银国际证券有限责任公司

中银国际证券有限责任公司（以下简称“中银国际证券”或“公司”）由中银国际控股有限公司（以下简称“中银国际控股”）联合中国境内五家大型企业——中国石油天然气集团公司、国家开发投资公司、红塔烟草（集团）有限责任公司、中国通用技术（集团）控股有限责任公司以及上海国有资产经营有限公司共同投资，经中国证监会批准于2002年2月28日在上海正式成立，注册资本15亿元人民币，2006年获创新试点证券公司资格。

公司总部设在上海，并在北京、深圳、广州等20个主要城市设有1家分公司和23家证券营业部，公司还与中国银行在香港设立的中银国际控股在市场营销、项目开发、风险管理等方面进行全面合作，共同打造跨境金融服务平台，为客户提供多元化、多品种的投资银行和证券服务。公司目前的经营范围包括：证券（包括境内上市外资股、短期融资券）发行上市的保荐与承销、证券代理买卖、债券自营交易、证券资产管理、证券投资咨询（包括财务顾问）、基金代销、股权投资、为期货公司提供中间介绍业务等。公司还设立了中银国际期货有限责任公司和中银国际投资有限责任公司两家全资子公司，专业从事期货业务和直接投资业务。

自成立以来，中银国际证券积极发挥“深厚银行背景、跨境金融服务”的业务优势，迅速成长为具备较强市场竞争力的投资银行。公司在投资银行和固定收益业务领域，保持了行业领先地位。经纪业务部均收入也稳定在行业排名前十位。

2009年，中银国际证券抓住证券市场回暖的机遇，发挥公司独特优势，促进了各项业务的发展。定息收益业务保持了行业优势地位，先后主承销了09中铁、09国家电网、中材股份等多个大型债券项目；零售经纪业务部均收入保持了市场排名前十的成绩，并增设了五家证券营业部；资产管理业务设立了“中国红一号”和“中国红基金宝”两只集合理财产品；投行业务积极根据市场及政策变化，调整业务方向，做好项目储备。2009年，公司还积极备战创新业务。

2009年，中银国际证券在《证券时报》、《上海证券报》、《21世纪经济报道》、《证券市场周刊》等专业媒体的各项评比中获得“最佳创新投行奖”、“最佳债券承销奖”、“最具潜力证券经纪商”等多项奖项。

公司在积极开展各项业务的同时，高度重视投资者教育工作。2009年，公司继续加大投资者教育工作的力度，在制度建设、组织保障以及经费投入等方面不断推进工作向前发展，并取得了明显的成效。在上海证券交易所举办的“3·15我与投资者”评比活动中，公司获得了“优秀组织奖”。

在未来的发展中，中银国际证券将积极把握中国经济增长与资本市场发展的机遇，充分发挥专业优势，协助客户实现战略发展目标，为促进社会资源的优化配置和国家经济发展作出贡献。

山西证券股份有限公司

山西证券股份有限公司前身为1988年成立的山西证券公司，为全国首批证券公司之一。1998年，公司改制为山西证券有限责任公司，注册资本2亿元。2001年，公司与省内五家信托公司证券类资产与合并重组并增资扩募，注册资本金增加至10.25亿元人民币，股东增加到14家，成为山西省内唯一一家综合类证券公司。2006年，公司再次增资，注册资本金增至13.038亿元人民币。

2008年初，山西证券整体变更为股份有限公司，注册资本达到20亿元，股东变更为12家，即山西省国信投资（集团）

公司、太原钢铁(集团)有限公司、山西国际电力集团有限公司、山西海鑫实业股份有限公司、中信国安集团公司、山西焦化集团有限公司、山西杏花村汾酒集团有限责任公司、山西省科技基金发展总公司、山西信托有限责任公司、吕梁市投资管理公司、长治市行政事业单位国有资产管理中心、山西省经贸资产经营有限责任公司。公司股东资金实力雄厚,经营风格稳健,资产质量优良,盈利能力良好,其构成集中体现了多种优质资源、多家优势企业的强强联合。改制后公司业务结构、市场份额、管理水平、创新能力、经营实力得到进一步增强。

公司目前经营范围为:证券(含境内上市外资股)的代理买卖;代理证券的还本付息、分红派息;证券代保管、鉴证;代理登记开户;证券的自营买卖;证券(含境内上市外资股)的承销(含主承销);证券投资咨询(含财务顾问);客户资产管理;中国证监会批准的其他业务。公司是中国证券业协会理事单位和山西省人民政府表彰的“优秀中介机构”,也是山西省内资金实力最强、网点最多、证券业务品种最齐全的券商。经过二十年的发展,山西证券已经从一家业务单一、规模较小的地方券商发展成为现在的作风稳健、经营稳定、管理规范、业绩良好的创新类证券公司。2006 年公司通过规范类券商评审,2007 年 8 月顺利取得创新试点券商资格。2007 年,公司荣获第三届中国证券市场年会颁发的“2007 中国证券市场高成长证券公司”金钥匙奖,荣获深交所颁发的“2007 年度中小企业板优秀保荐机构”称号。

山西证券多年来一直坚持“诚信、稳健、规范、创新、高效”的经营宗旨,培育务实高效、恪尽职守的工作作风,营造和谐宽松、风清气正的公司氛围,打造股东、公司和员工共同发展的平台。公司总部设有 13 个部门,目前有营业网点 53 个(28 家营业部、25 家服务部),实现了省内一个地市设立一家中心营业部、逐步辐射全国的战略构架。

公司始终坚持以人为本,规范管理,拥有一支有广泛凝聚力、有深入创造力、有持续竞争力的员工队伍,现有员工近 800 人,专业以财经、金融为主,年龄、知识结构相对合理。公司还通过学习型组织的建设,培养员工持续跟踪学习的习惯,自觉掌握、运用和创新服务手段,在员工中树立了对公司未来发展的共同愿景,形成了团队的整体学习氛围和体系,增强组织生存发展的能力和企业的超前意识。在绩效考核方面,公司以客观事实为依据,设计推行了“重贡献、重业绩”的薪酬考核体系,对员工思想品质、责任态度、基本技能和工作绩效进行有效的考察、分析,建立了公正合理的考核和评价体系。

未来的山西证券将继续秉承诚信为本、专业服务、以义制利的经营理念,坚持让投资更明白的服务理念,持续丰富公司发展历程中专业化、规模化、品牌化、集团化和国际化的内涵,公司建设成为有特色、有品牌、有竞争力的一流券商。

投资银行业务介绍

山西证券在发掘和继承“晋商文化”精髓和总结从业经验的基础上,形成了“诚信、稳健、规范、创新、高效”的经营理念。

山西证券成立于 1988 年。2001 年,山西证券进行增资扩股,注册资本金增加到 10.25 亿元,是中国证监会批准设立的综合类券商和证监会公布的首批 67 家保荐机构之一。公司主要股东为山西省国信投资(集团)公司等 14 家单位。

2006 年,山西证券注册资本金进一步增加到 13.038 亿元。2008 年 2 月 5 日公司整体变更为山西证券股份有限公司,注册资本增加到 20 亿元。

公司资产质量优良。2006 年 10 月,山西证券通过了中国证券业协会的规范类资格评审。2007 年 8 月,又顺利通过创新类证券公司评审,跻身创新类证券公司行列。

2006 年,在全部 34 家规范类证券公司中,公司净资产、净资本两项财务指标均排名第 2 位,总资产排名第 6 位,净利润排名第 9 位。

2007 年上半年,在首次公开发行股票的主承销家数排名中公司位列第 8 位(并列),2007 年 11 月、12 月,在大盘弱势的背景下,“青松建化”、“天通股份”两个再融资项目成功发行上市。2008 年 1 月被深圳证券交易所评为“深交所中小板优秀保荐机构”。2008 年,公司将有多个主承销的 IPO 项目报送证监会审核,公司投资银行业务呈现良好的上升态势。

经纪业务介绍

经纪业务总部是公司经纪业务的主管部门,归口管理营业部。在公司分管总裁的领导下,统筹协调公司相关部门对营业部的管理。经纪业务总部下设网点管理部、运行管理部、信息咨询部、营销客服部、大客户服务部、IB 业务部、渠道管理部和呼叫中心、理财中心。

经纪业务总部主要职责:根据公司发展目标,拟定并组织实施经纪业务的总体发展规划,提出经纪业务发展建议,研究分析经济业务发展的重要问题。统一规划经纪业务营业网点布局,并负责组织实施营销方案、处理营业部突发事件,开展客户服务受理各类客户投诉等工作。

网点布局:

共有 33 家营业部 20 家服务部、主要分布在省内各地市和国内主要城市,其中省内 18 家、省外 15 家。

经纪业务总部部门职能:

1. 贯彻执行国家有关法律法规、行业规章以及公司内部各项内控制度和有关决议。

2. 根据公司发展目标,拟定并组织实施经纪业务的总体发展规划,提出经纪业务发展建议,研究分析经纪业务发展的重要问题。

3. 建立健全经纪业务相关制度及实施细则并监督落实。

4. 归口管理营业部,统筹协调公司其他部门对营业部相关管理工作,负责对外与监管机构等相关部门进行协调。

5. 统一规划经纪业务营业网点布局,组织协调办理经纪业务营业网点的设立、变更和终止等相关事宜。

6. 负责公司经纪业务营管理和策划并组织实施。

7. 负责银证通业务的协调管理,组织营业部银证通业务的客户开发与日常管理。

8. 负责编制、报送各类经济业务报表,定期分析经纪业务经营态势并向公司领导提交分析报告。

9. 负责经纪业务各类资讯信息的统一采购、加工、编发、管理等工作。

10. 积极探索经纪业务创新模式,并负责组织创新业务的推广工作,提高公司经纪业务自主创新能力。

11. 拟定并组织实施营业部业务考核办法。

12. 协调和处置营业部的重大、突发事件。

13. 接受并处理客户投诉。

资产管理业务

客户资产管理业务,是指证券公司作为资产管理人,依照有关法律、法规及《证券公司客户资产管理业务试行办法》的规定与客户签订资产管理合同,根据资产管理合同约定的方式、条件、要求及限制,对客户资产进行经营运作,为客户提供证券及其他金融产品的投资管理服务的行为。客户资产管理业务主要有以下三种:

（一）为单一客户办理定向资产管理业务。

（二）为多个客户办理集合资产管理业务。

1. 限定性集合资产管理计划。

2. 非限定性集合资产管理计划。

（三）为客户办理特定目的的专项资产管理业务。

山西证券具备完善的客户资产管理业务创新能力

公司是国内创新试点类证券公司。经过持续不断的组织建设、管理创新和业务优化，公司建立了系统严密的客户资产管理业务风险管理体系、稳健流畅的客户资产管理业务决策体系和高效有序的客户资产管理业务执行体系，公司已经具备了完善的客户资产管理业务创新能力，为公司持续、健康、快速发展奠定了基础。经验丰富的投资管理团队 山西证券拥有一支经验丰富、稳定团结的投资人才队伍，平均证券从业时间超过 8 年，其投资队伍中既有在金融市场上征战多年的资深投资专家，又有熟悉海内外资产市场、债券市场和收购兼并的投资精英，既有精通定量分析的金融工程师，又有对宏观经济和行业深入把握的高级研究员，以及擅长公司财务分析的资深人士。多年来，这只队伍保持着高度的稳定性和强大的凝聚力，保证了公司运转的高度有效和连贯性。

研究所

山西证券研究所已构架起一个多角度、多层次覆盖资本市场各个领域的综合研究体系，致力于为客户和投资者提供独立、全面、前瞻和务实的证券研究与投资咨询服务。

高素质的研究团队：

研究员 90% 以上具有硕士、博士学位，毕业于国内知名高校，绝大多数有理工科和经济学或管理学的复合知识结构及证券市场从业经验。一些资深研究员有多年产业实践背景，具有中、高级专业技术职称，对各自的领域都有独到而深入的研究。研究队伍实力雄厚、经验丰富、知识齐全。

研究产品与服务：

研究所为客户提供丰富的信息咨询及研究报告，包括资讯产品、宏观及策略研究、行业及公司研究和基金及债券研究四个大类约 40 个品种。此外，研究所还可以根据客户需要，为其量身定做一系列专题研究报告。

一个中心：客户至上

目前，研究所已建立了较为完善的客户服务流程，并初步构建了一个涵盖机构客户和众多中小投资者的资讯服务网络。

一大特色：山西权威

山西省上市公司绝大多数都是优秀的大型国有资源企业，研究所集中力量对省内上市公司进行全面、持续的调研和分析研究，树立在煤炭电力等能源行业研究优势。

两种措施：内外兼修

引入人才提升内力：

不断招聘遴选优秀人才以充实研究实力，研究员队伍持续壮大，并在北京和上海设立工作站。

建立联盟借用外力：

与国内著名证券咨询机构——天相投资顾问有限公司进行广泛合作，建立了研究联盟，实现强强联合，为公司业务拓展和客户服务构建一个更广阔的平台。

总部地址：太原市府西街 69 号山西国际贸易中心东塔楼

客服热线：400－666－1618

邮编：030002

大华期货：400－653－7777

网站：www. i618. com. cn

财通证券有限责任公司

财通证券有限责任公司（以下简称“公司”）注册地在中国杭州，其前身是成立于 1993 年 5 月的浙江财政证券公司。2003 年 6 月，根据国务院有关清理规范财政国债服务中介机构的精神，改制为财通证券经纪有限公司。2006 年 10 月，公司吸收合并天和证券经纪有限公司。2007 年 6 月 29 日，省委、省政府明确公司为省直属国有企业，由省政府授权省国资委监管。2007 年 9 月，公司控股浙江省永安期货经纪有限责任公司。2009 年 3 月，经中国证监会核准，更名为财通证券有限责任公司。

公司注册资本 11.27 亿，现有营业网点 32 家（主要分布在省内各市县），员工 800 余人。

公司经营范围为：证券经纪，证券自营，证券承销，证券投资基金代销，为期货公司提供中间介绍业务以及中国证监会批准的其他业务。

公司将忠实恪守“规范经营、稳健发展、务实创新、追求卓越”的经营理念，优化股权结构，提升服务质量，培养一流的员工和理性、成熟的投资者队伍，力争将公司打造成具有区域竞争优势、明显经营特色和富有社会责任感的现代证券企业。

公司地址：杭州市解放路 111 号

邮政编码：310009

联系电话：87828088

邮箱：96336@ ctsec. com

统一客服电话：96336（上海地区 962336）

营业网点名称	注册地址	上交所席位号	深交所席位号
杭州解放路证券营业部	浙江省杭州市解放路 111 号	43052 43044	042300 242500 203700
杭州环城西路证券营业部	浙江省杭州市环城西路 90 号	43087 43002	242500 203700
杭州庆春路证券营业部	浙江省杭州市庆春路 186 号	43087 43052	242500 296700 042300
杭州湖墅南路证券营业部	浙江省杭州市湖墅南路 481 号	43044	203700
杭州文二路证券营业部	浙江省杭州市文二路 320 号 B 楼 3 楼	43032	203700
杭州凤起路证券营业部	浙江省杭州市凤起路 295 号	43052	042300
杭州体育馆证券营业部	浙江省杭州市体育场路 210 号	43087	242500
杭州金城路证券营业部	浙江省杭州市萧山区金城路 469 号	43044	203700
杭州杨公堤证券营业部	杭州市杨公堤 15 号南京军区杭州疗养院空勤疗养区垂钓区 2 号楼一楼、三号楼	43002	203700
杭州西大街证券营业部	浙江省杭州市余杭区临平镇西大街 70 号	43032	203700
宁波天童北路证券营业部	浙江省宁波市鄞州区天童北路 1539 号	43044	203700
温州人民东路证券营业部	浙江省温州人民东路中侨大楼 2 楼	43032	203700
绍兴人民中路证券营业部	浙江省绍兴市人民中路 399 号	43088	296700
湖州红旗路证券营业部	浙江省湖州市红旗路 66 号新天地商贸中心五楼	43087	042300
嘉兴勤俭路证券营业部	浙江省嘉兴市勤俭路 548 号	43032	203700
永康九铃东路证券营业部	浙江省永康古丽镇九铃东路 3241 号	43087	242500
台州解放南路证券营业部	浙江省台州椒江区解放南路 18 号	43032	203700
江山县河东路证券营业部	浙江省衢州江山市县河东路 1 号	43044	203700
玉环广陵东路证券营业部	浙江省台州玉环县珠港镇城关广陵路 130 号	43044	203700
温岭东辉北路证券营业部	浙江省温岭市东辉北路 188 号	43052	042300
上海漕溪路证券营业部	上海市漕溪路 251 号	43087	242500
上海襄阳南路证券营业部	上海市襄阳南路 485 号	43087	242500
上虞市民大道证券营业部	浙江省上虞市市民大道 1618 号	43088	296700
义乌工人西路证券营业部	浙江省义乌市工人西路 18 号	43032	203700

营业网点名称	注册地址	上交所席位号	深交所席位号
新昌石城路证券营业部	浙江省绍兴新昌城关镇石城路25号	43088	296700
绍兴县柯桥湖西路证券营业部	浙江省绍兴柯桥湖西路228号	43088	296700
绍兴钱清西后街证券营业部	浙江省绍兴县钱清镇西后街98号华清大厦3楼	43088	296700
富阳市心北路证券营业部	浙江省杭州市富阳市市心北路80号	43032	203700
淳安新安大街证券营业部	浙江省杭州淳安县千岛湖镇新安大街102号	43044	203700
安吉天目中路证券营业部	浙江省湖州安吉县递铺镇天目中路389号	43052	042300
海宁水月亭西路证券营业部	浙江省嘉兴海宁市水月亭西路131号	43044	203700

浙商证券有限责任公司

浙商证券是浙江目前唯一的全牌照证券公司，被中国证监会评为A类券商。注册资本21.20亿元人民币，总部设于浙江省杭州市。公司系国有控股公司，同时全资控股浙江天马期货经纪有限公司，也是浙商基金管理有限公司的主发起人。

公司现有营业网点41家，遍布北京、上海、深圳、天津、重庆和浙江省内大中城市。2009年12月，公司经中国证监会批准，获得在全国范围内增设营业部的资格，营业网点规模得以扩展，网点布局更为合理。

近年来，浙商证券持续快速发展，经营业绩和市场占有率逐年提升，主要经营指标在全国107家证券公司中跻身前30位，部分指标进入前十强，取得良好经营业绩。

公司经营范围涵盖证券经纪、证券投资咨询、与证券交易及证券投资活动有关的财务顾问、证券承销与保荐、证券自营、证券资产管理、发起设立证券投资基金和基金管理公司等，竭诚为各类企业提供综合性投融资服务。

据中国证券业协会统计排名：

2008年，公司的“成本管理能力”在全国107家证券公司中，名列第十位；

2006年至2008年，公司证券总交易量在全国107家证券公司中的排名逐年上升，从第39位升至第24位；

2006年至2008年，公司营业部部均交易量在全国107家证券公司中的排名逐年上升，从第33位升至第13位；

2007年，公司营业部部均净收入排名全国第十位。

公司拥有以下业务资格：

- 证券代理买卖资格
- 代理还本付息、分红派息资格
- 证券代保管、鉴证资格
- 证券登记开户资格
- 沪、深交易所会员资格
- 网上证券委托业务资格
- 为期货公司提供中间介绍业务资格（IB业务资格）
- 基金代销业务资格
- 经营外资股业务资格
- 经营外汇业务资格
- 全国首批67家保荐机构之一
- 全国首批45家股权分置改革试点资格的保荐机构之一
- 股票承销商资格
- 股票主承销商资格
- 大宗交易系统合格投资者
- 全国银行间债券市场及同业拆借乙类成员资格
- 受托投资管理业务资格

地址：浙江省杭州市杭大路1号黄龙世纪广场A座
邮编：310007
电话：0571－87901963
传真：0571－87901955
公司邮箱：webmaster@ stocke. com. cn

华龙证券有限责任公司

【公司概况】华龙证券有限责任公司是由甘肃省人民政府组织筹建，经中国证监会批准，于2001年5月18日成立的综合类证券经营机构。2006年度，公司成功完成了增资扩股，注册资本155339万元。

【经营业绩】2001年公司设立时，华龙证券还只是业界名副其实的小老弟，资本匮乏、人才奇缺，竞争压力巨大。在经历了改革、开放、市场化的阵痛以及市场的几年低靡的考验，这只“龙”的队伍精神焕发，迸发出前所未有的力量，各项业务接连迈上新的台阶，企业综合实力蒸蒸日上。目前，公司业务网点已遍布北京、上海、深圳、杭州、重庆、无锡、乌鲁木齐、合肥以及甘肃全省，证券发行承销、基金管理、股权分置改革等重要业务在国内市场产生了重要影响，公司2006年股票承销进入同行业前20名，股权分置改革业务亦名列第13名。2007年度，公司完成的北大荒可转债项目获得“新财富”最佳投资银行项目，以及2008年冠农股份定向发行，荣膺《证券时报》最佳销售投行称号；2009年中国证监会决定设立创业板后，公司积极行动，推荐甘肃大禹节水股份有限公司在创业板首批公开发行上市，公司成为成功保荐首批创业板公司的17家券商之一。与此同时，公司作为第一大股东的华商基金，在2007年设立的当年即被中国基金网评为中国十佳基金公司，2008年被评为最具成长潜力基金公司、最受欢迎理财产品、2008年度最有影响力风险揭示奖；2009年上半年公司旗下华商盛世成长基金、华商领先企业基金、华商收益增强基金业绩增长均进入同类型基金的前十名。

公司投资银行业务精品项目

——2003年度

成功保荐山西国家级乡镇企业集团——安泰集团首次公开发行上市；

成功推荐我国著名军工企业——北方天鸟首次公开发行上市；

顺利完成我国化工工业五百强企业——山西三维再融资上市；

——2004年度

顺利完成我国西部重要的水泥制造企业——祁连山再融资上市；

成功保荐我国服装业优秀民族品牌——红豆股份增发上市；

——2006年度

成功保荐我国最大的有色金属钒钛制造企业——承德新新钒钛股份公司增发上市；

成功保荐我国工业自动化仪表引进国外技术、自主创新的优质企业——上海威尔泰首次公开发行；

——2007年度

成功保荐国际领先、全球最大的分散染料企业——浙江龙盛增发上市；

成功保荐中国最大的粮食生产企业、中国最具影响的农业产业化龙头——北大荒农业15亿可转换公司债券发行上市；

——2008年度

成功保荐我国最大汽车制造企业——一汽集团中国有企业改制的样板企业启明信息首次公开发行。

成功实施我国重要的军垦企业——冠农股份定向增发项目；

——2009年度

成功保荐我国著名房地产企业——万业集团公司债券项目；

成功保荐国际领先、全球最大的分散染料企业——浙江龙盛可转债项目；

成功保荐首批创业板项目——甘肃大禹节水首次在创业板公开发行上市。

【分支机构】

名称	电话	通讯地址
兰州农民巷证券营业部	0931－8825214,8825215	兰州市城关区农民巷203号
兰州酒泉路证券营业部	0931－8406117 8406263	兰州市酒泉路16号(电投大厦5楼)
定西永定东路证券营业部	0932－8360837	甘肃省定西市安定城关镇永定东路60号
上海长宁路证券营业部	021－52421189 52421190	上海市长宁路1661弄1号
武威胜利街证券营业部	0935－2260701	甘肃省武威市凉州区胜利街1号华信大厦二楼
天水广场证券营业部	0938－8297707	天水市金龙大厦4楼
兰州民主西路证券营业部	0931－4811700 4811007	兰州市城关区民主西路5号
白银平川区证券营业部	0943－6624554	甘肃省白银市平川区盘旋路
上海中山北二路证券营业部	021－65526106	上海市虹口区中山北二路1558号
兰州民主东路证券营业部	0931－8881897 8817571	兰州市民主东路294号
无锡北大街证券营业部	0510－82605979	无锡市北大街30号
酒泉盘旋东路证券营业部	0937－2682618	酒泉市盘旋东路8号
兰州东岗西路证券营业部	0931－8810038 8879565	兰州市东岗西路666号
兰州七里河证券营业部	0931－2658938 2651642	兰州市西津东路581号
北京安外大街证券营业部	010－64401221	北京市安外大街191号
兰州中山路证券营业部	0931－8406646	兰州市中山路中山大厦3楼
平凉西大街证券营业部	0933－8239168	甘肃省平凉市崆峒区西大街101号糖酒大厦三楼
兰州雁滩路证券营业部	0931－8510776、8518530	兰州市城关区雁滩路3614号雁京家园一二层黄河医院对面
深圳深南大道证券营业部	0755－83210655	深圳市深南大道4009号
陇南建设路证券营业部	0939－8263283	甘肃省陇南市武都区建设南路1号一楼至四楼
酒泉新城区证券营业部	0937－2707005	甘肃省酒泉市新城区玉门油田商贸中心2号楼
重庆公园路证券营业部	023－63845538	重庆市渝中区公园路19号德艺大厦
杭州杭大路证券营业部	0571－28916092 28916097	杭州市杭大路15号(嘉华国际1503)
天水麦积区证券营业部	0938－2720050	甘肃省天水市麦积区信福商城四楼
兰州静宁路证券营业部	0931－8850234 8851234	兰州市静宁路308号
金昌上海路证券营业部	0935－8310909	甘肃省金昌市金川区上海路云里小区9号
张掖西大街证券营业部	0936－8250066	甘肃省张掖市西大街41号
兰州合水路证券营业部	0931－7312547	兰州市合水路1号
白银四龙路证券营业部	0943－8252823 8241872	白银市四龙路261号
兰州永昌路证券营业部	0931－8488434	兰州市庆阳路450(万盛大厦五楼)

【社会责任】公司在注重自身发展的同时，积极履行社会责任。2008年初，我国南方地区发生冰雪灾害，华龙证券迅速向灾区奉献爱心，积极捐款50万元人民币。“5·12大地震”发生后，第一时间向灾区捐款200万元人民币，用于抗震救灾。随着受灾损失的进一步加大，震后援建的任务异常繁重，华龙克服金融危机的巨大影响，在营业收入下滑的情况下，向甘肃灾区援助2000万元人民币，用于灾区重建。在向灾区奉献爱心的同时，华龙证券每年拨出一定资金用来关心少数民族地区教育事业的发展，同时号召广大干部员工积极捐款，重点在少数民族聚居的甘肃临夏、甘南等市县举办“捐资助学”项目，为西部地区教育事业做出了积极的贡献。

【发展目标】进入2009年，我国证券市场在经历了自2007年10月以来的大幅调整后，又一次步入盘升态势，这给证券行业带来了良好的发展机遇。华龙证券业清醒认识到，自身实力与国内一流券商相比，还存在一定的差距，要想在日趋激烈的市场竞争中立足，必须按照科学发展观的要求，不断发展创新，以卓越的专业能力，塑造自身的核心竞争力，实现持续、稳健发展。近期，结合深入学习和实践科学发展观活动，公司在认真分析行业竞争形势及自身优劣势的基础上，进一步修订了发展战略，全面实施公司整体素质提升工程。公司坚信在不久的将来，华龙证券必将实现自己的战略目标，成长为国内具有一流的新型金融控股企业。

华鑫证券有限责任公司

华鑫证券有限责任公司是经中国证券监督管理委员会批准，于2001年3月在深圳市注册成立的全国性综合类证券经营机构，注册资本16亿元人民币。

华鑫证券的股东单位均为实力雄厚、声誉卓著、管理先进的大型国有产业集团和著名的上市公司。其中公司控股股东上海仪电控股（集团）公司是上海市国资委授权国有资产经营和管理的机构，公司其余股东包括上海飞乐音响股份有限公司、上海金陵股份有限公司、上海飞乐股份有限公司和上海贝岭股份有限公司。

华鑫证券在北京、上海、西安、深圳拥有21家证券营业部。公司经营范围：发行和代理各种有价证券；自营和代理买卖各种有价证券；有价证券的代保管、鉴证和过户；代理还本付息、分红、派息等权益分派；基金和资产管理；企业重组、收购与兼并；投资咨询、财务顾问；外币证券业务。

华鑫证券成立以来，秉承“合规经营、稳健发展”的企业经营核心原则，注重以扎实的内部控制和全面的风险管理打好发展基础，为投资者提供多层次、全方位服务。2008年10月中国证监会授予公司“全国账户规范工作先进集体”的光荣称号，且公司是第一家被中国证监会按照证券投资基金销售新规则核准的基金销售机构。

华鑫证券近年来一方面夯实经纪业务、投行业务等传统业务基础，另一方面不断开拓业务范围，公司是摩根士丹利华鑫基金管理有限公司第一大股东，并将进军金融期货领域，为广大投资者提供一揽子的优质金融服务。

华鑫证券致力于为国内和国际客户提供优质服务，为中国资本市场的高效运转和中国经济的持续发展做出卓越贡献，为股东投资带来满意的回报，为员工创造充分发挥才能、实现自我价值的机会。

中国资本市场和国民经济的持续发展和日益国际化对中国证券公司的发展及其服务范围、水平和质量提出了重大挑战，同时也为中国证券公司的发展创造了重大机遇。华鑫证券将紧紧抓住发展机遇，成功迎接挑战，通过不断开拓创新，建设成为拥有国际水平的专业团队和经营管理机制、在国内享有卓越声誉和发挥重要影响力的国内一流券商。

公司总部地址：深圳市福田区金田路4018号

安联大厦28层A01

邮编：518026

电话：0755－82083788

网址：http://www.cfsc.com.cn

金元证券股份有限公司

金元证券股份有限公司成立于2002年8月，是首都机场集团公司绝对控股的一家证券公司，是首都机场集团金融板块的核心企业。短短八年时间，金元证券实现了从地方性公司向全国性公司、从证券公司向证券控股公司发展的二次跨越，成为令人瞩目的新锐券商。

目前，公司拥有遍及全国二十个省市，以珠江三角洲、长江三角洲和环渤海经济带为重点，各地区中心城市为辅助，面向全国的业务营销网络。旗下设有金元期货经纪有限公司和金元比联基金管理有限公司等子公司，已形成证券、期货、基金业务良性互动的证券控股集团运作模式。

多年来，金元证券严格按照现代企业制度的要求，建立起权责分明的法人治理结构，全方位和多层次的风险控制机制以及科学有效的管理决策机制，自成立以来年年盈利，净资本率一直保持在90%以上。

秉承"先进技术带动金融创新，专业服务提升客户满意度"的理念，金元证券经纪业务依托先进的技术手段、丰富的交易品种、不断创新的产品服务和经验丰富的理财规划师团队，全面深化服务内涵，致力于为不同投资需求的投资者提供全面周到的专业化、个性化服务。作为上海证券交易所"新一代交易系统先锋会员"，金元证券在业内始终保持技术领先优势，率先在全国范围内完成了集中交易平台的构建，并建立多种非现场交易方式，快速交易通道"金通道"为客户提供高速行情，实现快速委托。金元证券全国统一服务热线4008－888－228，以网络、通讯等多种平台随时为客户提供贴身服务，是业内第一批实现了业务咨询、业务处理、客户回访等一体化管理的券商。

金元证券投资银行业务具有证券发行上市保荐机构资格、股票发行主承销资格、企业债券发行主承销资格、上市公司股权分置改革保荐机构资格、首次公开发行股票询价对象资格等。投行服务客户遍布全国经济发展地区，分布在基础设施建设、能源、交通、有色金属、医药、电子及信息技术等产业领域，绝大部分客户属于所在地区优势企业和所在行业领先企业。投行业务团队熟悉国内外资本市场运作，具有丰富的项目运作经验，在证券发行承销、上市保荐、资产重组、收购兼并、改制辅导等多项业务领域成绩斐然。

金元证券拥有良好的投资业绩，近三年投资收益率均高于市场同类型基金投资收益率。公司始终坚持"研究创造价值"的理念，拥有一支具有较强研究能力，在市场上具有一定影响力的研究团队。多名研究员获得"明星分析师"、"顶级券商预测研究员"等荣誉称号。公司曾两次获得深交所年度优秀研究论文奖。金元证券现为中央电视台"中国证券"栏目的特约机构。研究能力已成为金元证券稳健增长的有力支撑。

逐渐成长的金元证券非常珍重社会各界对金元证券给予的关注和支持，并以实际行动积极承担企业的社会责任，参与各类公益事业。公司全体同仁以使命感、事业心和专业追求致力于为客户提供优质、高效的全方位服务，并努力为繁荣和发展中国证券市场，推进中国资本市场建设进程贡献力量。

民生证券有限责任公司

民生证券有限责任公司成立于1986年，是经中国证监会核准的BB类证券公司，为中华全国工商业联合会直属会员。1996年，经中国人民银行批准，注册资本由1000万元增至1亿元。2002年完成第二次增资扩股，注册资本增至12.82亿元，并经国家工商行政管理总局核准登记，更名为"民生证券有限责任公司"，注册地为北京。2004年，注册为保荐机构。2005年，被中国证监会确定为股权分置改革保荐试点保荐机构。2007年2月，通过中国证券业协会规范类证券公司评审。

公司具备中国证监会批准的证券经纪；证券投资咨询；与证券交易、证券投资活动有关的财务顾问；证券承销与保荐；证券自营；证券资产管理；证券投资基金代销等各项业务资格，并由中国证监会推荐进入全国银行间同业拆借市场。公司在北京、上海、深圳、郑州、济南、广州、成都、太原等地设立了25家证券营业部和证券服务部。

公司坚持"以诚信求生存、以创新谋发展"的经营理念，积极进取，全面开拓各项业务，不断推进机制创新和业务模式创新，为各类客户提供优质、规范、高效的投融资工具和专业化、个性化的投资理财服务。

公司具有完善的法人治理结构，科学构建公司法人治理组织体系。公司合规建设和内控机制不断完善，建立了前中后台相结合、相互监督的内控架构，以及系统配套、促控有力的制度体系和较为完备的风险监控技术支持系统，确保各项业务健康发展。

公司坚持以人为本，建立以绩效为导向的薪酬激励机制和以促进员工发展、人力资本增值为核心的人力资源开发体系，倡导员工与企业同成长，使人力资本真正成为企业的核心竞争力。

1. 经纪业务

经纪业务作为公司的基础和核心业务，一直保持着稳定的发展，目前公司在北京、上海、深圳、郑州、济南、成都、广州等中心城市设有25家证券营业部和服务部。近年来，坚持"风控优先、效益至上"的经营理念，深入贯彻营销发展纲要，积极拓展市场，经营规模不断扩大，市场占用率稳步提升，07年1－11月营业收入较06年同期增长447.34%，营业利润增长636.57%，市场占有率增长9.82%。

2. 投资银行业务

公司在股票发行实行保荐制之前，先后承担了宇通客车、神火煤电、众生制药、银鸽投资等许多大中型股份公司的主承销和上市推荐人工作。

实行保荐人制以来，公司作为保荐人和主承销商完成了北斗星通的IPO发行、中储股份的非公开发行和三友化工公开增发的核准；在股权分置改革业务上，公司先后担任了11家上市公司的股权分置改革保荐机构，成功运作了吉林敖东股权分置改革，并创新性的提出并实施了我国首家缩股方案；在并购财务顾问业务方面，公司成功运作了宝石A、苏福马等多家企业的重大资产重组项目，为辽通化工、风华高科等多家企业提供了改制、上市辅导等财务顾问服务；同时，公司作为副主承销和分销商，完成了工商银行、中国国航、浦发银行、兴业银行、国电电力等多家上市公司证券发行工作。

目前，公司已上报和储备了大量的IPO和再融资项目，充足的项目储备为今后投行业务的持续发展奠定了坚实的基础。

3. 资产管理业务

民生证券有限责任公司于2002年6月获得中国证券监督管理委员会批准的从事受托投资管理业务资格，目前资产管理业务已经规范完毕，具有丰富的实践经验和管理经验。

根据中国证券业协会2007年度证券公司受托管理资金本金总额排名，公司排名第23位；根据中国证券业协会关于证券公司2008年10月份经营数据排名，2008年10月底，公司资产管理业务规模排名第27位。

2008年，公司管理两个定向资产管理账户，一个账户2008年1月终止并实现了1.25%的收益率，另一个账户于2008年11月终止，实现0.68%的收益率，均远高于大盘平均水平。

4.固定收益业务

公司一直关注中国债券市场的发展，并在企业债承销与银行间市场债券撮合交易两个方面均取得了较好的成绩。2005年公司在银行间市场1203家成员中进入100强，排名第97名，在84家券商中排名第14名。债券撮合交易业务的开展，在提升公司市场知名度的同时，也形成了公司新的盈利增长点。2006年企业债券承销市场持续火爆，券商参团竞争激烈，公司当年参与承销13家企业债券，占全年企业债券发行总家数的30%，保持了良好的市场份额。2007年1－11月，虽然债市面临弱市格局和不利环境，但公司的固定收益业务依然得到了较好的发展，不仅圆满完成三一重工5亿元的企业债券主承销项目公开发行，还同时参与了17家企业债券的承销。

5.证券研究咨询业务

近几年来，公司的研究咨询业务也得到了快速发展，自2002年以来，公司研究所完成了中国证券业协会、深圳证券交易所课题10多项，获奖课题5项，其中：一等奖一项、二等奖一项、三等奖三项。同时，在《中国证券报》、《上海证券报》、《金融时报》等多家媒体上发表论文数百篇，并多次受邀在中央电视台、北京电视台等多家电台制作证券研究和评论节目，显著提高了公司的影响力。

民生证券研究所现有专职研究人员20余人，所有研究人员均具有硕士以上学历和丰富的从业经验，专业背景涵盖证券期货、财政金融、数理统计、企业管理、房地产、石油化工等多个学科，组成了实力雄厚、经验丰富、结构齐全的研究队伍，主要从事行业及公司研究、投资策略、市场分析、基金行为分析、股票备选库、投资组合产品、指数期货产品、新股定价分析、上市公司估值分析模型和财务分析模型等领域。目前的定期资讯产品有《民生智富》、《晨会纪要》、《股票池》、《每日债市评述》、《分析师短信》、《新股定价分析》、《基金池》等；常规研究报告有行业分析报告、公司价值分析报告、市场投资策略报告、基金行为分析报告、金融工程相关研究报告。

风险控制体系

公司非常注重风险控制工作，建立了严密的制约机制、内部稽核制度，加强审计监督，建立风险的事中控制与事后补救机制。设立了由董事长担任召集人的风险管理委员会，建立并完善了由风险管理委员会领导、风险管理总部履行风险实时监控职能、法律事务总部履行风险事先防范职能、稽核监察总部履行事后风险审查职能、总裁办公室和计划财务总部等各部门及分支机构各司其职的风险控制体系。

公司风险控制体系运行高效，近三年未出现较大风险事故，为公司业务快速稳健发展提供了有力的保障。

公司联系方式

地址：北京市朝阳区朝外大街16号中国人寿大厦1901室

客服热线：400－619－8888

网址：www.mszq.com

万和证券经纪有限公司

万和证券经纪有限公司成立于2002年1月18日，是经中国证监会批准，由原深圳市深财证券业务部、成都财盛证券公司和海口财政证券公司三家财政国债中介机构重组设立的证券经纪类公司。公司在海南、深圳、成都设有6家证券营业部，拥有员工逾百人。公司主要从事证券经纪类业务，具备证券代理买卖、权证交易、证券大宗交易、证券外汇经营等业务资格。

业绩回顾

万和证券坚持规范、诚信、稳健的经营方针，以对股东投资与客户资产保值增值高度负责的态度，致力于以严谨的业务流程和管理制度安排确保公司合规经营。公司2005年通过独立存管评审、2006年通过规范类券商评审、2007年12月通过客户结算资金第三方存管评审、08年通过账户规范验收核查。公司以一贯的稳健经营化解市场风险。万和证券2007年的经营业绩实现了历史性的突破，取得了公司成立以来最佳的业绩。2008年，公司创下自成立以来第二好的业绩，保持了令行业瞩目的优良财务指标。公司的管理水平不断提高，风险控制能力进一步的加强，合规体系逐步完善，客户服务及投资者教育进一步细化。

万和证券拥有一支具备较高专业水平与服务意识的员工队伍，一直以来努力为投资者提供良好理财咨询与优质服务。公司建立了投资资讯、咨询服务平台，引进《万得资讯》、《博览财经》、《今日投资》等专业分析系统，定制《万和每日资讯》、《万和决策视野》等资讯产品，并且形成了手机短信、交易系统、公司网站等专业服务机制。

公司文化

公司秉承“诚信、稳健”的经营理念，倡导以“和”为贵、“和”生财的企业价值观。以稳健经营谋求发展；以优质服务感 动客户；以精诚进取打造团队！通过不断努力，把公司打造成为最具中国文化气质和最佳服务力的优质券商！持续不断的为客户 创造效益！为员工提供机会！为企业赢得发展！为社会贡献价值！

部门介绍

经纪业务部：

根据公司发展战略，组织经纪业务的市场营销和业务经营管理，健全各项管理和业务制度，全面提升公司经纪业务的竞争实力，实现经纪业务的发展战略和目标。

信息技术中心：

根据公司的战略、业务发展规划和监管要求，组织建设和完善公司IT信息系统体系，规范IT操作流程，保障信息系统安全运行，提升公司运行效率，保障公司风险控制符合监管要求。

计划财务部：

按监管要求、国家会计核算准则，推进财务管理系统规范化、科学化，保障资金供应与安全，实施稳健高效的财务管理，为公司经营决策提供财务决策服务。

存管中心：

根据中国结算公司的证券交易结算制度及公司的发展战略要求，组织和保障公司日常结算业务正常运行，提高公司结算业务效率，保证公司客户资产安全，防范公司结算风险。

办公室：

根据公司战略和经营要求，组织人力资源管理、行政后勤服务、总办事务处理、董秘工作，为公司经营发展提供人力资源保障,保障公司行政后勤有序进行,公司决议和董秘工作落实到位。

人力资源部:

根据公司战略和监管要求,进行人力资源战略规划,建立和完善公司人力资源管理体系,通过人力资源规划、员工招聘选拔、绩效考评、薪酬管理、员工激励、人才培训和开发等一系列手段来提高劳动生产率,确保公司人力资源效用最大化,促进公司实现企业战略发展目标。

风控稽核部:

根据公司战略发展、监管要求,建立和完善公司风险管理体系、稽核检查体系,组织风险控制、稽核审计的管理工作,保障公司经营符合合规要求、稳健经营,达成公司经营目标。

合规部:

根据公司战略发展、监管要求,建立和完善公司合规管理体系,组织合规检视、合规培训等管理工作,保障公司经营合规、稳健的开展,达成公司经营目标。

营业部:

根据公司战略发展要求和市场发展策略,组织营业部市场营销、客户开发和日常运营,完成公司下达的经营目标。

万联证券有限责任公司

万联证券有限责任公司于 2001 年 8 月 23 日经中国证监会证监机构字[2001]148 号文批准设立,是由实力雄厚的国有资产经营公司和投资公司出资组建的全资国有企业,公司注册资本雄厚,是广东省首家规范类证券公司。

公司经营范围包括:证券(含境内上市外资股)的代理买卖;代理证券的还本付息、分红派息;证券代保管、鉴证;代理登记开户;证券的自营买卖;证券的承销(含主承销);证券投资咨询(含财务顾问);中国证监会批准的其它业务。

公司总部设在广州市,在广州、北京、上海、湖南、湖北、四川、浙江等省市设立了近 30 家营业网点,初步形成了以华南为中心、辐射全国的营业网点布局。

自成立以来,公司秉承"诚信、务实、创新、高效"的经营理念,以人为本,稳健进取,深入研究客户需求,致力于将客户利益放在第一位,以高超的专业技能和至诚的服务精神赢得客户信任;深入推进业务的开拓创新,在产品设计、项目运作上追求高质量、低风险;奉行以严格的风险控制为前提、以合理的投资收益为目标的稳健投资策略,建立科学、严谨、高效的业务流程和风险管控体系,追求稳步增长的经营效益。多年来,公司坚持合规、守法经营,构建稳健的业务组合,促使公司长期健康、稳定持续地发展。公司已逐步发展成为运作规范、资产优质、抗风险能力强的全国性综合类证券公司。

展望未来,在广州市政府领导、相关主管部门的关心和支持下,在证券监管部门的指导和帮助下,在董事会及经营班子的正确带领下,公司上下团结一致,齐心协力,认真贯彻中国证监会关于证券公司综合治理的有关文件精神,紧紧围绕广州市区域金融中心建设的战略构想,抓住机遇,凭借"团结、敬业、创新、发展"的企业精神和规范类券商的品牌优势,不断提升营销能力、风控能力、研发创新能力以及企业文化等核心竞争能力,进一步完善公司治理机制,管理能力、服务水平,强化风险管理,逐步扩展业务规模和业务种类,进一步优化盈利模式。把万联建设成一个业务上有特色、行业中有影响、经营管理规范、对股东有较好回报、为广大客户提供优质服务的证券公司。

中国银河证券股份有限公司

中国银河证券股份有限公司(以下简称"公司")是经中国证监会批准,由中国银河金融控股有限责任公司作为主发起人,联合北京清源德丰创业投资有限公司、重庆水务集团股份有限公司、中国通用技术(集团)控股有限责任公司、中国建材股份有限公司 4 家国内投资者,于 2007 年 1 月 26 日共同发起设立的全国性综合类证券公司。公司收购了原中国银河证券有限责任公司的证券经纪业务、投行业务及相关资产,注册资本金为 60 亿元人民币。公司的注册地址是:北京市西城区金融大街 35 号 2 - 6 层。法定代表人为胡关金。

公司股东及其持股比例为:

股东单位	持股比例
中国银河金融控股有限责任公司	99.89%
北京清源德丰创业投资有限公司	0.03%
重庆水务集团股份有限公司	0.03%
中国通用技术(集团)控股有限责任公司	0.03%
中国建材股份有限公司	0.02%

公司的经营范围包括:证券经纪;证券投资咨询;与证券交易、证券投资活动有关的财务顾问;证券承销与保荐;证券自营;证券资产管理。

公司总部设在北京,下设 192 家证券营业部和 22 家服务部总计 214 个营业网点。营销网络分布在全国 29 个省、自治区、直辖市的 62 个中心城市,直接为近 500 万客户服务,客户总资产 2600 多亿元。旗下拥有银河期货经纪公司。

遍布全国的营业网点,丰富完整的金融产品平台,不断创新的技术手段,庞大的客户群体,确立了公司在国内经纪业务市场上的领先地位。公司经纪业务收入位于行业排名第一。股权融资方面,公司股票承销业务连续多年位居行业三甲,先后完成南方航空、中国银行、中国国航、中国人寿、中国平安、交通银行、中国神华、中煤能源和中国铝业等多家大型企业的融资保荐工作。截至 2008 年末,公司累计实现主承销金额超过 2600 亿元,完成了近百个具有一定市场影响力的财务顾问项目,得到市场广泛认可。债权融资方面,公司连续 5 年蝉联券商债券主承销量全国第一,完成了铁道部、国家电网、南方电网、华电集团、国电集团、中电投、中国石化、首都机场、北京地铁、上海久事等几十家企业债券主承销项目,并在业务创新方面首家推出了东元不良资产证券化项目,首次作为券商担任交行 250 亿元次级债的独家主承销及簿记管理人。

公司现有员工 4000 余人,89% 具有 6 年以上的证券从业经历。

公司以雄厚的资金实力、一流的人才队伍、丰富的专业经验、稳健的经营作风,为客户提供专业化服务。

公司获奖情况:

2007 年

● 被亚太著名金融杂志《金融亚洲》、《亚洲货币》同时评选为 2006 - 2007 财年"中国内地最佳经纪业务机构"、"中国内地最佳债券承销机构"和"2007 年度中国最佳债券承销商";

● 获中国主流媒体理财联盟组织的中国年度理财总评榜"最佳服务证券公司"奖 。

2008 年

● 在《21 世纪经济报道》发起的"21 世纪中国资本市场年会"上,获得"2007 最佳经纪奖" ;

● 在《华夏时报》发起的“2007 华夏机构投资者年会暨华夏理财总评榜颁奖盛典”上，获得“2007 华夏理财总评榜十大金牌券商”；

● 公司基金研究分析与评价系统获得中国证监会、中国证券业协会、中国期货业协会共同颁发的“证券期货业科学技术奖？最佳创新奖”；

● 在由百度财经举办的“中国最具影响力的证券公司”投票活动中，获得“2008 亿万网民心目中的中国十大最具影响力的证券公司”称号；

● 获 2008 年度中国和讯财经风云榜“最令投资者满意的证券公司”；

● 在《上海证券报》举办的评选活动中，获得“2007 年度中国最佳证券经纪商”、投行“最佳推介团队”奖项；

● 在《证券时报》举办的“首届中国金融机构 CIO 年会暨第九届中国优秀财经证券网站”评选活动中，获得“2008 年度金融机构网站十佳管理团队”、“2008 年度金融机构十大 IT 创新案例”、“中国优秀财经网站. 券商类”，单项奖“最佳客户服务奖”；

● 在《证券日报》举办的“第四届中国证券市场年会”上，获得“2008 年中国证券市场证券公司金钥匙奖”；

● 在《金融时报》主办的“2008 中国最佳金融机构排行榜”活动中，获得“年度最佳投行业务公司”和“年度最佳经纪业务公司”。

中信证券股份有限公司

中信证券股份有限公司是中国证监会核准的第一批综合类证券公司之一，前身是中信证券有限责任公司，于 1995 年 10 月 25 日在北京成立，注册资本 6,630,467,600 元。2002 年 12 月 13 日，经中国证券监督管理委员会核准，中信证券向社会公开发行 4 亿股普通 A 股股票，2003 年 1 月 6 日在上海证券交易所挂牌上市交易，股票简称“中信证券”，股票代码“600030”。

公司主营业务范围为：证券（含境内上市外资股）的代理买卖；代理证券还本付息、分红派息；证券的代保管、鉴证；代理登记开户；证券的自营买卖；证券（含境内上市外资股）的承销（含主承销）；客户资产管理；证券投资咨询（含财务顾问）。

公司长期以来秉承“稳健经营、勇于创新”的原则，在若干业务领域保持或取得领先地位。2008 年公司股票承销的市场份额 17.39%，排名第一；债券承销的市场份额 12.15%，排名第一；公司及控股公司合并的股票基金交易额市场份额 8.56%，排名第一；公司控股基金所管理的资产规模合并市场份额 10.29%，排名第一；研究团队蝉联第一。

中信证券第一大股东为中国中信集团公司。中信证券与中信银行、中信信托、信诚人寿保险等公司共同组成中信控股之综合经营模式，并与中信国际金融控股共同为客户提供境内外全面金融服务。

中信证券下属中信建投证券有限责任公司、中信金通证券有限责任公司、中信万通证券有限责任公司、中信证券国际有限公司、华夏基金管理有限公司、中证期货有限公司、金石投资有限公司、中信产业投资基金管理有限公司、中信标普指数信息服务（北京）有限公司等子公司。包括所属子公司在内，中信证券在境内合计拥有 186 家证券营业部、42 家证券服务部和 8 家期货营业部。

截止 2008 年底，中信证券总资产 1369 亿元人民币，净资产 552 亿元人民币，是国内资本规模最大的证券公司。

2005 年，中信证券被《新财富》杂志社评选为“本土最佳证券公司”第一名，2007、2008 年评选为“本土最佳投行团队”第一名，2006、2007、2008 年连续三年评选为“本土最佳研究团队”第一名，2006 年“本土最佳销售团队”第一名。2002 年至 2005 年、2008 年公司被《亚洲货币》杂志评选为“中国最佳债权融资行”，2004、2007、2008 年评选为“中国最佳股权融资行”，2007、2008 年评选为“中国最佳经纪行”。2008 年被《亚洲金融》杂志评为“中国最佳经纪行”和“中国最佳债权融资行”。

深圳地址：广东省深圳市福田区深南大道 7088 号
招商银行大厦第 A 层
邮编：518040
电话：0755 - 83076935
传真：0755 - 82485225
北京地址：北京市朝阳区新源南路 6 号京城大厦 3 层
邮编：100004
电话：010 - 84865567
传真：010 - 84588888
投资者交流热线：010 - 84868330　zxzq@ citics. com
网站技术服务：wangzhan@ citics. com
营业部客户投诉电话：010 - 84868336　0755 - 83078088

名　称	委托电话	咨询电话
北京安外大街营业部	010 - 64281166	010 - 63261166
北京白家庄东里营业部	010 - 65902288	010 - 63261166
北京北三环中路营业部	010 - 62063399	010 - 63261166
北京复外大街营业部	010 - 63065868、64281166	010 - 63261166
北京花园东路营业部	82011177	010 - 63261166
北京天通苑营业部	-	010 - 84842496
北京张自忠路营业部	010 - 63065599,84045599	01063261166
北京紫竹院路营业部	010 - 68965566,51997711	010 - 63261166
常州环府路营业部	0519 - 86570518	96099
长沙芙蓉路营业部	0731 - 85526000	0731 - 85362597
成都玉林北街营业部	028 - 962788	028 - 85568181 - 836
大连人民路营业部	0411 - 82553133	0411 - 82809100
东莞鸿福路营业部	0769 - 22346888	0769 - 22365666
佛山湖景路营业部	0757 - 82688168	0757 - 83283908,83283918/28
广州天河北路营业部	020 - 83918999	020 - 38460096
海门服务部	0513 - 7510118	0513 - 82103189
杭州庆春路营业部	0571 - 87248888	0571 - 87240406/7
南京高楼门营业部	025 - 83508998	96099
宁波江东北路营业部	0574 - 87719300	0574 - 87719580
宁波邱隘服务部	0574 - 87719300	0574 - 88355536
宁波溪口服务部	0574 - 87719300	0574 - 88854056
启东服务部	0513 - 87510118	0513 - 83350655
如皋营业部	0513 - 7510118	0513 - 87650014
上海安亭营业部	021 - 59571123	021 - 37999900
上海长寿路营业部（原昌平路营业部）	021 - 32039777	021 - 62325088,37999900
上海东方路营业部	021 - 50619600	021 - 68756999,37999900
上海番禺路营业部	021 - 64471118	021 - 64077600,37999900
上海古北路营业部	021 - 52609520	021 - 62093006,37999900
上海沪闵路营业部	021 - 34024518	021 - 54808191,37999900
上海淮海中路营业部	021 - 53519999	021 - 37999900,62831333
上海巨鹿路营业部	021 - 52569696	021 - 62875200,37999900
上海浦东大道营业部（原东方路营业部）	021 - 50634650	021 - 58851910,37999900
上海石化营业部	021 - 57941788	021 - 57944412,37999900
上海溧阳路营业部	61421868	021 - 61673590/61673593
绍兴万商路营业部	0575 - 84127288	0575 - 84136718,84136719
深圳湖贝路营业部	0755 - 82295823	0755 - 82221993
深圳深南大道证券营业部	83160788	0755 - 83478806

名称	委托电话	咨询电话
深圳新闻路营业部	83733998	0755－83733803、3801、3800
石家庄营业部	－	0311－66772000
苏州中新路营业部	0512－67611888	0512－67611816
太原迎泽西大街证券营业部	400－653－1878	0351－6191968
天津大港证券营业部	022－25913188	022－25978800
天津友谊路营业部	022－28130100	022－28358928 26420604
武汉建设大道营业部	027－85723333	027－85355355
西安南二环路营业部	029－88235000	029－88236158
徐州大马路证券营业部	0516－83701818	0516－83735777
中山中山四路证券营业部	0760－88882600	0760－88889700，88889707

中信金通证券有限责任公司

中信金通证券有限责任公司是经中国证券监督管理委员会批准成立并在工商行政部门登记注册的专业性证券公司，是中信证券股份有限公司的全资子公司，其前身是成立于2002年2月6日的金通证券股份有限公司。截止到2009年底，公司现有注册资本8.85亿元人民币，在杭州、宁波、萧山、临安、金华、诸暨、义乌、温岭、余姚、嘉兴、海宁、湖州、温州、衢州、丽水等地拥有42个营业网点。

中信金通证券有限责任公司股东中信证券股份有限公司是上海证券交易所挂牌交易的上市公司，旗下拥有中信万通证券有限责任公司、中信建投证券有限责任公司、华夏基金管理有限公司、中信金通证券有限责任公司等，各类业务齐全，并位居业内前列。

经国家证券监督管理机构核定及公司登记机关核准，公司经营如下证券业务：证券经纪；证券投资咨询；与证券交易、证券投资活动有关的财务顾问；中国证监会批准的其它与经纪类有关的证券业务。

中信金通证券有限责任公司将坚持规范经营，稳健发展，继续秉承客户至上，真诚服务的原则，以专业服务为客户创造新价值，实现让中信金通成为客户满意、员工满意和股东满意的一流证券公司的愿景。

营业网点	地址	联系电话
杭州		
杭州延安路证券营业部	杭州市延安路515号	0571－85069366、85069353
杭州秋涛路证券营业部	杭州市秋涛路558号静怡花园裙楼	0571－86519009
杭州凤起路证券营业部	杭州市凤起路102－1号	0571－85783588
杭州曙光路证券营业部	杭州市西湖区曙光路150－1号黄龙广场（黄龙广场主停车场3楼、靠求是路侧）	0571－87903518、87903558
杭州市心南路证券营业部	萧山区市心南路133号新世纪广场C座九层	0571－82625483、82636295
杭州文三路证券营业部	杭州文三路535号莱茵达大厦	0571－87991953
桐庐春江路证券营业部	浙江省桐庐县春江路719号国贸大厦7楼	0571－64625071
杭州文晖路证券营业部	杭州市文晖路318号	0571－85771666，85771700
杭州定安路证券营业部	杭州市定安路1号，银泰西湖店四楼	0571－87036105
杭州延安路杭钢证券服务部	杭州市拱墅区半山路143号	0571－88133942、88135594
杭州曙光路临平证券服务部	浙江省临平镇东湖中路233号社保委大楼	0571－86245108
临安钱王街证券营业部	临安市钱王街431号	0571－63720468、63732542
杭州庆春路证券营业部	杭州市庆春路36号三瑞大厦4层	0571－87240406、87240407、87240397
杭州禹航路证券营业部	浙江省余杭镇禹航路427号，余杭大酒店6楼	0571－88671260，88671261
湖州		
湖州长兴证券服务部	浙江省长兴县雉城镇金陵中路666号，人行大楼1、2楼	0572－6043309、6030557
湖州环城西路证券营业部	浙江省湖州市环城西路288号	0572－2212008、2035005、2035701、2035069
湖州德清证券服务部	浙江省湖州市德清县武康镇永安街42号	0572－8830838，8830858
台州		
温岭东辉北路证券营业部	温岭市太平东辉北路152号	0576－86207119，86207163
温岭泽国证券服务部	浙江温岭市泽国镇泽楚路273号	0576－86447668
台州市府大道证券营业部	浙江台州市市府大道535号第一时间生活广场一到三楼	0576－88896598，0576－88612345
嘉兴		
嘉兴吉杨路证券营业部	嘉兴市吉杨路123号	0573－82069341，82072448
海宁硖西路证券营业部	海宁市硖西路287号（原海宁皮革管委会）	0573－87047777
平湖人民东路证券营业部	浙江平湖当湖街道人民东路19号	0573－85121028、85120528，85011101
嘉兴海盐证券服务部	浙江海盐武原镇河滨西路126号，银燕大厦	0573－86033570
桐乡世纪大道证券营业部	浙江桐乡振东新区世纪大道1338号	0573－88138111
嘉兴嘉善证券服务部	浙江嘉善县晋阳西路51号汇中大厦三楼	0573－84233977
金华		
金华中山路证券营业部	金华市中山中路331号海洋大厦	0579－82303626，82312970，82324453，82312899
义乌化工路证券营业部	浙江省义乌市化工路236号	0579－85561808
义乌浦江证券服务部	浦江县人民东路33号财富广场西区	0579－84113222
东阳中山路证券营业部	浙江东阳市吴宁镇中山路82号	0579－86650188
宁波		
余姚南雷路证券营业部	余姚市南雷路10－68号	0574－62729400
宁波江东北路证券营业部	宁波市江东北路21号中信国际大酒店附楼	0574－87719580，87719617
宁波溪口证券服务部	宁波奉化市溪口镇桃源路47号	0574－88854056，88860663、88861612
宁波邱隘证券服务部	宁波市鄞州区邱隘镇青年路267号	0574－88355536
温州		
温州车站大道证券营业部	温州市车站大道盛德大厦一、三层	0577－88107027，88107028
乐清证券营业部	浙江乐清市乐成镇鸣阳路138号	0577－62596598，0577－61600018
绍兴		
诸暨永兴路证券营业部	浙江诸暨市永兴路22号	0575－87222907
嵊州证券服务部	浙江嵊州市一景路2号	0575－83000777
绍兴万商路证券营业部	绍兴县柯桥万商路1076号	0575－84136718、84136719
绍兴解放南路证券营业部	浙江省绍兴市解放南路681号，惠风和畅商务楼	0575－88096598
衢州		
衢州新桥街证券营业部	衢州市新桥街2号	0570－8287801
丽水		
丽水寿尔福路证券营业部	丽水市莲都区寿尔福路445号	0578－2511980

中信金通证券有限责任公司
地址：浙江省杭州市中河南路11号万凯庭院商务楼A座
邮编：310008
电话：0571－85783737
服务邮箱：96598@bigsun.com.cn

中信万通证券有限责任公司

【公司概况】中信万通证券有限责任公司由中信证券股份有限公司控股重组原万通证券有限责任公司后于2004年设立。1988年，中国人民银行青岛分行独资设立“青岛证券公司”，1992年改制为有限责任公司，资本金5000万元。1997年，由青岛市财政局出资4500万元控股并更名为“青岛万通证券有限责任公司”。2000年进行增资扩股，资本金增至55198万元，更名为“万通证券有限责任公司”。2002年2月开始实施以中信证券股份有限公司出资控股为主要方式的增资重组并于2003年12月完成。2004年4月更名为"中信万通证券有限责任公司"。

公司为山东地区两家法人证券公司之一。注册资本8亿元，股东11家，其中中信证券公司持股91.40%。自2004年完成增资重组以来，公司始终坚持立足客户需求，打造差异化服务品牌的宗旨。抓住机遇，加快分支机构建设和营销网络布局；深化业务转型，强化以客户资产增值为目标的财富管理平台的建设；务实创新，强化管理，合规经营，努力提高执行力；以人为本，加强队伍建设，进一步提升公司的核心竞争力。经营收入、利润总额和上缴税收连年创造好于市场的业绩。公司被授予"全国帐户规范工作先进集体"。为山东省、青岛市政府命名的"山东省服务业先进单位"、"山东省纳税先进单位"和"青岛市文明单位"。入围青岛市重点发展的百强服务业重点企业。董事长和总经理分别入选山东省、青岛市优秀企业家。

【业务范围】经中国证监会批准，公司的业务范围是：证券（含境内上市外资股）的代理买卖，代理证券的还本付息、分红派息，证券的代保管、鉴证，代理登记开户，证券的自营买卖，证券（含境内上市外资股）的承销（含主承销），受托投资管理和证券投资咨询（含财务顾问）业务。具有经营股票承销业务、债券承销业务、证券投资咨询业务、网上证券委托业务、受托投资管理业务、全国银行间同业拆借市场成员、开放式证券投资基金代销业务、权证交易业务、上证基金通业务、ETF一级交易商、买断式国债回购业务、证券大宗交易业务、证券业务外汇经营、股权分置改革试点保荐和期货业务代理等业务资格。

【分支机构】几年来，公司积极推进营业网点的布局调整，力求最大限度地发挥牌照资源作用，为广大投资者提供便捷高效的服务。到目前，公司共有27个营业网点。其中，有12个设在青岛市区及开发区、胶州、即墨和平度，其余15个分布在济南、烟台、莱州、潍坊、淄博、南定、东营、滨州、博兴、无棣、邹平、济宁、临沂等地。目前，公司正在进行在威海、德州、枣庄、日照、泰安等地设立证券营业部的论证和申报。争取到2010年8月底前，完成在山东所有地市网点的铺设，实现以总部集中统一的交易、服务、核算平台为支撑的，以营业部为骨架的，覆盖山东所有地市、县和发达乡镇的三级营销网络。

机构名称	地　址	联系电话
青岛标山路证券营业部	青岛市标山路36号	0532－83658262
青岛南京路证券营业部	青岛市南京路9号	0532－85753396
青岛东海西路证券营业部	青岛市东海西路28号	0532－85023705
青岛保定路证券营业部	青岛市保定路18号	0532－82849896
青岛嘉定路证券营业部	青岛市嘉定路7号	0532－83753463
青岛苗岭路证券营业部	青岛市苗岭路29号	0532－87868548
青岛香港中路证券营业部	青岛市香港中路6号	0532－82020579
即墨鹤山路证券营业部	青岛即墨市鹤山路395号	0532－88551828
青岛经济技术开发区井冈山路证券营业部	青岛开发区井冈山路638号	0532－86889261
胶州湖州路证券营业部	青岛胶州市湖州路252号	0532－87206889
平度人民路证券营业部	青岛平度市人民路137号	0532－88330049
淄博美食街证券营业部	淄博市张店区美食街11号	0533－2159878
淄博共青团西路证券营业部	淄博市张店区共青团西路48号	0533－2185757
淄博西山路证券营业部（南定）	淄博市张店区西山路10号	0533－2972755
临沂沂蒙路证券营业部	临沂市沂蒙路183号	0539－8322227
济南山大路证券营业部	济南市山大路144号	0531－88199777
烟台南大街证券营业部	烟台市芝罘区南大街118号	0535－6683819
莱州文化东路证券营业部	莱州市文化东路628号	0535－2275310
滨州黄河二路证券营业部	滨州市黄河二路694号	0543－3318128
滨州黄河五路证券营业部	滨州市黄河五路537号	0543－3319761
滨州邹平证券营业部	邹平县黄山三路140号	0543－4327406
滨州博兴证券营业部	博兴县博城五路319号	0543－2323777
滨州无棣证券营业部	无棣县中心大街22号	0543－3324417
济宁洸河路证券营业部	济宁市洸河路126号	0537－2281677
东营济南路证券营业部	东营市西城区济南路21号	0546－8276967
潍坊四平路证券营业部	潍坊市四平路33甲	0536－8222257
聊城东昌东路证券营业部	聊城市东昌府区东昌东路40－3号	0635－2995600

【公司特色】差异化优势明显的客户服务体系：公司按照打造"标准化、专业化、差异化"服务品牌的目标，一直致力于客户服务体系的建设。已经形成了以"96577"客服热线为基础平台，以理财通、金股信、理财邮箱、公司网站和贵宾俱乐部为特色平台的综合服务体系。凭借公司强大的研发支持，借助多层次、全方位、知识化的服务手段，为投资者提供高水平、专业化、标准化的服务，满足不同投资群体的个性化需求，服务效果得到越来越多投资者的认可和信赖。根据发展需求，能够容纳100个座席以上的新的客服中心正在建设中。

安全稳健的信息系统：公司高度重视信息系统建设。几年来投入巨资进行网络扩容和功能升级，运行效率和安全系数大大增强，网上交易系统可支持数倍于现有客户量同时在线。完善了包括自查自检、应急演练、系统评估和监控在内的各项制度，实现了灾备同城异地双备份。公司信息系统建设情况也得到了监管部门的充分肯定。在2008年证监会组织的包括国家安全局专家在内的检查结论给予了很高的评价。

健全稳健的经营管理体系：几年来，公司通过坚持不懈的努力，基本清收完所有应收债权，资产优质状况居业内前列。公司规章制度体系健全，三级风控体系确立，各部门在职能定位、业务流程和技术系统各自独立完善的基础上达到了相互制衡，公司抗风险能力彰显，管理水平明显提升。形成合规管理、即时监控、风险评估和稽核整改的完整体系，各项风控指标连续四年达到证监会规定的标准。

强大的集团和控股股东背景：中信集团及中信证券的品牌影响和市场形象，成为公司业务开拓中极具感召力和吸引力的因素。中信证券与其麾下的中信建投、中信万通、中信金通和华夏基金总计拥有220多个营业网点，为网点最多的券商组织体系，彼此间形成了各自独立、相互支持的合作关系，可以低成本、高效率地完成各项业务。选择了中信万通，就等于选择了中信集团的综合金融服务和全部业务资源。

中原证券股份有限公司

中原证券股份有限公司成立于2002年11月8日，由河南投资集团有限公司、许继集团有限公司、安阳钢铁集团有限责任公司等企业出资组建的综合类证券公司，是全国首批规范类证券公司。2008年1月15日，经中国证监会核准，中原证券股份有限公司增资扩股至20.33亿元人民币。

公司总部位于河南省郑州市经三路15号广汇国际贸易大厦，业务总部位于上海市浦东新区世纪大道1600号浦项商务广场。公司业务范围包括：证券的代理买卖；代理证券的还本付息、分红派息；证券代保管、鉴证；代理登记开户；证券自营买卖；证券的承销；证券投资咨询（含财务顾问）；中国证监会批准的其他业务。业务资格有：主承销业务资格、保荐机构资格、股权分置改革保荐机构资格、开放式基金代销业务资格、上证基金通业务资格、网上交易资格、IPO询价对象资格、上证50ETF一级交易商资格、权证交易资格、受托资产管理业务资格。

公司内设投资银行、经纪业务、证券投资、资产管理、固定收益、证券研究所、稽核审计、风险管理、合规管理、法律事务、信息技术、计划财务、清算托管、人力资源、办公室和党群等部门。公司拥有证券营业部26家、证券服务部12家，分布在河南省内和上海、北京、深圳、青岛、杭州等地，证券投资者开户数达90余万户。

公司成立以来，坚持规范发展、稳健经营的指导思想，严格执行中国证监会《客户交易结算资金管理办法》的规定，杜绝挪用客户资产，确保客户资产安全；坚持以人为本的发展战略，大规模引进了一批有真才实学的人才，较好地调整了人才结构；公司资产质量良好；融合了国内一流券商先进的管理经验，全面搭建起了综合券商的管理框架，建立了以研究为支撑、各项主体业务全面协同发展的盈利模式，并呈现良好的发展势头。

安信证券股份有限公司

安信证券股份有限公司是中国证监会批准，由中国证券投资者保护基金公司联合深圳市投资控股有限公司设立的股份制企业，2006年8月在深圳注册成立，注册资本15.1亿元。

公司经营范围包括：证券经纪，证券投资咨询，与证券交易、证券投资活动有关的财务顾问，证券承销与保荐，证券自营，证券资产管理及中国证监会批准的其它证券业务。

公司使命：

与客户携手共进，成为客户最亲近的长期合作伙伴，

帮助客户分享经济增长的财富成果，实现股东和员工利益最大化。

公司愿景：

成为中国最具市场价值和核心竞争力、

广受尊敬的国内一流金融服务企业。

一、证券经纪业务

客户价值增长的服务理念

以研究为依托，咨询为手段，标准化服务为基础，打造集证券交易、基金等金融产品销售为一体的经纪业务平台，竭诚为客户实现价值的全方位、可持续的增长。

全国性的营销与服务网络

在全国各地拥有95家营业部，已为近200万投资者服务。

先进、安全、多渠道的交易方式与多银行独立资金存管模式

公司在沪、深交易所众多的交易席位，与多银行独立存管合作模式，使客户无论何时、何地都能得到便捷、快速、安全的交易服务和资金安全保障。

专业化运作品质

即时提供最新资讯；为广大客户提供量身定制的投资建议；更为核心客户成立工作小组，提供“一对一”专项理财服务。

二、投资银行业务

全面多元化的服务内容

企业IPO、上市公司再融资的保荐及承销，企业收购兼并及重组改制的财务顾问，政府的财务顾问，企业改制辅导及管理咨询、战略规划等全方位深层次服务。

高素质的专业团队

一百多人的专业团队，从业经历丰富，保荐代表人的数量和专业素质居国内投行前列。

快速便捷的业务联系渠道

在深圳、北京、上海设有投资银行部门，并针对重点客户成立了重点行业部，在全国二十多个省市设有业务联络机构，随时随地响应客户的需求。

丰富优质的客户资源

公司成立以来，已经为有色金属、商业零售、港口机械、加工制造、地产金融以及高科技等行业众多的优质客户提供了资本服务。

三、核心客户服务

销售交易部整合公司研究、投行、资产管理、经纪业务等各项资源，培养高素质的销售队伍，通过股票销售、基金销售、代理交易、研究报告推荐，为核心客户提供专业、高效的“一站式”投资理财服务。

四、资产管理业务

经营理念

诚信稳健，规范运作，专业投资，透明管理，致力于为客户提供全方位的、个性化的理财服务，使客户获得稳定、卓越的投资回报。

业务运作方式

根据客户的投资偏好和风险承受能力，配置相应的投资品种，严格遵循科学的投资决策与操作流程，健全风险控制制度，为客户资产实现最佳收益。

高素质的专业队伍

由来自证券公司与基金管理公司投资方面资深、精干的专业人士组成的业务团队，具有扎实的理论功底和丰富的实际操作经验，均有着良好的过往业绩。

服务范围

大型企事业单位、上市公司、保险公司、财务公司、QFII、一般机构和个人投资者等。业务合作伙伴包括银行、保险、信托等金融企业。

五、固定收益业务

经营理念

秉承“为客户创造价值”的理念，以债券承销为主，投资研究、销售交易为两翼，为客户提供优质、高效的服务。

业务类型

固定收益类产品的研究、设计、发行、承销和投资等；企业、项目融资业务；资产证券化等创新业务；企业财务顾问、政府咨询顾问业务；固定收益类产品投资理财、投资顾问等。

管理模式 固定收益部拥有高层次、高素质、高学历的专业团队，按照专业分工和流程管理的需要，设置了债券承销、投资研究、销售交易等业务线，为实现优质、高效的服务提供了保障。

业务前景广阔

国内固定收益市场进入快速发展时期，市场机会众多。公司业务资源丰富，便于客户进行长期战略合作。

六、证券投资业务

投资目标 在严格控制风险的基础上，充分权衡、匹配风险与收益的关系，确保公司资本金获得持续稳定的收益。

投资理念 坚持价值投资，以深入的研究挖掘企业内在价值，寻找安全边际较高的股票，中长期持有、充分享受上市公司成长带来的投资收益。

七、研究咨询业务

研究理念

强调基本面研究，追求大概率事件。

研究队伍

在深圳、上海和北京三地配备研究力量，广聚研究精英人才；研究队伍具有规模化、专业化、高学历、实战经验丰富等特点，对资本市场各个领域进行全方位的跟踪、研究。

研究特色

强调客观独立、洞察敏锐、逻辑清晰、论证翔实、观点鲜明、具有前瞻性和原创性的研究风格，在竞争中保持差异化。强调宏观、策略与重点行业研究之间的互相印证和互相补充。全面覆盖与重点突出，在研究覆盖齐整的基础上，重点突出宏观、策略以及能源、有色金属、化工、交通运输、钢铁、公用事业、传媒、旅游、医药、银行、保险等重点行业的研究。强调创新研究，对权证和股指期货、资产证券化、结构性产品、股票期权等金融衍生产品进行前瞻性研究。

研究产品 研究产品包括宏观经济研究报告、投资策略报告、行业研究报告、公司研究报告、债券研究报告、基金研究报告、证券市场研究报告、重点课题研究报告、财务顾问报告等。并开展研究产品推介和研究服务工作。

安信证券股份有限公司

地址：深圳市福田区金田路4018号安联大厦35层

邮编：518026

电话：0755 8282 5555

传真：0755 8282 5550

网址：www. essences. com. cn

川财证券经纪有限公司

川财证券经纪有限公司是经中国证监会批准成立的、全国首家由财政国债中介机构整体转制而成的专业证券公司。公司前身四川省川财证券公司是1988年经四川省人民政府批准，由四川省财政出资兴办的全省最大的国债中介机构，主要从事国债代理发行、兑付及国债转让等业务。2001年，经中国证监会批准，以原四川省川财证券公司的国有资产代表单位四川省国有资产经营投资管理有限责任公司为主体，联合射洪县、乐山市五通桥区、南充市顺庆区、犍为县的国有资产授权管理单位共同发起设立了川财证券经纪有限公司。新公司是以原四川省川财证券公司为主，在整合省内多家财政国债中介机构的基础上设立而成，注册资本为人民币9291万元，拥有沪、深交易席位5个，是中国证券业协会和中国国债协会会员，在省内不同区域拥有6家证券营业部，分布在成都、射洪、南充、乐山和犍为五地，初步构建了辐射全川、面向全国的业务经营机构网络。

作为省内首家由原财政国债中介机构转制而成的证券经纪公司，川财证券经纪有限公司在证券经纪代理业务方面有得天独厚的优势：

1. 经营业绩卓著

公司自开展代理买卖业务以来，严格依法经营、规范运作，以服务于客户为本，不断提高服务质量。1998年被《四川日报》、《华西都市报》联合评选为四川地区“投资者最满意券商”。公司成立十多年来，年年赢利，创造了良好的经济效益和社会效益，为四川省国债、股票市场的繁荣与发展作出了应有的贡献。

2. 专业优势明显，经营证券业务经验丰富

公司由从业多年的财政证券中介机构重组整合而成，多年的发展积累了许多的经营证券业务的经验，公司研发部还配备有专业的国债天地咨询人员，能为客户提供良好的服务及投资建议。同时，多年的发展还使公司积累了大量的有形和无形资产，公司作为财政证券服务机构，方便群众做了大量的工作，在广大投资者心目中有良好的形象，各营业部经营各类证券业绩良好，在证券市场中有重要的影响。经过多年的发展，公司已拥有一批高素质的人才队伍。截止2002年2月，公司在册职工180人，绝大多数具有五年以上证券从业经历，其中博士、硕士研究生20余人，占员工总数的11%左右。所有业务人员均参加了各类培训和从业资格考试，拥有中高级职称的员工10人，占员工总数的5.6%，获得各类证券从业资格的人数已达135人，占总人数的75%。其余大多具有大学本科以上学历。全体员工敬业精神极强，具有较高的职业道德水准和较强的竞争意识、管理意识和服务意识。这样高素质的人才队伍为公司发展壮大和确立竞争优势提供了强有力的保证。

3. 布点合理，方便客户

公司现有六个营业部，都分布在四川省经济发达，机构投资者众多的地区，各营业部都在当地繁华闹市地段，交通方便，信息通畅。能保证客户方便、及时、快速的进行各种交易相关活动。今年内我公司还拟在重庆、宜宾等地新设数家证券服务部，以实现公司营业网点的科学合理布局，奠定“立足四川、面向全国”的业务发展模式。

4. 舒适的营业场所及先进的交易设施 公司六个营业部总营业面积有12400平方米，营业环境清洁舒适。

各营业部营业场所均有完善的防火、防盗系统和健全的安全保障制度。各营业部均有500平方米以上的散户交易大厅，并安装有大型显示屏、小键盘自助委托机。大中户室设施齐全，环境优雅，为投资者提供了安全、舒适的交易场所。电话委托数字中继线路和可视电话委托中继线路均完全能满足其业务发展需要，除犍为外，都拥有深、沪高速单向卫星接受系统；成都的两个营业部还拥有深、沪双向卫星系统。机房按有关部门的要求配备了先进的硬件设备和健全的安全保障系统。

5. 先进安全的计算机信息系统

我公司是全国最早实现集中交易、集中清算、集中核算的券商之一。公司使用杭州恒生电子有限公司开发的恒生企业版2.0系统作为集中交易的柜台交易系统，并建立了实时备份系统与异地灾难备份中心；同时，各营业部与公司总部还使用了多条通信线路进行广域网联网。电脑中心的机房还配备了UPS、接地与防雷系统、空调系统、消防系统及防盗系统，这些高水平的软硬件平台为集中交易系统的安全运行提供了可靠的保障。在现有的集中交易系统的基础之上，我公司还构建了集中的财务系统、法人清算系统、办公系统及内控系统，极大地提高了公司内部控制管理能力。

公司多年经营证券业务的经验和大量的专业人才，加之先进安全的计算机信息系统、舒适的营业场所，这些优势从各个方面提高了公司的内控管理能力，保障了公司业务活动的开展，也保证了我们能为客户提供优质高效的服务。

地址：四川省成都市中新街49号

邮编：610016

网址：WWW. CCZQ. CO

电话：028－86503000

传真：028－86583002

分支机构

成都中新营业部

咨询电话：028－86654108

委托电话：028－962708

详细地址:成都市中新街 68 号　邮编 610016
成都武侯营业部
咨询电话:028－85559999
委托电话:028－962707
详细地址:成都市武侯祠大街 3 号附 1 号　邮编 610041
乐山五通桥营业部
咨询电话:0833－3353132
委托电话:0833－3357239
详细地址:四川省乐山市五通桥区文化街广电大厦
邮编 614800
乐山犍为营业部
咨询电话:0833－4235132
委托电话:0833－4225366
详细地址:四川省犍为县玉津镇滨江路中段
邮编 614400
南充营业部
咨询电话:0817－2235423 0817－2240045
委托电话:0817－2228111 0817－2228333
详细地址:四川省南充市人民北路 135 号　邮编 637000
射洪营业部
咨询电话:0825－6633421
委托电话:0825－6655888,0825－8989000
详细地址:四川省射洪县太和大道中段人民市场
邮编 629200

东兴证券股份有限公司

东兴证券股份有限公司是经国务院和中国证监会批准,由中国东方资产管理公司、中国铝业股份有限公司和上海大盛资产有限公司发起设立的全国性证券公司,现有注册资本 15.04 亿元,注册地和总部办公地均在北京。

作为股份制证券公司,东兴证券股东实力雄厚。控股股东中国东方资产管理公司是经国务院批准成立的国有大型金融企业,注册资本 100 亿元人民币,在全国各地均设有分支机构;中国铝业股份有限公司是国有大型上市公司;上海大盛资产有限公司是上海市政府下属的国有独资综合性投资控股公司。

作为国有证券公司,东兴证券秉承"诚信、专业、创新、高效"理念,把客户利益放在首位,以高水准的专业技能、至诚有效的服务和稳健的经营风格赢得客户信任;积极构建具有鲜明时代特色和符合自身特点的企业文化体系,精心打造结构优化、素质精良、战斗力强的专业化人才队伍;深入推进业务的开拓创新,在产品设计、项目运作上追求高质量、低风险;奉行以严格的风险控制为前提、以合理的投资收益为目标的稳健投资策略,建立科学、严谨、高效的业务流程和风险管控体系,追求稳步增长的经营效益,为客户、股东和员工创造价值最大化,将东兴证券建设成为品牌领先、能力突出、业绩优良、特色鲜明的现代金融服务企业。

国联证券股份有限公司

多年来,作为无锡本地唯一一家法人证券公司,国联证券"严控风险,锐意进取,全面发展,开拓创新",从一家区域性的经纪类证券公司发展成为在全国具有一定影响力和竞争力的 29 家创新类券商之一。改革开放以来,无锡一直走在全国经济改革的前列。市场化程度高,经济发展快,综合实力排名居全国第七位。国联证券生于斯,长于斯,正在从无锡逐步走向全国。

2008 年 5 月 26 日,公司完成了股份制改造的工商变更程序,更名为"国联证券股份有限公司",同时增资扩股至 15 亿元。现有员工 750 余人,在全国各地拥有 21 家证券营业部。截止 2008 年 12 月 31 日,国联证券实现利润总额 21.52 亿元,经纪业务交易总量 6921.75 亿元,净资本 19.68 亿元,历年来人均创利和净资产收益率均名列前茅。

公司发展战略规划:

公司的十年发展目标是成为国内一流优质券商,综合排名进入行业内前 10 名;三至五年发展目标是综合排名进入行业内前 20 名,择机在国内证券市场实现上市,提升公司资本实力,为公司的持续、稳定发展奠定坚实的基础。

针对上述总体规划,国联证券将坚持科学发展观,全面发展公司各项业务,着力体现精细化服务和差异化发展,寻找可持续发展的盈利模式,实现平台互用,资源共享。

【发展理念】打造以投资定价能力为核心的竞争力,实施"立足无锡、辐射华东、走向全国"的大投行战略,以"诚信、稳健、卓越、奉献"、"控制风险、创造价值"为经营理念,集经纪、自营、投行、资产管理及创新业务等为一体,把国联证券建设成一个法人治理结构合理、资产质量优异、具有强大生存能力和竞争能力的一流券商

【经营策略】以强大、具有前瞻性的研发团队为核心,以 PE、投行、资产管理为业务发展主线,以丰富的企业文化和灵活的激励机制为纽带,以不断加强和完善的管理制度体系、风险控制体系和业务流程为保证,强化整体服务能力,提高服务水准,逐步实现由被动适应市场向主动寻找市场机会转变,由粗放式经营向集约化、精细化发展转变,努力打造为客户提供内涵丰富、层次多样、种类齐全的金融产品和服务的综合理财业务平台。

【具体措施】

1. 依托国联集团金融平台,打造一流金融一站式服务品牌。

无锡市国联发展(集团)有限公司是国联证券的控股股东和实际控制人,是无锡市政府授权经营的国有独资企业集团,其发展定位是以金融为主,调整提升实业。集团旗下拥有证券、信托、期货、基金、担保、产交所、财务公司、银行等金融实体,是国内仅有的几家全牌照金融控股集团。

鉴于证券行业监管的现实情况和公司目前的行业地位,国联证券能够为客户提供的产品和服务比较有限,且无优势可言;依托国联集团的金融平台,国联证券不但能够提供传统的产品和服务,还可以提供一站式的金融解决方案。如经纪业务层面增加了基金、期货和信托等产品介绍业务;投行业务层面增加了为客户投融资、担保、产权交易等增值业务;资产管理业务层面增加了银行这个重要的销售渠道,等等。

2. 以投资定价能力为核心竞争力,探索做优做强发展模式。

以投资定价能力为核心竞争力就是要建立一支具有价值发现能力、定价议价能力、市场资源广泛的核心骨干队伍,充分挖掘行业前景良好、经营业绩优秀和法人治理规范的投资品种,引领市场的投资方向,获得投资者的认同,并获得高额回报。

首先,国联证券将通过内外部培训、同行业交流等方式提高员工整体的研究水平和业务能力;其次,公司将不断扩充核

心团队，采用灵活的工作方式，实施有竞争力的激励制度，广泛吸收人才；第三，研发部门将力争在某个领域形成独具一格的研究特色，并将研究成果转化为投资、投行业务服务的切实收益，同时加强对宏观经济、行业变迁和上市公司基本面的分析能力，降低各条线的经营风险；第四，建立研发、投资和投行部门联席会议制度，定期探讨国内外经济形势、行业发展动态和上市公司发展前景，及时调整各项业务的发展思路，回避市场的系统风险。

地址：江苏省无锡市县前东街168号国联大厦6－8楼

电话：0510－82832919

传真：0510－82833124

网址：www.glsc.com.cn

和兴证券经纪有限责任公司

和兴证券经纪有限责任公司经中国证券监督管理委员会批准，于2001年7月由四川省的6家信托投资公司剥离证券资产合并组建成专业性证券公司。现有股东12家。公司法定代表人：刘晓亚，注册资本：33，148.99万元人民币。

公司经营范围：证券经纪业务。包括代理还本付息、分红派息；证券代保管、鉴证；代理登记开户。

为适应业务管理需要，公司设置人力资源、合规风控、清算存管、稽核审计、计划财务、经纪业务、市场业务、研究发展、信息技术中心、办公室、董事会办公室、党群工作部等12个职能部门；并在北京、上海及四川省内主要市、州设置有21家证券营业部和8家证券服务部；服务客户逾33万之众，托管客户资产172亿元，是四川省乃至西南地区资本市场中占有重要地位的经纪类专业券商。公司现有在册员工395人，聚集了大批证券、金融、法律、财务和计算机等专业人才。

公司重视企业文化建设，“以人为本、敬业奉献、团队协作”的文化理念深入人心，激励和兴人保持旺盛的工作热情，为经营管理注入了无穷的活力。

证券业务沿革及经营现状

发起组建和兴证券的6家信托投资公司是中国证券市场最早的参与者，从1987年起就参与当地企业的股份制改造和证券市场的建设，在四川省股份制改造和证券市场发展史上写下了光辉的一页。

自1992年起，公司成都福兴街证券营业部先后在西南地区最早开通上海证券交易所联网股票交易；推荐西藏圣地股份公司上市；1993年、1994年证券交易量曾在上海交易所名列前茅。

1987年，公司成都西御街证券营业部在西南地区第一家开展国库券柜台交易；为当时省内唯一获得中国证监会批准的主承销资格的证券经营机构，1992年在省内首家发行并管理“长信受益券”，规范后改名为“四川国信投资基金”。1998年曾作为上市公司新希望的副主承销商。

公司部分证券营业部参与了中川国际、东新电碳、内江峨柴、西南化机、西昌电力等上市公司的发起和组建工作；参与19家上市公司公开发行承销团的分销以及多家定向募集公司的股权登记、集中托管工作；开展国库券柜台交易，多次代理发行国债和地方企业债券，支持国家和地方经济建设，得到当地政府的大力支持。

10多年来，公司积累了丰富的证券业务经验、优秀的人力资源和广众的客户资源，见证了中国经济的腾飞和资本市场的发展，实现客户资产增长和公司健康发展的双赢。2008年，在中国证券业协会公布的经营业绩全国排名中，公司净资本收益率名列全国第七、成本管理能力名列全国第三。截至2009年末，公司资产总额达43.85亿元，净资产7.53亿元；2009年实现主营业务收入5.7亿元，为四川省经济“止滑提速、加快发展”作出了积极的贡献。

天地和，万事兴！作为西南地区的资深券商，和兴证券将继续锐意进取，“一手抓规范、一手抓发展”，在中国经济改革开放和证券市场的发展中取得更大的进步。

公司经营理念

公司秉承“专业、高效、务实、创新”的经营理念，“以客户为中心、以市场为导向”，在严格控制风险的前提下，竭诚为客户投资需求提供规范化、个性化的优质服务。公司坚持“稳健经营、规范管理”，形成了一套独具特色，科学、严谨、高效的业务流程和风险控制体系，符合证券业监管要求。

公司营业机构

1.成都福兴街证券营业部
2.成都人民南路证券营业部
3.成都一环路西二段证券营业部
4.成都西御街证券营业部
5.成都红庙子街证券营业部
6.成都一环路西三段证券营业部
7.乐山嘉定中路证券营业部
8.内江公元街证券营业部
9.峨眉报国路证券营业部
10.德阳凉山路证券营业部
11.德阳南街证券营业部
12.南充涪江路证券营业部
13.泸州市府路证券营业部
14.江油金轮干道证券营业部
15.西昌胜利路证券营业部
16.西昌顺城街证券营业部
17.北京百万庄大街证券营业部
18.上海中华新路证券营业部
19.上海桂平路证券营业部
20.上海崂山东路证券营业部
21.马尔康达尔玛街证券营业部
22.成都一环路西二段营业部金堂服务部
23.成都一环路西三段营业部汶川服务部
24.乐山嘉州大道服务部
25.乐山峨铁服务部
26.泸州合江服务部
27.德阳绵竹服务部
28.成都人民南路营业部仁寿服务部
29.成都西御街营业部洪雅服务部

地址：四川省成都市人民南路二段18号川信大厦10楼

邮编：610016

电话：028－86199665

传真：028－86199079

电子邮箱：scxtyj@163.com

公司网址：www.hx818.com

华宝证券有限责任公司

华宝证券有限责任公司（以下简称：公司）成立于2002年3月8日，经中国证券监督管理委员会批准，依法注册登记。公司注册地为上海，注册资本金为5亿元人民币，总部位于上海市浦东新区陆家嘴金融贸易区。公司在上海、北京、杭州、舟山、福州、深圳设有营业部。

经中国证监会批准，公司于2006年实施重组，并于2007年2月完成了新老股东的股权转让，现公司股东为：宝钢集团有限公司和华宝信托有限责任公司。公司股东宝钢集团有限公司于2006年7月被《财富》杂志评为世界500强企业第296位。

公司股东一：宝钢集团自2003年连续四年位列世界500强。标准普尔评级公司将宝钢集团公司和宝钢股份长期信用等级确认为“A－”，展望从上年的“稳定”上调为“正面”，是目前全球钢铁企业中的最高长期信用等级，也是中国制造业中的最高等级。宝钢集团总体规模和综合竞争力均走在世界钢铁企业前列。

公司股东二：华宝信托有限责任公司是宝钢集团持有98%股份的子公司，成立于1998年。2007年4月，经中国银行业监督管理委员会批准，华宝信托成为首家通过“重新登记”的信托公司，秉承“受人之托，忠人之事”的信托基本理念，坚持合规化、专业化原则，在资产管理和信托服务领域居于行业领先地位。

华宝证券作为宝钢集团旗下的唯一证券公司，在上海、北京、杭州、舟山、福州、深圳设有证券营业部。公司在经营和管理中，秉承“为客户创造价值，为员工创造机会，为社会创造效益”的经营宗旨，大力拓展证券金融服务业务。

公司秉承股东宝钢集团“稳健经营、科学管理”的经营原则，高度重视健全内部管理体制和完善风险防范机制，初步形成了一套具有自身特色的、合乎证券业规范运作要求的制度化管理体系，在把握宏观经济发展方向，抵御市场波动风险，有效实施风险控制，保护客户利益，为客户在控制风险的基础上实现投资收益最大化提供了强有力的技术和管理保障。公司建立了先进、科学的信息管理系统，提高了各部门和各营业部、服务部的管理效率，全面升级网上交易系统，重点规范客户保证金第三方托管账户，切实保障投资者的资金安全、使用方便、服务贴心。

公司一贯重视企业文化建设，秉承“严格苛求、追求卓越”的工作理念，以专业、谦和、勤勉尽责的思想品质及稳健、诚信、务实的工作作风，为客户提供一流的服务。

华宝证券在深刻理解国家宏观经济及行业发展趋势以及中国公司向市场化转变的特殊文化背景的基础上，在股东的大力支持下，公司在集团主业的上下游及相关领域建立了良好的关系，在钢铁、贸易、金融、电力、交通运输等重要领域，公司与中国一大批优秀的企业建立了金融服务的业务关系，协助客户实现其金融方向的目标。

中国证券业经过不断的努力和发展，明确了方向，规范了市场，制定了法规，增强了活力，正处在大发展的时刻。华宝证券与时俱进，努力打造成为具有核心竞争力的一流券商，在投资研究能力、产品开发能力、营销能力、金融服务能力等方面达到业内一流水平，致力于发展成为资产质量优良、管理规范、经营稳健、可持续发展、各项业务指标及公司综合实力达到先进水平的优秀企业 。伴随着中国证券市场的崛起，华宝证券将以雄厚的资金实力、一流的人才队伍、丰富的专业经验、稳健的经营作风，为客户提供值得信赖的高质量的证券金融服务。

公司总部地址：中国 上海市浦东新区陆家嘴环路166号
未来资产大厦27层
公司联系电话：021－50122222
公司传真号码：021－50122200
邮政编码：200120

华融证券股份有限公司

华融证券股份有限公司是经中国证监会批准，由中国华融资产管理公司与中国葛洲坝集团公司共同出资组建的全国性证券公司，2007年9月正式成立。公司注册资本为15.1亿元人民币，其中中国华融资产管理公司出资15亿元，中国葛洲坝集团公司出资0.1亿元，注册地为北京市。可提供证券经纪、证券承销保荐、与证券交易及证券投资活动有关的财务顾问、资产证券化、证券投资咨询、证券自营、证券资产管理等多种服务。公司紧密依托控股股东中国华融资产管理公司，与华融金融租赁股份有限公司、融德资产管理公司、华融国际信托有限责任公司等多家中国华融资产管理公司旗下子公司加强业务协作，实现资源共享，优势互补，努力为客户提供全方位的价值增值服务。

公司一直秉承“稳健、创新、和谐、发展”的经营理念，坚持高标准、高起点，以规范经营、诚实守信、开拓创新为经营宗旨，在社会各界的支持下，致力于发展成一家对国家有贡献、对社会负责任、对客户有价值的证券公司。

主要业务

经纪业务

公司下设29家营业部，分别位于北京、上海、新疆、湖南、湖北、重庆、四川、天津、山西、陕西、辽宁、安徽、江苏、广东、福建、深圳等地。经纪业务已开通沪、深交易所A股、B股、权证、债券、基金等多元化的证券代理买卖业务。凭借现场委托、电话委托、手机炒股、网上交易委托等多种交易方式和强大的信息技术力量，为客户提供国内先进的交易平台服务。公司经纪业务2009年市场占有率升幅在102家具有证券经纪业务资格的证券公司中名列前茅。

公司拥有外汇业务经营资格、大宗交易业务资格、开放式基金代销业务资格。目前已与工商银行、农业银行、建设银行、交通银行、兴业银行、光大银行、招商银行、中国银行、民生银行、上海银行、浦发银行和华夏银行等十二家银行开通了客户交易结算资金第三方存管业务。

投资银行业务

公司下设2家投资银行办事处，分别位于重庆和上海。公司具备中国证监会核准的保荐机构、主承销商等资格，可以开展需证监会核准的证券发行上市保荐、证券承销和财务顾问等各项投资银行业务。公司承销和财务顾问业务主要承接中国华融原有投行业务，承继中国华融在投行领域积累的经验、人才和管理优势。2008年5月29日，公司注册登记为保荐机构。目前，公司具备国家发展与改革委员会认可的企业债主承销商资格。

公司积极开展承销保荐业务，2009年完成了北车股份IPO联席主承销项目，积极开展财务顾问业务，承做了凤凰出版传媒集团有限公司、北京金隅集团有限公司、中国船舶重工集团公司等几十项财务顾问项目；积极开展企业债券承销业务，参与多家公司债、企业债的承销。公司大力加强与各省（市）政府、机构的战略合作。2008年3月，与天津市金融服务办公室建立合作关系，并成为发行上市工作的专家团队；2008年5月，与天津国际融资服务有限公司就共享融资客户资源等事宜签订了《战略合作协议》；2009年5月，与重庆市政府就证券业务建立战略合作伙伴关系。

资产管理业务

2009年7月16日公司正式取得了开展证券资产管理业务的资格,可以采取定向资产管理的形式为客户提供"一对一"的专家理财服务;经监管部门的批准,可以通过直销和托管行代销渠道向国内机构和个人投资者发行集合资产管理计划;还可以采取专项资产管理的业务形式,为境内外机构投资者和高端个人客户提供资产管理服务。2009年,公司资产管理委托本金规模达70亿元,业务收入6000余万元,在展业第一年即进入行业第一方阵。

公司参照行业标准与监管要求,构建了统一的资产管理业务平台、内部控制体系和风险管理流程。公司拥有一支具有丰富的金融投资和管理经验的团队,可以利用自身综合实力的优势,为客户捕捉市场机会;利用严密的风险控制机制和组合投资手段,致力于为境内外客户提供全方位优质服务,实现客户资产的长期稳步增值。在实际运作中,可以根据客户的实际情况,从委托期限、收益预期、风险承受能力、投资限制等多角度出发,为客户量身定制投资方案,从而满足客户对资金的安全性、流动性、收益性等综合要求。公司建立了完善的客户服务体系,可以根据委托资产性质和客户需求,为客户提供"量体裁衣"式的个性化服务方案,保持与客户良好的沟通与交流,向客户定期提供特定形式和内容的报告,便于客户及时、深入地了解其委托资产的投资运作状况,实现投资互动,为客户提供便捷、高效、持续、优质的资产管理服务。

研究咨询业务

公司坚持"研究创造价值"的宗旨和"客观、全面、深入、审慎"的研究原则,为投资者和广大客户提供专业、独到、前瞻的投资建议。公司已经建立起适合长远发展,满足客户服务需求的研究框架,采取宏观研究、策略研究、行业和公司研究三者相结合的研究方式,以宏观经济研究为龙头,指导和支持策略研究与行业研究,策略研究和行业研究同时验证宏观研究的成果。在满足时效性的同时,对分析师的报告进行严格把关,组织内部答辩。2009年,公司完成完成报告918篇,为基金公司提供报告188篇,客户服务水平和能力明显提高,受到广大投资者的好评。

营业网点分布

序号	营业部名称	地　址	业务电话
1	北京文慧园证券营业部	北京市海淀区文慧园北路9号今典花园9号楼2层	010-62270890
2	天津鞍山西道证券营业部	天津市南开区鞍山西道信诚大厦5楼	022-27419755
3	太原新建南路证券营业部	太原市新建南路145号(市工商局南侧)	0351—8715012
4	沈阳同泽北街证券营业部	沈阳市和平区同泽北街9号银都大厦A座	024-23402000
5	上海周家嘴路证券营业部	上海市杨浦区周家嘴路3099号1-4楼	021-65205858
6	上海华山路证券营业部	上海市华山路1751号1-2楼	021-62828181
7	上海张杨路证券营业部	上海市浦东新区张杨路1952号一、二层	021-58608909
8	合肥宁国南路证券营业部	合肥市宁国南路777号拓佳中心三层	0551-2621003
9	福州乌山路证券营业部	福州市鼓楼区乌山路53号	0591-83310782
10	武汉解放大道证券营业部	武汉市桥口区解放大道610号	027-83755732
11	长沙五一西路证券营业部	长沙市五一大道848号湖南银监局二、三楼	0731-4441853
12	株洲天台路证券营业部	株洲市天元区天台路146号	0733-8830990
13	衡阳东风南路证券营业部	衡阳市珠晖区东风南路16号	0734-8342018
14	长沙韶山路证券营业部	长沙市雨花区韶山北路460号兴威名座北栋4楼	0731-5529221
15	益阳市益阳大道证券营业部	益阳市益阳大道西209号(益阳日报大楼二楼)	0737-4437402
16	娄底春园路证券营业部	娄底市春园商业步行街金街3号楼5楼西	0738-8886088
17	常德武陵大道证券营业部	常德市武陵大道证券大厦三、四楼	0736-7225805
18	广州林和西路证券营业部	广州市天河区林和西路1号广州国际贸易中心二层	020-38784500
19	深圳金田路证券营业部	深圳市福田区金田路荣超经贸中心附楼3层、3A层	0755-82786310
20	成都青龙街证券营业部	成都市青龙街18号罗马国际大厦一楼、四楼	028-86283910
21	重庆中山三路证券营业部	重庆市渝中区中山三路121号天友大酒店5楼	023-63539921
22	重庆中山支路营业部	重庆市渝中区中山二路196号港天大厦6楼	023-63528389
23	重庆天星桥正街证券营业部	重庆市沙坪坝区天星桥正街46号帛金大厦二楼	023-65420048
24	重庆新南路证券营业部	重庆市渝北区新南路38号四楼	023-67507970
25	西安小寨西路证券营业部	西安市小寨西路26号安南城9层	029-85233489
26	新疆人民路证券营业部	新疆乌鲁木齐市人民路182号	0991-2843399
27	新疆独山子证券营业部	新疆独山子区大庆西路41号新联购物中心二楼	0992-3689644
28	新疆乌鲁木齐石化证券营业部	乌鲁木齐市米东区石化6区31号高层附一楼	0991-6907774
29	阿克苏东大街证券营业部	新疆阿克苏市东大街17号	0997-2134045

总部地址:北京市西城区金融大街8号
邮政编码:100032
联系电话:010-58568162
业务投诉:010-58568118
公司网址:www.hrsec.com.cn

华西证券有限责任公司

华西证券有限责任公司于2000年6月26日经中国证券监督管理委员会证监机构字[2000]133号文批准,由四川省证券股份有限公司与四川证券交易中心合并重组、增资扩股成立,注册资本10.13亿元,注册地为四川省成都市。公司前身四川省证券股份有限公司和四川证券交易中心分别成立于1988年和1991年,是国内最早成立的专业证券公司之一和全国首家区域性交易场所。

目前公司出资人总数为35家,其中上市公司6家,非上市国有企业10家,其他19家;其中,泸州老窖股份有限公司持股比例为34.86%,是公司的第一大股东和实际控制人。其他大股东还包括四川华能太平驿水电有限责任公司、剑南春集团、都江堰电力公司、剑南春融信投资有限公司、五粮液酒厂、涪陵投资集团和四川明星电力股份有限公司等。

华西证券拥有证券营业部36家,设有证券服务部12家,拥有全资期货子公司1家,公司营业网点遍布四川、重庆、北京、天津、大连、上海、杭州、广州和深圳等地,员工2000余人。公司经营范围涵盖证券经纪业务,证券投资咨询,与证券交易、证券投资活动有关的财务顾问,证券承销与保荐,证券自营,证券资产管理,证券投资基金代销以及中国证监会批准的其他业务等。

公司法人治理结构健全,经营管理规范,资产质量优良,经营业绩良好,自2004年以来实现连续盈利,各项经营指标全部持续符合中国证监会风险监控的要求。

公司地址:四川省成都市陕西街239号
网址:www.hx168.com.cn
电话:028-86150061
传真:028-86150615
邮编:610041

瑞银证券有限责任公司

瑞银证券有限责任公司（“瑞银证券”）是由北京国翔资产管理有限公司、瑞士银行有限公司（又称瑞银集团、UBS AG）、中国建银投资有限责任公司、国家开发投资公司、中粮集团有限公司（原中国粮油食品（集团）有限公司）、国际金融公司（“IFC”）对原北京证券有限责任公司重组后共同出资组建的新证券有限责任公司。公司注册资本为 14.9 亿元人民币，总部设于北京，瑞银证券主要业务部门包括投资银行部、证券部、固定收益部、财富管理部以及资产管理部。

经营证券业务许可证编号

Z39911000

经营范围

证券经纪（含境内上市外资股）；证券投资咨询；与证券交易、证券投资活动有关的财务顾问；证券承销与保荐（含境内上市外资股）；证券自营；证券资产管理。

注册地址

北京市西城区金融大街 7 号英蓝国际金融中心 12、15 层

邮编：100140）

股东情况

股东名称	股份份额（人民币元）	占注册资本总额的百分比
北京国翔资产管理有限公司	491,700,000	33%
瑞士银行有限公司（UBS AG）	298,000,000	20%
中国建银投资有限责任公司	208,749,000	14.01%
国家开发投资公司	208,600,000	14%
中粮集团有限公司	208,600,000	14%
国际金融公司（IFC）	74,351,000	4.99%
合计	1,490,000,000	100%

营业部

瑞银证券有限责任公司北京金融大街证券营业部

注册地址：北京市西城区金融大街 7 号英蓝国际金融中心 15 层（邮政编码 100140）

瑞银证券有限责任公司北京建外大街证券营业部

注册地址：北京市朝阳区建国门外大街乙 12 号双子座大厦东塔 17 层（邮政编码 100022）

瑞银证券有限责任公司上海南京西路证券营业部

注册地址：上海市南京西路 1168 号中信泰富广场 24 层 2401－2404 室（邮编：200041）

瑞银证券有限责任公司上海花园石桥路证券营业部

注册地址：上海市浦东新区陆家嘴花园石桥路 33 号花旗集团大厦 37，38 层（邮政编码 200120）

瑞银证券有限责任公司广州林和西路证券营业部

注册地址：广州市天河区林和西路 161 号中泰国际广场 35 层 3506 室（邮政编码：510620）

瑞银证券有限责任公司深圳深南东路证券营业部

注册地址：深圳市罗湖区深南东路 5001 号华润大厦第 26 层 2602 室（邮政编码：518001）

首创证券有限责任公司

公司简介

首创证券有限责任公司于 2000 年初成立，注册地为北京，是一家具备证券经纪、承销、自营、投资咨询等业务资格的综合类证券公司。2004 年初，公司完成了增资扩股工作，增资扩股后的注册资本为 65,000 万元人民币，由北京首都创业集团有限公司、北京能源投资（集团）有限公司、中国石化财务有限责任公司等 7 家股东出资组成。

公司从刚成立时仅一家证券营业部，通过多次收购兼并，目前拥有证券营业部 15 家，主要分布于北京、上海、深圳等大中城市。

自成立以来，公司坚持“稳健经营、规范管理”的经营原则，高度重视健全内部管理体制和完善风险防范机制，初步形成了一套具有自身特色、合乎证券业规范运作要求的制度化管理体系。2006 年 6 月，公司顺利通过规范类证券公司的评审。2007 年 8 月，公司实现全部合格客户交易结算资金的第三方存管上线，进一步提高了客户资产的安全性，为公司未来的可持续发展奠定了良好的基础。

首创证券将一如既往的秉承诚实信用原则，遵循专业化、规模化的经营方针，积极开拓市场，吸引人才，不断地推行业务创新和机制创新，抓住机遇做大做强。

业务介绍

投资银行

首创证券获得了主承销商资格和保荐机构资格，拥有一支业务经验丰富、工作规范严谨、业务水平较高并熟知金融、证券、财务和法律知识的投资银行团队，能为客户提供包括证券发行、股权分置改革、企业资产重组、收购、兼并、项目融资、财务顾问、管理咨询在内的全方位投资银行服务。并建立了完备的业务流程及规范，层层监督实施，业务人员具有丰富的从业经验，在财务、法律等知识领域具有较深的造诣。坚持客户至上，保护投资者利益的原则，恪守勤勉尽责、公平诚信的行业准则和职业道德，确保为客户提供优质、全面、高效、持续的精品服务。

经纪业务

经纪业务总部是公司经纪业务的经营和管理部门，负责对整个公司经纪业务的发展提出战略性规划，落实、完成公司下达的各项经纪业务任务，保证经纪业务开展过程中的规范性、稳定性。

经纪业务总部下设两个二级部门，分别为综合业务部、投资咨询和产品营销部，经纪业务总部下辖 15 家营业部。

经纪业务总部负责经纪业务的整体发展规划；参与各项创新业务的论证、设计和开发工作；拟订各项新业务的制度和业务流程；跟踪了解证券市场发展的新动态、新趋势；负责新业务、新流程和新产品的前期试运行阶段的统筹安排；对现有产品进行组合，制订有开创性的营销方案。同时负责证券经纪业务的业务运行管理及业务指导。负责制定证券经纪业务的业务管理细则和具体业务的操作规程；负责所属营业部及营业网点日常业务的组织实施，并对其进行检查与指导；准确了解新产品或新系统在所属营业部及营业网点推广和运行情况，并及时形成报告；负责与信息技术中心联络、沟通和协调涉及证券经纪业务的电脑技术保障和证券经纪业务智能化建设的相关工作，及公司电脑软件开发中有关证券经纪业务的业务需求与认证工作；负责公司交易席位和交易员的管理。负责大型机构客户的开发与服务；机构客户营销工作的发展规划及实施方案，完善公司经纪业务营销体系；组织开展专项、大型营销活动；负责证券经纪业务品牌战略的实施工作；机构客户市场营销手段推介、宣传公司证券经纪业务服务产品；联系、协调各银行、基金公司等合作伙伴，以及后期机构客户营销计划的落实工作；组织所属营业部有关市场营销的交

流活动等。

固定收益

固定收益部从事各类固定收益证券以及相关产品的销售、交易和研究，拥有广泛而有效的销售渠道和客户网络，并致力新产品的开发。固定收益部的业务覆盖国债、央行票据、金融债、企业债、可转债等多种固定收益产品. 固定收益部拥有一支高水平、高素质、市场感觉敏锐的专业队伍，竭诚为客户和市场成员提供高水准的服务。

研究发展部

研究发展部，是一支以博士、硕士为主，具有丰富的市场经验和敏锐洞察力的研究队伍。以提供迅捷、实用和丰富的研究成果为宗旨，着重建立起高效、完整的研究平台体系，为公司和客户价值的提升提供服务。

信达证券股份有限公司

一、历史沿革和业务范围

信达证券股份有限公司是经中国证监会批准，由中国信达资产管理公司作为主要发起人，联合中海信托股份有限公司和中国中材集团公司，在承继中国信达资产管理公司投资银行业务和收购汉唐证券、辽宁证券的证券类资产基础上设立的证券公司。公司于 2007 年 9 月获得中国证监会开业批复，成为国内金融资产管理公司系统设立的第一家证券公司。公司注册地为北京市，注册资本为 15.11 亿元人民币，拥有 68 家营业网点。信达证券全资控股信达期货有限公司。

公司具有中国证监会核准的证券经纪；证券投资咨询；与证券交易、证券投资活动有关的财务顾问；证券承销与保荐；证券自营；证券资产管理等项业务资格。

二、金融集团背景和独特的发展优势

公司的主要出资人及控股股东中国信达资产管理公司是经国务院批准，由财政部出资于 1999 年 4 月设立的国有独资非银行金融机构，注册资本金 100 亿人民币，是国内第一家金融资产管理公司。经过十年发展，信达资产管理公司取得了良好的业绩，各项指标居行业领先水平。在完成不良资产处置的同时，信达资产管理公司依据国家相关政策积极探索商业化转型之路，陆续搭建了证券、基金、保险、信托等金融服务平台，综合金融服务集团框架初步形成。公司依托中国信达资产管理公司的网络和资源平台，业务发展具有相对优势。

三、积极向上的企业文化

公司以“崇德精业、诚信为本、规范经营、创新发展”为经营理念，以“专业创造价值”为核心价值观，通过创新，为海内外客户提供专业、优质的服务。公司以“激情工作、快乐生活”为企业文化的核心理念，积极推进企业文化建设。

四、主要业务取得良好业绩

（一）经纪业务

信达证券在北京、上海、深圳、广州、沈阳、成都、湛江、佛山等 30 个城市设立了 68 家营业网点。随着业务发展，网点将进一步扩充，布局将不断优化。电子化交易、研究咨询、财富学院等支持平台体系给公司的经纪业务发展提供了有力保障。

2008 年，公司股票基金交易额 4，973.4 亿元，在 2009 年 11 月中国证券业协会根据证券公司会员报送的 2008 年度经审计财务报告对证券公司 2008 年度成长性指标排名中，经纪业务净收入增长率指标以 139.34% 排名第一。

（二）投资银行业务

信达证券投资银行业务是在承继中国信达资产管理公司相关业务、团队、市场资源和经验上发展而来的。信达证券投资银行团队历史上承销与保荐业务取得了不俗的业绩，成功完成了 20 多家企业股票承销和财务顾问业务。

2007 年 9 月，公司成立伊始就担任了中国建设银行 A 股 IPO 的保荐、主承销工作。公司在 2009 年 11 月中国证券业协会根据证券公司会员报送的 2008 年度经审计财务报告对证券公司 2008 年度成长性指标排名中，承销与保荐业务净收入增长率指标以 557.29% 排名第六。

公司成立后，参与了包括开滦（集团）公司、渤海银行等企业在内的多只企业债券主承销工作。

（三）资产管理业务

公司 2009 年 3 月取得资产管理业务资格。在短短的几个月时间里，取得了中国建设银行有关集合资产管理计划托管和代理推广业务准入资格，签署了合同总额 3 亿元人民币的投资顾问业务和规模为 7.5 亿元人民币的定向资产管理合同。信达证券第一只集合理财产品正在筹备中。公司继续积极拓展资产管理业务，安全稳健经营，开拓专业、高端、多层次、多元化发展之路。

（四）证券投资业务

2009 年 5 月，公司取得证券自营资格，同年 6 月进入交易所和银行间市场开展股票和债券投资。公司投资团队汇集了多名在证券投资领域独具专长的业务人员，60% 的员工拥有五年以上证券投资业务工作经验，90% 的员工拥有硕士以上学位。公司开展证券投资业务以来取得了较好业绩。

五、控股信达期货有限公司

信达证券全资控股信达期货有限公司。信达期货的注册资本为 1.5 亿元人民币，总部设在杭州，下设上海、金华、乐清、富阳、台州、沈阳、大连、哈尔滨八家营业部，北京、石家庄、广州营业部正在筹建中。经营范围包括商品期货经纪和金融期货经纪业务。信达期货是国内规范化、信誉高的大型期货公司之一。

信达期货拥有中国金融期货交易所全面结算会员资格及上海、大连、郑州商品交易所三大期货交易所的全权会员资格，可为客户代理所有已上市品种的标准期货合约交易，向客户提供交易、结算、交割、信息咨询、培训等服务。

总部办公地址：北京市西城区闹市口大街 9 号院 1 号楼信达金融中心（100031）

电话：010 － 63081000

全国客服电话：400 － 800 － 8899

网址：www.cindasc.com

华安证券有限责任公司

华安证券有限责任公司（以下简称“公司”）前身是 1991 年 5 月经中国人民银行总行批准设立的安徽省证券公司，2000 年 12 月 28 日中国证监会核准公司增资改制并更名为华安证券有限责任公司，同时核准公司为综合类证券公司。公司注册资本 24.05 亿元，现有股东 16 家，多为国有或国有控股的上市公司和大型企业。

公司经营范围包括：证券（含境内上市外资股）的代理买卖；代理证券的还本付息、分红派息；证券代保管、鉴证；代理登记开户；证券的自营买卖；证券（含境内上市外资股）的承销（含主承销）；证券投资咨询（含财务顾问）；客户资产管理；中国证监会批准的其他业务。

公司董事会设“提名考核与薪酬委员会”、“风险控制与投资决策委员会”、“审计委员会”三个专门委员会，公司经营管理层根据工作需要设置若干专业委员会，并按照专业分工、精简高效、风险隔离的原则，设置了十四个内设部门。公司业务主要立足安徽，辐射全国，营业网点遍布安徽省各地级市以及70%以上县城及北京、上海、深圳和广州等主要城市，先后承销证券50多只，其中担任A股和B股主承销的26次，担任企业财务顾问50多次，其中担任H股财务顾问1次。此外，华安证券还是华富基金管理有限公司的主发起人和第一大股东，控股华安期货公司和安徽华安新兴证券投资咨询公司。

近年来，华安证券抢抓市场机遇，深化内部改革，推进管理创新，着力业务开拓，坚持规范经营，各项业务均取得长足发展。截至2009年年末，公司总资产115.04亿元，净资本27.1亿元，资本状况和财务结构进一步改善，风险控制指标持续符合中国证监会的监管要求。

公司地址：安徽省合肥市阜南路166号润安大厦A座
邮政编码：230069
联系电话：0551－5161666
传　　真：0551－5161600
电子信箱：bgs@hazq.com
网　　址：http://www.hazq.com

中信建投证券有限责任公司

中信建投证券有限责任公司是经中国证监会批准，由中信证券股份有限公司和中国建银投资有限责任公司依据《中华人民共和国公司法》、《中华人民共和国证券法》，共同发起设立的全国性综合类证券公司。公司于2005年11月2日正式成立，注册于中国北京，注册资本金27亿元。其中，中信证券股份有限公司出资比例为60%，中国建银投资有限责任公司出资比例为40%。

中信证券股份有限公司是中国中信集团公司控股的国内第一家公开发行上市的证券公司，也是第一批取得创新试点资格的证券公司。根据中国证券业协会统计，近年来中信证券资产规模、利润总额、净资本及净资产等指标在全行业中一直名列前茅。中国建银投资有限责任公司是中央汇金投资有限责任公司全资拥有的国有独资投资公司，是国家授权的投资机构，公司注册资本206.92亿元。公司在资产管理、资本运作、企业重组、投资管理等方面拥有很强的实力和优势。

中信建投证券目前在全国共设有117个营业网点，覆盖全国20个省(市)80多个城市，是国内网点覆盖面较广的证券公司之一。公司主要业务指标均位于同行业前十名。

2008年，公司实现总收入41.30亿元，完成净利润17.39亿元，公司年末净资产达到52.14亿元，是一家资产优良、内控严密、管理先进、效益良好的优质证券公司。

股票承销及财务顾问业务

中信建投证券投资银行业务，致力于为国内各类企业的改制、并购重组及股权类融资活动提供从方案设计到发行定价与承销的全过程专业化服务。公司具备中国证监会核准的保荐机构和主承销商资格、以及中国证券业协会授予的代办股份转让主办券商业务资格和中关村科技园区非上市公司报价转让业务资格。目前，公司主要开展首次公开发行并上市、上市公司各种类型再融资的保荐承销及上市推荐业务，以及并购重组、股权激励等财务顾问业务。

2008年，公司积极实施以中央企业、中小优质项目、重点行业为主的项目开发战略，全年完成葛洲坝分离交易可转债、双鹤药业非公开发行、隧道股份配股等3个主承销项目和11个副主承销及分销项目，以及泛海建设、海印股份重大并购重组等6个财务顾问项目。股票承销项目融资金额达81.71亿元，其中主承销项目融资金额达32.18亿元。

公司成立三年以来，累计完成股票主承销项目16个，筹资金额达253.94亿元；累计完成48个财务顾问项目，均位居同业前列。

公司自成立以来业务品种不断丰富，截止目前，已实现股权融资及财务顾问业务品种的全覆盖。此外，随着公司投资银行业务的全面发展，公司业务创新能力也不断提高，2008年公司完成的葛洲坝分离交易可转债项目，通过积极创新，在市场上创造了认购家数最多、认购倍数最高、债券利率最低等多项市场第一，不仅受到客户的好评，也在市场上产生了广泛影响。

债券承销业务

中信建投证券债券承销业务，致力于为债券融资企业提供从方案设计、债券定价、组织发行到债券销售的全过程专业化优质服务。公司目前具备记账式国债、政策性金融债、企业债券等各种债券品种的承销资格。主要开展国债、政策性金融债、次级债、企业债、可转换债等固定收益产品的承销、受托资产管理和创新固定收益产品的设计、开发等业务。

2008年，中国资本市场的债权融资功能显著提升。公司紧抓市场机遇，成功完成了首钢总公司、中国船舶重工集团公司、中国兵器装备集团公司等7家大中型企业的债券主承销项目，同时还完成了北京市农村商业银行25亿元次级债主承销项目。发行总规模达237亿元，债券主承销金额排名市场第五，债券主承销家数排名市场第六。公司成立三年来，累计完成债券主承销项目15个，筹资金额达320亿元。

公司债券业务在取得超常规发展的同时，还不断在业务创新方面取得重大突破，如成功发行国内第一只无担保债券——中材集团债，成功设计并发行市场唯一一只期初付息债——兴泸投资债。目前还在对抵押质押债券、资产证券化、可交换债券等新的业务品种进行积极探索，努力为客户提供更全面的债权融资服务。

资本市场部

中信建投证券资本市场部负责组织协调公司投资银行部、债券承销部、债券销售交易部、机构业务部等部门共同参与完成股票、债券融资项目的发行承销，承担制定发行方案、评估企业价值、控制承销风险、组建承销团、路演推介、询价定价、簿记配售等功能，促进公司证券承销业务进一步趋向专业化、精细化。

2008年，资本市场部成功组织实施了双鹤药业、隧道股份等3个股票发行主承销项目；组织实施了中船重工、兵器装备等8个债券发行主承销项目；承做股票副主承销和分销项目11个；承做债券副主承销和分销项目28个。自部门成立以来，累计组织实施包括北京银行IPO、双鹤药业非公开发行、隧道股份配股在内的股票主承销项目12个；组织实施首钢总公司、北京地铁企业债在内的债券主承销项目10个；承做股票副主承销和分销项目37个；承做债券副主承销和分销项目46个。

为使客户获得更全面、深入的综合服务，资本市场部还专注于对国际国内资本市场数据统计、形势分析和新融资工具和新金融产品的研究，竭诚为客户提供及时有效的专业咨询服务。

债券销售交易业务 中信建投证券债券销售交易业务涵盖固定收益产品、衍生产品的销售、交易和自营投资等。目前公司具备记账式国债承销团成员资格，国家开发银行、进出口银行和农业发展银行等政策性金融债承销团成员资格等多项业务资格，能够开展国债、央行票据、政策性金融债、中期票据、企业债、短期融资券、资产支持证券、次级债、可转换公司债、公司债等固定收益类产品及衍生产品的销售交易业务，开展银行间市场和交易所市场的债券现券和回购交易业务。

2008 年，公司完成国债承销量 76.6 亿元，各类金融债承销量 232.3 亿元；完成现券交易量 3502 亿元，位居同业第四；完成总交易量 4550 亿元，位居同业第四。公司成立三年来，累计承销国债 257 亿元，承销各类金融债 402 亿元，累计完成现券交易量 5482 亿元，完成交易总量 7410 亿元。

公司连续三年荣获“中国外汇交易中心暨全国银行间同业拆借中心优秀交易商”称号，并于 2008 年取得该中心本币交易市场尝试做市商资格，为业务发展开辟了更广阔的道路。

经纪代理业务

中信建投证券经纪代理业务，通过覆盖全国 20 个省（市）80 多个大中城市的 117 个营业网点，为各类客户提供包括沪深 A 股、B 股、基金、债券、三板、权证、报价转让在内的市场所有投资品种的经纪代理服务以及金融产品和增值产品的组合服务。

2008 年，公司通过加强客户开发和提高服务水准，经纪业务继续取得较快发展，全年新增客户 27 万多户，目前客户总数已达 281 万户。

公司实施客户资金第三方存管，目前已开通工行、建行、交行、民生银行等 16 家银行，实现客户资金划转的安全与便捷；凭借先进技术系统，为客户提供电话委托、网上交易、手机证券等多种安全快捷的交易手段；率先在业内推出“基金超市”和“基金套餐”，为客户提供 400 余只基金认购、申购、定时定投、基金转换服务；依托雄厚的研究背景和短信服务平台，及时向客户提供《早间快递》、《中信建投视点》、《盘后追踪》、《分析师短信》等丰富的专业资讯和研究成果。

2008 年，公司完成交易总量 20864.44 亿元，交易总量市场占比 3.46%；完成股票基金交易量 17846.04 亿元，股票基金市场占比 3.27%，稳居同业前十名。

基金业务

中信建投证券基金业务，秉承“规范化、市场化、专业化”的原则，为国内基金管理公司、社保基金提供专业的研究服务、基金产品代销、专户理财以及 IPO 询价投行项目咨询等全面综合服务。目前，公司已与国内所有基金公司建立了全面、良好的业务合作关系。

公司在业内最早取得基金代销业务资格，目前代销产品包括国内所有基金公司所有基金产品，是目前国内代销基金产品最全的两家代销机构之一；公司率先建立“基金超市”，为广大客户提供系统、全面，专业化、个性化的服务，率先获准实行开放式基金网上交易和定时定额申购费率优惠；积极开展投资者教育，定期举办理财、服务主题营销活动，已经形成“品种更齐全、交易更便捷、服务更专业”的销售优势。经过积极努力，公司三年来共销售开放式基金 620 多亿元，销售实力稳居同行业前列。

同时，公司依托投行、研究等综合资源，为基金管理公司提供研究报告、上市公司联合调研、委托课题研究等全方位的专业、优质服务，使公司在基金服务市场的占比和同业排名一直保持较好水平。

2008 年，公司被中国证券业协会所属中国证券投资基金年鉴评为 2008 年度中国基金行业年度“最佳代销券商”称号，成为首次获此殊荣的两家证券公司之一。

机构业务

中信建投证券机构业务，通过整合公司研究、投行、固定收益、资产管理等资源，致力于为商业银行、信托公司、保险公司、大型国企、上市公司、财务公司、投资公司、私募基金、QFII 等机构投资者和高端私人客户提供高层次、全方位、多元化的综合金融服务，努力以专业化销售和服务为手段，促进公司客户收益最大化。公司目前是国内最大的理财产品经纪服务商、产品设计服务商和投资顾问提供商之一。

2008 年，公司机构业务继续保持在银行信托产品领域的优势地位，是国内 15 家大型商业银行最重要的合作券商之一，全年共担任 47 个银行理财产品项目的经纪商，业务规模达 764 亿元。截至 2008 年底，公司与银行的合作产品规模超过 650 亿元。

为积极推进机构业务发展，公司高度重视产品设计工作，努力提高投资顾问水平。经过积极努力，公司 2008 年在投资顾问领域取得重要突破和显著成绩，业内较早与商业银行合作发行银行 FOF 理财产品，为多家大型国有企业提供年金投资监理服务以及为大型外资金融机构担任国内产业并购财务顾问。

此外，为不断提高对机构客户的服务范围和专业水平，公司努力推进业务与产品创新，在大宗交易、市值管理、结构化投融资、股权并购、现金管理等领域进行了积极探索。

信息技术系统

公司高度重视信息化建设，全力打造一体化、专业化、标准化、智能化的信息系统，为广大投资者提供安全、可靠、高效的信息化、个性化服务。

目前，公司通过 117 个营业网点近 5 万台柜台、自助、热自助等交易终端为广大投资者提供专业化交易服务。在北京、上海、广州等 8 个中心城市以及沈阳、西安、长沙等 20 余个大中城市建立了位于不同电信运营商互联网骨干结点的网上交易专用通道，提供最短路径的高速网上交易通道，总带宽达到 6.4G，在业内居于前列。

为更好地为客户提供服务，公司建立了 95587 统一号码电话委托系统，接入线路总数超过 9000 线；建立了支持多家移动运营商的手机证券平台，以及 www.csc108.com 网站、95587 短信平台、4008888108 呼叫中心系统、客户关系管理系统。

此外，公司还根据各类客户的不同需求，提供多种网上交易系统、网上行情系统、智能化套利系统，为投资者提供集资讯、顾问、产品、交易、服务于一体的全天候、个性化的电子商务服务。

中信建投证券研究所

中信建投证券研究所，以“引领专业投资、研究创造价值”为服务理念，全力为广大客户及公司业务提供专业的研究咨询支持。研究所现有近 60 名分析师，研究领域覆盖宏观经济、行业分析、上市公司、金融工程和投资策略等，并设有博士后科研工作站。

为提高研究报告的专业化水平，公司研究所根据最新会计准则，进一步完善估值模型，升级数据库平台，为提高研究水平奠定了坚实基础。针对 2008 年全球金融市场动荡的特点，公司研究所加强了对世界经济和全球金融市场的跟踪分析，实现了全球视野关注市场，持续不间断为客户提供资讯服务，使全球股市与国内经济重大信息第一时间传达到客户手中。

公司在认真做好研究工作的基础上,努力推进研究成果转化,全年组织新能源、农村问题专题报告会,宏观经济研讨会和中期、年度策略报告会等,受到业界和客户好评。

2008 年,研究所荣获百度财经"亿万网民心目中的 2008 中国最佳证券研究机构"称号;在中国证券分析师论坛举办的"第四届中国最佳分析师评选"活动中,公司研究所分析师分别获得"最佳独立见解分析师奖"、"娱乐和媒体行业最佳分析师奖"和"金属与采矿行业最佳分析师入围奖"。

办公地址:北京市东城区朝内大街 188 号

邮政编码:100010

国际互联网网址:www. csc108. com

客户服务电话:4008888108

新时代证券有限责任公司

公司概况

新时代证券有限责任公司是一家专业化、全国性的综合类证券公司。公司由资产质量优良、资金实力雄厚的股东出资而成。注册地为北京市,注册资本金为人民币 112,559. 39 万元。下属 39 家证券营业部,遍及北京、上海、天津、深圳、重庆等全国十多个省、自治区和直辖市,形成了立足沿海向西北、西南辐射的客户服务和经营网络。

经过多年运作,公司秉承稳健与创新相结合、个人绩效与团队精神相统一的宗旨,以先进的组织结构、完备的治理模式、一流的人才队伍、丰富的业务经验,构建了崭新的组织体系、业务运行模式和内控机制,促使各项业务不断取得经营佳绩。

新时代大事记:

2009 年 02 月,完成吸收合并上海远东证券有限公司的工商变更登记工作。

2008 年 12 月,根据中国证券监督管理委员会《关于核准新时代证券有限责任公司吸收合并上海远东证券有限公司的批复》(证监许可[2008]1434 号)的核准,开始吸收合并上海远东证券有限公司。

2007 年 07 月,担任广州路翔股份有限公司首次公开发行股票的主承销商。

2007 年 03 月,担任上市公司大唐高鸿数据网络技术股份有限公司非公开发行股票的保荐机构。

2007 年 01 月,担任上市公司创智信息科技股份有限公司股权分置改革的保荐机构。

2006 年 12 月,通过规范类证券公司现场专家评审。

2006 年 07 月,担任上市公司西安交大博通资讯股份有限公司股权分置改革的保荐机构。

2006 年 04 月,担任北京市基础设施投资有限公司企业债券发行的承销商。

2005 年 12 月,担任广西投资集团公司企业债券发行的承销商。

2005 年 12 月,通过客户资金独立存管评审,成为北京地区首家通过评审的券商。

2005 年 11 月,取得保荐机构业务资格。

2005 年 03 月,代销湘财荷银风险预算型基金、新世纪优选分红型基金,取得销售佳绩。

2005 年 01 月,担任航天长峰、南钢股份增发融资项目的副主承销。

2004 年 11 月,取得基金代销业务资格。

2004 年 09 月,担任中山华帝燃具股份有限公司、四川广安爱众股份有限公司首次公开发行股票的副总承销商。

2004 年 09 月,取得企业所得税汇总纳税资格。

2004 年 07 月,担任合肥荣事达三洋电器股份有限公司首次公开发行股票的副主承销商。

2004 年 05 月,担任湖南岳阳纸业股份有限公司、湖南新五丰股份有限公司首次公开发行股票的副主承销商。

2004 年 04 月,设立北京、深圳、上海三个投资银行地区业务总部。

2004 年 03 月,担任浙江康恩贝制药股份有限公司向社会首次公开发行股票的副主承销商。

2004 年 01 月,取得银行间市场同业拆借和债券交易业务资格。

2003 年 12 月,取得外币有价证券经纪业务和投资咨询业务资格。

2003 年 11 月,担任连云港如意集团股份有限公司和安泰科技股份有限公司配股项目的副主承销商。

2003 年 11 月,完成深圳、佛山、苏州、扬州、嘉兴、青岛、福州、重庆 8 家新营业部的筹建工作,使下属营业部总数达到 22 家,形成立足沿海,向西北、西南辐射的合理战略布局。

2003 年 10 月,取得网上交易资格。

2003 年 08 月,完成证券交易的"大集中",成为国内证券业第一家实现完全集中证券交易的券商。

2003 年 06 月,经中国证监会批准,新时代证券有限责任公司在北京成立。

华泰证券股份有限公司

华泰证券股份有限公司于 1991 年 5 月 26 日在南京正式开业。华泰证券是中国证监会首批批准的综合类券商,是全国最早获得创新试点资格的券商之一。2007 - 2009 年,华泰证券在券商分类评级中连续三次被中国证监会评定为 A 类券商。华泰证券旗下拥有南方基金、友邦华泰基金、华泰联合证券、长城伟业期货、华泰金融控股(香港)有限公司和华泰紫金投资有限责任公司,同时是江苏银行的第二大股东,已基本形成集证券、基金、期货和直接投资为一体的、国际化的证券控股集团雏形。

"以客户服务为中心、以客户需求为导向、以客户满意为目的"是华泰证券坚持的服务理念。华泰证券拥有证券经纪服务、资产管理服务、投资银行服务、固定收益服务和直接投资服务为基本架构的完善的专业证券服务体系,以及研究咨询、信息技术和风险管理等强有力的服务支持体系。2007 年,华泰证券在"高效、诚信、稳健、创新"核心价值观的基础上,明确提出了"做最具责任感的理财专家"的品牌精神,得到了市场和社会各界的广泛认同。华泰证券的市场地位和品牌影响力不断提升,正在成长为具有核心服务优势和较强市场竞争能力的综合金融服务提供商。

证券经纪服务

遍布全国的 180 个营业网点。华泰证券及华泰联合证券在全国大中城市拥有 180 个营业网点,能够为不同地域的客户提供便捷的证券理财服务。2007 年以来,华泰证券陆续对分布全国的营业网点进行了改造和升级,为客户提供更舒适优雅的投资理财环境和证券理财新体验。

专业的理财服务队伍。华泰证券拥有一批经验丰富、责任心强的标准化服务队伍，为客户提供周到、贴心的服务；公司和各营业网点建立了具有咨询执业资格的理财师团队，理财师职业素养高、理财能力强，能针对客户的不同理财需求提供专业化的投资理财解决方案。

安全、快捷的理财服务平台。华泰证券在证券行业素有“技术先锋”之称，在业内率先推出了无形席位、电话委托、网上交易、银证转账等多种创新交易方式。强大的信息技术研发和应用能力为华泰证券高效、安全的交易服务提供了可靠保证。客户可以通过网上交易、电话理财、手机理财和现场等多种先进的方式进行交易，必要时还能享受紫金快车道、紫金高速通道等更加高效的交易服务，满足其个性化交易需求。

专业化、个性化的理财服务体系。华泰证券以“财富永续之道”为内涵的“紫金理财”服务品牌已得到了广大客户的高度认可。菜单式的“紫金大管家”服务，能满足客户的综合交易服务需求；尊贵的“紫金私人顾问”服务，能满足高端客户的个性化理财需求。华泰证券“好基汇”精选基金理财服务在客户中拥有良好的口碑，客户可根据产品的风险等级和自身的投资偏好，选择合适的基金产品组合。华泰证券的“紫金理财大讲堂”，不仅得到了广大客户的喜爱，也得到了中国证券业协会的高度肯定，称其“将投资者教育工作与品牌文化相结合，推动了投资者教育工作的创新发展”。

研究咨询服务

华泰证券研究所是首批经中国证监会核准的具有证券投资咨询资格的研究机构。

独具特色的研究咨询服务体系。华泰证券紧紧围绕客户需求，建立了以研究所为研究基础平台、各专业服务部门联动的研究咨询服务体系。根据宏观经济、行业、市场交易品种和客户需求类别等进行研究细分，形成了多个专业研究团队，密切跟踪，点面结合，深入调研，实时为客户提供研究成果。多名研究员在相关媒体的评选中，获得“明星分析师”、“独立见解分析师”、“行业最佳分析师”等荣誉称号，多项研究成果在中国证券业协会等单位的评比中获得奖项。

行业领先的资讯服务套餐。华泰证券高度重视发挥研究对专业服务的先导和核心支持作用。在整合优势资源的基础上，建立跨业务的产品研发平台，精心研发多种风格的投资组合，形成特色服务套餐。不同类型的投资者都能选择到适合自己的服务套餐，也可根据自己的偏好自由选择搭配，理财服务充分个性化。

智能化的资讯交易服务平台。华泰证券研发的资讯交易服务平台在业内具有领先性。通过该平台，客户可获得专业实时的金融资讯，更有价值的是与客户持仓相关的个性化资讯信息。核心客户可独享华泰证券研究所最新、最全、最及时的精选研究报告。客户可实时了解华泰证券投资理财品牌产品，还可根据个人喜好自主选择数据指标，挖掘符合自己定义的股票、基金、债券等品种。这一市场领先的、智能化的资讯交易服务平台为投资者提供了把握市场机会的利器，已经受到越来越多高端客户的推崇。

投资银行服务和直接投资服务

华泰证券先后主承销了各类项目 50 多家，拥有承做大项目的丰富经验，在行业中享有盛誉。

以优势行业为中心的特色化投资银行服务。华泰证券以为客户“发现价值、挖掘价值、提升价值”为使命，形成了以行业为中心的系统化的投资银行服务模式，在机械设备制造、基础化工、有色金属、煤炭电力、信息技术、医药等行业具有核心竞争优势。

以研究为支撑的专业化投资银行服务。华泰证券注重挖掘上下游企业的价值链，深入行业内部，精耕细作，强化优势行业领域研究深度，为客户度身打造高质量、个性化的证券承销和财务顾问服务，帮助客户实现可持续发展。

以“投资 + 投行”为模式的直接投资服务。华泰紫金投资公司是华泰证券专门从事直接投资服务的全资子公司，依托华泰证券实力雄厚的投资银行，以“投资 + 投行”的合作模式为企业提供服务。在投入资金的同时，为企业提供上市、重组和并购等投行服务，提高企业融资效率，加速企业走向资本市场，提升企业的市场地位和核心竞争力。

固定收益服务

华泰证券的固定收益服务在业内具有传统优势。经过多年的发展，已经形成了集债券发行与承销、债券交易和债券研究为一体的综合服务能力，主承销了中国资本市场第一单公司债券——07 长电债，在中国债券市场树立了良好的品牌形象。

全面的服务范围和广泛的销售网络。华泰证券拥有全面的固定收益业务范围，涵盖国债、央票、金融债、企业债、公司债、短期融资券、中期票据和资产证券化等各类产品的承销、投资和研究咨询。机构客户销售网络遍及国内主要的商业银行、保险机构、基金公司、证券公司和财务公司，为各类债券产品的承销提供了有效的保证。

突出的研究和创新能力。华泰证券在债券融资策划、方案设计、发行时机选择、发行定价等方面具有较高的研究水平；在公司债券和城投企业债券融资方面具有比较优势；在债券产品创新方面能力突出，设计并承销了我国第一单公司债券，在国内率先推出了企业资产证券化产品。

资产管理服务

华泰证券自提供客户资产管理服务以来，一直秉承稳健的投资理念，以良好的投资业绩和专业的理财服务回报客户。

全面的服务范围和领先的产品研发能力。华泰证券拥有包括集合资产管理、定向资产管理和专项资产管理在内的全面的服务范围。理财产品的研发创新能力在业内具有领先性，陆续推出了华泰紫金 1 号（储蓄替代型）、华泰紫金 2 号（基金替代型）、华泰紫金 3 号（股票替代型）、华泰紫金鼎（创新伞型）和华泰紫金优债精选（债券替代型）集合资产管理计划，其中，华泰紫金鼎是国内券商的首只伞型集合理财产品。

完备的理财产品线和专业的投研体系。华泰证券逐渐形成了覆盖债券市场、基金市场、股票市场的较为完整的集合资产管理产品线，满足了低、中、高不同风险收益特征的投资者的理财需求。华泰证券拥有完备的产品投资研究体系，各类产品的投资业绩表现优异，为客户创造了良好的投资收益。目前，华泰证券正积极研发更多类型的集合资产管理计划，以满足投资者日益多元化的投资需求。

地址：南京市中山东路 90 号华泰证券大厦

邮编：210002

电话：0086 - 25 - 84457777

传真：0086 - 25 - 84579778

服务热线：95597

公司邮箱：95597@ mail. htsc. com. cn

宏源证券股份有限公司

宏源证券股份有限公司是中国证监会核准的全国性综合类证券公司，全国首批保荐机构之一，首批 A 类 A 级券商。

公司历经变革，1994 年在深交所挂牌上市，2000 年整体改组为综合类证券公司，成为中国首家上市证券公司。股票简称“宏源证券”，股票代码“000562”。

公司主营业务范围为：证券（含境内上市外资股）的代理买卖；代理证券的还本付息、分红派息；证券代保管、鉴证；代理登记开户；证券的自营买卖；证券（含境内上市外资股）的承销（含主承销）；客户资产管理；证券投资咨询（含财务顾问）；受托投资管理；为期货公司介绍业务（IB 业务）资格等。

宏源证券作为一家中国资本市场最早上市的证券公司，经历了牛熊更替的残酷洗礼，在奋进中不断发展壮大。2006 年 5 月，中国建银投资有限责任公司成为宏源证券的控股股东，与新疆凯迪投资有限责任公司联合向宏源证券注资 26 亿元，公司资本实力大大增加。2006 年底，公司成功重组新疆证券，收购其投行业务及证券类资产。2007 年 7 月，公司收购北京华煜期货并增资至 1 亿元，更名为宏源期货，为股指期货的推出做好充分准备。2007 年公司在中国证券报举办的“中证百强上市公司”评比中被评为“上市公司股东回报百强”的第 5 名，“成长性百强”的第 44 名和“市值百强”的第 47 名，被深圳证券交易所评为优秀保荐机构。

公司目前在全国各地拥有 50 家证券营业部、17 家证券服务部，主要分布在北京、上海、深圳、杭州及新疆等地区。投资银行总部在全国六大区域设有分部，公司拥有一支敬业、专业的人才队伍。

宏源证券始终秉承“居实处厚，知明而行”的核心价值观，“尽责至善、忠信至诚、团结至坚、笃行至韧”的公司精神，诚信敬业，合规经营，为客户创造价值；始终致力于践行“风险止于流程，细节决定成败”的管理理念，规范稳健，不断开拓创新；始终致力于为广大客户提供最优质、最专业的服务，与客户共谋发展，同创繁荣。

宏源证券将以上市证券公司的资信、业务水准为您提供优质服务，愿与您共同见证中国资本市场的发展！

公司法定代表人　董事长：汤世生

总经理：胡　强

股票代码：000562　股票简称：宏源证券

公司地址：北京市海淀区西直门北大街甲 43 号
金运大厦 B 座

邮编：100044

新疆乌鲁木齐市文艺路 233 号宏源大厦

邮编：830002

总机电话：010－62267799 0991－2301870

传真：010－62294199

公司网址：http://www.hysec.com

长城证券有限责任公司

长城证券有限责任公司（以下简称“长城证券”）是 1995 年 11 月经中国人民银行总行批准、在原深圳长城证券部和海南汇通国际信托投资公司所属证券机构合并基础上，设立的一家全国性专业证券公司，是我国最早成立的证券公司之一。长城证券的战略定位是“专长于以资源为核心的基础产业领域的国内一流投资银行”。

长城证券凭借规范稳健的经营作风，经过十多年努力，已经成长为一家资质齐全、业务覆盖全国的综合类证券公司。2005 年，长城证券实现利润 3752 万元，在 48 家银行间市场公布年报的券商中，净利润排第 8 位；2006 年，长城证券实现利润 2.92 亿元，在 48 家银行间市场公布年报的券商中，净利润排第 20 位；2007 年，长城证券实现利润 22.57 亿元，在中国证券业协会网站公布年报的 106 家券商中，净利润排第 20 位；2008 年，长城证券实现利润 7.11 亿元，在银行间市场公布年报的 52 家券商中，净利润排第 18 位。截至 2008 年 12 月 31 日，长城证券净资产达 61.38 亿元，净资本达 45.6 亿元，两项指标在银行间市场公布年报的 52 家券商中分别排名第 12 位和第 11 位。

主要业务介绍

经纪业务

服务优势

· 长城证券在深圳、北京、上海、武汉、广州、杭州、大连等地共设有 25 家营业部，为客户提供股票、基金、权证、债券等品种齐全、方式多样的代理交易买卖业务。

· 长城证券拥有先进的证券交易系统，为广大客户提供快捷高效的交易通道。

· 依托长城证券强大的研发力量，每天为客户及时发布各类资讯，通过交易系统、网站、客户经理等多种途径为客户提供极具价值的投资建议。

· 长城证券制定并严格执行保证金第三方存管方案，确保客户资金的绝对安全，客户权益得到有效保护。

· 2008 年，长城证券营业部的部均市场份额在国内券商中排第 13 名，显著高于全国平均水平。

· 截至 2008 年 12 月底，全国 61 家基金公司中有 35 家在长城证券分仓交易。

增值产品

财富长城全差异化服务体系

财富长城全差异化服务体系是长城证券以客户为中心、整合经纪业务现场和非现场服务产品，并通过多种通道进行按客户级别配送的服务体系。其核心内容是：高等级客户在所有配送产品服务上全部享受高级别的礼遇；高价值客户享受的服务和产品全面超越和升级。财富长城全差异化服务体系主要包含以下两个品牌产品组合：

烽火台

“烽火台”是长城证券经纪业务特色资讯产品，主要包括机构动向揭密、投资内参、各类精选研究报告、行业信息、基金分析、股指期货等热点栏目，资讯分为三、四、五星三个级别。通过网上交易系统和长城证券网站同步发布。但目前仅对所有已在长城证券开户客户免费开放。

股易宝

股易宝是长城证券专为满足投资者的个性化投资理财需求，依托长城证券研究所、电子商务部及外购的海量证券资讯，为投资者量身定做多款证券理财信息，以短信、邮件发送。投资者可以任选通过公司经纪网站、现场柜台和总部客服电话语音提示等多种方式。股易宝旗下短信产品中包括长城证券投资咨询拳头产品“快枪手”荐股短信。

随身股

随身股是长城证券利用手机上网技术实现行情、交易、资讯、转帐等特色功能的移动证券交易平台，投资者可通过手机登录 wap.cgws.com 下载适合的随身股软件，安装后即可实现随时随地轻松投资。

全国统一客户服务电话：400－6666－888

投资银行

核心优势

· 长城投行长期立足于基础产业，专长于以资源为核心的基础产业领域的价值再发现，在电力、煤炭、金融、房地产、军工、金属等基础行业具备丰富的资本运作经验。

· 管理模式及风险控制机制与国际接轨，项目成功率远高于同行业平均水平。

· 强调项目全过程质量控制和风险管理，积极推动金融创新，与客户长期共同发展。

· 良好的政府沟通关系，与国家各大部委、行业协会有密切合作背景。

· 掌握富有市场经验的估值方法与技术，得到市场的高度认同，可为大型企业集团收购兼并、股票发行等资本运作提供一流的估值服务。

核心服务

· 证券发行上市保荐及相关的承销业务：企业 IPO 的上市保荐与证券承销，上市公司再融资的上市保荐和承销，以及以上市为目的的企业重组改制财务顾问与上市前辅导。

· 企业兼并收购与资产重组财务顾问业务：上市公司兼并收购、资产重组，非上市公司兼并收购、非改制类重大资产重组以及企业估值等业务。

· 管理咨询与投资顾问业务：公司治理顾问，上市公司信息披露及投资者关系维护，政府及其下属重点企业的财务顾问，管理层持股、股权激励方案设计与咨询，企业战略规划、区域产业整合及行业规划与重组顾问。

· 投资银行创新业务：资产证券化设计与发行，风险投资以及企业海外上市相关顾问业务。

· 引入战略投资者 介绍企业与国际风险投资或国内私募投资者对接。

历史业绩

· 2004 年，股票主承销家数全国排名第 3

· 2004 年，IPO 主承销金额全国排名第 2

· 2004 年，财务顾问业务上市公司并购交易金额全国排名第 2

· 2005 年，股权分置改革项目全部通过，企业债承销业务名列前茅

· 2006 年，主承销金额在全国券商排名第 14 位

· 2006 年，成功完成 6 家股改项目和泛海建设非公开发行项目

· 2007 年，成功完成大龙地产非公开发行项目

· 2008 年，成功完成诚志股份再融资项目

证券研究

长城证券金融研究所在以资源为核心的基础产业领域的研究实力优势明显，电力、煤炭、金融、地产、金属、军工等六大行业的研究分析人员在业内具有较高知名度和影响力。

核心优势

金融研究所建立了财务数据库、行业成份股指数、估值体系与金融工程等核心研究平台以及不同阶段重点跟踪的股票池，能够把握产业变动的内在规律，为投资者寻找阶段性、中长期的行业板块热点和投资机会。

·2007 年 1 月 8 日，长城证券金融研究所正式推出了“长城 30 股票池”，截至 2007 年 12 月 31 日，长城 30 股票池累计涨幅 214.1%，同期上证指数累计涨幅 91.5%，“长城 30 股票池”超越上证指数 122.6%。

·2007 年，长城证券金融研究所被和讯网评为全国券商荐股成功率第一名。

·2008 年，长城证券研究所的研究报告在万得资讯的点击率位列所有券商的第 5 位。

·2008 年，长城证券研究所及医药、新能源、有色金属等行业的研究员在《中国证券报》、《上海证券报》等媒体组织的评比中，相继获得团体及多个单项奖。

固定收益

经营业绩

中国工商银行、中国银行、招商银行、中国农业发展银行等金融债承销团成员；国家开发银行、中国建设银行的资产证券化承销团成员；中国银行次级债券的承销团成员。

·2003 年，深交所国债现货交易量第 1 名。

·2003 – 2006 年度财政部国债甲类承销团成员。

·2006 年，国债承销在所有证券公司中排第 8。

·2008 年，长城证券债券投资年化收益率达 17.63%，超过市场业绩排第一的债券型基金 4 个百分点以上。

·截至 2008 年 12 月 31 日，在企业债主承销中按总发行规模在全国排第 8，按发行家数排第 9。

核心竞争力

·部门业务体系完整，包括：债券承销、销售交易、债券投资、现金管理、产品研究等各项业务。

·专业化的承销团队、投资团队、研究团队，丰富的客户资源和交易销售经验。

·稳定、高效、数字化管理的交易平台、资讯平台、风控管理平台。

·严格有效的风险控制系统和完整系统的内控制度。

地 址：深圳市福田区深南大道 6008 号特区报业大厦
　　　14、16、17 楼

邮编：518034

总机：0755 – 83516222

传真：0755 – 83516189

值班电话：0755 – 83516066

长江证券股份有限公司

长江证券股份有限公司前身为湖北证券公司，成立于 1991 年 3 月 18 日，注册地为武汉。2000 年 2 月 23 日，经中国证监会核准批复，公司增资扩股至 10.29 亿元，同时更名为“长江证券有限责任公司”。2001 年 12 月，经中国证监会核准批复，公司增资扩股至 20 亿元。2007 年 12 月 19 日，经中国证监会批复，公司更名为“长江证券股份有限公司”，并于 12 月 27 日正式在深圳证券交易所挂牌上市，股票代码为 000783。

公司资产质量优良，净资产和净资本两个指标在业内的排名始终保持较前位置。

2004 年 12 月，公司成为率先进入创新试点行列的八家券商之一。2005 年 1 月，受中国证监会委托，公司托管了原大鹏证券经纪业务，并于同年 6 月收购了原大鹏证券经纪业务，开创了创新试点券商以市场化方式处置风险券商的先河。目前，公司已初步完成证券类控股集团的架构，旗下拥有长江证券承销保荐有限公司、长江期货有限公司、长江成长资本投资有限公司、长信基金管理有限责任公司和诺德基金管理有限公司五家全资和控参股子公司。

公司已在全国 17 个省市、自治区，39 个城市设立了 70 多家分支机构，逐步形成了覆盖全国的业务网络。

2005 年及 2008 年，公司两度被评为“中国证券行业十大影响力品牌”。2007 年，在“中国券商奖”评选中，公司荣获“最具发展力券商奖”。

证券经纪业务

公司目前拥有66家营业部、6家服务部，已经形成覆盖全国的业务网络。公司拥有一支稳定的、专业素质强的营销队伍，建立了全国统一客户服务中心，正在形成有机的、完整的金融营销体系和客户服务体系。

凭借成熟的营销管理和运作模式，公司股票基金交易量逐年稳步提升，2008年，公司启动零售客户业务体系改革，大力发展基础客户，以适应经纪业务市场发展变化和激烈竞争；积极开展各项营销活动，大力发展渠道营销和社区营销；建立内部培训师队伍，加强对营销人员的培训；根据客户分级、产品分类、服务分层的原则确定了客户服务体系的框架，初步完成了相应的制度建设，逐步推进了客户服务工作。公司2008年实现证券交易总额10604.57亿元，全行业排名第19位，其中股票基金交易量7806.38亿元，市场份额达到1.43%。

投资银行业务

公司自成立以来共担任了国内100多家上市公司的A、B股主承销商、副主承销商和上市推荐人。1997年至1999年，公司承销家数连续三年进入业内前10名。

2003年，公司与法国巴黎银行合资成立长江巴黎百富勤证券有限责任公司，投行业务移交该公司。

2007年，公司收购了法国巴黎银行持有的合资公司的股权，长江巴黎百富勤证券有限责任公司更名为长江证券承销保荐有限公司，成为公司全资控股、国内第一家专门从事投资银行业务的专业子公司。

2008年，长江承销加大对湖北省内市场的开发力度，切实履行作为武汉市政府、湖北省发改委财务顾问的职责。2008年公司完成了三个主承销融资项目，融资额47.25亿元，股票主承销金额排名12位，完成在审项目2个，完成财务顾问项目36个。2008年全年实现营业收入6743.36万元，占长江证券营业收入的3.25%，实现利润总额716.65万元。

固定收益业务

自1992年起，公司始终为财政部国债承销团成员，国债承销规模稳居全国券商前列。

从2000年开始，公司进入全国银行间债券市场，其承销规模位居券商前5名，在全部承销团成员中综合业绩排名居前20名之列，连续数年成为荣获全国银行间债券市场“非银行类优秀自营结算成员”称号的少数券商之一。公司短期融资券业务发展迅速，2005年承销短期融资券15只，承销金额16.05亿元，在创新试点券商中位列第4位。

公司2008年全年累计承销国债88亿元，累计承销金融债175.30亿元，累计承销央行票据300.90亿元，综合排名居位券商前10位。公司在银行间债券市场现券交易量为3075亿元，较去年同期增长149%，同业排名第6位。主承销的08兵器债发行规模45亿元，是迄今为止国内发行规模最大的无担保企业债券。

资产管理业务

在稳健经营的理念指导下，公司坚持不断探索创新的业务模式。

2001年公司在业内首推银证合作理财，2002年成为业内最早推出规范化集合理财产品的券商之一。近年来公司发行的“长江超越理财计划”系列理财产品，由于产品收益持续超过预期收益率，在市场上已经形成了一定的知名度，受到客户的持续关注。

2005年4月推出的“长江超越理财1号”产品是《证券公司客户资产管理业务试行办法》正式实施以来，首批获准发行的3只券商集合理财产品之一，也是首只提取“风险准备金”的理财产品。截至2006年底，长江超越理财计划累计发行8.44亿元。

2008年公司集合资产管理计划取得了长足的进展，设立了超越理财2号、超越理财3号和超越理财增强债券共三期集合资产管理计划，发行规模分别达到10.07亿元、2.69亿元、和1.97亿元，产品种类丰富，业务得到了稳步推进。

证券衍生品业务

公司较早开展了权证发行、风险对冲理论的研究。2005年以来，公司对金融衍生产品的产品设计、发行、避险、套利、做市等多方面业务进行了全面深入的研究，设计完成了普通型、上限型和百慕大型等多种备兑权证产品，以及保本型和高息票据等多种结构性产品。

2008年，公司积极探索稳定的业务发展模式，深入了解客户需求，不断设计、调整出符合市场需求的套利产品。经过大半年的实践和摸索，进行了多次的ETF套利系统升级，在基本系统平台的基础上，通过新的套利策略和方法，提高了ETF套利的效率和利润。

目前，公司已经为即将开展的备兑权证和结构型产品等业务做好了充分准备。

基金管理业务

截至2008年末，公司旗下长信基金管理有限公司共管理6只基金，管理的基金资产规模突破230亿，基金资产净值由2007年的全行业第30名上升至28名，市场占有率从1.28%上升至1.4%；实现营业收入34705.92万元，利润总额12878.05万元，净利润9655.29万元，与2007年相比，营业收入增长24.34%，利润总额增长42.06%，净利润增长27.97%，净资产增长21.50%，净资产收益率增长1.81%。

公司旗下诺德基金管理有限公司共管理2只基金，管理的基金总份额为53.18亿份，管理的基金资产净值总额为33.68亿元，实现营业收入9171.01万元，利润总额2556.60万元。

期货业务

公司控股的长江期货有限责任公司成立以来，积极打造低成本、高效率运行的期货业务平台，培育直销与期证合作并行的营销网络和团队，建立了以客户资产增值为核心的特色化、个性化客户服务体系，实现了超常规发展，为业内成长最快的公司。

近年来，客户权益规模、交易金额等主要业务指标成倍增长。2008年，长江期货新开5家营业部，强化了自主营销能力，积极推动产品创新和客户服务创新，成功推出系列创新产品，还将渠道业务引入期货，并取得突破性进展。2008年，长江期货新增客户超过6600户，增长150%；全年交易额累计达到3610亿元，与上年同期比较，增加幅度为135%，远超过期货市场76%的增加水平；市场占有率稳步增长，较上年同期增长36%；年末客户权益保持持续增长，较上年同期增长67%。2008年实现营业收入3370.60万元，利润总额807.43万元。

该公司目前已为即将到来的金融期货业务做好了充分准备。

地址：武汉市新华路特8号长江证券大厦
邮编：430015
总机：86－27－65799999
传真：86－27－85481900

统一客户服务热线:4008-888-999

统一电话委托号码:95579

公司网址:http://www.cjsc.com

长网网址:http://www.95579.com

东莞证券有限责任公司

东莞证券有限责任公司,成立于1988年6月,注册资本5.5亿元,是东莞市属国有控股的综合类证券公司,也是全国首批承销保荐机构之一。公司业务范围涵盖了证券经纪、资产管理、投资银行、投资管理、研究资讯等多个领域,在东莞、深圳、上海、北京等地设立了20多个分支机构及办事处,经营网点覆盖东莞市各经济发达镇区以及深圳、上海等地。公司于2007年收购控股了华联期货经纪有限公司,开辟了新的业务领域。

公司始终秉承"智慧创造财富、专业成就价值"的核心价值观,为客户提供专业化服务,在业内树立了良好的品牌。在全国106家证券公司2007年度会员财务指标排名中,东莞证券取得了净资产收益率排名第2位、净利润34位、客户交易结算资金余额37位、总资产41位、营业收入42位的好成绩,充分展示了奋进中的东莞证券的综合实力。

业务范围

代理证券发行业务;自营、代理证券买卖业务;代理证券还本付息和红利的支付业务;证券的承销和上市推荐;证券投资咨询和财务顾问;资产管理;发起设立证券投资基金和基金管理公司;期货中间介绍(IB)业务,以及中国证监会批准的其他业务。

交易品种

沪市A股、沪市B股、深市A股、深市B股、基金、国债、企业债券、企业债回购、国债回购等。

交易方式

柜台委托、场内自助委托、电话委托、网上交易、手机炒股等等。

客服中心:961130

稳步提升的经纪业务

经纪业务是东莞证券的核心业务之一,公司以营业网点为服务前端,通过完善发达的电子化网络服务系统、三位一体的客服中心,为客户提供网上交易、电话委托、手机炒股等交易方式及专业、及时、全面的投资资讯服务。

经纪业务为客户提供深沪A股、B股,权证、债券、回购、基金等齐全的证券投资品种,在东莞、深圳、上海等城市设有20家营业网点,初步形成了立足东莞、面向全国的业务格局。

近几年,经纪业务规模迅速成长,2007年托管客户资产已超400亿元,代理交易量高达6500多亿元人民币,在全国106家券商中排名至45位,跻身行业中上游。在东莞地区市场份额达65%,东莞证券品牌知名度以及美誉度稳步提升。

蓬勃发展的投资银行业务

起步于2003年的投资银行业务为企业提供企业改制及上市辅导、股票发行承销与上市保荐、资产重组及收购兼并财务顾问、企业咨询等服务。

2004年东莞证券正式成为全国首批保荐机构之一。成功完成了伟星股份、广东榕泰、ST特力、生益科技、天茂集团、中科英华等公司的股权分置改革或再融资。近几年,东莞推出了系列企业上市的扶持政策,立志打造东莞板块,借此东风,公司已与数十家企业签订了上市协议。

目前投资银行部有保荐代表人6人,金融证券、法律、财务、企业管理等方面的专业人员近30人,80%以上具有硕士以上学历,70%以上拥有律师、注册会计师、经济师等专业技术职称和资格,是国内最具实力的专业性投资银行队伍之一。

保值增值的资产管理业务

定向资产管理业务根据高端客户的个性化需求及资金特点,提供一对一的理财服务,合同条款较为灵活、风险可控,从而实现客户资产的保值增值。投资顾问业务为企业、大客户和金融机构提供合理的投资建议,目前已与东莞信托、东莞银行签订了多个项目,已开展的策略优选项目运作良好。

集合理财业务是通过设立集合理财计划,为一批客户提供同一种理财服务,它将是今后业务的发展方向之一。

我们将不断完善产品链,利用在东莞地区的综合实力优势,为客户捕捉市场机会;运用严密的风险控制机制和组合投资手段,为客户提供多样化的理财品种,实现共赢。

规范稳健的投资管理业务

以铭创资产管理系统为平台,以浮盈保障资产安全的风控体系为保障,建立了集中领导、科学决策、分级管理、严格监督的投资管理决策体系,坚持价值投资和成长性相结合的投资理念,选择相对高收益高风险的股票、低风险高收益的新股与低风险低收益的基金、债券相结合的投资模式,确保了资产增长的稳定性。2007年业务资产规模投资收益率超过100%,为公司的自有资金投资赢得理想的回报率。

公司拥有一支优秀的管理团队和专业的投资人才,具备丰富的从业经验、先进的投资理念和娴熟的操作技能、良好的职业操守和较高的道德水准,我们将一投资管理部往地沿着"规范稳健"的思路继续努力,以创佳绩。

精益求精的研究资讯业务

公司研究发展中心是一支理论扎实、经验丰富的资深研究队伍,80%以上具有硕士以上学历或中高级专业技术职称,通过网、报、台,声、画、影,与投资策略报告会相结合的方式,提供全方位的投资资讯服务。

主要产品有宏观、行业、公司、调研、基金、新股、策略等专业性研究报告,以及《每日调研》、《每日晨报》和《潜力股库》等日常资讯产品,并根据客户需求进行个性化组合。

出版的2006年投资策略研究报告《由熊市转入牛市,由防御转向进攻》和2007年投资策略研究报告《整固之后牛市将进入高潮》,准确预测和把握了大牛市行情,2007年的《股市泡沫的诊断研究》获得中国证券业协会科研课题研究成果三等奖,充分展现了"智慧创造财富,专业成就价值"的核心价值观。

起步迅速的固定收益业务

2007年6月,固定收益部正式成立。目前取得了全国银行间同业拆借债券资格等业务资格,为全国银行间同业拆借市场会员单位。

固定收益业务起步迅速,在人才的引进培养、制度流程再造、产品研发创新、拓展投资业务等方面都取得了不俗的成绩。目前主要从事固定收益类产品的研发、承销、投资交易等,覆盖国债、金融债、央行票据、企业债(含中期票据、短期融资券)、公司债、可转债等产品。

在研发上坚持基本面和数量分析相结合,关注宏观经济、货币政策对债券市场的影响,同时深入运用量化分析来指导投资,为机构和客户提供周报、季报、年报以及不定期的专题研究产品。

地址：莞城区可园南路 1 号金源中心 30 楼
总机:0769 -22119341
传真:0769 -22116999
委托、服务电话:961130
邮编:523000
EMail:service@ dgzq. com. cn

国金证券股份有限公司

国金证券股份有限公司是一家资产质量优良、专业团队精干、创新能力突出、具有规范类资格的综合类上市证券公司,也是中国证券监督管理委员会核准的七家合规试点证券公司之一。公司前身为成都证券,于 1990 年 12 月经中国人民银行批准成立,是国内第一批从事证券经营的专业证券公司之一,公司注册地在四川省成都市。

公司现有证券营业部 15 家、证券服务部 7 家,营业网点遍及上海市、北京市、长沙市、杭州市、昆明市、厦门市、成都市及四川省其他多个地区,经营面积逾 50000 平方米。公司现有客户超过 30 万户,托管的证券市值和保证金超过 280 亿元。

根据中国证监会 2008 年对证券公司的分类评级结果,国金证券被评定为 A 类 A 级证券公司。公司已于 2008 年 2 月在上海证券交易所上市(证券代码 600109),是沪深 300 指数、上证 180 指数、上证 180 金融股指数和上证中型企业指数成份股。

公司成立以来,尊崇“责任、共赢、和谐”的企业精神,秉承“规范管理、稳健经营、深化服务、科学创新”的经营理念及“专业创造价值,诚信铸就未来”的服务理念,打造了一只专业化、高素质的职业人才团队,取得了良好的经营业绩。

公司成立至今连续保持 17 年年终税前均保持盈利,2006 年实现营业收入 3.65 亿元,净利润 1.42 亿元,上缴税收 1 亿元。在规范类证券公司中,公司营业收入排名第 12 名,扣减资产损失后利润总额排名第 5 名,扣减资产损失后人均利润总额排名第 3 名,净利润排名第 7 名。

2007 年公司实现营业收入 15.21 亿元,税后净利润 7.39 亿元。截至 2008 年 9 月,公司实现净利润超过 6.9 亿元。

作为一家为广大投资者谋利益的、负责任的规范类证券公司,国金证券一直将“合规管理、控制风险”作为公司长期稳健发展的基石。公司成立以来,未发生一起重大金融风险事故,未发生一起挪用客户交易保证金事件,树立了优秀的企业形象,创立了极可信赖的券商品牌。公司于 2006 年 6 月成为规范类证券公司;2007 年 5 月成为首批合规试点证券公司之一;2007 年 8 月成为全国率先完成客户交易结算资金第三方存管工作的 15 家券商之一;2008 年 3 月公司投资者账户规范工作通过了四川证监局的验收,成为较早通过账户规范工作验收的券商之一。

2007 年以来,公司投资银行部门已完成成飞集成、阳之光、华发股份、江特电机、川润股份等多个公司的 IPO 和再融资项目。公司研究所本着“投资型研究”的经营理念,以客户需求为导向,为大量高端机构客户群提供多层次服务。在“新财富 2006 年度最佳分析师”评比中,国金证券研究所“进步最快研究机构”获得第三名;在“新财富 2007 年度最佳分析师”评比中,国金证券研究所“最佳销售服务团队”获全国第三名,有 6 名分析师获得个人奖项前五名。公司经纪业务着力打造“国金太阳”服务品牌,为投资者提供全方位的财务管理产品和服务。

国金证券正致力于打造集证券、期货、基金管理为一体的综合业务平台,为中国资本市场的繁荣发展贡献自己的力量。

2007 年 11 月,国金证券对国金期货有限责任公司实现控股,并将国金期货增资至 8000 万元。国金期货目前已具有中国证监会核准的金融期货经纪业务资格,成为中国金融期货交易所的交易结算会员,北京、杭州、广州等多家期货营业部正在紧张筹建中。

作为主要发起股东,国金证券会同中国通用技术(集团)控股有限责任公司等国内知名企业,共同在北京发起设立国金通用基金管理有限公司,拟以现金出资 7840 万元人民币,占国金通用基金管理有限公司注册资本的 49%。

责任是我们的第一准则,共赢是我们不变的追求,和谐是我们尊崇的方向。国金证券将在中国证监会的正确指导下,在全体股东的大力支持下,坚持“合规管理、控制风险”的经营原则不动摇,通过公司全体员工的共同努力,实现公司的更好更快发展,实现“社会、股东、企业”的和谐共赢。

广发证券股份有限公司

广发证券的前身是 1991 年 9 月 8 日成立的广东发展银行证券部。1993 年末设立公司,2001 年改制为广发证券股份有限公司。

公司是国内首批综合类证券公司,2004 年 12 月获得创新试点资格。

截至 2007 年 12 月 31 日,公司注册资本 20 亿元,合并报表资产总额 974.30 亿元,归属母公司股东权益 142.41 亿元;2007 年实现主营业务收入 170.99 亿元,实现利润总额 113.97 亿元,归属母公司所有者的净利润 75.86 亿元。

通过多次的收购兼并,公司全系统营业网点已达到 223 家,名列国内前茅;全系统员工总数逾 4000 人,服务客户近 300 万,托管客户资产超 4000 亿元。

公司控股广发华福证券有限责任公司、广发基金管理有限公司、广发期货有限公司及广发控股(香港)有限公司 4 家子公司,并参股易方达基金管理有限公司,初步形成了跨越证券、基金、期货领域的金融控股集团架构。

自 1994 年开始,公司一直稳居全国十大券商行列,凭籍着正确的发展战略、规范的经营管理以及完善的风控机制,已发展成为市场上具有较高影响力的证券公司之一。

在长期的发展过程中,公司形成了自己鲜明的特色:

◆ 以稳健的经营原则始终贯穿于公司的经营管理工作当中

公司成立以来,始终坚持“稳健经营、规范管理”的经营原则,高度重视内部管理体制的健全和风险防范机制的完善,初步形成了一套具有自身特色、合乎证券业规范运作要求的制度化管理体系。

正是基于以上的经营原则和对发展战略的正确把握,在市场的多次波动中,公司始终没有涉足国债回购、国债期货、违规代客理财等业内重大风险事件,保证了公司的健康发展。

为了提高管理的效率和规范,公司建立了科学的信息管理系统。这些系统覆盖了公司经营管理和业务操作的各个环节,如风险管理、投行项目管理、OA、ERP、CRM 等等,为公司的运营和发展提供了坚实的技术基础。

公司规范运作、稳健经营的风格,获得了主管部门和相关机构的肯定。公司先后被推选为中国证券业协会副会长单位、上海证券交易所会员理事单位。

◆ 高度重视企业人才、企业文化建设

截至2007年底，公司员工总数达3413人(不含子公司)，平均年龄34岁，并且65%的员工具备本科以上学历，其中博士51人，硕士508人，并在中国金融行业首批获得国家人事部批准设立博士后工作站的企业。集中的人才优势使公司享有中国证券行业“博士军团”的美誉。公司一贯重视企业文化建设，“知识图强、求实奉献”的核心价值观深入人心，这些由员工共建共享的企业文化在公司的经营管理中起到了至关重要的作用。

◆ 坚持以市场化运作手段推动公司发展

十多年来，公司多次敏锐地把握了市场机遇，通过市场化运作先后收购了广东发展银行、广东国际信托投资公司、中银信托、长财证券、河北证券等金融机构下属的证券营业部，整体收购锦州证券、华福证券、武汉证券、第一证券。截至2007年12月31日，全系统证券营业部数量达到169家(另有服务部54家)，营业网点遍布全国主要城市及经济发达地区，网点数量列居国内券商前三。

◆ 以锐意创新的能力创造业务机会

创新是公司得以持续发展的直接推动力：投资银行业务早期在全国首创的“全额预缴、比例配售、余额即退”、“免费预约、限量申购、抽签分配”等发行方法及发行过程中首创的“A股推介路演”，被业内同行广泛使用。2000年在国内首次采用的“荷兰式招标法”，创下了当时国内IPO发行效用最高的纪录。经纪代理业务中公司率先进行了经纪人制度试点，并推出“e对壹服务”等创新服务方式。除此之外，公司还推出了多项创新产品，包括权证产品(长江电力股本权证、武钢股份蝶式权证)、理财产品(广发理财2号、3号、4号)、资产证券化产品(莞深高速专项计划)等，获得了市场的高度认同。

在新的资本市场形势下，公司将进一步解放思想、转变发展观念、创新发展模式、提高发展质量，站在新的起点和高度上，继续为把公司建设成为资产质量优良、管理规范、经营稳健、特色鲜明、竞争力强、可持续发展、各项业务指标及综合实力稳居国内前五名的国际性新型投资银行的战略目标而不懈努力。

国都证券有限责任公司

国都证券有限责任公司成立于2001年12月28日，是在中煤信托投资有限责任公司(现更名为中诚信托有限责任公司)和北京国际信托投资有限公司(现更名为北京国际信托有限公司)原有证券业务整合的基础上，吸收其他股东出资成立的综合类证券公司。

2008年7月31日中国证监会核准公司注册资本由106966万元增至262298万元，9月公司完成增资后的工商变更登记，公司净资产增至约57亿元。

发展历程

1990年，北京国际信托投资有限公司设立证券部，开办有价证券代理发行、买卖等业务。成为STAQ系统首批甲类会员。

1991年，成为中国首批国库券承销团成员。

1992年，北京地区第一家证券营业部——工体北路证券营业部成立。为北京银燕电子闪光灯有限公司等3家公司发行债券。

1994年，作为王府井百货大楼、北京旅行车股份有限公司副主承销商参与公众股发行。

1996年，中煤信托投资有限责任公司设立证券部。

1997年，作为主承销商和上市推荐人成功完成郑州煤电发行上市。

2001年，国都证券有限责任公司成立。

2005年，公司取得创新试点证券公司资格。

2007年，公司启动增资扩股工作。公司的分类评级结果为：A类A级证券公司。

2008年，公司注册资本由106966万元增至262298万元。

证券经纪业务

合理的网点布局

秉承国都文化，我们并不追求营业网点数量的多寡。我们深知，致胜之道重在质量、重在长远。目前18家证券营业部分布于北京、上海、深圳、河南、天津、武汉、杭州、南京、西安、成都、长春等城市，已经涵盖了中国大部分中心城市和沿海城市。

一流的职业团队

公司将200余名具有5年以上证券投资经验的专业人员组成客户经理团队，与先进的客户关系管理系统相融合，以“一切为您，精益求精”为理念，在多年的服务实践中，形成了务实稳健的工作作风，在这里，服务绝不仅仅是一种口号。

领先的信息技术

率先推出先进的网上交易互动系统，提供网络极速数据传送，让投资者享受24小时全天候网上交易和移动证券的便捷，随时阅读财经咨询，保持与投资专家的即时沟通。

持续的业务创新

不断拓展分销网络，拓宽业务范围，专注于行业合作与产品开发，新建包含基金、期货和信托在内的系列金融产品。

投资银行业务

具有主承销商资格，并拥有多家发行推荐通道。业务范围包括：证券发行、承销、交易、企业重组、并购、投资分析、风险投资和项目融资。

主要发起人中煤信托和北京国投从事该项业务已有近10年的历史，积累了丰富经验，培养了大批业务精英。自1994年至2002年底，公司先后参与了81家上市公司的股票发行上市和国家级企业债券的承销工作，并一直担任多家企业的资本运营顾问。

投资银行总部下设企业融资部、资本市场部、债券承销部和海外业务部。已形成了一支具有较高业务水平、良好职业操守、强烈进取精神的投资银行专业队伍。公司将依托强大的研究力量和广泛的信息来源，构建客户与资本市场之间的桥梁。

信息技术平台

“以先进的信息技术平台强有力地支持管理和服务工作开展”是国都证券信息化建设的目标。

完善的信息系统基础构架

建成安全、高速、稳定的局域网络和广域网络，实现与交易所、银行、基金管理公司等合作伙伴以及互联网络的高速互联，成为名副其实的信息高速公路。公司各项业务、各项电子商务均在该信息高速公路上顺利运行。

证券交易业务的集中化建设

根据集中管理、低成本扩张和风险控制的战略，国都证券已简称法人清算和实时开户管理系统，同时实现证券集中交易和财务集中管理。

网上证券电子商务的建设

建立支持网上证券业务的电子商务网站 www. guodu. com,开通网上交易系统、信息咨询和发布系统;同时客户服务中心系统和客户关系管理系统有效提升客户服务水平。

办公流程的信息化建设

建成 LOTUS 面具办公自动化系统,提高办公效率和学习能力,实现无纸化办公和全方位信息共享。

受托投资管理业务

公司坚持安全性、科学性、盈利性的原则和个性化服务的方针,确保客户资产安全,在控制风险的基础上,力求稳定回报。

拥有完善的投资决策流程,实行投资决策委员会领导下的部门负责制,风险监控制度严格而完备,从管理和制度层面保证安全投资。

拥有一套行之有效的定价模型系统,包括新股上市定价模型、债券定价模型、股票定价模型、市场成本模型,实际操作效果良好,从操作层面保证科学投资。

拥有统一而完整的业务平台、高素质的专业人才和热情真挚的服务,从服务层面保证个性化投资方案的满意率。

国债业务

国都证券积极介入中国国债市场。

公司研究设计的国债定价模型、国债市场趋势判断理论,对国债投资价值的判断和二级市场的把握有独到和准确的揭示。

公司现为财政部国债承销团成员,同时是中国国债协会会员、中央登记结算公司甲类结算成员、银行间同业拆借市场成员。

研究开发业务

公司创建了独立统一的专业化研究平台,建立了较为完善的信息服务系统,及时发布研究成果,推介资讯产品,实现信息交用和资源共享。在货币政策研究、行业研究和上市公司研究方面取得了可喜的成果,具有一定影响力;在新股定价系列研究领域处于国内领先水平。

研究中心不仅是证券投资咨询业务的专业机构,同时也是公司业务的支持机构、实施业务创新和品牌创新的重要枢纽。目前拥有一支从业经验丰富、专业背景多样化、具有较强研究能力的精干队伍。现有研究员全部具备包括证券投资咨询在内的两种以上证券从业资格;70% 具有硕士以上学历;75% 具备五年以上证券从业经验。

营业网点

地域	营业部名称	地址	咨询电话
北京	北京阜外大街营业部	北京市西城区阜外大街 43 号	4006505966 010－68320023 010－68329055
北京	北京安苑里证券营业部	北京市朝阳区安外大街安苑里一号	010－64890703 010－64891139
北京	北京复兴路证券营业部	北京市海淀区复兴路 32 号	010－68176007 010－68176023
北京	北京中关村南大街证券营业部	北京市海淀区中关村南大街 9 号理工科技大厦 3 层 303 室	010－88417550 010－88417560
北京	北京新中街证券营业部	北京市东城区新中街 68 号聚龙花园七号楼二层	010－65538858 010－65531717 010－65532727 010－65531919
天津	天津永安道证券营业部	天津市河西区永安道 9 号二层	022－23282233
开封	开封新宋路证券营业部	开封市新宋路 1 号	0378－2933033
郑州	郑州黄河路证券营业部	郑州黄河路 26 号中孚大厦二层	0371－63588028
西安	西安长安北路证券营业部	西安市长安北路 39 号开成大厦 B 座七层	029－88100808
长春	长春西安大路证券营业部	长春市西安大路 727 号中银大厦 A 座 25 层	0431－88408255
上海	上海通北路证券营业部	上海市通北路 883 号	021－55961355
上海	上海中山北路证券营业部	上海市普陀区中山北路 1766 号四楼	021－62040988
上海	上海长阳路证券营业部	上海市长阳路 1510 号	021－65198479
深圳	深圳金田路证券营业部	深圳市福田中心区金田路 4028 号荣超经贸中心 26 层	0755－82577577 0755－82577555
武汉	武汉解放大道证券营业部	武汉市江岸区解放大道 1070 号财富大厦主楼二楼	027－82754600 027－82754611
杭州	杭州延安路证券营业部	杭州市延安路 328 号恒通大厦八层	0571－87556111
南京	南京丹凤街证券营业部	南京市玄武区丹凤街 19 号恒基中心 A－2 楼	025－83199099
成都	成都总府路证券营业部	成都市武侯区桐梓林北路 6 号 26 幢 3 楼(中华园锦苑)	028－85136990 028－85128006

国海证券有限责任公司

国海证券有限责任公司是广西区内注册的唯一一家全国性综合类券商,其前身广西证券公司创立于 1988 年,是中国首批成立的证券公司之一。公司经营范围包括证券经纪、证券投资咨询、财务顾问、证券承销与保荐、证券资产管理、证券投资基金代销等各项综合金融服务业务。公司旗下控股了国海富兰克林基金管理有限公司和国海良时期货有限公司,已成为融证券、基金、期货等多元金融业务为一体的综合金融服务企业。

2005 年 10 月,国海证券成为全国首批规范类券商。2007、2008、2009 年,在中国证监会对证券公司的分类监管评级中,国海证券均被评为 BBB 级。截至 2008 年末,公司总资产 109.06 亿元,年度营业收入 14.42 亿元;净资本收益率 35.55%,行业排名第 11 位。

公司各项业务发展迅速,业绩良好,其中经纪业务在广西的市场占有率位居第一,具有绝对的垄断地位;固定收益证券业务拥有行业内一流的团队,该业务各项指标连续三年稳居同行业前十;投资银行业务立足广西,面向全国,积极扶持区内有条件的企业利用资本市场进行股权融资,支持广西区域经济发展。

目前,国海证券的借壳上市工作正在积极推进过程中,以全面提升市场竞争力和持续盈利能力,实现跨越式发展。

●固定收益证券业务成长最快的证券公司,各项业务指标位居行业前列

●拥有国内顶尖的并购业务团队

●经纪业务在广西区的市场占有率位居第一

●2007 年、2008 年,公司营业收入、净资产收益率等经营指标均居全国同类型券商前列

●国内唯一的在所有业务线均采用事业部管理体系的证券公司

旗下公司

控股基金公司:国海富兰克林基金管理有限公司

国海富兰克林基金管理有限公司成立于 2004 年 11 月,由国海证券与全球最大的上市资产管理公司美国富兰克林邓普顿基金集团的全资子公司邓普顿国际股份有限公司共同合资组建。目前公司注册资本为人民币 22,000 万元,其中国海证券出资额占注册资本的 51%。截止 2009 年 6 月 30 日,基金公司已成功发行并管理六只开放式基金产品,资产管理规模超过 170 亿元人民币。2008 年公司荣获了《证券时报》"资产配置明星基金公司"奖、百度财经"亿万网民心目中最具潜力基金公司"奖、《理财周报》"最具发掘力基金公司"奖等奖

项，旗下所有满两年的偏股型基金均获得晨星四星以上评级。

控股期货公司：国海良时期货有限公司

国海良时期货有限公司前身为浙江良时期货经纪有限公司，成立于1996年6月，2009年国海证券以独立的战略投资者身份参与其增资扩股并将其更名为国海良时期货有限公司。目前，公司注册资本为人民币10,000万元，其中国海证券出资额占注册资本的70%。公司管理规范，市场服务和信息研究能力较强，在业内有一定的影响，是中国期货业协会第一届理事单位和郑州商品交易所第一、二、三、四届理事单位和浙江期货行业协会理事单位。公司目前在上海、湖州、绍兴、柯桥、越城、南宁、台州等地均设有营业部，凭借控股股东国海证券的资源、品牌和网点优势，公司将打破地域限制，进一步做强做大。

业务介绍

经纪业务

拥有强大区域销售网络覆盖能力的经纪业务

作为国内首批规范类证券公司，国海证券拥有完善的金融产品和销售平台、稳定的交易系统和严格的风险控制体系，通过分布全国各地的销售网络和电子化平台，为客户提供各种金融产品买卖的中介服务。

国海证券秉承"为客户创造价值"的服务理念，截至2009年6月30日，已拥有从事A股、B股、基金等交易的客户80多万。在同等规模的券商中，市场份额名列前茅，在广西区市场占有率名列第一，具有领先的竞争优势。

投资银行

立足广西、面向全国、锐意进取的投资银行业务

●专注细分市场与目标客户

国海证券投资银行业务定位于为国内大中型国有企业和快速成长的民营企业提供专业的股权融资、财务顾问和证券承销服务。

●经验丰富的业务团队

国海证券拥有一支高素质的投资银行业务团队，多名核心骨干均有超过十年的股票发行与承销业务经验，拥有10名保荐代表人和6名准保荐人。

●独特竞争优势

国海证券的投资银行业务以广西为重点开发区域，具有独特的区域竞争优势，与当地政府、各大型集团、上市公司和优质企业建立了长期的战略合作关系；同时国海证券专门设立创业融资部，致力于为广大中小企业提供优质的融资服务，重点服务细分行业龙头企业、自主创新企业以及新经济和新商业模式的企业。

资产管理业务

国海证券资产管理业务秉承"以客户需求为导向、为客户提供差异化、个性化的金融服务"的理念，根据不同客户的投资目标、投资要求、风险偏好和资金规模，为其量身定做全方位的金融服务方案，致力于实现公司价值和客户价值的同步提升。

公司目前与多家银行和信托公司开展了一系列金融创新理财业务合作，应用金融创新的理念，通过精细化、专业化的投资运作，管理项目均实现良好收益，赢得了包括银行、信托公司等金融渠道及机构客户的信赖，建立并保持了良好的合作关系。

理财服务范围

集合资产管理业务

定向资产管理业务：账户管理、现金管理、市值管理

国海研发

特色鲜明的研究品牌

国海证券研究所致力于为公司各项业务和各类机构及投资者提供专业化的证券研究和特色服务。

国海证券研究所坚持特色研究，重点开展特定领域行业公司研究和创新研究，在煤炭开采、电子通信、医药、化工、有色金属、建筑材料、品牌消费品等研究领域有较为广泛的市场影响。国海证券研究所拥有一批既有较好理论和研究功底，又有理性思维，同时熟悉证券各项业务的复合型研究员，研究作风深入细致，见解独到。

国海证券研究所还对公司内部的研究资源进行整合，将固定收益、经纪业务等部门的骨干员工纳入研究体系，构建了"投资策略研究中心"、"固定收益证券研究中心"、"经纪业务专家服务小组"等开放式研究平台与专项业务服务平台；并通过外聘专家、联合开展专题研究、专题会议等形式，与外部研究资源形成良好互动。国海证券研究所通过卓越管理保证服务质量，并将尽我们所能成为您值得信赖的朋友。

联系我们

国海证券客户服务电话：

96100（广西）

4008888100（广西区外）

0771－5539032（全国）

南宁总部地址：广西南宁市滨湖路46号国海证券大厦

邮编：530028

电话总机：0771－5539300

传真：0771－5539100

电子邮箱：zzbgs@ccs.com.cn

深圳总部地址：深圳市福田区竹子林光大银行大厦32楼

邮 编：518040

电话总机：0755－83711588

传 真：0755－83711597

电子邮箱：zzbgs@ccs.com.cn

国盛证券有限责任公司

国盛证券有限责任公司是2002年12月经江西省省人民政府和中国证监会批准设立的综合类证券公司，公司注册地为江西省南昌市，注册资本59334,07万元。2007年2月2日，经中国证券业协会评审通过，公司成为规范发展类证券公司，现证券评级为BB级。

公司设立了17个职能及业务部门，45家营业网点分布于北京、上海、深圳、天津、杭州、武汉、长沙及江西省各地市县区，拥有A、B股经纪、外汇业务、代理实时开户业务、基金代销、证券自营、投资咨询、股票、债券主承销资格、代办股份转让主办券商预备资格，是中国证监会注册的保荐机构，曾首次获批准参与股权分置改革试点。是全国银行间和交易所间同业拆借及债券市场成员单位，中国证券业协会监事单位。

公司始终致力于建设昂扬向上的企业文化，以"共同利益观"（即国家、企业、客户、员工利益一体，互利共赢）为核心价值观，以"忠诚拼搏、艰苦创业"为企业精神，融入customer relationship management（CRM，客户关系管理）的管理思想精髓，突破以企业本身利益最大化为目标的传统企业文化，重视客户利益，关注客户个性需求，注重引导客户的投资情绪，努力与客户建立基于彼此信任和价值贡献之上的长期关系，以

优质高效的服务,不断满足投资者多方位需求,实现企业的可持续发展。

地址:南昌市永叔路15号信达大厦
电话:0791 - 6281441
传真:0791 - 6281441
邮编:330003
电子邮箱:bgs@ gsstock. com
网址:www. gsstock. com

海通证券股份有限公司

海通证券股份有限公司(简称"公司")的前身是上海海通证券公司,成立于1988年,是我国最早成立的证券公司之一。1994年改制为有限责任公司,并发展成全国性的证券公司。2001年底,公司整体改制为股份有限公司。2002年,经中国证监会批准,公司注册资本金增至87.34亿元,成为国内证券行业中资本规模最大的综合性证券公司,并致力于走国际化的金融控股集团的发展道路,公司收购黄海期货公司并更名为海通期货有限公司。公司先后发起设立了富国基金管理有限公司,海富通基金管理有限公司。2004年,由公司控股的海富产业投资基金管理有限公司正式运作。2008年1月,海通(香港)金融控股有限公司获准开业,顺利取得各项业务牌照。海通开元投资有限公司也于2008年10月设立,负责公司的直接股权投资业务。

2005年5月,经中国证券业协会评审通过,海通证券成为创新试点券商,公司发展进入新时期,各项业务继续保持市场前列。2006年,随着股权分置改革和券商综合治理的完成,资本市场进入实质转折期。在这一年里,公司抓住机遇,深化改革,加快发展,使公司在业务、管理、风控、制度和流程建设等方面都上了一个新台阶,启动了上市进程并获得了实质性进展。2007年7月31日,公司成功挂牌上市。2007年10月,中国证监会批准公司非公开发行新股不超过100,000万股并已完成,引入了中信集团、平安、太保等战略投资者,优化了公司股东结构。目前,公司净资本规模达到约340亿元,净资产达到390亿元。2008年,随着公司上市和增资扩股的顺利完成,公司的治理结构、品牌和资本实力大幅提高,为公司抓住行业创新和发展机遇,实现三年规划创造了良好条件。

在多年的发展中,公司始终遵循"务实、开拓、稳健、卓越"的经营理念和"规范管理、积极开拓、稳健经营、提高效益"的经营方针,坚持"稳健乃至保守"的风控品牌,追求"管理一流、人才一流、服务一流、效益一流"的经营管理目标,近年来取得了显著的经济效益和社会效益。目前,公司在全国65个城市设有126家营业部,业务经营涉及证券承销、代理、自营、投资咨询、投资基金、资产委托管理等众多领域,拥有300万客户。2003年,公司被著名的《亚洲金融》杂志评为"中国最佳经纪行"。2005年,公司经纪业务实现低成本扩张,托管了甘肃证券和兴安证券。2008年营业部翻牌后,公司拥有的营业部家数达到126家,55家证券服务部。2006年,公司在由财经媒体《21世纪经济报道》发起的"21世纪中国资本市场投资年会"上,获得了"2006年券商综合实力大奖"、"2006年最佳经纪团队"、"2006年最佳宏观策略研究团队"三项殊荣。2008年,公司顺利完成合规试点和帐户清理工作,经纪业务以规范促发展,市场占有率稳步提升。同时,公司各项创新业务有序开展,并成立了融资融券部,为创新业务的开展做好了充分准备。

公司的投资银行业务在10余年的不断探索过程中打造出了具有海通特色的知名行业品牌,尤其在银行类企业和高科技企业的发行承销方面享有盛誉。公司先后承揽了浦东发展银行、民生银行、深发展等金融企业的融资项目,同时,亿阳信通、用友软件、上海贝岭的成功发行也为公司在高科技领域的承销业绩写下了浓重的一笔。截止2008年12月31日,公司作为主承销商已经为182家企业提供了融资服务,共筹集资金1250.46亿,其中IPO项目118家,募集资金714.60亿,配股45家,募集资金141.70亿,增发15家,募集资金280.27亿,可转债3家,募集资金53.90亿,权证1家,募集资金60亿。2005年股权分置改革以来,投资银行部共计完成股权分置改革项目134家,业务市场排名第一,市场占有率达到约10%,在业内遥遥领先。良好的服务质量、精湛的技术水平、孜孜以求的创新精神,使海通证券公司的投资银行业务得到了客户的广泛认可。2006年4月,公司投资银行部荣获"2005年度投行最佳团队"、"2005年最佳股改团队"。2007年1月,公司被著名财经网站和讯网评选为"2006年度中国最佳投行金牌团队"。2008年1月,公司被证券时报评选为"2007年中小企业优秀保荐机构"。2008年3月,被新财富评为"最受尊敬的投行"之一。2008年,公司严格投资银行项目管理,显著提高了投行项目的质量,上海电气IPO成为H股回归A股的经典案例,取得良好市场反响。公司并购重组业务发展迅速,尤其树立了在文化传媒领域并购专家的地位,2008年参加由上海证券报组织的评选,获得"最佳并购团队"奖。

2002年10月,经国家人事部批准,公司成为上海地区第一家被批准设立博士后科研工作站的综合性证券公司,在深圳证券交易所会员及基金管理公司研究成果评选中,连续八年排名第一。目前,公司拥有一批博士、硕士以及具有丰富实践经验的经营管理和研究人才,公司已与青海省西宁市、陕西省宝鸡市、安徽省黄山市、宁夏银川市、贵州省贵阳市等省市建立了长期战略合作关系并担任独立财务顾问,为战略客户的发展提供专业化的金融服务。

公司近年来积极加强与境外著名金融机构建立战略合作伙伴关系,不断扩展公司的海外业务网络,先后发起设立了富国基金管理有限公司、海富通基金管理有限公司。海富通基金管理有限公司由海通证券控股,持有51%的股权,2005 - 2007年,海富通每年获得国际三大评级机构之一惠誉(FitchRatings)"M2(中国)"的资产管理人优秀评级,是目前国内极少经过惠誉资产管理人评级的中国本土资产管理公司,表明海富通基金公司在组织结构、独立性、内部控制、客户沟通、投资管理、风险管理等方面,已经达到了国际水准。2008年,这一评级又调升为"M2 +(中国)"。截至2008年12月31月,海富通旗下共管理9只开放式基金,合计资产规模达到384.97亿元人民币。2004年年底,海通证券控股67%股权的海富产业投资基金管理有限公司正式运作。海富产业投资基金管理有限公司是我国第一家产业投资基金管理公司,现受托管理中国—比利时直接股权投资基金(简称"中比基金"),中比基金是经中国国务院批准设立、中比两国政府及商业机构共同注资的产业投资基金,规模达10亿元人民币。目前,海富产业基金公司所管理的中比产业基金已投资19家企业,同时,海富产业正积极发起设立新的基金。

海通证券经过十多年的发展,在经营过程中积累了丰富的证券经营管理经验,在内控机制方面,公司建立健全了较为完善的合规和风险管理组织体系。近年来，公司不断加强合规和风险管理，内控水平不断提高。2008年，公司获得了分类监管AA评级，内控管理再上新台阶。公司作为首批合规试点券商，率先完成了合规试点工作，通过建立健全合规管理制度和组织体系，开展合规咨询、培训、审核、实时监控等，将合规工作深入到各个业务环节。特别是公司自主开发了信息防火墙系统，得到了监管机构的高度肯定；加强对可疑交易和客户身份的识别、监控，有效提升了公司反洗钱工作的水平。公司进一步完善了以净资本为核心的风险监控体系，实现了公司各项业务风险和整体风险的科学评估和有效监控。在长期的证券市场运作中，公司已经建立了一套科学、规范、严密的经营管理体系、合规和风险监控体系，形成了稳健开拓的经营风格，创立了独特的公司品牌。

联系地址：上海市广东路689号

客服电话：95553、4008888001

邮编：200001

邮件：web@htsec.com

河北财达证券经纪有限责任公司

【公司概况】

河北财达证券经纪有限责任公司于2002年3月由河北财达资产管理有限公司、河北财达投资管理服务中心、秦皇岛市信托投资公司（现秦皇岛市财信资产管理公司）、唐山金海资产开发投资有限公司、河北达盛贸易有限公司、保定市财信实业有限公司、秦皇岛市山海关隆福物资采购供应处、黄骅市财政干部培训中心、邯郸市财达计算机信息中心、涿州市诚信实业有限公司（现涿州市国有资产管理有限公司）等10个单位，以证券类净资产和货币资金共同出资设立；经中国证券监督管理委员会审核批准（证监机构字［2002］81号）在同年3月开业，并于2002年4月25日在河北省工商行政管理局注册登记，注册号1300001002153，注册资本22,955万元。2006年经中国证券监督管理委员会证监机构字［2006］213号文件核准，唐山钢铁集团有限责任公司注入资金34,000万元，河北省国有资产控股运营有限公司注入资金10,000万元，分别占本公司注册资本的50.78%和14.94%，变更登记后公司注册资本增至66,955万元。2008年经中国证券监督管理委员会证监机构字［2008］1479号文件核准，唐山钢铁集团有限责任公司、河北省国有资产控股运营有限公司、秦皇岛市财信资产管理公司、唐山金海资产开发投资有限公司、保定市财信实业有限公司、秦皇岛市山海关隆福物资采购供应处、邯郸市财达计算机信息中心、涿州市国有资产管理有限公司等8家股东新增注册资金74,735万元，注册资本增至141,690万元。在本公司注册资本中唐山钢铁集团有限责任公司占有58.69%的份额。截至2008年底，公司下设45家证券营业部和51家证券服务部，公司员工总数1543人。

【分支机构】

营业部名称	地　　址	咨询电话
石家庄新华路证券营业部	石家庄市新华路199号华海环球广场2层	0311－87884400、87892222
石家庄平安大街证券营业部	石家庄平安北大街136号	0311－88632287、88632289
石家庄广安大街证券营业部	石家庄市广安大街美东国际B座二层	0311－86685043、86050930
石家庄联盟路证券营业部	石家庄市联盟路239号	0311－87794034、87794014
石家庄建设大街证券营业部	石家庄建设大街80号	0311－86010266、86100558
石家庄槐北路证券营业部	石家庄市槐北路309号嘉实蓝岸西侧商务楼三、四层	0311－86057914、86053471
石家庄裕华路证券营业部	石家庄市裕华东路171号	0311－85031939、85665931
石家庄自强路证券营业部	石家庄市自强路37号新时代大酒店一楼	0311－86979640、86996690
石家庄裕华西路证券营业部	石家庄市裕华西路73号	0311－87102655、87102696
石家庄开发区证券营业部	石家庄市工农路558号泊爱蓝岛16号楼三层	0311－86118442
石家庄石化证券营业部	河北省石家庄炼油厂生活区工商银行石化支行办公楼	0311－80861277
保定莲池北大街营业部	保定市莲池北大街23号	0312－5090888、5097999
保定向阳南大街证券营业部	河北省保定市朝阳南大街164号（朝阳路与百花路交汇口西南侧）	0312－3316999、3316998
涿洲东兴北街证券营业部	涿州市开发区东兴北街26号	0312－3864848、3669935、3864834
沧州南北大街证券营业部	沧州市南北大街顺成商厦2楼	0317－3031666
沧州广场街证券营业部	河北省沧州市广场街11号	0317－3031234、3024567、2581400
承德火神庙街证券营业部	承德市火神庙路南14号	0314－2037107、2031470
邯郸水院路证券营业部	邯郸市水院北路23号	0310－3181893、5509901
邯郸丛台路证券营业部	邯郸市丛台路5号	0310－3136956、3136936
邯郸光明北大街证券营业部	邯郸市光明北大街349号光明商贸中心D座4、5层	0310－2068690
邯郸复兴路证券营业部	邯郸市复兴路91号	0310－4065293、4066990
邯郸人民路证券营业部	邯郸人民路149号东升饭店3楼	0310－3017669、3018612
邯郸峰峰滏源堤路证券营业部	河北省邯郸市峰峰矿区滏源堤路3号	0310－5019722
邯郸永年新洺路营业部	河北省邯郸市永年县新洺路12号	0310－6600801
衡水新华中路证券营业部	衡水市新华中路66号	0318－2661988、2666610
衡水人民东路证券营业部	衡水市人民中路9号	0318－2153185、2153365
廊坊建设路证券营业部	河北省廊坊市建设路与广阳道路口	0316－2237171
廊坊新华路证券营业部	廊坊市新华路76号	0316－2054444、5216255、5216268
秦皇岛关城南路证券营业部	秦皇岛市山海关区关城南路52号	0335－5073349、7652210、5059447、5021875
秦皇岛河北大街证券营业部	秦皇岛市河北大街49号	0335－3027739
秦皇岛迎宾路证券营业部	秦皇岛市海港区迎宾路68号	0335－3620533、3620522
秦皇岛海宁路证券营业部	秦皇岛市北戴河区海宁路15号工商局2号楼3单元9号	0335－4043683
唐山翔云道证券营业部	唐山市路北区翔云道6号	0315－2031177
唐山龙泽路证券营业部	唐山市龙泽路55号	0315－2706502、2706504
唐山车站路证券营业部	唐山市路北区车站路169号	0315－2828742、2857192
唐山新华西道证券营业部	唐山市新华西道110号网通信息大厦东裙楼	0315－2591888
唐山华岩路证券营业部	唐山市华岩路22号	0315－5910683、5910666
唐山丰润区证券营业部	唐山市丰润区康健街11号	0315－3238749、2193183
唐山曹妃甸证券营业部	河北省唐山市唐海县长丰路北段（海澳大酒店）	0315－8727011、8727018
唐山新城道证券营业部	唐山市丰润区新城道116号万隆商贸中心四楼	0315－2193183
唐山古冶新林道证券营业部	唐山市古冶区新林道23号	0315－3583993
唐山丰南青年路证券营业部	河北省唐山市丰南区青年路145号	0315－8189682
邢台西门里证券营业部	邢台市西门里2号	0319－3269752
邢台郭守敬北路证券营业部	邢台郭守敬北路181号	0319－2225459
张家口明德南街证券营业部	张家口明德南街170号	0313－8031718、8040320
北京花园路证券营业部	北京市海淀区花园路2号	010－62359989、010－62355966
北京首体南路证券营业部	北京市海淀区首体南路20号国兴家园D座	010－88354698、010－88354699
佳木斯西林路证券营业部	黑龙江省佳木斯市西林路171号	0454－8626660、8626658
上海浦东大道证券营业部	上海市浦东大道1608号高发大厦25层	021－61004968、61004969、61004911、61004922
上海九江路证券营业部	上海市九江路399号华盛大厦18楼（由汉口路大堂进）	021－61416858、61416868
深圳滨河路证券营业部	深圳市福田滨河路5022号联合广场A座2层	0755－82966456、82966449
天津江都路证券营业部	天津市河北区江都路鹤山里3号华驰大厦2楼	022－26021610、26021626

【公司目标】

面对二十一世纪中国证券市场的机遇与挑战，公司将秉承"开拓、求实、诚信、卓越"的企业精神，充分发挥多年积累的服务优势、人才优势、信息优势、品牌优势和管理经验优势，吸取业内先进的经营理念和管理模式，努力形成自身的竞争策略和个性化服务特色，为推动证券市场的繁荣和健康发展做出新的贡献。

公司名称：河北财达证券经纪有限责任公司

英文名称：HEBEI CAIDA SECURITIES CO. ,LTD.

法定代表人、总经理：翟建强

注册资本：141690 万元

注册地址：河北省石家庄市自强路 35 号

办公地址：石家庄市桥西区自强路 35 号庄家金融大厦 23 至 26 层

邮政编码：050000

互联网网址：www. s10000. com

电子信箱：cdzq@ cdzq. com

华林证券有限责任公司

华林证券有限责任公司原名江门证券公司，于 1988 年 4 月经中国人民银行广东省分行批准成立，是我国最早成立的证券公司之一；1991 年 7 月经中国人民银行批复同意重新登记，注册资本为人民币 1000 万元；1996 年 7 月经中国人民银行批复同意增资扩股，注册资本变更为人民币 5600 万元，并更名为江门证券有限责任公司；2003 年 2 月经中国证券监督管理委员会批准同意再次增资扩股，注册资本增加至 80700 万元，并更名为华林证券有限责任公司。

业务范围

证券（含境内上市外资股）的代理买卖；代理证券的还本付息、分红派息；证券代保管、鉴证；代理登记开户；证券的自营买卖；证券（含境内上市外资股）的承销；证券投资咨询（含财务顾问）。保荐机构资格；开放式证券投资基金代销业务资格；IPO 询价资格；网上证券委托业务资格；全国银行间同业拆借市场同业拆借资格；国债买断式回购交易参与主体资格；权证交易和结算资格。

经营管理

2007 年以来，公司新的经营管理团队组建到位，为华林证券带来了先进成熟的经营理念和管理经验，初步建立了以绩效考核为核心、风险控制为前提、优秀人才为依托、客户利益为导向、流程管理为手段的经营管理机制，公司内部管理日趋规范，经营业绩稳步增长。公司充分发挥中小券商包袱小、资产质量高、机制灵活的优势，聚集业内优秀的人才队伍，营造积极、进取的企业氛围，致力于为客户提供专业化、多元化的资本市场服务。

机构设置

公司根据发展需要，建立起与之相适应的组织架构和运行机制，设有经纪业务总部、投资银行总部、固定收益总部、投资管理总部、债券投资部、董事会办公室、合规管理部、计划财务部、结算托管部、信息技术部、人力资源部及行政运行部等内部机构，有效保障了公司的规范和高效运作。同时，公司共有 13 家营业网点，分布在深圳、北京、广州、上海、合肥、长沙、江门等地，正逐步形成以各省会城市为中心、辐射周边地区的营销服务布局，构建起广泛的营销网络。

发展战略

用三到五年的时间，使公司成长为具备一流专业水准的全国性券商，在服务内容、服务方式、业务管理和人才队伍等方面，充分展现真正的专业水准、专业特色和专业信誉，并在这种专业优势的引领下，逐步形成自身的核心竞争力，树立市场品牌，提升市场影响力。

发展目标

在两到三年内，夯实基础，站稳脚跟，使各项业务初具规模，再用两到三年的时间，使公司综合实力进入全行业前二十名，成为国内具备较强市场竞争力和影响力的证券公司之一。

证券经纪业务

公司在北京、上海、深圳、广州、长沙、合肥及江门地区共设有 13 家营业网点，可提供证券的代理买卖、代理证券的还本付息、分红派息、证券代保管、鉴证、代理登记开户、基金代销等业务服务，支持现场委托、网上交易、电话委托及手机炒股等多种交易方式。公司在业务管理、营销管理、客户服务和风险监控等方面已形成了较为完整的管理体系，致力于为客户提供专业化、个性化的优质服务。

公司实行覆盖全部营业网点的大集中交易与集中清算，并在此基础上建立起经纪业务实时集中监控系统，为客户提供安全、高效的交易平台。2007 年，公司客户交易结算资金第三方存管系统全面上线，并与国内十多家银行建立了紧密的合作关系，积极开展深层次银证合作业务。2008 年，公司因为账户清理成绩突出，被中国证监会授予"账户规范先进集体"光荣称号，成为获此殊荣仅有的 14 家券商之一。

公司坚持特有的差异化营销宗旨，逐步形成了以"规范运行、团队营销、特色咨询"为特点的新型经纪业务发展模式。2007 年初，公司引进了业界资深的营销管理团队，大力发展团队营销，吸引并培养了一大批营销精英，营销队伍不断壮大。同时，公司组建了客户服务中心，建立了强大的研究团队为投资者精心挑选和加工各类证券资讯信息，并根据客户的不同需要，研究、开发不同类型的资讯产品，以专业的资讯、多样化的服务为切入点，完善客户服务体系，为客户提供更为全面、细致、专业的投资服务。

投资银行业务

公司投资银行业务始终以客户为中心，强调团队合作，为客户提供全方位、系统化、专业化服务，是集管理监控与支持服务为一体的新型投行运作模式，该模式有利于发挥投行整体资源的配置效应，确保投行的专业服务水准。

公司投资银行总部下设业务一部、二部、三部等业务部门以及质量监控部、资本市场部、研究发展部、综合管理部等管理和支持部门。作为首批保荐机构，公司投资银行总部致力于同优秀企业建立战略伙伴关系，为客户提供从改制、IPO 发行、再融资等保荐承销业务，到发行公司债券、项目融资、股权私募、收购兼并、财务顾问、企业重组等全方位深层次服务，尤其注重对企业的管理咨询服务，为企业的经营战略规划、资本资产运作提供专业、贴身、周到的优质服务。

目前的公司投行团队成员多来自近年投行业绩出色的国内知名券商，团队核心成员从事投行业务超过 10 年，一直活跃在发行市场一线，先后完成了主板"金瑞科技"IPO、"江西铜业"增发、"华菱管线"IPO、增发、可转债及非公开发行、"华阳科技"IPO、"明天科技"增发 、"天房发展"非公开发行、"宗申动力"非公开发行、"风帆股份"非公开发行、"顺鑫农业"配股，中小板"双鹭药业" IPO、"栋梁新材" IPO 等多个发行项目，以及"潍柴动力"收购"湘火炬"项目以及其后的 H 股和 A 股上市公司换股合并项目。

2007年以来，公司先后完成“沧州明珠”IPO、“亿利能源”重大资产重组等多个并购重组项目。公司目前拥有注册保荐代表人6名，正在办理注册手续的保荐代表人多名。公司投行将凭借业内领先的管理制度和激励机制，依托高水平的人才队伍，实现超常规发展，跻身国内最专业的一流投行之列。

固定收益业务

公司固定收益团队主要由原国内大型证券公司从事过多年固定收益业务的业务人员组成，为近两年中国债券市场崛起的新锐力量，是中国债券市场的重要参与者。该业务团队具有很强的专业优势，奠定了公司固定收益业务在高起点上稳步、快速发展的基础。

公司固定收益团队自2005年以来先后完成11家企业债券主承销项目，融资规模182亿元；完成2个企业债券财务顾问项目，融资规模50亿元；至今，所有该固定收益团队承做的客户在申报二期债券发行时均再次选择华林证券作为主承销商，这充分说明了发行人对该固定收益团队专业素质的认可和信任。同时，该固定收益团队承做的每个项目都获得了国家发改委对于债券发行的批准，申请成功率100%。作为多年从事债券承销业务的专业人员，公司固定收益团队具有丰富的债券融资实务经验。

2007年以来，公司共完成了“07湖交投债”、“07常高新债”、“08蒙奈伦债”、“08甬交通债”、“08嘉兴城投”、“09浙能源债”、“09许继债”和“09浙交投债”8家企业债券主承销项目，融资总规模达140亿元，具有丰富的债券融资实务经验。此外，在资本市场具有较高影响力的杭州城建、常州高新等近十家企业也已选择华林证券作为主承销商申报发行企业债券，公司项目储备充足，固定收益业务具有较强的可持续发展后劲。

公司在国家发改委、中国证监会、中国保监会及人民银行等主管机关具有通畅的沟通渠道，并与各大保险公司、大型企业集团保持着密切的合作关系。公司将以企业债券承销业务为基础，有计划、分步骤地逐渐涉足资产证券化、产业基金等其他固定收益类业务，在行业内树立华林证券高效率、专业化的品牌形象，力争将公司固定收益业务提升至行业领先水平。

证券自营业务

公司证券自营业务是在公司投资管理委员会规范、高效的专家投资决策机制的授权及领导下，按照规范化、程序化、制度化要求而开展的。公司证券自营业务奉行价值投资、理性投资的理念，充分调动和利用公司资源，发掘市场机会，实行科学决策，在保证资金安全性的前提下最大限度地实现投资利润水平。

公司投资管理总部具体负责公司证券自营业务的经营管理和交易操作，投资范围包括依法公开发行的股票、债券、权证、证券投资基金或国务院证券监督管理机构认可的其他证券。

公司证券自营业务的优势在于：具有一批高素质、经验丰富的投资专业人员；以较少的风险获取较大的收益；证券自营业务严格遵守既定的管理制度和流程，确保整个投资流程的质量控制是稳定的；利用各种技术手段，对投资实行实时评估和动态跟踪，并对其进行安全性控制。

为防范风险，公司在研究、决策、投资、交易等各个投资环节均建立并实施了较为完备的投资管理与风险监控，除此之外，还建立了多层次的立体监控体系。公司的证券自营业务立体监控体系由投资部门的责任监控、合规部门的独立监控、事后稽核监察以及监管部门的外部监督构成，对证券自营业务进行全面动态的风险监控。

分支机构

营业部名称	地　址	电　话
深圳振华路证券营业部	深圳市福田区振华路21号航天立业大厦3楼	0755－83040288
广州体育西路证券营业部	广州市天河区体育西路123号新创举大厦13楼	020－38372715
北京北三环东路证券营业部	北京市朝阳区北三环东路28号易亨大厦2层	010－64405618
上海武宁路证券营业部	上海市武宁路48号	021－52045595
长沙五一大道证券营业部	长沙五一大道549号联合商厦四楼	0731－82329088
合肥金寨路证券营业部	合肥市金寨路252号	0551－2883033
江门建设路证券营业部	江门市建设路建业街20号金山大厦	0750－3282888
江门冈州大道证券营业部	江门市新会区冈州大道中50号102—52号二楼	0750－6607799
鹤山东升路证券营业部	鹤山市沙坪镇东升路71－75号	0750－8830818
开平东兴中路证券营业部	广东省开平市东兴大道人和东路3号人保大楼8－11楼	0750－2299025
江门港口路证券营业部	江门市港口路一号	0750－3160800
台山环北大道证券营业部	台山市台城镇环北大道26－2号	0750－5515438
恩平南堤东路证券营业部	恩平市恩城镇南堤东路31号	0750－7816973

公司地址：深圳市福田区民田路178号华融大厦6楼
联系电话：0755－82707888
传真：0755－82707700
邮编：518048

华创证券经纪有限责任公司

华创证券经纪有限责任公司（以下称华创证券）是经中国证监会批准于2002年初成立的证券经纪公司，经营范围包括证券代理买卖、代理还本付息、分红派息、证券代保管、代理登记开户等。现有员工600余人，营业机构23家，已形成立足贵州，网点分布北京、上海、四川、广东、江苏等地的业务发展格局。2005年11月，公司成为全国第一批规范类证券公司 。

华创证券治理结构均衡稳定，内控机制健全，风险管理能力强，运作规范，资产质量良好，是全国第一家获规范资格的证券经纪公司，也是近年来发展较快的证券公司之一。

1. 突出合规建设，强化风险控制

根据证券业监管要求和自身发展需要，华创证券以合规为切入点，建立健全各项规章制度，全面调整业务流程和权限，构建以合规为主线的完整的内部控制体系，成立了合规管理委员会，强化合规稽核部门职能，将营业部财务人员纳入合规管理体系，使合规管理的触角深入到每个营业部，并通过不断的检讨完善，使合规成为经营管理的指引、全员的行为规范、内部稽核的依据。

华创证券实现了业务管理的总部集中，按照分离与制衡原则严格分离业务运作与风险监控职能；开发建立了具有自身特点的风险管理体系，制定了《风险管理指引》和《稽核人员工作手册》；对经营管理各环节实施实时监控，以现场检查和非现场监督相结合的方式，对公司主要业务管理部门和各营业部进行检查；建立风控例会制度，及时发现、纠正和解决存在的问题。

2. 确保客户资产安全，顺利实现第三方存管

华创证券2004年底建成了以集中的信息技术手段为支撑、操作规范、监控严密、管理透明的客户交易结算资金独立存管系统，顺利通过证监会组织的创新类证券公司“五项内控”评审。2007年2月启动了客户交易结算资金第三方

存管以及账户清理规范工作，在短时间内完成了工作方案制订、员工培训、技术系统改造、上线前技术及业务测试等工作，2007 年 8 月底公司原有营业部客户交易结算资金多银行第三方存管系统全面上线。目前，正对新收购的原汉唐证券在黔营业机构进行帐户清理，尽快实现第三方存管上线。

3. 开展收购兼并，实现低成本扩张，网点数量大幅增长

公司通过收购兼并等方式低成本扩张，营业网点数量大幅增长。2003 年受让四川德阳信托投资公司所属 3 家证券营业部，2004 年获准在深圳、南京、德阳等地调整新设 4 家营业机构。2007 年 5 月获准受让原汉唐证券在贵州的证券类资产（2 家营业部及所属 11 家服务部），重振了贵州证券业。公司营业机构数量从成立时 4 家增加到目前的 23 家，形成了立足贵州，分布北京、上海、深圳、四川、江苏等地的业务发展格局。

4. 强化市场营销，业务规模快速增长

几年来，华创证券努力提高员工的服务意识和市场开发能力，转变营销模式，从“坐商”变“行商”。营业部建立全员营销与重点营销、个人营销与小组营销相结合的全面营销体系，把员工收入与开发新客户和盘活存量客户、提高服务水平结合起来。公司努力增加服务品种和交易手段。2005 年成为首批具有权证交易资格的券商。大力推广网上交易、手机炒股等非现场交易方式。针对贵州省内服务部多的实际情况，公司成立专职营销部门，整合全公司研究咨询力量，加强对营业部、服务部研究咨询工作的支持力度，提升客户服务水平，提高公司知名度，全面拓展贵州省内市场。

随着市场营销力量的增强、交易手段的丰富、营业网点和服务品种的增加，华创证券经纪业务规模大幅增长，托管客户资产增长近 19 倍。

5. 区域优势明显，市场占有率高

华创证券是贵州唯一证券公司，业务发展得到地方政府的大力支持，在贵州的营业网点数量达到 16 个（4 家营业部和 12 家服务部），分布在省内的贵阳、六盘水、安顺等 10 个主要城市，市场占有率超过 60%。

公司推出了覆盖贵州省的免长话费客户交易委托电话 960871 和客户服务热线 960872，为客户提供迅捷的交易通道和投资咨询专业服务。与本地广电公司合作，在贵州全省推出数字电视实时行情播报系统，广大投资者可在家利用电视进行股市动态分析，查阅市场及个股信息。

6. 坚守社会责任，协助维稳，扶贫济困

华创证券坚守社会责任，在汉唐证券风险引发群体事件时，积极配合和参与省、市政府做了大量有效的协调工作，为维护社会稳定做出了实际贡献。公司参与社会公益活动，多次向贫困地区捐款捐物，回报社会，树立了良好公司形象。

经过六年的发展，华创证券已建立起符合市场竞争和自身业务发展需要、以有形营业部为依托、网络技术手段为支撑、具有区域竞争力的运作模式，构建起了以信息技术平台和研究咨询平台及市场营销平台为基础、以业务创新为动力、以稽核审计和风险控制为保障的经营管理体系。

展望未来，华创证券将在贵州省委、省政府和中国证监会及贵州证监局的领导和支持下，“规范运作，创新进取，稳健发展”，增强资本实力，加强风险管理，扩大业务范围，提高整体盈利能力，建成在区域市场和细分业务领域具有较强竞争力的综合性证券公司，为促进贵州经济社会发展做贡献。

华创证券经纪有限责任公司

公司地址：贵州省贵阳市中华北路 216 号华创证券大厦
邮　　编：550001
深圳 A 股席位号：217600
深圳 B 股席位号：214500
公司总机：0851－6820115
省内统一委托电话：960871
省内统一客服电话：960872

华创证券下属证券营业部

1. 华创证券贵阳中华北路证券营业部
地址：贵州省贵阳市中华北路 216 号华创证券大厦 2－6 楼
咨询电话：0851－960872
委托电话：0851－960871

2. 华创证券贵阳都司路证券营业部
地址：贵州省贵阳市都司路 124 号都市之星大厦四楼
咨询电话：0851－960872
委托电话：0851－960871

3. 华创证券贵阳北京路证券营业部
地址：贵阳市北京路 27 号市体育训练馆
咨询电话：0851－960872
委托电话：0851－960871

4. 华创证券贵阳新华路证券营业部
地址：贵阳市新华路 9 号乌江大厦裙楼三楼
咨询电话：0851－960872
委托电话：0851－960871

5. 华创证券北京复兴门外大街证券营业部
地址：北京市西城区复兴门外大街甲 1 号
咨询电话：010－68051831
委托电话：010－68029998

6. 华创证券德阳长江西路证券营业部
地址：四川省德阳市长江西路一段 212 号海正广场二、三楼
咨询电话：0838－2237777
委托电话：0838－2220111

7. 华创证券南京和燕路证券营业部
地址：南京市下关区和燕路 5 号燕语华庭商务中心三楼
咨询电话：025－85080566、85080577
委托电话：025－85089988

8. 华创证券上海长海路证券营业部
地址：上海市杨浦区长海路 580 号
咨询电话：021－55504888 转 8102、8103
电话委托：021－65021622、65021623

9. 华创证券上海控江路证券营业部
地址：上海市杨浦区控江路 1690 号
咨询电话：021－65038741、65037471
委托电话：021－65021622、65021623

10. 华创证券深圳深南大道证券营业部
地址：深圳市深南大道 7060 号财富广场 B 座二楼
咨询电话：0755－82828555、82828556
传真号码：0755－82828575

太平洋证券股份有限公司

太平洋证券股份有限公司是一家全国性综合类证券公司，其前身为太平洋证券有限责任公司。

公司于 2004 年 1 月 6 日在云南省昆明市注册成立，注册

资本6.65亿元；2007年2月，注册资本增至13.98亿元；2007年4月，公司整体变更为股份有限公司，再次增资扩股至15.03亿元，并获得规范类券商资格。2007年12月28日，太平洋证券A股(601099)在上海证券交易所成功上市，成为证券行业第七家上市的证券公司。

公司以"守正、出奇"为行为准则，追求"宁静、致远"的精神境界，坚持企业的社会责任，以促进中国资本市场的健康发展为己任。

太平洋证券将以上市为契机，继续坚持规范发展，实现持续高速增长。以组织创新、机制创新和业务创新为基础，进一步提升研发能力，培育核心竞争力，成为资产质量良好、收入结构合理、综合业务水平位居全国前列，在某些细分市场具有强大品牌和影响力的证券公司。

主要业务介绍

投资银行业务

公司投资银行总部设在北京，在上海、深圳、昆明设有分部，业务网络已覆盖大陆地区，并计划积极拓展香港及海外业务。

公司投行核心团队由国内资深的投资银行专业人员带领，组成了一支超强阵容的投资银行队伍。在证券承销和上市推荐、并购重组、顾问咨询、业务创新等方面积累了丰富的专业实践经验。致力于在深刻理解客户需求和透彻掌握经济动向及行业趋势的基础上，为客户策划并组织实施与资本市场相关的专业方案，实现客户的战略发展目标。

公司投行核心团队曾经作为上市保荐人、主承销商，主持完成了30多家公司的新股发行、配股、增发、可转换债券发行等业务项目。为近百家内地企业的改制和辅导、财务顾问、借壳上市、股权分置改革、参与H股上市、发行企业债券等项工作提供过服务。

2007年4月，公司注册为保荐机构资格后，在不到一年的时间里，作为主承销商(保荐机构)成功完成宁波韵升和鑫科材料非公开发行股票项目、新赛股份配股公开发行项目、华通天香和华孚色纺独立财务顾问项目，在行业内展现了太平洋投行敏锐迅速的职业风貌。

业务介绍

◆ 股票发行承销

公司上市融资方案策划和方案组织实施；上市融资改制辅导；公司融资工具和发行方案设计；IPO、配股、增发、恢复上市等发行方案的承销与保荐；公司证券发行推介和销售。

◆ 债券发行承销

针对企业债券、可转换债券、金融债券和行业债券提供策划、承销与上市推荐；国债承销。

◆ 并购资产重组

行业整合：为政府或企业集团策划行业整合、战略规划方案并协助实施。

资产重组：为企业设计优化资产负债表结构的方案；组织融资渠道，协助 方案实施。

兼并收购：策划国内外并购战略与方案。

管理层收购：策划管理层收购方案；设计管理者股票期权与员工持股计划。

◆ 企业融资及项目融资

开展尽职调查，确定私募方案；撰写商业计划书，确定推介计划；推介、销售私募项目，跟踪服务、承接IPO等后续业务。

◆ 战略财务顾问

提供区域经济发展建议；设计企业战略发展目标，拟定中、长期发展规划；撰写有关宏观经济、产业政策及行业发展调研报告；提供公司整合的战略咨询。

◆经营优势

公司投行业务诞生于中国证券市场熊牛转换时期及全流通变革期，对待市场更理性，对待客户更务实；投行核心团队业务骨干大多具有近十年的从业经历，有着丰富的行业研究、企业经营和企业管理业务经验，核心团队深谙中国证券市场，并有独到的理解和认识。公司股东实力雄厚，社会资源丰富，公司运行机制灵活合理。

◆新型券商，资产优良，理念新颖

太平洋证券作为2004年新成立的公司，无历史包袱，现金充裕，为投行承销业务提供了雄厚的资金支持。作为证券市场的新锐，太平洋证券理念更新，开拓信念更强。

◆强大的后台支持

太平洋证券将金融创新和研究开发作为保持强大竞争力的基础，致力于建立强大的投行业务支持平台。

◆专业的业务管理

太平洋证券设立了投资银行总部的风险控制部门，确保投行业务在有效的管理下平稳运行。

业务团队

◆保荐人：现有注册保荐代表人10名，准保荐代表人17名。

◆人员数量：现有110余名投资银行业务人员。

◆人员背景：90%具有硕士以上学位，熟知股份制经济、证券事务和相关法律法规，具备丰富业务经验和很强的协调能力。

◆业务理念：为客户提供高水平和创意的个性化服务，重视建立与客户的长期相互信任与长远战略伙伴关系。

◆职业精神：坚持高尚的职业操守。

◆执业水平：成熟的项目运作经验。

◆客户认可：主持的项目得到广泛的赞誉与项目合作认可。

经纪业务简介

自2004年公司成立以来，经纪业务经营在坚持风险控制的基础上实行集中交易和集中管理，保持着良性快速的发展，是云南省市场营业网点最多、市场份额占比最高的证券经营机构。公司营业场所设计符合业务发展趋势，在拥有优良的设备，稳定交易系统的基础上实现了低成本运作。

经纪业务以客户为导向，以研发为依托，向客户提供内容丰富的资讯服务和咨询产品，致力于通过投资者教育，使客户树立正确的投资理念和投资方法，分享中国证券市场长期发展的成果。公司经纪业务创立起点高，以一流的设备和高质稳定的技术为基础，在国内建立了公司级大区域集中式电子交易系统，采用先进的集中交易、集中清算、集中财务的管理模式，为客户提供便利、快捷、安全、高效的服务。公司拥有一批具有长期证券从业经历的优秀管理和业务人才，从事经纪业务的员工中56%具有8年以上的证券从业经历，79%取得了中国证券业协会颁发的证券执业资格证书。经验丰富的员工队伍也为公司经纪业务的良性发展奠定了坚实的基础。

证券投资业务简介

证券投资总部在公司董事会、投资决策委员会授权及领导下，具体负责股票、债券、基金、权证及各类衍生交易品种的的自营投资业务，并接受公司风险管理委员会的监督。

始终秉承价值投资理念，运用稳健的投资策略。风险控制部负责对部门的投资行为进行事前监督、事中监控及事后评估，防范及控制自营投资风险，在合规操作的前提下确保投资策略的有效实施。

面对不断变化的国际金融形势和快速发展的国内资本市场，保持高度的清醒和冷静，在有多方共同参与的证券交易市场上，轻装上阵，坚定信心，敢于博弈，善于博弈，慎密而果断地做好自营投资业务。

研发业务简介

公司研究院致力于成为我国宏观经济、金融和政策研究的领先者；公司创新业务和创新产品的研发中心，新业务和新产品的"孵化器"；公司构建综合金融服务平台的战略研究中心；公司经纪、直投、投行等全方位业务支持平台，以全面提升公司价值和品牌知名度。

公司研究院总部设在首都北京，下设三个研究所：宏观经济研究所、证券研究所、货币金融研究所。汇集了一批专业素质优秀、市场经验丰富的高级研究人才，硕士以上学历的研究人员占80%，形成了一支精干、高效、实力较强的专业化研究团队。

公司研发业务研究范围覆盖宏观经济研究、金融和政策研究、行业研究、投资策略研究、上市公司研究、衍生金融产品研究、债券业务研究和信息服务等各主要领域，形成了较为完整的研究产品体系。

中国民族证券有限责任公司

中国民族证券有限责任公司（以下简称"中国民族证券公司"或"公司"）成立于 2002 年 4 月，是经中国证监会批准的综合类证券公司，注册地在北京市，现注册资本 13.9 亿元人民币。公司总部位于北京市西城区金融大街，在全国共设有 50 家分支机构，主要分布在北京、上海、深圳等大中城市及若干省会城市，并且在鞍山、通化、乐山等多个地区确立了绝对竞争优势。公司是上海证券交易所、深圳证券交易所的会员单位，目前公司拥有上交所席位 30 个、深交所席位 19 个。

中国民族证券公司始终坚持依法稳健的经营理念，内部管理严格，运作规范，业务资质齐全，目前已取得的业务资格有：受托投资管理业务资格、证券投资咨询业务资格、银行间债券市场成员、交易所债券市场成员、证券业务外汇经营资格、经营股票主承销商资格、网上证券委托业务资格、保险兼业代理资格、经营证券业务资格、企业债券主承销商资格、IPO 询价对象资格、证券投资基金代销业务资格、LOF 基金申购、赎回代理销售业务资格、上证基金通业务资格、定向资产管理业务资格。

公司坚持合规经营，近三年来公司整体实力显著增强，各项业务排名逐年上升。以专业合规管理部门为主体、一线业务合规管理岗位为依托的合规管理体系不断健全，合规基础制度、管理流程建设不断完善。建立公司内控部门联席会议制度，合规、风险监控、稽核三个风险管理部门信息共享、协同作战的风险管控格局基本形成。大力建设公司合规文化，合规人人有责、合规创造价值的理念得到强化。

公司实行全面预算管理，通过预算目标、预算监控、预算考评，实现资源的整合和经营目标的实现。公司与 IBM 公司合作开发了 ORACLE - ERP 财务管理系统居国内同行业领先水平。公司已连续三年盈利，截至 2009 年 7 月底，公司总资产 137.94 亿元，净资产 15.05 亿元，净资本与净资产比率达 71.21%，远高于监管机构规定的不得低于 40% 的标准。公司分类监管评级为 B 类。

公司坚持推进品牌建设，树立公司良好形象。特别是自 2005 年以来，随着公司法人治理结构的逐步完善，公司逐渐培育和形成了以"诚信、和谐、进取、规范"为核心的民族证券企业文化，各项业务发展呈现良好态势，在部分领域取得了新的突破，得到了监管部门和业内的好评。公司系统先后有 22 个单位和部门、42 人次获得省部级以上"五一劳动奖状"、"工人先锋号"、"青年文明号"等荣誉称号 73 个，其中获得全国级先进集体有 11 个，先进个人 6 个。

团队建设

中国民族证券团队专业结构日趋合理。截至 2009 年 8 月，公司有正式员工 1388 人，其中总部员工 295 人，营业部员工 1093 人。其中博士 11 名、硕士 134 名。公司总部中层以上干部具有硕士以上学历的占总部中层干部 55%。

公司投行团队共有保荐代表人 10 名，准保荐代表 6 人。投行从业人员大多具备各大知名券商的从业经历，在股权融资、债权融资及并购重组、改制上市财务顾问等方面，拥有丰富的投行实务操作经验；具备国内外著名院校金融、会计、法律等专业的硕士、博士学位，多人具有注册会计师（CPA）、特许金融分析师（CFA）资格，是一支专业结构合理、勤勉务实、高效精干的团队。

公司研究发展中心汇聚了一批具有高度责任感和相同价值观的业界精英，组成了一支具备多个行业优势和 CFA、数量经济、金融工程以及海外背景的约 35 人规模的研发团队。研发成果得到监管部门和业内广泛认可。在中国证券业协会课题评选获得一、二等奖，深交所研究成果二等奖、研究贡献奖；在"顶级券商年报预测"活动中取得优异成绩，与三大报等主流媒体建立了长期合作关系，多名研究员被聘任为中央电视台、北京电视台、浙江卫视、中证网、和讯网、内蒙古卫视、《央视数字频道》等媒体的特约评论员。

公司信息系统具有本科学历人员占 IT 人员总人数的 68.64%，多人次参与了中国证券业协会等规范、指引编写并多次派遣专人参与协会及监管部门的专家组。公司信息系统建设跻身中国企业信息化 500 强行列，信息系统示范工程获批国家级示范项目。

主要业务发展情况

（一）证券经纪业务

经纪业务是公司的核心业务之一。目前，公司在北京、上海、深圳等全国主要中心城市和经济发达地区设立了 50 家分支机构，网点覆盖面广、布局均衡合理。拥有齐全的经营品种，包括 A 股、B 股、基金、权证、国债、企业债等，并代理上市公司办理投资者的分红派息、代理上海、深圳证券登记公司办理登记开户等多种业务；交易方式涵盖了柜台委托、自助委托、电话委托、网上委托、手机及网站等多种查询和委托方式，交易快捷、便利。在国内率先打造了稳定、强大的"集中交易"平台，为几十万股民提供证券交易服务。还开通了客户呼叫中心，全国统一客服电话：400 - 889 - 5618。有"点金手"手机炒股系统、"股网"、民证"股信通"等多渠道为客户提供及时、贴心的咨询服务。2008 年公司股票、基金市场份额 6.61‰，股票基金交易总额在 107 家券商中，位列第 41 名。

（二）投资银行业务

投资银行业务是公司近年来快速发展的业务之一。公司为全国首批注册登记的保荐机构。投行业务的服务范围包括：改制上市、股权融资、债权融资的方案设计；兼并收购、资产重组、股权激励的方案设计；股权融资业务的保荐、发行、承销与上市推荐；债权融资业务的发行、承销与上市推荐。公司作为保荐机构和主承销商已成功发行多家股权融资项目，成功保荐7家股权分置改革项目。

公司在债权融资项目上具备创新优势，2008年发行的承德钒钛公司债项目为证券市场首单无银行担保公司债，荣获证券时报主办的2009中国区优秀投行“最具创新项目奖”。2008年度证券公司债券主承销家数排名第20位；2008年度证券公司债券主承销金额排名第21位；2008年度证券公司股票及债券承销金额排名第29位。

（三）证券投资业务

公司证券投资业务是公司的重要业务之一。经过几年的探索，形成了符合市场发展规律的投资理念，建立了集中领导、科学决策、分级管理、严格监督的投资决策体系和风险管理制度，并建设了一只具有雄厚的理论基础、丰富的市场经验及敏锐洞察力的投资队伍，以高效、严密的内部专业分工体系为依托，建立事前分析论证，事中捕捉战机，事后有效监督的投资体系，借助现代投资分析手段，力求以高超的投资策略，构造出科学、高效的投资组合，努力实现公司投资收益最大化。

（四）资产管理业务

公司资产管理部作为新组建的业务部门，广泛吸纳具有博士、硕士学历的高素质人才和丰富实战经验的市场专家以及拥有海外经历的优秀人才，开展定向资产管理和财务顾问业务，分别采取“一对一”和“一对多”的形式，本着“个性化、高品质”的原则，以金融资产在500万元以上的高端客户为服务对象，以客户对资产的的风险承受能力和收益预期，为客户打造独一无二的专属资产配置以及投资方案，实现客户的投资目标。

经过近几年的发展，中国民族证券公司已完全具备快速发展的能力，公司将在首都机场集团公司党组的领导和支持下，着眼于发展的大局，沿着“做强做大民族证券”的道路而继续努力，为实现集团公司的发展战略贡献力量！

中国民族证券有限责任公司

地址：北京市西城区金融大街5号新盛大厦A座6－9层

邮编：100140

客服电话：400－889－5618

网址：http://www.e5618.com

中国建银投资证券有限责任公司

中国建银投资证券有限责任公司（简称“中投证券”）是在重组原南方证券股份有限公司的基础上，于2005年9月28日在深圳正式成立。公司为全国性综合类券商，注册资本25亿元人民币，由中国建银投资有限责任公司全资控股。2007年4月获得创新试点类证券公司资格。控股黑龙江省天琪期货经纪有限公司（注册资本1.2亿人民币）。

公司经纪业务发展迅速，近三年来股基权交易市场份额大幅提高，从2005年全年的1.805%大幅提高到2008年的3.49%。此外与哈佛大学基金会签署《境外机构投资者证券交易代理协议》，QFII业务实现突破。企业融资业务在大型项目上取得突破，获得光大银行IPO项目联席保荐人和主承销商资格。首只集合理财产品“中投汇盈”成功发行。在坚持传统业务增份额的同时，按照创新业务抢先机的业务策略，及时抓住市场机遇，在金融衍生品、结构融资、资产证券化、IB业务等创新业务上多点开花，均取得一定业绩，成为公司新的业务和利润增长点。秉承“以专业精神和卓越服务，提升客户价值”的理念，以“服务、人本、创新”为核心价值观，规范运作、稳健经营，公司致力于成为最具竞争力最具价值创造力的一流现代投资银行。

公司主要业务介绍

证券经纪业务

一、经纪业务实现快速稳步持续增长

围绕“以市场开拓为核心，客户服务为重点，规范运营为保障”的经营方针，经纪业务始终坚持市场开拓和合规经营并举，通过深化银证渠道合作、注重核心客户开发、推动产品销售、搭建专业化客户服务平台、改善经营环境等一系列措施，主要业务指标屡创新高，市场份额、盈利能力和品牌形象得到大幅提升。2008年，经纪业务（股票＋基金＋权证＋债券）交易总金额24176亿元，市场份额3.20%，比2007年增长20.55%，增长幅度在行业排名前15名券商中名列第三。2008年行业排名位居第九名，比上年上升1位。营业网点部均股票基金权证交易额排名15位，较上年的26名上升11位。托管客户现金和流通股资产1055亿元，非流通股市值1374亿元，资产总规模高达2429亿元。

二、多渠道、多产品、多层次，营销服务网络日趋成熟

1. 分布于全国主要中心城市的74家营业部和24家服务部，12家营销中心，实行标准化的营销和服务，配备了先进、高效的信息通讯设备，建立了优雅、整洁的交易环境，结成了一个覆盖面广泛的营销服务网络，客户可在其中任一家营业部得到通买通卖、通存通兑的“一站式”服务。

2. 作为首家全面实现保证金第三方存管和双币种银行存管的券商，中投证券已与建行、农行、工行、中行、招行、交行、兴业银行、华夏银行、民生银行、浦发银行、上海银行、广发银行、深圳发展银行等多家银行建立起银证合作关系，3000多名派驻银行网点的客户经理将为客户提供便捷、周到的贴身服务。

3. 改版后的中投证券网站将提供更为全面、更为及时、更为权威的财经资讯，强大的技术支持使得网上交易更为稳定、快捷、安全，大客户专用交易通道使客户在瞬息万变的市场中抢占先机。

4. 交易品种涵盖A股、B股、封闭式基金、开放式基金、国债、企业债、权证以及其它有价证券，投资者可任意选择热键自助、电话自助、远程自助、网上自助等多种委托方式。

5. 中投证券具有代办股份转让资格，可以满足客户投资三板市场的需求。

三、专业化、差异性、集中式，客户服务平台日臻完善

1. 分析师团队精心打造的《中投金理财》系列咨询产品，紧紧把握市场运行脉络，以其客观务实、专业前瞻的特色受到了投资者的广泛好评，树立起中投证券的咨询服务品牌。

2. 分析师团队通过RTX广播系统为现场客户提供实时的市场评论，使咨询服务更接近实战，更具备操作性。

3. 分析师团队通过中投证券网站的专家在线栏目为非现场客户提供一对一的疑问解答，投资者足不出户就可以享受到贴身理财服务的便利和快捷。

4. 分析师团队定期为全国营业网点的客户举行大型现场投资报告会，并针对大客户的特殊需求专门提供咨询服务套餐。

5. 总公司设立客户呼叫中心，通过4006008008的全国统一电话和短信平台随时为客户的证券交易、投资提供帮助或指导。

6. 在客户细分的基础上，推出客户品牌账户、大客户交易服务产品等创新品种，使不同层次的客户得到差异而又完善的服务。

7. 建立了高端客户营销服务平台，可以根据客户需求提供从经纪、投行、研究到资产管理的一揽子专业服务，通过建立战略联盟等多种形式提升客户价值和回报。

8. 研究所与经纪业务联系紧密，资深研究员涵盖宏观、行业、公司及基金、固定收益类产品的调研、策略报告，将通过多种渠道第一时间送到客户手中，使客户及时获得有价值、有分量的信息。

四、经纪业务优势逐步显现

1. 首家开始并全面实现保证金第三方存管，存管合作银行最多。

2. 首家推行保证金双币种存管。

3. 首家与建行合作推出银证名片——中投龙卡。

4. 首家通过新一代集中交易系统成果鉴定，并获得了“国际先进，国内领先”的高度评价。

企业融资业务

投资银行业务

2008 年股票主承销规模 43.36 亿元。完成贵航股份非公开发行 A 股项目、力元新材非公开发行 A 股项目、威华股份 IPO 项目、济南钢铁公开增发 A 股项目 4 家股票保荐及主承销项目；完成沈阳东软股份吸收合并项目、人保投资控股股权收购及中国恒天集团股权竞拍收购等 6 家非改制类财务顾问项目。同时项目贮备丰富，后劲可期。已有中国光大银行、深圳达实智能、雅致集成、江苏常宝钢管、深圳海普瑞药业、山东宝莫生化、杭州宏华数码、浙江双友物流等 8 家 IPO 项目上报中国证监会。

固定收益业务

2008 年债券主承销规模 83.33 亿元。完成了 2008 年第一期和第三期中国铁路建设债券联合主承销项目。担任了 2008 年第二期和第四期中国铁路建设债券的副主承销商。还有五凌电力、重庆水投、浙江余杭、河南永煤、上海上实、淄博城运 6 家企业债主承销项目已上报国家发改委审核。

结构融资业务

已形成以资产证券化、基础设施结构融资、房地产投资基金为主的结构融资业务体系。2008 年通过竞标中标中国建设银行商业地产贷款证券化项目，担任独家主承销商，已完成项目材料申报。成功实施了三单基础设施结构融资业务，总融资规模 23 亿元。正在实施的两单基础设施结构融资业务已完成方案设计和投资者选择，预计融资规模 30 亿元。同时储备了一批交通、能源等基础设施项目，正稳步推进和实施。

资产管理业务

我公司首只集合资产管理计划——中投汇盈核心优选集合资产管理计划于 2008 年 9 月 1 日正式成立，通过对风险的控制和对市场机会的把握，该计划取得了较好的投资业绩。截至 2009 年 6 月，该计划已实现单位份额累计分红 0.1 元。

2009 年 5 月 18 日，公司第二只集合资产管理计划—中投汇盈债券优选集合资产管理计划正式成立，标志着公司多样化的理财业务产品线初步形成。

随着集合资产管理业务的开展及定向资产管理业务的持续运作，2008 年度，公司资产管理业务全年平均规模达到 10.8 亿元，资产管理业务进入稳步发展的轨道。

证券投资业务

在坚持价值投资、强调合规管理的基础上，证券投资业务依托较为科学的投资决策体系及完善的投资管理制度、公正有效的内部激励机制、积极灵活的投资策略、多元化的投资范围，认真执行自营股票风险管理的规章制度，在 08 年不利环境中仍有超亿元收入。在 6 月初出清所有仓位股票，躲过了下半年大幅下跌的行情，投资收益数和收益率在业内处领先水平。2008 年全年共实现收入 1.37 亿元。

金融衍生品业务

金融衍生品业务把握住了权证创设机会，取得良好业绩。全年共创设国电认购权证 2,300 万份，占比 15%，券商排名第一，创设招商认沽权证 14,400 万份，南航认沽权证 31,700 万份。取得了上交所一级权证交易商资格和南航 JPT1 做市商资格。目前备兑权证产品设计、股指期货套利、黄金期现套利、场外衍生产品的开发和交易等已经做了积极准备，并引进了一批高端人才，为业务的后续发展打下坚实的人力基础。

研究咨询工作

中投证券研究所是中投证券下设的证券专业研究机构。研究所下设宏观策略、公司行业、金融工程、固定收益、机构销售、数据中心等部门，致力于为包括机构投资者与个人投资者在内的广大证券投资客户提供专业化的投资咨询产品。2007 年以来，中投证券研究所进行了大刀阔斧的改革，大力引进品牌分析师和资深研究人员，建立了专业化的管理团队。目前研究所共有人员 60 多名，已拥有一支具备优秀专业技能、扎实理论功底和丰富市场经验的核心研究团队，在非金属类建材、建筑和工程、有色金属、医药生物、传媒、房地产、家电、电子、电力设备、社会服务业（旅游）、造纸印刷、固定收益等行业或领域树立起市场品牌和影响力。2008 年获得《新财富》评选出的“进步最快研究机构”称号。

作为一家卖方研究机构，中投证券研究所将遵循“独立客观、规范严谨”的原则，秉承“研究创造价值”、“服务让研究更具价值”的理念，以兼具“思想性、实践性和独立性”的研究产品以及周到、细致和专业化的销售服务获得客户的信赖，努力成为国内颇具影响力的知名研究机构，成为中外投资者投资理财的理想合作伙伴！

信息技术支持

以“高起点、高标准”为原则积极推进公司信息系统的规划与建设工作，经过三年的努力，现已构建对业务、服务、管理的整体技术支撑体系，使公司的客户服务、业务发展和管理提升跃上了新的台阶。

2007 年，公司新一代集中交易系统荣获了深圳金融创新三等奖、中国证券期货业首次科学技术奖二等奖，公司多银行存管系统荣获了中国证券期货业首次科学技术奖专项奖－最佳创新奖。

2008 年，公司以“整合、创新”为原则，在继续保持集中交易系统技术领先的前提下，又率先在业内完成了同城“双中心”的全面正式启用，并积极推进了公司 CALLCENTER 系统、CRM 系统、ERP 系统、IT 标准化等信息化建设工作。目前，公司各信息系统运行良好，充分保障了投资者交易的安全。

中国建银投资证券有限责任公司

地址：深圳福田区益田路 6003 号荣超商务中心 A 座 18－21 层

电话：86－0755－82026688

传真：86－0755－82026590

邮政编码：518048

公司网站：www.cjis.cn

英大证券有限责任公司

英大证券有限责任公司是一家全国性的证券经营机构，注册资本12亿元，注册地在深圳。公司现在拥有员工428人，聚集了大批高素质的金融、经济、法律、财务和计算机等各类专业人才。公司组织架构体系结构合理、运行高效，下设投资银行、经纪业务、资产管理、证券投资等业务部门，另有强大的研究部门、管理部门和后勤保障系统。

公司业务涵盖证券经纪、证券自营、证券承销、证券资产管理、证券投资咨询、基金代销等领域。同时，公司已参股鲁能金穗期货经纪有限公司，为公司开拓新的利润增长点提供了广阔的平台。

公司股东实力雄厚，目前控股股东国网资产管理有限公司为国家电网公司设立的全资子公司，国家电网公司是关系国家能源安全和国民经济命脉的国有重要骨干企业，以建设和运营电网为核心业务，承担着为经济社会发展提供安全、经济、清洁、可持续的电力供应的基本使命，经营区域覆盖26个省（自治区、直辖市），覆盖国土面积的88%，供电人口超过10亿人，管理员工153.7万人，名列2009年《财富》全球企业500强第15位，是全球最大的公用事业企业。

公司树立"以客户为中心"的服务理念，致力于创建体现个性化、差异化、专业化的客户服务体系。公司在深圳、北京、上海、天津、沈阳、南京、武汉、南昌、长沙、兰州、重庆、福州等国内经济发达地区和省会所在地设有16家证券营业部，构建了面向全国的经纪业务框架及完善的营销和服务网络，及时满足客户各类投资需求。此外，公司拥有一支实力强大的研究咨询团队，汇聚了一批专业资深的证券研究人员，研究力量覆盖宏观经济、所有主要行业，可以为广大客户提供高质量的研究咨询服务。公司还在北京设立了能源研究中心，通过充分发挥股东单位的行业和资源优势，重点推动电力及其设备配套行业、能源行业的研究，全力打造英大特色研究品牌，形成了公司战略发展的核心竞争力。

公司以向国内外投资者提供一流专业服务、努力推动中国资本市场繁荣发展为己任，秉承"客户至上、回报股东、奉献社会"的企业宗旨，发扬"努力超越、追求卓越"的企业精神，信守"以人为本、诚信立业、合规经营、创新发展"的经营理念，逐步将英大证券打造成为国内一流的综合性证券公司。

公司实际控制人为国家电网公司，通过国网资产管理有限公司、中国电力财务有限公司、国网新源控股有限公司、国网深圳能源发展集团有限公司、英大国际信托有限责任公司控制公司93.6%的股份。

国家电网公司成立于2002年12月29日，是经国务院同意进行国家授权投资的机构和国家控股公司的试点单位。公司名列2008年《财富》全球企业500强第24位，是全球最大的公用事业企业。国家电网公司是关系国家能源安全和国民经济命脉的国有重要骨干企业，以建设和运营电网为核心业务，承担着为经济社会发展提供安全、经济、清洁、可持续的电力供应的基本使命，经营区域覆盖26个省（自治区、直辖市），覆盖国土面积的88%，供电人口超过10亿人，管理员工153.7万人。

股东名称	出资额（百万元）	出资比例（%）
国网资产管理有限公司	660	55
中国电力财务有限公司	216	18
国网新源控股有限公司	120	10
国网深圳能源发展集团有限公司	104	8.667
英大国际信托有限责任公司	40	3.333
湘财证券有限责任公司	20	1.667
华侨城集团公司	20	1.667
深业集团有限公司	20	1.666
合计	1,200	100

1996年4月15日，经中国人民银行《关于成立蔚深证券有限责任公司的批复》（银复［1995］374号）和中国人民银行深圳经济特区分行《关于成立蔚深证券有限责任公司的批复》（深人银复字（1995）第302号）文批准，蔚深证券有限责任公司在深圳市蔚深投资财务管理有限公司原有证券机构和证券业务基础上成立。

1999年12月12日，经中国证监会《关于同意蔚深证券有限责任公司股权变更的批复》（证监机构字［1999］155号）文批准，公司完成股权规范工作，并办理了工商变更登记，英大国际信托投资有限责任公司持股40%成为公司大股东，注册资本金为1亿元。

2002年1月22日，经中国证监会《关于同意蔚深证券有限责任公司股权变更的批复》（证监机构字［2002］30号）文批准，公司进行了第二次股权重组，并办理了工商变更登记，英大国际信托投资有限责任公司仍为公司大股东，湘财证券、华侨城集团等成为公司股东，注册资本金仍为1亿元。

2006年8月10日，经中国证监会《关于同意蔚深证券有限责任公司增资扩股及变更公司名称的批复》（证监机构字［2006］188号）文批准，公司进行了增资扩股。公司注册资本由1亿元元增加到12亿元，同时公司名称由蔚深证券有限责任公司变更为英大证券有限责任公司，并办理了工商变更登记。由此，公司第一大股东由英大国际信托投资有限责任公司变更为国家电网公司。

2008年12月25日，中国证监会发出《关于核准英大证券有限责任公司股权变更的批复》（证监许可【2008】1451号），国网资产管理有限公司受让公司股东国家电网公司所持有的6.6亿元股权（占公司出资总额的55%），但实际控制人依然为国家电网公司。

地址：深圳市深南中路华能大厦30楼

咨询服务热线：0755－26982993

电子信箱：jgbts@ vsun. com

传真：0755－26998301

五矿证券经纪有限责任公司

一、公司基本情况

五矿证券经纪有限责任公司是深圳首批荣获规范类券商资格的证券公司。其前身——原深圳市金牛证券经纪有限责任公司是根据中国证监会证监机构字［2000］77号文批准成立的。公司成立于2000年8月，总部设在深圳市。2004年4月28日，经中国证监会批准，由中央直属管理的44家国有骨干大型企业之一——中国五矿集团成为公司控股股东，五矿证券成为中国五矿集团金融战略布局的重要企业。

五矿证券拥有一支年轻、高素质和精干的员工队伍，其中近90%获得证券从业资格。作为一家年轻而有活力的证券公司，五矿证券始终秉承"规范运作、稳健经营、务实创新"的理念，取得了良好的经营业绩，公司营业网点采用了业界一流水平的具有容错性能的网络系统，还拥有丰富、全面的信息资讯、宽敞舒适的交易环境和为客户提供全方位、系统的服务。良好的投资环境，严格规范的内部管理和优良的服务水平，使公司的业绩稳步上升。五矿证券在不断发展过程中，逐步形成了以规范为核心的公司风格和稳健发展的经营特色。

五矿证券具备强大的股东背景，中国五矿集团公司的支持和集团板块间协同效应的发挥使五矿证券能有效整合资源并发挥自身优势。中国五矿集团公司成立于 1950 年，是以金属、矿产品的开发、生产、贸易和综合服务为主，兼营金融、房地产、物流业务，进行全球化经营的大型企业集团。1992 年，中国五矿集团公司被国务院确定为全国首批 55 家企业集团试点和 7 家国有资产授权经营单位之一。1999 年，中国五矿集团公司被列入由中央管理的 44 家国有重要骨干企业。

2009 年 6 月 11 日，中国五矿集团公司 100% 收购世界第 2 大锌公司，澳大利亚第 3 大矿业公司—— OZ Minerals 公司主要资产。6 月 18 日，中国五矿在澳大利亚墨尔本注册设立的全资子公司金属矿业集团（Minerals AND Mining Group Limited，简称“MMG”）正式成立，负责对所收购资产进行集中管理。澳大利亚 OZ Minerals 公司在锌、铅、铜、镍、金、银等资源上拥有可观储量，目前拥有锌 1820 万吨，相当于我国 2007 年查明的锌资源储量的 18.74%；铅 260 万吨，相当于我国 2007 年查明的铅资源储量的 6.28%。

2009 年《财富》“世界 500 强”榜单于北京时间 7 月 8 日公布，中国五矿集团公司以 266.7 亿美元的营业收入排名跃升至第 331 位，较去年大幅提升 81 个位次。

中国五矿集团公司在国务院国资委 2009 年 7 月 23 日公布的 2008 年度中央企业业绩考核结果中再次被评为 A 级企业，排名由 2007 年的第 20 位上升到第 6 位，这是中国五矿连续第三年进入 A 级企业名单，也是中国五矿在国资委对央企开展业绩考核以来取得的最好成绩。

二、公司大事记

2000 年 8 月，公司（原名深圳市金牛证券经纪有限责任公司）在原深圳市有色金属联合交易所基础上改制成立。

2003 年 2 月，五矿证券获准网上证券交易资格，为拓展经纪业务开辟了新的渠道。

2004 年 4 月，经中国证监会批准，公司进行了增资扩股，中国五矿集团成为公司控股股东。

2004 年 11 月，公司成为深圳市首批开通投资者网上查询的证券公司。

2004 年 12 月，经中国证监会同意、深圳市工商行政管理局核准，公司更名为“五矿证券经纪有限责任公司”。

2005 年 1 月，公司投资建设总部级大集中交易系统，为规范公司管理、降低业务风险和拓展新业务打下了坚实的基础。

2005 年 8 月，五矿证券成为中国登记结算公司首批权证买入合格结算参与人；10 月，五矿证券成为上海证券交易所符合国债买断式回购参与主体标准公司。

2005 年 10 月，公司建设了集中实时监控系统，这一系统与此前公司建设的大集中交易系统、集中法人清算系统、集中财务系统、集中盘后监控系统、总部银证划付系统等一起构建成了公司先进的技术保障体系。

2005 年 11 月中旬，公司《客户交易结算资金独立存管方案》通过了中国证监会深圳监管局组织的现场检查和评审。

2006 年 4 月 24 日，五矿证券通过了由中国证券业协会组织的规范类证券公司评审，成为国内证券行业中第十七家获得规范类资格的券商。

2008 年 5 月，公司帐户规范工作得到了中国证监会深圳监管局的验收。

2009 年 9 月 9 日，公司总部及深圳华富路营业部乔迁至深圳市中心区荣超经贸中心大厦。

厦门证券有限公司

厦门证券成立于一九八八年，是国内最早设立的证券公司之一。从成立伊始，厦门证券就秉承诚信为本的企业理念，致力于通过创新产品和优质服务为客户创造最大的效益，并在此基础上为股东谋求最大的回报。十多年来，厦门证券积极参与本地区资本市场的发展，曾成功地为十多家企业的 IPO 及再融资项目担任主承销商和上市推荐人，成功为企业募集资金 20 多亿元。

在经纪业务方面，公司目前拥有九家营业部，分别为厦门莲前西路营业部、厦门莲前东路营业部、厦门湖滨西路营业部、厦门仙岳东明路营业部、厦门后江埭路营业部、晋江泉安路营业部、成都星辉中路营业部、上海陆家浜路营业部、北京远大路营业部。公司一贯以投资者交易的方便快捷和安全为己任，倾听客户意见，努力提高营业部的交易设施技术档次和服务品质，公司的证券股票交易量、硬件水平和软件服务在地区同行业中处于先进行列，公司还连续三年被福建省企业评价中心评为“福建省最佳形象企业”称号。

公司坚持规范运作、稳健经营的方针，依靠完善的法人治理结构和严密的内控体系，有效地化解了风险，保持了较好的发展势头。2007 年，公司全面实现客户交易结算资金第三方存管工作，为投资者资金安全提供了切实的保障，为公司的下一步发展打好基础。

规范发展：

发展是企业的目标，规范是企业发展的基础。厦门证券秉承“立信于心、永续发展”的信念，将规范发展作为自己至高无上的指导方针。近年来，证券市场风起云涌，各种事件层出不穷。但是，由于坚持走规范发展之路，在恶劣的市场环境下，厦门证券的各项业务仍取得了显著的发展。

一、完善的法人治理结构

法人治理结构是现代公司制度的核心，是公司内控制度的重要组成部分和公司规范发展的基石。公司内部控制的目标之一就是“健全符合现代企业制度要求的法人治理结构，形成科学合理的决策机制、执行机制和监督机制”。公司按照《公司法》、《证券公司内控指引》等规定，建立了符合现代企业制度的股东会、董事会、监事会三会制度，建立了独立董事、董事会下设专门委员会等制度，建立和完善了符合现代企业制度要求的法人治理结构和健全的公司内部风险控制体系，以实现内部控制和风险管理的目标，最佳发挥公司运作潜能，从而促进各项业务健康发展。

二、独立、完整的运作体系

公司不仅具有完善的法人治理结构，而且具有独立、完整的运作体系。公司股东会、董事会、监事会的召开、决议程序及内容均符合国家法律法规和公司章程的规定，股东会、董事会、监事会和管理层各司其职，各尽其责，运作顺畅，公司股东、员工和客户的权益均得到有效保障。

三、有效的风险控制体系

公司决策层及经营层对证券市场的高风险一直有足够的认识，始终坚持走“合规经营、稳健发展”之路，确立了在规范经营、稳健发展的基础上将厦门证券打造成海峡西岸“金牌券商”的远景目标。公司领导经常性地对各部门、各营业部进行内部风险教育，将风险控制是企业生命线的观念深植于每个员工心中，贯彻落实到每个岗位。厦门证券领导充分认识合规经营的重要性，根据自身经纪业务券商的实际，梳理组织架构，完善内控制度，健全内控体系，构筑了完善的事前、事中、事后风险防御体系。

实践证明，规范发展给厦门证券带来了可喜的回报。在市场低迷、整个证券行业都很困难的时候，厦门证券仍然取得了不错的局面，这都是坚持规范发展的结果。

天源证券经纪有限公司

天源证券经纪有限公司前身是由西宁市财盛投融资有限公司等8家公司联合发起设立的三江源证券经纪有限公司，经中国证券监督管理委员会批准于2002年12月10日在青海西宁正式注册成立，注册资本为1.8392亿元人民币。2006年10月25日经中国证监会《关于天源证券经纪有限公司股权变更的批复》（证监机构字[2006]262号文件），批准中国南方航空集团公司分别受让西宁财盛投融资有限责任公司等5家持有我公司的股份，股权变更后总股本保持不变，中国南方航空集团公司合计持有天源证券经纪有限公司14800万元股权，占出资总额的80.47%。2007年5月，经国家工商总局和中国证监会批准，三江源证券经纪有限公司更名为天源证券经纪有公司。

公司总部下设行政综合部、风险控制部、财务清算部、信息技术部、人力资源部、经纪业务部、创新业务部和研究咨询部等八个部门，在北京设有办事处，在唐山、抚顺、辽阳、大连庄河、黑河、盘锦、本溪、西宁、深圳、广州等地设有11个证券营业部。

作为一家经纪类的证券公司，公司主要经营的范围为：证券的代理买卖，代理证券的还本付息和分红派息，证券的代保管、鉴证、代理证券登记开户及经中国证监会批准的其他业务。

公司还为投资者提供了柜台委托、电话委托、磁卡委托、热键委托、网上交易等委托手段。

公司按照中国证监会颁布的《证券公司内部控制指引》、《关于加强证券公司营业部内部控制若干措施的意见》等规章制度的要求，以第三方存管为主线、客户账户清理为契机，从风险控制、组织架构、制度建设、业务规划等方面着手，建立起了较为完备的经纪业务管理体系，基本实现了经纪业务管理的集中化、规范化、标准化。

公司从自身的经营目标、业务范围、运营状况出发，以合法合规经营和风险控制优先为原则，根据市场、技术、法律环境的变化，制订出全面的经纪业务制度，为各项业务活动开展提供了有效的制度保障。

公司以为客户提供优质高效的专业化服务、为股东提供良好的投资回报为宗旨；以成为一家有特色的中等规模券商为战略目标；以“以人为本、稳健经营、诚信服务、创新进取”为经营理念。

地址：深圳市福田区民田路新华保险大厦18楼
邮编：518026
电话：075533331188
传真：075533329815
网址：http://www.tyzq.com.cn

天风证券经纪有限责任公司

天风证券有限责任公司，简称天风证券，是一家国有控股的全国性证券公司，总部设于武汉，注册资本3.15亿元。

历史与发展：

天风证券的前身为成立于1995年的成都联合期货交易所。2000年成都联合期货交易所改组为四川省天风证券经纪有限责任公司。2007年更名为天风证券经纪有限责任公司。2007年天风证券成功控股北方期货经纪有限责任公司。2008年2月将注册地迁至湖北省武汉市。2009年更名为天风证券有限责任公司，是总部设于武汉的两家全国性证券公司之一。

股东背景与组织结构：

天风证券第一大股东为武汉市国资委下属的武汉国有资产经营公司，总资产210亿元人民币。

天风证券是一家全国性的证券公司，在全国多个省市设有12家证券营业部，为全国广大投资者提供专业细致的咨询与服务。

业务范围：

天风证券经营范围包括：证券经纪；证券投资咨询；与证券交易、证券投资活动有关的财务顾问。

在证券经纪业务方面，天风证券规范、安全、严格遵守法律法规和监管部门制定的各项规章制度。自成立以来，天风证券一直坚持公司“赚取阳光下的利润”的原则，分类评级不断上升。

天风证券具有完整的证券投资咨询体系，拥有证券投资咨询资格。除自身网点外，天风证券还积极利用网站、电话、短信、电子邮件、专家面对面、场内实时股评等多种渠道为客户提供咨询服务。

天风证券在财务顾问业务方面（目前仅针对非上市公司）主要从事企业改制、公司治理、并购重组、企业融资、公司上市、政府顾问等财务顾问业务。自成立财务顾问部以来，在较短的时间内，完成了多个改制及增资扩股、私募融资等项目，并与多个律师事务所、会计师事务所、资产评估机构、上市保荐机构建立了良好的长期、稳定的战略合作关系。

文化与发展：

天风证券在证券金融市场服务客户十四年，了解证券市场，并拥有训练有素的员工，配合跨区域性的优势坚持向客户提供高水平的金融服务。经过多年的发展，天风证券在获得广大客户认可的同时，保持了市场占有率稳步上升，品牌影响力日渐增强。

公司优势

公司自成立起始终坚持“诚信、稳健、创新、效率”经营理念，倡导“勤奋、团结、真诚、坚毅”的企业文化，坚持客户利益至上的原则，积极探索客户、员工、社会、公司协调发展模式，努力为客户创造优质高效的投资理财平台。

公司于2009年初完成了新一轮的增资扩股，武汉国有资产经营公司成为公司第一大股东。雄厚的资本实力对公司提高抗风险能力和实现业务体系扩充提供了保障。

公司控股的北方期货经纪有限责任公司，是中国期货业协会理事单位。北方期货在期货市场研究方面有突出的优势，且具有金融期货结算会员资格。

公司建有完善的经纪业务营销、监管体系，对客户信息严格保密，分类评级不断上升。

公司建有完整的证券投资咨询体系，具有证券投资咨询资格，公司研发团队有着丰富的市场实战经验，并多次受邀在媒体发表评论。公司目前开设了网站、电话、短信、电子邮件、专家面对面、场内实时股评等多种渠道的咨询服务，创办了内部资讯刊物《天风投资》，努力帮助投资者树立正确的投资理念，享受投资带来的乐趣。

公司的财务顾问部有着丰富的市场经验，与多个会计师事务所、律师事务所建立了良好的长期、稳定的战略合作关系。

证券公司信息系统的建设是保证客户正常投资交易的核心，公司信息系统按照现有交易规模峰值的3倍进行配置，有效地保障了客户交易畅通、稳定。

天风证券的目标不仅是满足客户的需要，而是要比客户预期的做得更好。

地址：湖北省武汉市东湖新技术开发区关东园路2号
　　　高科大厦四楼
邮编：430074
电话：(027)87618889
传真：(027)87618863

瑞信方正证券有限责任公司

瑞信方正证券有限责任公司（英文名称：Credit Suisse Founder Securities Limited，英文简称：CSFS）是由方正证券有限责任公司与瑞士信贷共同出资设立的中外合资证券公司，注册资金八亿元人民币，其中方正证券出资比例为66.7%，瑞士信贷出资比例为33.3%。

2008年6月13日，中国证监会向方正证券有限责任公司下发证监许可[2008]793号《关于批准设立瑞信方正证券有限责任公司的批复》，批准方正证券与瑞士信贷（Credit Suisse）共同出资设立瑞信方正证券。公司经商务部批准后，于2008年10月24日取得营业执照正式设立。2008年12月29日，中国证监会颁发了公司的《经营证券业务许可证》（编号：Z15911000），公司经批准的经营范围包括：股票（包括人民币普通股、外资股）和债券（包括政府债券、公司债券）的承销与保荐；中国证监会批准的其他业务。

瑞信方正证券的法定代表人为雷杰董事长，主要负责人为葛甘牛总经理。

瑞信方正证券是2007年12月28日中国证监会修订《外商参股证券公司设立规则》后，首家获批设立的证券公司。

业务范围

根据中国证监会2008年12月29日颁发的《经营证券业务许可证》，瑞信方正的业务范围是：股票（包括人民币普通股、外资股）和债券（包括政府债券、公司债券）的承销与保荐；中国证监会批准的其他业务。投资银行是瑞信方正的核心业务。

秉承瑞士信贷以客为本的投资银行理念和经验，瑞信方正的投资银行业务部门按照国际化、规范化的操作标准，致力于为客户提供优质的投资银行服务，包括中国国内的股本和债券资本市场的证券融资顾问，承销和保荐服务，以及收购兼并等财务顾问服务。同时，瑞信方正在投资银行业务、咨询、研究等多方面也与瑞士信贷有着紧密的合作，通过瑞士信贷的全球资源和网络，使客户得到更便捷、周到、专业的全方位投资银行服务。

投资银行特别重视与客户建立长期的信任与合作关系，为客户提供高质量的个性化服务。针对每个客户的具体需求，投资银行在充分了解客户自身情况、需求以及所处行业竞争环境的基础上，为客户设计和提出最佳解决方案，帮助客户实现战略或业务发展目标。投资银行帮助客户通过重组改制、上市融资来建立现代企业制度及规范的公司治理结构，协助客户应对全球化竞争，实现长足发展。

产品介绍

1. 股本资本市场融资

瑞信方正的股本市场部为企业客户提供贴身和全方位的股权融资服务，主要产品包括首次公开股票发行并上市，上市公司的股权相关再融资如配股、公开增发、非公开股票发行、可转换公司债券和分离交易的可转换公司债券等。在提供股权融资服务过程中，我们会根据客户的情况和需要，为客户就业务重组、募集资金投向和投资故事定位等各方面设计和执行最合适的方案。在股本证券推介和销售方面，我们的销售网络覆盖了全国的大型投资基金，保险公司，金融机构和知名的企业投资者。另外，通过瑞士信贷的强大海外投资者平台，我们也和大型的QFII有着紧密的联系。

2. 债券资本市场融资

瑞信方正的债券资本市场部为企业提供一系列的债券融资服务，针对客户的不同需要，我们为客户研究和设计合适和创新的固定收益产品和方案，我们的主要业务覆盖了国债、金融债、次级债、企业债和公司债等多种产品，以及相关产品的销售、研究和产品开发。我们拥有广泛而有效的销售渠道和客户网络。债券资本市场部拥有一支高素质的团队，并以国际水准的服务，与各商业银行、保险公司、基金公司、社保基金、农信社、邮政储蓄、财务公司和大型企业等专业债券投资者建立了长期的业务合作关系，在迅速成长的中国债券市场上，赢得企业客户和投资者的信赖和市场的尊重。

3. 收购兼并和财务顾问

瑞信方正的企业融资部拥有丰富的收购兼并和财务顾问服务经验，为客户提供全面的收购兼并服务，包括为客户寻找合适的国内和海外的收购兼并项目机会，也为有意出售业务的企业设计方案和寻找合适的买家等。同时，我们也为客户提供其他的财务顾问服务，包括收购上市公司，业务和资产重组，定向增发和业务价值评估等。我们也和瑞士信贷的投资银行部在全球的不同行业组和收购兼并组有着紧密的合作，以求满足客户在收购兼并方面的不同需要。

股东情况

方正证券有限责任公司

方正证券有限责任公司，注册成立于1994年10月26日，公司住所位于湖南省长沙市芙蓉中路二段华侨国际大厦22－24层，注册资本165387.9170万元，法定代表人为董事长雷杰，主要负责人为总裁王红舟。根据2008年12月29日中国证监会为方正证券换发的《经营证券业务许可证》，方正证券的经营范围包括：证券经纪，证券投资咨询，与证券交易、证券投资活动有关的财务顾问，中国证监会批准的其他业务。

瑞士信贷情况

瑞士信贷（Credit Suisse）作为一家领先国际的银行，瑞信为其全球客户提供私人银行、投资银行及资产管理服务。瑞信为全球各类企业、机构性客户和高净值个人客户，以及瑞士的个人客户，提供顾问服务、全面的解决方案及创新的金融产品。瑞信业务遍布全球超过50个国家，并有大概46,700个员工。其母公司瑞士信贷集团是一家国际领先的金融服务公司，总部设于瑞士苏黎世，集团于瑞士上市，股票登记代号为CSGN，并以美国预托证券的方式在纽约买卖（CS）。在投资银行业务方面，瑞信在全球30个国家的57个地区为融资双方提供全面的证券产品及金融咨询服务，其中包括债务与资本承保、销售与买卖、合并与收购、投资研究、中介及主要经纪服务等。

瑞信方正证券有限责任公司

地址：中国北京市西城区金融大街甲九号金融街中心南楼15层

电话：(86)10 66538666

传真：(86)10 66538566

邮箱：csfs@ csfounder. com

邮编：100140

江南证券有限责任公司

江南证券有限责任公司（简称：江南证券），公司成立于2002年10月18日，是经中国证监会批准、江西省工商行政管理局注册登记的综合类证券公司，注册资本13.2588亿元人民币。业务范围包括证券经纪；证券投资咨询；与证券交易、证券投资活动有关的财务顾问；证券承销与保荐；证券自营；证券资产管理；证券投资基金代销。公司目前在北京市、上海市、重庆市、天津市等4个直辖市，以及深圳、重庆、杭州、武汉、郑州、昆明、泉州、江西等地，共设有28家证券营业部。

江南证券作为全国性综合类券商，具有出色的业务开拓能力和较强的研发能力。公司有良好的股东背景优势，主要股东中国航空工业集团公司是由中央管理的国有特大型企业，为公司的发展提供了强大支持。江南证券自2002年成立以来，坚持立足江西，依托航空工业，条块结合，发挥地域及航空系统资源优势，公司各项业务获得了迅速的发展，构建了经纪、投行、资产管理等完整的业务体系、拥有在全国主要城市的营业网络。

股东介绍

2009年6月22日，经中国证监会核准，中国航空工业集团公司成为江南证券第一大股东及实际控制人。

中国航空工业集团公司是由中央管理的国有特大型企业，是国家授权投资的机构，由原中国航空工业第一、第二集团公司重组整合而成立。集团公司设有防务、运输机、发动机、直升机、机载设备与系统、通用飞机、航空研究、飞行试验、贸易物流、资产管理、工程规划建设、汽车等产业板块，下辖近200家子公司（分公司）、有20多家上市公司，员工约40万人。2009年7月8日，美国《财富》杂志公布世界500强企业最新排名，中航工业首次申报并成功入选，成为首家进入世界500强的中国航空制造企业和中国军工企业。江南证券作为航空工业金融产业发展平台成员单位之一，在中国航空工业集团公司“两融、三新、五化、万亿”的发展战略指引下，秉承“航空报国、强军富民”的宗旨，践行“敬业诚信、创新超越”的理念，为成为一流的、有特色的金融服务商而不懈奋斗。

主要部门介绍

投资银行部

江南证券的投资银行部，建立在精深的专业研究基础和强大的股东背景之上；其涉及领域包括产业发展、区域发展、企业制度建设、资本市场运作、高新技术产业化的政策与市场运作、海外融资等多个方面。

1997以来，先后参与了山鹰纸业、复星实业、中兴通讯、东北高速、西藏矿业等42个新股或配股的发行承销，承销总金额达几十亿元。

江南证券与深圳飞亚达（集团）股份有限公司、江西金牛企业集团等数十家公司签订财务顾问协议，并与美国VIC集团、加拿大CIBC等境外金融机构建立了良好的战略合作伙伴关系。

2003年6月，江南证券获得主承销商资格，随后对投资银行业务、部门和人员进行了战略性的重大调整，实行新的管理模式和组织架构，确立了“承销业务、并购业务和创新业务并举，以承销业务为基础，积极开展并购和创新业务”的发展战略，开展包括证券承销、购并重组、财务顾问等多种投行业务，构造投行核心竞争力。

2004年，江南证券成为首批保荐机构，并于年底圆满完成安徽山鹰纸业股份有限公司增发A股工作，承销总金额4.24亿元。

2007年以来，江南证券投资银行部在并购重组业务方面发展迅速，先后担任力元新材大股东资产注入财务顾问、华天酒店重大资产收购独立财务顾问、华联股份大股东资产注入财务顾问。

2008年5月江南证券投资银行部重新组建了新的专业团队。目前，江南证券投行事业部各职能架构设置已基本完善，各项业务开展情况良好。

2009年6月，由江南证券担任主承销商的仁和药业再融资项目获证监会审核通过。

固定收益部

江南证券固定收益部是公司从事固定收益类证券业务的专业化部门，我们拥有一支知识结构合理、专业素质过硬、在债券交易、承销、投资研究等方面具有丰富经验的专业队伍，在业内已取得较好的业绩并享有较高的声誉。

债券交易投资业务

主要进行国债、央票、短期融资券、中期票据、企业债、金融债等固定收益产品的现券及回购交易。

2007年公司在银行间市场券商债券交易量综合排名中位列第39位，累计完成交易量28.3亿；2008年一季度，累计完成交易量216.35亿元，在2008年1至4月券商债券交易综合排名中位列第19位。

债券承销业务

主要进行企业债、短期融资券等固定收益类产品的承销业务。

先后承担了国家电网、铁道部、中国铁通、中国远洋运输、中核集团、兴泸投资等多家中央级和地方级企业债发行承销工作。

金融创新部

金融创新部是以市场有效需求为目标，以金融产品创新为依托，以持续营销为手段的业务部门。金融创新部立足中国金融市场的实际情况，依靠现代金融学理论，通过数量化研究构建交易和风险管理策略，辅之以完全自主开发的程序化交易系统，以金融结构化产品和金融衍生产品为主要研究与交易对象，为资产管理和经纪业务倡导一种全新的投资理念和盈利模式。金融创新部由技术部、研究部和市场部组成，拥有有多名金融工程分析师、IT工程师和富有经验的交易员。

地址：江西省南昌市抚河北路291号江西教育出版大厦6楼

总部客服热线：400－8866－567（交易日8:30至17:00）

邮编：330008

华泰联合证券有限责任公司

华泰联合证券有限责任公司于 2009 年 9 月由联合证券更名而来。公司成立于 1997 年 10 月，总部位于深圳，在北京、上海设有业务部门。在全国范围内设有 59 家营业部及技术服务部，营业网点遍及全国 12 个省、市。华泰联合证券投资银行业务、经纪业务、债券业务、并购业务等主要业务排名均进入业内前列。

2006 年，在监管部门及社会各界的大力支持下，公司成功完成了增资扩股，华泰证券股份有限公司对公司增资 7 亿元成为控股股东。2007 年 2 月，2007 年 2 月，公司通过了中国证券业协会组织的规范类券商评审。

华泰联合证券以"团队协作、稳健进取、追求卓越、志在一流"为宗旨，敦行"以客户为中心"的服务理念，用市场化的机制打造一流团队，在证券市场上锐意进取，以浴火重生的经历见证资本市场的成熟与完善，树立了良好的信誉和品牌形象。面对新的历史机遇和挑战，华泰联合证券将凭借雄厚的股东实力、高素质的人才队伍和精诚团结的专业精神，向着做实做强做精做大的目标进发。

公司荣誉

2009 年

华泰联合证券并购业务荣获"2009 中国资本市场最佳创富服务奖"。

2008 年

华泰联合证券在深圳证券交易所举办的第十届保荐机构联席工作会议上，被评为"2008 年度中小企业板优秀保荐机构"称号。

2008 年度《证券市场周刊》水晶球奖卖方分析师评选中获得 1 位第二名、5 位第三名。

2008 年度第四次参加"新财富最佳分析师"评比 10 个研究方向入围、9 个方向上榜、最具影响力研究机构排名第九、本土最佳研究团队排名第八、计算机研究团队第一、金融工程研究团队第一。

由华泰联合证券信息技术部自主开发的华泰联合证券《网上证券业务平台》在首届"证券期货业科学技术奖"中荣获科学技术三等奖，网上交易自主开发第一名。

华泰联合证券网站在第九届"中国优秀财经网站"评选中喜获"最佳安全性能奖"。

华泰联合证券荣获 2008 中国证券投资者调查活动"优秀组织奖"。

证券时报首届"大智慧杯"中国明星证券营业部评选，深圳深南大道营业部荣获"明星证券营业部二十强"，南京户部街营业部荣获"公益活动明星营业部"，长沙劳动西路营业部荣获"最佳区域明星营业部"。

人力资源

华泰联合证券视人力资源为企业的第一资源，把"给每位努力的员工以机会，给每位能干的员工以舞台"作为企业人才管理的出发点，以对员工高度负责的态度来经营人才，为人才的培育和成长提供沃土，先进的激励机制，优越的薪酬制度，科学的考核体系，完备的培训系统，使人才能够在公平公正的环境中施展才能。

公司将企业发展与员工成长融为一体，抓人才、抓考核、抓培训、抓学习是管理、执行公司人力资源管理工作的重点。"以业绩为导向"的市场化运做机制及科学的目标管理体系使员工的努力能够得到客观公正的评价，"职业、绩效、奖励、发展"四维立体的考核与激励政策，增强了员工的事业感和责任意识。

投资银行业务

华泰联合证券投资银行建立了以客户为中心的投资银行业务体系，注重与客户的长期合作，为客户提供全面、优质的融、投资服务，是国内最具创新意识和风险意识的投行之一。

华泰联合证券投资银行实行行业分工和地域分工相结合、专业化运作、流程化作业、扁平化管理的业务管理模式，业务部门分布在北京、上海和深圳三地，并向周边地区和业务辐射。

华泰联合证券投资银行业务一贯秉承"以客户为本，以专业立身，为客户价值最大化并提供长期的增值服务和专业服务"的经营理念，自成立十年来取得了不俗的业绩，累计完成 IPO、配股、增发、可转债等各类主承销（保荐）项目 50 多家，担任上市推荐人 30 多家，总承销家数和募集资金量位居业内前列，在煤炭、汽车、机械、地产、精细化工、电子、纺织、冶炼等行业具有独特优势，并拥有一大批优质客户群。

华泰联合证券投资银行拥有一支精诚团结、能征善战、充满活力的专业团队，崇尚"追求卓越、志在一流、开拓进取、研究创新、团结协作、张显个性"的团队文化。目前拥有保荐代表人数位居业内前茅，可确保优秀项目的快速通畅上报。

华泰联合证券在深圳证券交易所举办的第十届保荐机构联席工作会议上，被评为"2008 年度中小企业板优秀保荐机构"称号。

证券经纪业务

华泰联合证券经纪业务秉承"专业专注、全心服务"的服务理念，以促进客户资产保值增值为导向，锐意进取，开拓创新，在中国的证券市场与客户同创辉煌。

业务范围

◆代理上市 A 股、B 股、封闭式基金、国债、企业债券等买卖；

◆代理国债、企业债的还本付息业务；

◆代理上市公司办理投资者的分红派息业务；

◆未上市证券的代保管、鉴证业务；

◆代理上海、深圳证券登记公司办理登记开户业务；

◆开放式基金（包括 ETF、LOF）代销业务；

◆金融衍生品相关业务。

遍布全国的营业网点

公司拥有 38 家证券营业部，10 家证券服务部，遍布全国 16 个省、直辖市。依托分布广泛、布局合理的有形服务网络，连结公司雄厚的研发力量及无形的咨询信息网络，编织成一张广阔紧密的服务网，为各地投资者提供全方位、多层次的优质服务。

安全便利的交易手段

华泰联合证券利用先进的技术手段，不断地突破时空的限制，为客户提供各种安全、便利、高效的交易手段，让客户随时、随地与市场保持最紧密的联系。

目前华泰联合证券为客户提供多版本的网上行情交易系统、现场自助委托、电话委托、移动证券，让客户享受稳定、方便、快捷的行情和交易服务，又可享受联合证券专业、优质的投资咨询服务，给投资者以高质量的增值服务。

阵容强大的投资顾问团队

◆分布在全国各地的投资理财顾问团队，随时为客户提供专业的咨询与服务；

◆为核心客户量身定制投资理财规划书，提供一对一的贴心服务。

专业、贴心的客户服务

华泰联合证券为客户精心打造先进、全方位的客户服务体系，为客户提供专业贴心的服务体验。

◆业内领先的客户服务中心

华泰联合证券客户服务中心是业内领先、首家推出7×24小时不间断服务并倡导"客户为中心"的服务机构；拥有一支敬业精神强、业务素质高、证券从业经验丰富的专业团队，利用高端的通讯手段与先进技术为所有联合证券客户提供一站式、标准化、全方位的实时响应服务

◆稳定、便捷、实用的联合证券网（www.lhzq.com）

华泰联合证券网为客户提供专业、全面的证券投资服务，系统的稳定性、便捷性、实用性及安全性达到业内先进水平，自2004年起连续四年荣获最受投资者喜爱的"中国优秀财经证券网站"称号；在为广大客户提供专业、及时、强大的证券信息服务的同时，也让客户享受到高速行情、快速下单、在线专家互动交流、全面的个性化主动推送等专业化证券投资服务。

丰富专业的咨询产品

◆《每日要闻及操作信息》、《联证操盘指引》、《研究咨询汇编》等咨询产品，每日发送，让客户及时掌握股市信息；

◆100多名专家在线指导，为客户提供实时投资咨询；

◆业内第一家推出客户服务周刊——《投资宝典》，为客户提供最及时、最权威的海量研究资讯。

并购私募融资业务

华泰联合证券并购业务具有一支业内优秀的专业团队。团队核心成员平均具有七年以上专业资历，经历了国内并购市场的发展历程，在上市公司收购重组、产业（行业）整合、国企改制、外资并购和反收购等方面都积累了十分丰富的实战经验，在业内逐步树立了专业形象。联证并购团队2000年以来在国内证券市场累计完成并购、重组等重大交易50余项，累计完成交易额约300亿元，2007年在上海证券报举行的最佳投资银行评选中当选"最佳并购团队"。

基于国内经济结构调整、行业整合的历史性机遇及对国内并购市场和并购业务的深刻理解，联证并购团队秉承"客户为本、专业立身"的服务理念，依托公司完善的投行服务体系，致力于为客户提供最专业、最有价值的并购服务，促进客户在愈加激烈的产业竞争中实现快速而健康的成长！

研究咨询业务

华泰联合证券研究所本着价值投资的理念，深入挖掘公司与行业发展内在价值驱动因素、洞察产业与资本市场互动关系，以求多角度诠释价值投资，分享实体经济价值创造与价值成长。以全球化的视野和先进的分析工具、分析方法，在宏观经济、行业、上市公司、金融工程以及市场策略等领域持续出版高质量的研究报告，研究覆盖范围广泛。研究成果与研究人员的考核全面贯彻市场化的方针，一切以为客户创造价值、实现客户资产的保值增值为目标。目前客户覆盖国内众多基金管理公司、保险公司、QFII等机构投资者，具有较高的市场认同度。

资深的资质：华泰联合证券研究所是首批经中国证监会核准的具有证券投资咨询资格的研究机构。

精英的团队：华泰联合证券研究所麾下50多名精兵强将，绝大多数具有理工科和经济学或管理学交叉知识背景及证券一、二级市场从业经验，其中相当数量的资深研究人员具有在国内知名证券研究机构和相关行业的任职经历，对各自的领域都有独到而深入的研究，具有很高的市场知名度和影响力。

债券业务

业务范围

◆提供企业债券发行的专业咨询及辅导，策划企业债券发行方案并组织实施；

◆企业债券的承销、兑付与代保管；

◆国债、金融债的承销、投资咨询及代理买卖；

◆资产证券化、商业票据等其他固定收益品种的开发与设计。

华泰联合证券债券业务开始于1997年10月，多年来已取得了长足的发展。截止2007年11月底，联合证券已构建起一个以大型企业集团、保险公司、证券经营机构、基金公司和信用合作社等各类机构投资者为主体的客户网络，并取得了良好业绩，我们的目标是为我们的服务对象根据政策及资本市场环境的变化，结合其需要并灵活运用股权融资和债务融资品种，设计最佳的融资方案。

证券投资业务

◆以谋求公司资产的保值增值为基本目标；

◆在规范的业务流程、完善的风险控制体系下，依据不同资产类别的风险－收益状况，科学规划公司资产的配置比例，每一资产类别的投资在严格控制风险的基础上积极谋求相对比较基准的超额收益；

◆不断提升综合的资产管理能力，均衡发展证券投资的各项业务（股票组合、基金组合、衍生品套利、一级市场申购等），分享证券市场不断成长的收益；

◆树立稳健投资、持续发展的理念。

资产管理业务

业务范围

◆管理和运作客户委托资产，投资范围包括在境内上市的A股、债券、基金及其它金融产品；

◆公司资产委托管理客户资源的开发、培育与维护；

◆公司理财业务品种的开发、培育与组织实施；

◆投资顾问服务。

业务优势

华泰联合证券是首批获得证监会从事受托投资管理业务资格的券商之一，坚持以应有的谨慎和勤勉、以保障资金的安全并获取长期稳定的高收益为投资目标，为客户提供全方位、综合性的资产委托管理服务。

一直以来，我们以公司内在价值的严谨研究为依托，以国际化资产管理的服务理念为导向，以多样化金融投资工具的灵活组合为途径，诚信进取、勤勉尽责，努力实现客户财富的持久成长，以良好的业绩和服务赢取客户的尊重和信赖。

◆ 严谨的投资流程

◆ 科学的决策机制

◆ 完备的风险控制体系

◆ 强大的研究支持平台

基金业务

市场定位

通过全力打造基金营销和基金客户服务两大体系，建立与基金公司包括销售和研究服务等在内的全方位合作关系以及为基金投资人提供专业化的、有深度的基金投资研究服务。

业务概况

华泰联合证券是全国较早获得开放式基金代销资格的券

商之一，始终坚持“基金精品”的基金销售业务策略，并强调基金首发与持续营销并重，目前已与数十家基金公司建立了广泛而深入的合作关系，代销的基金产品线日臻完整。

2004 年以来，联合证券的基金业务历经牛、熊交替洗礼，获得了长足的发展。不仅在低迷的市场形势下取得了销售“七连冠”的瞩目成绩；而且营业部单产销售份额名列前茅的喜人佳绩继续延续到牛市。在做好传统代销业务的同时，联合证券还积极参与市场创新业务，在国内首只“LOF”和“ETF”的销售上均取得了骄人的销售业绩，分别被深圳交易所和上海交易所评定为“主交易商”和“一级交易商”。基金客户服务致力于为基金投资人提供专业化、个性化的投资建议，以便捷的交易平台为依托，利用遍布全国的服务网络，通过“服务全天候”、“沟通零距离”、“理财金管家”等多元化的服务手段，实现为基金投资人创造价值的目的。

信息技术支持

华泰联合证券按照“信息技术引领和推动业务发展”的战略，前瞻性地规划了公司信息系统，按照国际标准的管理体系保障系统的高速、安全运行，并不断提升自主研发能力，在许多领域进行了创新。

高速：信息系统始终按照超过市场规模 30% 以上的容量规划建设并适时升级，各种交易手段和通道速度达到或超越国内一流券商水平；

安全：近百人的技术团队提供专业支持，核心系统全部配备了 2 套以上的实时备份设备，并在异地建立了应付灾难性事件的灾难备份系统；广域网线路均采用 2 条备份线路，同时在应用级使用加密、容错、均衡等技术进一步提高系统整体安全性。

创新：拥有一系列完全自主知识产权的软件产品，并不断推出各类新业务和新产品，创新能力居业界前列。

风险控制

公司根据自身“规范经营、稳健发展”的基本要求，在中国证监会颁布的《证券公司内部控制指引》的基础上，建立了严密和完备的风险控制体系。风险控制渗透到经纪、自营、资产管理、投资银行各大业务及其关键环节。

公司风险控制的总体目标是通过建立、健全一整套行之有效的风险控制政策和制度，进行事前、事中和事后控制，监测、评估和分析风险，建立风险预警系统，制定风险防范及化解措施，将公司的风险控制在承受能力之内，以保证公司战略目标的实现，为客户提供最好的资产安全保障。

联系方法：

电话：4008888555、0755－25125666

邮箱：wzfw@ lhzq. com

网址：www. lhzq. com

红塔证券股份有限公司

红塔证券股份有限公司是在对云南省原三家信托投资公司证券业务重组的基础上，由红塔集团等 13 家国内知名企业共同发起，并经中国证监会批准设立的比照综合类证券公司。注册资本为人民币 138,651.04 万元，注册地为云南省昆明市。2002 年 1 月 31 日，公司在云南省工商行政管理局领取了《企业法人营业执照》。2002 年 3 月 23 日，公司正式开业。

经营范围：证券（含境内上市外资股）的代理买卖；代理证券的还本付息、分红派息；证券代保管、鉴证；代理登记开户；证券的自营买卖；证券（含境内上市外资股）的承销（含主承销）；证券投资咨询（含财务顾问）；受托投资管理；中国证监会批准的其他业务。

2005 年 12 月 28 日，公司以五项内控为核心的客户资金独立存管方案和实施情况通过云南证监局和中国证监会机构部组织的评审验收。

2006 年 10 月 20 日，公司创新试点类证券公司客户资金独立存管方案和实现状况通过云南证监局和中国证监会机构部组织的评审验收。

2006 年 12 月 19 日，公司通过中国证券业协会组织的创新试点类证券公司评审。

2007 年 5 月 11 日，中国证券业协会发布第 15 号评审公告，公司成为西南地区第一家创新试点类证券公司。

2007 年 12 月 21 日，经中国证监会核准，公司股东由原有的 13 家变更为 8 家。

2008 年 7 月 15 日，经中国证监会和云南证监局综合评定，公司被评为 A 类 A 级券商。

2008 年 12 月 9 日，经中国证监会核准，红塔期货有限责任公司成为红塔证券全资子公司。

截至 2008 年 12 月 31 日，公司总资产 55.26 亿元，净资产 29.94 亿元，净资本 25.47 亿元。

公司成立以来，以“法制、监管、自律、规范”八字方针为指引，始终秉承“诚信、稳健、专业、创新、共享”的理念，并坚持以客户需求为导向，以技术平台为手段，以研究开发为基础，以风险控制为保障，改进和完善了管理模式与业务流程，在稳健经营的基础上不断开拓创新，取得了较好的经营业绩。目前，已逐渐发展成为制度体系完善、风险管理严密、财务指标健康、资产质量良好的特色证券经营机构，也是业内为数不多的连续六年实现盈利的券商之一。

公司上海分公司情况

红塔证券股份有限公司上海分公司是根据《证券公司分公司监管规定（试行）》（中国证监会 2008 年第 20 号公告）的要求，经中国证监会批准设立的，专门经营证券资产管理业务的专业性分支机构。

2009 年 6 月 16 日，中国证监会作出《关于核准红塔证券股份有限公司在上海设立 1 家分公司的批复》（证监许可[2009]515 号，同意公司在上海设立分公司；2009 年 7 月 17 日，分公司在上海市工商行政管理局浦东分局领取《营业执照》；2009 年 11 月 24 日，上海证监局对分公司筹备情况进行了现场验收；2009 年 12 月 14 日，分公司在中国证监会领取了《证券经营机构营业许可证》。至此，分公司筹备工作顺利结束，正式营业。

公司全资子公司情况

红塔期货有限责任公司系公司全资子公司，注册地址为云南省昆明市祥云街 55－59 号银佳大厦 16 楼，注册资本为 101,000,000 元。

红塔期货的前身为云南国资期货经纪有限公司，设立于 1993 年 4 月。2007 年，公司正式启动了控股国资期货的工作。11 月 8 日，国资期货变更注册资本和股权的申请获中国证监会审核批准，国资期货总股本增至 1.01 亿股，由公司持有 6,100 万股，占国资期货总股本的 60.4%。2008 年 3 月 13 日，国资期货更名为红塔期货有限责任公司。随后，公司启动了后续的全资控股期货公司的工作。12 月 9 日，经中国证监会核准，公司获批持有红塔期货全部 10,100 万股股权，实现了全资控股目标。

恒泰证券股份有限公司

恒泰证券股份有限公司由恒泰证券有限责任公司改制而来，前身为内蒙古证券有限责任公司。2008 年 9 月经中国证监会批准，公司增资改制并更名为恒泰证券股份有限公司，注册地为呼和浩特市。

经中国证监会及国家工商局核准，公司经营范围包括：证券的承销和上市推荐；证券自营；代理证券买卖业务；代理证券还本付息和红利的支付；证券投资咨询；资产管理；发起设立证券投资基金和基金管理公司；中国证监会批准的其他业务。

公司自成立以来，秉承"稳健、诚信、务实、创新"的经营理念和"全心全意为客户服务"的经营宗旨，以繁荣和服务证券市场为己任，依法经营、规范运作、科学管理、锐意进取，各项事业都取得了长足发展，成为国内具有一定业务规模和竞争优势的综合性证券公司。

公司主要业务介绍

经纪业务

恒泰证券经纪业务，依托公司日益壮大的资本实力和灵活的经营机制，已经搭建了职能完备、布局合理的综合业务平台，并在整合传统经纪业务管理、营业网点建设、市场营销策划、产品销售推广、机构客户开发等工作职能的基础上，大力倡导市场营销理念和加速推进市场营销工作，不断优化营业网点布局，形成了以内蒙古、上海周边城市为中心，北京、深圳为两翼的核心业务区域，辐射全国主要大、中城市的优化布局结构，具有丰富的经纪业务操作经验、完善的组织架构和内部风险控制制度。

恒泰证券目前在全国拥有 30 多家证券营业网点，其中内蒙古自治区内 20 多家，区外 10 家，区外营业部主要分布在国内经济发达地区或具有较大影响的大中城市。另设有证券服务部 13 个，主要集中在自治区内。公司具有 A 股、B 股、国债、基金等交易代理资格。经纪业务平台为客户提供具有双向卫星、DDN 等高速、安全的交易跑道和电话委托、网上交易、磁卡委托、远程终端、热自助等多种交易手段，并以丰富的经验为各类公司股份托管提供多元化服务。公司目前开发的个性化的服务主要有国内外财经信息服务、市场重要信息分析、投资策略报告、行业与个股研究、专家操作建议、恒泰电子邮件服务、实时互动专家在线、短信信息服务等，客户资产的增值是恒泰证券客户服务的根本。

致力于专业化的营销团队建设是恒泰证券现在与未来一以贯之的经营理念；另不断完善丰富金融产品为客户提供全方位的家庭理财也是恒泰证券一直努力的方向，从 2004 年至今恒泰证券已与嘉实、长盛、易方达、南方、富国与汇添富等多家知名基金公司建立了良好的合作关系，为客户提供了货币型、债券型与股票型等不同类型且业绩表现优秀的基金产品。恒泰为客户提供的开放式基金代销服务是建立在系统化的基金代销业务客户服务体系的基础上，以专业分析判断为基础，根据市场的变化，对各类基金产品进行精选推介，以满足客户资产配置需求，从而实现客户资产价值最大化为目标。

在新世纪中，恒泰证券经纪业务将奉行"以客户为中心，以市场为导向"的现代经营法则，凸显恒泰证券经纪业务服务的特色，全面深化服务内涵、提升服务层次和水平，打破传统服务模式，实施新型的客户关系管理，在细分市场的基础上，根据不同类型客户的投资需求和偏好，推出个性化的全方位贴身服务；依托公司研究中心高质量的研究成果和信息资源，以标准规范的管理为客户提供精品服务；将先进的高新技术手段引入传统经纪业务领域，向着更加富有专业化、个性化、人性化的服务境界迈进。

投资银行业务

多年来，恒泰证券凭藉自身良好的品牌优势，已从区域性证券机构成长为全国性综合类券商。公司坚持将"诚信、稳健、求实、创新"作为长期经营的理念，通过为客户提供全面和个性化服务，来体现公司的服务宗旨。

投资银行事业部是恒泰证券最重要的业务部之一。专职从事企业 IPO、上市公司再融资的保荐与承销，上市公司并购与重组业务财务顾问，企业债券发行的承销，直接投资等投资银行业务。投资银行总部设于北京，并在北京、上海、深圳分设各业务部门，业务范围辐射全国。

业务类型

公司融资服务

配合企业的资金需求和财务安排，持续地为企业的 IPO、增发配股、债券融资、项目融资或海外融资提供服务。

财务顾问服务

为企业的吸收合并、重大资产重组、定向增发、收购兼并、投资咨询等活动在目标选择、方案制定、财务处理、资金运用等方面提供咨询服务。

创新业务服务

探索开展非传统的投资银行业务，包括运用新的方式、手段在传统业务中改革创新，特别是积极研究开发任何符合市场需要和发展趋势的，尤其是证监会鼓励倡导的新的具体业务创新产品，将成熟的研发产品投入到业务实践中。

专业研究服务

恒泰证券具有较强的专业研究力量，每日出版《每日财经快讯》、《市场快迅》，内部刊物《恒泰证券研究报告》定期对国内外经济发展，证券市场的走势，行业的发展变化进行细致分析。按照企业要求编制不定期的专项研究报告。

市场形象维护

恒泰证券能在企业市场形象维护方面起到重要的作用。例如协助企业在全国性报章和其他媒介发布公司信息，特别是能通过恒泰证券庞大的客户网络为企业新的金融产品和业务进行全力推介。

公关协调工作

恒泰证券利用其在证券界良好的社会背景以及有关发行人员资深的证券从业经历，为实现企业各项资本运作早日成功的目标，将同有关主管部门和证券监管部门以及交易所做好公关协调工作，为企业提供最大可能的方便。

信息服务

恒泰证券能够在融资过程中为企业提供许多有价值的政策信息，使企业在申报过程中少费周折。此外，恒泰证券成立以来一直着重于信息的搜集分析工作，并为核心客户搜集和加工要求的各种信息。

资产管理业务

恒泰证券资产管理部业务参照和借鉴了国际投资管理行业标准，并充分考虑了中国市场的特殊国情。同时，注重规范的业务运作和严格的风险控制。

资产管理总部组织架构参照国际投资公司的典型架构设置；设立集中决策的投资决策委员会，负责制定整体投资策略；设立独立风险管理委员会，负责监控整个资产管理业务中的风险；

各岗位相互独立、职责分明，遵循互相检查、互相制约的原则。

业务范围：证监会核准发行的券商集合理财计划、信托投资计划、定向资产管理计划。

产品类别：适合不同投资风险取向客户的系列投资产品。主要包括 FOF 投资产品、股票型投资产品、债券加强型（短债 + 新股）产品、混合型产品、衍生品投资产品、定向投资产品（定向增发、Pre – IPO 投资）等。

服务客户：企业、高端零售客户、普通投资者。

销售渠道：本公司经纪业务渠道、银行渠道、直销（面向企业和高端零售客户）、其他外部渠道。

投研团队：拥有境内资本市场丰富研究投资经验的投资管理团队以及科学、完整的投资决策体系。

投资支持：严格的风险管理及内部控制体系、自主开发的资产管理技术支持平台。

投资理念：专注价值挖掘，稳健财富增值。

投资原则：以研究支持决策，强调研究的前瞻性和准确性。注重“自上而下”与“自下而上”投资方式的互相结合；发掘具有可持续竞争优势的、且其竞争优势未被股价充分体现的股票；足够的安全边际是买入股票的必要条件；坚持长期价值投资，分享优秀企业成长。

投资文化：（DOIT）勤奋（Diligence）、开放（Openness）、创新（Innovation）、团结（Teamwork）。

固定收益业务

固定收益业务以其低风险、收益稳定、业务创新突破点多的特点，在恒泰证券获得了较大发展。2004 年度，固定收益部大力开展了银行间回购套利、交易所回购套利、企业债销售、可转债申购、债券二级市场操作等业务，取得了可喜成绩。其中银行间回购交易量 11.61 亿，交易所回购交易量 17.2 亿，企业债销售 8000 万，债券二级市场交易量 23 个亿，可转债申购申购期无风险收益 5.5%。2005 年以来，部门大力拓展债券承销分销业务，分销数十支短期融资券和企业债，并参与了现代投资债、天富热电债等企业债的副主承销，已初步构建起客户群、销售渠道和信息平台的基本框架，未来将积极拓展企业债融资领域的策划、实施、承销、投资等各类业务。

固定收益部在债券项目策划和组织承销等方面积累了丰富的实践经验；在销售网络建设、社会关系建设等方面做了大量投入，并取得了丰硕的成果。客户包括商业银行、基金公司、证券公司、保险公司、财务公司、信用联社以及其他机构投资者，遍及北京、上海、江苏、浙江、广东、湖北、甘肃等地，庞大的客户网络为企业债券的顺利承销奠定了坚实的基础。

业务类型及业务基本原则

固定收益证券业务主要包括债券自营业务、交易业务、承销业务及其他低风险类创新业务等。

固定收益证券的业务基本原则包括：低风险原则、统一性原则、业务制衡原则、严格业务授权管理原则、自律原则。

研究发展中心

恒泰证券研发中心拥有一只研究素养全面、理论水平高、市场经验丰富、专业活动能力强、并富有朝气的复合型研究队伍，并为打造成有特色的全国一流卖方研究团队而努力奋斗。

研发中心以高度完善的研究与管理平台为技术支持，汇聚业内一流专家和明星分析师，致力于为投资者提供独立、全面、前瞻和务实的证券研究与投资咨询服务，为企业与各类机构提供市场化、专业化和规范化的特色财务顾问业务，为公司管理及各项业务的开拓提供决策支持，成为公司最具价值的部门之一。

研究队伍创新进取，形成多个专业团队，研究范围覆盖各个领域，主要涉及到宏观及产业经济、投资策略、煤炭、电力、化工、汽车、机械、纺织服装、基金等领域，能为客户提供全方面理财咨询服务，受到客户一致好评。

产品及服务

“金手指”短信：大盘研判、要闻点评、“神射手”短线荐股、“千里马”中线荐股、及时雨大盘拐点提示、股市雷达、新股提示、新股追踪。

“金钥匙”研究报告：每日点金、投资早点、金策略、理财金周刊、“他山之石”机构观点、行业研究、公司研究、新股指南、热门板块。

“金参谋”报告会：定期报告会、主题报告会、股民学校。

“金视点”视频会议：恒泰视点、机构视点。

“金顾问”个性化服务：电话咨询、报告订制、持仓分析、重点投资品种推荐、上门咨询。

“金智汇”股市沙龙：股间道。

研发中心拟全新推出“恒泰金玉满堂”系列产品：银满堂、金满堂、玉满堂。按客户级别将原有产品分为三类，有针对性的提供差别服务。

“恒泰金玉满堂”三个产品分别服务于营业部不同类型的客户：

“银满堂”：专业研究咨询服务，服务于营业部普通客户。享受“银满堂”服务级别的客户可以免费享受由恒泰证券研发中心用网络平台、电子邮件、手机短信、现场服务的方式提供个股推荐、大势研判、中期投资策略、基金研究等优质咨询服务。

“金满堂”：优质研究咨询服务，服务于营业部高端客户。享受“金满堂”服务级别的客户除可以免费享受“银满堂”所提供的全部服务之外，还能免费获得更具实战指导意义的金股推荐、大盘拐点提示等附加值更高的咨询服务。

“玉满堂”：贴身研究咨询服务，服务于营业部核心客户。选择“玉满堂”服务级别的客户不仅可以免费享受“金满堂”所提供的全部服务，还可免费享受中线荐股、热点板块追踪等咨询产品。同时，“玉满堂”客户还可享受个性化的“一对一”咨询服务，并可参加定期举办的股市沙龙等活动，与我部资深分析师进行面对面的交流与沟通。

办公地址：呼和浩特市新城区新华东街 111 号

办公地址邮编：010010

客户服务或投诉电话：0471 – 4961259

公司电子邮箱：zcbgs@ cnht. com. cn

公司网址：http://www. cnht. com. cn

大同证券经纪有限责任公司

大同证券的前身“晋冀内蒙古地盟市大同证券公司”，是 1988 年 5 月经中国人民银行总行批准成立的股份制非银行金融机构，是中国证券史上最早成立的证券公司之一，是山西省改革开放后资本市场起步的标志。2000 年增资扩股后公司名称变更为“大同证券经纪有限责任公司”。公司注册资本人民币一亿元，主要从事证券经纪、投资咨询、财务顾问等业务，现为上海证券交易所、深圳证券交易所、中国证券业协会、中国国债协会会员。法定代表人是董祥董事长。

目前，公司共有 24 家分支机构，主要分布在北京、上海、深圳、河北、河南、内蒙古、云南、江苏和山西省内各地市，为全国各地投资者提供网上、电话、手机等多种交易平台和沪、深证券行情揭示系统。同时,公司与工行、农行、建行、中行、民生、华夏、交通、招商等银行开通了客户资金第三方存管业务,为投资者提供高效、安全、便捷、优质的银证转账服务。

公司拥有实力雄厚的研究团队和资深的分析师团队,并推出了"新股申购、抛售策略"、"行业、个股深度研究报告"、"投资策略报告"、"热点分析"、"煤炭行业股票池"、"投资周刊"及每日盘中"一对一短信"等投资理财和特色服务。此外,公司全国客服电话4007121212为投资者适时答疑解惑。

经过二十多年的发展,大同证券总体规模实现了历史性的突破,公司总资产、净资产、客户资产存量、交易总额、利润总额、上缴税金、分支机构和员工队伍等各项指标都实现了数倍乃至20多倍的增长,发生了翻天覆地的变化。其中以1996年与2008年的可比数据对比,在十三年间,公司总资产翻了近7倍、净资产翻了17倍多、客户资产存量翻了22倍多、交易总额翻了7倍多、利润总额翻了8倍多、上缴税金翻了16倍多、分支机构数量翻了8倍多、员工队伍翻了5倍多。

在二十一年的发展历程中,大同证券始终抓住"走特色化发展之路"的中心不动摇,坚定"做精做好经纪业务"的决心不懈怠,贯彻"诚信立业、稳健经营、规范发展、求实创新"的宗旨不折腾,坚持"有所为有所不为"的理念不含糊,通过艰辛努力探索出一条有别于其他券商的特色化发展之路,从一家地域性券商迈入了全国性券商的行列,并逐步成为一家具有鲜明地域文化特色和较强影响力的中等规模证券公司。

2006年,公司通过了中国证券业协会组织的规范类证券公司评审。

2006年、2007年和2008年,公司净资产收益率在全国证券公司排名中分别位居第20位、第13位和第7位;2008年,公司净资本收益率在全国证券公司排名中位居第2位。

2008年,作为探索成功发展模式的证券公司,大同证券亮相于"证券公司规范发展座谈会"这个资本市场的最高舞台,并作了题为《扬长避短 找准定位 坚定不移走特色化发展之路》的典型发言,公司的特色化发展之路为业界广为关注,由此奠定了大同证券在中小规模证券公司的领头羊地位。

公司地址:山西省太原市长治路111号

邮编:030001

咨询电话:4007121212

电子邮件:webmaster@dtsbc.com.cn

网站地址:www.dtsbc.com.cn

经营宗旨:诚信立业、稳健经营、规范发展、求实创新

业务范围:证券经纪、证券投资咨询、与证券交易及证券投资活动有关的财务顾问、开放式基金代销、中国证监会批准其他业务

会员席位:上海:22692　深圳:200100

中天证券有限责任公司

中天证券有限责任公司是经中国证监会批准,于2004年7月重组设立的综合类证券公司。公司注册资本9.37亿元人民币,其中辽宁省国有资产管理委员会持有股份额73.25%;辽宁省投资集团有限公司持有份额26.75%。公司领导班子由省委组织部管理,资产由辽宁省国资委管理,注册地及总部办公地点在辽宁省沈阳市。

主要业务有:证券(含境内上市外资股)的代理买卖;代理证券的还本付息、分红派息;证券的代保管、鉴证;代理登记开户;证券的自营买卖;证券的承销;证券投资咨询(含财务顾问);资产管理业务;中国证监会批准的其他业务。在沈阳、上海、辽阳、葫芦岛、锦州、天津、深圳等地设21个证券交易营业部。

目前,公司正式营运营业部21家,其中沈阳市13家,上海市3家,深圳市1家,天津市2家,葫芦岛市1家,辽阳市1家。(详见下表)。

序号	营业部名称	详细地址	联系电话
1	沈阳南京北街证券营业部	沈阳市和平区南京北街111号	024-22834319
2	沈阳联合路证券营业部	沈阳市大东区联合路5号	024-88500848
3	沈阳崇山中路证券营业部	沈阳市皇姑区崇山63号	024-86256688
4	沈阳十三纬路营业部	沈阳市沈河区十三纬路70号	024-22857429
5	沈阳大南街证券营业部	沈阳市沈河区大南街18号	024-24813312
6	沈阳北五马路证券营业部	沈阳市和平区北五马路47号	024-22704921
7	沈阳天坛一街证券营业部	沈阳市东陵区天坛一街29号	024-24504050
8	沈阳长江街证券营业部	沈阳市皇姑区长江南街194号	024-86426801
9	沈阳小西路证券营业部	沈阳市沈河区小西路73号	024-22901085
10	沈阳黑龙江街证券营业部	沈阳市皇姑区黑龙江街91号	024-62231587
11	沈阳南五马路证券营业部	沈阳市和平区南五马路121号	024-23223607
12	沈阳南六东路证券营业部	沈阳市铁西区南六东路35号	024-62380065
13	沈阳枫杨路证券营业部	沈阳市苏家屯区枫杨路45号	024-89136404
14	葫芦岛站前街证券营业部	辽宁省葫芦岛市连山区泰康路2号	0429-2157666
15	辽阳民主路证券营业部	辽宁省辽阳市白塔区民主路46号	0419-2522488
16	上海临青路证券营业部	上海市杨浦区临青路297号	021-35126312
17	上海武夷路证券营业部	上海市长宁区武夷路155号	021-62108208
18	上海志丹路证券营业部	上海市普陀区志丹路10弄8号	021-56941078
19	天津新开路证券营业部	天津市河东区海河新天地写字楼4号	022-58863158
20	天津中山路证券营业部	天津市河北区昆纬路与中山路交口东侧乾华园	022-58823666
21	深圳深南东路证券营业部	深圳市罗湖区深南东路3038号合作金融大厦15楼	0755-25864342

湘财证券有限责任公司

湘财证券有限责任公司创立于1993年2月8日,注册资本29.97亿元人民币,资产总额近160亿元,客户数近77万户,在中国各大主要城市设有48家营业网点。

在16年的发展历程中,湘财证券创造了中国资本市场若干个"第一":第一家获中国证监会批准增资扩股;第一家被核准为全国性综合类证券公司;第一批进入全国银行间同业拆借市场;第一家与国有商业银行签署股票质押协议;第一家获准设立中外合资证券公司;第一家向外资转让股权设立中外合资基金公司;成立中国第一家国家级证券博物馆。

湘财证券着力打造职业化团队,提升职业化水准,持续创新从简单到极致的客户服务能力,针对客户的多种需求,分别在经纪代理业务、资产管理、保荐与承销、企业融资、财务顾问等方面为客户提供全方位的专业化服务。

公司沿革

名　　称:湘财证券有限责任公司

住　　所:长沙市黄兴路63号中山国际大厦12楼

法定代表人姓名:林俊波

公司类型:有限责任公司

注册资本:29.97亿元

经营范围:

证券(含境内上市外资股)的代理买卖;代理证券的还本付息、分红派息;证券代保管、鉴证;代理登记开户;证券的自营买卖;证券的承销(含主承销);证券投资咨询(含财务顾问业务);客户资产管理;中国证监会批准的其它业务。

历史沿革：

——1993 年 2 月 8 日开业

——1995 年改组为有限责任公司

——1996 年取得 A 股主承销资格

——1998 年投资银行业务跨入全国十强

——1999 年 4 月增资扩股至人民币 10.02 亿元

——1999 年 10 月获准成为首家综合类全国性证券公司

——2001 年 12 月第二次增资扩股，注册资本为人民币 25.1 亿元

——2007 年 1 月第三次增资扩股，注册资本达到人民币 29.29 亿元

——2007 年 4 月第四次增资扩股，注册资本达到人民币 32.69 亿元

——2008 年 8 月第五次增资扩股，注册资本达到人民币 42.69 亿元

——2009 年 11 月减资，注册资本为人民币 29.97 亿元

方正证券有限责任公司

方正证券有限责任公司是中国证监会核准的第一批综合类证券公司之一，前身是浙江证券有限责任公司，成立于 1988 年。

2002 年 8 月，方正集团收购浙江证券并更名为方正证券，方正证券走上了持续快速发展轨道。2006 年 11 月，方正证券联合方正集团注资收购泰阳证券（前身为湖南证券，成立于 1988 年）。2008 年 5 月 12 日，中国证监会正式批准方正证券吸收合并泰阳证券，合并后的方正证券，注册地为湖南长沙，注册资本为 16.54 亿元。

2008 年公司实现净利润 24 亿元，利润总额位居行业前茅。截至 2008 年底，公司净资产超过 60 亿元，净资本超过 54 亿元，自有资金超过 60 亿元，综合财务指标跻身全国同行前列，资本实力雄厚。

方正证券目前是湖南本土最大的法人金融机构，中西部最大的证券公司。公司以湘、浙两省为重点，在全国 15 个省（市）拥有 81 家营业网点。

公司旗下有瑞信方正、方正期货两家专业控股子公司。瑞信方正注册地北京市，注册资本 8 亿元，从事投资银行业务。方正期货注册地湖南长沙，注册资本 2 亿元，资本实力居全国第 5。

历史沿革

方正证券、泰阳证券均在二十年发展历程中，都曾有过光荣的历史：

◎ 都是上海证券交易所、深圳证券交易所的首批会员。其中浙江证券在上海证交所的经纪人编号是 101 号（即 1 号红马甲）。

◎ 都是全国首批获得证券投资咨询资格的券商。其中湖南证券首批获取证券咨询资格的有 12 人，曾名列全国券商第二。

◎ 浙江证券是全国首批取得证券主承销资格和国债一级自营商资格的公司之一。

◎ 浙江证券是全国最早开展 B 股业务的公司之一，交易量一直列全国券商十强。

◎ 浙江证券 1990 年开始挂牌交易浙江凤凰股票，使杭州成为上海、深圳之外最早出现股票交易的城市。

◎ 浙江证券 1991 年在全国最早把上海、深圳证券交易所行情及交易的通讯专线向外地连接，使杭州成为当沪、深、杭神奇金三角中的一角。

◎ 1992 年浙江证券在上海开设了全国最早的异地证券营业部，同年进驻深圳。

◎ 1994 年浙江证券再度成为最早在北京设立营业部的外省券商。

◎ 泰阳证券自 2000 年率先在所有营业部开通网上交易，并且网上交易量占经纪业务的总量连续四年位居全国第一。

在经历了多年的发展起伏之后，2002 年 8 月，方正集团对浙江证券实施控股重组，2003 年 9 月，更名为方正证券。重组后的浙江证券经过强力整合，在经营发展上实现了质的飞跃。经纪业务市场份额从 2002 年最低时低于 4‰，持续攀升到 2007 年的 11.9‰，并以同行排名 80 位的资本规模、70 多位的网点规模，创出了交易总量全国排名第 21 位、部均交易量全国第 4 位的历史记录。

2007 年底，方正证券联合方正集团，注资 8.65 亿元收购泰阳证券。经过一年多的有效整合，2008 年 5 月 12 日，中国证监会正式批准方正证券以吸收合并方式完成对泰阳证券的重组。

2008 年公司大事记

1 月 12 日 –14 日，方正、泰阳证券召开首届营销总监工作会议。

王红舟总裁荣获方正集团 2007 年度“方正特殊贡献奖”。

娄底营业部、蔡一兵等荣获方正集团 2007 年度“最佳团队”及“方正之星”等荣誉称号。

2 月，在抗击湖南重大冰雪灾害过程中，郴州营业部反应迅速，保障措施得力，成为证券行业抗冰救灾的先进典型，被湖南证监局通报表彰。

2 月 29 日 –3 月 1 日，方正、泰阳证券 2007 年度经纪业务工作会议暨业绩评估质询会在杭州召开。

3 月 8 日，公司举办第一届营业部合规专员培训班。

3 月 10 日，方正证券完成迁址长沙工商注册登记，新的注册住所为长沙市芙蓉中路华侨国际大厦。

3 月 31 日，留芳岭营业部荣获第二期中国证券投资者调查活动“十佳营业部”荣誉称号。

3 月 21 日，在方正集团的 2008 年品牌工作会议上，公司报送的“公司整合重组、文化沟通先行”企业文化建设案例荣获 2007 年度方正集团品牌建设“最佳企业文化案例”奖。

4 月 16 日 –18 日，在杭州举办首届方正、泰阳证券分析师培训班。

4 月 29 日，方正、泰阳证券圆满完成不规范账户清理工作。

4 月 28 日 –30 日，举办方正、泰阳证券首届投资顾问转正培训班。

5 月 5 日，公司长沙新中心机房正式完成搬迁并投入运行，湖南省证监局杨晓嘉局长一行考察公司长沙新中心机房。

5 月 12 日，中国证监会正式核准了方正证券吸收合并泰阳证券的方案，方正证券注册资本变更为 16.54 亿元。

5 月 13 日，四川“汶川大地震”发生的第二天，公司立即展开抗震救灾行动，先行通过中国证券业协会捐款 150 万元。

5 月 19 日，公司控股的方正期货注册资金增至 2 亿元，资本实力进入全国 10 强。中辰期货与泰阳期货合并为方正期货的工作顺利完成，这是国内期货公司合并重组的第一例，

未出现任何风险事故，市场反应良好，得到了中国证监会的高度评价，湖南证监局特此决定给予方正期货通报表彰。

5月29日，公司党委组织全体共产党员缴纳“特殊党费”，用于抗震救灾，公司党员为灾区献爱心缴纳“特殊党费”91820元。

5月30日，由上海证券报主办的“2007年度中国最佳证券经纪商暨十佳营业部评选”活动结果揭晓，公司杭州平海路营业部获得了“2007年度十佳营业部”荣誉称号。

6月12日，方正证券公司召开三届二次职代会。

6月13日，中国证券业第二轮对外开放的标志性事件——瑞信方正证券获证监会批准成立。瑞信方正证券由方正证券与瑞士信贷（Credit Suisse）共同出资设立，合资公司注册资本为8亿元人民币，方正证券占总股本的66.7%。

6月16日，方正证券获得证券投资基金代销业务资格。

6月18日，正式上线新版方正证券网（www.foundersc.com），经过内部测试和修改，运行基本稳定，老版方正证券网和泰阳证券网网站将随即下线。

6月21日，客户服务中心举办“方正证券2008年VIP客户研讨会”。

6月27日至28日，公司召开合并后的首届股东会、董事会、监事会，审议通过了系列决议案，并选举了公司新的董事、监事，选出了新一届公司董事长、监事长，聘任了新一届公司总裁。

6月28日，《方正证券集中交易项目方案》通过专家组评审，新集中交易系统预计年底前建成。

7月14日，方正证券吸收合并泰阳证券工商变更登记手续顺利完成。

7月16日，公司召开方正、泰阳证券合并成功暨新公司干部扩大会议。新公司新经营班子正式集体亮相，新公司组织架构设置及总部干部调整工作也顺利完成。

同一天，湖南省工商行政管理局核发了吸收合并泰阳证券之后新方正证券有限责任公司的营业执照，标志着方正证券吸收合并泰阳证券的所有工作都已圆满完成。

在中国证监会对证券公司的年度分类监管评级中，公司连升四级被评为A类证券公司，是湖南辖区唯一一家A类证券公司。

杭州平海路营业部和义乌工人西路营业部在《证券时报》举行的首届“大智慧杯明星证券营业部”评选中分别获得了“中国明星证券营业部20强”和“中国最具成长性证券营业部”的荣誉称号，这两个奖项均为此次评选的大奖。

8月6日，公司与建行湖南分行签署全面业务合作协议，双方举行了隆重的签约仪式。

8月13日－15日，在长沙举办了首期方正证券营业部客户服务主管培训。

8月19日－22日、9月3日－7日，王红舟总裁率领公司经纪业务口子干部深入湖南、浙江营业网点进行一线调研和指导工作。

8月29日，公司举行薪酬制度说明视频会议，酝酿多时的公司新版薪酬制度随即推出。

公司启动将服务部规范升级为营业部的相关工作，争取在2009年底之前将全部36家服务部都规范升级为证券营业部。

9月4日－6日，在长沙举办了方正证券首届营业部交易主管培训班。

9月8日，公司全国统一客户服务热线95571在长沙、杭州地区正式开通，随后将陆续在全国各地开通。

公司获得深交所LOF和上交所上证基金通代销资格。

9月19日，公司在第二届浙江金融投资论坛暨杭州理财博览会上荣获“2008年度浙江省十佳金融服务团队”荣誉称号，公司营销中心总监张剑云荣获“2008年度浙江省十佳专业理财师”荣誉称号，台州解放路营业部高级分析师刘建国荣获“2008年度浙江省十佳专业理财之星”荣誉称号。

方正证券网获得第九届《证券时报》“中国优秀财经证券网站”评选的“最佳客户服务奖”。

10月，中国证监会对在账户规范工作中表现突出、做出优异成绩的先进集体和先进个人予以表彰，其中授予方正证券的雍苹（稽核审计部总经理）、郭颖翎（杭州保俶路营业部交易主管）、左建明（湘潭营业部交易主管）、程学军（益阳营业部客户服务总监）、郑瑶（温州营业部客户服务总监）五人“账户规范工作先进个人”称号。

10月9日－12日，公司召开方正证券经纪业务工作会议，并同时举办第一期营业部管理干部培训班。

10月27日起，公司长沙总部办公地址正式从建湘路搬至芙蓉中路二段200号华侨国际大厦。

10月，为强化公司在浙江的业务和管理，公司设立方正证券浙江代表处，代表处下设综合办公室。

10月28日－31日，公司在浙江义乌举办首届营销团队长培训班。

杭州延安路营业部员工朱婷婷被评为“2007年度浙江证券期货业青年标兵”。

11月，公司资产清收工作取得重大突破，清欠收回7000万现金。

11月11日，公司颁布了《投资顾问管理办法》2008年修订增补版。

11月27日－12月1日，公司组织内退员工来湖南参观旅游，增进沟通与了解。

12月1日，经湖南证监局验收批准，公司益阳营业部资阳服务部正式规范升级为益阳五一西路证券营业部，这是公司首家获批升级的证券服务部，也是湖南省内首家获批升级的证券服务部。

12月1日起，公司营销中心组织发起了“百团大战迎金牛”营销竞赛活动。

12月15日，公司当选为湖南省残疾人福利基金会首届理事单位，公司董事会秘书陈锐被当选为首届理事会理事。

12月16日，公司召开营销规范工作会议。

未来发展目标

新方正证券将立足于湘、浙两地的本土资源，充分利用两地的人脉、资源优势，成为沟通浙江、湖南两地资本市场的独特金融渠道；同时，通过合资合作等途径，积极学习国际知名金融企业的经营管理理念，不断拓展业务范围、丰富产品线，设立专业子公司，为客户提供更全面的金融服务，努力把方正证券打造成为拥有独特竞争优势和资本实力的证券金融控股企业。

联系方式

公司地址：湖南省长沙市芙蓉中路二段华侨国际大厦22－24层

邮政编码：410007

全国统一客服热线：95571

投诉电话：0571－87782222

网址：www.foundersc.com

东海证券有限责任公司

东海证券成立于1993年,前身为常州证券公司,是国内最早成立的证券公司之一,2003年通过增资改制成为最市场化的券商。目前公司注册资本为16.7亿元,拥有46个股东,分布在全国15个省市。

2005年,东海证券成为全国第十家创新试点类券商,2007年7月在中国证监会最新的券商分类监管评选中被评为A类券商,是首批17家A类券商之一。拥有注册保荐机构、客户资产管理、短期融资券承销、经纪业务、网上交易、投资咨询、同业拆借、股票质押贷款、银行间市场交易、证券自营、基金管理公司设立、权证创设、权证一级交易商、资产证券化和代办转让市场、首批甲类结算人资格等证券公司业务经营的全部牌照和资格。

公司近三年来取得了超常规发展,经营规模不断扩大,网点布局日趋合理,营业网点从9家发展到30多家,遍布北京、上海、深圳、南京、长沙、青岛、常州、洛阳、焦作、苏州、武汉、重庆、天津、广州、杭州、泉州等十多个城市。客户数量从12万发展到近60万,员工人数从170人发展到1000多人。2006年,公司各项业务平稳快速发展,衍生产品、固定收益、资产管理等创新业务均走在国内前列。

东海证券一直保持着优良的资产质量和资信水平。2004年9月被上海远东资信评估有限公司评为AA-资信等级,该资信等级为目前中国证券业最高资信等级之一。

公司始终坚持以人为本的经营理念,“自信、和谐、感恩、快乐”的企业文化造就了一支富有战斗力的员工队伍,海纳百川,志存高远,崇尚“以微笑传递智慧,让事实缔造杰出”,日益成为国内最稳健、最安全、发展最快的券商之一。

东海证券优势:

最早成立——东海证券(前身常州证券)成立于1993年中国江苏常州,是中国最早成立的证券公司之一。

最稳健——2003年流动比率、速动比率全行业第一;2005年净资产比率、营业利润率全行业第一;2006年营业利润率,1—6月全行业第一。

最优质——2004年9月被上海远东资信评估有限公司评为AA—资信等级,该资信等级为目前中国证券业最高资信等级之一。

最年轻——中国拥有最年轻团队的证券公司之一。平均年龄30岁;总部硕士研究生以上学历占人员总数的45%,博士以上学历近20人。

最快速——中国发展速度最快的证券公司之一。在短短的3年中,营业网点从9个发展到30个,客户数量从12万发展到60万户,员工人数从170人发展到1000多人,管理客户资产从30亿发展到500亿。

最市场化——公司拥有46个股东,分别分布在15个省市。股权分布均衡。同时,公司管理层均从公开市场上招聘选拔。

最安全——东海证券是最早实现集中交易的证券公司之一,也是最早实现客户交易资金第三方存管的证券公司之一。2007年7月,在中国证监会首次券商评级中,东海证券被评为A类A级券商。

最完善——东海证券拥有所有中国政府颁发的相关牌照与资格,并控股建证期货。

最注重创新力——东海证券是最注重创新业务的证券公司之一,是中国首批第十家创新试点证券公司。在资产证券化、短期融资券、衍生产品等创新业务上均走在国内前列。

公司主要业务介绍

经纪业务简介

公司经纪业务总部下设业务拓展部、客户服务部、综合管理部和网络运行部,负责公司经纪业务的管理、协调、支持和服务工作。

公司经纪业务现在开展包括A股、B股、基金、债券、权证等各种交易品种的业务。

2003年公司完成增资扩股以来,通过托管并受让营业部、收购并调整网点布局,公司营业网点已经扩展到19家证券营业部、4家证券服务部,分布在北京、上海、深圳、长沙、青岛、南京、常州、洛阳等地,营业网点数量和布局以及客户资产均得到了一定程度的充实和改善,逐步形成了立足江苏,走向全国的网点布局,为经纪业务的持续发展提供了较好的基础。

2005年以来,经纪业务全体员工在公司总裁室领导下,落实创新试点有关规范要求,积极进行经纪业务转型,通过进一步加强基础管理、加强营销和服务、积极发展非现场交易、有效控制营业成本和调整、充实营业网点等措施,推动公司经纪业务取得了较大的进步。

2005年,在证券市场总交易量比上年下降19.01%的大环境下,公司经纪业务完成交易量比上年增长了16.71%,可比市场占有率同比增长了44.12%,实现利润同比增长70%。

根据公司“做中国最安全的证券公司”的发展战略,公司经纪业务加强了基础管理工作,进一步完善和健全各项管理制度,保证各项业务得以规范开展。目前,公司集中交易、清算体系和部分营业部的第三方存管体系为经纪业务的高效、安全运行提供了可靠的保障。

公司在基金销售方面取得突破性发展,通过加强经纪业务总部和营业部的营销职能、强化对营业部员工的营销业务培训,代销基金个数和金额分别比上年增长10倍以上。

公司建立了具有自身特色的核心客户服务体系和零售客户服务体系,大大扩展了服务的广度和深度,显著提升了服务质量,受到了客户的广泛好评。

积极发展以网上交易为主的非现场交易,是公司经纪业务转型的重要方面。2005年公司对东海龙网进行了全面改版,完善和强化网站的营销和服务功能,建立了呼叫中心,针对不同客户分别推出了专家在线服务、预约服务和核心客户专用邮箱服务等服务项目,受到广大投资者的好评,有效地推动了公司非现场交易的发展。目前营业部网上交易占比已达55%,公司网站的点击率比上年提高了10倍。2005年11月,东海证券龙网荣获《证券时报》评选的“十佳中国优秀证券网站奖”。

在做好常规经纪业务的同时,各营业部在配合股权分置改革、学习短期融资券业务、资产证券化等创新业务方面倾注了很大的热情,积极配合有关部门进行各项工作。

作为创新试点类券商,2006年,公司经纪业务全体员工将以更加饱满的热情和更加扎实的工作,努力为广大投资者提供更加优质的服务,争取东海证券经纪业务在规范经营的前提下实现较快发展。

投资银行业务简介

东海证券是中国证监会核准的股票主承销商和中国首批保荐机构,于2005年成为创新试点类证券公司之一。公司建立了符合现代投资银行要求的组织体系和业务体系,从海内外汇聚了一支综合素质优秀、从业经验丰富、充满进取精神的专业队伍。

东海投行将紧扣国民经济发展的重点，在立足于周密考查及行业分析的基础上，积极发掘和开发经营稳健、潜力巨大的目标企业，并从企业的实际需要出发，为其设计切实可行的发行上市方案和提供从财务安排、融资策划、风险投资到并购重组的一系列服务，帮助客户实现多样化的金融需求。

东海证券投行队伍崇尚团队合作的精神，不仅重于部门内部的合作，还致力于部门之间、与企业人员之间以及与其他专业中介机构之间的通力合作，目的只有一个——为客户提供最优质的服务。

●业务范围

首次公开发行公司股票的发行承销、上市推荐和保荐

上市公司配股、增发、可转换债券、短期融资券承销

企业改制和重组

企业资产重组和收购兼并

企业私募

企业管理咨询和财务顾问

金融创新业务——股权分置改革、资产证券化等

●业务优势

雄厚的资金实力

本次增资扩股，新增资本几乎全部以现金投入，目前公司净资本8亿多，现金保有量极其充裕，为公司投行的承销业务提供雄厚的资金支持

有力的股东支持

公司新增股东均为各地区、各行业的龙头企业，大部分股东旗下拥有上市公司资源，为公司投行业务的开拓，建立广泛、深厚的客户基础

良好的政府关系

公司股东均为各地方和行业的龙头企业，与地方政府关系极佳，因此公司与各地方政府均建立起良好的合作关系

超强的主管部门沟通能力

公司管理层具有长期的证券主管部门工作经历，为投行业务发展过程中的有效沟通提供了保障

专业化的业务管理

公司对专业化要求极高的投资银行业务实行专业化管理，设立了独立于投资银行总部的风险控制委员会，以公司总裁直接挂帅的主要投行管理人员均具有多年的业务管理主持经验，确保投行业务在有效的管理下进行

强大的业务支持系统

公司致力于建立强大的投行业务支持平台，从前期的研究、到项目的执行、直至股票的销售，均会集全公司的力量，目的是为投行客户提供最高效的投、融资服务

优秀的人才队伍

公司“以人为本”的人才理念和科学严谨的考核激励机制，使投行部门汇聚了一批素质优良、勤奋敬业的证券专业人才和精英，优秀而富有朝气的人才队伍是公司投行事业发展的根本

●投行业务资格

2004年3月5日，获得主承销业务资格证书

2004年4月1日，获准一次可推荐企业家数2家

2004年5月11日，获准注册成为中国首批保荐机构

2005年9月28日，全国第7家获得短期融资券承销资格，并成为唯一参与中国人民银行短期融资券政策课题研究的证券公司；2005年度交易额名列全国前三名

2005年12月26日，获得资产证券化业务资格，2005年度业务名列全国前三名

●投行业绩

企业融资

金狮股份（现炎黄物流）遗留问题股第一上市推荐人

炎黄物流、远东股份A股首发上市推荐人

名流置业A股增发保荐机构（主承销商）

人福科技A股配股保荐机构（主承销商）

长电科技A股配股保荐机构（主承销商）

东方海洋首发（IPO）保荐机构及主承销商

江南高纤、两面针、郴电国际、好当家、宁波东睦、浙江新和成、岳阳纸业等A股首发副主承销

轻纺城、五粮液、民生银行、扬子石化等A股首发分销；常林、长虹、原水、爱建等配股分销；太极实业、新钢钒等增发分销；吴江丝绸、邯钢等可转债分销

广汽集团、天合光能、新华储运等引进战略投资者

赣粤高速、济钢、江苏交通、洛玻、新安电力、杭钢集团、长沙环路、山东黄金、首创集团、中国昊华、南京高科、福禧投资等短券承销及发行财务顾问

南京城建资产证券化产品发行主承销商

长江三峡总公司、嘉兴交通建设、中原高速等企业债券承销

企业改制和重组

常通内燃机改制和辅导

广州汽车改制和辅导

连云港德邦化工改制和辅导

江苏农药改制和辅导

武汉海特生物、武大有机硅等企业辅导

企业重组并购等财务顾问

西北化工财务顾问

亿阳信通财务顾问

安源股份收购财务顾问

钱江摩托股权转让财务顾问

台湾裕隆汽车集团财务顾问

南京金盛集团收购某上市公司财务顾问

中原高速资产收购财务顾问

股权分置改革

人福科技、长电科技、吉林森工、名流置业、迪马股份、黑牡丹、江淮动力、安源股份、北亚集团、长城信息、四环药业、申龙高科、四川路桥等上市公司股权分置改革保荐机构，以及山东黄金、江苏阳光、三峡新材等上市公司股权分置改革联合保荐机构。

资产管理业务简介

客户资产管理业务是依据国家法律、法规和监管部门的规章制度，根据客户现有的资产状况和未来的资金需求，量身定制，设计专业化的产品，通过专业化的管理和科学的投资运作，获取最佳投资回报的一项专业理财服务。2005年3月经中国证券业协会核准，东海证券成为首批十家创新试点证券公司之一，可以合法开展各项客户资产管理业务。

资产管理总部经营公司客户资产管理业务，以“客户优先、服务至上”为宗旨，为客户提供全方位、专业化、优质的投资理财服务；根据客户的各种特点，开发设计适应客户需求的投资理财产品；遵循“研究发现价值，策划创造价值，组合投资、重点投资与积极投资相结合”的投资理念，在有效控制风险的前提下，获取最大利益，努力使客户资产获得最大限度的保值增值。

一流的管理团队:我们的专家团队由会计、金融证券、法律、工科、管理等专业人才组成,大都毕业于国内名牌大学或从海外学成归来,80% 以上具有硕士学位,并拥有国内外知名金融机构或投资机构丰富的工作经验。我们致力于发挥自身综合实力的优势,为客户捕捉稍瞬即逝的市场机会。

稳健的投资理念:东海证券资产管理团队坚持"价值 + 成长"的平衡投资理念,遵循"研究发现价值,研究创造价值"的科学投资原则,贯彻"在重点投资基础上的组合"的投资方针。我们依托专业的研究力量、科学的决策机制、广泛的信息渠道,根据客户的实际情况,从委托期限、收益预期、风险承受能力、投资限制等多角度出发,为客户度身定制投资方案,满足个性客户对资金安全性、流动性、收益性的综合要求。

严格的风险控制:资产管理总部内部职权分明,管理制度完善。整个投资管理过程都规定了严格、规范的流程,实行研究策划、市场开发、投资决策、交易、核算评估相对分离的"五位一体"投资管理制度。我们引进了专门的风险控制系统,设置了专门的风险控制岗位,对业务进行事前制度控制、事中实时监控和事后风险评估。科学的决策机制和严密的风险控制体系是投资增值的前提,也是东海证券"诚信立企、公平交易、追求客户价值"精神的体现。

创新的理财产品:2003 年 12 月 18 日,中国证监会颁布了《证券公司客户资产管理业务试行办法》,2004 年 10 月 20 日,中国证监会又发布了《关于证券公司开展集合资产管理业务有关问题的通知》,为证券公司开展资产管理业务奠定了法律基础,为创新试点证券开展集合资产管理业务、专项资产管理业务创造了巨大的机会。

近年来,我们投入较大的人力、物力于集合资产管理计划的各项准备工作。资产管理总部借鉴国外先进经验,针对客户的不同需求,设计了多项资产管理创新产品,产品范围包括:面向大客户的定向资产管理业务、面向"中产阶级"客户的集合资产管理业务和面向特定目客户的专项资产管理业务,以上各类产品将视时机陆续推向市场。2006 年起,资产管理总部开发、设计并管理的"东风"系列集合资产管理、计划将陆续在全国范围内推广发售,为投资者提供专业化、个性化、综合性的投资理财服务,与客户共成长,逐步打造东海证券资产管理业务金字招牌。

固定收益业务简介

一流的工作团队　固定收益部拥有一支由债券承销、研究、投资等专业人才组成的团队,员工大都毕业于国内外名牌大学,业务骨干均来自国内实力券商、保险公司和其他金融机构,具有多年的从业经验。

庞大的机构客户网络　固定收益部机构客户包括保险公司、国有及股份制商业银行、城市商业银行、农村信用联合社、基金、信托投资公司、财务公司及社保、年金等管理机构,销售和交易能力强大。

严格的风险管理固定收益部已建立了完善的承销、交易管理制度,对各项业务实时监控,风险控制能力较强。

良好的政府关系　固定收益部与国债、金融债、短期融资券、企业债、资产证券化产品等各归口政府管理机构保持密切的联系,沟通渠道畅通。

齐全的业务品种　固定收益部能为客户提供事企业债、短期融资券、资产证券化产品等固定收益证券的融资策划、承销兑付、上市推荐及相关财务顾问服务,也能根据客户需求提供相应的投资产品服务。

优良的业绩　固定收益部已为下列企业提供优质、高效、低成本的债券融资服务:

资产证券化管理人、财务顾问:

南京市城建投资控股(集团)公司

企业债承销商:

嘉兴市高等级公路投资有限公司

首都机场集团

中国水利水电建设集团公司

中国航空技术进出口总公司

北京市基础设施投资有限公司

河南中原高速公路股份有限公司

短期融资券承销商:

济南钢铁集团总公司

江西赣粤高速公路公司

中国昊华(集团)总公司

北京首创股份有限公司

南京新港高科技股份有限公司

江苏华西集团公司

福禧投资控股有限公司

研发中心业务简介

东海证券有限责任公司研发部,是一支以从业多年的博士、硕士为主体的高素质专业研究队伍,具有硕士以上学位的研究人员占 90% 以上,研究范围涵盖煤炭、有色金属、石化、钢铁、机械、零售、医药、纺织、金融等多个行业,组成了实力雄厚、经验丰富、知识齐全的研究队伍。

东海证券研发部对国际、国内资本市场有着深刻的理解,对行业研究和公司研究有独到的方法和见解,经各位研究员推荐入选东海股票池的股票去年收益率远远高于大盘平均水平。

东海证券研发部每周定期出版《核心客户资讯》,为东海的核心客户提供一周重要经济金融信息、投资策略、个股研究、基金市场研究、金融衍生品种(权证)的相关资讯和分析评价,受到广大客户的好评。

东海证券研究所未来将立足 A 股市场,深入研究上市公司,为公司的投资积累实实在在的优秀公司,建立富有东海特色的股票池;同时积极配合投资银行、经纪业务等部门,为公司建立更加多元化的营收作出贡献;另外,我们还希望能够为公司不断储备人才,适应公司业务的日新月异的变化。

地址:江苏省常州市延陵西路 59 号常信大厦 18 楼

邮编:213003

电话:400 - 8888 - 588

客户投诉电话:400 - 8888 - 588

东北证券股份有限公司

东北证券股份有限公司(以下简称"公司")前身为吉林省证券有限责任公司。2000 年 6 月经中国证监会批准,经过增资扩股成立东北证券有限责任公司。2007 年 8 月,锦州经济技术开发区六陆实业股份有限公司定向回购股份,以新增股份换股吸收合并东北证券有限责任公司,并更名为"东北证券股份有限公司"。2007 年 8 月 27 日 ,公司在深圳证券交易所挂牌上市,股票简称为"东北证券",股票代码为 000686 。公司注册地为吉林省长春市,注册资本为 63,931 万元。

作为东北地区唯一的一家综合类券商,公司具有比较明显的区域优势和相对竞争优势。经过多年的发展,公司逐步形成了以经营证券承销,证券自营买卖,证券交易代理,证券抵押融资,证券投资咨询,公司财务顾问,企业重组、收购和兼并,基金与客户资产管理等业务协调发展的业务格局。公司内设11个职能管理部门,设营销交易管理总部、投资银行管理总部、证券投资管理总部、客户资产管理部等四大业务部门、两个地区总部、一个金融与产业研究所,现有员工1283人。公司为东方基金管理有限公司第一大股东,同时参股银华基金管理有限公司,控股渤海期货有限公司。

公司投资银行管理总部从成立至今,先后承担过吉林炭素、吉恩镍业、湘电股份、吉轻工、东北华联、吉林物华、菲达环保、腾达建设、申龙高科、凤竹科技、兔宝宝、三花股份、万丰奥威、梅花伞、万力达、三力士、联化科技等多家新股主承销,先后承担过吉林化纤、吉林敖东、欧亚集团、吉林森工、通化金马、长春兰宝、吉林纸业、湖南海利、通程控股、华联商城、百科药业、双鹤药业、全柴动力、湘电股份、苏宁环球、吉恩镍业、腾达建设、特变电工等多家再融资主承销;承担了30多家新股和配股的副主承销;承担了30余家中直企业债券副主承销,还参与180多家新股或配股的发行分销工作。公司投资银行管理总部设立以来,作为主承销商(保荐机构),累计为上市公司融资200多亿元;作为财务顾问完成了吉林纸业、华仪集团等重大资产重组项目,成为资本市场的经典案例。

公司经纪业务已经形成了“立足吉林、辐射全国”的营业网点布局。公司拥有48家证券营业部、19家证券服务部,分布在全国20多个大中城市。公司各营业部全面开通了A、B股、基金、权证业务、网上交易、手机炒股和全省电话委托业务、开放式基金代销业务以及开通多家商业银行的银证转账业务。2005年上半年实现了全国46家证券营业部所有客户的集中交易。2007年8月全面完成第三方独立存管工作。

2006年9月,公司被评为规范类证券公司;2007年公司被评为B类B级证券公司;2009年1月公司获得代办股份转让主办券商业务资格和报价转让业务资格。2007年11月东北证券入选“深证100指数样本股”;2008年6月,东北证券入选“沪深300指数样本股”、“沪深300行业指数样本股”、“沪深300成长指数样本股”。在中国证券报举办的2007年度上市公司金牛百强榜排名中,东北证券股东回报排名第2位,成长性排名第3位,综合排名第122位。

公司肩负“关爱资本、富足社会”的使命,坚持“一切以客户收益为重,一切以股东权益为重,一切以员工利益为重,一切以社会效益为重”的理念,在竞争中成长、在创新中收获、在服务中共赢。公司致力于建立和谐的经营管理团队,通过充分调动全体员工的积极性,从根本上提高公司的创利能力,回报股东,回报社会。

德邦证券有限责任公司

德邦证券有限责任公司(简称德邦证券)是经中国证监会批准设立的具有股票主承销资格的全国性综合类证券公司。公司注册资本金为10.08亿元人民币。自2003年5月18日成立以来,连续六年实现盈利,净利润年复合增长率为140.70%。德邦证券是中国证监会批准的全国首批保荐机构之一,也是全国首批证券发行询价机构之一,公司目前拥有开放式证券投资基金代销业务资格、权证交易资格和结算资格。已顺利通过客户交易结算资金独立存管的验收,并成为中国证券业协会批准的45家股权分置改革试点保荐机构之一。

2006年8月,德邦证券通过规范类券商资格评审。2008年1月,被《21世纪经济报道》评为中国“最佳风险控制”券商。

以差异化服务为导向,2008年,德邦证券在业内首创“财富玖功”经纪业务理财服务品牌,根据风险偏好和专业水平对客户需求进行定位,以此获得业务水平的显著提升。2009年3月,德邦证券财富玖功产品成功获选2008年度“21世纪中国券商奖”之“最佳创新奖”,并两度蝉联《证券时报》“中国优秀财经证券网站——最佳网上交易证券网站”。同时德邦证券投资银行品牌得到进一步提升,根据中国证券业协会公布的2008年年度投行排名,2008年度股票及债券承销金额排名德邦位列第22名,较之2007年前进了20位,超出中位数多达29亿元;年度股票主承销金额排名德邦位列第29名;股票主承销家数排名并列第23名,较2007年排名提升五位。2008年5月,德邦投行被《证券时报》评为中国区“最具潜力投行”券商。

地址:上海市福山路500号城建国际中心26楼
　　德邦证券有限责任公司
电话:021-68761616
传真:021-68767880
邮箱:webmaster@tebon.com.cn
网址:http://www.tebon.com.cn/

财富证券有限责任公司

【公司概况】财富证券成立于2002年8月,总部设于长沙,是由原湖南省信托投资公司和湖南省国际信托投资公司通过整合其下属证券营业部而重组设立,注册资本为5.36亿元。2006年10月,经中国证监会批准,公司增资扩股到21.36亿元,资本规模和资产质量大幅度提升至国内同业的前列水平。公司主要股东为:湖南财信投资控股有限责任公司、湖南省土地资本经营有限公司、湖南省国有资产经营投资总公司、华菱钢铁集团有限责任公司。

公司目前为华欧国际证券公司的控股股东,该公司注册资本金5亿元,公司控股比例为66.7%,同时为德盛期货经纪有限公司控股股东,该公司注册资本金1亿元,公司控股比例为97%。

公司按照建立现代金融企业制度的要求和《公司法》、《证券法》及中国证券监督管理委员会的有关规定,不断完善法人治理结构,形成股东会、董事会、监事会和经理层相互分离、相互制衡的公司治理结构,并适时调整组织架构,以贯彻公司战略,支持业务发展。

【业务经营】投行业务:公司于2003年11月24日获得股票承销业务资格,先后担任了“汉钟精机”、“南岭民爆”、“芜湖港”、“中科合臣”、“三一重工”、“柳州化工”、“新赛股份”、“郴电国际”等多家公司的IPO主承销或副主承销商。成功策划了“金果实业”等股权重组,主持完成了第一单要约收购——“江淮动力”要约收购案。在企业债和公司债方面,公司具有债券主承销资格,先后承销过首都旅游债、中信国安债、河南高速债、中国铁通债、福建高速债、中国国航债、上海机场债、航天科技债、中国海运债、河南建投债、常州高新债、上海城投债、中国兵器债、冀东水泥债等近20家企业债券,在债券市场具有较高的占有率。

经纪业务:公司目前在全国各地拥有证券营业部15家和8家服务部。公司自成立以来经纪业务的市场占有率逐年稳步提高。公司经纪业务的发展目标是建立立体交叉、顺畅高效的金融销售平台，公司将通过优化营业部布局、提高单体营业部竞争力、增设新网点、发展营销团队等方式实现经纪业务的快速发展。

固定收益业务：财富证券是银行间债券市场最活跃的交易商之一，财富证券已具备一流的债券销售能力，建立起覆盖全国的债券销售网络，拥有包括商业银行、保险公司、基金公司和农村信用社等金融机构在内的广大机构客户群体，其中全国性大型投资机构五十余家，中小型投资机构超过三百家。

资产管理业务：公司拥有中国证监会颁发的受托投资管理业务资格，建立了独立的客户资产管理业务构架，在受托投资管理业务与自营业务、经纪业务之间建立了防火墙，并委托国有商业银行进行资产托管，按期披露理财产品的运行状况。公司资产管理业务以卓越的产品设计和管理能力，开发并成功运作了多个理财产品。

证券投资业务：公司证券投资部聚集了一批优秀的证券投资专家，建立了绝对回报型投资风格，形成了稳健的投资能力，开发了一系列投资组合方案，取得了较好的投资业绩。公司证券投资业务倡导价值投资理念，本着"稳健、高效、安全"的原则，注重资产配置和风险管理，实现收益性、安全性、流动性的有机统一。

金融创新业务：公司金融工程部汇聚了一批经验丰富的高素质人才；所有人员均具有硕士以上学历，其中博士学历的人员比重达到 40%，主要成员曾主持过中国第一只股改权证——"新钢钒"认购权证的设计开发，在业内具有较大的影响力。团队全面开展金融衍生产品等创新业务的研究、交易、销售、运营和开发等业务，以提供专业化的服务和追求业务创新机会为己任，取得了优异的投资业绩，并针对即将推出的股指期货、备兑权证前瞻性地设计了多个套利产品。

【发展战略】财富证券中长期发展目标：经过"三个三年"的努力，发展成为在国内若干重点地区处于领先地位，核心业务进入行业第一梯队，拥有独特竞争优势的综合性证券服务机构。

2008－2010 年发展目标：以零售经纪业务为核心，建立广泛覆盖、延伸至湖南所有地市、部分县镇和社区的强大零售网络，形成在湖南市场的领先地位，使经纪业务进入第二梯队前列；完成大投行业务的整合，使投行业务跨入第一梯队；培养稳定的投资能力，完成资产管理业务的战略布局；推动创新业务向生产力的转化，优化传统业务结构，形成稳健、有特色的业务模式，成为公众公司。

财富证券业务发展将以经纪业务为基础，以投行业务为龙头，以资产管理和固定收益业务为两翼，以证券投资业务为补充，致力于金融创新。

面对未来，公司将坚持"自立、感恩、和谐"的核心价值观；贯彻"风控优先，规范经营，专业专注，创新发展"的经营理念；秉承"严以律己，公而忘私，敢于负责"工作作风，与大家携手同进，共创财富人生！

渤海证券股份有限公司

渤海证券股份有限公司前身为渤海证券有限责任公司，是在原天津证券有限责任公司、天津市国际信托投资公司、天津信托投资公司、天津北方国际信托投资公司、天津滨海信托投资有限公司等四家信托机构的证券营业部合并重组的基础上，吸收国内多家有影响、有实力的企业共同参股组建的大型证券公司。

2008 年 4 月 30 日，经中国证监会《关于核准渤海证券有限责任公司变更为股份有限公司的批复》（证监许可[2008]618 号）核准，渤海证券有限责任公司变更为股份有限公司，变更后的公司名称为渤海证券股份有限公司，注册资本 2，226，866，520 元。

公司总部设在天津，下设上海管理总部，在全国拥有 31 家证券营业部和 11 家证券服务部。

公司秉承"诚信、和谐、高效、共赢"的经营理念、"团队拼搏，创新图强"的企业精神和"客户至上、服务领先"的基本原则，在团结高效的经营团队带领下，全体员工通过自身的不懈努力，始终坚持守法合规经营、严格控制各类风险、大力拓展各项业务、为客户提供专业化的金融服务。公司努力把握中央关于加快滨海新区开发开放的历史性机遇，立足天津，面向全国，努力成为全国一流券商，以优良的经营业绩回报股东、回报社会。

渤海证券经纪业务起步较早，基础雄厚，到目前为止共有 31 家证券营业部分布于天津、上海、北京、广州、深圳、郑州、西安、太原、苏州、济南、重庆、福州等经济发达的地区。各营业部均已开通沪、深证券交易所 A 股、B 股、基金、债券以及其他有价证券的代理买卖业务，为客户提供交易卡自助、热键自助、电话自助、远程自助、网上自助等多种委托方式。

渤海证券为客户提供多品种、多交易方式的全面服务：

证券品种：渤海证券各个营业部均已开通了沪深交易所 A 股交易、B 股交易、封闭式基金、开放式基金、国债、企业债、代办股份转让以及其它有价证券的代理买卖。

现场交易：渤海证券各营业部为客户提供了良好的交易环境，优质的咨询服务，帮助客户解决各种投资疑问。大、中户室环境优雅，服务周到。

网上交易：具有网上证券委托业务的经营资格，"渤海易网"（www.ewww.com.cn）包含丰富的证券咨讯，并提供免费的行情分析及网上交易软件下载，软件的分析功能强大，直接下单，让客户足不出户，尽享大户待遇。

电话委托：线路通畅，操作方便。天津市内委托电话为：022－88227888、022－23001788

开放式基金：在渤海证券不仅可投资封闭式基金，同时代销多种开放式基金。如：华安 180、华安创新、融通行业景气、长盛动态精选、大成蓝畴稳健、南方避险增值、湘财荷银行业精选、鹏华货币基金等等众多品种。

国债投资：追求稳定收益的投资者可在渤海证券投资多种期限的记帐式国债及国债回购等稳健投资品种。

代办股份转让：客户可在渤海证券下属任何一家营业部进行"三板"市场股票交易，即：已退市股分公司的代办股份转让业务。

投资理财顾问：渤海证券有着一支强大的投资顾问队伍，各个营业部均可为投资者提供证券投资咨询服务。同时，投资者还可能通过互联网查询分析报告或与专家进行在线交流。

地址：天津市河西区宾水道 3 号

邮编：300061

客服热线：4006515988

第一创业证券有限责任公司

一、公司概况

第一创业证券有限责任公司前身佛山证券有限责任公司是经中国人民银行银复[1992]608 号文批准，于 1993 年 4 月

26日成立,原注册资本金1000万元。1997年12月9日,在"银证脱钩"中,经中国人民银行非银证[1997]160号文批准,同意公司增资扩股,并在原佛山证券公司基础上改制为佛山证券有限责任公司,公司注册资本金增至8000万元。2002年4月19日中国证监会以证监机构字[2002]101号文批准佛山证券有限责任公司增资扩股、更名、迁址方案。2002年7月26日,公司依法完成了增资扩股的程序,注册资本金由8000万元增加至7.47亿元,注册地迁至广东省深圳市,更名为第一创业证券有限责任公司。2008年8月28日,中国证监会以证监机构字[2008]1072号文批准第一创业证券有限责任公司增资扩股;2008年9月10日,公司注册资本金由7.47亿元增加至15.9亿元。

截至2008年底,公司现有员工802名,总部员工346名,其中博士13名、硕士166名,91%拥有本科及以上学历,具备证券从业资格人员258名。

二、公司荣誉

第一创业自成立以来,获得了多项资格与荣誉:

·创新试点类证券公司

·全国首批证券发行上市保荐机构

·全国首批股权分置改革试点保荐机构

·中国证券业协会理事单位

·深圳证券业协会副会长单位

·2004-2008年,第一创业债券现券交易量连续5年在业内排进前五名;

连续多年获评全国银行间债券市场"优秀交易成员"、"交易量100强"、"交易活跃前100强";

·第一创业主承销家数、承销金额连续三年进入业内前20名;

·第一创业连续两年被深圳证券交易所评为"优秀保荐机构";

·第一创业荣获第二届新财富"最受尊敬的投行"称号;

·第一创业荣获证券时报2008中国区优秀投行四项大奖:

中小板最佳投行、最具潜力投行、最佳创新项目(泰格林纸)、最佳IPO保荐人(艾民);

·第一创业再次荣获证券时报2009中国区优秀投行两项大奖:最佳创新投行、最具创新项目(08连云发展债);

·2009年9月,第一创业荣登由《投资者报》、《经济观察报》联合主办的"中国投资银行十年英雄谱",

并获得"最值得信赖奖"、"最佳投资银行奖",排名第11位 。

第一创业始终把创新工作作为发展的灵魂,近年来为中国资本市场的发展推出了多个" 第一 ":

·国内中小企业板第一家上市公司新和成(002001)的保荐机构;

·设计并推出了深圳交易所第一支认沽权证——钢钒PGP1;

·设计并推出了深圳交易所第一支可分离交易可转换债券;

·设计并发行了国内第一家私募性质的恒丰银行次级债;

·设计并发行了国内第一支资产抵押式企业债券——泰格林纸企业债;

·完成国内第一支垃圾债——福禧投资短期融资券的交易;

·设计并发行了国内第一支采用海域使用权抵押的企业债券——08连云发展债。

三、主要业务部门

投资银行总部

第一创业证券是国内首批证券发行上市保荐机构、首批股权分置改革试点保荐机构及首批IPO询价对象,拥有一支专业的,具有丰富从业经验的投资银行队伍,富有创新活力和高效的融资能力,重点为国有大中型企业、高成长性的大型民营企业、中外合资企业提供多品种的融资服务,并致力于通过专业服务使客户成为行业龙头。

主要业务内容

·各类有价证券(含股票、债券)的发行、承销、上市推荐

·企业的股份制改造和发行上市辅导

·政府融资策略顾问,协助制定当地资本运作规划及战略

·提供公司融资、并购、战略性投资等个性化金融服务

·项目融资

·其他创新型业务

业绩摘要

·深交所中小企业板第一股——浙江新和成股份有限公司IPO保荐机构

·位居中国印染行业前三甲的——浙江航民股份有限公司IPO保荐机构及主承销商

·中国家纺行业中出口创汇最多、规模最大的——山东孚日家纺股份有限公司IPO保荐机构及主承销商

·由年产钢居国内第六的中央直属大型钢铁联合企业攀钢集团所控股的——攀枝花新钢钒32亿可转换债券保荐机构及主承销商

·中小企业板第一家成功实施IPO并上市的纯民营房地产公司,惟一一家从中等城市走出来的、定位于中等城市普通住宅开发的房地产行业上市公司——荣盛发展股份有限公司IPO保荐机构及主承销商

·广东雪莱特光电股份有限公司IPO保荐机构及主承销商

·浙江新嘉联电子股份有限公司IPO保荐机构及主承销商

·浙江东南网架股份有限公司IPO保荐机构及主承销商

·思源电器定向增发保荐机构及主承销商

·大族激光定向增发保荐机构及主承销商

·栋梁新材定向增发保荐机构及主承销商

·东北制药定向增发保荐机构及主承销商

服务过的主要客户

攀钢集团、新钢钒、新和成、航民股份、孚日家纺、荣盛发展、雪莱特、东南网架、栋梁新材、思源电器、大族激光、东北制药、美利纸业、西藏矿业、海德股份、锦州六陆、天威保变、湖北宜化、华纺股份、阳光股份、北亚集团等……

收购兼并总部

第一创业证券自1997年就设立收购兼并总部从事上市公司、政府及大型企业财务顾问的工作,在企业并购及资产重组业务上拥有雄厚的实力,积累了丰富的客户资源,享有良好的市场声誉。2004年—2006年,第一创业证券并购业务综合排名列业内第11位。

主要业务内容

公司始终把打造中国投资银行并购品牌作为自己的奋斗目标,秉承对客户高度负责的敬业精神,着眼于客户的长远发

展及关心的现实问题，为客户提供创新的、具有专业水准和全局眼光的、个性化的并购服务，致力推动优势客户利用资本平台逐步实现行业龙头地位：

·财务顾问业务：收购方财务顾问或独立财务顾问、重大资产重组独立财务顾问及一般性财务顾问业务

·直投财务顾问业务：与委托机构签订投资顾问协议，担任委托机构的投资顾问，充分发挥公司的项目发掘和资源整合能力，为委托机构寻找高回报的直接投资机会

业绩摘要

·政府财务顾问：

深圳市政府财务顾问、廊坊市政府、抚顺市政府财务顾问等

·上市公司并购：

新太科技（600728）、深万山（000049）、工大首创（600857）、

内蒙宏峰（000594）、中钨高新（000657）等

·全面要约收购：美罗药业（600297）等

·重组独立财务顾问：青鸟天桥（600657）、国投华靖（600886）等

·整体上市独立财务顾问：攀钢钢矾（000629）等

·行业整合并购：首创股份（600008）、盐湖钾肥（000792）、鲁能泰山（000720）等

·股权分置改革：

金马集团（000602）、沙河股份（000014）、美利纸业（000815）、

鲁能泰山（000720）、中钨高新（000657）、中纺投资（600061）等 20 多家

·集团财务顾问：鲁能集团、湖南有色集团、中纺集团、首创集团、福汽集团、德赛集团、金马集团、美罗集团等

固定收益业务部

第一创业证券在固定收益业务领域拥有具备良好专业技能和丰富经验的人才团队，积累了包括银行、基金、保险公司、投资公司和企业等大量高端客户，形成了覆盖全国的客户网络，已成为中国优秀的债券交易商之一。

主要业务内容

·国债、金融债、企业债、可转换债券及其它产品的交易服务

·国债、金融债、企业债和可转换债券等固定收益证券品种的承销

·宏观经济和债券市场研究，协助客户进行固定收益证券品种的定价和投资

业绩摘要

·第一创业证券是中国债券市场的重要成员，是国家开发银行、中国进出口银行和中国农业发展银行等机构的债券承销团成员。

·2003 年—2007 年，公司连续五个年度被全国银行间同业拆借中心授予“交易活跃前 100 强”及“优秀交易成员”等称号，公司多名员工先后被该中心评为“优秀交易员”。

·2004 年—2008 年，公司在全国银行间债券市场现券交易量分别为 520 亿元、832 亿元、1827 亿元、1489 亿元和 2000 亿元，在全国银行间债券市场机构中名列前茅，并始终在券商中排名前五。

·2006 年，创新设计并主承销国内第一家私募性质非上市银行次级债——恒丰银行次级债。

·2006 年，担任国内第一家由非上市民营企业发行的短期融资券，第一支垃圾债——福禧投资短期融资券的交易商。

·2007 年，公司成功设计并承销了中国首只抵押担保模式的企业债——2007 年湖南泰格林纸集团有限责任公司企业债券，发行模式的创新为企业债券的发行提供了有益的参考和借鉴，并受到发改委、发行人及投资人的高度评价。

·2008 年，公司发行了国内首只以海域使用权为抵押的企业债——2008 年江苏连云发展集团有限公司企业债券，显示了公司债券承销及销售实力。

·2008 年，公司成功设计并承销重庆市迄今为止最大规模单只企业债——2008 重庆市城市建设投资公司 30 亿企业债券，认购率达三倍多。

证券经纪业务部

第一创业证券拥有先进的交易支持系统，为客户提供完备的交易手段、快速安全的交易通道和及时、周到、优质的服务。

公司以分设在北京、上海、深圳等沿海及中部经济发展最活跃地区的营业网点为平台，与网络系统相结合，为客户提供 A 股、B 股、债券、基金、回购等丰富的投资交易品种，并完善咨询建议、投资分析、理财策划、服务定制等服务功能，全面满足客户“一站式”服务的需求，把营业部打造成为公司金融产品和服务的营销中心，使营业部成为公司向客户提供全面金融服务的终端，公司联系客户的纽带和触角。

公司率先在业界开展投资顾问的业务模式，率先在服务中引入理财策划概念，为客户提供个人理财策划服务，有效满足客户理财需求。

主要业务内容

·代理深沪证券买卖等经纪服务

·代办深沪股东代码卡及挂失、补办和更改等业务

·代销基金等各种金融产品

·销售公司金融产品

业绩摘要

·2002 年至 2008 年，公司股票基金市场占有率由 1.413‰提高到 2.82‰，保持了近 20% 的年均增长速度

·大力开展投资顾问队伍建设，获 2006 年度深圳资本圈金融创新奖

·2006 年、2007 年，公司在中国证监会广东监管局辖区内的营业部全部被评为 A 类（最高级别）营业部

·2007 年，公司佛山季华路营业部被中国证券业协会授予“做明明白白的投资者” 教育活动证券知识竞赛优秀组织奖

·2008 年，公司佛山季华路营业部获评《证券时报》“最佳区域明星证券营业部”称号

研究所

第一创业证券研究所是一个正在快速成长、快速进步的团队，其研究以宏观经济及策略为核心，以行业及公司研究、债券研究为基础，特色在于能够理论结合实际，贴近市场。第一创业证券研究所有良好的交流和学习氛围，研究员多来自于北京大学、中国人民大学、中国人民银行研究生部、浙江大学、武汉大学、诺丁汉大学等海内外著名学府。第一创业证券研究所致力于追求与客户的长期互信关系，以研究产品及研究服务为客户拓展价值，客户覆盖了国内各大基金公司、银行、保险、农信社、财务公司等各类机构投资者。

业绩摘要

·三研究员荣获 2009 年中国最佳行业分析师称号

·中国金融学会深圳经济特区优秀论文及调研报告奖

四、企业文化

公司奉行"以客户为中心、以创新为动力"的核心理念，致力于为客户提供优质的个性化的专业服务。

公司遵守诚实守信的原则，坚持合法经营、公平竞争，以对客户、股东、员工及社会负责的态度，追求公司的可持续发展。

公司在经营实践过程中形成以开放、创新、宽容、协作为特征的"海洋文化"，并以富有魅力的企业文化，培养富有凝聚力的精英团队，努力打造一流的投资银行。

服务网点

第一创业共有7家营业部，客户可以通过这些服务网点，享受专业、高效的投资理财服务。

全国统一特服号码为：4008－881－888

营业部名称	地址	服务电话
佛山季华四路营业部	佛山禅城区季华四路33号	TEL：0757－83201452 FAX：0757－83217253
佛山同济路营业部	广东省佛山市同济路29——31号（同济小学对面、同济路天桥50米）	TEL：0757－83325896 FAX：0757－83337511
深圳深南大道营业部	深圳市深南大道4013号兴业银行大厦3A层	TEL：0755－83024138 FAX：0755－83024199
北京平安西大街营业部	北京市西城区平安里西大街26号新时代大厦一层	TEL：010－51651688
上海市张杨路营业部	上海市浦东新区张杨路707号（生命人寿大厦）32层	TEL：021－58365918 FAX：021－58362238
廊坊建设路营业部	河北省廊坊市建设北路18号	TEL：0316－2081668 FAX：0316－2084135
长沙韶山中路营业部	湖南省长沙市韶山中路568号雨花证券大厦4楼	TEL：0731－85514139 FAX：0731－85541325

东吴证券有限责任公司

东吴证券有限责任公司前身为组建于1992年的苏州证券，历经三次增资扩股。目前公司注册资本金15亿元，公司总部及注册地在苏州，同时在上海和北京分设地区总部。公司下属证券营业部18家，服务部11家，并控股东吴基金管理有限公司、东吴期货有限公司。公司经营范围：证券的承销、证券的自营买卖、证券交易的代理、证券抵押融资、证券投资咨询、公司财务顾问、企业重组、收购与兼并、基金与资产管理。公司业务以苏州为根据地，市场范围覆盖北京、上海、浙江、广东、福建、辽宁、江苏等地区，拥有广泛的客户资源和良好的品牌效应。

公司现有员工740多名，员工平均年龄：34岁，大学本科以上学历员工占总数的75%。其中：博士12人，硕士137人，保荐代表人12名。

自成立以来，东吴证券以建设公司和客户共荣的财富家园为目标，严格管理，已经形成了证券经纪业务、投资银行业务、证券投资业务、资产管理业务为基本架构的业务体系以及研究咨询、信息技术、风险管理、综合服务等强有力的业务支持体系，证券交易量、净资产收益率等项业务指标连续多年居同行业上游水平。

东吴证券在2008年度全国证券公司分类评价工作中，被中国证监会评为A类A级证券公司。在新的起点上，东吴证券正以获得A类资格为契机，进一步增强规范发展意识，不断改革、完善公司管理体制和运行机制，努力提升公司的核心竞争力，为证券市场的繁荣，乃至我国资本市场和国民经济的持续、健康发展作出新的贡献。

营业网点介绍

营业部、服务部名称	电话号码	传真号码	地　址
东吴证券有限责任公司苏州狮山路证券营业部	0512－68251961	0512－68251390	苏州市新区狮山路8号
东吴证券有限责任公司苏州西北街证券营业部	0512－67519006	0512－67526114	苏州市西北街180号
东吴证券有限责任公司苏州石路证券营业部	0512－65586020	0512－65589906	苏州市石路爱河桥28号
东吴证券有限责任公司苏州工业园区现代大道证券营业部	0512－67501110	0512－67502750	苏州市园区现代大道158号
东吴证券有限责任公司苏州竹辉路证券营业部	0512－65181903	0512－65203965	苏州市竹辉路398号
东吴证券有限责任公司苏州大儒巷证券营业部	0512－65243447	0512－65159701	苏州市大儒巷7－3号
东吴证券有限责任公司苏州胥江路证券营业部	0512－68202883	0512－68208465	苏州市胥江路483号
东吴证券有限责任公司太仓城厢证券营业部	0512－5393539	0512－53593002	太仓市城厢镇上海东路2号
东吴证券有限责任公司张家港杨舍证券营业部	0512－58211474	0512－58211473	张家港杨舍镇新凤桥东堍
东吴证券有限责任公司昆山前进中路证券营业部	0512－57312926	0512－57317331	昆山市前进中路269号
东吴证券有限责任公司常熟颜港证券营业部	0512－52795834	0512－52795791	常熟市颜港68号
东吴证券有限责任公司吴江中山北路证券营业部	0512－63427860	0512－63411080	吴江市中山北路172号
东吴证券有限责任公司上海陆家浜路证券营业部	021－63786310	021－63781565	上海市陆家浜路1332号
东吴证券有限责任公司北京安德里北街证券营业部	010－84130466	010－84130466	北京市鼓楼外大街27号
东吴证券有限责任公司东莞八达路证券营业部	0769－22507868	0769－22507836	东莞市八达路140号恒丰大厦2楼
东吴证券有限责任公司福州湖东路证券营业部	0591－87501261	0591－87603652	福州市湖东路43号奥林匹克大厦2楼
东吴证券有限责任公司杭州湖墅南路证券营业部	0571－88398918	0571－88396565	杭州市湖墅南路399号
东吴证券有限责任公司沈阳万柳塘路证券营业部	024－24204758	024－24200977	沈阳市万柳塘路45号
东吴证券有限责任公司狮山路证券营业部吴中木渎镇证券服务部	0512－66264516	0512－66265145	苏州市吴中区木渎镇金山路27号
东吴证券有限责任公司狮山路证券营业部吴中东山镇证券服务部	0512－66390995	0512－66390995	苏州市吴中区东山镇紫金路28号
东吴证券有限责任公司石路证券营业部虎丘浒关镇证券服务部	0512－65399750	0512－65399750	苏州市浒关镇浒关新街68号
东吴证券有限责任公司苏州工业园区现代大道证券营业部相城元和镇证券服务部	0512－65763733	0512－65767099	苏州市相城区采莲路开元银座A－1015
东吴证券有限责任公司太仓证券营业部太仓浏河镇证券服务部	0512－53619815		浏河镇郑河南路32号
东吴证券有限责任公司太仓证券营业部太仓沙溪镇证券服务部	0512－53210344		沙溪镇白云南路2号
太仓证券营业部昆山环城北路证券服务部	0512－57551588	0512－52795791	昆山市环城北路143号
东吴证券有限责任公司西北街证券营业部吴江松陵镇证券服务部	0512－63296288	0512－63038075	松陵镇笠泽路318号
东吴证券有限责任公司张家港证券营业部张家港港区镇证券服务部	0512－58336818	0512－58336828	港区镇天坛南路五号门面房
东吴证券有限责任公司张家港证券营业部张家港锦丰证券服务部	0512－58550008	0512－58560297	锦丰镇公园路2号
东吴证券有限责任公司张家港证券营业部张家港杨舍镇证券服务部	0512－58448899	0512－58448899	塘桥镇204国道旁

地址：苏州市石路爱河桥路28号

邮编：215008

委托电话：96288、0512－68396288

广发华福证券有限责任公司

广发华福证券前身为福建省华福证券公司，成立于1988年6月，是我国首批成立的证券公司之一。2003年4月，引进国内知名券商广发证券为控股股东，经中国证监会批准，增资改制并更名为广发华福证券有限责任公司。公司注册资本5.5亿元人民币，总部设在福建省福州市，在福建省及上海等地拥有34家证券分支机构，员工550人。

目前公司高级管理人员为：董事长黄金琳，总裁邹日，常务副总裁吴杰，监事会主席唐嬉春，董事会秘书邓显勇，财务负责人廖伟文，合规总监江建平。

广发华福证券一贯坚持"打造一流区域性证券公司"的经营愿景、"诚信专业，创造价值"的经营宗旨、"规范经营，稳健发展"的经营理念。2005年10月被评为全国首批七家规范类证券公司之一；2006年实施了集中交易项目，为公司的长远发展提供了技术保障;2007 年在全国 113 家券商经纪业务成交总额排名中位居第 32 名,并于同年 7 月份被中国证监会评为全国 B 类 BB 级证券公司;2008 年 7 月被中国证监会评为全国 A 类 A 级证券公司。

作为海峡西岸主要的证券经营机构,公司正充分利用 A 类 A 级证券公司的发展优势,立足于海峡西岸经济区,充分依托大股东广发证券的背景与实力,嫁接先进的管理、文化和技术资源,集中各种优势资源,倾力发展成为管理科学、运作规范、资产优质、抗风险能力强、独具经营特色的优秀券商,为海峡西岸资本市场建设、海西"两个先行区"建设贡献自身的一份力量。

分支结构列表

营业网点	营业编码	地　址	咨询电话
福州杨桥路营业部	2043	福建省福州市杨桥路 11 号中闽大厦 B 座 1、2 层	0591－87545903 0591－87545901
福州鼓屏路营业部	2044	福建省福州市鼓屏路 27 号	0591－87611094 0591－87674008
福州东大路营业部	2045	福建省福州市东大路 88 号建闽大厦 3 层	0591－87501618
福州广达路营业部	2047	福建省福州市广达路 106 号	0591－83337646
福州达道路营业部	2048	福建省福州市达道路 72 号广达大厦 2、6 层	0591－87457011
福州下藤路营业部	2049	福建省福州市下藤路 1 号兴榕大厦 2 层	0591－83439462
福清向高街营业部	2050	福建省福州福清市向高街明梅楼 1、2 层	0591－85214371 0591－85260303
莆田涵华西路营业部	2051	福建省莆田市涵江区涵华西路武夷大厦 3 楼	0594－3393772
莆田梅园路营业部	2051	福建省莆田市梅园路中段三信花园 3 楼	0594－2219116
泉州田安路营业部	2052	福建省泉州市田安南路外代大厦 3 层	0595－22550666
泉州九一路营业部	2053	福建省泉州市九一街 81 号 2、3、4 层	0595－22189882
厦门湖滨南路营业部	2055	福建省厦门市湖滨南路 220 号鸿翔大厦 A、B 单元	0592－5185999
漳州延安北路营业部	2058	福建省漳州市延安北路东盛大厦 2、4、5 层	0596－2096777
龙岩中山路营业部	2057	福建省龙岩市新罗区中山路东入口花园广场 3 楼	0597－2227392
三明列东街营业部	2056	福建省三明市列东街 104 号声屏大楼 2 楼	0598－8281188
永安五四路营业部	2056	福建省永安市五四路豪门御景 3 号楼永辉超市 3 层	0598－3612996
南平滨江中路营业部	2061	福建省南平市滨江中路 213 号四鹤大厦 4 层	0599－8615333
宁德蕉城南路营业部	2059	福建省宁德市蕉城南路财贸广场 2 层	0593－2860522
上海遵义路营业部	0230	上海市长宁区遵义路 835 号	021－52721138
上海宛平南路营业部	0231	上海市徐汇区宛平南路 401 号	021－64280066 021－64280055
连江服务部	2043	福建省福州连江县凤城镇八一六北路 14 号中行大厦 3 层	0591－26133045
长乐服务部	2048	福建省福州长乐市吴航路中银大厦 4 层	0591－28206892 0591－28206891
仙游服务部	2051	福建省莆田仙游县鲤城镇 825 大街长江花园农行 2 楼	0594－8285220
南安服务部	2053	泉州南安市水头镇东南小区 27 号	0595－86095656
惠安服务部	2053	泉州市惠安县螺城中新花园大厦 6 幢 3 层	0595－87622233
石狮服务部	2053	福建省泉州石狮市福辉路 58 号建德花园 2 期 3 号楼 103 室	0595－83023198
安溪服务部	2052	福建省泉州安溪县城关新安西路 C－3 栋	0595－23260098
晋江服务部	2052	福建省泉州晋江市青阳福隆商业广场 2 楼新街 139 号	0595－82112088
海沧服务部	2055	福建省厦门市海沧区沧林二路 359 号、361 号	0592－6382735 0592－6052919
龙海服务部	2058	福建省漳州龙海市石码镇工农路运辉花园 7 幢 2 层 3,4,5 号房	0596－6556089
金冠服务部	2058	福建省漳州市北二路金冠花园 7 幢 4 楼	0596－2912392
上杭服务部	2057	福建省龙岩上杭县紫金水利局一楼临街店面	0597－3998925
福安服务部	2059	福建省宁德福安市八一商城 2 号楼 3 层	0593－6560522
福鼎服务部	2059	福建省宁德福鼎市南大路 257 号兴业银行大楼 2 层	0593－7821789 0593－7825288

总部地址:福州五四路新天地大厦 7、8、10 层
邮编:350003
电话:0591－87278701
传真:0591－87841150
网址:www.gfhfzq.com.cn

世纪证券有限责任公司

世纪证券前身是江西证券,是在中国人民银行和中国证监会的直接领导下重组而成的一家全国性综合类证券公司,由北京首都旅游集团有限责任公司等 12 家颇具实力和社会影响力的大型企业出资成立。

公司总部设在深圳,注册资金 10.05 亿元人民币,下辖北京、上海、深圳、成都、南昌 5 个业务总部,拥有 21 家营业部,经营网络遍布全国各大、中城市。

公司树立了"金融报国"的伟大理想,坚持"赚取阳光利润、打造百年品牌"的思路,公司的长期目标是要发展成为具有国际知名品牌的一流金融集团。公司自创立之初就制定了"一三五"发展战略规划,即"一年全面整合、三年快速发展、五年跻身一流"。未来,世纪证券要发展成为一个金融控股集团公司,下设世纪证券投资银行有限责任公司、世纪证券资产管理有限责任公司、世纪证券期货有限责任公司、世纪证券香港有限责任公司等,形成一个以证券业务为主体的综合性金融集团。

自重组成功以来,世纪证券充分发挥新券商包袱小、资产优、股东结构好、创新意识强的后发优势,以"诚信服务客户,专业实现价值,创新塑造品牌"的经营理念,聚集了国内外优秀精英团队,营造了朝气蓬勃、锐意进取的文化氛围,致力建立科学、高效、严谨、规范的决策和管理体系,逐步形成了大投行、大投资、大营销的业务模式,取得了较好的成效,迅速成为中国新生代券商的代表之一。在证券市场持续低迷、证券行业几乎全面亏损的情况下,2003 年,公司实现利润总额 5068 万元,在全行业中排名列第 16 位、人均利润第 9 位;2004 年,公司入选"中国最受尊敬的 20 大证券公司"。

主要业务:

从 1999 年开始,人民银行总行对公司进行了直接指导和大力支持。首旅集团和北京富邦实施了对公司的股权重组。

2001 年 1 月 12 日,召开了重组后新股东参加的公司股东大会,选举了新的董事会人员,会上确立了公司的发展战略目标和经营管理方针。2001 年 7 月 26 日,中国证监会下发《关于同意江西省证券公司增资、更名并迁址的批复》:公司注册资本金将增至 10.05 亿元;公司更名为"世纪证券有限责任公司";注册地址改为广东省深圳市。

目前,世纪证券已在深圳建立了总部,在北京、上海、南昌等地同时建立了地区业务总部,搭建起必要的组织及人员架构,增资扩股工作完成后,根据证监会的有关规定和先例,世纪证券将比照综合类券商开展各项业务。

投资银行:

世纪证券投资银行作为公司三大核心业务之一,确立了为企业提供"战略重塑、收购兼并、行业咨询、价值重置、改制重组、发债募资、募股上市"等全方位服务的宗旨。"让最好的企业成为世纪的客户,让世纪的客户成为最好的企业"是世纪投行在资本市场孜孜以求的信条。

世纪证券"大投行"体系在区域分布上,建立了以北京、上海、深圳作为核心的地区业务总部,业务范围辐射中国经济最发达的长江三角洲、珠江三角洲以及华北的环渤海经济圈。投行主体系外辅之以长沙、南昌、成都的子投行体系,全面覆盖中国改革的新热点区域西部及中部地区。

世纪证券"大投行"体系在功能建立上,实施债券、并购、股权融资三大业务并举发展的战略模式,全面革新传统的"条块分割"的老模式,致力打造一支"功能全面,服务周到,业务精湛,勇于创新"的大投行队伍。

固定收益:世纪证券为财政部国债承销团的成员之一,也是中国企业债券市场为数不多的拥有主承销资格的券商。继为首旅集团、中国通用集团、中国长航集团各自发行 10 亿元债券、为国家承销 20 亿元国债(04)之后,世纪证券的固定收

益部还将为一些特大型企业发行企业债。

企业并购：已经为中集集团、首都旅游集团的内部资产整合及外部资源扩张提供有力的财务顾问支持，还将为一些特大型企业进行体制、财务、业务、资产的全面整合提供服务。

企业融资：通过实施"核心客户战略"，在为客户发掘价值、创造价值的同时，积极为客户配置资源，世纪证券的企业融资业务必将走出一条自己的客户培育之路，与客户在资本的海洋中共同成长，共同发展；继为南方航空、三一重工、中集股份等在资本市场募集过百亿元资金后，将为山东黄金、海欣股份、湘瓷科技等一批后起之秀打开资金之门。

经纪业务：

依托公司日益壮大的资本实力和灵活的经营机制，世纪证券经纪业务不断发展。为了搭建职能完备、布局合理的综合业务平台，世纪证券在整合传统经纪业务管理、营业网点建设、市场营销策划、产品销售推广、机构客户开发等工作职能的基础上，将原市场部和经纪业务部合并为金融市场总部，并努力优化营业网点布局，形成了以北京、上海、深圳、成都、南昌五大业务中心为支点，连接 21 家分支机构，辐射全国 14 个主要大、中城市的优化布局。

世纪证券经纪业务一直致力于提升专业服务品质，并期望以专业的服务为客户创造价值。我们具备包括深沪 A 股、B 股、基金、企业债券、国债、企业债回购、国债回购等在内的所有投资品种交易渠道；快速、高效的市场资讯和专业、精湛的分析师队伍为投资者提供一流的咨询服务。世纪证券经纪业务各项指标在同行中的排名大幅提升。截止 2004 年 7 月，世纪证券在上海证券交易所的会员总交易额排名中上升至第 7 位，客户托管市值 70 亿元，市场占有率达到了 5.315‰。

证券研究：

世纪证券综合研究所拥有一支高水准的研究队伍，90% 的研究员具有证券行业 5 年以上从业经历，30% 以上的研究员具有海外留学背景。综合研究所以公司研究和行业研究为重点，以公司大投资业务和各类客户为服务对象，及时提供各类投资策略和投资价值分析报告。

综合研究所利用深圳、上海作为证券交易所所在地经济发达、信息渠道多的优势和北京作为国家政治中心、政策来源地的优势，建立了以深圳、北京和上海为中心，覆盖全国的调研网络。世纪证券综合研究所在研究方法上坚持以基本面分析为主，重视定量分析，将国际通用的财务分析体系和国外流行的数量模型应用于行业和公司研究分析之中，在生物医药、旅游、银行、建材、食品等行业已经树立了研究品牌。

世纪文化：

世纪证券秉承"金融报国"的宏大理想，树立以创新为核心的经营理念：诚信服务客户、专业实现价值、创新塑造品牌。公司把诚信作为生存发展之基，诚信是公司创新拓展业务的生命线；公司强调以专业能力和专业知识服务客户，提供一揽子的金融服务和金融解决方案，追求客户与公司价值的共同提升；公司坚持走金融可持续发展的道路，以创新求生存，以创新求发展，用创新来增强企业品牌的辐射力和渗透力。"诚信、专业、创新"是公司的核心竞争力，"客户、价值、品牌"则是"金融报国"理想目标的具体体现。

世纪证券是一个年轻、快乐、进取的团队，倡导"团结、进取、求实、创新"的企业文化，坚持百折不挠的拼搏精神。公司倡导员工与公司共同成长的价值观，世纪证券是世纪人精神和物质的双重家园。

日信证券有限责任公司

日信证券有限责任公司（简称日信证券）是综合类中小型新锐券商的典型代表，前身是内蒙古日信证券经纪有限责任公司。公司成立于 2002 年 4 月，2004 年 9 月完成增资扩股后更名为日信证券。公司现有注册资本金 6 亿元人民币，总部员工接近 200 人。2005 年 7 月和 11 月，日信证券分别通过了中国证监会客户资金独立存管评审和中国证券业协会规范类证券公司评审。2007 年 8 月 8 日，公司被中国证监会评为 B 类 BBB 级证券公司。2007 年 12 月，公司成功注册保荐机构资格，进入证券业务全面发展的崭新阶段。

"规范守法、诚信尽职"是公司发展经营中恪守的最高准则。在券商行业步入规范发展的繁荣轨道后，公司将继续秉承"稳健、长远"的经营思路，稳步前进。面对激烈的市场竞争，公司将进一步增强"改革、创新"意识，完善经营管理体制和运行机制，提升服务品质，夯实公司核心竞争能力。

证券经纪服务

证券经纪业务是日信证券的主要业务之一。目前公司共有 3 家证券营业部和 1 家证券服务部，它们分布于呼和浩特、北京、通辽、乌兰浩特等地。投资者可以在各营业网点进行股票、基金、权证、债券等的投资交易，各网点能够为客户提供互联网自助委托、现场热键自助、电话自助委托等多种交易渠道。营业网点同时提供基于客户交易结算资金第三方存管系统的资金存取业务，充分保障客户资金安全及存取需求。各营业网点建立了完善的客户交易安全保障体系和服务体系，实现客户的安全、快捷交易，并为客户提供贴心的个性化服务，形成具有鲜明特色的经纪业务服务模式。优雅的环境，周到的服务，使得每一位投资者都有宾至如归的感觉。

研究咨询服务

日信证券研究发展部拥有一支以博士、硕士为主的专业团队，研究内容覆盖宏观、策略、行业、公司，以及债券、金融衍生品等多个领域。研发团队致力于为公司内外部客户提供高质量、专业化的研究咨询服务，他们秉承"独立、客观、专业、卓越"的指导原则，以全球化视野铺设研究基础，以科学系统的理论框架和研究方法为依托，为客户提供理性、独到的观察视角。

研究发展部是一个崭新而富有活力的团队。目前，他们的研究范围已经基本覆盖了股票市场的主流行业，密切跟踪百余家上市公司的发展动态。未来，日信证券研发部将继续秉承"发现价值、准确评估"的研究理念，加快内功积累，成为客户投资的有益助手。

证券投资业务

日信证券投资团队是一个名不见经传的优秀团队，风格稳健，业绩优秀。面对日新月异的市场环境，投资部门将继续坚持价值投资理念，以"分享优势企业成长、获取长期稳定增值"为投资目标，不断提升投资业务能力，为股东和各级持有人获取更多的投资回报。

投资银行服务

日信证券投资银行团队以"通过专业化服务提升客户价值"为使命，以深入挖掘客户内在价值为核心，以"全力达成客户所愿"为目标，致力于为国内优势行业及企业的重组改制、发行上市和再融资等股权、债权融资活动提供专业化的服务。

2007 年日信证券组建投资银行团队以来，以精湛的专业水平、一流的服务质量、孜孜以求的创新精神，得到了客户的广泛认同。日前，日信证券已成功注册保荐机构资格，投资银行业务面临全面起飞的契机。

金融产品服务

在国内证券市场经历迅速发展的同时，金融产品创新尤其是衍生品也将出现跨越性发展。与成熟市场的投资银行类似，金融产品创新业务已成为国内创新类券商提升核心竞争力的业务之一，并且成为新的利润增长点。日信证券金融产品部以产品研究为主线，发掘金融产品的投资和套利机会并付诸实践。秉承“稳健、务实、创新”的思路，在研究的基础上，积极探索权证、基金、股指期货以及委托理财和备兑权证等领域的业务机会。在股指期货渐行渐近的市场环境下，公司近期参(控)股一家期货公司，本部门也以研究定价复杂的衍生品为核心，包括套期保值和套利策略，实现创新业务的效益性突破。

日信证券有限责任公司

地址：内蒙古呼和浩特市新城区锡林南路 18 号

邮编：010020

电话：0471 －6292465

公司网址：www. rxzq. com. cn

公司营业网点

日信证券有限责任公司北京办事处

地址：北京市西城区闹市口大街 1 号长安兴融中心西楼 11 层

邮编：100031

电话：010 －88086830

日信证券北京新街口北大街证券营业部

北京市西城区新街口北大街 3 号星街坊购物中心六层 邮编：100035

业务咨询电话：010 －82200210/82200220

电话委托号码：010 －51993388

日信证券通辽和平路营业部

地址：内蒙古通辽市和平路中段 178 号

邮编：028000

业务咨询电话：0475 －8263840/ 8265217

电话委托号码：0475 －8276100

日信证券呼和浩特锡林南路营业部

地址：内蒙古呼和浩特市锡林南路 18 号

邮编：010020

业务咨询电话：0471 －6292456 /6292494

电话委托号码：0471 －6919900 /6919911

日信证券乌兰浩特营业部

地址：内蒙古兴安盟乌兰浩特市兴安北大路 52 号 邮编：137400

业务咨询电话：0482 －8223737/ 8223131

电话委托号码：0482 －8213333

众成证券经纪有限公司

【公司概况】

众成证券经纪有限公司系由山东、河南、湖南、西安、沈阳五大证券交易中心改组筹建的全国性证券公司，2001 年 12 月经中国证券监督管理委员会批准开业。注册资本 6250 万元人民币，实收资本 12050 万人民币(其中山东五证交投资控股有限公司持股 79.2%；平顶山城市投资开发经营公司持股 12%；豫证产业投资有限公司持股 8%；山东银铭投资有限公司持股 0.8%)。高层领导班子从事金融、证券工作多年，具有强烈的敬业精神和高度的责任感，有较高的管理水平和业务开拓能力，均获证监会高管人员任职资格。

【分支机构】

众成证券现拥有 9 家证券交易营业部，分布在上海、济南、郑州、长沙、西安、沈阳、平顶山等全国大都市，具有深交所、上交所会员资格，拥有交易席位 19 个，开通了沪、深 A 股、基金、国债等有价证券的经纪业务。开通了卫星双向、电话委托、无形席位、网上交易，银证联网等，委托手段有柜台委托、电话委托、磁卡委托、可视委托、热键委托、网上交易，其中网上交易资格已获中国证监会核准。

营业部名称	营业部地址	服务电话
长沙芙蓉路营业部	长沙市芙蓉中路二段 122 号凯旋大厦八楼	0731 －5168890
济南经七路营业部	济南市中区经七路 388 号	0531 －87037377
平顶山建设路营业部	平顶山市建设路 286 号	0375 －4985041、4948502
平顶山建设中路营业部	河南省平顶山市卫东区建设路中段南 58 －1 号院	0375 －2968140
上海中山西路营业部	上海市徐汇区中山西路 1505 号	021 －62707348、62785963
沈阳文艺路营业部	沈阳市沈河区文艺路 33 号	024 －24156536、24156543
西安兴庆南路营业部	西安市兴庆南路 28 号旭邦大厦三楼	029 －82661101、82661034
郑州丰产路营业部	郑州市丰产路 100 号	0371 －65721810、65516687
郑州文化路营业部	郑州市文化路 115 号金茂大厦 B 座三楼	0371 －63850999

【公司特色】

服务优良：公司建有众成证券网站，页面信息丰富，股民随时可得各类资讯；营业部开通银证联网，提供每日解盘、邮寄对帐单、配(新)股电话提醒、上门开户、随时查询等服务，专业人员驻守大堂提供投资理财咨询，令客户得到超值服务。

设施先进：采用先进的卫星接收与发射装置、高性能的计算机及通讯网络系统等硬件，行情与交易服务器分开，双机热备份，数据传输，卫星通讯与 DDN 网双通道，确保行情传输及交易委托畅通无阻、数据传输快捷准确，除向客户提供柜台委托、磁卡委托、热自助委托、电 话委托、可视电话委托等交易手段外，还开通了网上交易业务。

交易安全：实行各营业部资金统一清算制度，各营业部制定有完善的业务操作规程与内控管理制度，涵盖每个部门和岗位，每项工作都有章可循，使客户委托得到忠实履行，交易安全得以切实保证。

中山证券有限责任公司

中山证券有限责任公司是经中国人民银行批准成立的中国早期的证券公司之一。

2003 年 1 月 30 日，经中国证券监督管理委员会批准，公司完成增资扩股，并更名为中山证券有限责任公司。

公司经营范围包括：证券(含境内上市外资股)的代理买卖；代理证券的还本付息、分红派息；证券代保管、鉴证；代理登记开户；证券的自营买卖；证券(含境内上市外资股)的承销(含主承销)；证券投资咨询(含财务顾问)；中国证监会批准的其他业务。

公司的总体战略目标是：以科技为依托，合理配置资源，突出比较竞争优势，不断推出特色服务，将公司建成规模适中、效益显著的综合类证券公司。

中山证券业务发展状况

(一)A、B 股经纪业务

公司现有13家证券营业部，1家证券服务部，分布在从东北到华南的东部沿海经济发达地区，充分发挥中央振兴东北的政策优势，依托环渤海经济圈、长江三角洲与珠江三角洲等经济发达地区，拥有广泛的具有雄厚经济基础的客户群体，公司经纪业务规模不断扩大，市场占有率稳步提高，网上交易蓬勃发展。

（二）证券发行、承销与上市保荐业务

公司自2003年初成功增资扩股成为综合类证券公司，可以开展证券发行与承销业务。2005年10月，公司注册为保荐机构，可以开展上市保荐业务。

公司的证券发行、承销与上市保荐业务坚持"以客户为中心、以质量为核心、与客户共同成长"，不断开拓创新，以优质的专业服务和旺盛的创新能力，为广大客户提供改制、辅导、承销、保荐、管理咨询、收购兼并等服务。

公司先后为首钢股份（000959）、通威股份（600438）、贵绳股份（600992）、博汇纸业（600966）、中材国际（600970）、华兰生物（002007）、七匹狼（002029）、轴研科技（002046）、大同煤业（601001）、太阳纸业（002078）等十多家上市公司/拟上市公司提供主承销或副主承销服务。

目前，公司正在为华艺灯饰、华北工控、杨氏果业、欧迪芬、山源电器、莱利灯饰、中山电机、长宝科技等企业提供股份制改组与新股首发（IPO）及上市保荐等服务。

（三）财务顾问业务

2004年3月，经深圳市政府公开招标，成为深圳市属国有企业建立经营者长效激励机制专项财务顾问，为首批试点的十三家市属一级国有企业中的四家上市公司提供专项服务。

2004年7月，经深圳市政府公开招标，成为深圳市、区属国有控股上市公司重组财务顾问，为深天健、深振业及深信泰丰提供重组财务顾问服务。

目前，公司正在为深振业重大资产出售暨关联交易、广州南华水泥等公司提供重组财务顾问服务。

公司是辽宁省经济委员会聘请的国有企业改革专家顾问团成员。

（四）固定收益业务

固定收益部大力开展债券研究和资产证券化、短期融资券等业务创新，恪守"诚信、稳健、创新、求精"原则，稳健运做，积极开拓，很快打开了工作局面，2006年3月成功参团承销了北京市基础设施投资有限公司及重庆市开发投资有限公司企业债券，得到业界的认可和好评。

（五）其他业务

公司正在积极筹备成立（合资）基金管理公司、基金营销公司等新业务，尤其是加强了基金产品营销网络的建设。

公司地址：深圳市福田区益田路江苏大厦B座15层

邮政编码：518026

公司网址：www.zszq.com.cn

电话：0755－82943769

传真：0755－82940511

银泰证券有限责任公司

银泰证券有限责任公司（以下简称银泰证券）是中国证监会于2006年7月批准成立，为证券行业综合治理期间首家新批准设立的证券公司。公司注册地为深圳市，注册资本5亿元，主要股东为北京嘉鑫世纪投资有限公司、国银金融租赁有限公司和江西银泰投资有限公司。

银泰证券所辖11家营业部分布在珠三角、长三角和环渤海经济区的9个中心城市。公司目前的经营范围为：证券经纪；证券自营；证券资产管理；证券投资基金代销；中国证监会批准的其他业务。

大事记：

1. 2006年7月，中国证监会批准成立银泰证券经纪有限责任公司。银泰证券经纪有限责任公司于2006年9月5日注册成立，注册资本为1.2亿元，同年12月3日正式开业。

2. 2007年3月，银泰证券经纪有限责任公司完成对原中创公司所属证券营业部的收购，公司所辖11家营业部分布在珠三角、长三角和环渤海经济区的9个中心城市。

3. 2008年7月14日，经中国证监会核准银泰证券经纪有限责任公司变更注册资本，资本金由1.2亿增加到5亿。

4. 2009年4月2日，公司名称正式变更为"银泰证券有限责任公司"。

5. 2009年7月8日，公司增加证券自营业务、证券资产管理业务。

广州证券有限责任公司

广州证券有限责任公司前身为广州证券公司，1988年经中国人民银行批准成立，是全国最早成立的证券公司之一。1997年增资改制为广州证券有限责任公司，2001年经中国证监会核准为全国性综合类券商，2006年取得规范类券商资格，业务范围包含证券发行主承销业务、外资股业务、受托投资业务、基金管理等所有综合性业务。拥有A、B股保荐机构资格；外资股经营资格；网上交易资格；投资咨询资格；受托投资业务资格；银行间同业拆借市场及债券市场准入资格；开放式证券投资基金代销业务资格。

广州证券自成立以来，秉承"勤勉、扎实、进取、客观"的经营风格，稳健经营，规范运作，在遵守国家有关法律和法规的前提下，运用资本运作手段，为企业筹集资金，为广大投资者提供全方位的优质服务。

广州证券立足广州，面向全国。公司目前在广州、北京、杭州设有12个证券营业部和5个服务部；公司先后担任了"广州浪奇"、"东方宾馆"、"珠江实业"、"广州控股"、"广州冷机"、"东华实业"等6家广州本地上市公司和吉林"中油化建"、广西"两面针"、"武汉中百"等多家外地企业股票发行主承销商；"广州友谊"、"青海华鼎"、"兰州铝业"、"麦科特"、"开平春晖"、"龙电股份"、"山西焦化"等数十家股票的副主承销；2006年配合股权分置改革的全面推进，公司完成了"广东甘化"和"广州友谊"等股改保荐项目。目前公司正对省内外众多优秀企业进行上市辅导，积极为投资者、企业进入资本市场提供优质服务，为市场经济的发展作贡献。

地址：广州市先烈中路69号东山广场主楼5楼

邮编：510095

总机：87322668

客户服务热线（委托、投诉）：961303

中邮证券有限责任公司

中邮证券有限责任公司是经中国证监会批准，由西安华弘证券经纪有限责任公司变更延续的专业证券公司。

西安华弘证券经纪有限责任公司是经中国证监会2002

年6月以证监机构字[2002]192号文批复同意，由西安市财政证券中心转制的证券经纪公司。公司股东为西安市财政局、西安市莲湖区财政局、西安市阎良区财政局，公司注册地址为西安市太白北路320号，初次注册资本为人民币5,300万元，公司经营范围为：证券经纪。

2005年9月26日，中国证监会以证监机构字[2005]97号文批复同意公司增资扩股，公司新增股东中国邮政集团公司（原国家邮政局）、北京市邮政公司（原北京邮政局）、中国集邮总公司，新增注册资本人民币50,700万元。至此，公司股东为：中国邮政集团公司、北京市邮政公司、中国集邮总公司、西安市财政局、西安市莲湖区财政局、西安市阎良区财政局。公司注册资本为人民币56,000万元。

2009年3月20日，中国证监会以证监许可字[2009]247号文批复同意公司增加"证券自营、证券投资咨询业务"，公司目前的经营范围为：证券经纪；证券自营；证券投资咨询。

2009年8月26日，中国证监会以证监许可字[2009]856号文核准批复，同意将西安华弘证券经纪有限责任公司更名为"中邮证券有限责任公司"，并于2009年10月21日为公司换发了新的《经营证券业务许可证》。

营业网点

营业部	地址	邮政编码	联系电话
北京西直门营业部	北京市海淀区西直门北大街56号生命人寿大厦9层	100082	010－82292229
电子二路营业部	电子正街电子二路什字东南角（西安电脑城二楼）	710065	029－88253534
南大街营业部	西安市南大街19号	710000	029－87279636
阎良营业部	西安市阎良区人民路西段	710089	029－86209999

南京证券有限责任公司

南京证券有限责任公司（以下简称"公司"）创建于1990年，注册地为江苏省南京市，是江苏省第一家专业证券公司。2005年9月，成为全国首批规范类证券公司。2005年，受中国证监会委托，托管西北证券有限责任公司。2007年7月，获创新试点类证券公司资格。2008年7月，被评为A类A级证券公司。

截止2008年12月，公司资产总额为85.24亿元，净资产29.87亿元，净资本24.49亿元，注册资本17.71亿元，累计证券业务量1.6万亿元，实现利税32亿元。2005年公司利润总额、人均利润、净利润位居全国127家证券公司第16、17、20位；2006年证券交易量、利润分别为历史最好年度的3.26倍、1.3倍；2007年共完成证券交易量7468.67亿元，同比增长346%，实现利润17.67亿元，同比增长810%；公司自成立以来，始终坚持规范、稳健经营，严格控制风险，各项业务健康、快速发展，成为全国为数极少的自成立以来持续近18年盈利、从未亏损的证券公司，实现了国有资产的保值增值。

公司现有分公司2个，业务职能部门21个，拥有覆盖除东北地区以外全国各大区域的证券营业部44家，证券服务部4家，员工总数1000余人。公司控股南证期货有限责任公司，拥有完备的股指期货业务体系。公司作为主发起人的富安达基金公司获批筹建。

公司先后参与了轴研科技、塔牌水泥、超华电子、南京新百、宁天龙（红太阳）、栖霞建设、高淳陶瓷等近70只股票、基金、可转换债券的主承销、副承销和分销工作；成功完成高淳陶瓷、红太阳、永生数据等3家上市公司股权分置改革项目；参与近百家企业债券的发行；担任100余家企业重组、改制、并购的财务顾问。

公司先后与南京市高淳县人民政府、南京市六合区人民政府、南京市溧水县人民政府、南京市中小企业局签订资本市场战略框架协议，并担任其财务顾问。

公司以改革促发展、以管理增效益、以内控防风险，形成创新业务、资产管理业务、投资业务、投行业务、经纪业务、市场专业研究等业务门类协调发展的业务支撑体系；以人为本、引进和培训相结合的人才保障机制；职责明确、高效运作的内部管理体制和两个文明建设协调发展的总体工作格局。公司坚持以客户为中心，为客户提供综合性证券业务服务，全方位满足客户的需求，拥有创新类证券公司业务资质，业务领域广泛。

公司1999－2006年连续8年被评为"江苏省文明单位"，1998－2006年连续9年被评为"南京市文明单位"，先后多次被评为"建设新南京先进单位"、"建设新南京有功单位"。公司党委先后荣获江苏省和南京市"先进基层党组织"称号，2007年4月被江苏省委组织部、江苏省委国资委党委评为"江苏省国有企业创建'四好'领导班子先进集体"。2007年12月，公司被中国企业家协会、中国企业家联合会授予"2007年度中国企业文化优秀奖"。公司团委1999－2008年连续10年被评为南京市"五四"红旗团委，2007年被评为江苏省"五四"红旗团委，公司23家营业部分别被评为国家、省、市级"青年文明号"，其中国家级1家，省级15家，市级7家，构筑起文明建设协调发展的良好格局，展现出广阔的发展前景。

公司地址：江苏省南京市玄武区大钟亭8号
邮编：210008
电话：86－025－83367888
公司网址：www.njzq.com.cn
公司邮箱：office@njzq.com.cn
客服热线：4008285888

第四编
中国基金市场

第一章 中国基金市场概况

托管银行名录(2009年7月)

序号	托管人名称	注册地域	取得托管资格时间	网址	地址	电话
1	中国工商银行股份有限公司	北京	1998-2-24	www.icbc.com.cn	北京市西城区复兴门内大街55号	95588
2	中国农业银行	北京	1998-5-29	www.abchina.com	北京市海淀区复兴路甲23号	95599
3	中国银行股份有限公司	北京	1998-7-7	www.boc.cn	北京市西城区复兴门内大街1号	95566
4	中国建设银行股份有限公司	北京	1998-3-18	www.ccb.com	北京市西城区金融大街25号	95533
5	交通银行股份有限公司	上海	1998-7-3	www.bankcomm.com	上海市银城中路188号	95559
6	华夏银行股份有限公司	北京	2005-2-23	www.hxb.com.cn	北京市东城区建国门内大街22号华夏银行大厦	95577
7	中国光大银行	北京	2002-10-23	www.cebbank.com	北京市西城区复兴门外大街6号光大大厦	95595
8	招商银行股份有限公司	深圳	2002-11-6	www.cmbchina.com	广东省深圳市深南大道7088号招商银行大厦	95555
9	中信银行	北京	2004-8-18	www.ecitic.com	北京市东城区朝阳门北大街8号富华大厦C座	95558
10	中国民生银行股份有限公司	北京	2004-7-9	www.cmbc.com.cn	北京市西城区复兴门内大街2号	95568
11	兴业银行股份有限公司	福建	2005-4-25	www.cib.com.cn	上海市江宁路168号兴业大厦9层	95561
12	上海浦东发展银行股份有限公司	上海	2003-9-10	www.spdb.com.cn	上海市中山东一路12号	95528
13	北京银行股份有限公司	北京	2008-6-3	www.bankofbeijing.com.cn	北京市西城区金融大街丙17号	010-96169
14	深圳发展银行	深圳	2008-8-6	www.sdb.com.cn	广东省深圳市深南东路5047号	95501
15	广东发展银行	广东	2009-5-4	www.gdb.com.cn	广东省广州市农林下路83号广发银行大厦	95508
16	中国邮政储蓄银行有限责任公司	北京	2009-7-16	www.psbc.com	北京市西城区宣武门西大街131号	66599767

基金管理公司名录(2009年7月)

序号	公司名称	公司代码	注册资本(万元)	注册地点	成立时间	网址	地址	电话
1	国泰基金管理有限公司	50010000	11000	上海	1998年3月	www.gtfund.com	上海市世纪大道100号上海环球金融中心39层	4008-888-688
2	南方基金管理有限公司	50020000	10000	深圳	1998年3月	www.southernfund.com	深圳市福田中心区福华一路6号免税商务大厦31-33层	400-889-8899
3	华夏基金管理有限公司	50030000	23800	北京	1998年3月	www.ChinaAMC.com	北京市西城区金融大街33号通泰大厦B座3层	400-818-6666
4	华安基金管理有限公司	50040000	15000	上海	1998年5月	www.huaan.com.cn	上海市浦东南路360号新上海国际大厦38楼	40088-50099
5	博时基金管理有限公司	50050000	10000	深圳	1998年7月	www.boshi.com.cn	深圳市福田区深南大道招商银行大厦29-30层	95105568
6	鹏华基金管理有限公司(中外合资)	50060000	15000	深圳	1998年12月	www.phfund.com.cn	深圳市福田区福华三路168号深圳国际商会中心第43层	400-6788-999
7	长盛基金管理有限公司(中外合资)	50070000	15000	深圳	1999年3月	www.csfunds.com.cn	深圳市福田区福中三路1006号诺德中心8层GH单元	400-888-2666
8	嘉实基金管理有限公司(中外合资)	50080000	10000	上海	1999年3月	www.jsfund.cn	上海市浦东新区富城路99号震旦大厦1702室	400-600-8800
9	大成基金管理有限公司	50090000	20000	深圳	1999年4月	www.dcfund.com	深圳市福田区深南大道7088号招商银行大厦32-33层	400-888-5558
10	富国基金管理有限公司(中外合资)	50100000	18000	上海	1999年4月	www.fullgoal.com.cn	上海市浦东新区花园石桥路33号花旗集团大厦5、6层	400-888-0688
11	易方达基金管理有限公司	50110000	12000	广东	2001年4月	www.efunds.com.cn	中国广州市体育西路189号城建大厦19、25、27、28楼	400-881-8088
12	宝盈基金管理有限公司	50120000	10000	深圳	2001年5月	www.byfunds.com	深圳市深南大道6008号特区报业大厦15楼	400-8888-300
13	融通基金管理有限公司(中外合资)	50130000	12500	深圳	2001年5月	www.rtfund.com	深圳市南山区华侨城汉唐大厦13、14层	400-883-8088
14	银华基金管理有限公司	50140000	20000	深圳	2001年5月	www.yhfund.com.cn	北京市东城区东长安街1号东方广场东方经贸城中二办公楼15层	400-678-3333
15	长城基金管理有限公司	50150000	15000	深圳	2001年12月	www.ccfund.com.cn	深圳市福田区益田路6009号新世界商务中心40-41层	400-8868-666
16	银河基金管理有限公司	50160000	15000	上海	2002年5月	www.galaxyasset.com	上海市浦东新区世纪大道1568号15层	400-820-0860
17	泰达荷银基金管理有限公司(中外合资)	50170000	18000	北京	2002年7月	www.aateda.com	北京市西城区金融大街7号英蓝国际金融中心南楼三层	400-698-8888
18	国投瑞银基金管理有限公司(中外合资)	50180000	10000	深圳	2002年6月	www.ubssdic.com	中国广东省深圳市福田区金田路4028号荣超经贸中心46层	400-880-6868
19	万家基金管理有限公司	50190000	10000	上海	2002年8月	www.ttasset.com	上海市浦东新区福山路450号新天国际大厦23层	400-888-0800

序号	公司名称	公司代码	注册资本（万元）	注册地点	成立时间	网址	地址	电话
20	金鹰基金管理有限公司	50200000	10000	广东	2002 年 12 月	www. gefund. com. cn	广州沿江中路 298 号江湾商业中心大厦 22 层	020 - 83936180
21	招商基金管理有限公司（中外合资）	50210000	21000	深圳	2002 年 12 月	www. cmfchina. com	深圳市福田区深南大道 7088 号招商银行大厦 28 层	400 - 887 - 9555
22	华宝兴业基金管理有限公司（中外合资）	50220000	15000	上海	2003 年 2 月	www. fsfund. com	上海市世纪大道 88 号金茂大厦 48 层	400 - 700 - 5588
23	摩根士丹利华鑫基金管理有限公司（中外合资）	50230000	10000	深圳	2003 年 3 月	www. msfunds. com. cn	深圳市福田区滨河大道 5020 号证券大厦 4 楼	400 - 8888 - 668
24	国联安基金管理有限公司（中外合资）	50240000	10000	上海	2003 年 3 月	www. gtja - allianz. com	上海市浦东新区世纪大道 88 号金茂大厦 46 楼	4007000365
25	海富通基金管理有限公司（中外合资）	50250000	15000	上海	2003 年 4 月	www. hftfund. com	上海市浦东新区陆家嘴花园石桥路 66 号东亚银行金融大厦 36 - 37 层	40088 - 40099
26	长信基金管理有限责任公司	50260000	15000	上海	2003 年 4 月	www. cxfund. com. cn	上海市银城中路 68 号时代金融中心 9 楼	400 - 700 - 5566
27	泰信基金管理有限公司	50270000	15000	上海	2003 年 5 月	www. ftfund. com	上海市浦东新区银城中路 200 号中银大厦 42 层	400 - 888 - 5988
28	天治基金管理有限公司	50280000	13000	上海	2003 年 5 月	www. chinanature. com. cn	上海复兴西路 159 号	400 - 886 - 4800
29	景顺长城基金管理有限公司（中外合资）	50290000	13000	深圳	2003 年 6 月	www. invescogreatwall. com	深圳市福田区中心四路 1 号嘉里建设广场第一座 21 层	4008888606
30	广发基金管理有限公司	50300000	12000	广东	2003 年 7 月	www. gffunds. com. cn	广州市海珠区琶洲大道东 1 号保利国际广场南塔 31 - 33 楼	95105828
31	兴业全球人寿基金管理有限公司（中外合资）	50310000	15000	上海	2003 年 9 月	www. xyfunds. com. cn	上海市浦东新区张杨路 500 号时代广场 20 楼	400 - 678 - 0099
32	诺安基金管理有限公司	50330000	15000	深圳	2003 年 12 月	www. lionfund. com. cn	深圳市深南大道 4013 号兴业银行大厦 19 - 20 层	400 - 888 - 8998
33	申万巴黎基金管理有限公司（中外合资）	50340000	15000	上海	2003 年 12 月	www. swbnpp. com	上海市淮海中路 300 号香港新世界大厦 40 层	400 - 880 - 8588
34	中海基金管理有限公司（中外合资）	50350000	13000	上海	2004 年 3 月	www. zhfund. com	上海市浦东新区银城中路 68 号 2905 - 2908 及 30 层整层	400 - 888 - 9788
35	光大保德信基金管理有限公司（中外合资）	50360000	16000	上海	2004 年 4 月	www. epf. com. cn	上海市延安东路 222 号外滩中心 46 楼	400 - 820 - 2888
36	华富基金管理有限公司	50370000	12000	上海	2004 年 3 月	www. hffund. com	上海市浦东南路 588 号浦发大厦 14 楼	400 - 700 - 8001
37	上投摩根基金管理有限公司（中外合资）	50380000	15000	上海	2004 年 4 月	www. 51fund. com	上海浦东新区富城路 99 号震旦大厦 20 楼	4008894888
38	东方基金管理有限责任公司	50390000	10000	北京	2004 年 6 月	www. orient - fund. com	北京市西城区金融大街 28 号盈泰商务中心 2 号楼 16 层	010 - 66578578
39	中银基金管理有限公司（中外合资）	50400000	10000	上海	2004 年 6 月	www. bociim. com	中国上海浦东银城中路 200 号中银大厦 45 层	400 - 888 - 5566
40	东吴基金管理有限公司	50410000	10000	上海	2004 年 8 月	www. scfund. com. cn	上海市源深路 279 号	021 - 50509666
41	国海富兰克林基金管理有限公司（中外合资）	50420000	22000	南宁	2004 年 9 月	www. ftsfund. com	上海浦东富城路 99 号震旦国际大楼 18 层	021 - 38789555
42	天弘基金管理有限公司	50430000	10000	天津	2004 年 10 月	www. thfund. com. cn	天津市河西区马场道 59 号天津国际经济贸易中心 A 座 16 层	400 - 710 - 9999
43	友邦华泰基金管理有限公司（中外合资）	50440000	20000	上海	2004 年 11 月	www. aig - huatai. com	上海浦东民生路 1199 弄证大五道口广场 1 号楼 17 层	400 - 888 - 0001
44	新世纪基金管理有限公司	50450000	10000	重庆	2004 年 12 月	www. ncfund. com. cn	重庆市渝中区较场口 88 号得意商厦 A 座 7 - 2	400 - 710 - 8866
45	汇添富基金管理有限公司	50460000	10000	上海	2005 年 1 月	www. htffund. com	上海市富城路 99 号震旦大厦 21 楼	400 - 888 - 9918
46	工银瑞信基金管理有限公司（中外合资）	50470000	20000	北京	2005 年 6 月	www. icbccs. com. cn	北京市西城区金融大街丙 17 号北京银行大厦 8 层	400 - 811 - 9999
47	交银施罗德基金管理有限公司（中外合资）	50480000	20000	上海	2005 年 7 月	www. jysld. com	上海市浦东新区世纪大道 201 号渣打银行大厦 10 楼	400 - 700 - 5000
48	信诚基金管理有限公司（中外合资）	50490000	20000	上海	2005 年 8 月	www. citicprufunds. com. cn	上海市浦东新区陆家嘴东路 166 号中国保险大厦 8 层	400 - 666 - 0066
49	建信基金管理有限责任公司（中外合资）	50500000	20000	北京	2005 年 9 月	www. ccbfund. cn	北京市西城区金融大街 7 号英蓝国际金融中心 16 层	400 - 81 - 95533
50	华商基金管理有限公司	50510000	10000	北京	2005 年 9 月	www. hsfund. com	北京市西城区阜成门北大街 6 号国际投资大厦 C 座 15 层	400 - 700 - 8880
51	汇丰晋信基金管理有限公司（中外合资）	50520000	20000	上海	2005 年 10 月	www. hsbcjt. cn	上海市富城路 99 号震旦大厦 35 楼	021 - 38789998
52	益民基金管理有限公司	50530000	10000	重庆	2005 年 12 月	www. ymfund. com	北京市宣武区宣武门外大街 10 号庄胜广场中央办公楼南翼 13A	400 - 650 - 8808
53	中邮创业基金管理有限公司	50540000	10000	北京	2006 年 2 月	www. postfund. com. cn	北京市海淀区西直门北大街 60 号首钢国际大厦 10 层	400 - 880 - 1618
54	信达澳银基金管理有限公司（中外合资）	50550000	10000	深圳	2006 年 4 月	www. fscinda. com	广东省深圳市福田区深南大道 7088 号招商银行大厦 24 楼	400 - 8888 - 118
55	诺德基金管理有限公司（中外合资）	50560000	10000	上海	2006 年 5 月	www. lordabbettchina. com	上海市陆家嘴环路 1233 号汇亚大厦 12 楼	400 - 888 - 0009
56	中欧基金管理有限公司（中外合资）	50570000	12000	深圳	2006 年 5 月	www. lcfunds. com	中国上海浦东新区世纪大道 88 号金茂大厦 47 层	021 - 68609700
57	金元比联基金管理有限公司（中外合资）	50580000	15000	上海	2006 年 11 月	www. jykbc. com	上海浦东新区陆家嘴花园石桥路 33 号花旗集团大厦 3608 室	400 - 666 - 0666
58	浦银安盛基金管理有限公司（中外合资）	50590000	20000	上海	2007 年 7 月	www. py - axa. com	上海市淮海中路 381 号中环广场 38 楼	400 - 8828 - 999
59	农银汇理基金管理有限公司（中外合资）	50600000	20000	上海	2008 年 2 月	www. abc - ca. com	上海市浦东新区世纪大道 1600 号浦项商务广场 7 层	021 - 61095599
60	民生加银基金管理有限公司（中外合资）	50610000	20000	深圳	2008 年 10 月	www. msjyfund. com. cn/	深圳市福田区益田路 6009 号新世界商务中心 42 楼	400 - 8888 - 388

证券投资基金目录(2009 年 7 月)

序号	基金名称	基金简称
1	华安创新证券投资基金	华安创新混合
2	南方稳健成长证券投资基金	南方稳健成长混合
3	华夏成长证券投资基金	华夏成长混合
4	国泰金鹰增长证券投资基金	国泰金鹰增长股票
5	鹏华行业成长证券投资基金	鹏华行业成长混合
6	富国天源平衡混合型证券投资基金	富国天源平衡混合
7	易方达平稳增长证券投资基金	易方达平稳增长混合
8	融通新蓝筹证券投资基金	融通新蓝筹混合
9	长盛成长价值证券投资基金	长盛成长价值混合
10	南方宝元债券型基金	南方宝元债券
11	宝盈鸿利收益证券投资基金	宝盈鸿利收益混合
12	博时价值增长证券投资基金	博时价值增长混合
13	华夏债券投资基金	华夏债券
14	嘉实成长收益证券投资基金	嘉实成长收益混合
15	华安 MSCI 中国 A 股指数增强型证券投资基金	华安中国 A 股增强指数
16	大成价值增长证券投资基金	大成价值增长混合
17	银华优势企业证券投资基金	银华优势企业混合
18	万家 180 指数证券投资基金	万家 180 指数
19	国投瑞银融华债券型证券投资基金	国投瑞银融华债券
20	泰达荷银价值优化型成长类行业证券投资基金	泰达荷银成长股票
21	泰达荷银丰价值优化型周期类行业证券投资基金	泰达荷银周期股票
22	泰达荷银价值优化型稳定类行业证券投资基金	泰达荷银稳定股票
23	招商安泰系列开放式证券投资基金－股票	招商安泰股票
24	招商安泰系列开放式证券投资基金－平衡型	招商安泰平衡混合
25	招商安泰债券开放式证券投资基金	招商安泰债券
26	大成债券投资基金	大成债券
27	金鹰成份股优选证券投资基金	金鹰成份优选混合
28	南方避险增值基金	南方避险增值混合
29	嘉实增长开放式证券投资基金	嘉实增长混合
30	嘉实稳健开放式证券投资基金	嘉实稳健混合
31	嘉实债券开放式证券投资基金	嘉实债券
32	鹏华普天债券投资基金	鹏华普天债券
33	鹏华普天收益证券投资基金	鹏华普天收益混合
34	宝康消费品证券投资基金	华宝兴业宝康消费品混合
35	宝康灵活配置证券投资基金	华宝兴业宝康配置混合
36	宝康债券投资基金	华宝兴业宝康债券
37	银河稳健证券投资基金	银河稳健混合
38	银河收益证券投资基金	银河收益债券
39	德盛稳健证券投资基金	国联安稳健混合
40	海富通精选证券投资基金	海富通精选混合
41	博时裕富证券投资基金	博时裕富指数
42	华夏回报证券投资基金	华夏回报混合
43	融通债券投资基金	融通债券
44	融通深证 100 指数证券投资基金	融通深证 100 指数
45	融通蓝筹成长基金	融通蓝筹成长混合
46	景顺长城优选股票证券投资基金	景顺长城优选股票
47	景顺长城货币市场证券投资基金	景顺长城货币
48	景顺长城动力平衡证券投资基金	景顺长城动力平衡混合
49	长盛中信全债指数增强型债券投资基金	长盛全债指数增强债券
50	长城久恒平衡型证券投资基金	长城久恒平衡混合
51	富国天利增长债券投资基金	富国天利增长债券
52	广发聚富证券投资基金	广发聚富混合
53	国泰金龙债券证券投资基金	国泰金龙债券
54	国泰金龙行业精选证券投资基金	国泰金龙行业混合
55	易方达策略成长证券投资基金	易方达策略成长混合
56	华安现金富利投资基金	华安现金富利货币
57	招商现金增值开放式证券投资基金	招商现金增值货币
58	博时现金收益证券投资基金	博时现金收益货币
59	泰信天天收益开放式证券投资基金	泰信天天收益货币
60	银华保本增值证券投资基金	银华保本增值混合
61	南方现金增利基金	南方现金增利货币
62	海富通收益增长证券投资基金	海富通收益增长混合
63	中信经典配置证券投资基金	中信经典配置混合
64	长信利息收益开放式证券投资基金	长信利息收益货币
65	易方达 50 指数证券投资基金	易方达上证 50 指数
66	摩根士丹利华鑫基础行业证券投资基金	大摩基础行业混合
67	银河银泰理财分红证券投资基金	银河银泰混合
68	嘉实服务增值行业开放式证券投资基金	嘉实服务增值行业混合
69	华夏现金增利证券投资基金	华夏现金增利货币
70	申万巴黎盛利精选证券投资基金	申万巴黎盛利精选混合
71	德盛小盘精选证券投资基金	国联安小盘精选混合
72	国投瑞银景气行业证券投资基金	国投瑞银景气行业混合
73	融通行业景气证券投资基金	融通行业景气混合
74	华宝兴业多策略增长开放式证券投资基金	华宝兴业多策略股票
75	兴业可转债混合型证券投资基金	兴业可转债混合
76	鹏华中国 50 开放式证券投资基金	鹏华中国 50 混合
77	长城久泰中信标普 300 指数证券投资基金	长城久泰标普 300 指数
78	诺安平衡证券投资基金	诺安平衡混合
79	长盛动态精选证券投资基金	长盛动态精选混合
80	金鹰中小盘精选证券投资基金	金鹰中小盘精选混合
81	招商先锋证券投资基金	招商先锋混合
82	大成蓝筹稳健证券投资基金	大成蓝筹稳健混合
83	富国天益价值证券投资基金	富国天益价值股票
84	国泰金马稳健回报证券投资基金	国泰金马稳健混合
85	博时精选股票证券投资基金	博时精选股票
86	景顺长城内需增长开放式证券投资基金	景顺长城内需增长股票
87	泰信先行策略开放式证券投资基金	泰信先行策略混合
88	天治财富增长证券投资基金	天治财富增长混合
89	泰达荷银行业精选证券投资基金	泰达荷银精选股票
90	广发稳健增长开放式证券投资基金	广发稳健增长混合
91	华夏大盘精选证券投资基金	华夏大盘精选混合
92	银华－道琼斯 88 精选证券投资基金	银华－道琼斯 88 指数
93	华安宝利配置证券投资基金	华安宝利配置混合
94	光大保德信量化核心证券投资基金	光大保德信量化股票
95	易方达积极成长证券投资基金	易方达积极成长混合
96	上投摩根中国优势证券投资基金	上投摩根中国优势混合
97	万家保本增值证券投资基金	万家增强收益债券
98	中海优质成长证券投资基金	中海优质成长混合
99	南方积极配置证券投资基金	南方积极配置股票(LOF)
100	东方龙混合型开放式证券投资基金	东方龙混合
101	申万巴黎盛利强化配置混合型证券投资基金	申万巴黎盛利强化配置混合
102	诺安货币市场证券投资基金	诺安货币
103	大成精选增值混合型证券投资基金	大成精选增值混合
104	银河银富货币市场基金	银河银富货币
105	上证 50 交易型开放式指数证券投资基金	华夏上证 50ETF
106	中银国际中国精选混合型开放式证券投资基金	中银中国混合(LOF)
107	海富通货币市场证券投资基金	海富通货币
108	博时主题行业股票证券投资基金	博时主题行业股票(LOF)
109	天治品质优选混合型证券投资基金	天治品质优选混合
110	长信银利精选开放式证券投资基金	长信银利精选股票
111	银华货币市场证券投资基金	银华货币
112	东吴嘉禾优势精选混合型开放式证券投资基金	东吴嘉禾优势精选混合
113	易方达货币市场基金	易方达货币
114	广发小盘成长股票型证券投资基金	广发小盘成长股票(LOF)
115	华富竞争力优选混合型证券投资基金	华富竞争力优选混合
116	宝盈泛沿海区域增长股票证券投资基金	宝盈泛沿海增长股票
117	景顺长城鼎益股票型证券投资基金	景顺长城鼎益股票(LOF)
118	嘉实货币市场基金	嘉实货币
119	华宝兴业现金宝货币市场基金	华宝兴业现金宝货币
120	富国天瑞强势地区精选混合型证券投资基金	富国天瑞强势混合
121	泰达荷银风险预算混合型证券投资基金	泰达荷银风险预算混合
122	鹏华货币市场证券投资基金	鹏华货币
123	富兰克林国海中国收益证券投资基金	国富中国收益混合
124	上投摩根货币市场基金	上投摩根货币

序号	基金名称	基金简称
125	中信现金优势货币市场基金	中信现金优势货币
126	友邦华泰盛世中国股票型证券投资基金	友邦华泰盛世中国股票
127	融通巨潮100指数证券投资基金	融通巨潮100指数(LOF)
128	广发货币市场基金	广发货币
129	长城货币市场证券投资基金	长城货币
130	大成货币市场证券投资基金	大成货币
131	中银国际货币市场证券投资基金	中银货币
132	光大保德信货币市场基金	光大保德信货币
133	中海分红增利混合型证券投资基金	中海分红增利混合
134	国泰货币市场证券投资基金	国泰货币
135	华夏红利混合型证券投资基金	华夏红利混合
136	南方高增长证券投资基金	南方高增长股票(LOF)
137	德盛安心成长混合型证券投资基金	国联安安心成长混合
138	万家公用事业行业股票型证券投资基金	万家公用事业行业股票(LOF)
139	海富通股票证券投资基金	海富通股票
140	博时稳定价值债券投资基金	博时稳定价值债券
141	汇添富优势精选混合型证券投资基金	汇添富优势精选混合
142	嘉实沪深300指数证券投资基金	嘉实沪深300指数(LOF)
143	工银瑞信核心价值股票型证券投资基金	工银核心价值股票
144	新世纪优选分红混合型证券投资基金	新世纪优选分红混合
145	易方达稳健收益债券型证券投资基金	易方达稳健收益债券
146	摩根士丹利华鑫资源优选混合型证券投资基金	大摩资源优选混合(LOF)
147	银华核心价值优选股票型证券投资基金	银华价值优选股票
148	交银施罗德精选股票证券投资基金	交银精选股票
149	天弘精选混合型证券投资基金	天弘精选混合
150	上投摩根阿尔法股票型证券投资基金	上投摩根阿尔法股票
151	兴业趋势投资混合型证券投资基金	兴业趋势投资混合(LOF)
152	泰达荷银货币市场基金	泰达荷银货币
153	申万巴黎新动力股票型证券投资基金	申万巴黎新动力股票
154	富国天惠精选成长混合型证券投资基金	富国天惠成长混合(LOF)
155	招商优质成长股票型证券投资基金	招商优质成长股票(LOF)
156	华宝兴业动力组合股票型证券投资基金	华宝兴业动力组合股票
157	中信红利精选股票型证券投资基金	中信红利股票
158	建信恒久价值股票型证券投资基金	建信恒久价值股票
159	长盛货币市场基金	长盛货币
160	诺安股票证券投资基金	诺安股票
161	广发聚丰股票型证券投资基金	广发聚丰股票
162	德盛精选股票证券投资基金	国联安精选股票
163	东方精选混合型开放式证券投资基金	东方精选混合
164	融通易支付货币市场证券投资基金	融通易支付货币
165	天治核心成长股票型证券投资基金	天治核心成长股票(LOF)
166	交银施罗德货币市场证券投资基金	交银货币
167	景顺长城资源垄断股票型证券投资基金	景顺长城资源垄断股票(LOF)
168	中银持续增长股票基金	中银增长股票
169	工银瑞信货币市场基金	工银货币
170	汇添富货币市场基金	汇添富货币
171	易方达深证100交易型开放式指数证券投资基金	易方达深证100ETF
172	光大保德信红利混合基金	光大保德信红利股票
173	南方多利增强债券型证券投资基金	南方多利中短期债券
174	泰达荷银效率优选混合基金	泰达荷银效率优选混合(LOF)
175	长城消费增值股票型证券投资基金	长城消费增值股票
176	大成沪深300指数证券投资基金	大成沪深300指数
177	上证180交易型开放式指数证券投资基金	华安上证180ETF
178	友邦华泰中短期债券投资基金	友邦华泰稳本增利债券
179	国投瑞银核心企业股票型基金	国投瑞银核心企业股票
180	建信货币市场基金	建信货币
181	嘉实超短债证券投资基金	嘉实超短债债券
182	上投摩根双息平衡混合型基金	上投摩根双息平衡混合
183	兴业货币市场基金	兴业货币
184	信诚四季红混合型基金	信诚四季红混合
185	长信金利趋势股票型基金	长信金利趋势股票
186	广发策略优选混合型证券投资基金	广发策略优选混合
187	汇丰晋信2016生命周期开放式证券投资基金	汇丰晋信2016周期混合
188	万家货币市场基金	万家货币
189	海富通强化回报混合型证券投资基金	海富通强化回报混合
190	博时平衡配置混合型基金	博时平衡配置混合
191	富国天时货币市场基金	富国天时货币
192	中小企业板交易型开放式指数基金	华夏中小板ETF
193	银华优质增长基金	银华优质增长股票
194	易方达价值精选股票型证券投资基金	易方达价值精选股票
195	富兰克林弹性市值股票型证券投资基金	国富弹性市值股票
196	华宝兴业收益增长混合型证券投资基金	华宝兴业收益增长混合
197	泰信双息双利债券型证券投资基金	泰信双息双利债券
198	华富货币市场基金	华富货币
199	交银施罗德稳健配置混合型证券投资基金	交银稳健配置混合
200	景顺长城新兴成长股票基金	景顺长城新兴成长股票
201	天治天得利货币市场基金	天治天得利货币
202	招商安本增利债券型证券投资基金	招商安本增利债券
203	申万巴黎收益宝货币市场基金	申万巴黎收益宝货币
204	工银瑞信精选平衡混合型证券投资基金	工银精选平衡混合
205	益民货币市场基金	益民货币
206	鹏华价值优势股票型证券投资基金(LOF)	鹏华价值优势股票(LOF)
207	中信稳定双利债券型证券投资基金	中信稳定双利债券
208	嘉实主题精选混合型证券投资基金	嘉实主题混合
209	南方稳健成长贰号证券投资基金	南方稳健成长贰号混合
210	东方金帐簿货币市场基金	东方金账簿货币
211	汇天富均衡增长股票型证券投资基金	汇添富均衡增长股票
212	华夏平稳增长混合型证券投资基金	华夏稳增混合
213	华夏回报二号证券投资基金	华夏回报二号混合
214	易方达策略成长二号混合型证券投资基金	易方达策略成长二号混合
215	摩根士丹利华鑫货币市场基金	大摩货币
216	长城安心回报混合型证券投资基金	长城安心回报混合
217	华安宏利股票型证券投资基金	华安宏利股票
218	建信优选成长股票型证券投资基金	建信优选成长股票
219	大成财富管理2020生命周期	大成2020生命周期混合
220	光大保德信新增长股票型证券投资基金	光大保德信新增长股票
221	兴业全球视野股票型证券投资基金	兴业全球视野股票
222	上投摩根成长先锋基金	上投摩根成长先锋股票
223	博时价值增长贰号证券投资基金	博时价值增长贰号混合
224	汇丰晋信龙腾股票型开放式基金	汇丰晋信龙腾股票
225	中邮核心优选股票型证券投资基金	中邮核心优选股票
226	国泰金鹏蓝筹价值混合型证券投资基金	国泰金鹏蓝筹混合
227	中银国际收益混合型证券投资基金	中银收益混合
228	景顺长城内需增长贰号股票型证券投资基金	景顺长城内需贰号股票
229	海富通风格优势股票型证券投资基金	海富通风格优势股票
230	交银施罗德成长基金	交银成长股票
231	华宝兴业先进成长股票型基金	华宝兴业先进成长股票
232	长信增利动态策略股票型证券投资基金	长信增利动态策略股票
233	富国天合稳健优选股票型证券投资基金	富国天合稳健股票
234	国投瑞银创新动力股票型证券投资基金	国投瑞银创新动力股票
235	融通动力先锋股票型证券投资基金	融通动力先锋股票
236	银华富裕主题股票证券投资基金	银华富裕主题股票
237	南方绩优成长股票型证券投资基金	南方绩优成长股票
238	上证红利交易型开放式指数证券投资基金	友邦华泰上证红利ETF
239	诺安价值增长股票型证券投资基金	诺安价值增长股票
240	益民红利成长混合型证券投资基金	益民红利成长混合
241	长盛中证指数100证券投资基金	长盛中证100指数
242	华夏优势增长股票型证券投资基金	华夏优势增长股票
243	信诚精萃成长股票型证券投资基金	信诚精萃成长股票
244	万家和谐增长混合型证券投资基金	万家和谐增长混合
245	泰达荷银首选企业股票型证券投资基金	泰达荷银首选企业股票
246	申万巴黎新经济混合型证券投资基金	申万巴黎新经济混合
247	工银瑞信稳健成长股票型证券投资基金	工银稳健成长股票
248	嘉实策略增长混合型证券投资基金	嘉实策略混合
249	泰信优质生活股票型证券投资基金	泰信优质生活股票
250	东吴价值成长双动力股票型证券投资基金	东吴双动力股票
251	长盛同智优势成长混合型证券投资基金(LOF)	长盛同智优势混合(LOF)
252	鹏华动力增长混合型证券投资基金(LOF)	鹏华动力增长混合(LOF)

序号	基金名称	基金简称
253	大成积极成长股票型证券投资基金	大成积极成长股票
254	宝盈策略增长股票型证券投资基金	宝盈策略增长股票
255	德盛优势股票证券投资基金	国联安优势股票
256	中欧新趋势股票型证券投资基金(LOF)	中欧新趋势股票(LOF)
257	长城久富核心成长股票型证券投资基金(LOF)	长城久富股票(LOF)
258	建信优化配置混合型证券投资基金	建信优化配置混合
259	信达澳银领先增长股票型证券投资基金	信达澳银领先增长股票
260	汇添富成长焦点股票型证券投资基金	汇添富成长焦点股票
261	中海能源策略混合型证券投资基金	中海能源策略混合
262	银河银信添利债券型证券投资基金	银河银信添利债券
263	华富成长趋势股票型证券投资基金	华富成长趋势股票
264	富兰克林国海潜力组合股票型证券投资基金	国富潜力组合股票
265	招商核心价值混合型证券投资基金	招商核心价值混合
266	易方达价值成长混合型证券投资基金	易方达价值成长混合
267	海富通精选贰号混合型证券投资基金	海富通精选贰号混合
268	汇丰晋信动态策略混合型证券投资基金	汇丰晋信动态策略混合
269	华安中小盘成长股票型证券投资基金	华安中小盘成长股票
270	国泰金鼎价值精选混合型证券投资基金	国泰金鼎价值混合
271	博时第三产业成长股票证券投资基金	博时第三产业股票
272	上投摩根内需动力股票型证券投资基金	上投摩根内需动力股票
273	诺德价值优势股票型证券投资基金	诺德价值优势股票
274	华夏蓝筹核心混合型证券投资基金(LOF)	华夏蓝筹混合(LOF)
275	鹏华优质治理股票型证券投资基金(LOF)	鹏华优质治理股票(LOF)
276	富国天博创新主题股票型证券投资基金	富国天博创新股票
277	融通领先成长股票型证券投资基金	融通领先成长股票(LOF)
278	工银瑞信增强收益债券型证券投资基金	工银增强收益债券
279	南方成份精选股票兴证券投资基金	南方成份精选股票
280	华商领先企业混合型证券投资基金	华商领先企业混合
281	国泰金牛创新成长股票型基金	国泰金牛创新股票
282	友邦华泰积极成长混合型基金	友邦华泰积极成长混合
283	大成创新成长混合型证券投资基金	大成创新成长混合
284	广发大盘成长混合型证券投资基金	广发大盘成长混合
285	华宝兴业行业精选股票型证券投资基金	华宝兴业行业精选股票
286	景顺长城精选蓝筹股票型证券投资基金	景顺长城精选蓝筹股票
287	博时新兴成长股票型证券投资基金	博时新兴成长股票
288	益民创新优势混合型证券投资基金	益民创新优势混合
289	工银瑞信红利股票型证券投资基金	工银红利股票
290	华安策略优选股票型证券投资基金	华安策略优选股票
291	泰达荷银市值优选股票型证券投资基金	泰达荷银市值优选股票
292	长城品牌优选股票型证券投资基金	长城品牌优选股票
293	交银施罗德蓝筹股票证券投资基金	交银蓝筹股票
294	金元比联宝石动力保本混合型证券投资基金	金元比联宝石保本混合
295	中邮核心成长股票型证券投资基金	中邮核心成长股票
296	光大保德信优势配置股票型证券投资基金	光大保德信优势配置股票
297	诺安中短债证券基金	诺安优化收益债券
298	华夏复兴股票型证券投资基金	华夏复兴股票
299	长盛同德主题增长股票型证券投资基金	长盛同德主题股票
300	南方隆元产业主题股票型证券投资基金	南方隆元产业主题股票
301	国泰沪深 300 指数证券投资基金	国泰沪深 300 指数
302	华夏行业精选股票型证券投资基金(LOF)	华夏行业股票(LOF)
303	嘉实优质企业股票型开放式证券投资基金	嘉实优质企业股票
304	大成景阳领先股票型证券投资基金	大成景阳领先股票
305	易方达科讯股票型证券投资基金	易方达科讯股票
306	国投瑞银成长优选股票型政权投资基金	国投瑞银成长优选股票
307	国投瑞银稳定增利债券型证券投资基金	国投瑞银稳定增利债券
308	汇添富增强收益债券型证券投资基金	汇添富增强收益债券
309	华夏希望债券型证券投资基金	华夏希望债券
310	易方达增强回报债券型证券投资基金	易方达增强回报债券
311	南方盛元红利股票型证券投资基金	南方盛元红利股票
312	广发增强债券型证券投资基金	广发增强债券
313	交银施罗德增利债券证券投资基金	交银增利债券
314	中银动态策略股票基金	中银策略股票
315	中海稳健收益债券基金	中海稳健收益债券
316	工银瑞信信用添利债券型证券投资基金	工银添利债券
317	宝盈资源优选股票型证券投资基金	宝盈资源优选股票
318	浦银安盛价值成长股票型证券投资基金	浦银安盛价值成长股票
319	天弘永利债券型证券投资基金	天弘永利债券
320	东吴行业轮动股票型证券投资基金	东吴行业轮动股票
321	华安稳定收益债券型证券投资基金	华安稳定收益债券
322	兴业社会责任股票型证券投资基金	兴业社会责任股票
323	天治创新先锋股票型证券投资基金	天治创新先锋股票
324	宝盈增强收益债券型证券投资基金	宝盈增强收益债券
325	诺安灵活配置混合型证券投资基金	诺安灵活配置混合
326	上投摩根双核平衡混和型证券投资基金	上投摩根双核平衡混合
327	益民多利债券型证券投资基金	益民多利债券
328	银河竞争优势成长股票型证券投资基金	银河成长股票
329	嘉实研究精选股票型证券投资基金	嘉实研究精选股票
330	博时特许价值股票型证券投资基金	博时特许价值股票
331	富国天成红利灵活配置混合型证券投资基金	富国天成红利混合
332	鹏华丰收债券基金	鹏华丰收债券
333	华富收益增强债券型证券投资基金	华富收益增强债券
334	东方策略成长股票型开放式证券投资基金	东方策略成长股票
335	长盛创新先锋灵活配置混合型证券投资基金	长盛创新先锋混合
336	信诚盛世蓝筹股票型证券投资基金	信诚盛世蓝筹股票
337	国投瑞银稳健增长灵活配置混和型证券投资基金	国投瑞银稳健增长混合
338	国泰金鹿保本增值混合证券投资基金(二期)	国泰金鹿保本混合(二期)
339	南方优选价值股票型证券投资基金	南方优选价值股票
340	易方达中小盘股票型证券投资基金	易方达中小盘股票
341	招商大盘蓝筹股票型证券投资基金	招商大盘蓝筹股票
342	长信双利优选灵活配置混合型证券投资基金	长信双利优选混合
343	泰信优势增长灵活配置混合型证券投资基金	泰信优势增长混合
344	建信稳定增利债券型证券投资基金	建信稳定增利债券
345	万家双引擎灵活配置混合型证券投资基金	万家双引擎灵活配置混合
346	富兰克林国海深化价值股票型证券投资基金	国富深化价值股票
347	申万巴黎竞争优势股票型证券投资基金	申万巴黎竞争优势股票
348	汇添富蓝筹稳健灵活配置混合型证券投资基金	汇添富蓝筹稳健混合
349	广发核心精选股票型证券投资基金	广发核心精选股票
350	友邦华泰价值增长股票型证券投资基金	友邦华泰价值增长股票
351	汇丰晋信 2026 生命周期证券投资基金	汇丰晋信 2026 周期混合
352	中欧新蓝筹灵活配置混合型证券投资基金	中欧新蓝筹混合
353	新世纪优选成长股票型证券投资基金	新世纪优选成长股票
354	信达澳银精华灵活配置混合型证券投资基金	信达澳银精华配置混合
355	工银瑞信大盘蓝筹股票型证券投资基金	工银大盘蓝筹股票
356	农银汇理行业成长股票型证券投资基金	农银行业成长股票
357	大成强化收益债券型证券投资基金	大成强化收益债券
358	银华领先策略股票型证券投资基金	银华领先策略股票
359	长城稳健增利债券型证券投资基金	长城稳健增利债券
360	金元比联成长动力灵活配置混合型证券投资基金	金元比联成长动力混合
361	嘉实多元收益债券型证券投资基金	嘉实多元债券
362	华商盛世成长股票型证券投资基金	华商盛世成长股票
363	泰达荷银集利债权型证券投资基金	泰达荷银集利债券
364	信诚三得益债券型证券投资基金	信诚三得益债券
365	华宝兴业大盘精选股票型证券投资基金	华宝兴业大盘精选股票
366	长盛积极配置债券型证券投资基金	长盛积极配置债券
367	易方达科汇灵活配置混合型证券投资基金	易方达科汇灵活配置混合
368	鹏华盛世创新股票型证券投资基金	鹏华盛世创新股票(LOF)
369	华安核心优选股票型证券投资基金	华安核心股票
370	招商安心收益债券型证券投资基金	招商安心收益债券
371	德胜红利股票型证券投资基金	国联安红利股票
372	景顺长城公司治理股票型证券投资基金	景顺长城公司治理股票
373	华夏策略精选灵活配置混合型证券投资基金	华夏策略混合
374	富兰克林国海强化收益债券型证券投资基金	国富强化收益债券
375	海富通稳健添利债券型证券投资基金	海富通稳健添利债券
376	光大保德信增利收益债券型证券投资基金	光大保德信增利收益债券
377	天治稳健双盈债券型证券投资基金	天治稳健双盈债券
378	诺德主题灵活配置混合型证券投资基金	诺德灵活配置混合
379	东吴优信稳健型证券投资基金	东吴优信稳健债券
380	南方恒元保本混合型证券投资基金	南方恒元保本混合

序号	基金名称	基金简称
381	中银稳健增利债券型证券投资基金	中银增利债券
382	易方达科翔股票型证券投资基金	易方达科翔股票
383	富国天鼎中证红利指数增强型证券投资基金	富国天鼎中证指数增强
384	建信核心精选股票型证券投资基金	建信核心精选股票
385	大成策略回报股票型证券投资基金	大成策略回报股票
386	天弘永定价值成长股票型证券投资基金	天弘永定价值成长股票
387	银华增强收益债券型证券投资基金	银华增强收益债券
388	中海蓝筹灵活配置混合型证券投资基金	中海蓝筹混合
389	汇丰晋信平稳增利债券型证券投资基金	汇丰晋信平稳增利债券
390	金鹰红利价值灵活配置混合型证券投资基金	金鹰红利价值混合
391	申万巴黎添益宝债券型证券投资基金	申万巴黎添益宝债券
392	东方稳健回报债券型证券投资基金	东方稳健回报债券
393	农银汇理恒久增利债券型证券投资基金	农银恒久增利债券
394	华富策略精选灵活配置混合型证券投资基金	华富策略精选混合
395	长信利丰债券型证券投资基金	长信利丰债券
396	广发沪深300指数证券投资基金	广发沪深300指数
397	浦银安盛优化收益债券型证券投资基金	浦银安盛优化收益债券
398	长城双动力股票型证券投资基金	长城双动力股票
399	国投瑞银货币市场基金	国投瑞银货币
400	上投摩根中小盘股票型证券投资基金	上投摩根中小盘股票
401	交银施罗德保本混合型证券投资基金	交银保本混合
402	汇添富价值精选股票型证券投资基金	汇添富价值精选股票
403	华商收益增强债券型证券投资基金	华商收益增强债券
404	华宝兴业增强收益债券型证券投资基金	华宝兴业增强收益债券
405	光大保德信均衡精选股票型证券投资基金	光大保德信均衡精选股票
406	诺德增强收益债券型证券投资基金	诺德增强收益债券
407	工银瑞信沪深300指数证券投资基金	工银沪深300指数
408	诺安成长股票型证券投资基金	诺安成长股票
409	国泰双利债券证券投资基金	国泰双利债券
410	德盛增利债券证券投资基金	国联安增利债券
411	信诚经典优债债券型证券投资基金	信诚经典优债债券
412	宝盈核心优势灵活配置混合型证券投资基金	宝盈核心优势混合
413	嘉实量化阿尔法股票型证券投资基金	嘉实量化阿尔法股票
414	金元比联丰利债券型证券投资基金	金元比联丰利债券
415	南方沪深300指数证券投资基金	南方沪深300指数
416	兴业有机增长灵活配置混合型证券投资基金	兴业有机增长混合
417	富兰克林国海成长动力股票型证券投资基金	国富成长动力股票
418	易方达行业领先企业股票型证券投资基金	易方达行业领先股票
419	民生加银品牌蓝筹灵活配置混合型证券投资基金	民生加银品牌蓝筹混合
420	鹏华沪深300指数证券投资基金(LOF)	鹏华沪深300指数(LOF)
421	中银行业优选灵活配置混合型证券投资基金	中银优选混合
422	信达澳银稳定价值债券型证券投资基金	信达澳银稳定价值债券
423	农银汇理平衡双利混合型证券投资基金	农银平衡双利混合
424	泰达荷银品质生活灵活配置混合型证券投资基金	泰达荷银品质生活混合
425	交银施罗德先锋股票证券投资基金	交银先锋股票
426	华安强化收益债券型证券投资基金	华安强化收益债券
427	融通内需驱动股票型证券投资基金	融通内需驱动股票
428	泰信蓝筹精选股票型证券投资基金	泰信蓝筹精选股票
429	中欧稳健收益债券型证券投资基金	中欧稳健收益债券
430	银河行业优选股票型证券投资基金	银河行业股票
431	银华和谐主题灵活配置混合型证券投资基金	银华和谐主题混合
432	海富通领先成长股票型证券投资基金	海富通领先成长股票
433	友邦华泰货币市场证券投资基金	友邦华泰货币
434	东吴进取策略灵活配置混合型证券投资基金	东吴进取策略混合
435	长盛同庆可分离交易股票型证券投资基金	长盛同庆股票
436	万家精选股票型证券投资基金	万家精选股票
437	国泰区位优势股票型证券投资基金	国泰区位优势股票
438	建信收益增强债券型证券投资基金	建信收益增强债券
439	浦银安盛精致生活灵活配置混合型证券投资基金	浦银安盛精致生活
440	富国优化增强债券型证券投资基金	富国优化增强债券
441	博时信用债券投资基金	博时信用债券
442	申万巴黎消费增长股票型证券投资基金	申万巴黎消费增长股票
443	广发聚瑞股票型证券投资基金	广发聚瑞股票
444	招商行业领先股票型证券投资基金	招商行业领先股票
445	汇丰晋信大盘股票型证券投资基金	汇丰晋信大盘股票
446	东方核心动力股票型开放式证券投资基金	东方核心动力股票
447	中海量化策略股票型证券投资基金	中海量化策略股票
448	上投摩根纯债债券型证券投资基金	上投摩根纯债债券
449	长城景气行业龙头灵活配置混合型证券投资基金	长城景气行业龙头混合
450	诺安增利债券型证券投资基金	诺安增利债券
451	银华内需精选股票型证券投资基金(LOF)	银华内需精选股票
452	金鹰行业优势股票型证券投资基金	金鹰行业优势股票
453	汇添富上证综合指数证券投资基金	汇添富上证综合指数
454	华夏沪深300指数证券投资基金	华夏沪深300指数
455	新世纪泛资源优势灵活配置混合型证券投资基金	新世纪泛资源优势混合
456	天治趋势精选灵活配置混合型证券投资基金	天治趋势精选混合
457	华富价值增长灵活配置混合型证券投资基金	华富价值增长混合
458	民生加银增强收益债券型证券投资基金	民生加银增强收益债券
459	兴业磐稳增利债券型证券投资基金	兴业磐稳增利债券
460	泰信增强收益债券型证券投资基金	泰信债券增强收益
461	长信恒利优势股票型证券投资基金	长信恒利优势股票
462	金盛证券投资基金	国泰金盛封闭
463	开元证券投资基金	南方开元封闭
464	金泰证券投资基金	国泰金泰封闭
465	兴华证券投资基金	华夏兴华封闭
466	安信证券投资基金	华安安信封闭
467	裕阳证券投资基金	博时裕阳封闭
468	普惠证券投资基金	鹏华普惠封闭
469	泰和证券投资基金	嘉实泰和封闭
470	同益证券投资基金	长盛同益封闭
471	景宏证券投资基金	大成景宏封闭
472	汉盛证券投资基金	富国汉盛封闭
473	裕隆证券投资基金	博时裕隆封闭
474	安顺证券投资基金	华安安顺封闭
475	兴和证券投资基金	华夏兴和封闭
476	普丰证券投资基金	鹏华普丰封闭
477	天元证券投资基金	南方天元封闭
478	金鑫证券投资基金	国泰金鑫封闭
479	同盛证券投资基金	长盛同盛封闭
480	景福证券投资基金	大成景福封闭
481	汉兴证券投资基金	富国汉兴封闭
482	裕泽证券投资基金	博时裕泽封闭
483	通乾证券投资基金	融通通乾封闭
484	鸿阳证券投资基金	宝盈鸿阳封闭
485	科瑞证券投资基金	易方达科瑞封闭
486	丰和价值证券投资基金	嘉实丰和价值封闭
487	久嘉证券投资基金	长城久嘉封闭
488	银丰证券投资基金	银河银丰封闭
489	建信优势动力股票型证券投资基金	建信优势动力封闭
490	国投瑞银瑞福分级股票型证券投资基金	国投瑞银瑞福分级封闭
491	大成优选股票型证券投资基金	大成优选封闭
492	富国天丰强化收益债券型证券投资基金	富国天丰强化债券封闭
493	华夏全球精选股票型证券投资基金	华夏全球股票(QDII)
494	华安国际配置基金	华安国际配置混合(QDII)
495	嘉实海外中国股票股票型证券投资基金	嘉实海外中国股票(QDII)
496	银华全球核心优选证券投资基金	银华全球优选(QDII－FOF)
497	南方全球精选配置证券投资基金	南方全球精选配置(QDII－FOF)
498	华宝兴业海外中国成长股票型证券投资基金	华宝兴业海外中国股票(QDII)
499	上投摩根亚太优势股票型证券投资基金	上投摩根亚太优势股票(QDII)
500	工银瑞信中国机会全球配置股票型证券投资基金	工银全球股票(QDII)
501	海富通中国海外精选股票型证券投资基金	海富通中国海外股票(QDII)
502	交银施罗德环球精选价值证券投资基金	交银环球精选股票(QDII)

基金代销机构名录(2009 年 7 月)

1. 商业银行(30 家)

编号	机构名称	网 址	地 址	电话	核准时间
1	中国工商银行	www. icbc. com. cn	北京市西城区复兴门内大街 55 号	95588	2001 年 8 月
2	中国农业银行	www. abchina. com	北京市海淀区复兴路甲 23 号	95599	2001 年 12 月
3	中国银行	www. boc. cn	北京市西城区复兴门内大街 1 号	95566	2001 年 12 月
4	中国建设银行	www. ccb. com	北京市西城区金融大街 25 号	95533	2001 年 7 月
5	交通银行	www. bankcomm. com	上海市银城中路 188 号	95559	2001 年 9 月
6	中信银行	www. ecitic. com	北京市东城区朝阳门北大街 8 号富华大厦 C 座	95558	2002 年 1 月
7	深圳发展银行	www. sdb. com. cn	广东省深圳市深南东路 5047 号	95501	2002 年 5 月
8	上海浦东发展银行	www. spdb. com. cn	上海市中山东一路 12 号	95528	2002 年 7 月
9	招商银行	www. cmbchina. com	广东省深圳市深南大道 7088 号招商银行大厦	95555	2001 年 12 月
10	兴业银行	www. cib. com. cn	上海市江宁路 168 号兴业大厦 9 层	95561	2002 年 8 月
11	中国民生银行	www. cmbc. com. cn	北京市西城区复兴门内大街 2 号	95568	2002 年 9 月
12	中国光大银行	www. cebbank. com	北京市西城区复兴门外大街 6 号光大大厦	95595	2003 年 1 月
13	北京银行	www. bankofbeijing. com. cn	北京市西城区金融大街丙 17 号	010 – 96169	2004 年 10 月
14	华夏银行	www. hxb. com. cn	北京市东城区建国门内大街 22 号华夏银行大厦	95577	2004 年 11 月
15	上海银行	www. bankofshanghai. com. cn	上海市黄浦区中山东二路 585 号	021 – 962888	2005 年 1 月
16	广东发展银行	www. gdb. com. cn	广州市农林下路 83 号广发银行大厦	95508	2005 年 7 月
17	平安银行	www. 18ebank. com	广东省深圳市深南中路 1099 号平安大厦	0755 – 961202	2006 年 7 月
18	中国邮政储蓄银行	www. psbc. com	北京市西城区宣武门西大街 131 号	95580	2006 年 7 月
19	宁波银行	www. nbcb. com. cn	宁波市中山东路 294 号	96528	2008 年 2 月
20	上海农村商业银行	www. shrcb. com	上海市延安西路 728 号华敏翰尊国际	021 – 962999	2008 年 2 月
21	北京农村商业银行	www. bjrcb. com	北京市西城区阜成门内大街 410 号	96198	2008 年 4 月
22	青岛银行	www. qdcb. com	青岛市香港中路 68 号	0532 – 96588	2008 年 5 月
23	徽商银行	www. hsbank. com. cn	合肥市安庆路 79 号徽商银行大厦	96588	2008 年 7 月
24	浙商银行	www. czbank. com	杭州市庆春路 288 号	95105665	2008 年 8 月
25	东莞银行	www. dongguanbank. cn	东莞市城区运河东一路 193 号	0769 – 22118118	2008 年 10 月
26	南京银行	www. njcb. com. cn	南京市淮海路 50 号	025 – 96400	2008 年 10 月
27	杭州银行	www. hccb. com. cn	杭州市凤起路 432 号	96523	2009 年 1 月
28	临商银行	www. lsbchina. com	临沂市沂蒙路 336 号	4006996588	2009 年 2 月
29	温州银行	www. wzcb. com. cn	温州市车站大道温州银行大楼	0577 – 96699	2009 年 5 月
30	汉口银行	www. hankoubank. com	武汉市利济东街 141 号	027 – 85862163	2009 年 6 月

2. 证券公司(81 家)

编号	机构名称	网 址	地 址	电话	核准时间
1	国泰君安	www. gtja. com	上海市延平路 135 号	4008888666	2002 年 7 月
2	广发证券	www. gf. com. cn	广东省广州市天河北路 183 号大都会广场 42 楼	020 – 87555888 – 875	2002 年 8 月
3	国信证券	www. guosen. com. cn	深圳市红岭中路 1012 号国信证券大厦 26 层	8008108868	2002 年 8 月
4	招商证券	www. newone. com. cn	深圳市福田区益田路江苏大厦 A 座 39 – 45 层	95565	2002 年 8 月
5	联合证券	www. lhzq. com	深圳市深南东路 5047 号发展银行大厦 25 层	4008888555	2002 年 8 月
6	中信证券	www. cs. ectitic. com	北京市朝阳区新源南路 6 号京城大厦三层	95558	2002 年 8 月
7	海通证券	www. htsec. com	上海市淮海中路 98 号金钟广场 19 层	4008888001	2002 年 10 月
8	申银万国	www. sywg. com. cn	上海市常熟路 171 号	021 – 962505	2002 年 10 月
9	西南证券	www. swsc. com. cn	重庆市渝中区临江支路 2 号合景国际大厦 A 座 22 – 25 层	023 – 63786187	2003 年 1 月
10	华龙证券	www. hlzqgs. com	甘肃省兰州市城关区静宁路 308 号	0931 – 8730264	2003 年 1 月
11	大同证券	www. dtsbc. com. cn	山西省太原市青年路 8 号	0351 – 4167056	2003 年 1 月
12	民生证券	www. mszq. com	北京市朝阳区朝外大街 16 号中国人寿大厦 1901	4006198888	2003 年 1 月
13	山西证券	www. sxzq. net	山西省太原市府西街 69 号山西国际贸易中心	0351 – 8686868	2003 年 1 月
14	长江证券	www. cjsc. com. cn	武汉市江汉区新华路特 8 号	4008888999	2003 年 2 月
15	中信万通证券	www. zxwt. com. cn	青岛市东海西路 28 号	96577	2003 年 2 月
16	广州证券	www. gzs. com. cn	广州市先烈中路 69 号东山广场主楼 5 楼	020 – 961303	2003 年 2 月
17	兴业证券	www. xyzq. com. cn	上海浦东陆家嘴东路 166 号/福州市湖东路 99 号标力大厦 18 层	021 – 68419974	2003 年 2 月
18	华泰证券	www. htsc. com. cn	南京市中山东路 90 号华泰证券大厦	4008888168	2003 年 2 月
19	渤海证券	www. ewww. com. cn	天津市河西区宾水道 3 号	022 – 28455588	2003 年 2 月
20	中信金通证券	www. bigsun. com. cn	杭州市中河南路 11 号万凯庭院商务楼 A 座	0571 – 96598	2003 年 2 月
21	万联证券	www. wlzq. com. cn	广州市东风东路 836 号东峻广场 3 座 34 – 35 层	4008888133	2003 年 2 月
22	国元证券	www. gyzq. com. cn	安徽省合肥市寿春路 179 号国元大厦	4008888777	2003 年 2 月
23	湘财证券	www. xcsc. com	上海市浦东新区陆家嘴环路 958 号华能联合大厦 5 楼	021 – 68865111	2003 年 3 月
24	东吴证券	www. dwjq. com. cn	江苏省苏州市爱河桥路 28 号	0512 – 96288	2003 年 12 月
25	东方证券	www. dfzq. com. cn	上海市中山南路 318 号 2 号楼	021 – 962506	2004 年 4 月

编号	机构名称	网 址	地 址	电话	核准时间
26	光大证券	www. ebscn. com	上海市浦东南路 528 号上海证券大厦南塔 16 楼	4008888788	2004 年 4 月
27	上海证券	www. 962518. com	上海市九江路 111 号 4 楼	021 –962518	2004 年 5 月
28	国联证券	www. glsc. com. cn	江苏省无锡市县前东街 168 号国联大厦 6 层	0510 –82588168	2004 年 6 月
29	浙商证券	www. stocke. com	深圳市福田区益田路江苏大厦 A 座	95105665	2004 年 6 月
30	平安证券	www. xmpb. com	深圳市福田区八卦岭八卦三路平安大厦	95511	2004 年 8 月
31	华安证券	www. huaans. com. cn	安徽省合肥市阜南路 166 号 A 座	96518	2004 年 8 月
32	东北证券	www. nesc. cn	吉林省长春市自由大路 1138 号证券大厦	0431 –9668899	2004 年 7 月
33	南京证券	www. njzq. com. cn	南京市玄武区鼓楼大钟亭 8 号	025 –83364032	2004 年 8 月
34	长城证券	www. cc168. com. cn	深圳市福田区深南大道 6008 号特区报业大厦	0755 –82288968	2004 年 8 月
35	国海证券	www. ghzq. com. cn	广西自治区南宁市滨湖路 46 号	4008888100	2004 年 9 月
36	财富证券	www. cfzq. com	湖南省长沙市芙蓉中路二段 80 号顺天财富中心	0731 –4403360	2004 年 9 月
37	东莞证券	www. dgzq. com. cn	广东省东莞市莞城区可园南路 1 号金源中心	0769 –961130	2004 年 9 月
38	中原证券	www. ccnew. com	河南郑州市经三路 15 号广汇国际贸易大厦	0371 –967218	2004 年 10 月
39	国都证券	www. guodu. com	北京市东城区东直门南大街 3 号国华投资大厦	8008108809	2004 年 11 月
40	恒泰证券	www. cnht. com. cn	内蒙古呼和浩特市新城区东风路 111 号	0471 –4961259	2004 年 11 月
41	中银国际证券	www. bocichina. com	上海市浦东银城中路 200 号中银大厦	021 –68604866	2004 年 11 月
42	齐鲁证券	www. qlzq. com. cn	山东省济南市经十路 128 号	0531 –82084184	2004 年 11 月
43	华西证券	www. hx168. com. cn	成都市陕西街 239 号	4008888818	2004 年 11 月
44	国盛证券	www. gsstock. com	江西省南昌市永叔路 15 号信达大厦	0791 –6285337	2004 年 11 月
45	新时代证券	www. xsdzq. cn	北京市西城区月坛北街 2 号月坛大厦 15 层	010 –68083601	2004 年 11 月
46	华林证券	www. chinalions. com	深圳市福田区民田路 178 号华融大厦 6 楼	4008802888	2004 年 11 月
47	中金公司	www. cicc. com. cn	北京市建国门外大街 1 号国贸大厦 2 座	010 –85679238	2004 年 12 月
48	宏源证券	www. ehongyuan. com	新疆自治区乌鲁木齐市建设路 2 号宏源大厦	010 –62294600	2004 年 12 月
49	广发华福证券	www. hfzq. com. cn	福建省福州市鼓楼区温泉街道五四路 157 号	0591 –96326	2005 年 1 月
50	世纪证券	www. csco. com. cn	深圳市深南大道 7088 号招商银行大厦	0755 –83199599	2005 年 2 月
51	德邦证券	www. tebon. com. cn	上海浦东新区福山路 500 号城建国际中心 26 楼	021 –68761616 –8125	2005 年 2 月
52	金元证券	www. jyzq. com. cn	深圳市福田区益田路 4001 号时代金融中心	4008888228	2005 年 4 月
53	西部证券	www. westsecu. com	陕西省西安市东新街 232 号信托大厦	029 –87419999	2005 年 4 月
54	东海证券	www. longone. com. cn	上海市浦东新区东方路 989 号中达广场	0519 –8166222	2004 年 9 月
55	信泰证券	www. xtzq. com	江苏省南京市长江路 88 号	025 –84784765	2005 年 3 月
56	江南证券	www. scstock. com	南昌市抚河北路 291 号江西教育出版大厦/深圳市福田区航空大厦	0791 –6768763	2005 年 4 月
57	第一创业证券	www. firstcapital. com. cn	深圳市罗湖区笋岗路 12 号中民时代广场 B 座	0755 –25832686	2005 年 3 月
58	中信建投证券	www. csc108. com	北京市东城区朝内大街 188 号	4008888108	2005 年 12 月
59	财通证券	www. goodyou. com. cn	浙江省杭州市解放路 111 号	0571 –96336	2006 年 7 月
60	安信证券	www. essences. com. cn	深圳市福田区金田路 4018 号安联大厦	0755 –82825555	2007 年 4 月
61	银河证券	www. chinastock. com. cn	北京市西城区金融街 35 号国际企业大厦 C 座	4008888888	2007 年 5 月
62	华鑫证券	www. cfsc. com. cn	上海市肇嘉浜路 750 号	021 –64339000	2008 年 1 月
63	瑞银证券	www. ubs. com	北京市西城区金融大街 7 号英蓝国际金融中心	010 –58328888	2008 年 2 月
64	国金证券	www. china598. com	成都市东城根上街 95 号	4006666598	2008 年 3 月
65	中投证券	www. cjis. cn	深圳市福田区益田路与福华三路交界处深圳国际商会中心	4006008008	2008 年 3 月
66	中山证券	www. zszq. com. cn	深圳市福田区益田路江苏大厦 B 座	0755 –82943750	2008 年 3 月
67	红塔证券	www. hongtazq. com	昆明市北京路 155 号附 1 号红塔大厦	0871 –3577927	2008 年 3 月
68	日信证券	www. rxzq. com. cn	北京西城区闹市口 1 号长安兴融中心西楼 11 层	010 –88086830	2008 年 5 月
69	西藏证券	www. xzsec. com	上海市辉河路 118 号	4008811177	2008 年 5 月
70	方正证券	www. foundersc. com	长沙芙蓉中路二段 200 号	0731 –95571	2008 年 6 月
71	联讯证券	www. lxzq. com. cn	广东省惠州市下埔路 14 号	0752 –2119397	2008 年 6 月
72	天源证券	www. tyzq. com. cn	深圳市民田路新华保险大厦 18 楼	0755 –3333118 –8806	2008 年 8 月
73	江海证券	www. jhzq. com. cn	哈尔滨市香坊区赣水路 56 号	0451 –82269280	2008 年 8 月
74	银泰证券	www. ytzq. net	深圳市福田区竹子林四路紫竹七道 18 号光大银行大厦	0755 –83703759	2008 年 12 月
75	民族证券	www. e5618. com	北京市西城区金融大街 5 号新盛大厦 A 座 6 –9 层	4008895618	2008 年 12 月
76	华宝证券	www. cnhbstock. com	上海市陆家嘴环路 166 号未来资产大厦	021 –38929908	2009 年 1 月
77	厦门证券	www. xmzq. com. cn	厦门市莲前西路 2 号莲富大厦 17 楼	0592 –5163588	2009 年 1 月
78	爱建证券	www. ajzq. com	上海市南京西路 758 号(博爱大厦)20 层 –25 层	021 –32229888	2009 年 1 月
79	英大证券	www. vsun. com	深圳市深南中路华能大厦 30 楼	0755 –26982993	2009 年 3 月
80	信达证券	www. cindasc. com	北京市西城区三里河东路 5 号中商大厦 10 层	4008008899	2009 年 7 月
81	东兴证券	www. dxzq. net	北京市西城区金融大街 5 号新盛大厦 B 座 12 –15 层	010 –66555383	2009 年 7 月

3. 证券投资咨询机构(1 家)

编号	机构名称	网 址	地 址	电话	核准时间
1	天相投顾	www. txsec. com	北京市西城区金融大街 19 号富凯大厦 B 座 701	010 –66045666	2004 年 7 月

4. 专业基金销售机构(无)

QFII 名录(2009 年 7 月)

1. 商业银行(30 家)

序号	QFII 中文全称	QFII 外文全称	资格批准时间
1	瑞士银行	UBS AG	2003 - 5 - 23
2	野村证券株式会社	Nomura Securities Co. ,Ltd.	2003 - 5 - 23
3	摩根士丹利国际股份有限公司	Morgan Stanley & Co. International Limited	2003 - 6 - 5
4	花旗环球金融有限公司	Citigroup Global Markets Limited	2003 - 6 - 5
5	高盛公司	Goldman, Sachs & Co.	2003 - 7 - 4
6	德意志银行	Deutsche Bank Aktiengesellschaft	2003 - 7 - 30
7	香港上海汇丰银行有限公司	The HongKong and Shanghai Banking Corporation Limited	2003 - 8 - 4
8	荷兰安智银行股份有限公司	ING Bank N. V.	2003 - 9 - 10
9	摩根大通银行	JPMorgan Chase Bank	2003 - 9 - 30
10	瑞士信贷(香港)有限公司	Credit Suisse (HongKong) Limited	2003 - 10 - 24
11	渣打银行(香港)有限公司	Standard Chartered Bank (HongKong) Limited	2003 - 12 - 11
12	日兴资产管理有限公司	Nikko Asset Management Co. ,Ltd.	2003 - 12 - 11
13	美林国际	Merrill Lynch International	2004 - 4 - 30
14	恒生银行有限公司	Hangseng Bank	2004 - 5 - 10
15	大和证券 SMBC 株式会社	Daiwa Securities SMBC Co. ,Ltd.	2004 - 5 - 10
16	雷曼兄弟国际(欧洲)公司	Lehman Brothers International (Europe)	2004 - 7 - 6
17	比尔及梅林达盖茨信托基金会	Bill & Melinda Gates Foundation	2004 - 7 - 19
18	景顺资产管理有限公司	INVESCO Asset Management Limited	2004 - 8 - 4
19	荷兰银行有限公司	ABN AMRO Bank N. V.	2004 - 9 - 2
20	法国兴业银行	Société Générale	2004 - 9 - 2
21	巴克莱银行	Barclays Bank PLC	2004 - 9 - 15
22	德雷斯登银行股份公司	Dresdner Bank Aktiengesellschaft	2004 - 9 - 27
23	富通银行	Fortis Bank SA/NV	2004 - 9 - 29
24	法国巴黎银行	BNP Paribas	2004 - 9 - 29
25	加拿大鲍尔公司	Power Corporation of Canada	2004 - 10 - 15
26	东方汇理银行	Calyon S. A.	2004 - 10 - 15
27	高盛国际资产管理公司	Goldman Sachs Asset Management International	2005 - 5 - 9
28	马丁可利投资管理有限公司	Martin Currie Investment Management Ltd	2005 - 10 - 25
29	新加坡政府投资有限公司	Government of Singapore Investment Corporation Pte Ltd	2005 - 10 - 25
30	美国国际集团环球投资公司	AIG Global Investment Corp	2005 - 11 - 14
31	淡马锡富敦投资有限公司	Temasek Fullerton Alpha Investments Pte Ltd	2005 - 11 - 15
32	JF 资产管理有限公司	JF Asset Management Limited	2005 - 12 - 28
33	日本第一生命保险相互会社	The Dai - ichi Mutual Life Insurance Company	2005 - 12 - 28
34	新加坡星展银行	DBS Bank Ltd.	2006 - 2 - 13
35	安保资本投资有限公司	AMP Capital Investors Ltd.	2006 - 4 - 10
36	加拿大丰业银行	Scotia Bank 或 The Bank of Nova Scotia	2006 - 4 - 10
37	比联金融产品英国有限公司	KBC Financial Products UK Limited	2006 - 4 - 10
38	法国爱德蒙得洛希尔银行	La Compagnie FinancierrEdmond de Rothschild Banque	2006 - 4 - 10
39	耶鲁大学	Yale University	2006 - 4 - 14
40	摩根士丹利投资管理公司	Morgan Stanley Investment Management Inc.	2006 - 7 - 7
41	英国保诚资产管理(香港)有限公司	Prudential Asset Management (Hongkong) Limited	2006 - 7 - 7
42	斯坦福大学	Stanford University	2006 - 8 - 5
43	通用资产管理公司	GE Asset Management Incorporated	2006 - 8 - 5
44	大华银行有限公司	United Overseas Bank Limited	2006 - 8 - 5
45	施罗德投资管理有限公司	Schroder Investment Mangement Limited	2006 - 8 - 29
46	汇丰投资管理(香港)有限公司	HSBC Investments (Hongkong) Limited	2006 - 9 - 5
47	新光证券株式会社	Shinko Securities Co. Ltd	2006 - 9 - 5
48	瑞银环球资产管理(新加坡)有限公司	UBS Global Asset Management (Singapore) Ltd	2006 - 9 - 25
49	三井住友资产管理株式会社	Sumitomo Mitsui Asset Management Company, Limited	2006 - 9 - 25
50	挪威中央银行	Norges Bank	2006 - 10 - 24
51	百达资产管理有限公司	Pictet Asset Management Limited	2006 - 10 - 25
52	哥伦比亚大学	The Trustees of Columbia University in the City of New York	2008 - 3 - 12
53	保德信资产运用株式会社	Prudential Asset Management Co. ,Ltd.	2008 - 4 - 7
54	荷宝基金管理公司	Robeco Institutional Asset management B. V.	2008 - 5 - 5
55	道富环球投资管理亚洲有限公司	State Street Global Advisors Asia Limited	2008 - 5 - 16
56	铂金投资管理有限公司	Platinum Investment Company Limited	2008 - 6 - 2
57	比利时联合资产管理有限公司	KBC Asset Management N. V.	2008 - 6 - 2
58	未来资产基金管理公司	Mirae Asset Investment Management Co. , Ltd	2008 - 7 - 25

序号	QFII 中文全称	QFII 外文全称	资格批准时间
59	安达国际控股有限公司	ACE INA International Holdings, Ltd.	2008-8-5
60	魁北克储蓄投资集团	Caisse de dép? t et placement du Québec	2008-8-22
61	哈佛大学	President and Fellows of Harvard College	2008-8-22
62	三星投资信托运用株式会社	Samsung Investment Trust Management Co. , Ltd.	2008-8-25
63	联博有限公司	AllianceBernstein Limited	2008-8-28
64	华侨银行有限公司	Oversea-Chinese Banking Corporation Limited	2008-8-28
65	首域投资管理(英国)有限公司	First State Investment Management (UK) Limited	2008-9-11
66	大和证券投资信托委托株式会社	DAIWA Asset Management Co.	2008-9-11
67	壳牌资产管理有限公司	Shell Asset Management Company B. V.	2008-9-12
68	普信国际公司	T. Rowe Price International, Inc.	2008-9-12
69	法国兴业资产管理有限公司	Société Générale Asset Management SA	2008-10-14
70	瑞士信贷	Credit Suisse	2008-10-14
71	大华投资管理有限公司	UOB Asset Management LTD	2008-11-28
72	阿布达比投资局	ABU Dhabi Investment Authority	2008-12-3
73	德盛安联资产管理卢森堡	Allianz Global Investors Luxembourg S. A.	2008-12-16
74	资本国际公司	Capital International, inc.	2008-12-18
75	三菱日联证券股份有限公司	Mitsubishi UFJ Securities Co. , Ltd.	2008-12-29
76	韩华投资信托管理株式会社	Hanwha Investment Trust Management Co. , Ltd	2009-2-5
77	新兴市场管理有限公司	Emerging Markets Management, L. L. C.	2009-2-10
78	DWS 投资管理有限公司	DWS Investment S. A.	2009-2-24
79	韩国产业银行	The Korea Development Bank	2009-4-23
80	韩国友利银行股份有限公司	Woori Bank Co. , Ltd	2009-5-4
81	马来西亚国家银行	Bank Negara Malaysia	2009-5-19
82	罗祖儒投资管理(香港)有限公司	Lloyd George Management (Hong Kong) Limited	2009-5-27
83	邓普顿投资顾问有限公司	Templeton Investment Counsel, LLC	2009-6-5
84	东亚联丰投资管理有限公司	BEA Union Investment Management Limited	2009-6-18
85	住友信托银行	The Sumitomo Trust & Banking Co. Ltd	2009-6-26
86	韩国投资信托运用株式会社	Korea Investment Trust Management Co. ,Ltd	2009-7-21

2008 年全部基金规模排名

基金代码	基金全称	基金份额
160706	嘉实沪深 300 指数基金	38,622,276,495.03
270005	广发聚丰股票型基金	38,398,014,526.05
482002	工银瑞信货币市场基金	37,584,799,562.40
003003	华夏现金增利基金	37,295,412,545.09
070008	嘉实货币市场基金	36,778,234,782.21
050003	博时现金收益基金	33,580,243,723.76
519018	汇添富均衡增长股票型基金	29,729,999,581.85
377016	上投摩根亚太优势股票型基金	28,299,811,339.00
070012	嘉实海外中国股票股票型基金	26,493,770,586.48
050009	博时新兴成长股票型基金	26,011,795,461.04
090003	大成蓝筹稳健基金	20,800,599,071.33
040008	华安策略优选股票型基金	19,485,080,811.69
240010	华宝兴业行业精选股票型基金	19,436,351,081.55
360007	光大保德信优势配置股票型基金	18,789,195,415.79
050002	博时裕富基金	18,681,572,214.48
090006	大成财富管理 2020 生命周期基金	17,376,792,371.31
160311	华夏蓝筹核心混合型基金	16,978,115,188.43
590002	中邮核心成长股票型基金	37,230,691,891.25
050001	博时价值增长基金	29,553,607,229.78
110003	易方达 50 指数基金	27,053,275,309.49
320003	诺安股票基金	25,013,103,204.20
040003	华安现金富利投资基金	19,894,071,247.09
070009	嘉实超短债基金	20,962,720,874.73
000041	华夏全球精选股票型基金	26,340,452,611.21
161601	融通新蓝筹基金	21,361,657,384.55
070003	嘉实稳健开放式基金	21,201,204,127.47
202801	南方全球精选配置基金	25,226,769,692.11
202301	南方现金增利基金	23,786,696,000.75
110010	易方达价值成长混合型基金	19,605,848,632.19
163402	兴业趋势投资混合型基金	20,130,765,832.39
200008	长城品牌优选股票型基金	18,373,371,888.28
090001	大成价值增长基金	17,241,992,517.13
270007	广发大盘成长混合型基金	17,066,937,518.51
100020	富国天益价值基金	16,947,064,110.93
519694	交银施罗德蓝筹股票基金	16,895,622,061.50
160607	鹏华价值优势股票型基金	16,305,297,163.15
260110	景顺长城精选蓝筹股票型基金	16,213,447,000.79
202005	南方成份精选股票型基金	16,194,710,776.46
519505	海富通货币市场基金	15,838,861,831.75
360001	光大保德信量化核心基金	15,774,224,341.51
200007	长城安心回报混合型基金	15,652,934,669.07
160910	大成创新成长混合型基金	15,200,321,206.98
163803	中银持续增长股票型基金	14,857,711,470.48
530005	建信优化配置混合型基金	14,752,472,386.25
180008	银华货币市场基金	14,751,428,547.98
530002	建信货币市场基金	14,342,517,506.83
240005	华宝兴业多策略增长开放式基金	14,235,675,056.88
002001	华夏回报基金	13,672,885,978.13
040001	华安创新基金	13,148,931,633.62
160606	鹏华货币市场基金	13,133,313,864.27
161607	融通巨潮 100 指数基金	3,278,738,306.66
161609	融通动力先锋股票型基金	3,315,290,869.44
460001	友邦华泰盛世中国股票型基金	13,086,226,857.64
519994	长信金利趋势股票型基金	13,071,317,834.87
202007	南方隆元产业主题股票型基金	12,838,958,302.07
519039	长盛同德主题增长股票型基金	12,804,917,759.23
320005	诺安价值增长股票基金	12,715,504,938.05
180003	银华-道琼斯 88 精选基金	12,605,566,818.45

基金代码	基金全称	基金份额
519588	交银施罗德货币市场基金	12,505,942,693.01
162607	景顺长城资源垄断股票型基金	12,450,291,715.07
519001	银华核心价值优选股票型基金	12,360,206,337.62
519035	富国天博创新主题股票型基金	12,351,614,135.89
320001	诺安平衡基金	12,305,058,444.54
519068	汇添富成长焦点股票型基金	12,250,149,446.54
050201	博时价值增长贰号基金	12,211,279,058.77
217005	招商先锋基金	11,989,092,228.40
040007	华安中小盘成长股票型基金	11,959,558,350.79
483003	工银瑞信精选平衡混合型基金	11,949,203,436.37
590001	中邮核心优选股票型基金	11,587,310,053.02
160314	华夏行业精选股票型基金	11,494,348,088.20
290002	泰信先行策略开放式基金	11,435,204,987.90
519011	海富通精选基金	11,430,002,646.26
110029	易方达科讯股票型基金	11,427,926,544.60
377020	上投摩根内需动力股票型基金	11,368,078,504.34
240006	华宝兴业现金宝货币市场基金	11,237,106,972.61
217004	招商现金增值开放式基金	11,052,076,904.28
090005	大成货币市场基金	10,970,361,152.41
510050	上证50交易型开放式指数基金	10,939,566,757.00
519013	海富通风格优势股票型基金	3,274,034,712.14
121005	国投瑞银创新动力股票型基金	3,008,736,431.80
519029	华夏平稳增长混合型基金	5,986,261,184.60
519697	交银施罗德保本混合型基金	4,956,375,599.84
050008	博时第三产业成长股票基金	10,873,379,636.43
050004	博时精选股票基金	10,872,051,427.29
110006	易方达货币市场基金	10,743,582,440.02
519518	汇添富货币市场基金	10,704,998,541.29
519680	交银施罗德增利债券基金	10,622,651,700.53
162209	泰达荷银市值优选股票型基金	10,584,861,208.71
398011	中海分红增利混合型基金	10,468,123,848.69
398021	中海能源策略混合型基金	10,468,123,848.69
519999	长信利息收益开放式基金	10,463,867,119.32
202002	南方稳健成长贰号基金	10,269,510,336.29
002011	华夏红利混合型基金	10,188,431,639.22
260103	景顺长城动力平衡基金	10,075,611,686.07
160505	博时主题行业股票基金	9,924,662,930.68
162605	景顺长城鼎益股票型基金	9,791,988,787.71
519688	交银施罗德精选股票基金	9,679,695,924.87
001001	华夏债券投资基金	9,634,918,867.22
001011	华夏希望债券型基金	9,460,369,673.63
481001	工银瑞信核心价值股票型基金	9,451,561,606.32
160611	鹏华优质治理股票型基金	9,286,670,066.96
121003	国投瑞银核心企业股票型基金	9,151,485,504.98
180012	银华富裕主题股票型基金	9,117,845,152.69
020005	国泰金马稳健回报基金	9,005,372,374.86
202003	南方绩优成长股票型基金	8,873,401,237.33
400003	东方精选混合型开放式基金	8,828,792,620.43
070011	嘉实策略增长混合型基金	8,725,617,372.30
002021	华夏回报二号基金	8,393,133,820.00
161604	融通通利深证100指数基金	8,356,863,312.13
110005	易方达积极成长基金	8,290,578,497.49
202001	南方稳健成长基金	8,280,946,461.75
160610	鹏华动力增长混合型基金	8,127,041,836.99
630001	华商领先企业混合型基金	8,093,119,238.84
610001	信达澳银领先增长股票型基金	8,092,825,775.73
080011	长盛货币市场基金	8,025,534,489.46
310358	申万巴黎新经济混合型基金	8,007,609,079.08
519005	海富通股票基金	7,996,017,037.21
485105	工银瑞信增强收益债券型基金	7,937,401,023.60
161606	融通行业景气基金	4,868,350,688.20
150002	大成优选股票型基金	4,674,305,067.90
660002	农银汇理恒久增利债券型基金	5,919,822,101.31

基金代码	基金全称	基金份额
519180	万家180指数基金	7,897,741,653.42
290001	泰信天天收益开放式基金	4,318,213,730.83
290003	泰信双息双利债券型基金	625,659,431.59
398001	中海优质成长基金	7,838,285,520.41
070099	嘉实优质企业股票型基金	7,830,620,096.48
310328	申万巴黎新动力股票型基金	5,769,255,195.28
270006	广发策略优选混合型基金	7,715,314,766.58
150005	银河银富货币市场基金	7,689,011,006.05
100022	富国天瑞强势地区精选混合型基金	7,654,311,403.32
163503	天治核心成长股票型基金	7,526,733,509.04
519300	大成沪深300指数基金	7,397,235,977.87
070010	嘉实主题精选混合型基金	7,381,647,533.74
000001	华夏成长基金	7,339,970,038.58
110009	易方达价值精选股票型基金	7,186,866,520.41
217009	招商核心价值混合型基金	7,135,660,706.47
020011	国泰沪深300指数基金	7,032,099,561.45
040002	华安MSCI中国A股指数增强型基金	7,020,648,015.92
360006	光大保德信新增长股票型基金	1,682,680,637.77
519017	大成积极成长股票型基金	3,817,667,707.13
530008	建信稳定增利债券型基金	7,011,502,612.74
162207	泰达荷银效率优选混合型基金	6,783,866,211.42
270001	广发聚富基金	6,723,231,214.61
519021	国泰金鼎价值精选混合型基金	6,657,008,765.84
560003	益民创新优势混合型基金	6,622,389,880.85
420001	天弘精选混合型基金	6,620,183,162.71
519508	万家货币市场基金	6,584,935,074.83
200006	长城消费增值股票型基金	6,532,833,139.54
519003	海富通收益增长基金	6,448,596,724.05
270002	广发稳健增长开放式基金	6,431,915,956.10
450003	富兰克林国海潜力组合股票型基金	6,415,663,871.21
550001	信诚四季红混合型基金	6,337,099,996.49
519019	大成景阳领先股票型基金	6,225,653,481.62
202009	南方盛元红利股票型基金	6,217,055,191.10
370010	上投摩根货币市场基金	6,098,144,498.21
270009	广发增强债券型基金	6,093,608,934.31
162703	广发小盘成长股票型基金	6,053,373,290.67
481006	工银瑞信红利股票型基金	5,832,066,743.08
260108	景顺长城新兴成长股票型基金	5,662,852,268.51
213002	宝盈泛沿海区域增长股票基金	5,650,528,312.90
161706	招商优质成长股票型基金	5,606,269,139.13
519993	长信增利动态策略股票型基金	5,527,528,856.20
100026	富国天合稳健优选股票型基金	5,436,958,830.06
112002	易方达策略成长二号混合型基金	5,379,467,707.64
460002	友邦华泰积极成长混合型基金	5,358,598,817.57
163804	中银收益混合型基金	5,296,363,872.67
070015	嘉实多元收益债券型基金	2,640,816,511.87
161610	融通领先成长股票型基金	5,282,701,389.14
570001	诺德价值优势股票型基金	5,229,522,086.24
020007	国泰货币市场基金	5,068,310,971.61
373010	上投摩根双息平衡混合型基金	5,064,948,409.53
180001	银华优势企业基金	4,918,128,359.54
020010	国泰金牛创新成长股票型基金	4,916,719,915.71
040005	华安宏利股票型基金	4,908,200,581.65
180010	银华优质增长股票型基金	4,834,837,480.68
000031	华夏复兴股票型基金	4,765,925,943.65
000021	华夏优势增长股票型基金	4,765,925,943.65
150003	建信优势动力股票型基金	4,642,655,005.00
070001	嘉实成长收益基金	4,550,439,670.37
121002	国投瑞银景气行业基金	4,523,448,751.39
481004	工银瑞信稳健成长股票型基金	4,518,899,490.74
485107	工银瑞信信用添利债券型基金	4,514,042,662.44
050006	博时稳定价值债券投资基金	4,488,498,886.50
530003	建信优选成长股票型基金	4,484,023,843.15

基金代码	基金全称	基金份额
270004	广发货币市场基金	4,348,482,954.99
217011	招商安心收益债券型基金	4,344,889,264.82
519996	长信银利精选开放式基金	4,341,839,174.61
519078	汇添富增强收益债券型基金	4,287,722,486.16
519007	海富通强化回报混合型基金	4,265,101,900.05
580001	东吴嘉禾优势精选混合型开放式基金	4,262,751,307.81
519601	海富通中国海外精选股票型基金	81,734,839.74
519668	银河竞争优势成长股票型基金	259,558,214.60
040004	华安宝利配置基金	4,217,954,911.77
519015	海富通精选贰号混合型基金	4,216,088,253.32
519696	交银施罗德环球精选价值基金	305,644,419.82
202011	南方优选价值股票型基金	636,232,335.42
150103	银河银泰理财分红基金	4,186,966,976.46
160805	长盛同智优势成长混合型基金	4,151,329,641.29
450002	富兰克林国海弹性市值股票型基金	4,127,534,362.64
110015	易方达行业领先企业股票型基金	4,091,745,438.87
378010	上投摩根成长先锋股票型基金	4,018,971,806.78
162206	泰达荷银货币市场基金	3,929,025,549.03
121009	国投瑞银稳定增利债券型基金	3,902,003,946.45
121011	国投瑞银货币市场基金	3,832,962,892.61
660001	农银汇理行业成长股票型基金	3,779,538,374.62
519181	万家和谐增长混合型基金	3,762,939,235.35
620001	金元比联宝石动力保本混合型基金	3,713,770,386.27
530001	建信恒久价值股票型基金	3,694,833,337.31
163805	中银动态策略股票型基金	3,668,171,713.65
240004	华宝兴业动力组合股票型基金	3,659,618,296.48
240003	华宝兴业宝康债券型基金	3,655,047,917.36
481009	工银瑞信沪深 300 指数基金	3,606,421,751.69
213003	宝盈策略增长股票型基金	3,571,261,820.96
160106	南方高增长基金	3,517,550,541.42
090004	大成精选增值混合型基金	3,505,175,374.21
550002	信诚精萃成长股票型基金	3,487,658,506.06
375010	上投摩根中国优势基金	3,463,785,933.72
110001	易方达平稳增长基金	3,372,797,636.60
630003	华商收益增强债券型基金	1,245,286,863.80
217010	招商大盘蓝筹股票型基金	700,901,773.73
257010	德盛小盘精选基金	3,312,657,065.99
162006	长城久富核心成长股票型基金	3,273,103,020.64
121008	国投瑞银成长优选股票型基金	3,219,087,350.65
090002	大成债券基金	3,200,180,677.19
163802	中银货币市场基金	3,126,514,394.76
288102	中信稳定双利债券型基金	3,089,534,733.54
340007	兴业社会责任股票型基金	3,085,554,400.39
260101	景顺长城优选股票基金	3,085,554,400.39
160603	鹏华普天收益基金	3,079,573,958.06
253020	国联安德盛增利债券基金	3,072,182,200.40
519690	交银施罗德稳健配置混合型基金	3,049,320,927.34
160105	南方积极配置基金	3,010,044,383.60
150001	国投瑞银瑞福分级股票型基金(瑞福进取)	3,000,496,238.00
121007	国投瑞银瑞福分级股票型基金(瑞福优先)	2,999,836,696.31
519023	海富通稳健添利债券型基金	2,979,273,098.74
070017	嘉实量化阿尔法股票型基金	2,961,222,796.80
161605	融通通利蓝筹成长基金	2,954,503,759.78
217003	招商安泰债券基金	2,896,932,638.04
410003	华富成长趋势股票型基金	2,883,463,765.16
519692	交银施罗德成长股票基金	2,879,656,334.56
550004	信诚三得益债券型基金	2,862,036,091.57
560002	益民红利成长混合型基金	2,841,963,103.01
020018	国泰金鹿保本增值混合基金(二期)	2,824,860,413.23
040009	华安稳定收益债券型基金	2,818,035,321.77
160605	鹏华中国 50 开放式基金	2,801,067,544.48
166001	中欧新趋势股票型基金	2,799,891,946.78
340006	兴业全球视野股票型基金	2,782,937,778.77

基金代码	基金全称	基金份额
240009	华宝兴业先进成长股票型基金	2,757,619,360.29
540003	汇丰晋信动态策略混合型基金	2,754,192,247.18
690001	民生加银品牌蓝筹灵活配置混合型基金	2,718,576,495.31
210001	金鹰成份股优选基金	2,702,347,061.50
410001	华富竞争力优选混合型基金	2,675,776,938.29
050007	博时平衡配置混合型基金	2,597,957,817.29
020009	国泰金鹏蓝筹价值混合型基金	2,526,967,759.46
257020	德盛精选股票基金	2,515,779,135.96
090008	大成强化收益债券型基金	1,321,437,592.96
290005	泰信优势增长灵活配置混合型基金	231,678,139.45
580003	东吴行业轮动股票型基金	2,506,029,301.97
288002	中信红利精选股票型基金	2,490,212,638.01
180015	银华增强收益债券型基金	2,466,876,891.58
070005	嘉实债券开放式基金	2,446,709,474.47
260109	景顺长城内需增长贰号股票型基金	2,393,018,702.55
395001	中海稳健收益债券型基金	2,380,984,403.36
310378	申万巴黎添益宝债券型基金	2,379,022,309.66
240001	华宝兴业宝康消费品基金	2,327,992,266.75
020002	国泰金龙债券投资基金	2,300,260,479.70
240008	华宝兴业收益增长混合型基金	2,263,182,938.07
240012	华宝兴业增强收益债券型基金	2,258,208,383.25
163806	中银稳健增利债券型基金	2,249,591,510.93
486001	工银瑞信中国机会全球配置股票型基金	2,226,632,516.02
202211	南方恒元保本混合型基金	2,210,560,398.03
200003	长城货币市场基金	2,202,913,869.06
260102	景顺长城货币市场基金	2,202,668,032.61
100018	富国天利增长债券投资基金	2,180,056,270.83
320002	诺安货币市场基金	2,160,482,400.61
519087	新世纪优选分红混合型基金	2,123,257,149.96
377010	上投摩根阿尔法股票型基金	2,089,358,790.42
519008	汇添富优势精选混合型基金	2,027,113,639.92
161005	富国天惠精选成长混合型基金	2,014,839,133.24
360005	光大保德信红利股票型基金	1,958,968,436.46
162210	泰达荷银集利债券型基金	1,715,876,011.71
202201	南方避险增值基金	1,998,837,795.44
161010	富国天丰强化收益债券型基金	1,998,141,990.50
340001	兴业可转债混合型基金	1,981,317,338.37
340008	兴业有机增长灵活配置混合型基金	1,980,254,871.35
020019	国泰双利债券基金	1,980,213,889.04
110002	易方达策略成长基金	1,945,948,383.33
540005	汇丰晋信平稳增利债券型基金	1,944,833,772.60
202101	南方宝元债券型基金	1,943,515,686.73
310308	申万巴黎盛利精选基金	1,909,925,642.97
580002	东吴价值成长双动力股票型基金	1,877,816,477.29
400001	东方龙混合型开放式基金	1,873,151,808.19
350004	天治天得利货币市场基金	1,833,741,949.41
217008	招商安本增利债券型基金	1,792,264,404.34
151001	银河稳健基金	1,786,357,808.62
110017	易方达增强回报债券型基金	1,775,407,761.30
217001	招商安泰股票基金	1,767,674,309.19
200002	长城久泰中信标普 300 指数基金	1,762,912,993.93
162208	泰达荷银首选企业股票型基金	1,690,902,298.12
070006	嘉实服务增值行业基金	1,684,851,076.34
450001	富兰克林国海中国收益基金	1,646,208,223.96
510081	长盛动态精选基金	1,616,756,574.23
240002	华宝兴业宝康灵活配置基金	1,604,730,615.03
070013	嘉实研究精选股票型基金	1,600,892,516.15
510880	上证红利交易型开放式指数基金	1,589,175,703.00
519100	长盛中证 100 指数基金	1,588,923,503.62
002031	华夏策略精选灵活配置混合型基金	1,583,765,847.96
202015	南方沪深 300 指数基金	1,580,754,997.47
550006	信诚经典优债债券型基金	1,563,621,645.66
519110	浦银安盛价值成长股票型基金	1,554,844,846.55

基金代码	基金全称	基金份额
159902	中小企业板交易型开放式指数基金	1,543,333,503.09
519069	汇添富价值精选股票型基金	1,512,522,680.68
582001	东吴优信稳健债券型基金	1,481,731,088.34
620003	金元比联丰利债券型基金	1,474,806,481.51
110013	易方达科翔股票型基金	1,432,989,704.30
080001	长盛成长价值基金	1,430,722,485.80
257030	德盛优势股票基金	1,425,004,648.44
213007	宝盈增强收益债券型基金	1,394,922,951.57
162201	泰达荷银价值优化型成长类行业基金	1,390,972,697.93
360008	光大保德信增利收益债券型基金	1,353,616,518.00
213001	宝盈鸿利收益基金	1,341,372,594.03
340005	兴业货币市场基金	1,334,606,893.70
519666	银河银信添利债券型基金	1,326,513,318.35
160612	鹏华丰收债券型基金	1,297,911,896.16
410002	华富货币市场基金	1,253,103,462.41
159901	易方达深证100交易型开放式指数基金	1,222,166,634.00
163302	摩根士丹利华鑫资源优选混合型基金	1,207,055,078.75
573003	诺德增强收益债券型基金	1,184,234,685.11
202102	南方多利增强债券型基金	1,183,277,752.99
320007	诺安成长股票型基金	1,167,838,082.92
180002	银华保本增值基金	1,153,466,744.00
163801	中银中国精选混合型基金	1,143,305,185.35
450007	富兰克林国海成长动力股票型基金	1,109,598,820.51
373020	上投摩根双核平衡混合型基金	1,105,785,352.37
510080	长盛中信全债指数增强型债券投资基金	1,103,037,594.27
481008	工银瑞信大盘蓝筹股票型基金	1,095,918,689.21
450004	富兰克林国海深化价值股票型基金	1,092,456,582.54
100025	富国天时货币市场基金	1,091,140,414.11
162204	泰达荷银行业精选基金	1,070,289,166.65
540002	汇丰晋信龙腾股票型开放式基金	1,066,598,364.96
090007	大成策略回报股票型基金	1,058,010,199.76
288001	中信经典配置基金	1,056,980,784.06
360010	光大保德信均衡精选股票型基金	1,040,503,238.27
400009	东方稳健回报债券型基金	1,019,142,253.53
100016	富国天源平衡混合型基金	914,512,075.54
100032	富国天鼎中证红利指数增强型基金	905,559,026.38
270008	广发核心精选股票型基金	894,433,784.41
206001	鹏华行业成长基金	837,428,180.01
379010	上投摩根中小盘股票型基金	826,057,598.05
519989	长信利丰债券型基金	819,356,829.46
360003	光大保德信货币市场基金	813,709,832.13
350006	天治稳健双盈债券型基金	787,576,971.03
020001	国泰金鹰增长基金	781,833,726.46
213006	宝盈核心优势灵活配置混合型基金	776,687,900.16
519111	浦银安盛优化收益债券型基金	771,272,160.17
070002	嘉实增长开放式基金	770,915,268.59
110011	易方达中小盘股票型基金	756,515,802.75
110012	易方达科汇灵活配置混合型基金	755,498,196.68
450005	富兰克林国海强化收益债券型基金	754,322,578.46
398031	中海蓝筹灵活配置混合型基金	746,402,589.05
400005	东方金账簿货币市场基金	744,089,157.49
161902	万家增强收益债券型基金	733,509,260.57
080003	长盛积极配置债券型基金	694,276,210.72
110007	易方达稳健收益债券型基金	682,662,127.13
162202	泰达荷银价值优化型周期类行业基金	678,091,070.83
162203	泰达荷银价值优化型稳定类行业基金	673,132,772.44
260104	景顺长城内需增长开放式基金	671,659,969.22
160602	鹏华普天债券基金	659,272,795.31
270010	广发沪深300指数基金	653,693,988.31
519066	汇添富蓝筹稳健灵活配置混合型基金	652,444,976.56
000011	华夏大盘精选基金	648,220,249.59
288101	中信现金优势货币市场基金	647,420,746.91
519519	友邦华泰金字塔稳本增利债券型基金	610,639,133.45

基金代码	基金全称	基金份额
050010	博时特许价值股票型基金	603,958,858.12
200009	长城稳健增利债券型基金	583,027,854.26
161603	融通通利债券投资基金	577,940,765.35
020003	国泰金龙行业精选基金	570,977,489.60
161903	万家公用事业行业股票型基金	538,024,837.12
550003	信诚盛世蓝筹股票型基金	531,236,226.66
530006	建信核心精选股票型基金	510,206,857.38
320006	诺安灵活配置混合型基金	505,716,353.76
184705	裕泽基金	500,000,000.00
184703	金盛基金	500,000,000.00
200010	长城双动力股票型基金	485,751,247.50
320004	诺安优化收益债券型基金	465,830,873.80
540001	汇丰晋信2016生命周期开放式基金	459,942,352.47
040011	华安核心优选股票型基金	456,443,101.94
350001	天治财富增长基金	449,209,064.18
080002	长盛创新先锋灵活配置混合型基金	440,690,225.95
257040	德盛红利股票基金	439,045,326.34
240011	华宝兴业大盘精选股票型基金	411,025,835.66
410004	华富收益增强债券型基金	408,152,644.46
161608	融通易支付货币市场基金	378,855,700.23
210002	金鹰红利价值灵活配置混合型基金	367,018,547.39
560005	益民多利债券型基金	325,169,502.38
213008	宝盈资源优选股票型基金	317,001,511.30
200001	长城久恒平衡型基金	299,646,783.75
121001	国投瑞银融华债券型基金	293,421,070.39
420003	天弘永定价值成长股票型基金	291,108,692.74
160613	鹏华盛世创新股票型基金	285,590,704.46
121006	国投瑞银稳健增长灵活配置混合型基金	284,334,779.89
310338	申万巴黎收益宝货币市场基金	277,358,454.57
540004	汇丰晋信2026生命周期基金	275,250,784.30
460005	友邦华泰价值增长股票型基金	274,400,011.91
151002	银河收益基金	273,966,775.24
410006	华富策略精选灵活配置混合型基金	259,529,174.56
519991	长信双利优选灵活配置混合型基金	247,727,720.54
571002	诺德主题灵活配置混合型基金	238,722,490.00
290004	泰信优质生活股票型基金	231,678,139.45
420002	天弘永利债券型基金	231,427,546.29
350002	天治品质优选混合型基金	217,312,317.87
163303	摩根士丹利华鑫货币市场基金	214,960,157.68
233001	摩根士丹利华鑫基础行业基金	204,411,394.16
166002	中欧新蓝筹灵活配置混合型基金	201,746,611.23
510180	上证180交易型开放式指数基金	197,022,674.00
040006	华安国际配置基金	196,580,000.00
241001	华宝兴业海外中国成长股票型基金	185,308,217.36
180013	银华领先策略股票型基金	175,851,521.45
162102	金鹰中小盘精选基金	173,823,362.59
100029	富国天成红利灵活配置混合型基金	170,471,980.61
560001	益民货币市场基金	166,775,174.62
253010	德盛安心成长混合型基金	166,057,026.62
610002	信达澳银精华灵活配置混合型基金	164,711,651.37
350005	天治创新先锋股票型基金	159,966,275.55
630002	华商盛世成长股票型基金	157,638,877.79
400007	东方策略成长股票型基金	149,774,753.47
255010	德盛稳健基金	145,864,779.36
183001	银华全球核心优选基金	144,270,129.02
162205	泰达荷银风险预算混合型基金	129,425,882.66
260111	景顺长城公司治理股票型基金	126,991,942.47
310368	申万巴黎竞争优势股票型基金	120,448,461.04
620002	金元比联成长动力灵活配置混合型基金	103,456,054.96
217002	招商安泰平衡型基金	99,175,503.01
310318	申万巴黎盛利强化配置混合型基金	89,396,376.51
519089	新世纪优选成长股票型基金	88,922,750.98
519183	万家双引擎灵活配置混合型基金	54,710,993.49

2008 年底开放式基金最新净值排名

代码	简称	最新净值	累计净值	日增值	日增长率%	周增%	月增%	季增%	半年增%	年增%
000011	华夏大盘基金	4.687	4.967	-0.065	-1.3678	-1.9456	5.1368	--	-10.8257	--
510180	180etf 基金	4.206	1.5843	-0.03	-0.2644	-1.067	-0.0166	--	-12.4624	--
377010	上投 α 基金	3.4587	3.4987	0.005	0.1448	-0.4347	6.958	--	-21.2679	--
162204	荷银精选基金	2.81	2.98	0.0005	0.0178	-0.457	3.5983	--	-20.175	--
070002	嘉实增长基金	2.715	3.256	-0.021	-0.7675	-0.1838	6.3038	--	-16.2296	--
110002	易基策略基金	2.684	3.434	0.001	0.0373	-0.0745	2.7565	--	-16.6202	--
070006	嘉实服务基金	2.166	2.486	-0.013	-0.5966	-1.0507	4.2348	--	-18.9068	--
202202	南方避险基金	2.1325	2.6765	0.0005	0.0235	0.061	1.858	--	1.9554	--
260104	景顺内需增长基金	2.063	2.933	-0.007	-0.3382	-2.0883	2.4839	--	-24.3491	--
340006	兴业全球视野基金	2.0059	2.0059	-0.0045	-0.2238	-1.4154	4.3598	--	-23.0069	--
519008	添富优势基金	1.9808	3.5408	-0.0002	-0.0101	0.1669	4.7543	--	-14.2511	--
159901	深证 100etf	1.979	2.099	-0.025	-1.2475	-4.8558	-1.5912	--	-32.1331	--
002011	华夏红利基金	1.921	2.754	-0.005	-0.2596	-0.7235	3.0579	--	-17.7302	--
240008	华宝收益基金	1.8117	1.8117	-0.0084	-0.4615	-1.7037	4.7892	--	-27.7084	--
540001	汇丰 2016 基金	1.6888	1.7888	0.0022	0.1304	-0.1655	0.7637	--	-6.0525	--
040005	华安宏利基金	1.6399	2.0299	-0.0017	-0.1036	-0.5338	4.7458	--	-23.2867	--
378010	上投先锋基金	1.6188	1.6188	-0.0026	-0.1604	-1.4849	2.9705	--	-19.7143	--
217002	招商安泰平衡基金	1.5873	2.2023	-0.0017	-0.107	-0.5389	0.4684	--	-8.844	--
375010	上投优势基金	1.5632	4.1832	-0.0051	-0.3252	-1.8337	-0.0192	--	-29.8825	--
519692	交银成长基金	1.5364	1.7164	-0.0032	-0.2078	-1.771	0.7211	--	-21.756	--
151002	银河收益基金	1.5065	1.8865	-0.0011	-0.073	-0.4164	1.7355	--	4.9134	--
288002	中信红利基金	1.4921	2.8921	-0.0026	-0.1739	0.397	6.0107	--	-16.8376	--
510880	红利 etf 基金	1.471	1.471	-0.022	-1.4735	-4.3563	-5.0968	--	-35.9599	--
000021	华夏优势基金	1.453	1.573	-0.002	-0.1375	-0.4112	4.7585	--	-19.8566	--
360005	光大红利基金	1.4147	2.0727	-0.0031	-0.2186	-1.0907	2.8798	--	-34.2489	--
159902	中小板基金	1.41	1.41	-0.01	-0.7042	0.7863	8.9645	--	-21.4485	--
240009	华宝先进基金	1.3961	1.3961	-0.0035	-0.2501	-2.2339	3.4991	--	-26.6947	--
510050	上证 50etf 基金	1.39	1.789	-0.005	-0.3633	-3.0063	-1.4966	--	-35.1553	--
288001	中信经典基金	1.3649	2.3649	-0.0042	-0.3068	-1.4299	1.7291	--	-14.6137	--
255010	德盛稳健基金	1.33	1.95	-0.004	-0.2999	-1.4085	1.6043	--	-17.34	--
160505	博时主题基金	1.323	2.784	-0.001	-0.0755	-1.2687	2.3994	--	-20.731	--
100018	富国天利债券基金	1.2632	1.7882	0.0002	0.0158	0.2699	2.2503	--	6.8878	--
162205	荷银风险预算基金	1.2557	2.0057	-0.0008	-0.0637	0.0159	0.464	--	-1.4983	--
070005	嘉实债券基金	1.229	1.639	0.001	0.0814	-0.1625	2.4167	--	6.1313	--
161603	融通债券基金	1.217	1.442	0.001	0.0822	-0.0821	2.2689	--	7.3192	--
110001	易基平稳基金	1.215	2.445	-0.001	-0.0822	-0.6541	-0.2463	--	-11.7006	--
519690	交银稳健基金	1.2084	2.0384	-0.0059	-0.4859	-3.0877	2.6329	--	-24.4892	--
240003	宝康债券基金	1.1896	1.6096	0	0	0.0336	1.7325	--	5.6973	--
510080	长盛债券基金	1.1891	1.8591	0.0009	0.0757	-0.0252	3.1847	--	4.9329	--
001001	华夏债券 a/b 基金	1.153	1.503	0	0	-0.1732	2.2668	--	10.2727	--
162703	广发小盘基金	1.1527	2.4627	-0.0083	-0.7149	-3.3942	-0.0173	--	-29.9781	--
217008	招商安本增利基金	1.1482	1.2482	0.0001	0.0087	-0.087	1.863	--	4.6482	--
160605	鹏华中国 50 基金	1.142	2.672	0	0	-0.1748	3.7239	--	-17.1263	--
001003	华夏债券 c 类基金	1.141	1.491	0	0	-0.175	2.2907	--	10.0825	--
485105	工银瑞信增强收益 a 类	1.136	1.236	0.0001	0.0088	0.0176	3.104	--	11.0604	--
217003	招商债券基金	1.1353	1.4518	0.0001	0.0088	-0.1934	3.2091	--	6.8396	--
202003	南方绩优成长基金	1.1302	1.6302	0.0047	0.4176	1.4451	5.7813	--	-18.1113	--
485005	工银瑞信增强收益 b 类	1.1277	1.2277	0.0001	0.0089	0.0089	3.0616	--	10.8287	--
160602	鹏华普天债券基金	1.127	1.306	0	0	-0.0887	2.1701	--	4.8085	--
163302	摩根士丹利华鑫资源	1.1233	2.3583	-0.006	-0.5313	-1.6805	1.0798	--	-13.6388	--
217203	招商安泰债券 b 基金	1.1215	1.438	0.0002	0.0178	-0.1958	3.1834	--	6.5821	--
050106	博时稳定价值债券 a 类	1.116	1.224	0.001	0.0897	0.0897	2.9514	--	10.3256	--
163801	中银中国基金	1.115	2.545	0.0021	0.1887	-0.2951	3.1643	--	-11.7601	--
270009	广发增强债券基金	1.115	1.115	0	0	-0.1791	2.1062	--	10.835	--
450002	国富弹性基金	1.1111	2.0211	-0.0073	-0.6527	-2.2588	3.6689	--	-24.7791	--
050006	博时稳定价值债券 b 类	1.111	1.219	0.001	0.0901	0.0901	2.9643	--	10.0652	--
270006	广发优选基金	1.1057	1.7857	-0.0024	-0.2166	-1.1886	1.4871	--	-17.7292	--
200001	长城久恒平衡基金	1.105	2.215	-0.002	-0.1807	-0.8079	2.5998	--	-13.3333	--
110017	易方达增强回报 a	1.104	1.104	0.001	0.0907	-0.0905	3.3708	--	9.7416	--
530008	建信稳定增利基金	1.103	1.118	0	0	-0.0906	2.3191	--	11.8	--
160608	鹏华普天债券 b 基金	1.102	1.281	0	0	-0.0907	2.0372	--	4.4424	--
519680	交银增利 a/b 基金	1.1	1.13	0.0004	0.0364	-0.1724	2.4304	--	12.3037	--
180010	银华优质增长基金	1.0991	2.2991	-0.0048	-0.4348	-1.6113	0.1367	--	-25.9466	--

代码	简称	最新净值	累计净值	日增值	日增长率%	周增%	月增%	季增%	半年增%	年增%
110018	易方达增强回报 b	1.099	1.099	0	0	-0.2722	3.1925	- -	9.4622	- -
519682	交银增利 c 类基金	1.0962	1.1262	0.0003	0.0274	-0.1912	2.3721	- -	12.0374	- -
519519	友邦增利 a 基金	1.0955	1.1285	-0.0001	-0.0091	-0.2549	2.6133	- -	7.5285	- -
040009	华安收益 a 基金	1.0953	1.0953	0	0	-0.1003	2.0307	- -	9.0393	- -
485107	工银瑞信添利 a 基金	1.0943	1.1143	0.0004	0.0366	-0.2097	2.7194	- -	10.7104	- -
460003	友邦增利 b 基金	1.0924	1.1254	-0.0001	-0.0092	-0.2557	2.592	- -	7.3717	- -
040010	华安收益 b 基金	1.0921	1.0921	-0.0001	-0.0092	-0.1189	1.9892	- -	8.7966	- -
485007	工银瑞信添利 b 基金	1.091	1.111	0.0004	0.0367	-0.2104	2.6802	- -	10.4813	- -
519029	华夏稳增基金	1.088	1.793	-0.004	-0.3663	-1.0909	2.0638	- -	-24.81	- -
395001	中海稳健收益基金	1.087	1.117	0.002	0.1843	0.0921	2.741	- -	10.5941	- -
202102	南方多利债券基金	1.0863	1.1515	0.0006	0.0553	-0.3486	1.3623	- -	5.2464	- -
288102	中信双利基金	1.086	1.375	0.0019	0.1753	0.1845	4.096	- -	14.7476	- -
200009	长城稳健增利基金	1.084	1.084	0	0	-0.276	2.8463	- -	- -	- -
519667	银河银信添利 a 基金	1.0829	1.2039	0.0002	0.0185	-0.1751	2.2539	- -	7.9179	- -
001011	华夏希望债券 a 级	1.082	1.112	0	0	-0.1845	2.112	- -	10.2081	- -
519666	银河银信添利 b 基金	1.0805	1.2015	0.0002	0.0185	-0.1848	2.2112	- -	7.7065	- -
213007	宝盈增强收益 a/b	1.0804	1.0804	0	0	-0.0555	1.8669	- -	7.7061	- -
001013	华夏希望债券 c 级	1.08	1.11	0	0	-0.0925	2.2099	- -	10.119	- -
213917	宝盈增强收益 c 基金	1.0795	1.0795	-0.0001	-0.0093	-0.0648	1.8396	- -	- -	- -
020002	国泰金龙债券 a 类	1.075	1.364	0.001	0.0931	-0.1823	2.2409	- -	8.8867	- -
020012	国泰金龙债券 c 类	1.073	1.362	0.001	0.0933	-0.1826	2.1495	- -	8.6914	- -
290003	泰信双息债券基金	1.068	1.1223	0.0012	0.1125	-0.1496	2.4854	- -	6.5709	- -
121009	国投瑞银稳定增利	1.0656	1.0956	0.0001	0.0094	-0.1031	2.069	- -	8.0687	- -
519078	汇添富增强收益基金	1.065	1.095	0.001	0.094	-0.0938	1.8605	- -	8.5233	- -
420102	天弘永利 b 基金	1.0636	1.0766	0.0003	0.0282	-0.1221	2.0044	- -	6.9329	- -
320004	诺安优化债券基金	1.0631	1.1127	-0.0003	-0.0282	0.113	1.2959	- -	3.2919	- -
090008	大成强债基金	1.0624	1.0624	0.0002	0.0188	-0.1785	1.4903	- -	- -	- -
090002	大成债券基金	1.0612	1.4212	0.0003	0.0283	-0.1787	1.5304	- -	8.3462	- -
420002	天弘永利 a 基金	1.0602	1.0732	0.0002	0.0189	-0.1319	1.9227	- -	6.6799	- -
410004	华富收益增强 a 基金	1.0599	1.0799	0.0009	0.085	0.4074	2.614	- -	7.8498	- -
160612	鹏华丰收债券基金	1.059	1.079	0	0	0	1.7925	- -	7.6846	- -
540002	汇丰龙腾基金	1.0573	1.5233	-0.0017	-0.1605	-1.5641	3.6162	- -	-22.2116	- -
410005	华富收益增强 b 基金	1.0573	1.0773	0.0009	0.0852	0.4084	2.5808	- -	7.6224	- -
110008	易方达稳健收益 b	1.0553	1.1299	0.0005	0.0474	-0.0284	1.6361	- -	7.0708	- -
110007	易方达稳健收益 a	1.0537	1.1263	0.0005	0.0475	-0.0379	1.6037	- -	6.9067	- -
050004	博时精选基金	1.0519	2.4419	-0.0016	-0.1519	-1.1093	1.3196	- -	-24.4053	- -
020018	国泰金鹿保本(二期)	1.051	1.051	0	0	0	1.35	- -	5.1	- -
550004	信诚三得益 a 基金	1.049	1.052	0	0	-0.2852	1.8447	- -	- -	- -
550005	信诚三得益 b 基金	1.048	1.051	0	0	-0.2854	1.8465	- -	- -	- -
121001	国投融华基金	1.0463	1.9983	-0.0017	-0.1622	-0.5891	1.3955	- -	-2.7421	- -
160106	南方高增基金	1.0451	2.3491	-0.0038	-0.3623	-1.0134	3.4577	- -	-21.6779	- -
092002	大成债券 c 类基金	1.0437	1.4037	0.0003	0.0288	-0.1817	1.499	- -	8.1215	- -
217011	招商安心收益基金	1.043	1.043	0.001	0.096	-0.0958	2.4558	- -	- -	- -
610002	信达澳银精华灵活配置	1.04	1.04	0	0	0.3861	1.2658	- -	- -	- -
162210	泰达荷银集利 a 基金	1.0394	1.0394	0.0001	0.0096	-0.0673	2.2227	- -	- -	- -
560005	益民多利基金	1.039	1.08	0.0002	0.0193	-0.0925	1.9253	- -	7.849	- -
162299	泰达荷银集利 c 基金	1.0386	1.0386	0.0001	0.0096	-0.0674	2.2043	- -	- -	- -
070015	嘉实多元 a 基金	1.038	1.051	0	0	-0.3839	1.9399	- -	- -	- -
161010	富国天丰基金	1.038	1.042	0.002	0.1931	0.4822	2.3576	- -	- -	- -
070016	嘉实多元 b 基金	1.037	1.05	0.001	0.0965	-0.3842	1.9417	- -	- -	- -
481004	工银成长基金	1.0368	1.0368	-0.0034	-0.3269	-0.7372	2.4607	- -	-25.6294	- -
161902	万家增强收益债券	1.0347	1.5369	0.0007	0.0677	0.0457	2.8992	- -	9.2723	- -
240002	宝康配置基金	1.0345	2.6245	-0.0033	-0.318	-1.9059	2.8534	- -	-20.7523	- -
180002	银华保本增值基金	1.0328	1.1728	0.0006	0.0581	0.2426	1.5736	- -	2.5621	- -
450006	富兰克林国海强化收益 c	1.0325	1.0325	0.0003	0.0291	-0.1064	- -	- -	- -	- -
450005	富兰克林国海强化收益 a	1.0325	1.0325	0.0003	0.0291	-0.1064	2.5832	- -	- -	- -
002031	华夏策略精选基金	1.032	1.032	- -	- -	- -	2.0772	- -	- -	- -
620001	金元比联宝石动力保本	1.031	1.031	-0.0003	-0.0291	-0.0194	1.3467	- -	6.7619	- -
519023	海富通稳健添利基金	1.031	1.031	0	0	-0.0969	1.277	- -	- -	- -
519066	汇添富蓝筹稳健基金	1.03	1.03	0.002	0.1946	0.7828	1.4778	- -	- -	- -
620002	金元比联成长动力	1.029	1.029	0.002	0.1947	-0.3872	1.2795	- -	- -	- -
070013	嘉实研究精选基金	1.029	1.029	-0.002	-0.194	-0.2907	8.5443	- -	5.3224	- -
080003	长盛积极配置基金	1.0264	1.0264	0.0002	0.0195	-0.2236	2.0278	- -	- -	- -
582001	东吴优信稳健基金	1.0244	1.0244	0.0002	0.0195	-0.1949	1.9709	- -	- -	- -
002001	华夏回报基金	1.023	3.035	-0.002	-0.1951	-0.4864	2.505	- -	-9.5491	- -
519183	万家双引擎基金	1.0219	1.0419	-0.0033	-0.3219	-0.4776	0.6764	- -	4.19	- -
161609	融通动力先锋基金	1.02	1.42	-0.001	-0.0979	-1.5444	3.2389	- -	-21.1747	- -

代码	简称	最新净值	累计净值	日增值	日增长率%	周增%	月增%	季增%	半年增%	年增%
360008	光大增利a类基金	1.02	1.02	0	0	-0.0979	1.3917	--	--	--
360009	光大增利c类基金	1.019	1.019	0	0	-0.098	1.393	--	--	--
070009	嘉实短债基金	1.0183	1.1046	0	0	0.0098	0.8097	--	3.7178	--
202211	南方恒元基金	1.018	1.018	0.001	0.0983	0	1.4955	--	--	--
340001	兴业转基基金	1.0169	2.4829	0.0014	0.1379	-0.0098	1.7511	--	-3.7118	--
180013	银华领先基金	1.0166	1.0166	-0.0026	-0.2551	-0.8098	-0.4505	--	--	--
160613	鹏华创新基金	1.016	1.016	-0.001	-0.0983	0.1972	0.7937	--	--	--
350006	天治稳健双盈基金	1.0154	1.0154	-0.0001	-0.0098	-0.1082	--	--	--	--
550003	信诚盛世蓝筹基金	1.015	1.015	-0.001	-0.0984	0.2964	3.6772	--	1.9076	--
630002	华商盛世成长基金	1.0125	1.0125	-0.0018	-0.1775	0.4066	0.5961	--	--	--
163806	中银增利基金	1.011	1.011	0	0	-0.0988	0.6972	--	--	--
540005	汇丰晋信平稳增利	1.01	1.01	0.0003	0.0297	-0.1384	--	--	--	--
257040	德盛红利基金	1.01	1.01	-0.003	-0.2962	0.3976	0.7984	--	--	--
180015	银华增强收益基金	1.01	1.01	0	0	-0.0989	--	--	--	--
240011	华宝兴业大盘基金	1.0098	1.0098	-0.0013	-0.1286	-0.3257	--	--	--	--
040011	华安核心优选基金	1.0093	1.0093	0.0012	0.119	0	0.2882	--	--	--
400009	东方稳健回报基金	1.008	1.008	0.001	0.0993	0	--	--	--	--
260111	景顺长城公司治理	1.007	1.007	0	0	0	0.2988	--	--	--
310368	申万巴黎竞争优势	1.0069	1.0069	-0.0013	-0.1289	0.1592	0.5693	--	--	--
110012	易方达科汇基金	1.006	4.617	-0.001	-0.0961	-0.8584	-0.2878	--	--	--
310379	申万巴黎添益宝b	1.006	1.006	0	0	0	--	--	--	--
310378	申万巴黎添益宝a	1.006	1.006	0	0	0	--	--	--	--
571002	诺德灵活配置基金	1.0054	1.0054	-0.0001	-0.0099	0.0796	0.4898	--	--	--
660001	农银成长基金	1.0041	1.0041	-0.0003	-0.0299	0.4703	1.609	--	--	--
090007	大成策略回报基金	1.004	1.004	0.001	0.0997	0.2997	0.4	--	--	--
420003	天弘永定基金	1.0034	1.0034	0.0001	0.01	0.0199	--	--	--	--
398031	中海蓝筹基金	1.003	1.003	--	--	--	--	--	--	--
660002	农银增利基金	1.0015	1.0015	--	--	--	--	--	--	--
100032	富国天鼎基金	1.001	1.127	--	--	--	4.9348	--	--	--
519989	长信利丰基金	1	1	--	--	--	--	--	--	--
519111	浦银收益基金	1	1	--	--	--	--	--	--	--
410006	华富策略精选基金	1	1	--	--	--	--	--	--	--
210002	金鹰红利基金	0.9995	0.9995	--	--	--	--	--	--	--
530006	建信精选基金	0.998	0.998	0	0	-0.1001	-0.2	--	--	--
260109	景顺内需贰号基金	0.996	1.436	-0.004	-0.4	-2.0408	1.454	--	-25.327	--
110011	易方达中小盘基金	0.9959	0.9959	0.0013	0.1307	-0.2004	3.4271	--	-0.4	--
110013	易方达科翔基金	0.994	4.612	0.001	0.0751	-0.2247	3.4965	--	--	--
162006	长城久富基金	0.9939	2.8847	-0.0009	-0.0905	-0.1908	5.8855	--	-18.975	--
519089	新世纪优选成长基金	0.9933	0.9933	-0.0043	-0.431	-0.888	-1.1347	--	-0.67	--
162102	金鹰小盘基金	0.9929	1.6729	-0.0093	-0.928	-2.0809	5.5266	--	-11.3799	--
290005	泰信优势增长基金	0.99	0.99	-0.001	-0.1009	0.6098	0.304	--	-1	--
519601	海富通海外基金	0.988	0.988	0.008	0.8163	3.024	10.6383	--	-1.2	--
202101	南方宝元债券基金	0.9862	2.2062	-0.0012	-0.1215	-0.4643	1.014	--	-5.4277	--
166002	中欧蓝筹基金	0.9835	0.9835	-0.0036	-0.3647	1.3918	3.298	--	--	--
112002	易策二号基金	0.979	2.514	0	0	-0.102	2.8361	--	-17.5926	--
540004	汇丰晋信2026生命周期	0.977	0.977	0.003	0.308	0.5144	-1.4127	--	--	--
519696	交银环球基金	0.973	0.973	0.001	0.1029	0.5165	0.829	--	--	--
310318	盛利配置基金	0.9729	1.7089	0.0005	0.0514	0.1544	1.4812	--	0.1544	--
270008	广发核心基金	0.971	0.971	0	0	-0.6141	-1.7206	--	--	--
481008	工银瑞信大盘蓝筹	0.965	0.965	-0.003	-0.3099	-0.3099	-3.4034	--	--	--
217010	招商大盘蓝筹基金	0.964	0.964	-0.001	-0.1036	-0.6186	-1.5322	--	-3.6	--
202011	南方价值基金	0.964	0.964	-0.001	-0.1036	-0.207	1.0482	--	-3.0181	--
110009	易基价值基金	0.9559	2.0059	0.0019	0.1992	-1.0558	2.4874	--	-18.3103	--
161605	融通蓝筹基金	0.955	2.085	0.001	0.1048	-1.0363	2.2484	--	-15.3369	--
450003	国富潜力基金	0.9517	0.9517	-0.0028	-0.2933	-1.0398	4.8936	--	-18.1404	--
270002	广发稳健基金	0.9507	2.5707	-0.0027	-0.2832	-1.777	2.4461	--	-23.3554	--
519668	银河竞争优势基金	0.9486	0.9486	-0.0032	-0.3362	-1.0845	4.2532	--	-3.5191	--
000001	华夏成长基金	0.943	2.624	-0.003	-0.3171	-0.1059	2.7233	--	-22.7049	--
121006	国投瑞银稳健增长	0.939	0.939	-0.002	-0.2125	-0.9494	0.5353	--	-5.8175	--
161005	富国天惠基金	0.9344	2.4344	0.0006	0.0643	-1.1635	5.7133	--	-19.9246	--
050007	博时平衡配置基金	0.932	1.993	0	0	-0.8511	-0.5336	--	-9.9517	--
460005	友邦华泰价值增长	0.9235	0.9235	-0.0112	-1.1982	-4.1217	0.8188	--	--	--
450004	富兰克林国海深化价值	0.9216	0.9216	-0.006	-0.6468	-2.5999	1.8005	--	--	--
350005	天治创新先锋基金	0.9145	0.9145	-0.0028	-0.3052	-0.1855	7.1345	--	9.7707	--
162208	泰达荷银首选基金	0.9091	0.9591	-0.0026	-0.2852	-1.5166	1.8714	--	-27.8835	--
240001	宝康消费基金	0.9055	2.7958	-0.0078	-0.8539	-2.0992	1.2768	--	-17.5625	--
580002	东吴动力基金	0.905	1.425	-0.0008	-0.0883	1.1512	1.0721	--	-19.7116	--

代码	简称	最新净值	累计净值	日增值	日增长率%	周增%	月增%	季增%	半年增%	年增%
373020	上投摩根双核平衡	0.9029	0.9029	0.0021	0.2331	-0.21	2.719	--	-6.8791	--
320006	诺安灵活配置基金	0.898	0.898	-0.004	-0.4435	-1.5351	1.2401	--	-5.87	--
519991	长信双利优选基金	0.888	0.888	-0.001	-0.1125	-0.7821	1.6018	--	-11.1111	--
080002	长盛创新先锋基金	0.8644	0.8644	-0.0025	-0.2884	-2.1619	-2.7672	--	-13.5859	--
110005	易基积极基金	0.8606	3.0601	0.0006	0.0692	-0.4862	2.4748	--	-19.6964	--
050010	博时特许价值基金	0.857	0.857	-0.005	-0.58	-3.3822	-5.7206	--	-11.7405	--
400007	东方策略成长基金	0.8539	0.8539	0.001	0.1172	-0.64	5.2638	--	-13.1863	--
160610	鹏华动力基金	0.838	1.038	-0.003	-0.3567	-2.1028	2.445	--	-22.4793	--
002021	华回报二基金	0.824	2.112	-0.001	-0.1212	-0.4831	2.6152	--	-9.6491	--
160105	南方积配基金	0.8221	2.1861	-0.0018	-0.2185	-1.5567	0.2072	--	-23.795	--
161706	招商成长基金	0.8212	2.7315	-0.0021	-0.2551	-1.6409	2.2029	--	-31.3321	--
163805	中银策略基金	0.8194	0.8194	-0.0004	-0.0488	-1.7742	1.7383	--	-12.006	--
270001	广发聚富基金	0.8171	3.1271	-0.0028	-0.3415	-1.2926	1.4905	--	-23.5855	--
160311	华夏蓝筹核心(lof)	0.811	2.602	-0.002	-0.2637	-0.6306	3.0515	--	-19.7013	--
257030	德盛优势基金	0.806	0.906	-0.002	-0.2475	-0.4938	4.2691	--	-20.5911	--
213003	宝盈策略基金	0.8043	1.0043	0.0005	0.0622	-1.0458	2.8122	--	-21.3245	--
100029	富国天成红利基金	0.7961	0.7961	-0.003	-0.3754	-2.235	2.842	--	-16.2176	--
217009	招商价值基金	0.7918	0.7918	-0.0003	-0.0379	-0.4776	2.6445	--	-26.076	--
202001	南方稳健成长基金	0.7915	2.5865	-0.0061	-0.7648	-2.4766	-0.0757	--	-25.4919	--
519068	添富焦点基金	0.7843	0.9343	0.0001	0.0128	-0.0127	3.812	--	-20.5531	--
162201	荷银成长基金	0.7791	2.4891	0.0017	0.2187	0.8152	9.4395	--	-13.6263	--
340007	兴业社会责任基金	0.778	0.778	-0.001	-0.1284	-1.1436	5.1351	--	-13.0726	--
050008	博时第三产业成长	0.777	1.719	-0.001	-0.1162	-1.3768	2.2603	--	-21.8296	--
121005	国投瑞银创新基金	0.7759	1.5345	-0.0021	-0.2709	-1.2871	1.4407	--	-24.6538	--
540003	汇丰晋信策略基金	0.7748	0.7748	0.0013	0.1681	-0.4881	0.0775	--	-19.6599	--
590001	中邮核心基金	0.7742	1.9942	-0.0109	-1.3884	-4.1001	0.2071	--	-30.3401	--
260101	景顺长城优选基金	0.7715	2.6622	-0.0013	-0.1682	-1.8947	2.3074	--	-22.22	--
161604	融通深证100基金	0.77	1.94	-0.007	-0.9009	-3.3877	-0.2591	--	-30.0636	--
253010	德盛安心基金	0.762	1.673	-0.002	-0.2133	-0.9184	-0.7781	--	-11.4837	--
180001	银华优势企业基金	0.7615	2.3815	-0.0011	-0.1442	-1.0654	0.3294	--	-19.6899	--
163402	兴业趋势基金	0.7591	3.8187	-0.0008	-0.1054	-1.4434	2.0249	--	-17.6258	--
260108	景顺成长基金	0.747	2.097	-0.003	-0.4	-1.321	2.1888	--	-22.9102	--
110010	易基价值成长基金	0.7461	0.8061	-0.005	-0.6657	-2.9527	2.0238	--	-30.6985	--
519001	银华优选股票基金	0.7393	2.6099	-0.0046	-0.6155	-2.4929	0.4624	--	-26.7058	--
377020	上投内需动力基金	0.7392	0.8392	0.0022	0.2985	0.1626	7.9755	--	-20.9158	--
460002	友邦华泰积极成长	0.7361	0.7361	-0.0038	-0.5136	-2.4904	0.5326	--	-20.8154	--
070011	嘉实策略基金	0.736	0.926	-0.006	-0.8086	-0.8086	4.5455	--	-21.8684	--
241001	华宝海外中国	0.736	0.736	0.007	0.9602	2.507	9.1988	--	-20.9452	--
183001	银华全球基金	0.735	0.735	0.011	1.5193	3.3755	7.1429	--	-25	--
580003	东吴行业轮动基金	0.7344	0.7344	-0.0013	-0.1767	-0.1224	3.6264	--	-15.7508	--
121007	国投瑞银瑞福优先	0.731	0.786	-0.001	-0.1366	-0.8141	0.8276	--	-18.7778	--
290004	泰信优质基金	0.7303	1.2303	-0.0019	-0.2595	-0.734	5.5499	--	-23.7683	--
162605	景顺鼎益基金	0.72	2.82	-0.002	-0.277	-1.6393	3.2999	--	-24.0506	--
213008	宝盈资源优选基金	0.7179	0.7809	-0.0017	-0.2501	-0.1947	5.4564	--	-27.3817	--
100016	富国天源平衡基金	0.7138	1.9744	-0.0024	-0.3351	-1.3543	0.8905	--	-19.1711	--
200002	长城久泰基金	0.7136	3.5736	-0.0043	-0.599	-2.8058	0.3798	--	-33.2772	--
360006	光大增长基金	0.7089	1.9889	-0.0043	-0.6029	-2.2746	1.7803	--	-30.697	--
610001	信达澳银增长基金	0.7073	0.9073	-0.0013	-0.1835	-0.1835	2.8501	--	-24.1094	--
519013	海富优势基金	0.703	1.459	-0.007	-0.9859	-1.4025	5.8735	--	-25.6481	--
373010	上投双息基金	0.6944	2.1236	0.0008	0.1153	-0.4872	2.1778	--	-15.2757	--
202009	南方盛元基金	0.693	0.693	-0.004	-0.5739	-2.5316	-1	--	-20.6186	--
510081	长盛精选基金	0.6914	2.3914	-0.0022	-0.3172	-1.0448	4.5991	--	-26.1798	--
519688	交银精选基金	0.6889	2.6847	0.0005	0.0726	-1.3461	2.7595	--	-26.0202	--
040004	华安宝利基金	0.686	2.966	-0.002	-0.2907	-0.2907	4.414	--	-16.3415	--
202002	南稳贰号基金	0.6843	1.4543	-0.0056	-0.8116	-2.7485	0.4212	--	-25.4436	--
160611	鹏华优质治理(lof)	0.68	0.68	-0.003	-0.4392	-1.3062	1.949	--	-21.9288	--
202005	南方成份精选基金	0.6784	0.6784	-0.0025	-0.3672	-1.8944	-0.3964	--	-23.3879	--
166001	中欧趋势基金	0.6766	0.8766	-0.0026	-0.3828	-1.6856	1.9897	--	-33.1819	--
070003	嘉实稳健基金	0.675	2.13	-0.004	-0.5822	-2.7767	-0.8707	--	-30.127	--
070010	嘉实主题基金	0.674	2.182	0	0	-1.3177	4.0123	--	-26.898	--
040007	华安成长基金	0.671	1.9859	-0.004	-0.5926	-2.4568	0.4491	--	-28.1277	--
206001	鹏华行业成长基金	0.6666	2.5666	0.0002	0.029	-0.1776	3.0929	--	-7.6328	--
161610	融通领先成长(lof)	0.663	1.784	-0.001	-0.1755	-1.2155	1.4869	--	-25.9493	--
519021	金鼎价值精选基金	0.663	1.308	-0.004	-0.5997	-2.0679	5.0713	--	-25	--
320003	诺安股票基金	0.6612	2.5447	-0.0022	-0.3316	-1.7825	1.4577	--	-23.5607	--
162202	荷银周期基金	0.6581	2.5831	-0.002	-0.303	-0.1366	3.5074	--	-19.9408	--
450001	国富收益基金	0.658	1.6162	-0.0017	-0.2555	-1.017	2.5315	--	-19.4999	--

代码	简称	最新净值	累计净值	日增值	日增长率%	周增%	月增%	季增%	半年增%	年增%
160805	长盛同智基金	0.6513	1.9925	-0.0007	-0.1074	-0.7013	1.5277	--	-20.4082	--
070001	嘉实成长基金	0.6473	2.643	0.0013	0.2017	0.478	4.9751	--	-7.9113	--
481001	工银价值基金	0.646	2.7453	-0.0006	-0.0937	-0.4457	7.1843	--	-15.3016	--
350001	天治财富基金	0.6424	2.1877	-0.001	-0.1554	-0.4031	0.4221	--	-8.763	--
090004	大成精选增值基金	0.6415	2.542	0.0011	0.1718	-0.3727	3.7019	--	-20.3106	--
100020	富国天益基金	0.6397	3.651	-0.0022	-0.3427	-1.5392	2.2048	--	-17.903	--
080001	长盛成长基金	0.634	2.478	-0.001	-0.1575	-1.3997	0.158	--	-17.8756	--
020009	国泰金鹏蓝筹基金	0.634	1.519	-0.005	-0.7825	-1.7054	3.5948	--	-24.7031	--
519017	大成成长基金	0.633	1.685	-0.003	-0.4717	-0.7837	0.9569	--	-23.8267	--
121003	国投股票基金	0.6325	2.0725	-0.0008	-0.1263	-1.0327	1.8027	--	-25.7716	--
151001	银河稳健基金	0.6273	2.6678	-0.0002	-0.0232	-0.2197	2.9227	--	-11.9856	--
570001	诺德价值优势基金	0.6271	0.6271	-0.0027	-0.4287	-1.4923	0.336	--	-29.3965	--
519993	长信增利基金	0.6268	1.8658	0.0003	0.0479	-0.4605	2.3013	--	-27.0314	--
180003	银华道琼斯88基金	0.6249	2.4249	-0.0029	-0.4619	-2.5877	0.9858	--	-25.9246	--
000031	华夏复兴基金	0.623	0.623	-0.003	-0.4792	-0.9539	5.059	--	-15.1226	--
180012	银华富裕基金	0.6209	1.5559	-0.0041	-0.656	-1.2407	4.2478	--	-22.0073	--
163803	中银增长基金	0.6199	2.0059	-0.0008	-0.1329	-1.3876	2.5279	--	-20.6381	--
519300	大成300基金	0.6177	1.9377	-0.0043	-0.6913	-3.045	-0.1778	--	-34.5171	--
530003	建信成长基金	0.6171	2.0671	-0.0018	-0.2908	-0.708	2.9186	--	-28.7742	--
550001	信诚四季基金	0.6171	1.7781	-0.0003	-0.0486	0.0973	2.2705	--	-20.6608	--
481006	工银瑞信红利基金	0.6171	0.6571	-0.0024	-0.3874	-1.4847	0.5868	--	-25.444	--
310308	盛利精选基金	0.6154	2.1874	-0.0001	-0.0162	-0.3885	1.1339	--	-26.149	--
163804	中银收益基金	0.6121	1.7921	-0.0009	-0.1468	-0.6331	3.4827	--	-16.2539	--
150103	银河银泰基金	0.611	3.151	-0.0009	-0.1471	-0.0818	0.4274	--	-13.5418	--
121002	国投景气基金	0.6089	2.5779	-0.0025	-0.4089	-1.6952	2.0788	--	-14.6601	--
260110	景顺长城精选蓝筹	0.606	0.606	-0.003	-0.4926	-2.7287	0.3311	--	-25.7353	--
240010	华宝兴业行业精选	0.6036	0.6036	-0.0032	-0.5274	-2.4091	1.0717	--	-26.8984	--
020010	国泰金牛创新成长	0.599	0.649	-0.005	-0.8278	-1.4803	7.9279	--	-24.7487	--
161607	融通巨潮基金	0.597	2.111	-0.002	-0.3339	-2.7687	-1.8092	--	-33.6667	--
217001	招商安泰股票基金	0.5963	3.2103	-0.0009	-0.054	-0.2686	0.0542	--	-7.3518	--
161601	新 蓝 筹基金	0.5946	2.8896	-0.0007	-0.1176	-1.032	0.5751	--	-16.7344	--
519018	汇添均衡基金	0.5939	1.7427	0.0003	0.0519	0.0843	3.7806	--	-17.0639	--
398021	中海能源基金	0.5905	0.9005	-0.0004	-0.0677	-0.5725	3.6901	--	-18.3582	--
483003	工银平衡基金	0.5898	1.503	-0.0021	-0.3497	-1.9709	3.7896	--	-25.5947	--
020001	国泰金鹰增长基金	0.586	3.459	-0.001	-0.1704	0.5146	7.1298	--	-17.1146	--
519100	长盛100基金	0.5858	1.1558	-0.0024	-0.408	-3.0774	-2.0893	--	-32.4804	--
257010	德盛小盘基金	0.581	2.711	-0.001	-0.1718	-0.8532	0.6932	--	-20.6284	--
519110	浦银价值基金	0.577	0.577	-0.001	-0.173	-1.7036	1.406	--	-26.3091	--
240004	华宝动力基金	0.5731	3.0831	-0.0018	-0.3131	-1.3937	4.1811	--	-20.6782	--
150003	建信优势基金	0.572	0.572	-0.003	-0.5217	-1.0381	4.5704	--	-25.4237	--
110029	易方达科讯基金	0.5716	3.6999	-0.0005	-0.0866	-1.0053	-0.0681	--	-18.727	--
121008	国投瑞银成长优选	0.5705	1.2507	-0.0018	-0.3188	-1.1305	2.9975	--	-19.5789	--
630001	华商领先企业基金	0.5704	0.6754	-0.003	-0.5232	-0.7655	2.5162	--	-38.2483	--
260103	景顺长城动力基金	0.5665	2.8565	-0.0017	-0.2992	-1.3582	2.1641	--	-20.2337	--
100026	富国天合稳健基金	0.5662	1.9457	-0.0004	-0.0706	-0.8406	4.6774	--	-21.01	--
350002	天治品质基金	0.5631	3.0731	-0.0021	-0.3715	-0.6703	3.1886	--	-24.1922	--
519039	长盛同德基金	0.5611	1.6078	0.0002	0.0311	-0.4643	3.3689	--	-15.9539	--
160314	华夏行业精选基金	0.561	2.833	-0.001	-0.1464	-1.3978	1.8416	--	-22.176	--
410001	华富优选基金	0.5606	1.7673	-0.006	-1.0594	-3.4129	1.7935	--	-26.4792	--
519011	海富精选基金	0.5602	2.7465	-0.004	-0.7099	-1.1829	1.395	--	-23.3888	--
160910	大成创新成长(lof)	0.56	1.771	0	0	-1.4085	0.1789	--	-25.7294	--
550002	信诚精萃基金	0.5573	1.3518	-0.0009	-0.154	-1.1873	3.6869	--	-20.3027	--
580001	东吴嘉禾基金	0.5572	2.2772	-0.0009	-0.1613	-0.3577	4.6189	--	-10.418	--
486001	工银瑞信全球	0.556	0.556	0.005	0.9074	2.0183	5.303	--	-40.0216	--
050009	博时新兴成长基金	0.553	2.075	-0.002	-0.3362	-1.7518	0.1932	--	-23.9055	--
217005	招商先锋基金	0.552	2.502	-0.0009	-0.1628	-1.0398	1.8638	--	-20.1504	--
161606	融通行业基金	0.552	2.492	0.001	0.1815	-2.3009	-1.2522	--	-28.4974	--
257020	德盛精选基金	0.551	2.154	-0.001	-0.2365	-0.939	1.0777	--	-31.0388	--
162207	荷银效率基金	0.5502	1.3233	0.0002	0.0378	-0.0906	2.8044	--	-19.9935	--
270007	广发大盘成长基金	0.5501	0.5501	-0.0019	-0.3442	-2.0128	0.6219	--	-24.4264	--
560003	益民创新优势基金	0.5498	0.5698	-0.0033	-0.5966	-2.8279	-0.9012	--	-28.5881	--
530005	建信配置基金	0.5481	1.0981	-0.0017	-0.3092	-1.827	3.6302	--	-25.3371	--
519035	富国天博创新主题	0.5465	2.1529	-0.0004	-0.0752	-1.2492	3.5986	--	-22.4716	--
560002	益民红利基金	0.5449	1.4434	0	0	-1.1941	2.0097	--	-20.4285	--
320001	诺安平衡基金	0.5443	2.8043	-0.0016	-0.2931	-1.1622	0.8897	--	-16.2487	--
040001	华安创新基金	0.544	2.5678	0	0	-0.3665	4.2171	--	-19.5248	--
320005	诺安价值基金	0.5405	1.4855	0.0003	0.0555	-1.3326	-0.5886	--	-23.3007	--

代码	简称	最新净值	累计净值	日增值	日增长率%	周增%	月增%	季增%	半年增%	年增%
519694	交银施罗德蓝筹基金	0.5404	0.5554	-0.0009	-0.1663	-1.5486	2.0778	--	-25.759	--
070099	嘉实优质基金	0.538	1.434	0.001	0.1862	0	5.4902	--	-17.8626	--
200008	长城品牌优选基金	0.5329	0.5329	-0.0039	-0.7265	-2.5421	-0.5227	--	-30.8192	--
050001	博时增长基金	0.532	3.034	0.001	0.1883	-1.1152	2.1113	--	-21.3018	--
150002	大成优选基金	0.532	0.565	0.002	0.3774	0	6.6132	--	-19.3939	--
400003	东方精选基金	0.5313	2.0271	-0.0045	-0.836	-1.2623	5.3355	--	-25.0825	--
020003	国泰金龙行业基金	0.531	2.542	-0.002	-0.3628	0	7.6158	--	-20.1292	--
202801	南方全球	0.531	0.531	0.004	0.759	2.3121	4.5276	--	-32.3567	-43.3298
213001	宝盈鸿利基金	0.5294	2.3628	0.0002	0.0415	-0.8369	1.6884	--	-22.6715	--
360001	量化核心基金	0.5285	2.4722	-0.0047	-0.8815	-3.7691	-1.7841	--	-36.4707	--
110003	易基50基金	0.5283	2.3783	-0.0015	-0.2831	-2.743	-1.6933	--	-35.2574	--
000041	华夏全球	0.526	0.526	--	--	--	6.4777	--	-27.5482	-41.0974
200006	长城股票基金	0.5259	1.9659	-0.001	-0.1898	-2.0306	3.2999	--	-25.5521	--
530001	建信价值基金	0.5251	1.9293	-0.0037	-0.6997	-2.1565	3.5363	--	-22.5526	--
162607	景顺资源基金	0.518	2.479	-0.002	-0.3846	-2.4482	0.9747	--	-27.5524	--
040002	华安a股基金	0.517	2.0667	-0.002	-0.3875	-2.4549	0.976	--	-32.681	--
398001	中海成长基金	0.5168	2.1839	-0.0008	-0.1475	-0.2868	2.0265	--	-16.972	--
310328	新动力基金	0.5159	2.1535	-0.0024	-0.4676	-1.7929	0.6447	--	-32.2369	--
519003	海富收益基金	0.515	2.13	-0.002	-0.3868	-0.9615	1.9802	--	-26.1119	--
160607	鹏华价值基金	0.515	1.664	-0.003	-0.599	-1.7106	2.1889	--	-23.8167	--
161903	万家公用基金	0.5138	1.6415	-0.0039	-0.7622	-2.0104	-1.5978	--	-21.4434	--
160603	鹏华收益基金	0.51	2.956	-0.002	-0.3906	-1.7341	2.8226	--	-19.4313	--
050002	博时裕富基金	0.509	2.489	-0.003	-0.5859	-3.0476	-0.5859	--	-33.377	--
090001	大成价值增长基金	0.5025	3.1625	-0.0015	-0.2976	-1.3545	2.1965	--	-21.2259	--
290002	泰信先行基金	0.5025	2.1633	-0.0001	-0.0181	-0.4781	1.0255	--	-18.9293	--
210001	金鹰优选基金	0.4986	2.0032	-0.0024	-0.4708	-1.143	-1.5522	--	-25.1398	--
040008	华安策略优选基金	0.4951	2.0314	-0.0006	-0.121	-1.0196	2.2723	--	-25.1889	--
020005	国泰金马基金	0.494	2.101	-0.004	-0.8054	-1.7941	7.646	--	-27.246	--
050201	博时价值贰号基金	0.492	1.947	-0.001	-0.2028	-1.6	-2.9586	--	-25.5673	--
100022	富国天瑞基金	0.49	2.3327	-0.0052	-1.0552	-2.6621	4.8518	--	-19.8298	--
398011	中海分红基金	0.4894	1.8894	-0.0008	-0.1632	-0.6899	2.0008	--	-24.9387	--
162203	荷银稳定基金	0.4878	2.4278	-0.0017	-0.3473	-0.4693	4.1185	--	-17.3599	--
519997	长信银利基金	0.4873	2.4073	-0.001	-0.2048	-1.9517	1.9883	--	-23.7522	--
519015	海富通精选2号基金	0.486	0.806	-0.001	-0.2053	-0.2475	2.4142	--	-18.4211	--
519007	海富回报基金	0.484	1.98	-0.003	-0.616	-1.0225	3.8627	--	-27.7612	--
213002	宝盈区域增长基金	0.4807	2.0301	0	0	-0.9861	2.5218	--	-26.7037	--
519995	长信金利基金	0.4805	1.572	-0.0022	-0.4528	-1.9989	1.4419	--	-26.0161	--
090003	大成蓝筹稳健基金	0.4745	3.0445	-0.0023	-0.4824	-2.0235	0.8287	--	-29.0308	--
160706	嘉实300基金	0.473	2.341	-0.003	-0.6303	-3.0738	0	--	-34.5781	--
410003	华富成长基金	0.4701	0.7601	-0.0028	-0.5921	-2.4891	3.8436	--	-31.978	--
360007	光大保德信优势配置	0.4685	0.4685	-0.0015	-0.3191	-1.782	1.385	--	-28.9721	--
310358	新经济基金	0.4684	1.8003	-0.0013	-0.2768	-1.4517	0.0641	--	-31.239	--
400001	东方龙基金	0.4683	2.2298	-0.0013	-0.2768	-0.9518	1.3198	--	-28.8081	--
519181	万家和谐增长基金	0.464	1.0859	-0.0016	-0.344	-1.5895	-1.1698	--	-23.6033	--
270005	广发聚丰基金	0.4626	2.9205	-0.0019	-0.409	-2.0944	0.6053	--	-23.9917	--
420001	天弘精选基金	0.4625	1.4423	0.0002	0.0482	0.3483	2.6217	--	-15.6946	--
240005	华宝策略基金	0.4545	3.6678	-0.002	-0.4391	-0.7707	3.3186	--	-18.9844	--
162209	泰达荷银市值优选	0.4531	0.4531	-0.0003	-0.0662	-0.6795	1.8202	--	-27.7352	--
590002	中邮核心成长基金	0.4519	0.4519	-0.0044	-0.9643	-3.7487	-0.3967	--	-27.8921	--
202007	南方隆元基金	0.443	0.443	-0.007	-1.5556	-4.3197	-2.2075	--	-33.0816	--
070012	嘉实海外	0.44	0.44	0.005	1.1494	2.3256	7.3171	--	-29.9363	-49.9431
519087	新世纪优选基金	0.4383	1.896	-0.0007	-0.1699	-0.0567	6.9158	--	-23.0928	--
519019	大成景阳基金	0.438	3.417	0	0	-0.171	0.4676	--	-6.5377	--
090006	大成财富基金	0.437	2.259	0	0	-0.907	1.6279	--	-25.1712	--
519180	万家180基金	0.4331	2.7731	-0.0031	-0.7107	-2.7397	-0.5054	--	-33.9081	--
200007	长城安心回报基金	0.4325	1.2837	-0.0013	-0.297	-2.1014	1.6494	--	-29.2939	--
519005	海富股票基金	0.421	2.37	-0.003	-0.7075	-1.1737	3.9506	--	-30.9836	--
460001	友邦盛世基金	0.4202	2.167	-0.0008	-0.1888	-0.0258	5.8965	--	-24.3386	--
233001	巨田基础行业基金	0.4198	1.9648	-0.0028	-0.6626	-1.8241	6.4672	--	-50.5594	--
163503	天治核心成长基金	0.3945	1.7798	-0.0017	-0.4269	-1.0286	3.8727	--	-26.7616	--
377016	上投摩根亚太	0.383	0.383	0.003	0.7895	2.957	6.9832	--	-39.0127	--
020011	国泰沪深300基金	0.375	0.537	-0.003	-0.7392	-3.0685	-0.5559	--	-33.441	--
150001	国投瑞银瑞福进取	0.281	0.506	-0.001	-0.3546	-2.0906	2.1818	--	-37.5556	--

2008 年开放式证券投资基金收益排名一览表

序号	基金代码	基金简称	份额净值（元）	份额累计净值（元）	还原后份额累计净值（元）	今年以来净值增长率	今年以来排序
1.1 股票基金－股票型							
1	110013	易方达科翔	0.994	0.994	1.3322	3.15%	－－
2	70013	嘉实研究精选	1.029	1.029	－－	2.90%	－－
3	180013	银华领先策略	1.0166	1.0166	－－	1.66%	－－
4	160613	鹏华盛世创新(LOF)	1.016	1.016	－－	1.60%	－－
5	550003	信诚盛世蓝筹	1.015	1.015	－－	1.50%	－－
6	630002	华商盛世成长	1.0125	1.0125	－－	1.25%	－－
7	257040	国联安德盛红利	1.01	1.01	－－	1.00%	－－
8	240011	华宝兴业大盘精选	1.0098	1.0098	－－	0.98%	－－
9	40011	华安核心优选	1.0093	1.0093	－－	0.93%	－－
10	260111	景顺长城公司治理	1.007	1.007	－－	0.70%	－－
11	310368	申万巴黎竞争优势	1.0069	1.0069	－－	0.69%	－－
12	660001	农银汇理行业成长	1.0041	1.0041	－－	0.41%	－－
13	90007	大成策略回报	1.004	1.004	－－	0.40%	－－
14	420003	天弘永定价值成长	1.0034	1.0034	－－	0.34%	－－
15	530006	建信核心精选	0.998	0.998	－－	－0.20%	－－
16	110011	易方达中小盘	0.9959	0.9959	－－	－0.41%	－－
17	519089	新世纪优选成长	0.9933	0.9933	－－	－0.67%	－－
18	270008	广发核心精选	0.971	0.971	－－	－2.90%	－－
19	481008	工银瑞信大盘蓝筹	0.965	0.965	－－	－3.50%	－－
20	202011	南方优选价值	0.964	0.964	－－	－3.60%	－－
21	217010	招商大盘蓝筹	0.964	0.964	－－	－3.60%	－－
22	519668	银河竞争优势	0.9486	0.9486	－－	－5.14%	－－
23	460005	友邦华泰价值增长	0.9235	0.9235	－－	－7.65%	－－
24	450004	富兰克林国海深化价值	0.9216	0.9216	－－	－7.84%	－－
25	350005	天治创新先锋	0.9145	0.9145	－－	－8.55%	－－
26	50010	博时特许价值	0.857	0.857	－－	－14.30%	－－
27	400007	东方策略成长	0.8539	0.8539	－－	－14.61%	－－
28	163805	中银动态策略	0.8194	0.8194	－－	－18.06%	－－
29	340007	兴业社会责任	0.778	0.778	－－	－22.20%	－－
30	580003	东吴行业轮动	0.7344	0.7344	－－	－26.56%	－－
31	213008	宝盈资源优选	0.7179	0.7179	0.7809	－30.31%	－－
32	202009	南方盛元红利	0.693	0.693	－－	－30.70%	－－
33	162201	泰达荷银成长	0.7791	2.4891	－－	－31.61%	1
34	11	华夏大盘精选	4.687	4.967	－－	－34.88%	2
35	162102	金鹰中小盘精选	0.9929	1.6729	－－	－35.03%	3
36	240005	华宝兴业多策略增长	0.4545	0.6745	3.6678	－37.79%	4
37	31	华夏复兴	0.623	0.623	－－	－38.44%	5
38	206001	鹏华行业成长	0.6666	0.6666	2.5666	－39.11%	6
39	70002	嘉实理财通增长	2.715	3.256	－－	－39.35%	7
40	162202	泰达荷银周期	0.6581	2.5831	－－	－40.52%	8
41	481001	工银瑞信核心价值	0.646	0.646	2.7453	－41.07%	9
42	70001	嘉实成长收益	0.6473	0.6473	2.643	－41.23%	10
43	110029	易方达科讯	0.5716	0.5716	1.6149	－41.77%	－－
44	519110	浦银安盛价值成长	0.577	0.577	－－	－42.30%	－－
45	288002	中信红利精选	1.4921	2.8921	－－	－43.27%	11
46	21	华夏优势增长	1.453	1.573	－－	－43.44%	12
47	580002	东吴价值成长双动力	0.905	1.425	－－	－43.47%	13
48	450002	富兰克林国海弹性市值	1.1111	2.0211	－－	－43.68%	14
49	100020	富国天益价值	0.6397	2.6945	4.6787	－43.83%	15
50	1	华夏成长	0.943	2.624	－－	－44.03%	16
51	340006	兴业全球视野	2.0059	2.0059	－－	－44.16%	17
52	217001	招商安泰股票	0.5963	0.5963	2.4881	－44.29%	18
53	160314	华夏行业精选(LOF)	0.561	0.561	2.8326	－44.49%	－－
54	162006	长城久富核心成长(LOF)	0.9939	1.0039	2.8897	－44.82%	19
55	398001	中海优质成长	0.5168	0.5168	2.1764	－45.01%	20
56	519692	交银施罗德成长	1.5364	1.7164	－－	－45.11%	21
57	40001	华安创新	0.544	0.544	2.5678	－45.44%	22
58	519018	汇添富均衡增长	0.5939	0.5939	1.7427	－45.57%	23
59	110005	易方达积极成长	0.8606	1.1106	3.0601	－45.86%	24
60	162203	泰达荷银稳定	0.4878	2.4278	－－	－46.00%	25

序号	基金代码	基金简称	份额净值（元）	份额累计净值（元）	还原后份额累计净值（元）	今年以来净值增长率	今年以来排序
61	110009	易方达价值精选	0.9559	2.0059	－－	－46.12%	26
62	450003	富兰克林国海潜力组合	0.9517	0.9517	－－	－46.17%	27
63	20001	国泰金鹰增长	0.586	3.459	－－	－46.24%	28
64	519011	海富通精选	0.5602	0.7272	2.7465	－46.61%	29
65	377010	上投摩根阿尔法	3.4587	3.4987	－－	－46.62%	30
66	100026	富国天合稳健优选	0.5662	1.9457	－－	－46.75%	31
67	121008	国投瑞银成长优选	0.5705	0.5705	1.2507	－46.82%	－－
68	377020	上投摩根内需动力	0.7392	0.8392	－－	－47.00%	32
69	163803	中银增长	0.6199	0.6899	2.0059	－47.04%	33
70	70006	嘉实服务增值	2.166	2.486	－－	－47.30%	34
71	481006	工银瑞信红利	0.6171	0.6571	－－	－47.52%	35
72	240004	华宝兴业动力组合	0.5731	3.0831	－－	－47.54%	36
73	70099	嘉实优质企业	0.538	0.538	－－	－47.73%	－－
74	481004	工银瑞信稳健成长	1.0368	1.0368	－－	－47.97%	37
75	550002	信诚精萃成长	0.5573	0.5573	1.3518	－48.03%	38
76	160505	博时主题行业（LOF）	1.323	2.784	－－	－48.13%	39
77	110002	易方达策略成长	2.684	3.434	－－	－48.17%	40
78	310308	申万巴黎盛利精选	0.6154	2.1874	－－	－48.20%	41
79	50008	博时第三产业成长	0.777	0.777	1.7188	－48.29%	42
80	260108	景顺长城新兴成长	0.747	2.097	－－	－48.37%	43
81	40005	华安宏利	1.6399	2.0299	－－	－48.39%	44
82	519039	长盛同德主题增长	0.5611	0.5611	1.6078	－48.40%	－－
83	162204	泰达荷银行业精选	2.81	2.98	－－	－48.44%	45
84	160605	鹏华中国50	1.142	2.672	－－	－48.86%	46
85	519688	交银施罗德精选	0.6889	1.0289	2.721	－48.92%	47
86	257030	国联安德盛优势	0.806	0.906	－－	－49.40%	48
87	202003	南方绩优成长	1.1302	1.6302	－－	－49.47%	49
88	161605	融通蓝筹成长	0.955	2.085	－－	－49.61%	50
89	90001	大成价值增长	0.5025	3.1625	－－	－49.65%	51
90	530001	建信恒久价值	0.5251	0.8851	1.8265	－49.94%	52
91	519694	交银施罗德蓝筹	0.5404	0.5554	－－	－50.01%	53
92	20003	国泰金龙行业精选	0.531	0.551	2.5418	－50.06%	54
93	161903	万家公用事业（LOF）	0.5138	0.5138	1.6415	－50.42%	55
94	180012	银华富裕主题	0.6209	1.5559	－－	－50.47%	56
95	50009	博时新兴成长	0.553	0.553	2.0746	－50.49%	57
96	160105	南方积极配置（LOF）	0.8221	2.1861	－－	－50.51%	58
97	162605	景顺长城鼎益（LOF）	0.72	2.82	－－	－50.75%	59
98	378010	上投摩根成长先锋	1.6188	1.6188	－－	－50.81%	60
99	519068	汇添富成长焦点	0.7843	0.9343	－－	－50.85%	61
100	213003	宝盈策略增长	0.8043	1.0043	－－	－51.01%	62
101	200006	长城消费增值	0.5259	1.9659	－－	－51.07%	63
102	240009	华宝兴业先进成长	1.3961	1.3961	－－	－51.21%	64
103	70003	嘉实理财通稳健	0.675	0.725	2.1303	－51.28%	65
104	519035	富国天博创新主题	0.5465	0.8045	2.1529	－51.52%	66
105	50004	博时精选	1.0519	2.4419	－－	－51.66%	67
106	121005	国投瑞银创新动力	0.7759	0.8759	1.5345	－51.71%	68
107	160603	鹏华普天收益	0.51	2.956	－－	－51.74%	69
108	260101	景顺长城优选股票	0.7715	0.8515	2.4943	－51.92%	70
109	460001	友邦华泰盛世中国	0.4202	0.4862	2.167	－51.94%	71
110	121003	国投瑞银核心企业	0.6325	2.0725	－－	－52.08%	72
111	180010	银华优质增长	1.0991	2.2991	－－	－52.43%	73
112	160607	鹏华价值优势（LOF）	0.515	0.515	1.6638	－52.54%	74
113	260110	景顺长城精选蓝筹	0.606	0.606	－－	－52.66%	75
114	519993	长信增利动态策略	0.6268	1.8658	－－	－52.72%	76
115	40008	华安策略优选	0.4951	0.4951	1.2557	－52.81%	77
116	202005	南方成份精选	0.6784	0.6784	2.1744	－52.84%	78
117	540002	汇丰晋信龙腾	1.0573	1.5233	－－	－52.88%	79
118	202001	南方稳健成长	0.7915	2.5865	－－	－52.94%	80
119	202002	南方稳健成长贰号	0.6843	0.6843	1.4543	－52.99%	81
120	160611	鹏华优质治理（LOF）	0.68	0.68	－－	－53.06%	82
121	519001	银华核心价值优选	0.7393	0.7393	2.6099	－53.15%	83
122	121099	国投瑞银瑞福分级	0.506	0.646	－－	－53.34%	84
123	320003	诺安股票	0.6612	2.5447	－－	－53.35%	85
124	213002	宝盈泛沿海	0.4807	0.6807	2.0301	－54.07%	86
125	20010	国泰金牛创新成长	0.599	0.649	－－	－54.17%	87

序号	基金代码	基金简称	份额净值(元)	份额累计净值(元)	还原后份额累计净值(元)	今年以来净值增长率	今年以来排序
126	240010	华宝兴业行业精选	0.6036	0.6036	--	-54.20%	88
127	519017	大成积极成长	0.633	0.983	1.6735	-54.42%	89
128	519996	长信银利精选	0.4873	2.4073	--	-54.49%	90
129	260109	景顺长城内需增长贰号	0.996	1.436	--	-54.92%	91
130	200008	长城品牌优选	0.5329	0.5329	--	-55.01%	93
131	290004	泰信优质生活	0.7303	1.2303	--	-55.01%	92
132	161610	融通领先成长(LOF)	0.663	0.693	1.7844	-55.03%	94
133	260104	景顺长城内需增长	2.063	2.933	--	-55.13%	95
134	530003	建信优选成长	0.6171	2.0671	--	-55.22%	96
135	162607	景顺长城资源(LOF)	0.518	0.518	1.8522	-55.39%	97
136	519019	大成景阳领先	0.438	0.438	1.7428	-55.43%	--
137	270005	广发聚丰	0.4626	0.5126	2.9205	-55.60%	98
138	360007	光大保德信优势配置	0.4685	0.4685	--	-55.63%	99
139	162208	泰达荷银首选企业	0.9091	0.9591	--	-55.84%	100
140	610001	信达澳银领先增长	0.7073	0.9073	--	-55.88%	101
141	160106	南方高增长(LOF)	1.0451	2.3491	--	-56.07%	102
142	161609	融通动力先锋	1.02	1.42	--	-56.11%	103
143	161706	招商优质成长(LOF)	0.8212	0.8212	2.4972	-56.20%	104
144	519013	海富通风格优势	0.703	1.459	--	-56.26%	105
145	360006	光大保德信新增长	0.7089	1.9889	--	-56.51%	106
146	320005	诺安价值增长	0.5405	1.4855	--	-56.55%	107
147	570001	诺德价值优势	0.6271	0.6271	--	-56.61%	108
148	375010	上投摩根中国优势	1.5632	4.1832	--	-57.24%	109
149	163503	天治核心成长(LOF)	0.3945	0.3945	1.7798	-57.31%	110
150	40007	华安中小盘成长	0.671	0.671	1.5533	-57.68%	111
151	162209	泰达荷银市值优选	0.4531	0.4531	--	-57.87%	112
152	202007	南方隆元产业主题	0.443	0.443	1.7061	-57.97%	--
153	360005	光大保德信红利	1.4147	2.0727	--	-58.10%	113
154	257020	国联安德盛精选	0.551	0.551	2.1543	-58.11%	114
155	166001	中欧新趋势(LOF)	0.6766	0.8766	--	-58.61%	115
156	310328	申万巴黎新动力	0.5159	0.6959	2.1535	-58.63%	116
157	519994	长信金利趋势	0.4805	0.6235	1.572	-58.68%	117
158	519005	海富通股票	0.421	2.37	--	-58.76%	118
159	162703	广发小盘成长(LOF)	1.1527	2.4627	--	-59.25%	119
160	410003	华富成长趋势	0.4701	0.7601	--	-59.77%	120
161	590002	中邮核心成长	0.4519	0.4519	--	-60.31%	121
162	590001	中邮核心优选	0.7742	1.9942	--	-61.62%	122
163	360001	光大保德信量化核心	0.5285	0.6285	1.817	-64.75%	123
164	233001	摩根士丹利华鑫基础行业	0.4198	1.9648	--	-66.42%	124
1.2 股票基金-指数型							
1	100032	富国天鼎中证红利指数	1.001	1.001	1.1267	3.53%	--
2	270010	,广发沪深300指数	1	1	--	0.00%	--
3	159902	华夏中小板股票ETF	1.41	1.41	--	-52.61%	1
4	180003	银华-道琼斯88	0.6249	2.4249	--	-54.02%	2
5	161604	融通深证100指数	0.77	1.94	--	-60.62%	3
6	40002	华安中国A股指数	0.517	0.517	2.0667	-62.46%	4
7	20011	国泰沪深300指数	0.375	0.375	0.5368	-62.60%	--
8	519100	长盛中证100指数	0.5858	1.1558	--	-62.78%	5
9	519180	万家上证180指数	0.4331	2.7731	--	-63.32%	6
10	159901	易方达深证100ETF	1.979	2.099	1.993	-63.43%	7
11	200002	长城久泰300指数	0.7136	3.5736	--	-63.44%	8
12	50002	博时裕富指数	0.509	2.489	--	-63.87%	9
13	110003	易方达上证50指数	0.5283	2.3783	--	-63.94%	10
14	161607	融通巨潮100指数(LOF)	0.597	2.111	--	-63.95%	11
15	160706	嘉实沪深300指数(LOF)	0.473	2.341	--	-64.34%	12
16	510180	华安上证180ETF	4.206	4.251	1.5843	-64.56%	13
17	519300	大成沪深300指数	0.6177	1.9377	--	-64.77%	14
18	510050	华夏上证50ETF	1.39	1.511	1.7888	-65.19%	15
19	510880	友邦华泰上证红利ETF	1.471	1.471	0.9639	-68.29%	16
2.1 混合基金-偏股型							
1	200001	长城久恒	1.105	2.215	--	-34.96%	1
2	2011	华夏红利	1.921	2.754	--	-38.59%	2
3	121002	国投瑞银景气行业	0.6089	2.5779	--	-39.33%	3
4	163801	中银中国(LOF)	1.115	2.545	--	-39.79%	4
5	240001	华宝兴业宝康消费品	0.9055	1.0555	2.7958	-41.78%	5

序号	基金代码	基金简称	份额净值（元）	份额累计净值（元）	还原后份额累计净值（元）	今年以来净值增长率	今年以来排序
6	519015	海富通精选贰号	0.486	0.806	－－	-42.37%	6
7	320001	诺安平衡	0.5443	2.8043	－－	-42.75%	7
8	160311	华夏蓝筹核心(LOF)	0.811	0.811	1.8911	-42.85%	8
9	460002	友邦华泰积极成长	0.7361	0.7361	－－	-43.14%	9
10	163804	中银收益	0.6121	1.7921	－－	-43.17%	10
11	550001	信诚四季红	0.6171	1.7781	－－	-44.41%	11
12	255010	国联安德盛稳健	1.33	1.95	－－	-44.85%	12
13	161601	融通新蓝筹	0.5946	2.8896	－－	-44.85%	13
14	180001	银华优势企业	0.7615	2.3815	－－	-45.47%	14
15	80001	长盛成长价值	0.634	2.478	－－	-45.86%	15
16	519008	汇添富优势精选	1.9808	3.5408	－－	-46.13%	16
17	162207	泰达荷银效率优选(LOF)	0.5502	0.5502	1.3233	-46.19%	17
18	580001	东吴嘉禾优势	0.5572	2.2772	－－	-46.85%	18
19	217005	招商先锋	0.552	2.502	－－	-47.16%	19
20	161005	富国天惠精选成长(LOF)	0.9344	2.4344	－－	-47.34%	20
21	213001	宝盈鸿利收益	0.5294	0.5294	2.3628	-47.47%	21
22	163302	摩根士丹利华鑫资源优选(LOF)	1.1233	2.3583	－－	-47.62%	22
23	112002	易方达策略成长二号	0.979	2.514	－－	-47.77%	23
24	257010	国联安德盛小盘	0.581	2.711	－－	-48.00%	24
25	290002	泰信先行策略	0.5025	0.5025	2.1633	-48.15%	25
26	100022	富国天瑞强势地区	0.49	0.49	2.3327	-48.47%	26
27	50001	博时价值增长	0.532	3.034	－－	-48.70%	27
28	398021	中海能源策略	0.5905	0.9005	－－	-49.30%	28
29	560002	益民红利成长	0.5449	0.6449	1.4434	-49.98%	29
30	160805	长盛同智优势成长(LOF)	0.6513	1.0823	2.0674	-50.01%	30
31	420001	天弘精选	0.4625	0.4625	1.4423	-50.30%	31
32	50201	博时价值增长贰号	0.492	1.947	－－	-50.36%	32
33	350002	天治品质优选	0.5631	3.0731	－－	-50.86%	33
34	70011	嘉实策略增长	0.736	0.926	－－	-51.32%	34
35	210001	金鹰成份股优选	0.4986	0.5786	2.0032	-51.43%	35
36	70010	嘉实主题精选	0.674	2.182	－－	-52.49%	36
37	90004	大成精选增值	0.6415	1.3015	2.8195	-52.50%	37
38	20009	国泰金鹏蓝筹价值	0.634	1.519	－－	-52.70%	38
39	270006	广发策略优选	1.1057	1.7857	－－	-53.27%	39
40	398011	中海分红增利	0.4894	1.8894	－－	-53.60%	40
41	110010	易方达价值成长	0.7461	0.8061	－－	-53.62%	41
42	240008	华宝兴业收益增长	1.8117	1.8117	－－	-53.69%	42
43	20005	国泰金马稳健回报	0.494	0.494	2.1007	-53.77%	43
44	519021	国泰金鼎价值精选	0.663	0.663	1.0903	-53.84%	44
45	310358	申万巴黎新经济	0.4684	1.8003	－－	-54.24%	45
46	160610	鹏华动力增长(LOF)	0.838	1.038	－－	-54.41%	46
47	217009	招商核心价值	0.7918	0.7918	－－	-54.52%	47
48	270007	广发大盘成长	0.5501	0.5501	－－	-54.63%	48
49	410001	华富竞争力优选	0.5606	0.5606	1.7673	-54.70%	49
50	519087	新世纪优选分红	0.4383	0.4383	1.896	-55.96%	50
51	519181	万家和谐增长	0.464	0.564	1.0859	-56.09%	51
52	560003	益民创新优势	0.5498	0.5698	－－	-56.83%	52
53	400003	东方精选	0.5313	0.5313	2.0271	-56.87%	53
54	400001	东方龙	0.4683	2.2298	－－	-57.21%	54
55	510081	长盛动态精选	0.6914	2.3914	－－	-57.57%	55
56	160910	大成创新成长(LOF)	0.56	0.56	1.2384	-57.76%	56
57	90003	大成蓝筹稳健	0.4745	3.0445	－－	-58.55%	57
58	161606	融通行业景气	0.552	2.492	－－	-59.44%	58
59	630001	华商领先企业	0.5704	0.6754	－－	-59.54%	59
2.2 混合基金－平衡型							
1	519183	万家双引擎	1.0219	1.0419	－－	4.19%	－－
2	610002	信达澳银精华灵活配置	1.04	1.04	－－	4.00%	－－
3	2031	华夏策略精选灵活配置	1.032	1.032	－－	3.20%	－－
4	519066	汇添富蓝筹稳健	1.03	1.03	－－	3.00%	－－
5	620002	金元比联成长动力	1.029	1.029	－－	2.90%	－－
6	571002	诺德主题灵活配置	1.0054	1.0054	－－	0.54%	－－
7	398031	中海蓝筹灵活配置	1.003	1.003	－－	0.30%	－－
8	110012	易方达科汇灵活配置	1.006	1.006	1.0392	0.12%	－－
9	410006	华富策略精选	1	1	－－	0.00%	－－
10	210002	金鹰红利价值灵活配置	0.9995	0.9995	－－	-0.05%	－－

序号	基金代码	基金简称	份额净值（元）	份额累计净值（元）	还原后份额累计净值（元）	今年以来净值增长率	今年以来排序
11	290005	泰信优势增长	0.99	0.99	－－	－1.00%	－－
12	166002	中欧新蓝筹灵活配置	0.9835	0.9835	－－	－1.65%	－－
13	121006	国投瑞银稳健增长	0.939	0.939	－－	－6.10%	－－
14	373020	上投摩根双核平衡	0.9029	0.9029	－－	－9.71%	－－
15	320006	诺安灵活配置	0.898	0.898	－－	－10.20%	－－
16	519991	长信双利优选	0.888	0.888	－－	－11.20%	－－
17	80002	长盛创新先锋	0.8644	0.8644	－－	－13.56%	－－
18	100029	富国天成红利	0.7961	0.7961	－－	－20.39%	－－
19	2001	华夏回报	1.023	3.035	－－	－24.53%	1
20	50007	博时平衡配置	0.932	1.993	－－	－26.33%	2
21	217002	招商安泰平衡	1.5873	2.2023	－－	－27.26%	3
22	2021	华夏回报二号	0.824	2.112	－－	－31.50%	4
23	110001	易方达平稳增长	1.215	2.445	－－	－36.74%	5
24	40004	华安宝利配置	0.686	2.966	－－	－38.21%	6
25	373010	上投摩根双息平衡	0.6944	2.1236	－－	－40.45%	7
26	163402	兴业趋势投资（LOF）	0.7591	0.9311	3.8187	－40.68%	8
27	450001	富兰克林国海收益	0.658	0.858	1.6162	－41.58%	9
28	151001	银河银联稳健	0.6273	0.6273	2.6678	－42.22%	10
29	288001	中信经典配置	1.3649	2.3649	－－	－42.27%	11
30	519690	交银施罗德稳健配置	1.2084	2.0384	－－	－42.93%	12
31	100016	富国天源平衡	0.7138	1.9744	－－	－43.74%	13
32	260103	景顺长城动力平衡	0.5665	2.8565	－－	－43.74%	14
33	240002	华宝兴业宝康配置	1.0345	2.6245	－－	－44.78%	15
34	150103	银河银泰理财分红	0.611	3.151	－－	－45.57%	16
35	540003	汇丰晋信动态策略	0.7748	0.7748	－－	－47.81%	17
36	483003	工银瑞信精选平衡	0.5898	0.7848	1.503	－48.38%	18
37	270001	广发聚富	0.8171	3.1271	－－	－49.50%	19
38	519029	华夏平稳增长	1.088	1.793	－－	－51.50%	20
39	270002	广发稳健增长	0.9507	2.5707	－－	－51.68%	21
40	519007	海富通强化回报	0.484	1.98	－－	－52.29%	22
41	530005	建信优化配置	0.5481	1.0981	－－	－53.43%	23
42	200007	长城安心回报	0.4325	0.4325	1.2837	－58.90%	24
2.3 混合基金－偏债型							
1	310318	申万巴黎盛利配置	0.9729	1.7089	－－	－8.80%	1
2	162205	泰达荷银风险预算	1.2557	2.0057	－－	－14.74%	2
3	202101	南方宝元债券	0.9862	2.2062	－－	－16.72%	3
4	340001	兴业可转债	1.0169	2.4829	－－	－19.65%	4
5	121001	国投瑞银融华债券	1.0463	1.9983	－－	－23.63%	5
6	253010	国联安德盛安心成长	0.762	0.762	1.6726	－27.06%	6
7	350001	天治财富增长	0.6424	2.1877	－－	－35.98%	7
8	519003	海富通收益增长	0.515	2.13	－－	－51.99%	8
3.1 债券基金－债券型							
1	519680	交银施罗德增利债券（A/B类）	1.1	1.13	－－	13.04%	－－
2	288102	中信稳定双利债券	1.086	1.375	－－	12.72%	1
3	519682	交银施罗德增利债券（C类）	1.0962	1.1262	－－	12.66%	－－
4	530008	建信稳定增利债券	1.103	1.118	－－	11.84%	－－
5	395001	中海稳健收益债券	1.087	1.117	－－	11.79%	－－
6	20002	国泰金龙债券（A类）	1.075	1.364	－－	11.62%	2
7	270009	广发增强债券	1.115	1.115	－－	11.50%	－－
8	1001	华夏债券（A/B类）	1.153	1.503	－－	11.47%	3
9	485107	工银瑞信添利债券（A类）	1.0943	1.1143	－－	11.45%	－－
10	1011	华夏希望债券（A类）	1.082	1.112	－－	11.23%	－－
11	50106	博时稳定价值债券（A类）	1.116	1.224	－－	11.15%	4
12	485007	工银瑞信添利债券（B类）	1.091	1.111	－－	11.12%	－－
13	90002	大成债券（A/B类）	1.0612	1.4212	－－	11.10%	5
14	1003	华夏债券（C类）	1.141	1.491	－－	11.09%	6
15	1013	华夏希望债券（C类）	1.08	1.11	－－	11.03%	－－
16	50006	博时稳定价值债券（B类）	1.111	1.219	－－	10.79%	7
17	92002	大成债券（C类）	1.0437	1.4037	－－	10.56%	8
18	110017	易方达增强回报债券（A类）	1.104	1.104	－－	10.40%	－－
19	110018	易方达增强回报债券（B类）	1.099	1.099	－－	9.90%	－－
20	485105	工银瑞信增强收益债券（A类）	1.136	1.236	－－	9.85%	9
21	121009	国投瑞银稳定增利债券	1.0656	1.0956	－－	9.67%	－－
22	519078	汇添富增强收益债券	1.065	1.095	－－	9.55%	－－

序号	基金代码	基金简称	份额净值（元）	份额累计净值（元）	还原后份额累计净值（元）	今年以来净值增长率	今年以来排序
23	40009	华安稳定收益债券(A类)	1.0953	1.0953	－－	9.53%	－－
24	485005	工银瑞信增强收益债券(B类)	1.1277	1.2277	－－	9.39%	10
25	519519	友邦华泰稳本增利债券(A类)	1.0955	1.1285	－－	9.37%	－－
26	161603	融通债券	1.217	1.442	－－	9.22%	11
27	40010	华安稳定收益债券(B类)	1.0921	1.0921	－－	9.21%	－－
28	460003	友邦华泰稳本增利债券(B类)	1.0924	1.1254	－－	9.07%	－－
29	20012	国泰金龙债券(C类)	1.073	1.362	－－	8.71%	－－
30	200009	长城稳健增利债券	1.084	1.084	－－	8.40%	－－
31	110008	易方达稳健收益债券(B级)	1.0553	1.1299	－－	8.37%	－－
32	217003	招商安泰债券(A类)	1.1353	1.4518	－－	8.27%	12
33	110007	易方达稳健收益债券(A级)	1.0537	1.1263	－－	8.08%	－－
34	410004	华富收益增强债券(A类)	1.0599	1.0799	－－	8.05%	－－
35	213007	宝盈增强收益债券(A/B类)	1.0804	1.0804	－－	8.04%	－－
36	560005	益民多利债券	1.039	1.08	－－	8.00%	－－
37	160612	鹏华丰收债券	1.059	1.079	－－	7.91%	－－
38	410005	华富收益增强债券(B类)	1.0573	1.0773	－－	7.79%	－－
39	217203	招商安泰债券(B类)	1.1215	1.438	－－	7.76%	13
40	420102	天弘永利债券(B类)	1.0636	1.0766	－－	7.70%	－－
41	519667	银河银信添利债券(A类)	1.0829	1.2039	－－	7.60%	－－
42	420002	天弘永利债券(A类)	1.0602	1.0732	－－	7.36%	－－
43	160602	鹏华普天债券(A类)	1.127	1.306	－－	7.24%	14
44	290003	泰信双息双利债券	1.068	1.1223	－－	7.11%	－－
45	160608	鹏华普天债券(B类)	1.102	1.281	－－	6.31%	15
46	91008	大成强化收益(B类)	1.0624	1.0624	－－	6.24%	－－
47	90008	大成强化收益债券(A类)	1.0624	1.0624	－－	6.24%	－－
48	519666	银河银信添利债券(B类)	1.0805	1.2015	－－	6.04%	16
49	550004	信诚三得益债券(A类)	1.049	1.052	－－	5.21%	－－
50	550005	信诚三得益债券(B类)	1.048	1.051	－－	5.11%	－－
51	70015	嘉实多元收益债券(A类)	1.038	1.051	－－	5.09%	－－
52	70016	嘉实多元收益债券(B类)	1.037	1.05	－－	4.99%	－－
53	240003	华宝兴业宝康债券	1.1896	1.6096	－－	4.75%	17
54	217011	招商安心收益债券	1.043	1.043	－－	4.30%	－－
55	162210	泰达荷银集利债券(A类)	1.0394	1.0394	－－	3.94%	－－
56	162299	泰达荷银集利债券(C类)	1.0386	1.0386	－－	3.86%	－－
57	100018	富国天利增长债券	1.2632	1.7882	－－	3.65%	18
58	213917	宝盈增强收益债券(C类)	1.0795	1.0795	－－	3.62%	－－
59	202102	南方多利增强债券	1.0863	1.1515	－－	3.37%	19
60	450005	富兰克林国海强化收益债券(A类)	1.0325	1.0325	－－	3.25%	－－
61	519023	海富通稳健添利债券	1.031	1.031	－－	3.10%	－－
62	80003	长盛积极配置债券	1.0264	1.0264	－－	2.64%	－－
63	320004	诺安优化收益债券	1.0631	1.1127	－－	2.57%	20
64	582001	东吴优信稳健债券	1.0244	1.0244	－－	2.44%	－－
65	360008	光大保德信收益债券(A类)	1.02	1.02	－－	2.00%	－－
66	161902	万家增强收益债券	1.0347	1.0347	1.4728	1.94%	21
67	360009	光大保德信收益债券(C类)	1.019	1.019	－－	1.90%	－－
68	350006	天治稳健债券	1.0154	1.0154	－－	1.54%	－－
69	163806	中银稳健增利债券	1.011	1.011	－－	1.10%	－－
70	540005	汇丰晋信平稳增利债券	1.01	1.01	－－	1.00%	－－
71	180015	银华增强收益债券	1.01	1.01	－－	1.00%	－－
72	400009	东方稳健回报债券	1.008	1.008	－－	0.80%	－－
73	310378	申万巴黎添益宝债券(A类)	1.006	1.006	－－	0.60%	－－
74	310379	申万巴黎添益宝债券(B类)	1.006	1.006	－－	0.60%	－－
75	70005	嘉实理财通债券	1.229	1.639	－－	0.41%	22
76	660002	农银汇理恒久增利债券	1.0015	1.0015	－－	0.15%	－－
77	450006	富兰克林国海强化收益债券(C类)	1.0325	1.0325	－－	0.13%	－－
78	519989	长信利丰债券	1	1	－－	0.00%	－－
79	519111	浦银安盛优化收益债券	1	1	－－	0.00%	－－
80	217008	招商安本增利债券	1.1482	1.2482	－－	-0.31%	23
81	510080	长盛债券	1.1891	1.8591	－－	-2.08%	24
82	151002	银河银联收益	1.5065	1.8865	－－	-6.00%	25
3.2 债券基金－中短债型							
1	70009	嘉实超短债	1.0183	1.1046	－－	5.41%	1
4.1 其他基金－保本型							

序号	基金代码	基金简称	份额净值(元)	份额累计净值(元)	还原后份额累计净值(元)	今年以来净值增长率	今年以来排序
1	20018	国泰金鹿保本(二期)	1.051	1.051	--	5.10%	--
2	202211	南方恒元保本	1.018	1.018	--	1.80%	--
3	620001	金元比联宝石动力保本	1.031	1.031	--	-3.07%	1
4	180002	银华保本增值(二期)	1.0328	1.1728	--	-5.66%	2
5	202202	南方避险增值	2.1325	2.6765	--	-20.38%	3
4.2 其他基金-特殊策略							
1	540004	汇丰晋信2026生命周期	0.977	0.977	--	-2.30%	--
2	540001	汇丰晋信2016生命周期	1.6888	1.7888	--	-25.16%	1
3	121007	国投瑞银瑞福优先(参考)	0.731	0.786	--	-27.94%	2
4	90006	大成2020生命周期	0.437	2.259	--	-56.51%	3

说明:一般基金的"份额净值"和"份额累计净值"来源于基金管理公司的公告信息。实施份额拆分或折算的基金,其"份额净值"来源于基金管理公司的公告信息,其在本表中的"份额累计净值"是依照中国银河证券基金研究业务规则由中国银河证券基金研究分析系统自动计算。本表增加"还原后份额累计净值",其计算公式为:还原后份额累计净值=(基金份额净值 + 基金拆分或折算后份额累计分红金额)×基金拆分比例 + 基金拆分或折算前的份额累计分红金额,该数字由系统自动计算。

2008年底QFII持股一览

股票代码	股票简称	QFII家数	持股数量(万股)	QFII持股占比%
601991	大唐发电	6	8448.38	0.72
900932	陆家B股	4	3544.17	1.90
600663	陆家嘴	4	3544.17	1.90
600004	白云机场	4	6899.90	6.00
600007	中国国贸	3	866.59	0.86
000428	华天酒店	3	1049.02	2.85
002069	獐子岛	3	629.95	2.79
600585	海螺水泥	3	4329.70	2.45
600125	铁龙物流	3	1949.04	1.94
600592	龙溪股份	3	1587.34	5.30
600820	隧道股份	3	2232.12	3.05
600823	世茂股份	3	3794.47	7.93
600841	上柴股份	2	270.78	0.57
601600	中国铝业	2	2987.64	0.22
600895	张江高科	2	1856.27	1.20
200706	瓦轴B	2	134.17	0.33
900920	上柴B股	2	270.78	0.57
600547	山东黄金	2	786.29	2.21
600499	科达机电	2	1020.00	2.97
600523	贵航股份	2	520.25	1.80
600765	力源液压	2	257.62	0.72
601001	大同煤业	2	1902.23	2.27
002111	威海广泰	2	108.12	0.75
000969	安泰科技	2	338.56	0.76
000931	中关村	2	1015.35	1.50
000816	江淮动力	2	1455.99	1.72
000026	飞亚达A	2	462.02	1.86
000527	美的电器	2	4619.65	2.44
000582	北海港	2	181.83	1.27
000651	格力电器	2	4543.72	3.63
200026	飞亚达B	2	462.02	1.86
002142	宁波银行	2	31120.00	12.45
600018	上港集团	2	6047.46	0.29
600029	南方航空	2	932.14	0.14
600059	古越龙山	2	1087.88	2.92
600283	钱江水利	2	600.01	2.10
600323	南海发展	1	614.05	2.27
600360	华微电子	1	1100.34	2.11
600368	五洲交通	1	350.48	0.74
600388	龙净环保	1	156.00	0.93
600458	时代新材	1	65.30	0.32
600468	百利电气	1	109.71	0.35
600489	中金黄金	1	244.81	0.68
600495	晋西车轴	1	39.86	0.39
600079	人福科技	1	134.99	0.35
600098	广州控股	1	400.13	0.19
600108	亚盛集团	1	362.59	0.25
600115	ST东航	1	734.70	0.15
600115	东方航空	1	535.82	0.11
600123	兰花科创	1	691.98	1.89
600035	楚天高速	1	479.99	0.52
600054	黄山旅游	1	305.68	0.65
600019	宝钢股份	1	5289.29	0.30
002154	报喜鸟	1	120.00	0.63
002164	东力传动	1	285.41	1.59
002205	国统股份	1	41.85	0.52
002206	海利得	1	107.00	0.86
002254	烟台氨纶	1	56.17	0.45
002268	卫士通	1	29.66	0.44
200002	万科B	1	7769.81	0.71
200016	深康佳B	1	1350.00	1.12
200037	深南电B	1	1812.83	3.01
200053	深基地B	1	48.30	0.21
200054	建摩B	1	29.01	0.06
200625	长安B	1	659.78	0.28
600012	皖通高速	1	519.40	0.31
600015	华夏银行	1	56237.35	11.27
600017	日照港	1	256.41	0.20
000683	远兴能源	1	700.00	1.37
000698	沈阳化工	1	360.43	0.71
000708	大冶特钢	1	207.09	0.46
000715	中兴商业	1	214.89	0.77
000789	江西水泥	1	1264.50	3.19
000617	石油济柴	1	57.80	0.24
000625	长安汽车	1	659.78	0.28
000629	攀钢钢钒	1	2282.43	0.57
000630	铜陵有色	1	189.50	0.15
000528	柳工	1	776.49	1.64
000559	万向钱潮	1	400.00	0.39
000572	海马股份	1	55.00	0.07
000037	深南电A	1	1812.83	3.01
000425	徐工科技	1	784.08	1.44
000002	万科A	1	7769.81	0.71

股票代码	股票简称	QFII家数	持股数量（万股）	QFII持股占比%
000016	深康佳A	1	1350.00	1.12
000839	中信国安	1	400.00	0.26
000860	顺鑫农业	1	479.99	1.09
000861	海印股份	1	644.29	1.57
000912	泸天化	1	300.00	0.51
000921	ST科龙	1	9858.70	9.94
000932	华菱钢铁	1	1457.03	0.53
000959	首钢股份	1	831.99	0.28
000515	攀渝钛业	1	114.99	0.61
000970	中科三环	1	304.75	0.60
001696	宗申动力	1	473.99	1.03
002001	新和成	1	104.92	0.31
002017	东信和平	1	472.76	3.08
002045	广州国光	1	251.01	1.23
002132	恒星科技	1	400.64	1.64
002139	拓邦电子	1	15.47	0.15
002073	青岛软控	1	381.18	1.34
601009	南京银行	1	23170.51	12.61
601111	中国国航	1	1309.07	0.11
601166	兴业银行	1	63909.00	12.78
601169	北京银行	1	100048.48	16.07
601318	中国平安	1	61392.93	8.36
601328	交通银行	1	0.00	18.60
601398	工商银行	1	0.00	1.93
600801	华新水泥	1	426.01	1.06
600819	耀皮玻璃	1	132.15	0.18
600587	新华医疗	1	217.39	1.62
600591	上海航空	1	1255.59	1.16
600688	S上石化	1	297.20	0.04
600720	祁连山	1	1271.41	3.21
600725	云维股份	1	75.49	0.26
600726	华电能源	1	498.37	0.36
600727	鲁北化工	1	287.41	0.82
600527	江南高纤	1	779.53	2.22
600528	中铁二局	1	387.87	0.27
600529	山东药玻	1	536.06	2.08
600132	重庆啤酒	1	213.00	0.44
600138	中青旅	1	718.47	1.73
600141	兴发集团	1	455.37	1.81
600176	中国玻纤	1	321.80	0.75
600239	云南城投	1	313.27	1.08
600555	九龙山	1	250.43	0.29
600561	江西长运	1	100.00	0.54
600584	长电科技	1	300.00	0.40
600607	上实医药	1	300.00	0.82
600611	大众交通	1	311.89	0.20
600616	金枫酒业	1	481.37	1.32
600643	爱建股份	1	848.20	1.03
600650	锦江投资	1	174.98	0.32
600966	博汇纸业	1	505.04	1.00
600993	马应龙	1	132.62	1.44
900903	大众B股	1	311.89	0.20
900914	锦投B股	1	174.98	0.32
900918	耀皮B股	1	132.15	0.18
601857	中国石油	1	1803.26	0.01
601866	中海集运	1	950.00	0.08
601899	紫金矿业	1	989.98	0.07
600855	航天长峰	1	140.00	0.48
600869	三普药业	1	312.16	2.60
600888	新疆众和	1	165.42	0.47
900933	华新B股	1	426.01	1.06
900937	华电B股	1	498.37	0.36
900942	黄山B股	1	305.68	0.65
900955	九龙山B	1	250.43	0.29
900957	凌云B股	1	36.37	0.10

2008年底货币式基金行情

序号	代码	名称	每万份基金单位收益(元)	最近七日收益所推算的年资产收益率(%)
1	003003	华夏现金增利基金	0.4454	7.54%
2	020007	国泰货币市场基金	0.2285	0.99%
3	040003	华安现金富利基金	0.437	2.58%
4	050003	博时现金收益基金	4.7047	13.02%
5	070008	嘉实货币基金	0.1403	11.91%
6	080011	长盛货币市场基金	0.3574	1.30%
7	090005	大成货币市场基金	0.292	1.49%
8	091005	大成货币b基金	0.3478	1.72%
9	100025	富国天时货币基金	0.2632	0.82%
10	100028	富国天时货币b基金	0.3294	1.06%
11	110006	易方达货币基金	0.2995	2.73%
12	110016	易方达货币b基金	0.3656	2.97%
13	150005	银河银富货币市场基金	0.1975	10.29%
14	150015	银河银富货币b基金	0.2459	10.54%
15	160606	鹏华货币基金	0.3148	1.25%
16	160609	鹏华货币b基金	0.3809	1.47%
17	161608	融通易支付货币基金	0.533	7.04%
18	162206	泰达荷银货币市场基金	0.3152	3.11%
19	163303	巨田货币市场基金	0.3006	1.22%
20	163802	中银国际货币基金	0.2651	1.05%
21	180008	银华货币市场基金	0.1891	1.81%
22	180009	银华货币b基金	0.2551	2.04%
23	200003	长城货币市场基金	0.2798	3.14%
24	202301	南方现金增利基金	0.3042	5.31%
25	217004	招商现金增值基金	0.3817	1.46%
26	240006	华宝兴业现金宝货币基金	0.2235	1.08%
27	240007	华宝兴业现金宝b基金	0.2894	1.31%
28	270004	广发货币市场基金	0.4273	1.68%
29	288101	中信现金优势货币基金	0.4559	1.81%
30	290001	泰信天天收益基金	0.3278	1.02%
31	310338	申万巴黎收益宝货币基金	0.2701	6.23%
32	320002	诺安货币市场基金	0.4514	3.32%
33	340005	兴业货币市场基金	0.4164	1.53%
34	350004	天治天得利货币基金	0.2531	2.49%
35	360003	光大保德信货币市场基金	0.388	4.55%
36	370010	上投摩根货币基金	0.4779	2.13%
37	37001b	上投货币b基金	0.5439	2.37%
38	400005	东方金账簿货币基金	0.21	1.14%
39	410002	华富货币基金	0.4125	3.86%
40	482002	工银瑞信货币基金	1.5291	11.10%
41	519505	海富通货币基金	0.2834	1.57%
42	519517	汇添富货币b基金	0.3289	1.50%
43	519518	汇添富货币基金	0.2669	1.27%
44	519588	交银施罗德货币市场基金	0.3321	2.05%
45	519589	交银施罗德货币b基金	0.3987	2.27%
46	519999	长信利息收益基金	3.9598	17.13%
47	530002	建信货币市场基金	2.3513	9.45%
48	560001	益民货币基金	0.2539	1.37%

2008 年封闭式基金收盘行情

代码	名称	折价率%	现价	涨幅%	日涨跌	买入价	卖出价	总量	现量	换手%	今开	昨收	最高	最低
150001	瑞福进取	- -	0.39	0	0	0.393	0.394	226,656.00	4,546.00	0.76	0.396	0.393	0.397	0.392
150002	大成优选	- -	0.42	-0.24	-0.001	0.418	0.419	124,724.00	1,106.00	- -	0.419	0.419	0.422	0.417
150003	建信优势	- -	0.47	0.43	0.002	0.466	0.467	207,881.00	17,500.00	- -	0.462	0.465	0.471	0.462
184688	基金开元	-21.7	0.56	-1.23	-0.007	0.564	0.566	61,589.00	3,390.00	0.31	0.571	0.571	0.574	0.564
184689	基金普惠	-28.16	0.87	-0.69	-0.006	0.866	0.867	277,252.00	9,882.00	1.42	0.872	0.872	0.884	0.865
184690	基金同益	-32.27	0.62	-0.64	-0.004	0.617	0.618	215,175.00	4,837.00	1.09	0.62	0.622	0.63	0.618
184691	基金景宏	-28.28	0.88	0	0	0.882	0.883	460,585.00	2,500.00	2.35	0.882	0.882	0.901	0.881
184692	基金裕隆	-24.7	0.69	0.87	0.006	0.692	0.694	318,905.00	27,600.00	1.07	0.688	0.688	0.7	0.685
184693	基金普丰	-32.6	0.65	-0.61	-0.004	0.649	0.65	468,806.00	29,457.00	1.58	0.655	0.654	0.664	0.65
184698	基金天元	-30.02	0.7	-0.99	-0.007	0.701	0.702	317,447.00	8,640.00	1.06	0.707	0.709	0.718	0.7
184699	基金同盛	-33.05	0.5	-0.8	-0.004	0.495	0.496	239,439.00	8,863.00	0.8	0.502	0.5	0.505	0.495
184701	基金景福	-32.82	0.67	-0.59	-0.004	0.67	0.671	261,758.00	11,069.00	0.88	0.677	0.675	0.682	0.671
184703	基金金盛	-8.84	0.95	0.64	0.006	0.947	0.949	77,494.00	397	1.57	0.946	0.943	0.957	0.936
184705	基金裕泽	-14.73	0.68	-0.44	-0.003	0.682	0.687	10,623.00	310	0.21	0.689	0.685	0.703	0.68
184706	基金天华	-7.43	0.7	0.57	0.004	0.7	0.701	217,402.00	16,848.00	0.87	0.699	0.696	0.702	0.692
184721	基金丰和	-31.96	0.47	0	0	0.473	0.474	420,215.00	12,038.00	1.41	0.473	0.474	0.481	0.473
184722	基金久嘉	-30.89	0.46	-0.86	-0.004	0.463	0.464	142,124.00	4,866.00	0.72	0.467	0.467	0.473	0.463
184728	基金鸿阳	-28.03	0.44	1.87	0.008	0.434	0.435	511,836.00	38,973.00	2.59	0.428	0.427	0.435	0.428
500001	基金金泰	-31.19	0.57	-0.18	-0.001	0.564	0.565	310,081.00	480	1.57	0.569	0.566	0.574	0.563
500002	基金泰和	-22.95	0.53	-1.49	-0.008	0.528	0.529	75,798.00	650	0.39	0.538	0.538	0.541	0.529
500003	基金安信	-22.96	0.99	1.44	0.014	0.986	0.987	341,891.00	9	1.74	0.972	0.972	0.991	0.972
500005	基金汉盛	-23.27	1.08	0.37	0.004	1.079	1.08	568,806.00	100	2.91	1.075	1.075	1.1	1.075
500006	基金裕阳	-17.24	1.01	0.3	0.003	1.008	1.009	201,683.00	98	1.03	1	1.008	1.017	1
500008	基金兴华	-19	0.8	2.56	0.02	0.802	0.803	554,429.00	1,500.00	2.77	0.777	0.78	0.802	0.771
500009	基金安顺	-23.34	0.84	3.98	0.032	0.833	0.838	842,439.00	5,223.00	2.83	0.8	0.805	0.839	0.797
500011	基金金鑫	-31.5	0.5	-0.8	-0.004	0.496	0.497	156,338.00	174	0.53	0.503	0.501	0.508	0.496
500015	基金汉兴	-28.92	0.84	-0.24	-0.002	0.84	0.841	335,467.00	14	1.13	0.842	0.843	0.854	0.84
500018	基金兴和	-32.61	0.59	0.17	0.001	0.592	0.593	313,435.00	50	1.04	0.591	0.591	0.601	0.59
500038	基金通乾	-31.03	0.75	-0.53	-0.004	0.748	0.749	228,926.00	103	1.15	0.753	0.752	0.762	0.748
500056	基金科瑞	-26.83	0.69	-0.14	-0.001	0.692	0.693	251,972.00	30	0.9	0.692	0.693	0.7	0.686
500058	基金银丰	-30.19	0.56	-0.18	-0.001	0.562	0.563	133,866.00	5,100.00	0.45	0.564	0.563	0.571	0.558

2008 年报显示基金持有人结构

基金类型	2007 年 12 月 31 日		2008 年 12 月 31 日	
	个人持有比例%	机构持有比例%	个人持有比例%	机构持有比例%
全部基金	86.81	13.19	80.25	19.75
封闭式基金	40.39	59.61	57.27	42.63
开放式基金	92.96	7.04	91.82	8.18
股票型基金	92.2	7.8	90.41	9.59
混合型基金	93.6	6.4	92.39	7.61
债券型基金	38.02	61.98	59.75	40.25
保本基金	92.96	7.04	91.82	8.18
货币基金	44.45	55.55	43.63	56.37
QDII	98.36	1.64	98.59	1.41

2008 年报显示券商佣金收入排行

券商名称	2008 年年报	
	交易佣金量(亿元)	股票交易量(亿元)
中金	3.27	3900.88
中信证券	3.15	3756.55
申银万国	3.02	3572.64
国泰君安	2.66	3176.91
招商证券	1.91	2283.75
海通证券	1.8	2138.65
国信证券	1.79	2140.73
高华证券	1.77	2100.18
银河证券	1.62	1914.37
联合证券	1.52	1812.91
中银证券	1.51	1808.81
中信建投	1.47	1750.24
国金证券	1.4	1667.14
安信证券	1.26	1496.72
华泰证券	1.04	1229.15
光大证券	1.02	1214.41
长江证券	1.01	1203.48
兴业证券	0.96	1137.32
广发证券	0.93	1108.73
长城证券	0.86	1038.74
东方证券	0.79	942.12
平安证券	0.76	909.49
中投证券	0.65	772.05
齐鲁证券	0.5	592.94
渤海证券	0.43	497.65

2008 年报显示基金利润构成一览

基金类型	参与汇总的基金数目	本期利润（亿元）	本期利润扣减本期公允价值变动损益后的净额(亿元)
股票型	184	-9739	-3567
混合型	100	-4057	-1788
债券型	50	91	57
保本型	5	-14	4
货币型	40	58	58
QDII	9	-505	-437
封闭式	36	-841	-105
总计	424	-15007	-5778

2008 年报显示封闭式基金持有人结构

机构类别	2008 中报			2008 年报		
	持有市值（亿元）	持有份额（亿份）	持有市值比例	持有市值（亿元）	持有份额（亿份）	持有市值比例%
QFII	12.39	12.80	1.73%	13.04	9.80	1.58%
保险	129.11	134.41	18.04%	205.02	176.06	24.91%
券商	10.60	11.50	1.48%	2.25	1.96	0.27%
社保基金	18.54	19.49	2.59%	31.62	26.32	3.84%

2008 年报显示基金公司及从业人员持有旗下基金情况

	持有旗下基金规模(亿份)	持有旗下基金数量(只)
基金公司(60 家)	77.46	191
基金从业人员(5166 人)	4.4	
合计	81.86	

基金公司持有旗下基金情况明细：

持有旗下基金份额规模最大的前三家基金公司：

华夏基金：持有份额 8.15 亿 持有基金品种数量 14 只

南方基金：持有份额 8.06 亿 持有基金品种数量 9 只

易方达基金：持有份额 5.36 亿 持有基金品种数量 4 只

基金公司持有份额比例最大的单只基金：

海富通海外 QDII 基金：海富通基金公司持有 3000 万份，占海富通海外 QDII 期末份额比例的 36.71%。

单只基金被持有份额规模最多的基金：

广发聚丰基金：广发基金公司持有 2.82 亿份

持有份额规模最小的基金：

华宝成长基金：华宝兴业基金公司持有 22.2 万份

基金从业人员持有旗下基金情况明细：

持有股票型基金份额规模：2 亿份

持有混合型基金份额规模：7166 万份

持有货币型基金份额规模：6401 万份

持有债券型基金份额规模：6023 万份

持有 QDII 基金份额规模：4093 万份

持有保本基金份额规模：327 万份

2008 年上半年基金仓位环比数据表

基金类型	2009 年 2 季报股票仓位%	较上一季度增仓
开放式股票型	86.01	7.57%
开放式混合型	80.66	9.86%
封闭式基金	75.92	6.62%
全部偏股基金	83.67	8.33%

2008 年托管银行托管基金资产净值和份额规模汇总统计表

序号	托管银行简称	托管基金数量(只)	托管基金资产净值（亿元）	托管资产净值市场占比(%)	托管基金份额规模（亿份）	托管份额规模市场占比(%)
1	工商银行	110	5038.21	26.71	6575	26.69
2	建设银行	104	4532.34	24.03	5516.47	22.39
3	中国银行	69	3257.77	17.27	4233.35	17.18
4	农业银行	67	2156.32	11.43	3088.18	12.53
5	交通银行	46	2063.14	10.94	2798.22	11.36
6	招商银行	20	411.16	2.18	575.44	2.34
7	兴业银行	11	370.22	1.96	411.67	1.67
8	光大银行	11	344.17	1.82	496.75	2.02
9	浦发银行	9	312.41	1.66	409.82	1.66
10	民生银行	7	158.5	0.84	256.23	1.04
11	华夏银行	6	140.57	0.75	171.16	0.69
12	中信银行	4	79.8	0.42	106.28	0.43
合计		464	18864.6	100	24638.6	100

2008 年上半年平均仓位最高的基金管理公司

基金公司	2009 年 2 季末股票仓位%	2009 年 1 季末股票仓位%	较 1 季末增仓%
汇添富基金	93.53	88.15	5.38
交银施罗德基金	93.01	83.64	9.37
中油创业基金	91.36	93.18	8.18
新世纪基金	90.38	89.45	0.93
大成基金	90.25	81.62	8.63
易方达基金	90.19	72.27	17.92
建信基金	90.10	75.95	14.16

2008 年上半年加仓幅度最大的基金管理公司

基金公司	2009 年 2 季末股票仓位%	2009 年 1 季末股票仓位%	较 1 季末增仓%
宝盈基金	85.56	55.61	29.95
金元比联基金	76.73	47.57	29.16
华夏基金	82.63	64.60	18.03
易方达基金	90.19	72.27	17.92
友邦华泰基金	75.35	58.58	16.76

2008 年封闭式基金基本资料参考一览表

基金代码	基金名称	份额(亿)	管理人	设立时间	到期日	现价03.13	净值03.13	累计净值	升贴水值(元)	升贴水率
184693	基金普丰	30	鹏华	1999-7-14	2014-7-14	0.711	1.0673	2.8363	-0.3563	-33.38%
184699	基金同盛	30	长盛	1999-11-5	2014-11-5	0.551	0.8256	2.8881	-0.2746	-33.26%
184701	基金景福	30	大成	1999-12-30	2014-12-30	0.764	1.1407	2.5247	-0.3767	-33.02%
500011	基金金鑫	30	国泰	1999-10-21	2014-10-21	0.563	0.8354	2.7114	-0.2724	-32.61%
500056	基金科瑞	30	易方达	2002-3-12	2017-3-12	0.701	1.034	3.536	-0.333	-32.21%
500018	基金兴和	30	华夏	1999-7-14	2014-7-13	0.67	0.9768	3.1248	-0.3068	-31.41%
184721	基金丰和	30	嘉实	2002-3-22	2017-3-22	0.519	0.7557	3.5037	-0.2367	-31.32%
184690	基金同益	20	长盛	1999-4-8	2014-4-8	0.719	1.0428	3.9468	-0.3238	-31.05%
184698	基金天元	30	南方	1999-8-25	2014-8-25	0.796	1.1474	3.8734	-0.3514	-30.63%
500058	基金银丰	30	银河	2002-8-15	2017-8-14	0.615	0.886	3.046	-0.271	-30.59%
184692	基金裕隆	30	博时	1999-6-5	2014-6-14	0.74	1.0637	3.9327	-0.3237	-30.43%
184689	基金普惠	20	鹏华	1999-1-6	2014-1-6	0.92	1.3112	3.4152	-0.3912	-29.84%
500015	基金汉兴	30	富国	1999-12-30	2014-12-30	0.902	1.2691	2.2507	-0.3671	-28.93%
184728	基金鸿阳	20	宝盈	2001-12-10	2016-12-9	0.488	0.6836	2.2551	-0.1956	-28.61%
500038	基金通乾	20	融通	2001-8-29	2016-8-28	0.93	1.3006	2.9536	-0.3706	-28.49%
500001	基金金泰	20	国泰	1998-3-27	2013-3-27	0.665	0.9193	3.6323	-0.2543	-27.66%
500009	基金安顺	30	华安	1999-6-15	2014-6-14	0.942	1.3012	4.2392	-0.3592	-27.61%
184722	基金久嘉	20	长城	2002-7-5	2017-7-5	0.52	0.716	3.446	-0.196	-27.37%
500002	基金泰和	20	嘉实	1999-4-8	2014-4-7	0.573	0.7871	4.2171	-0.2141	-27.20%
184691	基金景宏	20	大成	1999-5-4	2014-5-5	0.99	1.3561	3.4461	-0.3661	-27.00%
500005	基金汉盛	20	富国	1999-5-18	2014-5-17	1.175	1.5615	3.6791	-0.3865	-24.75%
500008	基金兴华	20	华夏	1998-4-28	2013-4-28	0.84	1.1005	4.7645	-0.2605	-23.67%
500003	基金安信	20	华安	1998-6-22	2013-6-22	1.119	1.4249	4.5769	-0.3059	-21.47%
500006	基金裕阳	20	博时	1998-7-25	2013-7-25	1.113	1.3999	4.1269	-0.2869	-20.49%
184688	基金开元	20	南方	1998-3-27	2013-3-27	0.679	0.8484	4.4794	-0.1694	-19.97%
184705	基金裕泽	5	博时	2000-3-27	2011-5-31	0.789	0.9131	3.4831	-0.1241	-13.59%
184703	基金金盛	5	国泰	2000-4-26	2009-11-30	1.112	1.187	3.7898	-0.075	-6.32%
184706	基金天华	25	银华	1999-7-12	2009-7-11	0.775	0.8155	2.2455	-0.0405	-4.97%

2008 年封闭式证券投资基金收益排名一览表

序号	基金代码	基金简称	份额净值(元)	份额累计净值(元)	今年以来净值增长率	今年以来净值增长排序
1	184721	丰和	0.6967	3.4447	-37.51%	1
2	500008	兴华	0.9877	4.6517	-37.54%	2
3	500009	安顺	1.0919	4.0299	-38.13%	3
4	500003	安信	1.2799	4.4319	-40.87%	4
5	184692	裕隆	0.9216	3.7906	-42.76%	5
6	500056	科瑞	0.9458	3.4478	-42.94%	6
7	500058	银丰	0.805	2.965	-43.54%	7
8	500015	汉兴	1.1832	2.1648	-43.73%	8
9	184722	久嘉	0.6699	3.3999	-44.74%	9
10	184703	金盛	1.041	3.6438	-44.78%	10
11	500005	汉盛	1.4062	3.5238	-44.89%	11
12	184706	天华	0.7562	2.1862	-45.30%	12
13	500038	通乾	1.0846	2.7376	-45.53%	13
14	500018	兴和	0.8785	3.0265	-46.12%	14
15	184693	普丰	0.9644	2.7334	-46.61%	15
16	184698	天元	1.0032	3.7292	-46.95%	16
17	500011	金鑫	0.7256	2.6016	-47.24%	17
18	500006	裕阳	1.2216	3.9486	-48.19%	18
19	500001	金泰	0.8211	3.5341	-48.43%	19
20	184691	景宏	1.2298	3.3198	-49.22%	20
21	184728	鸿阳	0.6044	2.1759	-49.59%	21
22	184705	裕泽	0.7998	3.3698	-49.91%	22
23	184688	开元	0.7203	4.3513	-50.53%	23
24	184689	普惠	1.2054	3.3094	-50.57%	24
25	500002	泰和	0.6879	4.1179	-50.74%	25
26	184690	同益	0.9125	3.8165	-50.78%	26
27	184701	景福	0.9988	2.3828	-51.02%	27
28	184699	同盛	0.7408	2.8033	-51.31%	28
29	150002	大成优选	0.532	0.565	-54.50%	29
30	150001	国投瑞银瑞福进取(参考)	0.281	0.506	-75.71%	30
31	150003	建信优势动力	0.572	0.572	-42.80%	
32	161010	富国天丰债券	1.038	1.042	3.89%	

2008 年货币基金收益排名一览表

序号	基金代码	基金简称	收益结转方式	今年以来净值增长率	今年以来排序
5.1 货币市场基金－货币市场(A 级)					
1	288101	中信现金优势	按日结转	4.68%	1
2	70008	嘉实货币	按月结转	4.36%	2
3	50003	博时现金收益	按日结转	4.29%	3
4	519999	长信利息收益	按月结转	4.27%	4
5	519508	万家货币	按月结转	4.27%	5
6	519505	海富通货币(A 级)	按月结转	4.11%	6
7	482002	工银瑞信货币	按日结转	4.10%	7
8	3003	华夏现金增利	按日结转	4.07%	8
9	530002	建信货币	按日结转	3.94%	9
10	202301	南方现金增利	按月结转	3.93%	10
11	410002	华富货币	按月结转	3.87%	11
12	163802	中银货币	按月结转	3.84%	12

序号	基金代码	基金简称	收益结转方式	今年以来净值增长率	今年以来排序
13	90005	大成货币(A级)	按日结转	3.73%	13
14	150005	银河银富货币(A级)	按日结转	3.60%	14
15	110006	易方达货币(A级)	按月结转	3.55%	15
16	200003	长城货币	按日结转	3.54%	16
17	360003	光大保德信货币	按日结转	3.47%	17
18	260102	景顺长城货币	按月结转	3.47%	18
19	161608	融通易支付货币	按月结转	3.46%	19
20	560001	益民货币	按月结转	3.45%	20
21	217004	招商现金增值	按日结转	3.44%	21
22	80011	长盛货币	按月结转	3.42%	22
23	320002	诺安货币	按月结转	3.39%	23
24	350004	天治天得利货币	按日结转	3.38%	24
25	270004	广发货币	按月结转	3.36%	25
26	290001	泰信天天收益	按月结转	3.36%	26
27	519588	交银施罗德货币(A级)	按月结转	3.31%	27
28	40003	华安现金富利	按月结转	3.30%	28
29	400005	东方金账簿	按月结转	3.29%	29
30	519518	汇添富货币(A级)	按月结转	3.27%	30
31	340005	兴业货币	按月结转	3.23%	31
32	160606	鹏华货币(A级)	按月结转	3.20%	32
33	240006	华宝兴业现金宝(A级)	按日结转	3.13%	33
34	163303	摩根士丹利华鑫货币	按月结转	3.01%	34
35	162206	泰达荷银货币	按月结转	2.90%	35
36	180008	银华货币(A级)	按日结转	2.90%	36
37	310338	申万巴黎货币	按月结转	2.86%	37
38	20007	国泰货币	按月结转	2.80%	38
39	100025	富国天时货币(A级)	按月结转	2.78%	39
40	370010	上投摩根货币(A类)	按月结转	2.67%	40
5.2 货币市场基金－货币市场(B级)					
1	519506	海富通货币(B级)	按月结转	4.36%	1
2	91005	大成货币(B级)	按日结转	3.98%	2
3	150015	银河银富货币(B级)	按日结转	3.84%	3
4	110016	易方达货币(B级)	按月结转	3.80%	4
5	519589	交银施罗德货币(B级)	按月结转	3.56%	5
6	519517	汇添富货币(B级)	按月结转	3.51%	6
7	160609	鹏华货币(B级)	按月结转	3.44%	7
8	240007	华宝兴业现金宝(B级)	按日结转	3.38%	8
9	180009	银华货币(B级)	按日结转	3.14%	9
10	100028	富国天时货币(B级)	按月结转	3.02%	10
11	37001b	上投摩根货币(B类)	按月结转	2.91%	11

2008年基金持仓中小板公司一览表

股票代码	股票名称	2008年末基金持股	2008年末流通股本	基金持股占流通股比例
002242	九阳股份	49,187,119.00	67,000,000.00	73.41%
002269	美邦服饰	51,389,766.00	70,000,000.00	73.41%
002251	步步高	24,982,189.00	35,000,000.00	71.38%
002122	天马股份	46,697,941.00	68,000,000.00	68.67%
002022	科华生物	167,142,594.00	263,780,800.00	63.36%
002266	浙富股份	21,999,137.00	35,800,000.00	61.45%
002024	苏宁电器	1,151,436,511.00	1,987,046,400.00	57.95%
002028	思源电气	100,789,797.00	185,434,900.00	54.35%
002153	石基信息	19,065,768.00	35,728,000.00	53.36%
002215	诺普信	23,324,953.00	44,131,600.00	52.85%
002241	歌尔声学	15,796,880.00	30,000,000.00	52.66%
002038	双鹭药业	68,473,295.00	138,585,400.00	49.41%
002183	怡亚通	30,626,343.00	62,000,000.00	49.40%
002194	武汉凡谷	53,107,961.00	108,380,000.00	49.00%
002264	新华都	12,832,113.00	26,800,000.00	47.88%
002267	陕天然气	47,660,738.00	100,000,000.00	47.66%
002152	广电运通	57,784,713.00	124,021,100.00	46.59%
002003	伟星股份	54,941,263.00	122,488,300.00	44.85%
002261	拓维信息	8,863,666.00	20,000,000.00	44.32%
002238	天威视讯	29,289,414.00	66,991,000.00	43.72%
002007	华兰生物	93,661,854.00	217,064,800.00	43.15%
002255	海陆重工	11,945,186.00	27,700,000.00	43.12%
002252	上海莱士	17,068,739.00	40,000,000.00	42.67%
002216	三全食品	10,069,677.00	23,930,000.00	42.08%
002223	鱼跃医疗	10,650,493.00	26,000,000.00	40.96%
002123	荣信股份	32,008,600.00	78,383,900.00	40.84%
002088	鲁阳股份	31,278,633.00	76,805,000.00	40.72%
002230	科大讯飞	10,273,371.00	26,800,000.00	38.33%
002081	金螳螂	15,457,324.00	41,250,000.00	37.47%
002268	卫士通	6,255,891.00	17,000,000.00	36.80%
002154	报喜鸟	17,660,185.00	48,000,000.00	36.79%
002243	通产丽星	14,459,195.00	40,500,000.00	35.70%
002008	大族激光	210,003,264.00	613,384,600.00	34.24%
002080	中材科技	26,849,550.00	78,493,100.00	34.21%
002140	东华科技	13,181,739.00	38,920,000.00	33.87%
002078	太阳纸业	54,026,460.00	163,211,100.00	33.10%
002244	滨江集团	39,415,606.00	120,000,000.00	32.85%
002073	青岛软控	60,520,733.00	187,642,600.00	32.25%
002029	七匹狼	90,353,858.00	282,892,400.00	31.94%
002204	华锐铸钢	16,933,988.00	54,000,000.00	31.36%
002202	金风科技	136,392,245.00	439,284,600.00	31.05%
002254	烟台氨纶	9,790,081.00	32,000,000.00	30.59%
002037	久联发展	23,195,898.00	77,403,900.00	29.97%
002093	国脉科技	21,292,388.00	73,444,100.00	28.99%
002065	东华合创	22,159,174.00	77,116,400.00	28.73%
002187	广百股份	16,422,115.00	58,000,000.00	28.31%
002121	科陆电子	14,998,463.00	55,347,000.00	27.10%
002258	利尔化学	8,801,026.00	33,976,200.00	25.90%
002032	苏泊尔	26,807,745.00	104,659,900.00	25.61%
002074	东源电器	21,031,067.00	82,614,900.00	25.46%
002111	威海广泰	11,369,286.00	46,228,700.00	24.59%
002232	启明信息	7,837,277.00	32,000,000.00	24.49%
002115	三维通信	13,027,666.00	55,683,700.00	23.40%
002084	海鸥卫浴	12,447,877.00	53,400,000.00	23.31%
002091	江苏国泰	23,579,366.00	106,324,000.00	22.18%
002063	远光软件	10,553,055.00	47,668,300.00	22.14%
002104	恒宝股份	26,737,287.00	122,295,900.00	21.86%
002200	绿大地	11,616,127.00	53,655,000.00	21.65%
002236	大华股份	3,536,278.00	16,800,000.00	21.05%
002161	远望谷	10,508,410.00	50,967,500.00	20.62%
002197	证通电子	6,054,612.00	29,409,500.00	20.59%
002060	粤水电	34,629,428.00	171,570,000.00	20.18%
002001	新和成	26,319,107.00	131,672,100.00	19.99%
002025	航天电器	36,568,403.00	192,324,300.00	19.01%
002045	广州国光	24,360,338.00	130,832,000.00	18.62%
002033	丽江旅游	9,616,972.00	52,766,200.00	18.23%
002191	劲嘉股份	22,036,820.00	121,912,900.00	18.08%
002214	大立科技	9,887,142.00	55,403,700.00	17.85%
002056	横店东磁	32,255,426.00	182,896,800.00	17.64%
002219	独一味	4,124,979.00	23,400,000.00	17.63%
002179	中航光电	13,844,260.00	81,562,500.00	16.97%
002220	天宝股份	5,290,602.00	34,251,200.00	15.45%
002106	莱宝高科	31,423,022.00	205,957,100.00	15.26%
002147	方圆支承	15,566,833.00	102,089,200.00	15.25%
002128	露天煤业	21,920,027.00	156,975,000.00	13.96%
002262	恩华药业	4,174,502.00	30,000,000.00	13.92%
002207	准油股份	3,411,861.00	25,000,000.00	13.65%
002177	御银股份	6,857,903.00	52,235,200.00	13.13%
002109	兴化股份	24,379,069.00	201,800,300.00	12.08%

股票代码	股票名称	2008 年末基金持股	2008 年末流通股本	基金持股占流通股比例
002146	荣盛发展	18,655,323.00	156,037,900.00	11.96%
002092	中泰化学	50,361,764.00	427,765,300.00	11.77%
002050	三花股份	8,047,438.00	68,760,600.00	11.70%
002041	登海种业	18,646,815.00	163,522,500.00	11.40%
002143	高金食品	4,702,049.00	41,327,900.00	11.38%
002052	同洲电子	16,873,494.00	157,357,000.00	10.72%
002062	宏润建设	6,539,241.00	61,185,000.00	10.69%
002067	景兴纸业	20,637,849.00	193,000,000.00	10.69%
002009	天奇股份	16,238,804.00	152,879,200.00	10.62%
002107	沃华医药	2,297,354.00	21,945,000.00	10.47%
002218	拓日新能	4,633,748.00	48,000,000.00	9.65%
002100	天康生物	6,108,047.00	63,900,000.00	9.56%
002048	宁波华翔	40,318,847.00	422,522,800.00	9.54%
002054	德美化工	8,149,463.00	88,302,900.00	9.23%
002010	传化股份	15,016,823.00	165,226,500.00	9.09%
002068	黑猫股份	6,079,587.00	69,125,400.00	8.80%
002169	智光电气	2,731,426.00	32,216,200.00	8.48%
002170	芭田股份	3,629,693.00	43,200,000.00	8.40%
002055	得润电子	4,048,555.00	48,450,200.00	8.36%
002004	华邦制药	4,719,134.00	58,267,200.00	8.10%
002030	达安基因	15,028,122.00	191,762,700.00	7.84%
002165	红宝丽	4,661,768.00	59,695,400.00	7.81%
002226	江南化工	1,021,683.00	13,500,000.00	7.57%
002098	浔兴股份	4,179,508.00	58,000,000.00	7.21%
002110	三钢闽光	9,818,060.00	139,699,500.00	7.03%
002129	中环股份	17,685,852.00	254,432,500.00	6.95%
002248	华东数控	2,030,942.00	30,000,000.00	6.77%
002227	奥特迅	1,804,567.00	27,500,000.00	6.56%
002096	南岭民爆	1,610,270.00	24,720,000.00	6.51%
002064	华峰氨纶	8,479,710.00	132,157,900.00	6.42%
002018	华星化工	7,800,979.00	124,154,400.00	6.28%
002083	孚日股份	18,156,724.00	304,050,000.00	5.97%
002142	宁波银行	61,994,141.00	1,053,481,500.00	5.88%
002095	生意宝	1,430,374.00	24,379,800.00	5.87%
002148	北纬通信	2,560,963.00	44,982,000.00	5.69%
002270	法因数控	2,048,298.00	36,500,000.00	5.61%
002164	东力传动	4,190,751.00	75,000,000.00	5.59%
002211	宏达新材	4,190,378.00	75,231,000.00	5.57%
002069	獐子岛	5,824,922.00	105,589,200.00	5.52%
002274	华昌化工	2,735,736.00	51,000,000.00	5.36%
002250	联化科技	1,728,274.00	32,300,000.00	5.35%
002019	鑫富药业	5,956,685.00	113,990,900.00	5.23%
002017	东信和平	7,876,477.00	150,897,500.00	5.22%
002097	山河智能	7,904,016.00	159,926,200.00	4.94%
002014	永新股份	6,667,135.00	138,400,000.00	4.82%
002209	达意隆	2,258,096.00	47,051,800.00	4.80%
002112	三变科技	2,479,201.00	52,195,400.00	4.75%
002240	威华股份	3,196,759.00	76,690,000.00	4.17%
002210	飞马国际	1,535,624.00	37,400,000.00	4.11%
002212	南洋股份	1,433,523.00	38,098,800.00	3.76%
002192	路翔股份	729,716.00	23,528,500.00	3.10%
002228	合兴包装	761,149.00	25,000,000.00	3.04%
002195	海隆软件	962,702.00	32,234,700.00	2.99%
002082	栋梁新材	2,888,037.00	101,788,700.00	2.84%
002155	辰州矿业	8,229,676.00	306,181,100.00	2.69%
002036	宜科科技	2,236,620.00	86,021,900.00	2.60%
002247	帝龙新材	434,554.00	16,800,000.00	2.59%
002271	东方雨虹	335,995.00	13,200,000.00	2.55%
002233	塔牌集团	2,542,311.00	100,000,000.00	2.54%
002047	成霖股份	7,203,789.00	283,540,500.00	2.54%
002012	凯恩股份	4,504,207.00	194,789,200.00	2.31%
002181	粤传媒	4,983,637.00	218,023,800.00	2.29%
002151	北斗星通	508,772.00	22,950,000.00	2.22%

股票代码	股票名称	2008 年末基金持股	2008 年末流通股本	基金持股占流通股比例
002023	海特高新	1,956,316.00	94,614,500.00	2.07%
002149	西部材料	895,682.00	48,500,000.00	1.85%
002273	水晶光电	299,533.00	16,700,000.00	1.79%
002094	青岛金王	1,792,982.00	100,811,600.00	1.78%
002239	金飞达	603,040.00	34,000,000.00	1.77%
002237	恒邦股份	420,580.00	24,000,000.00	1.75%
002138	顺络电子	699,947.00	40,497,100.00	1.73%
002234	民和股份	458,856.00	27,000,000.00	1.70%
002208	合肥城建	999,910.00	61,042,500.00	1.64%
002053	云南盐化	1,672,720.00	105,230,000.00	1.59%
002253	川大智胜	203,021.00	13,000,000.00	1.56%
002085	万丰奥威	1,686,042.00	113,034,500.00	1.49%
002205	国统股份	456,775.00	30,984,800.00	1.47%
002006	精工科技	1,207,515.00	83,280,500.00	1.45%
002046	轴研科技	930,891.00	64,350,000.00	1.45%
002051	中工国际	857,292.00	60,000,000.00	1.43%
002079	苏州固锝	1,176,062.00	83,950,000.00	1.40%
002031	巨轮股份	1,445,972.00	103,284,100.00	1.40%
002156	通富微电	1,011,929.00	72,615,200.00	1.39%
002077	大港股份	1,469,313.00	106,794,400.00	1.38%
002206	海利得	796,886.00	59,625,000.00	1.34%
002015	霞客环保	1,947,127.00	145,925,900.00	1.33%
002076	雪莱特	871,092.00	66,318,100.00	1.31%
002139	拓邦电子	652,176.00	50,823,900.00	1.28%
002027	七喜控股	2,147,840.00	189,297,300.00	1.13%
002011	盾安环境	1,055,661.00	97,304,200.00	1.08%
002114	罗平锌电	765,731.00	71,546,400.00	1.07%
002133	广宇集团	2,237,700.00	240,848,800.00	0.93%
002172	澳洋科技	1,245,558.00	145,200,000.00	0.86%
002005	德豪润达	2,547,324.00	321,834,700.00	0.79%
002035	华帝股份	1,326,370.00	170,284,200.00	0.78%
002186	全聚德	416,338.00	54,130,000.00	0.77%
002259	升达林业	424,740.00	55,000,000.00	0.77%
002256	彩虹精化	148,096.00	22,000,000.00	0.67%
002221	东华能源	450,000.00	104,140,000.00	0.43%
002260	伊立浦	123,096.00	30,000,000.00	0.41%
002043	锦龙股份	700,000.00	176,672,500.00	0.40%
002182	云海金属	331,656.00	84,374,900.00	0.39%
002132	恒星科技	325,000.00	83,556,700.00	0.39%
002246	北化股份	188,770.00	49,500,000.00	0.38%
002249	大洋电机	116,018.00	32,000,000.00	0.36%
002272	川润股份	77,151.00	23,000,000.00	0.34%
002245	澳洋顺昌	42,265.00	15,200,000.00	0.28%
002105	信隆实业	357,519.00	130,560,000.00	0.27%
002137	实益达	100,385.00	50,100,000.00	0.20%
002224	三力士	36,888.00	19,000,000.00	0.19%
002235	安妮股份	44,486.00	25,000,000.00	0.18%
002217	联合化工	174,301.00	103,438,300.00	0.17%
002231	奥维通信	43,674.00	27,000,000.00	0.16%
002225	濮耐股份	92,306.00	60,000,000.00	0.15%
002117	太极集团	100,000.00	71,050,000.00	0.14%
002263	大东南	119,000.00	96,000,000.00	0.12%
002229	鸿博股份	19,853.00	20,000,000.00	0.10%
002265	西仪股份	49,011.00	73,000,000.00	0.07%
002213	特尔佳	30,356.00	42,476,200.00	0.07%
002189	利达光电	50,225.00	91,070,800.00	0.06%
002199	东晶电子	9,645.00	16,000,000.00	0.06%
002222	福晶科技	47,246.00	100,541,100.00	0.05%
002196	方正电机	9,880.00	20,000,000.00	0.05%
002190	成飞集成	17,463.00	40,656,000.00	0.04%
002178	延华智能	8,854.00	27,151,900.00	0.03%
002201	九鼎新材	13,229.00	47,020,600.00	0.03%
002184	海得控制	4,214.00	56,000,000.00	0.01%

2008年基金管理公司管理基金资产净值和份额规模汇总统计表

序号	基金公司简称	数据截止时间	管理基金数量(只)	管理基金资产净值(亿元)	资产净值市场占比(%)	管理基金份额规模(亿份)	份额规模市场占比(%)
1	华夏	2008-12-31	20	1750.16	9.28	1636.59	6.64
2	嘉实	2008-12-31	16	1258.6	6.67	1601.89	6.5
3	博时	2008-12-31	15	1257.45	6.67	1648.81	6.69
4	南方	2008-12-31	16	895.3	4.75	1061.75	4.31
5	易方达	2008-12-31	19	876.33	4.65	1065.03	4.32
6	工银瑞信	2008-12-31	10	739.96	3.92	828.82	3.36
7	大成	2008-12-31	17	707.26	3.75	1171.67	4.76
8	华安	2008-12-31	13	694.94	3.68	890.96	3.62
9	广发	2008-12-31	10	669.47	3.55	943.92	3.83
10	银华	2008-12-31	11	523.27	2.77	649.71	2.64
11	交银施罗德	2008-12-31	8	480.83	2.55	556.34	2.26
12	华宝兴业	2008-12-31	11	480.18	2.55	615.88	2.5
13	鹏华	2008-12-31	14	476.89	2.53	608.17	2.47
14	汇添富	2008-12-31	7	472.22	2.5	596.52	2.42
15	景顺长城	2008-12-31	10	417.53	2.21	626.91	2.54
16	招商	2008-12-31	11	396.6	2.1	473.84	1.92
17	富国	2008-12-31	14	394.62	2.09	558.48	2.27
18	海富通	2008-12-31	9	384.17	2.04	564.47	2.29
19	上投摩根	2008-12-31	8	381.64	2.02	332.1	1.35
20	建信	2008-12-31	7	377.99	2	492.02	2
21	融通	2008-12-31	10	367.32	1.95	523.67	2.13
22	诺安	2008-12-31	6	332.2	1.76	531.67	2.16
23	国泰	2008-12-31	14	316.56	1.68	471.85	1.92
24	长城	2008-12-31	9	290.15	1.54	506.84	2.06
25	长盛	2008-12-31	11	273.22	1.45	368.55	1.5
26	中邮创业	2008-12-31	2	257.95	1.37	488.17	1.98
27	兴业	2008-12-31	5	250.98	1.33	273.68	1.11
28	长信	2008-12-31	6	233.64	1.24	344.72	1.4
29	光大保德信	2008-12-31	7	232.98	1.24	403.74	1.64
30	中银	2008-12-31	6	222.61	1.18	304.68	1.24
31	泰达荷银	2008-12-31	11	208.06	1.1	286.45	1.16
32	国投瑞银	2008-12-31	8	204.82	1.09	303.83	1.23
33	银河	2008-12-31	9	158.76	0.84	185.22	0.75
34	中海	2008-12-31	5	154.79	0.82	253.37	1.03
35	国海富兰克林	2008-12-31	6	135.61	0.72	140.36	0.57
36	万家	2008-12-31	6	128.43	0.68	195.72	0.79
37	友邦华泰	2008-12-31	6	127.03	0.67	209.2	0.85
38	泰信	2008-12-31	5	126.06	0.67	188.62	0.77
39	申万巴黎	2008-12-31	8	104.62	0.55	182.36	0.74
40	农银汇理	2008-12-31	2	97.24	0.52	96.99	0.39
41	信诚	2008-12-31	5	93.94	0.5	132.18	0.54
42	宝盈	2008-12-31	7	92.42	0.49	142.75	0.58
43	中信	2008-12-31	4	91.61	0.49	72.84	0.3
44	东吴	2008-12-31	4	75.39	0.4	102.32	0.42
45	东方	2008-12-31	5	74.2	0.39	125.68	0.51
46	汇丰晋信	2008-12-31	5	62.79	0.33	65.08	0.26
47	天治	2008-12-31	6	61.77	0.33	109.91	0.45
48	信达澳银	2008-12-31	2	58.96	0.31	82.58	0.34
49	益民	2008-12-31	4	56.94	0.3	99.56	0.4
50	国联安	2008-12-31	6	52.21	0.28	80	0.32
51	华富	2008-12-31	6	48	0.25	74.8	0.3
52	华商	2008-12-31	2	47.76	0.25	82.5	0.33
53	金元比联	2008-12-31	2	39.35	0.21	38.17	0.15
54	天弘	2008-12-31	4	33.92	0.18	69.36	0.28
55	诺德	2008-12-31	2	33.68	0.18	53.18	0.22
56	中欧	2008-12-31	2	20.93	0.11	30.02	0.12
57	金鹰	2008-12-31	3	18.87	0.1	32.43	0.13
58	浦银安盛	2008-12-31	2	16.69	0.09	23.26	0.09
59	摩根士丹利华鑫	2008-12-31	3	16.57	0.09	16.26	0.07
60	新世纪	2008-12-31	2	10.19	0.05	22.12	0.09
合计			464	18864.6	100	24638.56	100

2008 年基金资产净值和份额规模分类汇总统计表

基金资产净值和份额规模分类汇总统计表(按运作方式,2008 - 12 - 31,开放式基金中缺 QDII 基金)								
序号	运作方式	数据截止日期	应统计基金数量(只)	实际统计基金数量(只)	基金资产净值(亿元)	占比(和全部基金资产净值比较)(%)	基金份额规模(亿份)	占比(和全部基金份额规模比较)(%)
1	封闭式	08 - 12 - 31	32	31	685.52	3.63	768.1	3.12
2	开放式	08 - 12 - 31	444	433	18179.08	96.37	23870.46	96.88
合计	- -	- -	476	464	18864.6	100	24638.56	100

2008 年基金资产净值和份额规模分类汇总统计表 - A

基金资产净值和份额规模分类汇总统计表(按银河证券一级分类,2008 - 12 - 31,开放式基金中“其他基金”缺 QDII 基金)										
序号	银河一级分类	数据截止日期	应统计基金数量(只)	实际统计基金数量(只)	基金资产净值(亿元)	占比(和全部基金资产净值比较)(%)	占比(和开放式基金资产净值比较)(%)	基金份额规模(亿份)	占比(和全部基金份额规模比较)(%)	占比(和开放式基金份额规模比较)(%)
1	股票基金	08 - 12 - 31	183	183	8239.17	43.68	45.32	12164.44	49.37	50.96
2	混合基金	08 - 12 - 31	109	109	3977.02	21.08	21.88	5809.13	23.58	24.34
3	债券基金	08 - 12 - 31	83	82	1837.4	9.74	10.11	1702.8	6.91	7.13
4	其他基金	08 - 12 - 31	18	8	233.6	1.24	1.28	302.19	1.23	1.27
5	货币市场基金	08 - 12 - 31	51	51	3891.9	20.63	21.41	3891.9	15.8	16.3
合计	- -	- -	444	433	18179.08	96.37	100	23870.46	96.88	100

2008 年基金资产净值和份额规模分类汇总统计表 - B

基金资产净值和份额规模分类汇总统计表(按银河证券二级分类,2008 - 12 - 31,开放式基金中缺 QDII 基金										
序号	银河二级分类	数据截止日期	应统计基金数量(只)	实际统计基金数量(只)	基金资产净值(亿元)	占比(和全部基金资产净值比较)(%)	占比(和开放式基金资产净值比较)(%)	基金份额规模(亿份)	占比(和全部基金份额规模比较)(%)	占比(和开放式基金份额规模比较)(%)
101	股票型基金	08 - 12 - 31	164	164	7254.31	38.45	39.9	10589.34	42.98	44.36
102	指数型基金	08 - 12 - 31	19	19	984.86	5.22	5.42	1575.1	6.39	6.6
201	偏股型基金	08 - 12 - 31	59	59	2703.16	14.33	14.87	4110.54	16.68	17.22
202	平衡型基金	08 - 12 - 31	42	42	1191.63	6.32	6.55	1583.61	6.43	6.63
203	偏债型基金	08 - 12 - 31	8	8	82.22	0.44	0.45	114.98	0.47	0.48
301	债券型基金	08 - 12 - 31	82	81	1623.94	8.61	8.93	1493.18	6.06	6.26
302	中短债型基金	08 - 12 - 31	1	1	213.46	1.13	1.17	209.62	0.85	0.88
401	保本型基金	08 - 12 - 31	5	5	147.27	0.78	0.81	121.23	0.49	0.51
402	特殊策略基金	08 - 12 - 31	4	3	86.33	0.46	0.47	180.96	0.73	0.76
403	QDII 基金	08 - 12 - 31	9	0						
501	货币市场基金(A 级)	08 - 12 - 31	40	40	2988.59	15.84	16.44	2988.59	12.13	12.52
502	货币市场基金(B 级)	08 - 12 - 31	11	11	903.3	4.79	4.97	903.3	3.67	3.78
合计	- -	- -	435	433	18179.08	96.37	100	23870.46	96.88	100

2008 年基金资产净值和份额规模分类汇总统计表 - C

基金资产净值和份额规模分类汇总统计表(按银河证券三级分类,2008 - 12 - 31,开放式基金中缺 QDII 基金)										
序号	银河三级分类	数据截止日期	应统计基金数量(只)	实际统计基金数量(只)	基金资产净值(亿元)	占比(和全部基金资产净值比较)(%)	占比(和开放式基金资产净值比较)(%)	基金份额规模(亿份)	占比(和全部基金份额规模比较)(%)	占比(和开放式基金份额规模比较)(%)
10101	标准股票型基金	2008 - 12 - 31	134	134	5918.8	31.38	32.56	8804.92	35.74	36.89
10102	普通股票型基金	2008 - 12 - 31	30	30	1335.5	7.08	7.35	1784.42	7.24	7.48
10201	标准指数型基金	2008 - 12 - 31	12	12	629.51	3.34	3.46	973.5	3.95	4.08
10202	增强指数型基金	2008 - 12 - 31	7	7	355.35	1.88	1.95	601.6	2.44	2.52
20101	偏股型基金	2008 - 12 - 31	59	59	2703.16	14.33	14.87	4110.54	16.68	17.22
20201	股债平衡型基金	2008 - 12 - 31	11	11	367.98	1.95	2.02	450.82	1.83	1.89
20202	灵活配置型基金	2008 - 12 - 31	31	31	823.65	4.37	4.53	1132.8	4.6	4.75

20301	偏债型基金	2008-12-31	8	8	82.22	0.44	0.45	114.98	0.47	0.48
30101	标准债券型基金	2008-12-31	4	4	143.07	0.76	0.79	125.33	0.51	0.53
30102	普通债券型基金	2008-12-31	78	77	1480.87	7.85	8.15	1367.85	5.55	5.73
30201	中短债型基金	2008-12-31	1	1	213.46	1.13	1.17	209.62	0.85	0.88
40101	保本型基金	2008-12-31	5	5	147.27	0.78	0.81	121.23	0.49	0.51
40201	特殊策略基金	2008-12-31	4	3	86.33	0.46	0.47	180.96	0.73	0.76
40301	QDII 基金	2008-12-31	9	0						
50101	货币市场基金(A级)	2008-12-31	40	40	2988.59	15.84	16.44	2988.59	12.13	12.52
50201	货币市场基金(B级)	2008-12-31	11	11	903.3	4.79	4.97	903.3	3.67	3.78
合计	--	--	435	433	18179.08	96.37	100	23870.46	96.88	100

2008年末社保基金持股一览

股票代码	股票简称	社保家数	持股数量(万股)	社保持股占比%
000089	深圳机场	4	5915.79	3.51
000539	粤电力A	3	4471.27	1.68
002238	天威视讯	3	1012.27	3.79
200539	粤电力B	3	4471.27	1.68
600350	山东高速	3	7466.22	2.22
600993	马应龙	3	568.91	6.17
600962	国投中鲁	2	329.41	1.63
600406	国电南瑞	2	793.43	3.11
600489	中金黄金	2	796.33	2.22
600600	青岛啤酒	2	2300.00	1.75
600376	首开股份	2	729.47	0.90
200429	粤高速B	2	1709.98	1.36
600331	宏达股份	2	1029.12	1.00
600269	赣粤高速	2	2797.67	2.40
600280	南京中商	2	615.47	4.29
600035	楚天高速	2	2056.80	2.21
600162	香江控股	2	430.30	0.56
002219	独一味	2	237.76	2.55
002258	利尔化学	2	394.76	2.92
000930	丰原生化	2	528.91	0.55
000962	东方钽业	2	116.27	0.32
002191	劲嘉股份	2	859.80	2.01
002194	武汉凡谷	2	438.12	1.02
000969	安泰科技	2	656.66	1.49
002068	黑猫股份	2	379.15	2.37
000159	国际实业	2	449.12	1.87
000429	粤高速A	2	1709.98	1.36
000066	长城电脑	2	121.40	0.22
000009	中国宝安	2	388.92	0.37
000021	长城开发	2	213.55	0.24
000762	西藏矿业	2	506.73	1.84
000600	建投能源	2	1764.06	1.94
000708	大冶特钢	2	1441.33	3.21
000751	锌业股份	2	439.79	0.40
000917	电广传媒	2	1390.43	3.42
000927	一汽夏利	1	1000.00	0.63
000758	中色股份	1	147.02	0.25
000717	韶钢松山	1	1200.00	0.72

股票代码	股票简称	社保家数	持股数量(万股)	社保持股占比%
000667	名流置业	1	6720.01	4.99
000685	中山公用	1	88.14	0.15
000767	漳泽电力	1	172.07	0.13
000793	华闻传媒	1	398.68	0.29
000800	一汽轿车	1	1003.19	0.62
000807	云铝股份	1	172.43	0.16
000831	关铝股份	1	142.42	0.22
000875	吉电股份	1	1253.60	1.49
000899	赣能股份	1	109.99	0.20
000022	G深赤湾	1	850.37	1.32
000027	深圳能源	1	643.31	0.29
000036	华联控股	1	248.42	0.22
000042	深长城	1	159.94	0.67
000088	盐田港	1	249.99	0.20
000100	TCL集团	1	789.93	0.31
000511	银基发展	1	302.46	0.26
000513	丽珠集团	1	599.99	1.96
000520	长航凤凰	1	148.57	0.22
000522	白云山A	1	649.99	1.39
000559	万向钱潮	1	1280.35	1.25
000560	昆百大A	1	91.82	0.68
000562	宏源证券	1	400.00	0.27
000599	青岛双星	1	100.00	0.19
002078	太阳纸业	1	621.35	1.24
002081	金螳螂	1	206.30	1.46
002083	孚日股份	1	331.79	0.35
002094	青岛金王	1	64.85	0.30
002116	中国海诚	1	130.00	1.14
002142	宁波银行	1	950.00	0.38
002146	荣盛发展	1	249.41	0.31
002164	东力传动	1	100.00	0.56
000978	桂林旅游	1	220.00	1.24
002007	华兰生物	1	10.83	0.05
002017	东信和平	1	78.00	0.51
002029	七匹狼	1	600.04	2.12
002032	苏泊尔	1	180.27	0.41
002038	双鹭药业	1	717.24	2.89
002039	黔源电力	1	296.11	2.11
002041	登海种业	1	219.99	1.25
002056	横店东磁	1	1000.00	2.43

股票代码	股票简称	社保家数	持股数量（万股）	社保持股占比%
002063	远光软件	1	195.92	1.78
002067	景兴纸业	1	123.31	0.31
002195	海隆软件	1	92.35	1.24
002204	华锐铸钢	1	87.97	0.41
002215	诺普信	1	135.00	0.87
002216	三全食品	1	170.00	1.82
002218	拓日新能	1	129.99	0.68
000963	华东医药	1	459.98	1.06
000965	天保基建	1	114.02	0.37
000959	首钢股份	1	328.54	0.11
002264	新华都	1	62.64	0.59
002267	陕天然气	1	190.59	0.37
002269	美邦服饰	1	170.00	0.25
200022	深赤湾B	1	850.37	1.32
002230	科大讯飞	1	144.44	1.35
002241	歌尔声学	1	174.30	1.45
002254	烟台氨纶	1	130.05	1.04
600169	太原重工	1	500.00	1.12
600189	吉林森工	1	155.03	0.50
600236	桂冠电力	1	2972.14	2.01
600251	冠农股份	1	539.81	2.24
600252	中恒集团	1	262.80	1.21
600261	浙江阳光	1	572.96	2.29
600266	北京城建	1	300.00	0.40
600060	海信电器	1	234.46	0.47
600068	葛洲坝	1	852.80	0.51
600104	上海汽车	1	1400.00	0.21
600123	兰花科创	1	317.24	0.55
600125	铁龙物流	1	1074.21	1.07
600126	杭钢股份	1	832.88	0.99
600141	兴发集团	1	311.30	1.24
600150	中国船舶	1	307.00	0.46
600299	蓝星新材	1	2310.58	4.42
600322	天房发展	1	482.00	0.44
600325	华发股份	1	1649.89	2.02
600004	白云机场	1	914.98	0.80
600007	中国国贸	1	319.53	0.32
600010	包钢股份	1	582.83	0.09
600012	皖通高速	1	350.00	0.21
600027	华电国际	1	2299.98	0.38
600028	中国石化	1	5061.70	0.06
600337	美克股份	1	1419.78	2.78
200513	丽珠B	1	599.99	1.96
600391	成发科技	1	126.68	0.96
600396	金山股份	1	599.57	1.76
600601	方正科技	1	340.25	0.20
600639	浦东金桥	1	439.61	0.52
600642	申能股份	1	2246.05	0.78
600649	城投控股	1	986.15	0.43
600673	东阳光铝	1	386.28	0.47
600683	银泰股份	1	593.41	2.10
600688	S上石化	1	1209.15	0.17
600693	东百集团	1	580.00	2.20
600717	天津港	1	1706.17	1.02
600718	东软集团	1	1772.72	1.88
600750	江中药业	1	480.68	1.62
600755	厦门国贸	1	58.61	0.12
600765	力源液压	1	380.00	1.06
600801	华新水泥	1	390.00	0.97
600816	安信信托	1	499.99	1.10
600820	隧道股份	1	3265.44	4.45
600823	世茂股份	1	1187.19	2.48
600831	广电网络	1	1113.39	3.34
600875	东方电气	1	597.99	0.68
600879	火箭股份	1	669.19	1.24
600886	国投电力	1	1120.00	1.06
600897	厦门空港	1	256.75	0.86
600491	龙元建设	1	568.93	1.46
600499	科达机电	1	692.92	2.02
600509	天富热电	1	110.00	0.17
600548	深高速	1	550.00	0.25
600551	时代出版	1	445.30	2.28
600557	康缘药业	1	550.00	2.06
600587	新华医疗	1	177.13	1.32
600591	上海航空	1	700.00	0.65
600594	益佰制药	1	294.98	1.25
600415	小商品城	1	643.33	1.89
600418	江淮汽车	1	298.00	0.23
600439	瑞贝卡	1	787.44	1.66
600470	六国化工	1	38.00	0.16
600485	中创信测	1	188.61	1.38
600486	扬农化工	1	195.75	1.67
600966	博汇纸业	1	900.86	1.79
900911	金桥B股	1	439.61	0.52
900933	华新B股	1	390.00	0.97

2008 年年报显示基金公司管理费收入一览

基金管理人	基金数量	管理人报酬(元)［2007 年报］	管理人报酬(元)［2008 年报］
华夏基金	23	2,789,261,434	2,055,228,011
博时基金	14	1,823,647,186	1,726,247,183
南方基金	16	1,809,966,425	1,917,036,691
易方达基金	18	1,641,377,701	1,696,551,779
嘉实基金	16	1,558,334,519	1,661,673,074
广发基金	9	1,338,978,105	1,071,710,018
大成基金	14	1,224,380,750	1,109,579,417
上投摩根基金	8	1,062,834,295	857,057,890
华安基金	12	1,041,641,406	876,664,150
景顺长城基金	10	952,170,534	954,486,545
银华基金	10	778,704,032	911,199,619
华宝兴业基金	11	774,024,752	630,505,458
鹏华基金	12	765,119,391	793,050,649
富国基金	14	750,093,889	661,825,852
融通基金	10	748,335,120	683,140,594
汇添富基金	6	719,819,754	592,230,691
诺安基金	6	692,510,623	605,983,103
中邮创业基金	2	655,041,994	494,709,203
长城基金	9	635,777,790	534,900,421
交银施罗德基金	7	588,707,489	613,943,241

2008 年下半年基金大幅增持的40只隐藏重仓股一览

代码	证券简称	收盘价(元)	08 年末持有基金家数	08 年末基金持股总量(万股)	半年度基金持股增加(万股)	基金持股占流通股比例(%)	行业
000031	中粮地产	7.19	23	16101.186	10157.631	15.561	房地产
000616	亿城股份	7.68	20	12930.12	3829.432	26.481	房地产
000046	泛海建设	10.59	21	11928.611	4185.938	26.835	房地产
000717	韶钢松山	4.09	23	11609.383	1322.167	10.292	黑色金属
600675	中华企业	10.87	26	10448.74	4073.714	13.952	房地产
000731	四川美丰	7.82	30	9410.538	8849.435	24.515	化工
600266	北京城建	13.17	26	6382.286	2478.105	16.386	房地产
600033	福建高速	6	18	6302.62	2292.92	11.604	交通运输
000718	苏宁环球	9.55	15	6209.905	1608.308	16.086	房地产
000597	东北制药	19.6	21	6071.048	1274.669	35.722	医药生物
000912	泸天化	10.33	26	5429.549	587.511	20.324	化工
600219	南山铝业	9.75	25	5102.446	676.547	10.271	有色金属
600396	金山股份	8.16	22	4990.963	1192.24	17.636	公用事业
000970	中科三环	7.79	12	4542.202	1115.225	15.646	有色金属
600827	友谊股份	11.82	15	3903.636	1814.633	25.945	商业贸易
600362	江西铜业	23.1	25	3536.101	1223.213	10.009	有色金属
000950	建峰化工	13.16	17	3060.788	2032.808	34.319	化工
600754	锦江股份	14.1	23	2844.439	358.871	13.043	餐饮旅游
002104	恒宝股份	7.07	5	2673.728	869.627	21.863	信息设备
600007	中国国贸	9.04	21	2661.592	1004.153	13.308	房地产
600088	中视传媒	11.89	4	2162.096	423.388	21.322	信息服务
002074	东源电器	11.42	14	2103.107	631.435	25.457	机械设备
600540	新赛股份	9.16	5	2055.289	696.636	15.905	农林牧渔
000887	中鼎股份	11.6	9	2041.808	474.667	19.514	交运设备
002146	荣盛发展	9.47	10	1865.534	1276.155	11.956	房地产
002041	登海种业	19.71	13	1864.681	1739.865	11.403	农林牧渔
000790	华神集团	10.55	8	1738.625	1324.785	14.087	医药生物
600573	惠泉啤酒	7.3	6	1423.456	1223.456	11.341	食品饮料
002115	三维通信	14.92	11	1302.767	1264.141	23.396	信息设备
002121	科陆电子	23.14	16	1270.018	465.706	22.946	机械设备
600629	棱光实业	14.71	2	1259.077	-	16.004	建筑建材
002084	海鸥卫浴	7.7	8	1244.787	987.842	23.311	轻工制造
002111	威海广泰	15.71	10	1126.93	455.712	24.377	机械设备
002161	远望谷	23.4	19	1050.841	567.905	20.618	信息服务
002230	科大讯飞	30.72	23	1025.585	373.477	38.268	信息服务
600703	三安光电	26.43	7	1019.796	-	14.498	农林牧渔
600844	丹化科技	18.63	4	995.767	513.709	11.111	农林牧渔
600993	马应龙	24.89	16	806.618	621.951	11.854	医药生物
002062	宏润建设	22.98	2	653.924	380.941	10.741	建筑建材
002219	独一味	19.56	9	412.498	380.141	17.628	医药生物

2009 年上半年开放式基金最新净值排名

序号	日期	代码	简称	最新净值	累计净值	日增值	日增长率%	周增%	月增%	季增%	半年增%	年增%
1	2009-6-30	000011	华夏大盘精选基金	7.394	7.774	-0.034	-0.4577	2.9805	7.3617	17.6822	57.702	42.5799
2	2009-6-30	377010	上投阿尔法基金	4.7006	4.7406	-0.0148	-0.3139	1.8151	10.2496	19.7361	36.1033	7.002
3	2009-6-30	162204	泰达荷银行业精选基金	4.3296	4.4996	-0.0161	-0.3705	4.0344	12.1542	23.4489	54.1057	22.993
4	2009-6-30	110002	易方达策略成长基金	3.777	4.547	-0.015	-0.3956	3.4795	10.6975	21.6987	41.5207	17.8273
5	2009-6-30	070002	嘉实理财增长基金	3.741	4.282	-0.013	-0.3463	2.5775	6.9774	16.8697	36.7325	15.4273
6	2009-6-30	159901	易方达深证100etf基金	3.494	3.614	-0.017	-0.4842	3.3728	12.637	26.732	74.3513	19.8217
7	2009-6-30	260104	景顺长城内需增长基金	3.316	4.186	-0.009	-0.2707	4.8372	13.0969	25.94	60.1932	21.5988
8	2009-6-30	070006	嘉实服务增值基金	3.301	3.621	-0.02	-0.6022	1.9456	10.217	21.3157	51.4915	23.5867

序号	日期	代码	简称	最新净值	累计净值	日增值	日增长率%	周增%	月增%	季增%	半年增%	年增%
9	2009-6-30	340006	兴业全球视野基金	2.9953	2.9953	-0.0275	-0.9098	0.862	12.335	22.8589	48.9903	14.9695
10	2009-6-30	002011	华夏红利基金	2.985	3.818	-0.019	-0.6325	2.5069	13.1968	25.5257	54.9844	27.8373
11	2009-6-30	240008	华宝兴业收益增长基金	2.8792	2.8792	-0.0129	-0.446	2.5612	10.3988	22.0672	58.1891	14.8877
12	2009-6-30	519008	汇添富优势精选基金	2.763	4.323	-0.0121	-0.436	2.432	14.4052	26.0723	39.475	19.6104
13	2009-6-30	040005	华安宏利基金	2.5108	2.9008	-0.0088	-0.3493	2.729	8.4766	18.1553	52.9483	17.4533
14	2009-6-30	519692	交银施罗德成长基金	2.4707	2.6507	-0.0004	-0.0162	4.3943	14.8095	32.7976	60.4767	25.825
15	2009-6-30	510050	华夏上证50etf基金	2.379	2.96	-0.009	-0.3537	2.2134	19.3694	30.5986	70.5437	9.0626
16	2009-6-30	510880	友邦华泰上证红利etf	2.365	2.389	-0.029	-1.2114	1.633	9.3895	18.8442	60.0134	4.0052
17	2009-6-30	375010	上投中国优势基金	2.339	4.959	-0.0048	-0.2048	1.678	11.8711	21.8483	49.1424	4.9161
18	2009-6-30	202202	南方避险增值基金	2.2826	2.8266	-0.0056	-0.2447	0.9732	4.8941	5.671	7.0638	9.1318
19	2009-6-30	288002	中信红利精选基金	2.2796	3.6796	-0.0087	-0.3802	2.6939	11.6685	23.9991	52.5122	27.0538
20	2009-6-30	360005	光大保德信红利基金	2.1939	2.8519	-0.003	-0.1366	2.9082	11.1736	21.0561	54.7397	1.966
21	2009-6-30	378010	上投成长先锋基金	2.1612	2.1612	-0.0096	-0.4422	2.5919	8.8437	15.9691	33.2922	7.1864
22	2009-6-30	240009	华宝兴业先进成长基金	2.142	2.142	-0.0037	-0.1724	1.7094	13.0283	19.8188	53.0437	12.4705
23	2009-6-30	159902	华夏中小板股票etf	2.13	2.13	0.001	0.047	1.1396	4.6683	18.928	50	18.663
24	2009-6-30	000021	华夏优势增长基金	2.116	2.236	-0.014	-0.6573	2.9684	10.6695	21.2607	45.4296	16.7126
25	2009-6-30	519690	交银施罗德稳健配置	2.0436	2.8736	0.0058	0.2846	5.4272	17.0581	40.4922	68.2945	27.7011
26	2009-6-30	288001	中信经典配置基金	1.9895	2.9895	-0.0101	-0.5051	1.3242	8.8467	18.2818	45.3144	24.4604
27	2009-6-30	217002	招商安泰平衡基金	1.9625	2.5775	-0.0082	-0.4161	1.3897	6.3052	13.4393	23.5053	12.7032
28	2009-6-30	540001	汇丰晋信2016生命周期	1.9508	2.0508	-0.002	-0.1024	1.3034	3.7163	8.9893	15.6647	8.5225
29	2009-6-30	162703	广发小盘成长(lof)	1.8615	3.1715	0.0031	0.1668	4.0584	10.685	20.9237	60.3359	13.0786
30	2009-6-30	160505	博时主题行业(lof)	1.803	3.384	-0.017	-0.9341	0.5577	9.6049	17.9031	45.2417	15.2187
31	2009-6-30	270006	广发策略优选基金	1.7006	2.3806	-0.0026	-0.1527	4.3569	12.8992	27.7206	53.4699	15.8924
32	2009-6-30	163302	摩根士丹利华鑫资源优选(lof)	1.6951	2.9301	0.006	0.3552	4.013	10.7185	20.3137	50.1018	30.3221
33	2009-6-30	160605	鹏华中国50基金	1.689	3.219	-0.005	-0.2952	3.0506	11.1184	23.7363	47.8984	22.5689
34	2009-6-30	180010	银华优质增长基金	1.6671	2.8671	-0.0039	-0.2334	2.3137	10.8444	23.3336	51.0191	12.3231
35	2009-6-30	260109	景顺长城内需增长贰号	1.638	2.078	-0.005	-0.3043	4.531	14.9474	27.8689	63.8	12.8419
36	2009-6-30	255010	国联安德盛稳健基金	1.635	2.405	-0.003	-0.1832	1.6159	8.9274	13.8393	33.8081	10.9385
37	2009-6-30	519089	新世纪优选成长基金	1.6305	1.6805	-0.003	-0.1837	4.1387	13.0408	24.4847	68.4543	68.05
38	2009-6-30	151002	银河银联收益基金	1.6152	1.9952	-0.0033	-0.2039	-0.0186	1.6041	3.3265	7.1372	12.1016
39	2009-6-30	270010	广发300基金	1.609	1.649	-0.007	-0.4332	2.4841	14.1945	25.8779	--	--
40	2009-6-30	163801	中银中国(lof)基金	1.5793	3.0593	-0.0047	-0.2967	3.2897	9.3774	21.327	46.4013	28.9411
41	2009-6-30	540002	汇丰晋信龙腾基金	1.5765	2.0425	-0.0114	-0.7179	1.6834	7.3618	18.9363	48.8669	15.9873
42	2009-6-30	240011	华宝兴业大盘基金	1.5758	1.5758	-0.0075	-0.4737	2.5778	10.9796	23.1767	55.8501	--
43	2009-6-30	202003	南方绩优成长基金	1.5505	2.1005	-0.0041	-0.2637	2.7842	13.1421	24.2687	42.2035	10.8409
44	2009-6-30	660001	农银成长基金	1.5074	1.5074	-0.0029	-0.192	2.9153	10.9443	23.8009	50.0796	--
45	2009-6-30	460005	友邦华泰价值增长基金	1.5051	1.5051	0.0014	0.0931	4.5717	11.9366	29.4153	61.0249	--
46	2009-6-30	519029	华夏稳增基金	1.498	2.203	-0.007	-0.4651	2.2526	7	15.3195	37.1795	3.5245
47	2009-6-30	550003	信诚盛世蓝筹基金	1.497	1.497	-0.01	-0.6636	2.1843	8.952	22.6044	47.3425	50.3012
48	2009-6-30	110001	易方达平稳增长基金	1.492	2.722	-0.01	-0.6658	2.1218	6.4194	10.9294	22.6974	8.4302
49	2009-6-30	161609	融通动力先锋基金	1.487	1.887	0.002	0.1347	3.6237	10.0666	20.0161	45.6415	14.915
50	2009-6-30	002031	华夏策略精选基金	1.485	1.485	-0.007	-0.4692	3.8462	9.1109	18.2325	--	--
51	2009-6-30	270002	广发稳健增长基金	1.4825	3.1025	0.0033	0.2231	4.7999	9.7011	19.8658	55.4961	19.5179
52	2009-6-30	162006	长城久富核心成长(lof)	1.474	3.3648	-0.006	-0.4054	1.9575	9.9098	21.6975	48.1705	19.774
53	2009-6-30	217010	招商大盘蓝筹基金	1.474	1.474	-0.002	-0.1355	3.9492	15.6986	30.7897	52.7461	47.4
54	2009-6-30	050004	博时精选基金	1.4683	2.8933	-0.0044	-0.2988	2.7358	11.5221	20.3314	42.6958	8.0345
55	2009-6-30	310368	申万巴黎竞争优势基金	1.4663	1.5163	-0.0071	-0.4819	3.5157	10.7394	27.4416	50.3967	--
56	2009-6-30	270008	广发核心基金	1.464	1.524	-0.004	-0.2725	3.4629	10.8251	24.7136	56.9516	--
57	2009-6-30	160106	南方高增长(lof)基金	1.4567	2.7607	0.0002	0.0137	2.7582	12.7477	18.8173	38.8788	7.76
58	2009-6-30	162102	金鹰中小盘精选基金	1.4517	2.2117	-0.0067	-0.4594	1.037	0.6308	13.2725	52.8338	36.7101
59	2009-6-30	070013	嘉实研究精选基金	1.445	1.475	-0.008	-0.5506	0.7671	6.7997	18.9516	43.065	50.9724
60	2009-6-30	162205	泰达荷银风险预算基金	1.4345	2.3395	-0.0025	-0.174	1.1066	6.5992	15.2062	26.5022	24.6862
61	2009-6-30	050010	博时特许价值基金	1.426	1.426	-0.006	-0.419	4.4689	14.7224	26.4184	65.4292	46.8589
62	2009-6-30	379010	上投中小盘基金	1.422	1.422	-0.006	-0.4202	3.268	13.2166	27.6481	--	--
63	2009-6-30	000001	华夏成长基金	1.419	3.1	-0.001	-0.0704	3.125	10.6002	23.9301	50	16.3115

序号	日期	代码	简称	最新净值	累计净值	日增值	日增长率%	周增%	月增%	季增%	半年增%	年增%
64	2009-6-30	240002	华宝兴业宝康配置基金	1.4116	3.0516	-0.0056	-0.3951	1.9353	10.9051	14.978	40.8364	11.9657
65	2009-6-30	630002	华商盛世成长基金	1.4116	1.6766	-0.0076	-0.5355	3.6645	10.5144	26.2025	65.2963	--
66	2009-6-30	481008	工银瑞信大盘蓝筹基金	1.411	1.411	-0.001	-0.0708	3.2187	9.4647	19.475	45.7645	--
67	2009-6-30	540004	汇丰晋信2026生命周期	1.406	1.406	-0.003	-0.2129	3.2305	9.2463	19.7615	44.3532	--
68	2009-6-30	100032	富国天鼎基金	1.404	1.58	-0.014	-1.0025	2.2648	8.2949	18.4438	--	--
69	2009-6-30	530006	建信精选基金	1.403	1.403	-0.006	-0.4258	2.7839	10.3855	17.9983	40.5812	--
70	2009-6-30	519183	万家双引擎基金	1.401	1.421	-0.005	-0.3556	0.1215	6.6778	15.5178	36.6563	42.1
71	2009-6-30	200001	长城久恒基金	1.397	2.507	-0.003	-0.2143	1.8964	8.2946	13.0259	26.1969	9.5686
72	2009-6-30	162208	泰达荷银首选企业基金	1.3874	1.4374	-0.0039	-0.2803	4.8202	10.9299	25.409	52.1773	10.0587
73	2009-6-30	450004	富兰克林国海深化价值	1.3858	1.3858	-0.0057	-0.4096	0.6391	6.863	13.786	49.3963	--
74	2009-6-30	112002	易方达策略成长二号	1.385	2.92	-0.007	-0.5029	3.2811	10.5347	21.3848	41.4709	16.5825
75	2009-6-30	040011	华安核心优选基金	1.3819	1.3819	-0.0044	-0.3174	0.9275	5.7388	15.9604	37.0797	--
76	2009-6-30	210002	金鹰红利基金	1.3791	1.4671	-0.0091	-0.6555	1.07	2.1934	12.3354	--	--
77	2009-6-30	519066	汇添富蓝筹稳健基金	1.377	1.407	-0.003	-0.2174	3.3008	11.498	28.3759	36.8677	--
78	2009-6-30	180013	银华领先基金	1.3768	1.4768	-0.0158	-1.1346	0.9754	5.2599	12.0443	44.898	--
79	2009-6-30	160610	鹏华动力增长(lof)	1.376	1.576	-0.003	-0.2175	3.8491	14.8581	28.2386	63.6147	21.9835
80	2009-6-30	110009	易方达价值精选基金	1.3749	2.4249	-0.0055	-0.3984	2.2839	10.3185	18.4238	44.1195	6.5665
81	2009-6-30	260111	景顺长城公司治理基金	1.371	1.371	-0.01	-0.7241	2.0849	15.0168	22.1925	36.147	--
82	2009-6-30	161005	富国天惠精选成长(lof)	1.3679	2.8679	-0.0009	-0.0658	2.1889	13.293	23.4678	46.4875	17.2251
83	2009-6-30	160613	鹏华创新(lof)基金	1.367	1.397	-0.003	-0.219	2.397	9.2726	22.3814	37.3648	--
84	2009-6-30	590001	中邮核心优选基金	1.3646	2.5846	0.0006	0.044	2.2709	10.0129	22.5615	73.8123	22.7821
85	2009-6-30	519069	汇添富价值精选基金	1.362	1.362	0	0	5.0926	15.326	31.4672	--	--
86	2009-6-30	161605	融通蓝筹成长基金	1.352	2.482	0.002	0.1481	3.1274	11.5512	21.147	41.7191	19.8582
87	2009-6-30	110011	易方达中小盘基金	1.3438	1.3838	-0.0007	-0.0521	3.417	3.3136	17.4404	39.1313	38.3938
88	2009-6-30	050007	博时平衡配置基金	1.321	2.382	0.018	1.3814	3.4456	11.5709	20.6393	41.7382	27.6329
89	2009-6-30	161604	融通深证100指数基金	1.317	2.487	-0.005	-0.3782	3.2941	11.9898	25.3092	69.4981	19.6185
90	2009-6-30	519668	银河竞争优势基金	1.3078	1.3878	-0.0065	-0.4946	1.4664	11.549	21.5982	45.8079	41.1513
91	2009-6-30	240001	华宝兴业宝康消费品	1.3051	3.9143	-0.0067	-0.5117	1.3517	8.1114	19.496	48.3748	23.3703
92	2009-6-30	519696	交银环球(qdii)基金	1.304	1.334	-0.017	-1.2869	4.0702	--	37.1017	37.2428	--
93	2009-6-30	110012	易方达科汇基金	1.3	5.075	-0.01	-0.8129	1.0539	8.6607	20.8132	43.9327	--
94	2009-6-30	290005	泰信优势增长基金	1.29	1.32	-0.004	-0.3091	0.7813	1.4151	12.9597	33.1988	32
95	2009-6-30	100018	富国天利增长债券基金	1.2807	1.8457	0.0008	0.0625	0.3133	0.1799	1.4587	4.5685	11.7533
96	2009-6-30	161706	招商优质成长(lof)	1.2775	3.1878	-0.0013	-0.1017	4.2432	14.5432	26.8998	55.1682	6.8233
97	2009-6-30	002001	华夏回报基金	1.271	3.283	-0.006	-0.4699	1.2749	8.2624	14.7112	24	12.3784
98	2009-6-30	481009	工银沪深300基金	1.27	1.27	-0.005	-0.3922	2.502	14.2086	--	--	--
99	2009-6-30	340007	兴业社会责任基金	1.269	1.269	-0.009	-0.7042	1.4388	7.5424	21.3193	62.9012	41.7877
100	2009-6-30	121001	国投瑞银融华债券基金	1.2667	2.3187	-0.0021	-0.1655	2.0545	5.9557	13.3815	30.4103	27.0403
101	2009-6-30	202011	南方价值基金	1.261	1.381	0.002	0.1589	3.0229	14.3246	19.2573	43.1088	38.9336
102	2009-6-30	166002	中欧蓝筹基金	1.2546	1.3546	-0.0075	-0.5942	2.0498	4.489	14.5152	37.2303	--
103	2009-6-30	450002	富兰克林国海弹性市值	1.2441	2.4041	-0.0085	-0.6786	-0.1685	4.5287	12.0939	33.5926	-2.8055
104	2009-6-30	110013	易方达科翔基金	1.241	5.144	-0.011	-0.8939	2.0248	9.6975	15.058	40.0482	--
105	2009-6-30	110010	易方达价值成长基金	1.2393	1.2993	-0.0055	-0.4418	4.1604	11.9209	26.3174	64.998	15.1124
106	2009-6-30	510080	长盛全债指数增强基金	1.2387	1.9087	-0.0017	-0.1371	0.2103	0.6337	2.2536	4.2501	9.3099
107	2009-6-30	340001	兴业可转债基金	1.2369	2.7239	-0.001	-0.0808	1.3852	3.693	8.3276	23.87	19.108
108	2009-6-30	070005	嘉实理财债券基金	1.234	1.659	0	0	0.4886	0.2437	1.3799	1.7101	7.8584
109	2009-6-30	202015	南方沪深300基金	1.234	1.234	-0.004	-0.3231	2.5769	14.4712	--	--	--
110	2009-6-30	481004	工银成长基金	1.2332	1.4832	0.0003	0.0243	3.9009	9.2391	18.5896	42.588	6.3912
111	2009-6-30	160311	华夏蓝筹核心(lof)	1.232	3.584	-0.007	-0.5538	2.9378	14.2815	28.6044	51.5349	21.9941
112	2009-6-30	519601	海富通中国海外股票(qdii)	1.224	1.494	-0.005	-0.4068	5.974	--	43.7921	52.449	49.4
113	2009-6-30	398031	中海蓝筹基金	1.2204	1.2204	-0.0005	-0.041	2.9265	6.5665	13.3463	--	--
114	2009-6-30	620002	金元比联成长动力基金	1.217	1.347	0	0	2.7872	7.5102	14.3229	31.1587	--
115	2009-6-30	200002	长城久泰300指数基金	1.2168	4.0768	-0.003	-0.2459	2.7356	13.5286	26.5128	69.4944	13.7728
116	2009-6-30	121005	国投瑞银创新动力基金	1.2131	2.3436	-0.0058	-0.4743	3.9902	12.5546	27.3443	62.3557	22.6598
117	2009-6-30	050008	博时第三产业成长基金	1.211	2.679	-0.006	-0.4829	2.0964	18.0205	32.0431	55.6643	21.8296
118	2009-6-30	450003	富兰克林国海潜力组合	1.2078	1.3078	-0.0032	-0.2642	1.2066	8.664	18.6321	37.0141	12.4892

序号	日期	代码	简称	最新净值	累计净值	日增值	日增长率%	周增%	月增%	季增%	半年增%	年增%
119	2009-6-30	110005	易方达积极成长基金	1.2063	3.9317	-0.0035	-0.2885	3.305	9.1869	18.87	40.2671	12.561
120	2009-6-30	350005	天治创新先锋基金	1.2059	1.2059	-0.0007	-0.058	3.7601	6.8966	14.7383	31.4619	44.7485
121	2009-6-30	571002	诺德灵活配置基金	1.2053	1.2053	0.007	0.5842	4.2016	9.9827	20.53	19.8707	--
122	2009-6-30	400007	东方策略成长基金	1.204	1.204	-0.005	-0.4136	0.4505	10.216	18.4107	41.1654	22.4075
123	2009-6-30	519001	银华核心价值优选基金	1.2034	4.1101	-0.0072	-0.5954	1.6568	10.4233	26.9282	61.7701	19.3025
124	2009-6-30	163805	中银策略基金	1.1931	1.1931	0.0027	0.2268	2.333	10.1357	21.596	45.5355	28.125
125	2009-6-30	121006	国投瑞银稳健增长基金	1.178	1.218	0.002	0.1701	3.7885	10.6103	14.5814	29.4368	22.1665
126	2009-6-30	610002	信达澳银精华灵活配置	1.177	1.377	-0.006	-0.5072	2.5261	10.6203	19.0121	32.4038	--
127	2009-6-30	213003	宝盈策略增长基金	1.1731	1.3731	-0.0062	-0.5257	2.2933	10.2952	17.9113	45.9443	14.7511
128	2009-6-30	270001	广发聚富基金	1.1706	3.4806	0.0031	0.2655	3.2275	11.0732	21.2429	42.7735	9.4735
129	2009-6-30	160615	鹏华沪深300(lof)基金	1.17	1.17	-0.004	-0.3407	2.5416	14.1463	--	--	--
130	2009-6-30	200010	长城双动力基金	1.1699	1.1699	-0.002	-0.1707	2.9932	13.7261	16.5936	--	--
131	2009-6-30	373020	上投摩根双核平衡基金	1.1638	1.1638	-0.001	-0.0859	1.5976	5.9638	11.6891	29.1963	20.0289
132	2009-6-30	100029	富国天成红利基金	1.1604	1.1604	-0.0009	-0.0775	2.8815	10.7041	21.2793	45.2134	22.1217
133	2009-6-30	240003	华宝兴业宝康债券基金	1.1603	1.6103	0.0003	0.0259	0.0086	-0.1807	-0.151	0.0588	5.7585
134	2009-6-30	360010	光大精选基金	1.1597	1.1597	-0.0042	-0.3609	2.8468	9.8097	--	--	--
135	2009-6-30	001011	华夏希望债券a级基金	1.158	1.188	-0.001	-0.0863	0.6957	3.5778	5.7534	7.024	17.7403
136	2009-6-30	257040	国联安德盛红利基金	1.156	1.356	-0.005	-0.4307	1.5817	9.4697	14.818	33.8598	--
137	2009-6-30	001013	华夏希望债券c级基金	1.154	1.184	0	0	0.6981	3.5907	5.7745	6.8519	17.4603
138	2009-6-30	257030	国联安德盛优势基金	1.154	1.254	-0.005	-0.4314	2.7605	11.4976	21.0913	42.8218	13.6946
139	2009-6-30	070017	嘉实量化基金	1.153	1.153	-0.002	-0.1732	3.9675	10.2294	--	--	--
140	2009-6-30	110015	易方达行业领先基金	1.153	1.153	-0.006	-0.5177	1.1404	9.3928	--	--	--
141	2009-6-30	519013	海富通风格优势股票	1.15	1.906	-0.002	-0.1736	2.4955	11.4341	23.3906	61.9718	15.7407
142	2009-6-30	163402	兴业趋势投资(lof)	1.1464	5.3656	-0.0073	-0.6315	0.9258	12.1956	24.8146	50.8638	22.2009
143	2009-6-30	217008	招商安本增利基金	1.1444	1.2444	-0.0005	-0.0437	0.0875	-0.0611	0.9705	-0.3223	4.3019
144	2009-6-30	485105	工银瑞信增强收益a类	1.1421	1.2421	0.0001	0.0088	0.0789	-0.2271	0.5547	0.5458	11.6175
145	2009-6-30	001001	华夏债券a/b类基金	1.14	1.51	-0.001	-0.0876	0.2639	0.1757	0.7819	0.6071	10.9091
146	2009-6-30	530008	建信稳定增利基金	1.14	1.155	0.001	0.0878	0.3521	0.1757	1.3333	3.3545	15.5
147	2009-6-30	090007	大成策略回报基金	1.139	1.539	-0.004	-0.35	2.336	14.4007	26.618	53.4397	--
148	2009-6-30	202101	南方宝元债券基金	1.1376	2.3576	0.0022	0.1938	1.0661	5.4603	7.9727	15.2117	9.0909
149	2009-6-30	519068	汇添富成长焦点基金	1.1342	1.2842	0.0033	0.2918	5.0964	17.7167	32.7326	44.6315	14.8906
150	2009-6-30	320007	诺安成长基金	1.133	1.193	-0.002	-0.1762	2.0721	13.5109	--	--	--
151	2009-6-30	485005	工银瑞信增强收益b类	1.1313	1.2313	0	0	0.0708	-0.2733	0.4439	0.3281	11.159
152	2009-6-30	160612	鹏华丰收债券基金	1.131	1.151	0.001	0.0885	0.9821	1.8002	3.6664	6.7989	14.8703
153	2009-6-30	519698	交银先锋基金	1.131	1.131	-0.0037	-0.3261	2.9398	12.5821	--	--	--
154	2009-6-30	485107	工银瑞信添利a基金	1.1296	1.1696	0.0013	0.1152	0.2218	-0.0266	1.3185	5.0919	16.2047
155	2009-6-30	519025	海富通领先成长股票	1.129	1.129	-0.005	-0.4409	2.7298	9.5053	--	--	--
156	2009-6-30	377020	上投内需动力基金	1.1279	1.2279	-0.0027	-0.2388	2.873	11.0356	24.5198	53.0393	20.6697
157	2009-6-30	001003	华夏债券c类基金	1.127	1.497	0	0	0.2669	0.2669	0.7909	0.5259	10.6324
158	2009-6-30	485007	工银瑞信添利b基金	1.1237	1.1637	0.0013	0.1158	0.214	-0.0711	1.2069	4.8689	15.722
159	2009-6-30	161611	融通内需驱动基金	1.121	1.121	0	0	2.844	12.4373	--	--	--
160	2009-6-30	160105	南方积极配置(lof)	1.1202	2.4842	-0.0036	-0.3203	2.7612	12.0312	17.9406	35.9631	3.8376
161	2009-6-30	160602	鹏华普天债券a类基金	1.12	1.319	0.001	0.0894	0.1789	0.2686	0.7194	1.1535	5.9662
162	2009-6-30	360006	光大保德信新增长基金	1.118	2.398	-0.0011	-0.0983	1.7011	7.6656	18.4071	56.7583	9.2971
163	2009-6-30	580002	东吴价值成长双动力	1.1141	1.6341	-0.0066	-0.5889	2.9097	8.3228	15.9193	22.9962	-7.0411
164	2009-6-30	161603	融通债券基金	1.114	1.439	0.001	0.0898	0.0898	-0.2686	0	-0.1645	7.0547
165	2009-6-30	217003	招商安泰债券a类基金	1.1119	1.4284	0.0002	0.018	0.1531	-0.0988	0.6427	-2.0525	4.7824
166	2009-6-30	050106	博时稳定价值债券a类	1.107	1.215	0	0	-0.0903	-0.36	0.181	-0.7175	9.4884
167	2009-6-30	519688	交银施罗德精选基金	1.1066	3.1024	0.0039	0.3537	5.5715	17.1005	38.8108	60.7496	18.8359
168	2009-6-30	200009	长城稳健增利基金	1.102	1.127	0.002	0.1818	1.0082	2.5116	3.9668	3.9668	--
169	2009-6-30	050006	博时稳定价值债券b类	1.101	1.209	0.001	0.0909	0	-0.362	0.182	-0.8108	9.1333
170	2009-6-30	519519	友邦增利a基金	1.1004	1.1804	0.0008	0.0728	0.5391	2.2677	3.388	4.728	12.6227
171	2009-6-30	410004	华富收益增强a基金	1.0996	1.1596	0.0005	0.0455	0.1275	-0.1254	2.0696	7.611	15.8094
172	2009-6-30	270009	广发增强债券基金	1.099	1.129	0.001	0.0911	0.2737	0.2737	1.104	1.2556	12.2266
173	2009-6-30	213007	宝盈增强收益a/b基金	1.097	1.104	-0.0031	-0.2818	-0.2001	0.8365	1.2472	2.1844	10.0588

序号	日期	代码	简称	最新净值	累计净值	日增值	日增长率%	周增%	月增%	季增%	半年增%	年增%
174	2009-6-30	320006	诺安灵活配置基金	1.097	1.197	-0.003	-0.2727	2.5234	9.8098	17.4681	32.7051	25.4717
175	2009-6-30	217203	招商安泰债券b类基金	1.0955	1.412	0.0002	0.0183	0.1371	-0.1458	0.5138	-2.3009	4.2757
176	2009-6-30	460003	友邦增利b基金	1.0954	1.1754	0.0008	0.0731	0.5415	2.2401	3.3098	4.5675	12.2862
177	2009-6-30	410005	华富收益增强b基金	1.0943	1.1543	0.0004	0.0366	0.1189	-0.162	1.9577	7.3741	15.3147
178	2009-6-30	213917	宝盈增强收益c基金	1.0939	1.1009	-0.003	-0.2735	-0.2098	0.7924	1.1485	1.973	--
179	2009-6-30	290004	泰信优质生活基金	1.0936	1.5936	-0.0005	-0.0457	3.5116	4.2815	14.8016	49.3581	14.1545
180	2009-6-30	180002	银华保本增值(二期)	1.0917	1.2817	0.0005	0.0458	1.2774	3.2092	5.1192	10.6084	13.3764
181	2009-6-30	160608	鹏华普天债券b类基金	1.091	1.29	0.001	0.0917	0.1837	0.1837	0.4604	0.8167	5.2584
182	2009-6-30	080002	长盛创新先锋基金	1.0899	1.2199	-0.0087	-0.7919	0.8886	5.037	16.3805	40.7198	21.9534
183	2009-6-30	410006	华富策略精选基金	1.0874	1.0874	0.0015	0.1381	2.6333	5.6241	8.3176	--	--
184	2009-6-30	217009	招商核心价值基金	1.0847	1.0847	0.0035	0.3237	2.6109	9.8097	20.1884	36.9398	1.2697
185	2009-6-30	450007	富兰克林国海成长基金	1.0844	1.0844	-0.009	-0.8231	2.2826	8.44	--	--	--
186	2009-6-30	180018	银华和谐主题基金	1.084	1.084	-0.001	-0.0922	1.8797	6.3788	--	--	--
187	2009-6-30	213008	宝盈资源优选基金	1.0834	1.1784	-0.0045	-0.4504	2.079	11.6949	19.2893	54.9889	14.0504
188	2009-6-30	202211	南方恒元基金	1.082	1.082	-0.002	-0.1845	1.1215	4.845	5.3554	6.3913	--
189	2009-6-30	660003	农银双利基金	1.08	1.08	-0.004	-0.369	1.6471	6.3097	--	--	--
190	2009-6-30	519680	交银增利a/b基金	1.0798	1.1508	0.0006	0.0556	0.784	0.6713	1.724	1.928	14.3709
191	2009-6-30	090008	大成强债基金	1.0791	1.1291	-0.0016	-0.1481	0.2508	4.2278	4.75	6.2982	--
192	2009-6-30	519682	交银增利c类基金	1.0786	1.1446	0.0006	0.0557	0.7755	0.6251	1.6205	1.7064	13.8679
193	2009-6-30	519991	长信双利优选基金	1.077	1.197	0.004	0.3728	2.0853	8.8429	17.0088	34.6457	19.8198
194	2009-6-30	610001	信达澳银领先增长基金	1.0722	1.2722	-0.0062	-0.5749	2.5342	13.8942	23.7392	51.3124	15.0429
195	2009-6-30	070015	嘉实多元a基金	1.071	1.102	-0.001	-0.0933	0.8475	2.0972	4.243	4.9133	--
196	2009-6-30	161902	万家增强收益债券基金	1.071	1.5757	-0.0011	-0.1119	0.0374	0.3278	2.0556	3.8201	13.1242
197	2009-6-30	180015	银华增强收益基金	1.071	1.071	0	0	1.4205	3.9806	5.9347	6.0396	--
198	2009-6-30	070016	嘉实多元b基金	1.07	1.099	-0.001	-0.0934	0.8483	2.0992	4.2471	4.8263	--
199	2009-6-30	620001	金元比联宝石动力保本	1.0699	1.0699	0.0001	0.0093	0.8198	1.9729	2.8849	3.7428	10.7901
200	2009-6-30	213006	宝盈核心优势基金	1.0695	1.0695	-0.0004	-0.0374	2.8959	7.2073	--	--	--
201	2009-6-30	163807	中银优选基金	1.0694	1.0694	-0.0007	-0.0654	1.2306	4.5561	--	--	--
202	2009-6-30	162211	泰达荷银品质基金	1.069	1.069	-0.007	-0.6506	2.2967	5.4241	--	--	--
203	2009-6-30	000031	华夏复兴基金	1.068	1.068	-0.007	-0.6512	3.1884	15.4595	32.342	70.607	45.5041
204	2009-6-30	040009	华安稳定收益a基金	1.0638	1.0938	0.0007	0.0658	0.4817	0.5767	1.2564	-0.1369	8.89
205	2009-6-30	420003	天弘永定基金	1.0636	1.1336	-0.0068	-0.6353	2.0893	6.8627	13.6669	12.9871	--
206	2009-6-30	070011	嘉实策略增长基金	1.063	1.253	-0.002	-0.1878	3.2039	10.1554	21.6247	43.2615	12.845
207	2009-6-30	290006	泰信蓝筹精选基金	1.0606	1.0606	-0.0062	-0.5812	2.4635	3.9702	--	--	--
208	2009-6-30	460002	友邦华泰积极成长基金	1.0602	1.0602	-0.0031	-0.2915	1.6101	5.724	14.703	43.2896	14.0491
209	2009-6-30	395001	中海稳健收益基金	1.06	1.12	-0.001	-0.0943	0.2838	0.4739	0.9259	0.4608	10.8911
210	2009-6-30	519667	银河银信添利a基金	1.0595	1.2315	0.0006	0.0567	0.0472	0.1564	1.3312	2.5677	10.5895
211	2009-6-30	040010	华安稳定收益b基金	1.0583	1.0883	0.0007	0.0662	0.4747	0.532	1.1276	-0.3571	8.418
212	2009-6-30	690001	民生蓝筹基金	1.057	1.057	-0.007	-0.6579	1.537	6.8756	--	--	--
213	2009-6-30	202001	南方稳健成长基金	1.0565	2.8515	-0.0021	-0.1984	2.9827	10.5588	15.7047	32.4599	-0.546
214	2009-6-30	121009	国投瑞银稳定增利基金	1.0561	1.1111	0.0005	0.0474	0.4088	0.3611	1.1493	1.4641	9.5976
215	2009-6-30	519300	大成沪深300指数基金	1.055	2.375	-0.0041	-0.3871	2.5865	14.45	27.2311	69.6141	11.8414
216	2009-6-30	510081	长盛动态精选基金	1.0549	2.7549	-0.0032	-0.3024	2.6467	8.8536	20.6841	52.0905	12.6308
217	2009-6-30	519666	银河银信添利b基金	1.0548	1.2268	0.0005	0.0474	0.0379	0.1108	1.214	2.3605	10.1559
218	2009-6-30	260101	景顺长城优选股票基金	1.0543	2.945	-0.0038	-0.3591	2.0521	12.7473	19.508	36.426	6.291
219	2009-6-30	310318	申万巴黎盛利配置基金	1.054	1.79	-0.0003	-0.0285	1.0256	1.8259	6.3787	8.3916	8.5032
220	2009-6-30	161610	融通领先成长(lof)	1.053	2.789	0.002	0.2217	4.6713	14.2375	26.1395	58.6066	17.6611
221	2009-6-30	288102	中信稳定双利债券基金	1.0521	1.3951	-0.0139	-0.1782	0.4247	0.5956	0.2538	2.0293	16.741
222	2009-6-30	040007	华安中小盘成长基金	1.0518	2.3667	-0.0015	-0.1424	3.0267	9.6196	21.9337	55.8222	12.6607
223	2009-6-30	161010	富国天丰基金	1.051	1.087	0.002	0.1907	0.0952	-0.2825	1.3208	4.5367	--
224	2009-6-30	519670	银河行业优选基金	1.051	1.051	-0.003	-0.2846	1.0577	4.995	--	--	--
225	2009-6-30	202102	南方多利债券基金	1.0508	1.164	0.0009	0.0857	0.3629	0.2576	0.8351	1.2066	6.4175
226	2009-6-30	160611	鹏华优质治理(lof)	1.046	1.046	-0.005	-0.4757	2.549	12.959	24.6722	53.1479	20.0918
227	2009-6-30	080003	长盛积极配置基金	1.0459	1.0459	-0.0002	-0.0191	0.23	0.5383	1.2586	1.9197	--
228	2009-6-30	290003	泰信双息债券基金	1.0457	1.15	-0.0002	-0.0191	0.8195	0.7904	2.7614	2.709	9.2594

序号	日期	代码	简称	最新净值	累计净值	日增值	日增长率%	周增%	月增%	季增%	半年增%	年增%
229	2009-6-30	110008	易方达稳健收益b基金	1.0456	1.1372	-0.0018	-0.1719	0.2877	1.3866	2.4696	0.7395	7.7857
230	2009-6-30	217011	招商安心收益基金	1.045	1.045	-0.001	-0.0956	0.4808	0.5775	0.9662	0.2879	--
231	2009-6-30	519021	国泰金鼎价值精选基金	1.045	1.719	-0.002	-0.2865	3.2195	15.6082	27.7051	61.0195	21.4932
232	2009-6-30	630003	华商收益增强a基金	1.045	1.059	-0.002	-0.191	0.2879	-0.4762	3.8235	--	--
233	2009-6-30	320004	诺安优化债券基金	1.0442	1.1038	0.0015	0.1439	0.1055	-0.067	0.317	-0.8651	2.4353
234	2009-6-30	630103	华商收益增强b基金	1.044	1.057	-0.002	-0.1912	0.2882	-0.4766	3.6275	--	--
235	2009-6-30	110007	易方达稳健收益a基金	1.0434	1.132	-0.0018	-0.1722	0.2787	1.36	2.3945	0.5887	7.4659
236	2009-6-30	180003	银华道琼斯88基金	1.0422	2.8422	-0.0025	-0.2393	2.9944	17.7228	29.3855	66.0083	23.542
237	2009-6-30	519078	汇添富增强收益基金	1.04	1.09	0	0	0.0962	-0.1919	0.3788	-0.3759	8.0278
238	2009-6-30	110017	易方达增强回报a基金	1.039	1.099	-0.002	-0.1921	0.3865	0.1929	0.7759	-0.3626	9.2445
239	2009-6-30	519697	交银保本基金	1.038	1.038	-0.001	-0.0962	0.484	2.1654	--	--	--
240	2009-6-30	002021	华夏回报二号基金	1.035	2.323	-0.005	-0.4808	1.173	8.377	14.8724	25.4545	13.4868
241	2009-6-30	110018	易方达增强回报b基金	1.033	1.093	-0.001	-0.0967	0.3887	0.194	0.6823	-0.546	8.8645
242	2009-6-30	550004	信诚三得益a基金	1.033	1.051	0	0	0.4864	1.0608	1.1583	-0.0953	--
243	2009-6-30	560005	益民多利基金	1.0328	1.0738	-0.0013	-0.1257	0.0387	0.4083	0.1843	-0.5776	7.2299
244	2009-6-30	162605	景顺长城鼎益(lof)	1.032	3.132	-0.004	-0.3861	3.5105	12.1739	22.2749	42.9363	8.8608
245	2009-6-30	519989	长信利丰基金	1.032	1.032	0	0	0.2915	0.7813	2.1782	--	--
246	2009-6-30	450005	富兰克林国海强化收益a	1.0316	1.0416	0.0001	0.0097	0.0485	-0.3285	0.4479	0.9107	--
247	2009-6-30	450006	富兰克林国海强化收益c	1.0308	1.0408	0.0002	0.0194	0.0582	-0.3288	0.4189	0.8332	--
248	2009-6-30	540003	汇丰晋信动态策略基金	1.0307	1.0307	-0.0048	-0.4635	1.1879	5.4209	15.5623	33.2515	6.8747
249	2009-6-30	550005	信诚三得益b基金	1.029	1.047	0	0	0.3902	0.9671	0.9671	-0.3817	--
250	2009-6-30	020018	国泰金鹿保本(二期)	1.026	1.076	-0.001	-0.0974	0	0.6869	1.5842	2.3787	7.6
251	2009-6-30	150007	长盛同庆b基金	1.026	1.026	-0.005	-0.485	0.5882	2.9087	--	--	--
252	2009-6-30	519023	海富通稳健添利债券c	1.026	1.026	-0.001	-0.0974	0	-0.2915	-0.3883	-0.485	--
253	2009-6-30	090002	大成债券a/b类基金	1.0247	1.4147	0.0007	0.0684	0.0195	0.0193	0.4859	-0.5844	7.7553
254	2009-6-30	519024	海富通稳健添利债券a	1.023	1.023	-0.001	-0.0977	0	-0.6796	-0.6796	--	--
255	2009-6-30	350006	天治稳健双盈基金	1.0205	1.0205	-0.0002	-0.0196	0.0588	0.1669	0.82	0.4924	--
256	2009-6-30	340008	兴业有机增长基金	1.0188	1.0188	-0.0009	-0.0883	0.0098	1.3731	--	--	--
257	2009-6-30	020019	国泰双利a基金	1.018	1.028	0	0	0.1949	0.4888	--	--	--
258	2009-6-30	020020	国泰双利c基金	1.017	1.027	0	0	0.1951	0.4892	--	--	--
259	2009-6-30	519185	万家精选基金	1.0169	1.0169	--	--	--	1.7816	--	--	--
260	2009-6-30	320003	诺安股票基金	1.0163	2.8998	0.0008	0.0788	2.6358	14.7195	23.8484	53.1957	17.4913
261	2009-6-30	020002	国泰金龙债券a类基金	1.016	1.345	0	0	0.0985	-0.1965	0.2962	-1.676	7.0313
262	2009-6-30	573003	诺德增强收益基金	1.016	1.016	0	0	0.2962	1.0945	1.6	--	--
263	2009-6-30	620003	金元比联丰利债券基金	1.016	1.016	0	0	0.6938	1.2961	--	--	--
264	2009-6-30	180001	银华优势企业基金	1.0159	2.6359	0.0016	0.1577	3.6844	9.6137	18.5138	33.2153	7.1398
265	2009-6-30	582001	东吴优信稳健a基金	1.0152	1.0272	0.0004	0.0394	0.5383	0.2929	0.7355	0.2929	--
266	2009-6-30	582201	东吴优信稳健c基金	1.015	1.027	0.0004	0.0394	0.5286	--	--	--	--
267	2009-6-30	580005	东吴进取基金	1.0144	1.0144	--	--	--	2.1551	--	--	--
268	2009-6-30	161607	融通巨潮100指数(lof)	1.014	2.528	-0.004	-0.3929	2.3209	16.2844	29.0076	69.2821	12.6667
269	2009-6-30	162210	泰达荷银集利a基金	1.014	1.032	0.0015	0.1481	0.1976	0.3762	0.5254	-0.7024	--
270	2009-6-30	550006	信诚经典优债a基金	1.013	1.013	0	0	0.496	0.5958	--	--	--
271	2009-6-30	020012	国泰金龙债券c类基金	1.012	1.341	0	0	0.0989	-0.2956	0.198	-1.8657	6.6406
272	2009-6-30	310388	申万巴黎消费增长基金	1.012	1.012	--	--	--	--	--	--	--
273	2009-6-30	162299	泰达荷银集利c基金	1.011	1.029	0.0014	0.1387	0.1784	0.3374	0.4072	-0.9148	--
274	2009-6-30	550007	信诚经典优债b基金	1.011	1.011	0	0	0.3972	0.497	--	--	--
275	2009-6-30	240012	华宝兴业增强收益a	1.0101	1.0101	-0.0003	-0.0297	0.1487	1.0302	--	--	--
276	2009-6-30	217012	招商行业领先基金	1.01	1.01	--	--	--	--	--	--	--
277	2009-6-30	519111	浦银收益基金	1.01	1.01	0	0	0	0	1.1011	--	--
278	2009-6-30	040012	华安强债a基金	1.009	1.009	0.001	0.0992	0.398	0.5982	--	--	--
279	2009-6-30	260108	景顺长城新兴成长基金	1.009	2.359	-0.002	-0.1978	2.9592	11.0011	18.9858	34.5333	4.128
280	2009-6-30	360008	光大增利a类基金	1.009	1.009	0	0	0	0	-0.2964	-1.0784	--
281	2009-6-30	240013	华宝兴业增强收益b	1.0087	1.0087	-0.0003	-0.0297	0.1489	1.0013	--	--	--
282	2009-6-30	040013	华安强债b基金	1.008	1.008	0.001	0.0993	0.3984	0.4985	--	--	--
283	2009-6-30	150006	长盛同庆a基金	1.008	1.008	0	0	0.0993	0.5988	--	--	--

序号	日期	代码	简称	最新净值	累计净值	日增值	日增长率%	周增%	月增%	季增%	半年增%	年增%
284	2009-6-30	166001	中欧新趋势(lof)基金	1.008	1.208	-0.0056	-0.5525	1.5413	7.5085	17.6745	48.4099	-0.4543
285	2009-6-30	070009	嘉实超短债基金	1.0073	1.1084	0	0	0.0099	0.0396	0.2071	0.3732	4.0975
286	2009-6-30	270021	广发聚瑞基金	1.007	1.007	--	--	0.8008	--	--	--	--
287	2009-6-30	360009	光大增利c类基金	1.006	1.006	0	0	0	-0.0993	-0.396	-1.2758	--
288	2009-6-30	202009	南方盛元基金	1.005	1.005	-0.006	-0.5935	2.4465	14.2045	22.8606	44.1894	15.1203
289	2009-6-30	519113	浦银生活基金	1.005	1.005	0	0	--	--	--	--	--
290	2009-6-30	092002	大成债券c类基金	1.0047	1.3947	0.0007	0.0697	0.01	-0.0296	0.3686	-0.8338	7.2928
291	2009-6-30	163806	中银增利基金	1.004	1.004	0	0	0	0	0.0997	-0.6924	--
292	2009-6-30	530009	建信收益增强a基金	1.004	1.004	-0.001	-0.0995	0	--	--	--	--
293	2009-6-30	531009	建信收益增强c基金	1.004	1.004	-0.001	-0.0995	0.0997	--	--	--	--
294	2009-6-30	420102	天弘永利b基金	1.0031	1.0782	0.0006	0.0599	0.1881	0.4167	0.337	0.1787	7.0918
295	2009-6-30	070010	嘉实主题精选基金	1.003	2.511	-0.004	-0.3972	-0.496	1.3131	13.59	48.8131	8.7852
296	2009-6-30	253020	国联安德盛增利a基金	1.003	1.003	0.001	0.0998	0.1998	-0.0996	0.1998	--	--
297	2009-6-30	420002	天弘永利a基金	1.0029	1.0724	0.0006	0.0599	0.1785	0.3775	0.2282	-0.0566	6.6004
298	2009-6-30	166003	中欧稳健收益a基金	1.0027	1.0027	0.0004	0.0399	0.1898	0.25	--	--	--
299	2009-6-30	253021	国联安德盛增利b基金	1.002	1.002	0.001	0.0999	0.2	-0.0997	0.2	--	--
300	2009-6-30	166004	中欧稳健收益c基金	1.0019	1.0019	0.0005	0.0499	0.19	0.2201	--	--	--
301	2009-6-30	610003	信达稳定a基金	1.001	1.001	0	0	0	-0.0998	--	--	--
302	2009-6-30	540006	汇丰晋信大盘基金	1.0009	1.0009	--	--	--	--	--	--	--
303	2009-6-30	020015	国泰区位优势基金	1	1	--	--	--	--	--	--	--
304	2009-6-30	050011	博时信用a/b基金	1	1	--	--	--	--	--	--	--
305	2009-6-30	050111	博时信用c基金	1	1	--	--	--	--	--	--	--
306	2009-6-30	100035	富国优化增强a/b基金	1	1	--	--	--	--	--	--	--
307	2009-6-30	100037	富国优化增强c基金	1	1	--	--	--	--	--	--	--
308	2009-6-30	320008	诺安增利基金	1	1	0	0	--	--	--	--	--
309	2009-6-30	371020	上投摩根纯债a基金	1	1	--	--	--	--	--	--	--
310	2009-6-30	371120	上投摩根纯债b基金	1	1	--	--	--	--	--	--	--
311	2009-6-30	540005	汇丰晋信平稳增利基金	1	1	0	0	0.2205	0.1402	0.1603	-0.9607	--
312	2009-6-30	610103	信达稳定b基金	1	1	0	0	0	-0.0999	--	--	--
313	2009-6-30	400011	东方核心动力基金	0.9998	0.9998	--	--	--	--	--	--	--
314	2009-6-30	400009	东方稳健回报基金	0.999	0.999	0.001	0.1002	0	-0.7944	0.9091	-0.7944	--
315	2009-6-30	660002	农银增利基金	0.9984	0.9984	0.0002	0.02	0.1907	-0.1001	0.1003	--	--
316	2009-6-30	020009	国泰金鹏蓝筹价值基金	0.997	1.882	-0.002	-0.2002	1.631	10.4097	23.544	56.025	18.4086
317	2009-6-30	310378	申万巴黎添益宝a基金	0.996	0.996	0.001	0.1005	0.1005	-0.3003	-0.4	-0.994	--
318	2009-6-30	310379	申万巴黎添益宝b基金	0.994	0.994	0.001	0.1007	0.1007	-0.3009	-0.5005	-1.1928	--
319	2009-6-30	519100	长盛中证100指数基金	0.9851	1.5551	-0.0052	-0.5251	2.2524	17.0787	30.6325	67.477	13.5431
320	2009-6-30	630001	华商领先企业基金	0.9842	1.0892	0.003	0.3057	4.5464	17.5164	31.8066	71.6428	6.5497
321	2009-6-30	162201	泰达荷银成长基金	0.9715	2.6815	-0.0005	-0.0514	1.3246	3.1974	9.9853	24.9678	-1.8328
322	2009-6-30	090004	大成精选增值基金	0.9675	2.868	-0.0012	-0.1239	3.8424	11.3221	22.1591	51.0775	20.1863
323	2009-6-30	020010	国泰金牛创新成长基金	0.964	1.014	0.002	0.2079	1.9027	11.0599	24.3871	59.6026	21.1055
324	2009-6-30	100016	富国天源平衡基金	0.9605	2.2211	-0.0009	-0.0936	3.6474	8.8632	16.1006	34.1106	8.7646
325	2009-6-30	253010	国联安德盛安心成长	0.958	2.033	-0.001	-0.1133	2.5593	9.8436	15.1487	25.3856	11.2313
326	2009-6-30	121003	国投瑞银核心企业基金	0.9576	2.3976	-0.0013	-0.1356	3.1452	12.6986	24.2507	51.208	12.3812
327	2009-6-30	241001	华宝海外中国(qdii)	0.95	0.95	-0.006	-0.6276	4.3956	--	27.0053	30.3155	2.0408
328	2009-6-30	240010	华宝兴业行业精选基金	0.9497	0.9497	-0.0042	-0.4403	1.7572	12.1119	24.4529	56.5096	15.0176
329	2009-6-30	202005	南方成份精选基金	0.9494	0.9494	-0.0021	-0.2207	2.5824	12.2222	20.299	39.4331	7.2163
330	2009-6-30	162202	泰达荷银周期基金	0.9491	2.8741	-0.0065	-0.6802	4.4	9.4442	18.0179	43.7812	1.0837
331	2009-6-30	040004	华安宝利配置基金	0.946	3.226	-0.002	-0.211	1.3934	6.1728	15.3659	37.5	15.3659
332	2009-6-30	121007	国投瑞银瑞福优先基金	0.946	1.001	0	0	0	4.7619	12.4851	29.235	5.1111
333	2009-6-30	180012	银华富裕主题基金	0.9448	1.8798	0	0	4.1102	12.5968	22.9248	51.168	18.6786
334	2009-6-30	519017	大成积极成长基金	0.943	1.995	-0.004	-0.4224	2.9476	9.6512	20.8974	48.2704	13.4777
335	2009-6-30	481006	工银瑞信红利基金	0.939	0.979	0.0003	0.032	3.6195	11.919	21.7267	51.5738	13.4469
336	2009-6-30	580003	东吴行业轮动基金	0.9364	0.9364	-0.0064	-0.6788	2.1045	4.7076	10.087	27.2801	7.4223
337	2009-6-30	257020	国联安德盛精选基金	0.926	2.729	-0.003	-0.281	2.9006	12.2615	24.1456	67.7459	15.9278
338	2009-6-30	121008	国投瑞银成长优选基金	0.9164	2.0091	-0.0033	-0.3571	0.6815	13.0678	28.2451	60.1271	29.1851

序号	日期	代码	简称	最新净值	累计净值	日增值	日增长率%	周增%	月增%	季增%	半年增%	年增%
339	2009-6-30	161606	融通行业景气基金	0.915	2.855	0.002	0.2191	4.333	12.8237	29.9716	66.0617	18.5233
340	2009-6-30	570001	诺德价值优势基金	0.9143	0.9143	-0.0029	-0.3162	2.1678	10.5295	20.1761	45.1731	2.9385
341	2009-6-30	160805	长盛同智优势成长(lof)	0.9123	2.2535	-0.0024	-0.2624	2.6787	8.7885	19.6459	39.9233	11.4872
342	2009-6-30	260110	景顺长城精选蓝筹基金	0.911	0.911	0	0	3.5227	12.7475	23.6092	49.5895	11.6422
343	2009-6-30	163803	中银增长基金	0.9091	2.742	-0.0058	-0.6356	1.3935	10.207	21.3252	46.4612	16.3878
344	2009-6-30	530003	建信优选成长基金	0.906	2.356	-0.0054	-0.5925	2.7094	10.0182	19.7304	46.3888	4.5706
345	2009-6-30	310308	申万巴黎盛利精选基金	0.8964	2.4684	-0.0018	-0.2004	2.516	8.615	19.4722	45.6377	7.5723
346	2009-6-30	202002	南方稳健成长贰号基金	0.8953	1.9028	-0.0017	-0.1888	2.8762	10.4226	15.4677	29.7769	-2.4505
347	2009-6-30	373010	上投双息平衡基金	0.8913	2.3205	-0.0009	-0.1009	1.619	6.335	12.0287	28.5035	8.7482
348	2009-6-30	110003	易方达50指数基金	0.8909	2.7409	-0.0034	-0.3802	2.1557	18.1252	30.9184	68.1578	9.1789
349	2009-6-30	200006	长城消费增值基金	0.8815	2.3215	-0.0048	-0.5416	2.6552	18.7365	32.8961	67.2993	24.7877
350	2009-6-30	020001	国泰金鹰增长基金	0.881	3.754	-0.002	-0.2265	1.9676	6.7879	21.8534	50.0852	24.611
351	2009-6-30	360001	光大保德信量化核心	0.88	2.8237	-0.0031	-0.351	2.6	14.0931	25.6604	65.0413	5.7819
352	2009-6-30	206001	鹏华行业成长基金	0.8761	3.3261	-0.0032	-0.3639	1.919	8.2	17.4417	31.4669	21.3963
353	2009-6-30	070003	嘉实理财稳健基金	0.875	2.535	-0.004	-0.4497	0.6823	6.3039	14.849	28.8894	-9.4115
354	2009-6-30	160314	华夏行业精选(lof)	0.875	3.978	-0.01	-1.1156	1.3983	12.9164	23.0664	55.7287	21.3772
355	2009-6-30	519993	长信增利动态策略基金	0.8739	2.1129	-0.0039	-0.4443	1.1107	10.9714	18.6397	39.4892	1.7346
356	2009-6-30	550001	信诚四季红基金	0.8698	2.0308	-0.0024	-0.2752	2.4862	6.7108	18.7602	40.8811	11.8282
357	2009-6-30	151001	银河银联稳健基金	0.8654	2.9952	-0.0035	-0.4017	1.6222	6.4295	16.721	37.9131	21.4109
358	2009-6-30	050002	博时裕富指数基金	0.864	2.844	-0.004	-0.4608	2.3697	14.4371	27.0588	68.75	13.089
359	2009-6-30	200008	长城品牌优选基金	0.8613	0.8613	-0.0107	-1.2271	0.5839	16.4234	25.3529	60.4508	11.8136
360	2009-6-30	240004	华宝兴业动力组合基金	0.8588	3.3688	-0.0022	-0.2555	2.153	10.77	19.827	49.3825	18.8651
361	2009-6-30	400003	东方精选基金	0.8538	2.9055	-0.0062	-0.7215	2.2422	10.6117	23.029	59.3555	20.3921
362	2009-6-30	080001	长盛成长价值基金	0.853	2.697	-0.005	-0.5828	1.0664	6.8922	12.6816	34.3307	10.4922
363	2009-6-30	530005	建信优化配置基金	0.8522	1.4022	-0.0006	-0.0704	3.674	15.2244	24.8462	55.0018	16.0877
364	2009-6-30	050009	博时新兴成长基金	0.85	3.189	-0.005	-0.5923	2.7719	14.4219	24.2782	53.1666	16.9391
365	2009-6-30	550002	信诚精萃成长基金	0.8498	1.9982	-0.0029	-0.3449	2.8025	6.9467	18.6181	52.2393	21.519
366	2009-6-30	040002	华安中国a股指数基金	0.849	3.156	-0.004	-0.4644	2.1634	11.8432	23.5696	63.5664	10.5379
367	2009-6-30	270007	广发大盘成长基金	0.8471	0.8471	-0.002	-0.2355	3.8495	11.8136	25.5893	53.4601	16.3759
368	2009-6-30	161601	融通新蓝筹基金	0.845	3.14	0.0004	0.0474	2.8606	10.718	23.3217	41.9452	18.3308
369	2009-6-30	160910	大成创新成长(lof)	0.839	2.05	0.003	0.3589	3.5802	11.2732	21.2428	49.8214	11.2732
370	2009-6-30	163804	中银收益基金	0.8387	2.0187	-0.0028	-0.3327	2.6435	5.0081	16.6481	36.8189	14.7489
371	2009-6-30	519039	长盛同德基金	0.8331	2.3873	-0.0049	-0.583	1.1054	6.9724	18.6416	48.5297	24.7933
372	2009-6-30	519110	浦银价值基金	0.832	0.832	-0.002	-0.2398	2.2113	10.9333	20.9302	43.9446	6.258
373	2009-6-30	519694	交银施罗德蓝筹基金	0.8317	0.8467	0.0014	0.1686	4.7613	15.6745	31.1003	53.6486	14.2602
374	2009-6-30	100020	富国天益价值基金	0.8303	3.8416	-0.0018	-0.2163	2.7853	11.6895	20.3159	29.3504	6.558
375	2009-6-30	560003	益民创新优势基金	0.8281	0.8481	-0.0071	-0.8501	0.4732	5.5039	16.601	49.7198	7.5594
376	2009-6-30	070001	嘉实成长收益基金	0.8222	2.9384	-0.0051	-0.6156	2.8521	6.3503	15.7388	27.2819	16.9768
377	2009-6-30	183001	银华全球(qdii)基金	0.822	0.822	-0.003	-0.3636	4.1825	--	19.4767	13.5359	-16.1224
378	2009-6-30	398021	中海能源策略基金	0.8213	1.1313	-0.001	-0.1216	3.2692	7.2333	17.4124	38.9914	4.607
379	2009-6-30	519011	海富通精选混合基金	0.8193	3.6004	-0.0047	-0.5708	2.0061	8.8621	19.5534	45.2148	12.0471
380	2009-6-30	257010	国联安德盛小盘基金	0.815	2.945	-0.005	-0.6098	0.8663	8.8117	16.0969	40.0344	11.3388
381	2009-6-30	150103	银河银泰理财分红基金	0.8142	3.3542	-0.0021	-0.2573	2.428	6.9206	15.0813	33.061	15.2115
382	2009-6-30	519018	汇添富均衡增长基金	0.8111	2.3068	-0.0009	-0.1138	4.6546	14.8684	24.6265	36.6372	13.2629
383	2009-6-30	150003	建信优势基金	0.81	0.81	-0.005	-0.6135	2.6616	10.0543	18.0758	40.8696	5.6063
384	2009-6-30	160706	嘉实沪深300指数(lof)	0.808	2.676	-0.003	-0.3699	2.6684	14.2857	27.044	69.7479	11.7566
385	2009-6-30	121002	国投瑞银景气行业基金	0.8045	2.7735	-0.0032	-0.3962	1.5142	8.394	14.2269	31.5833	12.754
386	2009-6-30	100026	富国天合稳健优选基金	0.802	2.1815	-0.0024	-0.2984	1.8671	12.4036	21.5888	41.5461	11.8862
387	2009-6-30	020005	国泰金马稳健回报基金	0.801	3.325	-0.003	-0.3741	1.6542	10.3241	20.9782	60.807	17.9425
388	2009-6-30	160607	鹏华价值优势(lof)	0.8	2.49	-0.006	-0.7699	1.0012	12.6734	23.4094	54.3757	18.3088
389	2009-6-30	162607	景顺长城资源(lof)	0.8	2.761	-0.003	-0.3736	3.0928	12.5176	23.2666	53.8462	11.8881
390	2009-6-30	217001	招商安泰股票基金	0.7994	3.4134	-0.0034	-0.1519	0.939	3.0517	6.3828	12.14	2.3566
391	2009-6-30	481001	工银瑞信核心价值基金	0.7969	3.6562	-0.0059	-0.7342	3.0269	10.251	19.5241	38.7095	17.5949
392	2009-6-30	530001	建信恒久价值基金	0.7943	2.1985	0.0001	0.0126	2.266	9.5284	18.8538	50.208	7.8793
393	2009-6-30	320005	诺安价值增长基金	0.7941	1.7391	-0.0063	-0.7871	2.2402	12.4151	21.1072	47.0011	12.6862

序号	日期	代码	简称	最新净值	累计净值	日增值	日增长率%	周增%	月增%	季增%	半年增%	年增%
394	2009-6-30	483003	工银平衡基金	0.7934	1.8669	-0.0032	-0.4073	2.0065	8.8906	15.1866	34.0414	0.0847
395	2009-6-30	310328	申万巴黎新动力基金	0.792	2.6548	-0.0023	-0.2912	2.4947	11.3094	23.6348	52.8022	4.0296
396	2009-6-30	161903	万家公用事业(lof)	0.7905	2.1324	-0.0061	-0.7713	1.2783	3.6971	17.4737	52.6864	20.8659
397	2009-6-30	100022	富国天瑞强势地区基金	0.786	3.0351	-0.0017	-0.2193	1.6127	9.7762	18.6223	58.7194	28.6002
398	2009-6-30	519035	富国天博创新主题基金	0.785	2.7912	-0.0017	-0.2137	3.1676	13.3117	25.2039	43.5377	11.3657
399	2009-6-30	150002	大成优选基金	0.783	0.816	0.004	0.5135	2.8909	13.643	20.092	47.7358	18.6364
400	2009-6-30	110029	易方达科讯基金	0.7828	4.2966	-0.0072	-0.9095	3.4086	10.2384	18.109	36.831	11.3037
401	2009-6-30	020003	国泰金龙行业精选基金	0.768	3.277	0.001	0.126	1.7073	8.7639	20.9085	44.0757	14.1979
402	2009-6-30	398011	中海分红增利基金	0.7604	2.1604	-0.0002	-0.0263	3.1191	10.3949	22.9029	55.1204	16.6258
403	2009-6-30	090001	大成价值增长基金	0.7577	3.4177	0.0001	0.0132	3.412	11.5413	21.3096	50.3373	18.7804
404	2009-6-30	050001	博时价值增长基金	0.75	3.252	-0.004	-0.5305	1.626	10.2941	20.9677	41.2429	10.9467
405	2009-6-30	160603	鹏华普天收益基金	0.75	3.196	0	0	2.8807	9.1703	18.2965	46.4844	18.4834
406	2009-6-30	410001	华富竞争力优选基金	0.7453	2.1058	-0.0099	-1.3079	-0.0512	5.8024	9.3256	31.5411	-2.2543
407	2009-6-30	040008	华安策略优选基金	0.7431	2.2794	-0.001	-0.1344	3.3806	12.4546	24.9328	49.9092	12.2847
408	2009-6-30	350002	天治品质优选基金	0.7421	3.2521	-0.0003	-0.0404	2.6986	7.7537	17.032	31.2987	-0.0942
409	2009-6-30	217005	招商先锋基金	0.742	2.692	-0.0019	-0.2554	2.6563	9.5041	18.6441	34.2015	7.334
410	2009-6-30	320001	诺安平衡基金	0.7409	3.0009	0.0001	0.0135	2.5751	10.5821	18.1282	35.7208	14.0022
411	2009-6-30	162207	泰达荷银效率优选(lof)	0.7405	1.781	-0.002	-0.2688	3.3062	6.4365	15.6271	34.6374	7.6782
412	2009-6-30	486001	工银瑞信全球配置(qdii)	0.736	0.736	-0.006	-0.8086	4.3972	--	31.8996	33.5753	-20.6041
413	2009-6-30	519180	万家上证180指数基金	0.7355	3.0755	-0.0026	-0.3523	2.1102	14.7426	27.6467	68.6153	12.2387
414	2009-6-30	398001	中海优质成长基金	0.7349	2.7267	-0.0014	-0.191	3.3912	8.1662	18.9333	41.9831	17.8575
415	2009-6-30	519995	长信金利趋势基金	0.7289	2.1744	-0.0033	-0.4506	1.4929	13.98	24.2601	51.0105	9.7731
416	2009-6-30	580001	东吴嘉禾优势基金	0.7264	2.4464	-0.0036	-0.4932	1.1277	2.4686	12.0296	30.1559	16.7846
417	2009-6-30	519997	长信银利精选基金	0.7262	2.6462	-0.0026	-0.3568	2.8029	8.5663	20.6112	48.72	13.6285
418	2009-6-30	090003	大成蓝筹稳健基金	0.7261	3.2961	-0.0001	-0.0138	3.3006	12.801	23.4444	52.2861	8.6001
419	2009-6-30	260103	景顺长城动力平衡基金	0.7229	3.0129	-0.0026	-0.3584	2.6555	10.7384	17.3539	27.2263	1.7882
420	2009-6-30	360007	光大保德信优势配置	0.7228	0.7228	-0.002	-0.2759	2.3651	10.2333	23.0926	53.7872	9.5816
421	2009-6-30	270005	广发聚丰基金	0.721	4.0903	-0.0016	-0.2201	4.2512	12.6375	24.9573	55.2221	18.4675
422	2009-6-30	519003	海富通收益增长混合	0.72	2.335	-0.003	-0.4149	1.5515	9.4225	18.0328	39.265	3.2999
423	2009-6-30	590002	中邮核心成长基金	0.7195	0.7195	0.0005	0.0695	2.5367	9.6297	17.7	57.6813	14.8077
424	2009-6-30	050201	博时价值增长贰号基金	0.713	2.168	-0.001	-0.1401	2.2956	12.8165	22.931	44.6247	7.8669
425	2009-6-30	450001	富兰克林国海收益基金	0.7114	1.9661	-0.0008	-0.1143	2.1533	5.5269	11.0282	30.5725	2.0987
426	2009-6-30	040001	华安创新基金	0.71	3.281	-0.001	-0.1309	1.7002	5.6444	13.4119	30.5077	5.0258
427	2009-6-30	070099	嘉实优质基金	0.71	1.606	-0.007	-0.9763	3.4985	7.2508	18.7291	32.216	8.3969
428	2009-6-30	210001	金鹰成份股优选基金	0.7048	2.3179	-0.0037	-0.5178	1.7497	9.63	17.1519	40.682	5.8128
429	2009-6-30	310358	申万巴黎新经济基金	0.7041	2.036	-0.0009	-0.1277	3.5137	10.847	19.501	49.9042	3.3617
430	2009-6-30	510180	华安上证180etf基金	0.704	2.696	-0.002	-0.266	2.6207	15.5972	10.1593	25.9797	5.1306
431	2009-6-30	162209	泰达荷银市值优选基金	0.7005	0.7005	-0.0058	-0.8212	2.2777	11.4736	23.1107	54.4993	11.7225
432	2009-6-30	350001	天治财富增长基金	0.696	2.2413	-0.0023	-0.3294	1.591	3.5098	7.507	8.1753	-1.1504
433	2009-6-30	213002	宝盈泛沿海基金	0.694	2.3999	-0.0041	-0.5867	2.0786	11.6348	17.0546	44.3745	5.8227
434	2009-6-30	519019	大成景阳基金	0.691	3.67	0	0	0.8265	3.3372	5.8791	14.5169	4.2028
435	2009-6-30	000041	华夏全球精选(qdii)	0.691	0.691	-0.004	-0.5755	4.0663	--	31.619	--	-4.8209
436	2009-6-30	290002	泰信先行策略基金	0.6881	2.5708	-0.0018	-0.2641	3.3519	5.6136	15.1436	36.9091	11.0152
437	2009-6-30	519087	新世纪优选分红基金	0.6841	2.2914	-0.0045	-0.659	2.2488	13.8653	21.6321	55.8221	20.0385
438	2009-6-30	410003	华富成长趋势基金	0.6762	0.9662	-0.0025	-0.3684	1.0007	9.4883	18.4031	42.9901	-2.156
439	2009-6-30	560002	益民红利成长基金	0.6705	1.7932	-0.005	-0.7455	3.3259	7.6212	18.3691	35.5244	7.8385
440	2009-6-30	519007	海富通强化回报混合	0.669	2.165	-0.002	-0.2981	1.3636	9.4926	16.5505	37.3717	-0.1493
441	2009-6-30	519015	海富通精选贰号混合	0.662	0.982	-0.003	-0.4511	1.5337	9.061	19.2793	35.9343	-0.6073
442	2009-6-30	162203	泰达荷银稳定基金	0.656	2.596	0.0031	0.4748	4.1766	14.3854	19.1211	34.0143	-2.3782
443	2009-6-30	519005	海富通股票基金	0.656	2.605	-0.003	-0.4552	2.9827	9.8827	21.2569	54.717	7.541
444	2009-6-30	090006	大成2020生命周期基金	0.654	2.476	-0.001	-0.1527	3.3175	13.7391	22.7017	49.6568	11.9863
445	2009-6-30	240005	华宝兴业多策略增长	0.6505	4.1176	0.0004	0.0603	2.9093	10.4227	19.0725	42.4984	15.955
446	2009-6-30	519181	万家和谐增长基金	0.6447	1.4017	-0.0015	-0.2302	3.0168	9.2376	19.9604	38.4589	6.141
447	2009-6-30	202801	南方全球精选(qdii)	0.638	0.638	-0.005	-0.7776	--	--	24.6094	21.0626	-18.7261
448	2009-6-30	020011	国泰沪深300基金	0.636	0.91	-0.003	-0.5466	2.7084	14.1716	26.1954	68.1913	12.7571

序号	日期	代码	简称	最新净值	累计净值	日增值	日增长率%	周增%	月增%	季增%	半年增%	年增%
449	2009-6-30	213001	宝盈鸿利收益基金	0.6359	2.5082	-0.0023	-0.3558	2.1893	5.8519	4.4516	20.1663	-7.1149
450	2009-6-30	460001	友邦华泰盛世中国基金	0.6354	2.6814	-0.0039	-0.6087	0.9573	12.1813	30.9578	50.9341	9.1546
451	2009-6-30	202007	南方隆元基金	0.617	0.617	-0.001	-0.1618	0.817	10.5735	14.684	37.1111	-6.7976
452	2009-6-30	420001	天弘精选基金	0.6102	1.7735	-0.0038	-0.6173	2.7403	7.2577	14.5476	31.9924	11.2244
453	2009-6-30	200007	长城安心回报基金	0.5968	1.6535	-0.0021	-0.356	2.573	10.9049	18.4114	37.5697	-2.4399
454	2009-6-30	070012	嘉实海外(qdii)基金	0.586	0.586	-0.009	-1.5126	4.8301	--	35.023	34.7126	-6.6879
455	2009-6-30	150001	国投瑞银瑞福进取基金	0.583	0.808	-0.004	-0.6814	7.7634	28.6976	49.1049	106.7376	29.5556
456	2009-6-30	400001	东方龙基金	0.5794	2.3409	-0.0015	-0.2582	0.6252	6.5269	11.0387	23.3816	-11.9185
457	2009-6-30	163503	天治核心成长(lof)	0.53	2.0442	-0.0016	-0.2989	2.3048	8.259	17.6558	33.774	-1.6078
458	2009-6-30	233001	摩根士丹利华鑫基础行业	0.5275	2.0725	-0.0041	-0.7713	-0.2836	-1.6959	6.803	24.8225	-37.8754
459	2009-6-30	377016	上投亚太优势(qdii)	0.504	0.504	-0.003	-0.5917	5.8824	--	33.3333	32.6316	-19.7452
460	2009-6-30	000051	华夏沪深300基金	--	--	--	--	--	--	--	--	--
461	2009-6-30	166005	中欧价值发现基金	--	--	--	--	--	--	--	--	--
462	2009-6-30	200011	长城景气行业龙头基金	--	--	--	--	--	--	--	--	--
463	2009-6-30	210003	金鹰行业优势基金	--	--	--	--	--	--	--	--	--
464	2009-6-30	290007	泰信增强a基金	--	--	--	--	--	--	--	--	--
465	2009-6-30	291007	泰信增强c基金	--	--	--	--	--	--	--	--	--
466	2009-6-30	340009	兴业磐稳增利基金	--	--	--	--	--	--	--	--	--
467	2009-6-30	350007	天治趋势精选基金	--	--	--	--	--	--	--	--	--
468	2009-6-30	398041	中海量化策略基金	--	--	--	--	--	--	--	--	--
469	2009-6-30	410007	华富价值增长混合基金	--	--	--	--	--	--	--	--	--
470	2009-6-30	460007	友邦行业领先基金	--	--	--	--	--	--	--	--	--
471	2009-6-30	470007	汇添富上证综指基金	--	--	--	--	--	--	--	--	--
472	2009-6-30	519091	新世纪泛资源基金	--	--	--	--	--	--	--	--	--
473	2009-6-30	519987	长信恒利基金	--	--	--	--	--	--	--	--	--
474	2009-6-30	690002	民生增强收益a基金	--	--	--	--	--	--	--	--	--
475	2009-6-30	690202	民生增强收益c基金	--	--	--	--	--	--	--	--	--
476	2009-6-30	040006	华安国际配置(qdii)	--	--	--	--	--	--	--	--	--

2009 上半年货币式基金行情

序号	代码	名称	每万份基金单位收益（元）	最近七日收益所推算的年资产收益率(%)
1	560001	益民货币基金	0.0895	0.37%
2	530002	建信货币基金	0.2617	2.78%
3	519999	长信利息收益基金	1.7437	3.11%
4	519589	交银施罗德货币b基金	0.2966	2.72%
5	519588	交银施罗德货币a基金	0.23	2.47%
6	519518	汇添富货币a基金	0.1421	1.50%
7	519517	汇添富货币b基金	0.21	1.74%
8	519508	万家货币基金	0.2083	2.24%
9	519506	海富通货币b基金	0.334	2.06%
10	519505	海富通货币a基金	0.2664	1.82%
11	482002	工银瑞信货币基金	5.4605	4.97%
12	460106	友邦货币b基金	0.15	0.53%
13	460006	友邦货币a基金	0.0809	0.28%
14	410002	华富货币基金	0.7133	2.08%
15	400005	东方金账簿基金	3.3266	2.47%
16	370010	上投货币a基金	0.1381	0.49%
17	360003	光大保德信货币基金	0.2106	2.89%
18	350004	天治天得利货币基金	3.3341	3.73%
19	340005	兴业货币基金	0.2195	0.79%
20	320002	诺安货币基金	0.2241	1.41%
21	310338	申万巴黎收益宝基金	0.1165	0.36%
22	290001	泰信天天收益基金	0.1067	1.57%
23	288101	中信现金优势基金	0.2457	3.09%
24	270014	广发货币b基金	0.2392	0.88%
25	270004	广发货币a基金	0.1715	0.63%
26	260102	景顺长城货币基金	0.6328	1.90%
27	240007	华宝兴业现金宝b基金	0.3043	1.08%
28	240006	华宝兴业现金宝a基金	0.2372	0.83%
29	217004	招商现金增值基金	0.2317	0.87%
30	202301	南方现金增利基金	0.2602	2.28%
31	200003	长城货币基金	0.1752	0.62%
32	180009	银华货币b基金	0.3153	1.06%
33	180008	银华货币a基金	0.2485	0.81%
34	163802	中银货币基金	0.2112	0.80%
35	163303	摩根士丹利华鑫货币	0.2537	3.79%
36	162206	泰达荷银货币基金	0.1688	0.71%
37	161608	融通易支付货币基金	0.1888	3.78%
38	160609	鹏华货币b基金	1.6121	2.23%
39	160606	鹏华货币a基金	1.5458	1.98%
40	150015	银河银富货币b基金	0.235	0.86%
41	150005	银河银富货币a基金	0.1677	0.61%
42	128011	国投货币b基金	0.3879	1.26%

序号	代码	名称	每万份基金单位收益（元）	最近七日收益所推算的年资产收益率（%）
43	121011	国投货币 a 基金	0.3199	1.02%
44	110016	易方达货币 b 基金	0.3116	3.60%
45	110006	易方达货币 a 基金	0.2459	3.36%
46	100028	富国天时货币 b 基金	0.1849	2.68%
47	100025	富国天时货币 a 基金	0.1189	2.43%
48	91005	大成货币 b 基金	0.2629	1.06%
49	90005	大成货币 a 基金	0.2043	0.82%
50	80011	长盛货币基金	0.3219	2.10%
51	70008	嘉实货币基金	0.2697	3.32%
52	50003	博时现金收益基金	0.346	1.28%
53	40003	华安现金富利基金	0.1886	1.26%
54	37001b	上投货币 b 基金	0.2053	0.74%
55	20007	国泰货币基金	0.3104	4.56%
56	3003	华夏现金增利基金	1.8763	2.82%

2009 年上半年托管银行公募基金托管规模排名

序号	托管银行简称	托管基金数量（只）	托管基金资产净值（亿元）	托管资产净值市场占比%	托管基金份额规模（亿份）	托管份额规模市场占比%
1	工商银行	140	6,712.70	29.13	6,683.98	28.91
2	建设银行	134	5,601.01	24.31	5,254.30	22.73
3	中国银行	80	3,723.80	16.16	3,902.56	16.88
4	农业银行	72	2,753.79	11.95	2,867.11	12.40
5	交通银行	48	2,201.65	9.55	2,334.19	10.10
6	光大银行	11	444.92	1.93	487.88	2.11
7	招商银行	20	432.23	1.88	472.55	2.04
8	兴业银行	12	428.07	1.86	342.84	1.48
9	浦发银行	9	308.96	1.34	312.32	1.35
10	民生银行	7	214.53	0.93	235.33	1.02
11	华夏银行	6	121.24	0.53	134.49	0.58
12	中信银行	4	100.87	0.44	92.82	0.40
合计		543	23,043.76	100.00	23,120.36	100.00

2009 年上半年社保基金持股一览

股票代码	股票简称	社保家数	持股数量（万股）	社保持股占比%
000572	海马股份	4	2,743.71	2.63
600150	中国船舶	4	634.49	0.96
600683	京投银泰	3	1,667.48	3.38
000793	华闻传媒	3	820.99	0.6
000917	电广传媒	3	2,288.10	5.64
000930	丰原生化	3	678.32	0.7
600350	山东高速	3	4,091.90	1.22
600886	国投电力	3	3,275.99	3.11
600641	万业企业	2	387.23	0.48
600600	青岛啤酒	2	2,146.59	1.64
600993	马应龙	2	658.35	3.98
600995	文山电力	2	998.14	2.09
601918	国投新集	2	1,945.87	1.05
600978	宜华木业	2	1,989.63	1.98
600118	中国卫星	2	569.9	1.62
000762	西藏矿业	2	1,032.57	3.74
000897	津滨发展	2	3,178.90	1.97
000898	鞍钢股份	2	3,747.40	0.52

股票代码	股票简称	社保家数	持股数量（万股）	社保持股占比%
000969	安泰科技	2	812.46	1.84
002068	黑猫股份	2	762.94	3.97
000949	新乡化纤	2	1,355.28	2.3
000962	东方钽业	2	110.35	0.31
002110	三钢闽光	2	681.99	1.28
002146	荣盛发展	2	1,279.90	1.6
002194	武汉凡谷	2	553.55	0.99
002238	天威视讯	2	801.47	3
002254	烟台氨纶	2	150.76	1.2
002258	利尔化学	2	608.94	4.51
000511	银基发展	2	381.02	0.33
000598	蓝星清洗	2	1,347.84	4.46
000100	TCL 集团	2	4,000.00	1.36
000410	沈阳机床	2	634.7	1.17
000520	长航凤凰	2	224.22	0.33
600765	中航重机	2	327.55	0.63
600368	五洲交通	2	1,693.83	3.05
600382	广东明珠	2	1,114.52	3.26
600395	盘江股份	2	1,851.10	1.68
600470	六国化工	2	234.53	1.04
600578	京能热电	2	235.12	0.41
600197	伊力特	2	1,158.34	2.63
600231	凌钢股份	2	1,389.77	1.73
600261	浙江阳光	2	517.32	2.07
002269	美邦服饰	2	404.27	0.4
600010	包钢股份	2	7,611.19	1.18
600090	啤酒花	2	1,838.04	5
600102	莱钢股份	1	516.79	0.56
600104	上海汽车	1	3,300.00	0.5
600109	国金证券	1	150.87	0.15
600012	皖通高速	1	250	0.15
600028	中国石化	1	5,443.70	0.06
600060	海信电器	1	399.98	0.81
600062	双鹤药业	1	251.22	0.53
600067	冠城大通	1	999.98	1.63
200022	深赤湾 B	1	850.37	1.32
200039	中集 B	1	229.27	0.09
200418	小天鹅 B	1	778.88	1.42
200429	粤高速 B	1	1,000.00	0.8
200513	丽珠 B	1	580.12	1.9
200539	粤电力 B	1	2,100.42	0.79
200550	江铃 B	1	447.64	0.52
600006	东风汽车	1	352.11	0.18
600007	中国国贸	1	319.53	0.32
600268	国电南自	1	120	0.63
600269	赣粤高速	1	1,400.00	1.2
600270	外运发展	1	215.78	0.24
600280	南京中商	1	434.43	3.03
600284	浦东建设	1	332	0.96
600308	华泰股份	1	350	0.64
600323	南海发展	1	426	1.57
600233	大杨创世	1	150	0.91
600236	桂冠电力	1	2,972.14	2.01
600239	云南城投	1	1,410.00	2.23
600246	万通地产	1	520.25	0.51
600251	冠农股份	1	803.36	2.22

股票代码	股票简称	社保家数	持股数量（万股）	社保持股占比%
600256	广汇股份	1	538.59	0.57
600208	新湖中宝	1	1,499.96	0.53
600227	赤天化	1	108.9	0.3
600169	太原重工	1	800	1.12
600581	八一钢铁	1	749.14	0.98
600584	长电科技	1	300	0.4
600587	新华医疗	1	108.23	0.81
600590	泰豪科技	1	499.98	1.7
600591	*ST 上航	1	700	0.54
600596	新安股份	1	617.82	2.15
600498	烽火通信	1	555.11	1.35
600522	中天科技	1	210	0.65
600549	厦门钨业	1	783.96	1.15
600551	时代出版	1	484.14	1.24
600559	老白干酒	1	537.97	3.84
600563	法拉电子	1	150	0.67
600415	小商品城	1	1,059.94	1.56
600420	现代制药	1	473.9	1.65
600429	三元股份	1	200	0.32
600439	瑞贝卡	1	900.21	1.46
600456	宝钛股份	1	199.98	0.46
600469	风神股份	1	219.55	0.59
600782	新钢股份	1	600	0.43
600801	华新水泥	1	300	0.74
600815	厦工股份	1	208.73	0.3
600826	兰生股份	1	184.61	0.66
600840	新湖创业	1	715.22	2.35
600859	王府井	1	415	1.06
600881	亚泰集团	1	1,599.98	0.84
600686	金龙汽车	1	580.49	1.31
600693	东百集团	1	650	1.89
600694	大商股份	1	734.41	2.5
600717	天津港	1	1,600.00	0.96
600718	东软集团	1	514.01	0.54
600723	西单商场	1	299.99	0.73
600737	中粮屯河	1	1,325.74	1.32
600750	江中药业	1	475.66	1.61
600755	厦门国贸	1	102.41	0.21
600761	安徽合力	1	309.99	0.87
000522	白云山 A	1	450	0.96
000539	粤电力 A	1	2,100.42	0.79
000540	中天城投	1	200	0.35
000550	江铃汽车	1	447.64	0.52
000559	万向钱潮	1	950	0.93
000417	合肥百货	1	910	1.9
000418	小天鹅 A	1	778.88	1.42
000423	东阿阿胶	1	580	1.11
000425	徐工科技	1	809.98	1.49
000429	粤高速 A	1	1,000.00	0.8
000501	鄂武商 A	1	909.77	1.79
000159	国际实业	1	221.63	0.92
000338	潍柴动力	1	559.98	0.67
000402	金融街	1	3,272.08	1.32
000022	深赤湾 A	1	850.37	1.32
000039	中集集团	1	229.27	0.09
000088	盐田港	1	249.99	0.2
000089	深圳机场	1	2,351.94	1.39
000600	建投能源	1	1,430.00	1.57
000601	韶能股份	1	617.71	0.67
000617	石油济柴	1	191.23	0.8
000630	铜陵有色	1	399.98	0.31
000637	茂化实华	1	267.24	0.59
000651	格力电器	1	1,927.42	1.03
000667	名流置业	1	3,950.87	2.93
000685	中山公用	1	216.8	0.36
000733	振华科技	1	84.78	0.28
000751	*ST 锌业	1	188.94	0.17
000758	中色股份	1	1,076.42	1.68
000513	丽珠集团	1	580.12	1.9
000578	盐湖集团	1	70.61	0.02
000800	一汽轿车	1	1,003.19	0.62
000831	关铝股份	1	124.35	0.19
000887	中鼎股份	1	251.89	0.59
002261	拓维信息	1	103.07	0.92
002241	歌尔声学	1	112.18	0.47
002242	九阳股份	1	130.35	0.26
002216	三全食品	1	300	1.6
002148	北纬通信	1	155.21	2.05
002131	利欧股份	1	109.99	0.73
000963	华东医药	1	499.97	1.15
002070	众和股份	1	100	0.44
002081	金螳螂	1	265.6	1.26
002106	莱宝高科	1	599.93	1.82
000978	桂林旅游	1	399.99	2.26
002004	华邦制药	1	222.7	1.69
002024	苏宁电器	1	4,304.21	0.96
002032	苏泊尔	1	212.37	0.48
002037	久联发展	1	100.99	0.76
002038	双鹭药业	1	717.62	2.89
002039	黔源电力	1	250	1.78
002054	德美化工	1	159.79	1.19
002056	横店东磁	1	800	1.95
002065	东华软件	1	209.03	0.49
000900	现代投资	1	204.99	0.51
000910	大亚科技	1	857.39	1.63
000916	华北高速	1	78.76	0.07
000767	漳泽电力	1	145.6	0.11
000768	西飞国际	1	630	0.25
000932	华菱钢铁	1	1,799.98	0.66
600987	航民股份	1	149.99	0.35
601991	大唐发电	1	779.89	0.07
601999	出版传媒	1	281.03	0.51
900933	华新 B 股	1	300	0.74
601186	中国铁建	1	3,049.99	0.25
601333	广深铁路	1	4,290.63	0.61
601808	中海油服	1	400	0.09
600601	方正科技	1	254.36	0.15
600640	中卫国脉	1	344.6	0.86
600359	新农开发	1	136.59	0.43
600360	华微电子	1	194.7	0.37
600675	中华企业	1	979.99	0.9
600887	*ST 伊利	1	1,323.56	1.66

股票代码	股票简称	社保家数	持股数量（万股）	社保持股占比%
600895	张江高科	1	1,301.19	0.84

2009年上半年QFII持股一览

股票代码	股票简称	QFII家数	持股数量（万股）	QFII持股占比%
601991	大唐发电	5	4,613.24	0.39
600820	隧道股份	4	2,910.12	3.97
600823	世茂股份	3	4,400.47	3.76
000651	格力电器	3	8,934.95	4.76
002104	恒宝股份	3	1,337.66	4.56
002111	威海广泰	3	230.42	1.6
600004	白云机场	3	4,170.51	3.63
600059	古越龙山	3	1,928.20	3.46
600125	铁龙物流	3	1,562.92	1.56
600284	浦东建设	2	734.21	2.12
200706	瓦轴B	2	245.81	0.61
002266	浙富股份	2	97.17	0.68
000799	酒鬼酒	2	465.45	1.54
000816	江淮动力	2	2,580.42	3.05
000860	顺鑫农业	2	799.97	1.82
002142	宁波银行	2	31,120.00	12.45
600591	*ST上航	2	1,368.06	1.05
600035	楚天高速	2	1,684.67	1.81
600754	锦江股份	2	659.47	1.1
600408	安泰集团	2	1,371.00	1.62
600616	金枫酒业	2	1,081.37	2.96
900934	锦江B股	2	659.47	1.1
600993	马应龙	2	361.49	2.18
601002	晋亿实业	1	223.9	0.3
601003	柳钢股份	1	518.79	0.2
601006	大秦铁路	1	6,715.02	0.52
601009	南京银行	1	23,170.51	12.61
601166	兴业银行	1	63,909.00	12.78
601169	北京银行	1	100,048.48	16.07
601318	中国平安	1	61,392.93	8.36
601328	交通银行	1	0	18.6
601628	中国人寿	1	1,912.28	0.07
601727	上海电气	1	184.87	0.01
900936	鄂绒B股	1	462.44	0.45
900937	华电B股	1	503.22	0.37
900942	黄山B股	1	384.92	0.82
900903	大众B股	1	357.13	0.23
900920	上柴B股	1	49.87	0.1
900926	宝信B股	1	179.29	0.68
900933	华新B股	1	426.01	1.06
600631	百联股份	1	852.01	0.77
600651	飞乐音响	1	184.01	0.3
600655	豫园商城	1	779.07	0.98
600657	信达地产	1	1,232.89	0.81
600674	川投能源	1	149.82	0.23
600710	常林股份	1	199.99	0.41
600726	华电能源	1	503.22	0.37
600727	*ST鲁北	1	137.36	0.39
600423	柳化股份	1	599.99	2.25
600425	青松建化	1	290	0.79
600449	赛马实业	1	312.52	1.6
600487	亨通光电	1	301.32	1.87

股票代码	股票简称	QFII家数	持股数量（万股）	QFII持股占比%
600495	晋西车轴	1	250.67	1.49
600498	烽火通信	1	527.27	1.29
600499	科达机电	1	780	1.75
600522	中天科技	1	111.29	0.35
600529	山东药玻	1	549.79	2.14
600557	康缘药业	1	456.82	1.43
600581	八一钢铁	1	782.65	1.02
600585	海螺水泥	1	742.03	0.42
600588	用友软件	1	539.96	0.89
600801	华新水泥	1	426.01	1.06
600054	黄山旅游	1	384.92	0.82
600592	龙溪股份	1	105.78	0.35
600597	光明乳业	1	178.99	0.17
600611	大众交通	1	357.13	0.23
600824	益民商业	1	1,396.00	1.91
600841	上柴股份	1	49.87	0.1
600845	宝信软件	1	179.29	0.68
600867	通化东宝	1	234	0.49
600869	三普药业	1	312.16	2.6
600887	*ST伊利	1	1,218.37	1.52
600893	航空动力	1	175.36	0.4
600897	厦门空港	1	199.99	0.67
002154	报喜鸟	1	155.99	0.63
002164	东力传动	1	285.41	1.59
002179	中航光电	1	119.99	0.45
002191	劲嘉股份	1	146.45	0.23
002197	证通电子	1	286.46	2.18
002259	升达林业	1	99.7	0.46
002262	恩华药业	1	67.05	0.37
000016	深康佳A	1	1,350.00	1.12
000022	深赤湾A	1	409.64	0.64
000026	飞亚达A	1	251.19	1.01
000037	深南电A	1	1,812.83	3.01
000050	深天马A	1	178.71	0.31
000089	深圳机场	1	717.71	0.42
000155	川化股份	1	60	0.13
000410	沈阳机床	1	318.22	0.58
000417	合肥百货	1	743.69	1.55
000527	美的电器	1	1,849.89	0.98
000572	海马股份	1	596.23	0.57
000582	北海港	1	91.64	0.64
000617	石油济柴	1	57.8	0.24
000861	海印股份	1	989.14	2.01
000887	中鼎股份	1	1,200.00	2.82
000921	ST科龙	1	6,380.86	6.43
000950	建峰化工	1	111.3	0.36
000961	中南建设	1	423.64	0.54
000972	新中基	1	500	1.19
002009	天奇股份	1	132.6	0.6
002018	华星化工	1	100	0.41
002025	航天电器	1	361.64	1.1
002056	横店东磁	1	499.99	1.22
002069	獐子岛	1	110.06	0.49
002077	大港股份	1	74.34	0.3
002083	孚日股份	1	199.99	0.21
002269	美邦服饰	1	140.14	0.14
200016	深康佳B	1	1,350.00	1.12
200022	深赤湾B	1	409.64	0.64

股票代码	股票简称	QFII 家数	持股数量（万股）	QFII 持股占比%
200026	飞亚达 B	1	251.19	1.01
200037	深南电 B	1	1,812.83	3.01
200053	深基地 B	1	45.01	0.2
000656	ST 东源	1	299.99	1.2
000712	锦龙股份	1	194.99	0.64
000715	中兴商业	1	214.92	0.77
000761	本钢板材	1	727.43	0.23
000789	江西水泥	1	1,264.50	3.19
200761	本钢板 B	1	727.43	0.23
002132	恒星科技	1	237.17	0.97
600012	皖通高速	1	400	0.24
600015	华夏银行	1	56,237.35	11.27
600017	日照港	1	256.43	0.2
600018	上港集团	1	1,863.05	0.09
600295	鄂尔多斯	1	462.44	0.45
600323	南海发展	1	614.05	2.27
600335	鼎盛天工	1	90	0.33
600360	华微电子	1	225.11	0.43
600361	华联综超	1	483.29	1
600368	五洲交通	1	923.51	1.66
600377	宁沪高速	1	300	0.06
600388	龙净环保	1	999.93	4.81
600395	盘江股份	1	715.48	0.65
600143	金发科技	1	680	0.49
600202	哈空调	1	365.29	0.95
600231	凌钢股份	1	1,338.57	1.66
600060	海信电器	1	486	0.98
600067	冠城大通	1	835.78	1.36
600096	云天化	1	186.89	0.32
600115	ST 东航	1	535.82	0.07

2009 年半年报显示
基金支付银行托管费情况一览

托管银行	09 上半年托管费（亿元）	基金数量	08 上半年托管费（亿元）	基金数量
工商银行	6.64	123	9.73	90
建设银行	5.51	110	7.58	71
中国银行	3.60	70	5.20	55
农业银行	2.67	65	4.10	54
交通银行	2.18	43	2.86	37
兴业银行	0.44	11	0.61	8
招商银行	0.41	18	0.59	16
光大银行	0.37	10	0.57	9
浦发银行	0.32	7	0.49	7
民生银行	0.21	7	0.34	7
中信银行	0.11	3	0.21	3
华夏银行	0.11	6	0.10	6
总计	22.58	473	32.38	363

2009 年半年报显示
基金管理公司管理费收入情况一览

名次	基金公司	基金数量	2009 上半年管理费（亿元）	2008 上半年管理费（亿元）
1	华夏	23	12.09	16.16
2	南方	18	6.96	11.28
3	博时	14	6.61	11.88
4	易方达	17	6.40	10.22
5	嘉实	17	6.29	9.50
6	广发	10	5.39	8.42
7	大成	15	4.86	7.65
8	华安	13	4.34	6.33
9	上投摩根	9	3.85	6.47
10	景顺长城	10	3.46	5.96
11	银华	12	3.27	4.84
12	融通	11	3.15	4.67
13	华宝兴业	12	3.14	4.70
14	富国	13	3.10	4.51
15	鹏华	13	3.05	4.78
16	交银施罗德	9	3.04	3.35
17	汇添富	7	2.86	4.40
18	诺安	7	2.82	4.25
19	工银瑞信	10	2.69	3.28
20	中邮创业	2	2.59	4.29
21	长城	10	2.40	4.02
22	兴业全球	6	2.26	2.65
23	光大保德信	7	2.16	3.56
24	海富通	10	2.14	2.93
25	国泰	14	2.13	3.16
26	招商	10	1.91	2.90
27	建信	7	1.69	2.11
28	长盛	11	1.63	2.55
29	国投瑞银	9	1.57	2.33
30	中银	7	1.56	1.91

2009 年半年报显示基金
二季度增持的部分隐藏重仓股一览

代码	证券简称	09 年中报基金持股数量（万股）	09 年中报基金持股比例（%）	每股收益（元）	行业
000887	中鼎股份	5037.54	40.12	0.208	交运设备
600376	首开股份	7197.05	39.95	0.4	房地产
002154	报喜鸟	2235.52	35.83	0.16	纺织服装
002081	金螳螂	2162.21	34.94	0.3148	建筑建材
600586	金晶科技	10898.35	30.08	0.06	建筑建材
600629	棱光实业	2186.29	27.76	0.018	建筑建材
002078	太阳纸业	4453.53	27.29	0.3	轻工制造
000910	大亚科技	6376.80	26.22	0.154	轻工制造
002093	国脉科技	1972.52	26.18	0.2122	信息设备
600469	风神股份	3755.60	25.61	0.346	化工
600329	中新药业	2231.55	25.18	0.42	医药生物
002029	七匹狼	6960.64	24.61	0.334	纺织服装
600782	新钢股份	7581.59	24.33	0.03	黑色金属
600559	老白干酒	1764.60	23.82	0.12	食品饮料
000043	中航地产	2579.62	23.28	0.0518	房地产
600282	南钢股份	20606.52	23.21	0.033	黑色金属
002106	莱宝高科	5315.35	23.14	0.1937	电子元器件
002133	广宇集团	5546.99	22.17	0.18	房地产

代码	证券简称	09年中报基金持股数量(万股)	09年中报基金持股比例(%)	每股收益(元)	行业
600391	成发科技	1574.83	21.93	0.34	交运设备
600126	杭钢股份	8971.53	21.82	0.03	黑色金属
000712	锦龙股份	3521.52	21.71	0.199	公用事业
002230	科大讯飞	1783.26	21.61	0.17	信息服务
002062	宏润建设	1959.57	21.46	0.41	建筑建材
000978	桂林旅游	2002.22	21.42	0.0646	餐饮旅游
600308	华泰股份	7919.24	21.38	0.251	轻工制造

2009年半年报显示各类机构持有封闭式基金情况一览

类别	2009年中报		2008年年报	
	持有市值(亿元)	持有市值比例%	持有市值(亿元)	持有市值比例%
QFII	20.64	2.17	12.39	1.79
保险	237.93	25.07	129.44	18.65
基金公司	10.74	1.13	6.25	0.90
其他	36.04	3.80	12.93	1.86
券商	13.89	1.46	10.60	1.53
社保基金	1.14	0.12	18.54	2.67

2009年上半年封闭式基金收盘行情

代码	名称	折价率%	现价	涨幅%	日涨跌	买入价	卖出价	总量	现量	换手%	今开	昨收	最高	最低
150001	瑞福进取	－－	0.85	－1.52	－0.013	0.844	0.845	1,301,204.00	17,260.00	4.34	0.857	0.858	0.875	0.834
150002	大成优选	－－	0.68	－1.01	－0.007	0.684	0.685	206,972.00	4,541.00	－－	0.691	0.691	0.697	0.684
150003	建信优势	－－	0.68	0	0	0.674	0.675	172,036.00	926	0.37	0.679	0.675	0.681	0.674
150006	同庆A	－－	1.03	－0.1	－0.001	1.032	1.033	560,103.00	1,029.00	0.95	1.034	1.034	1.036	1.029
150007	同庆B	－－	0.97	－1.02	－0.01	0.97	0.971	2,243,073.00	129,226.00	2.55	0.98	0.98	0.982	0.96
161010	富国天丰	－－	1.04	0.1	0.001	1.04	1.041	143,451.00	862	42.73	1.041	1.04	1.041	1.038
184688	基金开元	－20.58	0.79	0.13	0.001	0.79	0.791	176,323.00	20,475.00	0.9	0.791	0.789	0.793	0.787
184689	基金普惠	－23.71	1.23	1.07	0.013	1.225	1.226	331,616.00	1,804.00	1.7	1.215	1.212	1.228	1.215
184690	基金同益	－24.46	0.99	－0.1	－0.001	0.993	0.994	155,347.00	1,453.00	0.78	0.997	0.994	0.997	0.991
184691	基金景宏	－25.15	1.08	－0.28	－0.003	1.081	1.083	158,041.00	5,133.00	0.81	1.084	1.084	1.093	1.081
184692	基金裕隆	－23.89	1.02	0	0	1.014	1.015	166,559.00	267	0.56	1.016	1.015	1.026	1.01
184693	基金普丰	－26.2	0.96	0.63	0.006	0.963	0.964	353,045.00	1,818.00	1.19	0.96	0.958	0.971	0.959
184698	基金天元	－24.2	1.1	0.73	0.008	1.1	1.101	154,872.00	1,583.00	0.52	1.095	1.092	1.105	1.093
184699	基金同盛	－26.52	0.76	0	0	0.759	0.76	235,688.00	930	0.79	0.761	0.759	0.764	0.757
184701	基金景福	－25.87	1.06	0.47	0.005	1.061	1.062	380,949.00	7,568.00	1.28	1.058	1.056	1.07	1.053
184703	基金金盛	－1.97	1.46	0	0	1.457	1.46	31,842.00	80	0.64	1.457	1.457	1.465	1.455
184705	基金裕泽	－6.89	1.09	－1.18	－0.013	1.088	1.089	33,119.00	142	0.67	1.096	1.102	1.102	1.089
184706	基金天华	－3	0.9	0.11	0.001	0.901	0.902	476,939.00	12,323.00	1.91	0.9	0.901	0.903	0.9
184721	基金丰和	－25.86	0.66	－0.3	－0.002	0.659	0.66	230,591.00	2,719.00	0.78	0.661	0.661	0.663	0.657
184722	基金久嘉	－24.13	0.72	－0.42	－0.003	0.714	0.715	234,735.00	11	1.19	0.719	0.718	0.721	0.713
184728	基金鸿阳	－23.86	0.61	－0.82	－0.005	0.605	0.606	292,584.00	1,650.00	1.48	0.611	0.611	0.613	0.605
500001	基金金泰	－21.5	0.91	0.11	0.001	0.909	0.91	81,310.00	4,500.00	0.41	0.91	0.908	0.912	0.907
500002	基金泰和	－17.41	0.82	0	0	0.818	0.819	162,054.00	10	0.82	0.817	0.817	0.822	0.815
500003	基金安信	－20	1.15	0.17	0.002	1.15	1.151	53,168.00	310	0.27	1.15	1.148	1.153	1.147
500005	基金汉盛	－23.9	1.2	0	0	1.198	1.199	114,173.00	43	0.58	1.199	1.199	1.206	1.193
500006	基金裕阳	－20.8	1.25	0	0	1.248	1.249	122,142.00	80	0.62	1.25	1.249	1.255	1.248
500008	基金兴华	－18.97	1.18	0.77	0.009	1.176	1.177	112,954.00	200	0.58	1.167	1.167	1.18	1.165
500009	基金安顺	－20.58	1.27	－0.39	－0.005	1.273	1.274	102,868.00	63	0.35	1.279	1.279	1.282	1.273
500011	基金金鑫	－26.34	0.79	－0.13	－0.001	0.793	0.794	321,931.00	201	1.08	0.796	0.794	0.799	0.792
500015	基金汉兴	－26.8	0.97	0.21	0.002	0.969	0.97	277,232.00	147	0.93	0.968	0.967	0.974	0.967
500018	基金兴和	－22.31	1	1.22	0.012	0.998	0.999	138,674.00	90	0.47	0.989	0.987	0.999	0.985
500038	基金通乾	－26.47	1.07	0.19	0.002	1.068	1.069	225,229.00	866	1.13	1.069	1.067	1.075	1.066
500056	基金科瑞	－24.73	1.01	0.6	0.006	1.005	1.006	162,569.00	10	0.58	1	1	1.017	0.997
500058	基金银丰	－26.64	0.85	－0.23	－0.002	0.85	0.851	198,608.00	400	0.67	0.854	0.853	0.856	0.849

2009 年上半年各类型基金主要财务指标

全部 473 只基金利润总额(亿元)(含 QDII)	3460.46
股票型基金利润总额(亿元)	2307.93
混合型基金利润总额(亿元)	967.13
QDII 基金利润总额(亿元)	151.6
债券型基金利润总额(亿元)	17.55
货币型基金利润总额(亿元)	7.27
保本型基金利润总额(亿元)	8.98

2009 年上半年基金支付券商佣金情况一览

券商名称	2009 年中报		2008 年年报	
	交易佣金量(亿元)	股票交易量(亿元)	交易佣金量(亿元)	股票交易量(亿元)
中信证券	2.21	2642.84	3.11	3711.65
中金	2.14	2557.45	3.23	3857.36
申银万国	2.12	2513.50	3.00	3550.44
国泰君安	1.89	2243.83	2.60	3099.81
招商证券	1.36	1634.73	1.89	2262.09
安信证券	1.30	1543.25	1.24	1469.54
海通证券	1.29	1541.15	1.77	2109.04
国信证券	1.20	1437.24	1.77	2122.00
高华证券	1.17	1385.80	1.77	2092.13
中信建投	1.11	1319.08	1.47	1745.02
联合证券	1.05	1260.49	1.49	1780.32
银河证券	1.04	1239.72	1.61	1900.39
国金证券	1.01	1208.18	1.39	1657.43
中银证券	1.01	1213.03	1.48	1777.64
长江证券	0.89	1068.08	0.99	1183.25
广发证券	0.69	832.13	0.92	1096.42
兴业证券	0.69	830.23	0.94	1113.20
华泰证券	0.68	806.05	1.03	1213.38
光大证券	0.66	795.70	1.01	1208.46
长城证券	0.60	716.77	0.86	1029.27

2009 年上半年基金资产净值和份额规模汇总统计

序号	运作方式	统计基金数量(只)	基金资产净值(亿元)	资产净值占比(%)	基金份额规模(亿份)	份额规模占比(%)
1	封闭式	33	1,126.92	4.89	975.02	4.22
2	开放式	510	21,916.85	95.11	22,145.34	95.78
合计		543	23,043.76	100.00	23,120.36	100.00

2009 年上半年证券投资基金增持前五大行业

增持前五大行业				
行业名称	2009 年 2 季报		增减比例	2 季度涨幅
	市值(亿元)	占净值比例(%)		
金融、保险业	4006.92	23.46	6.58	34.5
房地产业	1534.37	8.98	3.12	42.02
采掘业	1339.59	7.84	1.82	36.04
金属、非金属	1108.89	6.49	1.03	20.16
批发和零售贸易	793.97	4.65	0.36	23.6

2009 年上半年显示旗下产品合计利润前十大基金公司

基金公司	参与汇总的基金数目	本期利润[2009 年中报]
华夏基金	25	61,710,460,425.48
博时基金	15	42,246,853,228.21
易方达基金	20	36,927,592,520.00
嘉实基金	18	33,511,147,299.82
广发基金	11	30,523,342,122.09
大成基金	17	27,736,102,643.29
南方基金	18	25,116,067,101.13
华安基金	15	22,162,981,098.96
融通基金	11	19,247,281,912.48
银华基金	13	18,907,588,104.50

2009 年上半年证券投资基金减持前 50 大重仓股

减持前 50 大重仓股				
名称	2009 年 2 季度			
	总市值(元)	占流通股比例(%)	持股数(股)	持有该股的基金个数
特变电工	1,955,906,704.00	6.04	108,420,549.00	9
中信证券	18,833,548,223.00	10.17	666,438,366.00	83
盐湖钾肥	4,569,218,337.00	21.2	82,865,766.00	15
中兴通讯	2,169,847,718.00	5.32	77,218,780.00	24
金风科技	1,856,556,138.00	10.01	61,638,650.00	9
攀钢钢钒	2,859,500.00	0.01	350,000.00	1
海油工程	3,221,595,681.00	9.79	278,971,148.00	17
上海机场	729,406,356.50	4.34	47,487,393.00	5
华夏银行	2,612,885,348.00	5.52	208,530,355.00	22
东方电气	1,632,286,323.00	8.83	41,961,088.00	7
天威保变	1,192,580,844.00	5.83	33,424,351.00	10
烟台万华	1,220,469,096.00	4.65	77,391,826.00	6
武钢股份	1,625,282,292.00	6.59	206,254,098.00	8
中联重科	2,520,441,116.00	15.11	112,872,419.00	20
山东黄金	530,000,023.60	2.56	8,818,636.00	6
天津港	630,784,260.00	5.98	52,002,000.00	1
航天信息	951,534,593.50	6.47	59,882,605.00	4
南玻 A	65,775,404.79	0.74	4,197,537.00	1
三一重工	2,026,857,519.00	4.72	70,450,383.00	15
张江高科	2,071,056,806.00	8.63	133,702,828.00	9
国电电力	56,238,058.36	0.2	8,068,588.00	1
一汽轿车	1,687,403,817.00	7.73	109,287,812.00	7
辽宁成大	4,462,902,778.00	14.94	134,749,480.00	19
太原重工	543,774,865.10	10.39	39,604,870.00	4
宏达股份	473,540,718.40	4.9	29,801,178.00	2
天马股份	294,035,889.50	8.05	10,934,791.00	3
天地科技	162,047,353.80	2.43	7,885,516.00	3
冠农股份	282,143,053.40	3.14	11,358,416.00	4
中国南车	61,946,429.00	0.39	11,710,100.00	1
长江电力	5,363,082,324.00	7.91	389,193,202.00	23
安信信托	85,550,000.00	1.1	5,000,000.00	1
岳阳纸业	474,330,997.30	11.89	60,194,289.00	2
新安股份	196,994,050.10	2.7	5,327,043.00	2
葛洲坝	27,832,014.72	0.3	2,288,817.00	3
东阿阿胶	43,432,273.56	0.6	2,420,974.00	1
开滦股份	58,871,743.14	0.48	3,149,906.00	2

减持前50大重仓股				
恒瑞医药	2,646,413,363.00	12.22	75,806,742.00	10
鹏博士	119,286,936.80	2.89	14,494,160.00	1
大族激光	13,039,706.60	0.26	1,599,964.00	1
三九医药	603,477,000.00	11.33	38,316,000.00	2
赛马实业	67,245,738.24	1.82	2,415,436.00	1
神火股份	593,773,220.00	3.96	29,688,661.00	6
千金药业	62,372,468.50	1.99	3,605,345.00	1
海螺水泥	3,217,724,687.00	7.47	76,357,966.00	13
中远航运	177,720,458.50	1.31	17,137,942.00	1
中金黄金	905,483,180.20	3.65	13,744,432.00	3
陆家嘴	46,732,534.10	0.13	1,829,062.00	1
吉林敖东	2,414,578,122.00	12.05	59,663,408.00	11
深圳能源	46,532,445.84	0.7	4,169,574.00	1
国投新集	37,103,126.62	0.64	2,250,038.00	1

2009年上半年证券投资基金减持前五大行业

减持前五大行业				
行业名称	2009年2季报		增减比例	2季度涨幅
	市值（亿元）	占净值比例（%）		
机械、设备、仪表	1414.7	8.28	-1.72	17.25
医药、生物制品	575.16	3.37	-1.06	13.63
石油、化学、塑胶、塑料	462.76	2.71	-0.97	8.48
电力、煤气、及水的生产和供应业	270.77	1.59	-0.6	7.82
信息技术业	457.92	2.68	-0.57	15.82

2009年上半年证券投资基金前50大重仓股

前50大重仓股				
名称	2009年基金二季报			
	总市值（元）	占流通股比例（%）	持股数（股）	持有该股的基金个数
招商银行	47,472,653,525.00	17.57	2,118,369,189.00	179
中国平安	43,640,246,515.00	22.5	882,334,139.00	191
浦发银行	42,792,529,029.00	23.43	1,858,928,281.00	154
兴业银行	37,250,418,006.00	25.27	1,003,783,832.00	146
万科A	33,654,993,215.00	28.04	2,639,607,311.00	154
民生银行	31,421,988,449.00	22.12	3,967,422,784.00	141
贵州茅台	21,895,007,996.00	15.67	147,929,248.00	72
中信证券	18,833,548,223.00	10.17	666,438,366.00	83
前50大重仓股				
工商银行	15,578,578,023.00	19.22	2,874,276,388.00	49
保利地产	15,482,629,528.00	34.13	555,131,930.00	72
苏宁电器	14,285,585,304.00	28.27	888,959,882.00	41
深发展A	14,034,468,685.00	22.05	643,192,882.00	56
金地集团	10,494,182,868.00	30.47	651,003,900.00	51
华侨城A	10,145,880,923.00	36.69	485,448,848.00	47
西山煤电	9,559,071,740.00	28.23	319,701,396.00	46
建设银行	9,218,768,494.00	16.99	1,528,817,329.00	41
交通银行	9,069,384,496.00	6.29	1,006,590,954.00	59
XD北京银	8,584,679,957.00	13.36	527,963,097.00	59
中国太保	7,463,591,199.00	12.9	333,493,798.00	42
格力电器	7,280,868,440.00	18.82	348,366,911.00	37
金融街	7,141,145,811.00	21.65	518,978,620.00	35
招商地产	7,084,191,890.00	34.5	223,124,154.00	42
中国联通	6,883,575,357.00	4.71	1,003,436,641.00	45
中国人寿	6,531,711,944.00	15.81	237,085,733.00	32
宝钢股份	6,262,201,785.00	5.07	889,517,299.00	17
中国神华	5,698,275,834.00	10.57	190,514,070.00	34
长江电力	5,363,082,324.00	7.91	389,193,202.00	23
中国石化	5,100,349,914.00	3.72	478,456,840.00	24
华发股份	4,800,598,573.00	26	212,509,897.00	27
大秦铁路	4,595,809,547.00	12.35	433,976,350.00	17
盐湖钾肥	4,569,218,337.00	21.2	82,865,766.00	15
泸州老窖	4,491,223,882.00	21.89	156,488,637.00	32
辽宁成大	4,462,902,778.00	14.94	134,749,480.00	19
中国中铁	4,422,674,784.00	13.93	651,351,220.00	18
上海汽车	3,911,798,193.00	7.96	261,658,742.00	16
双汇发展	3,325,937,976.00	31.43	92,387,166.00	13
海通证券	3,232,893,299.00	4.89	196,528,468.00	22
海油工程	3,221,595,681.00	9.79	278,971,148.00	17
海螺水泥	3,217,724,687.00	7.47	76,357,966.00	13
中国石油	3,117,697,372.00	5.37	215,310,592.00	11
中国铁建	2,840,037,376.00	11.26	275,999,745.00	14
平煤股份	2,721,480,028.00	16.57	94,136,286.00	7
恒瑞医药	2,646,413,363.00	12.22	75,806,742.00	10
华夏银行	2,612,885,348.00	5.52	208,530,355.00	22
小商品城	2,534,102,226.00	20.49	61,597,040.00	14
金牛能源	2,533,787,337.00	8.31	65,472,541.00	14
中联重科	2,520,441,116.00	15.11	112,872,419.00	20
徐工科技	2,468,404,326.00	17.25	74,845,492.00	15
吉林敖东	2,414,578,122.00	12.05	59,663,408.00	11
南京银行	2,341,796,637.00	11.19	130,172,131.00	12

2009年上半年私募收益排行前20名

序号	名称	投资顾问	最新更新时间	单位净值（元）	累计收益率（%）	最近六个月收益率（%）	最近六个月沪深300涨跌幅（%）
1	深国投.景良能量1期	景良投资	2009-6-15	125.2	25.20%	123.81%	51.31%
2	中融-混沌1号	混沌投资	2009-6-26	2.2185	121.85%	107.34%	67.23%
3	粤财信托·新价值2	新价值投资	2009-6-26	1.1538	15.38%	103.17%	67.23%
4	深国投.尚雅3期	尚雅投资	2009-6-10	117.06	17.06%	89.48%	46.49%
5	深国投.美联融通1期	美联融通	2009-6-15	74.22	-25.78%	86.44%	51.31%
6	深国投.尚雅4期	尚雅投资	2009-6-10	118.92	18.92%	86.25%	46.49%
7	粤财信托·广金成长	广金投资	2009-6-30	0.96	-4.00%	84.62%	70.72%
8	深国投.睿信3期	睿信投资	2009-6-25	79.27	-20.73%	78.78%	65.23%

序号	名称	投资顾问	最新更新时间	单位净值（元）	累计收益率（%）	最近六个月收益率（%）	最近六个月沪深300涨跌幅（%）
9	深国投.睿信2期	睿信投资	2009-6-25	79.9	-20.10%	76.97%	65.23%
10	深国投.尚雅2期	尚雅投资	2009-6-10	115.9	15.90%	75.85%	46.49%
11	深国投.睿信4期	睿信投资	2009-6-25	88.31	-11.69%	74.98%	65.23%
12	深国投.开宝1期	开宝资产	2009-6-15	67.01	-32.99%	74.55%	51.31%
13	粤财信托·新价值3	新价值投资	2009-6-26	1.0266	2.66%	69.02%	67.23%
14	华宸-彤源一号	彤源投资	2009-6-26	1.1444	14.44%	68.69%	67.23%
15	深国投.尚雅1期	尚雅投资	2009-6-10	113.56	13.56%	68.59%	46.49%
16	深国投.瑞象丰年	瑞象投资	2009-6-15	97.85	-2.15%	67.36%	51.31%
17	中投.隆圣三号	隆圣投资	2009-6-10	0.7844	-21.56%	66.96%	46.49%
18	陕国投.龙鼎1号	龙鼎投资	2009-6-22	160.52	60.52%	66.95%	50.21%
19	中投.隆圣四号	隆圣投资	2009-6-10	0.8067	-19.33%	65.89%	46.49%
20	中投.隆圣一号	隆圣投资	2009-6-10	0.8387	-16.13%	64.48%	46.49%

2009年上半年私募收益排行后20名

序号	名称	投资顾问	最新更新时间	单位净值（元）	累计收益率（%）	最近六个月收益率（%）	最近六个月沪深300涨跌幅（%）
1	中泰.塔晶犀牛	塔晶投资	2009-6-12	0.7502	-24.98%	-3.65%	42.02%
2	华宝-塔晶狮王二号	塔晶投资	2009-6-26	0.5976	-40.24%	-2.40%	67.23%
3	华宝-塔晶狮王	塔晶投资	2009-6-26	0.6686	-33.14%	-0.95%	67.23%
4	中融-百江信	百江信	2009-6-23	0.9757	-2.43%	-0.82%	52.85%
5	中国龙精选	云南信托	2009-6-30	1.2518	56.18%	-0.51%	70.72%
6	深国投.塔晶老虎1期	塔晶投资	2009-6-10	60.66	-39.34%	-0.12%	46.49%
7	中国龙二资本	云南信托	2009-6-30	1.0166	1.66%	0.02%	70.72%
8	平安.机会三期	淡水泉投资	2009-6-15	48.12	-51.88%	0.38%	51.31%
9	深国投.新同方	新同方投资	2009-6-10	114.34	14.34%	0.51%	46.49%
10	深国投.新同方2期	新同方投资	2009-6-10	97.94	-2.06%	0.60%	46.49%
11	平安.机会二期	淡水泉投资	2009-6-15	55.55	5.55%	0.89%	51.31%
12	厦门塔晶华南虎一号	塔晶投资	2009-6-30	0.5669	-43.31%	0.94%	70.72%
13	平安.机会一期	淡水泉投资	2009-6-15	75.21	73.21%	1.28%	51.31%
14	华宝-合志同方1号	新同方投资	2009-6-26	0.9742	-2.58%	1.96%	67.23%
15	中融-月月盈	月月盈	2009-6-25	1.0638	6.38%	2.61%	65.23%
16	中国龙增长	云南信托	2009-6-30	1.101	35.10%	5.39%	70.72%
17	中国龙增长六	云南信托	2009-6-30	0.7167	-28.33%	6.51%	70.72%
18	中国龙增长五	云南信托	2009-6-30	0.7343	-26.57%	6.71%	70.72%
19	中融-小海豚	小海豚	2009-6-7	0.9543	-4.57%	7.75%	46.00%
20	中国龙增长二	云南信托	2009-6-30	0.6657	-33.43%	7.96%	70.72%

2009年上半年证券投资基金新增前50大重仓股

新增前50大重仓股				
名称	2009年基金二季报			
	总市值（元）	占流通股比例（%）	持股数（股）	持有该股的基金个数
广深铁路	731,944,197.30	5.21	143,237,612.00	4
唐钢股份	705,220,401.30	5.1	90,181,637.00	4
大众公用	546,870,080.10	3.12	46,701,117.00	3
中油化建	452,626,702.00	11.98	21,656,780.00	6
信达地产	409,340,657.70	7.51	36,353,522.00	6
云南城投	381,707,426.70	12.16	26,326,483.00	5
太工天成	355,490,715.90	9.96	15,605,387.00	2
华光股份	338,417,913.60	7.54	19,283,072.00	6
长城开发	256,355,545.60	2.61	22,888,888.00	1
太行水泥	238,572,928.10	6.46	23,785,935.00	2
新兴铸管	226,174,976.00	3.59	26,577,553.00	2
西藏矿业	213,526,623.80	4.38	8,794,342.00	1
华海药业	205,676,950.60	4.94	14,775,643.00	1

新增前50大重仓股				
洪都航空	203,615,029.40	4.93	9,514,721.00	3
中粮地产	190,827,542.70	1.65	17,129,941.00	5
滨江集团	190,680,885.00	4.01	11,770,425.00	4
嘉宝集团	185,268,563.20	3.56	16,124,331.00	3
中天城投	179,888,861.20	4.56	11,546,140.00	2
宏源证券	158,608,985.60	0.52	7,625,432.00	1
泰豪科技	154,962,805.00	5.35	12,318,188.00	2
中牧股份	141,120,672.30	3.41	6,867,186.00	3
一汽富维	138,076,363.70	4.67	9,890,857.00	2
铜陵有色	137,609,390.50	1.18	6,555,950.00	1
华域汽车	133,486,339.50	1.12	16,479,795.00	2
轻纺城	125,198,585.60	3.81	17,412,877.00	1
航天晨光	119,797,691.70	7.7	13,237,314.00	3
浙江广厦	103,621,802.00	2.28	9,630,279.00	2
东华软件	97,231,645.80	5.88	6,847,299.00	1
东阳光铝	94,777,300.16	5	11,906,696.00	1
合肥百货	93,849,000.00	2.28	10,900,000.00	1
西宁特钢	91,514,206.70	2.22	9,016,178.00	3
金丰投资	81,351,622.50	2.76	7,638,650.00	2

新增前50大重仓股				
三普药业	73,053,194.92	4.02	4,825,178.00	1
美利纸业	72,541,000.00	5.88	6,748,000.00	1
大连友谊	68,115,845.40	2.97	4,417,370.00	1
航天电器	65,638,372.34	3.26	6,275,179.00	1
阳光城	64,099,918.40	4.41	2,391,788.00	2
海螺型材	63,478,800.00	1.91	6,870,000.00	1
大龙地产	62,622,425.00	1.21	5,009,794.00	1
香江控股	57,228,534.72	1.84	6,646,752.00	1
开创国际	54,655,554.78	3.68	3,658,337.00	1
恒源煤电	48,373,770.86	1.56	1,899,991.00	2
韶钢松山	48,000,000.00	0.89	10,000,000.00	1
沙河股份	47,549,948.65	1.59	3,210,665.00	1
广百股份	47,336,369.34	3.07	1,778,894.00	1
莱钢股份	47,143,730.01	1.83	4,281,901.00	2
长力股份	44,863,626.24	2.44	5,841,618.00	1
啤酒花	40,451,063.66	1.18	4,330,949.00	1
大冶特钢	36,388,826.88	1.04	4,641,432.00	1
中信银行	36,321,480.00	0.26	6,084,000.00	1

2009年上半年证券投资基金增持前50大重仓股

增持前50大重仓股				
名称	2009年2季度			
	总市值（元）	占流通股比例（%）	持股数（股）	持有该股的基金个数
民生银行	31,421,988,449.00	22.12	3,967,422,784.00	141
兴业银行	37,250,418,006.00	25.27	1,003,783,832.00	146
招商银行	47,472,653,525.00	17.57	2,118,369,189.00	179
万科A	33,654,993,215.00	28.04	2,639,607,311.00	154
中国平安	43,640,246,515.00	22.5	882,334,139.00	191
浦发银行	42,792,529,029.00	23.43	1,858,928,281.00	154
工商银行	15,578,578,023.00	19.22	2,874,276,388.00	49
金地集团	10,494,182,868.00	30.47	651,003,900.00	51
建设银行	9,218,768,494.00	16.99	1,528,817,329.00	41
保利地产	15,482,629,528.00	34.13	555,131,930.00	72
西山煤电	9,559,071,740.00	28.23	319,701,396.00	46
贵州茅台	21,895,007,996.00	15.67	147,929,248.00	72
交通银行	9,069,384,496.00	6.29	1,006,590,954.00	59
XD北京银	8,584,679,957.00	13.36	527,963,097.00	59
华侨城A	10,145,880,923.00	36.69	485,448,848.00	47
金融街	7,141,145,811.00	21.65	518,978,620.00	35
宝钢股份	6,262,201,785.00	5.07	889,517,299.00	17
中国中铁	4,422,674,784.00	13.93	651,351,220.00	18
中国太保	7,463,591,199.00	12.9	333,493,798.00	42
上海汽车	3,911,798,193.00	7.96	261,658,742.00	16
中国石油	3,117,697,372.00	5.37	215,310,592.00	11
招商地产	7,084,191,890.00	34.5	223,124,154.00	42
苏宁电器	14,285,585,304.00	28.27	888,959,882.00	41
金牛能源	2,533,787,337.00	8.31	65,472,541.00	14
深发展A	14,034,468,685.00	22.05	643,192,882.00	56
鞍钢股份	2,252,082,271.00	9.45	170,741,643.00	9
南京银行	2,341,796,637.00	11.19	130,172,131.00	12
泸州老窖	4,491,223,882.00	21.89	156,488,637.00	32
兰花科创	2,259,129,065.00	11.2	64,052,426.00	8
中国神华	5,698,275,834.00	10.57	190,514,070.00	34
华发股份	4,800,598,573.00	26	212,509,897.00	27

增持前50大重仓股				
复星医药	1,629,361,493.00	16.39	112,447,308.00	10
平煤股份	2,721,480,028.00	16.57	94,136,286.00	7
东方明珠	1,354,445,545.00	3.88	123,919,995.00	2
大秦铁路	4,595,809,547.00	12.35	433,976,350.00	17
海通证券	3,232,893,299.00	4.89	196,528,468.00	22
大同煤业	1,966,574,088.00	6.45	54,056,462.00	13
太钢不锈	1,337,914,790.00	7.61	174,207,655.00	6
中国人寿	6,531,711,944.00	15.81	237,085,733.00	32
中国远洋	1,215,203,365.00	4.13	89,550,727.00	3
紫金矿业	1,604,294,107.00	2.49	157,283,736.00	13
浙江医药	1,067,722,702.00	8.93	40,079,681.00	8
中煤能源	1,284,477,609.00	6.82	104,090,568.00	8
福田汽车	942,638,880.30	12.99	71,142,557.00	7
五粮液	2,005,131,647.00	2.68	101,628,568.00	19
中金岭南	1,305,555,129.00	8.16	60,751,751.00	5
城投控股	1,253,297,145.00	8.15	90,884,492.00	6
燕京啤酒	1,725,125,661.00	23.71	114,383,608.00	8
中国银行	921,693,536.90	3.16	205,276,957.00	11
康美药业	1,220,856,494.00	8.9	150,723,024.00	6

2009年上半年证券投资基金剔除前30大重仓股

剔除前30大重仓股				
名称	2009年1季度			
	总市值（元）	占流通股比例（%）	持股数（股）	持有该股的基金个数
上海机电	904,124,780.30	23.75	76,685,732.00	3
中粮屯河	902,832,899.80	14.59	71,033,273.00	2
华北制药	611,217,862.30	7.52	63,470,183.00	5
金晶科技	526,922,449.20	9.41	34,149,219.00	10
重庆啤酒	483,978,166.80	7.99	23,324,249.00	5
济南钢铁	441,132,549.60	7.78	60,678,480.00	2
湖北宜化	431,298,137.10	6.7	32,258,649.00	3
中国卫星	419,120,425.10	13.09	18,719,090.00	2
冀东水泥	409,732,686.90	5.29	29,800,194.00	4
川投能源	393,491,581.60	5.14	17,349,717.00	3
天山股份	341,847,602.00	11.21	23,640,913.00	6
中国船舶	297,273,729.40	3.6	5,285,806.00	1
瑞贝卡	287,761,597.80	5.8	27,536,995.00	3
山推股份	284,864,391.50	4.07	24,243,778.00	4
东北制药	261,616,115.60	4.45	13,347,761.00	2
辽通化工	240,986,735.30	2.93	28,895,292.00	3
海南海药	235,104,425.00	9.14	18,808,354.00	3
武汉中百	229,191,903.10	4.85	25,809,899.00	2
深康佳A	222,394,553.40	7.68	46,044,421.00	3
浦东金桥	219,388,317.40	2.77	16,482,969.00	3
华鲁恒升	218,586,795.70	3.12	15,458,755.00	2
桂冠电力	176,374,609.60	3.17	22,129,813.00	2
江苏国泰	170,424,506.20	10	10,552,601.00	2
五矿发展	165,275,935.20	1.56	8,541,392.00	3
威孚高科	164,480,000.00	4.73	16,000,000.00	2
隧道股份	159,951,702.20	1.85	13,555,229.00	2
武汉凡谷	156,909,293.10	6.63	7,230,843.00	4
电广传媒	154,379,436.50	3.03	9,654,749.00	1
天药股份	152,465,144.30	5.23	18,916,271.00	2
烽火通信	144,722,466.80	4.77	9,527,483.00	4

第二章 基金托管机构

中国工商银行资产托管部

1998 年 2 月,经中国人民银行和中国证监会批准,中国工商银行成为大陆第一家具备证券投资基金托管资格的商业银行。资产托管部是中国工商银行从事资产托管业务的专业机构,设有总经理室、综合管理处、证券投资基金处、委托资产一处、委托资产二处、全球资产处、托管业务运作中心、交易监督处、研究发展处、信息服务处和内部风险控制处,并在上海、深圳分别设有托管分部。

一、秉承"诚实信用、勤勉尽责"执业准则

中国工商银行始终坚持按照相关法律法规所赋予的职责和监管部门要求,以"诚实信用、勤勉尽责"为执业准则,托管业务快速发展,行业领先地位日益巩固。拥有国内托管银行中最丰富的产品线,形成了包括证券投资基金、保险资产、QFII 资产、QDII 资产、社会保障资产、信托资产、资产证券化、产业基金、集合资产管理、券商委托理财和履约类资产十一大类、16 项产品的托管业务体系,与投资基金业和资产管理业建立了相互促进、共同发展的关系。

二、保持各类托管业务市场领先优势

证券投资基金托管业务高居行业榜首。截至 2009 年 12 月 31 日,中国工商银行共托管证券投资基金 166 只,按托管基金份额计算的市场占比为 29.10%,托管基金资产净值 7829.99 亿元,高居行业榜首。中国工商银行致力于为基金管理公司和基金投资者提供优质高效托管服务,已与全国几十家基金管理公司建立了密切的合作关系。

委托类资产托管业务发展跨上新台阶。作为首家获保监会确认保险资产托管资格的托管银行,工商银行已经与中国人寿股份、中国再保险集团等大型优质客户建立了托管合作关系,客户覆盖国内主要大中型保险公司;第一批获得企业年金托管资格,并与东风汽车、青岛海尔等众多大型企业(集团)年金客户签订托管协议;为国内首个资产证券化产品提供托管服务,在资产证券化托管领域获得最大市场份额;信托资产托管、券商集合理财托管和其它委托类托管业务快速发展。

全球资产托管业务开创发展新局面。自 2002 年首批获得 QFII 托管资格以来,中国工商银行已为瑞士信贷、大和证券 SMBC 株式会社、德累斯登银行股份公司和大华银行等客户提供优质 QFII 托管服务。成功托管运作国内首只基金公司类和银行类、保险类 QDII 产品,并与多家机构签署 QDII 产品托管合作协议,是国内最大 QDII 托管银行。

三、境内外托管业务网络建设取得初步成效

中国工商银行在大力发展各项业务的同时,加快托管业务网络全球布局:授权条件成熟的境内分行开办托管业务,借助分行营销力量,拓展国内托管业务;培养具备条件的境外机构开展全球托管业务,中国工商银行境外分支机构已顺利启动托管业务,实现了全球托管业务网络建设的突破;加强与国际一流托管银行合作,目前已与全球著名托管银行建立主次托管关系,全球托管业务平台建设初具规模。

四、自主研发投产第四代托管业务系统(AAS)

中国工商银行率先推出具有广泛功能、多点支持、运作快捷、安全高效的第四代托管业务系统(AAS),该业务系统涵盖证券投资基金、社保基金、保险资产、委托资产、OFII、QDII 等多币种、多种资产组合的会计核算与资产估值功能,整个系统在国内首家基本实现托管资产清算不落地处理及托管业务 STP(直通式)清算处理,大大提高了工作效率,成为同业唯一具有集中数据库支持、实时清算大机模式的托管业务系统。新系统大大强化了清算过程中的安全控制,对防范清算风险产生了积极作用,向国际托管银行的标准前进了一大步。

同时,网银客户服务系统的投产,在业内率先实现了基于互联网的托管业务服务,使客户足不出户就可以享受到安全方便快捷的全方位服务,有效提升了中国工商银行托管业务的核心竞争力,提高了客户服务的附加值。

五、始终将风险控制作为业务发展的基础和保障

中国工商银行托管业务时刻将风险管理放在业务发展的核心位置,通过不断加强对业务运作和业务拓展的管理,全面完善内部风险控制机制,努力将全程监控思路纳入内部风险管理中,坚决执行"事前防范、事中控制、事后稽核"的内部风险控制机制。在内部控制和风险管理工作中,托管部始终坚持风险管理与业务发展同等重要的理念,实施全员风险管理,建立分工明确、相互牵制的风险控制组织结构,并以制度建设作为风险管理的核心,将先进的技术手段运用于风险控制中。

。严密的内控制度,为托管业务的稳健运作奠定了坚实的基础,中国工商银行开展托管业务来,托管业务运作始终保持无差错纪录。2005 年,安永华明会计师事务所对工商银行资产托管业务的风险管理和内部控制进行了有效性测试和评价,并出具无保留意见的 SAS70 审计报告,中国工商银行成为国内首家和目前唯一一家引入并通过 SAS70 国际专项认证的托管银行。

六、业务品质得到国际托管业界持续认可

2009 年初,中国工商银行先后被《环球金融》、《全球托管人》、《财资》和国内证券类年鉴《中国证券投资基金年鉴》及《证券时报》评选为 2008 年度"中国最佳托管银行",自 2004 年以来,中国工商银行资产托管服务已经获得 18 项国内外大奖。

中国建设银行投资托管服务部

2009 年,中国建设银行加大与优质大型托管客户的业务合作力度,努力调整产品结构,积极研究创新业务产品,不断提升业务服务水平,各项投资托管业务取得新进展。截止 2009 年 12 月底,中国建设银行投资托管业务规模接近万亿,达到 9961 亿元,比上年底增加 3662 亿元,增幅 58%。中国建设银行在?首席财务官?杂志社"2009 年度中国 CFO 最信赖的银行评选"中荣获最佳资产托管奖。

一、证券投资基金托管业务快速发展

2009 年,中国建设银行新获批基金 53 只,新增托管基金 47 只,均创历史新高。托管证券投资基金资产净值 6421 亿元。基金托管净值市场占比提升至24.67%，较2008年提高0.65个百分点。

中国建设银行重视做好客户关系的拓展和维护工作，努力扩大基金公司合作数量，托管客户较上年有较大增加，规模在前十大公司中就有七家公司在中国建设银行托管发行新基金。同时，积极研判资本市场发展形势，主动调整托管主代销基金品种，赢得了良好的市场发展先机和营销效果。

二、保险资产等投资托管业务取得新进展

2009年，中国建设银行保险、证券、信托公司证券投资托管业务和实业投资托管业务发展迅猛，托管规模比年初翻番。中国建设银行大力营销保险资产托管业务，根据客户需求，及时提供有针对性的托管服务方案和业务人员培训等增值服务，举办专题营销活动，巩固和争取市场业务份额；抓住监管部门加快集合理财产品审批发行速度的有利时机，积极做好证券公司受托资金境内证券投资托管产品的储备和客户服务工作，推进优质客户营销，实现了业务的跨越式发展；稳步开展信托财产保管业务，重点选择优质信托公司开展托管业务合作，认真梳理业务流程，保障该项业务顺利开展；积极推进保险资金间接投资基础设施项目等实业投资托管业务营销工作，细化产品托管业务流程，建立和完善产品托管规章制度，促进业务健康发展。

中国建设银行企业年金基金托管业务发展迅速。2009年进入投资运作的企业年金托管规模比上年成倍数增长。组织完成了数十家大型客户的企业年金托管业务营销及投标工作，取得了铁道部下辖八大铁路局等一大批客户企业年金托管人资格。

中国建设银行QFII、QDII托管业务稳步增长，当年托管规模均有较大增幅，与一批境外托管银行建立了次托管业务关系。

中国建设银行努力推进专户理财托管业务发展，在业内率先开展境外托管专户业务，一对一专户托管数量和规模快速增长，多客户特定客户资产托管业务也得到积极拓展。

三、托管产品创新持续推进

2009年，中国建设银行研究推出了创新基金品种，新增托管了可分离交易基金、ETF联接基金等；完成了独具建行特色、风险管理较同业更为严谨的“平安建行养颐人生”、“泰康建行养颐乐泰”、“太平建行智乐”、“国寿建行永颐”等系列标准化企业年金产品；开发了“金色林荫”集合性年金产品，有效地满足了中小客户的市场需求，同时也提高了中国建设银行管理效率、降低了管理成本。此外，中国建设银行还创新了券商定向资产管理计划托管业务，办理了“大丰收”每日开放型理财产品及其他人民币理财产品托管运营工作，丰富了中国建设银行银行理财产品证券投资托管业务产品品种。

四、业务制度管理和防范风险工作进一步加强

2009年，中国建设银行不断加强规章制度制定和和执行情况检查，优化业务操作流程，强化规范操作意识，印发了中国建设银行理财产品（金融市场）托管业务操作规程、信托财产保管业务管理暂行规定等一系列制度，规范了对托管产品和经办托管业务组织机构的业务管理，建立信托证券投资财产保管业务数据机构间相互备份制度，并定期检查。

2009年，中国建设银行着力加强内控基础工作，有效控制业务风险，托管资产监督、风险绩效及第二期托管服务SAS70（美国注册会计师协会（AICPA）颁布的服务机构第70号审计标准文件）内部控制审计工作及时有序完成，投资托管业务安全、稳定运营进一步增强。

中国银行托管及投资者服务部

法定名称：中国银行股份有限公司
法人代表：肖　钢
成立日期：1983年10月31日
注册资本：2538.39亿元人民币
获得基金托管
托管部负责人：董　杰
资格时间：1998年7月7日
联系电话：010－66594912
传真号码：010－66594853
注册地址：北京西城区复兴门内大街1号
办公地址：北京西城区复兴门内大街1号
公司网址：www.boc.cn

● 基本情况

1912年2月，经孙中山先生批准，中国银行正式成立。在中华人民共和国成立前的37年间，中国银行先后是当时的国家中央银行、国际汇兑银行和外贸专业银行。在动荡的历史年代，中国银行作为民族金融的支柱，以服务大众、振兴民族金融业为己任，稳健经营，锐意进取，各项业务取得了长足发展。新中国成立后，中国银行成为国家指定的外汇外贸专业银行，继续保持和发扬了顽强创业的企业精神，为国家对外经贸发展、开展经济建设作出了贡献。1994年，随着金融体制改革的深化，中国银行由外汇外贸专业银行向功能完善、服务全面的国有商业银行转化。

1994年和1995年，中国银行分别成为香港地区、澳门地区的发钞银行。2004年8月26日，中国银行股份有限公司在北京注册成立，中国银行成为国家控股的股份制商业银行，标志中国银行向建立拥有良好公司治理机制的现代化股份制商业银行的目标迈出了一大步，中国银行历史翻开了新的一页。中国银行于2006年6月1日在香港联合交易所（股份代号：3988）上市，同年7月5日亦在上海证券交易所（股份代号：601988）挂牌上市，进一步扩大了中国银行在国际市场和国内市场的实力和影响力，为中国银行的百年品牌再添美誉。中国银行是国内主要金融服务提供商之一，业务范围涵盖商业银行、投资银行和保险领域，旗下有中银香港、中银国际、中银保险等控股金融机构。商业银行为中国银行的主营业务，包括公司金融、个人金融和金融市场等业务。目前，中国银行曾先后8次被《欧洲货币》评选为“中国最佳银行”和“中国最佳国内银行”，连续19年入选美国《财富》杂志“世界500强”企业，多次被《财资》评为“中国最佳国内银行”，被美国《环球金融》杂志评为“中国最佳贸易融资银行”及“中国最佳外汇银行”，被《远东经济评论》评为“中国地区产品服务10强企业”，被《亚洲风险》杂志评为2006年度“中国最佳银行”。在美国知名财经杂志《财富》与世界知名的管理咨询公司Hay（合益）集团合作评选的25家“最受赞赏的中国公司”中，中国银行榜上有名。在A＋H资本市场整体上市后，中国银行荣获《投资者关系》“最佳IPO投资者关系奖”等多个重要奖项。按核心资本计算，2008年，中国银行在《银行家》公布的世界1000家大银行中排名第十位。

作为中国金融行业的百年品牌，中国银行在注重稳健经营的同时积极进取，不断创新，创造了国内银行业的许多第一，在国际结算、外汇资金和贸易融资等领域得到业界和客户的广泛认可和赞誉。中国银行是中国国际化程度最高的银行。1929 年,中国银行在伦敦设立第一家海外分行,此后在世界各大金融中心相继开设分支机构,目前拥有遍布全球 27 个国家和地区的机构网络。中国银行在国内同业中率先引进国际管理技术人才和经营理念,不断向国际化一流大银行的目标迈进。作为北京 2008 年奥运会唯一的银行合作伙伴,中国银行为国内外客户提供高效优质的金融服务,宣传和普及奥运精神,促进本次体育盛会的圆满成功,从而极大的提升本行企业形象和社会价值。

● **代销业务介绍**

2001 年 12 月,经中国人民银行和中国证券监督管理委员会批准,中国银行获得了开放式基金代销业务资格。7 年来,中国银行代销业务持续、快速、健康发展。截至目前,中国银行共代销了近 50 家客户的近 400 只开放式基金或券商集合理财计划。中国银行 2005 年初代销的中信证券避险集合理财计划是国内银行代销同类产品的首批试水,树立了良好的市场形象;而 2006 年初由中国银行代销并托管的易方达基金公司深圳 100ETF 产品,是国内第一家银行参与 ETF 产品发行期间销售;2007 年在发行期代销大成优选创新封闭式基金等,持续展示了中国银行的代销能力和创新精神;2008 年中国银行推出了代销基金的网银交易和定期定额业务的申购费率优惠活动,满足了客户的需求,同时引导客户树立了长期投资的正确理念。

中国银行在坚持市场化发行、坚持以客户为中心、为客户提供良好理财服务理念的指引下,本着平等互利、实现双赢的原则,与一批品牌优良、经营稳健、具有发展潜力的多家基金管理公司和创新类券商建立了良好合作伙伴关系。

在与基金行业共同发展的同时,中国银行致力于规范全员基金代销行为,加强风险控制,依法合规进行基金代销组织工作,积极配合有关监管部门的工作,严格自律,共同维护行业和客户的长远利益,促进基金行业的长远和可持续发展。中国银行在拓展基金代销业务工作中,不断总结经验,借鉴国外先进的营销模式,逐渐形成了中国银行基金代销的特色和核心竞争力:一是与客户共同发展的理念和策略。中国银行致力于与优质基金管理公司和证券公司等建立长期战略伙伴关系,提供优质、高效、持久的一条龙服务;致力于与基金管理公司进行从产品的设计到营销方案、售后服务等全方位、全过程的合作,同时充分反映客户对基金和券商集合理财计划的投资需求。二是遍布全国的销售和服务网络。中国银行目前可通过全国 37 家一级分行和直属分行,284 家二级分行,10000 多个网点为客户提供代销服务,并可通过理财中心将代销的基金和券商集合理财产品贴身推介给客户,同时可提供差异化理财建议,实现理财服务与代销服务的有机结合。三是优质的客户群体。在多年的经营中,中国银行拥有相当数量的实力雄厚、综合素质高、投资意识强的优质客户群体。四是较高专业水准的营销队伍。中国银行内部托管、公司、零售、金融机构等部门整体联动营销,拥有一大批业务熟练、投资理财知识和经验较丰富的代销业务从业人员。五是投资客户服务制度化。中国银行对基金及券商理财计划投资客户的服务工作已实现客户开发、客户维护和客户信息反馈工作系统化、一体化。中国银行通过定期或不定期地为投资客户举办投资研讨会、向客户提供咨询服务、以及向重点客户提供量体裁衣式的个性化服务,不断提高客户服务质量。此外,中国银行还积极致力于客户服务平台建设,通过理财中心、银行网点、电子银行等多渠道向投资客户提供贴身、便利服务。

2007 年国际国内金融市场发生了较大的变化,中国银行及时根据市场环境,加大业务创新的力度。顺利完成了同智基金由"封闭式基金转开放式基金"的各项代销工作;与大成基金公司合作推出了银行端代销封闭式基金的新型销售模式。2008 年国内 A 股市场出现了大幅度调整,上证指数在不到一年的时间里,下跌了 4000 多点,基金业务量急剧萎缩,基金销售再度进入困难时期。针对市场环境的变化,本着为客户服务的态度,中行及时调整了销售策略,大力推进基金定期定额交易业务,在全行统一开展了定期定额的推广活动,取得了很好的效果。定期定额引导的强制投资、均衡投资和长期投资理念也获得了客户的认同、市场的认同。同时,通过推出代销基金的网银交易和定期定额业务的申购费率优惠活动,进一步降低了客户的投资成本,满足了客户的需求,鼓励客户树立长期投资的正确理念。截至 2008 年底,我行基金定期定额客户总数超过 100 万户,全年新增 50 万户左右,定期定额投资方式在我行基金交易中的比重呈快速上升的趋势。

目前,中国银行代销的基金产品则涵盖了股票型、混合型、债券型、保本型、货币型、指数型、LOF、ETF、创新封闭式基金、QDII 基金等所有的基金类型,较好地满足了投资人对风险和收益不同偏好的差异化需求。

● **托管业务介绍**

1998 年 7 月,经中国证监会(证监基金字[1998]24 号文)和中国人民银行核准,中国银行成为国内首批五家从事基金托管业务的银行之一。同年 10 月中国银行总行基金托管部成立,并在上海和深圳设立了托管分部。基金托管部是中国银行负责托管业务市场研究、产品开发、市场营销、业务操作、客户服务和辖内管理的专业职能部门。随着业务范围的不断扩大和服务范围的不断拓宽,2005 年初中国银行以上市为契机,对托管业务组织架构、业务流程和管理流程进行了再造,并将基金托管部正式更名为"托管及投资者服务部",进一步体现了以客户为中心的经营理念。

按照前、中、后线适当分离的原则,中国银行托管及投资者服务部下设覆盖销售、市场、运营、合规、信息科技、行政管理等多个团队,配备了足够数量的合格人员,拥有员工 130 余人。中国银行托管及投资者服务部拥有一支高素质的托管队伍,大部分员工具有丰富的银行、证券、基金从业经验,且具有海外工作、学习或培训经历,60% 以上的员工具有硕士以上学位或高级职称。总经理室成员、主要业务团队的负责人和高级管理人员曾长期在海外从事金融工作多年,熟悉海内外市场的运作。

中国银行拥有最为齐全的托管客户群和托管产品线,不但拥有全国社保基金理事会、国家开发银行、中国工商银行、中国人寿股份、中国人保股份、美国友邦保险公司、吉林省社保基金、马钢集团、淮北矿业集团、海富通基金、易方达基金、嘉实基金、华夏基金等当今国内各托管子市场上最为重量级的托管客户,还拥有比利时富通集团、美国国际集团、美国景顺集团、加拿大丰业银行、英国渣打银行、日本第一生命保险集团等国际顶级金融机构托管客户。在托管产品方面,目前中国银行的业务范围已经从最初的证券投资基金托管扩大到社保基金、保险资金、合格境外机构投资者(QFII)境内证券投资资金、企业年金、投资连结保险产品、信托资金、券商理财计划资金、私募股权基金、证券化资金、专户理财、产业投资基金等各种机构客户资金托管业务,涵盖了基金、社保、保险、QFII、信托、证券、实业等各个领域。

中国银行一贯重视托管业务和服务的创新,自基金托管部门成立之始,就设立了专门的研发部门,充分保证了在证券投资基金、社保基金、企业年金、保险资金、QFII 境内投资资金、券商理财计划、资产证券化资金、QDII(合格境内机构投资者)境外投资等几乎所有的托管领域,中国银行都成为国内首家或首批托管银行。在先行先试的同时,中国银行还积极参与各监管机构组织的课题研究,为推动托管行业标准的建立和完善充分贡献自己的经验和智慧。

近年来在广大客户的信任和支持下,通过持续创新和不断提高客户服务质量,中国银行各项托管业务都获得了快速发展。在证券投资基金和券商理财计划托管方面,中国银行目前托管了 22 家基金管理公司管理的近 70 只基金,居同业前列,托管的基金包括股票型基金、债券型基金、平衡型基金、货币市场基金等所有主要的基金类别以及保本基金、上市开放式基金(LOF)、交易所交易基金(ETF)等创新基金产品。在机构客户资产托管方面,中国银行近年来一直处于市场领先地位。2002 年 10 月中国银行公开竞标成为全国社保基金 2 家托管银行之一,2003 年 6 月正式开始托管运作,首开国内社保基金托管之尝试;2003 年 10 月中国银行公开竞标成为中国人保财险股份公司保险资金唯一托管银行,开国内保险资金托管之先河;2003 年初中国银行首批获得 QFII 托管人资格,并于 2004 年 9 月正式为 QFII 提供托管服务;2004 年中国银行与包括电力行业企业年金在内的多家大型企业达成了企业年金托管合作意向,并在企业年金相关法规正式出台后首批为大型企业(马钢集团、淮北矿业等)年金提供规范意义上的托管服务;2005 年 4 月中国银行开始为信托计划提供托管服务;2005 年 6 月中国银行首批为券商创新品种——集合资产管理计划提供代销和托管服务;2005 年 7 月中国银行正式为马钢集团提供企业年金托管服务,成为首批为规范化运作的企业年金提供托管服务的商业银行;2005 年 9 月中国银行正式为中金 - 联通资产证券化提供托管服务,成为首家为企业资产证券化提供托管服务的商业银行;2005 年 12 月中国银行正式为国家开发银行提供信贷资产证券化托管服务,成为首家为银行信贷资产证券化提供托管服务的商业银行;2006 年 1 月中国银行正式与吉林社保机构签订托管协议,成为首批为地方社保基金提供托管服务的商业银行;2006 年 2 月中国银行首家为交易所交易基金(ETF)提供银行代销和托管服务;2006 年为国内首家商业银行类 QDII 理财产品——工商银行代客境外理财产品,提供全球托管服务;2007 年为首家中外合资基金管理公司 QDII 基金——嘉实海外中国机会股票型证券投资基金,提供全球托管服务;2008 年为国内首家证券公司类 QDII 集合计划——中金大中华区股票配置集合计划,提供全球托管服务;2008 年为国内真正意义上的首家保险公司 QDII——中国人寿股份公司自有外汇资金境外投资计划,提供全球托管服务。

在服务于境内机构客户的同时,中国银行还竭诚为合格境外机构投资者(QFII)提供优质托管服务,目前为九家 QFII 提供托管服务,并与多家潜在 QFII 进行托管合作的实质洽谈;同时中国银行还被多家外资银行选为其 QFII 托管业务资金清算代理行。目前中国银行是最大的中资 QFII 托管银行。

中国银行在全球 30 多个国家和地区设有 800 多家分行、子公司及代表处,覆盖了纽约、伦敦、东京、香港、法兰克福和新加坡等主要的国际金融中心,并与近 4000 家国外银行建立了代理关系。依托传统的国际业务优势以及与全球托管银行的合作和自身不断的努力,中国银行有信心和能力为境内外客户的全球投资提供更加安全、诚信、规范、勤责、创新、增值的托管服务。

中国农业银行托管业务部

1998 年 6 月,经中国证监会和中国人民银行批准,中国农业银行成为国内首批获取证券投资基金托管业务资格的商业银行之一。同年 7 月,中国农业银行证券投资基金托管部成立。2004 年 9 月,证券投资基金托管部更名为托管业务部。2007 年 9 月,托管业务部下设成立二级部养老金管理中心。

多年以来,中国农业银行托管业务坚持"主业突出、适度多元"的发展战略,目前已全面覆盖证券投资基金、券商资产管理计划、信托计划、基金专户理财产品、保险资金、QFII、QDII、企业年金基金、产业投资基金、私募股权基金等所有托管业务品种,成为国内托管产品体系最为完善的托管银行之一。截至 2009 年末,我行托管资产规模达 13913.32 亿元。其中,共托管证券投资基金 74 只,份额规模达 3288 亿份,净值规模达 3506 亿元。保险资产托管业务实现跨越式增长,成功托管中国人寿股份有限公司巨量保险资产,成为国内最大的保险资产托管银行。银行理财产品和券商定向资产等委托类托管业务发展良好。从花旗银行正式转托管野村证券 QFII,完成业内首个 QFII 转托管案例。养老金业务开拓有力,成功中标辽宁电力、山东电力等知名客户的企业年金基金托管人。

中国农业银行严格履行托管人职责。托管业务部严格按照有关法律法规和规范性文件,为客户提供资产保管、资金清算、资产核算估值及投资监督等优质服务,并按照国际标准构建科学有效的业务营运系统和风险管理体系,成功通过美国 SAS70 内部控制审计。

中国农业银行着力加强能力建设,品牌声誉进一步提升,在中国证券业协会主办的 2009 年证券投资基金年会上,荣膺"中国最佳托管服务银行"称号;获《首席财务官》杂志颁发"最佳资产托管奖"。

中国农业银行大力加强人才队伍建设。经过多年的业务实践,托管业务部已锻炼出一只专业水平高、业务素质好、服务能力强的高素质团队,拥有一大批高级会计师、高级经济师、高级工程师、律师等金融、技术和法律专家。部门高管人员、各业务负责人和主要业务骨干均具有长期的资本市场工作经验,精通国内外证券市场和托管业务的运作。

中国农业银行高度重视客户服务工作。托管业务部内专门组建了新产品研发团队,配备了多名具有资深经验的博士和高级研究人员,具有雄厚的新产品研发力量,可以根据客户个性化需求,开展新产品、新业务的研发工作。此外,托管业务部充分利用总行网站(www.95599.cn),为投资者及时提供了新闻公告、基金净值、理财知识、证券法规等资讯服务。

中国农业银行着力提升创新服务水平。托管业务部依托全行系统强大的系统资源优势,在做好资产保管、资金清算和资产估值等基础服务的同时,不断加大创新力度,为客户提供市场信息、收益代收、现金管理、代理投票、绩效评估、风险分析等多种增值服务。

中国农业银行强化科技系统开发,成功上线托管业务前置系统,为新一代核心系统建设托管业务模块的实施奠定坚实基础;灾备应急能力强大,可对全部业务数据异地备份,保障业务安全。

中国农业银行托管业务部全体员工将继续本着"开拓进

取、勤勉尽责、诚实守信、严谨自律”的执业原则，以科学严谨的风险管理和内部控制体系、高效安全的业务营运和技术保障系统、开拓创新的托管服务团队，为广大客户提供安全、专业、高效的托管服务，切实维护资产委托人利益。

交通银行资产托管部

交通银行始建于1908年，是中国历史最悠久的银行之一，也是近代中国发钞行之一。1987年重新组建以来，交通银行先后于2005年6月和2007年5月在香港联交所、上交所挂牌上市，是中国2010年上海世博会唯一的商业银行全球合作伙伴。

1998年，交通银行积极把握国内试点开展基金业务的发展契机，凭借完善的业务运作方案和充分准备，得到了监管部门的肯定，成为国内首批获准开办基金托管业务的五家商业银行之一。经过十余年的发展，交通银行资产托管业务走过了与中国基金业共成长的发展创新之路，业务领域和范围不断拓宽，服务手段和服务内容不断深化，风险控制能力不断增强，为行业的发展做出了积极的努力，也逐步建立并形成了自身业务特色，得到了客户的认可，已成为国内一家各类资产托管资格齐全、具有丰富的业务产品品种和完整产品线的托管银行，业务规模居同业前列。

交通银行资产托管业务发展过程中，致力于以市场发展情况和客户分布搭建布局合理、完善优质的服务网络，以满足不同客户的服务需求。目前交通银行以总部托管服务为主体，既能为客户提供资金保管与清算、会计核算、交易监管等基本托管服务，也能为客户提供包括绩效评估在内的增值托管服务；并选择客户集中且证券或股权交易所设立地上海、深圳、天津、北京，通过业务授权管理设立延伸分部，为当地客户或特定项目如产业基金提供托管服务。同时，交通银行积极将托管服务从本地向境外延伸，通过与知名的全球托管银行展开紧密合作，利用合作机构境外网络为境内合格的机构投资者投资境外市场搭建高效的服务平台。

交通银行资产托管业务具有强大的创新能力，集中体现在托管服务方案的设计能力上，在托管领域从证券投资基金拓展到社保、企业年金、信托、产业基金、资产证券化、专户理财等12大类产品的过程中，交通银行能按照不同产品的特点设计相应的托管服务，不断开发并及时推出创新产品，曾推出国内第一只开放式基金托管服务方案，以较好的服务方案赢得全国社保基金的托管资格，托管了国内金融市场上首单租赁权资产证券化业务，成功设计国内首个以人民币募集的产业基金托管方案，推出国内首个专户理财托管服务。强大的创新能力已成为交通银行托管服务持续发展的动力和源泉，既极大地满足了客户的个性化需求，也推动了自身业务的不断发展。

交通银行资产托管业务，始终秉持最大限度保护受托人权益的理念，切实履行托管人责任，注重风险控制，建立了完善的风险控制机制，不断强化风险管理对业务发展的保障和支持。不仅设立了专门负责风险管理工作的部门，而且建立了授权合理、相互制衡的业务运作架构。同时，在风险管理中不断引入先进的风控理念。2002年率先进行引入外部审计对托管业务开展内控评审的尝试，2006年成功将国际先进的SAS70内控审计标准应用于国内的托管实践，并作为一项长效措施坚持每年实施。这些风控措施的有效实施，在业务的实际运作中收到了很好的效果，业务运行十年来，保持了优良的运行纪录，托管业务的内控环境持续得到优化。

交通银行资产托管业务以客户为中心的服务理念始终贯穿在服务的每个环节，努力于为客户提供一流的服务。首先，交通银行拥有先进的托管业务系统，能支持目前市场上各类托管品种的运作，具有足够快的响应速度应答客户需求，并提供可行的托管方案，保证托管服务的安全性、稳定性和可靠性。其次，交通银行非常重视客户体验，已建立了一定的服务标准，通过进行定期走访、发放调查问卷、开发新的服务内容等措施不断提高客户满意度，提升托管服务价值。此外，交通银行非常注重学习国际著名托管机构的经验，积极与国际机构开展合作，促进了交通银行托管业务的标准化、国际化发展。

在业务合作中，交通银行注重为客户提供深入详细、可行的服务方案，充分支持客户多样性的需求；注重以迅速、便捷的运行系统和尽职专业的运作团队持续为客户提高服务价值。如今，交通银行托管业务已被广大客户认可，具有一定的品牌形象，与全国社保理事会、国内知名的基金公司、保险公司、证券公司、信托公司等金融机构建立了托管合作关系；在开展企业年金托管服务以来，其服务对象进一步延伸至分布全国涉及电力、航空、铁路运输、烟草、金融、石化、港口、基础设施建设等行业的数家大型企业。

交通银行资产托管业务拥有一支专业的业务运作团队。该团队人员具有多年基金、证券和银行的从业经验，具备基金从业资格，拥有注册会计师、经济师、工程师和律师等中高级专业技术职称，专业分布合理，职业技能优良，职业道德素质过硬，保证了我们能提供专业的服务。

光大银行资产托管部

2002年10月，经中国人民银行和中国证券监督管理委员会批准同意，中国光大银行成为继工、农、中、建、交行后第六家获得证券投资基金托管资格的国内商业银行。

中国光大银行投资与托管业务部拥有一支高素质的员工队伍。人员知识构成中，涉及证券、基金、银行、会计、计算机、法律、国际金融等专业。能够为基金托管业务提供全方位的知识支持。50%以上人员具有海外金融机构培训经历。

截止2009年12月31日，中国光大银行股份有限公司共托管国投瑞银融华债券型基金、摩根士丹利华鑫基础行业基金、国投瑞银景气行业基金、泰信先行策略基金、光大保德信量化核心基金、大成货币市场基金、摩根士丹利华鑫资源优选混合型基金（LOF）、招商安本增利债券型基金、国投瑞银创新动力基金、大成策略回报基金等共11只证券投资基金，托管基金资产规模525.35亿元。同时，开展了证券公司集合理财计划、信托公司资金信托计划、QDII、定向委托资产、企业年金基金等资产的托管业务。

按照监管部门要求，2007年4月，中国光大银行在业内率先组织了“走进基金托管银行——履行托管人职责，维护持有人合法权益”主题活动。让投资者有机会接触托管银行，认识托管银行，全面了解基金托管运作流程，更好地把握基金收益和风险特征。从托管人的角度较好达到了投资者教育目的。

2007年11月30日，中央汇金公司完成了对中国光大银行的注资，中国光大银行托管业务在新的起点上扬帆起航，在未来的征程中，必将创造出更加辉煌的业绩！

招商银行资产托管部

2002 年 8 月招商银行成立基金托管部，2005 年 8 月经报备中国证监会同意，更名为资产托管部。2002 年 11 月经中国人民银行和中国证监会批准，招商银行获得证券投资基金托管业务资格，成为国内第一家获得该项业务资格的上市银行。2003 年 4 月正式办理基金托管业务。目前已拥有证券投资基金托管、全国社会保障基金托管、合格境外机构投资者托管（QFII）、受托投资管理托管、企业年金基金等多项托管业务资格，已开办了证券投资基金托管、集合理财计划托管、集合资金信托计划托管、企业年金基金托管等业务，托管品种已涵盖了股票基金、债券基金、指数基金、货币市场基金、系列基金、信托公司集合资金信托计划、证券公司集合理财计划、企业年金基金托管等多种类型。截至 2009 年 12 月 31 日，招商银行股份有限公司托管了招商安泰系列证券投资基金（含招商安泰股票型投资基金、招商安泰平衡型证券投资基金和招商安泰债券投资基金），招商现金增值证券投资基金、中信经典配置证券投资基金、长城久泰中信标普 300 指数证券投资基金、中信现金优势货币市场基金、光大保德信货币市场证券投资基金、友邦华泰金字塔稳本增利债券型证券投资基金、海富通强化回报混合型证券投资基金、光大保德信新增长股票型证券投资基金、富国天合稳健优选股票型证券投资基金、上证红利交易型开放式指数证券投资基金、德盛优势股票型证券投资基金、华富成长趋势股票型证券投资基金、光大保德信优势配置股票型证券投资基金、益民多利债券型证券投资基金、德盛红利股票证券投资基金等 22 只基金，托管基金资产净值 478.48 亿元。

招商银行在发展资产托管业务的进程中，始终坚持“安全、诚信、勤责、规范和创新”的经营理念，建立全面科学的风险管理和内部控制体系、规范高效的业务处理模式、完善的托管业务系统、“因势而变”的产品创新和服务体系，各类资产托管业务持续稳健发展。

招商银行始终把维护投资者利益作为工作宗旨，认真履行托管人职责，严格按照法律法规和托管协议规定，安全保管委托资产，监控托管资产投资运作，建立了全面的风险管理和内部控制体系：在组织体系上，赋予稽核监察室在总经理直接领导下，以“独立、客观、公正”的监督原则，对各项托管业务、各个业务环节进行全方位、全程的风险监控；在管理制度上，健全了基金托管业务的规章制度、岗位职责、各项业务管理办法和操作规程，从业务管理、操作流程、会计核算、内控监察、系统管理、应急处理和内部管理等建立了一整套完备的管理制度体系；在监督体制上，充分开发托管系统监督自动化监督功能，采取了事前预防、事中监控和事后稽核的监督方式，实行了“自控、互控、监控”三道风险控制防线，对投资管理人投资行为和对投资组合进行实时和事后监督；在应急处理方面，建立了托管系统异地灾备中心，对各类突发事件建立了完备应急方案，对重要岗位人员、主要业务系统、软件和数据建立了备份，确保托管资产保管安全性和托管业务持续正常运营。

按照“零差错”的高标准和高要求，招商银行致力于为托管客户提供高效、便利、周到、全面的金融服务。招商银行注重从细节入手，强化流程化控制，不断规范和优化托管业务流程处理，提高业务操作效率；深入研究托管新业务、新规则和新政策，与投资管理人积极合作，不断探索和改进资产估值核算体系；依托招商银行企业银行“现金池”管理技术，整合托管客户个性化需求和托管资金管理要求，设计托管资产“直通式”处理模式，对托管业务进行不落地处理，总行对托管资产账户远程控制，实现托管资金异地清算“零在途”，委托人或投资管理人可突破托管资金帐户开户地域的限制，享受网上托集中化处理的资金账户实时查询及业务信息本地化服务，托管资金清算效率较高，业务操作风险得到有效控制，为投资人、基金管理公司、证券公司、信托投资公司及其他资产管理公司提供优质托管服务，在业界得到了广泛的认同和肯定。

本着“诚实信用、勤勉尽责、服务创新、追求卓越”的经营宗旨，招商银行将在安全保管托管资产、合规稳健高效运作前提下，追求卓越、锐意创新，不断满足客户多样性、差异性的业务需求，为投资者和资产管理人提供安全、优质、高效的托管服务。

兴业银行资产托管部

【概况】兴业银行总行设资产托管部，共有员工 28 人，平均年龄 30 岁，100% 员工拥有大学本科以上学历，业务岗位人员均具有基金从业资格。兴业银行股份有限公司于 2005 年 4 月 26 日取得基金托管资格，基金托管资格批准文号：证监基金字[2005]74 号。兴业银行股份有限公司于 2005 年 4 月 26 日取得基金托管资格，基金托管资格批准文号：证监基金字[2005]74 号。截止 2009 年 12 月 31 日，兴业银行已托管开放式基金 12 只——兴业趋势投资混合型证券投资基金（LOF）、长盛货币市场基金、光大保德信红利股票型证券投资基金、兴业货币市场证券投资基金、兴业全球视野股票型证券投资基金、万家和谐增长混合型证券投资基金、中欧新趋势股票型证券投资基金（LOF）、天弘永利债券型证券投资基金、万家双引擎灵活配置混合型证券投资基金、天弘永定价值成长股票型证券投资基金、兴业有机增长灵活配置混合型证券投资基金，托管基金财产规模 458.24 亿元。

【风险控制】

1. 内部控制目标

严格遵守国家有关托管业务的法律法规、行业监管规章和行内有关管理规定，守法经营、规范运作、严格监察，确保业务的稳健运行，保证基金资产的安全完整，确保有关信息的真实、准确、完整、及时，保护基金份额持有人的合法权益。

2. 内部控制组织结构

兴业银行基金托管业务内部风险控制组织结构由兴业银行审计部、资产托管部内设稽核监察处及资产托管部各业务处室共同组成。总行审计部对托管业务风险控制工作进行指导和监督；资产托管部内设独立、专职的稽核监察处，配备了专职内控监督人员负责托管业务的内控监督工作，具有独立行使监督稽核工作职权和能力。各业务处室在各自职责范围内实施具体的风险控制措施。

3. 内部风险控制原则

（1）全面性原则：风险控制必须覆盖基金托管部的所有处室和岗位，渗透各项业务过程和业务环节；风险控制责任应落实到每一业务部门和业务岗位，每位员工对自己岗位职责范围内的风险负责。

（2）独立性原则：资产托管部设立独立的稽核监察处，该处室保持高度的独立性和权威性，负责对托管业务风险控制工作进行指导和监督。

（3）相互制约原则：各处室在内部组织结构的设计上要形成一种相互制约的机制，建立不同岗位之间的制衡体系。

（4）定性和定量相结合原则：建立完备的风险管理指标体系，使风险管理更具客观性和操作性。

（5）防火墙原则：托管部自身财务与基金财务严格分开；托管业务日常操作部门与行政、研发和营销等部门严格分离。

（6）有效性原则。内部控制体系同所处的环境相适应，以合理的成本实现内控目标，内部制度的制订应当具有前瞻性，并应当根据国家政策、法律及经营管理的需要，适时进行相应修改和完善；内部控制应当具有高度的权威性，任何人不得拥有不受内部控制约束的权力，内部控制存在的问题应当能够得到及时反馈和纠正；

（7）审慎性原则。内控与风险管理必须以防范风险，审慎经营，保证托管资产的安全与完整为出发点；托管业务经营管理必须按照“内控优先”的原则，在新设机构或新增业务时，做到先期完成相关制度建设；

（8）责任追究原则。各业务环节都应有明确的责任人，并按规定对违反制度的直接责任人以及对负有领导责任的主管领导进行问责。

4. 内部控制制度及措施

（1）制度建设：建立了明确的岗位职责、科学的业务流程、详细的操作手册、严格的人员行为规范等一系列规章制度。

（2）建立健全的组织管理结构：前后台分离，不同部门、岗位相互牵制。

（3）风险识别与评估：稽核监察处指导业务处室进行风险识别、评估，制定并实施风险控制措施。

（4）相对独立的业务操作空间：业务操作区相对独立，实施门禁管理和音像监控。

（5）人员管理：进行定期的业务与职业道德培训，使员工树立风险防范与控制理念，并签订承诺书。

（6）应急预案：制定完备的《应急预案》，并组织员工定期演练；建立异地灾备中心，保证业务。

上海浦东发展银行资产托管部

上海浦东发展银行于 2003 年 2 月正式成立了独立的总行基金托管部，2005 年正式更名为上海浦东发展银行资产托管部。资产托管部下设市场发展部、托管运作部、运行保障部、内控管理部等 4 个职能部门，在 2003 年 12 月成立了深圳分部，深圳分部现有员工 3 人。资产托管部现有正式员工 19 人，资产托管部全体人员均在本科学历以上，其中硕士以上学历占 70%；均具有多年金融从业经历，100% 以上人员具有基金从业资格。

上海浦东发展银行是 1992 年 8 月 28 日经中国人民银行批准设立、于 1993 年 1 月 9 日正式开业的股份制商业银行，总部设在上海。经中国人民银行、中国证监会正式批准，上海浦东发展银行于 1999 年获准公开发行 A 股股票，并在上海证券交易所正式挂牌上市（股票交易代码：600000）。

上海浦东发展银行经过十年来的稳健经营和业务开拓，各项业务发展一直保持较快的增长，各项经营指标在新兴股份制商业银行中处于领先水平。经上海证券交易所和上海市董事会秘书协会综合考评，被评为“2000 年度上海本地上市公司盈利 15 强”中第二名；被《上市公司》杂志评选为 2000 年度上市公司 50 强之一，综合得分排名第 3 位；被中央电视台“证券之夜”栏目和普华永道会计师事务所联合评选为“最令人尊敬的上市公司”。根据 2001 年度的一级资本排名，上海浦东发展银行被英国《银行家》杂志列入世界银行 1000 强，入选为第 311 位，具有一定的国际影响和地位。

截至 2005 年 12 月 31 日，公司已开设 26 家（包括上海地区总部）直属分支行，共 350 个分支机构，，形成了“立足上海，服务全国”的全国性商业银行的构架。

财务状况：截止 2005 年 12 月 31 日，上海浦东发展银行总资产达到 5730.67 亿元，本外币贷款余额 3772.22 亿元，各项存款 5055.76 亿元，当年实现税后利润 24.85 亿元，股东权益 155.26 亿元，不良贷款率仅为 1.97%（根据贷款五级分类标准），净资产收益率达到 16.01%，各项主要经营指标在国内同行中均处于较好水平。良好的业绩和诚信经营的声誉使上海浦东发展银行业已成为中国证券市场中一家备受关注和尊敬的银行业上市公司。

上海浦东发展银行于 2003 年 9 月 10 日获得基金托管资格，目前托管的基金包括国泰金龙系列基金，天治财富增长证券投资基金，嘉实浦安保本混合型开放式证券投资基金，广发小盘成长股票型证券投资基金等九只基金，托管基金资产净值 336.35 亿元。

“笃守诚信、严格自律、勤勉尽责、创造卓越”，上海浦东发展银行致力于打造资产托管业务品牌，更关注于对客户的服务与承诺！在全面借鉴和重构国内外托管模式的基础上，我们不仅为您创新推出了系列资产托管产品，还为您配备了高效的资金清算网络、先进的托管业务综合处理系统、完善的内部风险控制制度以及专业的托管运作团队，以确保为您提供优质的资产托管服务！

中国民生银行资产托管部

中国民生银行股份有限公司于 2004 年 7 月 9 日获得基金托管资格，成为《中华人民共和国证券投资基金法》颁布后首家获批从事基金托管业务的银行。为了更好地发挥后发优势，大力发展托管业务，中国民生银行股份有限公司资产托管部从成立伊始就本着充分保护基金持有人的利益、为客户提供高品质托管服务的原则，高起点地建立系统、完善制度、组织人员。资产托管部目前共有员工 31 人，平均年龄 35 岁，80% 以上员工具有硕士以上文凭。基金业务人员 100% 都具有基金从业资格。截止到 2009 年 12 月 31 日，本行共托管基金 7 只，分别为天治品质优选混合型证券投资基金、融通易支付货币市场证券投资基金、东方精选混合型开放式证券投资基金、天治天得利货币市场基金、东方金账簿货币市场基金、长信增利动态策略证券投资基金、华商领先企业混合型证券投资基金。托管基金资产为 233.21 亿元。

基金托管人的内部控制制度

1. 内部风险控制目标

强化内部管理，保障国家的金融方针政策及相关法律法规贯彻执行，保证自觉合规依法经营，形成一个运作规范化、管理科学化、监控制度化的内控体系，保障业务正常运行，维护基金份额持有人及基金托管人的合法权益。

2. 内部风险控制组织结构

中国民生银行股份有限公司基金托管业务内部风险控制组织结构由中国民生银行股份有限公司稽核部、资产托管部内设稽核监督处及资产托管部各业务处室共同组成。总行稽核部对各业务部门风险控制工作进行指导、监督。资产托管部内设独立、专职的内部稽核监督处，负责拟定托管业务风险控制工作总体思路与计划，组织、指导、协调、监督各业务处室风险控制工作的实施。各业务处室在各自职责范围内实施具体的风险控制措施。

3. 内部风险控制原则

（1）全面性原则：风险控制必须覆盖资产托管部的所有处室和岗位，渗透各项业务过程和业务环节；风险控制责任应落实到每一业务部门和业务岗位，每位员工对自己岗位职责范围内的风险负责。

（2）独立性原则：资产托管部设立独立的稽核监督处，该处室保持高度的独立性和权威性，负责对托管业务风险控制工作进行指导和监督。

（3）相互制约原则：各处室在内部组织结构的设计上要形成一种相互制约的机制，建立不同岗位之间的制衡体系。

（4）定性和定量相结合原则：建立完备的风险管理指标体系，使风险管理更具客观性和操作性。

（5）防火墙原则：托管部自身财务与基金财务严格分开；托管业务日常操作部门与行政、研发和营销等部门严格分离。

4. 内部风险控制制度和措施

（1）制度建设：建立了明确的岗位职责、科学的业务流程、详细的操作手册、严格的人员行为规范等一系列规章制度。

（2）建立健全的组织管理结构：前后台分离，不同部门、岗位相互牵制。

（3）风险识别与评估：稽核监督处指导业务处室进行风险识别、评估，制定并实施风险控制措施。

（4）相对独立的业务操作空间：业务操作区相对独立，实施门禁管理和音像监控。

（5）人员管理：进行定期的业务与职业道德培训，使员工树立风险防范与控制理念，并签订承诺书。

（6）应急预案：制定完备的《应急预案》，并组织员工定期演练；建立异地灾备中心，保证业务不中断。

5. 资产托管部内部风险控制

中国民生银行股份有限公司从控制环境、风险评估、控制活动、信息沟通、监控等五个方面构建了托管业务风险控制体系。

（1）坚持风险管理与业务发展同等重要的理念。托管业务是商业银行新兴的中间业务，中国民生银行股份有限公司资产托管部从成立之日起就特别强调规范运作，一直将建立一个系统、高效的风险防范和控制体系作为工作重点。随着市场环境的变化和托管业务的快速发展，新问题新情况不断出现，中国民生银行股份有限公司资产托管部始终将风险管理放在与业务发展同等重要的位置，视风险防范和控制为托管业务生存和发展的生命线。

（2）实施全员风险管理。完善的风险管理体系需要从上至下每个员工的共同参与，只有这样，风险控制制度和措施才会全面、有效。中国民生银行股份有限公司资产托管部实施全员风险管理，将风险控制责任落实到具体业务处室和业务岗位，每位员工对自己岗位职责范围内的风险负责。

（3）建立分工明确、相互牵制的风险控制组织结构。托管部通过建立纵向双人制，横向多处室制的内部组织结构，形成不同处室、不同岗位相互制衡的组织结构。

（4）以制度建设作为风险管理的核心。中国民生银行股份有限公司资产托管部十分重视内部控制制度的建设，已经建立了一整套内部风险控制制度，包括业务管理办法、内部控制制度、员工行为规范、岗位职责及涵括所有后台运作环节的操作手册。以上制度随着外部环境和业务的发展还会不断增加和完善。

（5）制度的执行和监督是风险控制的关键。制度执行比编写制度更重要，制度落实检查是风险控制管理的有力保证。中国民生银行股份有限公司资产托管部内部设置专职稽核监督处，依照有关法律规章，每两月对业务的运行进行一次稽核检查。总行稽核部也不定期对资产托管部进行稽核检查。

（6）将先进的技术手段运用于风险控制中。在风险管理中，技术控制风险比制度控制风险更加可靠，可将人为不确定因素降至最低。托管业务系统需求不仅从业务方面而且从风险控制方面都要经过多方论证，托管业务技术系统具有较强的自动风险控制功能。

中信银行资产托管部

2004年8月18日，经中国证监会和中国银监会核准，中信银行获得证券投资基金托管资格。中信银行托管部内设市场发展部、托管营运部、投资者服务部和企业年金部四个职能部门，拥有一批高素质的专业托管人才，托管部目前拥有员工32人，全部无不良行为纪录，90%以上人员具有基金从业资格，40%以上的人员具有硕士研究生以上学历，90%以上人员具有三年以上银行或证券基金从业经历。截止到2009年12月31日，本行共托管基金4只，托管基金资产净值105.46亿元。

中信银行托管部建立了一套独立、先进的托管业务技术系统，业务功能完善、系统处理能力强，各种安全防范设施稳定可靠，具备安全保管财产的条件和资金核算清算和投资监督能力，配备了独立的门禁系统和电话录音、录像监控系统，确保托管业务运作相对独立。托管中心积聚了一批高素质的员工队伍，具有丰富的资金清算、会计核算、市场营销、风险控制等方面的经验，为托管业务安全运作打下了坚实的基础。

为保障托管业务健康发展，我行制订了一整套完善的规章制度；建立了科学的风险控制流程，营造良好的内部控制环境，形成自控、互控、监控三道防线；加强了系统安全性建设，建立了数据备份中心和应急处理方案，具备应急处理能力。

中信银行托管部各项资产托管规模突破千亿元，业务涵盖了证券投资基金、信托资产、券商集合及定向资产、QDII、资产证券化、产业基金（创业投资基金）、PE（私募）股权基金、企业年金八大领域。确立了以托管产品门类齐全、服务专业化和开拓创新为特征的行业形象与市场地位。

华夏银行资产托管部

【概况】华夏银行基金托管部成立于2004年7月，2009年8月更名为资产托管部，内设市场综合室、交易管理室、风险管理室和销售管理室4个职能处室，并在上海、深圳分行设立2个托管分部。资产托管部共有员工24人，高管人员拥有硕士以上学位或高级职称。

自成立以来，华夏银行托管业务部门严格履行托管人职责，按照法律法规和托管协议规定，安全保管委托资产，严格监控托管资产投资运作，将监控与控制风险有机结合，得到了业界的广泛认同和高度肯定。在业务处理中，操作流程科学规范，在保证效率的同时，追求“零差错”的高标准和高要求，保障了委托人合法利益，从而树立了托管业务良好品牌。截至2009年12月31日，已托管长城货币市场基金、国联安德盛精选股票基金、万家货币市场基金、诺安优化收益债券型基金、益民红利成长混合型基金、东吴行业轮动股票基金等六只基金，托管基金资产净值99.31亿元。

【**产品与服务**】华夏银行可以为客户提供的托管业务产品已基本覆盖境内市场主要托管业务品种：开放式证券投资基金托管；全国社会保障基金托管；基本养老保险基金托管；券商集合理财产品托管；QDII（境外代客理财产品）托管；信托资产托管；企业年金托管；其他受托资产托管。华夏银行向客户提供的服务，可分为基础托管服务和增值托管服务：基础托管服务包括：资产保管；安全保管托管资产；独立建账、分别核算，保证所托管资产的独立、完整；为委托人开立与管理银行存款账户、资金清算账户；为委托人开立与管理证券账户。增值服务包括：市场资讯及深度研究报告等信息服务；现金管理；报表/报告定制；风险预警服务；投资绩效分析；公司行动服务，如代领股息、红利、代理投票表决服务等。

深圳发展银行总行资产托管部

深圳发展银行股份有限公司（简称：深圳发展银行，股票简称：深发展 A，股票代码：000001）是中华人民共和国第一家面向社会公众公开发行股票并上市的商业银行。深圳发展银行于1987年5月10日以自由认购形式首次向社会公开发售人民币普通股，并于1987年12月28日正式宣告成立。经过20年的快速发展，深圳发展银行综合实力日益增强，自身规模不断扩大，已在北京、上海、天津、重庆、广州、深圳、杭州、南京、济南、大连、青岛、成都、昆明、海口、珠海、佛山、宁波、温州等18个经济中心城市设立了266家分支机构，并在北京、香港设立代表处，与境外70多个国家和地区的600多家银行建立了代理行关系。

2004年，深发展成功引进了国际战略投资者——美国新桥投资集团（Newbridge Asia AIV III，L. P.），从而成为国内首家外资为第一大股东的中资股份制商业银行。战略投资者的引入，将国际先进的管理技术与本土经验有效结合，在经营理念、风险管理、财务管理、市场开拓等各个领域为深发展注入了新的活力。截至2008年底，深圳发展银行资产总额4,744亿元；贷款总额2,837亿元；存款总额3,605亿元，较年初增长28%，实现净利润6.14亿元，每股收益0.20元，每股净资产5.28元，净资产收益率3.74%。

2008年8月6日获得中国证监会、银监会核准开办证券投资基金托管业务。深圳发展银行总行设资产托管部，下设综合运营管理室、市场拓展室、估值核算室、合规与投资监督室4个职能处室，现有员工15人。截止到2009年12月31日，本行共托管基金1只，托管基金资产净值4.32亿元。

基金托管人的内部控制制度

1. 内部控制目标

作为基金托管人，深圳发展银行股份有限公司严格遵守国家有关托管业务的法律法规、行业监管要求，自觉形成守法经营、规范运作的经营理念和经营风格；确保基金财产的安全完整，确保有关信息的真实、准确、完整、及时，保护基金份额持有人的合法权益；确保内部控制和风险管理体系的有效性；防范和化解经营风险，确保业务的安全、稳健运行，促进经营目标的实现。

2. 内部控制组织结构

深圳发展银行股份有限公司设有总行独立一级部门资产托管部，是全行资产托管业务的管理和运营部门，专门设置了合规与投资监督室，配备了专职内部监察稽核人员负责托管业务的内部控制和风险管理工作，具有独立行使监督稽核工作的职权和能力。

3. 内部控制制度及措施

资产托管部具备系统、完善的制度控制体系，建立了管理制度、控制制度、岗位职责、业务操作流程，可以保证托管业务的规范操作和顺利进行；业务人员具备从业资格；业务管理严格实行复核、审核、检查制度，授权工作实行集中控制，业务印章按规程保管、存放、使用，账户资料严格保管，制约机制严格有效；业务操作区专门设置，封闭管理，实施音像监控；业务信息由专职信息披露人负责，防止泄密；业务实现自动化操作，防止人为事故的发生，技术系统完整、独立。

（三）基金托管人对基金管理人运作基金进行监督的方法和程序

1. 监督方法

依照《基金法》及其配套法规和基金合同的约定，监督所托管基金的投资运作。利用行业普遍使用的“资产托管业务系统——监控子系统”，严格按照现行法律法规以及基金合同规定，对基金管理人运作基金的投资比例、投资范围、投资组合等情况进行监督，并定期编写基金投资运作监督报告，报送中国证监会。在日常为基金投资运作所提供的基金清算和核算服务环节中，对基金管理人发送的投资指令、基金管理人对各基金费用的提取与开支情况进行检查监督。

2. 监督流程

（1）每工作日按时通过监控子系统，对各基金投资运作比例控制指标进行例行监控，发现投资比例超标等异常情况，向基金管理人发出书面通知，与基金管理人进行情况核实，督促其纠正，并及时报告中国证监会。

（2）收到基金管理人的投资指令后，对涉及各基金的投资范围、投资对象及交易对手等内容进行合法合规性监督。

（3）根据基金投资运作监督情况，定期编写基金投资运作监督报告，对各基金投资运作的合法合规性、投资独立性和风格显著性等方面进行评价，报送中国证监会。

（4）通过技术或非技术手段发现基金涉嫌违规交易，电话或书面要求管理人进行解释或举证，并及时报告中国证监会。

第三章　基金管理公司

南方基金管理有限公司

【基本情况】

法定名称:南方基金管理有限公司

英文名称:China Southern Fund Management Co. ,Ltd

注册地址:深圳市深南大道4009号投资大厦7层

办公地址:深圳市福田中心区福华一路6号

免税商务大厦31－33层

法人代表:吴万善

总 经 理:高良玉

成立时间:1998年3月6日

组织形式:有限公司

注册资本:1.5亿元人民币

联系电话:0755－82763888

客服热线:400－889－8899

传真号码:0755－82763889

邮政编码:518048

公司网址:www. nffund. com

【公司概况】

南方基金管理有限公司成立于1998年3月6日,为国内首批获中国证监会批准的三家基金管理公司之一,成为中国证券投资基金行业的起始标志。

公司注册资本1.5亿元,股东结构为:华泰证券股份有限公司(45%),深圳市机场(集团)有限公司(30%),厦门国际信托有限公司(15%),兴业证券股份有限公司(10%)。

公司以"一切为了客户,做受人敬重的理财专家"为长期奋斗目标,坚持"专业、稳健、创新、规范"的经营理念,经历了中国证券市场多次牛熊交替的长期考验,以持续优秀的管理业绩、完善周到的客户服务,赢得了广大基金投资人、社保理事会、企业年金客户以及有关监管部门的认可。2003—2006年连续四年,公司综合资产管理规模(含基金、社保及年金等)排名业内第一,2007年排名第三。目前,南方基金已成为国内基金行业资产管理规模最大、资产管理经验最为丰富、资产管理业务最为多元化的基金管理公司之一。

公司秉承研究为本、价值投资的理念,致力于通过客观、系统、持续的研究,发现证券品种的内在价值,寻找并投资于被证券市场低估的品种,力求长期、稳定获取超过市场平均水平的投资收益。股票投资方面,公司取得了长期战胜市场的稳定的优良投资业绩,尤其是2004、2005年股票市场出现大幅下跌的时候,南方基金权益类资产投资的整体收益仍然为正,为投资者规避了市场波动产生的风险,创造了稳定的回报。公司在低风险的固定收益类的资产管理方面同样在行业内处于领先地位,多年来取得了多项第一的成绩。

公司具有强大的业务创新和产品创新能力,是国内业务领域最广、产品线最齐全的公司之一。自1998年成立以来,公司先后成为国内首批规范运作的基金管理公司、国内首批开放式基金管理人、国内首批全国社保基金管理人、国内首批企业年金投资管理人、国内首批QDII基金投资管理人、国内首批获得专户资产管理资格的基金公司和首批在香港设立全资子公司的内地基金公司。在资产管理业务全面拓展的过程中,公司先后成功公开发行并管理了国内首批开放式基金、国内首只债券型基金、国内首只保本型基金、国内首批货币型基金、国内首只LOF型基金、国内首批中短债基金、国内首只复制型基金、国内首只QDII基金。目前,公司管理着18只公募基金,5个全国社保基金组合,企业年金签约客户超过90家。

公司高度重视风险管理,在10年多的运作中,公司始终坚持把内控和风险管理作为规范化管理的重点,经过多年的探索和实践,并汲取国外基金管理公司的先进经验,形成了一套完整、有效的风险识别、衡量、防范与控制的风险管理体系,通过事前、事中、事后三个阶段的监控,使风险管理得到有效执行。公司不断进行风控系统的摸索和创新,业已形成了一套业内最为完整的风控评估系统,公司目前拥有国际领先水平的BARRA Aegis风险管理和绩效评估系统、公司自行创建的金融工程风险管理与绩效评估系统以及领先业内的、风控平台本土化与国际化结合最为全面的、综合性的xRisk Suite风险管理与绩效评估系统。10年来,公司取得了良好的风险控制效果,从未受到证监会任何形式的处罚,从未投资过问题股、地雷股;2006年公司管理的货币市场基金成功规避了重大利率和流动性风险,是唯一一家没有在货币基金上亏损的基金公司。

【公司大事记】

1998年:南方基金管理有限公司管理的国内第一只规范的封闭式证券投资基金——基金开元成功发行上市,开创了中国基金业的新纪元;

2001年9月:南方基金管理公司首批推出了开放式基金——南方稳健成长基金,引领行业潮流;

2002年9月:南方基金管理有限公司又率先推出了国内首只债券型开放式基金——南方宝元债券型基金;

2002年12月:南方基金管理有限公司在全国社会保障基金投资管理人评选中力拔头筹;

2003年5月:南方基金管理公司再次引领行业之先,推出了国内首只保本型开放式基金——南方避险增值基金,并以51.93亿的首发规模创下国内开放式基金的新纪录;

2004年3月,南方现金增利基金以80.49亿再次刷新国内开放式基金的首发纪录,成为国内发行规模最大的一只基金。

2004年8月,南方积极配置基金正式发行,成为国内首只上市开放式基金(LOF)。

2005年5月,南方高增长基金正式开始发行。

2005年8月,南方基金管理有限公司获得首批企业年金基金投资管理人资格。

2006年3月,南方多利基金正式发行,为国内第一只规范的中短债类基金,首发规模达89.77亿元。

2006 年 6 月，南方稳健贰号基金发行，首发规模达 52.57 亿份，成为国内第一只复制基金。

2006 年 11 月，南方绩优成长基金发行，首发规模达 124.77亿份，成为到发行结束之日止发行时间最短的百亿基金；

2006 年 11 月，南方高增长基金每基金单位分红高达 0.747元，创下基金单次分红的最高纪录，并引来投资者的踊跃申购，两天之内申购量超过 100 亿元。

2007 年 4 月，南方稳健贰号基金实施拆分，投资者申购踊跃，一天之内申购量约 300 亿元，启动比例确认机制，确认比例只有约 1/4。

2007 年 5 月，由于南方金元封转开而来的南方成份精选基金集中申购，发行当日结束发行，发行规模接近预计上限，发行规模 107.59 亿元。

2007 年 7 月，南方基金首家获得基金 QDII 业务资格。

2007 年 8 月，南方基金管理资产规模突破 2000 亿元。

2007 年 9 月，国内首只股票型 QDII 产品——南方全球精选配置基金发行，一天之内认购量约 500 亿元，经主管机关和相关部门批准后，该基金最后以 40 亿美元(折合人民币约 300 亿元)的额度进行比例确认。

2007 年 11 月 9 日 基金隆元终止上市，并成功实现封转开，变更为旗下第十二只开放式证券投资基金——南方隆元产业主题(股票型)。

2007 年 12 月 6 日南方隆元产业主题基金集中申购，募集规模 92.61 亿元。

2008 年 2 月 18 日首批获得特定客户资产管理业务资格。

2008 年 3 月 21 日发行、成立旗下第 13 只开放式证券投资基金——南方盛元红利(股票型)，募集规模 62.17 亿元。

2008 年 6 月 18 日发行、成立旗下第 14 只开放式证券投资基金——南方优选价值(股票型)，募集规模 11.39 亿元。

2008 年 6 月 27 日中国证监会核准公司在香港设立南方东英资产管理有限公司

2008 年 11 月 12 日发行、成立旗下第 15 只开放式证券投资基金——南方恒元保本混合型基金，募集规模 22.11 亿元。

2009 年 3 月 26 日发行、成立旗下第 16 只开放式证券投资基金——南方沪深 300 指数证券投资基金，募集规模 15.81 亿元。

2009 年 9 月 2 日南方基金 - 光大银行首只专户“一对多”产品获批，南方基金成为国内首批拿到专户“一对多”产品批文的基金公司之一。

2009 年 9 月 25 日发行、成立旗下第 17 只开放式证券投资基金——南方中证 500 指数证券投资基金(LOF)，募集规模为 32.23 亿元。

【公司荣誉】

公司奖

2007 - 2008 中国最佳客户服务奖

21 世纪中国赢基金奖：2007 年中国基金公司综合实力大奖

十大王牌基金公司：最受信任基金公司

“2007 理财产品评选之基金公司评选”：最受网友信赖的十大基金公司

2007 年度 BOB 基金奖项颁奖：Best of best 基金管理公司

证券时报“2007 年度中国明星基金评选”：中国基金业十年持续回报明星公司

2008 亿万网民心目中的中国十大品牌基金公司

“2007 年十大最受欢迎的基金公司”

2008 年最受尊敬基金管理公司评选活动：最佳金融品牌建设奖

2008 年最受尊敬基金管理公司评选活动：2008 年最受尊敬的基金管理公司

第九届中国优秀财经证券网站综合大奖第三名

2007 年度“金基金”公司奖：中国基金业十年杰出贡献奖

2007 - 2008 中国最佳客户服务中心

中国理财总评榜：2007 年度最值得托付的基金公司

2007 - 2008 中国客户服务突出贡献荣誉大奖

新浪金麒麟论坛评选活动：行业类——年度最佳基金公司

2008 年最受尊敬基金管理公司评选活动：最佳金融产品创新奖

基金奖

基金开元：金牌基金双年奖

南方高增长：卓越 2007 金融理财排行榜最受欢迎基金产品

南方绩优：证券时报“2007 年度中国明星基金评选”股票型明星基金奖

基金开元：《中国证券报》2007 年封闭式金牛基金奖

南方绩优成长：“2007 年百姓最喜爱的十大股票基金”

南方宝元债券：Best of best 基金

21 世纪中国赢基金奖：南方避险增值基金进取混合型开放式基金三年持续表现奖/07 年最佳保本基金奖

人物奖

汪澂：金牌基金经理双年奖

苏彦祝：《财富中国》—晨星网超级基金奖 2007 最佳投资能力基金人物奖

高良玉：《财富中国》—晨星网超级基金奖 2007 最佳管理基金人物奖

高良玉：2008 年影响中国基金业发展的十佳领导人

【股东概况】

排序	股东名称	股权比例
1	华泰证券有限责任公司	45%
2	深圳市机场股份有限公司	30%
3	厦门国际信托投资股份有限公司	15%
4	兴业证券股份有限公司	10%

【旗下开放式基金】

基金代码	基金简称	类型	基金经理
160119	南方中证 500	开放式	张原
160105	南方积配	开放式	张慎平
160106	南方高增	开放式	谈建强
202001	南方稳健	开放式	马北雁、冯皓
202002	南稳贰号	开放式	马北雁、冯皓
202003	南方绩优	开放式	苏彦祝
202101	南方宝元	开放式	高峰 蒋朋宸
202102	南方多利 C	开放式	高峰
202202	南方避险	开放式	蒋峰
202801	南方全球	开放式	谢伟鸿、李浩东、黄亮
202005	南方成份	开放式	应帅、张慎平
202007	南方隆元	开放式	汪澂、蒋朋宸

基金代码	基金简称	类型	基金经理
202015	南方 300	开放式	潘海宁
202103	南方多利 A	开放式	高峰
159903	深证成份 ETF	开放式	潘海宁
202017	南方深成 ETF 联接	开放式	潘海宁
202009	南方盛元	开放式	陈键、蒋朋宸
202011	南方优选 A	开放式	谈建强
202211	南方恒元	开放式	蒋峰
202301	南方增利 A	开放式	韩亚庆
202302	南方增利 B	开放式	韩亚庆

【旗下封闭式基金】

成立年度	基金代码	基金简称	基金类型
1998 年	184688	基金开元	封闭式
1999 年	184698	基金天元	封闭式

【公司高管】

吴万善先生，董事长，中共党员，工商管理硕士，高级经济师。历任中国人民银行江苏省分行金融管理处科员、中国人民银行南京市分行江宁支行科员、华泰证券有限责任公司发行部副经理、总经理助理、副总经理、总裁，现任华泰证券有限责任公司董事长兼党委副书记、南方基金管理有限公司董事长。

高良玉先生，董事，总经理，中共党员，经济学硕士，经济师。历任中国证监会发行部副处长、南方基金管理有限公司副总经理，现任南方基金管理有限公司董事总经理、党委书记。

秦长奎先生，督察长，中共党员，MBA。历任华泰证券有限公司营业部总经理、部门总经理、总裁助理。现任南方基金管理有限公司督察长、党委委员、纪委委员。

国泰基金管理有限公司

【基本情况】

法定名称：国泰基金管理有限公司
英文名称：GuoTai Asset Management Co.，Ltd.
注册地址：上海市浦东新区峨山路 91 弄 98 号 201A
办公地址：上海市世纪大道 100 号上海环球金融中心 39 层
法人代表：陈勇胜
总 经 理：金　旭
成立时间：1998 年 3 月 5 日
组织形式：有限公司
注册资本：1.1 亿元人民币
联系电话：021 - 38569000
客服热线：400 - 888 - 8688
传真号码：021 - 38561800
邮政编码：200001
公司网址：www.gtfund.com

【公司概况】

国泰基金管理有限公司成立于 1998 年 3 月 5 日，是我国首家规范的基金管理公司，拥有十年公募基金管理和四年全国社保基金管理的历史，是目前行业内少数具有管理包括公募基金、全国社保基金、企业年金等多元化的资产管理服务资格的基金管理公司之一。公司旗下共管理 2 只封闭式基金和 13 只开放式基金，形成了包括股票型基金、指数基金、混合型基金、债券型基金、保本型基金和货币市场基金等比较完善的基金产品线。

2007 年 6 月，国泰基金成功引入中国建银投资有限责任公司为其第一大股东。中国建投系 2005 年根据国务院决定并经中国银监会批准设立，注册资本达 206.92 亿元人民币的金融控股公司，其唯一股东为中央汇金投资有限责任公司（现并入中投公司）。中国建投在国内金融证券行业具有强大的资源整合优势和丰富的投资管理经验。在新股东的支持下，国泰基金大规模地引入境内外高级专才，并进一步完善治理结构。

国泰基金经过十年的探索和发展，建立了合理的组织架构。公司内部治理结构包括股东会、董事会、监事会和投资决策、风险控制两个专门委员会，同时内部业务管理运作区分为投资、市场、运营和监察四大体系共 14 个部门。这支队伍历经熊、牛市的考验，既有本土市场经验，又有全球化视野，是国泰基金最宝贵的财富。

国泰基金成立 10 年来，不仅坚持诚信勤勉为投资人服务，为投资人取得了良好的回报，截至 2008 年 3 月底，累计分红超过 90 亿元；而且，国泰基金勇担社会责任，每年在全国各地举行投资者教育讲座，爱心资助贫困地区教师等。

【经营发展】

国泰基金管理有限公司因稳健投资管理和稳健规范运作的“双稳健”风格而著称，在为投资者创造物质财富的同时，国泰基金积极参与推行基金行业投资者教育工作，坚持践行“创造和谐社会”这一社会主流价值观。

历经近十年的稳步发展，国泰基金已建立了相对完善的基金产品线，并在借鉴国际经验基础上，搭建了能够保障包括企业年金基金在内的多类型基金资产（公募基金、社保基金、年金基金、特定资产等）投资管理的运作体系。国泰基金已经为投资人实现分红超过 90 亿元，赢得了包括全国社会保障基金理事会等在内的数百万投资人的信任。

作为业内管理基金历史最久、基金个数最多的基金管理公司之一，国泰基金在行业内保持着“零违规、零处罚”的纪录。这与国泰基金近十年来，坚持投资人利益之上，持之以恒地将风险控制放在首位，坚守稳健为本、规范运作的经营风格密切相关。在此风格之下，国泰基金经过探索，逐步形成了系统、科学的研究风格；建立了严密、有效的风险控制体系，以及可靠、高效的技术保障系统等各项子系统。

国泰基金作为国内首批规范成立的基金公司之一，面对行业规范化、市场化和国际化的新的机会与挑战，向着“国内一流，国际知名”具有行业影响力的目标稳步而坚定地迈进。

【公司大事记】

1998 年 3 月 5 日，经中国证监会批准，国泰基金管理有限公司在上海成立。当时的注册资本为 6000 万人民币。

1998 年 3 月 23 日，基金金泰公开发行，3 月 27 日成立，4 月 7 日在上交所上市，基金代码“500001”。

1999 年 10 月 15 日，基金金鑫公开发行，10 月 21 日成立，11 月 26 日在上交所上市，基金代码“500011”。

2000 年 4 月 26 日，在对原珠江基金清理规范后设立基金金盛，6 月 30 日在深交所上市，基金代码为“184703”，8 月 24 日扩募成功。

2000 年 5 月 16 日，在对原建业基金、沈阳公众基金、陕建基金清理规范后设立基金金鼎，8 月 4 日在上交所上市，基金代码为“500021”，10 月 19 日扩募成功。

2000 年 8 月 22 日，公司增资扩股，注册资本增加为 1.1 亿元人民币。

2001 年 5 月 30 日，公司第二届董事会第二次会议增选 4 名符合证监会要求条件，且有深厚学养的经济学家、金融专家和法律专家为独立董事。

2001 年 9 月 3 日，公司与瑞士银行资产管理集团签定《投资与业务合作协议》。

2002 年 4 月 16 日，公司第一只开放式基金——国泰金鹰增长基金公开发行，5 月 8 日成立。

2002 年 6 月 13 - 15 日 公司搬迁办公楼至浦东金融中心世纪大道 1600 号浦项商务广场。

2002 年 7 月 2 日 - 3 日 中国证券业协会第三次会员大会在北京召开，公司总经理李春平先生当选为中国证券业协会理事。

2002 年 10 月 25 日 ，国泰金龙基金方案上报证监会，12 月初通过发行评审。

2002 年 11 月 20 日 普华永道二期管理咨询启动，建立标准业务流程和关键业绩指标体系，引进科学的考核和薪酬体系。

2003 年 3 月 5 日，公司 5 周年庆。公司通过一系列简朴、诚恳的活动，广邀各界朋友，共同回顾基金业 5 年历史，为行业未来的发展献计献策。

2003 年 3 月 28 日，中国证监会正式批复同意国泰君安证券股份有限公司转让我公司部分股权至上海仪电控股(集团)公司的申请。

2003 年 10 月 24 - 12 月 5 日，国泰金龙系列基金正式发行，12 月 9 日成立，首发募集资金达到 25.71 亿元。

2003 年 12 月 30 日：中国证监会正式批复同意宏源证券股份有限公司转让我公司全部股权至上海国有资产经营有限公司和国泰君安证券股份有限公司的申请。

2004 年 5 月，国泰金马稳健回报基金发行，9 月，荣获全国社会保障基金理事会投资管理人资格。

2005 年 3 月，公司市场体系划分为营销策划、基金销售及客户服务三个部门，进一步理顺了公司市场业务的内部管理关系，明确了各自的功能和职责。

2005 年 5 月，公司搬迁新址，新的办公地址为延安东路 700 号港泰商务广场 23 楼。

2005 年 5 月，在托管银行 - 中国农业银行的大力协助下，公司成功发行了货币基金，货币基金的首发规模超过 44 亿，6 月 21 日正式成立。

2005 年 8 月，网上交易正式上线，该服务手段的推出方便了投资人对公司旗下基金的买卖，对公司的销售能力的提升具有深远的影响。

2005 年 9 月，金融工程部开始运作，对公司客户服务，新产品核心盈利模式设计、投资策略、交易策略、绩效评估、风险评价提供数量化的“计算金融”支持。

2005 年 9 月，公司完成档案升级工作，成为基金行业首家获得档案二级先进资质的公司。

2005 年 10 月，公司为中高层管理人员举行了以“与时俱进，争创一流，建设高绩效的国泰基金管理团队”为主题的体验式培训活动，取得了良好的效果。

2005 年 10 月，公司初步完成信息系统 3 年发展规划草案，该草案本着“安全、可靠、稳定、可扩展、高性能、低成本”的原则，对内部管理、投研交技术支持及客户服务技术支持等三方面系统提出柔性设计，强化前台业务的导向性作用。

2005 年 11 月，公司荣获“世界金融实验室 2005 年中国 10 大最受尊敬的基金公司”的称号，金鼎基金荣获“世界金融实验室 2005 年中国 10 佳最具投资价值基金产品”的年度大奖，基金金鼎基金经理被评为“2005 年中国 25 位最具影响力的基金经理”。

2005 年 12 月，公司荣获“21 世纪经济报道”颁发的 05 年度“最佳风险控制奖”。

2005 年 12 月，公司第一届职代会胜利召开，会议号召公司全体员工要认清形势，振奋精神，积极主动地做好本职工作，发挥主人翁作用，努力为公司的发展作出积极的贡献。

2005 年 12 月，公司召开党员大会，在原党支部基础上经上级党委批准成立了公司党总支部委员会。

2006 年 1 月，经中国证监会基字[2006]4 号文批准，公司股东浙江国际信托投资有限责任公司将其所持有的本公司 20% 的股权全部转让给万联证券有限责任公司。

2006 年 1 月，公司召开团员大会，正式成立团支部。

2006 年 1 月，金鹰增长开放式基金实施分红，向基金持有人按每 10 份基金份额派发现金红利 0.33 元。

2006 年 2 月，金龙行业精选开放式基金实施分红，每 10 份基金份额派发现金红利 0.40 元。

2006 年 2 月，为进一步健全公司党的组织和机构，加强公司党组织及广大党员作用的发挥，结合公司业务分布及现有党小组的情况，经公司党总支研究决定，在现有各党小组构成基础上，组建成立了四个党支部。

2006 年 3 月，金鹿保本正式发行，首发募集规模超过 25 亿元人民币。金鹿保本基金是继金象保本基金之后公司管理的第二支保本基金。

2006 年 3 月，国泰金马稳健回报基金向基金份额持有人按每 10 份基金份额派发现金红利 0.3 元。

2006 年 4 月，公司牵头召开行业人力资源论坛会议，有超过 30 家的基金公司的人力资源负责人参加了会议，会议主要就基金公司的绩效管理等专业问题进行了讨论。

2006 年 7 月，公司在北京、上海分别召开了投资策略研讨会，邀请公司重要机构客户、渠道客户与基金经理、研究部总监共同探讨公司上半年投资情况和下半年的投资策略。

2006 年 7 月，公司响应证监会、金融服务办的号召，全面部署落实反商业贿赂的各项工作。

2006 年 8 月，金鹏基金正式发行，首发募集规模超过 12.48 亿元人民币。

2006 年 9 月，人力资源管理系统(E - HR)已完成基本功能设计和测试，为公司人力资源管理效率的提高奠定了基础。

2006 年 12 月，封闭式基金金盛荣获《中国证券报》第四届中国基金业金牛奖“封闭式持续优胜金牛基金”的称号。

2007 年 01 月在京沪实力媒体《理财周刊》等联合举办的“2006 年度理财产品评选”活动中，国泰金鹏蓝筹价值基金荣获“2006 年度基金产品最受关注奖”。

2007 年 04 月在《中国证券报》第三届基金金牛奖评选中，基金金盛荣获“封闭式持续优胜金牛基金”奖。

2007 年 04 月在《大众证券报》等机构举办的第二届基金年度状元奖中，荣获“2006 年度十佳基金公司”奖。

2007 年 05 月在《证券时报》第二届明星基金评选中，基金金盛荣获“封闭式明星基金”奖。

2008 年 01 月，国泰基金荣获第五届财经风云榜“2007 年度最具成长性的基金公司”。

2008 年 01 月，国泰金龙行业精选基金荣获京沪穗实力媒体“2007 年度基金产品金奖”。

2008 年 01 月，国泰金龙行业精选基金荣获证券时报“三年持续回报明星基金奖”。

2008 年 02 月，荣获特定客户资产管理业务资格。

2008 年 04 月，荣获合格境内机构投资人资格。

2008 年 06 月，国泰金鹿保本增值基金转入第二个保本周期（二年）。

【股东概况】

排序	股东名称	股权比例
1	中国建银投资有限责任公司	70%
2	万联证券有限责任公司	20%
3	中国电力财务有限公司	10%

【旗下基金】

基金代码	基金简称	类型	基金经理
020001	国泰金鹰	开放式	何江旭
020002	国泰债券	开放式	陈强
020003	国泰精选	开放式	崔海峰
020005	国泰金马	开放式	余荣权、程洲
020009	国泰金鹏	开放式	黄刚
519021	金鼎价值	开放式	邓时锋
020010	国泰金牛	开放式	何江旭
020011	国泰 300	开放式	刘翔
020015	国泰优势	开放式	邓时锋
020018	国泰金鹿二期	开放式	陈强、唐珂
020020	国泰双利 C	开放式	赵峰 范迪钊
020012	国泰债券 C	开放式	林勇、陈强
020019	国泰双利 A	开放式	赵峰 范迪钊
160211	国泰中小盘	开放式	张玮
020007	国泰货币	开放式	翁锡赟

【旗下封闭式基金】

成立年度	基金代码	基金简称	基金类型
1998	500001	基金金泰	封闭式
1999	500011	基金金鑫	封闭式

【公司高管】

陈勇胜，董事长，硕士，15 年证券从业经历。1982 年起在中国建设银行总行、中国投资银行总行工作。历任综合计划处、资金处副处长、国际结算部副总经理（主持工作）。1992 年起任国泰证券公司国际业务部总经理，公司总经理助理兼北京分公司总经理，1998 年 3 月起任国泰基金管理公司总经理，1999 年 10 月起任董事长。

金旭，总经理，法学硕士，14 年证券从业经历。1993 年 7 月至 2001 年 11 月在中国证监会工作，历任法规处副处长、深圳监管专员办事处机构处副处长、基金监管部综合处处长。2001 年 11 月至 2004 年 7 月在华夏基金管理有限公司任党支部副书记、副总经理。2004 年 7 月至 2006 年 1 月在宝盈基金管理有限公司任总经理。2006 年 1 月至 2007 年 5 月在梅隆全球投资有限公司北京代表处任首席代表。2007 年 5 月加盟国泰基金管理有限公司。

丁昌海，督察长，硕士，13 年证券从业经历。1994 年起历任国泰证券公司证券发行部副经理，证券投资二部和基金管理部经理，1998 年起历任国泰基金管理有限公司研究开发部总监，稽核监察部总监，现任公司督察长。

华夏基金管理有限公司

【基本情况】

法定名称：华夏基金管理有限公司
英文名称：CHINA ASSET MANAGEMENT CO.，LTD
注册地址：北京市顺义区天竺空港工业区 A 区
办公地址：北京市西城区金融大街 33 号通泰大厦 B 座 8 层
法人代表：王东明
总 经 理：范勇宏
成立时间：1998 年 4 月 9 日
注册资本：13800 万元
联系电话：（010）88066508
客服热线：400－818－6666
传真号码：（010）88066566
邮政编码：100032
公司网址：www.chinaamc.com

【股东概况】

华夏基金管理有限公司成立于 1998 年 4 月 9 日，是经中国证监会批准成立的首批全国性基金管理公司之一。公司总部设在北京，在北京、上海、深圳、成都和香港设有分支机构。公司以专业、严谨的投资研究为基础，为投资人提供优质的投资理财产品和服务。

历经多年牛市熊市的洗礼，华夏基金规范运作、稳健经营，以雄厚的综合实力保持了基金行业的领先地位。截至 2009 年 9 月 30 日，公司管理资产规模超过 2600 亿元，基金份额持有人户数超过 1300 万，是境内管理基金资产规模最大的基金管理公司。成立十一年来，华夏基金的业务持续快速发展，获得了基金行业全部业务牌照。华夏基金是首批全国社保基金投资管理人、首批企业年金基金投资管理人、境内首只 ETF 基金管理人、境内唯一的亚债中国基金投资管理人以及特定客户资产管理人，是业务领域最广泛的基金管理公司之一。

华夏基金在业内最早提出“研究创造价值”的投资理念，制定了严格的投资管理流程和制度，目的是通过专业、严谨的投资，获取稳定、可靠的收益。华夏基金的投研团队，吸收了大批海内外专业人士，具有高水准的职业操守、丰富的投资经验和突出的研究能力。基金经理平均从业年限超过 10 年。各基金经理在分享团队智慧的同时，能够充分发挥主观能动性，团队整体富有经验且充满锐气，在投资管理方面具有独立性和前瞻性。

华夏基金建立了完善的基金产品线，旗下共有 22 只开放式基金，2 只封闭式基金，从低风险、低收益的货币市场基金到高风险、高收益的股票基金，可以满足各类风险偏好投资者的需求。公司还管理着亚洲债券基金二期中国子基金及多只全国社保基金投资组合，已经被超过 120 家大中型企业确定为年金投资管理人，并被多家客户确定为特定客户资产管理人。公司是境内管理基金数目最多、品种最全的基金管理公司之一。

“为信任奉献回报”是华夏基金不变的宗旨，它承载着公司对基金行业的体会，对社会和市场的责任，对投资人的承诺和对自身诚信立业的要求，已经成为华夏基金生存和发展的精神基石。

【公司大事记】

1998 年，公司正式成立，同年公司管理的第一只基金——华夏兴华基金成功上市。

1999 年,我国最早的优化指数型基金——华夏兴和基金成立。

2000 年,公司正式提出“为信任奉献回报”的企业宗旨和“诚信、尊重、创新、共享”的经营理念,同年公司注册资本由7000 万元增加到 13800 万元。

2001 年,国内首批开放式基金之一——华夏成长基金成立。

2002 年,公司在国内基金业率先推出基金后端收费模式。同年,公司取得全国社保理事会确定的首批投资管理人资格。

2003 年,中共中央政治局委员、北京市委书记刘淇同志视察华夏基金管理公司。

2004 年,国内首只 ETF—上证 50ETF 成功发行。同年公司独家获得亚洲债券基金中国子基金管理人资格。

2005 年,公司获得首批企业年金基金投资管理人资格。

2006 年,中小板 ETF 成功发行,首发规模 39.65 亿元。国内首批复制基金——华夏回报二号基金成立,首发规模 63 亿元;中国首例“封转开”基金华夏平稳增长基金成立,基金规模 23.46 亿元;华夏优势增长基金成功发行,首发规模 141 亿元。

2007 年 1 月 10 日第四届中国基金业金牛奖揭晓,公司荣获“2006 年度十大金牛基金公司奖”;华夏债券基金荣获“2006 年度开放式债券型金牛基金奖”;华夏现金增利基金荣获“2006 年度开放式货币市场基金金牛基金奖”;上证 50ETF 荣获“2006 年度开放式指数型金牛基金奖”。

2007 年 1 月 26 日公司在和讯网主办的“2006 年度财经风云榜”活动中获得“2006 年度中国十大品牌基金公司奖”、“2006 年度中国基金业杰出创新奖”,华夏现金增利基金荣获“2006 年度十大明星基金奖”,公司总经理范勇宏获得了 200 万网友评选出的“2006 年度中国基金业杰出掌门人奖”。

2007 年 1 月 27 日公司获得《21 世纪经济报道》评选的“2006 年中国基金管理公司综合实力奖”,华夏债券基金获得“2006 年债券型基金三年持续表现奖”。

2007 年 2 月 16 日公司在搜狐主办的“2006 年度基金评选”活动中获得“2006 年度明星基金管理人”,华夏大盘精选基金获得“2006 年度股票型基金明星基金”。

2007 年 3 月公司在亚洲权威资产管理杂志《亚洲资产管理》(Asia Asset Management)2006 年评奖活动中,获得“亚洲地区最佳客户服务奖”与“中国最佳社会服务奖”,同时获得“中国最佳零售策略奖”特别提名与“中国最佳创新产品奖”特别提名。

2007 年 3 月 13 日华夏债券基金在全球著名基金评级机构美国晨星资讯有限公司主办的“晨星基金经理年度奖”(Morningstar Fund Manager of the Year Award)评选活动中,蝉联“晨星(中国)2006 年度债券型基金经理奖”。

2007 年 4 月 6 日公司在《上海证券报》主办的“第四届中国最佳基金公司评选”活动中成为唯一一家荣获“中国最佳基金公司 TOP 大奖”的基金公司,这是公司第二次获得该奖项,并已连续四年在《上海证券报》的基金评选中获奖。华夏现金增利基金经理韩会永荣获“最佳货币型开放式基金经理单项奖”。

2007 年 4 月 25 日在美国 ETF 专业网站 Exchangetraded-funds.com 举办的第三届全球 ETF 大奖评选中,华夏基金旗下的中小板 ETF 荣获“亚太地区最佳创新 ETF 奖”。

2007 年 4 月 27 日在《证券时报》2006 年度明星基金评选中,华夏基金获得了“明星基金管理公司奖”,华夏大盘精选基金获得“股票型明星基金奖”,华夏现金增利基金获得“货币市场明星基金奖”。

2007 年 5 月华夏蓝筹核心基金公告集中申购结果,募集资金 438 亿元。

2007 年 5 月 11 日华夏蓝筹核心基金开始办理日常赎回业务。

2007 年 5 月 28 日华夏蓝筹核心基金在深圳证券交易所上市交易。

2007 年 5 月 30 日华夏蓝筹核心基金开始办理日常申购业务。

2007 年 7 月华夏基金荣膺由世界品牌实验室和世界经理人周刊联合主办的 2007 年(第四届)中国品牌高峰会评选出的“2007 年度中国品牌 500 强”。

2007 年 7 月华夏基金管理获得中国证监会正式批复,获准开展境外证券投资管理业务(QDII)。华夏基金是今年 7 月 5 日《合格境内机构投资者境外证券投资管理试行办法》实施后批准的首批符合资格开展境外投资管理业务的投资管理机构。

2007 年 8 月 13 日在《中国证券报》评选的“2006 年度投资者关系管理表现最佳单项奖”中,华夏基金获得“最佳机构投资人奖”。

2007 年 8 月 27 日华夏基金设立成都分公司。

2007 年 9 月 10 日华夏复兴股票型证券投资基金成立。

2007 年 10 月 9 日华夏全球精选股票型证券投资基金成立。

2007 年 10 月公司总经理范勇宏获得由中国证券研究设计中心、和讯网和《证券市场周刊》共同评选的“基金业十年杰出贡献人物奖”。

2007 年 10 月华夏基金获得由《第一财经日报》评选的“金融品牌价值十佳基金公司奖”。

2007 年 10 月华夏基金网站在《证券时报》主办的第八届“中国优秀财经证券网站”评选活动上荣获“中国最佳基金网站奖”。

2007 年 11 月 17 日华夏大盘精选基金荣获第三届中国证券市场年会“2007 年中国证券市场高成长开放式基金金算盘奖”。

2007 年 12 月 14 日华夏行业精选基金集中申购提前结束。

2007 年 12 月华夏基金在搜狐主办的“2007 年度搜狐理财网络调查暨年底调查”活动中荣获“2007 年最有影响力基金品牌奖”、“2007 最有影响力基金投资者教育奖”和“2007 年最受欢迎基金新产品奖”三项大奖。

2007 年 12 月华夏大盘精选基金在南都周刊第一届金基奖评选中获得“2007 年度最佳业绩回报基金奖”。

2008 年 1 月华夏基金获得由中证报、中国银河证券、天相投顾、中信证券共同评选的“2007 年度十大金牛基金公司”奖,其中华夏大盘精选基金获得“2007 年度开放式股票型金牛基金”、华夏红利与华夏平稳增长基金获得“2007 年度开放式混合型金牛基金”、华夏现金增利基金获得“2007 年度开放式货币市场金牛基金”。

2008 年 1 月在楚天传媒集团 2007 年度理财总评榜评选活动中,华夏基金获得“最值得托付的基金管理公司奖”,华夏大盘精选基金获得“最受欢迎的股票型基金奖”,华夏平稳增长基金获得“最具成长性混合型基金奖”。

2008 年 1 月华夏基金获得由《中国总会计师》杂志社与“中国国际财务战略管理研究会”共同评选的“2007 年度十佳金融服务机构”奖。

2008 年 1 月在《理财周刊》、第一理财网、北京青年报、广州日报联合举办的“2007 年度理财产品评选”中，华夏红利基金获得“2007 年度基金产品金奖”。

2008 年 1 月 11 日华夏基金在证券时报社主办的“2007 年度中国明星基金暨最佳托管银行评选”中，荣获“中国基金业十年持续回报明星基金奖”、“十大明星基金公司奖”，其中华夏大盘精选基金荣获“2007 年度股票型基金明星奖”，华夏红利基金荣获“2007 年度平衡型基金明星奖”。

2008 年 1 月在《钱经》杂志、《东方早报》等多家媒体联盟举办的“2007 年度中国理财总评榜”的评比中，华夏基金被评为“2007 年度值得托付的基金公司”和“2007 年度最具价值基金公司”，华夏大盘精选基金被评为“2007 年度最受欢迎的股票型基金”，华夏平稳增长基金被评为“2007 年度最具成长性混合型基金”。

2008 年 1 月 20 日在《21 世纪经济报道》主办的“中国赢基金奖”的评比中，华夏基金获得“2007 年中国基金公司综合实力大奖”、“2007 年中国基金管理公司最佳基金营销奖”、“2007 年中国基金管理公司最佳年度表现奖”和“2007 年中国基金管理公司最佳投资团队奖”四项大奖，华夏大盘精选基金获得“进取混合型开放式基金三年持续表现奖”和“2007 年中国开放式进取混合型基金最佳表现奖”，华夏红利混合型基金获得“2007 年中国开放式灵活混合型基金最佳表现奖”。

2008 年 1 月 20 日在和讯网举办的 2007 年度财经风云榜颁奖活动中，华夏基金获得“2007 年度中国十大品牌基金公司奖”，范勇宏总经理获得“2007 年度中国十大基金业杰出掌门人奖”，华夏大盘精选基金获得“2007 年度最佳股票型基金奖”，华夏现金增利基金获得“2007 年度最佳货币市场型基金奖”。

2008 年 2 月 18 日华夏基金获得北京市顺义区委区政府授予的“2007 年度区域经济百强企业”、“2007 年度财政贡献突出企业”称号。

2008 年 2 月 22 日公司正式获得特定资产管理业务资格。

2008 年 2 月 28 日在金融界、清华大学中国金融研究中心共同主办的影响力－基金年会暨 2007 年度 BoB 基金评选颁奖典礼中，公司获得“2007 年度 BoB 最佳基金管理公司”，华夏大盘精选基金、华夏红利基金、华夏优势增长基金、华夏平稳增长基金分别获得“2007 年度 BoB 最佳基金”。

2008 年 2 月 28 日在新浪财经“2007 理财产品评选之基金公司评选”中，公司获得最受网友信赖的十大基金公司。

2008 年 2 月 28 日华夏基金客户服务中心获得“客户联络中心标准体系五星级认证（CCCS 五星级认证）”，是基金行业唯一通过此权威认证的企业。

2008 年 2 月华夏基金为南方地区冰冻雪灾捐款 130 万元。

2008 年 3 月 6 日在亚洲权威的资产管理行业杂志《亚洲资产管理》（Asia Asset Management）的评选中，华夏基金获得“中国增长最快速基金管理公司”、“亚洲地区最具创新投资者教育”等四项大奖。

2008 年 3 月 10 日华夏希望债券基金成立。

2008 年 3 月 14 日在“理柏中国基金 2008”奖项评选中，华夏大盘精选基金获得 1 年期、2 年期、3 年期基金奖，华夏红利基金获得 1 年期基金奖。

2008 年 3 月 28 日在《上海证券报》主办的第五届“中国基金业金基金评选”中，华夏基金获得“中国最佳基金公司 TOP 大奖”和“中国基金业十年杰出贡献基金公司奖”。华夏大盘精选基金获得“2007 年股票型金基金奖”。

2008 年 4 月 20 日在晨星（中国）和《财富中国》联合举办了基金年度评奖中，华夏基金获得“2007 最佳持续创富基金公司”、“2007 最佳风险控制基金公司”，华夏大盘精选基金获得“开放式基金最佳年度回报基金奖，华夏大盘精选基金经理王亚伟获得“2007 最佳价值发现基金人物奖”。

2008 年 4 月 27 日在《北京青年报》联合银河基金研究中心举办的年度“北青基金年度财星榜”评选中，华夏基金获得“2008 年金牌全能团队”称号。

2008 年 4 月在亚洲权威财经杂志《亚洲投资者》（Asian-Investor）举办的“2008 年度投资成就奖”中，华夏基金成为唯一一家获得“年度中国最佳基金公司”奖，同时还获得了“一年期最佳投资回报奖”。

2008 年 5 月华夏基金荣获美国《读者文摘》信誉品牌 2008 白金奖，成为该次评选活动中唯一一家获奖基金公司。获得白金奖的品牌，其评选得分至少是最主要竞争对手的两倍以上。

2008 年 5 月 16 日 2008 福布斯中国优选基金揭晓，华夏大盘精选基金排名第一。

2008 年 5 月 26 日百度 2008 亿万网民心目中的理财品牌榜揭晓，华夏基金获得“2008 亿万网民心目中的中国十大品牌基金公司”，华夏大盘精选基金获得“2008 亿万网民心目中的中国十大明星基金”，华夏基金 E 网通获得“2008 亿万网民心目中的中国基金业杰出电子商务奖 ”。

2008 年 6 月华夏基金公司和员工为四川汶川灾区捐款捐赠超过 350 万元。

2008 年 6 月 27 日华夏基金在 2007－2008 年度中国最佳客户服务评选颁奖典礼上，获得“中国最佳客户服务奖”和“中国最佳客户服务中心奖”两项大奖。

2008 年 9 月 4 日第九届“中国优秀财经证券网站”评选结果揭晓，华夏基金获得“2008 年度金融机构网站十佳管理团队奖”。

2008 年 9 月 5 日华夏复兴股票型证券投资基金开放日常赎回、转换转出业务。

2008 年 9 月在《理财周报》举办的“2008 最受尊敬的基金公司”评选中，华夏基金获得“2008 中国最受尊敬基金公司”、“2008 最佳回报基金公司”等四项大奖。

【股东概况】

持股单位	持股占总股本比例
中信证券股份有限公司	40.725%
西南证券有限责任公司	35.725%
北京证券有限责任公司	20%
中国科技证券有限责任公司	3.55%
合计	100%

【旗下基金】

基金代码	基金简称	类型	基金经理
000001	华夏成长	开放式	巩怀志
000011	华夏大盘精选	开放式	王亚伟
000021	华夏优势增长	开放式	刘文动
000031	华夏复兴	开放式	童汀、孙建东

基金代码	基金简称	类型	基金经理
000041	华夏全球精选	开放式	杨昌桁、周全
001001	华夏债券	开放式	韩会永
001003	华夏债券 C	开放式	韩会永
002001	华夏回报	开放式	胡建平
002011	华夏红利	开放式	孙建冬
002021	华夏回报二号	开放式	胡建平
003003	华夏现金增利	开放式	曲波
519029	华夏平稳增长	开放式	张龙
500008	基金兴华	封闭式	阳琨
500018	基金兴和	封闭式	阳琨
510050	50ETF	开放式	方军
159902	中小板 ETF	开放式	方军
160311	华夏蓝筹	开放式	王志华
160314	华夏行业	开放式	罗泽萍
001011	华夏希望 A	开放式	韩会永
001013	华夏希望 C	开放式	韩会永
002031	华夏策略	开放式	王亚伟
000051	华夏 300	开放式	方军、徐弘弢
288001	中信配置	开放式	郑煜、赵航
288002	中信红利	开放式	郑煜
288102	中信双利	开放式	李广云
288101	中信货币	开放式	王洪涛、李广云

【公司高管】

王东明先生：董事长，硕士，高级经济师。现任中信证券股份有限公司董事长、中信基金管理有限责任公司董事长、中国国际信托投资公司董事、协理，中信控股有限责任公司董事、中信国际金融控股有限公司董事、中信资本市场控股有限公司董事。曾任中信证券有限责任公司副总经理、总经理、董事，北京华远经济建设公司副总经理，加拿大枫叶银行证券公司部门副经理，南方证券公司副总裁，华夏证券公司发行部副总经理等职务。

范勇宏先生：副董事长、总经理，博士。曾任华夏证券股份有限公司总裁助理、华北业务总监、华夏证券股份有限公司北京东四营业部总经理、中国建设银行总行干部。

华安基金管理有限责任公司

【基本情况】

法定名称：华安基金管理有限责任公司
注册地址：上海市浦东南路 360 号 新上海国际大厦 38 楼
办公地址：上海市浦东南路 360 号 新上海国际大厦 2 楼、37 楼、38 楼
法人代表：俞妙根
总 经 理：俞妙根
成立时间：1998 – 年 06 月 04 日
组织形式：有限责任公司
注册资本：1 亿 5 千万元人民币
联系电话：021 – 58881111
客服电话：021 – 68604666
传真号码：021 – 68863223
邮政编码：200120
公司网址：http://www.huaan.com.cn

【公司概况】

华安基金管理有限公司成立于 1998 年 6 月 4 日，是中国证监会批准成立的首批基金管理公司之一，主营业务包括基金发起设立、基金管理和中国证监会批准的其他业务，注册资本 1.5 亿元人民币，上海电气（集团）总公司、上海国际信托有限公司、上海工业投资（集团）有限公司、上海锦江国际投资管理有限公司、上海沸点投资发展有限公司分别持有华安基金管理有限公司 20% 的股权。目前华安旗下共管理了 2 只封闭式证券投资基金和 11 只开放式基金、1 只 ETF 和 1 只外币基金，它们分别是：基金安信、基金安顺、华安创新证券投资基金、华安 MSCI 中国 A 股指数增强型证券投资基金、华安现金富利投资基金、华安宝利配置证券投资基金、华安宏利股票证券投资基金、华安中小盘成长股票型基金、华安策略优选股票型基金、华安稳定收益债券型证券投资基金、华安核心优选股票型证券投资基金、华安强化收益债券型证券投资基金、华安上证 180 交易型开放式指数证券投资基金联接基金、上证 180 交易型开放式指数证券投资基金、华安国际配置基金。

【公司大事记】

华安公司在中国大陆基金业创造了一系列的“第一”：

1999 年 6 月，华安获准成为第一批可管理两只基金的基金管理公司；

2001 年 2 月，华安被“机构投资者论坛”（INSTITUTIONAL INVESTOR）吸收为第一个中国大陆会员；

2001 年 9 月，推出了国内第一只开放式基金——华安创新证券投资基金；

2002 年 9 月，推出了国内第一只开放式指数型证券投资基金——华安 180 指数增强型证券投资基金。

2003 年 4 月，成为业内第一家参照“实时企业”（Real Time Company）的要求，推出 7 * 24 小时“全天候”理财服务的基金管理公司。

2003 年 12 月，推出了国内第一只准货币市场基金——华安现金富利基金。

2006 年 9 月，推出中国第一只外币基金产品——华安国际配置基金。

2007 年 04 月，华安旗下封闭式基金安瑞到期，转型为开放式基金—华安中小盘成长基金。

2007 年 08 月，华安旗下封闭式基金安久到期，转型为开放式基金—华安策略优选基金，申购首日突破 700 亿。

2007 年 10 月，华安旗下中国第一只开放式基金华安创新分拆，净值回归 1 元。

2007 年 12 月，华安基金管理公司管理资产规模突破 1000 亿，服务客户近 600 万

2008 年 04 月，推出了旗下第一只债券型基金——华安稳定收益债券型基金，进一步完善了产品线。

2008 年 05 月，举行了公司十周年庆典暨华安全新品牌形象和 LOGO 发布会。十年再上路，华安以全新的品牌形象和投资者一起再出发。

【股东概况】

排序	股东名称	持股数量（万股）	持股比例（%）
1	上海国际信托投资有限公司	3000.00	20%
1	上海电气（集团）总公司	3000.00	20%
1	上海广电（集团）有限公司	3000.00	20%
1	上海沸点投资发展有限公司	3000.00	20%
1	上海工业投资（集团）有限公司	3000.00	20%

【旗下基金】

基金代码	基金简称	类型	基金经理
040001	华安创新	开放式	汪光成
040002	华安中国A股	开放式	刘光华、许之彦、刘璎
040003	华安现金富利	开放式	黄勤
040004	华安宝利配置	开放式	邓跃辉
040005	华安宏利	开放式	尚志民
040009	华安债券	开放式	贺涛
040007	华安中小盘成长	开放式	刘光华
040008	华安策略优选	开放式	张伟 邓跃辉
500003	基金安信	封闭式	陈俏宇
500009	基金安顺	封闭式	尚志民
510180	180ETF	开放式	刘璎、许之彦
040010	华安债券B	开放式	贺涛
040011	华安核心	开放式	陈俏宇
040012	华安强债A	开放式	黄勤、周丽萍
040013	华安强债B	开放式	黄勤、周丽萍
040180	华安180ETF联接	开放式	许之彦

【公司高管】

董事长兼总经理：俞妙根先生，大学学历，高级经济师。历任上海申信进出口公司副经理，上海国际信托投资公司公关部科长、驻德国汉堡办事处总代表、AIT公司董事会董事总经理、信托二部经理兼新上海国际大厦有限公司总经理、资金信托总部总经理、行政管理部经理，现任上海国际信托投资有限公司副总经理。

常务副总经理：邵杰军先生，研究生学历，14年证券、基金从业经验。曾任申银万国证券股份有限公司基金管理总部总经理助理。现任华安基金管理有限公司常务副总经理。

督察长：章国富先生，研究生学历，21年经济、金融从业经验。曾任上海财经大学副教授、硕士生导师，上海大华会计师事务所会计师、中国诚信证券评估有限公司上海分公司副总经理、上海华虹（集团）有限公司财务部副部长（主持工作）、上海信虹投资管理有限公司副总经理兼上海新鑫投资有限公司财务总监。现任华安基金管理有限公司督察长。

博时基金管理有限公司

【基本情况】

法定名称：博时基金管理有限公司

办公地址：深圳市福田区深南大道7088号招商银行大厦29－30层

法人代表：杨鶤

总　经　理：肖风

成立时间：1998年7月13日

组织形式：有限责任公司

注册资本：1亿元人民币

联系电话：0755－83169999

客服热线：010－65171155

传真号码：0755－83195140

公司网址：www.bosera.com

【公司概况】

博时基金管理有限公司成立于1998年7月13日，是中国内地首批成立的五家基金管理公司之一。注册资本1亿元人民币，总部设在深圳，在北京、上海设有分公司。博时基金公司的股东为招商证券股份有限公司、中国长城资产管理公司、广厦建设集团有限责任公司。博时基金公司的经营范围包括基金募集、基金销售、资产管理和中国证监会许可的其他业务，是一家为客户提供专业投资服务的资产管理机构。“为国民创造财富”是博时的使命。

博时基金公司的投资理念是“做投资价值的发现者”。我们的股票投资强调以内部研究为基础的基本面分析，持续挖掘业绩稳定增长、有核心竞争力、有成长潜力的上市公司。我们坚信股票的二级市场价格终将反映企业的内在价值，坚守对企业的深入把握这一获取收益、规避风险的根本方法。

截止2009年9月30日，博时基金公司共管理博时价值增长混合基金、博时裕富指数基金、博时现金收益货币基金、博时精选股票基金、博时主题行业股票（LOF）基金、博时稳定价值债券基金、博时平衡配置混合基金、博时价值增长贰号混合基金、博时第三产业成长股票基金、博时新兴成长股票基金、博时特许价值股票基金、博时信用债券基金、博时策略灵活配置混合基金共十三只开放式基金和博时裕阳、裕隆、裕泽三只封闭式基金，并且受全国社会保障基金理事会委托管理部分社保基金，以及多个企业年金账户，资产管理总规模逾1900亿元。博时基金公司是目前我国资产管理规模最大的基金公司之一，养老金资产管理规模在同业中名列前茅，累计分红超过人民币435亿元。

【公司大事记】

1998年7月13日　经中国证监会证监基字［1998］26号文件批准，博时基金管理有限公司在北京正式成立。

2008年1月7日　由中国证券报主办、银河证券、天相投资顾问公司和中信证券协办的“第五届中国基金业金牛奖”评选结果揭晓，博时、华夏、易方达等10家基金管理公司荣获2007年度“金牛基金管理公司”称号。博时旗下两只基金同时获奖，基金裕隆获评为“2007年度封闭式金牛基金”，博时主题行业获评为“2007年度开放式股票型金牛基金”。

2008年1月10日由网易财经主办、《基金观察》协办的“中国基金十年高峰论坛暨2007年中国十大金钻基金公司颁奖盛典”中，博时等10家基金管理公司荣获“2007年中国十大金钻基金公司”称号，同时博时还荣获“2007年最具人气基金公司”称号。

2008年1月16日由《理财周刊》、《第一理财网》、《北京青年报》、《广州日报》等联合举办“2007年度理财产品评选”颁奖典礼在上海举行，博时第三产业成长基金荣获“2007年度基金产品金奖”的称号。

2008年1月20日由国内著名财经网站和讯网主办的“2007年度中国财经风云榜”在北京揭晓，博时荣获“中国十大品牌基金公司”、“中国基金业杰出电子商务奖”两项荣誉，博时总裁肖风荣获“中国基金业杰出掌门人奖”，博时主题行业基金经理邓晓峰荣获“中国十大明星基金经理”。

2008年1月20日由21世纪经济报道主办的21世纪中国资本市场年会在北京举行，会上颁发了“中国赢基金奖”。博时基金公司获得“2007年中国基金公司综合实力大奖”和“2007年中国基金管理公司最佳最快成长奖”的荣誉。

2008年1月22日由华夏时报主办的“2007华夏机构投资者年会暨华夏理财总评榜颁奖盛典”在北京举行，博时等3家基金管理公司荣获“最佳基金事件营销奖”称号。

2008年1月23日《卓越理财》杂志、金融界网站、中央人民广播电台都市之声联合举办的“卓越 2007 金融理财排行榜”颁奖典礼在北京举行，博时裕富荣获“卓越 2007 金融理财排行榜最受欢迎基金产品奖”。

2008 年 2 月 1 日全国银行间同业拆借中心根据交易成员 2007 年参与银行间本币市场交易的成绩和交易中遵章守法、恪守信用情况以及对交易系统建设的支持，选出了 120 家“2007 年度优秀交易成员”，博时位列其中，这是博时基金连续四年当选“全国银行间市场优秀交易成员”。

2008 年 2 月 20 日经证券期货业科学技术奖励委员会和中国证监会批准，证券期货业首届科学技术奖获奖项目在北京揭晓，在信息系统的建设与应用方面创造了基金行业 6 项第一的博时基金公司荣获证券期货业首届科学技术奖最佳创新奖。

2008 年 2 月 21 日由中国企业年金网主办的 2007 年度优秀企业年金基金管理机构评选结果日前揭晓，博时基金荣获“2007 年度最佳企业年金投资管理人”称号。

2008 年 2 月 28 日由金融界网站和清华大学中国金融研究中心主办的首届“影响力？基金年会暨 2007BOB 基金评选颁奖”在北京举行，博时等 10 家基金管理公司荣获“2007 年度 BOB 基金公司”称号，同时博时旗下的“博时主题行业基金”、“博时精选股票基金”和“基金裕隆”还荣获“2007 年度 BOB 最佳基金产品”称号。（注：BOB 即 Best of the best，优中最优）

2008 年 3 月 18 日由东方财富网、新民晚报联合主办的“2007 年百姓最喜爱的十大股票基金评选”系列活动结果在上海揭晓：经过一个月的读者投票和专家评选，博时主题行业基金被评为“2007 年百姓最喜爱的十大股票基金”。

2008 年 3 月 22 日由证券时报社主办、安信证券协办的“2007 年度中国明星基金暨最佳托管银行评选”颁奖典礼在深圳举行。博时凭借公司综合实力荣获“2007 年度十大明星基金公司”称号。同时，博时主题行业基金获“2007 年度股票型基金明星奖”，基金裕阳荣获“2007 年度封闭式基金明星奖”。

2008 年 3 月 28 日上海证券报第五届“金基金”奖及“中国基金业十年杰出贡献奖”在北京揭晓。博时荣获“中国基金业十年杰出贡献奖”，博时主题行业基金荣获 2007 年度股票型“金基金”奖。

2008 年 4 月 27 日 2008 年 4 月 27 日，由《北京青年报》杂志主办的“2008 年北青基金年度财星榜”颁奖典礼在北京举行，博时基金公司荣获“金牌价值团队”奖。

2008 年 5 月 15 日博时公司及员工共向地震灾区捐款 300 万元。在 5 月 12 日四川汶川县发生强烈地震后，博时基金发扬“扶贫济困，奉献爱心”的公司传统，公司及员工向地震灾区捐款 100 万元，以帮助四川灾区同胞，缓解燃眉之急。5 月 15 日，为进一步支持抗灾重建工作，博时公司追加捐款 200 万元，至此，博时基金公司和员工共捐款 300 万元。

2008 年 5 月 20 日博时基金荣获“2008 亿万网民心目中的中国十大品牌基金公司”奖，肖风总经理荣获“2008 年影响中国基金业发展的十佳领导人”奖。2008 年 4 月，百度财经进行了为期一个月的“2008 亿万网民心目中的理财品牌榜评选”活动，博时基金公司和公司总经理肖风先生分别获十佳品牌基金公司及十佳领导人的称号。

2008 年 6 月 2 日世界品牌实验室（World Brand Lab）发布了 2008 年（第五届）《中国 500 最具价值品牌排行榜》。在这份基于财务分析、消费者行为分析和品牌强度分析而获得的中国品牌国家队阵容中，博时以 32.68 亿元的品牌价值荣居 234 位。博时在基金公司中位居榜首。

2008 年 6 月 21 日博时主题行业基金获评为“十大最受重庆市民喜爱基金产品”。2008 年 6 月 21 日，由重庆市渝中区人民政府、21 世纪经济报道报社、重庆商报社联合举办的“2008 中国（西部）资本市场高峰会暨首届重庆理财节投资产品重庆汇展”在解放碑盛大开幕。经过一个半月的读者短信和网络投票，博时主题行业基金被评为“十大最受市民喜爱基金产品”。

2008 年 7 月 3 日博时基金获中国最佳客户服务中心管理奖。2008 年 7 月 3 日，中国最佳客户服务评选揭晓，博时基金获中国最佳客户服务中心管理奖。中国最佳客户服务评选至今已经连续成功举办了三届，对推动“中国服务”品牌化起到了积极的推动作用。

2008 年 7 月 10 日博时基金公司自今年起在中国科学院设立博时奖学金，用以支持该院金融与金融与经济管理、数学和系统科学领域的研究生教育。2008 年 7 月 10 日，中科院首次颁发博时奖学金，14 名来自金融与经济管理、数学和系统科学领域的优秀研究生共获发奖金 5 万元。博时奖学金分“特等奖”和“优秀奖”两个等级，每年颁发“特等奖”4 名，奖金为每人 5000 元；“优秀奖”10 名，奖金每人 3000 元。获奖者由中科院在该院金融与金融与经济管理、数学和系统科学领域中选出，面向对象全部为博士或硕士研究生。

2008 年 7 月 13 日 2008 年 7 月 13 日，作为国内资产管理规模最大的基金公司之一的博时基金迎来了自己十周岁的生日，博时基金决定从公司经营收入中捐资 100 万元参与援建灾区特殊教育学校的方式来庆祝自己的生日。据介绍，博时基金此次参与援建的是四川什邡市特殊教育学校，经过多次考察论证，博时基金发现相对于灾区普通学校的在校生，特殊学校的少年儿童是一个受到关注不多、更需要帮助的群体，为此，博时基金从公司经营收入中出资 100 万元，与其他组织机构一起参与什邡市特殊学校的援建工作，至此，博时基金及员工为地震灾区累计捐款、捐物超过 400 万元。

2008 年 9 月 20 日博时基金获评“2008 中国最受尊敬基金公司”。2008 年 9 月 20 日，由《理财周报》主办的“2008 中国基金业领袖峰会”在上海举行，博时在会上被授予“2008 中国最受尊敬基金公司”的称号。

2008 年 10 月 25 日博时三获年度行业十佳雇主企业称号。2008 年 10 月 25 日，由《北大商业评论》、国际人力资源管理协会和国家劳动和社会保障部职业杂志社联合举办的第五届中国人力资源管理年度盛典暨 2008 中国人力资源年度评选结果在北京揭晓，博时公司获得 2008 年度“中国行业十佳雇主企业”称号。这是博时公司第三次获得该项荣誉。

2008 年 11 月 4 日博时荣获《美国机构投资者》杂志 2008 年中国最大资产管理人第二名。2008 年 11 月 4 日，全球权威性的投资管理类杂志《Institutional Investor》在上海宣布了中国 2008 前 20 名基金排名榜，博时基金以 353 亿美元的资产总值位列第二。

2008 年 11 月 9 日博时第三产业基金荣获“金算盘奖”。2008 年 11 月 9 日，由证券日报社主办的“第四届中国证券市场年会”在北京举行，博时第三产业基金在会上获颁“2008 年中国证券市场开放式基金金算盘奖”。

2008 年 12 月 18 日博时荣获“2008 年最有影响力基金品牌奖”。2008 年 12 月 18 日，博时基金在“2008 搜狐金融理财网络盛典”的网络评选中获得“2008 年最有影响力基金品牌奖”。搜狐理财频道自 2005 年起，率先推出“搜狐金融理财网络盛典”活动。该活动采用网络调查与网络投票相结合，业界权威人士参与评论的形式，对金融机构进行年度专项评价与颁奖。至今已连续举办三届，影响深远。

2008 年 12 月 28 日博时获评“年度最佳基金公司”。2008 年 12 月 28 日，博时基金在金融时报社主办的“2008 中国最佳金融机构排行榜”的评选中获得“年度最佳基金公司”奖。该评选由金融时报社联合中国社会科学院金融研究所首次举办发布。采用了核心数据排名与来自国务院发展研究中心金融研究所、中国人民银行、中国银监会、中国证监会和中国保监会以及高校和业内专家的意见相结合的方式完成。

2009 年 1 月 8 日和讯第六届中国财经风云榜，博时荣获四大奖项。2009 年 1 月 8 日和讯“第六届中国财经风云榜”在北京正式发布结果，博时基金公司获得“2008 年度品牌基金公司”、“2008 年度最佳投资者关系基金公司”、“2008 年度最佳基金网上交易平台”三项大奖，同时博时稳定价值债券投资基金基金经理过钧获得“2008 年度稳健投资基金经理”奖项。

2009 年 1 月 14 日博时蝉联“2008 年度金牛基金公司”大奖，旗下五基金同时荣获业绩优胜奖项。在 2009 年 1 月份揭晓的第六届中国基金业金牛奖评选中，博时获得 6 个奖项，成为获奖最多的基金公司之一。此次博时基金蝉联获得“金牛基金管理公司”的称号，基金裕隆、博时主题行业、博时平衡配置分别获得“封闭式持续优胜金牛基金”、“开放式股票型持续优胜金牛基金”和“2008 年度同业领先开放式混合型基金”的奖项。另外，博时稳定价值、博时现金收益分别获得“2008 年度开放式债券型金牛基金”和“2008 年度开放式货币市场金牛基金”奖项。本届金牛奖评选指导委员会由来自证监会、银监会、保监会、劳动和社会保障部、全国社保基金理事会、中国证券业协会、主要商业银行及主协办方的相关领导、专家学者构成。

2009 年 1 月 18 日博时荣获“最佳基金投研团队”奖。2009 年 1 月 18 日，博时基金在 2008 年华夏理财总评榜“金蝉奖”的评选中获得“最佳基金投研团队”奖。本届颁奖盛典由华夏时报主办，中国证券业协会、中国金融学会、中国注册理财规划师协会、德胜基金研究中心协办，Bankrate（中国）提供专业技术支持并由 BTV－5 作为独家电视合作伙伴对颁奖盛典进行全程录播。

2009 年 1 月 20 日博时再度荣获《亚洲资产管理》两项大奖。2009 年 1 月 20 日，博时公司独家荣获《亚洲资产管理》（Asia Asset Management）杂志颁发的两项大奖，公司获得“最佳中国基金公司奖”，公司副总裁李全获得“2008 年度亚太地区最佳营销人物奖”。

2009 年 2 月 20 日，博时基金获得“2008 年度十佳投资基金公司”，该评选由中国金融品牌主流媒体宣传联盟主办。其按投资业绩打分制为基金公司的投资能力进行一个排名，具体为投资收益排名在前 10% 的基金品种打 3 分，为投资收益排名在前 20% 的基金品种打 2 分，为投资收益排名在前 30% 的基金品种打 1 分，为投资收益排名在后 10% 的基金品种打 －3 分，为投资收益排名在后 20% 的基金品种打 －2 分，为投资收益排名在后 30% 的基金品种打 －1 分，基金公司的分值按其旗下所有基金品种的得分累加所得，最终得出 2008 年度十佳投资基金公司。

2009 年 3 月 3 日“晨星（中国）2008 年度基金奖”颁奖典礼于 2009 年 3 月 3 日在香港举行，博时公司旗下博时平衡配置基金荣获开放式配置型基金提名奖。截至 2008 年 12 月 31 日，该基金过去一年回报在同类基金中名列前茅，同时被晨星评为两年期五星级基金。统计数据显示，博时平衡配置基金自 2006 年 5 月 31 日成立以来，至 2009 年 2 月 27 日，在遭遇 2008 年股市深幅调整的情况下，投资回报率为 109.34%。

2009 年 3 月 4 日，博时主题行业基金获得“2008 年（第三届）钻石基金 TOP10”荣誉。“2008 年钻石基金 TOP10”的榜单是由《投资有道》杂志社、国际知名基金评级权威机构 LIPPER 汤森路透理柏、以及国内财经专家学者团评出。评选对象为成立时间超过 2 年的基金。

2009 年 3 月 9 日，博时在由《21 世纪经济报道》主办的“21 世纪中国赢基金奖”的评选中，蝉联“中国基金公司综合实力大奖”。同时，博时荣获“中国基金公司最佳研究团队奖”。本次评选由中国人民大学金融信息中心以及理柏评级作为学术支持，采取公司申报、专家评定、数量化方法相结合的方法。

2009 年 3 月 17 日 2008－2009 年度《钱经》中国财富管理年会于 3 月 17 日在北京召开，会议由中国主流媒体理财联盟主办，钱经杂志承办，博时获得两个奖项：2008－2009 年度暨第二届中国理财总评榜“中国基金业发展成就奖”和 2008－2009 年度暨第二届中国理财总评榜“最具竞争力基金公司”。

2009 年 3 月 20 日 2009 年“理柏中国基金奖”于 3 月 20 日揭晓，博时获得三个奖项，其中博时平衡配置基金分别获得一年期平衡混合型和二年期平衡混合型两项大奖；博时主题行业基金获得二年期股票型基金奖。理柏基金奖是一项国际大奖，是全球基金管理业的传统年度奖项。该奖的评级依据是：“稳定回报”，即经过波动风险调整后，表现要能持续优于同类基金，只有业绩稳定性最优的基金，能够获奖。

2009 年 3 月 20 日，在由证券时报社主办的“2008 年度中国明星基金及最佳托管银行”评选中，博时基金荣获三个奖项：“2008 年度十大明星基金公司奖”；博时稳定价值获“2008 年度债券型明星基金奖”；基金裕隆获得“三年持续回报封闭式明星基金奖”。

2009 年 3 月 27 日，由上海证券报、中国证券网主办的第六届“金基金”系列评选活动日前揭晓。根据业内 30 多位专家、机构及超过 38 万个人投资者的评选结果，我司荣获“2008 年度最佳风险控制奖”，同时，博时平衡配置基金、基金裕隆分别荣获“2008 年度积极配置型金基金”、“2008 年度三年期封闭式金基金”称号。

2009 年 3 月 29 日，博时基金获评为“中国企业信息化 500 强”。2008 年度中国企业信息化 500 强大会 3 月 29 日至 30 日在北京召开。据了解，国家信息化测评中心每年面向全国最大的数千家企业，进行企业信息化发展水平的调查。今年是该中心连续第 6 年发布“中国企业信息化 500 强”调查和测评结果。

2009 年 4 月 3 日，博时基金跻身广东综合纳税百强。2008 年度广东综合纳税百强发布会 4 月 3 日在广州召开，博时基金以逾 4.2 亿元纳税总额，跻身广东综合纳税百强，排名第 73 位，这是博时基金首次跻身该排行榜。

2009 年 4 月 9 日，在由金融界网站、中国社会工作协会主办的“2008 中国金融企业慈善榜”发布活动中，博时基金荣获“金融行业卓越贡献奖”。

2009 年 4 月 22 日，备受关注的第六届“深圳知名品牌”评价活动经过严格的评审正式揭晓，本届评选共有 48 个品牌获此殊荣，另外共有 42 个第三届“深圳知名品牌”通过复审，可继续享有该称号三年。博时作为基金行业唯一入选的品牌顺利通过复审，继续享有“深圳知名品牌”称号三年。

2009 年 6 月 16 日，世界品牌实验室（World Brand Lab）在北京发布了 2009 年（第六届）《中国 500 最具价值品牌排行榜》。在这份中国品牌国家队阵容中，博时以 35.52 亿元的品牌价值，位居第 230 位，在基金行业中继续位居榜首，这也是博时第六次上榜。在前六次的评估中，博时基金分别以 2004 年 19.68 亿元、2005 年 22.53 亿元、2006 年 24.28 亿元、2007 年 25.45 亿元、2008 年 32.68 亿元的品牌价值榜上有名。

2009 年 9 月 22 日，博时在由《理财周报》主办的“2009 中国最受尊敬基金公司”评选中，荣获此次评选的最高奖项——“2009 中国基金行业卓越贡献大奖”，同时，还获得“2009 最佳公司治理基金公司”以及“2009 最佳品牌塑造基金公司”两项大奖。支持“2009 中国最受尊敬基金公司评选活动”的各家机构有：西南财经大学信托与理财研究所、理柏（LIPPER）、德圣、上海国家会计学院。

2009 年 9 月 25 日，博时在由证券时报社主办的第十届中国优秀财经证券网站评选中荣获“年度最佳基金网站”奖项。作为中国资本市场权威的财经类媒体—证券时报倾力打造的“中国优秀财经证券网站”评选活动，始于 2000 年，已经成为金融业界范围最广、最具权威性的品牌评选活动，成为引领中国金融机构网络发展的旗帜。

【股东概况】

排序	股东名称	持股数量（万股）	持股比例（%）
1	招商证券股份有限公司	7300.00	73%
2	中国长城资产管理公司	2500.00	25%
3	广厦建设集团有限责任公司	200.00	2%

【旗下基金】

基金代码	基金简称	类型	基金经理
050001	博时价值增长	开放式	夏春
050002	博时裕富	开放式	张晓军
050003	博时现金收益	开放式	张勇
050004	博时精选股票	开放式	余洋
050006	博时稳定	开放式	过钧
050007	博时平衡配置	开放式	杨锐
050008	博时第三产业	开放式	邹志新
050009	博时新兴成长	开放式	何肖颉
050010	博时特许价值	开放式	陈亮
050201	博时价值增长贰号	开放式	夏春
500006	基金裕阳	封闭式	周力
160505	博时主题	开放式	邓晓峰
184692	基金裕隆	封闭式	孙占军
184705	基金裕泽	封闭式	陈亮
050011	博时信用	开放式	过钧
050012	博时策略	开放式	周力、张勇
050106	博时稳定	开放式	过钧

【公司高管】

杨鹇女士，硕士，董事长。1983 年起先后在中国银行国际金融研究所、香港中银集团、招商银行证券部、深圳中大投资管理公司、长盛基金管理公司、中信基金管理有限公司工作。现任招商证券股份有限公司董事、总经理。

肖风先生，副董事长，博士学历。历任深圳康佳电子集团股份有限公司董事会秘书兼股证委员会主任，中国人民银行深圳经济特区分行证券管理处科长、副处长，深圳市证券管理办公室副处长、处长，证管办副主任。现任博时基金管理有限公司副董事长、总经理。

李全先生，副总经理。1988 年 7 月毕业于中国人民银行总行研究生部。1988 年在中国人民银行总行金融研究所工作，同年进入中国农村信托投资公司。1991 年进入正大国际财务有限公司工作，历任北京代表处首席代表、资金部总经理、总经理助理。1998 年 5 月加入博时基金管理有限公司，任督察员兼监察部经理。2000 年至 2001 年，在梅隆信托的伦敦总部及其下属牛顿基金管理公司工作。2001 年 4 月，回到博时任副总经理，主管公司投资业务。2003 年起主管公司运作部门和市场发展部门。李全先生还在新华富时指数委员会担任委员。

孙麒清女士，商法学硕士。曾供职于广东深港律师事务所。2002 年加入博时基金管理有限公司，曾任监察法律部法律顾问，现任公司督察长兼监察法律部总经理。

鹏华基金管理有限责任公司

【基本情况】

法定名称：鹏华基金管理有限责任公司

注册地址：深圳市福田区福华三路与益田路交汇处深圳国际商会中心 43 层

办公地址：深圳市福田区福华三路与益田路交汇处深圳国际商会中心 43 层

法人代表：何　如

总 经 理：邓召明

成立时间：1998－12－22

公司性质：中资

注册资本：15000 万元

联系电话：0755－82021150

传真号码：0755－82021125

邮政编码：518001

公司网址：www.phfund.com.cn

【公司概况】

鹏华基金管理有限公司成立于 1998 年 12 月 22 日，业务范围包括基金募集、基金销售、资产管理及中国证监会许可的其他业务。公司股东现由国信证券股份有限公司、意大利欧利盛资本资产管理股份公司（Eurizon Capital SGR S.p.A.）、深圳市北融信投资发展有限公司组成，三家股东的出资比例分别为 50%、49%、1%，公司现有注册资本 15,000 万元人民币。截至 2009 年 9 月 30 日，公司管理资产总规模达到 1057.95 亿元。截至 2009 年 9 月 30 日，公司管理两只封闭式基金、十二只开放式基金和六只全国社保投资组合。

2007 年 6 月 22 日，经中国证监会《关于同意鹏华基金管理有限公司股权变更及修改公司章程的批复》（证监基金字［2007］178 号）批准，本公司原股东深圳市北融信投资发展有限公司、方正证券有限责任公司、安徽国元信托投资有限责任公司将其持有的占本公司总股本 49% 的股权一次性整体转让给意大利欧利盛金融集团股份公司（Eurizon Financial Group S.p.A.），中国商务部于 6 月 27 日向本公司颁发了外商投资企业批准证书(商外资资审字[2007]0259 号)。

2009 年 8 月 6 日,经中国证监会《关于核准鹏华基金管理公司变更股权的批复》(证监许可[2009]746 号)批准,本公司原股东意大利欧利盛金融集团股份公司将其持有的本公司 49% 的股权转让给意大利欧利盛资本资产管理股份公司(Eurizon Capital SGR S. p. A.)。

伴随着中国证券市场的发展壮大,鹏华基金管理有限公司已经走过九年多的发展历程。作为《证券投资基金管理暂行办法》颁布后成立的第六家规范化的基金管理公司,作为中国证券市场机构投资者的一员,鹏华公司自成立以来,一直秉承"进取、求实"的企业精神,坚持"信任高于一切"的企业理念,把风险控制放在业务发展首位。公司还成立了中国基金业第一个投资者俱乐部——"鹏友会",为广大投资者"尽心尽力,真诚服务",其稳健经营、规范运作的鲜明形象已为市场熟知和认可。

面对中国加入 WTO 后的机遇和挑战,身处中国基金业高速发展的历史时刻,鹏华基金管理有限公司将在进一步提高基金管理水平、完善市场服务体系、新业务开发、国际合作等多方面加快步伐,努力进取,继续诚实信用、勤勉尽责地为广大基金持有人服务,为中国基金业的健康发展做出应有贡献。

【公司大事记】

1999 年 1 月 6 日,鹏华首只封闭式基金普惠证券投资基金成立,募集规模 20 亿元;

1999 年 7 月 14 日,鹏华首只优化指数封闭式基金普丰证券投资基金成立,募集规模 30 亿元;

2002 年 4 月 22 日,鹏华首只开放式基金鹏华行业成长开放式证券投资基金开始发行,成功募集 39.77 亿份;

2002 年 12 月 16 日,鹏华获得社保基金理事会批准,成为全国社会保障基金首批六家投资管理人之一;

2003 年 5 月 24 日,普天系列开放式证券投资基金发行,含普天债券开放式证券投资基金和普天收益开放式证券投资基金,成功募集 11.4 亿;

2004 年 3 月 29 日,鹏华中国 50 开放式证券投资基金开始发行,成功募集 24.44 亿份;

2005 年 3 月 17 日,鹏华货币市场证券投资基金开始募集,成功募集 33.53 亿;

2006 年 6 月 12 日,鹏华价值优势股票型证券投资基金(LOF)开始募集,并成功募集 18.75 亿;

2006 年 12 月 8 日,鹏华动力增长混合型基金(LOF)开始募集,成功募集 110.14 亿。

2007 年 5 月 8 日,鹏华优质治理股票型证券投资基金(LOF)开始募集,成功募集 93.83 亿。该基金由原基金普华和基金普润两只封闭式基金合并转型而成,也是国内首只由分别在沪、深两个交易所上市的两只封闭式基金成功合并转型的开放式基金。

2008 年 4 月 21 日,鹏华丰收债券型证券投资基金开始募集,成功募集 20.99 亿;

2008 年 9 月 1 日,鹏华盛世创新证券投资基金(LOF)开始募集,成功募集 11.45 亿。

2009 年 3 月 2 日,鹏华沪深 300 证券投资基金(LOF)开始募集,成功募集 19.94 亿。

2009 年 8 月 4 日,鹏华精选成长股票型证券投资基金开始募集,成功募集 30.13 亿。

【公司股东概况】

排序	股东名称	持股数量(万股)	持股比例(%)
1	国信证券有限责任公司	7500.00	50%
2	Eurizon Capital SGR S. p. A.	7350.00	49%
3	深圳市北融信投资发展有限公司	150.00	1%

【旗下基金】

基金代码	基金简称	类型	基金经理
160602	普天债券基金	开放式	阳先伟
160603	普天收益基金	开放式	林宇坤
160605	中国 50	开放式	黄鑫
160606	鹏华货币 A	开放式	初冬
160608	普天债券 B	开放式	阳先伟
160609	鹏华货币 B	开放式	初冬
206001	鹏华行业成长	开放式	陈鹏
206002	鹏华精选成长	开放式	陈鹏
160607	鹏华价值	开放式	程世杰
160610	鹏华动力增长	开放式	管文浩
160611	鹏华优质治理	开放式	谢可
184689	基金普惠	封闭式	冀洪涛
184693	基金普丰	封闭式	陈鹏、吴昱村
160612	鹏华丰收	开放式	阳先伟
160613	鹏华盛世	开放式	黄鑫、唐文杰
160615	鹏华 300	开放式	杨靖

【公司高管】

何如先生,董事长,硕士,高级会计师,国籍:中国。历任中国电子器件公司深圳公司副总会计师兼财务处处长、总会计师、常务副总经理、总经理、党委书记,深圳发展银行行长助理、副行长、党委委员、副董事长、行长、党委副书记,现任国信证券股份有限公司董事长、党委书记,鹏华基金管理有限公司董事长。

邓召明先生,总裁,经济学博士,讲师。历任北京理工大学管理与经济学院讲师、中国兵器工业总公司主任科员、中国证监会处长、南方基金管理有限公司副总经理,现任鹏华基金管理有限公司总裁。

吴伟先生,督察长,法学博士。曾就职于中国建设银行深圳市分行。2001 年 3 月加盟鹏华基金管理有限公司,历任公司法律顾问、社保基金独立稽察员、监察稽核部副总监,现任公司督察长兼监察稽核部总监。

嘉实基金管理有限公司

【基本情况】

法定名称:嘉实基金管理有限公司
注册地址:上海市浦东新区富城路 99 号震旦国际大楼 1702 室
办公地址:北京市建国门北大街 8 号华润大厦 8 层
法人代表:王忠民
总 经 理:赵学军
成立时间:1999 年 3 月 1 日
组织形式:有限责任公司
注册资本:1 亿元人民币
联系电话:010-65188866
客服热线:010-65185566
传真号码:010-65185678

邮政编码:100005
公司网址:www. harvestasset. com

【公司概况】

1999 年 3 月,嘉实基金经中国证监会批准成立,并于 2005 年 6 月成为合资基金管理公司,目前嘉实的股东为中诚信托有限责任公司、立信投资有限责任公司与德意志资产管理公司。嘉实拥有证券投资基金设立与管理、全国社保基金投资管理人、企业年金投资管理人、基金公司开展境外证券投资管理业务和基金管理公司特定客户资产管理业务资格。截至 2008 年末,资产管理规模超过 1900 亿元,位居行业前列。

嘉实服务于全社会的基础社会保障——全国社保基金和地方社保基金;也为包括企业年金和商业保险在内的补充性社会保障提供直接或间接的服务;还为企业提供公募基金的理财服务,以及定制个性化的特定客户投资管理服务(含高端个人客户),使他们的资产保值、增值;通过共同基金管理与投资,我们帮助更多人群启动事业梦想,供养子女读书深造,享受恬静、富足的晚年生活。

目前,嘉实旗下管理 2 只封闭式基金、15 只开放式基金及多个社保组合和企业年金账户,共同基金产品线和资产管理业务种类齐全。四百名员工共同协作,使嘉实建立起成熟高效的投资研究团队和市场服务团队,在起伏跌宕的市场中屡创佳绩,更赢得了行业里的诸多赞誉。

十年来,"远见者稳进"的公司理念引领着嘉实前行。凭借规范、稳健、务实的管理风格、科学理性的投资运作以及投资者利益至上的经营理念,嘉实为广大投资者创造了丰厚的投资回报,并跻身于国内优秀的基金管理公司行列。

【公司大事记】

1999 年 3 月,经中国证监会批准,嘉实基金管理有限公司在北京成立。

1999 年 4 月,嘉实管理的第一只基金基金泰和成立。

2001 年 12 月,嘉实与英国保诚集团达成技术合作协议。

2002 年 11 月,嘉实首只开放式基金——嘉实成长收益基金成立。

2002 年 12 月,嘉实获得首批全国社保基金投资管理人资格。

2003 年 5 月,嘉实注册地迁至上海浦东。

2003 年 7 月,嘉实第一只伞型基金——理财通系列基金成立。

2004 年 12 月,国内第一只银行担保的保本基金——嘉实浦安保本基金成立。

2004 年 12 月,嘉实管理资产总规模超过 300 亿元。

2005 年 6 月,德意志资产管理公司参股嘉实,嘉实成为国内最大的合资基金公司之一。

2005 年 8 月,嘉实被劳动和社会保障部选为首批企业年金投资管理人。

2006 年 12 月,嘉实基金成为中国首家资产管理规模超过千亿的基金公司。

2007 年 1 月,嘉实基金荣获《中国证券报》"2006 年度金牛基金管理公司"奖;旗下嘉实理财通增长基金获"开放式股票型持续优胜金牛基金"奖;基金泰和获"2006 年度封闭式金牛基金"奖;嘉实货币获"2006 年度开放式货币市场金牛基金"奖。

2007 年 1 月,嘉实基金荣获和讯网、中国证券市场研究设计中心评选的"2006 年度中国十大品牌基金公司"、"2006 年度中国基金业杰出营销案例奖",嘉实总经理赵学军先生获"2006 年度中国基金业杰出掌门人奖"。

2007 年 1 月,嘉实基金荣获《21 世纪经济报道》评选的"2006 年基金管理公司综合实力奖"。

2007 年 2 月,嘉实荣获 2006 搜狐理财年度评选"明星基金管理人"奖。

2007 年 4 月,"爱在嘉实"公益活动全面启动。

2007 年 6 月,由嘉实基金、联想控股融科投资管理顾问公司举办的"中国房地产投资基金(REITs)发展研讨会"在京召开。

2007 年 8 月,嘉实获得 QDII 资格,成为中国首家符合资格开展境外证券投资管理业务的中外合资基金管理公司。

2007 年 10 月,嘉实海外中国股票型证券投资基金成立。

2007 年 10 月,嘉实基金正式成为西门子(中国)有限公司企业年金计划唯一投资管理人。

2007 年 11 月,嘉实基金正式成为 BP(中国)有限公司企业年金计划唯一投资管理人。

2007 年 11 月,嘉实基金与德意志资产管理公司共同举办的"全球机构投资人高峰会议"在京召开。

2007 年 12 月,嘉实基金荣获《新京报》2007 年度"金字招牌"评选的"年度最佳基金公司奖"。

2007 年 12 月,嘉实基金荣获搜狐网 2007 年度金融网络盛典"最受尊敬基金公司奖"。

2007 年 12 月,嘉实基金荣获《成都商报》颁发的"2007 年度成都基民最信任的五大基金公司奖"。

2007 年 12 月,由中国主流媒体理财联盟共同发起的"2007 中国年度理财总评榜"评选中,嘉实基金获得"2007 年度最具价值基金公司奖"。

2008 年 1 月,嘉实基金荣获由网易财经、基金观察共同发起的"中国基金 10 年高峰论坛"评选出的"2007 年中国十大金钻基金公司"奖及"2007 年中国基金公司投研能力杰出"奖。

2008 年 1 月,嘉实基金荣获由南都周刊、南方都市报、证券日报共同评选的"2007 年度最具公信力基金公司"奖。

2008 年 2 月,嘉实基金成为第一批获准开展特定客户资产管理业务的基金管理公司。

2008 年 4 月,嘉实基金获得普华永道出具的 SAS70 国际认证。

2008 年 11 月,嘉实全新运营数据中心建成并全面投入使用。

2009 年 2 月,嘉实国际资产管理公司完成在香港的注册,获发香港证监会第四类(投资咨询)和第九类(资产管理)牌照。

【股东概况】

排序	股东名称	持股数量(万股)	持股比例(%)
1	中诚信托投资有限责任公司	4800.00	48%
2	立信投资有限责任公司	3250.00	32.5%
3	德意志资产管理(亚洲)有限公司	1950.00	19.5%

【旗下基金】

基金代码	基金简称	类型	基金经理
070001	嘉实成长收益	开放式	徐晨光
070002	嘉实理财增长	开放式	邵健、张弢

基金代码	基金简称	类型	基金经理
070003	嘉实理财稳健	开放式	党开宇
070005	嘉实理财债券	开放式	刘熹
070006	嘉实服务增值行业	开放式	陈勤
070008	嘉实货币	开放式	吴洪坚
070009	嘉实超短债	开放式	魏莉、吴洪坚
070010	嘉实主题	开放式	邹唯
070011	嘉实策略增长	开放式	邵健、邹唯、党开宇、刘熹
070012	嘉实海外	开放式	江隆隆
070099	嘉实优质	开放式	刘天君
500002	基金泰和	封闭式	忻怡
160706	嘉实300	开放式	杨宇
184721	基金丰和	封闭式	顾义河
070013	嘉实精选	开放式	党开宇
070015	嘉实多元A	开放式	刘熹、王茜
070016	嘉实多元B	开放式	刘熹、王茜
070017	嘉实量化	开放式	王永宏、陶羽
070018	嘉实回报	开放式	赵勇

【公司高管】

王忠民先生，董事长。大学专科。曾任北京矿务局财务处会计，煤炭部财务司会计、副处长，中国统配煤矿总公司财务局处长，煤炭部财务公司筹备组负责人，中煤信托投资有限责任公司董事长兼总经理，2002年3月至今任中诚信托投资有限责任公司党委书记、董事长。

赵学军先生，董事、总经理。中共党员，经济学博士。1987年7月至1990年9月在天津通信广播公司电视设计所任助理工程师。1992年12月至1993年6月在外经贸部中国仪器进出口总公司任经济师。1993年7月至1994年8月在北京商品交易所任信息处长。1994年8月至1995年5月在天津纺织原材料交易所任总裁、法定代表人。1995年5月至1997年5月在商鼎期货经纪有限公司任副总经理兼上海营业部总经理。1998年6月至1998年9月在北京证券有限公司任基金部总经理助理、阜成路营业部总经理助理。1998年9月至2000年10月在大成基金管理有限公司助理总经理、副总经理。2000年10月至今在嘉实基金管理有限公司任总经理。

王炜女士，督察长，中共党员，法学硕士。曾就职于中国政法大学法学院、北京市陆通联合律师事务所、北京市智浩律师事务所、新华保险股份有限公司。曾任嘉实基金管理有限公司法律部总监。

长盛基金管理有限公司

【基本情况】

法定名称：长盛基金管理有限公司
注册地址：深圳市福田区福中三路1006号诺德中心八楼GH单元
办公地址：北京市海淀区北太平庄路18号北京城建大厦A座20－22层
法人代表：陈　平
总 经 理：陈礼华
成立时间：1999－03－26
公司性质：中资
注册资本：15000万元
联系电话：010－82255818
传真号码：010－82255988
邮政编码：518001
公司网址：www.csfunds.com.cn

【公司概况】

长盛基金管理有限公司成立于1999年3月26日，是国内最早成立的十家基金管理公司之一，也是首批获得全国社保基金管理资格的六家基金管理公司之一，公司注册资本为人民币1.5亿元，主要业务为发起设立和管理证券投资基金。本公司发起人股东为中信证券股份有限公司、长江证券有限责任公司、国元证券有限责任公司和天津北方国际信托投资股份有限公司。经过2004年和2007年的公司股权变更后，目前本公司股东及其出资比例为：国元证券有限责任公司占注册资本的41%，新加坡星展资产管理有限公司占注册资本的33%，安徽省信用担保集团有限公司占注册资本的13%，安徽省投资集团有限责任公司占注册资本的13%。

在公司业务不断发展的同时，公司收入和利润连年稳步增长，为公司后续发展奠定了坚实的基础。随着2007年4月公司成功实现合资、2007年9月首批获得从事境外证券投资管理业务的合格境内机构投资者（QDII）资格，并将在不久发行自己的首只QDII产品。2008年2月获得特定客户理财业务资格，公司已经迈出了国际化、全业务发展的关键一步。展望未来，长盛对中国资本市场和基金业发展充满信心，正以崭新的姿态、饱满的精神，迎接公司快速发展时期的到来。

【公司大事记】

2009年10月，国际权威财经杂志《Institutional Investor》杂志公布中国基金公司资产管理规模排名，长盛基金资产总规模（含社保基金）位列十大基金公司第九位。

2009年9月，长盛基金首只"一对多"产品获批。

2009年8月，长盛基金的管理资产规模已超过1000亿元，跻身千亿军团。

2009年5月，长盛同庆可分离交易股票型证券投资基金正式成立。首募当日近150亿，创自08年全球金融海啸以来最大发行规模。

2008年10月，公司旗下第二只债券基金——长盛积极配置债券基金成立。

2008年6月，长盛创新先锋灵活配置基金正式成立。

2008年2月，获得特定客户理财业务资格。

2008年1月，陈礼华总经理获和讯网"2007年度基金业十大杰出掌门人奖"

2008年1月，获《证券时报》"2007年中国明星基金管理公司"

2007年12月，搜狐网举办的"2007金融理财网络盛典"年度颁奖晚会上，长盛基金被评为"最好用基金电子商务奖"。

2007年11月，长盛同智优势成长混合型基金荣获"2007中国证券市场高成长开放式基金金算盘奖"。

2007年11月，长盛电子商务系统曾在第八届"中国优秀财经证券网站"评选活动中荣获"最佳电子营销基金网站奖"。

2007年10月，长盛债券被银河证券评为双五星级基金。堪称业内投资业绩表现最稳定的开放式基金。

2007年10月，银河证券统计，截至9月24日，长盛动态精选基金最近三年的总回报率达到391.37%，居同类基金第一。2007 年 9 月，长盛旗下的封闭式基金同德日前被天相投资评为五星级基金，基金同益被评为四星级基金。

2007 年 9 月，长盛基金公司经中国证监会批准，获得 QDII 资格。

2007 年 5 月，2006 年证券时报年度明星基金评奖揭晓，我公司继去年获奖后，今年再次获得“明星基金管理公司”大奖。

2007 年 1 月，基金同智圆满完成“封转开”集中申购，加上原有基金转换的份额，长盛同智优势成长基金总份额达到 117 亿余份，并正式开始运作。

2006 年 12 月，基金同智基金份额持有人大会在北京举行，高票通过基金同智“封转开”方案。

2006 年 10 月，长盛中证 100 指数基金开始在中国农业银行等机构发行。11 月 22 日，该基金正式成立，发行期共募集超过 40 亿份额，有效开户数超过 11 万户。

2006 年 9 月，我公司与新加坡星展银行资产管理公司(DBSAM)在北京正式签署了《星展银行中国卓越 A 股基金投资顾问服务协议》，此举标志着双方在产品开发、投资管理及国际业务上全面合作的开始。

2006 年 9 月初，2006 年度长盛基金公司投资报告会在海拉尔举行。

2006 年 8 月至 9 月，由我公司主办的“长盛杯－我的基金营销故事”在中国农业银行员工中圆满举行

2006 年 6 月，历时两个多月的长盛“客户信息征集”活动圆满结束。活动通过网站、电话、传真和信件等形式征集了客户的联系信息，为公司更好地服务这些客户创造了条件。

2006 年 6 月，公司开通全国统一长途免费客服号码 400－888－2666，客户可以更加方便和低成本地享受公司的客户服务，公司客服水平再上新台阶。

2006 年 6 月，我公司宣布拟引入新加坡星展资产管理公司(DBSAM，)参股本公司，持有股份 33%。星展资产管理公司为新加坡星展银行(DBS)的全资子公司。

2006 年 5 月，我公司与中证指数有限公司签署了“中证 100 指数使用许可协议”，成为首批三家获得该指数授权使用权的基金管理公司之一，这也标志着我公司可以开发基于该指数的指数基金产品并推向市场。

2006 年 4 月，我公司顺利开通农业银行金穗卡用户基金网上直销业务，同时对网上交易客户开始实行费率优惠。

2006 年 4 月，我公司在由上海证券报举办的第三届“中国最佳基金公司奖”暨首届“最受投资者欢迎的基金经理奖”评选中获得基金公司年度“最快进步奖”。在由证券时报举办的“2005 年度明星基金奖”评选中喜获“明星基金管理公司奖”，旗下基金同益喜获“封闭式明星基金奖”。

2006 年 2 月，我公司在中国证券报“第三届中国基金业金牛奖”评选中荣获 2005 年“金牛基金管理公司”；基金同智获得 2005 年“封闭式持续优胜金牛基金”，基金同益、同德获得 2005 年“封闭式金牛基金” 。

2006 年 1 月，在由 21 世纪经济报道报社主办的 21 世纪(2005)年度“赢基金”奖评奖中，我公司荣获“2005 年中国基金管理公司封闭式基金整体表现奖”。

2005 年 12 月，长盛货币市场基金正式成立。该基金发行期共募集基金份额 36 亿份，远远超出今年新发货币基金平均约 26 亿的首募规模。

2005 年 10 月，长盛基金持有人手机短信服务正式开通。持有人在开通这一服务后，就可以通过手机短信方式查询基金净值、帐户资产、积分情况等信息。

2005 年 9 月，公司发布迁址公告。自 10 月 8 日起，公司办公地址迁至北京市海淀区北太平庄路 18 号北京城建大厦 A 座 20－22 层。公司发展揭开新的篇章。

2005 年 8 月，公司联合经济观察报，在重庆举办了首届“中国长江基金论坛”。来自银行、证券公司、机构投资者和专业媒体近 200 名嘉宾，以及国内外知名专家、学者齐聚山城重庆，围绕“证券市场的历史机遇和投资策略”的主题进行了广泛、深入的交流和探讨。

2005 年 8 月，根据证监会有关精神，经公司第三届董事会第五次会议审议通过，公司决定本着谨慎、稳健的原则，利用公司固有资金 6000 万，投资本公司管理的开放式和封闭式基金。

2005 年 8 月，公司信息系统升级取得圆满成功，改版后新的公司网站投入运行，公司的信息系统建设走在基金行业的前列。

2005 年 7 月，公司成功夺得又一社保投基金资组合的管理权，资产管理和风险控制能力再次得到肯定。至此，我公司管理的社保投资组合多达 4 只。

2005 年 6 月，公司于 4 月联合北京了望投资顾问公司，在现有基金持有人中开展的问卷调查活动圆满成功。共回收答卷 1756 封。在调查活动抽奖中，8 名参与者分别获得本次调查活动的一、二、三等奖。

2005 年 4 月，“晨星(中国)2004 年度基金经理奖”在深圳揭晓，我公司基金同德获得“小规模封闭式基金提名奖”。

2005 年 4 月，由中国证券报联合中国银河证券、中信证券及天相投资顾问公司共同举办的第二届中国基金业“金牛奖”评选揭晓，我公司基金同智喜获封闭式金牛基金奖。

2005 年 3 月，长盛公司 荣获“21 世纪年度中国赢基金奖”中 2004 年“中国基金管理公司综合表现奖”。

2005 年 1 月，在由 21 世纪经济报道报社主办的 21 世纪(2004)年度“赢基金”奖评奖中，我公司荣获“2004 年中国基金管理公司综合表现奖”；基金同智荣获“2004 年中国封闭式基金最佳表现奖”。

2004 年 10 月，长盛新一届董事会成立，标志着长盛进入一个新的发展时期。

2004 年 5 月，长盛动态精选基金成功发行，募集规模超过 41 亿份额。

2003 年 10 月，长盛中信全债指数基金正式成立。该基金成立 53 天后即进行分红，创下开放式基金的最快分红记录。

2003 年 2 月，公司与中国国际航空公司在京举行了“国航知音 ”旅客合作项目签约仪式，实现基金管理公司与国航的首次全面合作。

2002 年 12 月，公司获得全国社保理事会股票和债券委托管理资格，成为国内最早获得社保基金管理资格的六家基金管理公司之一。

2002 年 9 月，公司首只开放式基金——长盛成长价值基金发行成立。

2001 年 8 月，基金同德正式上市交易。

2001 年 7 月，公司与北京大学光华管理学院及荷兰银行集团共同举办“社保基金国际研讨会 ”。

2000 年 5 月，基金同智正式上市交易。

1999 年 11 月，基金同盛在深圳交易所发行，并成为国内首只向保险公司定向配售的证券投资基金，超额认购倍数达

65 倍。

1999 年 4 月,公司首只基金基金同益在深圳交易所上网发行。

1999 年 3 月,长盛基金管理有限公司正式成立。

【股东概况】

排序	股东名称	持股数量(万股)	持股比例(%)
1	国元证券有限责任公司	6150.00	41%
2	新加坡星展资产管理有限公司	4950.00	33%
3	安徽省创新投资有限公司	1950.0013%	
3	安徽省投资集团有限责任公司	1950.00	13%

【旗下基金】

基金代码	基金简称	类型	基金经理
080001	长盛成长价值	开放式	王宁
080011	长盛货币	开放式	刘静
510080	长盛债券基金	开放式	刘静
510081	长盛动态精选	开放式	许良胜、邓永明
519039	长盛同德	开放式	詹凌蔚、王雪松
519100	长盛中证 100	开放式	白仲光
160805	长盛同智优势成长	开放式	丁骏
080002	长盛创新先锋	开放式	肖强、邓永明
184690	基金同益	封闭式	冯耀东
184699	基金同盛	封闭式	丁骏、侯继雄
080003	长盛积债	开放式	刘静、蔡宾、吴达
160806	长盛同庆	封闭式	王宁、黄瑞庆

【公司高管】

陈平先生:1962 年出生,中共党员,硕士。1987 年 7 月至 1993 年 2 月任教于合肥工业大学管理系;1993 年 2 月至 2001 年 9 月,历任安徽省国际信托投资公司证券发行部副经理及主持工作、证券投资部经理;2001 年 9 月至 2007 年 6 月,任国元证券有限责任公司副总裁;2004 年 10 月始任长盛基金管理有限公司董事。现任长盛基金管理有限公司董事长。

陈礼华先生:硕士,高级经济师。历任国务院财务税收物价大检查办公室、财政部国债司和国债金融司主任科员,华泰财产保险股份有限公司投资部研发处负责人、经理,南方基金管理有限公司总经理助理兼投资总监、投资交易总监,长盛基金管理有限公司副总经理等职。现任长盛基金管理有限公司总经理。

叶金松先生:大学,会计师。历任美菱股份有限公司财会部经理,安徽省信托投资公司财会部副经理,国元证券有限责任公司清算中心主任、风险监管部副经理、经理等职。现任长盛基金管理有限公司督察长。

大成基金管理有限责任公司

【基本情况】

法定名称:大成基金管理有限责任公司

注册地址:深圳市福田区深南大道 7088 号招商银行大厦 32 层

办公地址:深圳市福田区深南大道 7088 号招商银行大厦 32 层

法人代表:张树忠

总 经 理:王 颢

成立时间:1999 年 04 月 12 日

公司性质:中资

注册资本:20000 万元

联系电话:0755 - 83183388

传真号码:0755 - 83199588

邮政编码:518040

公司网址:www. dcfund. com. cn

【公司概况】

大成基金管理有限公司(以下简称"公司")成立于 1999 年 4 月 12 日,注册资本金人民币 2 亿元,是中国首批获准成立的老十家基金管理公司之一。公司总部设在广东省深圳市,主要业务是公募基金的募集和管理,还具有特定客户资产管理和 QDII 业务资格。

经过 10 年发展,公司稳居前十大基金公司行列。公司旗下基金产品齐全、风格多样,构建了涵盖货币市场基金、债券型基金、混合型基金、股票型基金和指数型基金的完备产品线。截至 2009 年 6 月 30 日,资产管理规模近千亿元人民币,名列行业第 7 位,公司旗下有 15 只基金产品,持有人数量超过 800 万户。其中,开放式基金 12 只:大成价值、大成债券、大成蓝筹、大成精选、大成货币、大成 300、大成 2020、大成成长、大成创新、大成景阳、大成回报和大成强债;封闭式证券投资基金 3 只:基金景宏、基金景福、大成优选。

公司实行董事会领导下的总经理负责制。投资决策委员会拥有最高投资决策权,投资风险控制委员会掌握最终风险控制权,战略规划委员会是公司的重要议事机构。公司还设有股票投资部、研究部、固定收益部、委托投资部和市场部等业务部门,负责各项工作。

在过去 10 年的资产管理实践中,公司打造了一只具有良好职业素养和丰富经验的投资研究团队,形成和坚持了"四个统一"的投资理念,为广大投资者带来了丰厚回报。截至 2008 年末,公司已累计向投资者分红超过 240 亿元人民币。

经过 10 年的努力,公司已经形成了覆盖全国的营销网络,在北京、上海和深圳设有投资理财中心,在福州、成都、武汉、沈阳和西安等地设立了分公司。通过全国性综合营销平台的建设,有力的推进了公募基金和委托理财业务发展。目前公司已与国内 15 家商业银行和 70 多家证券公司建立起良好的合作关系,同时还与农业银行、建设银行、招商银行、银联等多家金融机构开展了网上直销业务合作,为广大客户提供更多的交易便利和优惠。

"为投资者提供高端、个性化的资产管理服务,成为中国资产管理领域的领先者",是大成基金管理有限公司追求的终极目标。大成基金将进一步完善代表国际先进水平的科学投资管理和风险管理模式,大力开发适应中国市场环境并满足客户不同需求的个性化产品;通过精心选择具有国际比较优势的行业和企业,实现基金资产的长期稳定增值,与持有人共同分享中国经济的增长。

【公司大事记】

1999 年 4 月 12 日,大成基金管理有限公司成立。

1999 年 5 月 4 日,景宏证券投资基金基金合同生效,基金规模 20 亿份,存续期 15 年。

2002 年 11 月 11 日,公司第一只开放式基金—大成价值增长证券投资基金合同生效。

2003 年 4 月,率先在业内建立基金运营业务异地灾难备份中心。

2003 年 9 月，在上海建立业内最大客户服务中心。

2004 年 3 月，推出开放式基金网上交易业务。

2006 年 12 月，基金景业成为首只封转开方案获持有人大会全票通过的封闭式基金。

2007 年 8 月 1 日，创新型封闭式基金大成优选股票型证券投资基金基金合同生效。

2008 年 1 月，公司获得合格境内机构投资者（QDII）业务资格。

2008 年 3 月，公司获得特定客户资产管理业务资格。

2009 年 3 月，公司武汉、西安、成都、沈阳、福州五地分公司获中国证监会批复同意。

【股东概况】

排序	股东名称	持股数量（万股）	持股比例（%）
1	中泰信托投资有限责任公司	9600.00	48%
2	光大证券有限责任公司	5000.00	25%
2	中国银河证券有限责任公司	5000.00	25%
3	广东证券股份有限公司	400.00	2%

【旗下基金】

基金代码	基金简称	类型	基金经理
090001	大成价值增长	开放式	何光明
090002	大成债券基金	开放式	王立
090003	大成蓝筹稳健	开放式	施永辉
090004	大成精选增值	开放式	曹雄飞
090005	大成货币 A	开放式	王立
090006	大成财富管理	开放式	占冠良
091005	大成货币 B	开放式	王立
092002	大成债券 C	开放式	王立
519017	大成积极成长	开放式	周建春
519019	大成景阳	开放式	杨建华
519300	大成沪深 300	开放式	杨丹
150002	大成优选	封闭式	刘明
160910	大成创新	开放式	倪明
184691	基金景宏	封闭式	袁青
184701	基金景福	封闭式	杨丹
090007	大成回报	开放式	周建春
090008	大成强债 A	开放式	陈尚前
090009	大成行业轮动	开放式	姚瑢

【公司高管】

张树忠先生，董事长，经济学博士。1989 年 7 月—1993 年 2 月，任中央财经大学财政系讲师；1993 年 2 月—1997 年 3 月，任华夏证券股份有限公司投资银行总部总经理、研究发展部总经理；1997 年 3 月—2003 年 7 月，任光大证券股份有限公司总裁助理兼北方总部总经理、资产管理总监；2003 年 7 月—2004 年 6 月，任光大保德信基金管理公司董事、副总经理；2004 年 6 月—2006 年 12 月，任大通证券股份有限公司副总经理；2007 年 1 月— 2008 年 1 月，任大通证券股份有限公司总经理；2008 年 1 月—2008 年 4 月，任职中国人保资产管理股份有限公司；2008 年 4 月起任中国人保资产管理股份有限公司副总裁、党委委员；2008 年 11 月起同时担任大成基金管理有限公司董事长。

王颢先生，董事总经理，国际工商管理专业博士。2000 年 12 月—2002 年 9 月，任招商证券股份有限公司深圳管理总部副总经理、机构管理部副总经理；2002 年 9 月加入大成基金管理有限公司，历任助理总经理、副总经理；2008 年 11 月起担任大成基金管理有限公 司总经理。

杜鹏女士，督察长，研究生学历。1992 年－1994 年，历任原中国银行陕西省信托咨询公司证券部驻上交所出市代表、上海业务部负责人；1994 年－1998 年，历任广东省南方金融服务总公司投资基金管理部证券投资部副经理、广东华侨信托投资公司证券总部资产管理部经理；1998 年 9 月参与大成基金管理有限公司的筹建；1999 年 3 月一至今，任大成基金管理有限公司督察长兼监察稽核部经理。

富国基金管理有限公司

【基本情况】

法定名称：富国基金管理有限公司

注册地址：上海市浦东新区花园石桥路 33 号花旗集团大厦 5、6 层

办公地址：上海市浦东新区花园石桥路 33 号花旗集团大厦 5、6 层

法人代表：陈　敏

总 经 理：窦玉明

成立时间：1999 年 4 月 13 日

组织形式：有限责任公司

注册资本：1 亿 8000 万元人民币

联系电话：021－68597788

客服热线：400 888 0688

传真号码：021－68597799

邮政编码：200001

公司网址：www.fullgoal.com.cn

【公司概况】

富国基金管理有限公司成立于 1999 年，是经中国证监会批准设立的首批十家基金管理公司之一。2003 年，加拿大历史最悠久的银行——加拿大蒙特利尔银行（BMO）参股富国基金，富国基金管理有限公司又成为国内首批成立的十家基金公司中第一家外资参股的基金管理公司。

富国基金管理有限公司不仅在中国股市的巨变中积累了丰富的投资管理经验，而且享有外方股东输入的先进理念和管理技术。经过十年的发展，公司共管理运作十三只基金，包括开放式基金：富国天源平衡混合型证券投资基金（富国天源）、富国天利增长债券投资基金（富国天利）、富国天益价值证券投资基金（富国天益）、富国天瑞强势地区精选证券投资基金（富国天瑞）、富国天惠精选成长混合型证券投资基金（富国天惠）、富国天合稳健优选股票型证券投资基金（富国天合）、富国天博创新主题股票型证券投资基金（富国天博）、富国天成红利灵活配置混合型证券投资基金（富国天成）及富国天鼎中证红利指数增强型证券投资基金（富国天鼎）、富国优化增强型债券投资基金（富国优增）、富国天时货币市场证券投资基金（富国天时）；封闭式基金：汉盛证券投资基金（基金汉盛）、汉兴证券投资基金（基金汉兴）、富国天丰强化收益债券型证券投资基金（富国天丰）。截至 2009 年 6 月，管理资产规模超过 550 亿元。

【公司大事记】

1999 年 4 月 13 日，富国基金成立于北京，是国内首批成立的基金公司之一。5 月，公司推出了旗下的首只封闭式基

金——基金汉盛。

2001 年 3 月，富国基金总部迁往上海。

2002 年 8 月，富国在中国农业银行发行旗下首只开放式基金——富国动态平衡基金。

2003 年 9 月，加拿大历史最悠久的银行——蒙特利尔银行入股富国基金。富国在首批成立的基金公司中第一家实现外资参股。同月，公司注册资本由 1 亿元变 1.2 亿元。

2003 年 12 月，富国旗下首只债权型基金——富国天利基金发行。

2004 年 6 月，富国旗下的旗舰型产品——富国天益基金发行。该基金成立以来收益率累计已超过 540%，是目前国内开放式基金中收益率最高的产品之一。

2005 年 8 月，富国基金获得国内首批企业年金基金管理人资格。

2005 年，富国天益基金净值增长率为 14.84%，位列股票型基金首位；富国天利基金净值增长率为 11.56%，在债券型基金中排名第二。2005 年首发的两只基金富国天瑞和天惠也在同期成立的基金中位居前列。

2006 年 7 月，富国基金完成业内首次基金拆分活动，对旗下明星基金——富国天益基金进行基金拆分，获得投资者的踊跃认购，成为业内极有影响力的创新活动之一。

2006 年 11 月，富国基金注册资本变更为 1.8 亿元。

2007 年 1 月，在中国证券报主办，中国银河证券有限责任公司、中信证券股份有限公司、天相投资顾问有限公司协办的第四届中国基金业金牛奖评选中，富国基金荣膺三项大奖，富国基金获评“2006 年度金牛基金公司”，旗下富国天益获评“2006 年度开放式股票型持续优胜金牛基金”，富国天瑞获评“2006 年度开放式混合型金牛基金”。

2007 年 3 月，在晨星（中国）2006 年度基金经理奖评选中，富国天益基金和汉博基金分别获得晨星股票型基金经理提名奖和小规模封闭式基金经理提名奖。

2007 年 3 月，在理柏中国基金奖评选中，富国天益基金荣获 2 年期人民币进取混合型基金奖。

2007 年 4 月，富国基金获得《上海证券报》“最佳产品创新奖”、《证券时报》“明星基金管理公司奖”。

2007 年 4 月，富国基金获得“三大报”——《中国证券报》三项金牛奖，《上海证券报》“最佳产品创新奖”、《证券时报》明星基金管理公司奖，成为业绩最优良，最受瞩目的基金公司之一。

2007 年 8 月，在由《新闻晨报》、晨星资讯联合主办的“2007 年十大基金”评选中，富国基金公司荣获“十大最受欢迎基金公司”称号，富国天益基金荣膺“2007 年十大基金”大奖。富国天益基金还荣获“十大长跑基金”称号，富国天合基金荣获“十大特色基金”称号。

2007 年 12 月 21 日，由《东方早报》主办的上海地区理财总评榜中，富国基金荣膺“上海地区最值得托付基金公司”，旗下基金富国天益获评“最受欢迎开放式股票型基金”，富国天合获评“年度创新基金”。

2007 年 12 月 29 日，在《南都周刊》第一届金基奖年会暨最具公信力基金公司评选颁奖典礼上，富国基金荣获“2007 年度十大品牌基金公司”称号。

【股东概况】

排序	股东名称	持股数量（万股）	持股比例（%）
1	海通证券股份有限公司	4999.50	27.775%
1	申银万国证券股份有限公司	4999.50	27.775%
1	加拿大蒙特利尔银行	4999.50	27.775%
2	山东省国际信托投资有限公司	3001.50	16.675%

【旗下基金】

基金代码	基金简称	类型	基金经理
100016	富国天源平衡	开放式	李晓铭
100018	富国天利增长	开放式	饶刚、杨贵宾
100020	富国天益价值	开放式	陈戈
100022	富国天瑞强势	开放式	宋小龙
100025	富国天时 A	开放式	杨贵宾
100026	富国天合稳健	开放式	周蔚文
100028	富国天时 B	开放式	杨贵宾
100029	富国天成	开放式	于江勇
519035	富国天博	开放式	毕天宇
500015	基金汉兴	封闭式	许达
500005	基金汉盛	封闭式	朱少醒
161005	富国天惠	开放式	朱少醒
100032	富国天鼎 A	开放式	宋小龙、常松
100033	富国天鼎 B	开放式	宋小龙、常松
100035	富国优化 A	开放式	钟智伦
100037	富国优化 B	开放式	钟智伦

【公司高管】

陈敏女士，董事长。生于 1954 年，中共党员，工商管理硕士，经济师。历任上海市信托投资公司副处长、处长；上海市外经贸委处长；上海万国证券公司党委书记；申银万国证券股份有限公司副总裁、党委委员。2004 年开始担任富国基金管理有限公司董事长。

窦玉明先生，董事，总经理。生于 1969 年，硕士。历任北京中信国际合作公司交易员；深圳君安证券公司投资经理；大成基金管理有限公司基金经理助理；嘉实基金管理有限公司投资总监、总经理助理、副总经理兼基金经理。2008 年开始担任富国基金管理有限公司总经理。

李长伟先生，督察长。生于 1964 年，中共党员，经济学硕士，工商管理硕士，讲师。历任河南省政府发展研究中心干部；中央党校经济学部讲师；申银万国证券股份有限公司海口营业部总经理、北京管理总部副总经理兼北京营业部总经理、富国基金管理有限公司副总经理。2008 年开始担任富国基金管理有限公司督察长。

易方达基金管理有限公司

【基本情况】

法定名称：易方达基金管理有限公司

注册地址：广东省珠海市香洲区情侣路 428 号九洲港大厦 4001 室

办公地址：广州市体育西路 189 号城建大厦 27、28 楼

法人代表：梁　棠

总 经 理：叶俊英

成立时间：2001 年 4 月 17 日

组织形式：有限责任公司

注册资本：1 亿 2000 万元人民币

联系电话：020－38797888

客服热线：400－881－8088

传真号码:020－38799488
邮政编码:510620
公司网址:www. efunds. com. cn

【公司概况】

易方达基金管理有限公司成立于2001年4月17日,注册资本1.2亿元人民币,旗下设有北京、广州、上海、南京、成都分公司。公司秉承“取信于市场,取信于社会”的宗旨,坚持“在诚信规范的前提下,通过专业化运作和团队合作实现持续稳健增长”的经营理念,以严格的管理、规范的运作和良好的投资业绩,赢得市场认可。2004年10月,易方达取得全国社会保障基金投资管理人资格。2005年8月,易方达获得企业年金基金投资管理人资格。2007年12月,易方达获得合格境内机构投资者(QDII)资格。2008年2月,易方达获得从事特定客户资产管理业务资格。截至2009年9月30日,公司旗下共管理17只开放式基金、1只封闭式基金和多个全国社保基金资产组合、企业年金及特定客户资产管理专户,资产管理规模近1600亿元。

● 经营稳健,管理规范

易方达高度重视健全内部管理体制和完善风险防范机制,成立伊始便在业内率先制定“内部控制大纲”,对公司治理结构、内部控制制度体系与制度管理、内部控制基本要点、控制环境、持续的控制检验作出规范,在此基础上制定了100余项规章制度,初步形成了一套具有公司特色、合乎基金行业规范运作要求的制度化管理体系,保证了公司的合规、高效运作,获得了国家主管部门和中介评估机构的充分肯定。

● 以人为本,人才优势明显

基金业是“人的事业”,易方达成立伊始,便努力打造一支高度专业化的基金管理团队。截至2009年9月30日,公司有员工257名(其中香港子公司7人),平均年龄为31岁,其中具有硕士以上学历的占员工总数的55.3%,具有复合专业背景的占29.2%。公司高管人员人均金融从业时间14.6年以上,全部具有经济学或管理学教育背景。公司的投资研究队伍专业、稳健、勇于进取,现有投资和研究人员共59名,其中投资管理人员(含基金经理、投资经理、基金经理助理、投资经理助理)共29人,人均证券从业时间8.3年,具有复合专业背景的占34.5%;研究人员共30人(含产品设计研究员3人,金融工程研究员2人),全部具有硕士以上学历,其中具有理工科背景的占70%,具有复合专业背景的占46.7%。

● 业绩稳定,回报丰厚

完善的制度、严格的管理、规范的运作使公司始终保持各方面业务持续增长的良性发展态势,投资业绩综合排名始终在国内基金公司中名列前茅。截至2009年9月30日,公司旗下基金累计分红390多亿元,为投资者创造了良好的回报。

● 研究主导,投研良性互动

公司一贯秉承价值投资理念,强调研究在投资中的主导作用,不断追求研究的深度和前瞻性。目前,公司已自主培养和建立起一支高素质的研究员队伍,形成了研究主导的投资文化,研究注重深度挖掘、实地调研、持续跟踪,投资与研究相互促进、良性互动,为公司取得优异投资业绩打下了坚实基础。

● 服务客户,细致深入

专业坦诚是易方达的服务理念。公司不断致力于改进客户服务质量、加强多方沟通协调、完善和创新服务方式。目前,公司已与超过60家机构签订了合作协议,并推出了开放式基金的网上交易平台,努力为广大客户提供更多的交易便利和优惠。

易方达将继续坚持以诚信和业绩立足,不断开拓创新,积极进取,努力为投资者创造最优回报。

【公司大事记】

2001年04月17日,易方达基金管理有限公司正式成立。

2001年06月20日,在清理规范广东省6只联网投资基金的基础上,易方达旗下的科汇、科翔、科讯证券投资基金分别在深圳、上海证券交易所挂牌交易。

2001年07月12日,科汇、科翔、科讯证券投资基金完成扩募工作,分别扩募至8亿份基金单位。

2001年12月15日,易方达顺利通过中国证监会和境外投资基金专家小组对开放式基金准备情况的现场检查,获得了高度评价。

2002年03月12日,易方达旗下第四只封闭式基金——科瑞证券投资基金正式成立,总规模30亿份基金单位。

2002年08月23日,易方达第一只开放式基金——易方达平稳增长证券投资基金宣告成立,设立募集期共募集46.78亿份基金单位。

2003年12月09日,易方达旗下第二只开放式基金——易方达策略成长证券投资基金宣告成立,设立募集期共募集20.35亿份基金单位。

2004年03月22日,易主达旗下第三只开放式基金——易方达50指数证券投资基金宣告成立,设立募集期共募集50.49亿份基金单位。

2004年07月25日,易方达公司正式向投资者推出网上基金交易业务,投资者通过互联网即可直接认(申)购易方达旗下基金。

2004年09月09日,易主达旗下第四只开放式基金——易方达积极成长证券投资基金宣告成立,设立募集期共募集11.58亿份基金单位。

2004年10月23日,全国社保基金理事会公布增加4家全国社保基金投资管理人资格名单,易方达以优异的成绩在29家参评基金公司、证券公司中脱颖而出,获得社保基金管理人资格。

2004年12月30日,易方达原投资总监江作良被聘为中国证监会第七届股票发行审核委员会委员,接受了中国证监会尚福林主席颁发的聘书。

2005年02月02日,易方达旗下第五只开放式基金——易方达货币市场基金公告成立,设立募集期共募集36.22亿份基金单位。

2005年08月02日,易方达获得企业年金基金投资管理人资格。

2005年09月19日,易方达旗下第六只开放式基金——易方达月月收益中短期债券基金公告成立,设立募集期共募集114亿份基金单位。

2006年03月24日,易方达基金管理公司与广东某知名国有企业集团签订企业年金投资管理合同,正式启动该业务。

2006年03月25日,易方达深证100ETF正式公告基金合同生效,认购份额达到51.57亿。

2006年06月13日,易方达价值精选股票型证券投资基金合同生效,募集基金份额总额为117.91亿。

2006 年 08 月 17 日，易方达策略成长二号混合型证券投资基金合同生效，募集基金份额总额为 36.57 亿份。

2007 年 04 月 30 日，易方达价值成长混合型证券投资基金合同生效，实施比例配售后募集基金份额总额为 108.74 亿份。

2007 年 11 月 30 日，易方达基金管理有限公司发起成立广东省易方达教育基金会。

2007 年 12 月 13 日，易方达基金管理有限公司获得合格境内机构投资者（QDII）从事境外证券投资管理业务资格。

2007 年 12 月 18 日，科讯证券投资基金正式由封闭式基金转为开放型基金，新基金名称为“易方达科讯股票型证券投资基金”。

2008 年 02 月 14 日，经中国证监会批复同意，易方达基金管理有限公司获得从事特定客户资产管理业务资格。

2008 年 03 月 19 日，易方达增强回报债券基金合同生效，认购份额超过 30 亿份。

2008 年 06 月 19 日，易方达中小盘股票型证券投资基金合同生效，认购份额超过 12 亿份。

2008 年 10 月 09 日，科汇证券投资基金正式由封闭式基金转型为开放式基金，新基金名称为“易方达科汇灵活配置混合型证券投资基金”。

2008 年 11 月 13 日，科翔证券投资基金正式由封闭式基金转型为开放式基金，新基金名称为“易方达科翔股票型证券投资基金”。

2009 年 03 月 26 日，易方达行业领先企业股票型证券投资基金合同生效，认购份额超过 41 亿份。

2009 年 08 月 26 日，易方达沪深 300 指数证券投资基金合同生效，认购份额 168.8 亿份。

【股东概况】

排序	股东名称	持股数量（万股）	持股比例（%）
1	广东粤财信托投资有限公司	3000.00	25%
2	广发证券股份有限公司	3000.00	25%
3	广东美的电器股份有限公司	3000.00	25%
4	重庆国际信托投资有限公司	2000.00	16.67%
5	广州市广永国有资产经营有限公司	1000.00	8.33%

【旗下基金】

基金代码	基金简称	类型	基金经理
110001	易方达平稳增长	开放式	侯清濯
110002	易方达策略成长	开放式	刘志奇
110003	易方达 50 指数	开放式	林飞
110005	易方达积极成长	开放式	陈志民、何云峰
110006	易方达货币 A	开放式	马喜德
110007	易方达收益 A	开放式	马喜德
110008	易方达收益 B	开放式	马喜德
110009	易方达价值精选	开放式	吴欣荣
110010	易方达价值成长	开放式	潘峰
110016	易方达货币 B	开放式	马喜德
110029	易方达科讯	开放式	侯清濯
112002	易方达策略二号	开放式	刘志奇
500056	基金科瑞	封闭式	付浩
159901	深 100ETF	开放式	林飞
110012	易方达科汇	开放式	伍卫
110017	易方达强债 A 开放式	钟鸣远	
110018	易方达强债 B	开放式	钟鸣远
110011	易方达中小盘	开放式	何云峰
110013	易方达科翔	开放式	刘芳洁
110015	易方达领先	开放式	伍卫
110020	易方达沪深 300	开放式	林飞

【公司高管】

梁棠先生，董事长，学士。历任广东省财政学校副校长、广东粤财投资有限公司总经理、广东粤财信托投资公司总经理，现任广东粤财投资控股有限公司董事、总经理。

叶俊英先生，董事总经理，硕士。历任中国南海石油联合服务总公司企业管理部科长，广发证券有限责任公司投资银行部总经理、广发证券有限责任公司董事副总裁。

张南女士，博士。曾任广东省经贸委产业政策处副处长，易方达基金管理有限公司市场拓展部副总经理，现兼任易方达基金管理有限公司监察部总经理。

宝盈基金管理有限公司

【基本情况】

法定名称：宝盈基金管理有限公司

英文名称：Baoying Fund Management Co. , Ltd

注册地址：深圳市深南路 6008 号特区报业大厦 1501

办公地址：深圳市深南路 6008 号特区报业大厦 15 层、26 层

法人代表：李建生

总　经　理：陆金海

成立时间：2001 年 5 月 18 日

组织形式：有限公司

注册资本：1 亿元人民币

联系电话：0755 - 83516688

客服热线：400 - 8888 - 300

传真号码：0755 - 83275119

邮政编码：518034

公司网址：www. byfunds. com

【公司概况】

宝盈基金管理有限公司成立于 2001 年 5 月 18 日，注册资本人民币 1 亿元，注册地深圳。主要经营业务是发起设立证券投资基金（以下简称基金）和基金管理，2008 年 3 月获特定客户资产管理业务资格。

宝盈基金管理有限公司是按照证监会“新的治理结构、新的内控体系”标准设立的首批基金管理公司之一。2005 年公司通过了 ISO9000 认证，并致力于不断完善内部管理，坚持客观化管理理念，打造专业化、现代化的资产管理公司。

公司坚持通过打造投资决策委员会、投资人员、研究人员、风险管理人员四位一体的客观化投资平台，以“研究创造价值，风险管理创造收益”的理念，为基金持有人和资产委托人“追求长期、稳定、一致的绝对收益”。

公司坚持规范管理求效益，通过完善的制度体系和科学的决策机制，保证管理的客观性；坚持工作经验和价值的积淀，保证企业的成长不以个人意志为转移；坚持以人为本，通过现代化的人力资源管理体系，实现员工与企业的共同发展！

公司股东实力雄厚。公司现有股东为中铁信托有限责任公司、成都工业投资集团有限公司、中国对外经济贸易信托有限公司。主要股东中铁信托有限责任公司是一家实力雄厚的

信托投资公司，其控股股东中国中铁股份有限公司是国务院国资委监管的大型央企，雄厚的股东背景对公司的发展提供了强大支持。

【公司大事记】

2009.8.6，宝盈货币市场证券投资基金成立。

2008.5.30，公司"爱宝网电子商务平台"荣获"2007年深圳资本圈年度成就奖"。

2008.5.15，宝盈增强收益债券型基金成立。

2008.4.24，宝盈基金第一项投资顾问业务——建津财富2号证券投资信托产品正式成立。

2008.4.15，鸿飞证券投资基金完成封转开，更名宝盈资源优选股票型证券投资基金。

2008.3.21，在《中国证券投资基金年鉴》"2007年首届中国基金行业年度评选"活动中获得"投资者教育创新奖"。

2008.3.13，经中国证监会批准，获得特定客户资产管理业务资格。

2007.5.9，业内首家电子商务品牌网站——爱宝网（ibao.byfunds.com）隆重上线。

2007.2.13，宝盈基金投资俱乐部正式启动。

2007.1.19，宝盈策略增长股票型证券投资基金成立。

2006.1，宝盈泛沿海区域增长股票证券投资基金喜获深圳市证券业协会举办的"深圳年度金融创新奖"。

2005.10.17，宝盈公司获得ISO9000质量管理体系认证。

2005.3.8，国内首只区域型证券投资基金——宝盈泛沿海区域增长股票证券投资基金成立。

2004.6.29，宝盈公司获中国证监会批准，完成股权转让，转让后的股权结构为衡平信托投资有限责任公司（49%）、成都工业投资经营有限责任公司（26%）、中国对外经济贸易信托投资有限公司（25%）。

2002.10.8，宝盈基金第一只开放式基金——宝盈鸿利收益证券投资基金成立，该基金是国内首只收益型开放式基金。

2001.12.25，鸿飞证券投资基金完成扩募，规模达5亿份。

2001.12.10，鸿阳证券投资基金成立，成立规模20亿份。

2001.5.18，宝盈基金管理有限公司在深圳成立。

【股东概况】

排序	股东名称	股权比例
1	衡平信托投资有限责任公司	49%
2	成都工业投资经营有限责任公司	26%
3	中国对外经济贸易信托投资有限公司	25%

【旗下基金】

基金代码	基金简称	类型	基金经理
213001	宝盈鸿利	开放式	陆万山
213002	宝盈泛沿海	开放式	陆万山
213003	宝盈策略	开放式	余述胜、盛军锋
213009	宝盈货币A	开放式	陈若劲
213909	宝盈货币B	开放式	陈若劲
213007	宝盈债券	开放式	陈若劲
213008	宝盈资源	开放式	杨宏亮
213917	宝盈债券C	开放式	刘丰元 陈若劲
213006	宝盈优势	开放式	杨宏亮 王琼
184728	基金鸿阳	封闭式	陈茂仁

【公司高管】

李建生女士，董事长，1954年出生，中共党员，本科。曾在黑龙江建设兵团、铁道部基建总局工作。1989年始历任中国铁路工程总公司副处长、高级会计师、副总会计师，现任衡平信托有限责任公司董事长，中国中铁股份有限公司副总裁、财务总监兼总法律顾问。

陆金海先生，董事，总经理。1970年生，中共党员，厦门大学金融专业经济学博士。1999年9月至2001年10月，在清华大学经济管理学院会计系开展博士后研究工作。2001年10月起就职于南方基金管理公司，历任金融工程部总监、信息技术部总监、投资策略与风险控制部总监。2006年4月起任宝盈基金管理公司董事总经理。

刘传葵先生，督察长。1968年生，民革党员，经济学博士，高级经济师，深圳市政府特殊津贴专家。1990年7月－1992年8月，中国人民银行赣州市支行干部、团支书；1994年5月－1997年10月，深圳投资基金管理公司总裁秘书、研究部总助；1997年11月－2000年5月，广发证券发展研究中心（深圳）负责人；2000年5月－2002年3月，平安证券综合研究所副所长；2002年10月－2004年5月，长信基金研究总监、市场发展总部总监；2004年5月至今，历任宝盈基金管理有限公司首席经济师兼研究部总监、首席经济师兼监察稽核部总监；2007年5月起代为履行宝盈基金管理有限公司督察长职责；2007年7月起担任宝盈基金管理有限公司督察长。

融通基金管理有限公司

【基本情况】

法定名称：融通基金管理有限公司

注册地址：深圳市南山区华侨城汉唐大厦13、14层

办公地址：深圳市南山区华侨城汉唐大厦13、14层

法人代表：孟立坤

总 经 理：吕秋梅

成立时间：2001－05－22

公司性质：中资

注册资本：12500万元

联系电话：0755－26948666

客服热线：0755－26948088

传真号码：0755－26935005

邮政编码：518035

公司网址：www.rtfund.com

【公司概况】

融通基金管理有限公司经中国证监会监基字［2001］8号文批准，于2001年5月22日在深圳正式成立，是中国第二批基金管理公司之一，注册资本1.25亿元人民币。公司股东为新时代证券有限责任公司（60%）、日兴资产管理有限公司（40%）（Nikko Asset Management Co., Ltd.）（已报证监会核准，相关变更登记手续正在办理中）。公司在法人治理结构、投资管理、内控体系、组织架构等各方面借鉴了国内外的先进经验，充分体现"新基金、新体制"。

公司在基金管理上实行投资决策委员会领导下的基金经理负责制。截至2009年5月，公司旗下共有十一只基金，其中十只开放式基金：融通新蓝筹混合、融通通利系列基金（由融通债券、融通深证100指数和融通蓝筹成长混合三只子基金构成）、融通行业景气混合、融通巨潮100指数（LOF）、融通

易支付货币、融通动力先锋股票、融通领先成长股票(LOF)以及融通内需驱动股票,一只封闭式基金(融通通乾封闭)。

【公司大事记】

2009年8月26日:经公司研究决定,并报经中国证券业协会注册登记和深圳证监局审核备案,聘任张敏先生为融通新蓝筹证券投资基金基金经理,刘模林先生继续担任融通新蓝筹证券投资基金基金经理职务。

2009年05月25日:融通内需驱动股票型证券投资基金定于2009年5月25日起开始办理日常申购、赎回业务。

2009年5月15日:经公司研究决定,并报经中国证券业协会注册登记和深圳证监局审核备案,聘任郑毅先生、王建强先生为融通深证100指数证券投资基金基金经理,聘任郑毅先生、王建强先生为融通巨潮100指数证券投资基金(LOF)基金经理,免去张野所任的融通深证100指数证券投资基金基金经理和融通巨潮100指数证券投资基金(LOF)基金经理职务。

2009年04月22日:融通内需驱动证券投资基金基金合同正式生效,募集规模2,955,174,216.52份基金份额。

2009年3月:融通基金公司荣获由证券时报主办"2008年度中国明星基金暨最佳托管银行评选"的"2008年度投资者教育明星基金公司"。

2009年03月16日:融通内需驱动证券投资基金正式向全国发售。

2009年3月13日:经融通基金管理有限公司2008年第一次临时股东会会议审议通过,并报中国证监会核准,新时代证券有限责任公司受让河北证券有限责任公司持有的本公司40%股权。本次股权转让事项的相关变更登记手续现已办理完毕,本次股权变更后,本公司的股东及其出资比例为:新时代证券有限责任公司60%、日兴资产管理有限公司40%。

2009年03月03日:根据《证券投资基金法》、《证券投资基金行业高级管理人员任职管理办法》的有关规定,经公司第三届董事会第一次会议审议通过,并报经中国证券监督管理委员会核准(证监许可[2009]162号文),聘任秦玮先生为公司副总经理。

2008年10月21日:经融通基金管理有限公司2008年第一次临时股东会会议审议通过,并报中国证监会核准,新时代证券有限责任公司受让河北证券有限责任公司持有的本公司40%股权。本次股权转让事项的相关变更登记手续正在办理中。转让事项全部变更完成后,本公司的股东及其出资比例将为:新时代证券有限责任公司60%、日兴资产管理有限公司40%。

2008年3月31日:根据《融通基金管理有限公司关于基金经理变更的公告》,免去冯宇辉先生融通行业景气证券投资基金的基金经理职务,免去陶武彬先生融通债券证券投资基金和融通易支付货币市场证券投资基金的基金经理职务;聘用乔羽夫先生担任融通债券证券投资基金和融通易支付货币市场证券投资基金的基金经理职务。

2008年3月:融通基金公司荣获上证报、中国证券网主办的第五届"金基金"评选的"最佳营销服务"奖。

2008年3月:融通新蓝筹基金获"理柏中国基金奖2008"的"五年期最佳人民币进取灵活混合型基金"奖项。

2008年1月:融通基金公司荣获由证券时报主办2007年度"中国明星基金评选"的"2007年度市场营销明星基金公司"。

2008年1月:融通基金公司荣获由和讯网主办的第五届财经风云榜"2007年度最具成长性的基金公司"。

2008年1月:融通行业景气基金荣获由证券时报主办"中国明星基金评选"的"2007年度股票型基金明星奖"。

2008年1月:融通基金公司荣获由网易财经主办2007年度"中国十大金钻基金公司评选"的"金钻基金公司"称号。

2008年1月:融通基金公司荣获由中国证券报主办第五届中国基金业金牛奖的2007年度"金牛基金管理公司"称号。

2007年9月28日:根据《融通基金管理有限公司关于增聘基金经理的公告》,1、决定增聘鲁万峰先生担任融通动力先锋证券投资基金的基金经理职务,该基金现任基金经理陈晓生先生继续担任基金经理职务。2、决定增聘刘泽兵先生担任通乾证券投资基金的基金经理职务,该基金现任基金经理郝继伦先生继续担任基金经理职务。3、决定增聘戴春平先生担任融通新蓝筹证券投资基金的基金经理职务,该基金现任基金经理刘模林先生继续担任基金经理职务。

2007年9月24日:根据《关于融通基金管理有限公司北京、上海分公司总机号码变更的公告》,自2007年9月24日起融通基金管理有限公司北京分公司总机号码变更为010-66190999;上海分公司总机号码变更为021-38429510。

2007年8月4日:根据《融通基金管理有限公司章程》的规定,经公司第二届董事会第三次会议及2006年度股东会会议审议批准,并报经中国证监会深圳证券监管局审核通过:公司第二届董事会由以下人员组成:孟立坤、曹凤岐、强力、林义相、Miyazato Hiroki(宫里启晖)、Allen Yan(颜锡廉)、马金声、吕秋梅、吴治平,其中曹凤岐、强力、林义相为独立董事。

2007年7月:融通新蓝筹基金荣获由《基金观察》杂志社、晨星中国等机构评出的"2007年TOP10钻石基金"奖。

2007年6月25日:公司发布《融通基金管理有限公司关于基金经理变更的公告》,决定聘用邹曦担任融通行业景气证券投资基金的基金经理职务。

2007年6月25日:融通领先成长股票型证券投资基金(LOF)(基金代码:161610)定于2007年6月25日起开始办理日常申购、赎回业务。

2007年4月25日:公司发布《通宝证券投资基金终止上市公告》,基金通宝将于2007年4月30日终止上市,自基金通宝终止上市之日起,基金名称变更为融通领先成长股票型证券投资基金(LOF)。

2007年4月13日:公司发布《融通基金管理有限公司关于公司股东变更的公告》,经融通基金管理有限公司2006年第一次临时股东会会议审议通过,并报中国证监会、中国商务部审核批准,本公司原股东陕西省国际信托投资股份有限公司、华林证券有限责任公司分别将其持有的本公司20%股权全部转让给日兴资产管理有限公司。

经本公司2006年第三次临时股东会会议审议通过,并报中国证监会(证监基金字[2006]264号)的批准,本公司原股东联合证券有限责任公司将其持有的本公司20%股权全部转让给新时代证券有限责任公司。

上述转让事项全部变更完成后,本公司的股东及其出资比例将为:河北证券有限责任公司40%、日兴资产管理有限公司40%、新时代证券有限责任公司20%。

2007年3月2日:通宝证券投资基金召开基金份额持有人大会。于2007年4月2日下午2时30分,在北京金融街威斯汀大酒店(北京市西城区金融大街乙9号,电话:010-

66068866）现场方式召开，审议关于通宝证券投资基金转型有关事项的议案。

2007 年 3 月 2 日：公司发布《融通基金管理有限公司关于基金经理变更的公告》，聘用陈晓生、严菲担任融通蓝筹成长证券投资基金的基金经理职务，免去易万军融通蓝筹成长证券投资基金的基金经理职务；聘用郝继伦担任通乾证券投资基金的基金经理职务，免去张英飚通乾证券投资基金的基金经理职务。

2007 年 2 月 15 日：融通动力先锋证券投资基金基金开始办理赎回业务。

2007 年 02 月 05 日：公司发布《融通基金管理有限公司关于公司高级管理人员变更的公告》，根据《证券投资基金法》、《证券投资基金行业高级管理人员任职管理办法》的规定，经公司第二届董事会第十一次临时会议通过，并报经中国证券监督管理委员会审核批准（证监基金字[2007]16 号文），聘任刘模林为公司副总经理。

2007 年 02 月 03 日：公司发布《融通基金管理有限公司关于公司高级管理人员变更的公告》］根据《证券投资基金法》、《证券投资基金行业高级管理人员任职管理办法》的规定，经公司第二届董事会第十二次临时会议审议，并报经中国证券监督管理委员会深圳证券监管局审核通过，免去刘小山的公司副总经理职务。

2001 年 6 月 2 ~ 3 日：公司创立大会暨 2000 年股东会、第一届董事会第一次会议、第一届第一次监事会议在北京召开。

2001 年 5 月 22 日：融通基金管理有限公司正式成立。

2001 年 5 月 8 日：融通基金管理有限公司获准开业。

2001 年 2 月 13 日：融通基金管理有限公司（筹）第二次发起人会议在深圳召开。

2000 年 11 月 2 日：融通基金管理有限公司获准筹建。

2000 年 7 月 31 日：融通基金管理有限公司（筹）第一次发起人会议在北京召开。

【股东概况】

排序	股东名称	持股数量（万股）	持股比例（%）
1	新时代证券有限责任公司	7500.00	600%
2	日兴资产管理有限公司	5000.00	40%

【旗下基金】

基金代码	基金简称	类型	基金经理
161601	融通新蓝筹	开放式	刘模林、张敏
161603	融通债券	开放式	乔羽夫
161604	融通 100	开放式	郑毅、王建强
161605	蓝筹成长	开放式	陈晓生、严菲
161606	融通行业景气	开放式	邹曦
161608	融通易支付货币	开放式	陶武彬
161609	融通动力先锋	开放式	陈晓生、鲁万峰
500038	基金通乾	封闭式	郝继伦、刘泽兵
161607	融通巨潮	开放式	郑毅、王建强
161610	融通领先成长	开放式	刘模林、陈文涛
161611	融通驱动	开放式	陈晓生、邹曦、鲁万峰

【公司高管】

董事长孟立坤先生，中共党员，工学博士。1995 年起曾就职于河北证券有限责任公司，历任北京营业部总经理、公司总裁助理（副总裁级）。

董事、总经理吕秋梅女士，中共党员，工商管理硕士。曾就职于中国人民银行总行，历任国信证券有限公司总裁助理、鹏华基金管理有限公司副总经理。

董事、督察长吴冶平先生，硕士，经济师，具有 9 年证券从业经验。曾在中国银行深圳国际信托咨询公司证券发行部工作，历任深圳市安信财务顾问有限公司部门经理、华夏证券深圳分公司部门经理、国信证券有限公司投资银行总部副总经理、公司研究部总经理、鹏华基金管理有限公司监事、研究部总监、基金普惠基金经理助理。

银华基金管理有限公司

【基本情况】

法定名称：银华基金管理有限公司
英文名称：Yinhua Fund Management Co. , Ltd.
注册地址：深圳市深南大道 6008 号特区报业大厦 19 层
办公地址：北京市东城区东长安大街 1 号东方广场
东方经贸城 C2 办公楼 10 层 2 – 8 室、15 层
法人代表：彭　越
总 经 理：王立新
成立时间：2001 年 5 月 28 日
组织形式：有限公司
注册资本：2 亿元人民币
联系电话：010 – 58163000
传真号码：010 – 58163027
邮政编码：518034
公司网址：www. yhfund. com. cn

【公司概况】

银华基金成立于 2001 年 5 月，成立 8 年以来，凭借诚信、规范、稳健、务实的运作风格，银华基金致力于为广大投资者提供专业的资产管理服务，逐步发展为一个具有大资金管理能力的综合型资产管理公司，2008 年底，公司资产管理规模位列行业前十位，跻身国内优秀基金管理公司行列。

我们致力于提供有质量的资产管理和理财服务，帮助投资者打造高品质的财富生活。为实现这一目标，我们强调通过严格的制度和流程化管理提升公司的服务质量。2005 年 2 月，银华基金正式通过 ISO9001 质量管理体系认证，成为基金业内首家通过此项权威质量认证的基金管理公司；同年 8 月，银华基金获得企业年金基金管理人资格，成为国内 9 家首批获此资格的基金管理公司之一。2007 年 10 月底，银华基金管理公司正式获得 QDII 资格，获准开展境外证券投资管理业务。在接下来的 2008 年 2 月，银华基金管理公司获得特定客户资产管理业务资格。至此，银华基金成为业内为数不多的同时拥有企业年金资产管理业务资格、境外证券投资管理业务资格和特定客户资产管理业务资格的基金管理公司。

作为一个资产管理者，为持有人提供长期稳健的回报是银华基金的核心价值所在。7 年来，银华旗下管理的多只基金业绩排名同类产品前列，并获得多项业内大奖，多次赢得独立专业机构高度评价，为持有人带来了可持续的稳健投资回报。银华基金因为整体业绩表现突出，连续三年蝉联“金牛基金公司”称号。凭借敏锐的市场洞察力和稳健的投资业绩，银华投资团队也在 2006 年“21 世纪年度中国赢基金奖”中“最佳投资团队奖”和“最佳投资策略报告奖”。在该奖项 2007 年度的评选中，银华基金再次获得“中国基金管理公司

综合实力大奖”和“最佳风险控制奖”两项大奖。

时至今日，银华基金旗下管理的开放式基金十三只，建立了覆盖股票型、配置型、债券型、货币型、保本型和 QDII 基金的较为完善的产品线，为数百万不同风险收益特征和理财需求的客户提供专业的资产管理服务。

在稳健经营的基础上，我们致力于让风险收益特征各异的投资者在银华享受到全面的理财服务。未来，在继续完善产品线基础上，我们还将努力在企业年金管理、独立帐户资产管理、QDII 等领域拓展自己的业务。继续为自己所追求的目标——投资改变生活而执著前行。

我们将继续秉承“诚信经营赢得客户、优质服务贴近客户、一流业绩回报客户”的质量管理方针，帮助更多的普通人实现他们的财富梦想。

【公司大事记】

2009 年 1 月 7 日，经公司股东会决议通过，并获得中国证券监督管理委员会批准，银华基金原股东南方证券股份有限公司将持有的 21% 股权转让给山西海鑫实业股份有限公司。同时，银华基金管理有限公司注册资本从 1 亿人民币增加至 2 亿人民币。

2008 年 12 月 3 日，银华旗下首只债券型基金——银华增强收益债券基金正式成立。

2008 年 8 月 20 日，银华领先策略基金正式成立。

2008 年 5 月 26 日，银华旗下首只 QDII 基金——银华全球核心优选基金正式成立。

2008 年 2 月 银华基金管理公司正式获得特定客户资产管理业务资格，获准开展相关业务。

2007 年 10 月底 银华基金管理公司正式获得 QDII 资格，获准开展境外证券投资管理业务。

截至 2007 年 9 月 30 日，根据基金三季报披露的数据统计，银华基金旗下管理的基金资产总规模超过 1000 亿，稳居国内 10 大基金管理公司之列。

2007 年 7 月 银华基金管理公司顺利通过了英国标准协会（BSI）三年一度的 ISO9001 质量认证体系复审。

截至 2007 年 6 月 30 日，根据基金二季报披露的数据统计，银华基金旗下所管理的基金资产总规模达到 670 亿，继续位居国内 10 大基金管理公司之列。

2007 年 5 月 10 日，银华核心价值优选基金正式实施基金份额拆分。

2007 年 3 月 15 日，在海南三亚召开了公司 2006 年度股东会及第三届第三次董事会、第三届第二次监事会议。

2007 年 3 月 2 日，银华保本增值基金顺利进入第二个保本周期的运作。

截至 2006 年底 银华基金管理资产总规模超过 300 亿，列国内 10 大基金管理公司之列。

2001 年 5 月 28 日，公司获得营业执照、基金管理公司法人许可证及法人机构代码证，标志公司正式成立，并获得经营权。

2001 年 5 月 10 日，证监会发下发《关于同意银华基金管理有限公司开业申请的批复》（证监基金字［2001］7 号）一文，标志公司正式获得开业资格。

2001 年 4 月 13 日，通过证监会组织的专家评审会的开业审查。

2001 年 1 月 19 日，根据证监会意见，选聘四位独立董事，并对公司章程及相关的规章制度进行修改。

2000 年 11 月 10 日，正式向证监会递交开业申请。

2000 年 10 月 31 日，签署《更换管理人协议》，银华基金管理有限公司（筹）成为新任的基金管理人。

2000 年 10 月 25 日，于北京，召开银华基金管理有限公司创立大会，选举产生公司第一届董事会、监事会和经营班子。

2000 年 10 月 18 日，证监会批准筹建银华基金管理有限公司。

2000 年 7 月 24 日，完成基金资产置换、转托管等全部清理工作。

2000 年 4 月 12 日，银华基金管理有限公司筹备组成立。

2000 年 1 月 24 日，证监会批准清理四川国债投资基金。

【所获荣誉】

2009 年 4 月，银华基金在由金融界主办的“2008 中国金融企业慈善榜”评选中，获得“基金业突出贡献奖”。

2009 年 3 月，在由中国主流媒体理财联盟主办的“2008－2009 年度中国理财总评榜”中，银华基金获得“最佳客户服务基金公司奖”。

2009 年 3 月，在由《21 世纪经济报道》主办的“赢基金”评选中，银华基金管理有限公司蝉联“综合实力奖”和“最佳风险控制奖”。

在由《证券时报》主办的“2008 中国明星基金评选”中，银华基金旗下银华核心价值优选基金凭借持续稳健的优异表现，获得“三年持续回报股票型明星基金奖”。

2009 年 1 月 5 日，在第二届中国电子金融发展年会暨首届中国电子金融金爵奖评选中，银华基金因其突出成就获得“最佳网上基金公司”称号，“银华 E 站”被评为“用户满意的电子金融品牌”。

2008 年 12 月，在由和讯网举办的“2008 财经风云榜”评选中，银华基金连续第 5 年蝉联“十大品牌基金公司”称号，银华基金总经理王立新再次荣获“中国基金业杰出掌门人奖”。另外，凭借良好的客户关系，银华基金荣获“最佳投资者关系奖”。

2008 年 12 月，在由新浪网举办的“2008 网络盛典？财经行业”评选中，银华基金荣获“2008 年最佳客户服务奖”。

2008 年 12 月，由搜狐网举办的“2008 网络盛典”评选中，银华基金获“2008 年最有影响力客户服务奖”。

2008 年 11 月 27 日，在由《第一财经日报》主办的“2008 第一财经金融价值榜（CFV）”评选中，银华基金管理有限公司凭借长期稳健的表现以及严谨的风险控制体系，荣获“年度风险控制奖”。

2008 年 9 月 23 日，由新浪网主办的“金麒麟”金融服务企业评选结果揭晓，银华基金管理有限公司凭借严谨的风险管理，获得“基金业最佳风险控制奖”。

2008 年 9 月，在由《理财周报》主办的“2008 最受尊敬基金公司”评选中，银华基金管理公司荣获“2008 最佳品牌塑造基金公司”奖。

2008 年 4 月 8 日，在由《北京青年报》与中国银河证券基金研究中心、和讯网等共同发起的“百姓眼中的明星基金”评选活动中，银华基金管理有限公司获得“金牌管理团队奖”。

2008 年 3 月 31 日，在由《上海证券报》主办的 2007 年“金基金”评选中，银华基金管理有限公司获“最佳投资者关系”大奖。

2008 年 1 月 20 日，在由和讯网主办的“2007 年财经风云榜”评选中，银华基金管理有限公司获“中国十大品牌基金公司"称号,这是银华基金连续第四次荣获该项殊荣。同时,公司总经理王立新先生荣获"中国基金业杰出掌门人奖"。

2008 年 1 月,在由《21 世纪经济报道》主办的"21 世纪年度中国赢基金奖"评选中,银华基金管理有限公司荣获基金公司"综合实力奖"及"最佳风险控制奖"两项大奖。银华 - 道琼斯 88 精选基金获"股票型开放式基金三年持续表现奖"。

2008 年 1 月 17 日,"新浪 - 蒙牛 2007 网络盛典"评选揭晓,银华基金管理有限公司获"年度最受信赖基金公司"奖。

2008 年 1 月,在由网易财经主办,《基金观察》杂志协办的"2007 中国十大金钻基金公司"评选中,银华基金管理有限公司凭借较强的综合实力获得"2007 中国十大金钻基金公司"奖。

2008 年 1 月 11 日,在由《证券时报》主办、安信证券协办的"2007 年度中国明星基金评选"中,银华基金管理公司获得"市场营销明星基金公司"奖。同时,银华旗下的增强型指数基金银华 - 道琼斯 88 精选基金获得"三年持续回报明星基金奖"。

2008 年 1 月,在由《中国证券报》主办的"第五届中国基金业金牛奖"评选中,银华基金管理公司荣获"2007 年度金牛基金公司"奖,这是银华基金连续第三次获此殊荣。

2007 年 11 月,在由《第一财经日报》主办的"2007 第一财经金融品牌价值榜(CFB)"评选中,银华基金管理公司入选"2007CFB 十佳基金公司",并获得"2007CFB 基金公司稳健回报奖"。

2007 年 9 月,在由《理财周报》主办的"2007 年中国最受尊敬基金公司评选"中,银华基金管理有限公司获"2007 年度最受尊敬基金公司"奖。

2007 年 8 月,在由《新闻晨报》主办的"2007 年十佳基金评选"中,银华核心价值优选基金入选"2007 年最值得购买的十大基金"。

2007 年 5 月,银华 - 道琼斯 88 精选基金入选"2007 年福布斯中国优选基金"。

2007 年 5 月,在由《证券时报》主办的"2006 证券时报年度明星基金评选"中,银华基金管理公司获得"明星基金管理公司奖",银华优质增长基金获得"大基金明星奖"。

2007 年 3 月,在"理柏中国基金奖 2007"评选中,银华 - 道琼斯 88 精选基金获"二年期最佳中国股票基金"奖,这是该基金第二次在理柏中国基金评选中获奖。

2007 年 2 月,在搜狐网理财频道主办的"2006 搜狐理财年度评选"活动之"2006 年度基金评选"中,银华基金管理公司获"2006 年度明星基金管理人"称号,旗下银华优势企业基金获"2006 年度明星基金(配置型基金)"称号,银华优质增长基金获"2006 年度最佳新锐基金"奖。

2007 年 1 月,在由和讯网发起的大型网络评选活动"2006 年度财经风云榜"中,银华基金管理公司获"2006 年度中国十大品牌基金公司"奖,这也是银华基金第三次蝉联该项大奖。

2007 年 1 月,由 21 世纪经济报道主办的"中国赢基金奖"评选中,银华基金管理有限公司获得"2006 年中国基金管理公司最佳投资团队奖",及"2006 年最佳投资策略报告奖"。

2007 年 1 月,银华基金蝉联"2006 年度金牛基金公司"奖,旗下银华核心价值优选基金获选"2006 年度开放式股票型金牛基金"称号。

2006 年 11 月,在由搜狐财经、《网络传播》杂志主办的"2006 首届优秀基金网站"评选活动中,银华基金公司获得"电子商务体验最佳基金网站"、"最受投资者青睐基金网站"、"综合表现最佳基金网站"三项大奖。

2006 年 3 月,银华 - 道琼斯 88 精选基金在"理柏中国基金奖 2006"评选中获"一年期最佳中国股票基金"奖。

2006 年 2 月,在和讯 2005 年财经风云榜评选中,银华基金管理公司蝉联"十大品牌基金公司"称号,并同时获得 2005 年杰出营销案例奖。

2006 年 02 月,银华基金管理公司在《中国证券报社》主办由中国银河证券有限责任公司、中信证券股份有限公司、天相投资顾问有限公司联合举行的第三届金牛奖评选中荣获"2005 年度十大金牛基金管理公司"称号及 2005 年度创新奖两项大奖。

2006 年 02 月,银华基金管理管理公司在《新财经》第二届中国优秀基金及基金管理公司评选中获"最佳风险控制奖"。

2006 年 1 月,银华基金管理公司在《21 世纪经济报道》"赢基金奖评选"荣获"2005 年度基金产品创新奖"。

2005 年 4 月,银华优势企业基金被《科学与财富》(VALUE)推荐为 2005 年最值得投资的 15 只基金之一,被评为平衡型基金中"3 年累计分红最高的基金"。

2005 年 3 月 15 日,在由《人民日报》市场信息中心联合 100 家权威行业协会及"人民网"、"新华网"、"搜狐网"等 30 多家权威网站共同举办的民意调查大型公益活动中,银华基金管理公司被全国广大消费者(客户)评为基金行业 2005 年"中国消费者(用户)十大最满意基金品牌"。

【股东概况】

排序	股东名称	股权比例
1	西南证券有限责任公司	29%
2	第一创业证券有限责任公司	29%
3	山西海鑫实业股份有限公司	21%
4	东北证券有限责任公司	21%

【旗下基金】

基金代码	基金简称	类型	基金经理
180001	银华优势企业	开放式	金斌
180002	银华保本增值	开放式	姜永康
180003	银华道琼斯 88 精选	开放式	路志刚、杨长清
180008	银华货币 A	开放式	孙健
180009	银华货币 B	开放式	孙健
180010	银华优质增长	开放式	蒋伯龙
180012	银华富裕主题	开放式	王华
183001	银华全球优选	开放式	谢礼文
180013	银华领先	开放式	杨靖,万志勇
519001	银华核心价值	开放式	陆文俊
180015	银华强债	开放式	姜永康
161810	银华内需精选	开放式	齐海滔
161811	银华沪深 300	开放式	路志刚

【公司高管】

彭越先生:董事长,研究生学历。曾任职于最高人民检察院,曾任银华基金管理有限公司副总经理。现任银华基金管理有限公司董事长。

王立新先生:总经理,中共党员,经济学博士。历任中国工商银行总行科员,南方证券股份有限公司基金部副处长,南方基金管理有限公司研究开发部、市场拓展部总监，银华基金管理有限公司总经理助理、副总经理、代总经理。

凌宇翔先生：督察长，工商管理硕士。曾任职于重庆国际信托投资公司证券总部，西南证券有限责任公司基金管理部总经理。

长城基金管理有限公司

【基本情况】

法定名称：长城基金管理有限公司

英文名称：Great Wall Fund Management Co. ,Ltd.

注册地址：深圳市福田区益田路6009号新世界商务中心41层

办公地址：深圳市福田区益田路6009号新世界商务中心41层、40层

法人代表：杨光裕

总 经 理：关林戈

成立时间：2001年12月27日

组织形式：有限责任公司

注册资本：1.5亿元人民币

联系电话：0755－23982338

传真号码：0755－23982328

客服热线：400－8868－6666

邮政编码：518026

公司网址：www. ccfund. com. cn

【公司概况】

长城基金管理有限公司成立于2001年12月27日，是经中国证监会批准设立的第15家基金管理公司，由长城证券有限责任公司、东方证券股份有限公司、北方国际信托股份有限公司、中原信托有限公司共同出资设立。公司的经营范围为基金募集、基金销售、资产管理和中国证监会许可的其他业务。

长城基金管理有限公司一直秉承“诚信、规范、专业、创新”的经营理念，坚持基金持有人利益至上的经营原则，凭借完善的公司治理结构、严格的风险控制、规范的业务流程、高效专业的员工团队、开放与学习的文化氛围，努力打造一流的基金管理公司品牌，竭诚为客户提供优质的投资理财产品和服务。

目前，长城基金管理有限公司管理着长城久富核心成长股票型证券投资基金（LOF）、久嘉证券投资基金、长城久恒平衡型证券投资基金、长城久泰中信标普300指数证券投资基金、长城货币市场证券投资基金、长城消费增值股票型证券投资基金、长城安心回报混合型证券投资基金、长城品牌优选证券投资基金、长城稳健增利债券型证券投资基金、长城双动力股票型证券投资基金、长城景气行业龙头灵活配置混合型证券投资基金十一只基金。

【公司大事记】

2009年6月30日，长城景气行业龙头灵活配置混合型证券投资基金正式成立。

2009年6月1日，公司管理的第十一只基金——长城景气行业龙头灵活配置混合型证券投资基金公开发行。

2009年1月15日，长城双动力股票型证券投资基金正式成立。

2008年12月10日，公司管理的第十只基金——长城双动力股票型证券投资基金公开发行。

2008年8月27日，长城稳健增利债券型证券投资基金正式成立。

2008年7月18日，公司管理的第九只基金——长城稳健增利债券型证券投资基金公开发行。

2007年8月6日，长城品牌优选股票型证券投资基金正式成立。

2007年7月20日，公司管理的第八只基金——长城品牌优选股票型证券投资基金公开发行 。

2007年2月12日，由久富证券投资基金转型而来的“长城久富核心成长股票型证券投资基金（LOF）”基金合同正式生效 。

2006年8月22日，长城安心回报混合型证券投资基金正式成立。

2006年7月18日，公司管理的第七只基金——长城安心回报混合型证券投资基金公开发行。

2006年4月6日，长城消费增值股票型证券投资基金正式成立。

2006年3月6日，公司管理的第六只基金——长城消费增值股票型证券投资基金公开发行。

2005年5月30日，长城货币市场证券投资基金正式成立。公司构建起“平衡型股票基金——指数型股票基金——货币市场基金”的产品线。

2005年4月22日，长城货币市场证券投资基金公开发行。

2004年5月21日，长城久泰中信标普300指数证券投资基金正式成立。

2004年4月12日，公司管理的国内首只跟踪中信标普300指数的开放式基金——长城久泰中信标普300指数证券投资基金公开发行。

2003年10月31日，长城久恒平衡型证券投资基金正式成立。

2003年9月1日，公司管理的第一只开放式基金——长城久恒平衡型证券投资基金公开发行。

2002年8月27日，基金久嘉在深圳证券交易所挂牌上市。

2002年7月2日，基金久嘉的发行及申购缴款工作结束，20亿份基金单位顺利募足。其中，网上认购为15.69亿份基金单位。

2002年7月1日，基金久嘉上网发行。

2002年6月6日，基金久富扩募后的可流通基金单位在深圳证券交易所上市交易。

2002年5月28日，基金久富成功扩募到5亿份基金单位。

2002年5月16日，基金久富开始扩募。

2002年4月18日，基金久富在深圳证券交易所挂牌交易。

【股东概况】

排序	股东名称	股权比例
1	长城证券有限责任公司	47.059%
2	东方证券股份有限公司	17.647%
3	北方国际信托投资股份有限公司	17.647%
4	中原信托投资有限公司	17.647%

【旗下基金】

基金代码	基金简称	类型	基金经理
200001	长城久恒	开放式	李硕
200002	长城久泰	开放式	杨建华
200006	长城消费	开放式	杨军
200007	长城回报	开放式	徐九龙
162006	长城久富	开放式	杨建华
200008	长城品牌	开放式	杨毅平
200009	长城增利	开放式	王定元
200011	长城行业龙头	开放式	徐九龙
200010	长城双动力	开放式	李硕
200003	长城货币	开放式	王定元
184722	基金久嘉	封闭式	陈硕

【公司高管】

杨光裕先生，中共党员，硕士研究生毕业。历任江西省审计厅办公室主任，长城证券有限责任公司副总裁，现任长城基金管理有限公司董事长。

关林戈先生，中共党员，经济学硕士。历任中国汽车贸易公司办公室主任，中共天津市委领导同志秘书，南方证券天津分公司副总经理、常务副总经理、代总经理，长城证券有限责任公司总裁助理，长城基金管理有限公司副总经理、常务副总经理，现任长城基金管理有限公司总经理。

彭洪波先生，经济学硕士，MBA，曾就职于长城证券有限责任公司，历任深圳东园路营业部电脑部经理，公司电子商务筹备组项目经理，公司审计部技术主审。2002 年 3 月加盟长城基金管理有限公司，历任监察稽核部业务主管、部门副经理、部门经理，现任长城基金管理有限公司督察长兼监察稽核部总经理。

国投瑞银基金管理有限公司

【基本情况】

法定名称：国投瑞银基金管理有限公司
英文名称：UBS SDIC Fund Management Co. , Ltd.
注册地址：深圳市福田区深南大道 4009 号投资大厦三楼
办公地址：深圳市福田区金田路 4028 号荣超经贸中心 46 层
法人代表：施洪祥
总 经 理：尚　健
成立时间：2002 年 6 月 13 日
公司性质：合资
注册资本：10000 万元
联系电话：0755 － 83575999
传真号码：0755 －82912849
客服电话：400 －880 －6868
邮政编码：518026
公司网址：http://www. ubssdic. com

【公司概况】

国投瑞银基金管理有限公司(以下简称“公司”)，是中国第一家外方持股比例达到最高上限(49%)的合资基金管理公司，公司的前身是中融基金管理有限公司。国家开发投资公司全资子公司国投信托投资有限公司拥有公司 51% 的股份，瑞银集团(UBS AG)拥有公司 49% 的股份，两大股东强强联手，建立了有效的风险管理及控制架构，以“诚信、客户关注、包容性、承担社会责任”作为公司的企业文化，合力将国投瑞银基金管理公司打造成为一流的基金管理公司。

公司依照中国法律、法规和经中国证监会批准的公司章程，成立了股东会、董事会和监事会，董事会下设合规控制委员会、资格审查委员会和薪酬委员会。公司还设置了督察长岗位，督察长是合规控制委员会的日常工作代表，对董事会负责。公司经营管理层设执行委员会、投资决策委员会和合规与风险控制委员会。执行委员会研究决定总经理职权范围内的重要事项；投资决策委员会是公司管理的基金及其他理财产品投资的决策机构；合规与风险控制委员会的核心职能是防范和控制各类法律和业务风险。

公司设立十个常设部门：总经理办公室协助总经理研究公司发展战略，处理日常行政事务，下设人力资源室和财务室。人力资源室负责公司的人力资源管理工作；财务室负责公司财务管理。监察稽核部负责公司法律、合规监察、内部审计事务。投资部是基金和其他理财产品的投资决策部门。研究部为投资业务提供研究支持。交易部是投资交易的执行部门。运营部从事基金和其他理财产品的清算、注册等业务。信息技术部为公司正常运转提供信息系统支持。渠道服务部负责基金及其他理财产品的发行渠道开发和服务。机构服务部负责直销和机构客户服务。产品及业务拓展部负责产品设计、营销支持、客户服务等业务。

【公司大事记】

9 月 22 日，2009 中国最受尊敬基金公司评选暨第二届中国基金业领袖峰会在京召开。国投瑞银基金公司凭借良好的投资业绩、创新能力以及投资人教育，一举摘得“2009 中国最受尊敬基金公司”以及“2009 最佳公司治理基金公司”两项大奖。

2009 －08 －31，国投瑞银瑞和沪深 300 分级指数基金 8 月 28 日获中国证监会批准发行！

2009 －07 －20 日前，由中国服务贸易协会、中国信息协会两大国家级协会共同主办的 2008 －2009 第四届中国最佳客户服务评选活动揭晓，国投瑞银荣获“中国最佳服务创新奖”。

2009 －07 －06，在日前召开的第四届“大众证券杯”中国基金峰会暨十佳基金公司颁奖典礼上，国投瑞银荣获十佳基金公司殊荣，获评最佳投资者关系奖，上半年混合偏债基金冠军国投瑞银融华债券基金则获评十佳“领跑”基金称号。

2009 年 3 月 17 日，在《钱经》杂志主办的中国财富管理年会上，国投瑞银基金管理有限公司荣获“2008 年度最具成长性基金公司”称号。

2009 年 3 月，在《21 世纪经济报道》主办的“21 世纪 2008 年中国赢基金奖”评选中，国投瑞银基金管理有限公司荣获“中国基金管理公司最佳风险控制奖”。

2009 －01 －15，由证券时报社主办、安信证券协办的“2008 年度中国明星基金暨最佳托管银行评选”日前揭晓，国投瑞银基金获“2008 年度市场营销明星基金公司”奖，同时获这一殊荣的还有南方基金和长盛基金。

2009 －01 －08，国投瑞银荣获由深圳市政府颁发的“2008 年度深圳市金融创新奖”三等奖，也是唯一一家获奖的基金公司，获奖项目是国投瑞银瑞福分级股票型基金。

2009 －01 －08，2008 年度中国财经风云榜颁奖典礼于 1 月 8 日晚在京盛大开幕，国投瑞银获“2008 年最具成长性基金公司”殊荣。

2009－01－06，国投瑞银货币市场基金1月6日起正式发行！

2009－01－06，国投瑞银景气行业基金荣获第六届中国基金业金牛奖之2008年度同业领先开放式混合基金！

2008－12－21 国投瑞银获搜狐2008最有影响力理财平台建设奖

2008－11－15，国投瑞银2008年“缤纷享礼 积分回馈”活动于2008年11月15日至2008年12月15日举行

2008－11－14，国投瑞银景气基金获“金算盘奖”！

2008－10－06，在《理财周报》主办的“2008中国最受尊敬基金公司评选”中国投瑞银基金管理有限公司荣获“2008年最佳公司治理基金公司”称号

2008－07－25，国投瑞银基金管理公司7月签下首单专户理财三方合同，委托金额为人民币1亿元。

2008－07－17，国投瑞银瑞福分级股票型证券投资基金2008年7月16日首次开放申购赎回，三个交易日（包括周末共5个申购日）之后，国投瑞银瑞福优先的申购量已达到30亿元申购上限，这创下了去年10月以来的基金发行时间最短纪录。

2008－06－11，国投瑞银稳健增长灵活配置混合型证券投资基金2008年6月11日正式成立！

2008－06－10，国投瑞银“睿友会”俱乐部6月正式推出！

2008－05－05，国投瑞银稳健增长灵活配置混合型基金5月5日开始正式发行！

2008－04－07，国投瑞银“海洋世界”亮相08年4月深圳金融理财展。

2008－03－31，国投瑞银稳健增长灵活配置混合型基金2月28日获中国证监会批准发行！

2008－03－31，国投瑞银荣获《上海证券报》颁发的“创新精神奖”。

2008－03－24，经3月20日证监会证监许可[2008]389号文批复，国投瑞银获准从事特定客户资产管理业务，并将据此办理业务范围变更手续。

2008－01－14，由证券时报社主办、安信证券协办的2007中国明星基金榜单于1月11日揭晓。由于对封闭式基金产品创新做出了积极探索，国投瑞银荣获“2007年度明星基金公司创新奖”。

2008－01－12，国投瑞银稳定增利基金于2008年1月11日合同生效！

2008－01－07，瑞福分级获第五届金牛奖之年度创新奖。

2007－12－28，基金融鑫的份额持有人大会决议已经获中国证监会批复，融鑫将变身为国投瑞银成长优选股票型基金。成为2008年“封转开”第一单。

2007－12－26，瑞福基金在各大基金评选活动中屡获殊荣：在2007年搜狐理财基金评选中，荣获“2007年最受欢迎基金创新产品”奖；在第二届新京报金融行业金字招牌评选中，荣获2007年度金牌绩优基金。

2007－12－18，融鑫证券投资基金基金份额持有人大会已于2007年12月17日在北京召开，其封转开方案获持有人大会高票表决通过。

2007－12－07，国投瑞银旗下第七只基金——稳定增利债券型基金获批，将于12月17日公开发售。

2007－12－04，国投瑞银基金获得北京金博会“杰出表现奖”。

2007－11－19，国投瑞银首度亮相北京、上海金博会，受投资者追捧。

2007－08－23，我公司上海分公司正式成立。上海分公司于2007年8月22日获得上海工商局批准，取得营业执照。

2007－08－10，热烈祝贺证监会批准我公司设立上海分公司。

2007年6月26日，国内首只创新型封闭式基金——国投瑞银瑞福基金获得中国证监会批准，2007年7月9日开始发售，2007年7月17日，瑞福优先和瑞福进取分别达到预期的30亿份规模，宣告正式成立。

2007－05－23，国投瑞银核心基金实施自成立以来第二次分红，每10份基金份额派发红利13.50元。

2007－04－09，国投瑞银创新基金实施份额拆分，拆分比例为1:1.6605941011。

2007年3月30日，国投瑞银融华债券型基金、景气行业基金、核心企业股票型基金和融鑫证券投资基金发布2006年年报。

2007年3月10日，国投瑞银财富学院携手工商银行在济南举办了题为“2007赢在起跑线”的投资者见面会。此次活动深受济南投资者欢迎，300多名投资者冒着严寒前往现场，与专家一起探讨如何理财、中国市场前景以及2007年的基金投资等问题。

2007年1月30日，国投瑞银创新动力股票型基金首次进行分红，每10份基金份额派发现金红利0.80元；2月8日，国投瑞银核心企业股票型基金首次进行分红，每10份基金份额派发现金红利0.90元。

2007年1月18日，国投瑞银景气行业基金进行第三次分红，每10份基金份额派发现金红利11.984元；国投瑞银融华债券型基金进行第五次分红，每10份基金份额派发现金红利6.72元。

2006－12－09，我公司在深圳成功举办了财富学院暖冬茶话会，此次活动深受深圳地区投资者的欢迎，大家积极参加，有接近60名客户到场

2006－11－16，国投瑞银创新动力基金于2006年11月15日基金合同生效，共募集份额1,496,913,854.64份

2002－06－13，中融基金管理有限公司正式开业

2002－06－6，中融基金管理有限公司获准开业

【股东概况】

排序	股东名称	出资金额（万元）	股权比例
1	国投信托投资公司	5100.00	51%
2	瑞士银行集团（UBS AG）	4900.00	49%

【旗下基金】

基金代码	基金简称	类型	基金经理
121001	国投融华	开放式	徐炜哲
121002	国投景气	开放式	袁野
121003	国投核心	开放式	康晓云
121005	国投创新	开放式	徐炜哲
150008	瑞和小康	开放式	路荣强
150009	瑞和远见	开放式	路荣强
121008	国投成长	开放式	唐咸德
121009	国投增利	开放式	韩海平
121006	国投稳健增长 开放式	袁野、马少章	
161207	瑞和300	开放式	路荣强
121011	国投货币A	开放式	韩海平
128011	国投货币B	开放式	韩海平

基金代码	基金简称	类型	基金经理
150001	瑞福进取	封闭式	路荣强
121007	瑞福优先	封闭式	康晓云、黄顺祥

【公司高管】

施洪祥先生:董事长,中国籍,学士。曾任红塔证券股份有限公司、中银国际证券有限公司和中银基金管理有限公司董事,国投华靖电力股份有限公司副董事长,国家开发投资公司金融投资部总经理。现兼任国家开发投资公司副总裁,国投信托投资有限公司董事长。

尚健先生,总经理,中国籍,美国康涅狄格大学金融学博士。曾任银华基金管理有限公司总经理,华安基金管理有限公司副总经理,上海证券交易所发展战略委员会副总监,中国证监会基金部副处长。

王彬女士,副总经理兼董事会秘书,中国籍,硕士,高级经济师。曾任国投信托投资有限公司董事会秘书兼资产管理部经理,北京国际电力开发投资公司、北京京能热电股份有限公司董事会秘书。

苏日庆先生,督察长,中国籍,理工硕士和工商管理硕士。曾任国家开发投资公司资深项目经理,中银国际证券有限公司和红塔证券股份有限公司董事,国泰君安证券股份有限公司、兴业基金管理有限公司和国泰君安投资有限公司监事。

银河基金管理有限公司

【基本情况】

法定名称:银河基金管理有限公司
注册地址:上海东大名路 908 号金岸大厦 3 楼
办公地址:上海市世纪大道 1568 号中建大厦 15 楼
法人代表:李锡奎
总 经 理:裴 勇
成立时间:2002 年 06 月 14 日
公司性质:中资
注册资本:15000 万元
联系电话:021 - 38568888
客服热线:400 - 820 - 0860
传真号码:021 - 38568800
邮政编码:200122
公司网址:www. galaxyasset. com

【公司概况】

银河基金管理有限公司成立于 2002 年 6 月 14 日,是经中国证券监督管理委员会按照市场化机制批准成立的第一家基金管理公司(俗称:"好人举手第一家")。银河基金公司的经营范围包括发起设立、管理基金等,是为客户提供专业投资服务的资产管理机构。

银河基金公司由国内信誉与实力卓越的大型国有企业共同投资组建,注册资本 1.5 亿元人民币,注册地中国上海。银河基金公司的股东分别为:中国银河金融控股有限责任公司(控股股东)、中国石油天然气集团公司、首都机场集团公司、上海市城市建设投资开发总公司、湖南电广传媒股份有限公司。银河基金公司成立以来,股权结构稳定。

银河基金公司构建了管理规范、机制健全、分工明确、运作高效、相互制衡的治理结构。股东会、董事会、监事会、经理层、督察长权责分明,报告路径清晰、完整。银河基金公司实行独立董事制度,独立董事在公司内部风险控制、重大经营决策、基金经理选拔等重要事项的决定中发挥重要作用,并对经理层进行监督。

银河基金公司成立以来,已发行并管理多只基金,涵盖股票、混合、债券、货币等系列品种。旗下基金投资稳健、运作规范、业绩稳定,体现出优良的基金管理能力。凭借旗下基金稳健卓越的业绩表现,银河基金赢得独立专业机构的高度评价。

银河基金公司倡导企业实践并承担社会责任,秉持并恪守"基金持有人利益优先"和"基金持有人利益最大化"之企业核心价值观,以集体的智慧和勇气持续改善共生的商业环境和商业生态。

银河基金公司秉承"诚信稳健、勤奋律己、和谐敬业、创新图强"的经营理念,坚持"为百姓家理财,务求全心全意,所作旨在富民;与天下人运筹,务求精益求精,所为功在强国"的经营宗旨,致力于为基金持有人创造价值,努力将公司建设成为"运营规范、投资稳健、信誉卓著"的一流资产管理公司。

【公司大事记】

2009 年 4 月 24 日,银河行业优选股票型基金成立

2009 年 4 月 10 日,银河基金管理公司注册资本由人民币一亿元增加为人民币一亿五千万元,2008 年 9 月 27 日公司注册地由原上海虹口区东大名路 908 号变更为上海市浦东新区世纪大道 1568 号 15 层,公司办公地址由原上海市东大名路 908 号金岸大厦 3 楼搬迁至上海市世纪大道 1568 号中建大厦 15 楼

2008 年 5 月 26 日,银河竞争优势成长股票型基金成立

2008 年 5 月 16 日,银河银联收益基金在《国际金融报》举办的"金牌基金和金牌基金经理双年奖"评选活动中,荣膺"金牌基金"

2008 年 3 月 30 日,银河基金管理公司在《大众理财顾问》举办的"2007 最受消费者青睐的基金公司"评选活动中荣膺"卓越服务奖"

2008 年 3 月 28 日,银河稳健证券投资基金在《上海证券报》第五届"金基奖"评选活动中荣膺积极配置型"金基金"

2008 年 3 月 14 日,银河稳健证券投资基金荣膺理柏(Lipper)2008 年度中国基金奖之"两年期最佳人民币平衡混合型基金奖"

2008 年 2 月 28 日,经中国证监会批准,银河稳健证券投资基金实施拆分

2008 年 1 月,根据 WIND 资讯统计,各大媒体网站相继发布,银河基金公司旗下银河收益证券投资基金获得 2007 年度全市场普通债券型基金收益率第一名(状元)。

2007 年 12 月,银河基金管理公司在第一届中国金基奖年会暨 2007 最具公信力基金公司评选中荣膺"2007 最具公信力基金公司"称号。

2007 年 3 月 14 日,银河银信添利债券型证券投资基金成立。

2007 年 3 月,银河稳健证券投资基金荣膺理柏(Lipper)2007 年度理柏中国基金奖。

2007 年 1 月,根据 WIND 资讯统计,各大媒体网站相继发布,银河基金公司旗下银河稳健证券投资基金获得 2006 年度全市场积极配置型基金收益率第一名(状元)。

2006 年 9 月,银河基金管理公司荣获上海证券交易所第七届职工运动会"优秀组织奖"。

2006 年 4 月,银河基金管理公司党委荣获中共中国银河

证券有限责任公司党委“先进基层党组织”称号。

2006 年 3 月，银河银联收益基金荣膺《Value》“最佳债券型基金”称号。

2006 年 2 月，银河银联收益基金荣膺《新财经》第二届中国优秀基金评选“年度绩效优异奖”。

2006 年 2 月，银河银联收益基金荣膺《中国证券报》“第三届基金金牛奖”及“开放式债券型金牛基金”称号。

2005 年，银河基金管理公司全体员工自发向印尼海啸赈灾捐款 2 万元。

2005 年 12 月，银河银联收益基金荣膺晨星（Morning Star）2005 年度配置型基金经理提名奖。

2005 年 1 月 17 日，银河基金管理公司深圳分公司成立。

2004 年 12 月 20 日，银河银富货币市场基金成立。

2004 年 11 月 29 日，银河基金管理公司南京分公司成立。

2004 年 11 月 24 日，银河基金管理公司哈尔滨分公司成立。

2004 年 3 月 30 日，银河银泰理财分红证券投资基金成立。

2003 年 8 月 4 日，银河银联系列基金（伞型基金，包括银河稳健证券投资基金和银河收益证券投资基金）成立。

2003 年 7 月 1 日，银河基金管理公司广州分公司成立。

2003 年 4 月 14 日，银河基金管理公司北京分公司成立。

2002 年 9 月 10 日，银丰证券投资基金在上海证券交易所成功上市。

2002 年 8 月 15 日，银丰证券投资基金（封闭式）成立。

2002 年 6 月 14 日，银河基金管理公司成立，成为中国证券监督管理委员会（CSRC）按照市场化机制批准成立的第一家基金管理公司。

【股东概况】

排序	股东名称	持股数量（万股）	持股比例（%）
1	中国银河金融控股有限责任公司	7500.00	50%
2	中国石油天然气集团公司	1875.00	12.5%
2	上海市城市建设投资开发总公司	1875.00	12.5%
2	北京首都机场集团公司	1875.00	12.5%
2	湖南电广传媒股份有限公司	1875.00	12.5%

【旗下基金】

基金代码	基金简称	类型	基金经理
150005	银河银富 A	开放式	位健
150015	银河银富 B	开放式	位健
150103	银河银泰	开放式	刘风华、徐小勇
151001	银河稳健	开放式	钱睿南
151002	银河收益	开放式	杨典
519666	银河银信 B	开放式	陆栋梁
519668	银河成长	开放式	孙振峰
500058	基金银丰	封闭式	尚鹏岳
519670	银河行业	开放式	王忠波
519667	银河银信 A	开放式	陆栋梁

【公司高管】

董事长李锡奎先生，中共党员，硕士研究生学历。历任中国建设银行副行长，华夏银行行长，中国银河证券有限责任公司党委副书记、副总裁，中国银河金融控股公司党委副书记。

董事总经理裴勇先生，中共党员，经济学硕士。历任中国人保信托投资公司证券总部副总经理、负责人；中国银河证券经纪业务管理总部副总经理、负责人，固定收益证券总部、客户资产存管中心总经理等职。

督察长李昇先生，中共党员，硕士研究生学历。历任原君安证券有限责任公司研究员、风险控制员，国泰君安证券股份有限公司证券投资经理，银河基金管理有限公司基金管理部副总监、股票投资部总监等职。

泰达荷银基金管理有限公司

【基本情况】

法定名称：泰达荷银基金管理有限公司

英文名称：ABN AMRO TEDA Fund Management Co.，Ltd.

注册地址：北京市西城区金融大街 7 号英蓝国际金融中心南楼三层

办公地址：北京市西城区金融大街 7 号英蓝国际金融中心南楼三层

法人代表：刘惠文

总 经 理：缪钧伟

成立时间：2002 年 6 月 6 日

公司性质：合资

注册资本：18000 万元

联系电话：010－66577728

传真号码：010－66577666

客服电话：400－698－8888

邮政编码：100034

公司网址：www.aateda.com

【公司概括】

泰达荷银基金管理有限公司（ABN AMRO TEDA Fund Management Co.，Ltd.）成立于 2002 年 6 月，是中国首批合资基金管理公司之一。目前公司的注册资本金为 1.8 亿元人民币。

泰达荷银在对国内资本市场深刻理解的基础之上，着力构建了一套完整的投资管理体系，在严格的风险管理以及积极主动的投资思路指引下，运用国际化的行业分析方法，坚持价值与成长相结合的投资理念、深入分析行业长期发展趋势、注重对上市公司内在品质的考量。这种全球投资智慧和本土市场管理经验的完美结合，使得泰达荷银取得了令业界和投资人瞩目的卓越业绩。

旗下泰达荷银成长基金凭借持续稳定的业绩回报，屡次荣获由国际权威基金评级机构晨星公司（Morning Star）以及理柏（Lipper）的专业肯定；合丰成长基金获得 2008 年度开放式股票型基金回报率第一名并荣获年度同业领先开放式股票型基金奖（《中国证券报》，2009 年 1 月 12 日），合丰成长基金和荷银预算基金同时获得 2009 年最值得投资的 50 只基金（《理财周刊》，2009 年 1 月）；同时公司也多次获得专业媒体颁发的“2008 年度资产配置明星基金公司”（《证券时报》，2009 年 1 月 14 日）、“2008 年最具成长性基金公司”（和讯网，2009 年 1 月 8 日）、“市民眼中的金牌投资基金公司”（《北京青年报》，2008 年 12 月 29 日）、“2008 年最有影响力投资者教育奖”（搜狐网，2008 年 12 月 18 日）等荣誉称号。这些充分说明了专业评级机构、新闻媒体以及广大的投资者对于泰达荷银基金管理公司的品牌和实力的认可。

"财智分享 合赢人生"——泰达荷银矢志成为受人尊敬的基金管理公司,通过分享我们的专业经验、创造优异的投资业绩;提供高品质的客户服务,给予我们的客户持续的价值回报,共创富足、健康的和谐社会。

【股东概况】

排序	股东名称	股权比例
1	北方国际信托投资股份有限公司公司	51%
2	荷银投资管理(亚洲)有限公司	49%

天津泰达投资控股有限公司成立于2001年,其企业规模和实力位居天津市首位,经营范围涉及银行、经纪业务、保险、证券及其他多种行业。旗下的北方信托是经国务院、中国人民银行批准成立的大型国有股份制金融机构,是全国首家引入外资股份的信托投资公司。

荷兰银行(ABN AMRO)成立于1824年,是世界知名金融集团,资产规模位居欧洲第八,世界第十三。荷兰银行目前总资产9870亿欧元,遍布全球53个国家的员工超过105000人。(数据截至2006年12月31日)。旗下的荷银投资管理公司专注于资产管理业务,以独特的行业研究著称于全球资产管理领域。

【旗下基金】

基金代码	基金简称	类型	基金经理
162201	合丰成长	开放式	王勇
162202	合丰周期	开放式	吴俊峰
162203	合丰稳定	开放式	吴俊峰
162204	荷银精选	开放式	刘青山
162205	荷银预算	开放式	沈毅
162207	荷银效率	开放式	陈少平
162208	荷银首选	开放式	梁辉
162209	荷银市值	开放式	吴俊峰
162210	泰达集利A	开放式	沈毅、许杰
162211	荷银品质	开放式	梁辉
162299	泰达集利C	开放式	沈毅、许杰
162206	荷银货币	开放式	胡振仓

【公司高管】

刘惠文先生,董事长。毕业于吉林大学经济系,经济学学士学位,高级经济师。1996年至2001年任天津泰达集团有限公司总经理。自2001年起担任天津泰达投资控股有限公司董事长兼总经理。自2005年起兼任渤海财产保险股份有限公司、北方国际信托投资股份有限公司等核心企业的董事长。

缪钧伟先生,总经理。毕业于复旦大学和香港城市大学,获得理学学士、经济学硕士和金融学博士学位;1998年10月至2003年2月任证监会基金部副处长;2003年3月至2006年8月任海富通基金管理有限公司副总经理。2007年2月起任泰达荷银基金管理有限公司总经理。

张萍女士,督察长。毕业于中国人民大学和中国科学院,管理学和理学双硕士。先后任职于中信公司、毕马威国际会计师事务所等公司,从事财务管理和管理咨询工作。2002年起在嘉实基金管理有限公司工作,任监察稽核部副总监。2005年10月起任泰达荷银基金管理有限公司风险管理部总监。2006年11月起任泰达荷银基金管理有限公司督察长。

万家基金管理有限公司

【基本情况】

法定名称:万家基金管理有限公司
注册地址:上海市浦东新区福山路450号新天国际大厦23层
办公地址:上海市浦东新区福山路450号新天国际大厦23层
法人代表:孙国茂
总 经 理:李振伟
成立时间:2002-08-23
组织形式:有限责任公司
注册资本:1亿元人民币
联系电话:021-38619999
传真号码:021-38619888
邮政编码:200013
公司网址:http:// www.wjasset.com

【公司概况】

万家基金管理有限公司,原名为天同基金管理有限公司,于2002年8月23日正式成立,是"好人举手"制度下,首批经中国证监会批准成立的基金管理公司之一。于2006年2月20日正式更名为万家基金管理有限公司。

万家基金管理有限公司严格遵守基金合同,运作透明规范,以为百姓提供高水准的理财服务为经营目标,以对投资者的不同需求提供差异化服务为动力,在投资组合管理、定量分析以及风险控制方面追求高专业水准,是国内一家独具特色和发展潜力的基金管理公司。

【公司大事记】

2002年8月23日,天同基金管理有限公司正式成立。

2003年3月15日,天同180指数证券投资基金正式成立。

2004年9月28日,天同保本增值证券投资基金正式成立。

2005年7月8日,天同公用事业股票型证券投资基金正式成立。

2006年2月20日,公司正式更名为万家基金管理有限公司,旗下产品全部更名为'万家'系列。

2006年2月,万家基金管理有限公司在由《新财经》杂志社主办,中国银河证券基金研究中心担任研究顾问的"《新财经》第二届中国基金及基金管理公司评选"中荣获"营销创新奖"。

2006年3月,万家保本增值基金凭借着较高的收益和更低的风险,荣获了2006年3月《科学与财富》举办的2005年中国最佳基金评选的"2005年度中国最佳保本基金"的称号。万家保本增值基金入选晨星公司评出的"2005年中国最具投资价值的50只基金"。

2006年5月24日万家货币市场证券投资基金正式成立。

2006年9月,万家和谐增长基金产品设计及其电子商务解决方案获得2006中国国际金融(银行)技术暨设备展览会优秀解决方案奖。

2006年11月30日万家和谐增长混合型证券投资基金

正式成立。

2007 年 11 月，公司与大成、上投摩根等 20 家基金公司一同获得了由齐鲁晚报评选的“最受山东投资者欢迎的 20 家基金公司”的殊荣。

2007 年 11 月，万家 180 指数基金在第三届中国证券市场年会上荣获由证券日报社颁发的“高成长开放式基金金算盘奖”。

2008 年 1 月，万家货币市场基金在中国理财总评榜活动中荣获“最受欢迎的货币型基金”奖。

2008 年 1 月，万家公用事业行业基金荣获证券时报“2007 年平衡型基金明星奖”。

2008 年 1 月，万家公用事业行业基金荣获《新民晚报》评选的“2007 最受老百姓欢迎的基金”中“十大最具特色基金”称号。

2008 年 6 月 26 日，万家双引擎灵活配置混合型证券投资基金基金合同生效。

【股东概况】

排序	股东名称	持股数量（万股）	持股比例（%）
1	齐鲁证券有限公司	900.00	49%
2	上海久事公司	2000.00	20%
2	深圳市中航投资管理有限公司	2000.00	20%
3	山东省国有资产投资控股有限公司	1100.00	11%

齐鲁证券有限公司

公司是经中国证监会批准，由莱钢集团、建银投资、济钢集团、兖矿集团等出资设立的大型综合类证券公司，注册资本 22 亿元，在全国十多个省市设有 107 家经营分支机构，管理客户资产逾千亿元。控股鲁证期货等公司，主要从事证券的经纪、自营、承销（含主承销）、投资咨询（含财务顾问）等业务。是山东省唯一的省属券商。

上海久事公司

1987 年成立，注册资本 78.5 亿元，总资产 450 亿元，由上海国资委 100% 控股。

1989 年 10 月与上海实事公司合并，增加了管理、运筹地方建设财力的职能。先后完成南浦大桥、地铁一号线、合流污水治理工程（一期）、虹桥国际机场国际候机楼、20 万门程控电话扩容等市政建设项目及一大批工业技术改造项目和第三产业项目。经营方式以投资和服务为主。

深圳中航投资管理有限公司

深圳中航投资管理有限公司是中国航空技术进出口深圳公司（以下简称“中航技深圳公司）控股子公司。于 1993 年 12 月 15 日在深圳市工商局注册成立，注册资金 1.5 亿，经营范围为企业财务管理咨询，证券及股份制事务的信息咨询、策划，企业改组兼并咨询；投资兴办实业；受托资产管理。

山东省国有资产投资控股有限公司

山东省国有资产投资控股有限公司是由山东省国资委出资设立的大型国有投资控股公司，成立于 2005 年 11 月，注册资本 16 亿元。公司现有员工 8000 余人，资产总额逾 100 亿元。公司旗下全资控股公司有山东省企业信用担保有限责任公司、山东齐鲁石油化工联营开发总公司、山东省轻工业供销总公司、山东水利工程总公司、山东省水利工程局、山东机械设备进出口集团公司和山东产权交易中心有限公司等 7 家企业。

【旗下基金】

基金代码	基金简称	类型	基金经理
161902	万家保本	开放式	张旭伟
519180	万家 180	开放式	欧庆铃
519181	万家和谐增长	开放式	李洪雨
519508	万家货币	开放式	邹昱
161903	万家公用	开放式	鞠英利
519183	万家引擎	开放式	鞠英利
519185	万家精选	开放式	欧庆铃
519186	万家稳健增利 A	开放式	张旭伟
519187	万家稳健增利 C	开放式	张旭伟

【公司高管】

董事长孙国茂先生，1960 年生，中共党员，经济学博士，教授级研究员，曾任天同证券有限责任公司总经理助理、业务总监、齐鲁证券有限公司总经理等职，现兼任齐鲁证券有限公司董事。

总经理李振伟先生 ，1968 年生，大学本科，学士学位。1998 年 6 月起从事证券监管工作，先后任证监会济南证管办党委办公室、上市处主任科员，证监会济南证管办上市处、机构处副处长，证监会山东证监局机构处副处长、处长等职。2007 年 9 月起任万家基金管理公司总经理。

督察长：甘世雄先生，1963 年生，中共党员，工商管理硕士（MBA），博士研究生在读。曾任山东金泰集团股份有限公司副总裁、天同证券有限责任公司业务总监、投资银行总部总经理，从事股份制改造及股票发行、购并重组工作多年，具有丰富的资本运作经验。2004 年加入天同基金管理有限公司担任公司督察长。

金鹰基金管理有限公司

【基本情况】

法定名称：金鹰基金管理有限公司
注册地址：广东省珠海市吉大九洲大道东段
　　　　　商业银行大厦 7 楼
办公地址：广州沿江中路 298 号江湾商业大厦 22 楼
董 事 长：梁伟文
总 经 理：詹松茂
成立时间：2002 年 12 月 25 日
组织形式：有限责任公司
注册资本：1 亿元人民币
联系电话：020 – 83936180
传真号码：020 – 83282856
邮政编码：510100
公司网址：www.gefund.com.cn

【公司概况】

2002 年 8 月，金鹰基金管理有限公司获准筹建，是自律制度下中国证监会批准设立的首批基金管理公司之一。公司注册资本 1 亿元人民币，股东包括广州证券有限责任公司、四川南方希望实业有限公司、广州药业股份有限公司、广东美的电器股份有限公司，分别持有 40%、20%、20% 和 20% 的股份。2002 年 12 月 25 日，金鹰基金管理有限公司获准正式开业。

金鹰公司按照高起点、市场化、科学化、规范化和国际化的要求管理运作，其竞争力在于：股东优势——主要股东有成长迅速的专业券商、声誉良好的知名上市公司和富有创新活力的著名民营企业，共同给予金鹰长期战略支持，确立了长远发展的坚定信念，并形成了雄厚资本与丰富专业经验能力的有效融合，实现了专业和行业的优势互补。完善的公司治理结构——金鹰致力于建设一个运作高效、完善合理的公司治理结构，为此建立了"三层三纵"的制度体系、严谨的业务执行系统和健全的监督系统。独立董事占董事人数的45%，包括享誉国际、精通业务的金融、法律和财务管理专家及知名经济学者。人才优势——聚集海内外金融精英，19%为博士，72%以上具有硕士以上学历，且大部分毕业于北大、清华、复旦、交大等著名高校，还有海外留学人士加盟。

【股东概况】

排序	股东名称	持股数量(万股)	持股比例(%)
1	广州证券有限责任公司	4000.00	40%
2	四川南方希望有限公司	2000.00	20%
2	广州药业股份有限公司	2000.00	20%
2	广东美的集团股份有限公司	2000.00	20%

【旗下基金】

基金代码	基金简称	类型	基金经理
162102	金鹰中小盘精选	开放式	杨绍基
210001	金鹰优选	开放式	杨绍基
210002	金鹰红利	开放式	蔡飞鸣
210003	金鹰优势	开放式	彭培祥

【公司高管】

梁伟文先生，董事长，工商管理硕士，高级会计师、中国注册会计师。曾在广州国际信托投资公司、越秀企业集团有限公司任职，历任越信隆投资有限公司副总经理，华凌集团有限公司财务董事兼副总经理，广州证券有限责任公司总裁助理、副总裁等职。经公司第二届董事会第二十三次会议选举通过，并报经中国证监会核准，2008年12月起担任公司董事长。

詹松茂先生，董事，总经理，1964年出生，管理学硕士。历任中国投资银行广东省分行(现为国家开发银行广州分行)国际业务部经理，美国洛杉矶美华国际企业公司董事、副总裁、财务总监，招商银行广州分行大德支行行长，广州证券有限责任公司增城营业部总经理，广州证券有限责任公司广州市环市中营业部总经理，广州证券有限责任公司经纪业务管理总部总经理。

苏文锋先生，经济学硕士。历任广州市经济管理干部学院外贸经济系党支部书记，南方证券广州分公司研究发展部总经理、大德路营业部总经理、投资银行部总经理，华鼎担保投资有限公司副总经理等职，2006年3月起担任金鹰基金管理有限公司市场拓展部副总监。

招商基金管理有限公司

【基本情况】

法定名称：招商基金管理有限公司

英文名称：China Merchants Fund Management Co.,Ltd

注册地址：深圳市深南大道7088号招商银行大厦28层

办公地址：深圳市深南大道7088号招商银行大厦28层

法人代表：马蔚华

总 经 理：成保良

成立时间：2002年12月27日

组织形式：有限公司

注册资本：2.1亿元人民币

联系电话：0755－83196666

客服热线：400－887－9555

传真号码：0755－83196405

邮政编码：518040

公司网址：www.cmfchina.com

【公司概况】

招商基金管理有限公司是由中国证监会批准设立的第一家中外合资的基金管理公司。公司成立于2002年12月27日，注册资本为2.1亿元人民币，其中招商银行股份有限公司持股33.4%，招商证券股份有限公司持股33.3%，荷兰投资(ING Investment Management B.V.)持股33.3%。公司的经营范围包括发起设立基金、基金管理业务和中国证监会批准的其它业务。

招商基金将以国际化和规范化作为鲜明特色，努力为投资者提供一流的投资理财服务。公司从创建开始就全方位借鉴国际市场的先进经验和技术，形成了高效卓越的团体、标准化的业务流程、开放与学习的文化氛围。

招商基金将以取信于市场、取信于社会为宗旨，秉承诚信、融合、创新、卓越的经营理念，努力成为客户推崇、股东满意、员工热爱、具有国际竞争力的基金管理公司。

【股东概况】

排序	股东名称	出资额(万元)	出资比例
1	招商银行	7014.00	33.4%
2	ING荷兰投资	6993.00	33.3%
2	招商证券股份有限公司	6993.00	33.3%

招商银行成立于1987年4月8日，是我国第一家完全由企业法人持股的股份制商业银行，总行设在深圳。自成立以来，招商银行先后进行了四次增资扩股，并于2002年3月成功发行了15亿普通股，4月9日在上交所挂牌(股票代码：600036)，是国内第一家采用国际会计标准上市的公司。2006年9月22日，招商银行(3968.HK)在香港联合交易所正式挂牌上市，引起国内外广泛关注。当日招行高调入市后立即呈现出活跃交投态势，总成交量超过10亿股，成交金额约为116亿港元。目前，招商银行总资产超过1万亿元。在英国《银行家》杂志发布的中国银行业100强最新排行榜中，按照一级资本排序，招商银行位居第六。

招商证券创建于1991年，迄今公司资本金22亿元，股东15家，共设有14个部门、在19个城市拥有营业网点31家证券营业部，员工近1000人。十多年来，广大招商证券人奋力拼搏、锐意创新，公司一直坚持"诚信、稳健、服务、创新"的经营宗旨，树立了成长性、规范化的券商形象。截止2001年底，公司总资产达到106亿元，十一年内增长近300倍，净资产26.52亿元，十一年内增长了200多倍，累计实现利润20多亿元，稳居同业前列。公司不断以市场为导向，以客户为中心，以有形网点扩张与无形市场拓展为手段，提高公司的市场占有率；利用银证合作全面展开的契机，提高公司的综合服务水平；整合公司资源，提升公司综合竞争力。同时电子化产品、业务创新层出不穷，服务层次不断提升，树立了技术领先、服务领先的社会形象。

荷兰投资是荷兰国际集团（ING）的全资子公司。

ING集团的发展史可追溯至1845年在荷兰海牙成立的荷兰保险公司（The Netherlands Insurance Company），150多年来，经过不断的业务拓展及组织重整，ING集团的前身Nationale－Nederlanden已成为荷兰最大的保险公司。1991年，在与以银行业务见长的NMB邮政银行集团（NMB Postbank Group）合并后，正式定名为「荷兰国际集团」（ING Group）。

迄今，公司是全球排名第11大的资产管理公司。2000年底，ING集团资产总额高达7,150亿欧元，市值更由1991年的50亿欧元成长近16倍，达750亿欧元，为全欧第5大金融保险集团。随着经营规模的不断扩大，ING集团已成为提供全球整合性金融服务的先趋。

ING荷兰国际集团金融服务网遍及全球60多个国家、客户人数超过5000万人。集团凭借着广大的区域分布、多角化的经营模式、严格的成本控管，分享全球性的行销通路，提供客户全面性的金融理财服务。

在其多角化经营策略下，尤以金融服务、保险规划及投资管理独具心得，近年积极经营发展的重点，并且在全球各地区皆有优异表现，透过资源共享、行销管道分享，协助各区成功快速发展。

【旗下基金】

基金代码	基金简称	类型	基金经理
217001	招商股票基金	开放式	胡军华、郝建国
217002	招商平衡型基金	开放式	邓良毅、胡军华
217003	招商债券基金	开放式	邓良毅、胡军华、郝建国
217004	招商现金A	开放式	余春宁
217014	招商现金C	开放式	余春宁
217005	招商先锋	开放式	张冰
217008	招商安本增利	开放式	汪仪
217009	招商核心价值	开放式	程国发、黄顺祥
217203	招商债券B	开放式	游海、汪仪
161706	招商优质成长	开放式	张冰
217011	招商安心	开放式	余春宁
217010	招商大盘蓝筹	开放式	游海
217012	招商领先	开放式	涂冰云

【公司高管】

马蔚华，男，西南财经大学经济学博士，美国南加州大学荣誉博士，高级经济师。1982年至1985年，在辽宁省计委工作，历任副处长、副秘书长；1985年至1986年，在辽宁省委办公厅工作；1986年至1988年，在中共安徽省委办公厅工作；1988年至1990年，任中国人民银行办公厅副主任；1990年至1992年，任中国人民银行计划资金司副司长；1992年至1998年，任中国人民银行海南省分行行长兼国家外汇管理局海南分局局长；1999年3月至今任招商银行行长。现任本公司董事长。

成保良，男，中国国籍，经济学硕士，高级经济师。曾在北京经济学院任教；后就职于中国人民银行金融管理司；1993年起先后担任中国证券交易系统有限公司上市管理部副经理、经理；中国证监会发行部副处长、处长、稽查局处长；2001年9月起开始担任招商基金管理有限公司筹备组组长。自本公司成立后担任本公司总经理、董事。

吴武泽，男，华中科技大学管理学硕士，对外经济贸易大学经济学博士。从2000年6月开始在特华投资有限公司工作，从事行业研究；2001年2月加盟易方达基金管理有限公司，负责数量分析、基金研究、系统开发等方面的工作，先后任研究员、业务主管。2003年9月加入招商基金，一直从事数量研究和模型开发等工作，曾任公司投资风险管理部总监，现任公司督察长。

摩根士丹利华鑫基金管理有限公司

【基本情况】

法定名称：摩根士丹利华鑫基金管理有限公司
注册地址：深圳市滨河路5020号证券大厦4楼
办公地址：深圳市滨河路5020号证券大厦4楼
法人代表：王文学
总 经 理：于 华
成立时间：2003年3月14日
组织形式：有限责任公司
注册资本：1亿元人民币
联系电话：0755－82993636
传真号码：0755－82990384
邮政编码：518033
公司网址：http://www.msfunds.com.cn/

【公司概况】

摩根士丹利华鑫基金管理有限公司（Morgan Stanley Huaxin Fund Management Company Limited，简称摩根士丹利华鑫基金）于2008年6月12日完成工商注册登记变更，是一家中外合资基金管理公司（公司前身为于2003年3月14日成立的巨田基金管理有限公司），注册资本为1亿元人民币，注册地是深圳市。摩根士丹利华鑫基金总部现处深圳，另在北京设有分公司。

摩根士丹利华鑫基金现有员工近60名，其中多人具有海外从业及长期业内的背景，是一家拥有开阔的国际视野、专业的投资研究团队、丰富的投资管理经验和诚信高效的员工队伍的基金管理公司。目前旗下管理的有摩根士丹利华鑫基础行业证券投资基金、摩根士丹利华鑫资源优选混合型证券投资基金和摩根士丹利华鑫货币市场基金。

公司股东主要为华鑫证券有限责任公司、摩根士丹利国际控股公司、深圳市招融投资控股有限公司、深圳市中技实业（集团）有限公司等国内外机构。其中国内主要股东华鑫证券有限责任公司于2001年3月在深圳市注册成立，是全国性综合类证券经营机构，注册资本16亿元人民币。公司核心业务包括有价证券的发行、自营和代理买卖以及财务顾问等，在北京、上海、西安和深圳拥有21家营业部。外资方股东摩根士丹利是一家全球领先的国际性金融服务公司，业务范围涵盖投资银行、证券、投资管理以及财富管理，在全球33个国家设有超过600家办事处，为各地企业、政府机关、事业机构和个人投资者提供服务。摩根士丹利华鑫基金管理有限公司将一如既往，为客户提供一流的服务，并希望在未来几年，凭借中外股东的强大资源，进一步扩大业务领域和规模。

【股东概况】

排序	股东名称	持股数量（万股）	持股比例（%）
1	摩根士丹利国际控股公司	4000.00	40%
2	华鑫证券有限责任公司	3000.00	30%

排序	股东名称	持股数量(万股)	持股比例(%)
3	汉唐证券有限责任公司	1500.00	15%
4	深圳招融投资控股有限公司	1000.00	10%
5	深圳市中技实业(集团)有限公司	500.00	5%

【旗下基金】

基金代码	基金简称	类型	基金经理
163303	大摩货币	开放式	李轶
233001	大摩基础行业	开放式	廖京胜
163302	大摩资源	开放式	何滨
233005	大摩华鑫强债	开放式	钱辉
233006	大摩领先优势	开放式	项志群

【公司高管】

王文学先生,英国格林威治大学项目管理硕士。2000 年 12 月至今任华鑫证券有限责任公司董事长。1993 年 7 月至 2000 年 12 月任西安证券有限责任公司副总经理、总经理、董事长。曾任人民银行西安分行担任体改、外汇管理、稽核副处长。现任本公司董事长。

于华先生,北京大学经济学学士,比利时鲁汶大学工商管理硕士、金融博士,美国注册 金融分析师(CFA)。曾任英国里丁大学经济系金融财务讲师,加拿大魁北克大学管理学院金融终身教授,深圳证券交易所综合研究所所长,加拿大鲍尔集团亚太分公司基金与保险业务副总裁,加拿大伦敦人寿保险公司北京代表处首席代表,大成基金管理有限公司董事、总经理,摩根士丹利投资管理公司董事总经理、中国业务主管。现任本公司董事、总经理;兼任中国证券业协会基金业委员会副主任委员,国际资产管理协会董事。

李锦女士,吉林大学经济管理学院国际金融专业硕士。8 年证券从业经验。曾就职于巨田证券有限责任公司,历任交易管理总部综合管理部经理助理,总经理办公室主任助理,资产管理部理财部副经理、经理;曾任巨田基金管理有限公司基金运营部副总监、总监,总经理助理兼基金运营部总监。现任本公司督察长。

华宝兴业基金管理有限公司

【基本情况】

法定名称:华宝兴业基金管理有限公司
英文名称:Fortune SGAM Fund Management Co. ,Ltd
注册地址:上海市世纪大道 88 号金茂大厦 48 层
办公地址:上海市世纪大道 88 号金茂大厦 48 层
法人代表:郑安国
总 经 理:裴长江
成立时间:2003 年 3 月 7 日
组织形式:有限公司
注册资本:1.5 亿元人民币
联系电话:021 - 38505888
客服热线:400 - 700 - 5588
传真号码:021 - 38505777
邮政编码:200121
公司网址:www. fsfund. com

【公司概况】

华宝兴业基金管理有限公司是一家中法合资的基金管理公司,于 2003 年 2 月 12 日获准开业,是国内首批成立的中外合资基金管理公司之一。公司中方股东华宝信托投资有限责任公司持有 51% 的股份,外方股东法国兴业资产管理有限公司持有 49% 的股份。公司注册资金 1.5 亿元人民币。公司的经营范围包括发起设立基金、基金管理业务和中国证监会批准的其它业务。

华宝兴业基金管理有限公司中方股东华宝信托投资有限责任公司资产质量优良,运作规范,其母公司宝钢集团 2007 年度在世界 500 强排名中位居第 307 位;法方股东法国兴业资产管理有限公司是欧元区第四大资产管理公司,截至 2006 年底管理资产达 3540 亿欧元,排名全球前 20 位。双方股东志存高远,精诚合作,全力为公司提供技术、产品销售、培训等多方面支持。

在组织结构上,华宝兴业下设投资管理部、研究部、金融工程部、产品开发部、市场开发部、市场支持部、机构理财部、北京分公司、南方分公司(筹)、交易部、清算登记部、信息技术部、人力资源部、行政财务部。在投资管理上,作为首批中外合资基金管理公司,华宝兴业充分利用中外股东的资源,引进、吸收、消化法兴资产在国际市场上的经验和技术,并结合国内市场的需求,形成了科学、合理并具特色的投资、营销和管理体系。目前,华宝兴业共有员工 100 人左右。

【公司大事记】

2009 年 9 月 29 日,华宝兴业中证 100 指数证券投资基金基金正式成立。

2009 年 2 月 17 日,华宝兴业增强收益债券型证券投资基金正式成立。

2008 年 10 月 7 日,华宝兴业大盘精选股票型证券投资基金正式成立。

2008 年 5 月 7 日,华宝兴业海外中国成长股票型证券投资基金正式成立。

2008 年 3 月 6 日,中国证监会批准公司从事特定客户资产管理业务。

2007 年 12 月 12 日,华宝兴业基金管理有限公司深圳分公司成立。

2007 年 6 月 14 日,华宝兴业行业精选股票型证券投资基金正式成立。

2007 年 6 月 2 日,华宝兴业基金管理有限公司的注册资本由人民币一亿元增加为人民币一亿五千万元,股东持股比例变更为:华宝信托投资有限责任公司 51%,法国兴业资产管理有限责任公司 49%。

2006 年 11 月 7 日,华宝兴业先进成长股票型证券投资基金正式成立。

2006 年 6 月 15 日,华宝兴业收益增长混合型证券投资基金正式成立。

2006 年 2 月 23 日,中国证监会批准公司从事向特定对象提供投资咨询服务业务;

2005 年 11 月 17 日,华宝兴业动力组合股票型证券投资基金正式成立。

2005 年 3 月 31 日,华宝兴业现金宝货币市场基金成立。

2005 年 1 月 4 日,华宝兴业基金管理有限公司北京分公司经中国证监会批准开业。

2004 年 5 月 11 日,华宝兴业多策略增长开放式证券投资基金正式成立。

2003 年 7 月 15 日,经中国证监会批准,宝康系列开放式证券投资基金正式成立。

2003 年 2 月 12 日，中国证监会批准公司开业，成为我国第二家开业的中外合资基金管理公司。

2002 年 10 月 21 日，中国证监会批准我公司筹建申请，成为我国第一批获准筹建的中外合资基金管理。

【股东概况】

排序	股东名称	出资额(万元)	出资比例
1	华宝信托投资有限责任公司	8850.00	51%
2	法国兴业资产管理有限公司	6150.00	49%

【旗下基金】

基金代码	基金简称	类型	基金经理
240001	宝康消费	开放式	闫旭
240002	宝康配置	开放式	胡戈游
240003	宝康债券	开放式	谭微思
240004	华宝动力	开放式	刘自强
240005	华宝策略	开放式	牟旭东
240008	华宝收益	开放式	冯刚
240009	华宝成长	开放式	魏东
240010	华宝行业	开放式	吴丰树 任志强 范红兵
240012	华宝强债 A	开放式	曾丽琼、牟旭东
240014	华宝中证 100	开放式	徐林明
241001	华宝海外	开放式	Gabriel Gondard
240013	华宝强债 B	开放式	曾丽琼、牟旭东
240011	华宝大盘	开放式	冯刚
240006	华宝货币 A	开放式	曾丽琼
240007	华宝货币 B	开放式	曾丽琼

【公司高管】

郑安国先生，董事长、博士、高级经济师。历任南方证券有限公司发行部经理、投资部经理、南方证券有限公司投资银行部总经理助理、南方证券有限公司上海分公司副总经理、南方证券公司研究所总经理级副所长、华宝信托投资有限责任公司副总经理、总经理、华宝信托投资有限责任公司总裁。

裴长江先生，董事总经理，硕士、经济师。曾任上海万国证券公司闸北营业部经理助理、经理，申银万国证券股份有限公司浙江管理总部副总经理，申银万国证券股份有限公司经纪总部副总经理，华宝信托投资有限责任公司投资总监。现任华宝兴业基金管理有限公司总经理。

刘月华先生，督察长，硕士。曾在冶金工业部、国家冶金工业局、中国证券业协会等单位工作。现任华宝兴业基金管理有限公司督察长。

国联安基金管理有限公司

【基本情况】

法定名称：国联安基金管理有限公司

英文名称 Cuotai Junan Allianz Fund Management Co. ,Ltd

注册地址上海市浦东新区世纪大道 88 号金茂大厦 46 楼

办公地址上海市浦东新区世纪大道 88 号金茂大厦 46 楼

法人代表：符学东

总 经 理：许小松

成立时间：2003 年 4 月 3 日

组织形式：有限公司

注册资本：1 亿元人民币

联系电话：021 - 50478080

客服热线：021 - 38784766

传真号码：021 - 50478920

邮政编码：200121

公司网址：www. gtja - allianz. com

【公司概况】

国联安基金管理有限公司，是中国第一家获准筹建的中外合资基金管理公司，由享誉全球、来自德国的安联集团(Allianz AG)和蜚声中国的国泰君安证券公司合力打造。公司注册资金 1 亿元人民币。公司的经营范围包括发起设立基金、基金管理业务和中国证监会批准的其它业务。

国泰君安证券有限公司是目前中国最大、经营范围最宽、机构分布最广的证券公司之一。公司以客户为中心，拥有强大的市场营销，客户服务和研究实力，为客户提供综合性证券业务服务，全方位满足客户需求。

安联集团(Allianz AG)是享誉全球的综合性金融集团。作为一家从事保险和资产管理等业务的百年集团，资产管理规模达 1.17 万亿欧元(2001 年)，居全球第二，旗下共管理 400 多只开放式基金，其中 PIMCO、DIT、德盛安联(ADAM)等资产管理公司在全球范围内屡获殊荣。

在组织结构上，国联安基金下设投资组合管理部、研究部、数量化策略部、交易部、风险管理部、机构理财部、市场发展部、渠道代销部、北京分公司、信息技术部、基金事务部、财务部、人力资源部、合规和内部审计部，同时设有投资决策委员会、风险控制委员会和独立的督察长。

【公司大事记】

2009 年 3 月，获"21 世纪中国赢基金 - 中国基金公司最佳潜力奖"——《21 世纪经济报道》

2009 年 3 月 11 日，公司旗下首只债券型基金——国联安德盛增利债券证券投资基金成立

2008 年 10 月 22 日，公司旗下第六只基金——国联安德盛红利股票证券投资基金成立

2008 年 7 月 24 日，聘任许小松先生担任国联安基金管理有限公司总经理

2008 年 1 月，获"中国基金行业客户服务十大影响力品牌"——中国联合商报社、人民日报社市场报等

2007 年 12 月，获"2007 投资者教育优秀奖"——东方财富网

2007 年 1 月 24 日，公司旗下第五只基金——国联安德盛优势股票证券投资基金成立

2006 年 11 月 18 日，获首届中国优秀基金站"最佳设计建设奖"——搜狐财经、《网络传播》杂志

2006 年 4 月，获 2005 年度营销明星奖 ——证券时报

2005 年 12 月 28 日，公司旗下首只股票型基金——国联安德盛精选股票证券投资基金成立

2005 年度优秀基金公司网站奖 ——《Value》

2005 年度最佳营销团队 ——《Value》

2005 年中国基金产品创新奖 ——《21 世纪经济报道》

2005 年中国 10 大最受尊敬的基金公司 ——世界金融实验室

2005 年 7 月 13 日，国内首只"绝对收益"型基金——国联安德盛安心成长混合型证券投资基金成立

2004 年 4 月 12 日，国联安德盛小盘精选证券投资基金

正式成立。

2003 年 8 月 8 日,国联安首只基金——国联安德盛稳健证券投资基金正式成立

2003 年 4 月 3 日,国联安基金管理有限公司获准正式开业

2002 年 10 月 16 日,国联安基金管理有限公司正式获准筹建,这是国内第一家获准筹建的中外合资基金管理公司

2002 年 6 月 25 日,安联集团与国泰君安证券在德国慕尼黑正式签署了《发起人协议暨合资经营合同》

【股东概况】

排序	股东名称	出资额(万元)	出资比例
1	国泰君安证券股份有限公司	6700.00	67%
2	安联集团(Allianz AG)	3300.00	33%

国泰君安证券股份有限公司是目前中国规模最大、经营范围最宽、机构分布面最广的综合类证券公司之一,由原国泰证券和原君安证券于 1999 年 8 月 18 日在上海组建成立。

国泰君安注册资本 37 亿元,员工近 4000 名,下设 1 家子公司、5 家分公司,112 家营业部分布于全国 28 个省、自治区、直辖市、特别行政区,拥有 200 多万客户。截止 2001 年底,公司净资产达 46.92 亿元,总资产为 503 亿元,综合实力在中国券商中排名第一。股票承销金额、国债承销金额、主承销家数、B 股交易额排名第一,经纪业务市场份额排名第二。

国泰君安研究所以行业和上市公司的动态跟踪研究见长,是国内同类机构中规模最大、研究力量最强、配套设施最完善的研究机构。作为中国较早开展资产管理业务的证券公司,国泰君安一直在遵循现有政策法规的前提规范运作、创新发展。早在 1993 年 12 月,公司前身君安证券有限公司率先发起设立了"君安 93 国库券再投资受益券"(简称"君安受益")。在成立的四年期间,"君安受益"取得了骄人业绩,高居中国当时各基金收益之榜首。

国泰君安经过多年的资产管理业务实践,积累了大量实践经验,同时积极引进国际一流资产管理机构的管理运作经验,从规章制度、职业操守、业务运作、客户服务、投资理念、投资决策、风险控制等方面实现了规范化、标准化和流程化。国泰君安在资产管理业务方面积累了丰富的经验,拥有强大的客户基础、高素质的专业人才和成功的业务模式,为国联安基金管理有限公司的运作提供强大支持。

国泰君安一直非常关注并致力于基金业的发展,对中国基金业的发展有着较为深刻的认识,在基金管理运作方面积累了较为丰富的经验,为国联安基金公司的长远发展打下了坚实的基础。

安联集团于 1890 年在德国慕尼黑创立,是全球顶级金融服务集团之一,拥有业内最高的一项信贷评级(标准普尔的 AA + 评级),其股票在法兰克福、伦敦、巴黎、苏黎世和纽约上市,总市值居全球保险类上市公司第二。安联集团是目前世界上最大的保险集团。安联集团在全球 70 多个国家设有 700 余家子公司,超过 18 万的员工为世界各地的 6000 万客户提供广泛的金融服务,业务范围涵盖银行、资产/基金管理、人寿、医疗、财产和意外保险等众多领域。

安联集团的资产管理业务通过旗下德盛安联资产管理公司(ADAM)开展。至 2001 年底,资产管理规模共计 1.1730 万亿欧元(逾 1 万亿美元),为全球第二大资产管理机构,在全球范围成功管理 400 多只开放式基金。基金种类涵盖从货币市场基金、债券基金到股票基金的所有基金种类,基金的投资范围涵盖了所有主要金融市场、地区和行业。客户既包括养老基金、保险公司、大型公司、政府机构和中央银行,也包括全球的机构和个人投资者,其业务中心遍布全球各地。安联集团旗下包括全球最大和业绩最显赫的固定收益类资产管理公司——太平洋投资管理公司(Pacific Investment Management Company,简称 PIMCO),其公司总部设在美国的 Newport Beach。

安联集团凭借在产品开发及产业、市场深入研究方面的优势,建立了资产管理领域的专业形象;结合全球投资研究平台与周密的金融服务网络,为客户提供国际化的优质资产管理服务。

安联集团拥有遍布全球五大洲的研究团队,拥有资深的行业研究专家和国际著名的经济学家,研究资源遍及全球各经济领域及行业。安联集团还拥有独具特色的草根研究团队(Grassroots SM),全球 300 名研究人员和 40000 个相关的信息来源对投资研究提供强大市场依据和补充。

在基金表现方面,安联集团多年来取得了很多成绩,现将 2001 年 - 2002 年的瞩目成绩简述如下

2001 年,著名评级机构标准普尔将其最高评级授予安联集团旗下的 21 个基金;

2001 年,"PIMCO 完全回报基金" 规模达到 703 亿美元,是美国所有投资级别中最畅销、业绩最显赫的基金,在 2002 年,PIMCO 继续保持领先地位;

2001 年,在亚洲业务的重要中心香港,安联集团旗下的德盛环球投资管理(亚洲)有限公司赢得了香港《南华早报》所颁发的"2001 年度最杰出基金管理组合十年表现奖"。

2002 年,安联集团旗下的"Dresdner RCM 中国基金"荣获欧洲《财经》杂志"2002 年全球最成功中国股票基金奖"第三名。

安联集团建构坚实且具多重风格的全球化的投资管理平台。旗下囊括实力雄厚且声名显赫的德盛环球投资(Dresdner RCM)、太平洋投资管理(PIMCO)、欧本海默资本(OpCap)、尼古拉斯? 艾柏杰资本管理(NACM)、安联避险基金合伙人(AHFP)、DIT 等领先全球的专业投资管理公司,根据全球各地投资人的喜好与需求,量身规划周详的投资策略。

【旗下基金】

基金代码	基金简称	类型	基金经理
253010	德盛安心 开放式	冯天戈	
255010	德盛稳健	开放式	傅明笑
257010	德盛小盘	开放式	吴鹏
257020	德盛精选	开放式	魏东
257030	德盛优势	开放式	陈苏桥
257040	德盛红利	开放式	吴鹏 冯天戈
253020	德盛增利 A	开放式	苏玉平、冯俊
253021	德盛增利 B	开放式	苏玉平、冯俊
257050	国联安主题驱动	开放式	陈苏桥

【公司高管】

符学东先生,董事长,经济学硕士,高级经济师,中共党员。历任国家体制改革委员会分配司副处长,国泰证券有限公司总裁助理,国泰君安证券股份有限公司副总裁。

许小松先生,经济学博士。历任深圳证券交易所综合研

究所副所长、南方基金管理有限公司首席经济学家、副总经理。现任国联安基金管理有限公司总经理。

谢荣兴先生，督察长，高级会计师，上海市政协委员，民主党派。具有16年证券从业经历。历任上海万国证券公司黄埔营业部总经理、上海万国证券公司总经理助理、董事和交易总监、君安证券有限责任公司副总裁、董事、国泰君安证券股份有限公司总经济师、国泰君安投资管理股份有限公司副董事长兼总裁。

海富通基金管理有限公司

【基本情况】

法定名称：海富通基金管理有限公司

注册地址：中国上海市浦东世纪大道88号金茂大厦37层

办公地址：上海市浦东新区花园石桥路66号东亚银行金融大厦36层、37层

法人代表：邵国有

总 经 理：田仁灿

成立时间：2003年04月01日

公司性质：合资

注册资本：15000万元

联系电话：021 - 38650999

传真号码：021 - 50479997

邮政编码：200120

公司网址：www. hftfund. com

【公司概况】

海富通基金管理有限公司是中国首批获准成立的中外合资基金管理公司，成立于2003年4月。海富通的中方股东 - 海通证券股份有限公司（600837）是目前国内综合实力较强的创新类券商之一。外方股东富通基金成立于1999年，是欧洲最大的基金管理公司之一，截止2008年12月31日，富通基金全球管理资产规模约1700亿欧元。

海富通于2004年9月在我国基金业内率先聘请全球著名资产管理人评估机构惠誉评级公司（Fitch Ratings），为公司进行资产管理业务的评级，于2005年、2006和2007年均获得“惠誉M2（中国）”资产管理人优秀评级，在2008年的复评中获得“惠誉M2 +（中国）”资产管理人优秀评级。上调评级反映了海富通不断提升的业务多元化程度、经验丰富的管理团队、对公司治理结构的高度重视以及高于行业平均水平的盈利能力。2008年，惠誉的调升评级表明海富通在组织结构、独立性、内部控制、客户沟通、投资管理、风险管理等方面已经达到了国际水准。惠誉评级（FitchRatings）是欧洲排名第一的资产管理人评级机构，在资产管理人评级领域专业领先。

海富通管理的开放式基金均严格遵守法律法规和基金合同的规定。从2003年8月开始，海富通先后募集成立了海富通精选混合、海富通收益增长混合、海富通货币、海富通股票、海富通强化回报混合、海富通风格优势股票、海富通精选贰号混合、海富通中国海外股票（QDII）、海富通稳健添利债券、海富通领先成长股票、海富通中证100（LOF）等十一只风险收益特征不同（海富通精选混合和海富通精选贰号混合的风险收益特征相同）的基金。

海富通长期致力推动中国企业年金发展，拥有独立管理运作企业年金业务的明晰组织架构和职责分工。2005年8月海富通获得国家人力资源和社会保障部批准的首批企业年金基金投资管理人资格。

凭借出色专业的国内市场投资经验和管理能力，海富通在国际市场上建立了知名度，海外业务不断发展，成为众多海外知名机构投资中国的投资咨询顾问。

此外，海富通还分别担任富通中国扬子A股基金、富通中国B股基金、富通小盘股基金、富通QFII中国机会基金和富通QFII人民币货币市场基金的投资咨询顾问。富通私人银行是富通集团旗下从事私人银行业务的公司，为高端个人客户提供全方位的金融、理财服务。依托海富通强大的中国股票研究实力，富通私人银行为其客户提供专户理财服务，投资于除A股以外的中国股票，包括B股、H股等等，并由海富通担任投资咨询顾问。

海富通于2007年8月获得中国证监会的批准，获得了合格境内机构投资者（QDII）资格。目前海富通首只QDII基金产品“海富通中国海外精选股票型证券投资基金”已于2008年6月募集成立。

海富通于2008年3月获中国证监会核准，获得特定客户资产管理业务资格，为海富通多元化业务进一步展开奠定了扎实的基础。

【股东概况】

排序	股东名称	持股数量（万股）	持股比例（%）
1	海通证券股份有限公司	7650.00	51%
2	富通集团	7350.00	49%

【旗下基金】

基金代码	基金简称	类型	基金经理
519003	海富通收益增长	开放式	蒋征、牟永宁
519005	海富通股票	开放式	陈绍胜
519007	海富通强化回报	开放式	蒋征、陈绍胜
519011	海富通精选	开放式	陈洪、丁俊
519013	海富通风格优势	开放式	康赛波
519015	海富通精选贰号	开放式	丁俊
519505	海富通货币A	开放式	张丽洁
519506	海富通货币B	开放式	张丽洁
519601	海富海外	开放式	陈洪
519025	海富领先	开放式	陈绍胜
519023	海富债券C	开放式	邵佳民
519024	海富债券A	开放式	邵佳民

【公司高管】

邵国有先生，董事长，副教授。历任吉林大学校党委副书记、长春师范学院校党委书记、长春新世纪广场有限公司副董事长兼总经理、海通证券股份有限公司宣传培训中心总经理。2003年至今任海富通基金管理有限公司董事长。

田仁灿先生，董事、总经理，比利时籍，工商管理学硕士。历任法国金融租赁 EuroequipementS. A. 公司总裁助理、富通银行区域经理、大中华地区主管、富通基金管理亚洲有限公司投资经理、业务发展部总经理、首席执行官。2003年至今任海富通基金管理有限公司董事、总经理。

章明女士，督察长，硕士。历任加拿大蒙特利尔 BBCC Tech & TradeInt’lInc 公司高级财务经理、加拿大蒙特利尔 Dalma Investment, FutureElectronics 公司产品专家、海通证券股份有限公司对外合作部经理。2003年至今任海富通基金管理有限公司督察长。

长信基金管理有限公司

【基本情况】

法定名称:长信基金管理有限公司

注册地址:上海市黄浦区汉口路 130 号 3、4 楼

办公地址:上海市浦东新区银城中路 68 号时代金融中心 9 楼

法人代表:田 丹

总 经 理:蒋学杰

成立时间:2003 年 04 月 28 日

公司性质:中资

注册资本:15000 万元

联系电话:021 - 63212222

传真号码:021 - 63217686

邮政编码:200122

公司网址:www. cxfund. com. cn

【公司概况】

长信基金管理有限责任公司 由长江证券股份有限公司、上海海欣(集团)股份有限公司、武汉钢铁股份有限公司共同发起设立,于 2003 年 4 月 28 日经中国证券监督管理委员会批准成立。注册资本金 1.5 亿元人民币,公司的经营范围包括发起设立基金、基金管理业务和中国证监会批准的其它业务。

目前长信基金旗下有七只开放式证券投资基金:长信利息收益基金(货币市场基金)成立于 2004 年 3 月 19 日;长信银利精选基金(股票基金)成立于 2005 年 1 月 17 日;长信金利趋势基金(股票基金)成立于 2006 年 4 月 30 日;长信增利动态策略基金(股票基金)成立于 2006 年 11 月 9 日;长信双利优选基金(混合基金)成立于 2008 年 6 月 19 日。2 长信利丰债券型证券投资基金成立于 008 年 12 月 29 日;长信恒利优势股票型证券投资基金成立于 2009 年 7 月 30 日。

股东会是公司的最高权力机构,下设董事会和监事会。公司组织管理实行董事会领导下的总经理负责制,总经理、副总经理、督察长组成公司的经营管理层。在经营管理层下设内部控制委员会、投资决策委员会、产品发展委员会三个非常设委员会,以及金融工程部、国际业务部、专户理财部、投资管理部、研究发展部、固定收益部、交易管理部、基金事务部、市场开发部、信息技术部、监察稽核部、综合行政部十二个职能部门,并根据公司发展需要设北京分公司。

成立六年以来,长信基金——一个怀有远大梦想的公司,以强烈的进取心和开拓精神成为业内一颗冉冉升起的明星,在"真诚坦率、认真负责"的企业文化的推动下,长信公司正朝着可持续健康发展的方向稳步前进。

【公司荣誉】

2008 年度

长信利息收益基金获得由中国证券报评选"2008 年度开放式货币市场金牛基金"(2009 年 1 月 12 日)

长信利息收益基金获得《基金观察》杂志评选的"2008 最具潜力货币基金"

长信基金管理有限责任公司获得《新财富》评选的"首届新财富最具慧眼奖"

长信基金管理有限责任公司获得百度评选的"2008 最具潜力基金公司"

长信基金管理有限责任公司获得《钱江晚报》评选的"第三届浙江理财博览会十佳基金品牌"称号

2007 年度

长信银利获评银河五星基金和证券时报六星基金

长信基金被证券日报评为 2007 年表现最好的十家基金管理公司之一

长信增利基金被《基金观察》杂志和晨星(中国)联合评选为"2007TOP10 钻石基金之新"

长信增利基金被上海《新闻晨报》评为"2007 年十大新秀基金

长信金利基金荣获 2007 年第五届上海理财博览会最受欢迎基金类理财产品称号

长信基金管理有限责任公司获得《新京报》金字招牌评选"2007 年度金牌基金公司"

长信基金管理有限责任公司获得中国年度理财总评榜"最具价值基金公司"称号(华商报业集团主办)

长信增利获得《证券时报》2007 年度新基金明星奖

长信基金管理有限责任公司获得《南方都市报》、《南都周刊》和《证券日报》联合评选的"2007 年度最佳管理团队奖"

长信增利基金获得《南方都市报》、《南都周刊》和《证券日报》联合评选的"2007 年度最佳业绩回报奖"

长信基金管理有限责任公司获得东方财富网评选的"2007 投资者教育优秀奖"

长信基金管理有限责任公司获得由东方财富网和《新民晚报》联合评选的"十大最具潜力公司"称号

2006 年度

长信利息收益基金被北京商报评为 2006 年最牛货币市场基金

银河证券基金研究中心推出的《2006 年基金管理公司股票投资管理能力综合评价报告》中,长信基金管理有限责任公司排名第 7

【股东概况】

排序	股东名称	持股数量(万股)	持股比例(%)
1	长江证券有限责任公司	7350.00	49%
2	上海海欣集团股份有限公司	5149.50	34.33%
3	武汉钢铁股份有限公司	2500.50	16.67%

【旗下基金】

基金代码	基金简称	类型	基金经理
519993	长信增利动态策略	开放式	曾芒
519994	长信金利趋势	开放式	许万国
519996	长信银利精选	开放式	胡志宝
519991	长信双利优选	开放式	胡志宝
519999	长信利息收益	开放式	张文琍
519989	长信利丰	开放式	李小羽
519987	长信恒利	开放式	曾芒、李枝蓬

【公司高管】

董事长,田丹,男,硕士。1985 年起进入金融、证券行业,先后在人民银行湖北省分行、湖北证券公司、三峡证券公司、长江证券公司任部门及公司领导。出任长信基金管理有限责任公司董事长前为长江证券有限责任公司董事、总裁。

总经理，蒋学杰，经济学硕士，澳大利亚墨尔本大学商学院 MBA。曾任中南财经大学财政金融学院财政系教师、武汉科技信托投资公司武昌证券营业部总经理，并兼公司总助，副总等职、Loftus Capital Partners Limited，Australia 旗下基金亚洲市场投资组合及私人股权投资的亚洲区域负责人、KVB Kunlun Pty Ltd，Australia 金融衍生产品持牌交易投资顾问、长信基金管理有限责任公司副总经理等职。现任公司总经理。

督察长，周永刚，硕士，经济师。曾任湖北证券有限责任公司武汉自治街营业部总经理，长江证券有限责任公司北方总部总经理兼北京展览路证券营业部总经理，长江证券有限责任公司经纪业务总部副总经理兼上海代表处主任、上海汉口路证券营业部总经理。

泰信基金管理有限公司

【基本情况】

法定名称：泰信基金管理有限公司
英文名称：First－Trust Fund Management Co.，Ltd
注册地址：上海市浦东新区银城中路 200 号中银大厦 42 楼
办公地址：上海市浦东新区银城中路 200 号中银大厦 42 楼
法人代表：孟凡利
总 经 理：高清海
成立时间：2003 年 5 月 8 日
组织形式：有限责任公司
注册资本：2 亿元人民币
客服热线：021－38784566
联系电话：021－50372168
传真号码：021－50372197、021－50372269
邮政编码：200120
公司网址：www.ftfund.com

【公司概况】

泰信基金管理有限公司（First－Trust Fund Management Co.，Ltd.）是山东省国际信托投资有限公司联合江苏省投资管理有限责任公司、青岛国信实业有限公司共同发起设立的基金管理公司。公司于 2002 年 9 月 24 日经中国证券监督委员会批准正式筹建，2003 年 5 月 8 日获准开业，注册资本 2 亿元人民币。是国内实施"好人举手制"以来第一家以信托投资公司为主发起人而发起设立的基金管理公司。

公司目前下设权益投资部、固定收益部、研究部、金融工程部、清算会计部、信息技术部、监察稽核部、渠道业务部、理财顾问部、上海理财中心、北京理财中心、客户服务部、综合管理部和北京办事处。

【股东概况】

排序	股东名称	出资额（万元）	出资比例
1	山东省国际信托投资有限公司	9000	45%
2	江苏省投资管理有限责任公司	6000	30%
3	青岛国信实业有限公司	5000	25%

【旗下基金】

基金代码	基金简称	类型	基金经理
290001	泰信天天收益	开放式	马成
290002	泰信先行策略	开放式	梁剑
290003	泰信中短债	开放式	侯燕琳、何俊春
290004	泰信优质生活	开放式	崔海鸿、刘强
290005	泰信优势增长	开放式	崔海鸿
290006	泰信蓝筹	开放式	柳菁
290007	泰信强债 A	开放式	何俊春、马成
291007	泰信强债 B	开放式	何俊春、马成

【公司高管】

孟凡利先生，董事长，博士，教授；曾先后任山东经济学院财务会计系副主任、主任，山东省财政厅副厅长，现任山东省鲁信投资控股集团有限公司副董事长、总经理、山东省国际信托有限公司董事长。

高清海先生，总经理，经济学博士；曾任新加坡鲁信（亚洲）投资公司董事、济南百灵信息科技有限公司董事、山东省国际信托公司投资银行业务部经理。

吴胜光先生，督察长，硕士，高级经济师；曾任南京大学城市与资源系副主任、江苏省国际信托投资公司投资银行部业务二部经理、信泰证券有限责任公司投资银行部副总经理。

天治基金管理有限公司

【基本情况】

公司名称：天治基金管理有限公司
注册地址：上海市延平路 83 号
办公地址：上海市复兴西路 159 号
法定代表：赵玉彪
总 经 理：祖 煜
成立时间：2003 年 5 月 27 日
注册资本：1 亿 3000 万元人民币
联系电话：021－64371155
传真号码：021－64377166
邮政编码：200031
公司网址：www.chinanature.com.cn

【公司概况】

天治基金管理有限公司于 2003 年 5 月成立，由吉林省信托投资有限责任公司、中国吉林森林工业集团有限责任公司、吉林市国有资产经营有限责任公司三家股东共同出资发起设立，各股东出资比例分别为 46.16%、38.46%、15.38%。公司注册资本 1.3 亿元人民币，注册地为上海。

目前，天治公司旗下共有七只开放式基金，分别是天治财富增长基金（配置型）、天治品质优选基金（配置型）、天治核心成长基金（股票型）、天治创新先锋基金（股票型）、天治稳健双盈基金（债券型）、天治天得利基金（货币型）和天治趋势精选基金（配置型）。

经过六年的积累，天治基金形成了一支精干、团结、自信的人才队伍，逐渐摸索出适合的投资模式，公司在 2006 年 3 月获得了由《大众证券报》、新浪财经和中国银河证券基金研究中心颁发的"2005 年基金公司进步金奖"；天治核心成长基金在 2008 年 1 月获得了由《钱经》杂志及"中国主流理财媒体联盟"颁发的"2007 年最具成长性股票型基金奖"；2008 年 3 月，在新民晚报、东方财富网联合主办的"2007 年百姓最喜爱的十大股票基金评选"系列活动中，天治品质优选基金获得"2007 年十大最有特色基金"奖项。"2009 年最受尊敬基金公司暨第二届中国基金业领袖峰会”于 2009 年 9 月 22 日在北京举行，天治基金公司获得“2009 最佳产品创新基金公司”奖项。

天治基金秉承以诚感人，以信立业，顺天而治，顺势而为，以智慧发现规律，依规律共享财富增长的经营理念，力争为投资者提供优质的基金理财服务，与投资者共同分享中国经济发展的成果，回报投资者的信任。

【股东概况】

序号	股东名称	出资额(万元)	出资比例(%)
1	吉林省信托投资有限责任公司	6000.00	46.16
2	中国吉林森林工业(集团)总公司	5000.00	38.46
3	吉林市国有资产经营有限责任公司	2000.00	15.38

【旗下基金】

基金代码	基金简称	类型	基金经理
350001	天治财富增长	开放式	刘红兵
350002	天治品质优选	开放式	谢京
350004	天治天得利	开放式	贺云
163503	天治核心	开放式	吴涛
350005	天治创新	开放式	耿广棋
350006	天治双盈	开放式	贺云
350007	天治趋势精选	开放式	吴涛

【公司高管】

赵玉彪先生：董事长，硕士研究生在读。曾任吉林省信托投资有限责任公司上海证券业务部交易部经理，驻上海证券交易所出市代表，上海金路达投资管理有限公司总经理等。

祖煜先生：董事、总经理，经济学硕士。曾任原上海万国证券国际部项目经理，安徽省证券公司国际部副总经理，广发证券股份有限公司国际部副总经理、合资基金筹备组负责人，天治基金管理有限公司副总经理等。

刘伟先生：督察长，本科学历，高级工程师。曾任吉林省信托投资有限责任公司产权交易部副经理、自营基金部副经理、基金业务部副总经理，上海全路达创业投资管理有限公司董事长等。

景顺长城基金管理有限公司

【基本情况】

法定名称：景顺长城基金管理有限公司

注册地址：深圳市深南中路 1093 号中信城市广场中信大厦 16 层

办公地址：深圳市福田区中心四路 1 号 嘉里建设广场第一座 21 层

法人代表：徐　英

总 经 理：许义明

成立时间：2003 年 6 月 12 日

组织形式：有限责任公司

注册资本：1 亿 3000 万元人民币

联系电话：0755 -82370388

传真号码：0755 -25987356

邮政编码：518040

公司网址：www.invescogreatwall.com

【公司概况】

景顺长城基金管理有限公司是经中国证监会证监基金字[2003]76 号文批准设立的国内首家中美合资的基金管理公司，由全球五大独立资产管理公司之一的美国景顺集团与长城证券有限责任公司联合开滦(集团)有限责任公司和大连实德集团有限公司共同发起设立，其中美国景顺集团和长城证券有限责任公司各持有 49% 的公司股份。公司注册资本 1.3 亿元人民币，总部设在深圳，在北京设有分公司。

景顺长城秉承“为每一个客户提供安全高效的理财服务”的公司宗旨和“诚信、稳健、专业、创新”的经营理念，始终如一地把保护投资者利益放在第一位，力保客户资产的保值增值，创造中国基金业的领先品牌。

作为第一家中美合资的基金管理公司，景顺长城充分利用中外股东的资源优势，引进、吸收、消化景顺集团的全球化视野和资产管理能力，并结合国内市场的特色和实际需要，形成了极具特色的“四大支柱体系”，即管理体系、投资体系、营销体系和技术平台体系，以卓越的绩效、专业的团队、严谨的管理和优质的资源，为投资者创造长期而稳定的收益。

目前，景顺长城旗下已管理了 10 只开放式基金，建立了覆盖高中低风险等级的较为完善的产品线，在股票型基金的管理上形成了独特的优势。

【股东概况】

排序	股东名称	持股数量(万股)	持股比例(%)
1	长城证券有限责任公司	6370.00	49%
2	景顺资产管理有限公司	6370.00	49%
3	开滦(集团)有限责任公司	130.00	1%
3	大连实德集团有限公司	130.00	1%

长城证券是一家经中国证监会核准，业务资质全面的全国性综合类证券公司，从事证券经纪、证券承销和上市推荐、证券投资与咨询、资产管理和财务顾问等业务，注册资本 8.25 亿元人民币，注册地为深圳市。长城证券在中国 20 多个主要城市设有 24 家分支机构。2002 年，在中国 126 家证券公司中，长城证券综合价值量排名第 14 位。2003 年首批获准并率先发行证券公司债。

景顺集团(AMVESCAP)是全球最大的独立资产管理公司之一，拥有超过 130 年的投资经验，目前全球管理资产总量超过 3744 亿美元。景顺集团(AMVESCAP)是一家真正全球化的、零售及机构业务并重的基金管理公司，其资产管理业务包括零售基金产品管理、机构投资管理、退休金管理服务、全球资产管理和个人财产管理。景顺集团是伦敦《金融时报》“全球 500 强企业”之一，在全球拥有 8500 名员工，在北美、欧洲和亚太地区等世界主要金融市场设有分支机构。公司股票同时在伦敦、纽约和多伦多证券交易所挂牌上市，是伦敦金融时报 100 指数及摩根士丹利英国指数的成份股。

开滦(集团)有限责任公司的前身为开滦矿务局。始建于 1878 年，迄今已有 100 多年历史，是国有特大型煤炭企业。现有生产矿井 10 对，煤炭年产量在 2000 万吨以上。2000 年生产原煤和洗精煤量在全行业均排列第三位。肥煤、焦煤、1/3 焦气煤等煤种齐全，主要供应冶金、焦化、发电等大企业。从建国到 2001 年的 52 年间，开滦共生产原煤 8 亿吨，洗精煤 2 亿吨，上交利税 50 亿元，为国民经济发展做出了重要贡献。

大连实德集团有限公司是一个拥有多个产业实体的综合

性民营企业集团,现拥有子公司 20 多家,员工 5500 人。实德集团在以化学建材生产为核心的基础上形成了化建、家电、体育、保险、石化、汽车、医疗七大产业格局。主导产品 PVC 型材已达到 28 万吨的年生产能力,实德塑胶工业有限公司已成为世界最大的 PVC 型材生产厂家。2001 年,国家建设部授予实德集团"中华人民共和国建设部化学建材产业化基地"称号,是国内第一家获此称号的企业。

【旗下基金】

基金代码	基金简称	类型	基金经理
260101	景顺优选股票	开放式	张继荣
260102	景顺长城货币	开放式	张继荣
260103	景顺动力平衡	开放式	张继荣
260104	景顺内需增长	开放式	王鹏辉
260108	景顺成长	开放式	李志嘉
260109	景顺内需增长贰号	开放式	王鹏辉
260110	景顺精选蓝筹	开放式	陈晖
162605	景顺鼎益	开放式	张继荣
162607	景顺资源	开放式	陈晖
260111	景顺治理	开放式	邓春鸣
260112	景顺能源基建	开放式	李志嘉

【公司高管】

徐英女士:董事长,北京财贸学院金融系毕业,经济学学士。曾任北京燕山石化总厂研究院车间副主任、党支部书记,北京财贸学院金融系讲师,海南汇通国际信托投资公司副总经理、常务副总经理,长城证券有限责任公司总裁、董事长。

许义明先生:总经理,香港大学社会科学学士及香港城市大学金融工程学硕士。曾先后就职于前美国大通银行香港、台湾及伦敦分行财资部,汇丰银行总行中国环球市场部;之前曾担任台湾景顺证券投资信托股份有限公司董事兼总经理、景顺香港大中华区业务拓展总监等职务。2009 年加入本公司,现任公司董事兼总经理。

刘焕喜先生:督察长,1989 年毕业于武汉大学哲学系,获学士学位,1998 年毕业于华中农大经贸学院投资与金融系,获博士学位。曾任武汉大学教师工作处副科长、武汉大学成人教育学院讲师、《证券时报》社编辑记者、长城证券研发中心研究员、长城证券行政部副总经理等职。

广发基金管理有限公司

【基本情况】

法定名称:广发基金管理有限公司
注册地址:广东省珠海市拱北情侣南路 255 号 4 层
办公地址:广州市海珠区琶洲大道东 1 号保利国际广场南塔 31 - 33 楼
法人代表:马庆泉
总 经 理:林传辉
成立时间:2003 年 7 月 30 日
组织形式:有限责任公司
注册资本:1 亿 2000 万元人民币
联系电话:020 - 83936999
传真号码:020 - 89899158
邮政编码:510308
公司网址:www. gffunds. com. cn

【公司概况】

广发基金管理有限公司是由广发证券股份有限公司等机构发起、经中国证监会批准设立的专业基金管理公司,总部设在广州,公司注册资本金 1.2 亿元人民币。

公司秉持"专业创造价值、客户利益为上"的经营思想,致力成为诚信、专业的基金管理公司,为投资者谋求长期稳定的收益。公司目前管理广发聚富混合、广发稳健增长混合、广发小盘成长股票(LOF)、广发货币、广发聚丰股票、广发策略优选混合、广发大盘成长混合、广发增强债券、广发核心精选股票、广发沪深 300 指数、广发聚瑞股票十一只开放式基金。截至 2009 年 6 月 30 日,公司管理资产总规模达 982 亿元。

广发基金秉承的核心价值观念:1、专业创造价值:以专业的管理、专业的投资、专业的服务,为客户实现更大的价值。2、客户利益为上:公司以客户利益为上,追求绝对回报、坚持持续分红、倡导长期持有,实现公司与投资者的双赢。

【公司荣誉】

2007 年

广发基金管理有限公司

《福布斯》,2006 年度福布斯中国优选基金

《证券时报》,2006 年度明星基金管理公司奖

《证券时报》,2006 年度基金客户服务明星奖

中国银河证券基金研究中心《基金管理公司股票投资管理能力评价体系》,股票投资管理能力 2006 年在 45 家基金公司中排名第 3 位

《新财经》,2006 年度业绩持续奖

《新财经》,2006 年度最佳投研团队奖

《上海证券报》,2006 年度最佳投资者关系奖

《21 世纪经济报道》和晨星(中国),2006 年度中国基金管理公司最佳年度表现奖

和讯网,2006 年度中国十大品牌基金公司,2006 年度中国基金业杰出营销案例奖

广发聚富

《证券时报》,3 年持续回报明星基金奖

《Value》,2006 年度中国最佳平衡型基金

《Value》,Value 三年期最佳平衡型基金

理柏(Lipper),三年期最佳人民币灵活混合型基金

《中国证券报》,2006 年度开放式混合型金牛基金

广发稳健增长

《证券时报》,2006 年度平衡型明星基金奖

理柏(Lipper),二年期最佳人民币平衡混合型基金

广发优选

《证券时报》,2006 年度大基金明星奖

广发小盘

《Value》,2006 年度中国最佳中小盘基金

市场营销

搜狐财经等,2006 年度最佳基金网站奖

搜狐财经等,2006 年度最佳电子商务体验奖

搜狐财经等,2006 年度最受投资者青睐奖

广发基金管理有限公司

《理财周报》,2004 - 2007 跨越牛熊最佳回报基金奖

2008 年

广发基金管理有限公司

《中国证券报》,2007 年度"金牛基金管理公司"

《证券时报》,2007 年度十大明星基金公司

《南方都市报》,2007 年度最佳回报之星奖

《21 世纪经济报道》,2007 年度中国基金管理公司最佳研究团队

网易财经 ,2007 年度十大金钻公司

《上海证券报》,中国基金业十年杰出贡献奖

广发聚富

《证券时报》,三年持续回报明星基金奖

广发稳健增长

《中国证券报》,2007 年度开放式混合型持续优胜金牛基金

《21 世纪经济报道》,平衡混合型开放式基金三年持续表现奖

理柏(Lipper),一年期最佳人民币平衡混合型基金

理柏(Lipper) ,三年期最佳人民币平衡混合型基金

广发优选

《中国证券报》,2007 年度开放式混合型金牛基金

《证券时报》 ,2007 年度平衡型明星基金奖

广发聚丰

《中国证券报》,2007 年度开放式股票型金牛基金

《理财周刊》等,2007 年度基金理财产品最受欢迎奖

《上海证券报》,2007 年度股票型金基金

易阳方

和讯"2007 年度财经风云榜",2007 年度中国十大明星基金经理

2009 年

广发基金管理有限公司

《证券时报》,基金公司明星管理团队

广发强债

《证券时报》,2008 年度新基金明星奖

【股东概况】

排序	股东名称	持股数量(万股)	持股比例(%)
1	广发证券股份有限公司	5799.60	48.33%
2	烽火通信科技股份有限公司	2000.40	16.67%
2	香江投资有限公司	2000.40	16.67%
3	广东康美药业股份有限公司	1200. 00	10%
4	广州科技风险投资有限公司	999.60	8.33%

【旗下基金】

基金代码	基金简称	类型	基金经理
270001	广发聚富	开放式	王国强
270002	广发稳健增长	开放式	冯永欢、许雪梅
270004	广发货币 A	开放式	谢军
270014	广发货币 B	开放式	谢军
270005	广发聚丰	开放式	易阳方
270006	广发优选	开放式	冯永欢
270007	广发大盘	开放式	李琛
162703	广发小盘	开放式	陈仕德
270008	广发精选	开放式	许雪梅、朱纪纲
270009	广发强债	开放式	谢军
270010	广发 300	开放式	邱春杨
270021	广发聚瑞	开放式	刘明月

【公司高管】

马庆泉:董事长,男,博士,教授,研究员,中国人民大学博士生导师,第三届中国证券业协会副会长,中国证券业协会基金业委员会主任委员。历任中央党校研究室主任、副教授、教授,广发证券副总裁、常务副总裁、副董事长、总裁,嘉实基金管理有限公司董事长,第二届中国证券业协会秘书长等职务。

林传辉:总经理,男,大学本科学历,曾任广发证券股份有限公司投资银行总部北京业务总部总经理、投资银行总部副总经理兼投资银行上海业务总部副总经理、投资银行部常务副总经理。

段西军:督察长,男,博士。曾在广东省佛山市财贸学校、广发证券股份有限公司、中国证券监督管理委员会广东监管局工作。

兴业全球基金管理有限公司

【基本情况】

法定名称:兴业全球基金管理有限公司

注册地址:上海市黄浦区金陵东路 368 号

办公地址:上海市张杨路 500 号时代广场 20 楼

法人代表:郑苏芬

总 经 理:杨 东

成立时间:2003 年 09 月 30 日

公司性质:中资

注册资本:12000 万元

联系电话:021 -58368998

客服热线:021 -38714536

传真号码:021 -58368868

邮政编码:200122

公司网址:www. xyfunds. com. cn

【公司概况】

兴业全球基金管理有限公司(原名"兴业基金管理有限公司",以下简称"公司")经证监基金字[2003 100 号文批准于 2003 年 9 月 30 日成立。2008 年 1 月,经中国证监会批准(证监许可[2008]6 号),全球人寿保险国际公司(AEGON International N. V)受让公司股权并成为公司股东。2008 年 4 月 9 日,公司完成股权转让、变更注册资本等相关手续后,公司注册资本为人民币 1.2 亿元,其中兴业证券股份有限公司的出资占注册资本的 51%,全球人寿保险国际公司的出资占注册资本的 49%。2008 年 7 月,经中国证监会批准(证监许可[2008]888 号),公司于 2008 年 8 月 25 日完成变更公司名称、注册资本等相关手续后,公司名称变更为"兴业全球基金管理有限公司",注册资本增加为 1.5 亿元人民币,其中两股东出资比例不变。

自成立以来,公司始终以"基金持有人利益最大化"为首要经营目标,遵循诚信、规范、稳健的经营方针,倡导严谨、求实、高效的管理作风,以风险控制、长期投资、价值投资的投资理念,专业、专注、创新的运营方式管理和运用基金资产,为基金持有人提供一流的投资理财服务。

目前,公司旗下共管理着兴业可转债混合型基金、兴业趋势(LOF)混合型基金、兴业货币市场基金、兴业全球视野股票型基金、兴业社会责任股票型基金、兴业有机增长混合型基金、兴业磐稳增利债券型基金等七只基金。近年来公司及旗下基金取得的荣誉有:兴业趋势混合型基金获"三年持续回报平衡型明星基金奖"(《证券时报》)、"2008 开放式基金金算盘奖"(《证券日报》)、"2008 年度十佳基金"(《新闻晨

报》)等荣誉;兴业全球视野股票型基金获“2008 年度同业领先开放式股票型基金”(《中国证券报》)、“2007 年度十佳新秀基金”(《新闻晨报》)等荣誉;兴业可转债混合型基金获“2008 开放式混合型持续优胜金牛基金”(《中国证券报》)、“2008 年度混合型基金产品”(《第一财经》)、“2007 开放式保守混合型基金最佳表现奖”(《21 世纪经济报道》)等荣誉。公司也因旗下基金业绩突出,获得“2008 年度十大金牛基金公司”(《中国证券报》)、“2008 年度十大明星基金公司”(《证券时报》)等荣誉。

【公司大事记】

2009 年 7 月 1 日,兴业磐稳增利债券型证券投资基金公开发行,2009 年 7 月 23 日正式成立,募集份额 14.18 亿份。

2009 年 2 月 23 日,兴业有机增长混合型证券投资基金公开发行,2009 年 3 月 25 日正式成立,募集份额 19.80 亿份。兴业有机增长基金是国内首只明确提出“有机增长”投资理念的证券投资基金。

2008 年 12 月 31 日,经中国证监会批准,公司获准从事特定客户资产管理业务。

2008 年 8 月 25 日,经中国证监会批准,公司中文名称变更为“兴业全球基金管理有限公司”公司注册资本增加到人民币 1.5 亿元,兴业证券股份有限公司和全球人寿保险国际公司的出资比例不变。

2008 年 4 月 12 日,由 Industrial Fund Management Co., Ltd. 变更为 AEGON - INDUSTRIAL Fund Management Co., Ltd. 。公司注册资本由人民币 9,800 万元变更为人民币 12,000 万元,其中,兴业证券股份有限公司的出资占注册资本的 51%,全球人寿保险国际公司的出资占注册资本的 49%。

2008 年 3 月 28 日,兴业社会责任股票型证券投资基金公开发行,2008 年 4 月 30 日正式成立,募集份额 13.88 亿份。兴业社会责任基金是国内首只系统运用“社会责任”投资理念的证券投资基金。

2007 年 8 月 7 日,兴业银行、兴业证券、兴业基金管理公司在福州共同签署《关于进一步深入开展战略联盟合作备忘录》,开创了国内银行、证券、基金三类金融机构通力合作、结成战略合作联盟的先河。

2007 年 5 月 11 日,兴业趋势投资混合型证券投资基金(LOF)实施拆分,拆分比例为 1:3.9939。

2006 年 8 月 15 日,兴业全球视野股票型证券投资基金公开发行,2006 年 9 月 20 日正式成立,募集份额 32.86 亿份。兴业全球视野基金是国内首只系统运用“全球视野”投资理念的证券投资基金。

2006 年 4 月 12 日,兴业货币市场证券投资基金公开发行,2006 年 4 月 27 日正式成立,募集份额 17.3 亿份。

2005 年 9 月 19 日,兴业趋势投资混合型证券投资基金公开发行,2005 年 11 月 3 日正式成立,募集份额 9.27 亿份。兴业趋势投资基金首次引入趋势投资理念,投资上强调顺势而为,把握投资对象中长期趋势,追求中长期收益。

2004 年 4 月 2 日,兴业可转债混合型证券投资基金公开发行,2004 年 5 月 11 日正式成立,募集份额 32.82 亿份。兴业可转债基金是国内首只也是目前唯一的一只可转债投资基金。

2003 年 9 月 30 日,经中国证监会批准,兴业基金管理有限公司在上海成立。注册资本 9800 万人民币。

【股东概况】

排序	股东名称	持股数量(万股)	持股比例(%)
1	兴业证券股份有限公司	6120.00	51%
2	全球人寿保险国际公司	5880.00	49%

兴业证券股份有限公司

兴业基金的主发起人——兴业证券股份有限公司是首批获得中国证监会核准的全国性综合类证券公司,也是《证券法》颁布后全国首批获准增资扩股的 10 家证券公司之一。2005 年 10 月,兴业证券被核准为国内首批 7 家规范类券商之一。

自 1990 年创业以来,兴业证券严格遵照“法制、监管、自律、规范”监管方针,孜孜不倦致力于建设专业化的服务体系、营销体系和管理体系;始终如一坚持“市场化、规范化、专业化”的经营方针,逐步形成特色鲜明的稳健的经营管理风格,各项主营业务指标进入行业 20 强,经营效益连续多年位居全国同业前列。

全球人寿保险国际公司

全球人寿保险国际公司(AEGON)创建于 18 世纪中期,是世界上最大的人寿保险和养老金公司,同时也是有力的投资产品提供商之一。全球人寿保险国际公司在全球拥有超过 4000 万的客户,3 万多名员工,和 5000 多亿美元的投资资产。AEGON 在 2007 年世界财富 500 强中排名 133 位。

全球人寿保险国际公司总部设在荷兰海牙。公司的业务遍布美国,欧洲和亚洲的二十多个市场, AEGON 的三个主要市场分别是美国,荷兰和英国。另外,该集团目前在其他许多国家和地区都有分支机构,包括加拿大,中国,捷克,匈牙利,波兰,斯洛伐克,西班牙及中国台湾。公司分别在阿姆斯特丹泛欧证券交易所,伦敦证券交易所,纽约证券交易所和东京证券交易所上市。

【旗下基金】

基金代码	基金简称	类型	基金经理
340001	兴业可转债混合	开放式	杨云
340005	兴业货币	开放式	李友超
340006	兴业全球视野	开放式	董承非
163402	兴业趋势	开放式	王晓明、张惠萍
340007	兴业社会责任	开放式	刘兆祥、傅鹏博
340008	兴业有机增长	开放式	张光成、陈扬帆
340009	兴业磐稳增利	开放式	李友超

【公司高管】

郑苏芬女士,董事长,1962 年生,工商管理硕士,审计师。历任福建省财政厅干部,福建省审计厅副处长,福建省广宇集团股份公司财务部经理,兴业证券股份有限公司副总裁。

杨东先生,董事、总经理,1970 年生,工商管理硕士。历任福建兴业证券公司上海业务部总经理助理,证券投资部副总经理兼上海业务部副总经理,兴业证券股份有限公司证券投资部总经理,兴业证券股份有限公司总裁助理、投资总监。

杜建新先生,公司督察长,1959 年生,大学文化,经济师。历任江西财经大学情报资料中心主任,中国银行三明分行办公室副主任,兴业证券股份有限公司三明营业部副总经理、上海管理总部总经理、人力资源部总经理,兴业基金管理有限公司监察稽核部总监。

诺安基金管理有限公司

【基本情况】

法定名称：诺安基金管理有限公司
注册地址：深圳市深南中路 2070 号电子科技大厦 C 座 15 层
办公地址：深圳市深南大道 4013 号兴业银行大厦 19－20 层
法人代表：秦维舟
总 经 理：奥成文
成立时间：2003 年 12 月 9 日
组织形式：有限责任公司
注册资本：1 亿 5000 万元人民币
联系电话：0755－83026688
客服热线：0755－83026688
传真号码：0755－83026677
邮政编码：518043
公司网址：www.lionfund.com.cn

【公司概况】

诺安基金管理有限公司成立于 2003 年 12 月，目前公司旗下管理着 9 只开放式基金，截至 2009 年 10 月底，公司管理的资产总规模已超过 450 亿元，拥有客户数量近 400 万。

诺安基金秉承“领先、创新、责任、卓越”的经营理念，各项业务取得了长足的发展，为广大持有人创造了丰厚的收益。

开放式基金：目前公司形成了较为齐全的产品线，所管理的开放式基金涵盖股票型、混合型、指数型、债券型和货币型基金，可以满足不同投资者的不同投资需求。

QDII 业务：公司于 2008 年 5 月份获批 QDII 资格，获准从事境外证券投资管理业务。

专户理财业务：公司是首批获得专户理财资格的基金公司之一，目前公司已有多只“一对多”产品获批，产品涵盖个股精选、主题投资、灵活配置、策略精选等不同类别，公司将在专户理财的投资业绩和专业服务上形成自己的特色。

诺安基金拥有一只优秀的团队，公司曾荣获第五届中国基金业金牛奖“2007 年度十大金牛基金公司”（《中国证券报》2008 年 1 月 15 日）、《证券时报》“2007 年度十大明星基金公司”（《证券时报》2008 年 3 月 17 日），旗下的诺安股票曾荣获第五届中国基金业金牛奖“2007 年度开放式股票型金牛基金”（《中国证券报》2008 年 1 月 15 日）。

“智汇财富 稳见未来”，诺安基金管理有限公司致力于以科学严谨的专业知识，以稳健的风格，以卓越的远见在瞬息万变的市场中为投资者实现长期持久的投资回报。

【公司大事记】

2003.12.9，诺安基金管理有限公司获准成立。注册地为深圳市。

2006.04.17，诺安基金联合中国工商银行开办诺安平衡基金基金定投业务。

2006.04.20，诺安基金正式开通全国统一客户服务电话：400－888－8998。

2006.07.17，诺安中短债基金基金合同正式生效。

2006.08.01，诺安中短债基金开始办理日常申购、赎回业务。

2006.08，诺安平衡基金荣登《投资有道 ？基金观察》评选出的十大钻石基金行列。

2006.08.28，诺安货币基金通过中国工商银行开办“利添利”账户理财业务。

2006.10.16，诺安基金管理有限公司正式推出与中国建设银行、银联电子支付服务有限公司合作开发的基金网上交易业务。

2006.11.21，诺安价值增长基金基金合同生效。

2006.12.08，诺安价值增长基金定开始办理日常申购业务。

2007.01.04，诺安基金管理有限公司开展诺安股票基金限量持续销售活动。

2007.01，诺安平衡基金荣获《21 世纪经济报道》评选的“2006 年中国开放式配置型基金最佳表现奖”。

2007.2.9，诺安价值增长基金开始办理日常赎回业务。

2007.4.20，根据银河证券基金研究中心的《2006 年基金管理公司股票投资管理能力综合评价》，诺安基金在 参评的 45 家基金公司中位列第 4，连续两年跻身前 5 名。

2007.4.23，中国工商银行新增诺安股票基金为定投业务基金产品。

2007.8.29，诺安中短期债券基金正式转型为诺安优化收益债券型基金。

2007.11.1，诺安基金网上交易开通农行金穗卡。

2007.12.12，诺安基金旗下五只基金在招商银行正式开通基金定投业务。

2008.1.4，公司注册资本增加至 1.5 亿元。

2008.1.7，在第五届中国基金业金牛奖评选中，诺安基金荣获“2007 年度金牛基金公司”，诺安股票基金荣获“2007 年度开放式股票型金牛基金”。

2008.1.24，增加中国银行为诺安平衡基金、诺安股票基金的代销机构。

2008.2.1，增加建设银行为旗下基金代销机构，并开通基金定投业务。

2008.2.15，获证监会批准，成为首批从事特定客户资产管理业务的公司之一。

2008.2.29，增加交通银行为旗下基金代销机构，并开通基金定投业务。

2008.4.15，诺安灵活配置基金开始发售。

2008.5.6，诺安基金 QDII 资格获批，获准从事境外证券投资管理业务。

2008.5.21，诺安灵活配置基金正式成立。

2009.3.10，诺安成长股票基金正式成立。

【股东概况】

排序	股东名称	持股数量（万股）	持股比例（%）
1	中国对外经济贸易信托投资有限公司	6000.00	40%
1	深圳市捷隆投资有限公司	6000.00	40%
2	北京中关村科学城建设股份有限公司	3000.00	20%

中国对外经济贸易信托投资有限公司（以下简称“外经贸信托”）经中国人民银行批准，于 1987 年 9 月 30 日在北京成立，同年 12 月 18 日正式开业。1994 年 12 月 31 日，国务院批准外经贸信托加入中国化工进出口总公司（现已更

名为中国中化集团公司)，与原中国化工进出口总公司财务公司合并。近几年来，外经贸信托适时调整发展战略，积极探索和实践，为中化集团和各界客户提供多方面的金融服务，已成为中化集团的核心企业。其控股股东中国中化集团公司先后14次被美国《财富》杂志评为全球500强企业之一，2002年名列第248位，在全球最大的贸易型企业中列第11位。

北京中关村科学城建设股份有限公司成立于2001年11月，注册资金6亿元人民币，由北京市人民政府和中国科学院共同组建，其股东为中科实业集团(控股)公司、北京天鸿集团公司、联想集团(控股)公司、北京科技园建设股份有限公司、北京海淀科技园建设股份有限公司。主营业务为土地开发、基础设施建设、房地产开发、高新技术企业投资。

【旗下基金】

基金代码	基金简称	类型	基金经理
320001	诺安平衡	开放式	林健标
320002	诺安货币	开放式	张乐赛
320003	诺安股票	开放式	杨谷
320004	诺安优化收益	开放式	张乐赛
320005	诺安价值增长	开放式	王鹏
320006	诺安灵活配置	开放式	林健标
320007	诺安成长	开放式	梅律吾
320008	诺安增利 A	开放式	卓若伟
320009	诺安增利 B	开放式	卓若伟

【公司高管】

秦维舟先生，董事长，工商管理硕士。历任北京中联新技术有限公司总经理、香港昌维发展有限公司总经理、香港先锋投资有限公司总经理、中国新纪元有限公司副总裁、诺安基金管理有限公司副董事长。

奥成文先生，总经理，经济学硕士，经济师。曾任中国通用技术(集团)控股有限责任公司资产经营部副经理、中国对外经济贸易信托投资有限公司投资银行部副总经理。2002年10月开始参加诺安基金管理有限公司筹备工作，任公司督察长，现任公司总经理。

陈勇先生，督察长，经济学硕士。曾任国泰君安证券公司固定收益部业务董事、资产管理部基金经理、民生证券公司证券投资总部副总经理。2003年10月加入诺安基金管理有限公司，历任研究员、研究部总监，现任公司督察长。

申万巴黎基金管理有限公司

【基本情况】

法定名称：申万巴黎基金管理有限公司
注册地址：上海市淮海中路300号香港新世界大厦40层
办公地址：上海市淮海中路300号香港新世界大厦40层
法人代表：姜国芳
总 经 理：毛剑鸣
成立时间：2004年01月15日
公司性质：合资
注册资本：15000万元
联系电话：021－63353535
传真号码：021－63353858
邮政编码：200021
公司网址：www.swbnpp.com

【公司概况】

申万巴黎基金管理有限公司(SYWG BNP Paribas Asset Management Co., Ltd)是由国内大型综合类券商申银万国证券股份有限公司(Shenyin & Wanguo Securities Co., Ltd.)和法国巴黎资产管理有限公司(BNP Paribas Asset Management SAS)共同发起设立的一家中法合资基金管理公司。公司成立于2004年1月15日，注册地在中国上海，注册资本金为1.5亿元人民币。其中，申银万国证券股份有限公司持有67%的股份，法国巴黎资产管理有限公司持有33%的股份。

作为中法两国金融领域合作的结晶，申万巴黎立足于“以客为先，创新求变，专业管理，业绩至上”的经营理念，以负责的态度、高效的管理、专业的服务，全力为投资者提供丰厚的投资回报。成立以来，公司业务增长迅速，在北京、上海、广州先后建立了理财中心，目前旗下管理8只开放式基金，资产管理规模约122亿元(截至到2009年9月底)，客户数超过170万户。

通过自身努力，公司逐渐形成了规范、诚信、专业、稳健的运作风格。在股权分置改革中，申万巴黎有幸率先参与了第一个案例三一重工的股改过程，提出一整套上市公司股权分置改革方案的评价标准，得到市场认同，为其他股改试点方案树立了标杆。

展望未来，申万巴黎将继续依靠强大的股东背景，不断丰富和完善产品线，凭借先进的管理技术，依托丰富的全球和本土运作经验，采用成熟的投资及风险管理技术，借助完善高效的客户服务体系，重视所托，通过海内外资深专业人士组成的精英团队为投资者提供优质的理财服务，努力实现客户资产的保值增值。

【股东概况】

排序	股东名称	持股数量(万股)	持股比例(%)
1	申银万国证券股份有限公司	10050.00	67%
2	法国巴黎资产管理有限公司	4950.00	33%

申银万国证券股份有限公司是一家大型综合类券商，注册资本67.1576亿元，业务网络遍及全国45个主要城市，拥有109家营业部和32家证券服务部，在香港特别行政区设有分支机构申银万国(香港)集团有限公司并控股上市公司「申银万国(香港)有限公司」(0218)。作为证券市场的开拓者，申银万国创造了中国证券市场的一系列“第一”：代理发行了第一张A、B股股票；承销了中国企业首次在境外发行的可转换债券；率先将法人股转换成B股股票；首家被QFII选定的境内证券投资代理商等等。通过不懈的努力，申银万国在1995年、1996年、1998年三次被权威杂志《欧洲货币》评为“中国最佳证券公司”，2003年10月又被国际权威金融期刊《亚洲货币》评为2003年度“中国内地最佳经纪商”。

法国巴黎资产管理有限公司为法国巴黎银行的全资子公司，管理资产规模超过2360亿欧元，是欧洲最大的资产管理公司之一。法国巴黎银行是欧洲具领导地位的银行及金融服务机构，获得高度的信用评级。2007年7月10日，标准普尔提升法国巴黎银行长期评级至AA+(前景稳定)，只有少数同业能获此肯定。目前，法国巴黎银行业务遍及85个国家，雇员人数超过162,700人。法国巴黎银行于企业及投资银行、资产管理业务和零售银行三方面，都稳居市场前列，其网络覆盖全球各主要金融市场，服务遍布全球，在亚洲区及其他新兴市场均占据重要地位。

【旗下基金】

基金代码	基金简称	类型	基金经理
310308	盛利精选	开放式	徐爽
310318	盛利配置	开放式	李源海、张维维
310328	申万巴黎新动力	开放式	张鹏
310338	申万巴黎收益宝	开放式	周鸣
310358	申万巴黎新经济	开放式	魏立
310368	申万巴黎竞争优势	开放式	张鹏
310378	申万添益宝 A	开放式	王成、周鸣
310379	申万添益宝 B	开放式	王成、周鸣
310388	申万消费增长	开放式	魏立

【公司高管】

姜国芳先生，董事长，工商管理学硕士，高级经济师。上海青年企业家协会副会长。历任中国人民银行、中国工商银行上海分行科长、处长、上海申银证券有限公司董事、执行副总裁、申银万国证券股份有限公司执行副总裁兼申银万国（香港）有限公司董事长，是中国证券市场最早的开拓者之一。

毛剑鸣先生，总经理，美国肯特州立大学金融博士。历任阿克隆大学经济系助教、肯特州立大学金融系讲师、HFR 资产管理公司董事总经理、富兰克林邓普顿基金集团副总裁及高级投资策略师。在风险管理和投资管理领域具有扎实的理论基础和丰富的实践经验。

来肖贤先生，督察长，经济学硕士，现任申万巴黎基金管理有限公司监事会监事，曾任本公司监察稽核总部副总经理。在本公司任职之前，曾任申银万国证券股份有限公司国际业务总部投资分析师、部门副经理，并作为筹备组主要成员参与筹建申万巴黎基金管理有限公司。

中海基金管理有限公司

【基本情况】

法定名称：中海基金管理有限公司

注册地址：上海市陆家嘴东路 166 号中国保险大厦 34 楼

办公地址：上海市浦东新区银城中路 68 号时代金融中心 29 楼

法人代表：储晓明

总 经 理：陈浩鸣

成立时间：2004 年 03 月 18 日

公司性质：中资

注册资本：13000 万元

联系电话：021－38789788

客服热线：400－888－9788/021－38429808

传真号码：021－68419525

邮政编码：200120

公司网址：www. fund. com. cn

【公司概况】

中海基金管理有限公司，由中海信托、国联证券、云南烟草兴云投资共同发起设立，于 2003 年 9 月获准筹建，并于 2004 年 3 月 18 日正式成立，公司注册资本人民币一亿三千万元。中海基金坐落于上海浦东陆家嘴金融圈，享有良好的投资环境及氛围。

中海基金管理有限公司被上海证券报评选为“2006 年度最具潜力基金公司”之一。中海基金前身为国联基金管理有限公司，2006 年 7 月，中国海洋石油总公司旗下中海信托股份有限公司入主成为公司第一大股东，公司相应更名为“中海基金管理有限公司”。依托中国海洋石油总公司旗下包括中海信托、中海石油保险、海康保险、中海油财务公司等金融机构在内、横跨金融行业众多领域的金融集团平台，中海基金率领来自各地的金融精英不断开拓发展，以中海文化为理念，对国内投资市场进行长久、细致的分析和研究，力求为客户创造更广阔的投资空间，正朝“受人尊重的一流资产管理公司”的目标稳步迈进。

【公司大事纪】

2009－9－03，经中海基金管理有限公司第二届董事会第十六次会议审议通过，同意康伟先生辞去公司总经理职务，聘任陈浩鸣先生担任公司总经理。陈浩鸣先生的总经理任职资格已获中国证券监督管理委员会核准（证监许可［2009］881 号文）。

2009－6－24，中海量化策略股票型证券投资基金正式成立（基金部函［2009］418 号），李延刚先生担任中海量化策略股票型证券投资基金基金经理。

2009－6－23，调整中海优质成长证券投资基金基金经理人选，免去朱晓明先生中海优质成长证券投资基金基金经理职务。杨济如女士继续担任该基金基金经理职务。

2009－6－23，调整中海分红增利混合型证券投资基金基金经理人选，免去李延刚先生中海分红增利混合型证券投资基金基金经理职务。陶林健先生继续担任该基金基金经理职务。

2009－6－03，调整中海能源策略混合型证券投资基金基金经理人选，免去李延刚先生中海能源策略混合型证券投资基金基金经理职务。施恒新先生继续担任该基金基金经理职务。

2009－6－02，调整中海分红增利混合型证券投资基金基金经理人选，增聘陶林健先生担任中海分红增利混合型证券投资基金基金经理。中海分红增利混合型证券投资基金基金经理由李延刚先生同陶林健先生共同担任。

2009－6－02，调整中海优质成长证券投资基金基金经理人选，增聘杨济如女士担任中海优质成长证券投资基金基金经理。中海优质成长证券投资基金基金经理由朱晓明先生同杨济如女士共同担任。

2009－5－21，调整中海分红增利混合型证券投资基金基金经理人选，免去刘文超先生中海分红增利混合型证券投资基金基金经理职务。李延刚先生继续担任该基金基金经理职务。

2009－5－21，调整中海稳健收益债券型证券投资基金基金经理人选，免去张顺太先生中海稳健收益债券型证券投资基金基金经理职务。欧阳凯先生继续担任该基金基金经理职务。

2009－4－30，获得中国证券监督管理委员会《关于核准中海量化策略股票型证券投资基金募集的批复》（证监许可［2009］347 号）。

2009－4－28，聘任李延刚先生担任公司副总经理职务，其任职资格已报中国证券监督管理委员会审核批准（证监许可【2009】323 号）。

2009－02－6，副总经理刘辉先生因个人原因辞去公司副总经理职务。

2008－12－3，中海蓝筹灵活配置混合型证券投资基金正式成立（基金部函［2008］507号），杨大力先生担任中海蓝筹灵活配置混合型证券投资基金基金经理。

2008－11－24，中海基金管理有限公司完成股权变更，法国爱德蒙得洛希尔银行股份有限公司受让云南烟草兴云投资股份有限公司所持有的本公司15.385％股权。本次股权转让完成后，本公司股东及其持股比例分别为：中海信托股份有限公司46.923％、国联证券股份有限公司37.692％、法国爱德蒙得洛希尔银行股份有限公司15.385％。

2008－10－15，中海蓝筹灵活配置混合型证券投资基金于2008年10月15日起正式发行。

2008－10－06，中海基金管理有限公司自2008年10月6日起，办公场地搬迁至银城中路68号29楼。公司联系电话、传真及邮编维持不变。

2008－02－18，中海基金管理有限公司北京分公司正式成立。

2008－02－18，中国证券监督管理委员会下发《关于核准中海基金管理有限公司设立北京分公司的批复》（证监许可［2008］266号）。

2008－02－14，中国证券监督管理委员会下发《关于核准中海基金管理有限公司从事特定客户资产管理业务的批复》（证监许可［2008］254号），我司成为首批获得该业务资格的基金管理公司。

2008－02－18，中国证券监督管理委员会基金监管部下发《关于核准中海稳健收益债券型证券投资基金募集的批复》（证监基金字［2008］197号），中海稳健收益债券型证券投资基金于2008年3月10日至4月3日向社会公开募集。

2008－02－14，经中海基金管理有限公司第一届董事会第三十一次会议审议通过，决定聘任方培池先生担任公司副总经理，其任职资格已报中国证监会审核批准（证监许可【2008】193号）。

2008－01－10，经中海基金管理有限公司第一届董事会第三十二次会议决议，同意增加李延刚先生担任中海能源策略混合型证券投资基金基金经理。李延刚先生将与朱晓明先生共同管理中海中海能源策略混合型证券投资基金。

2008－01－10，经中海基金管理有限公司第一届董事会第三十二次会议决议，同意增加朱晓明先生担任中海优质成长证券投资基金基金经理。朱晓明先生将与李涛先生共同管理中海优质成长证券投资基金。

2007－07－31，经中海基金管理有限公司第一届董事会第二十三次会议审议通过，同意雷建辉先生辞去公司总经理职务。上述事项已按规定向中国证监会和上海证监局报告

2007－07－30，经中海基金管理有限公司（以下简称“公司”）第一届董事会第二十三次会议审议通过，同意聘任康伟先生担任公司总经理。康伟先生的总经理任职资格已获中国证监会核准（证监基金字［2007］215号文）。

2007－07－10，中海基金管理有限公司第一届董事会第二十五次会议决议，彭焰宝先生不再担任中海优质成长证券投资基金基金经理职务，同意聘任李涛先生担任中海优质成长证券投资基金基金经理。

2007－07－10，中海基金管理有限公司第一届董事会第二十五次会议决议，李涛先生不再担任中海分红增利混合型证券投资基金基金经理职务，同意聘任王雄辉先生担任中海分红增利混合型证券投资基金基金经理。

2007－03－22，本公司法定代表人变更为储晓明先生。根据中海基金管理有限公司第一届董事会第十四次会议的决议，因工作需要，华伟荣先生辞去董事长职务，选举储晓明先生为董事长。依照《公司法》和公司章程的规定，本公司法定代表人变更为储晓明先生，工商变更手续于2007年3月22日在上海市工商行政管理局办理完毕。此前，中国证监会已核准储晓明先生的董事长任职资格。

2007－03－26，2007年3月26日起暂停中海能源策略混合型证券投资基金的申购业务。

2007－03－13，中海能源策略混合型证券投资基金正式成立（基金部函［2007］58号），并于2007年3月21日起开始办理日常申购业务。

2007－03－08，中海能源策略混合型证券投资基金开始募集。在募集首日，投资者认购非常踊跃。为充分保护基金持有人利益，根据相关规定，提前结束该基金的募集，募集截止日由原定的2007年4月9日提前至2007年3月8日，即募集首日2007年3月8日为该基金最后一个募集日。

2007－02－26，中国证券监督管理委员会基金监管部下发《关于同意中海能源策略混合型证券投资基金募集的批复》（证监基金字［2007］51号），中海能源策略混合型证券投资基金于2007年3月8日至4月9日向社会公开募集。

2006－08－16，中海基金管理有限公司于2006年8月16日将旗下开放式基金进行更名，原“国联优质成长证券投资基金”更名为“中海优质成长证券投资基金”；原“国联分红增利混合型证券投资基金”更名为“中海分红增利混合型证券投资基金”。

2006－07－03，国联基金管理有限公司自2006年7月3日起正式更名为中海基金管理有限公司，注册资本金增加至1.3亿元人民币。中海信托投资有限责任公司成为第一大股东。

2005－04－26，国联分红增利混合型证券投资基金于2005年4月29日正式开始发行，截止日期为2005年6月5日。

2005－04－25，国联分红增利混合型证券投资基金获得发行批文。（证监基金字［2005］67号）

2005－04－23，公司与中国农业银行签订了国联分红增利混合型基金《托管协议》、《代销协议》。中国农业银行成为“国联分红增利混合型证券投资基金”的托管银行和主代销银行。

2005－01－01，公司获得上证红利指数首家使用许可。

2004－09－28，国联优质成长证券投资基金正式成立。（中国证监会基金部函［2004］116号）

2004－07－29，国联优质成长证券投资基金于2004年8月18日正式开始发行，截止日期为2004年9月23日。

2004－07－23，公司与交通银行签订了《代销协议》。交通银行成为“国联优质成长证券投资基金”的主代销银行。

2004－07－23，国联优质成长证券投资基金喜获批文。中国证券监督管理委员会于6月24日正式签发《关于同意国联优质成长证券投资基金设立的批复》的文件（证监基金字［2004］92号）。

2004－06－24，国联优质成长证券投资基金喜获批文。中国证券监督管理委员会于6月24日正式签发《关于同意国联优质成长证券投资基金设立的批复》的文件（证监基金字［2004］92号）。

2004－03－18，公司经上海市工商行政管理局批准正式成立，注册资金10000万人民币。

2004－03－05，根据中国证监会证监基金字[2004]24 号文件，公司正式获准开业。

【股东概况】

排序	股东名称	持股数量(万股)	持股比例(%)
1	中海信托投资有限责任公司	6099.99	46.923%
2	国联证券有限责任公司	4899.96	37.692%
3	云南烟草兴云投资股份有限公司	2000.05	15.385%

中海信托有限责任公司(出资比例 46.923%)，为中海基金第一大股东。中海信托隶属于中国海洋石油总公司，中国海洋石油总公司是中国最大的海上油气生产商和中国第三大国家石油公司，目前总资产超过 2500 亿元人民币，入选美国《财富》杂志 2007 年"世界企业 500 强"，具有丰富的金融运作与资本市场投资经验。国际权威资信评定机构标准普尔及穆迪均授予中国海洋石油总公司等同于中国主权的信用评级，为内地企业最高评级。

中海信托是中国最大的信托公司之一，注册资本 8 亿元。至 2006 年底，中海信托管理信托资产规模已达到 388 亿元，同比增长 411%，居行业首位；信托收入占比达 60%，远领先于国内同业平均水平。以全国社保基金、铁道部、国电集团、华能集团、上海世博为代表的一大批实力雄厚的机构纷纷成为中海信托的核心客户。2007 年初，根据"新两规"要求，中海信托获准换发新的金融许可证，成为业内较早换发金融许可证的六家信托公司之一。在《证券时报》主办的"首届优秀信托公司评选"中，中海信托荣获"最佳信托知名品牌"。在《人民网》主办的"权威来自人民"评选中，中海信托作为信托界唯一代表荣膺金融投资类"人民信赖品牌"。

国联证券有限责任公司(出资比例 37.692%)，其前身是无锡证券有限责任公司，成立于 1992 年 9 月。2002 年公司增资扩股至 10 亿元人民币，2005 年 11 月获得规范类证券公司资格，业务范围涵盖经纪、自营、投行、资产管理等证券核心业务。截止至 2007 年 6 月，国联证券总资产为 152.25 亿元，负债 130.50 亿元，净资产 21.75 亿元，营业收入 14.37 亿元，净利润 10.28 亿。公司利润指标和获利能力在行业中名列前茅，同时也是获得最后一批创新类券商资格的券商之一。

云南烟草兴云投资股份有限公司(出资比例 15.385%)，兴云投资是云南省烟草公司为发展非烟草产业而设立的国有大型投资公司，注册资本 5.5 亿元。该公司主要参(控)股企业 36 家，其中有中国光大银行、交通银行、太平洋保险公司、昆明国际信托投资公司。

【旗下基金】

基金代码	基金简称	类型	基金经理
398001	中海优质成长	开放式	杨济如
398011	中海分红增利	开放式	陶林健
398021	中海能源	开放式	施恒新
395001	中海债券	开放式	欧阳凯
398041	中海量化	开放式	李延刚
398031	中海蓝筹	开放式	杨大力

【公司高管】

储晓明先生，董事长。香港大学工商管理硕士。现任中海信托有限责任公司总经理。历任中国工商银行评估部处长，中海石油财务有限责任公司副总经理，中海信托有限责任公司常务副总经理。

陈浩鸣，经济学硕士。历任海洋石油开发工程设计公司经济师、中国海洋石油总公司财务部保险处主管、资产处处长、中海石油投资控股有限公司总经理、中海信托股份有限公司副总裁。现任中海基金管理有限公司总经理。

宋宇先生，督察长。本科，经济师。历任国联证券有限责任公司营业部副总经理、办公室主任、研究发展部总经理。2004 年 3 月至今任本公司督察长。

华富基金管理有限公司

【基本情况】

法定名称：华富基金管理有限公司
注册地址：上海浦东南路 588 号浦发大厦 14 楼
办公地址：上海市陆家嘴环路 1000 号汇丰大厦 31 楼
法人代表：姚怀然
总 经 理：谢庆阳
成立时间：200 年 04 月 19 日
公司性质：中资
注册资本：12000 万元
联系电话：021－68886996
客服热线：021－38834699
传真号码：021－68887997
邮政编码：200120
公司网址：www.hffund.com

【公司概况】

华富基金管理有限公司是按照市场化机制和"好人举手"制度设立的专业基金管理公司。公司于 2004 年 4 月 19 日在上海正式注册成立，注册资金为人民币 1.2 亿元。

经过多年的积累，华富基金形成了一支精干、团结、自信的人才队伍，逐渐摸索出合的投资模式。投资团队长期从事投资、研究工作，经历了完整的牛市和熊市周期，具有丰富的投资经验。公司凭借团结、高效、锐意、创新的投资团队，以规范、务实的管理风格，科学、理性、健康的投资运作为基金持有人提供专业化、高质量的金融服务。

华富基金管理有限公司是国内证券投资基金业的新锐，秉承"诚信、稳健、专业、进取"的经营理念，致力于为投资人提供专业化、高质量的基金理财服务。

【股东概况】

排序	股东名称	持股数量(万股)	持股比例(%)
1	华安证券有限责任公司	5880.00	49%
2	安徽省信用担保集团有限公司	3240.00	27%
3	合肥兴泰控股集团有限公司	2880.00	24%

华安证券有限责任公司

华安证券有限责任公司注册资本金 17.05 亿元人民币，主要股东由海螺集团、江苏舜天、皖能股份、东方国际创业、黄山旅游、古井贡、安徽国有资产运营有限公司等 8 家上市公司和 3 家国有大型企业组成。华安证券资产质量良好、经营稳健、公司总资产自成立以来保持连续 13 年赢利，净资产、净利润、人均利润总额等指标连续多年位居同行业前列。2003 年在全国综合类券商排名中，净利润排第 8 位，净资本排名第 14 位，人均利润总额排名第 7 位。

安徽省信用担保集团有限公司

安徽省信用担保集团有限公司是安徽省国有独资公司。公司注册资本金为10亿元人民币，负责经营安徽省政府授权的国有资产，开展投资控股、产权收购等业务。公司在投资参股，参与拟上市企业资产重组等方面积极运作，并取得初步成果。安徽省信用担保集团有限公司是中国担保联盟的发起人之一，上汽奇瑞汽车集团第一大股东，合肥市商业银行和交通银行股东之一。

合肥兴泰控股集团有限公司

合肥兴泰控股集团有限公司是经合肥市国有资产管理委员会批准设立的国有独资公司。注册资本为人民币8.7亿元。主要经营范围是对授权范围内的国有资产进行经营以及从事企业策划、管理咨询、财务顾问、公司理财、产业投资等经营活动。目前公司主要控股、参股合肥兴泰信托投资有限责任公司、徽商银行、安徽兴泰租赁有限公司、交通银行、国元证券有限责任公司、华富基金管理有限公司等六家金融企业，控股、参股合肥百货大楼股份有限公司、合肥锦信实业有限责任公司等六家商业流通和房地产经营企业。截止2005年底总资产规模达230亿元，净资产18.58亿元。

【旗下基金】

基金代码	基金简称	类型	基金经理
410001	华富竞争力优选	开放式	鞠柏辉
410002	华富货币	开放式	季雷、胡伟
410003	华富成长趋势	开放式	林树财
410004	华富收益A	开放式	曾刚
410005	华富收益B	开放式	曾刚
410006	华富策略	开放式	鞠柏辉、季雷
410007	华富价值增长	开放式	季雷、韩玮

【公司高管】

姚怀然先生，董事长，研究生学历。历任政协合肥市委员会文史办副主任编辑，中国宣促会安徽省分会科长，人民银行安徽省分行金管处主任科员，安徽省证券公司总经理助理、总办主任，华安证券有限责任公司总裁助理、总部总经理。

谢庆阳先生，公司总经理，本科学历。十六年证券从业经验，历任合肥市信托投资公司证券部总经理，合肥市信托投资公司总经济师、总裁助理，国元证券有限责任公司上海营业部总经理。

刘庆年先生，督察长，大学本科学历。历任解放军某部排长、指导员，副营职干部，合肥市财政局任党组秘书、合肥高新技术开发区财政局副局长、合肥市财政证券公司经理，国元证券寿春路第二营业部经理。

光大保德信基金管理有限公司

【基本情况】

法定名称：光大保德信基金管理有限公司
英文名称：Everbright Pramerica Fund Management Co., Ltd.
成立日期：2004年4月22日
注册资本：1.6亿元人民币
法人代表：林　昌
总 经 理：傅德修
联系电话：021－33074700
客服电话：021－53524620
传真号码：021－63351152
公司网址：www.epf.com.cn
注册地址：上海市延安东路222号外滩中心46－47楼
办公地址：上海市延安东路222号外滩中心46－47楼

【公司概况】

2004年4月22日，光大保德信基金管理有限公司正式成立。公司是由中国光大集团控股的光大证券股份有限公司和美国保德信金融集团旗下的保德信投资管理有限公司共同创建的一家中外合资基金管理公司，公司总部设在上海，注册资本为1.6亿元人民币。

公司下设八个常设部门，包括投资部、监察稽核部、信息技术部、财务部、运营部、市场部、销售部、人力资源部。投资部负责对基金资产进行投资和管理，在控制风险的前提下使基金资产获得持续稳定的收益；监察稽核部负责对公司基金投资运作、内部管理、制度执行及遵守法律法规情况独立地履行检查、评估、报告、建议职能；信息技术部负责公司信息系统的建设、客户关系管理及开放式基金管理系统的建设与维护；财务部负责制定公司财务计划、制作财务报表以及配合会计事务所的审计；运营部负责与销售机构进行基金日常交易的资金清算、基金资产的会计核算、开放式基金的注册登记业务以及客户服务；市场部负责基金产品设计、基金产品营销策划、公司及产品的宣传推广；销售部负责基金产品的销售和渠道管理；人力资源部负责公司人员招聘、行政管理及企业文化的建设等。

【公司大事记】

2009年8月6日，公司的第八只开放式基金产品——光大保德信动态优选灵活配置混合型证券投资基金获得同意募集的批复（中国证监会证监许可[2009]753号），并于2009年9月2日至2009年10月23日在全国发售。2009年10月28日基金合同正式生效，总募集规模为733,193,496.79元人民币。

2008年10月31日，公司的第七只基金产品——光大保德信均衡精选股票型证券投资基金获得同意募集的批复（中国证监会证监许可[2008]1249号文），并于2009年2月2日至2009年2月27日在全国发售。2009年3月4日基金合同正式生效，总募集规模为1,040,503,238.27元人民币。

2008年7月28日，公司的第六只基金产品——光大保德信增利收益债券型证券投资基金获得同意募集的批复（中国证监会证监许可【2008】983号文），并于2008年9月22日至2008年10月24日在全国发售。2008年10月29日基金合同正式生效，总募集规模为1,366,024,807.30元人民币。

2007年8月6日，公司的第五只基金产品——光大保德信优势配置股票型证券投资基金获得同意募集的批复（中国证监会证监基金字【2007】223号文），并于2007年8月21日在全国发售。2007年8月24日基金合同正式生效，总募集规模为9,905,973,604.86元人民币。

2006年7月3日，公司的第四只基金产品——光大保德信新增长股票型证券投资基金获得同意募集的批复（中国证监会证监基金字【2006】129号文），并于2006年8月7日至2006年9月8日期间在全国发售。2006年9月14日基金合同正式生效，总募集规模为409,913,619.78元人民币。

2005年12月21日，公司的第三只基金产品——光大保德信红利股票型证券投资基金获得同意募集的批复（中国证监会证监基金字【2005】206 号文），并于 2006 年 2 月 9 日至 2006 年 3 月 17 日期间在全国发售。2006 年 3 月 24 日基金合同正式生效，总募集规模为 532,471,074.61 元人民币。

2005 年 11 月 18 日，公司发布公告，经公司二届五次董事会审议通过，同意汤臣先生（Paul Thompson）辞去公司总经理职务，聘任傅德修先生担任公司总经理。傅德修先生的总经理任职资格已获中国证监会核准。

2005 年 10 月 12 日，公司发布公告，公司注册资本由人民币一亿元增加到人民币一亿六千万元。原股东持股比例保持不变，仍为：光大证券股份有限公司 67%，保德信投资管理有限公司 33%。

2005 年 4 月 25 日，公司的第二只基金产品——光大保德信货币市场基金获得设立批复（中国证监会证监基金字【2005】69 号文），并于 5 月 16 日至 6 月 3 日期间在全国发售。6 月 9 日基金合同正式生效，总募集规模为 1,439,643,105.95 元人民币。

2005 年 4 月 1 日，公司发布公告，经中国证监会的核准，由林昌先生担任光大保德信基金管理有限公司董事长。

2004 年 10 月 11 日，经中国证监会批准，公司英文名称由"EVERBRIGHT PRUMERICA FUND MANAGEMENT CO., LTD."变更为"EVERBRIGHT PRAMERICA FUND MANAGEMENT CO., LTD."，公司中文名称维持不变。

2004 年 6 月 11 日，经中国证监会证监基金字[2004]85 号文件批准，公司首只基金——光大保德信量化核心证券投资基金获得设立批复，并于 2004 年 7 月 20 日至 8 月 20 日发售；8 月 27 日基金合同正式生效，总募集规模为 2,544,287,215.94 元人民币。

2004 年 3 月 24 日，公司获得了中国证监会（证监基金字[2004]42 号）发布的《关于同意光大保德信基金管理有限公司开业的批复》；4 月 22 日，公司获得上海市工商行政管理局"企合沪总字第 035703 号"《企业法人营业执照》；4 月 23 日，公司获得中国证监会颁发的编号为 A036"基金管理公司法人许可证"。自此，公司可以正式从事基金业务，此举成为公司业务发展的重要标志。

【股东概况】

排序	股东名称	出资额（万元）	出资比例
1	光大证券股份有限公司	10720.00	67%
2	保德信投资管理有限公司	5280.00	33%

【旗下基金】

基金代码	基金简称	类型	基金经理
360001	光大量化核心	开放式	常昊
360003	光大保德信货币	开放式	沈毅
360005	光大保德信红利	开放式	许春茂
360006	光大新增长	开放式	钱钧
360007	光大优势	开放式	高宏华
360010	光大精选	开放式	许春茂
360011	光大配置	开放式	于进杰、王健
360008	光大增利 A	开放式	于海颖
360009	光大增利 C	开放式	于海颖

【公司高管】

林昌先生，董事长，北京大学硕士，中国国籍。历任光大证券南方总部研究部总经理；投资银行一部总经理；南方总部副总经理；投资银行总部总经理；光大证券助理总裁。

傅德修先生，董事，美国哥伦比亚大学硕士，中国（香港）国籍。曾任富达基金管理公司（Fidelity）业务总监，瑞士银行瑞银环球资产管理公司（UBS）执行董事暨大中国区主管，友邦华泰基金管理有限公司总经理。现任光大保德信基金管理有限公司的总经理。

盛松先生，董事，北京大学硕士，中国国籍。历任中国光大国际信托投资公司证券部交易部经理，光大证券资产管理总部总经理；2003 年参加光大保德信基金管理有限公司筹备工作。现任光大保德信基金管理有限公司的督察长。

上投摩根基金管理有限公司

【基本情况】

法定名称：上投摩根基金管理有限公司
注册地址：上海市富城路 99 号震旦大厦 20 楼
办公地址：上海市富城路 99 号震旦大厦 20 楼
法人代表：陈开元
总 经 理：王鸿嫔
成立时间：2004 年 5 月 25 日
组织形式：有限责任公司
注册资本：2 亿 5000 万元人民币
联系电话：021 – 38794888
传真号码：021 – 68881130
邮政编码：200120
公司网址：www.51fund.com

【公司概况】

上投摩根基金管理有限公司（China International Fund Management Co., Ltd.）成立于 2004 年 5 月。公司现阶段主要致力于设立和管理证券投资基金，今后将在法律法规许可的范围内提供多元化的资产管理服务，包括社保基金、企业年金以及为企业提供个性化的理财服务。

自成立以来，无论投资环境顺逆，上投摩根都不负所托，为投资者争取最佳主动管理回报。凭借旗下基金稳健卓越的业绩表现，上投摩根在业内脱颖而出，赢得独立专业机构高度评价，并迅速跻身国内基金业领先行列。

今日，上投摩根本土投研团队精英荟萃，更有摩根富林明海外投资团队鼎力支持，将继续以国际视野掌握中国投资契机，为投资者带来持续优异的业绩表现。

上投摩根基金管理有限公司由上海国际信托有限公司（Shanghai International Trust Co., Ltd.）和摩根富林明资产管理（英国）有限公司（JPMorgan AssetManagement（UK）Limited）共同组建，其中上海国际信托有限公司持股 51%，摩根富林明资产管理（英国）有限公司持股 49%。

借鉴摩根富林明资产管理 150 余年享誉全球的专业资产管理经验，结合上海国际信托投资丰富的本地金融运作经验，上投摩根将全力打造中国基金业的旗舰品牌，奉献给国内投资者先进的资产管理理念和国际化的投资管理服务。

早在 1995 年，上投摩根基金公司的外方股东——摩根富林明资产管理就开始致力于中国的基金教育和推广活动：1995 年向中国人民银行提供中文版的国际基金法规，以协助起草中国基金法规；作为证监会首只开放式基金海外评审委员会成员，为国内基金业的发展提出建议和意见；先后邀请国内 10 余个基金监管运作代表团赴海外考察共同基金的运作和管理；先后与国内多个政府机构、协会组织和基金公司就基金的推广和运作举办多次大型研讨会；先后接待来自国内多家基金公司和证券公司的访问团，考察内容包括开放式基金设计、申购赎回操作、基金销售、基金会计、电脑系统、客户服务等；连续9年，在国内各大证券媒体上普及基金投资教育。

上投摩根基金管理公司致力于与中国基金市场和投资者的共同成长，立志成为中国投资人的国际投资专家和国际投资人的中国投资专家。专业诚信的经营原则：始终将投资者的利益放在首位，诚实守信，为投资者创造最大价值；服务导向的经营原则：提供全方位、深层次、国际标准的资产管理服务；优质稳健的基金业绩经营原则：追求长期稳健的基金业绩，而非注重眼前利益；本地化长期耕耘经营原则：本地优势与国际视野充分结合，因地制宜的发展策略。

上投摩根基金管理公司借鉴摩根富林明资产管理150多年的投资经验，通过科学合理的流程管理和投资体制，在合规合法的前提下为投资人积累更多阳光下的财富。在公司的投资运作中，重视以国际化的视野审视国内市场，发掘新的投资机会，为国内的投资者提供更多国际化的专业服务。

持续优异的投资业绩主要源自具有国际水准的投资研究团队。上投摩根借助中西合璧的一流投资管理平台，为投资人打造出众的投资业绩。

上投摩根基金公司秉承国际视野和本土智慧相结合的原则，汇聚具有丰富国内证券市场投资管理经验的基金经理人和研究专家，将国际化投资理念融入本地市场洞察，力求为投资者带来持续优异的基金表现。

作为合资公司，上投摩根获得了来自摩根富林明资产管理在全球管理超过10,000亿美元团队的强大支持。大中华投资管理团队常驻香港，为区域内最资深的投资管理队伍之一。团队成员平均拥有16年投资经验，在摩根富林明资产管理平均任职6年以上。此外，另有11位深谙大中华市场的资深投资专家直接为合资公司提供长期强有力的后援支持。

摩根富林明投资团队投资大中华区取得了优异的业绩。

【股东概况】

排序	股东名称	持股数量(万股)	持股比例(%)
1	上海国际信托投资有限公司	12750.00	51%
2	摩根富林明资产管理(英国)有限公司	12250.00	49%

【旗下基金】

基金代码	基金简称	类型	基金经理
370010	上投货币A	开放式	王亚南、孟晨波
37001B	上投货币B	开放式	王亚南、孟晨波
373010	上投摩根双息平衡	开放式	王振州
375010	中国优势	开放式	杨安乐、王振州
377010	上投摩根阿尔法	开放式	许运凯、王孝德
377016	亚太优势	开放式	杨逸枫、张军
377020	上投摩根内需动力	开放式	王孝德
378010	上投摩根成长先锋	开放式	赵梓峰、许运凯
373020	上投双核	开放式	芮崑
371020	上投纯债A	开放式	王亚南
371120	上投纯债B	开放式	王亚南
379010	上投中小盘	开放式	董红波、王振州

【公司高管】

陈开元先生，董事长。大学本科学历，中共党员，高级经济师。先后任职于上海市财政局第三分局，共青团上海市财政局委员会，英国伦敦Coopers & Lybrand咨询公司等，曾任上海市财政局对外经济财务处处长，现任上海国际集团有限公司副总经理。

王鸿嫔女士，总经理。毕业于台湾清华大学经济系。历任JF投资信托股份有限公司电子商务部副总经理，JF投资顾问股份有限公司总经理。

陈星德先生，督察长。毕业于中国政法大学，获法学博士学位。历任国投瑞银基金管理有限公司监察稽核部总监。

东方基金管理有限责任公司

【基本情况】

法定名称：东方基金管理有限责任公司
注册地址：北京市西城区金融大街28号盈泰商务中心2号楼16层
办公地址：北京市西城区金融大街28号盈泰商务中心2号楼16层
法人代表：李维雄
总 经 理：程　红
成立时间：2004年6月11日
组织形式：有限责任公司
注册资本：1亿元人民币
联系电话：010－82621888
客服热线：010－82621190
传真号码：010－62532299
邮政编码：100080
公司网址：www. orient－ fund. com

【公司概况】

东方基金管理有限责任公司成立于2004年6月，股东为东北证券股份有限公司、上海城投控股股份有限公司、中辉国华实业(集团)有限公司和河北省国有资产控股运营有限公司。

成立至今，东方基金秉承“诚信是基，回报为金”的经营宗旨，凭借规范、稳健、务实的管理风格以及科学理性的投资运作模式，致力于全球性的开拓思维与本土化的务实行动，努力为广大投资者创造了丰厚的投资回报。

作为以诚信而立的资产管理人，为持有人创造长期稳健的回报是东方基金的核心价值所在。公司成立近5年以来，已经建立起了一套成熟、高效的投资决策、风险控制、研究支持、运作保障和市场拓展体系。

“稳健投资创造持久价值”，未来东方基金将以市场为导向，投资者利益为中心，依托公司完善的治理结构、科学化的风险控制流程，树立知名品牌，提升核心竞争力，努力为千千万万持有人创造优质理财服务，并携手广大投资者共创资本市场美好明天。

股东会是公司的最高权力机构，下设董事会和监事会。董事会下设合规与风险控制委员会；本公司组织管理实行董事会领导下的总经理负责制，下设总经理办公会、风险控制委员会、投资决策委员会和研究部、基金管理部、交易部、市场部、专户管理部、信息技术部、登记清算部、金融工程部、监察稽核部、人力资源部、综合管理部、财务部十二个职能部门;本公司设督察长,领导监察稽核部,负责公司的监察稽核工作。

【股东概况】

排序	股东名称	持股数量(万股)	持股比例(%)
1	东北证券股份有限公司	4600.00	46%
2	上海市原水股份有限公司	1800.00	18%
2	河北省国有资产控股运营有限公司	1800.00	18%
2	中辉国华实业(集团)有限公司	1800.00	18%

【旗下基金】

基金代码	基金简称	类型	基金经理
400001	东方龙混合型基金	开放式	杜位移
400003	东方精选混合	开放式	付勇
400005	东方金账簿	开放式	于鑫
400007	东方策略	开放式	付勇、于鑫
400011	东方动力	开放式	郑军恒
400009	东方稳健	开放式	郑军恒

【公司高管】

李维雄先生:董事长、法定代表人。经济学硕士,高级经济师。1988 年起先后在吉林省政府办公厅、吉林省信托投资公司、吉林省财政厅工作,1999 年任吉林证券重组领导小组组长,2000 年起任东北证券有限责任公司董事长兼总裁,2001 年 6 月起任东北证券有限责任公司总裁,现任东方基金管理有限责任公司董事长。

程红女士:总经理。会计学硕士,高级经济师。历任中国建设银行河北省分行房地产信贷部、中国建设银行吉林省分行房地产信贷部个人信贷业务部经理,吉林省信托投资公司长春解放大路证券营业部副总经理,东北证券有限责任公司北京管理总部总经理、总裁助理,东方基金管理有限责任公司副总经理,现任东方基金管理有限责任公司总经理。

孙晔伟先生,督察长,经济学博士,副研究员。历任吉林省社会科学院助理研究员,吉林省光华律师事务所执业律师,东北证券有限责任公司北京投资银行部总经理、北京总部总经理,2004 年加盟本公司,担任本公司督察长。

中银基金管理有限公司

【基本情况】

法定名称:中银基金管理有限公司
英文名称:BOC International Investment Managers
注册地址:中国上海浦东银城中路 200 号中银大厦 45 楼
办公地址:中国上海浦东银城中路 200 号中银大厦 45 楼
法人代表:贾建平
执行总裁:陈　儒
成立时间:2004 年 8 月 12 日
组织形式:有限责任公司
注册资本:1 亿元人民币
客服热线:021－38834788、400－888－5566
联系电话:021－38834999
传真号码:021－68873488、021－68872488
邮政编码:200121
公司网址:www.bociim.com

【公司概况】

中银基金管理有限公司是由中国银行股份有限公司(以下简称中国银行)和贝莱德投资管理有限公司(以下简称贝莱德)两大全球著名领先金融品牌强强联合组建的中外合资基金管理公司,致力于长期参与中国基金业的发展,努力成为国内领先的基金管理公司。

中银基金管理有限公司前身为中银国际基金管理有限公司,于 2004 年 7 月 29 日正式开业,是由中银国际和美林投资管理合资组建(2006 年 9 月 29 日美林投资管理有限公司与贝莱德投资管理有限公司合并,合并后新公司名称为“贝莱德投资管理有限公司”)。经过三年多的发展,中银国际基金管理有限公司凭借公司在基金管理卓越的业绩表现在业内脱颖而出,并荣获中国最佳风险管理基金管理公司荣誉称号和中国投资者教育优秀奖。经中国证监会和中国商务部批准,并已在国家工商总局完成了注册变更手续,中银国际基金管理有限公司更名为中银基金管理有限公司。

中银基金管理有限公司汇集海内外具有丰富经验和良好职业道德,具备团队精神和创新意识的资深投资管理人才,组成了国际化与本土化相结合的中西合璧的专业化团队,致力于以诚信服务大众,用智慧创造财富,为投资者提供丰富的投资产品和国际标准的投资管理服务。公司将充分发挥中外股东的全球经验和资源优势,引入外方股东在全球资产管理市场的成功经验、技术和智慧,与中国本土经验相结合,为广大投资者提供专业化的投资理财服务。

【公司大事记】

2009 年 01 月 13 日,中银基金管理有限公司第二届董事会第六次会议成功召开。

2009 年 01 月 12 日,中银基金管理有限公司在第六届中国基金业金牛奖评选中荣获 2008 年度新秀奖,中银中国基金荣获 2008 年度同业领先开放式混合型基金。

2009 年 01 月 08 日,2008 年度财经风云榜单日前揭晓,中银基金管理有限公司荣膺“最佳投资者关系基金公司”荣誉称号。

2009 年 01 月 07 日,中银基金旗下第七只基金产品——中银行业优选灵活配置混合型证券投资基金,正式获得中国证监会募集批准。

2008 年 12 月 20 日,中银基金管理有限公司在首届中国电子金融“金爵奖”评选中荣获“用户满意的电子金融品牌”、“最佳网上基金公司”荣誉称号。

2008 年 12 月 01 日,中银基金管理有限公司第二届董事会第五次会议成功召开。

2008 年 11 月 14 日,中银稳健增利债券型证券投资基金基金合同生效。

2008 年 11 月 07 日,中银基金管理有限公司第六只基金产品“中银稳健增利债券型证券投资基金”发行圆满成功。

2008 年 10 月 13 日,中银基金管理有限公司第六只基金产品——“中银稳健增利债券型证券投资基金”(163806)正式发售。投资者即日起可通过中国银行、中国工商银行等各代销机构的基金销售网点和中银基金直销中心进行认购。

2008 年 09 月 20 日,公司荣获“最佳风险控制基金公司”、“最佳公司治理基金公司”荣誉称号。

2008 年 09 月 06 日,经中国证监会核准,公司获得特定客户资产管理业务资格。

2008 年 08 月 29 日,中国银行总行黄定坚总稽核莅临我

司视察工作

2008 年 07 月 18 日，中银基金管理公司第六只基金产品——中银稳健增利债券型基金正式获得中国证监会发行批准，成为 2008 年公司获批的第二只基金产品。

2008 年 07 月 04 日，中国银行总行肖钢董事长莅临我司视察指导工作。

2008 年 06 月 13 日，中银基金管理公司年度新员工培训工作在上海东方绿洲正式开始。

2008 年 06 月 12 日，中国银行总行王永利副行长莅临我司视察指导工作

2008 年 06 月 11 日，贝莱德投资管理有限公司副董事长兼全球股票投资总监 Bob Doll 先生一行与我司进行业务交流。

2008 年 05 月 22 日，中银基金管理有限公司第二届董事会第三次会议（电话会议）成功召开。

2008 年 05 月 21 日，中银基金管理有限公司第二届董事会合规委员会第一次会议（电话会议）成功召开。

2008 年 05 月 19 日，中银基金管理有限公司荣膺“2008 年中国蓝筹公司年会——中国十大金牌基金公司”奖。

2008 年 05 月 19 日，5 月 19 日 14 时 28 分，中银基金在公司多功能会议室举行四川汶川大地震哀悼仪式，在公司管理层的带领下，全体员工默哀 3 分钟，向四川汶川大地震遇难同胞表示深切哀悼。在哀悼仪式上，公司员工自发第二次捐款 69701 元。公司全体党员同时踊跃交纳特殊党费，已通过上级党委统一捐至受灾地区。同时，公司再次捐赠善款 10 万元，中银基金共捐赠善款 30 余万元，公司的爱心捐赠活动还在进行中。

2008 年 05 月 13 日，2008 年 5 月 12 日 14 时 28 分，我国四川汶川县发生 8 级强烈地震。中银基金全体员工踊跃为灾区捐款捐物奉献爱心，及时伸出援助之手。5 月 13 日，公司已经通过中国证券业协会和中行上海分行向我国四川省地震灾区捐赠首批善款 13.35 万元人民币。

2008 年 04 月 08 日，中银基金管理有限公司在上海市“知荣辱、讲文明、迎世博、建诚信”系列活动之 2007 上海市“年度诚信企业”评选活动中荣获“2007 年度企业诚信建设奖”。

2008 年 04 月 07 日，由《理财周刊》联合深圳科学生活博览会国际理财展组委会举办的“2008 年最受市民欢迎的理财产品”评选活动结果揭晓，我司旗下中银增长基金荣获最受欢迎理财产品奖。

2008 年 04 月 03 日，中银动态策略股票型开放式证券投资基金基金合同生效。

2008 年 04 月 03 日，中银动态策略股票型开放式证券投资基金基金合同生效。

2008 年 03 月 28 日，中银基金管理有限公司第五只基金产品“中银动态策略股票型证券投资基金”发行圆满成功。

2008 年 03 月 28 日，在第五届中国基金业“金基金”系列评选活动中，中银基金管理有限公司荣获中国最佳基金管理公司“最具潜力奖”与“最佳投资者关系奖”入围奖；中银中国基金荣获最佳配置基金“金基金”奖。

2008 年 03 月 21 日，在第三届中国证券投资基金业年会暨 2007 年首届中国基金行业年度评选中，中银基金管理有限公司荣获“投资者教育创新奖”。

2008 年 03 月 03 日，中银基金管理有限公司第五只基金产品——“中银动态策略股票型证券投资基金”（163805）正式发售。此次基金募集规模上限为 120 亿元人民币，投资者即日起可通过中国银行、中国工商银行等各代销机构的基金销售网点和中银基金直销中心进行认购。

2008 年 02 月 20 日，中银基金管理有限公司 2008 年第二次股东会会议在北京成功举行。

2008 年 02 月 18 日，“中银基金管理有限公司”揭牌典礼在北京隆重举行。中国银行总行肖钢董事长，贝莱德董事长兼首席执行官劳伦斯芬克先生、中国银行总行王永利副行长、总行各相关部门的总经理、公司董事长贾建平先生、公司执行总裁陈儒先生、公司原董事长平岳先生、公司部分董事、监事、来自股东单位和机构客户的 200 余名贵宾等出席了此次揭牌典礼。

2008 年 02 月 15 日，中银基金管理公司第五只基金产品——中银动态策略股票型基金获得中国证监会募集批准，将择期公开发售

2008 年 01 月 30 日，中银基金管理有限公司 2008 年第一次股东会会议在北京成功举行。

2008 年 01 月 30 日，中银基金管理有限公司第二届董事会第一次会议在北京成功举行

2008 年 01 月 16 日，公司名称变更为中银基金管理有限公司。同时公司的英文名称变更为 Bank of China Investment Management Co.，Ltd 。

2008 年 01 月 30 日，中银基金管理有限公司 2008 年第一次股东会会议在北京成功举行

2008 年 01 月 11 日，在证券时报社主办 的“2007 年度中国明星基金暨最佳托管银行评选”中，中银中国基金获评“2007 年度中国明星基金奖”。

2008 年 01 月 30 日，中银基金管理有限公司第二届董事会第一次会议在北京成功举行

2007 年 12 月 31 日，公司荣获中国投资者教育优秀奖。

2007 年 12 月 27 日，中银基金理财讲堂——走进高校投资者教育系列活动闭幕式暨“中银基金杯”大学生明日之星基金理财精英选拔赛决赛，在上海交通大学成功举行。

2007 年 12 月 25 日，2007 年 12 月 25 日，经中国证券监督管理委员会批复，同意中国银行股份有限公司直接控股中银基金。

2007 年 11 月 28 日，公司联合上海证券报、上海金融报、东方财富网、中国证券报、新浪网等十多家主流媒体共同组织中银基金理财讲堂——走进高校投资者教育系列活动暨“中银基金杯”大学生明日之星基金理财精英选拔赛，在上海复旦大学拉开帷幕。

2007 年 09 月 21 日，公司荣获中国最佳风险管理基金管理公司荣誉称号。

2007 年 08 月 29 日，中银国际基金管理有限公司第五次股东会会议（现场会议）在北京成功举行。

2007 年 08 月 29 日，中银国际基金管理有限公司第一届董事会第五次会议（现场会议）在北京成功举行

2007 年 08 月 17 日，中银收益基金（163804）于 2007 年 8 月 13 日实施大比例分红，每十份派发现金红利 11 元，分红后随即开展为期两周的持续销售和集中服务活动。截至 8 月 17 日，其申购份额迅速超过规定的 80 亿份上限，原定 8 月 24 日结束的持续营销活动提前结束。

2007 年 08 月 13 日，中银收益基金（163804）实施大比例分红，每十份基金份额派发现金红利 11 元，这是该基金成立

十个月以来第三次分红。

2007 年 07 月 27 日，中银增长基金（163803）实施拆分，由于投资者申购踊跃，拆分当日规模就超过 100 亿份目标规模，百亿限额一日售罄。

2007 年 06 月 29 日，中银国际基金管理有限公司第一届董事会第四次会议（书面会议）成功举行。

2007 年 02 月 05 日，中国银行总行张燕玲副行长莅临我司视察指导工作。

2004 年 07 月 29 日，中银国际基金管理公司在沪隆重举行开业典礼。

2004 年 06 月 28 日，中银国际基金管理公司获得中国证券监督管理委员会的开业批准。

【股东概况】

排序	股东名称	出资额（万元）	出资比例
1	中国银行股份有限公司	8350.00	83.5%
2	贝莱德投资管理（英国）有限公司	相当于人民币 1650 万元的美元	16.5%

中国银行是中国大型国有控股商业银行之一。中国银行的业务范围涵盖商业银行、投资银行和保险领域，旗下有中银香港、中银国际、中银保险等控股金融机构，在全球范围内为个人和公司客户提供全面和优质的金融服务。按核心资本计算，2007 年中国银行在英国《银行家》杂志“世界 1000 家大银行”排名中列第 9 位。

中国银行主营传统商业银行业务，包括公司金融业务、个人金融业务和金融市场业务。公司金融业务基于银行的核心信贷产品，为客户提供个性化、创新的金融服务。个人金融业务主要针对个人客户的金融需求，提供基于银行卡之上的系统服务。金融市场业务主要是为全球其他银行、证券公司和保险公司提供国际汇兑、资金清算、同业拆借和托管等全面服务。

作为中国金融行业的百年品牌，中国银行在稳健经营的同时，积极进取，不断创新，创造了国内银行业的许多第一，在国际结算、外汇资金和贸易融资等领域得到业界和客户的广泛认可和赞誉。

中国银行多年来的信誉和业绩，得到了银行同业、国内外客户和权威媒体的广泛认可。目前，中国银行曾先后 8 次被《欧洲货币》评选为“中国最佳银行”和“中国最佳国内银行”，连续 18 年入选美国《财富》杂志“世界 500 强”企业，多次被《财资》评为“中国最佳国内银行”，被美国《环球金融》杂志评为“中国最佳贸易融资银行”及“中国最佳外汇银行”，被《远东经济评论》评为“中国地区产品服务 10 强企业”，被《亚洲风险》杂志评为 2006 年度“中国最佳银行”。在美国知名财经杂志《财富》与世界知名的管理咨询公司 Hay（合益）集团合作评选的 25 家“最受赞赏的中国公司”中，中国银行榜上有名。在 A + H 资本市场整体上市后，中国银行荣获《投资者关系》“最佳 IPO 投资者关系奖”等多个重要奖项。

贝莱德与美林投资管理已于 2006 年 9 月 29 日完成合并，而若干投资产品于一段期间内仍将沿用贝莱德美林投资管理的名称。贝莱德是全球最大规模的公开交易投资管理公司之一，截至 2007 年 9 月 30 日止管理的资产总值为 1.3 万亿美元。公司透过提供多元化的股票、定息、现金管理及另类投资产品，为世界各地的机构及个人投资者管理资产。此外，使用 BlackRock Solutions? 的投资系统、风险管理及金融顾问服务的机构投资者日增。贝莱德的总部位于纽约市，在全球 19 个国家聘有 5,500 多名雇员，并于美国、欧洲、亚洲、澳洲及中东等主要环球市场雄踞重要的市场占有率。

【旗下基金】

基金代码	基金简称	类型	基金经理
163801	中银中国	开放式	孙庆瑞、吴域
163802	中银货币	开放式	孙庆瑞、李建
163803	中银增长	开放式	陈志龙、俞岱曦
163804	中银收益	开放式	陈军、甘霖
163805	中银策略	开放式	陈志龙、李志磊
163806	中银增利	开放式	李建
163807	中银优选	开放式	李志磊、俞岱曦
163808	中银中证 100	开放式	吴域、陈军

【公司高管】

贾建平先生，董事长，国籍：中国。高级经济师。历任中国环球租赁有限公司业务部副主任，中国银行信托咨询公司副处长、处长，中国银行卢森堡有限公司副总经理，中国银行罗马代表处首席代表，中银集团投资有限公司（香港）副董事长、总经理，中国银行投资管理部总经理，中国银行重组上市办公室副主任，中国银行董事会秘书 办公室总经理，中国银行上市办公室总经理等职。兼任中国科技金融促进会副理事长。

陈儒，执行总裁。国籍：中国。经济学博士、南开大学博士后，高级经济师、国务院政府特殊津贴专家。现任中银国际基金管理公司执行总裁、董事。曾参与深交所筹建。历任深圳投资基金管理公司董事长兼执行总裁，中国银行总行基金托管部总经理，中银国际控股董事总经理，中银国际英国保诚资产管理公司董事，中银国际证券副执行总裁、董事总经理，兼中银国际基金管理公司筹备组组长。

欧阳向军先生，国籍：加拿大。督察长。加拿大西安大略大学毅伟商学院工商管理硕士（MBA）和经济学硕士。曾在加拿大太平洋集团公司、加拿大帝国商业银行和加拿大伦敦人寿保险公司等海外机构从事金融工作多年，也曾任蔚深证券有限责任公司（现英大证券）研究发展中心总经理、融通基金管理公司市场拓展总监、监察稽核总监和上海复旦大学国际金融系国际金融教研室主任、讲师。

东吴基金管理有限公司

【基本情况】

法定名称：东吴基金管理有限公司

注册地址：上海市源深路 279 号

办公地址：上海市源深路 279 号

法人代表：吴永敏

总 经 理：徐建平

成立时间：2004 年 9 月 2 日

组织形式：有限责任公司

注册资本：1 亿元人民币

联系电话：021 - 50509888

客服热线：021 - 50509666

传真号码：021 - 50509884

邮政编码：200120

公司网址：www.scfund.com.cn

【公司概况】

东吴基金管理有限公司是经中国证监会批准成立的全国性基金管理公司之一，注册资本1亿元人民币，公司总部位于上海浦东源深路279号，并在北京设有分公司，经营范围包括基金管理业务、发起设立基金和经中国证监会批准的其他业务。

公司股东为东吴证券有限责任公司（占49%股份）、上海兰生（集团）有限公司（占30%股份）、江阴澄星实业集团有限公司（占21%股份）。其中，东吴证券有限责任公司注册资本10亿元，主要从事证券代理买卖、证券自营买卖、证券承销和上市推荐、企业重组、收购与兼并、基金与资产管理等业务；上海兰生（集团）有限公司是由上海市人民政府批准组建的以国有资产管理、进出口贸易为主的国有大型企业集团，现有成员企业20家，拥有总资产50多亿元，净资产8亿多元；江阴澄星实业集团有限公司，主要从事实业投资，涉足磷化工、工程塑料、化肥农药、仓储物流、国际贸易、金融投资、房地产、风险投资等领域。

开业伊始，东吴基金管理有限公司便与《上海证券报》联合发起"我们需要怎样的投资理念"的大讨论，在证券市场上掀起巨大反响。2004年12月，东吴基金管理有限公司和中国工商银行、上海证券报共同主办"2004博鳌财富论坛"，成为当年国内投资、理财界的一次盛会。2005年3月15日，东吴基金管理有限公司被人民日报社市场信息中心评选为中国消费者十大最满意基金品牌之一。2006年8月27日，东吴基金管理有限公司荣获由人民日报社市场报等单位联合评选的第四届（2006年度）"中国基金管理投资者满意十大品牌"。

东吴基金管理有限公司拥有一支经验丰富而又充满活力的专业团队，平均年龄31.2岁，其中硕士以上学历在占66%；具有5年以上基金、证券从业经历的占71%；公司高管和主要投资管理人员的平均金融从业年限为10年，具有丰富的实践操作经验和管理经验。

作为传统吴文化与前沿经济理念的有机结合，东吴基金崇尚"以人为本，以市场为导向，以客户为中心，以价值创造为根本出发点"的经营理念；遵循"诚而有信、稳而又健、和而有铮、勤而又专、有容乃大"的企业格言；树立了"做价值的创造者、市场的创新者和行业的思想者"的远大理想，创造性地树立公司独特的文化体系，在众多基金管理公司中树立自己鲜明的企业形象。

【公司大事记】

2009年05月06日，东吴进取策略灵活配置混合型开放式证券投资基金正式成立

2008年12月31东，吴优信稳健债券型证券投资基金于2008年12月31日开始办理日常赎回业务

2008年11月12日，东吴优信稳健债券型证券投资基金于2008年11月12日开始办理日常申购业务

2008年11月5日，东吴优信稳证券投资基金正式成立效

2008年7月22日，东吴行业轮动股票型证券投资基金打开日常赎回

2008年5月18日，东吴基金携手中国证券网、证券之星举办为期三个月的大型网络征文有奖活动圆满结束

2008年5月15日，东吴行业轮动股票型证券投资基金开放申购

2008年4月24日，东吴行业轮动股票型证券投资基金基金合同生效

2008年4月17日，东吴行业轮动股票型证券投资基金结束募集，净认购金额为人民币3,171,531,068.11元。

2008年3月17日，东吴旗下第三只基金－东吴行业轮动股票型证券投资基金正式公开通过各大银行、券商发售！

2008年2月22日，东吴旗下第三只基金－东吴行业轮动股票型证券投资基金募集申请获中国证监会审批通过！

2008年2月18日，东吴基金携手中国证券网、证券之星举办为期三个月的大型网络征文有奖活动！

2008年1月7日，东吴基金旗下基金在中国建设银行全面推出"定期定额投资"计划！

2007年12月19日，东吴基金新增中国建设银行为代销机构

2007年11月29日，东吴双动力基金新增中国工商银行为代销机构

2007年11月19日，东吴基金旗下的东吴双动力基金以优异的业绩表现被证券日报社、国务院发展研究中心评为"2007年十大高成长基金"金算盘奖。

2007年11月1日，东吴基金携手中国农业银行开通金穗通宝储蓄卡网上交易！

2007年8月8日，东吴基金新增交通银行为代销机构并开办定期定额投资业务

2007年7月2日，东吴基金开通中国建设银行龙卡储蓄卡基金网上交易

2007年4月，东吴基金联合中国工商银行推出定期定额投资计划

2007年1月31日，东吴基金荣获由人民日报社市场报等单位联合评选的"中国基金管理十大影响力品牌"

2006年12月15日，东吴旗下第二只基金——东吴价值成长双动力正式成立，募集基金21.44亿份

2004年9月，东吴基金在上海注册成立，注册资本金为1亿元

【股东概况】

排序	股东名称	持股数量（万股）	持股比例（%）
1	东吴证券有限责任公司	4900.00	49%
2	上海兰生（集团）有限公司	3000.00	30%
3	江阴澄星实业集团有限公司	2100.00	21%

【旗下基金】

基金代码	基金简称	类型	基金经理
580001	东吴嘉禾优势	开放式	魏立波
580002	东吴价值成长	开放式	王炯
580003	东吴行业	开放式	任壮
580005	东吴策略	开放式	王炯
582001	东吴优信	开放式	徐嵩
582201	东吴优信C	开放式	徐嵩

【公司高管】

吴永敏先生，董事长，硕士研究生，高级审计师、高级经济师，中共党员。历任无锡县长征企业会计，苏州市财政局科员、苏州市税务局副科长、苏州市税务局三分局局长、苏州市税务局科长、苏州市审计局副局长。现任东吴证券有限责任公司党委书记、董事长。

徐建平先生，总经理，大学，会计师，中共党员。历任张家港市财政局科长兼市房改办副主任，苏州证券有限责任公司张家港杨舍证券营业部总经理、公司总裁助理兼资产管理总部总经理，东吴证券有限责任公司副总裁。现任东吴基金管理有限公司总经理。

吴威先生，督察长，生于 1963 年 9 月，博士学历，九年证券从业经历，曾担任兴业证券股份有限公司研发中心高级研究员、兴业证券股份有限公司国际业务部负责人、兴业基金管理有限公司筹备组成员、兴业基金管理有限公司副总经理和日本野村证券公司北京代表处中国业务拓展总监等职。

天弘基金管理有限公司

【基本情况】

法定名称：天弘基金管理有限公司
注册地址：天津市河西区马场道天津国际经济贸易中心A 座 16 楼
办公地址：天津市河西区马场道天津国际经济贸易中心A 座 16 楼层
法人代表：李　琦
总 经 理：胡　敏
成立时间：2004 年 10 月 25 日
组织形式：有限责任公司
注册资本：1 亿元人民币
联系电话：022－83310208
客服热线：022－83310988
传真号码：022－83865569
邮政编码：300203
公司网址：www. thfund. com. cn

【公司概况】

天弘基金管理有限公司成立于 2004 年 11 月 8 日，注册地天津，注册资本 1 亿元，由天津信托有限责任公司出资 48%、兵器财务有限责任公司和内蒙古君正能源化工股份有限公司各出资 26% 设立。经历近五年在资产管理行业的上下求索，公司日趋成熟，同时公司的成长也得到了媒体及社会的关注，2008 年公司获得《理财周报》评选的最具发展潜力基金公司奖；同年，又被《北京青年报》评选为 2008 年度金牌成长基金公司。

公司现有员工 73 名，大多毕业于海内外知名高等学府，博士、硕士学位占总人数 49. 32%，其中投研团队 22 人、市场团队 27 人。

目前公司管理三支基金：天弘精选混合型基金、天弘永利债券型基金和天弘永定价值成长股票型基金。

【公司大事记】

2009 年 9 月 22 日，公司获得由《理财周报》评选出的“2009 年最佳品牌塑造基金公司”奖。

2009 年 6 月 8 日，全面启用天弘品牌识别系统。

2008 年 12 月 30 日，公司获得由首届《北京青年报》“北青财星榜”评选出的唯一一个 2008 年“市民眼中的金牌成长基金公司”奖。

2008 年 12 月 3 日，天弘永定股票型基金合同生效，募集份额约为 2. 91 亿份。

2008 年 10 月 08 日，天弘永定股票型基金正式发行，募集期至 2008 年 11 月 28 日。

2008 年 9 月 20 日，公司获得由《理财周报》携手理柏等机构评选出的“2008 最具发展潜力奖”

2008 年 5 月 24 日，经公司股东会决议通过，并经中国证监会证核准，乌海市君正能源化工有限责任公司受让公司原股东山西漳泽电力股份有限公司所持有的本公司 26% 股权。公司股权结构变更为：天津信托投资有限责任公司出资比例为 48%；兵器财务有限责任公司出资比例为 26%；乌海市君正能源化工有限责任公司出资比例为 26%。

2008 年 5 月 14 日，公司及公司全体员工为“5. 12”汶川地震捐赠 35 万元救灾款项。

2008 年 5 月 5 日，中国证监会核准乌海市君正能源化工有限责任公司受让山西漳泽电力股份有限公司所持我公司 26% 股权。公司股权结构变更为：天津信托投资有限责任公司出资比例为 48%；兵器财务有限责任公司出资比例为 26%；乌海市君正能源化工有限责任公司出资比例为 26%。

2008 年 4 月 18 日，天弘永利债券型基金合同生效。

2008 年 3 月 17 日，天弘永利债券型基金正式发行。

2008 年 2 月 5 日，中国证监会批准我公司天弘永利债券型证券投资基金募集发行。

2007 年 11 月 29 日，中国证监会批准公司设立天信大厦理财中心。

2007 年 10 月 11 日，天弘精选基金实施拆分，成为当年国庆节后首只实施拆分的基金。

2007 年 9 月 7 日，截止至当日天弘精选基金近一个月净值增长率高达 13. 78%，在所有平衡型基金中排名第一。

2007 年 7 月 1 日，公司旗下基金执行新会计准则。

2007 年 4 月 26 日，北京分公司迁址到北京市海淀区中关村南大街 2 号（数码大厦）A 座 2301－2306。

2007 年 1 月 17 日，天弘精选基金进行第五次分红。

2006 年 10 月 17 日，天弘精选基金进行第四次分红。

2006 年 8 月 3 日，天弘开通全国统一客服电话 400－710－9999，全面提升客户服务系统。

2006 年 6 月 27 日，天弘精选基金进行第三次分红。

2006 年 6 月 4 日，公司召开第一届董事会 2006 年第三次会议。

2006 年 4 月 28 日，天弘精选基金进行第二次分红。

2006 年 4 月 15 日，公司召开第一届董事会 2006 年第二次会议

2006 年 3 月 27 日，公司召开第一届董事会 2006 年第一次会议。

2006 年 3 月 3 日，天弘精选基金进行首次分红。

2005 年 11 月 4 日，公司召开第一届董事会 2005 年第二次会议。

2005 年 10 月 8 日，天弘精选基金成立。

2005 年 9 月 26 日，公司召开第一届董事会 2005 年第一次会议。

2005 年 8 月 22 日，天弘精选基金开始发行，募集期至 2005 年 9 月 27 日，募集期间净认购额约为 3. 39 亿元人民币。

2005 年 8 月 5 日，公司全体员工进行野外拓展训练。

2005 年 4 月 20 日，北京分公司成立。

2004 年 11 月 8 日，公司完成工商注册登记，取得营业执照。

2004 年 11 月 3 日，公司召开第一届董事会 2004 年第三

次会议。

2004年10月20日，中国证监会批复，天弘基金管理有限公司获准开业。

2004年9月8日、9日，公司全体员工进行野外拓展训练。

2004年8月31日，公司召开股东会2004年第一次会议。

2004年8月26日，公司召开第一届董事会2004年第二次会议。

2004年4月2日，公司召开第一届董事会2004年第一次会议。

2003年12月11日，公司召开创立大会。

2003年12月1日，公司正式迁入新址天津市国际经济贸易中心。

2003年6月7日，公司信息系统公开招标。我公司的信息系统建设由天津市政府采购中心作为中介主持招标，开创了基金行业系统建设的新模式。

2003年6月6日，公司召开第二次发起人会议

2003年5月19日，天弘基金管理有限公司获批筹建。

2001年11月29日，公司召开第一次发起人会议。

【股东概况】

排序	股东名称	持股数量（万股）	持股比例（%）
1	天津信托投资有限公司	4800.00	48%
2	兵器财务有限责任公司	2600.00	26%
2	乌海市君正能源化工有限责任公司	2600.00	26%

公司由国内实力雄厚的大型金融机构及上市公司出资设立，注册资本1亿元，股东为：

天津信托投资有限公司

*注册资本14.25亿元，总资产124.3亿元，2004年利润8593万元

*天津市财政局与中国节能投资公司为并列第一大股东

*曾参股易方达与宝盈两家基金管理公司

*7年"创业基金"（老基金）管理经验，业绩优良，年均分红率为19.5%

兵器财务有限责任公司

* 注册资本4.31亿元，总资产52.9亿元，2004年利润7247万元

* 中国兵器工业集团公司和中国兵器装备集团公司的金融窗口

* 综合实力居全国财务公司前列

乌海市君正能源化工有限责任公司

* 注册资本5.2亿元

* 业务涉足煤炭、石灰石开采加工、发电、特色冶炼、化工、物资流通等领域，通过打造独具特色的循环经济产业链条，使资源得以最充分的利用，逐步形成盈利能力强且环境友好的循环经济产业基地。

【旗下基金】

基金代码	基金简称	类型	基金经理
420001	天弘精选	开放式	吕宜振、徐正国
420002	天弘债券A	开放式	姚锦
420102	天弘债券B	开放式	姚锦
420003	天弘永定	开放式	马志强、吕宜振

【公司高管】

李琦先生，董事长，硕士研究生。历任天津市民政局事业处团委副书记，天津市人民政府法制办公室、天津市外经贸委办公室干部，天津信托投资公司条法处处长，天津信托投资有限责任公司总经理助理兼条法处处长。现任天津信托投资有限责任公司副总经理。

胡敏女士，总经理，硕士研究生，高级会计师。历任北方工业集团财务有限责任公司财务结算部会计主管、车道沟工作站负责人，兵器财务有限责任公司投资业务部副经理，天弘基金管理有限公司督察长、副总经理。

吕传红先生，督察长，硕士研究生。历任湖北省荆门市沙洋区人民检察院助理检察员、检察员，湖北省贸易厅纪检监察员，南开大学法学院讲师，天津开元律师事务所兼职律师，中国证券监督管理委员会天津监管局干部，中国证券监督管理委员会公职律师。

国海富兰克林基金管理有限公司

【基本情况】

法定名称：国海富兰克林基金管理有限公司

英文名称：Franklin Templeton Sealand Fund Management Co.，Ltd

注册地址：广西南宁市琅东滨湖路46号

办公地址：上海浦东富城路99号震旦国际大楼18层

法人代表：张雅锋

总　经　理：金哲非

成立时间：2004年11月15日

组织形式：有限责任公司

注册资本：2.2亿元人民币

联系电话：021－68880980

客服热线：021－38789555

传真号码：021－68880981

邮政编码：200120

公司网址：www.ftsfund.com

【公司概况】

国海富兰克林基金管理有限公司由国海证券有限责任公司和富兰克林邓普顿基金集团全资子公司坦伯顿国际股份有限公司共同出资组建，于2004年11月15日获准开业。2007年经公司股东会审议通过，公司的注册资本由人民币1.5亿元增加为人民币2.2亿元，并于同年12月办理完成工商变更登记手续。增资后股权比例仍保持不变，国海证券有限责任公司为51%，坦伯顿国际股份有限公司为49%。

目前，公司实行董事会领导下的总经理负责制，在管理层设有投资决策委员会和风险管理委员会两个专门委员会。在机构设置上，公司下设研究分析部、投资管理部、基金市场部、机构销售部、零售业务部、基金事务部、信息技术部、行政管理部和监察稽核部9个部门和中央交易室，并成立了上海分公司和深圳分公司。

截至2008年2月29日，国海富兰克林基金管理有限公司共有员工78人，其中具有硕士及硕士以上学历员工占43.6%。

作为一家中外合资基金管理公司，国海富兰克林基金管理有限公司本着"诚信、稳健、前瞻、一流"的经营理念，融合中外先进的经营管理方式，着力打造一支专业、敬业的优秀团

队,稳健经营,防范风险,为投资者提供最有竞争力的理财产品和国际化服务理念。截止到2007年12月31日,公司资产管理规模达264.7亿元,与同年初相比,增长了近10倍。与此同时公司被评选为"2007年度最具潜力的基金公司"(《钱经》杂志,10月26日至12月22日,由中国主流媒体理财联盟共同发起的2007年中国理财总评榜,奖项发布日期:2008年1月20日),和"2007年十大最受欢迎的基金公司"(由新民晚报、东方财富网联合主办的"2007年百姓最喜爱的十大股票基金评选"系列活动,评选时间:从2008年1月19日至2月19日;奖项发布日期:2008年2月28日)。

【股东概况】

排序	股东名称	股权比例
1	国海证券有限责任公司	51%
2	坦伯顿国际股份有限公司	49%

国海证券有限责任公司前身是1988年创立的广西证券有限责任公司,是中国首批成立的证券公司之一,也是广西区内注册的唯一一家全国性综合类券商。公司目前注册资本8亿元,员工总数772人。2005年10月,公司成为全国首批规范类券商,2007年,在中国证监会对证券公司的首次分类监管评级中,国海证券获评为BBB级。国海证券总部位于广西南宁,业务总部设在深圳,在北京、上海、深圳、广州、成都及广西各地设有24家证券营业部和25家证券服务部,在北京、上海、深圳、南宁等地设有投资银行、收购兼并和固定收益证券业务的分支机构,为客户提供证券代理买卖、证券发行与承销、收购兼并、资产重组、财务顾问、资产管理、投资咨询等综合金融服务。固定收益业务成长最快的证券公司,各项业务指标位居行业前列;拥有国内顶尖的并购业务团队;投行业务在广西地区形成了独特的区域竞争优势;经纪业务在广西区的市场占有率位居第一;2007年,公司营业收入、净资产收益率等经营指标均居全国同类型券商前列;国内唯一的在所有业务线均采用事业部管理体系的证券公司。

富兰克林邓普顿基金集团于1947年由鲁伯特?强生先生于纽约创立,迄今在投资管理行业已有逾60年的历史。强生先生以美国开国元勋之一、稳健理财的最早倡导者— 本杰明?富兰克林先生的名字为公司命名。富兰克林先生稳健理财的观念如此深入人心,直到今天,他的头像仍然出现在百元美钞上。将富兰克林的头像作为公司的注册商标,起因是强生先生以及富兰克林邓普顿基金集团非常认同富兰克林先生的一句名言—"理财规划,稳健为先"。

同时在纽约证券交易所、伦敦证券交易所以及太平洋证券交易所挂牌交易,富兰克林邓普顿基金集团是以市值排名全球最大的上市基金管理公司。截至2009年1月31日,旗下管理资产超过4017亿美元。作为一家跨国企业,富兰克林邓普顿基金集团同时是亚洲前四大国际投资者,也是第一家被纳入S&P500指数成份股的资产管理公司,这些荣誉足可以证明富兰克林邓普顿基金集团在行业内的龙头地位。

富兰克林邓普顿基金集团历史悠久,特别注重投资研究的实力。目前旗下有210位研究分析师以及140位基金经理负责管理将近250只基金,50多个研究机构遍布29个国家,集团员工总数达到8600多人,能精准掌握全球最新金融动态,为全球100多个国家的近1700万名投资者提供全面的理财服务。集团旗下的富兰克林系列、邓普顿系列、互惠系列和丰信国际信托投资风格迥异,各有所长,协力为投资人提供全面而多元的理财服务。除了擅长于股票投资外,富兰克林邓普顿基金集团在债券上的丰富操作经验,使其成为全球多家保险公司、退休基金的投资管理人,更成为美国最大的免税债券基金之一的投资管理人。富兰克林邓普顿基金集团自成立以来,一直都专注于经营基金管理业务,是目前进入国内基金管理行业的专业性最强的国际基金管理公司之一。

【旗下基金】

基金代码	基金简称	类型	基金经理
450001	国富收益	开放式	黄林
450002	国富弹性	开放式	张晓东
450003	国富潜力	开放式	朱国庆
450004	国富价值	开放式	张晓东
450005	国富强债	开放式	刘怡敏
450006	国富强债C	开放式	刘怡敏
450007	国富成长	开放式	潘将
450008	国富沪深300	开放式	赵晓东

【公司高管】

董事长张雅锋女士,中共党员,研究生,经济师。历任广西南方商业集团公司董事长兼总经理、党总支书记,广西壮族自治区证券办发行部主任,中国证监会南宁特派办处长、副主任等职。现任广西投资集团有限公司副总经理、国海证券有限责任公司董事长、国海富兰克林基金管理有限公司董事长。

总经理金哲非女士,中国科技大学计算机科学学士学位和澳大利亚国立大学博士,注册金融分析师,金融风险管理师。历任澳大利亚联邦科学与工业研究机构、美国哈佛大学计算机科学家,富兰克林邓普顿投资公司高级副总裁兼资产组合分析与投资风险部环球总管。现任国海富兰克林基金管理有限公司总经理。

督察长吴显玲女士,管理学硕士,经济师。历任中国人民银行广西壮族自治区分行金融管理处主任科员,广西证券交易中心副总经理,广西证券登记有限责任公司总经理,广西证券有限责任公司副总裁,国海证券有限责任公司副总裁。现任国海富兰克林基金管理有限公司督察长。

友邦华泰基金管理有限公司

【基本情况】

法定名称:友邦华泰基金管理有限公司
英文名称 AIG - Huatai Fund Management Co. ,Ltd
注册地址上海浦东新区世纪大道88号金茂大厦40楼
办公地址上海浦东民生路1199弄证大五道口广场
1号楼17层
法人代表:齐　亮
总 经 理:陈国杰
成立时间:2004年11月18日
组织形式:有限责任公司(中外合资)
注册资本:2亿元人民币
联系电话:021 - 38784638
客服热线:400 - 888 - 0001
传真号码:021 - 50103016
邮政编码:200135
公司网址:www. aig - huatai. com

【公司概况】

友邦华泰基金管理有限公司(以下简称友邦华泰)是由华泰证券股份有限公司、苏州新区高新技术产业股份有限公司和美国国际集团环球投资公司等共同发起设立的中外合资基金管理公司。公司于2004年11月18日正式成立。总公司位于上海,下设北京和深圳分公司。公司现注册资本人民币2亿元,经营范围包括基金管理业务、发起设立基金及中国证监会批准的其他业务。

截至到2009年8月4日,友邦华泰旗下管理7只各具特色的开放式基金,管理资产逾百亿,客户超百万,业务遍及全国。

友邦华泰成立4年多来,以完善的制度,严格的管理,规范的运作,严谨细致的工作精神践行“您的一分投资,我们十分对待”的企业理念,充分结合外方股东在资产管理方面的国际经验以及华泰证券等中方股东在中国本地市场的经验优势,为个人及机构投资者提供满足其需要的金融产品和高水平的理财服务。

【公司大事记】

2009年10月,公司首只专户理财一对多产品获批。

2009年8月,第七只基金友邦华泰行业领先股票型证券投资基金成立。

2009年5月,第六只基金友邦华泰货币市场基金成立。

2009年1月,公司喜迁自购新办公大楼。

2008年7月,经证监会核准,公司获得QDII业务资格。

2008年7月,友邦华泰价值增长股票型证券投资基金成立。

2008年5月,经证监会核准,公司获得专户理财业务资格。

2008年3月,友邦华泰基金管理有限公司深圳分公司成立。

2007年12月,友邦华泰中短期债券投资基金转型为友邦华泰金字塔稳本增利债券型证券投资基金。

2007年5月,第四只基金友邦华泰积极成长混合型证券投资基金成立。

2006年11月,第三只基金友邦华泰上证红利ETF成立。

2006年9月,股东增资.经证监会核准,公司注册资金从原来的1亿元增资到2亿元,本次为股东同比例增资。

2006年8月,友邦华泰基金管理有限公司北京分公司成立。

2006年4月,第二只基金中友邦华泰中短期债券投资基金成立。

2005年9月,经证监会批准,外方股东AIGGIC和华泰证券所持股权同比例从33%增加至49%,公司股东及出资比例变更为:AIGGIC49%、华泰证券49%、苏州高新2%,公司注册资本保持不变。

2005年4月,首只基金友邦华泰盛世中国股票型证券投资基金成立。

2004年4月,经证监会批准,友邦华泰基金管理有限公司正式成立。公司由AIG GLOBAL INVESTMENT CORP.(AIGGIC)与华泰证券有限责任公司、苏州新区高新技术产业股份有限公司等共同发起,注册资金1亿元。

【股东概况】

排序	股东名称	股权比例
1	华泰证券股份有限公司	49%
2	AIG Global Investment Corp.,简称AIGGIC	49%
3	苏州新区高新技术产业股份有限公司	2%

【旗下基金】

基金代码	基金简称	类型	基金经理
460001	友邦盛世	开放式	汪晖、郭楷泽
510880	红利ETF	开放式	张娅
519569	友邦增利A	开放式	沈涛
460003	友邦增利B	开放式	沈涛
460002	友邦成长	开放式	秦岭松
460005	友邦价值	开放式	汪晖
460007	友邦领先	开放式	吕慧建、梁丰
460006	友邦货币A	开放式	沈涛
460106	友邦货币B	开放式	沈涛

【公司高管】

董事长齐亮先生,高级经济师,天津大学工学学士,意大利可尼大学银行与金融专业硕士。曾长期在原国家计委、国务院发展中心和中央财经领导小组办公室任职,历任处长、副局长等职务。在担任友邦华泰基金管理公司董事长之前,任华泰证券有限责任公司副总裁。

总经理陈国杰先生,澳大利亚新南威尔士大学商业、法律学士。曾任怡富投资管理有限公司董事,1999年加入美国国际集团(AIG),先后担任美国国际集团环球退休服务及投资管理集团资深副总裁兼区域总监(亚洲),美国国际集团(亚洲)投资有限公司执行董事等职,并自友邦华泰基金管理有限公司成立至今任公司董事。

督察长陈晖女士,经济学硕士。毕业于中国人民银行研究生部。曾任江苏证券有限责任公司北京代表处代表、华泰证券有限公司北京总部总经理。

新华基金管理有限公司

【基本情况】

法定名称:新华基金管理有限公司
注册地址:重庆市渝中区邹容路68号大都会商厦32层
办公地址:重庆市渝中区较场口88号A座7－2
法人代表:陈　重
总　经　理:孙枝来
成立时间:2004年12月9日
组织形式:有限责任公司
注册资本:1亿元人民币
联系电话:023－63710818
客服热线:400－819－8866
传真号码:023－63710263
邮政编码:400010
公司网址:www.ncfund.com.cn

【公司概况】

2004年12月9日,新华基金(原新世纪基金)管理有限公司经中国证券监督管理委员会批准正式注册成立。公司注册地为重庆市,经营管理中心在北京市,它是由国家有关部门核准的首家在我国西部设立的基金管理公司。

公司经营范围是:基金管理业务、发起设立基金、从事中国证券监督管理委员会批准的其他业务(上述范围内国家有专项规定的按规定办理)。公司注册资本为1亿元人民币，主发起人为新华信托股份有限公司。

公司内部设有市场营销部、投资管理部、运作保障部、监察稽核部、综合管理部、机构理财部等部门及风险管理委员会和投资管理委员会。

公司目前旗下有三只基金产品，即新华优选分红混合偏股型基金、新华优选成长股票型基金和新华泛资源混合型基金。除新华泛资源混合型基金刚刚完成募集以外，新华优选成长和新华优选分红两只基金今年以来的业绩表现十分突出，均在同类产品中位居前列。目前，公司已经和中国工商银行、中国建设银行、中国农业银行、交通银行、招商银行、中信银行等几家主要行签订了基金托管或代销协议，使基金销售主渠道得到完善。此外，公司还与多家证券公司、保险公司以及信托公司等金融机构建立了良好的合作关系。

【股东概况】

排序	股东名称	持股数量(万股)	持股比例(%)
1	新华信托投资股份有限公司	4800.00	48%
2	山东海化集团有限公司	3000.00	30%
3	上海隽基环境产业有限公司	2200.00	22%

新华信托投资股份有限公司

1979年中国最早的信托投资公司之一，总部在重庆。2001年进行增资扩股，经中国人民银行核准重新登记，成为首批获得信托机构法人许可证的信托投资公司之一。主要经营范围:受托经营资金信托业务;受托经营动产、不动产及其他财产的信托业务;受托经营法律、行政法规允许从事的投资基金业务，作为投资基金或者基金管理公司的发起人从事投资基金业务;受托经营公益信托业务;银行同业拆借等。截至目前累计:公司实现融资500多亿元人民币、外汇5亿美元;承销发行企业债券80多亿元，代理发行国债数亿元;受托管理资产100多亿元。

山东海化集团有限公司

1995年组建，现为全国120家试点企业集团和山东省重点培育的23家大型骨干企业集团之一，综合实力居全国同行业首位。

2003年拥有资产总额104亿元，下设24个分子公司和一个国家级技术中心，建有企业博士后工作站。主要10种产品产量及市场占有率均居全国首位，是全国最大的海洋化工生产基地和出口创汇基地。

2003年，全集团完成销售收入53.8亿元，实现利税6.5亿元，其中利润3.7亿元。2004年，全集团完成销售收入97亿元，实现利税11.89亿元，其中利润6.9亿元。

2005年的奋斗目标是销售收入过百亿元，2008年销售收入过200亿元，力争2010年达到300亿元，把海化集团建成国内领先、世界知名的大型化工企业集团。

上海隽基环境产业有限公司

上海隽基环境产业有限公司成立于2003年7月14日，公司经营范围是“投资运营城市自来水供应及污水处理工程，投资固废处理工程基础设施，资产经营，房地产开发经营，建筑装潢”。

上海隽基环境产业有限公司的最大控股股东为上海大众公用事业(集团)股份有限公司，持股比例为88.97%。作为上市公司的并表单位，公司一直拥有规范的公司治理体系、完善的内部管理制度和严密的信息管理制度。

【旗下基金】

基金代码	基金简称	类型	基金经理
519087	新华分红	开放式	曹名长
519089	新华成长	开放式	王卫东
519091	新华泛资源	开放式	王卫东

【公司高管】

陈重先生:金融学博士。历任原国家经委中国企业管理协会研究部副主任、主任;中国企业报社社长;中国企业管理科学基金会秘书长;重庆市政府副秘书长;中国企业联合会常务副理事长;幸福人寿保险公司筹备负责人。2008年3月始任新世纪基金管理有限公司董事。

孙枝来先生:董事、总经理，硕士。历任上海财经大学研究中心副主任、涌金期货经纪公司副总经理、上海君创财经顾问有限公司副总经理、总经理、新时代证券有限公司副总经理，现任新世纪基金管理有限公司总经理。

齐岩先生:督察长，学士。历任中信证券股份有限公司解放北路营业部职员、中信证券股份有限公司天津管理部职员、中信证券股份有限公司天津大港营业部综合部经理，现任新世纪基金管理有限公司督察长。

汇添富基金管理有限公司

【基本情况】

法定名称:汇添富基金管理有限公司
注册地址:上海市黄浦区大沽路288号6幢538室
办公地址:上海市富城路99号震旦国际大厦21F
法人代表:桂水发
总 经 理:林利军
成立时间:2005-02-03
公司性质:合资
注册资本:10000万元
联系电话:021-28932888
传真号码:021-28932998
邮政编码:200120
公司网址:http://www.htffund.com

【公司概况】

汇添富基金管理有限公司 是一家高起点、国际化、充满活力的基金公司，由东方证券股份有限公司、文汇新民联合报业集团、东方航空集团三家实力雄厚、声誉卓越的集团联合发起设立。三家股东分别在各自行业中处于引领地位，东方证券是中国证监会认定的具“创新试点”资格的券商之一，是中国证券业资产质量最优、盈利能力最强的证券公司之一;文汇新民联合报业集团为中国最大的报业集团之一，拥有巨大的辐射力和影响力;中国东方航空集团是中国三大航空运输集团之一，拥有强大的品牌影响力和庞大的客户群。

汇添富以一流的企业文化汇聚中外精英，开发受市场欢迎的产品系列，建立高效的销售渠道，提供优质的客户服务，实施一流的投资风险管理，以长期稳定的优秀投资业绩回报投资人，并有志发展成为中国业内管理国际资产和投资国际市场的专家，经过中长期的努力发展成为中国最佳的资产管理公司之一。

汇添富按照国际标准建立了风险管理的组织架构。董事会对公司的风险管理负最终责任，董事会下设风险管理委员会。风险管理委员会对董事会负责，在董事会授权的范围内行使风险管理的职能。经营管理层是风险管理的直接实施和执行者，设稽核监察部和四个风险管理小组负责风险管理工作。稽核监察部主要负责公司经营风险的稽核和合规性风险的监察控制。四个风险管理小组负责实施各项风险管理政策，在道德风险、合规性风险、运营风险和投资风险四个领域中，定期就公司运营和基金资产运作各方面的现实性风险和潜在性风险，提出整改和预防措施。

公司通过制定严密的管理制度和明确清晰的岗位职责，对基金投资的各个环节进行监控。风险管理的业务流程由风险识别、风险测量、风险控制、风险评价和风险报告五个步骤组成，是制定风险管理战略及防范措施的重要基础。公司实行"全程嵌入式风险管理"，进行事前、事中和事后控制，对基金投资过程中产生的市场风险、流动性风险和交易风险进行全程嵌入式控制。

【公司大事记】

2009－09－02，汇添富基金两只"一对多"产品获批

2009－07－28，汇添富、第一财经启动"河流与孩子金沙江流域助学计划2009"

2009－07－01，中国第一只上证综合指数基金——汇添富上证综合指数基金正式成立

2009－05－25，中国第一只上证综合指数基金——汇添富上证综合指数基金正式发行

2009－05－13，中国证监会正式批复同意汇添富基金设立香港子公司

2009－04－01，添富蓝筹稳健灵活配置混合型证券投资基金实施分红，每10份基金份额派发红利0.3元

2009－07－28，汇添富基金携手各大银行、券商推出"家有儿女 定投添富"主题活动

2009－03－15，上海证券报社第六届中国基金业"金基金"奖颁奖典礼暨"2009中国基金高峰论坛"评选中，汇添富基金荣获2008年度"金基金－投资者关系奖"

2009－02－02，添富价值基金成立

2009－01－16，由证券时报社主办、安信证券协办的"2008年度中国明星基金暨最佳托管银行评选"揭晓，汇添富荣获"2008年度十大明星基金公司"称号，汇添富优势精选基金获得"三年持续回报平衡型明星基金奖"

2009－01－15，第六届中国基金业金牛奖揭晓，汇添富基金第三次问鼎"金牛基金管理公司"，汇添富优势精选基金荣获开放式混合型持续优胜金牛基金奖，汇添富均衡增长基金荣获2008年度同业领先开放式股票型基金奖

2008－09，汇添富基金公司获得"2008中国最受尊敬基金公司"——21世纪报系《理财周报》

2008－07－08，添富蓝筹基金成立

2008－025－28，汇添富优势精选基金第七次分红，每10份基金份额派发红利11.30元人民币

2008－03－06，添富增收基金成立

2008－03，汇添富基金公司获得"2007年最佳管理团队奖"——《上海证券报》"金基金"评比

2008－02，汇添富优势精选基金获得"2007年百姓最喜爱的十大股票基金"称号——《新民晚报》、东方财富网

2008－02，汇添富基金公司获得"2007年十大最受欢迎的基金公司"称号——《新民晚报》、东方财富网

2008－02，汇添富基金公司成为首批获得专户理财资格的基金公司

2008－02，汇添富基金正式加入亚洲公司治理协会（ACGA）

2008－01，添富园荣获用户满意电子金融品牌——中国电子金融发展年会——中国电子商务协会

2008－01，汇添富400客户服务中心荣获用户满意电子金融服务品牌——中国电子金融发展年会——中国电子商务协会

2008－01，汇添富基金管理公司荣获2007年中国基金管理公司综合实力大奖——"中国赢基金奖"综合奖——《21世纪经济报道》

2008－01，汇添富基金管理公司荣获2007年中国基金管理公司最佳投资团队奖——"中国赢基金奖"综合奖——《21世纪经济报道》

2008－01，汇添富基金管理公司荣获2007年中国基金管理公司最佳公司治理奖——"中国赢基金奖"综合奖——《21世纪经济报道》

2008－01，汇添富基金管理公司荣获2007年度最具成长性基金公司——第五届财经风云榜——和讯网

2008－01，汇添富基金管理公司荣获最具价值基金公司（全国）——2007年度理财总评榜——中国主流媒体理财联盟

2008－01，汇添富基金管理公司荣获最具竞争力基金公司（陕西地区）——2007年度理财总评榜——中国主流媒体理财联盟

2008－01，汇添富基金管理公司荣获最具价值基金公司（吉林地区）——2007年度理财总评榜——中国主流媒体理财联盟

2008－01，汇添富基金管理公司荣获最具竞争力基金公司（重庆地区）——2007年度理财总评榜——中国主流媒体理财联盟

2008－01，汇添富优势精选基金荣获最受欢迎的混合型基金（全国）——2007年度理财总评榜——中国主流媒体理财联盟

2008－01，汇添富优势精选基金荣获最受欢迎的混合型基金（上海地区）——2007年度理财总评榜——中国主流媒体理财联盟

2008－01，汇添富基金管理公司荣获2007年中国最受尊敬基金公司——中国基金十年高峰论坛——网易财经

2008－01，汇添富基金管理公司荣获2007年中国基金公司投资回报优秀奖——中国基金十年高峰论坛——网易财经

2008－01，汇添富优势精选基金荣获2007年度开放式混合型金牛基金——第五届中国基金业金牛奖评选 ——《中国证券报》

2008－01，汇添富基金管理公司荣获2007年度"金牛基金管理公司"称号——第五届中国基金业金牛奖评选——《中国证券报》

2007－12，汇添富基金荣获"2007年度最具公信力基金公司"大奖——第一届金基奖年会——《南都周刊》

2007－12，汇添富基金投资总监张晖、基金经理庞飒获得"2007年度最具公信力基金经理"奖项——第一届金基奖年会——《南都周刊》

2007－12，汇添富基金荣获"2007年度最具公信力基金公司"大奖——第一届金基奖年会——《南都周刊》

2007－12，汇添富旗下添富优势精选基金荣获"2007年

度最佳业绩回报基金”奖项——第一届金基奖年会——《南都周刊》

2007－12，2007 年最好用基金电子商务奖 —— 搜狐财经频道

2007－12，汇添富基金携手全球最大共同基金公司——资金国际（Capital International）

2007－12，中国最具决策力基金公司 —— 2007 中国国际投资论坛系列评选

2007－10，汇添富基金获 QDII（合格境内机构投资者）资格

2007－09，2007 年度中国最受尊敬基金公司 —— 21 世纪报系《理财周报》

2007－09，2007 年度最佳回报基金公司 —— 21 世纪报系《理财周报》

2007－09－13，汇添富成长焦点基金第二次分红，每 10 份基金份额派发红利 0.50 元人民币

2007－08，汇添富基金管理有限公司荣获十大最受欢迎基金公司 —— 2007 年度十佳基金评选 ——《新闻晨报》

2007－08，汇添富均衡增长基金荣获十大人气基金 —— 2007 年度十佳基金评选 ——《新闻晨报》

2007－08，汇添富成长焦点基金荣获十大特色基金 —— 2007 年度十佳基金评选 ——《新闻晨报》

2007－08－29，汇添富成长焦点基金第一次分红，每 10 份基金份额派发红利 1.00 元人民币

2007－08，汇添富优势精选基金、汇添富均衡增长基金被评选为 2007 年度“10 大明星基金”——《东亚经贸新闻》

2007－08－03，汇添富均衡增长基金第二次分红，每 10 份基金份额派发红利 1.00 元人民币

2007－07，汇添富优势精选基金被评选为“10 大钻石基金之新”——《基金观察》

2007－05，汇添富基金管理公司荣获 2006 年度明星基金公司新秀奖——《证券时报》

2007－05，汇添富基金管理公司荣获基金营销明星奖——《证券时报》

2007－05，汇添富优势精选基金荣获小基金明星奖——《证券时报》

2007－04，汇添富基金管理公司荣获第四届“中国最佳基金公司”最具潜力奖——《上海证券报》

2007－03－30，汇添富优势精选基金第六次分红，每 10 份基金份额派发红利 0.8 元人民币

2007－03，汇添富基金管理公司荣获“大智慧杯”2006 年度十佳基金公司——中国证券投资者年度评选 ——大智慧汇添富成长焦点股票型证券投资基金正式成立，首募规模 99.99 亿。发行期投资者反应热烈，广州、上海、北京等地区出现了投资者在凌晨四、五点钟就排队购买的现象。该基金在开始发售后半小时内达到发行上限，创下了中国基金业最短的基金销售记录

2007－02－28，汇添富均衡增长基金第一次分红，每 10 份基金份额派发红利 1.00 元人民币

2007－02－28，汇添富优势精选基金第五次分红，每 10 份基金份额派发红利 1.00 元人民币

2007－02－08，汇添富优势精选基金第四次分红，每 10 份基金份额派发红利 1.00 元人民币

2007－01－29，汇添富优势精选基金第三次分红，每 10 份基金份额派发红利 1.00 元人民币

2007－01，汇添富基金管理公司荣获中国赢基金奖——2006 年中国基金管理公司年度最具潜力奖——《21 世纪经济报道》

2007－01，汇添富优势精选基金获“2006 年度财经风云榜”2006 年度十大明星基金——和讯网

2007－01，汇添富基金管理公司荣获第四届中国基金业金牛奖——2006 年度新秀奖——《中国证券报》

2007－01，汇添富优势精选基金荣获第四届中国基金业金牛奖——2006 年度开放式混合型金牛基金——《中国证券报》

2005－02－03，完成工商登记，公司取得企业法人营业执照，正式设立

2005－01－12，中国证监会以证监基金字［2005］5 号文批准公司开业

2004－05－16，中国证监会以证监基金字［2004］71 号文批准公司筹建

2002－12－31，中国证监会以基金部设审函［2002］025 号文予以正式受理

2002－12，汇添富基金公司筹备组向中国证监会提交公司筹建申请

【股东概况】

排序	股东名称	持股数量（万股）	持股比例（%）
1	东方证券股份有限公司	4700.00	47%
2	文汇新民联合报业集团	2650.00	26.5%
2	东航金戎控股有限责任公司	2650.00	26.5%

东方证券股份有限公司是注册在上海的全国性综合类证券公司，注册资本金为 21.39 亿元人民币。东方证券是证券业资产质量优，盈利能力强的证券公司之一，2004 年度利润指标名列全国券商前茅，是中国证监会认定的少数几家获得“创新试点资格”的优秀券商之一。

文汇新民联合报业集团是中国最大媒体集团之一，拥有创刊 60 年历史的《文汇报》和 70 年历史的《新民晚报》、《东方早报》等 18 家报刊，发行总量超过 260 万份。

东航金戎控股有限责任公司为东方航空集团的全资控股子公司，东方航空集团是中国三大航空运输集团之一，拥有强大的品牌影响力和庞大的客户群。

【旗下基金】

基金代码	基金简称	类型	基金经理
519008	添富优势	开放式	庞飒、苏竞
519018	添富均衡增长	开放式	庞飒、欧阳沁春、苏竞
519068	添富成长焦点	开放式	齐东超
519517	添富货币 B	开放式	王珏池、陆文磊
519518	添富货币 A	开放式	王珏池、陆文磊
519078	添富增收 A	开放式	王珏池、陆文磊
519066	添富蓝筹	开放式	苏竞
470007	添富上证指数	开放式	何仁科
470078	添富增收 C	开放式	王珏池、陆文磊
519069	添富价值精选	开放式	陈晓翔

【公司高管】

桂水发先生，董事长。国籍：中国，香港大学工商管理硕士，上海财经大学经济学学士。现任东方证券股份有限公司副总裁。曾在上海财经大学审计监察处任职、历任上海证券

交易所上市部高级经理、北京办事处总经理、市场部总监等。

林利军先生，董事，总经理。国籍：中国，美国哈佛大学商学院工商管理硕士，复旦大学世界经济系硕士，历任上海证券交易所办公室主任助理、上市部总监助理，曾任职于中国证监会创业板筹备工作组，哈佛大学毕业后就职于美国道富金融集团（State Street Global Advisor）从事投资和风险管理工作。

李文先生，督察长。国籍：中国，厦门大学管理学博士，高级经济师，中国注册会计师。历任中国人民银行厦门市分行稽核监督处科员，中国人民银行杏林支行副行长，中国人民银行厦门中心支行银行管理处处长助理、金融机构监管二处副处长，东方证券股份有限公司稽核总部总经理、资金财务管理总部总经理等。

工银瑞信基金管理有限公司

【基本情况】

法定名称：工银瑞信基金管理有限公司

英文名称：ICBC Credit Suisse Asset Management Co.，Ltd

注册地址：北市西城区金融大街丙 17 号北京银行大厦

办公地址：北市西城区金融大街丙 17 号北京银行大厦 8 层

法人代表：杨凯生

总 经 理：郭特华

成立时间：2005 年 6 月 21 日

组织形式：有限责任公司

注册资本：2 亿元人民币

联系电话：010 - 58698918

传真号码：010 - 66583158

邮政编码：100140

公司网址：www. icbccs. com. cn

【公司概况】

工银瑞信基金管理有限公司是我国第一家由银行直接发起设立并控股的合资基金管理公司，公司股东分别为中国工商银行股份有限公司（55%）、瑞士信贷（25%）、中国远洋运输（集团）总公司（20%），注册资本为 2 亿元人民币。

凭借强大的股东背景、稳健的经营理念、资深的管理团队和优质的客户服务，工银瑞信基金公司立足专业化国际化，以稳健的投资管理，为客户提供卓越的理财服务。目前，公司旗下管理 9 只开放式基金：工银瑞信核心价值股票型证券投资基金、工银瑞信货币市场基金、工银瑞信精选平衡混合型证券投资基金、工银瑞信稳健成长股票型证券投资基金、工银瑞信增强收益债券型证券投资基金、工银瑞信红利股票型证券投资基金、工银瑞信中国机会全球配置股票型证券投资基金、工银瑞信信用添利债券型证券投资基金和工银瑞信大盘蓝筹股票型证券投资基金。

截至 2008 年 12 月 31 日，公司共同基金资产管理规模达到 752 亿元，位居业内第 6 位，在银行系基金中排名第一。公司目前企业年金、专户投资等非共同基金资产管理规模突破 150 亿元，专户投资规模居业内前列。作为银行系旗舰基金公司，工银瑞信是国内首家通过 GIPS（全球投资业绩标准）认证的金融机构，同时也是国内首批获得 QDII 资格、企业年金基金投资管理资格和专户理财资格的银行系基金公司。

公司自成立以来始终倡导并坚持“稳健投资、价值投资、长期投资”的投资理念，以稳健的投资业绩赢得了业界和投资者的信赖。旗下首支股票型基金——工银价值成立三年多来，累计收益率达 191.06%，荣获银河三年期 5 星级基金（截至 2008 年 12 月 31 日），该基金先后荣获《证券时报》“06 年度股票型明星基金”称号、《证券日报》“07 年度开放式基金金算盘奖”以及《中国证券报》“08 年度同业领先股票型基金”称号；工银货币基金则荣获《中国证券报》“07 年度金牛基金”称号。2008 年，工银瑞信综合资产管理能力跨入行业 4 强（据银河证券基金研究中心），业绩排名整体位于行业前 1/4，其中工银价值、工银强债、工银货币分别进入股票基金、债券基金和货币基金前 10 名，其余各只基金也都位于同类基金前 1/4（据晨星）。

公司先后荣获《中国证券报》“2006 年度金牛基金管理公司新秀奖”、“2008 年度金牛基金管理公司”，《上海证券报》“2007 年度中国基金公司最佳风险控制奖”，《证券时报》“2008 年度中国明星基金公司”，《21 世纪经济报道》“2006 年度中国基金管理公司最佳研究团队奖”、“2007 年度中国基金公司综合实力大奖”，《新浪网》2006、2007 年度“最受投资者信赖基金公司奖”，《理财周报》“2008 中国最受尊敬基金公司”等多项荣誉。

公司始终把投资者利益放在首位，以“稳健的基金公司，可信赖的基金公司”为发展目标，坚持“稳健投资、价值投资、长期投资”的投资理念，用我们的努力来创造稳健业绩，回馈广大投资人和业界对我们的信任和支持。

【公司大事记】

2005 年 4 月 6 日，中国人民银行公布，经国务院批准，中国人民银行、中国银监会和中国证监会共同确定中国工商银行等三家银行为首批直接投资设立基金管理公司的试点银行。

2005 年 4 月 28 日，中国工商银行正式获得中国银监会批准发起设立基金管理公司，是三家试点银行中第一家获得正式筹建资格的商业银行。

2005 年 6 月 4 日，中国证监会对中国工商银行、瑞士信贷第一波士顿、中国远洋运输（集团）总公司合资成立基金公司的申请进行了批复，同意设立工银瑞信基金管理有限公司。

2005 年 6 月 21 日，工银瑞信基金管理有限公司正式成立，成为我国第一家由银行直接发起设立并控股的合资基金管理公司。

2005 年 7 月 5 日，工银瑞信基金管理有限公司在北京举行了隆重的开业典礼及揭牌仪式。中国证监会副主席桂敏杰，中国人民银行行长助理刘士余，中国银监会主席助理车迎新，中国工商银行行长姜建清、副行长杨凯生，瑞士信贷第一波士顿亚太区主席兼首席执行官 Paul Calello 等出席了开业典礼并致辞。

2005 年 8 月 31 日，工银瑞信核心价值基金成立。

2006 年 3 月 16 日，工银瑞信引入瑞士信贷第一波士顿独有的股票估值与分析系统 HOLT，用国际化的视野分析中国证券市场，该系统专长于通过 CFROI? 和 DCF 进行全方位的业绩分析和股票估值，历经 20 多年实践检验，深入分析和理解全球 18000 多家上市公司，考察范围覆盖中国 A 股，截至 2006 年 2 月末，涵盖 274 只 A 股（占 A 股总市值的 66%），139 只 H 股，19 只海外上市股票。

2006 年 3 月 20 日，工银瑞信货币市场基金成立。

2006 年 7 月 13 日，工银瑞信精选平衡基金成立。

2006 年 7 月 18 日，工银瑞信基金管理公司在京举办周年庆典。中国证券监督管理委员会桂敏杰副主席、中国证券监督管理委员会基金监管部孙杰主任、中国人民银行金融市场司沈炳熙副司长、中国银行业监督管理委员会银行监管一部董铁峰副主任、中国保险业监督管理委员会资金部孙建勇主任、劳动保障部基金监督司陈良司长等嘉宾出席会议并做发言,对公司取得的阶段性成功予以了高度肯定。

2006 年 12 月 6 日,工银瑞信稳健成长基金成立。

2007 年 5 月 11 日,工银瑞信增强收益债券型基金成立。

2007 年 7 月 18 日,工银瑞信红利股票型基金成立。

2007 年 8 月 10 日,我公司通过全球投资业绩标准(GIPS)验证达标,成为国内资产管理行业首家通过 GIPS 检验并实现达标的基金管理公司。

2007 年 9 月 5 日,我公司举行核心价值两周年老客户回馈活动。

2007 年 10 月 8 日,工银瑞信基金管理有限公司获得中国证监会正式批复,获准开展境外证券投资管理业务,公司成为自 7 月 5 日《合格境内机构投资者境外证券投资管理试行办法》实施后,首家拿到 QDII 资格的银行系基金公司。

2007 年 11 月 19 日,劳动和社会保障部发布《劳动和社会保障部关于公布第二批企业年金基金投资管理机构的公告》,我公司在 24 家申请的基金管理公司中脱颖而出,成为获得第二批企业年金基金投资管理人资格的 3 家基金管理公司之一。

2008 年 1 月 8 日,工银瑞信货币市场基金荣获"2007 年度开放式货币市场金牛基金"称号。

2008 年 2 月 14 日,工银瑞信中国机会全球配置股票型基金成立。

2008 年 2 月 18 日,我公司正式签署获企业年金基金投资管理人资格后的首单企业年金基金投资管理合同。

2008 年 2 月 14 日,中国证监会公布包括工银瑞信在内的首批 9 家获得特定资产业务管理资格的基金公司名单。至此,工银瑞信成为首家拥有企业年金资产管理业务资格、境外证券投资管理业务资格和特定客户资产管理业务资格的银行系基金公司。

2008 年 4 月 14 日,工银瑞信信用添利债券型基金成立。

2008 年 6 月 10 日,公司正式搬入位于金融大街丙 17 号北京银行大厦 7? 8 层的新办公场所。

2008 年 8 月 4 日,工银瑞信大盘蓝筹股票型基金成立。

2008 年 8 月 19 日,我公司签署获得特定资产管理业务资格后的首单合同。

2009 年 1 月 12 日,我公司荣获中国证券报"2008 年度十大金牛基金公司",在获奖的 10 家基金公司居第二位。工银价值同时荣获该报"2008 年度同业领先开放式股票型基金"。

【股东概况】

排序	股东名称	股权比例
1	中国工商银行	55%
2	瑞士信贷第一波士顿	25%
3	中国远洋运输(集团)总公司	20%

中国工商银行是全球最大的商业银行之一。中国工商银行在我国金融市场上有着无可比拟的优势。截至 2007 年 6 月末,中国工商银行资产总额达 8.3 万亿元人民币,服务于中国最大的客户群体,拥有超过 1.8 亿个人客户和 250 多万法人客户。多年来,中国工商银行多次获得国际知名媒体评选的"中国最佳银行"、"最佳零售银行"、"最佳托管银行"、"最佳现金管理银行"、"亚洲最赚钱银行"及"全球最佳交易奖"等众多奖项。国际著名评级机构——穆迪也将中国工商银行的长期信用等级调升至"A1"。

瑞士信贷具有 150 余年的悠久历史,在 50 多个国家经营业务,在全球金融领域极负盛誉。截至 2006 年底,瑞士信贷集团旗下管理资产达 1.2 万亿美元。瑞士信贷在共同基金、资产管理领域具有丰富的管理经验,其全球一流的投资研究和风险管理方法历经千锤百炼,截至 2006 年底,其资产管理业务规模为 5487 亿美元。中远集团是中国规模最大、历史最久的全球性远洋运输企业,在全球拥有近千家成员单位、8 万余名员工,拥有和经营着 600 余艘现代化商船。在提供全球优质承运服务的同时,中远集团还能够为客户提供贸易、金融、房地产和 IT 等多个行业的服务,并把参与发起设立基金公司作为自身多元化战略的一个步骤。

【旗下基金】

基金代码	基金简称	类型	基金经理
481001	工银价值	开放式	张翎
481004	工银成长	开放式	曹冠业
481006	工银红利	开放式	杨建勋
482002	工银货币	开放式	杜海涛
483003	工银平衡	开放式	司晓晨、曲丽
485005	工银强债 B	开放式	杜海涛
485105	工银强债 A	开放式	杜海涛
485107	工银添利 A	开放式	江明波
485007	工银添利 B	开放式	江明波
481008	工银蓝筹	开放式	陈守红
486001	工银全球	开放式	曹冠业、郝康
481009	工银 300	开放式	胡文彪、樊智
510061	央企 50ETF	开放式	胡文彪、樊智

【公司高管】

杨凯生先生:董事长,博士。1975 年起从事工业企业生产工艺和成本预算管理工作,1985 年进入银行,历任中国工商银行监察室副主任、规划信息部主任、深圳分行行长,1996 年任中国工商银行副行长,1999 年 9 月任中国华融资产管理公司总裁。2004 年 9 月再次兼任中国工商银行副行长。2005 年 10 月至今任中国工商银行股份有限公司副董事长、执行董事、行长。现为武汉大学经济学院兼职教授,中国国际经济贸易仲裁委员会第十六届委员会副主任。

郭特华女士:董事,总经理,博士。1989 – 1998 年中国工商银行总行商业信贷部、资金计划部副处长,1998 – 2005 年中国工商银行总行资产托管部历任处长,副总经理。

朱碧艳女士:督察长,硕士。1997 – 1999 年中国华融信托投资公司证券总部经理,2000 – 2005 年中国华融资产管理公司投资银行部、证券业务部高级副经理。

交银施罗德基金管理有限公司

【基本情况】

公司名称:交银施罗德基金管理有限公司

注册地址:上海市交通银行大楼二层(裙)

办公地址:上海市浦东新区世纪大道 201 号渣打银行大厦 10 楼

法人代表:彭　纯

总 经 理:莫泰山

成立日期:2005 年 8 月 4 日
注册资本:2 亿元人民币
存续期间:持续经营
联系电话: 021 －61055050
客服热线:021 －61055000
传真号码:021 －61055034
邮政编码:200120
公司网址:www. jysld. com

【公司概况】

交银施罗德基金管理有限公司于 2005 年 8 月 4 日成立，由拥有百年历史的交通银行、二百年投资经验积累的施罗德投资管理有限公司、以及全球集装箱行业的佼佼者中国国际集装箱海运(集团)股份有限公司强强联合，共同发起设立的合资基金管理公司，三方持股比例分别为 65% 、30% 、5% ，注册资本为 2 亿元。

公司总部设于上海，并在北京设有分公司。秉承“诚信百年、专业理财”的经营宗旨，交银施罗德以诚信和专业作为公司的立身之本，建立了规范的治理结构、科学的风险控制体系和严谨的投资管理流程，并以优良的投资业绩和细致周到的客户服务赢得了市场的广泛认可。2009 年 1 月，交银施罗德在《中国证券报》主办的“第六届中国基金业金牛奖”评选中，公司荣获“2008 年度金牛基金管理公司”称号;2009 年 1 月，在由证券时报社主办、安信证券协办的“2008 年度中国明星基金暨最佳托管银行评选”中，获“2008 年度十大明星基金公司”、“基金公司明星管理团队”奖。

业务拓展方面，2007 年 11 月 22 日，交银施罗德获得 QDII(合格境内机构投资者)资格，获准开展境外证券投资管理业务，并于 2008 年 8 月 22 日成功发行公司首只 QDII 基金——交银施罗德环球精选价值证券投资基金;2008 年 2 月 26 日，经中国证监会批准，交银施罗德获得特定客户资产管理业务(以下简称“专户理财业务”)资格，并成功签署国内专户理财业务第一单和国内 QDII 专户第一单;2009 年 9 月 1 日，交银施罗德 5 只“一对多”专户资产管理业务全部获得中国证监会首批批复，并先后成功募集，目前公司专户理财各项业务运作顺利。截至 2009 年三季度末，交银施罗德旗下共管理着 11 只开放式基金(包括四只股票型基金、一只指数型 ETF 基金、一只 ETF 联接基金、一只混合型基金、一只 QDII 基金、一只债券型基金、一只货币市场基金和一只保本基金)以及特定客户资产管理专户，截至 2009 年第三季度末，基金资产管理规模 679.86 亿元，居行业第 9 位。

站在巨人肩上，我们将秉承百年传承的诚信，兼收千锤百炼的专业方法，勤勉尽责，规范运作，力争成为业绩出众、服务一流、深受投资者青睐的基金管理公司。

【公司大事记】

2005 年 09 月 29 日，首只基金——交银施罗德精选股票证券投资基金发行成功

2006 年 01 月 20 日，第二只基金、首只银行号货币基金——交银施罗德货币市场基金发行成功

2006 年 02 月 20 日，交银精选基金实现银行号基金的首次分红

2006 年 03 月 05 日，荣膺《大众证券》、新浪网“2005 年度最受市场关注金奖”

2006 年 04 月 18 日，荣膺《上海证券报》“中国最佳基金公司·最具潜力奖”，为获奖基金公司中最“年轻”的一家，也是唯一获奖的银行号基金公司

2006 年 04 月 21 日，荣膺《证券时报》“最具增长潜力基金公司奖”

2006 年 06 月 14 日，第三只基金——交银施罗德稳健配置混合型证券投资基金发行成功

2006 年 07 月 05 日，资产管理规模突破 100 亿

2006 年 08 月 11 日，成立一周年庆典暨首届交银施罗德投资理财论坛隆重举行

2006 年 10 月 23 日，第四只基金——交银施罗德成长股票证券投资基金发行成功

2006 年 10 月 27 日，资产管理规模达到 172.14 亿元

2007 年 3 月 15 日，交银施罗德网站推出了客户服务质量调查，并通过汇总客户意见，对网站、客服电话等方面进行了进一步完善，在此后修订完成了《交银施罗德客户服务手册》

2007 年 4 月 6 日，在《上海证券报》和中国证券网主办的第四届“中国最佳基金公司奖”评选中摘得“最佳管理团队奖”

2007 年 5 月 8 日，在“证券时报 2006 年度明星基金评选”中获得“2006 年明星基金公司新秀奖”

2007 年 8 月 1 日，公司第五只基金——交银施罗德蓝筹股票证券投资基金成功发行，1 天内申请认购金额突破 380 亿元

2007 年 11 月 2 日，在由“第一财经”发起，携手国内政府主管部门以及国际著名商学院、国际权威咨询机构，面向中国金融业的大型年度评选中，荣膺“2007 第一财经金融品牌价值榜十佳基金公司”

2007 年 11 月 22 日，经中国证监会批准，交银施罗德获得 QDII(合格境内机构投资者)资格，获准开展境外证券投资管理业务。

2008 年 1 月 11 日，在由证券时报社主办、安信证券协办的“2007 年度中国明星基金暨最佳托管银行评选”中，荣获“投资者教育明星基金公司奖”

2008 年 2 月 26 日，获得“特定客户资产管理业务”(专户理财)资格

2008 年 3 月 25 日，专户理财业务第一单落户交银施罗德，资产委托金额近亿元

2008 年 3 月 25 日，公司第六只基金、公司首只债券型基金——交银施罗德增利债券证券投资基金发行成功，发行规模超百亿，刷新同期基金发行纪录

2008 年 3 月 38 日，在《上海证券报》第五届“金基金”评选活动中，荣获“中国基金业十年特别贡献基金公司奖”

2008 年 4 月 19 日，在《中国证券报》举办的“2008 年金牛基金论坛”和“纪念中国证券投资基金业十周年暨第五届(2007 年度)中国基金业 金牛奖颁奖典礼”中，总经理莫泰山获得“中国基金业十周年特别奖

2008 年 5 月 21 日，为表达对四川汶川地震受难者的哀思和对灾区人民的援助，公司向地震灾区捐款 60 万元，员工募集善款 16.52 万元人民币

2008 年 6 月 13 日，由《南方都市报》主办、交银施罗德全程协办的“责任中国·环袋创意设计大赛”拉开帷幕

2008 年 8 月 15 日，公司第七只基金、首只海外投资基金——交银施罗德环球精选价值证券投资基金发行成功

2008 年 8 月 29 日 公司获准开发上证公司治理指数 ETF

基金产品

2008 年 10 月 24 日，感恩回报·放飞梦想——交银施罗德成立三周年庆典暨财富论坛隆重举行

2008 年 11 月 27 日，由《第一财经日报》发起的“2008 第一财经金融价值榜(CFV)”评选活动中，公司荣膺“年度投资回报奖”

2008 年 12 月 18 日，由搜狐理财频道主办，数字 100 市场咨询有限公司协办的“2008 搜狐金融理财网络盛典”中，公司荣获“2008 年最有影响力基金新产品奖 ”

2008 年 12 月 18 日，由新浪网主办的“新浪·康师傅 2008 网络盛典”中，交银稳健基金经理郑拓荣获“2008 年年度十大基金经理奖”

2009 年 1 月 8 日，由和讯网发起，中国证券市场研究设计中心等机构联合主办的大型网络评选活动“2008 年度第六届中国财经风云榜”中，公司荣获“2008 最具成长性的基金公司”

2009 年 1 月 12 日，由《中国证券报》主办的“第六届中国基金业金牛奖”评选揭晓，公司荣获“2008 年度金牛基金管理公司”

2009 年 1 月 14 日，由证券时报社主办、安信证券协办的“2008 年度中国明星基金暨最佳托管银行评选”结果揭晓，公司荣获“2008 年度十大明 星基金公司”、“基金公司明星管理团队”奖

2009 年 1 月 15 日，公司旗下第八只基金、公司首只保本基金——交银施罗德保本混合型证券投资基金成功结束发行，并实现了 2009 年基金销售末日比例配售的第一次

2009 年 3 月 10 日，公司获准开办专户境外资产管理业务

2009 年 3 月 27 日，公司在由《上海证券报》举办的第六届中国基金业“金基金”评选中荣获“最具创新精神奖”

2009 年 4 月 7 日，在中国证券投资基金年鉴举办的“2008 年度中国基金行业年度评选”中获得“最佳投资者服务奖”

【股东概况】

排序	股东名称	持股比例(%)
1	交通银行股份有限公司	65.00
2	施罗德投资管理有限公司	30.00
3	中国国际集装箱海运(集团)股份有限公司	5.00

交通银行始建于 1908 年(光绪三十四年)，是中国早期四大银行之一，也是中国早期的发钞行之一。2005 年，交通银行作为内地第一只在海外上市的银行股在香港成功挂牌上市，并于 07 年 A 股上市。交通银行是中国现有银行最早的一家全国性大银行，总行设在上海 。

施罗德集团是全球著名的资产管理公司之一，拥有 200 年悠久而辉煌的历史。施罗德专注于资产管理业务，是全球最大的上市纯基金管理公司之一，也是全球养老金和共同基金市场的引领者。业务遍及全球，在 25 个国家设有 34 家分支机构，聘用员工 2000 多名，规模和实力在全球的独立资产管理公司中屈指可数。施罗德精英云集，270 名基金经理和分析员荟萃其中。

中国国际海运集装箱(集团)股份有限公司(简称：中集集团)是全球规模最大的集装箱制造集团。初创于 1980 年 1 月，1994 年在深圳证券交易所上市。自 1996 年以来，中集集团的集装箱产销量一直保持世界第一，确立了在全球集装箱行业的世界级地位。

【旗下基金】

基金代码	基金简称	类型	基金经理
519588	交银货币 A	开放式	李家春
519589	交银货币 B	开放式	李家春
519688	交银精选	开放式	李立
519690	交银稳健	开放式	李立、华昕
519692	交银成长	开放式	周炜炜
519694	交银蓝筹	开放式	崔海峰
519080	交银债券 A	开放式	李家春
519682	交银债券 C	开放式	李家春
519696	交银环球	开放式	郑伟辉、陈思贤
519697	交银保本	开放式	张迎军
519698	交银先锋	开放式	史伟

【公司高管】

彭纯先生，董事长，博士学历。历任新疆财经学院讲师、教研室主任、科研处副处长、经济研究所副所长；新疆维吾尔自治区党委政研室副处长、处长；1994 年起历任交通银行乌鲁木齐分行副行长、行长，南宁分行行长，广州分行行长，交通银行总行行长助理；现任交通银行执行董事、副行长。

莫泰山先生，董事，总经理，硕士学历。历任中国证券监督管理委员会基金监管部副处长、办公厅主席秘书、基金监管部处长、交银施罗德基金管理有限公司副总经理。

吴建中先生，督察长，大专学历。历任交通银行宁波分行副行长、行长、交通银行风险资产管理部副总经理、总经理、交通银行宁波分行行长、党委书记。

建信基金管理有限公司

【基本情况】

法定名称：建信基金管理有限公司

英文名称：CCB Principal Asset Management Co. ,Ltd.

注册地址：北京市西城区金融大街 19 号 富凯大厦

办公地址：北京市西城区金融大街 7 号英蓝国际金融中心 16 层

法人代表：江先周

总 经 理：孙志晨

成立时间：2005 年 9 月 19 日

组织形式：有限责任公司

注册资本：2 亿元人民币

联系电话：010 - 66228888

客服热线：010 - 66228000 66228001

传真号码：010 - 66228889

邮政编码：100034

公司网址：www. ccbfund. cn

【公司概况】

建信基金管理公司成立于 2005 年 9 月，注册地在北京，注册资本金为 2 亿元人民币，由中国建设银行股份有限公司、美国信安金融集团、中国华电集团共同发起设立，持股比例分别为 65%、25% 及 10%，是国内首批由商业银行发起设立的基金管理公司。建信基金管理公司业务范围包括募集、管理证券投资基金业务，以及法律、法规允许或相关监管机关批准

的其他资产管理业务。

第一大股东建设银行是中国最早进行股份制改造的国有商业银行,并成功引进战略投资者—美洲银行。截至2006年底,建设银行的总资产达人民币5.4亿万元,实现营业收入1516亿元,税前利润657亿元。2006年,在《亚洲周刊》的亚洲银行300强排名中,在"利息收入净值最高的银行"和"纯利最高的银行"两项排名中均列首位,被誉为"亚洲最赚钱的银行"。2007年3月,在美国《福布斯》公布的2007全球上市公司2000强排行榜中,位列第69位。2007年4月,被香港《财资》评为"2007年度财资最佳公司治理企业"。2007年5月,被美国《环球金融》杂志评为"最佳新兴市场银行奖——2007年读中国最佳银行"。2007年6月,在英国《银行家》杂志公布的"中国银行100强"一级资本排名中,名列第3名。

公司外方股东信安集团成立于1879年,拥有128年金融服务经验。截至2006年底,管理资产规模达2570亿美元,在美洲、欧洲、澳洲、亚洲等地的成熟及新兴市场均有着丰富的资产管理经验。信安集团是全美国最大的团体寿险公司和最大的401(k)计划提供商,并入选美国《财富》杂志评选的500强公司。2005年,信安集团凭借其丰富的基金管理经验和优异的基金管理业绩摘得路透公司旗下权威基金评价机构利普公司(Lipper)的分类评级四个奖项中的"总体业绩"和"混和资产"两项桂冠。2006年1月,入选《福布斯》美国最优质大型企业"白金400"排行榜,信安金融集团名列第130位。其中,在综合金融行业中,信安金融集团获得五年期资本总体回报排名第四的殊荣。

中国华电集团公司是中国最大的电力集团之一,注册资本120亿元,截至2006年底,资产总额达到1980亿元。华电集团以发电为主体,煤炭、金融为两翼,坚持生产经营和资本经营并重。

【公司荣誉】

2009年

1月12日,建信货币市场基金荣获《中国证券报》等机构评选的"2008年度开放式货币市场金牛基金"奖。

1月14日,在由证券时报社主办的"2008年度中国明星基金暨最佳托管银行评选"中,公司荣获"2008年度投资者教育明星基金公司奖",建信稳定增利债券型基金荣获"2008年度新基金明星奖"。

3月27日,在由中国证券业协会主办的"2009年中国证券投资基金业年会"上,公司荣获2008年度中国基金行业"最具成长奖"。

2008年

1月16日,建信货币市场基金荣获《中国证券报》等机构评选的"2007年度开放式货币市场金牛基金"奖。

3月28日,建信基金管理公司荣获由《上海证券报》等机构评选的"金基金——社会责任奖"基金公司。

4月20日,建信基金管理公司在"《财富中国》-晨星网超级基金奖"的评选中荣获"2007最具潜力创富基金公司"。

【股东概况】

排序	股东名称	出资额(万元)	出资比例
1	中国建设银行股份有限公司	13000.00	65%
2	美国信安金融集团	5000.00	25%
3	中国华电集团公司	2000.00	10%

【旗下基金】

基金代码	基金简称	类型	基金经理
530001	建信价值	开放式	卓利伟
530002	建信货币	开放式	李菁、汪沛
530003	建信成长	开放式	曹雄飞、田擎
530005	建信优化	开放式	汪沛
530009	建信强债A	开放式	钟敬棣、李菁、卓利伟
531009	建信强债C	开放式	钟敬棣、李菁、卓利伟
530008	建信债券	开放式	汪沛 钟敬棣 黎颖芳
530006	建信精选	开放式	田擎
165309	建信沪深300	开放式	梁洪昀
150003	建信优势	创新封闭式	徐杰

【公司高管】

江先周先生,董事长。1986年获财政部财政科学研究所经济学硕士学位。1993年获英国Heriot-Watt大学商学院国际银行金融学硕士学位,1999年参加哈佛商学院高级管理培训项目(PMD74)。历任中国建设银行行长办公室副处长,中国建设银行国际业务部处长,中国建设银行行长办公室副主任,中国建设银行国际业务部副总经理,中国建设银行基金托管部总经理,中国建设银行基金托管部总经理兼机构业务部总经理,中国建设银行基金托管部总经理。

孙志晨先生,总经理、执行董事。1985年获东北财经大学经济学学士学位。历任中国建设银行总行筹资部证券处副处长,建设银行总行筹资部、零售业务证券处处长,中国建设银行零售业务部证券处处长,中国建设银行个人银行业务部债券登记与交易中心处长,建设银行总行个人银行业务部、个人金融业务部副总经理。

路彩营女士,督察长。1979年毕业于河北大学经济系计划统计专业。历任中国建设银行副主任科员、主任科员、副处长、处长,华夏证券部门副总经理、重庆审计特派办总经理,宝盈基金管理公司首席顾问(公司副总经理级),建信基金管理公司监事长。

信诚基金管理有限公司

【基本情况】

法定名称:信诚基金管理有限公司

注册地址:上海市浦东陆家嘴东路166号中国保险大厦8楼

办公地址:上海市浦东陆家嘴东路166号中国保险大厦8楼

法人代表:张翔燕

总　经　理:王俊锋

成立时间:2005年01月12日

公司性质:合资

注册资本:20000万元

联系电话:021-68649788

传真号码:021-51085168

邮政编码:200120

公司网址:www.citicprufunds.com.cn

【公司概况】

信诚基金管理有限公司是由中国中信集团旗下中信信托有限责任公司(以下简称中信信托)、英国保诚集团股份有限公司(以下简称英国保诚集团)和中新苏州工业园区创业投资有限公司(以下简称中新创投)共同投资的一家中外合资基金管理公司。公司成立于 2005 年 9 月,注册资本人民币 2 亿元。其中,中信信托和英国保诚集团各持股权 49%,中新创投持股 2%。

成立 3 年多来,信诚基金已经成功发行了六只基金产品,包括三只股票型基金、一只混和型基金和两只债券型基金,建立了相对完整的产品线。截至 2009 年第一季度末,公司公募资产管理规模为 116.2 亿元。根据银河证券对基金公司的综合投资能力排名,在 57 家可比基金公司中,信诚基金 2008 年度的股票投资管理能力排名第 5。

信诚基金同时还担任保诚 QFII 账户、信诚人寿投资连接险账户以及中信银行多个银行理财产品的投资顾问。截至 2008 年底,由信诚基金担任投资顾问的受托资产规模达 128.51亿元。根据国金证券的统计,截至 2008 年 12 月底,由信诚基金担任投资咨询顾问的信诚人寿投连险账户中,积极成长和成长先锋账户 2008 全年业绩在同类 24 只股票型账户中名列第 1 第 2,同时策略成长账户的全年业绩在 13 只偏股型账户中排名第 1。

【公司大事纪】

2009 年 8 月 26 日,信诚优胜精选股票型基金基金合同生效,募集份额达 23.56 亿

2009 年 3 月 11 日,信诚经典优债债券型基金基金合同生效,募集份额达 15.64 亿

2008 年 9 月 27 日,信诚三得益债券型基金基金合同生效,募集份额达 19.92 亿

2008 年 6 月 4 日,信诚盛世蓝筹股票型基金基金合同生效,募集份额达 4.56 亿

2006 年 11 月 27 日,信诚精萃成长股票型基金正式成立,募集份额达 32.7 亿。

2006 年 4 月 29 日,信诚四季红混合型证券投资基金成立,募集规模 30.06 亿...

2006 年 3 月,信诚首只开放式基金信诚四季红混合型基金获准发行。

2005 年 9 月 30 日,信诚基金管理有限公司获准成立

【股东概况】

排序	股东名称	持股数量(万股)	持股比例(%)
1	中信信托投资有限责任公司	9800.00	49%
1	英国保诚集团股份有限公司	9800.00	49%
2	中新苏州工业园区创业投资有限公司	400.00	2%

中信集团诞生于改革开放之初,1979 年 10 月经邓小平倡导和批准,由前国家副主席荣毅仁创办。中信集团是国际化大型跨国企业集团、中国最大的投资公司之一、中国经济对外开放的重要窗口。截至 2005 年年底,总资产达 7,994 亿人民币。中信集团旗下中信控股公司是中国首家金融控股公司,投资范围覆盖银行、证券、信托、保险、期货、基金等所有金融领域,是国内最具代表性的金融控股平台。信诚基金发起股东中信信托是经原中国人民银行批准成立的全国性非银行金融机构,在中信兴业信托投资公司基础上重组、改制而来,并承接了中信集团的所有信托类资产、负债及业务,是银监会直接监管的三家全国性信托投资公司之一。

英国保诚集团于 1848 年在伦敦创立,是一家国际领先的全球金融服务机构,在英国、美国、欧洲和亚洲市场提供人寿保险和基金管理服务。截至 2006 年 12 月 31 日,保诚集团管理下的全球基金资产已超过 4,900 亿美元,全球客户超过 2100 万。保诚集团在亚洲有 80 多年历史,现已在亚洲 12 个市场经营寿险业务,10 个市场经营基金管理业务,为客户提供金融服务,是亚洲最大的欧资人寿保险公司和杰出的基金管理人。

2000 年 10 月,中信集团和英国保诚携手在华成立信诚人寿保险有限公司,现已在中国 21 个城市开展业务,成为拥有最多经营牌照的合资寿险公司,并以优异的市场表现、杰出的专业化运作实力获选"世界金融实验室年度大奖"暨"2005 中国十大最受赞赏的保险公司"奖项。(《世界经理人》周刊网站、世界金融实验室,人民网经济频道、新浪财经频道、华尔街电讯网站联合评选)

【旗下基金】

基金代码	基金简称	类型	基金经理
550001	信诚四季红	开放式	管华雨
550002	信诚精萃成长	开放式	吕宜振
550003	信诚蓝筹	开放式	张锋
550004	信诚三得益 A	开放式	毛卫文、王国强
550005	信诚三得益 B	开放式	毛卫文、王国强
550006	信诚优债 A	开放式	王国强
550007	信诚优债 B	开放式	王国强
550008	信诚优胜精选	开放式	黄小坚

【公司高管】

张翔燕女士,董事长,硕士学位。历任中信银行总行营业部副总经理、综合计划部总经理,中信银行北京分行副行长、中信银行总行营业总部副总经理,中信证券股份有限公司副总经济师,中信控股有限责任公司风险管理部总经理。现任中信控股有限责任公司副总裁。

王俊锋先生,总经理、首席执行官,工商管理硕士。历任国泰基金管理有限公司市场部副总监、华宝兴业基金管理有限公司市场总监、瑞银环球资产管理(香港)有限公司北京代表处首席代表、瑞银证券有限责任公司资产管理部总监。现任信诚基金管理有限公司总经理、首席执行官。

唐世春先生,督察长,法学硕士,历任北京天平律师事务所律师;国泰基金管理有限公司监察稽核部法务主管;友邦华泰基金管理有限公司法律监察部总监、总经理助理兼董事会秘书。2007 年 6 月 1 日加入信诚基金管理有限公司。现任信诚基金管理有限公司督察长。

汇丰晋信基金管理有限公司

【基本情况】

法定名称:汇丰晋信基金管理有限公司

英文名称:HSBC Jintrust Fund Management Company Limited

注册地址:上海市浦东新区富城路 99 号震旦大厦 35 楼 01、02、04 室

办公地址:上海市浦东新区富城路 99 号震旦大厦 35 楼

法人代表:杨小勇

总 经 理:李选进

成立时间:2005 年 11 月 16 日

组织形式:有限责任公司

注册资本:2 亿元人民币
联系电话:021 - 38789898
客服热线:021 - 38789899
传真号码:021 - 38789899
邮政编码:200120
公司网址:www.hsbcjt.cn

【公司概况】

汇丰晋信基金管理有限公司以上海为注册地,注册资本为人民币2亿元(约等于2,470万美元)。外方——汇丰投资管理出资人民币9,800万元(约1,200万美元)参股合资公司的49%股权,其余51%股权由山西信托持有。

山西(晋)是中国近代金融业的发源地。"晋商"自先秦晋国时期就已出现,到明代中叶,成为与南方徽帮实力相抗衡的经济集团。到清朝中叶,山西商人向金融业发展,咸丰同治时期山西票号几乎独占全国的汇兑业务,成为执全国金融业牛耳的强大商业金融资本集团。晋商的成功,不仅在于天时、地利,更在于人和。晋商恪守诚信待人、艰苦创业、不断创新的经营理念,创造出享誉天下的山西票号。诚信,勤勉,创新,正是晋商,也是山西信托最重要的企业文化。山西信托有限责任公司是国内表现优秀的信托投资公司之一,于1985年由山西省政府出资设立,现为山西省内最大的非银行金融机构。截至2006年12月31日,山西信托自有资产总额39.79亿元,管理信托资产52.77亿元。山西信托管理信托资产、承销政府和公司债券,并且为多个机构代管资产,其业务范围涵盖集合资金信托、房地产信托、股权信托等。自成立以来,山西信托恪尽职守,履行诚实、信用、谨慎、有效管理的义务,稳健经营,走过信托业的高低起伏,在业内享有良好的声誉。

汇丰投资管理是汇丰集团的核心环球投资服务平台,竭力为个人和机构客户提供投资方案。汇丰投资管理凭借积极投资、量化与结构产品各方面的投资专才,结合经多重基金经理甄选的出类拔萃投资经理为客户服务。截至2005年8月31日为止,汇丰投资管理旗下管理的资产总值已超越2,560亿美元。

【股东概况】

排序	股东名称	出资额(万元)	出资比例
1	山西信托投资有限责任公司	10200.00	51%
2	汇丰投资管理(英国)有限公司	9800.00	49%

【旗下基金】

基金代码	基金简称	类型	基金经理
540001	汇丰2016	开放式	冯烜
540002	汇丰龙腾	开放式	林彤彤
540003	汇丰策略	开放式	王春
540004	汇丰2026	开放式	蔡立辉
540005	汇丰增利	开放式	朱文辉
540006	汇丰大盘	开放式	林彤彤、王品

【公司高管】

杨小勇先生,董事长,硕士学历。曾任山西省委组织部正处级干部、山西省信托投资公司副总经理。现任山西省国信投资(集团)公司副总经理和山西信托投资有限责任公司副董事长。

李选进先生,总经理,硕士学历。曾任怡富证券(台湾)有限公司董事长特别助理、怡富集团(台湾)台湾区负责人特别助理、电子商务部经理、怡富基金有限公司电子商务及项目发展部经理、业务拓展总监和汇丰投资管理(香港)有限公司董事兼亚太区企业拓展及中国事业主管。

赵隽扬先生,督察长,硕士学历。曾任渣打银行上海分行业务主任、荷兰银行上海分行财务总监、瑞士信贷第一波士顿银行股份有限公司上海分行合规主管。

益民基金管理有限公司

【基本情况】

法定名称:益民基金管理有限公司
注册地址:重庆市渝中区上清寺路110号
办公地址:北京市宣武区宣外大街6号庄胜广场中央办公楼南翼13A
法人代表:翁振杰
总 经 理:祖　煜
成立时间:2005 - 12 - 12
公司性质:中资
注册资本:10000万元
联系电话:010 - 63105556
传真号码:010 - 63100588
邮政编码:100052
公司网址:www.ymfund.com

【公司概况】

益民基金管理有限公司,是2005年12月1日经中国证监会(证监基金字【2005】192号)批准设立的,注册资本1亿元人民币,注册地为重庆市。目前,公司主要办公场所在北京市宣武区。公司的经营范围主要是发起设立基金、基金管理业务和中国证监会批准依法从事的其他业务。

公司由重庆国际信托有限公司、中国新纪元有限公司和中山证券有限责任公司共三家公司发起设立,依次占股49%、31%、20%。

公司注重以人为本的企业文化,"以人为本,章制为纲,自律勤勉"是我们秉承的管理思想。公司将本着诚实信用、勤勉尽责的职业操守,以优秀的人才,科学的管理,为基金投资者提供优秀的服务,为中国证券市场和基金业的繁荣发展做出应有的贡献。

2007年5月8日,益民基金管理公司旗下的益民红利成长基金累计净值超过2元,距该基金成立仅168天,共110个交易日,刷新了新基金净值"翻倍"的最快纪录。2008年年初,益民基金公司荣获《参考消息.北京参考》2007年"金融理财大擂台最佳人气奖"。2008年3月,益民红利成长基金在中国银河证券开放式基金评选中被评选为"五星级优质基金"。2008年4月8日,益民基金公司荣获由北青报联合中国银河证券基金研究中心共同举办的首届北青基金年度财星榜"金牌竞争团队"奖荣誉称号。2008年12月,益民基金获《搜狐理财2008金融理财网络盛典》评定的"最有影响力基金公司风险提示奖"。2008年12月,益民多利债券基金荣获银河证券基金研究中心和北京青年报联合评定的"2008年度金牌债券基金奖"。

【公司大事记】

2005年12月29日 益民基金管理有限公司成立

2006 年 05 月 23 日 益民基金管理公司北京分公司成立

2006 年 06 月 27 日 益民货币市场基金发行

2006 年 10 月 23 日 益民红利成长混合型证券投资基金发行

2007 年 05 月 08 日 益民红利成长基金累计净值 2.0265 元,距该基金成立仅 168 天,刷新了新基金净值“翻倍”的最快纪录。

2007 年 06 月 04 日 推出免费服务热线 400－6508808

2007 年 07 月 11 日 益民创新优势混合型证券投资基金成立

2008 年 05 月 21 日 益民多利债券基金成立

2009 年 6 月 27 日 益民基金公司股权变更。股东及其持股比例分别为:重庆国际信托有限公司 49%、中国新纪元有限公司 31%、中山证券有限责任公司 20%。

【股东概况】

排序	股东名称	持股数量(万股)	持股比例(%)
1	重庆国际信托投资有限公司	4900.00	30%
2	中国新纪元有限公司	3100.00	25%
3	中山证券有限责任公司	2000.00	20%

【旗下基金】

基金代码	基金简称	类型	基金经理
560001	益民货币	开放式	田　敬
560002	益民红利成长	开放式	熊　伟
560003	益民创新优势	开放式	高广新
560005	益民债券	开放式	田　敬

【公司高管】

翁振杰:董事长,男,汉族,1962 年 10 月生,硕士,高级经济师,1983 年参加工作,重庆市第三届人大常委。曾任解放军通信学院教官,北京中关村科技发展(控股)股份有限公司副总经理。现任重庆国际信托有限公司首席执行官,重庆三峡银行董事长,益民基金管理有限公司董事长。

祖煜先生:总经理,男,1964 年生,硕士,历任原上海万国证券公司国际业务部高级项目经理、华安证券有限责任公司国际业务部负责人、广发证券股份有限公司国际业务总部副总经理、天治基金管理有限公司副总经理、董事、总经理,2009 年 12 月始任益民基金管理有限公司总经理。

刘伟:督察长,男,经济学硕士,曾任山西省计划与发展委员会助理研究员、光大国际投资咨询公司部门经理、总经理助理、光大期货经纪有限公司副总经理、中信证券股份有限公司研究部研究员、重庆国际信托投资有限公司基金管理部总经理。2005 年 12 月始任益民基金管理有限公司督察长。

华商基金管理有限公司

【基本情况】

公司名称:华商基金管理有限公司

办公地址:北京市西城区阜成门北大街 6 号国际投资大厦 C 座 15 层

法人代表:李晓安

总 经 理:王　锋

成立日期:2005 年 12 月 20 日

注册资本:1 亿元人民币

存续期间:持续经营

联系电话:010－58553000

客服热线:400－700－8880/010－58553055

传真号码:010－66090700

邮政编码:100034

公司网址:www.hsfund.com

【公司概况】

华商基金管理有限公司经中国证监会证监基金字【2005】160 号文批准设立,成立于 2005 年 12 月 20 日,注册地为北京市,注册资本 1 亿元人民币。华商基金管理有限公司的股东分别为华龙证券有限责任公司、中国华电集团财务有限公司、济南钢铁集团总公司。公司的经营范围包括发起设立和管理基金,是一家为客户提供专业理财服务的资产管理机构。

公司秉承“价值发现、回向社会”的企业理念,坚守“基金份额持有人利益至上”的价值准则,建立了完善的治理结构,管理科学,决策严谨,并以“为投资者实现最大资本增值”为的使命。

“以人为本”是华商基金公司的生存和发展之道,公司聚集国内一批高素质、有经验的投资理财专家,大部分员工具有在投资领域长期工作的经历,全公司员工学历结构为:博士:22.6%,硕士:41.9%,学士:35.5%。

【公司大事记】

2005 年 12 月 20 日,华商基金管理有限公司成立。

2007 年 4 月 24 日,华商基金公司第一只基金华商领先企业基金开始认购。

2007 年 5 月 15 日,华商领先企业基金成立。

2008 年 5 月 16 日,华商基金公司旗下的第二只产品——华商盛世成长基金获中国证监会证监许可[2008]705 号文批准募集。

2008 年 9 月 23 日,华商盛世成长基金成立。

2008 年 10 月 31 日,华商基金公司旗下的第三只产品——华商收益增强基金获中国证监会证监许可[20081250 号文批准募集。

2009 年 1 月 23 日,华商收益增强基金成立。

【股东概况】

排序	股东名称	持股比例(%)
1	华龙证券有限责任公司	46.00
2	中国华电集团财务有限公司	34.00
3	济南钢铁集团总公司	20.00

【旗下基金】

基金代码	基金简称	类型	基金经理
630001	华商领先	开放式	王锋
630002	华商盛世	开放式	庄涛 梁永强 孙建波
630003	华商强债 A	开放式	毛水荣
630103	华商强债 B	开放式	毛水荣
630005	华商动态阿尔法	开放式	梁永强

【公司高管】

李晓安：董事长清华大学 EMBA。历任天水市信托投资公司办公室主任、副总经理、总经理、党委书记，天水市财政局副局长、局长、党组书记，现任华龙证券有限责任公司董事长兼总裁。

王锋：副总经理。男，工学学士、经济学硕士。曾任博时基金管理公司研究部研究员、基金管理部基金经理助理，云南国际信托投资管理有限公司资产管理总部执行总经理等职务。自 2009 年 7 月华商基金管理有限公司第二届董事会第二次会议通过，王锋代为履行公司总经理职务，代为履行公司总经理职务的时间不超过 90 日。

程丹倩：督察长 工商管理硕士，会计师。曾任职中国经济开发信托投资公司证券总部计财部和证券投资部。

中邮创业基金管理有限公司

【基本情况】

法定名称：中邮创业基金管理有限公司

注册地址：北京市海淀区西直门北大街 60 号首钢国际大厦 10 层

办公地址：北京市海淀区西直门北大街 60 号首钢国际大厦 10 层

法人代表：俞昌建

总 经 理：周 克

成立时间：2006－05－08

组织形式：有限责任公司

注册资本：1 亿

联系电话：010－82295160

传真号码：010－82295160

邮政编码：100088

公司网址：www.postalfund.com

【公司概况】

经中国证监会批准，中邮创业基金管理有限公司于 2006 年 5 月 8 日在北京正式成立。中邮创业基金主要从事于证券投资基金的发起、发行、设立与管理业务。注册资本 1 亿元人民币，注册地为北京。核心股东为：首创证券有限责任公司、中国邮政集团公司。

成立以来，中邮创业基金先后设立、管理三支开放式证券投资基金，取得了较好的经营业绩。

2006 年，中邮创业基金获得《大众证券》、新浪网"基金公司最快进步奖"，被评为"十佳基金公司"。2007 年，中邮创业基金荣获《上海证券报》"中国最佳基金公司最具潜力奖"，《证券时报》"明星基金公司新秀奖"，《理财周报》"最具发掘力基金公司"、"最佳回报基金公司"，《南都周刊》、《南方都市报》、《证券日报》"中国最佳创富基金公司"，在《大众理财顾问》"中国最受投资者青睐的基金公司"评选中获"最具价值奖"。

"中邮核心优选"证券投资基金荣获《中国证券报》"2007 年度金牛基金奖"，荣登《南都周刊》、《南方都市报》、《证券日报》"2007 年度新秀基金状元榜"，被评为《新闻晨报》、《中国解放传媒》"十大新秀基金"。

本着及时回报投资者的原则，自 2006 年 9 月 28 日"中邮核心优选"证券投资基金成立以来，16 个月内实现分红 12 次，每 10 份基金份额累计分红 12.2 元。2007 年 8 月 17 日，"中邮核心成长"证券投资基金正式设立。

中邮创业基金拥有一支谙熟中国资本市场，具有丰富投资与研究经验，具备高水准职业操守的投研团队。截至 2008 年 7 月，中邮创业基金的投资和研究人员占公司员工总数的 21% 以上，全部具有硕士以上学历和多年金融从业经验。中邮创业基金投研团队锐意进取，力求以专业智慧实现投资理念、研究成果对投资绩效的强有力支持，努力实现基金资产的长期稳健增值。

为保证公司规范化运作，有效防范和化解经营风险，促进公司诚信、合法、有效经营，保护基金份额持有人和股东的合法权益，中邮创业基金建立了科学、严密、高效的内部控制体系，风险管理涵盖公司各部门、各岗位和各项业务流程。公司基金资产、自有资产与其他资产运作分离，在敏感岗位从物理上和制度上设置严格的防火墙隔离。督察长和监察稽核部对公司内部控制和风险管理制度的执行情况进行检查和监督。

针对基金管理业务的特点，中邮创业基金设立顺序递进、权责分明、严密有效的三道监控防线，防范化解基金募集和运作过程中的风险，充分保护基金份额持有人的合法权益：

1、建立以各岗位目标责任制为基础的第一道监控防线。

2、建立相关部门、相关岗位之间相互监督的第二道监控防线。

3、建立以督察长、监察稽核部对各岗位、各部门、各机构、各项业务全面实施监督反馈的第三道监控防线。

中邮创业基金以人为本，积极营造"真诚沟通、和谐互助、快乐工作、快乐生活"的文化氛围，将员工个人职业发展与公司发展紧密结合，建立起一套行之有效的与员工贡献相匹配的长效激励机制和可持续的人才培养机制，保证了公司竞争力的稳定和持久。

【股东概况】

排序	股东名称	持股数量（万股）	持股比例（%）
1	首创证券有限责任公司	2800.00	28%
2	国家邮政局	2400.00	24%
2	北京长安投资有限公司	2400.00	24%
2	中泰信用担保有限公司	2400.00	24%

首创证券有限责任公司隶属于北京首都创业集团有限公司。首都创业集团是直属北京市的国有独资大型企业，截至 2004 年底，总资产达 452 亿元，为全国 500 强企业之一。

国家邮政局是主管全国邮政行业以及管理全国邮政企业的机构。主要的经营范围包括国际国内公共邮政业务、邮政储蓄汇兑、各种邮政增值业务等。到 2005 年末，邮政储蓄存款余额超过 1．3 万亿元，存款余额位列全国第 5 位，市场占有率目前已经达到 9．56%，邮政储户数量达到 2．7 亿户，全国办理邮政储蓄的网点达到 3．6 万多处，联网自动柜员机（ATM）6000 余台，邮政储蓄"绿卡"累计发放 9 千多万张，拥有的银行卡用户量居全国第 4 位。

【旗下基金】

基金代码	基金简称	类型	基金经理
590001	中邮核心优选	开放式	王海涛
590002	中邮核心成长	开放式	盛军
590003	中邮核心优势	开放式	李安心

【公司高管】

俞昌建先生，董事长，中共党员，高级会计师。曾任北京化工集团财务审计处副处长、北京航宇经济发展公司副总经理，现任北京首都创业集团财务部经理、财务总监，兼任首创证券有限责任公司董事长。

周克先生，中共党员，硕士研究生，12 年金融从业经历。曾任中信实业银行总行开发部副总经理、首创证券有限公司副总经理，现任中邮创业基金管理有限公司总经理。

郭建华先生，硕士研究生，10 年证券从业经历。曾任长城证券有限公司研发中心总经理助理、长城证券有限公司海口营业部总经理。现任中邮创业基金管理有限公司督察长。

信达澳银基金管理有限公司

【基本情况】

公司名称：信达澳银基金管理有限公司

英文名称：First State Cinda Fund Management Co. , Ltd.

注册地址：广东省深圳市福田区深南大道 7088 号招商银行大厦 24 楼

成立日期：2006 年 6 月 5 日

注册资本：壹亿元人民币

企业类型：中外合资经营

法定代表：何加武

总 经 理：王重昆

办公电话：0755 – 83172666

客服电话：400 – 8888 – 118 或 0755 – 83160160

传真号码：0755 – 83196151

邮政编码：518040

网址：www. fscinda. com

【公司概况】

信达澳银基金管理有限公司由中国信达资产管理公司和澳洲联邦银行的全资附属公司康联首域集团共同发起，是国内首家由国有资产管理公司控股的基金管理公司，也是澳洲在中国合资设立的第一家基金管理公司。

公司注册地点在中国深圳，注册资本 1 亿元人民币，其中中国信达资产管理公司出资 5400 万元人民币，占 54%；康联首域集团有限公司出资 4600 万元人民币，占 46%。

公司中方股东中国信达资产管理公司成立于 1999 年 4 月 20 日，是经国务院批准设立的我国第一家金融资产管理公司，注册资金 100 亿元。在全国设有 31 个分支机构，旗下公司包括：华建国际集团有限公司、中润经济发展有限责任公司、汇达资产托管有限责任公司、信达澳银基金管理有限公司、信达证券股份有限公司、幸福人寿保险股份有限公司和信达信托投资有限公司等多家公司。在国家有关部门的大力支持下，中国信达资产管理公司已逐步构建完成实力雄厚的“信达系”金融控股平台。

公司外方股东康联首域集团为澳洲联邦银行的全资附属公司，广泛用于康联首域环球资产管理的业务。康联首域环球资产管理是澳洲最具规模的澳洲资金资产管理机构，涉及亚太及全球新兴市场、全球资源和全球股权、房地产证券以及基础设施等广泛的领域。其旗舰基金“首域中国增长基金”于 1999 年在香港成立，截至 2007 年 9 月 28 日净值增长率超过 900%，其过去 5 年的业绩在全球同类基金产品中名列第一。截至 2007 年 6 月 30 日，康联首域集团为全球投资者管理的资产超过 1,397 亿澳元（1,185 亿美元），并在悉尼、伦敦、爱丁堡、香港、新加坡和印度尼西亚均设有分支机构。澳洲联邦银行成立于 1911 年，曾是澳洲的中央银行。今天的澳洲联邦银行在澳洲综合金融服务方面占领先地位，并且是澳洲股票交易所最大的上市公司之一。截至 2007 年 6 月 30 日，澳洲联邦银行的资产规模达 5,824 亿澳元（4,941 亿美元）。

公司建立了健全的法人治理结构，根据《中华人民共和国公司法》的规定设立了股东会、董事会和执行监事。股东会层面设立公司咨询委员会，董事会层面设立风险控制委员会和薪酬考核委员会两个专门委员会，并建立了独立董事制度。公司总经理负责公司的日常运作，并由各委员会包括投资审议委员会和风险管理委员会协助其议事决策。

公司致力于通过完善治理结构，健全绩效评价与激励机制，强化董事和管理团队的诚信勤勉义务和责任，建立良好的内部关系，提高经营者及员工的积极性，为基金投资者和全体股东创造良好的回报。

【经营业绩】

作为中外合资基金公司，信达澳银基金管理公司在借鉴外方股东成熟经验，结合中国市场特点的基础上，成功设计了公司的第一支基金产品——“信达澳银领先增长股票型证券投资基金”。该产品于 2007 年 2 月获得中国证监会批准募集。2007 年 3 月 5 日，信达澳银领先增长股票型证券投资基金仅用一个工作日就完成了首次发行募集工作，募集规模近 90 亿基金份额。创下了中国基金业新公司新基金发行首日即以接近目标上限结束募集的新记录，树立了公司的市场形象，提高了品牌知名度。

公司建立了投研一体化的基金投资运作体系，形成了独具特色的投资研究模式和投资理念，汇聚了一批优秀的、拥有丰富从业经验的投资研究人才，为今后基金投资运作实践奠定了良好的基础。公司在外方股东康联首域集团的大力支持下，创建了一套以纯粹“自下而上”方式精选股票为理念，以科学分工、合理授权为组织方式的具有信达澳银特色的投资管理模式。从基金合同生效日 2007 年 3 月 8 日至 9 月 30 日，公司首只基金信达澳银领先增长基金份额净值增长至 1.9061 元，在今年成立的所有基金中名列前茅。

公司建立了安全高效、风险可控的基金后台运营保障系统，为公司基金业务展开奠定了良好的硬件基础。一是对公司信息技术系统进行了优化，为公司日常办公运转以及基金投资运作、市场营销等业务全面展开建立了较为完善的信息技术保障体系。二是建立了合理高效、风险可控的基金清算和基金会计业务流程。三是建立了较为完善的客户服务体系，制订了较为全面的客户服务制度和服务手册，形成了一套规范的客户服务流程。

信达澳银基金管理公司将秉持“规范、诚信、创新、回报”的经营理念，以“好公司、好团队、好产品、好回报”为发展目标，成为投资者信任的基金管理人。

【公司大事记】

2006 年

4 月 17 日，公司取得中国证监会下发的《关于同意设立信达澳银基金管理有限公司的批复》。

5 月 16 日，公司取得商务部批准证书，获准成立中外合资公司。

6 月 5 日，公司在国家行政工商管理总局正式注册登记成立。公司注册及办公地址设在深圳市福田区深南大道 7088 号招商银行大厦 24 楼。

7 月 20 日，公司开业庆典及揭牌仪式在北京人民大会堂隆重举行，澳大利亚驻华大使、中国人民银行、财政部、银监会、证监会等部门的领导同志以及相关金融机构的负责人出席了成立仪式。

9 月 16 日至 17 日，公司组织全体员工在深圳葵涌长城渡假村进行 2006 年度拓展训练活动。

11 月 11 日至 12 日，由中国信达资产管理公司主办、信达澳银基金管理有限公司承办的《证券投资基金概论与投资业务培训班》在河北香河中信国安第一城国际会议中心成功举办。证券监管部门、中国建设银行基金托管部、个人金融部的领导出席本次培训，并亲自授课，中国信达资产管理公司总公司以及信达澳银基金管理有限公司的领导和员工共一百余人参加了本次培训。

2007 年

1 月 4 日至 5 日，公司在河北三河京东第一温泉度假村成功举办《信达澳银领先增长基金代理工作座谈会》，邀请到中国建设银行个人金融部及托管部领导以及各重点分行负责人参加。

1 月 18 日，公司客户服务中心开始启动客户服务业务，服务内容主要包括受理咨询热线、网站留言、IVR 语音留言及电子邮件等项目。

2 月 28 日，公司旗下第一只基金信达澳银领先增长股票型证券投资基金获得中国证监会核准，于 3 月 5 日起开始销售，此次发行限量 90 亿。

3 月 5 日，信达澳银领先增长基金发行首日即告罄，创造了国内基金业新公司新基金一日就以发行上限结束募集的记录。

3 月 5 日 中国建设银行股份有限公司、宏源证券股份有限公司、招商证券股份有限公司、中信建投证券有限责任公司、申银万国证券股份有限公司、中国银河证券有限责任公司、海通证券股份有限公司、联合证券有限责任公司、广发证券股份有限公司开始代理销售信达澳银领先增长基金。

3 月 5 日，公司与中国建设银行合作，正式推出面向建行储蓄卡个人持卡人的基金网上交易业务。

3 月 8 日，信达澳银领先增长基金正式成立。募集首日净销售额为 8，334，367，918.42 元人民币，有效认购户数为 187，642 户。

3 月 9 日，公司在全景网络成功举行了信达澳银领先增长基金成立暨基金管理运作沟通交流会。

3 月 16 日，经中国证监会批准，并经北京市工商管理局批准注册，北京分公司公告成立。北京分公司的经营范围为基金销售和公司授权的其他业务，办公地址在北京市西城区月坛北街 26 号恒华国际大厦写字楼 606 室。

4 月 24 日至 27 日及 5 月 22 日至 25 日，公司在海南三亚天域酒店为中国建设银行 37 家分行分别举办了两场《信达澳银领先增长股票型证券投资基金代理工作座谈会》。

5 月 8 日，信达澳银领先增长基金开始办理日常申购赎回业务，同时国泰君安股份有限公司、国信证券有限责任公司开始代理销售信达澳银领先增长基金。

5 月 18 日，公司开通全国统一客服电话：400 – 8888 – 118。

5 月 22 日，公司正式开通手机短信及电子邮件服务平台，手机短信平台号码：62958118。通过手机短信和电子邮件把基金交易确认、分红、重要公告等相关信息传达给投资者。同时，投资者还可即时查阅持有基金净值、账户余额等信息。

5 月 30 日，公司第二季度基金持有人信息反馈活动抽奖仪式于在公司深圳总部举行。共抽取一、二、三等奖共 17 个获奖号码。其中，一等奖 3 名，获价值为 3000 元的奖品；二等奖 4 名，获价值 2000 元的奖品；三等奖 10 名，获价值 300 元的奖品。

6 月 15 日至 17 日，公司在珠海海泉湾度假城举办公司 2006 年工作及首支基金发行总结暨表彰会议，其中有一人荣获特别贡献奖，八人获得优秀员工奖。

6 月 30 日，信达澳银领先增长基金单位净值达 1.3484 元，基金总份额达 10，566，169，288.03 份，净资产规模为 14，247，781，974.09 元。

8 月 1 日，公司开始通过中国建设银行办理信达澳银领先增长基金的定期定额投资业务。

8 月 28 日，公司与中国银联（ChinaPay）合作，正式推出面向兴业银行借记卡、上海浦东发展银行借记卡、中信银行借记卡和银联跨行转账业务银行卡个人持卡人的基金网上交易业务。

9 月 12 日，公司开通投资者交流论坛。投资者在论坛成功注册并登录后，即可使用发贴、回贴、搜索、论坛短消息、上传和下载附件等论坛基本功能。

9 月 14 日至 16 日，公司组织全体员工在北京密云云湖渡假村进行 2007 年度军事拓展活动。9 月 24 日，公司与广州银联网络合作，推出面向中国银行广东分行借记卡个人持卡人的基金网上交易业务。

9 月 25 日，深圳平安银行开始代理销售信达澳银领先增长基金。

9 月 28 日，兴业证券股份有限公司、湘财证券有限责任公司开始代理销售信达澳银领先增长基金。

9 月 30 日，信达澳银领先增长基金单位净值已达 1.9061 元，基金总份额达 11，507，067，560.97 份，净资产规模为 21，933，279，643.47 元。

10 月 10 日，天相投资顾问有限公司开始代理销售信达澳银领先增长基金。

10 月 26 日，信达澳银第三季度基金份额持有人信息反馈活动抽奖仪式在公司深圳总部举行，公司总经理李克难先生亲自开奖，共抽取两个组别共 27 个获奖号码。

11 月 8 日至 11 日，公司参加了在北京展览馆举行的第三届北京国际金融博览会。作为 06 年成立、崭露头角的新秀基金公司，首次参展即受到了普通投资者的广泛认可。展台前人气鼎盛，获得第三届北京金博会“杰出表现奖”。

11 月 16 日，华龙证券有限责任公司开始代理销售信达澳银领先增长基金。

12 月 20 日，由搜狐财经频道主办、数字 100 市场咨询有限公司协办的“搜狐财经 2007 金融理财证券财经网络盛典”颁奖典礼在京举行，信达澳银领先增长股票型证券投资基金获得“2007 年最受欢迎基金新产品”奖。

2008 年

2008 – 1 – 11 至 2008 – 1 – 13，公司在惠州棕榈岛召开 2007 年度总结与考核工作会议。

2008 – 1 – 15，安信证券开始代销信达澳银领先增长基金。投资者可以通过安信证券在北京、上海等 23 个城市的 53 家营业网点办理对所有投资者的基金开户和交易业务。

2008－1－30，公司开展为期2个月的"e 达通"杯电子商务广告语征集活动，一等奖可获万元重奖，以更好地体现信达澳银基金电子商务"力争创新，方便、简易、安全、优质"的特点。

2008－2－27，招商银行开始代理销售信达澳银领先增长基金，并同时开通定期定额投资业务，每月最低申购额为300元人民币。投资者可以在招商银行遍布43个城市的560个网点办理信达澳银旗下基金日常申购赎回及定投业务。

2008－2－28，信达澳银第四期基金份额持有人信息反馈活动抽奖仪式在公司深圳总部举行，公司总经理李克难先生亲自开奖，共抽取两个组别共27个获奖号码。

2008－2－28，信达澳银领先增长基金在由新民晚报、东方财富网联合主办的"2007年百姓最喜爱的十大股票基金评选"系列活动中荣获"十大最具潜力基金"殊荣。

2008－3－3，公司首席研究员王战强接受证券时报专访，发表关于自下而上寻找投资机会的观点。

2008－3－21，第三届中国证券投资基金业年会在全国人大会议中心举行。李克难总经理在会上做了题为"专户理财通向多元化资产管理之路"的专题发言。

2008－3－27，公司精华灵活配置混合型基金获证监会批准发行。

2008－4－10，公司旗下的领先增长基金4月10日起开通中信银行为代销机构，并同时开通定期定额投资业务，每月最低申购额为300元人民币（含申购费）。今后，信达澳银基金投资者将可以通过中信银行分布在54个城市的487个网点申购信达澳银领先增长基金。

截至目前，基金投资者可以选择19家代销渠道申购公司下基金。信达澳银领先增长基金2007年3月成立以来已在中国建设银行、招商银行、中信银行、深圳平安银行、中国银河证券开办了定期定额投资业务。

2008－4－23，经公司第一届董事会第一次临时会议审议通过，同意李克难先生自二〇〇八年四月十七日起辞去公司总经理职务，由公司董事长何加武先生代行总经理职务。上述事项已按规定向中国证监会和深圳证监局报告获准。

2008－4－24，公司董事长何加武接受证券时报的采访，提出了"完善治理结构，打造一流团队"的公司理念。

2008－05－12，与北京银行股份有限公司（北京银行）签署基金销售和服务代理协议，北京银行自2008年05月12日起将代销公司旗下的信达澳银领先增长股票型证券投资基金。

2008－5－13，信达澳银领先增长股票型证券投资基金增加光大证券为代销机构。

2008－5－15，公司及全体员工积极向四川地震灾区捐款达110万元。

2008－5－19，公司董事长何加武接受证券时报的采访，发表了"发挥基金中流砥柱作用 稳定证券市场长期信心"的讲话。

2008－5－20，公司开始实施"寻找地震灾区持有人"的活动。

2008－5－22，在深圳市证券业协会第三届理事会第二次会议上，公司被授予了"2007年度深圳资本圈年度金融创新奖"。

2008－5－26，公司旗下首只混合型基金——信达澳银精华灵活配置基金于5月26日开始正式发行。同时在建行、交行、招行、华夏、中信、平安银行、各大券商及信达澳银直销中心开始发售。

2008－6－3，公司在全景网举行精华灵活配置基金发行网上路演。投资总监兼领先增长股票型基金基金经理曾昭雄先生和信达澳银精华灵活配置混合型基金拟任基金经理曾国富出席了路演，就精华灵活配置基金发行的相关问题回答了投资者的提问，

2008－6－5，经公司第一届董事会第十四次会议审议通过，并经中国证监会证监许可［2008］752号文批准通过，聘任王重昆先生、曾昭雄先生为公司副总经理。

2008－6－16，公司旗下的领先增长基金从2008年6月16日开始，增加华夏银行为代销机构、开通定投业务并参加其网上基金申购费率优惠活动。

2008－6－16，公司旗下信达澳银领先增长股票型证券投资基金于2008年6月16日起参与交通银行定期定额申购费率优惠活动。

2008－6－25，根据中国证监会会证监许可【2008】435号文，信达澳银精华灵活配置混合型证券投资基金已于2008年5月26日开始募集。为充分满足投资者的投资需求，公司决定原定募集期结束时间为2008年6月27日。现决定将本基金募集期延长至2008年7月25日。

2008－7－10，根据证监基金字［2005］96号《关于基金管理公司运用固有资金进行基金投资有关事项的通知》等法规的有关规定，公司发布了关于拟于募集期内通过代销机构认购正在发售的信达澳银精华灵活配置混合型证券投资基金2500万元的通告。

2008－7－14，公司旗下的领先增长股票型基金于2008年7月14日起在中信建投证券有限责任公司开通定期定额投资业务，每月最低投资额度为300元人民币。同时，从开通日起参加中信建投证券的基金定期定额申购费率优惠活动。

2008－7－14，信达澳银领先增长股票型证券投资基金于2008年7月14日起至2009年12月31日的全部法定基金交易日参加中信建投证券的基金定期定额申购费率优惠活动。

2008－7－30，信达澳银精华灵活配置混合型证券投资基金成立。首发募集金额为5.34亿元人民币，有效认购户数为8,514户。其中，公司运用固有资金认购本基金2500万元，占4.68%；公司员工认购133.3万份，占0.25%。

2008－8－29，信达澳银精华灵活配置混合型证券投资基金开始办理日常申购赎回业务。

2008－09－16，为维护投资者利益，根据有关法律法规的规定和基金合同的约定，信达澳银基金对旗下基金所投资的长期停牌股票的估值方法进行了调整。

2008－09－18，信达澳银基金在基金销售中增加客户风险测评服务，以帮助客户在分析自己的风险收益特征、对基金公司的产品有深入了解的基础上，让客户自己做出选择。

2008－10－11，信达澳银基金外方股东首域投资管理（英国）有限公司（First State investment Management（UK）Limited）获批成为合格境外机构投资者（QFII）。

2008－11－05，信达澳银基金开始在直销中心和代销机构办理旗下开放式基金的基金转换业务。

2008－12－8，信达澳银基金开始通过中国建设银行办理信达澳银精华灵活配置混合型证券投资基金的定期定额投资业务，并将该业务的每月最低申购金额调整为100元人民币（含申购费）。

2008－12－8，信达澳银基金新增中信证券为信达澳银领

先增长股票型证券投资基金和信达澳银精华灵活配置混合型证券投资基金的代销机构。

2008－12－15,交通银行各网点开始办理信达澳银基金旗下开放式证券投资基金的日常转换业务。

2008－12－17,信达澳银基金增加华夏银行、招商银行、中信银行、深圳平安银行、北京银行、银河证券、中信建投证券为信达澳银精华灵活配置混合型证券投资基金的定期定额申购业务。

2008－12－18,信达澳银基金荣获"2008 搜狐金融理财网络盛典"之"最有影响力基金公司风险提示奖"。

2008－12－25,经信达澳银基金管理有限公司董事会决议,增聘王战强先生担任信达澳银领先增长股票型证券投资基金基金经理。

2009 年

2009 年 1 月 14 日,信达澳银精华灵活配置基金在由证券时报社主办、安信证券协办的"2008 年度中国明星基金暨最佳托管银行评选"中荣获"2008 年度新基金明星奖"。

2009－01－17,曾昭雄先生辞去公司副总经理、投资总监、信达澳银领先增长股票型证券投资基金基金经理的职务。公司聘任王战强先生为公司执行投资总监,行使公司投资总监职权。

2009－02－06,公司旗下首只债券型基金——也是公司第三只基金产品——信达澳银稳定价值债券型基金,获得证监会批准,基金托管人为中国建设银行。

2009－02－17,经公司第二届董事会第一次会议审议通过,并经中国证监会证监许可[2009]105 号文核准,公司聘任王重昆先生为公司总经理。

2009－02－27,公司与中国农业银行合作,对持有农业银行金穗借记卡的个人投资者开通本公司"e 达通"网上直销定期定额申购业务。

2009－03－02,公司旗下信达澳银精华灵活配置混合型基金实施第一次分红。

2009－03－03,公司发布全新品牌标识语"诚者信达"。标识语中的"诚"有三层含义——诚信立身处世、忠诚履行使命、真诚奉献回报。"诚信者,可通达",表达了信达澳银基金以诚信为本、与投资者共享兴旺发达的理念。

2009－03－06,中国银河证券开放式基金净值增长率排行榜显示,信达澳银领先增长基金在 2009 年 2 月的净值增长率在全部 167 只股票型基金中排名第九,信达澳银精华灵活配置基金的 2 月净值增长率在全部 42 只平衡型混合基金中排名第十。而据银河证券的资料显示,信达澳银领先增长 2 月份净值增长率曾位列同类型基金第二名。

2009－03－09,公司第三只基金产品——信达澳银稳定价值债券型基金正式公开发行,该基金基金经理由宏观策略部总经理昌志华担任。

2009－03－13,公司加入百度和讯全财经网诚信倡议,与社会各界一起,承诺尊重消费者权益,积极履行企业责任,共建和谐社会。

2009－04－02,信达澳银稳定价值债券型基金提前结束募集工作。

2009－04－07,信达澳银稳定价值债券型证券投资基金的基金合同生效。

2009－04－10,信达澳银精华灵活配置混合型证券投资基金自 2009 年 4 月 10 日起在交通银行开通定期定额申购业务。

【股东概况】

排序	股东名称	股权比例
1	中国信达资产管理公司	54%
2	康联首域集团	46%

中方股东——中国信达资产管理公司成立于 1999 年,是经国务院批准设立的我国第一家金融资产管理公司,注册资金 100 亿元,在全国设有 31 个分支机构,旗下有信达投资有限公司、香港华建国际集团、中润经济发展公司、汇达资产托管公司等多家公司。实力雄厚,发展多元。

外方股东——康联首域集团有限公司成立于 1988 年,是澳洲联邦银行的全资附属公司,广泛用于康联首域环球资产管理的业务,截至目前旗下管理基金资产逾 1000 亿澳元,是全球优秀的新兴市场暨大中华区市场基金管理人之一。澳洲联邦银行现为澳大利亚最大的商业银行之一,截至 2006 年 6 月 30 日,资产规模达 4998 亿澳元,是在澳大利亚股票交易所上市的国际性金融服务机构。

【旗下基金】

基金代码	基金简称	类型	基金经理
610001	信达澳银增长	开放式	曾昭雄、王战强
610002	信达澳银配置	开放式	王战强、曾国富
610003	信达澳银债券 A	开放式	昌志华、陈绪新
610103	信达澳银债券 B	开放式	昌志华、陈绪新

【公司高管】

何加武先生,董事长,代总经理。中南财经大学本科毕业;1982 年 8 月至 1996 年 1 月在中国建设银行总行工作,历任科长、副处长、处长、副主任;1996 年 1 月至 1997 年 6 月任中国信达信托投资公司副总经理;1997 年 6 月至 2003 年 6 月任宏源证券股份有限公司总经理;2003 年 6 月至 2005 年 1 月任宏源证券股份有限公司副董事长;2005 年 1 月至 2006 年 4 月任中国信达资产管理公司金融风险研究中心研究员;2006 年 4 月起任信达澳银基金管理有限公司董事长。

王重昆先生,总经理,中国人民大学法学学士。13 年银行、证券、基金从业经历,具有证券与基金从业资格、基金业高管人员任职资格。历任中国建设银行总行办公室法规处科员、秘书处秘书;中国信达资产管理公司总裁办公室秘书;宏源证券股份有限公司深圳管理总部副总经理、董事会秘书等职务;2006 年 1 月加入信达澳银基金公司,历任市场总监、副总经理兼市场总监。

黄晖女士,督察长,加拿大 Concordia University 经济学硕士,历任大成基金管理公司研究部分析师、市场部主管产品设计副总监、规划发展部副总监、机构理财部总监等职务;曾参与英国政府"中国金融人才培训计划"(FIST 项目),赴伦敦任职于东方汇理证券公司(伦敦);曾借调到中国证监会基金部工作,参与老基金重组、首批开放式基金评审等工作。现任信达澳银基金管理有限公司督察长兼董事会秘书。

诺德基金管理有限公司

【基本情况】

公司名称:诺德基金管理有限公司

办公地址:上海市浦东新区陆家嘴金融中心汇亚大厦 12 层

法人代表:李格平

总 经 理:杨忆风
成立日期:2006 - 6 - 8
注册资本:1 亿元人民币
存续期间:持续经营
联系电话:021 - 68604888
客服热线:400 - 888 - 0009
传真号码:021 - 68877727
邮政编码:200120
公司网址:http://www.lordabbettchina.com

【公司概况】

诺德基金管理有限公司是由美国独立资产管理公司——诺德·安博特公司(Lord Abbett & Co. LLC,以下简称"LORD ABBETT")联合国内著名的长江证券股份有限公司(以下简称"长江证券")和清华控股有限公司(以下简称"清华控股")共同发起设立的基金管理公司,公司注册资本为 1 亿元人民币,其中 LORD ABBETT 出资相当于 4900 万元人民币的等额美元,占股 49%,长江证券出资 3000 万元人民币,占股 30%,清华控股出资 2100 万元人民币,占股 21%。公司总部位于上海浦东陆家嘴环路 1233 号汇亚大厦 12 层。

公司具有在业界独一无二的股东背景。作为一家中外合资的基金管理公司,诺德基金管理有限公司不仅和其他同行一样,拥有一个国际投资专家——LORD ABBETT;一个本土投资专家——长江证券,而且拥有一个为国际国内资本市场培育了众多华人投资专家的"摇篮"——清华大学的背景。这使得公司具有将先进投资经验和先进投资理论进行有机结合,从而引导市场投资风尚的得天独厚的优势。

以公司控股股东 LORD ABBETT 公司 70 多年来创下的投资传奇,公司所积累的经验正在或即将为更多的公司基金持有人所分享。

而今,这些投资智慧已植入诺德基金管理有限公司。公司将利用在海外近百年的成功投资经验,为国内投资者理财。公司的发展战略规划是:以开放式基金业务为导向,以各类金融创新业务为辅助,逐步由单一的基金管理公司向多层次、全方位的资产管理公司转变。

【公司大事记】

2004 年 4 月 29 日,LORD ABBETT、长江证券和清华控股三方正式签署《发起人协议》和《股东协议》,并正式组建诺德基金筹备组;

2005 年 9 月 22 日,正式签署位于上海浦东汇亚大厦的办公室租赁协议,全面开始办公室装修、办公家具及设备购置以及信息系统建设工作;

2006 年 1 月 4 日,办公室全部装修完毕,办公家具及设备全部购置到位,信息系统成功搭建并完成了相关调试,筹备组搬入新办公室正常办公;

2006 年 5 月 12 日,公司正式收到中国证券监督管理委员会的"关于同意设立诺德基金管理有限公司的批复";

2006 年 6 月 8 日,公司在国家工商行政管理局正式注册;

2006 年 8 月 8 日,公司开业庆典在上海浦东香格里拉大酒店隆重举行;

2006 年 8 月 8 日,公司 2006 年股东会暨第一届董事会第一次会议在公司本部召开;

2007 年 1 月 12 日,中国证监会正式批复,核准张欣担任公司督察长;

2007 年 3 月 23 日,诺德价值优势股票型证券投资基金的募集申请获得中国证监会批准,拟募集金额 80 亿元人民币;

2007 年 4 月 3 日,诺德价值优势股票型证券投资基金的募集时间经中国证监会批准,拟于 2007 年 4 月 16 日正式对外募集;

2007 年 4 月 16 日,诺德价值优势股票型证券投资基金获得广大投资者的热情认购,认购金额逾 150 亿元,公司按照全程比例配售的方法,对认购金额予以部分确认,最终确认的认购金额约为人民币 80 亿元,对超过的部分退还给投资者;

2007 年 6 月 6 日,诺德价值优势股票型证券投资基金开始办理申购、赎回业务;

2007 年 6 月 20 日,公司 2007 年股东会暨第一届董事会第二次会议在公司本部召开;

2007 年 7 月 5 日,上海市委常委、浦东新区区委书记杜家毫,浦东新区副区长过剑飞率浦东新区区委办、金融办、人事局、财政局、社发局、税务局、陆家嘴功能区的领导十余人来我公司视察、调研。同行的还有上海证监局副局长严旭及机构监管二处处长陶耿。公司董事长李格平、总经理杨忆风、副总经理潘福祥等陪同视察,并向杜书记、严局长一行汇报了我公司的运营情况;

2007 年 12 月 13 日,公司第一届董事会第三次会议在公司本部召开。

2008 年 6 月 11 日,诺德主题灵活配置混合型证券投资基金的募集申请获得中国证监会批准。

2008 年 10 月 8 日,诺德基金旗下第二只基金——诺德主题灵活配置混合型证券投资基金公开募集,并于 2008 年 11 月 5 日正式成立。

2008 年 12 月 15 日,诺德增强收益债券型证券投资基金的募集申请获得中国证监会批准。

2009 年 1 月 19 日起,诺德基金旗下第三只基金——诺德增强收益债券型证券投资基金公开募集,并于 2009 年 3 月 4 日正式成立。

2009 年 6 月 9 日,诺德成长优势股票型证券投资基金的募集申请获得中国证监会批准。

2009 年 8 月 10 日起,诺德基金旗下第四只基金——诺德成长优势股票型证券投资基金公开募集,并于 2009 年 9 月 22 日正式成立。

【股东概况】

排序	股东名称	持股比例(%)
1	Lord Abbett	49.00
2	长江证券股份有限公司	30.00
3	清华控股有限公司	21.00

诺德·安博特公司(LORD ABBETT)成立于 1929 年 11 月,是美国历史最长和最受人尊敬的资产管理集团之一。在美国共同基金市场激烈竞争的环境下,LORD ABBETT 成为历经 77 年风雨仍然保持竞争优势的"百年基金"。目前 LORD ABBETT 在全球管理着 1000 多亿美元的资产,拥有的共同基金产品覆盖股票基金、混合基金、债券基金和货币市场基金等近四十个类别,是美国本土最大的独立资产管理公司之一,同时还是最大的独立私人账户管理人之一。

LORD ABBETT 坚信合伙人制度和独立、积极、优秀的资产管理能力将给公司和投资者带来良好的回报。经过七十多年的发展，LORD ABBETT 已经由一家传统的合伙制企业改组成为具有现代价值投资理念的合伙人式有限责任公司，目前由五十个全职参与公司业务管理和经营的个人所共同拥有。

LORD ABBETT 一贯奉行的经营原则是在诚实守信，以客户为中心的前提下从事投资管理，注重内部独特的分析研究和发展外部战略合作关系。对于客户而言，稳定是 LORD ABBETT 最主要的吸引力，由于 LORD ABBETT 致力于寻求长期的投资增长率，并力争避免市值的剧烈波动，因此其零售客户持有基金的平均时间大约是美国同行业平均水平的 4 倍，例如“LORD ABBETT Affiliated Fund”基金产品的投资者平均持有时间超过 15 年。特别需要指出的是，在最近的 2000 - 2002 三年熊市当中，LORD ABBETT 旗下的共同基金总规模保持持续增长，并且是美国本土最大的前 25 家资产管理机构当中实现净资产流入最大的公司。

长江证券股份有限公司成立于 1991 年 3 月 18 日，前身为湖北证券公司，注册地为武汉。2000 年 2 月 23 日，经中国证监会核准批复，公司增资扩股至 10.29 亿元，同时更名为“长江证券有限责任公司”。2001 年 12 月，经中国证监会核准批复，公司增资扩股至 20 亿元。2007 年 12 月 19 日，经中国证监会批复，公司更名为“长江证券股份有限公司，并于 12 月 27 日正式在深圳证券交易所挂牌上市，股票代码为 000783。

公司是国内业务资格最齐备、服务平台最完善的证券公司之一。公司资产质量优良，净资产和净资本两个指标在业内所有证券公司中的排名中始终保持较前位置。

公司始终坚持“诚信经营，规范运作，稳健发展”的经营理念和“客户导向，研究驱动，技术领先，内控先行”的业务发展策略。2004 年 12 月 1 日，公司率先成为全国八家创新试点券商之一。2005 年 1 月 14 日，受中国证监会委托，公司托管了原大鹏证券经纪业务，开创了创新试点券商以市场化方式处置风险券商的先河。目前，公司已初步完成证券类控股集团的架构，旗下拥有长江证券承销保荐有限公司、长江期货经纪有限公司、长信基金管理有限责任公司和诺德基金管理有限公司。

公司在全国 17 个省市、自治区，32 个城市设立了 60 多家营业网点和分支机构，逐步形成了覆盖全国的业务网络。

2006 年，在“第二届（2005）中国十大影响力品牌”公益评选中，公司荣膺“中国证券行业十大影响力品牌”称号。2007 年，在 21 世纪中国券商创新高峰论坛暨“中国券商奖”评选中，公司荣获“2006 年最具发展力券商奖”。

清华控股有限公司是经国务院批准，清华大学出资设立的国有独资有限责任公司。清华大学作为公司的出资人，依法行使出资人的权利，并以其全部出资额为限，对公司承担责任。公司是自主经营、自负盈亏，自我发展，自我约束的企业法人实体。公司与其所出资企业以资本为纽带建立母子公司关系，依法经营在各子公司中所投资形成的国有资产和国有股权，主要从事科技成果转化和推广、高科技企业孵化、技术信息咨询、投资管理、资产运营和资本运作等业务。公司在制定清华大学科技产业发展战略，整合资产，调整结构，协调利益等方面发挥主导作用，是清华大学科技企业投融资、科技开发、成果转化、高新技术企业孵化、对外贸易及经济技术合作交流等重大经营活动的决策和管理中心。

清华控股有限公司于 2003 年 12 月 18 日成立，注册资本为人民币 20 亿元。公司的前身是清华大学企业集团，是由清华大学企业集团，清华科技园发展中心和清华紫光（集团）总公司的资产整合、吸收、合并和改制而设立的公司。

清华控股有限公司所投资企业主要有清华同方、清华紫光和诚志股份等 7 家直接或间接控股的上市公司，还有阳光能源、科技园建设、博奥生物、科技创投和源兴生物等 32 家控股公司和若干参股公司。

清华控股有限公司所投资企业主要从事信息技术、能源环境、生命科技，其他前沿技术及科技服务等领域的生产经营，形成了“同方威视集装箱检查系统”、“阳光集热管及热水器”、“同方电脑”、“紫光笔记本电脑”、“博奥生物芯片”、“源兴基因药物”等一系列品牌产品。

【旗下基金】

基金代码	基金简称	类型	基金经理
570001	诺德价值	开放式	戴奇雷
573003	诺德强债	开放式	姜光明
570005	诺德成长优势	开放式	张学东、胡志伟
571002	诺德主题	开放式	戴奇雷、张学东

【公司高管】

李格平先生，董事长。中南财经大学硕士，中国社会科学院金融学博士。长江证券有限责任公司总裁。历任投资银行总部总经理、财务负责人、副总裁兼研究所所长等。

杨忆风先生，董事，总经理。清华大学学士，美国 UniversityofWisconsin - Madison 电子材料与器件博士，金融学硕士。曾在美国多家金融机构任职，包括 GeneralReAssetManagement，J&WSeligman&Co.，VantageInvestmentAdvisors，MunderCapitalManagement 和 Lord，Abbett&Co. LLC，历任分析师，基金经理，资深基金经理，研究主管，资深投资顾问和董事经理等职。

张欣先生，督察长，清华大学学士，美国 WayneStateUniversity 经济学硕士，NewYorkUniversity 工商管理硕士，曾任美国 AllianceBernsteinL. P. 固定收益研究部副总裁、MONYCapitalManagement，Inc. 董事投资经理和 Moody'sInvestorsService 分析师。

中欧基金管理有限公司

【基本情况】

法定名称：中欧基金管理有限公司
注册地址：深圳市福田区华强北路赛格广场
　　　　　4502A、4503A、4504A
办公地址：上海市浦东新区花园石桥路 66 号东亚银行
　　　　　金融大厦 8 层
法人代表：常　喆
总 经 理：刘建平
成立时间：2006 - 07 - 19
组织形式：有限责任公司
注册资本：1 亿 2000 万
联系电话：021 - 68609600
传真号码：021 - 33830351
邮政编码：200120
公司网址：www. lcfunds. com

【公司概况】

中欧基金管理有限公司(以下简称中欧基金)正式成立于2006年7月19日。中欧基金注册地在上海,注册资本为人民币1.2亿元。其中意大利隆巴达和皮埃蒙特银行股份有限公司持股49%,国都证券有限责任公司持股47%,平顶山煤业(集团)有限责任公司持股4%。

(注:2007年4月1日,意大利隆巴达和皮埃蒙特银行股份有限公司与Banche Popolari Unite S. c. p. a. 银行之间的合并正式生效。合并后的银行名字改为Unione di Banche Italiane S. c. p. a. (简称UBI,中文译名为意大利意联银行)。公司已于2009年1月收到证监会关于核准股东变更的批复,正在办理工商变更登记等有关手续。)

中欧的目标:立足本土,放眼世界,融汇中西方投资文化的精髓,成为一流的具有国际视野的中国基金管理公司。中欧的定位:中欧基金将努力成为一家术业有专攻的“精品店式”的投资管理公司。在“中欧投资精品店”,我们富有经验的专业人员将用心聆听您的投资需求,为您推荐特色鲜明的基金产品,提供中肯的投资目标指引和富有针对性的投资解决方案,让您体验到最尊贵的理财服务享受。中欧的承诺:“深切关注基金持有人利益”,将成为全体员工一切工作的出发点和归宿。中欧的愿景:提倡专业、勤勉,鼓励开拓、创新。在前瞻性的战略指导下,我们将提供给员工能赖以发展的职业舞台,建立起与股东多赢共荣的合作网络,做客户可信赖的投资领域商业伙伴,为赢得市场与行业的尊敬和认可不断前行!

【股东概况】

排序	股东名称	持股数量(万股)	持股比例(%)
1	意大利隆巴达和皮埃蒙特银行股份有限公司	5880.00	49%
2	国都证券有限责任公司	5640.00	47%
3	平顶山煤业(集团)有限责任公司	480.00	4%

【旗下基金】

基金代码	基金简称	类型	基金经理
166001	中欧趋势	开放式	王磊
166002	中欧蓝筹	开放式	沈洋
166003	中欧债券A	开放式	刘杰文
166004	中欧债券C	开放式	刘杰文
166005	中欧价值发现	开放式	王磊、苟开红

【公司高管】

常喆先生,中欧基金管理有限公司董事长,中国籍,德国基尔大学研究生毕业。

10年以上证券及基金从业经验。曾任中央财经大学投资经济系副主任,后赴德国学习并就职于德国石荷洲洲立银行、德国石荷洲建筑储蓄银行。回国后历任万通企业集团投资银行总部副总经理、中煤信托投资有限责任公司证券总部总经理、国都证券有限责任公司副总经理。

刘建平先生,中欧基金管理有限公司总经理,中国籍。北京大学法学硕士,13年以上证券及基金从业经验。历任北京大学助教、副科长;中国证券监督管理委员会基金监管部副处长;上投摩根基金管理有限公司督察长。

马文胜先生,中欧基金管理有限公司督察长,中国籍。复旦大学工商管理硕士,15年以上证券及基金从业经验。历任中国证券市场研究设计中心技术部经理、北京国际信托投资有限公司证券营业部总经理、中煤信托投资有限责任公司证券营业部总经理、国都证券有限责任公司证券营业部总经理。

金元比联基金管理有限公司

【基本情况】

法定名称:金元比联基金管理有限公司
英文名称:KBC-GOLDSTATE Fund Management Co.,Ltd
注册地址:上海市浦东新区花园石桥路33号花旗集团大厦3608室
办公地址:上海市浦东新区花园石桥路33号花旗集团大厦3608室
法人代表:冯　辞
总 经 理:易　强
成立时间:2006年11月13日
组织形式:有限责任公司
注册资本:1.5亿元人民币
客服热线:021-61601898
联系电话:021-68881801
传真号码:021-68881875、021-68882865
邮政编码:200120
公司网址:www.jykbc.com

【公司概况】

金元比联基金管理有限公司成立于2006年11月,是由金元证券有限责任公司和比利时联合资产管理公司共同发起设立的中外合资基金管理公司。公司注册地为上海,注册资本1.5亿人民币,其中金元证券有限责任公司持有51%的股份,比利时联合资产管理公司持有49%的股份。

金元比联基金管理有限公司引进了比利时联合资产管理公司享誉全球的投资机制,研究平台和风险控制体系,力争成为有社会责任感、运作规范、受投资者信任和喜爱的资产管理者和特定细分市场的领导者。

【股东概况】

排序	股东名称	股权比例
1	金元证券有限责任公司	51%
2	比利时联合资产管理公司	49%

金元证券有限责任公司是由首都机场集团公司作为核心股东出资成立的综合类证券公司,是首都机场集团金融板块的核心企业。金元证券是通过中国证券业协会评审的规范类证券公司。公司经营稳健规范、资产质量优良,开业四年连续盈利。

首都机场集团公司是隶属于民航总局的大型国有企业集团。注册资本为50亿元,资产规模达1002亿元。截止2006年5月底,集团公司已全资或控股北京、天津、重庆、湖北、贵州、江西、吉林7省市机场,托管内蒙古、黑龙江机场,参股沈阳、大连机场。业务涉及机场投资、建设、管理、经营、咨询以及产业金融、航空城开发等多个领域。比利时联合资产管理公司KBC Asset Mangement NV是享有世界性声誉的保本型基金的发行和管理者,是全球最大的保本基金管理人之一,也是比利时最大的基金管理公司,管理总资产已达1500亿欧元,管理的保本基金共有800多只,总规模达300亿欧元左右，在整个欧洲保本基金市场的占有率约为15%，多次获得各类奖项，并被结构性产品杂志评为2005年度最佳管理人。KBC AM在产品创新和开发上具有独特的经验和技术。其差异化发展战略和独特的产品开发流程在业内享有卓著的声誉。同时KBC AM对于新兴市场业务发展着力甚深，业务遍布欧洲发达市场及中东欧和亚太新兴市场。

比利时联合金融集团KBC Group是比利时第2大的金融集团，欧元区前十大银行金融集团，集团旗下拥有KBC银行、KBC保险、KBC私人银行公司、KBC资产管理公司和Gevaert公司。KBC集团全球员工人数达到50000人，客户数超过1200万；集团总资产超过3250亿欧元。KBC是世界财富500强企业之一，2006年排名第272位。

【旗下基金】

基金代码	基金简称	类型	基金经理
620001	宝石动力	开放式	何旻、黄奕
620002	金元比联成长	开放式	万文俊、吴广利
620003	金元比联丰利	开放式	何旻、李飞
620004	金元比联增长	开放式	万文俊

【高管介绍】

冯辞先生，董事，董事长。工商管理硕士。曾任职于海南省富南国际信托投资公司、海南发展银行、海南省国际信托投资公司、海南省证券企业重组办公室，2002年至今，任金元证券股份有限公司财务总监、副总裁。

易强先生，总经理，美国哈佛大学公共事务管理专业硕士学位，北京大学国际关系专业 硕士学位。曾任招商基金管理有限公司业务发展部副总监、比利时联合资产管理有限公司上海代表处首席代表。

符刃先生，督察长，经济学硕士学位。曾任海南国信资产管理公司总经理助理、香港海信投资有限公司总经理。

浦银安盛基金管理有限公司

【基本情况】

公司名称：浦银安盛基金管理有限公司
办公地址：中国上海市淮海中路381号中环广场38楼
法人代表：黄建平
总 经 理：刘　斐
成立日期：2007－8－28
注册资本：2亿元人民币
存续期间：持续经营
电话：021－33079999
客服热线：400－8828－999
传真号码：021－23212999
邮政编码：200020
公司网址：http://www.py－axa.com

【公司概况】

浦银安盛基金管理有限公司是一家中法合资的银行系基金公司，成立于2007年8月，是国内第二批银行系基金公司的第一家，注册资本2亿元人民币。其中，上海浦东发展银行(600000)占比51%，法国安盛投资管理公司(AXA集团子公司)占比39%，上海盛融占比10%。

自1998年第一只证券投资基金诞生至今，中国经济已经历了一轮高速的发展。许多中国百姓有切身的体会：站在新的起点回望，自己的家庭资产、个人资产，已经呈现了质的飞跃。

诞生于2007年8月的浦银安盛基金管理有限公司，已经敏锐地观察到中国投资者对于财富管理的升级需求。

作为中国证券市场第59家基金管理公司，一家银行系的合资基金管理公司，我们将立足于为投资人提供贵宾式的投资理财服务。

【公司大事记】

2009年6月29日，浦银生活基金开放日常申购赎回。

2009年6月26日，浦银安盛开通基金转换业务，首个开通渠道为网……

2009年6月4日，浦银安盛精致生活混合型基金正式成立。

2009年4月27日，浦银安盛精致生活混合型基金开始发行。

2009年3月19日，电子直销新增农行卡并支持定投。

2009年2月19日，浦银安盛开展2009“聪明理财”感恩回馈……

2009年1月12日，浦银收益基金开放申购赎回业务。

2008年12月30日，浦银安盛第二只基金浦银收益正式成立。

2008年11月24日，浦银安盛第二只基金浦银收益正式发行。

2008年10月20日，浦银安盛举办“安心开户，短信护航”建行电……

2008年10月15日，浦银安盛电子直销开通建行卡、定期定额申购……

2008年7月7日，浦银价值基金开放赎回业务。

2008年5月19日，浦银安盛推出定期定额申购业务。

2008年5月12日，浦银价值基金开放申购业务。

2008年4月16日，公司首只基金—浦银安盛价值成长股票型证券投……

2008年3月10日，浦银安盛成为首只基金发行即开通电子直销平台……

2008年3月10日，浦银安盛首只新基金浦银价值正式发行。

2007年8月28日，浦银安盛基金管理有限公司在上海举行了隆重的……

2007年8月5日，浦银安盛基金管理有限公司正式成立。

2007年7月17日，中国证监会批复同意设立浦银安盛基金管理有限……

2008年4月17日，浦银安盛推出基金持有人积分计划。

【股东概况】

排序	股东名称	持股比例(%)
1	上海浦东发展银行	51.00
2	法国安盛投资管理公司	39.00
3	上海盛融	10.00

自开埠以来，上海一直是连接中西方文化的桥梁。早在20世纪初，一批全球知名金融机构就已在上海开展业务；一个半世纪之后，上海仍以其高品位、更精致的独特形象，成为

中国、亚洲，乃至全球瞩目的一个拥有特殊风情与魅力的城市。上海职业经理人群体的专业、开放、稳健、重诚守诺的特色，一直以来就倍受外界的推崇。

浦银安盛基金管理有限公司的第一大股东——上海浦东发展银行(600000)正是一家体现了上海丰厚的金融历史积淀、传承了上海金融业悠久文化的股份制商业银行。浦发银行是1992年8月28日经中国人民银行批准设立、1993年1月9日开业、1999年在上海证券交易所挂牌上市的股份制商业银行，总行设在上海。目前，注册资本金43.55亿元，网点384个，覆盖全国44座大中城市。2006年底，浦发银行总资产近7000亿元人民币，税后利润33.5亿元人民币。良好的业绩、诚信的声誉，使浦发银行成为中国证券市场中备受关注和尊敬的上市公司。上市以来，浦发银行连续7年被《亚洲周刊》评为"中国上市公司100强"；2006年7月根据核心资本排名，获评英国《银行家》杂志世界银行1000强第251位。

浦发银行网银业务创新服务、技术先进，2007年浦发网银连续第2年荣获"2006－2007中国互联网INTERNET100"评选"创新50强"殊荣。同时，浦发银行在IT技术运用、系统整合等方面凸显的优势，确保其为客户提供综合化、个性化、专业化的金融服务。出资设立浦银安盛基金管理有限公司，是浦发银行构建"全方位金融平台"战略的一部分。因此，浦发银行对于浦银安盛基金管理有限公司的规划是长远的，而不是短期；是战略性的，而不是简单的追求公司对于股东的利润回报。浦发银行期待浦银安盛基金秉持稳健、高品位的作风，成为一家受人尊敬、值得信赖的基金公司。

安盛集团(AXA GROUP)是全球第6大资产管理公司，是全球金融保障的领导者，早在1816年就已经在欧洲开展其保险业务。安盛集团总部位于法国，业务遍及全球，拥有5100万客户，11万位专业人士，管理资产超过1.06万亿欧元，2006年利润达790亿欧元。深受全球机构投资人信任的"多专家投资管理者"——安盛投资管理公司(AXA IM)，是安盛集团下属的专业投资管理公司，在全球投资经理公司中排名第14位(2006年12月1日，《全球投资者》)。在股票、固定收益、另类投资、综合解决方案4大投资平台，它依靠专业分工与资源共享，专注于"为客户赢得收益"。

作为一家机构服务商，安盛投资管理公司在2006年9月30日时拥有3000个客户(包括保险公司、机构客户、分销商)，而为这些客户提供服务的员工已达2600多个，分布在全球19个国家。

安盛投资管理公司管理资产4850亿欧元(2006年12月31日)，管理的基金800多个，主要可分为3个系列：安盛全球基金系列；安盛罗森伯格股票α信托系列；简单ETF系列。

安盛全球基金系列，在过去3年中超过71%业绩排名前1/4及2/4；在过去5年内60%业绩排名前1/4及2/4。

安盛罗森伯格股票α系列，在过去3年及5年中，均有近80%业绩超过前1/4及1/4；过去3年中，更有70%的品种为标普4星以上，85%为标普3星以上。作为世界首屈一指的资产管理专家，安盛投资管理公司的特色在于：依托安盛集团的资源，充分资源共享，专注于为客户获取收益；多专家的模式，每类专家聚焦和专业分工于特定的资产类别，并分别成为各个重要领域的领导者；创新的客户接触模式，籍此该公司最终能为客户提供更贴近其需求的综合解决方案；拥有企业家的理念，能理解企业的真正需求；因此，该公司也一直是行业新趋势的引领者。

安盛投资管理公司相信：投资团队应该是流程中的真正决策者；风险管理是每一个专业投资团队及产品发展流程中不可分割的一个部分；在研究、战略、IT技术、交易等方面的资源共享，可以创造更大价值。

第三方股东——上海盛融是一家国有独资综合性投资公司，注册资本30亿元，主要从事投资、资产管理业务和咨询业务，2006年底总资产规模达到170多亿元，与摩根斯坦利、香港长江实业等多家知名企业有深度合作。

【旗下基金】

基金代码	基金简称	类型	基金经理
519110	浦银价值	开放式	张建宏、方毅
519111	浦银收益A	开放式	段福印
519112	浦银收益C	开放式	段福印
519113	浦银生活	开放式	林峰、段福印

【公司高管】

黄建平先生，董事长，经济学硕士学位，上海财经大学金融专业毕业，高级经济师。历任上海浦东发展银行计财部经理，上海浦东发展银行上海地区总部总经理，上海浦东发展银行行长助理，副行长，现任上海浦东发展银行董事。

刘斐女士，董事，堪培拉大学工商管理硕士。历任上海东新国际投资管理有限公司总经理、董事总经理。2004年10月起任上海浦东发展银行基金管理公司筹备小组负责人。现任本公司的总经理。

喻庆先生，中国政法大学经济法专业硕士，中国人民大学应用金融学硕士研究生学历。历任申银万国证券有限公司国际业务总部高级经理；光大证券有限公司(上海)投资银行部副总经理；光大保德信基金管理有限公司副督察长、董事会秘书和监察稽核总监。现任本公司督察长。

农银汇理基金管理有限公司

【基本情况】

公司名称：农银汇理基金管理有限公司

办公地址：上海市浦东新区世纪大道1600号浦项商务广场7楼

法人代表：杨　琨

总 经 理：许红波

成立日期：2008－3－18

注册资本：2亿元人民币

存续期间：持续经营

联系电话：021－61095599

客服热线：021－61095599

传真号码：021－61095556

邮政编码：200122

公司网址：http://www.abc－ca.com/

【公司概况】

农银汇理基金管理有限公司(ABC－CA Fund Management Co.，Ltd.)，由中国农业银行(Agricultural Bank of China)、东方汇理资产管理公司(Crédit Agricole Asset Management)及中国铝业股份有限公司(Aluminum Corporation of China Limited)共同出资组建，其中中国农业银行持股51.67%，东方汇理资产管理公司持股33.33%，中国铝业股份有限公司持股15%。公司注册地在上海，注册资本贰亿零壹元人民币。

农银汇理基金将致力于打造中国基金业的旗舰品牌，奉献专业智慧，为投资人提供优质、贴心的理财服务，帮助投资人实现财富增值。公司的目标是，成为一家投资人信赖、同行尊敬的优秀基金管理公司。

【股东概况】

排序	股东名称	持股比例(%)
1	中国农业银行	51.67
2	东方汇理资产管理公司	33.33
3	中国铝业股份有限公司	15.00

中国农业银行：声誉卓著的金融航母

中国农业银行是中国四大商业银行之一，总部设在北京，注册资本1,219.44亿元人民币。截至2007年底，全行资产总额超过6万亿元人民币，全年实现经营利润957亿元人民币。

农业银行拥有全国覆盖面最广的联网网点、最大的电子化网络、最多的客户服务人员和最广泛的客户群体，已成为中国最有影响力的银行之一，是中国金融体系的重要组成部分。

目前，中国农业银行拥有一级分行32个，直属分行5个，培训学院3所，并在新加坡、香港设立了分行，在伦敦、东京、纽约等地设立了代表处。其在中国金融界的声誉和实力，将是合资公司发展过程中的坚实后盾。

如今的农业银行，正朝着多元化的方向不断发展，设立合资基金公司是实现综合经营战略规划的重要一步。近年来，农业银行得到诸多专业机构的广泛认可：2007年《财富》全球500强排名中，以244.75亿美元的营业收入列第277位；2007年《银行家》全球1000家大银行排名中，位列第65位；2007年获穆迪公司A1级信用级别；2006年中国信息化500强排名中位列第7位。

东方汇理资产管理公司：享誉全球的资产管理机构

法国农业信贷银行集团（Crédit Agricole Group，以下简称“法农贷”）成立于1894年，总部位于巴黎。根据英国《银行家》杂志2007年7月公布的排名，按一级资本计算，法农贷排名全球第八，零售银行业务利润为欧洲第一。目前法农贷在全球约有16万名员工，其业务遍及70多个国家和地区。她是东方汇理资产管理公司的母公司。

东方汇理资产管理公司是历史悠久的专业资产管理公司，在全球20多个国家和地区设有分支机构，并拥有8个投资中心、677名专业投资人士。东方汇理资产管理公司丰富的业务积累，将为合资公司提供有力支持。

截至2007年12月31日，东方汇理资产管理公司所管理的资产已达到7,480亿美元，并屡获殊荣：2007年获10年以上期最佳基金奖——全球固定收益基金－理柏香港基金奖；2007年获10年以上期最佳基金奖——大中华基金——理柏香港基金奖；2007年获10年期最佳风险调整收益奖——全球固定收益基金——《Asian Investor》；2007年获10年期最佳风险调整收益奖——香港股票基金——《Asian Inevstor》；2006年获5年期最佳风险调整收益奖——新加坡股票基金——《Asian Investor》；2005、2006年获3年期最佳基金奖——泰国基金——理柏泰国基金奖；2005年获5年以上期最佳基金奖——大中华基金——理柏法国基金奖。

中国铝业股份有限公司：实力雄厚的行业翘楚

中国铝业股份有限公司成立于2001年9月10日，注册资本128.9亿元人民币。公司于2001年12月在纽约证券交易所、香港联合交易所上市，2007年4月在上海证券交易所上市。截至2007年12月31日，公司总资产943亿元人民币。

中国铝业的主业为铝土矿的开采，氧化铝、原铝的生产及销售等，是全球第三大氧化铝生产商、第四大原铝生产商，是中国规模最大的氧化铝和原铝运营商。

【旗下基金】

基金代码	基金简称	类型	基金经理
660001	农银成长	开放式	栾杰、曹剑飞
660002	农银恒久	开放式	陈加荣
660003	农银双利	开放式	陈加荣、付柏瑞、郝兵
660004	农银策略价值	开放式	栾杰

【公司高管】

杨琨先生：董事长，经济学硕士，高级经济师。1983年开始在中国农业银行工作，历任中国农业银行人事部、代理业务部、市场开发部等部门领导，中国农业银行安徽省分 行行长，中国农业银行行长助理。2004年起任中国农业银行副行长。

许红波先生：总经理，工学学士，高级工程师。1982年至1998年在水利部工作，先后担任处长、副司长等职务，1998年开始在中国农业银行工作，历任中国农业银行市场开发部、机构业务部副总经理，总行总经理级干部。

孙昌海先生：督察长，硕士研究生。1998年9月起任华安基金管理有限公司督察员；2001年3月起任上海浦东保险经纪有限公司董事长；2002年7月起任东吴证券有限责任公司基金公司筹备组副组长；2004年8月至2008年1月任东吴基金管理有限公司督察长。

民生加银基金管理有限公司

【基本情况】

法定名称：民生加银基金管理有限公司

注册地址：深圳市福田区益田路6009号新世界商务中心42楼

办公地址：深圳市福田区益田路6009号新世界商务中心42楼

法人代表：杨　东

总 经 理：张嘉宾

成立时间：2008年11月3日

组织形式：有限责任公司

注册资本：2亿元人民币

联系电话：0755－23999888

客服热线：400－8888－388

传真号码：0755－23999800

邮政编码：518026

公司网址：http://www.msjyfund.com.cn/

【公司概况】

民生加银基金管理有限公司于2008年11月3日成立，由中国民生银行股份有限公司（China Minsheng Banking Corp.，Ltd.）、加拿大皇家银行（Royal Bank of Canada）和三峡财务有限责任公司共同发起设立，持股比例分别为60%、30%和10%。公司注册资本贰亿元人民币，注册地深圳。

作为一家具有银行背景的中外合资基金管理公司，同时站在中国基金业十年发展的基础上，民生加银将牢牢把握公司的先天优势资源，善用后发优势，以专业化、市场化的经营理念打造公司"专业化投研、流程化管理、理财规划式营销服务和稳定的核心团队"为目标的核心竞争力，努力建设成为一个国际先进、诚信、稳健、专业、创新、客户高度信赖、持有人利益最大化的专业资产管理公司。

【公司大事记】

2007 年 12 月 27 日，中国民生银行股份有限公司正式获得中国银行业监督管理委员会批准，由中国民生银行联合加拿大皇家银行、三峡财务有限责任公司共同发起设立民生加银基金管理有限公司。

2008 年 10 月 15 日，中国证券监督管理委员会对中国民生银行股份有限公司、加拿大皇家银行、三峡财务有 限责任公司合资成立基金公司的申请进行批复，核准设立民生加银基金管理有限公司。

2008 年 10 月 20 日，民生加银基金管理有限公司获得中华人民共和国商务部颁发的《中华人民共和国外商投资企业批准证书》。

2008 年 11 月 3 日，民生加银基金管理有限公司完成工商注册登记程序，依法正式成立。

2008 年 11 月 6 日，民生加银基金管理有限公司获得中国证券监督管理委员会颁发的《中华人民共和国基金管理资格证书》。

2008 年 11 月 17 日，民生加银基金管理有限公司第一届董事会第一次会议暨 2008 年第一次股东大会胜利召开。会议确认杨东同志担任董事长；确认聘任张嘉宾同志为总经理；确认聘任朱晓光同志为督察长。

2008 年 11 月 18 日，民生加银基金管理有限公司在深圳举行了隆重的开业典礼暨揭牌仪式。中共深圳市委常 委、副市长陈应春，中国民生银行股份有限公司董事长董文标、副行长赵品璋，加拿大皇家银行首席运营官 Frank Lippa 等出席了开业典礼并致词。

2008 年 12 月 3 日，经中共中国民生银行委员会研究决定，成立中国共产党民生加银基金管理有限公司委员会。并任命杨东同志为书记，赵尚恒同志为副书记，张嘉宾同志、朱晓光同志为委员。

2009 年 1 月 22 日，民生加银品牌蓝筹灵活配置混合型证券投资基金获中国证券监督管理委员会核准募集。

2009 年 3 月 27 日，民生加银品牌蓝筹灵活配置混合型证券投资基金成立。

2009 年 6 月 5 日，民生加银增强收益债券型证券投资基金获中国证券监督管理委员会核准募集。

2009 年 7 月 21 日，民生加银增强收益债券型证券投资基金成立。

【股东概况】

排序	股东名称	持股数量(万股)	持股比例(%)
1	中国民生银行股份有限公司	12000.00	60%
2	加拿大皇家银行	6000.00	30%
3	三峡财务有限责任公司	2000.00	20%

中国民生银行股份有限公司 1996 年成立，总部位于北京。2007 年总资产为人民币 9198 亿元。2007 年英国《银行家》杂志按照一级资本规模评出的世界银行业 1000 强中位列 230 位。民生银行五年发展纲要：多元化、国际化，力争建设成为世界一流的金融控股集团 。

加拿大皇家银行 1869 年成立，总部位于多伦多。2007 年总资产为 6003 亿加元。加拿大市值最高、资产最大的银行，北美领先的多元化金融服务公司之一。业务涵盖商业银行、资产管理、保险、投资银行等。2007 年英国《银行家》杂志按照一级资本规模评出的世界银行业 1000 强中位列 35。

三峡财务有限责任公司 1997 年成立，总部位于湖北宜昌。2007 年总资产为人民币 139 亿元。专门服务于中国三峡总公司和三峡工程建设及长江中上游水能资源开发的非银行金融机构。公司以"服务集团，服务三峡"为宗旨，秉承"规范稳健，开拓创新"的经营理念。

【旗下基金】

基金代码	基金简称	类型	基金经理
690001	民生蓝筹	开放式	陈东、黄钦来
690002	民生强债 A	开放式	傅晓轩 陈东 乐瑞祺
690202	民生强债 C	开放式	傅晓轩 陈东 乐瑞祺

【公司高管】

杨东先生：董事长，硕士，高级工程师。曾历任中国人民银行江西省分行科技处、调统处等部门处长，交通银行深圳分行电脑处处长，后加入中国民生银行，历任深圳分行副行长，杭州分行行长、深圳分行行长。现任民生加银基金管理有限公司董事长。

张嘉宾先生：总经理，工商管理硕士，曾历任深业美国公司（新泽西）副总裁，瑞银华宝（纽约）业务经理，富国基金管理有限公司总经理助理、市场总监，信诚基金管理有限公司副总经理、首席市场官，中国光大资产管理有限公司（香港）首席运营官。现任民生加银基金管理有限公司总经理。

朱晓光先生：董事，学士，高级经济师。曾历任中国银行北京分行财会部副科长，中国民生银行总行财会部会计处处长，中国民生银行福州分行副行长，中国民生银行中小企业金融部财务总监。现任民生加银基金管理有限公司督察长。

第五编
中国期货市场

序号	公司名称	注册地
278	江苏文峰期货经纪有限责任公司盐城营业部	江苏
279	江西瑞奇期货经纪有限公司赣州营业部	江西
280	江西瑞奇期货经纪有限公司吉安营业部	江西
281	江西瑞奇期货经纪有限公司九江营业部	江西
282	江西瑞奇期货经纪有限公司萍乡营业部	江西
283	江西瑞奇期货经纪有限公司上饶营业部	江西
284	江西瑞奇期货经纪有限公司新余营业部	江西
285	江西瑞奇期货经纪有限公司宜春营业部	江西
286	金鹏期货经纪有限公司大连营业部	大连
287	金鹏期货经纪有限公司郑州营业部	河南
288	金瑞期货经纪有限公司北京金融街营业部	北京
289	金瑞期货经纪有限公司大连营业部	大连
290	金瑞期货经纪有限公司南昌营业部	江西
291	金瑞期货经纪有限公司上海营业部	上海
292	金瑞期货经纪有限公司郑州营业部	河南
293	金石期货有限公司昌吉营业部	新疆
294	金石期货有限公司库尔勒营业部	新疆
295	金石期货有限公司上海营业部	上海
296	金石期货有限公司石河子营业部	新疆
297	金石期货有限公司郑州营业部	河南
298	金友期货经纪有限责任公司青岛营业部	青岛
299	金友期货经纪有限责任公司福州营业部	福建
300	金友期货经纪有限责任公司龙岩营业部	福建
301	金元期货经纪有限公司大连营业部	大连
302	金元期货经纪有限公司上海营业部	上海
303	金元期货经纪有限公司深圳营业部	深圳
304	金元期货经纪有限公司郑州营业部	河南
305	津投期货经纪有限公司秦皇岛营业部	河北
306	经易期货经纪有限公司北京樱花西街营业部	北京
307	经易期货经纪有限公司长春营业部	吉林
308	经易期货经纪有限公司成都营业部	四川
309	经易期货经纪有限公司大连营业部	大连
310	经易期货经纪有限公司青岛营业部	青岛
311	经易期货经纪有限公司上海营业部	上海
312	经易期货经纪有限公司深圳营业部	深圳
313	经易期货经纪有限公司西安营业部	陕西
314	科信期货经纪有限公司北京营业部	北京
315	鲁能金穗期货经纪有限公司大连营业部	大连
316	鲁能金穗期货经纪有限公司临沂营业部	山东
317	鲁能金穗期货经纪有限公司青岛营业部	青岛
318	鲁能金穗期货经纪有限公司上海营业部	上海
319	鲁能金穗期货经纪有限公司潍坊营业部	山东
320	鲁证期货有限公司北京营业部	北京
321	鲁证期货有限公司大连营业部	大连
322	鲁证期货有限公司杭州营业部	浙江
323	鲁证期货有限公司济南营业部	山东
324	鲁证期货有限公司济宁营业部	山东
325	鲁证期货有限公司临沂营业部	山东
326	鲁证期货有限公司青岛营业部	青岛
327	鲁证期货有限公司上海营业部	上海
328	鲁证期货有限公司沈阳营业部	辽宁
329	鲁证期货有限公司天津营业部	天津
330	鲁证期货有限公司潍坊营业部	山东
331	鲁证期货有限公司烟台营业部	山东
332	鲁证期货有限公司淄博营业部	山东
333	迈科期货经纪有限公司北京朝阳门北大街营业部	北京
334	迈科期货经纪有限公司成都营业部	四川
335	迈科期货经纪有限公司上海营业部	上海
336	美尔雅期货经纪有限公司福州营业部	福建
337	美尔雅期货经纪有限公司黄石营业部	湖北
338	美尔雅期货经纪有限公司荆州营业部	湖北
339	美尔雅期货经纪有限公司十堰营业部	湖北
340	美尔雅期货经纪有限公司武昌营业部	湖北
341	美尔雅期货经纪有限公司襄樊营业部	湖北
342	美尔雅期货经纪有限公司宜昌营业部	湖北
343	民生期货有限公司大同营业部	山西
344	民生期货有限公司天津营业部	天津
345	民生期货有限公司阳泉营业部	山西
346	民生期货有限公司郑州营业部	河南
347	南华期货经纪有限公司北京营业部	北京
348	南华期货经纪有限公司成都营业部	四川
349	南华期货经纪有限公司慈溪营业部	宁波
350	南华期货经纪有限公司大连营业部	大连
351	南华期货经纪有限公司哈尔滨营业部	黑龙江
352	南华期货经纪有限公司嘉兴营业部	浙江
353	南华期货经纪有限公司兰州营业部	甘肃
354	南华期货经纪有限公司宁波营业部	宁波
355	南华期货经纪有限公司青岛营业部	青岛
356	南华期货经纪有限公司上海虹桥路营业部	上海
357	南华期货经纪有限公司上海营业部	上海
358	南华期货经纪有限公司绍兴营业部	浙江
359	南华期货经纪有限公司深圳营业部	深圳
360	南华期货经纪有限公司台州营业部	浙江
361	南华期货经纪有限公司温州营业部	浙江
362	南华期货经纪有限公司郑州营业部	河南
363	宁波杉立期货经纪有限公司慈溪营业部	宁波
364	宁波杉立期货经纪有限公司上海营业部	上海
365	宁波杉立期货经纪有限公司台州营业部	浙江
366	乾坤期货经纪有限公司北京月坛北街营业部	北京
367	乾坤期货经纪有限公司广州营业部	广东
368	乾坤期货有限公司昆明营业部	云南
369	瑞达期货经纪有限公司成都营业部	四川
370	瑞达期货经纪有限公司广州营业部	广东
371	瑞达期货经纪有限公司晋江营业部	福建
372	瑞达期货经纪有限公司柳州营业部	广西
373	瑞达期货经纪有限公司龙岩营业部	福建
374	瑞达期货经纪有限公司泉州营业部	福建
375	瑞达期货经纪有限公司三明营业部	福建
376	瑞达期货经纪有限公司汕头营业部	广东
377	瑞达期货经纪有限公司上海营业部	上海
378	瑞达期货经纪有限公司石狮营业部	福建
379	瑞达期货经纪有限公司漳州营业部	福建
380	山西三立期货经纪有限公司大连营业部	大连
381	山西三立期货经纪有限公司晋城营业部	山西
382	山西三立期货经纪有限公司临汾营业部	山西
383	山西三立期货经纪有限公司西安营业部	陕西
384	山西三立期货经纪有限公司郑州营业部	河南
385	上海大陆期货经纪有限公司大连营业部	大连
386	上海大陆期货有限公司北京营业部	北京
387	上海大陆期货有限公司福州营业部	福建
388	上海大陆期货有限公司广州营业部	广东
389	上海大陆期货有限公司上海长寿路营业部	上海
390	上海大陆期货有限公司上海中山北二路营业部	上海
391	上海大陆期货有限公司上海中山北路营业部	上海
392	上海大陆期货有限公司天津营业部	天津
393	上海大陆期货有限公司郑州营业部	河南

序号	公司名称	注册地
394	上海金鹏期货经纪有限公司济南营业部	山东
395	上海金源期货经纪有限责任公司深圳营业部	深圳
396	上海金源期货经纪有限责任公司郑州营业部	河南
397	上海金源期货经纪有限责任公司大连营业部	大连
398	上海金源期货经纪有限责任公司铜陵营业部	安徽
399	上海良茂期货经纪有限公司北京营业部	北京
400	上海良茂期货经纪有限公司福清营业部	福建
401	上海良茂期货经纪有限公司泉州营业部	福建
402	上海良茂期货经纪有限公司郑州营业部	河南
403	上海浙石期货经纪有限公司杭州营业部	浙江
404	上海浙石期货经纪有限公司宁波营业部	宁波
405	上海中财期货经纪有限公司杭州营业部	浙江
406	上海中财期货经纪有限公司济南营业部	山东
407	上海中财期货经纪有限公司无锡营业部	江苏
408	上海中财期货经纪有限公司郑州营业部	河南
409	上海中期期货经纪有限公司大连营业部	大连
410	上海中期期货经纪有限公司上海期货大厦营业部	上海
411	上海中期期货经纪有限公司苏州营业部	江苏
412	上海中期期货经纪有限公司无锡营业部	江苏
413	上海中期期货经纪有限公司郑州营业部	河南
414	申银万国期货有限公司成都营业部	四川
415	申银万国期货有限公司大连营业部	大连
416	申银万国期货有限公司贵阳营业部	贵州
417	深圳市平安期货经纪有限公司上海营业部	上海
418	神华期货经纪有限公司北京营业部	北京
419	神华期货经纪有限公司上海营业部	上海
420	神华期货经纪有限公司郑州营业部	河南
421	晟鑫期货经纪有限公司大连营业部	大连
422	晟鑫期货经纪有限公司晋中营业部	山西
423	晟鑫期货经纪有限公司上海营业部	上海
424	晟鑫期货经纪有限公司太原营业部	山西
425	晟鑫期货经纪有限公司郑州营业部	河南
426	天富期货经纪有限公司北京营业部	北京
427	天富期货经纪有限公司大连营业部	大连
428	天富期货经纪有限公司海口营业部	海南
429	天富期货经纪有限公司吉林市营业部	吉林
430	天富期货经纪有限公司上海营业部	上海
431	天富期货经纪有限公司延吉营业部	吉林
432	万达期货有限公司北京营业部	北京
433	万达期货有限公司长春营业部	吉林
434	万达期货有限公司大连营业部	大连
435	万达期货有限公司广州营业部	广东
436	万达期货有限公司昆明营业部	云南
437	万达期货有限公司南宁营业部	广西
438	万达期货有限公司上海营业部	上海
439	万达期货有限公司温州营业部	浙江
440	万达期货有限公司乌鲁木齐营业部	新疆
441	万达期货有限公司武汉营业部	湖北
442	万杰鼎鑫期货经纪有限公司北京营业部	北京
443	万杰鼎鑫期货经纪有限公司大连营业部	大连
444	万杰鼎鑫期货经纪有限公司福州营业部	福建
445	万杰鼎鑫期货经纪有限公司上海营业部	上海
446	万杰鼎鑫期货经纪有限公司潍坊营业部	山东
447	五矿海勤期货经纪有限公司上海营业部	上海
448	五矿海勤期货经纪有限公司通辽营业部	内蒙
449	五矿实达期货经纪有限责任公司上海营业部	上海
450	五矿实达期货经纪有限责任公司郑州营业部	河南
451	西安智德期货经纪有限公司宝鸡营业部	陕西

序号	公司名称	注册地
452	西南期货经纪有限公司上海营业部	上海
453	厦门国贸期货经纪有限公司福州营业部	福建
454	厦门国贸期货经纪有限公司晋江营业部	福建
455	厦门国贸期货经纪有限公司龙岩营业部	福建
456	厦门国贸期货经纪有限公司泉州营业部	福建
457	厦门国贸期货经纪有限公司三明营业部	福建
458	厦门国贸期货经纪有限公司上海陆家嘴营业部	上海
459	厦门国贸期货经纪有限公司漳州营业部	福建
460	湘财祈年期货经纪有限公司长沙营业部	湖南
461	湘财祈年期货经纪有限公司郑州营业部	河南
462	新湖期货有限公司大连营业部	大连
463	新湖期货有限公司福州营业部	福建
464	新湖期货有限公司嘉兴营业部	浙江
465	新湖期货有限公司临海营业部	浙江
466	新湖期货有限公司青岛营业部	青岛
467	新湖期货有限公司温州营业部	浙江
468	新湖期货有限公司郑州营业部	河南
469	新纪元期货有限公司北京营业部	北京
470	新纪元期货有限公司南京营业部	江苏
471	新疆天利期货经纪有限公司克拉玛依营业部	新疆
472	新疆天利期货经纪有限公司伊犁营业部	新疆
473	鑫国联期货经纪有限公司上海营业部	上海
474	鑫国联期货经纪有限公司厦门营业部	厦门
475	信达期货有限公司富阳营业部	浙江
476	信达期货有限公司金华营业部	浙江
477	信达期货有限公司乐清营业部	浙江
478	信达期货有限公司上海营业部	上海
479	兴业期货有限公司大连营业部	大连
480	兴业期货有限公司福州营业部	福建
481	兴业期货有限公司泉州营业部	福建
482	兴业期货有限公司上海营业部	上海
483	烟台中州期货经纪有限公司大连营业部	大连
484	烟台中州期货经纪有限公司东营营业部	山东
485	烟台中州期货经纪有限公司临沂营业部	山东
486	烟台中州期货经纪有限公司青岛营业部	青岛
487	一德期货经纪有限公司北京营业部	北京
488	一德期货经纪有限公司大连营业部	大连
489	一德期货经纪有限公司上海营业部	上海
490	一德期货经纪有限公司天津滨海新区营业部	天津
491	一德期货经纪有限公司天津营业部	天津
492	一德期货经纪有限公司郑州营业部	河南
493	银河期货经纪有限公司北京营业部	北京
494	银河期货经纪有限公司大连营业部	大连
495	银河期货经纪有限公司福州营业部	福建
496	银河期货经纪有限公司哈尔滨营业部	黑龙江
497	银河期货经纪有限公司杭州营业部	浙江
498	银河期货经纪有限公司济南营业部	山东
499	银河期货经纪有限公司上海松林路营业部	上海
500	银河期货经纪有限公司沈阳营业部	辽宁
501	银建期货经纪有限责任公司南宁营业部	广西
502	银建期货经纪有限责任公司上海营业部	上海
503	银建期货经纪有限责任公司天津营业部	天津
504	银建期货经纪有限责任公司郑州营业部	河南
505	浙江大地期货经纪有限公司宁波营业部	宁波
506	浙江大地期货经纪有限公司衢州营业部	浙江
507	浙江大地期货经纪有限公司台州营业部	浙江
508	浙江大越期货经纪有限责任公司杭州营业部	浙江
509	浙江大越期货经纪有限责任公司湖州营业部	浙江

序号	公司名称	注册地
510	浙江大越期货经纪有限责任公司柯桥营业部	浙江
511	浙江大越期货经纪有限责任公司温州营业部	浙江
512	浙江大越期货经纪有限责任公司余姚营业部	宁波
513	浙江良时期货经纪有限公司湖州营业部	浙江
514	浙江良时期货经纪有限公司柯桥营业部	浙江
515	浙江良时期货经纪有限公司上海营业部	上海
516	浙江良时期货经纪有限公司绍兴营业部	浙江
517	浙江良时期货经纪有限公司越城营业部	浙江
518	浙江省永安期货经纪有限公司北京营业部	北京
519	浙江省永安期货经纪有限公司福州营业部	福建
520	浙江省永安期货经纪有限公司济南营业部	山东
521	浙江省永安期货经纪有限公司嘉兴营业部	浙江
522	浙江省永安期货经纪有限公司金华营业部	浙江
523	浙江省永安期货经纪有限公司宁波营业部	宁波
524	浙江省永安期货经纪有限公司上海营业部	上海
525	浙江省永安期货经纪有限公司绍兴营业部	浙江
526	浙江省永安期货经纪有限公司沈阳营业部	辽宁
527	浙江省永安期货经纪有限公司台州营业部	浙江
528	浙江省永安期货经纪有限公司温州营业部	浙江
529	浙江省永安期货经纪有限公司无锡营业部	江苏
530	浙江省永安期货经纪有限公司萧山营业部	浙江
531	浙江省永安期货经纪有限公司义乌营业部	浙江
532	浙江省永安期货经纪有限公司余姚营业部	宁波
533	浙江天马期货经纪有限公司杭州中河中路营业部	浙江
534	浙江天马期货经纪有限公司湖州营业部	浙江
535	浙江天马期货经纪有限公司嘉兴营业部	浙江
536	浙江天马期货经纪有限公司宁波营业部	宁波
537	浙江天马期货经纪有限公司瑞安营业部	浙江
538	浙江天马期货经纪有限公司上海营业部	上海
539	浙江天马期货经纪有限公司绍兴营业部	浙江
540	浙江天马期货经纪有限公司台州营业部	浙江
541	浙江天马期货经纪有限公司温州营业部	浙江
542	浙江天马期货经纪有限公司义乌营业部	浙江
543	浙江天马期货经纪有限公司舟山营业部	浙江
544	浙江新华期货经纪有限公司上海营业部	上海
545	浙江新华期货经纪有限公司绍兴营业部	浙江
546	浙江新华期货经纪有限公司温岭营业部	浙江
547	浙江新世纪期货经纪有限公司北京营业部	北京
548	浙江新世纪期货经纪有限公司湖州营业部	浙江
549	浙江新世纪期货经纪有限公司上海营业部	上海
550	浙江新世纪期货经纪有限公司嵊州营业部	浙江
551	浙江新世纪期货经纪有限公司温州营业部	浙江
552	浙江新世纪期货经纪有限公司萧山营业部	浙江
553	浙江中大期货经纪有限公司北京营业部	北京
554	浙江中大期货经纪有限公司福州营业部	福建
555	浙江中大期货经纪有限公司海宁营业部	浙江
556	浙江中大期货经纪有限公司温岭营业部	浙江
557	浙江中大期货经纪有限公司温州营业部	浙江
558	浙江中大期货经纪有限公司义乌营业部	浙江
559	浙江中大期货经纪有限公司永康营业部	浙江
560	浙江中大期货经纪有限公司重庆营业部	重庆
561	中诚期货经纪有限责任公司大连营业部	大连
562	中诚期货经纪有限责任公司郑州营业部	河南
563	中钢期货有限公司北京安外大街营业部	北京
564	中钢期货有限公司大连营业部	大连
565	中钢期货有限公司上海营业部	上海
566	中钢期货有限公司武汉营业部	湖北
567	中钢期货有限公司重庆营业部	重庆
568	中谷期货经纪有限公司北京营业部	北京
569	中谷期货经纪有限公司大连营业部	大连
570	中谷期货经纪有限公司郑州营业部	河南
571	中国国际期货经纪有限公司宝安宝民路营业部	深圳
572	中国国际期货经纪有限公司北京朝外大街营业部	北京
573	中国国际期货经纪有限公司大连营业部	大连
574	中国国际期货经纪有限公司广州营业部	广东
575	中国国际期货经纪有限公司宁波营业部	宁波
576	中国国际期货经纪有限公司上海营业部	上海
577	中国国际期货经纪有限公司武昌营业部	湖北
578	中国国际期货经纪有限公司武汉营业部	湖北
579	中国国际期货经纪有限公司厦门营业部	厦门
580	中国国际期货经纪有限公司襄樊营业部	湖北
581	中国国际期货经纪有限公司郑州营业部	河南
582	中国国际期货经纪有限公司罗湖深南东路营业部	深圳
583	中航期货经纪有限公司汕头营业部	广东
584	中航期货经纪有限公司上海营业部	上海
585	中航期货经纪有限公司武汉营业部	湖北
586	中辉期货经纪有限公司大连营业部	大连
587	中辉期货经纪有限公司莆田营业部	福建
588	中辉期货经纪有限公司石家庄营业部	河北
589	中粮期货经纪有限公司大连营业部	大连
590	中粮期货经纪有限公司上海营业部	上海
591	中粮期货经纪有限公司深圳营业部	深圳
592	中粮期货经纪有限公司郑州营业部	河南
593	中期嘉合期货经纪有限公司长春营业部	吉林
594	中期嘉合期货经纪有限公司大连营业部	大连
595	中期嘉合期货经纪有限公司洛阳营业部	河南
596	中期嘉合期货经纪有限公司沈阳营业部	辽宁
597	中期期货有限公司青岛营业部	青岛
598	中期期货有限公司苏州营业部	江苏
599	中晟期货经纪有限公司大连营业部	大连
600	中天期货经纪有限公司珠海营业部	广东
601	中信东方汇理期货经纪有限公司大连营业部	大连
602	中信建投期货经纪有限公司北京营业部	北京
603	中信建投期货经纪有限公司济南营业部	山东
604	中信建投期货经纪有限公司上海营业部	上海
605	中银国际期货有限责任公司上海世纪大道营业部	上海
606	中原期货经纪有限公司大连营业部	大连
607	中原期货经纪有限公司咸阳营业部	陕西
608	中原期货经纪有限公司新乡营业部	河南
609	中证期货有限公司大连营业部	大连
610	中证期货有限公司青岛营业部	青岛
611	中证期货有限公司上海营业部	上海
612	中证期货有限公司郑州营业部	河南
613	重庆先融期货经纪有限公司解放碑营业部	重庆
614	重庆先融期货经纪有限公司沙坪坝营业部	重庆
615	珠江期货有限公司番禺营业部	广东
616	珠江期货有限公司佛山营业部	广东
617	珠江期货有限公司惠州营业部	广东
618	珠江期货有限公司江门营业部	广东
619	珠江期货有限公司梅州营业部	广东
620	珠江期货有限公司南宁营业部	广西
621	珠江期货有限公司清远营业部	广东
622	珠江期货有限公司湛江营业部	广东
623	珠江期货有限公司肇庆营业部	广东
624	珠江期货有限公司郑州营业部	河南
625	珠江期货有限公司重庆营业部	重庆
626	珠江期货有限公司珠海营业部	广东

2008 年 1 月份全国期货市场成交情况统计

交易所	品种名称	本月成交量（手）	去年同期成交量（手）	同比增减（%）	上月成交量（手）	环比增减（%）	本月成交量占全国份额（%）	本月成交额（亿元）	去年同期成交额（亿元）	同比增减（%）	上月成交额（亿元）	环比增减（%）	本月交易额占全国份额（%）
上海期货交易所	铜	5355100	1193054	348.86%	5796554	-7.62%	6.05%	16089.79	3190.86	404.25%	16417.15	-1.99%	26.68%
	铝	677720	1788844	-62.11%	518280	30.76%	0.77%	639.38	1750.50	-63.47%	475.04	34.59%	1.06%
	锌	6678758	–	–	4815718	38.69%	7.55%	6517.99	–	–	4405.03	47.97%	10.81%
	黄金	1198716	–	–	–	–	1.35%	2614.86	–	–	–	–	4.34%
	天然橡胶	3049054	8225354	-62.93%	4876126	-37.47%	3.45%	3627.48	8351.91	-56.57%	5478.16	-33.78%	6.01%
	燃料油	1759062	1318054	33.46%	2926094	-39.88%	1.99%	710.75	360.42	97.20%	1165.04	-38.99%	1.18%
	总额	18718410	12525306	49.44%	18932772	-1.13%	21.15%	30200.24	13653.68	121.19%	27940.42	8.09%	50.08%
郑州商品交易所	棉花	512540	137032	274.03%	383086	33.79%	0.58%	382.81	95.95	298.97%	282.24	35.63%	0.63%
	菜籽油	21394	–	–	17598	21.57%	0.02%	11.70	–	–	9.24	26.62%	0.02%
	白糖	11868042	2065448	474.60%	12148958	-2.31%	13.41%	4630.77	758.09	510.85%	4863.84	-4.79%	7.68%
	PTA	2174524	688022	–	1798528	20.91%	2.46%	807.28	290.49	–	652.11	23.80%	1.34%
	强筋小麦	4087184	4032588	1.35%	4413696	-7.40%	4.62%	798.49	740.99	7.76%	897.01	-10.98%	1.32%
	普通小麦	7202	4486	60.54%	3020	138.48%	0.01%	1.27	0.72	76.39%	0.54	135.19%	0.00%
	总额	18670886	6927576	169.52%	18764886	-0.50%	21.10%	6632.31	1886.24	251.62%	6704.98	-1.08%	11.00%
大连商品交易所	黄大豆一号	20859942	1921038	985.87%	12868580	62.10%	23.57%	9567.33	575.06	1563.71%	5703.37	67.75%	15.86%
	黄大豆二号	10910	358	2947.49%	4650	134.62%	0.01%	5.14	0.11	4572.73%	2.08	147.12%	0.01%
	玉米	8521378	15345754	-44.47%	9426000	-9.60%	9.63%	1505.66	2593.33	-41.94%	1653.00	-8.91%	2.50%
	LLDPE	277534	–	–	135824	104.33%	0.31%	193.05	–	–	93.34	106.82%	0.32%
	豆粕	14623296	3392122	331.10%	22627552	-35.37%	16.52%	4955.02	843.49	487.44%	7487.79	-33.83%	8.22%
	棕榈油	563916	–	–	417278	35.14%	0.64%	545.58	–	–	365.23	49.38%	0.90%
	豆油	6255310	640438	876.72%	2365500	164.44%	7.07%	6705.19	421.08	1492.38%	2313.87	189.78%	11.12%
	总额	51112286	21299710	139.97%	47845384	6.83%	57.75%	23476.94	4433.06	429.59%	17618.66	33.25%	38.93%
全国期货市场交易总额		88501582	40752592	117.17%	85543042	3.46%	100.00%	60309.49	19972.98	201.96%	52264.06	15.39%	100.00%

交易所	品种名称	今年累计成交总量（手）	去年同期成交总量（手）	同比增减（%）	今年累计成交总量占全国份额（%）	今年累计成交总额（亿元）	去年同期成交总额（亿元）	同比增减（%）	今年累计成交总额占全国份额（%）	本月月末持仓量	本月月末持仓量占全国份额（%）	上月月末持仓量	环比增减（%）
上海期货交易所	铜	5355100	1193054	348.86%	6.05%	16089.79	3190.86	404.25%	26.68%	175908	5.09%	183716	-4.25%
	铝	677720	1788844	-62.11%	0.77%	639.38	1750.50	-63.47%	1.06%	104892	3.03%	86032	21.92%
	锌	6678758	–	–	7.55%	6517.99	–	–	10.81%	106514	3.08%	58702	81.45%
	黄金	1198716	–	–	1.35%	2614.86	–	–	4.34%	40618	1.18%	–	–
	天然橡胶	3049054	8225354	-62.93%	3.45%	3627.48	8351.91	-56.57%	6.01%	83582	2.42%	91288	-8.44%
	燃料油	1759062	1318054	33.46%	1.99%	710.75	360.42	97.20%	1.18%	36112	1.04%	81846	-55.88%
	总额	18718410	12525306	49.44%	21.15%	30200.24	13653.68	121.19%	50.08%	547626	15.84%	501584	9.18%
郑州商品交易所	棉花	512540	137032	274.03%	0.58%	382.81	95.95	298.97%	0.63%	98346	2.85%	95612	2.86%
	菜籽油	21394	–	–	0.02%	11.70	–	–	0.02%	6812	0.20%	10232	-33.42%
	白糖	11868042	2065448	474.60%	13.41%	4630.77	758.09	510.85%	7.68%	535898	15.50%	619360	-13.48%
	PTA	2174524	688022	216.05%	2.46%	807.28	290.49	177.90%	1.34%	88544	2.56%	149236	-40.67%
	强筋小麦	4087184	4032588	1.35%	4.62%	798.49	740.99	7.76%	1.32%	218080	6.31%	223850	-2.58%
	普通小麦	7202	4486	60.54%	0.01%	1.27	0.72	76.39%	0.00%	1306	0.04%	1176	11.05%
	总额	18670886	6927576	169.52%	21.10%	6632.32	1886.24	251.62%	11.00%	948986	27.45%	1099466	-13.69%
大连商品交易所	黄大豆一号	20859942	1921038	985.87%	23.57%	9567.33	575.06	1563.71%	15.86%	716506	20.73%	670642	6.84%
	黄大豆二号	10910	358	2947.49%	0.01%	5.14	0.11	4572.73%	0.01%	194	0.01%	244	-20.49%
	玉米	8521378	15345754	-44.47%	9.63%	1505.66	2593.33	-41.94%	2.50%	676516	19.57%	726840	-6.92%
	LLDPE	277534	–	–	0.31%	193.05	–	–	0.32%	4274	0.12%	7850	-45.55%
	豆粕	14623296	3392122	331.10%	16.52%	4955.02	843.49	487.44%	8.22%	364974	10.56%	554258	-34.15%
	棕榈油	563916	–	–	0.64%	545.58	–	–	0.90%	30234	0.87%	10446	189.43%
	豆油	6255310	640438	876.72%	7.07%	6705.19	421.08	1492.38%	11.12%	167254	4.84%	117108	42.82%
	总额	51112286	21299710	139.97%	57.75%	23476.94	4433.06	429.59%	38.93%	1959952	56.70%	2087388	-6.11%
全国期货市场交易总额		88501582	40752592	117.17%	100.00%	60309.50	19972.98	201.96%	100.00%	3456564	100.00%	3688438	-6.29%

2008年2月份全国期货市场成交情况统计

交易所	品种名称	本月成交量（手）	去年同期成交量（手）	同比增减（%）	上月成交量（手）	环比增减（%）	本月成交量占全国份额(%)	本月成交额（亿元）	去年同期成交额（亿元）	同比增减（%）	上月成交额（亿元）	环比增减（%）	本月交易额占全国份额(%)
上海期货交易所	铜	2884846	826186	249.18%	5355100	-46.13%	3.56%	9552.17	2208.99	332.42%	16089.79	-40.63%	18.59%
	铝	1263960	779432	62.16%	677720	86.50%	1.56%	1248.04	765.71	62.99%	639.38	95.20%	2.43%
	锌	5429302	-	-	6678758	-18.71%	6.71%	5613.84	-	-	6517.99	-13.87%	10.93%
	黄金	551898	-	-	1198716	-53.96%	0.68%	1215.74	-	-	2614.86	-	2.37%
	天然橡胶	2107244	5473138	-61.50%	3049054	-30.89%	2.60%	2556.11	5938.51	-56.96%	3627.48	-29.53%	4.98%
	燃料油	1037840	675060	53.74%	1759062	-41.00%	1.28%	429.77	196.36	118.87%	710.75	-39.53%	0.84%
	总额	13275090	7753816	71.21%	18718410	-29.08%	16.40%	20615.67	9109.58	126.31%	30200.24	-31.74%	40.13%
郑州商品交易所	棉花	648080	59212	994.51%	512540	26.44%	0.80%	494.03	41.29	1096.49%	382.81	29.05%	0.96%
	菜籽油	161690	-	-	21394	655.77%	0.20%	112.32	-	-	11.70	860.00%	0.22%
	白糖	21157856	1621992	1204.44%	11868042	78.28%	26.13%	9415.21	608.98	1446.06%	4630.77	103.32%	18.33%
	PTA	937222	414682	126.01%	2174524	-56.90%	1.16%	368.19	172.70	113.20%	807.28	-54.39%	0.72%
	强筋小麦	6690990	2537554	163.68%	4087184	63.71%	8.26%	1462.65	467.53	212.85%	798.49	83.18%	2.85%
	普通小麦	6126	2254	171.78%	7202	-14.94%	0.01%	1.12	0.36	211.11%	1.27	-11.81%	0.00%
	总额	29601964	4635694	538.57%	18670886	58.55%	36.56%	11853.53	1290.86	818.27%	6632.32	78.72%	23.07%
大连商品交易所	黄大豆一号	10687382	2781696	284.20%	20859942	-48.77%	13.20%	5176.24	879.59	488.48%	9567.33	-45.90%	10.07%
	黄大豆二号	8656	1448	497.79%	10910	-20.66%	0.01%	4.35	0.48	806.25%	5.14	-15.37%	0.01%
	玉米	8910186	5498034	62.06%	8521378	4.56%	11.01%	1601.49	933.89	71.49%	1505.66	6.36%	3.12%
	LLDPE	257726	-	-	277534	-7.14%	0.32%	181.91	-	-	193.05	-5.77%	0.35%
	豆粕	11908816	3130332	280.43%	14623296	-18.56%	14.71%	4204.64	831.78	405.50%	4955.02	-15.14%	8.18%
	棕榈油	667466	-	-	563916	18.36%	0.82%	729.20	-	-	545.58	33.66%	1.42%
	豆油	5644714	411520	1271.67%	6255310	-9.76%	6.97%	7010.31	269.38	2502.39%	6705.19	4.55%	13.64%
	总额	38084946	11823030	222.13%	51112286	-25.49%	47.04%	18908.11	2915.10	548.63%	23476.94	-19.46%	36.80%
全国期货市场交易总额		80962000	24212540	234.38%	88501582	-8.52%	100.00%	51377.31	13315.54	285.84%	60309.50	-14.81%	100.00%

交易所	品种名称	今年累计成交总量（手）	去年同期成交总量（手）	同比增减（%）	今年累计成交总量占全国份额(%)	今年累计成交总额（亿元）	去年同期成交总额（亿元）	同比增减（%）	今年累计成交总额占全国份额(%)	本月月末持仓量	本月月末持仓量占全国份额(%)	上月月末持仓量	环比增减（%）
上海期货交易所	铜	8239946	2019240	308.07%	4.86%	25641.96	5399.85	374.86%	22.96%	182148	4.04%	175908	3.55%
	铝	1941680	2568276	-24.40%	1.15%	1887.42	2516.21	-24.99%	1.69%	206642	4.59%	104892	97.00%
	锌	12108060	-	-	7.14%	12131.83	-	-	10.86%	148340	3.29%	106514	39.27%
	黄金	1750614	-	-	1.03%	3830.60	-	-	3.43%	45628	1.01%	40618	-
	天然橡胶	5156298	13698492	-62.36%	3.04%	6183.59	14290.42	-56.73%	5.54%	77544	1.72%	83582	-7.22%
	燃料油	2796902	1993114	40.33%	1.65%	1140.52	556.78	104.84%	1.02%	61404	1.36%	36112	70.04%
	总额	31993500	20279122	57.77%	18.88%	50815.92	22763.26	123.24%	45.50%	721706	16.02%	547626	31.79%
郑州商品交易所	棉花	1160620	196244	491.42%	0.68%	876.84	137.24	538.91%	0.79%	155566	3.45%	98346	58.18%
	菜籽油	183084	-	-	0.11%	124.02	-	-	0.11%	24804	0.55%	6812	264.12%
	白糖	33025898	3687440	795.63%	19.49%	14045.97	1367.07	927.45%	12.58%	713380	15.83%	535898	33.12%
	PTA	3111746	1102704	182.19%	1.84%	1175.47	463.19	153.78%	1.05%	134824	2.99%	88544	52.27%
	强筋小麦	10778174	6570142	64.05%	6.36%	2261.14	1208.52	87.10%	2.02%	284294	6.31%	218080	30.36%
	普通小麦	13328	6740	97.74%	0.01%	2.40	1.09	120.18%	0.00%	1584	0.04%	1306	21.29%
	总额	48272850	11563270	317.47%	28.49%	18485.84	3177.11	481.84%	16.55%	1314452	29.17%	948986	38.51%
大连商品交易所	黄大豆一号	31547324	4702734	570.83%	18.62%	14743.57	1454.65	913.55%	13.20%	748466	16.61%	716506	4.46%
	黄大豆二号	19566	1806	983.39%	0.01%	9.49	0.59	1508.47%	0.01%	438	0.01%	194	125.77%
	玉米	17431564	20843788	-16.37%	10.29%	3107.15	3527.22	-11.91%	2.78%	1031148	22.89%	676516	52.42%
	LLDPE	535260	-	-	0.32%	374.95	-	-	0.34%	12464	0.28%	4274	191.62%
	豆粕	26532112	6522454	306.78%	15.66%	9159.66	1675.26	446.76%	8.20%	432628	9.60%	364974	18.54%
	棕榈油	1231382	-	-	0.73%	1274.77	-	-	1.14%	38892	0.86%	30234	28.64%
	豆油	11900024	1051958	1031.23%	7.02%	13715.50	690.45	1886.46%	12.28%	205408	4.56%	167254	22.81%
	总额	89197232	33122740	169.29%	52.64%	42385.05	7348.15	476.81%	37.95%	2469444	54.81%	1959952	26.00%
全国期货市场交易总额		169463582	64965132	160.85%	100.00%	111686.81	33288.52	235.51%	100.00%	4505602	100.00%	3456564	30.35%

2008 年 3 月份全国期货市场成交情况统计

交易所	品种名称	本月成交量（手）	去年同期成交量（手）	同比增减（%）	上月成交量（手）	环比增减（%）	本月成交量占全国份额(%)	本月成交额（亿元）	去年同期成交额（亿元）	同比增减（%）	上月成交额（亿元）	环比增减（%）	本月交易额占全国份额(%)
上海期货交易所	铜	2997198	1929940	55.30%	2884846	3.89%	2.36%	10000.32	5768.26	73.37%	9552.17	4.69%	13.45%
	铝	2818684	748922	276.37%	1263960	123.00%	2.22%	2848.06	731.54	289.32%	1248.04	128.20%	3.83%
	锌	5602146	71160	-	5429302	3.18%	4.41%	5881.97	104.50	-	5613.84	4.78%	7.91%
	黄金	514836	-	-	551898	-6.72%	0.41%	1142.08	-	-	1215.74	-	1.54%
	天然橡胶	3809062	7747324	-50.83%	2107244	80.76%	3.00%	4345.80	8216.39	-47.11%	2556.11	70.02%	5.84%
	燃料油	1673298	2155558	-22.37%	1037840	61.23%	1.32%	721.61	673.24	7.18%	429.77	67.91%	0.97%
	总额	17415224	12652904	37.64%	13275090	31.19%	13.72%	24939.83	15493.93	60.97%	20615.67	20.98%	33.53%
郑州商品交易所	棉花	1565246	179984	769.66%	648080	141.52%	1.23%	1240.07	124.65	894.84%	494.03	151.01%	1.67%
	菜籽油	1340180	-	-	161690	728.86%	1.06%	855.99	-	-	112.32	662.10%	1.15%
	白糖	29604254	3543834	735.37%	21157856	39.92%	23.32%	12746.74	1398.82	811.25%	9415.21	35.38%	17.14%
	PTA	1180914	251432	369.68%	937222	26.00%	0.93%	483.78	105.86	357.00%	368.19	31.39%	0.65%
	强筋小麦	6899404	5109766	35.02%	6690990	3.11%	5.43%	1477.26	968.07	52.60%	1462.65	1.00%	1.99%
	普通小麦	11984	2188	447.71%	6126	95.63%	0.01%	2.18	0.35	522.86%	1.12	94.64%	0.00%
	总额	40601982	9087204	346.80%	29601964	37.16%	31.98%	16806.02	2597.75	546.95%	11853.52	41.78%	22.60%
大连商品交易所	黄大豆一号	21973644	2670254	722.90%	10687382	105.60%	17.31%	10502.97	854.78	1128.73%	5176.24	102.91%	14.12%
	黄大豆二号	15494	912	1598.90%	8656	79.00%	0.01%	7.60	0.31	2351.61%	4.35	74.71%	0.01%
	玉米	21076406	6379588	230.37%	8910186	136.54%	16.60%	3887.34	1072.16	262.57%	1601.49	142.73%	5.23%
	LLDPE	278004	-	-	257726	7.87%	0.22%	202.79	-	-	181.91	11.48%	0.27%
	豆粕	14536812	3852800	277.31%	11908816	22.07%	11.45%	5045.59	1029.11	390.29%	4204.64	20.00%	6.78%
	棕榈油	753262	-	-	667466	12.85%	0.59%	821.49	-	-	729.20	12.66%	1.10%
	豆油	10302416	449514	2191.90%	5644714	82.51%	8.12%	12165.59	295.74	4013.61%	7010.31	73.54%	16.36%
	总额	68936038	13353068	416.26%	38084946	81.01%	54.30%	32633.33	3252.09	903.46%	18908.11	72.59%	43.87%
全国期货市场交易总额		126953244	35093176	261.76%	80962000	56.81%	100.00%	74379.18	21343.77	248.48%	51377.30	44.77%	100.00%

交易所	品种名称	今年累计成交总量（手）	去年同期成交总量（手）	同比增减（%）	今年累计成交总量占全国份额(%)	今年累计成交总额（亿元）	去年同期成交总额（亿元）	同比增减（%）	今年累计成交总额占全国份额(%)	本月月末持仓量	本月月末持仓量占全国份额(%)	上月月末持仓量	环比增减（%）
上海期货交易所	铜	11237144	3949180	184.54%	3.79%	35642.28	11168.11	219.14%	19.16%	154856	3.90%	182148	-14.98%
	铝	4760364	3317198	43.51%	1.61%	4735.47	3247.75	45.81%	2.55%	236440	5.95%	206642	14.42%
	锌	17710206	71160	-	5.97%	18013.80	104.50	-	9.68%	125432	3.16%	148340	-15.44%
	黄金	2265450	-	-	0.76%	4972.68	-	-	2.67%	52500	1.32%	45628	-
	天然橡胶	8965360	21445816	-58.20%	3.02%	10529.39	22506.82	-53.22%	5.66%	67726	1.70%	77544	-12.66%
	燃料油	4470200	4148672	7.75%	1.51%	1862.13	1230.02	51.39%	1.00%	40112	1.01%	61404	-34.68%
	总额	49408724	32932026	50.03%	16.67%	75755.75	38257.19	98.02%	40.71%	677066	17.03%	721706	-6.19%
郑州商品交易所	棉花	2725866	376228	624.53%	0.92%	2116.92	261.89	708.32%	1.14%	111180	2.80%	155566	-28.53%
	菜籽油	1523264	-	-	0.51%	980.01	-	-	0.53%	48290	1.21%	24804	94.69%
	白糖	62630152	7231274	766.10%	21.13%	26792.71	2765.89	868.68%	14.40%	640182	16.11%	713380	-10.26%
	PTA	4292660	1354136	217.00%	1.45%	1659.25	569.05	191.58%	0.89%	112380	2.83%	134824	-16.65%
	强筋小麦	17677578	11679908	51.35%	5.96%	3738.40	2176.59	71.75%	2.01%	220654	5.55%	284294	-22.39%
	普通小麦	25312	8928	183.51%	0.01%	4.58	1.43	220.28%	0.00%	3334	0.08%	1584	110.48%
	总额	88874832	20650474	330.38%	29.98%	35291.87	5774.85	511.13%	18.97%	1136020	28.58%	1314452	-13.57%
大连商品交易所	黄大豆一号	53520968	7372988	625.91%	18.06%	25246.53	2309.43	993.19%	13.57%	725714	18.26%	748466	-3.04%
	黄大豆二号	35060	2718	1189.92%	0.01%	17.09	0.90	1798.89%	0.01%	260	0.01%	438	-40.64%
	玉米	38507970	27223376	41.45%	12.99%	6994.48	4599.37	52.07%	3.76%	968456	24.36%	1031148	-6.08%
	LLDPE	813264	-	-	0.27%	577.74	-	-	0.31%	3638	0.09%	12464	-70.81%
	豆粕	41068924	10375254	295.84%	13.86%	14205.24	2704.37	425.27%	7.63%	265796	6.69%	432628	-38.56%
	棕榈油	1984644	-	-	0.67%	2096.26	-	-	1.13%	19382	0.49%	38892	-50.16%
	豆油	22202440	1501472	1378.71%	7.49%	25881.08	986.19	2524.35%	13.91%	178492	4.49%	205408	-13.10%
	总额	158133270	46475808	240.25%	53.35%	75018.37	10600.23	607.71%	40.32%	2161738	54.39%	2469444	-12.46%
全国期货市场交易总额		296416826	100058308	196.24%	100.00%	186065.99	54632.27	240.58%	100.00%	3974824	100.00%	4505602	-11.78%

2008年4月份全国期货市场成交情况统计

交易所	品种名称	本月成交量（手）	去年同期成交量（手）	同比增减（%）	上月成交量（手）	环比增减（%）	本月成交量占全国份额（%）	本月成交额（亿元）	去年同期成交额（亿元）	同比增减（%）	上月成交额（亿元）	环比增减（%）	本月交易额占全国份额（%）
上海期货交易所	铜	2214418	2679728	-17.36%	2997198	-26.12%	2.05%	7209.70	9478.43	-23.94%	10000.32	-27.91%	12.43%
	铝	1015396	1425462	-28.77%	2818684	-63.98%	0.94%	975.36	1419.63	-31.29%	2848.06	-65.75%	1.68%
	锌	3739268	1538826	142.99%	5602146	-33.25%	3.46%	3498.08	2512.40	39.23%	5881.97	-40.53%	6.03%
	黄金	445792	-	-	514836	-13.41%	0.41%	906.44	-	-	1142.08	-20.63%	1.56%
	天然橡胶	3837128	7422970	-48.31%	3809062	0.74%	3.56%	4122.10	8327.25	-50.50%	4345.80	-5.15%	7.10%
	燃料油	1269828	3323724	-61.80%	1673298	-24.11%	1.18%	560.17	1126.08	-50.25%	721.61	-22.37%	0.97%
	总额	12521830	16390710	-23.60%	17415224	-28.10%	11.60%	17271.85	22863.78	-24.46%	24939.83	-30.75%	29.77%
郑州商品交易所	棉花	404996	241538	67.67%	1565246	-74.13%	0.38%	298.20	164.25	81.55%	1240.07	-75.95%	0.51%
	菜籽油	1543728	-	-	1340180	15.19%	1.43%	922.78	-	-	855.99	7.80%	1.59%
	白糖	36212876	2344832	1444.37%	29604254	22.32%	33.55%	14164.32	896.17	1480.54%	12746.74	11.12%	24.41%
	PTA	535662	535308	0.07%	1180914	-54.64%	0.50%	214.86	234.92	-8.54%	483.78	-55.59%	0.37%
	强筋小麦	4390896	5902080	-25.60%	6899404	-36.36%	4.07%	901.91	1065.86	-15.38%	1477.26	-38.95%	1.55%
	普通小麦	12370	7516	64.58%	11984	3.22%	0.01%	2.19	1.18	85.59%	2.18	0.46%	0.00%
	总额	43100528	9031274	377.24%	40601982	6.15%	39.94%	16504.26	2362.38	598.63%	16806.02	-1.80%	28.45%
大连商品交易所	黄大豆一号	22241228	4294328	417.92%	21973644	1.22%	20.61%	9860.68	1358.86	625.66%	10502.97	-6.12%	17.00%
	黄大豆二号	7918	2066	283.25%	15494	-48.90%	0.01%	3.62	0.70	417.14%	7.60	-52.37%	0.01%
	玉米	13931448	8042762	73.22%	21076406	-33.90%	12.91%	2646.32	1330.72	98.86%	3887.34	-31.92%	4.56%
	LLDPE	33266	-	-	278004	-88.03%	0.03%	23.28	-	-	202.79	-88.52%	0.04%
	豆粕	7858772	4613922	70.33%	14536812	-45.94%	7.28%	2561.85	1172.02	118.58%	5045.59	-49.23%	4.42%
	棕榈油	381404	-	-	753262	-49.37%	0.35%	395.09	-	-	821.49	-51.91%	0.68%
	豆油	7849230	1747412	349.19%	10302416	-23.81%	7.27%	8750.71	1206.70	625.18%	12165.59	-28.07%	15.08%
	总额	52303266	18700490	179.69%	68936038	-24.13%	48.46%	24241.51	5068.97	378.23%	32633.33	-25.72%	41.78%
全国期货市场交易总额		107925624	44122474	144.60%	126953244	-14.99%	100.00%	58017.62	30295.13	91.51%	74379.18	-22.00%	100.00%

交易所	品种名称	今年累计成交总量（手）	去年同期成交总量（手）	同比增减（%）	今年累计成交总量占全国份额（%）	今年累计成交总额（亿元）	去年同期成交总额（亿元）	同比增减（%）	今年累计成交总额占全国份额（%）	本月月末持仓量	本月月末持仓量占全国份额（%）	上月月末持仓量	环比增减（%）
上海期货交易所	铜	13451562	6628908	102.92%	3.33%	42851.98	20646.54	107.55%	17.56%	149586	3.83%	154856	-3.40%
	铝	5775760	4742660	21.78%	1.43%	5710.83	4667.38	22.36%	2.34%	183126	4.68%	236440	-22.55%
	锌	21449474	1609986	1232.28%	5.30%	21511.88	2616.90	722.04%	8.81%	105850	2.71%	125432	-15.61%
	黄金	2711242	-	-	0.67%	5879.12	-	-	2.41%	41880	1.07%	52500	-20.23%
	天然橡胶	12802488	28868786	-55.65%	3.17%	14651.48	30834.06	-52.48%	6.00%	105674	2.70%	67726	56.03%
	燃料油	5740028	7472396	-23.18%	1.42%	2422.30	2356.10	2.81%	0.99%	48886	1.25%	40112	21.87%
	总额	61930554	49322736	25.56%	15.32%	93027.60	61120.97	52.20%	38.11%	635002	16.24%	677066	-6.21%
郑州商品交易所	棉花	3130862	617766	406.80%	0.77%	2415.12	426.14	466.74%	0.99%	100850	2.58%	111180	-9.29%
	菜籽油	3066992	-	-	0.76%	1902.78	-	-	0.78%	39098	1.00%	48290	-19.03%
	白糖	98843028	9576106	932.18%	24.45%	40957.03	3662.05	1018.42%	16.78%	747582	19.12%	640182	16.78%
	PTA	4828322	1889444	155.54%	1.19%	1874.11	803.96	133.11%	0.77%	107732	2.76%	112380	-4.14%
	强筋小麦	22068474	17581988	25.52%	5.46%	4640.31	3242.45	43.11%	1.90%	252752	6.46%	220654	14.55%
	普通小麦	37682	16444	129.15%	0.01%	6.77	2.61	159.39%	0.00%	5670	0.14%	3334	70.07%
	总额	131975360	29681748	344.63%	32.64%	51796.12	8137.21	536.53%	21.22%	1253684	32.06%	1136020	10.36%
大连商品交易所	黄大豆一号	75762196	11667316	549.35%	18.74%	35107.20	3668.29	857.05%	14.38%	710036	18.16%	725714	-2.16%
	黄大豆二号	42978	4784	798.37%	0.01%	20.70	1.59	1201.89%	0.01%	218	0.01%	260	-16.15%
	玉米	52439418	35266138	48.70%	12.97%	9640.80	5930.09	62.57%	3.95%	1031572	26.38%	968456	6.52%
	LLDPE	846530	-	-	0.21%	601.01	-	-	0.25%	3672	0.09%	3638	0.93%
	豆粕	48927696	14989176	226.42%	12.10%	16767.08	3876.38	332.54%	6.87%	143858	3.68%	265796	-45.88%
	棕榈油	2366048	-	-	0.59%	2491.34	-	-	1.02%	12416	0.32%	19382	-35.94%
	豆油	30051670	3248884	824.98%	7.43%	34631.78	2192.88	1479.28%	14.19%	119894	3.07%	178492	-32.83%
	总额	210436536	65176298	222.87%	52.04%	99259.88	15669.20	533.47%	40.67%	2021666	51.70%	2161738	-6.48%
全国期货市场交易总额		404342450	144180782	180.44%	100.00%	244083.60	84927.38	187.40%	100.00%	3910352	100.00%	3974824	-1.62%

2008 年 5 月份全国期货市场成交情况统计

交易所	品种名称	本月成交量（手）	去年同期成交量（手）	同比增减（%）	上月成交量（手）	环比增减（%）	本月成交量占全国份额（%）	本月成交额（亿元）	去年同期成交额（亿元）	同比增减（%）	上月成交额（亿元）	环比增减（%）	本月交易额占全国份额（%）
上海期货交易所	铜	1977380	2323302	-14.89%	2214418	-10.70%	2.30%	6198.38	7615.71	-18.61%	7209.70	-14.03%	12.21%
	铝	913996	1219074	-25.03%	1015396	-9.99%	1.06%	872.44	1231.32	-29.15%	975.36	-10.55%	1.72%
	锌	3125498	1354096	130.82%	3739268	-16.41%	3.64%	2852.01	2138.37	33.37%	3498.08	-18.47%	5.62%
	黄金	287130	-	-	445792	-35.59%	0.33%	573.90	-	-	906.44	-36.69%	1.13%
	天然橡胶	7604398	8058928	-5.64%	3837128	98.18%	8.85%	9302.13	8150.97	14.12%	4122.10	125.67%	18.33%
	燃料油	1530648	1671564	-8.43%	1269828	20.54%	1.78%	725.34	565.46	28.27%	560.17	29.48%	1.43%
	总额	15439050	14626964	5.55%	12521830	23.30%	17.97%	20524.20	19701.83	4.17%	17271.85	18.83%	40.44%
郑州商品交易所	棉花	304810	215466	41.47%	404996	-24.74%	0.35%	224.65	145.42	54.48%	298.20	-24.66%	0.44%
	菜籽油	1221062	-	-	1543728	-20.90%	1.42%	715.10	-	-	922.78	-22.51%	1.41%
	白糖	23899424	3109556	668.58%	36212876	-34.00%	27.81%	9251.34	1153.14	702.27%	14164.32	-34.69%	18.23%
	PTA	755104	252616	198.91%	535662	40.97%	0.88%	323.40	112.18	188.29%	214.86	50.52%	0.64%
	强筋小麦	4647022	5556764	-16.37%	4390896	5.83%	5.41%	946.27	999.47	-5.32%	901.91	4.92%	1.86%
	普通小麦	34752	2610	1231.49%	12370	180.94%	0.04%	6.29	0.40	1472.50%	2.19	187.21%	0.01%
	总额	30862174	9137012	237.77%	43100528	-28.39%	35.92%	11467.04	2410.61	375.69%	16504.26	-30.52%	22.59%
大连商品交易所	黄大豆一号	16551764	3873200	327.34%	22241228	-25.58%	19.26%	7803.80	1265.87	516.48%	9860.68	-20.86%	15.38%
	黄大豆二号	6000	1160	417.24%	7918	-24.22%	0.01%	2.88	0.40	620.00%	3.62	-20.44%	0.01%
	玉米	9883472	4990426	98.05%	13931448	-29.06%	11.50%	1908.79	843.34	126.34%	2646.32	-27.87%	3.76%
	LLDPE	115064	-	-	33266	245.89%	0.13%	85.01	-	-	23.28	265.16%	0.17%
	豆粕	7371208	4625200	59.37%	7858772	-6.20%	8.58%	2639.69	1199.78	120.01%	2561.85	3.04%	5.20%
	棕榈油	540732	-	-	381404	41.77%	0.63%	565.15	-	-	395.09	43.04%	1.11%
	豆油	5159152	2169406	137.81%	7849230	-34.27%	6.00%	5754.97	1624.19	254.33%	8750.71	-34.23%	11.34%
	总额	39627392	15659392	153.06%	52303266	-24.24%	46.12%	18760.25	4933.56	280.26%	24241.51	-22.61%	36.96%
全国期货市场交易总额		85928616	39423368	117.96%	107925624	-20.38%	100.00%	50751.49	27046.00	87.65%	58017.62	-12.52%	100.00%

交易所	品种名称	今年累计成交总量（手）	去年同期成交总量（手）	同比增减（%）	今年累计成交总量占全国份额（%）	今年累计成交总额（亿元）	去年同期成交总额（亿元）	同比增减（%）	今年累计成交总额占全国份额（%）	本月月末持仓量	本月月末持仓量占全国份额（%）	上月月末持仓量	环比增减（%）
上海期货交易所	铜	15428942	8952210	72.35%	3.15%	49050.36	28262.24	73.55%	16.64%	160086	3.99%	149586	7.02%
	铝	6689756	5961734	12.21%	1.36%	6583.28	5898.70	11.61%	2.23%	155630	3.88%	183126	-15.01%
	锌	24574972	2964082	729.09%	5.01%	24363.89	4755.27	412.36%	8.26%	156316	3.90%	105850	47.68%
	黄金	2998372	-	-	0.61%	6453.02	-	-	2.19%	34432	0.86%	41880	-17.78%
	天然橡胶	20406886	36927714	-44.74%	4.16%	23953.61	38985.04	-38.56%	8.12%	117578	2.93%	105674	11.26%
	燃料油	7270676	9143960	-20.49%	1.48%	3147.64	2921.55	7.74%	1.07%	39782	0.99%	48886	-18.62%
	总额	77369604	63949700	20.99%	15.78%	113551.80	80822.80	40.49%	38.51%	663824	16.56%	635002	4.54%
郑州商品交易所	棉花	3435672	833232	312.33%	0.70%	2639.77	571.57	361.85%	0.90%	92920	2.32%	100850	-7.86%
	菜籽油	4288054	-	-	0.87%	2617.88	-	-	0.89%	37466	0.93%	39098	-4.17%
	白糖	122742452	12685662	867.57%	25.04%	50208.37	4815.19	942.71%	17.03%	829406	20.69%	747582	10.95%
	PTA	5583426	2142060	160.66%	1.14%	2197.51	916.14	139.87%	0.75%	71074	1.77%	107732	-34.03%
	强筋小麦	26715496	23138752	15.46%	5.45%	5586.58	4241.93	31.70%	1.89%	254978	6.36%	252752	0.88%
	普通小麦	72434	19054	280.15%	0.01%	13.05	3.02	332.12%	0.00%	12180	0.30%	5670	114.81%
	总额	162837534	38818760	319.48%	33.21%	63263.16	10547.85	499.77%	21.46%	1298024	32.39%	1253684	3.54%
大连商品交易所	黄大豆一号	92313960	15540516	494.02%	18.83%	42910.99	4934.15	769.67%	14.55%	740604	18.48%	710036	4.31%
	黄大豆二号	48978	5944	723.99%	0.01%	23.57	1.99	1084.42%	0.01%	230	0.01%	218	5.50%
	玉米	62322890	40256564	54.81%	12.71%	11549.58	6773.42	70.51%	3.92%	977690	24.39%	1031572	-5.22%
	LLDPE	961594	-	-	0.20%	686.01	-	-	0.23%	8092	0.20%	3672	120.37%
	豆粕	56298904	19614376	187.03%	11.48%	19406.77	5076.16	282.31%	6.58%	204916	5.11%	143858	42.44%
	棕榈油	2906780	-	-	0.59%	3056.49	-	-	1.04%	11934	0.30%	12416	-3.88%
	豆油	35210822	5418290	549.85%	7.18%	40386.74	3817.07	958.06%	13.70%	102476	2.56%	119894	-14.53%
	总额	250063928	80835690	209.35%	51.01%	118020.12	20602.76	472.84%	40.03%	2045942	51.05%	2021666	1.20%
全国期货市场交易总额		490271066	183604150	167.03%	100.00%	294835.08	111973.41	163.31%	100.00%	4007790	100.00%	3910352	2.49%

2008年6月份全国期货市场成交情况统计

交易所	品种名称	本月成交量（手）	去年同期成交量（手）	同比增减（%）	上月成交量（手）	环比增减（%）	本月成交量占全国份额（%）	本月成交额（亿元）	去年同期成交额（亿元）	同比增减（%）	上月成交额（亿元）	环比增减（%）	本月交易额占全国份额（%）
上海期货交易所	铜	1716122	3167788	-45.83%	1977380	-13.21%	1.97%	5246.63	10127.95	-48.20%	6198.38	-15.35%	9.50%
	铝	678488	507430	33.71%	913996	-25.77%	0.78%	646.74	494.38	30.82%	872.44	-25.87%	1.17%
	锌	4239848	1354952	212.91%	3125498	35.65%	4.87%	3430.27	1901.38	80.41%	2852.01	20.28%	6.21%
	黄金	292102	-	-	287130	1.73%	0.34%	577.00	-	-	573.90	0.54%	1.05%
	天然橡胶	11673992	9792508	19.21%	7604398	53.52%	13.42%	15426.85	9343.71	65.10%	9302.13	65.84%	27.94%
	燃料油	2571926	1631748	57.62%	1530648	68.03%	2.96%	1310.10	553.79	136.57%	725.34	80.62%	2.37%
	总额	21172478	16454426	28.67%	15439050	37.14%	24.34%	26637.59	22421.21	18.81%	20524.20	29.79%	48.25%
郑州商品交易所	棉花	382918	277894	37.79%	304810	25.63%	0.44%	286.03	196.65	45.45%	224.65	27.32%	0.52%
	菜籽油	879228	823210	6.80%	1221062	-27.99%	1.01%	544.24	358.01	52.02%	715.10	-23.89%	0.99%
	白糖	18959092	3232632	486.49%	23899424	-20.67%	21.79%	7356.83	1154.68	537.13%	9251.34	-20.48%	13.33%
	PTA	4635882	178704	2494.17%	755104	513.94%	5.33%	2212.05	77.07	2770.18%	323.40	584.00%	4.01%
	强筋小麦	5740286	7031406	-18.36%	4647022	23.53%	6.60%	1218.25	1281.98	-4.97%	946.27	28.74%	2.21%
	普通小麦	25550	4102	522.87%	34752	-26.48%	0.03%	4.67	0.65	618.46%	6.29	-25.76%	0.01%
	总额	30622956	11547948	165.18%	30862174	-0.78%	35.20%	11622.07	3069.04	278.69%	11467.05	1.35%	21.05%
大连商品交易所	黄大豆一号	10544086	4410362	139.08%	16551764	-36.30%	12.12%	5211.22	1454.69	258.24%	7803.80	-33.22%	9.44%
	黄大豆二号	2602	1980	31.41%	6000	-56.63%	0.00%	1.28	0.67	91.04%	2.88	-55.56%	0.00%
	玉米	9081030	7073904	28.37%	9883472	-8.12%	10.44%	1745.50	1146.72	52.22%	1908.79	-8.55%	3.16%
	LLDPE	1861910	-	-	115064	1518.15%	2.14%	1469.23	-	-	85.01	1628.30%	2.66%
	豆粕	9727550	5093060	91.00%	7371208	31.97%	11.18%	3894.00	1302.06	199.06%	2639.69	47.52%	7.05%
	棕榈油	366194	-	-	540732	-32.28%	0.42%	390.67	-	-	565.15	-30.87%	0.71%
	豆油	3619290	4583124	-21.03%	5159152	-29.85%	4.16%	4237.66	3539.67	19.72%	5754.97	-26.37%	7.68%
	总额	35202662	21162430	66.35%	39627392	-11.17%	40.46%	16950.53	7443.79	127.71%	18760.25	-9.65%	30.70%
全国期货市场交易总额		86998096	49164804	76.95%	85928616	1.24%	100.00%	55210.19	32934.04	67.64%	50751.50	8.79%	100.00%

交易所	品种名称	今年累计成交总量（手）	去年同期成交总量（手）	同比增减（%）	今年累计成交总量占全国份额（%）	今年累计成交总额（亿元）	去年同期成交总额（亿元）	同比增减（%）	今年累计成交总额占全国份额（%）	本月月末持仓量	本月月末持仓量占全国份额（%）	上月月末持仓量	环比增减（%）
上海期货交易所	铜	17145064	12119998	41.46%	2.97%	54296.99	38390.19	41.43%	15.51%	146068	3.69%	160086	-8.76%
	铝	7368244	6469164	13.90%	1.28%	7230.01	6393.08	13.09%	2.07%	142952	3.61%	155630	-8.15%
	锌	28814820	4319034	567.16%	4.99%	27794.16	6656.65	317.54%	7.94%	182698	4.61%	156316	16.88%
	黄金	3290474	-	-	0.57%	7030.02	-	-	2.01%	28002	0.71%	34432	-18.67%
	天然橡胶	32080878	46720222	-31.33%	5.56%	39380.46	48328.75	-18.52%	11.25%	175374	4.43%	117578	49.16%
	燃料油	9842602	10775708	-8.66%	1.71%	4457.74	3475.34	28.27%	1.27%	58526	1.48%	39782	47.12%
	总额	98542082	80404126	22.56%	17.07%	140189.39	103244.02	35.78%	40.05%	733620	18.51%	663824	10.51%
郑州商品交易所	棉花	3818590	1111126	243.67%	0.66%	2925.80	768.21	280.86%	0.84%	88398	2.23%	92920	-4.87%
	菜籽油	5167282	823210	527.70%	0.90%	3162.12	358.01	783.25%	0.90%	43846	1.11%	37466	17.03%
	白糖	141701544	15918294	790.18%	24.55%	57565.20	5969.87	864.26%	16.45%	695614	17.55%	829406	-16.13%
	PTA	10219308	2320764	340.34%	1.77%	4409.56	993.22	343.97%	1.26%	114230	2.88%	71074	60.72%
	强筋小麦	32455782	30170158	7.58%	5.62%	6804.83	5523.90	23.19%	1.94%	314920	7.95%	254978	23.51%
	普通小麦	97984	23156	323.15%	0.02%	17.72	3.66	384.15%	0.01%	14520	0.37%	12180	19.21%
	总额	193460490	50366708	284.10%	33.51%	74885.23	13616.87	449.94%	21.39%	1271528	32.09%	1298024	-2.04%
大连商品交易所	黄大豆一号	102858046	19950878	415.56%	17.82%	48122.21	6388.84	653.22%	13.75%	631984	15.95%	740604	-14.67%
	黄大豆二号	51580	7924	550.93%	0.01%	24.84	2.65	837.36%	0.01%	160	0.00%	230	-30.43%
	玉米	71403920	47330468	50.86%	12.37%	13295.08	7920.14	67.86%	3.80%	910778	22.98%	977690	-6.84%
	LLDPE	2823504	-	-	0.49%	2155.23	-	-	0.62%	12740	0.32%	8092	57.44%
	豆粕	66026454	24707436	167.23%	11.44%	23301.76	6378.22	265.33%	6.66%	269362	6.80%	204916	31.45%
	棕榈油	3272974	-	-	0.57%	3447.15	-	-	0.98%	18916	0.48%	11934	58.51%
	豆油	38830112	10001414	288.25%	6.73%	44624.40	7356.73	506.58%	12.75%	113608	2.87%	102476	10.86%
	总额	285266590	101998120	179.68%	49.42%	134970.64	28046.55	381.24%	38.56%	1957548	49.40%	2045942	-4.32%
全国期货市场交易总额		577269162	232768954	148.00%	100.00%	350045.26	144907.44	141.56%	100.00%	3962696	100.00%	4007790	-1.13%

2008 年 7 月份全国期货市场成交情况统计

交易所	品种名称	本月成交量（手）	去年同期成交量（手）	同比增减（%）	上月成交量（手）	环比增减（%）	本月成交量占全国份额（%）	本月成交额（亿元）	去年同期成交额（亿元）	同比增减（%）	上月成交额（亿元）	环比增减（%）	本月交易额占全国份额（%）
上海期货交易所	铜	1296186	3856078	-66.39%	1716122	-24.47%	1.15%	4044.95	12832.88	-68.48%	5246.63	-22.90%	6.27%
	铝	1284862	491594	161.37%	678488	89.37%	1.14%	1252.83	479.74	161.15%	646.74	93.71%	1.94%
	锌	3882512	2532122	53.33%	4239848	-8.43%	3.46%	3003.30	3489.49	-13.93%	3430.27	-12.45%	4.66%
	黄金	329184	-	-	292102	12.69%	0.29%	683.31	-	-	577.00	18.42%	1.06%
	天然橡胶	12207936	7852282	55.47%	11673992	4.57%	10.87%	16143.53	7269.43	122.07%	15426.85	4.65%	25.03%
	燃料油	3519204	1583346	122.26%	2571926	36.83%	3.13%	1897.00	563.08	236.90%	1310.10	44.80%	2.94%
	总额	22519884	16315422	38.03%	21172478	6.36%	20.06%	27024.91	24634.62	9.70%	26637.59	1.45%	41.90%
郑州商品交易所	棉花	432872	522254	-17.11%	382918	13.05%	0.39%	315.01	390.39	-19.31%	286.03	10.13%	0.49%
	菜籽油	475396	257518	84.61%	879228	-45.93%	0.42%	280.03	114.00	145.64%	544.24	-48.55%	0.43%
	白糖	26545508	5238272	406.76%	18959092	40.01%	23.64%	9341.15	1836.49	408.64%	7356.83	26.97%	14.48%
	PTA	3616628	64388	5516.93%	4635882	-21.99%	3.22%	1693.40	27.56	6044.41%	2212.05	-23.45%	2.63%
	强筋小麦	4828192	6654290	-27.44%	5740286	-15.89%	4.30%	1035.72	1216.61	-14.87%	1218.25	-14.98%	1.61%
	普通小麦	30662	2920	950.07%	25550	20.01%	0.03%	5.66	0.46	1130.43%	4.67	21.20%	0.01%
	总额	35929258	12739642	182.03%	30622956	17.33%	32.00%	12670.96	3585.51	253.39%	11622.07	9.02%	19.65%
大连商品交易所	黄大豆一号	17100854	4141396	312.92%	10544086	62.18%	15.23%	8216.83	1380.28	495.30%	5211.22	57.68%	12.74%
	黄大豆二号	4078	1618	152.04%	2602	56.73%	0.00%	1.95	0.54	261.11%	1.28	52.34%	0.00%
	玉米	9103080	10255538	-11.24%	9081030	0.24%	8.11%	1736.34	1556.04	11.59%	1745.50	-0.52%	2.69%
	LLDPE	1173728	36330	-	1861910	-36.96%	1.05%	854.79	22.97	-	1469.23	-41.82%	1.33%
	豆粕	21375202	9544068	123.96%	9727550	119.74%	19.04%	8490.37	2493.23	240.54%	3894.00	118.04%	13.16%
	棕榈油	460380	-	-	366194	25.72%	0.41%	454.75	-	-	390.67	16.40%	0.71%
	豆油	4614512	3748394	23.11%	3619290	27.50%	4.11%	5047.36	3031.74	66.48%	4237.66	19.11%	7.83%
	总额	53831834	27727344	94.15%	35202662	52.92%	47.94%	24802.37	8484.77	192.32%	16950.53	46.32%	38.45%
全国期货市场交易总额		112280976	56782408	97.74%	86998096	29.06%	100.00%	64498.24	36704.90	75.72%	55210.19	16.82%	100.00%

交易所	品种名称	今年累计成交总量（手）	去年同期成交总量（手）	同比增减（%）	今年累计成交总量占全国份额（%）	今年累计成交总额（亿元）	去年同期成交总额（亿元）	同比增减（%）	今年累计成交总额占全国份额（%）	本月月末持仓量	本月月末持仓量占全国份额（%）	上月月末持仓量	环比增减（%）
上海期货交易所	铜	18441250	15976076	15.43%	2.67%	58341.94	51223.07	13.90%	14.07%	128874	3.26%	146068	-11.77%
	铝	8653106	6960758	24.31%	1.25%	8482.84	6872.82	23.43%	2.05%	145812	3.69%	142952	2.00%
	锌	32697332	6851156	377.25%	4.74%	30797.45	10146.15	203.54%	7.43%	179716	4.55%	182698	-1.63%
	黄金	3619658	-	-	0.52%	7713.34	-	-	1.86%	32456	0.82%	28002	15.91%
	天然橡胶	44288814	54572504	-18.84%	6.42%	55523.99	55598.18	-0.13%	13.39%	175926	4.45%	175374	0.31%
	燃料油	13361806	12359054	8.11%	1.94%	6354.74	4038.42	57.36%	1.53%	60188	1.52%	58526	2.84%
	总额	121061966	96719548	25.17%	17.56%	167214.30	127878.63	30.76%	40.34%	722972	18.29%	733620	-1.45%
郑州商品交易所	棉花	4251462	1633380	160.29%	0.62%	3240.80	1158.60	179.72%	0.78%	44720	1.13%	88398	-49.41%
	菜籽油	5642678	1080728	422.12%	0.82%	3442.15	472.01	629.25%	0.83%	47458	1.20%	43846	8.24%
	白糖	168247052	21156566	695.25%	24.40%	66906.35	7806.36	757.07%	16.14%	845750	21.40%	695614	21.58%
	PTA	13835936	2385152	480.09%	2.01%	6102.96	1020.78	497.87%	1.47%	153540	3.89%	114230	34.41%
	强筋小麦	37283974	36824448	1.25%	5.41%	7840.55	6740.51	16.32%	1.89%	306074	7.74%	314920	-2.81%
	普通小麦	128646	26076	393.35%	0.02%	23.38	4.12	467.48%	0.01%	17230	0.44%	14520	18.66%
	总额	229389748	63106350	263.50%	33.27%	87556.19	17202.38	408.98%	21.12%	1414772	35.80%	1271528	11.27%
大连商品交易所	黄大豆一号	119958900	24092274	397.91%	17.40%	56339.04	7769.11	625.17%	13.59%	732110	18.52%	631984	15.84%
	黄大豆二号	55658	9542	483.29%	0.01%	26.79	3.19	739.81%	0.01%	166	0.00%	160	3.75%
	玉米	80507000	57586006	39.80%	11.68%	15031.42	9476.17	58.62%	3.63%	690196	17.46%	910778	-24.22%
	LLDPE	3997232	36330	-	0.58%	3010.02	22.97	-	0.73%	20964	0.53%	12740	64.55%
	豆粕	87401656	34251504	155.18%	12.68%	31792.13	8871.44	258.36%	7.67%	219740	5.56%	269362	-18.42%
	棕榈油	3733354	-	-	0.54%	3901.89	-	-	0.94%	15694	0.40%	18916	-17.03%
	豆油	43444624	13749808	215.97%	6.30%	49671.75	10388.46	378.14%	11.98%	135440	3.43%	113608	19.22%
	总额	339098424	129725464	161.40%	49.18%	159773.00	36531.32	337.36%	38.54%	1814310	45.91%	1957548	-7.32%
全国期货市场交易总额		689550138	289551362	138.14%	100.00%	414543.49	181612.33	128.26%	100.00%	3952054	100.00%	3962696	-0.27%

2008 年 8 月份全国期货市场成交情况统计

交易所	品种名称	本月成交量（手）	去年同期成交量（手）	同比增减（%）	上月成交量（手）	环比增减（%）	本月成交量占全国份额（%）	本月成交额（亿元）	去年同期成交额（亿元）	同比增减（%）	上月成交额（亿元）	环比增减（%）	本月交易额占全国份额（%）
上海期货交易所	铜	2842672	3167918	-10.27%	1296186	119.31%	2.28%	8270.93	10309.41	-19.77%	4044.95	104.48%	12.38%
	铝	891112	420918	111.71%	1284862	-30.65%	0.72%	818.32	406.13	101.49%	1252.83	-34.68%	1.23%
	锌	2965578	1518014	95.36%	3882512	-23.62%	2.38%	2103.57	2088.66	0.71%	3003.30	-29.96%	3.15%
	黄金	359348	-	-	329184	9.16%	0.29%	668.32	-	-	683.31	-2.19%	1.00%
	天然橡胶	9462050	6804906	39.05%	12207936	-22.49%	7.60%	11021.38	6447.73	70.93%	16143.53	-31.73%	16.50%
	燃料油	3424954	1332238	157.08%	3519204	-2.68%	2.75%	1635.82	458.67	256.64%	1897.00	-13.77%	2.45%
	总额	19945714	13243994	50.60%	22519884	-11.43%	16.01%	24518.34	19710.6	24.39%	27024.92	-9.28%	36.71%
郑州商品交易所	棉花	296250	496184	-40.29%	432872	-31.56%	0.24%	207.71	363.76	-42.90%	315.01	-34.06%	0.31%
	菜籽油	1047312	104364	903.52%	475396	120.30%	0.84%	505.00	47.85	955.38%	280.03	80.34%	0.76%
	白糖	31941032	13912246	129.59%	26545508	20.33%	25.64%	10714.87	5269.31	103.34%	9341.15	14.71%	16.04%
	PTA	2918774	64002	4460.44%	3616628	-19.30%	2.34%	1280.59	26.05	4815.89%	1693.40	-24.38%	1.92%
	强筋小麦	4023404	8454046	-52.41%	4828192	-16.67%	3.23%	831.14	1620.33	-48.71%	1035.72	-19.75%	1.24%
	普通小麦	98194	7054	1292.03%	30662	220.25%	0.08%	17.77	1.16	1431.90%	5.66	213.96%	0.03%
	总额	40324966	23037896	75.04%	35929258	12.23%	32.37%	13557.07	7328.46	84.99%	12670.97	6.99%	20.30%
大连商品交易所	黄大豆一号	24268834	8753606	177.24%	17100854	41.92%	19.48%	10134.85	3117.11	225.14%	8216.83	23.34%	15.17%
	黄大豆二号	4334	5974	-27.45%	4078	6.28%	0.00%	1.83	2.13	-14.08%	1.95	-6.15%	0.00%
	玉米	8397066	12930268	-35.06%	9103080	-7.76%	6.74%	1503.05	2032.75	-26.06%	1736.34	-13.44%	2.25%
	LLDPE	1349880	105996	1173.52%	1173728	15.01%	1.08%	913.06	66.44	1274.26%	854.79	6.82%	1.37%
	豆粕	20083158	19250560	4.33%	21375202	-6.04%	16.12%	7005.29	5454.99	28.42%	8490.37	-17.49%	10.49%
	棕榈油	648368	-	-	460380	40.83%	0.52%	497.14	-	-	454.75	9.32%	0.74%
	豆油	9534196	3400896	180.34%	4614512	106.61%	7.65%	8664.66	2780.98	211.57%	5047.36	71.67%	12.97%
	总额	64285836	44447300	44.63%	53831834	19.42%	51.61%	28719.86	13454.37	113.46%	24802.37	15.79%	43.00%
全国期货市场交易总额		124556516	80729190	54.29%	112280976	10.93%	100.00%	66795.27	40493.43	64.95%	64498.26	3.56%	100.00%

交易所	品种名称	今年累计成交总量（手）	去年同期成交总量（手）	同比增减（%）	今年累计成交总量占全国份额（%）	今年累计成交总额（亿元）	去年同期成交总额（亿元）	同比增减（%）	今年累计成交总额占全国份额（%）	本月月末持仓量	本月月末持仓量占全国份额（%）	上月月末持仓量	环比增减（%）
上海期货交易所	铜	21283922	19143994	11.18%	2.61%	66612.87	61532.48	8.26%	13.84%	177792	5.12%	128874	37.96%
	铝	9544218	7381676	29.30%	1.17%	9301.16	7278.95	27.78%	1.93%	127142	3.66%	145812	-12.80%
	锌	35662910	8369170	326.12%	4.38%	32901.02	12234.81	168.91%	6.84%	144404	4.16%	179716	-19.65%
	黄金	3979006	-	-	0.49%	8381.65	-	-	1.74%	28552	0.82%	32456	-12.03%
	天然橡胶	53750864	61377410	-12.43%	6.60%	66545.37	62045.91	7.25%	13.83%	120902	3.48%	175926	-31.28%
	燃料油	16786760	13691292	22.61%	2.06%	7990.56	4497.09	77.68%	1.66%	52822	1.52%	60188	-12.24%
	总额	141007680	109963542	28.23%	17.32%	191732.63	147589.24	29.91%	39.83%	651614	18.77%	722972	-9.87%
郑州商品交易所	棉花	4547712	2129564	113.55%	0.56%	3448.51	1522.37	126.52%	0.72%	36852	1.06%	44720	-17.59%
	菜籽油	6689990	1185092	464.51%	0.82%	3947.15	519.87	659.26%	0.82%	49940	1.44%	47458	5.23%
	白糖	200188084	35068812	470.84%	24.59%	77621.22	13075.67	493.63%	16.13%	781888	22.52%	845750	-7.55%
	PTA	16754710	2449154	584.10%	2.06%	7383.55	1046.83	605.32%	1.53%	126800	3.65%	153540	-17.42%
	强筋小麦	41307378	45278494	-8.77%	5.07%	8671.68	8360.84	3.72%	1.80%	331070	9.54%	306074	8.17%
	普通小麦	226840	33130	584.70%	0.03%	41.15	5.29	677.88%	0.01%	16554	0.48%	17230	-3.92%
	总额	269714714	86144246	213.10%	33.13%	101113.26	24530.87	312.19%	21.01%	1343104	38.69%	1414772	-5.07%
大连商品交易所	黄大豆一号	144227734	32845880	339.10%	17.72%	66473.88	10886.22	510.62%	13.81%	458316	13.20%	732110	-37.40%
	黄大豆二号	59992	15516	286.65%	0.01%	28.61	5.32	437.78%	0.01%	414	0.01%	166	149.40%
	玉米	88904066	70516274	26.08%	10.92%	16534.46	11508.91	43.67%	3.44%	547614	15.77%	690196	-20.66%
	LLDPE	5347112	142326	3656.95%	0.66%	3923.08	89.41	4287.74%	0.82%	23074	0.66%	20964	10.06%
	豆粕	107484814	53502064	100.90%	13.20%	38797.41	14326.42	170.81%	8.06%	265824	7.66%	219740	20.97%
	棕榈油	4381722	-	-	0.54%	4399.03	-	-	0.91%	24006	0.69%	15694	52.96%
	豆油	52978820	17150704	208.90%	6.51%	58336.41	13169	342.97%	12.12%	157658	4.54%	135440	16.40%
	总额	403384260	174172764	131.60%	49.55%	188492.85	49985.69	277.09%	39.16%	1476906	42.54%	1814310	-18.60%
全国期货市场交易总额		814106654	370280552	119.86%	100.00%	481338.74	222105.80	116.72%	100.00%	3471624	100.00%	3952054	-12.16%

2008年9月份全国期货市场成交情况统计

交易所	品种名称	本月成交量(手)	去年同期成交量(手)	同比增减(%)	上月成交量(手)	环比增减(%)	本月成交量占全国份额(%)	本月成交额(亿元)	去年同期成交额(亿元)	同比增减(%)	上月成交额(亿元)	环比增减(%)	本月交易额占全国份额(%)
上海期货交易所	铜	3663116	1674332	118.78%	2842672	28.86%	3.44%	9999.29	5534.36	80.68%	8270.93	20.90%	16.72%
	铝	1847374	261762	605.75%	891112	107.31%	1.73%	1501.79	252.61	494.51%	818.32	83.52%	2.51%
	锌	2676846	1738588	53.97%	2965578	-9.74%	2.51%	1896.08	2295.05	-17.38%	2103.57	-9.86%	3.17%
	黄金	477698		-	359348	32.93%	0.45%	876.90		-	668.32	31.21%	1.47%
	天然橡胶	7615036	4882076	55.98%	9462050	-19.52%	7.15%	8207.65	5100.65	60.91%	11021.38	-25.53%	13.73%
	燃料油	5214534	1023410	409.53%	3424954	52.25%	4.90%	2257.19	359.18	528.43%	1635.82	37.99%	3.77%
	总额	21494604	9580168	124.37%	19945714	7.77%	20.18%	24738.90	13541.84	82.68%	24518.32	0.90%	41.37%
郑州商品交易所	棉花	312466	1223112	-74.45%	296250	5.47%	0.29%	207.31	901.01	-76.99%	207.71	-0.19%	0.35%
	菜籽油	1239024	54030	2193.21%	1047312	18.31%	1.16%	537.63	25.20	2033.45%	505.00	6.46%	0.90%
	白糖	21011274	11629834	80.67%	31941032	-34.22%	19.72%	6802.32	4456.97	52.62%	10714.87	-36.52%	11.38%
	PTA	1645732	443760	270.86%	2918774	-43.62%	1.54%	611.45	180.94	237.93%	1280.59	-52.25%	1.02%
	强筋小麦	2727020	11455016	-76.19%	4023404	-32.22%	2.56%	555.81	2359.31	-76.44%	831.14	-33.13%	0.93%
	普通小麦	49036	5286	827.66%	98194	-50.06%	0.05%	8.86	0.90	884.44%	17.77	-50.14%	0.01%
	总额	26984552	24811038	8.76%	40324966	-33.08%	25.33%	8723.38	7924.33	10.08%	13557.08	-35.65%	14.59%
大连商品交易所	黄大豆一号	22284150	15559424	43.22%	24268834	-8.18%	20.92%	8969.65	6309.84	42.15%	10134.85	-11.50%	15.00%
	黄大豆二号	7630	6266	21.77%	4334	76.05%	0.01%	3.23	2.54	27.17%	1.83	76.50%	0.01%
	玉米	5650544	11085000	-49.03%	8397066	-32.71%	5.30%	1001.46	1831.56	-45.32%	1503.05	-33.37%	1.67%
	LLDPE	1596636	112762	-	1349880	18.28%	1.50%	982.68	70.41	-	913.06	7.62%	1.64%
	豆粕	16486522	22115692	-25.45%	20083158	-17.91%	15.48%	5631.62	6953.16	-19.01%	7005.29	-19.61%	9.42%
	棕榈油	1852894	-	-	648368	185.78%	1.74%	1218.80	-	-	497.14	145.16%	2.04%
	豆油	10168748	2155614	371.73%	9534196	6.66%	9.55%	8529.40	1780.69	378.99%	8664.66	-1.56%	14.26%
	总额	58047124	51034758	13.74%	64285836	-9.70%	54.49%	26336.82	16948.17	55.40%	28719.86	-8.30%	44.04%
全国期货市场交易总额		106526280	85425964	24.70%	124556516	-14.48%	100.00%	59799.10	38414.34	55.67%	66795.26	-10.47%	100.00%

交易所	品种名称	今年累计成交总量(手)	去年同期成交总量(手)	同比增减(%)	今年累计成交总量占全国份额(%)	今年累计成交总额(亿元)	去年同期成交总额(亿元)	同比增减(%)	今年累计成交总额占全国份额(%)	本月月末持仓量	本月月末持仓量占全国份额(%)	上月月末持仓量	环比增减(%)
上海期货交易所	铜	24947038	20818326	19.83%	2.71%	76612.16	67066.84	14.23%	14.16%	205972	7.25%	177792	15.85%
	铝	11391592	7643438	49.04%	1.24%	10802.94	7531.55	43.44%	2.00%	143888	5.06%	127142	13.17%
	锌	38339756	10107758	279.31%	4.16%	34797.10	14529.86	139.49%	6.43%	114620	4.03%	144404	-20.63%
	黄金	4456704	0	-	0.48%	9258.55		-	1.71%	23566	0.83%	28552	-17.46%
	天然橡胶	61365900	66259486	-7.39%	6.67%	74753.01	67146.55	11.33%	13.81%	89890	3.16%	120902	-25.65%
	燃料油	22001294	14714702	49.52%	2.39%	10247.75	4856.27	111.02%	1.89%	42804	1.51%	52822	-18.97%
	总额	162502284	119543710	35.94%	17.65%	216471.51	161131.07	34.34%	40.00%	620740	21.85%	651614	-4.74%
郑州商品交易所	棉花	4860178	3352676	44.96%	0.53%	3655.82	2423.38	50.86%	0.68%	30560	1.08%	36852	-17.07%
	菜籽油	7929014	1239122	539.89%	0.86%	4484.78	545.07	722.79%	0.83%	70206	2.47%	49940	40.58%
	白糖	221199358	46698646	373.67%	24.03%	84423.54	17532.64	381.52%	15.60%	541862	19.07%	781888	-30.70%
	PTA	18400442	2892914	536.05%	2.00%	7995.00	1227.77	551.18%	1.48%	58748	2.07%	126800	-53.67%
	强筋小麦	44034398	56733510	-22.38%	4.78%	9227.49	10720.15	-13.92%	1.71%	286998	10.10%	331070	-13.31%
	普通小麦	275876	38416	618.13%	0.03%	50.01	6.19	707.92%	0.01%	10030	0.35%	16554	-39.41%
	总额	296699266	110955284	167.40%	32.23%	109836.64	32455.20	238.43%	20.30%	998404	35.14%	1343104	-25.66%
大连商品交易所	黄大豆一号	166511884	48405304	244.00%	18.09%	75443.53	17196.06	338.73%	13.94%	360002	12.67%	458316	-21.45%
	黄大豆二号	67622	21782	210.45%	0.01%	31.84	7.85	305.61%	0.01%	332	0.01%	414	-19.81%
	玉米	94554610	81601274	15.87%	10.27%	17535.92	13340.47	31.45%	3.24%	496594	17.48%	547614	-9.32%
	LLDPE	6943748	255088	-	0.75%	4905.76	159.81	-	0.91%	21724	0.76%	23074	-5.85%
	豆粕	123971336	75617756	63.94%	13.47%	44429.03	21279.57	108.79%	8.21%	180214	6.34%	265824	-32.21%
	棕榈油	6234616	-	-	0.68%	5617.82	-	-	1.04%	32476	1.14%	24006	35.28%
	豆油	63147568	19306318	227.08%	6.86%	66865.80	14950.12	347.26%	12.36%	130360	4.59%	157658	-17.31%
	总额	461431384	225207522	104.89%	50.12%	214829.67	66933.85	220.96%	39.70%	1221702	43.00%	1476906	-17.28%
全国期货市场交易总额		920632934	455706516	102.02%	100.00%	541137.82	260520.12	107.71%	100.00%	2840846	100.00%	3471624	-18.17%

2008年10月份全国期货市场成交情况统计

交易所	品种名称	本月成交量（手）	去年同期成交量（手）	同比增减（%）	上月成交量（手）	环比增减（%）	本月成交量占全国份额（%）	本月成交额（亿元）	去年同期成交额（亿元）	同比增减（%）	上月成交额（亿元）	环比增减（%）	本月交易额占全国份额（%）
上海期货交易所	铜	2555982	1442496	77.19%	3663116	-30.22%	1.67%	4713.35	4779.72	-1.39%	9999.29	-52.86%	7.78%
	铝	5965576	514802	1058.81%	1847374	222.92%	3.91%	4179.89	482.57	766.17%	1501.78	178.33%	6.90%
	锌	2817538	1071380	162.98%	2676846	5.26%	1.84%	1479.19	1392.76	6.21%	1896.08	-21.99%	2.44%
	黄金	1542302	-	-	477698	222.86%	1.01%	2677.89	-	-	876.90	205.38%	4.42%
	天然橡胶	6966326	5597652	24.45%	7615036	-8.52%	4.56%	4622.01	6220.58	-25.70%	8207.65	-43.69%	7.62%
	燃料油	6535540	2186900	198.85%	5214534	25.33%	4.28%	2030.90	815.90	148.92%	2257.19	-10.03%	3.35%
	总额	26383264	10813230	143.99%	21494604	22.74%	17.27%	19703.24	13691.53	43.91%	24738.89	-20.36%	32.50%
郑州商品交易所	棉花	2086140	1347452	54.82%	312466	567.64%	1.37%	1299.65	1031.39	26.01%	207.31	526.91%	2.14%
	菜籽油	2696490	22264	12011.44%	1239024	117.63%	1.77%	898.86	10.74	8269.27%	537.63	67.19%	1.48%
	白糖	47182384	17129498	175.45%	21011274	124.56%	30.89%	14529.07	7000.80	107.53%	6,802.32	113.59%	23.97%
	PTA	2640082	2250394	17.32%	1645732	60.42%	1.73%	756.47	860.33	-12.07%	611.45	23.72%	1.25%
	强筋小麦	4381892	6046370	-27.53%	2727020	60.68%	2.87%	859.66	1239.37	-30.64%	555.81	54.67%	1.42%
	普通小麦	32846	2418	1258.40%	49036	-33.02%	0.02%	5.91	0.41	1341.46%	8.86	-33.30%	0.01%
	总额	59019834	26798396	120.24%	26984552	118.72%	38.64%	18349.63	10143.04	80.91%	8723.38	110.35%	30.27%
大连商品交易所	黄大豆一号	28529610	15392620	85.35%	22284150	28.03%	18.68%	9439.81	6563.17	43.83%	8969.65	5.24%	15.57%
	黄大豆二号	4636	5702	-18.70%	7630	-39.24%	0.00%	1.63	2.45	-33.47%	3.23	-49.54%	0.00%
	玉米	12406390	9656884	28.47%	5650544	119.56%	8.12%	2049.11	1614.82	26.89%	1001.46	104.61%	3.38%
	LLDPE	2440038	139502	1649.11%	1596636	52.82%	1.60%	974.62	88.91	996.19%	982.68	-0.82%	1.61%
	豆粕	13838794	11981858	15.50%	16486522	-16.06%	9.06%	3773.80	3885.50	-2.87%	5631.62	-32.99%	6.23%
	棕榈油	1379052	34236	3928.08%	1852894	-25.57%	0.90%	666.49	29.35	2170.83%	1218.80	-45.32%	1.10%
	豆油	8760602	1504938	482.12%	10168748	-13.85%	5.73%	5659.59	1305.77	333.43%	8529.40	-33.65%	9.34%
	总额	67359122	38715740	73.98%	58047124	16.04%	44.09%	22565.01	13489.95	67.27%	26336.82	-14.32%	37.23%
全国期货市场交易总额		152762220	76327366	100.14%	106526280	43.40%	100.00%	60617.88	37324.52	62.41%	59799.09	1.37%	100.00%

交易所	品种名称	今年累计成交总量（手）	去年同期成交总量（手）	同比增减（%）	今年累计成交总量占全国份额（%）	今年累计成交总额（亿元）	去年同期成交总额（亿元）	同比增减（%）	今年累计成交总额占全国份额（%）	本月月末持仓量	本月月末持仓量占全国份额（%）	上月月末持仓量	环比增减（%）
上海期货交易所	铜	27503020	22260822	23.55%	2.56%	81325.51	71846.56	13.19%	13.51%	158922	5.22%	205972	-22.84%
	铝	17357168	8158240	112.76%	1.62%	14982.84	8014.13	86.96%	2.49%	175042	5.75%	143888	21.65%
	锌	41157294	11179138	268.16%	3.83%	36276.29	15922.61	127.83%	6.03%	114582	3.76%	114620	-0.03%
	黄金	5999006	-	-	0.56%	11936.44	-	-	1.98%	66768	2.19%	23566	183.32%
	天然橡胶	68332226	71857138	-4.91%	6.37%	79375.03	73367.13	8.19%	13.19%	102250	3.36%	89890	13.75%
	燃料油	28536834	16901602	68.84%	2.66%	12278.65	5672.17	116.47%	2.04%	95864	3.15%	42804	123.96%
	总额	188885548	130356940	44.90%	17.60%	236174.76	174822.60	35.09%	39.25%	713428	23.44%	620740	14.93%
郑州商品交易所	棉花	6946318	4700128	47.79%	0.65%	4955.48	3454.78	43.44%	0.82%	55008	1.81%	30560	80.00%
	菜籽油	10625504	1261386	742.37%	0.99%	5383.64	555.80	868.63%	0.89%	102648	3.37%	70206	46.21%
	白糖	268381742	63828144	320.48%	25.00%	98952.61	24533.44	303.34%	16.44%	535366	17.59%	541862	-1.20%
	PTA	21040524	5143308	309.09%	1.96%	8751.47	2088.10	319.11%	1.45%	90180	2.96%	58748	53.50%
	强筋小麦	48416290	62779880	-22.88%	4.51%	10087.15	11959.53	-15.66%	1.68%	223968	7.36%	286998	-21.96%
	普通小麦	308722	40834	656.04%	0.03%	55.92	6.60	747.27%	0.01%	5832	0.19%	10030	-41.85%
	总额	355719100	137753680	158.23%	33.14%	128186.27	42598.25	200.92%	21.30%	1013002	33.28%	998404	1.46%
大连商品交易所	黄大豆一号	195041494	63797924	205.72%	18.17%	84883.34	23759.22	257.26%	14.11%	576610	18.94%	360002	60.17%
	黄大豆二号	72258	27484	162.91%	0.01%	33.46	10.30	224.85%	0.01%	66	0.00%	332	-80.12%
	玉米	106961000	91258158	17.21%	9.96%	19585.02	14955.29	30.96%	3.25%	311544	10.23%	496594	-37.26%
	LLDPE	9383786	394590	2278.11%	0.87%	5880.37	248.72	2264.25%	0.98%	36046	1.18%	21724	65.93%
	豆粕	137810130	87599614	57.32%	12.84%	48202.82	25165.07	91.55%	8.01%	184802	6.07%	180214	2.55%
	棕榈油	7613668	34236	22138.78%	0.71%	6284.31	29.35	21311.62%	1.04%	43118	1.42%	32476	32.77%
	豆油	71908170	20811256	245.53%	6.70%	72525.38	16255.89	346.15%	12.05%	165562	5.44%	130360	27.00%
	总额	528790506	263923262	100.36%	49.26%	237394.67	80423.80	195.18%	39.45%	1317748	43.29%	1221702	7.86%
全国期货市场交易总额		1073395154	532033882	101.75%	100.00%	601755.70	297844.65	102.04%	100.00%	3044178	100.00%	2840846	7.16%

2008 年 11 月份全国期货市场成交情况统计

交易所	品种名称	本月成交量（手）	去年同期成交量（手）	同比增减（%）	上月成交量（手）	环比增减（%）	本月成交量占全国份额（%）	本月成交额（亿元）	去年同期成交额（亿元）	同比增减（%）	上月成交额（亿元）	环比增减（%）	本月交易额占全国份额（%）
上海期货交易所	铜	5278246	4598646	14.78%	2555982	106.51%	3.90%	7721.43	13187.51	-41.45%	4713.35	63.82%	13.98%
	铝	3140236	970584	223.54%	5965576	-47.36%	2.32%	2127.88	888.73	139.43%	4179.89	-49.09%	3.85%
	锌	2707016	4436042	-38.98%	2817538	-3.92%	2.00%	128.65	4426.16	-97.09%	1479.19	-91.30%	0.23%
	黄金	955730	-	-	1542302	-38.03%	0.71%	1557.24	-	-	2677.89	-41.85%	2.82%
	天然橡胶	9208368	7650190	20.37%	6966326	32.18%	6.81%	5837.63	8379.99	-30.34%	4622.01	26.30%	10.57%
	燃料油	12712304	4182492	203.94%	6535540	94.51%	9.40%	2996.42	1659.25	80.59%	2030.90	47.54%	5.43%
	总额	34001900	21837954	55.70%	26383264	28.88%	25.15%	21527.15	28541.65	-24.58%	19703.24	9.26%	38.98%
郑州商品交易所	棉花	2305518	803288	187.01%	2086140	10.52%	1.71%	1265.03	601.86	110.19%	1299.65	-2.66%	2.29%
	菜籽油	1134822	40068	2732.24%	2696490	-57.91%	0.84%	375.73	20.87	1700.34%	898.86	-58.20%	0.68%
	白糖	37056450	14959008	147.72%	47182384	-21.46%	27.41%	11958.22	5842.73	104.67%	14,529.07	-17.69%	21.65%
	PTA	7134380	2979814	139.42%	2640082	170.23%	5.28%	1651.97	1131.39	46.01%	756.47	118.38%	2.99%
	强筋小麦	2901646	10763126	-73.04%	4381892	-33.78%	2.15%	576.21	2270.95	-74.63%	859.66	-32.97%	1.04%
	普通小麦	9136	7584	20.46%	32846	-72.19%	0.01%	1.68	1.36	23.53%	5.91	-71.57%	0.00%
	总额	50541952	29552888	71.02%	59019834	-14.36%	37.38%	15828.83	9869.16	60.39%	18349.62	-13.74%	28.66%
大连商品交易所	黄大豆一号	15786966	18198938	-13.25%	28529610	-44.66%	11.68%	5204.90	7978.06	-34.76%	9439.81	-44.86%	9.42%
	黄大豆二号	4398	7928	-44.53%	4636	-5.13%	0.00%	1.45	3.51	-58.69%	1.63	-11.04%	0.00%
	玉米	4987778	18189326	-72.58%	12406390	-59.80%	3.69%	800.39	3213.55	-75.09%	2049.11	-60.94%	1.45%
	LLDPE	5269318	233258	2159.01%	2440038	115.95%	3.90%	1744.02	158.23	1002.21%	974.62	78.94%	3.16%
	豆粕	13516880	19211766	-29.64%	13838794	-2.33%	10.00%	3413.73	6485.88	-47.37%	3773.80	-9.54%	6.18%
	棕榈油	2018976	226836	790.06%	1379052	46.40%	1.49%	931.79	197.63	371.48%	666.49	39.81%	1.69%
	豆油	9066786	3390976	167.38%	8760602	3.50%	6.71%	5777.66	3166.12	82.48%	5659.59	2.09%	10.46%
	总额	50651102	59459028	-14.81%	67359122	-24.80%	37.47%	17873.92	21202.94	-15.70%	22565.01	-20.79%	32.36%
全国期货市场交易总额		135194954	110849870	21.96%	152762220	-11.50%	100.00%	55229.90	59613.75	-7.35%	60617.87	-8.89%	100.00%

交易所	品种名称	今年累计成交总量（手）	去年同期成交总量（手）	同比增减（%）	今年累计成交总量占全国份额（%）	今年累计成交总额（亿元）	去年同期成交总额（亿元）	同比增减（%）	今年累计成交总额占全国份额（%）	本月月末持仓量	本月月末持仓量占全国份额（%）	上月月末持仓量	环比增减（%）
上海期货交易所	铜	32781266	26859468	22.05%	2.71%	89046.94	85034.07	4.72%	13.55%	262170	7.49%	158922	64.97%
	铝	20497404	9128824	124.53%	1.70%	17110.72	8902.86	92.19%	2.60%	230090	6.57%	175042	31.45%
	锌	43864310	15615180	180.91%	3.63%	37562.84	20348.77	84.60%	5.72%	94554	2.70%	114582	-17.48%
	黄金	6954736	-	-	0.58%	13493.68	-	-	2.05%	43614	1.25%	66768	-34.68%
	天然橡胶	77540594	79507328	-2.47%	6.42%	85212.66	81747.12	4.24%	12.97%	124176	3.55%	102250	21.44%
	燃料油	41249138	21084094	95.64%	3.41%	15275.07	7331.42	108.35%	2.33%	163692	4.68%	95864	70.75%
	总额	222887448	152194894	46.45%	18.44%	257701.91	203364.25	26.72%	39.22%	918296	26.24%	713428	28.72%
郑州商品交易所	棉花	9251836	5503416	68.11%	0.77%	6220.50	4056.64	53.34%	0.95%	62874	1.80%	55008	14.30%
	菜籽油	11760326	1301454	803.63%	0.97%	5759.36	576.68	898.71%	0.88%	74510	2.13%	102648	-27.41%
	白糖	305438192	78787152	287.68%	25.27%	110910.83	30376.17	265.12%	16.88%	457272	13.07%	535366	-14.59%
	PTA	28174904	8123122	246.85%	2.33%	10403.45	3219.48	223.14%	1.58%	179974	5.14%	90180	99.57%
	强筋小麦	51317936	73543006	-30.22%	4.25%	10663.36	14230.48	-25.07%	1.62%	270494	7.73%	223968	20.77%
	普通小麦	317858	48418	556.49%	0.03%	57.60	7.96	623.62%	0.01%	4728	0.14%	5832	-18.93%
	总额	406261052	167306568	142.82%	33.61%	144015.10	52467.41	174.48%	21.92%	1049852	30.00%	1013002	3.64%
大连商品交易所	黄大豆一号	210828460	81996862	157.12%	17.44%	90088.23	31737.27	183.86%	13.71%	606510	17.33%	576610	5.19%
	黄大豆二号	76656	35412	116.47%	0.01%	34.91	13.81	152.79%	0.01%	386	0.01%	66	484.85%
	玉米	111948778	109447484	2.29%	9.26%	20385.41	18168.83	12.20%	3.10%	351280	10.04%	311544	12.75%
	LLDPE	14653104	627848	2233.86%	1.21%	7624.39	406.94	1773.59%	1.16%	84904	2.43%	36046	135.54%
	豆粕	151327010	106811380	41.68%	12.52%	51616.54	31650.94	63.08%	7.86%	262786	7.51%	184802	42.20%
	棕榈油	9632644	261072	3589.65%	0.80%	7216.10	226.97	3079.32%	1.10%	56550	1.62%	43118	31.15%
	豆油	80974956	24202232	234.58%	6.70%	78303.04	19422.00	303.17%	11.92%	169330	4.84%	165562	2.28%
	总额	579441608	323382290	79.18%	47.94%	255268.59	101626.74	151.18%	38.85%	1531746	43.77%	1317748	16.24%
全国期货市场交易总额		1208590108	642883752	88.00%	100.00%	656985.60	357458.40	83.79%	100.00%	3499894	100.00%	3044178	14.97%

2008 年 12 月份全国期货市场成交情况统计

交易所	品种名称	本月成交量（手）	去年同期成交量（手）	同比增减（%）	上月成交量（手）	环比增减（%）	本月成交量占全国份额(%)	本月成交额（亿元）	去年同期成交额（亿元）	同比增减（%）	上月成交额（亿元）	环比增减（%）	本月交易额占全国份额(%)
上海期货交易所	铜	8765250	5796554	51.21%	5278246	66.06%	5.64%	10593.95	16417.15	-35.47%	7721.43	37.20%	17.04%
	铝	9080436	518280	1652.03%	3140236	189.16%	5.85%	4968.10	475.04	945.82%	2127.88	133.48%	7.99%
	锌	3213484	4815718	-33.27%	2707016	18.71%	2.07%	1511.43	4405.03	-65.69%	1286.55	17.48%	2.43%
	黄金	826198	-	-	955730	-13.55%	0.53%	1481.81	-	-	1557.24	-4.84%	2.38%
	天然橡胶	15381612	4876126	215.45%	9208368	67.04%	9.90%	7545.68	5478.16	37.74%	5837.63	29.26%	12.14%
	燃料油	20371942	2926094	596.22%	12712304	60.25%	13.12%	4917.03	1165.04	322.05%	2996.42	64.10%	7.91%
	总额	57638922	18932772	204.44%	34001900	69.52%	37.12%	31017.99	27940.42	11.01%	21527.15	44.09%	49.90%
郑州商品交易所	棉花	1523506	383086	297.69%	2305518	-33.92%	0.98%	863.05	282.24	205.79%	1265.03	-31.78%	1.39%
	菜籽油	1096160	17598	6128.89%	1134822	-3.41%	0.71%	335.17	9.24	3527.38%	375.73	-10.79%	0.54%
	白糖	25491300	12148958	109.82%	37056450	-31.21%	16.41%	7786.09	4863.84	60.08%	11,958.22	-34.89%	12.53%
	PTA	6959676	1798528	286.97%	7134380	-2.45%	4.48%	1823.53	652.11	179.64%	1651.97	10.39%	2.93%
	强筋小麦	3699092	4413696	-16.19%	2901646	27.48%	2.38%	743.81	897.01	-17.08%	576.21	29.09%	1.20%
	普通小麦	10560	3020	249.67%	9136	15.59%	0.01%	1.97	0.54	264.81%	1.68	17.26%	0.00%
	总额	38780294	18764886	106.66%	50541952	-23.27%	24.97%	11553.62	6704.98	72.31%	15828.84	-27.01%	18.59%
大连商品交易所	黄大豆一号	16534640	12868580	28.49%	15786966	4.74%	10.65%	5101.98	5703.37	-10.54%	5204.90	-1.98%	8.21%
	黄大豆二号	8926	4650	91.96%	4398	102.96%	0.01%	2.88	2.08	38.46%	1.45	98.62%	0.00%
	玉米	7888142	9426000	-16.32%	4987778	58.15%	5.08%	1186.07	1653.00	-28.25%	800.39	48.19%	1.91%
	LLDPE	11852860	135824	8626.63%	5269318	124.94%	7.63%	4317.36	93.34	4525.41%	1744.02	147.55%	6.95%
	豆粕	11203868	22627552	-50.49%	13516880	-17.11%	7.21%	2541.36	7487.79	-66.06%	3413.73	-25.55%	4.09%
	棕榈油	2972312	417278	612.31%	2018976	47.22%	1.91%	1448.03	365.23	296.47%	931.79	55.40%	2.33%
	豆油	8417030	2365500	255.82%	9066786	-7.17%	5.42%	4987.08	2313.87	115.53%	5777.66	-13.68%	8.02%
	总额	58877778	47845384	23.06%	50651102	16.24%	37.91%	19584.73	17618.66	11.16%	17873.92	9.57%	31.51%
全国期货市场交易总额		155296994	85543042	81.54%	135194954	14.87%	100.00%	62156.34	52264.06	18.93%	55229.91	12.54%	100.00%

交易所	品种名称	今年累计成交总量（手）	去年同期成交总量（手）	同比增减（%）	今年累计成交总量占全国份额(%)	今年累计成交总额（亿元）	去年同期成交总额（亿元）	同比增减（%）	今年累计成交总额占全国份额(%)	本月月末持仓量	本月月末持仓量占全国份额(%)	上月月末持仓量	环比增减（%）
上海期货交易所	铜	41546516	32656022	27.22%	3.05%	99640.89	101451.23	-1.78%	13.86%	343614	10.57%	262170	31.07%
	铝	29577840	9647104	206.60%	2.17%	22078.82	9377.90	135.43%	3.07%	218308	6.72%	230090	-5.12%
	锌	47077794	20430898	130.42%	3.45%	39074.26	24753.79	57.85%	5.43%	127550	3.92%	94554	34.90%
	黄金	7780934	-	-	0.57%	14975.49	-	-	2.08%	46316	1.42%	43614	6.20%
	天然橡胶	92922206	84383454	10.12%	6.81%	92758.34	87225.28	6.34%	12.90%	172888	5.32%	124176	39.23%
	燃料油	61621080	24010188	156.65%	4.52%	20192.10	8496.46	137.65%	2.81%	167532	5.15%	163692	2.35%
	总额	280526370	171127666	63.93%	20.57%	288719.90	231304.66	24.82%	40.15%	1076208	33.10%	918296	17.20%
郑州商品交易所	棉花	10775342	5886502	83.05%	0.79%	7083.55	4338.88	63.26%	0.99%	57858	1.78%	62874	-7.98%
	菜籽油	12856486	1319052	874.68%	0.94%	6094.54	585.92	940.17%	0.85%	82396	2.53%	74510	10.58%
	白糖	330929492	90936110	263.91%	24.26%	118696.92	35240.00	236.82%	16.51%	425680	13.09%	457272	-6.91%
	PTA	35134580	9921650	254.12%	2.58%	12226.98	3871.59	215.81%	1.70%	160288	4.93%	179974	-10.94%
	强筋小麦	55017028	77956702	-29.43%	4.03%	11407.17	15127.48	-24.59%	1.59%	218536	6.72%	270494	-19.21%
	普通小麦	328418	51438	538.47%	0.02%	59.57	8.51	600.00%	0.01%	4566	0.14%	4728	-3.43%
	总额	445041346	186071454	139.18%	32.63%	155568.73	59172.38	162.91%	21.63%	949324	29.20%	1049852	-9.58%
大连商品交易所	黄大豆一号	227363100	94865442	139.67%	16.67%	95190.20	37440.63	154.24%	13.24%	366690	11.28%	606510	-39.54%
	黄大豆二号	85582	40062	113.62%	0.01%	37.79	15.88	137.97%	0.01%	120	0.00%	386	-68.91%
	玉米	119836920	118873484	0.81%	8.79%	21571.47	19821.83	8.83%	3.00%	321150	9.88%	351280	-8.58%
	LLDPE	26505964	763672	3370.86%	1.94%	11941.74	500.27	2287.06%	1.66%	88796	2.73%	84904	4.58%
	豆粕	162530878	129438932	25.57%	11.92%	54157.90	39138.73	38.37%	7.53%	201176	6.19%	262786	-23.44%
	棕榈油	12604956	678350	1758.18%	0.92%	8664.12	592.20	1363.04%	1.20%	86340	2.66%	56550	52.68%
	豆油	89391986	26567732	236.47%	6.55%	83290.12	21735.87	283.19%	11.58%	161198	4.96%	169330	-4.80%
	总额	638319386	371227674	71.95%	46.80%	274853.31	119245.39	130.49%	38.22%	1225470	37.70%	1531746	-20.00%
全国期货市场交易总额		1363887102	728426794	87.24%	100.00%	719141.94	409722.43	75.52%	100.00%	3251002	100.00%	3499894	-7.11%

2009 年 1 月份全国期货市场成交情况统计

交易所	品种名称	本月成交量（手）	去年同期成交量（手）	同比增减（%）	上月成交量（手）	环比增减（%）	本月成交量占全国份额（%）	本月成交额（亿元）	去年同期成交额（亿元）	同比增减（%）	上月成交额（亿元）	环比增减（%）	本月交易额占全国份额（%）
上海期货交易所	铜	6,604,638	5,355,100	23.33%	8,765,250	-24.65%	7.39%	8,902.70	16,089.79	-44.67%	10,593.95	-15.96%	21.07%
	铝	6,211,098	677,720	816.47%	9,080,436	-31.60%	6.95%	3,698.90	639.38	478.52%	4,968.10	-25.55%	8.75%
	锌	3,291,322	6,678,758	-50.72%	3,213,484	2.42%	3.68%	1,788.92	6,517.99	-72.55%	1,511.43	18.36%	4.23%
	黄金	335,480	1,198,716	-72.01%	826,198	-59.39%	0.38%	618.48	2,614.86	-76.35%	1,481.81	-58.26%	1.46%
	天然橡胶	9,699,870	3,049,054	218.13%	15,381,612	-36.94%	10.85%	6,054.30	3,627.48	66.90%	7,545.68	-19.76%	14.33%
	燃料油	9,691,998	1,759,062	450.98%	20,371,942	-52.42%	10.84%	2,786.87	710.75	292.10%	4,917.03	-43.32%	6.59%
	总额	35,834,406	18,718,410	91.44%	57,638,922	-37.83%	40.09%	23,850.16	30,200.24	-21.03%	31,017.99	-23.11%	56.44%
郑州商品交易所	棉花	418,386	512,540	-18.37%	1,523,506	-72.54%	0.47%	247.43	382.81	-35.36%	863.05	-71.33%	0.59%
	菜籽油	801,104	21,394	3644.53%	1,096,160	-26.92%	0.90%	267.13	11.7	2183.16%	335.17	-20.30%	0.63%
	白糖	14,181,566	11,868,042	19.49%	25,491,300	-44.37%	15.87%	4,267.51	4,630.77	-7.84%	7,786.09	-45.19%	10.10%
	PTA	4,165,266	2,174,524	91.55%	6,959,676	-40.15%	4.66%	1,141.63	807.28	41.42%	1,823.53	-37.39%	2.70%
	强筋小麦	1,372,364	4,087,184	-66.42%	3,699,092	-62.90%	1.54%	274.33	798.49	-65.64%	743.81	-63.12%	0.65%
	普通小麦	5,442	7,202	-24.44%	10,560	-48.47%	0.01%	1	1.27	-21.26%	1.97	-49.24%	0.00%
	总额	20,944,128	18,670,886	12.18%	38,780,294	-45.99%	23.43%	6,199.03	6,632.32	-6.53%	11,553.62	-46.35%	14.67%
大连商品交易所	黄大豆一号	10,891,664	20,859,942	-47.79%	16,534,640	-34.13%	12.19%	3,721.02	9,567.33	-61.11%	5,101.98	-27.07%	8.81%
	黄大豆二号	4,968	10,910	-54.46%	8,926	-44.34%	0.01%	1.7	5.14	-66.93%	2.88	-40.97%	0.00%
	玉米	2,519,454	8,521,378	-70.43%	7,888,142	-68.06%	2.82%	393.76	1,505.66	-73.85%	1,186.07	-66.80%	0.93%
	LLDPE	4,046,790	277,534	1358.12%	11,852,860	-65.86%	4.53%	1,650.53	193.05	754.98%	4,317.36	-61.77%	3.91%
	豆粕	8,088,228	14,623,296	-44.69%	11,203,868	-27.81%	9.05%	2,140.54	4,955.02	-56.80%	2,541.36	-15.77%	5.07%
	棕榈油	1,833,844	563,916	225.20%	2,972,312	-38.30%	2.05%	980.26	545.58	79.67%	1,448.03	-32.30%	2.32%
	豆油	5,211,010	6,255,310	-16.69%	8,417,030	-38.09%	5.83%	3,323.16	6,705.19	-50.44%	4,987.08	-33.36%	7.86%
	总额	32,595,958	51,112,286	-36.23%	58,877,778	-44.64%	36.47%	12,210.94	23,476.94	-47.99%	19,584.73	-37.65%	28.89%
全国期货市场交易总额		89374492	88501582	0.99%	155296994	-42.45%	100.00%	42260.13	60309.50	-29.93%	62156.34	-32.01%	100.00%

交易所	品种名称	今年累计成交总量（手）	去年同期成交总量（手）	同比增减（%）	今年累计成交总量占全国份额（%）	今年累计成交总额（亿元）	去年同期成交总额（亿元）	同比增减（%）	今年累计成交总额占全国份额（%）	本月月末持仓量	本月月末持仓量占全国份额（%）	上月月末持仓量	环比增减（%）
上海期货交易所	铜	6,604,638	5,355,100	23.33%	7.39%	8,902.70	16,089.79	-44.67%	21.07%	266,182	9.74%	343,614	-22.53%
	铝	6,211,098	677,720	816.47%	6.95%	3,698.90	639.38	478.52%	8.75%	204,064	7.47%	218,308	-6.52%
	锌	3,291,322	6,678,758	-50.72%	3.68%	1,788.92	6,517.99	-72.55%	4.23%	150,666	5.51%	127,550	18.12%
	黄金	335,480	1,198,716	-72.01%	0.38%	618.48	2,614.86	-76.35%	1.46%	34,168	1.25%	46,316	-26.23%
	天然橡胶	9,699,870	3,049,054	218.13%	10.85%	6,054.30	3,627.48	66.90%	14.33%	91,012	3.33%	172,888	-47.36%
	燃料油	9,691,998	1,759,062	450.98%	10.84%	2,786.87	710.75	292.10%	6.59%	160,714	5.88%	167,532	-4.07%
	总额	35,834,406	18,718,410	91.44%	40.09%	23,850.16	30,200.24	-21.03%	56.44%	906,806	33.18%	1,076,208	-15.74%
郑州商品交易所	棉花	418,386	512,540	-18.37%	0.47%	247.43	382.81	-35.36%	0.59%	53,258	1.95%	57,858	-7.95%
	菜籽油	801,104	21,394	3644.53%	0.90%	267.13	11.7	2183.16%	0.63%	61,276	2.24%	82,396	-25.63%
	白糖	14,181,566	11,868,042	19.49%	15.87%	4,267.51	4,630.77	-7.84%	10.10%	386,310	14.14%	425,680	-9.25%
	PTA	4,165,266	2,174,524	91.55%	4.66%	1,141.63	807.28	41.42%	2.70%	81,218	2.97%	160,288	-49.33%
	强筋小麦	1,372,364	4,087,184	-66.42%	1.54%	274.33	798.49	-65.64%	0.65%	187,672	6.87%	218,536	-14.12%
	普通小麦	5,442	7,202	-24.44%	0.01%	1	1.27	-21.26%	0.00%	2,486	0.09%	4,566	-45.55%
	总额	20,944,128	18,670,886	12.18%	23.43%	6,199.03	6,632.32	-6.53%	14.67%	772,220	28.26%	949,324	-18.66%
大连商品交易所	黄大豆一号	10,891,664	20,859,942	-47.79%	12.19%	3,721.02	9,567.33	-61.11%	8.81%	258,568	9.46%	366,690	-29.49%
	黄大豆二号	4,968	10,910	-54.46%	0.01%	1.7	5.14	-66.93%	0.00%	190	0.01%	120	58.33%
	玉米	2,519,454	8,521,378	-70.43%	2.82%	393.76	1,505.66	-73.85%	0.93%	313,972	11.49%	321,150	-2.24%
	LLDPE	4,046,790	277,534	1358.12%	4.53%	1,650.53	193.05	754.98%	3.91%	56,432	2.07%	88,796	-36.45%
	豆粕	8,088,228	14,623,296	-44.69%	9.05%	2,140.54	4,955.02	-56.80%	5.07%	222,554	8.14%	201,176	10.63%
	棕榈油	1,833,844	563,916	225.20%	2.05%	980.26	545.58	79.67%	2.32%	77,190	2.82%	86,340	-10.60%
	豆油	5,211,010	6,255,310	-16.69%	5.83%	3,323.16	6,705.19	-50.44%	7.86%	124,736	4.56%	161,198	-22.62%
	总额	32,595,958	51,112,286	-36.23%	36.47%	12,210.94	23,476.94	-47.99%	28.89%	1,053,642	38.56%	1,225,470	-14.02%
全国期货市场交易总额		89374492	88501582	0.99%	100.00%	42260.13	60309.50	-29.93%	100.00%	2732668	100.00%	3251002	-15.94%

2009年2月份全国期货市场成交情况统计

交易所	品种名称	本月成交量（手）	去年同期成交量（手）	同比增减（%）	上月成交量（手）	环比增减（%）	本月成交量占全国份额(%)	本月成交额（亿元）	去年同期成交额（亿元）	同比增减（%）	上月成交额（亿元）	环比增减（%）	本月交易额占全国份额(%)
上海期货交易所	铜	9,326,428	2,884,846	223.29%	6,604,638	41.21%	7.32%	12,876.25	9,552.17	34.80%	8,902.70	44.63%	20.90%
	铝	4,265,428	1,263,960	237.47%	6,211,098	-31.33%	3.35%	2,525.81	1,248.04	102.38%	3,698.90	-31.71%	4.10%
	锌	3,746,460	5,429,302	-31.00%	3,291,322	13.83%	2.94%	1,941.07	5,613.84	-65.42%	1,788.92	8.51%	3.15%
	黄金	416,618	551,898	-24.51%	335,480	24.19%	0.33%	860.38	1,215.74	-29.23%	618.48	39.11%	1.40%
	天然橡胶	15,186,068	2,107,244	620.66%	9,699,870	56.56%	11.92%	9,974.57	2,556.11	290.22%	6,054.30	64.75%	16.19%
	燃料油	11,082,292	1,037,840	967.82%	9,691,998	14.34%	8.70%	3,364.06	429.77	682.76%	2,786.87	20.71%	5.46%
	总额	44,023,294	13,275,090	231.62%	35,834,406	22.85%	34.55%	31,542.14	20,615.67	53.00%	23,850.16	32.25%	51.20%
郑州商品交易所	棉花	543,514	648,080	-16.13%	418,386	29.91%	0.43%	325.21	494.03	-34.17%	247.43	31.44%	0.53%
	菜籽油	3,265,988	161,690	1919.91%	801,104	307.69%	2.56%	1,140.90	112.32	915.76%	267.13	327.10%	1.85%
	白糖	30,064,326	21,157,856	42.10%	14,181,566	112.00%	23.60%	10,627.62	9,415.21	12.88%	4,267.51	149.04%	17.25%
	PTA	5,390,694	937,222	475.18%	4,165,266	29.42%	4.23%	1,641.38	368.19	345.80%	1,141.63	43.78%	2.66%
	强筋小麦	4,520,068	6,690,990	-32.45%	1,372,364	229.36%	3.55%	959.72	1,462.65	-34.38%	274.33	249.84%	1.56%
	普通小麦	8,210	6,126	34.02%	5,442	50.86%	0.01%	1.56	1.12	39.29%	1	56.00%	0.00%
	总额	43,792,800	29,601,964	47.94%	20,944,128	109.09%	34.37%	14,696.39	11,853.52	23.98%	6,199.03	137.08%	23.85%
大连商品交易所	黄大豆一号	7,963,548	10,687,382	-25.49%	10,891,664	-26.88%	6.25%	2,761.50	5,176.24	-46.65%	3,721.02	-25.79%	4.48%
	黄大豆二号	7,800	8,656	-9.89%	4,968	57.00%	0.01%	2.71	4.35	-37.70%	1.7	59.41%	0.00%
	玉米	2,917,010	8,910,186	-67.26%	2,519,454	15.78%	2.29%	480.77	1,601.49	-69.98%	393.76	22.10%	0.78%
	LLDPE	5,639,326	257,726	2088.11%	4,046,790	39.35%	4.43%	2,406.23	181.91	1222.76%	1,650.53	45.79%	3.91%
	豆粕	12,310,896	11,908,816	3.38%	8,088,228	52.21%	9.66%	3,276.08	4,204.64	-22.08%	2,140.54	53.05%	5.32%
	棕榈油	2,715,452	667,466	306.83%	1,833,844	48.07%	2.13%	1,437.01	729.2	97.07%	980.26	46.59%	2.33%
	豆油	8,042,390	5,644,714	42.48%	5,211,010	54.33%	6.31%	5,006.07	7,010.31	-28.59%	3,323.16	50.64%	8.13%
	总额	39,596,422	38,084,946	3.97%	32,595,958	21.48%	31.08%	15,370.34	18,908.11	-18.71%	12,210.94	25.87%	24.95%
全国期货市场交易总额		127412516	80962000	57.37%	89374492	42.56%	100.00%	61608.87	51377.30	19.91%	42260.13	45.78%	100.00%

交易所	品种名称	今年累计成交总量（手）	去年同期成交总量（手）	同比增减（%）	今年累计成交总量占全国份额(%)	今年累计成交总额（亿元）	去年同期成交总额（亿元）	同比增减（%）	今年累计成交总额占全国份额(%)	本月月末持仓量	本月月末持仓量占全国份额(%)	上月月末持仓量	环比增减（%）
上海期货交易所	铜	15,931,066	8,239,946	93.34%	7.35%	21,778.95	25,641.96	-15.07%	20.97%	324,534	8.00%	266,182	21.92%
	铝	10,476,526	1,941,680	439.56%	4.83%	6,224.70	1,887.41	229.80%	5.99%	206,854	5.10%	204,064	1.37%
	锌	7,037,782	12,108,060	-41.88%	3.25%	3,729.99	12,131.83	-69.25%	3.59%	240,004	5.91%	150,666	59.30%
	黄金	752,098	1,750,614	-57.04%	0.35%	1,478.87	3,830.59	-61.39%	1.42%	43,204	1.06%	34,168	26.45%
	天然橡胶	24,885,938	5,156,298	382.63%	11.48%	16,028.87	6,183.59	159.22%	15.43%	165,780	4.09%	91,012	82.15%
	燃料油	20,774,290	2,796,902	642.76%	9.58%	6,150.93	1,140.52	439.31%	5.92%	194,350	4.79%	160,714	20.93%
	总额	79,857,700	31,993,500	149.61%	36.84%	55,392.30	50,815.91	9.01%	53.33%	1,174,726	28.95%	906,806	29.55%
郑州商品交易所	棉花	961,900	1,160,620	-17.12%	0.44%	572.64	876.84	-34.69%	0.55%	69,882	1.72%	53,258	31.21%
	菜籽油	4,067,092	183,084	2121.43%	1.88%	1,408.03	124.02	1035.32%	1.36%	114,676	2.83%	61,276	87.15%
	白糖	44,245,892	33,025,898	33.97%	20.41%	14,895.13	14,045.97	6.05%	14.34%	807,346	19.90%	386,310	108.99%
	PTA	9,555,960	3,111,746	207.09%	4.41%	2,783.01	1,175.47	136.76%	2.68%	135,106	3.33%	81,218	66.35%
	强筋小麦	5,892,432	10,778,174	-45.33%	2.72%	1,234.05	2,261.14	-45.42%	1.19%	206,892	5.10%	187,672	10.24%
	普通小麦	13,652	13,328	2.43%	0.01%	2.56	2.4	6.67%	0.00%	4,390	0.11%	2,486	76.59%
	总额	64,736,928	48,272,850	34.11%	29.86%	20,895.42	18,485.84	13.03%	20.12%	1,338,292	32.98%	772,220	73.30%
大连商品交易所	黄大豆一号	18,855,212	31,547,324	-40.23%	8.70%	6,482.51	14,743.57	-56.03%	6.24%	343,920	8.48%	258,568	33.01%
	黄大豆二号	12,768	19,566	-34.74%	0.01%	4.41	9.49	-53.53%	0.00%	188	0.00%	190	-1.05%
	玉米	5,436,464	17,431,564	-68.81%	2.51%	874.53	3,107.15	-71.85%	0.84%	331,492	8.17%	313,972	5.58%
	LLDPE	9,686,116	535,260	1709.61%	4.47%	4,056.75	374.95	981.94%	3.91%	66,142	1.63%	56,432	17.21%
	豆粕	20,399,124	26,532,112	-23.12%	9.41%	5,416.61	9,159.66	-40.86%	5.21%	444,840	10.96%	222,554	99.88%
	棕榈油	4,549,296	1,231,382	269.45%	2.10%	2,417.26	1,274.77	89.62%	2.33%	86,748	2.14%	77,190	12.38%
	豆油	13,253,400	11,900,024	11.37%	6.11%	8,329.23	13,715.50	-39.27%	8.02%	271,358	6.69%	124,736	117.55%
	总额	72,192,380	89,197,232	-19.06%	33.30%	27,581.27	42,385.05	-34.93%	26.55%	1,544,688	38.07%	1,053,642	46.60%
全国期货市场交易总额		216787008	169463582	27.93%	100.00%	103868.99	111686.80	-7.00%	100.00%	4057706	100.00%	2732668	48.49%

2009 年 3 月份全国期货市场成交情况统计

交易所	品种名称	本月成交量（手）	去年同期成交量（手）	同比增减（%）	上月成交量（手）	环比增减（%）	本月成交量占全国份额（%）	本月成交额（亿元）	去年同期成交额（亿元）	同比增减（%）	上月成交额（亿元）	环比增减（%）	本月交易额占全国份额（%）
上海期货交易所	铜	13,683,792	2,997,198	356.55%	9,326,428	46.72%	9.18%	21,340.44	10,000.32	113.40%	12,876.25	65.73%	27.51%
	铝	3,601,084	2,818,684	27.76%	4,265,428	-15.58%	2.42%	2,229.69	2,848.06	-21.71%	2,525.81	-11.72%	2.87%
	锌	4,332,988	5,602,146	-22.65%	3,746,460	15.66%	2.91%	2,383.68	5,881.97	-59.47%	1,941.07	22.80%	3.07%
	黄金	543,766	514,836	5.62%	416,618	30.52%	0.36%	1,111.89	1,142.08	-2.64%	860.38	29.23%	1.43%
	天然橡胶	12,641,088	3,809,062	231.87%	15,186,068	-16.76%	8.48%	8,237.71	4,345.80	89.56%	9,974.57	-17.41%	10.62%
	燃料油	14,807,122	1,673,298	784.91%	11,082,292	33.61%	9.93%	4,573.83	721.61	533.84%	3,364.06	35.96%	5.90%
	螺纹钢	577,118	——	——	——	——	0.39%	205.85	——	——	——	——	0.27%
	线材	168,678	——	——	——	——	0.11%	57.55	——	——	——	——	0.07%
	总额	50,355,636	17,415,224	189.15%	44,023,294	14.38%	33.79%	40,140.65	24,939.83	60.95%	31,542.14	27.26%	51.74%
郑州商品交易所	棉花	286,042	1,565,246	-81.73%	543,514	-47.37%	0.19%	173.36	1,240.07	-86.02%	325.21	-46.69%	0.22%
	菜籽油	2,908,528	1,340,180	117.03%	3,265,988	-10.94%	1.95%	980.2	855.99	14.51%	1,140.90	-14.09%	1.26%
	白糖	38,086,024	29,604,254	28.65%	30,064,326	26.68%	25.55%	14,343.05	12,746.74	12.52%	10,627.62	34.96%	18.49%
	PTA	3,740,480	1,180,914	216.74%	5,390,694	-30.61%	2.51%	1,142.32	483.78	136.12%	1,641.38	-30.40%	1.47%
	强筋小麦	1,999,532	6,899,404	-71.02%	4,520,068	-55.76%	1.34%	427.5	1,477.26	-71.06%	959.72	-55.46%	0.55%
	普通小麦	47,022,268	40,601,982	15.81%	43,792,800	7.37%	31.55%	17,066.75	16,806.02	1.55%	14,696.39	16.13%	22.00%
	总额	6,441,346	21,973,644	-70.69%	7,963,548	-19.11%	4.32%	2,247.95	10,502.97	-78.60%	2,761.50	-18.60%	2.90%
大连商品交易所	黄大豆一号	1,662	11,984	-86.13%	8,210	-79.76%	0.00%	0.31	2.18	-85.78%	1.56	-80.13%	0.00%
	黄大豆二号	8,580	15,494	-44.62%	7,800	10.00%	0.01%	3.02	7.6	-60.26%	2.71	11.44%	0.00%
	玉米	2,410,460	21,076,406	-88.56%	2,917,010	-17.37%	1.62%	408.45	3,887.34	-89.49%	480.77	-15.04%	0.53%
	LLDPE	10,548,658	278,004	3694.43%	5,639,326	87.06%	7.08%	4,484.66	202.79	2111.48%	2,406.23	86.38%	5.78%
	豆粕	18,121,560	14,536,812	24.66%	12,310,896	47.20%	12.16%	4,729.79	5,045.59	-6.26%	3,276.08	44.37%	6.10%
	棕榈油	3,211,500	753,262	326.35%	2,715,452	18.27%	2.15%	1,709.55	821.49	108.10%	1,437.01	18.97%	2.20%
	豆油	10,922,408	10,302,416	6.02%	8,042,390	35.81%	7.33%	6,790.79	12,165.59	-44.18%	5,006.07	35.65%	8.75%
	总额	51,664,512	68,936,038	-25.05%	39,596,422	30.48%	34.66%	20,374.17	32,633.33	-37.57%	15,370.34	32.56%	26.26%
全国期货市场交易总额		149042416	126953244	17.40%	127412516	16.98%	100.00%	77581.57	74379.18	4.31%	61608.87	25.93%	100.00%

交易所	品种名称	今年累计成交总量（手）	去年同期成交总量（手）	同比增减（%）	今年累计成交总量占全国份额（%）	今年累计成交总额（亿元）	去年同期成交总额（亿元）	同比增减（%）	今年累计成交总额占全国份额（%）	本月月末持仓量	本月月末持仓量占全国份额（%）	上月月末持仓量	环比增减（%）
上海期货交易所	铜	29,614,858	11,237,144	163.54%	8.10%	43,119.39	35,642.28	20.98%	23.76%	439,066	10.13%	324,534	35.29%
	铝	14,077,610	4,760,364	195.73%	3.85%	8,454.39	4,735.47	78.53%	4.66%	315,454	7.28%	206,854	52.50%
	锌	11,370,770	17,710,206	-35.80%	3.11%	6,113.67	18,013.80	-66.06%	3.37%	234,574	5.41%	240,004	-2.26%
	黄金	1,295,864	2,265,450	-42.80%	0.35%	2,590.75	4,972.68	-47.90%	1.43%	40,648	0.94%	43,204	-5.92%
	天然橡胶	37,527,026	8,965,360	318.58%	10.26%	24,266.58	10,529.39	130.47%	13.37%	156,980	3.62%	165,780	-5.31%
	燃料油	35,581,412	4,470,200	695.97%	9.73%	10,724.76	1,862.13	475.94%	5.91%	241,448	5.57%	194,350	24.23%
	螺纹钢	577,118	——	——	0.16%	205.85	——	——	0.11%	45,918	——	——	——
	线材	168,678	——	——	0.05%	57.55	——	——	0.03%	14,028	——	——	——
	总额	130,213,336	49,408,724	163.54%	35.59%	95,532.95	75,755.75	26.11%	52.65%	1,488,116	34.33%	1,174,726	26.68%
郑州商品交易所	棉花	1,247,942	2,725,866	-54.22%	0.34%	746	2,116.92	-64.76%	0.41%	53,242	1.23%	69,882	-23.81%
	菜籽油	6,975,620	1,523,264	357.94%	1.91%	2,388.23	980.01	143.69%	1.32%	129,050	2.98%	114,676	12.53%
	白糖	82,331,916	62,630,152	31.46%	22.51%	29,238.18	26,792.71	9.13%	16.11%	786,124	18.14%	807,346	-2.63%
	PTA	13,296,440	4,292,660	209.75%	3.63%	3,925.32	1,659.25	136.57%	2.16%	107,382	2.48%	135,106	-20.52%
	强筋小麦	7,891,964	17,677,578	-55.36%	2.16%	1,661.55	3,738.40	-55.55%	0.92%	172,128	3.97%	206,892	-16.80%
	普通小麦	15,314	25,312	-39.50%	0.00%	2.87	4.58	-37.34%	0.00%	4,150	0.10%	4,390	-5.47%
	总额	111,759,196	88,874,832	25.75%	30.55%	37,962.15	35,291.87	7.57%	20.92%	1,252,076	28.88%	1,338,292	-6.44%
大连商品交易所	黄大豆一号	25,296,558	53,520,968	-52.74%	6.91%	8,730.45	25,246.53	-65.42%	4.81%	320,544	7.39%	343,920	-6.80%
	黄大豆二号	21,348	35,060	-39.11%	0.01%	7.43	17.09	-56.52%	0.00%	322	0.01%	188	71.28%
	玉米	7,846,924	38,507,970	-79.62%	2.14%	1,282.97	6,994.48	-81.66%	0.71%	330,340	7.62%	331,492	-0.35%
	LLDPE	20,234,774	813,264	2388.09%	5.53%	8,541.41	577.74	1378.42%	4.71%	93,706	2.16%	66,142	41.67%
	豆粕	38,520,684	41,068,924	-6.20%	10.53%	10,146.40	14,205.24	-28.57%	5.59%	366,294	8.45%	444,840	-17.66%
	棕榈油	7,760,796	1,984,644	291.04%	2.12%	4,126.80	2,096.26	96.86%	2.27%	142,968	3.30%	86,748	64.81%
	豆油	24,175,808	22,202,440	8.89%	6.61%	15,120.01	25,881.08	-41.58%	8.33%	340,432	7.85%	271,358	25.45%
	总额	123,856,892	158,133,270	-21.68%	33.86%	47,955.44	75,018.37	-36.08%	26.43%	1,594,606	36.79%	1,544,688	3.23%
全国期货市场交易总额		365829424	296416826	23.42%	100.00%	181450.54	186065.99	-2.48%	100.00%	4334798	100.00%	4057706	6.83%

2009年4月份全国期货市场成交情况统计

交易所	品种名称	本月成交量（手）	去年同期成交量（手）	同比增减（%）	上月成交量（手）	环比增减（%）	本月成交量占全国份额（%）	本月成交额（亿元）	去年同期成交额（亿元）	同比增减（%）	上月成交额（亿元）	环比增减（%）	本月交易额占全国份额（%）
上海期货交易所	铜	18,928,932	2,214,418	754.80%	13,683,792	38.33%	10.96%	34,740.17	7,209.70	381.85%	21,340.44	62.79%	32.32%
	铝	5,386,944	1,015,396	430.53%	3,601,084	49.59%	3.12%	3,459.36	975.36	254.67%	2,229.69	55.15%	3.22%
	锌	6,850,550	3,739,268	83.21%	4,332,988	58.10%	3.97%	4,315.10	3,498.08	23.36%	2,383.68	81.03%	4.01%
	黄金	396,214	445,792	-11.12%	543,766	-27.14%	0.23%	779.65	906.44	-13.99%	1,111.89	-29.88%	0.73%
	天然橡胶	17,386,408	3,837,128	353.11%	12,641,088	37.54%	10.06%	12,746.64	4,122.10	209.23%	8,237.71	54.74%	11.86%
	燃料油	11,431,962	1,269,828	800.28%	14,807,122	-22.79%	6.62%	3,852.90	560.17	587.80%	4,573.83	-15.76%	3.58%
	螺纹钢	4,069,906	——	——	577,118	605.21%	2.36%	1,440.53	——	——	205.85	599.78%	1.34%
	线材	341,272	——	——	168,678	102.32%	0.20%	116.40	——	——	57.55	102.26%	0.11%
	总额	64,792,188	12,521,830	417.43%	50,355,636	28.67%	37.51%	61,450.76	17,271.85	255.79%	40,140.65	53.09%	57.17%
郑州商品交易所	棉花	406,244	404,996	0.31%	286,042	42.02%	0.24%	264.44	298.2	-11.32%	173.36	52.54%	0.25%
	早灿稻	307,400	——	——	——	——	0.18%	62.93	——	——	——	——	0.06%
	菜籽油	4,118,898	1,543,728	166.82%	2,908,528	41.61%	2.38%	1,492.70	922.78	61.76%	980.2	52.29%	1.39%
	白糖	17,754,922	36,212,876	-50.97%	38,086,024	-53.38%	10.28%	6,950.64	14,164.32	-50.93%	14,343.05	-51.54%	6.47%
	PTA	8,586,698	535,662	1503.01%	3,740,480	129.56%	4.97%	2,999.79	214.86	1296.16%	1,142.32	162.61%	2.79%
	强筋小麦	1,683,150	4,390,896	-61.67%	1,999,532	-15.82%	0.97%	360.66	901.91	-60.01%	427.5	-15.64%	0.34%
	普通小麦	3,952	12,370	-68.05%	1,662	137.79%	0.00%	0.75	2.19	-65.75%	0.31	141.94%	0.00%
	总额	32,861,264	43,100,528	-23.76%	47,022,268	-30.12%	19.02%	12,131.90	16,504.26	-26.49%	17,066.74	-28.91%	11.29%
大连商品交易所	黄大豆一号	5,538,592	22,241,228	-75.10%	6,441,346	-14.01%	3.21%	1,935.46	9,860.68	-80.37%	2,247.95	-13.90%	1.80%
	黄大豆二号	7,016	7,918	-11.39%	8,580	-18.23%	0.00%	2.48	3.62	-31.49%	3.02	-17.88%	0.00%
	玉米	2,714,840	13,931,448	-80.51%	2,410,460	12.63%	1.57%	454.43	2,646.32	-82.83%	408.45	11.26%	0.42%
	LLDPE	15,958,920	33,266	47873.67%	10,548,658	51.29%	9.24%	7,438.53	23.28	31852.45%	4,484.66	65.87%	6.92%
	豆粕	25,156,736	7,858,772	220.11%	18,121,560	38.82%	14.56%	7,075.45	2,561.85	176.19%	4,729.79	49.59%	6.58%
	棕榈油	8,274,548	381,404	2069.50%	3,211,500	157.65%	4.79%	5,095.81	395.09	1189.78%	1,709.55	198.08%	4.74%
	豆油	17,443,924	7,849,230	122.24%	10,922,408	59.71%	10.10%	11,897.96	8,750.71	35.97%	6,790.79	75.21%	11.07%
	总额	75,094,576	52,303,266	43.58%	51,664,512	45.35%	43.47%	33,900.10	24,241.51	39.84%	20,374.17	66.39%	31.54%
全国期货市场交易总额		172748028	107925624	60.06%	149042416	15.91%	100.00%	107482.76	58017.62	85.26%	77581.56	38.54%	100.00%

交易所	品种名称	今年累计成交总量（手）	去年同期成交总量（手）	同比增减（%）	今年累计成交总量占全国份额（%）	今年累计成交总额（亿元）	去年同期成交总额（亿元）	同比增减（%）	今年累计成交总额占全国份额（%）	本月月末持仓量	本月月末持仓量占全国份额（%）	上月月末持仓量	环比增减（%）
上海期货交易所	铜	48,543,790	13,451,562	260.88%	9.01%	77,859.56	42,851.98	81.69%	26.95%	402,338	9.04%	439,066	-8.37%
	铝	19,464,554	5,775,760	237.00%	3.61%	11,913.75	5,710.83	108.62%	4.12%	313,696	7.04%	315,454	-0.56%
	锌	18,221,320	21,449,474	-15.05%	3.38%	10,428.77	21,511.88	-51.52%	3.61%	223,266	5.01%	234,574	-4.82%
	黄金	1,692,078	2,711,242	-37.59%	0.31%	3,370.41	5,879.12	-42.67%	1.17%	30,508	0.69%	40,648	-24.95%
	天然橡胶	54,913,434	12,802,488	328.93%	10.20%	37,013.22	14,651.48	152.62%	12.81%	154,570	3.47%	156,980	-1.54%
	燃料油	47,013,374	5,740,028	719.04%	8.73%	14,577.66	2,422.30	501.81%	5.05%	253,786	5.70%	241,448	5.11%
	螺纹钢	4,647,024	——	——	0.86%	1,646.38	——	——	0.57%	304,374	6.84%	45,918	562.86%
	线材	509,950	——	——	0.09%	173.95	——	——	0.06%	38,796	0.87%	14,028	176.56%
	总额	195,005,524	61,930,554	214.88%	36.21%	156,983.71	93,027.60	68.75%	54.33%	1,721,334	38.66%	1,488,116	15.67%
郑州商品交易所	棉花	1,654,186	3,130,862	-47.17%	0.31%	1,010.44	2,415.12	-58.16%	0.35%	62,630	1.41%	53,242	17.63%
	早灿稻	307,400	——	——	0.06%	62.93	——	——	0.02%	8,932	0.20%	——	——
	菜籽油	11,094,518	3,066,992	261.74%	2.06%	3,880.93	1,902.78	103.96%	1.34%	149,716	3.36%	129,050	16.01%
	白糖	100,086,838	98,843,028	1.26%	18.58%	36,188.82	40,957.03	-11.64%	12.52%	614,864	13.81%	786,124	-21.79%
	PTA	21,883,138	4,828,322	353.22%	4.06%	6,925.11	1,874.11	269.51%	2.40%	162,732	3.65%	107,382	51.54%
	强筋小麦	9,575,114	22,068,474	-56.61%	1.78%	2,022.21	4,640.31	-56.42%	0.70%	166,646	3.74%	172,128	-3.18%
	普通小麦	19,266	37,682	-48.87%	0.00%	3.62	6.77	-46.53%	0.00%	2,724	0.06%	4,150	-34.36%
	总额	144,620,460	131,975,360	9.58%	26.85%	50,094.06	51,796.12	-3.29%	17.34%	1,168,244	26.24%	1,252,076	-6.70%
大连商品交易所	黄大豆一号	30,835,150	75,762,196	-59.30%	5.73%	10,665.91	35,107.20	-69.62%	3.69%	297,778	6.69%	320,544	-7.10%
	黄大豆二号	28,364	42,978	-34.00%	0.01%	9.9	20.7	-52.17%	0.00%	158	0.00%	322	-50.93%
	玉米	10,561,764	52,439,418	-79.86%	1.96%	1,737.39	9,640.80	-81.98%	0.60%	271,124	6.09%	330,340	-17.93%
	LLDPE	36,193,694	846,530	4175.54%	6.72%	15,979.94	601.01	2558.85%	5.53%	121,246	2.72%	93,706	29.39%
	豆粕	63,677,420	48,927,696	30.15%	11.82%	17,221.85	16,767.08	2.71%	5.96%	474,668	10.66%	366,294	29.59%
	棕榈油	16,035,344	2,366,048	577.73%	2.98%	9,222.60	2,491.34	270.19%	3.19%	143,616	3.23%	142,968	0.45%
	豆油	41,619,732	30,051,670	38.49%	7.73%	27,017.97	34,631.78	-21.99%	9.35%	254,686	5.72%	340,432	-25.19%
	总额	198,951,468	210,436,536	-5.46%	36.94%	81,855.53	99,259.88	-17.53%	28.33%	1,563,276	35.11%	1,594,606	-1.96%
全国期货市场交易总额		538577452	404342450	33.20%	100.00%	288933.30	244083.60	18.37%	100.00%	4452854	100.00%	4334798	2.72%

2009 年 5 月份全国期货市场成交情况统计

交易所	品种名称	本月成交量（手）	去年同期成交量（手）	同比增减（%）	上月成交量（手）	环比增减（%）	本月成交量占全国份额(%)	本月成交额（亿元）	去年同期成交额（亿元）	同比增减（%）	上月成交额（亿元）	环比增减（%）	本月交易额占全国份额(%)
上海期货交易所	铜	17,295,084	1,977,380	774.65%	18,928,932	-8.63%	12.56%	31,927.35	6,198.38	415.09%	34,740.17	-8.10%	34.07%
	铝	1,770,262	913,996	93.68%	5,386,944	-67.14%	1.29%	1,134.21	872.44	30.00%	3,459.36	-67.21%	1.21%
	锌	5,647,602	3,125,498	80.69%	6,850,550	-17.56%	4.10%	3,633.90	2,852.01	27.42%	4,315.10	-15.79%	3.88%
	黄金	321,054	287,130	11.81%	396,214	-18.97%	0.23%	651.65	573.90	13.55%	779.65	-16.42%	0.70%
	天然橡胶	14,261,372	7,604,398	87.54%	17,386,408	-17.97%	10.35%	10,825.05	9,302.13	16.37%	12,746.64	-15.08%	11.55%
	燃料油	8,935,482	1,530,648	483.77%	11,431,962	-21.84%	6.49%	3,198.84	725.34	341.01%	3,852.90	-16.98%	3.41%
	螺纹钢	2,792,960	——	——	4,069,906	-31.38%	2.03%	1,011.09	——	——	1,440.53	-29.81%	1.08%
	线材	157,034	——	——	341,272	-53.99%	0.11%	55.33	——	——	116.40	-52.47%	0.06%
	总额	51,180,850	15,439,050	231.50%	64,792,188	-21.01%	37.16%	52,437.41	20,524.20	155.49%	61,450.76	-14.67%	55.96%
郑州商品交易所	棉花	330,196	304,810	8.33%	406,244	-18.72%	0.24%	218.83	224.65	-2.59%	264.44	-17.25%	0.23%
	早灿稻	98,518	——	——	307,400	-67.95%	0.07%	20.09	——	——	62.93	-68.08%	0.02%
	菜籽油	3,420,722	1,221,062	180.14%	4,118,898	-16.95%	2.48%	1,333.56	715.1	86.49%	1,492.70	-10.66%	1.42%
	白糖	7,070,344	23,899,424	-70.42%	17,754,922	-60.18%	5.13%	2,923.24	9,251.34	-68.40%	6,950.64	-57.94%	3.12%
	PTA	7,897,240	755,104	945.85%	8,586,698	-8.03%	5.73%	2,793.30	323.4	763.73%	2,999.79	-6.88%	2.98%
	强筋小麦	689,360	4,647,022	-85.17%	1,683,150	-59.04%	0.50%	145.98	946.27	-84.57%	360.66	-59.52%	0.16%
	普通小麦	2,034	34,752	-94.15%	3,952	-48.53%	0.00%	0.38	6.29	-93.96%	0.75	-49.33%	0.00%
	总额	19,508,414	30,862,174	-36.79%	32,861,264	-40.63%	14.16%	7,435.38	11,467.05	-35.16%	12,131.91	-38.71%	7.93%
大连商品交易所	黄大豆一号	6,897,302	16,551,764	-58.33%	5,538,592	24.53%	5.01%	2,462.98	7,803.80	-68.44%	1,935.46	27.26%	2.63%
	黄大豆二号	7,688	6,000	28.13%	7,016	9.58%	0.01%	2.78	2.88	-3.47%	2.48	12.10%	0.00%
	玉米	1,298,698	9,883,472	-86.86%	2,714,840	-52.16%	0.94%	216.35	1,908.79	-88.67%	454.43	-52.39%	0.23%
	LLDPE	10,041,634	115,064	8627.00%	15,958,920	-37.08%	7.29%	4,829.75	85.01	5581.39%	7,438.53	-35.07%	5.15%
	豆粕	20,818,122	7,371,208	182.42%	25,156,736	-17.25%	15.11%	5,933.88	2,639.69	124.79%	7,075.45	-16.13%	6.33%
	棕榈油	7,705,196	540,732	1324.96%	8,274,548	-6.88%	5.59%	5,207.71	565.15	821.47%	5,095.81	2.20%	5.56%
	聚氯乙烯	276,204	——	——	——	——	0.20%	89.77	——	——	——	——	0.10%
	豆油	20,002,634	5,159,152	287.71%	17,443,924	14.67%	14.52%	15,096.74	5,754.97	162.33%	11,897.96	26.89%	16.11%
	总额	67,047,478	39,627,392	69.19%	75,094,576	-10.72%	48.68%	33,839.93	18,760.25	80.38%	33,900.10	-0.18%	36.11%
全国期货市场交易总额		137736742	85928616	60.29%	172748028	-20.27%	100.00%	93712.72	50751.50	84.65%	107482.77	-12.81%	100.00%

交易所	品种名称	今年累计成交总量（手）	去年同期成交总量（手）	同比增减（%）	今年累计成交总量占全国份额(%)	今年累计成交总额（亿元）	去年同期成交总额（亿元）	同比增减（%）	今年累计成交总额占全国份额(%)	本月月末持仓量	本月月末持仓量占全国份额(%)	上月月末持仓量	环比增减（%）
上海期货交易所	铜	65,838,874	15,428,942	326.72%	9.73%	109,786.91	49,050.36	123.82%	28.69%	404,172	9.07%	402,338	0.46%
	铝	21,234,816	6,689,756	217.42%	3.14%	13,047.97	6,583.28	98.20%	3.41%	261,164	5.86%	313,696	-16.75%
	锌	23,868,922	24,574,972	-2.87%	3.53%	14,062.66	24,363.89	-42.28%	3.68%	196,906	4.42%	223,266	-11.81%
	黄金	2,013,132	2,998,372	-32.86%	0.30%	4,022.06	6,453.02	-37.67%	1.05%	45,162	1.01%	30,508	48.03%
	天然橡胶	69,174,806	20,406,886	238.98%	10.23%	47,838.27	23,953.61	99.71%	12.50%	141,584	3.18%	154,570	-8.40%
	燃料油	55,948,856	7,270,676	669.51%	8.27%	17,776.50	3,147.64	464.76%	4.65%	224,586	5.04%	253,786	-11.51%
	螺纹钢	7,439,984	——	——	1.10%	2,657.47	——	——	0.69%	344,940	7.74%	304,374	13.33%
	线材	666,984	——	——	0.10%	229.29	——	——	0.06%	36,264	0.81%	38,796	-6.53%
	总额	246,186,374	77,369,604	218.20%	36.40%	209,421.12	113,551.80	84.43%	54.73%	1,654,778	37.12%	1,721,334	-3.87%
郑州商品交易所	棉花	1,984,382	3,435,672	-42.24%	0.29%	1,229.27	2,639.77	-53.43%	0.32%	47,420	1.06%	62,630	-24.29%
	早灿稻	405,918	——	——	0.06%	83.01	——	——	0.02%	6,546	0.15%	8,932	-26.71%
	菜籽油	14,515,240	4,288,054	238.50%	2.15%	5,214.49	2,617.88	99.19%	1.36%	141,696	3.18%	149,716	-5.36%
	白糖	107,157,182	122,742,452	-12.70%	15.84%	39,112.06	50,208.37	-22.10%	10.22%	548,784	12.31%	614,864	-10.75%
	PTA	29,780,378	5,583,426	433.37%	4.40%	9,718.42	2,197.51	342.25%	2.54%	115,686	2.59%	162,732	-28.91%
	强筋小麦	10,264,474	26,715,496	-61.58%	1.52%	2,168.19	5,586.58	-61.19%	0.57%	166,926	3.74%	166,646	0.17%
	普通小麦	21,300	72,434	-70.59%	0.00%	4	13.05	-69.35%	0.00%	2,318	0.05%	2,724	-14.90%
	总额	164,128,874	162,837,534	0.79%	24.27%	57,529.44	63,263.16	-9.06%	15.03%	1,029,376	23.09%	1,168,244	-11.89%
大连商品交易所	黄大豆一号	37,732,452	92,313,960	-59.13%	5.58%	13,128.89	42,910.99	-69.40%	3.43%	371,116	8.32%	297,778	24.63%
	黄大豆二号	36,052	48,978	-26.39%	0.01%	12.68	23.57	-46.20%	0.00%	554	0.01%	158	250.63%
	玉米	11,860,462	62,322,890	-80.97%	1.75%	1,953.74	11,549.58	-83.08%	0.51%	232,626	5.22%	271,124	-14.20%
	LLDPE	46,235,328	961,594	4708.20%	6.84%	20,809.68	686.01	2933.44%	5.44%	126,870	2.85%	121,246	4.64%
	豆粕	84,495,542	56,298,904	50.08%	12.49%	23,155.72	19,406.77	19.32%	6.05%	506,628	11.36%	474,668	6.73%
	棕榈油	23,740,540	2,906,780	716.73%	3.51%	14,430.30	3,056.49	372.12%	3.77%	136,730	3.07%	143,616	-4.79%
	聚氯乙烯	276,204	——	——	0.04%	89.77	——	——	0.02%	22,766	0.51%	——	——
	豆油	61,622,366	35,210,822	75.01%	9.11%	42,114.71	40,386.74	4.28%	11.01%	376,794	8.45%	254,686	47.94%
	总额	265,998,946	250,063,928	6.37%	39.33%	115,695.46	118,020.12	-1.97%	30.24%	1,774,084	39.79%	1,563,276	13.49%
全国期货市场交易总额		676314194	490271066	37.95%	100.00%	382646.02	294835.08	29.78%	100.00%	4458238	100.00%	4452854	0.12%

2009年6月份全国期货市场成交情况统计

交易所	品种名称	本月成交量（手）	去年同期成交量（手）	同比增减（%）	上月成交量（手）	环比增减（%）	本月成交量占全国份额(%)	本月成交额（亿元）	去年同期成交额（亿元）	同比增减（%）	上月成交额（亿元）	环比增减（%）	本月交易额占全国份额(%)
上海期货交易所	铜	20,710,246	1,716,122	1106.80%	17,295,084	19.75%	12.66%	41,340.13	5,246.63	687.94%	31,927.35	29.48%	37.47%
	铝	2,251,520	678,488	231.84%	1,770,262	27.19%	1.38%	1,499.97	646.74	131.93%	1,134.21	32.25%	1.36%
	锌	5,288,830	4,239,848	24.74%	5,647,602	-6.35%	3.23%	3,561.80	3,430.27	3.83%	3,633.90	-1.98%	3.23%
	黄金	415,036	292,102	42.09%	321,054	29.27%	0.25%	865.07	577.00	49.93%	651.65	32.75%	0.78%
	天然橡胶	14,793,486	11,673,992	26.72%	14,261,372	3.73%	9.04%	11,345.63	15,426.85	-26.46%	10,825.05	4.81%	10.28%
	燃料油	5,807,062	2,571,926	125.79%	8,935,482	-35.01%	3.55%	2,176.34	1,310.10	66.12%	3,198.84	-31.96%	1.97%
	螺纹钢	7,319,442	——	——	2,792,960	162.07%	4.47%	2,807.27	——	——	1,011.09	177.65%	2.54%
	线材	316,948	——	——	157,034	101.83%	0.19%	118.53	——	——	55.33	114.22%	0.11%
	总额	56,902,570	21,172,478	168.76%	51,180,850	11.18%	34.78%	63,714.73	26,637.59	139.19%	52,437.41	21.51%	57.75%
郑州商品交易所	棉花	452,588	382,918	18.19%	330,196	37.07%	0.28%	298.52	286.03	4.37%	218.83	36.42%	0.27%
	早灿稻	206,464	——	——	98,518	109.57%	0.13%	42.51	——	——	20.09	111.60%	0.04%
	菜籽油	1,668,464	879,228	89.76%	3,420,722	-51.22%	1.02%	654.09	544.24	20.18%	1,333.56	-50.95%	0.59%
	白糖	9,535,218	18,959,092	-49.71%	7,070,344	34.86%	5.83%	3,980.08	7,356.83	-45.90%	2,923.24	36.15%	3.61%
	PTA	9,571,328	4,635,882	106.46%	7,897,240	21.20%	5.85%	3,277.38	2,212.05	48.16%	2,793.30	17.33%	2.97%
	强筋小麦	835,558	5,740,286	-85.44%	689,360	21.21%	0.51%	178.53	1,218.25	-85.35%	145.98	22.30%	0.16%
	普通小麦	1,344	25,550	-94.74%	2,034	-33.92%	0.00%	0.25	4.67	-94.65%	0.38	-34.21%	0.00%
	总额	22,270,964	30,622,956	-27.27%	19,508,414	14.16%	13.61%	8,431.38	11,622.07	-27.45%	7,435.38	13.40%	7.64%
大连商品交易所	黄大豆一号	6,473,382	10,544,086	-38.61%	6,897,302	-6.15%	3.96%	2,389.21	5,211.22	-54.15%	2,462.98	-3.00%	2.17%
	黄大豆二号	5,198	2,602	99.77%	7,688	-32.39%	0.00%	1.93	1.28	50.78%	2.78	-30.58%	0.00%
	玉米	2,621,948	9,081,030	-71.13%	1,298,698	101.89%	1.60%	430.64	1,745.50	-75.33%	216.35	99.05%	0.39%
	LLDPE	6,959,422	1,861,910	273.78%	10,041,634	-30.69%	4.25%	3,456.45	1,469.23	135.26%	4,829.75	-28.43%	3.13%
	豆粕	38,819,072	9,727,550	299.06%	20,818,122	86.47%	23.73%	11,637.76	3,894.00	198.86%	5,933.88	96.12%	10.55%
	棕榈油	7,930,914	366,194	2065.77%	7,705,196	2.93%	4.85%	5,004.45	390.67	1180.99%	5,207.71	-3.90%	4.54%
	聚氯乙烯	2,910,276	——	——	276,204	953.67%	1.78%	1,005.48	——	——	89.77	1020.06%	0.91%
	豆油	18,714,448	3,619,290	417.08%	20,002,634	-6.44%	11.44%	14,249.11	4,237.66	236.25%	15,096.74	-5.61%	12.92%
	总额	84,434,660	35,202,662	139.85%	67,047,478	25.93%	51.61%	38,174.99	16,950.53	125.21%	33,839.93	12.81%	34.60%
全国期货市场交易总额		163608194	86998096	88.06%	137736742	18.78%	100.00%	110321.10	55210.19	99.82%	93712.72	17.72%	100.00%

交易所	品种名称	今年累计成交总量（手）	去年同期成交总量（手）	同比增减（%）	今年累计成交总量占全国份额(%)	今年累计成交总额（亿元）	去年同期成交总额（亿元）	同比增减（%）	今年累计成交总额占全国份额(%)	本月月末持仓量	本月月末持仓量占全国份额(%)	上月月末持仓量	环比增减（%）
上海期货交易所	铜	86,549,120	17,145,064	404.80%	10.30%	151,127.04	54,296.99	178.33%	30.66%	426,042	8.25%	404,172	5.41%
	铝	23,486,336	7,368,244	218.75%	2.80%	14,547.93	7,230.01	101.22%	2.95%	235,446	4.56%	261,164	-9.85%
	锌	29,157,752	28,814,820	1.19%	3.47%	17,624.46	27,794.16	-36.59%	3.58%	199,196	3.86%	196,906	1.16%
	黄金	2,428,168	3,290,474	-26.21%	0.29%	4,887.13	7,030.02	-30.48%	0.99%	42,254	0.82%	45,162	-6.44%
	天然橡胶	83,968,292	32,080,878	161.74%	10.00%	59,183.90	39,380.46	50.29%	12.01%	188,624	3.65%	141,584	33.22%
	燃料油	61,755,918	9,842,602	527.43%	7.35%	19,952.84	4,457.74	347.60%	4.05%	165,728	3.21%	224,586	-26.21%
	螺纹钢	14,759,426	——	——	1.76%	5,464.74	——	——	1.11%	402,508	7.79%	344,940	16.69%
	线材	983,932	——	——	0.12%	347.82	——	——	0.07%	35,824	0.69%	36,264	-1.21%
	总额	303,088,944	98,542,082	207.57%	36.09%	273,135.85	140,189.39	94.83%	55.41%	1,695,622	32.82%	1,654,778	2.47%
郑州商品交易所	棉花	2,436,970	3,818,590	-36.18%	0.29%	1,527.79	2,925.80	-47.78%	0.31%	39,138	0.76%	47,420	-17.47%
	早灿稻	612,382	——	——	0.07%	125.53	——	——	0.03%	14,748	0.29%	6,546	125.30%
	菜籽油	16,183,704	5,167,282	213.20%	1.93%	5,868.59	3,162.12	85.59%	1.19%	133,414	2.58%	141,696	-5.84%
	白糖	116,692,400	141,701,544	-17.65%	13.89%	43,092.13	57,565.20	-25.14%	8.74%	618,334	11.97%	548,784	12.67%
	PTA	39,351,706	10,219,308	285.07%	4.69%	12,995.80	4,409.56	194.72%	2.64%	182,542	3.53%	115,686	57.79%
	强筋小麦	11,100,032	32,455,782	-65.80%	1.32%	2,346.72	6,804.83	-65.51%	0.48%	173,458	3.36%	166,926	3.91%
	普通小麦	22,644	97,984	-76.89%	0.00%	4.26	17.72	-75.96%	0.00%	2,564	0.05%	2,318	10.61%
	总额	186,399,838	193,460,490	-3.65%	22.19%	65,960.82	74,885.23	-11.92%	13.38%	1,164,198	22.54%	1,029,376	13.10%
大连商品交易所	黄大豆一号	44,205,834	102,858,046	-57.02%	5.26%	15,518.10	48,122.21	-67.75%	3.15%	344,070	6.66%	371,116	-7.29%
	黄大豆二号	41,250	51,580	-20.03%	0.00%	14.6	24.84	-41.22%	0.00%	444	0.01%	554	-19.86%
	玉米	14,482,410	71,403,920	-79.72%	1.72%	2,384.37	13,295.08	-82.07%	0.48%	326,970	6.33%	232,626	40.56%
	LLDPE	53,194,750	2,823,504	1784.00%	6.33%	24,266.13	2,155.23	1025.92%	4.92%	108,456	2.10%	126,870	-14.51%
	豆粕	123,314,614	66,026,454	86.77%	14.68%	34,793.47	23,301.76	49.32%	7.06%	731,008	14.15%	506,628	44.29%
	棕榈油	31,671,454	3,272,974	867.67%	3.77%	19,434.75	3,447.15	463.79%	3.94%	265,966	5.15%	136,730	94.52%
	聚氯乙烯	3,186,480	——	——	0.38%	1,095.24	——	——	0.22%	63,428	1.23%	22,766	178.61%
	豆油	80,336,814	38,830,112	106.89%	9.56%	56,363.82	44,624.40	26.31%	11.43%	465,574	9.01%	376,794	23.56%
	总额	350,433,606	285,266,590	22.84%	41.72%	153,870.44	134,970.64	14.00%	31.21%	2,305,916	44.64%	1,774,084	29.98%
全国期货市场交易总额		839922388	577269162	45.50%	100.00%	492967.11	350045.26	40.83%	100.00%	5165736	100.00%	4458238	15.87%

2009 年 7 月份全国期货市场成交情况统计

交易所	品种名称	本月成交量（手）	去年同期成交量（手）	同比增减（%）	上月成交量（手）	环比增减（%）	本月成交量占全国份额(%)	本月成交额（亿元）	去年同期成交额（亿元）	同比增减（%）	上月成交额（亿元）	环比增减（%）	本月交易额占全国份额(%)
上海期货交易所	铜	23,386,872	1,296,186	1704.28%	20,710,246	12.92%	13.33%	48,722.38	4,044.95	1104.52%	41,340.13	17.86%	38.58%
	铝	3,197,936	1,284,862	148.89%	2,251,520	42.03%	1.82%	2,286.06	1,252.83	82.47%	1,499.97	52.41%	1.81%
	锌	5,530,596	3,882,512	42.45%	5,288,830	4.57%	3.15%	3,767.79	3,003.30	25.46%	3,561.80	5.78%	2.98%
	黄金	319,488	329,184	-2.95%	415,036	-23.02%	0.18%	655.79	683.31	-4.03%	865.07	-24.19%	0.52%
	天然橡胶	20,082,630	12,207,936	64.50%	14,793,486	35.75%	11.45%	16,568.77	16,143.53	2.63%	11,345.63	46.04%	13.12%
	燃料油	3,822,878	3,519,204	8.63%	5,807,062	-34.17%	2.18%	1,432.05	1,897.00	-24.51%	2,176.34	-34.20%	1.13%
	螺纹钢	12,303,956	——	——	7,319,442	68.10%	7.01%	5,176.27	——	——	2,807.27	84.39%	4.10%
	线材	177,088	——	——	316,948	-44.13%	0.10%	71.07	——	——	118.53	-40.04%	0.06%
	总额	68,821,444	22,519,884	205.60%	56,902,570	20.95%	39.23%	78,680.18	27,024.91	191.14%	63,714.73	23.49%	62.30%
郑州商品交易所	棉花	401,484	432,872	-7.25%	452,588	-11.29%	0.23%	272.47	315.01	-13.50%	298.52	-8.73%	0.22%
	早灿稻	108,324	——	——	206,464	-47.53%	0.06%	22.26	——	——	42.51	-47.64%	0.02%
	菜籽油	1,273,208	475,396	167.82%	1,668,464	-23.69%	0.73%	475.22	280.03	69.70%	654.09	-27.35%	0.38%
	白糖	10,993,348	26,545,508	-58.59%	9,535,218	15.29%	6.27%	4,557.06	9,341.15	-51.22%	3,980.08	14.50%	3.61%
	PTA	7,476,126	3,616,628	106.72%	9,571,328	-21.89%	4.26%	2,741.64	1,693.40	61.90%	3,277.38	-16.35%	2.17%
	强筋小麦	517,848	4,828,192	-89.27%	835,558	-38.02%	0.30%	110.75	1,035.72	-89.31%	178.53	-37.97%	0.09%
	普通小麦	902	30,662	-97.06%	1,344	-32.89%	0.00%	0.17	5.66	-97.00%	0.25	-32.00%	0.00%
	总额	20,771,240	35,929,258	-42.19%	22,270,964	-6.73%	11.84%	8,179.58	12,670.97	-35.45%	8,431.36	-2.99%	6.48%
大连商品交易所	黄大豆一号	3,861,664	17,100,854	-77.42%	6,473,382	-40.35%	2.20%	1,373.07	8,216.83	-83.29%	2,389.21	-42.53%	1.09%
	黄大豆二号	4,166	4,078	2.16%	5,198	-19.85%	0.00%	1.49	1.95	-23.59%	1.93	-22.80%	0.00%
	玉米	1,695,110	9,103,080	-81.38%	2,621,948	-35.35%	0.97%	276.03	1,736.34	-84.10%	430.64	-35.90%	0.22%
	LLDPE	7,595,808	1,173,728	547.15%	6,959,422	9.14%	4.33%	3,954.31	854.79	362.61%	3,456.45	14.40%	3.13%
	豆粕	34,876,532	21,375,202	63.16%	38,819,072	-10.16%	19.88%	9,933.81	8,490.37	17.00%	11,637.76	-14.64%	7.87%
	棕榈油	14,227,530	460,380	2990.39%	7,930,914	79.39%	8.11%	8,196.15	454.75	1702.34%	5,004.45	63.78%	6.49%
	聚氯乙烯	3,123,104	——	——	2,910,276	7.31%	1.78%	1,114.64	——	——	1,005.48	10.86%	0.88%
	豆油	20,465,656	4,614,512	343.51%	18,714,448	9.36%	11.67%	14,589.00	5,047.36	189.04%	14,249.11	2.39%	11.55%
	总额	85,849,570	53,831,834	59.48%	84,434,660	1.68%	48.93%	39,438.48	24,802.37	59.01%	38,174.99	3.31%	31.23%
全国期货市场交易总额		175442254	112280976	56.25%	163608194	7.23%	100.00%	126298.24	64498.25	95.82%	110321.08	14.48%	100.00%

交易所	品种名称	今年累计成交总量（手）	去年同期成交总量（手）	同比增减（%）	今年累计成交总量占全国份额(%)	今年累计成交总额（亿元）	去年同期成交总额（亿元）	同比增减（%）	今年累计成交总额占全国份额(%)	本月月末持仓量	本月月末持仓量占全国份额(%)	上月月末持仓量	环比增减（%）
上海期货交易所	铜	109,935,992	18,441,250	496.14%	10.83%	199,849.41	58,341.94	242.55%	32.27%	448,700	7.23%	426,042	5.32%
	铝	26,684,272	8,653,106	208.38%	2.63%	16,834.00	8,482.84	98.45%	2.72%	332,978	5.36%	235,446	41.42%
	锌	34,688,348	32,697,332	6.09%	3.42%	21,392.25	30,797.45	-30.54%	3.45%	200,596	3.23%	199,196	0.70%
	黄金	2,747,656	3,619,658	-24.09%	0.27%	5,542.92	7,713.34	-28.14%	0.90%	41,828	0.67%	42,254	-1.01%
	天然橡胶	104,050,922	44,288,814	134.94%	10.25%	75,752.67	55,523.99	36.43%	12.23%	221,990	3.57%	188,624	17.69%
	燃料油	65,578,796	13,361,806	390.79%	6.46%	21,384.88	6,354.74	236.52%	3.45%	142,292	2.29%	165,728	-14.14%
	螺纹钢	27,063,382	——	——	2.67%	10,641.01	——	——	1.72%	602,706	9.71%	402,508	49.74%
	线材	1,161,020	——	——	0.11%	418.89	——	——	0.07%	21,732	0.35%	35,824	-39.34%
	总额	371,910,388	121,061,966	207.21%	36.63%	351,816.03	167,214.30	110.40%	56.81%	2,012,822	32.41%	1,695,622	18.71%
郑州商品交易所	棉花	2,838,454	4,251,462	-33.24%	0.28%	1,800.26	3,240.80	-44.45%	0.29%	49,434	0.80%	39,138	26.31%
	早灿稻	720,706	——	——	0.07%	147.79	——	——	0.02%	20,014	0.32%	14,748	35.71%
	菜籽油	17,456,912	5,642,678	209.37%	1.72%	6,343.81	3,442.15	84.30%	1.02%	123,678	1.99%	133,414	-7.30%
	白糖	127,685,748	168,247,052	-24.11%	12.58%	47,649.19	66,906.35	-28.78%	7.69%	637,716	10.27%	618,334	3.13%
	PTA	46,827,832	13,835,936	238.45%	4.61%	15,737.44	6,102.96	157.87%	2.54%	132,832	2.14%	182,542	-27.23%
	强筋小麦	11,617,880	37,283,974	-68.84%	1.14%	2,457.48	7,840.55	-68.66%	0.40%	163,666	2.64%	173,458	-5.65%
	普通小麦	23,546	128,646	-81.70%	0.00%	4.43	23.38	-81.05%	0.00%	2,438	0.04%	2,564	-4.91%
	总额	207,171,078	229,389,748	-9.69%	20.40%	74,140.40	87,556.19	-15.32%	11.97%	1,129,778	18.19%	1,164,198	-2.96%
大连商品交易所	黄大豆一号	48,067,498	119,958,900	-59.93%	4.73%	16,891.17	56,339.04	-70.02%	2.73%	331974	5.35%	344,070	-3.52%
	黄大豆二号	45,416	55,658	-18.40%	0.00%	16.08	26.79	-39.98%	0.00%	320	0.01%	444	-27.93%
	玉米	16,177,520	80,507,000	-79.91%	1.59%	2,660.40	15,031.42	-82.30%	0.43%	360408	5.80%	326,970	10.23%
	LLDPE	60,790,558	3,997,232	1420.82%	5.99%	28,220.43	3,010.02	837.55%	4.56%	106872	1.72%	108,456	-1.46%
	豆粕	158,191,146	87,401,656	80.99%	15.58%	44,727.28	31,792.13	40.69%	7.22%	1143984	18.42%	731,008	56.49%
	棕榈油	45,898,984	3,733,354	1129.43%	4.52%	27,630.89	3,901.89	608.14%	4.46%	354372	5.71%	265,966	33.24%
	聚氯乙烯	6,309,584	——	——	0.62%	2,209.88	——	——	0.36%	204818	3.30%	63,428	222.91%
	豆油	100,802,470	43,444,624	132.03%	9.93%	70,952.81	49,671.75	42.84%	11.46%	564248	9.09%	465,574	21.19%
	总额	436,283,176	339,098,424	28.66%	42.97%	193,308.91	159,773.00	20.99%	31.22%	3066996	49.39%	2,305,916	33.01%
全国期货市场交易总额		1015364642	689550138	47.25%	100.00%	619265.34	414543.49	49.38%	100.00%	6209596	100.00%	5165736	20.21%

2008 年 1 月商品期货交易情况统计表

	大连商品交易所		上海期货交易所		郑州商品交易所	
	成交量（万张）	成交金额（亿元）	成交量（万张）	成交金额（亿元）	成交量（万张）	成交金额（亿元）
2007 年	36978.58	118152.92	16631.2	226899.65	19832.3	62385.8
200801	5111.22	23476.93	1871.85	30200.25	1867.09	6632.31
本年累计	5111.22	23476.93	1871.85	30200.25	1867.09	6632.31

2008 年 1 －2 月商品期货交易情况统计表

	大连商品交易所		上海期货交易所		郑州商品交易所	
	成交量（万张）	成交金额（亿元）	成交量（万张）	成交金额（亿元）	成交量（万张）	成交金额（亿元）
2007 年	36978.58	118152.92	16631.2	226899.65	19832.3	62385.8
200801	5111.22	23476.93	1871.85	30200.25	1867.09	6632.31
200802	3808.5	18908.1	1327.5	20615.67	2960.20	11853.54
本年累计	8919.72	42385.03	3199.35	50815.92	4827.29	18485.85

2008 年 1 －3 月商品期货交易情况统计表

	大连商品交易所		上海期货交易所		郑州商品交易所	
	成交量（万张）	成交金额（亿元）	成交量（万张）	成交金额（亿元）	成交量（万张）	成交金额（亿元）
2007 年	36978.58	118152.92	16631.2	226899.65	19832.3	62385.8
200801	5111.22	23476.93	1871.85	30200.25	1867.09	6632.31
200802	3808.5	18908.1	1327.5	20615.67	2960.20	11853.54
200803	6893.6	32633.32	1741.52	24939.84	4060.20	16806.02
本年累计	15813.32	75018.35	4940.87	75755.76	8887.48	35291.87

2008 年 1 －4 月商品期货交易情况统计表

	大连商品交易所		上海期货交易所		郑州商品交易所	
	成交量（万张）	成交金额（亿元）	成交量（万张）	成交金额（亿元）	成交量（万张）	成交金额（亿元）
2007 年	36978.58	118152.92	16631.2	226899.65	19832.3	62385.8
200801	5111.22	23476.93	1871.85	30200.25	1867.09	6632.31
200802	3808.5	18908.1	1327.5	20615.67	2960.20	11853.54
200803	6893.6	32633.32	1741.52	24939.84	4060.20	16806.02
200804	5230.32	24241.49	1252.18	17271.85	4310.36	16506.09
本年累计	21043.64	99259.84	6193.05	93027.61	13197.84	51797.96

2008 年 1 －5 月商品期货交易情况统计表

	大连商品交易所		上海期货交易所		郑州商品交易所	
	成交量（万张）	成交金额（亿元）	成交量（万张）	成交金额（亿元）	成交量（万张）	成交金额（亿元）
2007 年	36978.58	118152.92	16631.2	226899.65	19832.3	62385.8
200801	5111.22	23476.93	1871.85	30200.25	1867.09	6632.31
200802	3808.5	18908.1	1327.5	20615.67	2960.20	11853.54
200803	6893.6	32633.32	1741.52	24939.84	4060.20	16806.02
200804	5230.32	24241.49	1252.18	17271.85	4310.36	16506.09
200805	3962.75	18760.23	1543.9	20524.2	3086.65	11469.36
本年累计	25006.39	118020.07	7736.95	113551.81	16284.49	63267.32

2008 年 1 －6 月商品期货交易情况统计表

	大连商品交易所		上海期货交易所		郑州商品交易所	
	成交量（万张）	成交金额（亿元）	成交量（万张）	成交金额（亿元）	成交量（万张）	成交金额（亿元）
2007 年	36978.58	118152.92	16631.2	226899.65	19832.3	62385.8
200801	5111.22	23476.93	1871.85	30200.25	1867.09	6632.31
200802	3808.5	18908.1	1327.5	20615.67	2960.20	11853.54
200803	6893.6	32633.32	1741.52	24939.84	4060.20	16806.02
200804	5230.32	24241.49	1252.18	17271.85	4310.36	16506.09
200805	3962.75	18760.23	1543.9	20524.2	3086.65	11469.36
200806	3520.27	16950.52	2117.24	26637.59	3063.21	11627.09
本年累计	28526.66	134970.59	9854.19	140189.40	19347.70	74894.41

2008 年 1 －7 月商品期货交易情况统计表

	大连商品交易所		上海期货交易所		郑州商品交易所	
	成交量（万张）	成交金额（亿元）	成交量（万张）	成交金额（亿元）	成交量（万张）	成交金额（亿元）
2007 年	36978.58	118152.92	16631.2	226899.65	19832.3	62385.8
200801	5111.22	23476.93	1871.85	30200.25	1867.09	6632.31
200802	3808.5	18908.1	1327.5	20615.67	2960.20	11853.54
200803	6893.6	32633.32	1741.52	24939.84	4060.20	16806.02
200804	5230.32	24241.49	1252.18	17271.85	4310.36	16506.09
200805	3962.75	18760.23	1543.9	20524.2	3086.65	11469.36
200806	3520.27	16950.52	2117.24	26637.59	3063.21	11627.09
200807	5383.19	24802.36	2251.99	27024.92	3593.98	12677.28
本年累计	33909.85	159772.95	12106.18	167214.32	22941.68	87571.69

2008 年 1 －8 月商品期货交易情况统计表

	大连商品交易所		上海期货交易所		郑州商品交易所	
	成交量（万张）	成交金额（亿元）	成交量（万张）	成交金额（亿元）	成交量（万张）	成交金额（亿元）
2007 年	36978.58	118152.92	16631.2	226899.65	19832.3	62385.8
200801	5111.22	23476.93	1871.85	30200.25	1867.09	6632.31
200802	3808.5	18908.1	1327.5	20615.67	2960.20	11853.54
200803	6893.6	32633.32	1741.52	24939.84	4060.20	16806.02
200804	5230.32	24241.49	1252.18	17271.85	4310.36	16506.09
200805	3962.75	18760.23	1543.9	20524.2	3086.65	11469.36
200806	3520.27	16950.52	2117.24	26637.59	3063.21	11627.09
200807	5383.19	24802.36	2251.99	27024.92	3593.98	12677.28
200808	6428.59	28719.85	1994.58	24518.34	4035.25	13567.19
本年累计	40338.44	188492.80	14100.76	191732.66	26976.93	101138.88

2008 年 1 －9 月商品期货交易情况统计表

	大连商品交易所		上海期货交易所		郑州商品交易所	
	成交量（万张）	成交金额（亿元）	成交量（万张）	成交金额（亿元）	成交量（万张）	成交金额（亿元）
2007 年	36978.58	118152.92	16631.2	226899.65	19832.3	62385.8
200801	5111.22	23476.93	1871.85	30200.25	1867.09	6632.31
200802	3808.5	18908.1	1327.5	20615.67	2960.20	11853.54
200803	6893.6	32633.32	1741.52	24939.84	4060.20	16806.02
200804	5230.32	24241.49	1252.18	17271.85	4310.36	16506.09
200805	3962.75	18760.23	1543.9	20524.2	3086.65	11469.36
200806	3520.27	16950.52	2117.24	26637.59	3063.21	11627.09
200807	5383.19	24802.36	2251.99	27024.92	3593.98	12677.28
200808	6428.59	28719.85	1994.58	24518.34	4035.25	13567.19
200809	5804.7	26336.81	2149.45	24738.89	2699.11	8725.90
本年累计	46143.14	214829.61	16250.21	216471.55	29676.04	109864.78

2008 年 1－10 月商品期货交易情况统计表

	大连商品交易所		上海期货交易所		郑州商品交易所	
	成交量（万张）	成交金额（亿元）	成交量（万张）	成交金额（亿元）	成交量（万张）	成交金额（亿元）
2007 年	36978.58	118152.92	16631.2	226899.65	19832.3	62385.8
200801	5111.22	23476.93	1871.85	30200.25	1867.09	6632.31
200802	3808.5	18908.1	1327.5	20615.67	2960.20	11853.54
200803	6893.6	32633.32	1741.52	24939.84	4060.20	16806.02
200804	5230.32	24241.49	1252.18	17271.85	4310.36	16506.09
200805	3962.75	18760.23	1543.9	20524.2	3086.65	11469.36
200806	3520.27	16950.52	2117.24	26637.59	3063.21	11627.09
200807	5383.19	24802.36	2251.99	27024.92	3593.98	12677.28
200808	6428.59	28719.85	1994.58	24518.34	4035.25	13567.19
200809	5804.7	26336.81	2149.45	24738.89	2699.11	8725.90
200810	6735.91	22565.01	2638.32	19703.23	5903.06	18352.52
本年累计	52879.05	237394.62	18888.53	236174.78	35579.1002	128217.3

2008 年 1－11 月商品期货交易情况统计表

	大连商品交易所		上海期货交易所		郑州商品交易所	
	成交量（万张）	成交金额（亿元）	成交量（万张）	成交金额（亿元）	成交量（万张）	成交金额（亿元）
2007 年	36978.58	118152.92	16631.2	226899.65	19832.3	62385.8
200801	5111.22	23476.93	1871.85	30200.25	1867.09	6632.31
200802	3808.5	18908.1	1327.5	20615.67	2960.20	11853.54
200803	6893.6	32633.32	1741.52	24939.84	4060.20	16806.02
200804	5230.32	24241.49	1252.18	17271.85	4310.36	16506.09
200805	3962.75	18760.23	1543.9	20524.2	3086.65	11469.36
200806	3520.27	16950.52	2117.24	26637.59	3063.21	11627.09
200807	5383.19	24802.36	2251.99	27024.92	3593.98	12677.28
200808	6428.59	28719.85	1994.58	24518.34	4035.25	13567.19
200809	5804.7	26336.81	2149.45	24738.89	2699.11	8725.90
200810	6735.91	22565.01	2638.32	19703.23	5903.06	18352.52
200811	5065.12	17873.91	3400.18	21527.15	5054.21	15828.92
本年累计	57944.17	255268.53	22288.71	257701.93	40633.31	144046.22

2008 年 1－12 月商品期货交易情况统计表

	大连商品交易所		上海期货交易所		郑州商品交易所	
	成交量（万张）	成交金额（亿元）	成交量（万张）	成交金额（亿元）	成交量（万张）	成交金额（亿元）
2007 年	36978.58	118152.92	16631.2	226899.65	19832.3	62385.8
200801	5111.22	23476.93	1871.85	30200.25	1867.09	6632.31
200802	3808.5	18908.1	1327.5	20615.67	2960.20	11853.54
200803	6893.6	32633.32	1741.52	24939.84	4060.20	16806.02
200804	5230.32	24241.49	1252.18	17271.85	4310.36	16506.09
200805	3962.75	18760.23	1543.9	20524.2	3086.65	11469.36
200806	3520.27	16950.52	2117.24	26637.59	3063.21	11627.09
200807	5383.19	24802.36	2251.99	27024.92	3593.98	12677.28
200808	6428.59	28719.85	1994.58	24518.34	4035.25	13567.19
200809	5804.7	26336.81	2149.45	24738.89	2699.11	8725.90
200810	6735.91	22565.01	2638.32	19703.23	5903.06	18352.52
200811	5065.12	17873.91	3400.18	21527.15	5054.21	15828.92
200812	5887.77	19584.73	5763.89	31018	3878.11	11553.88
本年累计	63831.94	274853.26	28052.6	288719.93	44511.43	155600.10

2009 年 1 月商品期货交易情况统计表

	大连商品交易所		上海期货交易所		郑州商品交易所	
	成交量（万张）	成交金额（亿元）	成交量（万张）	成交金额（亿元）	成交量（万张）	成交金额（亿元）
2008 年	63831.94	274853.26	28052.60	288719.93	44511.43	155600.10
200901	3259.60	12210.94	3583.44	23850.17	2094.50	6199.19
本年累计	3259.60	12210.94	3583.44	23850.17	2094.50	6199.19

2009 年 1－2 月商品期货交易情况统计表

	大连商品交易所		上海期货交易所		郑州商品交易所	
	成交量（万张）	成交金额（亿元）	成交量（万张）	成交金额（亿元）	成交量（万张）	成交金额（亿元）
2008 年	63831.94	274853.26	28052.60	288719.93	44511.43	155600.10
200901	3259.60	12210.94	3583.44	23850.17	2094.50	6199.19
200902	3959.64	15370.34	4402.33	31542.14	4379.43	14696.90
本年累计	7219.24	27581.28	7985.77	55392.31	6473.93	20896.09

2009 年 1－3 月商品期货交易情况统计表

	大连商品交易所		上海期货交易所		郑州商品交易所	
	成交量（万张）	成交金额（亿元）	成交量（万张）	成交金额（亿元）	成交量（万张）	成交金额（亿元）
2008 年	63831.94	274853.26	28052.60	288719.93	44511.43	155600.10
200901	3259.60	12210.94	3583.44	23850.17	2094.50	6199.19
200902	3959.64	15370.34	4402.33	31542.14	4379.43	14696.90
200903	5166.46	20374.16	5035.56	40140.64	4702.46	17067.90
本年累计	12385.70	47955.44	13021.33	95532.95	11176.39	37963.99

2009 年 1－4 月商品期货交易情况统计表

	大连商品交易所		上海期货交易所		郑州商品交易所	
	成交量（万张）	成交金额（亿元）	成交量（万张）	成交金额（亿元）	成交量（万张）	成交金额（亿元）
2008 年	63831.94	274853.26	28052.60	288719.93	44511.43	155600.10
200901	3259.60	12210.94	3583.44	23850.17	2094.50	6199.19
200902	3959.64	15370.34	4402.33	31542.14	4379.43	14696.90
200903	5166.46	20374.16	5035.56	40140.64	4702.46	17067.90
200904	7509.45	33900.11	6479.22	61450.76	3286.65	12133.79
本年累计	19895.15	81855.55	19500.55	156983.71	14463.04	50097.78

2009 年 1－5 月商品期货交易情况统计表

	大连商品交易所		上海期货交易所		郑州商品交易所	
	成交量（万张）	成交金额（亿元）	成交量（万张）	成交金额（亿元）	成交量（万张）	成交金额（亿元）
2008 年	63831.94	274853.26	28052.60	288719.93	44511.43	155600.10
200901	3259.60	12210.94	3583.44	23850.17	2094.50	6199.19
200902	3959.64	15370.34	4402.33	31542.14	4379.43	14696.90
200903	5166.46	20374.16	5035.56	40140.64	4702.46	17067.90
200904	7509.45	33900.11	6479.22	61450.76	3286.65	12133.79
200905	6704.75	33839.95	5118.09	52437.43	1951.64	7438.81
本年累计	26599.90	115695.50	24618.64	209421.14	16414.68	57536.59

2009 年 1－6 月商品期货交易情况统计表

	大连商品交易所		上海期货交易所		郑州商品交易所	
	成交量（万张）	成交金额（亿元）	成交量（万张）	成交金额（亿元）	成交量（万张）	成交金额（亿元）
2008 年	63831.94	274853.26	28052.60	288719.93	44511.43	155600.10
200901	3259.60	12210.94	3583.44	23850.17	2094.50	6199.19
200902	3959.64	15370.34	4402.33	31542.14	4379.43	14696.90
200903	5166.46	20374.16	5035.56	40140.64	4702.46	17067.90
200904	7509.45	33900.11	6479.22	61450.76	3286.65	12133.79
200905	6704.75	33839.95	5118.09	52437.43	1951.64	7438.81
200906	8443.47	38174.98	5690.26	63714.71	2227.96	8435.03
本年累计	35043.37	153870.48	30308.90	273135.85	18642.64	65971.62

第二章　期货交易机构

中国金融期货交易所

中国金融期货交易所是经国务院同意，中国证监会批准，由上海期货交易所、郑州商品交易所、大连商品交易所、上海证券交易所和深圳证券交易所共同发起设立的金融期货交易所。中国金融期货交易所于 2006 年 9 月 8 日在上海成立，注册资本为 5 亿元人民币。中国金融期货交易所的成立，对于深化金融市场改革，完善金融市场体系，发挥金融市场功能，具有重要的战略意义。

中国金融期货交易所的宗旨是发展社会主义市场经济，完善资本市场体系，发挥金融期货市场的功能，保障金融期货等金融衍生品交易的正常进行，保护交易当事人的合法权益和社会公共利益，维护金融市场正常秩序。

中国金融期货交易所的主要职能是：组织安排金融期货等金融衍生品上市交易、结算和交割；制订业务管理规则；实施自律管理；发布市场交易信息；提供技术、场所、设施服务；中国证监会许可的其他职能。

中国金融期货交易所在交易方式、结算制度等方面充分借鉴了国际市场的先进经验，并结合中国的市场实际，以高起点、高标准的原则建设中国的金融衍生品市场。

中国金融期货交易所实行结算会员制度，会员分为结算会员和非结算会员，结算会员按照业务范围分为交易结算会员、全面结算会员和特别结算会员。实行结算会员制度，形成多层次的风险控制体系，强化了中国金融期货交易所的整体抗风险能力。

中国金融期货交易所采用电子化交易方式，不设交易大厅和出市代表。金融期货产品的交易均通过交易所计算机系统进行竞价，由交易系统按照价格优先、时间优先的原则自动撮合成交。采用电子化交易方式体现了中国金融期货交易所的高效、透明、国际化的发展思路。

中国金融期货交易所肩负着建立和发展中国金融期货市场的艰巨任务。中国金融期货交易所坚持以科学发展观为指导，本着稳健发展、与时俱进的原则，打造一个健康规范、高效透明、积极创新、技术先进的金融期货交易所，为提高经济的风险承受能力、增加经济弹性以及促进经济增长发挥积极作用。

组织机构：

股东大会是公司的权力机构。公司设董事会，对股东大会负责，并行使股东大会授予的权力。董事会设执行委员会，作为董事会日常决策、管理、执行机构。董事会下设交易、结算、薪酬、风险控制、监察调解等专门委员会。

公司目前设总经理 1 人，副总经理 2 人。

公司目前设有市场部、交易部、结算部、监查部、技术部、信息部、研发部、财务部、人力资源部、总经理办公室、行政部等 11 个部门。

职能部门：

市场部

主要职责：负责市场开发与培育；产品和服务推广；投资者教育培训等。

交易部

主要职责：负责交易运作管理；风险监控管理；会员、投资者管理与服务等。

结算部

主要职责：负责结算服务；结算风险管理；结算会员管理等。

监查部

主要职责：负责违规行为查处；监管协作；内审及本所法律事务处理等。

技术部

主要职责：负责系统的开发、运行、维护和升级等。

信息部

主要职责：负责信息经营；信息服务；网站管理等。

研发部

主要职责：负责产品开发设计；专项课题研究；国际交流与合作等。

财务部

主要职责：负责财务预决算；日常财务会计和税务工作；资金与投资管理等。

人力资源部

主要职责：负责员工招聘录用；薪酬福利；绩效考核；培训；外事等。

总经理办公室

主要职责：负责各部门业务综合协调；对外联络等。

行政部

主要职责：负责行政服务和后勤保障工作等。

地　　址：浦东世纪大道 1600 号浦项商务广场 8 楼
邮　　编：200122
电　　话：021－5016－0666
传　　真：021－5016－0606
网　　址：www. cffex. com. cn
电子邮件：rd@ cffex. com. cn

上海期货交易所

上海期货交易所是依照有关法规设立的，履行有关法规规定的职责，受中国证监会集中统一监督管理，并按照其章程实行自律管理的法人。上海期货交易所目前上市交易的有黄金、铜、铝、锌、螺纹钢、线材、燃料油、天然橡胶等八种期货合约。

上海期货交易所坚持以科学发展观为统领，深入贯彻国务院关于推进资本市场改革开放和稳定发展的战略决策，依循“夯实基础、深化改革、推进开放、拓展功能、加强监管、促进发展”的方针，严格依照法规政策制度组织交易，切实履行市场一线监管职责，致力于创造构建安全、有序、高效的市场机制，营造公开公平公正和诚信透明的市场环境，长期目标是：努力建设成为规范、高效、透明，综合性、国际化的衍生品交易所，未来五年的目标是：建设成为一个在亚太时区以基础金属、贵金属、能源、化工等大宗商品为主的主要期货市场，发挥期货市场发现价格、规避风险的功能，为国民经济发展服务。

上海期货交易所现有会员 200 多家（其中期货经纪公司会员占 80% 以上），在全国各地开通远程交易终端 300 多个。

随着行业风险控制能力的强化提高、市场交易的持续活跃和规模的稳步扩大，市场功能及其辐射影响力显著增强，铜期货价格作为世界铜市场三大定价中心权威报价之一的地位进一步巩固；天然橡胶期货价格得到国内外各方的高度关注；燃料油期货在探索能源期货发展的道路上稳健运行；锌期货上市，与铜、铝期货关联，初步形成了有色金属期货品种系列；黄金期货上市，为促进黄金市场的发展，增进商品期货市场与金融市场的联系开辟了新路径；钢材期货上市，将逐步优化钢材价格形成机制，促进钢铁工业健康有序发展，进一步提高我国钢铁工业的国际竞争力。

按照《上海期货交易所章程》，会员大会是本所的权力机构，由全体会员组成；理事会是会员大会的常设机构，下设监察、交易、交割、会员资格审查、调解、财务、技术、产品等 8 个专门委员会。

总经理为本所法定代表人。本所设有办公室、发展研究中心、文化建设办公室、新闻信息部、国际合作部、有色金属部、能源化工部、黄金钢材部、会员服务和投资者教育部、交易部、结算部、监查部、法律事务部、技术中心、人力资源部、党委办公室（纪律检查办公室）、内审合规部、财务部、行政部、北京联络处等 20 个职能部门。

根据国务院颁布的《期货交易管理条例》及中国证监会发布的《期货交易所管理办法》等法规，交易所建立了交易运作和市场管理规章制度体系。

交易所拥有适用可靠的计算机交易系统，通过高容量光纤及数据专线、双向卫星、三所联网等通讯手段确保前台和远程交易的实时和安全可靠。同时，通过中心数据库实现结算、资金、交割、异地交割仓库、风险监控等系统数据的实时同步传送和交换。

为维护市场稳定和投资者合法权益，交易所建有多元结合的风险控制体系，主要包括以交易规范为准则的一系列制度措施；以量化系列指标与计算机自动化运作相结合的风险预警系统；以全程控制风险为目标，按职能分工落实相关责任制的风险动态跟踪、分析、应对的工作机制。

上海期货交易所坚持监管、服务两手抓的理念，坚持稳健运行，稳步发展，推进改革创新，深化服务，真诚地为会员及投资者提供全面及时的各项服务。

交易所实行保证金和每日无负债结算制度，通过指定的结算银行每天对会员的交易进行集中清算，会员负责对其客户交易进行清算。交易所实行实物交割履约制度，合约到期须在规定期限内，以实物交割方式履约。交易所指定交割仓库为交割双方提供相关服务。客户交割须通过会员办理。

交易所坚持维护投资者合法权益的基本宗旨，制订、实施风险控制管理制度，健全风险监控机制，保证市场规范有序地运行。

交易所通过建立的卫星广播网和公共电讯网，将实时和延时交易行情经授权的国内外信息资讯机构进行同步信息发布。通过实时行情短信播报服务系统和电话语音报价服务系统，向市场提供动态交易行情咨询服务。交易所通过自建的网站（http://www.shfe.com.cn/）及时规范地向市场发布交易、交割、持仓、库存等各类统计数据资料及相关信息。交易所还通过新闻媒体报道、电话咨询交流、举办多种形式的培训班、开展各种形式的对外交流等形式，向会员、投资者及社会提供咨询、培训等服务。

通讯地址：上海市浦东新区浦电路 500 号
邮政编码：200122
电　　话：021－68400000
传　　真：021－68401198
E-mail：info@shfe.com.cn

上海期货交易所大事记

上海期货交易所 2008 年 1 月大事记

一、1 月 8 日，理事长王立华会见了来访的美富全球（MFG）董事长 Alison Carnworth 女士一行。

二、1 月 9 日，我所举行黄金期货上市仪式，中国证监会主席尚福林出席仪式讲话，并为黄金期货鸣锣开市；上海市常务副市长冯国勤出席仪式讲话，并为黄金期货合约揭牌；中国证监会主席助理姜洋宣读了中国证监会关于黄金期货合约的批复；中国黄金协会会长孙兆学致词。出席仪式的还有上海世博会执委会专职副主任、浦东新区区长张学兵、中国证券登记结算有限责任公司董事长陈耀先、上海证券交易所理事长耿亮、中国证监会主席助理刘新华和来自国务院办公厅、法制办、人民银行、国家发改委、商务部、财政部、税务总局、审计署、银监会等部委有关司局，上海市金融工委、上海市金融服务办、上海市财税局等单位的领导，以及多家商业银行，各证券、期货交易所，期货、黄金、钢铁、有色金属行业协会，中国期货保证金监控中心，上海黄金交易所、中国外汇交易中心，证券、基金、资产公司，期货经纪公司、黄金期货交割品种注册企业及媒体的代表，仪式由总经理杨迈军主持。

三、1 月 9 日，举行合作协议签字仪式，总经理杨迈军代表我所分别与中国工商银行、中国建设银行、交通银行签署战略合作框架协议。双方表示将在期货业务保证金存管、金库设置、市场主体结构及课题研究等多方面展开全面合作。

四、1 月 9 日，上海市人大常委会副主任刘云耕率市人大代表考察团来本所考察并召开专题调研座谈会，理事长王立华出席会议并汇报了本所近况。

五、1 月 16 日，总经理杨迈军、理事长王立华赴京参加全国证券期货监管工作会议。

六、1 月 16 日，总经理助理滕家伟参加市金融工委召开的“传达市委市府关于维护社会稳定工作精神”会议。

七、1 月 18 日，我所召开 2007 年度优秀分析师表彰会暨座谈会，总经理助理席志勇出席并讲话。

八、1 月 24 日，总经理杨迈军主持召开部门总监助理以上干部会议，传达全国证券期货监管工作会议精神并就落实会议精神提出要求。

九、1 月 25 日，我所召开 2007 年度优胜会员表彰暨座谈会，总经理助理席志勇主持会议并讲话，总经理杨迈军、理事长王立华出席并讲话，副总经理劳光熊、霍瑞戎，总经理助理滕家伟、褚玦海出席。

十、1 月 28 日，党委书记、总经理杨迈军主持召开中心组学习活动，结合领会监管工作会议精神，深入学习十七大报告，劳光熊、霍瑞戎等同志联系期货市场发展实际作了交流发言。

十一、1 月 28 日，总经理助理席志勇赴京出席期货部召开的“境内外期货市场监管制度比较研究”课题讨论会。

上海期货交易所 2008 年 2 月大事记

一、2 月 1 日，本所举办 2007 年新春联欢会，党委书记、总经理杨迈军向全体员工致新年贺辞，所领导宣布了 2007 年度优秀员工等多项奖项评选结果并向获奖者颁奖，各部门表演了自己编排的文娱节目。

二、2 月 15 日、16 日，本所召开“上海期货交易所 2008 年工作座谈会”，就深入贯彻全国证券期货监管工作会议精神，扎实推进各方面工作开展讨论交流。杨迈军同志作总结讲话，要求正视隐忧，迎接挑战，夯实基础，稳定发展。

三、2 月 18 日，总经理杨迈军、总经理助理褚玦海赴京汇报本所近期工作。

四、2 月 19 日上午，总经理助理席志勇出席上海市金融工委召开的“推进国际中心建设立法调研专题座谈会”。

五、2 月 19 日下午，副总经理霍瑞戎会晤来访的国家开发银行资金交易中心副总经理戎志平一行。

六、2 月 21 日下午，总经理杨迈军会晤来访的招商银行常务副行长张光华一行，双方在黄金期货交割仓库、期货结算银行等方面合作事项上交换了意见。副总经理霍瑞戎，总经理助理褚玦海陪同会晤。

七、2 月 22 日上午，理事长王立华会见来访的 Citadel 集团公司首席执行官 Kenneth Griffin 先生一行，并向来宾介绍了中国期货市场的发展及对外开放情况。

八、2 月 25 日下午，由中国证监会期货部主办、上海期货交易所承办的“商品基金发展研讨会”在杭州召开，期货部副主任彭俊衡、本所总经理助理褚玦海等出席。

九、2 月 28 日下午，总经理助理滕家伟、褚玦海、席志勇出席本所博士后工作站 2008 年博士后招聘会。

十、2 月 29 日下午，总经理助理滕家伟参加上海市党员负责干部会议。

上海期货交易所 2008 年 3 月大事记

一、3 月 5 日，总经理杨迈军、总经理助理滕家伟、褚玦海会晤来访的上海浦东干部学院副院长陈伟利一行。

二、3 月 7 日，副总经理霍瑞戎赴京出席会期货部召开的“期货市场形势分析会”。

三、3 月 11 日，交易所召开第二届理事会第十一次会议，理事长王立华主持会议，总经理杨迈军、副理事长武小强等理事出席会议；副总经理劳光熊、总经理助理褚玦海等列席会议。

四、3 月 17 日，交易所总经理杨迈军、副总经理霍瑞戎参加由会期货部召开的期货交易编码问题座谈会。

五、3 月 21 日，交易所举办专题讲座，邀请中国国际金融有限公司首席经济学家哈继铭来所就“两会”后我国宏观经济形势与政策展望作演讲，所领导、各部门高级总监（负责人）及各部门员工代表出席。

六、3 月 25 日至 3 月 28 日，理事长王立华出席浦东新区第三届人民代表大会第三次会议。

七、3 月 26 日，总经理杨迈军、副总经理霍瑞戎会晤来访的金银业贸易场（香港）理事长李德麟、香港国际机场司库郭英乐一行。

八、3 月 29 日，本所在沪召开 2008 年媒体恳谈会暨战略规划发布会，总经理杨迈军、总经理助理滕家伟、褚玦海出席并就本所五年战略规划出台背景、主要内容及 2008 年宣传工作重点等问题与 20 家媒体进行了座谈交流。

上海期货交易所 2008 年 4 月大事记

一、4 月 7 日，总经理杨迈军等党政班子成员参加证监会主持召开的维护稳定和保证市场安全运行（视频）会议。

二、4 月 9 日，我所召开专题会议，邀请中国钢铁工业协会常务副秘书长戚向东就 2008 年我国钢铁工业发展展望等作主题演讲，总经理助理褚玦海出席。

三、4 月 11 日，副理事长武小强出席中国期货业协会第二届理事会第五次会议。

四、4 月 12 日，副理事长武小强出席“2008 中国期货分析师论坛”并致辞。

五、4 月 14 日，理事长王立华会晤香港交易及结算所有限公司主席夏佳理一行，双方就如何促进香港与内地期货市场发展和合作进行了交流和与探讨。

六、4 月 15 日，党委书记杨迈军、党委委员滕家伟出席证监会召开的会系统纪检监察工作会议。

七、4 月 15 日，理事长王立华应邀出席“智利，中国在拉美投资的战略伙伴”经济投资论坛。

八、4 月 15 日，副理事长武小强会见了德意志银行新加坡分行执行总裁 Richard Jefferson 先生一行。

九、4 月 16 日，理事长王立华代表我所与迪拜黄金和商品交易所（DGCX）签署了合作备忘录（MOU），并与该所首席执行官 Malcolm Wall Morris 先生就双方的产品、运作以及市场发展情况进行了交流。

十、4 月 17 日，总经理助理褚玦海出席上海市委召开的维护稳定和加强安全工作的会议。

十一、4 月 18 日，副理事长武小强会晤来所考察的云南省金融办主任肖晓鹏一行。

十二、4 月 24 日，本所在京召开 2008 年锌期货发展高层研讨会，中国证监会主席助理姜洋到会并讲话，国务院秘书局、中央政策研究室、国务院研究室、国家发改委、有色金属工业协会等单位有关领导莅临。总经理杨迈军主持会议，理事长王立华、副总经理霍瑞戎、总经理助理褚玦海等出席会议。

十三、4 月 24 日，副总经理劳光熊出席第四次证券期货交易所财务工作会议。

十四、4 月 25 日，总经理助理滕家伟出席市府召开的“金融系统迎奥运安全保卫工作。

上海期货交易所 2008 年 5 月大事记

一、5 月 9 日上午，总经理杨迈军、理事长王立华、副总经理劳光熊、总经理助理褚玦海等出席 2008 上海陆家嘴论坛。

二、5 月 9 日下午，中共中央政治局委员、国务院副总经理王岐山视察我所，陪同视察的还有上海市委书记俞正声、证监会主席尚福林、上海市市长韩正、国务院副秘书长毕井泉、上海市副市长屠光绍、上海市委秘书长丁薛祥、上海市府秘书长姜平、证监会主席助理刘新华、姜洋等领导同志。

三、5 月 12 日，我所举办“境外有色金属期货市场环境和 LME 运营模式研究”课题研讨会，总经理杨迈军、理事长王立华、副总经理霍瑞戎、副理事长武小强出席会议。

四、5 月 12 日，总经理助理褚玦海主持召开 2008 年度交易所交割仓库工作会议，总经理杨迈军出席会议。

五、5 月 14 日，总经理助理滕家伟出席市府有关部门召开的应对境外媒体采访及各类涉外案件的会议。

六、5 月 16 日，我所承办的《螺纹钢和线材期货可行性研究》课题结题报告会在京召开，国家发改委工业司熊必琳副司长主持会议，国家发改委财金司马季华副司长和我所总经理杨迈军、理事长王立华、总经理助理褚玦海出席会议。

七、5月16日上午，副总经理劳光熊、总经理助理滕家伟会晤来访的广州市常务副市长邬毅敏一行。

八、5月16日下午，副总经理劳光熊会晤来访的兖矿集团党委书记、董事局主席耿加怀一行15人。

九、5月19日，根据中国证监会决定，我所向市场公告，当日14:28起临时停市三分钟，同时举行哀悼仪式，全所员工默哀3分钟，沉痛悼念在5月12日四川汶川特大地震中遇难的同胞。

十、5月20日上午，总经理杨迈军等党政班子成员参加证监会召开的证券期货业信息化工作领导小组成立暨第一次工作（视频）会议。

十一、5月20日下午，我所召开全所员工大会，就进一步做好维稳和支持抗震救灾工作作部署，并就做好第五届上海衍生品市场论坛筹备工作作动员，党委书记、总经理杨迈军讲话，党委委员、总经理助理滕家伟主持会议。

十二、5月22日上午，总经理助理褚玦海主持召开金融工程实验室项目论证会。

十三、5月28日，我所在沪举行第五届上海衍生品市场论坛，中国证监会副主席范福春、上海市副市长屠光绍出席并致词；中国证监会前主席周正庆、刘鸿儒、周道炯出席论坛并作演讲；中国证监会主席助理姜洋、上海证券交易所理事长耿亮出席论坛，我所总经理杨迈军主持论坛开幕式。出席论坛并在总会上演讲的还有中国钢铁工业协会常务副会长罗冰生，国家统计局副局长许宪春，中国期货业协会会长刘志超，上海期货交易所理事长王立华。来自国内外衍生品市场及黄金、基础金属、能源、橡胶、金融行业的有关机构、媒体代表近800人出席了本次论坛的总会和分会。

上海期货交易所2008年6月大事记

一、6月3日，总经理助理滕家伟接待浦东新区检察院周余国副检察长一行来访。

二、6月5日，总经理助理滕家伟接待苏州市人民政府曹福龙常务副市长一行来访。

三、6月11日，总经理杨迈军带队，理事长王立华、副总经理霍瑞戎、总经理助理滕家伟等参加，一行20人赴郑州商品交易所考察学习。

四、6月16日，由中国人民银行副行长易纲带队的中央党校调研团来所考察，总经理杨迈军向到访领导汇报了本所近况。理事长王立华，副总经理劳光熊，总经理助理滕家伟、褚玦海，副理事长武小强等所领导及部分部门高级总监或执行总监出席会见座谈。

五、6月17日，总经理杨迈军带队，副总经理劳光熊、总经理助理褚玦海、副理事长武小强等参加，一行19人赴大连商品交易所考察学习。

六、6月19日，党委书记杨迈军主持党委中心组学习，围绕以创新精神推进党的建设伟大工程和社会主义文化建设，结合本所实际进行讨论，杨迈军、王立华、劳光熊、滕家伟、褚玦海等同志作交流发言。

上海期货交易所2008年7月大事记

一、7月1日，理事长王立华，总经理助理滕家伟，副理事长武小强等参加市金融工委召开的庆祝中国共产党成立87周年暨弘扬抗震救灾伟大精神事迹报告会。市委常委、副市长屠光绍同志出席并讲话。

二、7月4日，副总经理劳光熊出席中国金融期货交易所2008年度第一次股东大会。

三、7月14日，中国证监会纪委副书记赵树林在我所召开纪检监察工作座谈会，总经理杨迈军、总经理助理滕家伟出席会议。

四、7月15日，党委书记、总经理杨迈军，理事长王立华等所领导出席证监会召开的“加强维稳与信访工作（视频）会议”。

五、7月18日上午，副总经理霍瑞戎赴京出席会期货部召开的期货市场统一开户座谈会。

六、7月18日下午，党委书记杨迈军主持党委中心组（扩大）学习，邀请全国政协委员、经济委员会副主任李德水作宏观经济形势报告，理事长王立华，总经理助理滕家伟、褚玦海等所领导以及全体员工出席。

七、7月22日下午，国家发改委财金司司长徐林一行前来我所调研，了解上海衍生品市场发展情况，理事长王立华、总经理助理褚玦海与来宾会晤并座谈交流。

八、7月22日下午，浙江省委常委、宁波市委书记巴音朝鲁率宁波市党政代表团一行来所考察访问，副总经理霍瑞戎，总经理助理滕家伟接待来访团，介绍交易所近况并陪同参观。

九、7月23日，总经理助理滕家伟出席市金融工委召开的金融系统单位党组织负责人会议。

十、7月28日，党委书记、总经理杨迈军，理事长王立华赴京出席全国证券期货监管工作会议。

上海期货交易所2008年8月大事记

一、8月1日，证监会主席助理姜洋、中编办四局局长牛占华、证监会人教部副主任周军一行六人来所视察，总经理杨迈军陪同参观并汇报了本所的有关情况，总经理助理滕家伟、褚玦海参加会见。

二、8月6日，党委书记、总经理杨迈军会见来所调研的中共上海市金融工委季文冠书记一行，就奥运期间本所的安全保卫和维护稳定等相关事项进行沟通。

三、8月7日，总经理杨迈军会见来访的洋山港保税区管委会常务副主任方雄一行，双方就保税交割和离岸金融业务及课题的合作进行了会谈。

四、8月11日下午，本所组织总监以上干部观看反腐倡廉教育片。

五、8月15日上午，本所召开有色金属期货指数编制方案专家论证会，总经理助理褚？i海出席会议。

六、8月15日下午，副总经理劳光熊参加市委召开的上海市党政负责干部会议。

七、8月15日下午，本所党委举办各支部书记、委员培训活动，邀请市金融工委赵万兵处长来所作党务工作讲座，党委委员滕家伟主持讲座。

八、8月19日，本所举办每月一课活动，组织全体员工观看《全国抗震救灾英模事迹报告会》录像片。

九、8月20日，本所举办专题讲座，邀请北京大学教授曹和平为全所员工作题为“中国经济增长（2008）及泛金融产业群未来定位”的讲演，总经理杨迈军主持讲座。

十、8月25日，理事长王立华，总经理助理滕家伟、席志勇接待南宁市党政考察团来所考察。

十一、8月27日，总经理杨迈军，总经理助理滕家伟、席志勇参加证监会召开的第二次全国证券期货业普查领导小组及其办公室成立大会暨宣传视频会议。

十二、8 月 28 日，总经理杨迈军赴山东招远出席由中国黄金协会、招远市人民政府共同主办的“中国金都”招远黄金论坛。

上海期货交易所 2008 年 9 月大事记

一、9 月 5 日，总经理助理席志勇出席大宗商品交易市场座谈会。

二、9 月 5 日，中国证监会主席助理姜洋、期货部副主任彭俊衡等来我所视察工作，并召开座谈会。我所总经理杨迈军、理事长王立华等所领导出席会议并汇报我所工作。

三、9 月 10 日，理事长王立华会见来访的必和必拓铁矿石全球营销总裁 ArnoldBalhuizen 先生一行，双方就当前铁矿石等大宗商品的国际市场动向、铁矿石全球交易体系等话题交流座谈。

四、9 月 11 日，我所召开 2006 届博士后结题报告会，总经理杨迈军、副总经理劳光熊，总经理助理褚玦海、席志勇出席。

五、9 月 12 日，财政部副部长王军一行由上海市副市长屠光绍陪同来所调研，总经理杨迈军向来访领导汇报了我所近况，理事长王立华、副总经理劳光熊等所领导参与座谈。

六、9 月 18 日，党委书记杨迈军主持党委中心组学习活动，学习领会《建立健全惩治和预防腐败体系 2008－2012 年工作规划》等文件精神，结合我所工作交流座谈。

七、9 月 22 日，副总经理劳光熊出席上海市府召开的金融系统迎世博 600 天动员会。

八、9 月 24 日，总经理助理滕家伟出席上海市委召开的党员负责干部会议。

上海期货交易所 2008 年 10 月大事记

一、10 月 7 日，总经理杨迈军、理事长王立华等所领导、各部门高级（执行）总监及全体员工收看证券期货监管系统深入学习实践科学发展观活动动员（视频）大会，副总经理劳光熊赴京参加主会场会议及研讨班。

二、10 月 10 日上午，总经理杨迈军、总经理助理褚玦海出席证监会期货部召开的境外期货业务座谈会。

三、10 月 14 日，我所召开开展深入学习实践科学发展观活动动员大会。领导小组组长、党委书记、总经理杨迈军对我所开展学习实践活动作了动员讲话。领导小组副组长、党委委员、副总经理劳光熊主持会议，并传达了证监会系统开展深入学习实践科学发展观活动研讨班上的有关精神。领导小组副组长、党委委员、总经理助理滕家伟就落实活动实施方案作布置。

四、10 月 15 日，我所邀请博士后工作站指导教授、著名经济学家华生来我所作经济形势专题讲座，总经理杨迈军主持，理事长王立华等所领导出席。

五、10 月 16 日上午，由商务部市场司、国务院法制办财经司、工商总局市场司、公安部二局、证监会期货部组成的“联合督查和调研组”，由上海市经委、市工商局、市公安局、上海证监局有关人员陪同来所就电子交易市场和期货交易所的业务情况进行调研，总经理助理席志勇接待并作专题汇报。

六、10 月 17 日上午，总经理杨迈军会见来访的日本经济产业省事务次官望月晴文一行，双方就中日两国期货市场发展和监管等问题进行了交流。副总经理霍瑞戎陪同会晤。

七、10 月 17 日下午，总经理杨迈军会见来访的天津市市委常委、副市长崔津渡一行，双方就在天津市设立钢材期货交割仓库的有关事宜交换了意见。理事长王立华、总经理助理褚玦海出席会晤。

八、10 月 22 日，中国证监会党委委员、纪委书记李小雪同志一行到我所宣布会党委关于宋幼滨同志为我所党委委员、纪委书记的任职决定，并发表重要讲话。党委书记、总经理杨迈军主持宣布任职决定的会议，证监会人教部主任吴利军、会计部主任孙树明，我所领导以及各部门总监以上干部出席会议。

九、10 月 23 日，总经理杨迈军出席在京召开的中国期货保证金监控中心管委会第六次会议。

十、10 月 23 日，中国证监会协调部主任朱利民一行三人来所调研，副总经理霍瑞戎、总经理助理席志勇与来宾会晤，总经理助理席志勇就我所市场“五位一体”监管体系建设与投资者教育工作情况作了汇报。双方就目前市场的监管工作和投资者教育深化问题进行了充分的沟通和交流。

十一、10 月 23 日，中国证监会“深入学习实践科学发展观”活动第八检查指导组组长宋幼滨一行二人来所指导检查，总经理助理滕家伟就我所纪检监察工作和“深入学习实践科学发展观”活动进展情况作了汇报。

十二、10 月 23 日，总经理助理滕家伟出席证监会人教部在上海召开的“共建人才交流平台座谈会”。

十三、10 月 24 日，总经理助理褚玦海出席证监会期货部召开的“加强期货市场风险防范座谈会”。

十四、10 月 28 日，理事长王立华赴英国对伦敦金属交易所及参与有关市场的金融机构进行考察访问。

十五、10 月 28 日，副总经理霍瑞戎会见芝加哥商业交易所集团亚洲业务高级总监黄仲发一行。

十六、10 月 29 日，副总经理霍瑞戎会见加拿大丰业银行副主席兼全球资本市场副主管 Barry M. Wainstein 一行。

十七、10 月 30 日，总经理助理席志勇出席本所在重庆举办的会员风险管理研修班，并参加本所深入学习实践科学发展观活动安排的课题调研活动，与重庆地区期货公司会员高管座谈。

上海期货交易所 2008 年 11 月大事记

一、11 月 4 日，本所组织全体员工观看“深入学习实践科学发展观”专题辅导报告录像。

二、11 月 10 日，中央深入学习实践科学发展观第 20 检查组组长张中伟同志率队来沪视察调研，党委书记、总经理杨迈军向检查组汇报了我所近期开展深入学习实践科学发展观活动的情况。党委班子成员和理事长王立华出席会议。

三、11 月 11 日，郑州商品交易所领导带队来我所考察调研，我所领导及各部门负责人与郑商所同志进行了交流座谈。

四、11 月 12 日，理事长王立华主持召开第二届理事会第十二次会议，总经理杨迈军，副总经理劳光熊，总经理助理席志勇等出席会议。

五、11 月 13 日，党委书记、总经理杨迈军参加证监会党委召开的“学习实践科学发展观，解放思想大讨论”会议。

六、11 月 13 日，总经理助理滕家伟参加市金融工委组织的深入学习实践科学发展观活动辅导报告会。

七、11 月 14 日，总经理杨迈军参加证监会召开的“证券期货市场诚信建设暨诚信档案启动运行工作会议”。

八、11 月 17 日，总经理助理滕家伟参加证监会召开的证券监管系统人才工作联席会第一次会议。

九、11 月 18 日，深圳证券交易所理事长陈东征一行来我所调研，我所总经理杨迈军向来访领导汇报了近期工作和市场运行情况，副总经理劳光熊、霍瑞戎，总经理助理褚玦海、席志勇等陪同参观并参加座谈。

十、11 月 20 日，副总经理劳光熊参加证监会期货部召开的期货投资者保障基金审议委员会会议。

上海期货交易所 2008 年 12 月大事记

一、12 月 2 日，我所举行深入学习实践科学发展观调研成果交流会，总经理杨迈军、理事长王立华等 8 位所领导就今后一段时期我所发展需要研究解决的 10 个课题进行了交流发言，中层以上干部及部分员工出席会议。

二、12 月 3 日，总经理杨迈军出席在深圳召开的第 4 届中国国际期货大会，并参加主题为"金融危机、机构投资者和期货市场"的圆桌讨论。

三、12 月 4 日，我所举行所领导述职会，证监会第八指导检查组组长宋幼滨同志到会并讲话。中层以上干部出席会议，听取述职报告并对各位报告人进行了民主测评。

四、12 月 5 日，我所邀请美国 CBOE 董事总经理郑学勤博士来所作主题为"金融危机和期货市场"的演讲。总经理杨迈军、理事长王立华、总经理助理褚玦海、副理事长武小强等出席演讲会。

五、12 月 11 日，副总经理霍瑞戎会见澳大利亚金属和能源交易所首席执行官 Brian Price 先生一行。

六、12 月 11 日，总经理助理滕家伟参加上海市党政负责干部会议。

七、12 月 12 日，中国证监会主席尚福林出席中浦论坛暨中国浦东干部学院－上海期货交易所金融交易实验室揭牌仪式，并作专题报告。我所总经理杨迈军，理事长王立华，总经理助理滕家伟、褚玦海等出席。

八、12 月 17 日，总经理杨迈军，总经理助理滕家伟赴四川与西南财经大学签订战略合作备忘录。

九、12 月 18 日，党委书记、总经理杨迈军带队赴四川攀枝花地震灾区考察援建项目，总经理助理滕家伟参加考察。

十、12 月 18 日，我所理事会监察委员会和调解委员会召开联席会议，理事长王立华，总经理助理席志勇出席会议。

十一、12 月 19 日，总经理助理褚玦海赴京出席石油储备与石油期货市场建设课题结题研讨会。

十二、12 月 22 日，理事长王立华主持召开我所第二届理事会第十三次会议，副理事长武小强，总经理杨迈军，副总经理劳光熊，总经理助理滕家伟、席志勇等出席会议。

十三、12 月 23 日，总经理杨迈军参加"中国证监会领导班子和领导干部 2008 年考核试点工作暨学习实践科学发展观专题民主生活会"。

十四、12 月 25 日，总经理杨迈军、副总经理劳光熊、总经理助理褚玦海出席"上期所－中金所首届贺新年足球赛"。

十五、12 月 26 日，总经理杨迈军出席我所"期货大讲堂网络视频演播室"开播仪式并致辞，总经理助理席志勇出席。

十六、12 月 27 日，副总经理劳光熊参加"中国证监会证券期货业信息安全发展研讨会"。

十七、12 月 29 日，中国证监会召开签订党风廉政建设责任书视频会议，所领导、中层干部及全体党员出席。

十八、12 月 31 日，总经理杨迈军，理事长王立华，总经理助理褚玦海赴京就上市钢材期货事宜走访有关部委。

上海期货交易所 2009 年 1 月大事记

一、1 月 6 日至 9 日，理事长王立华参加浦东新区三届人大四次会议。

二、1 月 7 日，总经理杨迈军、理事长王立华、总经理助理褚玦海出席在北京召开的钢材期货座谈会。会议由中国证监会期货部召集，证监会主席助理姜洋主持，国务院办公厅、国家发改委、工信部、商务部和钢铁工业协会的有关领导出席会议。

三、1 月 7 日，总经理助理滕家伟赴京汇报工作。

四、1 月 8 日，理事长王立华出席上海证监局主办的"中外证券期货界迎新会"并致辞。

五、1 月 8 日，本所召开 2008 级博士后开题报告会，所领导、首席计算机专家、相关部门高级（执行）总监及负责人出席。

六、1 月 9 日，总经理杨迈军出席了上海证券交易所、中国金融期货交易所、中国证券登记结算公司上海分公司等三家单位新大厦开工奠基仪式。

七、1 月 12 日，党委书记、总经理杨迈军参加上海市政协十一届二次全会。

八、1 月 13 日，党委书记、总经理杨迈军和理事长王立华参加在北京召开的 2009 年度全国证券期货监管工作会议。

九、1 月 15 日，总经理杨迈军、理事长王立华、总经理助理席志勇出席在北京召开的"上海期货交易所风险警示研讨会"。

十、1 月 15 日，总经理助理滕家伟会见印度尼西亚商品期货交易管理委员会（CoFTRA）总经理 Deddy Saleh 一行四人。

十一、1 月 18 日，副总经理劳光熊出席上海证监局新办公楼启用暨挂牌仪式。

十二、1 月 19 日，党委书记、总经理杨迈军主持召开交易所中层以上干部会议，学习传达全国证券期货监管工作会议精神。

十三、1 月 19 日，总经理杨迈军参加中国证监会传达学习第十七届中央纪委三次全会精神视频会议，理事长王立华，副总经理劳光熊、霍瑞戎，总经理助理滕家伟、褚玦海、席志勇，副理事长武小强等出席会议。

十四、1 月 20 日，副总经理劳光熊参加中国证监会召开的证券期货业信息化工作领导小组会议。

十五、1 月 20 日，副理事长武小强会见来访的德意志银行环球市场总裁 Ian Salters 先生一行，双方就德意志银行未来如何在中国开展期货业务进行了交流。

上海期货交易所 2009 年 2 月大事记

一、2 月 5 日，总经理杨迈军会见来访的兴业银行行长李仁杰先生一行。

二、2 月 11 日，副总经理劳光熊接待中国移动上海分公司有关负责人来访。

三、2 月 12 日至 13 日，总经理杨迈军陪同中国证监会党委委员、主席助理姜洋一行在安徽、江苏考察马鞍山钢铁集团和沙钢集团。

四、2 月 12 日，总经理助理滕家伟会见来访的上海市金融服务办副主任马弘一行。

五、2 月 13 日，理事长王立华出席 2009 年上海证券期货监管工作会议。

六、2 月 13 日，总经理助理席志勇出席钢材期货分析师培训班并讲话。

七、2 月 16 日，中国证监会党委委员、主席助理姜洋来我所听取钢材期货筹备工作汇报，总经理杨迈军主持会议。理事长王立华，纪委书记宋幼滨，副总经理劳光熊、霍瑞戎，总经理助理滕家伟、褚玦海、席志勇，副理事长武小强及各有关部门高级（执行）总监出席会议。

八、2月17日，总经理杨迈军陪同中国证监会党委委员、主席助理姜洋一行在天津考察，走访钢材仓库，听取钢材贸易物流等相关企业和机构的意见与建议。

九、2月17日，总经理助理滕家伟出席上海市“2009年金融系统党的工作会议”。

十、2月18日，我所召开深入学习实践科学发展观活动总结大会，总经理助理滕家伟主持会议，总经理杨迈军作总结报告，证监会学习实践活动第八检查指导组组长宋幼滨出席讲话，理事长王立华，副总经理劳光熊、霍瑞戎，总经理助理褚玦海、席志勇，副理事长武小强及全所员工出席会议。

十一、2月19日，总经理助理席志勇出席第二届上海金融论坛，并作“期货市场现状及未来发展”的主题发言。

十二、2月20日，理事长王立华、总经理助理滕家伟会晤来访的台湾金融服务业联合总会上海参访团一行。

十三、2月20日，总经理助理褚玦海出席银监会研究局举行的“重点行业监测分析报告”座谈会。

十四、2月21日，总经理助理褚玦海出席我所在广州举办的钢材期货分析师培训班并讲话。

十五、2月24日，总经理杨迈军，总经理助理滕家伟会见CME总裁和首席运营官Phupinder Gill一行，双方就国际金融形势和进一步的交流合作交换了意见。

十六、2月24日，总经理助理褚玦海出席钢材期货升贴水讨论会。

十七、2月25日，中纪委联合调研组组长姚西科、内蒙古证监局党委委员、副局长方良平来所调研，纪委书记宋幼滨陪同来宾调研，并介绍了交易所相关情况。

十八、2月25、26日，副总经理霍瑞戎带领我所相关业务部门人员赴浙江等地进行市场调研。

十九、2月25日，总经理助理褚玦海、席志勇出席我所“钢材期货合约及规则征求意见反馈讨论会”。

二十、2月25日，总经理助理褚玦海会见上海证监局副局长韩康一行。

二十一、2月26日，总经理助理褚玦海会见重庆渝中区区委常委、副区长邓开伟一行。

上海期货交易所2009年3月大事记

一、3月2日，总经理助理滕家伟出席市金融系统信访维稳工作会议。

二、3月2日，总经理助理褚玦海会晤来访的力拓铜业集团千秋商务副总裁Kelly Cosgrove女士一行。

三、3月2日至13日，总经理助理席志勇参加中共上海市委组织部举办的“美国金融危机与上海国际金融中心新一轮发展专题研讨班”。

四、3月3日，总经理杨迈军主持召开中层干部会议－传达全国证券期货系统维稳工作座谈会精神，理事长王立华，副总经理劳光熊、霍瑞戎，总经理助理滕家伟、褚玦海、席志勇，相关部门高级（执行）总监、物业公司、技术公司、中心项目建设办负责人出席会议。

五、3月3日，总经理杨迈军、理事长王立华，副总经理劳光熊、霍瑞戎，总经理助理滕家伟、褚玦海、席志勇，各部门高级（执行）总监参加所领导工作会议，研究钢材期货合约挂牌方式问题。

六、3月4日，总经理杨迈军会晤来访的俄罗斯诺里尔斯克镍业公司总经理弗拉基米尔.斯特扎尔科夫斯基先生一行，总经理助理滕家伟陪同会晤。

七、3月5日，副总经理劳光熊出席上海期交物业管理有限公司首次股东会议暨第三届董事会第一次会议。

八、3月6日，总经理助理褚玦海会晤来访的伊朗商业交易所总经理Salehabadi一行。

九、3月13日，总经理助理褚玦海出席在上海举行的第十届中国资本市场3o15投资者教育及服务主题宣传月暨“借力钢材期货，助力企业套保——2009走进期货”双活动启动仪式。

十、3月18日，总经理杨迈军会见来访的河北证监局郭润伟局长一行，双方就我所钢材期货上市的有关情况交换了意见。总经理助理褚玦海陪同会见。

十一、3月19日，总经理助理滕家伟出席证监会人教部在上海召开的交易所干部管理工作座谈会。

十二、3月19日，总经理助理席志勇出席在上海证券交易所召开的制定《证券期货交易所信息资源管理办法》工作会议。

十三、3月23日，总经理助理褚玦海会见来访的全球最大白银交易生产公司和大型黄金生产公司美国科达伦矿业董事长WHEELER一行。

十四、3月24日，总经理助理褚玦海会见来访的摩根大通中国市场董事总经理兼主席李晶女士。

十五、3月25日，总经理杨迈军为来访的中国浦东干部学院“金融改革与风险防范”专题研究班作题为《中国期货市场发展与风险防范》的专题讲座。

十六、3月25日，总经理助理席志勇会见来访的全球交易商optiver亚太区董事Paul Hilgers一行。

十七、3月27日，我所举办钢材期货上市仪式。总经理杨迈军主持仪式，中共中央政治局委员、上海市委书记俞正声为钢材期货上市鸣锣，中国证监会主席尚福林和上海市委副书记、市长韩正共同为钢材期货交易揭牌；中国工业和信息化部副部长苗圩，上海市委常委、副市长屠光绍，上海市委常委、上海市浦东新区区委书记徐麟等领导出席了上市仪式。

十八、3月30日，总经理杨迈军会见来访的新加坡商品交易所总经理汪炳良，双方就国际金融市场动态及交易所的发展情况交换了意见。

上海期货交易所2009年4月大事记

一、4月1日至2日，总经理助理褚玦海出席我所与青岛市人民政府、交通银行共同主办的“第一届青岛天然橡胶国际论坛”。

二、4月2日，副总经理霍瑞戎出席2007级博士后中期报告会。

三、4月7日，总经理助理褚玦海出席在我所召开的天然橡胶新国标研讨会。

四、4月8日，副理事长武小强赴太原出席“期货大讲堂”——钢材期货投资报告会。

五、4月8日至10日，副总经理霍瑞戎赴杭州出席证券类公司参股的期货公司高管风险管理研讨会。

六、4月9日，总经理助理席志勇赴京出席证监会期货部召开的“境内外期货市场监管制度比较研究”课题总结会。

七、4月11日，总经理助理褚玦海出席在上海举行的第五届钢铁产业发展战略暨钢铁产品产需研讨会。

八、4 月 12 日，总经理助理褚玦海出席在天津举行的环渤海地区钢材期货投资报告会暨企业培训会。

九、4 月 13 日至 14 日，副总经理霍瑞戎赴昆明出席期货监管工作座谈会。

十、4 月 14 日，纪委书记宋幼滨会见来访的成都市人大常委会副主任孙传敏一行。

十一、4 月 18 日，总经理助理褚玦海出席在杭州举行的 2009 第三届中国期货分析师论坛。

十二、4 月 19 日，总经理助理席志勇出席上海交通大学上海高级金融学院成立仪式。

十三、4 月 20 日，总经理杨迈军赴郑商所参加早籼稻期货上市仪式。

十四、4 月 21 日，总经理杨迈军赴京参加中央纪委、中央组织部第一企业金融巡视组与中国证监会领导班子见面会。

十五、4 月 22 日，总经理杨迈军、理事长王立华、副理事长武小强出席上海期货交易所第二届理事会第十五次会议，副总经理劳光熊、总经理助理席志勇列席本次会议。

十六、4 月 22 日，总经理助理褚玦海赴京走访有关部委，协调钢铁企业培训班事宜。

十七、4 月 23 日至 24 日，纪委书记宋幼滨、副总经理霍瑞戎赴西柏坡参加爱国主义教育活动。

十八、4 月 23 至 24 日，副总经理劳光熊赴浙江参加财政部 23 号文件传达工作会议。

十九、4 月 25 日，副理事长武小强出席中国期货业协会第二届理事会第七次会议。

二十、4 月 27 日，副总经理霍瑞戎出席证监会外事工作座谈会。

二十一、4 月 28 日，总经理杨迈军出席我所商业银行与黄金业务研讨会暨银行自营会员颁证仪式并致辞，副总经理霍瑞戎、总经理助理褚玦海出席会议。

二十二、4 月 28 日、29 日，总经理助理褚玦海出席在北京举行的第七届远东钢铁会议暨 2009 年中国铁矿石会议。

二十三、4 月 28 日，总经理助理席志勇赴京出席证监会期货部主办的 CTA 座谈会。

二十四、4 月 30 日，总经理杨迈军出席上海金融业联合会成立仪式。

上海期货交易所 2009 年 5 月大事记

一、5 月 7 日，总经理杨迈军、理事长王立华、纪委书记宋幼滨、副总经理劳光熊、副总经理霍瑞戎、总经理助理褚玦海、总经理助理席志勇出席中国证监会组织的“转型社会的政府职能与依法行政”的专题法制讲座视频会议。

二、5 月 7 日，副总经理霍瑞戎会见来访调研的民建中央经济委员会主任、安徽省政协副主席方兆本一行。

三、5 月 8 日，总经理助理褚玦海出席百联集团油库暨上海市成品油地方储备库竣工仪式。

四、5 月 9 日，总经理助理褚玦海赴京出席“中国有色金属产业链发展论坛”。

五、5 月 11 日，总经理助理褚玦海、总经理助理席志勇出席上海市委、市政府召开的“贯彻国务院文件精神加快推进上海国际金融中心航运中心建设工作会议”。

六、5 月 10 日至 13 日，副总经理劳光熊赴云南参加第六次证券、期货交易所财务工作会议。

七、5 月 13 日，总经理助理褚玦海出席在复旦大学举行的“金融危机下的衍生品市场发展”研讨会。

八、5 月 13 日，总经理助理褚玦海出席上海证券报主办的“中国期货市场品牌价值榜暨最佳分析师评选”活动颁奖典礼。

九、5 月 14 日，理事长王立华会见来我所调研的中国(太原)煤炭交易中心党组书记、主任郭文奇一行。

十、5 月 14 日，总经理助理席志勇出席在浙江召开的六所制定《证券期货交易所信息资源管理办法》工作小组第三次会议。

十一、5 月 14 日，总经理杨迈军会见来我所考察的全国政协常委、致公党中央常务副主席王钦敏率致公党中央调研组一行。

十二、5 月 15 日，总经理杨迈军会晤来访的纽约证券交易所(NYSE)CEO 邓肯先生一行，副总经理劳光熊陪同会晤。

十三、5 月 15 日，总经理杨迈军会晤来访的美国自由港迈克墨伦集团公司副总裁 Stephen Higgins 一行，总经理助理褚玦海陪同会晤。

十四、5 月 15 日 - 16 日，总经理杨迈军出席 2009 上海陆家嘴论坛，并参加“中国资本市场发展新机遇”的专题讨论。

十五、5 月 16 日，总经理助理席志勇出席上海市教育发展基金会第三届理事会第五次全体会议。

十六、5 月 19 日，副总经理霍瑞戎会晤来访的韩国战略财政部政策协调局工业部主管 Jun - Sang Song 一行。

十七、5 月 20 日至 21 日，理事长王立华赴浙江参加浦东新区人大组织的考察调研活动。

十八、5 月 20 日，副总经理霍瑞戎赴南通参加钢企调研活动。

十九、5 月 21 日，总经理助理褚玦海会见来访的中国对外贸易运输(集团)总公司副总裁董建军一行。

二十、5 月 22 日，总经理杨迈军参加上海市政府关于国际金融中心建设的动员部署会议。

二十一、5 月 22 日，总经理助理席志勇出席 2009 年(郑州)证券、期货市场发展高级研讨会。

二十二、5 月 25 日，总经理杨迈军参加大连商品交易所 PVC 期货上市仪式。

二十三、5 月 26 日，总经理杨迈军会见来访的中国有色金属工业协会康义会长及我国六大铅锌生产企业的主要领导一行，总经理助理褚玦海陪同出席。

二十四、5 月 27 日，副总经理劳光熊会见来访的杭州市人民政府孙振洲副秘书长一行。

二十五、5 月 31 日，总经理杨迈军，总经理助理褚玦海出席在中国浦东干部学院举行的“钢铁企业钢材期货培训班”开班仪式。

上海期货交易所 2009 年 6 月大事记

一、6 月 1 日，总经理杨迈军会见来我所参观的中国浦东干部学院钢铁企业钢材期货培训班学员，并作题为《上海期货交易所发展历程和钢材期货交易机制》的讲座。

二、6 月 1 日，上海期货交易所成立十周年庆典在上海大剧院举行，总经理杨迈军主持庆典仪式，上海市委常委、副市长屠光绍，中国证监会党委委员、主席助理姜洋出席仪式并讲话，理事长王立华、纪委书记宋幼滨，副总经理劳光熊、霍瑞戎，总经理助理滕家伟、褚玦海、席志勇，副理事长武小强出席庆典晚会。

三、6 月 1 日，副理事长武小强出席中国期货业协会召开的“期货公司中介业务发展座谈会”。

四、6月2日，总经理杨迈军、理事长王立华、纪委书记宋幼滨，副总经理劳光熊、霍瑞戎，总经理助理滕家伟、褚玦海、席志勇，副理事长武小强出席第六届上海衍生品论坛。

五、6月5日，总经理杨迈军、理事长王立华、纪委书记宋幼滨接待中央金融巡视组一行。

六、6月5日，纪委书记宋幼滨主持召开纪委扩大会议。

七、6月5日，总经理助理褚玦海接待来访的国家发改委国家物资储备局上海办事处主任潘一闽一行。

八、6月9日－17日，总经理杨迈军赴大连高级经理学院"金融改革与风险防范"专题研讨班学习。

九、6月11日，总经理助理褚玦海会见来访的美国著名对冲基金经理Roy、摩根斯坦利全球外汇部门负责人一行。

十、6月12日，副总经理劳光熊赴北京出席"证券期货信息化工作领导小组第三次会议"。

十一、6月12日，总经理助理褚玦海会见中油集团原油调运中心主任马志祥。

十二、6月15日，纪委书记宋幼滨出席上海文化产权交易所成立仪式。

十三、6月16日，副总经理霍瑞戎会晤印度驻上海总领事Riva Ganguly Das女士一行。

十四、6月17日，总经理助理褚玦海赴江苏考察钢材交割仓库。

十五、6月18日，纪委书记宋幼滨赴市金融工委会见季文冠书记并沟通工作。

十六、6月18日，总经理助理褚玦海赴江苏出席油库开业仪式。

十七、6月23日，党委书记、总经理杨迈军在北京参加中组部"关于金融机构引进海外金融人才工作会议"。

十八、6月23日，纪委书记宋幼滨出席证监会纪委书记会议。

十九、6月23日，副总经理霍瑞戎会晤来访的台湾期货交易所董事李存修一行。

二十、6月25日，总经理杨迈军，总经理助理席志勇出席证监会网控办主办的有关会议。

二十一、6月25日，总经理助理褚玦海会晤来访的洋山保税港区管委会常务副主任方雄一行。

二十二、6月26日，总经理杨迈军在昆明经济管理干部学院作题为《国际金融危机与企业风险管理》的演讲。

二十三、6月26日，纪委书记宋幼滨出席上海金融系统纪念中国共产党成立88周年座谈会

二十四、6月26日，总经理助理褚玦海会晤来访的海口港集团公司副总裁黄有光一行。

二十五、6月26日，总经理助理席志勇出席中国浦东干部学院"第八期港区省级政协委员国情研修班"现场教学活动并致辞。

二十六、6月29日，总经理杨迈军在北京参加证券期货监管系统网络信息安全和保密工作专题会议。

二十七、6月30日，总经理杨迈军在北京参加中国证监会纪念中国共产党成立88周年大会。

二十八、6月30日，副总经理霍瑞戎会晤来访的FIA亚洲执行董事Nick一行。

二十九、6月30日，总经理助理褚玦海会同洋山港管委会方雄副主任拜访海关钟保华副关长。

三十、6月30至7月2日，王立华赴贵溪出席江西铜业集团成立三十周年庆典活动。

大连商品交易所

大连商品交易所成立于1993年2月28日，是经国务院批准的四家期货交易所之一，是实行自律性管理的法人。成立以来，大商所始终坚持规范管理、依法治市，保持了持续稳健的发展，成为中国最大的农产品期货交易所。

经中国证监会批准，大商所目前正式上市交易的品种是玉米、黄大豆1号、黄大豆2号、豆粕、豆油、棕榈油、线型低密度聚乙烯和聚氯乙烯。开业至2008年底，大商所累计成交期货合约21.6亿手，累计成交额67.2万亿元，总交割量为1155万吨，已发展成世界第二大农产品期货市场。

近年来，大商所国际交流与合作不断拓展，成为美国期货业协会（FIA）和英国期货与期权协会（FOA）成员，与芝加哥商业交易所（CME）等十多家境外期货交易所签署了合作谅解备忘录和合作意向书，在信息共享、市场开发等方面积极与国际期货机构展开全方位合作。

多年来，大连期货市场规范稳健运行，有力地保障了期货市场功能的发挥，玉米和大豆期货价格已成为国内玉米、大豆市场的权威价格，在保护农民利益、引导农产品生产与流通、为市场主体提供避险工具等方面，发挥了重要作用。为我国市场经济的发展和粮食市场体制改革做出了积极的贡献。

在保持市场稳健发展基础上，交易所已确立了"一个目标、两个转变、三个面向"的发展思路。

"一个目标"即是将大连商品交易所建设成为市场功能发挥充分、在国家经济建设中作用明显、商品价格具有国际影响力的综合性的一流交易所。用一流的人才、一流的管理、一流的技术、一流的服务实现新的跨越。"两个转变"即是通过加强品种创新，实现由单一农产品期货交易所向综合性期货交易所的转变；通过强化市场服务，实现区域性市场向全国性、国际性市场的转变。"三个面向"即是面向市场、面向世界、面向未来，全面提升大商所的服务能力、开拓能力、竞争能力，使大商所不断迈上新台阶。

会员大会是交易所的权力机构，由全体会员组成。

理事会是会员大会的常设机构，现有副理事长1人。理事会由14名理事组成，其中会员理事为9名、非会员理事为5名。

理事会下设监察、交易、交割、会员资格审查、调解、财务、技术等7个专门委员会。

交易所领导班子现有总经理1人、副总经理4人、总经理助理3人。总经理为交易所法定代表人。

交易所设有总经理办公室、交易部、交割部、结算部、技术部、信息研究部、品种部、产业拓展部、会员服务部/期货学院、法律事务部、监察部、财务部、人力资源部、审计部、工会纪检办公室、行政部等16个职能部门，3个派出机构：北京发展与服务总部、上海发展与服务总部、广州发展与服务总部，2个直属单位：大连飞创信息技术有限公司、大连商品交易所服务中心。

大连商品交易所2008年大事记

1月18日，湖南省政府副秘书长刘明欣、我所副总经理郭晓利分别代表湖南省人民政府和大商所在长沙签署战略合作协议。根据协议，大商所与湖南省政府将建立和完善期货新品种开发的调研协作机制、期货交割库的调研协作机制、期货市场发展与服务工作的协作机制、期货市场教育培训的协

作机制、信息交流机制以及联络互访机制。湖南省政府副省长徐宪平、中国证监会期货部副主任彭俊衡、湖南证监局局长杨晓嘉、副局长江建新出席了签字仪式，湖南省金融办副主任张志军主持签字仪式，来自生猪养殖、屠宰、加工企业及科研院所近30名代表参加了仪式。

1月18日，我所在湖南省长沙市召开"生猪期货座谈会"，就生猪期货上市对产业发展的作用及生猪期货交易交割规则设计等相关问题进行了探讨与交流。湖南省政府刘明欣副秘书长、证监会期货部彭俊衡副主任、湖南证监局江新建副局长，我所副总经理郭晓利出席了会议。

1月25日，银监会统计部助理巡视员叶燕斐一行6人到我所进行专题调研，我所副总经理曲立峰接见了客人，并就农产品期现价格等相关情况进行了交流与探讨。

2月18日，会人事教育部周雪保一行2人和黑龙江证监局曹殿义局长一行3人到我所参观访问，总经理刘兴强、副总经理李军接待了到访客人，介绍了交易所相关情况。

2月20日，日本野春证券执行董事山崎启正等一行4人到我所访问，我所副总经理郭晓利接见了客人，介绍了我所相关情况。

2月20日，郑州商品交易所研究发展部高级总魏振祥等一行4人到我所进行专题调研，副总经理曲立峰参加了会见，并向来宾介绍了我所交割相关业务。

2月22日，我所副总经理郭晓利在连会见了泰国驻华大使马纳塔一行6人，并向客人介绍了我所相关情况。

2月26日，路易达孚(北京)贸易有限公司一行4人到我所访问，副总经理曲立峰接见了客人，介绍了我所交割相关情况。

2月26日，吉林省粮食局局长祝业辉一行5人到我所进行专题调研，副总经理曲立峰参加了会见，并向来宾介绍了我所交割相关业务情况。

2月27日，美国驻沈阳领事馆文化领事柯儒辙一行2人到我所面试赴美培训人员，副总经理曲立峰会见了到访客人。

3月11日，中央储备粮秦皇岛直属库马英昌副主任一行2人到我所进行专题访问，副总经理曲立峰会见了客人，并就指定交割仓库等事宜进行了商谈。

3月12日，上海浦发银行总行公司及投资银行总部副总经理刘长江等一行5人到我所参观考察，副总经理李军会见了来宾，并介绍了我所相关情况。

3月13日，我所副总经理郭晓利在连会见了唐山市政府考察团一行10人，并向来宾介绍了我所相关情况。

3月13日，我所副总经理郭晓利在连接待了黑龙江省粮食局肖培尧副局长一行四人，并就农产品期货相关事宜进行了会商。

4月1日，黑龙江农垦总局副局长王有国和营口港务集团副总裁王来等一行5人到我所进行交流考察，总经理刘兴强会见了客人，并就交割和新品种上市等有关问题进行了讨论。

4月7日，美国农业部经济研究局专家一行9人到我所进行参观访问，副总经理郭晓利会见了客人，并就市场研究和产业拓展问题进行了探讨。

4月10日，陕西省果业管理局局长王振兴一行9人到我所参观考察，总经理刘兴强接待了来访客人，双方就今后相关合作事宜进行了商讨。

4月10日，纽约－泛欧交易所集团商品衍生总监 Ian Dudden 等一行3人到我所进行参观访问，副总经理郭晓利接见了客人，并共同探讨了进一步加强双方友好合作等事宜。

4月11日，江西省畜牧兽医局副局长兰永清等一行2人到我所拜访，副总经理李军会见了客人，并就生猪产业发展的有关情况交换了意见。

4月14日，北京期货商会会长王仲会等一行8人到我所考察交流，刘兴强总经理会见了来宾，并就双方今后的交流与合作事项进行了探讨。

4月22日，辽宁省人大、商业厅调研组一行8人在大连市人大、商业局领导的陪同下到我所考察，刘兴强总经理会见了来宾，并介绍了我所的相关情况。

4月23日，国元期货公司董事长黄显峰到我所拜访，总经理刘兴强、副理事长石嘉星分别会见了客人。

4月23日，中国期货保证金监控中心总经理助理鄢强一行5人到我所调研，曲立峰副总经理会见了来宾。

4月28日，中国期货业协会副会长马文胜和天津龙威粮油总经理冯俊平到我所拜访，刘兴强总经理会见了客人。

4月29日，辽宁省政协副主席贺旻一行17人在大连市政协有关领导的陪同下到我所参观，刘兴强总经理、郭晓利副总经理会见了客人。

5月8日，云浮市市委副书记赖斌等一行6人到我所交流访问，刘兴强总经理会见了来访客人。

5月21日，山西焦炭集团王廉敏总经理一行4人到我所考察，郭晓利副总经理会见了来宾。

5月27日，由哈尔滨国家粮食交易中心组织的石家庄、合肥、广州三家国家粮食交易中心一行8人到我所参观考察，曲立峰副总经理会见来宾。

5月28日，中国农科院农业经济与发展研究所和国际食物政策研究所一行5人到我所参观座谈，李军副总经理会见来宾。

6月2日，香港贸发局北区首席代表冯渤等一行4人到我所参观考察，李军副总经理会见来宾。

6月3日，广东省信息产业厅下属广东平板产业促进会秘书长汪浩一行9人到我所参观，李军副总经理会见来宾。

6月6日，埃塞俄比亚商品管理局局长亚的斯一行6人到我所考察学习，李军副总经理会见来宾

6月12日，山西焦炭集团董事长张跃一行到我所参观考察，郭晓利副总经理会见来宾

6月16日－18日，上海期货交易所杨迈军总经理率中层干部一行19人到我所考察交流，我所全体所领导和相关部门负责人参加座谈和交流。

6月18日，美国驻沈阳领事馆总领事魏思文一行3人到我所参观访问，刘兴强总经理、曲立峰副总经理会见来宾。

6月27日，天津期货业协会会长、和融期货经纪有限公司副总经理张文奇一行3人到我所参观，曲立峰副总经理会见来宾。

7月2日，美国谷物协会北京办事处主任施福瑞一行2人到我所拜访，郭晓利副总经理会见来宾。

7月4日，国务院发展研究中心产业经济研究所一行8人到我所调研，郭晓利副总经理会见来宾。

7月8日，公安部三局和证监会相关部门一行8人到我所检查工作，李军副总经理会见来宾。

7月16日，国家粮油信息中心主任尚强民一行4人到我所考察调研，郭晓利副总经理会见来宾。

7月23日，美国驻沈阳领事馆文化领事柯儒澈一行9人到我所拜访，曲立峰副总经理会见来宾。

7月25日，中国金融期货交易所交易部一行4人到我所

考察学习，刘化军副总经理会见来宾。

7月30日，郭晓利副总经理会见中国炼焦行业协会黄金干理事长，就焦炭期货的研究和推动上市工作进行了交流。

8月1日，CME亚洲事务董事总经理黄仲发、瑞银证券亚洲公司北京代表处执行董事沙石到我所访问，刘兴强总经理、曲立峰副总经理会见来宾。

8月4日，北京资源集团刘均贻一行3人到我所交流访问，郭晓利副总经理会见来宾。

8月5日，信达证券总经理兼信达期货董事长张志刚一行4人到我所拜访，刘兴强总经理、李军副总经理会见来宾。

8月17日，中宣部新闻局、国家广电总局、中央电视台有关领导一行12人到我所参观、座谈，郭晓利副总经理会见来宾。

8月21日，中国建设银行董事长郭树清在辽宁省副省长鲁昕的陪同下到我所参观指导，刘兴强总经理会见来宾。

8月27日，来连参加第三届全国副省级城市金融办工作联席会议的代表到我所参观交流，刘兴强总经理、李军副总经理会见来宾。

9月5日，吉林省粮食局党委书记、局长祝业辉一行7人到我所商讨合作事宜，刘兴强总经理、曲立峰副总经理会见来宾。

9月22日，纽约商品交易所 William Purpura 先生到我所参观交流，刘兴强总经理会见来宾。

10月17日，来连参加中国证监会青年文明号负责人培训班的部分学员到我所参观交流，刘化军副总经理会见来宾。

10月22日，来连参加"中国大连高级经理学院"的部分学员到我所参观交流，刘兴强总经理会见来宾。

10月29日，大连市政协常委、部分委员一行23人，在副市长戴玉林等有关领导的陪同下到我所视察。刘兴强总经理介绍我所情况，曲立峰和李军两位副总经理出席。

11月7日，国家农业部农业贸易促进中心副主任谢国力带队农产品贸易专题调研组一行6人到我所参观调研，李军副总经理会见来宾。

11月14日，来连参加"中国大连高级经理学院"的部分学员约70人到我所参观学习，曲立峰副总经理向来宾介绍了我所有关情况。

11月19日，以大连市人大常委会主任怀忠民为团长的辽宁省人大代表考察团一行46人到我所视察，刘兴强总经理向来宾介绍了我所有关情况，郭晓利副总经理陪同视察。

11月20日，广东省佛山市委常委、常务副市长周天明一行6人到我所拜访，刘兴强总经理、李军副总经理会见来宾。

12月10日，美国伊利诺伊州贸易和投资厅厅长拉金德o贝迪率伊州基础设施及投资代表团一行5人到我所参观，李军副总经理会见来宾。

12月21日－22日，证监会纪委执法监察二组到我所检查工作。纪委监察局纪委副书记、监察局局长王京带领证监会有关部室、部分地方证监局领导考察了交易所运行情况，与交易所部分中层干部和部分会员单位代表进行了座谈，听取了所领导党委班子的汇报，并对我所有关档案资料进行了检查。

大连商品交易所2009年大事记

1月7日，国家发改委副主任张晓强一行来我所考察指导工作，辽宁省、大连市政府的相关领导陪同考察。我所郭晓利、李军两位副总经理向来宾介绍了有关情况。

1月21日，美国 CME 公司顾问 William Purpura 和技术人员 John Chaisson 到我所拜访，曲立峰副总经理和夏耘总经理助理参加会谈。

2月4日，上海期货交易所纪委书记宋幼滨等一行3人到我所交流工作，刘化军副总经理和石嘉星副理事长会见来宾。

2月4日，秦皇岛市发改委副主任、口岸办主任张晓光一行5人到我所访问，曲立峰副总经理会见来宾。

2月11日，普式中国高级总监华大威先生（David Hanna）、全球石化总监 Shahrin Ismaiyatim 先生和亚洲石化组总编 Quintella Koh 女士到我所交流访问，郭晓利副总经理会见来宾。

2月13日，英中贸易协会主席白乐威先生率伦敦金融代表团一行13人到我所参观，郭晓利副总经理接待来宾。

2月17日，佛山市政府常务副市长周天明一行6人到我所拜访，刘兴强总经理和李军副总经理会见来宾。

2月18日，厦门证监局刘云峰副局长一行7人到我所调研，李军副总经理接待来宾。

2月19日，国家粮食局发展交流中心郭洪伟副主任和对外联络处安海东处长到我所参观拜访，郭晓利副总经理会见来宾。

2月23日，大连日清制油有限公司董事长尾上俊秀一行7人到我所拜访，刘兴强总经理会见来宾。

2月25日，美国金融专家戴维o维斯布鲁克一行3人到我所交流访问，刘兴强总经理和曲立峰副总经理会见来宾。

2月25日，CME Group 总裁 Phupinder Gill 一行4人到我所访问，刘兴强总经理和郭晓利副总经理会见来宾。

2月26日，中央政府驻港联络办青年工作部青年处唐淑兰一行4人到我所拜访，刘兴强总经理接待来宾。

3月3日，天津龙威粮油董事长杨学犟一行4人到我所拜访，郭晓利副总经理会见来宾。

3月5日，陕西省果业管理局副局长范海龙一行5人到我所拜访，郭晓利副总经理会见来宾。

3月11日，山东省发改委副主任李永健一行6人到我所调研，李军副总经理会见来宾。

3月16日，重庆市黔江区人民政府区委常委、副区长吴敏一行3人到我所拜访，李军副总经理会见来宾。

3月19日，天津市委常委、副市长崔津渡一行12人到我所访问，刘兴强总经理和郭晓利、曲立峰、李军副总经理与客人进行了会谈。

3月21日，温家宝总理在辽宁调研期间，专程来到我所考察。国家发改委主任张平、工业和信息化部部长李毅中、财政部部长谢旭人、人事和社会保障部部长尹蔚民、人民银行行长周小川、国务院政策研究室主任谢伏瞻、国家发改委副主任兼国家能源局局长张国宝、辽宁省省长陈政高、大连市委书记张成寅等陪同考察。温家宝总理在听取了刘兴强总经理作的有关期货市场为三农和企业服务以及成功抵御2008年金融海啸冲击的情况汇报后，发表了重要讲话，对交易所工作提出更高要求。

3月23日，上海氯碱化工股份有限公司总经理李军和董事会秘书许沛文到我所拜访，郭晓利副总经理与客人进行会谈。

3月23－27日，纽约泛欧交易所 Liffe 商品总监伊恩o达登一行4人到我所交流工作，我所相关部门分别与客人进行了交流。

5 月 25 日，经中国证监会批准，聚氯乙烯（PVC）期货合约在大连商品交易所挂牌交易。中国证监会党委书记、主席尚福林，辽宁省委常委、大连市委书记夏德仁，辽宁省副省长陈超英，中国证监会党委委员、主席助理姜洋等领导出席了上市仪式。

6 月 4 日，临沂市市委副书记、市长张少军一行 5 人到我所参观考察，曲立峰副总经理会见客人。

6 月 11 日，旭阳煤化工集团总经理杨雪岗一行 4 人到我所拜访，郭晓利副总经理会见客人。

6 月 12 日，美国著名国际投资家和金融学教授吉姆 o 罗杰斯到我所参观，曲立峰副总经理会见客人。

6 月 16 日，中国轻工业联合会会长步正发一行 4 人到我所考察，曲立峰副总经理会见客人。

6 月 17 日，中国（太原）煤炭交易中心党组书记、主任郭文奇一行 4 人到我所考察学习，曲立峰副总经理会见客人。

6 月 18 日，证监会信息中心张野主任一行 4 人到我所检查工作，王凤海总经理助理会见客人。

6 月 18 日，中国市场学会理事长高铁生一行 5 人到我所拜访，曲立峰副总经理和石嘉星副理事长会见客人。

6 月 23 日，广州市农村信用合作联社一行 8 人到我所考察学习，曲立峰副总经理会见客人。

6 月 24 日，广州市人民政府市长张广宁、常务副市长邬毅敏一行 10 人到我所考察，刘兴强总经理、郭晓利副总经理和曲立峰副总经理会见客人。

郑州商品交易所

郑州商品交易所（以下简称郑商所）成立于 1990 年 10 月 12 日，是经中国国务院批准的首家期货市场试点单位，在现货远期交易成功运行两年以后，于 1993 年 5 月 28 日正式推出期货交易。1998 年 8 月，郑商所被中国国务院确定为全国三家期货交易所之一，隶属于中国证券监督管理委员会垂直管理。

郑商所实行会员制，是为期货合约集中竞价交易提供场所、设施及相关服务，不以营利为目的的自律性管理法人。会员大会是郑商所的权力机构，由全体会员组成。郑商所现有分布在中国 26 个省、市、自治区的会员 200 多家。理事会是会员大会的常设机构，下设 7 个专门委员会。郑商所总经理为法定代表人，根据工作需要设置内部职能部门。

目前，经中国证券监督管理委员会批准，郑商所上市交易的期货合约有小麦、棉花、白糖、精对苯二甲酸（PTA）、菜籽油、早籼稻、绿豆等，其中小麦包括优质强筋小麦和硬冬白（新国标普通）小麦。小麦、棉花、白糖和 PTA 期货为国民经济服务的市场功能日益显现，在国际市场上的影响力逐渐增强。

郑商所实行保证金、涨跌停板、大户报告、每日无负债结算、实物交割等制度，利用交易风险实时监控和风险预警系统，对市场的资金、交易、持仓及价格趋势进行定量分析预测，及时控制和化解市场风险。郑商所拥有功能完善的交易、结算、交割、风险监控、信息发布和会员服务等电子化系统。会员和投资者也可以通过远程交易系统或互联网终端进行期货交易。自行研发设计的计算机交易系统拥有容纳多种定单类型、支持期权和做市商双向报价等功能，在中国国内居于同行业领先水平。期货交易行情信息通过路透社、彭博咨讯、易盛信息、世华信息等 10 余条报价系统向国内外同步发布。

郑商所以搞好服务为宗旨，以构建“三公”、高效交易平台为目标，做大做强已上市品种，更好地发挥市场功能。其发展规划是在努力活跃现有品种的同时，加快新品种研究步伐。在建立粮、棉、油、糖等主要农产品交易中心、价格中心和信息中心的基础上，逐步推出能源、原材料等工业品及各类指数期货品种。最终将郑商所建设成为比较完善的集农产品、工业品及各类指数的综合性、现代化期货市场。

郑商所注重加强与国际期货同业的交流与合作。1995 年 6 月，郑商所加入国际期权（期货）市场协会。先后与日本关西农产商品交易所、美国芝加哥期权交易所、纽约期货交易所、巴西期货交易所、芝加哥商业交易所、东京谷物商品交易所、印度多种商品交易所和蒙特利尔交易所等国际上多家期货交易所签订了友好合作协议。

会员大会是交易所的权力机构，由全体会员组成。理事会是会员大会的常设机构，设理事长 1 人。理事会由 17 名理事组成，其中会员理事 10 名、非会员理事 7 名。理事会下设监察、交易、交割、财务、调解、会员资格审查、技术委员会等 7 个专门委员会，理事会办公室是理事会的常设办事机构。

交易所设总经理 1 人、副总经理 3 人、总经理助理 1 人，总经理业务助理 1 人。总经理为交易所法定代表人。

交易所内设办公室、研究发展部、市场一部、市场二部、交易部、交割部、结算部、市场监察部、新闻信息部、法律事务部、技术一部、技术二部、财务部、人力资源部，审计室，行政部等十六个职能部门。

郑州商品交易所通讯地址及联系方式：

地址：郑州市未来路 69 号

邮编：450008

电话：0371 － 65610069

传真：0371 － 65613068

管理员信箱：czce@ czce. com. cn

郑州商品交易所 2008 年大事记

2008 年 1 月 18 日，郑商所举办 2007 年度会员表彰及郑商所发展座谈会，认真听取会员对郑商所工作的意见和建议。

2008 年 4 月 20 日，郑商所第五届理事会第六次会议在海南召开。

2008 年 4 月 26 日，郑商所参展第三届中国中部贸易投资博览会。

2008 年 5 月 8 日，中国证监会副主席范福春视察郑商所。

2008 年 7 月 1 日，中国证监会副主席桂敏杰视察郑商所。

2008 年 7 月 24 日，国家发展与改革委员会副主任杜鹰一行在河南省有关领导陪同下视察郑商所。

2008 年 9 月 3 日，中国证监会主席助理姜洋视察郑商所。

2008 年 10 月 14 日，郑商所召开由全体党员干部参加的深入学习实践科学发展观活动动员大会。

2008 年 10 月 31 日，郑商所 64 位交易系统顺利变更上线。

2008 年 11 月 5 日，郑商所与全球规模最大的交易所集团纽约 － 泛欧交易所集团签署合作谅解备忘录。

2008 年 11 月 18 日，商务部部长助理房爱卿视察郑商所。

第三章　期货经纪机构

中国国际期货经纪有限公司

中国国际期货经纪有限公司(简称“国际期货”),成立于1992年,注册资本1.1亿元人民币,是中国成立最早、规模最大、营运最规范的大型期货公司之一。国际期货拥有上海期货交易所(会员号0157)、大连商品交易所(会员号103)、郑州商品交易所(会员号0141)的交易席位,是上海期货交易所、郑州商品交易所的理事会员、中国期货业协会理事单位,曾先后多次受到国家及部委领导的参观和指导。

国际期货总部位于深圳。下设武汉营业部、武昌营业部、厦门营业部、郑州营业部、大连营业部、广州营业部、宁波营业部、上海营业部、北京营业部、深圳罗湖东路营业部、深圳宝安宝民营业部、和襄樊营业部 等12家分支机构及香港分公司(简称“中期香港”)。

国际期货目前拥有具有高素质、精专业的管理、研究、营销等精英人才200余名,为广大客户提供全面高效率的期货买卖、结算等业务和优质的期货顾问服务。国际期货年度业务总量已经占国内期货市场全年业务量的5%左右。从2002年至今,连续7年实现全国期货成交量和成交金额排名第一,2006年和2007年,2008年连续三年荣获深圳市金融创新三等奖,2006年获得“CBN中国金融品牌价值榜”综合排名三十强等荣誉。

国际期货全体员工诚挚希望与您一起共同创造中国期货市场的美好明天。

中诚期货经纪有限责任公司

中诚期货经纪有限责任公司是经中国证监会批准,在北京市注册设立的全国性金融机构,公司2家股东分别为国都证券有限责任公司(创新类券商)和中诚信托投资有限责任公司(中国银监会直接监管的中央级信托投资公司、中国信托业协会会长单位)。公司拥有强大的多元化的金融股东背景,公司及股东旗下集保险、信托、证券、基金和期货于一体,构建了完整的金融业务格局,可以合规地实现信息和资源共享。

公司注册资本为6500万元人民币,经营范围包括商品期货经纪、金融期货经纪。

公司目前在上海、大连和郑州三地各设有1家期货营业部。

公司为大连、郑州和上海商品期货交易所会员,拥有3个交易所的交易席位,可以代理3个交易所全部交易品种。公司现为中国金融期货交易所仿真交易会员,全面开展股指期货仿真交易。目前,公司金融期货经纪业务资格和金融期货结算业务资格均已获得中国证监会的批准,并已获得中国金融期货交易所交易结算会员资格。

中期期货有限公司

中期期货有限公司是经中国证监会批准、国家工商总局注册,专门从事商品期货经纪和金融期货经纪的国内大型期货公司之一,是中国中期投资股份有限公司(股票代码:000996)控股子公司。中期期货地址位于北京市朝阳区麦子店西街3号新恒基国际大厦15层,是全国四大期货交易所的会员,已取得金融期货经纪业务资格和金融期货交易结算业务资格。中期期货立足首都打造核心竞争力,在实战研发和交易指导为广大企业和投资者提供咨询和帮助,致力成为中国最具竞争力的期货公司。

中期期货自成立以来,始终坚持“规范经营,稳健发展”经营理念,在公司内部推动目标管理、过程管理、数字化管理、细节管理,致力于打造一个规范、高效、诚信、有竞争力,并有盈利能力的企业团队。

中期期货以客户的利益为最高利益,以客户的需求为最高目标。我们的责任就是为客户研究发现更多、更好的投资、盈利机会,我们的任务就是为客户提供便利、安全、快捷的服务。15年来,公司在无数次的实战中凝练了一整套切实有效的内控制度和风险管理手段。保证了公司在零风险状态下运行,帮助了大批企业和个体投资者把握市场机会和管理经营风险,从而使相关企业通过期货市场稳定生产经营,获得主营业务的稳定回报,使个人投资者获得财务自由。

中期期货始终坚持以人为本,人尽其才的人才战略。注重期货人才的培养和储备,定期和不定期为员工举办各种形式的期货培训活动,提供各类工作和学习机会,进而在公司内营造积极进取,努力向上的健康的氛围。15年来,公司凝聚了一批高素质、高水平的期货精英;公司塑造了一支有理想、有追求、有战斗力的员工队伍;培养了一支既有实战经验又有专业水准的研究队伍。公司所有员工均获得了由中国证监会颁发的期货从业人员资格证书。公司采取以研究带动市场开发,以市场促进研发的营销战略,在工作中不断提升服务内涵和服务质量,以此打造公司的核心竞争力和市场凝聚力。

“精益求精的研究,全心全意的服务”是我们的服务宗旨。公司致力于在第一时间为客户提供快捷、丰富的咨讯信息,并以独特敏锐的视角,把握全球的最新动态,提供全天候的咨询服务。通过对信息的深度挖掘、加工、整理,为客户提供切实的交易建议和高价值的投资报告等专业服务。公司充分利用地处东北和华北中国最重要的农产品产区和最重要的农产品商品交易所所在的地域优势,加强研究力量,对产品进行深度的研究,为农产品投资、保值的机构、企业和投资者提供专业的投资咨询和信息服务。

中期期货拥有先进的网上交易平台,同时还配置了3家期货交易所的网上信息和交易系统,多种交易方式供客户自由选择(自助交易、网上交易、电话报单、书面指令),为全国各地的投资者提供方便快捷的交易通道,无论身处何处,都能决胜千里。客户保证金封闭运行和银期转帐服务,为广大投资者安全迅速地划转资金提供了最大便利。

中期人以“不用扬鞭自奋蹄”的务实作风,用15年心血铸就了自己的中期品牌,并在行业内得到了广泛认同。今天,中期人又以前瞻性思维,探索公司发展新的跨越。中期人积极、主动、团结、合作,继续努力为客户、为股东、为员工、为行业、为社会创造价值。我们坚信,中期期货所追求的成为一个专业化的、经营稳健的、有持续盈利能力的公司发展目标一定会实现。

中天期货经纪有限公司

中天期货经纪有限公司成立于2003年,经中国证监会批准,在广东省工商局注册登记。公司有大连商品交易所、上海期货交易所和郑州商品交易所的会员资格,并分别在三家交易所拥有交易席位。公司注册资本5000万元,是目前华南地区注册资本最大的期货公司之一,公司股东具有雄厚的资金实力和人才优势。公司总部设在广东省广州市解放南路123号金汇大厦6楼,地处城市中心区域,紧靠城市主干道,地理位置优越,交通极为便利;营业面积在广州地区期货公司中居首位;公司所在的金汇大厦,同时有交通银行省分行总部及营业部,方便客户进行多元化的金融投资。

公司具有技术先进的硬件设施。公司采用金仕达交易结算系统,文华加澎博行情系统组合,拥有当前业内最先进的交易与信息资讯系统;公司采用了在期货行业中最新应用的网络技术,建立了独立的期货网站,开通了网上交易及查询系统。公司与工商银行和农业银行及建设银行签订全面合作协议,对客户保证金实施了封闭式管理,开通了多家银行的网上银行业务以及银期转帐业务,投资者可在全国各地直接通过网上银行或银期转帐方式划转保证金,资金进出安全快捷。

中信新际期货有限公司

中信新际期货有限公司(CITIC Newedge Futures Co., Ltd.)是经中国证监会批准成立的国内第二家、上海唯一一家中外合资期货公司,注册资本人民币一亿元,中外股东为中信公司旗下的中信华东(集团)有限公司和上海中信进出口有限公司,外方股东为新际集团(Newedge Group)。

公司法定代表人:赵磊

工商执照注册号:310000000024435

期货经营许可证编号:32250000

公司注册地址、经营地址:上海市浦东大道1085号

联系电话:021-61051166 021-61051118(客服及投诉热线)

传真:021-61051111

大连营业部地址:大连市中山区人民路29号9层

联系电话:0411-82592096 0411-82592076

传真:0411-82592076

公司拥有上海期货交易所、大连商品交易所、郑州商品交易所的会员资格以及中国金融期货交易所交易会员资格,可从事代理国内所有上市期货品种。

公司将充分利用中外股东及关联方在各自领域的优势进行资源优化、强强联合,为中国投资者进入国际市场和国外投资者投资中国提供全方位的服务,以"专业、职业和敬业"的精神,为投资者创造价值。无论您在何处,中信新际期货有限公司永远是您可信赖的期货经纪商!

中银国际期货有限责任公司

中银国际期货有限责任公司(以下简称"中银国际期货")由中银国际证券有限责任公司全资设立,注册资本金为1亿元人民币。从事商品期货经纪、金融期货经纪业务。中银国际期货是国内首家既有国有商业银行背景,又有创新类券商背景的期货公司,雄厚的股东实力在国内期货行业独树一帜。

中银国际期货拥有中国主要期货交易所的会员资格,专业代理客户进行期货交易、结算和交割等各项业务。公司由长期从事期货行业、经验丰富的精英组成,部门主管以上人员平均从业年近10年。公司专业的研究团队,汇聚了业内研究水平一流、实务操作成绩稳健的研究员作为核心力量;确保为客户提供高质量的专业咨询。同时,公司致力于为客户提供安全、快捷的网上交易系统、方便的银期转账和专业的交割服务。

中银国际期货依托中国银行打造的多业并举的金融业务平台,借鉴中银国际控股丰富的国际资本市场运作经验,紧密携手中银国际证券,在市场营销、研究发展、风险管理等方面进行全面合作,共同打造全方位金融服务的平台,为客户提供优质、全面及个性化的期货服务。在充满发展机遇的中国期货市场,中银国际期货致力于建成一流期货公司,与客户建立起紧密协作、共同成长的长期伙伴关系,成为客户最值得信赖的期货服务伙伴。

中证期货有限公司

中证期货有限公司(CITICS Futures Co., Ltd.,下称公司)是中信证券股份有限公司的全资子公司。公司注册资本为人民币1.5亿元。公司是中国金融期货交易所(会员号:18)、上海期货交易所(会员号:0148)、大连商品交易所(会员号:0110)和郑州商品交易所(会员号:0055)的正式会员和中国期货业协会理事单位。公司在上海、大连、郑州、青岛、杭州设立了营业部。

股东介绍

中信证券是亚洲最大的证券公司,股票基金交易市场份额排名全国第一。于2003年1月6日在上海证券交易所挂牌上市交易,股票简称"中信证券",股票代码"600030"。

中信证券资本实力雄厚,经纪业务、投行业务、自营业务及资产管理等业务均居同行业前列。

历史沿革

公司前身深圳金牛期货经纪有限公司,于1999年成立,控股股东为深圳市金牛投资(集团)有限公司,其是由成立于1991年6月10日的我国第一家期货交易所——深圳有色金属交易所于1999年改制设立。

2007年8月16日,经中国证监会批准,中信证券股份有限公司为公司的唯一股东,2007年11月29日经中国证监会批准,公司获得金融期货经纪业务资格和金融期货全面结算业务资格。2008年1月4日,中国金融期货交易所批准公司为全面结算会员。

公司优势

强大的股东背景　中信证券雄厚的资本实力、庞大的营业网络、丰富的客户资源奠定了公司稳步发展的坚实基础。

高效安全的交易技术平台　公司最新投入1000多万元建立了一套以IBM小型机为主交易服务器的高效的交易结算系统,交易处理能力达到了国内最高水平,结算、资金划转实现安全、高效。

优秀而富有经验的管理团队　公司董事长、总经理、3位副总经理及首席风控官均已具有证券、期货市场10年以上从业经验和5年以上高管资格,形成"期证互通"的最佳管理团队。

专业的研究团队　独特的发展历程使公司拥有大批的套期保值企业等机构客户,专业的研究人员,为客户提供高水准市场服务。在依托中信证券精良的研发产品基础上,公司研发部引进证券、投资、银行等专业人才,组建了投资策略、金融期货、金属期货、农产品期货、能源期货等专业小组,形成多层次、专业化的研发部团队

发展目标

公司坚持"以股指期货为重心,以商品期货为基础,稳健经营,创新发展"的经营思路,发展成为国内最具竞争力的期货公司。

营业执照号码:440000000014248

经营期货业务许可证号码:31580000

地址:深圳市华富路海外装饰大厦 B 座二楼

邮编:518031

电话:(0755)83265603 传真:(0755)83217421

网址:http://www.citicsf.com

中原期货经纪有限公司

中原期货经纪有限公司(以下简称"中原期货")是经中国证券监督管理委员会批准,在河南省工商行政管理局登记注册,从事商品期货、金融期货经纪业务的专业期货公司,注册资本金 8000 万元人民币。

中原期货的前身是豫粮期货经纪有限公司,经营期货业务的历史可追溯至 1993 年中国郑州商品交易所创立时期,是我国第一批从事期货业务的经营机构。2007 年,中原证券股份有限公司重组豫粮期货经纪有限公司,由此正式更名为"中原期货经纪有限公司"。

中原期货控股股东中原证券股份有限公司成立于 2002 年 11 月 8 日,注册资本金 20.33 亿人民币,是全国第一批规范类综合性券商、河南省唯一一家证券公司。公司现拥有 26 家证券营业部,12 家证券服务部,营业网点遍布河南省内各地和北京、上海、深圳、青岛、杭州等地。中原证券良好的信誉和雄厚的实力,是中原期货的强大后盾。

中原期货参股股东河南省粮油对外贸易总公司隶属于河南省粮局,是全国粮食系统最早成立的省级粮食外贸专业公司。注册资本金 1.08 亿人民币,是集内外贸易、仓储加工、良种营销的大型综合性公司。

中原期货是一家规范运作、服务上乘、业绩优良的期货经营机构,公司秉承"客服四海、相融共生"的经营理念,强化管理,规范制度,注重人才引进,强调团队协作,打造具有核心竞争力的现代金融企业。

服务特色

先进的信息技术

中原期货采用 IBM 高端小型机作为交易服务器,通过光纤通道与各交易所直连,并建立灾备中心。拥有文华财经、澎博、富远等多套行情分析系统,提供丰富详实的国内外期货、证券、金融实时行情与财经资讯。同时为满足客户不同的交易习惯,选用恒生、易盛等交易系统,向客户提供更快捷、更安全、更专业的交易通道服务。

快捷的资金通道

中原期货实行期货保证金封闭运行,目前已开通工行、农行、中行等主要结算银行的银期转账业务,客户银行账户与期货资金账户之间资金可以双向划转,本地异地均实时到账,客户资金调拨安全、快捷、高效。

全方位的特色服务

中原期货拥有一支专业素质优秀、经验丰富的客户服务和研发团队,根据客户需求,向各类投资者提供多种专业分析报告和投资方案;利用先进的电子商务平台,实现 24 小时咨询服务、网络预约开户、个性化信息定制;通过手机短信、电子信箱、互联网网站、印刷品等媒介,使客户及时了解行业状况和市场趋势,掌握市场最新动态。

定期的专业培训

中原期货定期组织专业人士,以期货沙龙,实地考察、行情研讨、投资报告会等多种形式向客户提供期货基础知识,投资策略、投资技巧、风险控制等专业培训。

中信建投期货经纪有限公司

中信建投期货经纪有限公司(原华夏期货经纪有限公司)成立于 1993 年 3 月 16 日,是国内最早成立的十家专业期货公司之一,注册资金 1.5 亿元人民币,中国金融期货交易所交易结算会员(115 号)、上海期货交易所会员(268 号)、大连商品交易所会员(71 号)以及郑州商品交易所会员(168 号),专业从事金融期货经纪业务、商品期货经纪业务。

独资股东中信建投证券有限责任公司,全国十大券商之一,其实力雄厚,注册资金为 27 亿元,分别由中信证券出资 60% 和中央汇金投资有限公司全资控股的中国建银投资有限公司出资 40%。

中信建投期货公司严格按照证监会信息技术要求,在北京建立了一套高规格、高冗余、高容量的交易系统,并在重庆建立了高标准的异地灾难备份机房;公司还专门为机构投资者直接开放了交易接口,并设立了专用跑道,可满足机构投资者对系统的严格要求;系统容量满足线性增长要求,随时准备随业务规模的剧增,实现系统容量的快速增长。

中信建投期货公司不仅凭借自己的北京、上海、济南、长沙四家营业部,还完美依托中信建投证券遍布全国 22 个省、70 多个城市的百余家营业网点将我们优质的期货服务提供给全国各地的广大投资者。

公司将秉承"诚信赢得客户,服务创造价值"的理念,为广大投资者提供更专业化、更便捷的服务。

公司地址:重庆市渝中区中山三路 107 号皇冠大厦 11 楼

电话:023 - 86769605(总部)

客服热线:400 - 8877 - 780(023 - 63600049)

邮编:400014

网址:www.cfc108.com

中晟期货经纪有限公司

中晟期货经纪有限公司是经中国证券监督委员会批准,在国家工商行政管理局登记注册的具有独立法人资格的全国性期货公司(简称中晟期货)。中晟期货总部位于北京市海淀区花园路 2 号,其他分支机构分别设立于大连、上海等地。

中晟期货是大连商品交易所、郑州商品交易所、上海期货交易所的会员,代理品种包括三家交易所上市的所有期货品种。中晟期货于 2008 年 1 月 11 日,经中国证监会批准,获得金融期货经纪业务资格。

公司秉承"以服务客户为中心,以风险控制为首要,以法律规章为准绳"的经营理念,通过健全管理制度,合理设置机构,明确岗位职责,建立了国内一流的期货交易平台。

中晟期货注重风险控制，注重人才培养，注重创新，注重后台建设，注重市场开拓，并把现代化的、科学化的管理模式引入期货公司，实现整个业务水平的整体提升。

中晟期货以商品期货为基础，以金融期货为突破点，金融期货与商品期货并举，以建立核心竞争力求发展，全面实现公司业务拓展升级。

公司设立了金融衍生品筹备工作组，工作组由参与金融期货交易所及股指期货最初设计工作的部分专家和公司招募的一批高素质的金融人才组成，对国际金融市场和中国即将推出的股指期货等金融衍生品品种、交易规则、市场预测、投资套利和套期保值策略等相关问题一直跟踪研究，并在金融理财产品设计等领域取得了较好的成绩。

此外，公司已经与同济大学金融衍生品研究所建立合作关系，主要针对股指期货、国债期货、期权、投资策略、风险管理、期货公司经营发展和境外业务等方面开展系统研究与产品开发。在信息获取方面，公司与国家粮油信息中心、安邦咨询、东方艾格咨询等建立了良好的合作关系。

展望未来，中晟期货相信，随着中国期货市场不断发展，中晟期货将逐步实现业务增长模式的转换。对现有的商品期货业务，通过强化优势，随着市场规模增长扩大市场份额，并建立起自身的优势领域和品种；对于金融期货业务，通过公司的战略联盟，实现优势互补，优化公司管理机制、人才配置以及资金实力和抗风险能力，把握市场先机，将机遇变成公司发展的切实动力。公司向为投资者提供全面投资咨询服务及资产管理服务的现代金融企业转型，并在更大的市场范围内，寻求更加多元化的发展。

中期嘉合期货经纪有限公司

中期嘉合期货经纪有限公司，是经中国证监会批准成立，国家工商行政管理局核准登记注册的中期集团的大型期货公司，注册资本 3000 万元人民币，公司本部在郑州，另外在沈阳、大连、长春、均设有营业机构，在上海设有研发中心，拥有员工 100 余人。

中期嘉合秉承止于至善的客户服务理念，向国内各投资机构、保值商以及广大投资者提供期货代理、信息咨询、人员培训等服务。

公司优势：

1. 集团优势：行业内的龙头老大地位。各子公司间具有资源共享优势（先进的管理技术，强大的研发力量，先进的合作模式）。集团成立有中期研究院，集合各子公司优秀的分析人员共同研发行情和开发各种合作方案。

2. 地理优势：地处郑州商品交易所所在的郑州，与交易所沟通方便，更能及时的把握交易所信息。在集团内以郑商所上市品种为核心，对郑商所品种研究更具优势。

3. 硬件优势：具有行业内先进的交易系统，有自主开发的快枪手交易系统，交易更加快捷、方便。具有银期转帐功能，实现国内资金的快速划拨功能。

4. 软件优势：有一批行业内优秀的分析师，客户服务系统完善。

中粮期货经纪有限公司

股东背景

中粮集团（COFCO）是中国领先的农产品、食品领域多元化产品和服务供应商，致力于利用不断再生的自然资源为人类提供营养健康的食品、高品质的生活空间及生活服务，贡献于人类社会的繁荣。

中粮集团目前下设中粮粮油、中国粮油、中国食品、地产酒店、中国土畜、中粮屯河、中粮包装、中粮发展、金融等 9 大业务板块，拥有中国食品（HK 0506）、中粮控股（HK 0606）两家香港上市公司，中粮屯河（600737）、中粮地产（000031）和丰原生化（000930）3 家内地上市公司。福临门食用油、长城葡萄酒、金帝巧克力、屯河番茄制品、家佳康肉制品以及大悦城 Shopping Mall、亚龙湾度假区、凯莱酒店、雪莲羊绒、中茶茶叶、中英人寿保险、农村金融服务等等，诸多品牌的产品与服务组合，塑造了中粮集团高品质、高品位的市场声誉。

作为投资控股企业，中粮有效利用自身遍及世界的业务网络来组织、调配各项经营资源，取得稳 健快速的业绩增长，自 1994 年以来一直名列美国《财富》杂志全球企业 500 强，目前居中国食品工业百强之首。

企业资质

中粮期货拥有大连商品交易所（席位号 0052）、上海期货交易所（席位号 0139）、郑州商品交易所（席位号 0068）等国内三家交易所的全权会员资格；是中国期货业协会理事单位、大连商品交易所理事单位。

中粮期货可代理国内棉花、糖、小麦、PTA、菜籽油、大豆、豆粕、豆油、玉米、铜、铝、锌、天然橡胶、燃料油、黄金、棕榈油等期货品种的交易结算业务，同时向各类投资机构、保值商、投机商、个人投资者提供相关的培训及信息咨询服务。

优质服务

公司拥有营业面积 1100 多平方米，宽敞明亮的交易大厅装备有路透（Reuters）、博易大师、文华财经等行情报价和新闻资讯系统，第一时间与客户分享快捷、准确的信息；集中管理的资金调拨中心和运作中心为客户提供安全、周到的服务。一支高素质、高组织、高效率的兼具国内外现货和期货交易经验的管理员、交易员团队，可为客户提供多种类型的套期保值/套利交易等成熟的投资方案，并可为套期保值企业在了解参与国际期货市场方面提供业务咨询。

中粮期货网作为综合类信息与服务网站，是客户与公司沟通的桥梁和纽带。2000 年伊始，公司首次推出业内独一无二的网上数据库动态查询系统，为客户提供出长达数十年的相关历史数据，为交易决策者提供了最根本的投资参考。随着近几年互联网的普遍推广，公司为客户设置了网上交易、网上帐单查询、期货电子邮局等交易与服务系统，以满足客户的不同需求，为客户提供最便利的服务。公司现代化的投资环境，是期货投资者进行金融投资、商务交流的理想场所。在全国各地建立了稳定的信息网络和客户基础；与国外内主要大型现货生产商和贸易商建立了稳固的协作关系。

雄厚实力

成立于 1996 年，目前公司的注册资金为 3.5 亿元人民币，是国内注册资金最大的期货公司。公司实行董事会下的总经理负责制，下设稽核部、研发部、财务部、风控部、清算部、技术部、经纪业务部和发展部等部门。在北京、大连、上海、郑州、深圳分别设有营业部，分别设于北京清算部中青旅大厦、大连金融大厦、上海期货大厦、郑州未来大厦、深圳中心商务大厦。

公司自成立以来，依托中粮集团五十余载积累的雄厚实力，利用集团特有的国际贸易和资本经营的优势与经验，坚持以“为客户提供专业化、策略化、个性化的服务”为经营宗旨，对内强化管理，规范操作流程；对外强化服务意识，严守行业准则，在国内经纪业享有很高的声誉，多次被和讯、百度等国内外有关机构评选为"十大最受欢迎期货公司"。

中航期货经纪有限公司

中航期货经纪有限公司（CHINA AVIATION FUTURES CO. LTD.），广东省工商局注册号 440000000017923，中国证监会经营期货业务许可证：32200000（原许可证 A004835001），注册资金 6500 万元人民币。

公司成立于 1993 年 4 月 7 日，系航空工业集团直属期货公司。2007 年 9 月，公司完成增资扩股，现主要股东为：中国航空工业集团公司 53.85%、上海欣盛航空工业投资发展有限公司 31.15%、中国航空工业供销总公司 15%。公司大股东——中国航空工业集团公司，是国务院直属中央大型企业，总资产达 3200 多亿元，净资产 640 亿元，集团旗下拥有多家 A 股上市公司及海外上市公司：西飞国际 sz000768、力源液压 sh600765、中航精机 sz002013、贵航股份 sh600523、中航光电 sz002179、成飞集成 sz002190、深天马 sz000050、飞亚达 sz000026、飞亚达 B sz200026、中航地产 sz000043、哈飞股份 sh600038、东安动力 sh600178、洪都航空 sh600316、南方宇航 sz000738、昌河股份 sh600372、三鑫股份 sz002163、航空动力 sh600893、东安黑豹 sh600760、成发科技 sh600391、深圳中航集团股份有限公司（H 股）HK0161、中国航空技术国际控股有限公司（红筹股）HK0232、中国航空科技工业股份有限公司（H 股）HK2357。

中航期货经纪有限公司已获得中国证监会的核准取得了金融期货经纪业务资格和交易结算业务资格两项资格。公司在中国金融期货交易所为交易结算会员，会员号 132 号，上海期货交易所会员号 31 号，大连商品期货交易所会员号 37 号，郑州商品期货交易所会员号 27 号。公司制度严谨、人员齐整，运作规范稳健。近年来在股东单位的支持和全体员工的共同努力下，中航期货公司取得了长足的发展，在资产质量、交易额、研究水平和客户盈利能力等等各方面都成了期货业内上升最快的公司之一。公司期货程序化交易的研究在业内发展最快，排在期货行业的前列，在指导客户交易上产生了较好的效益，为此，《期货日报》为公司专门开辟了专栏，每日连载公司"小石头基金测市"的持仓及交易建议，期货业内最大的信息提供商文华财经咨询公司也与公司合办了多次程序化交易培训班，取得了良好的效果。我们努力的目标是在公司做优做强的同时，提升客户的操作质量及盈利水平。

公司全体员工热忱欢迎广大企业、证券金融机构及个人投资者充分利用期货这一投资工具进行保值、套利投机等业务，本公司将以诚实高效的服务获得您的信赖，并期望您在我们公司取得良好的收益。

中谷期货经纪有限公司

中谷期货经纪有限公司是经中国证监会批准、国家工商局核准登记注册的大型期货经纪公司。

公司始创于 1993 年 4 月 23 日，原注册名称为上海中诚期货经纪有限公司，是国家工商局最早批准成立的 150 多家期货公司之一。

1996 年 9 月 2 日取得中国证券监督管理委员会颁发的《期货经纪业务许可证》。

1997 年 7 月 22 日经公司改制，更名为上海中粮贸期货经纪有限公司，注册资本 3000 万元。

2002 年经股份调整，公司名称变更为中谷期货经纪有限公司，控股股东为中谷粮油集团公司。

2006 年，公司大股东——中谷粮油集团公司与中国粮油食品（集团）有限公司成功重组合并，重组后的中粮集团成为世界"粮油航母"。自此，公司成为中粮旗下的专业期货公司。

2007 年，公司增加注册资本金至 6000 万元。

中谷期货经纪有限公司主要从事商品期货经纪、金融期货经纪业务。公司是大连商品交易所、上海期货交易所、郑州商品交易所会员单位，中国金融期货交易所的交易结算会员单位，公司的高管人员是大连商品交易所交割委员会主任委员。

公司以良好的信誉、安全快捷的交易通道、规范严格的风险管理、丰富稳健的交易经验，竭诚为投资者提供专业化期货服务，努力实现"客户、股东、员工价值最大化"的企业使命。

中谷期货全体员工将继续努力，充分发挥自身优势，为投资者奉献高品质的服务。我们衷心希望与各界朋友携手，迎接我国期货行业的发展新局面，为繁荣我国期货市场做出积极贡献。

联系我们：

中谷期货经纪有限公司大连营业部
成立时间：1997 年 9 月 22 日
负责人：杨波
地址：大连商品交易所 M 层 03 室
邮编：116023
电话：0411 - 84800128
传真：0411 - 84807966
大连商品交易所会员号：0125

中谷期货经纪有限公司北京营业部
成立时间：2001 年 2 月 1 日
负责人：于志成
地址：北京市海淀区西三环中路 5 号中谷粮油集团 118 室
邮编：100036
电话：010 - 88514806
传真：010 - 88514801

中谷期货经纪有限公司郑州营业部
成立时间：2002 年 5 月 8 日
负责人：符人俊
地址：河南省郑州市未来大道 69 号未来公寓 1606 室
邮编：450008
电话：0371 - 65616033
传真：0371 - 65615960
郑州商品交易所会员号：0009

交易部
地址：上海市浦东新区浦电路 500 号期货大厦 18 层
邮编：200122
电话：021 - 68402543；
传真：021 - 68401373；
上海期货交易所会员号：0082

中谷期货经纪有限公司金融投资咨询中心
电话：010 - 88518866 - 6287
010 - 88518866 - 6676
传真：010 - 88410273
中国金融期货交易所会员号：122
投诉电话：010 - 85019686

中钢期货有限公司

中钢期货有限公司是经中国证监会批准，在国家工商局注册登记的专业期货公司。中钢期货的前身中钢集团期货贸易部早在1993年就参与了国内期货市场，具有丰富的经验。公司一直以作风严谨和规范运营著称，从未发生过一起客户交易纠纷，多次受到行业主管部门和各期货交易所的好评，在行业中树立了良好的信誉。同时，公司更是以保证客户的利益、为客户创造价值为一贯的经营准则。

中钢期货有限公司控股股东中国中钢股份有限公司资本雄厚，是我国钢铁行业最具实力的经贸企业集团，属国资委管理的中央大型企业集团。中钢股份拥有覆盖全球的营销网络和物流服务系统，是中国主要钢铁生产企业的原料供应商和产品代理商，与国内外多家企业建立了长期战略合作关系。

经过十多年的发展，中钢股份凝聚了强大的前进动力。展望未来，中钢股份将充分发挥已有优势，努力构建以专业公司为主体，科技实业为支撑，地区网络为辅助，海外机构为平台，行业领先，主业突出，管理一流，具有全球化运作体系和创新能力的大型跨国企业集团。

中大期货经纪有限公司

中大期货经纪有限公司成立于1993年，注册资本金1亿元人民币，是上市公司中大股份（股票代码：600704）的子公司，是上海期货交易所理事单位，大连商品交易所、郑州商品交易所和中国金融交易所会员单位。

公司总部设在杭州，营业场地2700多平方米，目前在北京、上海、重庆、福州、永康、温岭、温州、海宁、义乌设有九家营业部。

公司拥有先进的设备、贴心的客户服务和基础雄厚的研究团队，遵循“公开、公平、公正”的原则，秉承“规范经营、稳步发展”的经营方针，以灵活的合作方式、专业的顾问服务、便捷的交易通道、多样的研究报告、完善的培训体系，倡导理性投资，以客户的资金增值为目标，发挥自有的资源优势，竭诚为广大客户提供全方位的服务。

经中国证监会核准，公司经营范围为：商品期货经纪、金融期货经纪。

荣誉业绩：

2001－2007年连续七年期货代理额位列全国十强。

2002－2008年连续七年获得上海期货交易所交易优胜奖，并多次获得大连商品交易所和郑州商品交易所的优秀表彰。

2005－2008年连续四年荣获和讯网中国财经风云榜：最具影响力的期货公司。

2009年5月荣获《上海证券报》评选的“最佳期货公司品牌十强”。

2009年6月荣获《证券时报》评选的“中国最佳期货公司”。

地址：中国杭州中大广场五矿大厦三楼

邮编：310003

客服电话：400－8810－999

网站：http://www.zdqh.com

北京中期期货经纪有限公司

北京中期期货经纪有限公司作为中期公司的发源地，前身是1992年由国家经贸委批准的物资部组建成立的中国国际期货公司（中期公司）。2005年，原属于中期公司总部的期货业务独立出来，成立了北京中期期货经纪有限公司（简称北京中期）。

十几年来，北京中期一直坚持诚实守信合规的经营原则，坚持“止于至善”的客户服务理念，坚持为期货行业创造价值的奉献精神，在社会各界和广大投资者的支持下，取得了良好的社会效益和经济效益，为期货行业的规范专业和诚信运作树立了良好的形象。

北京中期现有员工150余名，绝大多数具有大学和大学本科学历，40余名硕士，其中有20余名员工具有十年以上的从业经历。北京中期员工丰富的从业经历，较高的学历背景，爱岗敬业的职业精神和亲和友善的服务态度，能够为广大投资者提供专业化期货投资服务，从而更好实现公司为客户创造价值的经营理念。

在未来的发展中，北京中期将继续发扬“规范、诚信、专业、创新、共赢”的优秀传统，继续坚持为投资者创造价值、为行业创造价值的经营理念，励精图治，更为专注地发展期货业务，更为用心地提高研发和客户服务水平，为客户提供更多、更加贴近市场的产品。在不断提高期货市场对国民经济的服务过程中，我们将更坚定地和广大投资者站在一起，努力拓展期货市场服务的深度和广度，按照止于至善的要求不断完善我们的服务，为中国期货市场光明的未来做出自己应有的贡献。

北京中期在期货经纪主业方面具有以下优势：

1. 资金调拨迅速、出入自由，资金安全有口皆碑；

2. 专事代理，不做自营；严格区分客户资金和自有资金，充分维护客户利益；

3. 业务操作公开透明，遵循公正、公开、公平和诚实信用的原则；

4. 有严格的内部管理制度和操作流程，保证交易的顺利进行；

5. 专业化的研究队伍为客户提供金融期货领域政策、法规、新闻行情评述和咨询服务；

6. 一流的投资顾问队伍为客户提供期货和现货市场、国内国际市场及相关行业的深度分析报 告；

7. 为客户提供及时迅捷的行情信息，开展同城和异地的自助委托交易；为客户提供实时网上行情，足不出户即可进行网上交易；

8、为客户提供期货及相关市场的多元化投资工具，有利于客户资金的组合运作，实现保值增值。

随着中国经济规模的不断扩大和对外开放程度的日益提高，中国的金融市场和资本市场也随之快速成长和不断完善，为中国期货业进一步稳定健康地发展提供了前提条件。北京中期将一如既往地把期货经纪业作为主业，并把成为业务管理规范、技术先进、市场份额最大、品牌形象最好、经营业绩优良的现代期货经纪业作为北京中期在新世纪的重要工作目标。

公司基本信息：

公司名称	北京中期期货经纪有限公司
法定代表人	毋润昌
营业执照号	110000001001361
期货经纪业务许可证号	30070000
注册资本金	人民币五千万元

主要股东	中国嘉德国际拍卖有限公司 中诚信财务顾问有限公司 湖北东亚实业有限公司
经营范围	商品期货经纪、金融期货经纪。
注册地址	北京市朝阳区东三环北路38号院1号楼泰康金融大厦22层
办公地址	北京市朝阳区东三环北路38号院1号楼泰康金融大厦22层
办公地址邮编	100026
公司网址	www. bjcifco. net
公司电子邮箱	service@ bjcifco. net
全国客户服务电话	400 - 880 - 2277
投诉电话	010 - 64627717

北京首创期货有限责任公司

北京首创期货有限责任公司(Beijing Capital Futures Co. , Ltd)成立于1996年1月,是由中国证券监督管理委员会批准、经北京工商行政管理局登记注册,从事商品期货经纪、金融期货经纪的大型专业期货公司,注册资金1亿元人民币。

首创期货是目前国内管理规范,非常有影响力的期货公司之一。首创期货一贯秉承规范运作的优良传统,拥有健全的风险控制体系,专业的商品期货、金融期货研发团队和领先的研发成果,以专业化的期货从业人员团队、雄厚的经济实力为基础,为客户提供长期的、细致的、可操作性的业务培训和卓越的、完善的、多元化的服务,全力打造国际一流的期货公司。

首创期货经过多年努力,业绩不断增长,2005年全国成交量排名第8位、成交额排名第9位,2006年上半年成交量、成交额排名全国前5位,全年排名全国第9位。2005年、2006年连续两年成为和讯网"年度十佳期货公司",是大连商品交易所2005年度、2006年度优秀会员,郑州商品交易所2006年成交排名十强会员,2008年获得北京证监局和北京期货商会颁发的北京期货行业突出贡献奖,获得郑州商品交易所品种优胜奖、上海期货交易所黄金交易优胜奖。市场认可了首创,首创赢得了客户。

首创期货拥有金融期货经纪业务资格、金融期货交易结算业务资格,是上海期货交易所、大连商品交易所、郑州商品交易所、中国金融期货交易所的会员单位,是中国期货业协会会员、北京期货商会理事单位,是北京地区首家开通银期转帐的期货公司,在中国建设银行(全国)、中国农业银行(全国)、交通银行(全国)、中国工商银行(全国)和中国银行(全国)开通了银期转帐业务。

北方期货经纪有限责任公司

北方期货经纪有限责任公司(简称北方期货)成立于1996年3月,是经中国证监会批准、辽宁省工商行政管理局核准登记的期货经纪公司,注册资本5500万元,天风证券经纪有限责任公司为公司控股股东,持有公司51%的股权。北方期货是上海期货交易所、大连商品交易所、郑州商品交易所的全权会员单位。北方期货始终保持稳健、高效的发展势头,持续不断的为投资者提供一系列的增值服务,提高企业核心竞争力,塑造企业品牌。

北方期货总部设在大连,目前下设北京、福州2家营业部。公司在十年的企业建设发展中,重视人才培养,逐步形成了科学合理的团队结构。积极服务于客户,创建并不断完善"风险预警流程系统",真正做到"风险控制防范在先",及时提醒工作人员和客户提前选择最佳方案,以提高赢利水平。

北方期货始终坚持稳健、规范的经营管理原则,加强部门管理与相互制约,从源头抓起,重视细节,规范 各环节间的流程协作与监督,并结合中长期的发展规划和实际情况架构出运做灵活、控制有效的管理制度及风险预警机制。

北方期货现为:

上海期货交易所、大连商品交易所、郑州商品交易所全权会员单位;

中国期货业协会理事单位、理事;

大连证券期货业协会常务理事单位、副会长单位;

上海期货交易所新品种委员会委员。

北方期货的成绩:

2004、2005、2006连续三年大连期货交易所优秀会员单位;

2004、2005连续两年上海期货交易所优秀会员单位;

2006年获上海期货交易所综合评优奖;

2003 - 2006年度连续四年代理成交量、成交额排名东北地区第一名、全国二十强;

2004 - 2006年度连续三年在国内期货界综合排名前20强。

上海大陆期货有限公司

上海大陆期货有限公司,成立于一九九四年,是经国家工商行政管理总局登记注册,并取得中国证监会颁发的期货经营许可证的大型专业期货公司,公司控股股东西部矿业,注册资金1亿元。目前公司设有北京、大连、郑州、上海、广州和福州等十余家营业部。公司作为国内四大交易所的正式会员,竭诚为国内各投资机构、保值商以及广大投资者提供期货代理和期货培训等服务。

大陆期货与中国期货市场同起步共成长。公司从成立至今,一直坚持"高起点、规范化、服务一流、客户至上"的经营宗旨,借鉴国内外成熟的管理经验,以国际通行的经营理念和交易规则为指导,制定各项管理制度和流程,倡导理性的操作理念。对内强化风险管理,对外强化服务意识,严守行业准则,发展至今已成为管理规范,国内最具影响力的大型专业期货经纪公司之一。

大陆期货拥有多套国内外优秀的财经信息系统。实时提供国内外各大交易所的行情数据,及时传递最新国内外财经新闻和相关行业信息。信息研究中心每天有专人收集,处理各种渠道获取的信息资料,定期通过传真、邮递、电子邮件和公司网站向客户发送早报、日报、周报、月报、年报以及专刊等系列研究报告和刊物。公司与多家境外经纪公司、交易商和国内诸多相关品种的现货企业建立了良好的合作关系,使客户能先人一步了解期货品种价格异变的真实动因,为客户整体的赢利水平打下了扎实的基础。

大陆期货拥有自助交易、网上交易和人工受理委托等多种交易方式供客户方便自由选择,客户可以足不出户,直接在公司网站上获取最新最快的交易信息,并畅通无阻地下达交易指令。公司严格实行保证金封闭管理,并开通了全国范围内的银期转帐业务。在保障客户资金绝对安全的同时,为客户资金的存取提供最大的便利。公司网络系统关键设备采用双机实时备份,多条完备的DDN数据专线直接连接国内各大交易所,以最快捷的速度完成客户交易指令的成交和回报。

创立于2000年的大陆期货网站(www. dlqh. com),是中国最早一批的期货专业网站,为了更好满足客户对信息服务的需求,公司以"专业、精品、特色"为网站建设理念,通过"信息中心”、“专业期货评论”、“实时语言评述”及“套保专栏”等优质特色栏目，为广大客户搭建起信息互动平台。目前，大陆网站已成为国内期货业最著名的专业期货网站之一。

大陆期货以人为本，积极培养一流的期货人才，从而在整体素质、管理操作水平上处于国内领先地位。大陆期货每年定期对各主要期货品种进行实地考察工作，加深对现货市场的了解，使我们的分析研究报告建立在第一手信息资料基础上。每年定期走访保值商客户，了解客户最新的需求，提高员工对套期保值的认识，帮助客户更好更顺利的开展套期保值业务，大陆期货还定期委派骨干员工赴境外各大期货公司接受业务培训，加深对国际市场的了解。

期货市场是国际化的市场，经纪公司发展方面也将是国际化的。大陆期货积极开拓对外交流，近几年来与 国外的诸多著名经纪公司建立了信息互换关系和人才培养关系，并开展了广泛的高层互访和业务交流活动。大陆期货将进一步扩大对外交流，为将来走向国际化作好积极的准备。

上海东方期货经纪有限责任公司

上海东方期货经纪有限责任公司（以下简称东方期货），成立于一九九三年四月十四日，是经国家工商行政总局登记注册（营业执照号码：310000000019094），并取得中国证监会颁发的期货经营许可证（期货许可证：A004702014）的专业期货经纪公司。

东方期货由上海鑫冶铜业有限公司、中铝上海铜业有限公司共同组建，是国内首批取得期货经营权的经纪公司之一。公司注册资本为三千万元人民币，公司董事长由王跃进先生担任，总经理由周华先生担任。拥有上海期货交易所（0011）的席位。

东方期货信奉“客户至上，信誉第一”的宗旨，坚持“公开，公平，公正”的交易原则，竭诚为社会各界客户提供期货代理，信息咨询，人员培训等服务。

东方期货作为原中国有色金属工业总公司控股企业，在有色金属期货领域里，具有得天独厚的行业优势，现货购销渠道通畅，拥有一批长期从事有色金属期货交易的骨干。公司能引导客户把期货交易与现货交易相结合，合理避险，搞好期货套期保值，跨期套利，跨市套利等业务。

公司拥有先进的计算机网络，拥有自助网上交易，电话报单等多种交易方式供客户选择，为客户提供快捷，稳定的交易平台，拥有金牛信息，文华财经等多套国内优秀的财经信息系统。公司信息研究中心设专人收集、处理各种全球财经资讯，并通过网站、传真等形式的发布我们最新的研究成果。使您无论在世界任何一个地方都可以畅通无阻的了解期货资讯。公司拥有最新的“金仕达”期货结算及网上交易系统，严格实行保证金封闭管理。在保障客户资金绝对安全的同时，也为客户资金的存取提供最大的便利。

东方期货将竭诚为客户服务，不断研究国际国内期货市场的最新动态，挖掘新的盈利模式，时时倾听客户的心声，创造新的交易手段，以诚为本，达到客户、资金的稳步增长。帮助您在风险中抓住机遇，开拓未来，走向成功！

上海东亚期货经纪有限公司

上海东亚期货经纪有限公司（以下简称公司），注册在上海市商城路618号，经营地为上海市浦电路500号期货大厦2203室。企业法人代表曹泽军，注册资本人民币3，000万元，由上海东亚（集团）有限公司投资2，850万元，上海亚欣实业公司投资150万元，经上海长江会计师事务所沪长会师报字（99）第601号验资报告验证确认。

2004年9月上海东亚（集团）有限公司和上海亚欣实业公司分别与上海和鸿企业发展有限公司、上海盛圭信息科技有限公司签订了股权转让协议，并已于11月完成产权转让交割，同月得到中国证券监督管理委员会证监期货字（2004）101号“关于核准上海东亚期货经纪有限公司变更股东的通知”，变更后的注册资本仍为人民币3，000万元，由上海和鸿企业发展有限公司投资2，760万元，上海盛圭信息科技有限公司投资240万元。

公司目前是上海期货交易所、郑州商品交易所和大连商品交易所的会员单位，在上述交易所拥有三个场内交易席位。2007年11月，公司取得金融期货经纪业务资格；2008年2月，公司取得中国金融期货交易所交易会员资格。公司的企业法人营业执照注册号为310000000019213，期货经纪业务许可证号为31280000，经营范围为商品期货经纪、金融期货经纪。

上海东证期货有限公司

上海东证期货有限公司（简称：东证期货）是东方证券股份有限公司全资子公司，注册资本1亿元。其前身系上海久联期货经纪有限公司，2007年9月我司与久联期货股东签署股权转让协议，2007年11月该项股权转让获得中国证监会批准，2007年12月正式更名。东证期货是国内四家期货交易所的全权结算会员，可以代理股指期货、黄金期货、钢材期货和其他商品期货交易。公司拥有一支具有多年期货、证券市场从业经验的优秀团队，以规范管理、诚信创新的经营理念为广大投资者提供专业期货服务。

2008年，公司以商品期货为主攻方向，以产业投资者为服务目标，在信息产品的全面、交易技术的提升、交割服务的完善、研发服务的创新等方面作出积极努力，公司客户全年盈亏相抵总盈利达到3亿元，且全年没有出现一例风险事件。

公司致力于打造国内期货界最优秀的期货公司之一，尤其专注股指期货、钢材期货、有色金属、黄金期货以及能源化工期货等领域的代理和研究服务。

东方证券是经中国证券监督管理委员会批准的综合类证券公司，其前身是成立于1998年3月的东方证券有限责任公司。公司注册资本金为32.93亿元人民币（含1500万美元），员工1000余人，2004年12月1日成为全国创新试点证券公司之一。公司资产质量优良，业务品种齐全，涵盖了证券承销、自营买卖、交易代理、投资咨询、财务顾问、企业并购、基金和资产管理等众多领域。

公司以上海为总部所在地，2005年成功托管并收购北方证券经纪业务及其所属营业部。目前在上海、北京、天津、长春、沈阳、抚顺、成都、武汉、长沙、南京、苏州、杭州、广州、深圳、汕头、南宁、桂林、北海、济南、福州等20个城市设有57个分支机构，形成了依托上海、立足中心城市、辐射全国的大型证券公司的经营网络。

上海金城期货经纪有限公司

上海金城期货经纪有限公司是经中国证监会批准、上海工商行政管理局注册登记的期货经纪有限责任公司，由中国最大的装备制造业集团——上海电气(集团)总公司控股组建,公司注册资本3000万元。

"十一五"规划明确指出,要振兴我国装备制造业。上海电气(集团)总公司是上海市重点扶持的先进制造业企业,为上海国资的第一梯队,作为国内最大的装备制造业集团,上海电气旗下共拥有8家内地上市公司和2家香港上市公司以及财务公司、租赁公司等金融资产,总资产近1000亿元,年销售总额超过1000亿元。

上海金城期货经纪有限公司成立于1992年,是国内最早成立的期货经纪公司之一。公司拥有一流的办公环境和技术设备,开通最新版即时报价、分析系统,并配备同步交易结算系统,确保迅捷地执行客户指令并及时回报,网上交易系统可使您通过互联网即时进行期货在线自助委托,公司还开通银期转帐系统,确保客户出入金的方便与快捷。同时,公司还拥有一支期货业务精通、实战经验丰富、职业操守优良的人才队伍,我们将本着"为客户创造价值"的核心经营理念,以"客户至上,服务第一"的经营宗旨,规范运作,诚信经营,为广大投资者提供商品期货和金融期货的委托代理、业务咨询和业务培训等全方位的优质服务。

金城期货期待在高速发展的中国期货市场上与您友好合作,共同发展!

上海金源期货经纪有限责任公司

上海金源期货经纪有限责任公司是经中国证监会批准、国家工商总局登记的期货经纪公司,由全国特大型企业——上市公司铜都铜业的控股公司——铜陵有色金属(集团)公司控股组建。注册资金4000万元。

金源期货成立于1992年12月1日,是我国最早成立的大型期货公司之一,拥有上海期货交易所,大连商品交易所,郑州商品交易所全权会员资格,并配有同步交易系统,确保快捷迅速地执行客户指令,及时回报。网上交易系统可使您随时通过互联网进行期货在线自助委托。公司拥有路透,世华,新华财经,世纪通宝等数套行情分析系统,蜚声国内的专业分析师每日为您提供期货行情分析及国内外财经信息,使您把握先机,提高胜算。

金源期货严格坚持"公开,公平,公正"和诚实信用的原则,本着"客户第一,服务第一"的宗旨,以严谨求实的敬业精神和认真负责的工作态度,谒诚为广大投资者提供全方位的服务。

金源期货为上海期货交易所历年十佳会员及优秀会员、中国期货业协会理事单位、上海期货交易所理事单位、大连商品交易所及郑州商品交易所专业委员会委员,是"上海期货俱乐部"的创建者,来之不易的荣誉充分显示出我公司的综合实力和管理水平。经过金源人的拼搏奋斗,公司已牢牢树立了在中国有色金属期货行业中的领先地位,跻身于国内一流期货经纪公司之列,2000年行业排名全国第四位。

金源公司将不断提高管理水平和服务标准,力求为广大客户创造更多的发展机遇。

公司地址:上海市源深路273号

联系电话:021－68559999 传真:021－68550055

邮编:200135

公司网址:http://www.jyqh.com.cn

E-mail:jyqh@jyqh.com.cn

上海久恒期货经纪有限公司

上海久恒期货经纪有限公司是一家专业期货经纪公司,注册资金为6300万元人民币,其中上海久联集团有限公司投资额5940万元;上海华江石油有限公司投资额300万元;上海隆杰石油化工有限公司投资额60万元。上海久联集团隶属于上海市政府,是由原上海三家期货交易所分流改制组建的集证券、期货、仓储、信息、技术、物业管理为一体的大型国有集团公司。

公司实行董事会领导下的总经理负责制,设有综合部、财务部、交易部、结算部、技术部、市场部和信息研究中心。

公司一贯坚持规范经营、稳健发展的经营理念,倡导团结、学习、创新、务实的企业精神,成立7年来在业内树立了专业、稳健的良好品牌。公司主要从事国内商品期货经纪、金融期货经纪。

公司总部位于中国上海的金融中心——浦东陆家嘴金融贸易区,紧邻上海期货交易所、中国金融期货交易所。公司拥有雄厚的资金实力、宽敞的交易环境、快捷的交易跑道、先进的硬件设备和一批素质优良、务实敬业的专业人才,是上海期货交易所(会员号0298)、大连商品交易所(会员号0209)、郑州商品交易所(会员号0269)的全权会员;中国金融期货交易所交易结算会员(会员号0107)。

上海良茂期货经纪有限公司

上海良茂期货经纪有限公司是第一批由中国证监会和国家工商总局审核批准的大型国有期货经纪公司,成立于1993年。是上海期货交易所、大连商品交易所、郑州商品交易所全权会员,第一届中国期货业协会理事单位,郑州商品交易所理事单位和上海期货交易所监察委员会主任委员单位。公司已经通过中国证监会审核,获得金融期货经纪和交易结算业务资格,于2007年11月成为中国金融期货交易所交易结算会员。

上海良茂期货经纪有限公司是上海良友(集团)有限公司(以下简称良友集团)下属全资子公司,注册资金7000万元人民币。良友集团是上海市国资委授权经营的企业集团,是上海最大的从事粮食经营的企业集团,在中国食品加工制造业中列第2名,经营领域涵盖粮油加工、仓储物流、便利连锁、粮油贸易、进出口业务、实业投资等。

公司注册地在我国的金融中心——上海市,得天独厚的地理优势和人文环境为公司业务发展提供了坚实的土壤和广阔的舞台。

二、公司文化与优势

我们的公司文化与宗旨是以风险控制为首要,以市场发展为追求,以客户利益为根本,以专业、诚信的服务,满足不同投资者利用期货市场规避风险、投资理财等各种需求,成为经营合规、管理规范、服务优良、信誉卓著的综合性期货公司。十几年来,公司能一直延续"诚信、规范、服务、自律"的经营理念并严格执行中国证监会规定的"保证金封闭运行"等各项风险管理制度,始终最大限度地保障客户资金安全、交易安全。公司的优势主要体现在以下几点:

1. 规范经营的理念形成较好的市场口碑

根据监管要求,通过多年的实践总结,公司形成了比较完善的风险管理和内控体系,有包括开户、交易、风控等在内的一系列期货经纪业务关键环节的业务流程和操作规程,有明确的岗位职责划分与定期的从业人员培训，以确保各个环节的有效衔接、高效运行和合规运做。持续规范的经营、广泛的市场培育、投资者培训服务以及不搞代客理财、不搞恶性竞争等等让我们在整个期货市场上树立了较好的口碑和正面的市场形象。

公司目前除总部外分别在北京、郑州、福清、泉州和上海宣化路设有五家营业部，各家营业部均经营规范，诚信运做，未曾受到过所在地监管部门的违规处罚。

几年来，通过不断提高规范经营与风险管理的水平，我们逐步做到了在最大限度地保障客户资金安全、交易安全的基础上的持续盈利与稳定增长。目前，公司总体经营状况处于整个期货公司的中游以上水平，经营业绩比较稳定。

2. 快捷的交易系统与便利的交易模式

公司使用恒生电子公司开发的交易系统，新建的中心机房配备最先进的服务器与安全高速的网络设备，均已通过中金所包括大容量压力测试在内的多项测试，初步测算能够容纳 2 万以上客户在线交易。同时，公司根据客户分布，在国内多个地区的中国电信、中国网通主干 IDC 机房架设了富远、文华财经、澎博博易大师等行情分析系统，方便客户快速接入公司交易网络。

公司网站（http://www.51qh.com）专业技术含量高、专业信息全面，客户通过该网站可以得到大量的信息服务，如浏览期货新闻、评论，查询期货行情、历史数据、图表，下载交易软件、行情软件，在线开户等。

3. 便捷的资金划拨与安全的制度保障

公司在国内率先实现保证金封闭管理，长期的运营中我们始终坚持“客户资金安全第一”的方针。公司已开通建设银行、交通银行、农业银行、工商银行四大银行的全国集中式银期转账系统，银期转账系统具有宽覆盖、多渠道的特点，可以为客户提供安全、及时、便利的资金流转保障。

公司实行三级监管的风险管理措施，特设风险控制人员实时监控投资者权益变化。严谨问责的保密制度，客户资料、账户信息专人管理，安全可靠的交易环境给投资者提供了安全可靠的保障。另外，公司还建立了账户、资金运作实时预警机制，为客户提供及时的预警，有效防范市场风险。

4. 全面的客户管理与综合服务系统

公司自行开发的“良茂客户综合管理及服务系统”可以对所有客户进行集中式管理，为市场推广、综合管理以及服务产品的推广提供强大的分析功能和实施渠道。

公司最近几年来努力提高综合服务能力，从市场培育、品种研发、投资者教育等方面着手，形成了高素质的综合服务团队，建立起了比较成熟的综合服务系统。

坚持稳健、诚信的经营理念与市场定位让我们在过去十几年复杂的期货行业竞争中得以生存，相信在期货以及整个金融市场更加健康、规范的今天和未来，通过对企业文化的深化与完善，我们还将在未来的竞争中取得更好的经营效益和社会效益。

联系地址：上海市打浦路 198 号

邮政编码：200023

客服热线：400 700 5198

公司法定代表人：张培源

营业执照号码：3100001007408

期货经纪业务许可证号码：31360000

上海普民期货经纪有限公司

上海普民期货经纪有限公司前身为上海普民实业有限公司期货部，于 1995 年取得上海有色金属期货交易所席位，并借住普民实业多年在有色金属行业内建立起的良好信誉，迅速成长为金属交易所的主要会员。1997 年通过资产重组，由普民实业等股东出资筹建期货经纪公司并于当年通过了国家工商总局审核登记注册，获得中国证监会《期货经纪业务许可证》的专业期货经纪公司。公司经历了中国期货市场从起步、试点到规范发展的全过程，经验丰富，资信良好，在行业内享有良好声誉。

一、公司及股东实力雄厚：注册资本金为 3000 万元，满足中国证监会对经纪公司要求的注册资本金 60% 以上为货币资本的要求，普民期货实际的货币资本保持在 80% 以上。大股东主要为上海普民实业有限公司和上海申环投资有限公司。上海普民实业有限公司多年经营有色金属贸易，年销售电解铜六万余吨、高基铝三万余吨、白银 10 吨仅此三种商品累计销售人民币达 18 亿元，自 2000 年就成为外商在中国有色金属领域重要的合作伙伴之一。其中 2003 年共进口电解铜 26000 吨，总价值约 7280 万元美元。积累丰富的有色金属市场资源及期现套期保值的经验，1997 年始普民实业公司成功转型，主业转为房地产，现普民实业有限公司及其控股子公司的总资产达 12 多亿。有这样实力雄厚的股东做后盾，普民期货将进一步做大做强、向综合类大型期货公司发展。

二、优势及业绩：上海普民期货经纪有限公司在全国多家期货经纪公司中特点明显，公司在有色行业中的代理量较为稳定，全国最大的两家有色金属现货批发市场的期货交易均通过我公司代理；在有色金属及天然橡胶的代理中还有较大的实物交割量；公司在上海期货交易所代理额的排名一直保持前列，2000 年达到第九名，业绩突出；公司一直是上海期货交易所交割委员会的会员。近一年半来，由于期货市场的发展，投机力量优势明显，热资大量涌入公司的代理量在交易所所占的比重有所下降，但公司在 2004 年仍取得代理交易额 400 亿元的好业绩，创公司年代理额最高点。

三、人才济济：上海普民期货经纪有限公司拥有一流的管理人才和期货交易人才，他们受过正规的专业培训，拥有中国证监会颁发的期货从业人员资格证书，具有全国各大交易市场的实际交易经验。

四、管理规范：公司实行财务、风险、结算三线垂直管理模式，严格遵循中国证监会规定的统一财务、统一结算、统一风险控制、统一资金调拨的运作方式，制定了一系列严格的管理规章制度和监督激励办法，确保有条不紊、规范周到地为广大客户服务。

1. 全国三家期货交易所的全权会员，管理严格规范，从业人员经验丰富、素质合格。

2. 公司有专门的研究中心，高水平的投资顾问和信息研究人员。公司设有股票、期货的实时分析系统，每日行情、信息特快提供。

3. 公司员工团结、氛围好、环境舒适、条件优越、手续费合理。

上海通联期货经纪有限公司

公司情况与股东价格

上海通联期货有限公司（原万向期货）隶属于中国万向集团。于 1999 年经中国证监会核准，在国家工商局登记注册，获得国家颁发的《期货业务经营许可证》从事期货经纪业务，期货信息咨询与培训的专业期货经纪公司。公司拥有上海期货交易所、大连商品交易所和郑州商品交易所的全权会员资格。2008 年经中国证监局核准为拥有从事金融期货经纪业务资格和金融期货交易结算会员资格，并成为中国金融期货交易所交易结算会。中国期货协会团体会员。

公司注册资金5000万元，股东为通联资本管理有限公司出资2900万，占总股本58%；通联创业投资股有限公司出资2100万，占总股本的42%，公司位于上海浦东陆家嘴金融贸易区，拥有1370平方米的办公场，办公条件优越，设施齐全，部门设置齐全，运作通畅。

公司严格遵循中国证监会规定的统一财务、统一风险控制、统一资金调拨的运作方式，执行严格的管理规章制度和监督激励方法，确保有条不紊、规范周到地为广大客户服务。

公司经营特色

一、股东优执：股东实力强，在市场上具有品牌效应；有投资有色金融现货市场的背景，为客户参与套保提供通道；可与客户共享资酒，为客提供全方位服务。

二、市场优势：公司借助股东的雄厚实力，视信誉为生命，科学管理，规范运作，稳健经营。公司与一些大型现货贸易生产企业有稳固的协作关系，拥有广泛业务合作伙伴，具有坚实的市场基础，公司在期货行业中有良好的信誉与地位。

三、研发及咨询优势：公司上前拥有文化财经等信息系统，还采用速度讯捷的远程交易系统及网上交易系统，宽带介入因特网，全面实现网上自助交易。期货投资专家将接受客户的咨询和提供中、长期投资报告，为广大客户提供良好的个性化服务。

2008年公司荣获：

2008领航中国期货卓越公司称号

连续3年荣获郑州商品交易所十大优胜会员奖

连续4年荣获上海期化交易所优胜会员奖

公司总经理黄晓明荣获“2008领航中国期货卓越人物”和第十届“清东十大杰出青年”荣誉称号

公司地址：上海市陆家嘴环路958号7楼（华能联合大厦）

邮编：200120

公司总机：+86－021－68866986

公司传真：+86－021－68866985

公司网址：www. tiqh. com. cn

上海永大期货经纪有限公司

上海永大期货经纪有限公司系上海市金属材料发展总公司、天津一德投资（集团）有限公司共同投资的有限责任公司，注册资本金3000万元人民币。本公司经中国证监会经营许可，国家工商行政管理局批准注册登记，具有独立核算、自主经营、自负盈亏的法人资格，是上海期货交易所、郑州商品交易所、大连商品交易所的会员单位。公司组织结构：办公室、财务部、结算部、市场发展部、交易部，并设有专职稽核员和风险控制人员。

上海永大期货经纪有限公司目前主要经营品种为：有色金属、燃料油及农产品，其特点是结合百联集团生产资料主要业务，以有色金属市场为平台，做好信息传递、技术分析、套期保值、服务广大生产资料投资者。

公司遵循“信誉第一、客户至上、优质服务、规范管理”的原则，采用“自愿委托、代理买卖、统一结算”的办法开展期货经纪业务，接受客户委托代理进行各品种期货标准合约买卖。

上海浙石期货经纪有限公司

上海浙石期货经纪有限公司成立于1995年5月，经中国证监会批准设立（期货经纪业务许可证号：31530000）和国家工商行政管理局登记注册（企业法人营业执照注册号：310000000036215），经营范围商品期货经纪和金融期货经纪，注册资本人民币伍仟玖佰叁拾万圆整，法定代表人张洋，总经理刘建国。公司注册地：上海市浦东新区浦电路438号双鸽大厦，下设杭州、宁波两个营业部。公司是由中国石化集团资产经营管理有限公司和浙江高速石油发展有限公司出资的一家规范合格的期货经纪公司。

上海浙石期货经纪有限公司的前身为原浙江省石油总公司期货部，是国内最早参与期货业务的公司之一。在1993年至1994年间参与原上海、北京等石油交易所的期货交易，积极利用期货市场所具有的规避风险和发现价格的功能，结合自身的经营业务，卓有成效地开展了套期保值业务，曾以交易规范，遵章守纪荣获上海石油交易所交易优秀一等奖。公司自成立以来一直遵循“浙石期货，信誉永恒”的宗旨，秉承母公司资信优秀、管理规范等优势，始终贯彻稳健经营、稳步发展的经营策略，坚持踏实、务实的工作作风，严格遵守中国证监会和各交易所有关期货法规、制度，建立了一整套规范严格的期货经纪业务管理制度，积极为有关企业和投资者开展商品期货交易和投资提供完善周到的服务，在业内树立了“浙石期货”的良好声誉。公司自成立以来，连年保持盈利。

证监会自1998年度实施期货公司年检，我公司每年首批通过年检，按照证监会期货部负责人的解释：每年度第一批通过年检的经纪公司属于在资产质量、抗风险能力、合规经营、内部控制与管理等方面综合考核表现较好，在业内有较好声誉的公司。

目前我司是上海期货交易所（席位号75），大连商品交易所（席位号157），郑州商品交易所（席位号205）的正式会员和中国金融期货交易所（席位号148）的交易结算会员。可代理客户从事铜，铝，锌，天然橡胶，燃料油，黄金，螺纹钢，线材，大豆，豆粕，玉米，豆油，聚乙烯，棕榈油，小麦，棉花，早籼稻，PTA，糖等国内所有品种的期货交易，并向客户提供与期货相关的信息咨询，人员培训等服务。公司拥有文华财经行情分析系统和博易大师行情分析系统，并开通上海、大连、郑州三家期货交易所的异地同步交易系统，可为客户提供人工报单、自助委托交易、网上交易等多种交易手段。

公司设有交易、财务、结算、信息技术、综合等部门；公司杭州营业部于96年3月经上海市、浙江省、杭州市证管办批准并报证监会。中国证监会期货字2000年30号文正式批准设立上海浙石期货经纪有限公司杭州营业部，是获全国首批颁发的《期货经纪公司营业部经营许可证》的公司之一。2002年经中国证监会批准设立宁波营业部。公司在上海、杭州、宁波三地购置了高端营业办公用房，为投资者创造了长期稳定的交易场所和良好的投资交易环境。公司现有员工30余人，其中7人获得期货公司高级管理人员任职资格证书，25人获得期货从业人员资格证书。93年至96年进入本公司（含原浙江省石油总公司期货部）从事期货经纪业务的员工，占公司人员85%。

浙石期货稳步经营已走过十五个年头，如果从浙江省石油总公司期货部93年运作石油期货和石油期货经纪业务算起，已整整十七年。为了顺应国内期货市场的发展，浙石期货还须进一步壮大公司实力，以适应国际、国内石油期货市场发展的需要，逐步朝着建立以石油期货经纪为主的专业综合类期货公司方向发展。

上海浙石期货经纪有限公司真诚为投资者服务，愿与广大客户携手共进，共创中国期货市场的明天。

上海总部:上海市浦东新区浦电路 438 号双鸽大厦 10G 室
负责人:欧劲松
电话:(021)50586902　50586901
传真:(021)50586903
邮编:200122
E-mail:ojs@ zsqh. com
投诉电话:(021)50586901
客服电话:(021)50586906

杭州营业部:杭州市河坊街 54 号
负责人:张震宇
电话:(0571)87815007　87815001
传真:(0571)87812142
邮编:310009
E-mail:zzy@ zsqh. com
投诉电话:(0571)87812161
客服电话:(0571)87815007

宁波营业部:宁波市灵桥路 255 号中宁大厦 1101 室
负责人:钟敏
电话:(0574)56120216　56120217
传真:(0574)87193991
邮编:315000
E-mail:zm@ zsqh. com
投诉电话:(0574) 87193988
客服电话:(0574) 56120216

上海中期期货经纪有限公司

上海中期期货经纪有限公司(简称上海中期)成立于一九九三年二月二十八日,是经中国证监会批准、国家工商行政管理局核准的独立法人公司。公司注册资本金 1 亿元人民币,控股股东兖矿集团为国家重点特大型企业集团,是全国 100 家现代企业制度和 120 家企业集团试点企业。兖矿集团拥有第一家同时在纽约、香港、上海三地上市的中国煤炭行业龙头企业——兖州煤业。

上海中期是上海期货交易所(会员号 008)、大连商品交易所(会员号 0135)、郑州商品交易所(会员号 0179)的正式会员。

上海中期秉承"三信五精神"的企业文化,以相信期货,相信中期,相信自己,诚实守信合规经营的从业精神,止于至善的客户服务精神,战胜一切困难的拼搏精神,公司利益至上的主人翁精神,主动自觉的企业家精神,谆谆教诲每一位中期员工。经过十几年的不懈努力,上海中期已成为国内最具影响力的大型期货经纪公司之一。多年来,上海中期的代理交易量和交易额一直名列国内期货公司前茅。

上海中期始终如一地坚持"稳健、卓越、专业、诚信、开拓"的服务理念,以人为本、创新发展,以最佳的业务运作方式,致力于为客户提供品质一流的产品和服务,实现客户和公司的双赢,以专业创造财富,以专心提升价值。

公司基本信息
单位名称:上海中期期货经纪有限公司
营业地址:上海市中山北路 2000 号 17 层
注册资本:人民币壹亿元
法人代表姓名:吕海鹏
营业执照号码:310000000038688
期货经纪业务许可证号码:31560000
业务资格:商品期货经纪和金融期货经纪

上海中财期货有限公司

1. 公司法定中文名称:上海中财期货有限公司
公司法定英文名称:SHANGHAI Z. C. FUTURES CO. , LTD.
2. 法定代表人:边锡明　总经理:金优炼
3. 经营范围:商品期货经纪、金融期货经纪(涉及行政许可的凭许可证经营)
注册资本:6000 万元人民币
4. 注册地址:上海市陆家嘴环路 958 号华能联合大厦 23 楼
办公地址:上海市陆家嘴环路 958 号华能联合大厦 23 楼
邮政编码:200120
公司国际互联网网址:www. zcqh. com
电子邮箱:zczh@ zcfutures. com
5. 工商营业执照编号:00000001200710090002
期货经营许可证编号:31550000
6. 投诉及日常联系方式:021 -68866688 转客服部
7. 公司历史沿革:

公司原由北京华超联股份有限公司与上海物贸中心商厦有限责任公司共同合资组建,1998 年 12 月中国证监会核发《期货经纪业务许可证》,1999 年 6 月经第一届第二次董事会决议注册资本由 1000 万元增加至 3000 万元。2002 年 11 月公司第九次股东会议决议将原股权的 70% 转让给上海中财实业发展有限公司,北京华超联和上海物贸中心商厦各保留 15% 股权,并相应变更公司注册地,由上海市普陀区中山北路 2550 号 2 楼变更为上海市浦东新区银城东路 139 号 23 楼。2004 年 4 月 2 日公司第十二次股东会议决议将上海物贸中心商厦有限责任公司投资占有的 15% 股权转让给上海中财实业发展有限公司。股权转让后,股东及股权结构变更为上海中财实业发展有限公司投资占总股本的 85%,北京华超联股份有限公司投资占总股本的 15%,上海物贸中心商厦有限责任公司退出上海中财期货经纪有限公司股东会。以上变更事项于 2004 年 7 月 1 经中国证监会上海监管局核准。2005 年,经中国证监会审核批准,公司原股东之一——北京华超联所持有的 15% 的股权拆分为 8% 和 7% 两部分,分别转让给浙江中财管道科技股份有限公司和浙江中财担保有限公司,并于 2 月 2 日顺利完成过户工作。2007 年 9 月公司顺利通过中国证监会审核,获得金融期货经纪业务资格,继而顺利成为中金所会员。(会员号 205)。2008 年 4 月经过中国证监会同意,公司进行了股权和注册资本的变更,并随后办理了相关手续。2008 年 6 月公司申请股权变更的注册资本为人民币 210 万元,由原股东浙江中财担保有限公司将其持有公司 7% 的股权分别以人民币 120 万元转让给浙江省华业建筑设计研究院有限公司 4% 股权、以人民币 90 万元转让给浙江中财管道科技股份有限公司 3% 股权,同时公司申请增加注册资本 3,000 万元,由浙江中财管道科技股份有限公司于 2008 年 6 月 2 日之前缴足,变更后的注册资本为人民币 6,000 万元。其中:上海中财实业发展有限公司出资人民币 2,550 万元,出资比例为 42. 5% 、浙江中财管道科技股份有限公司出资人民币 3,330 万元,出资比例为 55. 5% 、浙江省华业建筑设计研究院有限公司出资人民币 120 万元,出资比例 2% ,业经万隆会计师事务所有限公司审验并出具万会业字(2008)第 2291 号

《验资报告》。变更后的股东和出资比例分别调整为浙江中财管道科技股份有限公司出资3330万元占注册资本的55.5%，上海中财实业发展有限公司出次2550万元占注册资本的42.5%，浙江省华业建筑设计研究院有限公司出资120万元占注册资本的2%。2008年7月，公司经上海市工商局核准，将名称由“上海中财期货经纪有限公司”变更为“上海中财期货有限公司”，同时换取了由上海市工商行政管理局颁发的《企业法人营业执照》。

8. 公司股东情况

上海中财期货有限公司股东分别为浙江中财管道科技股份有限公司、上海中财实业发展有限公司、浙江省华业建筑设计研究院有限公司。其中浙江中财管道科技股份有限公司出资3330万元占注册资本的55.5%，上海中财实业发展有限公司出次2550万元占注册资本的42.5%，浙江省华业建筑设计研究院有限公司出资120万元占注册资本的2%。

股东浙江中财管道科技股份有限公司成立于1995年8月9日，位于浙江省新昌县青山工业区，联系电话为0575－86127808。公司法人代表为边锡明，总注册资本为5076万元，经营范围涉及塑胶硬管及管件、软管、管材等产品的制造及销售。公司生产的塑料管道系列产品目前年销售额达到20亿左右，管道行业里排名全国前三位。

上海中财实业发展有限公司成立于1996年5月29日，位于上海市龙漕路乙字1号，联系电话为021－68866688。公司法人代表为边锡明，总注册资本为6000万元，经营范围涉及各类商品和技术的进出口、装潢材料、木材、塑料粒子、有色金属的销售等。

浙江省华业建筑设计研究院有限公司成立于1996年3月11日，位于杭州市中山中路115号中山大厦五楼，联系电话为0571－85176411。公司法人代表为裘厚基，总注册资本620万元，经营范围涉及工业与民用建筑设计、装潢设计、建材开发、销售及技术咨询等。

9. 营业部基本情况

营业部名称	负责人	设立时间	联系电话	投诉电话	地址
上海中财期货有限公司济南营业部	吕建国	2004年9月23日	0531－83196202	0531－83196200，83196202	济南市黑虎泉西路181号
上海中财期货有限公司无锡营业部	王伟	2005年7月21日	0510－86971297	0510－86971297	江苏省江阴市华士华陆路78号
上海中财期货有限公司杭州营业部	俞新华	2008年1月29日	0571－56080560	0571－56080568	杭州市西湖区体育场路458号二楼
上海中财期货有限公司郑州营业部	公续峰	2008年月17日	0371－65611075	0371－65611075	郑州市未来大道69号未来公寓816室
上海中财期货有限公司上海襄阳南路营业部	恽伟	2008年12月1日	021－64339722	021－64339722	上海市徐汇区襄阳南路365号B座
上海中财期货有限公司长沙营业部	明平方	2008年12月5日	0731－5559932	0731－5559932	长沙市雨花区韶山北路139号文化大厦21楼2115房

申银万国期货有限公司

申银万国期货有限公司系申银万国证券股份有限公司的控股子公司。公司注册资本金3亿元，在证券控股期货公司中资本金规模位列第一。2007年8月7日，经中国证监会批准，申银万国证券股份有限公司增资控股原天意期货经纪有限公司，并于同年9月25日更名为申银万国期货有限公司。

申银万国期货有限公司具有商品期货经纪业务、金融期货经纪业务资格，是上海期货交易所、大连商品交易所、郑州商品交易所的会员及中国金融期货交易所交易结算会员。公司同时还是中国期货业协会的理事单位、上海市工商业联合会钢铁贸易商会金融与法律委员会副主任单位、上海钢铁服务业协会副会长单位。公司总部位于上海浦东陆家嘴金融功能区，在成都、贵阳、大连，北京、郑州、上海设有营业部，拟设杭州营业网点。

申银万国期货有限公司坚持“依法、合规、规范”的经营方针，依靠强大的股东背景优势，依托申银万国证券股份集团架构下申银万国证券研究所、申银万国巴黎基金公司、申银万国证券（香港）有限公司等专业咨询服务团队，致力于为客户提供优质的综合金融理财服务。申银万国期货有限公司在由上海证券报主办的“2008年度中国期货市场品牌价值榜暨最佳分析师评选”活动中获得“中国期货市场最佳服务IB奖”。

申银万国期货有限公司聚集了大量高学历、高素质、实战经验丰富的证券与期货的专业人才，拥有由博士、硕士等精英组成的一流高管队伍，公司的业务骨干100%具有本科以上学历，并且与各大高校、研究所建立了学术业务联系，吸引更多优秀人才加盟。

申银万国期货有限公司研发中心拥有专业的资深分析师，同时整合申银万国证券研究所雄厚的研发资源，运用大量、及时的信息、数据和先进的挖掘分析模型，从期货的基本面和技术面为客户提供及时、全方位的咨询产品、研究报告、套利套保方案等增值服务。

申银万国期货有限公司具有安全、快捷的交易信息系统。公司投入巨资建设了高等级的计算机房主机房和灾备机房，构建了计算机网络系统和高性能的交易服务器。主机房所有服务器配备热备份设备、双链路可靠接入、数据进行主备机房实时同步，通过大容量高带宽网上交易系统，确保客户能够安全、快捷地进行交易。公司的交易技术系统通过了由期货行业、高校等技术专家的评审验收，以及上海计算机安全等级测评中心的认证。

申银万国期货有限公司以客户为中心，依托先进的信息技术系统和专业的研发资讯，组建了一支高素质、反应迅速的专业客户服务团队。目前公司已与工商银行、交通银行、建设银行、农业银行等多家银行开通了银期转账系统，旨在为客户提供安全、便捷的资金管理服务。同时，建立了个性化、高标准的客户服务和流程体系，努力实现对客户的差异化、个性化、增值化服务。同时，建立了个性化、高标准的客户服务体系。

申银万国期货有限公司以促进上海国际金融中心建设、推动中国金融衍生品创新和期货行业发展为重要使命，秉承“诚信服务、开拓创新、追求卓越、争创一流”的理念，与客户共同发展，共铸辉煌！

深圳金汇期经纪有限公司

深圳金汇期经纪有限公司（简称“深圳金汇”）成立于1993年，是首批经中国证券监督管理委员会批准、由国家工商行政管理局核准登记的大型专业期货经纪公司之一，注册资本八千万元。

深圳金汇作为中金岭南股份有限公司（000060）的全资子公司，坚持“做不到，没有理由”的核心价值观，以市场为导向，以客户为中心，依托上级集团公司集有色金属生产、加工和贸易为一体的多元化经营优势，与中金岭南财务公司一同着力打造中金岭南综合金融平台，为投资者提供一流的金融投资服务。

公司拥有高效、可靠和先进的信息技术平台，从而有力保证了客户交易和行情的稳定、连续和快捷。公司遵照国家颁布的行业法规和条例规范，在总结多年期货代理经验的基础上，制订了严格的期货代理规则，资金管理制度以及风险控制系统，在期货代理的交易、交割、结算、信息、内部管理以及风险控制上形成了一套完整的体系，保证客户资金安全。公司与工行、建行、农行合作开通全国性的银期转账系统，保证客户资金进出的方便快捷。

公司坚持“服务第一，信誉第一，效率第一”的经营宗旨，遵循公开、公平、公正、合法和诚实信用的自律原则，在多年的发展建设中形成了一支年轻花、专业化、知识化的领导班子和一批具有专业素质和丰富从业经验的客户服务团队，为客户提供优质和个性化的服务。

深圳金汇愿意在日益规范发展的中国期化市场上与您友好合作，共同发展！

深圳瑞龙期货有限公司

深圳瑞龙期货有限公司前身为沈阳建业期货经纪有限公司，成立于 1993 年 3 月，是中国成立最早的期货公司之一。公司于二零零八年十月经深圳证监局“深证局发［2008］390 号”文批准，正式将公司总部由辽宁省沈阳市迁址到广东省深圳市，并更名为深圳瑞龙期货有限公司，现注册资本为￥3000.0 万元。公司是上海期货交易所（会员号：0138）、大连商品交易所（会员号：0075）和郑州商品交易所（会员号：0215）的会员单位。

瑞龙期货依靠强大的股东背景优势，秉承“诚信、专业、创新”的经营理念，高度重视对内部管理体制和风险防范机制的健全和完善，形成了一套稳健、规范的制度化管理体系；培养了一流的精英型人才队伍；聚集了一批长期从事期货、证券工作，熟悉政策、精通业务的专业人才。可从期货的基本面和技术面角度，运用定性和定量相结合的方法分析研究、定期发布期货投资策略报告，提供相关的信息资讯服务。公司制订了完善的《法人治理制度》、《保证金封闭管理制度》、《风险防范控制制度》等，并下设独立的风险专职管理部，专门对事前和事中风险进行统一的识别，评估，控制和管理。以完备的风险管理体系，使用科学、客观、操作性强的风险管理手段，界定风险的性质、范围、标准，测算风险的概率、损失率、权重等，做到以风险控制为前提、以市场为导向、以客户为中心、以效益为目标，追求可持续发展，力争发展成为“资本充足、运作安全、内控严密、服务优质、效益良好、有核心竞争力”的现代金融服务企业。

展望未来、奋发拼搏的瑞龙人对中国的经济发展充满信心，对中国期货市场的发展充满信心，更对自己的发展充满信心。她将致力于发展成为代理投资全球商品期货及金融衍生品交易、为客户提供优质理财服务的大型集团化金融服务机构，她将不辱使命、激流勇进，和中国金融界同行们共同应对新的挑战，迎接中国金融业蓬勃发展的春天。

深圳市平安期货经纪有限公司

深圳市平安期货经纪有限公司（以下简称平安期货）是经中国证监会批准，并经国家工商局核准登记注册，获国家《期货经纪业务许可证》的全国性专业化期货经纪公司，目前已获金融期货经纪业务许可。公司成立于 1996 年，总部位于中国改革开放的前沿城市——深圳，在上海设有营业部，注册资本金 1.2 亿元。

平安期货的控股公司——平安证券有限公司是全国性综合类券商（简称平安证券），成立于 1995 年 10 月，注册地为北京，总部设在深圳，资本金为 18 亿元人民币。2006 年 4 月 11 日，平安证券通过中国证券业协会“从事相关创新活动证券公司”资格评审，成为国内 20 家具有“创新”资格的券商之一。平安证券的母公司——中国平安集团是中国第一家以保险为核心的，融证券、信托、银行、资产管理、企业年金等多元金融业务为一体的综合金融服务集团。截至 2007 年 6 月底，中国平安集团的整体市值已过 4900 亿港币。

平安期货现为上海期货交易所、大连商品交易所、郑州商品交易所的会员，正在申请中国金融期货交易所交易结算会员。平安期货下设人事行政部、财务部、交易部、结算部、风险管理部、合规审察部、机构部、IB 业务部、业务部、研究所、电脑部。

作为中国平安集团的专业化公司之一，平安期货成立之初，即将发展方向定位于金融期货，多年来为金融期货的推出，在人才、技术和产品等方面做了充分的准备工作。平安期货目前的业务范围包括金融期货和商品期货经纪业务、资产避险和保值服务、期货投资咨询、期货培训等多个领域。

平安期货研究所下设策略研究室、研培中心和网络事业部，研究员大多具有证券和期货两栖经历，证券、期货投资和研究经验丰富。研究所研究产品涵盖股指期货、商品期货、期权、股票、权证、基金和外汇，并已在业内形成一定影响力。平安期货可以根据机构投资者的特定需求，为机构投资者设计满足特定约束条件的投资产品，或者与基金公司、QFII 配合，就引进股指期货等金融衍生产品后的资产配置策略，以及衍生产品的设计进行合作。

平安期货研究所主要研究产品：

每日投资快报

策略周报

月度统计分析报告

年度展望和策略报告

平安期货投资 1300 多万元建立了业界领先的交易结算系统，与中国电信、中国网通、SUNGARD 金仕达共同打造了安全高速的交易通道，与文华财经、澎博资讯等国内一流信息服务商构建了及时丰富的行情资讯系统，并与建设银行、工商银行和交通银行携手推出了方便高效的银期转账服务。

站在中国平安集团和平安证券长期打造并夯实的业务基础上，平安期货享有无比强大的品牌支持、技术支持、管理支持、风险控制支持、客户资源支持、销售拓展支持、财务支持等等。这些支持将为平安期货的发展提供独一无二的竞争优势。

平安期货的目标是向最广泛的客户提供最全面的金融衍生产品和商品期货的交易结算和投资咨询服务，成为中国金融市场上最受尊敬和信赖的大型期货交易服务商，以及具有国际影响力的期货研究机构和金融资产风险管理机构。

公司总部

地　　址：深圳市福田区振华路设计大厦 15 楼

业务电话：0755 - 83788578　83788485

投资咨询：0755 - 83788509　83788274

传　　真：0755 - 83788519

电子邮箱：Paqh@ pasc. com. cn

上海营业部

地　　址：上海市浦东新区松林路 300 号上海期货大厦 2005 室

联系电话：021 - 68401239　68401279

基本信息

中文全称：深圳市平安期货经纪有限公司

注册地址：深圳市福田区振华路设计大厦 15 楼

注册资本：12000 万元

期货经纪业务许可证编号：A032035038

营业执照编号：440000000014043

法定代表人：陈五华

公司总经理：谭　劲

上海营业部总经理：汤劲东

办公地址：深圳市福田区振华路设计大厦 15 楼

公司电子邮箱：Paqh@ pasc. com. cn

光大期货有限公司

光大期货有限公司（EBF），是光大证券股份有限公司全资控股公司，注册资本 1.5 亿元，拥有国内全部期货交易所的会员席位. 公司前身南都期货成立于 1993 年，是国内首批专业期货公司之一. 公司自成立以来，经营稳健，管理规范，服务专业，资产优良，在业内享有着良好的声誉.

光大期货有限公司（EBF），总部位于中国金融中心上海市，在上海肇家浜路、北京、大连、福州、宁波、郑州、青岛、长沙、天津等地开设了 9 家期货营业部，并计划在国内开设约 20 家期货营业部，同时依托光大证券遍布全国的营业网点，全方位拓展金融期货和商品期货经纪业务以及其他创新业务. 公司致力于将服务网络覆盖每个地区，成为投资者的最佳选择，无论何时何地，都能提供投资者所需要的服务.

光大期货有限公司（EBF），全力打造一流交易平台，主机采用 IBM560 小型机，交易结算系统采用金仕达最新的 6.5 版本；公司执行严格的保证金封闭管理，开通所有经中国证监会授权银行的银期转帐业务，为投资者提供快捷、安全服务.

光大期货有限公司（EBF），秉承“专业服务，诚信经营，创造价值，追求卓越”的经营理念，依托经验丰富，专业高效的工作团队，始终把投资者的需求放在第一位，真诚为投资者正确做出每一项投资决策提供专业高效的服务.

光大期货有限公司（EBF），本着“提升客户价值，造就员工未来”的核心价值观，倾力为投资者，为员工，为股东，为社会创造更大的价值.

加入光大期货，实现和谐共赢！

广东鸿海期货经纪有限公司

广东鸿海期货经纪有限公司成立于 1995 年 1 月，注册资本金 5000 万元。股东是惠州市鸿海工业开发有限公司及深圳市中建南方实业有限公司，是从事房地产和专业工业园区开发及建材生产贸易综合性的企业集团。公司设有市场部、机构部、投资部、金融事业部、技术部、财务部、华南总部、客服中心、研究中心、行政办公室等部门和顺德营业部。

鸿海期货是郑州商品交易所、大连商品交易所、上海期货交易所会员，目前已取得金融期货经纪业务资格。可代理客户从事铜、铝、锌、黄金、天然胶、燃料油、玉米、大豆、油脂、小麦、棉花、白糖、PTA 等国内所有品种的商品期货交易。公司的研发中心，可为企业、机构客户和投资者提供套期保值、期现套利、套利交易、投资组合等多种个性化的投资咨询服务。

鸿海期货拥有文华财经 Mytrader2008、澎博博易大师、金牛财讯等行情报价系统。交易结算系统采用的是金仕达 V6 超强版，更引进了文华一键通、套利交易以及交易开拓者等行业普遍认可的交易系统，可为客户提供完整、便捷的信息、交易、结算服务，并为投资者提供股指仿真交易，商品期货模拟交易。公司已分别开通工商银行、农业银行的银期转帐业务，使客户资金划转更加方便快捷。公司拥有业内优秀的管理团队和一批高素质、经验丰富的研发、业务、咨询和客户服务队伍，能为客户提供高水准的投资咨询、交易结算、资金管理和实物交割等快捷高效服务。

鸿海期货秉承“专业、务实、规范、创新”的经营理念，以现代化企业管理模式、严格的风险管理手段、先进稳定的服务设施、卓越的研发能力、优秀的专业人才队伍，为公司、机构、基金经理及个人投资者提供专业的期货交易、商品套期保值及风险管理服务。

广发期货有限公司

广发期货有限公司的前身是 1993 年 1 月成立的广东华银国际商品期货公司，是国内成立较早、在工商管理机关注册的大型专业期货公司之一。经中国证监会批准，增资扩股、股权变更，现公司注册资本金为 1.2 亿元，是广发证券股份有限公司的全资子公司。公司总部位于广州，分别在北京、上海、郑州、珠海、青岛、大连、南宁、福州、武汉、西安、佛山、东莞、肇庆、江门、中山、广州、哈尔滨、杭州、无锡、深圳等地设有营业部，并在香港设有子公司，正逐渐形成立足珠三角地区，覆盖全国各主要城市，并通过香港辐射全球衍生品市场的业务网络。公司的经营范围包括商品期货、金融期货的经纪业务，香港子公司可代理香港地区及境外的商品期货和指数、外汇、利率等衍生品业务。

实力雄厚　资信良好

广发期货目前是期货行业中资金充裕，实力雄厚，资产质量和资信条件最好的公司之一。公司是中国期货业协会第二届理事会副会长单位、广东省证券期货业协会副会长单位、中国证监会证券期货业信息化工作专家委员会委员单位、首届中国期货业协会信息技术委员会委员单位。经中国证监会核准，公司具有金融期货经纪业务资格和全面结算业务资格，为中国金融期货交易所全面结算会员。

经营稳健　管理规范

公司秉承广发证券的企业文化，坚持“诚信、专业、创新、图强”的经营理念，高度重视健全内部管理体制和风险防范机制，初步形成了一套具有自身特色，合乎期货公司规范运做的制度化管理体系。公司具有完善的风险控制规定，实施了客户保证金封闭式管理和安全存管，始终没有发生违规代客理财、挪用客户保证金等重大风险经营事件。

服务专业　地位领先

公司致力于发展与客户的长期合作关系，拥有一批专业的客户服务队伍，为客户提供优质的投资服务。依托广发证券雄厚的资本实力和金融背景，公司在全国范围内开展了期证合作，为投资者提供一站式的金融服务。根据中国期货业协会的统计，公司交易量和交易额连续几年位居全国期货公司前列，自 2003 年以来，连续五年被评为上海期货交易所、大连商品交易所、郑州商品交易所全国前二十强优秀会员。

技术先进　安全快捷

公司十分重视信息技术在业务和管理中的应用，把信息技术的有效应用视为核心竞争力之一。公司是业内首家采用机房最高 A 级国家标准的期货公司。公司主要网络机器设备都实现了双机热备,安装了先进的防火墙。公司有 5 条高速专线与各期交所进行连接并互为备份,且自建了上海、大连、郑州三地环网。公司备有多套交易系统供客户选择,开通了多家银行的期银转帐业务。此外,技术部门还开发完成多个业务和管理应用系统,形成了公司个性化服务技术平台。

精英汇聚　研究先行

公司一贯重视专业人才队伍的建设,长期秉持"知识图强、求实奉献"的核心价值,凝聚和培养了一批行业精英。目前,公司共有员工 229 人,平均年龄 32.6 岁,80% 为本科以上学历,其中博士 6 人,硕士 57 人,拥有多位从事期货行业多年、经验丰富的专家型人才。公司研究力量雄厚,不但为客户提供各期货品种高水平的研究报告和咨询服务,更在金融期货的前瞻性研究方面积累了丰硕的成果,力求与客户一起创造期市制胜的先机。

展望未来,广发期货公司将致力于发展成为代理投资全球金融衍生品及商品期货交易,为客户提供优质风险管理和咨询服务,为特定客户提供期货资产管理综合业务的大型集团化金融服务机构。

广晟期货有限公司

广晟期货有限公司(简称"广晟期货")是经中国证监会批准,从事商品及金融期货交易、结算、咨询业务的专业化金融服务企业。公司前身为南粤期货经纪有限公司(简称"南粤期货")。2008 年 3 月,广东省广晟资产经营有限公司入主南粤期货,成为南粤期货的控股股东。2008 年 8 月,公司更名为广晟期货并搬迁至广州市珠江新城金融商务区。

广晟期货的注册资本现为 1.2 亿元人民币(国有全资),是国内三大商品期货交易所和中国金融期货交易所会员(其中:上海期货交易所会员号:115、大连商品交易所会员号:112、郑州商品交易所会员号:235、中国金融期货交易所交易结算会员号:0166),在中国期货业协会的团体会员号为 137G。

广东省广晟资产经营有限公司是广东省国资委监管的大型国有企业之一,注册资本 10 亿元人民币,截止 2008 年底,公司资产总额为 453 亿元人民币,是中国电信股份有限公司的第二大股东和上市公司"中金岭南"(000060)、"风华高科"(000636)、"ST 有色"(600259)的控股股东,主要经营板块是有色金属工业、电子信息产业、酒店旅游业、工程建筑地产业和金融服务业等。

广晟期货拥有一支多年期货成功管理经验的优秀管理团队和专业的业务团队,拥有快捷的交易和信息咨询平台,安全便利的资金划转渠道,专业、全面的客户服务体系,目前设有南海、汕头、南宁、福清、番禺等五个营业部。

增资扩股以来,公司以市场为导向,以客户为中心,依托大股东的强大支持,以专业化技能和高标准的服务,推动公司经营业绩快速成长,成为国内最具发展潜力的期货公司之一。

展望未来,广晟期货将在社会各界的支持下,坚持"诚信为本,合规经营"的理念,努力把公司打造成为客户信赖、股东满意、行业认可的一流期货公司。

公司基本信息

名称:广晟期货有限公司

地址:广州市天河区珠江新城华夏路 10 号富力中心 29 层

邮编:510623

成立时间 :1996 年 1 月 18 日

经营许可证号:31110000

营业执照号:440000000003359

注册资本:1.2 亿元人民币

公司电话:020 – 38927888

公司传真:020 – 38927998

董事长:陈少华

总经理:龚大和

广永期货经纪有限公司

广永期货经纪有限公司成立于 2003 年 6 月,注册资本 9000 万元。经中国证监会核准、广东省工商行政管理局批准登记,广州市广永国有资产经营有限公司、广州市广永经贸有限公司、万联证券有限责任公司、佛山市顺德区洮钢商贸有限公司成为公司股东。

广永期货经纪有限公司是上海期货交易所、大连商品交易所、郑州商品交易所、中国金融期货交易所的正式会员,是第一批实行"客户保证金封闭管理"的期货公司,客户保证金只能在经中国证监会备案的银行专户间划转,确保客户的利益和资金安全,客户可通过网上银行、银期转帐等方式实现保证金即时划转。

公司采用金仕达期货交易结算系统,实行 DDN、SDH 两套系统热备份联入交易所系统,并可实现相互之间的实时自动切换,互联网光纤带宽达 14M。为迎接即将到来的金融期货,公司已全面升级金仕达 V6 交易系统,使交易数据更安全稳定快捷,备有文华、富远、澎博等多套行情资讯分析系统,务求让客户尽享全球资讯,在期货投资和其他资本市场之间游刃有余。

广永期货作为一家以国有资产管理机构为主导、大型规范类券商以及大型现货商参股的期货公司,始终秉承持续稳定发展的经营理念,严格按照期货法规实行规范管理,下设综合部、交易部、结算部、财务部、稽核部、电脑部、研发部、金融合作部、营销管理部、机构服务部、经纪业务部等部门,公司资金和客户保证金分离管理,做到风控、稽核独立运行,并设佛山营业部、中山营业部、顺德营业部、大连营业部、北京营业部、增城营业部(筹)、广州营业部(筹)及上海、郑州两个办事处。

广永期货将一如既往地为投资者提供安全、诚信、专业、优质的服务!更好满足投资者的需求、努力实现客户资产的保值增值,追求公司与客户的双赢。

公司总部地址:广州市体育西路 57 号红盾大厦 10 楼

邮编:510620

公司网址:www. gyqh. net

电话:020 – 85592686

传真:020 – 85592192

国海良时期货有限公司

国海良时期货有限公司前身为浙江良时期货经纪有限公司,成立于 1996 年,总部位于杭州,由浙江省粮食集团和浙江粮油物资有限公司共同出资组建,注册资本 3000 万元,为浙江省最早设立的期货经纪公司之一。

2008 年,国海证券通过增资直接扩股浙江良时期货经纪公司,公司注册资本增至 1 亿元,净资产规模超过 2.5 亿元。2009 年 2 月正式更名为国海良时期货有限公司。

公司控股股东国海证券有限责任公司是全国首批规范类券商,也是广西区内注册的唯一一家国有控股的全国性综合类券商,在全国各地设有 49 家营业网点。

公司下设办公室、财务部、合规稽核部、期货运作中心、客户服务中心、期货研究所、市场营销中心等部门和大连、郑州二个办事机构,目前设有上海、湖州、绍兴、柯桥、越城、南宁、台州(筹)等多个营业部。

公司坚持规范管理,注重综合研究,倡导理性投资,在业内具有良好的声誉和影响。公司倡导"忠诚"、"勤俭"、"专业"、"创新"的经营理念,愿与广大客户一起共创美好未来。

国联期货有限责任公司

国联期货有限责任公司成立于 1992 年, 1993 年 4 月获得中国证监会颁发的首批期货经营许可证,是在江苏省工商行政管理局注册登记的经营商品期货经纪、金融期货经纪的专业期货公司,公司注册资本达 1.2 亿人民币,是上海期货交易所(会员号 0018)、郑州商品交易所(会员号 0174)、大连商品交易所(会员号 0161)全权会员,中国金融期货交易所(会员号 0118)交易结算会员,是江苏省成立最早、经营规范、稳健的专业期货经纪公司。公司可代理国内所有商品及金融期货品种的交易、结算、交割,业务范围覆盖全国主要城市和地区。2007 年期货代理成交金额 2099.66 亿元,在全国期货经纪公司中排名 58 位。2008 年公司总资产 4 亿元,净资产 1.3 亿元,期货代理成交金额 5364.49 亿元。

公司隶属于实力雄厚、信誉卓越的大型金融、实业集团无锡国联集团,创新类券商国联证券股份有限公司为公司的控股股东,国联证券出资 8520 万元,占公司注册资本的 71%,无锡市国联发展(集团)有限公司出资 2000 万元,占注册资本的 16.67%,无锡国联基础设施投资有限责任公司出资 1000 万元,占注册资本的 8.33%,无锡市国联物资投资有限公司出资 480 万元,占注册资本的 4%。无锡市国联发展(集团)有限公司(简称"国联集团"),是无锡市人民政府出资设立并授予国有资产投资主体资格的国有独资企业集团,注册资本金人民币 80 亿元。截止 2007 年底,国联集团总资产 360 亿元,净资产 100 亿元,2007 年实现利润 30.2 亿元。集团公司拥有全资企业 38 家,控股企业 45 家。

国联期货拥有务实、高效、勇于开拓创新的领导集体和勤奋、敬业、乐于奉献的高素质员工队伍。经过十几年的不懈努力,现已在常州、上海、郑州、福州、重庆、合肥等地成立了 12 家营业部,同时培养了一批德才兼备并在行业内有一定知名度的专业人才。

为迎接股指期货上市,公司采用复旦金仕达最新的期货交易系统,并拥有世华财讯、文华财经、澎博资讯和倚天等多套国内优秀的行情资讯系统,可为客户提供全方位的交易及行情资讯服务。国联期货开通了交行、建行、工行全国范围银期转帐和农行江苏省内银期转帐业务,为投资者安全、便捷地参与商品、金融期货提供了良好的条件。国联期货专业网站提供国内外及时、专业的期货财经资讯,第一时间发表国联期货评述,及时转发国内外权威专业机构的数据和观点,并通过网站、邮件等形式向客户发送国联投资报告和其他专业分析投资报告,形成了一套专业、系统、完备的业务、管理、风控体系。

国联期货秉承"诚信、稳健、创新、卓越"的服务理念,以客户利益为最高目标,本着"做大做强"的战略方针,以自己专业、诚挚的信念,专注研究市场,以团队的力量,专业的素质,规范的运作,为投资者提供最优质的金融服务平台!展望未来期货市场发展的宏伟蓝图,国联期货热切期望与国内外期货业同仁和社会各界携手合作、共谋发展、共创辉煌!

国金期货有限责任公司

一、公司基本情况简介

1.公司基本信息

公司法定中文名称:国金期货有限责任公司

公司法定中文名称缩写:国金期货

公司英文名称:SINOLINK FUTURES CO., LTD.

公司英文名称缩写:SINOLINK FUTURES

2.公司注册地址:成都市锦江区走马街 68 号锦城大厦 16 楼

邮政编码:610016

公司国际互联网网址:http://www.gjqh.com.cn

公司电子信箱:webmaster@gjqh.com.cn

3.公司法定代表人:金鹏

总经理:邵俭

4.股东情况

(1)国金证券股份有限公司出资人民币 7640 万元,占公司注册资本的 95.5%。

(2)湖南亨远投资发展有限公司出资人民币 360 万元,占公司注册资本的 4.5%。

5.工商执照编号

公司法人营业执照注册号:510000000023078

公司首次注册登记日期:1993 年 7 月 28 日

公司首次注册登记地点:国家工商行政管理总局

公司最近一次变更注册登记日期:2008 年 8 月 22 日

公司最近一次变更注册登记地址:四川省工商行政管理局

公司税务登记号码:川地税蓉字 510104621608238

6.期货经营许可证编号:31700000

7.注册资本:人民币 8000 万元

8.已获得业务资格

商品期货经纪,金融期货经纪,代理品种包括国内三家交易所的所有期货交易品种。

9.投诉电话及日常联系方式

(1)投诉电话:028-86665573(合规稽核部)

(2)日常联系方式:028-86729480(行政部)

二、营业部基本信息

1.上海营业部

(1)营业部全称:国金期货有限责任公司上海营业部

(2)经营地址:上海市浦电路 500 号期货大厦 2904 室

(3)工商营业执照注册号:310000000084235,

(4)期货经纪公司营业部经营业务许可证号码:31701001。

(5)营业部负责人:鲍文辉

(6)投诉电话:

日常联系电话:021-68400850

传真:021-68402215。

2.杭州营业部

(1)营业部全称:国金期货有限责任公司杭州营业部

(2)经营地址:浙江省杭州市文三路 535 号莱茵达大厦 15 层 1502 室

(3)营业执照注册号:330000000031823

(4)期货经纪公司营业部经营业务许可证号码:31701002

(5)负责人:徐文滨

(6)投诉电话:

日常联系电话:0571 - 87956109

传真:0571 - 87956104。

三、高级管理人员基本信息

公司现有董事五名:金鹏、张峥、宋淑艾、郭恒军、王虹,董事长为金鹏,独立董事为宋淑艾。监事三名:郝建熙、李登川、熊英,监事会主席为郝建熙。拟任首席风险官一名:郭恒军。公司现有高级管理人员六名:总经理邵俭,副总经理郭恒军,副总经理彭秋锦,财务负责人涂强,上海营业部负责人鲍文辉,杭州营业部负责人徐文滨。以上董事、监事、高级管理人员的工作经历作简介如下:

金鹏,男,现任公司法定代表人兼董事长,任职时间为2008年1月14日,其董事长的任职资格获得中国证监会的审批(证监期货字[2007]369号)。

张峥,男,现任公司董事,任职时间为2008年1月14日,其任职资格获得中国证监会四川监管局的批准(川证监期货[2008]1号)。

宋淑艾,女,现任公司独立董事,任职时间为2008年12月25日,其任职资格获得中国证监会四川监管局的批准(川证监期货[2008]31号)。

郭恒军,男,现任公司副总经理,拟任首席风险官,任现职时间为2008年1月14日,其任职资格获得中国证监会批准(证监期货字[2000]25号)。

王虹,女,现任公司董事,任职时间为2008年1月14日,其任职资格获得中国证监会四川监管局的批准(川证监期货[2008]1号)。

郝建熙,男,现任公司监事会主席,任职时间为2008年4月28日,其任职资格获得中国证监会的批准(证监许可[2008]538号)。

李登川,男,现任公司监事,任职时间为2008年1月14日,其任职资格获得中国证监会四川监管局的批准(川证监期货[2008]1号)。

熊英,女,现任公司监事,任职时间为2008年1月14日,其任职资格获得中国证监会四川监管局的批准(川证监期货[2008]1号文件)。

邵俭,男,现任公司总经理,任职时间为2008年12月11日,其任职资格获得中国证监会四川监管局的批准(川证监期货[2008]29号)。

彭秋锦,男,现任公司副总经理,任职时间为2008年10月20日,其任职资格获得中国证监会的批准(证监许可[2008]537号)。

涂强,男,现任公司财务负责人,任职时间为2008年1月3日,其任职资格获得中国证监会四川监管局的批准(川证监期货[2008]1号)。

鲍文辉,女,现任公司上海营业部负责人,任职时间为2008年3月13日,其任职资格获得中国证监会上海监管局的批准(沪证监期货字[2008]21号)。

徐文滨,男,现任公司杭州营业部负责人,任职时间为2009年1月20日,其任职资格获得中国证监会浙江监管局的批准(浙证监期货字[2009]9号)。

国贸期货经纪有限公司

国贸期货经纪有限公司是厦门国贸集团股份有限公司全资子公司,于一九九六年成立,注册资金达壹亿元人民币。二00七年,公司获得中国证监会颁发的金融期货经纪业务资格和结算业务资格,并成为中国金融期货交易所首批交易结算会员。公司拥有完整的金融期货和商品期货交易、结算解决方案,能够代理中国金融期货交易所、上海期货交易所、大连商品交易所、郑州商品交易所上市交易的所有期货品种。公司总部位于厦门,目前公司拥有上海陆家嘴、福州、泉州、晋江、三明、龙岩、漳州7个营业部。

国贸期货悉心研究市场,不断创新服务手段,追踪国际期货市场最新动态,挖掘全新盈利模式,以谋求投资效益的最大化;国贸期货立足福建,服务全国,致力于用两到三年将公司建设成为全国具有竞争力的现代金融服务企业。展望未来,国贸期货将一如既往,以刻苦求实的敬业精神和努力认真的工作态度,以良好的经营信誉、丰富的管理经验、专业化的人才队伍、先进的技术手段及诚挚之心,致力于为客户提供全方位的优质服务。

公司控股股东为厦门国贸集团,拥有雄厚的实力及良好的信誉,对期货市场有独到的认识和长远的发展规划。公司资产优良,秉承上市公司守法经营、规范运作、严格自律的理念,为投资者提供可靠的资信保障。

国贸期货总部位于厦门国贸大厦11楼,占地千余平方,设有直属业务一部、直属业务二部,交易部、结算部、风控部、财务部、客服部、技术部、研发部等多个部门,同时设有大户室、中户室、散户室,为广大投资者提供最优越的投资环境,设计全方位的投资方案。

公司拥有一支由博士、硕士、海外留学人员及众多资深业内人士组成的专业人才队伍,其中核心员工在期货市场已有十余年的从业经验,同中国期货市场共同成长,经历了期市的大浪淘沙,具有明晰的战略构思和敏锐的市场嗅觉,形成了层次丰富,搭配合理的专业团队。

国贸期货现有员工百余名,其中硕士以上学历占13%,本科以上学历人员占78%,大部分为重点高校金融专业毕业,还有部分为贸易、法律、计算机等专业毕业。公司从业人员全部获得中国期货业协会颁发的期货执业资格证书,具有良好的执业操守和行为准则。

公司拥有先进的异地同步交易系统,专线直达交易所,保证客户交易跑道的安全通畅。公司拥有文华、澎博、世华等先进快捷的报价和信息系统,保证行情信息的同步传递。

公司提供网上、自助、电话、委托单等多种交易方式,让客户在任何情况下都能方便快捷地下达交易指令。公司特别提供手机行情及交易软件,可利用手机浏览行情并交易。

公司提供多账户交易系统,可满足多个账户同时交易的需求。

公司提供建行、工行、农行、中行等多家银行的银期自动转账服务,企业或个人均可采取电脑、电话银行、柜台等方式实现快速转账,安全、方便、高效。

公司已经建立以客户服务为中心的服务体系,涵盖开户、资金调拨、交易、咨询、结算、风控等各个环节,力争为各类投资者提供全方位、高品质的专业服务。通过定期举办各种培训活动、行情研讨会、论坛等,为不同类型的客户提供有针对性的服务,为投资者提供早报、日报、月度报告等参考信息,深度分析市场。

针对企业客户设计套期保值方案,将期现业务相结合,不断开拓业务新模式,目前研发团队已为众多国内知名企业设计了期货套利、套保方案,深受企业好评。国贸期货的研发团队致力于为企业户及个人设计跨品种、跨期限套利方案,实现无风险的稳定收益。

特别推出程序化交易培训及程序设计，与客户一起研究、建立独特的程序化交易系统。

与国外金融机构建立良好合作关系，为有涉外套期保值、投资需求的客户连续投资渠道、设计投资方案。

依托股东深厚的现货贸易背景和贸易风险管理经验，为生产企业、加工商、贸易商、消费者联系上下游渠道，提供专业的服务。

公司研发部拥有商品期货和金融期货两个研究平台，商品期货研发平台侧重于对国内外大宗商品期货进行研究；金融期货研发平台侧重于对金融期货及衍生品方面的研究。

公司与国内知名高校联手进行课题合作研究，成果丰富，依托高校资源对员工进行培训，致力于打造高水准的专业投资队伍。

公司与国内知名高校的金融相关院系合作成立教学实习基地，为公司发展储备人才资源。

国贸期货愿与您携手，共享中国期货市场发展成果！

国泰君安期货有限公司

国泰君安期货公司是由国泰君安证券股份有限公司在全资收购浦发期货经纪有限公司的基础上设立而成。公司注册资本 1.6 亿元，目前净资本已达 1.5 亿元，比中金所全面结算会员最低净资本 9000 万元的标准高出 6000 万元，具有商品期货经纪业务和金融期货经纪业务资格，是国内首批获得金融期货全面结算业务资格的期货公司，同时也是中国金融期货交易所的一号会员。公司总部位于上海，在上海、北京、杭州、天津、深圳、宁波等中心城市设有营业网点或业务代表。自开业以来，公司先后被《证券时报》、《华夏时报》评选为“最具成长性的期货公司”、“最佳财经网站”，被百度财经评选为“2008 年亿万网民心目中十大最具影响力的期货公司”，被上海、大连、郑州交易所评选为“ 最具成长性会员”、“最快进步第一名”，被金融界、中国证券报、上海证券报、证券之星、CCTV 证券资讯等媒体评为“中国十大卓越期货公司”之一，2009 年被上海证券报评选为期货公司品牌十强。

国泰君安期货公司具有规范而稳健的管理体系。公司依靠强大的股东背景优势，秉承“诚信、亲和、专业、创新”的经营理念，高度重视对内部管理体制和风险防范机制的健全和完善，形成了一套稳健、规范的制度化管理体系。公司以风险控制为前提、以市场为导向、以客户为中心、以效益为目标，追求可持续发展，力争发展成为“资本充足、运作安全、内控严密、服务优质、效益良好、有核心竞争力”的现代金融服务企业。

国泰君安期货公司具备一流的精英型人才队伍，聚集了一批长期从事期货、证券工作，熟悉政策、精通业务的专业人才。公司高管和业务骨干中，具有本科学历以上的人员超过 95%，具有硕士以上学历的人员超过 50%。

国泰君安期货公司具有强大的研发能力，市场研发力量雄厚。国泰君安期货研究所是国内券商系期货公司最早开设的独立研究所之一，拥有一支精英型的研究人才队伍，具有硕士以上学历的人员占 100%，具有博士学历的占 30%，大部分研究人员具有海外留学经历或国内外衍生品交易经历，平均具有 5 年从业经历，团队成员高度融合与稳定，在国内有色、农产品、能源化工以及股指期货等金融衍生品方面具有很强的研发实力。

国泰君安期货公司具有快捷安全的交易和通讯系统。公司拥有业内规模最大的技术团队。公司投资数千万元新建了高规格的计算机房、构建了快捷的计算机网络、购置了高性能的交易服务器，为客户提供先进、安全、快捷的交易平台。公司通过公开招标选型后确定的符合期货客户交易风格的恒生交易结算系统，是业内投入资金最多，开发最早且最完备的信息技术通讯系统。

国泰君安期货公司秉承“满足和创新客户需求，提升和创造客户价值，实现客户和公司的共同成长”的理念，愿与客户携手共创美好未来！

国信期货有限责任公司

公司概况

公司名称：国信期货有限责任公司

英文名称：Guosen Futures CO. ,LTD.

公司简称：国信期货

注册、办公地址：河南省郑州市未来大道 499 号广电网络大厦 15 楼

邮编：450008

经营范围：商品期货经纪；金融期货经纪。

注册资本 ：壹亿捌仟万元整

营业执照注册号码：410000100016849

期货经纪业务许可证号：30600000

董事长：岳克胜　法定代表人：余晓东

总经理：余晓东　首席风险官：张立伟

副总经理：张帆　副总经理：蒋绍东

公司网址：http://www.guosenqh.com.cn

邮箱：15100@guosen.com.cn

历史沿革

国信期货有限责任公司（以下简称“公司”）的前身河南正鑫期货经纪有限公司由 1998 年 4 月河南省粮食储运公司、河南国家粮食储备库收购苏州振海期货公司而来。

1998 年 4 月苏州振海期货经纪有限公司原股东苏州振亚集团公司与江苏吴中集团公司将其全部股份转让给河南省粮食储运公司与河南国家粮食储备库.

2006 年股东河南省国家粮食储备库、河南省粮食储运公司进行了股权转让，由北京光大汇金投资有限公司，深圳市福和科技有限公司，上海华汉投资有限公司，河南中鸿投资咨询有限公司，北京环球银证投资顾问有限公司，郑州道特尔技术发展有限公司出资受让，并办理了工商变更手续。

2007 年 8 月 8 日上述股东与国信证券股份有限公司签订了股权转让合同，由国信证券股份有限公司受让本公司 100% 的股权，并在完成股权变更后将注册资本增加到人民币 1.8 亿元，国信证券股份有限公司拥有 100% 的股权，是公司唯一股东。

2007 年 12 月 25 日，经国家工商行政管理总局名称核准，正式更名为国信期货有限责任公司. 公司企业法人营业执照号码为 410000100016849，期货经纪业务许可证号为 30600000。

2007 年 12 月 11 日中国证监会证监期货字［2007］330 号《关于核准河南正鑫期货经纪有限公司金融期货经纪业务资格的批复》，公司取得金融期货经纪资格，2008 年 1 月 3 日公司经营范围变更为商品期货经纪、金融期货经纪。3 月 11 日中国证监会证监许可［2008］339 号《关于核准国信期货有限责任公司金融期货交易结算业务资格的批复》，取得金融期货交易结算业务资格，4 月 2 日取得中金所交易结算会员资格。

现公司在四家期货交易所会员号为：中国金融期货交易所113号交易结算会员；上海期货交易所308号会员；郑州商品交易所018号会员；大连商品交易所066号会员。

国元期货有限责任公司

国元期货有限责任公司成立于1998年9月28日，是经中国证监会批准设立的专业期货公司，是中国期货业协会首批团体会员，郑州商品交易所理事单位，上海期货交易所技术委员会和大连商品交易所信息技术委员会成员单位，是上海期货交易所（会员号0238）、大连商品交易所（会员号0169号）、郑州商品交易所（会员号0139号）的正式会员，公司正在申请中国金融期货交易所交易结算会员资格。

公司曾用名安徽安泰期货经纪有限公司、国元安泰期货经纪有限公司，2007年9月更名为国元期货有限责任公司。公司主要从事国内商品期货代理、期货信息咨询和期货从业人员业务培训，公司金融期货经纪业务资格和金融期货交易结算业务资格材料已上报证监会，即将获得金融期货代理业务资格。

公司注册资金1亿元，由全国创新类券商、上市公司国元证券股份有限公司控股，公司另三家股东单位安徽国元控股（集团）有限责任公司、安徽省投资集团有限责任公司和安徽省粮油食品进出口（集团）公司均系安徽省内大型企业集团，良好的金融及现货贸易背景为公司发展壮大提供了先决条件。经过数年不懈努力，公司已形成了一套完善的管理体系，拥有高效、务实、勇于开拓创新的坚强领导集体和勤奋敬业、高素质的员工队伍，积累了良好的信誉和丰富的管理经验，培养了一批德才兼备、在行业内有一定知名度的专业人才。

近年来，公司稳健经营，业务稳步发展，已发展成为安徽省主营业务规模最大的期货经营机构，主要经济指标均居国内同行领先水平。据统计，公司代理交易量已连续四年每年占安徽省期货交易总量75%以上，2004年位列全国第11位，2005年位列全国第21位，2006年位列全国第6位，2007年上半年位列全国第10位，公司近几年的代理额均高于全国平均水平。

公司将按照“优质服务、稳健经营、开拓创新、持续发展”的经营方针，充分发挥品牌、技术、机制等各方面的优势，以加快发展为主线，以良好的信誉、一流的资信和优质的服务为保证，在传统业务的基础上，根据中国证监会的规定拓宽业务经营范围、拓展新的业务，进一步增强公司综合竞争力，实现公司规范、持续、健康、稳步发展，努力把公司建设成为国内一流的期货经营机构和现代化的金融企业。

服务特色：

先进、快捷的网上交易。公司拥有先进的期货电子化交易系统，快捷方便的internet网上交易，行情传输与交易速度在国内均处于领先地位。公司遵循技术领先、质量取胜的发展策略，凭借自身力量早在2000年即开通了公司网站（www.at158.com），在安徽乃至全国率先实现期货交易电子化和银期转帐业务，下一步公司将着手构建与证券联网的电子化业务处理平台，为实现银期转帐与银证转帐两个系统的对接创造条件。

安全、便捷的资金服务。公司率先在省内开通了期货保证金封闭式运行管理，并与工行、建行和交行均开通了银期转帐服务，客户保证金只能在经中国证监会备案的银行帐号专户间划转，保证了客户资金的真正安全。

专业化的信息研究产品。公司组建有强有力的信息研究团队，拥有一批高素质、肯钻研的专业人才，信息研究部门利用公司网络和自编资料，不间断地为客户提供最新、最快的信息和分析资料，努力为客户作出理智、正确的投资决策。

独特的个性化客户服务。公司以网站、期市沙龙、期货投资报告会、研讨会、电话咨询、网上在线咨询等服务手段，突破时间和空间的限制，满足客户个性化服务的需求，目前公司正在把网站建设成为客户服务中心和信息服务中心，使之成为客户关系管理的实施通道和新产品的推广渠道。

强大的宣传策划和市场开发力量。公司凭借多年来积累的“国元期货”品牌优势，充分利用股东资源优势，形成了有自己特色的宣传方式，公司在上海、大连、郑州各交易所驻地及省内南北两地芜湖、涡阳均设有营业网点，公司成立9年来，努力开拓市场，不断扩大市场占有率，取得了不俗的经营业绩，客户遍布上海、江浙等金融发达地区以及新疆、黑龙江等省市。

江苏东华期货经纪有限公司

江苏东华期货经纪有限公司是经中国证监会批准、注册资本为3000万元的大型期货经纪公司。公司成立于1993年，是江苏省首家期货试点企业。作为上海期货交易所、大连商品交易所、郑州商品交易所以及中国金融期货交易所的合法会员，代理客户交易国内所有上市的商品及金融期货品种，并为客户提供结算、交割、咨询、培训、信息等全方位服务。

公司现有南京业务总部和上海、大连、郑州、张家港、苏州、泰州和无锡七家营业部。公司总部位于南京商业金融文化中心——新街口，交通极为便利。总部营业面积达1800平方米，拥有一个交易大厅和多个机构、大户室、中户室，交易环境全国一流。先进的电脑设备，文华、澎博、富远三套行情接收系统以及自助委托、网上交易、电子结算、银期转帐等多项现代化交易手段，竭诚为客户提供安全、快捷的交易服务。

公司现有一批熟悉期货市场研究和管理的专业人才，摸索并建立起一系列完善、严格的管理体制，积累了丰富成功经验，公司不断发展壮大，现已成为在省内乃至全国都较有影响的期货公司之一。

江南期货经纪有限公司

江南期货经纪有限公司是经中国证监会审批，在国家工商行政管理局注册的期货经纪公司，公司期货业务许可证号：3085000，注册号为：440000000026284，注册资本三千万元。公司拥有上海期货交易所、郑州商品交易所、大连商品交易所等国内全部期货交易所席位，是中国期货业协会的会员单位。

江南期货公司本着“以人为本，追求创新”的经营理念，以“服务好客户”宗旨。公司采用北京世华先进的卫星通讯报价系统和行情技术分析软件，与国内外多家期货交易所计算机联网，实现信息同步反馈。同时公司采用复旦金仕达的期货交易管理系统，通过专线与国内三个期货交易所系统相连，真正实现交易同步。先进的交易平台，完善的服务体系，强大的研发能力，为客户的投资提供强有力的支持。

公司实行董事会领导下的总经理负责制，有一支伴随期货业发展而成长起来的管理团队，下设市场部、结算部、研究部、技术部、财务部和综合部等。

公司在多年的发展过程中，逐步锻炼出一批能为客户的投资增值提供强大研发能力的业务精英,形成了“诚信、尊重、敬业、服务、创新”的基本行为准则,通过与银行、交易所的保证金封闭管理体系,有效地保护了投资者的利益。

公司在今后的发展中,将加强与证券公司的合作,发挥各自优势,力争以更优良的服务吸引客户,为客户提供多元化的投资渠道,使江南期货公司真正成为广大客户的投资乐园。

江苏苏物期货经纪有限公司

江苏苏物期货经纪有限公司(以下简称公司)于1995年9月28日经国家工商行政管理局核准成立,注册资本1000万元。1999年9月8日经公司股东会决议,增加注册资本至3000万元,江苏省物资集团总公司控股。2006年12月,信泰证券有限责任公司入驻苏物期货公司,持有股权1480万元,占总股本的49.33%。2007年9月17日,由中国证监会核准,公司增加注册资本至人民币6,000万元,主要股东为信泰证券有限责任公司、江苏舜天股份有限公司等,董事长单宁先生。

公司具有商品期货、金融期货经纪业务资格,并取得金融期货交易结算业务资格。是郑州商品交易所、大连商品交易所、上海期货交易所会员,并于2008年4月取得中国金融期货交易所的交易结算会员资格。

股东结构见下表:

序号	股东名称	股权比例	股权(万元)
1	信泰证券有限责任公司	58.5%	3510
2	江苏舜天股份有限公司	16.67%	1000
3	江苏省惠隆资产管理有限公司	8.33%	500
4	南京朗驰集团有限公司	6.67%	400
5	江苏省房地产投资有限责任公司	3.33%	200
6	江苏汇鸿国际集团针棉织品进出口有限公司	3.33%	200
7	南京东鼎投资置业有限公司	3.17%	190
合　计		100%	6000

江苏文峰期货经纪有限责任公司

江苏文峰期货经纪有限责任公司与中国期货市场同龄,营业执照号为320000000021991,是专业的期货公司(许可证号为30900000)。公司的股东是江苏文峰集团有限公司和南通粮油集团有限公司。

江苏文峰期货经纪有限责任公司是苏中苏北——通、扬、泰、盐、淮、宿、连地区唯一的一级法人的专业期货公司。公司目前设有无锡营业部、连云港营业部、盐城营业部和常州营业部。公司分别是上海期货交易所会员(会员号270)、大连商品交易所会员(会员号177)、郑州商品交易所会员(会员号182)、中国金融期货交易所交易会员(会员号210)。

公司多年来恪守“公开、公平、公正”的执业原则,秉承“诚实信用,规范创新”的经营理念,管理严格,运作规范,资信优良,业绩良好。公司严格执行中国证监会规定的“统一结算、统一风险管理、统一资金调拨、统一财务管理和会计核算”,经过长期经营实践形成了交易(风险)、结算、财务互为制约的环形与垂直相结合的管理模式。公司注重团队力量,以诚挚良好的服务,以最高的工作效率,规范周到的操作竭诚为国内各投资机构、保值商以及广大客户提供期货代理,信息咨询,人员培训等服务。

公司提供网上交易、自助交易、电话报单等多种交易方式供客户自由方便地选择;备有嵌套期货交易的多种行情咨询系统,满足客户及时的、多方位的信息需求;多条数据专线直接接入期货交易所交易结算系统,交易数据安全稳定快捷;交易主机受到极好隔离,关键设备和通讯链路全部采用实时备份,全方位地确保交易系统的安全可靠。客户可在中国期货保证金监控中心投资者查询系统和公司的交易系统同时查询自己帐户的明细,方便客户随时随地地通过网络查询自己帐户的结算帐单。公司严格实行保证金封闭运行管理,确保客户保证金的绝对安全,与国内的主要商业银行实现全国集中式银期转帐,客户还可选择电话银行和网上银行进行银行储蓄帐户与公司资金帐户间的资金划拨,在保障客户资金绝对安全的同时,为客户资金存取提供最大的便利;公司还为客户代理期货转现货,现货转期货的业务。

江苏文峰期货经纪有限责任公司在未来的发展中,将把业务链延伸至金融期货等更为广阔领域,并将一如既往地坚持“服务第一,人才为本,加强自律,不断进取,追求卓越”。公司将不断追踪国际国内期货市场和期货经纪代理的最新动态,倾听客户需求,创新服务理念,不断探索新的管理模式,最大限度地满足客户的需求,追求客户资金的稳定增长和资产的保值增值,努力实现公司与客户及社会经济发展的多赢,在日益变化的期货市场上谋求长远发展。

金鹏期货经纪有限公司

金鹏期货经纪有限公司(Jinpeng International Futures Co.,Ltd 简写:JIFCO)成立于1993年11月18日,是经中国证监会批准、在工商行政管理局登记注册,并在国内首批取得期货业务经营许可权的大型专业期货公司。她的前身是金鹏铜交易所,在中国期货业十几年的风雨历程中,金鹏公司本着“对客户负责、对股东负责、对事业负责、对未来负责”的宗旨,以倡导客户理性投资为理念,规范运作、稳健经营,赢得了客户的认可,受到业界的瞩目。公司业务辐射面、影响力始终处于行业前列,在年轻的中国期货史上有着光辉的一页。

公司总部位于北京市西城区金融大街27号投资广场B座九层,地处首都经济中心圈,毗邻中国证监会、银监会、保监会及国内外各大银行、金融机构,实时掌握高端金融信息、全球经济动向。

公司宗旨:对客户负责、对股东负责、对事业负责、对未来负责

公司成立之初,公司就提出“四个负责”的公司宗旨。经过十年来工作实践,这二十个字早已成为每一个金鹏人的行为准则。相信这一宗旨不仅仅对期货这一新兴行业有着核心作用,对每个从事服务行业职业人的职场生涯都具有广泛的指导意义。

对客户负责——不盲目追求短期经济效益,倡导客户理性投资,根据客户个性化需求设计有较高专业水准、有针对性的投资产品。以协助客户资本增值回报客户对金鹏的信任。

对股东负责——在现代企业制度下,规范经营,防范风险,稳健发展,以敬业负责的态度回报股东对员工的信任。

对事业负责——在年轻的中国期货业勇做排头兵。重视发挥期货市场套期保值、发现价格功能,更好地服务于中国市场经济的需要。

对未来负责——企业经营必须有立足长远的战略思想。不追求短期利益,在为中国期货市场做出贡献的同时,企业有长远的发展,成为业内的“百年老店”。

公司营业范围——商品期货经纪、金融期货经纪

公司营业执照号:110000002284804

经营许可证号:30930000

公司股东名称

北京市金鹏信息技术有限责任公司

中海信托股份有限公司

北京市四博连物资交易中心

中国有色金属工业贸易集团公司

中国凯利实业有限公司

北京市金信利投资咨询有限责任公司

新疆塔城国际资源有限公司

金瑞期货有限公司

金瑞期货有限公司成立于1997年7月,由国内最大的铜生产加工联合企业——江西铜业集团公司和上市公司中粮地产(集团)股份有限公司共同投资兴办,注册资金一亿元人民币。其中,江西铜业集团占股46%,江铜南方总公司占股44%,中粮地产(集团)股份有限公司占股10%。

公司总部设在深圳,在上海、南昌、北京、大连、郑州设有营业部,成立了金瑞期货香港公司,并正在增设广东佛山营业部、常州营业部以及青岛营业部、长春营业部等

http://win.jrqh.com.cn/download/reports/play.html 金瑞期货成立11年来,年交易额从100亿元,增长到2008年底的2.2万亿元,11年增长220倍! 2006年、2007年、2008年,交易额分别居国内第五名、第六名和第四名,税后利润等各项经济效益指标连续多年名列国内同行业前茅,打造了套期保值和套利方面的核心竞争力。

公司一直坚持规范运作,稳健经营,在许多方面取得了令人瞩目的成绩:

1.是业内一家经营规模大、经济效益领先的期货公司——交易额近三年年均增长78%,2008年交易额占全国市场占有率为3.56%;公司自成立以来一直盈利,且盈利规模业内领先;公司获得了中国金融期货交易所的全面结算会员资格,是上海期货交易所、中国期货业协会的理事单位,是上交所、大商所、郑商所均居前十强的优秀会员单位。

2.全国两家被副省级城市评为“知名品牌”的期货公司之一——“金瑞期货”是深圳市第五届“知名品牌”,公司还被业内权威媒体评为“中国十佳期货公司”,被国务院信息化办公室、中国期货业协会评为“信息安全先进单位”,证明了金瑞期货市场地位突出,影响日益扩大。

3.全国两家获得ISO9001认证的期货公司之一——获得了国际权威认证机构德国TUV公司的ISO9001金融服务类认证,证明了金瑞期货管理规范,正在向国际现代金融机构的标准看齐。

4.国内六家创新试点期货公司之一——金瑞期货是获中国证监会核准成立香港分公司的国内六家期货公司之一;中国证监会有关创新试点业务金瑞期货都被邀请参加,比如,目前正在研究推进的境外期货代理业务、CTA业务等,金瑞期货都有可能成为第一批试点单位。

5.出版专著最多的期货公司——与权威的中国金融出版社合作,连续编著、成功公开出版发行《股指期货投资攻略》、《明明白白做期指》等深受赞誉的书籍,编著的《套期保值实务》获得广大现货企业的称赞,并出版了《赢在金市——黄金投资宝典》一书,每年出版一本《用未来思考今天》的年评;公司还中标了上海期货交易所“铜市场运行特征及实证研究”的科研课题等。这些都证明了金瑞期货研发实力雄厚,客户服务能力强大。

6.金瑞期货是一家特色鲜明、定位准确、发展思路清晰的期货公司,制定了明确的战略发展规划——金瑞期货具有雄厚的股东背景,突出的行业地位,完善的管理体制,卓越的风险控制能力,独特的创新服务,强大的研发实力,高素质的人才队伍。企业特色鲜明,定位准确,发展思路清晰。公司秉承“一个坚持,两个打造,强化四项竞争”的经营理念,即“坚持规范稳健的经营理念;打造套期保值和套利的核心竞争力,打造一个业内先进的电子商务平台;强化风险控制能力的竞争,强化提升服务水平的竞争,强化降低经营成本的竞争,强化提升员工素质的竞争”。公司成立以来规范运作,持续稳健发展,被主管领导称为“放心的期货公司”。特别值得一提的是,金瑞期货在2008年10月市场出现的百年一遇的严峻考验中,没有发生一起穿仓事故,充分展现了金瑞期货高效的管理水平、突出的风控能力和稳健的一贯风格。

金瑞期货还制定了《2009－2014年战略发展规划》,《规划》明确提出,“继续保持公司在中国期货行业中前十名的领先地位,市场占有率达到3%－4%;客户权益、手续费收入、人均创利等到综合指标在五年内公司的排名仍然保持在全行业前五名;引进外资或金融背景的股东,做大做强;公司年赢利水平超过一个亿;在科研、产品创新、IT技术、咨询和客服方面领行业之先;五年内公司在全国范围内营业网点不低于20个,员工规模达到300人左右。”等战略发展的总体目标。并对实现这些目标勾画了阶段性的步骤和举措。

十年于兹,孜孜以求。金瑞期货是一个资产质量优、市场形象好、投资回报高、运作规范的优质期货公司,是国内期货行业的知名品牌。

二、近两年获奖情况

1.2007年度获奖情况:

获得国际权威认证机构德国TUV公司的ISO9001金融服务类认证;

获得深圳市期货同业协会“2006－2007年度优秀会员”称号;

获得大连商品交易所2007年度优秀会员;

获得郑州商品交易所2007年度总成交排名十强会员称号;

获得上海期货交易所2007年度交易优胜奖;

获得上海期货交易所2007年度铜交易优秀奖;

获得上海期货交易所2007年度天然橡胶交易优秀奖;

获得上海期货交易所2007年度燃料油交易优秀奖;

金瑞期货上海营业部荣获“上海市2007年度企业诚信建设奖”;

2.2008年度获奖情况:

荣获深圳市“知名品牌”;

荣获《证券时报》“中国十强期货公司”;

荣获和讯网“2008财经风云榜”的“最具影响力期货公司”;

荣获三大证券报和《金融界》联合评选的“最受投资者喜爱的期货公司”;

荣获“招行点金——期海扬帆杯”股指期货风险控制奖;

荣获“浦发创富杯”股指期货黄金联赛套利二等奖;

荣获深圳市期货同业协会2008年度优秀会员奖、诚信期货公司牌匾;

荣获上海期货交易所2008年度优秀会员综合排名第一名;

荣获上海期货交易所2008年度服务企业优胜奖;

荣获上海期货交易所2008年度铜交易优胜奖;

荣获上海期货交易所2008年度黄金交易优胜奖;

荣获上海期货交易所2008年度天然橡胶交易优胜奖；
荣获上海期货交易所2008年度燃料油交易优胜奖；
荣获大连商品交易所2008年度金牌会员奖；
荣获郑州商品交易所2008年度优秀会员奖；
荣获郑州商品交易所2008年度白糖交易第十名；
荣获郑州商品交易所2008年度菜籽油交易第五名；
荣获中国期货业协会“第三届摄影书法大赛”书法三等奖；
荣获《期货日报》优秀分析师征文三等奖。

金元期货经纪有限公司

金元期货经纪有限公司是经中国证券监督管理委员会批准，由首都机场集团公司、金元证券股份有限公司共同出资，收购原海南中亚期货经纪有限公司后成立，注册资本人民币5000万元。

公司总部位于海南省海口市南宝路证券大厦一楼。拥有上海期货交易所、大连商品交易所、郑州商品交易所的会员资格和席位。2007年10月经中国证监会核准公司获得金融期货经纪业务资格和金融期货交易结算业务资格，并取得中国金融交易所交易结算会员资格。公司实行董事会领导下的总经理负责制。设有办公室、交易部、结算部、财务部、市场部、客户服务部门、金融期货事业部、电脑部和深圳、大连、郑州、上海四家营业部。

公司确立了以“诚信、和谐、效率、创新”为核心的经营理念，建立了完善的法人治理结构、有效的风险控制体系、科学的投资决策机制、合理的绩效评估激励机制。公司凭借雄厚的股东背景、良好的市场信誉、丰富的管理经验、专业化的人才队伍和先进的技术保障手段，全方位地开展期货经纪业务，在市场研究、客户服务、信息咨询等方面确立了自身特色，形成以天然橡胶品种为核心，其它品种全面发展的市场经营局面。2004年至2007年经营业绩连续多年增长，综合实力稳居海南省同行业榜首。2007年上半年成交量全国排名43位。此外，在股指期货等金融衍生品领域，公司除了有股东金元证券外，还拥有中国民族证券、金元比联基金等多家关联合作方，已经形成良好的业务发展平台。

新纪元期货有限公司

一、公司简介

新纪元期货有限公司坐落于徐州市中心区新纪元期货大厦。1995年经中国证监会批准、国家工商行政管理局登记注册，是国内早期成立的期货公司之一。1999年按中国证监会统一要求增资至3000万元。2008年10月底，注册资本增至5882万元。

公司自成立以来一直以塑造“新纪元”品牌为发展目标，秉承“诚信、敬业、创新”及“实现您资本的增值，是新纪元永远的追求”的企业理念，以高效一流的专业水准，严格的风险控制，规范的内部管理，持之以恒地为客户提供全方位的优质服务，在期货界树立了良好的信誉。

公司拥有国内一流的软硬件设施：拥有文华、富远、博易等多套行情分析系统；拥有集合实时行情、快速交易、多帐户管理、套利交易等国内先进功能的顶点期货交易管理和结算系统；拥有数十台高性能服务器，多条不同运营商的百兆宽带接入，连接各交易所的SDH两兆线路，占地三千余平方米的交易场地等。行情、交易数据库实现同步双机热备份。

“十年磨一剑”，公司成立至今，大批历经期货市场磨炼的专业精英，在农产品、金属、能源、工业品、黄金和金融等不同领域源源不断地为客户提供期货专业化服务。

公司是国内四家期货交易所全会员，可代理所有上市品种的交易。目前徐州拥有白糖、强筋小麦、棉花、普通小麦等期货交割库，是国内拥有交割库最多的城市之一，为广大投资者套期保值提供了便利。

公司与建设银行、工商银行、交通银行和农业银行均建立了全国银期转账系统，并实现了期（货）证（券）一卡通业务功能。网上交易客户遍布全国各地。公司目前设有北京营业部、南京营业部、广州营业部。

公司力求以体制创新、管理创新、技术创新、业务创新与广大投资者共创期货新纪元。

二、主要股东

徐州新世纪经济发展有限公司

三、历史沿革

1995年3月，成立新纪元期货经纪有限责任公司

2007年12月，公司名称变更为新纪元期货有限公司

四、分支机构负责人

营业部	负责人	经营场所	设立时间	联系电话
南京营业部	聂军	南京市玄武区新街口街道北门桥路10号3层	2003.12.15	02584787999
北京营业部	彭城	北京市东城区东直门外大街48号东方银座5层FGH2(东二环)	2004.10.12	01084263892
广州营业部	张开源	广州市越秀区东风东路703号大院29号11层	2009.5.26	02087750827

新湖期货有限公司

新湖期货有限公司由新湖中宝股份有限公司（证券代码600208）控股。注册资金1.35亿元。为上海、大连、郑州三家期货交易所会员，中金所交易结算会员。

理念与文化

核心理念：“财富共享才最有价值”

在创造经济效益的同时，要讲求社会效益
在遵循市场竞争的同时，要讲求双赢、多赢
在企业不断取得成功的同时，要讲求回报社会
在实现企业价值的同时，讲求员工自身价值实现

业务拓展六句原则：

向现货产业学习，向现货产业拓展
持续不断地培训，培育专业投资者
坚持不懈地产品创新，为投资者提供专业工具

企业发展公约：

新湖期货将遵循以下九个原则处理公司与员工间的关系，它表达的是公司崇尚的企业文化和价值取向，是公司处理内部关系的一般性原则：

进取——只有进取的人才能在公司中谋求发展
责任——负责任和勇于承担责任是员工进步的基石
公平——公平是公司处理内部事物的基本原则
尊重——相互尊重是企业内部、外部间交往的基础
诚信——诚实守信是公司、员工、合作者间必须恪守的准则
合作——只有懂得合作的人才能融入公司的发展与文化之中
价值——只有能为企业直接或间接带来价值的员工才有价值
追求——公司将为那些有志向、有抱负、追逐梦想的人创造机会

分享——分享是公司发展中与员工、合作者间利益考量的基点

追求与目标

行业追求：

成为国内最规范，最诚信，最具专业服务能力的期货公司。

发展战略目标：

成为中国最具规模、最具影响力、最有价值，实现通道全球化，研发全球化，客户服务全球化的衍生品金融服务品牌公司。

服务至上

为实现成为国内最具专业服务能力期货公司，我们主要致力于以下几个方面：

研发——建立分布于全国的研究机构，以最贴近市场的布局，通过对宏观经济、产业发展、投资产品的深度研究，为客户提供即时、全方位、专业的信息咨询服务。

产品——公司将重点投入人力、财力研发各种投资和信息性产品及投资工具，为客户提供各种投资选择。

培训——基于期货市场的对抗性特点，参与者的专业性十分重要。公司将全面组织高水准的专业性培训。

会议——通过举办各种形式的专业会议、高峰论坛，把国际国内最优秀专家、龙头企业汇聚起来，为我们的客户提供最为权威的信息和最有价值的资源。

合作——公司一直秉承合作、共赢求发展的理念，将与国际、国内金融领域的优秀、专业公司全面、深入合作，以提升公司的服务水准与价值。

技术——技术已成为公司服务中最为重要的部分。公司将提供最为先进的技术手段和稳定、完善的服务，为我们的客户提供最安全、畅通的交易通道。

公司荣誉

在近一年的时间里，新湖期货获得了多项荣誉：

上海期货交易所——“2008 年度交易进步奖会员”

郑州商品交易所——“2008 年度市场进步奖”

大连商品交易所——“2008 年度最具成长性会员”

和讯网——“2008 年度第六届中国财经风云榜十大最具影响力期货公司”

金融界——“2008 领航中国期货卓越榜最具成长性期货公司”

董事长马文胜获“2008 领航中国期货卓越人物”

期货日报社——“2008 交通银行杯”全国期货实盘交易大赛优秀指定交易商

证券时报——“最具成长性期货公司”

“最佳产业服务公司”

董事长马文胜获“中国期货业最具影响力人物”

湘财祈年期货经纪有限公司

湘财祈年期货经纪有限公司是经中国证券监督管理委员会批准设立，湖北省工商行政管理局登记注册的专业期货公司（许可证号 31880000；注册号：420000000005893）。公司注册资本金 7800 万元，于 2004 年 12 月 18 日正式开业，是中国期货业协会会员，上海期货交易所、大连商品交易所、郑州商品交易所的正式会员单位，中国金融期货交易所交易结算会员单位。公司经营范围包括：商品期货经纪、金融期货经纪。

经营理念

湘财祈年期货秉承“人本立正、承诺是金”的企业经营理念，以客户利益为最高目标，本着资源共享、互惠互利的原则，以诚挚的信念，潜心研究市场，以团队的力量，专业的表现，规范的操作，提供最优质的期货代理服务。

股东背景

公司控股股东——湘财证券有限责任公司创立于 1993 年 2 月 8 日，1999 年第一家获批增资扩股并成为中国首家综合类证券公司，2002 年获准与里昂证券（CLSA）设立中国入世后首家中外合资证券公司——华欧国际证券，2003 年旗下基金公司获准首家通过股权转让方式吸收荷兰银行（ABN AMRO）参股合资并更名为湘财荷银基金管理有限公司。湘财证券有限责任公司目前注册资本 32 亿元人民币，资产规模 200 亿元人民币，业务网络覆盖全国 30 多个大中城市。

发展战略

立足商品期货，放眼金融期货，打造国内金融期货业旗舰。

以客户需求确定公司价值取向，以实心、实意、实话、实干、实惠、实力赢得客户。

借鉴国际通行的经营理念和交易规则，创造国内期货服务的新模式。突破地域限制，凭借湘财证券的品牌优势和全国服务网点，着力发展网络交易客户，实行低成本扩张，快速开拓国外市场。

我们的服务

全国客服中心

在上海设立全国客户服务中心，公司专业分析师和资深操盘手通过网络服务平台、澎博资讯系统、QQ 行情交流群等媒介为客户在线解盘，指导入市交易。

客服热线 400－882－8558

行情咨询热线 021－50580066

最新交易系统

公司采用了金仕达最新的期货交易系统，并拥有世华财讯、文华财经、澎博资讯和富远行情等多套国内优秀的行情资讯系统，可为客户提供全方位的交易及行情资讯服务。

高速信息通道

实时提供国内各大交易所及国际知名交易所行情数据，第一时间转发国内外专业机构观点，并通过传真、邮件、网站向客户定时发送下列资讯：

湘财祈年日报、湘财祈年早报、湘财祈年周报、湘财祈年月报

湘财祈年专题研究报告

专业期货投资策划

国内外专业机构观点

专业、权威的网站服务

公司网站立足期货市场，为投资者全方位提供专业的金融资讯服务，独特的在线理财服务。每天公司各期货专家、将简单的信息快捷的整理分析成更具价值的资讯，利用互动方式、广播方式及各种技术平台，向客户提供最快捷的期货咨讯，最权威的期货报道，最周到的客户服务。

公司网址：www. xcqnqh. com

严格风险控制

严格的保证金封闭运行制度，保障客户资金安全；武汉设有灾备机房，提高抗风险能力。

套保业务服务

公司已拥有大批具现货背景的套保客户，可为客户套期保值提供一条龙服务：从方案设计、现货收购、货物运输、申请仓单到实物交割全流程服务到底。

服务网络

依托湘财证券的集团资源和营业网点，拥有覆盖全国 30

多个大中城市的服务网络。

我们的特色

硬件设施优势

主机房采用光纤与上海交易所连接。并在武汉建设有灾备机房。主机和服务器均为07年购进的HP品牌最优产品，系统的稳定性、安全性在国内期货公司具有明显竞争优势。

特色专业指导

由从事期货行业10年以上的专家团队，凭借丰富的实战经验和卓越的投资分析能力，通过网络服务平台、澎博资讯系统、QQ行情交流群三种媒介为客户提供在线行情交流，实盘操作指导。

全国银期转帐

突破一般期货公司省市内银期转帐的局限，投入20多万元，在中国建设银行开通全国银期转帐服务系统，使客户资金运转方便快捷，得心应手。

高端专属服务

针对公司的高端客户，公司更可提供金仕达超级委托系统、金仕达炒手系统等更尖端的服务，使高端客户增添利器，如虎添翼。

金融期货前景

立足商品期货，结合金融证券市场，以前瞻性眼光率先酝酿债券、股指期货等产品，与客户分享金融期货的美好前景。

西部期货有限公司

西部期货有限公司是经中国证监会批准设立的专业从事代理期货交易的经营机构，2008年经增资扩股后成为创新试点类券商西部证券股份有限公司的控股子公司，注册资本金人民币捌仟万元整。

公司已取得商品期货、金融期货经纪业务及结算业务资格，是上海、大连、郑州三家商品期货交易所会员，中国金融期货交易所交易结算会员。公司主要从事国内商品期货、金融期货的经纪代理及结算业务。

公司成立于1993年，前身为西安智德期货经纪有限公司。公司2006年成交量达到204.1亿元、手续费收入413.2万元；2007年成交量达到264.9亿、手续费收入663.6万元，在陕西地区是一家较有市场影响力的期货服务提供商。

稳健经营、规范运作

期货是风险投资，在市场波动之外，更要注重交易代理机构的选择风险。西部期货一直以诚信经营、规范运作为目标，我们的经营理念就是在规范中求发展，同时经过长期的实践和磨炼，公司的期货交易客户支持体系也日臻完善，风险管理能力得到不断增强。

技术领先、创新致胜

西部期货秉承技术革新之理念，推出方便快捷的网上交易、应急电话下单等交易服务方式，并开通工行、建行、交行全国银期转帐业务。公司具备业内领先的交易、结算等软硬件设施，拥有“文华”、“彭博”等多套行情系统，配备先进的高速服务器，保证交易速度和效率，满足了大批量客户同时在线的交易需求。在股指期货上市前的仿真交易测试中，公司交易系统也率先接入中国金融期货交易所，并在交易所对多家公司系统稳定性的内部评测中获得好评。

专业服务

西部期货拥有一流的专业人才队伍，拥有一个稳健精干的管理团队，拥有一支朝气蓬勃的员工队伍，具备持续稳健的经营管理能力和积极进取的市场开拓能力。公司管理及服务团队具备丰富的期货专业经验，对期货交易投资理念有着深刻的洞察和理解，共同为客户提供专业化交易咨询服务。

五矿实达期货经纪有限责任公司

五矿实达期货经纪有限责任公司，成立于1993年，是经国家工商行政管理总局登记注册，并取得中国证监会颁发的期货经纪许可证的专业期货公司，是国内首批取得期货经营权的经纪公司之一。五矿实达公司由五矿投资发展有限责任公司控股，是中国五矿集团的全资子公司，注册资本1亿圆人民币。目前公司设立有上海营业部，大连办事处和郑州办事处。五矿实达公司作为上海期货交易所（席位号：0009）、大连商品交易所（席位号：0134）和郑州商品交易所（席位号：0163）的正式会员，竭诚向国内各投资机构、保值商以及广大投资者提供期货代理、信息咨询、人员培训等服务。

实达公司发展历程

1993.4　实达期货公司注册开业，注册资本1000万元
当年代理成交量2亿元。

1994　获得中国证监会首批颁发的《期货经纪业务许可证》；
当年代理成交量逾百亿。

1995　代理成交量254亿元；
深圳有色金属交易所排名第一。

1996　注册资本增加到贰仟万元人民币；
代理成交量144.25亿元；
深圳有色金属交易所排名第一，并荣获深交所“十佳会员”称号；
实达信息研究中心成立；
实达第一届年评会在深圳有色金属交易所召开
第一批人员赴英国伦敦培训。

1997　代理成交量达343.77亿元。
上海金属交易所排名第一，并荣获上交所“优秀会员”称号；
深圳有色金属交易所排名第一，并荣获深交所“十佳会员”称号；
实达第二届年评会在深圳有色金属交易所召开，特邀英国布朗戴斯经纪公司；
公司迁入新办公室——锦峰大厦；
第二批人员赴英国伦敦培训。

1998　代理成交量达395.10亿元；
上海期货交易所排名第一，并荣获上交所“优秀会员”称号；
深交所排名第一，并荣获深交所“十佳会员”称号；
实达第三届年评会在上海期货交易所召开；
第三批人员赴英国伦敦培训。

1999　注册资本增加到3000万元；
代理成交量达307.76亿元；
上海期货交易所排名第一，并荣获“优秀会员”称号，实现三连冠；

在锦峰大厦举办夏季金属研讨会；
实达第四届年评会在上海期货交易所召开，特邀AMT公司和英国布朗戴斯经纪公司；
上海期货交易所召开首届会员大会，公司副董事长张玉被选为交易所理事；
第四批人员赴英国伦敦培训。

2000 代理成交量达184.62亿元；
上海期货交易所排名第六；
中国期货业协会成立，公司副董事长张玉入选中国期货业协会理事；
实达第五届年评会以网上路演形式进行。

2001 代理成交量达547.47亿元；
上海期货交易所排名第一。

2002 代理成交量达913亿元；
上海期货交易所排名第一；
全国总成交量排名由2001年的每8位上升至第4位；
实达第六届年评会在上海期货交易所召开。

2003 注册资本增加到一亿元人民币；
代理成交量创历史记录达1030亿元；
被评为上海期货交易所优秀会员；
实达举办的“中国期货市场套利交易国际研讨会”在深圳举行；
实达第七届年评会在深圳圣廷苑酒店召开。

2004 代理成交量创历史记录达1525亿元；
参加“首届金融文化节”；
举办“2004年实达期货金属行情研讨会”；
举办“实达期货2004年交易策略网络年会”；
举办首届“实达期货杯”金融系统足球邀请赛。

2005 代理成交量为955亿元；
荣获深圳市政府颁发的“深圳市金融创新三等奖”；
荣获“中国优秀财经证券网站”优秀期货网站第三名；
荣获由深圳期货同业协会颁发的“2005年度优秀会员单位”称号；
李福利当选公司董事长。

2006 中国期货业协会第二次理事换届选举，李福利董事长入选为理事；
六月公司正式更名为“五矿实达期货经纪有限责任公司”。

2007 特邀华尔街资深金融衍生品交易员亲临公司介绍国外股指期货交易和风险管理的实战经验；
由五矿实达主办，中国农业银行深圳分行协办的大型“股指期货基础知识培训”在深圳举行；
成功举办“五矿金融杯”股指期货仿真交易大赛；
公司上海营业部在“2007年度上海市诚信企业评选”活动中获得“年度企业诚信建设奖”。

2008 2月 中国证监会核准了五矿实达期货经纪有限责任公司的金融期货全面结算业务资格；
4月 五矿实达期货经纪有限责任公司正式成为中国金融期货交易所“全面结算会员”，会员号为12。

五矿海勤期货经纪有限公司

中国五矿集团公司成立于1950年，是以金属、矿产品的开发、生产、贸易和综合服务为主，兼营金融、房地产、物流业务，进行全球化经营的大型企业集团。1992年，中国五矿集团公司被国务院确定为全国首批55家企业集团试点和7家国有资产授权经营单位之一。1999年，中国五矿集团公司被列入由中央管理的44家国有重要骨干企业。2007年，中国五矿总经营额为218亿美元，利润达到71亿元人民币。同年7月，中国五矿首次进入世界500强，排名第435位。在中央企业2004－2006年第一任期业绩考核中被评为A级，并被国务院国资委授予“业绩优秀企业”称号。近年来，金融业务增长迅猛，已日渐成为集团的核心产业。中国五矿集团公司金融板块的战略目标是，以五矿投资发展有限责任公司为核心，整合集团内多家金融企业，组建五矿金融控股公司。目前，金融板块共拥有金融八大主要业务门类中的五大门类，其中的部分业务已处于行业领先地位。

金融租赁：全资拥有的中国外贸金融租赁公司是经中国人民银行批准设立的全国性金融机构，注册资本达6亿元人民币，主要从事融资租赁业务。

保险：集团公司于1999年与法国AXA集团在上海合资成立了金盛人寿保险公司，在上海外资寿险公司中保费收入位居第四名。经中国保监会批准，该公司先后在广州和北京设立了分公司。

财务公司：集团财务公司是经中国人民银行批准设立的金融机构，具有内容广泛的业务许可，为集团公司提供结算、票据、委托贷款等金融服务。

期货：五矿投资发展有限公司全资控股2家期货公司，分别是北京的五矿海勤期货和深圳的五矿实达期货。五矿在期货行业拥有国内一流的管理团队、专业人才和品牌形象，已经建立了明显的竞争优势和领导地位。

证券：间接控股的五矿证券经纪有限责任公司是在原深圳有色金属期货交易所基础上改制而成的，拥有国内一流的网络系统和交易系统，主要从事证券的代理买卖等业务。

万达期货有限公司

万达期货有限公司经中国证监会批准，成立于1993年4月，是全国最早成立的大型期货公司之一。公司注册资本1.26亿元人民币，主营商品期货经纪、金融期货经纪。公司是国内三家期货交易所的全权会员，是中国金融期货交易所交易结算会员。

万达期货有限公司由河南东方粮食贸易有限公司、广东粤财信托有限公司、山西东港工贸集团有限公司等多家实力雄厚的股东投资，其控股股东河南东方粮食贸易有限公司隶属于中国储备粮管理总公司。中国储备粮管理总公司注册资本166.8亿，受国务院委托，具体负责中央储备粮油的经营管理。中储粮实行公司总部、分公司和直属库三级架构、两级法人。目前，总公司设9个部、24个分公司和4个子公司，上收及划转251个直属库。

万达期货有限公司设有乌鲁木齐、上海、北京、南宁、昆明、长春、大连、广州、温州、武汉等十家营业部,基本形成了覆盖全国的市场网络,公司客户分布全国各地。为了给商业机构提供高端服务,公司自在北京成立了研究中心,研究对象涵盖大豆、玉米、小麦、食用油脂、白糖、棉花、天然橡胶、有色金属、黄金、钢材、LLDPE、PTA 等商品期货及商品期权、股指期货等金融衍生产品。

公司拥有全国一流的现代化办公设施和先进的交易、通信设备,可免费提供的行情及交易系统有:文华财经、富远、易盛等期货、股票、资讯三合一的行情信息系统;金仕达网上交易系统及快捷的超级交易系统、易盛超级一键短线交易系统。其独享的高速光纤,能确保迅速、快捷、安全地传递期货信息和交易指令。客户可方便地运用多种期货专用电脑软件了解期货行情和分析信息,并可根据各自的实际情况选择便利的交易方式。

"诚实守信、开拓创新、合规经营、追求专业、勤勉尽责、以人为本"是我们一贯坚持的经营理念;为客户提供"专业、权威、敏锐"的服务是我们不懈追求的目标。我们将始终如一的致力于以最高的效率、最专业的服务向投资者传递正确的投资理念,致力于提高客户风险管理能力,致力于提高客户盈利率,实现客户资金保值、增值。

面对国内期货市场规范发展的机遇,公司将凭借雄厚的股东背景、资金实力和专业团队,不断增强可持续发展能力,以期货代理、培训、投资保值方案设计、咨询为主业,在完善公司管理制度和内部控制的基础上,不断提高市场开发能力、加强研发和专业服务的力量,切实提高执业水平,把提高客户的收益率作为我们的出发点和着眼点,将公司规模和服务水平提升到更高层次,把公司建设成为国内外知名的期货品牌。

天琪期货有限公司

一、公司简介

天琪期货是 1996 年 3 月 1 日经中国证监会批准、在国家工商登记机构注册登记设立的期货公司。目前公司注册资本为人民币 1.2 亿元,实际控制人为中国投资有限责任公司。

天琪期货是郑州商品交易所、大连商品交易所、上海期货交易所交易结算会员,中国金融期货交易所交易结算会员,可代理客户从事国内所有上市品种的期货交易。

公司经过多年的规范经营,业务状况良好,近几年经营业绩稳步攀升。在国内商品期货市场具有广阔的知名度和良好的行业口碑,公司网站是广大商品投资者首选的网站之一。

作为国内期货行业颇具影响力的期货公司,多年来天琪期货一直以"追求客户赢利,倡导理性投资"为原则,倾注心血打造专业研发团队,致力于投资者资产的增值服务,连续三年保持客户总体盈利,受到社会和广大投资者的认可。

二、历史沿革

1. 天琪期货成立于 1996 年 3 月 1 日,注册名称为:黑龙江省天琪期货经纪有限公司。

2. 1997 年 9 月 30 日,天琪期货在国家工商总局完成股权和住所的变更注册登记。公司住所变更为黑龙江省哈尔滨市香坊区中山路 122 号。股东为:哈尔滨君康房地产综合开发有限公司、黑龙江省粮油进出口(集团)、公司 哈尔滨天龙期货咨询服务公司。

3. 1998 年 5 月 8 日,天琪期货在国家工商总局完成股权变更登记。股东为:哈尔滨君康房地产综合开发有限公司、黑龙江省粮油进出口(集团)公司。

4. 2003 年 7 月 4 日,天琪期货在国家工商总局完成股权转让及增资变更注册登记。控股股东为:黑龙江省粮油进出口(集团)公司。

5. 2003 年 12 月 15 日,天琪期货向国家工商总局申请变更住所为黑龙江省哈尔滨市南岗区赣水路 41 号,获批准。

6. 2004 年 7 月 23 日,天琪期货完成了股权转让在国家工商总局的变更登记。控股股东为:黑龙江省奇昇投资管理有限公司。

7. 2007 年天琪期货《期货经纪业务许可证》及《企业法人营业执照》的经营范围均增加了金融期货经纪业务。

8. 2008 年 8 月 1 日,天琪期货完成股权转让及增资扩股在黑龙江省工商局的变更登记。股东为:中国建银投资证券有限责任公司、黑龙江省奇昇投资管理有限公司、黑龙江省奇昇房地产开发有限公司。

三、控股股东背景

中国建银投资证券有限责任公司(简称"中投证券")2005 年 9 月 28 日在深圳正式成立的。公司为全国性的综合类券商,注册资本 15 亿元人民币,由中国建银投资有限责任公司全资控股。2007、2008 年连续两年在券商分类监管评审中获评 A 类 A 级殊荣。中投证券现拥有 74 家营业部、24 家服务部,覆盖全国大部分大中城市。

中投证券入主天琪期货有限公司后,将秉承天琪期货在商品期货市场的优势,致力于为各类机构和企业提供期货投资和保值避险服务,为广大客户提供优质、便捷的期货交易服务。

目前控股股东中国建银投资证券有限责任公司(简称"中投证券")的单一股东为中国建银投资有限责任公司。

控股股东主营业务及经营情况介绍

中投证券的经营范围为:证券的代理买卖;代理证券的还本付息、分红派息;证券代保管、鉴证;代理登记开户;证券自营买卖;证券的承销和上市推荐;客户资产管理;证券投资咨询;中国证监会批准的其他业务。

中投证券是在重组原南方证券股份有限公司(简称"南方证券")的基础上,于 2005 年 9 月 28 日在深圳正式成立的。公司为全国性的综合类券商,注册资本 15 亿元人民币,由中国建银投资有限责任公司全资控股。为 A 类 A 级创新试点类证券公司。

中投证券承继了原南方证券的优良资产、业务资质以及人才队伍,并在近三年取得了良好的发展。公司目前下设经纪业务、企业融资、资产管理、证券投资、金融衍生品和控股期货公司等多个业务条线,以及研究所、运营中心等中后台支持部门,并拥有完备的信息技术与风险管理体系。公司还在积极筹备香港公司、直接投资公司等子公司,以进一步拓展业务空间。目前控股天琪期货有限公司。

经纪业务实力雄厚。中投证券拥有 98 个业务网点,业务网点及客户资源遍布全国。近三年股基权交易市场份额上升迅猛。

公司各项业务风险管理机制健全完善,使公司各项业务在风险可控的前提下有序开展。通过内部规章制度,明确了公司董事会、经营管理层、合规部门及业务部门的合规管理职责,奠定了合规管理的制度基础,完善了合规管理体系。

秉承"以专业精神和卓越服务,提升客户价值"的理念,以"服务、人本、创新"为核心价值观,规范运作、稳健经营,中投证券致力于成为最具竞争力且最具价值创造力的一流现代投资银行。

天津金谷期货经纪有限公司

天津金谷期货经纪有限公司成立于1994年. 是经中国证券监督管理委员会批准,在国家工商行政管理局注册的有限责任公司,公司及股东旗下集保险、信托、证券、基金和期货于一体,构建了完整的金融业务格局,可以合规地实现信息和资源共享。

公司是上海、大连和郑州商品期货交易所会员,拥有3个交易所的交易席位,可以代理3个交易所全部交易品种。本地或异地客户皆可通过自助下单系统与交易所场内实施同步交易。

公司实行规范化和专业化管理,各部门分工协作,从客户开户、下单到成交回报,从结算到交割,从资金划入到资金转出,我们都建立了科学快捷的工作流程并交由专业人士负责,努力为客户营造一个称心如意的投资环境。

我公司拥有一流的专业人才队伍,拥有一个稳健精干的管理团队,拥有一支朝气蓬勃的员工队伍,具备持续稳健的经营管理能力和积极进取的市场开拓能力。公司绝大多数中层以上领导及业务骨干从业时间超过十年,在期货市场经营运作上积累了丰富的专业经验,对期货交易投资理念有着深刻的洞察和理解,在业内均享有一定的知名度。

金谷始终坚持"服务永远第一,客户赢利永远第一"的经营宗旨,遵循公开、公平、公正、合法和诚实信用的自律原则,力主以一流的人才,一流的管理,一流的设备为客户提供一流的服务和一流的赢利机会。"规范管理,稳步发展"是我们金谷期货最基本的经营准则,多年来,正因为我们坚持这一基本的信条,金谷期货有了长足的进步,同时,树立了良好的市场形象。今后,我们将一如既往,坚持规范运作的思想,为期货市场的规范发展作出积极的贡献。

金谷期货伴随中国期货市场而生,核心团队在期货市场经营运作上积累了丰富的专业经验,对期货交易投资理念有着深刻的洞察和理解,在业内均享有一定的知名度。

开户

——更细致的开户指导

现场开户:人工咨询开户指导、上门开户

异地开户:光盘演示开户指导、邮寄开户

交易

——更多样的行情界面

富远、倚天等多套行情分析系统免费使用

东海实时电子报价行情系统备份提供

——更先进的技术手段

DDN、帧中继、100兆光纤数据接入,十余台惠普、戴尔服务器动力支持

行情高速传输,指令即时进场

——更多样化的交易方式

网上下单、电话下单、柜台下单等多种方式任取所需

咨询

——更丰富的信息咨讯

宏观经济、行业政策、市场分析、现货动态……

qh168全国获奖网站为您提供丰富全面的市场咨讯

——更实时的交易咨询

客户服务热线、网站专家在线、软件弹出窗口、网络、电话、QQ……

多个技术平台为您交易提供实时咨询指导

——更有价值的投资报告

日报、旬报、策略报告、研究报告……

金谷研发团队为您精心打造各类投资报告,帮助您把握市场机会、赢得财富增值

——更多元化的增值服务

套期保值:为您的企业量身打造个性化的套保方案

提供专业的价格风险管理咨询和服务

套利交易:设计专业的套利交易方案,为您获取低风险的稳定收益

程式交易:利用科学的系统交易方法,为您谋求资产的持续增值

天汇期货有限公司

天汇期货公司是经中国证监会批准设立,在国家工商行政管理局登记注册的大型期货公司。公司位于北京市CBD国贸黄金地带,是上海、大连、郑州三家交易所的全权会员。公司始终秉承"公开、公平、公正"的行业准则和"诚信、责任、创新、健康"的企业宗旨,辅以"品牌战略"的手段,稳健经营,公司始终处在良性的持续发展轨道。

公司优势:规范的运营和严格的管理手段。采用岗位描述手段明确每个岗位的责权利;构筑风险监控体系,包括设置事先、事中、事后三道防线,健全风险预警、风险控制、风险补偿三级制度。多种种管理手段并举为公司运营保驾护航,使企业的发展规范、健康、有序和持续。年轻化、专业化的人才队伍。

公司深知人之品牌为企业品牌之灵魂之先导,因此加倍注重人才队伍的引进和培养。

目前公司员工平均年龄为30岁,98%以上获得了高等学历,其中本科学历占53.1%,硕士以上学历占27.9%,经营管理层全部通过了中国证监会的考核并获得了《期货经纪公司高级管理人员任职资格证书》。年轻化专业化的管理队伍和客户服务团队,集咨询、信息和理财服务为一。

公司的创新和发展:天汇期货在行业电子化交易发展中一直处于优势、领先地位,是北京地区首批启用保证金封闭运行的公司,是首个开通工商银行银期转帐业务的机构。公司将上述创新的步伐与日常业务结合起来,搭建成高效有序的交易和结算平台:现场热自助交易、远程网上交易和远程电话自助交易三种方式,满足各地客户需求。期货电子邮局与即时、易懂、正确而完整的结算单相匹配,使结算体系更为完善,让投资者及时明晰持仓部位和资金头寸。作为京城为数不多的本土化期货公司之一,独特的管理视角、投资理念、经营环境和地理位置,使天汇期货已具备真正意义上的质优概念和更具潜力的扩张和发展空间。

天富期货有限公司

天富期货有限公司是经中国证监会和国家工商总局核准成立的现代金融企业,公司注册资本金一亿元人民币,由具备雄厚资本实力和较大地域影响的吉林省信托投资有限责任公司全资控股。可代理交易国内三家商品期货交易所所有上市品种,也是国内首批拥有股指期货交易资格的期货公司。

天富期货有限公司总部地处长春市中心地段长春大街500号吉信大厦,拥有国内一流智能化的办公大楼和营业场所,办公设施先进,交易环境舒适,服务质量一流,公司主要经

营范围为国内商品期货代理业务。公司法人治理结构完善，组织机构健全，营业网点构架合理，现设北京营业部、上海营业部、海口营业部、大连营业部、吉林营业部、延吉营业部、通化营业部和郑州代表处。拟设立深圳营业部和唐山营业部，公司现有员工72人，其中80%以上是具有博士、硕士、学士学位的专业管理人才，是一只业务精通、经验丰富、职业道德操守良好的专业团队。公司保证金安全存管系统已正式运行，实现了与保证金监控中心的实时对接，保证投资者资金的安全及合规使用。

多年来天富期货始终致力于国内期货市场的创新和发展，以树立良好的行业形象为己任，奉行稳健经营策略，注重内涵建设，在实践中确立了以投资、融资、理财、现货、咨询、服务等功能为一体的国内一流期货公司的发展战略。

天富期货公司将秉承"诚信、高效、严谨、务实"的经营理念，遵循以"满足客户需求、倡导理性投资、追求客户盈利"的经营原则，正确地把握市场规律，给股东和社会以更多的回馈，为公司和客户开创更美好的未来!!

浙江大地期货经纪有限公司

浙江大地期货经纪有限公司成立于1995年9月，作为专业期货经纪公司(工商登记注册号为330000000010485、中国证监会核发的期货业务许可证号为32020000)，拥有上海期货交易所、郑州商品交易所、大连商品交易所和中国金融期货交易所等国内现有的全部四家期货交易所的会员资格，广大投资者可在公司开展商品期货、金融期货的投资交易。

公司主要股东浙江物产元通机电(集团)有限公司，经营规模和综合实力一直以来保持全国机电汽车流通行业中第一的地位，在国内机电汽车流通企业中居绝对领先地位，实力雄厚。公司成立以来，以管理创新塑造公司的活力，以品牌经营扬起拓展的风帆，以技术进步作为发展的助推器，遵循客户至上、信誉第一的方针，积极完善服务功能，构建了由公司网站、全国统一服务热线电话4008840077、短信服务等多手段的综合服务平台，行情及交易系统完善、操作便捷。

公司专门设立了研发中心，为广大投资者提供期货市场信息咨询、投资报告等不同层次服务；同时积极引导投资者利用期货市场特有功能，开展期货上市品种套期保值和套利业务，为投资者创建"期现货结合，内外贸一体"业务新模式，形成了公司自己的特色。因而，公司随着我国期货市场的发展逐年壮大，经营的规模和综合指标都已位居全国同行业的前列。

公司网址：www. ddqh. com

全国统一服务热线：40088 40077

公司总部地址：

浙江省杭州市延安路511号(浙江元通大厦十二楼)

邮编：310006

联系电话：0571－85103151　传真：0571－85103150

投诉电话：0571－85153180

监督电话：浙江证监局　0571－88473333

浙江证券期货业协会　0571－85153300

宁波营业部

地址：宁波市解放路65号阳光大厦2楼

电话：0574－87193738　邮编：315000

衢州营业部

地址：衢州市新桥街188号4楼

电话：0570－8505858　邮编：324000

台州营业部

地址：台州市路桥区腾达路台州塑料化工市场1501号

电话：0576－82567007　邮编：318000

温州营业部(筹)

地址：温州市黎明西路143号海关大楼四楼东首

电话：0577－88102788　邮编：325000

浙江大越期货经纪有限责任公司

浙江大越期货经纪有限责任公司，创立于一九九五年，是绍兴市唯一一家经中国证券监督管理委员会批准，国家工商行政管理局登记注册的专业期货经纪公司。是上海期货交易所、郑州商品交易所、大连商品交易所、中国金融期货交易所的全权会员单位。由大越股份有限公司、西博投资有限公司共同出资组建。

公司总部位于绍兴市解放北路186号，地处繁华闹市，交通便利，地理位置十分优越，场地面积1500平方米。营业场所装饰一新，拥有宽敞、明亮、舒适的交易大厅和大户室。公司目前设有业务拓展、交易、信息、工程、财务、结算等部门，并与证券公司保持着良好的合作关系。公司下辖杭州、温州、余姚、柯桥、湖州五个营业部。

自成立以来，公司始终坚持以客户为根本的经营理念，以信息为核心的经营思路，致力于市场的培育与开发。拥有澎博、文华财经、富远等多套国内外优秀的信息系统和电子交易系统。并与银行、证券保持着长期良好的合作关系，现已经在五家银行开通了银期转帐系统，分别是中行、建行、交行、农行、工交，使客户交易更加便利，可随时为客户提供交易、信息、账务管理的服务与决策支持，竭诚满足客户的要求。

公司市场研发力量雄厚，其精辟的分析和行情研判均是建立在相关品种的基本面、技术面情况进行深入的调查研究和市场信息收集整理的基础之上的，并定期召开各种规模的行情分析和研讨会信息通过本公司网站(www. dyqh. info)及浙江都市快报、绍兴晚报等媒体发布。目前公司已设计了一系列较为完整、可操作性强的套期保值方案，最大限度地满足投资者的需求，努力实现资产的保值增值。

大越期货公司始终遵循"公开、公平、公正"的原则，以"诚信、高效、务实、创新"为服务宗旨，为投资者提供一流的服务。

公司地址：浙江省绍兴市解放北路186号7楼

邮编：312000

公司信箱：dyfbco@163. com 电话：0575－8833 3535

浙江天马期货经纪有限公司

天马期货是中国证监会核发《经营期货业务许可证》(许可证号32100000)，浙江省工商行政管理局核准登记注册(注册号30000000010330)的大型综合类期货公司，于1995年9月7日在杭州成立，注册资本一亿元人民币。全资控股股东为浙商证券有限责任公司。公司为大连商品交易所、上海期货交易所、郑州商品交易所会员，中国金融期货交易所全面结算会员，经营范围：商品期货经纪和金融期货经纪。

公司连续三年位居全国期货公司综合排名前二十位，连续五年被评为大连商品交易所"优秀会员"，公司坚持为机构投资者服务、为现货企业服务的营销理念，在商品期货领域取得了骄人的业绩。未来几年，随着股指期货、利率期货、期货期权等金融衍生品期货品种的推出，天马期货将以服务、研发、技术为核心，与浙商证券一起，为广大投资者打造证券、期货、基金、现货投资为一体的金融理财服务平台。

单位地址：杭州市黄姑山路 9 号天科大厦 9－10 层

邮政编码：310012

全国客服电话：400－700－5186

法定代表人：胡军

浙江新华期货经纪有限公司

浙江新华期货经纪有限公司创建于 1993 年 3 月，是浙江省第一家成立的专业从事商品期货代理的经纪公司是上海期货交易所（席位号 128 号）、郑州商品交易所（席位号 89 号）、大连商品交易所（席位号 91 号）、中国金融期货交易所（席位号 206 号）以及中国期货业协会和浙江省证券期货业协会的会员单位。目前公司的注册资本金为 6000 万元人民币，由浙江启天实业有限公司、义乌市诚世实业投资有限公司、安徽高恒东方绿洲有限公司、义乌市建设工程开发有限公司联合出资组成。

浙江新华期货经纪有限公司经过多年的发展建立了一支实力雄厚的市场研发队伍，通过深入的调查研究和广泛的市场信息收集整理结合相关品种的基本面、技术面的情况进行准确而精辟的行情研判。浙江新华期货经纪有限公司现提供富远行情、文化行情、博易行情，交易提供恒生交易、易盛交易、博易交易，多个软件多个站点可供客户自由选择，同时，网上交易采用异步交易，提高了网上交易的速度。通讯上为投资者提供了先进、快捷、安全的硬件保障，每家交易所均是 2M 专线单独接入，跑道通畅，交易数据安全稳定，期货代理业务硬件条件达到国内领先水平。公司唯一网站地址 www.xhqh.com。经中国证监会核准，公司经营范围为：商品期货经纪、金融期货经纪。公司以最大限度为投资者提供最优质、贴心的服务，实现公司与客户的双赢。

2007 年－2008 年 连续两年代理额位居全国前 20 强

2007 年－2008 年 连续两年获得上海期货交易所交易优胜奖

2007 年－2008 年 连续两年获得大连商品交易所优秀会员称号

2007 年－2008 年 连续两年获得郑州商品交易所总成交排名二十强会员称号

浙江新世纪期货经纪有限公司

浙江新世纪期货经纪有限公司是 1993 年经浙江省人民政府批准成立、国家工商行政管理局核准注册成立的第一批专业期货经纪公司，也是 2007 年国内首家获得金融期货结算业务资格及金融期货代理业务资格的期货公司。目前公司注册资本金为 5000 万人民币，2007 年底净资产 7500 余万元。

公司由全国 500 强、浙江省直属国有大型企业浙商集团控股，股东实力雄厚。公司总部位于杭州市繁华的武林广场南侧，营业面积达 3100 多平方米，下设北京、上海、浙江萧山、湖州、嵊州、温州等六家营业部及大连办事处。

公司系上海期货交易所、大连商品交易所、郑州商品交易所、中国金融期货交易所会员单位，从事国内期货及金融期货经纪代理。多年来，在董事会的领导和全体员工的共同努力下，公司取得了长足的发展。2004 年公司代理金额达 3071 亿元，名列全国第五位，浙江省第二位。2005 年、2006 年公司代理金额均名列全国和浙江省前列。受到上海期货交易所、大连商品交易所和郑州商品交易所的多次表彰，并连续四年荣获上海期货交易所优秀会员等称号。公司为上海期货交易所交割委员会委员、大连商品交易所委员会主任委员单位，浙江证券期货业协会常务理事单位，浙江金融学会理事单位。

公司拥有现代化的交易系统和先进的通讯设备，法人治理结构健全，员工队伍素质良好，运作规范、稳健，管理专业、严谨。多年来，以“为客户保值增值”为经营理念，坚持“诚信、进取、团队、服务”的企业精神，赢得了广大客户的信赖，客户赢利水平居同行前列，在期货行业享有良好声誉。

重庆三五九期货经纪有限公司

重庆三五九期货经纪有限公司（原港九期货）成立于 2001 年，是由中国证监会核准，国家工商总局审核登记注册，获国家《期货经纪许可证》，获得金融期货经纪业务资格的金融企业。公司注册资本为 3000 万人民币，公司拟完成增资扩股 6000 万。公司为大连商品交易所、上海期货交易所、郑州商品交易所、中国期货业协会正式会员，重庆经纪人协会首任会长单位，大连商品交易所重庆地区培训基地。公司总部位于重庆希尔顿商务大厦 13 楼，营业面积 1100 余平方米，拥有自主产权的营业场所。公司江北营业部位于重庆江北区未来国际大厦 7 楼，营业面积 560 余平方米。在北京、深圳、广州设立有办事处，在上海设立有研发中心。主要从事商品期货经纪代理、期货信息咨询及培训等相关金融业务，现有员工 50 余人。

三五九期货一贯秉承“合规经营、稳定发展、打造专业化的期货百年老店”的经营宗旨，在多年的经营中取得了良好的业绩和市场口碑。同时公司充分认识到人才在今后发展的战略布局上的重要性，聚集了一批业界高端人才在上海成立了研发中心，充分发挥产品深研优势，竭诚为客户提供最优质的服务。

公司历史沿革

公司成立于 1995 年 8 月，注册资本人民币 3000 万元，注册地为重庆，原名称为重庆润庆期货经纪有限公司，主要股东为重庆市佳昌实业公司和重庆市佳昌塑胶有限公司。

2001 年 9 月，由重庆成长实业有限公司、重庆港九股份有限公司、重庆市合川区银源商贸有限公司共同出资购买公司股份，公司更名为“重庆港九期货经纪有限公司”，注册资本仍为 3000 万元。股东持股比例为：重庆成长实业有限公司 60%、重庆港九股份有限公司 20%、重庆市合川区银源商贸有限公司 20%。

2008 年 3 月，公司更名为“重庆三五九期货经纪有限公司”。

2009 年，公司增资扩股工作正在进行中。

主要股东：重庆成长实业有限公司、重庆港九股份有限公司、重庆市合川区银源商贸有限公司

业务范围：商品期货经纪、金融期货经纪

法定代表人：袁拥农

公司现有一家分支机构——江北营业部，负责人：尹丽。

“以文化促进品牌、以品牌促进发展”是我们的经营之道；

“诚信、创新、服务、专业”是我们的经营理念；

“善待客户、保护客户”是我们的经营思想；

“服务于时代、馈赠于社会”是我们的价值观念。

重庆先融期货经纪有限公司

重庆先融期货经纪有限公司是经中国证监会批准设立(许可证号:A032236017),在国家工商行政管理总局登记注册的专业期货经纪公司(注册号:1000001002241)。公司注册资本人民币叁仟万元,公司总部设在重庆市渝中区邹容路邹容广场A座14楼,公司主营国内商品期货代理、信息咨询及培训,代理客户在国内期货交易所进行交易,并向客户提供结算、交割、资金管理、信息咨询等方面服务。

公司下设行政部、财务部、交易部、结算部、电脑部、投资开发部、研究发展部、市场开发部等部门。所有从业人员不仅具备中国证监会规定的从业资格,且具有丰富的期货从业经验。公司本着规范、严谨的管理作风,通过高质量、专业化的服务为客户提供更多更好的投资机会。公司不仅拥有现代化的卫星通讯报价设备等硬件设施,同步反馈国内外政治、经济信息,及时分析各热门品种的价格走势和大户动向;更拥有一批高层次、专业化的研究人员,对国家宏观经济的发展动态、金融证券市场的创新变化以及国内外各金融市场的各类信息进行深入的分析和研究,为客户提供更为广泛的投资渠道和更加科学合理的套期保值方案和投资计划,供客户参考。全方位的客户培训,将带给您最新的投资理念和先进的操作技巧。网上交易和客户自助委托系统将使交易更快捷,操作更便利。

公司总部地处重庆市中心解放碑,地理位置优越,交易环境优雅,设备先进。该地区各大金融机构均有网点,资金往来方便,可以保证客户各项金融交易的快捷执行。

公司崇尚“知识期货、理性期货”的期货投资理念,给予客户专业的操作指导和提供学习的平台,不少客户在公司这一理念的指导下得到了自身价值的实现和超常的发展。

“以人为本、服务至上”的发展理念使我们高度维护客户利益。至诚服务是我们的宗旨,真诚合作是我们的愿望,重庆先融期货经纪有限公司热忱欢迎广大客户光临我公司进行咨询、投资和套期保值。

重庆先融,助君成功!

招商期货有限公司

中国证券市场正迎来高速发展的黄金时期,金融衍生产品推陈出新,股指期货推出指日可待。招商证券作为创新类券商之一,致力为广大投资者提供全面的投资品种和优质的金融服务。目前,招商证券全资收购深圳新基业期货经纪有限公司股权并更名为招商期货有限公司,为投资者提供全面的期货交易服务。

招商期货是招商证券的全资子公司,注册资本达1.2亿元人民币,位居同业前列。目前公司具备中国金融期货交易所、上海期货交易所、大连商品交易所、郑州商品交易所四个期货交易所的会员资格,可代理股指期货(即将推出)、黄金、铜、铝、锌、燃料油、天然橡胶、小麦、PTA、白糖、棉花、玉米、大豆、豆粕、豆油、线型低密度聚乙烯(LLPDE)、棕榈油等期货品种的交易。

招商期货拥有一批高素质、经验丰富的期货从业人员,为投资者提供全面、优质的服务;其背靠招商证券研发中心建立的研究团队,为投资者提供高效、准确的投资指导;花费巨资建设业内领先的软硬件配套设备及交易系统,将为投资者提供网上下单、WEB交易、营业部现场交易、电话委托等方便快捷的交易通道。

经中国证监会批准后,招商证券将通过全资控股招商期货开展期货IB(Introducing Broker介绍经纪商)业务,将提供如下服务:协助办理开户手续;提供期货行情信息、交易设施;中国证监会规定的其他服务。招商证券全国71家证券营业网点均可协助受理投资者期货开户申请并提供交易通道,投资者将能方便地在股市、期市自由转换。

“海阔凭鱼跃,天高任鸟飞”,在中国资本市场快速发展的黄金时期,新的交易品种层出不穷,招商期货携手招商证券为广大客户提供全程一站式服务,在充满机遇与风险的期货市场中风雨兼程,高速前进。

招金期货有限公司

招金期货有限公司是经中国证监会和山东省工商局批准设立的国内大型期货公司,注册资本1亿元。招金期货成立于1993年,是国内成立时间最长的期货公司之一。伴随着中国期货市场一起成长,经历了期货市场从建立,试点,治理整顿,规范发展的整个历史。历经十几年的风风雨雨,逐步发展、完善、壮大。现在是上海期货交易所、郑州商品交易所、大连商品交易所的全权会员,可以代理国内所有期货上市品种的交易。现在有北京,上海,大连,福州,潍坊等营业部。

经过多年的市场实践和磨练,形成了一整套完备的内控机制和风险控制体系,从各个环节进行风险防范,保证了客户的资金安全和公司的平稳发展,公司成立10几年来,无重大风险事件发生。

公司致力于打造一支诚信、高效、有竞争力的团队。公司凝聚了一批高素质、高水平的期货精英,业务骨干大都具有十年以上的从业经历,所有正式员工都获得了由中国证监会颁发的期货从业人员资格证书。培养了一支既有实战经验又有专业水准的研究队伍。公司采取以研究带动市场开发,以市场促进研发的营销战略,在工作中不断提升服务内涵和服务质量,以此打造公司的核心竞争力和市场凝聚力。

公司自成立以来,始终坚持“专业化经营,规范化管理,人性化服务”的宗旨,以满足客户的需求,客户资产保值增值为最高目标,为客户提供周到,安全快捷的服务,帮助投资者把握市场机会和管理经营风险,实现企业和个人财富的最大化。

公司坚持专业化发展方向,创新经营模式,不断推出创新服务和创新产品,借助股东方的优势,服务黄金产业链,做深做精黄金品种,采取以黄金期货带动全面发展的战略,努力把招金期货打造成国内一流的专业期货公司。

银建期货经纪有限责任公司

银建期货经纪有限责任公司是经中国证券监督管理委员会批准、国家工商总局注册的专业期货经纪公司,是上海期货交易所、大连商品交易所,郑州商品交易所和中国金融期货交易所的会员单位。公司注册资金5000万元,总部位于北京,设有上海、天津、南宁、郑州营业部和大连联络处。

银建期货经纪有限责任公司成立于1993年,是中国最早从事期货经纪业务的公司之一,公司始终遵循“公开、公平、公正”和诚实信用原则,坚持诚信规范为本、服务为先的经营理念,致力于为投资者提供一流的服务。

公司控股股东北京银建集团是以交通运输为主业,集金融、房地产、医药、旅游、基础设施建设等为一体的大型股份制企业集团，公司在北京、天津、山东、广西和海南等多个省市区投资控股或参股企业25家，总资产逾60亿元。银建期货是银建集团的主要成员，是银建集团在金融领域的“旗舰”级企业，银建集团雄厚的实力背景是银建期货公司良好资信的可靠保证。

银建期货本着“银建服务，钻石品质；钻石企业，完美奉献”的宗旨，以高起点、高标准、高追求要求自己，将继续为投资者提供更全面、更优质的服务。

银河期货有限公司

银河期货有限公司是经中国证券监督管理委员会批准，在中华人民共和国国家工商局行政管理总局注册，隶属中国银河金融控股有限责任公司旗下，由中国银河证券股份有限公司控股，由苏格兰皇家银行、荷兰银行金融期货亚洲有限公司参股的专业型金融企业，注册资本为1.2亿元人民币。

2005年5月9日，经中国证券监督管理委员会批准完成工商变更和相关手续，标志着银河期货有限公司正式成立，成为中国第一家由证券公司直接控股的期货公司。

2006年5月22日中国银河证券股份有限公司、荷兰银行金融期货亚洲有限公司、银河保险经纪有限公司正式签约成立合资公司。

2006年12月26日，银河期货有限公司获得中国证券监督管理委员会及国家商务部批准，正式取得合资期货公司营业执照，荷兰银行入股的银河期货有限公司成为中国大陆第一家合资期货公司，标志着国内期货业对外开放迈出标志性的一步。

银河期货有限公司自2004年以来连续三年首批通过中国证券监督管理委员会的年检。

2007年9月17日银河期货有限公司率先获得中国证券监督管理委员会的金融期货业务资格和交易结算资格。

2007年10月10日苏格兰皇家银行宣布已将具有183年悠久历史的荷兰银行收入囊中，这笔持续半年之久的并购交易，涉及金额高达711亿欧元（约合1010亿美元），收购价高达荷兰银行账面价值的3倍，超过1998年花旗财团收购旅行者集团所创纪录，成为全球最大的金融并购案例！

2007年10月22日银河期货有限公司率先获得中国金融期货交易所交易结算会员资格。会员号109。

公司始终遵循“客户的需求就是我们的追求”的经营理念：以服务为先导；以规范为基石；以开拓为手段；以和谐为追求；以创新谋发展的原则，为国内期货投资者提供交易代理和相关的服务，以全新的企业文化和多变的服务手段拓展经营空间；坚持以客户为本，因客户而变的指导思想为广大投资者提供有效合理的投资组合与风险管理工具；学习国际同业的先进经验，力争建立起国际化企业制度和新知识经济企业的典范。

安徽徽商期货经纪有限公司

安徽徽商期货经纪有限公司（原名安徽华物期货经纪有限责任公司）成立于1996年2月，是经中国证监会批准、在国家工商局注册成立的安徽省第一家期货经纪公司，也是安徽省首家金融期货经纪业务资格的期货公司。

安徽徽商期货经纪有限公司由安徽省徽商集团公司控股，总部设在合肥，在大连、芜湖、马鞍山、阜阳设有营业部；上海、郑州设有代表处。作为中国期货业协会会员单位，公司拥有上海期货交易所、大连商品交易所、郑州商品交易所全权会员资格。公司配有先进的同步交易系统、行情分析系统、风险监控系统，实行保证金封闭式运行，确保客户资金的安全。公司成立以来得到了各级领导的高度重视和社会各界的广泛关注，1996年公司成立之初，时任安徽省委常委、常务副省长汪洋同志亲笔题名：“来之不易，精心操作，循序渐进，按法经营，逐步壮大，繁荣经济”。

1997年起，公司连续多年被授予全省“百家优质服务企业”。公司投资发展部荣获全国“青年文明号”称号。1998年公司与安徽大学经济学院联合建立了国家“211工程”重点文科实验室——“安徽大学华物期货金融证券实验室”。2002年公司在铜和小麦的交易量进入全国二十强，分别得到了上海期货交易所、郑州商品交易所的表彰。2003年与中国期货业协会合作进行了《期货居间人的管理与期货居间合同》课题研究，受到行业一致好评。2006年，公司棉花期货合约的交易量在郑州商品交易所的排名进入前十强。2007年，公司荣获上海期货交易所交易优胜奖。2008年，公司荣获大连商品交易所最具成长性会员；郑州商品交易所市场进步奖十强。

公司依托徽商集团的经营优势，抓住机遇，更新观念、努力促进业务发展和内部管理创新，使期货业务向纵深化发展，保持了良好的发展势头，期货代理交易量和交易额逐年大幅增长，代理业务收入稳步上升，市场占有率不断提高，公司不断发展壮大。

公司秉承徽商传统，遵循“勤勉、创新、和协、诚信”和“严控风险、规范运作、稳健经营”的经营理念和宗旨，努力为广大投资者提供安全、高效的一流服务，实现客户利益和公司利益最大化的双赢目标，为安徽的期货市场和安徽的经济发展建设服务，在中国期货市场规范发展的春天里谱写新的篇章。

公司地址：合肥市芜湖路258号

邮编：230061

联系电话：0551－2865911

传真：0551－2865913

网址：www.hsqh888.com

安信期货有限责任公司

安信期货有限责任公司成立于2007年10月，是经中国证监会批准设立，由安信证券股份有限公司绝对控股的期货公司，注册资本为1.36亿元。

公司控股股东——安信证券股份有限公司是经中国证监会批准，由中国证券投资者保护基金有限责任公司联合深圳市投资控股有限公司设立的股份制企业，2006年8月在深圳注册成立，注册资本15.1亿元。

公司现已成为中国金融期货交易所结算会员及上海期货交易所、大连商品交易所、郑州商品交易所的正式会员。

公司的经营范围包括商品期货经纪和金融期货经纪，业务涵盖了目前国内上市和将要上市的所有期货品种。公司通过建立完备的客户管理体系，实现各品种的信息咨询、研发产品、风险管理与客户个性化需求一一配套的目标。

公司本着“以人为本、以市场为导向”的宗旨，力求通过科学的管理机制、优秀的企业文化、高效的团队协作，最大限度地发挥公司优势，形成以产品研发、客户服务、品牌发展为基础的核心竞争力。

公司秉承规范、专业、共赢的经营理念，遵循合规经营的原则，打造经营规范、资本充足、内控严密、业绩优良的国内一流期货公司，为客户提供最优质的服务。

宝城期货有限责任公司

宝城期货有限责任公司前身为浙江金达期货经纪有限公司,成立于 1993 年 3 月 27 日,注册资本为人民币 3,000 万元。2007 年 11 月 30 日公司股东变更为华能资本服务有限公司和长城证券有限责任公司,注册资本增至为人民币 1.2 亿元,并正式更名为"宝城期货有限责任公司"。公司因此成为华能集团旗下金融战略平台的一个重要组成部分。

宝城期货有限责任公司运作规范、管理严格,在业界拥有良好的信誉。是上海期货交易所理事单位、大连商品交易所信息技术委员会主任单位。拥有上海期货交易所、大连商品交易所、郑州商品交易所会员资格,中国金融期货交易所交易结算会员资格。

根据公司的战略发展规划,公司首批在临海、南昌、南宁、大连设立的营业部现已正式开业,深圳、昆明、郑州、青岛、沈阳、长沙和武汉等地的营业部也正在加紧筹建中,公司计划在未来几年内将营业部数量增加到几十家,从而形成辐射全国的宝城期货营销网络,整合华能资本旗下证券、保险、信托等各类金融资源,为投资者提供高质量的资本保值增值服务。

宝城期货有限责任公司拥有一支专业化、高素质、高效率、具有丰富期货交易和研发经验的管理团队,实现与长城证券研发平台的共享,资源和研究成果的共享,能够全面开展金融期货 IB 业务。宝城期货的"财富宝城系列产品"能为客户提供期货经纪代理、企业套期保值、低风险套利业务、金融综合业务咨询等全方位的服务。同时,公司还拥有包括信息管理、交易管理、风险控制管理、客户管理等一整套高效快捷的计算机网络系统,机房规格、网络建设、负载容量、抗故障能力和系统负载均衡调制能力等都处于业内领先水平,完全能满足投资者未来商品期货和股指期货的交易需求。

宝城期货有限责任公司的经营理念是"诚信至上、合规经营、管理严谨、开拓进取",遵循规范发展道路,积极创新,为投资者提供专业化、差异化的优质服务,努力把公司建设成为实力雄厚、具有一流核心竞争力和抗风险能力的金融机构。

渤海期货有限公司

渤海期货有限公司是经中国证监会批准,在辽宁省工商行政管理局注册,具有经营期货业务许可证的专业化期货公司。注册资本 1 亿元,注册地址辽宁省大连市。公司目前下设上海、北京、长春、郑州、大连、沈阳、广州七家营业部。

渤海期货自创立以来,秉承"诚信、高效、勤勉、自强"的企业精神,运作规范,管理严格,信誉至上。为投资者提供国内全部期货品种的交易代理、套保交割和其它 相关服务。渤海期货已经培养和建立了一支专业化的管理团队以及一支在业内颇具影响力的研发队伍。自成立以来累计为客户赢利超过 3 亿元人民币。

1999 年公司实现商品交易达到全国期货公司交易量排名第 12 位。2001 年全国排名第 8 名。2002 年获得大连商品交易所交易盈利排名第 1 位。2003 年、2004 年、2005 年全国排名分别为第 18、21、26 名。2004 年、2005 年被大连商品交易所评为优秀会员。

渤海期货是大连商品交易所理事会员、郑州商品交易所理事会员、中国金融期货交易所交易结算会员。

股指期货即将推出,必将成为中国资本市场发展的新动力,东北证券公司携旗下 46 家营业部也必将为渤海期货参与新一轮竞争提供强大的营销网络支持。借助股东的支持,渤海期货核心竞争力显著增强,已经成为一家管理规范、服务上乘、业绩优良的期货公司。渤海期货的发展正在从通道服务向增值服务转变,着眼于构建功能型经纪业务管理模式,打造具有核心竞争力的现代金融企业。

财富期货有限公司

财富期货有限公司(FORTUNE FUTURE CO.,LTD)是经中国证监会批准成立,在青海省工商行政管理局正式登记注册的专业期货公司,注册资金为人民币伍仟万元,期货经纪业务许可证号为 30090000 ,营业执照注册号为 630000100022224。公司拥有上海期货交易所、大连商品交易所、郑州商品交易所等期货交易所席位,可代理客户进行铜、铝、橡胶、燃料油、大豆、玉米、豆粕、豆油、小麦、白糖等国内期货交易所全部上市合约的期货交易。公司遵循"公开、公平、公正"的原则,坚持"规范代理、稳健发展、诚信经营,客户之上"的理念,树立期货经纪业的典范。

我们的优势

可靠的资信

公司资金实力雄厚 ,对期货市场有着独到的认识和长远的发展战略,与中国银行合作实行保证金封闭运行、并建立了完善的风险防范体系和严格的风险控制制度,确保客户资金的安全性;资金调拨迅速,出入自由方便。

先进的技术

公司采用自行开发的电子化远程交易系统、与国内交易所联网,交易结算安全快捷,而且交易终端能够送到您的身边、您的家里、您的办公室。您可以通过书面委托、电话委托、自助委托、远程委托等多种交易方式,实现与期货交易所的同步交易。最先进的期货结算软件系统,及时向客户通知当日交易结算情况。

诚信的服务

期货代理是公司的基本业务。我们为客户提供舒适的环境,完备的信息,免费的咨询、专业化的培训,解答客户的疑难,帮助客户掌握期货投资技巧,有效控制交易风险。公司操作流程严格规范,对客户的个人资料和交易细节严格保密。

联系我们:

地址:青海省西宁市西大街 18 号神力大厦 12 层
行政部电话:0971 - 8235900
传真:0971 - 8235900
电子邮件:yzq1979cn@ yahoo. com. cn
客服热线:0971 - 8232728
市场部:0971 - 8216996

长城伟业期货有限公司

长城伟业期货有限公司(简称长城伟业)成立于 1994 年 3 月 28 日。是经中国证监会审核批准,由中国工商行政管理总局注册登记,拥有商品期货、金融期货牌照的专业性期货公司。拥有上海、大连、郑州交易所的会员资格(会员号:253、122、007),中国金融期货交易所的全面结算会员资格(会员号:11)。

2007 年成交量全国排名第六位

全国七家成交金额超万亿的公司之一

连续六年全国成交排名前七位

连续七年广东省成交排名第一

广东首家中国金融期货交易所全面结算会员

长江期货有限公司

一、公司介绍

长江期货有限公司于 2004 年经中国证券监督管理委员会批准成立，注册资金 1 亿元，是实力雄厚的长江证券的全资控股子公司。

公司是中国金融期货交易所、上海期货交易所、大连商品交易所、郑州商品交易所会员单位。2006 年获得“中国最具综合潜力期货经纪十佳诚信示范单位”，是全国首批期货灾备中心成员，同时是首批通过股指期货仿真交易测试的期货公司。2007 年经中国证监会批准，公司获得金融期货经纪业务和交易结算业务资格。2008 年，被人民日报社等机构评为“中国期货行业客户最信赖十大满意品牌”。

公司与行业组织、专业媒体保持了良好合作关系，是湖北省电线电缆协会、棉花协会、铝业协会、河南省有色金属等协会的理事单位，武汉糖业俱乐部首任会长单位，《期货日报》湖北地区总代理。

长江期货依托长江证券雄厚的资本实力、遍布全国的营业网点、享誉业内的研究力量以及领先的 IT 技术，立足华中，面向全国，努力打造“期货理财专家、期证银合作专家”的长江期货品牌。

二、历史沿革

1996 年 7 月，湖北金良期货经纪有限公司成立，注册资本 3000 万元；

2004 年 7 月，湖北金良期货经纪有限公司更名为长江期货经纪有限公司；

2007 年 8 月，公司增资扩股至 1 亿元，并成为长江证券全资子公司；

2008 年 6 月，公司名称变更为长江期货有限公司。

三、公司股东：长江证券股份有限公司

四、业务范围：商品期货经纪、金融期货经纪

成都倍特期货经纪有限公司

成都倍特期货经纪有限公司（简称倍特期货）是经中国证监会核准，在四川省工商行政管理局登记注册的大型期货经纪公司，是成都高新发展股份有限公司（SZ. 000628. 高新发展）的控股子公司。倍特期货是上海、大连、郑州商品交易所及中国金融期货交易所的会员，代理国内所有期货品种的交易，在上海、北京、重庆、绵阳、南宁和南昌（筹）等地设立有营业部。倍特期货现为大连商品交易所会员资格审查委员会委员单位，郑州商品交易所交割委员会委员单位，中国期货业协会团体会员，四川证券期货业协会理事单位，重庆证券期货业协会理事单位，北京期货商会理事单位，大连商品交易所成都培训基地。2007 年度，倍特期货以 4180 亿元的交易代理额名列全国第 28 位，多年来在西部十二省区同行业中排名第一。2008 年度，公司荣获了上海期货交易所 2008 年度交易优胜奖，郑州交易所 2008 年度市场优胜奖 20 强，交易代理额突破 9000 亿元。

倍特期货秉承“诚信、专业、协作、创新”的经营理念，竭诚为您提供运作规范、优质高效的投资理财服务。倍特期货与中国电信、四川信息港、复旦金仕达共同打造了安全高速的 DDN 交易通道，与文华财经、澎博资讯等国内一流信息服务商建立了及时丰富的行情系统，与中国建设银行、交通银行、中国工商银行和中国农业银行推出了方便高效的银期转帐和网上银行业务。

倍特期货以建设现代金融企业为目标，努力促进中国期货市场的健康规范发展，为您的期货投资奉上贴心专业的服务。

创元期货经纪有限公司

公司基本情况

一、公司法定中文名称：创元期货经纪有限公司

公司法定英文名称：Chuangyuan Futures Co. , Ltd

公司英文名称（缩写）：Chuangyuan FCO.

二、公司法定代表人：莫运水

公司总经理：汪有为

三、注册资本、经营范围：

注册资本：6800 万元人民币

经营范围：商品期货经纪、金融期货经纪

四、公司注册地址及办公地址、邮政编码，公司国际互联网网址、电子信箱。

注册地址及办公地址：江苏省苏州市三香路 120 号万盛大厦 16 楼

邮政编码：215004

国际互联网网址：www. cyqh. com. cn

电子信箱：zhb@ cyqh. com. cn

五、公司历史沿革：

创元期货经纪有限公司（以下简称“公司”或“创元期货”）原名通宝期货经纪有限公司，成立于 1995 年 2 月 25 日，原由苏州物贸集团股份有限公司（后更名为创元科技股份有限公司，以下简称“创元科技”）和江苏苏州物贸中心（集团）有限公司（以下简称“物贸中心”）共同投资设立，原注册资本为 3,800 万元。

经 2000 年 11 月、2004 年 8 月两次股权转让，以及 2005 年 12 月实施减资 800 万元后，创元期货股权结构变更为：苏州创元（集团）有限公司（现名：苏州创元投资发展（集团）有限公司，以下简称“创元投资”）出资 2,700 万元，占注册资本的 90%；物贸中心出资 150 万元，占 5%；创元科技出资 150 万元，占 5%。

经中国证券监督管理委员会“证监许可[2008]443 号”核准，公司本年增资 3,800 万元，增资后，公司注册资本变更为 6,800 万元，股权结构变更为：创元投资出资 6,120 万元，占注册资本的 90%；物贸中心出资 150 万元，占 2.21%；创元科技出资 530 万元，占 7.79%。

公司企业法人营业执照注册号为 320000000021934，经营期货业务许可证号为 31780000。

六、组织结构情况：

公司法人治理结构完善，设立以总经理负责制的管理团队，公司高管 8 人，其中设立七个主要管理部门，设立三个营业部，同时在大商所、上期所所在地设置联系点，本部设立市场一、二、三部，常熟营业部正在筹建中。

七、主要股东情况：

名称：苏州创元投资发展（集团）有限公司

注册号：320500000001004

注册地址：苏州市南门东二路 4 号；

法定代表人：董柏

总经理：宋锡武

主营业务：授权范围内的资产经营管理；从事进出口经营；经营国内商业、物资供销业；提供生产及生活服务；开展技术开发、技术转让、技术服务；承接机械成套项目、房地产开发业务；为进出口企业提供服务等。

成立日期：1995 年 6 月 28 日

创元期货经纪有限公司（原通宝期货经纪有限公司）是经中国证监会、国家工商总局核准的专业期货经纪公司，注册资本 6800 万元，是国内知名的最早从事期货业务的专业经纪公司之一。主要股东苏州创元投资发展（集团）有限公司（中国 500 强企业）是国家重点企业集团，是创元期货公司强大的后盾。

公司下设市场部、信息技术部、交易部、结算部、财务部和办公室六大职能部门及郑州、上海、大连、吴江、徐州五个区域性营业机构。新近改造的技术平台为交易的稳定快捷奠定了基础。公司拥有国内全部（三家）交易所的交易席位；客户服务遍及全国各地。自 2002 年以来，公司经营随中国期货市场规范发展而再次长足进步，2007 年代理交易额 3958 亿元，交易量排行全国第 23 名，江苏省第 4 名，苏州地区第 1 名。

大华期货有限公司

公司概况：大华期货有限公司最早成立于 1995 年 11 月，2008 年 4 月注册资本增加至 8000 万元人民币，山西证券股份有限公司出资 7000 万元，占比 87.5%，股东承诺随需增资。公司拥有中国金融期货交易所交易结算会员资格（会员号：145），上海期货交易所、大连商品交易所、郑州商品交易所全权会员资格（会员号：106、211、211）。公司现有总部（重庆）、太原、桂林、石家庄、大连、呼和浩特营业部 6 个营业网点，目前正在全国范围内整合资源，扩大网点布局。公司在 2008 年第九届“中国优秀财经证券网站”评选活动中，获得“中国优秀财经证券网站期货类”综合奖第三名。

经营范围：商品期货经纪、金融期货经纪

股东背景：山西证券股份有限公司是大华期货有限公司的控股股东，注册资本 20 亿元人民币，在北京、上海、深圳等大中城市及山西各地市设有 53 家营业网点。2007 年 8 月获批创新类券商资格，2008 年 7 月 10 日获批期货 IB 资格，荣获 2007 年第三届中国证券市场高成长证券公司“金钥匙奖”称号。

实际控制人：山西省国信投资（集团）公司是山西省人民政府单独投资设立的国有独资经营性大型企业，注册资本 15.16 亿元人民币。旗下拥有山西证券、山西信托、汇丰晋信基金、中德证券（筹）、大华期货等多家金融企业。

经营宗旨：诚信、稳健、规范、创新、高效

经营理念：诚信为本，以义制利；行健不息，止於至善

大连良运期货经纪有限公司

大连良运期货经纪有限公司（简称良运期货）是经中国证监会批准，辽宁省工商行政管理局注册登记成立的期货公司。随着公司经营业务规模的扩大和发展战略需求，于 2007 年引进实力强大的战略投资者，通过增资扩股，完善了公司法人治理结构，现注册资本 1 亿元人民币，由大通证券、大连良运集团、大连华信信托三家股东构成，成为行业内唯一一家具有证券、信托和粮食仓储及物流背景的专业期货公司。

良运期货是大连商品交易所（74 号席位）、上海期货交易所（339 号席位）和郑州商品交易所（195 号席位）的正式会员，郑州商品交易所的理事单位，公司具有中国金融期货交易结算资格，总部位于东北金融中心——大连。

经过对期货行业和市场的深入分析，良运期货现已确定了“广泛合作、深入服务、开放式平台、走多样化创新道路”的发展战略。按照公司发展规划，3 年内要在全国各重要市场完成 30 家左右营业部建设，建立期货业务区域总部，形成具有竞争优势的战略布局。目前在大连、郑州、长春、上海已设有营业部和办事处，在石家庄、南宁、沈阳、北京四地的营业部正在筹建中，其余重要市场的网点建设正在前期调研和申报过程中。

良运期货具有良好的交易环境，拥有一流的硬件设施和一支高素质的人才管理队伍，配备了“文华财经”等多套行情接收和分析系统，计算机交易系统安全、快捷，投资者可以在世界任何地方通过网上自助下单、电话报单等多种交易方式进行全国所有商品期货交易品种的交易，可为客户在期货市场乃至证券、投资等领域提供全方位的服务。

多年来，良运期货始终坚持“客户至上、诚实守信”的经营理念，遵循“防范风险、稳健经营、优质服务、共同发展”的经营原则，在资金安全、规范运作等方面树立了良好的企业形象，“良运期货”这一优秀期货服务品牌现已根植于很多客户的心中，我们用心贴心的服务来留住每一位客户。虽然我们不是第一，但是一直在努力，构筑百年良运、培育期货服务行业第一品牌是我们矢志不渝的目标，“服务至诚，良运相伴”是我们永恒的追求。

良好的企业信誉，团结敬业、奋力拼搏的员工队伍，精通现代企业管理和经验丰富的管理团队，完善的风险控制体系和雄厚的股东实力，将为我们的每一位客户提供优质、专业、高效的期货和其它金融业务服务。

股东介绍：

大通证券股份有限公司 成立于 2001 年，注册资本 12 亿元，现已跻身规范类券商行列，在全国设有 27 家分支机构。

大连良运集团有限责任公司 成立于 1962 年，总资产 18 亿元，是以粮食贸易、仓储、物流、承办区域性粮食市场交易为主，集房地产开发、酒店经营于一体的综合性企业集团。是大连市商贸流通、房地产和餐饮服务领域支柱企业之一。

大连华信信托股份有限公司 成立于 1981 年，注册资本金 12.1 亿元，总部设在大连，目前经营业绩、人均利润率、资本收益率等指标一直处于地区和行业较高水平，部分业务发展水平已在行业内处于主导地位，在业内具有重要的影响力。

大有期货有限公司

大有期货有限公司是经中国证券监督管理委员会批准，国家工商行政管理总局注册的大型专业期货经纪公司，现代投资股份有限公司（000900）全资控股子公司，总部经营场地面积 2,000 余平方米，拥有舒适的交易环境和一流的交易设施。其中设在运达喜来登国际广场 21 层的 VIP 专区，是目前省内功能最全的客户专区。

公司拥有上海、大连、郑州三家商品期货交易所的会员资格，代理客户从事国内所有商品期货品种的交易。同时在湖南省内首家拥有中国金融期货交易所会员资格。公司在业内率先开通银期转账系统，实现了与建设银行、农业银行、工商

银行以及交通银行的全国银期转帐业务，率先实行客户保证金封闭运行，充分保障客户的交易安全和资金安全。

公司立足省内，积极开拓全国市场，设有上海营业部，郑州营业部，并大力发展网上交易，借助网上交易平台，将业务延伸至省内各主要地、州、市和国内部分重点城市。积极探索业务创新，全面开展与银行、证券、保险等金融企业的合作，充分发挥期货市场功能，为相关企业发展提供专业的产品服务，努力为投资者打造一个全方位的金融服务平台。

公司是上海、大连、郑州三家商品期货交易所在湖南省内唯一的培训基地，分别与三家交易所联合开展了大量的品种推介与培训活动。公司还被《期货日报》社指定为其驻长沙联络处。

公司拥有一支高水平的专家咨询队伍，能够为投资者提供专业化、个性化的投资咨询服务。并通过网络平台、培训沙龙、投资报告等方式，为投资者及时、全面的排忧解难。

公司至 2002 年成立以来，一直保持较快的发展速度，在省内的市场占有率处于领先地位，2004 年代理成交量排名进入全国前 30 强，并先后被评为“中国期货市场诚信建设示范单位”和“湖南百家诚信单位”，在 2004 年中国证券市场年会上，公司获得“2004 年度中国证券市场成长奖”，成为全国唯一获此殊荣的期货公司，在和讯网主办的中国财经风云榜评选活动中，获选为全国“十大最受喜爱的期货公司”。

公司以“回报客户、回报股东、回报员工、回报社会”为经营宗旨，始终遵循公开、公平、公正的原则，坚持“客户至上、服务第一、诚实守信、规范运作”的经营理念，以开发和培育市场为己任，走“专业化”道路，立志成为国内期货行业的排头兵，成为在全国具有广泛影响力的大型综合类金融期货公司。

总部：

地址：湖南省长沙市芙蓉中路一段 478 号运达国际广场写字楼 21 楼
电话：0731－84409000
传真：0731－84409009
邮编：410011
网址：http://www.dayouf.com
地址：湖南省长沙市芙蓉中路 466 号海东青大厦 B 座五楼
电话：0731－84317777
传真：0731－84316811
邮编：410011

下属机构：

大有期货有限公司上海营业部

地址：上海市中山北路 2550 号物贸大厦 2 楼
电话：021－62575276
传真：021－52711391
邮编：200063

大有期货有限公司郑州营业部

地址：河南省郑州市未来大道 69 号未来公寓 801、706
电话：0371－65612057
传真：0371－65616246
邮编：450008

第一创业期货有限责任公司

公司中文名称：第一创业期货有限责任公司
公司英文名称：FIRST CAPITAL FUTURES CO.,LTD.
法定代表人：苏江
公司类别：有限责任公司
注册资本：10000 万元人民币
注 册 号：110000010466520
许可证号：32310000
经营范围：商品期货经纪。
成立时间：1993 年 03 月 31 日
注册地址：北京市西城区月坛南街甲 1 号东方亿通大厦 5 层
注册地邮编：100045
主要办公地址：北京市西城区月坛南街甲 1 号东方亿通大厦 5 层
主要办公地邮编：100045
联系电话：010－68018395
传真电话：010－68016355

第一创业期货有限责任公司于 2008 年经中国证监会批准成立，公司注册地为北京，注册资本金为人民币 1 亿元。公司现有员工 24 名，其中 75% 拥有本科及以上学历，具备期货从业资格人员人数 24 名。

第一创业期货有限责任公司将依托“第一创业”的品牌，秉持“以客户为中心，以创新为动力”的经营方针，以国际化的视野、丰富的市场经验、娴熟的专业技能以及高度的职业精神，致力于为中国企业和投资者提供优质全面的金融产品和服务。

东航期货经纪有限责任公司

东航期货经纪有限责任公司的前身是中国东方航空公司期货部，设立于 1993 年，是我国特大型国有企业中较早涉足期货行业的，也是中国民航界唯一从事期货经纪的企业。国家整顿期货行业、重新审批期货经纪公司后，作为由中国证监会以监字（1994）4 号文批复核准的首批期货公司，东航期货经纪有限责任公司正式成立。

1999 年，国家对期货经纪公司清理整顿，东航期货经纪有限责任公司是最早获得审批通过的公司之一，并达到注册资本 3000 万元人民币的新规定。股东结构于 2005 年有所调整，其中东航金戎控股有限责任公司控股 95%，东航进出口公司控股 5%。在 2003 年 6 月 17 日正式成立了东航期货经纪有限责任公司大连营业部。2007 年 11 月公司注册资本增加到一亿元人民币，股东结构再次进行调整：中国东方航空集团公司控股 50%，东航金戎控股有限责任公司控股 48.5%，东航进出口有限公司控股 1.5%。2008 年，公司取得金融期货结算业务资格。如今，公司已是上海期货交易所、大连商品交易所、郑州商品交易所的全权会员单位和中国金融期货交易所交易结算会员。公司经营范围变更为：商品期货经纪、金融期货经纪。

公司名称：东航期货经纪有限责任公司
英文名称：CES FUTURES BROKERAGE CO., LTD.
公司办公地址：上海市吴中路 686 号东航金融中心 16 楼
邮编：201103
电话：021－64056666（总机）
传真：021－64068835
网址：www.kiiik.com

东莞市华联期货经纪有限公司

东莞市华联期货经纪有限公司，简称“华联期货”，成立于 1993 年 4 月 10 日，是国内首批取得期货业务经营许可权并一直植根于东莞的专业期货公司。华联期货公司拥有上海、大连、郑州三家期货交易所席位。2007 年 9 月 27 日由东莞证券、东莞信托收购并将注册资本增加到人民币 1 亿元,是目前东莞地区唯一一家由国有股东控股的本土期货公司。

2008 年 1 月 8 日,经中国证监会"证监许可[2008]17 号"批复核准我公司金融期货经纪业务资格,经营范围变更为:商品期货经纪、金融期货经纪。2008 年 4 月 1 日,经中国证监会"证监许可[2008]432 号"批复核准我公司金融期货交易结算业务资格,为备战股指期货做好充分准备。

公司总部现位于有"东莞金融中心"之誉的金源中心,毗邻中国人民银行东莞市中心支行、东莞证券有限责任公司等金融机构。目前,公司已开通农业银行、建设银行银期转账业务,增加了客户资金出入的灵活性和安全性,为客户提供一个便捷的投资环境。

公司秉承"客户至上,稳健经营"的经营宗旨,全体员工怀着严谨求实的敬业精神和认真负责的工作态度,致力于为客户提供优质高效服务,为东莞企业制定套期保值方案,帮助企业锁定经营成本,谋求与客户共同发展,实现公司与客户双赢! 华联期货是您忠诚的投资伙伴,在新的征程中我们将一如既往,愿与您携手共进,共创辉煌!

东吴期货有限公司

东吴期货有限公司成立于 1993 年 3 月 18 日,公司曾用名东莞通达期货经纪有限公司、华高期货经纪有限公司和国民期货经纪有限公司。2007 年 8 月,原国民期货经纪有限公司完成了股权变更及增资扩股,股东变更为东吴证券有限责任公司、苏州市营财投资集团公司、苏州工业园区华都物资贸易有限公司,注册资本金由 3000 万增至 5000 万,同时更名为东吴期货有限公司。2007 年 12 月,东吴期货有限公司增资至 1 亿元。

作为国内最早成立的期货经纪公司之一,东吴期货有限公司多年来一直以稳健经营享誉业内。公司秉承圆融、人本的经营理念,依托专业化的经营团队和效率为先的经营机制,竭诚为国内机构和个人投资者提供多样化的期货投资服务。

东吴期货有限公司(以下简称东吴期货)是国内三家期货交易所的全权会员,会员号分别为:上海期货交易所 0323 号,大连商品交易所 0143 号,郑州商品交易所 0185 号。2007 年 11 月 12 日,东吴期货顺利获得中国金融期货交易所的首批交易结算会员资格,会员号 111。至此,随着股指期货的正式推出,东吴期货将成为最早一批集商品期货和金融期货服务为一身的全能型期货公司。

公司网址:www. dwfutures. com

公司信箱:dwqh@ dwqh88. com

上海地址:上海陆家浜路 1332 号 4 楼

电话:021 - 61378783

苏州地址:苏州市工业园区翠园路 181 号商旅大厦 18 楼

电话:0512 - 62938118

方正期货有限公司

方正期货有限公司是经中国证监会核准,在湖南省工商行政管理局登记注册、获国家《期货经纪业务许可证》的专业期货经纪公司,公司注册资本现增资至两亿元人民币,为大连商品交易所(会员号第 0060 号)、上海期货交易所(会员号第 0292 号)和郑州商品交易所(会员号第 0201 号)的注册会员,代理国内三大期货交易所的经纪业务。公司运作规范,管理严格,信誉良好。

公司依靠大股东的雄厚实力,充分利用其金融领域的资源,依托先进的业务模式和充满活力的经营机制,为国内机构和个人提供多元化、个性化的卓越金融服务,以一流的专家创造一流的客户价值,打造出一流的品牌,不断提升公司社会影响力。

公司采用金仕达期货交易系统,网上交易、自助交易、电话报单方式供客户方便地选择;备有嵌套期货交易的多种行情系统,供客户自由地选择;交易结算过程均采用双机实时备份,多条数据专线直接联入期货交易所联网系统,利用因特网以最快捷的速度完成期货交易指令的成交和回报,交易数据安全稳定快捷;公司严格实行保证金封闭运行管理,与中行、建行、农行、交行、工行开通异地银期转帐业务,客户可以网上银行进行银行储蓄帐户与公司资金帐户间的资金划拨,在保障客户资金绝对安全的同时,为客户资金存取提供最大的便利。

按照《期货公司内部治理准则》的要求,公司不断完善和强化内控管理,在全国期货公司中率先建立起独立董事制度,公司目前下设苏州、南京、扬州、深圳、常州(筹)等多家期货营业部,为公司的发展壮大不断增添新的业务平台。

经过重组与整合,公司拥有全新的经营理念和一流的经营机制,吸引了众多业内英才加盟。在今后在发展过程中,公司将不断追踪国际国内期货市场最新动态,不断探索新的盈利模式,创造新的服务手段,最大限度地满足投资者的需求,追求客户资金的稳定增长和客户资产的保值增值,努力实现公司与客户的双赢。

海航东银期货有限公司

海航东银期货有限公司(以下简称"海航东银期货")的前身为东银期货经纪有限公司,始创于 1993 年,2007 年 8 月 13 日,经中国证监会证监期货字[2007]115 号文批准,由海航集团直接控股并更名为海航东银期货有限公司,注册资本金增至 7000 万元。海航东银期货是上海期货交易所(会员号 182),大连商品交易所(会员号 023)和郑州商品交易所(会员号 026)的正式会员,并于 2007 年 11 月取得中国金融期货交易所的金融期货经纪业务资格和金融期货交易结算业务资格。

海航东银期货总部位于深圳。下设上海营业部、北京营业部、苏州营业部、郑州营业部、大连营业部、贵阳营业部、厦门营业部、天津营业部、太原营业部九家分支机构。

海航东银期货目前拥有具有高素质、精专业的管理、研究等精英人才 100 余名,拥有全国一流的电子化交易机房,为广大客户提供全面高效率的期货买卖、结算等业务和优质的期货顾问服务。

海航东银期货以"优质服务、规范运作、诚信实干、创新奋进"为公司宗旨,秉承"以德修身、以诚养心、以义制利、以本图新"的企业文化,贯彻"诚信、业绩、创新"的管理理念,保持了 15 年的客户零投诉的业内领先记录;连续四年交易额和交易量综合排名位居行业前 30 位;连续四年获得上海期货交易所优秀会员奖励。

海航东银期货始终坚持"至诚,至善,至精,至美"的服务理念,以"为社会做点事,为他人做点事,为自己做点事"的从业精神,致力于为客户提供满意的专业化服务。客户的盈利和笑容,就是我们最终的愿望。

海航东银期货总经理苏文全携全体员工诚挚希望与您一起共同创造中国期货市场的美好明天。

海南金海岸期货经纪有限公司

海南金海岸期货经纪有限公司是由具有上司公司背景的专业期货经纪公司,注册资本3000万元人民币。1998年10月获国家工商行政管理局颁发的营业执照和中国证监会颁发的期货经纪业务许可证。公司拥有上海、大连、郑州三家期货交易所交易所会员,自营运以来,客户保证金迅速增加,日均成交金额稳步增长,并多次进入交易所排行榜,现已成为海南省规模最大、信誉最好的期货经纪公司之一。

公司总部位于海口市金贸区国贸大道45号银通国际中心二十层,交通便利、地势繁华。拥有1000多平方米的交易厅和十多个贵宾室,宽敞明亮、环境舒适。公司于2001年投资先新建了新期望网络版交易系统和实时结算系统,为客户高效交易运作和风险控制提供了可靠保障。公司现有具备期货执业资格和期货交易经验丰富的管理人员22多名,其中MBA学历2名,大学学历22名。研发部专业人员将为客户解疑答惑,在基本面和技术面上为客户提供专业的信息咨询。

公司一贯坚持"管理制度化、服务标准化、运作规范化"的管理原则,建立"职责分工岗位化、工作程序规范化、人员管理制度化、风险控制实时化"的内控体制。自开业以来已取得了长足的进步。我们将一如既往,秉承"公开、公平、公正"的原则,竭诚为广大机构和个人投资者,尤其是套期保值者提供参与期货市场的机会,促进方兴未艾的中国期货业的健康发展。

海南星海期货经纪有限公司

十多载的风雨历程,十多年的探索实践,中国期货市场正日趋完善和成熟,已成为我国社会主义市场经济体系中重要组成部分。随着《期货交易管理条例》等配套法规制度的出台和金融期货的上市,期货市场的环境、规模和结构都将发生巨大变化,期货行业将面临重大的历史发展机遇和更为广阔的发展空间。

星海期货成立15年以来,始终秉持"优质服务、稳健经营、开拓创新、持续发展"的经营理念,注重服务创新和风险管理,与时俱进,不断满足广大客户的需求,以良好的信誉、迅捷的资讯和优质的服务赢得了广大客户的赞誉和期货业界的认可。

展望未来,星海期货将以更加优质的服务、稳健的形象、开放的姿态、创新的精神、合法合规的经营理念,全力拓展业务,朝着行业内成为有影响力的公司目标而努力。

公司简介:

海南星海期货经纪有限公司(简称:星海期货)创建于1993年9月22日,由中国证监会批准设立、国家工商行政管理局登记注册(2007年划归海南省工商管理局登记注册),是从事国内商品期货代理、期货咨询、培训、金融期货经纪等项业务的期货公司。公司总营业面积1000多平方米。

经过数年不懈努力,公司已形成了一套完善的管理体系,拥有高效、务实、勇于开拓创新的领导层和勤奋敬业、高素质的员工队伍,积累了良好的信誉和丰富的管理经验,培养了一批德才兼备、在行业内有一定知名度的专业人才。

近年来,公司稳健经营,业务稳步发展,2004年7月1日,由中国证监会批准[许可证号B011321007001],沈阳市工商管理局登记注册【注册号:2101332290170(1-1)】成立了沈阳营业部。公司开始实施对外发展的经营战略。目前营业部发展状况良好,经营业绩稳定,为公司开拓东北地区市场做出优异成绩。

公司将按照"优质服务、稳健经营、开拓创新、持续发展"的经营方针,充分发挥品牌、技术、机制等各方面的优势,以加快发展为主线,以良好的信誉和优质的服务为保证,在传统业务的基础上,根据中国证监会的规定拓宽业务经营范围、拓展新的业务,进一步增强公司综合竞争力,实现公司规范、持续、健康、稳步发展,努力把公司建设成为国内一流的期货经营机构和现代化的金融企业。

服务特色:

先进、快捷的网上交易。公司拥有先进的期货电子化交易系统,快捷方便的internet网上交易,行情传输与交易速度在国内均处于领先地位。公司遵循技术领先、质量取胜的发展策略,早在2002年即开通了公司网站(www. xhfutures. com),公司严格执行证监会颁布的保证金安全存管制度,客户保证金完全采用封闭式运行管理,客户保证金只能在经中国证监会备案的银行帐号专户间划转,保证了客户资金的真正安全。银期转账业务的开通,为客户提供了安全、便捷的资金服务。

专业化的信息研究产品。公司组建有强有力的信息研究团队,拥有一批高素质、肯钻研的专业人才,信息研究部门利用公司网络和自编资料,不间断地为客户提供最新、最快的信息和分析资料,努力为客户做出理智、正确的投资决策。

独特的个性化客户服务。公司以网站、期市沙龙、期货投资报告会、研讨会、电话咨询、网上在线咨询等服务手段,突破时间和空间的限制,满足客户个性化服务的需求,把公司的网站建设成为客户服务中心和信息服务中心,使之成为客户关系管理的实施通道和新产品的推广渠道。

公司凭借多年来积累的"星海期货"品牌优势,形成了有自己特色的宣传方式,公司成立15年来,努力开拓市场,不断扩大市场占有率,取得了不俗的经营业绩,客户遍布上海、江浙、沈阳等金融发达地区以及新疆、内蒙古、吉林、黑龙江等省市。

星海期货以其雄厚的经济实力,规范化的管理模式为公司的发展奠定基础。

海证期货有限公司

海证期货有限公司(以下简称"公司")的前身是上海实友期货经纪有限公司。

2008年3月20日,经国家工商行政管理总局核准,上海实友期货经纪有限公司正式更名为"海证期货有限公司"。公司注册资本1.6亿元人民币,主要从事商品期货经纪和金融期货经纪业务,是上海、大连、郑州商品期货交易所全权会员和中国金融期货交易所交易结算会员。

公司依靠强大的股东背景优势,秉承"诚信、远见、绩效、专业、和谐"的经营理念,坚持合规经营,建立了完善的法人治理结构和完备的风险控制体系。通过规范账户管理,实施银期转账,强化风险预警,完善以净资本为核心的动态监控机制,实现公司经营风险的可控、可测、可承受。

公司拥有一批高素质的研究人才,并与上海证券有限责任公司研究所建立了广泛而深度的合作。目前已形成了集资讯、研究和财富管理为一体的研究服务体系,可以为客户提供丰富的研究产品和优质的咨询服务。

公司建立了以客户为中心的服务体系,依托雄厚的资本和先进的信息技术实力，开发和不断升级公司网上交易、短信平台和客服热线，令客户能够更安全、更快捷、更方便地获取公司的服务。

公司坚持“至诚至善，共同成长”的社会责任观，坚持善待客户，善待伙伴，善待员工，真诚服务，共享共赢，实现公司利益与客户利益、员工利益、行业利益和社会利益的和谐统一，努力朝着成为国内金融衍生交易服务行业领跑者的目标不断前进。

华安期货有限责任公司

华安期货有限责任公司是安徽省首家具备金融期货经纪结算业务双重资格的公司。2009 年 7 月，经中国证监会核准，公司注册资本增至 2 亿元人民币，成为国内资本实力最雄厚的期货公司之一。公司由华安证券有限责任公司、丰原生化股份有限公司（上市公司）、安徽省投资集团有限责任公司及安徽安兴联合总公司共同出资设立。

公司总部位于合肥市长江中路 419 号，营业面积 1600 平方米，并在上海、青岛和芜湖设立了营业部。公司的控股股东华安证券是安徽省第一家由中国证监会核准的具备从事期货中间介绍业务的证券公司。华安期货有限责任公司依托华安证券遍布全国的营业网络，可以为各地投资者提供最新和及时的投资理财产品和投资服务；可以为投资者设计和提供期现套利、期现结合等多种不同类型的投资方式，适应具有各类风险偏好投资者的需求。

为保障投资者交易的安全、快捷和稳定，满足各类投资者的交易习惯，公司配备了先进、稳定的网络系统和双路供电系统，并拥有最新的文华、澎博、富远资讯行情和恒生、易盛交易系统。

目前公司具备中国金融期货交易所、上海期货交易所、大连商品交易所、郑州商品交易所四个期货交易所的会员资格，可代理股指期货（即将推出）、黄金、铜、铝、锌、燃料油、天然橡胶、小麦、PTA、白糖、棉花、玉米、大豆 1 号、大豆 2 号、豆粕、豆油、线型低密度聚乙烯（LLPDE）、棕榈油、菜籽油等期货品种的交易。

华安期货有限责任公司奉行“严谨、活力、协作、创新”的经营理念，立足高起点，塑造投资新文化，致力于构建以塑造品质为核心，是业内具备持续竞争力和持久影响力的期货公司。公司广纳具有共同事业信念的业界菁英，确立以专业拓展市场、以产品服务客户的业务战略，按照“产品、沟通、服务、诚信”的业务理念，形成了以有色金属、天然橡胶、钢材等工业原料和以油脂、棉花等农产品为品种特色的研发导向。公司以客户的需求为方向，以客户资产的增值为目标，致力于提高公司研发水平的专业化和投资理财产品的实用性，依托股东优良的金融投资和现货实业背景，全力为投资者打造全方位投资理财平台，实现客户与公司双赢的企业宗旨。

华海期货经纪有限公司

华海期货经纪有限公司，成立于 1996 年，现注册资金 3000 万元人民币，是经中国证监会批准，国家工商行政管理总局核准注册登记的专业性期货经纪公司。公司目前是大连商品交易所、上海期货交易所、郑州商品交易所会员单位。引进新的股东深圳市富通实业有限公司和深圳市海富通创业投资有限公司之后，为推进公司业务的更大发展，公司计划增资扩股至 6000 万元人民币，并申请金融期货交易所交易结算会员资格。公司控股股东深圳市富通实业有限公司实力雄厚，业务涉及广东、上海、北京、浙江、山东、香港等地，是一个以房地产为主业，集相关产业为一体的跨地域大型产业集团，在深圳房地产开发综合资质排名中连续多年处于前十名。

华海期货成立至今，已有十多年的历史，一直以诚信为核心，以客户满意为目标，以稳健经营、专业服务为基础，本着敬业、勤奋、客户第一的态度，真心实意为客户服务。为公司在业内赢得了良好的信誉，并得到广大客户的好评。公司现有员工近百名，是一支具备较高业务素质并具有丰富市场经验的团队，其中管理层及主要技术骨干均具有十年以上的期货从业经历。依托强大研发团队，致力为广大投资者提供专业高效的期货投资服务，充分的实现公司为客户创造价值的经营理念。

华海期货全力打造一流的交易平台，提供完整的信息、交易、结算服务，开通银期转帐业务，执行严格的保证金封闭管理以及一整套规范严谨的风险管理制度，为投资者提供安全快捷的交易通道。

华海期货可为企业、金融机构和投资者提供套期保值、套利交易、投资组合等多种个性化的投资咨询服务。公司具备完善的客户培训系统，资深研发人员将为客户提供系列的专业培训，讲解期货知识，传授交易经验。

华海期货主张“享受快乐投资，感受简单期货”，推崇人性化的管理模式，营造舒适轻松的交易氛围。

华海期货将秉承“诚信、高效、专业”的企业精神，依托经验丰富，训练有素的工作团队，为投资者奉献高品质的服务，致力于打造中国期货业的一流品牌。

我们自信，因为我们专业。我们优秀，因为我们勤奋。我们真诚，因为我们执着的热爱期货行业！

华南期货经纪有限公司

公司概况

华南期货经纪有限公司成立于 1993 年 3 月，是广东省首批经中国证监会批准（期货经纪业务许可证号 30750000）在 07 年由国家工商总局转至广东省工商局登记注册（注册号：440000000001164），由多家实力雄厚的企业集团投资的大型专业化期货经纪公司。公司注册资本金人民币 5000 万元。公司是上海交易所（0160）、郑州商品交易所（0229）、大连商品交易所（0145）的会员单位，在国内三大交易所均拥有场内及远程交易席位。拥有先进的通讯设备，采用文华财经信息系统和富远行情系统，提供即时的期货、外汇、股市等金融市场行情和信息。公司是大连商品交易所、郑州商品交易所的广州培训基地，在上海、大连、郑州等地设有办事处。

公司使命

励精图治、开拓创新，努力使华南期货公司成为股东满意，客户满意，自己满意的卓越品牌公司。

公司理念

观念决定思路，思路决定出路。我们奉行“以人为本”的经营理念，先做人，后做事，什么样的人成就什么样的事，加强人才资源建设，组建优秀的管理团队，塑造一支好的员工队伍，建立一套有竞争力的市场化的全员激励机制，辅以持久先进的企业文化建设，打造华南知名品牌。使华南人造就华南期货，使华南期货成就华南人，最终使股东，公司，个人各得其所，实现共赢共好。我们的价值在于不断的为社会，股东和客户创造财富和价值,使华南期货有限公司价值无限。

发展战略

用2－3年时间通过不断创新和追求卓越,使华南期货成为华南地区数一数二,在全国期货行业进入前期20名的品牌期货经纪公司,进而成为综合类期货公司,在条件成熟时实现上市。

公司环境

公司总部位于广州市天河区体育西路111号建和中心大厦15楼,营业场地1200多平方米。地理位置优越、交通便利,营业环境整洁舒适。

华西期货有限责任公司

华西期货有限责任公司是华西证券公司的全资控股子公司,其前身为成都大业期货经纪有限公司,是中国最早成立的期货经纪公司之一。华西期货公司在秉承华西证券稳健运营理念的基础上,已进一步完善了风险控制和内部管理制度。重组后的华西期货公司注册资金为6500万元人民币,成为西南地区为数不多的具有券商背景的期货公司。

华西期货拥有最新最优的交易系统。重组后的华西期货对中心机房进行了全新建设,对交易结算系统进行了全面升级,经改造后的系统能为客户提供更为安全、高效、稳定、快捷的交易通道,是目前全国期货市场最为安全、先进、快捷的交易结算系统之一。

华西期货拥有一流的理财团队。公司聘请高校著名教授组成了高级投资顾问团队;积极引进国内知名学府的专业人才,建立专业的研发团队,为您量身打造适合您的专业理财计划;更有美国知名高校毕业且具有华尔街金融衍生品投资经验的海归人才加盟,程序化产品使您直接享受到国际最新的投资模式所带来的成果。

公司秉承"助你成功、共享成果"的经营理念,为您提供专业一流的服务,为您量身打造个性产品,为您提供投资理财的最佳舞台。

华西期货有限责任公司

客户咨询电话:028－86286118、86286111、89901173

公司营业网点

1:公司总部

地址:四川省成都市青羊区通惠门路3号2栋1单元2楼

2:攀枝花营业部

地址:四川省攀枝花市东区大河北路149号4楼

电话:0812－3551746

华西期货有限责任公司

主页地址:www. hxqh168. com

华证期货经纪有限公司

规范、严谨、诚信的期货经纪服务

华证期货经纪有限公司始终本着"规范运作、健康发展"的原则稳步发展,积累了风险防范的经验,建立健全了各项内控机制和制度。公司坚持"公开、公平、公正、诚信"的原则,以"客户的成功就是我们的追求"为经营理念,严谨守密,以规范经营、专业化、个性化服务为基础,甘当客户与市场的桥梁和纽带,致力于对客户的全方位优质服务。

高素质的研发团队、高品质的理财专家队伍

公司拥有高素质、专业、诚信的员工团队和高品质的研发、理财专家队伍,从业人员学历高,均获得期货业协会颁发的期货从业人员和执业资格证书,具备专业、严谨和诚信的职业操守,具有较高的理论水平和实际操作经验,擅长运用客观系统的投资分析,做好客户投资理财的帮手,提高客户在期货市场中的竞争能力;建立与国内知名大专院校的合作联系,定期、不定期地举办期货专业投资培训班,打造高水准的专业投资队伍。

先进、完善的技术支撑与保障

公司网络平台采用多模块化、多进程设计,自动化管理,提高服务效率;采用先进的网络杀毒软件,对每个终端实时监控,对外互联网采用软硬件防火墙,保证网络数据的严密性和安全性。

安全、便捷的保证金封闭运行、银期转帐

客户保证金实施封闭管理,客户资金在结算银行保证金专用帐户封闭运行,开通迅捷、方便的银期转帐,确保客户资金安全、进出自如。

安全、稳定、快捷的多备份网上交易系统

卫星行情接收系统、网上交易系统均实现了服务器硬件双备份,确保信息接收和交易的不间断运行;安全、稳定、快捷的网上交易打破了投资操作的时空界限,保证您足不出户而决胜千里。

联合权威信息部门构筑信息交流平台

与有色、粮油、能源等国家权威部门及信息机构建立密切的战略合作伙伴关系,构筑起具有多渠道、专业性强的信息交流平台,拓宽高品质的信息服务源,信息获得及时、全面、权威,信息传递迅速,服务覆盖面宽。

热情周到的精品市场咨询服务

利用实时信息交流平台,第一时间提供国内外市场及品种的政策动态、数据分析、调研和专题报告、研究预测等信息服务;超大容量的网站提供数据、分析研究、预测报告等实时和历史资料的网上点击查询;网站"互动"栏目,投资者可以一起参与,探讨和交流;网站"留言版"栏目,投资者可以把需要了解和咨询的问题提出来,由专家进行解答;"友情提示"栏目,即时公布市场突发性变化、重大基本面动态、交易信息变动和其他友情提示的内容,使企业足不出户,尽知市场变化和内在原因,及时掌握、指导生产经营。

公司通过网站公布、传真、电子邮件和企信通短信群发系统将经专家深度加工过的信息产品、定期制作的各类行情研判分析报告和专题报告及时传送;研发中心开通24小时咨询热线,在任何时候拨打,公司研发人员都将热情周到地为客户提供咨询服务和行情交流。

个性化、专业性套期保值、套利操作计划

公司顺应市场变化,求实创新,以客户为导向,提供优质、高效的多元化、专业化、个性化的金融服务。为投资者提供的深度服务包括设计制作投资计划、套保投资、套利投资方案等。

关注现货市场,走进现货企业,深入了解和帮助企业剖析在现货生产中所面临的风险及原因,专业、细致、有针对性地为企业量身订做个性化的套期保值计划书,使企业能在不利于自身生产经营的价格波动中,锁定成本、锁定和扩大预期利润,为企业有效回避现货价格波动所可能形成的风险、提高市场竞争力服务;根据投资者的操作特点提前制作个性化的操作计划和建议和投资计划书;密切关注与测算国内外期货市场间、相关连品种间的价格走势和价差变化,及时捕捉可以利用的套利机会,并制作详细的套利投资方案提供给客户。

期货、证券、典当、拍卖等多品种组合投资

依托金融控股集团,拓展金融投资渠道,结合集团内多元化的资本运作，为您提供期货、证券、典当、拍卖等多品种组合投资的平台和通道。

专业、科学、安全的风险控制体系

建立健全各项内部控制制度，依托技术支撑，采取科学方法，利用实时监控，执行果断及时，有效防范和化解经营风险。

鲁能金穗期货经纪有限公司

鲁能金穗期货经纪有限公司是由国家电网资产管理有限公司所属的英大证券、山东电力鑫源控股、英大信托、山东省粮油集团总公司出资组建的大型期货公司，实际控制人为国家电网。公司注册资本10500万元人民币。

经营范围：商品期货经纪、金融期货经纪。

鲁能金穗期货经纪有限公司是郑州、大连、上海期货交易所、中国金融交易所四家期货交易所的结算会员单位，并取得金融业务资质。公司拥有富远、文华财经、澎博3套行情发布系统及恒生交易系统，确保为客户提供准确、及时的信息和行情服务，确保交易快捷、安全、方便。公司下设济南、潍坊、临沂、青岛、大连、上海六家营业部及郑州办事处。规范的“四统一”管理，使各营业部合规经营，健康发展。多年来，公司建立了完善的风险控制体系，“市场预测揭示风险，沟通交流提醒风险，投资方案锁定风险，配套服务减少风险”，切实维护了广大客户的利益，为公司的长远发展奠定了基础，在业内树立了良好的品牌形象。连续几年来，公司代理额全国排名前三十位，省内排名第一，并多次被交易所评为优秀会员。

先进的企业文化

公司以“汇儒商文化，创行业品牌”为企业愿景，秉承“服务创造价值”的经营理念和“风险控制、安全第一、坚决执行、马上行动”的管理理念，竭诚为广大期货投资者提供优质的服务。

强大的研发咨询平台

公司汇聚了业内研究水平一流、实战成绩骄人的高级分析师作为研发团队的核心力量；辅以经验丰富、勤奋敬业的助理分析师作为基础支持。两者的紧密结合构筑了强大的研发团队，确保为客户提供高质量的专业咨询。研发团队以公司网站为平台，通过早中晚评论对行情走势进行深入细致分析，为客户提供中肯的投资建议；及时转载各类财经新闻及相关品种资讯；独家推出热线解盘以及在线行情问答；不定期推出紧贴市场热点的专题报告，量身定做投资方案，全方位为投资者提供增值服务。

严格的管理与精良的服务

公司遵循“公开、公平、公正”的原则，以“规范、自律、诚实、信用”为经营准绳，严格遵守期货交易的各项法律法规和行政制度，自觉维护客户利益。

在日常经营运作中，公司以满足客户需求为己任，把客户服务工作制度化、规范化，确保客户随时随地获得周到细致的服务。同时我们还通过电话不定期的对公司重点客户进行回访，全面提升服务质量。

鲁证期货有限公司

鲁证期货有限公司（以下简称公司）是在整合山东省内三家期货公司基础上，经中国证监会批准、山东省工商行政管理局注册设立，由齐鲁证券有限公司、山东新矿投资控股集团有限公司、济南市能源投资有限责任公司等股东出资组建的大型期货公司，注册资本2亿元，总部设于山东济南。已在济南、北京、上海、天津、大连、沈阳、杭州、郑州、青岛、烟台、淄博、临沂、潍坊、济宁和东营设有分支机构。业务范围包括商品期货经纪和金融期货经纪业务，公司法人代表陈方。

公司拥有上海、大连、郑州三家商品期货交易所席位，并已取得金融期货全面结算业务资格，成为中国金融期货交易所全面结算会员。公司成立以来，逐步形成了以教育培训为基础、研究咨询为核心、信息技术为支撑、风险控制为保障的业务支持体系。代理成交量、成交额稳居全国前列。

公司以支持和促进山东期货市场的健康发展为己任，努力打造山东期货市场发展的坚实平台，为促进山东经济、社会又好又快发展，为中国期货业的繁荣与发展做出更大的贡献。

公司在发展过程中得到了股东和社会各界强有力的支持。控股股东齐鲁证券有限公司注册资本52.12亿元，在全国十多个省市设有107家经营分支机构，管理客户资产逾千亿元。第二大股东山东新矿投资控股集团有限公司注册资本9.6亿元，总资产逾60亿元，主要投资于煤炭行业。

公司热切盼望继续与国内外期货业同仁和社会各界合作，共谋发展，共创辉煌！

美尔雅期货经纪有限公司

美尔雅期货经纪有限公司成立于1995年，是在国家工商局登记注册，并经中国证监会批准核发《期货经纪业务许可证》的专业期货经纪公司。公司注册资本5990万元，大股东为上市公司湖北美尔雅股份有限公司。美尔雅期货现为中国金融期货交易所及上海、大连、郑州三家商品期货交易所的全权会员单位，可进行国内所有上市期货品种的代理交易、咨询及人员培训，是全国首批获准开通的多交易所异地同步期货交易中心之一。目前，美尔雅期货已成为华中地区规模最大、盈利能力最强、客户评价最好的期货公司之一。在2005年全国的财经风云榜评选活动中，荣获“2005年度十佳期货公司”称号；2006年荣获上海期货交易所“优秀会员”称号；2007年荣获“华夏理财总评榜最具成长性期货公司”称号。

美尔雅期货将以国内一流的软硬件设施，先进的期货交易管理和结算系统，方便快捷的同步异地交易系统，安全可靠的银期转账，高效、敬业的专业咨询团队，遍布全国的交易网点，竭诚为广大投资者提供服务。公司现已设置和正在建设黄石、襄樊、荆州、武昌、汉口、十堰、宜昌、福州、石家庄等多家营业部。我们始终相信：“因为专业，所以卓越；因为敬业，所以成功！”。借助中国资本市场蓬勃发展的良机，美尔雅期货愿与新老客户携手并肩，共谋发展，共创辉煌！

全国统一客服电话：400－700－0068

公司网站：www.mfc.com.cn

公司经营理念：客户为先、以人为本、持续经营

公司企业文化：厚德载物、自强不息

公司管理理念：求实、创新、专业

公司宗旨：服务人类、创造完美

我们始终相信：因为专业，所以卓越；因为敬业，所以成功！

南华期货有限公司

南华期货有限公司成立于1996年5月，注册地为浙江省杭州市，注册资本金1.6亿元人民币，主要从事商品期货经纪、金融期货经纪业务。公司现为上海期货交易所、郑州商品

交易所、大连商品交易所的全权会员，并于 2007 年 10 月 22 日成为首批中国金融期货交易所全面结算会员。

公司拥有 500 余人的员工队伍，除杭州外，公司拥有上海、北京、深圳、广州、成都、哈尔滨、沈阳、天津、上海虹桥路、青岛、大连、郑州、兰州、宁波、台州、温州、慈溪、嘉兴、绍兴、萧山、等二十余家营业部，是同行中员工总数和营业网点最多的公司之一，营业网点基本覆盖了中国主要的经济中心或区域经济中心。

全资子公司南华期货（香港）有限公司于 2006 年 3 月和 2007 年 6 月分别获中国证监会和香港证监会的核准，在香港经营国际期货业务。

自设立始，公司坚持“公开、公平、公正”的基本原则，以“规范、自律、诚实、信用”为行为准则，以客户资金的保值增值为服务目标，努力为投资者提供一流的服务。多年来，南华期货持续保持了较高的发展速度，期货代理交易额和客户保证金总量在同行中均名列前茅，赢得了良好的市场信誉和形象。

南华期货于 2001 年在国内首家发起成立了期货研究所，并陆续在北京、上海、深圳、哈尔滨设立了研究中心。主要从事两方面的研究与服务。一是为客户提供高质量的服务，包括为客户提供定制的投资报告、数据、资讯以及对其员工进行相应的培训；另一个方面是从事前瞻性理论研究，涵盖了期货理论研究、行业发展研究、企业发展研究和宏观经济研究等范畴。自研究所成立以来，已累计为客户提供了数千份各类投资报告，同时也承接了来自于各高校、交易所、行业协会、监管部门、国家相关部委的研究课题，完成各类型招标课题及深度研究项目近百项，极大地提升了公司的核心竞争能力。公司已具备较为完善的分析师的职称评级体系，形成了多层次、多角度的研究人才梯队，具有多年的实战经验和丰富的专业知识，在实务和理论上都具备了一定的造诣。

公司于 2002 年在业内首家通过了 ISO9001:2000 金融企业服务质量体系国际国内双认证，率先建立起了较为完善的内控制度体系，在营销、服务、内控等方面持续改进，确保公司的管理服务体系与行业的发展相适应。

南华期货拥有一支既具备较高业务素质又对南华的企业文化有着高度认同感的团队，既有活跃的创新思想又具备良好的执行能力。由于对行业的发展有着乐观的预期，人才的储备工作在十数年发展过程中从未间断，从而使相对的人才优势及温和与创新兼备的企业文化成为南华期货重要的软性优势。

长期以来，公司围绕以客户为中心的基本导向，已形成了一整套较为严格且富有弹性的风险管理制度，十数年来从未发生过重大法律纠纷，从而树立了良好的企业形象。

南华期货是中国期货业协会常务理事单位、郑州商品交易所理事单位、中国期货分析师委员会主任单位、上海期货交易所产品创新委员会主任单位，交易委员会及调解委员会委员单位、大连商品交易所交割委员会委员单位浙江期货行业协会副会长单位、上海期货同业公会副会长单位、黑龙江期货业协会首届会长单位等。

南证期货有限责任公司

南证期货成立于 1995 年，前身是湖北省金龙期货经纪有限公司。2008 年，在南京证券公司的介入与支持下，我公司注册资金增扩到了 1 亿元，南京证券以控股 82.85% 成为公司第一大股东。2008 年 12 月，在市政府及有关各方的支持下，我公司成功迁址南京，并正式更名为南证期货有限责任公司。

公司营业总面积近 3000 平方米，是上海期货交易所（会员号 0038）、大连商品交易所（会员号 0178）、郑州交易所（0081）和中国金融期货交易所（会员号 139）的会员单位，并于 2008 年 1 月获得中国金融期货交易结算会员资格。

公司经营范围包括：金融期货经纪业务；商品期货经纪业务。

公司下设两家营业部：汉口营业部和南昌营业部。

公司第一大股东南京证券有限责任公司，创建于 1990 年，是江苏省第一大专业证券公司，公司目前的注册资本为 17.71 亿元，拥有覆盖除东北地区以外全国各大区域的证券营业部 38 家，证券服务部 10 家。公司自成立以来，始终坚持规范、稳健经营，严格控制风险，各项业务健康、快速发展，成为全国为数极少的自成立以来持续近 19 年盈利、从未亏损的证券公司。

德邦期货有限公司

德邦期货有限公司（前身五洋期货经纪有限公司）成立于 1995 年 10 月，是注册地在内蒙古自治区的唯一一家合法期货公司。公司原股东——内蒙古商业粮油（集团）总公司，是内蒙古政府直属三大流通企业之一。公司于 1999 年将注册资本金增资到 3000 万元。

2005 年，内蒙古商业粮油（集团）将邦德期货公司的股权全额转让，转让后的股东：三门峡天元铝业（集团）、北京联合金投工程公司、三门峡神火碳素有限公司、内蒙古蒙粮粮油股份有限公司。

2007 年，三门峡天元铝业集团总公司及其它股东将其持有的德邦期货公司的股权全部转让，转让后的股东为：德邦证券有限公司、厦门市鑫鼎盛证券投资咨询有限公司、厦门市总诚科技信息有限公司、福州品洁数据通讯技术有限公司。

公司于 2007 年 11 月将名称改为德邦期货有限公司。主要控股股东是上海复星集团控股的德邦证券有限责任公司和全国知名证券投资咨询公司——厦门鑫鼎盛证券投资咨询公司。股指期货来临之际，公司正在进入迅速的扩张期，目前拟在全国各地设立多家营业部。

德邦期货有限公司是上海期货交易所、大连商品交易所、郑州商品交易所和金融期货交易所的会员，同时也是期货业协会的团体会员. 公司下设市场拓展部、客户服务部、研发部、结算部、财务部、信息技术部、行政人事部、合规检查部和 IB 业务部等。

公司现与建设银行开通了网上银行，与交通银行与工商银行合作开通了银期转帐业务，为客户交易提供了便利的条件。

公司目前采用金仕达网上交易系统，人工报单和自助交易方式并存，备有文化财经和富远行情，通讯上施行 DDN 专线热备份，联入交易所交易系统，交易数据安全稳定。

德邦期货有限公司秉承“智慧引领财富，德邦成就梦想”的精神，致力于为客户提供品质一流的产品和服务，实现客户和公司的双赢，以专业创造财富，以专心提升价值。

主要股东情况

德邦证券有限公司	投资 2640 万元，占 88%
厦门市鑫鼎盛证券投资咨询有限公司	投资 135 万元 占 4.5%
厦门市总诚科技信息有限公司	投资 135 万元 占 4.5%
福州品洁数据通讯技术有限公司	投资 90 万元 占 3%

公司基本情况

公司名称	(中文)德邦期货有限公司 (英文)TEBON Futures CO.,LTD		
互联网网址	www.tebonoh.com	国家邮编	010020
注册地址	呼市回民区新华大街82号奥体商务大厦10楼		
办公地址	呼市回民区新华大街82号奥体商务大厦10楼		
法定代表人	涛都	经营负责人(总经理)	涛都
注册资本	3000万	经营范围	商品期货经纪

公司业务范围

专业期货培训	定期免费开设期货知识培训,为投资者提供有效的指导
客服团队	盘前、盘中、盘后公司客服团队全程为您排忧解难
程序化交易	金仕达V6.0交易系统,让您轻松交易
银期转帐系统	让您足不出户即可划转资金

德盛期货有限公司

德盛期货有限公司成立于2005年8月,注册资本为1亿元人民币,现股东为财富证券有限责任公司和湖南省国有资产投资经营总公司。经中国证监会核准,公司经营范围为商品期货经纪、金融期货经纪,公司注册地址为长沙市五一西路2号第一大道14层。

公司是上海期货交易所(会员号0349)、大连商品交易所(会员号236)、郑州商品交易所(会员号226)的正式会员,拥有该三家交易所交易席位。2007年12月,公司取得中国证监会核准的金融期货经纪业务资格,亦将成为中国金融期货交易所会员。

公司组织架构完备,现设有财务行政部、经纪业务部、结算部、研发营销中心、合规风险控制部、信息技术部等部门和岳阳、吉首、娄底、株洲、郴州、永州、常德、衡阳八家营业部。公司正在长沙、益阳等地筹建新的营业网点,并将在北京、上海、深圳、大连、济南等经济发达地区设立分支机构。

公司拥有国内一流的信息技术设施,建立了安全、快速的资讯系统、行情与咨询分析系统、恒生集中交易管理平台等多套交易、信息、结算、管理软件,可随时为客户提供交易、信息、账务管理的投资服务与决策支持,并推出了建行、农行、交行等多套全国银期转账服务。同时,公司与股东财富证券紧密合作,打造了先进、高效的期证合作平台,为投资者提供一站式投资服务。

公司建立了科学的现代金融企业经营管理机制和完善的内部控制制度,引进大批业内精英,从高级管理人员到一般员工都具有丰富的从业经验、专业的投资知识与技能以及良好的职业操守,全力为投资者提供个性化、专业化服务。

公司倡导沟通与交流,以求最大限度地满足投资者的需求,努力实现客户资产的保值增值,追求公司与客户的双赢,追求客户、员工、股东价值的共同提升。

面对金融期货即将上市的发展机遇,公司本着以投资者、员工和公司的共同发展为经营目标,以"客户至上、风控优先、规范经营、专业专注、创新发展"为经营理念,以"自立、感恩、和谐"为核心价值观,潜心打造卓越的"德盛期货"企业品牌,全方位构筑德盛期货的核心竞争力。

甘肃陇达期货经纪有限公司

一、甘肃陇达期货经纪有限公司概况

甘肃陇达期货经纪有限公司,注册资本五千万元。公司成立于1992年11月,是中国最早成立的期货经纪公司之一,也是目前唯一一家本省期货经纪公司。公司经中国证监会批准成立,是上海、郑州、大连三家期货交易所的会员,可全部代理国内钢材、铜、铝、黄金、橡胶、大豆、小麦等期货品种。总部设在兰州,并在上海、银川、兰州设有营业部。公司期货银期转帐系统已经开通,客户的网上交易更加快捷安全。公司总部在兰州,主要面向本省及西部相关企业。华龙证券为公司大股东,资本实力大大增强,作为唯一一家本土期货公司,保证金已实行封闭管理。公司拥有一批高素质的研究人员,能为客户提供较为可靠的行情分析和行情预测。公司信息系统提供的伦敦、纽约、芝加哥等交易所的国际期货交易行情,使客户有广泛的信息来源和可靠的信息保证。公司营业场所宽敞,配套设施齐全,拥有金证新一代异地同步交易结算系统,行情接收、传输快速、准确、无误。

二、甘肃陇达期货经纪有限公司具有的几点优势

1. 陇达期货有着很好的国企背景,具有良好的信誉。公司在持续的经营中,始终坚持"公开、公平、公正和诚实信用"原则,一直把规范运作放在第一位。

2. 我公司在期货研究方面一直走在西部期货公司的前列。

3. 资金安全性较高。

企业参与期货市场应首先选择好期货公司,我们经常说选一家好的期货公司,您的期货投资也就成功了一半。选择好的期货公司首先考虑资金安全性。陇达期货不仅信誉好、经营规范、服务意识强,而且是甘肃省唯一一家本土期货公司,保证金已实行封闭管理。

4. 良好的经营理念,扎实的工作作风。

公司在发展中始终本着"规范经营、科学管理、服务创新"的经营理念,不断强化内部管理,建章建制、防范风险,公司的管理和实力稳步提高。公司将以严谨务实和认真负责的工作作风,为客户提供一个高效、规范的期货投资场所。

三、陇达期货可提供的特色服务

1. 帮助客户做好期货交易全过程的风险控制。

期货的投机交易需要较高的交易技巧,需要一定的风险控制方法。我们将协助客户要做好资金管理。我们将帮助客户进行期货投资组合的设计,对期货投资进行多样安排,对报偿和风险比例的认真分析等。此外,我们要帮助和提醒客户在具体交易过程中,对每一笔交易设好止损点和止赢点,进行理性投资。

2. 在企业参与期货交易全过程中将提供以下具体服务和辅助性管理方案:

①提供详细的期货人员培训;

②提供优质的交易服务平台及相关软件的维护;

③提供实时的交易行情及消息面、现货面、基本面的具体情况及相关数据;

④提供适时的投资交易计划书;

⑤与企业期货部经常性沟通,共同分析研判行情走势;

公司地址:甘肃省兰州市皋兰路1号工贸大厦10楼

联系电话:8894644

格林期货有限公司

格林期货有限公司成立于1993年2月,是中国成立最早、规模最大的期货公司之一。公司总部位于北京金融街,现注册资本金人民币1.4亿元。公司拥有国内全部三家商品期货交易所会员席位,并历任中国期货业协会理事单位。公司营业网点覆盖北京、上海、天津、大连、深圳、郑州、洛阳、银川、

福州、青岛等10个城市。公司首批获得中国证监会批准在香港设立期货公司,并于2007年5月挂牌营业。2007年10月,公司获得金融期货经纪业务资格和金融期货交易结算业务资格,并成为中国金融期货交易所第一批交易结算会员单位。

格林期货通过全国性的服务网络、先进的IT技术和及时的研发信息及成果支持,为遍及全国31个省、市、自治区的客户提供服务。公司十五年来诚信规范经营,未发生过重大风险事件,2005年和2007年被和讯网评为全国十大最受欢迎的期货公司之一。

格林期货坚持"诚信经营、客户第一、业务创新"的经营方针,有行之有效的管理体系和经验丰富的管理团队。公司研发团队融合了国际、国内业界及学术界的精英,在数个重大项目上与中国科学院密切合作,成功研发出中科-格林商品期货指数。

格林期货一直积极与国际上有实力的金融机构保持着战略合作关系,主要战略合作伙伴有瑞银华宝(UBS)、法国兴业银行 FIMAT、美国 FCSTONE、日本 UNICOM 等。

展望未来,奋发拼搏的格林人对中国的经济发展充满信心,对中国期货市场的发展充满信心,更对自己的发展充满信心。她将致力于发展成为代理投资全球商品期货及金融衍生品交易、为客户提供优质理财服务的大型集团化金融服务机构,她将不辱使命、激流勇进,和中国金融界同行们共同应对新的挑战,迎接中国金融蓬勃发展的春天。

冠通期货经纪有限公司

冠通期货经纪有限公司(简称:冠通期货)成立于1996年12月,是中国成立较早、规模较大、市场份额较高、运作规范的期货公司。公司总部设在北京,同时在北京知春路、上海、大连、郑州、秦皇岛、贵阳、南通、柳州、青岛(筹)、天津(筹)等地设有营业部。

冠通期货目前的控股股东是全球500强企业——中国中化集团公司的成员企业。公司是上海期货交易所、大连商品交易所、郑州商品交易所和中国金融期货交易所国内四家商品交易所的结算会员。

冠通期货严格按照证监会信息技术要求,投巨资在管理总部建立了一套高规格、高冗余、高容量的交易系统,并在郑州建立了高标准的异地灾难备份机房,系统容量满足线性增长要求,随时准备随业务规模的剧增,实现系统容量的快速增长。

冠通期货还向投资者提供交通银行、工商银行、农业银行和建设银行四家银行全国集中式银期转帐服务,客户足不出户,便能将资金在期货账户、银行账户和股票账户间自由划转。

"慎初笃行为冠,逐鹿得人则通"——冠通期货愿秉承"诚信、敬业、创新、服务"的企业宗旨,努力在市场开拓、客户服务、风险管理、经济效益方面争创一流。在我国"实物经济"向"虚拟经济"的转型过程中,与中国金融衍生市场共成长!

公司地址:北京市朝阳区北三环中路2号6层

电话:010-62368907(总部)

客服热线:400-700-7588 邮编:100120

网址:www.gtfutures.com.cn

和合期货经纪有限公司

和合期货经纪有限公司是由中国证监会批准,国家工商局核准登记注册的专业期货公司,注册资本金3000万。公司股东为具有雄厚资金实力的山西吉达工程有限公司和山西广大电力混凝土有限公司,山西吉达工程有限公司下设15个子公司和分公司,从事电力、金融、高科技等业务。

公司现拥有大连商品交易所、郑州商品交易所、上海期货交易所席位,能够代理国内所有上市的期货品种,为客户提供交易、结算、交割、咨询、培训等方面的服务。公司通讯上实行DDN、桢中继、卫星三套系统热备份联入交易所联网系统,交易数据安全稳定;通过先进的金仕达交易系统及其它网络技术使我们的交易遍布全国各地。公司设研究发展部、交易结算部、风险管理部、技术服务部、市场营销部等职能业务部门以及大同营业部、上海研发中心、郑州研发中心、大连研发中心。公司现有期货从业资格人员26人,他们具有多年的从业经历和丰富的市场经验。

我公司与金仕达软件公司共同研发的"和合超级下单宝"系统,与传统的下单系统相比,具有不可比拟的优势,它可以在下单前自动设置止损价位,盈利时自动设置止赢价位,行情突破时自动发出开仓指令以及快捷的反手指令。"和合超级下单宝"不仅能够遏制您的交易风险,还能让利润充分而自由地增长!

我公司与工商银行率先在省内全面开通银期转帐系统,客户可通过网上交易进行银行结算帐户与公司资金帐户间的资金划拨,方便快捷的资金转帐系统免去了您跑期货公司、跑银行的烦恼。

为迎接股指期货的上市,我公司做了非常积极地准备。首先,我们改造了硬件技术平台,提升了业务承载能力,提升了灾备系统的防灾能力,为客户随时随地交易提供了全面的技术支持。其次,我们全面提升了结算盯市系统,优化了结算风控模式,建立了分类、分级的风控体系。

我公司在加强硬件投入的同时,在软件服务上更是不遗余力。客户在公司提供的模型交易、程序化交易以及无风险套利方面取得了实实在在的实惠。

为客户提供方便快捷而温馨周到的一站式服务,为客户提供精益求精的专业化保值增值研究服务,是我公司的服务宗旨!

和融期货经纪有限公司

和融期货经纪有限责任公司,是由中国证监会颁发期货经纪业务许可证、经由中国工商总局登记注册的大型专业公司,注册资本金6500万元人民币。和融期货经纪有限责任公司由渤海证券股份有限公司和北京时代弘仑科技发展有限公司共同出资组建的。

和融期货公司为独立的企业法人,实行董事会领导下的总经理负责制,自主经营、独立核算、自负盈亏,经营范围:商品期货经纪,金融期货经纪。2008年4月获准成为中国金融期货交易所交易结算会员。

和融期货公司为国内三家期货交易所的会员单位,能够为客户提供全部期货交易品种的代理服务,是天津地区规模最大的期货经纪公司之一。

和融期货公司秉承"稳健、创新、诚信、服务"的经营理念,在所有的环节上均体现出客户利益至上的原则。

和融期货公司座落于天津繁华的商务金融区,交通便利快捷;营业面积1300平 方米,拥有宽敞明亮的交易大厅、安静舒适的大户贵宾室。为了使客户能够专心致志地做好交易,公司办公区和客户交易区是分开的。为客户配备的交易终端机达100余台,全部能够实现点对点交易,以高档戴尔服务器以及 CISCO 网络系统作为强大支持；交易系统采用世华财讯、文华财经、金仕达期货交易系统等知名软件，在天津地区率先开通自助、电话委托方式，外地客户可以进行网上交易，更加方便快捷。采用双电源、UPS 电源备份。在技术上保障了交易的快捷、方便、稳定和可靠。

采用世华国际金融信息有限公司和文化财经资讯有限公司提供的强大的资讯系统，使客户在和融期货公司能够看到全球所有主要金融市场的即时行情报价，如道琼斯股票指数、那斯达克指数、恒生指数、外汇、各种国际商品期货、国内 A、B 股等，并均能随心所欲地进行盘中和盘后的分析，而且有大量及时准确的文字信息以滚动的方式源源不断地传送到客户面前。在和融期货公司客户的视野会越加开阔，对世界各金融市场的动态了如指掌，增加了期货交易的胜算。

和融期货公司下设六部一室：总经理办公室、交易部、结算部、财务部、市场部、研发部和计算机部，在郑州设立了营业部。公司的管理层为从事证券、期货交易多年的内行，具有丰富的管理经验和市场经验。董事长、总经理、副总经理等高级管理人员均取得了期货经纪公司高级管理人员任职资格。获得期货从业资格和证券从业资格证书的人员占员工总数的 95% 以上，中层管理人员均具有 5 年以上的从业经验，具有很高的职业操守和专业水准，拥有一支业务素质高、服务意识强的员工队伍，现有员工 40 余人，其中本科以上学历的占 75% 以上，“稳健、创新、诚信、服务”的经营理念，已经成为每个员工自觉的意识。

和融期货公司独家承办了同大连商品交易所、郑州商品交易所的和融培训基地，建立了同交易所良好的联系渠道，使和融期货在期货人才培养、市场信息获取等方面独具领先一步的优势。培训基地将面向社会，面向广大投资者，以传播弘扬期货知识和新的投资理念为己任，同广大投资者携手为我国期货市场的振兴和走向世界而努力。

和融期货公司热忱欢迎广大客户来本公司进行期货交易和套期保值业务。本公司将本着“稳健、创新、诚信、服务”的经营理念，和“公开、公平、公正”的原则，为众多企业和投资者提供避险保值和投资服务，争创一流的经济效益和社会效益。

河北恒银期货经纪有限公司

河北恒银期货经纪有限公司是根据河北省政府领导的指示，在河北省财政厅的大力支持下，在原秦皇岛恒银期货经纪有限公司的基础上，重新注册成为河北恒银期货经纪有限公司。于 2000 年 4 月通过国家工商行政管理局注册，2000 年 9 月试营业，2001 年 6 月正式营业。

河北恒银期货经纪有限公司注册资本 5000 万元人民币。其中，河北省经济技术投资担保有限公司出资 2400 万元，河北国富投资公司出资 1800 万元，河北恒实房地产开发有限公司和河北恒润投资有限公司分别出资 400 万元。公司隶属河北省财政厅，是河北省唯一经中国证监会审核批准，由国家工商局注册的专业性期货经纪公司。公司位于石家庄市新华路 355 号，各路公交车四通八达，为期货投资人创造了良好的交通便利条件。

河北恒银期货经纪有限公司拥有一支高学历、高素质、年轻活泼、团结高效的员工队伍，员工平均年龄 28 岁，本科以上学历的员工占 80%。恒银公司严格坚持“公开、公平、公正”和诚实信用的原则，规范化地开展代理业务，全心全意维护客户利益。客户保证金提存方便及时、安全可靠。恒银公司还拥有一个坚强的领导班子，班子成员平均年龄只有 40 岁。在年轻班子的领导下，整个公司充满了活力。

恒银公司具有严密的组织机构和严格的规章管理制度。公司严格按照《公司法》和现代企业管理制度建立健全了法人治理结构。股东会、董事会、监事会以及公司经营班子成员都是具有企业管理经验又有开拓进取精神的高素质人才组成。公司实行董事长领导下的总经理负责制，董事长徐洪杰和总经理李其强都具有多年的金融管理工作经验。公司下设综合部、交易结算部、财务部、研发中心和营销服务中心五个职能部门，并建立健全了一整套内部控制制度。公司本着一切为客户着想，客户就是上帝的经营理念，在国内三家期货交易所全部开通交易席位，并安装了国内较为先进的世华行情分析系统和恒生网络交易系统。各系统均采用了双机备份，以确保客户交易的顺畅。公司还为客户交易开通了自助委托系统，客户无需填单，只在键盘上轻轻一按便可直接下单，交易方便快捷。为客户及时捕捉行情，创造了良好的条件。对于不方便到公司来进行交易的客户，公司为他们开通了网上交易和电话委托系统。客户无论在什么地方，只需在我公司开户，拥有一台微机和一部电话随时随地都可进行交易。

恒银公司将本着“以人为本、规范运作、防范风险、服务一流”的经营宗旨，以严谨务实的敬业精神和认真负责的工作作风，内强素质，外树形象，竭诚为广大客户服务。恒银公司热忱欢迎各界英才加盟恒银期货公司，在充满机遇与挑战的期货市场一显身手，共创美好明天！

黑龙江三力期货有限责任公司

黑龙江三力期货有限责任公司是中国重要的商品粮基地——黑龙江省唯一一家由粮食行业控股的期货公司，拥有得天独厚的农副产品交易客户资源、及时权威的信息资源和多功能综合服务平台。

公司总部座落在哈尔滨市百年老街中央大街。在大连、佳木斯、石家庄、安徽设有营业部，是大连商品交易所、郑州商品交易所、上海期货交易所的全权会员，可代理国内所有期货品种交易。公司是“中国农业发展银行黑龙江省分行指定的期货经纪公司”，是大连商品交易所的定点培训基地。

公司具有国内先进的交易设施和良好的交易环境，电话、自助、网上交易可供客户自由选择；完善的内部管理控制制度可有效保证客户交易的安全；专业的信息分析队伍和市场研发队伍，为客户随时提供的业务咨询、定点培训、行情指导；拥有高水平的管理团队保证公司依法、高效运营。

公司坚持“公开、公平、公正、诚信”的原则，以客户资产的保值增值为目标，秉承“高效、服务、进取”的企业精神，竭诚为广大投资者提供一流的服务。

三力期货公司愿和您一起共创美好的前程！

联系电话：0451 - 84698737

公司传真：0451 - 84698697

地址：中国哈尔滨市道里区中央大街 185 号

邮编：150010

公司网址：http://www.slfutures.com.cn

黑龙江时代期货经纪有限公司

黑龙江时代期货经纪有限公司是经中国证监会批准、国家工商局核准登记注册的专业期货公司，注册资本金为 3000

万元人民币。公司主营期货经纪业务，拥有郑州、大连、上海三家期货交易所的全权会员资格。

公司开业以来，以“追求卓越、止于至善”的企业精神，与广大期货投资者共同走过了中国期货业的风雨历程。多年来我们的设施不断更新，我们的服务不断完善。目前公司拥有一流的交易环境和最先进的交易设施，配备最新设计版本的“富远行情分析系统”，“恒升行情分析及交易系统”等多种期货、股票通讯设施。

公司领导坚持“专家管理、专业服务”的经营理念，倡导理性投资，努力致力于期货市场的研发。对于每个交易品种，研发部配有专业人士进行深入的分析和研究，并提供定期和不定期的市场研究分析报告。根据客户具体情况，我们为其制订各种投资方案、理财建议。在今后的工作中我们仍将虚务实、潜心研究，努力提高我们的研究水平，帮助客户成功的实现目标。

公司的发展战略是依托群升集团的雄厚实力，以股指期货推出为契机，以资本运作为手段，从哈尔滨本部，到长江三角洲乃至全国各地，“以人为本”整合各种资源，建立一个优势互补，专业高效的规范化，多元化，国际化的金融平台，更多更好更快地为企业和社会服务。

时代期货经纪有限公司将始终把客户的利益放在第一位，本着“信誉第一、客户至上”的宗旨，坚持“公开、公平、公正”和“诚实信用”的原则，规范管理，稳步发展。我们热忱欢迎广大客户光临我公司进行期货投资。

红塔期货有限责任公司

公司基本信息

单位名称：红塔期货有限责任公司

营业地址：云南省昆明市祥云街银佳大厦 55 – 59 号 16 层

注册资本：人民币壹亿零壹佰万元

法人代表姓名：徐冰

营业执照号码：530000000005545

期货经纪业务许可证号码：32010000

成立时间：1993 年

股东情况：红塔证券股份有限公司独资控股

业务资格：商品期货经纪、金融期货经纪

红塔期货有限责任公司是经国家工商行政总局核准，中国证监会批准设立，在云南国资期货经纪有限公司基础上完成了重组的期货公司。为提高公司竞争力，稳步扩大公司业务规模，打造国内一流的期货公司，公司引入了实力较强的红塔证券股份有限公司作为控股股东，公司注册资本由 3000 万元增加到 10100 万元人民币。公司目前位于云南省昆明市祥云街 55 – 59 号银佳大厦 16 楼。

公司于 2007 年 11 月 6 日获中国证监会同意变更股权和注册资本的批复（证监期货字［2007］275 号）。2008 年 2 月 13 日获中国证监会金融期货经纪业务资格的批复（证监期货字［2008］242 号）。2008 年 3 月 13 日公司在云南省工商行政管理局领取了变更后新的《企业法人营业执照》。

公司现有员工 73 人。公司坚持以人为本，通过吸引国内外高素质人才，利用集中的人才优势，建立具有自身特色的业务体系。

公司以“守法经营，规范运作”为经营理念，稳健经营，规范管理，开拓创新。秉承以人为本，服务资本市场为己任的原则，竭诚为企业和投资者提供一流服务。立足云南，面向全国，树立红塔品牌形象，通过不断拓展服务内涵，增强创新能力，提高公司核心竞争力。

公司为客户提供国内期货交易所，证券交易所即时行情；提供国际、国内金融、指数、外汇和商品的期货资讯；提供现场交易、网上交易、电话委托交易以及相应咨询服务；实行保证金封闭运行管理，确保客户资金安全和出入金自由。

随着新产品的上市，特别是股指期货的推出，为了适应新形势下的业务需求，公司将投入大量资金对计算机硬件、交易软件、客户服务、产品研究和场所等方面进行整体提升，力争在新的起点上再创佳绩。

公司以创建“专家型公司”为目标，坚持“以人为本，服务至上”原则。深化经纪业务服务理念，将经营重心放在研发团队和专业客户服务团队的建设上，通过运用各种快速、高效的信息传递手段，为客户提供各交易商品的投资交易辅助咨询、心理辅导、投资培训等专业化服务，突出体现“专业化人员提供专业化服务”的特色。

公司将以与时俱进、奋发有为的精神风貌，扎实工作、努力进取，在不久的将来，公司将以骄人的业绩和崭新的姿态应对我国期货业的新格局。

宏源期货有限公司

宏源期货有限公司（简称“宏源期货”）是经中国证监会批准，从事商品及金融期货交易、结算、咨询业务的专业化金融服务企业。公司前身为成立于 1995 年的华煜期货经纪有限公司。2007 年 7 月，宏源证券股份有限公司（简称“宏源证券”）入股宏源期货，成为宏源期货的全资股东。公司注册地在北京。

宏源期货注册资本现为 1 亿元人民币，具有金融期货经纪业务资格及金融期货交易结算业务资格，是上海期货交易所、大连商品交易所、郑州商品交易所的全权会员，中国金融交易所的交易结算会员（会员号 137），是中国期货业协会第二届理事会理事单位。

全资股东宏源证券资本实力雄厚，是中国首家上市证券公司（股票代码 000562），是创新试点类的 A 类 A 级综合性、全国性券商，是具有为宏源期货提供期货 IB 业务资格的证券公司。

宏源期货拥有一支多年期货证券成功管理经验的优秀管理团队和专业的业务团队，拥有快捷的交易和信息咨询平台，安全便利的资金划转渠道，专业、全面的客户服务体系，在北京、上海、大连、郑州、南宁等地区设有多家营业部，同时依托宏源证券遍布全国各大中城市的 67 家营业网点，形成了覆盖全国的服务网络。

增资扩股以来，公司以市场为导向，以客户为中心，依托股东的有力支持，以专业化技能和高标准的服务，推动公司经营业绩快速成长，成为国内最具发展潜力的期货公司之一。

展望未来，宏源期货将在社会各界的支持下，坚持“尽责至善、忠信至诚、团结至坚、笃行至韧”的企业精神，努力把公司打造成为客户信赖、员工认同、股东满意、行业认可的一流期货服务商。

宏源期货有限公司基本信息

名称	宏源期货有限公司		
地址	北京市海淀区北四环西路 67 号大地科技大厦 1615 室		
邮编	100080		
成立时间	1995 年 5 月 2 日		
经营许可证号	30780000	营业执照号	110000009908207
注册资本	1 亿元人民币		

公司电话	010－82887366	公司传真	010－82886903
法定代表人	刘东	总经理	王化栋

汇鑫期货经纪有限公司

汇鑫期货经纪有限公司成立于1995年5月2日，是经中国证监会批准，国家工商行政总局注册的全国最早开展期货经纪业务的知名期货公司之一。公司在中国证监会备案的营业执照号码：210000004923633，期货经纪业务许可证号码：31020000。公司总部设在沈阳，为上海、大连、郑州三家期货交易所会员，并经中国证监会批准取得了金融期货业务资格，并已成为中国金融期货交易所会员。公司注册资金柒仟万元人民币，在北京、上海、大连、蚌埠等地设有营业部，其他地区的营业部也正在筹建之中。

公司成立后，经历了中国期货市场从起步、试点到规范发展的全过程，在期货业务管理、风险控制、市场研究和客户服务等方面积累了丰富经验，具有很高的服务水平。公司期货代理资金和交易额一直排名全国前列。公司为上海期货交易所第一届理事单位，中国期货业协会理事单位，辽宁证券期货业协会副会长单位，上海期货交易所在东北地区指定的培训基地。

汇鑫期货遵循"规范诚信、务实创新"的服务理念，竭诚为各类公司、机构及个人投资者提供专业的期货交易、商品套期保值及风险管理服务。公司从多年的业务实践当中，积累了丰富的商品期货套期保值经验，目前，多家国内外大中型著名企业通过汇鑫期货公司进行套期保值和企业风险投资等业务，取得了骄人战绩。

全面实现网上自助交易和全国范围内的银期转帐，配备有文华财经、澎博等资讯信息系统和分析系统，可以满足广大客户及时、多方位信息需求。公司采用了目前最先进的金仕达交易下单系统，网上自助交易和人工报单方式同时并存，方便全国各地的客户资金存取和快捷下单。

研究中心配备有多名资深的专业人员，可为客户提供专业的市场分析报告、投资顾问服务和市场信息服务。

汇鑫期货拥有一流的管理人才和期货交易人才，具有10年以上从业经验的人员有20余人，具有5年以上从业经验的人员30余人。他们拥有中国期货业协会颁发的期货从业人员资格证书，具有丰富的实际交易经验。

公司本部及营业部严格遵循中国证监会规定的统一财务、统一结算、统一风险控制、统一资金调拨的运作方式，制定了一系列严格的管理规章制度和监督办法，公司实行投资者保证金封闭运行，保证投资者资金安全。

吉粮期货经纪有限公司

吉粮期货经纪有限公司是由吉林粮食集团进出口有限公司与吉林省粮油储运公司共同出资组建，经中国证券监督管理委员会批准、国家工商行政管理局核准登记注册的专业期货经纪公司，注册资本金3000万元人民币，主营期货经纪业务、期货信息咨询及培训。

公司位于长春市建设街1307号四、五、六层，营业面积1500平方米，拥有大连、上海、郑州三家交易所的全权交易席位及世华信息系统、金仕达结算、交易系统。公司本着"优质高效、方便快捷、信息为先"的原则，竭诚为广大生产加工和流通企业以及期货投资者参与期货交易提供高水平、专业化和全方位的服务。

吉林金昌期货有限公司

吉林金昌期货有限公司成立于1995年12月14日，是经中国证监会批准颁发期货经营许可证（32270000），并在国家工商行政管理局登记注册的专业期货经纪公司。

公司的前身为吉林省金属材料总公司，该公司为吉林省最大的黑色金属材料的批发仓储单位，1993年11月至1995年，该公司先后在沈阳商品交易所、天津联合期货交易所、长春商品交易所、上海期货交易所购买了交易席位，1994年经吉林省体改委[54号]文批准，正式改名为吉林金昌期货有限公司，2005年成为大连商品交易所会员，2006年成为郑州商品交易所会员。

公司主要从事商品期货经纪业务，金融期货经纪业务，是国内最早从事期货业务的专业公司。在一批投资经验丰富、业务精、素质高、具有丰富的市场分析和客户资金管理人才的努力下及拥有雄厚技术力量平台的支持下，公司全体员工本着"服务第一，客户至上"的宗旨，努力拓展市场、拓宽业务领域。

自1998年以来，公司代理交易量，代理交易额一直呈稳步上升趋势，交易量连续四年在上海期货交易所排列前20名。2006年度代理交易额878亿元，2007年代理交易额增至2640亿元。公司的客户遍及北京、吉林、西安、河南、广东、山东、内蒙古、浙江、上海、江苏、福建、海南、江西、安徽等全国各地。目前，已建立起一批比较稳定的客户群，并与许多大型现货生产和现货贸易企业建立了稳固的协作关系。

公司拥有员工40人，平均年龄28岁。

高管人员基本情况：

董事长（法定代表人）：印廷戈，1961年2月出生，吉林农业大学土壤农化专业毕业，高级工程师，上海期货交易所监事会成员。曾任吉林省物资承包公司经理；北海物产公司经理；1995年任吉林金昌期货有限公司上海营业部总经理；1999年任吉林金昌期货有限公司副总经理；2002年12月任吉林金昌期货有限公司董事长。

总经理：欧阳照，男1969年9月出生，西安交通大学工业外贸专业毕业。曾任陕西五矿期货经纪有限公司副总经理；2003年12月任吉林金昌期货有限公司副总经理；2006年12月任吉林金昌期货经纪有限公司总经理。

副总经理：王云霞，女1963年2月出生，吉林省广播电视大学毕业，会计师。1998年任吉林金昌期货有限公司财务经理；2002年11月任吉林金昌期货有限公司副总经理。

副总经理：金东升，男1969年1月17日出生，1991年毕业于长春大学工业电子技术专业，1998年9月在吉林大学经济管理学院研究生进修班学习金融学，2000年9月结业。1993年11月开始从事期货行业，1995年任高斯达期货经纪有限公司北京营业部总经理，1998年担任高斯达期货公司常务副总经理，2005年至今，任吉林金昌期货公司副总经理。

副总经理：陈兵，男1969年12月出生，1994年毕业于黑龙江商学院会计系。1994年－1998年任职于黑龙江烟草进出口大连分公司，1998年－2000年于哈尔滨三祥期货大连营业部任职经理，2000年－2004年任哈尔滨大通期货大连部经理，2004年－2005年任格林期货经纪有限公司执行总经理，2005年至今，任吉林金昌期货公司副总经理兼大连营业部经理。

公司相关业务：

公司主要从事商品期货经纪业务，金融期货经纪业务，是国内最早从事期货业务的专业公司。自 1998 年以来，公司代理交易量，代理交易额一直呈稳步上升趋势，交易量连续四年在上海期货交易所排列前 20 名。

1. 公司拥有一批投资经验丰富、业务精、素质高、具有丰富的市场分析和客户资金管理人才，能够正确指导客户规避风险及投机。

2. 公司拥有一批稳定的客户群，由于公司多年来一直以“服务第一，客户至上”为公司宗旨，因此近几年公司的业务量一直在稳步地攀升。

3. 技术力量雄厚，公司投资兴建的无忧期货网，容量大，能够及时准确地反映国内外的期货信息，集期货、现货行情为一身，用户可以随时随地收看到行情，大大方便了客户。

4. 研发信息准确超前。公司研发部有多名业内资深分析师，能准确及时采集国内外信息，由于他们不仅拥有丰富的从业经验，而且采用独特的分析方法，所以，他们制作的网页，也受到越来越多人的重视及认同。

5. 股东单位分别为：上海帝朗金属材料有限公司（49%）/上海朗宁贸易有限公司（44.33%）/上海久升励特金属材料有限公司（6.67%）。股东单位是集进出口、有色金属冶炼加工、房地产开发、现代物流配送为一体的综合性公司。由于股东从事现货贸易，期货现货相结合，不仅规避了期货风险，而且壮大了公司的实力。

发展战略与目标：

目前期货行业正面临着巨大的发展时机，各大交易所的交易量、交易额屡被刷新。因此，我公司要借此大好时机，加强和壮大公司的实力，具体从以下几方面入手：

1. 增资扩股，近两年争取将注册资本增至一亿元，为设立综合类期货经纪公司做准备。

2. 拓宽业务领域，拟在天津、郑州、石家庄等地建立营业部。已申请加入中国金融交易所。并在天津、郑州、石家庄建立营业部。

3. 拓展市场，在稳固现有客户的同时，充分发挥公司的优势（股东单位为从事金属材料的现货企业），期货现货结合，把商品期货做大做好。

公司下属机构：

吉林金昌期货有限公司　上海营业部

负责人：欧阳照
联系电话：021－68401298
地址：上海市浦东新区松林路 300 号 1703 室
邮编：200122

吉林金昌期货有限公司　长春总部

负责人：金东升
联系电话：0431－85805706
地址：吉林省长春市解放大路 998 号财富广场 C 座 1410 室
邮编：130022

吉林金昌期货有限公司　大连营业部

负责人：陈兵
联系电话：0411－84807309
地址：大连市沙河口区会展路 18 号大连商品交易所 C 区 330 室
邮编：116023

吉林金昌期货有限公司　研发部

负责人：唐民强
电话：021－68400563
E-mail：tangmq1981@163.com
地址：上海市浦东新区松林路 300 号 1703 室
邮编：200122

集成期货有限公司

集成期货有限公司是由广东集成投资担保有限公司控股，经中国证监会批准成立，在广东省工商行政管理局正式登记注册的专业期货经纪公司，注册资金为人民币 5500 万元正，期货纪经业务许可证号为 A032319098，营业执照注册号为 4400001011060。公司在上海期货交易所的席位号为 261，大连商品期货交易所席位号为 167，郑州商品期货交易所席位号为 037。公司主要从事国内期货经纪、咨询与培训、企业套保策划、代理实物交割服务等业务，可代理国内商品期货交易。公司现已取得金融期货经纪业务资格。公司近几年来成交额不断放大，位居广东省同行业前列。

公司通过先进的网络和及时的研发信息支持，为遍及全国的客户提供服务。公司采用金仕达、易盛电子交易系统和网上交易系统，交易结算安全稳定快捷，并备有文华、富远、彭博等多套行情咨讯分析软件，为客户提供全方位信息服务。公司与工、农、中、建、交五大结算银行合作运行保证金封闭系统，客户可通过网上银行、银期转帐等方式实现保证金即时划转，确保客户资金安全，调拨快捷。

公司拥有领导全局、锐意进取的管理者，造诣深厚、富于创新的研究人员；经验丰富的资深投资顾问；脚踏实地、勇于奉献的专业文职人才。人才优势的整合和发挥，是为客户提供优质系统服务的保障。

公司视客户为上帝，以信誉为生命，致力于期货市场功能的积极发挥，为客户提供投资组合与风险管理工具。公司衷心地希望与广大投资者合作，共创中国期货市场的辉煌。

期货代理这是公司的基本业务。我们可以为客户提供舒适的环境，完备的信息，详细的研究报告，可以根据客户的具体情况，为客户设计多种投资方案，力争使客户的风险投资、套利和套期保值得到完美的结合。

咨询与培训由公司资深投资经理为客户提供信息咨询和投资咨询，并提供具体的研究报告和投资方案；公司可以为客户提供系统而全面的金融投资方面的培训。理财服务针对一定的资金规模，根据客户的要求，公司成立专门小组，为客户提供具体、专门的市场研究及咨询意见，制定中长期投资计划，并可代理实施。

集成期货致力于坚持“稳健专业，诚实开拓”的经营理念，以最佳的业务运作方式，与您共创期货市场的辉煌！

广州总部简介

新总部地处广州市珠江新城金融商务区——广州珠江新城华夏路 10 号富力中心 11 楼，地理位置优越，内部环境优雅舒适，设施先进安全，下设总经理室、财务管理部、研发部、行政部、技术部及业务部，竭诚为各地投资者提供专业、优质、高效、全面的服务。

集成期货有限公司硬件设施一流，电子化交易平台齐全，交易方式灵活多样，拥有上海金仕达 V6、郑州易盛等交易系统，拥有文华、富远、澎博等行情系统；拥有自助交易、网上交易、电话报单等多种交易方式，确保客户交易安全、快捷、稳定。

集成期货有限公司资金流通渠道有效、畅通、多样。拥有同工行、建行、交行合作的银期转帐系统，确保客户资金调拨方便、安全、快捷。

集成期货有限公司还拥有一支高素质的、专业化的研发团队,能为客户提供可操作的投资方案。

集成期货有限公司的全体员工将秉承"集我智慧,成您辉煌"的企业文化精神,坚持"公开、公正、公平"的原则,愿与广大投资者携手共进,共创美好明天!

联系地址:广州市珠江新城华夏路 10 号富力中心 11 楼
业务咨询电话:020 - 28023112 020 - 38927573
结算部门电话:020 - 28023112
交易部电话:020 - 38927592
行情咨询电话:020 - 28023116
财务部电话:020 - 28023120
电子邮件: jclqh_38927571@163.com
传真:020 - 38927576

津投期货经纪有限公司

津投期货经纪有限公司是经中国证券监督管理委员会批准和国家工商行政管理局核准登记的大型专业期货经纪公司,注册资本金 8500 万元。位于天津市马场道 59 号国际经济贸易中心 9 层,地处小白楼中央金融商贸区,交通便捷。

公司由天津市最大的政府投资主体,天津投资集团总公司发起并联合天狮集团有限公司、海泰控股集团有限公司和市供销商社四家单位投资组建,是天津市规模最大的期货公司,在全国同类公司中也位居前列。

公司拥有 1600 多平方米舒适、整洁的经营场所;独立的网站和安全、快捷的网上交易系统,场内客户端均具有上网功能;为场内和网上交易客户提供有文化行情资讯分析系统,方便客户尽享全球期货资讯;使用金仕达交易结算管理系统,能在交易过程中做到实时结算,最大程度地控制客户交易风险。公司与中国建设银行签订了全面合作协议,严格坚持"客户保证金封闭管理",以确保客户的利益和资金安全,客户可通过网上银行、银期转帐等方式实现保证金即时划转。

公司坚持"诚信立业,客户至上,人才为本,创新求效"的经营理念,最大程度满足客户需求,是公司唯一不变的服务宗旨和追求目标。作为一家全新的期货公司,我们将以"高起点、高素质、高效率"为基石,以"诚信、专业、互利"作为客户关系管理的桥梁,奋力开拓、规范经营,以发展天津期货为己任,以历史的使命感培育和启动我市期货行业的跨越式发展。充分利用股东单位的优势,以品种和电子化营销为平台开拓天津、华北乃至全国市场,为客户提供套期保值、套期图利等风险管理的手段;为投资者提供期货风险投资的各项服务,并且按照中国证监会的许可,逐步开展期货基金、做市商交易以及国外期货经营业务等综合业务。力争把津投期货经纪公司建设成天津期货业的领军旗舰,成为综合成本低、市场份额大、成本效益好、抗风险能力强的衍生品交易服务中心。

经易期货经纪有限公司

经易期货经纪有限公司成立于 1993 年 5 月 15 日,是国内期货行业中领先的、知名的专业期货经纪公司。法人代表:王仲会,现主要股东单位为经易控股集团有限公司、经易金业有限责任公司以及久勋(北京)咨询有限公司。公司在中国证监会备案的营业执照号码:1100001997733,期货经纪业务许可证号码:30990000。公司总部位于北京市西城区百万庄北街 6 号,为上海、大连、郑州三家期货交易所会员,经中国证监会批准取得金融期货经纪业务资格和金融期货交易结算业务资格,并已成为中国金融期货交易所首批交易结算会员。公司注册资本金 1 亿元,在北京、上海、大连、成都、青岛、深圳、西安、长春、郑州、浙江台州等地设有分支机构,武汉营业部和香港分公司正在筹建。

公司成立于期货市场建立之初,经历了中国期货市场从起步、试点到规范发展的全过程,在期货业务管理、风险控制、市场研究和客户服务等方面积累了丰富经验,具有很高的服务水平。

公司资信优良,经营业绩良好。从 2000 年以来,公司期货代理资金和交易额一直排名全国前列。在行业内享有良好声誉,多年来受到海内外金融机构和媒体的支持关注。公司目前是中国期货业协会副会长单位,上海期货交易所理事单位,北京期货商会会长单位。2004 年 10 月以来公司被北京市地方税务局评为"纳税信誉 A 级企业"并保持至今。在和讯网举办的"中国财经风云榜"评选活动中,公司连续两年荣获最受喜爱的十大期货公司。2008 年公司被百度财经评为"亿万网民心目中的 2008 十大最具影响力期货公司"。

服务优良:公司遵循"系统、纪律、超越"的交易理念,以系统的专业交易制度,快捷的交易程序、严格的风险管理手段和严明的操作纪律为基础,竭诚为各类机构及个人投资者提供专业的期货交易、商品套期保值、投资理财及风险管理服务。公司总部大厦是经由意大利设计师设计装修的数码智能化建筑,光纤带接入因特网,全面实现网上自助交易。公司和营业部配备有路透、文华财经、彭博、富远等资讯信息系统和分析系统,可以满足广大客户的及时、多方位信息需求。公司交易环境舒适,客户交易便利。公司研究中心配备有多名资深的专业研究人员,可为客户提供专业的市场分析报告、投资顾问服务和市场信息服务。公司借鉴国际先进的分析系统,针对国内实际情况,为克服恐惧和贪婪的心态,研制出独具特色的 CCDP 程序化电脑交易系统,可以自动指导客户进行交易,自推出以来已经为公司及客户创造了数以千万元的利润。

人才济济:公司拥有一流的管理人才和期货交易人才,具有 10 年以上从业经验的人员有 20 余人,具有 5 年以上从业经验的人员 60 余人。他们受过正规的专业培训,拥有中国证监会颁发的期货从业人员资格证书,具有丰富的实际交易经验。

管理规范:公司严格遵循中国证监会规定的"统一结算、统一风险控制、统一资金调拨、统一财务管理和会计核算"的运作方式,制定了一系列严格的管理规章制度和监督激励办法,实行财务、风险、结算三线垂直管理模式,确保有条不紊、规范周到地为广大客户提供优良服务。

科信期货经纪有限公司

科信期货经纪有限公司恪守"公开、公平、公正"的职业规范,坚持"客户至上、服务第一"的原则,把规范运作及投资者共同发展作为首要任务,极力开拓,进取,不断创新,竭诚为广大期货投资者服务。

公司管理总部设在北京,地处新兴商业住宅区,与大连商品交易所北京培训中心紧密相邻,地理位置优越,交通便利,人文气氛浓厚。公司 1000 余平米的内部使用面积,室内装修精美,宽敞舒适,使您拥有一个轻松愉悦的交易环境。

公司采用了文华财经、博易大师双路报价分析系统以及金仕达自助交易系统,方便您了解全球期货行情,参与期货交易。同时开通了便捷迅速的网上交易系统,为全国各地的客户提供全方位的交易服务。您成为我伙的客户,无论在家里、在办公室,还是在出差路上,您都可以在网上快捷准确地下达您的交易指令,完成交易委托,并可以随时查询您的账户情况。此外,您也可以选择书面委托方式,或者电话委托方式完成您的交易。

信用是我们的根本,管理严格、控制紧密的财务制度,为您提供安全、快捷的资金往来服务。严谨便利的保证金存取和使用,使您的资金得到充分的保障。我们为您开通的工行“银期转账”和建行“网上银行”等业务,更加使您感到资金运用的方便快捷。

公司发展壮大的同量,培养出一批高素质的业务人员,随时准备为您提供期货市场、现货市场、国内和国际市场及相关行业的基本信息和深度分析报告;指导、帮助您从事相关期货品种的投机和套期保值业务,最大限度地降低您的投资风险。

科信期货奉行“客户至上,服务第一”的经营宗旨,全体员工也将以严谨务实的敬业精神和认真负责的工作态度竭尽全力为您做好参谋,提供优质服务,以谋求与您工同发展!

辽粮期货经纪有限公司

辽粮期货经纪有限公司(简称辽粮期货)是经中国证券监督管理委员会审核批准,由国家工商行政管理局登记注册的专业期货经纪公司。《期货经纪业务许可证》号为A038331030,注册资金3000万元。

辽粮期货是大连商品交易所早期会员和理事单位。

辽粮期货总部设在大连,公司拥有一批从事期货行业多年、具有丰富经验的高素质人才,为客户提供优质的服务。公司守法经营,规范运作,从未出现大的风险事故和纠纷。公司硬件设备齐全,拥有完备的电脑网络和先进的通讯设施,能够充分保障期货交易的安全运行。

经过多年的经营,辽粮期货培养了一大批日益成熟的客户群体。几年来,公司利用行业优势,吸引了一些有粮食经营背景的单位和个人参与期货交易,特别是帮助北方产地和经销商进行了套期保值,取得了良好的效果。

民生期货有限公司

民生期货有限公司(以下简称“公司”)前身为山西物产期货有限公司,成立于1996年1月。2008年1月,民生证券有限责任公司成为公司控股股东,公司注册资本金增至人民币1亿元。

公司具备商品期货和金融期货经纪业务资格,是上海期货交易所、郑州商品交易所、大连商品交易所的会员,目前已获得金融期货结算业务资格,正积极申请中国金融期货交易所交易结算会员。公司注册地在山西太原,在郑州、天津、南宁、唐山、包头、山西运城、山西阳泉、山西大同设有营业部。随着公司业务发展,即将在北京、大连、青岛、沈阳、广州等多个中心城市设立营业部。

公司秉承“以诚信求生存,以创新谋发展”的经营理念,依靠强大的股东背景优势,健全和完善了内部管理体制和风险控制机制,形成稳健、规范的制度化管理体系。公司以风险控制为前提、以市场为导向、以客户为中心、以效益为目标,追求可持续发展,力争发展成为“资本充足、运作安全、管理规范、服务优质、效益良好、有核心竞争力”的现代金融服务企业。

公司秉承“专业、精品、特色、一流服务,客户至上”的客服、研发理念,组建了专业的研究团队,以一流的服务意识和服务质量为客户提供“量身定做”的个性化服务,定期发布期货投资分析报告,提供相关的信息资讯服务。

公司建设了高标准的交易中心机房,搭建了“安全、稳定、高效”的信息网络平台,在全国范围开通了银期转账业务,开通了闪电手、一键通、掌上期货等先进的交易服务系统,竭诚为各类机构及个人投资者提供专业的期货交易、套期保值及风险管理服务。

公司秉承“尊重人才、培养人才、提升人才”的人才任用理念,建立以绩效为导向的薪酬激励机制和以促进员工发展、人力资本增值为核心的人力资源开发体系,聚集了一批长期从事期货工作,具有丰富的期货交易及管理经验,技术过硬、研发能力强、业务素质高、一流的精英型专业人才。公司坚持以人为本,倡导员工与企业同成长,使人力资本真正成为企业的核心竞争力。

公司以“满足客户需求,提升和创造客户价值,实现客户和公司的共同成长”为目标,热切盼望继续与国内外期货业同仁和社会各界合作,共谋发展,共创辉煌!

迈科期货经纪有限公司

迈科期货经纪有限公司成立于1993年12月,是经国家工商总局核准登记注册、中国证监会核发《期货经纪业务许可证》的有限责任公司,注册资金1.2亿元人民币,是上海期货交易所、郑州商品交易所、大连商品交易所全权会员。

公司注册地址:西安市西高新唐延路33号迈科
国际大厦22层

经营范围:商品期货经纪、金融期货经纪

法定代表人:纪晓斌

公司的营销网络覆盖国内重点城市和地区,总部位于古城西安,在上海、成都、北京、大连、深圳、青岛设有营业部,在郑州设有办事处。公司股东由迈科金属国际集团、陕西蓝海风科技股份有限公司和陕西五矿国际贸易有限公司组成。

公司控股股东——迈科金属国际集团,是中国最大的金属贸易商之一,拥有遍布全国的现货销售网络和客户群体,并与多家大型国际性金属公司有着长期、广泛的合作。依托这样的背景优势,迈科期货在国内和国际铜期货市场中发挥着越来越重要的影响力。

公司拥有世华、文华财经、路透等多套资讯分析系统及金仕达自助交易系统和网上交易系统,随时为客户提供安全、快捷、全面的资讯分析和投资服务。

我们始终把客户的赢利放在第一位,注重市场研发工作,拥有专门的研发机构和资深、专业的研究人员,特别是在有色金属期货研究方面已具有了较高的水准和丰富的实战经验,形成了自己的特色和优势,在业内树立了良好的声誉。

以规范求生存,以创新求发展,迈科人始终以不懈的努力,高效的服务与您携手共进。

摩根大通期货有限公司

摩根大通期货有限公司前身为中山期货有限公司,成立于1996年5月,2007年9月由摩根大通加入变更为中外合资企业;现拥有国内上海、大连、郑州三家商品期货交易所的席位,注册资本人民币5000万元。2007年11月经中国证券监督管理委员会核准,获得金融期货经纪业务资格,经营范围为:商品期货经纪、金融期货经纪。

公司拥有良好的交易环境和完备的服务设施,先进的资讯系统,实时提供国内各大交易所行情,及时传递最新国内外财经新闻和相关行业信息。

公司秉承"公平、公开、公正"的交易原则,本着"服务第一,以人为本"的宗旨,以严谨务实的敬业精神和认真负责的工作态度,竭诚为广大投资者提供快捷、优质、高效的服务。

公司总机:86 760 - 88880999

交易业务部:86 760 - 88367828

清算及运作部:86 760 - 88367835

技术部:86 760 - 88881950

公司传真:86 760 - 88881789

邮箱:amy. x. lam@ jpmorgan. com

地址:中国广东省中山市竹苑路 102 号

邮编:528403

宁波杉立期货经纪有限公司

成立于 1994 年的宁波杉立期货经纪有限公司是由杉杉集团控股的全资子公司,是经国家工商行政管理总局登记注册,并取得中国证监会颁发的期货经营许可证的大型专业期货公司。总部位于浙江省宁波市中山东路 796 东航大厦 11 楼(与中兴路交界),营业场地 1500 多平方米,地理位置优越,交通便利。除宁波总部外,公司在异地还设有上海、台州、慈溪、温州四家营业部。

公司配备齐全的行情显示系统和动态分析系统,拥有先进的交易系统,多条完备的 SDH 数据专线直接连接国内各大交易所,保证客户获取最新最快的交易信息,以最快捷的速度完成客户交易指令的成交和回报。

公司与中国期货市场同起步、共成长。公司自成立至今,运作规范,管理严格,信誉良好。公司始终坚持"高起点、规范化、服务一流、客户至上"的经营宗旨,以国际通行的经营理念和交易规则为指导,强化风险控制,倡导理性的操作理念,是国内管理规范,最具影响力的大型专业期货经纪公司之一。

公司坚持以人为本,注重人才综合素质、专业能力、管理操作水平的提升,十多年来培养了一批高素质的期货人才。公司良好的团队协作氛围、畅通的职业发展通道也一直吸引着中高级专业人才源源不断地加盟。目前我公司有员工百余人,绝大多数为大学本科或以上学历,参与研发的分析师都是金融期货专业的硕士研究生,在咨讯信息和投资指导方面处于业内领先水平。

面对期货业快速发展的竞争格局,公司提出了诚信、规范、品牌、创新的发展思路。作为唯一一家总部设在宁波的期货公司,公司将继续强化品牌宣传,以专业化发展、做大做强总部、发挥区域优势、深化客户服务为手段,最大限度地满足投资者的需求,努力实现为客户资产保值增值的目标,追求公司与客户的双赢。

1. 公司法定中文名称:宁波杉立期货经纪有限公司

公司法定英文名称:NingBo ShanLi Futures Broking Co. , Let

2. 公司法定代表人:陈光华

总经理:崔小涛

3. 注册资本:5000 万元

工商执照号:330000000012534

经营范围:商品期货经纪、金融期货经纪

期货许可证号 31120000

4. 公司地址:宁波市中山东路 796 号东航大厦 11 楼

公司网址:www. nbslqh. com

公司邮箱:slqh@ cnool. net

邮政编码:315040

5. 联系方式:

日常联系方式:0574 - 87716270 87716851 87717860

投诉电话:0574 - 87720438

传真:0574 - 87717386

乾坤期货有限公司

公司全称

中文:乾坤期货有限公司

英文:Qian Kun Futures Co. , Ltd.

特许资质

金融机构　经中国证监会批准,国家工商管理局注册,设立于深圳专营期货交易及其相关业务的金融机构。

商品期货　上海期货交易所全面交易和结算会员,会员号:0239;

大连商品期货交易所全面交易和结算会员,会员号:0025;

郑州商品期货交易所全面交易和结算会员,会员号:0220。

金融期货　首批获得中国证监会批准金融期货业务资格,中国金融期货交易所交易会员,会员号:0203。

分支机构

公司总部设在深圳,现有三个分支机构,分别设立于广州、昆明、北京。

业务范围

涵盖商品期货的交易、结算、交割、信息咨询和培训等;包括,但不限于:

商品生产商产品销售风险管理,套期保值策略设计和实施操作方案;

商品贸易商供给和销售风险管理,保值套利策略设计和操作方案;

商品消费商采购风险管理,套期保值策略设计和操作方案;

股票指数期货仿真交易;

金融衍生品的咨询、培训、交易代理;

金融投资组合设计和金融投资风险管理等业务。

公司文化

坚信"细节致胜"的企业理念;

秉承"诚信 · 规范"的经营方针;

恪守"专业 · 精细"的服务宗旨;

倡导"精业 · 奋进 · 团结 · 奉献"的团队精神;

竭诚为客户创造价值。

行动纲领

追求卓越,力求完美;坚守诚信规范,就是"擦边球"也不打。

诚信记录

无任何包括挪用客户资金、违规自营或者变相自营、违反交易所规章,或者遭到客户投诉等在内的不良记录;

资产纯净,无任何包括未决诉讼、滞怠账款、或然风险、或然债务等在内的负债;

最早申请加入"期货保证金安全存管"体系,将客户资金和公司自有资金严格分离；

自愿接受第三方公正监督，将每一位客户的资产均纳入期货保证金系统，使每一位客户都能在证监会期货保证金监控中心网站查证自己的资金和交易情况；

成为第一批获得中国证监会颁发的金融期货业务资格的期货公司；

通过中国金融期货交易所的严格检验，成为其交易会员。

客户服务

包括，但不限于：

专业、及时的诊断分析；

交易、结算、交割以及交易技巧的实务培训；

股指期货仿真操作，演练实战武艺。

乾坤锦囊

捕捉各种投资机会的锦囊妙计；

财富避险管理，资产保值增值的策略。

乾坤讲座

与资深专家互动交流，洞察大势，取得先机。

乾坤里外

现代时尚的办公环境；

先进完备的装备设施；

四通八达的地理位置；

深圳中心的风水宝地。

确保客户财运亨通，值得投资者信赖。

乾坤计划

公司正在准备增加注册资本，引进具有资源优势的实力机构作为公司股东，将公司改制为股份公司，倾力打造国内最优秀的商品期货交易商和风险管理产品开发商。

欢迎有兴趣的合格投资者与我们联系。

联系方式

电话：+86 755 8213 7111 转黄小姐
　　　+86 755 8399 8699 转吴先生

传真：+86 755 8291 2539　+86 755 8213 7808

地址：深圳市福田中心区深南大道 4009 号投资大厦二楼

邮编：518048

邮箱：adm@ qkfutures. com lulu@ qkfutures. com

陕西省长安期货经纪有限公司

陕西省长安期货经纪有限公司成立于 1993 年 4 月 6 日，是全国成立最早的期货公司之一。公司注册资本人民币 3000 万元整，注册地为陕西省西安市和平路 99 号金鑫国际大厦 7 层，下设汉中营业部，地址为汉中市汉台区东大街 2 号。

公司控股股东为中国航空工业集团旗下重点企业——西安飞机工业（集团）有限责任公司。2007 年 7 月，公司经陕西省工商行政管理局重新核准注册，注册号：610000100074129；中国证券监督管理委员会核发新的《期货经纪业务许可证》，许可证号：31250000；经营范围核准为：商品期货经纪及金融期货经纪。

公司设有交易部、财务部、结算部、综合部、技术部、市场部、风险岗、合规岗等六部两岗，拥有郑州商品交易所（会员号 147）、大连商品交易所（会员号 82）、上海期货交易所（会员号：263）等期货交易所席位，可代理农副产品、金属等国内所有期货合约品种的交易。另外，公司在抓紧申请中国金融期货交易所的交易会员资格，积极备战股指期货。

公司采用国内先进的文华财经、澎博资讯和金仕达 V60 自助下单系统，向广大客户提供快捷、准确、全面、权威的价格信息、市场分析和畅通的交易跑道。公司经十五年市场历练，已拥有一支从业经历丰富、业务技能熟练的员工队伍。公司岗位职责体系科学、完善，内部控制制度架构清晰、运行高效，管理规范，运作稳健。公司一贯秉承“诚实守信、管理规范、服务一流、不断创新”的经营理念，始终竭诚为广大投资者服务。

公司优势：

实力雄厚，资金安全。实力强大的股东背景，拥有雄厚的资金实力作为保障，出众的品牌优势树立起长安期货牢靠的资信度，确保客户资金安全，调拨快捷。

诚实信用，规范运作。公司严格遵守《期货交易管理条例》规范运作，勤勉尽责，恪尽职守，诚实信用，全面维护客户合法权益。

席位齐全，跑道畅通。公司拥有郑州（会员号 147）、大连（会员号 82）、上海（会员号：263）等商品期货交易所的席位，已经获得金融期货经纪业务资格，即将成为中国金融期货交易所交易会员。可代理农副产品、金属、股指期货等国内所有期货合约品种的交易。公司总部对席位统一管理，统一调度，跑道畅通，速度快、效率高。

设施先进，环境一流。公司拥有文华财经、博易大师等报价分析系统及金世达 V60 交易结算系统。并配备有先进的自助式电子交易和网上交易系统，为客户投资决策提供准确、方便的软件环境，是客户理想的投资场所。

热情服务，理性投资。公司拥有事业心强、层次高、素质优良的投资顾问，指导客户研判行情走势，科学设计投资计划，理性决策投资。

公司宗旨：

规范管理　优质服务　公平交易　信誉第一

经营理念：

诚实守信　管理规范　服务一流　不断创新

投资理念：

立足研发　精心管理　追逐趋势　追求稳妥

服务理念：

让客户增值是第一目标

发展愿景：

通过长期的品牌建设，创造品牌效应，发挥“西飞集团 - 长安期货”品牌的最大影响力，推动公司各项业务的快速发展。力争到 2020 年，长安期货在国内期货市场份额达到 5%，营业收入达到 10000 万元，成为西部最大、交易量居全国前二十名、专业突出、研发能力强、发展多元的综合性期货公司。

公司总部地址：西安市和平路 99 号金鑫国际大厦 707、708、717、718 室

联系电话：029 - 87206178、87206171、87206088

传　　真：029 - 87206165

汉中营业部地址：汉中市汉台区东大街 2 号（原东门桥 199 号）图书大厦 7 层

联系电话：0916 - 2520055、8822012

传　　真：0916 - 2520095

公司网址：http://www. sxcaqh. com

神华期货经纪有限公司

（一）基本情况

公司名称：（中文）神华期货经纪有限公司

互联网网址：www. shqhgs. com

(英文)Miracle China Futures CD,LTD

注册地址:深圳市福田区深南大道6008号特区报业大厦西区29F

办公地址:深圳市福田区深南大道6008号特区报业大厦西区29F

法定代表人:张新华

经营负责人(总经理):傅庚生

邮编:518009

注册资本:5000万元(人民币)

经营范围:商品期货经纪

电子信箱:shqhgs@ vip.163.com

(二)公司年报编制和报送工作专门经办人

姓名:余晓玲

职务:办公室主管

联系地址:深圳市福田区深南大道6008号特区报业大厦西区29F

电话:0755-83515320

电子信箱:yuxiaoling@ shqhgs.com

传真:0755-83517611

公司投诉联系人:傅庚生

公司投诉电话: 0755-83517626

(三)公司聘请的会计师事务所:亚太(集团)会计师事务所有限公司深圳分所

亚太(集团)会计师事务所深圳分所地址:深圳市福田区竹子林紫竹六路金民大厦203#

(四)公司历史沿革简介:1995年1月6日公司成立,注册资本金为人民币1000万元.期货许可证号为:31630000;股东及股权结构是:深圳市神华投资有限公司持股50%,广西远房地产有限责任公司持股20%,北海中天期货经纪有限公司持股20%,深圳市南亨实业有限公司持股10%。1999年8月10日注册资本金从人民币1000万元增资到人民币3000万元,深圳市神华投资有限公司增加出资人民币1000万元,共出资1500万元占股份的50%,广西远房地产有限责任公司占股本200万元,占股份的6.67%,深圳市南亨实业有限公司占股本300万元,占总股份的10%,深圳市延宁发展有限公司入股并出资人民币1000万元,占总股份的33.3%。2003年7月10日通过股权变更,深圳市神华投资有限公司持股1500万元,占总股份的50%、深圳市延宁发展有限公司持股1500万元,占总股份的50%。2009年6月4日注册资本金从人民币3000万元增资到人民币5000万元,深圳市神华投资有限公司增加出资人民币2000万元,共出资3500万元占总股份的70%,深圳市延宁发展有限公司持股1500万元,占总股份的30%。

(五)公司员工基本情况:

我公司现设有交易部、市场部、网络事业部、机构投资部、财务部、风控部、结算部、信息技术部、研发部、客服中心、稽核部、行政部、上海营业部、北京营业部、郑州营业部、深圳市南山大道营业部(2009年正式营业)等部门,共有84名员工。

其中:

(1)最大年龄为60岁,最小年龄为22岁,平均年龄30岁。

(2)硕士:5人;本科:50人;大专:26人;中专及以下:3人

(3)取得期货从业资格证书80人。各种职称者共有5人。

晟鑫期货经纪有限公司

晟鑫期货经纪有限公司是经中国证券监督管理委员会批准(期货经纪业务许可证号A026908001),在国家工商行政管理总局登记注册(注册号1000001002276)的专业期货经纪公司。公司注册资本金为4520万元,由国有企业控股,股东为阳泉信达投资管理公司和山西晋达碳素股份有限公司。经营范围是国内商品期货代理、期货信息咨询、培训。

公司总部地址为山西省阳泉市德胜东街23号,营业场地1000多平方米,地处阳泉市中心,交通便利,营业环境整洁,配备了齐全的行情显示和动态分析系统,采用上海复旦金仕达交易结算系统软件,拥有先进的网络交易自助委托系统,以及一批专业素质较高的业务、管理人员,并开通了网上交易、结算查询系统,是客户理想的投资交易场所。

公司是上海期货交易所(0305)、郑州商品交易所(0002)、大连商品交易所(0216)的会员单位,在国内三大交易所均拥有场内及远程交易席位。

公司秉承"诚信、规范、务实、创新"的宗旨,尽心竭力为社会各界进行期货投资交易服务,实现与客户共同发展的最终目标。

新疆天利期货经纪有限公司

新疆天利期货经纪有限公司(前身为新疆新兴期货经纪有限公司)是新疆最早成立的大型专业化期货经纪公司。经中国证监会核发《期货经纪业务许可证》(A031330001),国家工商行政管理局核准登记注册(1000001002147),注册资金3000万人民币,是中国期货业协会团体会员。

新疆天利期货经纪有限公司,成立于1994年10月28日,主要从事国内商品期货代理、实物交割、套期保值、咨讯及期货从业人员培训等业务。是全国所有期货交易所(上海期货交易所、大连商品交易所、郑州商品交易所)的正式会员单位;公司软硬件设备齐全、管理规范;是投资者进行期货投资,企业进行套期保值业务的理想场所。

公司股东为新疆石油企业,控股股东为新疆独山子天利高新技术股份有限公司,是全疆唯一一家通过国家"高新技术、高新产品"认证的上市公司,是以高分子材料加工,精细石油化工为主导的石油类高科技企业。

公司实力雄厚、信誉良好,深受客户信赖。公司拥有优秀的期货和证券技术分析人才和操盘手,提供专业化服务。公司高度重视客户意见,并在工作中不断满足客户的要求。客户是天利期货的生命线,公司致力于与客户建立长期、稳定的合作关系,并为客户提供及时、高质量、高附加值的服务;尊重伙伴,推崇合作是我们的宗旨,合作是竞争更重要的成功因素,因此不断地与优秀的企业合作是公司坚定不移的方针。

作为新疆首家期货经纪公司,在成立伊始就确立了"自律发展,规范经营"的发展思路。公司制度严谨,管理规范;坚持"全心全意为客户服务"的服务理念和"培养一流期货人才,创造一流期货公司"的企业目标;建立了严格、系统、专业化的培训机制和充分体现人才价值的激励机制。

全体员工在现有的基础上,励精图治、不断开拓创新,为繁荣我国期货市场和创造一流的期货公司而努力奋斗。

信达期货有限公司

信达期货有限公司成立于1995年10月,系经中国证券监督管理委员会核发《经营期货业务许可证》(许可证号32060000),浙江省工商行政管理局核准登记注册(注册号

330000000014832)的专营国内期货业务的有限责任公司,公司由信达证券股份有限公司全资控股,注册资本1.5亿元人民币,是国内规范化、信誉高的大型期货公司之一。公司现拥有上海、大连、郑州商品交易所等三大期货交易所的全权会员资格和五个交易席位,可以为客户代理铜、铝、锌、橡胶、燃料油、黄金、钢材、大豆、豆粕、玉米、豆油、棕榈油、LLDPE、PVC、白糖、菜籽油、棉花、小麦、PTA、早籼稻等所有已上市品种的标准期货合约交易,向客户提供交易、结算、交割、信息咨询、培训等全方位服务。公司全新改版后的新网站 www.cindaqh.com 将以更快捷、更丰富的信息竭诚为您的交易提供最优的服务。

经营范围:商品期货经纪、金融期货经纪。

公司是中金所15家全面结算会员之一,会员号017。

公司总部设在杭州,下设上海、金华、乐清、富阳、台州、沈阳、大连七家营业部,另外北京、广州、石家庄、哈尔滨营业部正在筹建中。

历史沿革

公司前身为浙江金迪期货经纪有限公司,成立于1995年10月,由金华市二轻工业总公司、浙江大学快威科技产业总公司等五家公司共同投资组建,注册资金2000万元。

1999年9月,广厦建设集团有限责任公司和浙江金华信华经济发展集团有限责任公司受让了公司全部股权,同时公司注册资本变更为人民币3000万元。

2005年9月,公司股东变更为金华通和置业有限公司和金华市合丰物资贸易有限公司,注册资金3000万元。

2007年11月,金华通和置业有限公司和金华市合丰物资贸易有限公司分别将其持有的股份转让给信达证券股份有限公司,同时信达证券股份有限公司增加出资7000万元,变更后公司注册资本为10000万元,信达证券股份有限公司为全资控股股东。

2008年4月,公司正式将名称由"浙江金迪期货经纪有限公司"更名为"信达期货有限公司"。

2008年6月,信达证券股份有限公司增加出资5000万元,变更后公司的注册资本为15000万元,信达证券股份有限公司为全资控股股东。

股东背景

信达证券股份有限公司是于2007年9月成立的国内AMC系第一家证券公司。公司具有中国证监会核准的综合类证券业务资格,注册地为北京市,注册资本为15.11亿元人民币,拥有46家营业部和21家证券服务部。信达证券的主要出资人及控股股东是中国信达资产管理公司。中国信达资产管理公司是经国务院以及中国人民银行批准,并经国家工商行政管理局注册登记,于1999年4月在北京成立的国有独资非银行金融机构,是国内第一家金融资产管理公司。公司注册资本100亿元人民币。信达资产管理公司所属金融门类齐全,覆盖资产管理、证券、期货、保险、信托、基金、金融租赁等国内几乎所有金融领域,资产管理公司按照现代金融发展方向,建立统一的金融网络平台。

技术保障

公司2008年投入2千多万元人民币新建IT生产运营系统,确保交易通道的安全、稳定、快捷,建立了北京、杭州、深圳、沈阳等高速行情接入中心,目前采用恒生期货交易系统和网上交易系统,人工报单方式和场内自助交易方式并存;备有富远行情系统、文华财经行情分析系统和博易大师行情分析系统,可供客户自由选择;通讯上实行3条2M SDH专线热备份联入交易所联网系统,交易系统安全稳定。

统一的研发服务平台

研发中心依托信达资产管理公司,融合证券、期货、基金等多个金融领域的研发力量。目前北京、杭州、深圳三个研发中心已经建立了良好的沟通机制,具备了强大的协同研发能力,形成了统一的研发服务平台,为客户提供更广泛的金融资讯和全方位的投资理财产品及服务。研发中心力量雄厚,汇聚业内多名资深专家,研究人员90%拥有硕士以上学历。

企业文化

公司以"诚信、规范、专业、创新"为经营思想,以"客户至上"为经营原则,以"专业创造价值"为核心理念。至诚的服务和至真的信誉,诚为客户所信赖。信达期货公司视客户为上帝,视信誉为生命,尊重客户权利,严守客户秘密,竭诚为广大客户进行套期保值、规避风险、投资获利等提供快捷、高效的渠道和优质的服务,使公司在变幻莫测的现代市场经济中运筹帷幄,乘风破浪,与客户共同发展。公司将充分运用资产管理公司金融综合业务平台的优势,进行金融创新,力争为广大客户提供更多、更全面的金融交叉产品,并最终提供全方位、一站式的金融服务。

公司法定代表人

邓强,男,1964年10月16日出生,汉族,中共党员,1983年9月毕业于华中科技大学技术经济专业,并取得学士学位。

1987年至1997年,在中国建设银行总行信托投资公司工作,1997年至2007年,在宏源证券股份有限公司华东业务总部工作,任总经理助理兼华东业务总部总经理;2007年8月至今,在信达证券股份有限公司工作,任总经理助理。于2008年3月起任信达期货公司总经理。

公司总部

杭州市文晖路108号浙江出版物资大厦12、16楼

客服热线:4006-728-728

上海营业部

上海市浦东新区松林路300号上海期货大厦2301B室

电话:021-68400087

金华营业部

金华市中山路331号海洋大厦8楼

电话:0579-82328735

乐清营业部

乐清市乐成镇乐怡路2号乐怡大厦11楼C座

电话:0577-62583785

富阳营业部

富阳市富春街道江滨西大道57号901-902室

电话:0571-23255888

台州营业部

台州市路桥区银安街679号耀江广场商务楼五楼

电话:0576-82908872

沈阳营业部

辽宁省沈阳市沈河区惠工街56号8层

电话:024-22533123

大连营业部

辽宁省大连市沙河口区会展路18号会展中心西区376室

电话:0411-84807976

兴业期货有限公司

兴业期货有限公司(简称兴业期货)是由兴业证券股份有限公司(以下简称兴业证券)投资控股的期货公司,注册资本11,000万元,位居同业前列。兴业期货的前身为华商期货

经纪有限公司,成立于1995年12月,并于2007年9月正式更名为兴业期货有限公司。公司拥有上海期货交易所、大连商品交易所和郑州商品交易所的会员资格,可以为客户代理国内所有已上市的商品期货的交易,并且取得了中国金融期货交易所交易结算会员资格,可以为客户提供金融期货的交易和结算服务。

兴业期货拥有强大的股东背景。兴业证券控股兴业期货比例达到91.55%。同时,兴业证券还控股兴业基金并参股南方基金。兴业证券资产质量优良,业务品种齐全,经营范围涵盖证券自营和代理买卖、证券承销和上市推荐、证券投资咨询、委托资产管理、网上证券委托业务、发起设立证券投资基金等,已经形成以福建省为中心,依托上海、深圳、北京等中心城市,辐射全国的的经营网络。

兴业期货具有快捷安全的交易系统。公司已投入巨资组建全新的中心机房和灾备中心,并有一支专业化的计算机人才队伍,为大规模开展期货业务构建了一个良好的技术平台,保证了交易的快捷和安全。

兴业期货拥有一支高素质、经验丰富并取得辉煌业绩的期货研究队伍。公司与兴业证券联手打造的研发团队从基本面和技术面角度,运用定性和定量相结合的方法分析研究,定期发布投资策略报告,为客户提供个性化的信息资讯服务。

兴业期货提供个性化、高水准的客户服务。公司始终坚持以客户为中心,依托先进的信息技术系统和专业的研发团队,组建了一支高素质的客户服务团队,建立了一个对客户反应迅速、高质量、高标准的售后服务体系,并针对VIP客户的套保、套利需求,提供一揽子的解决方案。

兴业期货在农产品期货业务方面取得了优异的成绩,2006年被大连商品交易所评为"优秀会员"。在期货市场迎来高速发展之际,在金融期货渐行渐近之际,兴业期货将保持原有商品期货优势,秉持"规范、稳健、服务、专业"的经营理念,提升员工价值,创造客户价值,竭诚为广大投资者提供全面的投资品种和优质的金融服务。

一德期货经纪有限公司

一德期货经纪有限公司(First Futures Brokerage Co., Ltd.),成立于1995年7月,是经中国证监会批准,在天津工商局登记注册的大型期货公司。公司注册资本1.3亿元人民币,主要股东为天津市财政投资管理中心、天津一德投资集团有限公司、地天泰集团有限公司、天津市春鹏预应力钢绞线有限公司和天津市恒兴钢业有限公司。公司拥有中国证监会批准的商品期货、金融期货经纪业务和金融期货全面结算业务资格,是中国金融期货交易所的全面结算会员,大连商品交易所、上海期货交易所和郑州商品交易所的全权会员,可代理客户从事国内所有上市品种的期货交易,同时向中国金融期货交易所的交易会员提供准确、快捷的结算服务。

公司发展战略定位:构建以经纪业务为龙头、以增值理财和风险管理业务为两翼、多层次、立体化的期货业务体系,成为期货领域最具竞争力、国际化、综合性的金融服务企业。

公司战略实施原则:更好、更强、更大,创新求变、追求卓越,充分利用中国经济增长第三极的强大优势,不断争取新资质和创新业务试点,广泛合作、不断进步、稳健成长。

公司战略实施方针:服务品牌化、经营规范化、管理流程化、公司股份化。

股东背景

控股股东天津市财政投资管理中心:天津金融资源的集大成者

天津市财政投资管理中心成立于1998年4月,是经中共天津市委、天津市人民政府同意设立,负责筹措、管理和运营政府财政性投资的专门投资机构。为适应天津市金融创新的需要,天津市财政投资管理中心先后出资控股或参股天津银行、交通银行、渤海证券、一德期货、天津信托和天津北方信托等知名金融企业,投资范围涵盖银行、证券、期货、保险、信托等天津市核心金融资源,为加快天津现代金融市场体系建设做出了巨大贡献。

天津一德投资集团:天津期货市场的先行者

天津一德投资集团成立于1999年7月,是由天津市政府批准并授权经营国有资产的大型综合类国有独资投资集团公司,其前身为成立于1995年的原天津联合期货交易所,主管机关为天津市综合金融工委。原天津联合期货交易所交易的主要期货品种有天津红小豆、电解铜、重熔用铝锭等,交易量一度列全国第4位,形成的"天津价格"在全国期货市场有着举足轻重的地位。作为天津期货业的龙头,原天津联合期货交易所为天津期货市场集聚和培养了大量期货人才,为天津金融市场做出了不可磨灭的贡献。目前一德投资集团主要涉及证券、期货、旅游、医药、拍卖及新兴领域的投资开发;从事农业、工业、城市基础设施、交通、市政、环保、房地产业项目的投资开发;投资咨询、经济信息咨询及社会中介服务业务;以及生产资料、设备产品的经销等。

地天泰集团有限公司:国家和天津市重点工程的钢材供应商

地天泰集团有限公司集团主要经营钢铁上、下游产品的国内、国际贸易和农产品进出口,涉足物流加工配送、投资及地产开发、基础设施建设、汽车配件制造、餐饮服务等多元化行业领域。集团注册资本为3亿元人民币,拥有员工400人。多年来,集团与首钢、鞍钢、本钢、包钢、天钢、唐钢、宣钢、承钢、凌钢等多家大型钢铁集团建立了长期稳定的战略合作伙伴关系。集团拥有稳固的销售渠道和客户群体,是国家和天津市重点工程的供应商之一。

天津市春鹏钢预应力绞线有限公司:专业的钢绞线、钢丝制造商

天津市春鹏钢预应力绞线有限公司是专业生产预应力混凝土用钢绞线、钢丝的股份制企业。公司注册资金为3000万元人民币,拥有员工200人。公司产品出口到美国、加拿大、日本、意大利、英国、立陶宛、葡萄牙、古巴、卡塔尔、捷克斯洛伐克、菲律宾,泰国,阿联酋,斯洛文尼亚等国家。

天津市恒兴钢业有限公司:天津市民营钢材骨干企业

天津市恒兴钢业有限公司是普碳钢、优质碳素结构钢板的专业生产供应商,是天津市民营钢材骨干企业。公司注册资金为8000万元。公司冷轧薄板、镀锌薄板等系列产品享有较高的市场声誉。

公司文化

诚信铸就品牌,专业创造价值。公司始终坚持"与客户资产共成长"的经营理念,以客户需求为中心,以客户的长期稳定盈利为目标,不断提升公司的专业化水平,向客户提供专业化的增值服务,从而实现在为客户创造价值的同时,公司也得以发展壮大的目标。

公司核心价值观:以人为本,以德为先;注重业绩,推崇协作;勇于开拓,鼓励创新。

公司经营理念:与客户资产共成长。

公司企业精神:诚信、专业、负责、创新

这种精神体现为:

对中国期货事业和公司发展的坚定信心;

以德为先、诚信负责的职业品质;

艰苦创业、战胜困难、开拓创新的职业精神;

以人为本,个人价值与企业价值共成长的价值理念。

业务资质

公司拥有金融期货全面结算业务资格这一行业顶尖业务资质。

金融期货全面结算业务资格是中国证监会根据期货公司股东净资本、各项财务指标和风险指标、历史保证金规模和经营管理水平批复的金融期货最高业务资质,是监管部门对期货公司资本实力和风险管理水平的最高认可,是投资者区分期货公司实力的唯一标志。伴随金融期货的推出,期货公司从此告别同质化时代,拥有全面结算业务资质的期货公司成为期货业的稀缺资源,将获得超常规的发展机遇。

选择一德

可靠的公司资信:大型国有控股金融企业,绝对保障您的资金安全。

顶尖的业务资质:首批获得中国金融期货交易所全面结算会员资格,会员号005。

400全国客服电话:4007008365,每周7天,每天8小时,全年365天为您提供贴心的服务。

先进的技术平台:业内领先的北京上海双机房热备份,多线路直通交易所,确保您的交易畅通无阻。

尊重您的交易习惯:金仕达6.0和易盛7.0,双交易系统任您选择,澎博、文华行情系统免费使用。

专业的投资指导:连续5年客户整体盈利,业绩斐然。

便捷的资金存取:工行、交行、建行、农行全国范围银期转账。

丰富的信息咨讯:宏观经济、行业政策、市场分析、现货动态……公司网站为您提供丰富全面的市场咨讯。

专业的投资报告:日报、月报、策略报告、品种报告……一德研发团队为您打造各类投资报告,帮您把握市场良机。

全面的金融支持:通过一德,可以尊享银行、证券、保险、外汇、信托、基金等金融服务。

云晨期货有限责任公司

云晨期货有限责任公司是于2002年由云南铜业(集团)有限公司发起组建成立,为大连商品交易所、上海期货交易所、郑州商品交易所的会员,并于2007年11月取得中国金融期货交易结算资格成为中国金融期货交易所会员。公司的主营业务是商品期货经纪和金融期货经纪业务。

创新理念,稳健发展

公司本着"规范经营、理性投资、科学管理、客户至上"的指导方针,对内强化管理,规范操作;对外强化服务,严守行规。严格遵循"公开、公正、公平和诚实信用"的服务宗旨。

先进系统,全球信息

公司引进路透资讯、文华财经、澎博金融投资分析等迅捷、先端的行情报价和新闻资讯系统,同时与生产、加工、销售等知名企业联合,充分发挥背景特有优势,深入研究分析交易品种,建立了一套完整的信息收集整理及发布系统,可为客户提供期货领域的政策、法规、新闻和行情分析报告及多种类型的套期保值、套利交易等成熟的投资方案。

通畅自由,安全可靠

公司拥有网上电子交易、电话委托和书面委托交易方式供客户方便自由选择、畅通无阻地下达交易指令。公司严格实行保证金封闭管理,并开通了全国范围内的银期转账业务。公司网络系统设备采用双机实时备份,多条完备的SDH数据专线直接连接国内各大交易所,以最快捷的速度完成客户交易指令的成交和回报。

服务客户,止于至善

公司确立以客户为中心的服务思路,紧紧抓住"以客户赢利为目标"进行服务。在激烈的市场竞争中以至善的服务赢得客户,不仅为客户提供交易通道,更为投资者提供卓越的价值投资机会。

珠江期货有限公司

珠江期货有限公司,是经过中国证监会批准 、国家工商总局正式登记注册的专业期货公司。公司成立于1996年1月26日,总部位于美丽的珠江之滨、誉有花城之称的广州市,注册资本人民币8000万元,公司股东由多家实力企业构成。

公司拥有上海期货交易所、大连商品交易所、郑州商品交易所、中国金融期货交易所会员资格,下设佛山、重庆、清远、江门、肇庆、惠州、梅州、番禺、郑州、湛江、南宁、珠海营业部,是国内最早参与期货业务的大型期货公司之一。为确保客户能够及时了解行情、交易流畅,公司引进金仕达、易盛两套交易系统,文华、富远、澎博、世华四套行情系统,采用自助交易、网上交易、电话报单等多种交易方式,方便客户自由选择,并与国内四家交易所实时联网,交易结算快捷,有多种备份线路确保交易安全。同时,为确保客户资金安全、调拨迅捷,公司与工行、建行、交行、农行、中国银行,五家大型银行合作建立保证金封闭运行系统 ,与工行、交行、建行三大银行开通银期转帐系统。

公司主营期货代理、咨询和培训、企业套利策划、代理企业实物交割等业务,业务特点是把期现结合作为经纪业务的支撑点,再配合研发为客户提供完备的信息和报告。根据客户的具体情况,相关专家组成专业化的研究小组,为客户设计多种投资方案,力争使客户的风险投资、套利和套期保值得到完美的结合。

在经营理念上,公司全体员工始终本着生存靠服务、发展靠服务的理念,时时怀着关心客户、服务客户、与客户共创美好明天的热心,为把公司打造成为国内一流的综合性期货公司而不懈努力着。公司的期货交易总金额无论在绝对数额和同行业相对排名均连续多年稳步攀升,已经逐步位居国内期货行业规模较大、影响力较强的大型期货公司之一。2007年公司总交易额在全国180多家期货公司中排名第19位,其中在上海期货交易所交易额全国排名第7位、广东辖区排名第1位;获得2007年度上海期货交易所交易优胜奖以及铜、铝、锌、燃料油品种交易优胜奖;被郑州商品交易所评为2007年度增长排名十强会员;获得2008年度上海期货交易所交易优胜奖以及铜、铝、锌、品种交易优胜奖。

经过多年的发展,公司已经在我国期货市场形成了自身优势和特色,创新的业务特点、核心的竞争力、再加上珠江期货人一颗服务的热心,我们期待着与更多的客户共创美好明天。

第六编
中国保险市场

第一章　中国保险市场概况

2008 年保险业经营数据

单位：万元

原保险保费收入	97840966.41
1、财产险	23367097.78
2、人身险	74473868.63
(1)寿险	66583717.92
(2)健康险	5854589.92
(3)人身意外伤害险	2035560.78
养老保险公司企业年金缴费	2054823.00
原保险赔付支出	29711659.83
1、财产险	14183324.57
2、人身险	15528335.26
(1)寿险	13149788.95
(2)健康险	1752812.77
(3)人身意外伤害险	625733.54
业务及管理费	10795228.27
银行存款	80875509.19
投资	224652161.10
资产总额	334184386.70
养老保险公司企业年金受托管理资产	4736396.10
养老保险公司企业年金投资管理资产	3773747.90

注：

1、"原保险保费收入"为按《企业会计准则(2006)》设置的统计指标，指保险企业确认的原保险合同保费收入。

2、"原保险赔付支出"为按《企业会计准则(2006)》设置的统计指标，指保险企业支付的原保险合同赔付款项。

3、原保险保费收入、原保险赔付支出和业务及管理费为本年累计数，银行存款、投资和资产总额为2008年末数据。

4、银行存款包括活期存款、定期存款、存出保证金和存出资本保证金。

5、养老保险公司企业年金缴费指养老保险公司根据《企业年金试行办法》和《企业年金基金管理试行办法》有关规定，作为企业年金受托管理人在与委托人签署受托合同后，收到的已缴存到托管账户的企业年金金额。

6、养老保险公司企业年金受托管理资产指养老保险公司累计受托管理的企业年金财产净值，以托管人的估值金额为准，不含缴费已到帐但未配置到个人账户的资产。

7、养老保险公司企业年金投资管理资产指养老保险公司累计投资管理的企业年金财产净值，以托管人的估值金额为准，不含缴费已到帐但未配置到个人账户的资产。

8、养老保险公司企业年金缴费为本年累计数，养老保险公司企业年金受托管理资产和养老保险公司企业年金投资管理资产为季度末数据。

9、养老保险公司企业年金缴费、养老保险公司企业年金受托管理资产、养老保险公司企业年金投资管理资产的统计频度暂为季度报。

10、上述数据来源于各公司报送的保险数据，未经审计。

2009 年 1－6 月保险业经营数据

单位：万元

原保险保费收入	59861088.54
1、财产险	15118002.87
2、人身险	44743085.67
(1)寿险	40601617.36
(2)健康险	2944299.47
(3)人身意外伤害险	1197168.84
养老保险公司企业年金缴费	1149317.26
原保险赔付支出	16080729.94
1、财产险	7145127.36
2、人身险	8935602.58
(1)寿险	7574883.91
(2)健康险	1057879.71
(3)人身意外伤害险	302838.95
业务及管理费	5426901.64
银行存款	104451501.05
投资	232797181.52
资产总额	370719098.53
养老保险公司企业年金受托管理资产	5903684.51
养老保险公司企业年金投资管理资产	4676034.59

注：

1、"原保险保费收入"为按《企业会计准则(2006)》设置的统计指标，指保险企业确认的原保险合同保费收入。

2、"原保险赔付支出"为按《企业会计准则(2006)》设置的统计指标，指保险企业支付的原保险合同赔付款项。

3、原保险保费收入、原保险赔付支出和业务及管理费为本年累计数，银行存款、投资和资产总额为月末数据。

4、银行存款包括活期存款、定期存款、存出保证金和存出资本保证金。

5、养老保险公司企业年金缴费指养老保险公司根据《企业年金试行办法》和《企业年金基金管理试行办法》有关规定，作为企业年金受托管理人在与委托人签署受托合同后，收到的已缴存到托管账户的企业年金金额。

6、养老保险公司企业年金受托管理资产指养老保险公司累计受托管理的企业年金财产净值，以托管人的估值金额为准，不含缴费已到帐但未配置到个人账户的资产。

7、养老保险公司企业年金投资管理资产指养老保险公司累计投资管理的企业年金财产净值，以托管人的估值金额为准，不含缴费已到帐但未配置到个人账户的资产。

8、养老保险公司企业年金缴费为本年累计数，养老保险公司企业年金受托管理资产和养老保险公司企业年金投资管理资产为季度末数据。

9、养老保险公司企业年金缴费、养老保险公司企业年金受托管理资产、养老保险公司企业年金投资管理资产的统计频度暂为季度报。

10、上述数据来源于各公司报送的保险数据，未经审计。

2008 年财产保险公司原保险保费收入情况表

单位：万元

资本结构	公司名称	原保险保费收入
中资	人保股份	10165607.29
	大地财产	942448.75
	出口信用	350110.11
	中华联合	1912480.67
	太保财	2781677.53
	平安财	2675134.35
	华泰	248828.84
	天安	669774.97
	大众	120478.62
	华安	74949.18
	永安	560640.34
	太平保险	426080.84
	民安	94043.47
	中银保险	159671.38
	安信农业	41950.75
	永诚	261392.36
	安邦	481839.05
	安华农业	172527.52
	天平车险	116006.28
	阳光财产	528893.93
	阳光农业	161241.35
	都邦	389808.28
	渤海	146627.70
	华农	14445.70
	国寿财产	534294.93
	安诚	71526.61
	长安责任	36229.12
	国元农业	21749.68
	鼎和财产	12103.21
	中煤财产	69.97
	英大财产	1469.65
	小计	24174102.41
外资	美亚	84736.10
	东京海上	40522.71
	丰泰	10204.04
	太阳联合	19239.83
	丘博保险	11152.29
	三井住友	29370.87
	三星	25921.92
	安联	21643.76
	日本财产	11844.39
	利宝互助	11450.15
	安盟	1821.90
	苏黎世	9771.40
	现代财产	5917.52
	中意财产	2545.86
	爱和谊	1853.55
	国泰财产	392.88
	小计	288389.17
合　计		24462491.59

注：

1、原保险保费收入为本年累计数，数据来源于各产险公司报送保监会月报数据。

2、原保险保费收入为各产险公司内部管理报表数据，未经审计，各产险公司不对该数据的用途及由此带来的后果承担任何法律责任。

3、美亚包括美亚上海、美亚广州、美亚深圳。

4、由于计算的四舍五入问题，各产险公司原保险保费收入可能存在细微的误差。

2009 年 1 –6 月财产保险公司原保险保费收入情况表

单位：万元

资本结构	公司名称	原保险保费收入
中资	人保股份	6687549.82
	大地财产	569169.65
	出口信用	147253.09
	中华联合	1177779.49
	太保财	1862387.35
	平安财	1860627.30
	华泰	152169.45
	天安	336744.09
	大众	74635.26
	华安	91576.01
	永安	301329.41
	太平保险	218579.72
	民安	64142.50
	中银保险	98082.52
	安信农业	41291.40
	永诚	221133.89
	安邦	188557.06
	安华农业	96350.23
	天平车险	77690.89
	阳光财产	305415.77
	阳光农业	112518.19
	都邦	199459.76
	渤海	53872.62
	华农	9415.88
	国寿财产	410160.94
	安诚	82905.98
	长安责任	64791.76
	国元农业	29875.97
	鼎和财产	13029.49
	中煤财产	1613.97
	英大财产	60010.07
	紫金财产	13.55
	小计	15610133.10
外资	美亚	42185.17
	东京海上	17240.08
	丰泰	8049.76
	太阳联合	7755.03
	丘博保险	5578.73
	三井住友	20222.08
	三星	12472.34
	安联	14337.16
	日本财产	5908.87
	利宝互助	8692.19
	安盟	680.67
	苏黎世	8719.63
	现代财产	3250.98
	中意财产	5948.31
	爱和谊	1557.21
	国泰财产	840.09
	小计	163438.28
合　计		15773571.38

注：

1、原保险保费收入为本年累计数，数据来源于各产险公司报送保监会月报数据。

2、原保险保费收入为各产险公司内部管理报表数据，未经审计，各产险公司不对该数据的用途及由此带来的后果承担任何法律责任。

3、美亚包括美亚上海、美亚广州、美亚深圳。

4、由于计算的四舍五入问题，各产险公司原保险保费收入可能存在细微的误差。

2008年人寿保险公司原保险保费收入情况表

单位：万元

资本结构	公司名称	原保险保费收入
中资	国寿股份	29559122.63
	太保寿	6609202.65
	平安寿	10117762.28
	新华	5568279.92
	泰康	5774546.86
	太平人寿	1891003.33
	民生人寿	627784.39
	生命人寿	802923.04
	国寿存续	1750620.89
	平安养老	115820.83
	合众人寿	545050.64
	华泰人寿	269029.31
	太平养老	0.00
	平安健康	3329.61
	人保健康	1377691.44
	华夏人寿	195994.62
	正德人寿	185565.40
	信泰	129823.85
	嘉禾人寿	475615.94
	长城	170579.09
	昆仑健康	1964.57
	瑞福德健康	24298.27
	人保寿险	2881201.29
	国华	89287.96
	国寿养老	0.00
	长江养老	0.00
	英大人寿	216753.85
	泰康养老	0.00
	幸福人寿	103751.28
	阳光人寿	278684.13
	小计	69765688.07
外资	中宏人寿	140071.79
	太平洋安泰	104754.86
	中德安联	241152.26
	金盛	58923.70
	信诚	371415.86
	中保康联	15422.65
	恒康天安	28121.69
	中意	211160.91
	光大永明	145009.15
	友邦	758081.63
	海尔纽约	42235.90
	首创安泰	182214.88
	中英人寿	385158.60
	海康人寿	156086.64
	招商信诺	156189.91
	广电日生	16428.15
	恒安标准	203603.59
	瑞泰人寿	36342.20
	中美大都会	160110.08
	中法人寿	12875.50
	国泰人寿	59884.65
	联泰大都会	101386.59
	中航三星	12285.09
	中新大东方	11046.03
	新光海航	0.00
	君龙人寿	16.94
	小计	3609979.28
合　计		73375667.35

注：

1、原保险保费收入为本年累计数，数据来源于各寿险公司报送保监会月报数据。

2、原保险保费收入为各寿险公司内部管理报表数据，未经审计，各寿险公司不对该数据的用途及由此带来的后果承担任何法律责任。

3、友邦合计包括友邦上海、友邦广州、友邦深圳、友邦北京、友邦苏州、友邦东莞和友邦江门。

4、由于计算的四舍五入问题，各寿险公司原保险保费收入可能存在细微的误差。

5、本表反映各公司开办的保险业务，因太平养老、国寿养老、长江养老、泰康养老未开办此类业务，故表中不反映上述四家公司数据。

2009年1－6月人寿保险公司原保险保费收入情况表

单位：万元

资本结构	公司名称	原保险保费收入
中资	国寿股份	17272003.72
	太保寿	3515377.58
	平安寿	7334599.48
	新华	3238354.20
	泰康	3436617.56
	太平人寿	1119511.98
	民生人寿	254622.29
	生命人寿	306496.68
	国寿存续	692533.20
	平安养老	52751.34
	合众人寿	314345.23
	太平养老	0.00
	平安健康	4735.95
	人保健康	270972.34
	华夏人寿	177372.63
	正德人寿	253200.11
	信泰	48197.42
	嘉禾人寿	116587.30
	长城	61023.76
	昆仑健康	682.57
	瑞福德健康	1925.04
	人保寿险	2871349.75
	国华	163898.84
	国寿养老	0.00
	长江养老	0.00
	英大人寿	153011.15
	泰康养老	0.00
	幸福人寿	205359.63
	阳光人寿	132461.17
	小计	41997990.90
外资	中宏人寿	71106.38
	太平洋安泰	49908.92
	中德安联	70312.37
	金盛	34704.76
	信诚	193739.27
	中保康联	3498.60
	恒康天安	28655.53
	中意	277418.93
	光大永明	50891.77
	友邦	373867.96
	海尔纽约	22827.13
	首创安泰	37018.26
	中英人寿	207719.77
	海康人寿	87143.35
	招商信诺	33888.17
	广电日生	14048.13
	恒安标准	74020.05
	瑞泰人寿	26119.40
	中美大都会	84447.11
	中法人寿	11073.30
	华泰人寿	251793.50
	国泰人寿	29368.47
	联泰大都会	32117.80
	中航三星	12580.70
	中新大东方	9126.85
	新光海航	115.13
	君龙人寿	706.19
	小计	2088217.81
合　计		44086208.71

注：

1、原保险保费收入为本年累计数，数据来源于各寿险公司报送保监会月报数据。

2、原保险保费收入为各寿险公司内部管理报表数据，未经审计，各寿险公司不对该数据的用途及由此带来的后果承担任何法律责任。

3、友邦合计包括友邦上海、友邦广州、友邦深圳、友邦北京、友邦苏州、友邦东莞和友邦江门。

4、由于计算的四舍五入问题，各寿险公司原保险保费收入可能存在细微的误差。

5、本表反映各公司开办的保险业务，因太平养老、国寿养老、长江养老、泰康养老未开办此类业务，故表中不反映上述四家公司数据。

2008 年养老保险公司企业年金业务情况表

单位:万元

公司名称	企业年金缴费	受托管理资产	投资管理资产
太平养老	342785.10	616619.30	942566.90
平安养老	901652.80	1240172.10	1461311.90
国寿养老	535732.60	613668.70	
长江养老	215800.00	2226094.30	1369869.10
泰康养老	58852.50	39841.70	
合计	2054823.00	4736396.10	3773747.90

注:

1、企业年金缴费、受托管理资产、投资管理资产的统计口径见《保险业经营数据》。

2、以上数据来源于各养老保险公司报送保监会统计报表数据,未经审计,目前统计频度暂为季度报。

3、长江养老的统计数据为企业年金过渡计划数据。

2009 年 1－3 月养老保险公司企业年金业务情况表

单位:万元

公司名称	企业年金缴费	受托管理资产	投资管理资产
太平养老	66708.85	789942.62	1014000.09
平安养老	313329.97	1564009.12	1806762.67
国寿养老	199341.57	697015.88	
长江养老	35732	2252381.85	1415458.94
泰康养老	24115.73	72926.79	
合计	639228.12	5376276.26	4236221.7

注:

1、企业年金缴费、受托管理资产、投资管理资产的统计口径见《保险业经营数据》。

2、以上数据来源于各养老保险公司报送保监会统计报表数据,未经审计,目前统计频度暂为季度报。

3、长江养老的统计数据为企业年金过渡计划数据。

2009 年 1－6 月养老保险公司企业年金业务情况表

单位:万元

公司名称	企业年金缴费	受托管理资产	投资管理资产
太平养老	164141.62	906795.16	1174754.85
平安养老	480315.10	1723547.79	2067540.92
国寿养老	358657.37	853260.37	
长江养老	91814.78	2324810.13	1433738.82
泰康养老	54388.39	95271.06	
合计	1149317.26	5903684.51	4676034.59

注:

1、企业年金缴费、受托管理资产、投资管理资产的统计口径见《保险业经营数据》。

2、以上数据来源于各养老保险公司报送保监会统计报表数据,未经审计,目前统计频度暂为季度报。

3、长江养老的统计数据为企业年金过渡计划数据。

2008 年全国各地区原保险保费收入情况表

单位:万元

地区	原保险保费收入	财产保险	寿险	意外险	健康险
全国合计	97840966.41	23367097.78	66583717.93	2035560.78	5854589.92
北京	5859464.73	1341396.44	3905763.20	95845.55	516459.54
天津	1756211.87	418195.18	1187039.81	25197.81	125779.07
河北	4805927.95	1031423.95	3510524.27	70445.16	193534.57
辽宁	3286997.45	679338.48	2333442.05	45442.60	228774.32
大连	1074329.64	272952.69	698990.08	21049.35	81337.52
上海	6000566.19	1317897.35	3820592.30	120844.36	741232.18
江苏	7754056.68	1811139.05	5281899.65	183109.71	477908.27
浙江	4892265.14	1630443.42	2880557.42	122587.31	258676.99
宁波	871066.51	403430.34	410655.74	24877.00	32103.43
福建	2437992.20	616628.24	1598088.49	57057.94	166217.52
厦门	468736.64	156044.91	262884.60	12078.35	37728.79
山东	5712282.47	1359193.31	3895350.31	120641.41	337097.44
青岛	1027258.59	283143.53	632294.67	17461.35	94359.05
广东	8841601.18	2077710.99	6017634.70	205254.34	541001.15
深圳	2408212.47	848447.07	1328965.85	71455.23	159344.33
海南	300664.80	104933.66	175263.48	8608.79	11858.87
山西	2608863.74	600929.27	1871166.00	40099.10	96669.37
吉林	1589185.13	322255.43	1186643.83	19602.73	60683.14
黑龙江	2511964.91	479501.52	1908659.68	34911.23	88892.49
安徽	2965370.54	639587.98	2184681.96	36655.72	104444.88
江西	1713602.00	334567.35	1272227.96	36905.30	69901.39
河南	5189239.00	778537.23	4110139.82	76997.47	223564.49
湖北	3171506.37	549896.00	2407078.17	59669.98	154862.21
湖南	3124856.94	616200.63	2290583.39	69125.42	148947.49
重庆	2005523.23	377552.19	1489503.74	52663.17	85804.13
四川	4942700.17	1097573.02	3449558.79	118088.65	277479.72
贵州	799546.93	285807.86	454341.55	28264.97	31132.55
云南	1653916.43	552042.69	916928.21	61873.30	123072.23
西藏	32508.00	28638.32	947.80	1599.22	1322.65
陕西	2177752.15	462677.38	1592362.67	38222.63	84489.47
甘肃	974503.84	226150.96	688207.34	17271.61	42873.94
青海	141063.95	62772.62	66741.44	4265.55	7284.34
宁夏	317905.64	94751.23	181090.05	8461.35	33603.01
新疆	1525145.09	442526.30	947155.44	34773.51	100689.84
内蒙古	1413461.88	535947.94	791475.02	34615.80	51423.11
广西	1334844.16	400436.73	825035.66	45869.15	63502.62
集团、总公司本级	149871.80	126426.53	9242.76	13668.69	533.82

注:

1、集团、总公司本级是指集团、总公司开展的业务,不计入任何地区。

2、上述数据来源于各公司报送的保险数据,未经审计。

2009年1－6月全国各地区原保险保费收入情况表

单位：万元

地区	原保险保费收入	财产保险	寿险	意外险	健康险
全国合计	59861088.54	15118002.87	40601617.36	1197168.84	2944299.47
北京	3422246.29	795356.89	2261135.50	55444.36	310309.54
天津	798020.85	252397.28	475064.11	14229.25	56330.21
河北	3374247.42	738400.66	2450081.22	46599.53	139166.01
辽宁	1812280.99	491427.80	1188796.08	26869.47	105187.64
大连	608802.66	186466.91	372871.08	11550.82	37913.85
上海	3512827.81	767337.46	2452915.76	66634.42	225940.17
江苏	5139462.56	1155376.13	3657801.16	112130.24	214155.03
浙江	2886590.27	1003192.46	1694870.18	70017.94	118509.69
宁波	551537.17	256329.49	266145.80	11353.56	17708.32
福建	1549517.30	410529.88	1009885.21	35096.14	94006.07
厦门	314883.40	98086.30	190812.28	6526.24	19458.58
山东	3556101.09	931998.54	2346597.33	78003.13	199502.09
青岛	597971.48	174727.09	365014.87	8768.64	49460.88
广东	5037515.23	1220927.74	3488844.37	105842.33	221900.79
深圳	1403219.31	491604.06	803690.26	37894.55	70030.44
海南	176690.93	65868.23	99380.92	4174.12	7267.66
山西	1605421.03	375317.15	1146787.11	25183.08	58133.69
吉林	1032487.63	228750.10	750835.89	12513.68	40387.96
黑龙江	1657623.66	330878.40	1253212.17	20472.42	53060.67
安徽	2026708.51	445787.54	1493446.79	23720.62	63753.56
江西	1074470.83	240734.12	768178.94	23201.97	42355.80
河南	2918712.55	505717.48	2244449.89	44766.17	123779.01
湖北	2005483.86	380152.24	1504619.52	38325.73	82386.37
湖南	1914121.04	415373.73	1374746.85	44819.37	79181.09
重庆	1357273.30	256728.98	1016874.19	30091.07	53579.06
四川	2978730.00	702230.85	2052752.57	77758.18	145988.40
贵州	489902.57	188389.61	267280.44	15456.88	18775.64
云南	1008027.89	382118.59	524118.41	32834.76	68956.13
西藏	23100.91	19908.98	649.62	1239.84	1302.47
陕西	1388001.58	325523.24	989946.14	27764.38	44767.82
甘肃	635054.81	155729.13	442819.67	10751.52	25754.49
青海	97718.90	43222.73	47574.44	2798.88	4122.85
宁夏	214027.34	66398.53	122944.24	5758.45	18926.12
新疆	908829.16	347164.34	475853.96	23202.65	62608.21
内蒙古	880939.26	321463.48	501541.94	19856.28	38077.56
广西	835324.59	286663.12	493132.48	24416.06	31112.93
集团、总公司本级	67214.36	59723.61	5946.00	1102.09	442.66

注：

1、集团、总公司本级是指集团、总公司开展的业务，不计入任何地区。

2、上述数据来源于各公司报送的保险数据，未经审计。

2008年1－12月北京保险业统计数据

单位：万元

原保险保费收入	5859464.73
1.财产险	1341396.44
2.人身险	4518068.29
(1)人身意外伤害	95845.55
(2)健康险	516459.54
(3)寿险	3905763.20
原保险赔付支出	1889276.33
1.财产险	678777.16
2.人身险	1210499.17
(1)人身意外伤害	15685.24
(2)健康险	159190.93
(3)寿险	1035623.00

注：

1、"原保险保费收入"为按《企业会计准则(2006)》设置的统计指标，指保险企业确认的原保险合同保费收入。

2、"原保险赔付支出"为按《企业会计准则(2006)》设置的统计指标，指保险企业支付的原保险合同赔付款项。

3、原保险保费收入、原保险赔付支出为本年累计数。

4、上述数据来源于各公司报送的保险数据，未经审计。

2008年1－12月北京财产保险公司原保险保费收入情况表

单位：万元

资本结构	公司名称	合计
中资	人保股份京分	476999.82
	大地财产京分	16632.30
	出口信用京分(虚拟)	120151.92
	中华联合京分	60119.91
	太保财京分	180209.80
	平安财京分	196039.06
	华泰京分	84281.98
	天安京分	3890.19
	华安京分	590.40
	永安京分	17421.36
	太平保险京分	13492.36
	民安京分	4554.62
	中银保险京分(虚拟)	7803.18
	永诚京分	13173.36
	安邦京分	14163.91
	安华农业京分	9060.97
	天平车险京分	10803.18
	阳光财产京分	28789.19
	都邦京分(虚拟)	14153.83
	渤海京分	6087.07
	华农京分	5378.33
	国寿财产京分	47561.94
	安诚京分	7442.29
	长安责任京分(虚拟)	10487.74
	英大财产京分(虚拟)	1469.65
	小计	1350758.37
外资	三星京分	8267.19
	苏黎世京分(虚拟)	9771.40
	现代财产京分(虚拟)	5917.52
	中意财产京分(虚拟)	2545.86
	小计	26501.97
合计		1377260.34

注：

1、原保险保费收入为本年累计数，数据来源于各产险公司报送保监会月报数据。

2、原保险保费收入数据为各产险公司内部管理报表数据，未经审计，各产险公司不对该数据的用途及由此带来的后果承担任何法律责任。

3、由于计算的四舍五入问题，各产险公司原保险保费收入可能存在细微的误差。

2008 年 1－12 月北京人寿保险公司原保险保费收入情况表

单位：万元

资本结构	公司名称	合计
中资	国寿股份京分	687142.48
	太保寿京分	340463.83
	平安寿京分	883149.71
	新华京分	569200.09
	泰康京分	454518.94
	太平人寿京分	153238.17
	民生人寿京分	25114.46
	生命人寿京分	40841.36
	国寿存续京分	30264.69
	平安养老京分	1646.62
	合众人寿京分	38807.01
	华泰人寿北分	46097.40
	太平养老京分	0.00
	平安健康京分	967.16
	人保健康北分	48957.34
	华夏人寿京分	27871.78
	正德人寿京分	2647.85
	信泰京分	2522.67
	嘉禾人寿京分	44695.48
	长城京分	46929.73
	昆仑健康京分	1964.57
	人保寿险京分	190435.19
	国华人寿京分	1398.68
	国寿养老京分(虚拟)	0.00
	英大人寿京分	29669.02
	泰康养老京分(虚拟)	0.00
	幸福人寿京分	42724.59
	阳光人寿京分	51553.21
	小计	3762822.04
外资	中宏人寿京分	3788.76
	中德安联京分	3873.40
	金盛京分	6448.52
	信诚京分	71795.45
	中意京分	72878.16
	光大永明京分	34561.52
	友邦京分	146265.43
	首创安泰京分	35532.44
	中英人寿京分	91747.67
	海康人寿京分	26921.01
	招商信诺京分	56498.90
	恒安标准京分	31974.12
	瑞泰人寿京分(虚拟)	19513.36
	中美大都会京分(虚拟)	91789.30
	中法人寿京分(虚拟)	12875.50
	国泰人寿京分	633.71
	中航三星京分(虚拟)	12285.09
	新光海航京分(虚拟)	0.00
	小计	719382.34
合　计		4482204.39

注：

1、原保险保费收入为本年累计数，来源于各寿险公司报送保监会月报数据。

2、原保险保费收入数据为各寿险公司内部管理报表数据，未经审计，各寿险公司不对该数据的用途及由此带来的后果承担任何法律责任。

3、由于计算的四舍五入问题，各寿险公司原保险保费收入可能存在细微的误差。

2009 年 1－6 月北京保险业统计数据

单位：万元

资本结构	公司名称	合计
中资	国寿股份京分	427328.65
	太保寿京分	154915.99
	平安寿京分	621436.15
	新华京分	308694.64
	泰康京分	301650.42
	太平人寿京分	78685.34
	民生人寿京分	7277.76
	生命人寿京分	16949.37
	国寿存续京分	10032.64
	平安养老京分	644.47
	合众人寿京分	18747.13
	太平养老京分	0.00
	平安健康京分	3375.94
	人保健康北分	12006.65
	华夏人寿京分	8399.17
	正德人寿京分	7076.10
	信泰京分	2758.89
	嘉禾人寿京分	12371.45
	长城京分	16326.22
	昆仑健康京分	682.57
	人保寿险京分	90435.92
	国华人寿京分	2630.66
	国寿养老京分(虚拟)	0.00
	英大人寿京分	32338.29
	泰康养老京分(虚拟)	0.00
	幸福人寿京分	34662.43
	阳光人寿京分	20262.14
	小计	2189688.99
外资	中宏人寿京分	1812.49
	中德安联京分	5757.97
	金盛京分	7786.29
	信诚京分	44371.05
	中意京分	60161.96
	光大永明京分	20687.99
	友邦京分	83563.14
	首创安泰京分	8798.13
	中英人寿京分	42152.50
	海康人寿京分	15373.75
	招商信诺京分	5474.83
	恒安标准京分	10017.10
	瑞泰人寿京分(虚拟)	15210.25
	中美大都会京分(虚拟)	48216.24
	中法人寿京分(虚拟)	11073.30
	华泰人寿北分	23088.77
	国泰人寿京分	535.70
	中航三星京分(虚拟)	12362.01
	新光海航京分(虚拟)	0.00
	小计	416443.48
合　计		2606132.47

注：

1、原保险保费收入为本年累计数，来源于各寿险公司报送保监会月报数据。

2、原保险保费收入数据为各寿险公司内部管理报表数据，未经审计，各寿险公司不对该数据的用途及由此带来的后果承担任何法律责任。

3、由于计算的四舍五入问题，各寿险公司原保险保费收入可能存在细微的误差。

2009年1－6月北京保险业经营数据

单位：万元

原保险保费收入	3422246.29
1.财产险	795356.89
2.人身险	2626889.40
（1）人身意外伤害	55444.36
（2）健康险	310309.54
（3）寿险	2261135.51
原保险赔付支出	979166.43
1.财产险	375588.00
2.人身险	603578.44
（1）人身意外伤害	7555.93
（2）健康险	98012.08
（3）寿险	498010.42

注：

1、"原保险保费收入"为按《企业会计准则（2006）》设置的统计指标，指保险企业确认的原保险合同保费收入。

2、"原保险赔付支出"为按《企业会计准则（2006）》设置的统计指标，指保险企业支付的原保险合同赔付款项。

3、原保险保费收入、原保险赔付支出为本年累计数。

4、上述数据来源于各公司报送的保险数据，未经审计。

2009年1－6月北京财产保险公司原保险保费收入情况表

单位：万元

资本结构	公司名称	合计
中资	人保股份京分	292911.18
	大地财产京分	11343.67
	出口信用京分（虚拟）	14665.85
	中华联合京分	35901.54
	太保财京分	102844.99
	平安财京分	117383.72
	华泰京分	48152.64
	天安京分	2487.19
	华安京分	1341.42
	永安京分	6419.63
	太平保险京分	7358.47
	民安京分	1875.74
	中银保险京分（虚拟）	5789.74
	永诚京分	8682.21
	安邦京分	7676.89
	安华农业京分	5528.34
	天平车险京分	6426.75
	阳光财产京分	9550.49
	都邦京分（虚拟）	6773.86
	渤海京分	911.32
	华农京分	2224.28
	国寿财产京分	26399.07
	安诚京分	5403.70
	长安责任京分（虚拟）	9471.42
	英大财产京分（虚拟）	60010.07
	小计	797534.18
外资	美亚京分	143.79
	三星京分	2687.37
	利宝互助京分	184.00
	苏黎世京分（虚拟）	8719.63
	现代财产京分（虚拟）	3250.98
	中意财产京分（虚拟）	3593.86
	小计	18579.63
合　计		816113.82

注：

1、原保险保费收入为本年累计数，数据来源于各产险公司报送保监会月报数据。

2、原保险保费收入数据为各产险公司内部管理报表数据，未经审计，各产险公司不对该数据的用途及由此带来的后果承担任何法律责任。

3、由于计算的四舍五入问题，各产险公司原保险保费收入可能存在细微的误差。

2008年1－12月上海保险市场基本情况

根据中国保险统计信息系统数据显示，2008年12月上海市保费收入累计600.06亿元，同比增加117.43亿元，增幅为24.33%。其中财产险公司保费收入138.15亿元，同比增加13.96亿元，增幅为11.24%。寿险公司保费收入461.91亿元，同比增加103.47亿元，增幅为28.86%。产寿险公司保费收入比例为23：77。中外资保险公司保费收入比例为83：17。

截至2008年12月，全市保险赔付支出累计184.09亿元，同比增加44.28亿元，增幅为31.67%。其中财产险赔款79.52亿元，同比增加26.49亿元，增幅为49.95%；寿险给付89.03亿元，同比增加13.34亿元，增幅为17.62%；健康险赔款给付13.35亿元，同比增加4.35亿元，增幅为48.39%；意外险赔款支出2.19亿元，同比增加0.10亿元，增幅为4.74%。

截至2008年12月底，全市共有96家保险公司和5家保险资产管理公司。其中财产保险公司41家，人寿保险公司39家，养老险保险公司5家，健康保险公司5家，再保险公司5家，保险集团公司1家。

截至今年12月底，上海市共有保险中介机构283家，其中保险代理机构142家（其中分支机构32家），保险公估机构50家（其中分支机构18家），保险经纪机构91家（其中分支机构43家）。其中今年12月份新增保险中介机构7家，为上海富华保险代理有限公司、上海海发保险代理有限公司、上海合晖保险经纪有限公司、青岛诺亚保险经纪有限公司上海分公司、上海弘盛保险公估有限公司、上海衡量财产保险公估有限公司、深圳市同益保险公估有限公司上海分公司。

2008年1－12月上海保险业经营数据

报表单位：上海局－以集团本级汇总　　单位：万元

原保险保费收入	6000566.19
1.财产险	1317897.35
2.人身险	4682668.84
（1）人身意外伤害	120844.36
（2）健康险	741232.18
（3）寿险	3820592.30
原保险赔付支出	1840947.67
1.财产险	795162.12
2.人身险	1045785.56
（1）人身意外伤害	21893.01
（2）健康险	133509.67
（3）寿险	890382.88

注：

1、"原保险保费收入"为按《企业会计准则（2006）》设置的统计指标，指保险企业确认的原保险合同保费收入。

2、"原保险赔付支出"为按《企业会计准则（2006）》设置的统计指标，指保险企业支付的原保险合同赔付款项。

3、原保险保费收入、原保险赔付支出为本年累计数。4、上述数据来源于各公司报送的保险数据，未经审计。

2008 年 1－12 月上海财产保险公司原保险保费收入情况表

报表单位:上海局－产险(2008 年 12 月)　　单位:万元

资本结构	公司名称	合计
中资	人保股份沪分	382778.54
	大地财产沪分	69006.86
	出口信用沪分	10113.81
	中华联合沪分	58831.97
	太保财沪分	237563.82
	平安财沪分	166875.29
	华泰沪分	34906.98
	天安沪分	14342.44
	大众沪分	27469.46
	华安沪分	6516.17
	太平保险沪分	33107.61
	民安沪分	3093.15
	中银保险沪分	7838.06
	安信农业沪分(虚拟)	39953.35
	永诚沪分	16280.34
	安邦沪分	12237.01
	天平车险沪分	15531.98
	阳光财产沪分	8790.71
	都邦沪分	6201.55
	渤海沪分	5724.21
	国寿财产沪分	38667.30
	安诚沪分	11262.98
	小计	1207093.60
外资	美亚沪分	47659.15
	东京海上沪分	40522.71
	丰泰沪分	10204.04
	太阳联合沪分	19239.83
	丘博保险沪分	11152.29
	三井住友沪分	28715.59
	三星沪分	9412.75
	日本财产沪分	7127.73
	国泰财产沪分(虚拟)	392.88
	小计	174426.96
合　计		1381520.57

注:

1、原保险保费收入为本年累计数,数据来源于各产险公司报送保监会月报数据。

2、原保险保费收入为各产险公司内部管理报表数据,未经审计,各产险公司不对该数据的用途及由此带来的后果承担任何法律责任。

3、由于计算的四舍五入问题,各产险公司原保险保费收入可能存在细微的误差。

2008 年 1－12 月上海人寿保险公司原保险保费收入情况表

报表单位:上海局－寿险(2008 年 12 月)　　单位:万元

资本结构	公司名称	合计
中资	国寿股份沪分	759186.39
	太保寿沪分	324941.82
	平安寿沪分	916703.90
	新华沪分	417674.01
	泰康沪分	302589.06
	太平人寿沪分	98399.66
	民生人寿沪分	4060.43
	生命人寿沪分	87673.93
	国寿存续沪分	87148.64
	平安养老沪分	75647.25
	合众人寿沪分	33748.67
	华泰人寿沪分	44973.37
	太平养老沪分	0.00
	平安健康沪分	2018.01
	人保健康沪分	389285.70
	正德沪分	28582.87
	嘉禾人寿沪分	0.00
	瑞福德健康沪分	13715.07
	人保寿险沪分	51547.53
	国华人寿沪分(虚拟)	50731.66
	长江养老沪分(虚拟)	0.00
	英大人寿沪分	101889.76
	幸福人寿沪分	5887.69
	小计	3796405.43
外资	中宏人寿沪分(虚拟)	90834.36
	太平洋安泰沪分(虚拟)	98367.33
	中德安联沪分	48345.15
	金盛沪分(虚拟)	34504.47
	信诚沪分	30660.55
	中保康联沪分(虚拟)	15422.65
	恒康天安沪分(虚拟)	28121.69
	中意沪分	17287.30
	光大永明沪分	6291.43
	友邦沪分	224897.41
	海尔纽约沪分(虚拟)	11067.47
	海康人寿沪分(虚拟)	35306.44
	招商信诺沪分	37263.07
	广电日生沪分(虚拟)	14155.52
	瑞泰人寿沪分	11585.35
	国泰人寿沪分(虚拟)	25038.09
	联泰大都会沪分(虚拟)	93491.91
	小计	822640.19
合　计		4619045.62

注:

1、保费收入为本年累计数,来源于各寿险公司报送保监会月报数据。

2、保费收入数据为各寿险公司内部管理报表数据,未经审计,各寿险公司不对该数据的用途及由此带来的后果承担任何法律责任。

3、由于计算的四舍五入问题,各寿险公司保费收入可能存在细微的误差。

上海 2008 年保险中介市场情况

截至 2008 年年末,上海共有保险专业中介机构 283 家(法人机构 190 家,分支机构 93 家),保险兼业代理机构 5377 家,保险营销员 42520 人。上海市保险公司通过保险中介渠道实现保费收入 475.05 亿元,同比增长 11.32%,占全市总保费收入的 79.17%。全市保险专业中介机构实现业务收入 9.62 亿元,整体盈利 5531.55 万元。

一、保险专业中介机构

(一)基本情况

截至 2008 年年末,上海共有保险专业中介机构 283 家。其中,保险代理机构 142 家,保险经纪机构 91 家,保险公估机构 50 家。2008 年全年共新设机构 49 家,退出机构 13 家。

截至 2008 年年末,保险专业中介机构总资产达到 12.95 亿元,同比增长 42.15%。

(二)业务情况

2008 年上海保险专业代理机构实现代理保费收入 16.71 亿元,同比减幅 7.57%,占全市总保费收入的 2.78%,其中,人身险业务 4.83 亿元,财产险业务 11.88 亿元。

2008 年保险经纪公司实现保费收入 36.85 亿元,同比增长 11.73%;占全市总保费收入的 6.14%。其中,财产险保费 30.99 亿元,人身险保费 5.76 亿元,再保险业务类保费收入

998.89 万元。

2008 年保险公估公司评估估损金额 48.12 亿元,同比增长 53.15%。

(三)经营情况

2008 年上海市保险代理公司共实现代理手续费收入 2.76 亿元,同比增长 21.05%。其中,财产险手续费收入 2.06 亿元,人身险手续费收入 0.7 亿元。全市保险代理公司全年亏损 1830.72 万元。

2008 年上海市保险经纪公司共实现营业收入 4.51 亿元,同比增长 22.89%。其中,财产险佣金收入 3.36 亿元,人身险佣金收入 0.33 亿元,再保险佣金收入 117.71 万元,咨询类收入 0.8 亿元。全市保险经纪机构全年实现盈利 5760.78 万元。

2008 年上海市保险公估公司实现业务收入 2.35 亿元,同比增长 50.64%。其中,财产险公估服务费收入为 2.31 亿元,人身险公估服务费收入约 26.26 万元,其他收入 340.53 万元。按照险种划分,财产险公估服务费收入的构成为:机动车辆险 0.65 亿元,企业财产险 0.78 亿元,货运、船舶险 0.58 亿元,建筑、安装工程险 1000.17 万元,其他类别为 1501.39 万元。全市保险公估机构全年盈利 1601.49 万元。

二、保险兼业代理机构

(一)基本情况

截至 2008 年年末,上海市共有保险兼业代理机构 5377 家,比 2007 年年末增加 133 家。

表 1　2008 年保险兼业代理机构数量情况

类　型	数量(家)	占比(%)
银行	2026	37.68%
邮政	244	4.54%
铁路	14	0.26%
航空	42	0.78%
车商	1524	28.34%
其他	1527	28.40%
合计	5377	100.00%

(二)业务情况

2008 年上海保险兼业代理机构实现保费收入 260.54 亿元,同比增长 12.42%,占总保费收入的 43.42%。

表 2　2008 年保险兼业代理机构业务情况

类型	保费收入(亿元)	占比(%)
银行	166.91	64.06%
邮政	25.53	9.80%
铁路	0.55	0.21%
航空	0.00	0.00%
车商	23.19	8.90%
其他	44.36	17.03%
合计	260.54	100.00%

(三)经营情况

2008 年上海保险兼业代理机构实现代理手续费收入 16.45 亿元,同比增长 2.75%。

表 3　2008 年 3 季度保险兼业代理机构经营情况

类型	手续费收入(亿元)	占比(%)
银行	5.44	33.10%
邮政	0.72	4.38%
铁路	0.08	0.48%
航空	0	0.00%
车商	3.36	20.40%
其他	6.85	41.64%
小计	16.45	100.00%

三、保险营销员

(一)基本情况

截至 2008 年年末,上海市共有保险营销员 42520 人,比 2007 年年末增加 1748 人。其中,寿险营销员 42232 人,产险营销员 288 人。

(二)业务情况

2008 年上海市保险营销员共实现保费收入 160.96 亿元,同比增长 11.81%,占总保费收入的 26.82%。其中,人身险保费收入 160.53 亿元,财产险保费收入 0.43 亿元,分别占同期全市人身险保费和财产险保费收入的 34.75% 和 0.31%。

(三)经营情况

2008 年上海市保险营销员共实现业务收入 17.19 亿元,其中,寿险营销员佣金收入为 17.15 亿元;产险营销员手续费收入为 0.04 亿元。

2009 年 1－6 月上海保险市场基本情况

根据中国保险统计信息系统数据显示,截至 2009 年 6 月,上海市原保险保费收入累计 351.28 亿元,同比增加 7.39 亿元,增幅 2.15%。其中财产险公司原保险保费收入 80.89 亿元,同比增加 4.33 亿元,增幅为 5.65%。寿险公司原保险保费收入 270.39 亿元,同比增加 3.06 亿元,增幅为 1.15%。产寿险公司原保险保费收入比例为 23:77。中外资保险公司原保险保费收入比例为 83:17。

截至 2009 年 6 月,全市保险赔付支出累计 93.10 亿元,同比减少 11.80 亿元,减幅为 11.25%。其中财产险赔款 36.32 亿元,同比减少 1.38 亿元,减幅为 3.66%;寿险给付 45.51 亿元,同比减少 14.74 亿元,减幅为 24.46%;健康险赔款给付 10.13 亿元,同比增加 4.29 亿元,增幅为73.33%;意外险赔款支出 1.14 亿元,同比增加 0.03 亿元,增幅为 3.05%。

截至 2009 年 6 月,全市共有 97 家保险公司和 5 家保险资产管理公司。其中财产保险公司 41 家,人寿保险公司 40 家,养老险保险公司 5 家,健康保险公司 5 家,再保险公司 5 家,保险集团公司 1 家。本月新增 1 家汇丰人寿保险有限公司。

截至 2009 年 6 月,上海市共有保险中介机构 289 家,其中保险代理机构 142 家(其中分支机构 31 家),保险公估机构 54 家(其中分支机构 20 家),保险经纪机构 93 家(其中分支机构 44 家)。中资保险公估机构 51 家,其中分支机构 19 家;外资保险公估机构 3 家,其中分支机构 1 家;中资保险经纪公司 85 家,其中分支机构 39 家;外资保险经纪公司 8 家,其中分公司 5 家;代理公司全部为中资公司。

2009 年 1－6 月上海保险业经营数据

报表单位:上海局－以集团本级汇总　　　　单位:万元

原保险保费收入	3512827.81
1. 财产险	767337.46
2. 人身险	2745490.35
(1)人身意外伤害	66634.42
(2)健康险	225940.17

原保险保费收入	3512827.81
(3)寿险	2452915.76
原保险赔付支出	930959.20
1.财产险	363211.01
2.人身险	567748.19
(1)人身意外伤害	11383.90
(2)健康险	101261.64
(3)寿险	455102.66

注:

1、"原保险保费收入"为按《企业会计准则(2006)》设置的统计指标,指保险企业确认的原保险合同保费收入。

2、"原保险赔付支出"为按《企业会计准则(2006)》设置的统计指标,指保险企业支付的原保险合同赔付款项。

3、原保险保费收入、原保险赔付支出为本年累计数。

4、上述数据来源于各公司报送的保险数据,未经审计。

2009 年 1 -6 月上海财产保险公司原保险保费收入情况表

报表单位:上海局 - 产险(2009 年 6 月)　　单位:万元

资本结构	公司名称	合计
中资	人保股份沪分	213026.09
	大地财产沪分	35485.65
	出口信用沪分	4739.49
	中华联合沪分	35848.50
	太保财沪分	151068.48
	平安财沪分	122063.76
	华泰沪分	17075.16
	天安沪分	5943.87
	大众沪分	16645.19
	华安沪分	3620.56
	太平保险沪分	16468.54
	民安沪分	1618.37
	中银保险沪分	2742.39
	安信农业沪分(虚拟)	36451.84
	永诚沪分	17282.42
	安邦沪分	6768.11
	天平车险沪分	4840.97
	阳光财产沪分	2744.79
	都邦沪分	3034.82
	渤海沪分	2131.16
	国寿财产沪分	23093.78
	安诚沪分	14173.31
	小计	736867.23
外资	美亚沪分	22729.79
	东京海上沪分	5137.07
	丰泰沪分	8049.76
	太阳联合沪分	7755.03
	丘博保险沪分	5578.73
	三井住友沪分	16555.59
	三星沪分	2167.27
	日本财产沪分	3265.31
	国泰财产沪分(虚拟)	840.09
	小计	72078.63
合　计		808945.86

注:

1、原保险保费收入为本年累计数,数据来源于各产险公司报送保监会月报数据。

2、原保险保费收入为各产险公司内部管理报表数据,未经审计,各产险公司不对该数据的用途及由此带来的后果承担任何法律责任。

3、由于计算的四舍五入问题,各产险公司原保险保费收入可能存在细微的误差。

2009 年 1 -6 月上海人寿保险公司原保险保费收入情况表

报表单位:上海局 - 寿险(2009 年 6 月)　　单位:万元

资本结构	公司名称	合计
中资	国寿股份沪分	538290.83
	太保寿沪分	175583.39
	平安寿沪分	643045.13
	新华沪分	218324.06
	泰康沪分	220964.52
	太平人寿沪分	47355.27
	民生人寿沪分	1368.18
	生命人寿沪分	30945.25
	国寿存续沪分	37893.22
	平安养老沪分	34537.20
	合众人寿沪分	21931.75
	太平养老沪分	0.00
中资	平安健康沪分	1110.42
	人保健康沪分	9452.29
	正德沪分	27494.16
	嘉禾人寿沪分	0.00
	瑞福德健康沪分	232.21
	人保寿险沪分	42182.63
	国华人寿沪分(虚拟)	74113.23
	长江养老沪分(虚拟)	0.00
	英大人寿沪分	31953.23
	幸福人寿沪分	26379.09
	小计	2183156.06
外资	中宏人寿沪分(虚拟)	43014.76
	太平洋安泰沪分(虚拟)	43639.22
	中德安联沪分	18705.90
	金盛沪分(虚拟)	15748.47
	信诚沪分	21693.74
	中保康联沪分(虚拟)	3498.60
	恒康天安沪分(虚拟)	28655.53
	中意沪分	35298.10
	光大永明沪分	7998.08
	友邦沪分	114833.97
	海尔纽约沪分(虚拟)	6121.44
	海康人寿沪分(虚拟)	8988.71
	招商信诺沪分	7286.70
	广电日生沪分(虚拟)	12434.98
	瑞泰人寿沪分	5695.69
	华泰人寿沪分	102868.59
	国泰人寿沪分(虚拟)	14829.64
	联泰大都会沪分(虚拟)	29413.77
	小计	520725.89
合　计		2703881.95

注:

1、保费收入为本年累计数,来源于各寿险公司报送保监会月报数据。

2、保费收入数据为各寿险公司内部管理报表数据,未经审计,各寿险公司不对该数据的用途及由此带来的后果承担任何法律责任。

3、由于计算的四舍五入问题,各寿险公司保费收入可能存在细微的误差。

上海市 2009 年 2 季度保险中介市场情况

截至 2009 年 2 季度末,上海共有保险专业中介机构 289 家(法人机构 194 家,分支机构 95 家),保险兼业代理机构 5256 家,保险营销员 43263 人。上海各保险专业中介法人机构(含其全国分支机构,以下同)、保险兼业代理机构、保险营销员 2009 年上半年实现的保费收入累计 273.51 亿元,较去年同期增加 4.55 亿元,增幅 1.69%。上海各保险专业中介法人机构实现业务收入4.89亿元,整体盈利2805.15万元。

一、保险专业中介机构

(一)基本情况

截至2009年2季度末,上海共有保险专业中介机构289家。其中,保险代理机构142家,保险经纪机构93家,保险公估机构54家。2009年2季度共新设机构7家,退出机构4家。上海保险专业中介法人机构总资产达到12.05亿元,同比增长15.98%。

(二)业务情况

2009年2季度上海保险专业代理机构实现代理保费收入4.24亿元,上半年实现代理保费收入8.3亿元,同比增长15.66%,其中,财产险保费收入6.29亿元,人身险保费收入2.01亿元。

上海保险经纪法人机构(含其全国分支机构,以下同)实现保费收入11.23亿元,上半年实现保费收入19.98亿元,同比增长21.61%,其中,财产险保费收入17.54亿元,人身险保费收入2.44亿元,再保险业务类保费收入94.05万元。

上海保险公估机构(含其全国分支机构,以下同)估损金额11.17亿元,上半年实现估损金额21.29亿元,同比上升0.57%。

(三)经营情况

2009年2季度上海市保险专业代理机构共实现代理手续费收入0.72亿元,上半年实现代理手续费收入1.37亿元,同比增长16.1%,其中,财产险手续费收入1.06亿元,人身险手续费收入0.32亿元。全市保险专业代理机构2季度亏损222.06万元,上半年亏损493.63万元。

上海保险经纪法人机构共实现营业收入1.47亿元,上半年共实现营业收入2.59亿元,同比增长30.81%。其中,财产险经纪佣金收入1.96亿元,人身险经纪佣金收入0.21亿元,再保险经纪佣金收入48.16万元,咨询类收入0.41亿元。全市保险经纪机构2季度实现盈利2884.35万元,上半年实现盈利3543.12万元。

上海市保险公估法人机构实现营业收入0.48亿元,上半年实现营业收入0.93亿元,同比下降6.84%。其中,财产险公估服务费收入为0.9亿元,人身险公估服务费收入18.59万元,其他收入317.16万元。全市保险公估机构2季度盈利76.96万元,上半年总计亏损244.34万元。

二、保险兼业代理机构

(一)基本情况

截至2009年2季度末,上海市共有保险兼业代理机构5256家,比上季末减少169家。

表1　2009年2季度保险兼业代理机构数量情况

类型	数量(家)	占比(%)
银行	1875	35.67%
邮政	167	3.18%
铁路	13	0.25%
航空	59	1.12%
车商	1523	28.98%
其他	1619	30.8%
合计	5256	100.00%

(二)业务情况

2009年2季度上海保险兼业代理机构实现保费收入61.26亿元,上半年实现保费收入152.13亿元,同比下降4.83%,占上海保险中介渠道实现总保费收入的61.78%。

表2　2009年2季度保险兼业代理机构业务情况

类型	保费收入(亿元)	占比(%)
银行	99.16	65.18%
邮政	13.18	8.67%
铁路	0.37	0.24%
航空	0	0%
车商	15.77	10.36%
其他	23.65	15.55%
合计	152.13	100.00%

(三)经营情况

2009年2季度上海保险兼业代理机构实现代理手续费收入4.31亿元,上半年实现代理手续费收入9.47亿元,同比增长13.01%。

表3　2009年1季度保险兼业代理机构经营情况

类型	手续费收入(亿元)	占比(%)
银行	3.64	38.39%
邮政	0.42	4.4%
铁路	0.03	0.28%
航空	0	0%
车商	2.11	22.28%
其他	3.28	34.65%
小计	9.47	100.00%

三、保险营销员

(一)基本情况

截至2009年2季度末,上海市共有保险营销员43263人,比上季末增加954人。其中,寿险营销员42914人,产险营销员349人。

(二)业务情况

2009年2季度上海市保险营销员共实现保费收入47.45亿元,上半年实现保费收入93.09亿元,同比增长8.86%。其中,人身险保费收入92.76亿元,财产险保费收入0.33亿元,分别占同期全市人身险保费和财产险保费收入的34.31%和0.41%。

(三)经营情况

2009年2季度上海市保险营销员共实现业务收入5.19亿元,上半年共实现业务收入9.46亿元,其中,寿险营销员佣金收入9.43亿元;产险营销员手续费收入为330.35万元。

2008年1-12月天津财产保险公司原保险保费收入情况表

单位:万元

资本结构	公司名称	合计
中资	人保股份津分	173216.83
	大地财产津分	18841.19
	出口信用津分	13605.58
	中华联合津分	16652.32
	太保财津分	41645.54
	平安财津分	68185.10
	华泰津分	7481.67
	天安津分	9702.41
	华安津分	474.42
	太平保险津分	16119.76
	民安津分	294.96
	中银保险津分	5338.72
	永诚津分	9249.88
	安邦津分	11405.52
	天平车险津分	2269.95
	阳光财产津分	13077.91
	都邦津分	4119.01
	渤海津分	16348.34
	小计	428029.11

资本结构	公司名称	合计
外资	爱和谊津分	1853.55
	小计	1853.55
合　计		429882.66

2008 年 1－12 月天津人身保险公司原保险保费收入情况表

单位:万元

资本结构	公司名称	合计
中资	国寿股份津分	426407.42
	太保寿津分	64820.84
	平安寿津分	282264.86
	新华津分	119613.26
	泰康津分	72659.38
	太平人寿津分	49868.68
	生命人寿津分	24709.02
	国寿存续津分	19038.39
	平安养老津分	0.00
	合众人寿津分	9208.55
	太平养老津分	0.00
	人保健康津分	38418.18
	人保寿险津分	72965.98
	阳光人寿津分	301.17
	小计	1180275.73
外资	信诚津分	15726.69
	光大永明津分	64812.66
	海康人寿津分	27.39
	恒安标准津分	65486.75
	小计	146053.48
合　计		1326329.21

2008 年 1－12 月天津保险业统计数据

单位:万元

原保险保费收入	1756211.87
1、财产险	418195.18
2、人身险	1338016.69
(1)寿险	1187039.81
(2)健康险	125779.07
(3)人身意外伤害险	25197.81
赔款、给付	510251.69
1、财产险	209917.06
2、人身险	300334.64
(1)寿险	260800.53
(2)健康险	33527.10
(3)人身意外伤害险	6007.00

注:

1、"原保险保费收入"为按《企业会计准则(2006)》设置的统计指标,指保险企业确认的原保险合同保费收入。

2、"原保险赔付支出"为按《企业会计准则(2006)》设置的统计指标,指保险企业支付的原保险合同赔付款项。

3、原保险保费收入、原保险赔付支出为本年累计数。

4、上述数据来源于各公司报送的保险数据,未经审计。

2009 年 1－6 月天津财产保险公司原保险保费收入情况表

单位:万元

资本结构	公司名称	合计
中资	人保股份津分	110048.19
	大地财产津分	10259.24
	出口信用津分	8602.28
	中华联合津分	9633.38
	太保财津分	31174.51
	平安财津分	36409.74
	华泰津分	4807.02
	天安津分	4901.84
	华安津分	815.00
	太平保险津分	9436.07
	民安津分	966.35
	中银保险津分	3726.59
	永诚津分	4031.51
	安邦津分	6557.02
	天平车险津分	2221.38
	阳光财产津分	7389.88
	都邦津分	2169.76
	渤海津分	4155.00
	小计	257304.77
外资	爱和谊津分(虚拟)	1557.21
	小计	1557.21
合　计		258861.98

2009 年 1－6 月天津人身保险公司原保险保费收入情况表

单位:万元

资本结构	公司名称	合计
中资	国寿股份津分	163915.76
	太保寿津分	24110.00
	平安寿津分	190222.11
	新华津分	53180.39
	泰康津分	24287.75
	太平人寿津分	10761.77
	生命人寿津分	2407.98
	国寿存续津分	6745.14
中资	平安养老津分	0.00
	合众人寿津分	1741.03
	太平养老津分	0.00
	人保健康津分	5514.51
	长城津分	415.45
	人保寿险津分	25100.67
	阳光人寿津分	2035.44
	小计	510437.98
外资	金盛津分	0.00
	信诚津分	6749.14
	光大永明津分	12373.08
	海康人寿津分	969.42
	恒安标准津分	8410.56
	中航三星津分	218.70
	小计	28720.89
合　计		539158.88

2009 年 1－6 月天津保险业统计数据

单位：万元

原保险保费收入	798020.85
1、财产险	252397.28
2、人身险	545623.58
(1)寿险	475064.11
(2)健康险	56330.21
(3)人身意外伤害险	14229.25
赔款、给付	327348.67
1、财产险	143715.46
2、人身险	183633.21
(1)寿险	162044.22
(2)健康险	18548.63
(3)人身意外伤害险	3040.37

注：

1、“原保险保费收入”为按《企业会计准则(2006)》设置的统计指标，指保险企业确认的原保险合同保费收入。

2、“原保险赔付支出”为按《企业会计准则(2006)》设置的统计指标，指保险企业支付的原保险合同赔付款项。

3、原保险保费收入、原保险赔付支出为本年累计数。

4、上述数据来源于各公司报送的保险数据，未经审计。

2008 年 1－12 月河北保险业统计数据

报表单位：河北局－产险(2008 年 12 月)　　单位：万元

资本结构	公司名称	合计
中资	人保股份冀分	561303.44
	大地财产冀分	36881.94
	中华联合冀分	107329.07
	太保财冀分	84647.73
	平安财冀分	97986.06
	华泰冀分	6650.78
	天安冀分	18609.04
	华安冀分	269.73
	永安冀分	32009.36
	太平保险冀分	9817.69
	民安冀分	7027.37
	中银保险冀分	7074.77
	永诚冀分	14446.01
	安邦冀分	9062.28
	天平车险冀分	14649.54
	阳光财产冀分	22015.77
	都邦冀分	14826.85
	渤海冀分	18300.42
	小计	1062907.84
合　计		1062907.84

注：

1、原保险保费收入为本年累计数，数据来源于各产险公司报送保监会月报数据。

2、原保险保费收入为各产险公司内部管理报表数据，未经审计，各产险公司不对该数据的用途及由此带来的后果承担任何法律责任。

3、由于计算的四舍五入问题，各产险公司原保险保费收入可能存在细微的误差。

2008 年 1－12 月河北保险业经营数据

报表单位：河北局－以集团本级汇总　　单位：万元

原保险保费收入	4805927.95
1. 财产险	1031423.95
2. 人身险	3774504.00
(1)人身意外伤害	70445.16
(2)健康险	193534.57
(3)寿险	3510524.27
原保险赔付支出	1476826.70
原保险保费收入	4805927.95
1. 财产险	603771.14
2. 人身险	873055.55
(1)人身意外伤害	24951.96
(2)健康险	65239.33
(3)寿险	782864.26

注：

1、“原保险保费收入”为按《企业会计准则(2006)》设置的统计指标，指保险企业确认的原保险合同保费收入。

2、“原保险赔付支出”为按《企业会计准则(2006)》设置的统计指标，指保险企业支付的原保险合同赔付款项。

3、原保险保费收入、原保险赔付支出为本年累计数。

4、上述数据来源于各公司报送的保险数据，未经审计。

2008 年 1－12 月河北辖区原保险保费收入情况表

报表单位：河北局－以集团本级汇总(2008 年 12 月)　　单位：万元

地区名称	财产险	寿险	意外伤害险	健康险
河北省－石家庄市	202001.19	664761.81	13779.07	55815.08
河北省－唐山市	188155.20	526290.23	10268.28	28902.16
河北省－秦皇岛市	62884.94	216911.31	4257.02	10861.82
河北省－邯郸市	81273.99	405022.40	6003.40	17360.48
河北省－邢台市	59213.35	190752.85	2982.60	9221.13
河北省－保定市	125162.40	449100.22	9306.69	25688.69
河北省－张家口市	51935.92	131192.88	3498.13	5908.95
河北省－承德市	48598.57	187221.36	4487.17	7032.28
河北省－沧州市	98723.15	337216.43	6967.42	14934.62
河北省－廊坊市	75516.47	235188.01	5884.92	12034.80
河北省－衡水市	37958.78	166866.76	3010.46	5774.56
河北省－本级	0.00	0.00	0.00	0.00
全省合计	1031423.95	3510524.27	70445.16	193534.57

注：

1、全部数值均为本年累计值。

2、上述数据来源于各公司报送的保险数据，未经审计。

2008 年 1－12 月河北人寿保险公司原保险保费收入情况表

报表单位：河北局－寿险(2008 年 12 月)　　单位：万元

资本结构	公司名称	合计
中资	国寿股份冀分	1980782.72
	太保寿冀分	381589.37
	平安寿冀分	365094.55
	新华冀分	266568.35
	泰康冀分	187483.95
	太平人寿冀分	84622.68
	民生人寿冀分	109629.06
中资	生命人寿冀分	43218.94
	国寿存续冀分	37630.26
	平安养老冀分	19.49
	合众人寿冀分	33981.90
	人保健康冀分	20118.34
	信泰冀分	16880.45
	嘉禾人寿冀分	61545.93
	长城冀分	3000.06
	人保寿险冀分	119679.57
	小计	3711845.59
外资	中英人寿冀分	31174.52
	小计	31174.52
合　计		3743020.11

注：

1、保费收入为本年累计数，来源于各寿险公司报送保监会月报数据。

2、保费收入数据为各寿险公司内部管理报表数据，未经审计，各寿险公司不对该数据的用途及由此带来的后果承担任何法律责任。

3、由于计算的四舍五入问题，各寿险公司保费收入可能存在细微的误差。

2009 年 1－6 月河北保险业统计数据

报表单位：河北局－以集团本级汇总（2009 年 6 月） 单位：万元

地区名称	财产险	寿险	意外伤害险	健康险
河北省－石家庄市	125170.27	400100.00	8580.71	42468.01
河北省－唐山市	145289.42	339835.28	6425.05	17707.23
河北省－秦皇岛市	42184.20	144240.20	2574.34	9742.60
河北省－邯郸市	61294.91	271415.32	3543.37	10454.04
河北省－邢台市	42973.59	168113.93	2350.62	5797.97
河北省－保定市	93731.86	368414.55	6558.23	15367.03
河北省－张家口市	36771.41	110902.41	2320.91	3185.73
河北省－承德市	31578.41	104772.69	3139.40	4427.52
河北省－沧州市	74079.71	266657.93	4629.26	19191.86
河北省－廊坊市	57006.62	170469.21	4318.96	7072.08
河北省－衡水市	25454.41	105159.71	2074.53	3733.76
河北省－本级	2865.87	0.00	84.15	18.18
全省合计	738400.66	2450081.23	46599.53	139166.01

注：

1、全部数值均为本年累计值。

2、上述数据来源于各公司报送的保险数据，未经审计。

2009 年 1－6 月河北保险业经营数据

报表单位：河北局－以集团本级汇总 单位：万元

原保险保费收入	3374247.42
1. 财产险	738400.66
2. 人身险	2635846.76
(1)人身意外伤害	46599.53
(2)健康险	139166.01
(3)寿险	2450081.23
原保险赔付支出	770377.35
1. 财产险	318397.81
2. 人身险	451979.54
(1)人身意外伤害	11964.85
(2)健康险	37012.01
(3)寿险	403002.69

注：

1、"原保险保费收入"为按《企业会计准则(2006)》设置的统计指标，指保险企业确认的原保险合同保费收入。

2、"原保险赔付支出"为按《企业会计准则(2006)》设置的统计指标，指保险企业支付的原保险合同赔付款项。

3、原保险保费收入、原保险赔付支出为本年累计数。

4、上述数据来源于各公司报送的保险数据，未经审计。

2009 年 1－6 月河北人寿保险公司原保险保费收入情况表

报表单位：河北局－寿险（2009 年 6 月） 单位：万元

资本结构	公司名称	合计
中资	国寿股份冀分	1205130.08
	太保寿冀分	229828.86
	平安寿冀分	298610.32
	新华冀分	174170.64
	泰康冀分	142822.88
	太平人寿冀分	45748.06
	民生人寿冀分	57823.77
	生命人寿冀分	22103.22
	国寿存续冀分	14169.30
	平安养老冀分	6.05
	合众人寿冀分	21400.88
	人保健康冀分	12587.22
	信泰冀分	6047.34
	嘉禾人寿冀分	12642.05
	长城冀分	2920.44
	人保寿险冀分	327887.77
	国华人寿冀分	17993.94
	小计	2591892.82
外资	中英人寿冀分	23332.08
	海康人寿冀分	41.73
	小计	23373.81
合　计		2615266.63

注：

1、保费收入为本年累计数，来源于各寿险公司报送保监会月报数据。

2、保费收入数据为各寿险公司内部管理报表数据，未经审计，各寿险公司不对该数据的用途及由此带来的后果承担任何法律责任。

3、由于计算的四舍五入问题，各寿险公司保费收入可能存在细微的误差。

2009 年 1－6 月河北财产保险公司原保险保费收入情况表

报表单位：河北局－产险（2009 年 6 月） 单位：万元

资本结构	公司名称	合计
中资	人保股份冀分	400649.26
	大地财产冀分	29234.17
	中华联合冀分	88988.96
	太保财冀分	68579.09
	平安财冀分	60232.26
	华泰冀分	4121.92
	天安冀分	10685.10
	华安冀分	2121.89
	永安冀分	22268.25
	太平保险冀分	6027.91
	民安冀分	5239.92
	中银保险冀分	5648.71
	永诚冀分	13819.11
	安邦冀分	4202.58
	天平车险冀分	9917.13
	阳光财产冀分	13838.05
	都邦冀分	7805.31
	渤海冀分	5601.16
	小计	758980.79
合　计		758980.79

注：

1、原保险保费收入为本年累计数，数据来源于各产险公司报送保监会月报数据。

2、原保险保费收入为各产险公司内部管理报表数据，未经审计，各产险公司不对该数据的用途及由此带来的后果承担任何法律责任。

3、由于计算的四舍五入问题，各产险公司原保险保费收入可能存在细微的误差。

2008 年 1－12 月内蒙古保险业经营数据

报表单位：内蒙局－以集团本级汇总 单位：万元

原保险保费收入	1413461.88
1. 财产险	535947.94
2. 人身险	877513.93
(1)人身意外伤害	34615.80
(2)健康险	51423.11
(3)寿险	791475.02
原保险赔付支出	435205.36
1. 财产险	265237.07
2. 人身险	169968.29
(1)人身意外伤害	11074.43
(2)健康险	19471.67
(3)寿险	139422.19

注：

1、"原保险保费收入"为按《企业会计准则(2006)》设置的统计指标，指保险企业确认的原保险合同保费收入。

2、"原保险赔付支出"为按《企业会计准则(2006)》设置的统计指标，指保险企业支付的原保险合同赔付款项。

3、原保险保费收入、原保险赔付支出为本年累计数。

4、上述数据来源于各公司报送的保险数据，未经审计。

2008 年 1 －12 月内蒙古财产保险公司原保险保费收入情况表

报表单位：内蒙局－产险（2008 年 12 月）　　　　单位：万元

资本结构	公司名称	合计
中资	人保股份蒙分	257723.65
	大地财产蒙分	47840.35
	中华联合蒙分	89646.66
	太保财蒙分	30085.17
	平安财蒙分	31258.14
	华安内蒙古市中支	46.03
	中银保险蒙分	4539.46
	永诚蒙分	11840.21
	安邦蒙分	7609.88
	安华农业蒙分	62686.34
	阳光财产蒙分	1555.06
	都邦蒙分	9417.52
	渤海蒙分	1011.80
	小计	555260.28
合　计		555260.28

注：

1、原保险保费收入为本年累计数，数据来源于各产险公司报送保监会月报数据。

2、原保险保费收入为各产险公司内部管理报表数据，未经审计，各产险公司不对该数据的用途及由此带来的后果承担任何法律责任。

3、由于计算的四舍五入问题，各产险公司原保险保费收入可能存在细微的误差。

2008 年 1 －12 月内蒙古人寿保险公司原保险保费收入情况表

报表单位：内蒙局－寿险（2008 年 12 月）　　　　单位：万元

资本结构	公司名称	合计
中资	国寿股份蒙分	510149.74
	太保寿蒙分	430.22
	平安寿蒙分	126288.54
	新华蒙分	88674.23
	泰康蒙分	27263.66
	太平人寿蒙分	1052.28
	国寿存续蒙分	31263.42
中资	平安养老蒙分	0.00
	合众人寿蒙分	20152.03
	人保健康蒙分	4260.97
	华夏人寿蒙分	3848.12
	人保寿险蒙分	44414.63
	阳光人寿蒙分	403.77
	小计	858201.60
合　计		858201.60

注：

1、保费收入为本年累计数，来源于各寿险公司报送保监会月报数据。

2、保费收入数据为各寿险公司内部管理报表数据，未经审计，各寿险公司不对该数据的用途及由此带来的后果承担任何法律责任。

3、由于计算的四舍五入问题，各寿险公司保费收入可能存在细微的误差。

2008 年 1 －12 月内蒙古辖区原保险保费收入情况表

报表单位：内蒙局－以集团本级汇总（2008 年 12 月）　　　　单位：万元

地区名称	财产险	寿险	意外伤害险	健康险
呼和浩特市	83714.32	136547.55	8186.91	20145.71
包头市	77823.82	144937.31	3846.25	8886.73
乌海市	16410.65	18124.80	1187.61	645.83
赤峰市	53342.47	113718.28	3094.28	3912.56
通辽市	46180.97	51887.76	2330.64	2000.21
鄂尔多斯市	96799.75	70208.54	4676.31	5116.44
呼伦贝尔市	45941.94	88439.61	3949.32	3121.71
巴彦淖尔市	38919.17	54957.68	2476.16	2473.21
乌兰察布市	24912.87	42135.79	1865.92	1344.92
兴安盟	24402.27	26835.25	910.88	1348.45
锡林郭勒盟	20030.79	23673.17	1370.75	1362.92
阿拉善盟	7246.59	8711.91	701.42	1063.98
本级	222.32	11297.38	19.35	0.43
全省合计	535947.94	791475.02	34615.80	51423.11

注：

1、全部数值均为本年累计值。

2、上述数据来源于各公司报送的保险数据，未经审计。

2009 年 1 －6 月内蒙古保险业经营数据

报表单位：内蒙局－以集团本级汇总　　　　单位：万元

原保险保费收入	880939.26
1. 财产险	321463.48
2. 人身险	559475.78
（1）人身意外伤害	19856.28
（2）健康险	38077.56
（3）寿险	501541.94
原保险赔付支出	234683.92
1. 财产险	115306.22
2. 人身险	119377.70
（1）人身意外伤害	5649.00
（2）健康险	10752.95
（3）寿险	102975.75

注：

1、“原保险保费收入”为按《企业会计准则（2006）》设置的统计指标，指保险企业确认的原保险合同保费收入。

2、“原保险赔付支出”为按《企业会计准则（2006）》设置的统计指标，指保险企业支付的原保险合同赔付款项。

3、原保险保费收入、原保险赔付支出为本年累计数。

4、上述数据来源于各公司报送的保险数据，未经审计。

2009 年 1 －6 月内蒙古财产保险公司原保险保费收入情况表

报表单位：内蒙局－产险（2009 年 6 月）　　　　单位：万元

资本结构	公司名称	合计
中资	人保股份蒙分	159535.79
	大地财产蒙分	31625.40
	中华联合蒙分	44165.59
	太保财蒙分	25395.22
	平安财蒙分	20750.59
	华安内蒙古市中支	315.14
	中银保险蒙分	3727.20
	永诚蒙分	8049.96
	安邦蒙分	2458.53
	安华农业蒙分	26210.46
	阳光财产蒙分	4141.76
	都邦蒙分	6075.71
	渤海蒙分	1099.09
	小计	333550.45
合　计		333550.45

注：

1、原保险保费收入为本年累计数，数据来源于各产险公司报送保监会月报数据。

2、原保险保费收入为各产险公司内部管理报表数据，未经审计，各产险公司不对该数据的用途及由此带来的后果承担任何法律责任。

3、由于计算的四舍五入问题，各产险公司原保险保费收入可能存在细微的误差。

2009 年 1 －6 月内蒙古人寿保险公司原保险保费收入情况表

报表单位：内蒙局 －寿险（2009 年 6 月）　　单位：万元

资本结构	公司名称	合计
中资	国寿股份蒙分	306065.00
	太保寿蒙分	2857.68
	平安寿蒙分	83831.81
	新华蒙分	54273.23
	泰康蒙分	19726.66
	太平人寿蒙分	3643.08
	国寿存续蒙分	11087.09
	平安养老蒙分	32.50
	合众人寿蒙分	8854.70
	人保健康蒙分	9886.01
	华夏人寿蒙分	6053.89
	人保寿险蒙分	36083.99
	阳光人寿蒙分	4993.17
	小计	547388.81
合　计		547388.81

注：

1、保费收入为本年累计数，来源于各寿险公司报送保监会月报数据。

2、保费收入数据为各寿险公司内部管理报表数据，未经审计，各寿险公司不对该数据的用途及由此带来的后果承担任何法律责任。

3、由于计算的四舍五入问题，各寿险公司保费收入可能存在细微的误差。

2009 年 1 －6 月内蒙古辖区原保险保费收入情况表

报表单位：内蒙局 －以集团本级汇总（2009 年 6 月）　　单位：万元

地区名称	财产险	寿险	意外伤害险	健康险
呼和浩特市	52271.33	89104.61	3543.23	9642.50
包头市	48576.01	83251.99	2147.72	7001.16
乌海市	12460.84	15149.46	702.43	402.66
赤峰市	31541.32	73223.82	2073.49	2697.64
通辽市	21489.61	33541.27	1565.93	3507.76
鄂尔多斯市	62063.82	44784.65	3113.77	4372.60
呼伦贝尔市	26422.65	59446.56	1941.68	5324.05
巴彦淖尔市	19255.60	39460.73	1728.77	1880.06
乌兰察布市	15837.93	28752.78	1057.11	638.26
兴安盟	13553.35	15601.60	585.35	1123.62
锡林郭勒盟	11217.36	13613.79	861.49	826.11
阿拉善盟	6720.88	5610.69	535.38	661.10
本级	52.78	0.00	－0.05	0.03
全省合计	321463.48	501541.94	19856.28	38077.56

注：

1、全部数值均为本年累计值。

2、上述数据来源于各公司报送的保险数据，未经审计。

2008 年 1 －12 月黑龙江保险业经营数据

单位：万元

原保险保费收	2511964.91
1. 财产险	479501.52
2. 人身险	2032463.40
(1)人身意外伤害	34911.23
(2)健康险	88892.49
(3)寿险	1908659.68
原保险赔付支出	1030381.76
1. 财产险	328741.17
2. 人身险	701640.59
(1)人身意外伤害	12291.29
(2)健康险	30805.33
(3)寿险	658543.97

注：

1、“原保险保费收入”为按《企业会计准则（2006）》设置的统计指标，指保险企业确认的原保险合同保费收入。

2、“原保险赔付支出”为按《企业会计准则（2006）》设置的统计指标，指保险企业支付的原保险合同赔付款项。

3、原保险保费收入、原保险赔付支出为本年累计数。

4、上述数据来源于各公司报送的保险数据，未经审计。

2008 年 1 －12 月黑龙江人寿保险公司原保险保费收入情况表

单位：万元

资本结构	公司名称	合计
中资	国寿股份黑分	927712.69
	太保寿黑分	148552.03
	平安寿黑分	278465.82
	新华黑龙江	103755.34
	泰康黑分	106869.28
	太平人寿黑分	68050.33
	民生人寿黑分	24077.54
	生命人寿黑分	23743.51
	国寿存续黑分	54321.01
	平安养老黑分	0.00
	合众人寿黑分	25095.31
	正德人寿黑分	130781.20
	信泰黑分	6048.91
	人保寿险黑分	123172.30
	阳光人寿黑分	662.40
	小计	2021307.66
合　计		2021307.66

注：

1、保费收入为本年累计数，来源于各寿险公司报送保监会月报数据。

2、保费收入数据为各寿险公司内部管理报表数据，未经审计，各寿险公司不对该数据的用途及由此带来的后果承担任何法律责任。

3、由于计算的四舍五入问题，各寿险公司保费收入可能存在细微的误差。

2008 年 1 －12 月黑龙江财产保险公司原保险保费收入情况表

单位：万元

资本结构	公司名称	合计
中资	人保股份黑分	193979.56
	大地财产黑分	10334.34
	出口信用黑分	1373.97
	太保财黑分	21400.47
	平安财黑分	25300.36
	天安黑分	8646.75
	华安黑分	2731.76
	太平保险黑分	1050.13
	永诚黑分	8058.54
	安邦黑分	3673.24
	阳光财产黑分	19658.22
	阳光农业黑分	161241.35
	都邦黑分	8133.62
	国寿财产黑分	25074.94
	小计	490657.25
外资	中意财产黑分（虚拟）	0.00
	小计	0.00
合　计		490657.25

注：

1、原保险保费收入为本年累计数，数据来源于各产险公司报送保监会月报数据。

2、原保险保费收入为各产险公司内部管理报表数据，未经审计，各产险公司不对该数据的用途及由此带来的后果承担任何法律责任。

3、由于计算的四舍五入问题，各产险公司原保险保费收入可能存在细微的误差。

2008 年 1 －12 月黑龙江辖区原保险保费收入情况表

单位：万元

地区名称	财产险	寿险	意外伤害险	健康险
哈尔滨市	144296.43	618884.85	11658.13	35649.82
齐齐哈尔市	50336.34	194051.40	3214.94	9956.41
鸡西市	28293.87	102242.07	2685.87	4608.40
鹤岗市	18902.91	53052.18	853.09	1297.40
双鸭山市	27272.72	54656.99	1395.56	2343.96
大庆市	61200.46	267789.33	3850.31	10549.51
伊春市	8762.23	57756.81	1132.73	2526.34
佳木斯市	36481.48	108377.43	2626.71	5535.95
七台河市	7059.96	41881.92	877.39	1725.54
牡丹江市	26574.29	193431.66	2783.95	7432.14
黑河市	32586.27	55711.32	1362.68	1759.27
绥化地区	31936.09	118475.07	1914.51	3993.73
大兴安岭地区	5519.40	42348.64	551.96	1509.67
本级	279.05	0.00	3.38	4.31
全省合计	479501.52	1908659.68	34911.23	88892.49

注：

1、全部数值均为本年累计值。

2、上述数据来源于各公司报送的保险数据，未经审计。

2009 年 1 －6 月黑龙江保险业经营数据

单位：万元

一、原保险保费收入	1657623.66
1. 财产险	330878.40
2. 人身险	1326745.25
人寿保险	1253212.16
健康保险	53060.67
意外伤害保险	20472.42
二、赔付支出	501421.01
1. 财产险	122417.21
2. 人身险	379003.80
人寿保险	354292.97
健康保险	19894.04
意外伤害保险	4816.79

注：

1、“原保险保费收入”为按《企业会计准则（2006）》设置的统计指标，指保险企业确认的原保险合同保费收入。

2、“原保险赔付支出”为按《企业会计准则（2006）》设置的统计指标，指保险企业支付的原保险合同赔付款项。

3、原保险保费收入、原保险赔付支出为本年累计数。

4、上述数据来源于各公司报送的保险数据，未经审计。

2009 年 1 －6 月黑龙江财产保险公司原保险保费收入情况表

单位：万元

资本结构	公司名称	合计
中资	人保股份黑分	125774.86
	大地财产黑分	6804.17
	出口信用黑分	820.84
	太保财黑分	15916.65
	平安财黑分	20940.76
	天安黑分	4628.42
	华安黑分	4015.91
	太平保险黑分	1115.03
	永诚黑分	8288.92
	安邦黑分	2762.23
	阳光财产黑分	15494.17
	阳光农业黑分	111757.20
	都邦黑分	2303.48
	国寿财产黑分	14605.50
	小计	335228.13
外资	中意财产黑分（虚拟）	2354.44
	小计	2354.44
合　计		337582.57

注：

1、原保险保费收入为本年累计数，数据来源于各产险公司报送保监会月报数据。

2、原保险保费收入为各产险公司内部管理报表数据，未经审计，各产险公司不对该数据的用途及由此带来的后果承担任何法律责任。

3、由于计算的四舍五入问题，各产险公司原保险保费收入可能存在细微的误差。

2009 年 1 －6 月黑龙江人寿保险公司原保险保费收入情况表

单位：万元

资本结构	公司名称	合计
中资	国寿股份黑分	464388.96
	太保寿黑分	93653.55
	平安寿黑分	226583.49
	新华黑龙江	88236.69
	泰康黑分	69060.75
	太平人寿黑分	50047.73
	民生人寿黑分	4985.11
	生命人寿黑分	8844.70
	国寿存续黑分	22362.61
	平安养老黑分	0.00
	合众人寿黑分	18838.69
	正德人寿黑分	148753.62
	信泰黑分	2928.15
中资	人保寿险黑分	115308.41
	阳光人寿黑分	6048.65
	小计	1320041.09
合　计		1320041.09

注：

1、保费收入为本年累计数，来源于各寿险公司报送保监会月报数据。

2、保费收入数据为各寿险公司内部管理报表数据，未经审计，各寿险公司不对该数据的用途及由此带来的后果承担任何法律责任。

3、由于计算的四舍五入问题，各寿险公司保费收入可能存在细微的误差。

2009 年 1 －6 月黑龙江辖区原保险保费收入情况表

单位：万元

地区名称	财产险	寿险	意外伤害险	健康险
哈尔滨市	91909.48	370079.98	6297.76	20745.41
齐齐哈尔市	27970.08	125965.34	1790.76	5831.22
鸡西市	21016.23	72187.94	2115.49	2884.31
鹤岗市	15573.83	48259.93	611.19	913.04
双鸭山市	24192.05	39606.54	884.50	1588.71
大庆市	42814.20	158309.72	2028.81	5943.97
伊春市	7255.97	38089.29	504.77	1464.54
佳木斯市	29629.57	81636.92	1907.62	3650.56
七台河市	5744.33	21582.83	459.81	1091.24
牡丹江市	16706.62	126870.10	1955.59	4746.73
黑河市	26290.29	51262.11	785.95	1117.29
绥化地区	18518.64	92940.14	881.82	1958.14
大兴安岭地区	3239.16	26421.31	248.08	1125.39
本级	17.95	0.00	0.25	0.10
全省合计	330878.40	1253212.16	20472.42	53060.67

注：

1、全部数值均为本年累计值。

2、上述数据来源于各公司报送的保险数据，未经审计。

2008 年 1－12 月吉林保险业统计数据

单位：万元

原保险保费收入	1589185
1. 财产险	322255
2. 人身险	1266930
（1）人身意外伤害	19603
（2）健康险	60683
（3）寿险	1186644
原保险赔付支出	529799
1. 财产险	240707
2. 人身险	289093
（1）人身意外伤害	9924
（2）健康险	24671
（3）寿险	254497

注：

1、"原保险保费收入"为按《企业会计准则（2006）》设置的统计指标，指保险企业确认的原保险合同保费收入。

2、"原保险赔付支出"为按《企业会计准则（2006）》设置的统计指标，指保险企业支付的原保险合同赔付款项。

3、原保险保费收入、原保险赔付支出为本年累计数。

4、上述数据来源于各公司报送的保险数据，未经审计。

2008 年 1－12 月吉林财产保险公司原保险保费收入情况表

单位：万元

资本结构	公司名称	合计
中资	人保股份吉分	132109
	大地财产吉分	20392
	太保财吉分	33872
	平安财吉分	30451
	天安吉分	9967
	安邦吉分	12241
	安华农业吉分	79571
	阳光财产吉分	10660
	都邦吉分	5710
	华安吉分	216
	小计	335191

注：

1、保费收入为本年累计数，数据来源于各产险公司报送保监会月报数据。

2、保费收入数据为各产险公司内部管理报表数据，未经审计，各产险公司不对该数据的用途及由此带来的后果承担任何法律责任。

3、由于计算的四舍五入问题，各产险公司保费收入可能存在细微的误差。

2008 年 1－12 月吉林人身保险公司原保险保费收入情况表

单位：万元

资本结构	公司名称	合计
中资	国寿股份吉分	533318
	国寿存续吉分	28932
	太保寿吉分	125219
	平安寿吉分	205138
	新华吉分	118626
	泰康吉分	67244
	太平人寿吉分	12147
	生命人寿吉分	23189
	平安养老吉分	17488
	人保寿险吉分	117830
	英大人寿吉分	4862
合　计		1253994

注：

1、保费收入为本年累计数，来源于各寿险公司报送保监会月报数据。

2、保费收入数据为各寿险公司内部管理报表数据，未经审计，各寿险公司不对该数据的用途及由此带来的后果承担任何法律责任。

3、由于计算的四舍五入问题，各寿险公司保费收入可能存在细微的误差。

2008 年 1－12 月吉林辖区原保险保费收入情况表

单位：万元

地区名称	财产险	寿险	意外伤害险	健康险
长春市	135974	404078	6929	21586
吉林市	40761	245235	2884	11617
四平市	27985	72922	1896	3548
辽源市	10223	51376	664	1418
通化市	19699	104010	1426	5309
白山市	13243	54926	1295	3692
松原市	28803	67302	1325	4023
白城市	17594	41844	1075	2801
延边朝鲜族自治州	25620	144951	2090	6690
本级	2352	0	19	0
合计	322255	1186644	19603	60683

注：

全部数值均为 12 月累计值。

2009 年 1－6 月吉林保险业统计数据

单位：万元

原保险保费收入	1032488
1. 财产险	228750
2. 人身险	803738
（1）人身意外伤害	12514
（2）健康险	40388
（3）寿险	750836
原保险赔付支出	257243
1. 财产险	98333
2. 人身险	158909
（1）人身意外伤害	3177
（2）健康险	13116
（3）寿险	142616

注：1、"原保险保费收入"为按《企业会计准则（2006）》设置的统计指标，指保险企业确认的原保险合同保费收入。

2、"原保险赔付支出"为按《企业会计准则（2006）》设置的统计指标，指保险企业支付的原保险合同赔付款项。

3、原保险保费收入、原保险赔付支出为本年累计数。

4、上述数据来源于各公司报送的保险数据，未经审计。

2009 年 1－6 月吉林财产保险公司原保险保费收入情况表

单位：万元

资本结构	公司名称	合计
中资	人保股份吉分	102769
	大地财产吉分	13475
	太保财吉分	27245
	平安财吉分	23585
	天安吉分	5446
	安邦吉分	13087
	安华农业吉分	41983
	阳光财产吉分	6519
	都邦吉分	2747
	华安吉分	1617
	小计	238472

注：

1、保费收入为本年累计数，数据来源于各产险公司报送保监会月报数据。

2、保费收入数据为各产险公司内部管理报表数据，未经审计，各产险公司不对该数据的用途及由此带来的后果承担任何法律责任。

3、由于计算的四舍五入问题，各产险公司保费收入可能存在细微的误差。

2009年1-6月吉林人身保险公司原保险保费收入情况表

单位:万元

资本结构	公司名称	合计
中资	国寿股份吉分	319305
	国寿存续吉分	11853
	太保寿吉分	72789
	平安寿吉分	147843
	新华吉分	66582
	泰康吉分	43108
	太平人寿吉分	8017
	生命人寿吉分	10711
	平安养老吉分	4678
	人保寿险吉分	102248
	人保健康吉分	3359
	英大人寿吉分	3362
	合众人寿吉分	159
合 计		794015

注:

1、保费收入为本年累计数,来源于各寿险公司报送保监会月报数据。

2、保费收入数据为各寿险公司内部管理报表数据,未经审计,各寿险公司不对该数据的用途及由此带来的后果承担任何法律责任。

3、由于计算的四舍五入问题,各寿险公司保费收入可能存在细微的误差。

2009年1-6月吉林辖区原保险保费收入情况表

单位:万元

地区名称	财产险	寿险	意外伤害险	健康险
长春市	97663	240242	4653	15459
吉林市	32653	145958	1893	7414
四平市	16598	63405	1289	2341
辽源市	9647	29748	275	1250
通化市	13730	68983	910	3914
白山市	9199	37594	600	1768
松原市	16785	46255	871	2270
白城市	14361	29209	911	1849
延边朝鲜族自治州	17852	89443	1112	4121
本 级	262	0	0	0
合 计	228750	750836	12514	40388

注:全部数值均为6月累计值。

2008年1-12月山西保险业经营数据

报表单位:山西局-以集团本级　　单位:万元

原保险保费收入	2608863.74
1.财产险	600929.27
2.人身险	2007934.47
(1)人身意外伤害	40099.10
(2)健康险	96669.37
(3)寿险	1871166.00
原保险赔付支出	735782.14
1.财产险	305471.34
2.人身险	430310.80
(1)人身意外伤害	10744.36
(2)健康险	31696.22
(3)寿险	387870.22

注:

1、"原保险保费收入"为按《企业会计准则(2006)》设置的统计指标,指保险企业确认的原保险合同保费收入。

2、"原保险赔付支出"为按《企业会计准则(2006)》设置的统计指标,指保险企业支付的原保险合同赔付款项。

3、原保险保费收入、原保险赔付支出为本年累计数。

4、上述数据来源于各公司报送的保险数据,未经审计。

2008年1-12月山西辖区原保险保费收入情况表

报表单位:山西局-以集团本级　　单位:万元

地区名称	财产险	寿险	意外伤害险	健康险
山西省-长治市	47805.41	137919.67	3367.62	6868.02
山西省-晋城市	48930.43	141942.64	3211.37	5642.50
山西省-朔州市	28489.67	68993.20	1684.67	1891.77
山西省-晋中市	48087.81	191569.41	3937.74	6747.25
山西省-运城市	46899.55	183040.60	3320.59	8045.30
山西省-忻州市	37924.53	96093.81	2807.43	2460.74
山西省-临汾市	52855.15	188381.46	4011.16	8162.68
山西省-吕梁市	44994.76	141862.12	3303.70	2620.52
山西省-本级	77.15	0.00	0.00	0.00
山西省-太原市	150134.75	407789.05	9422.43	45348.62
山西省-大同市	58572.87	195150.31	2408.71	5565.86
山西省-阳泉市	36157.20	118423.72	2623.67	3316.10
全省合计	600929.27	1871166.00	40099.10	96669.37

注:

1、全部数值均为本年累计值。

2、上述数据来源于各公司报送的保险数据,未经审计。

2008年1-12月山西财产保险公司原保险保费收入情况表

报表单位:山西局-产险(2008年12月)　　单位:万元

资本结构	公司名称	合计
中资	人保股份晋分	374970.90
	大地财产晋分	38802.04
	太保财晋分	47178.99
	平安财晋分	41545.70
	华泰晋分	1739.57
	天安晋分	9130.17
	华安晋分	454.54
	永安晋分	32611.54
	太平保险晋分	10966.69
	永诚晋分	14636.64
	安邦晋分	2674.54
	阳光财产晋分	8199.50
	都邦晋分	1721.83
	渤海晋分	2636.39
	国寿财产晋分	36027.75
	中煤财产晋分(虚拟)	0.00
	小计	623296.80
合 计		623296.80

注:

1、原保险保费收入为本年累计数,数据来源于各产险公司报送保监会月报数据。

2、原保险保费收入为各产险公司内部管理报表数据,未经审计,各产险公司不对该数据的用途及由此带来的后果承担任何法律责任。

3、由于计算的四舍五入问题,各产险公司原保险保费收入可能存在细微的误差。

2008年1-12月山西人寿保险公司原保险保费收入情况表

报表单位:山西局-寿险(2008年12月)　　单位:万元

资本结构	公司名称	合计
中资	国寿股份晋分	1089867.11
	太保寿晋分	340278.34
	平安寿晋分	101929.37
	新华晋分	153461.14
	泰康晋分	148394.57
	太平人寿晋分	13114.33
	民生人寿晋分	0.00

资本结构	公司名称	合计
中资	国寿存续晋分	45389.41
	平安养老晋分	0.00
	合众人寿晋分	206.89
	人保健康晋分	11634.00
	嘉禾人寿晋分	15221.22
	人保寿险晋分	63890.90
	英大人寿晋分	2179.67
	小计	1985566.94
合　计		1985566.94

注：

1、保费收入为本年累计数，来源于各寿险公司报送保监会月报数据。

2、保费收入数据为各寿险公司内部管理报表数据，未经审计，各寿险公司不对该数据的用途及由此带来的后果承担任何法律责任。

3、由于计算的四舍五入问题，各寿险公司保费收入可能存在细微的误差。

2009 年 1 –6 月山西辖区原保险保费收入情况表

报表单位：山西局 – 以集团本级汇　　单位：万元

地区名称	财产险	寿险	意外伤害险	健康险
长治市	33528.05	89272.79	2281.49	3852.94
晋城市	30996.74	89105.05	1896.05	3671.49
朔州市	15032.59	30508.99	796.51	1286.40
晋中市	31830.74	123320.26	2229.96	3935.84
运城市	30842.97	118901.91	2198.64	5118.92
忻州市	23774.05	62076.84	2209.90	1623.90
临汾市	29651.87	114025.69	1819.07	4744.49
吕梁市	28872.26	92250.92	2352.95	1805.46
本级	594.07	0.00	1.13	1057.54
太原市	88345.82	257841.46	5819.72	25455.29
大同市	37624.60	103266.38	2098.01	3859.03
阳泉市	24223.40	66216.82	1479.65	1722.40
全省合计	375317.15	1146787.10	25183.08	58133.69

注：

1、全部数值均为本年累计值。

2、上述数据来源于各公司报送的保险数据，未经审计。

2009 年 1 –6 月山西保险业经营数据

单位：万元

原保险保费收入	1605421.03
1. 财产险	375317.15
2. 人身险	1230103.88
(1)人身意外伤害	25183.08
(2)健康险	58133.69
(3)寿险	1146787.10
原保险赔付支出	439054.12
1. 财产险	160968.18
2. 人身险	278085.94
(1)人身意外伤害	5912.45
(2)健康险	17932.10
(3)寿险	254241.39

注：

1、"原保险保费收入"为按《企业会计准则(2006)》设置的统计指标，指保险企业确认的原保险合同保费收入。

2、"原保险赔付支出"为按《企业会计准则(2006)》设置的统计指标，指保险企业支付的原保险合同赔付款项。

3、原保险保费收入、原保险赔付支出为本年累计数。

4、上述数据来源于各公司报送的保险数据，未经审计。

2009 年 1 –6 月山西财产保险公司原保险保费收入情况表

报表单位：山西局 – 产险(2009 年 6 月)　　单位：万元

资本结构	公司名称	合计
中资	人保股份晋分	219967.51
	大地财产晋分	25261.61
	太保财晋分	32212.86
	平安财晋分	28815.51
	华泰晋分	2142.78
	天安晋分	4269.19
	华安晋分	1425.23
	永安晋分	19100.35
	太平保险晋分	5092.24
	永诚晋分	8939.04
	安邦晋分	1379.28
	阳光财产晋分	5790.97
	都邦晋分	1887.29
	渤海晋分	288.68
	国寿财产晋分	34087.77
	中煤财产晋分(虚拟)	0.00
	小计	390660.30
合　计		390660.30

注：

1、原保险保费收入为本年累计数，数据来源于各产险公司报送保监会月报数据。

2、原保险保费收入为各产险公司内部管理报表数据，未经审计，各产险公司不对该数据的用途及由此带来的后果承担任何法律责任。

3、由于计算的四舍五入问题，各产险公司原保险保费收入可能存在细微的误差。

2009 年 1 –6 月山西人寿保险公司原保险保费收入情况表

报表单位：山西局 – 寿险(2009 年 6 月)　　单位：万元

资本结构	公司名称	合计
中资	国寿股份晋分	669616.04
	太保寿晋分	160900.96
	平安寿晋分	82951.02
	新华晋分	74244.03
	泰康晋分	92236.70
	太平人寿晋分	16515.57
	民生人寿晋分	715.41
	国寿存续晋分	19002.52
	平安养老晋分	0.00
	合众人寿晋分	1182.42
	人保健康晋分	4494.09
	嘉禾人寿晋分	6080.15
	人保寿险晋分	79963.94
	英大人寿晋分	6857.88
	小计	1214760.73
合　计		1214760.73

注：

1、保费收入为本年累计数，来源于各寿险公司报送保监会月报数据。

2、保费收入数据为各寿险公司内部管理报表数据，未经审计，各寿险公司不对该数据的用途及由此带来的后果承担任何法律责任。

3. 由于计算的四舍五入问题，各寿险公司保费收入可能存在细微的误差。

2008 年 1 –12 月辽宁保险业经营数据

报表单位：辽宁局 – 以集团本级汇总　　单位：万元

原保险保费收入	3286997.45
1. 财产险	679338.48
2. 人身险	2607658.97
(1)人身意外伤害	45442.60
(2)健康险	228774.32
(3)寿险	2333442.05
原保险赔付支出	985090.69
1. 财产险	412601.62
2. 人身险	572489.07
(1)人身意外伤害	12933.96
(2)健康险	66827.86
(3)寿险	492727.24

注：

1、"原保险保费收入"为按《企业会计准则（2006）》设置的统计指标，指保险企业确认的原保险合同保费收入。

2、"原保险赔付支出"为按《企业会计准则（2006）》设置的统计指标，指保险企业支付的原保险合同赔付款项。

3、原保险保费收入、原保险赔付支出为本年累计数。

4、上述数据来源于各公司报送的保险数据，未经审计。

2008 年 1 – 12 月辽宁财产保险公司原保险保费收入情况表

报表单位：辽宁局 – 产险（2008 年 12 月）　　单位：万元

资本结构	公司名称	合计
中资	人保股份辽分	346113.28
	大地财产辽分	28179.97
	中华联合辽分（虚拟）	72568.70
	太保财辽分	60503.24
	平安财辽分	80417.88
	华泰辽分	11194.15
	天安辽分	26683.93
	华安辽分	2127.35
	永安辽分	13981.28
	太平保险辽分	11885.38
	民安辽分	1366.88
	中银保险辽分	2476.31
	永诚辽分	12825.35
	安邦辽分	5227.82
	安华农业辽分	253.31
	阳光财产辽分	18495.28
	都邦辽分	12941.61
	渤海辽分	1617.05
	小计	708858.76
合　计		708858.76

注：

1、原保险保费收入为本年累计数，数据来源于各产险公司报送保监会月报数据。

2、原保险保费收入为各产险公司内部管理报表数据，未经审计，各产险公司不对该数据的用途及由此带来的后果承担任何法律责任。

3、由于计算的四舍五入问题，各产险公司原保险保费收入可能存在细微的误差。

2008 年 1 – 12 月辽宁人寿保险公司原保险保费收入情况表

报表单位：辽宁局 – 寿险（2008 年 12 月）　　单位：万元

资本结构	公司名称	合计
中资	国寿股份辽分	848807.44
	太保寿辽分	80543.74
	平安寿辽分	474716.89
	新华辽分	166800.31
	泰康辽分	260796.78
	太平人寿辽分	109607.38
	民生人寿辽分	47666.52
	生命人寿辽分	132363.45
	国寿存续辽分	61718.54
	平安养老辽分	15.78
	太平养老辽分	0.00
	人保健康辽分	103373.68
	嘉禾人寿辽分	38276.08
	人保寿险辽分	148433.43
	英大人寿辽分	28481.07
	幸福人寿辽分	5132.66
	小计	2506733.74
外资	金盛辽分	41.29
	中意辽分	6547.04
	首创安泰辽分	30041.48
	中英人寿辽分	3159.85
	恒安标准辽分	24064.34
	中美大都会辽分	7550.95
	小计	71404.95
合　计		2578138.69

注：

1、保费收入为本年累计数，来源于各寿险公司报送保监会月报数据。

2、保费收入数据为各寿险公司内部管理报表数据，未经审计，各寿险公司不对该数据的用途及由此带来的后果承担任何法律责任。

3、由于计算的四舍五入问题，各寿险公司保费收入可能存在细微的误差。

2008 年 1 – 12 月辽宁辖区原保险保费收入情况表

报表单位：辽宁局 – 以集团本级汇总（2008 年 12 月）　　单位：万元

地区名称	财产险	寿险	意外伤害险	健康险
辽阳市	38697.99	95886.05	2218.42	6207.27
盘锦市	37298.16	139436.52	3246.94	13063.15
铁岭市	27437.57	88284.25	2200.28	5493.23
朝阳市	28909.07	113962.37	2617.69	6352.79
葫芦岛市	38275.04	126343.57	2718.24	6993.69
本级	332.31	0.00	3.57	0.00
大连市	272952.69	698990.08	21049.35	81337.52
沈阳市	235222.41	735866.78	14469.61	89191.07
鞍山市	79048.79	284155.26	3643.27	13479.57
抚顺市	35544.87	171434.99	3007.34	9640.36
本溪市	27290.63	133920.04	1846.75	10786.76
丹东市	29203.59	135633.46	2706.60	27942.61
锦州市	37090.42	120158.68	2466.01	21672.23
营口市	46927.40	119495.56	3008.02	7747.27
阜新市	18060.22	68864.52	1289.89	10204.33
全省合计	952291.17	3032432.13	66491.95	310111.84

注：

1、全部数值均为本年累计值。

2、上述数据来源于各公司报送的保险数据，未经审计。

2009 年 1 – 6 月辽宁保险业经营数据

报表单位：辽宁局 – 以集团本级汇总　　单位：万元

原保险保费收入	1812280.99
1. 财产险	491427.80
2. 人身险	1320853.19
（1）人身意外伤害	26869.47
（2）健康险	105187.64
（3）寿险	1188796.08
原保险赔付支出	573793.67
1. 财产险	252023.89
2. 人身险	321769.78
（1）人身意外伤害	6850.01
（2）健康险	42593.13
（3）寿险	272326.64

注：

1、"原保险保费收入"为按《企业会计准则（2006）》设置的统计指标，指保险企业确认的原保险合同保费收入。

2、"原保险赔付支出"为按《企业会计准则（2006）》设置的统计指标，指保险企业支付的原保险合同赔付款项。

3、原保险保费收入、原保险赔付支出为本年累计数。

4、上述数据来源于各公司报送的保险数据，未经审计。

2009 年 1 – 6 月辽宁财产保险公司原保险保费收入情况表

报表单位：辽宁局 – 产险（2009 年 6 月）　　单位：万元

资本结构	公司名称	合计
中资	人保股份辽分	264987.66
	大地财产辽分	17977.13
	中华联合辽分	58852.81
	太保财辽分	43360.98
	平安财辽分	48996.77
	华泰辽分	6969.14
	天安辽分	13965.33
	华安辽分	2694.75
	永安辽分	6203.65
	太平保险辽分	8224.94
	民安辽分	818.23
	中银保险辽分	2029.58

资本结构	公司名称	合计
中资	永诚辽分	8636.91
	安邦辽分	3588.60
	安华农业辽分	6650.46
	阳光财产辽分	10826.57
	都邦辽分	6890.32
	渤海辽分	924.18
	小计	512598.03
合　计		512598.03

注：

1、原保险保费收入为本年累计数，数据来源于各产险公司报送保监会月报数据。

2、原保险保费收入为各产险公司内部管理报表数据，未经审计，各产险公司不对该数据的用途及由此带来的后果承担任何法律责任。

3、由于计算的四舍五入问题，各产险公司原保险保费收入可能存在细微的误差。

2009 年 1－6 月辽宁人寿保险公司原保险保费收入情况表

报表单位：辽宁局－寿险(2009 年 6 月)　　单位：万元

资本结构	公司名称	合计
中资	国寿股份辽分	466699.32
	太保寿辽分	25811.63
	平安寿辽分	324869.03
	新华辽分	68287.02
	泰康辽分	108240.28
	太平人寿辽分	43690.10
	民生人寿辽分	13775.29
	生命人寿辽分	39856.60
	国寿存续辽分	22678.55
	平安养老辽分	7.13
	合众人寿辽分	144.29
	太平养老辽分	0.00
	人保健康辽分	26352.91
	嘉禾人寿辽分	3696.81
	人保寿险辽分	95631.08
	英大人寿辽分	3856.73
	幸福人寿辽分	8486.50
	阳光人寿辽分	0.00
	小计	1252083.26
外资	金盛辽分	219.18
	中意辽分	19551.97
	首创安泰辽分	3134.66
	中英人寿辽分	9447.66
	恒安标准辽分	8985.81
	中美大都会辽分	6196.91
	国泰人寿辽分	63.51
	小计	47599.70
合　计		1299682.96

注：

1、保费收入为本年累计数，来源于各寿险公司报送保监会月报数据。

2、保费收入数据为各寿险公司内部管理报表数据，未经审计，各寿险公司不对该数据的用途及由此带来的后果承担任何法律责任。

3、由于计算的四舍五入问题，各寿险公司保费收入可能存在细微的误差。

2009 年 1－6 月辽宁辖区原保险保费收入情况表

报表单位：辽宁局－以集团本级汇总(2009 年 6 月)　　单位：万元

地区名称	财产险	寿险	意外伤害险	健康险
辽阳市	27679.23	55255.09	1478.41	4550.70
盘锦市	29142.85	71198.72	1531.73	6352.01
铁岭市	27703.91	53089.55	1596.99	4445.21
朝阳市	21595.67	58901.78	1701.98	5722.27
葫芦岛市	26978.08	62340.00	1250.98	3840.34
本级	282.17	0.00	0.81	0.40
沈阳市	163962.11	373974.84	8381.58	38278.65
鞍山市	58722.19	131913.41	2210.65	9260.73
抚顺市	25644.62	88513.17	1728.56	6278.11
本溪市	17125.75	52353.20	1380.77	5262.32
丹东市	18950.57	73755.11	1696.29	5470.88
锦州市	26876.58	65100.51	1182.23	7112.16
营口市	33440.79	63254.24	1908.71	5110.87
阜新市	13323.27	39146.46	819.78	3502.99
全省合计	491427.79	1188796.08	26869.47	105187.64

注：

1、全部数值均为本年累计值。

2、上述数据来源于各公司报送的保险数据，未经审计。

2008 年 1－12 月江苏保险业经营数据

单位：万元

原保险保费收入	7754056.68
1、财产险	1811139.05
2、人身险	5942917.63
(1)人身意外伤害险	183109.71
(2)健康险	477908.27
(3)寿险	5281899.65
原保险赔付支出	2672110.2
1、财产险	1211913.32
2、人身险	1460196.88
(1)人身意外伤害险	53673.11
(2)健康险	111164.56
(3)寿险	1295359.22

注：

1、"原保险保费收入"为按《企业会计准则(2006)》设置的统计指标，指保险企业确认的原保险合同保费收入。

2、"原保险赔付支出"为按《企业会计准则(2006)》设置的统计指标，指保险企业支付的原保险合同赔付款项。

3、原保险保费收入、原保险赔付支出为本年累计数。

4、上述数据来源于各公司报送的保险数据，未经审计。

2008 年 1－12 月江苏财产保险公司原保险保费收入情况表

单位：万元

资本结构	公司名称	合计
中资	人保股份苏分	660931.45
	大地财产苏分	51369.83
	出口信用苏分	21190.43
	中华联合苏分	166385.42
	太保财苏分	289074.04
	平安财苏分	183035.15
	华泰苏分	14996.01
	天安苏分	61535.2
	大众苏分	26851
	华安苏分	2726.35
	永安苏分	48422.55
	太平保险苏分	33982.44
	民安苏分	10057.66
	中银保险苏分	17937.39
	永诚苏分	19430.95
	安邦苏分	64100.97
	天平车险苏分	8521.76
	阳光财产苏分	44126.54
	都邦苏分	52288.24
	渤海苏分	17631.31
	华农苏分	5961.74
	国寿财产苏分	85035.93
	安诚苏分	10278.07
	长安责任苏分	6197.44
	小计	1902067.88
外资	三星苏分(虚拟)	1802.03
	小计	1802.03
合　计		1903869.91

注：

1、原保险保费收入为本年累计数，数据来源于各产险公司报送保监会月报数据。

2、原保险保费收入为各产险公司内部管理报表数据，未经审计，各产险公司不对该数据的用途及由此带来的后果承担任何法律责任。

3、由于计算的四舍五入问题，各产险公司原保险保费收入可能存在细微的误差。

2008 年 1－12 月江苏人身保险公司原保险保费收入情况表

单位：万元

资本结构	公司名称	合计
中资	国寿股份苏分	2567406.94
	太保寿苏分	644236.03
	平安寿苏分	729447.47
	新华苏分	241612.02
	泰康苏分	300152.78
	太平人寿苏分	168780.21
	民生人寿苏分	76276.86
	生命人寿苏分	75097
	国寿存续苏分	176094.41
	平安养老苏分	2683.3
	合众人寿苏分	81462.5
	华泰人寿苏分	71248.69
	人保健康苏分	157990.68
	华夏人寿苏分	43666.86
	正德人寿苏分	13464.82
	信泰苏分	35286.61
	嘉禾人寿苏分	39310.73
	长城苏分	2436.88
	瑞福德苏分	10566.37
	人保寿险苏分	133811.14
	英大人寿苏分	11872.28
	幸福人寿苏分	947.88
	阳光人寿苏分	3222.28
	小计	5587074.74
外资	中宏人寿苏分	12251.25
	太平洋安泰苏分	321.81
	中德安联苏分	28304.28
	金盛苏分	770.96
	信诚苏分	26741.03
	中意苏分	6467.22
	光大永明苏分	13870.58
	友邦苏分	31845.64
	海尔纽约苏分	3780.56
	中英人寿苏分	13316.13
	海康人寿苏分	53146.12
	招商信诺苏分	7029.41
	恒安标准苏分	31294.15
	瑞泰人寿苏分	2364.86
	国泰人寿苏分	24410.21
	联泰大都会苏分	7197.81
	小计	263112.02
合　计		5850186.77

注：

1、原保险保费收入为本年累计数，数据来源于各寿险公司报送保监会月报数据。

2、原保险保费收入为各寿险公司内部管理报表数据，未经审计，各寿险公司不对该数据的用途及由此带来的后果承担任何法律责任。

3、由于计算的四舍五入问题，各寿险公司原保险保费收入可能存在细微的误差。

2008 年 1－12 月江苏辖区原保险保费收入情况表

单位：万元

地区名称	财产险	寿险	意外伤害险	健康险	
南京	1356446.45	327518.47	881550.7	28553.28	118824
无锡	956247.26	248805.4	593357.5	21333.77	92750.59
徐州	565476.82	98755.36	436964.67	10142.79	19614
常州	631481.15	148809.2	438086.3	14629.44	29956.21
苏州	1257906.68	422876.05	739197.69	38774.7	57058.24
南通	783488.57	124955.18	583914.93	16546.11	58072.35
连云港	216573.26	61043.06	141410.37	5385.11	8734.72
淮安	220083.36	48604.78	157075.29	5606.95	8796.34
盐城	446224.83	72719.88	348378.68	8291	16835.27
扬州	454504.28	74681	342729.17	11076.99	26017.12
镇江	330985.98	67021.89	242046.4	7381.19	14536.5
泰州	400634.88	69449.9	299788.38	9409.43	21987.17
宿迁	128980.1	41262.87	77266.41	5727.92	4722.9
本级	5023.05	4636	133.16	251.03	2.86
全省合计	7754056.68	1811139.05	5281899.65	183109.71	477908.27

2009 年 1－6 月江苏保险业经营数据

单位：万元

原保险保费收入	5139462.56
1、财产险	1155376.13
2、人身险	3984086.43
(1)人身意外伤害险	112130.24
(2)健康险	214155.03
(3)寿险	3657801.15
原保险赔付支出	1536231.18
1、财产险	577539.28
2、人身险	958691.9
(1)人身意外伤害险	27938.67
(2)健康险	75469.82
(3)寿险	855283.41

注：

1、“原保险保费收入”为按《企业会计准则(2006)》设置的统计指标，指保险企业确认的原保险合同保费收入。

2、“原保险赔付支出”为按《企业会计准则(2006)》设置的统计指标，指保险企业支付的原保险合同赔付款项。

3、原保险保费收入、原保险赔付支出为本年累计数。

4、上述数据来源于各公司报送的保险数据，未经审计。

2009 年 1－6 月江苏财产保险公司原保险保费收入情况表

单位：万元

资本结构	公司名称	合计
中资	人保股份苏分	451633.23
	大地财产苏分	24851.98
	出口信用苏分	12158.98
	中华联合苏分	99264.86
	太保财苏分	197842.48
	平安财苏分	131627.9
	华泰苏分	9537.05
	天安苏分	32616.77
	大众苏分	16037.32
	华安苏分	7250.3
	永安苏分	23533.87
	太平保险苏分	15275.02
	民安苏分	6090.25
	中银保险苏分	13697.1
	永诚苏分	14029.67
	安邦苏分	23640.16
	天平车险苏分	4521.46
	阳光财产苏分	18242.63
	都邦苏分	28174.19
	渤海苏分	2264.63
	华农苏分	4720.3
	国寿财产苏分	44517.43
	安诚苏分	11396.89
	长安责任苏分	15895.62
	小计	1208820.09
外资	三星苏分(虚拟)	2802.81
	小计	2802.81
合计		1211622.9

注：

1、原保险保费收入为本年累计数，数据来源于各产险公司报送保监会月报数据。

2、原保险保费收入为各产险公司内部管理报表数据，未经审计，各产险公司不对该数据的用途及由此带来的后果承担任何法律责任。

3、由于计算的四舍五入问题，各产险公司原保险保费收入可能存在细微的误差。

2009 年 1 -6 月江苏人身保险公司原保险保费收入情况表

单位：万元

资本结构	公司名称	合计
中资	国寿股份苏分	1760370.65
	太保寿苏分	417757.52
	平安寿苏分	539501.23
	新华苏分	180200.85
	泰康苏分	150215.86
	太平人寿苏分	108041.28
	民生人寿苏分	35685.36
	生命人寿苏分	24593.28
	国寿存续苏分	70942.77
	平安养老苏分	1178.34
	合众人寿苏分	49360.97
	人保健康苏分	24806.52
	华夏人寿苏分	39628.69
	正德人寿苏分	37141.8
	信泰苏分	13256.38
	嘉禾人寿苏分	5083.8
	长城苏分	5407.01
	瑞福德苏分	1692.73
	人保寿险苏分	187766.95
	国华人寿苏分	16
	英大人寿苏分	36200.47
	幸福人寿苏分	11378.62
	阳光人寿苏分	7939.56
	小计	3708166.63
外资	中宏人寿苏分	7654.23
	太平洋安泰苏分	831.73
	中德安联苏分	9737.14
	金盛苏分	2261.64
	信诚苏分	12718.85
	中意苏分	22262.97
	光大永明苏分	1349.49
	友邦苏分	18881.03
	海尔纽约苏分	2147.84
	中英人寿苏分	15117.41
	海康人寿苏分	36508.49
	招商信诺苏分	3006.04
	广电日生苏分	3.36
	恒安标准苏分	21303.92
	瑞泰人寿苏分	368.51
	华泰人寿苏分	53660.22
	国泰人寿苏分	10004.52
	联泰大都会苏分	1855.62
	小计	219673.02
合　计		3927839.65

注：

1、原保险保费收入为本年累计数，数据来源于各寿险公司报送保监会月报数据。

2、原保险保费收入为各寿险公司内部管理报表数据，未经审计，各寿险公司不对该数据的用途及由此带来的后果承担任何法律责任。

3、由于计算的四舍五入问题，各寿险公司原保险保费收入可能存在细微的误差。

2009 年 1 -6 月江苏辖区原保险保费收入与赔付情况表

单位：万元

地区	总额		财产保险		寿险		意外险		健康险	
	保费收入	赔付支出	保费收入	赔付支出	保费收入	赔付支出	保费收入	赔付支出	保费收入	赔付支出
南京	840730.45	218894.1963	205490.61	89108.17	575178.65	110442.9363	18861.23	3364.06	41199.96	15979.03
无锡	640444.8	241942.4759	156281.3	78562.56032	431535.05	143863.5671	12447.79	3195.045539	40180.66	16321.30301
徐州	314879.03	96206.99337	71047.04	36568.86432	225778.23	54367.84713	6014.37	1814.495513	12039.39	3455.786411
常州	410758.03	133940.007	93761.02	49904.03415	294336.93	77844.11487	7634.55	2180.390289	15025.53	4011.467728
苏州	848615.49	274924.6661	260726.44	129954.4629	537192.54	129150.3123	23440.54	6249.511854	27255.97	9570.379026
南通	580011.59	149660.3068	80516.7	43210.08047	472299.07	97933.44478	11154.18	3068.77877	16041.64	5448.002747
连云港	137662.1	45970.42378	38310.35	20356.10847	91080.53	23543.81183	3070.73	716.617278	5200.49	1353.886214
淮安	136640.94	43118.65768	32994.65	17360.74784	95912.01	22637.6708	2854.94	865.428024	4879.34	2254.811023
盐城	308754.53	77139.88186	47637.85	25807.18819	246887.44	47575.15614	4621.82	1387.319268	9607.42	2370.218261
扬州	311567.57	88284.25078	49756.07	24718.86666	236304.29	54973.76795	7132.72	1491.256032	18374.49	7100.360144
镇江	235027.68	60117.40242	41201.42	24878.82044	180008.05	32341.11893	4943.53	1125.410347	8874.68	1772.052709
泰州	279730.56	75437.48048	48730.99	22109.71151	213185.47	47030.81764	5966.38	1639.93502	11847.72	4657.016307
宿迁	94639.79	30594.43107	28921.69	14999.66416	58102.89	13578.84361	3987.48	840.422852	3627.73	1175.500451
全省合计	5139462.56	1536231.174	1155376.13	577539.2794	3657801.15	855283.4094	112130.26	27938.67079	214155.02	75469.81403

2008 年 1 -12 月福建(不含厦门)保险业统计数据

单位：万元

保费收入	2,437,992
1. 财产险	616,628
2. 人身险	1,821,364
(1)人身意外伤害	57,058
(2)健康险	166,218
(3)寿险	1,598,088
赔款、给付	738,300
1. 财产险	370,746
2. 人身险	367,554
(1)人身意外伤害	21,838
(2)健康险	50,937
(3)寿险	294,779

注：

保费收入、赔款、给付为当年 月累计数。

2008 年 1 – 12 月福建（不含厦门）财产保险公司原保险保费收入情况表

单位：万元

资本结构	公司名称	合计
中资	人保股份闽分	321862.07
	大地财产闽分	27720.34
	出口信用闽分	7306.13
	中华联合闽分	52040.40
	太保财闽分	60392.27
	平安财闽分	79024.62
	天安闽分	12249.53
	大众闽分	4440.34
	华安闽分	1386.35
	太平保险闽分	13393.27
	安邦闽分	7018.59
	永诚闽分	8803.48
	都邦闽分	15928.95
	国寿财险闽分	25331.44
	中银保险闽分	8507.53
	华泰产险闽分	237.50
	阳光产险闽分	2039.79
	民安保险闽分	110.64
	长安责任闽分	2608.84
	小计	650402.11
外资	小计	
合　计		650402.11

注：

1、保费收入为本年累计数，数据来源于各产险公司报送保监会月报数据。

2、保费收入数据为各产险公司内部管理报表数据，未经审计，各产险公司不对该数据的用途及由此带来的后果承担任何法律责任。

3　由于计算的四舍五入问题，各产险公司保费收入可能存在细微的误差。

2008 年 1 – 12 月福建（不含厦门）全省各地区原保险保费收入情况表

单位：万元

地区名称	财产险	寿险	意外伤害险	健康险
财产险	寿险	意外伤害险	健康险	
全省合计	616628.24	1598088.49	57057.94	166217.52
福州市	200917.10	512335.47	14563.82	70391.69
莆田市	34075.72	118868.86	3215.05	7628.94
三明市	34897.75	122523.21	4697.82	8284.82
泉州市	161168.76	409046.74	14472.64	43095.62
漳州市	62331.55	155963.74	6173.24	12773.22
南平市	37789.95	120467.97	4672.33	7626.56
龙岩市	54091.39	92763.20	5439.18	9139.49
宁德市	31356.02	66119.29	3823.87	7277.17

注：

全部数值均为 1 – 当前月累计 值。

2008 年 1 – 12 月福建（不含厦门）人身保险公司原保险保费收入情况表

报表单位：河北局 – 寿险（2009 年 6 月）　　单位：万元

资本结构	公司名称	合计
中资	国寿股份闽分	968835.18
	太保寿闽分	176481.48
	平安寿闽分	334168.10
	新华闽分	40896.50
	泰康闽分	45896.50
	太平人寿闽分	17939.02
	民生人寿闽分	16431.51
	生命人寿闽分	20440.34
	嘉禾人寿闽分	13825.89
	人保寿险闽分	67557.59
	信泰人寿闽分	4402.39
	英大人寿闽分	16912.11
	华泰人寿闽分	1702.14
	合众人寿闽分	99.63
	人保健康闽分	34632.75
	平安养老闽分	243.09
	小计	1760464.22
外资	中英人寿闽分	24648.92
	国泰人寿闽分	1532.80
	中宏人寿闽分	346.36
	信诚人寿闽分	597.80
	小计	27125.87
合　计		1787590.09

注：

1、保费收入为本年累计数，来源于各寿险公司报送保监会月报数据。

2、保费收入数据为各寿险公司内部管理报表数据，未经审计，各寿险公司不对该数据的用途及由此带来的后果承担任何法律责任。

3、由于计算的四舍五入问题，各寿险公司保费收入可能存在细微的误差。

2009 年 1 – 6 月福建（不含厦门）保险业统计数据

单位：万元

保费收入	1,549,517
1. 财产险	410,530
2. 人身险	1,138,987
（1）人身意外伤害	35,096
（2）健康险	94,006
（3）寿险	1,009,885
赔款、给付	415,905
1. 财产险	219,242
2. 人身险	196,663
（1）人身意外伤害	11,546
（2）健康险	31,409
（3）寿险	153,707

注：

保费收入、赔款、给付为当年 月累计数。

2009 年 1 – 6 月福建（不含厦门）财产保险公司原保险保费收入情况表

单位：万元

资本结构	公司名称	合计
中资	人保股份闽分	230120.55
	大地财产闽分	14615.09
	出口信用闽分	4839.43
	中华联合闽分	28489.40
	太保财闽分	37848.25
	平安财闽分	53454.71
	天安闽分	6069.04
	大众闽分	2587.89
	华安闽分	1458.06
	太平保险闽分	6032.29
	安邦闽分	2427.16
	永诚闽分	5058.46
	都邦闽分	6587.90
	国寿财险闽分	17312.25
	中银保险闽分	5409.69
	华泰产险闽分	94.23

资本结构	公司名称	合计
中资	阳光产险闽分	2313.09
	民安保险闽分	600.43
	长安责任闽分	5563.38
	小计	430881.30
外资	小计	
合　计		430881.30

注：

1、保费收入为本年累计数，数据来源于各产险公司报送保监会月报数据。

2、保费收入数据为各产险公司内部管理报表数据，未经审计，各产险公司不对该数据的用途及由此带来的后果承担任何法律责任。

3、由于计算的四舍五入问题，各产险公司保费收入可能存在细微的误差。

2009 年 1 –6 月福建(不含厦门)全省各地区原保险保费收入情况表

单位：万元

地区名称	财产险	寿险	意外伤害险	健康险
全省合计	410529.88	1009885.22	35096.14	94006.07
福州市	130068.79	327180.24	8924.09	44112.28
莆田市	23878.61	76646.02	2065.08	3568.70
三明市	25080.06	69390.01	3037.20	4530.33
泉州市	103100.23	262664.53	8829.76	20830.12
漳州市	42326.64	94609.76	3817.48	8426.13
南平市	24310.97	76088.51	2660.14	4273.01
龙岩市	40560.04	57479.15	3593.75	4864.14
宁德市	21204.54	45827.00	2168.64	3401.36

注：

全部数值均为 1 – 当前月累计 值。

2009 年 1 –6 月福建(不含厦门)人身保险公司原保险保费收入情况表

单位：万元

资本结构	公司名称	合计
中资	国寿股份闽分	565131.04
	太保寿闽分	81066.61
	平安寿闽分	247485.18
	新华闽分	26221.27
	泰康闽分	26333.53
	太平人寿闽分	14002.11
	民生人寿闽分	10335.59
	生命人寿闽分	8163.45
	嘉禾人寿闽分	3343.84
	人保寿险闽分	80943.90
	信泰人寿闽分	1855.61
	英大人寿闽分	16185.21
	华泰人寿闽分	2895.53
	合众人寿闽分	1759.13
	人保健康闽分	12244.00
	平安养老闽分	5138.59
	小计	1103104.58
外资	中英人寿闽分	13474.27
	国泰人寿闽分	479.29
	中宏人寿闽分	330.76
	信诚人寿闽分	1247.11
	小计	15531.42
合　计		1118636.00

注：

1、保费收入为本年累计数，来源于各寿险公司报送保监会月报数据。

2、保费收入数据为各寿险公司内部管理报表数据，未经审计，各寿险公司不对该数据的用途及由此带来的后果承担任何法律责任。

3、由于计算的四舍五入问题，各寿险公司保费收入可能存在细微的误差。

2008 年 1 –12 月江西保险业经营数据

单位：万元

原保险保费收入	1713602.00
1. 财产险	334567.35
2. 人身险	1379034.65
(1)人身意外伤害	36905.30
(2)健康险	69901.39
(3)寿险	1272227.96
原保险赔付支出	575936.79
1. 财产险	258941.19
2. 人身险	316995.60
(1)人身意外伤害	12203.78
(2)健康险	35762.97
(3)寿险	269028.85

注：

1、“原保险保费收入”为按《企业会计准则(2006)》设置的统计指标，指保险企业确认的原保险合同保费收入。

2、“原保险赔付支出”为按《企业会计准则(2006)》设置的统计指标，指保险企业支付的原保险合同赔付款项。

3、原保险数据收入、原保险赔付支出为本年累计数。

4、上述数据来源于各保险公司报送的保险数据，未经审计。

2008 年 1 –12 月江西财产保险公司原保险保费收入情况表

单位：万元

资本结构	公司名称	合计
中资	人保股份赣分	184599.74
	大地财产赣分	28936.51
	出口信用赣分	974.31
	太保财赣分	37071.55
	平安财赣分	35705.36
	天安赣分	10463.22
	华安赣分	649.22
	中银保险赣分	243.03
	永诚赣分	1152.08
	安邦赣分	12274.48
	阳光财产赣分	5497.61
	都邦赣分	9062.41
	渤海赣分	2147.67
	国寿财产赣分	22776.27
	小计	351553.44
合　计		351553.44

注：

1、原保险保费收入为本年累计数，数据来源于各产险公司报送保监会月报数据。

2、原保险保费收入数据为各产险公司内部管理报表数据，未经审计，各产险公司不对该数据的用途及由此带来的后果承担任何法律责任。

3、由于计算的四舍五入问题，各产险公司原保险保费收入可能存在细微的误差。

2008 年 1 –12 月江西人身保险公司原保险保费收入情况表

单位：万元

资本结构	公司名称	合计
中资	国寿股份赣分	776366.91
	太保寿赣分	129400.16
	平安寿赣分	68209.76
	新华赣分	55589.00
	泰康赣分	115698.26

资本结构	公司名称	合计
中资	太平人寿赣分	43542.60
	民生人寿赣分	34419.32
	国寿存续赣分	27085.66
	平安养老赣分	0.00
	合众人寿赣分	26604.85
	人保健康赣分	312.14
	人保寿险赣分	84819.90
	阳光人寿赣分	0.00
	小计	1362048.55
合 计		1362048.55

注:

1、原保险保费收入为本年累计数,来源于各寿险公司报送保监会月报数据。

2、原保险保费收入数据为各寿险公司内部管理报表数据,未经审计,各寿险公司不对该数据的用途及由此带来的后果承担任何法律责任。

3、由于计算的四舍五入问题,各寿险公司原保险保费收入可能存在细微的误差。

2008 年 1 –12 月江西辖区原保险保费收入情况表

单位:万元

地区名称	原保险保费收入	财产险	寿险	意外伤害险	健康险
南昌市	426354.20	80569.08	314344.71	7830.04	23610.37
景德镇市	62739.24	12922.05	46102.02	1445.37	2269.80
萍乡市	72950.97	15762.85	53156.55	1564.96	2466.61
九江市	153068.72	29054.55	115166.14	3770.88	5077.15
新余市	74271.90	15144.86	55149.48	1393.00	2584.56
鹰潭市	62437.95	10685.46	48570.73	1228.61	1953.15
赣州市	237529.82	46757.42	172383.11	6134.03	12255.26
吉安市	170083.58	28030.83	133753.22	3487.94	4811.59
宜春市	193516.43	43414.74	141455.00	3946.42	4700.27
抚州市	119112.96	19580.95	94179.00	1910.33	3442.68
上饶市	141548.42	32655.52	97968.00	4195.00	6729.90
本级	–12.21	–10.96	0.00	–1.30	0.05
全省合计	1713602.00	334567.35	1272227.96	36905.30	69901.39

注:

1、全部数值均为本年累计值。

2、上述数据来源于各公司报送的保险数据,未经审计。

2009 年 1 –6 月江西保险业经营数据

单位:万元

原保险保费收入	1074470.83
1. 财产险	240734.12
2. 人身险	833736.71
(1)人身意外伤害	23201.97
(2)健康险	42355.80
(3)寿险	768178.95
原保险赔付支出	299876.91
1. 财产险	98318.82
2. 人身险	201558.09
(1)人身意外伤害	5817.92
(2)健康险	20213.73
(3)寿险	175526.44

注:

1、"原保险保费收入"为按《企业会计准则(2006)》设置的统计指标,指保险企业确认的原保险合同保费收入。

2、"原保险赔付支出"为按《企业会计准则(2006)》设置的统计指标,指保险企业支付的原保险合同赔付款项。

3、原保险数据收入、原保险赔付支出为本年累计数。

4、上述数据来源于各保险公司报送的保险数据,未经审计。

2009 年 1 –6 月江西财产保险公司原保险保费收入情况表

单位:万元

资本结构	公司名称	合计
中资	人保股份赣分	135155.88
	大地财产赣分	15623.99
	出口信用赣分	634.64
	太保财赣分	27867.56
	平安财赣分	23574.12
	天安赣分	5242.32
	华安赣分	1516.47
	中银保险赣分	948.95
	永诚赣分	3758.63
	安邦赣分	4733.40
	阳光财产赣分	3763.69
	都邦赣分	3963.89
	渤海赣分	1985.02
	国寿财产赣分	22768.94
	小计	251537.49
合 计		251537.49

注:

1、原保险保费收入为本年累计数,数据来源于各产险公司报送保监会月报数据。

2、原保险保费收入数据为各产险公司内部管理报表数据,未经审计,各产险公司不对该数据的用途及由此带来的后果承担任何法律责任。

3、由于计算的四舍五入问题,各产险公司原保险保费收入可能存在细微的误差。

2009 年 1 –6 月江西人身保险公司原保险保费收入情况表

单位:万元

资本结构	公司名称	合计
中资	国寿股份赣分	417448.41
	太保寿赣分	48314.80
	平安寿赣分	51858.37
	新华赣分	34187.00
	泰康赣分	88850.55
	太平人寿赣分	29030.25
	民生人寿赣分	12715.73
	国寿存续赣分	10388.45
	平安养老赣分	1.80
	合众人寿赣分	21992.71
	人保健康赣分	1816.83
	人保寿险赣分	106328.43
	小计	822933.34
合 计		822933.34

注:

1、原保险保费收入为本年累计数,来源于各寿险公司报送保监会月报数据。

2、原保险保费收入数据为各寿险公司内部管理报表数据,未经审计,各寿险公司不对该数据的用途及由此带来的后果承担任何法律责任。

3、由于计算的四舍五入问题,各寿险公司原保险保费收入可能存在细微的误差。

2009 年 1 –6 月江西辖区原保险保费收入情况表

单位:万元

地区名称	原保险收入	财产险	寿险	意外伤害险	健康险
南昌市	240366.41	55102.41	165828.49	5672.39	13763.12
景德镇市	38938.13	9104.00	27357.73	1002.68	1473.72
萍乡市	47719.61	10376.52	34816.91	1082.70	1443.48
九江市	105120.52	20939.11	78985.73	2380.03	2815.65

地区名称	原保险收入	财产险	寿险	意外伤害险	健康险
新余市	47859.84	11220.29	34199.62	878.09	1561.84
鹰潭市	40402.86	7590.03	30982.17	589.65	1241.01
赣州市	160483.71	31911.37	116186.45	4227.25	8158.64
吉安市	117200.59	21884.79	91114.65	1689.27	2511.88
宜春市	108117.08	32281.12	69864.74	2698.77	3272.45
抚州市	78706.12	14220.60	60775.46	1120.22	2589.84
上饶市	88845.81	25397.56	58067.00	1858.35	3522.90
本级	710.15	706.31	0.00	2.57	1.27
全省合计	1074470.83	240734.11	768178.95	23201.97	42355.80

注:

1、全部数值均为本年累计值。

2、上述数据来源于各公司报送的保险数据,未经审计。

2008 年 1 - 12 月山东辖区(不包括青岛市)保险业统计数据

报表单位:山东局 - 以集团本级汇总　　单位:万元

原保险保费收入	5712282.47
1.财产险	1359193.31
2.人身险	4353089.16
(1)人身意外伤害	120641.41
(2)健康险	337097.44
(3)寿险	3895350.31
原保险赔付支出	1650673.08
1.财产险	792493.03
2.人身险	858180.05
(1)人身意外伤害	35580.84
(2)健康险	87004.28
(3)寿险	735594.92

注:

1、"原保险保费收入"为按《企业会计准则(2006)》设置的统计指标,指保险企业确认的原保险合同保费收入。

2、"原保险赔付支出"为按《企业会计准则(2006)》设置的统计指标,指保险企业支付的原保险合同赔付款项。

3、原保险保费收入、原保险赔付支出为本年累计数。

4、上述数据来源于各公司报送的保险数据,未经审计。

2008 年 1 - 12 月山东辖区(不包括青岛市)财产保险公司原保险保费收入情况表

报表单位:山东局 - 产险(2008 年 12)月　　单位:万元

资本结构	公司名称	合计
中资	人保股份鲁分	587465.61
	大地财产鲁分	65624.98
	中华联合鲁分	160540.94
	太保财鲁分	177369.90
	平安财鲁分	117696.52
	华泰鲁分	3539.14
	天安鲁分	62834.35
	大众鲁分(虚拟)	2572.30
	华安鲁分	1688.81
	永安鲁分	47961.58
	太平保险鲁分	12918.73
	民安鲁分	9056.13
	中银保险鲁分	6790.25
	永诚鲁分	15148.61
	安邦鲁分	31086.22
	安华农业鲁分	20709.69
	天平车险鲁分	3443.05
	阳光财产鲁分	48299.99
	都邦鲁分	20827.65
	渤海鲁分	9994.64
	长安责任鲁分	6844.51
	小计	1412413.59
合　计		1412413.59

注:

1、原保险保费收入为本年累计数,数据来源于各产险公司报送保监会月报数据。

2、原保险保费收入为各产险公司内部管理报表数据,未经审计,各产险公司不对该数据的用途及由此带来的后果承担任何法律责任。

3、由于计算的四舍五入问题,各产险公司原保险保费收入可能存在细微的误差。

2008 年 1 - 12 月山东辖区(不包括青岛市)原保险保费收入情况表

报表单位:山东局 - 以集团本级汇总　　单位:万元

地区名称	财产险	寿险	意外伤害险	健康险
济南市	173346.42	667770.24	19263.84	80335.02
淄博市	110146.66	264484.04	7675.03	21202.73
枣庄市	38128.71	119053.01	3949.46	8456.77
东营市	85027.67	212664.14	4728.97	19193.09
烟台市	153205.20	479400.53	12209.54	41650.15
潍坊市	150369.03	370529.79	13529.67	26933.43
济宁市	97029.44	282067.42	8435.41	17620.92
泰安市	59507.28	208635.30	6092.19	28731.51
威海市	75656.37	214866.05	6897.21	15640.62
日照市	56176.16	80579.89	3829.26	7355.20
莱芜市	24323.91	57518.69	2420.31	2781.59
临沂市	117159.85	293179.32	13945.85	24585.58
德州市	56442.04	208158.73	4714.16	12232.37
聊城市	54753.92	155296.23	3780.97	7571.43
滨州市	65498.62	119316.27	5077.31	19189.38
菏泽市	40816.94	161830.65	4076.25	3617.46
本级	1605.09	0.00	15.99	0.19
全省合计	1359193.31	3895350.31	120641.41	337097.44

注:

1、全部数值均为本年累计值。

2、上述数据来源于各公司报送的保险数据,未经审计。

2008 年 1 - 12 月山东辖区(不包括青岛市)人寿保险公司原保险保费收入情况表

报表单位:山东局 - 寿险(2008 年 12 月)　　单位:万元

资本结构	公司名称	合计
中资	国寿股份鲁分	1773887.88
	太保寿鲁分	481693.38
	平安寿鲁分	474943.75
	新华鲁分	350025.66
	泰康鲁分	418146.16
	太平人寿鲁分	135865.33
	民生人寿鲁分	77632.81
	生命人寿鲁分	10577.97
	国寿存续鲁分	91951.02
	平安养老鲁分	499.41
	合众人寿鲁分	25211.65
	华泰人寿鲁分	4199.62
	人保健康鲁分	64909.63
	华夏人寿鲁分	23753.07
	信泰鲁分	2108.50
	嘉禾人寿鲁分	39481.08
	长城鲁分	10358.05
	人保寿险鲁分	160552.37
	国华人寿鲁分	10547.56
	英大人寿鲁分	10450.20
	阳光人寿鲁分	1482.04
	小计	4168277.13
外资	中宏人寿鲁分	1857.86
	信诚鲁分	5504.95
	海尔纽约鲁分(虚拟)	2694.73

资本结构	公司名称	合计
外资	首创安泰鲁分	27642.13
	中英人寿鲁分	57461.93
	海康人寿鲁分	15840.64
	恒安标准鲁分	20339.46
	国泰人寿鲁分	250.06
	小计	131591.76
合　计		4299868.89

注：

1、保费收入为本年累计数，来源于各寿险公司报送保监会月报数据。

2、保费收入数据为各寿险公司内部管理报表数据，未经审计，各寿险公司不对该数据的用途及由此带来的后果承担任何法律责任。

3、由于计算的四舍五入问题，各寿险公司保费收入可能存在细微的误差。

2009年1－6月山东辖区(不包括青岛市)保险业经营数据

报表单位：山东局－以集团本级汇总　　单位：万元

原保险保费收入	3556101.09
1.财产险	931998.54
2.人身险	2624102.55
(1)人身意外伤害	78003.13
(2)健康险	199502.09
(3)寿险	2346597.33
原保险赔付支出	1023537.47
1.财产险	432701.43
2.人身险	590836.05
(1)人身意外伤害	18406.54
(2)健康险	62842.18
(3)寿险	509587.32

注：

1、“原保险保费收入”为按《企业会计准则(2006)》设置的统计指标，指保险企业确认的原保险合同保费收入。

2、“原保险赔付支出”为按《企业会计准则(2006)》设置的统计指标，指保险企业支付的原保险合同赔付款项。

3、原保险保费收入、原保险赔付支出为本年累计数。

4、上述数据来源于各公司报送的保险数据，未经审计。

2009年1－6月山东辖区(不包括青岛市)财产保险公司原保险保费收入情况表

报表单位：山东局－产险(2009年6月)　　单位：万元

资本结构	公司名称	合计
中资	人保股份鲁分	400925.95
	大地财产鲁分	41482.68
	中华联合鲁分	96407.46
	太保财鲁分	140269.91
	平安财鲁分	85826.31
	华泰鲁分	4484.54
	天安鲁分	28702.12
	大众鲁分(虚拟)	979.39
	华安鲁分	1525.49
	永安鲁分	35023.94
	太平保险鲁分	6584.71
	民安鲁分	5145.40
	中银保险鲁分	5629.56
	永诚鲁分	14324.17
	安邦鲁分	14211.43
	安华农业鲁分	14270.64
	天平车险鲁分	5402.43
	阳光财产鲁分	31529.63
	都邦鲁分	14400.28
	渤海鲁分	5489.69
	国寿财产鲁分	3330.01
	长安责任鲁分	12895.49
	小计	968841.23
合　计		968841.23

注：

1、原保险保费收入为本年累计数，数据来源于各产险公司报送保监会月报数据。

2、原保险保费收入为各产险公司内部管理报表数据，未经审计，各产险公司不对该数据的用途及由此带来的后果承担任何法律责任。

3、由于计算的四舍五入问题，各产险公司原保险保费收入可能存在细微的误差。

2009年1－6月山东辖区(不包括青岛市)原保险保费收入情况表

报表单位：山东局－以集团本级汇总　　单位：万元

地区名称	财产险	寿险	意外伤害险	健康险
济南市	108245.18	322407.98	11256.72	37843.39
淄博市	74690.43	158154.50	5158.95	12575.67
枣庄市	25904.75	78972.16	2594.90	5396.58
东营市	57768.51	148710.63	3161.12	25397.15
烟台市	93155.43	259861.29	6767.94	22403.38
潍坊市	101001.13	219114.76	9800.36	17652.09
济宁市	70473.65	196150.24	5871.62	12856.18
泰安市	41338.10	130623.79	4647.56	13473.70
威海市	51924.03	125945.27	3904.84	11130.02
日照市	47001.99	51232.08	2606.33	4441.38
莱芜市	16782.27	39429.18	1654.90	1611.42
临沂市	84256.93	178700.36	7832.49	14960.38
德州市	39614.80	139500.20	2640.75	6244.15
聊城市	39751.02	115748.61	2901.10	4377.21
滨州市	48531.02	80335.34	3719.56	6703.22
菏泽市	31505.92	101710.94	3477.67	2435.86
本级	53.36	0.00	6.32	0.31
全省合计	931998.54	2346597.33	78003.13	199502.09

注：

1、全部数值均为本年累计值。

2、上述数据来源于各公司报送的保险数据，未经审计。

2009年1－6月山东辖区(不包括青岛市)人寿保险公司原保险保费收入情况表

报表单位：山东局－寿险(2009年6月)　　单位：万元

资本结构	公司名称	合计
中资	国寿股份鲁分	980694.09
	太保寿鲁分	253497.05
	平安寿鲁分	337492.39
	新华鲁分	194258.25
	泰康鲁分	274062.22
	太平人寿鲁分	81610.06
	民生人寿鲁分	37563.49
	生命人寿鲁分	6060.87
	国寿存续鲁分	34476.06
	平安养老鲁分	0.00
	合众人寿鲁分	12513.09
	人保健康鲁分	23062.93
	华夏人寿鲁分	24208.24
	信泰鲁分	1090.25
	嘉禾人寿鲁分	14167.31
	长城鲁分	4421.37
	人保寿险鲁分	241948.52
	国华人寿鲁分	14278.36
	英大人寿鲁分	1416.93
	阳光人寿鲁分	3598.45
	小计	2540419.93
外资	中宏人寿鲁分	1352.58
	中德安联鲁分	334.60
	信诚鲁分	1844.89
	海尔纽约鲁分(虚拟)	1448.19

资本结构	公司名称	合计
外资	首创安泰鲁分	4506.87
	中英人寿鲁分	17059.84
	海康人寿鲁分	4999.24
	恒安标准鲁分	6991.75
	华泰人寿鲁分	7943.87
	国泰人寿鲁分	358.10
	小计	46839.93
合　计		2587259.86

注：

1、保费收入为本年累计数，来源于各寿险公司报送保监会月报数据。

2、保费收入数据为各寿险公司内部管理报表数据，未经审计，各寿险公司不对该数据的用途及由此带来的后果承担任何法律责任。

3、由于计算的四舍五入问题，各寿险公司保费收入可能存在细微的误差。

2008 年 1 －12 月安徽保险业经营数据

报表单位：安徽局－以集团本级汇总　　单位：万元

原保险保费收入	2965370.54
1.财产险	639587.98
2.人身险	2325782.56
(1)人身意外伤害	36655.72
(2)健康险	104444.88
(3)寿险	2184681.96
原保险赔付支出	878114.43
1.财产险	417046.33
2.人身险	461068.09
(1)人身意外伤害	10673.75
(2)健康险	41013.31
(3)寿险	409381.04

注：

1、“原保险保费收入”为按《企业会计准则(2006)》设置的统计指标，指保险企业确认的原保险合同保费收入。

2、“原保险赔付支出”为按《企业会计准则(2006)》设置的统计指标，指保险企业支付的原保险合同赔付款项。

3、原保险保费收入、原保险赔付支出为本年累计数。

4、上述数据来源于各公司报送的保险数据，未经审计。

2008 年 1 －12 月安徽辖区原保险保费收入情况表

报表单位：安徽局－以集团本级汇总(2008 年 12 月)　　单位：万元

地区名称	财产险	寿险	意外伤害险	健康险
合肥市	132136.55	303920.80	8265.73	27210.16
芜湖市	39804.46	106440.95	1741.86	5481.45
蚌埠市	31545.91	126162.19	1684.36	8139.20
淮南市	27467.63	139045.07	1554.05	7474.88
马鞍山市	30299.95	89132.00	2075.23	4754.91
淮北市	18674.62	98371.60	1484.58	3666.36
铜陵市	15336.57	53872.87	688.49	2459.84
安庆市	39882.91	175365.21	3207.73	6704.52
黄山市	17388.64	62065.65	1579.37	4198.75
滁州市	38138.84	105318.80	2070.63	4792.14
阜阳市	65963.08	222191.73	2350.49	6589.83
宿州市	24604.40	157022.43	1708.94	5866.68
巢湖市	24676.86	123658.69	1787.39	3143.61
六安市	48037.79	182863.27	2173.39	3341.57
亳州市	35377.98	108650.48	893.23	3309.79
池州市	12931.17	57367.72	1127.04	2223.98
宣城市	31926.63	73232.50	2227.91	5087.19
本级	5393.99	0.00	35.32	0.00
全省合计	639587.98	2184681.96	36655.72	104444.88

注：

1、全部数值均为本年累计值。

2、上述数据来源于各公司报送的保险数据，未经审计。

2008 年 1 －12 月安徽人身保险公司原保险保费收入情况表

报表单位：安徽局－寿险(2008 年 12 月)　　单位：万元

资本结构	公司名称	合计
中资	国寿股份皖分	1216283.56
	太保寿皖分	192359.67
	平安寿皖分	238357.89
	新华皖分	107818.89
	泰康皖分	280457.96
	太平人寿皖分	72863.00
	民生人寿皖分	4171.57
	生命人寿皖分	1798.10
	国寿存续皖分	45634.02
	平安养老皖分	13.47
	合众人寿皖分	15145.83
	人保健康皖分	10005.01
	华夏人寿皖分	25145.96
	嘉禾人寿皖分	5333.55
	人保寿险皖分	84527.96
	幸福人寿皖分	5189.44
	阳光人寿皖分	264.70
	小计	2305370.58
外资	首创安泰皖分	366.18
	小计	366.18
合　计		2305736.76

注：

1、保费收入为本年累计数，来源于各寿险公司报送保监会月报数据。

2、保费收入数据为各寿险公司内部管理报表数据，未经审计，各寿险公司不对该数据的用途及由此带来的后果承担任何法律责任。

3、由于计算的四舍五入问题，各寿险公司保费收入可能存在细微的误差。

2008 年 1 －12 月安徽财产保险公司原保险保费收入情况表

报表单位：安徽局－产险(2008 年 12 月)　　单位：万元

资本结构	公司名称	合计
中资	人保股份皖分	328367.55
	大地财产皖分	19382.44
	出口信用皖分	4814.82
	太保财皖分	62232.76
	平安财皖分	96137.56
	华泰皖分	1518.07
	天安皖分	28427.30
	大众皖分	2898.16
	华安皖分	4893.46
	太平保险皖分	14985.36
	民安皖分	927.64
	中银保险皖分	425.35
	永诚皖分	5429.08
	安邦皖分	26085.54
	阳光财产皖分	3611.76
	都邦皖分	16681.00
	渤海皖分	5161.56
	国寿财产皖分	15904.69
	国元农业皖分(虚拟)	21749.68
	小计	659633.78
合　计		659633.78

注：

1、原保险保费收入为本年累计数，数据来源于各产险公司报送保监会月报数据。

2、原保险保费收入为各产险公司内部管理报表数据，未经审计，各产险公司不对该数据的用途及由此带来的后果承担任何法律责任。

3、由于计算的四舍五入问题，各产险公司原保险保费收入可能存在细微的误差。

2009 年 1－6 月安徽保险业经营数据

报表单位：安徽局－以集团本级汇总　　单位：万元

原保险保费收入	2026708.51
1. 财产险	445787.54
2. 人身险	1580920.97
（1）人身意外伤害	23720.62
（2）健康险	63753.56
（3）寿险	1493446.79
原保险赔付支出	411112.40
1. 财产险	203327.98
2. 人身险	207784.42
（1）人身意外伤害	5138.07
（2）健康险	22229.71
（3）寿险	180416.64

注：

1、"原保险保费收入"为按《企业会计准则（2006）》设置的统计指标，指保险企业确认的原保险合同保费收入。

2、"原保险赔付支出"为按《企业会计准则（2006）》设置的统计指标，指保险企业支付的原保险合同赔付款项。

3、原保险保费收入、原保险赔付支出为本年累计数。

4、上述数据来源于各公司报送的保险数据，未经审计。

2009 年 1－6 月安徽财产保险公司原保险保费收入情况表

报表单位：安徽局－产险（2009 年 6 月）　　单位：万元

资本结构	公司名称	合计
中资	人保股份皖分	210753.76
	大地财产皖分	9780.45
	出口信用皖分	2357.12
	太保财皖分	43500.63
	平安财皖分	68574.00
	华泰皖分	1963.43
	天安皖分	20064.33
	大众皖分	2096.44
	华安皖分	3695.85
	太平保险皖分	6120.73
	民安皖分	1793.32
	中银保险皖分	1878.45
	永诚皖分	6660.43
	安邦皖分	12420.19
	阳光财产皖分	2999.70
	都邦皖分	8739.14
	渤海皖分	2563.92
	国寿财产皖分	20756.59
	国元农业皖分（虚拟）	29875.97
	小计	456594.45
合　计		456594.45

注：

1、原保险保费收入为本年累计数，数据来源于各产险公司报送保监会月报数据。

2、原保险保费收入为各产险公司内部管理报表数据，未经审计，各产险公司不对该数据的用途及由此带来的后果承担任何法律责任。

3、由于计算的四舍五入问题，各产险公司原保险保费收入可能存在细微的误差。

2009 年 1－6 月安徽人身保险公司原保险保费收入情况表

报表单位：安徽局－寿险（2009 年 6 月）　　单位：万元

资本结构	公司名称	合计
中资	国寿股份皖分	773267.95
	太保寿皖分	106668.53
	平安寿皖分	192280.94
	新华皖分	68061.28
	泰康皖分	175600.48
	太平人寿皖分	65206.71
	民生人寿皖分	3774.90
	生命人寿皖分	3688.52
	国寿存续皖分	
	平安养老皖分	72.00
	合众人寿皖分	9570.71
	人保健康皖分	10370.44
	华夏人寿皖分	27984.83
	嘉禾人寿皖分	3335.89
	人保寿险皖分	112132.33
	幸福人寿皖分	16218.42
	阳光人寿皖分	1603.13
	小计	1569837.06
外资	首创安泰皖分	277.01
	小计	277.01
合　计		1570114.07

注：

1、保费收入为本年累计数，来源于各寿险公司报送保监会月报数据。

2、保费收入数据为各寿险公司内部管理报表数据，未经审计，各寿险公司不对该数据的用途及由此带来的后果承担任何法律责任。

3、由于计算的四舍五入问题，各寿险公司保费收入可能存在细微的误差。

2009 年 1－6 月安徽辖区原保险保费收入情况表

报表单位：安徽局－以集团本级汇总（2009 年 6 月）　　单位：万元

地区名称	财产险	寿险	意外伤害险	健康险
合肥市	80531.53	185869.99	5001.02	14669.83
芜湖市	29150.59	78667.51	1176.90	4221.00
蚌埠市	24956.15	69354.45	935.86	5166.53
淮南市	21488.96	76458.92	981.85	3569.69
马鞍山市	20046.32	54150.60	1296.90	2810.04
淮北市	11745.86	56030.67	1210.44	2429.14
铜陵市	9501.67	28781.11	582.72	1210.62
安庆市	31709.90	160154.79	2251.42	4529.22
黄山市	11256.15	45993.11	980.83	3487.73
滁州市	27330.86	67258.75	1327.51	2540.69
阜阳市	44690.89	162433.13	1421.56	3656.57
宿州市	25107.03	100970.95	1244.23	4805.46
巢湖市	18627.18	109580.75	1193.51	1953.74
六安市	34232.89	134673.24	1384.57	1830.97
亳州市	23445.11	67695.20	746.72	2966.99
池州市	9318.28	47989.15	849.08	980.36
宣城市	22626.17	47384.46	1135.52	2924.97
本级	22.01	0.00	0.00	0.00
全省合计	445787.54	1493446.79	23720.62	63753.56

注：

1、全部数值均为本年累计值。

2、上述数据来源于各公司报送的保险数据，未经审计。

2008 年 1－12 月浙江保险业经营数据

报表单位：浙江局－以集团本级汇总　　单位：万元

原保险保费收入	4892265.14
1. 财产险	1630443.42
2. 人身险	3261821.72
（1）人身意外伤害	122587.31
（2）健康险	258676.99
（3）寿险	2880557.42
原保险赔付支出	1750922.11

1. 财产险	1042050.20
2. 人身险	708871.91
(1)人身意外伤害	32291.54
(2)健康险	76511.04
(3)寿险	600069.34

注:1、"原保险保费收入"为按《企业会计准则(2006)》设置的统计指标,指保险企业确认的原保险合同保费收入。

2、"原保险赔付支出"为按《企业会计准则(2006)》设置的统计指标,指保险企业支付的原保险合同赔付款项。

3、原保险保费收入、原保险赔付支出为本年累计数。

4、上述数据来源于各公司报送的保险数据,未经审计。

2008 年 1 - 12 月浙江辖区原保险保费收入情况表

报表单位:浙江局 - 以集团本级汇总　　单位:万元

地区名称	财产险	寿险	意外伤害险	健康险
杭州市	479644.24	864178.17	31866.50	86401.11
温州市	218355.01	417395.07	19767.30	29655.97
嘉兴市	142125.72	309425.38	12918.69	24658.54
湖州市	83220.39	190602.28	6767.11	11943.41
绍兴市	153953.40	232117.48	7877.45	23200.03
金华市	193902.36	315271.53	13320.36	27877.89
衢州市	43707.99	95880.75	3831.04	6670.80
舟山市	54526.68	88353.77	6646.20	5985.24
台州市	191297.72	284744.63	13798.04	32155.53
丽水市	49241.28	82588.36	5330.84	9995.08
本级	20468.63	0.00	463.77	133.38
全省合计	1630443.42	2880557.42	122587.30	258676.98

注:

1、全部数值均为本年累计值。

2、上述数据来源于各公司报送的保险数据,未经审计。

2008 年 1 - 12 月浙江人寿保险公司原保险保费收入情况表

报表单位:浙江局 - 寿险(2008 年 12 月)　　单位:万元

资本结构	公司名称	合计
中资	国寿股份浙分	1504287.54
	太保寿浙分	257204.66
	平安寿浙分	449756.65
	新华浙分	125516.78
	泰康浙分	133535.18
	太平人寿浙分	35814.53
	民生人寿浙分	35983.09
	生命人寿浙分	35559.58
	国寿存续浙分	130447.59
	平安养老浙分	6815.02
	合众人寿浙分	14180.31
	华泰人寿浙分	44951.10
	太平养老浙分	0.00
	人保健康浙分	66850.89
	正德浙分	10088.65
	信泰浙分	49230.73
	嘉禾人寿浙分	53420.18
	长城浙分	0.00
	人保寿险浙分	126328.74
	国华人寿浙分	8001.94
	阳光人寿浙分	26874.85
	小计	3114848.02
外资	中宏人寿浙分	8985.78
	中德安联浙分	21759.05
	信诚浙分	7966.01
	光大永明浙分	23519.82
	海康人寿浙分	8345.53
	招商信诺浙分	5512.88
	广电日生浙分	2272.64
	国泰人寿浙分	6370.25
	联泰大都会浙分	670.89
	小计	85402.84
合　计		3200250.86

注:

1、保费收入为本年累计数,来源于各寿险公司报送保监会月报数据。

2. 保费收入数据为各寿险公司内部管理报表数据,未经审计,各寿险公司不对该数据的用途及由此带来的后果承担任何法律责任。

3、由于计算的四舍五入问题,各寿险公司保费收入可能存在细微的误差。

2008 年 1 - 12 月浙江财产保险公司原保险保费收入情况表

报表单位:浙江局 - 产险(2008 年 12 月)　　单位:万元

资本结构	公司名称	合计
中资	人保股份浙分	626770.60
	大地财产浙分	77220.97
	出口信用浙分	28465.90
	中华联合浙分	150030.97
	太保财浙分	160824.78
	平安财浙分	148424.89
	华泰浙分	12809.82
	天安浙分	84048.08
	大众浙分	40341.33
	华安浙分	1323.75
	永安浙分	46699.71
	太平保险浙分	26922.73
	民安浙分	9811.38
	中银保险浙分	35071.88
	安信农业浙分	1997.39
	永诚浙分	11376.92
	安邦浙分	32024.90
	天平车险浙分	17348.14
	阳光财产浙分	42242.51
	都邦浙分	47214.79
	渤海浙分	15069.19
	国寿财产浙分	65651.08
	安诚浙分	4873.51
	长安责任浙分	5449.07
	小计	1692014.28
合　计		1692014.28

注:

1、原保险保费收入为本年累计数,数据来源于各产险公司报送保监会月报数据。

2、原保险保费收入为各产险公司内部管理报表数据,未经审计,各产险公司不对该数据的用途及由此带来的后果承担任何法律责任。

3、由于计算的四舍五入问题,各产险公司原保险保费收入可能存在细微的误差。

2009 年 1 - 6 月浙江保险业经营数据

报表单位:浙江局 - 以集团本级汇总　　单位:万元

原保险保费收入	2886590.27
1. 财产险	1003192.46
2. 人身险	1883397.81
(1)人身意外伤害	70017.94
(2)健康险	118509.69
(3)寿险	1694870.18
原保险赔付支出	953954.12
1. 财产险	504521.25
2. 人身险	449432.87

(1)人身意外伤害	14567.35
(2)健康险	52741.36
(3)寿险	382124.16

注:

1、"原保险保费收入"为按《企业会计准则(2006)》设置的统计指标,指保险企业确认的原保险合同保费收入。

2、"原保险赔付支出"为按《企业会计准则(2006)》设置的统计指标,指保险企业支付的原保险合同赔付款项。

3、原保险保费收入、原保险赔付支出为本年累计数。

4、上述数据来源于各公司报送的保险数据,未经审计。

2009年1-6月浙江辖区原保险保费收入情况表

报表单位:浙江局-以集团本级汇总　　单位:万元

地区名称	财产险	寿险	意外伤害险	健康险
杭州市	300028.50	467953.40	17219.94	33295.94
温州市	138211.30	241556.93	11220.00	14172.97
嘉兴市	85609.53	187171.16	6849.52	10972.93
湖州市	53637.67	106380.27	4239.17	5927.05
绍兴市	97100.89	154922.76	4267.93	11262.01
金华市	116900.61	193280.33	9350.18	17486.77
衢州市	27154.74	54340.45	2690.69	3420.85
舟山市	36279.85	50119.63	3624.97	2415.48
台州市	118022.08	187766.56	7887.28	12663.78
丽水市	29681.57	51378.69	2658.93	6874.41
本级	565.72	0.00	9.33	17.50
全省合计	1003192.46	1694870.18	70017.94	118509.69

注:

1、全部数值均为本年累计值。

2、上述数据来源于各公司报送的保险数据,未经审计。

2009年1-6月浙江人寿保险公司原保险保费收入情况表

报表单位:浙江局-寿险(2009年6月)　　单位:万元

资本结构	公司名称	合计
中资	国寿股份浙分	879841.35
	太保寿浙分	124689.95
	平安寿浙分	320983.77
	新华浙分	102295.54
	泰康浙分	87449.90
	太平人寿浙分	17218.03
	民生人寿浙分	11641.48
	生命人寿浙分	9153.83
	国寿存续浙分	56279.70
	平安养老浙分	2170.95
	合众人寿浙分	6182.64
	太平养老浙分	0.00
	人保健康浙分	13642.34
	正德浙分	32734.43
	信泰浙分	10176.05
	嘉禾人寿浙分	8657.92
	人保寿险浙分	88709.20
	国华人寿浙分	9359.78
	英大人寿浙分	4261.53
	阳光人寿浙分	16117.08
	小计	1801565.47
外资	中宏人寿浙分	5201.63
	中德安联浙分	3908.32
	信诚浙分	5536.98
	光大永明浙分	2784.02
	海康人寿浙分	1307.92
	招商信诺浙分	3102.16
	广电日生浙分	1609.80
	瑞泰人寿浙分	682.44
	华泰人寿浙分	21527.39
	国泰人寿浙分	2502.32
	联泰大都会浙分	702.44
	小计	48865.43
合　计		1850430.90

注:

1、保费收入为本年累计数,来源于各寿险公司报送保监会月报数据。

2、保费收入数据为各寿险公司内部管理报表数据,未经审计,各寿险公司不对该数据的用途及由此带来的后果承担任何法律责任。

3、由于计算的四舍五入问题,各寿险公司保费收入可能存在细微的误差。

2009年1-6月浙江财产保险公司原保险保费收入情况表

报表单位:浙江局-产险(2009年6月)　　单位:万元

资本结构	公司名称	合计
中资	人保股份浙分	400245.63
	大地财产浙分	44943.59
	出口信用浙分	16434.47
	中华联合浙分	81260.91
	太保财浙分	108619.57
	平安财浙分	94062.88
	华泰浙分	8493.13
	天安浙分	38219.49
	大众浙分	26998.23
	华安浙分	2792.16
	永安浙分	21910.31
	太平保险浙分	12049.89
	民安浙分	5346.10
	中银保险浙分	13196.90
	安信农业浙分	4839.56
	永诚浙分	7754.23
	安邦浙分	13967.06
	天平车险浙分	9523.86
	阳光财产浙分	28551.54
	都邦浙分	25275.84
	渤海浙分	4752.59
	国寿财产浙分	44171.25
	安诚浙分	12518.41
	长安责任浙分	10231.78
	小计	1036159.37
合　计		1036159.37

注:

1、原保险保费收入为本年累计数,数据来源于各产险公司报送保监会月报数据。

2、原保险保费收入为各产险公司内部管理报表数据,未经审计,各产险公司不对该数据的用途及由此带来的后果承担任何法律责任。

3、由于计算的四舍五入问题,各产险公司原保险保费收入可能存在细微的误差。

2008年1-12月河南保险业经营数据

单位:万元

原保险保费收入	5189239.00
1.财产险	778537.23
2.人身险	4410701.78
(1)人身意外伤害	76997.47
(2)健康险	223564.49
(3)寿险	4110139.82
原保险赔付支出	1287669.12
1.财产险	451262.86
2.人身险	836406.26
(1)人身意外伤害	25638.57
(2)健康险	65145.00
(3)寿险	745622.69

2008 年 1－12 月河南人寿保险公司原保险保费收入情况表

单位：万元

资本结构	公司名称	合计
中资	国寿股份豫分	1970165.74
	太保寿豫分	459614.71
	平安寿豫分	135479.57
	新华豫分	505783.56
	泰康豫分	607023.02
	太平人寿豫分	112970.39
	民生人寿豫分	86211.32
	生命人寿豫分	46769.58
	国寿存续豫分	118482.81
	平安养老豫分	0.00
	合众人寿豫分	40331.12
	华泰人寿豫分	4856.78
	人保健康豫分	40648.69
	华夏人寿豫分	26128.53
	信泰豫分	6832.99
	嘉禾人寿豫分	9944.19
	长城豫分	57564.10
	人保寿险豫分	120773.69
	国华人寿豫分	10073.02
	英大人寿豫分	6.94
	小计	4359660.75
外资	首创安泰豫分	20322.85
	恒安标准豫分	2718.73
	小计	23041.58
合　计		4382702.33

2008 年 1－12 月河南财产保险公司原保险保费收入情况表

单位：万元

资本结构	公司名称	合计
中资	人保股份豫分	342825.74
	大地财产豫分	29214.69
	出口信用豫分	3200.14
	中华联合豫分	101303.40
	太保财豫分	56597.84
	平安财豫分	50319.29
	天安豫分	27243.06
	华安豫分	1863.58
	永安豫分	37379.03
	太平保险豫分	11226.44
	民安豫分	370.80
	中银保险豫分	4341.93
	永诚豫分	1670.55
	安邦豫分	14912.09
	阳光财产豫分	35694.53
	都邦豫分	11216.16
	渤海豫分	8760.85
	国寿财产豫分	62796.84
	安诚豫分	5599.69
	小计	806536.67
合　计		806536.67

2008 年 1－12 月河南辖区原保险保费收入情况表

单位：万元

地区名称	财产险	寿险	意外伤害险	健康险
郑州市	186624.95	654978.04	20252.67	83611.03
开封市	21832.74	171036.45	2722.06	12530.91
洛阳市	66521.27	410187.92	6641.61	19878.83
平顶山市	39616.31	221146.94	3629.40	8436.92
安阳市	38497.10	228451.95	3910.18	9056.91
鹤壁市	10760.62	64823.29	1726.00	2628.36
新乡市	38986.25	217828.38	3982.12	10964.70
焦作市	38234.39	208282.63	3433.81	13126.40
济源市	9822.30	31887.49	692.21	1482.83
濮阳市	29671.60	197399.29	2562.99	8690.69
许昌市	44233.98	192961.64	3431.78	5063.36
漯河市	17419.21	122654.88	1804.17	4625.26
三门峡市	22580.87	111143.33	2825.62	4682.06
南阳市	53567.84	308649.64	6722.28	14119.58
商丘市	38186.09	171140.94	2893.90	4505.38
信阳市	40577.05	283717.72	3379.97	5496.86
周口市	44046.78	245232.50	2690.97	5007.98
驻马店市	34664.44	268616.77	3582.57	9612.52
本级	2693.44	0.00	113.16	43.92
全省合计	778537.23	4110139.82	76997.47	223564.49

2009 年 1－6 月河南保险业经营数据

单位：万元

保费收入	2918712.55
1.财产险	505717.48
2.人身险	2412995.07
(1)人身意外伤害	44766.17
(2)健康险	123779.01
(3)寿险	2244449.88
赔款、给付	875952.54
1.财产险	249885.35
2.人身险	626067.19
(1)人身意外伤害	12326.61
(2)健康险	39996.51
(3)寿险	573744.08

注：

保费收入、赔款、给付为当年累计数

2009 年 1－6 月河南辖区原保险保费收入情况表

报表单位：河北局－以集团本级汇总(2008 年 12 月)　　单位：万元

地区名称	财产险	寿险	意外伤害险	健康险
郑州市	124096.80	332753.66	11632.74	35763.03
开封市	13457.21	89160.20	1502.35	8409.42
洛阳市	41712.97	209415.40	3044.34	11257.88
平顶山市	26052.93	114824.64	1948.40	4731.89
安阳市	27315.63	118372.90	3201.77	5828.16
鹤壁市	7465.25	30657.72	592.09	1216.41
新乡市	23411.27	135685.81	2357.68	7435.37
焦作市	23381.86	109586.96	2398.94	6446.35
济源市	5903.77	18027.52	367.06	878.20
濮阳市	19768.79	114326.79	1607.72	4116.57
许昌市	27456.59	94823.99	2565.21	3093.97
漯河市	11125.60	64689.04	1177.60	3197.56
三门峡市	14619.42	61227.09	1849.51	3058.20
南阳市	35331.17	177738.99	3692.50	9195.58
商丘市	25367.95	109266.00	1413.01	6355.56
信阳市	24136.04	154159.45	1773.97	4326.56
周口市	33174.58	180765.60	1665.04	2942.14
驻马店市	21635.15	128968.11	1958.72	5521.87
本级	304.51	0.00	17.53	4.31
全省合计	505717.48	2244449.88	44766.17	123779.01

注：

全部数值均为 1－当前月累计值。

2009 年 1 – 6 月河南财产保险公司原保险保费收入情况表

单位：万元

资本结构	公司名称	合计
中资	人保股份豫分	209670.72
	大地财产豫分	17706.18
	出口信用豫分	1336.37
	中华联合豫分	56340.47
	太保财豫分	41337.29
	平安财豫分	38322.44
	华泰豫分	27.69
	天安豫分	14007.56
	华安豫分	6818.45
	永安豫分	22239.02
	太平保险豫分	4857.71
	民安豫分	1299.61
	中银保险豫分	4303.89
	永诚豫分	4821.24
	安邦豫分	6384.38
	阳光财产豫分	19326.15
	都邦豫分	4822.84
	渤海豫分	4029.85
	国寿财产豫分	58384.67
	安诚豫分	5733.81
	小计	521770.33
外资		
合　计		521770.33

注：

1、保费收入为本年累计数，数据来源于各产险公司报送保监会月报数据。

2、保费收入数据为各产险公司内部管理报表数据，未经审计，各产险公司不对该数据的用途及由此带来的后果承担任何法律责任。

3、由于计算的四舍五入问题，各产险公司保费收入可能存在细微的误差。

2009 年 1 – 6 月河南人身保险公司原保险保费收入情况表

单位：万元

资本结构	公司名称	合计
中资	国寿股份豫分	853877.21
	太保寿豫分	280426.51
	平安寿豫分	133831.79
	新华豫分	253497.59
	泰康豫分	395987.46
	太平人寿豫分	68197.96
	民生人寿豫分	31325.09
	生命人寿豫分	8791.67
	国寿存续豫分	49997.30
	平安养老豫分	380.79
	合众人寿豫分	16554.08
	人保健康豫分	12968.65
	华夏人寿豫分	26324.64
	信泰豫分	5366.08
	嘉禾人寿豫分	2687.55
	长城豫分	10318.92
	人保寿险豫分	195834.01
	国华人寿豫分	18541.76
	英大人寿豫分	10138.79
	小计	2375047.85
外资	首创安泰豫分	6724.58
	恒安标准豫分	6138.75
	华泰人寿豫分	9031.04
	小计	21894.37
合　计		2396942.22

注：

1、保费收入为本年累计数，来源于各寿险公司报送保监会月报数据。

2、保费收入数据为各寿险公司内部管理报表数据，未经审计，各寿险公司不对该数据的用途及由此带来的后果承担任何法律责任。

3、由于计算的四舍五入问题，各寿险公司保费收入可能存在细微的误差。

2008 年 1 – 12 月湖北保险业经营数据

单位：万元

原保险保费收入	3171506.37
1. 财产险	549896.00
2. 人身险	2621610.36
(1)人身意外伤害	59669.98
(2)健康险	154862.21
(3)寿险	2407078.17
原保险赔付支出	858915.39
1. 财产险	394181.13
2. 人身险	464734.26
(1)人身意外伤害	22577.53
(2)健康险	71374.79
(3)寿险	370781.94

注：

1、"原保险保费收入"为按《企业会计准则(2006)》设置的统计指标，指保险企业确认的原保险合同保费收入。

2、"原保险赔付支出"为按《企业会计准则(2006)》设置的统计指标，指保险企业支付的原保险合同赔付款项。

3、原保险保费收入、原保险赔付支出为本年累计数。

4、上述数据来源于各公司报送的保险数据，未经审计。

2008 年 1 – 12 月湖北财产保险公司原保险保费收入情况表

单位：万元

资本结构	公司名称	合计
中资	人保财险	297572.88
	太保产险	58054.98
	平安产险	39303.92
	天安保险	21376.80
	太平保险	22973.81
	大地保险	15977.72
	永安保险	14673.34
	华安保险	6694.13
	中华联合	59820.25
	永诚保险	12376.55
	华泰保险	1809.17
	安邦保险	5126.28
	都邦保险	7142.31
	天平车险	4650.29
	阳光财产	8614.81
	出口信用	1608.94
	渤海保险	4414.45
	民安保险.	983.78
合　计		583174.41

注：

1、原保险保费收入为本年累计数，数据来源于各产险公司报送保监会月报数据。

2、原保险保费收入为各产险公司内部管理报表数据，未经审计，各产险公司不对该数据的用途及由此带来的后果承担任何法律责任。

3、由于计算的四舍五入问题，各产险公司原保险保费收入可能存在细微的误差。

2008 年 1－12 月湖北人寿保险公司原保险保费收入情况表

单位：万元

资本结构	公司名称	合计
中资	国寿股份	950014.73
	国寿存续	69253.41
	太保寿险	277124.52
	平安寿险	274944.11
	泰康人寿	261987.08
	新华人寿	330309.09
	太平人寿	70707.52
	生命人寿	97039.30
	合众人寿	54643.83
	长城人寿	21881.74
	平安养老	273.03
	人保寿险	100190.89
	嘉禾人寿	16579.11
	阳光人寿	25944.80
	人保健康	13991.61
	民生人寿	236.73
	小计	2565121.48
外资	信诚人寿	22119.59
	海尔纽约	851.26
	招商信诺	239.63
	小计	23210.48
合　计		2588331.96

注：

1、保费收入为本年累计数，来源于各寿险公司报送保监会月报数据。

2、保费收入数据为各寿险公司内部管理报表数据，未经审计，各寿险公司不对该数据的用途及由此带来的后果承担任何法律责任。

3、由于计算的四舍五入问题，各寿险公司保费收入可能存在细微的误差。

2008 年 1－12 月湖北辖区原保险保费收入情况表

单位：万元

地区名称	财产险	寿险	意外伤害险	健康险
武汉市	216365.87	714879.21	20319.51	68955.91
黄石市	25017.66	100884.52	3298.35	5697.14
十堰市	29199.10	149943.71	3569.44	10870.84
宜昌市	52084.50	227137.97	6509.63	12810.85
襄樊市	38104.22	229724.34	4180.75	15430.42
鄂州市	10648.90	37766.03	958.65	1431.92
荆门市	30716.91	166165.69	3345.49	5419.70
孝感市	22888.35	139927.56	2260.97	3848.52
荆州市	46429.48	257785.60	4860.24	15210.40
黄冈市	28264.90	186000.87	4090.44	6462.95
咸宁市	14429.00	67463.75	1800.36	3058.96
随州市	13026.19	72800.03	1198.76	1978.88
恩施自治州	22720.93	56598.89	3277.39	3685.71
湖北省－本级	－	－	－	－
全省合计	549896.02	2407078.17	59669.98	154862.20

注：

1、全部数值均为本年累计值。

2、上述数据来源于各公司报送的保险数据，未经审计。

2009 年 1－6 月湖北保险业经营数据

单位：万元

原保险保费收入	2005483.86
1. 财产险	380152.24
2. 人身险	1625331.61
(1)人身意外伤害	38325.73
(2)健康险	82386.37
(3)寿险	1504619.51
原保险赔付支出	406707.8
1. 财产险	192880.13
2. 人身险	213827.67
(1)人身意外伤害	11129.25
(2)健康险	33342.87
(3)寿险	169355.55

注：

1、"原保险保费收入"为按《企业会计准则(2006)》设置的统计指标，指保险企业确认的原保险合同保费收入。

2、"原保险赔付支出"为按《企业会计准则(2006)》设置的统计指标，指保险企业支付的原保险合同赔付款项。

3、原保险保费收入、原保险赔付支出为本年累计数。

4、上述数据来源于各公司报送的保险数据，未经审计。

2009 年 1－6 月湖北财产保险公司原保险保费收入情况表

单位：万元

资本结构	公司名称	合计
中资	人保财险	223641.17
	太保产险	42176.31
	平安产险	33214.94
	天安保险	9948.22
	太平保险	11429.14
	大地保险	9372.45
	永安保险	7301.96
	华安保险	3727.96
	中华联合	32141.12
	永诚保险	8382.21
	华泰保险	1328.15
	安邦保险	2517.90
	都邦保险	4120.40
	天平车险	2943.94
	阳光财产	4672.53
	出口信用	439.71
	渤海保险	3251.79
	民安保险	1629.57
合　计		402239.46

注：

1、原保险保费收入为本年累计数，数据来源于各产险公司报送保监会月报数据。

2、原保险保费收入为各产险公司内部管理报表数据，未经审计，各产险公司不对该数据的用途及由此带来的后果承担任何法律责任。

3、由于计算的四舍五入问题，各产险公司原保险保费收入可能存在细微的误差。

2009 年 1－6 月湖北人寿保险公司原保险保费收入情况表

单位：万元

资本结构	公司名称	合计
中资	国寿股份	550569.81
	国寿存续	26689.98
	太保寿险	179267.01
	平安寿险	205245.27
	泰康人寿	172115.54
	新华人寿	209989.23
	太平人寿	40895.68
	生命人寿	31865.08
	合众人寿	28813.31
	长城人寿	10544.82
	平安养老	82.17

资本结构	公司名称	合计
中资	人保寿险	105195.17
	嘉禾人寿	6743.17
	阳光人寿	13840.24
	人保健康	3772.77
	民生人寿	1654.81
	小计	1587284.05
外资	信诚人寿	11486.57
	海尔纽约	672.68
	招商信诺	1014.10
	中英人寿	2787.00
	小计	15960.35
合　计		1603244.40

注：

1、保费收入为本年累计数，来源于各寿险公司报送保监会月报数据。

2、保费收入数据为各寿险公司内部管理报表数据，未经审计，各寿险公司不对该数据的用途及由此带来的后果承担任何法律责任。

3、由于计算的四舍五入问题，各寿险公司保费收入可能存在细微的误差。

2009 年 1－6 月湖北辖区原保险保费收入情况表

单位：万元

地区名称	财产险	寿险	意外伤害险	健康险
武汉市	145936.51	433793.75	14972.30	37062.16
黄石市	15391.45	61520.94	1873.57	2939.26
十堰市	21027.35	81736.47	1690.39	4262.85
宜昌市	36141.91	135240.09	4047.44	6580.32
襄樊市	26481.68	115608.08	2769.17	9004.92
鄂州市	5717.68	20466.29	446.76	755.17
荆门市	21865.58	101655.31	1788.34	2710.05
孝感市	16959.84	104906.97	1240.39	2220.47
荆州市	32858.68	189321.41	3228.07	9164.46
黄冈市	16715.98	148351.13	2414.31	3754.38
咸宁市	13504.30	35114.70	1178.81	1642.25
随州市	10747.40	42391.61	696.99	886.17
恩施自治州	14447.07	34512.76	1813.55	1380.03
湖北省－本级	2356.83	0.00	165.65	23.89
全省合计	380152.24	1504619.51	38325.73	82386.37

注：

1、全部数值均为本年累计值。

2、上述数据来源于各公司报送的保险数据，未经审计。

2008 年 1－12 月湖南保险业经营数据

报表单位：湖南局－以集团本级汇总　　单位：万元

原保险保费收入	3124856.94
1. 财产险	616200.63
2. 人身险	2508656.30
(1)人身意外伤害	69125.42
(2)健康险	148947.49
(3)寿险	2290583.40
原保险赔付支出	945152.61
1. 财产险	487225.85
2. 人身险	457926.75
(1)人身意外伤害	20811.15
(2)健康险	49082.23
(3)寿险	388033.37

注：

1、"原保险保费收入"为按《企业会计准则(2006)》设置的统计指标，指保险企业确认的原保险合同保费收入。

2、"原保险赔付支出"为按《企业会计准则(2006)》设置的统计指标，指保险企业支付的原保险合同赔付款项。

3、原保险保费收入、原保险赔付支出为本年累计数。

4、上述数据来源于各公司报送的保险数据，未经审计。

2008 年 1－12 月湖南辖区原保险保费收入情况表

报表单位：湖南局－以集团本级汇总(2008 年 12 月)　　单位：万元

地区名称	财产险	寿险	意外伤害险	健康险
长沙市	168091.33	482677.54	17633.43	55121.48
株洲市	44081.78	156615.27	4752.66	8788.57
湘潭市	37674.63	146607.13	3923.23	7489.63
衡阳市	50388.40	199074.20	5984.63	11849.71
邵阳市	32854.11	172161.58	3947.98	6612.88
岳阳市	42533.01	202139.27	4184.40	8166.01
常德市	52252.48	246201.11	5426.74	13588.45
张家界市	12053.60	29187.57	1918.27	2496.15
益阳市	33121.23	152480.29	3856.72	7614.38
郴州市	32826.21	126943.56	3977.68	6106.38
永州市	31749.73	123492.31	3981.52	6867.85
怀化市	30839.25	118490.04	3699.66	6384.69
娄底市	28226.97	103280.10	3788.02	4782.84
湘西自治州	15431.84	31233.41	1694.79	3004.41
本级	4076.07	0.00	355.66	74.06
全省合计	616200.63	2290583.40	69125.42	148947.49

注：

1、全部数值均为本年累计值。

2、上述数据来源于各公司报送的保险数据，未经审计。

2008 年 1－12 月湖南财产保险公司原保险保费收入情况表

报表单位：湖南局－产险(2008 年 12 月)　　单位：万元

资本结构	公司名称	合计
中资	人保股份湘分	301954.58
	大地财产湘分	20553.54
	出口信用湘分	6162.26
	中华联合湘分	108086.34
	太保财湘分	41350.95
	平安财湘分	62504.96
	华泰湘分	3044.25
	天安湘分	16730.41
	华安湘分	1714.54
	太平保险湘分	11353.93
	民安湘分	681.15
	中银保险湘分	6418.16
	永诚湘分	561.31
	安邦湘分	5571.58
	阳光财产湘分	19435.06
	都邦湘分	9907.69
	渤海湘分	3827.75
	国寿财产湘分	34512.33
	长安责任湘分	3427.51
	小计	657798.29
合　计		657798.29

注：

1、原保险保费收入为本年累计数，数据来源于各产险公司报送保监会月报数据。

2、原保险保费收入为各产险公司内部管理报表数据，未经审计，各产险公司不对该数据的用途及由此带来的后果承担任何法律责任。

3、由于计算的四舍五入问题，各产险公司原保险保费收入可能存在细微的误差。

2008 年 1 – 12 月湖南人寿保险公司原保险保费收入情况表

表单位:湖南局 – 寿险(2008 年 12 月)　　单位:万元

资本结构	公司名称	合计
中资	国寿股份湘分	1174951.02
	太保寿湘分	167650.98
	平安寿湘分	234993.95
	新华湘分	238431.15
	泰康湘分	203783.82
	太平人寿湘分	19521.59
	民生人寿湘分	10981.70
	生命人寿湘分	24634.60
	国寿存续湘分	55134.10
	平安养老湘分	0.00
	合众人寿湘分	32186.15
	人保健康湘分	11261.09
	华夏人寿湘分	1232.55
	嘉禾人寿湘分	47523.38
	人保寿险湘分	210208.49
	幸福人寿湘分	7752.50
	阳光人寿湘分	2298.96
	小计	2442546.01
外资	中英人寿湘分	24512.63
	小计	24512.63
合　计		2467058.64

注:

1、保费收入为本年累计数,来源于各寿险公司报送保监会月报数据。

2、保费收入数据为各寿险公司内部管理报表数据,未经审计,各寿险公司不对该数据的用途及由此带来的后果承担任何法律责任。

3、由于计算的四舍五入问题,各寿险公司保费收入可能存在细微的误差。

2009 年 1 – 6 月湖南保险业经营数据

报表单位:湖南局 – 以集团本级汇总　　单位:万元

原保险保费收入	1914121.04
1. 财产险	415373.73
2. 人身险	1498747.31
(1)人身意外伤害	44819.37
(2)健康险	79181.09
(3)寿险	1374746.86
原保险赔付支出	420862.60
1. 财产险	176757.65
2. 人身险	244104.95
(1)人身意外伤害	10715.39
(2)健康险	27321.43
(3)寿险	206068.13

注:

1、"原保险保费收入"为按《企业会计准则(2006)》设置的统计指标,指保险企业确认的原保险合同保费收入。

2、"原保险赔付支出"为按《企业会计准则(2006)》设置的统计指标,指保险企业支付的原保险合同赔付款项。

3、原保险保费收入、原保险赔付支出为本年累计数。

4、上述数据来源于各公司报送的保险数据,未经审计。

2009 年 1 – 6 月湖南财产保险公司原保险保费收入情况表

报表单位:湖南局 – 产险(2009 年 6 月)　　单位:万元

资本结构	公司名称	合计
中资	人保股份湘分	197922.47
	大地财产湘分	8809.19
	出口信用湘分	1676.21
	中华联合湘分	66987.66
	太保财湘分	30667.47
	平安财湘分	49918.11
	华泰湘分	2921.68
	天安湘分	7104.76
	华安湘分	3277.55
	太平保险湘分	5794.15
	民安湘分	1349.55
	中银保险湘分	5338.92
	永诚湘分	2469.15
	安邦湘分	3489.53
	阳光财产湘分	10077.37
	都邦湘分	4225.77
	渤海湘分	1895.52
	国寿财产湘分	28636.90
	长安责任湘分	8185.79
	小计	440747.76
合　计		440747.76

注:

1、原保险保费收入为本年累计数,数据来源于各产险公司报送保监会月报数据。

2、原保险保费收入为各产险公司内部管理报表数据,未经审计,各产险公司不对该数据的用途及由此带来的后果承担任何法律责任。

3、由于计算的四舍五入问题,各产险公司原保险保费收入可能存在细微的误差。

2009 年 1 – 6 月湖南人寿保险公司原保险保费收入情况表

报表单位:湖南局 – 寿险(2009 年 6 月)　　单位:万元

资本结构	公司名称	合计
中资	国寿股份湘分	698377.59
	太保寿湘分	87278.23
	平安寿湘分	156719.56
	新华湘分	150972.22
	泰康湘分	119475.00
	太平人寿湘分	15585.44
	民生人寿湘分	4169.96
	生命人寿湘分	11696.44
	国寿存续湘分	21635.90
	平安养老湘分	0.00
	合众人寿湘分	14582.38
	人保健康湘分	4768.76
	华夏人寿湘分	5072.77
	嘉禾人寿湘分	12283.01
	长城湘分	0.00
	人保寿险湘分	137513.04
	幸福人寿湘分	14606.84
	阳光人寿湘分	3188.16
	小计	1457925.30
外资	中英人寿湘分	15447.98
	小计	15447.98
合　计		1473373.29

注:

1、保费收入为本年累计数,来源于各寿险公司报送保监会月报数据。

2、保费收入数据为各寿险公司内部管理报表数据,未经审计,各寿险公司不对该数据的用途及由此带来的后果承担任何法律责任。

3、由于计算的四舍五入问题,各寿险公司保费收入可能存在细微的误差。

2009 年 1 – 6 月湖南辖区原保险保费收入情况表

报表单位:湖南局 – 以集团本级汇总(2009 年 6 月)　　单位:万元

地区名称	财产险	寿险	意外伤害险	健康险
长沙市	117621.13	289690.75	12210.79	25190.28

地区名称	财产险	寿险	意外伤害险	健康险
株洲市	29388.65	83495.11	2778.28	4666.70
湘潭市	24759.03	87236.16	2155.13	3972.08
衡阳市	32809.04	128152.01	3946.24	7106.69
邵阳市	22304.00	108432.16	3033.22	3951.29
岳阳市	29114.28	109391.34	2806.37	5011.40
常德市	34799.88	146873.87	3823.84	7672.23
张家界市	8421.53	18322.72	1165.24	1224.01
益阳市	22293.36	88362.69	2339.21	4882.68
郴州市	21888.93	71423.20	2175.32	3791.95
永州市	20930.03	82732.31	2183.15	3455.04
怀化市	20612.00	70283.96	2417.97	3713.78
娄底市	18033.58	64129.78	2517.87	2786.06
湘西自治州	10988.80	26220.79	1152.25	1750.38
本级	1409.49	0.00	114.48	6.53
全省合计	415373.73	1374746.86	44819.37	79181.09

注：

1、全部数值均为本年累计值。

2、上述数据来源于各公司报送的保险数据，未经审计。

2008 年 1－12 月广东辖区（不含深圳）保险业经营数据

报表单位：广东局－以集团本级汇总　　单位：万元

原保险保费收入	8841601.18
1. 财产险	2077710.99
2. 人身险	6763890.19
（1）人身意外伤害	205254.34
（2）健康险	541001.15
（3）寿险	6017634.71
原保险赔付支出	2152248.06
1. 财产险	1195579.53
2. 人身险	956668.53
（1）人身意外伤害	57897.97
（2）健康险	153333.04
（3）寿险	745437.53

注：

1、"原保险保费收入"为按《企业会计准则（2006）》设置的统计指标，指保险企业确认的原保险合同保费收入。

2、"原保险赔付支出"为按《企业会计准则（2006）》设置的统计指标，指保险企业支付的原保险合同赔付款项。

3、原保险保费收入、原保险赔付支出为本年累计数。

4、上述数据来源于各公司报送的保险数据，未经审计。

2008 年 1－12 月广东辖区（不含深圳）原保险保费收入情况表

报表单位：广东局－以集团本级汇总　　单位：万元

地区名称	财产险	寿险	意外伤害险	健康险
深圳市	848447.07	1328965.85	71455.23	159344.33
广州市	676242.61	2035921.35	75341.80	280592.65
韶关市	31761.03	104358.53	3408.23	11083.25
珠海市	87067.86	336127.35	7665.53	13758.68
汕头市	58236.00	272412.23	4798.71	9544.97
佛山市	276806.47	701096.61	28576.25	52058.88
江门市	88141.90	376104.17	11344.89	12584.80
湛江市	40628.32	168093.13	4987.47	19856.62
茂名市	39567.07	203071.21	3738.79	7521.31
肇庆市	40422.80	127590.02	3980.36	7289.62
惠州市	80044.42	251126.28	8065.00	13781.64
梅州市	32687.68	93634.40	2900.31	17813.56
汕尾市	10962.34	21571.41	802.73	912.01
河源市	21098.82	38686.63	1458.53	1626.89
阳江市	23967.54	75168.94	1507.39	4608.03
清远市	35915.66	75832.46	3533.35	6293.40
东莞市	306572.37	520970.00	25801.43	48658.11
中山市	116733.49	385894.57	13252.44	28327.54
潮州市	23240.29	109024.73	1380.87	1480.75
揭阳市	32697.86	85885.27	1167.10	1194.68
云浮市	17222.70	35065.43	1319.57	1982.46
本级	37693.77	0.00	223.56	31.29
全省合计	2926158.06	7346600.55	276709.57	700345.48

注：

1、全部数值均为本年累计值。

2、上述数据来源于各公司报送的保险数据，未经审计。

2008 年 1－12 月广东辖区（不含深圳）人寿保险公司原保险保费收入情况表

报表单位：广东局－寿险（2008 年 12 月）　　单位：万元

资本结构	公司名称	合计
中资	国寿股份粤分	2845407.42
	太保寿粤分	285442.82
	平安寿粤分	1001112.01
	新华粤分	485302.01
	泰康粤分	325165.31
	太平人寿粤分	248241.26
	国寿存续粤分	190802.00
	平安养老粤分	3060.97
	合众人寿粤分	36892.41
	太平养老粤分	0.00
	平安健康粤分	344.43
	人保健康粤分	155434.77
	人保寿险粤分	192776.17
	国华人寿粤分	8535.11
	阳光人寿粤分	145068.72
	小计	5923585.40
外资	中宏人寿粤分	11145.21
	太平洋安泰粤分	5766.88
	中德安联粤分	84656.93
	金盛粤分	14351.71
	信诚粤分（虚拟）	168469.55
	中意粤分	97302.95
	光大永明粤分	708.51
	友邦粤分	262725.79
	中英人寿粤分	39887.31
	海康人寿粤分	15999.45
	招商信诺粤分（虚拟）	13711.67
	瑞泰人寿粤分	2761.84
	中美大都会粤分	12070.78
	国泰人寿粤分	45.00
	小计	729603.59
合　计		6653188.99

注：

1、保费收入为本年累计数，来源于各寿险公司报送保监会月报数据。

2、保费收入数据为各寿险公司内部管理报表数据，未经审计，各寿险公司不对该数据的用途及由此带来的后果承担任何法律责任。

3、由于计算的四舍五入问题，各寿险公司保费收入可能存在细微的误差。

2008 年 1－12 月广东辖区（不含深圳）财产保险公司原保险保费收入情况表

报表单位：广东局－产险（2008 年 12 月　　单位：万元

资本结构	公司名称	合计
中资	人保股份粤分	827214.18
	大地财产粤分	52666.60
	出口信用粤分	25381.79
	中华联合粤分	210902.08
	太保财粤分	313976.79

资本结构	公司名称	合计
中资	平安财粤分	371864.14
	华泰粤分	8047.06
	天安粤分	52512.31
	华安粤分	4491.14
	永安粤分	82678.17
	太平保险粤分	45475.32
	民安粤分	9162.54
	中银保险粤分	15703.27
	永诚粤分	17431.77
	安邦粤分	21655.03
	天平车险粤分	18591.72
	阳光财产粤分	41514.61
	阳光农业粤分	0.00
	都邦粤分	24809.55
	小计	2144078.07
外资	美亚粤分	24330.22
	三井粤分	655.29
	安联粤分	19348.62
	小计	44334.13
合　计		2188412.19

注：

1、原保险保费收入为本年累计数，数据来源于各产险公司报送保监会月报数据。

2、原保险保费收入为各产险公司内部管理报表数据，未经审计，各产险公司不对该数据的用途及由此带来的后果承担任何法律责任。

3、由于计算的四舍五入问题，各产险公司原保险保费收入可能存在细微的误差。

2009 年 1 －6 月广东辖区（不含深圳）保险业经营数据

报表单位：广东局－以集团本级汇总　　单位：万元

原保险保费收入	5037515.23
1. 财产险	1220927.74
2. 人身险	3816587.49
(1) 人身意外伤害	105842.33
(2) 健康险	221900.79
(3) 寿险	3488844.37
原保险赔付支出	1181796.13
1. 财产险	630650.04
2. 人身险	551146.09
(1) 人身意外伤害	27701.32
(2) 健康险	92053.00
(3) 寿险	431391.77

注：

1、"原保险保费收入"为按《企业会计准则（2006）》设置的统计指标，指保险企业确认的原保险合同保费收入。

2、"原保险赔付支出"为按《企业会计准则（2006）》设置的统计指标，指保险企业支付的原保险合同赔付款项。

3、原保险保费收入、原保险赔付支出为本年累计数。

4、上述数据来源于各公司报送的保险数据，未经审计。

2009 年 1 －6 月广东辖区（不含深圳）原保险保费收入情况表

报表单位：广东局－以集团本级汇总　　单位：万元

地区名称	财产险	寿险	意外伤害险	健康险
深圳市	491604.06	803690.26	37894.55	70030.44
广州市	388213.01	1103644.03	41108.26	91593.00
韶关市	20224.69	65713.21	1775.57	3354.80
珠海市	53854.56	149224.57	3417.42	7036.93
汕头市	34846.73	185413.15	2812.01	5427.22
佛山市	160550.59	413938.47	14724.62	30180.00
江门市	54265.00	192092.32	5755.70	6684.91
湛江市	25173.44	91666.24	2283.16	11658.46
茂名市	24197.46	121261.12	1692.95	3779.81
肇庆市	23552.15	71873.46	2118.91	2639.49
惠州市	47243.10	125379.06	3671.89	7565.06
梅州市	19224.03	57872.35	1403.32	2698.13
汕尾市	6945.42	14601.27	386.93	1049.79
河源市	12915.24	25407.43	699.26	858.26
阳江市	15220.18	44117.07	732.17	2938.74
清远市	22225.70	55436.26	1456.48	4064.99
东莞市	172999.11	406680.68	12635.86	27472.44
中山市	67222.44	218711.22	6668.44	10221.79
潮州市	13710.53	69917.77	831.39	1017.13
揭阳市	21034.57	53119.47	743.27	885.78
云浮市	10457.49	22775.22	640.76	739.64
本级	26852.30	0.00	283.98	34.41
全省合计	1712531.81	4292534.63	143736.88	291931.23

注：

1、全部数值均为本年累计值。

2、上述数据来源于各公司报送的保险数据，未经审计。

2009 年 1 －6 月广东辖区（不含深圳）人寿保险公司原保险保费收入情况表

报表单位：广东局－寿险（2009 年 6 月）　　单位：万元

资本结构	公司名称	合计
中资	国寿股份粤分	1575074.87
	太保寿粤分	156043.52
	平安寿粤分	710257.89
	新华粤分	241678.06
	泰康粤分	183342.13
	太平人寿粤分	152880.47
	国寿存续粤分	71127.08
	平安养老粤分	2035.63
	合众人寿粤分	17616.62
	太平养老粤分	0.00
	平安健康粤分	249.60
	人保健康粤分	18059.90
	人保寿险粤分	190472.24
	国华人寿粤分	26965.11
	幸福人寿粤分	10397.98
	阳光人寿粤分	29298.08
	小计	3385499.18
外资	中宏人寿粤分	5488.01
	太平洋安泰粤分	2904.45
	中德安联粤分	10384.96
	全盛粤分	6797.01
	信诚粤分（虚拟）	71875.49
	中意粤分	103985.85
	光大永明粤分	5173.19
	友邦粤分	117577.09
	中英人寿粤分	16868.12
	海康人寿粤分	17244.15
	招商信诺粤分（虚拟）	6332.24
	恒安标准粤分	0.00
	瑞泰人寿粤分	3697.30
	中美大都会粤分	6745.00
	国泰人寿粤分	91.95
	小计	375164.80
合　计		3760663.98

注：

1、保费收入为本年累计数，来源于各寿险公司报送保监会月报数据。

2、保费收入数据为各寿险公司内部管理报表数据，未经审计，各寿险公司不对该数据的用途及由此带来的后果承担任何法律责任。

3、由于计算的四舍五入问题，各寿险公司保费收入可能存在细微的误差。

2009 年 1 －6 月广东辖区（不含深圳）财产保险公司原保险保费收入情况表

报表单位：广东局－产险（2009 年 6 月）　　单位：万元

资本结构	公司名称	合计
中资	人保股份粤分	475164.56
	大地财产粤分	29336.52
	出口信用粤分	15039.97
	中华联合粤分	108485.44
	太保财粤分	194195.16
	平安财粤分	249294.21
	华泰粤分	5532.30
	天安粤分	19077.12
	华安粤分	6737.23
	永安粤分	35894.71
	太平保险粤分	19826.68
	民安粤分	8371.49
	中银保险粤分	6294.06
	永诚粤分	8173.85
	安邦粤分	7728.98
	天平车险粤分	19016.62
	阳光财产粤分	23853.93
	阳光农业粤分	760.99
	都邦粤分	12012.81
	国寿财产粤分	2293.06
	小计	1247089.70
外资	美亚粤分	11427.15
	三井粤分	3666.49
	安联粤分	13716.61
	日本财产粤分	951.30
	小计	29761.55
合　计		1276851.25

注：

1、原保险保费收入为本年累计数，数据来源于各产险公司报送保监会月报数据。

2、原保险保费收入为各产险公司内部管理报表数据，未经审计，各产险公司不对该数据的用途及由此带来的后果承担任何法律责任。

3、由于计算的四舍五入问题，各产险公司原保险保费收入可能存在细微的误差。

2008 年 1 －12 月广西保险业经营数据

报表单位：广西局－以集团本级汇总　　单位：万元

原保险保费收入	1334844.16
1. 财产险	400436.73
2. 人身险	934407.43
（1）人身意外伤害	45869.15
（2）健康险	63502.62
（3）寿险	825035.66
原保险赔付支出	423266.33
1. 财产险	241538.12
2. 人身险	181728.21
（1）人身意外伤害	13811.47
（2）健康险	24190.11
（3）寿险	143726.63

注：

1、"原保险保费收入"为按《企业会计准则（2006）》设置的统计指标，指保险企业确认的原保险合同保费收入。

2、"原保险赔付支出"为按《企业会计准则（2006）》设置的统计指标，指保险企业支付的原保险合同赔付款项。

3、原保险保费收入、原保险赔付支出为本年累计数。

4、上述数据来源于各公司报送的保险数据，未经审计。

2008 年 1 －12 月广西财产保险公司原保险保费收入情况表

报表单位：广西局－产险（2008 年 12 月）　　单位：万元

资本结构	公司名称	合计
中资	人保股份桂分	235584.59
	大地财产桂分	15651.24
	出口信用桂分	554.28
	太保财桂分	69603.86
	平安财桂分	38711.72
	华泰桂分	8.94
	天安桂分	9368.66
	华安桂分	23626.68
	太平保险桂分	731.99
	永诚桂分	458.63
	安邦桂分	10335.84
	阳光财产桂分	11439.52
	都邦桂分	11930.37
	渤海桂分	1719.34
	小计	429725.66
合　计		429725.66

注：

1、原保险保费收入为本年累计数，数据来源于各产险公司报送保监会月报数据。

2、原保险保费收入为各产险公司内部管理报表数据，未经审计，各产险公司不对该数据的用途及由此带来的后果承担任何法律责任。

3、由于计算的四舍五入问题，各产险公司原保险保费收入可能存在细微的误差。

2008 年 1 －12 月广西人寿保险公司原保险保费收入情况表

报表单位：广西局－寿险（2008 年 12 月）　　单位：万元

资本结构	公司名称	合计
中资	国寿股份桂分	538463.10
	太保寿桂分	107285.90
	平安寿桂分	75154.51
	新华桂分	48748.53
	泰康桂分	47396.55
	太平人寿桂分	7917.30
	民生人寿桂分	643.04
	国寿存续桂分	24112.71
	平安养老桂分	957.75
	合众人寿桂分	0.06
	人保寿险桂分	52254.13
	小计	902933.60
外资	信诚桂分	2184.90
	小计	2184.90
合　计		905118.50

注：

1、保费收入为本年累计数，来源于各寿险公司报送保监会月报数据。

2、保费收入数据为各寿险公司内部管理报表数据，未经审计，各寿险公司不对该数据的用途及由此带来的后果承担任何法律责任。

3、由于计算的四舍五入问题，各寿险公司保费收入可能存在细微的误差。

2008 年 1 －12 月广西辖区原保险保费收入情况表

报表单位：广西局－以集团本级汇总（2008 年 12 月）　　单位：万元

地区名称	财产险	寿险	意外伤害险	健康险
南宁市	109176.63	192721.08	12003.80	23544.90
柳州市	50385.96	122493.80	5141.01	6904.38
桂林市	41280.32	142251.04	5830.23	8219.15
梧州市	19694.56	54309.23	2321.42	3252.17

地区名称	财产险	寿险	意外伤害险	健康险
北海市	14955.97	34556.44	1320.37	2196.59
防城港市	10154.44	15557.90	689.80	630.23
钦州市	13798.53	22295.17	1873.10	1369.46
贵港市	21437.05	39614.37	2595.86	2606.99
玉林市	36694.30	86045.56	4205.17	5119.16
百色市	21045.10	31382.80	2604.66	2509.05
贺州市	10391.16	23075.32	1479.04	1844.69
河池市	20310.09	28626.43	3178.52	2415.62
来宾市	8568.13	13415.93	1293.04	1268.50
崇左市	7364.41	18690.58	1226.73	1570.42
本级	15180.09	0.00	106.41	51.32
全省合计	400436.73	825035.66	45869.15	63502.62

注：

1、全部数值均为本年累计值。

2、上述数据来源于各公司报送的保险数据，未经审计。

2009 年 1－6 月广西保险业经营数据

报表单位：广西局－以集团本级汇总　　单位：万元

原保险保费收入	835324.59
1. 财产险	286663.12
2. 人身险	548661.47
(1)人身意外伤害	24416.06
(2)健康险	31112.93
(3)寿险	493132.48
原保险赔付支出	239502.45
1. 财产险	115687.72
2. 人身险	123814.73
(1)人身意外伤害	6728.51
(2)健康险	16245.81
(3)寿险	100840.40

注：

1、“原保险保费收入”为按《企业会计准则(2006)》设置的统计指标，指保险企业确认的原保险合同保费收入。

2、“原保险赔付支出”为按《企业会计准则(2006)》设置的统计指标，指保险企业支付的原保险合同赔付款项。

3、原保险保费收入、原保险赔付支出为本年累计数。

4、上述数据来源于各公司报送的保险数据，未经审计。

2009 年 1－6 月广西辖区原保险保费收入情况表

报表单位：广西局－以集团本级汇总(2009 年 6 月)　　单位：万元

地区名称	财产险	寿险	意外伤害险	健康险
南宁市	74948.92	125565.41	6728.83	11741.58
柳州市	33935.87	70549.05	3181.21	3258.39
桂林市	28796.35	85716.34	3007.09	4382.36
梧州市	13844.20	25977.49	1334.74	2152.64
北海市	10812.92	18938.46	665.76	1031.80
防城港市	7130.54	10173.56	304.41	269.20
钦州市	11385.75	13686.12	788.65	903.51
贵港市	15722.25	23040.78	1190.14	1003.95
玉林市	26726.09	48710.62	2162.43	2197.18
百色市	15719.51	20053.75	1377.16	819.11
贺州市	8179.60	14660.67	692.71	1004.95
河池市	14866.60	15062.41	1564.43	1050.73
来宾市	5842.44	8031.43	759.96	832.38
崇左市	6447.26	12966.38	562.09	433.24
本级	12304.82	0.00	96.45	31.90
全省合计	286663.12	493132.48	24416.06	31112.93

注：

1、全部数值均为本年累计值。

2、上述数据来源于各公司报送的保险数据，未经审计。

2009 年 1－6 月广西人寿保险公司原保险保费收入情况表

报表单位：广西局－寿险(2009 年 6 月)　　单位：万元

资本结构	公司名称	合计
中资	国寿股份桂分	312740.05
	太保寿桂分	57252.59
	平安寿桂分	50786.27
	新华桂分	24207.17
	泰康桂分	23748.19
	太平人寿桂分	6543.66
	民生人寿桂分	984.89
	国寿存续桂分	10615.07
	平安养老桂分	－159.42
	合众人寿桂分	702.40
	人保寿险桂分	44416.19
	小计	531837.06
外资	信诚桂分	1669.74
	小计	1669.74
合　计		533506.80

注：

1、保费收入为本年累计数，来源于各寿险公司报送保监会月报数据。

2. 保费收入数据为各寿险公司内部管理报表数据，未经审计，各寿险公司不对该数据的用途及由此带来的后果承担任何法律责任。

3、由于计算的四舍五入问题，各寿险公司保费收入可能存在细微的误差。

2009 年 1－6 月广西财产保险公司原保险保费收入情况表

报表单位：广西局－产险(2009 年 6 月)　　单位：万元

资本结构	公司名称	合计
中资	人保股份桂分	170966.81
	大地财产桂分	11188.88
	出口信用桂分	316.86
	太保财桂分	48750.12
	平安财桂分	31871.67
	华泰桂分	347.47
	天安桂分	5152.11
	华安桂分	15399.52
	太平保险桂分	627.96
	永诚桂分	1852.06
	安邦桂分	4467.73
	阳光财产桂分	4575.76
	都邦桂分	5999.05
	渤海桂分	301.79
	小计	301817.79
合　计		301817.79

注：

1、原保险保费收入为本年累计数，数据来源于各产险公司报送保监会月报数据。

2、原保险保费收入为各产险公司内部管理报表数据，未经审计，各产险公司不对该数据的用途及由此带来的后果承担任何法律责任。

3、由于计算的四舍五入问题，各产险公司原保险保费收入可能存在细微的误差。

2008 年 1－12 月海南保险业经营数据

单位：万元

原保险保费收入	300664.80
1、财产险	104933.66
2、人身险	195731.14
(1)人身意外伤害险	8608.79
(2)健康险	11858.87

(3)寿险	175263.47
原保险赔付支出	87406.50
1、财产险	50457.89
2、人身险	36948.61
(1)人身意外伤害险	1735.65
(2)健康险	2571.41
(3)寿险	32641.55

注：

1、"原保险保费收入"为按《企业会计准则(2006)》设置的统计指标，指保险企业确认的原保险合同保费收入。

2、"原保险赔付支出"为按《企业会计准则(2006)》设置的统计指标，指保险企业支付的原保险合同赔付款项。

3、原保险保费收入、原保险赔付支出为本年累计数。

4、上述数据来源于各公司报送的保险数据，未经审计。

2008 年 1－12 月海南财产保险公司原保险保费收入情况表

单位：万元

资本结构	公司名称	合计
中资	中国人民财产保险公司海南省分公司	32195.73
	中国太平洋财产保险公司海南分公司	37663.50
	中国平安财产保险公司海南分公司	18640.46
	天安保险股份有限公司海南分公司	4811.74
	民安保险(中国)公司海南分公司	1846.19
	安邦财产保险公司海南分公司	2351.36
	阳光财产保险公司海南分公司	6532.20
	中国大地财产保险公司海南分公司	5080.82
	小计	109122.01
外资	小计	
合　计		109122.01

注：

1、原保险保费收入为本年累计数，数据来源于各产险公司报送保监会月报数据。

2、原保险保费收入为各产险公司内部管理报表数据，未经审计，各产险公司不对该数据的用途及由此带来的后果承担任何法律责任。

3、由于计算的四舍五入问题，各产险公司原保险保费收入可能存在细微的误差。

2008 年 1－12 月海南人寿保险公司原保险保费收入情况表

单位：万元

资本结构	公司名称	合计
中资	中国人寿保险公司海南省分公司	72520.10
	国寿集团存续业务海南省分公司	4929.44
	中国太平洋人寿保险公司海南分公司	18399.21
	中国平安人寿保险公司海南分公司	48606.56
	新华人寿保险公司海南分公司	28029.46
	中国人民人寿保险公司海南省分公司	14431.78
	生命人寿保险公司海南分公司	4626.24
	小计	191542.79
外资	小计	
合　计		191542.79

注：

1、原保险保费收入为本年累计数，数据来源于各寿险公司报送保监会月报数据。

2、原保险保费收入为各寿险公司内部管理报表数据，未经审计，各寿险公司不对该数据的用途及由此带来的后果承担任何法律责任。

3、由于计算的四舍五入问题，各寿险公司原保险保费收入可能存在细微的误差。

2009 年 1－6 月海南保险业经营数据

单位：万元

原保险保费收入	176690.93
1、财产险	65868.23
2、人身险	110822.70
(1)人身意外伤害险	4174.12
(2)健康险	7267.66
(3)寿险	99380.92
原保险赔付支出	54520.21
1、财产险	24724.78
2、人身险	29795.42
(1)人身意外伤害险	977.99
(2)健康险	1615.45
(3)寿险	27201.97

注：

1、"原保险保费收入"为按《企业会计准则(2006)》设置的统计指标，指保险企业确认的原保险合同保费收入。

2、"原保险赔付支出"为按《企业会计准则(2006)》设置的统计指标，指保险企业支付的原保险合同赔付款项。

3、原保险保费收入、原保险赔付支出为本年累计数。

4、上述数据来源于各公司报送的保险数据，未经审计。

2009 年 1－6 月海南财产保险公司原保险保费收入情况表

单位：万元

资本结构	公司名称	合计
中资	中国人民财产保险公司海南省分公司	22686.68
	中国太平洋财产保险公司海南分公司	18677.27
	中国平安财产保险公司海南分公司	14750.25
	天安保险公司海南省分公司	2553.81
	民安保险(中国)公司海口分公司	885.69
	安邦财产保险公司海南分公司	845.76
	阳光财产保险公司海南省分公司	3883.50
	中国大地财产保险公司海南分公司	3408.77
	小计	67691.72
外资	小计	
合计		67691.72

注：

1、原保险保费收入为本年累计数，数据来源于各产险公司报送保监会月报数据。

2. 原保险保费收入为各产险公司内部管理报表数据，未经审计，各产险公司不对该数据的用途及由此带来的后果承担任何法律责任。

3、由于计算的四舍五入问题，各产险公司原保险保费收入可能存在细微的误差。

2009 年 1－6 月海南人寿保险公司原保险保费收入情况表

单位：万元

资本结构	公司名称	合计
中资	中国人寿保险公司海南省分公司	31083.21
	国寿集团存续业务海南省分公司	1641.67
	中国太平洋人寿保险公司海南分公司	7683.91
	中国平安人寿保险公司海南分公司	37650.62
	新华人寿保险公司海南分公司	17683.90
	中国人民人寿保险公司海南省分公司	11446.54
	生命人寿保险公司海南分公司	1809.36
	小计	108999.21
外资	小计	
合　计		108999.21

注：

1、原保险保费收入为本年累计数，数据来源于各寿险公司报送保监会月报数据。

2、原保险保费收入为各寿险公司内部管理报表数据，未经审计，各寿险公司不对该数据的用途及由此带来的后果承担任何法律责任。

3、由于计算的四舍五入问题，各寿险公司原保险保费收入可能存在细微的误差。

2008 年 1 – 12 月重庆保险业经营数据

单位：万元

原保险保费收入	2005523.23
1. 财产险	377552.19
2. 人身险	1627971.04
(1)人身意外伤害	52663.17
(2)健康险	85804.13
(3)寿险	1489503.74
原保险赔付支出	456402.90
1. 财产险	225948.55
2. 人身险	230454.35
(1)人身意外伤害	19201.46
(2)健康险	39922.40
(3)寿险	171330.49

注：

1、“原保险保费收入”为按《企业会计准则(2006)》设置的统计指标，指保险企业确认的原保险合同保费收入。

2、“原保险赔付支出”为按《企业会计准则(2006)》设置的统计指标，指保险企业支付的原保险合同赔付款项。

3、原保险保费收入、原保险赔付支出为本年累计数。

4、上述数据来源于各公司报送的保险数据，未经审计。

2008 年 1 – 12 月重庆财产保险公司原保险保费收入情况表

单位：万元

资本结构	公司名称	合计
中资	人保股份渝分	163150.66
	大地财产渝分	18282.56
	出口信用渝营管部	4253.89
	中华联合渝分	25616.00
	太保财渝分	43521.85
	平安财渝分	55985.81
	华泰渝分	4789.87
	天安渝分	20191.30
	华安渝分	794.48
	永安渝分	17298.30
	太平保险渝分	9063.54
	永诚渝分	0.00
	安邦渝分	3423.43
	天平车险渝分	749.32
	阳光财产渝分	15970.32
	都邦渝分	6623.27
	渤海渝分	1016.82
	安诚渝分(虚拟)	10171.23
	小计	400902.64
外资	利宝互助渝分	11450.15
	小计	11450.15
合　计		412352.80

注：

1、原保险保费收入为本年累计数，数据来源于各产险公司报送保监会月报数据。

2、原保险保费收入为各产险公司内部管理报表数据，未经审计，各产险公司不对该数据的用途及由此带来的后果承担任何法律责任。

3、由于计算的四舍五入问题，各产险公司原保险保费收入可能存在细微的误差。

2008 年 1 – 12 月重庆人寿保险公司原保险保费收入情况表

单位：万元

资本结构	公司名称	合计
中资	国寿股份渝分	658249.40
	太保寿渝分	167478.69
	平安寿渝分	241916.55
	新华渝分	165461.94
	泰康渝分	181100.24
	太平人寿渝分	9277.15
	生命人寿渝分	420.17
	国寿存续渝分	30432.32
	平安养老渝分	23.86
	人保寿险渝分	76476.52
	幸福人寿渝分	2950.80
	阳光人寿渝分	7444.71
	小计	1541232.35
外资	中美大都会渝分	40892.04
	中新大东方渝分	11046.03
	小计	51938.08
合　计		1593170.43

注：

1、保费收入为本年累计数，来源于各寿险公司报送保监会月报数据。

2、保费收入数据为各寿险公司内部管理报表数据，未经审计，各寿险公司不对该数据的用途及由此带来的后果承担任何法律责任。

3、由于计算的四舍五入问题，各寿险公司保费收入可能存在细微的误差。

2009 年 1 – 6 月重庆保险业经营数据

单位：万元

原保险保费收入	1357273.30
1. 财产险	256728.98
2. 人身险	1100544.31
(1)人身意外伤害	30091.07
(2)健康险	53579.06
(3)寿险	1016874.18
原保险赔付支出	284176.89
1. 财产险	135364.97
2. 人身险	148811.92
(1)人身意外伤害	10387.70
(2)健康险	22060.73
(3)寿险	116363.49

注：

1、“原保险保费收入”为按《企业会计准则(2006)》设置的统计指标，指保险企业确认的原保险合同保费收入。

2、“原保险赔付支出”为按《企业会计准则(2006)》设置的统计指标，指保险企业支付的原保险合同赔付款项。

3、原保险保费收入、原保险赔付支出为本年累计数。

4、上述数据来源于各公司报送的保险数据，未经审计。

2009 年 1 – 6 月重庆财产保险公司原保险保费收入情况表

单位：万元

资本结构	公司名称	合计
中资	人保股份渝分	116913.29
	大地财产渝分	9793.88
	出口信用渝营管部	1359.20
	中华联合渝分	16071.85
	太保财渝分	34554.87
	平安财渝分	38776.25
	华泰渝分	3200.75
	天安渝分	13036.27

资本结构	公司名称	合计
中资	华安渝分	2801.65
	永安渝分	6541.71
	太平保险渝分	3181.59
	永诚渝分	1034.52
	安邦渝分	1938.29
	天平车险渝分	532.78
	阳光财产渝分	8312.24
	都邦渝分	3574.82
	渤海渝分	300.07
	安诚渝分(虚拟)	9419.43
	小计	271343.45
外资	利宝互助渝分	8508.19
	小计	8508.19
合　计		279851.64

注:

1、原保险保费收入为本年累计数,数据来源于各产险公司报送保监会月报数据。

2、原保险保费收入为各产险公司内部管理报表数据,未经审计,各产险公司不对该数据的用途及由此带来的后果承担任何法律责任。

3、由于计算的四舍五入问题,各产险公司原保险保费收入可能存在细微的误差。

2009年1-6月重庆人寿保险公司原保险保费收入情况表

单位:万元

资本结构	公司名称	合计
中资	国寿股份渝分	456938.95
	太保寿渝分	102994.58
	平安寿渝分	171346.73
	新华渝分	131682.09
	泰康渝分	89690.78
	太平人寿渝分	4858.54
	生命人寿渝分	1376.75
	国寿存续渝分	12688.63
	平安养老渝分	2.50
	人保寿险渝分	49516.36
	幸福人寿渝分	23816.09
	阳光人寿渝分	4594.07
	小计	1049506.07
外资	中宏人寿渝分	459.91
	光大永明渝分	154.10
	中美大都会渝分	18174.72
	中新大东方渝分	9126.85
	小计	27915.58
合　计		1077421.65

注:

1、保费收入为本年累计数,来源于各寿险公司报送保监会月报数据。

2、保费收入数据为各寿险公司内部管理报表数据,未经审计,各寿险公司不对该数据的用途及由此带来的后果承担任何法律责任。

3、由于计算的四舍五入问题,各寿险公司保费收入可能存在细微的误差。

2008年1-12月四川保险业经营数据

单位:万元

原保险保费收入	4942700.17
1.财产险	1097573.02
2.人身险	3845127.16
(1)人身意外伤害	118088.65
(2)健康险	277479.72
(3)寿险	3449558.79
原保险赔付支出	1234751.39
1.财产险	628723.83
2.人身险	606027.56
(1)人身意外伤害	63872.20
(2)健康险	107287.50
(3)寿险	434867.86

注:

1、"原保险保费收入"为按《企业会计准则(2006)》设置的统计指标,指保险企业确认的原保险合同保费收入。

2、"原保险赔付支出"为按《企业会计准则(2006)》设置的统计指标,指保险企业支付的原保险合同赔付款项。

3、原保险保费收入、原保险赔付支出为本年累计数。

4、上述数据来源于各公司报送的保险数据,未经审计。

2008年1-12月四川财产保险公司原保险保费收入情况表

单位:万元

资本结构	公司名称	合计
中资	人保股份川分	518931.37
	大地财产川分	57799.78
	出口信用川分	3227.00
	中华联合川分	140777.50
	太保财川分	77368.05
	平安财川分	129921.61
	华泰川分	17817.53
	天安川分	26435.74
	华安川分	4507.94
	永安川分	40170.51
	太平保险川分	50244.64
	民安川分	1301.92
	中银保险川分	7088.80
	永诚川分	17474.37
	安邦川分	25763.56
	天平车险川分	7647.84
	阳光财产川分	19246.90
	都邦川分	12197.52
	渤海川分	6423.76
	华农川分	3105.62
	安诚川分	4207.36
	小计	1171659.32
外资	安盟川分(虚拟)	1821.90
	小计	1821.90
合　计		1173481.22

注:

1、原保险保费收入为本年累计数,数据来源于各产险公司报送保监会月报数据。

2、原保险保费收入为各产险公司内部管理报表数据,未经审计,各产险公司不对该数据的用途及由此带来的后果承担任何法律责任。

3、由于计算的四舍五入问题,各产险公司原保险保费收入可能存在细微的误差。

2008年1-12月四川人寿保险公司原保险保费收入情况表

单位:万元

资本结构	公司名称	合计
中资	国寿股份川分	1353133.02
	太保寿川分	447886.77
	平安寿川分	331063.40
	新华川分	331643.52
	泰康川分	369668.14
	太平人寿川分	199295.81
	民生人寿川分	67980.20
	生命人寿川分	60406.25
	国寿存续川分	70207.94
	平安养老川分	0.60
	合众人寿川分	15476.60

资本结构	公司名称	合计
中资	华泰人寿川分	51000.22
	人保健康川分	40550.76
	华夏人寿川分	25.28
	嘉禾人寿川分	57775.57
	长城川分	16926.78
	人保寿险川分	218932.18
	阳光人寿川分	6355.67
	小计	3638328.73
外资	中宏人寿川分	4151.24
	中德安联川分	26446.02
	中意川分	600.70
	海尔纽约川分	12173.31
	中英人寿川分	76003.41
	招商信诺川分	1056.55
	恒安标准川分	10458.98
	小计	130890.23
合　计		3769218.95

注：

1、保费收入为本年累计数，来源于各寿险公司报送保监会月报数据。

2、保费收入数据为各寿险公司内部管理报表数据，未经审计，各寿险公司不对该数据的用途及由此带来的后果承担任何法律责任。

3、由于计算的四舍五入问题，各寿险公司保费收入可能存在细微的误差。

2009 年 1 –6 月四川保险业经营数据

单位：万元

原保险保费收入	2978730.00
1. 财产险	702230.85
2. 人身险	2276499.15
(1)人身意外伤害	77758.18
(2)健康险	145988.40
(3)寿险	2052752.57
原保险赔付支出	663388.65
1. 财产险	362305.45
2. 人身险	301083.20
(1)人身意外伤害	26176.15
(2)健康险	55115.58
(3)寿险	219791.46

注：

1、"原保险保费收入"为按《企业会计准则(2006)》设置的统计指标，指保险企业确认的原保险合同保费收入。

2、"原保险赔付支出"为按《企业会计准则(2006)》设置的统计指标，指保险企业支付的原保险合同赔付款项。

3、原保险保费收入、原保险赔付支出为本年累计数。

4、上述数据来源于各公司报送的保险数据，未经审计。

2009 年 1 –6 月四川财产保险公司原保险保费收入情况表

单位：万元

资本结构	公司名称	合计
中资	人保股份川分	322582.41
	太保财川分	56141.98
	平安财川分	104617.51
	永安川分	22414.49
	华泰川分	8365.00
	中华联合川分	86621.76
	天安川分	14951.22
	太平保险川分	27631.91
	大地财产川分	34750.55
	华安川分	4562.67
	出口信用川分	2354.77
	安邦川分	12295.86
	永诚川分	14225.36
	天平车险川分	5174.64
	阳光财产川分	11222.61
	都邦川分	6173.70
	渤海川分	3852.81
	中银保险川分	4685.16
	华农川分	2471.35
	安诚川分	5256.37
	民安川分	1622.22
	小计	751974.36
外资	安盟川分(虚拟)	680.67
	小计	680.67
合　计		752655.02

注：

1、原保险保费收入为本年累计数，数据来源于各产险公司报送保监会月报数据。

2、原保险保费收入为各产险公司内部管理报表数据，未经审计，各产险公司不对该数据的用途及由此带来的后果承担任何法律责任。

3、由于计算的四舍五入问题，各产险公司原保险保费收入可能存在细微的误差。

2009 年 1 –6 月四川人寿保险公司原保险保费收入情况表

单位：万元

资本结构	公司名称	合计
中资	中国人寿	836138.85
	太保寿川分	210301.46
	平安寿川分	253653.63
	新华川分	188268.92
	泰康川分	217380.16
	太平人寿川分	109201.20
	民生人寿川分	13043.06
	生命人寿川分	29139.60
	长城川分	6255.84
	嘉禾人寿川分	15875.60
	人保寿险川分	180191.76
	人保健康川分	2996.19
	合众人寿川分	20298.97
	阳光人寿川分	11226.38
	华夏人寿川分	10703.14
	小计	2104674.75
外资	中英人寿川分	41126.09
	海尔纽约川分	6482.47
	中宏人寿川分	2521.42
	中德安联川分	8910.92
	招商信诺川分	1327.97
	恒安标准川分	8459.74
	中意川分	21793.53
	华泰人寿川分	30778.08
	小计	121400.22
合　计		2226074.98

注：

1、保费收入为本年累计数，来源于各寿险公司报送保监会月报数据。

2、保费收入数据为各寿险公司内部管理报表数据，未经审计，各寿险公司不对该数据的用途及由此带来的后果承担任何法律责任。

3、由于计算的四舍五入问题，各寿险公司保费收入可能存在细微的误差。

2008 年 1 –12 月西藏保险业经营数据

单位：万元

原保险保费收入	32508.00
1. 财产险	28638.32
2. 人身险	3869.67
(1)人身意外伤害	1599.22
(2)健康险	1322.65

(3)寿险	947.80
原保险赔付支出	14305.82
1.财产险	13570.89
2.人身险	734.93
(1)人身意外伤害	511.74
(2)健康险	181.36
(3)寿险	41.82

注：

1、"原保险保费收入"为按《企业会计准则(2006)》设置的统计指标，指保险企业确认的原保险合同保费收入。

2、"原保险赔付支出"为按《企业会计准则(2006)》设置的统计指标，指保险企业支付的原保险合同赔付款项。

3、原保险保费收入、原保险赔付支出为本年累计数。

4、上述数据来源于各公司报送的保险数据，未经审计。

2008 年 1－12 月西藏财产保险公司原保险保费收入情况表

单位：万元

资本结构	公司名称	合计
中资	人保股份藏分	26901.10
	平安财藏分	1541.75
	安邦藏分	2926.02
合　计		31368.86

注：

1、原保险保费收入为本年累计数，数据来源于各产险公司报送保监会月报数据。

2、原保险保费收入为各产险公司内部管理报表数据，未经审计，各产险公司不对该数据的用途及由此带来的后果承担任何法律责任。

3、由于计算的四舍五入问题，各产险公司原保险保费收入可能存在细微的误差。

2008 年 1－12 月西藏人寿保险公司原保险保费收入情况表

单位：万元

资本结构	公司名称	合计
中资	国寿股份藏分	1139.14
合　计		1139.14

注：

1、保费收入为本年累计数，来源于各寿险公司报送保监会月报数据。

2、保费收入数据为各寿险公司内部管理报表数据，未经审计，各寿险公司不对该数据的用途及由此带来的后果承担任何法律责任。

3、由于计算的四舍五入问题，各寿险公司保费收入可能存在细微的误差。

2009 年 1－6 月西藏保险业经营数据

单位：万元

原保险保费收入	23100.91
1.财产险	19908.98
2.人身险	3191.92
(1)人身意外伤害	1239.84
(2)健康险	1302.47
(3)寿险	649.61
原保险赔付支出	6464.66
1.财产险	5914.91
2.人身险	549.75
(1)人身意外伤害	266.57
(2)健康险	228.94
(3)寿险	54.25

注：

1、"原保险保费收入"为按《企业会计准则(2006)》设置的统计指标，指保险企业确认的原保险合同保费收入。

2、"原保险赔付支出"为按《企业会计准则(2006)》设置的统计指标，指保险企业支付的原保险合同赔付款项。

3、原保险保费收入、原保险赔付支出为本年累计数。

4、上述数据来源于各公司报送的保险数据，未经审计。

2009 年 1－6 月西藏财产保险公司原保险保费收入情况表

单位：万元

资本结构	公司名称	合计
中资	人保股份藏分	18250.70
	安邦藏分	1346.77
	平安财藏分	2681.42
	小计	22278.90
合　计		22278.90

注：

1、原保险保费收入为本年累计数，数据来源于各产险公司报送保监会月报数据。

2、原保险保费收入为各产险公司内部管理报表数据，未经审计，各产险公司不对该数据的用途及由此带来的后果承担任何法律责任。

3、由于计算的四舍五入问题，各产险公司原保险保费收入可能存在细微的误差。

2009 年 1－6 月西藏人寿保险公司原保险保费收入情况表

单位：万元

资本结构	公司名称	合计
中资	国寿股份藏分	822.01
	小计	822.01
合　计		822.01

注：

1、保费收入为本年累计数，来源于各寿险公司报送保监会月报数据。

2、保费收入数据为各寿险公司内部管理报表数据，未经审计，各寿险公司不对该数据的用途及由此带来的后果承担任何法律责任。

3、由于计算的四舍五入问题，各寿险公司保费收入可能存在细微的误差。

2008 年 1－12 月贵州保险业经营数据

单位：万元

原保险保费收入	799546.93
1.财产险	285807.86
2.人身险	513739.07
(1)人身意外伤害	28264.97
(2)健康险	31132.55
(3)寿险	454341.55
原保险赔付支出	352615.60
1.财产险	249009.28
2.人身险	103606.32
(1)人身意外伤害	11435.27
(2)健康险	13640.89
(3)寿险	78530.16

注：

1、"原保险保费收入"为按《企业会计准则(2006)》设置的统计指标，指保险企业确认的原保险合同保费收入。

2、"原保险赔付支出"为按《企业会计准则(2006)》设置的统计指标，指保险企业支付的原保险合同赔付款项。

3、原保险保费收入、原保险赔付支出为本年累计数。

4、上述数据来源于各公司报送的保险数据，未经审计。

2008 年 1－12 月贵州辖区原保险保费收入情况表

单位：万元

地区名称	财产险	寿险	意外伤害险	健康险
贵阳市	106547.27	210915.63	7094.59	12566.46
六盘水市	26276.53	28536.52	2473.48	2335.85
遵义市	49278.65	82678.31	4363.29	4409.42

地区名称	财产险	寿险	意外伤害险	健康险
安顺市	14375.94	18702.10	1828.25	1156.03
铜仁地区	13988.29	21973.20	2145.26	1998.14
黔西南布依族苗族自治州	17304.52	13009.69	1990.54	973.98
毕节市	19492.61	24699.00	3365.01	1484.48
黔东南苗族侗族自治州	18281.04	25803.76	1966.05	2713.60
黔南布依族苗族自治州	20242.92	28023.35	3038.49	3494.60
本级	20.09	0.00	0.00	0.00
全省合计	285807.86	454341.55	28264.97	31132.55

注:

1、全部数值均为本年累计值。

2、上述数据来源于各公司报送的保险数据,未经审计。

2008 年 1－12 月贵州财产保险公司原保险保费收入情况表

单位:万元

资本结构	公司名称	合计
中资	人保股份责分	144995.74
	大地财产责分	11583.82
	太保财责分	50954.35
	平安财责分	32285.58
	天安责分	12032.22
	华安责分	62.35
	太平保险责分	3917.93
	安邦责分	9084.45
	阳光财产责分	11077.04
	都邦责分	2697.88
	国寿财产责分	22208.58
	小计	300899.96
合　计		300899.96

注:

1、原保险保费收入为本年累计数,数据来源于各产险公司报送保监会月报数据。

2、原保险保费收入为各产险公司内部管理报表数据,未经审计,各产险公司不对该数据的用途及由此带来的后果承担任何法律责任。

3、由于计算的四舍五入问题,各产险公司原保险保费收入可能存在细微的误差。

2008 年 1－12 月贵州人身保险公司原保险保费收入情况表

单位:万元

资本结构	公司名称	合计
中资	国寿股份责分	231284.15
	太保寿责分	84485.64
	平安寿责分	69887.70
	新华责分	41011.85
	泰康责分	46130.87
	太平人寿责分	5082.18
	国寿存续责分	19340.86
	平安养老责分	1423.72
	小计	498646.97
合　计		498646.97

注:

1、保费收入为本年累计数,来源于各寿险公司报送保监会月报数据。

2、保费收入数据为各寿险公司内部管理报表数据,未经审计,各寿险公司不对该数据的用途及由此带来的后果承担任何法律责任。

3、由于计算的四舍五入问题,各寿险公司保费收入可能存在细微的误差。

2009 年 1－6 月贵州保险业经营数据

单位:万元

原保险保费收入	489902.57
1. 财产险	188389.61
2. 人身险	301512.96
(1)人身意外伤害	15456.88
(2)健康险	18775.64
(3)寿险	267280.45
原保险赔付支出	154176.56
1. 财产险	100194.93
2. 人身险	53981.63
(1)人身意外伤害	5010.16
(2)健康险	7725.98
(3)寿险	41245.48

注:

1、"原保险保费收入"为按《企业会计准则(2006)》设置的统计指标,指保险企业确认的原保险合同保费收入。

2、"原保险赔付支出"为按《企业会计准则(2006)》设置的统计指标,指保险企业支付的原保险合同赔付款项。

3、原保险保费收入、原保险赔付支出为本年累计数。

4、上述数据来源于各公司报送的保险数据,未经审计。

2009 年 1－6 月贵州辖区原保险保费收入情况表

单位:万元

地区名称	财产险	寿险	意外伤害险	健康险
贵阳市	65876.54	119966.31	4155.32	8312.23
六盘水市	17073.16	16473.39	1373.22	1573.20
遵义市	34229.96	48895.29	2024.67	2171.67
安顺市	8999.56	11629.68	972.29	716.90
铜仁地区	9170.57	14548.29	913.99	705.34
黔西南布依族苗族自治州	12222.74	9419.46	922.38	499.31
毕节市	13454.42	14471.40	2017.45	973.40
黔东南苗族侗族自治州	11607.76	15129.47	1292.27	1727.75
黔南布依族苗族自治州	15735.76	16747.16	1785.23	2095.57
本级	19.16	0.00	0.06	0.26
全省合计	188389.61	267280.45	15456.88	18775.64

注:

1、全部数值均为本年累计值。

2、上述数据来源于各公司报送的保险数据,未经审计。

2009 年 1－6 月贵州人寿保险公司原保险保费收入情况表

单位:万元

资本结构	公司名称	合计
中资	国寿股份责分	133490.49
	太保寿责分	38128.80
	平安寿责分	46789.80
	新华责分	27170.72
	泰康责分	29622.34
	太平人寿责分	8989.00
	国寿存续责分	8102.03
	平安养老责分	43.22
	小计	292336.39
合　计		292336.39

注:

1、保费收入为本年累计数,来源于各寿险公司报送保监会月报数据。

2、保费收入数据为各寿险公司内部管理报表数据,未经审计,各寿险公司不对该数据的用途及由此带来的后果承担任何法律责任。

3、由于计算的四舍五入问题,各寿险公司保费收入可能存在细微的误差。

2009年1－6月贵州财产保险公司原保险保费收入情况表

单位：万元

资本结构	公司名称	合计
中资	人保股份贵分	85520.57
	大地财产贵分	8667.46
	太保财贵分	37740.79
	平安财贵分	23702.78
	天安贵分	8046.47
	华安贵分	1161.01
	太平保险贵分	5771.40
	安邦贵分	4013.04
	阳光财产贵分	7491.49
	都邦贵分	2162.58
	国寿财产贵分	13288.60
	小计	197566.19
合　计		197566.19

注：

1、原保险保费收入为本年累计数，数据来源于各产险公司报送保监会月报数据。

2、原保险保费收入为各产险公司内部管理报表数据，未经审计，各产险公司不对该数据的用途及由此带来的后果承担任何法律责任。

3、由于计算的四舍五入问题，各产险公司原保险保费收入可能存在细微的误差。

2008年1－12月云南保险业经营数据

报表单位：云南局－以集团本级汇　　　　单位：万元

原保险保费收入	1653916.43
1. 财产险	552042.69
2. 人身险	1101873.74
(1)人身意外伤害	61873.30
(2)健康险	123072.23
(3)寿险	916928.21
原保险赔付支出	634019.01
1. 财产险	317418.46
2. 人身险	316600.55
(1)人身意外伤害	18906.86
(2)健康险	60621.13
(3)寿险	237072.57

注：

1、"原保险保费收入"为按《企业会计准则(2006)》设置的统计指标，指保险企业确认的原保险合同保费收入。

2、"原保险赔付支出"为按《企业会计准则(2006)》设置的统计指标，指保险企业支付的原保险合同赔付款项。

3、原保险保费收入、原保险赔付支出为本年累计数。

4、上述数据来源于各公司报送的保险数据，未经审计。

2008年1－12月云南辖区原保险保费收入情况表

报表单位：云南局－以集团本级汇总(2008年12月)　　　　单位：万元

地区名称	财产险	寿险	意外伤害险	健康险
昆明市	199445.20	367903.54	21038.10	81282.32
曲靖市	55966.28	93674.91	5763.81	7174.64
玉溪市	56163.30	102963.63	4639.48	7678.74
保山市	16233.38	28892.11	1964.32	1246.54
昭通市	18846.81	19067.29	2100.03	2468.09
丽江市	12460.03	22538.74	2318.84	2779.18
普洱市	18168.96	24308.30	2752.94	2214.87
临沧地区	12925.83	13934.41	1423.66	1474.00
楚雄彝族自治州	21207.40	45477.46	3094.75	3059.15
红河哈尼族彝族自治州	47661.74	76633.45	5597.42	4409.50
文山壮族苗族自治州	19868.85	17175.31	1923.63	1879.94
西双版纳傣族自治州	11576.22	25155.79	1423.63	1572.61
大理白族自治州	31911.11	53729.04	4931.33	3205.45
德宏傣族景颇族自治州	12787.69	21895.27	1773.20	1675.50
怒江傈僳族自治州	3772.06	1200.94	421.74	635.31
迪庆藏族自治州	4942.14	2378.02	550.84	283.42
本级	8105.68	0.00	155.59	32.97
全省合计	552042.69	916928.21	61873.30	123072.23

注：

1、全部数值均为本年累计值。

2、上述数据来源于各公司报送的保险数据，未经审计。

2008年1－12月云南财产保险公司原保险保费收入情况表

报表单位：云南局－产险(2008年12月)　　　　单位：万元

资本结构	公司名称	合计
中资	人保股份云分	317648.06
	大地财产云分	44245.73
	出口信用云分	5338.81
	太保财云分	63305.29
	平安财云分	72116.01
	华泰云分	7324.62
	天安云分	20386.59
	华安云分	2086.55
	永安云分	15074.44
	太平保险云分	5406.07
	中银保险云分	275.81
	永诚云分	4811.40
	安邦云分	5135.19
	阳光财产云分	10973.92
	都邦云分	11744.82
	渤海云分	1872.81
	国寿财产云分	9086.31
	小计	596832.44
合　计		596832.44

注：

1、原保险保费收入为本年累计数，数据来源于各产险公司报送保监会月报数据。

2. 原保险保费收入为各产险公司内部管理报表数据，未经审计，各产险公司不对该数据的用途及由此带来的后果承担任何法律责任。

3、由于计算的四舍五入问题，各产险公司原保险保费收入可能存在细微的误差。

2008年1－12月云南人寿保险公司原保险保费收入情况表

报表单位：云南局－寿险(2008年12月)　　　　单位：万元

资本结构	公司名称	合计
中资	国寿股份云分	418491.91
	太保寿云分	157383.84
	平安寿云分	126455.64
	新华云分	62057.33
	泰康云分	150090.50
	太平人寿云分	7822.21
	国寿存续云分	23756.20
	平安养老云分	13.50

资本结构	公司名称	合计
中资	人保健康云分	47878.21
	人保寿险云分	61951.44
	阳光人寿云分	1183.22
	小计	1057083.99
合　计		1057083.99

注：

1、保费收入为本年累计数，来源于各寿险公司报送保监会月报数据。

2、保费收入数据为各寿险公司内部管理报表数据，未经审计，各寿险公司不对该数据的用途及由此带来的后果承担任何法律责任。

3、由于计算的四舍五入问题，各寿险公司保费收入可能存在细微的误差。

2009 年 1－6 月云南保险业经营数据

单位：万元

原保险保费收入	1008027.89
1. 财产险	382118.59
2. 人身险	625909.30
(1) 人身意外伤害	32834.76
(2) 健康险	68956.13
(3) 寿险	524118.41
原保险赔付支出	357657.88
1. 财产险	172692.41
2. 人身险	184965.48
(1) 人身意外伤害	11373.84
(2) 健康险	37469.97
(3) 寿险	136121.67

注：1、"原保险保费收入"为按《企业会计准则(2006)》设置的统计指标，指保险企业确认的原保险合同保费收入。

2、"原保险赔付支出"为按《企业会计准则(2006)》设置的统计指标，指保险企业支付的原保险合同赔付款项。

3、原保险保费收入、原保险赔付支出为本年累计数。

4、上述数据来源于各公司报送的保险数据，未经审计。

2009 年 1－6 月云南辖区原保险保费收入情况表

单位：万元

地区名称	财产险	寿险	意外伤害险	健康险
昆明市	122360.55	188822.51	13612.41	48047.11
曲靖市	41006.42	55395.79	2718.46	6592.17
玉溪市	38776.83	53539.79	2066.68	3098.62
保山市	11204.59	16507.39	1029.39	556.91
昭通市	14956.81	8950.19	1103.30	881.40
丽江市	8966.41	14936.12	1421.27	1118.05
普洱市	11714.94	14147.13	1145.29	972.95
临沧地区	8843.31	10312.31	702.46	374.98
楚雄彝族自治州	18862.28	30429.97	1555.03	1272.23
红河哈尼族彝族自治州	36874.71	52167.48	1945.34	2157.84
文山壮族苗族自治州	13620.99	12205.60	954.06	813.89
西双版纳傣族自治州	8586.00	17125.56	639.84	753.19
大理白族自治州	23782.86	31197.45	2593.01	1027.16
德宏傣族景颇族自治州	8244.96	16468.84	855.93	728.36
怒江傈僳族自治州	2740.96	751.56	161.33	434.04
迪庆藏族自治州	3403.21	1160.73	277.41	116.18
本级	8172.76	0.00	53.53	11.05
全省合计	382118.59	524118.41	32834.76	68956.13

注：

1、全部数值均为本年累计值。

2、上述数据来源于各公司报送的保险数据，未经审计。

2009 年 1－6 月云南人寿保险公司原保险保费收入情况表

单位：万元

公司名称	合　计
国寿股份云分	256436.19
太保寿云分	62105.43
平安寿云分	83075.17
新华云分	43737.26
泰康云分	70979.45
太平人寿云分	4235.65
国寿存续云分	8885.74
平安养老云分	45.36
人保健康云分	27656.81
人保寿险云分	42241.81
阳光人寿云分	2351.44
合　计	601750.30

2009 年 1－6 月云南财产保险公司原保险保费收入情况表

单位：万元

公司名称	合　计
人保股份云分	223898.33
大地财产云分	32373.96
出口信用云分	1589.39
太保财云分	39499.28
平安财云分	52425.97
华泰云分	4970.23
天安云分	10162.23
华安云分	1475.23
永安云分	7630.91
太平保险云分	2476.43
中银保险云分	811.90
永诚云分	3983.54
安邦云分	960.83
阳光财产云分	6007.04
都邦云分	3123.23
渤海云分	1103.02
国寿财产云分	13786.06
合　计	406277.58

2008 年 1－12 月陕西保险业主要市场指标

一、保费收入 217.8 亿元，增长 44.7%

其中：财产险保费收入 46.27 亿元，同比增长 15.76%；寿险保费收入 159.24 亿元，同比增长 56.88%；健康险保费收入 8.45 亿元，同比增长 48.07%；意外险保费收入 3.82 亿元，同比增长 14.94%。

二、赔款和给付支出 58.91 亿元，同比增长 24.58%

其中：财产险赔款支出 27.19 亿元，同比增长 35.06%；寿险给付支出 27.95 亿元，同比增长 15.4%；健康险赔款和给付支出 2.64 亿元，同比增长 39.42%；意外险赔款支出 1.12 亿元，同比增长 8.06%。

三、保险深度与密度

2008 年陕西保险深度约为 3.2%（全省 GDP 按有关部门预估的 6800 亿元计），比上年提高 0.4 个百分点；保险密度 578.77 元，比上年增加 177.43 元。

2008 年 1－12 月甘肃保险业统计数据

单位：万元

原保险保费收入	974503.84
1. 财产险	226150.96
2. 人身险	748352.89
（1）人身意外伤害	17271.61
（2）健康险	42873.94
（3）寿险	688207.34
原保险赔付支出	312541.29
1. 财产险	140086.30
2. 人身险	172454.98
（1）人身意外伤害	5125.19
（2）健康险	17441.17
（3）寿险	149888.63

注：

1、"原保险保费收入"为按《企业会计准则（2006）》设置的统计指标，指保险企业确认的原保险合同保费收入。

2、"原保险赔付支出"为按《企业会计准则（2006）》设置的统计指标，指保险企业支付的原保险合同赔付款项。

3、原保险保费收入、原保险赔付支出为本年累计数。

4、上述数据来源于各公司报送的保险数据，未经审计。

2008 年 1－12 月甘肃财产保险公司原保险保费收入情况表

单位：万元

资本结构	公司名称	合计
中资	人保股份甘分	126466.93
	大地财产甘分	12985.51
	中华联合甘分	15723.40
	太保财甘分	15584.48
	平安财甘分	20108.20
	天安甘分	7590.05
	永安甘分	20878.61
	安邦甘分	3542.99
	阳光甘分	2451.31
	都邦甘分	2611.57
	国寿财产甘分	7582.92
	小计	235525.97
合　计		235525.97

注：

1、原保险保费收入为本年累计数，数据来源于各产险公司报送保监会月报数据。保监会月报数据。

2. 原保险保费收入数据为各产险公司内部管理报表数据，未经审计，各产险公司不对该数据的用途及由此带来的后果承担任何法律责任。

3. 由于计算的四舍五入问题，各产险公司原保险保费收入可能存在细微的误差。

2008 年 1－12 月甘肃人寿保险公司原保险保费收入情况表

单位：万元

资本结构	公司名称	合计
中资	国寿股份甘分	384093.34
	太保寿甘分	97819.27
	平安寿甘分	137499.15
	新华甘分	10767.16
	泰康甘分	27153.73
	太平甘分	3195.66
	国寿存续甘分	30551.09
	平安养老甘分	1.30
	人保寿险甘分	47897.17
	小计	738977.87
合　计		738977.87

注：

1、原保险保费收入为本年累计数，来源于各寿险公司报送保监会月报数据。

2、原保险保费收入数据为各寿险公司内部管理报表数据，未经审计，各寿险公司不对该数据的用途及由此带来的后果承担任何法律责任。

3、由于计算的四舍五入问题，各寿险公司原保险保费收入可能存在细微的误差。

2008 年 1－12 月甘肃辖区原保险保费收入情况表

单位：万元

地区名称	原保险保费收入	财产险	寿险	意外险	健康险
兰州市	406583.84	85825.40	289310.58	6451.41	24996.45
嘉峪关市	26513.79	11460.92	13840.48	493.78	718.61
金昌市	49388.94	12502.85	34722.73	1093.80	1069.56
白银市	70394.21	14460.09	52191.98	1227.93	2514.21
天水市	52381.83	10185.76	39463.67	694.91	2037.49
武威市	51760.17	8474.60	40984.15	780.46	1520.96
张掖市	61949.09	11828.51	46797.65	1261.54	2061.39
平凉市	39258.95	12739.37	25118.10	596.83	804.65
酒泉市	94240.70	16317.15	71852.80	1714.56	4356.19
庆阳市	47622.02	13110.37	32801.64	951.49	758.52
定西市	32784.07	9837.24	21219.87	938.79	788.17
陇南地区	21992.54	8382.90	12403.13	441.01	765.50
临夏回族自治州	13590.11	7111.24	5770.23	394.87	313.77
甘南藏族自治州	5427.68	3306.65	1730.33	222.22	168.48
省公司本级	615.92	607.91	0.00	8.01	0.00
全省合计	974503.86	226150.96	688207.34	17271.61	42873.95

注：

1、全部数值均为本年累计值。

2、上述数据来源于各公司报送的保险数据，未经审计。

2009 年 1－6 月甘肃保险业统计数据

单位：万元

原保险保费收入	635054.81
1. 财产险	155729.13
2. 人身险	479325.68
（1）人身意外伤害	10751.52
（2）健康险	25754.49
（3）寿险	442819.67
原保险赔付支出	169210.34
1. 财产险	66718.44
2. 人身险	102491.90
（1）人身意外伤害	2577.41
（2）健康险	9956.81
（3）寿险	89957.68

注：

1、"原保险保费收入"为按《企业会计准则（2006）》设置的统计指标，指保险企业确认的原保险合同保费收入。

2、"原保险赔付支出"为按《企业会计准则（2006）》设置的统计指标，指保险企业支付的原保险合同赔付款项。

3、原保险保费收入、原保险赔付支出为本年累计数。

4、上述数据来源于各公司报送的保险数据，未经审计。

2009 年 1－6 月财产保险公司原保险保费收入情况表

单位：万元

资本结构	公司名称	合计
中资	人保股份甘分	84629.87
	大地财产甘分	7393.75
	中华联合甘分	10638.61
	太保财甘分	12763.01

资本结构	公司名称	合计
中资	平安财甘分	13054.57
	天安甘分	4480.97
	永安甘分	13571.75
	安邦甘分	1242.44
	阳光财产甘分	2116.39
	都邦甘分	1987.15
	国寿财产甘分	9609.20
	小计	161487.71
合　计		161487.71

注：

1、原保险保费收入为本年累计数，数据来源于各产险公司报送保监会月报数据。

2、原保险保费收入数据为各产险公司内部管理报表数据，未经审计，各产险公司不对该数据的用途及由此带来的后果承担任何法律责任。

3、由于计算的四舍五入问题，各产险公司原保险保费收入可能存在细微的误差。

2009 年 1 –6 月甘肃人寿保险公司原保险保费收入情况表

单位：万元

资本结构	公司名称	合计
中资	国寿股份甘分	228103.97
	太保寿甘分	59391.15
	平安寿甘分	104195.99
	新华甘分	9317.12
	泰康甘分	17750.66
	太平甘分	6675.25
	国寿存续甘分	13275.39
	平安养老甘分	2.6
	人保寿险甘分	34284.87
	幸福人寿甘分	570.1
	小计	473567.10
合　计		473567.10

注：

1、原保险保费收入为本年累计数，来源于各寿险公司报送保监会月报数据。

2、原保险保费收入数据为各寿险公司内部管理报表数据，未经审计，各寿险公司不对该数据的用途及由此带来的后果承担任何法律责任。

3、由于计算的四舍五入问题，各寿险公司原保险保费收入可能存在细微的误差。

2009 年 1 –6 月甘肃辖区原保险保费收入情况表

单位：万元

地区名称	财产险	寿险	意外伤害险	健康险
兰州市	54708.03	180254.45	3530.03	14571.36
嘉峪关市	6710.13	10564.26	296.25	338.75
金昌市	9956.60	18622.10	640.59	756.04
白银市	11390.36	33429.95	701.62	1346.53
天水市	6466.75	26266.38	465.83	1274.65
武威市	6226.93	28152.45	500.73	925.86
张掖市	6704.34	34295.76	863.76	1315.99
平凉市	9409.78	16196.79	632.73	605.69
酒泉市	11081.92	48644.45	974.56	2662.76
庆阳市	9878.35	20040.49	540.03	518.64
定西市	7824.87	14059.62	701.61	666.24
陇南地区	6207.81	8361.11	316.62	508.46
临夏回族自治州	5641.09	2921.24	309.53	181.05
甘南藏族自治州	2091.88	1010.62	188.25	79.08
本级	1430.29	0.00	89.39	3.38
全省合计	155729.13	442819.67	10751.52	25754.49

注：

1、全部数值均为本年累计值。

2、上述数据来源于各公司报送的保险数据，未经审计。

2008 年 1 –12 月青海保险业统计数据

单位：万元

原保险保费收入	141063.95
1. 财产险	62772.62
2. 人身险	78291.33
(1) 寿险	66741.43
(2) 健康险	7284.34
(3) 人身意外伤害	4265.55
原保险赔付支出	59975.38
1. 财产险	33065.84
2. 人身险	26909.55
(1) 寿险	22427.82
(2) 健康险	2727.86
(3) 人身意外伤害	1753.86

2008 年 1 –12 月青海人身保险公司原保险保费收入情况表

单位：万元

资本结构	公司名称	合计
中资	中国人寿保险公司青海省分公司	35,560.42
	中国平安人寿保险公司青海分公司	29,693.49
	新华人寿保险公司青海分公司	9,678.72
	中国平安养老保险公司青海分公司	
	小计	74932.63

2008 年 1 –12 月青海财产保险公司原保险保费收入情况表

单位：万元

资本结构	公司名称	合计
中资	中国人民财产保险公司青海省分公司	42820.27
	中国平安财产保险公司青海分公司	15078.57
	安邦财产保险公司青海分公司	3856.94
	阳光财产保险公司青海分公司	4158.15
	中国太平洋财产保险公司青海分公司	217.40
	小计	66131.33

注：1、“原保险保费收入”为按《企业会计准则(2006)》设置的统计指标，指保险企业确认的原保险合同保费收入。

2、“原保险赔付支出”为按《企业会计准则(2006)》设置的统计指标，指保险企业支付的原保险合同赔付款项。

3、数据为本年累计数，数据来源于各公司报送保监会月报数据。

4、数据为各公司内部管理报表数据，未经审计，各公司不对该数据的用途及由此带来的后果承担任何法律责任。

5、由于计算的四舍五入问题，数据可能存在细微的误差。

2009 年 1 –6 月青海保险业统计数据

单位：万元

原保险保费收入	97718.9
1. 财产险	43222.73
2. 人身险	30865.79
(1) 寿险	54496.17
(2) 健康险	47574.44
(3) 人身意外伤害	4122.85
原保险赔付支出	27849.63
1. 财产险	17541.58
2. 人身险	10308.05
(1) 寿险	8007.68
(2) 健康险	1541.93
(3) 人身意外伤害	758.45

2009 年 1 - 6 月青海财产保险公司原保险保费收入情况表

单位:万元

资本结构	公司名称	合计
中资	中国人民财产保险公司青海省分公司	27769.94
	中国平安财产保险公司青海分公司	10754.84
	安邦财产保险公司青海分公司	2146.97
	阳光财产保险公司青海分公司	3471.30
	中国太平洋财产保险公司青海分公司	1180.24
	小计	45323.29

2009 年 1 - 6 月青海人身保险公司原保险保费收入情况表

单位:万元

资本结构	公司名称	合计
中资	中国人寿保险公司青海省分公司	24169.86
	中国平安人寿保险公司青海分公司	21,519.10
	新华人寿保险公司青海分公司	1802.93
	中国平安养老保险公司青海分公司	6,706.64
	小计	52395.60

注:

1、"原保险保费收入"为按《企业会计准则(2006)》设置的统计指标,指保险企业确认的原保险合同保费收入。

2、"原保险赔付支出"为按《企业会计准则(2006)》设置的统计指标,指保险企业支付的原保险合同赔付款项。

3、数据为本年累计数,数据来源于各公司报送保监会月报数据。

4、数据为各公司内部管理报表数据,未经审计,各公司不对该数据的用途及由此带来的后果承担任何法律责任。

5、由于计算的四舍五入问题,数据可能存在细微的误差。

2008 年 1 - 12 月宁夏保险业经营数据

报表单位:宁夏局 - 以集团本级汇总　　单位:万元

原保险保费收入	317905.64
1. 财产险	94751.23
2. 人身险	223154.41
(1)人身意外伤害	8461.35
(2)健康险	33603.01
(3)寿险	181090.06
原保险赔付支出	85231.21
1. 财产险	48208.49
2. 人身险	37022.72
(1)人身意外伤害	2036.99
(2)健康险	9088.74
(3)寿险	25896.99

注:

1、"原保险保费收入"为按《企业会计准则(2006)》设置的统计指标,指保险企业确认的原保险合同保费收入。

2、"原保险赔付支出"为按《企业会计准则(2006)》设置的统计指标,指保险企业支付的原保险合同赔付款项。

3、原保险保费收入、原保险赔付支出为本年累计数。

4、上述数据来源于各公司报送的保险数据,未经审计。

2008 年 1 - 12 月宁夏辖区原保险保费收入情况表

报表单位:宁夏局 - 以集团本级汇总(2008 年 12 月)　　单位:万元

地区名称	财产险	寿险	意外伤害险	健康险
银川市	49424.59	107735.76	4827.87	18720.72
石嘴山市	11101.79	24115.99	888.37	5204.74
吴忠市	15880.84	26422.90	1450.21	5829.30
固原市	9172.25	7307.23	295.45	767.60
中卫市	9171.77	15508.17	999.43	3080.65
本级	0.00	0.00	0.00	0.00
全区合计	94751.23	181090.06	8461.35	33603.01

注:

1、全部数值均为本年累计值。

2、上述数据来源于各公司报送的保险数据,未经审计。

2008 年 1 - 12 月宁夏财产保险公司原保险保费收入情况表

报表单位:宁夏局 - 产险(2008 年 12 月)　　单位:万元

资本结构	公司名称	合计
中资	人保股份宁分	62931.34
	大地财产宁分	5676.90
	太保财宁分	9449.91
	平安财宁分	16321.38
	安邦宁分	5213.52
	小计	99593.06
合　计		99593.06

注:

1、原保险保费收入为本年累计数,数据来源于各产险公司报送保监会月报数据。

2、原保险保费收入为各产险公司内部管理报表数据,未经审计,各产险公司不对该数据的用途及由此带来的后果承担任何法律责任。

3、由于计算的四舍五入问题,各产险公司原保险保费收入可能存在细微的误差。

2008 年 1 - 12 月宁夏人寿保险公司原保险保费收入情况表

报表单位:宁夏局 - 寿险(2008 年 12 月)　　单位:万元

资本结构	公司名称	合计
中资	国寿股份宁分	93155.79
	太保寿宁分	1664.13
	平安寿宁分	77589.54
	新华人寿宁分	35061.10
	国寿存续宁分	7379.01
	平安养老宁分	0.00
	合众人寿宁分	3463.02
	小计	218312.58
合　计		218312.58

注:

1、保费收入为本年累计数,来源于各寿险公司报送保监会月报数据。

2、保费收入数据为各寿险公司内部管理报表数据,未经审计,各寿险公司不对该数据的用途及由此带来的后果承担任何法律责任。

3、由于计算的四舍五入问题,各寿险公司保费收入可能存在细微的误差。

2008 年 1 - 12 月新疆保险业经营数据

报表单位:新疆局 - 以集团本级汇总　　单位:万元

原保险保费收入	1525145.09
1. 财产险	442526.30
2. 人身险	1082618.79
(1)人身意外伤害	34773.51
(2)健康险	100689.84
(3)寿险	947155.45
原保险赔付支出	443940.75
1. 财产险	236071.21
2. 人身险	207869.53
(1)人身意外伤害	9768.86
(2)健康险	46945.99
(3)寿险	151154.69

注:

1、"原保险保费收入"为按《企业会计准则(2006)》设置的统计指标,指保险企业确认的原保险合同保费收入。

2、"原保险赔付支出"为按《企业会计准则(2006)》设置的统计指标,指保险企业支付的原保险合同赔付款项。

3、原保险保费收入、原保险赔付支出为本年累计数。

4、上述数据来源于各公司报送的保险数据,未经审计。

2008 年 1－12 月新疆辖区原保险保费收入情况表

单位:万元

地区名称	财产险	寿险	意外伤害险	健康险
克拉玛依市	24137.91	70036.31	2162.77	3724.23
吐鲁番地区	13258.00	17534.18	1205.07	2788.05
哈密地区	11712.64	49112.24	869.68	3245.94
昌吉回族自治州	38662.23	94867.64	2834.01	10976.54
博尔塔拉蒙古自治州	14927.65	18111.86	781.68	2866.37
巴音郭楞蒙古自治州	47142.92	67670.10	3900.54	8485.85
阿克苏地区	42457.59	50031.76	3086.95	4744.89
克孜勒苏柯尔克孜自治州	2362.18	2307.93	205.78	436.32
喀什地区	43137.23	44192.04	2193.49	3878.22
和田地区	8785.00	6653.08	977.03	919.16
伊犁哈萨克自治州	28306.73	54553.04	2461.25	9168.59
奎屯市	16852.67	24117.53	891.61	3329.91
塔城地区	14661.96	34974.28	1472.22	3830.62
阿勒泰地区	11409.67	19571.56	1174.62	1969.43
石河子市	29441.06	43359.02	1163.40	4923.49
本级	0.00	0.00	0.00	0.00
乌鲁木齐地区	95270.86	350062.88	9393.40	35402.24
全省合计	442526.30	947155.45	34773.51	100689.84

注:

1、全部数值均为本年累计值。

2、上述数据来源于各公司报送的保险数据,未经审计。

2008 年 1－12 月新疆财产保险公司原保险保费收入情况表

报表单位:新疆局－产险(2008 年 12 月)　　单位:万元

资本结构	公司名称	合计
中资	人保股份新分	239924.56
	大地财产新分	5018.87
	中华联合新分(虚拟)	162606.03
	太保财新分	17147.32
	平安财新分	24487.50
	天安新分	4403.35
	永安新分	14591.01
	安邦新分	4784.25
	阳光财产新分	8615.92
	都邦新分	725.66
	渤海新分	661.44
	小计	482965.91
合　计		482965.91

注:

1、原保险保费收入为本年累计数,数据来源于各产险公司报送保监会月报数据。

2、原保险保费收入为各产险公司内部管理报表数据,未经审计,各产险公司不对该数据的用途及由此带来的后果承担任何法律责任。

3、由于计算的四舍五入问题,各产险公司原保险保费收入可能存在细微的误差。

2008 年 1－12 月新疆人寿保险公司原保险保费收入情况表

报表单位:新疆局－寿险(2008 年 12 月)　　单位:万元

资本结构	公司名称	合计
中资	国寿股份新分	508893.42
	太保寿新分	132979.75
	平安寿新分	143250.07
	新华新分	73947.82
	泰康新分	97517.23
	太平人寿新分	5957.82
	国寿存续新分	37281.40
	平安养老新分	0.00
	合众人寿新分	2494.98
	人保健康新分	3186.01
	人保寿险新分	36670.68
	小计	1042179.18
合　计		1042179.18

注:

1、保费收入为本年累计数,来源于各寿险公司报送保监会月报数据。

2、保费收入数据为各寿险公司内部管理报表数据,未经审计,各寿险公司不对该数据的用途及由此带来的后果承担任何法律责任。

3、由于计算的四舍五入问题,各寿险公司保费收入可能存在细微的误差。

2008 年 1－12 月深圳保险业经营数据

报表单位:深圳局－以集团本级汇总　　单位:万元

原保险保费收入	2408212.47
1. 财产险	848447.07
2. 人身险	1559765.41
(1)人身意外伤害	71455.23
(2)健康险	159344.33
(3)寿险	1328965.85
原保险赔付支出	679437.98
1. 财产险	524793.20
2. 人身险	154644.78
(1)人身意外伤害	25806.69
(2)健康险	25474.88
(3)寿险	103363.21

注:

1、"原保险保费收入"为按《企业会计准则(2006)》设置的统计指标,指保险企业确认的原保险合同保费收入。

2、"原保险赔付支出"为按《企业会计准则(2006)》设置的统计指标,指保险企业支付的原保险合同赔付款项。

3、原保险保费收入、原保险赔付支出为本年累计数。

4、上述数据来源于各公司报送的保险数据,未经审计。

2008 年 1－12 月深圳人寿保险公司原保险保费收入情况表

报表单位:深圳局－寿险(2008 年 12 月)　　单位:万元

资本结构	公司名称	合计
中资	国寿股份深圳市分	384149.29
	太保寿深圳市分	149004.46
	平安寿深圳市分	422323.66
	泰康深圳市分	172083.13
	太平人寿深圳市分	37113.51
	生命人寿深圳分	16630.50
	国寿存续深圳市分	44263.23
	平安养老深圳分	0.00
	人保健康深圳市分	48691.28
	人保寿险深圳分	36789.56
	幸福人寿深圳市分	12717.25
	小计	1323765.87

资本结构	公司名称	合计
外资	中宏人寿深圳市分	2625.38
	太平洋安泰深圳市分(虚拟)	298.83
	中德安联深圳市分	23980.30
	金盛深圳分(虚拟)	2806.76
	信诚深分	14102.68
	中意深圳市分	10067.82
	友邦深圳市分	92347.37
	中英人寿深圳市分(虚拟)	14723.14
	海康人寿深圳市分(虚拟)	0.77
	招商信诺深圳市分	34877.79
	瑞泰人寿深圳市分(虚拟)	116.80
	中美大都会深圳市分(虚拟)	7347.54
	小计	203295.18
合　计		1527061.05

注:

1、保费收入为本年累计数,来源于各寿险公司报送保监会月报数据。

2、保费收入数据为各寿险公司内部管理报表数据,未经审计,各寿险公司不对该数据的用途及由此带来的后果承担任何法律责任。

3、由于计算的四舍五入问题,各寿险公司保费收入可能存在细微的误差。

2008 年 1 – 12 月深圳财产保险公司原保险保费收入情况表

报表单位:深圳局 – 产险(2008 年 12 月)　　单位:万元

资本结构	公司名称	合计
中资	人保股份深圳市分	230906.69
	大地财产深圳市分	16575.24
	出口信用深圳市分	22562.63
	中华联合深圳市分	29785.29
	太保财深圳市分	187463.07
	平安财深圳市分	151524.92
	华泰深圳市分	11321.72
	天安深圳市分	29513.49
	华安深圳市分	628.06
	永安深圳市分	10923.28
	太平保险深圳市分	33185.57
	民安深圳市分	28569.54
	中银保险深圳市分	5970.61
	永诚深圳市分	13995.43
	安邦深圳市分	5130.23
	天平车险深圳市分	7413.69
	阳光财产深圳市分	13311.81
	都邦深圳市分	9142.23
	渤海深圳市分	1029.88
	国寿财产深圳分	33050.92
	安诚深圳分	5562.11
	鼎和财产深圳市分(虚拟)	12103.21
	小计	859669.61
外资	美亚深圳市分	12746.73
	三星深圳分	6439.94
	安联深圳市分(虚拟)	2295.15
	小计	21481.82
合　计		881151.42

注:

1、原保险保费收入为本年累计数,数据来源于各产险公司报送保监会月报数据。

2、原保险保费收入为各产险公司内部管理报表数据,未经审计,各产险公司不对该数据的用途及由此带来的后果承担任何法律责任。

3、由于计算的四舍五入问题,各产险公司原保险保费收入可能存在细微的误差。

2009 年 1 – 6 月深圳保险业经营数据

报表单位:深圳局 – 以集团本级汇总　　单位:万元

原保险保费收入	1403219.31
1. 财产险	491604.06
2. 人身险	911615.25
(1)人身意外伤害	37894.55
(2)健康险	70030.44
(3)寿险	803690.26
原保险赔付支出	356109.27
1. 财产险	273987.63
2. 人身险	82121.64
(1)人身意外伤害	11610.31
(2)健康险	19642.38
(3)寿险	50868.95

注:

1、"原保险保费收入"为按《企业会计准则(2006)》设置的统计指标,指保险企业确认的原保险合同保费收入。

2、"原保险赔付支出"为按《企业会计准则(2006)》设置的统计指标,指保险企业支付的原保险合同赔付款项。

3、原保险保费收入、原保险赔付支出为本年累计数。

4、上述数据来源于各公司报送的保险数据,未经审计。

2009 年 1 – 6 月深圳财产保险公司原保险保费收入情况表

报表单位:深圳局 – 产险(2009 年 6 月)　　单位:万元

资本结构	公司名称	合计
中资	人保股份深圳市分	131364.94
	大地财产深圳市分	9651.33
	出口信用深圳市分	14594.33
	中华联合深圳市分	14527.55
	太保财深圳市分	95831.58
	平安财深圳市分	111280.42
	华泰深圳市分	7009.80
	天安深圳市分	13006.98
	华安深圳市分	2197.49
	永安深圳市分	5470.35
	太平保险深圳市分	15265.67
	民安深圳市分	13889.33
	中银保险深圳市分	3527.80
	永诚深圳市分	6399.69
	安邦深圳市分	647.08
	天平车险深圳市分	4908.58
	阳光财产深圳市分	5950.65
	都邦深圳市分	4200.77
	渤海深圳市分	138.01
	国寿财产深圳分	22597.65
	安诚深圳分	2012.75
	鼎和财产深圳市分(虚拟)	13029.49
	小计	497502.24
外资	美亚深圳市分	7884.44
	三星深圳分	3903.86
	安联深圳市分(虚拟)	620.55
	小计	12408.86
合　计		509911.09

注:

1、原保险保费收入为本年累计数,数据来源于各产险公司报送保监会月报数据。

2、原保险保费收入为各产险公司内部管理报表数据,未经审计,各产险公司不对该数据的用途及由此带来的后果承担任何法律责任。

3、由于计算的四舍五入问题,各产险公司原保险保费收入可能存在细微的误差。

2009 年 1－6 月深圳人寿保险公司原保险保费收入情况表

报表单位：深圳局－寿险（2009 年 6 月）　　单位：万元

资本结构	公司名称	合计
中资	国寿股份深圳市分	234900.60
	太保寿深圳市分	60757.11
	平安寿深圳市分	310717.08
	泰康深圳市分	87342.72
	太平人寿深圳市分	16235.09
	生命人寿深圳分	23965.96
	国寿存续深圳市分	15912.73
	平安养老深圳分	0.00
	人保健康深圳市分	5350.50
	人保寿险深圳分	21820.71
	幸福人寿深圳市分	23979.45
	小计	800981.96
外资	中宏人寿深圳市分	1137.81
	太平洋安泰深圳市分(虚拟)	2533.53
	中德安联深圳市分	12043.61
	金盛深圳分(虚拟)	1892.17
	信诚深分	8998.75
	中意深圳市分	10782.43
	友邦深圳市分	39012.73
	中英人寿深圳市分(虚拟)	4992.46
	海康人寿深圳市分(虚拟)	91.15
	招商信诺深圳市分(虚拟)	6344.12
	瑞泰人寿深圳市分(虚拟)	465.20
	中美大都会深圳市分(虚拟)	4032.30
	小计	92326.26
合　计		893308.22

注：

1、保费收入为本年累计数，来源于各寿险公司报送保监会月报数据。

2、保费收入数据为各寿险公司内部管理报表数据，未经审计，各寿险公司不对该数据的用途及由此带来的后果承担任何法律责任。

3、由于计算的四舍五入问题，各寿险公司保费收入可能存在细微的误差。

2008 年 1－12 月大连保险业经营数据

单位：万元

原保险保费收入	1074329.64
1. 财产险	272952.69
2. 人身险	801376.95
(1)人身意外伤害	21049.35
(2)健康险	81337.52
(3)寿险	698990.08
原保险赔付支出	413455.04
1. 财产险	155412.34
2. 人身险	258042.70
(1)人身意外伤害	6049.04
(2)健康险	15637.36
(3)寿险	236356.30

注：

1、“原保险保费收入”为按《企业会计准则(2006)》设置的统计指标，指保险企业确认的原保险合同保费收入。

2、“原保险赔付支出”为按《企业会计准则(2006)》设置的统计指标，指保险企业支付的原保险合同赔付款项。

3、原保险保费收入、原保险赔付支出为本年累计数。

4、上述数据来源于各公司报送的保险数据，未经审计。

2008 年 1－12 月大连财产保险公司原保险保费收入情况表

单位：万元

资本结构	公司名称	合计
中资	人保股份大连市分	112593.54
	大地财产大连分	4603.27
	出口信用辽宁分公司	10026.64
	中华联合大连市分	18166.31
	太保财大连市分	42525.09
	平安财大连市分	34418.37
	华泰大连市分	3513.90
	天安大连市分	11675.41
	华安大连市分	740.33
	永安大连市分	6890.42
	太平保险大连市分	8333.56
	安邦大连市分	4212.96
	阳光财产大连分	6322.11
	都邦大连分	12592.07
	小计	276613.99
外资	日本财产大连市分(虚拟)	4716.66
	小计	4716.66
合　计		281330.64

注：

1、原保险保费收入为本年累计数，来源于各产险公司报送保监会月报数据。

2、原保险保费收入数据为各产险公司内部管理报表数据，未经审计，各产险公司不对该数据的用途及由此带来的后果承担任何法律责任。

3、由于计算的四舍五入问题，各产险公司原保险保费收入可能存在细微的误差。

2008 年 1－12 月大连人身保险公司原保险保费收入情况表

单位：万元

资本结构	公司名称	合计
中资	国寿股份大连市分	192542.02
	太保寿大连市分	56912.08
	平安寿大连市分	269826.19
	新华大连市分	38365.94
	泰康大连市分	48466.37
	太平人寿大连市分	23621.99
	民生人寿大连市(中心支公司)	2364.46
	生命人寿大连市分	21560.65
	国寿存续大连市分	16921.41
	平安养老大连市分	242.91
	合众人寿大连分	11679.55
	人保健康大连分	22944.45
	人保寿险大连分	26788.34
	小计	732236.35
外资	首创安泰大连市分	60303.18
	中美大都会大连市分(营销服务部)	459.46
	小计	60762.64
合　计		792998.99

注：

1、原保险保费收入为本年累计数，来源于各寿险公司报送保监会月报数据。

2、原保险保费收入数据为各寿险公司内部管理报表数据，未经审计，各寿险公司不对该数据的用途及由此带来的后果承担任何法律责任。

3、由于计算的四舍五入问题，各寿险公司原保险保费收入可能存在细微的误差。

2008年1－12月宁波保险业统计数据

单位：万元

原保险保费收入	871066.5
1.财产险	403430.3
其中：机动车辆保险	285704
2.人身险	467636.2
（1）人寿保险	410655.7
（2）健康保险	32103.43
（3）意外伤害保险	24877
原保险赔付支出	379026.4
1.财产险	245357.8
其中：机动车辆保险	189177.1
2.人身险	133668.6
（1）人寿保险	115724.3
（2）健康保险	12673.62
（3）意外伤害保险	5270.62

注：保费收入、赔款、给付为1－当前月累计数

2008年1－12月宁波全市原保险保费收入情况表

单位：万元

	财产险	寿险	意外伤害险	健康险
全市合计	403430.3	410655.7	24877	32103.43

注：全部数值均为1－当前月累计 值。

2008年1－12月宁波人身保险公司原保险保费收入情况表

单位：万元

资本结构	公司名称	合计
中资	国寿股份宁波市分	143196.58
	太保寿宁波市分	76548.9
	平安寿宁波市分	116747.9
	新华宁波市分	27095.7
	泰康宁波市分	30141.59
	太平人寿宁波市分	12662.67
	民生人寿宁波中心支公司	1232.33
	生命人寿宁波中心支公司	6197.03
	国寿存续	11366.03
	平安养老宁波市分	25.28
	合众人寿宁波市分	2810.23
	嘉禾人寿宁波宁波市分	10082.63
	小计	438106.88
外资	中宏人寿宁波市分	3577.77
	中德安联宁波营销服务部	3787.12
	信诚人寿宁波营销服务部	2390.44
	光大永明宁波营销服务部	1244.64
	海康人寿宁波营销服务部	499.3
	国泰人寿宁波营销服务部	1138.61
	联泰大都会宁波营销服务部	25.98
	小计	12663.85
合　计		450770.74

注：

1、保费收入为1－当前月累计数值，来源于各寿险公司报送保监会月报数据。

2、保费收入数据为各寿险公司内部管理报表数据，未经审计，各寿险公司不对该数据的用途及由此带来的后果承担任何法律责任。

3、由于计算的四舍五入问题，各寿险公司保费收入可能存在细微的误差。

2008年1－12月宁波财产保险公司原保险保费收入情况表

单位：万元

资本结构	公司名称	合计
中资	人保股份宁波市分	137646.04
	大地财产宁波市分	25393.62
	出口信用宁波市分	9680.39
	中华联合宁波市分	32564.59
	太保财宁波市分	80068.15
	平安财宁波市分	32990.55
	华泰宁波市分	2923.81
	天安宁波市分	17005.86
	大众宁波市分	12012.16
	华安宁波市分	765.29
	永安宁波中心支公司	5590.6
	太平保险宁波分公司	5485.75
	民安宁波中心支公司	4827.12
	中银保险宁波营销服务部	8556.31
	安邦宁波市分	11040.09
	天平车险宁波中心支公司	4385.82
	阳光财险宁波市分	8821.7
	都邦财险宁波市分	9563.53
	渤海宁波市分	4600.81
	国寿财产宁波中心支公司	1608.87
	安诚宁波市分	3600.96
	长安责任宁波中心支公司	1163.76
	小计	420295.77
外资	小计	
合　计		420295.77

注：

1、保费收入为1－当前月累计数值，数据来源于各产险公司报送保监会月报数据。

2、保费收入数据为各产险公司内部管理报表数据，未经审计，各产险公司不对该数据的用途及由此带来的后果承担任何法律责任。

3、由于计算的四舍五入问题，各产险公司保费收入可能存在细微的误差。

2009年1－6月宁波保险业经营数据

单位：万元

原保险保费收入	551537.17
1.财产险	256329.49
其中：机动车辆保险	177887.63
2.人身险	295207.68
（1）人寿保险	266145.79
（2）健康保险	17708.32
（3）意外伤害保险	11353.56
原保险赔付支出	176669.26
1.财产险	119602.71
其中：机动车辆保险	97856.58
2.人身险	57066.54
（1）人寿保险	47136.06
（2）健康保险	7280.10
（3）意外伤害保险	2650.38

注：

1、"原保险保费收入"为按《企业会计准则（2006）》设置的统计指标，指保险企业确认的原保险合同保费收入。

2、"原保险赔付支出"为按《企业会计准则（2006）》设置的统计指标，指保险企业支付的原保险合同赔付款项。

3、原保险保费收入、原保险赔付支出为本年累计数。

4、上述数据来源于各公司报送给保监会的保险数据，未经审计。

2009 年 1－6 月宁波财产保险公司原保险保费收入情况表

单位：万元

资本结构	公司名称	合计
中资	人保股份宁波市分	90840.68
	大地保险宁波市分	12250.95
	出口信用保险宁波市分	5756.74
	中华联合保险宁波市分	14667.12
	太保产险宁波市分	53460.32
	平安产险宁波市分	24030.49
	华泰保险宁波市分	1536.44
	天安保险宁波市分	7321.08
	大众保险宁波市分	6544.47
	华安保险宁波市分	2331.39
	永安保险宁波中心支公司	2488.61
	太平保险宁波分公司	5770.98
	民安保险宁波中心支公司	5600.91
	中银保险宁波营销服务部	2521.79
	安邦保险宁波市分	3654.29
	天平车险宁波中心支公司	2260.33
	阳光财险宁波市分	3924.71
	都邦财险宁波市分	3899.40
	渤海保险宁波市分	1083.52
	国寿产险宁波中心支公司	5906.24
	安诚保险宁波市分	6068.18
	长安责任宁波中心支公司	2485.68
	小计	264404.33
外资	小计	0.00
合　计		264404.33

注：

1、原保险保费收入为本年累计数，数据来源于各产险公司报送保监会月报数据。

2、原保险保费收入为各产险公司内部管理报表数据，未经审计，各产险公司不对该数据的用途及由此带来的后果承担任何法律责任。

3、由于计算的四舍五入问题，各产险公司原保险保费收入可能存在细微的误差。

2009 年 1－6 月宁波人寿保险公司原保险保费收入情况表

单位：万元

资本结构	公司名称	合计
中资	国寿股份宁波市分	101503.64
	太保寿宁波市分	39571.34
	平安寿宁波市分	84020.97
	新华人寿宁波市分	16997.00
	泰康人寿宁波市分	16425.21
	太平人寿宁波市分	5151.68
	民生人寿宁波中心支公司	695.99
	生命人寿宁波中心支公司	1508.91
	国寿存续	4297.92
	平安养老宁波市分	0.00
	合众人寿宁波市分	908.87
	嘉禾人寿宁波宁波市分	4553.02
	人保寿险宁波分公司	4077.86
	小计	279712.41
外资	中宏人寿宁波市分	1830.17
	中德安联人寿宁波营销服务部	528.94
	信诚人寿宁波营销服务部	3169.16
	光大永明人寿宁波营销服务部	371.82
	海康人寿宁波营销服务部	1079.94
	国泰人寿宁波营销服务部	294.43
	联泰大都会人寿宁波营销服务部	145.98
	小计	7420.43
合计		287132.85

注：

1、原保险保费收入为本年累计数，数据来源于各寿险公司报送保监会月报数据。

2、原保险保费收入为各寿险公司内部管理报表数据，未经审计，各寿险公司不对该数据的用途及由此带来的后果承担任何法律责任。

3、由于计算的四舍五入问题，各寿险公司原保险保费收入可能存在细微的误差。

2008 年 1－12 月青岛保险业经营数据

报表单位：青岛局－以集团本级汇总　　单位：万元

原保险保费收入	1027258.59
1. 财产险	283143.53
2. 人身险	744115.07
(1)人身意外伤害	17461.35
(2)健康险	94359.05
(3)寿险	632294.66
原保险赔付支出	333228.97
1. 财产险	165322.04
2. 人身险	167906.93
(1)人身意外伤害	6275.83
(2)健康险	24213.48
(3)寿险	137417.62

注：

1、"原保险保费收入"为按《企业会计准则(2006)》设置的统计指标，指保险企业确认的原保险合同保费收入。

2、"原保险赔付支出"为按《企业会计准则(2006)》设置的统计指标，指保险企业支付的原保险合同赔付款项。

3、原保险保费收入、原保险赔付支出为本年累计数。

4、上述数据来源于各公司报送的保险数据，未经审计。

2008 年 1－12 月青岛保险业经营数据(中资)

报表单位：青岛局－以集团本级汇总－中资　　单位：万元

原保险保费收入	984030.83
1. 财产险	283143.53
2. 人身险	700887.30
(1)人身意外伤害	16924.98
(2)健康险	91578.81
(3)寿险	592383.51
原保险赔付支出	332451.77
1. 财产险	165322.04
2. 人身险	167129.74
(1)人身意外伤害	6233.44
(2)健康险	23637.87
(3)寿险	137258.43

注：

1、"原保险保费收入"为按《企业会计准则(2006)》设置的统计指标，指保险企业确认的原保险合同保费收入。

2、"原保险赔付支出"为按《企业会计准则(2006)》设置的统计指标，指保险企业支付的原保险合同赔付款项。

3、原保险保费收入、原保险赔付支出为本年累计数。

4、上述数据来源于各公司报送的保险数据，未经审计。

2008 年 1－12 月青岛保险业经营数据(外资)

报表单位：青岛局－以集团本级汇总－外资　　单位：万元

原保险保费收入	43227.76
1. 财产险	0.00
2. 人身险	43227.76
(1)人身意外伤害	536.37
(2)健康险	2780.24
(3)寿险	39911.16
原保险赔付支出	777.20
1. 财产险	0.00
2. 人身险	777.20
(1)人身意外伤害	42.39
(2)健康险	575.61
(3)寿险	159.19

注：

1、“原保险保费收入”为按《企业会计准则（2006）》设置的统计指标，指保险企业确认的原保险合同保费收入。

2、“原保险赔付支出”为按《企业会计准则（2006）》设置的统计指标，指保险企业支付的原保险合同赔付款项。

3、原保险保费收入、原保险赔付支出为本年累计数。

4、上述数据来源于各公司报送的保险数据，未经审计。

2008年1－12月青岛人寿保险公司原保险保费收入情况表

报表单位：青岛局－寿险（2008年12月）　　单位：万元

资本结构	公司名称	合计
中资	国寿股份青岛市分	153104.90
	太保寿青岛市分	52922.55
	平安寿青岛市分	184163.14
	新华青岛市分	57294.13
	泰康青岛市分	105341.54
	太平人寿青岛市分	47444.02
	国寿存续青岛市分	17629.56
	平安养老青岛市分	4706.44
	合众人寿青岛分	7556.13
	人保健康青岛市分	39377.53
	华夏人寿青岛分（虚拟）	10111.35
	长城青岛市分	11481.76
	人保寿险青岛市分	761.54
	小计	691894.59
外资	中宏人寿青岛市分（虚拟）	507.81
	信诚青岛分（虚拟）	3156.21
	海尔纽约青岛分	11668.57
	首创安泰青岛分（虚拟）	8006.61
	中英人寿青岛分（虚拟）	2621.49
	恒安标准青岛市分	17267.07
	小计	43227.76
合　计		735122.35

注：

1、保费收入为本年累计数，来源于各寿险公司报送保监会月报数据。

2、保费收入数据为各寿险公司内部管理报表数据，未经审计，各寿险公司不对该数据的用途及由此带来的后果承担任何法律责任。

3、由于计算的四舍五入问题，各寿险公司保费收入可能存在细微的误差。

2008年1－12月青岛财产保险公司原保险保费收入情况表

报表单位：青岛局－产险（2008年12月）　　单位：万元

资本结构	公司名称	合计
中资	人保股份青岛市分	118054.68
	大地财产青岛分	9986.65
	出口信用青岛市分	13809.90
	中华联合青岛市分	11444.67
	太保财青岛市分	41727.53
	平安财青岛市分	34712.71
	华泰青岛市分	5372.27
	天安青岛市分	6258.31
	大众青岛市分	3893.86
	华安青岛市分	291.30
	永安青岛市分	7340.83
	太平保险青岛分	6447.50
	永诚青岛市分	2802.87
	安邦青岛市分	5911.55
	安华农业青岛市分	245.87
	阳光财产青岛市分	9679.66
	都邦青岛分	5373.86
	渤海青岛分	5038.62
	安诚青岛市分	3743.59
	小计	292136.24
合　计		292136.24

注：

1、原保险保费收入为本年累计数，数据来源于各产险公司报送保监会月报数据。

2、原保险保费收入为各产险公司内部管理报表数据，未经审计，各产险公司不对该数据的用途及由此带来的后果承担任何法律责任。

3、由于计算的四舍五入问题，各产险公司原保险保费收入可能存在细微的误差。

2008年1－12月厦门保险业统计数据

单位：万元

原保险保费收入	468,737
1. 财产险	156,045
2. 人身险	312,692
（1）人身意外伤害	12,078
（2）健康险	37,729
（3）寿险	262,885
赔付支出	163,525
1. 财产险	100,735
2. 人身险	62,790
（1）人身意外伤害	3,645
（2）健康险	15,975
（3）寿险	43,170

注：原保险保费收入、赔付支出为当年累计数

2008年1－12月厦门财产保险公司原保险保费收入情况表

单位：万元

资本结构	公司名称	合计
中资	中国人民财产保险公司厦门市分公司	81460.67
	中国大地财产保险公司厦门分公司	3440.94
	中国出口信用保险公司厦门分公司	8092.22
	中华联合财产保险公司厦门中心支公司	8275.39
	中国太平洋财产保险公司厦门分公司	23558.31
	中国平安财产保险公司厦门分公司	21813.22
	天安保险公司厦门分公司	7165.79
	中银保险公司厦门中心支公司	543.86
	安邦财产保险公司厦门分公司	752.26
	都邦财产保险公司厦门分公司	5389.20
	太平保险公司厦门分公司	159.58
	中国人寿财产保险公司厦门市中心支公司	1019.39
	小计	161670.83
外资	小计	0.00
合　计		161670.83

注：

1、原保险保费收入为本年累计数，数据来源于各产险公司报送保监会月报数据。

2、原保险保费收入数据为各产险公司内部管理报表数据，未经审计，各产险公司不对该数据的用途及由此带来的后果承担任何法律责任。

3、由于计算的四舍五入问题，各产险公司原保险保费收入可能存在细微的误差。

2008年1－12月厦门人身保险公司原保险保费收入情况表

单位：万元

资本结构	公司名称	合计
中资	中国人寿保险公司厦门市分公司	128119.72
	中国太平洋人寿保险公司厦门分公司	19711.40
	中国平安人寿保险公司厦门分公司	102862.48
	新华人寿保险公司厦门分公司	17269.14
	泰康人寿保险公司厦门分公司	22604.63
	太平人寿保险公司厦门分公司	3378.53

资本结构	公司名称	合计
中资	民生人寿保险公司福建分公司厦门中心支公司	2345.01
	生命人寿保险公司厦门中心支公司	4441.27
	平安养老保险公司厦门分公司	-33.90
	小计	300698.28
外资	中英人寿保险有限公司厦门分公司	5901.61
	国泰人寿保险有限责任公司福建分公司厦门营销服务部	465.92
	小计	6367.53
合　计		307065.81

注：

1、原保险保费收入为本年累计数，来源于各寿险公司报送保监会月报数据。

2、原保险保费收入数据为各寿险公司内部管理报表数据，未经审计，各寿险公司不对该数据的用途及由此带来的后果承担任何法律责任。

3、由于计算的四舍五入问题，各寿险公司原保险保费收入可能存在细微的误差。

2009 年 1－6 月厦门保险业统计数据

单位：万元

原保险保费收入	314,883
1. 财产险	98,086
2. 人身险	216,797
(1)人身意外伤害	6,526
(2)健康险	19,459
(3)寿险	190,812
赔付支出	81,748
1. 财产险	52,709
2. 人身险	29,039
(1)人身意外伤害	1,895
(2)健康险	5,489
(3)寿险	21,655

注：原保险保费收入、赔付支出为当年累计数

2009 年 1－6 月厦门财产保险公司原保险保费收入情况表

单位：万元

资本结构	公司名称	合计
中资	中国人民财产保险公司厦门市分公司	54957.98
	中国大地财产保险公司厦门分公司	1379.57
	中国出口信用保险公司厦门分公司	5034.02
	中华联合财产保险公司厦门中心支公司	2842.99
	中国太平洋财产保险公司厦门分公司	14032.31
	中国平安财产保险公司厦门分公司	12943.03
	天安保险公司厦门分公司	3177.26
	中银保险公司厦门中心支公司	748.90
	安邦财产保险公司厦门分公司	53.62
	都邦财产保险公司厦门分公司	1761.10
	太平保险公司厦门分公司	355.44
	中国人寿财产保险公司厦门市中心支公司	4541.58
	大众保险公司厦门营销服务部	301.54
	永诚财产保险公司厦门中心支公司	42.94
	长安责任保险公司厦门中心支公司	62.60
	小计	102234.88
外资	小计	0.00
合　计		102234.88

注：

1、原保险保费收入为本年累计数，数据来源于各产险公司报送保监会月报数据。

2、原保险保费收入数据为各产险公司内部管理报表数据，未经审计，各产险公司不对该数据的用途及由此带来的后果承担任何法律责任。

3、由于计算的四舍五入问题，各产险公司原保险保费收入可能存在细微的误差。

2009 年 1－6 月厦门人身保险公司原保险保费收入情况表

单位：万元

资本结构	公司名称	合计
中资	中国人寿保险公司厦门市分公司	92754.27
	中国太平洋人寿保险公司厦门分公司	9858.94
	中国平安人寿保险公司厦门分公司	71185.67
	新华人寿保险公司厦门分公司	8579.32
	泰康人寿保险公司厦门分公司	16893.83
	太平人寿保险公司厦门分公司	3502.19
	民生人寿保险公司福建分公司厦门中心支公司	2001.71
	生命人寿保险公司厦门中心支公司	2618.82
	平安养老保险公司厦门分公司	226.33
	嘉禾人寿保险公司厦门中心支公司	589.94
	小计	208211.02
外资	中英人寿保险有限公司厦门分公司	3522.31
	国泰人寿保险有限责任公司福建分公司厦门营销服务部	209.01
	君龙人寿保险有限公司	706.19
	小计	4437.51
合　计		212648.53

注：

1、原保险保费收入为本年累计数，来源于各寿险公司报送保监会月报数据。

2、原保险保费收入数据为各寿险公司内部管理报表数据，未经审计，各寿险公司不对该数据的用途及由此带来的后果承担任何法律责任。

3、由于计算的四舍五入问题，各寿险公司原保险保费收入可能存在细微的误差。

第二章 保险经营机构

中国人民保险(集团)股份有限公司

中国人民保险集团公司是一家综合性保险(金融)公司,注册资本155亿元。拥有58年的发展历史,历经数次重大变革的中国人保,为中国保险市场培育、保险人才培养、保险技术升级做出了历史性的贡献,对经济发展、社会稳定、国家的强盛、人民幸福发挥了积极作用。经过"十五"时期的发展,中国人保已经从原来的一家公司发展成为拥有8家子公司的现代保险集团,目前拥有分支机构4500余个,8家子公司分别是:人保财险、人保资产、人保健康、人保寿险、人保香港、中盛国际、中人经纪、中元经纪。集团经营范围已经从单一的非寿险发展到非寿险、寿险、健康险、资产管理、保险经纪等多个领域,基本建成保险金融集团。

中国人保在长期的发展过程中积累了丰富的资源,形成了多方面的优势。中国人保拥有深厚的历史底蕴和杰出的品牌优势,是中国保险业在国际上品牌形象的杰出代表;中国人保构建了遍布全国城乡、比较完善的销售服务体系,人保机构网点遍布了全国31个省市自治区,共有营业机构网点4500余个;中国人保培养了一批熟悉国情、有较强管理能力的高级管理人员和一批对中国人保事业忠诚并为之尽责的优秀专业骨干。全系统现有正式员工8万余人,人才结构合理,业务能力强,专业、高效的员工队伍,在核保、理算、查勘、定损、理赔等各个环节中能够给客户带来高质量和多样化的保险服务;中国人保一直以"人民保险,造福于民"为使命,坚持以人为本,把关心员工、理解员工、尊重员工、爱护员工始终作为中国人保企业文化建设的基本出发点,倡导"求真务实、规范严谨、令行禁止、艰苦奋斗、开拓创新"的工作作风,努力塑造具有中国人保特色的和谐奋进的企业文化。这些优势为中国人保加快发展奠定了坚实的基础。

"十一五"期间,中国人保将以巩固和加快发展传统主业为立业之本,以超常规发展人身保险业务为振兴之策,以开拓资产管理、资本运作等领域为跨越之道,发奋图强,开拓创新,力求实现中国人保新的创业和跨越式发展,把中国人保建设成为国际一流的大型现代金融保险集团。

中国太平保险集团公司

中国太平保险集团公司,简称中国太平,是隶属于国务院的国有控股金融保险集团,原名中国保险(控股)有限公司,是经中国保险监督管理委员会批准的首家金融保险控股公司。2009年5月,经国家工商管理总局核准,财政部、中国保监会批准,更名为中国太平保险集团公司。2009年6月29日,正式以中国太平保险集团公司名称办公。

中国太平保险集团(香港)有限公司,原名香港中国保险(集团)有限公司,系中国太平保险集团公司的全资子公司,为集团在港澳和海外部分机构的主要控股股东。2009年6月获准更名。中国太平保险集团公司与中国太平保险集团(香港)有限公司实行"两块牌子,一套班子"的管理模式。中国太平是惟一一家总部设在香港的国有保险集团公司,是我国保险业改革开放的重要形象窗口。

中国太平及旗下公司历史悠久。"太平"品牌是当今中国保险业中历史最为悠久的民族品牌。1929年,太平水火保险公司在上海发端,开办水火保险业务;1933年太平水火更名为太平保险股份有限公司。1934年,太平保险设立寿险部,开办人寿保险业务,1938年,太平寿险部正式改组为太平人寿保险股份有限公司。至1949年,太平保险和太平人寿以强大的资本实力、专业化的经营管理,拥有海内外分支机构990余家,成为民族保险界之翘楚,在"洋保险"盛行的旧时代,创造了民族保险业发展的传奇,书写了中国民族保险业发展的辉煌篇章!新中国成立后,太平品牌经过公私合营,至1956年,根据国家政策部署,移师海外,专营海外业务。

"中国保险"和"民安"两大品牌同属民族保险业的杰出品牌,在中国保险业的发展历程中留下过光辉的篇章。中国保险股份有限公司于1931年在上海创立,解放之后迁册北京。1949年,香港民安保险有限公司在香港开业,与新中国诞生于同一天。至今,香港民安仍是香港保险市场上最具影响力的财产险公司之一。这些历史悠久民族品牌沉淀下的优秀基因、专业化的经营理念和全球化的经营经验,正为今日之"中国太平"传承和光大。

中国太平共有各级营业机构1188家,其中,子公司20家,省级分公司和子公司直属分公司(办事处)125家,其他各级分公司1043家;集团经营区域遍及中国内地、港澳、欧洲、大洋洲、东亚及东南亚等地区。截至目前,中国太平全集团总资产逾1200亿,客户逾600万。

作为综合经营的金融保险服务商,中国太平以保险业务为中心,资产管理为保障,为客户提供多元化金融服务。集团业务所辖产业链横向兼容产险、寿险、养老保险及再保险;纵向统筹保险顾问、经纪、代理、直销等业务;并通过统一的资产管理平台、统一的共享服务和信息技术平台,实现价值管理的优化组合,满足客户综合的金融保险服务需求。

中国太平旗下拥有两家于香港上市的公司——中保国际控股有限公司(HK0966)和香港民安保险控股有限公司(HK1389),有助于全集团的资本市场运作,把握市场机遇。

在各项业务经营领域中,寿险业务已经成为中国太平持续发展的战略支撑力量,是集团业务和盈利的主要贡献者。旗下太平人寿保险有限公司于2001年在中国境内复业,是第六家全国性寿险企业,并连续5年获惠誉国际BBB+评级;惠誉认为"公司信用质量良好,财务实力稳健,建立了良好的商业模式"。

中国太平的财产险业务遍及中国内地、港澳地区以及海外的部分国家和地区。其中,太平财产保险有限公司和民安保险(中国)有限公司于中国内地经营产险业务,是集团保险业务发展的重要驱动者,集团综合金融服务的重要组成部分。港澳财产险业务来自香港民安保险有限公司和中国保险(澳门)有限公司,它们分别在各自的属地市场表现优秀,占据突出的市场地位并享有可观的市场份额;海外财产险业务主要分布在欧洲和东南亚地区,一直以来服务于当地经济建设,近年来更是有效地服务于我国各行业“走出去”战略,为当地与我国经贸往来做出了重要的贡献。

作为中国太平新的业务和盈利的增长点,养老保险业务正逐步建立并保持着行业中技术和市场领先的地位。太平养老保险股份有限公司是中国首批获得国家资格认定的专业养老保险公司,兼获受托人和投资管理人两项资格,可以为客户提供以受托管理和投资管理为核心的包括精算咨询、方案设计、资产管理、风险控制、投资决策等各项企业年金服务。

再保险业务是中国太平跨越式发展的持续增长点和稳定利润来源。中国国际再保险有限公司(即将更名为太平再保险有限公司),是在港注册的最大专业再保险公司,在香港已有近30年经营历史,在中国内地及港澳市场拥有稳固的市场地位。2008年,中再国际北京分公司获准筹建,加速了中国内地业务的开展。中再国际是第一家获得国际A-评级的中资保险企业。标准普尔、AM-BEST、惠誉国际连续多年给出该公司A-评级。

资产管理业务是中国太平盈利和实现跨越式发展的重要支柱,由中保集团资产管理有限公司(即将更名为太平资产管理[香港]有限公司)和太平资产管理有限公司共同搭建的集团统一的投资管理平台,管理资产规模已逾1000亿元。其中中保资产,是第一家在境外以开放式基金模式运作的中资保险资产管理公司,第一家经中国保监会批准可以管理中国境内保险外汇资金的资产管理公司,也是经香港强积金管理局批准具有管理强积金计划资金资格的公司。太平资产管理有限公司2005年获中国保监会、中国证监会批准筹建,2006年9月正式开业,其专业化运作、强大的投资团队和严密的风险控制体系,为中国太平的整体实力提升提供了强有力的保障。

华夏再保险顾问有限公司(即将更名为太平再保险顾问有限公司)和中国保险服务日本有限公司(即将更名为中国太平保险服务[日本]有限公司)是中国太平旗下经营再保险经纪及保险代理业务的两家机构,通过再保险经纪和保险代理业务,实现为集团增加经纪业务收入,提高收益水平,并逐步拓宽业务领域等目标。中国太平的证券经纪业务,是集团综合开拓配套服务的组成部分。太平证券控股(香港)有限公司可以为客户提供的服务包括买卖在香港上市的各类有价证券,提供股票抵押放款、证券上市分包销及代客认购新上市股票等。

为提高风险管控与客户服务水平,更好发挥整体优势,有效降低运营成本,中国太平通过太平共享金融服务(上海)有限公司对全集团核保核赔、财务、IT等各类资源进行整合,以实现全集团保险运营服务集中与金融信息数据处理集中。

中国太平以客户为中心的综合金融服务平台框架已初步形成,在未来的发展中,一个完整的综合金融服务模式可给个人客户和企业客户提供一站式和无站式的全方位、多元化服务,充分满足客户不断增长的金融服务需求,全面提升产品价值和客户服务增加值。

中国太平坚持以科学发展观为统领,以人为本,以经济效益为中心的经营指导思想;坚持“诚信立司、专业治司、效益兴司、合力强司”的管理理念,坚持以客户为中心,以价值为导向,追求盈利的持续增长,走质量效益优先、风险管理先行的可持续发展的道路。

今天的中国太平,以“创造富裕的安宁生活”为使命,秉承“用心经营、诚信服务”的经营理念,坚持“诚信、专业、价值”的核心价值观,努力建设具有鲜明品牌特色、持续发展能力和一定国际竞争力的跨国性综合金融保险集团。把“中国太平”打造成为世界金融服务的杰出中国品牌更是全集团共同的愿景。

中国人寿保险(集团)公司

中国人寿是我国最大的商业保险集团,拥有国内最大的寿险市场份额。旗下寿险股份公司先后在纽约、香港、上海三地上市。

中国人寿的前身是成立于1949年的中国人民保险公司和1996年分设的中保人寿保险有限公司以及1999年成立的中国人寿保险公司。2003年,原中国人寿保险公司进行重组改制,变更为中国人寿保险(集团)公司。

中国人寿保险(集团)公司是中国人寿的领导中枢,直属子公司(机构)包括中国人寿保险股份有限公司、中国人寿资产管理有限公司、中国人寿财产保险股份有限公司,中国人寿养老保险股份有限公司、中国人寿保险(海外)股份有限公司、国寿投资控股有限公司、中国人寿富兰克林资产管理有限公司以及保险职业学院等多家公司和机构,业务范围涵盖寿险、财产险、养老保险(企业年金)、资产管理、实业投资、海外业务、保险教育等多个领域,并通过资本运作参股了多家银行、证券公司等其他金融和非金融结构。截至2007年,中国人寿年保费收入已达2208.81亿元,占境内寿险市场份额的44%,集团总资产已达12042.77亿元,占全国保险业总资产的约45%,成为国内唯一一家资产过万亿的保险集团。公司可运用资金超过11000亿元,是我国资本市场最大的机构投资者之一。公司已连续5年入选《财富》全球500强企业,并首次入选世界品牌500强,是国内唯一一家进入世界双500强的保险企业。

中国再保险(集团)股份有限公司

中国再保险(集团)股份有限公司(以下简称“中再集团”)由国家财政部和中央汇金投资责任有限公司发起设立,注册资本为人民币361.5亿元,两大股东各持14.5%和85.5%的股权,是目前中国惟一的再保险集团公司。

中再集团源于1949年10月成立的中国人民保险公司。1996年,在中国人民保险公司再保险部的基础上成立中保再保险有限公司,填补了新中国保险史上没有再保险公司的空白;1999年3月18日,中国再保险公司成立,实现了向现代商业再保险公司的历史性转变;2003年12月22日,重组为中国再保险(集团)公司;2007年10月,改制为中国再保险(集团)股份有限公司,跨入专业化、集团化、国际化经营的全新时期。

目前,中再集团控股6家子公司:中国财产再保险股份有限公司、中国人寿再保险股份有限公司、中国大地财产保险股份有限公司、中再资产管理股份有限公司、中国保险报业股份有限公司、华泰保险经纪有限公司。拥有再保险、直接保险、资产管理、保险经纪、保险传媒等完整保险产业链,形成了多元化和专业化的集团经营架构与管理格局。

历经数次重大变革的中再集团,在培育中国再保险市场、促进直接保险市场发展、服务社会与经济发展方面发挥了积极作用。作为“保险的保险”,中再集团在中国保险市场一直发挥再保险主渠道作用。在长期的发展过程中积累了丰富的资源,形成了多方面的优势。通过多年的经营实践,中再集团建立起一支包括精算、核保、核赔、风控、产品开发、战略研发在内的高水准的业务管理队伍,积累了大量的再保险业务数据以及具有较高理论水平和实践意义的技术资料,并在技术推广培训、自主开发技术成果等方面做了大量有益有效的工作。

作为中国再保险业的领军企业,中再集团在国际再保险市场正发挥越来越重要的作用。中再集团是中国核保险共同体主席成员与管理公司、中国航天保险联合体副主席成员、亚非保险与再保险联合会执委会成员。

站在新的历史起点,中再集团将以科学发展观为指导,以再保险业务为战略支柱,以直接保险和资产管理业务为战略支持,围绕集团化、专业化、多元化、国际化的发展方向,立足中国,引领亚洲,辐射全球,致力打造资本充足、内控严密、服务和效益良好、具有可持续发展能力和核心竞争力的国际再保险(金融)集团。

中国大地财产保险股份有限公司

中国大地财产保险股份有限公司是经国务院同意,中国保监会批准成立的全国性财产保险公司。公司成立于2003年10月20日,注册资本金38.13亿元人民币,总部设在上海。

作为中再集团公司旗下唯一的直保财险公司,中国大地保险在初创的五年间实现了跨越式发展,创造了令业界刮目相看的"大地现象"。公司已设立分公司34家、营业部1家,5个层级的机构总数超过1800家,全国性服务网络已经形成。美国纽约代表处顺利开业。保费规模从2004年的15亿元到2007年突破100亿元,市场排位从12位上升到第5位。

中国大地保险的业务经营范围涵盖非寿险业务的各个领域,包括企业财产保险类、机动车辆保险类、工程险类、责任险类、信用保险类、保证保险类、家庭财产保险类、货物运输保险类、船舶险类、农业保险类以及短期健康保险和意外伤害保险类等。

2007年,中国大地保险获得车险电话销售专用产品经营资格,成为第二家具备该专营资格的财险公司。成功参与承保了长江三峡工程、南水北调中干线工程等标志性项目,以及中国建设银行、中国海洋石油总公司等一大批具有社会影响力的项目。与世界第二大信用保险公司—荷兰安卓信用保险公司合作开发国内短期贸易信用保证保险。

致力于建设独具特色的服务体系是公司业务跨越式发展的致胜法宝。2005年,开业第二个完整经营年度即开通了全国统一客户服务专线95590;2007年9月,实现了车险全国通赔,并同时开通了"赔案在线查询"系统,成为业界唯一提供"赔案在线查询"特色服务的保险公司;2008年,公司开展了"客户服务年"活动,把车险通赔和赔案在线查询特色服务延伸到了县级机构,运营中心建设全面启动,客户服务标准日趋统一规范,为公司业务发展和市场开拓提供持续支持。

公司坚持以人为本,重视队伍建设和人才培养,已拥有一批专业的管理队伍和业务精英,总公司具有博士学位、博士后经历的人员占总人数的10%以上,研究生以上学历者占55%以上。

中国大地保险五年不平凡的征程赢得了良好的经营业绩和社会口碑。在人民网"2005年最受网友最信赖的十大保险公司"评选中,公司从上百家公司中脱颖而出,名列第七;在新浪网"2006年网友最信赖保险公司"评选中,跃居第一;2007年首次入选"中国企业500强",2007、2008连续两年入选"上海企业100强"。

面对新一轮跨越式发展,公司时刻不忘肩负的社会责任,用社会给予的关怀积极回馈社会,以先进的理念、科学的管理、一流的技术和优质的服务塑造良好的品牌形象,努力向国内标杆公司靠近,争创管理、服务、人才均一流的优秀大公司,在积极参与经济发展、和谐社会建设的同时,努力打造中国保险业的百年老店。

中国大地保险公司将始终坚持"诚信为先、稳健经营、价值为上、服务社会"的经营理念和"立足大地、携手创业、共享未来"的企业精神,遵循"技术领先、低成本扩张、总成本领先"的经营策略和"专业化定位、综合化经营、扁平化管理、差异化发展"的经营指导思想,努力把公司建成国内一流的财产保险公司,建成中国保险业的百年老店,为促进经济发展、建设和谐社会发展做出自己更大的贡献。

中国财产再保险股份有限公司

成立时间:

中国财产再保险股份有限公司(以下简称"中国财险再")是由中国再保险(集团)公司作为主发起人、吸收境内外6家投资人共同发起、于2003年12月15日成立的一家专业财产再保险公司,注册资本8亿元人民币;2005年10月,增资6.5亿元人民币,使注册资本增长到14.5亿元人民币。2008年12月,公司注册资本增加为63.3225亿元人民币。

公司品牌:

中国财险再继承原中国再保险公司的国家再保险公司品牌,承接了原中国再保险公司国内外保险经营机构长期合作、风险共担、利益共享的稳固的业务关系,在国内外保险再保险市场上有良好的声誉。目前,公司与国内40多家财产保险公司、国外200多家保险机构建立了业务关系。

经营范围:

财产保险的商业再保险业务;短期健康保险和意外伤害保险的商业再保险业务;上述再保险业务的服务、咨询业务。

中国人寿再保险股份有限公司

中国人寿再保险股份有限公司(中再寿险)是中国再保险(集团)股份有限公司的控股子公司之一,注册资本为42.2亿元人民币,总部设在北京,在上海和深圳分别设有分公司,是目前国内惟一一家专营人寿再保险业务的公司。

公司以"团结、进取、稳健、创新"为经营理念,以股东价值为核心,以市场和客户需求为导向,致力于创办基业常青的百年老店。

公司继承了原中国再保险公司的所有商业人寿再保险业务,业务经营范围涵盖了包括人寿险、健康险、意外伤害险、年金在内的各类险种。2008年公司实现分保费收入65.54亿元,总资产达到173.57亿元。

经过十多年的发展,公司对中国寿险再保险市场积累了丰富的经验。通过专业化的技术服务和为客户分散风险,公司与客户逐步建立了"长期合作、风险共担、利益共享、实现双赢"的合作机制。目前,公司与国内所有寿险公司都建立了业务往来,同时公司注重加强与国际寿险和寿险再保险的同业交流，密切关注国际寿险和寿险再保险市场的发展趋势和业务创新。

公司拥有一支年轻化、专业化、高素质的优秀人才队伍和管理团队，吸纳并培养了众多经验丰富的精算师、核保师、核赔师和营销人才，能够为客户提供最快捷、最优质服务。公司还能根据客户的不同需求量体裁衣、提供个性化服务。

当前，公司正抓住发展的大好机遇，进一步巩固市场地位，挖掘市场潜力，夯实后续发展基础，不断提升核心竞争能力。在中再集团的正确领导下，公司将坚持科学发展观，把握机遇，锐意进取，努力实现跨越式发展，为全面建设小康社会做出新的、更大的贡献！

中再资产管理股份有限公司

中再资产管理股份有限公司成立于 2005 年 2 月，公司设在北京，注册资本 2 亿元人民币。中再资产是中国再保险（集团）股份有限公司旗下专业的保险资产管理公司。中再资产是全国首批成立并运营的四家保险资产管理公司之一，是中国首家中外合资的股份制保险资产管理公司。

公司拥有沪深两个证券交易所的交易席位，可直接从事股票、基金和债券交易；作为全国银行间债券市场的乙类成员，可直接从事银行间市场债券交易；拥有中国外汇交易中心的业务资格，可直接从事外汇拆借与买卖业务。

业务范围：管理运用自有资金及保险资金；受托资金管理业务；与资金管理业务相关的咨询业务以及国家法律、法规允许的其他资产管理业务。

华泰保险经纪有限公司

华泰保险经纪有限公司的前身为“华泰保险咨询服务有限公司”，成立于 1993 年，是中国内地首家经国家主管部门批准设立的全国性保险咨询服务机构，注册资本金 4000 万元，国内资本实力最雄厚的保险经纪公司之一。公司目前是伦敦劳合社（Lloyd’s）在中国内地的独家代理。华泰保险经纪有限公司是目前中国保险经纪市场上，唯一一家由国有大型专业再保险公司控股、所有股东皆属保险行业的中外合资保险经纪企业。

公司成立初期主要的业务包括：代表海外保险公司处理其承保的运输货物发生的货损货差；为海外保险公司和国际船东保赔协会提供保赔通讯代理服务；代表海外保险公司处理其承保的旅行人员发生的人身意外伤害事故。

公司成立后，凭借高素质的专业队伍和完善的服务体系，以专业、高效、全面、优质的保险咨询顾问服务赢得了国际客户的高度评价，与国际上几乎所有大的保险组织都建立起了业务关系。

1999 年，为了更好地向海内外委托人提供优质服务，华泰咨询服务有限公司在广州、大连、上海、青岛、天津五大港口城市设立了办事处。

2001 年，经中国保监会批准更名为“华泰保险经纪有限公司”注册资本金增加至 2328.1 万元。

2004 年，公司将大连、天津、青岛、上海、广州、的办事处升级为分公司，并在烟台、厦门等地设立了办事处；同年底，华泰保险经纪有限公司进行了增资扩股，并将注册资本金增加至 3000 万元。

2005 年，为在全国范围内为客户提供优质的本地化服务，公司又在南京、济南、西安、杭州、成都等省会城市设立了分公司或办事处，进一步完善了公司的服务网络。

2006 年底，经中国保险监督管理委员会批准，华泰保险经纪有限公司设立独立的全资子公司，将以 Lloyd’s 检验理赔服务为代表的各项公估业务全部划入华泰公估公司经营，迈出了构建专业化经营的保险中介服务集团的第一步。

秉承“服务、诚信、合作、创新”的经营理念，多年来华泰保险经纪有限公司为遍及各个行业的风险标的提供了风险管理和保险安排服务，建立起了一整套完善的服务体系。经过十余年的发展，华泰保险经纪有限公司在国内外保险市场及广大客户中树立了良好的专业声誉和企业形象，培养了一批诚实守信、爱岗敬业、技术精湛的骨干业务人员，从而确立了华泰独特的市场地位。

中国太平洋保险（集团）股份有限公司

中国太平洋保险（集团）股份有限公司（以下简称“中国太平洋保险”）是在 1991 年 5 月 13 日成立的中国太平洋保险公司的基础上组建而成的保险集团公司，总部设在上海，注册资本 77 亿元，2007 年 12 月 25 日在上海证券交易所挂牌上市，股票简称：中国太保，股票代码为 601601。

作为一家负责任的保险公司，中国太平洋保险以“诚信天下，稳健一生，追求卓越”为核心价值观，积极推动可持续价值增长，不断为客户、股东、员工、社会和利益相关者创造价值，为社会和谐做出贡献。

中国太平洋保险旗下拥有太平洋寿险、太平洋产险和太平洋资产管理公司等专业子公司，拥有雄厚的实力，保持持续领先的市场地位。截至 2008 年末，总资产为 3193.9 亿元，净资产 487.4 亿元。2008 年，实现保险业务收入 940.2 亿元，较上年同期增长 26.6%，就市场份额而言，太平洋产险为中国第二大产险公司，太平洋寿险为中国第三大寿险公司。

中国太平洋保险建立了覆盖全国的营销网络和多元化服务平台，目前拥有 5400 余个分支机构，6.4 万余名员工与 22 多万名营销员，为全国超过 3600 万名个人客户和 220 万机构客户提供包括人身险和财产险在内的全方位风险保障解决方案、投资理财和资产管理服务。

中国太平洋保险在积极追求可持续价值发展的同时，致力于各类公益活动，履行企业公民的职责。自成立以来，积极开展关爱孤残、捐资助学、扶贫赈灾等公益活动：已建立 60 余所希望小学，总投资超过了 3000 万元；在特大洪涝灾害、非典、南方雪灾、5.12 抗震救灾期间踊跃捐款捐物，总额超过 8000 万元。

面向未来，中国太平洋保险确立了“以保险业为主，具有国际竞争力的一流金融服务集团”的战略目标，努力建设成为信誉卓著、品牌杰出、财务稳健、效益优良的一流金融服务集团。

中国太平洋财产保险股份有限公司

中国太平洋财产保险股份有限公司是中国太平洋保险（集团）股份有限公司旗下的一家专业子公司，为客户提供全面的财产保险产品和服务。公司总部设在上海，注册资本为 40.88 亿元。

公司承保人民币和外币的各种财产保险、短期健康保险和意外伤害保险业务。公司承保业务涉及电力、汽车、机械、化工、电子、水利、建筑、桥梁、公路、航天航空、船舶、以及高科技产业等各行各业、各个领域。公司在130多个国家和地区的350多个主要港口城市聘请了保险检验、理赔和追偿代理人,并与国内外多家保险公司、再保险公司及有关机构建立了代理关系和业务往来关系。公司在全国拥有40家分公司和直属中心支公司,2000余家中心支公司、支公司、营业部和营销服务部,以及包括约14800名销售代表在内的直销团队。

公司以"诚信天下、稳健一生、追求卓越"为核心价值观,开拓进取,锐意创新,积极为客户提供风险保障服务。2008年,公司总资产和净资产分别为376.13亿元和71.43亿元,实现保费收入278.75亿元(不含中国太平洋保险<香港>有限公司),同比增长18.7%,市场份额11.4%,位居全国第二,实现净利润3.66亿元,主要经营指标在国内产险市场上继续保持领先地位。

中国太平洋人寿保险股份有限公司

中国太平洋人寿保险股份有限公司是在1991年5月13日成立的中国太平洋保险公司开展人身保险业务的基础上,由中国太平洋保险(集团)股份有限公司控股设立。公司于2001年11月注册成立,总部设在上海,截止2008年底注册资本为51亿元。2008年,公司资产总额为2607.60亿元,净资产为214.22亿元,当年保费收入660.92亿元,根据保监会公布的数据,在中国人寿保险行业排名第三,市场占有率达到9.0%。当年实现利润21.04亿元,净利润29.40亿元。

公司坚持"诚信天下,稳健一生,追求卓越"的核心价值观,致力于通过持续的产品创新和服务创新,满足客户多方面的需求。公司目前开办险种150余个,覆盖人寿保险、年金保险、健康保险、意外伤害保险等多个领域。公司积极打造专业化、高品质的服务品牌,不断完善95500全国客户服务电话系统和"急难救助服务计划",认真履行保险责任,切实保障被保险人利益,有效发挥保险的经济补偿、资金融通和社会管理功能,树立了良好的企业形象。

公司建立了基本覆盖全国的销售服务网络,营销、直销和银行代理三大渠道的销售体系逐步发展壮大。截至2008年12月31日,公司在全国共设有37家分公司、3564家中心支公司、支公司及营销服务部,拥有3.4万名员工和22万名营销员。同时,与一批专业、兼业代理机构建立了良好的业务合作关系。

公司积极引进国际先进技术和人才,推动体制创新和机制创新,提升公司品牌形象,为新一轮又好又快的发展奠定了坚实的基础。

太平洋资产管理有限责任公司

太平洋资产管理有限责任公司于2006年6月9日正式成立。由中国太平洋保险(集团)股份有限公司控股,注册资本为5亿元,总部设在上海。

公司以"诚信天下,稳健一生,追求卓越"为核心价值观,以"专业、稳健、服务、卓越"为经营理念,经营范围为:管理运用自有资金及保险资金;委托资金管理业务;与资金管理业务相关的咨询业务;国家法律法规允许的其它资产管理业务。截至2008年12月31日,公司总资产6.49亿元,净资产5.41亿元,2008年度实现净利润0.18亿元。

公司以客户利益至上为宗旨,建立了完善的委托资金管理机制,以充分保护客户利益、公平对待每一个委托人;对委托资金分别设立帐户、封闭运作,有效防范道德风险;在投资决策上与委托方充分沟通,提供个性化投资服务。

目前公司员工108人,投资专业人员均获得硕士以上学位,具有较高的专业素养和实践经验,其中,16人获得博士学位,14人获得美国特许金融分析师(CFA)资格,18人具有海外留学或工作经历。

公司未来五年的发展战略目标为:"建设治理结构完善、投资决策科学、风险控制严密、服务效益优良、具有自主创新能力"的中国一流的综合性金融资产管理公司。

中国太平洋保险(香港)有限公司

中国太平洋保险(香港)有限公司为中国太平洋保险(集团)股份有限公司投资设立的境外子公司,于1994年4月在香港成立,注册资本为2.5亿港元。

公司经营一般保险业务,主要为社会各界提供下列保险服务:火灾保险、安居保险、运输保险、盗窃保险、现金保险、商业综合险、雇员赔偿保险、家佣保险、汽车保险、旅游保险、医疗保险、人身意外保险、公众责任险、建筑工程综合险、安装工程综合险及其它各种特约保险等。公司积极发挥中资企业的优势,竭诚为广大港澳同胞提供服务。

公司坚持"诚信天下,稳健一生,追求卓越"的核心价值观,积极开拓,稳健经营,截至2008年12月31日,太保香港总资产4.39亿元,净资产2.63亿元,公司实现保费收入1.71亿港元。

公司将充分发挥内地与香港联动的优势,秉承根植香港、服务大众、以客为尊的宗旨,为社会各界提供全面的保险服务。

中国平安保险(集团)股份有限公司

中国平安保险(集团)股份有限公司(以下简称"中国平安")是中国第一家以保险为核心的,融证券、信托、银行、资产管理、企业年金等多元金融业务为一体的紧密、高效、多元的综合金融服务集团。公司成立于1988年,总部位于深圳。2004年6月和2007年3月,公司先后在香港联合交易所主板及上海证券交易所上市,股份名称"中国平安",香港联合交易所股票代码为2318;上海证券交易所股票代码为601318。

公司控股设立中国平安人寿保险股份有限公司("平安人寿")、中国平安财产保险股份有限公司("平安产险")、平安养老保险股份有限公司、平安资产管理有限责任公司、平安健康保险股份有限公司,并控股中国平安保险海外(控股)有限公司、平安信托投资有限责任公司("平安信托")、平安银行。平安信托依法控股平安证券有限责任公司,平安海外依法控股中国平安保险(香港)有限公司,及中国平安资产管理(香港)有限公司。

截至2008年12月31日,按照国际财务报告准则(IFRS),集团总资产为人民币7,547.18亿元,权益总额为人民币856.96亿元。按中国会计准则,集团总资产为人民币7,076.40亿元,股东权益为人民币814.69亿元。

2009年4月,《福布斯》2009年度"全球上市公司2000强"公布,中国平安凭借稳固的业务基础、优秀的经营管理及综合金融的优势,第三度入围,排名第141,在91家上榜的中国内地企业中,排名第8,三度蝉联非国有企业第一名。2008

年 7 月，《财富》“世界 500 强”排行榜公布，中国平安以 2007 年 180 亿美元的营业收入，首次进入全球 500 强，位列第 462 位，并成为入选该榜单的中国非国有企业第一名。

公司通过旗下各专业子公司共为超过 4,000 万名个人客户及约 200 万名公司客户提供了保险保障、投资理财等各项金融服务。集团拥有约 35.6 万名寿险销售人员及 8.3 万余名正式雇员，各级各类分支机构及营销服务部门 3,000 多个。2008 年 1 月 1 日至 2008 年 12 月 31 日，按照中国会计准则，集团实现总收入为人民币 1,398.03 亿元，净利润为人民币 8.73 亿元。从保费收入来衡量，平安人寿为中国第二大寿险公司，平安产险为中国第三大产险公司。

中国平安的企业使命是：对客户负责，服务至上，诚信保障；对员工负责，生涯规划，安家乐业；对股东负责，资产增值，稳定回报；对社会负责，回馈社会，建设国家。中国平安倡导以价值最大化为导向，以追求卓越为过程，做品德高尚和有价值的人，形成了“诚实、信任、进取、成就”的个人价值观，和“团结、活力、学习、创新”的团队价值观。集团贯彻“竞争、激励、淘汰”三大机制，执行“差异、专业、领先、长远”的经营理念。

中国平安是中国金融保险业中第一家引入外资的企业，拥有完善的治理架构，国际化、专业化的管理团队。中国平安遵循“集团控股、分业经营、分业监管、整体上市”的管理模式，在一致的战略、统一的品牌和文化基础上，确保整体集团朝着共同的目标前进。中国平安拥有中国金融企业中真正整合的综合金融服务平台，位于上海张江的中国平安全国后援管理中心是亚洲领先的金融后台处理中心，公司据此建立起流程化、工厂化的后台作业系统，并借助电话、网络及专业的业务员队伍，为客户提供专业化、标准化、全方位的金融理财服务。通过客户首创的客户服务节，万里通、一帐通等创新的服务模式，为客户提供增值服务。在 2008 年度的权威调查中，集团下属平安寿险、平安产险的客户满意度均据行业首位。

作为“中国企业社会责任同盟”的发起人之一，中国平安致力于承担社会责任。在依法经营、纳税的过程中创造企业的阳光利润；在社会中尽到道德责任与慈善责任，将企业的核心价值观贯彻在教育公益、红十字公益、灾难救助等公益事业中。

截至 2008 年底，中国平安已在全国各省市边远地区援建了 78 所（包括规划数量）平安希望小学；连续五年开展中国平安励志计划，已奖励学生 1430 人；连续六年投入百万，公益协办中国少年儿童平安行动；连续七年组织无偿献血活动，员工无偿献血量已达到 800 万 CC，并向中华骨髓库 2003 至 2010 年的所有造血干细胞捐献者赠送一年期重大疾病和意外伤害保险，预计捐赠总保额将逾 5 亿元。在 5.12 四川汶川大地震中，公司上下众志成城，踊跃捐款，仅平安员工个人为灾区捐款总额即超过人民币 3,500 万元，企业和员工累计捐款总额超过人民币 7,500 万元。

中国平安人寿保险股份有限公司

中国平安人寿保险股份有限公司是中国平安保险（集团）股份有限责任公司旗下的重要成员，于 2002 年成立。中国平安人寿与国内保险事业同步成长，历经十余年发展，业务规模和业务品质位居国内寿险公司前列。

中国平安人寿首开国内个人寿险营销之先河，凭籍先进的体制、优秀的经营理念、富有魅力的企业文化培养和建设了专业化员工队伍，目前拥有超过 18 万人的代理人队伍。在业务发展中，还建立了后援、培训、IT 支持平台，个险、团险、银行代理三大渠道系统和完整的产品体系满足客户个性化服务的需求，从传统的储蓄型、保障型产品，到非传统的分红型、投资型产品，为客户提供多元化产品服务。

中国平安人寿还引进多名海内外资深保险专家进入管理高层，实现了将国际化的管理经验和本土实际的有机契合，保持和增强了平安寿险在销售、精算、产品、品牌、培训等领域的优势地位。

目前，中国平安人寿在国内共设有 35 家分公司，超过 2600 个营业网点，服务网络遍布全国。平安寿险开通第一家全国集成的呼叫中心 95511，首创一年一度的客户服务节活动，在业内率先推出国内外急难援助服务，并凭借规范、完善、人性化的 3A 客户服务体系蝉联 2002、2003 年度“中国最佳 CRM 实施”优胜企业称号。

中国平安财产保险股份有限公司

中国平安财产保险股份有限公司是中国平安保险集团长期以来经营和发展的基础。21 年来，中国平安产险业务规模逐年攀升，业务发展稳健。经营区域覆盖全国，在国内各省市、自治区设有 40 家二级机构，1100 多个营业网点；此外，还在世界 150 个国家和地区的近 400 个城市设立了查勘代理网点，与中国再保公司、慕尼黑再保公司、瑞士再保公司等国内外 160 多家保险公司、再保公司建立了业务往来。

中国平安产险经营业务范围涵盖车险、财产损失险、责任保险及信用与保证保险等一切法定产险业务及国际再保险业务，近年又适时开发推出了个人抵押贷款房屋保险、个人分期付款购车保证保险、律师责任保险、会计师责任保险、医师责任保险、董事及高级职员责任险等符合市场需求的新险种，目前经营的险种已达 150 多个。

中国平安产险遵循“专业？价值”的经营理念，不断改革创新，努力提升业务技能和经营管理水平，在实现公司价值的同时为客户创造价值，已连续 9 年按国际标准出具财务报告和精算报告；在国内同业中率先实行核保核赔制度；率先引进风险控制体系；在行业内首创分险种核算管理；在全系统推行全预算管理；率先实现全国通赔车险理赔服务；全面导入 ISO9001:2000 质量体系，顺利通过 SGS 认证。

中国平安产险专业的技能、优良的服务在社会上树立了良好的形象，一大批国家重点建设项目成为中国平安产险的客户。近年来，中国平安产险先后承保了岭澳核电站、秦山二期核电站、上海浦东国际机场、三峡永久船闸工程及左岸电站、上海金茂大厦、中海壳牌石油化工、沙角 C 电厂等一大批国内外著名标的。盖洛普对北京、上海、广州进行的调查分析表明，中国平安产险客户满意度在国内产险同业中居领先地位。

平安健康保险股份有限公司

平安健康保险股份有限公司是中国平安集团旗下的专业健康保险公司，2005 年 6 月 13 日经中国保险监督管理委员会批准设立，主要业务范围包括各类健康保险业务、意外伤害保险业务、政府委托管理健康保险业务、健康咨询服务业务、健康保险再保险业务等，公司注册资本人民币 5 亿元，总部设在中国上海。

平安健康保险公司成立以来始终秉承“规范经营、专业运作、诚信服务”的方针，重视学习和借鉴国外先进理念和技术，积极参与国家医疗卫生体制改革，探索商业健康保险发展的成功模式，通过产品和服务创新，增强自身服务社会的能力，努力为增进客户健康，保障家庭生活，促进经济发展和社会和谐服务。

平安健康保险公司拥有国际化的专业团队和丰富健康险业务管理经验，目前公司已建立了全球医疗服务协作网络和客户服务响应系统，能够为团体和个人客户提供完整的医疗保障、健康保健、专家咨询和紧急救助等保健计划和保险产品，公司拥有完善的管理信息系统，能够提供24 小时中英双语电话咨询服务，平安急难救助系统覆盖全球主要国家和地区。

平安健康保险公司将依托中国平安集团的综合优势，不断提高专业管理水平，增强自主创新能力，完善专业技术体系，不断拓宽服务领域，努力建设专业化、国际化的健康保险公司，为增进人民健康，促进社会进步做出积极的贡献。

平安养老保险股份有限公司

平安养老保险股份有限公司（以下简称“平安养老保险公司”），于2004 年12 月1 日在上海应运而生，注册资本达5 亿元人民币。围绕建设和谐社会，完善社会保障、建立“老有所养、病有所医”的社会保障体系的时代背景和大力发展养老保障事业的历史机遇，作为中国平安保险（集团）股份有限公司的全资子公司，平安养老保险公司秉承中国平安在养老保险领域的丰富经验，肩负完善社会保障制度的社会责任，经过多年的开拓创新，锐意进取，已发展成为业内规模最大的专业养老保险公司。

平安养老保险公司围绕“养老”开展业务，主营企业年金，兼营商业补充养老保险，代理团体短期险业务。2005 年8 月，平安养老保险公司在众多金融机构中脱颖而出，经劳动和社会保障部评估、审核，在业内首批获得企业年金基金受托管理人和投资管理人两种资格。2007 年11 月，获得企业年金基金帐户管理人资格，成为国内市场首批同时拥有三项资格的专业养老险公司，多种资格的获得为客户提供一站式服务，提高效率，节约成本，受到了包括监管部门和专家学者的广泛认可。

2006 年12 月15 日，经中国保监会正式批复，平安养老保险公司重组，在全国开设35 家分公司、127 个中心支公司，成为目前国内唯一一家全国性专业养老金经营机构。服务网络遍及全国，能够为客户提供面对面、属地化服务。

平安养老保险公司借助集团综合金融平台的优势，凭借在补充养老金领域的经验和系统基础，建立了国内第一套自主研发、独立运作的受托管理系统，对整个年金基金投资实行事前、事中、事后的监督、管理和评估，确保年金基金运作的准确性、安全性和透明性，保护企业年金资产的安全，保障企业与员工的利益。在帐户管理方面，平安通过长期的补充养老保险运营经验，基于I－LOG 引擎的帐管系统，可以灵活进行规则设置，真正实现根据客户需求提供个性化的年金账户管理服务。在投资领域，遵循“长期、稳健、价值”的理念，依托集团的投资和风险管理支持，为客户提供多种投资组合，平衡风险和收益。

经历三年多企业年金市场的发展与实践，目前平安养老保险公司已与7 万多家企业、494 万职工提供补充养老保险管理服务，在企业年金市场上服务客户涵盖能源、化工、通讯、烟草、电力、IT、金融、汽车制造等重点行业，充分展示了专业而卓越的管理能力。

平安养老保险公司将充分依托中国平安的集团优势，秉承专业经营、稳健审慎、开拓创新的宗旨，以专业理念和专业人才优势发展企业年金业务。按照资产负债匹配理念运作，在对企业年金基金专业、稳健的管理中，体现保险业稳健经营的根本特征，成为行业领导者。同时，借助平安集团平台的强大优势，为企业提供专业的、一流的综合金融服务，成为中国企业年金市场的引领者，为保险业服务，为创建和谐社会贡献力量。

阳光保险集团股份有限公司

阳光保险集团股份有限公司，是由中国石油化工集团公司、中国南方航空集团公司、中国铝业公司、中国外运长航集团有限公司、广东电力发展股份有限公司等国有大型企业集团为主发起组建，注册资本金为30.1 亿元人民币。公司股东实力强大，涉及行业广泛，股权结构合理，符合现代企业制度。

阳光保险集团是国内七大保险集团之一，目前拥有阳光财产保险股份有限公司和阳光人寿保险股份有限公司等多家专业子公司。

阳光保险的发展历程是以2005 年7 月28 日阳光财产保险股份有限公司成立为标志；2007 年6 月27 日，阳光保险控股股份有限公司成立；2007 年12 月17 日，阳光人寿保险股份有限公司成立；2008 年1 月23 日经中国保监会、国家工商总局批准，阳光保险控股股份有限公司正式更名为阳光保险集团股份有限公司。

由于经营管理的良好表现和优秀的企业文化建设，阳光保险先后获得：百佳中华儒商、五十强人民信赖品牌、十强保险行业竞争力品牌、亚洲500 最具价值品牌、亚洲十大最具影响力品牌、中国最佳商业模式前三甲、中国公益50 强、最佳企业文化奖和中国金融企业慈善榜保险业突出贡献奖等多项荣誉，公司的品牌形象不断提升。

董事长兼总裁张维功先生先后获得：中国金融年度人物、中国保险年度人物、中国十大人民尊敬企业家、中国保险业十大年度人物、中国十大创业领袖、亚洲品牌十大最具影响力人物、中国品牌建设优秀企业家等荣誉。

阳光财产保险，是主要经营财产保险业务的全国性保险公司，注册资本金12 亿元人民币，总部设在北京。阳光产险成立以来实现了又好又快的发展，连续两年刷新国内新设保险公司年度保费规模的历史纪录，连续两年创下年度投资收益率第一的业绩。到2008 年底，在全国43 家财产险公司中，市场排名第9 位，成为中国成长最快和实现盈利时间最短的保险公司。

阳光人寿保险，是由阳光保险控股股份有限公司发起成立的全国性专业寿险公司，注册资本金6.6 亿元人民币，是在阳光保险迅速走上集团化道路的大背景下，组建的第一家控股子公司。阳光人寿的成立，标志着阳光保险集团已拥有阳光产险、阳光人寿两家全国性保险公司，产、寿险综合经营平台完成搭建，阳光保险在业务领域产、寿两翼格局已经形成。阳光人寿成立一年来，期交标准保费累计突破1 亿元，缔造同期开业公司首年期交标准保费纪录，总保费累计突破27 亿元，在国内55 家中、外资寿险主体中，排名第16 位。

阳光保险将充分发挥集团优势，有效整合产、寿险等保险资源，研究和开发满足客户各种保障需求的新型保险产品，不断提升业务管理水平和资本运作水平，探索和研究具有中国特色的现代保险企业经营管理之道。

阳光保险将秉承“打造最具品质和实力的保险公司”的公司愿景，以“共同成长”为使命，致力成为世界级金融保险集团。阳光保险把“诚信、关爱”、“创造价值”作为核心价值观，发扬“战胜自我”的企业精神，以崇高的道德水准、高效健全的管理和高素质、高境界、高度职业化的员工队伍，为客户提供优质稳定的服务，成为高成长性的公司，成为客户首选的公司，成为优秀人才向往的公司。

中国出口信用保险公司

中国出口信用保险公司（简称“中国信保”）是我国惟一承办政策性信用保险业务的金融机构，2001 年 12 月 18 日成立，资本来源为出口信用保险风险基金，由国家财政预算安排。目前，中国信保已形成由 14 个分公司、8 个营业管理部和 28 个办事处组成的覆盖全国的服务网络，并在英国伦敦设有代表处。

中国信保的主要任务是积极配合国家外交、外贸、产业、财政和金融等政策，通过政策性出口信用保险手段，支持货物、技术和服务等出口，特别是高科技、附加值大的机电产品等资本性货物出口，支持中国企业向海外投资，为企业开拓海外市场提供收汇风险保障，并在出口融资、信息咨询和应收账款管理等方面为企业提供快捷、便利的服务。

中国信保的主要产品包括：短期出口信用保险、国内贸易信用保险、中长期出口信用保险、投资保险、担保业务；新产品包括：中小企业综合保险、外派劳务信用保险、出口票据保险、农产品出口特别保险、义乌中国小商品城贸易信用保险和进口预付款保险；主要服务有融资便利、国际商账追收、资信评估服务以及国家风险、买家风险和行业风险评估分析等。中国信保还向市场推出了具有多重服务功能的电子商务平台 ——“信保通”，使广大客户享受到更加快捷高效的网上服务。

出口信用保险对我国外经贸事业的支持作用日益显现。2002 年至 2008 年，中国信保累计支持的出口和投资的规模为 1700 多亿美元，为数千家出口企业提供了出口信用保险服务，为数百个中长期项目提供了保险支持，包括高科技出口项目、大型机电产品和成套设备出口项目、大型对外工程承包项目等。同时，中国信保还带动 110 家银行为出口企业融资 3500 多亿元人民币。

太平保险有限公司

太平保险有限公司（简称“太平保险”）1929 年 11 月 20 日始创于上海，由私营金城银行独资开设，资本为法币 100 万元。1933 年，金城银行邀集交通、大陆、中南、国华等银行参股，并将资本增为法币 500 万元。之后通过收购丰盛、安平、中国天一等华商保险公司，开始集团化经营。1938 年，太平保险拨款法币 100 万元，独资设立太平人寿保险公司。

除在上海设立总公司外，太平保险还在国内各大口岸广设分支机构和代理处，最鼎盛时，在全国的代理网点总数达 900 余处，还在香港和东南亚地区设立了多家分支机构，成为当时我国保险市场上一家实力雄厚的民族保险公司。

1949 年 5 月，上海解放。经上海市军管会批准，太平保险于 1949 年 6 月 20 日恢复营业。50 年代，国家对民族资本保险公司进行社会主义改造，经过 1951 年和 1956 年的两轮改组，包括太平保险在内的 28 家华商私营财产保险公司合并重组为公私合营太平保险公司。根据国家的整体安排，从 1956 年起，国内保险市场由中国人民保险公司独家经营，太平保险停办国内业务，专营境外业务。太平保险从此移师海外，在港澳及东南亚地区开拓经营了整整 45 年。

2001 年 12 月 20 日，经国务院同意，中国保监会批准，太平保险全面恢复中国境内的财产保险业务，并对公司进行股权改造。现在，太平保险的股东共有三家，分别为：中国太平保险集团（简称“中国太平”）、中保国际控股有限公司（简称“中保国际”，香港上市公司，中国保险业首家上市公司）及中国工商银行（亚洲）有限公司（简称“工银亚洲”，中国工商银行在港上市公司）。公司总部设在深圳，至 2009 年 7 月，注册资本金为 15.7 亿元人民币。

太平保险是一家全国性的财产保险公司，业务范围包括各种财产保险、意外险、短期健康险及再保险业务，国家法律、法规允许的各类保险业务和资金运用业务。2002 年，公司在北京、上海、广东和深圳设立 4 家分公司；2003 年，在大连、天津、河南、山东、江苏、浙江、湖北和四川开设 8 家分公司；2004 年，又在青岛、湖南、重庆开设 3 家分公司；2005 年，设立山西、陕西、安徽、福建分公司。2007 设立辽宁、河北、云南分公司，2008 年又设立了宁波、黑龙江、贵州、广西、厦门 5 家分公司，截至 2009 年 7 月，太平保险在全国开设的分公司达到 28 家。

天安保险股份有限公司

天安保险股份有限公司是中国首家按照现代企业制度和国际标准组建的股份制商业保险公司，成立于 1994 年 10 月，总部设在上海浦东。注册资本人民币 21.72 亿元。主要经营中国保险监督管理委员会核准的人民币、外币的各种财产保险、责任保险、信用保险、水险、意外伤害保险、健康保险、金融服务保险等业务，办理各种再保险、法定保险和资金运用保险等业务。

公司成立 15 年来，业务规模和机构建设快速发展，32 家分公司、1173 家营业机构遍布全国，截至 2008 年底全国共有 16995 名员工。投资成立了恒康天安寿险公司，形成了产、寿险加投资的多元化经营格局，成长为全国性的大型现代金融保险企业。2008 年，公司保费收入约 67 亿元，总资产 125 亿元，连续两年跻身中国企业 500 强，凭借优秀的企业素质和良好的品牌形象，公司近年来荣获中国最受信赖 10 大财险公司、中国保险市场十强诚信品牌、中国企业诚信经营示范单位、全国企业文化建设先进单位、上海市文明单位等荣誉称号。被国际著名的《蒙代尔经济学》杂志社评为中国十强保险企业。

公司不断推出符合市场需求的创新险种，形成了具有天安特色的，有较强市场竞争力的产品体系，并承保了一大批在国内外颇具影响力的重大项目，如上海黄浦江上四座著名大桥、上海地铁、南京长江二桥、江阴长江大桥、天津地铁等重大工程建设项目，参与共保了亚太卫星、中卫 1 号等航天保险。

2007 年，公司以“客户至上、服务社会、信誉为本、追求卓越”为宗旨，以诚取信，建立起一整套优质、高效的 95505 集中客服体系，赢得了客户的信赖和好评。

作为一家极具成长性的现代大型金融保险企业，公司创立了以“天安之道”为核心的企业文化，确定了全体天安人共同的价值观。天安文化涵盖了公司经营和管理的各个层面，渗透于各个环节，并已成为一种统领全局的精神纲领，成为推动企业永续发展的动力。

在激烈的市场竞争环境下，天安保险公司勇于承担社会责任，加强自身建设，坚持依法合规经营，努力保护行业发展环境，努力做富有社会责任感企业。公司通过天安慈善基金会积极开展安老、扶幼、助学、济困等慈善活动，扎实有效地履行公司的社会责任，促进社会的和谐、文明与进步。在贵州、甘肃革命老区援建了希望小学，在SAS、雪灾、台风、洪灾、汶川大地震等大灾面前，天安人积极行动，除立即启动大灾预案，开辟理赔绿色通道外，公司和员工还踊跃捐款，积极支援灾区重建。公司建立了责任报告书定期发布制度，每年向社会发布公司的责任报告书，以此促进自身更新发展观念，树立起现代企业管理的新观念，强化对企业金融风险的新认识，改变传统的发展模式，积极应对新形势下企业发展所面临的风险和挑战，也对促进保险行业持续健康发展，构建行业和谐的发展文化具有重要的推动作用。

天安正以全新的姿态，围绕做强战略，向着“集团化、多元化、国际化”的“十一五”发展目标迈进。

大众保险股份有限公司

大众保险股份有限公司是1995年元月在上海注册成立的股份制商业保险公司。公司由上海市城市建设投资开发总公司、上海大众公用事业（集团）股份有限公司等24家信誉良好、实力雄厚的大中型企业投资创公司注册资本为人民币7.56亿元。公司主要经营各类财产保险业务、再保险业务和资金运用业务。

经过十多年的努力，公司目前已在上海、江苏、浙江、安徽、福建、山东等长三角地区创立了良好的公司品牌公司的服务网络有序延伸，客户数量稳定增加，保费规模逐年提高，资产规模不断扩张，已成为一家具一定专业水平和市场积累的专业财产保险公司。

公司先后承保了许多国家重点工程和项目，如上海多条越江隧道、越江大桥、轨道交通、南京第二长江大桥、杭州湾跨海大桥、青岛海湾跨海大桥、东海平湖油气田、石洞口电厂等国家重点项目、大型市政、能源类项目。同时公司积极创新产品开发，前后设计了“设备按揭保证保险”、“民营企业综合保险”等支持“三农”经济和民营经济发展的配套险种，获得了良好的社会效益和经济效益。2007年，公司完成保费收入12.8亿元，其中非车险完成3.35亿元，业务占比为26.18%，车险完成9.45亿元业务占比为73.82%。2007年，在上海市委、市政府的关心下，在全体股东的支持下，公司完成了增资工作，偿付能力得到了有效改善。

2008年，公司将再启动新一轮的增资和引进战略投资者工作，以进一步提升资本实力，增强公司发展后劲。公司新的领导集体为公司发展注入了新的理念，新的远景目标已经确立，大众保险新一轮发展将正式启航。公司将加快发展步伐，以效益为中心，以改革促发展，以创新求进步；以产品、销售、服务的创新方式，形成鲜明的经营特色，提升公司的核心竞争力；以面向全国的战略发展眼光，有计划、分步骤地实施机构服务网络的铺设工作；以专业化、精细化、规范化的管理模式，夯实基础管理，完善法人治理结构，依法合规经营，有效防范经营风险；“以人为本”，加快培育公司内部人才成长机制，吸引更多优秀人才加入大众保险工作，进而带动整个公司企业文化的发展，逐步实现“创造大众的信心与价值，造福于大众富裕与安宁，建设具社会领先的金融保险服务商”的公司长期发展愿景。

华泰财产保险股份有限公司

华泰财产保险股份有限公司是中国第一家全国性股份制财产保险公司，1996年8月29日在北京正式开业，公司注册资本金13.83亿元人民币，50余家股东多为实力强、规模大、效益好的大型企业和企业集团，覆盖金融、石油、电力、冶金、煤炭、化工、航空、造船、航运、机械等30个行业。公司开展财产损失、责任、意外伤害、健康等四大类保险业务，目前还在开发信用类保险产品，涵盖国计民生诸多领域。到2008年，公司在全国近60个城市设有分支机构，形成面向全国的经营布局。

2002年5月，世界著名保险集团——美国ACE集团参股华泰，为华泰带来了先进的经营理念和全球性业务支持网络。2005年，以华泰财产保险公司为投资主体的华泰资产管理公司和华泰人寿保险公司开业，标志着华泰在向集团化发展的道路上迈出了坚实的步伐。经过几年来的发展，华泰资产管理公司和华泰人寿都已成为业内具有较强竞争力的优秀企业。

2008年底，华泰在由金融时报社和中国社会科学院金融研究所共同举办，银监会、证监会、保监会推举专家评选的“2008中国最佳金融机构排行榜”中，被评为3家“年度最佳中资财产保险公司”的第一名；在享有中国企业最高品牌荣誉的第二届中国标志性品牌评选活动中，被评选为“中国保险行业十大标志性品牌”；在中国管理科学研究院主办的“首届建设创新型国家年会”上，摘得“建设创新型国家杰出企业”的荣誉称号。

2008年8月，华泰在中国企业家协会评选的“中国服务业企业500强”中，销售额排名第294位，收入利润率排第1位，净资产收益率排第26位，利润排第48位，被列为绩效型成长企业。

中国人寿保险股份有限公司

公司概况

中国人寿保险股份有限公司是国内最大的寿险公司，总部位于北京。作为《财富》世界500强和世界品牌500强企业——中国人寿保险（集团）公司的核心成员，公司以悠久的历史、雄厚的实力、专业领先的竞争优势及世界知名的品牌赢得了社会最广泛客户的信赖，始终占据国内保险市场领导者的地位，被誉为中国保险业的“中流砥柱”。

历史悠久

中国人寿与中华人民共和国同龄，是国内最早经营保险业务的企业之一，肩负中国寿险业探索者和开拓者的重任，走过了长达半个多世纪的发展历程，深谙国内寿险市场经营之道。

2007年1月9日，中国人寿保险股份有限公司回归国内A股上市，自此公司成为国内首家“三地上市”的金融保险企业。

2003年12月17和18日，中国人寿保险股份有限公司分别在纽约和香港上市，并创造当年全球最大规模的IPO。

2003年6月30日，中国人寿保险公司加快了改革发展的步伐，组建中国人寿保险（集团）公司，并独家发起设立中国人寿保险股份有限公司。

1999 年 1 月，经国务院批准成立中国人寿保险公司。

1996 年，中保人寿保险有限公司成立，中国人寿开始迈入人身保险业务专业化经营时代。

1949 年 10 月，中央政府批准组建了国内唯一的保险公司，由此开启了中国人寿的发展元年。

实力雄厚

经过长期的发展和积淀，中国人寿拥有比肩全球的雄厚实力。截至 2008 年，中国人寿保险（集团）公司已连续六年入选《财富》世界 500 强企业，总资产规模占据国内寿险行业半壁江山，中国人寿保险股份有限公司总市值更是位居全球上市寿险公司榜首。

截至 2008 年，中国人寿保险（集团）公司已连续六年入选《财富》世界 500 强企业，排名从 2003 年的 290 位上升至 2008 年的 159 位，在 35 家入选的中国企业中排名第 7 位，在 46 家入选的保险企业中排名第 15 位。

截至 2008 年底，中国企业会计准则下，本公司总资产达人民币 9,901.64 亿元，股东权益合计为人民币 1,358.81 亿元，公司的偿付能力充足率为 310%。

在 2008 年福布斯全球 2000 大上市公司排名中，公司总市值在全球保险上市公司中排名第一。

专业领先

中国人寿在寿险行业始终保持专业领先的竞争优势。公司拥有强大的产品研发与创新能力，不断丰富保险产品和服务的内涵。公司的投资运作高度专业化，是国内最大的机构投资者之一。公司厚积薄发的竞争优势在市场上占据先机，市场份额连年第一。

公司长期积累的寿险经验及精英荟萃的专业精算队伍，使得中国人寿在产品研发和创新方面始终走在市场的前列，许多创新产品填补了国内市场的空白，深化了保险产品的内涵。

公司致力于构建新一代信息技术体系，通过北京、上海两地建设国际领先的研发中心和数据中心，打造公司核心竞争能力，依托先进 IT 技术培育公司一流的经营管理能力、风险管控能力和客户服务能力。

品牌卓越

公司按照美国、香港及内地的监管要求建立起了完善的法人治理结构，公司董事多数为外部独立董事。按照美国《萨班斯·奥克斯利法案》404 条款的要求，建立了具有国际标准的内部控制体系。

通过长期持续的品牌建设，中国人寿跻身世界知名强势品牌行列，品牌价值和品牌影响力不断提升。中国人寿积极推进“行业品牌向社会品牌”、“国内品牌向国际品牌”、“知名品牌向杰出品牌”转变的品牌战略，致力于打造世界一流的金融保险品牌。

中国人寿是国内最具价值的保险品牌。根据世界品牌实验室和世界经理人周刊联合主办的中国 500 最具价值品牌排行中，“中国人寿”品牌的价值由 2007 年的人民币 588.67 亿元上升至 2008 年的人民币 668.72 亿元。在 InterBrand 发布的第二届中国最佳品牌年度排行榜中，“中国人寿”品牌的价值由 2006 年的 46 亿美元上升至 2007 年的 86 亿美元。

公司注重品牌内涵的丰富与多元化，注重服务领域的品牌建设，在保险业率先推出“国寿 1 + N”服务品牌，并向广大客户发放“国寿鹤卡”，落实以客户为导向的经营战略。

太平人寿保险有限公司

太平人寿历史悠久，1929 年始创于上海，1956 年移师海外专营寿险业务，曾是中国近现代史上实力最强、规模最大、市场份额最多的民族保险企业之一，也是现今中国保险市场上经营时间最长和品牌历史最悠久的中资寿险公司之一。

2001 年 11 月，中国太平保险集团公司（原中国保险【控股】有限公司，2009 年 6 月启用新名，简称“中国太平”）以“太平人寿”名义，全面恢复经营国内人身保险业务。复业后的“太平人寿”是我国第六家全国性寿险公司，目前，公司注册资本金 23.3 亿元人民币，总部设在上海。截至 2009 年 6 月，公司已在国内 27 个省、自治区和直辖市开设 34 家分公司和 600 余家三、四级机构，服务网络基本覆盖全国。

“中国太平”是隶属于国务院的国有控股金融保险集团，是我国第一家跨国金融保险控股集团公司，其品牌历史渊远流长，可以追溯至 1929 年创立的太平水火保险公司、1931 年创立的中国保险股份有限公司和 1949 年成立的香港民安保险有限公司。作为“中国太平”的重要成员公司，专营寿险业务的太平人寿历经复业八年以来的持续发展，业已成为新时期中国太平持续发展的战略支撑力量，是中国太平业务和盈利的主要贡献者。

复业八年来，太平人寿持续创新，稳健发展，呈现出强劲的跨越式发展态势。截至 2008 年底，公司总资产突破 600 亿元人民币，客户总量达到 800 万，总承保金额累计突破 8000 亿元人民币，稳居国内中大型寿险公司行列。

复业以来，太平人寿秉承中国太平“用心经营 诚信服务”的经营理念，以“创造富裕的安宁生活”为使命，致力于为客户提供周全的保险保障和金融理财服务，勇于承担企业公民的社会责任，公司品牌形象和企业声誉已经获得客户、员工和社会的高度认可，企业实力和品牌竞争力亦大幅提升，已成为中国寿险市场的中坚力量。

2003 年至 2008 年，国际权威评级机构惠誉国际（FITCH）连续六年为太平人寿做出 BBB + 评级，认为公司信用质量良好，财务实力稳健，建立了良好的商业模式。2007 年至 2009 年，太平人寿连续三年跻身“中国企业 500 强”和“中国服务业企业 500 强”。在 2008 年度亚洲保险业竞争力排行榜中，太平人寿位列寿险公司第 26 名，凸显出公司日益强大的品牌价值。

泰康人寿保险股份有限公司

泰康人寿保险股份有限公司系 1996 年 8 月 22 日经中国人民银行总行批准成立的全国性、股份制人寿保险公司，公司总部设于北京。2000 年 11 月，泰康人寿全面完成经国务院同意、保监会批准的外资募股工作。

目前，泰康人寿共有 19 家股东，包括中国对外贸易运输（集团）总公司、物美控股集团有限公司、中国嘉德国际拍卖有限公司、瑞士丰泰人寿保险公司、新政泰达投资有限公司等著名中、外资企业。

在以董事长兼首席执行官陈东升为核心的专业化、国际化的管理团队领导下，泰康人寿发展迅速。目前已在全国设立了北京、上海、湖北、山东、广东等 32 家分公司、259 家中心支公司，成功完成全国性经营网络的搭建。

2006 年至 2007 年，泰康人寿先后设立了泰康资产管理有限责任公司和泰康养老保险股份有限公司两家控股子公司，不断强化公司资产管理业务，着力拓展企业年金市场。泰康资产是经中国保监会批准设立的专业资产管理公司。截至2008年末，泰康资产管理的资产规模超过2000亿，是国内资本市场大型机构投资者之一。近年来，泰康资产资金运用收益率一直名列行业前茅。泰康养老是经保监会批准的全国性专业养老保险公司。泰康养老与泰康资产拥有企业年金受托人、账户管理人、投资管理人三项资格，形成了“三位一体”的企业年金服务体系。

2008年，泰康人寿经受住了保险市场和资本市场的洗礼，公司业务超常规发展，实现强劲增长，成绩辉煌。全年实现保费收入577亿元，同比增长69%，继续保持内地寿险市场第四位；新单价值同比增长67%；偿付能力充足率超过200%；资产总额为1920亿元，实现税后利润17亿元；客户总量近1500万。泰康人寿实现风险控制、品质管理与价值增长的全面丰收。

民生人寿保险股份有限公司

民生人寿保险股份有限公司成立于2002年，总部位于北京，是由中国保险监督管理委员会直接管理的六家全国性保险公司之一。

民生人寿由全国工商联牵头发起设立，实收资本金27亿元，是中国寿险市场资本实力最强的公司之一。主要股东有：万向财务有限公司、中国泛海控股集团有限公司、海鑫钢铁集团有限公司、中国有色金属建设股份有限公司、江西汇仁集团医药科研营销有限公司、东方希望集团有限公司、四川新希望农业股份有限公司、亚洲联合控股有限公司等。

民生人寿现任董事长为全国政协委员、中国民间商会副会长谢伯阳先生；副董事长为中国泛海控股集团有限公司董事长卢志强先生和万向财务有限公司董事长鲁伟鼎先生；监事长为新希望集团董事长刘永好先生。

经中国保险监督管理委员会批准，民生人寿的业务经营范围包括人寿保险、健康保险、意外伤害保险、上述保险业务的再保险业务和资金运用业务。险种包括：定期寿险、终身寿险、短期健康保险、长期健康保险、个人和团体意外伤害保险、两全保险和年金保险。

截至2008年12月底，民生人寿已在北京、浙江、江苏、河北、山东、福建、辽宁、四川、河南、上海、黑龙江、湖南、江西、安徽、广西、陕西、湖北、山西18个省、市设立了18家省级分公司，初步形成了全国重点市场的机构布局。

自2003年开业以来，民生人寿坚持以诚信为立司之本，坚持以经济效益为中心，坚持多渠道发展业务，依靠强化管理、产品创新和优质服务，各项工作取得了快速、持续、健康的发展，期交保费收入、规模保费收入增速均大大高于行业平均水平。

2006年，民生人寿被全球华人名牌网等机构评为“中国十佳保险品牌”；2007年1月，被全球最具影响力的中文网站——新浪网评为“最具发展潜力保险公司”、五家“网友最信赖的寿险公司”之一，还由于关心民生、热衷社会公益事业，同时被授予“城市生活贡献奖”；2007年10月，被《中国质量万里行》杂志社市场调查中心评为“全国保险市场服务质量消费者满意品牌”；2007年11月，由于公益项目“民生人寿和谐社会群众歌咏活动资助工程”的突出贡献，被《中国经营报》授予“2007中国企业竞争力年会年度卓越表现奖之最佳社会责任行动奖”；2007年12月，被中国国际财务战略管理研究会、《中国总会计师》杂志社评为“十佳金融服务机构”；被搜狐网评为“最佳内资寿险品牌”。2008年6月，被《经济观察报》评为“最具潜力保险公司”；2008年8月，被《理财周报》评为“中国十大最佳保险公司”、“最具成长性保险公司”；2008年9月，被《经理人》杂志授予“2008年中国最具创新力公司评选金融业TOP10”奖项；2008年12月被搜狐网评为“保险业最佳雇主”。

民生人寿是中国经济发展和金融市场开放的产物，极具生命力的资本主体和科学的运营机制为公司的长远发展奠定了坚实的基础。民生人寿将继续秉承“民生人寿保民生”的经营理念，植根民众，造福民生，充分发挥体制优越、机制灵活、务实高效的优势，把自己建设成为成长性强、富有特色的一流保险企业。

新华人寿保险股份有限公司

新华人寿保险股份有限公司成立于1996年8月，是一家全国性大型保险公司。公司总部设于北京，在全国有34家省级分公司、181家中心支公司、15家支公司、1018家营销服务部，搭建了几乎覆盖全国所有省、市、自治区的机构网络，并不断向郊县延伸。公司内外勤员工超过27万人。经营的产品体系涵盖传统保障型产品、分红类产品以及理财功能较强的万能和投连产品。截至2008年12月底，新华保险资产总规模超过1600亿元。目前，新华保险正在积极打造综合服务平台，将在更广阔的领域为客户提供全面、优质的风险保障和投资理财服务。

2008年度，新华保险规模保费收入突破550亿元，与同比增长超过70%、高出国内寿险市场平均增速近23个百分点的增长速度相比，新华保险核心业务保费增速更值得关注：个险新契约、续期业务、银代期缴、法人短险等核心业务保费收入同比增速超过80%，超出总体规模保费增速，业务结构保持良好且核心业务稳健发展。

独具特色的产品体系赢得稳固市场地位。

针对客户的不同需求，新华保险建立了完善的产品体系，涵盖传统保障型产品、分红类产品以及理财功能较强的万能和投连产品。新华保险在国内寿险市场率先采用“保额分红”方式，并在此基础上形成了独具特色的分红产品体系。保额分红保险产品通常采用“年度红利”和“终了红利”双重红利设计，在一般投资市场环境下，年度红利保持相对平稳，客户可以合理预期；在客户的保险合同终止时，向客户分配终了红利，以丰补歉、平衡回报。当投资市场环境变化较大、保险公司分红业务投资盈余大幅超出一般年度水平的情况下，保险公司可以向客户进行“特殊分红”，将分红业务实现的超额投资盈余及时回馈客户。2007年度新华保险对客户累计分红达50亿元，充分证明了新华保险12年经营的良好效益和强大实力，赢得了客户的广泛认同。

覆盖全国的机构网络和多元化的销售渠道成就强大的销售和服务能力。

新华保险搭建了几乎覆盖全国所有省、市、自治区的机构网络，并不断向郊县延伸。新华保险还逐步建立和完善了多元化的销售渠道，包括直销团队、个人代理、专业和兼业代理，以及保险经纪等。此外，新华保险大力推进各渠道之间的交叉销售，并积极运用电子商务网站、电话直销与手机短信服务等创新渠道，进一步加强销售和服务能力。

不断完善的专业化服务赢得上千万客户的信任和支持。

新华保险建立了包括一站式综合服务柜台、95567 客户服务热线、新华保险网网站、续期和客户服务专员等多元化的、完善的服务平台，并不断改善技术支持和服务措施，致力于为客户提供更优良的服务。新华保险标准化客户服务中心覆盖全国所有分支机构，电话中心采用惠普先进 IP 技术支持，能够为全国各地的客户提供全年无休的专业服务。另外，新华保险还不断创新服务手段，完善网站服务功能、短信渠道通知和慰问服务等电子化服务举措，提高服务的便利程度。“保单一号通”、“保单无障碍迁移”、“保全失单保障”等创新服务举措简化了业务流程，提高了服务效率；异地赔付全国通赔、理赔款提前支付以及小额简易快速理赔等理赔新举措，使公司的理赔服务更为透明和完善；专家预约挂号、导医导诊和客户服务节系列活动等附加值服务体系的建立将使每一位客户感受到公司特别的关爱。

经验丰富、高度负责的管理团队和诚信、专业的销售“大军”是持续发展的原动力。

新华保险凝聚了一支具备丰富的国内保险及相关行业经验的高级管理团队，90% 以上的高级管理人员在新华公司或保险行业的服务年限超过 10 年。目前，新华保险总分公司的内勤员工已经超过 1 万名，各渠道销售人员队伍更是壮大到 26 万余人。公司管理人员日趋年轻化、专业化，2008 年 12 月底，新华保险 1 万余名内勤员工中，77.2% 为 35 岁以下。从学历结构来看，硕士、博士为 4.5%，本科为 41.8%，大专为 40.8%。新华保险销售人员的素质也在不断提升，正逐步成长为具有丰富金融保险知识的理财专业人员。

公益慈善事业成就深入人心的企业公民形象。

“以人为本，回馈社会”是新华保险自成立以来的传统。12 年来，新华保险在捐资助学、扶危济困、健康医疗、环境保护、体育事业等方面投入大量财力物力，为建设和谐社会努力践行公民责任。新华保险近年公益慈善事业的关注重点在于改善贫困地区百姓的生存环境，关注少年儿童教育和巨灾捐赠。2006 年以来，向甘肃、内蒙等严重缺水地区捐款 1000 万元，建设 1 万口“母亲水窖”；2007 年在四川省 16 个地市捐资兴建 100 所“新华保险——四川留守学生之家”，给农民工“留守”在家的孩子带来关爱。2008 年，南方雨雪冰冻灾害和“5·12”汶川 8 级地震，新华保险都于第一时间紧急行动起来，充分发挥保险公司本职作用寻找客户和快速理赔，以各种方式举全公司之力抗灾救灾。在“5·12”地震中，公司及员工捐款近 1300 万元，为赴灾区紧急救援的 13000 多名消防官兵赠送总保额 35 亿元的意外伤害保险，向奔赴灾区救援的志愿者、记者和医疗队等赠送意外伤害保险。目前正积极支援灾后重建的新华保险，向陕西、四川等重灾区捐款 230 多万元支持中小学建设及灾区儿童夏令营活动等。目前，对灾后重建的支援行动仍在继续，新华保险的公益慈善事业也在日渐壮大。

多年苦心经营铸就国内保险知名品牌。

随着公司持续、健康、和谐的发展，新华保险品牌价值不断提升，成为国内保险业知名品牌。近年来，新华保险先后荣获多项大奖。

2005 年度，公司获得“全国企业质量信誉 AAA 等级”、“2005 年度最佳企业公众形象”等大奖。

2006 年度，新华保险蝉联“中国企业 500 强”和“北京百强企业”龙虎榜；凭借完善的客户服务体系和专业诚信的服务保障，荣获“维护消费者权益诚信服务满意单位”称号；经过网友的广泛投票评选，被新浪网评为“网友最受信赖的十大寿险公司”；被和讯网评为“2006 年度中国保险业最受信赖保险公司”、“百姓最满意的寿险公司”、“服务最好的内资寿险公司”。

2007 年度，在“搜狐财经 2007 金融理财网络盛典”活动中，新华保险荣获“服务最好的内资寿险公司”大奖；在世界品牌实验室（World Brand Lab）2007 年度“中国品牌年度大奖”评选活动中，新华保险荣获 2007 年度“中国品牌年度大奖（保险行业）”；在社会公益方面，新华保险荣膺“大地之爱?母亲水窖”卓越贡献奖。

2008 年，在世界品牌实验室（World Brand Lab）发布的 2008 年《中国 500 最具价值品牌排行榜》上，新华保险以 54.22 亿元的品牌价值荣登本年度中国 500 最具价值品牌排行榜第 136 名；在由中国企业联合会和中国企业家协会主办的“中国企业 500 强评选活动”中，新华保险排名“2008 年中国企业 500 强”第 157 名、“2008 年中国服务业企业 500 强”第 52 名，同时排名“北京百强企业”第 11 位；在搜狐网主办的“2008 金融搜狐理财网络盛典”上，新华保险荣获“寿险理赔最迅速的保险公司奖”；此外，新华保险还获得全国妇联妇女发展基金会颁发的“支持中国妇女公益事业最具社会责任企业奖”。

生命人寿保险股份有限公司

生命人寿保险股份有限公司是一家国际化大型股份制专业寿险公司，经保监会批准，成立于 2001 年 12 月 28 日，总部设在深圳。股东由深圳国利、首钢总公司、大连实德、深圳市武新裕福、Tokio Marine Asia Pte. Ltd.、东京海上日动火灾保险株式会社等多家国内外资金雄厚的企业构成。

公司以特色经营、特色发展、建立特色生命为经营思想，肩负“携手提升生命价值”的企业使命，秉持“内诚于心，外信于行”的核心价值观，奉行“以人为本、尊重生命”的经营理念，倡导求新、求变、求发展的经营作风。

公司于 2003 年 11 月正式开业，于 2006 年通过 ISO9001：2000 和 GB/T19001－2000 质量管理体系认证，成为行业内最快建立国际 ISO9001 质量体系的新公司，2007 年，公司总资产和累计保费相继过百亿，顺利跨入中国保险业“双百”阵营。公司拟发行的次级债券获得了穆迪投资服务公司成员中诚信国际信用评级机构给予的 AA－信用等级。

截至 2008 年上半年，公司已设立 22 家省级分公司，拥有近 3 万名员工和专职销售队伍，公司总资产逾 200 亿元，初步构筑了中型寿险企业的初期平台，实现了连续的跨越式发展。与规模扩大相适应的是，公司的经营质量也一直在稳步提升。

公司相继获得中国寿险行业十大最具影响力知名品牌、中国最具成长性保险公司、十大最值得信赖的寿险公司等荣誉称号，逐步确立了中国加入 WTO 后新兴寿险公司领军企业的地位。

主要股东介绍

【深圳市国利投资发展有限公司】

综合性产业投资公司，注册资本金 2.72 亿元，主要从事实业投资、商业、物资供销业等业务。是目前发展较快的实业投资公司之一。

【首钢总公司】

首钢始建于 1919 年，解放前 30 年累计产铁 28.6 万吨。解放后通过技术改造和建设，1958 年建起了侧吹转炉，结束了首钢有铁无钢的历史，1964 年建成了我国第一座 30 吨氧气顶吹转炉，在我国最早采用高炉喷吹煤技术，70 年代末首钢二号高炉成为当时我国最先进的高炉。改革开放以来获得巨大发展，成为以钢铁业为主，兼营采矿、机械、电子、建筑、房地产、服务业、海外贸易等多种行业，跨地区、跨所有制、跨国经营的大型企业集团。

【大连实德集团有限公司 】

综合性的企业集团，注册资本金 40 亿元，主要从事化学建筑材料生产、汽车制造、电热水器及国际贸易等业务。目前已成为我国乃至亚洲最大塑料异型材及塑钢门窗生产基地。集团资产总额逾百亿元人民币，近 5000 员工。

【深圳武新裕福实业有限公司 】

综合性投资公司，注册资本金为 3.5 亿元人民币，主要从事城市基础设施建设，老工业企业改造，高新科技产品开发与生产、房地产业和其他第三产业的投资 。

【Tokio Marine Asia Pte. Ltd 】

Tokio Marine 控股有限公司的子公司，注册于新加坡。旗下在 11 个国家拥有 18 家子公司，总资产达 4.8 亿美元。

【东京海上日动火灾保险株式会社】

成立于 1879 年，是日本历史最悠久，也是日本最大的产险公司，在日本市场上占据主导地位，拥有大约 20% 的产险市场份额。公司 2008 财年年保费收入为 184.6 亿美元，总资产为 856.5 亿美元。

公司优势

一、资本优势：以 20 亿的资本金背景进入市场，保证了公司有能力快速进行业务拓展和机构拓展

03 年 7 月 31 日，外资股东将认购款划入生命人寿帐户，确定了公司 20 亿资本金的强力背景，一举成为当时资本金最大的新兴寿险公司。

强大的资本金背景保证了公司开业后在较长一段时间内拥有充足的偿付能力，能够快速发展业务而不会受到偿付能力不足的限制。

二、管理优势：公司法人治理结构完整清晰，拥有国际化标准的后援管理体系，并建立了严格的风险控制体系

公司《章程》严格遵循国际化保险企业惯例和国内有关法律法规，严格按法人治理结构进行经营管理。

外资股东的加入为公司带来了国际化的管理理念与管理体系，先进的管理平台确保了公司运营的流畅、合理和高效。

公司在稽核、财务、信息、投资等渠道建立了完整的内控制度，严格防范和控制风险。

三、机遇优势：生命人寿处于整个保险行业快速发展的历史时期，公司顺势而为，迅速做大做强

生命人寿是中国第三批成立的专业保险公司，正值中国保险业发展的最重要时期，一方面市场容量迅速扩张，另一方面，监管机关创造各种有利条件，鼓励民族保险企业做大做强。生命人寿起步伊始即志存高远，立足高起点，建立国际化专业平台，最大限度地追求稳健与进取并行的经营策略。

公司开业以来的经营业绩成功印证了公司的经营思路。借时机优势，生命人寿积极抢占市场，扩大客户群，发展速度远远高于市场平均水平，并凭借不菲的业绩一举取得了新兴寿险公司中的领头位置。

四、人才优势：高层次的经营管理者和高素质员工队伍是生命人寿专业、健康经营的有力保证

公司拥有一支由业界知名寿险管理人才组成的优秀经营管理团队，有着丰富的行业经验和影响力，有助于推动公司按国际化后援运作和本土化市场开拓相结合的思路进行经营。

总公司拥有一支由专业人士组成的高素质员工队伍，其中 98% 以上具有本科及以上学历，优秀人员所组成的高素质专业团队将保证公司决策的有利执行，保证公司良性、快速和健康的发展。

公司国际化、专业化和制度化的优良经营模式还将不断吸引国内外业界精英踊跃加入。

我们的客户

中国石油化工股份有限公司、中国移动通信、中国银行、中国工商银行、中国建设银行、中国农业银行、招商银行、NIKE 体育用品有限公司、上海贝尔阿尔卡特、中体产业集团、TOSHIBA 东芝（中国）有限公司、CCTV、燕山石化等。

信诚人寿保险有限公司

信诚人寿保险有限公司成立于 2000 年 10 月 13 日，由中国中信集团公司和英国保诚集团共同发起创建，是中国第一家中英合资人寿保险公司，公司总部设在广州，目前的注册资本为 19.8 亿元人民币，中信集团和保诚集团各占 50% 的股份。

秉承“聆听所至，信诚所在”的经营理念，开业以来，信诚人寿在产品开发、业务拓展、渠道建设、内部管理、保险营销员培训方面开展了一系列卓有成效的工作，迅速建立和完善了内控和公司治理机制，并以优异的市场表现、杰出的专业化运作活跃在中国寿险市场。

2001－2008 年，信诚人寿保费收入年均增长率达 63%，在全国所有外资/合资寿险公司中名列前茅。截止 2008 年 12 月底，已分别在广东、北京、江苏、上海、湖北、山东、浙江、天津、广西、福建 6 个省、3 个直辖市和 1 个自治区，共 30 个城市开展了寿险业务，拥有近 18,000 多名员工和保险营销员；目前，公司产品涉及保障、储蓄、投资、养老及医疗等诸多领域，为全国近 47 万客户提供丰富、周到、快捷、优质的保险和理财服务。

信诚人寿一贯用心聆听社会需求，主动承担社会责任，倡导“聆听？关怀”的公益主题，并设立“信诚关怀基金”，积极支持中国教育、健康以及环保事业的发展。迄今，信诚人寿已为救灾、助学、扶贫等领域累计捐款逾 400 万，为贫困地区孩子筹得优秀图书 14 万余册，并免费为公众提供理财教育、职业规划咨询讲座等。

聆听所至，信诚所在。信诚人寿将持续用心聆听各方的心声，竭诚服务客户，努力回报社会，开拓进取，不断创造新的辉煌。

合众人寿保险股份有限公司

合众人寿保险股份有限公司（以下简称合众人寿）是经中国保险监督管理委员会批准的一家综合性人寿保险公司。企业性质为全国性、股份制寿险公司。作为综合性人寿保险公司，公司可经营一切人身险险种（含各种法定保险）。合众人寿率行业之先提出了“合众保险，理赔不难”的服务举措，为其在行业内外赢得了广泛赞誉。

合众人寿以中国传统思想的精髓“和合”文化为企业理念的基石，以“和合各方利益，实现多赢共好”为核心价值理念，倡导一种简单和谐、共同分享的企业文化。“和合”文化用人与自然和谐相处的理念化解人世间的风险，用今天的积善求和应对明天的变化，通过合众人寿数万员工的共同努力，

最终达到和睦共生、和谐共事、和美共荣、“司和万事兴”的完美境界。合众人寿股东由中发实业集团、意大利欧利盛人寿股份有限公司、日本太阳生命保险株式会社等国内外知名企业组成。

中发实业集团创建于 1993 年，是集房地产、金融、医药、物业管理等为一体的大型股份制民营企业。集团现有成员企业 13 家，其中控股企业 5 家，参股企业 8 家，资产总额近百亿元人民币。

意大利欧利盛人寿股份有限公司为意大利联合圣保罗银行股份有限公司旗下的寿险公司。意大利联合圣保罗银行股份有限公司由意大利联合银行和意大利圣保罗银行合并组成，目前是意大利最大的银行集团，总资产达 612 亿欧元。联合圣保罗银行股份有限公司在多个经营领域都居于意大利领先地位。

日本太阳生命保险株式会社成立于 1893 年，是日本第四家人寿保险公司，隶属于 T&D 保险集团。截至 2007 年 3 月末，集团总资产在日本国内寿险界居第五位。

2006 年 11 月，意大利欧利盛人寿股份有限公司（Eurizon Vita S. p. A）购入合众人寿 19.9%股份，成为合众人寿第二大股东，也是合众人寿历史上的第一家外资股东。2007 年 5 月，日本太阳生命保险株式会社以每股 8 元的价格购入合众人寿 5.09%的股份，成为合众人寿第二家外资股东。与此前意大利欧利盛人寿股份有限公司每股 6.5 元的价格相比，太阳生命入股价格再创新高。

合众人寿自从成立之日起，就逐步建立了一套完善、规范的治理结构和决策机制，有效实现和所有权和经营权的分离，为公司高速发展，高效成长、科学民主决策奠定了良好的基础。合众人寿分别成立了合规、保险、产品、投资、风险管理等各项专业委员会，建立了系统的经营会议制度和沟通体系。通过良好的企业文化和完善的管理制度，公司逐渐形成了“民主、和谐、通畅、平等、开放、包容”的良好局面。

合众人寿致力于为社会大众提供人文关怀的寿险产品和服务。公司开发了一整套完备的产品体系，覆盖传统的长期寿险、分红保险、重大疾病保险和短期险产品等种类。合众人寿拥有业内领先的集中后援运营系统，公司每一份保单可以在 24 小时内经总部核保，充分保障了客户的权益。在积极的探索和实践中，合众人寿提出“理赔不难”口号，推出了“延滞付利息”等全国首创理赔六大特色服务，在产品和服务上创造了多项业内纪录。

合众人寿秉承“投资于人”的理念，将员工视为公司最重要的资源和最宝贵的财富，为员工提供具有竞争优势的薪酬福利待遇与学习培训机会，努力营造良好的人才成长环境，使合众人寿成为引才、纳才、聚才、留才之地。公司通过明晰的企业战略、明确的发展目标、宽松和谐的工作氛围、奖惩分明的工作制度，全面激发员工的最大潜能，实现个人与公司事业的双重成功。

作为企业公民，合众人寿秉承“和合各方利益，实现多赢共好”的企业价值理念，积极参加各种公益活动，关注社会，奉献爱心。合众人寿先后向全国劳动模范、先进工作者、科学家等赠送了累计保额近 10 亿元的保险产品。此外，合众人寿还积极参与“春蕾计划”、国际戒烟大赛、“保护母亲河”植树活动以及启动保护黑龙江扎龙、兴凯湖、三江、洪河等四处国际湿地志愿者计划。

2006 年 8 月，合众人寿启动了“合众助学行”大型公益活动，先后在合众分支机构所在地的北京、湖北等十一个省（自治区、直辖市）寻访高考贫困生作为资助对象，帮助他们顺利完成学业。该项活动将每年举办一次。随着合众人寿公司规模的不断扩大和新设机构的不断增多，“合众助学行”活动将逐步在全国范围内展开，更多的贫寒学子将从该项活动中受益。

2008 年初南方雪灾，合众人寿快速反应，捐赠了湖南三位烈士子女从现在到大学毕业的学费，紧急派出 4 支慰问组到雪灾一线看望受灾群众，共筹集捐赠善款近 200 万元，同时合众人寿还向全社会承诺：向所有在 2008 年抗击雪灾中的烈士子女捐赠学费，直至大学毕业。

5·12 汶川地震发生后，合众人寿及员工向灾区捐赠 427 万元资金用于抗震救灾及灾后重建工作；紧急购买价值 20 余万元的药品、棉被等物资运往灾区支援灾区人民。同时，合众人寿宣布优先录用地震灾区在外就读的大学生，以保证灾区子弟能够尽快解决工作之忧，参与建设家乡的工作；并将此次抗震救灾工作中牺牲的烈士子女纳入“合众助学行”，捐助他们从现在起至大学毕业的学费。

合众人寿自成立以来，努力践行企业公民职责，获得了广泛的公众认同和社会荣誉。2006 年/2007 年，合众人寿连续两年被中国保护消费者基金会授予“维护消费者权益诚信服务满意单位”荣誉称号；2006 年 9 月，首届亚洲品牌盛典在香港举行，合众人寿由于在产品、服务以及营销模式上的不断创新，被授予“亚洲品牌创新奖”，董事长戴皓获得亚洲品牌创新人物奖。2007 年 1 月 31 日，合众人寿在“第三届中国品牌影响力高峰论坛中荣获 2006“中国保险服务行业十大影响力品牌”称号，董事长戴皓被评选为“中国品牌建设十大杰出企业家”；2007 年 10 月，合众人寿获得“中国最佳雇主企业奖”，董事长戴皓荣获“中国最具社会责任企业家”称号；2007 年 10 月，合众助学行入围“中国最佳品牌建设案例”；2007 年 12 月，合众人寿获评“寿险理赔最迅速的保险公司”；2008 年 1 月，合众人寿获评“2007 年度保险业最具创新营销奖”；2008 年 6 月，合众人寿被授予“2007 中国最佳保险公司理赔服务奖”。

通过公司全体员工的努力拼搏，相信在不久的将来，随着中国金融保险业的快速发展，合众人寿也必将达成自己的愿景：2010 年发展成为国内前七大人寿保险集团，2020 年成为国内十大金融企业集团，最终发展成为一流的综合金融企业集团。

华泰人寿保险股份有限公司

华泰人寿是一家由国内外实力雄厚的金融保险集团和知名企业发起设立的全国性寿险公司，经营人寿保险、健康保险、意外伤害保险等业务。公司 2005 年开业，总部设在北京，现已开设北京、浙江、四川、江苏、山东、上海、河南、福建等省市开设百余家分支机构。公司成立以来，业务规模迅速扩大，新的分支机构陆续筹建，华泰人寿正大步迈向全国。

公司主要股东华泰财产保险公司是国内唯一一家自成立以来连续十余年实现盈利和分红的保险公司。美国 ACE 保险集团、华润集团、亿阳集团、贵州茅台酒公司等也是给予公司全力支持的股东。

华泰人寿是华泰保险集团化组织框架内的重要成员。按照华泰整体发展的战略布局，华泰人寿将利用华泰财险的市场资源和管理经验，依托华泰资产管理公司业内领先的理财经验和能力，借助外资股东产品开发和运营管理方面的支持，抓住机遇，加速发展，做大做强。

华泰人寿坚持科学发展观，遵循“规范管理、稳健经营、创新发展”的宗旨，注重渠道建设、业务品质和产品创新，塑造开放、包容、进取的企业文化，努力建设一家效益和品质最好的寿险公司，为广大客户提供更加多样化、更高价值的保险产品和服务，为建立和谐社会贡献力量。

长城人寿保险股份有限公司

长城人寿保险股份有限公司（以下简称“长城保险”）是一家经中国保险监督管理委员会批准设立的全国性人寿保险公司。长城保险志存高远、经营稳健，以“打造服务最好的保险品牌”为目标，倡导“让服务成为我们的生活方式”，致力于为客户提供适合的保险产品和便捷的服务，为员工提供良好的工作环境和成长空间。公司总部设在北京金融街。截至2009年1月，长城保险已设立北京、四川、山东、湖北、青岛、河南、河北、江苏、天津等九家分公司，26家中心支公司及72家营销服务部。公司经营范围主要包括人寿保险、健康保险、意外伤害保险及上述保险业务的再保险业务。

长城保险主要股东包括北京华融综合投资公司、香港大新人寿保险有限公司、北京金融街建设集团、南昌市政公用投资控股集团有限责任公司等，注册资本14.075亿元。显赫的股东背景，让长城保险成为2004年中国保监会批准筹建的22家公司中唯一一家具有国资委系背景的寿险公司。

秉承为客户负责的承诺，长城保险始终强调稳健经营，截至2009年初，偿付能力充足率逾500%，成为长城保险持续、健康发展的重要保证。着眼未来，长城保险严格按照国际标准进行经营管理，成立之初即连续聘请全球四大会计师事务所中的毕马威（KPMG）和普华永道（PWC）做审计，聘请国际知名的战略咨询公司华信惠悦（Watson Wyatt）做战略规划，聘请全球著名风险管理公司达信（MARSH）做风险管理咨询。

在产品开发上，长城保险始终坚守保险产品的保障本质，从客户的实际需要出发，建立了以“保障+服务”为特色的产品体系，并根据细分客户不断创新，开发了包括母婴险、自助养老险和全能健康险在内的一系列高保障保险产品，特别为钢琴天才郎朗开发设计了十指保险，突显了保险的保障本质。在服务实践上，长城保险不断探索、推陈出新？业内首推“总经理热线”，安排公司高层直接与客户沟通，倾听需求，完善服务；业内首创纯公益性的“长城人文论坛”，为客户提供增值服务；开展教育消费者工作，普及风险常识和保险知识；优化“VIP服务”体系；推行“五个一工程”，开通全国通赔服务，开设客户服务车，进一步加快理赔速度，目前平均理赔时效为3天，优于行业平均水平。

长城保险“保障+服务”的差异化经营得到了社会的广泛认可——2005年荣获国务院发展研究中心和国家科学技术部颁发的“新经济企业奖”；2006年荣获国务院国有资产监督管理委员会研究中心授予的“亚洲品牌创新奖”；2007年被人民日报等媒体授予“中国寿险行业客户服务十大最具影响力品牌”和“中国寿险行业最具发展潜力品牌”两项大奖；2007年、2008年，连续两年跻身中国企业联合会评定的“中国服务业企业500强”；2008年荣获北京大学案例管理中心颁发的“行业十佳雇主企业”称号。

得益于中国经济快速发展的长城保险对社会充满感恩之情，始终认真践行企业公民责任，除了组织捐资助学、减灾扶弱活动外，还要求员工每年参加一次公益活动，让爱心根植于每个长城保险人的内心深处。在长城保险的公益活动中，包括总保额近35亿元的“关爱劳模工程”、百万布袋赠市民的环保大行动、捐赠《中国少年报》、“让爱更精彩”为贫困学生捐书、支持灾区重建等在内的一系列公益活动，彰显了长城保险回馈社会的赤诚之心。

长城保险，伴您人生长程。强大的股东实力、专业的员工队伍、科学的管理模式、个性化的保险产品和便捷的服务，将使长城保险永远保持强大的竞争力，成为您幸福生活的坚强保障。

嘉禾人寿保险股份有限公司

嘉禾人寿保险股份有限公司是经中国保监会批准，并在国家工商管理总局注册成立的全国性人寿保险公司，由北京中关村科学城建设股份有限公司、联想控股有限公司、重庆国际信托投资公司等六家资金实力雄厚的企业发起组建。公司总部设在北京，主要经营各类人寿保险、健康保险、意外伤害保险等各类人身保险业务；上述业务的再保险业务；国家法律、法规允许的保险资金运用业务以及经中国保监会批准的其他业务。

嘉禾人寿保险股份有限公司具有雄厚的资本实力，完善的法人治理结构，优秀的管理团队，先进的经营理念，科学的发展战略，良好的运行机制以及健全的规章制度。公司坚持以科学的发展观统揽全局，实施以人才为根本、以市场为导向、以效益为核心、以创新为动力、以专业树品牌的发展战略，坚定地走快速、协调、持续、健康的发展之路。目前，嘉禾人寿已在全国设立了15家省级分公司，并在地市级中心城市批设了200多家三、四级机构，服务网络覆盖中国主要经济区域，服务能力得到进一步提升。

嘉禾人寿成立伊始，就把打造“深受客户信赖的保险公司”作为公司愿景，确立了“以服务树品牌”的经营战略。公司竭尽全力为客户提供高效、便捷、周到的服务，让客户投保前有信心、投保后能放心、理赔时能安心，努力成为“最了解客户心理、最能满足客户需求、最能保障客户利益”的保险公司。基于客户至上的服务理念，嘉禾人寿的优质服务得到了社会大众的广泛认可。2007年，公司荣获由人民日报、消费日报、中国质量信用网联合授予的“消费者信赖的中国质量500强”和“中国十大保险行业质量品牌”荣誉称号，并荣获华夏理财总评榜“保险业最具潜力奖”。2008年，公司又蝉联了“消费者信赖的中国质量500强”和“中国十大保险行业质量品牌”，并先后荣获了“中国人寿保险业最具竞争力十大品牌”、“全国保险行业服务质量无投诉消费者满意企业”等荣誉称号。

正德人寿保险股份有限公司

正德人寿保险股份有限公司（简称“正德人寿”）成立于2006年11月6日，是由中国保险监督管理委员会批准设立、在国家工商行政管理总局注册的全国性寿险公司，注册资本5亿元人民币，注册地在北京。

正德人寿由五家股东出资，各持股20%。业务范围包括：人寿保险、健康保险、意外伤害保险等各类人身保险业务，上述业务的再保险业务，国家法律、法规允许的保险资金运用业务,经中国保监会批准的其他业务。

正德人寿拥有一支由著名经济金融保险专家、成功企业家和职业经理人组成的具有战略性思维的核心经营团队:张洪涛教授出任公司董事长兼总裁(CEO),凌国军先生和沈月华女士出任副董事长,戴凤举先生、王国良先生、安体富先生出任独立董事。邓鸿勋先生出任监事会主席,王宪章先生出任监事。

正德人寿秉承“正扬诚信,立德为民”的核心经营理念,“诚信、卓越、专业、创新、实践、发展”的企业精神,“以诚取信、以德取胜、服务最好、理赔最快”的市场竞争理念,坚持“低调、内敛、务实、高效”的工作原则,致力于创建“有所为者有其位、有所为者有所得”的用人标准,以市场和客户需求为导向,通过整合企业内外部资源,加强产品创新、管理创新和服务创新,推动公司依法合规经营,平稳健康发展,为把正德人寿建设成为一家“让消费者满意,股东放心,员工幸福”的一流寿险公司和百年老店而努力奋斗,为创造和谐社会做出应有贡献。

华夏人寿保险股份有限公司

华夏人寿保险股份有限公司(简称“华夏人寿”)成立于2006年12月,由中国京安信用担保有限公司、天津港(集团)有限公司、天津市高速公路投资建设发展公司等六家大中型企业发起,是经中国保险监督管理委员会批准设立的全国性综合人寿保险公司。

华夏人寿主营业务包含人寿保险、健康保险和意外伤害保险等人身保险业务以及上述业务的再保险业务,同时开展国家法律法规允许的保险资金运用业务。华夏人寿倾力于产品创新,为用户提供最需要、最贴心的综合保险解决方案,率先在国内引入了“重大疾病二次赔付”,推动了我国重疾险产品的更新换代。

华夏人寿拥有强大的后援系统,尽心保障客户权益,通过全新的信息化建设获取竞争优势。华夏人寿的信息化建设以最适宜发展所需为起点,以流程革新为基础,以信息共享和协同办公为平台,构建专业化、标准化、快速化的信息技术应用体系,为客户响应时间、科学决策能力、风险控制能力等关键环节的提高提供全面、稳定的技术支撑。

华夏人寿通过全国性的机构布局、400 电话和 hxlife. com 服务网络为客户提供无区域限制的优质服务,以多样和创新的渠道为客户提供高效、快捷和便利的保险保障,在传统个险渠道、团险渠道、银行保险渠道的基础上,开展了经代业务,广泛发展业务合作伙伴;通过电话营销业务,向客户提供 7×24 小时不间断的一站式服务;面向高端客户,华夏人寿通过引进世界保险行业先进经营理念,推出了以客户需求为导向的顾问行销模式。华夏人寿在“团银优先,个险为本,多元突击”业务发展战略指导下,业务规模快速提升,截至2008年7月,累计保费收入排名已从成立之初的全国各人寿保险公司第47位跃居至第27位。

华夏人寿在取得飞速发展的同时,饮水思源,回馈社会,积极履行企业公民责任,先后在江苏启动了“华夏栋梁助学计划”、在河南实施了对贫困大学生的资助行动、在北京组织爱心团队向太阳村特殊儿童救助研究中心的孩子们送去了温暖和关怀。华夏人寿是我国首个加入中国志愿者工作委员会并成为企业会员的保险公司,通过与中国志愿者工作委员会的深入合作,致力于汶川孤儿的长期资助,持续关注我国的公益事业,组织和参与各种志愿活动,将“传递爱与责任”的核心价值发扬光大。

华夏人寿作为一家新兴的人寿保险公司,在创新、灵活、积极方面具有天然优势,在经营、管理、业务方面不乏专业素养,华夏人寿全体员工志存高远,以鹰雁文化感召自己,坚持不懈。今天,华夏人寿已经成为业内具有发展潜力的生力军;未来,华夏人寿将成为具有核心竞争力、深受用户喜爱的优秀保险企业。

我们的愿景:做全球华人首选的保险服务商

我们的核心价值观:传递爱与责任

我们的经营理念:以小搏大,价值成长

信泰人寿保险股份有限公司

信泰人寿保险股份有限公司是经中国保险监督管理委员会批准,于2007年5月18日注册登记的全国性寿险公司。公司总部设于浙江杭州,可经营一切人身险险种(含各种法定保险)。

信泰人寿股东由实力雄厚的大型国有企业以及国内著名民营企业组成,其法人治理结构合理、规范,符合现代企业制度的要求。

信泰人寿以“做稳健于世的百年金融控股蓝筹”为愿景,以“为员工创造人生价值,为客户创造人生保障,为股东创造资本回报,为社会创造和谐安定”为使命,以“恒信、稳健、厚德、致远”为企业精神,秉承“一朝结缘,一生守信”的核心理念,奉行“勤奋、务实、简单、创新、守纪律、有责任”的价值观,不遗余力地引进最优秀人才,坚定不移地搭建制度化平台,致力于成为行业公认的践行寿险营销理念的榜样,成为大众公认的能为其量身定做长期储蓄和保障计划的保险人,成为投资市场上公认的最具升值潜力的上市寿险企业。

截至2008年底,信泰人寿成功开设浙江、江苏、北京、河北、福建、河南、山东和黑龙江等八家分公司,下辖31家三级机构和103家四级机构。全年实现规模保费12.98亿元,其中个险标保突破亿元大关、人力突破万人,顺利达成经营元年的计划任务。

2009年,信泰人寿将更加注重业务品质和效益,保证公司的稳健运作和持续发展,不断为客户提供符合自身需求的保险理财服务,为代理人提供具有良好发展空间的工作机会。

中国人民健康保险股份有限公司

中国人民健康保险股份有限公司(简称“人保健康”)系国务院同意、中国保监会批准成立的第一家专业健康保险公司,是由 PICC 中国人民保险集团公司联合欧洲最大的商业健康保险公司 DKV 德国健康保险股份公司及国内其他知名企业发起设立的现代股份制保险企业。公司充分依托中国人保(PICC)的品牌和资源优势,借鉴国际先进技术,整合外部社会资源,致力于成为中国专业健康保险市场的引领者,把人保健康建设成为理念先进、制度科学、技术领先、影响广泛的大型专业健康保险公司。

华安财产保险股份有限公司

华安财产保险股份有限公司(以下简称华安保险)是经中国人民银行批准,于1996年10月18日正式创立的一家专

业性保险公司，总部设于深圳，注册资本 8 亿元人民币，主要经营各种财产险、责任险、信用保证险、农业险、意外伤害险和短期健康险业务。经过十几年的发展，华安保险已经成长成为资产质量优良，员工队伍蓬勃，创新能力突出，市场化程度较高的全国性金融机构。

华安保险始终将国家利益放在首位，以社会责任和客户利益为重，坚持“责任、专业、奋进”的经营理念，凭借不断创新的精神及专业开发优势，开拓进取，奋力拼搏，在取得良好的经营业绩的同时，也为中国保险业的发展做出了积极贡献，赢得了公众的信赖和支持。

截至 2008 年，经中国保险监督管理委员会批准，华安保险在北京、上海、深圳、广东、湖南、福建、广西、江苏、四川、浙江、大连、山东、重庆、云南、陕西、辽宁、江西、山西、天津、安徽、湖北、河南、宁波、黑龙江、河北、贵州、吉林、内蒙古、青岛 29 个省、市、自治区开设分公司以及 300 余家三级机构，同时在主要省会城市开设连锁式营销服务部近千家，在全国形成覆盖完整、重点突出、社区深入的网络布局。

目前，华安保险已构建起完善的风险保障体系和客户服务体系，与包括慕尼黑再保险公司、法国再保险公司、汉诺威再保险公司、中国再保险公司等多家国际知名专业再保险公司建立了业务关系，有效保障了广大华安客户的经济利益。

华安保险坚持“比出险客户的亲人早到三分钟”的服务理念，“95556”华安全国统一客服热线于 2006 年正式开通，确保了华安理赔服务更加迅速到位，也为各类保险产品拓展，华安各项增值服务的开展提供了更广阔的发展平台。2007 年，为响应“保险进社区”号召，作为国内首家大规模进社区的保险企业，华安保险在各大社区建设起华安连锁式营销服务部，为社区居民提供面对面的保险直销与各项增值服务。

华安保险在创新中完善服务、稳健发展，依托卓越的市场创新能力累积了大批优质客户资源。华安保险尊重人才的价值，重视客户的需求和利益，在借鉴国内外同业先进技术和经验的基础上，不断以新产品、新手段、新服务满足不同客户需要，逐步开办了百余个险种，保障范围涉及社会各个行业，为构建和谐社会充分发挥了保险公司的社会职能。

2004 年 7 月，华安保险推出全国首个“利率联动”的保险产品——华安金龙收益联动型家庭财产保险，在全国率先对利率上调做出回应，引起各界广泛关注；2005 年 2 月，华安保险推出为餐饮业主度身定做的一揽子综合保险产品——食客安心餐饮业综合保险，为政府分摊责任，为餐饮业主转嫁风险、为食客提供安全保障；2005 年 11 月，针对禽流感疫情，华安保险推出“禽流感无忧”疾病保险，以保险方式帮助人们抵御禽流感疫情可能产生的对人们身体健康和生命安全带来的风险；2006 年 6 月，针对国家助学贷款和商业就学贷款，华安保险分别推出国家助学贷款信用保险和就学贷款保证保险（统称学贷保险），以保险形式转嫁及控制贷款风险，解除银行后顾之忧，进一步扩大贷款覆盖面，圆千万学子的大学梦，充分体现华安保险“关注弱势群体，勇担社会责任”。

2007 年，华安保险确立了“构建以连锁式营销服务部为平台，以交叉销售为特征，以资产管理为核心的协同型金融控股集团”的战略目标。未来，华安将依托连锁营销服务网络，大力开展财产保险、人寿保险、银行业务、证券业务、信托业务等多种金融服务，逐渐过渡成为大型金融控股集团公司。

面对保险业大发展的机遇和挑战，华安保险将以为国家、为社会提供保险保障为已任，以科学发展观为统领，以战略目标规划为指针，坚持发展为第一要务，坚持结构调整下的协调发展，坚持风险可控下的业务规模扩张，在管理平台、网络布局、业务结构、产品创新、资产管理、盈利水平和保费规模上争取更显著进展，始终将国家利益、社会利益置于首位，实现客户利益、员工利益和企业利益的全面丰收，为民族保险业的振兴而努力！

瑞福德健康保险股份有限公司

瑞福德健康保险股份有限公司（以下简称公司）是经中国保险监督管理委员会批准开业的第一代全国性、商业化专业健康保险公司。公司由国内数家大型企业集团共同发起成立，按照严格规范的法人治理结构管理运营。注册资本金 3 亿元人民币。公司是第一家总部设在上海浦东新区的健康保险公司。

公司以“人为本、法为准、德为先”作为公司的经营理念，着力营造“健康生活，快乐工作”的企业文化氛围，通过健康保障、预防保健、医疗咨询及健康宣传等一系列健康管理活动，真诚地为广大人民群众的身体健康提供专业、优质、可靠的健康系列服务，全力依靠社会各界和海内外资源的支持及公司员工的努力，把公司建设成为集专业性、规范性、效益性于一体的专业健康保险公司，为构建和谐社会勇担重任，让“健康成就梦想”的核心价值理念成为瑞福德健康保险百年老店的基石。

永诚财产保险股份有限公司

永诚财产保险股份有限公司是一家由国内实力雄厚的大型电力企业集团和产业投资集团共同发起组建的全国性股份制财产保险公司。公司于 2004 年 9 月经中国保险监督管理委员会批准正式成立，总部设于上海，注册资本金 10 亿元人民币。

公司业务经营范围包括财产损失保险、责任保险、信用保险和保证保险、短期健康保险和意外伤害保险、机动车辆保险、再保险业务、国家法律法规允许的保险资金运用业务及经保监会批准的其他业务。

开业至今，公司已设立了 25 家省级分公司和 140 余家中心支公司及营销服务部，初步完成了全国性服务网络的布局。

公司始终注重打造成本、产品、风控三大核心竞争优势，努力实现“在电力能源承保技术能力领先于同业，电力能源市场份额领先于同业的”两个领先的目标。坚持“客户至上、服务社会”的经营宗旨，通过专业化、个性化的产品和服务，为客户提供有效的风险管理解决方案和保险保障。2007 年，公司的电力保险业务已跻身于中国保险行业第一军团的行列。

公司十分注重人才的培养，为员工提供广阔的发展平台和完善的职业生涯规划，鼓励个性发展，打造精英队伍，创建学习型企业。

未来的几年，公司将本着“控制风险、优化管理、效益为先、快速发展”的经营方针，按照“稳定、持续、健康、快速”发展的要求，紧紧抓住发展机遇，加大创新力度，强化内控管理，努力塑造产品和服务的核心竞争力，朝着一流的产品、一流的服务、一流的管理和一流的效益发展方向迈进，尽早实现公司又好又快的发展目标。

安邦财产保险股份有限公司

安邦财产保险股份有限公司是一家经营财产保险、意外伤害保险和短期健康险业务的全国性保险公司，于 2004 年 6 月 9 日获得中国保监会批准筹建，2004 年 9 月 30 日获准开业。

安邦保险实力雄厚，注册资本 51 亿元。股东包括上海汽车集团股份有限公司（SAIC）、中国石油化工集团公司（Sinopec Corp）等“世界 500 强”企业。

凭借着雄厚的股东实力，一流的企业文化，安邦保险发展态势迅猛。目前已在全国 37 个省、市、自治区及重点城市设立分公司。2007 年营业额超过 57.52 亿元。

安邦保险期望通过优秀的资源配置能力，与客户、与股东、与战略伙伴、与员工的相互依存，共赢发展。

民安保险（中国）有限公司

民安保险（中国）有限公司是香港公众上市企业民安（控股）有限公司的全资附属公司，是中国四大国有保险集团之一的中国太平保险集团的成员公司。公司总部设于深圳，是一家具有独立法人资格的全国性综合财产保险公司。

民安保险（中国）有限公司前身为 1982 年在深圳设立的香港民安保险有限公司深圳分公司，是改革开放后第一家进入国内保险市场的境外保险公司。2005 年，经中国保险监督管理委员会批准公司改建为香港民安保险有限公司的子公司，经营区域从深圳扩展到可在全国范围内设立分支机构。2006 年，公司被核准成为获得机动车交强险经营资格的二十二家保险公司之一。

民安保险（中国）有限公司之母公司香港民安保险有限公司于 1949 年在香港注册成立，是香港众多保险公司中实力较强、信誉卓著、作风稳健、深具影响力的保险公司之一，公司资本规模、保费收入都位居香港非寿险保险公司前列。2006 年，香港民安控股股东中国太平保险集团对香港民安成功实施股改，设立民安（控股）有限公司，引进李嘉诚旗下长江实业（集团）有限公司成为第二大股东和战略性合作伙伴，并于 2006 年 12 月 22 日在香港联合交易所主板成功上市。

民安保险（中国）有限公司秉承中国太平保险集团“诚信、专业、价值”的核心理念，继承发扬民安保险（中国）有限公司“追求卓越，锐意创新”的企业精神和优良传统，凭借母公司的雄厚实力，重管理，抓服务，促效益，不断延伸服务领域，在政府、监管部门、同业以及市场间建立了良好声誉和公司品牌形象。公司多次荣获深圳市“守法纳税大户”称号，2005 年、2006 年连续被深圳市人民政府授予“深圳市创新发展效益领先企业”称号，2006 年更被同时授予“深圳市创新发展服务领先企业”称号。2006 年，适逢《国务院关于保险业改革发展的若干意见》颁布和深圳市加快推进全国保险业创新发展试验区建设，民安保险（中国）有限公司进入了一个崭新的发展阶段。公司成功完成改制工作和总部建设，深圳分公司、香港分公司、海南分公司、广东分公司、山东分公司、北京分公司、江苏分公司、浙江分公司、上海分公司、河北分公司、湖北分公司、安徽分公司、四川分公司、湖南分公司、河南分公司、天津分公司、辽宁分公司、福建分公司相继开业，在全国其它地区建立分支机构的布局发展工作也全面展开。

在全国经济蓬勃发展的新时期，民安保险（中国）有限公司将凭借公司深具影响的良好信誉和专业技术，以及跨越中港两地的有利条件，继续为社会各界提供优质、满意的保险服务，实现又快又好的跨越式发展。

中华联合财产保险公司

中华联合财产保险公司（以下简称“中华保险”）始建于 1986 年，是新中国成立的第二家具有法人资格的保险公司，也是全国首家以“中华”冠名的全国性综合保险公司。总部设在新疆乌鲁木齐。

主要经营除寿险以外的各类财产保险、责任保险、短期人身保险、健康保险、涉外保险和再保险业务。

中华保险网络建设已遍布全国 23 个省、市、自治区，包括上海、广州、武汉、南京、杭州、长沙、青岛、大连、重庆、新疆、西安、深圳等等全国东、中、西部地区，中华保险的服务在全国范围内不断延伸。2005 年 12 月，中华保险已获得保险监管部门核准取得在深圳地区营业的资格。深圳保险市场又增添了一支强有力的生力军。中华保险必将在深圳大有作为。

中华保险，以敢为人先的气概谱写着中国保险史上最引人瞩目的成长章，连续两年增长速度超过 200%，成为中国保险业的一匹“黑马”，2004 年以来，业务规模稳居国内财产险公司第四位。2005 年上半年，保费收入超过 51 亿多元。2005 年 1 至 11 月，保费收入已达 94 亿元，年底必将超过预定 100 亿元大关。

中华保险经营范围涉及非寿险的所有领域，保险产品齐全，既包括涉及普通民众的机动车辆保险、家庭财产保险、人身意外保险、健康医疗保险等等，又包括各类企业的财产保险、责任保险（包括各类职业责任保险）、货物运输保险、团体人身伤害及医疗保险等等。

2004 年度中华保险荣获“2004 年中国最值得信赖的五大财险公司”、“中国企业文化建设十佳单位”称号，被中国消费者基金会评为“质量诚信消费者满意示范单位”，2005 年正式入选中国企业 500 强，中国服务业 500 强，被世界金融实验室评为“十大最受赞赏的保险公司”，“中华保险”品牌，被世界品牌实验室评为“中国最具影响力品牌”称号。

目前，中华保险是中国保险业唯一一家国有独资公司，经国务院同意、中国保监会批准，正在进行股份制改革，届时，中华保险将“由一变三”，即是：中华联合保险控股有限公司、中华联合财产保险股份有限公司、中华联合人寿保险股份有限公司，公司的经营范围将更大，发展的空间将更加广阔。

经过了 20 年的培育，独特的企业文化、成熟的管理模式、健全的服务网络、稳定的员工队伍，将为投资者带来更多的回报。中华保险的明天必将更好！

天平汽车保险股份有限公司

天平汽车保险股份有限公司是 2004 年 12 月经中国保险监督管理委员会批准设立的全国性金融机构，是中国第一家专业汽车保险公司。公司总部设在上海浦东陆家嘴金融区，注册资本 5.5 亿元人民币，主要经营机动车交通事故责任强制保险和机动车商业保险，同时还经营企业财产险、家财险、货运险、责任险、短期意外险和健康险等业务。

天平汽车保险开创了中国保险市场上的数个先河，是第一家实行非核心业务外包模式和第一家提供全面汽车安全服务的保险公司。

天平汽车保险倡导“尊重、共享、执行、卓越”的企业文化,秉承“诚信、专业、创新、效益”的经营理念,拥有中国车险市场上具有重要影响力的资深专业人才,结合国际先进的保险技术、管理经验和中国市场实际,着力打造中国汽车保险第一品牌。

目前,天平汽车保险在全国拥有12家省级分公司,11家中心支公司,并在成都建成了全国性的电话销售和服务中心,为来自全国的客户提供优质、便捷的服务。

天平汽车保险的服务已经超越了传统的理赔服务,在为客户提供方便快捷的理赔服务的基础上,天平致力于为客户提供全面的汽车安全服务。围绕“让出行更美好”的使命,天平汽车保险致力于成为最佳的汽车安全服务提供商。

都邦财产保险股份有限公司

都邦保险是经中国保险监督管理委员会批准,于2005年10月19日开业的全国性财产保险公司,注册地为吉林省吉林市。

都邦保险务实并熟悉保险行业的股东,以其务实的作风和稳健的投资理念,与高管团队在战略规划上高度一致,对经营团队充分信任,形成了都邦鲜明的和谐、稳健风格。睿智的股东团队、快乐的企业文化、灵活的服务机制、务实的管理风格推进了公司和谐、快速、健康发展,服务网点已经基本覆盖全国主要经济区域,目前已开业的分公司达到32家。

都邦保险以创造快乐的企业核心价值观和优秀的用人机制,建立了一支专业的经营管理团队,其高管团队来自于大陆、台湾保险界高层专业人士,在客户服务、两核管理、市场营销、资金运作、信息平台、品牌管理、后援服务等岗位汇聚了大批业内精英。

都邦保险主要经营机动车辆保险、财产损失险、责任保险、信用保险和保证保险、短期健康保险和意外伤害保险,以及上述业务的再保险业务;国家法律、法规允许的保险资金运用业务,经保监会批准的其他业务。

都邦保险再保理念、专业技术与国际接轨,与德国慕尼黑再保险公司、中国财产再保险公司及美国大西洋再保险公司、博纳再保险公司、德国汉诺威再保险公司、法国再保险公司、大韩再保险公司、西班牙曼弗雷再保险公司等国际大型再保公司合作,为广大客户提供最大的保障。

都邦保险以卓越的服务品质,赢得了国家和国际认可,成为2006第十一届国际田联世界青年田径锦标赛指定保险赞助商,FIFA2007中国女足世界杯指定保险服务商,中国女子足球国家队官方合作伙伴,CBA联赛官方赞助商。

都邦保险秉承以客户为中心的经营理念,以服务创品牌,与时俱进,积极推进保险产品与服务的创新,努力将公司打造成中国服务最好的保险公司。目前,以积极稳健的经营策略和高效的服务机制,赢得了社会广泛好评,先后获得“维护消费者权益诚信服务满意单位”、“2006中国企业诚信经营示范单位”、“2006年中国保险业消费者十大满意品牌”、“全国文明诚信窗口单位”、“2006最值得信赖的保险公司”、“3.15全国诚信维权示范单位”、“2007最值得信赖十大财险公司”、“2007最具成长力品牌”等荣誉,电话中心获得“2008年度中国最佳联络中心”,并在第三届中国创新保险产品评选中获得“最具创新力保险产品”等五项大奖。

安信农业保险股份有限公司

上海历届市委、市政府领导都十分重视农业保险工作,起步较早。1991年起,就积极主动地运用保险机制来化解农业生产中的自然风险,实行政府推动、保险公司代理、积余留地方、形成农业保险风险基金的模式并积累了丰富的农业保险经验。2004年9月,在市委、市政府的领导下,组建了上海安信农业保险股份有限公司,开始探索用专业化的风险管理手段来运作农业保险业务,成为我国首家专业性的农业保险公司。作为探索建立我国政策性农业保险制度的一个试点,公司除经营传统的种植业和养殖业保险外,还经营经保险监管部门批准的财产保险、责任保险、短期人身意外伤害保险和健康保险等。

公司成立三年多来,始终秉持“服务三农”的指导思想,紧紧依靠各级政府和有关部门的支持,较好地实现了上海农业保险从传统运作方式向现代企业经营方式的转变,农险业务和商业险业务均连续三年保持了快速发展的良好势头,初步显示了“政府政策支持、市场化运作”模式的生机与活力,农业保险在参与社会管理、减轻政府公共管理负担、保障农民生产生活、服务社会主义新农村建设等方面的积极保障作用得到了充分的发挥。

去年年底,在上海市委、市政府有关部门的关心和支持下,经公司股东大会和董事会会议表决通过,顺利地完成了首次增资扩股各项工作,由上海国际集团、上海国有资产管理公司等市、区(县)十三家国有资产经营管理公司作为股东,注册资本金增加到5亿元人民币。为努力贯彻落实市委、市政府对公司发展所提出的“立足上海,服务全国”的要求,积极融入长三角联动发展大局,今年1月经中国保监会批准,公司正式更名为“安信农业保险股份有限公司”,分支机构发展也将实现从无到有量的飞跃。这是安信农保公司发展历史上一次具有里程碑意义的大事,作为一个里程碑,她标志着安信进入了一个崭新的发展阶段。

新的征程是我们成就未来光辉的新起点。面对新的历史发展机遇,我们同您一样对安信农保公司未来的发展充满希望和信心。

安诚财产保险股份有限公司

安诚财产保险股份有限公司(http://www.e-acic.com)成立于2006年12月30日,是中国西南地区首家全国性中资财产保险公司。公司注 册资本5亿元人民币,总部设在重庆。公司由国有大型重点企业(占股比92%)和实力雄厚的民营企业共同出资组建,股东构成为:重庆市城市建设投资公司、重庆渝富资产经营管理有限公司、重庆城建控股(集团)有限责任公司、重庆市水务控股(集团)有限 公司、重庆渝中国有资产经营管理有限公司、重庆市公共交通控股(集团)有限公司、重庆天泰绿色农业开发(集团)有限公司、重庆天泰房地产开发有限责任公司和重庆通盛实业(集团)有限公司。股东主营业务覆盖城市建设、土地储备、交通运输、能源供应、房地产开发、机械制造、科技产业、农业发展等众多行业,股东实力雄厚,总资产上千亿元人民币。

安诚保险作为目前国内唯一以“安全”为主题定位的专业化财产保险公司,坚持以“安全放心、诚信忠心、仁爱关心、和谐用心”为核心价值观,以“专业经营,差异服务,集约管理,稳健发展”为经营理念,优先发展与安全生产责任相关的保险业务,创新开发其他责任保险险种,开创了商业保险与安全生产、安全营运有效结合、良性互动的合作模式,在风险管理、组织体系、产 品及服务等方面进行了大胆创新与实践,先后与银行、邮政、安监、公安消防、安科院等机构建立战略合作关系,成功搭建了多维 度、多层次,极具安诚特色的安全保障服务平台,同时通过与近20家全球著名的再保险公司建立合作关系,大大增强了自身承保的 信心与实力。成立一年多来,安诚保险凭借自身实力和优质的服务,用专业的品质、专家的服务、高度的责任心赢得了社会的广泛 关注和一致好评。

安诚保险,一个有着专业水准,完善的风险预防和保障平台,高标准服务的新兴中资财产保险公司,在全体安诚人的努力下,已经逐渐显现出作为中国财产保险领域的风险管理顾问、专家的潜力与实力。我们相信,成长中的安诚,奋进的安诚,充满无限活 力的安诚,定会成为您的企业与个人成功路上必不可少的伙伴!

渤海财产保险股份有限公司

渤海财产保险股份有限公司(以下简称“渤海保险”)是由天津泰达投资控股有限公司、天津联津投资有限公司、天津泰达集团有限公司、天津保税区投资有限公司、北方国际信托投资股份有限公司五家天津市、滨海新区实力雄厚的国有骨干企业发起设立,总股本11亿元人民币。

渤海保险秉承“积极、稳健、专业”的企业文化及经营理念,确立了以环渤海地区为中心、东部沿海发达城市为重点、中西部和东北地区为两翼,逐步实现全国机构布局的发展战略。通过建设绩效导向型的企业文化、制订行之有效的员工职涯规划、设计有吸引力的激励与薪酬体系,为员工搭建一个持续发展的平台。

渤海保险充分考虑客户需求,为广大客户精心设计了门类齐全、保障充分的保险产品。目前,已开发了十一大类、70余个保险产品。业务经营范围主要包括中国保险监督管理委员会核准的人民币、外币的各种财产保险、工程保险、运输保险、交通工具保险、责任保险、信用保证保险、意外伤害保险、短期健康保险及上述保险的再保险业务,及国家法律、法规允许的各类保险业务和资金运用业务。

渤海保险遵循主动、严谨、高效、诚信的服务宗旨,通过与百余家保险公估公司、商检部门以及海外专业查勘公司建立合作伙伴关系,形成了渤海保险的基本服务网络。运用先进的技术手段,提升服务水平,让客户真切感受到“渤海式”的温馨服务。

海尔纽约人寿保险有限公司

海尔纽约人寿保险有限公司由海尔集团和美国纽约人寿保险公司合资组建,经中国保险监督管理委员会批准,于2002年11月28日正式成立,目前注册资本人民币8亿元,总部设在上海,专门为社会大众提供各类人寿保险、健康保险和人身意外伤害保险等产品。

海尔纽约人寿坚持以职业代理人渠道为核心,电话行销、银行保险等多元化营销渠道并举的保险销售模式。公司继承了纽约人寿已经延用了160多年、并不断完善的专业化的经营管理模式和培训技能,在代理人的招聘、培训和管理上形成了以“GOLD”培训系统(俗称黄金培训系统)为代表的成熟完善的培训体系。经过数年来的发展,海尔纽约人寿的代理人队伍以其高素质的形象和为客户提供高品质服务的专业能力,而受到各地市场的认可。

海尔纽约人寿的客户服务秉承了海尔集团“真诚到永远”的服务理念和创新精神。不仅在服务的质量上严于要求,在服务措施上更是要求不断推陈出新,推出了多项便捷、个性化的服务,深受客户好评。

随着公司不断地进步,海尔纽约人寿立足上海,努力拓展全国市场。除上海总部外,公司陆续在山东、四川、江苏、湖北等诸多省市开设分支机构,逐渐形成了沿海地区和长江流域的弓箭形业务拓展轮廓。

海尔纽约人寿保险有限公司在“厚积薄发,潜心所长”的策略指引下,秉持“诚信正直、创新求实、客户导向、品质第一”的核心价值观,致力于向社会大众提供真诚而专业的保险服务,力争成为中国最值得信赖、高绩效和最专业的寿险公司。

华农财产保险股份有限公司

华农财产保险股份有限公司(英文全称 China Huanong Property & Casualty Insurance Co., Ltd.)是由中国保监会批准,于2006年1月注册成立的一家全国性财产保险公司,总部设在北京,成立时注册资本金为2.1亿元人民币。2009年1月24日,经保监会批准注册资本金增至5亿元人民币。

公司由国务院国有资产管理委员会直接管理的中国农业发展集团总公司组织发起设立,经营范围为财产保险业务,包括财产损失保险、责任保险、农业保险、信用保险等;经保监会核准的短期健康险和意外伤害险业务;以及上述业务的再保险业务。

华农保险在分享保险业高速发展所带来的成功机会、实现自身发展目标的同时,始终以为中国保险业、乃至金融业的总体进步,以及和谐社会建设和社会主义新农村建设做贡献为终极使命。

华农保险以成为一家以服务领先为核心竞争力的,能够满足客户多样化服务需求的综合型金融控股集团为终极目标。第一步是成为以优质服务为特色的、专业化的、全国性的公众财产保险公司;第二步是组建寿险公司,成为综合型保险集团;第三步是成为跨越保险、银行和其他金融服务领域的混合型金融控股集团。

第七编

企业形象

莱芜钢铁股份有限公司
LAI WU STEEL CORPORATION

共赢共享 直到永远

公司先后被评为中国大中型工业企业竞争力百强企业、中国工业技术开发实力百强企业、全国名优产品售后服务优秀企业、全国质量管理先进企业、全国质量效益型先进单位、全国“AAA”级信用企业、山东省质量管理奖、山东省管理创新优秀企业、山东省重合同守信用企业、山东省“AAA”级信誉企业、山东省质量百强企业、2006年度冶金管理现代化工作先进单位、2006年山东省管理创新十佳企业、2007年山东省认证有效性示范企业、2007年全国质量工作先进集体、2008年山东省质量管理小组活动优秀企业等。

本栏目由莱芜钢铁股份有限公司独家协办

企 业 形 象

中国联合网络通信集团有限公司

中国联合网络通信集团有限公司（简称中国联通）是2009年1月6日经国务院批准在原中国网通和原中国联通的基础上合并成立的国有控股的特大型电信企业。

中国联通在中国大陆31个省（自治区、直辖市）和境外多个国家和地区设有分支机构，控股公司是中国唯一一家在香港、纽约、上海三地上市的电信运营企业。截至2008年底，资产规模达到5266.6亿元人民币，员工总数46.3万人。

中国联通拥有覆盖全国、通达世界的现代通信网络，主要经营：固定通信业务，移动通信业务，国内、国际通信设施服务业务，卫星国际专线业务、数据通信业务、网络接入业务和各类电信增值业务，与通信信息业务相关的系统集成业务等。2009年1月7日，中国联通获得了WCDMA制式的3G牌照。

中国联通正在加快移动通信网络建设步伐，加大固定宽带网络建设力度，积极推进固定和移动网络的宽带化，为广大用户提供全方位、高品质的宽带通信和信息服务。面向未来，中国联通将坚持以市场为导向、以客户为中心，以宽带移动互联网业务为重点，进一步加大发展力度、拓宽发展领域、提升服务水平，全面增强综合竞争力和可持续发展能力，努力建设成为国际领先的宽带通信和信息服务提供商。

中国黄金集团公司

中国黄金集团公司是在原中央所属黄金企事业单位基础上组建的大型国有企业，由中央管理，经国务院同意进行国家授权投资的机构和国家控股公司的试点。其前身是中国黄金总公司，总部设在北京。

中国黄金集团公司下属的企事业单位包括：原中央所属黄金企事业单 位，中国黄金集团公司投资的企业，以及黄金行业有关基金转为中国黄金集团公司资本金后形成的权益涉及的企业。中国黄金集团公司总资产102亿元，是国内最早从事黄金开发的企业之一，具有丰富的管理经验和雄厚的技术、资金实力，建立了完整的研发体系，取得了一批有自主知识产权的黄金科技成果，在难处理金矿资源开发利用、精炼等方面达到了国际先进水平。其下属黄金企业遍布全国各主要产金地区，年产黄金约占全国黄金总产量的20%，控制的黄金储量占全国黄金总储量的30%以上，极具发展潜力。中国黄金集团公司是上海黄金交易所的理事单位，其控股的中金黄金股份有限公司是我国黄金矿业开发领域的龙头企业。除黄金业以外，中国黄金集团公司还积极开展多元化经营，在贸易、辐照、传媒、广告、仓储等领域均取得了不俗的业绩。

中国黄金集团公司在国内外拥有良好的信誉，与世界一些大的黄金公司建立了紧密的业务联系，是国务院批准的我国唯一一家能在国际上以“借金还金”的形式进行黄金贷款的试点企业，是中国在世界黄金协会的唯一会员单位。

中国保利集团公司

中国保利集团公司系国务院国有资产监督管理委员会管理的大型中央企业。

中国保利集团公司成立于1993年2月，前身为保利科技有限公司。1984年1月，根据党中央、国务院、中央军委领导人的指示，原总参装备部和中信公司共同出资成立保利科技有限公司，从事军事装备进出口业务。1992年，根据国家改革开放和我军装备建设发展的需要，经国务院、中央军委批准，中国保利集团公司在保利科技有限公司的基础上正式组建，1993年2月在国家工商局注册。1999年3月，根据党中央、国务院、中央军委关于“军队、武警部队和政法机关不再从事经商活动”的重大决策，中国保利集团公司由原隶属总装备部划归中央大型企业工作委员会领导管理，成为国有重要骨干企业。2003年，由国务院国有资产监督管理委员会履行出资人职责，中国保利集团公司成为国资委管理的大型中央企业。

25年来，中国保利集团公司秉承“为国防现代化服务，为国家现代化服务”之宗旨，在激荡的国内外市场大潮中艰苦创业、自强不息，业已形成以军民品贸易、房地产开发、文化艺术经营、矿产资源领域投资开发为主业的“四轮驱动”发展格局。集团公司下辖保利科技有限公司、保利南方集团有限公司、保利（香港）控股有限公司、保利文化艺术有限公司、保利财务有限公司等5个一级子公司，企业及项目遍及北京、天津、上海、重庆、哈尔滨、沈阳、长春、包头、济南、青岛、武汉、长沙、南昌、杭州、成都、广州、深圳、贵阳、南宁及香港等地区，在国外设有子公司和办事处。旗下保利房地产（集团）股份有限公司与保利（香港）投资有限公司均为国内或境外上市公司。伴随国家建设与发展中国特色社会主义的伟大历程，中国保利集团公司在资本规模、经济效益、企业管理、品牌建设、社会贡献、党建工作等方面均取得显著业绩。2008年底，集团总资产876.2亿元，同比增长28.4%；净资产136.2亿元，同比增长13.3%；实现营业收入234.4亿元，同比增长66.8%；利润总额48.7亿元，同比增长28.8%，已连续8年实现两位数增长，缴纳税金34亿元。截止2009年6月，集团合并总资产逾1000亿元，同比增长29%，在自身发展史上首次并提前突破千亿元大关，进入138家中央企业前50名之列，跻身中央企业资产规模第一方阵。

中国兵器装备集团公司

中国兵器装备集团公司是中央直接管理的国有重要骨干企业，是我国最具活力的军民结合特大型军工集团之一。集团公司拥有50余家研发、生产和贸易企业，在全球建立了30多个生产基地和营销机构，与福特、铃木、马自达、雅马哈、富士等跨国公司建立了战略合作关系。集团公司资产总额、销售收入均超过1200亿元，在特种装备、汽车及零部件、摩托车、新能源、光电产业上具有突出优势。特种产品装备我国所有武装力量,是国防科技工业的核心力量;汽车产业拥有11个整车厂,产能超过120万辆,产销连续多年保持全国第三或第四;摩托车产业拥有嘉陵、建设、大阳、轻骑等知名品牌,产能超过600万辆,产销始终保持全国第一,是世界最大的摩托车集团;新能源产业拥有我国最大的变压器、光伏产品制造和出口企业;光电产业LCoS光学引擎国内首次量产,光学玻璃产量世界第一。站在新的历史起点,面对新的发展机遇,中国兵器装备集团公司将高举中国特色社会主义伟大旗帜,以邓小平理论和"三个代表"重要思想为指导,深入贯彻落实科学发展观,坚持好字优先、好中快进,大力实施"六年两步走翻两番"的发展战略,推动集又好又快发展,把集团公司建设成为国内一流、国际知名的创新型企业集团。

中国长江三峡集团公司

为建设三峡、开发长江,经国务院批准,中国长江三峡工程开发总公司于1993年9月27日成立,2009年9月27日更名为"中国长江三峡集团公司"。中国长江三峡集团公司为国有独资企业,注册资本金39.36亿元。截至2008年12月31日,总资产达到2241亿元,2008年利润总额113亿元。共有从业人员10713人,其中在岗职工人数为10327人,占从业人员的比例为96.4%。年末在岗职工中,具有大学本科及以上学历的3050人,占29.5%;管理人员3563人,占34.5%。公司拥有院士2人,享受国务院政府特殊津贴的专家7人,有突出贡献的中青年科学技术专家2人。公司的战略定位是以大型水电开发与运营为主的清洁能源集团,主要经营范围是水利工程建设与管理、电力生产、相关专业技术服务。

中国长江三峡集团公司全面负责三峡工程的建设与运营。三峡工程于2003年实现了二期工程蓄水、通航、发电三大目标;2005年9月左岸电站机组全部投产发电;2006年5月三峡大坝全线到达185米设计高程,水库2006年汛后蓄水至156米高程。三峡工程竣工后,中国长江三峡集团公司将控有2500万千瓦(含地下电站和葛洲坝电厂)的装机容量,年发电量约1000亿千瓦时。

国家授权中国长江三峡集团公司滚动开发长江上游干支流水力资源,组织建设溪洛渡、向家坝、乌东德、白鹤滩四个巨型电站。溪洛渡水电站已于2005年12月正式开工,向家坝水电站将于2006年年内正式开工,乌东德、白鹤滩水电站的前期勘测设计工作正在进行中。这四个电站装机容量3850万千瓦,年发电量1753亿千瓦时。

在水电开发与运营中,中国长江三峡集团公司以科学发展观为指导,积极倡导和推行"建好一座电站,带动一方经济,改善一片环境,造福一批移民"的理念,努力实现经济效益、社会效益和生态效益的协调统一。

中国长江三峡集团公司实行总经理负责制。总经理是企业法定代表人,现任总经理为李永安。公司设立总工程师、总经济师、总会计师,协助总经理工作。设有科学技术委员会、投资委员会、预算委员会三个专业委员会,作为公司技术、经济决策咨询机构。设有总经理工作部、资产财务部、计划发展部、人力资源部、信息中心、科技环保部、党群工作部、新闻宣传中心等职能部门。设有三峡枢纽建设运行管理局、溪洛渡工程建设部、向家坝工程建设部等三个建设管理部门。在北京设有代表处。

中国长江三峡集团公司共有13个全资和控股子公司。2002年9月,中国长江三峡集团公司作为主发起人,设立了中国长江电力股份有限公司。2003年10月,长江电力A股发行成功。11月18日,长江电力A股在上海证券交易所上市。经中国人民银行批准,中国长江三峡集团公司成立了控股的非银行金融机构三峡财务有限责任公司,专门服务于中国长江三峡集团公司及其成员单位和三峡工程建设。成立了长江三峡投资发展有限责任公司,作为中国长江三峡集团公司专业化子公司的出资人代表。专业化子公司还有:三峡国际招标有限责任公司、长江三峡旅游发展有限责任公司、长江三峡实业有限公司、长江三峡技术经济发展有限公司、长江三峡水电工程有限公司、能达通用电气股份合作公司、三峡高科信息技术有限责任公司、宜昌三峡工程设备有限公司、宜昌三峡工程多能公司、中国水利投资集团公司、中国水利电力对外公司。2006年2月,中国长江三峡集团公司又成立了长江新能源开发有限公司。

为宣传三峡工程和水电开发,中国长江三峡集团公司主办了国内外公开发行的《中国三峡工程报》、《中国三峡建设》杂志、《中国三峡建设年鉴》等报刊和CTGPC网站。

公司名称:中国长江三峡集团公司
英文名称:China Three Gorges Corporation
公司网址:http://www.ctgpc.com.cn
地址:湖北省宜昌市西坝建设路1号
邮编:443002
电话:0717-6276666
传真:0717-6270088

中国航空工业集团公司

中国航空工业集团公司(简称"中航工业")是由中央管理的国有特大型企业,是国家授权投资的机构,由原中国航空工业第一、第二集团公司重组整合而成立。集团公司设有防务、运输机、发动机、直升机、机载设备与系统、通用飞机、航空研究、飞行试验、贸易物流、资产管理、工程规划建设、汽车等产业板块,下辖近200家子公司(分公司)、有20多家上市公司,员工约40万人。2009年7月8日,美国《财富》杂志公布世界500强企业最新排名,中航工业首次申报并成功入选,排名第426位,成为首家进入世界500强的中国航空制造企业和中国军工企业。

中航工业系列发展歼击机、歼击轰炸机、轰炸机、运输机、教练机、侦察机、直升机、强击机、通用飞机、无人机等飞行器,全面研发涡桨、涡轴、涡喷、涡扇等系列发动机和空空、空面、地空导弹,强力塑造歼十、飞豹、枭龙、猎鹰、山鹰等飞机品牌和太行、秦岭、昆仑等发动机品牌,为中国军队提供先进航空武器装备。

中国航空工业集团公司将寓军于民、军民融合作为重要发展原则,以新理念、新思路、新举措大力发展军民用运输机产业,研制生产新舟60、新舟600、新舟700系列涡桨支线飞机,运-8飞机、运-12飞机,直-9直升机等多种机型,是ARJ21新支线客机的主要研制者和供应商,是大飞机重大专项的主力军。按照只有合作伙伴、没有竞争对手的理念,在世界航空工业领域进行广泛合作与交流,在开展枭龙飞机、K8飞机、EC120直升机、ERJ145涡扇支线客机等国际合作项目的同时,积极参与国际重大航空项目的开发,大力开展航空转包生产业务;将航空高技术融入汽车、摩托车及其发动机、零配件等领域,大力发展燃气轮机、制冷设备、电子产品、环保设备、新能源设备等机电产品,并提供飞机租赁、通用航空、交通运输、医疗服务、工程勘察设计、工程承包建设、房地产开发等第三产业服务项目。

中国航空工业集团公司是中国科技发展的领军者之一,拥有由中国航空研究院和33个科研院所组成的高水平科研体系;拥有一大批院士和国家级专家;拥有一批达到亚洲一流或国际领先水平的国家重点实验室和重大科研试验设施;拥有中航网联通国内所属成员单位,具备异地协同设计制造能力和现代化信息传输能力。

中国航空工业集团公司秉承“航空报国、强军富民”的宗旨,践行“敬业诚信、创新超越”的理念,提出了“两融、三新、五化、万亿”的发展战略。“两融”就是改变过去封闭保守的思维,树立开放合作的观念,融入世界航空产业链,融入区域发展经济圈;“三新”就是集团的核心竞争力,由传统的“资产、管理、技术”三位一体,逐步转型升级为“品牌价值、商业模式、集成网络”新的三位一体;“五化”就是推进市场化改革、专业化整合、资本化运作、国际化开拓、产业化发展,最终实现经济规模挑战一万亿的目标。

中国大唐集团公司

中国大唐集团公司是2002年12月29日在原国家电力公司部分企事业单位基础上组建而成的特大型发电企业集团,是中央直接管理的国有独资公司,是国务院批准的国家授权投资的机构和国家控股公司试点。注册资本金为人民币153.9亿元。主要经营范围为:经营集团公司及有关企业中由国家投资形成并由集团公司拥有的全部国有资产;从事电力能源的开发、投资、建设、经营和管理;组织电力(热力)生产和销售;电力设备制造、设备检修与调试;电力技术开发、咨询;电力工程、电力环保工程承包与咨询;新能源开发;与电力有关的煤炭资源开发生产;自营和代理各类商品及技术的进出口;承包境外工程和境内国际招标工程;上述境外工程所需的设备、材料出口;对外派遣实施上述境外工程所需的劳务人员。

中国大唐集团公司实施以集团公司、分(子)公司、基层企业三级责任主体为基础的集团化管理体制和运行模式。集团公司相继成立了大唐甘肃发电有限公司、大唐陕西发电有限公司、大唐黑龙江发电有限公司、大唐吉林发电有限公司、大唐河北发电有限公司、大唐贵州发电有限公司、大唐山东发电有限公司7个省发电公司,成立了湖南分公司、安徽分公司、河南分公司、山西分公司、江苏分公司、四川分公司、云南分公司、广西分公司8个分支机构和大唐电力燃料有限公司、中国大唐集团科技工程有限公司等专业公司。

中国大唐集团公司拥有中国第一家在伦敦、香港上市,并于2006年在国内上市的大唐国际发电股份有限公司;拥有较早在国内上市的大唐华银电力股份有限公司、广西桂冠电力股份有限公司;拥有国内在役最大火力发电厂——内蒙古大唐国际托克托发电公司和世界最大在役风电场——内蒙古赤峰赛罕坝风电场;拥有我国目前在役的第二大水电站——大唐龙滩水电站以及物流网络覆盖全国的中国水利电力物资有限公司等。截至2008年底,集团公司在役及在建资产分布在全国28个省(自治区、直辖市),资产总额达到4076亿元,员工总数86847人。截至2009年6月27日,集团公司发电装机规模突破9000万千瓦,达到9006.11万千瓦,成为亚洲最大的发电公司。

中国大唐集团公司的发展战略是:把集团公司建设成经营型、控股型,市场化、集团化、现代化、国际化,具有较强发展能力、盈利能力和国际竞争能力的国际知名能源公司。

中国储备粮管理总公司

中国储备粮管理总公司(简称中储粮总公司)是经国务院批准组建的涉及国家安全和国民经济命脉的国有大型重要骨干企业,是国家授权投资机构的试点单位,享受国务院确定的国有大中型重点联系企业的有关政策,在国家计划、财政中实行单列。中储粮总公司实行总经理负责制,总经理为总公司法定代表人。中储粮总公司成立于2000年,注册资本166.8亿元。

中储粮总公司受国务院委托,具体负责中央储备粮(含中央储备油,下同)的经营管理,对中央储备粮的总量、质量和储存安全负总责,同时接受国家委托执行粮油购销调存等调控任务。总公司在国家宏观调控和监督管理下,实行自主经营、自负盈亏。总公司主业范围是:粮油仓储、加工、贸易及物流,仓储技术研究、服务。截至2008年底,资产总额2651亿元,在岗职工1.8万人。

中储粮总公司实行两级法人、三级管理制度。总部位于北京,截至2008年底,已在全国设立24个分公司,人员、机构和业务覆盖全国31个省、区、直辖市,另有全资或控股的二级子公司4家。分公司根据总公司的授权委托,负责管理辖区内的中央储备粮和直属库。直属库是第三级管理单位,是独立核算、自负盈亏的法人实体,其领导人员、财务和国有资产由总公司统一管理。总公司所属的直属库达到338个。中储粮总公司除充分利用直属库存储中央储备粮外,还委托一部分地方粮库和社会仓库代储中央储备粮。

中储粮总公司是国家调控粮食市场的重要载体,中央储备粮是关系国计民生和国家经济安全的重要战略物资。中储粮总公司在搞好国家粮食储备、服务国家宏观调控、维护粮食市场稳定、实现国有资产保值增值等方面肩负重大职责。总公司工作目标是:切实落实国务院对总公司提出的“确保中央储备粮数量真实、质量良好,确保国家需要时调得动、用得上”的要求,不断巩固“两个确保”的基础;按照市场发展、企业发展规律,加强自身建设,完善体制机制,不断提升服务调控能力、市场化运作水平、企业管理运行质量,努力实现“维护农民利益、维护粮食市场稳定、维护国家粮食安全”的目标。

中国电力财务有限公司

中国电力财务有限公司(以下简称中国电财)成立于1993年,是经中国银行业监督管理委员会批准的一家全国性非银行金融机构。中国电财注册资本金50亿元,由国家电网公司控股、各省(市、区)电力公司等50家电力企、事业单位共同参股组建。经银监会批准,中国电财拥有东北、西北、华中和华东等多家区域性分公司,注册资本金、资产规模、利润总额等多项指标在国内财务公司行业中均名列前茅,在电力和金融行业树立了良好的企业形象,当选为中国财务公司协会理事长单位。

经中国银行业监督管理委员会核准,中国电财经营业务包括:对成员单位办理财务和融资顾问、信用鉴证及相关的咨询、代理业务；协助成员单位实现交易款项的收付；经批准的保险代理业务；对成员单位提供担保；办理成员单位之间的委托贷款及委托投资；对成员单位办理票据承兑与贴现；办理成员单位之间的内部转账结算及相应的结算、清算方案设计；吸收成员单位的存款；对成员单位办理贷款及融资租赁；从事同业拆借；经批准发行财务公司债券；承销成员单位的企业债券；对金融机构的股权投资；有价证券投资；成员单位产品的消费信贷、买方信贷及融资租赁。

目前，中国电财正在公司董事会的领导下，紧紧围绕国家电网公司"一强三优"现代公司发展目标的要求，用科学发展观总揽公司工作的大局，努力做到服务优质、资产优良、业绩优秀，把公司总部建成战略决策中心、资金调度中心、信息管理中心和风险控制中心，把分公司建成业务结算中心、利润实现中心和成本控制中心，使公司成为"国网党组靠得住，电网发展离不开，合作伙伴信得过"的现代金融企业。

主营业务：按照银监会《企业集团财务公司管理办法》及相关法律法规，中国电力财务有限公司通过对成员单位的资金进行集中管理，为集团提供专业化的金融服务，实现降低集团的财务成本、内部交易成本和融资成本的经营目标。

中国电力财务有限公司的企业宗旨是"服务于国家电网公司工作大局，为客户提供优质金融服务"，致力于把公司打造成为"国网党组靠得住、电网发展离不开、合作伙伴信得过"的坚强金融服务平台。

目前公司可向客户提供多种金融服务，主要包括：结算业务、信贷业务、投资银行业务、融资租赁业务等。

——结算业务

经中国银监会批准，中国电财可以办理成员单位之间的内部转账结算及相应的结算、清算方案设计，吸收成员单位存款，协助成员单位实现交易款项的收付等业务。

2008 年公司大力推进统一结算工作，进一步优化公司结算模式，完善制度流程，提高结算效率，增强资金归集能力，年底资金归集率达到 87.7%，较上一年提高了 7.5 个百分点。

先进的服务手段——"电财通"。"电财通"亦称"网上财务公司"，是中国电财为提高客户服务水平开发的客户服务系统，客户单位通过"电财通"系统可以安全、快捷地实现电子支付、资金归集、预算管理、集团账户、资金监控、网上信贷等需求。

——信贷业务

信贷业务是中国电财向国网系统成员单位提供融资服务的主要业务形式，包括自营贷款、委托贷款、票据贴现、银团贷款、融资租赁、信用签证、买方信贷等业务品种。通过提供信贷业务，中国电财将吸收来的资金又投入到电网建设和国网各单位的生产经营管理当中。

2008 年，公司认真落实国家电网融资计划，保持信贷规模稳定，日均自营贷款余额达到 528.5 亿元，同比增长 3.2%。2008 年全年新增融资租赁 92.9 亿元，年底融资租赁规模达到 168.6 亿元，圆满完成融资租赁计划。

——投行业务

中国电财提供的投资银行业务，主要包括债券承销、财务顾问和证券投资等。中国电财是 2000 年以来唯一担任过企业债券主承销商的财务公司，2008 年，公司适度控制证券投资规模，调整投资结构，实现投资收益 4.88 亿元。加强股权投资管理，实现投资收益 1.56 亿元，超额完成年度计划。2008 年，公司以第一副主承销商的身份，参与国家电网公司总额为 395 亿元的两期"国网债"发行工作。

地址：北京市东城区建国门内大街乙 18 号院 1 号
楼英大国际大厦
电话：010－51960599
邮编：100005

中国华电集团财务有限公司

中国华电集团财务有限公司是经中国银行业监督管理委员会银监复[2004]7 号文批准，根据《企业集团财务公司管理办法》在原北方有色金属工业财务公司基础上重组设立的财务公司，总部设在北京。公司在业务上接受中国银行业监督管理委员会的监督指导，依法自主经营，自担风险，自我约束，自负盈亏，具有独立企业法人资格。中国华电集团财务有限公司是由中国华电集团公司控股，华电集团系统内 11 家企业共同参股组建的一家全国性非银行金融机构，注册资本金 13 亿元，截止 2007 年末，总资产达到 96 亿元，当年实现利润 4.06 亿元。

中国华电集团财务有限公司以"整合内部资源、强化奖金管理、发挥金融优势、服务集团发展"为公司指导思想，以"诚信、和谐、勤奋、务实、创新、高效"为经营理念，坚持科学发展观，全面贯彻落实集团公司发展战略，矢志不移地追求"管理优秀，运作规范，持续发展，规模和效益与华电集团相适应，公司发展与员工发展相协调的财务公司"的经营目标。中国华电集团财务有限公司作为中国华电集团公司金融产业的核心机构，是集团公司金融资源管理运作的核心平台，金融产业人才培养的重要基地和经济效益持续增长的重要来源，为集团公司安全、效益、发展三大业绩的提升和做强做精华电金融产业发挥重要作用。

中国华电集团财务有限公司按照国家的金融方针、政策及有关法律法规，以"加强企业集团资金集中管理和提高企业集团资金使用效率为目的，为企业集团成员单位提供财务管理服务"为目标，立足于集团、服务于集团。公司经营范围包括以下业务：对成员单位办理财务和融资顾问、信用鉴证及相关的咨询、代理业务；协助成员单位实现交易款项的收付；经批准的保险代理业务；对成员单位提供担保；办理成员单位之间的委托贷款及委托投资；对成员单位办理票据承兑与贴现；办理成员单位之间的内部转账结算及相应的结算、清算方案设计；吸收成员单位的存款；对成员单位办理贷款及融资租赁；从事同业拆借；经批准发行财务公司债券；承销成员单位的企业债券；对金融机构的股权投资；有价证券投资；成员单位产品的消费信贷、买方信贷及融资租赁；中国银行业监督管理委员会批准的其他业务。

地址：北京市西城区宣武门内大街 2 号
中国华电大厦 B 座 10 层
邮编：100031
总机：010－83568000
传真：010－83568199

中国华能财务有限责任公司

中国华能财务有限责任公司的前身是华能金融公司，成立于 1987 年 10 月，是中国人民银行批准成立的首批财务公司之一，属非银行金融机构，成立时注册资本 3 亿元。2000 年 7 月，经中国人民银行批准，公司实施增资扩股，注册资本增加至5.1亿元，同时改组为规范的有限责任公司。2004年7月，经中国银行业监督管理委员会批准，公司再次增资扩股，注册资本增加至10亿元。2005年12月，经国务院国有资产监督管理委员会和中国银行业监督管理委员会批准，公司实施增资及股权调整，注册资本增加至12亿元。2008年，公司又一次实施增资，注册资本金由12亿元人民币增至20亿元人民币。股东构成：财务公司目前的股东分别为中国华能集团公司，持股51%；华能国际电力股份公司，持股20%；北方联合电力有限公司，持股10%；华能国际电力开发公司，持股5.58%；华能资本服务有限公司，持股4.42%；云南华能澜沧江水电有限公司，持股3.33%；华能能源交通产业控股有限公司，持股2%；西安热工研究院有限公司，持股1.67%；华能综合产业公司，持股1%；华

能新能源产业控股有限公司，持股1%。人员构成和组织机构：财务公司现有员工62人。其中，党员31人；研究生及以上学历25人，本科学历22人，专科学历12人，中专及以下学历3人；具有高级专业技术职称26人，中级专业技术职称15人，初级专业技术职称10人。财务公司最高权力机构是股东会，下设董事会、监事会。财务公司按职能划分为总经理工作部、综合计划部、客户服务部、结算业务部、财务会计部、监察审计与稽核部、人力资源部、资产管理部、ERP办公室等九个部门和一个分公司、一个异地结算部。

经营业绩：2008年，财务公司遵循集团公司提出的“加快建设具有国际竞争力大企业集团的奋斗目标”和资本公司提出的“融资贡献、管理贡献、经营贡献”的工作方针和要求，求真务实，奋发进取，支持集团电力主业和其他产业的发展，全面完成了各项既定工作任务和各项主要考核指标，公司实现了协调、稳定、健康发展。

一、主要指标完成情况良好，各项绩效稳中有升

2008年，公司实现营业收入73313万元，实现利润51900万元。利润总额、资金结算量、存款业务、信贷业务均创历史新高，其中，利润突破了5亿元大关，资金结算量突破了9000亿元大关，达到9174.87亿元，同比增长58.42%。实现存款日均172亿元，同比增长45%；实现信贷日均148亿元，同比增长15.19%。2008年，财务公司全面完成了集团公司和资本服务公司下达的经营目标，实现了党风廉政建设和安全经营的目标。

二、拓展结算服务覆盖面，优化结算服务平台，资金结算整体水平再上新台阶

2008年，公司在努力推进集团产业公司在财务公司办理结算业务进程，优化结算业务平台等方面做了大量深入细致的工作。一是结算业务覆盖面得到新的拓展。全年先后新增办理了华能国际燃料公司等28家重点客户在公司开立结算账户。二是深入优化结算服务平台。为适应资金结算业务快速发展的实际，公司在充分调研论证的基础上，制定了优化结算系统自动处理业务功能和简化业务凭证实施方案。三是根据集团公司相关要求及集团成员单位资金集中管理工作现状，积极开展以编制《结算业务宣传手册》为主要形式的结算业务营销，使集团成员单位了解集团公司资金管理要求，掌握了财务公司资金结算平台功能。四是加强结算账户管理，提高存放同业收益水平。为确保结算资金及时支付，公司密切关注各结算账户资金变化情况，及时了解客户大额支款信息，合理安排银行头寸。

三、加强存款预测，合理调配资金，做好集团公司资金保障工作

为及时了解并掌握客户生产建设资金状况，公司通过强化对客户存款变动的预测工作，提高了存款变动准确度，全年实现存款日均172亿元，同比增长45%。随着客户存款逐步增加，公司适时地调整了融资策略，保持了适度的融资规模，预留了融资能力。面对2008年年初趋紧的资金形势，集团公司为保证生产经营工作的正常开展，启动了应急资金保障工作。公司在集团公司资金保障体系中承担20－25亿元应急资金保障任务，为防止有关企业资金链断裂做出了应有贡献。

四、加大信贷投放力度，减少从紧货币政策对集团成员单位外源融资的影响

2008年，公司根据客户需求和自身资金状况制订了年度信贷业务滚动计划，并对计划外新增贷款需求进行统筹，有侧重地支持集团公司重点项目和重点企业的生产经营，全年公司实现贷款日均148亿元，同比增加15.19%，全年新增贷款22亿元，年末信贷余额达到160亿元。积极发挥金融杠杆作用，为集团主业发展组织了上规模的银团贷款，以9亿元资金，撬动了其他金融机构26亿元的外部融资，扩大了公司的融资服务能力。继续为产业公司调剂资金余缺发挥金融平台作用，全年新发放委托贷款14.56亿元，累计发放代理计息资金68.02亿元。

五、规范管理，实现了集团系统补充养老保险基金保值增值

公司根据集团公司相关文件精神，从2008年年初开始，为华能系统补充养老保险基金单独建账，并按照规定的投资品种、投资比例对补充养老保险基金进行资产配置，实现规范化管理。为保证此项工作的有效开展，公司制定并印发了专门的管理办法，成立了补充养老保险基金管理领导小组。及时对ERP系统进行了优化完善，保证了投资运作的合规性和科学性。通过稳健操作，全年补充养老保险基金日均37.06亿元，实现投资收益率5.5%。

六、注重实效，积极推进各项基础管理工作

公司始终把建立和完善各项管理基础作为一项重要工作来抓紧抓好，以期提高整体经营管理水平和工作效率。一是以落实银监会现场检查意见和《企业集团财务公司风险评价和分类监管指引》为契机，开展了完善公司治理工作。二是为进一步加强对风险业务的审核管理，成立了经营层面的信贷（投资）审核委员会，对信贷、投资业务进行合规风险集体审核。三是开展了内控制度的梳理工作。完成了《结算账户管理办法》、《资产风险分类管理办法》等38项规章制度的制订和修订工作。四是根据集团公司风险管理与内部控制体系建设的要求，公司正式启动了内部管理体系评估工作。五是加强不良资产清理工作，收回不良资产清理款312万元。六是完成了执行新《会计准则》后，财务核算在ERP系统上的调整和测试工作，实现了新旧会计政策的平稳过渡。七是继续坚持行之有效的风险预警机制。围绕1104报表编制和分析，及时发现公司在经营管理过程中可能存在的风险，研究提出切实可行的解决措施。八是发挥内部风险控制作用，对与市场有接点的存放同业、证券资产等业务开展了风险审计，编写了公司《2008年全面风险管理报告》。九是从管理方式上进一步加强对分支机构的指导与监督，有力地促进了分支机构依法合规经营。

七、狠抓安全工作落实，确保安全运营

认真落实安全经营责任制，安全经营工作做到长抓不懈。一是通过完善应急预案，建立应急机制，做好奥运期间安全经营工作。二是组织了ERP容灾系统演练，确保资金结算安

全,提高了 ERP 系统应急处理能力。三是对网银系统、信息网络及管理等方面进行了安全评价。

八、积极配合外部监督检查,认真落实监管意见

从 2008 年年初开始,公司先后接受了国资委派驻集团公司监事会、审计署、资本服务公司的现场审计、监督检查。根据集团公司领导就落实《意见书》所作的重要批示,及时制定了落实银监会现场检查意见的具体整改措施。根据银监会要求,作为对历史遗留问题的处理,公司向银监会报送了设立内蒙古分公司的申请。2009 年 1 月 7 日正式获得了银监会对公司设立内蒙古分公司的批复。为做好迎接银监会风险评价的准备,公司结合审计署审计和银监会现场检查意见,按照《指引》要求积极落实各项措施,制定了落实《企业集团财务公司风险评价和分类监管指引》的工作方案,明确了改进内容、责任部门、工作成果、完成时间等各项要求。

九、做好党风廉政建设和思想政治工作,促进和谐发展

2008 年,财务公司认真贯彻落实集团公司、资本公司关于党风廉政建设和思想政治工作的各项工作要求。一是与各部门和分支机构签订了党风廉政建设责任书,根据责任书的工作要求分解落实了年度工作目标;二是组织了 12 次党组中心组学习活动,愈 300 人次参加。三是先后印发了《中国华能财务有限责任公司效能监察暂行办法》等规章制度,推进惩治和预防腐败体系构建工作;四是积极履行社会责任、政治责任。四川汶川发生严重地震灾害后,财务公司迅速了解集团公司在灾区企业的生产经营情况,在第一时间迅速启动了各项客户业务应急预案,确保结算业务畅通,保证了灾区企业抗灾和生产经营对资金的需求;按照集团公司统一部署,组织广大干部员工积极为灾区捐款 52700 元,缴纳特殊党费 44500 元。

中国投资担保有限公司

中国投资担保有限公司(以下简称中投保公司)于 1993 年经国务院批准,由财政部、国家经贸委发起设立。现为国家开发投资公司集团成员企业,是以信用担保为主营业务的全国性专业担保机构。

中投保公司的经营宗旨是,以信用增级为产品服务方式,提升企业信用,改善社会信用资源配置,提升市场交易效率,促进社会信用体系和信用文化建设,为国民经济和社会发展服务。

中投保公司目前注册资本 30 亿元,核心资本超过 50 亿元,按国际标准信用担保能力为 700 亿元。目前拥有银行授信 450 亿元。经中诚信国际信用评级有限公司、联合资信评估有限公司复合评级,公司长期主体信用等级(金融机构等级)为 AA。公司业务定位是成为国内最具竞争力的非标准金融和信用增级服务的集成商。

中投保公司建立了广泛的国际联系,是世界三大担保和信用保险联盟之一的“泛美担保协会”会员,并于 2004 年、2006 年先后加入美国保险监督官协会及美国保证和忠诚保证协会;是拥有 158 家专业担保公司组成的“中国担保业联盟”的发起和主席单位;中投保公司与国内一流的银行、证券公司、信托投资公司、金融资产管理公司及专业投资、咨询顾问机构结成了广泛的战略联盟;中投保公司投资参股了中国国际金融公司、中国人寿、中国远洋、鼎晖投资、恒生电子等相关领域的旗舰企业,初步构建了一个能为客户提供金融及信用综合服务和解决方案的运营平台。

中投保公司信用及担保业务主要有:1. 中小企业融资担保业务;2. 物流金融及信用解决方案,产品已涵盖汽车、钢材、化肥、进口医疗设备等相关领域;3. 金融产品增级及担保业务,承保的产品主要有保本基金、准市政债、年金、企业债、集合信托、集合公司债等;4. 建设工程担保,主要包括投标保证、履约保证、业主支付保证、付款保证、维修保证、供货保证、完工保证等;5. 政府采购招投标担保及世界银行节能融资担保;6. 财产保全担保,已在全国 26 个省市建立了代理机构;7. 房地产(含工业地产、商业地产)结构型融资、过桥融资及收购、交易履约保证等业务。

中投保公司还设立了华东、上海、大连三家分公司,为区域经济发展服务。截至 2007 年末,公司累计承保业务 16225 项,累计担保总额 469 亿元,其中 2007 年承做担保业务 111 亿元,服务客户超过 2000 家,实现收入 8.6 亿元,利润 6.4 亿元,处于行业领先地位。

中投保公司拥有优秀的员工队伍,来自国内外各高校的硕士、博士占员工总数的 50% 以上。公司业务创新能力居行业领先地位,编写出版的《信用担保概论与实务》、《各国信用担保业概况》、《中国担保论坛》杂志,是业内理论和实践的重要著作。公司经营的“中国担保网”(http://www.chinaguaranty.net)和公司网,是业内最具影响力的网站。

中投保公司将继续秉承“以人为本、信誉至上、适应变化、和谐发展”的经营理念,坚持双赢和利益共享的经营原则,以诚相交,以信为守,与社会各界加强协作,共创未来。

地址:北京市海淀区西三环北路 100 号金玉大厦写字楼 9 层
邮编:100037
电话:010 – 88822888
传真:010 – 68437040

中油财务有限责任公司

中油财务有限责任公司(以下简称“公司”)是由中国石油天然气集团公司和中国石油天然气股份有限公司共同持股,经中国人民银行批准,在国家工商行政管理局注册的一家非银行金融机构。

截止 2009 年 6 月,公司共有股东单位 2 家,注册资本金 30 亿元人民币(含 1.2 亿美元)。公司的最高权力机构是股东会,公司实行董事会领导下的总经理负责制。公司总部设有八部一所一室,即财务部、营业部、信贷部、证券部、国际业务部、管理稽核部、信息发展部、人事劳资部、金融与会计研究所、总经理办公室(党群工作部)。公司在集团公司部分成员单位所在地分别设立了大庆分公司、沈阳分公司、吉林分公司、西安分公司和 61 个业务受理处,在香港设立了中国石油财务(香港)有限公司。

截止到 2009 年 6 月末,公司资产总额 3,190.83 亿元(含委托资产),公司实现营业收入 29.76 亿元,税前利润 14.52 亿元。是全国最大的财务公司之一。

公司主要经营以下本外币金融业务:对成员单位办理财务和融资顾问、信用鉴证及相关的咨询、代理业务;协助成员单位实现交易款项的收付;经批准的保险代理业务;对成员单位提供担保;办理成员单位之间的委托贷款及委托投资;对成员单位办理票据承兑与贴现;办理成员单位之间的内部转账结算及相应的结算、清算方案设计；吸收成员单位的存款；对成员单位办理贷款及融资租赁；从事同业拆借；经批准发行财务公司债券；承销成员单位的企业债券；对金融机构的股权投资；有价证券投资；成员单位产品的消费信贷、买方信贷及融资租赁。

同时，公司经中国银行业监督管理委员会批准，实施对中国石油天然气集团公司境外资金集中管理；经国家外汇管理局批准，对中国石油天然气集团公司成员单位办理结售汇及外币兑换业务。

地址：北京市东城区东直门北大街9号
邮编：100007
电话：010－59983609
传真：010－62096988

宝钢集团有限公司

宝钢集团有限公司（以下简称宝钢）是经国务院批准的国家授权投资机构和国家控股公司，目前是中国最具竞争力的钢铁联合企业。2008年，宝钢营业收入2468.39亿元，利润总额238.13亿元，资产总额3524.97亿元，净资产2194.35亿元；宝钢从业人员总数为108914人；宝钢连续六年进入世界500强，列220位。

1978年12月23日，宝钢在上海动工兴建。1998年11月，宝钢与上钢、梅钢实现联合重组。2006年重组新疆八一钢厂。2008年与广钢、韶钢重组，成立广东钢铁，在淘汰落后产能的同时筹建湛江钢铁制造基地。

近年来，宝钢重点围绕钢铁供应链、技术链、资源利用链，加大内外部资源的整合力度，提高竞争力，提高行业地位，已初步形成了包括钢铁主业及相关多元板块的业务结构。

宝钢钢铁主业立足于生产高技术含量、高附加值钢铁精品，年产钢能力3000万吨左右，产品畅销国内外市场。目前已形成普碳钢、不锈钢、特钢三大产品系列，广泛应用于汽车、家电、石油化工、机械制造、能源交通、建筑装潢、金属制品、航天航空、核电、电子仪表等行业。宝钢产品在保持国内板材市场主导地位的同时，还出口至日本、韩国、欧美等四十多个国家和地区。

宝钢重视环境保护，实施清洁生产、发展循环经济、追求可持续发展，是中国冶金行业第一家通过ISO14001环境贯标认证的企业，也是中国冶金行业和上海市首家获得“国家环境友好企业”称号的企业。

2004年，宝钢成为最先加入“全球契约”的三家中国企业之一。2006年，宝钢加入“世界可持续发展工商理事会”（WBCSD），成为国内第二家加入WBCSD的企业，也是全球钢铁行业的首批WBCSD成员。

宝钢既定的战略目标是“成为拥有自主知识产权和强大综合竞争力、备受社会尊重的、‘一业特强、适度相关多元化’发展的世界一流的国际公众化公司”。

新形势下宝钢钢铁主业的发展思路优化为：围绕“规模扩张”这一未来发展的主线。实现从“精品战略”到“精品＋规模”战略的转变；实现从“新建为主”到“兼并重组与新建相结合”的扩张方式的转变。大力提升宝钢综合竞争力，引领中国钢铁行业发展。完成由区域性布局向全国性布局的转变，实现在国际化布局上的突破，综合竞争力进入全球钢铁业前三强。

南方联合产权交易中心

南方联合产权交易中心有限公司（下称南方产权）在省国资委的正确领导下，奋力拼搏，开拓进取，作为产权市场的后起之秀，在短短三年里迅速发展成为华南地区最大、最先进的产权交易平台。2009年以来，南方产权乘黄华华省长和黄龙云常务副省长视察南方产权公司的东风，以贯彻实施《珠江三角洲地区改革发展规划纲要（2008－2020）》为契机，不断创新产权交易品种，积极开展多层次资本市场建设试点，加快建设综合性产权交易平台，取得了出色成绩。

一、企业国有产权交易平台建设成绩斐然

南方产权按照“高起点、高标准、高品位”的要求，建设经营场地9688平方米，同时强抓制度建设和规范管理，制定了《产权交易规则》、《会员管理办法》等几十个规章制度，成为软硬件系统功能齐全，华南地区规模最大、信息化水平最高的产权交易平台；南方产权坚持“三公”和“规范”原则，树立了牢固的社会公信力，产生了良好的品牌效应，赢得了社会各界的信任，形成区域性辐射力和影响力。截至2009年9月30日，累计完成各类产权交易总额364.19亿元，平均增值率为23.64%，最高增值率达到319%。在综合考察南方产权平台建设水平和服务能力的基础上。2009年6月，省财政厅正式发文确认南方产权从事广东省金融企业国有资产交易资格，成为广东省金融企业国有产权交易唯一平台。

二、交易品种创新战略卓有成效

第一，创建中小企业产权市场，实现从单一产权交易平台到综合性产权交易平台的跨越。早在2007年底，国际金融危机全面爆发前，南方产权就凭借敏锐的市场嗅觉，着手研发“广东中小企业产权交易市场”，力图构建以股权融资服务为核心功能的中小企业投融资市场，帮助中小企业度过现金流危机。通过在佛山、中山、东莞等地开展中小企业产权市场推介会，参展第五、六两届中博会，2008年共为各类中小企业实现融资98亿元；2009年以来，共接收新增融资意向102宗，南方产权中小企业股权融资服务已逐步获得市场认可。2009年1月20日，黄华华省长、黄龙云常务副省长视察南方产权后，对所开展中小企业产权交易市场业务表示高度赞赏，认为这是一个重要创新，希望再接再厉，再创好业绩。

第二，积极运用并购贷款等金融创新业务，努力搭建省级融资平台，实现由产权交易平台向融资平台的转变。为配合广东省在较短时期内扩大投资规模，解决广东省和各地市重点项目资金缺口，南方产权牢牢把握国家开放并购贷款业务的重要机遇，与商业银行携手打造并购贷款融资平台。2009年，南方产权已和中国工商银行、中国建设银行、中国交通银行、招商银行、中信银行、中国银行、中国农业银行等签署并购贷款协议已经达1100亿元。南方产权与各金融机构共同创新，共同发展，充分利用并购贷款、信托融资和资本金贷款等金融工具，创新开发“并购通”等金融产品，整合民间资本、商业银行等各种社会资源，为综合解决广东省重点项目和重点企业资本金不足的问题做出了一定贡献。

第三，稳步推进多层次资本市场试点建设，进军更高层次发展领域。为贯彻落实《珠江三角洲地区改革发展规划纲要（2008－2020年）》，建设金融强省，广东省政府明确“支持南方联合产权交易中心创新产权市场交易品种，建立多层次资本市场试点”。此外，2009年10月，国家工信部正式发文确定南方产权为全国五家区域性中小企业产权交易市场试点机构之一。为推进各项试点工作,南方产权加快发展股权托管中心,力促广东省多层次资本市场迈上一个新台阶。

南方产权的勤奋工作赢得上级部门和社会各界的广泛认可。2009 年 3 月,省政府授予南方产权广东省"金融创新奖"三等奖,成为我省唯一获得该奖项的产权交易机构,也是唯一获得该奖项的非金融企业。2008 年 9 月,南方产权还被评为"第 18 届广东省企业信息化建设创新成果二等奖"。几年来,还得到了省财政厅、省经贸委、省发改委、省金融办、省信息产业厅的政策和资金支持。

三、集团化发展步伐稳健势头迅猛

在创新交易品种战略的基础上,南方产权大力拓展股权托管、环境权益交易、文化版权交易等新型业务平台,集团化发展格局日益完善。

第一,创立广东省股权托管中心。2009 年 3 月省政府批复同意南方产权出资设立广东省股权托管中心有限公司,为全省非上市股份公司提供股权托管等服务。2009 年 10 月 19 日,广东省股权托管中心正式揭牌成立,这是广东省建设金融强省的重要步骤,也是南方产权进军多层次资本市场的标志性事件。

第二,筹建成立广东省环境权益交易所。2009 年 9 月省政府批准南方产权设立广东省环境权益交易所。广东省环境权益交易所将作为能源与环境资源交易平台,将利用市场手段,在 CO2、SO2 及水污染等方面建立减排增效的市场激励机制,同时探索建立矿权、水权、林权等有关环境资源权益交易试点,必将在增强区域可持续发展能力方面发挥积极作用。

第三,启动广东省南方文化产权交易所(南方国际版权交易所)筹建工作。南方产权与广东省有关文化龙头企业强强联合,计划设立涵盖新闻出版、影视演艺、动漫游戏等文化版权领域的产权交易所,为文化版权提供高效的交易平台,为文化产业发展提供优质的投融资服务。

第四,省市共建的佛山南方产权交易所。作为广东省高新金融服务区的引进项目,同时也是是佛山市委市政府发展金融 3P 计划的重要项目之一,2008 年 9 月 28 日,南方产权控股设立了南方产权佛山所,对广东省统一产权市场,调整和优化市场结构,推动广东省产权市场健康发展,具有重大现实意义。

四、南方产权的主要经验和体会

南方产权坚持科学发展和创新发展的理念,在交易模式、交易品种、结算方式、市场拓展、风险控制等多个方面开拓创新,建立贴近资本市场运作的工作机制和体制,从单一的交易平台发展成为综合性交易平台和融资平台。主要经验和体会有:

(一)坚持"三公"和"规范"两大原则

南方产权接受广东省产权市场建设联席会议的监管,坚决遵循"三公"和"规范"原则。2008 年,广东省纪委和国资委对全省产权市场联合检查结果表明,南方产权的交易项目全部符合规范要求;中纪委有关领导对南方产权的规范运作情况同样给予高度评价。南方产权全面贯彻落实中纪委"七项要求",以制度建设为基础,以廉政教育为先导,以效能监察为抓手,营造"廉洁从业、干净干事"的氛围,构建"阳光交易平台"。2009 年,南方产权被省监察厅授予广东省行业"窗口之星"称号,同年还获得"2008 年度广东省诚信示范企业"等称号,这些荣誉都是对南方产权平台公信力的高度认可。

(二)巩固会员制和统一结算制度两大基石

会员制和统一结算制度是南方产权产权交易平台保持社会公信力的两大基石,也是南方产权的重要标志,为南方产权的发展奠定了最坚实基础。在全国产权市场中,南方产权不遗余力地推行会员制和统一结算制度,成为鲜明特色。南方产权坚持推行会员代理制度,坚持"行商"作风,强调服务意识,以会员制为桥梁纽带,与全省大多数地级市产权交易机构建立"平台—会员"关系,目前,南方产权共注册各类会员 81 家,覆盖全省的产权交易服务网络初步建立。此外,南方产权坚持推行统一结算制度,杜绝了场外交易,降低了交易总成本,遏制了商业贿赂发生的机会,维护了国企和交易各方的合法权益,区域品牌得以树立和扩展。

(三)实行创新的经营理念,形成"阳光、活力、优雅"的企业文化

南方产权经营理念的核心是坚持永不停歇的创新。创新是南方产权谋生存、求发展内在的和本质的需求,是南方产权的灵魂,是南方产权发展前进的不竭动力。南方产权从筹备之初,就把创新工作放在公司战略的重要位置,如今取得的各项成绩是我们持之以恒不断创新开拓的结果。

南方产权着力培养"阳光、活力、优雅"的企业文化。南方产权自始倡导用人性化的制度保护和张显人的个性,注重培养员工创新意识和务实工作作风:交易平台坚持"公开、公平、公正",公司内部管理透明、民主,就是"阳光";保持创新开拓、朝气蓬勃的士气和具有凝聚力、战斗力和爆发力的团队精神,必须有"活力";培养贴近资本市场的精神气质,达到品味、素质、修养的高标准,力求"优雅"。

展望未来,南方产权充满信心!南方产权将毫不动摇地走创新发展道路,进一步巩固和延伸企业国有产权交易平台服务,强化金融企业国有资产交易业务,继续拓展股权托管、中小企业股权融资业务,推动行政事业性资产、涉讼资产、文化版权、排污权等进场交易,形成业务多元化的发展局面。通过交易品种的创新和交易服务的提升,进一步活跃交投,逐步扩大市场覆盖面,增强平台辐射力和影响力,发展成为华南地区最活跃、最发达的产权市场。同时,利用广东省人民政府金融工作办公室成为全省产权市场行业主管部门的契机,南方产权将通过两个省部级试点的建设,逐步建立完善广东区域性资本市场,完成向金融产权交易集团的战略转型,全面进军更加广阔的资本市场。

北京建工集团有限责任公司

北京建工集团是以工程建设业、房地产开发为主业,集建筑设计、建筑科研、设备安装、装饰、市政路桥、环境建设、物流配送等为一体的大型企业集团,具有房屋建筑工程施工总承包特级,市政公用工程施工总承包一级,房地产开发经营一级,机电设备安装施工总承包一级,地基与基础、装修装饰、钢结构等专业承包一级资质及国际工程承包、对外贸易资格。集团现有法人单位 114 家,其中全资、控股、参股企业 72 家,员工约 1.9 万人,年开复工面积 1600 余万平方米,竣工近 500 万平方米。总资产 190 亿元,净资产 39 亿元。北京建工集团有限责任公司是集团的核心企业。

北京建工集团作为首都建设的中坚力量,自 1953 年成立到 2008 年底,共完成各类建筑 1 亿 1242 万平方米,相当于北京解放时所有建筑面积的 5 倍多。建工集团承建了北京市绝大多数标志性工程,包括五十年代"国庆十大建筑"中的七项,八十年代"新十大建筑"中的四项,"九十年代十大建筑"中的八项。还建设了绝大多数外国驻华使馆及大批外交公

寓，建设了北京各主要工业区及大型科研、医疗、教育、服务设施，建设了多个成片居民住宅小区，为首都的城市化、现代化建设做出了突出贡献。集团在国际工程总承包、劳务技术服务、进出口贸易等方面也创造了良好的业绩，1994 年以来连续被评为全球最大的 225 家国际工程承包商之一。

北京建工集团在 50 多年的发展中，形成了讲诚信、重合同、守信誉的光荣传统，工程质量合格率多年保持百分之百，优良率达到 80% 以上。自 80 年代国家和北京市开展工程质量创优评奖活动以来，已获得建筑业最高奖—鲁班奖 48 项，国家优质工程奖 26 项，中国土木工程詹天佑大奖 18 项（含住宅金奖 4 项），北京市级以上优质工程奖 704 项，获奖数量居全国同行业前列。2001 年，集团公司荣获北京市首届质量管理先进奖，是全市建筑业唯一一家。集团重视科技创新，累计获得科技进步奖 290 项，其中国家级 39 项，省部级 53 项，北京市级 198 项。拥有国家级工法 33 项。

近年来，集团以解放思想、转变观念为先导，积极适应市场，调整产业、产品结构和产权结构，转换经营机制，加大对房地产、市政路桥、装饰、环保、地铁等领域的开拓力度，取得明显效果，主要经济指标已连续七年递增 15% 以上。

地址：宣武区广莲路 1 号
电话：63928811、63928899
传真：63929020　邮编：100055
网址：WWW. BCEGC. COM

北京市地铁运营有限公司

北京市地铁运营有限公司其前身为北京市地下铁道总公司，是国有独资的特大型专门经营城市轨道交通运营线网的专业运营商。拥有职工一万余名。

目前，公司经营的线路包括 1 号线、2 号线、5 号线、10 号线一期、13 号线、八通线、奥运支线和机场线，运营线路总里程 200 公里，共有 123 座运营车站。公司运营业务涉及专业有车辆运输、客运组织、行车电力调度、供电、通信信号、机电和线路等。另外，公司还经营以地铁相关资源开发为主的多角化业务，主要包括经济技术贸易、广告、地下通信、房地产开发、商贸、旅游度假、教育培训、建筑安装、车辆制造、工程监理、出租汽车、设计研究咨询及文化产业等。这些多角化经营业务扩大了地铁的服务领域，也满足了广大乘客的服务需求。

北京市地铁运营有限公司始终坚持“安全、准确、高效、服务”的运营宗旨和“安全第一、预防为主”的运营方针，以及“以市场为中心、以乘客需求为导向”的服务理念。无论是现在还是将来，北京地铁都将不断提高服务水平，竭力为广大乘客提供更加安全、快捷、舒适和便利的服务，为北京率先实现现代化的和建设现代化国际大都市做贡献。

北京粮食集团有限责任公司

北京粮食集团有限责任公司是北京市人民政府出资组建的大型国有独资企业，拥有子公司 17 家，控股、参股企业 8 家，2008 年实现销售额 62.1 亿元。京粮集团自 1999 年成立以来，实施“做市场、做品牌、做资本”的发展战略，积极参与市场竞争，秉承“用精良铸就京粮”的理念，走出了一条创新发展的健康之路。

目前，京粮集团已成为粮食行业具有市场竞争力、品牌影响力、供应保障力、产业带动力的知名企业，在首都粮食安全流通体系中发挥着主渠道作用。2006 年京粮集团进入“十一五”发展的新时期，继续以突出主业、加快发展为主题，构筑“一链两翼多支撑”的总体格局，全力打造中国最具竞争力的现代粮食产业集团。

“一链”——即粮食产业链。以粮油完整的采购、储存、加工、销售为基础，以米、面、油、食品、饲料为主导，粮食加工与粮食专业物流是粮食产业链的重要环节。

“两翼”——即现代物流与商业不动产。资源的优势组合，在“一链”的基础上延伸出了坚实的“两翼”。以环京物流为代表的京粮集团现代物流业是粮食专业物流的延伸，以规模位居北京第二的“龙德置地”大型综合商业设施为龙头的商业不动产经营，推动了集团主业的进一步快速发展。

“多支撑”——即京粮集团改革管理、技术研发、人力资源、企业文化的多支撑平台，为打造最具竞争力的现代粮食产业集团提供了强大的驱动力。

京粮集团粮食专业物流企业，其业务涉及粮食生产、收购、存储、运输、销售整个流程，其经营管理活动以专业物流理念为指导，以专业化经营为手段，以延伸粮食产业链为工作重点，实现物流、资金流、信息流和商流的统一。现拥有专业化、集约化、规模化为一体的七大仓储中心，仓容量达 150 万吨。

粮食工业企业以市场为先导、生产为基础、技术研发为依托，贯彻做市场、做品牌战略，在米、面、油、食品、饲料等领域建立了 12 家工业企业，拥有“古船”、“绿宝”、“火鸟”、“古币”、“华藤”、“正大”、“大磨坊”等知名品牌，并一贯秉承“安全放心营养健康”的品牌理念，率先开展“放心粮油工程”，目前产品销往全国各地，并出口日本、蒙古等国家。2004 年至今，“古船”始终保持了中国名牌称号，并率先入选“中国最有价值品牌”排行榜。

环京物流公司依托资源优势、充分把握市场需求，运用现代物流理论与技术，实现了规模化发展，现有八个物流基地，仓储面积达 17 万平方米，并具有深度分销和干线运输体系，为宝马汽车、百安居、易初莲花等国内外知名企业提供第三方物流服务。

以龙德置地、京粮大厦和南苑商贸城为代表的集团商业不动产经营，是集大型超市、百货、娱乐、餐饮、休闲、公寓和写字楼为一体的多功能综合商业设施。目前已拥有近 40 万平方米经营面积。

京粮集团坚持走名牌强企之路，在各级政府的关怀和帮助下，愿与社会各界朋友进行广泛友好的合作，共同开创粮食产业的美好未来！

北京市国有资产经营有限责任公司

北京市国有资产经营有限责任公司（简称“北京国资公司”），是经北京市人民政府授权的、专门从事资本运营的大型国有独资公司。其前身是北京市国有资产经营公司，成立于 1992 年，并于 2001 年 4 月与原北京市境外融投资管理中心合并，由北京市政府按照现代企业制度改制重组而成国有独资公司，对北京市重要的国有资产进行经营和管理。

目前，北京国资公司是北京市重大项目建设的承担者和经营者，拥有丰富的资本运作经验和独特的竞争优势。

北京国资公司希望以丰富的产业投资经验、优秀的管理团队、雄厚的资金实力、完善的治理体系，吸引国内外战略投资者、财务投资者进行合作，共同分享北京甚至中国改革开放带来的商机。

北京国资公司所投资产业主要集中在三个领域，在每个领域中都投资了一批高成长的公司和项目：

——现代金融服务业

北京国资公司是北京市地方金融企业的主要控股股东，金融产业是北京国资公司的支柱产业。目前已构建起包括银行、证券、信托、保险、基金、产权市场、担保、风险投资、资产管理、信用评级等各类业务在内的金融控股公司模式。

——高新技术和现代制造业

北京国资公司在现代制造业和高新技术产业化领域培育和投资了一大批具有自主知识产权、高端、高效、低能耗的企业/项目，主要集中在汽车工业、集成电路产业、医药产业、装备制造以及产业园区等符合北京产业政策的重点行业。北京工业投资管理有限公司作为北京国资公司的全资子公司，是北京专司现代制造业投融资的专业投资公司，进行现代制造业领域的股权投资和资本运作。

——城市公用事业和社会事业领域。

中国的公用事业投资正在改变以往单一的国有垄断局面，逐步开始市场化运作。北京国资的优势将在这一领域得到很好的发挥。目前，北京公司已在垃圾焚烧发电、高速公路、土地一级开发、科技园区建设、产业基地等领域，投资运作了一批前景广阔的项目。同时，北京市"十一五"规划提出大力发展文化创意产业，为北京国资公司提供了先机。北京国资公司将加快文化创意产业、体育产业、卫生基础设施等领域的投资和开拓。目前已先行进入了体育赛事、文化演出等行业，相关项目已经启动。

地址：北京西城区金融街 19 号富凯大厦 B 座 16 层
邮编：100032
电话：010 – 66573366
传真：010 – 66573398
E – mail：bjsam@ bjsam. com. cn

北京市自来水集团有限公司

北京市自来水集团公司是北京市政府所属的国有独资大型供水企业。其前身是始建于 1908 年的京师自来水股份有限公司。1999 年 8 月 26 日，经北京市人民政府批准，北京市自来水集团有限责任公司正式挂牌成立。

北京市自来水集团公司的主营业务是负责北京市城八区（石景山区部分地区），门头沟、延庆、密云、怀柔、房山、大兴、通州等区县及长辛店和昌平南口地区的自来水供应，兼营再生水、部分郊区污水处理、供水工程设计、施工、安装、管网抢修、管件器材、水表制造、供水材料贸易等业务。现有二级子、分公司 38 家，拥有市区水厂 11 座、郊区自来水公司 9 家。全市自来水日供水能力 323 万立方米，其中市区 295 万立方米。市区供水管线总长度 7700 公里，供水服务人口 920 万人。

北京市自来水集团公司建立了水质监测中心、水厂化验室、水厂运转班组三级检测制度，在自来水处理和检测技术上，积极采用国内外领先的技术，如臭氧处理、活性炭吸附等深度净化工艺，确保出厂水指标优于国家标准，并与 2007 年 7 月 1 日率先在全国同行业中达到新国标规定的 106 项检测能力认可。在供水能力、资产规模、技术装备、企业管理和经济技术指标等方面，均居国内同行业领先水平，是目前我国最具影响力的城市供水企业之一。

地址：北京市西城区宣武门西大街甲 121 号
邮编：100031
办公时间：8：00 – 17：00（工作日）
联系电话：96116（客户呼叫中心）
66411828（集团值班电话）
单位网址：www. bjwatergroup. com. cn

上海世博（集团）有限公司

上海世博（集团）有限公司（简称世博集团）成立于 2004 年 2 月 18 日，是经上海市人民政府批准，在原上海东浩国际服务贸易（集团）有限公司的基础上，吸收上海文化广播影视集团、上海东方国际集团等公司的投资组建而成，注册资本 11. 1 亿元人民币。

世博集团在世博会工作中，负责建造中国 2010 年世博会世博中心、主题馆两大永久性场馆，并负责这两个场馆世博会期间的运营管理以及世博会后的后续利用。在发展现代服务业上，世博集团坚持市场化运作，大力发展现代服务业，形成了会展和传播、人力资源、物流和贸易等主营业务板块。2007 年世博集团完成营业收入 131. 15 亿元，同比增长 11. 78%；实现净利润 2. 52 亿元，同比增长 25. 28%；完成营业额 267. 61 亿元，同比增长 22. 97%；完成进出口总额 16. 19 亿美元，同比增长 26. 98%。

在党的十七大精神鼓舞下，世博集团正朝着"乘'世'而上，创新而为，当一流的现代服务业领跑者"的战略目标迈进。

上海浦东发展集团财务有限责任公司

上海浦东发展集团财务有限责任公司（以下简称公司）成立于 1998 年，系以上海浦东发展（集团）有限公司为主投资组建的金融企业。截止 2009 年 1 月底公司注册资本 10 亿元人民币，员工 42 人，本科以上比例约占 80%。2008 年公司实现利润总额 29，121 万元，净利润 22，421 万元，日均存款 67. 45 亿元；日均贷款 19. 78 亿元。

作为浦东新区唯一一家非银行金融机构，公司充分发挥自身投融资平台功能，先后参与了中环线浦东南段、机场北通道等项目融资和项目银团的组建，极大的支持了项目的顺利建设，缓解了项目公司融资压力。08 年公司积极推进金融创新，创新集团的项目融资模式，采用"信托公司发放信托贷款 + 商业银行即期购买信贷资产 + 财务公司承诺远期买断信贷资产"的融资模式，为成员企业融入信托贷款资金，在信贷业务中引入"循环贷款"融资模式，帮助集团成员企业降低融资成本和改善公司对集团成员企业的金融服务方式，取得了良好的金融创新效益。同时，公司作为浦发集团成员单位资金结算中心，紧紧依托集团，强化资金集中管理功能，资金归集率达到 90% 以上，全力为集团及各成员单位提供优质、高效、全面的金融服务。

随着金融风暴的侵袭、经济形势的恶化，金融业的发展须直面更多的挑战。公司将全力贯彻新区和集团新一轮的总体发展战略，勇于实践、大胆创新、优化服务，努力将浦发财务建成全国一流的财务公司。

地址：上海市浦东南路 256 号华夏银行大厦 34 – 35 楼
电话：021 – 58889596

传真:021－58889332
邮编:200120

上海华谊(集团)公司

上海华谊(集团)公司是由上海市政府国有资产监督管理委员会授权,通过资产重组建立的大型企业集团公司。其前身是上海市化学工业局,1995 年 12 月 28 日改制成为上海化工控股(集团)公司,1996 年 11 月 4 日与上海医药局联合重组改制为上海华谊(集团)公司。

华谊集团所属全资和控股企业有双钱集团股份有限公司、上海天原(集团)有限公司、上海焦化有限公司、上海氯碱化工股份有限公司、上海吴泾化工有限公司等 20 多个子公司,其中双钱集团、氯碱公司、三爱富公司为上市公司,双钱集团、氯碱公司同时发行 A、B 股。上海华谊(集团)公司是上海化学工业发展有限公司的主要股东之一,集团拥有技术研究院,2 家国家级企业技术中心和 8 家市级企业技术中心,并设有博士后科研工作站。2007 年,集团名列亚洲化工第 21 位,中国制造业 500 强第 61 位,全国化学原料及化学品制造业第 1 位,上海"企业百强"第 12 位。

目前,华谊集团拥有员工近 4 万名,主营业务有"煤基多联产及清洁能源产品制造""轮胎橡塑产品及高分子材料制造""精细化学品制造""化工品物流及化工工程服务""生物医药及生物化学品制造",产品涉及基础化学品、清洁能源、橡胶制品、塑料、涂料、染料和颜料、氟化工、试剂、助剂、医药中间体、生物化学品、化工设备等十几大类近万种。2007 年,华谊集团工业总产值已突破 420 亿元,资产规模超过 360 亿元,实现销售收入 320 亿元,出口创汇 9.2 亿美元。

近年来,华谊集团充分发挥品牌、技术、管理、人才等优势,坚定不移地实施"走出去"战略,在资源丰富地区建设华谊新的生产基地和进行了新的生产布局。

华谊集团还注重吸引外资和加强对外合作,目前已与杜邦、巴斯夫、拜耳、米其林、卡博特、阿科玛等国际著名化工公司合资建立了 40 余家中外合资合作企业。还与宝钢、中石化、神华集团等国内著名企业建立了合作关系。

上海城建(集团)公司

上海城建(集团)公司于 1996 年 10 月经上海市委、市政府批准成立,经市国资委授权经营集团内国有资产,是一家以工程投资建设、设计施工和管理为一体的大型企业集团。在中国 500 强企业中,连续七年名列市政企业前茅。2008 年名列中国承包商 60 强第 13 位,列上海百强企业第 26 位,并进入全球 225 家国际承包商行列。

上海城建(集团)公司具有市政公用工程施工总承包特级资质、公路工程、房屋建筑等施工总承包一级资质和房地产开发一级资质,目前集团拥有全资和控股子公司 15 家、事业部 3 家。其中 2 家特级、6 家一级施工企业和 5 家甲级勘察和设计院,形成了以基础设施设计施工总承包为龙头、以基础设施投资和房地产开发经营为依托,集各类工程投资、设计、施工、管理、设备和材料供应为一体的大型企业集团。

集团公司及所辖成员单位均是上海城市建设的主力军,12 年来,承建或参建的上海市重大工程达 300 多项,其中包括上海市高架道路、地铁和轨道交通工程,污水治理工程,越江隧道工程,高速公路工程,机场工程,浦江大桥、东海大桥、上海长江隧桥工程,外滩和人民广场综合改造工程等。同时还积极参与了其他城市的建设,如广州、深圳、天津、南京等轨道交通工程,重庆、四川、哈尔滨、海口、浙江和江苏的大桥工程,以及 20 多个城市的基础设施建设。集团积极拓展海外工程,承建新加坡、安哥拉、印度、泰国等国家的基础设施建设,开创了众多工程与技术领域的多个第一。

湖北省路桥集团有限公司

湖北省路桥集团有限公司是一家集高速公路建设、施工、管理、投资于一体的大、中型企业集团,具有公路工程施工总承包一级资质和隧道、市政二级资质及各类公路养护资质的单位,主要承建各等级公路、大型桥梁及施工技术接近的大型土木工程建设和投资项目。现有职工 1800 余人,具有中高级职称人员 290 人,下辖十二家控股子公司(含 8 个路桥专业施工子公司)和多个投资项目。注册资本金 10600 万元人民币,总资产 9.7 亿元人民币,经营性固定资产原值 3 亿元人民币,拥有施工相匹配的国内外较先进的机械设备 1200 台/套、件和世界先进水平的水泥、沥青路面所需的全套进口机械设备。年高等级公路施工能力达 80KM,特大桥梁(含大、中桥梁)施工能力达 10000 延米/年,年施工能力可达 22 亿元人民币。累计修建桥梁近 200 多座,其中特大型桥梁 70 余座,一级以上公路约 1500 公里,高等级公路近 600 公里,承建了 30 多项国家、省重点工程及国外工程。

近十年来,先后承接了武(昌)黄(石)、汉(口)宜(昌)、黄(石)黄(梅)、汉(口)十(堰)、襄(樊)荆(州)、随(州)岳(阳),沪蓉西(宜昌－恩施)合(肥)徐(州)、合(肥)安(庆)、蒙(城)蚌(埠)、南(昌)九(江),京珠湖北北段段、京珠湖南段湘(潭)耒(阳)、耒(阳)宜(章)、邵(阳)怀(化),常(德)张(家界)、叶(集)信(阳)、等数十条高速公路项目的施工。工程优良率 90% 以上、合同工期履约率均达到 100%,取得了良好的社会信誉。其中宜黄公路、黄黄公路、天门汉江大桥、汉川汉江大桥、京珠湖北段、湖南段被交通部评为"优良工程";承建的宜昌黄柏河大桥荣获"国家质量银质奖";承建的居亚洲同类桥梁之最、世界第二的荆州长江大桥经交通部专家组验收综合评比质量第一。另外,援建的埃塞俄比亚 300 公里的沃瓦公路,获国际泛非组织授予的"麦秋里金像奖",老挝 ADB7 标,受到该国政府好评。99 年公司荣获"全国青年文明号"称号,2001 年获得 ISO9002 国际质量体系认证证书;2001 年,承建的京珠高速公路湖北北段 7 标、10 标、11 标被全国公路运输总工会评为"优质工程",公司被湖北省建设银行授予"AAA 资信等级"称号;湖北省建筑业协会表彰为"先进建筑业企业"和湖北省交通厅授予的"全省'十五'交通基础设施建设先进单位"称号,同时被交通部授予"1999－2001 年全国公路质量年活动优秀施工企业",2002 年－2005 年被授予"省级优秀施工企业"等荣誉称号;京珠高速公路湖北北段被国家交通部授予"优质工程",2001－2007 年连续三届被授予"最佳省级文明单位"称号,2005 年、2006 年分别被中国施工企业管理协会授予"2004 年度全国用户满意施工企业"以及"2005 年度全国优秀施工企业"称号,2005 年－2007 年被国家工商管理局认定为"守合同、重信用企业",2007 年荣获第七届中国土木工程詹天佑奖;

公司将凭借雄厚的实力、良好的企业信誉,实施"立足华中、面向全国、拓展海外"的发展战略,抓住机遇,加强管理,不断扩大市场份额,跻身于特大型工程承包商行列。同时遵循“以人为本、诚信天下、奉献社会”的原则,愿与国内外同行及各界友人,真诚合作,携手并进,逐步把公司发展成集施工、养护、施工机械设备租赁、高速公路建设、管理、投资于一体的大型企业集团,争创全国级文明单位,进入全国施工企业的先进行列。

法定代表:胡国华
通讯地址:湖北省武汉经济技术开发区东风大道 36 号
邮政编码:430056
联系电话:027 - 84664816
传真:027 - 84664815

湖北能源集团股份有限公司

湖北能源集团股份有限公司系 2005 年由原湖北省清江水电投资公司和湖北省电力开发公司合并组建而成,2008 年改制为股份公司。公司注册资本 48 亿元,三家股东湖北省国资委、中国长江电力股份有限公司和中国国电集团公司分别持股 50.96%、41.69% 和 7.35%。经营范围为能源投资、开发与管理,房地产项目的投资和管理,国家政策允许范围内的其它经营业务。至 2008 年底,总资产 290.57 亿元,净资产 73.53 亿元。

按照“以电为主,相关多元”的经营思路,公司目前基本形成了电力、房地产、投资等三大业务板块。投资电力项目涉及水电、火电、风电、核电,已投产控制装机容量 423 万千瓦,在省内初步形成了鄂西水电和鄂东火电两大电力能源基地,是目前湖北省属控股最大的电力能源企业。公司同时还投资参股长源电力、长江证券、湖北省煤炭投资公司等多家企业。

未来,公司将围绕“打造以电力为核心的一流区域清洁能源集团”的愿景目标,秉承“厚德重责,敦行致远,和谐共赢”的核心价值观,实施大能源及适度多元化战略,坚持实体运营与资本运作相结合、内涵式发展与外延式扩张相结合的双驱动发展模式,立足湖北,点拓全国,优化发展水电,大力发展核电和天然气中游管输,稳健发展房地产、火电,适度发展风电、金融等业务,形成以电力为核心的能源板块和以房地产为代表的适度多元化板块间的有效战略协同和利润支撑,科学发展,奉献能源,为社会、股东、员工创造持续价值。

湖北南方集团有限公司

湖北南方集团有限公司(英文名 HubeiSouthGroupCorporation)是由湖北省国资委首批履行出资人职责的跨地区、跨行业的综合性企业集团,其全资、控股和参股的 12 家企业和经营单位,分布于湖北武汉、黄石、应城和广东深圳,涉及制盐、制药、饭店、建筑施工、汽车运输、装饰装璜、房地产开发、物业管理、软件研发、燃气安全新技术等领域,有员工 2100 余人(其中各类专业技术人员 580 余人)。集团公司及各出资企业注册总资本 1.56 亿元,总资产 4.34 亿元。集团公司各出资企业主要产品白玉兰精制盐系列、奥美星注射用盐酸洛美沙星冻干粉针剂、怡奥血活素制剂、怡玫注射用烟酸占替诺、福保牌燃气安全自动报警器等,在国内市场享有良好声誉;已建成的施工项目湖北省直机关宿舍楼、省证券公司 19 层同心大厦、黄州市检察院综合楼等,已完成的房地产开发建设项目武汉中南三路康宁苑小区、清江花园小区、武珞路 568 号南方帝园大厦等,在业界深受好评。

湖北南方集团有限公司的前身为军队企业管理机构,隶属于广州军区,创建于 1985 年 9 月,1998 年 11 月,连同下属企业整体移交给湖北省。在军队管理的 13 年间,累计完成工业生产总值和营业额 18 亿元,实现利税总额 2.6 亿元,为国家经济建设和国防建设做出了贡献。1999 年 2 月,重新登记注册为湖北南方实业总公司。2000 年底,经湖北省国有企业改革工作领导小组批准,改制为国有独资性质的有限责任公司,对下属企业代行出资人职能。集团公司归口省政府管理,党的关系归口原省委企业工委(现国资委党委)领导。2004 年 7 月,集团公司成为由省国资委履行出资人职责的首批 28 家企业之一。根据省国资委批复,集团公司从 2005 年 8 月起按照国有资产经营公司的运行模式,对授权范围内的全资、控股、参股企业依法履行国有资产出资人职能,享有出资人的权利,承担国有资产保值增值的责任。

近年来,在省委、省政府及有关职能部门的领导下,集团公司以邓小平理论和“三个代表”重要思想为指导,认真贯彻中央和省委省政府的各项方针政策,求实创新,扎实工作,在军企移交、理顺关系、维护稳定、改革改制、经营发展、结构调整和处理遗留问题等方面,都取得了重大成就。

2005 年,集团公司各出资企业全年共完成工业和建筑业产值 2 亿 9354.74 万元,实现销售收入 2 亿 6012.62 万元,利税总额 2985.88 万元,净利润 1021.36 万元。按可比口径计算,五年间集团公司各出资企业年均销售收入增长 13.86%,税收增长 9.3%,纯利润增长 18.91%,净资产增长 7.3%,职工收入也有较大幅度增加。五年来,集团公司和各出资企业投入技改和开发的资金达 1 亿 7361 万元,平均每年新增创利能力 1100 多万元。其中长江盐化公司 15 万吨盐硝联产工程、怡奥药业公司柏泉新厂区、振兴房地产公司“清江花园”“南方帝园”项目、长江饭店改造装修工程、煤炭运销等新项目的开发建设,为集团公司增添了新的经济增长点,提升了企业发展后劲。

通过调整产业结构、资产出让重组、实行产权多元化、规范法人治理结构等途径,对企业现有资源进行重新整合,基本完成了所属企业的混合所有制改造,全面建立了现代企业制度,并根据资产经营公司运作模式和现代企业制度的要求,建立健全了一整套规章制度,规范了经营行为。

在大力推进企业改制的同时,集团公司注重强化企业的基础管理,不断改革创新,努力提升企业综合素质和核心竞争力。一是大力推行规范化管理,努力提升企业形象和品牌知名度。二是深化三项制度改革,实现了用工社会化、分配动态化、劳动合同化。三是积极理顺各方关系,疏通营销渠道,确保企业平稳过渡。

企业移交地方以来,在保证物质文明建设的同时,精神文明建设也取得了丰硕成果。集团公司党委先后多次被省委企业工委、省国资委党委授予“先进基层党组织”、“四好领导班子”创建活动先进单位,被省政府授予湖北省“再就业先进单位”和“诚信企业”,连续四年被地方政府授予“社会治安综合治理先进单位”,2005 年被省国资委授予“委级文明单位”称号。2007 年被湖北省企业联合会、湖北省企业家协会授予“湖北省优秀企业”称号。

湖北南方集团有限公司总部设在武汉市武昌区武珞路 568 号“南方帝园”大厦 A 座 6 层,邮政编码 430070,总经理办公室电话 87259621。法人代表、董事长、党委书记吴海林,副董事长、党委副书记兼总经理关贤悦。

湖南湘投控股集团有限公司

湖南湘投控股集团有限公司是由原湖南省经济建设投资公司改制而来的大型国有投资控股集团。

1992年8月，伴随着邓小平南巡和国家投融资改革的步伐，湖南省经济建设投资公司经湖南省政府批准应运而生。当时，公司作为一家全民所有制事业单位，实行企业化管理，注册资金2亿元，其主要任务是作为省政府的出资人和产权代表，负责筹集、经营和管理省基本建设经营性基金，满足重点建设项目的资金需求。公司成立后，通过筹集政策性基金、银行贷款、发行债券和上市公司配股等多种形式，筹措大量资金，投资重点工程项目建设。公司累计投资项目550多个，涉及电力、民航、铁路、电子、化工、酒店等20多个行业。大部分投资项目属于国家级和省级重点工程，其中五强溪水电站、江垭水利枢纽工程、石门电厂、湘潭电厂、华能岳阳电厂、益阳电厂、黄花国际机场、张家界机场、芷江机场、石长铁路等项目的投产，极大地缓解了长期制约湖南经济发展的交通、能源等“瓶颈”问题，为湖南经济可持续发展作出了积极的贡献。

2004年省国资委成立后，公司由省国资委履行出资人职责。2005年11月，顺应国有资产管理体制改革的步伐，公司按《公司法》改制成立湖南湘投控股集团有限公司，从一家企业化管理的事业单位改制成为一家按照现代企业制度规范运作的企业。目前暂为国有独资公司，注册资金30亿元。

改制以来，湘投控股紧密结合投资型国企的特点，紧紧把握全面建立现代企业制度的新形势，解放思想，深入改革，不断完善投资控股管理模式，积极推动战略转型。公司坚持有限多元化投资控股集团的发展模式，以资产经营为基础，以资本经营为手段，按照新型工业化的要求，坚持以市场为导向，调整集团的产业布局，有进有退，“有所为，有所不为”，着力向高科技、高附加值、具有自主知识产权的产业和企业倾斜，取得了较好的经营成效。截至2008年底，公司已经发展成为拥有20余家全资、控股企业，涉及电力、高科技、电子信息、旅游服务四大发展平台，总资产近200亿元，在湖南省排名靠前的举足轻重的大型国有投资控股集团。

今后，湘投控股将坚定不移地解放思想，推进改革，全面引进战略投资者，加快推动战略转型，将公司打造成“大公司”、“大平台”，投资一批“大项目”，通过打造省属国有资本的运作平台，充分发挥国有资本的引导、撬动和孵化作用，形成我省高新技术产业的“孵化器”和上市公司国有股权进退的“蓄水池”，逐步发展成为主业突出、决策科学、管理先进、抗风险能力强的具有国际竞争力的大型企业集团公司。

地址：湖南省长沙市芙蓉中路279号金源大酒店14－15楼
邮编：410007
电话：0731－85558888
传真：0731－85161509

锦江国际（集团）有限公司

锦江国际集团是中国规模最大的综合性旅游企业集团之一。集团以酒店、餐饮服务、旅游客运业为核心产业，并设有酒店、旅游、客运物流、地产、实业、金融六个事业部。注册资本20亿元，总资产170亿元。“锦江”商标为中国驰名商标、“上海最具影响力服务商标”，列2007年“中国500最具价值品牌排行榜”第53位、上海地区第5位。截止2008年12月底，锦江国际集团投资和管理465家酒店，客房总数超8万间（套），分布于全国31个省（直辖市、自治区）的120个城市。在全球酒店集团300强中排名第17位，列亚洲第一位，获“中国最具影响力本土酒店集团”称号；拥有上海国旅国际旅行社有限公司、上海锦江旅游有限公司、上海旅行社有限公司等3家国际、国内旅行社和“锦江汽车”8700辆中、高档客车；合资经营“麦德龙”、“肯德基”、“新亚大家乐”、“吉野家”等著名品牌；控股（或间接控股）“锦江酒店”（2006HK）、“锦江股份”（600754，900934）、“锦江旅游”（900929）、“锦江投资”（600650，900914）4家上市公司；合资组建锦江国际HRG商务旅行有限公司、锦江国际理诺士酒店管理学院、锦江国际JTB会展有限公司、锦江德尔互动有限公司等。

锦江酒店是集团核心产业之一。

以上海锦江国际酒店（集团）股份有限公司（“锦江酒店”）和上海锦江国际酒店发展股份有限公司（“锦江股份”）为主体，拥有锦江国际酒店管理公司及华东、北方、华中、南方、西北、西南六大区域性公司。专业从事星级酒店和“锦江之星”连锁经济型旅馆，以及餐饮业的投资与经营管理。

截止2008年12月底，锦江酒店在全国31个省（直辖市、自治区）、120个城市经营管理全资、控股等酒店465家（含“锦江之星”连锁经济型旅馆），客房数80000余间/套，名列全球酒店集团300强第17位。餐饮业拥有合资经营的“肯德基”、“大家乐”、“吉野家”等著名品牌，中、西快餐列上海第一。

拥有中瑞合作锦江国际理诺士酒店管理学院及上海锦江国际旅游管理学院，从事中、高级酒店管理专业人才培训。

锦江客运物流是集团核心产业之一。

以上海锦江国际实业投资股份有限公司（“锦江投资”）为主体，从事客运、物流产业。所属锦江汽车服务公司拥有8700多辆中、高档客车，在上海同业中综合接待能力最强。合资经营锦海捷亚国际货运公司，国内、外网点近百家，其无船承运业务位于全国第一。

锦江旅游是集团核心产业之一。

以上海锦江国际旅游股份有限公司（“锦江旅游”）为主体，拥有上海国旅国际旅行社有限公司、上海锦江旅游有限公司、上海旅行社有限公司3家国际、国内旅行社；设有网点分公司、会务旅游分公司、票务中心等，上海地区建有60个营业网点；合资经营“上海锦江国际HRG商务旅行有限公司”和“上海锦江国际JTB会展有限公司”。其出入境旅游名列上海同业首位。

锦江地产是集团基础产业之一。

从事特色房地产开发、土地储备；受托管理集团酒店资产和投资企业。与海内外金融投资机构、房地产专业策划机构、大型娱乐跨国集团建立广泛的战略合作关系。

锦江实业是集团相关产业之一。

从事肉类食品加工和深精开发；仓储冷库经营；物业经营管理；国内外贸易；产权交易，以及包括都市工业园区和创意园区开发在内的综合实业。拥有“上食”等著名品牌，合资经营“荷美尔”品牌。

锦江金融是集团基础产业之一。

为集团核心产业发展提供金融资本的支撑服务。拥有全国酒店宾馆行业唯一的经中国人民银行总行批准的企业集团财务公司。培育和发展与集团主营业务相关的基金项目。

四川省投资集团有限责任公司

四川省投资集团有限责任公司(简称川投集团)前身是成立于1988年的四川省能源交通投资公司,1991年更名为四川省投资公司,1996年组建为集团公司。

在省委、省政府的正确领导和省级有关部门的关心支持下,按照省政府确定的关于"政府主要投资主体、国有资产授权经营主体及重点项目融资主体"的定位,经过二十年的艰苦创业,川投集团已发展成为省属资产规模最大的国有企业和国内领先、全省最大的投资控股集团公司,在四川经济持续快速发展中发挥着重要作用。川投集团目前拥有巴蜀电力、嘉阳集团、康定水电、川投峨铁等11家全资子公司;控股二滩水电开发公司、川投能源(600674.SH,含田湾河开发公司、新光硅业)、紫坪铺开发公司、泸州川南发电公司、川投化工等10家公司;参股国电大渡河、中电福溪、天威硅业、亭子口水利枢纽工程、古叙煤田、四川聚酯、宜宾丝丽雅、天华股份、交通银行等一批大中型项目。

按照国家产业政策和四川经济发展战略,川投集团形成了以能源电力产业为主导,原材料工业、基础设施、第三产业协调发展的产业格局。2008年,川投集团实现销售收入104.21亿元,同比增长31%;利润总额完成6.57亿元,按上年同口径计算完成14.57亿元,同比增长107%;集团合并资产762亿元,比上年增加101亿元,同比增长15%,继续保持了稳健经营、科学发展的良好势头。

地址:中国.四川省.成都市小南街23号
邮编:610015
电话:028-86098801
传真:028-86098800
E-mail:mail@invest.com.cn

山东鲁能集团有限公司

山东鲁能集团有限公司成立于2003年1月,以煤电、房地产等为核心业务。公司被中国企业联合会、中国企业家协会评为2004、2005年度"最具影响力企业",2006年度"最具成长性企业",2007、2008年度"最佳诚信企业"。"鲁能"商标连续三年被国家工商总局评为"中国十大公众认知商标",2004年2月,被国家工商总局认定为"中国驰名商标"。

鲁能集团公司坚持实施资源型产业发展战略,按照建设"两型两化两优"(资源型、公众型,集团化、国际化,资产优良、业绩优秀)一流企业集团的战略目标,坚持在优势领域发展优势产业和优势企业,各项事业保持了持续、健康、快速发展。

煤电产业,按照煤、电一体开发模式,重点在山西、陕西、新疆、内蒙、云南、宁夏等省区投资建设煤电一体化项目。运营发电装机容量722万千瓦,在建600万千瓦;运营煤矿年产能1650万吨,在建煤矿年产能3780万吨。

房地产业,坚持住宅地产与商业地产并举,重点在中心城市和优势区域发展有影响力项目,以千亩以上大盘为主。2004年,鲁能地产荣获"中国十大地产品牌"称号。2006年,鲁能置业集团公司被国务院发展研究中心评为中国房地产百强企业"成长性"第四位、"规模性"第五位;2008年,被评为中国房地产百强企业"成长性"第三位、"规模性"第四位。

铝产业,坚持煤电铝一体化,形成完整产业链条,建设循环经济园。运营氧化铝年产能100万吨,在建氧化铝年产能100万吨。山西鲁能晋北铝业公司被列为国家八大铝工业基地之一。

港运物流业,坚持港电路一体化,在福建罗源湾、青岛胶南规划建设大型港电项目。已建成运营5个5万吨级以下码头,在建2个5万吨级码头,备开工1个15万吨级码头。

鲁能集团公司坚持为国家创造财富、为社会承担责任,积极履行大企业集团的政治责任、经济责任和社会责任。较早参与了西部大开发、中部崛起和东北等老工业基地振兴,有力地拉动和促进了地方经济发展。自成立以来,累计纳税约160亿元,在2007年度中国企业集团纳税排行榜上名列第67位。在灾区捐助、困难帮扶、法律援助、希望工程、慈善事业、支援地方建设等方面,累计捐助约1.5亿元。

山东建银金融服务有限公司

山东建银金融服务有限公司是中国建银投资有限公司在山东的金融服务专业公司,共有员工2000余名,在全省设有16个服务部,下辖山东建锋物业管理服务有限公司、山东建银图书发行有限公司、山东建银科技有限责任公司、济南泉城按揭事务有限公司、济南建银汽车维修有限公司、泰安建投印务有限公司、潍坊建金商务酒店有限公司。

公司原业务领域主要是为建设银行提供传统的后勤服务。近年来,公司通过组织架构和经营管理模式改革,逐步确立了以金融企业为目标客户,以金融企业的外包业务为目标市场,走上了市场化的发展之路。公司主要经营计算机设备、银行自助设备的安装与维修,综合布线,智能化工程施工,物业管理,车辆租赁,餐饮服务,汽车修理,建筑装饰、装修,社会经济咨询,各种印刷品的印刷,办公用品、设备的销售,房产交易信息,经济中介服务,按揭中介服务,金融企业信用卡营销、不良资产受托催收等。自成立以来,凭借雄厚的资金实力,严谨的管理作风,规范科学的管理模式,诚信高效的贴心服务,赢得了良好的社会声誉。

在激烈的竞争环境中,山东建银金融服务有限公司将与时俱进、开拓创新,朝着管理规范化、运作市场化、服务精细化、员工专业化的集团公司的目标迈进!

地址:山东省济南市历下区黑北路139号
传真:0531-67867601
网址:www.sd-jj.com

中证网

1996年1月,中国证券报社在全国率先推出专业证券报纸电子版,经过多年的积累与发展,现已成为我国最有影响力的金融证券网站之一。

网站每天及时发布大量的财经资讯,内容涵盖国内宏观经济金融形势、产业动态、港澳台消息、国际财经等,新闻报道涉及证券、期货、基金、银行、货币、保险、外汇、黄金、房地产、邮币卡等广泛财经领域。同时,网站提供全面准确的上市公司新闻、信息、公告及证券市场的最新动态和评述。此外,网站还设有投资者的自由论坛——股市众议院。

依托新华通讯社的整体新闻采集能力与中国证券报社在金融证券领域的权威媒体地位,本网已成为国内首选的财经新闻源泉之一，被众多财经/投资类网站、证券公司/基金公司网站及一些大型新闻网站列为重点链接对象。

在为上市公司、拟上市公司及基金管理公司提供网上推介、路演及直播等服务方面，本网也已成为国内财经网站中的一支重要力量，正吸引越来越多的客户。

我们的目标是：建成国内影响力领先的金融证券站点，树立网上金融证券信息发布的权威地位，开展实用的网上金融社区服务，并集合证券市场的各个组成部分，为金融证券界人士提供一个全面即时的政策观象、市场评析、资料检索、理论研讨和发表观点的平台。在做好信息服务的基础上，网站还将开展网上信息订阅、网上广告、网上证券投资类产品与服务的销售等活动，并积极参与证券电子商务等有商业前途的新领域。

网上广告咨询电话：(010)63070387
路演推介咨询电话：(010)63070387,63070286
传真号码：(010)63070491
电子信箱：market@ cs. com. cn

中国证券网

中国证券网——创立于1997年，是中国最早从事财经信息网络传播的专业性网站之一。中国证券网是上海证券报的网上窗口，是上海证券报平面媒体在网络上的延伸，代表着未来媒体的发展方向。依托新华社和上海证券报强大的报道力量，中国证券网已成为最受股(网)民喜爱的综合类财经网站之一。

影响广泛，深受欢迎

中国证券网是一家上海证券报旗下的新媒体平台。近年来，经过一系列的改革，网站的影响力大幅提升，日访问量近千万。根据权威的网站流量统计公司 pages. alexa. com 的最新抽样监测，在日平均访问人数和页面访问量等指标上，中国证券网在财经网站中，均居前列。

更全、更快、更权威的信息发布

作为以信息发布为主的财经专业网站，中国证券网有着权威而丰富的信息资源。中国证券网拥有上海证券报报道内容的网上发布权和经营权；同时中国证券网还得到上海证券报主管单位新华社的有力支持，可第一时间获得新华社最新、最快的信息资料，依托新华社和上海证券报强大的报道力量，在信息的权威和全面上，中国证券网有着独一无二的资源优势。

报网联动

中国证券网作为上海证券报社旗下网站，上海证券报社对中国证券网给予全力支持。中国证券路演中心可以为上市公司及其它用户的路演活动同时提供网络通道和一系列报纸版面，充分实现公司和投资者互动交流、报纸信息和网络信息的多方强化，以最经济的费用，在最快的时间内，收到最好的推介效果。

服务立体、全面、高效

中国证券网能够提供立体式的宣传服务，方式包括频道内容搭建、网上视频直播、网上互动、BBS论坛、博客等。让更多的投资者了解信息，并参与其中。

技术设备水平一流

中国证券网拥有155M的专用带宽，电信级的专用机房和一流的网络硬件设施，其充裕的带宽资源和强大的数据传输能力，确保了网上信息的畅通无阻。与此同时，中国证券网建有400平方米多媒体专业演播厅，配有SONY三讯道全数字化演播系统，节目制作播放能力强大。

新　浪

新浪(NASDAQ:SINA)是一家服务于中国及全球华人社群的领先在线媒体及增值资讯服务提供商。新浪拥有多家地区性网站，以服务大中华地区与海外华人为己任，通过旗下五大业务主线：即提供网络新闻及内容服务的新浪网(SINA. com)、提供移动增值服务的新浪无线(SINAMobile)、提供Web2.0服务及游戏的新浪互动社区(SINACommunity)、提供搜索及企业服务的新浪企业服务(SINA. net)以及提供网上购物服务的新浪电子商务(SINAE - Commerce)，向广大用户提供包括地区性门户网站、移动增值服务、搜索引擎及目录索引、兴趣分类与社区建设型频道、免费及收费邮箱、博客、影音流媒体、网络游戏、分类信息、收费服务、电子商务和企业电子解决方案等在内的一系列服务。公司收入的大部分来自网络广告和移动增值服务，少部分来自搜索及其他收费服务。

证券之星

证券之星(www. stockstar. com)始创于1996年，纳斯达克上市公司——中国金融在线(C. F. O.)旗下网站，中国互联网最早金融服务专业网站之一，是专业的投资理财服务平台，是中国著名的财经资讯网站与移动财经服务提供商之一，同时也是中国领先的互联网媒体。

2000年证券之星率先通过了ISO9001国际质量体系认证的互联网企业，在中国互联网络发展状况的历次各项权威调查与评比中，证券之星多次获得第一，连续六届蝉联权威机构评选的“中国优秀证券网站”榜首，是国内注册用户最多，访问量最大的证券财经站点之一。它以开放、创新、互信、共赢的作风，在国内开创证券资讯行业之先河，首次提出个人投资理财产品概念，是中国领先的互联网媒体及电信增值服务运营商。

证券之星以金融理财产品为核心，通过网站、行情分析软件、短信、WAP等渠道，依托中国领先的理财产品研究分析专家团队，以及国内强有优势的理财技术创新开发团队，为中国理财用户提供专业、及时、丰富的财经资讯，个人理财应用工具和无线智能移动理财产品等多方位专业理财信息服务。

证券之星希望通过自己的不断努力，实现“理财使投资者更富有，技术让投资者更自由”的郑重承诺。

世华财讯

世华财讯是由中国数码信息有限公司(香港交易所上市公司)旗下控股公司——北京世华国际金融信息有限公司管理经营的产品和服务品牌。【世华财讯】拥有15年的专业财经资讯服务经验，为金融机构、高校、企业及媒体提供财经资讯终端与授权服务。

世华财讯提供实时财经数据与行情、全球财经资讯与分析研究，涵盖宏观经济、证券、外汇与商品市场，以及主要行业。【世华财讯】的i - cube理财双屏终端、a - cube理财终端产品系列是专业投资者制定跨市场与全球投资决策、行业趋势预测与分析的主要参考工具。

北京世华国际金融信息有限公司创建于 1993 年，注册资本 1.3 亿人民币。以北京为总部，全国拥有包括上海、大连、广州、深圳、成都、香港等 20 多个资讯中心、数据中心、客户服务中心、分支机构和办事处；500 + 位专业人士遍布全国为客户提供 24x7 的专业服务。

世华财讯 200 人的资讯分析中心，24x7 提供实时行情数据、财经资讯与分析评论，使投资者与决策者及时掌握最前沿的动态，以制定投资管理决策。【世华财讯】的资讯、分析评论定期在国内主流财经媒体转载刊登。

世华财讯引领中国财经资讯市场发展并占有主导地位，是中国金融机构的首选资讯合作伙伴。【世华财讯】秉持“智慧财富”的宗旨，引领投资者使用专业资讯分析工具制定投资策略，实现财富。

世华财讯是中国唯一一家通过 ISO9001 质量体系认证以及英国国家质量体系认证的财经资讯供应商，其严谨管理和专业服务获得了国际认可。

北京经济技术开发区地盛北街 1 号 A 区 6 号楼
邮编：100176
总机：（8610）58022299
传真：（8610）58022334

乾隆集团

乾隆集团成立于 1993 年，为香港上市公司（简称“乾隆科技”，代码 8015），专业从事金融领域信息技术产品的开发、生产和销售，是国家认定的高新技术企业、先进技术企业和重点软件企业。

乾隆集团旗下拥有上海乾隆高科技有限公司、上海乾隆网络科技有限公司和上海信龙信息科技有限公司，总部位于金融企业云集的上海陆家嘴金融中心，并于全国各证券业重点地区设有分公司、办事处及授权销售服务中心，共同形成了一个覆盖全国的、能够为各类企业或个人用户提供完善的产品和服务的体系。

乾隆公司旗下拥有著名的“钱龙”品牌，其系列产品涵盖了实时行情和委托交易平台、实时证券分析终端、金融数据库、实时资讯数据服务、信息发布服务、web 金融服务平台、金融教学系统等各个领域，用户遍布政府监管机构、券商、基金管理公司、信息公司、投资机构、上市公司、行情信息运营商和千百万证券投资者，其中，在企业用户市场的占有率达 95% 以上，而互联网版本的分析终端则是 80% 以上资深投资者和成功投资者的第一选择！

历经十多年的发展，钱龙，已经成为中国领先的实时金融资讯和服务的品牌，除了在传统的证券投资分析产品领域具有无可撼动的领导地位，更以深厚的淀积和前瞻的视野，引领中国实时金融资讯产品的发展潮流。

乾隆旗下拥有钱龙资讯网和钱龙天地两个网站。钱龙资讯网主要为钱龙企业版用户提供服务，钱龙天地主要为钱龙个人产品用户提供服务。

钱龙使命：钱龙，以建设中国一流的实时金融资讯和服务平台为己任，向银行、券商、基金、保险、财经网站、财经媒体、管理机构、上市公司、终端投资者，提供基础数据库、投资分析软件、委托交易工具、财经资讯、信息发布、网站建设……。整合的力量，让您把握每一秒钟的机会，成就您的梦想。

地址：浦东南路 855 号世界广场 26 楼
邮编：200120
021 – 58369258

东方财富网

东方财富网——中国访问量最大、影响力最大的财经门户网站。

东方财富网通过网站平台和各专业频道提供专业的、及时的、海量的资讯信息，满足广大互联网用户对财经资讯和金融信息的需求，同时提供财经互动社区平台，满足用户互动交流和体验分享需求。

东方财富网凭借权威、全面、专业、及时的优势，已成为中国乃至全球访问量最大、影响力最大的财经门户网站，在多项权威调查和统计数据中位居中国财经网站第一。根据 iUserTracker 公布的数据显示，在有效浏览时间、核心流量价值以及日均覆盖人数等关键指标方面，东方财富网均遥遥领先，行业优势十分明显。根据 iResearch 艾瑞咨询推出的网民连续用户行为研究系统 iUserTracker 最新数据显示，东方财富网日均覆盖人数具有较大的领先优势，东方财富网有效浏览时间仍然保持大幅领先优势，占垂直财经网站总有效浏览时间的 43.8%，进一步扩大了市场份额。

东方财富网拥有一支事业心强、团结进取、朝气蓬勃的经营管理及技术研发团队。创始人团队和管理层，拥有 10 年以上的互联网和财经行业经验，矢志锐意进取，持续推动创新，提升公司管理。

东方财富网在快速健康发展的同时，也积极参与公益事业，履行企业社会责任，积极参与和推动中国社会文明和发展。

东方财富网将继续以全球化为视野，以用户需求为宗旨，积极抓住历史机遇，致力于打造中国最大的互联网财经信息平台，打造中国互联网财经第一门户，打造强大的互联网民族品牌，为用户提供全方位财经信息综合服务解决方案，满足用户的需求和体验。

国家开发投资公司

国家开发投资公司成立于 1995 年 5 月 5 日，是国务院批准设立的国家投资控股公司，公司注册资本 184.18 亿元。截至 2008 年底，公司拥有三级以上全资和控股投资企业 84 家，资产总额 1714 亿元，所有者权益 559 亿元。2008 年，公司经营收入 410 亿元人民币，进出口贸易总额超过 12 亿美元；实现利润 50.8 亿元人民币。在国务院国资委年度业绩考核中，连续 5 年获得 A 级，并成为任期考核“业绩优秀企业”。公司在国民经济发展和国有经济布局结构调整中发挥着越来越重要的作用。

公司成立以来，不断完善发展战略，优化资产结构，构建了实业、金融服务业、国有资产经营“三足鼎立”的业务框架。实业重点投向电力、煤炭、港航、化肥等基础性、资源性产业及高科技产业；金融服务业重点发展金融、资产管理和咨询业务；作为国务院国资委确定的国有资产经营公司试点单位，公司在国有经济布局结构调整中发挥着国家投资控股公司的独特作用。

经过十多年的实践探索,公司逐步形成了“股权投资－股权管理－股权经营”和“资产经营与资本经营相结合”的独特运作模式,即资本投入获得股权、股权管理提升企业价值、股权转让或股权经营分红获得收益,从而实现国有资产的保值增值。

2003年,公司开始了“二次创业”,制定了五年发展规划和十年设想,提出了五年成为“国内一流”、十年成为“国际一流”投资控股公司的战略目标。经过艰苦努力,公司资产总额从2002年的733亿元人民币增加到2008年的1714亿元人民币,增长了134%;经营收入从97亿元人民币增加到410亿元人民币,增长了323%;实现利润从8.55亿元人民币增加到50.8亿元人民币,增长了490%。年利润总额过亿元的投资企业由3家增加到16家。

国家开发投资公司实行母子公司管理体制和总经理负责制,党组书记、总经理(法定代表人)王会生。公司总部设有11个职能部门和1个投资部,拥有全资和控股投资企业84家,其中包括5家控股上市公司:国投电力(600886)、国投新集(601918)、国投中鲁(600962)、中纺投资(600061)、中成股份(000151)。形成了在中国资本市场有一定影响力的“国投”品牌。

面向未来的国家开发投资公司,将始终以科学发展观统领全局,坚持“为出资人、为社会、为员工”的企业宗旨,促进公司又好又快地发展,努力把公司建设成为有实力、有影响、有凝聚力的国际一流的投资控股公司。

上海万得信息技术股份有限公司

上海万得信息技术股份有限公司是中国大陆领先的金融数据、信息和软件服务企业,总部位于上海陆家嘴金融中心。

在国内市场,Wind资讯的客户包括超过80%的中国证券公司、基金管理公司、保险公司、银行和投资公司等金融企业;在国际市场,已经被中国证监会批准的合格境外机构投资者(QFII)中60%的机构是Wind资讯的客户。同时国内多数知名的金融学术研究机构和权威的监管机构也是我们的客户,大量中英文媒体、研究报告、学术论文等经常引用Wind资讯提供的数据。

在金融财经数据领域,Wind资讯已建成国内最完整、最准确的以金融证券数据为核心一流的大型金融工程和财经数据仓库,数据内容涵盖股票、基金、债券、外汇、保险、期货、金融衍生品、现货交易、宏观经济、财经新闻等领域,新的信息内容在第一时间进行更新以满足机构投资者的需求。

针对金融业的投资机构、研究机构、学术机构、监管部门机构等不同类型客户的需求,Wind资讯开发了一系列围绕信息检索、数据提取与分析、投资组合管理应用等领域的专业分析软件与应用工具。通过这些终端工具,用户可以7x24x365从Wind资讯获取到及时、准确、完整的财经数据、信息和各种分析结果。

精于数据,以数据为起点,万得资讯紧密跟随金融市场日新月异的发展,不断向新的领域发展,新的产品和服务战略不断在延伸。

地址:中国上海浦东新区福山路33号建工大厦9楼
邮编:200120
电话:021－68882280
传真:021－68882281

深圳市赢时胜信息技术有限公司

赢时胜软件是国内专业的资产管理、托管系统供应商和服务商,在北京、上海、深圳均设有技术服务、研究开发和销售部门。自1998年以来,赢时胜一直紧随金融证券业内的

发展,专注于金融证券行业信息系统的研究、开发及服务。

赢时胜目前拥有近200家各类金融行业客户,包括银行、基金公司、证券公司、保险公司、信托公司、财务管理公司、全国社保理事会、保监会、地方企业年金中心等各类金融行业管理、托管机构和相关政府机构。

十余年来,我们积极参与行业解决方案观念创新和软件技术应用,充分拓展企业生存空间,创建并保持企业的核心竞争力。赢时胜员工本着“一切为了用户”的服务宗旨,热情的为客户提供快速、准确、及时的技术服务。

面对日益激烈的国际性竞争,我们将以专业化人员、先进系统和优秀产品的优秀组合,结合国际软件新潮流、发展新趋势,帮助我们的客户在激烈的竞争中处于领先的地位。我们深信,客户的成功就是我们的成功。在我们不断让用户满意为宗旨的同时,也使自己积累了为用户进行长期定点技术支持和应用服务的丰富经验。为用户提供优质软件和优质服务,让顾客满意,是我们永无止境的追求。

赢时胜是一个富有理想和激情的团队,充满着追求创新的进取精神和蓬勃向上的朝气。作为一个年轻的高新科技企业,正是充满朝气的赢时胜人把智慧、活力和创新都凝集在公司的产品、精神和信誉中,使公司赢得越来越多客户的信赖。

地址:深圳市福田区深南大道6033号金运世纪大厦13F
电话:0755－88265110
传真:0755－88265113
邮编:518040

新华财经有限公司

新华财经有限公司(“新华财经”)是一家领导市场的中国金融信息公司,股份于东京证交所创业板上市,编号为9399。新华财经总部设在上海,全球网络遍及世界11个国家。

新华财经的使命是将信息披露透明度、尽责调查和公司治理等概念引入正在蓬勃发展的中国市场。新华财经专注于中国市场,并拥有全球网络,致力将国际认可的标准,以及不可或缺的投资产品和服务带进中国市场,以促进中国与世界之间的双向投资活动。新华财经打造的信息基础架构,可以帮助全球投资者自信、审慎、明确地做出最佳的投资决策。

我们独特的产品和服务涉及互为补充的三大核心业务,即指数系列、资信评级和财经解决方案。我们还发挥公司在信息内容、客户资源和品牌方面的优势,通过各种财经媒介向市场传送信息产品,在中国建立了覆盖广泛的信息传播网络,服务对象既有金融机构和企业,也有富裕的个人客户。随着我们日益深化对中国市场的服务,您要获取信息和服务,做出明智的投资决策,新华财经将是您的最佳选择。您如果成为新华财经的客户,我们还可以为您度身定制个性化的综合服务方案,灵活地组合新华财经的三大核心业务产品,并按您的需求选定传送渠道。

上海地址:上海市浦东新区银城中路 168 号
上海银行大厦 1606 室
邮编:200120
电话:021 - 38654500
传真:021 - 58827299
北京地址:北京朝外大街乙 12 号昆泰国际大厦 702 室
邮编:100020
电话:010 - 58645200
传真:010 - 58797180

上海新利多数字技术有限公司

利多的业务使命是向个体和机构提供金融投资服务,这包括数据资讯和投资咨询。这项使命开始于 1994 年中国证券市场发育之初,利多以优质服务在当时确立了领先地位和声誉。

利多数据的全面和完整来源于利多数据库与中国证券市场的同步建立。对数据的处理催生了利多第一个——也是异常优秀的一个——行情数据分析软件。利多 IT 的非凡实力给利多带来了新的机遇:路透在 1999 年的注资和软银在 2000 年的加盟。

利多从此成为一家中外合资的新型金融投资服务商,她的证券投资服务和现代高科技的结合清晰地成为其产品的方向,并且成为其核心竞争力。

金融数据已经采用最新国际标准 XBRL,并且是全国唯一的 XBRL 套装软件的开发商。

投资咨询服务也已经完全地和革命性地转换成电子化的投资智能系统:集资讯、实时行情、分析工具和自动化投资咨询为一体的利多方舟智能理财终端。

新利多的精密数据、高端分析工具和大型财务报送系统为政府监管机构、各大上市公司、证券公司、中外金融机构、各大媒体、研究机构和各种专业人士所广泛采用;利多方舟智能理财终端更是成为全国无数个体投资人和证券投资机构的最受欢迎的软件工具。

历经十年的发展,新利多已经拥有成熟的管理阶层,强大的技术阵营和稳健的行业地位。新利多将不断进取,志在更为发展的未来。

上海新利多数字技术有限公司三大业务:数据服务是利多一项传统业务。利多数据库拥有数千万条数据记录,覆盖了国内证券市场自成立至今的全部公开披露信息,包括招股书、上市公告、每年的定期报告、临时公告、新闻报道、每日行情数据等,全面、准确和及时。中国证监会、上海证券交易所和申银万国证券公司等各大机构都从利多订制数据。利多数据的 XBRL 化也为客户提供了更多的选择。利多杰出的 IT 能力除了完成过包括申银万国神网交易网站在内的多个大型项目,还自主开发过系列金融软件。自 1999 年获得上海市科技博览会金奖的《利多证券投资分析系统》开始,逐步拓展到互联网领域,先后推出《利多 Internet 版行情系统》、《利多下载版行情交易终端》以及《利多金融分析终端》等。XBRL 套装软件则是利多最新的应用软件产品,为各大上市公司提交符合国际标准的信息提供了必须的工具。利多方舟智能理财服务平台是公司以金融数据和金融软件技术的优势,结合行为金融学的现代理论,于 2004 年创立的新体系。该体系使用了行情面和基本面的大量数据运算,可以根据投资者的个性化持仓情况,给予最优化的投资组合建议,集风险控制与程式交易与一体,打破了国内外证券投资咨询业的传统服务模式,是个体投资人的有力助手,是投资机构理财决策的重要参考。

地址:上海江苏路 369 号(兆丰世贸大厦)12 楼
邮编:200050
电话:021 - 52400078

上海聚源数据服务有限公司

上海聚源数据服务有限公司成立于 2000 年,由国内金融、证券、信息技术领域的资深管理人士和行业精英等联合组建,是目前国内最大的金融数据服务提供商。上海聚源数据服务有限公司作为一家专业从事金融信息及数据应用产品服务的公司,为投资机构、研究机构、学术机构、监管部门机构、媒体及投资者等提供分析工具、金融数据库和媒体信息服务。在国内金融数据服务领域占据非常重要地位,是国内金融信息服务行业的领先企业!公司产品和服务获得基金公司、证券公司总部、证券研究所、银行、保险公司等国内主流金融数据应用机构的认可,公司与中信证券、国信证券、银河证券、申银万国研究所,博时基金、嘉实基金、大成基金、工银瑞信基金、海富通基金,中国银行、中再保险、上海交易所、全国社保理事会、财政部、人民银行,北京大学、浙江大学、中国人民大学等数十家著名金融机构总部保持业务及合作关系;公司先后与国外著名数据服务商,如晨星、标准普尔、环球财经等海外公司进行了数据合作和技术交流。

公司立足于上海,服务于全国。在北京、上海、深圳、天津、沈阳、成都、武汉、广州等大中城市都建立了分支机构,为客户提供及时、细致、周到的服务。

地址:上海市闸北区万荣路 1188 弄国家软件外包园区
G 栋 5 楼
邮编:200436
电话:021 - 66307788
传真:021 - 66307792

上海澎博网络数据信息咨询有限公司

上海澎博网络数据信息咨询有限公司是上海张江高科技园区浦东软件园内的一家集金融实时行情资讯服务、相关金融投资分析软件开发、销售为一体的高科技网络信息企业。

公司主要从事面向证券、期货、银行等金融行业的金融资讯的收集、整理、研究;及金融行业的金融投资分析系统的开发,并通过卫星网络通信平台、因特网平台、手机网平台提供实时金融行情报价(包括国际、国内的股市、期货、外汇)和相关财经资讯服务。

公司拥有一批金融资讯整理研究专家和通讯及金融投资分析软件开发的专业人才,他们团结协作、精诚服务,以多年的专业经验致力于金融投资分析产品的开发和金融资讯服务的完善。

地址:上海浦东软件园陆家嘴分园峨山路 91 弄 98 号 417 室
总机:021 - 58730309
传真:021 - 58730337

上海富远软件技术有限公司

上海富远软件技术有限公司，成立于2001年，是一家为金融行业和电子商务领域提供全套电子商务解决方案的高科技软件公司。2003年获得上海市科委的软件企业认定。2004年起获得新区财政局专项财政补贴。

公司成立之初，在浦东新区科委的大力支持下，并获得科技人才资金的资助，公司2002年初研发出的基于因特网的期货电子交易系统及网上行情系统，获得市场的广泛好评。公司经过数年发展，公司的产品线遍及期货，证券，外汇等金融领域，以及现货批发市场，高校教育领域。

直至如今，中国境内正在经营的期货公司中有超过百分之八十以上的公司，采购了富远的软件产品。公司的客户包含全世界五大洲以及港澳台地区。据2007年的监控数据，使用富远的行情终端的期货投资者与现货贸易商的客户总数超过20万人。“富远”已经成为期货行业与现货电子商务领域的著名品牌。

公司注重软件技术创新，完整拥有多项自主知识产权的软件产品，并获国家软件著作权产权认定。2006年主持承担国家科技部的《无线金融专家系统》项目，已获国家科技部创新基金正式立项。

今天，中国的金融行业，电子商务领域的运作模式，在国家改革开放的大环境下，在信息科技技术的快速发展下，正面临着前所未有的发展机遇和挑战。富远软件秉承“为客户创造价值，追求技术卓越”的企业经营理念。一直致力于用信息技术手段帮助客户实现目标，创造商机，赢得市场。并且一切从客户需求出发，通过为客户创造价值来实现自身价值。

地址：上海市漕宝路221号怡宝商务园8号楼104室
邮编：200233
总机：021－54970406
传真：021－64831892

摩立特集团

1983年摩立特集团成立于美国麻萨诸塞州波士顿的剑桥市。作为全球领先的战略咨询公司，摩立特的数位创始人曾于20世纪80年代在美国哈佛商学院执教或者从事研究工作，其中的迈克尔？波特教授更被尊为“竞争战略之父”、“战略管理大师”。摩立特集团通过与企业组织一起工作，帮助他们获得成长。

摩立特服务于全球领先的公司，包括诸多财富500强的企业，帮助他们制定成长战略。我们针对每个客户的实际情况制定切实可行的战略，目标是最终推动客户经营业绩的改善，并帮助其成为所在行业及市场中的佼佼者。摩立特的客户中超过80%的客户为长期客户，他们不断选择摩立特帮助其解决最棘手的商业问题。

1993年摩立特集团开始从事与中国相关的咨询业务，十多年来中国经历了重大的经济变革，而我们一直致力于帮助客户在这种特殊的商业环境中对各种战略问题。

摩立特目前在北京，上海，香港，设有三家公司。我们的优秀团队汇聚了本地精英和来自世界各地的咨询专家，他们不仅具有丰富的国际经验，更熟悉中国商界的文化和环境。我们的咨询顾问充满活力，具有高度的合作精神和专业态度，并在政府和企业界拥有广泛的人脉。除此以外，我们在中国的项目还会得到公司全球专家的支持，为我们的客户带来更多的价值和更完善的解决方案。

我们凭借多年来的经验和卓越的咨询能力，通过与经济领先者的长期合作，对中国各个商业领域的发展做出了积极的贡献。现在，我们在中国的咨询业务已遍及各大行业，服务对象包括了国内企业，跨国企业和政府机构。

我们在与客户的合作过程中成长，不断深化完善对中国市场的理解，并力求将国际化最先进的管念与中国国情完美结合，为我们的客户创造出更多的价值。

摩立特集团北京分公司
地址：中国北京市朝阳区建国门外大街乙12号
双子座大厦东塔16层
邮编：100022
电话：010－65692600
传真：010－65692601
摩立特集团上海分公司
地址：中国上海市徐汇区淮海中路1010号嘉华中心
3905－3906室
邮编：200031
电话：021－61458900
传真：021－61458901

鹏元资信评估有限公司

鹏元资信评估有限公司成立于1993年，先后经中国人民银行、证监会、发改委认可，在全国范围内从事信用评级业务。作为中国最早成立的评级机构之一，鹏元始终坚持“独立、客观、公正”的评级理念，遵循“客户至上、保证质量、服务先行”的经营宗旨，将防范金融风险和维护社会信用作为目标。

公司自主研发的“贷款企业评级系统”，其整体技术处于国内领先地位，并荣获2005年度“深圳市科技进步奖”和2006年“深圳市金融创新奖三等奖”。

公司参与开发的“上市公司治理评级体系”，是国内首个付诸于实际应用的公司治理评级体系。

目前鹏元评级业务品种包括：贷款企业评级、公司债券评级、可转债（含分离交易可转债）评级、企业债券评级、中小企业集合债券评级、上市公司治理评级、企业信贷贷前调查、金融机构评级、招投标评级、中小企业融资推荐等十余种。公司已累计承接20,000家（次）贷款企业评级业务，并为全国150余家上市公司及非上市公司进行了债券评级，评级领域几乎涵盖国民经济的各个行业。

地址：深圳市深南大道7008号阳光高尔夫大厦三楼
邮编：518040
电话：0755－82872333
传真：0755－82872090
网址：www.pyrating.cn

大公国际资信评估有限公司

大公国际资信评估有限公司（简称“大公”）是中国信用评级与风险分析研究的专业机构，是面向全球的中国信用信息与决策解决方案的主要服务商。1994年经中国人民银行和国家经贸委批准成立。

作为中国信用评级行业和市场最具影响的创建者，大公具有中国政府特许经营的全部资质，是中国可为所有发行债券的企业进行信用等级评估的权威机构。

作为中国行业、地区、国家信用评级标准创立者，大公参加了国内大部分债务工具的创新设计与推广应用，企业债券、金融债券、结构融资债券等信用评级市场占有率均名列前茅。

作为多元化的金融信用信息服务商，大公建立了我国评级业第一个博士后科研工作站，为资本市场提供前沿的风险评价技术与研究服务；与天津财经大学联合创建了我国第一所以培养信用评级和风险管理高端专业人才的高等院校——大公信用管理学院。

作为中国最具规模化、规范化的评级机构，大公拥有员工500余人，其中，硕士和博士分析师200多名，博士后科研人员50多名；在国内设有6个区域总部、34个分支机构；海外设有2个办事处，每年为国内外客户提供信用信息服务。

作为中国国际化程度最高的评级机构，大公受国家财政部推荐参加亚洲债券市场建设，同时作为亚洲信用评级机构协会会员，中日韩三国信用评级机构合作的倡导者，大公在亚洲信用体系建设中发挥着重要的作用。

作为致力于民族品牌国际化发展的评级机构，大公把自己的命运与国家战略发展和民族伟大复兴紧密联系在一起，正在努力通过研究中国和国际信用问题的本质规律和解决方案，向资本市场提供权威的信用信息，建设并发展成为一个拥有国际资本市场话语权的民族信用评级机构。

地址：北京市朝阳区霄云路26号鹏润大厦A座29层
邮编：100125
电话：(8610)51087768
传真：(8610)84583355
客服电话：4008－84－4008
网站：www. dagongcredit. com
电子邮箱：master@ dagongcredit. com

上海新世纪资信评估投资服务有限公司

上海新世纪资信评估投资服务有限公司是一家专业从事债券评级、企业信用评级、企业征信、企业信用管理等信用服务业务的全国性信用评级机构，是中国信用评估行业内资质齐全、规模较大、历史较久、声誉良好的资信评级机构之一。

新世纪公司具有中国人民银行总行批准的从事全国企业债券信用评级业务资格；中国国家发展和改革委员会认可的从事全国企业债券信用评级业务资格；中国保险监督管理委员会认可的信用评级机构资格；中国证券监督管理委员会颁发的证券投资咨询业务资格；以及中国人民银行上海总部认可的从事上海市企业主体信用评级、集团企业评级和中小企业评级业务资格。

地址：中国上海汉口路398号华盛大厦14楼
邮编：200001
电话：(021)63501349，33040956
传真：(021)63500872
Email：mail@ shxsj. com
http://www. shxsj. com

中诚信证券评估有限公司

中诚信证券评估有限公司（中文简称"中诚信评估"，英文缩写"CCXR"），成立于1997年8月，获得中国证券监督管理委员会和中国人民银行的业务许可，主要从事证券市场资信评级业务和信贷市场资信评级业务。

2007年9月，经中国证券监督管理委员会核准，中诚信证券评估有限公司成为首家按照公司债券新的发行机制取得证券市场评级业务许可的评级公司。

中诚信评估是中国诚信信用管理有限公司旗下的全资子公司。公司注册地址为上海，设有北京总部。中诚信证券评估有限公司的业务资质：中国证券监督管理委员会核准公司债券评级资格（证监机构字［2007］223号）；中国人民银行上海分行核准贷款企业评级资格。

中诚信评估的业务范围包括：中国证监会依法核准发行的债券、资产支持证券以及其他固定收益或者债务型结构性融资证券；在证券交易所上市交易的债券、资产支持证券以及其他固定收益或者债务型结构性融资证券（国债除外）；上述各类证券的发行人、上市公司、非上市公众公司、证券公司、证券投资基金管理公司；中国证监会规定的其他评级对象；公司治理评级；借款企业评级业务等。

地址：上海市黄浦区西藏南路760号安基大厦8楼
邮编：200011
电话：8621－51019090
传真：8610－51019030
网址：www. ccxr. com. cn

江苏华信资产评估有限公司

一、公司概况：

江苏华信资产评估有限公司（原江苏资产评估有限公司），始建于1994年，原隶属于江苏省财政厅，为省内大型专业评估机构。2000年5月改制，取得了中华人民共和国财政部颁发的《资产评估资格证书》，2009年6月取得财政部、证监会联合颁发的从事证券期货相关业务的资产评估机构资格；是江苏省国资委和南京市国资委的入选评估机构之一；入选江苏省高院和南京市中院的司法鉴定机构备选库，是东方、信达、长城、华融四家资产管理公司入选的评估单位之一；也是多家银行的入选评估单位。

公司有近四十名注册资产评估师，其中有中国资产评估协会评估准则技术委员会委员，有房地产评估方面的资深专家，有江苏省、南京市国资委专家库成员，有南京市城市房屋拆迁评估专家，公司承接和完成了上千个项目的评估，评估总资产人民币超过数千亿元，涉及几十个不同行业。连续四年在江苏省评估机构中业绩排列前三名。

二、服务产品：

股份公司的上市评估（IPO）、组建股份公司的评估、上市公司收购和资产重组涉及的各类资产评估、无形资产（包括专利、专有技术、著作权、软件、商标、商誉等）评估、股东权益价值评估、各类机器设备评估、车辆和船舶评估、各类资产或经营损失评估、金融不良资产评估、抵押评估、房地产评估；土地评估；投资项目评估；企业收购前的尽职调查、投资咨询服务；财务咨询服务、税务咨询服务等。

三、服务宗旨：

我们的服务宗旨是诚信服务，质量优先，坚持准则，客观公正。

四、公司主要发起人介绍：

本公司聚集了一批学有专长、训练有素、经验丰富的执业骨干队伍，包括注册资产评估师、注册房地产估价师、注册土地估价师、注册会计师、注册税务师等专业人员。公司的主要发起人简介如下：

公司董事长—王大云，公司董事长兼总经理，研究生学历，注册资产评估师，高级经济师，全国“十佳”女注册资产评估师，中评协全国第三次代表大会理事；中评协女评估师工委委员；江苏省资产评估协会副会长，江苏省国资委专家库成员，江苏省资产评估协会后续教育师资。2008 年 11 月荣获纪念改革开放 30 周年全国优秀创业女性特别贡献奖。在公司治理和专业领域方面都很有建树，对大型国有企业的股权评估、船舶评估和机器设备评估等方面颇有研究。

公司发起人—马国彩，中国资产评估协会评估准则技术委员会委员，注册资产评估师，注册房地产估价师，注册税务师，注册土地评估师，高级工程师。江苏省评估协会后续教育师资，江苏省国资委、南京市国资委聘请的重大项目评审特聘专家，中国东方资产管理公司南京办事处资产评估外聘专家咨询小组专家成员，南京市房地产管理局拆迁评估专家库成员，南京市鼓楼区、下关区、玄武区、白下区的重大项目评审特聘专家。多年注重专业研究，在股权价值评估、无形资产评估方面颇有造诣，在企业上市、重组、购并的股权价值评估和各类资产评估方面积累了丰富的执业经验，曾多次在中评协主办的《中国资产评估》发表理论与实务相结合的文章

公司发起人—张建立，中国注册资产评估师，注册造价工程师，注册房地产估价师，注册土地估价师，高级工程师，南京市国资局聘请的重大项目评审专家，南京市城市房屋拆迁评估专家委员会专家，南京市鼓楼区、下关区、雨花区、玄武区、白下区的重大项目评审特聘专家。在房地产估价、拆迁评估、工程造价和金融不良资产评估方面很有研究并有多年的执业经验。在各类损失评估、投资项目评估、房地产估价和土地估价方面颇有造诣。

为了满足具体资产评估对不同工程技术专业的需要，公司还建立各类人才组成的人才库和专家网，有钢铁冶金、房地产开发、机械制造、石油化工、电力行业、建材建筑、船舶交通、公共客运、建筑与装潢设计、电子电器、信息技术、纺织纺工、生物制药、材料科学等行业的资产评估资深专业人员，因此有能力承担各类资产评估项目。在多年的评估服务中积累了大量的经验，赢得了行业管理部门和客户的一致肯定。

五、主要评估项目及客户：

本公司经过多年的评估实践，已承接和参与了几千个项目的评估，涉及几十个不同行业。公司已完成的典型项目如下：

●股份公司的上市评估（IPO）
扬子石化股份有限公司（A 股）
金陵药业股份有限公司（A 股）
江苏宏图高科股份有限公司（A 股）
江苏沪宁高速公路股份有限公司（H 股）
苏宁电器连锁集团股份有限公司（A 股）
扬州亚星客车股份有限公司（A 股）

●组建股份有限公司的评估
南京金箔股份有限公司组建
江苏双沟酒业股份有限公司组建
南京空港发展股份有限公司组建
信泰证券有限责任公司组建
江苏洋河股份有限公司组建
江苏大港发展股份有限公司组建

●上市公司收购及重组评估
上汽股份收购南京汽车集团有限公司部分资产
中燃股份收购扬州市燃气总公司
中石化收购江苏省石油公司 62 家加油站
中北股份收购江宁、江浦、淮南、淮北客运公司股权
北新建材收购南京新型建筑材料有限公司部分资产
澄星化工收购云南弥勒县雷打滩水电有限责任公司 55% 股权
扬农股份收购扬农化工集团有限公司部分资产

●非流通的法人股评估
宏图高科（600122）部分法人股的司法鉴定评估
中青旅（600138）部分法人股作价转让评估
南京银行（601009）部分法人股抵押评估
江阴农村商业银行部分法人股抵押评估
南京悦家超市有限公司持有南京家乐福超市法人股的抵押评估

●公司制改造（企业改制）评估
南京钢铁集团有限公司的改制评估
南汽集团 17 家企业的改制评估
南京汽轮电机（集团）有限责任公司改制评估
南京市雨花台区城镇建设开发总公司改制评估
南京市建邺区城镇建设综合开发总公司改制评估
南京市下关城市建设开发（集团）公司改制评估
南京太平商场改制评估

●股权转让评估
江苏洋口港投资开发有限公司股权转让评估
无锡太湖饭店的股权处置评估
江苏天士力帝益药业有限公司的股权转让评估
南京江南永新光学集团有限公司的股权转让评估
南京南汽模具装备有限公司股权转让评估
南京天生桥旅游观光有限公司股权价值评估
徐州市新一佳商业发展有限公司股权转让评估
南京广电集团房地产开发经营公司股权转让评估

●金融不良资产评估
盐城化纤（集团）公司债转股评估
徐州银宇三联集团公司债转股评估
东方资产管理公司接受建行可疑类债权宁、镇、扬、泰地区债权价值评估
长城资产管理公司转让高淳 137 户债权价值评估
华融资产管理公司处置盐城地区部分债权抵押资产评估
信达资产管理公司处置镇江地区多家债权资产的评估

●非货币资产的出资作价评估
南京公用事业 IC 卡有限公司的股权出资评估
南京火车站站前广场地下停车场单项资产出资评估
南汽集团有限公司部分房地产及机器设备的出资评估
美国精化中国投资有限公司的无形资产出资评估
个人的实物资产出资评估
各类船舶及车辆的出资评估

●抵押资产评估
南京两江海运股份有限公司的船舶抵押评估

南京悦家超市有限公司的股权抵押评估

南京商业银行的法人股抵押评估

镇江名和混凝土公司的车辆抵押评估

徐州锻压机床集团有限公司的机器设备抵押评估黄埔大酒店的房地产抵押评估

●企业破产及法院查封资产评估

南京实验仪器厂破产清算评估

南京新联机械厂的破产清算评估

江苏银宇三联集团有限公司破产清算评估

南京机床附件厂破产清算评估

南京鑫洪房地产开发有限公司的破产清算评估

江苏高级人民法院委托的部分查封资产评估

南京市中级人民法院委托的部分查封资产评估

●各类损失评估

无锡金兰食品有限公司拆迁损失评估

江苏燕宁金邦科技发展有限公司的合同收益损失评估

扬州长荣化工设备公司拆迁损失评估

南京中环国际“4.19”火灾损失评估

淮安明通环保工程有限公司中断经营损失评估项目

五台山大酒店装潢损失评估

●无形资产评估

芜湖日报社的《大江晚报》品牌价值评估

南京公交公司车身广告媒体经营权价值评估

南京地铁一号线部分地铁车站冠名权价值评估

扬州大学四项专利技术价值评估

沭阳县人民医院的商誉价值评估

江苏省电子商务有限公司部分软件价值评估

南京中西制剂研究所部分新药技术价值评估

南京汽车集团有限公司部分产品专有技术评估

南京地铁公司1号线及新线广告经营权价值评估

●尽职调查和和咨询服务

江苏沙钢集团有限公司收购河南安阳永兴钢铁有限公司的尽职调查

江苏省国际信托投资对苏州新城万博置业的信托产品尽职调查

江苏盛泉创业投资拟收购上海主语文化传媒的尽职调查

中北股份收购马鞍山公交公司的尽职调查

鼓楼区社区服务中心(老年公寓)的项目投资评估

江苏牧羊集团有限公司的全面预算管理咨询

六、联系方式:

总经理室:025—84400063

副总经理室:025—84419216

业务一部:025—84410941

业务二部:025—84527523

业务三部:025—84528496

业务四部:025—84544802

徐州业务部:0516-83719979

泰州业务部:0523-86200356

常州业务部:0519-86983953

综合部:025—84560295

传真:025—84410423

http:\jshuaxin.net

地址:南京市太平南路333号金陵御景园商务大厦
　　十二楼A、B、C座

邮编:210002

华普天健高商会计师事务所(北京)有限公司

华普天健高商会计师事务所(北京)有限公司(以下简称“华普天健高商会计师事务所”)由原安徽华普会计师事务所、原辽宁天健会计师事务所、原北京高商会计师事务所合并而成,合并前三家事务所均为近年来中国注册会计师协会发布的“百强所”,三所强强联合,秉承了原有的先进管理经验和优良的行业信誉,优化资源配置,在企业文化、专业标准、质量控制、风险管理等方面形成了一整套科学规范的管理体系,成为一家年收入愈亿元,注册会计师近300人,具有强大竞争力的会计师事务所。

华普天健高商会计师事务所总部设在北京,在上海、合肥、沈阳、大连和哈尔滨设有五个分所,为境内40余家A股上市公司,400余家其他企业常年提供专业服务,业务区域遍及全国二十七个省市自治区,客户领域遍及制造、能源、交通运输和金融等各行各业,在华东、华北、东北等区域形成了庞大的客户群体,合理的网络布局和贯通各行各业的业务分布使我们积累了丰富的市场经验,亦打造了由多个领域的专业人员组成的专家队伍,持续不断地为客户提供优质、高效、便捷的专业服务。

华普天健高商会计师事务所将一贯坚持“以质量求信誉,以信誉求发展”的理念,恪守“独立、客观、公正”的原则,以国际化的视野、专业化的精神,不断探寻和谐发展之道,稳步发展,创造新的辉煌。

地址:北京西城区北京市西城区西直门南大街2号
　　成铭大厦C21层

电话:010-66001391

传真:010-66001392

江苏苏亚金诚会计师事务所有限公司

一、江苏苏亚金诚会计师事务所概况

江苏苏亚金诚会计师事务所成立于1996年5月,前身为江苏省苏亚审计事务所,原隶属于江苏省审计厅。经江苏省财政厅批准,于2000年7月在江苏省工商行政管理局注册登记,注册资本人民币500万元。

事务所具有经财政部和中国证监会批准的执行证券、期货相关业务资格,经财政部和中国人民银行批准的从事金融相关审计业务资格,人民法院指定的破产案件管理人资格和司法鉴定资格等,为“AAA”级信誉咨询企业。在北京、连云港、扬州、苏州、无锡、镇江、常州、合肥等八个城市设有分支机构。拥有江苏苏亚金诚工程管理咨询有限公司独立经济联合体。

事务所自2003年以来连续名列中注协全国百家会计师事务所排名前茅,2009年位于全国百家会计师事务所排名第27位。

2008年6月入围国务院国资委2008-2009年审计项目会计师事务所名单,2008年3月入围审计署审计机构名单,2009年8月入围财政部投资评审社会中介机构资格名单。

2006年5月被江苏省注册会计师协会授予“江苏省2004-2005年度先进会计师事务所”称号,2008年10月被江苏省注册会计师协会授予“江苏省2006-2007年度先进会计师事务所”称号。

事务所党支部2004－2008年连续五年被江苏省注册会计师协会党总支评为先进党支部，2009年被江苏省注册会计师协会党总支授予“五好”党支部称号。

目前，会计师事务所拥有从业人员451人，其中注册会计师157人，注册咨询专家14人，高级会计师、高级审计师等高级技术职称人员37人。拥有注册会计师行业领军人才5名，ACCA及ACA6名。

二、事务所业务范围

1、执行证券期货相关业务，出具审计报告及其他相关业务报告；

2、执行金融相关审计业务，出具审计报告；

3、审查企业会计报表，出具审计报告；

4、验证企业资本，出具验资报告；

5、办理企业合并、分立、清算事宜中的审计业务，出具有关报告；

6、担任破产案件管理人，执行司法鉴定业务；

7、办理法律、行政法规规定的其他审计业务，出具相应的审计报告；

8、担任会计顾问、办理技术培训，提供会计、财务、税务和其他经济管理咨询；

9、其他业务。

三、业绩内容

事务所自成立以来始终坚持以质量求生存、以信誉求发展的经营理念，严格执行《中国注册会计师执业准则》和《中国注册会计师职业道德守则》，建立和完善了内部质量控制制度，恪守独立、客观、公正的执业原则，以良好的职业道德、严谨的工作作风和较高的专业水准，为客户提供优质的专业服务，有效地发挥了注册会计师的鉴证和服务作用。

近年来，事务所审计、管理咨询等各项业务取得了较好较快的发展，客户数量逐年递增，业务收入稳步增长，社会效益和经济效益在本地区名列前茅。业务领域涉及各行各业，服务范围遍及全国绝大部分地区。服务的客户涉及上市公司、拟上市公司、证券公司、期货公司、基金管理公司、商业银行、外商投资企业、高新技术企业、出版发行企业、电力企业、石油化工企业、通信企业、烟草生产与贸易企业、航空运输企业、港口运输企业、城市建设企业、建材企业、外贸企业、房地产开发企业、施工企业、广播电视企业、采掘企业、粮食企业等。

在执行证券、期货相关业务方面，我们承担了徐州工程机械科技股份有限公司、江苏恒瑞医药股份有限公司、江苏扬农化工股份有限公司、江苏洋河酒厂股份有限公司、江苏宏图高科技股份有限公司、江苏春兰制冷设备股份有限公司等多家上市公司以及20多家拟上市公司的审计业务。

事务所在继续做好对现有上市公司年度财务决算审计工作的同时，积极开展上市公司重大资产重组、企业并购等业务的审计与咨询服务，开拓对证券公司、基金管理公司的审计业务，并利用近年来我国证券市场迅速发展的大好机遇开展了企业改制上市的审计与咨询工作，先后为20多家企业改制、股份有限公司设立、股份有限公司上市提供了审计与咨询服务，承担了这些企业上市前的可行性研究与咨询、协助企业完成上市的前期准备工作，包括为重组方案提供专业意见、承担企业股份制改组与上市过程中的审计、审阅、验资以及内部控制鉴证服务。

四、事务所全称、注册地址、办公地址、法人代表以及具有证券执业资格会计师人员信息

事务所全称：江苏苏亚金诚会计师事务所有限公司

注册地址：南京市云南路31－1号苏建大厦21层

办公地址：南京市中山北路105号中环国际广场22层

法定代表人：詹从才

证券执业资格会计师人员信息：

序号	姓　名	执业资格证书号序号
1	詹从才	320000210001
2	吴炳洋	320000210002
3	林　雷	320000100019
4	李云彬	460000010316
5	钱小祥	321000090003
6	王宜峻	320000260059
7	陈玉生	320000210015
8	周家文	320000120009
9	李来民	320300130007
10	金健明	320000120010
11	沈建华	320000260035
12	阚宝勇	320000260063
13	谭宏峰	320000260026
14	朱　戟	320000260038
15	宋　军	320000260049
16	黄根进	320000260055
17	童勤强	320000210006
18	祁成兵	320900070005
19	薛婉如	320000260034
20	王卫东	320000260058
21	王直群	320000210005
22	骆祖延	320700070001
23	成以力	320700070006
24	姜启晓	320700070009
25	张　琴	320700070007
26	孙和军	320000260074
27	王　敏	321000010001
28	唐亚忠	321000010002
29	叶建泉	321000010003
30	朱小兰	321000010004
31	颜文华	321000010006
32	葛建新	321000010017
33	范明华	321100010001
34	陈　刚	321100010008
35	戴书春	321100010005
36	常四新	321100010011
37	荣幸华	320400020001
38	马建妹	320400020004
39	沈　凌	320400020012
40	吴美琴	320400020013
41	沈全涛	320400020018

地址：江苏省南京市中山北路105号中环国际广场22层

联系人：蔡美琳

邮编：210009

电话：86－025－83231630

传真：86－25－83235046

邮箱：js. suya@163. com

网址：www. syjc. com

多年来，事务所始终恪守独立、客观、公正的执业原则，坚持诚信为本、质量为重、遵循规范、服务至上的宗旨。在发展过程中，事务所高层一直非常注重完善和提高事务所的内部治理结构及经营管理水平，着力培养员工的敬业精神和团队精神，提高员工的专业胜任能力。通过多年的努力，事务所已积累了解决各种问题的专业经验，为更好地维护社会公众利益和服务客户打下了坚实的基础。

江苏天衡会计师事务所有限公司

江苏天衡会计师事务所的前身是江苏会计师事务所，由江苏省财政厅于 1985 年 10 月创建。1999 年 1 月 6 日，江苏会计师事务所整体改制为江苏天衡会计师事务所有限公司。

1993 年，经中华人民共和国财政部和中国证券监督管理委员会批准，成为中国首批取得从事证券、期货相关业务财务审计许可证的会计师事务所。1993 年，经国家国有资产管理局和中国证券监督管理委员会批准，成为中国首批取得从事证券、期货相关业务资产评估许可证的会计师事务所。2000 年，经中华人民共和国财政部和中国人民银行批准，成为中国首批取得金融机构财务审计资格的会计师事务所。2009 年 2 月 9 日，取得中华人民共和国财政部和中国证监会新换发的证券、期货相关业务许可证。2002 年 5 月 22 日，社会培训业务单独成立江苏天衡会计师事务所培训中心。2005 年 3 月 15 日，工程造价咨询业务从事务所分立，成立江苏天衡工程造价咨询有限公司，并于 2007 年 1 月 1 日取得中华人民共和国建设部颁发的工程造价咨询企业甲级资质证书。2008 年 6 月 6 日，资产评估业务从事务所分立，成立江苏天衡资产评估有限公司，并于 2009 年 2 月 13 日取得财政部和中国证券监督管理委员会批准的从事证券、期货相关业务评估资格证书。

本所凝聚会计、审计、金融、工程、税务、法律等专业的英才，秉承独立、客观、公正的执业原则，致力于先进审计理论与技术的实践与探索，始终如一地坚持以良好的职业道德、严谨的工作作风和较高的专业水准，为社会公众提供高质量的专业服务。

地址：中国南京市正洪街 18 号东宇大厦 8 楼
电话：(025)84711188
传真：(025)84724882
邮编：210005
网址：http://www.jscpa.com.cn

永拓会计师事务所

公司简介：

公司成立于 1993 年，是经中华人民共和国审计署批准，国内唯一一家由国家审计署审计科研所与专业咨询人员共同发起设立的股份合作制企业。

1997 年 1 月，经中华人民共和国财政部批准，加入国际会计公司，成为全国审计系统第一家与国际接轨的会计师事务所。目前是世界上排名第八位的著名国际会计公司——尼克夏国际的中国成员所。

1999 年经审计署和北京市财政局批准，脱钩改制为有限责任公司，注册资本 560 万元。

经过不断的开拓创新，公司完成了规范化、集团化和国际化三大跨越，由一个地区性的会计师事务所发展为国内最具实力和发展潜力的会计师事务所之一。陆续在江苏、黑龙江、广东、重庆、山东、湖北、深圳、广西、浙江、湖南等省市设立了分公司，并在香港设立了分支机构。服务的客户遍布全国各省、市、自治区，并且迈出国门，将服务的触角延伸到了英国、美国、加拿大、阿尔及利亚、巴西、墨西哥、哈萨克斯坦、安哥拉等国家和地区。

我公司自 2002 年始，连续进入中国注册会计师协会公布的全国百强会计师事务所。

执业资质：

公司是国内资质最齐全的会计师事务所之一，可以为国内外客户提供综合性、多元化的服务：

1. 财政部、中国证监会批准，证券、期货相关业务审计资格；
2. 国务院国资委批准，国有大型企业审计资格；
3. 财政部、中国人民银行批准，金融企业审计资格；
4. 财政部、中国保监会批准，保险企业审计资格；
5. 北京市高级人民法院批准，破产管理人资格；
6. 北京市高级人民法院批准，司法鉴定人资格；
7. 北京市司法局批准，司法鉴定(会计)资格。

海外资质：

美国公众公司会计监督管理委员会(PCAOB)批准，美国上市公司审计资格。

世界第 8 大英国著名商业顾问集团尼克夏国际成员。

经香港会计师公会批准具有在香港执业资格。

服务领域：

公司致力提供审计、会计、税务和咨询等专业服务，服务贯通各行各业，务求满足委托者的各项需求。

公司既有常规审计、会计、税务服务，又有特殊优势服务，包括：企业的境内上市、境外上市、发行债券、改制、重组、并购的审计与咨询；企业内部控制制度的设计及评价；国有大型企业、证券、期货公司、金融保险企业的审计与咨询。此外，我公司还开展了财务托管、财务顾问、专业培训、金融服务、公司重整等特色服务。

专业人员：

公司拥有一支专业素质高、服务质量优良的执业队伍，其中，中国注册会计师 266 人，资深金融审计师 77 人，中国注册税务师 60 多人，国际注册内部审计师(CIA)、国际 IT 审计师(CISA)11 人，英国、美国、澳大利亚和香港的注册会计师 20 余人。同时，我们还有一批熟悉法律、熟悉金融保险、外汇管理的国家级资深专家。

联系方式：

北京总部：

地址：北京市朝阳区东大桥路关东店北街 1 号国安大厦 13 层
邮政编码：100020
联系电话：010－65950511/0611/0711
传真：65955570
电子邮件：bj@ytcpa.com.cn

四川华衡资产评估有限公司

一、公司基本情况介绍

(一)公司简介

资产评估机构名称：四川华衡资产评估有限公司，企业性质：有限责任公司，法定代表人：屈仁斌，企业住所：成都市锦江区天仙桥南路 3 号汇江楼 5 楼，邮编：610021。

(二)公司历史沿革

四川华衡资产评估有限公司的前身是四川省资产评估事务所。四川省资产评估事务所创立于一九九二年四月，直属四川省财政厅、国有资产管理局。

一九九三年五月取得原国家国有资产管理局、中国证券监督管理委员会联合颁发的从事证券业务资产评估许可证，从而成为西部地区首家，也是全国公开审批中第一批获得从事证券业务资产评估资格的专业评估机构，目前是我省唯一一家从事证券业务的资产评估公司。二〇〇九年一月重新取得由财政部、中国证券监督管理委员会颁发的从事证券期货相关业务评估资格证书。

一九九九年底经四川省国有资产管理局批准，四川省资产评估事务所改制设立为四川华衡资产评估有限公司，改制后的公司承继了原事务所的所有业务。

二〇〇三年一月，本公司通过了 ISO9001 国际质量管理体系认证，成为国内率先、我省唯一通过国际质量管理体系认证的评估机构。

（三）公司组织结构和人员结构

公司部门设置有综合业务部、房地产估价部、设备估价部、稽核培训部、行政部、以及西藏分公司。

四川华衡资产评估有限公司现有员工 70 多人，包括会计经济、房屋建筑、机器设备、法律等多方面专业人员，其中中国注册资产评估师 39 人，中国注册房地产估价师 17 人，中国注册土地估价师 12 人，矿业权评估师 4 人，职员均经过了评估专业培训，评估实践经验丰富，业务素质较高。

（四）公司专业资质证书

由财政部、中国证券监督管理委员会颁发的从事证券期货相关业务评估资格证书，证书编号 0280023001 号，

由中华人民共和国财政部颁发的资产评估资格证书，证书编号 51020001 号；

由国土资源部颁发的从事探矿权、采矿权评估资格证，证书编号为矿权评资[2002]003 号；

（五）公司业务范围

公司为客户提供全方位、专业化、高质量的资产评估服务，具体业务范围如下：

业务种类	服务内容
资产评估	境内外公开发行股票、上市公司配售股份、企业改制、资产重组、产权转让、公司设立、兼并、合并、破产、司法诉讼等。知识产权、探矿权和采矿权、土地使用权、特许权及商誉等无形资产
房地产评估	土地、房地产评估；土地、房地产价值咨询；项目投资策划和可行性研究；房地产信息咨询、经纪代理等
咨询业务	企业改制咨询、企业财务咨询、项目可行性研究、投资项目调查
金融服务	贷前评估、贷款期间抵（质）押物资产价值动态监测、处置抵（质）押物资产评估、咨询代理业务等

二、公司业绩介绍

（一）我公司在评估行业方面经验

我公司评估项目涉及行业广且经济行为多样：涉及经济行为有境内外公开发行股票、上市公司配售股份、企业改制、资产重组、产权转让、清产核资、公司设立、兼并、合并、破产、抵押贷款、司法诉讼等，涉及行业有证券、电力、钢铁、学校、科研院所、电器、商业、机械、化工、旅游、纺织、公路、制药、金融、信息、水产养殖、煤炭、铁路、航空等，项目分布有四川省、重庆市、北京市、上海市、天津市、海南省、广东省、广西壮族自治区、湖南省、湖北省、西藏自治区等多个省、市、自治区以及国外地区。我公司作为省内成立时间最早、规模最大的评估机构，在多年的评估工作中，沉淀、积累了大量的评估工作经验，在评估思路、评估工作涉及面、以及项目组织形式上有着行业公认的优势。（本公司近年来完成的资产评估项目情况附后）公司每年完成评估项目几百个，评估资产几百亿元，收入上仟万元。

部分资产评估项目

中央企业单位	
中国航空工业第一集团公司	中科院成都计算机应用研究所
中国铁道建设总公司	中国第二重型机械集团公司
中国南方车辆集团公司	中国华融资产管理公司
中国东方资产管理公司	中国工商银行
中国长城资产管理公司	中国国家开发银行
中国银行	中国石油天然气股份有限公司西藏分公司
中国电子科技集团公司	中国嘉陵工业股份有限公司
机械工业部成都工具研究所	中国电子科技集团公司
中国轻骑集团有限公司	中国航天科技集团公司
中国水电顾问集团华东勘测设计院	中国南方汽车工业股份有限公司
中科院成都有机化学所	中国人寿股份有限公司
中国东方电气集团公司	卫生部生物制品研究所
中国信达资产管理公司	中国交通银行
中国兵器装备集团公司	中国建设银行
上市公司	
广东英豪科技教育投资股份有限公司（A 股）	深圳市长园（集团）股份有限公司（A 股）
重庆三峡油漆股份公司（A 股）	重庆长江水运股份公司（A 股）
涪陵建筑陶瓷股份公司（A 股）	西藏明珠股份有限公司（A 股）
西藏雅砻藏药股份有限公司（A 股）	西藏银河科技股份有限公司（A 股）
西藏天路交通股份公司（A 股）	西藏拉萨啤酒股份公司（A 股）
峨眉山旅游发展股份公司（A 股）	东新电碳股份有限公司（A 股）
泸天化股份有限公司（A 股）	长城特殊钢股份有限公司（A 股）
东方锅炉（集团）股份公司（A 股）	东方电气股份有限公司（A 股）
西南合成制药股份有限公司（A 股）	四川川化（集团）股份公司（A 股）
四川银山化工（集团）股份公司（A 股）	四川美亚（集团）股份公司（A 股）
四川广华化纤股份公司（A 股）	四川第一纺织股份公司（A 股）
四川峨嵋柴油机股份公司（A 股）	四川双马水泥股份公司（A 股）
海南凯立股份有限公司（A 股）	四川金顶水泥股份公司（A 股）
重庆百货大楼股份公司（A 股）	四川沱牌实业股份公司（A 股）
西藏圣地股份有限公司（A 股）	四川锦华股份公司（A 股）
蝶泉乳业有限公司（A 股）	四川通威饲料股份公司（A 股）
泸州老窖股份公司（A 股）	成都蜀都大厦股份公司（A 股）
乐山电力股份公司（A 股）	成都城建投资发展股份有限公司（A 股）
川投能源股份有限公司（A 股）	四川长江企业（集团）股份公司（A 股）
长征机床股份有限公司（A 股）	四川天歌股份有限公司（A 股）
四川新希望农业股份有限公司（A 股）	四川成渝高速公路股份公司（A、H 股）
四川长虹电器股份公司（A 股）	四川岷江水利电力股份公司（A 股）
四川路桥建设股份公司（A 股）	成都旭光电子股份公司（A 股）
四川湖山电子股份公司（A 股）	成商集团股份公司（A 股）
四川高金食品股份有限公司（A 股）	四川新华文轩连锁股份有限公司（H 股）
四川方向光电股份有限公司（A 股）	成都托普科技股份公司（A 股）
四川明星电力股份公司（A 股）	
四川省外企业单位	
坦桑尼亚 TSA 公路项目公司	中国人寿股份公司云南分公司
亚洲电力科技投资有限公司	重庆重型汽车集团公司
重庆乌江电力集团公司	重庆高速公路发展有限公司
中贯（黔江）电力实业有限公司	嘉陵机器厂
西藏那曲地区交通客运有限公司	西藏高争（集团）有限责任公司
西藏证券经纪有限责任公司	西藏自治区藏药厂
西藏旅游股份公司	西藏制药股份公司
青岛市奶业总公司	新疆广电集团公司
广东迈达威科技发展有限公司	深圳南瑞科技有限公司

嘉陵本田发动机有限公司	西藏信托公司
重庆有价证券公司	西安惠安化学工业有限公司
重庆水利电力产业(集团)公司	东方汽轮机厂
安徽铜陵有色金属(集团)公司	宁夏捷美化工有限公司
西藏拉萨产业发展有限公司	
四川省内企业单位	
中广核能源开发有限责任公司	宜宾天原集团股份公司
峨嵋半导体材料厂	九禾农资股份有限公司
东风电机厂	宜宾丝丽雅股份有限公司
总府皇冠假日酒店	宜宾长江大桥开发有限责任公司
四川川投能源股份有限公司	中国四川国际合作股份有限公司
四川省锦弘集团有限责任公司	四川省石油总公司
四川岷山饭店	四川天华股份有限公司
泸州北方化学工业有限公司	恩威集团
华西证券有限责任公司	四川华西集团有限公司
川财证券公司	四川绿科高科技股份公司
四川成飞集成科技股份有限公司	四川际天时股份有限公司
四川航空公司	四川阳坪乳业集团
四川宾馆	四川格瑞现代农业股份公司
四川旅游集团有限公司	四川省信托投资公司
四川东华机械厂	四川省建设信托投资公司
四川锦江宾馆	四川电力股份有限公司
四川省古叙煤田开发股份有限公司	四川省旅游汽车公司
四川电力股份有限公司	四川省公路桥梁建设集团有限公司
四川省国有资产经营投资管理公司	四川省交通工程开发公司
四川里伍铜业股份有限公司	四川成雅高速公路股份有限公司
四川省国际信托投资公司	四川迈普数据通信股份有限公司
四川省博物馆	四川明珠集团有限责任公司
四川省现代化农业(集团)有限公司	成都高速公路建设开发有限公司
四川华西乳业有限责任公司	成都三旺农牧股份有限公司
四川省食品总公司	成都科伦大药厂
四川省川投化学工业集团有限公司	成都光明光电股份有限公司
四川日机密封件有限公司	成都市兴蓉投资有限公司
成都锦丰纸业有限公司	成都飞机工业(集团)有限责任公司
成都高科技发展股份有限公司	成都市煤气总公司
成都市新筑路桥机械股份有限公司	四川剑南春(集团)有限公司
成都蜀都大厦宾馆	四川九寨沟旅游股份公司
成都艾特航空制造有限公司	四川永丰纸业股份公司
成都机场高速公路有限公司	四川出版集团
成都市新都化工集团有限公司	四川省广播电视网络有限责任公司
成都天奥集团公司	四川省农科院
成都正光科技有限公司	四川万通燃气股份有限公司
成飞电喷有限公司	四川省锦鑫物流有限公司
成都发动机集团有限公司	四川省地方铁路建设总公司
成都蓝风实业股份公司	四川省纺织集团有限责任公司
四川日报报业集团	四川省轮船公司
四川成乐高速有限公司	四川迈普数据通信股份有限公司

三、评估师人员信息

序号	姓　名	性别	注册证号
1	唐光兴	男	51000001
2	屈仁斌	男	51000008
3	傅文捷	女	51000007
4	史万强	男	51000005
5	樊先明	男	51040103
6	郑　旭	男	51000013
7	佘彩虹	女	51000045
8	何玉蓉	女	51000010
9	廖邦元	男	51000044
10	赵秀梅	女	51000047
11	柳　兵	男	51070028
12	陈庆红	女	51000034
13	杨梅	女	51000020
14	胡晓娟	女	51000029
15	高　翔	男	51000030
16	张能荣	男	51000032
17	唐　燕	女	51000035
18	先　媛	女	51000016
19	余　相	男	51000015
20	经旭丽	女	51070033
21	侯文胜	男	51050013
22	袁仕荣	女	51000401
23	艾　菊	女	51070064
24	陶红	男	51000017
25	王　森	女	51080026
26	彭云强	男	51000041
27	江永贵	男	51000027
28	朱　琳	女	51000049
29	冯先惠	女	46020009
30	吕　嘉	男	51000039
31	庞　勇	男	51040003
32	刘承彬	女	51000813
33	程　宏	女	51000024
34	刘　勋	男	51070065
35	王云碧	女	51080002
36	杨　希	女	51000043
37	唐春华	男	51000793

北京天健兴业资产评估有限公司

一、天健兴业基本情况

1、历史沿革

北京天健兴业资产评估有限公司是由原中华财务会计咨询有限公司的资产评估业务和原北京天健兴业资产评估有限公司以及原德威评估有限责任公司整合而成。整合后,中华财务会计咨询有限公司的资产评估业务及从业人员全部转移至北京天健兴业资产评估有限公司,中华财务会计咨询有限公司改制成为一个专业财务集团公司。其中:

原中华财务会计咨询有限公司是财政部 1982 年成立的专业机构,是中国最早为企业提供咨询服务包括资产评估服务的专业机构之一,也是中国资产评估行业内最大的资产评估机构之一。

原北京天健兴业资产评估有限公司始于 1991 年,曾为天健会计师事务所管理下专业从事资产评估业务的机构,在中国的资产评估行业中占有重要的地位,是该领域中最具影响力的资产评估公司之一。

原北京德威评估有限责任公司成立于 1993 年,是国内最早从事资产评估工作的专业机构之一,于 1999 年底完成脱钩改制工作,是国内较大的资产评估机构之一。

合并后的北京天健兴业资产评估有限公司无论从业务规模、评估师数量、专业水准、服务理念等诸多方面继续保持行业领先优势,成为中国注册资产评估行业最具竞争能力、最具创新能力的专业评估机构之一。

2、业务范围

主要包括企业整体或单项资产评估;上市公司资产评估;探矿权采矿权评估;管理咨询;改制、并购、投融资顾问;资产清查及财务分析等。

本公司受托为各类经济组织为满足各种目的而进行的资产价值的评估。包括：

整体或部分改建为有限责任公司或股份有限公司

以非货币资产对外投资

企业合并、分立、清算

公司股东股权比例变动

公司整体或部分产权(股权)转让

资产转让、置换、拍卖

整体或者部分资产租赁给非国有单位

确定涉诉资产价值，如上市公司法人股拍卖的评估

资产评估范围为企业整体价值评估和单项资产评估

评估涉及的单项资产类型包括

不动产估价，包括房屋建筑物、土地使用权估价

机器设备评估

股权价值评估

无形资产评估，包括专有技术和专利权、商标权、著作权、特许经营权、矿山企业探矿权和采矿权、商誉等。

本公司还从事项目评估和投资评审及管理咨询等业务，包括

贷款项目评估

项目可行性研究

投资评审

并购财务顾问

财务管理咨询

3、行业地位

作为国内最大的专业评估机构之一，截止目前，天健兴业累计评估资产总值十多万亿元，在国内资产评估同行业内处于领先地位，资产评估业务收入也在同行业内连年居于领先地位。

服务的大型企业就达数百家，基本囊括国民经济各行业，遍布全国各省市(台湾地区除外)。

在企业重组改制及境内外上市、企业间重组并购、中外合资、不良资产处置等经济行为涉及之定价及财务顾问方面有着丰富的专业经验和良好的业绩。

业务人员160余名。其中：拥有注册资产评估师90余名；矿业权评估师9名；多人同时具有注册会计师、注册房地产估价师、土地估价师等资格；上百名各行业各类技术合作专家，在国内评估机构中以法人口径统计，专业人员规模及业务规模名列前茅。

4、资质状况

(1)资产评估资格证书(财政部颁发)

该证书为执业资格证书，持有该证书可从事资产评估业务，评估资产范围包括国有资产及非国有资产。

(2)证券期货相关业务评估资格证书(财政部、中国证券监督管理委员会联合颁发)

该证书为从事证券业务资格证书，持有该证书可从事与上市公司相关(如公司上市、股票发行、上市公司收购、股权及资产转让等)的资产评估业务。

(3)探矿权采矿权评估资格证书(国土资源部颁发)

该证书为执业资格证书，持有该证书可从事探矿权和采矿权资产评估业务。

(4)土地评估资格证书(中国土地估价师协会颁发)

该证书为A级执业资格证书，由天健兴业一体化管理下的专业从事土地评估的北京中和利人土地房地产评估有限公司持有，主营房地产价格评估及土地价格评估，已取得一级房地产评估资质，可在全国范围内从事土地评估业务。

5、专业优势

(1)人员优势

天健兴业资产评估有限公司专职人员多，部分注册资产评估师兼有注册会计师从业资格，精通财务会计及财务分析，能够从财务分析角度进行评估，与会计师事务所能够完美合作。本公司团结了一批长期合作的从事钢铁、石化、有色金属、建材、农业、医药、机械、高新技术企业等各领域的高中级工程技术专家队伍。

(2)丰富的专业经验

具有组织中国建设银行、交通银行、国家开发银行、华能国际电力公司、中国华润总公司等大型项目的组织管理经验；为国民经济的各行业的数百家企业提供了各种目的的资产评估及相关咨询服务，遍及国内所有省市，共计承办各种评估目的的评估业务千余项，涉及金融、电力、石油、化工、电信、广播、冶金、机械、电子、建材、商业、农业诸多领域，累计评估资产超过10万亿元。资产评估业务收入在同行业内连年居于领先地位。

(3)技术优势

本公司具有严格的执业规程和严密的执业质量控制制度，为确保项目质量符合客户及监管部门的要求提供了保证。

拥有先进的软、硬件支持系统和完备的知识库以及科学的工作流程和完善的内控制度。

由内部资深专家与相关科研院所专家组成的专家支持队伍。

依托相关政府机构、科研院所，富有特色的职业后续教育和培训体系。

(4)网络优势

我们在大型评估项目中的卓越专业服务水平得益于北京、上海、深圳、辽宁、山东、湖南等地分支机构和乌鲁木齐、石家庄、苏州、南京、重庆、武汉、成都、郑州等地办事处在项目控制中心统一领导下的通力合作；得益于先进的软、硬件支持系统，完备的知识库，科学的工作流程和完善的内控制度。

依托战略合作伙伴，能为集团企业客户提供就近、简便、低成本的网络化服务，独立而不分包的完成集团大规模资产评估业务。

(5)完整的服务链

我们具有若干复杂情况下企业重组和收购兼并方面资产评估专业经验，除能完成资产评估业务外，还能提供审计、资产重组、财务结构设计、资产移交及管理咨询及基建工程审计等方面的延伸服务。同时与境内外证券业机构及证券相关机构建立了良好的业务合作关系，如：国际四大会计师事务所及在境外享有较高声誉的评估机构西门远东、威格斯、卓德、美评等。

(6)与政府部门的良好沟通

天健兴业历来以严谨、勤勉、创新著称，在国有资产管理部门以及证券业内具有最佳评估报告质量以及良好的职业信誉。迄今为止，天健兴业同国务院国资委、财政部、中国证监会、商务部、国务院发改委等部门一直保持着良好的沟通，为客户提供便利的沟通条件。

我们曾多次受中国证券监督管理委员会委托，复议其他资产评估机构的评估结果；我们的资产评估报告多次被证券监管部门评为最佳报告；我们是迄今为止唯一为纽约证券交易所直接认可报告的国内评估机构；我们的数个资产评估案

例被深圳证券交易所采纳为典型参考案例；我们的报告迄今一直保持了一次过会的良好记录；我们的部分资深人士还是财政部、国资委及证监会评估审核专家组主要成员。

二、主要客户

我们服务过的部分大型企业如下：

中国海洋石油总公司中国华能集团公司

中国建设银行中国人寿保险公司

中国华润总公司中国粮油食品进出口（集团）有限公司

中国联合通信有限公司中国网络通信有限公司

中国航天科技集团公司　中国包装总公司

中国海洋直升机专业公司中国远洋运输（集团）总公司

中国第一汽车集团中国长城计算机集团公司

中国纺织机械集团公司　神华集团有限责任公司

北方电力集团有限责任公司中国南方工业集团公司

中国再保险公司中国交通银行

国家开发银行中金黄金股份有限公司

中信房地产股份有限公司广深铁路股份有限公司

我们服务过的部分境外客户如下：

美国可口可乐公司美国埃尔·帕索发电总公司

美国 GE 公司德国大众汽车股份公司

高盛（亚洲）有限责任公司约翰内斯·海德汉博士有限责任公司

家乐福集团海拉亚太控股有限公司

德国 LUK/AS 汽车部件服务公司三井物产株式会社

瑞士迅达电梯公司 JP 摩根大通公司

日本电气株式会社欧洲直升机公司

意大利菲亚特集团依维柯股份公司美国新桥投资公司

德国 VAC 公司英国飞利浦公司

三、核心管理团队简介

孙建民先生法定代表人董事长

硕士北大 EMBA 注册资产评估师注册房地产估价师

负责完成了百余家 A、B、H、N 股企业上市过程中和数十家企业中外合资过程中的资产评估工作，曾在美国、加拿大、香港等地接受专业培训，对企业重组、融资及资产评估有深刻的理解。曾成功主持大秦铁路、中国联通、中国华润集团、中国建设银行、中国人寿、中粮集团等大型、特大型评估项目。兼任北京注册会计师协会理事、中国资产评估协会专业技术援助委员会委员，国家国资委资产评估审核专家，中国东方资产管理公司评审委员会会员等。

吴建敏先生执行董事总经理

注册资产评估师证券期货相关业务注册会计师高级会计师

具有注册资产评估师、证券期货相关业务注册会计师和注册税务师执业资格，高级会计师专业职称，香港理工大学会计学硕士。负责了国内数十家企业股份制改造、中外合资等项目的审计和资产评估工作。在多年的实际工作中积累了丰富的实务和管理经验。兼任中国证券监督管理委员会第四届重组委员会委员、财政部会计准则委员会咨询专家、中国资产评估协会理事、会计与评估委员会委员，资产评估准则技术委员会委员，北京注册会计师协会常务理事、资产评估委员会委员。

邓小丰女士高级合伙人

注册资产评估师、注册房地产估价师、注册会计师

邓小丰是我国最早进入评估领域，从事理论研究、教材的编写、培训及事务操作的评估师之一，到目前为止已有 20 年的评估经历，在这二十年间曾担任北京市国有资产管理局评估中心、组建北京市资产评估协会便担任首届协会的秘书长，现任中国资产评估协会理事、中国资产评估协会准则委员会专家组成员、北京注册会计师协会常务理事、北京注协资产评估专业委员会成员。

周军先生执行董事首席评估师

硕士清华 EMBA 注册资产评估师高级经济师

具有注册资产评估师执业资格，高级经济师技术职称，天津大学硕士，清华大学 EMBA。在资产重组和收购兼并方面具有丰富的经验，擅长企业重组并购过程中的方案策划和方案制定。作为项目总负责人，至今已完成了百余家企业改制上市及股权转让过程中的资产评估和财务顾问工作。曾在美国、香港等地接受过资产评估方面的专业培训，熟悉境内外的会计制度。

郭长兵先生上海部总经理

硕士注册资产评估师

具有注册资产评估师和注册会计师执业资格，高级会计师技术职称。20 世纪 80 年代开始从事审计、评估及咨询工作，为第一批考取注册会计师和注册资产评估师的专业人员，曾经派驻香港学习西方财务会计和审计，了解实务操作，对国内外的会计制度有深刻的认识，目前负责上海部工作。

杨立红女士副总经理

硕士注册资产评估师注册房地产估价师工程师

北京天健兴业资产评估业务骨干，具有 10 年的资产评估从业经历。负责完成了数十家企业股改、中外合资、股权转让过程中的资产评估工作。曾在香港、欧洲等地接受专业培训，熟悉境内外评估业务。目前是国务院国资委评估处特聘资产评估报告审核专家。

刘兴旺先生副总经理

EMBA 注册资产评估师土地估价师房地产估价师

北京天健兴业资产评估业务骨干，具有 10 年的资产评估从业经历。负责完成了数十家企业股改上市、兼并收购、中外合资、债转股、金融不良资产打包处置过程中的产评估工作。在大型评估项目组织管理、企业价值评估、无形资产评估、房地产评估等方面积累了丰富的工作经验。

汪仁华先生副总经理

法学硕士注册资产评估师注册会计师律师矿业权评估师

香港中文大学工商管理（金融财务）硕士、北京大学法学硕士。从事审计、评估、咨询工作近 15 年，具有丰富的价值评估、项目评价、财务顾问、管理咨询实践经验，主要负责国有及民营企业改制、公司境内外上市与私募、业务重组购并、不良资产处置、银行信贷咨询、非银行金融机构托管与清算、企业价值管理与创造等工作。

任利民先生副总经理

注册资产评估师注册会计师

具有 10 多年的专业经验，主持过交通银行、广州汽车集团股份有限公司、深圳招商港务股份有限公司、西宁特殊钢股份有限公司、宁夏东方钽业股份有限公司、中信房地产股份有限公司、唐山三友集团公司、常州证券公司、中国印刷集团公司、新余钢铁股份有限公司、南昌长力钢铁股份有限公司等企业的上市、定向增发、资产重组、所属企业改制、股权转让等资产评估工作。任利民先生作为评估专家多次参与财政部、国家国资委组织的评估报告审核工作。

袁义伟女士副总经理

注册资产评估师注册会计师矿业权评估师

从事专职评估业务工作十余年，主要负责西南证券、中国黄金总公司、中国冶金矿业总公司、安徽淮南矿业集团、安徽

淮北煤电集团、贵州盘南煤电、吉林敖东制药股份有限公司等数十家大型企业集团的改制评估工作以及淮南矿业集团公司采矿权评估、山东里能集团采矿权探矿权评估等多个矿业权评估工作，对探矿权、采矿权的评估有着丰富的实践经，现任中国矿业权评估协会理事。

四、我们的承诺

基于天健兴业卓越的专业能力和良好的职业道德，我们作出以下承诺：

天健兴业将根据客户拟实施的经济行为选派曾参与过具有相关行业丰富经验的专业人员组成项目组，并与客户充分共享我们所拥有的资源；

所有项目人员克尽勤勉，既基于拟实施的经济行为，确保为客户提供一流的评估服务，亦会依据天健兴业所积累之相关行业项目评估经验，协助客户解决问题，同时积极配合其他各中介机构有效的开展工作，以优质、高效的服务完成客户的资产评估工作；

所出具的资产评估报告符合中国政府、相关监管部门的有关法令、法规和条例，并符合资产评估的国际惯例；

对客户所提供的全部资料，仅在评估过程中使用。未经客户许可，我们保证不以任何方式向第三者透露。对涉及资产评估之目的的任何信息予以严格保密。

地址：北京市西城区月坛北街 2 号月坛大厦 23 层
邮政编码：100045
电话：(010)6808309768081474，
传真：(010)68081109，
网址：www. ccafm. com. cn
E－mial：pccpv@ ccafm. com. cn

北京国友大正资产评估有限公司

北京国友大正资产评估有限公司是原国家国有资产管理局批准成立的一家专业资产评

估机构，有中国证监会、财政部授予从事证券业务资产评估资格。

公司拥有一批具有博士、硕士学位和高级会计师、高级工程师、高级经济师技术职称的员工，形成以注册评估师、注册会计师、房地产估价师和土地估价师等为主的各类专业人员组合。公司与社会各界有良好的公共关系。

公司卓有成效地为数百家企业完成了境内外上市、中外合资合作、产权交易和资本运作等资产评估业务，涉及的领域包括煤炭、冶金、建材、化工、食品、纺织、石油、医药、机械制造、电子、电力、酿酒、饮料、造纸、建筑、交通、物流、邮电、电信、酒店、房地产、旅游、银行、信托、证券及农业等行业。

公司人员在原国家国有资产管理局的指导下举办过注册资产评估师考前培训班、上市公司董事培训班及有关资产评估的全国性研讨会，参与了《资产评估操作意见(试行)》的起草工作和注册资产评估师考试教材《资产评估学》的编写工作。

公司恪守独立、客观、公正的原则，以诚信为本，竭诚为中外客户提供资产评估及管理咨询等专业服务。

地址：北京朝阳区北京市朝阳区八里庄西里 100 号
　　　住邦 2000 商务中心 1 号楼西区 707 室
电话：010－85868816
传真：010－85868385

北京天圆全会计师事务所有限公司

北京天圆全会计师事务所有限公司创立于 1984 年 6 月，具有从事证券、期货相关业务审计资格；金融相关业务资格，成为全国会计中介机构服务功能最完善的大型事务所之一，位居全国百强事务所之列。二十多年来，本所一直秉承独立、客观、公正、严谨的原则，坚持以“为政府负责、为社会负责、为企业负责、为自身负责”的执业操守和理念执行业务，赢得了社会各界的普遍赞誉和高度信赖，在社会公众心中树立了良好的形象，曾被国家财政部授予“全国先进工作集体”荣誉称号。执业理念：本所的执业理念是：“宁要发展一百年，不要风险收入一百万”。本所承诺不搞不正当竞争，靠质量、靠信誉、靠人才、靠服务赢得市场。

人员结构：本所现有从业人员 278 名，其中：注册会计师 129 名，证券相关业务资格的注册会计师 25 名，注册评估师 56 名，注册税务师 32 名，大学本科以上学历及中高级职称占 95.6%。执业资格：1994 年获财政部、国家国有资产管理局、中国证券监督管理委员会批准的从事证券、期货相关业务审计、评估双重资格。2000 年获财政部、中国人民银行批准的全国首批从事金融相关业务资格。执业范围：审计企业会计报表，验证资本、办理企业合并、分立、清算事项中的审计事务，工程造价咨询、会计业务咨询等。

地址：北京市西城区西长安街 88 号首都时代广场 808 室
电话：8391458883914188
传真：83915190
电邮：tyq@ tyqcpa. com

北京兴华会计师事务所有限责任公司

北京兴华会计师事务所(以下简称“北京兴华”)于 1992 年 12 月 5 日在北京成立，原为北京市财政局投资兴办，已于 1998 年率先改制为有限责任公司性质的会计师事务所。2000 年 1 月 27 日，经财政部批准，本所成为马施云国际会计公司旗下 180 名成员之一，可以独立完成 H 股、B 股企业的上市审计，也可根据业务需要，联合马施云国际成员机构为国内企业提供在境外上市融资服务。

北京兴华从十几年前的 30 多人靠自身的发展壮大已经成为北京地区最具实力的会计师事务所之一，拥有较强的人才和技术优势，公司现有从业人员三百余名，注册会计师 194 名，设上市部、审计部、资产评估部、综合管理部及技术标准部等部门。十几年来，北京兴华在社会各界大力支持下，经过全体同仁的艰苦努力，2007 年完成业务收入 10597 万元(北京市行业排名 12 位，中注协排名第 19 位)，2006 年完成业务收入 7036 万元(中国注册会计师协会全国行业综合评价排名 24 位)。

北京兴华取得北京市财政局颁发的 11000010 号执业证书，可以从事注册会计师法定业务。自 1995 年取得证监会、财政部联合颁发的 013 号《会计师事务所证券、期货相关业务许可证》，可以从事辅导企业改制、设立股份有限公司，上市发行股票融资等证券、期货相关业务。

北京兴华的业务范围主要包括：审计企业报表，出具审计报告；验证企业注册资本，出具验资报告；办理企业合并、分立、清算事项中的审计业务，出具有关的报告；法律、行政法规规定的其他审计业务;资产评估业务;会计业务咨询服务。本所注册资金为人民币 218 万元;经营期限为 1998 年 8 月 18 日 – 2048 年 8 月 17 日。

地址:北京市西城区裕民路 18 号北环中心 22 层。
电话:010 – 82250666
传真:010 – 82250851

北京亚洲资产评估有限公司

公司的前身是亚洲会计师事务所有限公司,2008 年 6 月 25 日,经北京市财政局以京财企许可[2008]0048 号文批准同意分立式设立"北京亚洲资产评估有限公司",继承亚洲会计师事务所"资产评估资格(含证券业务资产评估)"。7 月 3 日,公司取得北京市工商局核准登记(营业执照注册号:110000011173234);7 月 18 日,公司取得北京市财政局核发的新资产评估资格证书(证书号 11040018)。2008 年 10 月,财政部、证监会审核确认并以 2008 年第 29 号公告,北京亚洲资产评估有限公司为 93 家证券业务评估机构之一。2009 年 3 月 20 日,经财政部、证监会以财企[2009]38 号文批准取得新的"证券期货相关业务资产评估资格证书"。

公司于 1987 年 7 月 12 日经湖北省审计厅鄂审科培字第 142 号文批准成立,在武汉市工商局登记,注册号 17773687 – 3 – 01#。1993 年经原国家国有资产管理局、中国证监会国资发[1993]53 号文件批准取得"从事证券业资产评估资格"。1993 年经原国家国有资产管理局国资办发[1993]54 号文件批准取得"证券业务资产评估许可证",许可证编号:No. 0000076 号 1995 年经原国家国有资产管理局、中国证监会国资办发[1995]126 号文件重新确认证券业务评估资格。公司系经湖北省财政厅于 1994 年 10 月 18 日以鄂财会发(1994)731 号文批准设立,在宜昌市工商局登记,注册号为 17918290 – 7 – 2。公司系经湖北省财政厅于 1999 年 3 月 18 日以鄂财注发(1999)186 号文批准完成脱钩改制成立,在湖北省工商局登记,注册号为 4200002143073#。公司系 1999 年 12 月 12 日经湖北省财政厅以鄂财注发(1999)1273 号文批准由原武汉市审计事务所与原挂靠单位武汉市审计局脱钩改制成立,在武汉市工商局登记,注册号为 4201002104851#。公司系经湖北省财政厅于 2001 年 4 月 11 日以鄂财评发(2001)357 号文批准,由原武汉竞江会计师事务有限责任公司与湖北发展会计师事务有限公司评估部改组成立,在湖北省工商局登记,注册号为 4200002142898#。公司系 2003 年 9 月 12 日,经北京市财政局以京财会(2003)1668 号文批复同意成立,2003 年 9 月 24 日,经北京市工商局核准登记,注册号为 1100002616640#. 2004 年 3 月 16 日,北京市财政局以京财会(2004)319 号文批复,同意公司吸收合并湖北发展竞江会计师事务有限公司. 2008 年 2 月 19 日,经北京市工商局核准,公司名称变更为:亚洲会计师事务所有限公司。

2008 年 6 月 25 日,经北京市财政局以京财企许可[2008]0048 号文批准同意分立式设立"北京亚洲资产评估有限公司",继承亚洲会计师事务所"资产评估资格(含证券业务资产评估)"。2008 年 10 月,财政部、证监会审核确认并以 2008 年第 29 号公告公司为 93 家证券业务评估机构之一。2009 年 3 月 20 日,经财政部、证监会以财企[2009]38 号文批准取得新的"证券期货相关业务资产评估资格证书"。

地址:北京海淀区西四环中路 16 号院 2 号楼 3 层
电话:010 – 88212365
传真:010 – 88210558

北京永拓会计师事务所有限责任公司

北京永拓会计师事务所有限责任公司(以下简称"永拓")成立于 1994 年,注册资本 560 万元。总部位于北京 CBD 内,具有国内一流的办公条件。1997 年经财政部批准为国际成员所。

经过 15 年的发展,永拓完成了规范化、集团化和国际化三大跨越,发展成为国内最具实力和发展潜力的会计师事务所之一。2006 年,公司成为世界排名第 8 位的尼克夏国际的中国成员所,在尼克夏国际全球性服务网络的支持下,已顺利完成了英国、香港、阿尔及利亚等地的审计服务,实现了国际化的跨越。

永拓拥有一支专业素质高、服务质量优良的执业队伍,永拓机构设置完整,业务部门齐全,内部管理科学,于 2007 年通过了 ISO9001:2000 国际质量体系认证。公司已在黑龙江、山东、江苏、重庆、湖北、深圳、广东、广西等地设立了 8 家分公司,浙江分公司的设立正在进行中。2007 年底,经香港注协批准成立了香港永拓会计师事务所。

永拓是国内资质最齐全的会计师事务所之一,拥有众多的执业资格,包括:1、财政部、中国证监会批准,证券、期货相关业务审计资格;2、北京市司法局批准,司法会计鉴定资格;3、北京市高级人民法院批准,审计资格和企业破产案件管理人资格;4、美国上市公司监督管理委员会批准,美国上市公司审计资格;5、财政部、中国人民银行批准,金融保险相关业务审计资格;6、国务院国资委批准,国有大型企业审计资格。

永拓服务的常年机构有:中共中央办公厅系统、中共中央纪律检查委员会办公厅、中共中央组织部、全国人大常委会办公厅、财政部、公安部、广电部等党和国家机关;中国人民银行、中国进出口银行、中国进出口保险公司、中国国际期货集团公司、中国中信集团、中国电力投资集团、中国神华集团等 30 多家中央大型国有企业;中信海直股份、福成五丰股份、佳通轮胎、圣元乳业股份、中国汽车配件系统股份公司等 20 多家海内外上市公司;美国道琼斯公司、日本三菱株式会社、TOTO 东陶公司、日本三井株式会社、韩国 LG 公司、四通乐天公司、法国拉法基公司等著名外商投资企业及其下属企业 300 余家;民营企业 1000 余家。

永拓制定了完善的业务管理制度,严格执行行业规范,定期组织职业道德培训,确保了注册会计师及审计人员独立、客观、公正、优质、高效地执业。

地址:北京朝阳区关东店北街 1 号国安大厦 13 层
电话:010 – 65950511/0611/0711
传真:010 – 65955570

北京中和谊资产评估有限公司

北京中和谊资产评估有限公司是一家具有证券期货相关业务评估资格的大型资产评估专营公司,注册资金 200 万元,现有从业人员 80 人,其中注册资产评估师、房地产估价师等专业人员 60 余人。经营范围包括各类单项资产评估、企业整体资产评估、市场所需的其他资产评估及项目评估。

北京中和谊资产评估有限公司位于北京市西长安街88号首都时代广场，机构设置包括：总部办公室、质量控制部、业务一、二、三部及山西分公司，正在筹办多家外埠分支机构。

北京中和谊资产评估有限公司于2008年7月由中喜会计师事务所的评估业务分立设立。已从事评估业务近20年，为上千家客户提供了各种类型的资产评估服务，业务遍及全国大部分省份。特别是1994年取得从事证券期货相关业务评估资格以来，进行了大量的企业改制上市、公司资产重组等评估业务，积累了丰富的实务经验。

北京中和谊资产评估有限公司有一支过硬的专业队伍。多年来的执业过程中认真执行资产评估准则、行业规范及国家的有关政策法规，恪守职业道德，未曾被投诉、举报或受到行政处罚，深受客户及行业主管部门的好评。

北京中和谊资产评估有限公司坚持“为客户提供满意有效服务”的执业理念，恪守“独立、客观、公正、科学”的执业原则，建立和完善内部管理制度和业务质量控制制度，加强与国内同行及国际评估机构的交流与合作，以持续的专业培训保持和提高执业队伍的业务能力和职业操守，不断提高服务质量与执业水平。北京中和谊资产评估有限公司于2008年7月经北京市财政局批准，由中喜会计师事务所的评估业务分立设立。北京中和谊资产评估有限公司下设石家庄业务部、邯郸业务部、山西分公司。

北京中和谊资产评估有限公司致力于创建具有自己特色的公司文化，以更好地服务客户，回报社会。

地址：北京西城区北京市西城区西长安街88号
　　首都时代广场408室
电话：010－83914108
传真：010－83914436

北京中天和资产评估有限责任公司

北京中天和资产评估有限公司始建于1989年，1991年2月经辽宁省国有资产管理局正式批准成立。1993年5月经国家国有资产管理局和中国证券监督管理委员会批准，成为首批获得证券期货相关业务资产评估资格的评估机构之一。2002年12月16日经辽宁省财政厅辽财资函（2002）395号文批准，沈阳中沈资产评估有限责任公司与沈阳四方资产评估有限责任公司合并，变更法人代表、变更出资人。2004年4月9日经辽宁省财政厅辽财资函（2004）122号文批准，公司名称由原沈阳中沈资产评估有限责任公司变更为辽宁中天资产评估有限责任公司。法人代表、出资人、注册资金均未作变更。2008年6月迁址更名为北京中天和资产评估有限公司

公司注册资本100万元人民币，为了适应评估事业发展的需要，公司内设：房地产评估部、设备评估部、综合资产评估部、无形资产评估部、评估复审部及办公室等职能部门。本公司拥有一批素质好，技能高，经验丰富的专业人士，中国注册资产评估师、房地产估价师、土地估价师、旧机动车鉴定师、机械工程师、基建工程师及会计师52人，其中注册资产评估师35人，员工年富力强，平均年龄有40岁以下，均具有高级技术职称或大学本科以上学历，有着丰富的评估业务经验。执业中遵守职业道德，维护客户的权益，遵循执业规范，内部管理制度健全，全公司实行现代化管理。

本公司多年来，受托为多家公司的上市及上市后的各类型经济行为进行了评估服务，受到普遍的赞誉和好评。

地址：北京西城区北京西城区车公庄大街九号
　　五栋大楼B幢1单元802号房
电话：010－88395676－2101
传真：010－88395200

大信会计师事务有限公司

大信会计师事务所（以下简称大信）系由我国资深注册会计师、武汉大学兼职教授吴益格先生创建于1985年11月，是我国成立最早的一家民办会计师事务所。目前大信总指挥机构设在北京，并在上海、武汉、山东、深圳设有四个区域性业务总部，分辖16个直属审计业务部及重庆、四川、河南、广西、青岛、江苏等分所，还在香港设立大信梁学濂（香港）会计师事务所。常年客户达1500余家，包括中央企业29家，省属大型国企86家，H股、B股、A股上市公司70余家，拟上市公司近百家。遍布全国二十余个省、市、自治区。

2009年全所员工达到2342人，其中CPA630多人，包括英国皇家特许CPA及香港CPA。2009年实现业务收入近5亿元，居中国注册会计师协会“百强所”综合排名第九位（本土所第五位）；上市公司客户量连续十一年居中国证监会排名前十位；国务院国资委备选中介机构综合排名第一；国家审计署备选中介机构综合排名第六。被媒体誉为“一家受上市公司欢迎的会计师事务所”、“注册会计师行业一个知名品牌”。

大信的专业力量在发展中壮大成长。现已形成一支以“三师”（注册会计师、注册评估师、注册造价师）、“三高”（高级会计师、高级工程师、高级经济师）为核心的精英团队。并以其规模和实力，获得会计中介机构各种执业资格，包括财政部、中国证监会颁发的证券、期货相关业务审计、评估资格；建设部批准颁发的工程造价咨询（甲级）资格；国土资源部颁发的土地咨询A级资质；国有大型、特大型企业审计资格。

大信在不断发展壮大的过程中，逐步建立健全了内部治理结构和质量控制标准，同时形成了“五大”服务专长：即上市公司审计与股份制改制服务，金融审计及其他法定审计服务，资产评估服务，工程造价咨询服务，企业管理咨询服务。大信常年服务的客户主要有中国保利集团、中国华电集团、中国核工业建设集团、国家开发投资公司、中国化学工程集团、武汉钢铁（集团）公司、中国兵器装备集团、中国船舶重工集团等大型、特大型企业。

地址：北京市海淀区知春路1号学院国际大厦15层
电话：010－82330558823305008 2330556
传真：010－82327668
武汉业务总部
地址：武汉市中山大道1166号金源世界中心AB座7－8层
电话：027－82814094828090318 2833809
传真：027－82816985

福建华兴会计师事务所有限公司

福建华兴有限责任会计师事务所原由福建华兴会计师事务所更名，于1999年元月正式成立。现拥有从业人员160多名，其中，注册会计师、从事证券、期货相关业务注册会计师、注册资产评估师、工程造价师、注册税务师、房地产估价师、土地估价师等具有各类专业资格的员工占从业人员的75%以

上;本所为各类客户提供服务中,以为证券、期货、金融企业、股份制企业、外资企业和其他中型企业提供审计、资产评估和会计顾问服务见长。服务对象遍布省内外和港澳地区,是一家具有较大影响的会计师事务所。

我所从诞生至今已走过了二十年不平凡历程,在工作中积累了丰富经验,业务建设中集中了一批高素质、高学历的高级人才,本所160多名员工中大专以上学历的占90%以上,其他业务人员都具有大专以上学历。具有经济、会计、工程类的专业高级人才50%以上,并与境外、国外会计公司建立了长期的业务合作关系。1993年以来,经中华人民共和国财政部、中国证券监督管理委员会确认具有证券业务审计资格,2001年3月经中华人民共和国财政部、中国人民银行获准从事金融相关审计业务资格,还具有国有大中型企业审计、资产评估、基建预决算审计、房地产评估等相关执业资格。

福建华兴有限责任会计师事务所将通过建立有效的经营管理机制和科学的执业规范体系,使事务所规模水平不断发展和提高,以适应改革开放和建立社会主义市场经济的需要,充分发挥注册会计师、注册资产评估师在经济活动中的鉴证和服务作用,维护社会公共利益和投资者的合法权益。

我们服务范围包括:会计审计服务、工商登记服务、税务咨询服务、资产评估服务、基本建设项目审计、工程造价咨询服务、管理咨询服务。

在多年的工作中,我们一贯恪守以质量求信誉、以信誉求发展的建所方针,认真执行财政部、中注协制定的各项执业规范,不断完善业务工作质量控制制度,严格遵守《中国注册会计师职业道德准则》,在社会上和客户中牢固树立了"独立、客观、公正"的良好形象。目前我所正在贯彻实施《中国注册会计师独立审计准则》,以不断提高执业质量为突破口,推动业务的快速发展。我们十分珍惜已取得的业绩和信誉,在成绩面前,居安思危,力争把本所建设成为让客户满意的会计师事务所。

地址:福建福州市鼓楼区湖东路152号中山大厦B座8层
电话:0591-87858259
传真:0591-87840354

广东大华德律会计师事务所

广东大华德律会计师事务所(特殊普通合伙)由深圳大华天诚会计师事务所与广东恒信德律会计师事务所有限公司于2008年1月合并而成。2008年5月20日经深财会[2008]41号批准正式更名为广东大华德律会计师事务所。自2008年5月27日起使用新名称。合并前的深圳大华天诚会计师事务所是由原深圳大华会计师事务所与广州天诚会计师事务所于2000年7月经深圳市注协及中注协批准合并成立。原深圳大华会计师事务所成立于1987年,原广州天诚会计师事务所成立于1988年(原名广州天河会计师事务所,1998年"脱钩改制"时更名为广州天诚会计师事务所)。合并前二个所均具有从事证券、期货相关业务审计的资格。2001年3月16日经沪财会[2001]22号批准在上海设立分所,2004年6月8日经京财会[2004]838号批准在北京设立分所,共有北京、上海、广州3个分所。

合并后的广东大华德律会计师事务所(特殊普通合伙)注册地为深圳市,在珠海、南昌、广州设管理总部。在上海、北京设有分所,新所共有15名合伙人,602名员工,其中注册会计师195人,负责国内近60家上市公司的年度财务报表审计。事务所合并后将继续承接原合并前深圳大华天诚会计师事务所的证券相关业务审计资格,为国内上市公司的年度财务报表审计提供服务;继续原大华天诚会计师事务所的德豪国际会计师事务所中国成员所资格及在美国公众公司会计监督委员会的注册资格,参与对美国上市公司以及其子公司的审计业务,成为目前华南地区规模最大的会计师事务所,也是全国最大的特殊普通合伙会计师事务所。

地址:广东深圳市福田区滨河大道5022号联合广场
B座11楼
电话:0755-82900952
传真:0755-82900965

广东恒信德律资产评估有限公司

广东恒信德律资产评估有限公司经双方股东同意于2008年12月9日吸收合并了广州聚信资产评估有限公司。原聚信公司人员、业务并入恒信德律,聚信的股东变更为恒信德律的股东。广州聚信资产评估有限公司是2008年7月经广东省财政厅批复由广东广信会计师事务所有限公司分立方式设立的评估公司。合并后公司现有股东7人,注册资本200万。公司住所广东省广州市东风东路753号天誉商务大厦东塔22楼。原广东恒信德律会计师事务所有限公司经广东省财政厅批准成立于1985年,是广东省成立较早的会计师事务所之一。1993年取得国家证监会和财政部颁发的证券许可证。原广东广信会计师事务所有限公司是1992年经广东省财政厅批准,由广东广信会计师事务所改制成立,具有审计和评估资格。

合并后的公司名称仍为广东恒信德律资产评估有限公司。合并后的公司承续原公司的证券期货评估资格。广东恒信德律资产评估有限公司是2008年7月经广东省财政厅粤财工(2008)223号文件批复,由广东恒信德律会计师事务所有限公司分立方式设立的评估公司,具有证券期货类评估许可资质。

地址:广东广州市广州市东风东路753号
天誉商务大厦东塔22楼2205
电话:020-87619080

国富浩华会计师事务所有限公司

国富浩华会计师事务所是由北京五联方圆会计师事务所、万隆亚洲会计师事务所、中磊总部及其安徽、江苏、福建、广东佛山分所合并组建的一家综合性专业服务机构,具有证券期货相关业务审计特许资格,业务涉及股票发行与上市、审计、公司改制、企业重组、资本运作、财务咨询、管理咨询、税务咨询等领域,客户涵盖上市公司、拟上市公司、特大型企业(集团)、跨国企业(集团)、外资企业以及学校、医院等企业事业单位和政府相关部门。

事务所总部设在中国北京,并在全国设有31家分所,分布在上海、湖北、重庆、天津、山东、辽宁、广东、深圳、吉林、陕西、黑龙江、江苏、安徽、福建、甘肃、青海、宁夏、河南、山西、四川、江西、新疆、浙江等地,执业网络完善。2008事务所收入规模超过5亿元,上市公司55家,规模居全国前列。

事务所具有雄厚的专业技术力量,凝聚了一大批具备深厚的专业素养、丰富的实践经验、良好的沟通能力及团队精神的行业精英。事务所现有从业人员约2500人,其中,行业领军人才6人,注册会计师800余人,近1000人具有中高级以上专业技术职称,一大批专业技术人员具有海外留学背景,多人持有英国皇家特许会计师公会(ACA)、英国特许管理会计师公会(CIMA)、英国特许公认会计师公会(ACCA)澳大利亚会计师公会(CPAAustralia)及香港会计师公会(HKICPA)等执业资格。

地址:北京海淀区北京市海淀区西四环中路
　　16号院2号楼401
电话:010-88219191-4011
传真:010-88210558

湖北众联资产评估有限公司

湖北众联资产评估有限公司,前身为湖北资产评估公司,创建于91年。1991年8月原5国家国有资产管理局颁发"资产评估资产证书";1993年5月国家国资局、中国证监会颁发了"从事证券业务资格评估许可证";直属湖北省国资局,是湖北省第一家资产评估专营机构,1999年12月脱钩改制为湖北证联资产评估有限公司,2001年4月更名为湖北众联咨询评估有限公司,现根据财政部[2005]第22号令要求更名为现名。国家国土资源部于2002年4月颁发了"土地评估机构资质证书",湖北省司法厅于2002年7月颁发了"司法鉴定许可证";湖北省建设厅于2002年12月颁发了"房地产价格评估机构资质证书";是具有多种执业资格的专营评估机构。

公司各类专职执业人员66人,其中注册资产评估师32人,注册土地评估师14人,注册房地产估价师11人。由具有丰富评估经验的中国注册资产评估师、中国注册房地产估价师、中国注册土地估价师、中国注册造价工程师、中国注册会计师以及高级工程师、高级会计师、高级经济师、高级审计师、教授和机械工程师、经济师、会计师等各类专家组成,是一支人才众多、实力雄厚、门类齐全、业务知识结构合理的专业技术队伍。

公司现拥有办公面积1300平方米,办公设备齐全,拥有办公用电脑设备达60余台,并配装了局域网,办公的硬件设施能满足公司业务的开展。

公司严格遵守国家各项法律、法规、制度、办法及行业规则,坚持独立、客观、公正、廉洁的原则,奉行诚信为本、操守为重、信誉至上、质量第一的宗旨,以严谨求实的精神,信守协议、恪守职业道德、保证业务质量、合理收费、依法办事,以自己的专业优势、人才优势、信息优势和丰富的执业经验,维护所有者和经营者的合法权益,竭诚为国内外客户提供全方位的高效优质服务。

公司执业立足湖北遍及北京、上海、广东、珠海、深圳、浙江、陕西、安徽、河南、山东、内蒙、长春、青海、辽宁、四川、贵阳、海南、西藏等21个省市和地区。公司已承办上市公司资产评估28户,其他上市公司增资扩股、资产重组、股权转让等评估项目25户,拟上市公司资产评估25户。公司已承办各类资产评估3774户,评估值2348亿元,无不良工作记录。

地址:湖北武汉市武汉市江汉区解放大道
　　单洞路口国际大厦B座17楼
电话:027-85826771
传真:027-85834816

华寅会计师事务所有限责任公司

1995年7月26日经中华人民共和国审计署审管发[1995]188号文批准,成立中华人民共和国审计署署管华银审计事务所,并在湖南省工商行政管理局登记注册。1995年由审计署署管改为中注协直管。1999年5月14日经财政部财协字[1999]68号文批准脱钩改制为华寅会计师事务所有限责任公司,1999年9月24日在国家工商行政管理总局登记注册,办公地点设在湖南省长沙市车站北路16号。2000年7月17日在国家工商行政管理总局进行变更登记:登记注册的办公地址为:北京市西城区德外五路通街19号院2号楼。2000年7月28日,财政部财会[2000]1011号文件同意华寅会计师事务所与广西中和会计师事务所以吸取合并方式合并,2000年10月25日,在国家工商行政管理局进行增资扩股的变更登记。2001年1月1日根据中注协会协[2000]186号文,华寅会计师事务所改由北京市注册会计师协会管理。

本所拥有会计师事务所执业证书;会计师事务所证券、期货相关业务许可证;资产评估资格证书;工程造价咨询甲级资质证书;金融相关业务审计资格;本所还是国内唯一有"ACCA"培训、考试及实习资格的会计师事务所。

本所总部设在北京,下设有上海、湖南、广西及河南四个分所。注册地址:北京市西城区德外五路通街19号院2号楼;注册资本:271万元;法定代表人:柳协春。本所现正在广东、陕西、四川等省申请设立分所,稳步扩大规模,扎实占领市场,为客户提供便捷、高效的服务。

地址:北京西城区北京市西城区德外五路通街
　　19号院2号楼
电话:010-62378105
传真:010-62378010

江苏天华大彭会计师事务所有限公司

江苏天华大彭会计师事务所有限公司经江苏省财政厅批准设立,其前身为江苏省审计厅直属事业单位——江苏省审计事务所(创建于1988年)。公司经江苏省工商行政管理局登记注册,注册资本300万元,具有独立法人资格,注册地南京。2005年3月公司根据财政部、建设部相关规定分设江苏天华房地产估价事务所有限公司、江苏天华工程项目管理咨询有限公司。

公司现内设七部一室一个专家组五个分公司,即财务审计一部、二部、三部、资产评估部、验资部和管理咨询培训部、质量管理部、办公室、审计专家咨询小组及徐州、无锡、扬州、连云港、苏州分公司。从业人员342名,其中:注册会计师127人,注册评估师31人,注册税务师21人。大学本科以上学历的占从业人员的87%。

公司具有执行证券、期货相关业务和中央企业查证业务、金融相关审计业务资质;各种专项审计资格;资产评估资质;会计审计(证券)、资产评估的司法鉴定资格等,服务面涉及能源、交通、运输、通讯、金融、外贸、建筑、房地产、机械、电子、化工、纺织、医药、旅游、饮食服务等行业和农业、林业、教育、文化、出版等系统。

公司奉行“诚信为根本、质量求生存、人才促发展，服务创品牌”的理念，恪守独立、客观、公正的原则，依法维护客户的合法权益。自成立以来，在政府有关部门、行业和社会各界的关心和支持下，赢得了新老客户的信任，树立了良好的社会形象。

地址：江苏南京市南京市山西路 128 号和泰大厦 7 层
电话：025 – 83721886
传真：025 – 83716000

京都天华会计师事务所有限公司

京都天华会计师事务所有限公司（以下简称“京都天华”或“我公司”）是于 2008 年由原北京京都会计师事务所有限责任公司与原天华会计师事务所有限责任公司合并后更名而来的。京都天华最早成立于 1981 年，是中国本土执业最早、规模最大和最具影响力的会计公司之一。自 1981 年成立以来，京都天华在近 30 年的发展历程中秉承追求卓越和努力进取的传统，以专业精神、专业品质和独特的服务为客户和其他合作伙伴创造价值，与客户共同发展，共达优秀、共悦成功。

我公司合伙人由行业内的专业精英组成，他们兼任财政部会计准则专家咨询委员会委员，XBRL 中国地区组织指导委员会委员，财政部企业内部控制标准委员会咨询专家、中国注册会计师协会理事，北京注册会计师协会常务理事、北京注册会计师协会理事、北京注册会计师协会惩戒委员会副主任委员、国家劳动和社会保障部企业年金管理机构评审专家、中国注册会计师协会专业技术咨询委员会委员、审计准则委员会委员、中国证监会上市公司并购重组专家咨询委员会委员、全国工商联并购公会理事。

京都天华汇集众多优秀人才，拥有一批既有坚实的专业知识，又具有丰富行业经验的会计、审计、税务、金融、管理、法律、评估、计算机等各类高素质专业人才 900 余人，其中注册会计师 345 余人，注册税务师 60 余人，注册资产评估师 20 余人，造价工程师 16 人。全所百分之四十以上人员具有注册会计师、注册税务师、注册评估师或两种以上执业资格，中青年专业人员占 90% 以上。

京都天华经财政部、中国证监会批准，第一批获得从事证券期货相关业务资格。同时也是第一批取得金融审计资格的会计师事务所之一。根据财政部《关于国有企业年度会计报表注册会计师审计若干问题的通知》（财企〔2000〕905 号），京都天华成为符合特大型国有企业审计条件的会计师事务所。

我公司于 2009 年 9 月加入了国际第五大会计公司——均富国际（GrantThornton）的成员所。均富国际是全球知名的会计师事务所，全球员工人数约 28000 人，办事处数目超过 490 家，覆盖 110 个国家。已成为世界最大的跨国会计师事务所及咨询机构之一，国际排名第五，并已成为成长型客户的第一选择。

京都天华所始终将客户的需求置于首位，在客户进行商业决策的各个阶段提供专业服务。京都天华经批准经营范围包括：审计企业会计报表，出具审计报告；验证企业注册资本金，出具验资报告；办理企业合并、分立、清算事项中的审计业务，出具有关的报告；法律、行政法规规定的其他审计业务；资产评估业务；工程造价咨询服务；工程项目管理过程咨询服务；会计业务咨询服务；人员培训；接受企事业单位委托提供劳务服务；基建工程预决算审计等。

为更好地为客户提供更便利的服务，我公司以北京为中心，在上海、广州、四川、湖北、吉林和山西设立了分所，实现了全国服务网络一体化。作为均富成员所，京都天华与客户共享资讯时代均富国际全球网络的技术资源及专业经验，共达优秀，共同成长。

我公司拥有会计、税务、金融、法律、商业顾问、管理咨询、工程造价咨询、工程项目管理及电脑方面的专家，可在能源业、交通运输辅助业、通讯业、制造业、金融业、传媒资讯业、制药业、酒店业、建筑业、房地产业、出版业、食品饮料业等领域为客户提供专业服务。京都天华为特大型、大中型中央企业、国有企业、具有较高知名度的上市公司、中外合资企业、中外合作企业及外商投资企业提供审计及会计服务。

地址：北京朝阳区建外大街 22 号赛特广场五层
电话：010 – 65264838
传真：010 – 65227521

开元信德会计师事务所有限公司

开元信德会计师事务所（简称开元信德）是一家已有 20 多年延续历史的大型会计师事务所，集证券审计、国有大型企业审计、高新技术企业认定、税务咨询、工程造价、司法鉴定等多种执业资格，并富有特色文化的会计师事务所集团公司。开元信德由始建于 1985 年 2 月的湖南开元会计师事务所与 1992 年 3 月创办的深圳天健信德会计师事务所和湖南天兴会计师事务所于 2007 年 10 月合并组建而成，注册资本 500 万元，总部设在北京，已先后在湖南长沙、深圳、安徽合肥、广东东莞和上海设有分所。2009 年开元信德在中国注册会计师协会发布的“2009 年会计师事务所综合评价前百家信息”排名第 26 位。2008 年 6 月入围国务院国资委 2008 年 – 2009 年审计项目会计师事务所，排名第 19 位；2008 年 10 月入围北京市政府国资委 2008 年至 2009 年国有企业财务审计咨询服务机构。

开元信德聚合三所的全部人力资源和客户资源，禀承一贯的优良传统。20 多年来，开元信德团队恪守“独立、客观、公正、服务”的执业原则，以其诚实守信、专业勤勉、锐意进取的风格致力于帮助中国企业在新经济时代的挑战中创造价值，追求卓越。其资深会计师早在 1988 年就参与我国第一批公司股份制改组与上市工作，是我国最早获得从事证券期货相关业务审计、证券评估资格的会计师事务所之一。开元信德已先后协助数十家企业在境内外成功上市，并为国内数百家不同行业的大、中型企业提供专业服务；开元信德在企业重组、资本运作、公司改制、股票发行与上市、审计及税收、财务咨询、造价咨询等专业服务方面具有很强的实力和骄人的业绩。

开元信德遵循“以人为本、团队协作、公平竞争、管理规范”的管理理念，坚持“品德、能力、责任、创新”的用人观，并以此作为团队建设的指南。一批又一批涵盖多学科领域的高素质人才聚集成开元信德的中坚力量，以其敬业勤勉之力，肩负着开元信德的过去、现在和未来。目前，600 余名员工中大多数具有大学本科以上学历或高级职称；一大批经验丰富的注册会计师、注册税务师、管理咨询师、房地产估价师、土地估价师和造价工程师能迅速满足各类客户全方位的专业需求。团结和谐的合伙人团队、高素质的员工队伍和先进的管理体系，能够为客户提供超值的专业服务。

开元信德源起于三湘，以德以诚取信于天下。峥嵘往昔，我们的团队负载着厚重的执业责任，凝聚着对注册会计师事业发展的追求与向往；展望未来，我们将把握市场的需求，以良好的职业操守和练达的专业技能，将市场资源、人力资源、信息资源和技术资源融为一体，一如既往地为每位客户提供最好的专业服务；我们将继续弘扬开元信德的"诚信、专业、勤勉、创新"精神，不断创新思维、超越自我、追求卓越，为实现"创建国内一流、国际知名的会计师事务所"的愿景而拼搏奋进！

地址：北京海淀区北京市海淀区中关村南大街
甲18号军艺大厦B座15层
电话：010－62167760
传真：010－62156158

立信大华会计师事务所有限公司

立信大华会计师事务所（以下简称"立信大华"或"本所"）是根据财政部、证监会、中国注册会计师协会鼓励事务所走联合发展道路、做大做强的有关精神，由北京立信会计师事务所、广东大华德律会计师事务所、北京中兴正信会计师事务所、新疆宏昌会计师事务所、新疆驰远天合会计师事务所、重庆铂码会计师事务所、河南立信兴豫会计师事务所分立部分以及立信会计师事务所的原北京分所与吉林分所合并重组整合而成的国内大型会计师事务所。

合并重组的主要发起单位之一北京立信会计师事务所有限公司是由我国改革开放后全国最早成立几十家会计师事务所之一，也是经财政部和证监会联合核准最早取得证券、期货相关业务审计评估资格的事务所之一，是首批取得金融机构审计资格及符合特大型国有企业审计条件的大型会计师事务所，在中注协公布的会计师事务所综合评价排名信息中一直位居国内会计师事务所五十强之列；2006年10月，北京立信会计师事务所与上海立信长江会计师事务所、广东立信羊城会计师事务所共同发起组建了国内本土会计师事务所的集团旗舰品牌——立信会计师事务所管理有限公司（以下简称"立信管理公司"）。立信管理公司的成立，意在传承我国会计界泰斗、已故的潘序伦老先生创办的"立信会计"这一国际知名的会计品牌和民族旗帜，弘扬潘序伦先生在我国注册会计师行业创导并践行的以信立人、以信立事、以信立所的职业态度与精神，把这一具有深厚历史积淀的优秀民族品牌和文化，不断传承下去，并通过我们这代人的艰苦努力，将立信品牌推广到国际会计市场和全球经济舞台。立信管理公司积极开展与国际同行的技术与业务合作，与国际知名会计公司进行了多方面的合作，通过多种合作，我们的理念和综合实力得到国际同行的认可，2009年1月，立信管理公司与排名国际会计公司第五位的BDO国际签署协议，成为BDO国际的成员机构。由此立信管理公司体系内的各成员所均间接成为BDO国际的中国成员所。

合并重组的另一家主要发起单位广东大华德律会计师事务所则是由原深圳大华会计师事务所与原广东恒信德律会计师事务所等合并重组更名而成的、我国华南地区最大的会计师事务所，而原深圳大华会计师事务所系由上海财经大学于1987年在深圳创建，是当时上海财大创办的大华系会计师事务所三驾马车之一，也是大华系三个会计师事务所中目前仅存的一家。该事务所的创办人上海财经大学娄尔行教授和徐政旦教授，是我国著名的会计、审计学专家和教授，在业界具有较大影响。该所于1997年脱钩改制为合伙制会计师事务所，并在2000年吸收合并了原广州天诚会计师事务所后，更名为深圳大华天诚会计师事务所。2008年5月，深圳大华天诚会计师事务所在合并广东恒信德律会计师事务所的基础上，更名为广东大华德律会计师事务所。合并后的广东大华德律会计师事务所总部设在深圳，并在上海、广州、北京、珠海、南昌等地设有分所，拥有600多名专业人士，2008年度的营业收入1.2亿，全国综合排名第21名，是国内最大的有限合伙制会计师事务所（LLP），也是我国华南地区规模最大、执业资质最全、服务能力最强、影响力最大的一家会计师事务所，其上市公司客户数量位居全国事务所的第四位。

参与本次合并重组的北京中兴正信会计师事务所、新疆宏昌会计师事务所、重庆铂码会计师事务所和新疆驰远天合会计师事务所以及河南立信兴豫会计师事务所均为在国内的重要经济区域内具有较长的执业历史、较大规模和具有较大影响的事务所。他们在为国有特大型中央企业、国有金融保险企业提供会计审计专业服务、以及接受财政部、银监会委托，承办会计信息检查和财务收支等专项审计方面积累了丰富的执业和项目组织管理经验。参与本次合并会计师事务所中有五家是连续多年位居国内会计师事务所百强排行榜内的国内大所，其中有两家具有证券期货相关业务资格、两家已具备证券期货相关业务审计资质条件待财政部、证监会批准授予；此外，这次加入立信大华的原立信会计师事务所北京分所与吉林分所一直在国内排名第六位（含国际四大）的立信会计师事务所直接管理下，执行立信管理公司的统一技术标准，并积累了比较丰富的执业和管理经验。因此我们认为立信大华的合并重组是在财政部和证监会政策引导下进行的优势互补、强强联合、做大做强的良好范例。

合并重组后的立信大华，是有限责任公司形式的会计师事务所，目前股东人数共有39人。立信大华的法定代表人和主任会计师梁春先生，为原北京立信会计师事务所的主任会计师，从1992年离开财政部门进入注册会计师行业开始，一直担任会计师事务所的主要领导和法定代表人，具有多年的会计师事务所的从业经验和组织管理经验，既精通业务也谙熟管理，经验丰富、年富力强、且社会联系广泛、学识渊博。梁春先生曾在新加坡南洋大学学习研究工商管理，取得管理学硕士学位，是财政部会计准则专家咨询委员会委员、中国注册会计师协会职业道德准则委员会的委员、北京注册会计师协会常务理事，在会计师事务所内部和行业内外都有较高的声望；立信大华的总经理邬建辉先生年仅39岁，是清华大学管理学硕士，大学毕业后一直在大华会计师事务所执业一线，他既是审计专家又是管理专家，而且年富力强，专业建树颇丰；立信大华副董事长郭春亮先生是具有十多年的领导管理事务所工作经验并通过中注协选拔测试的行业领军人才；副董事长刘少君先生，从上海财经大学硕士研究生毕业后，长期在财政部监督检查局所属的财政监督检查专员办事处从事企业财务会计的监督检查组织管理工作，具有丰富的财经管理经验，并已具有十余年会计师事务所主要领导的专业和管理工作经验；立信大华副董事长胡春元先生，长期从事注册会计师行业理论和实务研究工作，是国内注册会计师行业的著名专家、中国注册会计师审计准则工作组成员和财政部内部控制标准委员会的咨询专家、深圳证券交易所上市委员会委员;立信大华副董事长潘荣卿先生。

合并重组后的立信大华,按照共同商定的原则重新选举产生了新的公司董事会、监事会和经营管理团队的组成人员,新的领导班子团结和谐,坚强有力。立信大华对合并后的机构、人员和业务、质量控制、财务管理等方面进行了整合,其中机构方面不论总所和分所,同城机构一律在一起合并办公,业务人员按照服务的行业或服务的专业领域进行整合归并,行政综合管理人员按照工作部门归口合并,业务承接和客户管理按照全所统一管理与明确责任人相结合的原则进行管理、质量控制全所执行统一标准、统一进行风险评估和统一的质量控制复核;财务实行统一的会计核算,并实施统一的财务管理,对分支机构采取收支两条线管理方式。此外在行政综合管理方面,也统一了各项管理制度、人力资源、信息化建设等均由总所统一协调管理。

立信大华的新注册办公地址为北京市海淀区五棵松商务办公区,合并重组后立信大华注册资金变更为5000万元。立信大华除北京总部外,还在深圳、广州、重庆、沈阳、长春、长沙、乌鲁木齐、南昌、郑州、武汉、呼和浩特等重要经济区域的中心城市设立了分支机构。

地址:北京东城区东长安街10号长安大厦三层
电话:010-65263618
传真:010-65130555

立信会计师事务所有限公司

立信会计师事务所由中国会计泰斗潘序伦博士于1927年在上海创建,是中国最早建立和最有影响的会计师事务所之一,于1986年复办。2000年6月由朱建弟、李德渊、周琪、戴定毅、郑幗琼、王德霞、钱志昂、施国樑、孟荣芳等人发起设立立信会计师事务所有限公司(原名上海立信长江会计师事务所有限公司),注册资本500万元。经国家批准,依法独立承办注册会计师业务,具有从事证券期货相关业务的资格。根据美国萨班斯?奥克斯法案之规定,非美国审计机构如需对美国上市公司之海外公司进行审计,需要在PCAOB(PublicCompanyAccountingOversightBorar)进行注册,立信已于2004年8月获得该资格。

立信继承发扬中国会计泰斗潘序化先生倡导的“信以立志、信以守身、信以处事、信以待人”的准则,一贯注意职业道德、服务质量,立信于社会、似万里长江奔流不息。经过近几年的长足发展,立信在业务规模、执业质量和社会形象方面都取得了国内领先的地位。2001年起,立信在全国会计师事务所签发国内上市公司审计报告数量排行榜上保持第一。

2000年10月,经财政部批准,立信加入国际会计师事务所集团,业务扩展到为委托人提供海外需要而作的审计服务(包括境外审计业务)。2000年至目前为止,经财政部门批准,立信又相继在新疆、江苏、杭州、北京设立分所,由此使立信成为国内颇具影响力的、跨地区的会计师事务所之一。

立信现有从业人员1,000多名,其中执业注册会计师500多名,具有中国证券期货从业资格的注册会计师70人,拥有多名经验丰富、在会计界有影响的资深专家。总所设在上海,下设审计业务部21个、国际业务部、审核部、技术部、培训部、管理咨询部,以及资产评估部、工程造价咨询部、税务咨询部、法律服务部等。现有客户遍布全国各地,其中股份制公司120余家,已上市的公司100多家,外商投资企业2,000多家,并与多家商业银行、期货经纪公司、保险公司、基金、大型国有及民营企业保持良好的审计业务关系。

独立、公正、客观是立信一贯秉持的原则,在信用经济和信息社会化的时代中,立信将继续坚守职业道德,重视执业质量,为国内外委托人提供优质可靠的服务。

地址:上海黄浦区南京东路61号4楼
电话:021-63391166
传真:021-63392558

利安达会计师事务所有限责任公司

REANDA,中文名称利安达,在中国注册会计师协会注册的名称为利安达会计师事务所有限责任公司(简称“利安达”)。事务所成立之初名称为“利安达会计师事务所”,经系列合并重组后名称变更为“利安达会计师事务所有限责任公司”,2002年—2007年曾是德豪国际会计师事务所(BDOInternational 世界第五大国际会计和咨询组织)在华的重要成员所。

利安达注册资本为600万元人民币,累计提取的职业风险金1000多万元人民币,职业责任保险累计赔偿限额达到4000万元。利安达目前具有财政部和中国证监会批准的执行证券、期货相关业务审计资格、财政部和中国人民银行批准的从事金融审计相关业务资格、中国注册会计师协会核准的承担大型国有企业审计资格、北京市司法局批准的司法鉴定资格及美国PCAOB和加拿大CPAB注册,具有为在美国和加拿大证券市场上市的公司提供审计服务的资格。

自1993年成立以来,利安达经过十余年的努力发展,在哈尔滨、珠海、长春、沈阳、天津、济南、深圳、大连、长沙、杭州等主要城市设有20个分支机构或战略联盟,系具有相当规模的会计集团网络,进入国内大型会计师事务所的行列,拥有一大批在国内外享有很高知名度的客户网络。2006年度业务收入超过1.2亿元,是全国十家业务收入过亿的事务所;利安达在中国注册会计师协会2007年度百家会计师事务所排名中名列第9位(不含国际“四大”);在北京注册会计师协会2007年北京地区百家会计师事务所排名中名列第6位(不含国际“四大”);

利安达本着守法自律、客观公正、薄利重义、优质高效的宗旨,加快规范化、规模化、国际化发展的步伐,全面与国际接轨,无论在审计、会计、税务、财务、投融资及管理咨询等领域均可为客户提供全方位、全球性的服务,可以便利地为客户进入国际资本市场提供满意的服务,并且仍在继续扩大服务范围。

地址:北京朝阳区八里庄西里100号
住邦2000一号楼东区2008
电话:010-85866870
传真:010-85866877

山东汇德会计师事务所有限公司

山东汇德会计师事务所有限公司是1998年底改制设立的有限责任会计师事务所。前身是1984年成立的隶属于青岛市财政局的山东青岛会计师事务所,下设威海、东营两个分所，是目前山东省最具规模、信誉最好的专业会计师事务所之一。

山东汇德会计师事务所有限公司拥有一支专业水平高、业务能力强和年龄结构合理、整体素质高的专业队伍。现190余名员工中有注册会计师100余人，注册税务师20余人。执业人员全部具有大专以上学历，具有高级技术职称的20多人，中级技术职称的100多人。英语达到国家四级至六级的有60余人。

山东汇德会计师事务所有限公司自1992年取得从事证券期货审计业务资格，目前是青岛市唯一一家有证券期货执业资格会计师事务所，财务审计业务拥有遍布省内外包括青岛海尔、青岛海信、普洛股份、健特股份、青岛金王、贵州红星、滨州活塞、太原刚玉、山东恒邦冶炼等二十余户上市公司（其中在新加坡交易所有三家上市公司）、滨州集团股份公司、保龄宝生物科技股份公司、山东兴民钢圈股份公司、青岛塞轮股份公司、山东凤祥爱迪西公司、青岛华仁药业公司、青岛汉缆股份公司等三十几户拟上市公司和爱立信、住友、三菱、香格里拉、LG等一批国际知名跨国公司在青的投资企业，以及青岛地区的外资银行，如韩国韩亚银行投资的青岛国际银行、日本山口银行青岛分行等外商投资企业、股份制企业、国有企业等各类企业400多家常年客户。

这些客户都与山东汇德会计师事务所有限公司建立了良好的合作关系，得到山东汇德会计师事务所有限公司从政策法规的及时传递辅导、税务咨询，对有关内部控制的建议到优质高效的会计报表审计等全方位、高水准的专业服务，赢得了客户的信赖与好评。

山东汇德会计师事务所有限公司是世界同行业排名第九位的浩华国际会计公司的成员所，享受浩华国际在信息、技术、管理等方面提供的支持；同时，可以以浩华国际名义出具B股、H股及其他境外股票上市业务审计报告。

地址：山东青岛市东海西路39号世纪大厦26－27楼
电话：0532－85798599
传真：0532－85796505

上海财瑞资产评估有限公司

上海财瑞资产评估有限公司成立于一九九六年二月，一九九六年四月公司经中国证监会批准获得从事证券业务资产评估许可证。二OOO年公司根据国办发[2000]51号《关于清理整顿经济鉴证类社会中介机构领导小组关于经济鉴证类社会中介机构与政府部门实行脱钩改制意见的通知》的要求，实行并完成了机构脱钩改制，成为具备注册执业资格自然人出资、专业从事资产评估的机构。2005年10月，公司通过香港品质保证局ISO9001：2000质量管理审核并获得认证证书，该认证同时亦得到欧盟质量的认可。公司注册资本人民币200万元，办公面积900多平方米，拥有各类专业技术和管理人员52名，其中大学本科毕业以上人员33名，占63.5%，高级专业技术职称人员5名，注册资产评估师44名，上海市政府采购咨询专家5名。

公司建立了较为完善的法人治理结构，实行董事会领导下的总经理负责制。总经理室下设总评估师室、技术标准部、事业发展部、人力资源部、行政管理部、财务室以及四个业务项目部，同时建立健全了符合行业规范的组织架构、实务操作程序和执业准则，从项目洽谈到项目执结全部纳入计算机信息化管理系统，每个环节都设定了质量控制制度和质量考核指标，通过标准化管理模式提高项目整体运作水平和过程控制。

公司自成立伊始秉承诚信执业、追求卓越的服务宗旨，立足上海、辐射长三角，经过十多年的开拓和发展，奠定了复合型专业中介咨询品牌企业的基础，近年来更是紧密围绕国务院国资委关于强化对国有资产监管、预防国有资产流失的管理体制改革发展目标，努力适应市场需求，通过公开市场化操作、公正评估国有资产，严格资产评估法规、以及规范资产评估程序和制度，做到资产评估的公正性和科学性，确保国有资产评估价值的合理与准确。

公司承接的大型国有企业及上市公司资产评估项目包括有：上海电气（集团）总公司、光明食品（集团）有限公司等国有企业集团改制和资产重组所涉企业价值评估；上海陆家嘴金融开发区股份有限公司、上海申通地铁股份有限公司等上市公司资产整合所涉企业价值评估；上海城市投资建设开发总公司、上海世博（集团）有限公司等大型集团公司所属资产评估；上海临港经济发展（集团）有限公司、恒源祥（集团）有限公司组建企业集团方案设计及相关咨询服务；以及中国长城、中国东方、中国信达、中国华融资产管理公司委托的金融债权资产评估与价值分析等。评估项目报告质量和服务水平获得国资委及委托单位的一致好评。

地址：上海嘉定区南翔镇翔江公路1288号3幢313室
电话：021－62261357
传真：021－62257892

上海众华沪银会计师事务所有限公司

上海众华沪银会计师事务所有限公司（以下简称本公司）成立于1985年，1998年改制成有限责任公司。本公司为首批取得从事证券期货相关业务及从事金融、保险机构审计业务资格的会计师事务所之一，同时还是中国证监会认定的具备执行A股公司补充审计试点业务及首次发行证券过程中的专项复核业务资格的15家会计师事务所之一。本公司还具有国有大型企业会计报告审计、司法会计鉴定、上海市高级人民法院委托司法审计等资质，2004年完成美国公众公司会计监督委员会（PCAOB）注册登记，可以从事美国公众上市公司业务。2007年11月取得中国银行间市场交易商协会会员资格，2008年6月取得国务院国资委08－09年审计项目会计师事务所入围资格。

本公司成立近20多年来，已发展成资质较全、具有一定知名度的大型事务所。现有员工近300人，其中注册会计师100余名，注册税务师、注册资产评估师、律师等几十名，有多人拥有英国注册会计师资格，注册会计师中大部分拥有深厚的理论功底和丰富的实践经验，许多人同时还具有会计、经济类高级职称以及硕士学位。

为将事务所建设成为一个以中国本土资源为基础，运用先进国际管理经验，具有国际发展战略眼光的会计师事务所。本公司已于2009年3月22日与全球六大会计师事务所之一的均富国际（Grant Thornton International））正式签约，成为均富国际会计师事务所的成员所。均富国际是注册于英国的国际会计师事务所组织，成立于1924年，发展至今服务范围已覆盖100多个国家及地区，拥有超过2,500名合伙人及29,000多名专业员工。2008年，均富国际的业务收入总计达到

40 亿美元(不包括联系所)。

由于本所是中国财政部、中国证监会和国家国有资产管理局第一批批准的可以从事证券、期货相关业务的大中型会计师事务所。自本所成立以来,已帮助近 100 多家公司股份制改制。本所对上市公司相关法规、会计制度有着深入的理解,这使得本所能够在上市公司相关资产操作的活动中提供更专业的鉴证及咨询业务。

主要上市公司客户:中海发展股份有限公司、中国东方航空股份有限公司、上海海欣集团股份有限公司、中海集装箱运输股份有限公司、中国第一铅笔股份有限公司、一汽轿车股份有限公司、上海金桥出口加工区开发股份有限公司、上海亚通股份有限公司、上海上工股份有限公司、上海耀华皮尔金顿玻璃股份有限公司、上海嘉宝实业(集团)股份有限公司、中国纺织机械股份有限公司、上海同济科技实业股份有限公司、上海海隆软件股份有限公司、金山开发建设股份有限公司、上海万业企业股份有限公司、上海海得控制系统股份有限公司、东方国际创业股份有限公司等。还对天同基金管理有限公司、天同 180 指数证券投资基金、银河基金、长信基金、上海建业投资基金、华安基金、万家基金等项目进行了审计。

本公司拥有丰富的国内大中型企业审计及咨询服务背景,在本所庞大的客户群中,国内大中型企业(集团)始终扮演着重要的角色。本所重要的国有大中型企业服务项目包括:中海发展股份有限公司、中国东方航空股份有限公司、中国中海(集团)总公司、中国东方航空集团、上海汽车集团、上海市城市建设投资开发总公司、上海浦东发展(集团)有限公司、上海建筑材料(集团)总公司、上海临港经济发展(集团)有限公司、上海金桥(集团)有限公司、东方国际(集团)有限公司、上海大盛资产有限公司、上海环境集团有限公司、上海徐家汇商城股份有限公司、上海景瑞地产(集团)股份有限公司,等等。

本公司成立至今,拥有客户超过一千家,包括上市公司、银行、大型国有企业、跨国公司等,涉及制造业、交通运输业、酒店业、房地产业、服务业等各个领域。成为德豪国际的成员所后,本公司在进一步开拓业务、提升执业规范和提高服务质量方面开创了新的局面。

本所将秉承会计师行业的职业道德要求,恪守独立、客观、公正的职业原则,利用我们的专业能力和资源,精心为客户和社会公众提供优良的服务和客观的见证。

地址:上海嘉定区嘉定工业区沪宜路叶城路口
电话:021-63525500
传真:021-63525566

上海众华资产评估有限公司

1998 年 12 月,上海众华会计师事务所有限公司完成脱钩改制;1999 年 12 月,上海众华会计师事务所有限公司、上海东方资产评估有限公司按财政部(财评字[1999]19 号文)规定,分别完成脱钩改制任务;2000 年 12 月,经国资办沪国资评[2000]382 号文批准,上海众华会计师事务所有限公司资产评估部与上海东方资产评估有限公司合并组建上海上海众华资产评估有限公司。上海众华资产评估有限公司作为一家专业的资产评估机构,具有财政部、中国证监会联合颁发的证券期货相关业务评估资质,从事包括证券、金融、涉诉资产等相关业务在内的所有资产评估业务。公司已通过香港品质保证局质量管理体系认证,获得中国质量保证体系认证机构、英联邦 UKAS、国际认证联盟 IQNET 的认可。自 2001 年起连年被评为“上海市信誉咨询企业”,年纳税额连续过百万。

公司形成了一支训练有素、经验丰富的队伍,在评估领域确立了自己的风格和地位。公司严格按有关法律、法规要求开展工作,针对不同的项目提供专业化、个性化的服务,严格遵循职业纪律和职业操守,严守客户秘密。我们高效、务实的工作作风,赢得了客户的高度评价。

公司主要业绩:中海集团下属资产重组、转让项目,光明食品集团下属资产重组项目,香港实业集团收购上海城开(集团)有限公司项目,上海徐家汇商城股份拟上市项目,大盈现代农业股份有限公司资产重组项目、张江高科技园区资产置换项目,东方航空股份有限公司资产重组项目等。

地址:上海徐汇区南丹路 80 号 29 幢 1305-1308 室
电话:021-64699887
传真:021-64287001

天健光华(北京)会计师事务所有限公司

2007 年 1 月 1 日,北京中洲光华会计师事务所、华证会计师事务所和厦门天健华天会计师事务所合并为天健华证中洲会计师事务所,同年 10 月,重庆天健会计师事务所也加入了合并的行列。2008 年 7 月,事务所更名为天健光华会计师事务所。

在过去长期的执业过程中,四家会计师事务所都取得了杰出的成绩,在业内获得了良好的口碑。合并后的事务所秉承了原有的管理经验和行业信誉,并在此基础上进行了内部整合及优化资源配置,这使我们在业务规模、专业人才、服务网络、执业质量等方面都得到了大幅度提升,成为国内会计市场享有较高声誉的大型会计服务机构。

经验丰富的合伙人和高素质的员工构建了我们引以为豪的精英团队,这是我们提供高品质专业服务和进一步发展壮大的重要保证。

我们拥有 40 多位合伙人,他们都是拥有丰富执业经验的资深专家。这些合伙人中有国内知名高校的学者、教授,也有曾著有或翻译过多部专业书籍的人士,还有曾在国外会计和资产评估行业的著名公司担任高管的资深专家,他们在实务操作和理论研究等方面均颇有建树。

我们目前拥有 800 多位精通会计、审计、金融证券、资产评估、工程造价、税务、法律、计算机及外语的专业人士。我们的团队是一支专业素质好、业务水平高的队伍,员工平均年龄不到 28 岁,98% 以上拥有大学本科或以上学历,其中有数十名硕士、博士。所内的员工均受过良好的会计、审计专业培训,对国际会计准则和国际会计惯例亦有较为深刻的理解,大部分员工能熟练地应用外语。我们的香港分所还拥有一批曾在国际四大会计师事务所服务多年的资深专业人士,他们为加强我所陆港两地合作和推进我所国际化发展提供了卓有成效的专业支持。

此外,知名的国际会计、审计专家葛家澍教授、常勋教授、黄世忠教授等为我所常任顾问,这些专家多年从事国内外会计、审计专业的教学与研究工作,熟悉国际会计准则以及美、英、法、德等西方发达国家的会计惯例,他们为我们提供了国内外最新的专业知识信息和宝贵的专家意见。

我们积极致力于参加各种与行业相关的社会活动和专业

组织，目前，我们有部分合伙人任职于中国注册会计师协会常务理事会、审计准则委员会等多个专业委员会、财政部会计准则委员会以及中国证监会发审委等多个组织，还有的合伙人在国务院派出国有企业监事会等机构中任职。我们积极参与并协助上述部门完成了制定会计准则、审计准则以及上市公司信息披露规范等工作。在积极配合上述部门工作的过程中，我们与这些部门建立起了顺畅良好的沟通渠道，得到了他们的肯定和好评。

另外，在长期的执业实践中，我们还与证券交易所、期货交易所以及众多的券商、律师事务所等中介机构建立了良好的合作关系并赢得了较好的口碑。

我所总部设于北京，在全国各地设有十余家分所，分布在厦门、重庆、上海、深圳、成都、郑州、福州、合肥、大连、南京、香港等地，遍布华北、华东、华南和西部地区。布局合理、分布广泛的服务网点，为我们给不同地区和领域的客户进行便捷、高效、优质的专业服务提供了强有力的支持。

地址：北京东城区北京市东城区北三环东路 36 号
环球贸易中心 A 座 12 层
电话：010 - 59535588
传真：010 - 59535599

深圳市金开中勤信资产评估有限公司

深圳市中勤信资产评估有限公司是经深圳市国有资产管理办公室批准，在原深圳维明资产评估事务所的基础上按照中华人民共和国财政部有关文件规定进行脱钩改制，并由中国注册资产评估师陈俊发、王松龄、邹帆、刘红、卫学斌、刘鸿玲等六人共同发起，在深圳市注册的具有独立企业法人资格的资产评估专业机构。在二00七年四月二十五日经深圳市工商行政管理局批准由原陈俊发、王松龄、邹帆、刘红、卫学斌、刘鸿玲等六人持有的股权转让给王居福、杨蕾二人持有。本公司的前身——深圳维明资产评估事务所是在深圳中华会计师事务所资产评估部的基础上于一九九四年组建成立的。1987 年，深圳中华会计师事务所创立，同时设立资产评估业务部，系全国最早开展资产评估业务的资产评估机构之一。1989 年取得深圳市政府批准的资产评估资格，成为深圳市第一家可以从事国有资产评估的评估机构。1990 年，经国家国有资产管理局批准，成为全国第一家获得《国有资产评估资格证书》的评估机构。1993 年，经国家国有资产管理局和中国证券监督管理委员会批准，成为我国第一批取得《从事证券业务资产评估许可证》的评估机构。1994 年，为使资产评估业务走向专业化发展的道路，经国家国有资产管理局，深圳中华会计师事务所的财务审计业务和资产评估业务分离，资产评估部改建成具有独立企业法人资格的深圳维明资产评估事务所。经国家相关部门批准，深圳维明资产评估事务所承继了深圳中华会计师事务所所有的资产评估资格。1999 年，为使资产评估行业与国际接轨，走民营化发展的道路，根据中化人民共和国财政部的规定深圳维明资产评估事务所与中华人民共和国信息产业部脱钩并改制成由六名中国注册资产评估师出资的公司制资产评估机构，同时，更名为深圳市中勤信资产评估有限公司。根据中华人民共和国财政部的规定，改制后的公司承继了深圳维明资产评估事务所的所有资格。

本公司从业十年多来，截至二00七年底止，共计完成股份制经营、中外合资、兼并联营等资产评估业务 1697 项，评估值 2291 余亿元。其中：以公司上市为目的的资产评估 78 家，内部股份制资产评估 76 家。本公司服务客户所属行业广及建筑、房地产、汽车和机械制造、电子、石油化工、轻工、纺织、服装、食品、医药、印刷、包装、邮电、通讯、铁路、空港、海运、商业、金融租赁、旅游等等；客户的地域分布从深圳市扩展遍及广东省内各市及福建、广西、海南、天津、上海、江苏、浙江、山东、辽宁、四川、湖北、河南、江西、宁夏、青海、新疆、黑龙江等省、市、自治区。1999 年本公司曾受荷银行等家国外银行/办事处组成的银团之委托，为江苏某公司向该银团融资 2 亿美元的贷款项目进行过评估，并取得良好的执业信誉。

本公司同境外资产评估公司、测量师行和国外会计师行建立了密切的业务合作关系。与我国沿海和内地一些省市评估机构都有业务合作关系。信条：依法执业，信誉至上，质量第一，服务至诚。原则：独立、客观、公正方针：以质量和服务赢得信誉，以信誉发展业务我们愿意继续承我们执业的信条、原则和方针，以优良的专业知识和纯正的职业道德，竭诚为中外客户提供优质服务。

地址：广东深圳市深圳市福田区商报路奥林匹克大厦
八层 DEF 室
电话：0755 - 83521627
传真：0755 - 83521994

中瑞岳华会计师事务所有限公司

中瑞岳华会计师事务所（以下简称“中瑞岳华”）系原中瑞华恒信会计师事务所（以下简称“中瑞华”）与岳华会计师事务所（以下简称“岳华”）联合合并而成，是目前国内最大的本土会计师事务所。中瑞岳华致力于通过规模化发展和民族品牌的创建，为客户提供一流服务。截止 2008 年底，中瑞岳华会计师事务所拥有员工 2910 名，其中注册会计师 1017 名；中瑞岳华拥有分支机构十九家，分布在香港、哈尔滨、长春、沈阳、郑州、天津、济南、青岛、南京、上海、武汉、福州、深圳、西宁、西安、太原、成都、昆明和杭州；中瑞岳华常年审计客户上千家，其中国资委所属中央企业 40 多家，上市公司审计数量 80 余家，2008 年，中瑞岳华业务收入突破 8 亿元。

中瑞岳华资质齐全，专业技术力量雄厚，多次参与国家有关部门的课题研究和专业准则、标准的制定工作，为众多上市公司（包括 A 股、B 股、H 股、S 股等）、国有大中型企业、金融机构、民营企业、中外合资企业等提供年报审计、专项审计、上市审计、验资、咨询等专业服务，行业涉及航空、航天、金融、电子、电力、旅游、房地产、电信、交通运输、能源、机械、农业、林业、餐饮、酒店、医药等诸多领域，在专业方面积累了深厚的经验。

中瑞岳华始终坚持信誉至上、质量第一的执业理念，通过先进的技术手段、一流的工作效率、遍布全国的服务网络和国际化的资源整合，随时随地为客户提供高品质的专业服务，为中国资本、证券市场的稳定和繁荣，为中国社会经济的发展作出贡献。

地址：北京西城区北京市西城区金融大街 35 号
国际企业大厦 A 座八层
电话：010 - 88091188
传真：010 - 88091199

中威正信(北京)资产评估有限公司

中威正信(北京)资产评估有限公司(原北京中威华德诚资产评估有限公司)是经财政主管部门批准的资产评估机构,具有财政部颁发的资产评估资格;具有财政部及中国证券监督管理委员会颁发的从事证券业务资产评估的许可证。是中国资产评估协会理事单位。

我公司能够为委托方提供企业境内外上市、资产重组、企业改制、企业破产、债权转股权、股权转让、资产拍卖、房地产、科技知识产权、企业价值、项目投资等全方位的资产评估及企业偿债能力的分析评估;能够提供拟上市企业股份制改造的前期咨询、策划;上市企业资产重组、投资与融资、资产置换、股权转让等方面的策划与咨询服务。

地址:北京朝阳区樱花西街胜古北里 27 号楼 1 层
电话:010 - 64417689
传真:010 - 64418970

中宇资产评估有限责任公司

中宇资产评估有限责任公司是 1995 年 5 月经原国家国有资产管理局批准成立、具有独立法人资格、从事资产评估业务的中介机构。资产评估证书编号:0001031 号,注册资本 10 万元。本公司于 2001 年经国土资源部批准,取得了探矿权采矿权的评估资格。

根据北京市财政局京财协[2002]795 号文的批复,中宇资产评估有限责任公司与陕西同盛资产评估有限责任公司、宁夏瑞衡资产评估有限责任公司、北京维尔利德资产评估有限责任公司共同组建新的中宇资产评估有限责任公司。重组后的中宇资产评估有限责任公司具有从事证券、期货相关业务资产评估资格,是我国资产评估行业规模较大、技术力量雄厚的大型综合性评估机构。公司注册资本为 200 万元。

本公司拥有一批熟悉经济、法律、财务、金融、建筑、房地产、机械、采矿、冶金、铁路、公路、电气、通讯、汽车、自动化控制、计算机等专业的中高级专业技术人才。现有员工 128 人,其中注册资产评估师 52 人、工程造价师 15 人、房地产估价师 15 人、注册会计师 12 人、土地估价师 18 人、矿产资源评估师 7 人。同时公司还聘请了享有较高声誉的各行业专家多名,作为公司的顾问群。

中宇资产评估有限责任公司业务涉及建筑、房地产、机械、煤炭、冶金、铁路、公路、机场、港口、海运、电力、化工、海洋、石油、轻工、纺织、建材、农业、乳业、医药、商业、电子、通讯、金融、证券、旅游、科技、服务等各个行业领域的资产评估,累计完成委托评估项目 2300 多项,资产评估价值达 2700 多亿元。为客户提供了高质量、高效率、高水平的服务,并与客户建立了良好的合作关系,获得了广大客户的信任,在国内评估界有良好的声誉。

公司严格遵循国家颁布的有关资产评估政策及法规,恪守独立、客观、公正的原则,实事求是,审慎从业,以质量求信誉,以信誉求发展,竭诚为客户服务。我们将以雄厚的实力、完备的服务体系,不断开拓、锐意进取,与广大客户一起迈向更加辉煌的新世纪。

地址:北京西城区北京市西城区安德路 67 号
电话:010 - 62033096
传真:010 - 62036902

中兴财光华会计师事务所有限责任公司

中兴财光华会计师事务所有限责任公司是由河北光华会计师事务所、中兴财会计师事务所、天津中兴财会计师事务所、北京恒介会计师事务所、江西人和会计师事务所合并成立。注册资本 400 万元。以北京为中心,分别在河北、天津、上海、山东、山西、吉林、江西、湖北等设有分支机构。

中兴财光华会计师事务所现有从业人员 509 名,其中注册会计师 315 名、国际注册管理咨询师 8 名。资深教授、副教授、高级会计师、高级工程师、高级税务师、高级管理咨询师 98 名。荟萃了会计、审计、证券期货、资产评估、税务、金融、工程、经济管理等各类专业人才。是一支年龄结构合理、团结和谐、充满朝气和活力的执业队伍,是行业内有核心竞争力的会计师事务所。2008 年业务收入 8069 万元。是全国百强会计师事务所之一。

中兴财光华会计师事务所以做优、做大、做强、上规模、上档次、上水平为发展战略目标,取得了政府颁发的多种执业资格,如:“执行证券、期货相关业务”资格、“国有企业及大型国有企业年度会计报表审计资格”、“企业工资收入审计检查”、“税务代理”、“资产评估”、“司法会计鉴定”、“金融相关审计”、“基建工程审计”等。为数十家企业上市申报审计和上市公司年报审计服务。

中兴财光华会计师事务所服务业务范围遍及金融、证券期货、电信、钢铁、石油、煤炭、外贸、纺织、物产、电力、新闻出版、科技、交通运输、制药、农牧业、房地产等行业。为大中型企业提供内控设计、企业策划、投资项目可行性研究服务。为企业改制、资产重组、投资等经济活动提供财务、经济评价和可行性研究,为多家大型企业集团担任常年财务顾问。树立了良好的社会形象,得到了社会各界的广泛赞誉。

中兴财光华会计师事务所有限责任公司在董事长姚庚春同志带领下,全体员工以高昂的工作热情,恪守独立、客观、公正的执业准则,坚持“以质量求信誉,以信誉促发展”的经营理念,奉行“高效优质、为客户创造价值、为社会创造效益”的服务宗旨,追求稳健务实,与国际接轨的长远发展目标。全体员工精诚团结、锐意进取、竭诚为社会各界提供优质高效服务,为社会经济发展做出积极的贡献。

河北
地址:石家庄市广安大街 77 号安侨商务四层
邮编:050011
联系电话:0311—85929189、85929188
传真:0311—85929189
北京
地址:北京市海淀区紫竹院路车道沟一号鑫正大厦九层
邮编:100089
联系电话:010 - 68479332、68477132
传真:010 - 68479332

西部产权交易所

西部产权交易所是经陕西省人民政府批准,在整合陕西省产权交易中心和陕西技术产权交易所的基础上,于 2004 年 1 月 18 日正式设立的综合性产权服务机构。交易所为事业性法人，副厅级建制，隶属省国资委领导。

交易所内设会员服务部、省级项目部、地市项目部、行政事业资产项目部、民营科技项目部、知识产权项目部、交易鉴证部、信息服务部、财务管理部、研究发展部、行政管理部等11个业务部；下设杨凌办事处、商洛办事处、渭南办事处、榆林办事处、汉中办事处、铜川办事处、咸阳办事处、延安办事处、宝鸡办事处、安康办事处等10个省内办事处和北京办事处、青岛办事处两个省外办事处。

交易所取得的业务资格有：陕西省国资委确定的企业国有产权交易机构；陕西省科技厅授权的技术产权交易服务机构；陕西省知识产权局授权的知识产权交易机构；国家专利技术展示交易中心。

与全国省级产权机构比较，西部产权交易所的市场优势主要表现在以下几个方面：

1、信息庞大的门户网站。西部产权交易所的门户网站“西部产权交易网”（www. xbcq. com）拥有24个专业栏目、6大专业数据库，与国内760个产权机构、综合网站及境内外投资商建立了有效链接，实现信息同步发布。网站信息浏览率在全国产权机构中位居第三，仅次于北京、上海，成为国内产权行业的著名网站，是项目推介的重要手段。

2、覆盖广泛的合作关系。交易所加入长江流域产权共同市场并担任常任理事、发起设立中国西部产权共同市场并担任执行主席，业务关系范围覆盖全国27个省市的78个产权机构。使交易所项目寻找投资伙伴的范围更大、区域更广、品位更高。

3、实力雄厚的投资资源。交易所与境内外530个投资商建立了业务联系。其主要分布在长三角地区260家、珠三角地区113家、港台及境外87家、西部及其他地区70家。

4、规范有效的融资渠道。作为融资平台的基础建设，交易所经过三年的努力，目前已经形成了包括东部民营资本、境外投资基金、信托产品融资、银行授信贷款四个融资渠道。

5、素质精良的专业团队。经过交易所内部培训、分赴先进地区对口培训和分批参加国家高级培训，以及日常工作中的严格修炼，交易所已经拥有一支具有良好的业务素质和敬业精神的专业团队，已经出色完成并且能够承担专业要求更高的工作任务。

6、科学规范的运作系统。经过科学设计和严格运作，交易所已经形成经营场地规范、系统配置完整、内控程序严密、管理制度齐全的业务系统，能够保证交易项目的规范运作和风险防范。

交易所成立后，在省政府领导和相关部门的关心下，按照国家对产权市场的规范要求，不断加强系统建设、业务建设和队伍建设，市场平台已经基本建立，具备了为国有产权有序流转提供服务的基本条件。三年来，交易所成功运作了一批项目，市场功能逐步显现，交易所在国内产权市场的地位已经得到国家主管部门及同行的认可。

地址：西安市长安北路14号陕西省政务大厅
邮编：710061
电话：029－85210111
E－mail：xbcq@ xbcq. com

武汉光谷联合产权交易所

武汉光谷联合产权交易所（以下简称“光谷联交所”），是以湖北省产权交易中心（成立于1998年12月）为基础，由省国资委、省科技厅武汉市国资委和东湖高新区管委会等四家发起设立的产权交易机构，是省国资委选择确定的全省唯一有资质从事企业国有产权交易活动的平台，地处武汉东湖新技术开发区内的“中国光谷”。

2005年4月，湖北省国资委以“统一监管机构，统一交易规则，统一信息发布，统一审核鉴证，统一收费标准”等“五统一”为原则，采用市场导向与政策推动相结合的方式，对省内产权交易市场开始整合。咸宁、荆州、宜昌、恩施、荆门、襄樊、孝感、鄂州、黄冈、十堰、随州和神农架等12个市州的产权交易机构成为湖北省产权交易中心的分中心。2006年12月28日，完成省与武汉市所属产权交易机构、科技产权交易机构的整合，成立了武汉光谷联合产权交易所，标志着省内各类产权交易机构成功地实现了优化整合，已经形成统一的区域性产权交易大市场。

经营范围：为各类产权交易、科技成果交易提供场所、设施和信息发布服务；履行产权交易鉴证职能；非上市公司股权托管；信息咨询、改制策划、资产处置、产权经纪、培训辅导、财务顾问服务。交易品种：物权、债权、股权、知识产权。五大功能：为国有产权交易提供服务，履行产权交易鉴证职能；开展技术产权交易，促进科技成果转化；与股权代办系统对接，开展未上市公司的股权转让试点；开展未上市公司股权质押业务，为中小企业提供间接融资；为成长性好的中小科技型企业提供上市成长培育服务。打造三个平台：产权交易平台；科技成果交易平台；风险资本服务平台。

地址：武汉市东湖高新技术开发区鲁巷光谷街1号
　　光谷广场3楼
邮编：430074
电话：027－67885688　67885696
传真：027－67885689
网址：www. ovupre. com

山东产权交易中心

山东产权交易中心于2006年12月5日注册成立，是在山东省（鲁信）产权交易中心的基础上组建，为山东省国资委出资设立的国有独资公司。交易中心是山东省确定的、由国务院国资委备案的从事企业国有产权交易业务的机构，负责为山东省各级国资监管机构职责范围内的企业国有产权交易提供场所、设施、信息和鉴证服务。

交易中心设有综合部、财务结算部、交易部、业务发展部、投资银行部、会员管理部、股权托管部、信息技术部，共八个部门。交易中心坚持公开、公平、公正的交易原则，面向国内外办理跨地区、跨行业、跨所有制、跨国界的产权交易业务，并提供综合性配套服务。

交易中心实行会员制，会员分综合、经纪、服务和信息四类。凡符合交易中心会员条件，具有独立法人资格的企业和企业集团、资产经营机构、投资机构（含证券、信托、基金公司）、投资咨询机构、高等院校、科研单位，以及律师、会计师、审计师、评估师、拍卖等事务所和经我中心特许的其他单位，均可申请成为交易中心会员。

主要业务：国有、集体企业、行政事业单位资产产权转让；股份有限公司（不包括上市公司）、有限公司出资股权转让；无形资产的转让；产权对外托管、租赁、承包；对产权交易进行鉴证、组织交易、代理交易；受托资产（股权）登记和管理；企业改制重组、投融资策划、企业管理咨询服务；经批准的其他产权交易转让业务。

地址：中国济南市顺河街 176 号商银大厦 25 层
邮编：250001
电话：0531 － 86196111
传真：0531 － 86196100

成都联合产权交易所

成都联合产权交易所原名成都技术产权交易所，2000 年 6 月经成都市人民政府批准、按股份制方式发起设立，2004 年 6 月经市政府批准更名为成都联合产权交易所，是四川省国有产权指定交易机构。现有投资、法律、评估、会计等各类中介服务机构会员 48 家，并与北京、上海、天津等地近 40 家产权交易机构建立了战略合作关系，是长江流域产权交易共同市场及泛珠三角产权交易共同市场成员单位。

成都联合产权交易所以创新为手段、市场为导向，为各类国有、非国有产（股）权的转让、中小企业投融资、科技成果转化提供优质、高效的专业服务，是集各类产权和技术产权交易为一体的综合性、多功能的公共市场平台。成都联合产权交易所凭借广泛的网络资源及规范的市场体系，立足成都、面向国内外，为推动产权的合理流动、促进资本的有序流转、优化资源配置而积极努力。

地址：成都天府大道南延线高新孵化园盈创动力
B 座 1、2 楼
电话：028 － 85335688
传真：028 － 85122801
Http://www. ccduex. com
E － mail：ccdtse@ mail. sc. cninfo. net

西南证券股份有限公司重庆建新北路营业部

西南证券重庆建新北路营业部成立于 1992 年，下设大石坝服务部。营业部位于重庆市江北区建新北路 65 号外贸大厦，这里交通便利、周边金融机构和高档楼盘小区众多。现有营业面积 2000 多平方米，硬件设施齐全，营业厅设有沪、深两市超大的行情显示屏、120 多台自助委托系统及钱龙行情机，还有内容丰富的咨询栏环绕大厅四周交易大厅，让你全面掌握瞬息万变的证券行情。特设中继线达 120 条的电话委托系统，即使在日成交量亿元的情况下，投资者仍可正常进行电话委托操作。在这里，准确及时的资讯资料、真诚热心的工作人员会让您感到：股市原来竟是如此简单。

营业部理念

让中小散户享受大户服务让“上班一族”享受现场服务

业务范围

◎开办沪、深证券帐户：投资者持有效身份证到本部营业大厅综合开户柜台办理。

◎办理其他证券登记业务：本部办理证券帐户挂失、补办、证券代保管、查询、冻结、代理还本付息、代理分红、派息等其他证券登记业务。

◎证券买卖委托交易：凡在本部开立资金与股票帐户的投资者均可运用本人持有的现金和有价证券进行沪、深两市的买卖交易，电话委托、磁卡自助委托、柜台填单委托、网上交易等四种方式任您选择。

◎银证转帐：办理银行与证券帐户之间的资金划转业务，方便、安全、高效。投资者拨打委托电话 67727788，选择转帐功能，即可完成资金划转。本部已开通银证转帐业务的银行有：工行、农行、中行、建行、交行、招行。

◎代理配售新股：投资者持“三证”到营业部大厅开户柜台签订“委托申购配售新股协议”。

◎网上交易：（WWW. SWSC. COM. CN）

◎证券鉴证、咨询及中国证监会批准的其他证券业务。

特色服务

本营业部各项特色服务主要针对以下投资者：上班族（不常到证券公司者）无信息来源者操作理念知识及贫乏者；

◎信息咨询

专业—各类消息、大盘重要转折点、个股明确观点

及时—所有客户均可申请专人电话服务、确保重大信息不遗漏

全面—全天候语音信箱、电子邮件、手机短信、邮政快递咨询

◎设立“中小投资者”服务中心——实施“一对一”专人服务

◎手机短信追踪服务——行遍天下一切尽在掌握

◎新股合作配售——联合众多中小投资者，统一参与新股市值配售，并按每位投资者实际参与配售的市值比例均分收益

◎股友沙龙—股民主办，专家参与，真正的投资者之家

◎股民学校—利用业余时间，定期免费进行专业培训，实践效果好

本部拥有先进的通讯系统，高档次的配套设备及硬件设施。营业部分别采用上海、深圳高速单向卫星系统接收行情，另外设立总部与营业部之间双向通讯系统以备交易异常中断，真正确保万无一失。内部网络选用千兆 CISCO 交换机，十兆交换到桌面系统，配备高品质惠普服务器、全新的联想工作站及超大功率 UPS，确保行情交易委托畅通无阻，数据传输快捷准确。

本营业部为投资者提供功能强大的钱龙及分析家行情分析系统，并提供西南测评，万国测评、神光等多种股票财经信息。忠诚尽职的工作人员每天将及时为您传递有关个股的重大事项，让您省心、舒心。高素质专业投资咨询人员将为您进行个股及大盘的分析，并根据你的需要提供专业化和个性化的各项服务。

地址：重庆江北建新北路 65 号
邮编：400020
联系电话：023 － 67722499
咨询电话：023 － 67732888
联系人：徐跃宏
电子邮箱：jxbl@ swsc. com. cn

西南证券股份有限公司重庆珠江路营业部

西南证券重庆珠江路营业部地处九龙坡区杨家坪黄金地段正街 8 号百康年世纪门 2 栋 8 号四楼，营业面积 1500 平方米，交通便利，地理位置十分优越。是一家功能齐全、设施先进、管理有序、服务优良、信誉卓著的专业证券经营机构。

业务范围

证券代理买卖、代理登记开户、代理债券还本付息

特色服务

营业部秉承“诚信、稳健、创新、求精”的经营理念，充分体现“用心全为你”的服务宗旨，以独具西南证券特色的客户关系小组、交易服务小组服务模式竭诚为广大投资者提供个性化、专业化、标准化的服务。

服务内容

◎为中大户提供定制的个性化产品

◎提供三类股评：早、中、晚三次定时股评；不少于二次的动态股评；你问我答式的互动股评

◎每日推出三类投资建议：大势评判、个股推荐及高风险警示个股、二种投资组合

◎新股自动配售、中签提示和电话通知、电话查询、自动交割等

◎股民学校—利用业余时间，定期免费进行专业培训，实践效果好

硬件设备

拥有大容量、高速度的服务器、安全可靠的交易系统；

提供四种独立行情显示：深沪大屏显示、深沪电视墙显示、自助机显示、终端显示；

提供六种交易委托方式：柜台委托、自助机委托、热自助委托、电话委托、网上委托、手机委托；

散户大厅、中户室、大户室、专户室能满足各类投资者需要；

交易系统：恒生交易系统

咨询软件：钱龙、港澳

地址：重庆九龙坡区杨家坪正街8号百康年世纪门
　　2栋8号四楼

投资咨询：023－68400500　68891398　68067629

委托电话：023－966889

投诉电话：023—68067618

深圳A股席位号：234200

深圳B股席位号：234299

联系人：李艳萍

电子邮箱：cqzj@ swsc. com. cn

安信证券北京阜成路营业部

一、安信证券概况

安信证券股份有限公司是经中国证监会批准，由中国证券投资者保护基金有限责任公司联合深圳市投资控股有限公司设立的股份制企业，2006年8月在深圳注册成立，注册资本15.1亿元。

公司经营范围包括：证券经纪，证券投资咨询，与证券交易、证券投资活动有关的财务顾问，证券承销与保荐，证券自营，证券资产管理及中国证监会批准的其它证券业务。

公司获得的荣誉：2007年度十大金牌券商；2007年宏观经济研究第一名；2007年进步最快研究机构第一名；2007年进步最快销售服务第一名；中国最具服务力证券公司；2008年中国券商奖——最佳创新奖；2008年“远见杯“ 中国宏观经济预测优胜奖；2009年获 “最具成长性证券经纪商”第一名。

二、营业部概况

安信证券北京阜成路营业部是承接于1994年6月成立的原中国科技证券，是北京市最早成立的证券营业机构之一，现已成为北京市规模最大、实力最雄厚、发展潜力最大的证券经营机构之一，拥有较高的市场份额。营业部交通便利，拥有目前国内最先进的电脑硬件设备，实现以小型机为主的全国统一集中交易系统，股票、基金、债券、权证、创业板全国统一买卖委托，交易网络高效快捷，使用高速单向卫星、双向卫星、地面专线三种传送数据方式，安全快速准确。

我部提供多种交易方式供客户选择使用：柜台交易、电话委托、小键盘、自助委托、网上交易、手机炒股等，拥有两条电话委托线路互为备份线路共计300条，可实现委托买卖、查询资料、保证金转账、股评、听股评信息及更改密码等多种功能。

三、经营业绩

安信证券北京阜成路证券营业部成立时间早，多年来坚持公司要求的“稳健经营、规范管理”的经营原则，积累了庞大稳定的客户群，开业以来一直保持盈利。2009年在第二届大智慧杯中国明星证券营业部评选活动中获得中国最佳证券经纪人团队称号。

四、特色服务

VIP客户服务体系

整合公司信息资源，建立VIP金卡客户服务体系，主要针对金卡及以上级别的客户提供业务办理、专人一对一服务、资深专家定期投资策略报告、各种投资品种的专项研究报告、理财规划等专业增值服务。此项服务建立在专职分析师团队的研究基础之上，倡导基本分析与理性投资，引导营业部日常服务和核心客户迈向价值投资的资产长期稳定增长的投资道路。

财富热线

我部特面向所有投资者开设“财富热线”，每日除为投资者提供专业的人工咨询服务外，客户还可以通过拨打财富热线收听到当日的财经要闻、新股信息、重要通知、市场点评等内容，为投资者提供最便捷的贴心服务。

安鑫财富学院

每周三下午3:30和周六上午9:30，在营业部大厅定期举办多种形式的讲座，为广大的投资者和金融爱好者普及金融基础知识和传授投资理念。

高速手机炒股软件

股市变化多端，为了使您更好的掌握行情波动，我公司特别推出了金帆领航手机炒股免费软件，让您可以掌握实时行情变化。安装方法：发送短信“DB”到1065795012，根据回复短信，登陆网址选择安装。

使用电脑下载及软件使用说明请登录：

http://www. essence. com. cn/essence/mobile/index. jsp

“安芯”网上交易移动证书服务

“安芯”是安信证券为提高网上交易的安全级别，采用精尖加密技术，运用在网上交易中的新型移动数字证书（即数字证书存放在USB Key上），具有唯一性、安全性、可靠性、即插即用等特点。“安芯”功能强大，个性化的功能和提示，丰富的投资功能，各种咨询服务，满足核心客户的需要，体现核心客户的尊贵。

权证专用软件

伴随权证业务的发展，差异化的客户服务越来越重要。为了向权证客户提供性能更好的交易平台，公司信息技术部开发了权证客户专用的网上交易软件。该软件具有下单速度快、自动分仓、换价委托等功能，客户下单速度平均提高4秒左右，撤单速度提高3秒左右。使用权证专用软件的客户会享有专用的交易通道和报盘通道。

申银万国证券温州营业部

为温州人提供便利的投资平台

申银万国证券股份有限公司温州营业部成立于1993年。营业部负责人:瞿炳建。2009全年,申银万国温州营业部实现累计交易总量为2423亿元(含基金交易分配量),客户开户数超过7万。

2009年,申银万国证券温州营业部坚持"依法、合规、规范"的经营方针,坚持主打申银万国品牌,坚持并形成了"申银万国风格"的特色营销。营业部依托温州本地强势媒体,进行持续不断地品牌宣传,使申银万国证券品牌深入人心。营业部始终把客户资产的保值增值作为自身的首要责任,不断加强对投资者的增值服务。行情不看好时,营业部不宣传不推销,行情好时,便大力宣传。2009年上半年,营业部花大力气加大宣传力度,组织申万研究所专家到温州举行股评报告会,引进高档次咨询人才,形成了强大的投资咨询队伍,增强了营业部的凝聚力。营业部颇具特色的基金超市,使得温州的基民在此能购买到品种最多、费率最优惠的基金,广大基民在2009年的行情里收获颇多。

营业部的成绩得到了国内业界的认同。2009年5月8日,申银万国证券营业部再次荣获上海证券报主办的中国2008年度"十佳"证券营业部殊荣。2009年5月22日,在证券时报主办的第二届"中国明星证券营业部"投票中,申银万国证券股份有限公司温州营业部蝉联"明星"称号。2009年5月,营业部荣获温州日报报业集团温州都市报公众评选"最具创新力券商机构"称号。连续两年蝉联上证报推评的"中国十佳证券营业部"和证券时报推评的"中国明星证券营业部"称号。

温州民间资本丰厚,哪里有投资机会,民间资本就会流向哪里。2007年以来的牛市赚钱效应,改变了以往温州人不进行证券投资的格局,促进了温州证券业超常规发展和繁荣。申银万国证券温州营业部自2006年起一跃成为温州最大的券商营业部,与营业部正确引导投资者是密不可分的。申银万国证券温州营业部将秉承诚信、专业、周到的服务理念,继续为温州投资者提供便捷周到的服务。

咨询:88269999　88250794

基金超市:88250792

营业部地址:温州市区人民西路68号群艺大楼二楼

浙商证券有限责任公司上海长乐路证券营业部

浙商证券有限责任公司上海长乐路证券营业部,成立于一九九四年四月十四日,注册地在上海市长乐路1219号。营业部经营范围包括证券代理买卖;代理还本付息、分红派息;证券代保管、签证;代理登记开户等在内的多项证券类业务。

营业部位于上海市中心繁华地段,拥有营业面积近2000平方米,设有散户厅、大户室和贵宾室等各交易区域,环境优越,交通便捷。营业部自成立以来,秉承"诚实做人,踏实做事"的价值理念,践行"诚信为本,客户至上"的服务宗旨,以热诚的工作态度、便捷的交易设施、准确的信息咨询为客户提供有浙商特色的优质服务,与员工、客户、社会各相关方共某发展、共创和谐。

展望未来,长乐路证券营业部将继续围绕核心目标,通过专业化的组织,成为在相关领域具有领先地位的、有竞争力的证券营业部,不断创造企业价值。

特色服务

营业部为客户提供了安全高效的投资手段、建立了完善的信息咨询系统、成立了高效贴心的客户服务部。同时通过不断的企业制度和业务流程的建设,推陈出新,以满足不同层面客户的需求,具体特色服务如下:

实时开户服务:开办上海、深圳的A、B股股东帐号实时开户;

交易手段齐全:自助委托、24小时电话委托(120门)、网上交易和手机委托等多种交易方式;

投资咨询服务:散户厅和大户室设专门的咨询岗位,为客户提供及时的疑难解答;每周两次的收市解盘,分析大盘热点,探讨大盘走势;定期邀请专家,举办特色沙龙等;

专业增值服务:钱龙、大智慧(Level2)、港澳资讯等多种资讯软件齐全,为机构大户提供"一对一"的金牌服务;

帐单邮寄服务:定期免费为客户邮寄对帐单;

资金存取便捷:开通多家银行银证转帐、三方存管业务;

其他业务服务:代理客户新股配售、代理配股、代理沪、深两地A、B股股票及基金业务;国债现券、企业债券与国债回购等一条龙特需服务;开设多个投资平台(信托产品、基金、期货、典当行等)供客户选择等;

其他特色服务:定期开展优质服务月活动,为客户提供热心、关心、细心、耐心、恒心的五心级服务。具体内容包括:免费借用雨伞、免费急救药品、不定期推出医疗理疗咨询服务等。

营业部必将结合自身情况,不断创新,为广大投资者营造更加稳定、更加规范,更加和谐的环境,为广大投资者提供方便、快捷、周全的服务。

地址:上海市徐汇区长乐路1219号长鑫大厦

邮编:200031

咨询电话:021－64714107

委托电话:021－54674688

投诉电话:021－64714107

电子邮件:shcll@ stocke. com. cn

中信建投证券有限责任公司
北京市东直门证券营业部

中信建投证券有限责任公司北京市东直门证券营业部,地处北京市最繁华的东二环CBD商圈内,毗邻东直门地铁站和东直门长途汽车站,地理位置优越,交通极为便利。

历经15年的发展,我营业部始终坚持"客户是这里最重要的人,我们对您的选择负责"的宗旨,凭借良好的市场信誉,独特的经营管理模式、丰富的行业经验以及突出的咨询服务等优势,在完善区域证券经纪业务管理,加强投资理财推广与服务,推进地区证券市场稳定与发展等方面取得一些列新的进步,在证券业务特色经营,创新文化的组织与构件、营销服务的应用与推广等实践中作出了大量的积极的尝试,得到了投资者、主管部门及社会各界的认可。多年来各项经纪业务指标均在京城乃至全国证券界名列前茅,曾被人民日报、中国证券报、上海证券报、香港文汇报、证券时报、金融时报等数家媒体多次报道,接受过证监会、越南财政部代表团等领导和贵宾的参观访问,被誉为"神州第一营业部"。

中信建投东直门营业部的愿景和目标秉专业勤勉执业,

追求客户卓越成功，目标于成为中国证券业的领跑者。同时真诚的希望与您携手未来，共创规范、高效、安便捷的和谐市场，共同迈进财富的殿堂。

特色业务

蓝海五星服务：针对众多客户的多样化需求，我们倾情推出了全新的五档星级服务，分别为：一星级"蓝海通道"，二星级"蓝海信使"，三星级"蓝海冲浪"，四星级"蓝海导航"，五星级"蓝海探宝"。为每一位客户带来与众不同的、高质量、高品质的尊贵服务。

投资者学习园地：每周一至周四举办投资者学习班，由高级客户经理、资深分析师向客户讲解证券投资知识和技巧，辅导使用各类交易软件，帮助和提高客户自主交易和有效投资的技能。

市场深度分析报告：定期向客户提供由中信建投证券研究所编制的《新资讯》、《投资月刊》、《每周投资报告综述》，有关行业及上市公司研究的专项策略报告等。

基金超市与基金套餐组合：独具优势的开放式基金超市项目，能够提供国内市场中最为齐全的开放式基金品种和套餐服务，能够让客户感受到产品一应俱全，服务一步到位的基金理财效果。

大型证券市场投资报告会：每年不定期多次组织证券市场动态解析、行业趋势分析和技术操作策略等专题报告会，邀请业内知名专家主讲，报告内容独到，据有很高的针对性和操作性，是营业部的贵宾级服务项目。

地址：北京市东城区东直门南大街 6 号
委托电话：010 - 95587
本地备用号码：010 - 65186668　010 - 82618866
异地备用号码：022 - 95587
咨询电话：010 - 64156666
营业部域名：bjdzm. csc108. com

中信建投证券有限责任公司
上海福山路营业部

营业部简介：

中信建投证券上海福山路营业部坐落于浦东陆家嘴金融中心，靠近浦东大道，交通便捷，附近有多条公交路线和地铁二号线、四号线、六号线，距地铁四号线浦东大道站 3 号出口步行仅约五分钟。营业部在建工大厦 1 楼设有业务柜台和散户大厅，方便客户办理业务。建工大厦 12 楼为营业部办公区及贵宾室、大户室、中户室，设施先进，投资、交易环境优良、便捷、安全。我部全体员工致力于为您提供全面、贴心的理财服务，竭诚欢迎您的到来！

开户业务咨询电话：51327206　51327213
营业部委托电话：34289999　38794800　61081818
客服 MSN：cscfsl@ live. cn
客服 QQ：1109810699
深圳席位号：213800
基金席位号：602
三方存管券商代码：13590000
营业部代码：1105
B 股深圳席位号：056000

上海证券有限责任公司九江路证券营业部

一、基本情况介绍

上海证券有限责任公司九江路证券营业部成立于 1994 年 6 月，地处外滩金融贸易区中山东一路和九江路交界处，附近有建行、工行、招行、外汇交易中心中外资金融机构，形成了规模经营效应。

营业部面积 1500 平方米，交易大厅宽敞明亮，拥有沪、深 A、B 股大屏幕和 12 台液晶显示屏；散户厅拥有 20 余台自助行情机和 50 余台自助委托机供客户查询、下单；中大户室根据不同档次划分，至少一人一机。现场客户可选择钱龙或大智慧行情分析系统进行实时查询和交易，非现场客户也可通过电话、互联网或手机交易系统进行行情查询和交易。

营业部在职员工均有大专以上学历和证券从业人员资格证书。营业部咨询服务人员将为您提供优质和满意的咨询服务。

营业部始终秉承以诚信经营为根本，以专业服务为中心，争创文明窗口，并于 2008 年获得了上海市"共青团号"的光荣称号。

二、主要业务介绍

1. 交易品种：A 股、B 股、权证、基金、国债和回购、企业债，并代理多家基金公司的开放式基金申购赎回、代理三板市场的股票交易及相应的业务等。

2. 交易方式：电话委托、热自助委托、刷卡委托、网上交易、手机委托等

三、特色服务介绍

1. 一站式开户，股东账户、基金账户、资金账户的开设一次完成。

2. 多种委托方式，为简便的操作流程。

3. 代理申购各大基金公司的开放式基金，鼓励网上申购，降低投资者交易成本。

4. 不定期举办投资策略报告会，指导投资方向。

5. 为优质客户提供点对点个性服务，同时兼做投资顾问，为客户提供投资建议。

6. 客户可申请免费邮寄对账单、手机短信及财经时讯发送。

7. 手机短信提示重大信息及新股申购、上市提示，让客户随时把握市场脉动。

8. 午间连续营业，为上班族提供便利服务。

9. 设立"投资者园地"，和投资者交流互动，提供风险教育、鼓励树立正确的投资理念。

四、公示信息及交通情况

1. 服务信息

地址：上海市黄浦区九江路 41 号；邮编：200002；
咨询电话：021 - 63297420；
交易委托及投诉电话：021 - 962518；
深 A 席位号：226200；深 B 席位号：072700；
股份转让席位号：722400

2. 交通情况

公交线路：17、20、33、37、42、49、55、64、123、135、576、868、910、934 等数十条公交线；

地铁线路：2 号线南京东路站下。

营业部地址：上海市九江路 41 号
客户服务与投诉电话：021 - 63297420，021 - 962518

电话委托:021 - 962518
负责人:周振香
注册地:上海
电子邮件:sfsczj@ sohu. com

华西证券有限责任公司重庆上清寺路证券营业部

品牌经营已成为未来券商越来越重视的经营哲学。作为华西证券在重庆市城区的第一家营业部,我们肩负着“创华西品牌”的重担。

为了提升华西证券的公信度和品牌价值,华西证券重庆上清寺营业部05年在《重庆商报》证券版开设《华西稳健核心选股池》以优异的综合收益在广大山城股民中取得不俗反响,创券商咨询服务之先河;06年再度重拳出击,推出实战公开帐户指导客户交易。截至9月29日,实战公开帐户收益率达到了+310%,再现牛市财富神话。(参见《重庆商报》10月10日第19证券版)

地理位置上,我部近邻上清寺转盘,数十条公交线路,交通便利,环境优雅。散户大厅宽敞明亮、中、大户室户户开窗,空气质量堪称重庆市一流。

我们秉承“助你成功,共享成果”的核心理念,竭诚为广大山城各界客户提供“专业　高效　优质　人性化”的金融服务。

(1)第一时间享受实战公开帐户指导;

(2)人性化的网上交易,直接对话注册证券分析师;

(3)第一时间提供国内多家知名研究机构重量级内部研究报告;

(4)私人解套专家+私人盈利专家;

(5)华西证券会员俱乐部;

目前我部开展的业务主要涉及范围:代理客户开立证券帐户;代理客户买卖A股、国债、基金等;代理分红、派息业务;代理权证托管、分红、过户;受托投资理财等业务。投资者可通过自助工作站、大户热自助、柜台委托、电话委托、远程委托、网上交易等方式进行交易。

欢迎广大投资者来我部投资!
委托电话:023 - 63898999
咨询电话:023 - 6389557663895575
地　　址:重庆市渝中区上清寺路1号世纪环岛3楼

华西证券有限责任公司上海曲阳路营业部

华西证券上海曲阳路营业部是华西证券的重要前沿阵地之一。拥有十多年管理经验和高学历的高管人员,客户经理身经百战,咨询经理洞察市场瞬间变化,能在复杂的环境中应对自如。上海营业部以优质的服务和良好的信誉赢得了投资者十多年的信任。

分享智慧　助你成功

由行业分析师和具有丰富市场经验的咨询顾问组成的咨询团队,锁定稍纵即逝的投资机会。团队基础研究的核心·价值成长,通过设定多种财务参数和行业分析,确定核心股票池。营业部投资者还可以通过行情终端和网上交易系统查到其它专业咨询公司的殷实资料,及时了解媒体动向。

证券超市　人气鼎盛

华西证券三楼证券大超市声名远扬,是藏龙卧虎之地,拥有千余平方米的投资环境舒适典雅,客户经理精明干练,帮你排忧解难,资深研发人员随时为投资者提供个性化服务。股民学校不定期开设交流会,提高客户理财水平,丰富客户知识结构。

银证联手　稳操胜券

华西证券银证通采用创新的交易方式,客户享受基金式银行托管资产服务,降低客户交易成本,保障客户资产安全。总部研究团队为强劲后盾,由投资经理按照基金的流程操作。营业部多年前开通交通银行的银证转帐,快捷的网上证券交易系统吸引着新老客户。

产品多样　量体定制

由华西证券研究总部设计的投资产品,每一款均是为了客户所需量体定制,提供的服务项目和服务内容未雨绸缪,全方位、及时有效的提供买卖建议,服务强度可达到每季每月每周每日,配送方式有现场、电话、电子邮件、短信、拜访。

规范经营　追求卓越

营业部的经营宗旨是:规范经营,追求卓越。在总部管理团队的支持下,求实创新,推出适应各类客户所需要的投资产品,打造一流的员工队伍。

华西证券上海曲阳路营业部恭请您尽早加盟,分享成果。

地址:上海市虹口区曲阳路1号
邮编:200081
交通路线:55、61、123、14、227、576、307、863、910
上海地区客服电话:65082877(非现场交易客户)
　　　　　　　　65083668(现场交易客户)
委托电话:021 - 35054518、61421188、61426200
人工委托电话:65081708
深圳A股席位号:231100
深圳B股席位号:231199
咨询电话:021 - 65082877　021 - 65083668
地　　址:上海市虹口区曲阳路1号华西证券大厦
E - mail:shservice@ hx168. com. cn

国元证券股份有限公司上海中山北路营业部

国元证券上海中山北路营业部位于上海华源世界广场,拥有千余平方米营业面积,交易大厅、大户室宽敞明亮使您深切体会到宾至如归的舒适感觉。我营业部将奉行国元证券“团结、敬业、求实、创新”的企业文化精神,热忱为广大投资者提供优质服务。

交易品种有:沪深两市A、B股业务,基金、权证、国债、企业债、回购业务,三板(退市)的所有股票,支持大宗交易平台。拥有沪深A、B股电话委托、网上委托、手机炒股等多种委托方式。保证您能够迅速快捷地下单交易,并且提供ETF套利等创新业务。支持工商银行,农业银行,建设银行、中国银行、交通银行、招商银行、光大银行、兴业银行、浦发银行、中信银行联网开办第三方存管业务,存取款自如方便。

硬件为顶级PC服务器,千兆局域网,名牌工作站,32条电话委托中继线和全国统一的呼叫中心95578,沪上面积较大的电视墙显示屏。保证您的交易畅通,高效、安全。

设有咨询热线和QQ交流群,只要您拨打62052358或者加入QQ交流群71747100,就可查询您所需要的股市信息,股票交易情况等，并有专职人员为您一一解答，解您燃眉之急。每天为您免费提供最新财经咨询、股市动态、个股信息披露等服务。我们的宗旨是"做一流券商、创一流服务"，欢迎广大投资者与我们携手共创财富。

公示信息

客户交易结算资金专用存款账户（人民币）

1、开户银行：022401－工行普陀支行中山北路分行

账号：1001240129013300452

客户交易结算资金专用存款账户（外币）

1、开户银行：中国银行上海黄浦支行

美元 账号：860008290408025014

港币 账号：860008290408025013

2、开户银行：工行普陀支行长寿路分行

美元 账号：1001210009141000586

港币 账号：1001210009131000542

3、开户银行：招商银行静安寺支行

美元 账号：096822－4589007532001

港币 账号：096822－4589007521001

营业部深圳席位号：260200

营业部三板席位号：722000

营业部委托电话：62052788

全国统一客服电话：95578 或者 4008－888－777

证券类资产查询：

深市投资者可以直接上中国证券登记结算有限责任公司 http://www.chinaclear.com.cn 的网站查询证券类资产。

沪市投资者要通过付费的方式，在营业部 PROP 证券查询系统上，进入中国证券登记结算有限责任公司上海分公司查询证券类资产，收费标准详见中国证券登记结算有限公司业务收费标准。

投诉电话

公司总部投诉电话：4008888777（全国）

营业部投诉电话：021－62052531

投诉邮箱：jjywts@gyzq.com.cn

传真：021－62052778

地址：上海中山北路 1958 号华源世界广场 3 楼

联系电话：62052778

联 系 人：涂先生

E－mail：sh_zsbl@gyzq.com.cn

邮编：200063

国元证券股份有限公司上海虹桥路证券营业部

国元证券有限责任公司是经中国证监会批准的综合类证券公司，自 2001 年成立以来，各项经营指标稳居全国券商前 10 名，成绩斐然。公司拥有科学的风险防范体系和一支经验丰富、团结合作、富于创新的高素质专业队伍。

国元证券上海虹桥路证券营业部地处古北新区，其硬件一流，设施先进，跑道畅通，环境舒适。它把良好的信誉，现代化设施和以客户为本的服务理念完美结合在一起，98 年至今业已成为了广大客户投资理财的首选之地。我部近期对营业部进行了装修改建，近日全新开业，欢迎各位来我部参观指导。

国元证券上海虹桥路证券营业部业务广泛，服务周到。全面开通深沪 A，B 股，基金，国债，回购交易。深沪 A，B 股股票帐户开立；银证转账，银证通服务。并提供期货，港股等相关服务。每位员工随时向客户提供专业优质服务，力求获得每一位客户的满意和信赖。

国元证券上海虹桥路证券营业部依托国元集团和国元证券以及上海业务总部的强有力支持为您提供全方位资讯服务。这些都将成为您投资成功的可靠保证。

1. 国元证券网。只要您是国元证券的客户，无论您身在何地，您都可以通过国元网了解股市的实时行情及个股相关情况，并可随时和在线专家联系和提问，及时获得解答。

2. 国元客户服务中心。面向全国投资者的综合性证券服务平台。除提供全国范围的交易委托外还可为您提供业务咨询，信息服务，投资顾问等特色化服务。

3. 国元股信通。通过订制国元证券"股信通"段信服务，您可在第一时间时间了解市场资讯，得到周到及时的交易提示，把握投资良机。

4. 国元证券上海虹桥路证券营业部为您提供的多套咨讯平台和产品，每日早间及盘后即时股评等咨讯，以及专业人士提供市场信息和投资建议。

5. 大客户俱乐部。国元证券上海虹桥路证券营业部贵宾厅格调高雅，环境舒适。更有为大客户特别设立的大客户俱乐部，由客户经理为其提供个性化理财服务。公司和营业部将定期同大客户进行交流和研讨，尊贵客户更可同公司资讯研究中心研究人员和基金经理直接联系。

国元证券上海虹桥路证券营业部竭诚欢迎广大投资者。我们将求实开拓，积极进取，同您一起获得喜悦和成功。

国元证券网：http://www.gyzq.com.cn

全国客户服务（委托）电话：95578

全国客户服务（委托）备用电话：4008888777

电话委托：021－62705818

咨询电话：021－62706918

传真电话：021－62704200

深圳席位号：260200

上海席位号：20265

深圳 B 席位号：260200

开放式基金席位号：621

投诉电话：021－62705038

投诉邮箱：sh_hql@gyzq.com.cn

国信证券股份有限公司深圳深南中路营业部

国信证券有限公司深圳深南中路营业部（原国信证券三部）连续多年被评为深圳市优秀证券营业部，交易量稳居深圳市前五名，以投资指导见长——是您最佳的投资选择。

国信证券深圳深南中路营业部地处黄金地点，乃人气凝聚之宝地，交通便利，备有专用停车场。我部注册资本 1000 万元，营业面积 2000 余平方米，交易大厅环境舒适幽雅，座位充足，柜台业务员亲切周到的服务必定让您宾至如归；各楼层配置中央广播系统，信息得到及时快捷的传递。十三楼、十八楼专户室，拥有专户座位 400 个，大户包间 80 多间，电脑设备先进，让您能在股市中纵横驰骋，挥洒自如。各包间及主要地点都配置了影视辅助系统及 Internet 上网电脑，广大投资者在激烈的股海弄潮之余，还能轻松欣赏影视文体节目，调节一天紧张的神经。

国信证券深圳深南中路营业部总结了国信证券的成功经验，建立了一套科学、高效的信息网络，除了与国信各部紧密

联系外,还与证券商同行、各著名股评家、各上市公司、新闻媒介、各金融机构等建立了信息交流网,及时沟通重要的金融、政策信息,为客户的客观分析判断提供了必要条件。同时,专户业务员及时对证券历史资料、上市公司档案、有关证券法规等进行科学的归档管理,保证有充足的库存资料供投资者享用。每日收市由市场分析员进行解盘,并刊登深沪股日评供股民参考。适时邀请著名股评家及金融界资深人士举办证券市场讲座或讨论会,使股民在炒股赚钱之余在自身素质上获得提高。

证券业竞争是激烈而残酷的,而国信证券深圳深南中路营业部正以严谨诚信、服务至上的国信精神自信地迎接挑战,时刻不忘珍惜多年来在投资者心目中的崇高信誉,真正做到以实力取胜,“最先、最新、最高”的一贯追求,努力拓展业务领域,不断完善服务和管理,以最优质的服务协助您在证券市场获得最大的成功。

服务介绍

1、金融产品交易提供:

l 沪、深两市 A、B 股 l 国债、企业债投标与招标、现货及回购交易 l 基金交易、开放式基金代销、申购与赎回 l 三版交易 l 企业及个人资产管理、理财服务 l 代销期货、港股业务

2、投资服务 l

集市场大成,综合国信所有资源之咨询信息:《国新理财快讯》、《每日研究咨询报告》、万国、《港澳财经资讯》、《巨灵资讯》、《上市公司研究》、《行业研究》等

l 满足各类客户个性需求的多种交易软件:钱龙、宏汇、通达信 l 远程交易大户室 l 手机互联网炒股

3、特色服务 l 专设客户服务中心(CSC),基于电话、手机短信、互联网的互动电子平台,高素质专业人员即时为您提供交易咨询服务。l 开通工、农、中、建、商、招等券银转账,无论您身处何处,只需通过电话、互联网等工具可立即完成股票帐户与储蓄帐户间的资金调拨。l 新股自动配售、中签通知、自动通知配股 l 债券回购 T+0,为您的资金提供低风险、高收益的理财渠道 l 24 小时自助传真,证券帐户互联网查询 l 直接代办:深沪 A、B 股、基金、三版市场的开卡及开户手续

经纪人简介

一九九八年,我部看准了证券市场发展的方向,在业内率先大规模推出证券经纪人制度。在队伍的管理与建设上,借鉴国内外经纪人业务的成功经验,结合国信自身特点,创造出具有国信特色的经纪人管理模式。经过数年的发展,已拥有一支一流的专业经纪人队伍。如今,我部经纪人所取得的成就已为业内公认。我部经纪人模式,已成为其他券商组建经纪人队伍的首选。

欢迎有志之士加盟我部经纪人队伍,欢迎客户接受我部的经纪人服务。

服务指南

1、深圳市商业银行大厦十三楼——大户交易室

2、深圳市商业银行大厦十八楼——柜台、机构户交易室、办公区

特色服务专栏

1、VIP 金智慧理财顾问中心

我部宗旨是“让客户资产增值,与客户共同成长”,在服务工作中特别注重对客户投资咨询的个性化、诚信度、纪律化。我部在深圳、乃至在全国率先真正推出具备“咨询互动交流服务”与“帐户跟踪服务”的 VIP 金智慧理财顾问中心,这是靠近国际市场的纯金融顾问投资指导服务,真正体现实话实说原则的负责任投资指导。

(一)服务内容

1、VIP 金智慧理财顾问中心(以下简称 VIP 理财顾问)增值咨询服务是建立在整合国信证券研究所和国内各大证券研究机构的最新研究成果基础上,理财顾问咨询分析师运用专业的投资分析技能和丰富的投资管理经验为客户提供全面、及时和可操作性的投资咨询服务。

2 、理财顾问咨询分析师根据最新市场热点撰写相关投资评论,制定投资策略和推荐股票。理财顾问咨询分析师将对所推荐股票长期跟踪以及做出投资指导供客户参考,并及时总结投资成果。

3、VIP 金智慧理财顾问增值咨询服务客户通过网上资讯平台将全面享受国信证券研究所和国内各大证券研究机构的最新研究报告,使客户获取与机构投资者相同的研究资讯,与投资经理站在同一起跑线上做投资决策。

(二)服务方式客户可通过以下方式获得 VIP 金智慧理财顾问增值咨询服务:

1、在鑫网(www. guosen. com. cn)网上营业厅 VIP 金智慧理财顾问栏目上,客户可获得 VIP 金智慧理财顾问增值咨询服务最新最全面的资讯产品,浏览最新研究报告并提供下载服务。

2、通过客户提供的电子邮箱地址发送最新的投资策略报告,提供最新市场分析、投资策略和推荐股票等投资咨询服务。

3、按客户提供的手机号码将投资信息以手机短信息形式发送给客户,提供最新市场分析和推荐股票。

4、通过电话咨询理财顾问咨询分析师获取相关投资建议。

国信证券股份有限公司深圳红岭中路营业部

一、营业部简介

从 1990 年— 2006 年连续十七年名列深交所成交量冠军,并荣登深圳首届“十佳证券商”之首。

在深沪股市主要指标排行榜中,每年均获单个营业部成交总额、利润总额、人均创利第一名

(一)概况

国信证券深圳红岭中路营业部(原国信证券一部)位于深圳市红岭中路,是深圳市目前最大的证券营业部。自一九八九年九月开业以来,始终坚持“稳健、规范、诚信”的经营原则,勇于不断地开拓、创新,以最先进的技术手段、最优秀的人才队伍、高效专业的服务取得了广大投资者的信任,赢得了良好的市场信誉,在中国证券业的发展史上,创下了辉煌的业绩。

(二)环境设备

营业部与国信证券有限公司总部同在崭新的国信证券大厦,面对风景迷人的荔枝公园,毗邻深圳证券交易所、中国人民银行、深圳发展银行、工商银行、建设银行、农业银行、地王商业中心、深圳书城、深圳大剧院等金融文化中心区,交通便利,环境优雅,是广大证券投资者最理想的投资乐园。

营业部营业面积达 4500 平方米,楼层有六层之多,装修豪华,宽敞明亮。营业部场所分散户、中户、大户、机构户等不同规格,方便各种投资者。客户开户数达 10 万多户,托管市值数十亿。各楼层共计工作站 1000 余台,电脑设备先进,且各工作站都配置了影视辅助系统和上网功能,方便广大投资

者在激烈的股海弄潮之余不仅能及时收看各类视听信息，还可欣赏影视文体节目、在互联网冲浪遨游。各楼层还配置有中央广播系统。

二、提供多种方便快捷的交易方式，代理多种交易品种，名副其实的金融超市

营业部不仅为客户提供最先进的硬件设备和优美环境，更力求在服务上不断创新，坚持客户至上原则。

营业部代理的证券交易品种齐全，主要有：深圳证券交易所A股、权证、封闭式基金、B股、国债现券、国债回购、企业债券；上海证券交易所A股、封闭式基金、国债现券、国债回购、企业债券；非上市股份转让交易；开放式基金申购、赎回业务；ETF及LOF基金交易

营业部设有工行、农行、建行、招行、兴业、发展、华夏、中信、民生等多家银行柜台，现场办理第三方存管业务。网上交易方便快捷。在场内客户可选择宏汇、钱龙、通达信工作站和小键盘等方式进行证券交易和分析。在场外可选择电话委托、网上交易、手机炒股、等进行委托交易，应用自如，且可用传真机自动接收对账单和股市信息，客户足不出户，就可进行理财业务，真是方便极了。

（一）营业部还推出了以下特色服务：

交易方式多样化

24小时电话委托、查询交易系统82130888——操作方便、快捷；普通话、广东话双语音操作系统；最齐全、最完善的功能为您的交易提供贴身服务！

自助传真交易对帐单 *开放式基金的申购与赎回 *早、午两次专家实时解盘录音 *自助指定交易 *电话银行自动转帐（现已开通工、农、中、建、招、商等银行的银证转帐业务）*各种交易、查询功能 *电话转帐（工、农、中、建、招、中信、民生、深发展、兴业、交通、华夏、浦发等银行的第三方存管

网上交易 网址：http//www. guosen. com. cn ——登录国信鑫网免费下载交易软件，操作界面及功能和到营业部场内交易相似，只要您的电脑能上网就能把您的大户室搬回家！

手机炒股——是当前市场独家拥有的最先进、最便利、最快捷的系统，能让您随时随地把握投资先机！

营业部场内交易——传统的交易风格，亲切的服务是您必不可少的选择！

短信通知新股发行、上市、配股、增发等信息——如您在我部开户均可申请以上短信服务！（本部不承担因未收到短信所造成的认购遗漏责任）

国信网上营业厅——拥有当前市场规模最大、最全、最先进的系统，让您足不出户即可轻松办理各种业务！

增值服务

红岭早班车（短信）——给您提供最新的头条财经新闻。

红岭解盘（短信）——每天中午由红岭部的投资顾问专家给您解盘。

E－mail邮件服务——客户预留电子邮箱，即可申请接收各类最新研究报告和每日资讯及行业研究、上市公司研究、市场策略研究、每月股票池等（目前免费）

金色阳光服务——金智慧短信服务（每天两条以上）、金锦囊一对一投资指导服务。选择金锦囊服务的客户在享受金智慧所有服务的同时，享受国信证券红岭部配备投资专家提供的一对一投资顾问服务。投资顾问将通过电话、短信、网络、现场约见等多种服务渠道和服务方式为客户提供投资指导、投资管理及其他综合性投资秘书服务。包括为您量身定做中长期理财规划、盘中实时投资指导、风险提示、危机应对以及随时的投资绩效评估，提供及时有效的投资策略和操作建议，帮助客户增强投资信心和提高盈利能力。

（二）提供更专业的投资咨询服务

营业部一直注重广纳贤才，投资咨询力量十分强大。营业部专门成立了由本部7名业务骨干组成的投资研究小组。

特别成立金融顾问中心，每天集中研讨分析行情演变，现场接受客户咨询、提供点对点服务，为VIP客户提供一对一金融理财顾问服务

投资研究小组每天上午10:00时，下午2:00进行盘中解盘，收市后进行盘后分析。每周五营业部举行大型股市沙龙（主讲：邢学东），并邀请公司内外专家评股论市。

每日出版《研究快讯》及时推荐“黑马”和准确研判大势，在客户工作站上提供国内、国际财经信息及各大券商的研究成果报告。另外，营业部与国信证券公司总部同在国信证券大厦办公，公司总部研究中心、投资部、投资银行部、资产管理部的整体资源也能最方便、最快捷、最有效地为营业部的广大客户服务，可以方便、快捷地将各类信息第一时间通报给每一客户。

定期举办现场专家报告会

提供核心客户资产增值管理

利用电子邮箱、手机短信息等形式发布加密信息

服务无止境，关怀恒久远！国信红岭部伴您股海畅游，步步领先，直到永远！

营业部地址：深圳市红岭中路1012号国信证券大厦四楼

咨询服务热线：（0755）25822666 转红岭部（0755）88821686

交易委托电话：（0755）82130888，4008888333

投诉电话：（0755）82130820

深A/B席位号：000100　　沪A席位号：61187

网址：http://www. guosen. com. cn

三、营业部开户流程介绍

本人带齐证件（身份证、股东卡）来营业部办理。

每周一至五9:;30—15:00时本人带身份证来营业部办理深圳A、B股、上海A、B股及三板股东卡。

国信证券股份有限公司
上海北京东路证券营业部

国信证券上海北京东路证券营业部是上海证券报评选的“全国十佳营业部”和证券时报评选的“全国营业部二十强”，日前，营业部服务中心通过了CCCS－OP－2008（《客户联络中心标准体系》）认证，荣获五星级客户联络中心称号，成为国内证券行业中首个通过CCCS五星认证的服务中心。

营业部位于北京东路668号科技京城4楼、5楼、30楼，营业面积3000余平方米。四楼开户大厅装修豪华，宽敞明亮，配有中央广播系统及自动取号排队系统，极大地提高了客户办事效率。在五楼大客户区域，我部设立了十余间大户室，环境优雅，每个客户都配有液晶电脑，方便客户了解市场行情。我部现有员工500余人（包括客户经理），本科学历以上占总员工的80%。目前我部共设有“五大中心三个部门”：营销中心、运营中心、投资顾问中心、大客户中心、VIP中心、综

合管理部、培训部、内控部及市场拓展部，可以为客户提供一对一的专业咨询服务。

国信上海北京东路营业部始终坚持“稳健、规范、诚信”的经营原则，勇于不断地开拓、创新，以最先进的技术手段、最科学的行业概念、最高的工作效率和最热忱的服务取得了广大投资者的信任，赢得了良好的市场信誉，创下了辉煌的业绩。

服务介绍

国信证券上海北京东路营业部秉承在证券市场上“领先一步”的优良传统，不仅为客户提供最优先的硬件设备和优美环境，更力求在服务上不断创新。

国信证券上海部代理的证券交易品种齐全，主要有：沪深证券交易所 A 股、基金、B 股、权证、国债现券、国债回购、企业债券、股份特别转让市场（三板）以及各种开放式基金。

我部目前已开通工行、建行、农行、中行、招行、交行、浦发银行、深发银行、中信银行、民生银行、广发银行、深商（平安）银行、华夏银行、光大银行、上海银行、北京银行、兴业银行等共 17 家三方存管业务，方便客户交易。

B 股交易也已开通招商银行、中国银行的银证转账服务。

国信证券已获得期货中间介绍业务（IB）资格，上海北京东路营业部即将推出期货服务，敬请期待！

特色服务

● 金色通道服务

我部目前为重要、尊贵的 VIP 客户提供了方便、快捷地开户及综合业务办理。接受预约，无需等待，享受贵宾服务。

● 网上交易

提供国信独有的金色阳光交易软件，拥有十档行情，只要您的电脑能上网就能把您的大户室搬回家。

● 手机炒股

国信证券已开通“金太阳”手机炒股业务，目前共支持手机型号近百种，为您提供全方位的证券行情、证券买卖、账户查询、证券资讯等服务。

● 客服热线 95536

服务时间：周一至周五：8：30 – 21：00；节假日：9：00 – 17：00

我部目前拥有 30 余人的电话客户团队，所有客服人员均是通过层层选拔出的精英，足够为客户提供账户查询、业务咨询、产品营销等专业化的服务。

● VIP 服务

1. 为“国信”的 VIP 客户提供：专业的交易咨询、相关答疑、业务办理等优质服务；

2. 力争成为每一位 VIP 客户的贴身“理财师”：为其提供资产配置的合理方案，以及客户资产的专业投资规划；

3、国际金融服务模式：“一对一”的立体式专人服务，带给 VIP 客户以“尊贵”的金融理财的一站式享受。

更专业的投资咨询服务

上海管理总部注重广纳贤才，投资咨询力量十分强大。上海管理总部专门成立了由本部 11 名业务骨干组成的投资顾问中心，平均从业年限超过 8 年，8 人具有硕士以上学历，2 人具备海外从业经历。

投资顾问中心依托国信证券研究所和国内主要券商的研究成果，结合自身对市场的专业判断，为客户提供实战性的专业指导。

投资顾问中心每天开盘前半小时，根据当天主要信息决定当天的投资策略、行业和个股，在开盘期间通过短信和电话为金色阳光客户提供专业服务；下午 4：00 进行盘后研究，为下一交易日作准备。

每日早晨出版《投资晨报》，及时提醒操作策略和个股推荐，盘中进行短信提醒，每个交易日下午 7 点前出版《投资日报》，对此日的投资策略、仓位和板块进行提醒，并发表《模拟基金》，指导实战操作。

另外，上海管理总部与国信证券研究所、投资部、投资银行部、资产管理部合作，能最方便、最快捷、最有效地为管理总部的广大客户提供全方位服务，并可以方便、快捷地将各类信息第一时间通报给每一客户。

其他服务：

1、每月股票池、基金月报推荐；

2、金色阳光增值服务；

3、核心客户资产理财规划服务；

4、特大客户的个性化服务。

国泰君安证券股份有限公司
上海陆家嘴东路证券营业部

营业部简介

1. 格调高雅的交易环境

作为国泰君安证券核心营业部，本营业部是我国第一家以机构投资者和职业投资家为主要服务对象的机构。它坐落于陆家嘴金融区中心顶级写字楼高层，毗邻上海证券交易所。中国人民银行上海分行和众多国内外商业银行总行或地区分行以及其它金融机构环绕四周。地处中国“华尔街”，真正融入国际化氛围，零距离感受世界经济脉动。营业部所有客户室均按总经理办公室模式设计，格调高雅，高瞻远瞩。

2. 安全高速的交易转帐系统

一流的硬件设备，国内领先的多途径委托系统，使您的证券投资安全顺畅；“国泰君安锐智”、“钱龙”、“大智慧”等多种最新版交易资讯系统，集行情、交易、资讯等各项服务资源为一体，“快速行情、闪电委托”，助您投资、决策迅捷、高效；柜台、电话、自助、网上、远程等多种委托方式，让您在任何时候都能把握先机。

国泰君安证券是资金“第三方存管”方案的设计者。该模式得到证监会认可已在全国推广。领先一步的银证“第三方存管”全面实施，让您的资金更安全、转帐更迅捷、方便。目前已开通银证“第三方存管”的银行是券商中最多的。包括：“五大行”的工、农、中、建、交以及招行、民生、兴业、浦发、光大、华夏、深发展、上海银行等。

3. 专业到位的全面服务

本营业部可为您提供沪深 A、B 股的委托买卖；国债、企业债的委托买卖和发行认购；全品种基金超市让您拥有更多的选择；作为首批国家批准的“代办股份转让”（三板市场）的六家券商之一，可办理股份账户开户和股票的股份确权；作为首批交易所认定的具有权证交易资格的少数券商之一，可提供权证的委托交易业务；可根据您的需要，提供新股申购、专业理财等多种服务。

公司全资拥有的金融期货公司国泰君安期货公司，是上海金融交易所的第一号会员，拥有全面结算会员资格。公司拥有强大的资源、先进的软硬件配套、专业的研发支持、完善的风险控制，让投资者在股指期货业务中先人半步！

国泰君安证券公司已率先通过证监会验收，获得期货 IB 业务资格。

营业部名称：上海陆家嘴东路证券营业部
营业部地址：上海市陆家嘴东路 161 号招商局大厦
咨询电话：58875663
委托电话：58877199
席位号：深圳 A 股：226900、深圳 B 股：227000
特别转让：720200

国联证券股份有限公司无锡中山路证券营业部

国联证券股份有限公司无锡中山路证券营业部成立于 1994 年 12 月，前身为无锡市证券公司无锡中山路营业部。营业部位于无锡市中山路 153 号时代中心大厦，营业面积 6453 平方米，是全国同行业营业面积最大的证券营业部之一。时代中心大厦设有地面、地下停车场，有十几条公交车线路直达营业部门口，交通便利，投资交易环境宽畅明亮，人气兴旺。营业部下设客户服务、市场拓展、运营管理三大部门。

营业部自开业以来始终坚持"规范管理、稳健经营、诚信服务"的经营原则，秉承"诚信、稳健、创新、超越"的经营理念，奉行"专业控制风险，智慧创造财富"的经营宗旨，不断开拓创新，以先进的技术手段、科学的行业概念、优质的工作效率和热忱的客户服务取得了广大投资者的信任，赢得了良好的市场信誉，创下了辉煌的业绩，经纪业务历年来居全省同行业前列。1995 年获江苏省"投资者满意证券营业部"，2000 年获得中国证券业协会授予的"全国优秀证券营业部"称号，多次获得省市"优秀青年文明号"等称号。

优越的投资环境

营业部装饰典雅舒适，宽畅明亮，配有中央空调。营业场所分为业务办理区和客户交易区两大区域，业务办理区分为业务办理等候区、业务办理操作区、产品销售展示区、非现场交易演示区。客户交易区设有交易大厅、大客户区、贵宾客户区和 VIP 区。交易大厅可容纳近千个客户观看行情和交易，客户区有近千台电脑和座位供客户看盘交易，近百个房间配有直线电话供客户使用，同时在客户区设有娱乐、健身活动场所。

营业部服务

联系地址：江苏省无锡市中山路 153 号
委托电话：0510－82588108
咨询电话：0510－82794567
传真：0510－82724811
席位号：258000

国联证券股份有限公司
北京宣武门东大街证券营业部

国联证券股份有限公司北京宣武门东大街证券营业部地处南二环宣武门核心地区，毗邻庄盛崇光百货，位于北京宣武门商务酒店（原越秀大饭店）南配楼六层。

营业部为投资者提供的个性化服务包括手机炒股、邮寄对帐单及短信互动服务；聘请资深股评专家以 QQ 形式，实时在线解答投资者提出的问题并点评个股；以股市沙龙形式，进行 AB 股市场、股指期货、开放式基金、权证等金融产品的投资者教育活动，提高投资者风险意识的同时化解其投资风险；安排客服人员对非现场交易客户提供上门安装软件、交易指导、定期举办抽奖活动；以发送邮件形式对核心客户提供多家资深研发机构的投资报告；对高端客户推出一对一的"管家式"理财咨询服务。

国联证券北京宣武门营业部秉承一贯的"诚信、稳健、卓越、奉献"的经营理念服务于广大投资者。我们的目标是与投资者共同成长，使每一个来到我们这里的投资者的投资价值最大化。

联系地址：北京市首体南路 9 号主语国际 4 号楼 1202
委托电话：010－68798618
咨询电话：010－63170288
传真：010－63173764

国金证券股份有限公司北京金融街证券营业部

国金证券股份有限公司北京金融街证券营业部是在中国证券市场进入新的发展阶段后，公司总部布局全国的重要一环，新近设立于 2006 年 5 月，位于国家金融行政管理中心——北京金融街。

营业部定位于为高端个人、机构客户提供企业融资、并购重组、研究咨询、资产管理等全方位服务。无现场交易、前后台严格分离的经营方式是金融街营业部区别于传统营业部的主要特点；高效高质的咨询服务是我部参与市场竞争的主要营销手段。

营业部全体员工将秉承国金证券"规范经营，诚信服务"的理念，积极开拓进取，综合利用公司投资管理、资产管理、投资银行等各重要部门以及集团公司的资源支持，为客户提供尽善尽美的优质服务。

电话委托号码：010－51993366
业务咨询热线：4006600109
深圳席位号：272800
服务监督电话：4006600109
地址：北京市西城区金融大街 27 号投资广场 B 座 4 层

东方证券股份有限公司上海海宁路营业部

东方证券股份有限公司上海海宁路营业部位于海宁路 137 号二楼，近吴淞路路口，紧邻四川北路商业区，交通便利，公交 55，145，61，910，123，147，576 等线路均可直达，良好的投资环境，营业面积近 1200 平方，有自助委托及钱龙行情自助柜台机近 40 台，拥有开放式中户厅，大户室。营业部竭诚为广大投资者提供便捷的服务，欢迎到营业部开户，享受我们的服务。

交易业务种类有：沪深 A、B 股，基金、国债、企业债券、国债回购等业务；代销各类开放式基金。

交易方式有：电话委托、网上交易、手机炒股等。

本营业部深圳席位号：311100（A 股）050099（B 股）

地址：上海市海宁路 137 号二楼
邮编：200080
咨询电话：021－63250089、021－63241813
投诉电话：021－63830536
电话委托号码：95503

财通证券有限责任公司杭州解放路营业部

财通证券解放路营业部地处杭州金融商贸大街——解放路111号的金钱大厦(浙二医院斜对面),营业面积约2800平方米,共分为3个楼面。目前拥有散户自助委托机68台,中户大厅2间,大户室33间,贵宾室12间,可容纳现场交易客户近千人。并配有健身房、活动室、免费上网等供客户使用,是目前杭城规模较大的证券营业部之一。

地址:解放路111号金钱大厦二楼
邮编:310009
员工人数:26人
负责人:陈军泽
委托电话:96336
传真:0571-87828174
深A席位号:203700
深B席位号:262700
公交线路:K55路、B支3路、809路、K92路、49/K49路、305/K305路、K105路、335/K335路、K56路、K591路、K106路、K351路K251(夜间线)路、K515路、K520路到浙二医院站下;K30路、K401路、62/K62路、K288路到马市街站下
咨询电话:0571-87828100
投诉电话:0571-87821739
投诉邮箱:wanghy@ctsec.com

广州科技风险投资有限公司

广州科技风险投资有限公司成立于一九九九年十一月二十五日,注册资本为人民币8亿元。在公司成立6年多的时间里,得到广州市委、广州市人民政府和社会各界的大力支持,遵循“专家管理、科学决策”的原则,在众多的项目资料中选择了以广州市区域为主的多个项目进行重点跟踪,在开展细致的调研及评估工作之后,投资60多个项目。

公司十分注重为企业提供各种增值服务,包括企业诊断、股权结构及资产结构的优化、企业管理的规范化、企业中长期的发展规划以及引入会计师事务所、律师事务所、证券公司等中介机构等,扶持企业发展、帮助企业快速增值。公司的目标是:与各方合作,成为以广州科技风险投资基金为主导的、以引进国外风险投资和民间风险投资为主体的、具备相当资产规模的国内一流的风险投资机构。

公司远景目标体系:

立足广州;与高科技企业共同成长与发展,成为国内一流的风险投资管理机构。

2008年-2010年发展目标:

1、全面投资一批高科技企业,重点扶持一批龙头企业,带动相关产业发展;

2、公司资产管理规模在20亿元以上;

3、打通项目退出的渠道,实现资本的良性循环,实现资本的最大增值。

地址:广州市天河北路183号大都会广场11层
电话:020-87556020
传真:020-87556023
邮编:510620

大岳咨询有限公司

大岳咨询有限公司成立于1996年,是国家发展和改革委员会授予的甲级咨询公司、中国招投标协会理事单位、中国科技咨询协会理事单位和在世界银行与亚洲开发银行分别注册的咨询公司。公司主要从事基础设施的投融资咨询、基础设施企业改制与管理咨询、新城与开发区建设的投融资与管理咨询以及政策研究咨询。服务领域包括供排水、垃圾处理、燃气热力、发电、地铁、土地一级开发、新城、开发区以及大型综合开发项目。

公司下设基础设施事业部、城市发展事业部、市场部、大岳研究院、人力行政部和财务部。公司有咨询专家七十余人,均毕业于国内外知名学府,多数拥有国内外金融机构、跨国公司、政府综合部门、咨询或设计研究机构的工作经验,深刻理解中国国情和国际惯例。十五位高级职员在大岳工作经历都在六年以上,是大岳的中流砥柱。

公司以创造咨询业的民族品牌为己任,是各级城市政府发展城市经济和国内外投资机构参与城市建设、投资和管理可以依托的智库。大岳用经验、智慧和创造性的解决方案,以一流的专业人才、良好的公共关系、勤勉的敬业精神为客户提供增值服务。

大岳已经为二十七个直辖市、省会城市和副省级城市以及十余个地级和县级城市的数百个项目提供了咨询服务,同时进行的咨询项目达三十余个,涉及总投资额超过1200亿元,每年完成的融资额近300亿元。大岳完成的多个项目都对整个行业产生了深远影响。

地址:北京市西城区复兴门金融街33号通泰大厦C901
电话:010-88086760/61/62
传真:010-88087674
邮编:100140
公司网址:www.dayue.com
E-mail:dayue@dayue.com

安徽国信资产评估有限责任公司

本公司前身为安徽资产评估事务所,于1993年8月成立。1995年6月9日经中国证监会和原国家国有资产管理局批准取得“从事证券业务资产评估许可证”(№0000124)。1999年11月12日完成脱钩改制工作,更名为安徽国信资产评估有限责任公司。安徽国信资产评估有限责任公司为适应社会主义市场经济发展需要,贯彻执行财政部[1999]119号文《关于资产评估机构脱钩改制的通知》精神,经原安徽省国有资产管理局批准,安徽省工商行政管理局登记注册,于一九九九年十一月十二日由原安徽资产评估事务所改制成立,注册资本:138万元整,住所:合肥市益民街28号文采大厦7楼。

本公司具有安徽省财政厅颁发的《资产评估资格》,中国证监会和原国家国有资产管理局颁发的《从事证券业务资产评估资格》,是国内级别最高、安徽省规模最大的专职资产评估机构。

本公司内设评估一部、评估二部、主审室、房地产评估部、土地评估部、办公室、财务部和铜陵蓝天分公司和马鞍山江南分公司,并成立了由公司领导、部门负责人和技术专家组成的

技术委员会。

本公司2005年评估资产总额约为300亿元,业务收入598.90万元;2006年评估资产总额约为217亿元,业务收入679.69万元;2007年评估资产总额约为461亿元,业务收入782.87万元。本公司由一批多年从事资产评估的各行业经验丰富的人员组成,现有专职员工62人,其中大专及本科以上学历人数59人,注册资产评估师43名,注册房地产估价师5名,注册造价师6名,注册土地估价师5名,另有一批各行业特聘专家提供专业技术支持。

本公司自一九九三年以来,已先后成功完成了包括公司首发上市30余家,大中型企业改制100余家及各类资产评估项目1400余项。累计完成的评估总值超过5000亿元,均取得了国有资产管理部门的确认或其他行政主管部门及经济行为当事人的认可,在各行政主管部门、经济行为当事人和同行业中得到了充分认可和信赖,享有较高声誉。

地址:安徽合肥市益民街28号文采大厦七楼
电话:0551－2650041
传真:0551－2650041

埃森哲咨询有限公司

埃森哲是大中华区少数能够同时为跨国集团和本土企业提供创新性服务的机构之一。埃森哲非常重视中国市场,我们在中国的业务与中国经济共同迅速成长。我们既帮助跨国企业更好地开拓中国市场,又与领先的本土企业和政府机构开展广泛的合作。我们尤为重视与本土企业的合作。目前,埃森哲在大中华区的客户中有80%是中国的本土企业。

埃森哲在大中华区开展业务已超过20年。我们于1989年在香港及台北设立分公司,1993年正式在中国大陆成立埃森哲上海分公司,1994年成立北京分公司。2002年,我们在大连和上海分别成立了埃森哲信息中心以支持我们的全球外包业务。2004年,随着埃森哲广州分公司的成立,我们进一步加强了在华南地区的业务。目前埃森哲在大中华区设有6家分公司:北京、上海、大连、广州、香港和台北,拥有一支超过4100人的员工队伍。

我们为客户服务的项目团队由各类专业人员组成,他们深谙行业运作经验,熟悉各项专门业务,并了解当地市场。此外,埃森哲大连和上海信息中心的专业人员协助客户服务项目团队,利用经实践验证的方法论和工具以及先进的技术为客户提供迅速可靠、经济有效的解决方案。

研究和创新一直是我们获取成功的主要因素。2008财年,我们在研发上投资3.9亿美元,此前两年分别是3.07亿美元和2.98亿美元。利用这些投资,我们研制创新性业务战略和技术,将其商业化并加以推广,并为客户开发市场化的解决方案。我们的研究和创新项目旨在通过前瞻性洞察力为客户量身定制创新解决方案。

埃森哲的独特优势在于:既能够为客户设计制胜战略,又具有强大的实施能力,帮助客户成为卓越绩效企业。我们在中国的项目涵盖了广泛的行业和各种类型的解决方案。我们为大型的国有企业提供企业转型的咨询和服务,帮助它们转变成为市场导向的企业。我们为希望涉足新的业务领域或提高竞争力的企业制定和优化战略。我们还为客户提供组织架构重组和人员绩效管理方面的咨询服务。此外,在电子商务和信息系统开发方面,埃森哲也一直在中国占据领先地位。

埃森哲(北京)
地址:北京市朝阳区建国门外大街甲6号SK大厦7层
总机:010－58705870
传真:010－65612077
邮编:100022
埃森哲(上海)
地址:上海市淮海中路381号中环广场30楼
电话:021－23053333
传真:021－63869922
邮编:200020

深圳市华晟达投资控股有限公司

深圳市华晟达投资控股有限公司是深圳市政府所属的国有控股企业,创立于2000年12月。注册资本3亿元人民币,资产总额35亿元。股东为深圳市投资控股有限公司、国家开发投资公司、深圳市嘉贝投资发展有限公司、交通银行股份有限公司、华侨城集团公司、中国烟草总公司、中国核工业建设集团公司等39家。

总部设办公室(董事会办公室)、计划财务部、人力资源部(党群工作部)、投资发展部、审计部、企业管理部、北京办事处等部门。公司业务涉及证券投资、信息咨询、房地产开发、物业管理、酒店经营管理等领域,下属直属企业分布在深圳、北京、上海、广州、西安等中心城市,全系统现有员工600多名。

华晟达公司"秉承传统,开辟未来",在国企改革日益深化的形势下,坚持"忠诚、责任、创新、和谐"的企业精神,规范经营,改善管理,进一步完善公司治理结构,深入推进现代企业制度建设,努力朝着建设一流资产管理公司的目标迈进。

地址:深圳市福田区八卦四路22号南方苑A座4—5层
邮编:518029
电话:(0755)82056642
传真:(0755)82053266

罗兰·贝格国际管理咨询公司

罗兰·贝格于1967年在欧洲大陆孕育而生,目前是全球顶级的战略管理咨询公司之一。罗兰·贝格在全球25个国家设有36家分支机构,并在国际各大主要市场成功运作。2008年,全球2100位员工为公司创造了6.7亿欧元的收入。

罗兰·贝格国际管理咨询公司是一家由180名合伙人共有的独立咨询机构,为跨国企业、非赢利组织和公共机构提供全面的管理解决方案和咨询服务,包括建立战略联盟、引进新的商业模式和流程、构建组织结构和制定信息战略等。

罗兰·贝格在全球分别设立了不同的行业中心和功能中心,我们通过有效整合各个功能中心的资源,兼容并蓄来自不同行业的专家能力,为客户量身定制优秀的管理解决方案。

罗兰·贝格协同客户一起创制个性化的发展战略。我们认为,在实施阶段为客户提供强有力的支持是非常关键的,它能为客户创造宝贵的价值。因此,我们的工作方式立足于每位咨询顾问的企业家精神和行业专长—我们深信"个性·创造·影响力"。罗兰·贝格的员工始终秉承公司的三个核心价值理念:企业家精神、精诚合作与追求卓越。

罗兰·贝格一直把中国视为公司国际化道路中最重要的

市场之一。自从 1984 年进入中国市场以来，罗兰・贝格已经先后在上海、北京、香港和台北开设了办事处，拥有 200 多名员工。在长期的发展中，罗兰・贝格已经与众多跨国企业及中国企业建立起战略性的合作伙伴关系。

作为全球 5 大顶级战略管理咨询公司中唯一一家源于欧洲的成员，罗兰・贝格咨询的专业性建立在它 40 年来与各式各样的客户在复杂商业案例运作中取得的丰富经验上。卓越的战略分析及在方案实施上的深厚功底是罗兰・贝格咨询服务的优势所在。以自己多元化的欧洲背景和丰富的本土经验为依托，罗兰・贝格将会运用这种优势，帮助我们的客户在中国应对挑战，取得成功。

上海市南京西路 1515 号嘉里中心 23 层
邮编：200040
电话：021 －52986677
传真：021 －52986660
北京市朝阳区东三环北路霞光里 18 号佳程广场 A 座 20 层 D/E
邮编：100027
电话：010 －84400088
传真：010 －84400050

京浩鸿明凯科技发展有限公司

京浩鸿明凯科技发展有限公司成立于 2004 年 5 月，位于北京清华科技园区，是经国家信息产业部认定的软件企业，并被北京科学技术委员会授予技术企业称号。公司以证券分析研究为核心，以软件开发和网上多媒体教学培训相结合，创立了业界知名品牌天狼 50 证券分析决策系统。公司的投资师和分析师均为证券领域的资深人士，对中国资本市场有着深入的理论研究和成功的实战业绩，其领军人物是国内著名投资专家、清华硕士陈浩先生。

浩鸿明凯致力于传播投资知识、倡导投资文化，针对中国国情和证券市场的现状，以独特的视角和方法揭示其中的规律和风险，得到了投资者的广泛认同。同时，公司通过网上培训交流、研发技术工具、出版书籍和 VCD 等多种方式，推广和普及投资知识，同时建立相关的技术分析和基础分析——“天狼 50”能够及时判断主力行为、精确掌握资金趋势、轻松定位市场方向，成为投资者不可或缺的技术分析工具。

2006 年，上海证券交易所信息网络有限公司发布上证所 Level－2 行情，由于具备良好的行业信誉、研发实力和历史业绩，浩鸿明凯成为上证所 Level－2 行情指定运营商之一。公司基于 Level－2 数据研发的天狼 50L2 分析决策系统，对上证所 Level－2 信息数据进行了深入地挖掘和立体化地展示，一经面市便成为领先于市场、服务于实战的崭新投资分析体系。2008 年 1 月，浩鸿明凯更上一层楼，获得了上证所 TopView（赢富）数据授权，成为极少数 TopView（赢富）盘后数据交易统计产品的授权运营商之一。

2009 年初，上证所 TopView（赢富）数据摘牌，浩鸿明凯以雄厚的研发实力，及时推出了超越赢富时代的替代指标，更加准确，更加有效。此外，公司已提前启动基于流动性分析的新技术开发，可在更高层面上替代主力分析对投资的意义，并在不久的将来应对股指期货的分析需求。影响股价的市场因素中，流动性的能量要大于主力。针对流动性，天狼 50 涨停雷达、大盘动力等独具特色的技术分析利器，经历了实战考验，在 T＋0 操作中尤显优势，取得了权证即股指期货仿真交易等即日交易的骄人战绩。2009 年，天狼 50 天机版“鹰眼”系统进一步获得大幅度完善，必将继续震动业界、翱翔市场。

浩鸿明凯科学缜密的投资理念、细致简洁的技术风格、品质极高的服务团队，已经成为分析中国证券市场的现状和发展、推动中国证券事业成熟与成长的生力军。国际市场以及中国股市的复杂环境，更加促使公司在研究和技术上不懈努力。浩鸿明凯暨天狼 50 的近期目标，是率先为投资者找到新的盈利模式，应对未来各种行情；而浩鸿明凯的宗旨，则是与天狼用户团队和广大投资者一起，为开拓中国资本市场的新格局做出贡献。

地址：北京市海淀区清华科技园科技大厦 C 座 17 层
邮编：100084
电话：010 －82158800
传真：010 －82158631

第八编
中国证券业人物

2009 年中国证券业人物访谈

推进技术进步　着力自主创新

——记北京首钢股份有限公司董事长朱继民先生

朱继民先生,1946 年 3 月生,1970 年 8 月毕业于东北工学院矿建专业,高级经济师、教授级高级工程师。曾任鞍钢总经理助理兼进出口公司总经理,鞍钢总经理助理兼国贸公司总经理、供销公司党委书记;水钢党委书记、董事长、总经理;现任首钢总公司党委书记、董事长;北京首钢股份有限公司董事长。担任党的十七大代表,第十届全国人大代表,九届北京市市委委员,中国钢铁工业协会副会长。

朱继民先生先后荣获贵州省"五一"劳动奖章,贵州省十名有突出贡献的企业优秀经营管理者,全国"五一"劳动奖章、全国"十佳全心全意依靠工人阶级办好企业的领导者"、"中国上市公司十大企业领袖"、"北京影响力十大人物"、北京市劳动模范、"全国优秀创业企业家"等称号。担任首钢领导职务以来,不断开拓创新,各项工作不断取得新成绩。

立足科学发展　实施搬迁调整

北京建设国际化大都市及举办 2008 年奥运会,对环境质量提出了更高的要求,首都的特殊地位已不再适合继续发展钢铁业。

首钢向何处去? 重大历史选择和严峻考验摆在了全体首钢人面前。朱继民与公司领导班子审时度势,辩证地分析形势。一方面,进入 21 世纪以来全国钢铁业获得新一轮快速发展,而首钢在北京受环境容量限制,从 1995 年以后一直得不到发展,与先进企业的差距拉大。另一方面,首钢也面临着前所未有的发展机遇,走出北京进行结构调整可以开辟更广阔的发展空间。历经数年反复研究论证,以科学发展观为指导,提出了钢铁业搬迁调整方案。

首钢不等不靠,主动进取。在争取国家批准首钢发展规划的同时,先期启动搬迁,2004 年在河北迁安市依托首钢矿山基地建成了首钢迁钢公司,在河北秦皇岛市与首钢中板厂配套建成了首秦钢铁公司,形成了"一业三地"发展的新格局,为首钢更大规模的空间布局和产业结构调整积累了经验。2005 年 2 月,国务院批准了首钢搬迁调整方案,要在逐步压缩北京地区钢产量、2010 年底全部停产的同时,在河北曹妃甸建设体现循环经济要求的、具有 21 世纪国际先进水平的钢铁精品生产基地;在北京顺义建设冷轧项目,在北京发展首钢总部经济和优势非钢产业。

面对这样一个复杂的系统工程,朱继民先生带领公司领导班子,把搬迁调整的过程作为全面落实科学发展观的过程,统筹兼顾、系统推进,已经取得了重要阶段性进展。曹妃甸首钢京唐钢铁公司项目 2007 年 3 月开工建设,第一步工程将于 2008 年内建成投产;首钢股份冷轧薄板项目已于 2007 年 11 月底建成投产,为国家钢铁工业结构调整、为国民经济实现又好又快发展正在做出新的贡献。

坚持挖潜增效　提高运行质量

近年来钢铁市场原燃料价格不断上涨,市场竞争异常激烈。同时,在首钢北京地区压产搬迁的情况下,能否保持集团经济效益的持续稳定增长,面临更严峻的考验。在此情况下,朱继民与领导班子研究提出要把经济发展方式转变到"抓结构、保质量、打品种、提效益、创品牌"上来,坚持不懈地开展对标挖潜、增收节支活动,每年消化大量减利因素,经济运行质量不断提高。

2002 年到 2007 年,首钢钢产量从 817 万吨增加到 1541 万吨,增长 88.6%;销售收入从 385 亿元增加到 1090 亿元,增长 1.83 倍;实现利润水平从 4.8 亿元增加到 46.6 亿元,增长 8.7 倍;资产总额从 475.45 亿元增加到 1481.84 亿元,增长 2.12 倍;劳动生产率从 24.7 万元/人. 年提高到 147 万元/人. 年,增长 4.9 倍;职工人均年收入从 1.73 万元增加到 4.28 万元,增长 1.47 倍。迁钢、首秦、冷轧薄板、京唐钢铁厂等新项目建设,创造了我国钢铁业建设发展的高起点、高水平、高速度,首钢从以长材生产为主向高档板材和精品长材转型取得了历史性转变,首钢向建设世界一流钢铁企业迈出了重要一步。具有优良传统和 89 年历史的首钢在实施搬迁调整中开辟了新的发展空间,展现出新的活力与前景。

推进技术进步　着力自主创新

首钢过去以生产长材为主,要向生产高档板材转变,必须赶超国内外先进水平,要在几年时间内走完其他企业十几年走过的路,是首钢面临的十分紧迫而艰巨的任务。

朱继民先生把提高自主创新能力作为首钢搬迁调整的中心环节,组织实施了一系列科技创新工作。做好先进技术的消化、吸收和再创新,2003 年—2007 年科技成果转化率达到 95%;加大高附加值、高技术含量产品开发,2007 年达到 952 万吨,占钢材的比重从 2002 年的 26% 提高到 70.39%;积极推进品牌战略,初步形成了船板、管线钢、冷镦钢、耐腐蚀板、高强度机械用板、高层建筑用板系列品牌集群。

建设产销研结合、产学研结合、多层次联合协作的技术创新体系,解决新钢厂建设的先进技术来源。与德国蒂森-克虏伯钢铁公司开展冷轧技术与人才培训合作,与英国伯明翰大学、瑞典皇家工学院开展轧钢工艺、能耗控制研究,与澳大利亚力拓集团合资开发世界领先水平的熔融还原项目;与中国钢铁研究总院、北京科技大学、东北大学联合成立的汽车用钢、电工钢、宽厚板三个研发中心取得了新的研究成果,为首钢新钢厂投产后实现工业化生产奠定了坚实基础。

已建成投产的首钢股份冷轧薄板项目,整体技术和装备水平居当今世界前列。走国产化道路,一些关键设备和技术采用"点菜式"引进,国内配套设备制造重量占总重量的 87%,创造了国内同类工厂自主集成创新的新成绩。体现循环经济要求,国内第一次在冷轧厂使用中水,采取一系列节能、节水、节地新技术,达到同类工厂国际先进水平。

发展循环经济　打造“绿色钢铁”

首钢地处首都北京，环境保护的责任更加繁重。朱继民与领导班子始终把发展循环经济、加强环境保护作为履行社会责任、落实科学发展观的重大战略任务。

多年来，首钢以“人、技术、环境和谐一致”为目标，做了大量工作。近几年又投入十几亿元，完成环境治理项目134项，已经停止了部分工厂和设备生产，大幅度减少了污染物排放。2000年到2007年，吨钢综合能耗从826.5千克下降到654.2千克，吨钢耗新水从9.36立方米下降到3.76立方米，节能减排指标达到国内先进水平。

大力发展循环经济。利用焦炉系统处理城市废塑料，对固废资源进行深加工，建设了具有国际先进水平的干熄焦工程，建设了污水处理厂、报废机动车拆解项目，与国外企业合作开发处于国际前沿的熔融还原技术。首钢还承担了国家“十一五”重大科技项目“新一代可循环钢铁流程工艺技术研究”的多项研发任务，为钢铁工业清洁化生产的根本性变革进行技术储备。

关注上市公司发展　维护投资者利益

按照首钢搬迁压产方案，北京地区2008年压缩400万吨规模，2010年钢铁冶炼和热轧产能将全面停产，直接影响到首钢股份的生产经营。为了保障广大股东利益不受损失，朱继民董事长和领导班子做出了“搬迁不影响上市公司生产能力”的承诺。为此，一方面积极寻求对策，充分采纳专家建议，认真开展与钢铁业整体上市相关的资产股权规范化建设工作，制定资产整合方案及资本运作计划；另一方面，集思广益，采取多种措施，想方设法把搬迁压产造成的影响和损失降到最小。

作为上市公司董事长，他曾亲自主持修订公司发展规划，不断推进产品结构调整和产业优化升级，为公司进一步发展奠定了基础。按照发挥优势，做强做大钢铁主业，延伸产业链的发展战略，公司对已投资项目进行了全面分析、优化整合，与四川希望集团共同出资成立了贵州首钢产业投资公司并投资了松河煤田。完成了用生命人寿、凯思软件、博奥生物、清华创投、中关村软件园五家公司的股权及部分现金收购首钢总公司持有的北京汽车投资有限公司23.62%股权的置换工作。在冷轧项目建成之际，引入首钢总公司和北京汽车投资有限公司两家股东共同设立北京首钢冷轧薄板有限公司，以利于建立产业纽带和产品链，共同开发汽车板市场，扩大市场份额。

朱继民先生始终致力于完善法人治理结构，依法规范运作，在《公司章程》框架下不断建立健全各项制度，强化内部管理。形成了以《公司法》、《证券法》、《上市公司治理准则》等法律规章为依据，以《公司章程》为总则，以法人治理为核心，以规范运作与管理、实施有效内部控制为目的，适应经营生产需要的内部控制制度体系。完善的控制架构和各层级之间的控制程序，保证了股东大会和董事会及经理层下达的指令能够被认真执行。其中，对控股子公司、重大投资、募集资金使用、关联交易、对外担保、信息披露的管理一直是公司内部控制的重点环节，并以此规范公司运行，维护中小股东利益，实现了企业与经济社会的全面、协调、可持续发展。

今天，朱继民先生正带领首钢人，科学发展、激情创业，为建设一个自主创新的首钢、一个技术先进的首钢、一个产品一流的首钢、一个充满竞争力的首钢而努力奋斗！

（责任编辑：张学军）

四川成渝正驶上发展的高速公路

——访四川成渝高速公路股份有限公司董事长唐勇先生

依托四川高速路网建设和成渝改革实验区的发展，西部高速第一股四川成渝正驶上发展的高速公路

12年前，四川高速公路建设开发总公司以四川省首条高速公路，也是我国第一条山岭重丘区的高速公路——成渝高速作为出资独家发起设立四川成渝，并发行89532万股H股在香港联交所挂牌上市，成为西部首家高速公路上市公司。如今，在国内高速公路网经过一轮较快发展之后，四川成渝以三条高速公路共计380.55公里的资产，2008年5.5亿元的净利润水平回归A股，并拔得本次沪市IPO重启的头筹，受到市场的普遍关注。

受惠于四川高速路网的加速建设、区域经济的快速发展和成渝统筹城乡综合配套改革的不断深入，近三年来，四川成渝的主营业务收入和盈利水平呈现快速增长。同时，为不断提升持续竞争力，公司也正在加快收购和投资的步伐。针对本次四川成渝回归A股募集资金投资项目的盈利状况和未来持续增长能力、以及未来四川成渝如何持续保持价值成长等投资者关心的问题，笔者对四川成渝董事长唐勇先生进行了专访。

笔者：根据公司披露的A股招股说明书，四川成渝拟用本次募集资金的10.98亿元收购控股股东四川高速公路建设开发总公司所持四川成乐高速公路有限责任公司99.18%的股权和星源公司持有的成乐公司0.82%的股权，或置换公司为收购该股权所自筹的资金，其它余额用于偿还成乐公司的部分银行贷款。那么成乐公司的盈利能力和增长潜力如何？您如何看待收购成乐公司对四川成渝的重要性？

唐勇：目前四川成渝主要经营高速路产为成渝高速、成雅高速和城北出口高速，总里程数为380.55公里。

成乐公司经营的成都至乐山高速公路全长86.40公里，连接成都和乐山、眉山两个旅游文化城市，是四川省内以服务旅游出行为主要目的的高速公路，沿线旅游资源丰富，以乐山大佛、峨眉山国家级风景名胜区为主体，辅以省级风景名胜区彭山仙女山、峨边杜鹃池等风景名胜旅游地，形成一个旅游点较为集中的旅游区。

根据四川省高速公路规划，成乐高速将与计划2010年通车的乐（山）宜（宾）高速公路、雅（安）乐（山）高速构成重要的区域和出省通道。乐宜高速在宜宾市与内宜高速连接，并与即将开工的宜宾至泸州、重庆高速公路构成成渝改革实验区的高速公路环线。因此，收购成乐公司后，四川成渝所属高速公路范围将扩大至川南，在四川省高速公路网中的布局将得到进一步完善。同时，四川成渝的经营路产权益总里程将增至466.2公里，增幅为22.70%，公司的经营规模、盈利水平和持续发展能力都可获得有效提升。

从财务指标方面来看，成乐公司最近三年的通行费收入平均增长速度超过了25%。2008年成乐公司的车辆通行费收入为2.72亿元，比上年度增长29.49%，净利润4756万元，同比大增139.5%。今年以来，成乐公司的通行费收入又出现了大幅增长，仅1至5月，成乐公司通行费收入已达1.37亿元，比上年同期增加31.52%。根据目前成乐公司车流量及收费额的增长情况，综合考虑归还长期借款及减值准备转回等成本、费用变动因素，预计成乐公司今年净利润将在去年基础上出现较大增长。

另外，成乐公司通行费收入的增长速度也高于成渝公司同期增长速度。根据成乐公司和成渝公司经审计的财务数据，成乐公司2003 — 2008年通行费收入复合增长率为17.78%，高于成渝公司同期的通行费收入复合增长率10.76%的水平。因此，收购完成后，成乐公司可望成为四川成渝又一重要的利润增长点。

实际上，目前，收购成乐公司的相关事项我们已经基本完成。根据收购协议，从2007年8月31日起到股权收购完成，四川成渝享有成乐公司的收益。因此，如果按照已完成收购成乐公司追溯调整四川成渝2008年的财务数据，则调整后2008年四川成渝营业收入可达18.65亿元，比调整前增加17.45%，成乐公司营业收入占调整后四川成渝营业收入的比例为14.89%。而调整后的2008年四川成渝净利润为5.92亿元，与调整前相比增幅为8.73%。

从未来持续经营前景来看，“十五”末，成乐高速沿线的成都、眉山、乐山三市区域总人口达到1736万人，占四川省总人口的19.8%，经济总量达到2922亿元，占四川省经济总量的39.6%，沿线经济的未来高速发展和以乐山大佛、峨眉山为主体的旅游产业持续增长将有力支撑成乐高速的交通量和通行费收入增长。而且，2010年乐宜高速、乐雅高速的建成通车将进一步提升成乐高速在高速公路网中的地位和作用，带动成乐高速交通量和通行费的增长。

笔者：除了使用A股募集资金收购成乐公司股权，四川成渝正着手收购大股东川高公司所属的成南高速以及遂渝高速四川段资产的工作，这部分资产收购将对公司产生怎样的积极影响？

唐勇：成南高速是国家规划的“五纵七横”国道主干线成都－上海高速公路的组成部分，全长215公里，是连接川中、川东地区重要通道和支援三峡工程建设和四川省内外物质交流的干线公路，沿线覆盖了成都、德阳、遂宁、南充所辖的36个县约2500万人口。在大股东川高公司所属各高速公路资产中，成南高速的净利润水平是最高的。从2004年到2008年，成南高速通行费收入从2.11亿元增至6.82亿元，复合增长率高达34.08%。

2007年底通车的遂渝高速，与成南高速连接，形成全长295公里的成（都）遂（宁）渝（重庆）高速公路，从成都到重庆，比成渝高速缩短45公里，分流了成渝高速成都与重庆两市间部分直达车流量。因此，为了获得新的利润增长点，四川成渝今年初已启动收购大股东川高公司所属的成南高速以及遂渝高速四川段（36公里）资产的工作。

截至2008年12月31日，四川成南高速公路有限责任公司经审计的总资产为935764万元、净资产209867万元、营业收入79080万元，其中通行费收入78179万元（成南高速公路68157万元、遂渝高速公路9636万元）、净利润27473万元，约为四川成渝2008年净利润的一半。今年1至5月成南高速和遂渝高速四川段的通行费收入分别已达3.71亿元和0.506亿元，同比增长20.12%及33.13%，是四川省除本公司外已建成开通高速公路中效益最好的两条之一。

随着成都－上海高速公路在2009年全线通车，成南高速的交通流量还将大幅提升。假如按照成南公司未来三年的通行费增速将不低于20%来预计，到2010年成南公司营业收入将有望超过10亿元，净利润将超过4亿元。

到今年年底，如果顺利完成成南高速、遂渝高速四川段的收购，四川成渝经营管理的高速公路总里程数将跃升至717.99公里，增幅高达53.76%。公司业务覆盖区域将大幅扩大，并带动公司通行费和交通量实现快速增长，公司净利润水平可望同比增长约70%，核心竞争力将获得快速提升。无论在经营规模、资产质量、覆盖区域，还是盈利水平、持续发展能力等方面，四川成渝都将步入一个快速增长期。

笔者：除了上述收购计划，四川成渝近期拟投资建设的成都－仁寿高速公路也颇受投资者关注，可否对此进行介绍？

唐勇：作为四川省唯一一家高速公路上市公司，在成渝统筹城乡综合配套实验区建设带动区域经济发展、四川省加快推进成都、攀西、川南、川东北、川西北生态5大经济区发展和四川省内高速路网建设的大背景下，四川成渝积极通过收购已建成效益较好的高速公路，和投资新建有良好发展前景的高速公路，以促进公司资产规模和经营业绩的持续增长。

今年4月，四川成渝中标了总投资预算约75亿元的成都－仁寿－泸州－赤水（川黔界）高速公路和成都－仁寿－沐川－金沙江沿江高速公路的共用段成都－仁寿高速公路。该高速路段长度约104.64公里，公司将采用BOT的方式建设和经营，预计今年内开工建设，约2012年底竣工，经营期限为自该高速公路开始收费之日起共二十九年三百天。

成仁高速公路是四川省高速公路网规划的重要组成部分，将覆盖川南地区和金沙江沿线资源富集地区，是目前四川省高速公路BOT项目中预期效益最好的项目之一，未来将成为四川成渝又一重要的增长点。

笔者：我们注意到，四川成渝上述拟收购的成乐高速、成南高速和遂渝高速四川段均为公司大股东川高公司的资产，那么，未来四川成渝能否继续获得四川省和川高公司的鼎力支持，依托大股东的资源优势持续壮大？

唐勇：作为国有控股的上市公司，四川成渝自成立以来就得到了四川省和大股东四川高速公路建设开发总公司的大力支持。未来，四川成渝仍将继续依托他们的支持和优势资源实现持续发展。

早在四川成渝H股上市前，四川省人民政府、四川省交通厅就对支持四川成渝的发展做出表态，将把四川成渝作为四川省政府投资、建设、营运特定公路的主要企业，在高速公路的建设、管理、养护、收费、及境内外获得优惠融资等方面给予支持。

针对四川成渝的本次A股发行上市，大股东川高公司也做出承诺，不仅川高公司及其控股子公司将不从事与四川成渝相竞争的业务，而且，四川成渝可在任何时候向川高公司以公允的市场价格收购其在中国四川省内拥有及参与兴建、管理或经营的任何特定公路或其他公路、隧道或桥梁及有关附属设施的股权或其他权益。

这意味着，只要资金允许，价格公允，未来，四川成渝就可以根据自身发展需要从大股东手里购买效益情况良好的公路资产。目前，大股东川高公司除四川成渝外，还有27家控股子公司，不包括成乐高速，在四川省内投资、建设、经营管理的主要高速公路资产尚有15条，今年内川高公司还有多条高速公路将要开工建设，这为四川成渝未来的持续发展壮大提供坚实的资源基础。公司将在四川省的大力支持下，继续依托大股东优质资源，在时机成熟时逐步将四川省主要优质收费高速公路资产纳入公司旗下，做大做强公司主业，实现可持续发展。

我们判断，随着近期国家促进经济增长措施的不断出台和政府投资向交通运输等基础设施建设方面的倾斜，我国公路建设固定资产投资必将迎来新的发展时期。而且,与全国平均水平相比,2008 年以来四川省公路建设固定资产投资的累计总额增长更为迅速,这都为四川成渝的快速发展创造了机遇。

笔者:在通过收购、投资实现快速大幅扩张之余,您认为四川成渝还拥有哪些可以在未来保持公司持续价值成长的竞争优势?

唐勇:对于四川成渝来说,身处西部,身处四川,相比其他高速公路上市公司,我们享受的西部地区的优惠政策、区域经济加快发展的优势、四川省加快建设全省高速公路网络的机遇、高速公路收费标准相对较低带来的价格优势等等都是能在未来为四川成渝赢得持续价值成长的竞争优势。

在优惠政策方面,自 2006 年 1 月 1 日至 2010 年 12 月 31 日止五年内,成渝公司、成乐公司及城北公司适用 15% 的优惠税率缴纳企业所得税。

在价格方面,四川成渝具备一定的未来增长空间优势。一方面,和国内高速公路上市公司和部分地区高速公路收费标准相比,目前四川成渝客车收费基数低于全国平均水平 25%,货车计重基数低于全国 11%。这一状况预计随着四川跨省高速公路的相继修通将有所改变,若四川高速公路收费标准逐步提升到与国内其他地区相当的水平,近 20% 的价格提高幅度,无疑将会大幅度地提高公司运营路产营业收入和收益水平。

另一方面,四川全省高速公路于 2007 年 6 月 1 日起实施计重收费,最初两年为试运行期,在此期间,收费标准按规定标准的 80% 执行。根据四川省政府有关部门最新文件,由于四川省当前正处于灾后重建和促进经济止滑回升的关键时期,计重收费试运行期延长至 2010 年 9 月 30 日结束,2010 年 10 月起,将按照规定标准的 100% 执行全额计重收费。因此,按全额收费标准测算,四川成渝路产通行费收入静态同比也将提高 10% 左右,带来相应的盈利增长。

根据四川省的规划,到 2012 年,四川省高速公路通车里程力争超过 3800 公里,建成 12 条高速公路出川通道,在建高速公路里程达到 2782 公里;到 2020 年,高速公路通车里程力争达到 8200 公里,建成 21 条高速公路出川通道。这不仅将给四川唯一一家高速上市公司四川成渝带来巨大的发展机遇,而且多条新规划高速公路在未来都将与公司所属高速公路形成网络,从而拉动四川成渝现有路段车流量的增长,为四川成渝经营业绩的持续稳定增长提供保障。

事实上,目前,四川成渝的主要高速公路资产均具备优越的地理位置,在全国高速公路网中地位也很重要。成渝高速是连接四川省与重庆的区域公路交通大动脉,成渝改革试验区相关政策正不断促进该公路沿线区域的经济发展及交通运输活动。成雅高速是国家高速公路网中北京 - 昆明线的重要组成路段,也是成都通过凉山通往云南省和甘孜通往西藏自治区的快速通道。川西地方经济的持续发展以及川西自然生态和民族风情旅游的持续升温,也正推动着成雅高速公路通行费收入的逐年上升。

笔者:从您介绍的情况来看,近几年内四川成渝即将迎来一个较快发展的时期,那么,作为西部高速第一股,四川成渝的战略定位如何?

唐勇:的确,从四川成渝前三年的财务情况来看,公司的营业收入和利润已连续保持了快速增长。2007 年的营业收入和净利润分别为 15.23 亿元和 5.04 亿元,比 2006 年分别增长了 36.35% 和 58.80%,2008 年,公司在遭遇了成遂渝高速公路通车、南方罕见的冰雪灾害、5.12 特大地震以及全球范围内的金融危机等不利因素的情况下,依然保持了增长,其中营业收入 15.88 亿元,同比增长 6465.28 万元,归属于母公司股东的净利润 5.44 亿元,比上年增长 9.86%。

公司本次 A 股顺利发行并上市后,待相关高速路段的收购和投资建设相继完成,四川成渝的资产规模、营业收入、盈利水平将快速拉升,公司将驶上快速发展通道。

从战略定位来说,未来,四川成渝将积极利用中央和地方的政策支持,抓住国家西部大开发战略、成渝改革试验区深入发展的战略机遇,抓住四川加快建设大枢纽、大通道、大路网,加大交通建设项目投资力度,全面加快高速公路发展的契机,依托大股东的资源优势,充分利用资本市场平台,以高速公路建设、经营为主业,以区域市场为舞台,推动区域经济的协调、可持续发展,使公司成为中西部地区乃至全国最主要的高速公路运营上市公司之一。

(责任编辑:张学军)

一年后获 IPO 批文,今起开始招股

——访招商证券股份有限公司董事长宫少林先生

虽然去年招商证券去年就已过会,但 IPO 批文如今才姗姗来迟。

据了解,招商证券于今天开始招股。根据招股意向书,招商证券拟发行不超过 3.6 亿股。相关媒体报道,招商证券融资额交达到 50 亿元,将成为今年最大的券商新股。

随着发行日期的临近,市场上关于招商证券的新闻与评论也日益增多。为了更好地了解公司未来的战略以及上市之后将进行的下一步工作,记者采访了招商证券的董事长宫少林先生。

上市后公司理念不会变

记者:请您介绍一下,作为成功运营多年并即将上市的证券公司,招商证券经营的理念是什么?上市之后公司是会继续坚持现有的经营理念还是建立新的发展战略?

宫少林:招商证券所秉持的核心价值观是"励新图强、敦行致远",就是致力于通过卓越的金融服务实现客户价值增长;致力于推动社会经济的发展和生活水平的提高;致力于成为产品丰富、服务一流、能力突出、品牌卓越的国际化金融机构,成为客户信赖、社会尊重、股东满意、员工自豪的优秀企业。无论是上市之前还是成功上市之后,招商证券都将坚定地秉持这一核心价值观决不动摇。

记者:能否请您谈一下公司未来的发展战略呢?

宫少林:公司在上市之后将坚持稳健的经营与管理模式继续保持领先的创新与研究能力努力打造良好的品牌与客户定位并着力构建一体化的电子业务平台。抓住此次上市融资以及中国资本市场大发展的有利时机,将公司的业务与综合实力发展到一个更高的水平。

六大业务规划愿景

记者:市场上投资者普遍关心招商证券此次融资后进一步发展的规划,能否请您就这方面的问题向我们做一个具体介绍呢?

宫少林:在经纪业务方面,公司将通过狠抓客户服务,稳

步推进网络体系建设的方式，不断提升市场份额，着力打造以珠三角、长三角、环渤海经济圈以及中西部重点城市为核心的网点布局，优化网点布局，提高机构投资者和拥有高额财富个人客户的比例，拓展服务收费等新盈利模式，优化经纪业务收入结构。

在投资银行业务方面，公司将采取紧跟政策，把握机会，稳步发展传统优势业务，逐步推进大项目策略。在业务结构方面，公司将强化债券承销业务和收购与兼并顾问业务，构建以客户为中心的全方位融资和顾问服务平台。

在资产管理业务方面，公司将基于差异化战略，丰富资产管理产品线，开展多渠道、多盈利模式的受托投资合作方式，以满足境内外不同客户的投资需求。公司将进一步提高投资管理能力，努力提升受托投资资产规模，力求保持国内资产管理业务的市场领先优势。

在证券自营业务方面，坚持绝对收益，慎重把握股票投资规模，稳健加强债券投资业务，进一步提高投资能力和风险管理水平，根据政策许可和市场情况积极拓展新的自营业务盈利模式，包括金融衍生工具投资和低风险套利业务等。

在国际业务方面，公司将坚持稳健进取的发展原则，运用好香港业务平台，提高一体化管理运营效率，加强风险控制，稳固经纪业务，积极发展投资银行业务，积极培育资产管理业务，加强境内外的互动和共同发展。

在研究方面，提升研发中心知识管理水平、优化数据库等基础平台，建设一支具备行业影响力的优秀分析师队伍，尽早实现国内重点上市公司研究的全覆盖，以更好地提高研究部门对业务发展的支持力度，并巩固和提高研发中心在行业内的市场影响力。

总之，上市以后公司将继续坚持以全面、协调、可持续的科学发展观为统领，把握上市以及中国资本市场大发展的重要历史机遇，积极推进公司管理水平和核心竞争力的全面提升；遵循“在确保赢利基础上规模增长”的基本原则，稳步扩大公司的规模，为百年招商品牌增光添彩。

（责任编辑：王春晖）

以客滚运输为主体，以综合物流和客滚邮轮为两翼

——访海南海峡航运股份有限公司董事长林毅先生

海南海峡航运股份有限公司在招股书中明确提出，将依托海南经济，立足国内，面向东南亚，按照“以客滚运输为主体，以综合物流和客滚邮轮为两翼”的“一体两翼”发展战略，在做强现有南海客滚运输市场的基础上，通过跨区域收购兼并的方式，在全国范围内快速复制公司的盈利模式；同时将公司业务沿客滚运输价值链的纵向和横向逐步延展，力争在5—10年内，使公司发展成为我国第一家国际性的、上下游服务一体化的综合性客滚运输企业。

在海峡股份上市前夕，记者专访了公司董事长林毅先生。

上市融资巩固龙头地位

记者：上市对公司的发展意味着什么？如何看待南海客滚市场未来的竞争格局？

林毅：海峡股份经过数年的发展壮大，现已成为海南省客货进出岛运输任务的骨干航运企业，市场份额多年来一直稳居我国南海客滚运输市场首位，稳固树立了在南海客滚运输市场中的龙头地位。上市融资是海峡股份决心做大做强的战略决策，成功发行上市将为公司继续巩固在南海客滚市场的龙头地位。

公司所处的海南省是我国第二大岛屿，属于典型的岛屿型经济，海运承担着进出岛98%以上的货运量和40%左右的客运量，海南省的经济发展与海运业的发展密切相关。同时，海南省还地处“泛珠三角”和“泛北部湾”两个经济圈之中，未来有望成为背靠内陆、面向东南亚的区域性航运和物流中心，航运业发展前景广阔。而客滚运输作为海南省海运业中不可替代的一部分，历年来其货运和客运量都占海南省进出岛总量的三分之一以上。公司作为海南省最大也是我国南海最大的客滚运输企业，积极融入到海南省经济建设之中，充分发挥了本土企业优势，多年来增长迅速，为海南省经济发展做出了巨大的贡献。公司打通资本市场融资通道后，将有利于迅速带动琼州海峡客滚运输升级，有效促进海南国际旅游岛的建设。

客滚运输具有明显的区域性，目前尚没有全国性的客滚运输企业。客滚运输的实际竞争仅局限于区域市场内，且在同一区域市场内，不同航线的竞争状况也不尽相同。在南海有粤海铁路、双泰集团等八家从事客滚运输的企业，这个区域市场准入门槛极高，广东、海南相关管理部门原则上不再批准新航运企业进入海安线，未来竞争格局短期内不会改变。海峡股份的市场占有率长期保持在35%以上，有很好的发展空间。而且，我们上市后将打通直接融资的渠道，更有机会获得更多的资金，获得更快的发展。

上市后，公司通过运力更新将实现服务质量升级，未来两年将有3艘新船进入海安线，将提升车辆和旅客运载能力27%和72%；公司改造北海线船舶项目主要针对中高端旅客及来往车辆，预计增加车辆和旅客运载能力13%和8.7%，实现收入和毛利的同步提升。市场总体供求平衡的局面有利于公司在未来几年不断提高运价。同时运力更替后新型发动机将使用180#重油，其单价比热值相当的0#柴油低30%。

记者：请您具体介绍本次发行募投项目的优势？

林毅：此次海峡股份募集资金投资的第一个项目，就是更新海口至海安航线3艘客滚船。据公司披露，新建造的3艘客滚船中，“海峡1号”快速豪华客滚船主要面向中高端客户，通过提高航速、服务设施，丰富服务内容，提供快速、舒适、休闲的过海服务。“宝岛16”和“宝岛19”两艘客滚船则定位于服务重型货车和大型旅游团体，以大型化和高抗风能力的特点为反季节瓜果菜汽车运输车辆提供安全、大规模、无间断的过海服务。可以预计，随着海南国际旅游岛建设进程的加快，未来物资运输和旅游的人员数量将持续增长，海峡股份也将以先进的运输硬件和服务迎来自身发展的黄金阶段。

募集资金投资的另一个项目，就是改造海口至北海航线“椰城二号”客滚船项目。对“椰城二号”船舶的改造主要集中于设备改进、结构优化和服务档次的提升，改造后，该船载客量增加72位，载车量增加6辆。同时，据了解该航线竞争对手没有新增运能的计划。因此，对“椰城二号”的改造不仅能通过增加船舶的运力来增加收入，更可以通过燃油系统的改造，使该船改为使用价格较低的180#重油以节约成本，预计改造完成以后由于更换燃油将降低该船运营成本10%左右，进而进一步增加该船的盈利能力。

众所周知，北部湾区域也是国家未来发展的重心所在，广西北海作为我国大西南地区最重要的出海口之一，旅游业首

先得到了迅速的发展，往来于北海与海口两地的观光旅游的人数持续增加，北海航线也因此成为海峡股份近年来发展最快的一条航线，并具有了一定的休闲旅游运输的性质。目前该航线上运营的4艘船舶由于缺少高等级客舱以及完善的餐饮、休闲娱乐设施和服务，已难以满足以游客为主的客运市场的需求。随着北部湾地区的加快发展，海峡股份通过提升运力和服务，将有效获得更大的市场空间。

琼州海峡通道将使船桥两旺

记者：海安航线占到营业收入的85%至90%，公司如何应对未来琼州海峡跨海通道建成后带来的挑战？

林毅：我们对琼州海峡跨海大桥或隧道的建设对公司的影响已经进行了长时间全面的跟踪及分析，我们认为上述事项对公司的影响不大，甚至有可能给本行业带来新的机遇，无论是从国内的虎门大桥还是英吉利海峡隧道的案例来看，在桥隧开通之后，客滚行业都保持着经营旺盛的局面。

从纯粹经济意义的角度来分析，我们认为跨海通道建设的经济性及启动时间值得商榷。但是从促进整个海南经济发展的战略意义来看，跨海通道的建设能为海南岛提供更加直接连接大陆的通道。目前专家选址都是首推西线跨海通道，从便捷性来看，客滚运输更具优势。因此我们认为，将来即使跨海通道建成通车，更多可能是带来船桥两旺的局面。

何况，客滚运输行业作为水运行业中的一个重要分支，已成为繁荣当地经济、推动旅游产业的重要力量之一，也是我国积极推动和扶持的朝阳行业。我国《公路水路交通"十一五"发展规划纲要》中明确指出：滚装船是我国海运船队和内河船舶未来的发展重点之一；我国未来要加强滚装运输系统建设，积极发展沿海的陆岛以及岛屿间的客滚运输系统，加快实现常规客运向旅游化、高速化、客滚化方向发展。

未来，随着海南国际旅游岛战略的实施，将进一步加快海南省经济发展旅客的步伐，海南与大陆间的人员、物资间的交流将更加频繁，与海南GDP高度相关的进出岛的、货物运输也将得到更大的发展，保证了琼州海峡车客过海运量的庞大需求。根据上述规划研究报告预测，至2020年大桥开通之时，年旅客流量将达到2000万人次，汽车流量526万辆次，其中最有可能选择客滚运输的货车达到381万辆次，据此，保守估计，大桥开通后每年仍将有250万辆汽车、近1000万人次选择客滚运输。

瞄准国际性综合客滚运输企业

记者：公司提出力争在5—10年内，使公司发展成为我国第一家国际性的、上下游服务一体化的综合性客滚运输企业，如何理解？

林毅：其一，公司将用3—5年内全面更新公司老旧船舶，持续巩固和扩大公司在客滚运输市场的竞争优势和领先地位，进一步提升公司的盈利能力；

其二，发挥自身的管理优势和技术优势，通过资本运营，整合南海客滚运输资源，以内生式增长和外延式增长相结合的方式，应对南海客滚运输市场的快速发展；

其三，优化北海航线，并联合当地资源，加快开发泛北部湾的旅游运输市场，为公司创造新的利润增长点；

其四，逐步介入客滚运输的上下游服务领域，包括客滚码头、公路运输和陆上物流园区，使得公司的业务不断前移，实现公司在客滚运输领域的一体化运作，提升公司的综合竞争实力。

其五，利用自身积累的丰富运营经验，由高端客滚旅游运输逐步切入环北部湾的客滚邮轮业务，同时逐步开拓环北部湾的集装箱/干散货运输，进一步丰富公司的业务品种。

而在近一两年，我们将首先采取多种手段和措施，持续巩固和扩大公司在海安航线的竞争优势和领先地位；将运用资本手段，通过收购、兼并、联营等多种形式，整合南海客滚运输市场现有的中小航运企业，进而提高南海客滚运输市场的整体运营效率，确保海南陆岛运输的高效畅通；将积极寻找其他地区现有或潜在的业务商机，并通过自设公司、合作设立公司、参股、收购兼并等方式积极介入到跨区域的客滚运输业务，为公司寻求新的战略发展空间；将适时通过控股、参股等形式，积极参与到琼州海峡两岸客滚运输码头的运营中去，实现港航双方调度和管理的平滑对接，进一步优化客滚运输服务的业务流程，缩短中间业务环节。

记者：公司也提到将往旅游化方向发展，公司的具体计划是什么？

林毅：旅游化是公司今后很重要的一个发展方向，公司的旅游化方向可以细分为2个层面，一个是客滚邮轮化，比如北海航线、广州航线旅游客源较多，以及随着生活水平的提高，自驾游旅客增多，都对客滚船的舒适性及相关配套服务提出更高的要求，公司今后在建造新船改造旧船时都会考虑这方面的需求，公司也考虑联合当地资源，比如北部湾的旅游运输市场，为公司创造新的利润增长点。

另一方面的旅游化指的是纯粹的旅游项目，也就是邮轮，这方面公司正在探索，请相关专业人士做具体的市场研究，公司在与一些当地的相关政府部门接触时，发现各地对这个事情都表示认可，欢迎我们去做这个事情。随着国民经济的发展，公司对邮轮的市场前景十分看好。

（责任编辑：张学军）

多方布局，稳健发展，电力龙头扬帆领航

——访上海电力股份有限公司董事长周世平先生

上海电力股份有限公司（以下简称"上海电力"）作为上海地区历史最悠久的电力企业，同时也是上海地区最大的电力生产商，为上海这座国际性大都市及其周边城市的繁荣发展做出了历史性的贡献。在经历2008年整个电力行业前所未有的行业危机下，上海电力人在周世平先生的带领下，秉着积极、进取、负责的态度，2009年公司取得了良好的业绩。近期，记者就公司的现状、发展及未来预期等大家关心的问题对上海电力的掌舵人周世平先生进行了采访。

记者：请简单介绍一下公司的情况？

周世平：上海电力成立于1998年6月4日，并于2003年10月14日在境内成功发行了人民币普通股股票，同年10月29日在上海证券交易所正式挂牌交易。公司是由中国电力投资集团公司（中电投）控股的大型发电公司。

截至2009年6月30日，公司总股本21.40亿元，中国电力投资集团公司持股42.84%；中国电力国际发展有限公司持股21.92%，中国长江电力股份有限公司持股8.77%，社会公众股东持股26.47%。

记者：中电投集团旗下包括上海电力在内共有五家A股上市公司和一家H股上市公司，那贵公司在集团的战略内处于什么地位？在企业经营和资本运作方面是否能够充分得到

大股东的支持？

周世平：上海电力地处华东地区，是中电投集团在华东地区发展的重要依托和平台。公司自上市以来始终得到了中电投集团和各级领导的大力支持与关注，在集团“三步走”战略的引领下，结合中电投集团华东区域的发展规划，制定了公司“立足上海、面向华东、做优做强”的发展目标。

未来，上海电力也将努力调整结构、充实力量，完善公司战略管理体系和工作流程，千方百计捕捉在华东地区发展的一切机会，积极推进中电投集团区域发展战略的稳步实施，调整资产结构、改善盈利能力和抗风险能力，确保公司发展战略的顺利实现。

同时我们也相信，在公司今后的发展中，集团必将一如既往的给予公司更大的支持与帮助，以实现集团整体发展战略的稳步实施和公司竞争力的不断提高。

记者：从2008年以来，整个电力行业都遭遇了前所未有的经营危机，公司也在2008年出现了亏损，2009年公司的经营情况如何？

周世平：众所周知，2008年由于国内煤炭价格的原因，从而造成了整个行业出现了大面积的亏损，上海电力也遭遇了公司成立以来经营形势最为困难的一年。但是面对困境，上海电力在全体股东的大力支持下，上下一心，奋力拼搏，加强经营管理，狠抓开源节流，大力推进发展，一方面确保了安全、稳定的发电，按照国家的要求完成了各项保电任务；一方面将亏损减到了最低，使股东的权益尽可能少地损失。

2009年以来，虽然金融危机对实体经济的影响尚未见底，煤炭价格依然处于高位运行，但公司秉着对股东负责的态度，按照年初制定的“调结构，保扭亏，攻重点，维稳定”的工作方针，通过全体员工团结一心，勤奋工作、百折不挠、开拓进取，最终实现了扭亏为盈，为公司今后健康、持续发展打好了基础。

记者：我们知道，随着公司“上大压小”的不断推进，2010年对上海电力来说是一个实现资产质量飞跃的时期，可否简单谈一下目前公司“上大压小”的进程？

周世平：“上大压小”是国家针对发电企业结构调整、节能减排的重要战略举措，上海电力一直以来均严格执行国家和上海市政府下达的关停小火电任务。08年公司通过与上海市政府有关部门和电网公司的积极沟通，已经关停了吴泾热电厂4、5、6号机组，杨树浦发电厂11号机组，全面完成了市政府下达的2008年关停27.50万千瓦小机组的任务。2009年公司关停了杨树浦发电厂9、22号机组、闵行电厂8号机组，共计18.50万千瓦装机容量。在大机组建设方面，公司的大漕泾电厂以及吴泾热电厂机组改造项目均将按计划于2010年投产，其中大漕泾电厂1号机组已于2010年1月12日投产。随着公司全资电厂老机组的陆续关停，公司的资产结构将进一步优化，资产质量和盈利能力将得到进一步的提升。

记者：今年以来，我们看到公司和同处一地的申能股份展开了很多的合作，请简单介绍一下你们彼此之间的合作，您又是如何看待上海电力在行业中的地位，以及与竞争对手之间的关系的呢？

周世平：上海电力与申能股份的合作主要是两家公司大股东中电投集团和申能集团之间合作的一个重要组成部分，此次合作的项目主要涉及到四个，一是公司的“漕泾发电”项目，增资完成后，公司持有漕泾发电65%的股权，申能股份持有漕泾发电35%的股权；二是和申能共同投资上海漕泾IGCC示范项目，其中：公司认缴出资10,200万元，认缴比例为51%；申能股份认缴出资9,800万元，认缴比例为49%。三是和申能共同投资上海闵行燃气发电项目，其中：公司认缴出资6,500万元，认缴比例为65%；申能股份认缴出资3,500万元，认缴比例为35%。四是和申能共同投资上海临港燃气发电有限公司项目，其中：申能股份认缴出资89,050万元，认缴比例为65%；公司认缴出资47,950万元，认缴比例为35%。

申能股份是我们公司在上海地区电源项目建设的主要合作伙伴，其在能源领域的管理、投资等方面都存在着不可复制的优势，相信我们和申能的合作将会在未来发挥出更大的互补效应，实现双赢的局面。

上海电力作为一家以火电为主的上市企业，无论是从盈利能力、装机规模、市场股价等方面来看，与全国电力行业内的先进企业相比存在一定的差距，我们也将直面这些不足，在今后的生产经营和发展中，不断提高自身的竞争实力，缩短与他们之间存在的差距，实现企业快速、良性的发展，相信上海电力的明天会更好。

记者：公司的南市电厂由于世博会用地已经关停了，其它老电厂也正面临着上大压小的关停压力，关停后公司老厂的人员、设备、土地等有形和无形资产将如何处置？

周世平：2010年世博会是我国和世界的一次盛会，上海电力将时刻以国家利益为先。目前，南市电厂以及其余几家老厂的关停及后续工作正在有条不紊的进行中，电厂退下来的设备届时我们会根据实际情况，以及政府的意见做好相关善后处理工作，土地等资产要根据政府部门的安排来规划。至于人员方面，我们将通过以下3个途径来分流：1）通过今后几年的不断发展，将增加更多的工作岗位来应对分流人员的安置问题，例如我们的淮沪煤电、下属的工程公司等都可以成为分流人员的安置渠道；2）将本着合理配置、培训先行，梯次培养，平稳过渡的原则，大力开展老厂相关机组人员的技术培训，通过培训将其输送到更适合的工作岗位上去创造新价值；3）退出机制。对于想要退出或离开上海电力，以及已到法定退休标准的相关人员，我们也会根据国家的相关规定做好相应的善后工作。

记者：公司作为以燃煤机组发电的企业，深受煤炭价格的制约，对企业的长期发展存在隐患。当前，国家正在大力提倡发展新能源产业，公司在这方面有哪些规划？

周世平：目前，在电力行业中常规火电比重依然最高，新能源是未来发展的方向，尤其是随着低碳经济日益成为世界发展的趋势，发展新能源更为迫切和重要。作为一家上市企业，上海电力一直坚持要全心全意为股东负责，一直在国家能源发展战略中寻找发展机遇，一直在探索者中前进，控股投资漕泾IGCC示范项目、浙江天台山风电和参股安徽芜湖核电建设都是上海电力在新能源领域的探索和尝试，上海电力希望通过这些项目不断掌握新能源发展所需的技术，培养一支新能源人才队伍，为今后进一步大力发展新能源做好准备，并在制订公司的“十二五”发展规划中进一步加大新能源发展的力度。

记者：上海电力作为一家具有央企背景的上市企业，如何看待社会责任？又如何来积极履行社会责任？

周世平：履行社会责任是小到每一个公民，大到每一家企业都应该具备的基本素质。电力行业作为公用事业类基础产业，承担着相应的社会责任，电力企业必须以大局为重。上海电力作为上海地区最大的发电企业之一，在煤炭供应最紧张的时候,在抗冰灾、保奥运、度高峰等关键保电时期,顶住严重亏损的压力,全力以赴确保了煤炭供应,从未发生“缺煤停机”事件,确保了安全,稳定发电和零事故,圆满完成了各个关键时期的保电任务,得到了国家电监会的表彰。公司在淮南的田集电厂在雪灾期间稳发、满发,保证在雪灾期间不间断的向上海送电,得到了沪皖两地政府的好评,全年公司电力生产安全情况稳定。

2010 年,上海电力将把世博保电作为头等大事,全力以赴承担好发电企业的供电任务,更加积极和主动的从不同方面履行社会责任,尽到一个上市公司应尽的义务,承担起一个上市企业应有的职责。

记者:当前,全球都在关注保护环境、控制污染,中央政府更是一直以来提倡节能减排,发展低碳绿色经济,中国更是在前段时间的全球气候峰会上发挥了重要作用,作为一家发电企业,在生产过程中,或多或少都会对环境造成一定的影响,公司在这方面采取了哪些举措?

周世平:认真履行环保责任是我们电力企业义不容辞的任务。随着环境保护力度的不断加强,脱硫装置已经成为了燃煤发电企业的“第四大主机”。公司新建项目都同步安装了脱硫装置,除计划确定的上大压小需要关停的机组外,上海电力所有的现存机组都已完成安装脱硫设施。今后我们将继续抓好运行,进一步提高脱硫效率,确保完成降低发电煤耗的目标,抓紧开发、投运节能对标优化系统,推进机组整体优化工作的开展,尽力将供电煤耗降到最低。

记者:公司在二级市场的表现一直比较平稳,没有出现大起大落的走势,这是否表明公司股价缺乏活跃性,不受机构关注呢?

周世平:公司也认识到随着我国资本市场的不断完善与成熟,二级市场的股价将会越来越真实体现公司的价值。首先,作为公用事业类的发电企业,业绩相对稳定是其比较明显的特征,象 2008 年遭遇这样大的亏损,主要是政策性的、暂时的,那么其股价相对稳定也是它的特性。其次,上海电力自上市以来至今处于加快外延拓展,内部抓紧资产结构调整的阶段。部分存量老机组的盈利能力、条件等已经不符合国家产业发展的要求了,公司也正按照国家有关部门的要求,陆续关停老机组,妥善安置好员工。未来,随着公司发电机组的不断更新,资产质量的不断提高,公司在资本市场的投资价值必将不断被二级市场所挖掘,也将会吸引更多优质的机构投资人成为公司的股东,使公司股价能够真正体现出企业的投资价值。

(责任编辑:汪　杰)

亮剑市场铸辉煌

——记新疆北新路桥建设股份有限公司董事长朱建国先生

从 13 年前不到 20 人的非法人企业商品砼拌合站起家,到设立兵团第一家建筑业拟上市公司;从成立之初完成产值 500 万元,净资产 500 万元发展到 2008 年完成产值 16.47 亿元,净资产 2.63 亿元,总资产 12.15 亿元的新疆路桥建设领域的“领跑者”;从单一的商品砼生产,到业务领域扩展到陕西、重庆、四川等 10 余个省市和巴基斯坦、吉尔吉斯、塔吉克斯坦、阿尔及利亚、蒙古国等 5 个国家和地区,先后获得 10 多项全国性的行业奖项和数 50 项社会殊荣的最具综合实力的路桥企业。北新路桥公司的发展飞跃令业内同行震撼。

在北新路桥公司量与质的飞跃背后屹立着一位坚毅、胸藏韬略的领军人物——朱建国。走近北新路桥公司,我们发现了北新路桥公司的发展每一步都闪耀着朱建国董事长的大智大勇。

临战受命　酝酿改革

几十年的风霜雪雨,在朱建国的脸上留下了岁月的刻痕。从 1976 年高中毕业参加工作至今,32 年来,朱建国从一个下乡知青、农工、工人、修理工、班长、工会主席、队长、分公司经理、公司副总经理走到今天的兵建集团总裁、北新路桥公司董事长岗位,在他的身后留下了一串生命的喧响。

1995 年 2 月 17 日,兵团第八建筑安装工程公司的副总经理朱建国,被工一师师长召到了办公室。鉴于建筑市场的激烈竞争,为迎合快速、高效的招标、投标和施工建设,兵团工一师作为自治区大型建筑施工企业集团,组建一个特种机械工程公司已成为当务之急。工一师党委和承包集团在下辖几十个单位的上百名企业领导中经过层层筛选,最后决定由年富力强、又具有机械管理和施工经验的朱建国来担此重任。

他没有慷慨陈词,有的仅是对现实的一种冷静的思考。乌鲁木齐市河滩北路,一处被一排砖砌的平房和防洪坝围成的空地就是他将要组建的公司所在地。

受命之初,他一无设备,二无兵员,一处被一排平房和防洪坝围成的空地就是他将要组建的公司所在地。朱建国上任后马不停蹄地赶往上海、四川考察购买、安装调试设备,他带领十余名员工经过 169 个日夜的奋战,1995 年 4 月 4 日,砼站实现了为西虹路立交桥 503 标段生产 1.5 万立方米混凝土的目标,在极为狭窄的工作面,保证了宽 17.5 米,长 4463 米的沥青混凝土路面、桥面和 15 跨桥墩、94 榀长 37.25 米、重 80 多吨的箱梁制作的混凝土的生产。兵团工一师因提前保质保量完成了西虹路立交桥任务,被乌鲁木齐市政府重奖 40 万元。砼拌合站当年共投入资金 979.28 万元,完成产值 500 万元。

1996 年 3 月,经过工一师党委和兵团建安总公司的多方验证和朱建国的努力,特种机械工程公司正式挂牌运作,投入克拉玛依东路立交桥的建设施工。长 580 米的克东路立交桥是当年乌市最大的一座分离式立交桥,亦是兵团工一师参加市政工程建设中独立承建的第一座立交桥。公司在边购设备、边造型、边安装、边生产中艰难运作,确保了克拉玛依东路立交桥当年 8 月 8 日的正式贯通通车。

经过 1996 年一年的苦战,特种机械工程公司从无到有,已有职工 65 人,公司投资、形成固定资产 2635 万元,年产值 2027 万元,累计向总公司上缴利费 462 万元,实现利润 93 万元,年生产混凝土 3.2 万立方米,拥有机械设备 46 台(套)。公司成立了商品砼分公司、大型机械施工分公司、南疆铁路指挥所等 4 个专业分公司,具备了参与大型工程的施工能力。

进入 21 世纪,这家国企虽进行了一系列重大改革,实行了以质量为核心的项目经理责任制;但在传统的国有企业机制、体制之下,是不可能大踏步跨越发展的。

怎么办?朱建国经过思考论证,提出了改革的目标:进行股份制改造,按照现代企业制度“产权清晰,政企分开,权责明确,管理科学”的原则,组建股份公司拼命力争上市。

2001 年 8 月,兵团第一家拟上市建筑企业——北新路桥公司设立,在新体制的激励下,朱建国调整经营战略,适时提出了“立足新疆、进军西北、拓展中原、辐射全国”的发展战略,积极向疆外扩展。

2007年,朱建国立足于公司自身优势,着眼于未来永续发展,提出了2008年——2010年战略发展规划,实施"123711"公司发展战略,以路桥建设为中心,提升科技和人才的竞争力,实施国内区域性和跨国经营战略,把公司打造成为西北地区综合实力最强的大型路桥建设集团公司,这为实现北新路桥可持续发展、做专做强企业点亮了快速航行的灯塔。

从一个名不见经传的传统国企,到拥有独一无二前瞻性品牌的"北新路桥",市场经济的法则再一次显示出它动人心魄的魅力:先人一招,超人一步,抓住机遇,突出重围,就能柳暗花明又一村。"北新路桥"这块响当当的品牌,不仅是一个企业在激烈的竞争中脱颖而出的见证,而且品牌本身给企业带来了丰厚的无形资产。

实施"走去出"战略　开拓国内外市场

年时间,逐步形成了疆内、疆外、国外业务"三足鼎立"的市场格局,参加了全国10省(区、市)及境外5个国家的高速公路、桥梁工程、隧道、机场施工建设等国家和自治区重点工程90多项,承建了援巴基斯坦喀喇昆仑公路桥梁修复工程、吉尔吉斯斯坦巴肯特公路、塔吉克斯坦杜尚别公路工程、阿尔及利亚东西高速高路项目西段W1、W2合同段等21项国外工程,公司取得了的工程施工总承包一级、公路路面工程专业承包一级、公路路基工程专业承包一级、桥梁工程专业承包一级;对外承包工程经营资格的资质。公司通过了GBT/19001－2000 idt ISO9001:2000《质量管理体系》、GB/T28001－2001《职业健康安全管理体系规范》、GB/T24001－1996 idt ISO14001:1996《环境管理体系规范和使用指南》的认证。公司拥有世界和国内先进的公路施工设备和各类工程机械,成为新疆路桥建设领域的"领跑者",奠定了在新疆乃至西北地区实力最强的路桥企业地位。先后荣获全国"五一"劳动奖状先进集体、全国优秀施工企业、全国建设系统精神文明建设先进单位、国家级"重合同、守信用"企业、全国用户满意施工企业、兵团屯垦戍边劳动奖状先进单位,2004年获得了由国家6部门(国家统计局、中央文明办、全国整规办、国家税务总局、国家工商总局、国家质检总局)联合颁发的"中华诚信鼎",乌市AAA级诚信企业等荣誉称号。

1998年,朱建国面对疆内激烈竞争的市场,用科学发展观审视企业的发展,创新了开拓市场思路,实施"立足新疆,拓展西北,进军中原,辐射全国,走向世界"的市场发展战略,率领员工进入内地市场,承建了西安绕城高速公路、河南洛阳—汝阳高速公路及洛阳机场道路、江西赣州至龙岭高速公路、湖北襄十高速公路等项目,是新疆首家进入内地公路市场的路桥施工企业,先后拓展了新疆、陕西、河南、湖北、江西、内蒙古、广东、重庆、云南、西藏等10省(区、市)的公路工程的市场。2004年,公司实施拓展海外建筑市场的经营策略,明确市场区域定位,进一步扩大内外联合,利用外部资源实现优势互补,成功进入国际市场,努力争取国外市场的更多份额,赢得更多的发展空间。在承建了吉尔吉斯斯坦国、巴基斯坦国,塔吉克斯坦国、阿尔及利亚等4国公路、机场工程建设项目,工程合格率100%。2007年公司不仅在承揽任务的规模和数量上创历史新高,而且市场格局也进行了进一步调整,不仅巩固了陕西、内蒙古、重庆、云南等地和吉尔吉斯斯坦、巴基斯坦等国的市场,而且开辟了塔吉克斯坦、阿尔及利亚等国的公路市场。公司开拓国外市场的重大突破进一步凸显出公司已具备一定的市场竞争力,逐步形成了疆内、疆外、国外业务"三足鼎立"的市场格局。公司根据发展和开拓市场需要,从管理体制、经营机制等方面进一步顺应外部市场,实施区域化经营战略,疆内设立工程承包部;内地设立内蒙古、重庆、西安三个办事处;国外在巴基斯坦、吉尔吉斯分别设立办事处,塔吉克斯坦国、阿尔及利亚国成立直属项目部,形成了新的生产经营格局。经过多年的艰苦创业,公司的经营规模有了较大发展,大部分在建工程质量、进度、效益良好,锻炼了一支能征善战的队伍,积累了较为丰富的市场竞争和现场施工管理经验,为公司做优做强,实现更大发展奠定了坚实基础。

同舟共济迎风浪　殚精竭虑创辉煌

在朱建国的带领下,公司从单一的商品砼生产到远赴西安、洛阳承建高速公路,从南疆铁路线下工程到吐乌大高等级公路,经历了发展、壮大、腾飞三个阶段,发展到拥有公路工程施工总承包一级,以高等级公路施工为主,集大型土石方、水利水电、工民建等多元化生产格局,是兵团第一家商品砼生产企业,第一家完全独立承建高速公路的企业,自治区第一家在内地施工高速公路工程的企业,朱建国常说:"我首先是一名共产党员,然后才是一个企业经营者"。朱建国1984年入党,从事机械管理出身,后来在施工队长、工会主席、分公司经理、公司副总经理的岗位上久经锻炼和考验,是一个党性强、改革意识敏锐、经营管理胸有成竹、心中有职工群众的企业领导。他从担任公司总经理的那天起,就从发展企业的长远规划做起,坚决不搞短期行为。为此,他分期分批地对员工进行培训。十几年,公司花费培训费用近数百万元,近千名职工中大中专以上学历的达到60%,造就了一支高素质的职工队伍。

朱建国关心爱护职工在公司有口皆碑,他关心爱护职工又有着自己独特的方式。为了使青年员工早日实现自我价值,他大胆地使用和提拔了一批具有本科学历、经过实践考验又有管理和技术才能的年轻人,走上了公司各层管理和技术领导岗位,使公司人才队伍出现充满朝气蓬勃的气象。

朱建国在企业发展过程中,他靠加强各级班子建设增强班子的战斗力和凝聚力,用企业"123711"战略教育员工,用企业精神、愿景、价值观、使命凝聚人心,用企业目标激励人心,用经营业绩鼓舞人心,从而不断增强企业的开拓创新精神,焕发出了新的生机和活力,为企业的改革发展提供了强大的精神动力。

他靠培育企业文化凝聚发展力量,为职工营造优美的生活环境,先后投资300多万元,铺筑职工住宅区沥青路面,栽树种草绿化环境,修建员工公寓。企业采用CI识别系统逐步规范了企业的标识、徽章、员工统一着装等外在的表现形式。公司借助各种媒体平台宣传企业文化,塑造公司形象;每年开展"北新杯"蓝球、乒乓球、拔河比赛,"北新之星"员工卡拉OK比赛,"北新之光"员工摄影比赛,"北新风采"文艺汇演等项系列活动,丰富了员工的精神生活,形成了颇具凝聚力和影响力的北新文化。他说:"通过企业文化建设,营造一种气氛,培养一种精神,让每一个员工以自己是北新人而感到自豪——这就是我们企业立足市场发展壮大的力量!"

进入了发展快车道的北新路桥,从疆内到疆外,从国内到国外,朱建国的经营思路不断调整,现已形成疆内、内地、国外三大块市场。作为一名以企业发展、社会稳定、员工安居乐业为已任的企业领导,朱建国又有了更大的谋略和筹划:北新路桥公司实现上市目标仅仅是发展中的又一个飞跃,以北新路桥公司为核心，通过不断整合企业，逐步形成规模化、集团化，全面带动兵团乃至新疆路桥行业的发展和进步才是他的人生奋斗目标和企业发展的方向。在这个思路指导下，公司以上市和做强做大为发展方向不断地进行重组和调整，逐渐形成路桥施工集团，力争 2—3 年内成为西北地区最具实力的路桥企业之一。

打造新疆乃至西北第一路桥品牌，带动新疆路桥行业的发展和进步已经成为朱建国和新疆北新路桥建设股份有限公司新时期发展不可动摇的战略目标。

（责任编辑：黄爱兵）

加快探索白酒与现代生活的切合点

——访江苏洋河酒厂股份有限公司董事长杨廷栋先生

名酒企业、骨干企业应该扮演四种角色或者承担四种责任：一是要做行业发展的“领跑人”，二是要做行业声音的“代言人”，三是要做行业创新的“引路人”，四是要做行业规范发展的“守夜人”。

杨廷栋

传统的白酒消费正面临着与现代生活的激烈碰撞

记者：统计显示，2006 年，白酒行业的产量、销售收入、实现利润均同比上升，据此，有人提出，白酒行业的景气程度将持续看好。你的看法呢？

杨廷栋：总体上，我也认同这种分析。近年来白酒骨干企业的复苏和加快发展，一方面得益于国家从量计征消费税后各企业的应对之招，需要通过中高档产品的开发推广来谋取利润；另一方面，正是宏观经济的繁荣，才提供了中高价位产品市场的更大空间。放到中国经济未来发展的大背景下来考量，我们对今后五到十年乃至更长的一段时间，仍然可以用乐观的态度去评估白酒业的前景。

但是，中国传统的白酒消费正面临着与现代生活理念、现代生活方式的激烈碰撞。这种碰撞为白酒的生存与发展带来了新的挑战。如果不能从产业战略层面上加以研究和应对，白酒或许也会走上一条与京剧、昆曲一样的衰落之路。具体来看，白酒产业面临着四大挑战。

第一是现代生活理念的挑战。现代的生活理念与白酒消费密切相关的主要有三点，第一是健康，第二是理性，第三是个性。健康是人们的生存层次到达一定阶段后的必然选择。部分白酒企业虽然对白酒有利健康的课题有所研究，但是从整体上看，还没有形成消费者对产业层面的共同认知。我们可以比较一下替代饮品在一般消费者心目中的地位：啤酒被渲染成液体面包，葡萄酒是软化血管，黄酒是具有大量人体必须的氨基酸。那么白酒是什么呢？白酒除了感情沟通的功能外，还需要作更为深刻的发掘和总结。

理性是随着人的文化修养层次提高后对生活的一种选择，白酒的豪饮更多存在于感性生活的层面，其总量发展的最佳时期是后温饱和小康的时代。战争年代和建国初期，善饮能饮往往是领导者人格力量的感染力所在；上世纪八、九十年代，人们常常以每天可以有酒喝而满足；而在把因特网作为世界神经系统的今天，时刻保持冷静和清醒，似乎使得社会各层面的领袖人物有意识地远离杯中之物了。

个性是社会生活多元化的原动力和伴生品，在以创造创新为发展推动力的今天，崇尚个性、张扬个性、尊重个性，成为普遍接受的现代社会价值观。我们可以看到在同一个场合，不同的消费者分别选择的可能是白酒、黄酒、啤酒、苏打水、可乐等等。在对消费者结构的分析中可以看出，学历层次越高，领导层次越高，包括 80 后的年轻一代，往往伴随着对白酒消费的减少。

第二个是现代生活方式的挑战。我们每一个人心中都有自己憧憬的生活方式，社会生活的丰富性又提供了可行性，茶馆、KTV、健身房、旅游等等新生活方式的出现，酒桌上的饮客食客在不断的分流。

第三是产业政策和产业战略的模糊性，使白酒业的发展产生了不确定性。这些年，关于白酒浪费粮食、危害健康、执法部门的禁酒令乃至不断加大的白酒企业税负和广告控制，往往使得白酒的生产者在为国家贡献大量税收后，却有一种对社会的负罪感。出现这些问题的根子在产业自身。分析白酒企业层面的运作，我们虽然不乏对酿酒历史的发掘、广告的投放、文化的诉求，但却缺少正面认知产业的积极宣传，缺少科学、健康消费白酒的有效引导，缺少和现代消费者之间的理念沟通。白酒产业是传统的，但我们如果固守传统，就会忽略整个时代发展的步伐。

第四是中国经济与世界经济一体化的挑战。中国经济融入世界经济大循环是一个发展的规律。进入这个大循环，对中国经济的发展是有利的，但是对于白酒究竟是有利还是不利，我觉得需要做深刻的分析。白酒是文化产品，世界经济一体化的概念是什么？实际上经济一体化的概念是先进生产力对落后生产力的取代，是开放文化对传统文化的一个侵蚀。威士忌也好，白兰地也好，在世界上有比较高的占有率，这里面很核心的一个问题，就是一个文化影响力的问题。伴随着欧洲对非洲、北美、南美、澳洲乃至亚洲的部分地区的殖民过程，也把西欧文化的载体，欧洲酒品带到了世界各地。进入国际市场是我们白酒行业的良好愿望，但是能不能做到？能做到什么地步？从中国经济发展的现状来看，虽然我们在世界经济发展的舞台上占据了举足轻重的位置，但是总体上我们仅仅是作为一个加工厂出现，在这样一种发展阶段面前，我们对整个世界的影响力，包括文化的影响力，还需要经历一个比较长期的过程。

掀起一场白酒新文化运动

记者：您在四省峰会上提出：“传统白酒与现代生活方式和消费理念之间需要建立更为密切的联系点”。你强调现代生活对白酒业的挑战，是否是希望通过白酒全新价值理念的塑造，寻找白酒与现代生活的最佳契合点，从而打开白酒业发展的新空间？

杨廷栋：客观地认识白酒面临的挑战，正是为了拓展更大的发展空间，促进白酒业更良性、可持续的发展。如何赋予白酒全新的文化理念和产品价值观，使之与现代人的生活方式、消费理念顺利接轨，这是白酒产业的使命与责任。因为，构成现代生活及其消费理念的基本元素，是“快节奏、高品位、健康与休闲”。白酒的饮用方式能不能“休闲”起来；白酒能不能喝出“健康”来；白酒能不能融入高知识阶层和年轻一代的物质与精神追求当中去，已经构成白酒业供求关系中的主要矛盾，对白酒产业的生存与发展将产生决定性的影响。谁抓住了这个主要矛盾，着力塑造白酒新文化，谁就将在高层次竞争中胜出。

记者：我们注意到你多次谈到，要兴起一场白酒新文化运

动，请问如何塑造白酒新文化呢？

杨廷栋：我想强调一下白酒新文化的塑造需要处理好几个关系：

新与旧的关系。我们要站在前人的肩上起跳，充分挖掘、弘扬传统文化中的精华。比如，洋酒喝的时候有讲究，倒酒的时候也有规矩，甚至酒杯的杯形都有说头，这就值得我们借鉴。在我国古代，温黄酒有温黄酒的方式，温白酒有温白酒的方式，这些都是文化。招待什么人上什么酒，每一种酒怎么喝，这也是文化。洋为中用、古为今用的原则同样适合白酒新文化的塑造。

快与慢的关系。面对激烈的市场竞争，机遇稍纵即逝，必须只争朝夕。但老子说：天下难事，必做于易；天下大事，必做于细。文化的打造，绝非一日之功。比如，不经过大量的市场调查，甚至通过一对一的深度访谈，就无法了解当前不同层次的消费者的真实想法，并从中发现他们未被满足的需求。眼下，缘文化、福文化、王者文化、男女文化等层出不穷，而闭门造车式的概念炒作，既缺乏针对性，距白酒的特质也相去甚远，自然难以打动消费者。

定性与定量的关系。有人提出，中国白酒应该像推广中医中药、中国功夫、茶艺茶道和餐饮美食那样去做。中国功夫能被老外接受，中国的美食能在全球受到欢迎，中国白酒也应该能走向世界。此话乍一听不无道理，细细推敲还是有问题的。中医中药走向世界就遇到缺乏有效的理论依据及其临床实验数据这道坎，而中国的美食出口也需要量化指标作为支撑。所以，白酒新文化的塑造一定要建立在定量分析的基础之上。比如，要推出保健酒，就要拿出科学的理论依据及其临床实验数据。否则，谁会相信它的功效呢？

记者：塑造白酒新文化，拓展白酒消费的现代生活内涵，促进白酒业更良性、可持续的发展，似乎不是单个企业所能解决的。

杨廷栋：确实如此。行业的生存与发展需要全行业的努力。但作为行业的领袖级企业，应该更具有促进产业发展的使命感，承担更多的工作。可以在以下几个方面有所推进：

一是迅速扩大白酒的消费新群体。一个产业是朝阳还是夕阳，关键是看消费市场是日益扩大还是渐趋萎缩。更广大的消费群体是白酒生产的基础，而具有引领能力的消费群体的培育，是产业发展的当务之急。对当前的社会阶层做分析，有三类人群必须得到特别的重视，一是党政机关领导和工作人员，应该强化其对民族产业的发展、民族文化弘扬的责任意识。二是企业家和白领阶层，通过白酒与新生活方式的对接，使之感受到白酒不仅是情感连接的媒介，也是一种永恒的消费时尚。三是高知识人群和年轻的知识一代，应研究白酒精神和物质的有效功能、理性消费的方法，消除其对白酒的偏见。在这里要特别强调的是，中产阶级正在中国大量出现，成为一个新的社会阶层，并对消费理念和方式产生越来越大的影响力。需要我们予以重点关注和培育，成为白酒消费的最大动力。这里，关键是要给消费者一个消费的理由，他喝白酒的理由是什么。如果我们的理由能够征服他们，他们就会成为新的消费群体。

二是迅速拓展白酒的市场新空间。我们可以暂时无忧虑的是，在饮品消费主体业态的餐饮业中，白酒仍然是不可或缺的主流产品。但是在许多新兴的休闲和消费场所，白酒却无法登堂入室，如 KTV、茶馆、酒吧、快餐店，这些场所恰恰为时尚一族常常涉足。白酒之所以未能进入，只是产品的功能固化了，饮用的方式固化了。实际上我们可以考察一下广东，广东不少地方的 KTV，我们会发现一些白酒产品夜场做得很有特色，也很有成效。当然，饮用的方式改变了，白酒的味道变了，被异化成了甜饮料，但饮后白酒调节情绪、渲染气氛的功能没有变化。在新市场空间的拓展中，尤其应当重视对洋酒的争夺。根据统计，去年我国洋酒的进口额大约是 40 亿元，虽然不足以与白酒抗衡，但洋酒在中国大陆尚未盛行的原因或许是因为消费能力和对外开放程度的问题。在台湾市场的考察中，无论是卖场的货架还是餐饮店的实际消费，我们不难发现洋酒与地产白酒金门高粱和玉山陈高已可分庭抗礼，且消费者的选择是年轻人倾向于洋酒，年长者固守于白酒。目前，大陆的夜场已基本被洋酒占领；高档消费中，许多人也往往用洋酒来提升档次和品位，这对白酒形成了巨大的潜在挑战。我们白酒需要从洋酒身上学习怎么样与现代生活寻找结合点。

三是积极探索白酒消费的新方式。既然固守传统的饮用方式将面临着消费者的逐步流失，我们需要做的工作只有两个方面：一是固守阵地，做好自己最熟悉的工作，通过对传统饮酒文化的发掘、产品质量风格的改进，压制替代产品的冲击，尽可能持久地维护现有消费群体少流失；二是顺应现代消费方式，作出因应性的改变，这就需要创新性的工作，在白酒的形态、风格、饮用方式等方面作重大调整。既然白酒产品是一种文化，就需要在文化的研讨上，总结出白酒自己独到的东西来。比如参与夜场竞争，就可能需要对白酒的度数、可勾兑、包装乃至宣传的诉求点等方面做彻底的变革。

四是积极发掘白酒的文化新内涵。白酒是一个特殊产品，她既是物质的，更是精神的，主要满足人的情感需求、精神需求。当前，白酒企业存在的危机是：同质化现象严重，区别的大多是包装和香型的差异；产品的诉求点高度重合，广告的宣传大多局限在历史、质量和门第；市场销售方式基本雷同，铺底销售、买场、开瓶费、广告战等等，一个时期同一个风向，这使得白酒产业的竞争成为一片红海。客观上，因为物质层面的功效没有得到充分的提炼，白酒的差异化竞争也许更需要从文化层面上去发掘。承载文化是白酒产品具有长期生命力的根本所在。当然，这种文化除了产地的区域文化外，还应包含着时代精神、价值取向、历史传承等等。白酒企业生存的支点应该从这些方面寻找，白酒产品的竞争优势应该在这里发掘，白酒产业的蓝海也应该在这里创造。

洋河之路诠释白酒消费与现代生活的融合之道

记者："洋河蓝色经典"在产品、品牌、文化和消费理念创新上，为白酒走向"现代"进行了成功的探索。它究竟为我们诠释了白酒与现代生活的怎样一种融合之道？

杨廷栋：白酒是一种非常特殊的产品，它既能满足人们的物质需求，也能满足人们的精神需求。"洋河蓝色经典"力求围绕这两个"需求"寻找与"现代生活"的结合点。

从物质层面讲，积极顺应白酒的品位新诉求。长期以来，白酒的质量风格没有发生根本的变化，改变的仅仅是度数的降低和香型的细化。现代饮酒人群的消费理念和消费方式，将对白酒的风格质量提出新的要求。比如，在目前越来越多的商务、公务活动的饮酒场合，消费者饮后舒适度的要求，可能和过去传统的朋友聚会"但求一醉、不问酒醒何处"的要求完全不同。因此，现代白酒产品的开发应该把握：一是入口绵柔顺雅，饮后无不适感，可以继续其公务、商务或其他休闲活动；二是对健康无大碍，虽不必对强身健体有多大功效，但不应有负面影响。与许多高档白酒强调"高价格决定高价值"

或宣称是身份、地位的象征不同,“洋河蓝色经典”着力引领一种科学、健康的生活方式。

另一方面,“洋河蓝色经典”努力从精神层面上寻找与“现代生活”的最佳结合点:那就是“蓝色的博大”与“男人的情怀”。“蓝色”是一种现代与时尚的颜色,它比起白酒传统包装的红、黄色调来可谓极具个性。同时,蓝色还是大海与蓝天的颜色,代表了宽广、博大、悠远与深邃。世界上最宽广的是什么? 大海;比大海更高远的是什么? 蓝天;不过,还有比蓝天更博大的,那就是男人的情怀。这由蓝色引申出来的对大自然的联想,暗含了现代人对激情人生的向往与追求:在这时势造就英雄的时代,哪个成功男人的内心世界里没有一片高远的天空、一个辉煌的梦想? 又有谁不渴望去展示自己的能力、施展自己的才华?“蓝色”一旦与“男人”PK,碰出的火花一定是激越豪迈、宽广豁达、开拓进取、顽强坚毅、超越前瞻……“洋河蓝色经典”的品牌内涵、文化主张及其人性诉求,就是在这样的意境下与当今广大目标消费人群的精神渴望有机融合在一起,形成了美妙的契合和默契的文化共鸣关系。

在这个过程中,“洋河”十分注意处理好上面所说的几个关系。比如,众多白酒企业都在探求白酒的去弊存利之道。但是,目前的科研大多集中在生产工艺、成品品质改善等方面,而基础理论研究较少。尽管大家都知道,应用技术的发展水平最终取决于基础理论的研究成果,可是由于基础理论的研究常常不能带来直接的经济效益,所以企业往往不愿在这方面进行投资。作为江苏白酒行业的“领头羊”和一个有志于打造百年“洋河”的老字号名酒企业,我们不是眼睛盯着眼前的一点利益得失,而是千方百计地把基础工作做的比同行更细致、更出色,包括:采用盲测法研究目标消费者对白酒口味的偏好;通过大量消费者饮后舒适度试验来研究不同风格的白酒对人身健康的影响;将相关系数等统计分析方法应用于消费者消费习惯的研究;应用 SPSS 等大型的计算机统计分析软件对市场调查结果进行综合分析;对酒体成分的含量、香味阂值,对人体有益的营养成分、生理功效等问题进行深入研究,从理论上确定酒中特质成分的生成机理和控制理论。这些都为“洋河”推出“绿色、健康、安全、时尚”的绵柔型白酒提供了科学的保障。由此我们体会到,寻求白酒与现代生活的结合点不可急功近利,需要扎扎实实地从基础做起。

记者:“蓝色经典”的成功,是寻求白酒与现代生活结合点的成功,表明“洋河”已凝聚起深厚而强大的综合竞争优势吗?

杨廷栋:她确实反映了我们所做的努力及成果。我要强调的是,寻求白酒与现代生活的结合点,是一个通过持续创新不断满足消费者物质层面和文化层面需求的过程。就以“绵柔”二字而言,它凝聚着洋河人多少创新的智慧和心血,包含着多少经费及人员的投入。这几年,“洋河”获奖众多。如,2004 年,“蓝色经典”被江苏省食品协会、酿酒协会和质量协会表彰为江苏省白酒创新产品,并获中国食协 2004 年度中国白酒科技进步优秀企业、优秀项目、优秀产品奖。2005 年,“洋河”被中食协表彰为全国食品工业科技进步优秀企业,“新窖老熟技术在洋河大曲生产中的应用”、“洋河大曲中华根霉的研究及其在白酒生产中的应用”两成果获得科技进步优秀项目奖,“蓝色经典”系列中的“天之蓝”、“海之蓝”获科技进步优秀新产品奖。“天之蓝”还被中国食品工业协会表彰为质量安全诚信推荐品牌。2005 年 10 月,经中国酿酒工业协会组织的产品质量等级认证专家组审核,“洋河”产品顺利通过最高等级(优级)质量认证。2006 年 3 月 17 日,由中国酿酒工业协会等单位共同举办的 2005 年度“创新成就财富”评选活动揭晓,“洋河蓝色经典消费动力计划”等 10 个营销案例被评为“2005 年度十大创新营销案例”;洋河酒厂被评为“2005 年度十大创新企业”……我列举这些不是为了炫耀,而是借此说明,“蓝色经典”的成功绝不是偶然的,凭借的不是“一招鲜”,而是全方位的长期创新和奋斗的结果。

(责任编辑:王耀兵)

公司发展我发展,我与公司共成长

——访河北财达证券经纪有限责任公司总经理翟建强先生

记者:请问翟总,2009 年公司经营情况如何?

翟建强:2009 年公司根据股东会确定的年度目标任务,以经济效益为中心,加强营销及服务力度,积极推进业务平台建设,科学谋划发展,在以下三方面取得了新突破:

一是经营业绩取得新突破。随着经济的逐步复苏,证券市场指数呈现震荡走高的态势,市场交易量极度活跃,公司上下团结一心、顺势而为,全年新增开户 13.86 万户,剔除休眠、不合格等账户后,客户规模达到 104.5 万户;实现 A 股、基金交易量 8733.71 亿元、营业收入 20.98 亿元、利润总额 14.47 亿元、净利润 10.83 亿元,分别较去年同期增长 92.66%、70.1%、90.7%、92.25%,提前并超额完成了董事会下达的目标任务,经济效益再创历史最好水平。按照中国证券业协会截止 09 年末统计数据显示,公司 2009 年在全国券商排序中交易量、营业收入、利润总额、净利润,分别位列第 34、第 25、第 20、第 20 位;在 08 年大幅实现“进位升级”的基础上,再立新功,位次前移。

二是完善功能取得新突破。经过不懈努力和积极争取,11 月份,中国证监会已正式核准公司“证券自营”和“证券投资咨询”两项业务资格,即将开展业务;9 月份成功控股科信期货公司,为公司申请“IB”业务资格创造了条件;年末又获批开放式基金代销资格,进一步完善了经纪业务平台,公司业务功能完善工作正朝着既定的目标稳步推进。

三是战略规划取得新突破。为了适应竞争日益激烈的市场环境,抢抓机遇,实现科学发展,公司以《财达证券“十一五”发展规划》为基础,通过市场调研和深入分析,结合公司发展实际,经中国证监会、河北证监局及省内有关领导、专家的充分论证,制定了《财达证券三年(2010 - 2012)发展纲要》。该《纲要》确定了公司中长期发展的战略定位、经营目标、重点任务和主要保证措施,获得了省国资委的充分肯定,为公司未来发展指明了方向。

日前,21 世纪报系.理财周报主办、香港董事会研究院数据支持的“2009 年中国券商势力榜”,全国 20 名最佳证券公司排行中,公司位列第 18;同时,公司再次荣获省内“2009 年度金融贡献奖”。

记者:公司取得了优良的业绩,根本原因有哪些?

翟建强:公司 2009 年取得良好成绩关键在于一是做到了向市场要效益。积极做好服务部规范升级工作,完成在河北省内 GDP 前 60 名县域中的布点工作,进一步优化了网点布局,强化了区位优势;加大营销力度,提升服务水平,在提升公司信誉度的同时提高客户的忠诚度;二是做到了向管理要效益。以实施“基础管理年”为契机,进一步加强合规体系建设,不断强化事前、事中、事后三级风险防范体系;推行全面预算管理，严格招标程序，严控经营成本；严格监管政策，坚持依法合规经营；进一步加强制度建设，不断夯实发展的基础；三是强化了企业文化建设。公司全体员工以"公司发展我发展，我与公司共成长"为核心价值观，以司为家、奋力拼搏、忘我工作，充分体现了财达人的精神风范。

"享受工作，激情创业"

——访广州汽车集团股份有限公司董事长张房有先生

能够与张房有近距离交流其实并不是件容易的事，各种会议、出访等活动占据了他大部分时间。企业的重大决策，甚至包括某些新产品定价都需要他的决断。可想而知，广汽集团走到今天，张房有身上背负的压力和挑战有多严峻。

张房有是从农村基层开始做起的，1991 年被任命为增城县委书记（当时广东省最年轻的县委书记），1995 年 8 月担任广州市政府副秘书长，1997 年担任广州汽车集团有限公司董事长。十年前企业还是负资产，而今天已经完成了过千亿元的业绩。谈到进入汽车业时的理想，张房有很坦诚："我小时就梦想有一天拥有一部自行车，这是我一个农村孩子最早的关于车的梦。后来我当了市委书记，就想搞一个汽车城。但是很可惜，因为广州汽车挫败的影响，使我这个梦想没有实现。直到我接手广州汽车工业重组的时候，我的梦想就是要振兴广州的汽车工业。今天我又有一个新的梦想，就是广汽要做自己品牌的车。"

广汽集团的发展历程有许多重要阶段，能够取得今天的辉煌成绩，张房有将成功经验归纳为"六个必须"：一是必须始终坚持解放思想。广汽本田将中外方股比调整为 50%：50%，首开了行业先河；广汽本田在合资初期就提出"起步就与世界同步"，首开了国内合资企业产品与世界同步的先河；本田（中国）公司是国内惟一一家以外方占大股，产品全部出口的整车工厂，为汽车行业首开了一个先河；广汽本田全资建设研究开发公司，研发自主品牌，首开了合资企业搞自主品牌的先河；二是必须始终坚持务实开放的事业胸怀；三是必须始终坚持改革重组的发展道路。回首过去十年间，广汽本田、骏威客车、广汽日野的成立与轿车、客车、商用车资源的重组整合分不开，零部件、商贸板块的改革重组和成功发展，与合资合作相伴相生。通过改革重组，围绕主业，集中人力、物力、财力资源，广汽培育了一个健康的肌体，形成了一个良好的体制；四是必须始终坚持锲而不舍的创业激情；五是必须始终坚持"五湖四海"的人才战略；六是必须始终坚持争取各级领导的关心、理解和支持。

在广汽的发展过程中，张房有和他的团队当然遇到过非常困难的时刻。1998－1999 年广汽起步时，那时国家对广州是否能搞活汽车产业存在较大疑问，加上国内汽车消费市场低迷，因此很多人对广汽的发展前景担忧。但广汽本田以"小投入、快产出、滚动发展"的模式一炮打响。

2004 年成立的广汽丰田也导入了丰田的全球畅销车凯美瑞，开始步入高速发展时期。2007 年，在张房有的带领下，广汽又毅然决定发展自主品牌轿车，当初的疑问也终于有了完美答案。2008 年的国际金融危机是张房有面临的又一大考验，发达国家汽车市场需求大幅缩水，在国内，汽车销量连续数月剧烈下滑，从制造商到经销商再到消费者都是一片悲观。而这一年正是广汽集团向第二个十年挺进的第一年，此时的张房有在政府要出手提振市场信心的准确判断下，专门安排了三天时间，与属下主要业务板块的企业负责人就 2009 年事业计划及经营环境召开座谈会。这也是 1997 年以来，他第一次以董事长的身份就年度事业计划与所属企业召开专题座谈会。在三天的座谈会上，张房有一边分析形势，一边了解大家的顾虑。最终，一份"双目标、滚动式"预算的事业计划在 2009 年初出炉。从 2008 年下半年至今，张房有领导的广汽集团一系列手笔为自己跨入中国汽车企业的第一梯队奠定了扎实基础。2008 年 9 月 16 日，广州汽车集团客车有限公司揭牌；随后广汽集团旗下两家合资公司更改"姓氏"，统一为"广汽"；2009 年 5 月 20 日，收购杭州依维柯变速器公司股权；2009 年 5 月 21 日，正式收购长丰汽车股权；2009 年 7 月 7 日，正式牵手菲亚特。

张房有喜欢读书，从政时候喜欢阅读政经类书籍。到广汽集团后，又迷上了经济类、管理类书籍、企业的创业史、企业家传记等。在他看来，为商之道，需要在一个很大的舞台上寻找表演的感觉，需要去想很多与别人不一样的东西，并找到很多角色与之配合。因此，从书中获得启发和灵感对于决策很有帮助。

在用人上，张房有的原则是五湖四海广纳贤才。他总是把第一线的人推向前台，让他们充分发挥，而自己从来不要任何荣誉。他认为华南和广州良好的商业氛围和包容性是广汽集团高速成长的土壤。而且，广汽的发展赶上了中国经济和中国汽车高速发展的良机，这是广汽得以迅速发展的主要推动力。在张房有和他的团队规划中，2010 年，广汽将推出自主品牌轿车，实现由生产基地向产业基地跨越，由资产经营向资本运营跨越，由经营产品向经营品牌跨越，并力争成为制造业与现代服务业有机融合、互动发展的先行者、实践者，将广汽集团建设成为卓越的国际化企业集团。

关于中国汽车产业的未来发展，张房有发表了自己的见解："就中国汽车产业来说，合资合作是 30 年来较为成功的模式。现在，以为守住这种模式就一劳永逸了吗？或者说将外资完全抛弃就能单干吗？答案绝对是否定的。今后的合资合作，方向要调整，视角要开拓，是要进一步利用外部资源使得我们在自主创新上、在产业结构上更有作为，这是我们必须坚持的一种信念。"

广汽走到今天不容易，在每一个决策过程中也会有不同声音，甚至是反对意见，对此，张房有很坦诚："对于理性的建议要听取，对于不同的意见要包容，对于反对的意见要尊重。"看得出来，张房有很享受他的工作，同时激情满怀。

（责任编辑：黄八一）

光明出击奶粉胜算几何

——访光明乳业股份有限公司总裁郭本恒先生

双重机遇新试水　实战场地传捷报

一向在鲜奶、酸奶、奶酪等领域所向披靡的光明乳业已经不甘仅做"新鲜霸主"了。2009 年初，光明正式把常温奶、奶粉与新鲜品类列入计划，共同确立为公司三大支柱产业，并制定了"做强新鲜、突破常温、出击奶粉"的年度市场目标和品类策略。

如今 2009 年已经过去大半，光明"做强新鲜"依旧领先，

"突破常温"已经一路高歌，但原本非主营的奶粉出击战况究竟如何？"三聚氰胺事件"之后，行业危机与全球性经济危机交织，中高端婴幼儿配方奶粉市场竞争更趋激烈，光明奶粉又有何胜算呢？为此记者特地连线光明乳业总裁郭本恒先生，听这位喜欢打硬仗的乳业领军人物讲述，在双重危机下如何出击奶粉领域的故事。

果敢锐意出击奶粉　优幼剑指五星全能

记者：我看到一些资料上提到，早在 1949 年光明乳业的前身上海益民一厂成立之初，就主要从事奶粉生产，直到 1978 年改革开放以后，光明品牌产品才开始由奶粉转为液态奶为主，奶粉业务虽然一直保留，但已经是"非主营"了。为什么光明选择在今年开始提出要"出击奶粉"呢？

郭本恒：把奶粉确立为公司支柱产业出于两个原因，这也是光明出击奶粉所要抓住的双重机遇。一是基于国人消费传统，中国奶粉市场空间巨大，当前其产值约占整个乳制品的半壁江山，光明要做大做强，就一定要进一步完善产品结构，不会坐视不管这块市场；二是"三聚氰胺事件"之后，三鹿等问题奶粉留出的上百亿市场空缺亟待填补，国产婴幼儿配方奶粉面临新的发展机遇，其自然增长空间也相当可观。

近年来中国奶粉市场尤其是婴幼儿配方奶粉的需求增长速度较快，其中高档婴儿奶粉市场销量更是每年以两位数的速度增长。有数据显示，2007 年我国婴幼儿配方奶粉市场销售额已达到 150 亿元左右，2008 年虽然遭遇"三聚氰胺"重创，但当年销售额依然实现 200 亿元左右。有调研机构认为，自从 2008 年起，我国已开始迎来新一波婴儿潮，中国有望取代日本成为仅次于美国的世界第二大婴幼儿配方奶粉市场，预计到 2010 年，整个中国婴幼儿配方奶粉市场规模可达 300 亿元左右。

记者：光明"出击奶粉"已经有大半年，目前效果怎么样？您怎么理解"出击"？

郭本恒：出击也就是试水，光明奶粉真正发力应该还在明后年，形成支柱应该在两三年之后。光明出击奶粉是必由之路，只不过我们乘势抓住了机遇。

光明"试水"的业绩已颇为可观：光明奶粉上半年销量完成或超出原规划目标，与去年同期相比增长 50%；婴幼儿奶粉占总体销量的 60% 以上；比例结构较去年有明显改善，去年婴幼儿粉只占 50%，这说明光明奶粉在一定程度上已经抓住了"三聚氰胺事件"的市场机遇。

2008 年光明奶粉业绩做到 2.5 亿元，今年目标是翻番，明年要翻两番。在光明乳业的盘子里，销售收入达到 20 亿元左右才能算是真正的"支柱"，目前奶粉是作为支柱产业来进行战略性的重点培育。

记者：听说光明有一款婴幼儿奶粉新品最新升级了配方，也更换了更时尚化的包装，请问大概什么时间正式推向市场？基本定位是什么？

郭本恒：你提到的这个产品名称叫"优幼"，定位于中端偏上，是光明针对当前婴幼儿奶粉市场向中高端产品聚焦的趋势适时推出的一款升级换代新品。新优幼和原优幼相比，更多参考了国际标准和相关权威机构的推荐，充分以母乳为参照，配方更科学，营养更均衡。就我国婴幼儿配方奶粉现行国标而言，目前还没有对免疫球蛋白、乳铁蛋白、DHA 和 AA、低聚糖等营养物质做出强制性要求，但新优幼里面都有了。

推出新优幼这个重点产品也是光明"出击奶粉"战略的一个部分，现在已经在紧锣密鼓地向各目标市场铺货，不久即可全面上市。

记者：目前我国婴幼儿奶粉市场上定位中高端的中外品牌多达几十个，相比之下新优幼有什么特别之处吗？

郭本恒：上这个新品之前，光明曾专门做过消费者调查，发现绝大多数妈妈都认为 3 岁前是宝宝身体打基础的重要阶段，功能单一的奶粉不能满足宝宝营养需求。目前在国内市场，中高端婴幼儿奶粉诉求有的侧重于益智，有的侧重于抵抗力，有的强调好吸收，但光明新优幼要做的是一网打尽，实现"五星全能"，即帮助宝宝有效实现抵抗力、吸收、脑力、眼睛和体格五大成长指标，而且优幼独家拥有免疫配方国家发明专利，相信能够满足中国妈妈们的需要。

记者：上半年我国进口奶粉原料价格已持续暴跌逾 50%，但部分外资品牌婴幼儿奶粉在中国市场上却一再逆势上调价格，近期又有几个洋品牌再次以更换包装、升级配方、工厂搬迁或成本上涨等为由提价。新优幼也更换了包装，又升级了配方，光明是不是也有提价的打算呢？

郭本恒：光明一向秉承尊重消费者合法权益，诚信经营，不会选择借机跟风涨价。从 8 月开始，已经有部分市场供应新优幼了，价格和原来的优幼体智能一样。

火拼配方磨刀科技　全面制胜安全战役

记者：我所理解的婴幼儿配方奶粉市场，在"三聚氰胺事件"之前竞争的焦点是"配方"，即比拼的是科技研发；事件之后又加上了"安全"，比拼的是质量管控。在我国消费者心目中，外资品牌似乎就是配方营养科学、品质有保障的代名词。目前外资品牌奶粉虽然售价高，但其品牌支撑力度强，销量上升趋势明显。在这种形势下，本土奶粉品牌怎么培育自己的竞争力？

郭本恒：本土品牌奶粉在研发和质量管理上曾经落后过，但并不表明一直落后，这也是打造本土品牌国际化竞争力的一条必由之路。实事求是地说，多年以来，光明的科技研发水平一直处于国内领先、国际先进水平，我们有亚洲最大的技术研发中心，不仅拥有多项国家发明专利，还拥有欧盟发明专利。仅仅在奶粉研发这一块，我们就已经获得了 1 项国家发明专利，还有 3 项发明专利申请已在受理过程之中。

记者：光明奶粉已经获得的这项发明专利是什么？有什么意义？

郭本恒：专利名称是"免疫配方奶粉及其制备方法"。我们 2002 年提交申请，经过国家知识产权局正规流程审核，2005 年正式获得专利授权。这项专利已经应用到光明的婴幼儿配方奶粉优幼上。

获得这项专利的意义在于它是第三代婴幼儿配方奶粉研发的最新结晶，代表我国婴幼儿奶粉研发水平已经和国际接轨，已经达到国际先进水平。

光明从上世纪 90 年代就开始致力于生物母乳化婴幼儿配方奶粉的研究开发。作为第三代婴幼儿配方奶粉的奠基者，光明早在 2001 年就在业内首家正式投产添加免疫球蛋白的生物活性母乳化婴幼儿奶粉，此后一段时间，国内少数乳制品生产商也开始推出类似的配方奶粉升级产品，但直到目前为止，还没有其他企业获得相关发明专利。

记者：我曾经看到国家乳业工程技术研究中心技术顾问艾长余写的一篇文章，他认为，地域不同、民族不同、环境不同、种族不同决定了人们膳食结构的不同。目前市场上的洋奶粉配方就存在基因种群不符的因素，这正是孩子膳食失衡的原因之一，而国产婴儿配方奶粉是国内儿科专家、营养学

家、乳品和婴幼儿食品专家根据中国孩子的生长发育需要所设计的配方。您怎么看待中外奶粉配方的差别？

郭本恒：这位专家是我国第一代和第二代婴幼儿配方奶粉主创人员，他的这个观点具有一定的代表性。光明新优幼婴幼儿奶粉就是以中国人母乳成分的研究为基础，集中在功能原料和部分营养素母乳化方面，通过对乳中活性物质（免疫球蛋白、乳铁蛋白等成分）深入研究，加上对母乳和牛乳成分的对比分析，从而研发出的更加适合中国婴幼儿生长发育特点的新一代婴幼儿配方奶粉，我们也希望更多的兄弟企业能研发出更好的适合中国宝宝需要的奶粉。

记者：由此看来现在本土品牌奶粉的营养配方和科技含量已经和国际接轨。如今消费者更倾向于为宝宝选择外资品牌，看来还是“三聚氰胺事件”的后遗症之一。

不过今年初，有媒体曝出某些外国品牌奶粉也相继陷入“结石门”，这样看来，乳品安全尤其是婴幼儿奶粉安全也是一个国际性的焦点话题？

郭本恒：的确如此。就原料而言，进口奶源也未必就100%安全，也发生过疯牛病、口蹄疫、二恶英、亚硝酸盐、板菌等污染源风波，而本土品牌只要严格控制奶源和加工管理，照样可以生产出优质的婴幼儿奶粉。

光明优幼就拥有涵盖国家专利配方、优质新鲜奶源、全球领先工艺、安全生产体系和国家检测标准五个方面的“五星优控”保障体系。国家专利配方从研发上保障优幼不仅拥有“五星全能”全面营养，而且营养素配比安全可靠。“牧场千分”奶源管理标准从源头保障优幼生产原料品质上乘。全球领先的加工设备、工艺技术以及“工厂千分”生产管理标准确保优幼每一个细小颗粒都安然无恙，而根据光明一向坚持的企业标准严于国家标准、与国际接轨的品质原则，优幼配方奶粉同样在吸收性能等多个方面高于国家标准。

记者：近年来中国乳业发展曾陷入了浮躁的怪圈，消费者容易被营销手段和广告牵着走，产品本身却往往被忽视。这么多年以来，光明在研发、奶源和生产管理上投入了巨大成本，在价格竞争中不是显得很“吃亏”吗？

郭本恒：我相信吃亏是福，因为消费者最终会承认品质的价值，会关注奶源和生产的品质，“三聚氰胺事件”就大大提高了人们的乳品安全意识，所以光明先“吃亏”，但更有后发优势。

复制常温优势战略　聚焦奶粉蓄势冲高

记者：鲜奶、酸奶、奶酪等新鲜产品是光明的强项，但UHT和奶粉等常温品类相对较弱；科技研发和质量管理是光明的强项，但营销和渠道相对较弱。对此光明将采取什么策略应对？

郭本恒：这几年我的思路一直是优势要强上加强，劣势也要由弱变强。正因如此，光明今年不仅把常温奶和奶粉都纳入支柱品类，还确立了“突破常温”和“出击奶粉”的品类战略。上半年常温事业部业绩一路突破，可谓高歌猛进，更进一步加强了我们“出击奶粉”的信心。

记者：据说今年光明把奶粉事业部划归身兼常温事业部总经理的副总裁梁永平统率，是希望光明能够把常温突破的经验和优势复制到奶粉领域吗？

郭本恒：有这个想法。在渠道方面，奶粉和常温奶有一定的共用性，但具体来说，我觉得奶粉尤其是婴幼儿配方奶粉的科技含量更高、安全系数更高，营销水平也要高于常温奶。

记者：蒙牛和伊利的常温奶之所以销量领先，跟他们各自拥有的50万个网点的庞大渠道有密切关系。光明在常温和奶粉的渠道建设方面有什么规划？

郭本恒：这三年我们已经在着手建设光明常温渠道。三年前光明常温奶的销售网点只有9万个，现在也不到20万个，但业绩突破已经相当出色，如果达到50万个网点，再持续推进优+、莫斯利安和HI优果粒这三个重点产品的营销创新，我相信将来光明常温奶的业绩肯定能与现在的常温巨头抗衡。

奶粉业绩的突破也是同样的道理，渠道的问题要解决好，营销同时也要跟上。从另一个角度来看，弱点同时也是增长点，暂时的短板变成长板后，我相信光明会更有整体竞争力。

记者：新鲜乳品的市场拓展还有冷链的限制，但常温奶和奶粉的通路限制性条件就很少，这也意味着市场范围很大，所需要的拓展成本很大，光明是怎样为做强奶粉进行资源配置的呢？

郭本恒：在资源相对有限的情况下，只有聚焦才有出路。在聚焦原则上，光明奶粉要坚持区域聚焦和渠道聚焦并举。当然，渠道聚焦也要注意是聚焦到现代商超渠道还是传统渠道，要分清一线二线三线城市，不能四面出击。

光明奶粉今年下半年重点解决的是苏浙沪地区，解决的是现代商超以外的传统渠道，比如传统的专卖店等，其实对于常温类乳品来说，现代商超的销量并不多，传统渠道要占80%～90%左右，在不发达地区传统渠道的比例更高。

渠道聚焦要避免“撒胡椒面”，拼的是战略战术的执行力。我要求的就是一个县一个县、一个市一个市地突破，要知道两个市合起来的销量和一个市的销量即便相等，但实质却完全不一样：产品的投入产出比、品牌形象、在当地的市场地位等等都不相同。

光明奶粉就是要在一个区域内强势出击，拉升市场份额，形成强势的市场地位，拥有最高的知名度和美誉度，形成良性循环，然后再聚焦资源出击另一个区域。

记者：聚焦效果怎么样？

郭本恒：我拿常温奶给你举个例子：去年光明常温奶在江、浙、沪的份额均是排名第三，今年就变成第一、第二和第三都有，我们要求明年全部都是份额第一；在西南市场，目前常温奶份额是第三，但距离第一和第二名有5～6倍的差距，我们要求明年把这个差距缩小到2倍左右。

这些都是在常温奶战役中已经实现的战果，奶粉也是按照这个套路来的：先出击，然后过招，随后巷战，这个战术屡试不爽。光明奶粉今年上半年业绩已经有了一定的突破，而且增长势头强劲。随着“五星全能”新优幼的全面上市，光明奶粉下半年还将拿出更漂亮的答卷。

记者：聚焦奶粉应该会有些资源上的倾斜政策吧？

郭本恒：就现有条件而言，我们在产品、奶源、设备等各个方面都为奶粉提供了非常好的资源支持。早在1996年，光明乳业就与黑龙江富裕县松鹤乳制品厂联合组建黑龙江光明松鹤乳品公司，全部引进世界上最先进的设备和质量管理体系，并在当地拥有10多年建设经验的规模化牧场，是光明最好的奶源之一，是外埠最早推行“牧场千分”的奶源基地。目前，我们在黑龙江、内蒙古和新疆等地都建有自己的奶粉生产基地。

记者：今年光明奶粉的品类战略是“出击”，那明年呢？

郭本恒：今年“出击”只是小小的尝试，明年会有更大的举措。我只能透露几点：比如基地建设，除了富裕县以外，还将在黑龙江汤原建立奶源基地，在生产加工硬件、终端渠道拓展和广告投入上都会加大力度;在区域布局上,以安徽、河南、江苏、浙江、上海四省一市为重点,在其他市场布下"星星火种",逐步进行市场培育,为日后"燎原全国"奠定基础。

记者:"三聚氰胺事件"之后,三鹿品牌的倒掉为各品牌提供了中高端产品线扩张的黄金时期,中国奶粉市场新一轮洗牌已经开始:低端市场有所萎缩,而中高端市场大幅扩容,各中高端品牌产品更新换代提速、价格上涨,130~200元奶粉(听装)成为市场主力价格带,外资品牌的市场份额大幅提升,而二三线本土品牌纷纷加大力度试图谋求更大发展。不言而喻,竞争形势也更趋白热化。

高端利润更丰厚,低端农村市场有庞大的消费基数,光明是否会为新优幼进一步拓展上下产品线以高中低档全线通吃?

郭本恒:光明不准备发展太低端的奶粉,这是因为我们的经营宗旨是为消费者提供最好的产品,我们可以做到性价比很高。新优幼婴幼儿奶粉的定位是中端偏上,这符合光明主品牌的定位和行业身份。至于更高端的奶粉肯定要做,但不是现在,因为目前光明奶粉子品牌的条件还不足以支撑高端定位。预计等三年左右,奶粉将真正成为光明的支柱产业,那时也就是我们进军高端奶粉的时刻。

记者:中国乳业今年应该不轻松,不仅要面对"三聚氰胺事件"阴影的压力,还要面对全球性经济危机的压力,国人在消费买单时也谨慎了很多。每个企业、每个人似乎都面临前所未有的压力与挑战,在这样的背景下,光明上半年的具体业绩情况如何?

郭本恒:因为半年报披露时间未到,我还不能透露相关信息,但可以肯定的是,上半年光明市场已完全100%恢复,与去年同期相比,各个主打品类都在实现预算的基础上有了业绩的突破,今年全年实现80亿元的规划目标是完全没有问题的。

记者:不久前我看到一个消息,北大企业责任与雇主品牌研究中心、中国社科院工业经济研究所等共同主办了一个"信心2009——年度公司快乐竞争力调查",要求入选公司参照进取、稳健、阳光、信心四大标准,不仅要是技术、管理、营销等方面的智者,更要是高瞻远瞩、逆势布局的行业精神领袖。光明是乳品行业惟一入围20强的企业,常温事业部还特别荣获了"信心团队"单项奖。您怎么看待这个奖项?

郭本恒:评上这个奖我很高兴,因为它代表了光明人的事业精神和工作态度。

工作乃至人生的成效=思维方式+热情+能力,越是在严峻的市场环境下,越是要热爱工作,这样才有创造力,企业和个人才有光明的前景,当然也会更快乐。

"出击奶粉"也是这样,我们在战术上要重视,在战略上要"轻视",要有勇,还要有谋。虽然奶粉市场目前看似强手如云,但我们有底气也有信心快乐地面对一切竞争。

(责任编辑:王春晖)

在改革创新中打造新型传媒产业集团

——访安徽新华传媒股份有限公司董事长倪志敏先生

近年来"文化皖军"异军突起,在中华大地上掀起了一股"皖风"。

毋庸置疑,犹如徽墨一样醇厚的人文历史底蕴,是如今安徽文化产业发展的沃土;生于斯,长于斯的皖人则涅槃于传承;同样根植在这片土地上的安徽文化企业及企业家们,更以集大成的精神气质,在改革开放的大潮中,推动安徽文化产业步步为营。

安徽新华传媒股份有限公司(以下简称皖新传媒)即是个中代表。在即将成为全国新华书店系统首家在境内主板首发上市企业之际,作为公司的领路人,董事长倪志敏表示,要以上市为契机,把皖新传媒打造成跨区域、跨媒体的全国一流的文化传媒集团。

产业扩张市场化

"思路决定出路,格局决定结局"这是倪志敏常讲的一句话。他深知,随着中国会主义市场经济制度的确立,在图书发行领域,市场变化已在瞬息之间。

作为老国企,要建立不断适应当前市场竞争需要的企业制度,改到深处就是产权。那么,解决制约企业快速发展的国有产权问题之节点何在?

"股改上市!"倪志敏十分坚定。"我们是全国文化领域中第一家提出规范化股份制改造、建立混合所有制、实现整体首发上市的企业。对我们这种相对传统的产业来说,国有全资的产权制度及其治理结构已表现出对市场竞争一定程度的不适应。"

2007年,安徽新华发行(集团)控股有限公司(以下简称新华控股)成立,承接了原"安徽新华发行集团有限公司"100%的国有股权和酒店等辅业资产。同年,新华控股在全国文化企业率先提出股份制改造、三项制度改革、企业整体上市"三步并作一步走"的改革发展思路,对原集团公司实行股份制改造,从而为公司尽快登陆资本市场,抢抓战略机遇跨出了第一步。

其间,通过安徽省产权交易中心公开挂牌,在溢价73.26%的基础上,新华控股选择了在发行主业、出版传媒、商业地产等方面与集团产业形成优势互补的省内外3家国有、2家营战略投资者,成功出让皖新传媒12.99%的国有股权,总受让价款3.1亿元。此举不仅为企业未来发展引进了新项目,也成功实现了国有资产的保值增值。

2008年2月,无偿划转非主业资产后安徽新华发行集团有限公司依法整体变更设立皖新传媒,注册资本为8亿元人币。

倪志敏介绍,皖新传媒的"整体改制、首发上市"的思路,在同行业中先人一步,为公司上市后抢抓机遇成为文化领域的战略投资者创造了条件。

至此,皖新传媒完成了股份制改造,建立了国有控股、产权多元的混合所有制。

"为什么要选择上市?"

"上市的目的首先是优化公司产权结构,打造合格的市场主体。60多年历史沿革,100多个分支机构,1000多宗房产土地,这样一个老国企要成为合格市场主体面临很多新问题。但经过IPO这一过程,企业的产权结构、治理结构、盈利模式、内部管控、发展战略,都必须完全按照市场规范的要求来做,这对企业大有好处。"倪志敏如是说。

此外,上市还可为企业引入市场化的外部评价体系。"对我们这类文化企业来说,真是太必要了!文化产业,长期以来形成的那种封闭的自我评价体系已滞后于时代。"他说,"公司的价值理念、战略视野、薪酬分配、经营管理等都将引入外部评价体系,以推动内部变革。"

第三、公司上市有利于低成本筹措资金，优化公司资本结构，完成集团业态重塑。

第四则是有利于抢占未来行业重组的制高点，“文化企业必然要走到整合重组的一步”。

很显然，倪志敏已经想透了。

资本市场认可实力

资料显示，目前皖新传媒及其新华控股是安徽省规模最大的文化企业，也是我国中部地区最大的出版物发行企业。

作为改革试点单位，皖新传媒经过近几年的改革与探索，行业地位和竞争实力不断增强，各项经济指标较快增长。2006 年至 2007 年，皖新传媒实现销售收入分别为 20.99 亿元、21.8 亿元；实现净利润分别为 1.56 亿元、2.16亿元。

2008 年更是这家文化企业经营业绩大丰收的一年，皖新传媒共实现销售收入和利润分别为 24.1 亿元和 2.5 亿元；销售、利润和资产总额分别比上年增长 10.47%、19.17%、53.89%；净资产收益率位居中国服务业 500 强上榜文化企业之首，并入选“全国文化企业 30 强”。

皖新传媒走到如今，在倪志敏看来，离不开近几年来整个集团上下的强力转型。

2004 年，倪志敏从安徽日报报业集团领导岗位调任发行集团。当时，出版发行业和其他文化产业一样，不重视产业建设。不少新华书店空谈会效益，不问经济效益。

“可以说，整个国有文化企业的改革是滞后于经济体制改革的，所以我们提出应与时俱进，按照中央的要求，在坚持会效益、会责任的前提下，重塑市场主体，也只有这样，企业的会效益才能展现出来。同时，新华书店要对主渠道、金字招牌进行再认识，在市场竞争的风浪中打造‘主渠道’、创立‘金字招牌’。”倪志敏坦言，“中国加入 WTO 以后，不仅营书店业雨后春笋，外资书店也纷至沓来。不仅如此，整个出版发行产业还要面对数字革命、电子商务的挑战，因此亟待再造市场主体。以不变应万变只能是死路一条！”

2004 年起，皖新传媒与安徽省主管局正式实施“管办分离”，公司领导层首先全力推动观念转变、创新体制机制，并强力推进集团化建设，提高集约化经营水平，从而确保经营业绩不断创出新高，营业总收入五年年均增长 13% 以上。

回顾大转型的成功历程，倪志敏指出，皖新传媒发展最快、改革力度最大的时期，也是市场竞争最激烈的时期。第一步提出的是进行“集团化建设”，全力提升集团的集约化、专业化、规模化经营水平，打造集团的核心竞争力；创立符合市场竞争要求的管控模式和运营机制。

四年间，皖新传媒率先按照母子公司管理体制，强化公司总部决策和投资中心、市级子公司利润中心的功能；取消了县级分公司的法人地位，将县分公司定位销售中心，从而理顺了母子公司、子分公司关系，解决了长期以来分支机构“小而散”、“小而乱”的弊端，有效地加强了集团管控。

而按照专业化、市场化的原则，皖新传媒同时又完成了教材、教辅、图书音像、进出口、物业管理的业务重组，组建了若干专业子公司，承担全省相关产品的市场规划、渠道整合和“吞吐”功能。

通过取消各市、县公司的自主进货权，建立由专业公司统一采购、货源归口的管理体制，皖新传媒还完成了“渠道终端一体化”的组织建设。

此举带来的成效喜人

统计显示，全省县级中心卖场品种已由 2 万种增加到 4 万种左右；市级由 5 万种增加到 10 万种左右；而一般图书销售收入由 2005 年 5.3 亿增长到 2008 年的 8.5 亿，增幅 60.3%；销售毛利增加 3000 万元以上。在规模经营、专业经营的框架下，一般图书进货折扣平均下降 2% 左右，即可给企业增加毛利 1700 万元；存货损耗降低万分之五左右，可减少损失 100 多万；减少采购人员 100 多人，能节约人员薪酬 400 多万元，差旅费 200 多万元。

2006 年 3 月，皖新传媒正式启动并强力推进连锁经营战略。次年底，共完成全省 79 家子分公司 97 个中心卖场及 224 个营业网点的图书音像连锁。通过连锁经营，2008 年卖场销售收入比 2006 年连锁经营前增长 82.93%。

“公司所属近百个分支机构，过去，财务资金分散管理，效益不高，现在通过银行招标，选定了相对集中的主办行，并建立了财务资金集中管理和全面预算制度。投资管理方面，过去分散决策，缺乏项目论证。”倪志敏道出，2005 年企业通过建立财务资金集中管理和全面预算管理体制，建立了有效的财务管控模式，从而为增收节支及规范内部管理、提高资金收益、确保企业健康发展奠定了基础；通过投资管理制度的创立，把分支机构的各类投资更好地建立在集团发展战略上，从而有效地提高了投资回报。

除此之外，2005 年以来公司还展开了深化三项制度的改革，建立新的绩效考核体系和薪酬分配制度等。

“一句话，为何皖新传媒能在短短几年内从默默无闻到跃居行业前列，根本一条就是依靠体制机制创新，依靠大力调整生产关系，解放文化生产力！”倪志敏说。

“新华书店”第一股

“在商言商”大转型

“创新是企业的生命”、“竞争形成的是平均利润，创新则有望夺得超额利润”。在倪志敏这一理念的指导下，皖新传媒的业态创新别具特色。

一般而言，教材发行是全国发行集团和地方出版集团的传统主营业务。其中，全国同行业教材发行业务收入一般占总营业收入的 70% 以上。当前，国家对教材发行实行资质管理，教材发行业务中 80% 的中小学免费教材是通过府采购方式进行的。

“市场在变化，产业策也在调整。我们必须充分发挥制度优势、网络优势、人才优势、信息优势，主动适应教材发行的策调整；必须在优化业务结构，在实施业态创新和培育新的利润增长点上取得突破，只有这样，才能把命运掌握在自己手上。”倪志敏早已洞悉，业态创新对公司可持续发展有多重要。

他强调，在资本市场上，业绩才是硬道理。皖新传媒业绩年增速在两位数以上，主要是坚持以市场为导向，强化主业、创新业态，不断拓展发展领域。

和其他发行企业一样，教材和一般图书销售是皖新传媒的主要业务。在不断降低对教材发行的依赖度上，皖新传媒一方面扩大学生课外读物、一般图书、音像制品、团购市场销售份额，从而使得公司在产业策调整、市场竞争加剧的条件下，业务结构不断优化，企业效益屡创新高。

另一方面，皖新传媒还在业态整合上做文章。坐拥遍布安徽省 17 个地级市及其所属 63 个县（市）和镇三级营销网络的图书发行网点达 507 个。如今已被物流配送、信息化建设插上了腾飞的翅膀。物流园自动化流水线日处理能力可达4000件;经过信息化升级的公司的通路优势更加明显。

在公司网络建设初见成效后,皖新传媒又着手激活终端网点。在全面推进全省农村网点"混业经营"同时,在城市卖场,全面推开"店中店"建设,在坚持"主业突出"的同时,统一引入数码、文体等高附加值商品的经营板块,提升卖场的盈利水平,提高商品周转率;同时,推进"校园书店"、"区书店"建设,全面扩大城乡图书文化市场的有效覆盖。当前,皖新传媒又着力发展外部加盟连锁店。

"加盟连锁业态的最大特征是低成本扩张,快速覆盖市场。"倪志敏指出,"渠道的附加值正在被发现,这几年内将完成全区域卖场的布局和渠道经营的标准化和信息化建设。"

在应对电子商务挑战上,皖新传媒于2008年6月,在全省率先建立大型综合性网上书店——华仑网上书店,传统新华书店实现了无店铺、全天候销售。开业以来,网上书店接到全国各地的订单络绎不绝;开办不到一年,华仑网上书店在全国国有新华书店已居前列。皖新传媒还将进一步增加投入,加大电子商务网站"华仑书浪网"的建设,力争走在行业电子商务的前列。

同时,皖新传媒通过实体书店成熟的运作模式,引进了与图书有关的文化产品,既可让读者享受到"一站式"的文化服务,又可有效地提高卖场收益。

此外,皖新传媒还积极拓展传媒广告业。2008年以来,依托数字媒体技术,皖新传媒对全省各地图书卖场的楼体和店堂广告位资源进行深度开发。计划用2年左右的时间,建立以全天候LED显示系统为主的全省广告联播体系,努力打造全省最大的户外数字广告平台。

在招股书上有关募集资金使用的部分,皖新传媒明确表示,将围绕强化主业,把资金投向"三网工程"——新网、畅网和e网工程。

谈到这三个投资方向,倪志敏解释说,新网工程指安徽图书音像及文化商品经营网点建设项目;应该讲,实体店在信息会同样具有旺盛生命力,特别是公司在安徽部分地区的卖场硬件设施还较落后,与日益兴起的文化需求不相适应。新网工程的实施,即完成公司在全省的战略布局,同时,也不仅是过去卖场的翻版,而是卖场业态创新的结晶。

畅网工程指安徽图书音像及文化商品物流体系、信息化建设项目。通过业务整合,实现了规模经营。为了更有效地进行渠道、终端的运营,公司正在推进物流体系和信息化的建设,这对于皖新传媒这样一个集团化、网络化经营的企业来说,对企业强化管控,扩大市场覆盖,有效控制成本来说,都十分必要。

e网工程则是安徽数字广告媒体网络建设项目。由于皖新传媒遍布全省的新华书店大都位居中心商圈,很快可形成区域覆盖并且具有自有物业成本可控的优势,完全可在短期内形成全省最大的户外广告媒体,具有巨大的发展前景。

三项投资紧扣创新主题、紧扣主业发展!

根据有关测算,新网工程预计投资4.8亿元,计划新建、扩建或购买卖场23个。其中市级卖场10个,县级卖场11个,便店2个。新增总营业面积7.79万平米。

如果新增面积中7成用于图书音像经营,根据图书行业未来市场发展趋势分析和图书卖场经营坪效测算,年新增图书销售收入1.9亿元,图书销售年递增至少在6%以上。新增面积3成用于创新业务,如数码、文体等商品经营。按坪效每年1.2万元/平方米测算。业务创新区域预计年销售收入2.9亿元。新网工程投资利润率为14.33%。

畅网工程计划投资为8000万元,一是投资于物流中心二期建设。规划建设建筑面积25000平方米的仓储中心、1000平方米车库、500平方米的辅助配套设施。配备自动化分拣系统10套、电子标签拣选系统20套、手持无线电数据终端50套、自动化验收系统3套等。二是投资于企业信息化系统升级建设,其中就包括财务管理模块、库存管理模块、销售链模块等。畅网工程项目的间接收益率为12.47%。

作为新型业态的e网工程将建立起安徽省主要城区图书卖场户外数字广告媒体投放平台,并在图书卖场室内建设液晶电视联播媒体网络,形成全省覆盖完整的广告体系。计划投资1.52亿元,投资利润率为18.5%。

"业态创新"铸优势

"三网工程"拓发展

2009年上半年,尽管面临全球金融危机不断蔓延,实体经济受到严重冲击,出版业的产值仍保持较快增长,可以说,随着中国文化体制改革的深化,出版发行这类既传统又新兴的产业通过重塑主体,正迎来快速发展的黄金时期,产业机遇不断涌现。

在这一过程中,原来在计划经济体制下,按行区划配置的国有出版发行业企业组织日渐企业化,区域市场将逐步开放。而在出版物发行市场中,参与主体不仅有各地通过改制而来的国有大型发行集团,也有出版集团、报业集团、邮系统、营书店、在线书店、外资书店等。

今年9月26日,正式对外发布《文化产业振兴规划》,鼓励会资本和外资进入策允许的文化产业领域,参与国有文化企业股份制改造;支持有实力企业进行跨行业联合和重组;鼓励和引导有条件的文化企业面向资本市场融资等。《规划》有意进一步促进文化产业成为振兴经济、调整结构的重要一环。

倪志敏指出,可以说在当前环境下,整个行业正呈现出产业重组整合的大趋势。从横向看,跨省区的发行资源整合正逐步启动;从纵向看,出版发行产业链上下游的整合方兴未艾。当然,新一轮的整合是以市场为导向的整合。

伴随着文化体制改革的深化,加之国内资本市场的快速发展,文化产业领域的并购重组内在需求不断增加,文化企业间的并购将层出不穷。倪志敏指出,皖新传媒将依托对市场的深刻体验,以并购、参股等资本手段,逐步进入内容生产的出版领域,延伸产业链。

为了应对产业变化,皖新传媒的发展目标是运用股份制改造和现代企业法人治理结构的制度优势,构筑渠道终端一体化的经营模式和集约化的管控模式;利用资本市场平台,推进上下游产业一体化,并实现跨区域跨媒体发展;在做强主业的同时,依托网络优势,进入传媒等相关文化产业;通过与邻省等骨干发行企业的业务和产权合作,打造区域出版物发行中心;在此基础上把公司打造成全国一流的文化传媒集团。

要实现这一目标,完善产业链是重要一环。

2007年8月,皖新传媒迈出了产业链整合实质性的第一步——收购了安徽新华音像出版。皖新传媒成为全国新华书店系统中成功收购上游出版的第一家。2008年,出版在完成改制重组后,依托公司贴近市场的渠道优势,很快形成"徽文化"和农技服务的出版特色,实现了当年重组、当年盈利。

根据公司战略,皖新传媒还将通过同业的并购重组和参与中央出版的新一轮股份制改造等方式,在加快跨区域通路建设的同时,以产权联合的方式直接进入内容生产的相关领域,形成"渠道为王"和"内容为王"的有机结合。按市场经济的办法,加快皖新传媒的成长。

"伴随着全国文化体制改革的推进、在建立全国图书发行'统一市场'的历史进程中,皖新传媒必将在中国出版发行产业的版图上挥洒出浓墨重彩!"倪志敏最后说。

（责任编辑:王春晖）

不排除通过兼并收购扩张网点

——访爱尔眼科医院集团股份有限公司董事长陈邦先生

创业板第二批9家公司2009年9月28日启动招股,爱尔眼科今日下午在网易财经和全景网举行首次公开发行网上路演。爱尔眼科董事长陈邦在路演间隙接受记者专访时表示,未来不排除通过兼并收购的方式扩大全国服务网点。

"关于兼并收购,条件允许的话,我们会采取这些超常规的方式扩展网点。"陈邦表示。创立于2003年的爱尔眼科是国内发展速度最快的眼科医疗机构之一,目前已在全国12个省(直辖市)设立了19家连锁眼科医院。

招股书显示,爱尔眼科此次发行募集资金将分别用于迁址扩建2家现有连锁眼科医院、新建8家连锁眼科医院,以及公司信息化管理系统项目共11个项目,合计共需投入募集资金3.4亿元。

从中小板转上创业板

爱尔眼科此前先申请中小板上市,后因等待时间过长,而转战创业板。对此,陈邦解释:"当时我们已经上报中小板市场,应该说反馈也不错,我们的盘子完全达到了中小板的要求,但是由于中小板排队的时间比较长。正好创业板开通了,我们跟保荐机构商量,我们从事的是现代服务业,是一种创新的商业模式,非常适合创业板对创新的要求,同时成长性也非常好,基于这样的考量,所以转到创业板,也是我们抓住的机会。"

问及未来是否计划转主板市场,陈邦称希望爱尔眼科成为创业板上的榜样企业,而非急着转主板。"未来是否会转到主板,这不一定。创业板是整体板块,创业板也会出现非常优秀的企业,像美国的纳斯达克,微软这样的企业没有专板,所以我们希望能够在该板块不断发展,成为一个榜样企业。"

"三级连锁"模式创新

在公立医疗机构仍处于垄断地位的背景下,民营医院另辟蹊径才能占有一席之地。陈邦介绍,与国有医院相比,爱尔眼科的主要竞争优势在于"三级连锁"这一创新模式。

爱尔眼科把旗下的医院按照科研和临床能力分成三级,上级医院对下级医院进行技术支持。临床及科研能力最强的上海爱尔是"一级医院",定位为公司的技术中心和疑难眼病患者的会诊中心;位于省会城市的连锁医院是"二级医院",定位为着力开展全眼科服务、代表省级水平的疑难眼病会诊中心;建立在地市级城市的医院作为三级医院,侧重于眼视光及常见眼科疾病的诊疗服务,疑难眼病患者可输送到上级医院就诊。

"在此模式下,跟任何一个当地医院竞争时,我们都可以集合整体力量来竞争。我们目前有400多位眼科医生,而当地医院眼科医生不多,以几百人的力量针对几十人的团队,这是专业模式的优势。"陈邦说。

目前,爱尔眼科的"一级医院"只有上海爱尔一家,陈邦表示,未来三年内,不会再开一级医院。选择上海作为一级医院的设立城市是因为上海便与国际接轨。"希望未来上海能够带动爱尔达到国际水平,未来3年是不会再开一级医院,目前的想法是首先把这家医院做好。"

业务、管理专家共"当家"

与国有医院里,业务专家来管理医院的模式不同,爱尔眼科的业务、管理分家,各司其职。"医院的业务院长由眼科专家担任,医院CEO则由管理专家担任,充分调动每个科室的积极性。"陈邦表示。

此外,陈邦指出,爱尔眼科不只坐等病人上门,而是组织医疗队主动下社区、下乡镇,"由此扩大了边缘网络,使得我们在短期内,迅速把市场打开。"他说。

陈邦还透露爱尔眼科的治疗价格与公立医院相差不多。"在医保范围里,实行国家的医保政策,在非医保范围内,根据技术含量不同,价格整体跟公有医院差不多,可能在某些方面还略低一些。"

记者:"爱尔眼科是一家民营专业医疗机构,与国有医院相比,爱尔眼科的竞争优势在哪里?爱尔眼科提供哪些有特色的服务来吸引患者?"

陈邦:在咱们国家作为民营医院,它是一种新生事物。因为它的发展时间比较短,我们的国有医院都是有很长时间了,有的医院甚至上百年,它有很好的基础。学识水平,医生力量都非常高。这些东西实际上都是我们要学习和要努力的地方。爱尔眼科实际上在中国医疗行业,我们在创造一种新的模式。

这样一种模式呢,就是说我们作为一个社会资本,一个精于医疗资本市场,近几年是国家大力支持,也大力鼓励的。在这样大的背景下,有政策支持的保证。对于我们民营医院来说,我们要怎么做?我想首先是做专科。我们所有的力量用在一个点上,就是所有的力用在一个点上。而且我们是做连锁。连锁资源的优势,就是能够充分共享。我们在连锁上面还不是一般的连锁,我们是三级模式。

我们在中心城市设立一级医院,在省会城市设立二级医院,在地级市设立三级医院。这样一种三级模式的充分共享,能够达到资源的充分利用。在这样的一种模式下,所以我们在任何一个地方,跟当地的医院来竞争,我们都是一种集团整体力量来跟当地医院的一个竞争。

打个比方,目前我们集团有400多个医生;我们在任何当地的一家医院,他们医院的医生、眼科医院都不会太多,就是10多个,20个这样子。那么通过我们集团资源共享,我们的资源就是说可以达到在任何一个地方,我们都是集团几百人的力量,针对当地的医院这样的一个竞争态势。这是我们商业模式的一个优势。就是说在创新这一块,我们做得应该是比较领先。

还有一块,在管理上。

首先,我们是管理专家领导院长。跟国有医院有一点不一样,国有医院是业务人员管理医院。业务人员往往精力有限。又要做业务,又要做管理,实际上往往就很难把它管得很好。

我们有专门的医院管理专家来管理医院。管理专家和业务专家,我们是有机结合。我们的业务院长是由眼科专家担任,CEO 是由管理专家担任。这样一种模式就使得业务院长可以安安心心专门的做他的业务工作,可以做得很好。

这是一个管理上的模式。

同时我们集团有个学术委员会,我们各个医院还有很多专业委员会;在专业委员会的这样一个管理模式,同时我们还在医院层面有院和二级管理。这样就充分能够调动每一个科室,每个个人的积极性。

在市场营销这一块,我想我们也做了一些比较大的改进。一般的医院就是等着医疗者上门。我们爱尔眼科是在社区、乡镇等,我们组织了很多筛查队伍。实际上我们就把以前的“等病人上门”改为把“医送到社区去,送到最基层的地方去”,这样的就扩大了我们的边缘网络。

由于这些营销的措施,包括我们的一些服务理念的改变,使我们在短时间内能够迅速的把市场打开。

记者:我想问一下,在价格上来讲,是不是相对于公立的医院,价格上面是不是有一些优惠?

陈邦:在医保范围内的话,我们是支持国家的医保政策;那么也就是说大家都是一样的医保政策。在非医保范围内的话,我们根据他的技术含量的不同,我们的价格整体,跟公立医院是差不多的,在某些方面我们可能还略低一些。

记者:现在是不是一级医院只有上海这一家? 只有上海这一家爱尔眼科是一级医院?

陈邦:对。我们设计一级医院我们是这样资设,首先是选择一个方便与国际接轨的城市。那么就是上海和北京;我们选择了上海。其实上海我们希望它未来的设计,我们现在还是刚开始,我们希望未来它还是能够带动爱尔达到国际水平。基于这样的原因,我们设计了一个与国际对接的窗口。

记者:未来是不是打算开第二个一级医院,还是说将来只有上海这一家一级医院? 是不会开其他的一级医院?

陈邦:未来三年是不会的。因为我们首先要把这一家一级医院做好,真正达到一个非常高的水平,这个是需要时间的。

记者:我看我们的招股书上面,也说我们招募的资金用于医院的扩建,或者是筹建新的 10 家医院。你预计一下,在未来三年,我们整个网点数量大概是多少? 是不是通过一些兼并收购的方式收购其他的医院来扩充我们的网点数量?

陈邦:对。上次募集了资金,我们首先就是严格按照目前募投入项目,也就是 10 家医院的计划来投资。同时我们还有一个新系统,提高管理水平的这样一个项目我们要实施。按照我们的实施计划来完成。那么同时在我们的,就是说实施了以后,我们还会按照我们的既定计划,在未来几年内,我们会在中国大部分的省会城市,我们会建立我们爱尔眼科的服务网络。也就是建立我们的二级医院。

同时我们会在湖南、湖北这两个省,做我们三级医院的模式。这样的话在湖南湖北我们有地级市的出现,这样的网络,应该来说是我们未来几年的发展计划。

记者:会用到兼并收购这样的手段和方式吗?

陈邦:在条件允许的情况下,我们也许会试行这样一些超常规的范式。

记者:现在我们目前的这些网点,好像都是通过自己控股的方式。是吧?

陈邦:对。我们都是要么是全资,要么是全部控股。

记者:我们也知道爱尔眼科一开始申请上市是在中小板市场上面,后来是因为创业板提速了,好像又转到了创业板。您可不可以告诉我们一下,当时为什么会有这样的转变。觉得将来爱尔眼科发展壮大了之后,是不是也有可能它的心理或者目标还是设置在主板市场上面的?

陈邦:这样子的,我们确实当时是报中小板的,我们已经上报了。应该说反馈也不错,我们的盘子也还是相对来说已经完全达到了中小板的要求。但是由于中小板排队的时间比较长,我们已经等了很长时间了。现在我们国家创业板开通了以后,我们跟保健机构一起商量。爱尔眼科非常适合创业板,因为它是一种现代服务业,一种创新的新的商业模式,一种新的服务。非常符合创业板对创新方面的要求,同时我们的成长性也是非常好。基于这样的一些考虑,我们觉得转到创业板应该也是我们抓住了一个机会。

未来会不会再转到主板,我觉得这个不一定。因为创业板的话,实际上它是一个整体板块,我相信这个创业板,它也会有非常优秀的企业。就像美国的纳斯达克,它也是美国的创业板,也有微软这样的企业。他也没有转板,我希望我们爱尔眼科能够在这个板块不断的发展,而且能够希望在这个板块上能够做到一个成为榜样的企业。

(责任编辑:王春晖)

九味镇心颗粒将会进入医保范围

——访北京北陆药业股份有限公司董事长王代雪先生

2009 年 10 月 12 日,创业板上市公司北京北陆药业股份有限公司董事长王代雪先生接受记者专访时表示,公司寄予厚望的产品九味镇心颗粒将会进入医保和 OTC。

北陆药业的磁共振对比剂钆喷酸葡胺国产首家上市,市场份额连续 3 年保持第一,2008 年达到 40.2%;CT 对比剂碘海醇 2008 年市场份额上升到第三。三类新药“九味镇心颗粒”是唯一获批治疗焦虑症适应症的纯中药制剂。

王代雪表示,目前抗焦虑药物被国外产品占据市场,而中药制剂只有北陆药业唯一一家生产,未来抗焦虑药物需求量将会快速增长,九味镇心颗粒也将会在通过所有程序后进入医保和 OTC,未来预计会有很好市场。

“不排除未来会有其他同行通过药方的修改而生产同类产品。”王代雪表示,九味镇心颗粒中药方来自于古方,考虑到会被同行复制的药房的风险,北路药业在专利立项时申请到 20 年的专利保护。

王代雪进一步表示,目前国内还没有同行申报,即使有人申报立项,由于医药产品需要走严格的申报程序,至少要 3 至 4 年的时间,那时北路药业已经占领市场。

九味镇心颗粒是公司寄予厚望的未来利润增长点。公司未来三年计划投入 1.08 亿元,其中,8000 多万元用于其营销投入。目前市场已有疗效和适应症近似产品“吉林敖东的安神补脑液”和“天士力的养血清脑颗粒”的竞争,且两个竞争产品已是国家医保中药,并都已实现 2 亿元以上的较大销售规模。

公司目前主导产品是磁共振和 CT 两大对比剂,2008 年共实现收入 8743 万元,毛利率 77.7%,毛利占比 91.6%。

公告显示,北陆药业发行价定为 17.86 元/股,对应发行后市盈率 47.89 倍。发行数量 1700 万股,募集资金主要用于对比剂(主要用于 CT 和磁共振)、九味镇心颗粒生产线改造和营销网络构建,另外也用于其他新产品的开发。

(责任编辑:王春晖)

上市　规范　发展

——访北京九州大地集团股份有限公司董事长马红刚先生

2008年10月28日，北京九州大地集团股份有限公司在深交所举行正式挂牌仪式，标志着集团“大地股份”进入新三板市场正式运行。九州大地集团本着“根植大地，共享成长”的理念，十余年风雨兼程，终于完成了向资本市场的跨越，又迎来了一个新的起点，所有的大地人将开始一段新的征程。大地集团能在不到一年的时间就完成了改制，能在全球经济不景气的大环境下成功上市，为中国的饲料行业的发展带来很多启示。为此，记者采访了九州大地集团董事长马红刚先生。

上市是一个新的起点，上市的目的是为企业未来发展打造一个平台——规范和可持续发展。

记者：马总您好，首先祝贺大地集团成功上市，进入“新三板”市场正式运行。谈及上市，它是一种公开资本运营方式，能够上市的也是饲料企业中的佼佼者。您是怎样看待当前饲料企业上市、走资本经营道路这个问题？

马红刚：感谢媒体对大地的关注。我们认为上市是整个企业发展过程中的一个阶段性的目标。现在很多人认为企业是因为缺钱才上市的，我觉的这需要辩证的看待。首先，企业是不是缺钱要进行具体分析，如果企业不想快速发展，只是为了维持，那么就没有必要上市；另外，企业上市不一定能很快得到收益，还需要付出一定的代价。公司上市以后首先成为公众企业，要按公众企业规则来运作。资本运作如果做得好，对企业的发展极其有利。上市募集的资金投向，它的未来预期值对企业发展很重要。中国企业特别是饲料企业的一个总的趋势就是规范，规范的目的是为了发展，这也是上市的目的。

苦练内功，苦练基本功，股权明确，财务清晰，这是饲料企业上市的基本前提。

记者：大地能够在不到一年的时间就顺利完成改制，挂牌上市运作，其关键环节是什么？

马红刚：大地一直坚持的做法就是规范管理。公司从2002年开始就提出用5年时间能够使公司走上非常规范的道路，在公司的管理模式上追求科学、系统、规范、实用的现代企业管理模式，同时打造强有力的执行力。在公司成立10周年时，已经拥有十几家子公司。

上市就是希望通过一个平台更好体现企业的价值，但是很多企业是不是抓到一个最好的时机或者是比较好的时候能够上市，这是需要大家认真严肃考虑的。长期以来我反复强调的一个问题就是企业一定要苦练内功、苦练基本功。大地用近一年的时间就完成股份制改革，就是因为成立之初股权比较明晰，财务清楚，没有更多的不确定因素。这是多年规范化管理积累的结果。

企业的核心竞争力：优秀的企业团队；永续性的产品创新和研发；规范的企业的管理模式；强有力的执行力；先进而优秀的企业文化。

记者：您认为企业一定要练好内功，要打造企业的核心竞争力。的确，没有核心竞争力的企业是没有出路的，您能谈谈大地一直以来打造的核心竞争力是什么？

马红刚：2003年非典过后我就提出要建设现代企业的核心竞争力。经过长时间的提炼，主要总结了五个方面十个字：团队、创新、模式、执行、文化。

优秀的企业团队。企业团队是一个先决条件，应该是由一批有共识的人组成而不仅仅是一个优秀的人或优秀的领导者。优秀的团队要有非常好的战斗力，有激情、有理想，既能互补，又有一致的奋斗目标。优秀的团队是前提，有了优秀的团队就具备了企业的先决因素。

永续性的产品创新与研发。现在企业谈创新的话题很多，很多人谈到的是企业管理创新。大地的创新是永续性的产品研发和开发，从饲料、兽药、疫苗、添加剂等产品都需要创新。

规范的企业的管理模式。大地企业管理模式追求“四化”，即科学化、系统化、规范化、实用化。“四化”管理是保证企业可持续发展的重要环节。

强有力的执行力。企业执行力是企业运行的关键，团队要不断地加强执行力。企业有非常科学规范的管理模式，企业通过的标准认证等有非常多的程序性文件及运行流程，更重要的是很强的坚持不懈的执行力去贯彻落实。

打造独具特色的企业文化。前面讲到的团队、创新、管理模式及执行力相对来讲是硬件，最后还需从意识形态上打造企业核心竞争力。企业的发展最初靠制度，再升华到靠意识形态，即升华到文化。企业文化是不断提炼、不断推动的，配合优秀的团队，才能够有永续性的产品创新，靠科学、系统、规范、实用的管理模式强有力的支撑，这样才能打造企业核心竞争力，形成有别于其他企业独具特色的具有长久生命力的企业文化。

企业上市是企业管理和未来发展的一个整体升级，因为平台更大，机会更多，可以融入资金，有利于做强做大，提升企业核心竞争力。

记者：那您认为上市对企业核心竞争力的促进作用是怎样的？

马红刚：企业的核心竞争力是企业制胜的根本武器，是企业生存和发展的重要基础。在竞争激烈的微利时代，饲料企业只有不断提高自身的竞争力，才能在激烈的市场中立于不败之地。中国的企业需要规范，需要增强核心竞争力。上市是需要付出代价的，我看这个代价是值得付出的。大地的主营业务是饲料，将来我们还是一如既往以饲料及其相关产业为主营业务。在当前及未来发展形势下，企业要得到更好的发展，适度的资金需求是一个必要条件。上市等于登上了一个比较便捷的筹资平台，可以通过资本市场筹集到大量资金，更有利于在主业上把项目先做强、再做大，做出规模，但募集资金的投向是一个大课题，如果资金投向好，未来可以为股东创造好的效益，就可以带动和促进原有产业迅速做强做大，投资人也就更有信心把更多的资金投向你的企业。如果操作的不好，不但投资人的投资会蒙受损失，企业也会受到资本市场的惩罚，甚至带动企业原有产业迅速走向衰落。所以我们不应单单看重资本市场的乘数效应，更要注意其存在的风险，资本运作是必须有实体经济的良好回报作为后盾的，我们一直坚持适度的审慎投资，尽管现在我们上市了，但这个原则还要长期坚持下去。

企业上市将促进行业规范整合，把行业做大做强，体现价值。

记者：上市企业自身的发展空间扩大了，管理也将更加规范和有序，从整个行业的角度，您能谈谈饲料企业上市对行业发展有哪些影响吗？

马红刚：饲料企业上市对行业的影响一个就是规范整合，

另一个就是融资发展。饲料企业上市就是规范整合，无论是从意识形态、硬件到软件都可以规范整合，能够在运作过程中，把我们这个行业从标准、法规到整个经营规则上整合划一。未来中国的饲料企业不会是现在的14000家，将会在国内形成几千甚至几百家企业，对管理的规范、产品的创新都有好处。例如新希望和六合就是一个很好的整合，从现在六合的发展看，整合的结果是双赢的。

上市企业融资以后，可以去并购其他企业，也可以被别人并购。上市意味着要做资本运作，你要去兼并别的中小企业，或别的企业包括外资兼并你，都说明你做的很优秀。一个行业总得有人走在前面，先达到一定的境界。现在饲料行业发展的最终目标是什么？大家都很迷茫。实际上，经营企业就是做大做强，最终目标就是体现企业的价值，让公众看到未来的收益，看到未来的价值取向。德佳被泰高并购就是一个很好的例子。现在的德佳从一个中小型企业成为国际化的企业，在泰高这个国际化的平台上获得了更好的发展。德佳通过这些年的经营，也体现了自身的价值。

饲料行业产业链较长，企业应更多地从纵向考虑，先做强，再做大。

记者："一条龙"的产业链发展模式成为多数企业的选择方向，您是否考虑过做产业链，实现一条龙发展？您怎样看待行业的产业链平衡发展问题？

马红刚：在错综复杂的竞争中，能找到自己的定位和发展空间成为每一个饲料企业值得深思的问题。我们作为中间供应商，一定为整个产业链提供最优质的饲料保证。当前，饲料是大地的主业，中小企业还是需要专业化，产业链等到企业达到一定程度再去做。改革开放30年我们看到，如果企业的内功没有练好，各方面条件不具备的情况下盲目发展一条龙产业链是做不好的。白美清会长也曾讲过，企业要先做强后做大。

饲料行业的特点之一就是产业链较长。大地还是要以专业化为核心。对于产业链的纵向延伸会考虑，但不会在下游做太多工作，做得越多风险也就越大，关键控制点就越多，产业链就更长。另外，做产业链还要有一定的方法，首先就要做专。有一定实力、有一定方法，对产业链发展有足够清楚的认识，能够吸引更多的管理及技术人才时做。现在大地从内部管理机制上，将日常经营与投资规划分开，大地会选择更专业、更优秀的人来管理公司，把经营和投资分开。企业要做大、要做出规模，就要有一个执行系统将主业推动，还要有一个幕僚系统来把握未来公司的发展方向。

世界一流的农牧企业：管理科学化、系统化、规范化、制度化、标准化，说你所做，做你所说。

记者：大地一直朝着成为世界一流的中国农牧企业而奋斗！您是怎么理解"世界一流的农牧企业"？

马红刚："世界一流的农牧企业"对大地来说是一个长远的目标，是我们始终追求的一个终极目标。企业的各方面包括管理、技术、产品等等要达到国际化的标准。在饲料管理工作中引入ISO9001标准将使饲料管理更科学化、系统化、规范化、制度化、标准化，全面提升管理水平。农业部已将推行HACCP管理作为加强饲料生产安全监管，提高饲料行业国际竞争力的战略性措施。既按照ISO9001的质量管理体系的要求，又达到HACCP安全控制体系的要求，将质量手册、程序文件、作业指导书，记录表格融为一体、形成便于生产操作和运行的模式。中国的饲料企业对于每份文件都要消化掉，踏踏实实地认真执行，说你所做，做你所说。做到这一点，我们离世界一流就不远了。

上市对大地来讲只是起点，压力会更大。做企业就得耐得住寂寞，耐得住孤独，踏踏实实，才能将企业做大；同时还要养成学习、思考的好习惯；要具有一定的素质，顶住各方面的压力。思考企业未来的发展方向，不断修订自己的目标，修补缺陷，不断提升，激发自己的激情。通过上市，规范整合企业内部的日常管理、财务管理、人力资源管理、生产管理、营销管理等。另外，证监会、交易所和券商的监督，上市企业将面对着及时披露信息，更加公开化和透明化。要体现价值，让公众看到企业不仅能赚钱而且很规范，将来还会赚钱，从一个后知后觉到先知先觉，再从一个新的后知后觉到先知先觉，永远是一个动态平衡，这样的企业才会有生命力，永续发展。

企业上市，有利于引进外资，可以将先进的生产、管理经验、新的科技和资金导入，可以使行业的发展进程缩短，促进行业发展。

记者：中国加入WTO以后，进一步放开自己的市场，为外资企业提供了更广阔的市场空间。近年来，外资大举进入我国的饲料行业，马总您是怎样看待外资进入中国的饲料市场？

马红刚：对于外资的进入，我认为这并不是一件坏事，我们应该敞开胸怀，有容乃大。中国的行业特别是饲料行业，如果没有外资的进入就没有今天的发展。但就我们行业而言，外资在中国成功的案例并不多，并不是管理和理念的问题，而是存在适应性的问题，是文化差异导致的。中国企业和外国企业在经营管理上还是有差距的，外资在我国饲料行业的投资，可以将先进的生产、管理经验、新的科技和资金导入，可以使行业的发展少走几十年，对行业发展很有好处。另外，外资的进入对国内的行业也不能形成垄断，而且还会不断的被国内的文化同化。外资进入给我们的启示就是我们一定要有好的模式，要有复制的团队、复制的耐心。所以，对于外资的进入，我们要持辩证的态度去看待。

（责任编辑：黄八一）

今年净利润增长不低于30%

——访江苏新宁现代物流股份有限公司董事长王雅军先生

摘要：2009年上半年，江苏新宁现代物流股份有限公司实现净利润955.37万元，每股收益0.21元。2008年，公司净利润为2070万元。公司本次拟发行1500万股，发行后总股本不超过6000万股，预计融资1.4亿元。

创业板第二批招股公司江苏新宁现代物流股份有限公司2009年9月28日在网易财经与全景网同时举行首次公开发行网上路演。新宁物流董事长王雅军在路演现场接受记者专访时表示，公司今年的净利润同比增长不低于30%，并将以更快的速度在全国扩张。

"今年上半年净利润900多万，其中有两个子公司出现亏损，因为刚开张所以有亏损，三季度就开始获利。根据三季度的情况，今年比2008年的增长绝对不会低于30%，今年（净利润）达到2600万以上没有问题。"王雅军说。

今年上半年，新宁物流实现净利润955.37万元，每股收益0.21元。2008年，公司净利润为2070万元。公司本次拟发行1500万股，发行后总股本不超过6000万股，预计融资

1.4亿元。

王雅军还表示上市提高了企业知名度，给公司带来新的机遇，并且未来几年，公司的发展速度将快于以往。“在这一个月当中，已经有很多行业内企业来找我们，珠三角、津京唐地区都有要求出来，未来我们的发展速度同样会很快，甚至会更快。”这也将很快改变公司服务区域主要集中于长三角地区的格局。

目前，新宁物流直接和间接控股子公司达15家，较2006年初增加13家子公司；2008年度公司营业收入为1.42亿元，较2006年度增长95.17%。

“珠三角已经开了，很快津京唐地区（的子公司）就会开出来，这是客户的需求，也在我们计划当中。”王雅军称。

新宁物流的核心业务为仓储及仓储增值服务，占其营业收入及毛利超过一半以上，其他业务还包括代理送货服务、代理报关服务、代理报检服务。

招股书显示，本次募集资金将投入以下四个项目：增资昆山新宁物流有限公司用于保税仓储扩建项目、增资苏州新宁物流有限公司用于保税仓储扩建项目、增资深圳市新宁现代物流有限公司用于保税仓储建设项目、增资江苏新宁供应链管理有限公司用于供应链管理服务项目。

（责任编辑：王春晖）

31元发行价是沉甸甸的责任

——访招商证券股份有限公司总裁杨鹇女士

2006年初，中国股市最低迷的时候，招商证券股份有限公司总裁杨鹇在中期投资策划报告会上乐观预测道：“5到10年之后，中国的股市规模有机会膨胀5倍，达至20万亿”。当时，很多人都将这一判断视为天方夜谭，然而招商证券却依然按照自己的节奏坚定地实施既定战略，并加快推进IPO上市的各项部署。

而今，五年不到的时间，中国沪深股市上市公司总市值达到23.57万亿，而期间最高时曾冲破过41.85万亿。杨鹇的乐观预测提前变为现实，与此同时，招商证券IPO上市也尘埃落定，11月12日，招商证券A股首发上市发行价确定为31元，成功募集资金111.15亿，成为五年来第二家IPO上市的证券公司。

招商证券成功IPO之后，将会奉行哪些新的战略？杨鹇对未来市场的走势又有哪些新的判断？记者就此对招商证券股份有限公司总裁杨鹇进行了专访。

记者：招商证券在IPO上市后的公司战略及发展重点将有何变化？

杨鹇：首先非常感谢投资者对招商证券的信任和支持，正是因为投资者对我公司的信任，公司的发行价才能定到31元，这对招商证券既是荣誉，也是一份沉甸甸的责任。招商证券始终将“成为产品丰富、服务一流、能力突出、品牌卓越，并具有国际影响力的全能型券商”作为发展目标。

IPO之后，招商证券依然会继续坚持“励新图强，敦行致远”的核心经营理念，继续坚定地奉行以客户为中心的风险可控、创新领先、结构均衡、盈利稳定的经营模式。今后，我们会结合“后危机时代”这一大格局，对“稳健进取”经营模式进行重新审视并继续坚定地贯彻落实，争取用更优良的业绩来回报投资者。

记者：2006年您曾乐观地预测——“5到10年之后，中国的股市规模有机会膨胀5倍，达至20万亿”，您的预测提前变为了现实，您觉得我们应当怎样看待目前所处的“后危机时代”？

杨鹇：在我看来，经历全球金融危机一年后，我们目前的处境可以用“轻舟已过万重山”来形容。首先，最危险、最艰难的时刻已经过去，我们应当为过去一年中所取得的成绩感到欣喜和自豪；不过从另一个方面来说，我们也切不可盲目乐观，因为我们乘坐的仍是“轻舟”，而且“巴峡过后是巫峡”，前面绝非排除了险滩和暗礁的一片坦途。

因此，在这样的背景下，市场出现短期的波动也就完全可以理解。这正是投资者逐渐趋于理性的表现，是好事。同时我们也要看到，市场的理性并不意味着悲观，从2009年至今来看，市场反弹速度超出了很多投资者的意料，交易量大幅提升，股东账户开户量有所增加，持续低迷的市场再次出现复苏的迹象。目前市场日均2350亿左右的交易额，已经较去年低谷时期增长了近7倍。投资者对未来市场的信心是完全可以感受到的。

记者：在IPO路演过程中，招商证券重申了“五年内成为国内最有竞争力的全能型券商”的战略目标，请问这里说的“竞争力”主要体现在哪里？

杨鹇：初唐的虞世南有一句著名的咏蝉诗——“居高声自远，非是藉秋风”，在我看来，这句诗可以作为对券商如何提高竞争力最好的概括。首先，在目前的大格局下，不仅招商证券，任何一个不愿在未来的竞争中被边缘化的中国券商，首先要做的都应当是——高瞻远瞩，把握大局，重新界定和把握好自己的角色；同时，每一个券商都不应当随着股市暂时的起起伏伏而在战略上摇摆不定，而是应当始终坚持“在盈利的基础上实现规模增长”，既要避免短期利益的刺激对长期战略的干扰，又要避免盲目的粗放式的规模扩张。

之前有报道说，很多券商在成功进行巨额融资后，往往面临过量资本的使用困境、盈利能力降低等问题，而招商证券IPO募集的资金将主要用于增强公司资本金，支持业务经营发展，核心目的正是培育竞争力，确保公司“在盈利的基础上规模增长”。具体计划是：(1)做大资产管理平台，扩大资产管理业务规模；(2)加大投入发展投资银行业务；(3)进一步扩张经纪业务规模；(4)进行各类创新投资产品的探索，稳定自营业务的投资回报；(5)积极开拓直接股权投资业务；(6)增强国际业务平台的资本实力；(7)为“融资融券”、“股指期货”等新业务做好资本准备；(8)促进信息化建设，提升系统运营能力和安全保障。

记者：招商证券在IPO之后会出台哪些具体措施，以保证“在盈利的基础上规模增长”这一策略得到真正贯彻和实施？

杨鹇：IPO上市后，招商证券将继续秉持“励新图强、敦行致远”的核心价值观和“稳健经营、规范发展”的经营理念，努力扩大公司的经营规模、人才储备以及各业务的均衡发展。

公司将抓住公开发行上市这一有利的战略机遇，结合过去发展的宝贵经验，继续秉承公司一贯的优良传统，不断巩固原有业务、大力开拓新业务并发展新客户，确保“在盈利的基础上规模增长”，力争早日实现“在国内最有竞争力、在国际上具有影响力的全能型券商”的战略目标，将招商证券打造成为客户信赖、社会尊重、股东满意、员工自豪的优秀证券公司。

（责任编辑：张学军）

在国内的中型机床企业中做到领先位置

——访威海华东数控股份有限公司董事长汤世贤先生

初次见到威海华东数控股份有限公司（以下简称“华东数控”）董事长汤世贤，很诧异于他的笑容，温和、谦和甚至是绵和。和想像中带领华东数控叱诧风云的那个董事长似乎有太大的差距，也和多次从照片上看到的形象不尽相同。但就是这样一位不断站在高处瞭望的前行者，领导着华东数控从山东半岛上起飞，只用短短数年，就成功着陆于资本市场。

寻 路

董事长汤世贤的平易似乎是一面屏障，只有随着谈话的深入，这面屏障才开始淡化，其内在的力量才逐步凸显出来。

13 年前，汤世贤从威海量具总厂来到当时华东数控的前身威海机床厂任厂长。可以说，汤世贤当时是临危受命，任命他做厂长的目的，就是为了工厂不倒闭，让工人有饭吃。因为那时的威海机床厂账面亏损 1212 万元，实际亏损超过 2000 万元，工人连发工资都困难。汤世贤果然不负众望，仅用 3 年的时间，就使威海机床厂出现转机，一方面进行的产品结构调整，另一方面是加强经营管理，开拓市场。作为一家原来只生产普通平、外磨产品单一的机床企业，他们果断地开始做摇臂铣床，并在 1 年后实现批量生产，高峰月产量达到 600 台，且过半数出口。现在看来，这项决定似乎是顺理成章。看看 13 年后的今天，哪家机床企业没有突破原来种类生产的限制发展市场最认可的品种？但在当时，却要面临许多难题。从来没有做过摇臂铣床，技术从哪里来？如何面对摇臂铣床当时许多的强大竞争对手？即使产品生产出来是否能够销售出去？但不管是当时做出这项决定的汤世贤，还是后来做出更大跨越决策的整个领导班子，凭借多年浸润于机床工具行业的经验与直觉，他们对当时包括现在市场的分析一直都是，中国机床行业不是没有市场，而是在于怎样去发掘。

20 世纪 90 年代末期，中国机床行业的复苏印证了他们的想法，市场很快给他们以相应的回报。1999 年，当时 400 人的小厂已经能够经营持平了。

突 破

威海机床厂能够维持生存显然并不是目标。1999 年工厂转制后，产品向多元化发展。除了原有的摇臂铣床、普通磨床，他们还丰富了产品的品种，从开始的几个品种，发展到上百个。由于这个时期的市场正处于回升期，产品很快就供不应求。如果这段时期华东数控与全国其他大干快上的机床企业都一样的话，恐怕就没有今天他们彰显英雄本色的时候了。

在许多机床企业都加班加点，产品供应紧张到连售后维护都无暇顾及的时候，华东数控和别人惟一不同的地方就是没有将全部的精力投入到只注重产量上，而是将一部分精力投入到新产品的研发上。在多次的调研后，他们将公司今后 10 年的目标定位于发展大型数控机床。

作为华东数控的最终掌舵人，汤世贤迄今为止好像还没有出现过偏航。但汤世贤却笑言，也做过“后悔的事”，那就是对华东数控土地、厂房的规划。几年前，威海高新技术产业开发区新区招商，汤世贤经过反复考虑，壮胆喊出了 100 亩。这在当时还是一个庞大的数字，威海作为一个以旅游业为主的中等城市，重工业基础相对薄弱，省内乃至国内知名的大企业寥寥可数。而当时的威海机床厂在威海的知名度也有限，并蜗居于市区的一个狭小地段，而从全国机床行业来看，也没有什么迅速发展的端倪。“这样的面积足够让我们机床厂发展 5 年甚至 10 年”，但仅仅过去 2 年，时局的变化就打破了汤世贤这样的揣想。100 亩的土地面积在华东数控发展大型、重型数控机床的目标下，显得狭窄而拥挤，经过两次扩建，才有了今天作为招牌印刷在企业宣传册上巍峨而宽广的厂门。但即使是这个看上去足够宽阔的厂区，仍然容纳不下他们最新的厂房，内空高达 27m 的重型装配车间，堪称国内机床企业最高的车间。

“市场好的时候，大家都挣钱，我们倒不一定超过人家。”汤世贤这句意味深长的话，让我们体会到危难之中见英雄的深刻含义。2008 年进入第三个季度以后在全球性的经济萧条的大背景下，华东数控则依然屹立不倒，成为行业里开工量充足的为数不多的企业之一。

上 市

上市是华东数控发展过程中的一个里程碑。2008 年 6 月，华东数控在深圳证券交易所中小板上市，以 9.80 元/股的价格发行股票 3000 万股。他们很快获得市场的认可，6 月 12 日首日上市即以 14.33 元报开，收涨 63.37%，报 16.01 元。

募集到的 2.94 亿多元的资金，为华东数控提供了足够的资金保障。按照招股意向书，他们将此用于数控龙门机床、数控外圆磨床、数控轧辊磨床 3 个项目的研发与生产。由此，华东数控的数控化率较一年前有很大提升：数控机床占营业收入的比重已经从 2007 年中期的 42.53% 提高到 2008 年前三季度的 58.07%。

而业界对华东数控的赢利能力也是有口皆碑。2008 年前 3 季度，华东数控数控机床产品毛利率提高到 31.46%，同比增加 3.3 个百分点，较 2008 年上半年也提高了 1.06%。而普通机床毛利率基本维持了稳定，与 2007 年同期相比，仅下降 0.22 个百分点，达到 13.72%。另外，综合毛利率也有所提高，较上半年提高了 1.25%。

可以说，华东数控的成长是伴随着整个中国机床行业的复兴而发展起来的。在不到 10 年的时间里，他们走出了一条中小型企业独特的发展之路。不可否认，上市为华东数控的腾飞插上了翅膀，但是，如果没有上市，华东数控就真的飞不起来吗？对此，汤世贤的回答似乎并没有理会这个假设：对于遭遇过一次上市曲折的华东数控来说，上市的确是我们的一个幸运。但如果不上市，我们仍然会坚持既定的投资方向，只不过，不会有现在这样的资金实力而已。

转 型

如果说，华东数控前期的结构调整还只是局限于他们的产品的话，那么他们后来的调整，则更是一种投资方向的调整和一种企业的转型，将产业链延长，将风险分散，围绕装备制造行业做深、做透。

2008 年，华东数控发布公告，与德国希斯庄明（香港）有限公司（以下简称“希斯庄明”）合作制造宽 8m 长 30m 数控龙门移动式镗铣车削复合中心、φ320 数控落地镗铣床、16 m 数控六轴滚齿机和 φ22 单柱数控立车等重型数控机床项目。

2009 年 1 月 8 日，华东数控与希斯庄明在威海临港合资注册成立威海华东重工有限公司，意在向下游——能源制造业延伸。现在他们已经征地 350 亩，主要针对重大型数控机床及风电、核电发电设备的大型零部件直接生产与制造。项目前期规划设计基本完成，一期工程2009年3月份开工建设，主车间有2部300吨的行吊，起吊高度为25m，车间高度33m，车间宽度108m，车间长度217米。基本建设2009年内完工，设备安调2010年完工投产。而对项目配套上游的延伸，华东数控对投资控股荣成市弘久锻铸有限公司进行改造，生产能力由现在1.5万吨/年，扩大到5万吨/年；铸造重量由现在30吨/件，扩大到120吨/件，2009年下半年投入生产。

"在国内的中型机床企业中做到领先位置"，这是威海华东为自己前景的定位。不贪大、不贪全，找准自己的方向，汤世贤总是一遍遍地让对手和业界诧异于他对华东数控未来的了然与掌控。

（责任编辑 王春晖）

商道即人道

——访家润多股份有限公司董事长胡子敬先生

无湘不成军，无胡不成商。在湖南，友谊阿波罗股份有限公司的董事长——胡子敬的名字就是一个商业文化符号，甚至可以说代表了湖南商业的一段历史。从35年前基层门店最普通的员工到商业帝国掌门人，胡子敬伴随着我国改革开放商业零售业的发展一路走来。从1989年受命于危难之际，连工资都发不出来的友谊商店，到走马上任后20多天就淘得的47万元第一桶金，再到他带领着他的商业帝国发展到今天拥有30多个亿的年销售额的规模，特别是在去年金融危机的形势下销售逆市飘红、再创新高。胡子敬给自己成绩的总结就是："专注、诚信、创新"。

而最近，在这个商业帝国里，又将迎来一个巨大的喜讯，友谊阿波罗旗下的核心企业——家润多即将登陆A股市场。而伴随着家润多的成功上市，胡子敬也迎来了他人生的又一个新高。

诚信乃立业、兴业之本

正如许多成功人士一样，胡子敬一路走来或多或少受到了母亲的影响。据胡子敬回忆，母亲是从商的，往往因为要微笑面对顾客反倒对家人耐心不足，因此胡子敬曾一度厌恶过经商，但在这种潜移默化的影响中，胡子敬逐渐悟出了好服务的重要性，这一悟，也为他以后成功经营一个深受消费者好评的多品牌百货零售公司埋下了伏笔。

作为湖南省百货零售业的龙头，当被问及成功的秘诀时，胡子敬说"诚信"，此乃立业、兴业之本。家润多最大的优势是品牌，旗下百货商场在长沙的最长运营历史超过30年，拥有包括"友谊"、"阿波罗"、"家润多"、"春天百货"等多个著名百货品牌，在湖南省拥有非常高的品牌美誉度，产品、服务、环境都有口皆碑。

"百货零售业最宝贵的是经验，实实在在做好每一件事，而且是几十年专注地去做去积累经验。"胡子敬一干就是35年，这35年他始终坚守诚信为本的从商之道，为消费者提供最好的产品和服务，他相信，真诚对待客户，以诚信做人，以诚信经营企业，自然会得到消费者的认可，往后，胡子敬也将以诚信来赢得投资者的支持。

执着与创新

有人说，是脚踏实地的从业态度和勤奋苦干的精神，成就了今天的胡子敬。对此，他说："不管处在哪个位置，干一件事就要把事情干好，一步一个脚印。我做板车工时想到的就是怎样把板车拖好。现在做董事长了，每天想的就是如何把董事长的工作做好"。

作为一个成功商人，勤奋之余，敏锐的眼光、快速的市场反应能在关键的时刻一决胜负。1989年12月2日，胡子敬接手友谊商店，发现局面一塌糊涂，企业管理、劳动纪律乱糟糟，更头疼的是账户几乎没有一分钱，却要养600多号人。胡子敬一宿没睡，第二天，当员工们正等着新负责人来训话的时候，胡子敬已经怀揣着从银行借来的200万元，踏上了前往深圳的列车。2天后，胡子敬带着500台康佳电视回来了，他没有多加解释，也没来得及以一个负责人的身份为员工谈管理谈纪律，而是迅速联络全省的批发部，准备好春节的货物。一个月后，首战告捷，友谊商店拿到了47万的利润。从此，友谊商店在胡子敬的经营下走上了20年向上发展的道路。

2004年，面对商圈日益激烈且同质化的百货竞争态势，胡子敬力推差异化经营，喊出了"打造湖南首家女性主题商店"的口号，为旗下的春天百货来了一次华丽转身，至今仍是湖南商界津津乐道的话题。

2009年春节前后，Gucci、Cartier、Emporio Armani、Loewe、Dior等众多国际时尚顶尖品牌纷纷进驻友谊商店，胡子敬决心要打造中南地区首屈一指的高档百货商场。在金融危机的大背景下家润多缘何有大动作？对此，胡子敬的答案是一招领先，步步领先。早在4年前，胡子敬就对长沙消费走势作出前瞻性判断：长沙城市发展迅猛，但商业缺乏品位和品牌，高端百货将可在竞争中做出个性和特色。于是，家润多斥资近2亿元，将友谊商店打造成一个集"奢侈、精品、时尚"之大成的高端百货综合体。

眼下，胡子敬正紧锣密鼓，筹备着在长株潭结合部发展"奥特莱斯"（OUTLETS）主题购物公园。这将是长沙第一家主题购物公园，胡子敬计划利用长沙、株洲、湘潭城市群发展带来的契机，将现代商业融入公园休闲，打造一个以销售国际国内著名折扣商品为主，集休闲、餐饮和娱乐为一体的国际化、现代化、时尚化的购物中心。

与消费者共赢

每年五一节是国内各大百货公司大搞促销活动的最佳时机，但往往流于表面，限制过多，不能带给消费者实实在在的优惠。今年五一假期来临之际，胡子敬断然否决了以往的促销方案，本着提升市场信心的目的，为湖南的消费者送出2000万元真金白银的消费券，此举在金融危机影响下湖南百货市场上创造了新的销售奇迹，也赢得了消费者的心。对此胡子敬很自豪：得民心者得天下，得人心者得市场。有了消费者对我们的认可，还愁以后没效益吗？

长沙市东邻江西省宜春地区和萍乡市，南接株洲、湘潭两市，西连娄底、益阳两市，北抵岳阳、益阳两市，交通便利，商业辐射范围广，是历代商家必争之地。上世纪90年代初，就有"五虎闹长沙"的典故，虽然过去的四虎又早已被新虎：日本平和堂、马来西亚百盛、香港新世界、北京王府井、上海百联、香港美美等国内外商业巨头替代，但家润多始终以具有绝对优势的市场份额牢牢占据龙头地位。

究其缘由，胡子敬说第一是品牌，家润多旗下七大门店品牌定位各有千秋，分别面向不同市场，品牌组合错峰有致，形成覆盖不同收入消费群的多层次百货品牌格局。第二是家润多拥有旗下近半数百货商场房地产的产权，自有物业经营面积达 8.37 万平方米，基本覆盖了长沙市的核心商圈，在保证稳定经营的同时把经营成本降到最低。第三是营销手法的不断创新，公司有一大批骨干管理人员，有着丰富的从业经验和遍布全国的人脉资源，工作业绩相当出色，对公司忠诚度高。所有的这些优势让家润多把外地和本土竞争对手远远抛在身后。

正如胡子敬所言，湖南百货零售的市场潜力非常大，未来伴随着国家中部崛起战略的实施和长株潭两型社会试验区的获批，湖南的经济实力将飞速发展，而湖南的消费品市场也必然会快速飙升。对家润多来说，未来的机遇大于挑战。把市场做大，商家有利益，消费者能得到优惠，每个人都是赢家。

用好投资者的每一分钱

从商 35 年，胡子敬深谙经营之道，百货零售是一个服务行业，更是一个商业平台，由于它不存在大型生产设备、厂房、科研技术等经费的投入，相对而言经营成本不高，从而降低了投资风险，加上家润多拥有许多自我物业，把经营成本降到最低。所以，他有信心合理利用好投资人的每一分钱，以最小的代价创造最大的收获。

进入资本市场，胡子敬首先希望借助上市公司较为规范的管理制度来加强公司的内部管理，让家润多得以走得更远，另外，他表示家润多是一个非常健康的企业，正处在一个快速发展的阶段，上市能为家润多带来更多发展机会，同时可以让更多的投资人有机会共享这一份经济成果。

有人的地方就有消费，改革开放 30 年，中国积累了许多财富，老百姓手里有钱了，生活素质、消费需求也随之提高，因此胡子敬有理由相信未来的几十年，中国的百货零售业仍然会以一个较快的速度发展。谈到未来，胡子敬踌躇满志，中国是一个快速发展的国家，商业依然有大把的发展机会，一旦有合适的机会，他将通过并购、再建、合作、租赁等各种方式以低成本扩大家润多在全省、乃至全国的版图。

他的发展理念是不盲目为发展而发展，而是要潜伏，当认准了会带来良好回报的项目时，该出手时才出手，他出手的方向和路径也很清晰就是湖南本土——全国各省会城市——沿海发达地区。

胡子敬说他毕生的追求就是做好自己的事业，这个事业就是打造民族商业的百年品牌。

（责任编辑：张学军）

创业板上市更符合公司理念

——访惠州亿纬锂能股份有限公司董事长刘金成先生

第二批创业板公司——惠州亿纬锂能股份有限公司 2009 年 9 月 28 日在网易财经和全景网举行路演。亿纬锂能早在去年即准备上市主板，今年 7 月转向创业板上市，在路演间隙董事长刘金成向记者表示，上创业板更符合亿纬锂能是创业企业的理念。

2008 年 5 月，亿纬锂能向中国证监会申请 IPO 主板上市。2009 年 7 月，撤回在主板上市的申请，并申请在创业板上市。

作为亿纬锂能保荐代表人姚晨航也向记者表示，“因为创业板的关注度比较高，所以从主板转到创业板上市会给公司带来更多的支持，也更符合公司作为创业企业的理念。”

董秘曾云在路演时也表示，因为公司的高科技、高成长特性，所以我们选择了创业板。据曾云介绍，公司具有较强的自主创新能力，是广东省第一批 29 家“创新型企业”之一，并被国家科技部认定为国家火炬计划重点高新技术企业，公司在发展过程中，两次获得科技部，财政部创新基金立项支持。

亿纬锂能目前是国内第一、世界第五的锂亚电池供应商。营业收入从 06 年的 1.4 亿增长到 08 年的 2.0 亿，年复合增长率为 20.2%。高能一次电池产品销售收入占比从 45.3% 提升至 49.3%。综合毛利率也稳步提升，2009 年上半年公司毛利率达 30.7%。

此外，刘金成还表示，以后将加大研发投入，其中包括对目前盈利不好的二次电池的投入。

目前，公司结构中锂一次电池是公司的核心业务，锂离子电池等二次电池业务盈利能力较差，为非核心业务。从 2009 上半年数据来看，核心业务受应用领域扩大而快速增长，非核心业务下滑较大。

（责任编辑：王春晖）

风光无限创业艰

——访泰康养老保险股份有限公司总裁刘永军先生

2004 年 5 月，我国开始全面推行企业年金制度；2007 年，随着第二批企业年金基金管理机构资格的公布，企业年金市场开始形成一个银行、保险、基金混业竞争的局面。2008 年袭来的金融风暴会给中国企业年金市场会带来什么影响？企业年金市场的发展前景如何？

记者：作为国家养老保障体系第二支柱的“企业年金”，在经历了几年的发展之后，你认为目前市场发展处于什么阶段？有哪些特点？

刘永军：企业年金诞生差不多 10 年了，但我认为这个市场仍然处于启动阶段，用一句话总结就是：春意渐浓风光好，乍暖还寒创业难。

2000 年底，国务院在《关于完善城镇社会保障体系的试点方案》中，第一次提出“企业年金”的概念。2004 年，《企业年金试行办法》和《企业年金基金管理试行办法》颁布实施，奠定了我国当前企业年金制度的政策法规框架。球场修好了，也有了一些比赛规则，但始终没有运动员。直到 2005 年第一批企业年金基金管理人出笼，企业年金市场才正式开始运作。

企业年金这一阶段市场的特点比较明显：一是基础好，发展速度快。正如前面所说的，国家有比较完整的配套政策、有规范的四方管理人的运作模式，这些都从制度层面保障了年金的快速发展。2008 年，企业年金基金法人受托管理机构管理的建立企业年金的企业为近 30 万个，参加职工 400 多万人，分别比 2007 年增长 378%、383%。二是起点高，竞争激烈。年金市场主体聚集了银行、保险、证券、基金等所有中国金融业的最优秀的一批企业，竞争的激烈程度可想而知。三是整体规模仍然偏小、覆盖率低。截至 2008 年底，中国企业年金基金规模约 2000 亿，缴费人数约 1000 万人，仅占当年参加国家基本养老保险人员比例的 6% 左右。四是行业覆盖和区域覆盖仍不均衡。目前，除了电信、石油石化、电力、民航、铁路等行业，其他行业建立年金的非常少。同时，企业年金也更多地集中在上海、广东、浙江、福建、山东、北京等沿海或经济发达地区。

记者:2007 年底,我国企业年金市场刚形成一个银行、保险、证券及基金公司混业竞争的局面,却遭遇了由美国华尔街次贷危机引发的全球经济衰退。这次经济震荡会对年金市场带来怎样的影响?

刘永军:这次金融风暴对年金市场的影响是肯定的。从短期看,对年金市场规模发展和企业的积极性会产生不利影响,比如"国"字号企业是年金市场的排头兵,但去年国资委企业整体效益都有很大幅度下降,一些原本计划建立年金的企业,因此取消或暂停了计划的建立;一些已经建立年金的企业,在缴费上也会出现一些困难。但从长期看,特别是对于经营者来说,塞翁失马焉知非福?它警醒各机构做企业年金一定要有长期心态,更注重在稳健、安全上下功夫。在市场的起步阶段遭遇经济危机,就算有损失也是小损失,如果规模大了,又没有做到稳健、安全,那就要出大问题。不经历风雨怎能见彩虹?我个人认为,这个风雨早来比晚来好。

记者:泰康养老正是在 2007 年底获得的受托人资格,可以说是迎难而上,你怎样评价去年年金市场整体状况以及泰康养老的经营状况?

刘永军:坦率地说,2008 年对任何一个年金管理机构而言,都是非常艰难的一年。困难源于三个方面,一是由于全国范围的社保整体移交工作基本结束,财政部《关于企业新旧财务制度衔接有关问题的通知》,也就是 34 号文中关于企业年金税收优惠的规定,从一定程度上影响和制约了中央企业建立年金的步伐,全球金融风暴也给中国金融业,乃至实体经济造成不小的影响。二是随着第二批企业年金基金管理资格的公布,原有法人受托机构、账户管理人、投资管理人和托管人平均增幅达 68.6%,竞争主体增加。三是资本市场萎靡,企业年金的投资收益率大幅下降。

但对于泰康养老而言,由于第一年是打基础,整体市场的发展低于预期恰恰为我们争取了宝贵的发展时间。

去年初,泰康养老在社保移交项目上取得突破,拿下了广西企业年金存量移交项目 3 亿元大单,并先后中标湖北、河北、重庆社保移交。需要说明的是,泰康养老在获得相关资格后,全国仅剩上述 4 省市及河南社保移交工作尚未结束,河南移交工作今年开始。为打开中小企业市场,启动了与银行合作联盟营销战略,先后共与 8 家银行推出了准集合计划产品,且在每一个银行都开单了。我们还完成增资至 6 亿元的注册资本金变更工作,体现了股东对泰康养老以往成绩的认可和对未来发展的信心。此外,在动荡的 2008 年资本市场,泰康资产管理的年金账户不仅没有出现一个账户亏损,还取得了可观的投资收益,年化收益率均在 10% 以上,其中,债券增强组合综合年化收益率 28.5%,优选配置组合综合年化收益率 16.69%,均大幅超越业绩比较基准。

记者:无论是目前的客户分布以及管理的年金基金规模,泰康养老并不占上风,但第一年就取得了可圈可点的业绩,你认为泰康养老的优势在哪里?

刘永军:总的来说,泰康养老的优势是依托泰康集团的整体优势,即专业、稳健和服务至上。表现在三个方面,第一是经验丰富。泰康人寿自 1996 年成立就开始经营团体补充养老保险业务,而从企业年金发展历程来看,企业年金的实质就是具有税收优惠的企业补充养老保险,所以可以直接把企业补充养老保险的管理经验应用到企业年金管理经验中去。第二是人员专业。对于年金这样一个崭新市场,不可能一下子培养出来很多有经验的年金管理人才,因此泰康集团那支成熟的有经验的人才队伍成了泰康养老的宝贵财富。泰康养老还在业内率先推行企业年金专业等级考试,全系统 80% 的人员通过了企业年金初级考试。第三是专注年金、分工明确。泰康集团所获得的 3 个年金管理人资格,是由两家公司承担的,即泰康养老专注企业年金受托管理和账户管理、泰康资产专注企业年金投资管理。

这样的安排优势在于,首先,每个公司只做自己擅长的事情。与养老保险公司兼任投资管理人相比,具有多年保险资金管理经验的专业资产管理公司在投资管理方面显然更专业、也更有经验。而泰康养老凭借 13 年企业补充养老保险管理经验,具有出色的方案设计能力、精算技术、资产负债匹配技术和风险管理能力,在受托和账管方面显然更有优势。其次,集团内部分工协作,兼顾效率与制衡。受托管理和投资管理隶属同一集团,可以保证双方沟通通畅、提高运营效率;受托管理和投资管理职能分属于不同的法人实体,天然保证了受托人对投资管理人监督的客观与公正,有利于降低企业年金基金运营的风险,保障企业年金基金的安全与保值增值。

在实际运作中,泰康养老还依据自身遍布全国的营销网络优势负责前端营销,泰康资产则利用自身优秀的投研能力,负责提供中端销售技术支持工作并负责后台营运。实践证明,这种合作模式是非常有效的。

记者:经过一年多的实践,你认为目前我国企业年金市场还存在哪些不足?

刘永军:整体来说,我国的企业年金作为解决居民养老问题的一种制度性安排,无论从政策层面还是运用机制方面都是合理的。但是毕竟中国的企业年金市场还处在启动阶段,在实际运营过程中也会发现一些不足。

年金市场要持续健康发展,离不开政策和制度的支持。目前,年金政策方面的不足是政策一致性和立法层次有待提升的问题。比如去年财政部的 34 号文中有关企业年金缴费的列支、应付工资结余的处理等规定,对企业年金的补充养老、体现激励、兼顾公平的根本属性的认识有偏差,且与之前其他政府部门出台的政策存在一些相互矛盾的地方,机构和企业感到无所适从,客观上也造成企业年金市场发展受阻。其次是有些政策缺失的问题,比如如何激发企业建立年金的动力,应该在政策、税收等方面给予指导。只有国企和民企、大企业和小企业都建立了年金,才能让企业年金机构达到规模效益。我们都知道,只有达到规模经营,这个行业才能持续健康发展。

记者:你能描述一下中国企业年金市场的发展远景吗?泰康养老对未来有何预期?

刘永军:我个人认为,无论是政策的不足,还是金融风暴的影响,都只是前进中的小障碍,有点像倒春寒,但倒春寒一定不能阻止春天的到来,中国年金市场未来的发展趋势肯定是好的。

我感觉,今年的年金市场就呈现出需求挤压过后集中释放的迹象,业界期待已久的年金盛筵或将开启。比如,铁路系统和电力行业年金的集中入市。去年 8 月底,铁道部下发《铁路企业加强企业年金管理指导意见》,要求系统内年金理事会模式运作的企业年金基金交由金融机构规范运作。业界普遍预期铁路系统年金存量约 200 亿,电力行业约 300 亿,仅这两个行业就占现在所有年金市场总规模的 25% 左右,因此可以预期这两个行业年金的集中入市必将对中国企业年金市场产生重大推动作用。

业界普遍认为，到2010年中国年金市场规模将达1万亿元。这一预测是根据中国GDP发展、第二支柱的替代率等很多因素计算出来的。从2008年底的2000亿发展到2010年的1万亿，年均复合增长率将超过300%，这个发展速度可谓惊人。尽管目前实际发展速度低于预期，但是快速发展的趋势是不可逆转的。以泰康为例，今年1月、2月，接连中标西安、郑州、乌鲁木齐、太原、哈尔滨、沈阳等铁路局企业年金项目的投资管理人，预计管理企业年金资产规模将超过24亿元。截至第一季度，泰康养老中标签约企业年金资产总规模超过40亿元，就已经相当于去年全年水平。

（责任编辑：黄八一）

投资中国建筑　共享财富成长

——访中国建筑股份有限公司董事长孙文杰先生

中国建筑股份有限公司是中国最大的建筑房地产综合企业集团、中国最大的房屋建筑承包商、发展中国家最大的跨国建筑公司以及全球最大的住宅工程建造商。多年来，公司在全国乃至全世界树立了一座座建筑业的杰作，一系列"高、大、精、尖"的代表性项目无不闪耀着"中国建筑"的风采，贯穿了中国经济的发展。公司在2009年公布的"世界500强"企业排名中位列第292位，较2006年排名跃升194位；连续两年在《财富》"全球最受赞赏公司"评选中，被评为"中国地区最受赞赏"的五家企业之一，是中国地区唯一获此殊荣的建筑类企业。

作为中建总公司的资本运作平台和旗舰企业，中国建筑将依托资本市场，再绘蓝图，再创佳绩。值此中国建筑登陆中国A股资本市场之际，笔者有幸采访了中国建筑股份有限公司董事长孙文杰先生。

问：从招股书我们看到，中国建筑的主营业务不仅仅是承建建筑工程，还涉及房地产开发投资、基础设施建设和国际工程承包等领域，请您谈一下中国建筑的主营业务板块的经营状况如何，行业地位如何？

答：如您所说，我们的业务包括房屋建筑工程、基础设施建设与投资、国际工程承包、房地产开发与投资及设计勘察五个板块。中国建筑是我国建筑业仅有的一家拥有房建、市政、公路三类特级总承包资质的企业，也是我国各类高等级专业资质及特级资质最多的建筑企业集团。中国建筑一直致力于为境内外客户提供各种特大型与大型复杂工程项目的一站式综合服务。

在房屋建筑领域，我们是全球最大的住宅工程建造商和中国最大的房屋建筑承包商。包括有"中国第一高楼"之称的上海环球金融中心、被美国《时代》杂志选为"建筑奇迹"的中央电视台新址，华北第一高楼天津津塔等都是我们完成的。我们也是这届北京奥运会比赛场馆最主要的建设者，承接了如国家游泳中心"水立方"等7座奥运会标志性场馆。我们的工程项目获中国建筑业最高奖鲁班奖125项，获奖数目与同行业第2至第4名所获得奖项的总和相当。在2007年度世界著名品牌500强排行榜中，"中国建筑"是中国内地入选的32个世界知名品牌中唯一的建筑品牌。

在国际工程承包领域，我们长期位居中国对外工程承包业务首位，在国际权威杂志《工程新闻记录》（ENR）对全球225家最大国际承包商的排名中，中国建筑近二十年来长期位居中国公司榜首。

在房地产领域，我们是中国综合实力居于首位的房地产企业集团，拥有可开发土地储备面积约3,427万平方米。旗下的中国海外是中国房地产行业的领军企业，曾连续三年名列国内房地产百强企业综合实力第一名，公司打造的"中海地产"是中国最具价值的房地产品牌之一。目前，公司正依托八大工程局和七大设计院的资源网络、建筑地产业务一体化以及有效控制成本保证质量的优势发展中建地产，开发大众精品住宅。2008年度，公司房地产开发和投资业务贡献的利润占比已经达到48%。

在基础设施建设领域，我们依托多年来积累的大型工程项目承包经验、领先的科技实力，已经成功地进入了铁路、特大型桥梁、高速公司以及城市轨道交通等市场，例如承接了具有广泛影响力的哈大高速客运专线铁路、太中银铁路、武广客运专线武汉火车站、陕西蓝商高速公路、天津永定新河特大桥等。我们已经成为基础设施建设领域内成长速度超常的企业。

在勘察设计领域，我们是中国最大的综合建筑、市政勘察设计企业集团之一，在中国建设标准规范、设计原创、科技创新等方面为行业发展做出了积极贡献。去年，我们承接的赤道几内亚吉博劳新城设计咨询项目合同额高达6.2亿欧元，是新中国成立以来最大的对外设计咨询项目。

问：请问董事长，我们看到建筑业务和房地产业务占公司业务的比例较大，您如何评价我国建筑行业和房地产行业的发展，您对这两个行业的未来发展前景是怎么看？

答：建筑业和房地产行业都是我国国民经济的重要支柱产业，市场化程度较高。我认为，建筑业具有显著的结构性特征：对于大型项目、技术含量高的项目领域，竞争程度相对较低，利润率较高。其次，我国建筑行业的发展空间很大，目前行业内专业化分工不足，专业化建筑企业比例远低于发达国家水平。在这种形势下，大型专业的建筑企业的竞争优势十分明显。而房地产行业的特点是政策敏感性、地域性以及土地资源稀缺性。目前房地产投资已成为拉动固定资产投资和促进国民经济发展的重要力量。中国城市化进程的不断推进，城市可出让的土地总量越来越少，加上近年来商品房市场需求强劲，推动了房地产行业持续发展。随着房地产行业日趋规范和集中度不断提高，将有利于房地产企业扩大市场份额。

中国宏观经济回暖以及我国4万亿投资等一系列经济刺激政策实施，为建筑行业和房地产行业创造了良好的经济环境，将给建筑业带来了巨额业务。从国际市场看，中国的建筑企业也正越来越多地参与到国际工程承包市场的竞争，并获得了越来越大的市场份额。房地产市场长期向好，未来10多年中，预计中国城市化水平将保持年均一个百分点的增长速度，约有3亿农村人口转为城镇人口，将带来大量新增的住房需要。此外，我国人均住宅面积也远远达不到欧洲国家的水平，住宅需求仍将保持比较旺盛的态势。

问：如董事长刚才的介绍，我们了解了公司各项业务的行业地位以及发展状况，公司在各业务板块都有着非常突出的行业优势，特别想请问董事长，面对如此庞大的业务结构，公司各个业务板块间是否具有协同效应？

答：您的这个问题非常好，这涉及到了我们公司最核心的竞争能力和企业经营内涵。经过多年的经营管理，中国建筑已经形成了"五个一体化"的经营格局，产业链完备，价值链完善，协同效应显著。

我们的五个一体化是指：

"房屋建设与房地产开发一体化"：下属的中国海外在国内树立起了"中海地产"的品牌形象，该品牌与"中国建筑"品牌以及正在发展中的中建保障性住宅开发业务相辉映，形成了房屋建设与房地产开发一体化经营的竞争优势。房屋建设与房地产开发两个主营业务间的客户资源可以充分共享，在经营源头上实施一体化经营，例如自行设计、开发、建设房地产项目等。

"国内与国际一体化"：我们作为实行国内外一体化经营的企业集团，以将在国内积累的项目施工管理及成本控制的丰富经验与海外先进管理理念相结合，也能够根据国内国际市场变化灵活调配资源。

"规划、勘察、设计、施工一体化"：我们以勘察、设计、施工、建造一体化起家，具有较强的协调和整合集团资源的能力，能够为客户提供一站式的综合服务，同时设计与施工专业技术优势的互补提高了工程总承包的技术壁垒，形成差异化竞争优势。

"基础设施工程承包与投资运营一体化"：我们坚持"以融投资带动工程总承包"的基本思路，利用自身的行业竞争优势，积极建立融资平台，把资本和核心竞争力有机地结合起来，形成了基础设施工程承包与投资运营一体化的竞争优势。

"生产经营与资本经营一体化"：我们积极拓展各种融资渠道，通过资本市场获得了迅速扩大业务规模、加速实现产业结构升级所需的资金。此外，我们通过资本运营，以投资带动工程承包业务，也取得了良好的效益。

得益于一体化优势，使公司获得了四方面的能力：分别是提供特大型、高精尖项目的"一站式"优质服务的能力；确保产品优质、安全、可靠的能力；扩大业务收入与降低经营成本的能力；以及降低经营风险、实现盈利可持续发展的能力。以此为依托中国建筑创造了优异的经营业绩，我们是建筑类仅有的一家连续四年被国家评为中央企业年度经营业绩考核A级的企业，并获得第一任期（2004－2006年）"业绩优秀企业"称号。

问：在目前国内外日新月异的发展环境中，中国建筑拥有良好的发展基础和巨大的发展空间，公司发展壮大是必然的，我们充满期待。请问董事长，中国建筑本次发行A股对公司有哪些战略上的意义？

答：广大投资者朋友都知道，中国建筑是承接了中建总公司整体业务相关的经营性资产和多年在建筑行业丰富的经验积累。中国建筑的战略目标是"一最两跨"，我们将为"一最两跨"的战略目标注入新内涵，即"跨入世界500强前150强"，以及尽快实现国际建筑地产企业集团市值、营业收入和利润领先的战略目标。

本次A股发行上市将进一步巩固我们的行业龙头地位。首先将为我们募集发展所需资金，改善经营结构，加大投资力度，构建一体化的业务链条，实现产业结构升级。其次，将拓展我们的融资渠道，优化资本结构。第三，将进一步提高中国建筑及下属系列品牌的国际影响力，有利于进一步拓展国际业务，提高国际市场份额，第四，将促进中国建筑进一步改善法人治理结构，逐步建立市场化的激励机制。因此本次发行对中国建筑实现其战略目标具有重要意义。

问：立足长远，公司"一最两跨"的战略目标将如何实施？

答：如前面所说，我们的战略发展目标是"一最两跨"，我们将进一步发挥和扩大公司的品牌优势，做强做大房屋建筑工程、国际工程承包、基础设施建设与投资、房地产开发与投资、设计勘察等公司核心业务，提高公司在国内外建筑、地产市场的占有份额，着力拓展高端市场，适当兼顾中端市场，逐步退出低端市场。

具体而言，我们房建业务向高端转型：重点承接超高层、大跨度、结构复杂和技术领先的高端房建筑工程；同时推进区域化经营。对于房地产业务，一方面，中海地产继续拓展中高端市场，弘扬"中海地产"的品牌优势；另一方面，依托现有建筑业务优势和区域布局将中建地产打造成为中国最具竞争力的保障性住宅供应商。基建业务开拓新市场：以融资带动总承包，成立专业化公司，着力打造中建基础设施业务品牌，重点突破铁路、路桥、市政几个领域，提升品牌形象和市场占有率，成为这些领域最有竞争力的公司之一。国际工程承包业务继续开拓新的战略市场，加强海外已有业务国家的市场纵向和横向拓展、创新海外经营的发展模式。对于设计勘察业务，我们将加强资源整合，培育统一的"中建设计"品牌，加强设计与工程总承包业务的互动。

我们将通过品牌战略、国际化战略、区域化战略、专业化战略和科技化战略等多项分项战略的综合运作来实现战略目标。

依靠广大投资者朋友的支持，依靠A股资本市场平台，我们也将更加努力。我们相信，在不久的将来，一个崭新的、更具发展实力的、问鼎全球行业龙头的中国建筑一定将呈现在投资者朋友的面前。

（责任编辑 王春晖）

节能环保　科学发展　创新超越

——记合肥荣事达三洋电器股份有限公司董事长金友华先生

自2008年1月金友华担任董事长以来，率领合肥荣事达三洋电器股份有限公司（以下简称"合肥三洋"）解放思想、改革创新、科学发展，坚持走健康、节能、环保、创新发展之路，短短一年的时间，2008年合肥三洋年度销售收入及利润均将翻番增长，增长幅度居行业第一位，不论一、二级市场，还是三、四级市场的市场占有率均名列前茅，使合肥三洋在风云变幻的2008年逆势而上，成为中国家电行业的一匹黑马，在全行业和社会的影响力不断提高，合肥三洋也成为三洋在华企业中发展最快的公司，并引起了社会各界的广泛关注和普遍赞誉。创造了业界瞩目的"合肥三洋"奇迹。

合肥三洋从1994年成立到2007年的13年间，平均每年维持不到20%的增长速度。市场占有率不到3%，在行业影响力甚微。2008年1月金友华主政合肥三洋以后，经过系统地调研和认真地思考，在取得各投资方的支持下，开始了以"创新求变"代替"稳健发展"的战略调整，大胆作出了三年翻三番的335战略规划，今年将实现销售收入12亿元，到2010年将达到50亿元的规模，合肥三洋在金友华的率领下，正呈现出快速健康发展的局面。技术创新，提升企业核心竞争力金友华说，在当前国内外经济发展环境复杂多变的情况下，单靠资源的累加与劳动力价值的简单传递来实现价值增值的发展模式是行不通的，传统产业的增长方式应该向科技、服务与创新的价值增值方式发展转变！我国家电企业必须要加快实施新一轮的技术转型，转型的核心内容就是以技术创新打造节能、环保、健康的产品，确保企业的合理利润，支撑企业在技术创新和产品研发上的投入力度和比重，从而找到一条节能增效的可持续发展之路。节能、环保、创新将引领家电的发展方向。

金友华带领合肥三洋坚持走“消化、吸收、再创新”的技术创新之路。金友华自豪地说,“作为中国洗衣机行业技术的领航者,合肥三洋拥有许多自己的核心技术和自主知识产权,并创造了十几项业内第一。金友华在各种场合都称道合肥三洋的技术优势,他指出,产品的技术含量越高,其附加值就越高;产品附加值越高受原材料和劳动力等价格波动的影响就越小,受经济危机的影响也会越小。在今年下半年的经济危机前,金友华早早就敏锐地感觉到那种依靠大量资本、劳动力投入的低成本低端制造业的不可持续性将越来越明显,中国工业化的目标即将要实现转型,企业必须要超前转变增长发展方式。为此,金友华特别强调,竞争优势关键就是技术创新,企业要看得长远,要把技术创新当作合肥三洋的核心竞争力来加以引导。

在国内洗衣机市场上,合肥三洋是当之无愧的最新技术的代表,引领着潮流。2008 年 9 月再次推出全新的震撼市场的洗衣机产品———变频空气洗斜式滚筒洗干机,再次彰显合肥三洋的技术创新实力和新产品的开发能力。

观念创新,促进思想解放作为中国家电业第一家具有外资背景的上市企业,合肥三洋资本、技术优势明显,到 2007 年,销售收入只有 6.33 亿元,与国内同时期上市的企业相比,合肥三洋发展规模明显落后。“确保利润,稳健增长”的经营理念背后,其实是经营思路的保守和观念落后导致合肥三洋的发展落后。金友华认识到,面对激烈竞争的市场环境和行业不断变换整合的危机,企业必须壮大规模,充分发挥自身优势做强做大,才能提高抗风险的能力。为此,企业必须及时转变发展思路,真正走科学发展之路,走改革创新之路。

改革创新是发展转型的基础。金友华认为,创新不是穿新鞋走老路,对企业多年发展过程中留下来好的方面要发扬,落后的东西要摒弃和改变。企业发展战略的基本内涵是培育核心竞争力,即保持技术领先开发独特产品的能力,创造先进营销模式的能力。主导产品是竞争力的精髓、创新是竞争力的灵魂、合理的体制机制是竞争力的保障。对于当前的合肥三洋而言,技术产品的创新是企业的优势所在,要坚持发扬光大。而品牌营销的乏力和管理体制的落后,必须进行大刀阔斧地改革与创新。营销创新,拓展全新的市场空间 2008 年合肥三洋的营销创新,可圈可点,2008 年 1—11 月间,合肥三洋销售收入同比增长 78%,净利润同比增长 87%,增长幅度居行业首位,市场占有率名列前茅。如此骄人营销业绩的取得源自于金友华的营销战略的创新,金友华提出了“价格差异化”和“全球化 + 本土化”的营销战略,合肥三洋针对消费者、市场、竞争对手、消费潮流与趋势作了大量调查,在此基础上,合肥三洋不断进行产品创新、品牌创新、渠道创新。2008 年金友华要求合肥三洋对外拓展海外市场,对内精品家电也要下乡实行销售渠道下沉策略。产品要覆盖高中低端三个不同的市场,满足不同阶层的消费者需求。

2008 年合肥三洋营销突破主要表现在渠道扩张和建设上,采取放开和变革等一系列改革措施,彻底打破公司原有的主抓国内一、二级市场的销售格局,着力于中国最具潜力的三、四级市场渠道建设和海外出口市场。从今年 3 月份开始,金友华和日本三洋高层频繁往来洽谈,达成了多项共识,双方建立了更深层次的合作互信关系,合肥三洋开始逐步接手日本三洋海外渠道,使合肥三洋成功启动了海外市场。同时公司在国内深耕一、二级市场、全面拓展三、四级市场。为了配合渠道拓展,今年 7 月底,合肥三洋首次召开了战略发布及经销商年会。通过与国美、苏宁等大型连锁销售企业以及全国各地 300 多家经销商紧密接触,共同探讨合肥三洋新的发展战略,打造新型厂商关系,制定更加实际有效的营销策略,实现厂商双赢,共创辉煌。

金友华说:“管理创新,提高企业效益。一个好的企业,首先是‘制度规范、决策科学、流程完善’、‘一位好的优秀企业家应该做到敢于干事、想干事、干成事,耐得住寂寞、戒掉私心’,在合肥三洋我主抓战略与审计。”质朴的语言、铿锵有力,自信、沉着,企业家独有的气质与魄力溢于言表,也是金友华对合肥三洋管理创新注解。金友华担任合肥三洋董事长以来十分重视企业的管理创新,在金友华看来,管理创新是技术创新、营销创新的前提和基础,是重中之重。

金友华说,管理就是整合调动各方面的资源来完成公司的既定目标,必须要制定相应的规则,进行管理流程再造,要建立透明、规范的各项管理流程和激励约束机制,真正以制度来衡量、规范各项管理流程,要形成优秀人才脱颖而出的机制,要多岗位锻炼优秀人才。要创造既和谐又干实事的环境,要想事、要干事、干成事。每一位管理者要做好自己的定位,相互理解,不断学习,提高素质,全面进入发展状态,不被时代所淘汰。金友华打了一个形象的比喻:管理流程再造好比修铁路,把铁路修好,让列车始终沿着既定的轨道前行,对于开车的人来说就省事得多。作为高层领导,金友华更愿意平时多看看书研究政策,练练书法,做各种方向性思考。但在企业的转型期他不得不整天忙碌着。

金友华在合肥三洋建立真正以市场为导向的科学发展的管理体系,营销以顾客为需求,以销定产,生产以质量为基准,技术以领先市场为目标,在企业内部进行合理的成本控制,和国内外合作研发加强技术创新能力,进行全面质量管理,改革供应链管理体系,加强品牌战略和营销管理,加大人力资源开发力度等,在诸多方面苦练内功,向“精益管理”要效益。

一系列的改革创新及科学发展所取得的成绩和精心营造的良好内外部环境,使得合肥三洋 2008 年取得了显著的经济效益和社会效益。发生的巨大变化,引起了社会各界的广泛关注和普遍赞誉。人民网、新华网及地方主流媒体纷纷把焦点聚集在了金友华与合肥三洋的身上。2008 年,金友华成功当选“合肥市十大经济人物”。

展望未来,金友华率领合肥三洋继续解放思想、坚持走健康路线、环保路线、节能路线,不断进行管理创新、技术创新、营销创新,以创新全面提升合肥三洋核心竞争力,为早日实现“三年翻三番”的战略目标,为打造中国白色家电最重要的研发、制造和出口基地而努力奋斗!

(责任编辑:张学军)

凸现名家风采 彰显精英文化

2009年

世界经济危机尚未走出低谷，中国经济率先复苏

中国的企业，中国的企业家们激流勇进

中国的经济又一次成为世界的亮点！

在中国证券市场取得辉煌成就的今天

涌现出了一大批精英人物

他们是我国证券市场发展的基石，是推动我国证券市场前进的重要动力

他们是我国证券市场的娇子，是这个伟大的时代孕育出来的行业精英……

今天

我们隆重推出“中国证券业(2009)年度人物”

让我们共同来见证他们的风采……

中国证券业（2009）年度人物

石大华先生 中国中铁股份有限公司董事长、党委书记

石大华先生，汉族，1951年生，湖北省赤壁市人，1968年参加工作，1969年入党。现任中国铁路工程总公司董事长、总经理，中国中铁股份有限公司董事长、党委书记，高级经济师，中央企业党建思想政治工作研究会副会长，中共十六届、十七届中央委员会候补委员，全国建筑企业职业经理人资质认证与建筑企业资质管理研究课题工作指导委员会副主任委员，中(中国)西(西班牙)论坛促进经济技术合作咨询委员会交通专业合作委员会主任委员。

自参加工作以来，石大华先生曾先后任中国人民解放军铁道兵第七师战士、班长、排长、营教导员、团政治处书记、组织（干部）干事、干部股长、师干部科长等职。1984年元月随部队一起转业并入铁道部，先后任铁道部第十七工程局组织部副部长、处党委书记、局党委副书记，1992年任局党委书记、党委书记代局长。1996年元月任中国铁道建筑总公司党委副书记。1997年12月任中国铁路工程总公司党委副书记（主持工作），1998年任党委书记、副总经理。2002年11月出席党的十六次全国代表大会并当选为十六届中央委员会候补委员。2006年9月，任中国铁路工程总公司董事长、党委书记。2007年9月，任中国铁路工程总公司董事长、总经理、党委副书记，中国中铁股份有限公司董事长、党委书记。2007年10月出席党的十七次全国代表大会并当选为十七届中央委员会候补委员。

白英先生 山西国阳新能股份有限公司董事长

白英先生，中共党员，硕士研究生，高级会计师。历任原阳泉矿务局五矿副矿长，财务处副处长，原阳泉矿务局副总会计师，阳泉煤业（集团）有限责任公司总会计师。山西国阳新能股份有限公司副董事长、总经理。现任阳泉煤业（集团）有限责任公司党委副书记，山西国阳新能股份有限公司董事长。

吴永平先生 大同煤业股份有限公司董事长

吴永平先生，1959年7月出生，党员，研究生学历，高级工程师。曾任大同矿务局挖金湾矿矿长、同家梁矿矿长、晋华宫矿矿长，大同煤矿集团公司副董事长、总经理、党委常委；现任大同煤矿集团公司董事长、党委书记、大同煤业股份有限公司董事长。

吴永平先生1984年参与完成了“煤峪口矿矿井均压防火实验研究”并成功实施，该项目获原煤炭部科技进步一等奖；1990年主持完成了“均压灭火自动监视与调节”，并成功实施，该项目获大同矿务局科技进步特等奖：2001年主持完成的“大同两硬条件大倾角煤层综采技术研究，通过了山西省科学技术成果鉴定。撰写的论文《两硬特厚煤层综采上分层放顶煤开采研究》、《晋化宫矿推行超前管理的理论与实践》《试论矿长如何抓好安全生产》、《在复杂地质条件下应用综采技术的实践》、《从煤炭企业发展战略谈人力资源的开发》及《试论综采过大面积冲刷区的技术方法》相继发表在《山西煤炭》、《煤炭科学技术》和《中国煤炭》等杂志上。 从1989年至2003年，先后获得了山西省煤炭系统先进工作者、山西省“五一”劳动奖章，山西省劳动模范、山西省“优秀和杰出青年企业家”、省“优秀企业经营者”和省市“优秀企业家”等荣誉称号。

孙云先生 四川路桥建设股份有限公司董事长

孙云先生，1961年生，研究生学历，教授级高级工程师，享受国务院政府津贴的高级专家，长期从事路桥施工及管理工作。现任四川省铁路产业投资集团有限责任公司董事长、党委书记，四川公路桥梁建设集团有限公司董事长、党委书记、总裁，四川路桥建设股份有限公司董事长。同时担任四川省青年联合会副主席，四川省企业家协会副会长等重要社会职务。

孙云先生主持修建的涪凌乌江大桥获“交通部优质工程二等奖”；武隆乌江大桥获“交通部科技进步二等奖”；内江互通式立交桥获“交通部优质工程三等奖”；涪陵长江大桥获四川省“天府杯”金奖；泸州长江二桥获中国公路建设行业协会“科技进步三等奖”；他主要参与修建的湖北鄂黄长江公路大桥、宜昌长江公路大桥获“中国建筑工程鲁班奖”、“詹天佑土木工程大奖”、“四川省科技进步二等奖”、“四川省科技进步三等奖”；此外，他还主持了四川10多条高速公路的施工，为四川高速公路建设做出了重要贡献，是国内路桥行业知名的青年专家，荣获全国“茅以升桥梁青年奖”。

孙云先生3次荣获四川省人民政府表彰的“重点建设先进工作者”。1997年被评为四川省“十大杰出青年”，1998年被评为“全国交通系统劳动模范”。1999年荣获“四川省杰出青年厂长（经理）”、首届“依靠职工办企业的好厂长（经理）”称号，2000年获团中央、全国青联授予的中国青年最高荣誉--“中国青年五四奖章”，2003年荣获首届“四川省首届优秀创业企业家”、“四川省有突出贡献的优秀专家”称号。2006年荣获“中国交通建设十大桥梁人物”、“中国交通企业管理十大杰出人物”称号。2008年被评为“四川省抗震救灾模范”。2009年获得“2008四川财经年度人物·特别贡献奖”。

李泽民先生 大同煤业股份有限公司 副董事长、总经理

李泽民先生，1954年6月出生，中共党员，大学文化，籍贯河北省。高级工程师，国家注册安全工程师，国画家。曾任原大同矿务局大斗沟矿技术员、副区长、区长、副矿长，煤峪口矿、四台矿矿长，原大同矿务局劳动服务总公司经理、党委书记，大同煤矿集团公司总经理助理，大同煤业股份有限公司副董事长兼总经理、董事长。现任大同煤业股份有限公司副董事长、总经理。

李泽民先生曾当选原大同矿务局、大同市、山西省劳动模范，并荣获全国优秀矿长称号。

2003年6月以来，李泽民先生领导组织了大同煤业股份有限公司的股票发行上市工作。大同煤业A股于2006年6月23日在上海证券交易所成功上市，募集资金18.92亿元。

李泽民先生长期钟爱书画艺术，有着很高的艺术造诣。现任中国美术家协会会员、中国煤矿美术家协会副主席、山西省诗书画印艺委会副主席、大同市美术家协会副主席、大同煤矿集团美术书法协会主席。

李泽民先生2004年10月--12月在日本东京银座成功举办个人画展，赢得了国内外专家、学者及业界人士的一致好评。国画作品《原驰蜡象》、《日出东方》、《三英战吕布》在中国美术家协会举办的国家级画展上获优秀奖。李泽民先生有多幅作品为北京天安门、人民大会堂、毛主席纪念堂和中国美术馆收藏，先后集结出版个人书画作品集三部。

袁泽先生 新疆新鑫矿业股份有限公司 董事长

袁泽先生，汉族1949年6月生，研究生学历。

1968年1月-1973年6月，伽师农场二场教师、会计；

1973年6月-1975年7月，野云沟农场中学教师；

1975年7月-1980年元月，乌拉斯台农场中学教师会计；

1980年1月-1985年7月，乌拉斯台农场任办公室主任、劳资科长；

1985年7月-1992年5月，乌拉斯台农场场长、书记；

1992年5月-1994年4月，任巴州轮台县县委书记；

1994年4月-1998年10月，任巴州党委常委兼库尔勒市市委书记；

1998年10月-至今，任新疆有色金属工业（集团）有限责任公司党委书记、董事长；

2005年9月-至今，任新疆新鑫矿业股份有限公司董事长；

2008年3月，当选为第十一届全国人民代表。

朱继民先生 北京首钢股份有限公司董事长

朱继民先生，1946年3月生，1970年8月毕业于东北工学院矿建专业，高级经济师、教授级高级工程师。曾任鞍钢总经理助理兼进出口公司总经理，鞍钢总经理助理兼国贸公司总经理、供销公司党委书记；水钢党委书记、董事长、总经理；现任首钢总公司党委书记、董事长；北京首钢股份有限公司董事长。担任党的十七大代表，第十届全国人大代表，九届北京市市委委员，中国钢铁工业协会副会长。

朱继民先生先后荣获贵州省“五一”劳动奖章，贵州省十名有突出贡献的企业优秀经营管理者，全国“五一”劳动奖章、全国“十佳全心全意依靠工人阶级办好企业的领导者”、“中国上市公司十大企业领袖”、“北京影响力十大人物”、北京市劳动模范、“全国优秀创业企业家”等称号。担任首钢领导职务以来，不断开拓创新，各项工作不断取得新成绩。

多吉罗布先生 西藏天路股份有限公司董事长

多吉罗布先生，藏族，党员，1973年5月出生，1997年8月参加工作，硕士研究生，工程师，曾任西藏自治区交通厅科研所技术员；西藏天路交通股份有限公司副总工程师；西藏天路交通股份有限公司党委委员、董事会秘书兼董事会办公室主任；西藏天路股份有限公司党委副书记、副董事长、总经理。现任西藏天路股份有限公司董事长。

崔殿国先生 中国北车股份有限公司 董事长

崔殿国先生，中共党员，硕士研究生，教授级高级工程师。现任中国北车集团公司总经理、中国北车股份有限公司董事长。是我国铁路内燃机车及柴油机专业领域的资深专家。中国内燃机协会副理事长、中国铁道学会常务理事，中国企业联合会、中国企业家协会理事会副会长。

崔殿国先生运用科学先进的经营管理理念，推动中国北车快速发展。公司产品占我国轨道交通装备50%以上市场份额，覆盖国内全部铁路和90%以上已开通城轨地铁城市，并出口到40多个国家和地区。2008年规划成立了中国北车股份有限公司，并带领公司于2009年12月29日在上海证券交易所成功上市，致力打造优秀上市公司典范。

作为新一代轨道交通装备领军人物，崔殿国先生组织并主持了铁路机车、货车、动车组和城市轨道车辆的升级换代和自主创新。完成具有自主知识产权的CRH2、CRH3高速动车组研制，其中CRH3高速动车组创造了最高试验速度394.3km/h的中国第一速。正在组织研制时速380公里、最高试验时速400公里以上的新一代长大编组高速动车组。是中国唯一一家城轨车辆全类型、全品种企业和世界城轨产品主要供应商。

崔殿国先生带领中国北车认真履行社会责任。公司被国务院授予全国扶贫开发工作先进单位。2008年，组织向汶川特大地震捐款1300多万元。为北京奥运会提供了优质轨道交通装备产品。

崔殿国先生先后主编出版《SSJ3型电力机车》、《机车车辆可靠性设计及应用》、《中国铁路货车发展的回顾与展望》、《现代制造企业信息化》等著述，主持并参与制定《中国铁路机车车辆工业科技发展“十五”计划纲要》等重大规划。

郭本恒先生 光明乳业股份有限公司 总裁

郭本恒先生，现任光明乳业股份有限公司总裁，兼任上海奶业协会会长，上海食品学会副理事长，中国畜产品加工学会副理事长，中国食品技术学会理事，曾被评选为全国星火计划带头人标兵，上海十大科技精英提名，上海科技创业领军人物等，2007-2008年又喜获中国食品安全十大人物和中国十大青年经济人物的荣誉称号。

郭本恒先生自1996年进入光明，与公司共成长，伴随着光明品牌的成长壮大，郭本恒先生曾带领着光明的技术团队奋战在中国乳业市场，取得了累累硕果。2007年接任光明总裁，新帅新政，实施了一系列的改革，针对公司发展现状和行业竞争态势，推出组织构架改革、产品聚焦、供应连整合、企业文化打造等一系列措施。聚焦策略实施，光明一系列明星产品在乳品市场上扬帆启航，各自撑起了一片天地，为员工、消费者、客户和股东交出了一份满意的答卷。

武汛先生 大秦铁路股份有限公司董事长

武汛先生，1954年7月出生，中国国籍，研究生学历，高级政工师，现任大秦铁路股份有限公司董事长。

武汛先生自1991年9月至1997年12月，历任武汉铁路分局党委副书记；自1997年12月至2003年7月，任郑州铁路局党委副书记；自2003年7月至2004年11月，任济南铁路局徐州铁路分局分局长；自2004年11月至2005年3月，任原太原分局分局长；自2005年3月起，任太原铁路局局长。

张跃文先生 湖南新五丰股份有限公司董事长

张跃文先生，中共党员，硕士，历任湖南大型国有企业集团总经理、副董事长、党委副书记、董事长等职，现任湖南新五丰股份有限公司董事长。

张跃文先生于多年的管理实践中积累了丰富的生产经营经验，首创农牧企业生产管理的“一张碟”工程和精细化管理体系，在业界广受赞誉和推崇。秉持“同业领先，创造经典”的经营理念，湖南新五丰股份有限公司在张跃文董事长的领导下，实现了跳跃式的发展，年均创汇5000余万美元，成为全国最大的、唯一在港澳市场拥有生猪活畜品牌的出口商和首家以外向型农业为主营业务的上市公司。

李保平先生 中兵光电科技股份有限公司董事长

李保平先生，生于1964年11月，博士后，博士生导师，研高工，1987年毕业于西北工业大学导航、制导与控制专业。中国兵器工业制导兵器制导专家组成员，中国兵工学会会员，中国计算机协会图像分会会员，《红外与激光工程》编委会委员，西北工业大学兼职教授，南京理工大学兼职教授。曾荣获“全国五一劳动奖章”、“北京市优秀共产党员”、“首都劳动模范”、国务院国资委“抗震救灾优秀共产党员”、“陕西省国防科技工业十大杰出青年科技标兵”、“陕西兵工局青年岗位能手标兵”等称号。1987年起在中国兵器工业集团第二〇三所工作，2000年1月任203所副所长(主管军品型号科研)，2001年1月调任中国兵器工业集团公司光电局副局长，2002年5月兼任兵器集团北京华北光学仪器有限公司(218厂)董事长，2004年12月31日兼任兵器集团北京华北光学仪器有限公司总经理，2007年 10月兼任中兵光电科技股份有限公司董事长。

李保平先生作为制导技术方面的博士专家，曾担任多项重大科研项目总师、副总师、项目负责人，获国防科工委科学技术二等奖二项、三等奖四项；省部级科技进步一等奖三项、二等奖一项。

李保平先生在管理工作中也显示出他的独特之处。凭借对自动控制理论精深的掌握和精髓的抽象，创造性地将自然科学中的“闭环负反馈控制”理论应用于企业管理，创造了所领导企业两年内产值增长50倍的业绩，该项纪录入选“中国企业新纪录”，其管理成果荣获国防科技工业企业管理创新成果一等奖。同时，成功依据该管理思想以计算机技术为平台，成功开发了C2F管理信息系统，实现管理要素的可视化操作，成为企业闭环管控的有效手段。

张永年先生 四川成渝高速公路股份有限公司董事会秘书

张永年先生，1992年11月至1994年12月，担任峨眉山市人民法院审判员、刑事审判庭副庭长（主持工作）等职务；1994年12月至1997年12月，历任四川成渝高速公路管理处龙泉所副所长、路政科副科长、四川省高速公路管理局政策法规处副处长等职务，其间于1996年底参与四川高速公路管理局改制、四川成渝高速公路股份有限公司（“四川成渝”）设立及其H股上市的筹备工作，具体承担相关法律事务。

张永年先生1997年12月至2000年8月，任四川成渝董事会办公室（与证券部合并前称董事会秘书办公室）主任，负责公司境外上市业务及有关法律事务的办理；2000年8月至2002年12月，任四川成渝董事、董事会秘书兼董事会办公室主任；2002年12月至今，任四川成渝董事会秘书，兼子公司成都蜀海投资管理有限公司董事，分管公司境外上市业务、公司项目运作中涉及股东批准程序和相关信息披露事务，全程参与了公司收购成雅高速公路公司、成乐高速公路公司股权和A股发行上市工作。

张元浩先生 摩根大通银行（中国）有限公司董事总经理

张元浩先生，目前在摩根大通银行（中国）有限公司任职董事总经理，并同时出任摩根大通银行（中国）法人银行的副董事长及中国区资金交易部总监，主要负责境内所有资金交易、市场业务以及资产负债管理。

张元浩先生于2004年2月自摩根大通新加坡委派至上海分行，协助摩根大通银行在中国建立国内金融市场及从事司库事务，负责管理境内三个分行的所有的资金交易业务。

在此之前，张元浩先生花了两年时间在摩根大通银行新加坡分行开发东南亚新兴市场新业务。他帮助摩根大通在新加坡开创了通过本地银行同针对当地零售客户的分销业务市场。

于1999年至2002年，张元浩先生在摩根大通日本东京分行工作期间，为摩根大通银行开发了新的信贷风险管理概念。他当时管理亚太地区由衍生产品所引发的动态的信贷风险。同时，他也兼任香港、台湾及中国大陆地区国家信贷主管，负责所有的金融机构。

在1998年亚洲金融危机期间，张元浩先生于新加坡分行从事自营交易。在此之前，张先生在摩根大通银行东京分行进行日元利率互换交易及结构性产品的做市商业务。

张元浩先生于1992年加入摩根大通银行东京分行。

高庆先生 南方联合产权交易中心董事长、党委书记

高庆先生，广东人，1962年2月出生，中共党员，2006年广东省劳动模范。历任广东省政府法制局办公室副主任、省经贸委法规处处长、省国资委综合法规处处长，现任南方联合产权交易中心董事长、党委书记。

高庆先生于2006年受命组建南方联合产权交易中心，经过两年多的努力开拓，带领南方产权中心完成了9688平方米的经营场地以及1800平方米交易大厅的建设，软硬件设施、机构规模均跻身全国前列，建成华南地区最大、最先进的产权交易平台。在优越的平台基础上，他注重提高服务水平和服务质量，贯彻落实“公开、公平、公正”原则，坚持规范、严谨运作，全力打造产权交易阳光平台。2007年1月至2008年12月，南方产权中心各类产权交易总额达316.94亿元。2007年，南方产权中心的国有产权交易量约占广东省国有产权交易总额的42%。

作为一家新型国有企业的经营者，高庆先生以科学发展观为指导，敢于解放思想，开拓创新。2008年初，率先推出全国首家“中小企业产权交易市场”，为中小企业投融资涉及资产近20亿元，为在金融海啸中求生存的中小企业搭建新型融资渠道。2008年6月，广东省政府指定由南方产权中心承接2008年全省经济体制改革重点之一的“创新产权交易品种，建设多层次资本市场试点”项目，南方产权中心成为承担广东省五大改革重点项目之一的唯一企业。

高庆先生善于把握时代脉搏，坚定发展资本市场平台的理念，为维护国有资产保值增值和促进广东省发展多层次资本市场发展做出了卓越的贡献。

胡继之先生 国信证券股份有限公司总裁

胡继之先生，1957年5月生，经济学博士，12年中国人民银行工作经历，10年深圳证券交易所工作经历，现为国信证券股份有限公司总裁。在深圳证券交易所任副总经理期间，曾创建深交所综合研究所和博士后工作站；先后在《中国社会科学》、《经济研究》、《金融研究》等学术刊物上发表论文30多篇，编著《金融衍生产品及其风险管理》，由中国金融出版社出版后，在台湾再版，学术著作有《中国股市的历史演进与制度变迁》等。

任国信证券总裁以来，胡继之先生怀揣着“使国有企业像民营企业一样有活力、在合规的前提下实现业绩的高速增长”两个目标，每年根据市场变化采取适应时机的战略部署，在国信证券推行“一二三四”战略：“一个中心”——强基固本，回归本位；“两个转变”——从主要依赖高风险业务博取收益向发展低风险、可控风险业务转变，从单纯依赖内部自我发展向内部自我发展与外部并购发展并举转变；“三大基业”——重点发展经纪、投行、资产管理三大基业；“四大优势”——在制度、人才、管理和信息技术四方面形成明显优势。

与此同时，胡继之先生在国信证券创新企业的微观管理制度，在经纪业务领域将行业内普遍采用的垂直一体化管理模式变革为多星点联邦制经营模式；在投行业务领域实行“准合伙制”管理制度；在自营投资业务领域探索推行投资经理负责制；在研究领域率先推行首席分析师制；在风险控制方面坚持创造利润的发动系统与控制风险的制动系统并驾齐驱，建立了完善的风险控制体系和合规管理体系；大力加强企业文化建设，统一员工价值观念，逐步确立了国信证券“创造价值，成就你我”的核心理念和“开放透明，和谐进取”的企业文化。

李舫金先生 万联证券有限责任公司董事长

李舫金先生，汉族，1962年1月出生，中共党员，经济学硕士。1980年4月参加工作，现任万联证券有限责任公司董事长、广州市商业银行副董事长、广州国际控股集团有限公司副总经理、广州市广永国有资产经营有限公司董事长兼总裁等职。

李舫金先生具有扎实的专业知识和丰富的金融企业管理经验，长期从事金融机构的管理工作，曾在证券监管部门和多家大中型金融企业担任重要职务。1997年至今，历任广东省证监会国际部部长，中国证监会广州证管办国际部部长、机构监管一处处长，广东证监局案件调查一处处长。2004年11月起，担任万联证券有限责任公司董事长。

李舫金先生担任公司董事长以来，全面统筹公司的发展战略、经营方针、年度计划、财务预算、投资及日常经营工作等重大事项；积极推动公司的业务创新、机构调整和管理制度改革。通过逐步扩展业务规模和业务种类，进一步优化盈利模式，使公司的营销能力、研发创新能力、客户服务水平以及企业文化等核心竞争能力得到不断提升，公司的治理机制进一步完善，风险控制能力持续增强。

面对日趋激烈的市场竞争环境，李舫金先生将带领公司经营班子和全体员工紧紧围绕广州市区域金融中心建设的战略构想，抓住机遇，使公司沿着规范、高效、创新的发展道路大步迈进，以优异的成绩回报社会、回馈股东。

凸现名家风采 彰显精英文化

丁国荣先生 申银万国证券股份有限公司董事长

丁国荣先生，复旦大学经济学硕士、英国剑桥大学硕士。现任申银万国证券股份有限公司董事长。

丁国荣先生历任深圳市经济体制改革委员会副主任科员，中国证监会深圳证监局主任科员、机构处助理调研员（期间兼任：深圳市证券业协会理事、秘书长、党支部书记，曾在伦敦汇丰投资银行工作）、上市公司监管处副处长，中国证监会机构部审核处处长、副局级巡视员（期间兼任：中国证券业协会从事相关创新活动证券公司评审委员会专家委员、规范类证券公司评审委员会专家委员，劳动和社会保障部企业年金基金管理机构资格认定评审专家委员，中国证监会上市公司重大重组委员会委员），中央汇金投资有限责任公司资本市场部主任（期间兼任中国银河证券股份有限公司董事）。

丁国荣先生拥有较好的海外教育背景和丰富的证券、金融行业经验，多年从事证券监管工作，熟悉证券行业全面情况。参与了中国证监会证券公司综合治理工作、中央汇金公司对国有金融企业的参股、控股、资产重组和现代金融企业制度建设工作等，为中国资本市场建设和国有金融资产保值增值作出贡献。

丁国荣先生带领申银万国证券股份有限公司董事会，完善公司法人治理机制，加强合规管理体系建设，推进公司市场化改革，倡导“一盘棋”经营理念，提高整体经营管理水平，谋求公司持续健康发展。

张志刚先生 信达证券股份有限公司董事、总经理

张志刚先生，1994年加入中国建设银行信托投资公司，负责公司的证券发行、证券投资和投资银行业务，领导和参与了多个重大项目的投资运作；2002年担任信达投资有限公司副总经理，负责公司的主要业务经营；2005年担任宏源证券股份有限公司总经理；2007年9月起担任信达证券股份有限公司董事、总经理，信达期货有限公司董事长。

陈振鸿先生 爱建证券有限责任公司董事长

陈振鸿先生，汉族，1950年5月生，中共党员，高级经济师。

陈振鸿先生历任上海市服装鞋帽总公司党委书记兼总经理，上海第一商业局党委副书记、书记，上海市人民政府财政贸易办公室副主任，上海市人民政府商业委员会副主任，上海市静安区区委书记兼人大主任，上海市市委委员，现任上海爱建股份有限公司党委书记，爱建证券有限责任公司董事长。

陈振鸿先生具有丰富的经济、金融及政府领导工作经验。2006年，陈振鸿先生临危受命担负爱建证券的重组工作。陈振鸿先生在推动爱建证券重组过程中，以“保全爱建、重组爱建、发展爱建”为指导思想，积极协调有关各方，排除困难，在上海市委、市政府和有关部门的领导下，在中国证监会及上海证监局以及有关方的关心和支持下，重组工作最终取得成功，不仅保全了国有资产，也化解了爱建证券的生存危机。

爱建证券自2006年重组至今两年多时间以来，公司领导和管理层以文化、机制为本，以团队、业务、品牌等为标，标本施治，通过广大员工的共同努力，公司面貌焕然一新，公司步入良性运行轨道。

刘羡庭先生 九江银行股份有限公司董事长、行长

刘羡庭先生，48岁，高级经济师，华中科技大学工商管理硕士。于1998年11月加入九江银行，现任党委书记、董事长、行长。之前，历任人民银行吉安地区分行计划资金科科长，人民银行吉安市支行行长。因业绩卓著，被推选为九江市浔阳区七届人大代表、九江市十二届政协委员、九江市十三届人大代表。曾获“九江市劳动模范”、“江西省五一劳动奖章”、“江西省十大经济人物”等荣誉称号。

刘羡庭先生担任九江银行行长以来，为九江银行各项业务的快速发展以及地方经济建设做出了突出贡献。在他的领导下九江银行九年资产总额、各项存款、各项贷款分别增长30.15倍、35.40倍、30.45倍，连续九年实现盈利，连续九年实现分红。目前，九江银行人均资产、人均存款、资产质量、资本利润率、不良贷款拨备等指标，在全国城市商业银行中位居一流水平。同时，刘羡庭先生领导下的九江银行怀着强烈的社会责任感，已经连续多年向社会进行爱心捐赠，并发起设立每年“商行·感恩一日捐”活动，以实际行动为构建和谐社会做出了积极的贡献。

凸现名家风采 彰显精英文化

汪海涛先生 西部矿业股份有限公司董事长

汪海涛先生，1968年8月出生，河南信阳人，中共党员，高级经济师，武汉大学法学硕士、经济学博士，美国芝加哥大学商学院MBA。中华全国青年联合会第十届委员会委员，第十届青海省青联副主席，中国国际商会副会长，中国矿业联合会主席团主席，中国青年企业家协会副会长。

汪海涛先生自2009年5月至今任西部矿业集团有限公司董事长，同年9月至今任西部矿业股份有限公司董事长；2006年2月至2009年9月任西部矿业集团有限公司总裁；2004年5月至2006年9月任西部矿业股份有限公司执行董事、首席财务官（CFO），2002年10月至2004年5月任西部矿业股份有限公司（挂职）副总经理。现兼任西部矿业集团（香港）有限公司董事，西宁特钢集团有限责任公司及青海银行股份有限公司董事。

汪海涛先生还曾先后在光大证券有限责任公司、大连商品交易所、国泰证券有限责任公司、河南省固始县分水高中和石佛高中等单位工作。

陆涛先生 金元证券股份有限公司总裁

陆涛先生，毕业于北京大学国际经济系，研究生学历，历任海南省国际信托投资公司总部投资银行部总经理、上海证券业务部总经理，金元证券股份有限公司副总裁，现任金元证券股份有限公司总裁。

金元证券股份有限公司成立于2002年8月，是首都机场集团公司绝对控股的一家证券公司，是首都机场集团金融板块的核心企业。短短八年时间，金元证券实现了从地方性公司向全国性公司、从证券公司向证券控股公司发展的二次跨越，成为令人瞩目的新锐券商。

目前，公司拥有遍及全国二十个省市，以珠江三角洲、长江三角洲和环渤海经济带为重点，各地区中心城市为辅助，面向全国的业务营销网络。旗下设有金元期货经纪有限公司和金元比联基金管理有限公司等子公司，已形成证券、期货、基金业务良性互动的证券控股集团运作模式。

金元证券拥有良好的投资业绩，近三年投资收益率均高于市场同类型基金投资收益率。公司始终坚持“研究创造价值”的理念，拥有一支具有较强研究能力，在市场上具有一定影响力的研究团队。多名研究员获得“明星分析师”、“顶级券商预测研究员”等荣誉称号。公司曾两次获得深交所年度优秀研究论文奖。金元证券现为中央电视台“中国证券”栏目的特约机构。研究能力已成为金元证券稳健增长的有力支撑。

逐渐成长的金元证券非常珍视社会各界对金元证券给予的关注和支持，并以实际行动积极承担企业的社会责任，参与各类公益事业。公司全体同仁以使命感、事业心和专业追求致力于为客户提供优质、高效的全方位服务，并努力为繁荣和发展中国证券市场，推进中国资本市场建设进程贡献力量。

丁原臣先生 中国铁建股份有限公司副董事长

丁原臣先生，汉族，1949年9月生。先后毕业于铁道兵学院、中共中央党校经济管理专业，是高级工程师、国家一级建造师、高级职业经理。

丁原臣先生曾任中国建筑业协会常务理事，中国施工企业管理协会常务理事，中国铁道工程建设协会常务理事，中国对外商会铁道分会会长，中国对外贸易促进会理事，中共山西省第七次党代表，山西省第九届人大代表。自2007年11月至今任中国铁建股份有限公司副董事长，兼任中国铁道建筑总公司副董事长。

丁原臣先生于1969年加入中国铁建系统，1992年1月至1999年12月任铁道部第十七工程局（中铁十七局集团有限公司前身）副局长、局长、党委副书记、党委书记，1999年12月至2001年3月任中铁十七工程局局长、党委副书记，2001年4月任中国铁道建筑总公司副总经理，2001年8月任中国土木工程集团公司总经理、党委书记，2004年8月任中国铁道建筑总公司副总经理，同时兼任中国土木工程集团公司总经理、党委书记，2005年8月起任中国铁道建筑总公司副董事长。

丁原臣先生对中国建筑行业有深刻的认识和理解，具有深厚的知识和丰富的经营管理经验。荣获“全国劳动模范”、“全国优秀建筑企业家”、“鲁班传人”等称号。由其主持完成的《施工企业资产经营责任制运行体系》获“第四届全国工程建设企业管理现代化成果”一等奖。丁先生发表过多篇文章，所著论文《着力提高“走出去”的能力》发表在《求是》杂志，论文《加快具有国际竞争力的企业集团建设步伐》收入中央文献出版社《高中级领导干部学习“三个代表”文集》。

王文京先生 用友软件股份有限公司董事长、总裁

王文京先生，全国工商联副主席、中国软件行业协会副理事长、第九届、第十届、第十一届和第十二届全国人大代表。现任用友软件股份有限公司董事长、总裁、

王文京先生1983～1988年在国务院某直属机关工作。1988年与苏启强先生合伙创办用友公司。上世纪九十年代，用友公司推动了财务软件在中国的广泛应用。进入二十一世纪，用友公司又积极推动ERP等企业管理软件在中国及亚洲企业的普及应用。在王文京先生领导下，经过20年的发展,用友公司已经成为亚太本土最大管理软件提供商，是中国最大的企业管理软件、ERP软件、集团管理软件、人力资源管理软件、客户关系管理软件及小型企业管理软件提供商。用友公司股票（代码600588）于2001年在上海证券交易所成功上市。

王文京先生曾先后荣获“中国优秀民营企业家”、“中国优秀民办科技实业家”、“全国劳动模范”、“优秀中国特色社会主义事业建设者”、“求是杰出青年”、“中国软件企业十大领军人物”、“中国年度经济人物”（CCTV 2001’）、“亚洲之星”（美国《商业周刊》评选）、“爱心捐助奖”获得者等荣誉。

凸现名家风采 彰显精英文化

刘本仁先生 中国冶金科工股份有限公司董事长

刘本仁先生，1942年生，先后毕业于武汉钢铁学院金属压力加工专业、中央党校，研究生学历，教授级高级工程师。历任武钢热轧厂厂长、武汉钢铁集团公司副总工程师、副总经理、党委委员，1993年8月至2004年12月任武汉钢铁集团公司总经理、党委副书记、武钢集团董事长。现任中国冶金科工集团有限公司董事长、中国冶金科工股份有限公司董事长，神华集团外部董事。

刘本仁先生长期从事冶金工业的技术及管理工作，是我国冶金界颇具影响的技术及管理专家,在企业技术改造升级、发展精品名牌战略、大型国企整体上市、主辅分离改革等方面取得了显著成绩。曾任中国质量协会副会长、中国钢铁工业协会副会长、中国金属学会副理事长等职，他是全国五一劳动奖章获得者，国务院授予的有突出贡献的中青年专家，享受政府特殊津贴。刘本仁先生还是第八、九、十届全国人大代表、第十届全国政协委员。

唐军先生 首创置业股份有限公司执行董事、总裁

唐军先生，51岁，1982年在合肥工业大学取得建筑工程学士学位，于2002年12月获委任为首创置业股份有限公司执行董事兼总裁。

唐军先生曾于北京市发展计划委员会及北京经济技术开发区工作。1994年至2004年，唐军先生担任北京阳光房地产综合开发公司总经理。唐军先生亦为阳光新业地产股份有限公司的董事长。

盖志新先生 中国国旅股份有限公司董事长

盖志新先生，中国国籍，无境外居留权，毕业于北京第二外国语学院法语专业，大学学历，翻译，现任中国国旅股份有限公司董事长、党委书记。

盖志新先生曾任国家旅游局宣传司干部、主任科员，国家旅游局驻巴黎办事处主任助理、副主任、主任；1994年4月至1999年10月，历任中国免税品公司副总经理、总经理、党委副书记；1999年10月至2004年8月，任中免总公司总经理、党委副书记，期间2004年1月至2004年8月，兼任中国国际旅行社总社总经理、党委副书记；2004年8月至2008年3月，任国旅集团董事长、党委书记，2008年3月至今，任国旅集团董事长、总经理、党委副书记。

何国纯先生 广西五洲交通股份有限公司董事长

何国纯先生2004年-2008年7月任广西壮族自治区交通厅财务处处长，2008年7月至今任广西五洲交通股份有限公司董事长，2008年10月至今任广西万通国际物流有限公司董事长兼任广西坛百高速公路有限公司副董事长。

凸现名家风采 彰显精英文化

闫冰竹先生 北京银行股份有限公司 董事长

闫冰竹先生，北京银行党委书记、董事长，中共十七大代表，第十一届全国政协委员，中共第十届北京市委委员，中国银行业协会副会长，中国企业家协会副会长，中国企业联合会副会长，中国青年企业家协会副会长，全国青年之友联谊会副会长，中国金融学会常务理事，北京市金融学会副会长，高级经济师，中央财经大学硕士研究生导师，博士后科研工作站指导教师，享受国务院特殊津贴专家。

闫冰竹先生金融从业30余年，1996年参与组建北京银行并出任首任行长，2001年至今担任董事长，是中国金融业改革开放30年的见证者和实践者。

闫冰竹先生荣获众多荣誉：2004年荣膺首届"十大中华经济英才"；2005年荣获"中国年度管理100人"创新经理人奖，"北京市先进工作者"称号；2006年被评为中国金融网"年度金融人物"、"中国十佳金融新锐人物"，"北京市优秀党务工作者"；2007年被评为"中国银行业年度人物"；2008年当选"中国金融年度人物"，第五届"十大中华经济英才"，"中国企业最具创新力十大领军人物"，"北京优秀创业企业家"，"30年中国品牌人物贡献奖"，"2008全球华商领军人物"，"中国改革贡献人物"；2009年当选"中国银行业年度人物"，"北京优秀创业企业家"，"全国十大经济新闻人物"，"亚洲品牌创新人物奖"。

闫冰竹先生拥有丰富的研究成果。编著《商业银行价值管理》，主编《转型时期商业银行发展理论与实践》、《商业银行风险管理与内部控制》、《城市商业银行经营管理战略》、《城市商业银行发展道路的探索和实践》等书籍，并在《金融时报》、《中国金融》等核心报刊杂志上发表专业论文100余篇。

郭志文先生 哈尔滨银行 董事长、党委书记

郭志文先生，汉族，1967年6月17日生，中共党员，研究生学历，北京大学光华管理学院EMBA，高级经济师，黑龙江省第十一届人大代表，黑龙江省青年联合会副主席，哈尔滨市青年联合会副主席，2005年全国城商行年度人物称号获得者，现任哈尔滨银行董事长、党委书记。

郭志文先生1988.07月-1994.08月任黑龙江团省委青少年社会服务中心经营部、青少年发展基金会开发部副主任；1994.08月-1997.08月任黑龙江团省委青少年发展基金会开发部主任兼龙青城市信用社副主任、主任；1997.08月-1999.10月任哈尔滨市商业银行龙青支行行长；1999.10月-2003.12月任哈尔滨市商业银行行长助理、副行长；2003.12月-2008.08月任哈尔滨银行党委书记、行长；2008.08至今任哈尔滨银行董事长、党委书记。

郭志文先生具有丰富的银行从业经历。2004年担任行长以来，带领全行干部职工统一思想、真抓实干、努力创新，不断营造良好的内外部发展环境，成功处置历史遗留不良资产，努力推动干部队伍建设，积极寻求跨区域发展。在担任董事长后，重点加强公司治理和董事会建设工作，积极推动引进战略投资者和增资扩股，特别是创造性地提出了建设"国内一流、国际知名小额信贷银行"的战略目标，明确了全行的发展方向。

经过多年发展，哈尔滨银行已经成为一家市场定位清晰，经营特色突出，核心竞争力较强的全国性股份制商业银行。

郭友先生 中国光大银行 行长

郭友先生，历任国家外汇管理局外汇业务管理司外汇储备处副处长、外汇储备业务中心外汇交易部主任、中国投资公司（新加坡）总经理、中国人民银行外资金融机构管理司副司长、中国光大银行副行长、中国光大（集团）总公司执行董事、中国光大控股有限公司行政总裁，现任中国光大（集团）总公司副董事长、中国光大银行行长。

姜喜运先生 恒丰银行 党委书记、董事长

姜喜运先生，1949年11月生，祖籍山东莱西，本科学历，高级经济师，教授级高级政工师，现任恒丰银行党委书记、董事长。

姜喜运先生1970年1月参加工作，1976年6月入党，历任山东黄县建委副主任、烟台住房储蓄银行副行长、行长、党组书记。2003年组织领导烟台住房储蓄银行整体更名改制为恒丰银行，列全国第11家股份制商业银行。因业绩卓著，被推选为中共烟台市九届、十届全会代表。曾获“山东省优秀企业思想政治工作者”、“烟台市五一劳动奖章”、“烟台市优秀共产党员”、“烟台市精神文明建设先进工作者”、“烟台市优秀思想政治工作者”等10多项荣誉称号。

宫少林先生 招商证券股份有限公司董事长

宫少林先生，1955年6月生，中国国籍，高级经济师，西南财经大学经济学博士。现任招商证券股份有限公司董事长，现兼任招商局集团董事、招商证券控股(香港)有限公司及招商证券投资管理（香港）有限公司董事长、华美金融公司联席董事长、全国工商联并购公会副会长。

宫少林先生历任中国人民银行北京市分行研究所副所长、办公室副主任、办公室主任，中国人民银行办公厅秘书（正处级）、计划资金司处长，中国人民银行深圳经济特区分行行长助理、副行长，招商银行副行长。

李晓安先生 华龙证券有限责任公司董事长

李晓安先生，硕士，中共党员，经济师。曾先后在天水市拖拉机厂、天水市信托投资公司、天水市财政局工作。现任华龙证券有限责任公司董事长、党委书记，华商基金管理公司董事长，甘肃省政协委员，2003年10月起担任甘肃证券期货业协会会长。

李晓安先生长期从事经济、金融工作，具有多方面的专业素养、丰富的实践经验和优秀的组织领导能力。在担任天水市信托投资公司总经理期间，率先在甘肃省内设立证券营业部，开甘肃资本市场之先河；担任天水市财政局局长期间，尽职尽责，为当地经济改革与发展作出了贡献；2004年临危受命，主持华龙证券有限责任公司全面工作，按照中国证监会的有关要求，带领开展华龙证券的全面治理整顿。到任后，在短时间内推出了一系列切合实际的改革和稳定措施，有效化解了公司经营风险，维护了公司经营的基本稳定，赢得了地方政府、监管部门、债权人和各股东单位的支持。此后，在甘肃省人民政府的大力支持下，组织对华龙证券进行了重组和增资扩股，并采取完善法人治理结构、改进内控及经营机制、合理调整网点布局、加大业务拓展力度等多方面的有效措施，使华龙证券焕发出勃勃生机，呈现出良好的发展态势。经纪业务市场份额快速提升，在区域市场占据主导地位；投资银行业务跻身行业前列，形成独特的竞争优势；发起设立的基金管理公司稳健发展，控股期货公司项目顺利推进，金融控股雏形初步确立。公司已成为我国西北地区竞争力较强、具有发展潜力的证券公司。

中国证券业(2009)年度人物

徐浩明先生 光大证券股份有限公司 董事、总裁、党委书记

徐浩明先生，现年44岁，工商管理硕士，高级经济师，历任交通银行办公室综合处处长、中国光大集团董事、执董办主任、办公厅主任、党办主任、上海宝鼎投资股份有限公司董事长等职。曾获2008中国企业创新年度人物称号。现任光大证券股份有限公司董事、总裁、党委书记。

徐浩明先生曾在上海市体制改革研究所、上海市政府体改办从事经济体制改革、企业股份制改造等政策方案设计工作。1991年进入交通银行，有长达10年的商业银行等金融机构工作经历。2000年6月调入光大集团，期间在香港工作两年，2003年调任光大证券股份有限公司工作。

徐浩明先生长期从事经济体制改革、商业银行及上市公司治理结构的政策设计和研究并协助领导组织实施，具有较高的政策理论水平。熟悉宏观经济、资本市场及上市公司的运作情况，了解和熟悉境外上市公司运作及资本市场监管架构，有着丰富的海内外金融从业经历，在银行、证券及投资等方面拥有深厚阅历及丰富经验。

刘军先生 中信金通有限责任公司 执行董事

刘军先生，1967年9月出生，中共党员，硕士研究生学历，现任中信金通有限责任公司执行董事。

刘军先生工作经历如下：

1990.7-1992.8 国家海洋局综合计划司

1992.8-1994.8 中信银行资金部

1994.8-1997.1 中信证券资金交易部主管

1997.1-2000.3 中信证券大连营业部总经理、沈阳管理部总经理

2000.3-2002.1 中信证券资金运营部总经理

2002.1-2004.1 中信证券交易部总经理

2004.1-2005.7 中信证券资产管理部总经理

2005.7-2006.11 金通证券重组领导小组组长

2006.11-至今 中信金通证券有限责任公司执行董事

张利国先生 国枫律师事务所执行合伙人

张利国先生，北京大学法学学士，北京大学法学硕士。硕士毕业后，曾就职于北京市医药总公司、中国汽车进出口总公司等企业。在此期间，不仅处理过大量国际贸易、国际投资、中外合资企业等方面的法律业务，并赴美国一家律师事务所接受专门的律师培训。现任国枫律师事务所执行合伙人。

1993年，张利国先生参加创办了国方律师事务所，开始从事专职律师工作。1993年由司法部、中国证券监督管理委员会授予从事证券法律业务的专业资格。自1993年起一直从事证券法律业务，先后为包括北京首钢股份有限公司、北京中科三环高技术股份有限公司、美克国际家具股份有限公司、中国矿业资源有限公司、新疆新鑫矿业股份有限公司在内的上百家企业的股票发行、兼并、资产重组、增发、配股项目提供了法律服务，业务种类涉及H股、A股、B股、红筹股、证券投资基金设立、创业板等，张律师在若干证券公司担任内核委员及独立董事，曾在华夏银行等若干家上市公司担任独立董事职务，并在某些政府机构担任顾问。

尚书志先生 辽宁成大股份有限公司董事长

尚书志先生，大学文化，高级经济师、国际商务师。曾任辽宁省纺织品进出口公司业务员、副科长、科长、副总经理，辽宁省针棉毛织品进出口公司副总经理、总经理，辽宁成大股份有限公司董事长兼总经理。多次获得省外贸先进工作者、优秀企业家、劳动模范称号。现任辽宁成大集团董事长，辽宁成大股份有限公司董事长，广发证券股份有限公司董事。

董杰先生 中国银行总行托管及投资者服务部总经理

董杰先生，1962年生，中共党员，博士。曾任中国银行深圳市分行行长助理、中国银行天津市分行副行长，现任中国银行总行托管及投资者服务部总经理。曾主管公司、个人、资金、国际结算等商业银行主要业务，具有较高的理论水平和丰富的管理经验。

石保上先生 中原证券股份有限公司董事长、党委书记

石保上先生，男，54岁，中共党员，研究生学历，高级会计师、省管优秀专家，历任河南省财税专科学校校办主任、河南省国资局副局长、河南省财政厅统计评价处处长、河南省经济技术开发公司党委书记、总经理、河南投资集团副总经理，具备财政、金融的专业素养和丰富的工作经验。现任中原证券股份有限公司董事长、党委书记。

2008年以来，我国金融市场饱受内忧外患，证券市场跌幅居全球之冠，市场交易迅速萎靡，部分证券公司已面临亏损。石保上先生直面困难，倡导“亮剑”精神，鼓励、引导同志们齐心合力，寻求突破，通过狠抓风险控制、合规管理，突出制度建设；构建重点人才培养、引进机制；强化考核，扶优汰劣；优化网点结构、丰富营销模式，提升服务水平；重构办公流程，提高效率、降低成本；加大整体宣传力度等多项重大举措，公司主体业务仍实现了较好业绩，上半年，公司经纪业务实现营业收入5.92亿元，利润总额4.76亿元；投行业务取得重大突破，公司保荐的义煤集团、许昌远东传动轴、郑州威科姆公司等多家公司的IPO项目取得重大进展，在促进河南资本市场发展、加快中原崛起中，作出了突出贡献。

凸现名家风采 彰显精英文化

江先周先生 建信基金管理公司董事长

江先周先生，1986年获财政部财政科学研究所经济学硕士学位。1993年获英国Heriot-Watt大学商学院国际银行金融学硕士学位，1999年参加哈佛商学院高级管理培训项目（PMD74）。历任中国建设银行行长办公室副处长，中国建设银行国际业务部处长，中国建设银行行长办公室副主任，中国建设银行国际业务部副总经理，中国建设银行基金托管部总经理，中国建设银行基金托管部总经理兼机构业务部总经理，中国建设银行基金托管部总经理。现任建信基金管理公司董事长。

江先周先生具有丰富的银行业、证券业经验，在金融理论与实务方面颇有建树，公开发表数十篇论文，合作出版近十部专著。主要有：《当代中国储蓄理论与实践》、《金融资产管理》、《现代企业投资指南》、《现代投资学》（译）、《代理行业务手册》（译）、《国际结算业务手册》、《外汇清算业务手册》、《美国共同基金》、《证券投资基金知识读本》等。

杨光裕先生 长城基金管理有限公司董事长

杨光裕先生，1957年11月出生，中共党员，厦门大学MBA学历。历任江西省审计厅办公室主任，长城证券有限责任公司副总裁。从2001年底长城基金管理有限公司成立至今担任公司董事长。

李玮先生 齐鲁证券有限公司 党委书记、董事长

李玮先生，他曾经是钢铁行业的一名高管，2003年7月，他临危受命，出任齐鲁证券董事长，带领新一届领导班子，深化改革，强化管理，开拓创新，把一个濒临关闭的小券商建设成为具有较高竞争力和行业地位的大型综合类券商。他就是齐鲁证券有限公司董事长、党委书记李玮先生。

成立于2001年的齐鲁证券，曾因资产质量差等原因一度陷入严重的生存危机。2003年7月，莱钢集团控股齐鲁证券，李玮出任公司董事长。他带领公司积极化解历史遗留问题，大刀阔斧推进改革，使公司起死回生，相继取得综合类券商业务资格，顺利通过规范类证券公司评审，赢得了生存和发展的权利。

2006年3月，齐鲁证券托管天同证券，2007年1月，成功收购天同证券证券类资产，公司重组后，他提出了“整合、优化、提高”的发展方针，带领公司全面实施基础管理建设、全面业务建设、合规风控体系建设、人才队伍建设、企业文化建设工程，推动公司的各项工作取得突破性进展：顺利通过创新类券商资格评审；控股鲁证期货和万家基金，初步建立证券控股集团架构；获得“中国证券市场高成长证券公司金钥匙奖”、“山东省金融创新奖”等荣誉。

短短几年时间，齐鲁证券一步步走出困境，实现了跨越式发展。由于公司对金融市场发展的巨大贡献，2008年获得了“中国最具成长性证券经纪商”的荣誉。李玮先生也被评为山东十大财经风云人物、山东省劳动模范。

作为齐鲁证券的领头人，李玮先生在繁忙的工作之余，积极参与社会活动。目前，兼任山东证券业协会会长、山东省金融学会副会长、山东大学校董等社会职务。

刘晓亚先生 和兴证券经纪有限责任公司 党委书记、董事长

刘晓亚先生，1962年9月25日出生，汉族，中共党员、研究生学历，现任和兴证券经纪有限责任公司党委书记、董事长。

刘晓亚先生1980年就读于西南财经大学政治经济学系，1984年在四川省经济技术协作办公室工作，历任科员、副处长；1992年7月调入四川省信托投资公司，被派往公司所属上海证券业务部任经理；1994年2月因工作需要调回四川省信托投资公司证券总部任经理；1996年8月调入该公司计划部任经理。此间，于1997年在西南财经大学研修班完成了两年的研究生在职学习。同年，任四川省信托投资公司总经理助理、公司党组成员；1998年至2001年，任四川川信大厦有限公司副总经理、总经理。2001年8月，按照国务院和四川省政府的要求，信托与证券行业实施分业经营、分业管理，四川省的6家信托投资机构剥离其证券资产组建了和兴证券经纪有限责任公司。从成立至今，刘晓亚先生先后任公司总裁、董事长、党委书记。其间，刘晓亚先生于2002年3月被派往中共中央党校中青班在职学习一年。

刘晓亚先生在和兴证券公司8年的工作中，与班子成员一道恪尽职守、力排众难、务实开拓，在有关上级领导和监管部门的指导帮助以及全体股东的关心支持下，在全员长此以往的奋力拼搏下，和兴证券公司几度摆脱危急关口，妥善解决和处理好了各项历史遗留问题，走上了规范健康发展之路，绩效状况在全国证券业中处于良好水平。

王珠林先生 西南证券股份有限公司 董事、总裁

王珠林先生，汉族，1965年1月生，西安交通大学经济学博士，现任西南证券股份有限公司董事、总裁，银华基金管理有限公司副董事长，中国证监会上市公司并购重组审核委员会委员，财政部资产评估准则委员会委员，北京大学公共经济管理研究中心研究员；曾任中国蓝星化学工业总公司证券处处长、蓝星清洗股份有限公司副总经理、西南证券有限责任公司副总裁、中国银河证券股份有限公司副总裁，中国证监会第七届、第八届发行审核委员会委员，中国证券业协会第一、二、三届投资银行专业委员会委员，盐田港集团外部董事、国投华靖电力控股股份有限公司独立董事、上海城投控股股份有限公司独立董事等。

王珠林先生先后在中央企业、上市公司、中国证监会和证券公司等担任管理工作，多年从事投资银行、并购重组、产业整合、战略管理等方面的理论研究和实践操作；多篇学术论文在《金融研究》、《经济管理》、《企业经济》等核心期刊及国际会议上发表，两次在中国证券业协会年度科研课题评选中获奖；并曾带领投资银行连续多年跻身全国前十，获评“中国优秀投行团队”、“最具影响力投行”、“最佳融资投行”、“最佳创新投行”、“最佳销售投行”、“最具区域影响力投行”等荣誉称号。

吴承根先生 浙商证券有限责任公司 董事、总裁

吴承根先生，1983年起一直从事金融监管工作，先后在中国人民银行、国家外汇管理局、浙江省人民政府证券期货监管办公室、中国证监会系统任职。既具有深厚的经济、金融、管理等专业理论知识，又拥有丰富的金融监管和资本运作实践经验。现任浙商证券有限责任公司董事、总裁。

中国证券业(2009)年度人物

包德元先生 深圳市燃气集团股份有限公司董事长

包德元先生，大学本科学历，经济管理专业毕业，高级经济师，全国建设系统劳动模范，全国五一劳动奖章获得者。历任深圳市投资管理公司总会计师、副总裁，深圳市燃气集团有限公司董事长、党委书记。2007年1月至今，任深圳市燃气集团股份有限公司董事长、党委书记。现兼任中国城市燃气协会副理事长、广东省燃气协会常务副会长、深圳市燃气行业协会会长、广东省企业联合会、广东省企业家协会副会长、深圳市国有资产管理研究会副理事长。

蔡永龙先生 晋亿实业股份有限公司董事长

蔡永龙先生，董事长，核心技术人员，中国台湾省籍，1955年出生，工专毕业，技师，本公司创始人。1995年，在浙江嘉善创建晋亿实业有限公司，并担任董事长兼总经理。蔡永龙先生曾任台湾地区螺丝工业同业公会理事和浙江省嘉善县人民政府高级经济顾问，曾被评为浙江省嘉善县荣誉市民。现任浙江省外商投资企业协会常务理事、浙江省嘉兴市台商投资企业协会副会长、嘉兴市紧固件进出口企业协会会长。

1979年蔡永龙先生在台湾省高雄市冈山镇创办自己的企业——晋禾企业股份有限公司；1988年在马来西亚槟城创办晋纬企业股份有限公司，并于1999年3月在马来西亚成功上市；1995年10月经批准，在浙江省嘉善经济开发区落户成立晋亿实业有限公司，后经国家外经贸部批准两次增资，总投资从原来的2996万美元增至1.06亿美元，注册资本从原来的1500万美元增至6200万美元；2003年9月经国家商务部批准，公司整体转制成立晋亿实业股份有限公司。2007年1月26日在上交所成功上市。

蔡永龙先生创业以来，秉承“诚信、敬业、负责、精良，以最佳紧固件紧固全球之产业”的经营理念，走出了一条超常规、跳跃式、不断创新竞争优势的经营发展路子，已成为中国乃至全球紧固件制造的龙头企业。

杜传志先生 日照港股份有限公司董事长

杜传志先生，1961年12月生，汉族，中共党员，山东郓城人，大学学历，工学学士，应用研究员，现任日照港(集团)有限公司董事长、党委书记，日照港股份有限公司董事长，是党的十七大代表、省九次党代会代表。

杜传志先生27年扎根港口，始终以发展港口、报效国家、服务社会，成就员工为己任，坚持高起点规划、综合型建设、现代化管理、跨越式发展，推动了日照港又好又快发展。他不断完善港口功能，2003年以来，一批世界最先进的专业化码头相继建成投产，港口通过能力翻了两番还多，达到12011万吨，总资产由36亿元扩大到221亿元；大力开拓市场，仅用二十年时间成就了亿吨大港，使日照港一举成为中国大陆沿海第九个、山东省第二个亿吨大港。

2009年1-9月份，在金融危机持续蔓延的情况下，杜传志先生带领日照港累计完成货物吞吐量1.38亿吨，同比增长20.5%，超过全国沿海主要港口平均增幅15.3个百分点，实现了逆势上扬；本着“合作凝聚力量，携手创造价值”的竞合理念，积极加强与上下游关联大型企业、优势资本的联盟合作、共赢发展，先后有70多家国内外大型企业参与港口建设经营；他积极推动股份公司成功上市，实现了生产经营与资本运营双轮驱动。他以阳光文化为统领，实施精细化管理，提升了港口发展质量。今天的日照港，已由开港之初的单一煤炭输出码头，逐步发展成为以矿石、煤炭、油品等大宗散货和集装箱运输为主的多功能、综合性的沿海主枢纽港口，港口服务、辐射和带动区域经济发展的能力明显增强。

杨华辉先生 联华国际信托有限公司董事长

杨华辉先生，中共党员，经济学博士、高级经济师。现任联华国际信托有限公司董事长，兼任福建省金融学会副会长、厦门集美大学客座教授等社会职务。

杨华辉先生先后在福建省税务系统、兴业证券、兴业银行工作，历任兴业证券上海业务部总经理、兴业银行上海分行副行长、兴业银行杭州分行行长等职务。

杨华辉先生十分重视实践与理论的结合，目前已在《经济管理》、《当代经济科学》、《浙江金融》等权威刊物上发表了《上市公司效绩及风险度量》、《健全信贷管理与防范消费信贷风险》、《股份制商业银行收购城市信用社的实践与意义》等文章十余篇，出版了个人专著——《我国股份制商业银行内部控制理论与设计》一书，并负责主编并出版了《世界经济新编》、《商业银行分支行管理与领导艺术论析》、《发展管理与诚信》等多本专业书籍。

中国证券业(2009)年度人物

南存辉先生 浙江正泰电器股份有限公司董事长

南存辉先生，汉族，1963年出生，中国国籍，无境外永久居住权，硕士研究生，高级经济师，现任浙江正泰电器股份有限公司董事长、正泰集团股份有限公司董事长兼总裁、正泰电气股份有限公司董事长、浙江正泰太阳能科技有限公司董事长等职务。

南存辉先生被推选为十一届全国人大代表，中华全国工商业联合会常委，同时担任中国工业经济联合会主席团主席、中国机械工业联合会副会长、中国电器工业协会副理事长、中国青年企业家协会副会长、中国合格评定国家认可委员会副主任、中美企业家协会副会长、西北大学兼职教授等社会职务，并曾荣获“优秀中国特色社会主义事业建设者”、“中国十大杰出青年”、“世界青年企业家杰出成就奖”、“2002CCTV中国经济年度人物”、“中国青年企业家管理创新金奖”、“中华慈善事业突出贡献奖”、“首届中国优秀民营企业家”、“中国企业十大创业领袖”、“中国制造业十大创新人物”等称号。《中国青年》杂志等曾以“他把私营企业带进现代化的程序”为由，将南存辉先生评为“可能影响中国21世纪的100名青年人物”之一。

谢长军先生 龙源电力集团股份有限公司总经理

谢长军同志，男，汉族，中共党员，大学学历，教授级高级工程师，现任中国国电集团公司总经理助理、龙源电力集团股份有限公司总经理、执行董事。

谢长军同志1999年担任龙源电力集团公司副总经理（主持工作），2001年担任龙源电力集团公司总经理。2009年7月8日，龙源电力集团股份有限公司创立，谢长军任总经理。

谢长军长期从事火电热能动力工程、新能源和可再生能源技术研究、开发与管理工作，为推动我国新能源开发建设以及开发机制的建立和完善、促进中国电力工业可持续发展做出了突出贡献。他本人担任中国电机工程学会可再生能源发电专业委员会主任委员，发表论文20余篇，其中包括：《火力发电厂煤粉燃烧技术》、《燃烧设备脱硫技术》、《电力科技开发能力评价办法》以及新能源和可再生能源专业技术和管理方面的论文。

在谢长军的领导下，龙源电力业已形成以风电开发为主，太阳能发电、生物质发电、潮汐发电等多种新能源发电方式并举的发展格局。

尤其在风电领域，龙源电力取得了较好的发展成绩。根据丹麦BTM咨询公司发布的《2008世界风能发展报告》，龙源风电装机在全球排名中由第六位升至第五位，蝉联亚洲第一。2008年，龙源电力风电发电量40亿千瓦时，占全国三分之一，被国内权威媒体冠以“中国最大风电巨子”、“亚洲500最具价值品牌奖”等光荣称号。谢长军本人也被当选为第八届全国优秀创业企业家。

2009年10月1日，谢长军作为新能源领域的代表，荣登国庆60周年游行彩车。2009年12月10日，龙源电力在香港联交所主板成功上市，创下上个世纪90年代以来中国电力企业境外首次公开发行融资额最大、市盈率最高等多项第一。

2009年底，龙源电力风电控股装机容量突破450万千瓦，风电装机约占全国的四分之一，在全国23个省、市、自治区开展新能源发电项目，建成了新疆、甘肃、内蒙古、河北、东北和东南沿海六大风电基地。

石柯先生 二重集团(德阳)重型装备股份有限公司董事长兼党委书记

石柯先生，二重集团(德阳)重型装备股份有限公司董事长（兼党委书记），1958年1月出生，大学学历，高级工程师，1975年1月参加工作。曾在陕西泾阳中张公社任教师，历任第二重型机器厂电炉车间技术员、副工长、副主任、厂团委书记、生产调度处副处长兼党支部书记，中国第二重型机械集团公司铸造分厂副厂长、厂长、党委副书记，中国二重副总经理、党委常委、总经理、党委副书记，现任中国第二重型机械集团公司总经理、党委书记。石柯先生为中国共产党第十七次全国代表大会代表、四川省第十届人大代表。

张勇先生 天津市房地产发展（集团）股份有限公司董事长

张勇先生，1965年出生，中共党员，经济学博士后，正高级工程师。现任天津市房地产发展（集团）股份有限公司董事长、天房集团总经理。

张勇先生历任天津市地铁建设发展公司经理助理，天津地铁管理处副处长、党委委员，天津市地铁总公司副总经理、党委委员，地铁投资公司总经理。

公司近年来，抢抓滨海新区建设与天津大发展的大好时机，逐年加大开发规模，积极参与天津城市建设，2009年9月公司获得中国证监会批准发行3亿元公司债券，并于11月3日上市交易，为工程建设提供了强大的资金支持，这是继2007年公司实行定向增发以来，国家允许资本市场恢复融资工作之初，公司借势较早地重新启动债券发行工作，为连续低成本融资赢得了先机，取得了资本运作和再融资的又一可喜成果。

周世平先生 上海电力股份有限公司 党委书记、董事长

周世平先生，1954年10月出生，1974年12月参加工作，1984年12月加入中国共产党，大学本科学历，工程硕士学位，高级工程师。曾任上海吴泾热电厂副厂长、上海市电力公司生技处副处长、上海电力股份有限公司副总经理、总经理等职，现任中电投集团公司华东分公司党组书记、总经理，上海电力股份有限公司党委书记、董事长。

周先生目前还担任上海电力行业协会会长、上海电机工程协会副理事长、上海市第十三届人大代表，曾经担任中共上海市第九届党代会代表、上海市第十二届人大代表。

张增光先生 唐山冀东水泥股份有限公司 党委书记、董事长

张增光先生，毕业于燕山大学，工程管理硕士学位、高级工程师职称。1981年加入河北省冀东水泥厂；1997年7月至2005年4月任唐山冀东水泥股份有限公司总经理；2005年5月，出任唐山冀东水泥股份有限公司董事长；2006年5月，再次当选为唐山冀东水泥股份有限公司第五届董事会董事、董事长；2006年5月至今担任唐山冀东水泥股份有限公司董事长。

张增光先生曾荣获“全国劳动模范”、“河北省劳动模范”、“河北省科技进步奖”、“河北省杰出企业家”、“河北省建材行业功臣经理”、“唐山市优秀党务工作者”等多项荣誉称号，系河北省管水泥工艺技术专家。现任河北省冀东水泥集团有限责任公司党委书记、董事长，唐山冀东水泥股份有限公司党委书记、董事长，河北省人大代表。

唐传勤先生 山东好当家海洋发展股份有限公司董事长

唐传勤先生，汉族，生于1954年5月，山东省荣成人，高级经济师，1996年3月-1998年1月，赴美国进修，主要社会职务有：中国水产流通与加工协会兼海参分会副会长、中国渔业协会副理事长、中国商会山东分会副会长、山东省农业产业化协会副理事长、山东省渔业协会副会长、威海市食品工业协会会长、威海市海参养殖加工协会会长、威海市红十字协会理事、烟台大学人文学院兼职教授、荣成市慈善协会名誉副会长。现任好当家集团有限公司董事长、山东好当家海洋发展股份有限公司董事长。

唐传勤先生2001年12月被农业部授予“全国优秀乡镇企业家、厂长（经理、董事长）”称号；2003年被威海市委、市政府授予“威海市发展经济创业功臣”称号；2003年被山东省人民政府授予“山东省劳动模范”称号；2003年当选为山东省人民代表大会代表；2005年被中华人民共和国国务院授予“全国劳动模范”称号；2006年被山东省人民政府授予“山东省优秀共产党员”称号；2006年被农民日报、中国现代企业报联合中央有关媒体评为“全国建设新农村十大杰出复转军人”；2008年1月被中央电视台评为“CCTV2007年度十大三农人物”；2008年9月被中央组织部评为“全国农村优秀人才”；2008年10月被中国渔业协会评为“中国当代渔业企业领军人物”；2008年11月被荣成市委、市政府评选为“荣成建市20年创业功臣”；2009年4月被山东省渔业协会评选为“山东省改革开放三十年渔业发展优秀企业家”；2009年9月被中国食品工业协会评选为“第四届中国食品工业协会科学技术奖自主创新企业家”。

任志强先生 华远地产股份有限公司董事长

任志强先生，中国人民大学法学研究生。12年军人生涯，1984年进入华远，1991年起任华远经济建设公司总经理，1993年至今任华远集团总裁，北京市华远集团公司董事长兼总经理。1993年至2001年任北京市华远房地产股份有限公司董事长兼总经理，1994年至2001年任香港华润置地公司董事、总经理，领导华远地产完成第一次创业，业绩斐然。2001年底，任志强带领团队开始华远地产二次创业。2002年至2008年任北京市华远地产股份有限公司董事长。2008年8月，率华远地产成功实现A股借壳上市，并任上市公司华远地产股份有限公司董事长。

任志强是全国工商联房地产商会副会长、中国房地产协会副会长，住房和城乡建设部房地产市场调控决策咨询专家，中国城市房地产开发策略联盟董事长联席会成员、京城企业家协会理事、阿拉善SEE生态协会理事兼监事、中国企业家论坛理事、中国经济体制改革研究基金会副理事长、富平基金会副理事长、中国经济50人论坛企业家理事会理事、北京市法学会房地产分会副会长。任志强曾当选为北京市西城区人大代表、北京市第九届、第十届政协委员，现任北京市第十一届政协委员。

陈兴汉女士 南京栖霞建设股份有限公司董事长

陈兴汉女士，汉族，中共党员，浙江宁波人，东南大学教授，研究员级高级工程师，高级经济师，江苏省首位英国皇家资深建造师。现任南京栖霞建设集团有限公司党委书记、董事长，南京栖霞建设股份有限公司董事长，中国房地产协会副会长，建设部高等教育工程管理专业评估委员会委员，江苏省房地产业协会会长。1998年、2003年连续两届当选南京市人大代表。

陈兴汉女士是我国房地产界最早在企业管理中全面成功导入CIS和实行标准化管理的企业家之一，是“新城市主义”开发理念的积极倡导者和实践者，是一位专家型的企业家。在她的领导下，南京栖霞建设集团按照“住宅产业现代化＋企业管理现代化＋资本运作现代化”的发展战略，由一个名不见经传的区属国有房地产开发企业迅速发展成为综合效益稳居江苏省房地产行业之首、在全国房地产界享有盛誉的大型住宅产业集团，集团主要成员单位南京栖霞建设股份有限公司也于2002年3月首次发行社会公众股并在上海证券交易所成功上市，成为核准制下中国房地产行业的首家上市公司。集团建设的住宅小区在历次评比中获得联合国改善人居环境迪拜奖，建设部科技部小康示范住宅评比全部六项优秀奖、国家建设部康居示范工程评比全部四项优秀奖、全国优质样板工程等各级各类荣誉近百项。

多年来，陈兴汉女士结合工作实践，撰写发表了《中国房地产企业的“两轮驱动”发展战略》、《论中国房地产业的“智力”与“体力”》等数十篇学术论文，主持编撰了《房地产投资决策与风险防范完全手册》、《星叶灿烂》、《电视广告美学》等多部专业著作，共获得国内外学术奖励10余项。

由于贡献突出，陈兴汉女士曾获得全国“五一”劳动奖章、全国“三八”红旗手、“全国侨联先进个人”、“全国侨联爱国奉献奖”、“建设部全国工程建设管理先进个人”、“科技部建设部国家重大产业工程突出贡献奖”、“中国房地产十大风云人物”、“中国房地产企业十大功勋人物”、“江苏省劳动模范”、江苏省“三八”红旗手等荣誉（称号）数十项。

唐新宇女士 中银国际证券有限责任公司董事长

唐新宇女士，硕士，中共党员，现任中银国际证券有限责任公司董事长。1977年毕业于北京大学西语系，1996年于香港中文大学获工商管理硕士学位，具有良好的专业背景。

唐新宇女士1981年加入中国银行，先后任中国银行国际金融研究所副处长、中国银行港澳管理处研究部高级经理、中银集团浙江兴业银行高级经理、中国银行香港分行助理总经理、中国银行总行稽核部总经理、中国银行北京市分行副行长、中国银行总行人力资源部总经理。在金融行业工作逾20年，拥有丰富的行业经验和专业背景。

2007年2月，唐新宇女士加入中银国际证券有限责任公司(简称“中银国际证券”)，任公司董事长。中银国际证券是由中国银行在香港设立的中银国际控股有限公司联合国内五家大型国有企业共同设立的合资证券公司，经中国证监会批准于2002年2月28日在上海成立，注册资本15亿元人民币，在全国17个主要城市设有分支机构。2006年获创新试点证券公司资格。

中银国际证券发挥合资证券公司的优势，与中银国际控股有限公司全面合作，共同打造跨境金融服务平台，为客户提供多元化、全方位的投资银行和证券服务，取得了迅速成长，在行业中树立了专业的形象和良好的口碑，特别是投资银行业务和固定收益业务处于行业领先位置。2008年，中银国际证券发起设立了中银国际期货有限责任公司，并获得开展直投业务资格，向公司业务的多元化发展迈出了步伐。

在未来的发展中，中银国际证券将在唐新宇女士的领导下，紧紧抓住中国资本市场改革开放和稳定发展的机遇，依托中国银行，服务资本市场，发现、创造价值，与客户共同成长，努力发展成为面向国际、国内一流的现代投资银行。

孙伯全先生 天津天联公用事业股份有限公司董事局主席

孙伯全先生，汉族。1951年4月出生，河北省安次县人，1968年1月参加工作，1969年9月加入中国共产党，研究生毕业，经济师。现任天津市燃气集团公司党委书记、董事长，天津天联公用事业股份有限公司董事局主席。

1968年1月-1973年1月，中国人民解放军1655部队战士；

1973年2月-1976年4月，天津市公共汽车三厂保养车间工人、代干；

1976年5月-1981年5月，天津市公共汽车公司办公室、政治处、组织科、劳资科、计划科干部；

1981年6月-1983年9月，天津市公共汽车公司劳资科副科长、办公室副主任、党委办公室副主任；

1983年10月-1985年2月，南开大学企业管理系经济管理专业学习；

1985年3月-1988年9月，天津市公共汽车二厂厂长、天津市公交公司副经理；

1988年9月-1991年1月，南开大学中法企业管理干部高级培训中心研究班学习；

1991年2月-1994年7月，天津市公用局审计处、计划处、外经处处长；

1997年8月-2000年5月，天津市公用局副局长、副经济师；

2000年5月-至今，天津市燃气集团有限公司党委书记、董事长；

2005年9月-至今，天津天联公用事业股份有限公司董事局。

黄申力先生 深圳市英威腾电气股份有限公司董事长、总经理

黄申力先生，1966年出生，中国国籍，东南大学自动控制系毕业，工学学士，工程师职称。曾任宁波卷烟厂工程师、普传电力电子（深圳）有限公司市场部经理、深圳市英威腾实业有限公司董事长兼总经理。2002年发起创立深圳市英威腾电气有限公司。董事任期自2009年8月至2012年8月。

何玉华先生 广深铁路股份有限公司董事长

何玉华先生，55岁，大学学历，高级经济师。现任职广州铁路（集团）公司董事长，广深铁路股份有限公司董事长。

何玉华先生于1969年加入铁路部门工作，至今已有三十多年的运输管理工作经验，先后担任天津铁路分局、北京铁路局、广州铁路（集团）公司多个高级管理职位。何先生亦为广州铁路（集团）公司董事长、党委书记，广梅汕铁路有限责任公司、三茂铁路股份有限公司、粤海铁路有限责任公司董事长。

王功伟先生 金融街控股股份有限公司董事长

王功伟，1956年6月生，中共党员，美国福坦莫大学（北京大学国际合作项目）工商管理硕士，高级工程师。曾任北京市西城区计划经济委员会副主任、北京华融综合投资公司总经理。现任北京华融综合投资公司党委书记、董事长。2000年6月至今任金融街控股股份有限公司董事长。

王功伟先生1995年被评为“北京市劳动模范”，1999年当选为西城区第十届政协委员，2001年荣获“首都精神文明建设奖”，当选北京市第十二届、十三届人大代表，2004年获“全国十大地产英才”荣誉称号，2005年5月获“营造中国和谐人居贡献人物奖”，2007年当选“第六届北京优秀创业企业家”和北京市第十届党代会代表。

钱刚先生 大冶特殊钢股份有限公司 董事、总经理

钱刚先生，1966年2月出生，冶金工程博士学历，高级工程师。曾任兴澄特钢三炼钢分厂厂长、总经理助理兼特炼分厂厂长、副总工程师。现任大冶特殊钢股份有限公司董事、总经理。

钱刚先生临危受命，直面挑战。在大冶特钢以前年度累计亏损、巨额资金被占用、人心不稳、特钢不特的情况下，他于2004年底进入大冶特钢，任总经理。在董事会领导下，他带领员工以创建最具核心竞争力的特钢企业为目标，走品种质量效益型的发展道路，励精图治，勇于创新，不仅解决了公司累计亏损、资金被占用等历史遗留问题，而且经营生产稳健发展，经济效益大幅提高，主要指标明显改善。以实现净利润为例，2005年达8,037万元，同比增长197.5%；2006年达31,766万元，同比增长295.26%；2007年达32,363万元，同比增长1.88%。2008年9月后，面对世界性金融危机对经营生产的巨大冲击，他审时度势，以变应变，倡导“三预”经营理念，把预测市场风险、编制预算计划和落实预控措施有机结合，开展全员“成本明细化、价格市场化”活动，使公司经营业绩保持了行业的较好水平，资产负债率由2004年末的78%降低到2008年末的48%。

钱刚先生致力于冶金制造业，具有扎实的专业知识、丰富的管理经验、较高的知名度。他出任中国钢铁工业协会常务理事、《特殊钢》杂志编委会副主任委员、特殊钢冶炼学术委员会副主任委员、中国钢管协会副理事长、湖北省企业联合会和企业家协会副会长等职务。他是湖北省冶金学术技术带头人，国家十五攻关项目《特殊钢高精确度精炼工艺技术》和湖北省2008年度重点科技攻关项目《重大技术装备关键部件用钢的开发与产业化》课题组组长。他以其卓越的成绩先后荣获优秀中国特色社会主义建设者、黄石市劳动模范、湖北省优秀企业家、全国钢铁工业劳动模范等荣誉称号。

李愈先生 新疆冠农果茸集团股份有限公司 董事长

李愈先生，汉族，中共党员，山东德州人，1954年4月出生，1971年6月参加工作，1992年7月加入中国共产党，大学本科学历，高级农艺师。

李愈先生1992年2月至1994年10月任新疆生产建设兵团农二师29团生产科副科长；1994年11月至1996年5月任农二师29团总农艺师；1996年6月至2001年11月任农二师29团党委常委、副团长；2001年12月至2005年10月任农二师30团党委副书记、团长；2002年至2006年任库尔勒市政协委员、副主席。2005年9月至今任新疆冠农果茸集团股份有限公司董事长。

李愈先生曾荣获国家农业科学院“国家农业部1994年部级科学技术进步一等奖”；国家农业部“全国农牧渔业丰收二等奖”；兵团农业局“‘九五’技术研讨会优秀论文三等奖”；两次被兵团工会授予“全心全意依靠职工办企业的党政好领导”；两次被兵团科技协会授予“兵团科协工作先进个人”；被农二师工会授予“全心全意依靠职工办企业的党政好领导”。

陈儒先生 中银基金管理有限公司执行总裁

陈儒先生，南开大学理论经济学博士后，华东师范大学经济学博士，曾先后参加中国-加拿大联合培养MBA项目及哈佛商学院AMP项目学习。高级经济师、教授，享有国务院政府特殊津贴专家。现任中银基金管理有限公司执行总裁。

陈儒先生1990年曾参与深圳证券交易所筹建；1992年主持创办了中国国内第一家专业化基金管理公司——深圳投资基金管理公司，曾任执行总裁、董事长等职；1998年调中国银行总行负责筹组总行基金托管部，曾任中国银行总行基金托管部总经理；2001年调任中银国际控股有限公司董事总经理，同时兼任香港中银国际英国保诚资产管理公司董事，投资决策委员会委员等职；2002年调任中银国际证券有限责任公司董事总经理，并担任由中银国际和美林投资管理合资组建的中银国际基金管理公司筹备组组长；2004年至2008年任中银国际基金管理有限公司董事兼执行总裁，2008年至今任中银基金管理有限公司董事兼执行总裁。

在几年的发展历程中，中银基金所取得的工作成绩得到社会各界广泛认可。公司在2007-2009年连续三年蝉联“最佳风险控制基金管理公司”奖项，在历届中国基金业金牛奖评选中曾荣获“最具潜力奖”、“最佳投资者关系奖”入围奖、“2008年度新秀奖”；并曾荣获“2008年度中国基金行业最具成长奖”、“2008年中国基金管理公司最佳年度表现奖”、“投资者教育创新奖”、“最佳投资者关系基金公司”、“最佳营销创新基金公司”等多项殊荣。

裴勇先生 银河基金管理有限公司总经理

裴勇先生，中共党员，经济学硕士。历任中国人保信托投资公司证券总部副总经理、负责人；中国银河证券有限责任公司经纪业务管理总部副总经理、负责人，固定收益证券总部、客户资产存管中心总经理等职。现任银河基金管理有限公司党委副书记、总经理，上海市金融青年联合会委员。

凸现名家风采 彰显精英文化

张近东先生 苏宁电器股份有限公司董事长

张近东先生，1963年生，安徽籍，南京师范大学毕业，现任全国政协委员、中华全国工商联副主席、苏宁电器集团董事长、苏宁电器股份有限公司董事长。

1990年，张近东先生在南京宁海路开出了一个200平方米的苏宁空调专营店。十九年后的今天，苏宁电器在全国30个省市、300个地区拥有上千家连锁店、营业面积400万平方米、销售规模过千亿、员工12万人、年上缴税收35亿，成为国家商务部重点扶持的全国15家大型商业企业集团之一。

创业之初，张近东先生就以服务为企业核心竞争力，坚持“服务是苏宁的唯一产品”，首创自营服务，并依靠“淡季打款”等创新模式迅速成为中国空调销售冠军。1999年张近东先生率苏宁全面切入综合电器领域，带领苏宁走向全国，率先开创了家电连锁发展模式，引起了深远的行业性变革，直接推动了中国现代零售业的发展进程。

由于企业经营管理出色、承担社会责任踊跃，张近东先生先后被授予“中国青年五四奖章”、“优秀中国特色社会主义事业建设者”、“全国劳动模范”、“2006CCTV中国经济年度人物”、“2007年度中国25大企业领袖”、“中国光彩事业突出贡献奖”等国家级荣誉，并担任全国政协委员、中华全国工商联副主席等职务，成为中国民营经济和商业领域的企业领袖。

刘正浩先生 天津国恒铁路控股股份有限公司董事长

刘正浩先生，1959年9月出生，中共党员，大学学历，曾在江西省医药公司、中国药材公司、深圳金田实业集团有限公司工作；先后任主任科员、资金管理部经理、财务部经理等职位。2004年1月至2008年11月先后担任深圳市国恒实业发展有限公司财务总监和天津国恒铁路控股股份有限公司副总经理、财务总监职务。2008年3月至2009年5月任天津国恒铁路控股股份有限公司副董事长、总经理。现任深圳市国恒实业发展有限公司董事、广东国恒铁路物资有限公司董事长、天津国恒铁路控股股份有限公司董事、董事长。

张恺颙先生 陕西延长石油化建股份有限公司 董事长、总经理

张恺颙先生，1985年毕业于陕西工业大学电气自动化专业，先后荣获“全国化工施工企业优秀项目经理”、“全国优秀施工企业家”、“陕西省第五届杰出青年实业家”、“ 全国化工施工企业优秀经理”、“全国石油和化学工业劳动模范”、“省国资委廉勤兼优领导干部”等称号，并担任杨凌区人大常委，还光荣当选为陕西省十一次党代会代表。

张恺颙先生先后担任过陕西化建公司的技术员、技术科长、分公司经理、项目经理、公司总经理、副董事长等职务。从走出校门的普通学生到一位上市公司的董事长，每一个脚印都留下了他不平凡的经历，都印证了他永不懈怠的奋斗。二十多年风雨锤炼，造就了他顽强拼搏、自强不息，他敢于创新、求真务实，赢得大家尊敬和拥护。

2007年11月，张恺颙先生临危受命，出任秦丰农业董事长。他坚决从稳定的大局出发、立足保“壳”救市，及时调整思路，灵活处理各种矛盾，耐心做好引导和思想政治工作，多方筹款解决职工工资拖欠，在短时间内稳定了局面，获得了支持，为重组工作的顺利推进打下了坚实的基础。在省国资委和延长集团的大力支持下，经过艰苦努力，在最短的时间内完成了资产重组以及债务重组等工作。2008年12月26日，陕西省副省长吴登昌和张恺颙共同敲响了上市锣声，陕西延长石油化建股份有限公司在上海证券交易所恢复交易。延长化建成为陕西省通过资产重组成功恢复上市的第一家公司。公司成功上市，极大的提升了企业形象，更为后续跨越式发展奠定了坚实基础。

陈卫东先生 中海油田服务股份有限公司 执行副总裁、董秘

陈卫东先生，中国国籍，男，1955年出生，COSL执行副总裁兼董事会秘书、首席战略官。地球物理勘探专业学士，并于2001年7月获得北京大学MBA学位，于2005年7月在中国政法大学经济法硕士班毕业，获结业证书。2005年12月至今，任COSL执行副总裁兼董事会秘书、首席战略官；2002年9月至2005年12月，任COSL副总裁兼董事会秘书；2001年12月至2002年9月，任原油服公司副总经理；1999年9月至2001年12月，任中海石油物探公司总经理；1998年5月至1999年9月，任海油总公司勘探部副经理；1982年，加入海油总公司，在石油天然气行业拥有逾27年的工作经验。

陈卫东先生同时还担任中国社会科学院特约研究员，中国石油企业协会常务理事，中国石油学会物探专业委员会副主任，中国地球物理学会理事，香港特许秘书公会联席成员。每月在《中国石油石化杂志》陈卫东专栏发表一篇文章。在“第四届大众证券杯-中国上市公司竞争公信力TOP 10调查颁奖暨2009上市公司领导人峰会”上，荣获“金牌董秘奖”。

凸现名家风采 彰显精英文化

安保和先生 西部证券股份有限公司总经理

安保和先生，工商管理硕士，高级经济师。曾任陕西省委经济部、陕西省委组织部副处级干部，陕西省科技风险投资公司部门经理，工行陕西信托投资有限公司部门经理，陕西信托投资有限公司董事会秘书、总经理助理、副总经理，陕西证券有限公司筹备组组长等职。2001年元月西部证券股份有限公司成立至今，任公司总经理。

侯福宁先生 上海农村商业银行党委副书记、副董事长、行长

侯福宁先生，1964年2月出生，硕士研究生，毕业于复旦大学世界经济专业，高级经济师，现任上海农村商业银行党委副书记、副董事长、行长。

侯福宁先生曾任上海银行资金财务部总经理、办公室主任、行长助理兼办公室主任、行长助理兼营业部总经理、副行长，上海市农村信用合作社联合社党委副书记、主任。

冯国荣先生 申银万国证券股份有限公司 副董事长、总裁、党委书记

冯国荣先生，经济学博士。现任申银万国证券股份有限公司副董事长、总裁、党委书记；中国证券业协会副会长；上海经济学会副会长。

冯国荣先生历任中国工商银行上海分行办公室主任，中国人民银行上海分行办公室主任，中国光大银行总行党组副书记、常务董事、副行长兼中国光大银行上海分行行长，申银万国证券股份有限公司副董事长、总裁、党委书记。

冯国荣先生长期从事金融机构的监管和高层管理工作，有20多年金融机构管理经历，1996年、2001年、2007年分别获得中国人民银行、中国证监会颁发的银行、证券、期货高级管理人员任职资格，具备较丰富的金融机构管理经验。

冯国荣先生参与了新中国早期有关证券市场管理规章制度的起草工作，主持筹建了中国光大银行上海分行，对银行业、证券业的管理和运作有着较深入全面的理解。

冯国荣先生目前全面负责申银万国证券股份有限公司日常经营管理工作，申银万国证券在2007年获得公司历史最好业绩，在2008年被中国证监会评为A类AA级券商。

李伟先生 深圳农村商业银行 党委书记、董事长

李伟先生，1955年6月生，广东深圳人，工商管理硕士研究生，高级经济师。现任深圳农村商业银行党委书记、董事长。

李伟先生1969年—1985年，在中国人民解放军服役；1985年—1994年，先后任中国农业银行深圳市分行人事处处长、中国农业银行深圳市分行国贸支行行长；1994年—1995年，任中国农业银行深圳市分行行长助理兼深圳农村信用合作联社总经理；1995年—1996年，任中国农业银行深圳市分行副行长兼深圳农村信用合作联社总经理；1996年—2005年，任深圳市农村信用合作社联合社理事长兼总经理；2005年12月至今，任深圳农村商业银行党委书记、董事长。

朱建国先生 新疆北新路桥建设股份有限公司董事长

朱建国先生，中国国籍，无国外永久居留权，出生于1958年12月，本科学历，高级工程师，一级建造师，享受政府特殊津贴专家。历任新疆生产建设兵团建工师二团机械运输公司总经理；新疆生产建设兵团建工师二团副团长；新疆生产建设兵团建筑安装工程总公司商品砼公司经理；兵团建工集团特机分公司总经理。现任新疆北新路桥建设股份有限公司董事长，兵团建工集团董事、总裁兼法定代表人。

朱建国先生长期从事施工企业管理及施工技术管理工作，主持过多项国家及自治区重点工程，先后荣获“全国劳动模范”、“全国施工企业优秀企业家”、“中国建筑企业优秀项目经理”、“中国建筑企业设备管理优秀经理”、“自治区优秀施工企业家”、“兵团劳动模范”、“第三届兵团优秀青年企业家”等多项荣誉。并于2006年获得中共中央组织部、人事部授予的“享受政府特殊津贴”专家称号。

徐建平先生 东吴基金管理有限公司总裁

徐建平先生，大学，会计师，中共党员。历任张家港市财政局科长兼市房改办副主任，苏州证券有限责任公司张家港杨舍证券营业部总经理、东吴证券有限责任公司总裁助理兼资产管理总部总经理，东吴证券有限责任公司副总裁。自2004年4月东吴基金管理有限公司创立至今，担任东吴基金管理有限公司总裁。

作为传统吴文化与前沿经济理念的有机结合，东吴基金崇尚“以人为本，以市场为导向，以客户为中心，以价值创造为根本出发点”的经营理念，遵循“诚而有信、稳而又健、和而有铮、勤而又专、有容乃大”的企业格言，经历几年的发展，建立了公司独特的文化体系，在众多基金管理公司中树立了自己鲜明的企业形象。

历经四年多的发展，经历牛、熊市的洗礼，艰苦创业，锤炼出一支精英团队，锻炼出公司良好的投资管理能力，塑造了良好的品牌形象，市场影响力和客户认同度不断提升。公司及旗下基金以其优良业绩荣获众多荣誉。旗下基金曾荣获“中国证券市场高成长开放式基金”金算盘奖、“最受欢迎的理财产品奖”、“金牌基金”、“十大最具潜力基金”奖、“2008年度同业领先股票型基金”奖等多个奖项，公司也先后荣获“中国基金管理投资者满意十大品牌”、“2007年度最具潜力基金公司奖”、“2008最具发掘力基金公司”奖、“2008年度资产配置明星基金公司”奖等殊荣。

许义明先生 景顺长城基金管理有限公司总经理

许义明先生，景顺大中华区业务拓展总监，高级董事，景顺台湾董事，许先生自2008年7月起于香港正式出任此职位，在此前后已积极参与筹划与协商建立景顺中国私募基金管理，并于该年9月份正式在天津及北京成立华能景顺罗斯投资顾问有限公司。

在此之前，许先生于2005年中加入景顺集团，并自2005年至2008年间担任台湾景顺证券投资信托股份有限公司董事兼总经理，负责境内基金发行与投资管理，营销台湾境内外基金及投资服务予个人及机构投资者，期间积极带领景顺台湾扩大其业务及优化其管理。

未加入景顺集团以前，许先生从1995年8月起任职香港汇丰银行，并于2000年4月获委任为汇丰银行中国区财资部总经理，负责营销及交易外汇、货币市场定息债券以及衍生性金融产品。许先生同时负责管理汇丰银行在中国的资产负债表。

在加入汇丰银行之前，许先生于1981年加入美国大通银行香港分行的财资部。于1981年至1987年为该行的外汇交易副总裁。于1988年至1989年期间调任为其台湾分行司库两年。于1989年至1992年期间再调任为其伦敦高级交易员，负责欧洲及新兴市场。之后回归香港任其财资部副总裁直至1995年7月底。

许先生取得香港大学社会科学学士学位及香港城市大学金融工程学硕士学位。

许先生目前拥有香港证券及期货事务监察委员会认可之香港证券销售LE1资格，并于年前通过香港证券经纪考试。

语言：英语、广东话、国语

缪钧伟先生 泰达荷银基金管理有限公司总经理

缪钧伟先生，毕业于复旦大学和香港城市大学，获得理学学士、经济学硕士和金融学博士学位；1998年10月至2003年2月任证监会基金部副处长；2003年3月至2006年8月任海富通基金管理有限公司副总经理。2007年2月起任泰达荷银基金管理有限公司总经理。

凸现名家风采 彰显精英文化

范勇宏先生 华夏基金管理有限公司 总裁、CEO

范勇宏先生，经济学博士，高级经济师，现任华夏基金管理有限公司总裁兼CEO、中国证券业协会副会长、中国金融学会常务理事、中国国际金融学会常务理事，北京金融街商会监事长，北京市人大代表。曾任中国证券业协会基金公会会长。历任华夏证券总裁助理，中国建设银行总行干部。

范勇宏先生是中国资产管理行业最早的实践者。在他的领导下，华夏基金管理公司的管理资产规模从创设之初的不足10亿元人民币增长至现在的约3000亿元人民币，公募基金持有人数量从数万人发展至1300万人，两项指标均排名国内同行第一。

尚健先生 国投瑞银基金管理有限公司 总经理

尚健先生，美国康涅狄格大学金融学博士，现任国投瑞银基金管理有限公司总经理。

尚健先生有多年的国外学习和工作经历，具备较强的金融、证券理论基础和国际视野，对国外公募基金管理的投资理念、投资组合技术、产品设计、风险控制和公司治理等方面，有着非常深入的了解和丰富的经验。

尚健先生曾在国内证券监管机构、证券交易所和基金公司担当重要职务，熟悉中国金融市场、现代企业治理和金融企业业务管理，具有较强的组织管理工作能力和较高的领导管理艺术。

2006.05-至今：国投瑞银基金管理有限公司总经理；

2004.01-2006.04：银华基金管理有限公司总经理；

2002.01-2003.12：华安基金管理有限公司副总经理；

2001.01-2001.12：上海证券交易所发展战略委员会副总监；

1997.12-2001.01：中国证券监督管理委员会基金部副处长。

赵学军先生 嘉实基金管理有限公司董事、总经理

赵学军先生，中共党员，毕业于北京大学光华管理学院，获经济学博士学位。2000年10月至今任嘉实基金管理有限公司董事、总经理。

赵学军先生曾就职于天津通信广播公司、外经贸部中国仪器进出口总公司、北京商品交易所、天津纺织原材料交易所、商鼎期货经纪有限公司、北京证券有限公司、大成基金管理有限公司。现任中国证券业协会副会长，中国证券业证券投资基金业委员会委员。

嘉实基金成立于1999年3月，2002年获首批全国社保基金投资管理人资格，2005年被劳动和社会保障部选为首批企业年金投资管理人，2007年获得QDII资格，2008年成为第一批获准开展特定客户资产管理业务的基金管理公司，2005年6月，德意志资产管理公司参股嘉实，使嘉实成为国内最大的合资基金公司。截至2008年年末，管理规模超过1900亿元。

田仁灿先生 海富通基金管理有限公司总裁

田仁灿先生，曾获上海外语学院法国语言文学学士学位，上海外国语大学政治研究国际关系硕士学位，英国曼彻斯特商业学校和威尔斯大学联合颁发的工商管理硕士（金融专业），在比利时布鲁塞尔圣路易斯高等商学院从事过经济学研究工作，现任海富通基金管理有限公司总裁。

迄今为止，田仁灿先生已在富通集团工作了超过十五年。

2000年，田仁灿先生被任命为富通基金管理亚洲有限公司首席执行官，全权负责富通基金管理公司在亚太区的业务。自2003年四月起，田先生回到了上海，在海富通基金管理有限公司担任总裁兼董事。

翁振杰先生 益民基金管理有限公司董事长

翁振杰先生，1962年出生，民建会员，硕士研究生，高级经济师，益民基金管理有限公司董事长，西南证券股份有限公司董事长，重庆国际信托有限公司首席执行官，重庆市三届人大常委，是担任过基金、证券、信托和银行主要领导的高级金融管理人员。

该同志被誉为“金融界创新型人物”，在他的带领下，益民基金自2005年成立以来，已成功发行“益民货币市场”、“益民红利成长”、“益民创新优势”、“益民多利债券”4只基金。西南证券面对复杂多变的国际金融形势，把握机遇、严控风险，2009年上市元年即创历史最佳业绩，全年交易量翻番，突破7000亿，累计实现营业收入20.53亿元，实现净利润10.07亿元。重庆信托从资不抵债、濒临破产，发展成为管理资产规模600亿元、连续三年利润超过5亿元、人均创利700多万元、全国同行综合排名第五、西部第一的优秀信托公司。

出色的工作业绩得到社会广泛认同，该同志先后荣获“2005年重庆市劳动模范”、“2008年中国城商行年度人物”、“2009年度振兴重庆争光贡献奖”等荣誉称号。

朱大成先生 北京双鹤药业股份有限公司董事会秘书、副总裁

朱大成先生，1957年出生，美国国籍。1983年毕业于中南大学(原中南矿冶学院)，获材料科学与工程学士学位；1990年毕业于美国加州WOODBURY大学，获工商管理硕士(MBA)学位。1989年9月至1995年10月在美国American Drill Bushings公司担任PLANT MANAGER等职，1995年11月至1996年11月在香港金辉中国投资有限公司担任高级经理，1996年11月至1999年4月在美国惠而浦(WHIRLPOOL)公司担任总监，1999年4月至2001年4月在中国雪柜实业有限公司担任常务副总经理，2001年7月至2004年7月在广东科龙电器股份有限公司担任家电公司总经理，2004年8月起担任北京双鹤药业股份有限公司董事会秘书职务，2005年3月起担任北京双鹤药业股份有限公司董事会秘书兼副总裁。

中国证券业(2009)年度人物

潘卫东先生 上海国际信托有限公司 党委书记、董事长

潘卫东先生，1966年10月出生，汉族，中共党员，经济学硕士研究生，高级经济师。

潘卫东先生1984年9月起就读于天津南开大学金融学系金融学专业，1988年6月大学本科毕业获得经济学学士学位。1990年9月起就读于天津南开大学金融学系国际金融专业，1993年6月研究生毕业获得经济学硕士学位。

潘卫东先生1988年7月在中国人民银行杭州市分行计划资金处参加工作；1993年7月任宁波证券公司业务部副经理；1994年12月进入上海浦东发展银行，先后任宁波分行资财部总经理、北仑支行行长、宁波分行副行长，上海浦东发展银行产品开发部总经理，上海浦东发展银行昆明分行行长、党组书记；2005年6月至2008年3月挂职上海市金融服务办公室任金融机构处处长。2008年4月进入上海国际集团有限公司，现任上海国际集团有限公司总经理助理，上海国际信托有限公司党委书记、董事长。

饶陆华先生 深圳市科陆电子科技股份有限公司 董事长

饶陆华先生，中国国籍，无境外永久居留权，出生于1965年7月，高级经济师，1989年7月毕业于哈尔滨理工大学经济管理系，2008年7月获清华EMBA硕士学位，曾在电子部武汉国营七一〇厂负责技术及管理工作。1996年创立公司以来一直担任深圳市科陆电子科技股份有限公司董事长，2001年被评为深圳市福田区第三届“十大杰出青年”，2002年被广东省人民政府评为“广东省优秀民营企业家”，曾先后被深圳市中小企业发展促进会第一届第二次会员大会授予“永久荣誉会长”和“企业优秀管理者”光荣称号。2003年当选为中国计量协会副理事长，2005年当选为深圳市政协委员，2009年9月当选深圳市总商会（工商联）理事会副会长。

周沅帆先生 鹏元资信评估有限公司 副总裁

周沅帆先生，中国改革发展研究院博士研究生、北京大学国际金融学硕士、中央财经大学经济学学士。2000年9月加入鹏元资信评估有限公司，现任鹏元资信评估有限公司副总裁兼评级总监、评审委员会主任、高级分析师。

周沅帆先生是中国改革发展研究院金融研究中心副主任、国内某上市公司独立董事，中国注册证券分析师，高级信用分析师，中证指数有限公司和上海证券交易所“上市公司治理指数特别评议单位”代表。

2000年至今，周沅帆先生共主持参与“上市公司投资价值和风险提示财务分析系统”、“深圳市贷款企业资信等级评估系统”、“深圳市中小企业信用环境指数”和“深圳市企业经营环境指数”编制、“企业集团授信信用风险控制研究”、与深圳证券交易所、深圳证券信息有限公司合作编制“中国上市公司治理评级及公司治理指数”、与国家开发银行、深圳市商业银行等金融机构合作“企业信贷贷前调查及联合信贷评审”、“当前中国基金产业国际化的挑战与趋势”课题、参与《信用评级违约率数据元》和《信用评级违约率采集格式》等中华人民共和国金融行业标准的制定、“2007年中国基金行业发展报告”课题、“中美房地产市场走势与影响比较研究”课题等评级项目和课题累计405项，主持或参与了8000多家次企业的债券、借款、公司治理和综合信誉评级项目，公开发表和出版经济学论文、著作70多万字。

周沅帆先生曾获得深圳市金融创新奖、《深圳金融》杂志编委、“深圳社会信用体系建设与金融业发展”征文三等奖、《CCS8000企业信用评级标准》特约编委、“优秀基金管理公司和具投资价值基金产品评选活动”专家委员会委员等荣誉。

石维国先生 中天城投集团股份有限公司 副董事长

石维国先生，1966年3月生，现任中天城投集团股份有限公司副董事长。

1984.9-1988.7	北京大学计算机系软件专业
1988.7-1991	北大计算机研究所
1991-1995	北京正明科贸公司
1995-1999	北京融通技术公司
1999-2002	北京北大融通公司
2002-2003	中诚信托投资有限公司
2003.12-2006.8	贵州燃气(集团)有限责任公司董事长
2006.8	金世旗国际控股份有限公司董事
2007.2-至今	中天城投集团股份有限公司董事、副董事长

莫泰山先生 交银施罗德基金管理有限公司董事、总经理

莫泰山先生，硕士学历，历任中国证券监督管理委员会基金监管部副处长、办公厅主席秘书、基金监管部处长、交银施罗德基金管理有限公司副总经理。现任交银施罗德基金管理有限公司董事、总经理。

张相军先生 山东金岭矿业股份有限公司董事长

张相军先生，1962年出生，汉族，山东省寿光市人，中共党员，大学文化，高级工程师，现任山东省冶金工业总公司总经理助理，山东金岭矿业股份有限公司董事长、山东钢铁集团总经理助理、山东钢铁集团矿业公司董事、总经理。1985年从青岛理工大学（原山东冶金工业学院）毕业后，分配到金岭铁矿工作，历任召口分矿技术组长、副分矿长、金岭铁矿副矿长，1997年担任金岭铁矿矿长。2007年被选为淄博市第十三届人大代表、被山东省经贸委评为“山东省优秀经营管理者”。 2007年被淄博市企业联合会、企业家协会选为“淄博市2006年度十大经济人物”。曾获山东省富民兴鲁劳动奖章、淄博市劳动模范、淄博市明星企业家、淄博市杰出青年企业家、淄博市民主管理好厂长、淄博市见义勇为事业爱心使者等称号。是山东省冶金行业专家信息库专家，山东金属学会副理事长，《中国矿业快报》常务理事，《西部探矿工程》编委会副主任委员，《山东冶金》杂志副理事长，山东工人报社顾问。

张相军先生对市场经济和企业管理有深刻的理解，他以高度的敬业精神和卓越的创新能力，把现代经营理念和管理方式与企业实际相结合，运用于生产经营全过程。在他的带领下，将一个资金短缺，生产难以为继的老矿山，发展成为一个上市公司——山东金岭矿业股份有限公司、一个合资子公司——山东金鼎矿业有限公司、一个全资子公司——淄博铁鹰钢铁有限公司。

张相军先生还积极投入到社会公益事业中去，多年来积极参加慈善活动，奉献爱心，以实际行动赢得了广大干部职工的信任，树立了一个企业领导人的良好形象。

邹节明先生 桂林三金药业股份有限公司董事长

邹节明先生，高级职业经理人，桂林三金主要创始人，教授级高级工程师，博士研究生导师，我国民族药与中药研究及产业化、现代化的积极开拓者。

邹节明先生1966年7月毕业于武汉大学，所学药用植物与中药。大学毕业后参加桂林市中药厂（桂林三金前身）的筹建，曾任工人、技术员、研究室主任、技术副厂长，1984年12月起担任厂长。1994年3月以该厂为核心，发起组建三金药业集团公司，2001年12月28日发起整体变更为桂林三金药用股份有限公司，任董事长至今。2001年12月12日发起设立桂林三金股份有限公司，2002年3月名称变更为桂林三金集团股份有限公司，至今任董事局主席与党委书记，兼CEO与总工程师。

四十多年来，邹节明先生始终把自己的命运与三金药业的生存发展、与我国中药工业的发展紧紧扣在一起，立足三金，以广西药用植物资源与壮瑶等民族药为依托，自主设计与主持研发三金片、桂林西瓜霜、脑脉泰胶囊等特色新中成药39种，获国家中药发明专利20余项，使三金成为我国最早生产中药片剂、颗粒剂等现代中药制剂的厂家之一；研究成果获国家科技进步奖两项，省部级科技进步奖九项，成果产业化效果非常显著，成为三金各个发展阶段经济效益的支柱。

2009年7月10日，桂林三金（桂林三金药业股份有限公司）作为我国IPO暂停九个月后重启第一单在深交所挂牌上市，成功进入国内资本市场。

邹节明先生是第九届全国人大代表，曾荣获国务院授予的首批享受政府特殊津贴的有突出贡献的中医药专家、广西优秀专家、中国药学发展奖、中国科协首届西部开发突出贡献奖、全国优秀企业家、首届中国创业企业家、全国劳动模范等荣誉。

陈平先生 马应龙药业集团股份有限公司董事长

陈平先生，1962年11月生，中南财经大学经济学学士，美国檀香山大学MBA，管理哲学博士，高级经济师。现任中国宝安集团股份有限公司执行董事、营运总裁、马应龙药业集团股份有限公司董事长。

陈平先生长期从事金融、证券、工业及综合性集团公司的高级管理职位的工作，具备丰富的企业管理实战经验，对企业管理理论有较为深刻的体会认识。曾发表论文《国有企业的变革管理》，发表于《就业与社会保障》2004年第9期；《宝马联姻的启示》，获得湖北省委宣传部、省发改委、省社会科学院等联合组织的企业改革与发展论坛优秀论文奖，发表于湖北省社会科学院院刊2004年11月。

陈平先生2001年荣获中国医药报评选的中国医药行业十大杰出经理人；2006年荣获中国医药企业管理协会、中国医药企业家协会联合评选的“中国医药行业十大创新人物”；2007年荣获中国企业联合会、中国企业家协会和中国企业管理科学基金会联合授予的“全国优秀创业企业家”。

沈继宁先生 财通证券有限责任公司 党委书记、董事长、总经理

沈继宁先生，1957年11月生，浙江湖州人，1975年7月参加工作，中共党员，大学学历，上海财经大学硕士研究生班结业，在读博士，高级会计师。历任浙江省财政厅预算处、综合计划处副处长、处长，浙江省财政厅总会计师、副厅长、党组成员。现任财通证券有限责任公司党委书记、董事长兼总经理，浙江省第十届政协委员、中国证券业协会理事、浙江证券业协会副会长。

在长期的管理和经营活动中，沈继宁先生始终要求公司坚持“规范经营、稳健发展”的方针，切实履行国有企业的社会责任。正因为始终坚持客户利益至上，始终没有挪用客户保证金，始终不搞违规委托理财，使公司赢得了客户的信任和监管部门的肯定，夯实了持续健康发展的基础。

2007年6月，省委、省政府明确公司为浙江省直属国有企业，由省政府授权省国资委监管。作为管理体制调整后的首任董事长兼总经理，沈继宁先生深感责任重大。为了尽快提升财通证券公司的核心竞争能力，他和班子成员一道，仔细分析未来证券市场的发展趋势和公司自身条件，确立了公司作为区域性券商，要以“做优做特”为目标，立足浙江，接轨上海，融入长三角，恪守“规范经营、稳健发展、务实创新、追求卓越”经营理念，完善法人治理，激活经营机制，提高经营效率，努力将公司打造成具有区域竞争优势、明显经营特色和富有社会责任感的现代证券企业。目前，公司上下正在围绕这一发展目标，积极采取措施提升证券经纪业务的客户服务水平和市场营销能力，努力拓展投资银行、资产管理等新业务领域，并取得了明显的成效。

奚河滨先生 黑龙江北大荒农业股份有限公司 董事长、总经理

奚河滨先生，1959年9月生，江苏省丰县人，中共党员，研究生学历，工学博士，研究员。1976年7月参加工作，1982年1月大学毕业。历任黑龙江省农垦科学院科技开发中心主任、黑龙江省农垦总局发展计划委员会主任、黑龙江省农垦总局九三分局局长及党委书记。现任黑龙江北大荒农业股份有限公司董事长、总经理。

奚河滨先生先后主持省部级科研课题、开发推广项目5项，地市级研发项目10项。1988年获农业部科技进步二等奖1项，1989年获国家星火三等奖1项；主持研发的5HSH型水稻复合工艺干燥机填补国内空白，被科技部认定为国家重点新产品，列入国家级火炬计划项目，获国家专利，2006年获省科技进步二等奖；主持大中型工程设计建设项目20余项，社会影响较大。

奚河滨先生在国家一级学报、国际干燥大会、全国干燥大会发表论文6篇，省级以上刊物上发表论文15篇。首次提出了水稻顺混流干燥加缓苏的复合干燥工艺理论，研制的5HSH-10型水稻干燥机分别获得国家级、省级、市级中小企业创新基金的支持，获得农业部农业科技成果转化基金的支持。利用计算机求解水稻子粒的传热传质偏微分方程，研制出多级顺流干燥工艺的非稳态干燥模拟和干燥缓苏交替进行的顺流、横流干燥模拟软件，为优化干燥机的设计参数提供了一种先进工具。

奚河滨先生非常重视企业改革、无形资产建设和对外宣传工作，在科学院内最早主动进行内部用人机制，分配制度和产权制度改革，有效地调动了职工的积极性，并注重市场开拓，积极办理企业有关资质证书，提高了企业竞争力，使公司效益逐年提高，1999年销售收入比1994年增长14倍。

奚河滨先生1984～1998年连续多年被黑龙江省农垦科学院党委、黑龙江省农垦科学院授予“先进工作者”或“优秀共产党员”称号；1994～1998年连续三届被黑龙江省农垦总局党委、总局授予“优秀专家”称号；1997年被黑龙江省农垦总局授予“优秀科技工作者”称号； 1994年被批准为享受省政府特殊津贴专家，1996年被批准为享受国务院特殊津贴专家；1996年被中共黑龙江省委、省政府授予“黑龙江省优秀中青年专家”称号；1999年被省政府授予“劳动模范”称号；2003年被黑龙江省委、省政府授予“防治非典工作先进个人”称号；2006被黑龙江省委组织部、省军区授予“基层武装工作好书记”称号。

沈长全先生 江苏宁沪高速公路股份有限公司董事长

沈长全先生，1948年出生，经济师。现任江苏宁沪高速公路股份有限公司董事长、战略委员会主席。

沈长全先生自1981年起曾任吴县县长、县委书记；自1992年起担任苏州市副市长，长期主管苏州市的城市与交通建设，并在1992至1997年期间主持苏州高新技术开发区开发建设，具有丰富的工程与管理经验；2001年1月任江苏交通控股有限公司董事长。

何勇先生 平安信托投资有限责任公司副总经理

何勇先生，现任平安信托投资有限责任公司副总经理。

2000年-2003年 任平安集团团险企划部 总经理

2004年-2005年 任平安集团营销部 总经理

2005年-2008年 任平安信托投资有限责任公司 总经理助理

2008年-至今 任平安信托投资有限责任公司 副总经理

2004年荣获平安集团二级勋章、优秀经理

2008年荣获平安集团十大杰出经理人

何勇率领旗下员工荣获

2006年度“中国信托公司最佳创新奖”

2007年度“最佳证券信托计划”等奖项

2009年平安信托第三方资产管理规模突破1000亿

中国证券业(2009)年度人物

陈晓升先生 上海申银万国证券研究所有限公司总经理

陈晓升先生，1970年3月出生，上海交通大学硕士、美国亚利桑那州立大学MBA。现任上海申银万国证券研究所有限公司总经理、中国证券业协会第四届理事会理事、中国证券业协会证券分析师委员会副主任委员。

自1994年以来，陈晓升先生历任申银万国证券股份有限公司基金管理总部直接投资部经理助理、计划统筹总部综合计划部经理、副总经理兼风险管理办公室副主任等职。

2004年以来，陈晓升先生负责主持申万研究所的各项经营管理工作，以“培育中国资本市场最优秀的百年研究咨询团队”为奋斗目标，坚持“基于本土的国际化”的发展战略，巩固并形成了申万研究独立、全面、严谨、前瞻的研究风格和增值、务实的服务特色。被《新财富》杂志评为2007年度杰出研究领袖。被《证券市场周刊》杂志评为2008年度金牌领队。

袁小宁先生 陕西省天然气股份有限公司董事长

袁小宁先生，1961年出生，中国国籍，硕士研究生毕业，高级工程师，自2005年10月起任陕西省天然气股份有限公司董事长。

袁小宁先生1982年至1987年在石泉电厂工作，曾任技术员、团委书记、办公室主任。1987年至1996年在西北电管局生产处工作，专责工程师、专责高级工程师。1996年至1998年在陕西省电力建设投资开发公司工作，任经营处处长。1998年至1999年在陕西秦龙电力股份有限公司工作，任总经理。1999年起任陕西省电力建设投资开发公司副总经理，2004年至2008年任陕西省投资集团（有限）公司董事、副总经理。2009年1月起任陕西省投资集团（有限）公司总经理。

山东金岭矿业股份有限公司

SHANDONG JINLING MINING INDUSTRY LIMITED LIABILITY COMPANY

公司地址：山东省淄博市张店区中埠镇　邮政编码：255081　公司电话：0533-3088888　公司传真：0533-3089666
公司网址：www.sdjlky.com　电子信箱：sz000655@163.com

董事长：张相军先生

山东金岭矿业股份有限公司是A股上市公司中唯一铁矿石资源类的企业，是近几年铁矿石价格上涨的受益者。公司的经营宗旨是认真执行党的路线方针政策，按照市场经济的要求，建立健全企业经营管理机制，为社会提供优质产品和服务，创造最佳经济效益，保障全体股东的合法权益。2006年7月完成重组后，拥有侯庄矿、铁山矿、选矿厂等铁矿石采选业务。2009年7月15日，公司非公开发行股份购买资产完成后，公司新增加了召口矿、电厂等经营性资产，总股本由321,254,374股增加到372,087,644股。2009年7月21日，公司实施了2008年度利润分配及公积金转增股本方案，每10股转增3股、送3股、派现金2元（含税），公司总股本由372,087,644股增加到595,340,230股。近年来，公司积极实施走出去战略，收购新疆塔什库尔干县金刚矿业有限公司股权等，资源储备和产能将大大提高，为公司的长期可持续发展奠定坚实基础。

建设一流矿业基地　打造百年资源蓝筹

股票简称：金岭矿业
股票代码：000655

公司的经营范围：铁矿开采、铁精粉、铜精粉、钴精粉的生产及销售、发电业务、机械加工。主要产品铁鹰牌铁精粉曾获国家金质奖章，是至今铁矿石企业获得的唯一金质奖章，2000年又获国家级“质量、服务、信誉”AAA级品牌，质量优、品位高、粒度细、且为全自熔矿，有铁路专用线，成为广大用户降低成本，提高钢铁产品质量的首选品牌。铜精矿粉、钴精矿粉也分被评为山东省优质产品。

产品与人品同优　盈利与赢心共谋

www.sdjlky.com

金岭矿业注重人才培养，鼓励技术创新，积极开展科技攻关活动，坚持走科技兴矿之路。近年来，金岭矿业培养出工程技术类、经济类等高级职称104人，中级职称201人，大学本科及研究生占职工比例7%以上。采选矿核心技术取得了一系列突破，其中，高分段采矿法、爆破振动的安全技术、尾矿高浓度排放研究与应用、扇形深孔“孔底起爆”等为代表的技术攻关项目达到国内先进水平，“中酸性岩浆岩矿床找矿方法”获国家发明专利，为金岭矿业提升市场竞争力和安全生产能力提供了强大的技术支撑。

艰苦奋斗　争创一流

山东金岭矿业将继续秉承“产品与人品同优，赢利与赢心共谋”核心价值观，愿与国内外企业和投资者精诚合作，共谋发展。